GARZANTI

IL NUOVO DIZIONARIO

HAZON

INGLESE•ITALIANO
ITALIANO•INGLESE

ISBN 88-480-0002-9

Edizione rivista e corretta, 2001

Printed in Italy

Progettazione e realizzazione dell'opera: Lucia Incerti Caselli.

Redazione:
Marialuisa Antonini, Giovanni Austoni, Rosalia Buratti, Franca Cenni, Rosangela Daniotti Colella, Anna Fino, Gabriella Lacavalla, Daniela Miglioli, Paola Pianalto, Giuseppe E. Picone, Francesca Roveda, Laura Russo.

Peter Blanchard, Mary Bolger Nava, Helen Downes, Kieran O'Malley, Elizabeth Poore, Richard Sadleir, Anthony Joseph Zambonini.

Collaboratori: Clotilde Calabi, Maria Paola Dettore, Giovanna Ferrari, Paola Locatelli, Ettore Manacorda, Franca Parri, Steven Thorne, Elspeth Wardrop.

Voci grammaticali
Coordinamento linguistico generale: Vanna Sanna.
Sezione inglese/italiano: Geoffrey Hutchings, Richard Sadleir.
Sezione italiano/inglese: Daphne Newton.

Trascrizione fonetica: Frances Hotimsky, Elizabeth Poore.

Citazioni d'autore: Piera Nanetti Caramellino.

Americanismi: Roberto Cagliero, Chiara Spallino.

Lessici specialistici

Coordinamento: Anna Cazzini Tartaglino, Gabriella Rotondo Sbrana
chimica e mineralogia: Vittorio Ragaini
diritto: Silvia Governatori, Michele Papa
economia: Giuseppe Barile (sezione inglese/italiano); Franco Miglioli (sezione italiano/inglese)
fisica: Lanfranco Belloni
matematica e statistica: Renato Betti
medicina e biologia: Gianna Milano
informatica: Adriana Sartor
scienze della Terra: Paolo Schiannini
tecnologie: Aldevano Becarelli
zoologia e botanica: Milly Ubertazzi.
Collaboratori: ing. Antonio Falzoni, gen. Dino Salsilli, avv. Roberto Sutich.

Lessico delle illustrazioni: Studio Eurasia.

Glossario di termini di informatica e Internet: Cristina Mussinelli, Roberta Zeme.

Segreteria di redazione: Giuseppina Panigada Baronio, Rosanna Tinelli · Emanuela Spinelli, Alessandra Tadini.

Revisione bozze e uniformazione grafica: Maria Teresa Bristot, Nadia Castagnino, Adele Pizzi, Laura Quattri, Silvana Violi.

Disegni: Alberto Agazzani, Cinzia Antinori, Amalia Arosio, Michele Bernardi, Lucia Brunelli, Ezio Giglioli, Mario Mosconi, Aldo Ripamonti.

Realizzazione delle carte: L.S. International Cartography.

Copertina: Federico Luci.

Coordinamento fotocomposizione: Mario Tremolada.

È doveroso ripetere i ringraziamenti ai consulenti e ai collaboratori della prima e della seconda edizione del dizionario (aprile 1961 e agosto 1962). Li ricordiamo in ordine alfabetico: Carla Barenghi Wetter, Joseph W. Binns, Maria Carla Bricco Schiavi, Franca Cenni, Dennis A. Chamberlin, Anna Craveri, Giorgio Cusatelli, Franca de Dominicis, Paola Franciolі, Maria Rosa Gervasoni, Giuseppina Gianforma, Vittorio Gozzer, Eleonora Heger Vita, Geoffrey C. Hutchings, Lucia Incerti Caselli, Silvia Massironi, Maria Rosa Panattoni, Erinna Panicieri, Vanna Sanna, Bona Barbara Schmid, Elide Senna, Paola Tadini, Liliana Zaccarelli.
Un particolare riconoscimento a Giovanna Foà, dell'Università Commerciale «Luigi Bocconi», che di Mario Hazon fu valida collaboratrice e che aiutò, col suo prezioso consiglio, a realizzare l'opera secondo gli intendimenti dell'autore.

INDICE

PRESENTAZIONE

La prima edizione di questo dizionario fu pubblicata nel 1961, con successo immediato. Si trattava del primo strumento moderno per apprendere quella che si era ormai affermata come la lingua ufficiale dell'Occidente. L'opera era frutto di un nuovo metodo di lavoro e di una nuova concezione di editoria al servizio della società civile. Nasceva dall'incontro fra l'esperienza didattica di uno dei più noti anglisti dell'epoca, Mario Hazon, e un'équipe di esperti della casa editrice, primo nucleo delle future Redazioni Garzanti, che negli anni successivi avrebbero realizzato altre opere importanti, quali i dizionari della lingua italiana e della lingua francese, le «garzantine» e soprattutto la grande Enciclopedia Europea, nella cui complessa architettura il sapere contemporaneo trova una sistemazione organica ed autorevole.
I rapidi mutamenti culturali e linguistici dei nostri anni impongono tuttavia di ripensare e rifondare continuamente anche le «grandi opere». Da questa consapevolezza nasceva nel 1987 il Grande Dizionario Garzanti della Lingua Italiana, non un rifacimento del precedente, ma un'opera originale, che si avvale delle tecniche sofisticate della linguistica più recente.
Un'identica impostazione ha ispirato il lavoro di questo nuovo dizionario. Le Redazioni Garzanti, insieme a studiosi inglesi e italiani di diversa formazione, hanno registrato e selezionato gli apporti che negli ultimi trent'anni hanno inciso sul lessico, sulla grammatica e sulla sintassi delle due lingue, tenendo conto dell'accresciuta presenza dell'inglese nel nostro vocabolario e degli slittamenti di significato che talvolta i vocaboli inglesi subiscono nell'uso italiano. Ogni parola ha trovato una spiegazione chiara e rigorosa, suffragata da esempi appropriati, che integrano le definizioni e riconducono i termini settoriali al linguaggio comune e all'esperienza quotidiana.
Numerosissimi sono i lemmi, le accezioni e le locuzioni provenienti dalla sterminata famiglia dei lessici speciali delle scienze e delle tecniche, e ampio spazio è stato dedicato all'American English e allo slang degli Stati Uniti. Questi apporti non sono tuttavia andati a detrimento della componente umanistica, che è stata anzi valorizzata con l'innesto di oltre duemila citazioni d'autore, per facilitare la frequentazione della lingua antica e letteraria.
La chiarezza, la funzionalità della grafica e l'evidenza di cui godono gli aspetti grammaticali, i vocaboli composti, i «phrasal verbs», le indicazioni di pronuncia, la corretta divisione in sillabe delle parole a lemma sono altrettanti esempi della cura di una progettazione che vuole rispondere alle reali esigenze del lettore.
Le pagine che seguono illustrano le caratteristiche di un'opera che mette al servizio della scuola e delle varie professioni uno strumento scientificamente avanzato, di piena affidabilità, il cui impiego offrirà la miglior dimostrazione dell'impegno che la casa editrice vi ha profuso.

SCELTA DELLE VOCI E CRITERI GENERALI

Il materiale è stato scelto e organizzato secondo i seguenti criteri:

1. Sono state accolte tutte le voci del cosiddetto lessico comune, le parole cioè che nel loro insieme costituiscono il vocabolario dell'inglese e dell'italiano di oggi. Gli avverbi (in *-mente* e in *-ly*) e i sostantivi derivati (in *-tore*, *-trice*, *-ezza*, *-ità* ecc.; *-ness*, *-ty* ecc.) di scarsa frequenza d'uso sono stati tralasciati nella sezione italiano-inglese e solo segnalati sotto la parola da cui derivano (senza traduzione, perché intuibile) nella sezione inglese-italiano. Questo, naturalmente, per non sprecare spazio prezioso per altre esigenze. Ogni lemma della sezione inglese-italiano è corredato non soltanto di *indicazioni di pronuncia* (fornite dalla trascrizione fonematica con i simboli dell'IPA: International Phonetic Association), ma anche di un'utile indicazione grafica, di solito trascurata nei vocaboli bilingui: la corretta *divisione in sillabe* della parola.

2. Particolare attenzione è stata dedicata in entrambe le sezioni alle discipline specialistiche – medicina, biologia, botanica e zoologia, fisica e chimica, diritto ed economia, informatica ed elettronica – nonché alle tecnologie in genere, per venire incontro alle esigenze di chi usa la lingua inglese per lavoro oltre che per studio. Il lessico specialistico è stato curato da esperti dei diversi settori.

3. Il Nuovo Dizionario Hazon-Garzanti è impostato sul British English. Con questo intendiamo dire che il linguaggio e la grafia delle parole che ricorrono nella ricca esemplificazione sono propri dell'*inglese parlato* e *scritto* in Inghilterra. Amplissimo spazio però è dedicato ai termini, alle locuzioni e alle grafie dell'American English, e anche dello *slang* degli Stati Uniti.

4. Le voci della lingua antica o letteraria sono state accolte con una certa larghezza nella sezione inglese-italiano, allo scopo di facilitare chi per studio o per diletto si accosti alla lettura dei classici. I numerosi *esempi d'autore* (oltre 2000 citazioni, nel complesso) che corredano queste voci costituiscono un'autentica novità per i dizionari bilingui.

5. La presenza nella Redazione di studiosi di madrelingua inglese ha consentito di lavorare con sicure verifiche a quella che risulta una caratteristica peculiare dell'opera: numerose voci sono corredate di precise informazioni di costume, di storia, di cultura (in una parola: di civilization).

6. Particolare attenzione è stata dedicata agli aspetti grammaticali della lingua inglese in rapporto all'italiana, e alle possibili applicazioni didattiche del dizionario. Il primo destinatario è in effetti il «mondo della scuola», dove nasce l'esigenza di riflettere e lavorare sulle due lingue attraverso strumenti che non solo prescrivano, ma anche chiariscano e consiglino.

7. Secondo l'esempio dei più recenti dizionari monolingui inglesi, i vocaboli composti (compound words) sono stati dati come *lemmi autonomi* e nel proprio luogo alfabetico, sia che essi compaiano come un'unica parola a grafia unita, sia che risultino scritti in più parole staccate, con o senza trattino. Un rigoroso ordinamento alfabetico fornisce infatti il criterio più sicuro per trovare la voce che interessa. Un criterio analogo, come vedremo, è stato seguito per i *phrasal verbs*, registrati come sottolemmi autonomi del verbo principale.

8. Le ampie appendici, dedicate ai *Verbi irregolari*, alle *Unità di misura*, ai *Nomi propri di persona, mitologici, storici, geografici*, alle *Sigle, abbreviazioni od acronimi*, ai *Principali termini con traducenti diversi nell'inglese britannico e statunitense* ecc., sono il naturale completamento del testo.
Il volume è inoltre arricchito da 63 tavole a colori e in bianco e nero, che permettono di conoscere il nome dell'oggetto attraverso la sua immagine, e da un glossario dei termini di informatica e di Internet con relativa traduzione e spiegazione, con 7 tavole a colori specifiche che illustrano il computer, le sue parti, i dispositivi collegati e le reti.

Segni particolari

1, 2, 3	I **numeri** contraddistinguono le diverse accezioni, cioè i significati, di un vocabolo.
//	Le **doppie barre** indicano, all'interno delle singole accezioni, le costruzioni particolari, i modi di dire, oppure raggruppano sotto un'etichetta specialistica l'esemplificazione relativa.
□	Il **quadrato** introduce nella sezione inglese/italiano i phrasal verbs, nella sezione italiano/inglese i verbi riflessivi o intransitivi pronominali.
◆	La **losanga** indica il passaggio a una diversa categoria grammaticale: per esempio dall'aggettivo al sostantivo, dal verbo transitivo al verbo intransitivo e viceversa.
•	Il **pallino** nero introduce delle osservazioni su un vocabolo o su un modo di dire. Ne può spiegare l'origine, indicare l'uso più appropriato oppure fornire quelle informazioni di costume, di storia, di cultura che vengono riassunte con la parola «civilization».
*	L'**asterisco** che accompagna i traducenti inglesi indica irregolarità di coniugazione se accompagna un verbo e irregolarità nella formazione del plurale se accompagna un sostantivo e rinvia al relativo lemma inglese. È stato omesso nei casi più ovvi: *to be*, *to have*, *man*, *woman*.
→	La **freccia** segnala il rimando da una parola alla sua forma più comune o attuale.
1, 2	I **numeretti a esponente** distinguono le parole omografe, cioè le parole di uguale grafia ma diversa origine etimologica.
®	La **R cerchiata** posta accanto a un vocabolo indica che si tratta di un marchio di fabbrica.

trascrizione fonetica e divisione in sillabe

la frequenza d'uso

la doppia barra introduce gli usi particolari

i phrasal verbs trattati come sottolemmi autonomi

la segnalazione delle forme americane e del livello linguistico

il rimando dalla variante alla forma più comune

il settore di appartenenza indicato con facili abbreviazioni

l'esempio d'autore

le particolarità grammaticali: i plurali irregolari

l'indicazione del sinonimo

gasbag ['gæsbæg / gas·bag] *s.* **1** sacca, involucro contenente gas **2** (*aer.*) pallonetto **3** (*fam.*) chiacchierone, parlatore instancabile.

gas black ['gæsblæk] *s.* (*chim.*) nerofumo.

gas burner ['gæs,bɜ:nə*] *s.* bruciatore per combustibile gassoso; becco a gas.

gas chamber ['gæs,tʃeɪmbə*] *s.* camera a gas.

gas chromatograph [,gæs'krəʊmætəgrɑ:f *amer.* ,gæs'krəʊmæ təgræf] *s.* (*chim.*) gascromatografo.

gas chromatography [,gæs,krəʊmə'tɒgrəfɪ] *s.* (*chim.*) gascromatografia.

Gascon ['gæskən / Gas·con] *s.* **1** guascone **2** (*fig.*) spaccone, fanfarone.

gasconade [,gæskə'neɪd / gas·con·ade] *s.* (*non com.*) guasconata, spacconata.

gas cooker ['gæs,kʊkə*] *s.* cucina a gas SIN. gas range.

gas cylinder ['gæs,sɪlɪndə*] *s.* bombola del gas.

gaseous ['gæsjəs / gas·eous] *agg.* gassoso.

gas fire ['gæs,faɪə*] *s.* stufa a gas.

gas-fired ['gæs,faɪəd] *agg.* (*tecn.*) a gas: — *central heating*, riscaldamento centrale (con bruciatore) a gas.

gas fitter ['gæs,fɪtə*] *s.* gassista.

gas guzzler ['gæs,gʌzlə*] *s.* (*fam. amer.*) auto che consuma molto (carburante).

gash[1] ['gæʃ] *agg.* (*scoz.*) **1** saggio, sagace **2** ben vestito, elegante.

gash[2] *s.* sfregio; incisione; ferita, taglio.

to **gash**[2] *v.tr.* sfregiare, tagliare, incidere.

gas-heater ['gæs,hi:tə*] *s.* scaldabagno a gas; stufa a gas.

gas helmet ['gæshelmɪt] → **gas mask**.

gasholder ['gæshəʊldə* / gas·holder] → **gasometer**.

gasification [,gæsɪfɪ'keɪʃn / gasi·fica·tion] *s.* gassificazione.

to **gasify** ['gæsɪfaɪ / gas·ify] *v.tr.* convertire in gas, gassificare; volatilizzare.

gasket ['gæskɪt / gas·ket] *s.* **1** (*mecc.*) guarnizione **2** (*mar.*) gaschetta, gerlo.

gaskin ['gæskɪn / gas·kin] *s.* (*ant.*) (*gener. pl.*) brache: *if one break, the other will hold: or if both break, your gaskins fall*, (SH. Twelfth Night) se un punto si rompe, un altro terrà: se si rompono entrambi, ti cadranno le brache.

gaslamp ['gæslæmp / gas·lamp] *s.* lampada a gas.

gaslight ['gæslaɪt / gas·light] *s.* **1** luce a gas **2** → gaslamp.

gas main ['gæsmeɪn] *s.* conduttura, tubo del gas.

gasman ['gæsmæn / gas·man] *pl.* **gasmen** ['gæsmen] *s.* **1** letturista del gas; gassista **2** (*fam. amer.*) pubblicitario; promotore.

gas-mantle ['gæs,mæntl] *s.* reticella per gas.

gas mask ['gæsmɑ:sk] *s.* maschera antigas SIN. gas helmet.

gasmeter ['gæs,mi:tə* / gas·meter] *s.* contatore del gas.

gas oil ['gæsɔɪl] *s.* (*chim.*) gasolio.

gasoline ['gæsəli:n / gasol·ine] *s.* **1** (*amer.*) benzina (per auto): *leaded* —, benzina con (composti etilati del) piombo; *unleaded* —, benzina senza (composti di) piombo, (*fam.*) benzina verde **2** gasolina, petrolio purificato.

gasometer [gæ'sɒmɪtə* / gaso·meter] *s.* gasometro SIN. gasholder.

gas oven ['gæsʌvn] *s.* **1** forno a gas **2** → gas chamber.

gasp [gɑ:sp *amer.* gæsp] *s.* respiro affannoso, rantolo, sussulto: *to be at one's last* —, essere all'ultimo respiro, in punto di morte; (*fig.*) essere con l'acqua alla gola; essere alle ultime battute (di qlco.).

to **gasp** *v.intr.* **1** rimanere senza fiato; rimanere a bocca aperta **2** ansare, respirare affannosamente: *to — for breath*, fare sforzi per respirare; *to — for life*, boccheggiare // *I'm gasping for a drink*, (*fam.*) muoio dalla sete.

□ **gasp at** *v.intr.* e *prep.* restare senza fiato per: *to — at the audacity of a plan*, restare senza fiato per l'audacia di un progetto.

□ **gasp out** *v.tr.* e *avv.* dire, pronunciare col fiato mozzo: *she gasped out a few incomprehensible words*, farfugliò qualche parola incomprensibile.

gas pedal ['gæs,pedl] *s.* (*amer.*) → **accelerator** 2.

gaspeite ['gæspɪ,aɪt / ga·spe·ite] *s.* (*min.*) gaspeite.

gasper ['gɑ:spə* *amer.* 'gæspə*] *s.* (*sl. antiq.*) sigaretta di poco prezzo.

gaspingly ['gɑ:spɪŋlɪ *amer.* 'gæspɪŋlɪ / gasp·ing·ly] *avv.* affannosamente.

gas pipeline [,gæs'paɪplaɪn] *s.* gasdotto.

gas range ['gæs,reɪndʒ] → **gas cooker**.

gas ring ['gæsrɪŋ] *s.* fornello a gas.

gassed [gæst] *agg.* (*fam. amer.*) ubriaco; su di giri.

gas station ['gæs,steɪʃn] *s.* (*amer.*) stazione di servizio, autofficina con distributore di benzina BRIT. petrol station, filling station.

gas-stove ['gæsstəʊv] *s.* cucina a gas.

gassy ['gæsɪ] *agg.* **1** (*min.*) grisutoso **2** (*chim.*) simile a gas; che produce gas **3** gassato, effervescente **4** chiacchierone, prolisso.

gas tank ['gæstæŋk] *s.* (*amer.*) serbatoio della benzina BRIT. petrol tank.

gasted ['gæstɪd / gas·ted] *agg.* (*ant.*) impaurito: *but when he saw my best alarum'd spirits / ... / or whether gasted by the noise I made, / full suddenly he fled*, (SH. King Lear) ma quando vide risvegliarsi il mio animo... o forse impaurito dal fracasso che feci, si diede improvvisamente alla fuga.

gasteropod ['gæstərəpɒd / gas·tero·pod] e *deriv.* → **gastropod** e *deriv.*

gastralgia [gæs'trældʒɪə / gast·ral·gia] *s.* (*med.*) gastralgia.

gastrectomy [gæ'strektəmɪ / gast·rec·tomy] *s.* (*med.*) gastrectomia.

gastric ['gæstrɪk / gast·ric] *agg.* (*anat.*) gastrico: — *fever, ulcer*, febbre, ulcera gastrica; — *juice*, succo gastrico; — *lavage*, lavanda gastrica.

gastrin ['gæstrɪn / gast·rin] *s.* (*biochim.*) gastrina.

la forma riflessiva è trattata come sottolemma autonomo

indicano che il traducente inglese può essere usato solo in posizione attributiva o predicativa

la fraseologia riunita in un blocchetto a parte

indica che il traducente inglese è un *uncountable*

gli omografi indicati con un piccolo numero a esponente

il lessico specialistico raggruppato sotto l'etichetta del settore

il livello linguistico e la frequenza d'uso

le particolarità grammaticali: l'asterico in questo caso segnala che il verbo inglese è irregolare e rimanda per le forme alla sezione inglese/italiano

□ **darsi** *v.rifl.* (*dedicarsi*) to devote oneself: — *al commercio*, to go into business; — *allo studio*, to devote oneself to study // — *al bere*, to take to drink; — *al gioco*, to take to gambling ◆ *v.rifl.rec.* to give* each other: — *delle botte*, to hit each other ◆ *v.intr.pron.* (*accadere*) to happen: *si dà il caso che io sia d'accordo*, I happen to agree // *può* —, maybe (*o* perhaps *o* probably): *può — che egli arrivi prima di me*, he may arrive before me.
◆ FRASEOLOGIA: — *ammalato*, to report sick // — *da fare*, to make an effort; (*affaccendarsi*) to bustle about: *devi darti da fare se vuoi quel posto*, you've got to do something if you want that job; *valeva la pena di — tanto da fare?*, was it worth all the effort? // — *per vinto*, to give in (*o* to give up *o* to throw in the sponge) // — *prigioniero*, to give oneself up (*o* to surrender) // *non — per inteso di qlco.*, to turn a deaf ear to sthg. (*o* not to take any notice of sthg.).

darsena *s.f.* wet dock; basin.

darviniano, **darwiniano** *agg.* e *s.m.* Darwinian, Darwinist.

darvinismo, **darwinismo** *s.m.* Darwinism.

darvinista, **darwinista** *s.m.* e *f.* Darwinian, Darwinist.

dasimetro *s.m.* (*fis.*) dasymeter.

dasiuro *s.m.* (*zool.*) (*Dasyurus maculatus*) dasyure.

data[1] *s.f.* **1** date: *fissare la — delle nozze*, to fix the date of the wedding; *la — del nostro ritorno ve la comunicheremo al più presto*, we'll give you the date of our return as soon as possible; — *di nascita*, date of birth // (*comm.*): — *di consegna*, date of delivery; *lettera senza* —, undated letter; — *di spedizione*, forwarding date; (*mar.*) shipping date; — *ultima*, deadline; — *di pagamento*, date of payment; — *posteriore a quella effettiva*, postdate; *a far — da domani*, dating from tomorrow; *confermiamo la nostra in — di ieri*, we confirm our letter of yesterday; *anticipare la* —, to advance the date; *apporre la* —, to date, (*form.*) to append the date; *mettere in ordine di* —, to arrange by date; (*in*) — *da destinarsi*, at a determinable future date; — *di registrazione* (*contabile*), accounting date // (*banca*): — *di emissione*, date of issue; — *di chiusura*, closing date; — *di chiusura delle operazioni*, cutoff date; — *stabilita*, due date; — *di scadenza*, maturity (date); *cambiale con la — in bianco*, blank dated bill; *cambiale a 10 giorni* —, bill at ten days' date; *effetti a — fissa*, time (*o* date) bills; — *di valuta*, value date; — *di rimborso*, redemption date // (*dir.*) *la — del documento*, the date on the instrument // (*geogr.*) *linea del cambiamento di* —, (International) Date Line **2** (*tempo*) time: *conoscersi da lunga* —, to know each other for a long time.

data[2] *s.f.* **1** (*ant.*) (*patronato, beneficio ecclesiastico*) patronage; benefice, church living appointment **2** (*rar.*) (*carte*) (*distribuzione*) deal.

demordere *v.intr.* to give* in, to leave* off, to give* up: *non — da un proposito*, not to give up a plan (*o* to hold to a plan): *nulla riusciva a farlo* —, nothing could make him give in.

demoscopia *s.f.* public opinion survey.

demoscopico *agg.* public opinion (*attr.*); of public opinion (*pred.*): *indagine demoscopica*, (public) opinion poll.

demotico *agg.* e *s.m.* demotic.

demotismo *s.m.* (*ling.*) demotism.

demotivare *v.tr.* to demotivate: *il continuo cambiamento di insegnante ha demotivato gli studenti*, the continual changes of teacher have demotivated the students.

□ **demotivarsi** *v.intr.pron.* to become* demotivated: *il lavoro non gli era molto congeniale e si demotivò dopo poco tempo*, the job didn't appeal to him very much and soon he became demotivated.

demotivato *agg.* demotivated: *essere, sentirsi* —, to be, to feel demotivated.

demotivazione *s.f.* demotivation.

demulsificazione *s.f.* (*chim.*) demulsification.

demuscazione *s.f.* fly disinfestation.

denaro *s.m.* **1** money [U]: — *contante*, cash (*o* ready money); — *spicciolo*, change; — *per piccole spese*, pocket money; *molto* —, much (*o* a lot of *o* a great deal of) money; *poco* —, not much (*o* little) money; *un po' di* —, a little money; *un mucchio di* —, a pile (*o* heaps) of money; *avere molto* —, to be very rich (*o* wealthy); *essere senza* —, to be hard up (*o* to be broke); *essere a corto di* —, to be short of money (*o* to be hard up); *far* —, to make money; *guadagnare molto* —, (*fam.*) to earn bags of money // — *disponibile*, money (*o* cash) on hand; — *in cassa*, cash on hand (*o* till money *o* vault money) // — *sporco*, dirty money (*o* slush money), (*sl. amer.*) grease; *riciclare* — (*sporco*), to launder money; — *sudato*, hard-earned money; — *dato a un sicario*, blood money // *distributore di* —, cash dispenser // *prepararsi col — contato*, have the right money ready; *non ci si può imbarcare in un viaggio così col — contato*, we can't start out on a journey like that with a fixed budget; *contare il — in tasca a qlcu.*, to work out how much money s.o. has // *così sprechi tempo e* —, in this way you're wasting your time and money // (*econ.*): — *a corso legale*, legal tender; — *attivo*, active money; — *a vista*, call money; — *a buon mercato, facile*, cheap (*o* easy) money; — *caro*, dear (*o* tight) money; — *a richiesta*, quick money; — *liquido*, cash (*o* liquid funds *o* cash liquidity); — *inattivo, infruttifero*, dead (*o* idle) money; — *da incassare*, funds to be received (*o* receivables); — *da pagare*, funds to be paid (*o* payables); — *a interesse*, money at interest; — *pubblico*, public money; *investire — a fondo perduto*, to sink money; *movimento di* —, money circulation; *impiego di* —, investment of money; *reddito in* —, money income // (*Borsa*): — *e lettera*, bid price and offer price; *corso* —, bid price **2** (*st. romana*) denarius (*pl.* -i); (*st. francese*) denier **3** (*tess.*) denier **4** *pl.* (*ricchezze*) riches; wealth [U] **5** *pl.* (*a carte*) 'denari' (the suit in Italian playing cards corresponding to diamonds).

denaroso → **danaroso**.

denasalizzare *v.tr.* (*fon.*) to denasalize.

□ **denasalizzarsi** *v.intr.pron.* (*fon.*) to become* denasalized.

denasalizzazione *s.f.* (*fon.*) denasalization.

denatalità *s.f.* fall in the birthrate.

Fonetica e accento

I lemmi della sezione inglese/italiano sono accompagnati dalla trascrizione fonetica secondo il sistema della International Phonetic Association (IPA), adottato nella XIV edizione dell'ENGLISH PRONOUNCING DICTIONARY di D. Jones. Per la tavola completa dei simboli si veda la pagina interna di copertina. L'accento è indicato con il segno (ˈ) collocato a esponente, cioè in alto, per indicare l'accento tonico principale, in basso (ˌ) per indicare quello secondario.
NB - Il segno dell'accento *precede* la sillaba accentata.

fonetica
accento tonico principale (in alto)
accento tonico secondario (in basso)

bookseller [ˈbʊkˌselə* / book·sel·ler] *s.* libraio.

market garden [ˈmɑːkɪtˌgɑːdn] *s.* orto (i cui prodotti vengono venduti) AMER. truck farm.

la trascrizione fonetica non viene data quando la pronuncia (accento compreso) è identica a quella del lemma che precede

bay[1] [beɪ] *s.* **1** (*geogr.*) baia, insenatura del mare // *Hudson Bay*, la baia di Hudson **2** incavatura; recesso (nelle montagne) **3** (*amer.*) radura.

bay[2] *s.* **1** (*bot.*) (*Laurus nobilis*) alloro, lauro: — *leaf*, foglia di alloro; — *wreath*, corona d'alloro **2** *pl.* corona della vittoria, lauro: *to win the palm, the oak, or bays*, (A. MARVELL) vincer la palma, la quercia o il lauro.

non viene data neppure la trascrizione fonetica dei plurali regolari; viene data invece quella dei plurali irregolari

actinia [ækˈtɪnɪə/ ac·tinia] *pl.* **actiniae** [ækˈtɪnɪiː] **actinias** *s.* (*zool.*) attinia, anemone di mare SIN. sea anemone.

echidna [eˈkɪdnə / ech·idna] *pl.* **echidnas**, **echidnae** [eˈkɪdniː / ech·id·nae] *s.* (*zool.*) (*Tachyglossus aculeatus*) echidna SIN. porcupine ant-eater.

si segnala la pronuncia americana quando essa si differenzi in modo significativo da quella inglese

vase [vɑːz *amer.* veɪs] *s.* **1** vaso: *flower* —, vaso da fiori **2** (*arch.*) vaso (di capitello corinzio).

neither [ˈnaɪðə* *amer.* ˈniːðə* / nei·ther] *agg.* né l'uno né l'altro: — *performance was interesting*, né l'una né l'altra rappresentazione furono interessanti [...]

un asterisco (*) posto a esponente alla fine della trascrizione fonetica indica che la «r» finale si pronuncia solo se seguita da suono vocalico

pushchair [ˈpʊʃtʃeə* / push·chair] *s.* passeggino (per bambini) SIN. stroller AMER. go-cart.

bitter[1] [ˈbɪtə* / bit·ter] *agg.* **1** amaro (*anche fig.*): — *beer*, birra amara; — *experience*, esperienza penosa; — *reproach*, rimprovero amaro; — *tears*, lacrime amare // *we must take the — with the sweet*, (*prov.*) non c'è rosa senza spine **2** pungente, rigido (di clima) **3** [...]

l'uso del corsivo in un simbolo fonetico indica che il suono che esso rappresenta può essere pronunciato o no

deference [ˈdefərəns / de·fer·ence] *s.* deferenza, rispetto: *in* (o *out of*) — *to*, per deferenza verso; *with all due — to you*, con tutto il rispetto che vi devo; *to show — to*, mostrare della deferenza verso.

empty-headed [ˌemptɪˈhedid] *agg.* scervellato.

i due punti dopo un suono vocalico (ɔː, iː, uː, ɜː) indicano allungamento

eastward [ˈiːstwəd / east·ward] *agg.* est, verso est: — *position, motion*, posizione, movimento verso est ◆ *s.* est: *to the* —, verso l'est, verso l'oriente.

earthquake [ˈɜːθkweɪk / earth·quake] *s.* **1** terremoto, sisma: — *zone*, zona sismica; — *shock*, scossa sismica **2** (*fig.*) terremoto, sconquasso; rovesciamento (politico ecc.).

Divisione sillabica

I lemmi della sezione inglese/italiano sono accompagnati dall'indicazione di una corretta divisione in sillabe. Come ben sa chi ha una certa dimestichezza con la lingua inglese, in questo campo esistono delle differenze, specialmente fra i dizionari inglesi e quelli americani. Ovviamente ci siamo limitati a dare *una* corretta scansione, non tutte le possibili scansioni, e precisamente quella consigliata dallo *Oxford Spelling Dictionary*.

la divisione in sillabe segue immediatamente la trascrizione fonetica

noblewoman [ˈnəʊblˌwʊmən / noble·woman] *pl.* **noblewomen** [ˈnəʊblˌwɪmɪn] *s.* nobildonna.

echidna [eˈkɪdnə / ech·idna] *pl.* **echidnas**, **echidnae** [eˈkɪdniː / ech·id·nae] *s.* (*zool.*) (*Tachyglossus aculeatus*) echidna SIN. porcupine ant-eater.

l'assenza della divisione in sillabe significa che essa è uguale a quella della parola precedente oppure che quella parola non può essere divisa in sillabe

beaker [ˈbiːkə*] *s.* **1** bicchiere (di plastica) **2** (*chim.*) beaker; bicchiere di vetro temperato **3** (*letter.*) coppa; calice: *o for a beaker full of the warm South*, (KEATS) o per un calice colmo del caldo Sud.

to **avow** [əˈvaʊ] *v.tr.* (*form.*) ammettere, confessare; dichiarare apertamente; affermare: *he avowed that he was the author*, ammise di essere l'autore; *she avowed the opposite*, dichiarò il contrario.

per i composti che si presentano come due parole staccate, con o senza hyphen, non si dà la divisione sillabica in quanto per essa si rinvia implicitamente alle singole parole

dragon's blood [ˈdrægənzblʌd] **dragon-tree** [ˈdrægəntriː] *s.* (*bot.*) (*Dracaena draco*) dracena; (*pop.*) sangue di drago.

axletree [ˈæksltriː / axle·tree] *s.* (*mecc.*) asse fisso; assale; sala // — *spindle*, perno a fuso; fusello.

praying mantis [ˌpreɪɪŋˈmæntɪs] *s.* (*zool.*) (*Mantis religiosa*) mantide religiosa SIN. mantis, rearhorse.

axle shaft [ˈæksl̩ʃɑːft] *s.* (*aut.*) semiasse.

L'aggettivo

l'abbreviazione *attr.* indica che un aggettivo può essere usato solo in posizione attributiva, cioè prima del sostantivo

home *agg.attr.* **1** domestico, casalingo; familiare: — *life*, vita familiare, domestica; — *fire*, focolare domestico (*anche fig.*); — *cooking*, cucina casalinga; — *employment*, lavoro a domicilio // (*dir.*) — *arrest*, arresti domiciliari // — *economics*, economia domestica

ammalato *agg.* ill, unwell (*gener. pred.*); sick (*gener. attr.*); diseased (*anche fig.*): *bimbo* —, sick child; *organi ammalati*, diseased organs; *è — di corpo e di spirito*, he is sick in body and mind; *sei —?*, are you ill?; — *di tifo*, ill with typhus; — *di nostalgia*, suffering from homesickness ◆ *s.m.* **1** sick person: *curare un* —, to nurse a sick man **2** (*cliente di medico*) patient.

l'abbreviazione *pred.* indica che un aggettivo può essere usato solo in posizione predicativa, cioè dopo il sostantivo o il verbo *to be*

aware [ə'weə*] *agg.pred.* **1** conscio, consapevole: *to be — of sthg.*, conoscere, accorgersi di qlco. **2** informato, preparato: *she is very politically* —, è una persona molto preparata politicamente; *to make s.o. — that*, informare qlcu. che // **-ness** *s.* [...]

nel caso che l'aggettivo richieda una preposizione diversa da quella italiana corrispondente essa viene segnalata tra parentesi

dipendente *agg.* **1** dependent (on s.o., sthg.), depending (on s.o., sthg.), subordinate // *essere — da qlcu.*, to be dependent (*o* to depend) on s.o.: *è — dal marito per qualsiasi cosa*, she depends on her husband for everything; *ufficio* —, subsidiary office; *lavoro* —, subordinate employment; *impiegati dipendenti dal Comune*, municipal employees **2** (*gramm.*) dependent (on sthg.), subordinate: *una proposizione* —, a subordinate (*o* dependent) clause ◆ *s.m.* e *f.* (*impiegato*) [...]

abile *agg.* **1** able, capable; (*intelligente*) clever (at, in); (*destro*) skilful (at, in): *un bambino — e intelligente*, an able and intelligent child; *era un'infermiera — e intelligente, ma mancava di umanità*, she was a capable and efficient nurse, but lacked humanity; *era — nel dire agli altri cosa fare*, he was clever at telling other people what to do; *è un abilissimo guidatore*, he's a very skilful driver; *era sempre stata — con le mani*, she had always been clever with her hands; *era un — acrobata*, he was a skilful [...]

nella sezione inglese/italiano vengono segnalate le forme irregolari del comparativo e del superlativo

good [gʊd] *comp.* **better** ['betə* / bet·ter] *superl.* **best** [best] *agg.* **1** buono; piacevole; bello; gentile; bravo, virtuoso: *it was a really — film*, era veramente un bel film; *have you heard the — news?*, hai sentito la bella notizia?; *I put in a — word for him*, ho messo una buona parola per lui; *it was — to see them again*, è stato bello rivederli. [...]

bad [bæd] *comp.* **worse** [wɜːs] *superl.* **worst** [wɜːst] *agg.* **1** cattivo, malvagio; brutto; vizioso; malsano; nocivo; forte (di mal di testa, raffreddore ecc.); ammalato; marcio: — *weather*, brutto tempo; — *air*, aria malsana; — *crop*, cattivo raccolto; — *cold*, forte raffreddore; — *traffic*, traffico caotico; — *light*, luce scarsa; — *form*, cattiva educazione [...]

Il sostantivo

il sostantivo è segnalato con *s.* nella sezione inglese/italiano è segnalato con *s.m.* o *s.f.* nella sezione italiano/inglese

bookmark ['bʊkmɑːk / book·mark] **bookmarker** ['bʊkmɑːkə* / book·marker] *s.* segnalibro.
fame [feɪm] *s.* fama, rinomanza, celebrità: *ill* —, cattiva fama; *to win* —, diventare famoso; *widespread* —, ampia, larga fama.

disertore *s.m.* deserter: *essere dichiarato* —, to be convicted of deserting.

diserzione *s.f.* desertion: *dovrà essere processato per* —, he is to be tried for desertion; (*pol.*) — *da un partito*, desertion of a party.

si segnalano i plurali irregolari o che comunque potrebbero suscitare dubbi

noctiluca [ˌnɒktɪ'ljuːkə/ noc·ti·luca] *pl.* **noctilucae** [ˌnɒktɪ'ljuːsiː / noc·ti·lu·cae] *s.* (*zool.*) nottiluca.

nottiluca *s.f.* (*zool.*) noctiluca*.

nella sezione italiano/inglese un asterisco (*) posto vicino al traducente inglese avverte che il vocabolo presenta un'irregolarità e funge da rinvio implicito alla sezione inglese/italiano

mother-in-law ['mʌðərɪnlɔː] *pl.* **mothers-in-law** *s.* suocera.

suocera *s.f.* mother-in-law* // *non fare la —!*, (*fam.*) don't nag at me!

il segno [U] indica gli «uncountables», cioè quei sostantivi inglesi che di solito non sono preceduti dall'articolo *a*, *an*, né da *one* e che non hanno plurale, anche se spesso corrispondono a un plurale italiano

nightwear ['naɪtweə* / night·wear] *s.* [U] indumenti da notte.
maths [mæθs] *s.* [U] (*fam.*) matematica: *he's very good at* —, è molto bravo in matematica.

matematica *s.f.* mathematics [U]; (*fam.*) maths [U]: *la — non è il suo forte*, mathematics is not his strong point; — *applicata*, *pura*, applied, pure mathematics; — *attuariale*, *finanziaria*, actuarial, financial mathematics // *la — non è un'opinione*, mathematics is an exact science.

Le parole composte (Compound words)

Si può dire che nel loro processo di formazione le parole composte inglesi (compound words) non abbiano seguito una linea o uno schema preciso. Per questo troviamo parole simili, o addirittura uguali in una delle due parti, che si presentano scritte o come una parola unica o come due parole distinte o come due parole unite da un trattino (hyphenated).
In linea generale attualmente si nota, almeno per quanto riguarda i sostantivi, una certa preferenza per le forme a grafia unita o a grafia separata senza hyphen. Infatti parole che nel passato erano scritte con hyphen ora non lo sono più. Non di rado inoltre la stessa parola si può trovare scritta in uno dei tre modi indicati, secondo il testo o l'autore.
In questo dizionario si è cercato di riportare le parole composte nella grafia attualmente più diffusa, come attestata dalle più moderne opere di consultazione, manuali, libri, giornali. Il fatto poi che in questa opera le parole composte siano riportate secondo un rigoroso ordine alfabetico come se fossero, e in realtà lo sono, un'unica parola, ne rende assai facile il reperimento, indipendentemente dalla forma grafica in cui esse possano presentarsi.
Ci sembra tuttavia utile richiamare l'attenzione del lettore italiano su due punti:
– L'inglese degli Stati Uniti ha quasi del tutto abolito la grafia con *hyphen* (-), come si può constatare consultando un qualsiasi dizionario edito negli Stati Uniti.
– Quando la parola composta è usata come aggettivo attributivo di solito prende la grafia con *hyphen* anche se il sostantivo di origine non ce l'ha:

back street ['bækstri:t] *s.* via secondaria e tranquilla (gener. di periferia).

back-street *agg.* (*fig.*) clandestino; implicato in attività clandestine, illegali.

Tuttavia in posizione di predicato può anche mantenere la grafia separata:

a well-known artist, un artista famoso

this artist is well known, questo artista è famoso.

Gli omografi

Sono definite omografe quelle parole che, pur presentando la stessa grafia e pronuncia, indicano concetti completamente diversi e hanno un'origine diversa.

gli omografi sono indicati con un piccolo numero a esponente

tapping[1] ['tæpıŋ/ tap·ping] *s.* **1** spillatura (di botte) **2** [U] incisione (della corteccia di un albero) **3** (*med.*) drenaggio; paracentesi **4** (*elettr.*) presa **5** [U] intercettazione telefonica; intercettazioni (*pl.*) **6** maschiatura, filettatura (di un foro).

tapping[2] *s.* colpetto.

bull[1] [bʊl] *s.* **1** toro; maschio (di alcuni mammiferi) // *a — in a china shop*, chi agisce goffamente in faccende delicate // *to take the — by the horns*, prendere il toro per le corna, affrontare una situazione con decisione // (*astr.*) *the Bull*, il Toro **2** (*Borsa*) rialzista, toro // *— market*, mercato di rialzo **3** → **bull's-eye 1** **4** (*fam. amer.*) poliziotto // *— of the woods*, capo, sovrintendente **5** [U] (*sl. amer.*) chiacchiere; sciocchezze: *to shoot the —*, dire sciocchezze, fare chiacchiere.

bull[1] *agg.attr.* taurino: *— neck*, collo taurino; *bullnecked*, dal collo taurino.

to **bull**[1] *v.intr.* **1** avanzare con forza: *he bulled through the crowd*, superò d'impeto la folla **2** (*Borsa*) speculare al rialzo ◆ *v.tr.* (*Borsa*) comprare a termine (prevedendo un rialzo).

bull[2] *s.* (*eccl.*) bolla pontificia.

etichetta[1] *s.f.* **1** (*cartellino per indicazioni*) label; docket: *— gommata*, stick-on label; *— autoadesiva*, sticker (*o* sticky label); *— del prezzo*, price label (*o* tag); *bottiglie con l'— 'whisky'*, bottles labelled 'whisky'; *attaccare, staccare un'—*, to stick on, to remove a label; *mettere l'— a delle bottiglie*, to label some bottles **2** (*cartellino legato a bagagli*) label; (*amer.*) tag **3** (*fig.*) label, epithet: *affibbiare un'— a qlcu., qlco.*, to label s.o., sthg.; *è un autore a cui non si può dare nessuna —*, he's an author who defies classification (*o* labels).

etichetta[2] *s.f.* (*cerimoniale*) etiquette; formality, ceremony: *— di Corte*, Court ceremonial; *ricevimento senza tanta —*, informal party; *senza —*, unceremoniously; *è contrario all'—...*, it is bad form to... (*o* it is not etiquette to...); *badare all'—*, to stand on ceremony.

incollatura[1] *s.f.* **1** gluing; sticking; pasting: *purtroppo si notano i segni dell'—*, unfortunately the marks of where it's been glued are visible **2** (*tess.*) sizing.

incollatura[2] *s.f.* (*ippica*) neck: *vincere per una —*, to win by a neck.

in entrambe le sezioni il verbo transitivo (*v.tr.*) è trattato separatamente dal verbo intransitivo (*v.intr.*); il passaggio da uno all'altro è indicato da una losanga (◆)

to **needle** *v.tr.* **1** cucire; pungere (con ago) **2** irritare; provocare; punzecchiare: *to — s.o. into losing his temper*, punzecchiare qlcu. fino a fargli perdere la pazienza **3** (*sl. amer.*) rafforzare (aggiungendo alcool) ◆ *v.intr.* **1** fare lavori di cucito; cucire; ricamare **2** cristallizzarsi in aghi.

dirottare *v.tr.* **1** to divert, to reroute, to redirect, to detour: — *il traffico sulla tangenziale*, to divert (*o* to reroute) traffic onto the ring road; — *un corso d'acqua*, to divert a watercourse **2** (*un aereo, una nave ecc.*) to hijack; (*solo aereo*) to skyjack ◆ *v.intr.* to change course: *la nave ha dirottato*, the ship changed course; *l'aereo ha dovuto — per evitare la nebbia*, the plane has had to divert (*o* to change course) to avoid the fog.

nella sezione inglese/italiano sono riportate le forme irregolari

to **come** [kʌm] *pass.* **came** [keɪm] *p.p.* **come** *v.intr.* **1** venire: — *here, please*, vieni qui, per piacere; *he said he would — tomorrow*, disse che sarebbe venuto domani; *would you like to — to the football match with me?*, ti va di venire alla partita (di calcio) con me?; *a* [...]

nella sezione italiano/inglese le irregolarità di coniugazione sono segnalate con un asterisco (*)

bestemmiare *v.tr.* e *intr.* **1** to curse (at), to swear* (at): — *come un turco*, to swear like a trooper // *non ci si vede neanche a —*, (*fig.*) you can't see a damned thing **2** (*maledire*) to curse (at), to swear* (at): — *la propria sorte*, to curse one's fate **3** (*scherz.*) to speak* badly, to mangle: *bestemmia un po' d'inglese*, he speaks broken English.

si segnala quando il *v.intr.* inglese regge una preposizione diversa da quella italiana

si segnala inoltre quando a un *v.tr.* corrisponde un *v.intr.* e viceversa

to **huff** *v.tr.* **1** offendere, fare il prepotente con **2** soffiare (al gioco della dama) **3** (*ant.*) maltrattare ◆ *v.intr.* **1** offendersi: *to feel huffed*, sentirsi offeso **2** ansimare; sbuffare // *to — and puff*, sbuffare, scocciarsi, mostrare fastidio; ansimare.

diplomare *v.tr.* to award a diploma to (s.o.), to give* (s.o.) a diploma.
□ **diplomarsi** *v.intr.pron.* to get* a diploma, (*amer.*) to graduate: *si diplomò ragioniere*, he got a diploma in accountancy.

i *phrasal verbs*, che qui intendiamo nel senso più allargato di verbo modificato da un avverbio o da una preposizione, sono trattati come sottolemmi autonomi e collocati in rigoroso ordine alfabetico dopo il verbo principale

si segnalano i «patterns», cioè i costrutti grammaticali, riportati a pag. XVIII

to **back** *v.tr.* **1** fare indietreggiare; muovere indietro: *he backed me against the wall*, mi ha fatto andare indietro fino alla parete; *to — a car*, far fare retromarcia a un'automobile // (*mar.*) *to — water*, sciare (remando alla rovescia) // (*mar.*) *to — sails*, prendere accol[...]
□ **back away** *v.intr.* e *avv.* indietreggiare lentamente, allontanarsi indietreggiando, retrocedere: *we backed away from the sleeping child*, ci allontanammo dal bambino addormentato camminando all'indietro.
□ **back down** *v.intr.* e *avv.* rinunciare (a), abbandonare, ritirare (una pretesa, un'accusa ecc.): *confronted with evidence they had to — down*, di fronte all'evidenza dovettero ritirare l'accusa, ritirarsi.
□ **back into** *v.intr.* e *prep.* urtare facendo marcia indietro: *he backed into my car for the second time*, facendo retromarcia urtò la mia auto per la seconda volta.
□ **back off** *v.intr.* e *avv.* **1** indietreggiare, spostarsi indietro: *do you mind backing off a bit?*, puoi spostarti?; (*fig.*) per piacere, non interferire, non impicciarti **2** (*fig.*) ripensarci, fare marcia indietro: *I was enthusiastic but now I'm backing off* (*the idea*), ne ero entusiasta ma adesso ci sto ripensando **3** (*amer.*) → to back down ◆ *v.tr.* e *avv.* (*tecn.*) **1** ruotare in senso inverso **2** svitare; disconnettere **3** ritirare (l'utensile) dal foro **4** allontanare (l'utensile) dal pezzo **5** spogliare; produrre un angolo di spoglia.
□ **back on to** *v.intr.* e *avv.* e *prep.* affacciarsi con la parte posteriore: *the house backed on to the school*, il retro della casa dava sulla scuola.
□ **back out** *v.intr.* e *avv.* **1** ritirarsi, fare marcia indietro (da un impegno, una promessa ecc.): *you can't — out of it now*, non puoi ritirarti adesso **2** (*inform.*) annullare le modifiche apportate (a un programma) **3** (*amer.*) (*aut.*) fare marcia indietro. [...].

dipendere *v.intr.* **1** (*essere causato*) to derive (from sthg.), to result (from sthg.); to be due (to s.o., sthg.); (*form.*) proceed (from sthg.): *questo difetto dipende da una lavorazione trascurata*, this defect is due to (*o* results from) poor manufacture; *queste sommosse dipendono da una fondamentale mancanza di libertà*, these riots result from a basic lack of freedom **2** (*essere subordinato*) to depend (on s.o., sthg.); to be up (to s.o.): *dipende dalla sua risposta*, it all depends on his reply; *dipende dalle circostanze*, it all depends on [...].

to **avoid** [ə'vɔɪd] *v.tr.* **1** (I) evitare; scansare, schivare: *to — doing sthg.*, evitare di fare qlco.; *to — s.o., sthg. like the plague*, evitare qlcu., qlco. come il fumo negli occhi, come la peste **2** (*dir.*) annullare, invalidare.

to **commence** [kə'mens / com·mence] *v.tr.* (*form.*) **1** (II) cominciare, incominciare, iniziare: *to — to do sthg.* (o *doing sthg.*), cominciare a fare qlco.; *Blake commenced work at eight o' clock each morning*, Blake cominciava a lavorare ogni giorno alle otto **2** (*dir.*) intentare: *to — an action against s.o.*, intentare un processo contro qlcu. ◆ *v.intr.* (*form.*) cominciare, incominciare, iniziare: *the play commences at nine o' clock*, la commedia inizia alle nove.

Costruzioni del verbo inglese

(I) Verbi e locuzioni seguiti dal gerundio o dal participio presente:

I shall avoid seeing him,	Eviterò di vederlo.
Is it worth while going?	Vale la pena di andare?
I saw him running,	Lo vidi correre.

N.B. - I verbi di percezione reggono il participio presente quando l'azione espressa dall'infinito italiano è continuata e viene compiuta dall'oggetto del verbo di percezione.

(II) Verbi seguiti dall'infinito o dal gerundio:

He began to read (o *reading*),	Cominciò a leggere.

(III) Verbi reggenti l'accusativo, anziché il dativo come i corrispondenti italiani:

I answered him,	Gli risposi.
I ordered him to go,	Gli ordinai di andare.
He permitted me to go,	Permise che andassi.

(IV) Verbi reggenti l'accusativo e l'infinito:

He wants me to go for him,	Vuole che io vada per lui.
He can't bear you to be unhappy,	Non può sopportare che tu sia infelice.

(V) Verbi reggenti l'infinito senza *to*:

I made him go,	Lo costrinsi ad andare.
You had better write to him,	Faresti meglio a scrivergli.
I saw him fall into the river,	Lo vidi cadere nel fiume.

N.B. - I verbi di percezione reggono l'infinito senza *to* quando l'azione espressa dall'infinito italiano viene percepita in tutto il suo svolgersi e compiuta dall'oggetto del verbo di percezione.

(VI) Verbi seguiti dall'accusativo e dal participio passato:

I heard him called by his mother,	Lo udii chiamare da sua madre.
I saw him saved by a sailor,	Lo vidi salvare da un marinaio.
I had my coat cleaned,	Feci pulire a secco il mio soprabito.

N.B. - I verbi di percezione reggono l'accusativo e il participio passato quando l'azione espressa dall'infinito italiano viene subita dall'oggetto del verbo di percezione. Prendono questa costruzione anche i verbi *to have* e *to get* nei significati corrispondenti all'italiano *fare* seguito da infinito e complemento diretto.

Prefissi e suffissi

Prefissi e suffissi sono elementi compositivi mediante i quali, in entrambe le lingue, si formano nuove parole (i *composti*, appunto). I principali, scelti in base alla frequenza d'uso e al rilievo linguistico, sono trattati nel Dizionario come piccole *voci a sé stanti ragionate.*

Il lettore troverà specificati, accanto a ognuna di queste particelle, l'origine, il corretto impiego e i significati, che possono essere molteplici. Si sono così evitati quegli interminabili elenchi di vocaboli composti che spesso appesantiscono i dizionari, tradendo l'illusione di poter registrare *tutto* il patrimonio lessicale di una lingua, che invece è in continua evoluzione, tanto più nel caso dell'inglese.

Il fatto che le voci dedicate a prefissi e suffissi siano brevemente «ragionate» fornisce al lettore una chiave di lettura per interpretare da sé e comprendere i numerosi neologismi costituiti da parole composte e il livello linguistico in cui si collocano.

-ness [nɪs] *suff.* di origine anglosassone usato per formare sostantivi astratti dagli aggettivi; indica 'l'essere in un dato modo'; it. -ezza; -(i)tà; -anza; - aggine: *sadness*, tristezza; *greatness*, grandezza; *humbleness*, umiltà; *nearness*, prossimità, vicinanza; *sauciness*, sfacciataggine.

neuro- ['njʊərəʊ *amer.* 'nʊrəʊ] *pref.* di origine greca della terminologia scientifica; indica rapporto, relazione con i 'nervi' o col 'sistema nervoso'; it. nevr(o)-, neur(o)-: *neurectomy*, neurectomia; *neuroglia*, nevroglia; *neuroanatomy*, neuroanatomia; *neurodermatitis*, neurodermite; *neurohormonal*, neurormonale; *neurophysiologist*, neurofisiologo.

Parole derivate senza traduzione

Per ovvi motivi di spazio, nella sezione inglese/italiano, molti avverbi e sostantivi derivati di significato facilmente intuibile oppure di scarsa frequenza d'uso sono stati solo segnalati in fondo al lemma dal quale derivano.

frivolmente; sconsideratamente ecc.	**light-minded** [,laɪt'maɪndɪd] *agg.* frivolo, volubile, leggero; sconsiderato // **-ly** *avv.* // **-ness** *s.*
frivolezza; sconsideratezza ecc.	
	tautologic(al) [,tɔ:tə'lɒdʒɪk(l) / tau·to·logic, tau·to·lo·gical] *agg.* (*log.*) tautologico // **-ally** *avv.*
tautologicamente, in modo tautologico	

SIMBOLI FONETICI

VOCALI

i:	these, eat, cheese, field, receive, police, key (it. fine)
ɪ	is, thick, business, chocolate, guitar, foreign, pretty («i» molto breve)
e	leg, head, friend, guest, says, said, bury (it. bello)
æ	and, has, mad, salmon (suono aperto tra la «a» e la «e»)
ɑ:	bath, passed, calf, start, Derby, heart, aunt («a» molto allungata)
ɒ	cot, honest, knowledge, what, want, because (it. rosa)
ɔ:	bore, door, short, mourning, thought, caught, walk, wart, saw, corps, cause, awe, salt (it. corso)
ʊ	put, would, book («u» molto breve)
u:	June, blue, juice, who, shoe, moon, through, flew, wound (it. luna)
ʌ	cup, club, London, company, love, cousin, country, blood («a» molto breve)
ɜ:	herd, were, curt, shirt, work, journey, heard (fr. heure)
ə	banana, policeman, writer, colour, thorough, surprise, bursar, famous, circus («a» quasi muta)

CONSONANTI

p	peg, prize, pepper (it. pane)
b	bed, bread, publish, rubber (it. bene)
t	turtle, Easter, trust, little, late, light, looked, doubt, Thomas (it. tipo)
d	doll, disco, ending, band, sudden (it. dolce)
k	call, academy, octave, kick, choir, burlesque (it. cambio)
m	must, murmur, common, communism, lamb, comb, dumb, paradigm (it. musica)
n	not, kneel, innovation, sign (it. nave)
l	loose, lift, balcony, fault, ball (it. luce)
r	rose, ripe, true, spread, wrought, arrive (it. riva)
f	far, flower, off, philosophy (it. faro)
v	voice, video, advance, of, nephew (it. vite)
s	seat, small, mass, cigarette, curse, nice, fascination, listen, psalm, psychologist (it. sole)
z	zoo, quiz, his, cycles, arms, studies, busy, cause (it. reso)
h	hot, hostel, behold («h» aspirata)
w	went, wonderful, which, where (it. uovo)
g	gas, green, glow, gynaecology, agog, recognize, ignition (it. gara)
tʃ	chair, church, match, nature (it. cinese)
dʒ	joy, gist, gym, rage, judge (it. giardino)
ŋ	bang, seeing, going, ankle, English (fr. cinq)
θ	think, Maths, length («th» sonoro)
ð	those, father, clothe, bathe («th» sordo)
ʃ	shop, rush, sugar, ratio, nation, Fascism, brochure, permission (it. scirocco)
ʒ	measure, television, garage (fr. George)
j	you, yet, beyond (it. iodio)

DITTONGHI

eɪ	cable, plain, bay, whey, steak, weight (it. sceicco)
əʊ	coke, coat, toe, flow, sew, though, folk, haricot, brooch
aɪ	by, side, sight, height, guide, guy (it. mai — con la «i» molto breve)
aʊ	sound, crown, plough, doubt (it. ciao)
ɔɪ	oyster, employment, boy, choice, noise (it. poi — con la «i» molto breve)
ɪə	ear, beard, beer, mere, premier, Shakespeare (it. spia — con la «a» quasi muta)
eə	air, care, bear, Claire, prayer, heir (it. reale — con la «e» aperta)
ʊə	tourist, moor, sure (it. tua — con la «a» quasi muta)

ABBREVIAZIONI

abbigl.	abbigliamento
abbr.	abbreviazione
aer.	aeronautica
agg.	aggettivo, aggettivale
agr.	agricoltura, agraria
amer.	americano
amm.	amministrazione
anat.	anatomia
ant.	antico
antiq.	antiquato
arald.	araldica
arch.	architettura
archeol.	archeologia
art.	articolo
artig.	artigianato
astr.	astronomia
attr.	attributivo
austr.	australiano
aut.	automobile, automobilismo
avv.	avverbio, avverbiale
biochim.	biochimica
biol.	biologia
bot.	botanica
brit.	britannico
card.	cardinale
chim.	chimica
cinem.	cinematografia
comm.	commercio, diritto commerciale
compar.	comparativo
compl.ind.	complemento indiretto
compl.ogg.	complemento oggetto
cond.	condizionale
cong.	congiunzione, congiuntivo
contr.	contrazione
corr.	correlativo
costr.pers.	costruzione personale
cuc.	cucina
deriv.	derivati
det.	determinativo
dimostr.	dimostrativo
dir.	diritto
distr.	distributivo
ecc.	eccetera
eccl.	ecclesiastico
ecol.	ecologia
econ.	economia
edil.	edilizia, costruzioni edilizie
elettr.	elettrologia, elettricità, elettronica
estens.	estensivo
f.	femminile
fam.	familiare
ferr.	ferrovie
fig.	figurato
fil.	filosofia
fin.	finanza
fis.	fisica
fon.	fonetica
form.	formale
fot.	fotografia
fr.	francese
gener.	generalmente
geogr.	geografia
geol.	geologia, petrografia, stratigrafia
ger.	gerundio
gramm.	grammatica
imp.	imperativo
imperf.	imperfetto
impers.	impersonale
ind.	industria
indef.	indefinito
indet.	indeterminativo
indic.	indicativo
inf.	infinito
inform.	informatica
ingl.	inglese
inter.	interiezione
interr.	interrogativo
intr.	intransitivo
invar.	invariato
irl.	irlandese
iron.	ironico
irr.	irregolare
it.	italiano
lat.	latino, latinismo
ling.	linguistica
locuz.	locuzione
log.	logica
lett.	letteratura
letter.	letterario
m.	maschile
mar.	marineria
mat.	matematica, algebra, aritmetica, geometria ecc.
mecc.	meccanica
med.	medicina, patologia, chirurgia, fisiologia
metall.	metallurgia
meteor.	meteorologia
metrol.	metrologia
mil.	militare
min.	mineralogia
miner.	mineraria, ind. o tecn.
mit.	mitologia
mus.	musica, musicale
non com.	non comune
no.pr.	nome proprio
num.	numerale
onom.	onomatopeico
ord.	ordinale
p.p.	participio passato
paleont.	paleontologia
pass.	passato
pers.	personale, persona
pitt.	pittura
pl.	plurale
poet.	poetico
pol.	politica
pop.	popolare
poss.	possessivo
pred.	predicato
pref.	prefisso
prep.	preposizione
pres.	presente
pron.	pronome
prov.	proverbio
psic.	psicologia, psicoanalisi
qlco.	qualcosa
qlcu.	qualcuno
rad.	radiofonia
rar.	raro, raramente
rec.	reciproco
region.	regionale
rel.	relativo
relig.	religione
ret.	retorica
rifl.	riflessivo
s.	sostantivo
scherz.	scherzoso
scient.	scientifico
scoz.	scozzese
scult.	scultura
sing.	singolare
sl.	*slang* (gergo)
s.o.	*someone*
sogg.	soggetto
sp.	spagnolo
spec.	specialmente
spreg.	spregiativo
st.	storia, storico
stat.	statistica
sthg.	*something*
suff.	suffisso
superl.	superlativo
teatr.	teatro
tecn.	tecnologia
ted.	tedesco
tel.	telecomunicazioni
teol.	teologia
tess.	industria tessile
tip.	tipografia
tr.	transitivo
trib.	tributi
tv	televisione
v.	verbo
vet.	veterinaria
volg.	volgare
zool.	zoologia
→	vedi

INGLESE-ITALIANO

Aa

a [eɪ] *pl.* **as**, **a's** [eɪz] *s.* **1** (*prima lettera dell'alfabeto inglese*) a // *from A to B*, da un punto all'altro // *from A to Z*, dall'A alla Z // (*tel.*) — *for Andrew* (o amer. — *for Abel*), a come Ancona **2** (*mat.*) prima quantità nota **3** (*mus.*) *A*, la (sesta nota): *A flat*, la bemolle **4** (*nelle votazioni scolastiche*) il massimo voto, 10 // — *for effort*, (*iron.*, *amer.*) 10 e lode per l'impegno **5** (*maiuscola, seguita da un numero*) indica una strada statale: *...then follow the A 7 for twenty miles*, ...poi segua la A 7 per venti miglia // *A 1* ['eɪ'wʌn] sigla di nave di prima classe (nel registro marittimo dei Lloyds); (*fam.*) eccellente, splendido: *I am A 1*, sto benone.

a[1], **an** [eɪ, æn (*forme forti*) ə, ən, n (*forme deboli*)] *art. indeterminativo* (davanti a consonante e suoni consonantici [ju, wʌ] **a**; davanti a vocale o h muta **an**) **1** un, uno, una, un': *a boy*, un ragazzo; *an egg*, un uovo; *a holiday*, una vacanza; *an honest man*, un uomo onesto; *a European country*, un paese europeo; *a war*, una guerra; *a year*, un anno; *a uniform*, un'uniforme; *an MGM production*, una produzione MGM; *it's a Picasso, a Cadillac*, è un Picasso, una Cadillac **2** (*per indicare una categoria di persone o cose*) ogni, qualsiasi [cfr. *every*, *any*]: *a chemist sells medicines*, un (ogni) farmacista vende medicinali; *a dog is an animal*, un (ogni) cane è un animale **3** il, lo, la, l': *he usually smokes a pipe*, di solito fuma la pipa; *they haven't got a car*, non hanno la macchina; *his father is a lawyer*, suo padre fa l'avvocato, è avvocato; *I can't find a job*, non trovo lavoro **4** (*in espressioni numeriche o di quantità*) uno [cfr. *one*]: *a hundred, a million*, un centinaio, un milione; *a quarter, a third*, un quarto, un terzo; *half an hour*, mezz'ora; *a good many* (o *great many*) *books*, parecchi libri; *a few books*, alcuni libri **5** un certo, una certa; un tale, una tale: *in a sense*, in un certo senso; *a Mrs Carter called*, ha telefonato una certa Signora Carter **6** stesso, stessa [cfr. *same*]: *to be of a mind*, essere della stessa opinione; *they were all of a colour*, erano tutti dello stesso colore; *come in two at a time*, entrate due alla volta **7** (*con valore distr.*) ciascuno; a, al [cfr. *each*]: *once a year*, una volta l'anno; *15 pence a pound*, 15 pence la libbra; *fifty kilometres an hour*, 50 chilometri all'ora; *so much a head*, un tanto a testa // Con gli agg. *many*, *such*, *what* e con agg. preceduti da *as*, *how*, *so*, *too*, viene posposto e talvolta non si traduce: *many a time*, molte volte; *what a nuisance!*, che seccatura!; *I've never met such a kind man*, non ho mai conosciuto un uomo così gentile; *it was as comfortable a house as I expected*, era una casa comoda come mi aspettavo; *it would be too hard a job for her*, sarebbe un lavoro troppo difficile per lei.

a[2] [ə] *prep.* (*letter.*, *dial.*) (in unione a nomi verbali per accentuare la continuità dell'azione, spec. dopo *to go* e *to set*): *he set the bell a-ringing*, fece suonare la campana; *to go a-hunting*, andare a caccia; *young lovers meet, old wives a-sunning sit*, (R. NASH) i giovani innamorati si incontrano, le vecchie signore siedono a prendere il sole.

a[3] *pron.* (*ant.*) per *he*, egli; *she*, ella; *it*, esso, essa; *they*, essi, esse: *and so a goes to heaven*, (SH. Hamlet) e così se ne va in cielo.

a[4] (*dial.* per *have*): *who would a thought it!*, chi l'avrebbe pensato!

a[5] (*ant.* per *of*) di: *cloth a gold*, (SH. Much Ado) tessuto d'oro.

a- [eɪ] *pref.* di origine greca con significato privativo che entra nella composizione di alcuni aggettivi; it. a-: *apolitical*, apolitico; *asexual*, asessuato; *amoral*, amorale.

aardvark ['ɑːdvɑːk / aard·vark] *s.* (*zool.*) (*Orycteropus afer*) oritteropo SIN. earth-pig • Voce di origine africana che significa 'maiale di terra'.

aardwolf ['ɑːdwʊlf / aard·wolf] *pl.* **aardwolves** ['ɑːdwʊlvz / aard·wolves] *s.* (*zool.*) (*Proteles cristatus*) protele cristato • Voce di origine africana che significa 'lupo di terra'.

Aaron's beard ['eərənzbɪəd / Aar·on's beard] *s.* (*bot.*) (*Hypericum perforatum*) erba di San Giovanni; (*scient.*) iperico SIN. great St. John's wort.

Aaron's rod ['eərənz'rɒd] *s.* (*bot.*) (*Verbascum thapsum*) barbasso, tasso barbasso, verbasco, verga d'oro SIN. great mullein, goldenrod.

abaca ['æbəkeɪ / ab·aca] *s.* (*bot.*) (*Musa textilis*) abaca, canapa di Manila.

aback [ə'bæk] *avv.* **1** (*mar.*) accollo (di vele): *to take* —, prendere accollo **2** (*ant.*) dietro, di dietro, all'indietro **3** *to be taken* —, essere sorpreso, preso alla sprovvista.

abacus ['æbəkəs / aba·cus] *pl.* **abacuses** ['æbəkəsɪz / aba·cuses] **abaci** ['æbəkaɪ / aba·ci] *s.* **1** abaco; pallottoliere **2** (*arch.*) abaco.

Abaddon [ə'bædən / Ab·ad·don] *s.* **1** 'il distruttore', 'l'angelo dell'abisso'; il diavolo **2** (*poet.*) l'Inferno.

abaft [ə'bɑːft *amer.* ə'bæft / ab·aft] *avv.* e *prep.* (*mar.*) a poppa, a poppavia.

abalone ['æbələʊniː / ab·a·lo·ne] *s.* (*zool.*) (*Haliotis tuberculata*) orecchia di mare SIN. ear-shell • Voce di origine ispano-americana.

abandon [ə'bændən / aban·don] *s.* trasporto, effusione; abbandono.

to **abandon** *v.tr.* **1** abbandonare, lasciare: — *ship!*, abbandonare la nave!; *to — oneself to*, abbandonarsi, lasciarsi andare, darsi a **2** desistere; rinunciare a: *they abandoned all hope*, rinunciarono ad ogni speranza **3** (*Borsa*) recedere da un contratto a premio **4** (*inform.*) chiudere senza salvare.

abandoned [ə'bændənd / aban·doned] *agg.* **1** abbandonato; desolato **2** sfrenato, irrefrenabile **3** (*non com.*) depravato, dissoluto.

abandonee [ə,bændə'niː / aban·donee] *s.* (*dir.*) abbandonatario (assicuratore marittimo, cessionario dei diritti sulla cosa assicurata o su quanto rimanga di essa).

abandoner [ə'bændənə* / aban·don·er] *s.* chi abbandona.

abandoning [ə'bændənɪŋ / aban·don·ing] *s.* **1** abbandono **2** (*dir.*) cessione di beni.

abandonment [ə'bændənmənt / aban·don·ment] *s.* **1** abbandono; rinuncia: — *of an action*, rinuncia a un'azione legale **2** (*dir.*) cessione (di beni) **3** abbandono; trasporto, effusione.

to **abase** [ə'beɪs] *v.tr.* **1** umiliare, avvilire, degradare: *to — oneself*, abbassarsi, umiliarsi **2** (*rar.*) abbassare.

abasement [ə'beɪsmənt / abase·ment] *s.* umiliazione, mortificazione, avvilimento.

to **abash** [ə'bæʃ] *v.tr.* confondere, sconcertare, mettere nell'imbarazzo: *to stand, to be abashed*, trovarsi, essere in imbarazzo.

abashment [ə'bæʃmənt / abash·ment] *s.* confusione, imbarazzo, vergogna.

to **abate** [ə'beɪt] *v.tr.* **1** diminuire, ridurre; abbassare; mitigare, alleviare; calmare; rallentare (il passo): *the doctor gave him some medicine to — his pain*, il dottore gli diede una medicina per alleviargli il dolore **2** por fine a, far cessare: *we must — pollution in our big cities*, dobbiamo eliminare l'inquinamento nelle nostre città **3** (*comm.*) ribassare (prezzi); defalcare, detrarre **4** (*dir.*) estinguere; ridurre **5** (*tecn.*) ridurre di spessore (asportando una parte del materiale); ribassare; sgrossare ◆ *v.intr.* **1** diminuire; calmarsi; indebolirsi; abbassarsi (di acque): *the storm abated*, la tempesta si calmò **2** diventar nullo (di rivendicazione ecc.).

abatement [ə'beɪtmənt / abate·ment] *s.* **1** diminuzione; riduzione; indebolimento; abbassamento (di acque); il placarsi, calmarsi (di vento, tempesta ecc.) **2** abolizione, soppressione: *noise — measures*, provvedimenti contro i rumori **3** (*comm.*) ribasso, abbuono; (*trib.*) sgravio fiscale; abbattimento, riduzione dell'imposta da pagare: *— of purchase money*, abbuono sul prezzo d'acquisto **4** (*dir.*) estinzione; riduzione; sospensione (del giudizio) **5** (*tecn.*) la parte eliminata (per ridurre uno spessore); sgrosso.

abattoir ['æbətwɑ:* *amer.* ˌæbə'twɑ:* / ab·at·toir] *s.* mattatoio.

abaxial [æb'æksɪəl / ab·ax·ial] *agg.* (*scient.*) abassiale.

abb [æb] *s.* **1** filo di trama **2** (*amer.*) filo di ordito ricavato da lana di qualità scadente.

abbacy ['æbəsɪ / ab·bacy] *s.* carica, titolo di abate, abbazia.

abbatial [ə'beɪʃl / ab·ba·tial] *agg.* abbaziale.

abbé ['æbeɪ *amer.* æ'beɪ] *s.* abate (titolo).

abbess ['æbɪs / ab·bess] *s.* badessa.

abbey ['æbɪ / ab·bey] *s.* abbazia.

abbot ['æbət / ab·bot] *s.* abate.

abbotship ['æbətʃɪp / ab·bot·ship] *s.* ufficio, dignità di abate.

to **abbreviate** [ə'bri:vɪeɪt / ab·bre·vi·ate] *v.tr.* abbreviare, accorciare, ridurre.

abbreviation [ə'bri:vɪ'eɪʃn / ab·bre·vi·ation] *s.* abbreviazione, riduzione.

ABC [ˌeɪbi:'si:] *s.* abbiccì, alfabeto: *he is only three but he already knows his —*, ha solo tre anni ma conosce già l'alfabeto // *— art*, (*amer.*) arte minimalista.

ABC Powers [ˌeɪbi:'si:'paʊəz] *s.pl.* (*amer.*) Argentina, Brasile e Cile.

abdicant ['æbdɪkənt / ab·dic·ant] *agg.* e *s.* (*non com.*) abdicante.

to **abdicate** ['æbdɪkeɪt / ab·dic·ate] *v.tr.* e *intr.* abdicare (a), rinunciare a: *to — (from) the throne*, abdicare, rinunciare al trono.

abdication [ˌæbdɪ'keɪʃn / ab·dica·tion] *s.* abdicazione, rinuncia.

abdomen ['æbdəmen / ab·do·men] *s.* (*anat.*) addome.

abdominal [æb'dɒmɪnl / ab·dom·inal] *agg.* addominale.

abdomino- [æb'dɒmɪnəʊ / ab·domino] *pref.* di origine latina; it. addomino-: *abdominogenital*, addominogenitale.

abdominous [æb'dɒmɪnəs / ab·dom·in·ous] *agg.* (*non com.*) panciuto.

abducens [æb'dju:səns / ab·du·cens] *pl.* **abducentes** [æbdju:'sentɪz / ab·du·cen·tes] *s.* (*anat.*) (nervo) abducente.

abducent [æb'dju:sənt / ab·du·cent] *agg.* (*anat.*) abducente.

to **abduct** [æb'dʌkt / ab·duct] *v.tr.* **1** rapire, sequestrare **2** (*med.*) abdurre.

abduction [æb'dʌkʃn / ab·duc·tion] *s.* **1** rapimento, sequestro di persona, ratto **2** (*med.*) abduzione.

abductor [æb'dʌktə* / ab·ductor] *s.* **1** rapitore **2** (*anat.*) (muscolo) abduttore.

abeam [ə'bi:m] *avv.* (*mar.*, *aer.*) al traverso: *to be — of an island, of a beacon*, essere al traverso di un'isola, di un radiofaro // *to go with the wind —*, andare a mezza nave.

abecedarian [ˌeɪbi:si:'deərɪən / abe·ce·dar·ian] *agg.* **1** disposto in ordine alfabetico **2** elementare ◆ *s.* (*spec. amer.*) scolaro che impara l'alfabeto; principiante.

abed [ə'bed] *avv.* a letto: *to be —*, essere a letto.

abele [ə'bi:l] *s.* (*bot.*) (*Populus alba*) pioppo bianco, gattice SIN. **white poplar** • Voce di origine olandese che significava 'bianco'.

Abelian [ə'bi:ljən / Abel·ian] *agg.* (*mat.*) abeliano.

abelmosk ['eɪbəlmɒsk / abel·mosk] *s.* (*bot.*) (*Hibiscus abelmoschus*) abelmosco; (*pop.*) ambretta.

aberdevine [ˌæbədə'vaɪn / ab·er·de·vine] *s.* (*zool.*, *pop.*) lucherino → **siskin**.

Aberdonian [ˌæbə'dəʊnjən / Ab·er·do·nian] *agg.* e *s.* (abitante) di Aberdeen.

aberrance [æ'berəns / ab·er·rance] **aberrancy** [æ'berənsɪ / ab·er·rancy] *s.* aberrazione, deviazione, anormalità.

aberrant [æ'berənt / ab·er·rant] *agg.* **1** aberrante, deviato, anormale **2** (*zool.*, *bot.*) aberrante.

aberration [ˌæbə'reɪʃn / ab·er·ra·tion] *s.* **1** aberrazione, deviazione, anormalità: *it was the result of a moment's —*, fu il risultato di un momento di aberrazione **2** (*scient.*) aberrazione: *cromatic —*, aberrazione cromatica; *spherical —*, aberrazione sferica; (*fis.*) *— of light*, aberrazione della luce; (*biol.*) *chromosome —*, anomalia cromosomica.

to **abet** [ə'bet] *pass.p.p.* **abetted** [ə'betɪd / abet·ted] *v.tr.* incoraggiare; favoreggiare, aver parte in (azione criminosa ecc.); rendersi complice di qlcu.: *to — s.o. in a crime*, essere complice di qlcu. in un delitto; *you're always abetting his mistakes*, sei sempre pronto a coprire i suoi errori // (*dir.*) *to aid and — s.o.*, essere complice di qlcu.

abetment [ə'betmənt / abet·ment] *s.* favoreggiamento, complicità (in un delitto).

abetter, **abettor** [ə'betə* / abet·ter] *s.* favoreggiatore, complice.

abetting [ə'betɪŋ / abet·ting] *s.* (*dir.*) favoreggiamento.

abeyance [ə'beɪəns / abey·ance] *s.* sospensione (di legge ecc.); vacanza (di carica): *the matter is still in —*, la questione è ancora in sospeso; *to leave a decree in —*, sospendere un decreto; *a law fallen into —*, una legge decaduta, non più in vigore // (*dir.*): *estate in —*, eredità vacante; *land in —*, beni giacenti.

to **abhor** [əb'hɔ:* / ab·hor] *pass.p.p.* **abhorred** [əb'hɔ:d] *v.tr.* **1** aborrire, detestare; avere orrore di, rifuggire da: *to — war, racism, waste*, aborrire, detestare la guerra, il razzismo, lo spreco; *I — people who are always late*, detesto la gente che è sempre in ritardo **2** (*ant.*) fare inorridire: *it do's abhor me now / I speak the word*, (SH. Othello) mi ripugna solo pronunciare la parola.

abhorrence [əb'hɒrəns *amer.* əb'hɔ:rəns / ab·hor·rence] *s.* **1** avversione, orrore; ripugnanza: *to hold in —*, avere in orrore **2** (*ant.*) ciò che suscita avversione, orrore, ripugnanza.

abhorrent [əb'hɒrənt *amer.* əb'hɔ:rənt / ab·hor·rent] *agg.* **1** odioso; ripugnante, disgustoso: *to be — to s.o.*, essere odioso a qlcu. **2** (*to*) contrario a, incompatibile con: *— to his principles*, incompatibile con i suoi principi; *— to nature*, contro natura **3** (*non com.*) (*of*, ant. *from*) avverso a, contrario a: *— of excess, of compromises*, contrario agli eccessi, ai compromessi.

abidance [ə'baɪdəns / abid·ance] *s.* **1** osservanza, rispetto, il conformarsi: *— by the rules of the game*, l'osservare le regole del gioco **2** (*ant.*) dimora, il dimorare.

to **abide** [ə'baɪd] *pass.p.p.* **abode** [ə'bəʊd] **abided** [ə'baɪdɪd] *v.tr.* **1** sopportare, tollerare: *I can't — him*, non lo posso soffrire; *I cannot — seeing* (o *to see*) *such things*, non posso vedere cose del genere; *which the ladies cannot abide*, (SH. Midsummer) il che non andrà a genio alle signore **2** (*non com.*) sostenere, resistere a: *to — the assault of the enemy*, sostenere l'attacco del nemico **3** (*antiq.*) aspettare, attendere **4** (*ant.*, *letter.*) (talvolta confuso con *abye*) pagare: *if it be found so, some will dear abide it*, (SH. Julius Caesar) se è così qualcuno la pagherà cara ◆ *v.intr.* (*letter.*, *ant.*) **1** rimanere, restare: *Though much is taken, much abides*, (TENNYSON) Sebbene molto sia tolto, molto rimane **2** dimorare, abitare: *And ware no clothes, neither abode in any house, but in the tombs*, (BIBBIA) E non vestiva abiti, né abitava casa che non fosse tomba.

□ **abide by** *v.intr.* e *prep.* tener fede a, attenersi a, conformarsi a; rispettare: *to — by a decision, the law, the rules*, attenersi a una decisione, alla legge, alle regole; *to — by a promise*, mantenere una promessa.

abiding [ə'baɪdɪŋ / abid·ing] *agg.* costante, stabile, durevole, duraturo: *an — glory*, una gloria durevole, duratura // **-ly** *avv.*

Abie ['eɪbɪ] *s.* (*sl. amer.*) **1** maschio ebreo **2** sarto.

abietic acid ['æbɪeɪtɪk'æsɪd] *s.* (*chim.*) acido abietico.

ability [ə'bɪlətɪ / abil·ity] *s.* capacità, abilità; competenza; talento: *a man of great —* (o *abilities*), un uomo di grande talento; *to the best of one's —* (o *abilities*), al meglio delle proprie capacità; *natural abilities*, talento naturale // (*trib.*) *— to pay*, capacità contributiva.

-ability [-əbɪlɪtɪ] (anche *-ibility*) *suff.* di origine latina usato per formare sostantivi astratti dagli agg. in *-able*, *-ible*; it. -abilità; -ibilità; -ezza: *absorbability*, assorbibilità; *manageability*, maneggevolezza; *acquirability*, acquistabilità.

abintestate [ˌæbɪn'testɪt / ab·in·test·ate] *agg.* (*dir.*) ab intestato.

abiocoen [ˌeɪbaɪəʊ'kəʊen / abio·coen] *s.* (*ecol.*) abiocenosi.

abiogenesis [ˌeɪbaɪəʊ'dʒenɪsɪs / abio·gen·esis] *s.* (*biol.*) abiogenesi.

abiogenetic [ˌeɪbaɪəʊdʒɪ'netɪk / abio·gen·etic] *agg.* (*biol.*) abiogenetico.

abiogeny [ˌeɪbaɪ'ɒdʒɪnɪ / abio·geny] *s.* (*biol.*) abiogenesi.

abiotic [æbɪ'ɒtɪk / abi·otic] *agg.* (*biol.*) abiotico // (*ecol.*) *— environment*, ambiente abiotico.

abject ['æbdʒekt / ab·ject] *agg.* **1** abietto, vile, spregevole (di persone) **2** miserabile; degradante, disonorevole: *— poverty*, miseria degradante ◆ *s.* (*rar.*) reietto // **-ly** *avv.*

abjection [æb'dʒekʃn / ab·jec·tion] *s.* **1** (*non com.*) abiezione **2** (*bot.*) espulsione (di spore).

abjectness [ˈæbdʒektnɪs / ab·ject·ness] *s.* abiezione, miseria spirituale, bassezza, viltà.

abjuration [ˌæbdʒʊəˈreɪʃn / ab·jura·tion] *s.* abiura.

to **abjure** [əbˈdʒʊə* / ab·jure] *v.tr.* abiurare; sconfessare.

abjurer [əbˈdʒuərə* / ab·jurer] *s.* chi abiura.

ablactation [ˌæbləkˈteɪʃn / ab·lacta·tion] *s.* svezzamento, divezzamento.

to **ablate** [əˈbleɪt / ab·late] *v.tr.* (*scient.*) **1** asportare mediante ablazione **2** causare ablazione ◆ *v.intr.* (*geol.*, *tecn.*) fondere, evaporare, sublimare per ablazione; subire il processo di ablazione.

ablation [æbˈleɪʃn / ab·la·tion] *s.* **1** (*scient.*) ablazione // (*geol.*) — *moraine*, morena di ablazione; (*idrologia*) — *factor*, fattore di ablazione **2** (*med.*) asportazione.

ablative[1] [ˈæblətɪv / ab·lat·ive] *agg.* e *s.* (*gramm.*) ablativo: — *absolute*, ablativo assoluto; *in the* —, all'ablativo.

ablative[2] *agg.* (*tecn.*) ablativo: — *agent*, materiale ablativo; — *shielding*, scudo di ablazione, scudo termico; — *cooling*, raffreddamento mediante ablazione.

ablator [əˈbleɪtə* / ab·lator] *agg.* ablatore ◆ *s.* **1** ablatore **2** (*tecn.*) scudo termico, scudo di ablazione.

ablaut [ˈæblaʊt / ab·laut] *s.* (*gramm.*) apofonia.

ablaze [əˈbleɪz] *avv.* in fiamme ◆ *agg.* **1** in fiamme **2** (*fig.*) risplendente; ardente: *her face was — with anger*, il suo volto era rosso di collera; *the house was — with lights*, la casa risplendeva di luci.

able [ˈeɪbl] *agg.* **1** capace, abile; esperto, competente: *an — tennisplayer, violinist*, un tennista, un violinista capace; *an — manager, secretary*, un manager, una segretaria competente; *an — speech, criticism*, un abile discorso, un'abile critica; *a very — man*, un uomo di grandi capacità **2** (*dir.*) capace **3** *to be — to*, essere capace, essere in grado di: *I'll never be — to do this*, non sarò mai capace, non potrò mai fare ciò; *he has never been — to drive*, non ha mai saputo guidare; *not being — to go, I rang them up*, non potendo andare, telefonai • Tale costruzione sostituisce il verbo *can* nelle forme mancanti.

to **able** *v.tr.* (*ant.*) garantire: *none does offend, none, I say none, I'll able 'em*, (SH. King Lear) nessuno offende, nessuno, dico nessuno, garantisco per loro.

-able [əbəl] (*suff.* di origine latina usato per formare aggettivi, per lo più da verbi; it. -abile, -ibile; -evole: *washable*, lavabile; *understandable*, comprensibile; *comfortable*, confortevole; *manageable*, maneggevole.

able-bodied [ˌeɪblˈbɒdɪd] *agg.* robusto, forte; (*mil.*) idoneo, abile // — *seaman* → able seaman.

able seaman [ˌeɪblˈsiːmən] *s.* (*mar.*) marinaio scelto.

abloom [əˈbluːm] *avv.* e *agg.* (*poet.*, *letter.*) in fiore, fiorito.

ablush [əˈblʌʃ] *avv.* e *agg.* (*poet.*, *letter.*) soffuso di rossore.

ablution [əˈbluːʃn / ab·lu·tion] *s.* **1** (*relig.*) abluzione **2** *spec.pl.* (*fam.*, *scherz.*) lavaggi, abluzioni.

ably [ˈeɪblɪ] *avv.* abilmente, destramente.

to **abnegate** [ˈæbnɪgeɪt / ab·neg·ate] *v.tr.* (*non com.*) **1** rinunciare a **2** rinnegare, abiurare.

abnegation [ˌæbnɪˈgeɪʃn / ab·nega·tion] *s.* **1** abnegazione, spirito di sacrificio; rinuncia **2** abiura.

abnormal [æbˈnɔːml / ab·nor·mal] *agg.* anormale, anomalo, abnorme // (*inform.*): — *condition*, anomalia; — *operation*, malfunzionamento // **-ly** *avv.*

abnormality [ˌæbnɔːˈmælətɪ / ab·nor·mal·ity] *s.* anormalità; anomalia.

abnormity [æbˈnɔːmətɪ / ab·norm·ity] *s.* (*rar.*) anormalità; anomalia.

abo [ˈæbəʊ] *pl.* **abos** [ˈæbəʊz] *s.* (*spreg.*) abbr. di → **aborigine** 1.

aboard [əˈbɔːd] *avv.* **1** a bordo: *to go* (o *get*) —, imbarcarsi, salire a bordo; *to take* —, imbarcare, prendere a bordo // *all —!*, signori, in vettura! **2** (*ant.*) a fianco di ◆ *prep.* a bordo di: — *a ship*, a bordo di una nave.

abode[1] [əˈbəʊd] *pass.p.p.* di to **abide**.

abode[1] *s.* (*letter.* o *scherz.*) soggiorno; dimora, residenza: *to take up one's* —, stabilire la propria residenza // (*dir.*): *of* (o *with*) *no fixed* —, senza fissa dimora; *place of* —, domicilio legale.

abode[2], **abodement** [əˈbəʊdmənt / abode·ment] *s.* (*ant.*) cattivo presagio: *...abodements must not affright us*, (SH. Henry VI) ...i cattivi presagi non ci debbono spaventare.

to **abode**[2] *v.tr.* (*ant.*) annunciare; presagire.

aboil [əˈbɔɪl] *avv.* in bollore ◆ *agg.* (*poet.*, *letter.*) bollente.

to **abolish** [əˈbɒlɪʃ / ab·ol·ish] *v.tr.* abolire, sopprimere, annullare: *to — a law, a privilege*, abolire una legge, un privilegio.

abolishment [əˈbɒlɪʃmənt / ab·ol·ish·ment] *s.* (*rar.*) → **abolition**.

abolition [ˌæbəʊˈlɪʃn / ab·oli·tion] *s.* abolizione, annullamento.

abolitionism [ˌæbəʊˈlɪʃənɪzəm / ab·oli·tion·ism] *s.* abolizionismo.

abolitionist [ˌæbəʊˈlɪʃənɪst / ab·oli·tion·ist] *s.* abolizionista.

abomasum [ˌæbəˈmeɪsəm / ab·om·asum] *pl.* **abomasa** [ˌæbəˈmeɪsə] **abomasus** [ˌæbəˈmeɪsəs] *pl.* **abomasi** [ˌæbəˈmeɪsiː] (*zool.*) abomaso.

A-bomb [ˈeɪbɒm] *s.* bomba atomica.

abominable [əˈbɒmɪnəbl / ab·om·in·able] *agg.* abominevole, detestabile, odioso; (*fam.*) disgustoso: — *behaviour*, un comportamento detestabile; *an — dinner*, un pranzo disgustoso // **-bly** *avv.*

to **abominate** [əˈbɒmɪneɪt / ab·om·in·ate] *v.tr.* aborrire, avere in odio, detestare: *to — the horrors of war*, aborrire gli orrori della guerra.

abomination [əˌbɒmɪˈneʃn / ab·om·ina·tion] *s.* **1** abominio, odio; (*fam.*) disgusto, schifo: *to be held in — by s.o.* (o *to be an — to s.o.*), essere in odio a qlcu. // *it's a real* —, è una schifezza, è uno schifo **2** infamia: *it is an — before the Lord!*, è un sacrilegio!

aboral [æˈbɔːrəl / ab·or·al] *agg.* (*scient.*) aborale.

aboriginal [ˌæbəˈrɪdʒnl / ab·ori·ginal] *agg.* e *s.* aborigeno; indigeno.

aborigine [ˌæbəˈrɪdʒəniː / ab·ori·gine] *s.* **1** aborigeno; indigeno **2** *pl.* (*ecol.*) flora e fauna autoctone.

abort [əˈbɔːt] *s.* **1** (*aer.*) fallimento, insuccesso; missione fallita; azione interrotta (gener. per guasto tecnico); interruzione di lancio // — *zone*, zona di ricaduta per lanci falliti **2** (*inform.*) arresto, interruzione di esecuzione (di un programma): — *routine*, routine di abbandono.

to **abort** *v.intr.* **1** abortire (*anche fig.*) **2** (*biol.*) bloccarsi (di crescita o di sviluppo); insterilirsi ◆ *v.tr.* **1** fare abortire **2** bloccare, interrompere: *the rocket launch was aborted for the second time*, il lancio del missile fu bloccato per la seconda volta; *the publicity campaign was aborted at the last minute*, la campagna pubblicitaria fu bloccata all'ultimo momento // (*mil.*) *aborted firing*, contrordine di tiro **3** (*inform.*) fermare, sospendere, interrompere (un programma): *aborting procedure*, procedura di abbandono.

aborticide [əˈbɔːtɪsaɪd / abort·icide] *s.* (*med.*) sostanza abortiva, abortivo.

abortifacient [əˌbɔːtɪˈfeɪʃənt / abor·ti·fa·cient] *agg.* e *s.* (*med.*) abortivo.

abortigenic [əˈbɔːtɪdʒiːnɪk / abor·ti·genic] *agg.* (*med.*) abortivo.

abortion [əˈbɔːʃn / abor·tion] *s.* **1** aborto (*anche fig.*): *spontaneous* —, aborto spontaneo; *induced* —, aborto provocato, procurato; *back-street* —, aborto clandestino **2** (*biol.*) atrofizzazione **3** (*inform.*) interruzione imprevista (di programma ecc.).

abortionist [əˈbɔːʃnɪst / abor·tion·ist] *s.* chi procura l'aborto; fautore dell'aborto; (medico) abortista.

abortive [əˈbɔːtɪv / abort·ive] *agg.* **1** (*fig.*) abortito, fallito, mancato; vano **2** abortivo **3** (*biol.*) non sviluppato; mal formato **4** (*rar.*) prematuro // **-ly** *avv.*

abortiveness [əˈbɔːtɪvnɪs / abort·ive·ness] *s.* insuccesso.

abortus [əˈbɔːtəs] *s.* (*med.*) feto abortito.

aboulia e *deriv.* → **abulia** e *deriv.*

to **abound** [əˈbaʊnd] *v.intr.* **1** abbondare, essere in gran quantità: *fish abound in this lake*, i pesci abbondano in questo lago **2** abbondare di, essere ricco di: *this lake abounds in* (meno com. *with*) *fish*, questo lago è ricco di pesci.

abounding [əˈbaʊndɪŋ / abound·ing] *agg.* ricco: *country — in wheat*, paese ricco di grano.

about [əˈbaʊt] *avv.* **1** circa, pressappoco; quasi [cfr. *approximately*]: — *half*, circa la metà; *at — nine*, alle nove circa; *he is — my age*, ha pressappoco la mia età; *it's — right*, va quasi bene, è quasi giusto; *dinner was — ready*, la cena era quasi pronta **2** intorno, attorno; in giro, qua e là [cfr. *around*]: *to look* —, guardarsi attorno; *to leave one's things* —, lasciare in giro le proprie cose; *to put a tale* —, mettere in giro una voce **3** nei pressi, nei dintorni [cfr. *around*]: *there must be a hotel — here*, ci dev'essere un albergo da queste parti, nei dintorni; *to be up and* —, essere in piedi, essere attivo **4** in direzione opposta: *it's the wrong way* —, è dalla parte opposta; (*fig.*) è il contrario, viceversa **5** si usa per formare *phrasal verbs*: p.e. *to be* —, *to bring* —, *to come* —, *to lie* —, *to turn* — ecc.; cfr. tali verbi.

about *prep.* **1** circa, riguardo a: *to talk* —

s.o., *sthg.*, parlare di qlcu., qlco.; *I don't know much — it*, non so molto al riguardo, in proposito; *what are you worried —?*, di che cosa ti preoccupi?; *I'll think — it*, ci penserò; *he doesn't care — politics*, la politica non gli interessa; *we've read a lot — Shakespeare*, abbiamo letto molto su Shakespeare; *I'll tell you all — it*, ti dirò tutto al riguardo; *send him — his business!*, mandalo per i fatti suoi!; *to go* (o *to set*) *— sthg.*, occuparsi di qlco., trattare qlco. // In frasi interrogative precedute da *how* o *what*: che ne dici, dite di?, che ne diresti, direste di?, e quanto a...?; *what — going to the cinema?*, che ne diresti di andare al cinema?; *how — having a rest?*, e se ci riposassimo?; *how* (o *what*) *— them?*, e (quanto a) loro? **2** intorno a, in giro per [cfr. *around* o *round*]: *the countryside — London*, la campagna intorno a Londra; *to walk — the streets*, camminare per le strade; *don't leave your things scattered — the room*, non lasciare le tue cose sparse per la stanza **3** nei pressi di, vicino a [cfr. *around, round*]: *she must live — here*, deve abitare da queste parti, qui vicino **4** con, in: *he had no money — him*, non aveva soldi con sé; *there's something — her I don't like*, c'è qualcosa in lei che non mi va **5** *to be —* (+ inf.), stare per → to be.

to **about** *v.tr.* (*mar.*) far virare di bordo.

(to) **about-face** [ə'baʊtfeɪs] *s.* e *v.intr.* (*spec. amer.*) → (to) **about-turn**.

about-turn [ə'baʊt,tɜ:n] *s.* **1** dietrofront **2** inversione di marcia, di rotta **3** (*fig.*) voltafaccia AMER. about-face.

to **about-turn** *v.intr.* **1** fare un dietrofront **2** invertire la marcia, la rotta **3** (*fig.*) fare un voltafaccia, fare dietrofront. AMER. to about-face.

above [ə'bʌv] *avv.* **1** (di) sopra, al di sopra, in luogo più elevato; lassù (*anche fig.*): *the room —*, la camera di sopra, al piano di sopra; *we could see the valley from —*, vedevamo la valle dall'alto; *the sky —*, il cielo lassù; *a voice from —*, una voce dall'alto; *orders from —*, ordini dall'alto, superiori **2** sopra, precedentemente (con riferimento a un testo, un articolo e simili): *as —*, come sopra; *see —*, vedi sopra // *in addition to the —*, oltre a quanto sopra detto **3** oltre, in più: *it was forty degrees and —*, c'erano quaranta gradi e oltre.

above *prep.* **1** su, sopra, al di sopra di, più in alto di (*anche fig.*) [cfr. *over*]: *the jet flew — the clouds*, il jet volò al di sopra delle nuvole; *he was swimming with his head — water*, nuotava con la testa a fior d'acqua; *the hills — the town*, le colline sovrastanti la città; *800 metres — sea level*, 800 metri sul livello del mare; *his behaviour is — criticism*, la sua condotta è al di sopra di ogni critica; *he prized him — all his friends*, lo stimava al di sopra di tutti i suoi amici; *she is — telling a lie*, non si abbassa a dire bugie; *they were all — me (in rank)*, erano tutti di grado superiore al mio **2** più di, oltre (un certo livello): *— ten*, più di dieci; *it was ten degrees — (zero)*, c'erano dieci gradi sopra lo zero; *only people — the age of eighteen were admitted*, erano ammesse solo persone al di sopra dei diciotto anni; *— all*, soprattutto, più di tutto; *over and —*, oltre a **3** al di là di, oltre [cfr. *beyond*]: *this is — my understanding*, ciò va al di là della mia comprensione; *to get — oneself*, montarsi la testa.

aboveboard [ə'bʌv'bɔ:d / above·board] *agg.* corretto, onesto; irreprensibile: *his behaviour was —*, il suo comportamento era irreprensibile; *it's all —*, è tutto corretto, legale ◆ *avv.* in modo corretto, lealmente, apertamente.

above-cited [ə,bʌv'saɪtɪd] *agg.* → **above -mentioned**.

above-ground [ə,bʌv'graʊnd] *agg.* (*fam.*) vivo, non sottoterra.

above-mentioned [ə,bʌv'menʃənd] **above-named** [ə,bʌv'neɪmd] *agg.* suddetto, summenzionato.

above the line [ə,bʌvðə'laɪn] *agg.* **1** (*amm.*) ordinario, corrente (di spesa o entrata) **2** (*econ.*) *above the line* (detto della sezione della bilancia dei pagamenti in cui sono registrate le transazioni autonome).

abracadabra [,æbrəkə'dæbrə / ab·ra·ca·dabra] *s.* abracadabra (parola cabalistica); incantesimo, formula magica; parole a vuoto.

to **abrade** [ə'breɪd / ab·rade] *v.tr.* **1** irritare; scorticare, scorticarsi (la pelle); corrodere, logorare (*anche fig.*) **2** (*tecn.*) abradere, raschiare: *to — with emery*, smerigliare; *to — with a grinding-wheel*, molare **3** (*geol.*) abradere, erodere: *the waves — the rocks*, le onde erodono le rocce ◆ *v.intr.* irritarsi; scorticarsi; corrodersi, logorarsi (*anche fig.*).

Abraham ['eɪbrəhæm / Ab·ra·ham] *no.pr.m.* Abramo // *— -man, Abram-man*, (*ant.*) accattone che finge di essere ammalato di mente • In origine soprannome dato ai ricoverati nell'omonimo reparto del manicomio di Bedlam a Londra mandati a chiedere l'elemosina per le strade della città // *to sham —*, fingere di essere ammalato // *in —'s bosom*, in uno stato di beatitudine celeste.

abram ['eɪbrəm / ab·ram] *agg.* (*ant.*) castano rossiccio: *...not that our heads are some brown, some black, some abram*, (SH. Coriolanus) ...non perché le nostre teste siano alcune brune, altre nere, altre castane • Forse deformazione pop. di *auburn*.

abranchial [æ'bræŋkɪəl / a·bran·chial] **abranchiate** [æ'bræŋkɪeɪt / a·bran·chi·ate] *agg.* (*zool.*) abranchiato.

abrasion [ə'breɪʒn / ab·ra·sion] *s.* **1** (*med.*) abrasione; escoriazione **2** (*geol., tecn.*) abrasione: *— platform*, piattaforma di abrasione; *— test*, prova di abrasione.

abrasive [ə'breɪsɪv / ab·ras·ive] *agg.* **1** abrasivo: *— belt*, nastro abrasivo; *— cloth*, tela smeriglio; *— blasting*, sabbiatura; *— jet cleaning*, pulitura con getto abrasivo **2** (*fig.*) irritante, graffiante ◆ *s.* abrasivo.

abrasiveness [ə'breɪsɪvnɪs / ab·ras·ive·ness] *s.* abrasività; potere abrasivo.

abraxas [ə'bræksæks / ab·rax·as] *s.* (*zool.*) (*Abraxas grossulariata*) geometra del ribes.

abreaction [,æbrɪ'ækʃn / ab·re·ac·tion] *s.* (*psic.*) abreazione.

abreast [ə'brest] *avv.* **1** fianco a fianco, di fianco: *to come — of a car*, affiancarsi a un'automobile; *to walk two —*, camminare a due a due // *to keep, to be — of*, (*fig.*) andare al passo, di pari passo con: *to keep — of the times*, marciare coi tempi; *to keep — of the situation*, mantenersi aggiornato sugli sviluppi della situazione **2** (*mar., aer.*) al traverso.

to **abridge** [ə'brɪdʒ] *v.tr.* **1** accorciare, abbreviare: *abridged edition*, edizione ridotta **2** limitare, ridurre, privare di (diritti, privilegi, autorità ecc.): *to — the rights of s.o.*, limitare i diritti di qlcu. // **-er** *s.*

abridgement [ə'brɪdʒmənt / abridge·ment] *s.* **1** riduzione; edizione ridotta; (*dir.*) compendio di opera **2** limitazione, privazione: *— of rights*, privazione di diritti **3** (*ant.*) divertimento, diversivo: *look where my abridgement comes*, (SH. Hamlet) guarda da dove viene il mio divertimento.

abridgment → **abridgement**.

abrim [ə'brɪm] *avv.* e *agg.* pieno fino all'orlo; traboccante.

abroach [ə'brəʊtʃ] *agg.* (*non com.*) aperto; sturato; spillato // *to set a cask —*, spillare una botte // *to set —*, (*fig.*) mettere in giro, in circolazione.

abroad [ə'brɔ:d] *avv.* **1** fuori, fuori di casa; all'estero: *travels —*, viaggi all'estero; *he has just come from —*, è appena arrivato dall'estero; *to go —*, andare all'estero **2** dappertutto; in giro: *bad rumours are —*, ci sono in giro brutte notizie; *there is a rumour — that...*, corre voce che...; *...thou art pouring forth thy soul abroad*, (KEATS) ...stai profondendo l'anima tua tutto all'intorno.

to **abrogate** ['æbrəʊgeɪt / ab·rog·ate] *v.tr.* abrogare, revocare; mettere fine a.

abrogation [,æbrəʊ'geɪʃn / ab·roga·tion] *s.* abrogazione, revoca; annullamento.

abrupt [ə'brʌpt / ab·rupt] *agg.* **1** inaspettato, repentino: *to come to an — stop*, fermarsi bruscamente **2** brusco, sbrigativo (di modi) **3** scosceso, ripido, a picco (di terreno) **4** sconnesso, diseguale (di stile) **5** tronco; mozzo.

abruptly [ə'brʌptlɪ / ab·rupt·ly] *avv.* **1** improvvisamente **2** bruscamente **3** ripidamente, a picco.

abruptness [ə'brʌptnɪs / ab·rupt·ness] *s.* **1** precipitazione, fretta eccessiva **2** rapidità **3** rudezza, asprezza **4** ripidezza (di pendio ecc.) **5** discontinuità (di stile).

abscess ['æbsɪs / abs·cess] *s.* (*med.*) ascesso.

to **abscind** [æb'saɪnd / ab·scind] *v.tr.* (*non com.*) tagliare via.

abscissa [æb'sɪsə / ab·scissa] *pl.* **abscissae** [æb'sɪsi: / ab·scis·sae] **abscissas** *s.* (*mat.*) ascissa.

absciss(e) ['æbsɪs / ab·sciss(e)] *pl.* **abscisses** ['æbsɪsi:z / ab·scis·ses] *s.* (*mat.*) ascissa.

abscission [æb'sɪʒn / ab·scis·sion] *s.* **1** (*med.*) escissione **2** (*bot.*) abscissione, distacco // *— layer*, strato separatore.

to **abscond** [əb'skɒnd / ab·scond] *v.intr.* **1** fuggire, scappare: *to — with the takings*, fuggire con l'incasso **2** (*dir.*) rendersi latitante; sottrarsi ai creditori.

abscondence [əb'skɒndəns / ab·scond·ence] *s.* (*dir.*) latitanza.

absconder [əb'skɒndə* / ab·sconder] *s.* (*dir.*) fuggiasco; latitante.

to **abseil** ['ɒbzaɪl / ab·seil] *v.intr.* calarsi in, a corda doppia.

absence ['æbsəns / ab·sence] *s.* **1** assenza; mancanza: *— of taste*, mancanza di gusto; *did anything happen in my —?*, è successo qlco. durante la mia assenza? // (*comm.*) *— of consideration*, mancanza di copertura **2** (*dir.*) contumacia del convenuto // *— to appear*, mancata comparizione in giudizio.

absence of mind ['æbsənsəv'maɪnd] *s.* distrazione, disattenzione.

absent ['æbsənt / ab·sent] *agg.* assente; mancante: *the — ones*, gli assenti; *an — look*, uno sguardo assente.

to **absent** [æb'sent] *v.tr.* (*form.*) *to — oneself from*, assentarsi da // **-er** *s.*

absentee [,æbsən'ti: / ab·sentee] *s.* assente // (*econ.*): *— landlord*, proprietario (terriero) assenteista; *— ownership*, proprietà assenteista.

absenteeism [,æbsən'ti:ɪzəm / ab·sent·ee·ism] *s.* assenteismo.

absently ['æbsəntlɪ / ab·sent·ly] *avv.* distrattamente.

absent-minded [,æbsənt'maɪndɪd] *agg.* distratto, con la mente assente // **-ly** *avv.*

absent-mindedness [,æbsənt'maɪndɪdnɪs] *s.* svagatezza, distrazione.

absinth(e) ['æbsɪnθ / ab·sinth(e)] *s.* **1** (*bot.*) (*Artemisia absinthium*) assenzio SIN. (*pop.*) wormwood **2** (liquore di) assenzio.

absolute ['æbsəlu:t / ab·so·lute] *agg.* **1** assoluto, illimitato; totale, completo: *— power*, potere assoluto; *this work requires — concentration*, questo lavoro richiede concentrazione assoluta; *this work is an — mess*, questo lavoro è un pasticcio totale; *believe me, an absolute gentleman*, (SH. Hamlet) credimi, un perfetto gentiluomo // (*fil.*) *the —*, l'assoluto **2** assolutistico, autoritario; *an — ruler*, un dittatore, un tiranno **3** certo, indubbio: *an — proof of his innocence*, una prova certa della sua innocenza **4** (*dir.*) assoluto, incondizionato: *— liability*, responsabilità incondizionata; *— ownership*, proprietà assoluta; *— right*, diritto incontestabile // *— impediment*, impedimento dirimente // *— privilege*, immunità parlamentare **5** (*scient.*) assoluto: (*astr.*) *— magnitude*, magnitudine assoluta, grandezza assoluta; (*mat.*) *— value*, valore assoluto; (*meteor.*) *— humidity*, umidità assoluta; (*geol.*) *— age*, età assoluta; (*chim.*) *— alcohol*, alcol assoluto (puro al 100%) // (*fis.*): *— pitch*, orecchio assoluto; *— scale*, scala assoluta; *— temperature*, temperatura assoluta; *— unit*, unità assoluta; *— zero*, zero assoluto // (*inform.*): *— address*, indirizzo assoluto; *— addressing*, indirizzamento assoluto; *— code*, codice assoluto, linguaggio macchina; *— coding*, programmazione in linguaggio macchina, (IBM) codifica in assoluto; *— instruction*, istruzione in linguaggio assoluto; *— programming*, programmazione in linguaggio macchina; *— value representation*, rappresentazione in valore assoluto; *— vector*, vettore assoluto.

absolutely ['æbsəlu:tlɪ / ab·so·lutely] *avv.* assolutamente; completamente: *you are — right*, hai perfettamente ragione; *"Do you agree with me?" "Absolutely!"*, "Sei d'accordo con me?" "Certamente!" // (*gramm.*) *verb used —*, verbo usato in senso assoluto.

absoluteness ['æbsəlu:tnɪs / ab·so·lute·ness] *s.* assolutezza.

absolution [,æbsə'lu:ʃn / ab·so·lu·tion] *s.* assoluzione, perdono.

absolutism ['æbsəlu:tɪzəm / ab·so·lut·ism] *s.* **1** assolutismo; dispotismo **2** (*teol.*) teoria della predestinazione.

absolutist ['æbsəlu:tɪst / ab·so·lut·ist] *s.* e *agg.* assolutista.

absolutory [æb'sɒlu:tərɪ / ab·so·lut·ory] *agg.* assolutorio.

to **absolve** [əb'zɒlv / ab·solve] *v.tr.* **1** assolvere, perdonare **2** (*form.*) liberare da (impegno, responsabilità ecc.): *to — s.o. of* (o *from*) *an obligation*, liberare qlcu. da un obbligo.

absonant ['æbsənənt / ab·son·ant] *agg.* (*ant.*) discordante; discorde.

to **absorb** [əb'sɔ:b / ab·sorb] *v.tr.* assorbire (*anche fig.*).

absorbability [əb,sɔ:bə'bɪlɪtɪ / ab·sorb·ab·il·ity] *s.* capacità di essere assorbito.

absorbable [əb'sɔ:bəbl / ab·sorb·able] *agg.* assorbibile, che può essere assorbito.

absorbance [əb'sɔ:bəns / ab·sorb·ance] *s.* (*chim.*, *fis.*) assorbanza.

absorbed [əb'sɔ:bd / ab·sorbed] *agg.* **1** assorbito **2** assorto, immerso: *he was completely — in his book*, era completamente immerso nel suo libro; *he was completely — by his new work*, era completamente assorbito dal suo nuovo lavoro.

absorbedly [əb'sɔ:bɪdlɪ / ab·sorbed·ly] *avv.* in modo assorto: *he listened — to the music*, ascoltava la musica completamente assorto.

absorbefacient [əb,sɔ:bɪ'feɪʃənt / ab·sorbe·fa·cient] *agg.* (*non com.*) assorbente ◆ *s.* sostanza assorbente.

absorbency [əb'sɔ:bənsɪ / ab·sorb·ency] *s.* assorbenza, capacità di assorbimento.

absorbent [əb'sɔ:bənt / ab·sorb·ent] *agg.* e *s.* assorbente // *— cotton*, (*amer.*) cotone idrofilo.

absorber [əb'sɔ:bə* / ab·sorb·er] *s.* **1** (*chim.*, *fis.*) assorbitore **2** (*tecn. chim.*) torre di assorbimento; colonna di assorbimento **3** → shock absorber.

absorbing [əb'sɔ:bɪŋ / ab·sorb·ing] *agg.* **1** assorbente // (*edil.*) *— well*, pozzo perdente **2** avvincente, appassionante.

absorptance [æb'sɔ:ptəns / ab·sorp·tance] *s.* (*fis.*) fattore di assorbimento.

absorptiometer [əb'sɔ:pʃəʊ,mi:tə* / ab·sorp·tio·meter] *s.* (*chim.*) misuratore di assorbimento, assorbimetro.

absorption [əb'sɔ:pʃn / ab·sorp·tion] *s.* **1** assorbimento // (*chim.*, *fis.*): *— coefficient*, coefficiente di assorbimento; *— spectrum*, spettro di assorbimento; *— bands*, *lines*, bande, linee di assorbimento **2** (*fig.*) immersione, coinvolgimento totale **3** (*econ.*) incorporazione; assorbimento: *— approach*, approccio assorbimento; *— costing*, sistema di calcolo del costo complessivo.

absorptive [əb'sɔ:ptɪv / ab·sorpt·ive] *agg.* assorbente.

absorptivity [əb'sɔ:ptɪvɪtɪ / ab·sorp·tiv·ity] *s.* **1** (*fis.*) coefficiente di assorbimento **2** (*chim.*) assorbibilità.

to **absquatulate** [æb'skwɒtju:leɪt / ab·squatu·late] *v.intr.* (*amer. scherz.*) andarsene, lasciar libero il campo; svignarsela.

to **abstain** [əb'steɪn / ab·stain] *v.intr.* astenersi; trattenersi: *— from voting*, astenersi dal voto; *— from smoking*, astenersi dal fumare.

abstainer [əb'steɪnə* / ab·stain·er] *s.* chi si astiene; astemio.

abstaining [əb'steiniŋ / ab·stain·ing] *s.* astinenza.

abstemious [æb'sti:mjəs / ab·ste·mi·ous] *agg.* sobrio, frugale; moderato: *an — meal*, un pasto frugale // **-ly** *avv.* // **-ness** *s.*

abstention [əb'stenʃn / ab·sten·tion] *s.* astensione.

to **absterge** [əb'stɜ:dʒ / ab·sterge] *v.tr.* (*antiq.*) astergere; detergere.

abstergent [əb'stɜ:dʒənt / ab·ster·gent] *agg.* e *s.* (*antiq.*) astergente; detergente.

abstersion [əb'stɜ:ʃn / ab·ster·sion] *s.* (*antiq.*) astersione; detersione.

abstersive [əb'stɜ:sɪv / ab·sters·ive] *agg.* e *s.* (*antiq.*) astergente; detergente.

abstinence ['æbstɪnəns / ab·stin·ence] *s.* astinenza // (*med.*) *— syndrome*, sindrome da astinenza; *— crisis*, crisi d'astinenza // (*econ.*) *the — theory*, la teoria dell'astinenza.

abstinency ['æbstɪnənsɪ / ab·stin·ency] *s.* (*non com.*) astinenza.

abstinent ['æbstɪnənt / ab·stin·ent] *agg.* astinente; sobrio, moderato; astemio // **-ly** *avv.*

abstract ['æbstrækt / ab·stract] *agg.* astratto: *an — noun*, un sostantivo, un nome astratto; *an — painting*, un quadro astratto // (*dir.*) *— loss*, danno non materiale // **-ly** *avv.* // **-ness** *s.*

abstract *s.* **1** estratto, sunto, compendio // (*dir.*): *— of the record*, riassunto del verbale; *— of title*, estratto di un certificato di proprietà **2** (*solo sing.*) astrazione; concetto astratto // *in the —*, in astratto, in teoria.

to **abstract** [æb'strækt] *v.tr.* **1** astrarre, fare astrazione da **2** (*fam.*) sottrarre, rubare **3** riassumere **4** (*chim.*) sottrarre; allontanare **5** (*tecn.*) rimuovere; separare; estrarre.

abstracted [æb'stræktɪd / ab·strac·ted] *agg.* **1** distratto, con la mente assente **2** (*chim.*) sottratto; allontanato **3** (*tecn.*) rimosso; estratto **4** (*antiq.*) astratto.

abstractedly [æb'stræktɪdlɪ / ab·strac·ted·ly] *avv.* **1** astrattamente; facendo astrazione **2** distrattamente.

abstractedness ['æbstræktɪdnɪs / ab·strac·ted·ness] *s.* astrattezza; distrazione.

abstraction [æb'strækʃn / ab·strac·tion] *s.* **1** astrazione; idea astratta **2** distrazione **3** furto, sottrazione **4** (*chim.*) sottrazione; allontanamento **5** (*geomorfologia*) cattura fluviale; richiamo **6** (*tecn.*) rimozione; separazione; estrazione **7** (*inform.*) astrazione; separazione, estrazione: *— levels*, livelli di affinamento di un programma.

abstractionism [æb'strækʃnɪzəm / ab·strac·tion·ism] *s.* (*arte*) astrattismo.

abstractionist [æb'strækʃnɪst / ab·strac·tion·ist] *s.* (*arte*) astrattista.

abstractor [æb'stræktə* / ab·stractor] *s.* (incarico pubblico) persona che prepara i sommari.

to **abstrict** [æb'strɪkt / ab·strict] *v.tr.* (*bot.*) liberare (spore).

abstruse [æb'stru:s / ab·struse] *agg.* **1** astruso, difficile da capire **2** (*ant.*) nascosto, recondito // **-ly** *avv.* // **-ness** *s.*

absurd [əb'sɜ:d / ab·surd] *agg.* assurdo, illogico; sciocco; ridicolo // **-ly** *avv.*

absurdity [əb'sɜ:dɪtɪ / ab·surd·ity]
absurdness [əb'sɜ:dnis / ab·surd·ness] *s.* assurdità.

abulia [ə'bju:lɪə / abu·lia] *s.* abulia.

abulic [ə'bju:lɪk / abu·lic] *agg.* abulico.

abundance [ə'bʌndəns / abund·ance] *s.*

abbondanza (*anche scient.*) // (*astr.*) *cosmic* —, abbondanza cosmica // (*fis. nucleare*): *natural* —, abbondanza naturale; — (*ratio*), abbondanza isotopica relativa, ricchezza isotopica.

abundant [ə'bʌndənt / abund·ant] *agg.* abbondante: — *in sthg.*, abbondante, ricco di qlco. // **-ly** *avv.*

abuse [ə'bju:s / ab·use] *s.* **1** ⓤ insulti (*pl.*), ingiurie (*pl.*): *a torrent of* —, una cascata di insulti **2** abuso: *alcohol* —, abuso di alcolici; — *of power*, abuso di potere // *child* —, maltrattamento, violenza a bambini // *sexual* —, violenza carnale // (*dir.*) — *of right(s)*, abuso di diritto **3** (*ant.*) inganno: *or is it some abuse, / and no such thing?*, (SH. Hamlet) oppure è un trucco e non è vero niente?

to **abuse** [ə'bju:z] *v.tr.* **1** insultare, ingiuriare; oltraggiare: *to — one's opponents*, insultare i propri avversari **2** abusare di, fare cattivo uso di: *you're abusing my generosity*, stai abusando della mia generosità; *here's my car, don't — it!*, (*fam.*) ecco la mia macchina, trattala bene! **3** *to sexually — s.o.*, violentare qlcu. **4** (*ant.*) ingannare // **-er** *s.*

abusive [ə'bju:sɪv / ab·us·ive] *agg.* **1** ingiurioso, offensivo **2** scurrile // **-ly** *avv.*

abusiveness [ə'bju:sɪvnɪs / ab·us·ive·ness] *s.* **1** oltraggiosità, offensività **2** illegalità.

to **abut** [ə'bʌt] *pass.p.p.* **abutted** [ə'bʌtɪd / abut·ted] *v.intr.* **1** confinare, essere adiacente; finire, arrivare, sboccare: *his land abuts (up)on the road*, la sua terra arriva fino alla strada **2** (*arch.*) poggiare, appoggiarsi.

abutilon [ə'bju:tɪlən / abuti·lon] *s.* (*bot.*) (*Abutilon indicum*) abutilon.

abutment [ə'bʌtmənt / abut·ment] *s.* **1** (*arch.*) spalla **2** (*mecc.*) attestatura; collegamento di testa.

abuttal [ə'bʌtl / abut·tal] *s.* **1** (*arch.*) → abutment **2** *pl.* confini, delimitazioni (di terreno).

abutter [ə'bʌtə* / abut·ter] *s.* (*dir.*) confinante, proprietario di fondo limitrofo.

abysm [ə'bɪzəm] *s.* (*ant., poet.*) abisso.

abysmal [ə'bɪzml / abys·mal] *agg.* **1** abissale, profondo: — *ignorance*, abissale ignoranza **2** (*fam.*) molto cattivo, pessimo: — *food*, un cibo pessimo.

abyss [ə'bɪs] *s.* abisso, baratro (*anche fig.*).

abyssal [ə'bɪsəl] *agg.* abissale (*anche scient.*) // (*geol.*) — *plain*, piana abissale.

Abyssinian [,æbɪ'sɪnjən / Ab·ys·sin·ian] *agg.* e *s.* abissino.

AC [,eɪ'si:] abbr. di → alternating current; corrente alternata // (*inform.*) — *dump*, caduta di corrente.

acacia [ə'keɪʃə / aca·cia] *s.* (*bot.*) **1** acacia (genere) **2** (*Albizia julibrissin*) acacia arborea, mimosa arborea.

academe ['ækədi:m / aca·deme] *s.* **1** accademico **2** (*poet.*) accademia.

academic meno com. **academical** [,ækə'demɪk(l) / aca·demic, aca·dem·ical] *agg.* **1** accademico, universitario: — *year*, anno accademico // — *freedom*, libertà d'insegnamento **2** di accademia, accademico: *an — painting*, una pittura accademica, formalista **3** studioso, bravo e interessato allo studio: — *children*, ragazzi studiosi **4** accademico, teoretico, astratto: *an — question*, un quesito puramente accademico; *it was all* —, era un discorso puramente accademico ◆ *s.* accademico // **-ally** *avv.*

academicals [,ækə'demɪklz / aca·dem·icals] *s.pl.* veste accademica (toga e tocco).

academician [ə,kædə'mɪʃn *amer.*, ækədə'mɪʃn / aca·demi·cian] *s.* accademico, membro di un'accademia.

academy [ə'kædəmɪ / acad·emy] *s.* accademia.

acajou ['ækəʒu: / aca·jou] *s.* (*bot.*) **1** (*Anacardium occidentale*) acagiù, anacardio **2** (*Swietenia mahagoni*) acagiù, mogano.

acaleph ['ækəlef / aca·leph] *s.* (*zool.*) medusa priva di veleno.

acanthous [ə'kænθəs / acan·thous] *agg.* spinoso.

acanthus [ə'kænθəs / acan·thus] *pl.* **acanthuses** [ə'kænθəsi:z] **acanthi** [ə'kænθaɪ] *s.* (*bot.*) (*Acanthus mollis*) acanto, branca orsina; (*Acanthus spinosus*) acanto spinoso SIN. bear's breech, brank-ursine.

acapsular [æ'kæpsju:lə* / acap·su·lar] *agg.* (*med., zool., bot.*) acapsulato.

acaroid ['ækərɔɪd / aca·roid] *agg.* (*chim.*) acaroide: — *resin*, resina acaroide.

acarpellous [əɪ'kɑ:pələs / acar·pel·lous] *agg.* (*bot.*) acarpellare.

acarpous [æ'kɑ:pəs / acarp·ous] *agg.* (*bot.*) acarpo.

acarus ['ækərəs / ac·arus] *pl.* **acari** ['ækəraɪ] *s.* (*zool.*) acaro.

acatalectic [æ,kætə'lektɪk / acata·lectic] *agg.* (*metrica*) acataletto, acatalettico: — (*line*), verso acataletto.

acatalepsy [æ'kætəlepsɪ / acata·lepsy] *s.* (*fil.*) acatalessia.

acaudal [eɪ'kɔ:dl / acau·dal] *agg.* (*zool.*) senza coda, acaudato.

acaulous [æ'kɔ:ləs / acau·lous] *agg.* (*bot.*) acaule.

to **accede** [æk'si:d / ac·cede] *v.intr.* **1** accedere, prendere possesso: *to — to an office*, prendere possesso di una carica; *to — to the throne*, salire al trono **2** (*form.*) aderire: *to — to a request*, aderire a una richiesta; *to — to the Geneva Convention*, aderire alla Convenzione di Ginevra.

accelerant [ək'selərənt / ac·cel·er·ant] *agg.* e *s.* (*chim.*) accelerante.

to **accelerate** [ək'seləreɪt / ac·cel·er·ate] *v.tr.* e *intr.* accelerare: *to — the production process*, accelerare il processo di produzione.

accelerated [ək'seləreɪtɪd / ac·cel·er·ated] *agg.* accelerato // (*geol.*) — *erosion*, erosione accelerata // (*tecn.*) — *life test*, prova accelerata di durevolezza.

accelerating [ək'seləreɪtɪŋ / ac·cel·er·at·ing] *agg.* accelerativo; accelerante, acceleratore: (*elettr.*) — *electrode*, elettrodo acceleratore; (*elettr.*) — *potential*, potenziale di accelerazione ◆ *s.* (*tecn.*) acceleratore.

acceleration [ək,selə'reɪʃn / ac·cel·era·tion] *s.* accelerazione // (*fis.*): *centrifugal, centripetal* —, accelerazione centrifuga, centripeta; — *due to gravity*, accelerazione di gravità; — *of free fall*, accelerazione di caduta libera // (*inform.*) — *time*, tempo di accelerazione // (*econ.*) — *premium*, premio di produttività.

accelerative [ək'selərətɪv / ac·cel·er·at·ive] *agg.* accelerativo, acceleratorio.

accelerator [ək'seləreɪtə* / ac·cel·er·ator] *s.* **1** acceleratore (*anche inform.*) // (*fis.*) (*particle*) —, acceleratore di particelle // (*mecc.*): — *jet*, getto compensatore; — *pump*, pompa di ripresa **2** — (*pedal*), (pedale dell') acceleratore AMER. gas pedal **3** (*chim.*) acceleratore, accelerante.

accent ['æksənt / ac·cent] *s.* accento: *acute, circumflex, grave* —, accento acuto, circonflesso, grave; *the — on the word 'picture' is on the first syllable*, nella parola 'picture' l'accento cade sulla prima sillaba; *he speaks with a Scottish* —, parla con accento scozzese // *to place the — on sthg.*, (*fig.*) porre l'accento su qlco.

to **accent** [æk'sent] *v.tr.* **1** accentare **2** (*fig.*) accentuare, mettere in evidenza, evidenziare.

accentual [æk'sentjʊəl / ac·cen·tual] *agg.* (*non com.*) accentuativo: — *prosody*, prosodia accentuativa // **-ly** *avv.*

to **accentuate** [æk'sentjʊeɪt / ac·cen·tu·ate] *v.tr.* **1** accentuare, mettere in evidenza, enfatizzare **2** accentare.

accentuation [æk,sentjʊ'eɪʃn / ac·cen·tu·ation] *s.* accentuazione; enfasi.

to **accept** [ək'sept / ac·cept] *v.tr.* **1** accettare; approvare, accogliere con favore: *to — a gift*, accettare un dono; *not to — defeat*, non accettare una sconfitta, non darsi per vinto; *a universally accepted theory*, una teoria universalmente accettata **2** (*comm.*) accettare, assumersi la responsabilità, l'impegno di: *to — a bill*, accettare una cambiale // *not accepted*, non accettato, non pagato.

acceptability [ək,septə'bɪlətɪ / ac·cept·ab·il·ity] *s.* accettabilità; gradevolezza.

acceptable [ək'septəbl / ac·cept·able] *agg.* **1** accettabile; soddisfacente **2** gradito, ben accetto // **-bly** *avv.*

acceptableness [ək'septəblnɪs / ac·cept·able·ness] → **acceptability**.

acceptance [ək'septəns / ac·cept·ance] *s.* **1** accoglienza favorevole; consenso, approvazione: *his proposal met with general* —, la sua proposta incontrò il consenso di tutti **2** (*comm.*) accettazione: *on* —, all'accettazione; — *for honour*, accettazione per intervento; *banker's* (o *bank*) —, accettazione bancaria (titolo del mercato monetario); — *bill*, tratta documentaria **3** (*stat.*) — *region, line*, regione, retta di accettazione // — *inspection*, controllo di accettabilità.

acceptance house [ək'septəns,haʊs] *s.* casa di accettazione, banca di sconto.

acceptation [,æksep'teɪʃn / ac·cepta·tion] *s.* **1** (*gramm.*) accezione **2** (*ant.*) accoglienza favorevole.

accepter [ək'septə* / ac·cepter] *s.* (*comm.*) accettante.

accepting house [ək'septɪŋhaʊs] → **acceptance house**.

acceptor [ək'septə* / ac·ceptor] *s.* **1** (*comm.*) accettante **2** (*chim., fis.*) accettore.

access ['ækses / ac·cess] *s.* **1** accesso, ingresso, entrata: *of difficult, easy* —, di accesso difficile, facile; *to have free — to...*, aver libero accesso a... **2** (*non com.*) acquisizione; aggiunta: *an — of information*, un'acquisizione di informazioni 3 (*antiq.*) accesso, attacco: *she had a terrible — of anger, fever etc.*, ebbe un terribile attacco d'ira, di febbre ecc. 4 (*inform.*) accesso; diritto di accesso: — *arm*, braccio di scrittura-lettura; (IBM) braccio di accesso dischi; — *control*, gestione, controllo di accesso; — *level*, — *method*, metodo di accesso; — *panel*, pannello di interconnessione; *to gain — (to)*, accedere (a); *to give, provide — (to)*, consentire, permettere di accedere (a); *modify —*, diritto di modifica; *status —*, diritto di accesso.

to **access** *v.tr.* (*inform.*) accedere a.

accessary *s.* (*dir.*) → **accessory**.

accessibility [ək,sesɪ'bɪlətɪ / ac·cess·ib·il·ity] *s.* accessibilità.

accessible [ək'sesəbl / ac·cess·ible] *agg.* 1 accessibile; avvicinabile; raggiungibile 2 aperto (a), sensibile (a): — *to flattery*, sensibile alle lusinghe // **-bly** *avv.*

accession [æk'seʃn / ac·ces·sion] *s.* 1 accesso (a una carica); ascesa (al trono) 2 aumento; aggiunta, acquisizione; accessione: — *book*, registro delle accessioni (in una biblioteca); — *number*, numero di collocazione di un libro (in una biblioteca) // (*econ.*) — *rate*, tasso di incremento mensile degli organici di un'impresa 3 adesione, assenso (a trattato, partito ecc.) 4 (*rar.*) accesso, attacco 5 (*dir.*) acquisto della proprietà a titolo originario // *deed of —*, atto di acquisizione.

accessorial [,æksə'sɔːrɪəl / ac·cess·or·ial] *agg.* accessorio; supplementare // (*dir.*) — *crime*, reato di complicità.

to **accessorize** [ək'sesəraɪz / ac·cess·or·ize] *v.tr.* (*spec. amer.*) dotare di accessori.

accessory [ək'sesərɪ / ac·cess·ory] *agg.* 1 accessorio (*anche scient.*); complementare // (*med.*) — *nerve*, (nervo) accessorio // (*petrografia*) — *mineral*, minerale accessorio 2 (*dir.*) partecipante, complice ♦ *s.* 1 accessorio 2 (*dir.*) complice (in un delitto) // — *before the fact*, (*antiq.*) istigatore; — *after the fact*, (*antiq.*) favoreggiatore // **-ily** *avv.* // **-iness** *s.*

access road ['æksesrəʊd] *s.* (*amer.*) 1 strada secondaria 2 rampa d'accesso (ad autostrada o superstrada); svincolo.

access television ['ækses'telɪ,vɪʒn] *s.* (*amer.*) programma televisivo prodotto da una emittente affiliata a un network ma indipendente da esso.

acciaccatura [ə,tʃækə'tʊərə / acciac·ca·tura] *s.* (*mus.*) acciaccatura.

accidence ['æksɪdəns / ac·ci·dence] *s.* (*gramm.*) morfologia.

accident ['æksɪdənt / ac·ci·dent] *s.* 1 incidente, infortunio; disgrazia: *to meet with* (o *to have*) *an —*, essere, rimanere vittima di un incidente; — *prevention*, prevenzione degli infortuni 2 accidente, caso, sorte: *mere* (o *quite an*) —, un puro caso, per puro caso; *by —*, per caso; *by — of*, grazie a, per merito di; *a chapter of accidents*, una serie di imprevisti, di incidenti 3 irregolarità: — *of the ground*, irregolarità del terreno 4 (*fil.*) accidente.

accidental [,æksɪ'dentl / ac·ci·dental] *agg.* accidentale, fortuito, casuale; accessorio // (*dir.*): — *death*, infortunio mortale; — *injury*, lesione personale colposa ♦ *s.* (*mus.*) accidente.

accidentally [,æksɪ'dentlɪ / ac·ci·dent·ally] *avv.* accidentalmente, fortuitamente, casualmente // — *on purpose*, (*fam. amer.*) casualmente, ma in realtà volutamente.

accidental point [,æksɪ'dentl'pɔɪnt] *s.* (*disegno*) punto di fuga.

accident-prone [,æksɪ'dent'prəʊn] *agg.* incline agli infortuni.

accidie ['æksədɪ / ac·ci·die] *s.* accidia.

acclaim [ə'kleɪm / ac·claim] *s.* acclamazione, plauso, consenso unanime.

to **acclaim** *v.tr.* acclamare: *the assembly acclaimed him president*, l'assemblea lo acclamò presidente; *it was acclaimed as the best film of the year*, fu acclamato come il miglior film dell'anno.

acclamation [,æklə'meɪʃn / ac·clama·tion] *s.* 1 acclamazione: *elected by —*, eletto per acclamazione 2 (*spec. pl.*) ovazione.

acclamatory [ə'klæmətərɪ / ac·clam·at·ory] *agg.* (*non com.*) laudativo, elogiativo, d'approvazione: *an — review*, una critica d'approvazione, di plauso.

to **acclimate** [ə'klaɪmət / ac·clim·ate] e *deriv.* → to **acclimatize** e *deriv.*

acclimatizable [ə'klaɪmətaɪzəbl / ac·cli·mat·iz·able] *agg.* acclimatizzabile, acclimatabile.

acclimatization [ə'klaɪmətaɪ'zeɪʃn *amer.* ə'klaɪmətɪ'zeɪʃn / ac·cli·mat·iza·tion] *s.* acclimatazione; acclimazione (*anche scient.*); adattamento.

to **acclimatize** [ə'klaɪmətaɪz / ac·cli·mat·ize] *v.tr.* acclimatare, acclimare; adattarsi (a): *to — oneself (to), to become* (o *to get*) *acclimatized (to)*, acclimarsi (a), acclimatarsi (a); *it is difficult for a countryman to — himself to city life*, è difficile per un contadino adattarsi alla vita di città ♦ *v.intr.* acclimatarsi.

acclivity [ə'klɪvɪtɪ / ac·cliv·ity] *s.* (*rar.*) erta, salita.

accolade ['ækəʊleɪd *amer.* ækə'leɪd / ac·col·ade] *s.* 1 accollata 2 (*st.*) abbraccio 3 (*fig.*) elogio; lode; riconoscimento: *his performance received accolades from the critics*, la sua esecuzione ottenne gli elogi dei critici 4 (*tip.*) graffa.

to **accommodate** [ə'kɒmədeɪt / ac·com·mod·ate] *v.tr.* 1 (*form.*) ospitare, accogliere: *this hotel can — 500 guests*, questo albergo può ospitare 500 persone 2 adattare; conformare; conciliare, mettere d'accordo: *to — oneself to*, conformarsi a; *we were able to — our differences*, siamo stati in grado di conciliare le nostre divergenze 3 provvedere, fornire: *the bank will — you with a loan*, la banca le concederà un prestito.

accommodating [ə'kɒmədeɪtɪŋ / ac·com·mod·at·ing] *agg.* accomodante; servizievole, compiacente // (*econ.*) — *movements* (o *transactions*), movimenti monetari (nella bilancia dei pagamenti) // **-ly** *avv.*

accommodation [ə,kɒmə'deɪʃn / ac·com·moda·tion] *s.* ⓤ 1 alloggio; sistemazione: *I found — in the suburbs*, ho trovato una sistemazione in periferia // *accommodations*, (*amer.*) vitto e alloggio presso privati 2 accomodamento; adattamento (*anche scient.*): *to come to an — between the partners*, andare verso un accordo tra le parti 3 (*med.*) accomodazione: *visual —*, accomodazione visiva; — *reflex*, riflesso di accomodazione 4 comodità, comfort: *this hotel offers the best —*, questo albergo offre ogni comodità 5 (*comm.*) accordo; prestito, facilitazione // — *bill*, cambiale di comodo.

accommodation ladder [ə,kɒmə'deɪʃn'lædə*] *s.* (*mar.*) scala di fuori banda; scaletta del barcarizzo.

accommodation train [ə,kɒmə'deɪʃn treɪn] *s.* (*amer.*) treno locale (omnibus o accelerato).

accommodative [ə'kɒmədeɪtɪv / ac·com·mod·at·ive] *agg.* (*rar.*) accomodante, conciliante.

accommodator [ə'kɒmədeɪtə* / ac·com·mod·at·or] *s.* (*non com.*) accomodatore.

accompaniment [ə'kʌmpənɪmənt / ac·com·pani·ment] *s.* accompagnamento (*anche mus.*).

accompanist [ə'kʌmpənɪst / ac·com·pan·ist] *s.* (*mus.*) accompagnatore.

to **accompany** [ə'kʌmpənɪ / ac·com·pany] *v.tr.* 1 accompagnare (*anche mus.*): *he was accompanied by his secretary*, era accompagnato dal segretario 2 associarsi a, accompagnarsi a: *often physical weakness accompanies old age*, spesso la debolezza fisica accompagna la vecchiaia.

accompanying [ə'kʌmpənɪŋ / ac·com·pany·ing] *agg.* accompagnatorio: — *invoice*, fattura accompagnatoria.

accomplice [ə'kʌmplɪs *amer.* ə'kɒmplɪs / ac·com·plice] *s.* complice.

to **accomplish** [ə'kʌmplɪʃ *amer.* ə'kɒmplɪʃ / ac·com·plish] *v.tr.* compiere; ultimare; realizzare: *have you accomplished your objectives?*, hai realizzato i tuoi obbiettivi?

accomplished [ə'kʌmplɪʃt *amer.* ə'kɒmplɪʃt / ac·comp·lished] *agg.* 1 abile, esperto; completo: *at sixteen she is already an — pianist*, a sedici anni è già una pianista completa // *an — fact*, un fatto compiuto 2 compito; ben educato.

accomplishment [ə'kʌmplɪʃmənt *amer.* ə'kɒmplɪʃmənt / ac·com·plish·ment] *s.* 1 compimento; adempimento; realizzazione // *difficult, easy of —*, di difficile, facile realizzazione 2 (*ant.*) compitezza 3 (*spec. pl.*) qualità; dote, talento: *a lady with many accomplishments*, una signora con molte qualità.

accord [ə'kɔːd / ac·cord] *s.* 1 accordo, intesa: *in, out of — with*, d'accordo, in disaccordo con; *of one's own —*, spontaneamente; *with one —*, di comune accordo // (*comm.*) — *and satisfaction*, dichiarazione di estinzione di obbligazione 2 armonia (di suoni, colori) 3 (*mus.*) accordo 4 (*ant.*) consenso; permesso: *I came now hither of mine own accord*, (MARLOWE) io venni ora qui di mia spontanea volontà.

to **accord** *v.intr.* accordarsi: *his behaviour does not — with his words*, il suo comportamento non si accorda con le sue parole ♦ *v.tr.* accordare; concedere: *he was accorded permission to use the State Archives*, gli fu accordato il permesso di accedere all'Archivio di Stato; *he was accorded a great reception*, gli fu riservata una grande accoglienza; *to — power of procuration to s.o.*, dare procura a qlcu.

accordance [ə'kɔːdəns / ac·cord·ance] *s.* accordo; conformità: *in — with*, in conformità con, conformemente a.

accordant [ə'kɔːdənt / ac·cord·ant] *agg.* 1

(*rar.*) concorde, conforme; in conformità **2** (*geol.*) concordante: — *fold*, piega concordante; — *summits*, sommità concordanti.

accordantly [ə'kɔ:dəntlɪ / ac·cord·ant·ly] *avv.* conformemente.

according [ə'kɔ:dɪŋ / ac·cord·ing] *agg.* (*ant.*) **1** concordante, conforme **2** (*mus.*) armonioso.

according as [ə'kɔ:dɪŋæz] *cong.* a seconda che, secondo che: *they will be paid — they engage themselves or not*, saranno compensati a seconda del loro impegno.

accordingly [ə'kɔ:dɪŋlɪ / ac·cord·ing·ly] *avv.* **1** in conseguenza; di conseguenza **2** dunque, perciò.

according to [ə'kɔ:dɪŋtu:] *prep.* secondo; conformemente a: — *'The Times' the news is not official*, secondo il 'Times' la notizia non è ufficiale; *the pension will be calculated — length of service*, la pensione sarà calcolata secondo gli anni di servizio // — *To Hoyle*, (*amer.*) secondo le regole.

accordion [ə'kɔ:djən / ac·cor·dion] *s.* fisarmonica // — *door*, porta a soffietto.

accordionist [ə'kɔ:djənɪst / ac·cor·di·on·ist] *s.* fisarmonicista.

to **accost** [ə'kɒst *amer.* ə'kɔ:st / ac·cost] *v.tr.* indirizzarsi a, rivolgersi a; abbordare (per strada) ♦ *v. intr.* (*ant.*) costeggiare; confinare.

accostable [ə'kɒstəbl / ac·cost·able] *agg.* (*non com.*) accostabile; abbordabile.

accouchement [ə'ku:ʃmɒŋ / ac·couche·ment] *s.* parto.

accoucheur [,æku:'ʃɜ:* / ac·couch·eur] *s.* ostetrico.

accoucheuse [,æku:'ʃɜ:z / ac·couch·euse] *s.* ostetrica, levatrice.

account [ə'kaʊnt / ac·count] *s.* **1** (*comm.*) conto, fattura; (*amm.*) conto: *please add to my* —, metta sul mio conto per favore; *to settle an* —, saldare un conto; *to settle an — with s.o.*, (*fig.*) saldare i conti con qlcu. // *for* —, per conto; *on* —, in acconto, in conto // — *classification* (amer. *chart of accounts*), piano dei conti; *profit and loss* —, conto profitti e perdite; *accounts payable*, (conto) fornitori, (*amer.*) debiti verso fornitori; *accounts receivable*, (conto) clienti, (*amer.*) crediti da clienti **2** (*banca*), conto, deposito: *to open an — with Lloyd's Bank*, aprire un conto (corrente) presso la Lloyd's Bank; *to close an* —, chiudere un conto; *my — is in the red, in the black*, il mio conto è in rosso, in nero // *current* —, *cheque* — (amer. *drawing* —, *checking* —), conto corrente; *deposit* —, deposito a risparmio; *savings* —, deposito a (piccolo) risparmio; *overdrawn* —, conto scoperto; *numbered* —, conto cifrato; *statement of* —, estratto conto // *external* —, conto estero; *foreign currency* —, conto valutario; *Exchange equalization* —, Fondo di stabilizzazione cambi (tenuto dalla Banca d'Inghilterra per conto del Tesoro) **3** (*Borsa*) — *days*, giorni di liquidazione **4** (*econ.*): *trade* —, bilancia commerciale; *distribution of income* —, conto del reddito (contabilità nazionale); *national accounts*, contabilità nazionale; *capital* —, conto capitale **5** (*pubblicità*) area di prodotti da reclamizzare affidati a un'agenzia di pubblicità // — *manager*, responsabile di un prodotto (o di un'area di prodotti) da reclamizzare **6** rapporto, relazione; resoconto (*anche fig.*): *a newspaper — of the accident*, un resoconto dell'incidente fatto dal giornale; *to give an — of one's travels, experiences etc.*, fare il resoconto di un viaggio, delle proprie esperienze ecc.; *the boxer gave a good — of himself in the fight*, il pugile diede buona prova di sé nell'incontro // *by* (o *from*) *all accounts*, a quanto si dice; *by your* —, a quanto dite // *to call, to bring s.o. to* —, chieder conto, spiegazione a qlcu. // *to hold s.o. to* —, ritenere qlcu. responsabile **7** valore, importanza: *of great, no* —, di grande, di nessuna importanza; *of little* —, di poco conto; *he's a person of some* —, è un personaggio di una certa importanza **8** profitto; vantaggio: *to put one's experience to* —, mettere a profitto la propria esperienza // *on no* —, *not on any* —, per nessuna ragione // *on one's own* —, per proprio conto, di propria iniziativa; *on your* —, per te **9** conto, considerazione: *you must take his youth into* —, devi tener conto della sua giovane età // *on — of*, in considerazione di // *to make — of*, dar valore a **10** (*inform.*) numero di conto, codice associato.

to **account** *v.tr.* considerare, giudicare, valutare, stimare: *the exhibition was accounted a great success*, la mostra fu giudicata un grande successo.

□ **account for** *v.intr.* e *prep.* **1** rendere conto, rispondere (di); giustificare, dare una spiegazione (per): *to — for one's expenses*, rendere conto delle spese sostenute; *he tried to — for his absurd behaviour*, cercò di giustificare il suo assurdo comportamento **2** (*fam.*) uccidere; abbattere; catturare: *the explosion accounted for six people*, l'esplosione uccise sei persone **3** influire, incidere (su): *advertising accounts for 40% of the budget*, la pubblicità incide per il 40% del bilancio **4** (*ant.*) riconoscere: *for which the poor man very honestly accounted*, (H. FIELDING) cosa che il pover'uomo molto onestamente riconobbe.

accountability [ə,kaʊntə'bɪlətɪ / ac·count·ab·il·ity] *s.* responsabilità.

accountable [ə'kaʊntəbl / ac·count·able] *agg.* responsabile: *to be — for sthg.*, essere responsabile di qlco.; *to be — to s.o. for sthg.*, render conto a qlcu. di qlco.; *to be held — for sthg.*, essere ritenuto responsabile di qlco.

accountableness [ə'kaʊntəblnɪs / ac·count·able·ness] *s.* responsabilità.

accountancy [ə'kaʊntənsɪ / ac·count·ancy] *s.* **1** (*amm.*) ragioneria; contabilità: *chartered* —, revisione contabile **2** (professione di) contabile.

accountant [ə'kaʊntənt / ac·count·ant] *s.* contabile, ragioniere: *certified, chartered* — (amer. *certified public* —), ragioniere abilitato // *Accountant and Comptroller General*, Ragioniere Generale dello Stato.

accountantship [ə'kaʊntənʃɪp / ac·count·ant·ship] *s.* professione di contabile, di ragioniere.

accounting [ə'kaʊntɪŋ / ac·count·ing] *s.* **1** (*amm.*) contabilità; ragioneria: — *books*, libri contabili; — *records*, registrazioni contabili; — *department*, reparto contabilità; *cost* —, contabilità industriale; *double entry* —, contabilità a partita doppia; *inflation* — (o — *for inflation*), contabilità per l'inflazione; — *year*, esercizio finanziario **2** spiegazione: *there is no — for it*, la cosa è inspiegabile **3** (*inform.*) contabilità; registrazione del tempo usato per elaborare i programmi; aggregazione di dati statistici: — *computer*, calcolatore per la gestione della contabilità; — *documents*, documenti contabili; — *file*, archivio di statistiche; — *machine*, macchina contabile; — *package*, pacchetto software per la gestione contabile; software per la contabilità; — *record*, registrazione statistica; — *terminal*, terminale bancario; sportello bancario.

to **accouter** e *deriv.* (*amer.*) → to **accoutre** e *deriv.*

to **accoutre** [ə'ku:tə* / ac·coutre] *v.tr.* (*form.*) vestire; equipaggiare: *what this accoutred frowsty barn is worth*, (LARKIN) che cosa vale questo decorato granaio maleodorante.

accoutrement(s) [ə'ku:trəmənt(s) / ac·cou·tre·ment(s)] *s.* (*spec. mil.*) equipaggiamento.

to **accredit** [ə'kredɪt / ac·credit] *v.tr.* **1** accreditare, fornire di credenziali; (*estens.*) nominare ufficialmente: *the government accredited him to the Belgian court*, il governo lo accreditò presso la corte belga **2** (*form.*) avvalorare, convalidare; garantire **3** accreditare, mettere in conto; (*fig.*) attribuire a, ascrivere a: *they accredited the responsibility for the accident to him, he was accredited with the responsibility for the accident*, fu ritenuto responsabile dell'incidente.

accreditation [ə,kredɪ'teɪʃn / ac·cred·ita·tion] *s.* accreditamento.

accredited [ə'kredɪtɪd / ac·cred·ited] *agg.* **1** accreditato: *an — journalist*, un giornalista accreditato **2** garantito, riconosciuto.

accrescent [ə'kresənt / ac·cres·cent] *agg.* (*bot.*) accrescente, concrescente.

to **accrete** [æ'kri:t / ac·crete] *v.intr.* (*non com.*) concrescere; aggregarsi ♦ *v.tr.* aggregare.

accretion [æ'kri:ʃn / ac·cre·tion] *s.* accrescimento (*anche scient.*); aumento; aggiunta: *there were accretions of mud on his shoes*, c'era del fango sulle sue scarpe // (*astr.*) — *theory*, teoria dell'accrescimento.

accrual [ə'kru:əl / ac·crual] *s.* (*amm.*) competenza; maturazione; rateo: *accruals and deferred*, ratei e risconti // — *basis*, principio della competenza (nella contabilità pubblica).

to **accrue** [ə'kru: / ac·crue] *v.intr.* **1** derivare, provenire: *the advantages which — to society from telecommunications*, i vantaggi che provengono alla società dalle telecomunicazioni **2** accumularsi; maturare (di interessi): *the interest accrued over the years*, gli interessi si accumulavano anno dopo anno.

accrued [ə'kru:d / ac·crued] *s.* (*amm.*) accantonato, maturato: — *expenses, interest*, spese, interessi maturati; — *liabilities* (o *payables*), ratei passivi; — *income*, rateo attivo; — *taxes*, fondo imposte e tasse.

acculturation [ə,kʌltʃə'reɪʃn / ac·cul·tura·tion] *s.* acculturazione, acculturamento.

to **accumulate** [ə'kju:mjʊleɪt / ac·cu·mu·late] *v.tr.* **1** accumulare; ammucchiare // (*fin.*) *accumulated profit*, utili non distribuiti **2** (*inform.*) totalizzare, cumulare (in registri) ♦ *v.intr.* accumularsi; ammucchiarsi.

accumulating [ə'kju:mjʊleɪtɪŋ / ac·cu·mu·lat·ing] *agg.* (*inform.*): — *counter*, contatore -totalizzatore; — *register*, registro accumulatore.

accumulation [ə,kju:mjʊ'leɪʃn / ac·cu·mu·

la·tion] *s.* **1** (*econ.*) accumulazione; capitalizzazione; premio di emissione: — *factor*, fattore di capitalizzazione **2** accumulo; ammasso, mucchio // (*mat.*) — *point*, punto di accumulazione.

accumulative [ə'kju:mjʊlətɪv *amer.* ə'kju:mjʊ'leɪtɪv / ac·cu· ·mu·lat·ive] *agg.* cumulativo; che tende ad accumulare // **-ly** *avv.*

accumulator [ə'kju:mjʊleɪtə* / ac·cu·mu·lator] *s.* **1** accumulatore (*anche tecn.*) **2** — (*bet*), scommessa multipla **3** (*inform.*) accumulatore, totalizzatore.

accuracy ['ækjʊrəsɪ / ac·cur·acy] *s.* **1** esattezza, precisione **2** (*stat.*) modulo di precisione.

accurate ['ækjʊrət / ac·cur·ate] *agg.* esatto, preciso; fedele // **-ly** *avv.*

to **accurse** [ə'kɜ:s / ac·curse] *v.tr.* (*ant.*) maledire.

accursed [ə'kɜ:sɪd / ac·cur·sed] **accurst** [ə'kɜ:st / ac·curst] *agg.* **1** maledetto, colpito da maledizione **2** detestabile, odioso.

accusable [ə'kju:zəbl / ac·cus·able] *agg.* accusabile, imputabile.

accusal [ə'kju:zl / ac·cusal] **accusation** [,ækju:'zeɪʃn / ac·cusa·tion] *s.* accusa, incriminazione (*anche dir.*).

accusant [ə'kju:zənt / ac·cus·ant] *s.* (*ant.*) accusatore.

accusative [ə'kju:zətɪv / ac·cus·at·ive] *agg.* e *s.* (*gramm.*) accusativo.

accusatorial [ə,kju:zə'tɔ:rɪəl / ac·cus·at·orial] *agg.* (*dir.*) accusatorio.

accusatory [ə'kju:zətərɪ / ac·cus·at·ory] *agg.* accusatorio: *an — speech, tone*, un discorso, un tono accusatorio.

to **accuse** [ə'kju:z / ac·cuse] *v.tr.* accusare, imputare: *to — oneself*, accusarsi; *to — s.o. of sthg., of doing...*, accusare qlcu. di qlco., di fare...

accused [ə'kju:zd / ac·cused] *agg.* e *s.* accusato, imputato (*anche dir.*): *the accused began to speak*, l'accusato prese la parola; *all the accused were present in the courtroom*, tutti gli imputati erano presenti in aula // — *confessed guilty*, reo confesso.

accuser [ə'kju:zə* / ac·cuser] *s.* accusatore.

accusingly [ə'kju:zɪŋlɪ / ac·cus·ingly] *avv.* in modo accusatorio.

to **accustom** [ə'kʌstəm / ac·cus·tom] *v.tr.* abituare, avvezzare: *to — oneself to*, abituarsi a.

accustomed [ə'kʌstəmd / ac·cus·tomed] *agg.* **1** abituale, usuale, consueto: *she played with — skill*, suonò con la consueta abilità **2** abituato: *to be — to doing sthg.*, essere abituato a fare qlco.; *to become* (o *to get*) — *to doing sthg.*, abituarsi a fare qlco.

AC/DC [eɪ'si:di:'si:] *agg.* (*sl.*) bisessuale • Deriv. dal linguaggio scientifico '*a(lternating) -c(urrent) / d(irect)-c(urrent)*, a corrente alternata e a corrente continua', cioè 'universale'.

ace [eɪs] *s.* **1** (*carte, dadi*) asso // — *up one's sleeve* (o amer. — *in the hole*), asso nella manica // — *of spades*, (*fam. amer.*) negro **2** asso, campione: *a flying —, a driving —*, un asso del volo, un asso del volante **3** (*fam. amer.*) chi mangia da solo al ristorante; tavolo da uno **4** (*tennis*) servizio, battuta imprendibile; (*golf*) il mandare la palla in buca con un solo tiro, buca in uno **5** *within an — of*, (*fam.*) a un passo da, a un pelo da ♦ *agg.* bravo, esperto: *an — salesman*, un esperto venditore.

to **ace** *v.tr.* (*tennis*) tirare un (colpo di) servizio imprendibile a (qlcu.).

□ **ace (out)** *v.tr.* e *avv.* superare brillantemente (un esame) al primo tentativo.

acellular [eɪ'seljʊlə* / acel·lu·lar] *agg.* (*biol.*) acellulare.

acentric [ə'sentrɪk / acent·ric] *agg.* (*scient.*) acentrico.

acephalous [ə'sefələs / aceph·al·ous] *agg.* acefalo (*anche fig.*).

acerb [ə'sɜ:b] *agg.* (*letter.*) acerbo, aspro; acre.

acerbate ['æsəbeɪt / acerb·ate] *agg.* (*non com.*) esacerbato, esasperato.

to **acerbate** *v.tr.* (*non com.*) esacerbare, esasperare.

acerbic [ə'sɜ:bɪk] *agg.* acerbo, aspro; acre.

acerbity [ə'sɜ:bɪtɪ / acerb·ity] *s.* acerbità, asprezza; acredine.

acerose ['æsərəʊs / ac·er·ose] *agg.* (*bot.*) aceroso, aghiforme.

acervate [ə'sɜ:vɪt / acer·vate] *agg.* (*agr.*) acervato.

aces ['eɪsɪz] *agg.* (*sl. amer.*) straordinario, formidabile: *You're aces!*, (J.D. SALINGER) Sei un tipo formidabile!

acescence [ə'sesəns / aces·cence] **acescency** [ə'sesənsɪ / aces· ·cency] *s.* acescenza.

acescent [ə'sesənt / aces·cent] *agg.* acescente.

acetabulum [,æsɪ'tæbjʊləm / aceta·bu·lum] *pl.* **acetabula** [,æsə'tæbjʊlə / aceta·bu·la] **acetabulums** *s.* acetabolo (*anche anat.*).

acetal ['æsɪtæl / acet·al] *s.* (*chim.*) acetale.

acetaldehyde [,æsɪ'tældɪhaɪd / acet·al·de·hyde] *s.* (*chim.*) acetaldeide.

acetamide [,æsɪ'tæmaɪd / acet·am·ide] *s.* (*chim.*) acetammide.

acetate ['æsɪteɪt / acet·ate] *s.* (*chim.*) acetato // — *disc*, acetato, disco a base di acetato di cellulosa // — *silk*, acetato, seta artificiale.

acetated ['æsɪteɪtɪd / acet·ated] *agg.* (*chim.*) trattato con acido acetico.

acetic [ə'si:tɪk] *agg.* (*chim.*) acetico: — *acid*, acido acetico.

acetification [ə'setɪfɪ'keɪʃn / aceti·fica·tion] *s.* (*chim.*) acetificazione.

to **acetify** [ə'setɪfaɪ / acet·ify] *v.tr.* (*chim.*) acetificare.

acetimeter [,æsɪ'tɪmɪtə* / aceti·meter] *s.* (*chim.*) acetimetro.

acet(o)- ['æsɪt(əʊ)] (*chim.*) *pref.* di origine latina; it. acet(o)-: *acetamide*, acetammide; *acetaldehyde*, acetaldeide.

acetometer [,æsɪ'tɒmɪtə* / aceto·meter] *s.* (*chim.*) acetometro.

acetone ['æsɪtəʊn / acet·one] *s.* **1** (*chim.*) acetone **2** (*med.*) acidosi, acetone: *test for — in urine*, test di ricerca dell'acetone nelle urine, chetotest // — *bodies*, corpi chetonici.

acetous ['æsɪtəs / acet·ous] *agg.* **1** (*scient.*) acetificante **2** (*fig., non com.*) acido, pungente.

acetyl ['æsɪtɪl] *s.* (*chim.*) acetile.

acetylcholine ['æsətɪl'kəʊli:n / acet·yl·chol·ine] *s.* (*biochim.*) acetilcolina.

acetylene [ə'setɪli:n / acet·yl·ene] *s.* (*chim.*) acetilene.

acetyl-salicylic [,æsɪtɪl'sælɪsɪlɪk] *agg.* (*chim.*) acetilsalicilico: — *acid*, acido acetilsalicilico.

acey deucey ['eɪsɪ'dju:sɪ] *agg.* (*sl. amer.*) ambiguo, di duplice natura.

Achaean [ə'ki:ən] *agg.* e *s.* acheo.

ache[1] [eɪk] *s.* dolore, male; sofferenza.

to **ache**[1] *v.intr.* **1** far male, dolere: *my head aches*, mi duole la testa **2** desiderare ardentemente: *he was aching for home*, aveva un forte desiderio della propria casa.

ache[2] [eɪtʃ] *s.* acca (la lettera h).

achene [eɪ'ki:n / ach·ene] *s.* (*bot.*) achenio.

Acheulean [əʃu:'lɪən / Acheu·lean] spec. amer. **Acheulian** [əʃu:'lɪən / Acheu·lian] *agg.* (*paletnologia*) acheuleano.

achievable [ə'tʃi:vəbl / achiev·able] *agg.* **1** realizzabile, fattibile **2** raggiungibile.

to **achieve** [ə'tʃi:v] *v.tr.* **1** portare a termine, ultimare; realizzare: *if you work hard you will — everything you want*, se lavori sodo porterai a termine tutto ciò che vuoi **2** ottenere, raggiungere: *he achieved great success, fame etc.*, ottenne grande successo, fama ecc.

achievement [ə'tʃi:vmənt / achieve·ment] *s.* **1** compimento, conclusione **2** conseguimento, raggiungimento: *the — of success*, il conseguimento del successo // (*psic.*): — *age*, livello di rendimento scolastico; — *quotient*, quoziente di rendimento scolastico; — *test*, test di rendimento **3** impresa, conquista: *he was rewarded for his scientific achievements*, è stato premiato per le sue conquiste nel campo scientifico.

Achilles [ə'kɪli:z / Achil·les] *no.pr.m.* Achille // *Achilles' heel*, (*fig.*) tallone d'Achille, punto debole // *Achilles' tendon*, (*anat.*) tendine d'Achille.

achilous [ə'kaɪləs / achil·ous] *agg.* (*bot.*) senza labbri.

aching ['eɪkɪŋ] *agg.* **1** dolente, dolorante; doloroso **2** (*fig.*) penoso; doloroso.

achlamydeous [,æklə'mɪdɪəs / ach·la·myde·ous] *agg.* (*bot.*) aclamidato, aclamide.

achondrite [eɪ'kɒndraɪt / achon·drite] *s.* (*geol.*) acondrite.

achromatic [,ækrəʊ'mætɪk / achrom·atic] *agg.* **1** (*fis.*) acromatico: — *lens*, lente acromatica **2** (*estens.*) acromatico, senza colore.

achromatism [ə'krəʊmətɪzəm / achro·mat·ism] *s.* **1** (*fis.*) acromatismo **2** (*estens.*) acromatismo, mancanza di colore.

to **achromatize** [ə'krəʊmətaɪz / achro·mat·ize] *v.tr.* rendere incolore.

acicular [ə'sɪkjʊlə* / aci·cular] *agg.* (*scient.*) aciculare, acicolare.

acid ['æsɪd] *agg.* acido; aspro (*anche fig.*) // — *rain*, piogge acide // — *rock*, roccia acida // (*chim.*) — *dye*, colorante con proprietà acide // **-ly** *avv.* // **-ness** *s.*

acid *s.* **1** (*chim.*) acido: (*biochim.*) *nucleic —*, acido nucleico // (*chim.*) — *value*, indice di acidità **2** (*sl.*) acido, LSD // — *trip*, 'viaggio' con l'LSD // — *rock*, (*amer.*) musica psichedelica // — *pad*, (*amer.*) appartamento dove si consuma l'LSD.

acid-base [ˈæsɪdbeɪs] *agg.* (*chim.*) acido -base; — *equilibrium*, equilibrio acido-base; — *titration*, titolazione acido-base, 'titration'.

acid drop [ˈæsɪddrɒp] *s.* caramella (di agrumi).

acid freak [ˈæsɪd,fri:k] **acidhead** [ˈæsɪdhed / acid·head] *s.* (*amer.*) consumatore abituale di LSD; (*fig.*) allucinato: *some of our recent Presidents were acid freaks*, (S. BELLOW) alcuni fra gli ultimi nostri presidenti erano allucinati.

acidic [əˈsɪdɪk] *agg.* (*chim.*) acido: — *rock*, roccia acida.

acidification [ə,sɪdɪfɪˈkeɪʃn / acidi·fica·tion] *s.* (*chim.*) acidificazione.

acidifier [əˈsɪdɪfaɪə* / acidi·fier] *s.* (*chim.*) acidificatore.

to **acidify** [əˈsɪdɪfaɪ / acid·ify] *v.tr.* (*chim.*) acidificare ◆ *v.intr.* (*chim.*) acidificarsi.

acidimeter [,æsɪˈdɪmɪtə* / aci·di·meter] *s.* (*chim.*) acidimetro.

acidimetry [,æsɪˈdɪmɪtrɪ / aci·di·metry] *s.* (*chim.*) acidimetria.

acidity [əˈsɪdɪtɪ / acid·ity] *s.* acidità: *stomach* —, acidità di stomaco.

to **acidize** [ˈæsɪdaɪz / acid·ize] *v.tr.* acidificare (*anche chim.*).

acidophil [ˈæsɪdɒfɪl / acido·phil] *s.* (*chim., biol.*) acidofilo.

acidophilic [,æsɪdɒˈfɪlɪk / acido·philic] *agg.* (*chim.*) acidofilo.

acidosic [,æsɪˈdəʊsɪk / acid·osic] *agg.* (*med.*) acidoso.

acidosis [,æsɪˈdəʊsɪs / acid·osis] *pl.* **acidoses** *s.* (*med.*) acidosi.

acidotic [,æsəˈdɒtɪk / acid·otic] *agg.* (*med.*) acidotico.

acid test [ˈæsɪdtest] *s.* **1** (*chim.*) prova dell'acidità (per l'oro e altri metalli) **2** (*fig.*) prova del nove **3** (*fin.*) rapporto secco di liquidità, quoziente di liquidità **4** (*sl. amer.*) festa in cui viene aggiunto LSD al cibo e alle bevande.

to **acidulate** [əˈsɪdjʊleɪt / acid·ulate] *v.tr.* (*chim.*) acidulare.

acidulent [əˈsɪdjʊlənt / acid·ulent] **acidulous** [əˈsɪdjʊləs / acid·ulous] *agg.* acidulo.

acieration [,æsɪəˈreɪʃn / aciera·tion] *s.* (*metall.*) acciaiatura.

acies [ˈæsɪəs] *s.* (*med.*) margine, bordo (di ferita).

aciform [ˈæsɪfɔ:m / aci·form] *agg.* aghiforme.

aciniform [æˈsɪnɪfɔ:m / acini·form] *agg.* (*bot., zool.*) aciniforme.

acinose [ˈæsɪnəʊs / acin·ose] *agg.* acinoso.

acinous [ˈæsɪnəs / acin·ous] *agg.* acinoso (*anche biol.*).

acinus [ˈæsɪnəs] *pl.* **acini** [ˈæsɪnaɪ] *s.* acino (*anche scient.*).

ack-ack [ˈækˈæk] *s.* **1** cannone antiaereo **2** fuoco antiaereo ◆ *agg.* (*sl.*) antiaereo (di cannone, fuoco) • Abbr. di → **antiaircraft**.

to **acknowledge** [əkˈnɒlɪdʒ / ac·know·ledge] *v.tr.* **1** convenire, ammettere: *to — oneself beaten*, ammettere di essere stato vinto **2** riconoscere: *to — s.o. as one's master*, riconoscere qlcu. come proprio maestro; *to — s.o. as one's heir, son*, riconoscere qlcu. come proprio erede, figlio **3** mostrare riconoscenza, apprezzamento per: *the company acknowledged his work with a prize*, la società mostrò riconoscenza per il suo lavoro con un premio **4** accusare ricevuta (di lettera): *he acknowledged (receipt of) our letter*, accusò ricevuta della nostra lettera **5** riconoscere (con un cenno di saluto): *she didn't — me when I waved*, non mi riconobbe quando la salutai.

acknowledg(e)ment [əkˈnɒlɪdʒmənt / ac·know·ledg(e)·ment] *s.* **1** riconoscimento; ammissione // (*dir.*) — *of child*, riconoscimento di minore // (*comm., dir.*) — *of debt*, riconoscimento di debito // (*comm.*) — *of receipt*, avviso di ricevuta **2** riconoscenza // *Acknowledgements*, Ringraziamenti (alla fine di un'opera) **3** ricevuta (di una lettera, un documento ecc.) **4** cenno di saluto.

aclinic [əˈklɪnɪk / ac·linic] *agg.* (*geofisica*) aclino, senza inclinazione // — *line*, equatore magnetico.

acme [ˈækmɪ] *s.* acme, culmine, sommo; apogeo.

acne [ˈæknɪ] *s.* (*med.*) acne.

acnode [ˈæknəʊd / ac·node] *s.* (*mat.*) nodo isolato, punto doppio isolato.

acock [əˈkɒk] *avv.* (*antiq.*) *he wore his hat* —, portava il cappello sulle ventitré.

acolyte [ˈækəʊlaɪt / aco·lyte] *s.* **1** (*eccl.*) chierico; (*ordine minore*) accolito **2** assistente; servitore; seguace.

aconite [ˈækənaɪt / acon·ite] *s.* **1** (*bot.*) (*Aconitum napellus*) aconito, napello SIN. monk's hood, wolf's bane **2** (*chim.*) aconito.

aconitine [əˈkɒnɪtaɪn / acon·it·ine] *s.* (*chim.*) aconitina.

acorn [ˈeɪkɔ:n] *s.* (*bot.*) ghianda.

acorn shell [ˈeɪkɔ:nʃel] *s.* (*zool. pop.*) cirripede → **barnacle**[1].

acotyledon [æ,kɒtɪˈli:dən / aco·ty·ledon] *s.* (*bot.*) acotiledone.

acotyledonous [æ,kɒtɪˈli:dənəs / aco·ty·led·on·ous] *agg.* (*bot.*) acotiledone.

acouchy [əˈku:ʃɪ / acou·chy] *s.* (*zool. pop.*) porcellino d'India → **guinea pig**.

acoustic meno com. **acoustical** [əˈku:stɪk(əl) / acous·tic(al)] *agg.* acustico: — *guitar*, chitarra acustica; (*mil.*) — *mine*, mina acustica // (*anat.*) — *meatus*, canale, condotto uditivo // (*tecn.*): — *material*, materiale fonoassorbente; — *treatment*, insonorizzazione // (*fis.*): — *dispersion*, dispersione del suono; — *reflectivity*, coefficiente di riflessione dell'energia sonora; — *scattering*, diffusione del suono // (*inform.*): — *cabinet*, mobile di insonorizzazione; — (*control*) *cover*, coperchio di insonorizzazione; — *coupler*, accoppiatore acustico.

acoustician [əˈku:stɪʃn / acous·ti·cian] *s.* esperto in acustica.

acoustics [əˈku:stɪks / acous·tics] *s.* **1** Ⓤ acustica **2** *pl.* acustica, insieme delle proprietà acustiche: *the — of the hall are very good*, l'acustica della sala è molto buona.

acoustoelectronics [əˈku:stəʊ,elekˈtrɒnɪks / acous·to·elec· ·tron·ics] *s.* Ⓤ acustoelettronica.

to **acquaint** [əˈkweɪnt / ac·quaint] *v.tr.* informare, mettere al corrente, far conoscere: *to — s.o. with sthg.*, informare qlcu. di qlco., far conoscere qlco. a qlcu.; *to — s.o. with the facts*, informare qlcu. dell'accaduto // *to be acquainted with sthg.*, essere al corrente di qlco.; *to be acquainted with s.o.*, conoscere qlcu.; *to become* (o *to make oneself*) *acquainted with s.o.*, fare la conoscenza di qlcu.; *to make oneself acquainted with sthg.*, informarsi su qlco.

acquaintance [əˈkweɪntəns / ac·quaint·ance] *s.* **1** conoscenza; cognizione: *I have some* — (o *a nodding* —) *with* (o *of*) *French, but I don't speak it fluently*, ho qualche conoscenza di francese ma non lo parlo speditamente; *to make s.o.'s* — (o *to make the — of s.o.*), fare la conoscenza di qlcu. **2** conoscente: *friends and acquaintances*, amici e conoscenti.

acquaintanceship [əˈkweɪntənsʃɪp / ac·quaint·ance·ship] *s.* **1** conoscenza, persona conosciuta **2** (l'insieme delle) conoscenze, (*pl.*) relazioni: *I have wide — among journalists*, ho molte conoscenze fra i giornalisti.

acquest [æˈkwest / ac·quest] *s.* (*rar.*) **1** acquisto, acquisizione **2** (*dir.*) proprietà non ottenuta per eredità.

to **acquiesce** [,ækwɪˈes / ac·qui·esce] *v.intr.* (*form.*) aderire, acconsentire; adeguarsi: *to — in a request*, aderire a una richiesta; *I reluctantly — in your decision to resign*, con riluttanza mi adeguo alla vostra decisione di dimettervi.

acquiescence [,ækwɪˈesns / ac·qui·es·cence] *s.* **1** acquiescenza, tacito consenso **2** sottomissione, arrendevolezza.

acquiescent [,ækwɪˈesnt / ac·qui·es·cent] *agg.* acquiescente; arrendevole.

acquirable [əˈkwaɪərəbl / ac·quir·able] *agg.* acquisibile; acquistabile.

to **acquire** [əˈkwaɪə* / ac·quire] *v.tr.* acquisire; acquistare; procurarsi: *to — a habit*, acquisire un'abitudine; *to — a good knowledge of the language*, acquisire una buona conoscenza della lingua; *to — a taste for sthg.*, prendere gusto a qlco.

acquired [əˈkwaɪəd / ac·quired] *agg.* acquisito (*anche med.*): *an — immunity*, un'immunità acquisita; *an — taste*, un gusto acquisito.

acquirement [əˈkwaɪəmənt / ac·quire·ment] *s.* **1** acquisizione **2** cognizione, conoscenza acquisita.

acquirer [əˈkwaɪərə* / ac·quirer] *s.* acquirente.

acquisition [,ækwɪˈzɪʃn / ac·quisi·tion] *s.* acquisizione; acquisto // (*comm.*) — *value*, valore d'acquisto, valore iniziale.

acquisitive [əˈkwɪsɪtɪv / ac·quis·it·ive] *agg.* **1** capace di ottenere, di acquisire **2** che mira, tende al possesso; avido: *an — society*, una società avida di beni materiali // **-ness** *s.*

to **acquit** [əˈkwɪt / ac·quit] *pass.p.p.* **acquitted** [əˈkwɪtɪd / ac·quit·ted] *v.tr.* **1** (*dir.*) assolvere, prosciogliere: *to — s.o. of a charge*, assolvere qlcu. da un'accusa **2** *to — oneself well, ill*, dare una buona, cattiva prova di sé **3** (*antiq.*) liberare, affrancare: *to — oneself of an obligation*, liberarsi da un obbligo **4** (*ant.*) saldare, pagare (debiti).

acquittal [əˈkwɪtl / ac·quit·tal] *s.* **1** (*dir.*) assoluzione, proscioglimento **2** proscioglimento, sgravio (da obbligo, dovere e sim.) **3** → **acquittance**.

acquittance [əˈkwɪtns / ac·quit·tance] *s.* **1** saldo, pagamento **2** (*comm.*) quietanza, ricevuta.

acre [ˈeɪkə*] *s.* **1** (*agr.*) acro (misura di superficie = 4047 m²) **2** *pl.* proprietà terriere **3** (*ant.*) campo // *God's* —, cimitero.

acreage ['eɪkərɪdʒ / acre·age] *s.* area misurata in acri.

acre-yield ['eɪkəji:ld] *s.* (*geol.*) prodotto per acro (riferito a un campo petrolifero).

acrid ['ækrɪd / ac·rid] *agg.* acre; aspro; (*fig.*) mordace, pungente: *an — tone*, un tono aspro.

acridine ['ækrɪdaɪn / ac·rid·ine] *s.* (*chim.*) acridina.

acridity [æ'krɪdɪtɪ / ac·rid·ity] **acridness** ['ækrɪdnɪs / ac·rid·ness] *s.* acredine; asprezza; (*fig.*) mordacità.

acrimonious [,ækrɪ'məʊnjəs / ac·ri·mo·ni·ous] *agg.* acre; astioso, malevolo // **-ly** *avv.*

acrimony ['ækrɪmənɪ *amer.* 'ækrɪməʊnɪ / ac·ri·mony] *s.* acrimonia; astiosità.

acro- ['ækrəʊ] *pref.* di origine greca con significato di 'punto estremo, estremità' it. acro: *acromegaly*, acromegalia.

acroanaesthesia ['ækrəʊ,ænɪs'θi:zjə / acro·an·aes·the·sia] *s.* (*med.*) anestesia di una o due estremità.

acrobat ['ækrəbæt / ac·ro·bat] *s.* acrobata.

acrobatic [,ækrəʊ'bætɪk / ac·ro·batic] *agg.* acrobatico // **-ally** *avv.*

acrobatics [,ækrəʊ'bætɪks / ac·ro·bat·ics] *s.* **1** ⊡ acrobazia **2** (*con v. pl.*) esibizione acrobatica.

acrobatism ['ækrəbætɪzəm / ac·ro·bat·ism] *s.* acrobatismo.

acrocephalic [,ækrəʊse'fælɪk / acro·ceph·alic] **acrocephalous** [,ækrəʊ'sefələs / acro·ceph·al·ous] *agg.* (*med.*) acrocefalo.

acrocephaly [,ækrəʊ'sefəlɪ / acro·ceph·aly] *s.* (*med.*) acrocefalia.

acrolein [ə'krəʊli:ɪn / acro·lein] *s.* (*chim.*) acroleina.

acromion [ə'krəʊmjən / acro·mion] *s.* (*anat.*) acromion, acromio.

acronyc(h)al [ə'krɒnɪkl / ac·ro·nyc(h)al] *agg.* (*astr.*) acronittico.

acronym ['ækrəʊnɪm / ac·ro·nym] *s.* acronimo, sigla.

acropolis [ə'krɒpəlɪs / ac·ro·polis] *s.* acropoli, cittadella.

across [ə'krɒs *amer.* ə'krɔ:s] *avv.* **1** da una parte all'altra, da un capo all'altro: *the lake measures six miles* —, il lago è sei miglia in larghezza; *to help a child* —, aiutare un bambino ad attraversare; *to go* —, attraversare (da una parte all'altra) **2** per traverso, in senso trasversale: *we couldn't get along the road as there was a tree-trunk lying* —, non riuscivamo a procedere sulla strada perché c'era un tronco di traverso // *11* —, (nei cruciverba) 11 orizzontale **3** dall'altra parte, dall'altro lato: *to row s.o.* —, trasportare qlcu. a remi sull'altra riva; — *from*, (*amer.*) di fronte a: *the church is just — from the school*, la chiesa è proprio di fronte alla scuola **4** si usa per formare *phrasal verbs*: p.e. *to come —, to get —, to run* —; cfr. tali verbi.

across *prep.* **1** attraverso, da una parte all'altra: *there is a bridge — the railway*, c'è un ponte che attraversa la ferrovia; *to run — the road*, attraversare la strada correndo; *he rowed — the lake*, attraversò il lago in barca a remi; *to draw a line* (*straight*) *— a circle*, tracciare una linea diagonale a un cerchio **2** al di là di, dall'altra parte, sull'altro lato di: *he lives — the street*, abita dall'altro lato della strada; *she called me from — the room*, mi chiamò dall'altro lato della stanza **3** in forma di croce: *I saw him with his arms — his chest*, lo vidi con le braccia incrociate sul petto **4** in ogni parte, da un capo all'altro di [cfr. *throughout*]: *the news spread — the country*, la notizia si diffuse da un capo all'altro del paese.

across the board [ə'krɒsðə'bɔ:d] *agg.* uguale per tutti: (*econ.*) *an — wage increase*, un aumento salariale uguale per tutti.

acrostic [ə'krɒstɪk *amer.* ə'krɔ:stɪk / ac·ros·tic] *s.* acrostico.

acrylate ['ækrɪleɪt / ac·ryl·ate] *s.* (*chim.*) acrilato; resina acrilica.

acrylic [ə'krɪlɪk / ac·rylic] *agg.* (*chim.*) acrilico: — *group*, gruppo acrilico; — *acid*, acido acrilico; — *resins*, resine acriliche ◆ *s.* **1** — (*material*), (tessuto) acrilico **2** — (*paint*), (colore) acrilico.

acrylonitrile [ə,krɪlə'naɪtrəl / acrylo·nitrile] *s.* (*chim.*) acrilonitrile.

act [ækt] *s.* **1** atto, azione: — *of kindness*, atto di gentilezza; *a stupid* —, una stupidaggine; *he was caught in the — of stealing*, fu sorpreso nell'atto di rubare; *to catch s.o. in the* (*very*) —, cogliere qlcu. sul fatto, in flagrante // *to get in on the* — (o *to get into the* —), intrufolarsi; *to get one's — together*, (*fam.*) organizzarsi // (*dir.*) *by — of God*, per causa di forza maggiore // *the Acts of the Apostles*, gli Atti degli Apostoli **2** (*dir.*) legge; atto; decreto: *Act of Parliament*, legge del Parlamento; — *of State*, atto politico **3** (*teatr.*) atto; numero: *he left the theatre during the First Act*, lasciò il teatro alla fine del primo atto; *his — was top of the bill*, il suo numero era il clou del programma **4** (*fig.*) finzione, scena; numero: *it's only an —, he doesn't mean it*, è solo scena, non lo pensa veramente; *to put on an* —, fingere **5** (*fam. amer.*) imitazione: *you should see his Bogart* —, dovresti vedere la sua imitazione di Bogart **6** (*antiq.*) tesi di laurea (discussa in pubblico).

to act *v.intr.* **1** agire, comportarsi: *he acts upon my advice*, agisce seguendo i miei consigli; *these pills — on the heart*, queste pillole agiscono sul cuore; *to — for the best*, agire per il meglio; *to — prudently*, agire con prudenza // *to — for s.o.*, rappresentare qlcu., agire per conto di qlcu. **2** funzionare: *is the brake acting properly?*, funziona bene il freno? **3** fingere, far finta di: *he was just acting as if he was interested*, faceva finta di essere interessato **4** recitare: *he acted in King Lear*, ha recitato nel King Lear ◆ *v.tr.* recitare; recitare la parte di; rappresentare: *he acted Romeo*, recitava la parte di Romeo; *they — 'Hamlet'*, rappresentano l''Amleto' // *to — the part of*, agire da: *to — the part of a judge*, esercitare le funzioni di giudice // *to — a part*, (*fam.*) fare la commedia, fingere // *don't — the fool!*, non fare lo scemo!

□ **act as** *v.intr.* e *prep.* fungere da: *he acted as secretary*, faceva da segretario.

□ **act out** *v.tr.* e *avv.* manifestare, esprimere (con i gesti, il comportamento).

□ **act up** *v.intr.* e *avv.* **1** (*fam.*) comportarsi male: *the children are acting up*, i bambini si comportano male, sono capricciosi; *my car is acting up*, la mia macchina non funziona bene **2** (*to*) conformarsi a: *he acted up to his principles*, agì in conformità ai suoi principi.

acting ['æktɪŋ / act·ing] *agg.* **1** facente, avente funzione di; sostituto: — *captain*, tenente facente funzione di capitano; (*comm.*) — *partner*, socio gerente, socio accomandatario **2** (*amer.*) nel ruolo di; da: — *chairman Smith*, presidente Smith **3** (*mecc.*) a effetto (semplice, doppio ecc.): *double — machine*, macchina a doppio effetto; *single — machine*, macchina a effetto unico.

acting *s.* **1** recitazione; interpretazione (di una parte): *his — was excellent*, la sua interpretazione era eccellente // *to go in for* —, intraprendere la carriera di attore, di attrice **2** (*fam.*) finzione: *it is mere* —, è tutta una commedia **3** (*mecc.*) azione, effetto, funzionamento.

actinia [æk'tɪnɪə / ac·tinia] *pl.* **actiniae** [æk'tɪnii:] **actinias** *s.* (*zool.*) attinia, anemone di mare SIN. sea anemone.

actinic [æk'tɪnɪk / ac·tinic] *agg.* (*chim.*) attinico.

actinide ['æktɪnaɪd / ac·tin·ide] *s.* (*chim.*) attinide.

actinism ['æktɪnɪzəm / ac·tin·ism] *s.* (*chim.*) attinismo; attinicità.

actinium [æk'tɪnɪəm / ac·ti·nium] *s.* (*chim.*) attinio.

actinoid ['æktɪnɔɪd / ac·tin·oid] *s.* (*chim.*) attinoide.

actinometer [,æktɪ'nɒmɪtə* / ac·tino·meter] *s.* (*metrol.*) attinometro.

actinometry [,æktɪ'nɒmɪtrɪ / ac·tino·metry] *s.* (*fis.*) attinometria.

actinomorphic [,æktɪnəʊ'mɔ:fɪk / ac·tino·morphic] *agg.* (*bot.*, *zool.*) attinomorfo.

actinomycete [,æktɪnəʊ'maɪsi:t / ac·tino·my·cete] *s.* (*biol.*) attinomicete.

actinon ['æktɪnɒn / ac·tinon] *s.* (*chim.*) attinon.

actinotherapy [,æktɪnəʊ'θerəpɪ / ac·tino·ther·apy] *s.* (*med.*) attinoterapia.

actinouranium [,æktɪnəʊju:'reɪnjəm / ac·tino·uranium] *s.* (*chim.*) attinouranio.

action ['ækʃn / ac·tion] *s.* **1** azione; fatto, atto: *freedom of* —, libertà d'azione; *line of* —, linea di condotta; — *committee, group*, comitato, gruppo d'azione; *to be held responsible for one's* —, essere ritenuto responsabile delle proprie azioni // *in* —, in azione, in atto: *to put an idea into* —, tradurre un'idea in atto; *to go into* —, entrare in azione // *to take* —, agire // *the scene of — is New York*, la scena si svolge a New York // (*cinem.*) —*!*, ciak, si gira! // (*tv*) — *replay*, replay // — *film*, — *novel*, film, romanzo d'azione // *I am looking for some* —, (*sl.*) sto cercando un po' di movimento, di 'vita'; *any — around here?*, (*amer.*) succede qualcosa da queste parti? // *a piece of the* —, (*fam.*) quota, partecipazione a un'impresa commerciale **2** effetto, azione: *the — of a drug*, l'effetto di una droga; (*fis.*) — *at a distance*, azione a distanza; (*fis.*) — *potential*, potenziale di azione **3** movimento; gesto, atto, mimica **4** (*dir.*) processo, causa; lite; atti (processuali): *civil* —, processo, causa civile; *criminal* —, processo penale; — *at law*, azione giudiziaria; — *of contract*, azione contrattuale; — *for damages*, azione di risarcimento; *right of* —, diritto di proporre un'azione in giudizio **5** (*mil.*) azione, combattimento: *killed in* —, ucciso in combattimento; *to go into* —, entrare in azione, dare battaglia, attaccare // *go to — stations!*, ai posti di combattimento!, (*fig.*) pronti all'azione! **6** (*mecc.*) azione, effetto; funzionamento; meccanismo: *the — of this spring is wrong*, il funzionamento di questa molla è difettoso; *the — of a rifle*, il meccanismo di caricamento e sparo di un fucile; *the — of a watch*, il movimento, la macchina di un orologio; *to put* (o *to set*) *sthg. in* —, azionare, far funzionare qlco.; *to be in full* —, funzionare a pieno regime; *to be out of* —, essere fuori uso, non funzionare **7** (*inform.*) azione, procedura, intervento: — *code*, — *message*, codice, messaggio di intervento; — *switch*, pulsante di servizio.

to **action** *v.tr.* promuovere una causa civile; agire nel processo civile.

actionable ['ækʃnəbl / ac·tion·able] *agg.* processabile.

actionist ['ækʃənɪst / ac·tion·ist] *s.* sostenitore dell'azione diretta.

Action Man® ['ækʃnmæn] *s.* bambolotto tipo Big Jim®.

action painting ['ækʃnpeɪntɪŋ] *s.* (*pitt.*) pittura d'azione, action painting.

to **activate** ['æktɪveɪt / ac·tiv·ate] *v.tr.* **1** attivare, rendere attivo // (*inform.*): *to — a program*, lanciare un programma; *to — a switch*, azionare un pulsante **2** (*fis. nucleare*) attivare, rendere radioattivo **3** (*mil.*) allestire, approntare (un reparto, un nucleo operativo ecc.).

activated ['æktɪveɪtɪd / ac·tiv·ated] *agg.* (*chim.*, *fis.*) attivo; attivato: — *carbon*, carbone attivato; — *complex*, complesso attivo.

activating ['æktɪveɪtɪŋ / ac·tiv·at·ing] *agg.* (*chim.*) attivante: — *reagent*, attivatore.

activation [æktɪ'veɪʃn / ac·tiva·tion] *s.* (*fis.*, *chim.*, *metall.*) attivazione: — *energy*, energia di attivazione.

activator ['æktɪveɪtə* / ac·tiv·ator] *s.* (*fis.*, *chim.*) attivatore, catalizzatore // (*biol.*) RNA —, attivatore dell'RNA.

active ['æktɪv / act·ive] *agg.* **1** attivo; fattivo; energico; intensamente operante: *an — creativity*, una vivace, attiva creatività; — *demand for iron*, forte richiesta di ferro // (*mil.*) *on — service*, in servizio attivo **2** (*scient.*) attivo, in attività: — *volcano*, vulcano attivo; (*astr.*) — *prominence*, protuberanza (solare) attiva; (*astr.*) — *region*, regione attiva (della superficie solare); (*fis.*) — *device*, dispositivo attivo; (*med.*) — *immunity*, immunità attiva **3** (*inform.*) attivo, in movimento; in corso di esecuzione (di programma); in corso di utilizzazione (di archivio); in servizio (di terminale) **4** (*gramm.*) attivo // **-ly** *avv.*

activism ['æktɪvɪzm / act·iv·ism] *s.* (*fil.*, *pol.*) attivismo.

activist ['æktɪvɪst / act·iv·ist] *s.* (*fil.*, *pol.*) attivista.

activity [æk'tɪvɪtɪ / ac·tiv·ity] *s.* **1** attività: *brain* —, attività cerebrale // (*econ.*): — *analysis*, analisi delle attività; — *rate*, tasso di attività **2** *pl.* attività, occupazioni: *recreational activities*, attività ricreative.

actor ['æktə*] *s.* attore; commediante: *leading* —, attore protagonista // *bad* —, (*sl. amer.*) persona senza scrupoli.

actress ['æktrɪs / act·ress] *s.* attrice; commediante: *leading* —, attrice protagonista.

actual ['æktʃʊəl / ac·tual] *agg.* **1** reale, effettivo; vero e proprio: *the — cost is higher because it includes advertising*, il costo effettivo è più alto perché include la pubblicità; *the — cerimony starts at 10 a.m.*, la cerimonia vera e propria inizia alle 10 // *in — fact*, in realtà // (*econ.*) — *prices*, prezzi reali // (*inform.*): — *code*, codice assoluto, linguaggio macchina; — *instruction*, istruzione effettiva; — *stock*, scorta esistente **2** presente, attuale, corrente: (*amm.*) — *value*, valore attuale, corrente.

actualism ['æktʃʊəlɪzəm / ac·tu·al·ism] *s.* **1** (*fil.*) attualismo **2** (*geol.*) attualismo SIN. uniformitarianism.

actuality [,æktʃʊ'ælɪtɪ / ac·tu·al·ity] *s.* **1** *pl.* fatti, condizioni reali: *the film distorts the actualities of peasant life*, il film dà un'immagine distorta delle condizioni reali della vita contadina **2** (*non com.*) realtà.

actualization [,æktʃʊəlaɪ'zeɪʃn / ac·tu·al·iza·tion] *s.* **1** realizzazione (di un'idea, una speranza) **2** ricostruzione (di incidente, delitto ecc.).

to **actualize** ['æktʃʊəlaɪz / ac·tu·al·ize] *v.tr.* **1** realizzare (un'idea, una speranza) **2** ricostruire (un delitto), rappresentare realisticamente (un incidente).

actually ['æktʃʊəlɪ / ac·tu·ally] *avv.* realmente, effettivamente; a dire il vero: *do you — mean it?*, dici (proprio) sul serio?; *"When should you leave?" "Well, tomorrow —!"*, "Quando dovresti partire?" "A dire il vero, domani!"; — *I don't like chocolates much*, anche se può sembrare strano, non mi piacciono molto i cioccolatini • Non è da confondersi con l'it. 'attualmente' che in inglese è '*now*, *at the moment*, *at present*, *at the present time*'.

actuarial [,æktjʊ'eərɪəl / ac·tu·ar·ial] *agg.* (*comm.*) attuariale: — *mathematics*, matematica attuariale.

actuary ['æktjʊərɪ *amer.* 'æktjʊerɪ / ac·tu·ary] *s.* (*comm.*) attuario.

to **actuate** ['æktjʊeɪt / ac·tu·ate] *v.tr.* **1** azionare; mettere in moto, in azione **2** (*fig.*) muovere; spingere all'azione.

actuation [,æktjʊ'eɪʃn / ac·tu·ation] *s.* **1** azionamento; messa in moto **2** (*fig.*) impulso, spinta.

actuator ['æktjʊeɪtə* / ac·tu·ator] *s.* (*tecn.*) attuatore, azionatore.

acuity [ə'kju:ətɪ / acu·ity] *s.* acutezza (*anche fig.*), acuità: *auditory* —, acutezza auditiva; *visual* —, acuità visiva.

aculeate [ə'kju:li:ət / acu·leate] *agg.* **1** (*bot.*, *zool.*) aculeato **2** (*fig.*) pungente.

aculeus [ə'kju:lɪəs / acu·leus] *pl.* **aculei** [ə'kju:lɪaɪ] *s.* (*bot.*, *zool.*) aculeo.

acumen [ə'kju:men / acu·men] *s.* acume; perspicacia.

acuminate [ə'kju:mɪnɪt / acu·min·ate] *agg.* acuminato; appuntito.

to **acuminate** [ə'kju:mɪneɪt] *v.tr.* (*antiq.*) acuminare; appuntire.

acupressure ['ækju:preʃə* / acu·pres·sure] *s.* (*med.*) digitopressione.

acupuncture ['ækju:pʌnktʃə* / acu·punc·ture] *s.* (*med.*) agopuntura.

acupuncturist [,ækju:'pʌnktʃərɪst / acu·punc·tur·ist] *s.* (*med.*) agopuntore.

acute [ə'kju:t] *agg.* **1** acuto, appuntito, aguzzo **2** (*fig.*) acuto; perspicace; violento (di dolore); sottile (di udito); penetrante (di suono): *an — awareness of a problem*, una conoscenza profonda del problema **3** (*mat.*) acuto: — *angle*, angolo acuto ◆ *s.* accento acuto // **-ly** *avv.*

acuteness [ə'kju:tnɪs / acute·ness] *s.* acutezza (*anche fig.*), acuità: *the — of a sound*, l'acutezza di un suono.

acyclic [ə'sɪklɪk / acyc·lic] *agg.* aciclico.

acyl ['æsɪl] *s.* (*chim.*) acile.

acylation [æsɪ'leɪʃn / acyl·ation] *s.* (*chim.*) acilazione.

acyloin [ə'sɪləwən / acyl·oin] *s.* (*chim.*) aciloino.

ad [æd] *s.* abbr. di → **advertisement**.

adage ['ædɪdʒ] *s.* adagio, massima.

adagio [ə'dɑ:dʒɪəʊ / ada·gio] *s.* (*mus.*) adagio.

Adam ['ædəm] *no.pr.m.* Adamo // *I don't know him from* —, (*fam.*) non lo conosco affatto, non l'ho mai visto // —*'s apple*, pomo d'Adamo.

adamant ['ædəmənt / ad·am·ant] *s.* (*ant.*) **1** diamante // *heart of* —, (*fig.*) cuore di pietra **2** calamita: *which is a great adamant of acquaintance*, (F. BACON) la qual cosa è una grande calamita di conoscenza.

adamant *agg.* risoluto, deciso: *they were — we should stay for dinner*, erano decisi a farci restare a cena.

adamantine [,ædə'mæntaɪn / ad·am·ant·ine] *agg.* adamantino.

adamellite [ædə'melaɪt / adamell·ite] *s.* (*geol.*) adamellite.

Adamic [ə'dæmɪk / Ad·amic] *agg.* adamitico.

Adamite ['ædəmaɪt / Ad·am·ite] *s.* **1** discendente di Adamo **2** (*st.*) adamita.

adamsite ['ædəmzaɪt / ad·ams·ite] *s.* (*chim.*) adamsite.

to **adapt** [ə'dæpt / ad·apt] *v.tr.* **1** adattare; modificare parzialmente: *he adapted the motor to improve its performance*, apportò delle modifiche al motore per migliorarne le prestazioni; *to — a book for the stage*, adattare un testo per il teatro **2** *to — oneself*, adattarsi, adeguarsi: *to — oneself to the new rules*, adeguarsi alle nuove regole ◆ *v.intr.* adattarsi.

adaptability [ə,dæptə'bɪlɪtɪ / ad·apt·ab·il·ity] *s.* adattabilità.

adaptable [ə'dæptəbl / ad·apt·able] *agg.* adattabile.

adaptation [,ædæp'teɪʃn / ad·apta·tion] *s.* adattamento: *an — for the screen*, un adattamento, una riduzione per lo schermo; — *to new climactic conditions*, adattamento alle nuove condizioni climatiche.

adapted [ə'dæptɪd / ad·apted] *agg.* **1** adatto, idoneo: *he is the person — to this job*, è la persona adatta per questo lavoro; *this diet is particularly — to a hot climate*, questa dieta è particolarmente adatta per un clima caldo **2** ridotto, adattato: *play — for the radio*, commedia adattata per la radio.

adapter [ə'dæptə* / ad·apter] *s.* **1** riduttore di opere (per teatro, film) **2** (*inform.*, *elettr.*, *fot.*) adattatore; riduttore **3** (*mecc.*) adattatore; raccordo.

adaptive [ə'dæptɪv / ad·apt·ive] *agg.* (*non com.*) adattabile // **-ness** *s.*

adaptor [ə'dæptə*] → **adapter**.

add [æd] *s.* (*inform.*) addizione // — (*-on*) *time*, tempo di addizione.

to **add** *v.tr.* **1** aggiungere: *I added a few words to his speech*, al suo discorso aggiunsi poche parole // *to — fuel to the fire*, (*fam.*) soffiare sul fuoco, versare olio sul fuoco // *to — insult to injury*, aggiungere al danno la beffa **2** (*mat.*) sommare, addizionare: *to — four to ten*, sommare quattro a dieci **3** (*inform.*) addizionare: *to — over, short*, addizionare una cifra troppo elevata, troppo bassa ◆ *v.intr.* aggiungersi, aumentare: *this adds to my grief*, questo aumenta il mio dolore.

□ **add in** *v.tr.* e *avv.* includere.

□ **add on** *v.tr.* e *avv.* aggiungere: *they added on 10% for service*, aggiunsero il 10% per il servizio ◆ *v.intr.* e *prep.* (*to*) ampliare: *we can — on to the existing hi-fi system*, possiamo ampliare l'impianto hi-fi esistente.

□ **add up** *v.tr.* e *avv.* sommare, fare una somma: *the waiter added up the bill*, il cameriere calcolò l'ammontare del conto ◆ *v.intr.* e *avv.* (*to*) ammontare (*anche fig.*): *it all adds up to £ 105*, il tutto ammonta a £ 105; *it all adds up to total incompetence*, il tutto indica una totale incompetenza; *it doesn't — up*, i conti non tornano; *it doesn't — up to much*, non significa molto.

addax ['ædæks / ad·dax] *s.* (*zool.*) (*Addax nasomaculatus*) antilope addax.

addend ['ædend / add·end] *s.* (*mat.*) addendo.

addendum [ə'dendəm / ad·den·dum] *pl.* **addenda** [ə'dendə/ ad·denda] *s.* **1** aggiunta; appendice **2** (*mecc.*) addendum (nelle ruote dentate) // — *circle*, circonferenza esterna.

adder[1] ['ædə* / add·er] *s.* **1** addizionatrice **2** (*elettr.*) (dispositivo o circuito) sommatore, addizionatore.

adder[2] [ad·der] *s.* (*zool.*) **1** (*Vipera berus*) marasso, vipera palustre, vipera rossa **2** *horned* —, (*Cerastes cornutus*) ceraste.

adder-fly ['ædəflaɪ] *s.* (*zool. pop.*) libellula → **dragonfly**.

adder's tongue ['ædəz,tʌŋ] *s.* (*bot.*) (*Ophioglossum vulgare*) lingua di serpe, erba lucciola, lingua di vipera.

addict ['ædɪkt / ad·dict] *s.* **1** tossicomane // *heroin* —, eroinomane; *opium* —, oppiomane **2** (*scherz.*) fanatico (per), maniaco (per): TV —, videodipendente; *computer* —, fanatico di informatica.

to **addict** [ə'dɪkt] *v.tr.* (*antiq.*) **1** abituare, indurre (spec. all'uso di una droga) **2** *to — oneself*, abituarsi, darsi a (spec. all'uso di droghe).

addicted [ə'dɪktɪd / ad·dicted] *agg.* **1** dedito: *to be — to alcohol, drugs*, essere alcolizzato, tossicodipendente **2** (*scherz.*) fanatico, maniaco: *he is — to television*, è fanatico della televisione.

addiction [ə'dɪkʃn / ad·dic·tion] *s.* **1** dipendenza: — *to smoking, alcohol*, dipendenza dal fumo, dall'alcol // *drug* —, tossicodipendenza **2** passione, mania **3** (*ant.*) inclinazione: *his addiction leads him*, (SH. Othello) lo guida la sua inclinazione.

addictive [ə'dɪktɪv / ad·dict·ive] *agg.* che dà assuefazione.

add in [,æd'ɪn] *s.* (*inform.*) periferica di input, apparecchiatura supplementare.

adding machine ['ædɪŋmə'ʃi:n] *s.* macchina addizionatrice.

addition [ə'dɪʃn / ad·di·tion] *s.* **1** (*mat.*) addizione, somma: — *method*, metodo di somma // (*fis.*) — *of velocities*, somma delle velocità **2** (*chim.*) addizione, aggiunta: — *reaction*, reazione di addizione **3** incremento; aggiunta; aumento (*anche econ.*): *in — to*, in più di, in aggiunta a; *in — let me say...*, inoltre lasciami dire... **4** (*ant.*) titolo: *he bade me, ..., call thee thane of Cawdor / in which addition, Hail, most worthy thane!*, (SH. Macbeth) egli mi ordinò di salutarti, ..., signore di Cawdor; con questo titolo, salve, signore nobilissimo!

additional [ə'dɪʃənl / ad·di·tional] *agg.* **1** supplementare; addizionale; aggiunto **2** (*inform.*) supplementare, aggiuntivo: — *characters*, caratteri speciali; — *store* (o *storage*), memoria ausiliaria **3** (*econ.*) addizionale: — *charges*, spese extra; — *income*, proventi straordinari, entrate straordinarie; — *security*, garanzia collaterale, accessoria; — *tax*, sovraimposta, imposta addizionale.

additionally [ə'dɪʃənəlɪ / ad·di·tion·ally] *avv.* in aggiunta; inoltre.

additive ['ædɪtɪv / ad·dit·ive] *agg.* aggiuntivo; additivo: (*fis.*) — *process*, processo additivo; (*mat.*) — *law, property*, legge, proprietà additiva ◆ *s.* (*chim.*) additivo.

additivity [,ædɪ'tɪvɪtɪ / ad·dit·iv·ity] *s.* (*mat.*) additività.

addle ['ædl] *agg.* (*non com.*) **1** marcio (di uovo) **2** confuso (di mente), vuoto.

to **addle** *v.intr.* **1** (*di uovo*) marcire, andare a male **2** (*fig.*) (*di mente*) confondersi ◆ *v.tr.* **1** far marcire (un uovo) **2** (*fig.*) confondere (la mente).

addle-brained ['ædlbreɪnd] **addle -headed** ['ædlhædɪd] *agg.* sventato; confuso; (*fam.*) svampito.

addled ['ædld] *agg.* **1** marcio (di uova) **2** confuso (di mente).

add-on ['ædɒn] *s.* **1** (*tel.*) conferenza a tre **2** *pl.* (*inform.*) apparecchiature supplementari; hardware di complemento // — *memory*, memoria aggiunta.

address [ə'dres *amer.* 'ædres / ad·dress] *s.* **1** indirizzo; recapito: *the — on the envelope was wrong*, l'indirizzo sulla busta era sbagliato; — *book*, rubrica degli indirizzi; indirizzario (*anche inform.*); *of no fixed* —, senza fissa dimora // *accommodation* —, indirizzo di comodo **2** discorso; allocuzione: *to give* (o *to make*) *an* —, tenere un discorso **3** (*form.*) modi (*pl.*), maniere (*pl.*): *form of* —, formula, frase con cui ci si rivolge a qlcu.: *'Madam' is the right form of — for the Queen*, 'Madam' è l'appellativo giusto per rivolgersi alla Regina; *I was overpowered, ..., by the enchantment of your address*, (S. JOHNSON) fui sopraffatto, ..., dall'incanto delle vostre maniere **4** (*antiq.*) destrezza; prontezza **5** *pl.* omaggi, corte: *to pay one's addresses to*, far la corte a, rendere omaggio a **6** (*inform.*) indirizzo: — *call*, appello selettivo; — *bus*, bus di indirizzamento; — *character*, carattere di identificazione; — *control*, modifica di indirizzo; *origin* —, indirizzo assoluto di memoria; — *field, part, portion*, campo indirizzo (di un'istruzione); — *track*, traccia degli indirizzi.

to **address** *v.tr.* **1** indirizzare; rivolgere: *to — a speech to s.o., sthg.*, indirizzare un discorso a qlcu., a qlco.; *he addressed his mind to the solution*, rivolse la sua mente alla ricerca della soluzione // *to — oneself to sthg.*, dedicarsi a qlco.; impegnarsi in qlco. **2** rivolgere la parola, rivolgersi a, parlare a: *to — the crowd, the court*, rivolgersi alla folla, alla corte; *you can't — me like that*, non ti permetto di parlarmi così **3** mettere l'indirizzo su (una lettera).

addressability [ə,dresə'bɪlətɪ / ad·dress·ab·il·ity] *s.* (*inform.*) possibilità di indirizzamento, indirizzabilità.

addressed [ə'drest / ad·dressed] *agg.* (*ant.*) pronto, preparato: *the Prologue is address'd*, (SH. Midsummer) il Prologo è pronto; *to some great cause addressed*, (MILTON) preparato a grandi azioni.

addressee [,ædre'si: / ad·dressee] *s.* destinatario.

addresser [ə'dresə* / ad·dresser] *s.* **1** mittente **2** indirizzatrice, targhettatrice; stampa -indirizzi.

addressing [ə'dresɪŋ / ad·dres·sing] *s.* (*inform.*) indirizzamento: *self-relative* —, indirizzamento differenziale.

addressing machine [ə'dresɪŋmə'ʃi:n] *s.* indirizzatrice, targhettatrice; macchina stampa-indirizzi.

addressograph® [ə'dresəʊgrɑ:f / ad·dresso·graph] *s.* macchina per stampare indirizzi.

to **adduce** [ə'dju:s *amer.* ə'du:s / ad·duce] *v.tr.* addurre; citare.

adduceable [ə'dju:səbl / ad·duce·able] *agg.* adducibile; citabile.

adducent [ə'dju:sənt / ad·duc·ent] *agg.* (*anat.*) adduttore.

adducible [ə'dju:səbl / ad·duc·ible] *agg.* adducibile; citabile.

adduct [ə'dʌkt / ad·duct] *s.* (*chim.*) addotto.

to **adduct** *v.tr.* (*med.*) addurre.

adduction [ə'dʌkʃən / ad·duc·tion] *s.* **1** (*med.*) adduzione **2** (*rar.*) citazione.

adductor [ə'dʌktə* / ad·duc·tor] *s.* (*anat.*) (muscolo) adduttore.

adelphogamy [,ædel'fɒgəmɪ / adel·pho·gamy] *s.* (*bot.*) adelfogamia.

adenine ['ædɪnɪn / ad·en·ine] *s.* (*biochim.*) adenina.

adenitis [ædɪ'naɪtɪs / ad·en·itis] *s.* (*med.*) adenite.

aden(o)- ['ædɪnəʊ] *pref.* di origine greca che significa 'ghiandola'; it. adeno-: *adenopathy*, adenopatia.

adenocarp ['ædɪnəʊkɑ:p / ad·eno·carp] *s.* (*bot.*) adenocarpo.

adenoidal [ædɪ'nɔɪdəl *amer.* ædə'nɔɪdəl / ad·en·oidal] *agg.* **1** di chi ha le adenoidi: — *voice*, voce di chi ha le adenoidi // *to feel* —, (*fam.*) sentirsi il naso chiuso **2** adenoideo; adenoidale.

adenoidectomy [,ædɪnɔɪ'dektəmɪ / ad·en·oid·ect·omy] *s.* (*med.*) adenotomia, escissione delle adenoidi.

adenoids ['ædɪnɔɪdz *amer.* 'ædənɔɪdz / ad·en·oids] *s.pl.* (*anat.*) adenoidi.

adenoma [ædɪ'nəʊmə / ad·en·oma] *s.* (*med.*) adenoma.

adenopathy [ædɪ'nəʊpəθɪ / ad·eno·pathy] *s.* (*med.*) adenopatia.

adenopharyngitis ['ædɪnəʊ,færɪn'dʒaɪtɪs / ad·eno·pha·ryn· ·gitis] *s.* (*med.*) adenofaringite.

adenosine [ə'denəsi:n / ad·en·os·ine] *s.* (*biochim.*) adenosina.

adenosis ['ædɪnəʊsɪs / ad·en·osis] *s.* (*med.*) adenosi.

adenovirus [,ædɪnəʊ'vaɪrəs / ad·en·o·virus] *s.* (*biol.*) adenovirus.

adept ['ædept] *agg.* e *s.* perito, esperto: *to be — in sthg.*, *at doing sthg.*, essere esperto in qlco., nel fare qlco.

adequacy ['ædɪkwəsɪ / ad·equacy] *s.* adeguatezza.

adequate ['ædɪkwət / ad·equate] *agg.* adeguato, soddisfacente; sufficiente // **-ly** *avv.*

adespota [ə'despətə / a·des·pota] *s.pl.* (*rar.*) scritti adespoti, anonimi.

to **adhere** [əd'hɪə* / ad·here] *v.intr.* aderire; attaccarsi; (*fig.*) aderire, essere favorevole: *to — to a party*, *to a proposal*, aderire a un partito, a una proposta.

adherence [əd'hɪərəns / ad·her·ence] *s.* aderenza; adesione; (*fig.*) attaccamento, devozione.

adherent [əd'hɪərənt / ad·her·ent] *agg.* aderente, attaccato; incollato ◆ *s.* aderente, seguace, partigiano.

adhesion [əd'hi:ʒn / ad·he·sion] *s.* **1** adesione (*anche fig.*) **2** (*med.*) aderenza **3** (*mecc.*) aderenza // (*ferr.*) — *weight*, peso aderente.

adhesive [əd'hi:sɪv / ad·hes·ive] *agg.* **1** adesivo: — *paper*, carta gommata; — *label*, etichetta adesiva **2** (*med.*) che provoca aderenza; aderente (di tessuti) ◆ *s.* adesivo, sostanza adesiva // **-ly** *avv.*

adhesiveness [əd'hi:sɪvnɪs / ad·hes·ive·ness] *s.* adesività, aderenza; (forza di) adesione.

to **adhibit** [əd'hɪbɪt / ad·hibit] *v.tr.* (*antiq.*) applicare; ammettere; somministrare (rimedi).

adhibition [,ædhɪ'bɪʃn / ad·hibi·tion] *s.* (*antiq.*) applicazione; uso.

adhocracy [æd'hɒkrəsɪ / adhoc·racy] *s.* (*amm.*) adhocrazia.

adiabatic [,ædɪə'bætɪk / adia·batic] *agg.* (*scient.*) adiabatico.

adiantum [,ædɪ'æntəm / adi·antum] *s.* (*bot.*) adianto.

adiathermanous [,ædɪə'θɜ:mənəs / adia·therm·anous] **adiathermic** ['ædɪə'θɜ:mɪk / adia·thermic] *agg.* (*fis. ant.*) adiatermano.

adieu [ə'dju: *amer.* ə'du:] *pl.* **adieus**, **adieux** [ə'dju:z] *inter.* addio!: *nor ever bid the Spring adieu*, (KEATS) né mai dicon addio alla primavera ◆ *s.* addio; saluto: *to take* (o *to make*) *one's —*, salutare, prendere congedo.

adipic [ə'dɪpɪk / ad·ipic] *agg.* (*chim.*) adipico.

adip(o)- ['ædɪpəʊ] *pref.* di origine latina che indica relazione col grasso o con l'acido adipico; it. adipo-: *adipogenesis*, adipogenesi.

adipose ['ædɪpəʊs / ad·ip·ose] *agg.* adiposo ◆ *s.* **1** grasso animale **2** (*med.*) adiposi.

adiposity [,ædɪ'pɒsɪtɪ / ad·ip·os·ity] *s.* adiposità.

adit ['ædɪt] *s.* **1** (*ing. mineraria*) galleria di accesso (di miniera) **2** (*ant.*) accesso, entrata.

adjacence [ə'dʒeɪsəns / ad·ja·cence] **adjacency** [ə'dʒeɪsənsɪ / ad·ja·cency] *s.* adiacenza, vicinanza.

adjacent [ə'dʒeɪsənt / ad·ja·cent] *agg.* adiacente, limitrofo // (*mat.*) — *angles*, angoli adiacenti.

adjectival [,ædʒek'taɪvl / ad·ject·ival] *agg.* (*gramm.*) aggettivale // **-ly** *avv.*

adjective ['ædʒɪktɪv / ad·ject·ive] *agg.* **1** (*non com.*) addizionale, accessorio; dipendente **2** (*dir.*) — *law*, diritto processuale.

adjective *s.* (*gramm.*) aggettivo.

to **adjoin** [ə'dʒɔɪn / ad·join] *v.tr.* **1** confinare con, essere contiguo a **2** aggiungere; unire.

adjoining [ə'dʒɔɪnɪŋ / ad·join·ing] *agg.* contiguo; adiacente; vicino.

adjoint [ə'dʒɔɪnt / ad·joint] *agg.* (*mat.*) aggiunto: — *operator*, *functor*, operatore, funtore aggiunto.

to **adjourn** [ə'dʒɜ:n / ad·journ] *v.tr.* aggiornare; rinviare; rimettere; differire ◆ *v.intr.* **1** aggiornarsi **2** (*fam.*) trasferirsi (in altro luogo): *shall we — to the pub?*, ci trasferiamo al pub?

adjournment [ə'dʒɜ:nmənt / ad·journ·ment] *s.* aggiornamento; rinvio // — *debate*, discussione parlamentare prima dell'aggiornamento della Camera.

to **adjudge** [ə'dʒʌdʒ / ad·judge] *v.tr.* (*dir.*) **1** aggiudicare; accordare **2** giudicare; sentenziare **3** condannare.

adjudg(e)ment [ə'dʒʌdʒmənt / ad·judg(e)·ment] *s.* (*dir.*) **1** aggiudicazione **2** giudizio; sentenza; decisione **3** condanna.

to **adjudicate** [ə'dʒu:dɪkeɪt / ad·ju·dic·ate] *v.intr.* (*dir.*) giudicare; decidere: *to — upon a question*, pronunciare un giudizio su una questione ◆ *v.tr.* (*dir.*) aggiudicare.

adjudication [ə,dʒu:dɪ'keɪʃn / ad·ju·dica·tion] *s.* **1** (*dir.*) giudizio; sentenza: — *in bankruptcy*, sentenza dichiarativa di fallimento **2** aggiudicazione.

adjudicative [ə'dʒu:dɪkeɪtɪv / ad·ju·dic·at·ive] *agg.* aggiudicativo.

adjudicator [ə'dʒu:dɪkeɪtə* / ad·ju·dic·ator] *s.* arbitro, giudice; membro di giuria (in concorsi musicali ecc.).

adjunct ['ædʒʌŋ*k*t / ad·junct] *s.* **1** aggiunta; accessorio **2** (*gramm.*) attributo **3** aggiunto (in uffici, servizi ecc.) ◆ *agg.* aggiunto, subordinato.

adjunction [ə'dʒʌŋ*k*ʃn / ad·junc·tion] *s.* aggiunzione (*anche mat.*); aggiunta.

adjunctive [ə'dʒʌŋ*k*tɪv / ad·junct·ive] *agg.* aggiuntivo // **-ly** *avv.*

adjuration [,ædʒʊə'reɪʃn / ad·jura·tion] *s.* (*non com.*) **1** implorazione; supplica **2** impegno (sotto giuramento).

to **adjure** [ə'dʒʊə* / ad·jure] *v.tr.* (*ant.*) scongiurare; implorare; supplicare.

to **adjust** [ə'dʒʌst / ad·just] *v.tr.* **1** aggiustare, accomodare; sistemare, ordinare: (*amm.*) *to — the accounts*, pareggiare i conti // (*contabilità*) *adjusted balances*, saldi rettificati // (*stat.*) *seasonally adjusted*, depurato dalla componente stagionale, destagionalizzato **2** adattare: *to — oneself to the new conditions*, adattarsi alle nuove condizioni **3** (*mecc.*) regolare, mettere a punto, tarare (meccanismi, strumenti ecc.); calettare ◆ *v.intr.* adattarsi.

adjustable [ə'dʒʌstəbl / ad·just·able] *agg.* aggiustabile; regolabile; variabile; spostabile: — *seat*, sedile regolabile // (*aer.*) — *propeller*, elica a passo variabile // (*econ.*) — *peg*, parità mobile.

adjuster [ə'dʒʌstə* / ad·just·er] *s.* **1** chi aggiusta; aggiustatore (di pezzi meccanici); montatore (di mobili); revisionatore (di macchine, strumenti) // (*mecc.*) — *screw*, vite di regolazione **2** (*comm.*) liquidatore; (*amer.*) perito assicurativo.

adjustment [ə'dʒʌs*t*mənt / ad·just·ment] *s.* **1** (*amm.*) correzione, rettifica, variazione: *inventory —*, variazione delle scorte; — *accounts*, ratei e risconti; *valuation —*, aggiustamento di cambio; — *lag*, intervallo di aggiustamento **2** (*dir.*) liquidazione // (*comm.*) — *of creditors' claims*, concordato **3** (*mecc.*) aggiustaggio; regolazione, registrazione; taratura, messa a punto **4** (*inform.*) regolazione, messa a punto, registrazione **5** (*topografia*) correzione; aggiustamento **6** (*ott.*) rettifica.

adjutage ['ædʒʊtɪdʒ / ad·jut·age] *s.* → **ajutage**.

adjutancy ['ædʒʊtənsɪ / ad·jut·ancy] *s.* (*mil.*) ufficio o grado di aiutante.

adjutant ['ædʒʊtənt / ad·jut·ant] *agg.* (*non com.*) aiutante ◆ *s.* **1** (*rar.*) assistente; (*mil.*) aiutante (ufficiale) **2** (*zool.*) (*Leptoptilus dubius*) marabù indiano.

adjuvant ['ædʒʊvənt / ad·juv·ant] *agg.* (*non com.*) ausiliare; utile ◆ *s.* **1** coadiutore, cooperatore **2** (*med.*) coadiuvante, adiuvante.

ad lib [,æd'lɪb] *avv.* (*fam.*) a piacere, liberamente.

to **ad-lib** *v.tr.* (*fam.*) improvvisare.

adman ['ædmæn / ad·man] *pl.* **admen** *s.* (*fam.*) agente pubblicitario.

admass ['ædmæs / ad·mass] *s.* (*fam. spec. amer.*) **1** pubblicità di massa (spec. per la sua influenza negativa sulla società) **2** massa di consumatori (spec. quelli influenzati dalla pubblicità su larga scala).

to **admeasure** [æd'meʒə* / ad·meas·ure] *v.tr.* (*ant.*) ripartire, distribuire (in giuste parti).

admeasurement [æd'meʒəmənt / ad·meas·ure·ment] *s.* **1** (*ant.*) ripartizione **2** proporzioni; misure.

admin ['ædmɪn / ad·min] *agg.* e *s.* abbr. di → **administrative**, **administration**.

adminicle [æd'mɪnɪkl / ad·min·icle] *s.* **1** (*ant.*) aiuto; appoggio **2** (*dir.*, *antiq.*) prova aggiuntiva.

to **administer** [əd'mɪnɪstə* / ad·min·is·ter] *v.tr.* **1** amministrare, controllare; gestire; governare: *to — an estate*, amministrare una proprietà // *to — the law*, applicare la legge **2** dare, somministrare; fornire: *to — a medicine*, somministrare una medicina; (*rel.*) *to — the sacraments*, amministrare i sacramenti; *to — an oath*, far prestare giuramento; *his death administered a severe blow to the company*, la sua morte fu un duro colpo per la compagnia **3** (*non com.*) contribuire, sovvenire: *to — to s.o.'s comfort*, contribuire al benessere di qlcu. ◆ *v.intr.* assistere; (*relig.*) officiare.

administered price [əd'mɪnɪstəd'praɪs] *s.* (*econ.*) prezzo amministrato.

administrable [əd'mɪnɪstrəbl / ad·min·is·trable] *agg.* amministrabile.

to **administrate** [əd'mɪnɪstreɪt / ad·min·is·trate] *v.tr.* amministrare.

administration [əd,mɪnɪ'streɪʃn / ad·min·is·tra·tion] *s.* **1** amministrazione; — *of justice*, amministrazione della giustizia **2** (*dir.*) curatela (di patrimonio fallimentare, di beni caduti in successione): *Letters of Administration*, autorizzazione ad amministrare il patrimonio di chi non ha fatto testamento **3** somministrazione (di sacramenti, di medicine) **4** (*amer.*) governo federale, amministrazione: *the Democratic* —, il governo democratico // — *office*, ufficio governativo.

administrative [əd'mɪnɪstrətɪv *amer.* əd 'mɪnɪs'treɪtɪv / ad·min·is·trat·ive] *agg.* amministrativo: *an* — *body*, un ente amministrativo; — *audit*, revisione amministrativa, revisione contabile interna; — *control*, controllo direttivo // (*dir.*) — *law*, diritto costituzionale.

administrator [əd'mɪnɪstreɪtə* / ad·min·is·trator] *s.* **1** amministratore **2** (*dir.*) curatore testamentario.

administratorship [əd'mɪnɪstreɪtəʃɪp / ad·min·is·trator·ship] *s.* amministrazione; gerenza.

administratrix [əd'mɪnɪstreɪtrɪks / ad·min·is·trat·rix] *pl.* **administratrices** [əd'mɪn ɪstreɪtrɪsi:z / ad·min·is·trat·rices] *s.* amministratrice.

admirable ['ædmərəbl / ad·mir·able] *agg.* **1** ammirevole, mirabile **2** eccellente // *Admirable Crichton*, persona che eccelle in molti campi (dal protagonista della commedia omonima di J.M. Barrie) // **-bly** *avv.*

admiral ['ædmərəl / ad·miral] *s.* **1** ammiraglio; ammiraglio di squadra navale: *high* —, ammiraglio comandante di una flotta // *Admiral of the Fleet* (GB), *Fleet Admiral* (USA), ammiraglio della flotta; ammiraglio dell'armata navale; *Lord High Admiral*, (GB) grand'ammiraglio; *Rear-Admiral*, (GB, USA) contrammiraglio; *Vice-Admiral*, (GB, USA) viceammiraglio **2** — (*-ship*), nave ammiraglia.

admiralship ['ædmərəlʃɪp / ad·miral·ship] *s.* ammiragliato (funzione, dignità di ammiraglio).

admiralty ['ædmərəltɪ / ad·mir·alty] *s.* ammiragliato; (GB) Ministero della Marina: — *law*, diritto marittimo // *Admiralty Court*, organo giudiziario competente in cause marittime // *First Lord of the Admiralty*, Ministro della Marina // (*metall.*) — *brass*, lega ammiragliato.

admiration [,ædmə'reɪʃn / ad·mira·tion] *s.* ammirazione; (*ant.*) meraviglia: *season your admiration for a while*, (SH. Hamlet) contenete un po' la vostra meraviglia.

to **admire** [əd'maɪə* / ad·mire] *v.tr.* **1** ammirare; (*ant.*) meravigliarsi di, stupirsi di **2** (*amer.*) desiderare, aver piacere di.

admirer [əd'maɪərə* / ad·mirer] *s.* ammiratore; adoratore: *ardent* —, ardente ammiratore.

admiring [əd'maɪərɪŋ / ad·mir·ing] *agg.* ammirativo; pieno di ammirazione // **-ly** *avv.*

admissibility [əd,mɪsə'bɪlɪtɪ / ad·miss·ib·il·ity] *s.* ammissibilità.

admissible [əd'mɪsəbl / ad·miss·ible] *agg.* ammissibile.

admission [əd'mɪʃn / ad·mis·sion] *s.* **1** ammissione; accesso: — *to the club is by election only*, l'ammissione al club avviene solo per elezione; *free* —, entrata libera; *to give* — *to s.o., sthg.*, lasciare entrare qlcu., qlco.; — *fee* (o *money*), prezzo di ingresso // *Admission Day*, giorno in cui alcuni stati americani celebrano la loro entrata nell'Unione // *admissions officer*, chi seleziona gli studenti ammessi all'università **2** ammissione, confessione: *an* — *of negligence*, un'ammissione di negligenza; *by his own* —, come ha ammesso egli stesso // (*dir.*): — *of guilt*, ammissione di colpa; — *of evidence*, ammissione di prova **3** (*mecc.*) ammissione (nelle macchine a vapore).

admissive [əd'mɪsɪv / ad·miss·ive] *agg.* che ammette, che tende ad ammettere.

to **admit** [əd'mɪt / ad·mit] *pass.p.p.* **admitted** [əd'mɪtɪd / ad·mit·ted] *v.tr.* **1** ammettere; riconoscere; confessare: *he admitted having stolen the bicycle*, ammise di aver rubato la bicicletta // (*dir.*) *to* — *a claim*, accogliere un ricorso **2** ammettere; lasciar entrare: *the ticket admits one*, il biglietto è valido per una persona; *to be admitted to the club*, essere ammesso al club **3** contenere, aver posto per: *the hall admits 500 people*, la sala ha una capacità di 500 persone ♦ *v.intr.* ammettere: *his conduct admits of no excuse*, la sua condotta non ha giustificazioni.

admittable [əd'mɪtəbl / ad·mit·table] *agg.* ammissibile.

admittance [əd'mɪtəns / ad·mit·tance] *s.* **1** ammissione; entrata, accesso, ingresso // *no* —, vietato l'ingresso; *to be unable to gain* —, (*form.*) non riuscire a entrare **2** (*fis.*) ammettenza.

admitted [əd'mɪtɪd / ad·mit·ted] *agg.* ammesso, riconosciuto.

admittedly [əd'mɪtɪdlɪ / ad·mit·tedly] *avv.* per ammissione; certamente: — *I failed*, riconosco che non ci sono riuscito.

to **admix** [æd'mɪks / ad·mix] *v.tr.* (*rar.*) mescolare; aggiungere ♦ *v.intr.* (*rar.*) mescolarsi.

admixture [æd'mɪkstʃə* / ad·mix·ture] *s.* **1** mescolanza, miscela **2** sostanza aggiunta in una miscela; additivo **3** miscelazione **4** (*tess.*) mescola.

to **admonish** [əd'mɒnɪʃ / ad·mon·ish] *v.tr.* ammonire; esortare; avvertire, mettere in guardia.

admonishment [əd'mɒnɪʃmənt / ad·mon·ish·ment] *s.* ammonimento; esortazione; avvertimento.

admonition [,ædməʊ'nɪʃn / ad·moni·tion] *s.* ammonimento, rimprovero; avvertimento.

admonitory [əd'mɒnɪtərɪ / ad·mon·it·ory] *agg.* ammonitorio: — *tone*, tono ammonitorio.

ado [ə'du:] *s.* **1** confusione; rumore, baccano: *much* — *about nothing*, molto rumore per nulla; *without further* — *he drove off*, senza ulteriori indugi se ne andò **2** (*non com.*) fatica, difficoltà; stento: *had not his Chaplain with much ado persuaded him to the contrary*, (J. ADDISON) se il suo cappellano non lo avesse persuaso con molta fatica del contrario.

adobe [ə'dəʊbɪ] *s.* adobe (mattone di creta impastata con paglia ed essiccata al sole; (*amer.*) casa di mattoni di creta impastata con paglia.

adolescence [,ædəʊ'lesəns / ado·les·cence] *s.* adolescenza.

adolescent [,ædəʊ'lesnt / ado·les·cent] *agg.* adolescente; adolescenziale ♦ *s.* adolescente.

adonis [ə'dəʊnɪs] *s.* **1** (*antiq.*) bellimbusto **2** (*bot.*) (*Adonis vernalis*) adonide gialla.

to **adonize** ['ædənaɪz / adon·ize] *v.intr.* (*rar.*) azzimarsi.

to **adopt** [ə'dɒpt / ad·opt] *v.tr.* **1** (*dir.*) adottare **2** (*fig.*) adottare, far proprio; scegliere: *to* — *a new way of life*, adottare, far proprio un nuovo sistema di vita.

adoptability [ə,dɒptə'bɪlɪtɪ / ad·opt·ab·il·ity] *s.* (*dir.*) adottabilità.

adoptable [ə'dɒptəbl / ad·opt·able] *agg.* adottabile.

adopted [ə'dɒptɪd / ad·opted] *agg.* adottato: — *son*, figlio adottivo; — *country*, patria d'adozione.

adoptee [,ædɒp'ti: / ad·opt·ee] *s.* (*dir.*) adottato.

adopter [ə'dɒptə* / ad·opt·er] *s.* (*dir.*) adottante.

adoption [ə'dɒpʃn / ad·op·tion] *s.* adozione.

adoptive [ə'dɒptɪv / ad·opt·ive] *agg.* adottivo: — *father*, *son*, padre, figlio adottivo.

adorability [ə,dɔ:rə'bɪlɪtɪ / ad·or·ab·il·ity] *s.* adorabilità.

adorable [ə'dɔ:rəbl / ad·or·able] *agg.* adorabile // **-bly** *avv.*

adoration [,ædə'reɪʃn / ad·ora·tion] *s.* adorazione; venerazione.

to **adore** [ə'dɔ:* / ad·ore] *v.tr.* adorare; venerare: *I* — *your new dress*, (*fam.*) mi piace immensamente il tuo abito nuovo; *he played to an adoring crowd of fans*, suonò di fronte a una moltitudine di fans in adorazione.

adorer [ə'dɔ:rə* / ad·orer] *s.* adoratore.

to **adorn** [ə'dɔ:n / ad·orn] *v.tr.* **1** adornare **2** dare prestigio, onorare: *he has adorned the stage for 30 years*, ha dato lustro, prestigio al teatro per 30 anni.

adorning [ə'dɔ:nɪŋ / ad·orn·ing] *s.* (*non com.*) → **adornment**.

adornment [ə'dɔ:nmənt / ad·orn·ment] *s.* ornamento, decorazione.

adown [ə'daʊn] *avv.* e *prep.* (*ant.*, *poet.*) giù, da basso, di sotto.

adrenal [ə'dri:nl / ad·renal] *agg.* e *s.* (*anat.*) (ghiandola) surrenale.

adrenalin [ə'drenəlɪn / ad·ren·alin] *s.* (*biochim.*) adrenalina.

adrenergic [,ædrə'nɜ:dʒɪk / ad·ren·er·gic] *agg.* (*med.*) adrenergico.

Adriatic [,eɪdrɪ'ætɪk / Adri·atic] *agg.* adriatico: *the* — (*Sea*), il mare Adriatico, l'Adriatico.

adrift [ə'drɪft] *avv.* e *agg.* alla deriva (*anche fig.*): *to go* —, andare alla deriva; *to feel* (*oneself*) —, sentirsi alla deriva.

adroit [ə'drɔɪt] *agg.* destro, abile // **-ly** *avv.* // **-ness** *s.*

adry [ə'draɪ] *avv.* (*ant.*) a secco ♦ *agg.* secco; assetato.

adscititious [,ædsɪ'tɪʃəs / ad·sci·ti·tious] *agg.* (*ant.*) ascitizio, accessorio.

to **adsorb** [æd'sɔ:b / ad·sorb] *v.tr.* (*chim.*, *fis.*) adsorbire.

adsorbate [æd'sɔ:beɪt / ad·sorb·ate] *s.* (*chim.*, *fis.*) adsorbato.

adsorbent [æd'sɔ:bənt / ad·sorb·ent] *agg.* e *s.* (*chim.*, *fis.*) adsorbente.

adsorber [æd'sɔ:bə* / ad·sorb·er] *s.* (*chim.*, *fis.*) adsorbitore.

adsorption [æd'sɔ:pʃn / ad·sorp·tion] *s.* (*chim.*, *fis.*) adsorbimento.

adsum [ædsʌm / ad·sum] *inter.* presente!

adularia [,ædʒə'leərɪə / adul·aria] *s.* (*min.*) adularia.

to **adulate** ['ædjʊleɪt *amer.* 'ædʒʊleɪt / adu·late] *v.tr.* (*letter.*) adulare.

adulation [,ædjʊ'leɪʃn *amer.* ,ædʒʊ'leɪʃn / ad·ula·tion] *s.* adulazione.

adulator ['ædjʊleɪtə* *amer.* 'ædʒʊleɪtə* / adu·lator] *s.* adulatore.

adulatory ['ædjʊleɪtərɪ *amer.* 'ædʒʊleɪtərɪ / adu·lat·ory] *agg.* adulatorio.

adult ['ædʌlt / ad·ult] *agg.* adulto ◆ *s.* adulto // — *education*, corsi di recupero per adulti // — *films*, film per adulti.

adulterant [ə'dʌltərənt / adul·ter·ant] *agg.* e *s.* adulterante.

adulterate [ə'dʌltəreɪt / adul·ter·ate] *agg.* **1** adulterato, contraffatto; corrotto (di lingua, testo ecc.) **2** adultero, di adulterio.

to **adulterate** *v.tr.* adulterare, falsificare; corrompere (lingua, testo) ◆ *v.intr.* (*ant.*) commettere adulterio.

adulteration [ə,dʌltə'reɪʃn / adul·tera·tion] *s.* adulterazione, falsificazione; corruzione (di lingua, testo ecc.).

adulterator [ə,dʌltə'reɪtə* / adul·ter·ator] *s.* adulteratore; sofisticatore (di cibi ecc.).

adulterer [ə'dʌltərə* / adul·terer] *s.* adultero.

adulteress [ə'dʌltərɪs / adul·teress] *s.* adultera.

adulterine [ə'dʌltəraɪn / adul·ter·ine] *agg.* (*non com.*) **1** adulterino **2** adulterato, falsificato, contraffatto.

adulterous [ə'dʌltərəs / adul·ter·ous] *agg.* adultero, di adulterio // **-ly** *avv.*

adultery [ə'dʌltərɪ / adul·tery] *s.* adulterio.

adulthood ['ædʌlthʊd / adult·hood] *s.* età adulta.

adumbral [ə'dʌmbrəl / ad·um·bral] *agg.* ombroso, ombreggiato.

to **adumbrate** ['ædʌmbreɪt / ad·um·brate] *v.tr.* **1** adombrare **2** abbozzare **3** far presagire, lasciar intravvedere.

adumbration [,ædʌm'breɪʃn / ad·um·bra·tion] *s.* **1** adombramento **2** abbozzo **3** segni premonitori; presentimento.

adust [ə'dʌst] *agg.* (*ant.*) adusto, riarso.

ad val ['ædvæl] *agg.* e *avv.* abbr. di → **ad valorem**.

ad valorem ['ædvə'lɔ:rem / ad val·orem] *agg.* e *avv.* ad valorem.

advance [əd'vɑ:ns *amer.* əd'væns / ad·vance] *s.* **1** avanzamento, movimento in avanti; marcia, cammino; progresso: *they are making great advances in laser surgery*, stanno facendo grandi progressi nell'uso del laser in chirurgia; *to make an — towards*, avanzare verso; *to make advances* (o *an —*) *to s.o.*, (*fig.*) fare i primi passi (per riconciliazione, approccio ecc.) verso qlcu. **2** (*mil.*) avanzata **3** avance, proposta galante **4** (*comm.*) aumento, rialzo: *an — in prices*, un aumento dei prezzi **5** (*comm.*) anticipo: — *against merchandise*, anticipo sulla merce // (*banca*) — *against security*, anticipazione su pegno, anticipazione garantita // *in —*, in anticipo, anticipatamente: *to arrive in —*, arrivare in anticipo; *payment in —*, pagamento in acconto // — *copy*, libro, disco presentato prima dell'effettiva entrata in commercio // — *guard*, avanguardia // — *man*, (*amer.*) persona incaricata di preparare il terreno per incontri ad alto livello (politici, commerciali ecc.); assistente (di un uomo politico) mandato a sondare le preferenze di un collegio elettorale // (*mecc.*) *spark —*, anticipo dell'accensione.

to **advance** *v.tr.* **1** far avanzare, spostare avanti: *to — a tape, a clock*, far avanzare il nastro, spostare avanti l'orologio **2** anticipare: *to — the date of a meeting*, anticipare la data di un incontro // (*mecc.*) *to — the spark*, anticipare l'accensione **3** anticipare; prestare: *to — a sum of money*, anticipare una somma di denaro; *the bank will — you £ 1000 to start your business*, la banca vi presterà £ 1000 per avviare la vostra impresa **4** avanzare, presentare: *he advanced a new plan, but nobody accepted it*, suggerì un progetto nuovo ma nessuno lo accettò **5** portare innanzi; far progredire; promuovere: *the government took every opportunity to — the new educational scheme*, il governo vagliò ogni possibilità di promuovere il nuovo piano educativo **6** (*comm.*) aumentare, rialzare (prezzi) **7** (*ant.*) esaltare: *whether thee list thy lover lasse advance*, (E. SPENSER) se ti piace esaltar l'amata ◆ *v.intr.* **1** avanzare, avanzarsi; portarsi innanzi; (*fig.*) progredire, far progressi; salire (di grado), far carriera **2** aumentare, crescere (di prezzi).

advanced [əd'vɑ:nst / ad·vanced] *agg.* **1** progredito, avanzato: *he is very — in his ideas*, ha idee molto avanzate // — *in years*, anziano // (*econ.*) — *countries*, paesi sviluppati **2** superiore: — *studies*, studi superiori // — *level*, → A-level // — *passenger train*, treno super rapido con sospensioni 'a pendolo'.

advancement [əd'vɑ:nsmənt *amer.* əd'vænsmənt / ad·vance·ment] *s.* **1** avanzamento; progresso; promozione **2** rialzo (dei prezzi).

advantage [əd'vɑ:ntɪdʒ *amer.* əd'væntɪdʒ / ad·vant·age] *s.* **1** vantaggio, profitto; utilità, convenienza: *mutual —*, vantaggio reciproco; *a position of —*, una posizione di vantaggio; (*econ.*) *comparative —*, vantaggi comparati // *to have the — over s.o.*, avere la meglio su qlcu.; *to have the — of s.o.*, saperne di più di qlcu. // *to gain, win an — over s.o.*, prendere un vantaggio su qlcu., avvantaggiarsi rispetto a qlcu. // *to give an — to s.o.*, avvantaggiare, favorire qlcu. // *to sell sthg. to —*, vendere qlco. con profitto // *to show sthg. to good —* (o *to the best —*), mostrare qlco. nella luce migliore // *to take — of s.o.*, abusare della bontà, credulità di qlcu.; *to take — of sthg.*, approfittare di qlco., trarre profitto da qlco. // *to turn out to s.o.'s —*, tornare a vantaggio di qlcu.; *to turn sthg. to —*, mettere qlco. a proprio profitto, trarre vantaggio da qlco. **2** (*tennis*) vantaggio: — *server*, vantaggio a chi batte il servizio.

to **advantage** *v.tr.* avvantaggiare, favorire.

advantageous [,ædvən'teɪdʒəs / ad·vant·age·ous] *agg.* vantaggioso // **-ly** *avv.*

advection [æd'vekʃn / ad·vec·tion] *s.* (*scient.*) avvezione.

advent ['ædvənt / ad·vent] *s.* avvento, venuta // (*eccl.*) *the Advent*, l'Avvento.

adventism ['ædvəntɪzəm / ad·vent·ism] *s.* (*st.*, *relig.*) avventismo.

Adventist ['ædvəntist *amer.* əd'ventɪst / Ad·vent·ist] *agg.* e *s.* (*st. relig.*) avventista.

adventitious [,ædven'tɪʃəs / ad·ven·ti·tious] *agg.* **1** avventizio; casuale, occasionale **2** (*bot.*) avventizio.

adventitiously [,ædven'tɪʃəslɪ / ad·ven·ti·tious·ly] *avv.* casualmente.

adventive [əd'ventɪv / ad·vent·ive] *agg.* (*geol.*) avventizio: — *cone, crater*, cono, cratere avventizio.

adventure [əd'ventʃə* / ad·ven·ture] *s.* **1** avventura; impresa rischiosa, emozionante // — *playground*, (in Gran Bretagna) tipo di campo giochi per bambini // — *game*, (video) gioco di avventura **2** incidente, caso.

to **adventure** *v.tr.* rischiare, mettere in pericolo ◆ *v.intr.* **1** avventurarsi **2** correre un rischio.

adventurer [əd'ventʃərə* / ad·ven·turer] *s.* **1** persona avventurosa **2** avventuriero **3** (*st.*) soldato di ventura.

adventuresome [əd'ventʃəsəm / ad·ven·ture·some] *agg.* (*rar.*) avventuroso; temerario // **-ness** *s.*

adventuress [əd'ventʃərɪs / ad·ven·turess] *s.* avventuriera.

adventurous [əd'ventʃərəs / ad·ven·tur·ous] *agg.* avventuroso // **-ly** *avv.*

adverb ['ædvɜ:b / ad·verb] *s.* (*gramm.*) avverbio.

adverbial [æd'vɜ:bɪəl / ad·ver·bial] *agg.* (*gramm.*) avverbiale relativo all'avverbio // **-ly** *avv.*

to **adverbialize** [əd'vɜ:bjəlaɪz / ad·ver·bial·ize] *v.tr.* (*gramm.*) dare il carattere di avverbio a.

adversary ['ædvəsərɪ *amer.* 'ædvəserɪ / ad·vers·ary] *s.* avversario, antagonista // (*dir.*) — *system*, sistema accusatorio.

adversative [əd'vɜ:sətɪv / ad·vers·at·ive] *agg.* (*gramm.*) avversativo.

adverse ['ædvɜ:s / ad·verse] *agg.* avverso, contrario; sfavorevole: — *fortune*, fortuna avversa; — *conditions*, condizioni sfavorevoli; — *winds*, venti contrari; *to be — to sthg.*, essere contrario a qlco. // (*dir.*) *the — party*, la controparte.

adversely ['ædvɜ:slɪ / ad·verse·ly] *avv.* negativamente, sfavorevolmente: *to be — affected*, essere influenzato negativamente.

adversity [əd'vɜ:sɪtɪ / ad·vers·ity] *s.* avversità; sfortuna.

advert ['ædvɜ:t / ad·vert] *s.* (*fam.*) abbr. di → **advertisement**.

to **advert** [əd'vɜ:t] *v.intr.* (*non com.*) accennare, alludere; rivolgere l'attenzione.

advertence [əd'vɜ:təns / ad·vert·ence]
advertency [əd'vɜ:tənsɪ / ad·vert·ency] *s.* (*non com.*) avvertenza.

to **advertise** ['ædvətaɪz / ad·vert·ise] *v.tr.* fare pubblicità a, reclamizzare: *to — an article, a film on television, in a newspaper*, fare pubblicità a un articolo, a un film in televisione, su un giornale; *to — a post*, offrire un posto di lavoro tramite un annuncio // *to — oneself*, mettersi in mostra // *to — one's presence*, segnalare la propria presenza ◆ *v.intr.* fare annunci, inserzioni; fare della pubblicità: *to — for employment, for a baby-sitter*, fare un'inserzione per trovare un impiego, una baby-sitter.

advertisement [əd'vɜ:tɪsmənt *amer.* ,æd vər'taɪsmənt / ad·vert·ise·ment] *s.* annuncio pubblicitario; annuncio economico, inserzione; cartellone pubblicitario: *to put an — in a newspaper*, mettere un annuncio su un giornale.

advertiser ['ædvətaɪzə* / ad·vert·iser] *s.* inserzionista; chi compera uno spazio pubblicitario.

advertising ['ædvətaɪzɪŋ / ad·vert·ising] *s.* pubblicità // *— agency*, agenzia pubblicitaria; *— cost* (o *expenses* o *outlays*), spese di pubblicità // *— media*, mezzi di comunicazione pubblicitaria.

advice [əd'vaɪs / ad·vice] *s.* **1** [U] consiglio, consigli; (*dir.*) consulenza: *I need — on how to do it*, ho bisogno di consigli, di essere consigliato su come farlo; *a piece of —*, un consiglio; *to take legal, professional, medical —*, consultare un avvocato, un professionista, un medico **2** [U] (*form.*) avviso, notizia (*anche comm.*): *as per — from*, secondo avviso da; *without further —*, senz'altro avviso; (*banca*) *bank —*, contabile bancaria (documento); (*banca*) *payment, remittance —*, avviso di pagamento **3** *pl.* (*form.*) notizie, comunicazioni: *advices from abroad*, comunicazioni, informazioni dall'estero.

advisability [əd,vaɪzə'bɪlɪtɪ / ad·vis·ab·il·ity] *s.* opportunità, convenienza.

advisable [əd'vaɪzəbl / ad·vis·able] *agg.* consigliabile; opportuno // **-bly** *avv.* // **-ness** *s.*

to **advise** [əd'vaɪz / ad·vise] *v.tr.* **1** consigliare; raccomandare: *I strongly — you to accept*, ti consiglio vivamente di accettare; *to — s.o. to do sthg.*, consigliare a qlcu. di fare qlco. **2** (*form.*) informare, avvisare; notificare: *to — s.o. of their rights*, informare qlcu. dei suoi diritti.

advised [əd'vaɪzd / ad·vised] *agg.* **1** deliberato, intenzionale **2** giudizioso, prudente, cauto.

advisedly [əd'vaɪzɪdlɪ / ad·visedly] *avv.* deliberatamente, con cognizione di causa.

advisedness [əd'vaɪzɪdnɪs / ad·vised·ness] *s.* **1** intenzionalità **2** opportunità, convenienza.

adviser [əd'vaɪzə* / ad·viser] *s.* consigliere.

advisor [əd'vaɪzə* / ad·visor] *s.* **1** → **adviser** **2** (*comm.*) *fiscal —*, consulente fiscale.

advisory [əd'vaɪzərɪ / ad·vis·ory] *agg.* di consulenza; consultivo: *— committee*, assemblea consultiva.

advocaat ['ædvəʊkɒt / ad·vo·caat] *s.* liquore a base di uova.

advocacy ['ædvəkəsɪ / ad·vo·cacy] *s.* **1** pubblica difesa (di), appoggio (a) **2** (*antiq.*) avvocatura.

advocate ['ædvəkət / ad·voc·ate] *s.* **1** difensore, patrocinatore; sostenitore **2** (*antiq.*) avvocato difensore // *Devil's —*, avvocato del diavolo // *Lord Advocate*, Procuratore Generale (in Scozia).

to **advocate** ['ædvəkeɪt] *v.tr.* (*antiq.*) difendere, patrocinare (una causa); sostenere.

advocation [,ædvə'keɪʃn / ad·voca·tion] *s.* (*antiq.*) difesa, patrocinio (d'una causa).

advowson [əd'vaʊzn / ad·vow·son] *s.* (*dir. eccl.*) diritto di collazione di beneficio; patronato.

adynamia [,ædɪ'neɪmɪə / a·dyn·amia] *s.* (*med.*) adinamia.

adynamic [,ædaɪ'næmɪk / a·dy·namic] *agg.* adinamico; senza forza.

adz(e) [ædz] *s.* ascia; (*st.*) azza.

to **adze** *v.tr.* tagliare, lavorare con l'ascia.

adze block ['ædzblɒk] *s.* (*tecn.*) mandrino portalama (nelle piallatrici per legno).

aecidium [i:'sɪdɪəm / aecid·ium] *s.* (*bot.*) ecidio.

aedile ['i:daɪl / ae·dile] *s.* (*st. romana*) edile.

A-effect [,eɪ'fekt] *s.* (*teatr.*) effetto di straniamento.

Aegean [ɪ:'dʒi:ən / Ae·gean] *agg.* egeo: *the — (Sea)*, il mare Egeo.

aegis ['i:dʒɪs / ae·gis] *s.* **1** egida, scudo (di Giove, Minerva) **2** (*fig.*) egida, protezione; garanzia: *under the — of*, sotto l'egida di.

aegrotat [i:'grəʊtæt / ae·gro·tat] *s.* **1** certificato di malattia per studenti universitari **2** laurea senza punteggio concessa dalle università inglesi allo studente assente dagli esami per malattia.

Aeneid ['i:nɪɪd / Ae·neid] *s.* (*letter.*) Eneide.

Aeolian [i:'əʊljən / Ae·olian] *agg.* **1** eolio, eolico, dell'Asia Minore: (*mus.*) *— mode*, modo eolio, scala musicale in la minore naturale **2** eolico, di Eolo, del vento: *— harp*, arpa eolica // (*geol., meteor.*) *— anemometer*, anemometro eolico // (*geol.*) *— rocks*, rocce eoliche.

Aeolic [i:'ɒlɪk / Ae·olic] *agg.* eolico, eolio (di dialetto).

aeolotropy [,i:ə'lɒtrəpɪ / ae·olo·tropy] *s.* (*fis.*) anisotropia.

aeon ['i:ən] *s.* **1** (*astr.*) unità di tempo corrispondente a un miliardo di anni **2** (*fil.*) eone.

to **aerate** ['eɪəreɪt / aer·ate] *v.tr.* **1** dar aria a, immettere aria in; aerare, ventilare // (*edil.*) *aerated concrete*, calcestruzzo aerato **2** ossigenare **3** (*chim.*) addizionare anidride carbonica a, gassare.

aeration [eɪə'reɪʃn / aera·tion] *s.* **1** aerazione, ventilazione **2** ossigenazione **3** (*chim.*) addizione di anidride carbonica, gassatura.

aerator ['eɪəreɪtə* / aer·ator] *s.* aeratore.

aerenchyma [eə'reŋkəmə / aer·enchyma] *s.* (*bot.*) aerenchima.

aerial ['eərɪəl / aer·ial] *agg.* **1** aereo: *— railway* (o *— ropeway*), teleferica; *— bombardment*, bombardamento aereo; *— plants*, piante aeree; *— mapping*, cartografia aerea, aerocartografia; *— survey*, rilevamento aereo; *— ladder*, (*amer.*) scala aerea, scala porta // *— sickness*, (*amer.*) mal d'aria **2** (*fig.*) (*antiq.*) etereo, immateriale ◆ *s.* (*tel., rad., tv*) antenna: *parabolic* (o *dish*) *—*, antenna parabolica; *receiving, transmitting —*, antenna ricevente, trasmittente; *telescopic —*, antenna telescopica.

aerialist ['eərɪəlɪst / aeri·al·ist] *s.* (*amer.*) acrobata; trapezista.

aerie ['eərɪ] *s.* → **eyrie**.

aeriform ['eərɪfɔ:m / aeri·form] *agg.* **1** aeriforme; gassoso **2** irreale.

to **aerify** ['eərɪfaɪ / aer·ify] *v.tr.* **1** aerare **2** (*rar.*) cambiare in aria, in gas **3** (*chim.*) gassificare; gassare.

aero ['eərəʊ] *pl.* **aeros** ['eərəʊz] *s.* (*fam.*) aeroplano.

aer(o)- ['eərəʊ] *pref.* di origine greca che indica rapporto, relazione con 'aria' o 'aereo'; it. aer(o)-: *to aerate*, aerare; *aerosol*, aerosol; *aerodrome*, aerodromo.

aerobatics [,eərə'bætɪks / aero·batics] *s.* [U] l'insieme delle acrobazie aeree, acrobatica aerea.

aerobe ['eərəʊb / aer·obe] *s.* (*biol.*) aerobio.

aerobic ['eərəʊbɪk / aer·obic] *agg.* aerobico (*anche biol.*): *— exercise*, esercizio di aerobica.

aerobics® ['eərəʊbɪks / aer·obics] *s.* [U] aerobica, ginnastica aerobica.

aerobiology [,eərəʊbaɪ'ɒlədʒɪ / aero·bio·logy] *s.* (*biol.*) aerobiologia.

aerodonetics [,eərəʊdə'netɪks / aero·don·etics] *s.* [U] (*aer.*) tecnica del volo a vela.

aerodrome ['eərədrəʊm / aero·drome] *s.* **1** → **airfield** **2** (*antiq.*) aerodromo.

aerodynamic [,eərəʊdaɪ'næmɪk / aero·dy·namic] *agg.* aerodinamico: (*fis.*) *— drag*, resistenza aerodinamica; (*fis.*) *— properties*, aerodinamicità; (*aer.*) *— lift*, portanza.

aerodynamics [,eərəʊdaɪ'næmɪks / aero·dy·nam·ics] *s.* [U] (*fis.*) aerodinamica.

aerodyne ['eərəʊdaɪn / aero·dyne] *s.* (*aer.*) aerodina.

aeroelastic [,eərəʊɪ'læstɪk / aero·elastic] *agg.* aeroelastico.

aeroembolism [,eərə'embəlɪzəm / aero·embol·ism] *s.* (*med.*) embolia da brusca diminuzione della pressione atmosferica.

aero-engine [,eərəʊ'endʒɪn] *s.* motore d'aviazione.

aerofoil ['eərəfɔɪl / aero·foil] *s.* (*aer.*) superficie aerodinamica, piano aerodinamico // *— profile* (o *— section*), profilo aerodinamico; profilo alare.

aerogram ['eərəʊgræm / aero·gram] *s.* aerogramma.

aerograph ['eərəʊgrɑ:f *amer.* 'eərəʊgræf / aero·graph] *s.* **1** pistola a spruzzo **2** (*tecn.*) aerografo **3** (*meteor.*) meteorografo.

aerolite ['eərəʊlaɪt / aero·lite] antiq.
aerolith ['eərəʊlɪθ / aero·lith] *s.* (*geol.*) aerolito; meteorite a silicati.

aerology [eə'rɒlədʒɪ / aero·logy] *s.* (*meteor.*) aerologia.

aeromagnetic [,eərəʊmæg'netɪk / aero·mag·netic] *agg.* aeromagnetico: *— survey*, rilevamento aeromagnetico.

aerometer [eə'rɒmɪtə* / aero·meter] *s.* (*metrol.*) aerometro.

aerometry [eə'rɒmɪtrɪ / aero·metry] *s.* (*fis.*) aerometria.

aeronaut ['eərənɔ:t / aero·naut] *s.* aeronauta.

aeronautical [,eərə'nɔ:tɪkl / aero·naut·ical] *agg.* aeronautico: *— chart*, carta aeronautica.

aeronautics [,eərə'nɔ:tɪks / aero·naut·ics] *s.* [U] aeronautica.

aeroneurosis [,eərəʊnju:'rəʊsɪs / aero·neur·osis] *s.* (*med.*) aeronevrosi (di aviatore).

aeronomy [eə'rɒnəmɪ / aero·nomy] *s.* (*geofisica*) aeronomia.

aerophobia [,eərə'fəʊbɪə / aero·phobia] *s.* (*med.*) aerofobia.

aerophone ['eərəfəʊn / aero·phone] *s.* (*tecn.*) aerofono.

aerophyte ['eərəfaɪt / aero·phyte] *s.* (*bot.*) aerofita ◆ *agg.* (*bot.*) aerofito.

aeroplane ['eərəpleɪn / aero·plane] *s.* aeroplano: *commercial* —, aeroplano da trasporto; *fighting* —, aeroplano da combattimento, caccia; *reconnaissance* —, aeroplano da ricognizione, ricognitore.

aerosol ['eərəʊsɒl / aero·sol] *s.* (*chim.*, *fis.*) aerosol // — *bomb*, (*fam. amer.*) insetticida spray.

aerospace ['eərəʊspeɪs / aero·space] *agg.* aerospaziale: — *industry*, industria aerospaziale; — *medicine*, medicina dello spazio ◆ *s.* → airspace.

aerosphere ['eərəʊsfɪə* / aero·sphere] *s.* (*meteor.*) aerosfera.

aerostat ['eərəʊstæt / aero·stat] *s.* (*aer.*) aerostato.

aerostatic(al) [,eərəʊ'stætɪk(l) / aero·static(al)] *agg.* (*fis.*) aerostatico: — *balance*, bilancia aerostatica.

aerostatics ['eərəʊstætɪks / aero·statics] *s.* [U] (*fis.*) aerostatica.

aerotitis [,eərəʊ'taɪtɪs / aero·titis] *s.* (*med.*) aerotite SIN. **barotitis**.

aerotrain ['eərəʊtreɪn / aero·train] *s.* aerotreno (treno a cuscino d'aria su monorotaia).

aeruginous [ɪə'ru:dʒɪnəs / aer·ugin·ous] *agg.* color verderame, verdegrigio.

aery ['eərɪ] *s.* (variante grafica di *aerie*) → **eyrie**.

aery ['ɛərɪ] *agg.* (*poet.*) aereo, etereo, incorporeo ◆ *s.* → eyrie.

Aesculapius' snake [,i:skjʊ'leɪpɪəz 'sneɪk] *s.* (*zool.*) (*Elaphe longissima*) colubro di Esculapio.

aesthete ['i:sθi:t *amer.* 'esθi:t / aes·thete] *s.* esteta.

aesthetic(al) [i:s'θetɪk(l) *amer.* es'θetɪk(l) / aes·thetic(al)] *agg.* estetico; che ha senso estetico // **-ally** *avv.*

aesthetician [,i:sθe'tɪʃn *amer.* ,esθe'tɪʃn / aes·thet·ician] *s.* studioso di estetica.

aestheticism [i:s'θetɪsɪzəm *amer.* es'θetɪsɪzəm / aes·theti·cism] *s.* estetismo.

aesthetics [i:s'θetɪks *amer.* es'θetɪks / aes·thet·ics] *s.* [U] (*fil.*) estetica.

aesthophysiology [,estɒ,fɪzɪ'ɒlədʒɪ / aestho·physio·logy] *s.* (*med.*) estesiofisiologia.

aestival [i:'staɪvl / aes·tival] *agg.* (*non com.*) estivo.

to **aestivate** ['i:stɪveɪt / aes·tiv·ate] *v.intr.* (*bot.*, *zool.*) passare l'estate in dormienza o letargo.

aestivation [,i:stɪ'veɪʃn / aes·tiva·tion] *s.* (*bot.*, *zool.*) estivazione.

aether ['i:θə*] *s.* → **ether**.

aetiological [,i:tɪə'lɒdʒɪkl / ae·ti·olo·gical] *agg.* (*med.*) eziologico, etiologico // **-ly** *avv.*

aetiology [,i:tɪ'ɒlədʒɪ / ae·ti·ology] *s.* eziologia, etiologia.

afar [ə'fɑ:*] *avv.* (*letter.*) lontano, lungi; da lontano: *from* —, da lontano; — *off*, lontano; in lontananza; lontanamente: *he who shall speak for her is afar off guilty*, (SH. The Winter's Tale) colui che parlerà in suo favore sarà indirettamente colpevole.

afeard [ə'fɪəd] *agg.* (*letter.*) spaventato: *Fie, my lord, fie! a soldier / and afeard?*, (SH. Macbeth) Vergogna mio signore, vergogna! un soldato e spaventato?

affability [,æfə'bɪlɪtɪ / af·fa·bil·ity] *s.* affabilità, cortesia.

affable ['æfəbl / af·fable] *agg.* affabile, cortese // **-bly** *avv.* // **-ness** *s.*

affair [ə'feə* / af·fair] *s.* **1** affare: *public affairs*, affari pubblici; *to put one's affairs in order*, sistemare i propri affari; *Secretary of State for Foreign Affairs*, Ministro degli affari esteri // — *of honour*, duello **2** faccenda; evento, avvenimento: *that is my* —, è una faccenda che riguarda me; *mind your own affairs!*, bada ai fatti tuoi!; *the accident was a tragic* —, l'incidente fu una vera tragedia **3** relazione amorosa **4** (*fam.*) affare, aggeggio.

to **affect**[1] [ə'fekt / af·fect] *v.tr.* **1** (*fam.*) affettare, ostentare; simulare, fingere: *he affected learned terminology*, ostentava una terminologia erudita; *he affected not to hear me*, finse di non sentirmi; *to — an American accent*, simulare un accento americano **2** preferire; amare: *she affects striking colours*, predilige colori sgargianti; *have I affected wealth or honour*, (SH. Henry VI) ho amato ricchezze od onori.

to **affect**[2] *v.tr.* **1** intaccare; colpire (di malattia) **2** concernere, interessare, riguardare; influenzare: *this affects me personally*, mi tocca personalmente; *don't let overworking — your health*, non permettere che il lavoro eccessivo influisca sulla tua salute; (*stat.*) *to — the average*, influire sulla media **3** colpire emotivamente; commuovere, far soffrire: *his death deeply affected us all*, la sua morte fu un grave colpo per tutti noi.

affect[3] *s.* **1** (*ant.*) inclinazione: *every man with his affects is born*, (SH. Othello) ogni uomo è nato con le sue inclinazioni **2** (*psic.*) affezione, percezione (mentale).

affectation [,æfek'teɪʃn / af·fecta·tion] *s.* affettazione, ostentazione; simulazione; posa.

affected [ə'fektɪd / af·fec·ted] *agg.* **1** ricercato, affettato; simulato **2** influenzato, condizionato **3** commosso: *he was deeply — by her tragic story*, fu profondamente commosso dalla sua tragedia **4** disposto, incline, propenso: *well, ill* —, bene, mal disposto **5** (*med.*) affetto, colpito da; malato di: *to be — by disease*, essere affetto da una malattia // **-ly** *avv.*

affectedness [ə'fektɪdnɪs / af·fec·ted·ness] *s.* affettazione, ostentazione.

affecting [ə'fektɪŋ / af·fect·ing] *agg.* commovente, emozionante: *an — tale*, un racconto commovente.

affection [ə'fekʃn / af·fec·tion] *s.* **1** affezione, affetto, amore **2** (*med.*) affezione **3** impressione, emozione **4** (*ant.*) affettazione: *witty without affection*, (SH. Love's) spiritoso senza affettazione **5** (*ant.*) tendenza, inclinazione, natura: *...there grows / in my most ill-composed affection such / a stanchless avarice...*, (SH. Macbeth) ...nella mia corrottissima natura alligna una tale insaziabile cupidigia...

affectional [ə'fekʃənl / af·fec·tional] *agg.* affettivo.

affectionate [ə'fekʃənət / af·fec·tion·ate] *agg.* affettuoso; affezionato; amorevole // **-ly** *avv.* // **-ness** *s.*

affective [ə'fektɪv / af·fect·ive] *agg.* affettivo; relativo alle emozioni.

affectivity [ə'fektɪvɪtɪ / af·fect·iv·ity] *s.* (*psic.*) affettività; emotività.

afferent ['æfərənt / af·fer·ent] *agg.* (*med.*) afferente.

affettuoso [ə,fetjʊ'əʊzəʊ / af·fet·tuoso] *avv.* (*mus.*) con sentimento.

affiance [ə'faɪəns / af·fi·ance] *s.* (*antiq.*, *letter.*) **1** fiducia **2** promessa di matrimonio.

to **affiance** *v.tr.* (*antiq.*, *letter.*) fidanzare, promettere in matrimonio: *to be affianced to s.o.*, essere fidanzato con qlcu.

affidavit [,æfɪ'deɪvɪt / af·fi·da·vit] *s.* (*dir.*) dichiarazione, deposizione scritta e giurata: *to swear, make, take an* —, fare una dichiarazione.

affiliate [ə'fɪlɪeɪt / af·fili·ate] *s.* (*comm.*) società affiliata; filiale.

to **affiliate** *v.tr.* (*comm.*) affiliare; associare: *affiliated company*, filiale; società controllata; *affiliated firm*, filiale ◆ *v.intr.* **1** (*comm.*) affiliarsi; associarsi, unirsi **2** (*dir.*) agire in giudizio per ottenere il riconoscimento della maternità o paternità naturale.

affiliation [ə,fɪlɪ'eɪʃn / af·fili·ation] *s.* **1** affiliazione: (*dir.*) — *order*, provvedimento di condanna del genitore al mantenimento del minore **2** (*dir.*) procedura giudiziale per la dichiarazione di maternità o paternità naturale.

affine [ə'faɪn / af·fine] *s.* **1** relazione affine **2** (*dir.*) affine ◆ *agg.* (*mat.*, *dir.*) affine: — *geometry*, *space*, geometria, spazio affine.

affined [ə'faɪnd / af·fined] *agg.* (*rar.*) affine, congiunto.

affinity [ə'fɪnətɪ / af·fin·ity] *s.* **1** affinità, somiglianza; attrazione **2** (*dir.*) affinità **3** (*scient.*) affinità.

to **affirm** [ə'fɜ:m / af·firm] *v.tr.* **1** affermare, dichiarare; confermare **2** (*dir.*) dichiarare solennemente; ratificare, sanzionare (un giudizio) ◆ *v.intr.* (*gramm.*) usare una frase affermativa.

affirmable [ə'fɜ:məbl / af·firm·able] *agg.* affermabile.

affirmation [,æfə'meɪʃn / af·firma·tion] *s.* **1** affermazione; conferma; dichiarazione **2** (*dir.*) dichiarazione solenne.

affirmative [ə'fɜ:mətɪv / af·firm·at·ive] *agg.* **1** affermativo, positivo // *"Is the motor working?" "Affirmative"*, (*amer.*) "Funziona il motore?" "Sì" // — *action plan* (o *program*), (*amer.*) programma contro le discriminazioni (sessuali, razziali ecc.) **2** (*econ.*) assertivo, positivo ◆ *s.* affermazione: *to answer in the* —, rispondere affermativamente // **-ly** *avv.*

affirmatory [ə'fɜ:mətərɪ / af·firm·at·ory] *agg.* affermativo.

affix ['æfɪks / af·fix] *s.* **1** (*gramm.*) affisso **2** (*non com.*) aggiunta.

to **affix** [ə'fɪks] *v.tr.* (*form.*) **1** affiggere, attaccare **2** aggiungere; apporre: *he affixed his seal to the document*, appose il suo sigillo al documento.

afflatus [ə'fleɪtəs / af·flatus] *s.* afflato, ispirazione.

to **afflict** [ə'flɪkt / af·flict] *v.tr.* affliggere, tormentare: *he was afflicted with a bad stutter*, soffriva di una grave balbuzie.

affliction [ə'flɪkʃn / af·flic·tion] *s.* (*form.*) **1**

afflizione, dolore: *the afflictions of old age*, gli acciacchi della vecchiaia **2** calamità.

afflictive [ə'flɪktɪv / af·flict·ive] *agg.* che causa afflizione, afflittivo.

affluence ['æfluəns / af·flu·ence] *s.* **1** ricchezza, benessere, abbondanza **2** affluenza, afflusso.

affluent ['æfluənt / af·flu·ent] *agg.* **1** ricco, in buone condizioni economiche: *today's — teenagers*, i ricchi adolescenti di oggi; *to come from an — background*, provenire da un ambiente benestante // *— society*, società del benessere **2** abbondante // **-ly** *avv.*

affluent *s.* (*geogr.*) affluente.

afflux ['æflʌks / af·flux] *s.* afflusso: (*econ.*) *— of capital*, afflusso, ingresso di capitali.

to **afford** [ə'fɔ:d / af·ford] *v.tr.* **1** (preceduto da *can, could, to be able to*) permettersi: *I cannot — a new car*, non posso permettermi una nuova automobile; *can you — £ 1000 for a holiday?*, puoi permetterti di spendere £ 1000 per una vacanza?; *he said he could — it*, disse che poteva permetterselo; *we cannot — to wait another week*, non possiamo permetterci di aspettare un'altra settimana **2** offrire, dare, fornire: *this will — me a good opportunity to...*, questo mi darà una buona occasione per... ♦ *v.intr.* (*ant.*) favorire; prestare attenzione: *they'd break talk off and afford*, (R. BROWNING) essi interrompevano i loro conversari e prestavano attenzione.

to **afforest** [æ'fɒrɪst / af·for·est] *v.tr.* imboschire.

afforestation [æ,fɒrɪ'steɪʃn / af·for·esta·tion] *s.* imboschimento.

to **affranchise** [ə'fræntʃaɪz / af·franch·ise] *v.tr.* (*rar.*) affrancare, liberare.

affray [ə'freɪ / af·fray] *s.* **1** rissa, tafferuglio, mischia **2** (*ant.*) assalto; allarme.

to **affray** *v.intr.* (*ant.*) risvegliare di soprassalto, far sobbalzare: *that voice doth us affray*, (SH. Romeo and Juliet) quella voce ci fa sobbalzare.

affreightment [ə'freɪtmənt / af·freight·ment] *s.* (*dir. mar.*) nolo: *contract of —*, contratto di trasporto marittimo.

affricate ['æfrɪkət / af·fric·ate] *s.* (*fonet.*) affricata.

affricated ['æfrɪkeɪtɪd / af·fric·ated] *agg.* (*fonet.*) affricato.

affricative [æ'frɪkətɪv / af·fric·at·ive] *agg.* (*fonet.*) affricativo.

affright [ə'fraɪt / af·fright] *s.* (*ant.*) spavento, paura.

to **affright** *v.tr.* (*ant.*) spaventare: *and screams of horror rend th'affrighted skies*, (POPE) ed urla di orrore lacerano i cieli spaventati.

affront [ə'frʌnt / af·front] *s.* insulto, offesa; affronto: *a personal —*, un affronto personale; *to take — at sthg.*, offendersi per qlco.

to **affront** *v.tr.* **1** insultare, offendere; fare un affronto a **2** (*ant.*) stare di fronte; affrontare: *unless another / as like Hermione as is her picture / affront his eye*, (SH. The Winter's Tale) a meno che un'altra simile a Ermione quanto lo è il suo ritratto gli si mostri dinnanzi agli occhi.

affusion [ə'fju:ʒən / af·fu·sion] *s.* (*non com.*) **1** aspersione **2** (*med.*) affusione.

to **affy** [ə'faɪ] *v.tr.* (*ant.*) **1** confidare in, porre la propria fiducia in: *...I do affy / in thy uprightness and integrity*, (SH. Henry VI) ...confido nella tua rettitudine e integrità **2** fidanzare: *daring to affy a mighty lord / unto the daughter of a worthless King*, (SH. Titus Andronicus) osando fidanzare un potente signore alla figlia di un re indegno.

Afghan ['æfgæn / Af·ghan] *agg.* e *s.* afgano // (*zool.*) *— hound*, (cane) afgano.

aficionado [ə,fɪsjə'nɑ:dəʊ / afi·cion·ado] *s.* (*sp.*) aficionado; fedele; tifoso.

afield [ə'fi:ld] *avv.* **1** (*ant.*) al campo, sul campo **2** *far —*, lontano: *to go far —*, andare lontano.

afire [ə'faɪə*] *avv.* in fiamme ♦ *agg.pred.* bruciante, in fiamme (*anche fig.*): *to be — with the desire to see s.o.*, bruciare dal desiderio di vedere qlcu.

aflame [ə'fleɪm] *avv.* in fiamme ♦ *agg.pred.* in fiamme (*anche fig.*), acceso, bruciante: *to set —*, incendiare; *heart — with passion*, cuore bruciante di passione.

aflatoxin ['æflətɒksɪn / af·la·toxin] *s.* (*biochim.*) aflatossina.

afloat [ə'fləʊt] *avv.* e *agg.* **1** a galla; galleggiante (in acqua, in aria); fluttuante: *to get a boat —*, disincagliare una barca; rimettere a galla una barca; *to stay —*, (*anche fig.*) stare a galla: *he managed to keep his firm —*, riuscì a tenere a galla la sua ditta; *the mountain's top seemed — in the air*, la cima della montagna sembrava sospesa nell'aria; *to set —*, varare, mettere in mare; *to set — a new sales scheme, a new magazine*, varare un nuovo schema di vendite, una nuova rivista **2** in mare, su una nave, su una barca: *a holiday —*, una vacanza in barca **3** in circolazione: *there is a rumour —*, circola una voce **4** allagato.

aflutter [ə'flʌtə* / aflut·ter] *agg.* **1** battente, che batte (di ali) **2** (*fig.*) eccitato, emozionato; palpitante.

afoam [ə'fəʊm] *agg.pred.* (*non com.*) pieno di schiuma, di bava.

afoot [ə'fʊt] *agg.pred.* **1** (*antiq.*) a piedi; (*mil.*) in marcia **2** (*fig.*) in atto, in corso: *they knew that a plot was —*, si sapeva che un complotto era in atto.

afore [ə'fɔ:*] *prep.* (*antiq. mar.*) prima di, avanti, davanti: *— the mast*, davanti all'albero maestro, a proravia ♦ *avv.* (*ant.*) precedentemente.

afore- *pref.* di origine anglosassone che indica 'anteriorità' per lo più nel tempo; it. pre-, su-: *aforementioned*, succitato, predetto.

aforecited [ə'fɔ:,saɪtɪd / afore·cited] *agg.* suddetto, succitato.

aforegoing [ə'fɔ:,gəʊɪŋ / afore·go·ing] *agg.* (*form.*) precedente.

aforehand [ə'fɔ:,hænd / afore·hand] *avv.* anticipatamente, anzitempo.

aforementioned [ə'fɔ:,menʃnd / afore·men·tioned] **aforenamed** [ə'fɔ:,neɪmd / afore·named] **aforesaid** [ə'fɔ:sed / afore·said] *agg.* (*form.*) suddetto, succitato.

aforethought [ə'fɔ:θɔ:t / afore·thought] *agg.* premeditato: *with malice —*, con premeditazione.

aforetime [ə'fɔ:taɪm / afore·time] *avv.* precedentemente.

afoul [ə'faʊl] *agg.* aggrovigliato, ingarbugliato // *— of*, in collisione con; (*fig.*) in conflitto con.

afraid [ə'freɪd] *agg.pred.* spaventato, impaurito; timoroso, pauroso: *to be —*, aver paura, temere: *don't be —*, non abbiate paura; *to be — of s.o., of sthg.*, aver paura di qlcu., di qlco.; *to be — to do sthg.* (o *of doing sthg.*), aver paura di fare qlco.; *don't be — of hurting him*, non aver paura di offenderlo // *I am — I cannot tell you*, sono spiacente di non potervelo dire; *I'm — not*, mi dispiace, no.

afresh [ə'freʃ] *avv.* da capo, di nuovo: *to start —*, cominciare da capo.

Afric ['æfrɪk / Af·ric] *agg.* (*antiq., poet.*) africano.

African ['æfrɪkən / Af·rican] *agg.* e *s.* africano.

Africander [,æfrɪ'kændə* / Af·ric·ander] *agg.* e *s.* (*antiq.*) → **Afrikaner**.

Africanism ['æfrɪkənɪzəm / Af·ric·an·ism] *s.* africanismo.

africanist ['æfrɪkənɪst / af·ric·an·ist] *s.* africanista.

Africanization [,æfrɪkənaɪ'zeɪʃn / Af·ric·an·iza·tion] *s.* africanizzazione.

to **africanize** ['æfrɪkənaɪz / af·ric·an·ize] *v.tr.* africanizzare.

Afrikaans [,æfrɪ'kɑ:ns / Af·ri·kaans] *s.* afrikaans (lingua germanica parlata nel Sudafrica).

Afrikander [,æfrɪ'kændə* / Af·rik·ander] *agg.* e *s.* (*antiq.*) → **Afrikaner**.

Afrikaner [,æfrɪ'kɑ:nə* / Af·ri·kaner] *agg.* e *s.* africander, (individuo) di razza bianca nativo del Sudafrica e discendente dai coloni olandesi (boeri).

afro ['æfrəʊ] *agg.* (*fam.*) afroamericano ♦ *s.* (*fam.*) acconciatura di capelli ricciuti e crespi (che richiama quella dei neri).

Afro- *pref.* afro-: *Afro-American*, afroamericano; *Afro-Asian*, afroasiatico.

aft [ɑ:ft *amer.* æft] *avv.* (*mar., aer.*) a poppa, verso poppa // *fore and —*, da prora a poppa // (*mar.*) *— wind*, vento di poppa.

after ['ɑ:ftə* *amer.* 'æftə*] *agg.* **1** posteriore, successivo, seguente: *in — years*, negli anni a venire; *an — dinner meeting*, una riunione dopo cena **2** (*mar., aer.*) di poppa, poppiero: *— cabin*, cabina di poppa; *— deck*, ponte di poppa; *— peak*, gavone di poppa.

after *prep.* **1** dopo: *— two years*, dopo due anni; *— the first world war*, dopo la prima guerra mondiale; *shortly — five*, poco dopo le cinque; *— dinner*, dopo cena; *day — day*, giorno dopo giorno; *— which*, dopo di che; *— what I have told you, you should understand*, dopo quanto ti ho detto, dovresti capire // *— you!* prego, dopo di lei! // *— all*, dopotutto, malgrado tutto **2** (*amer.*) per *past*, per esprimere l'ora: *half — ten*, le dieci e mezzo **3** dietro; di seguito a, successivamente: *— nine comes ten*, dopo il nove viene il dieci; *write your Christian name — your surname*, scrivi il nome dopo il cognome; *you must put the verb — the subject*, devi mettere il verbo dopo il soggetto; *he was walking — me*, camminava dietro di me; *one — another*, uno dietro l'altro; *to be — s.o., sthg.*, essere alla caccia di qlcu., qlco.; stare dietro a: *the policemen were — the thief*, i poliziotti erano all'inseguimento del ladro; *what are you —?*, che cosa vuoi?, che cosa cerchi?; *at the party they were all — the same* *girl*, alla festa stavano tutti dietro alla stessa ragazza **4** alla maniera di; alla moda di; secondo: — *the English manner*, all'inglese; *a painting — Chagall*, un dipinto sullo stile di Chagall; *he was named Peter — his grandfather*, fu chiamato Peter dal nome del nonno.

after *avv.* **1** poi, in seguito; successivamente [cfr. *then, later*]: *the day* —, il giorno dopo; *shortly* (o *soon*) —, poco dopo; *ever* —, da allora in poi; *never* —, mai, giammai; *what happened —?*, che cosa accadde poi?; *you came* —, tu arrivasti in un secondo tempo • In questo sign. anche *afterwards* **2** dietro [cfr. *behind*]: *my dog was running* —, il mio cane veniva dietro correndo **3** si usa per formare *phrasal verbs*: p.e. *to look* —, *to take* — ecc.; cfr. tali verbi.

after *cong.* dopo che: *they arrived — I had left*, arrivarono dopo che ero partito.

after- *pref.* di origine anglosassone con valore temporale o causale; entra nella composizione di *agg.* e *s.*; it. dopo-: *afternoon*, pomeriggio; *afterlife*, vita dopo la morte; — *-effect*, conseguenza.

afterbirth ['ɑ:ftəbɜ:θ *amer.* 'æftəbɜ:θ / after·birth] *s.* **1** (*med.*) seconda; secondamento **2** (*rar.*) ultimo figlio nato.

afterburner ['ɑ:ftə,bɜ:nə* *amer.* 'æftə,bɜ:nə* / aft·er·burn·er] *s.* postbruciatore.

afterburning ['ɑ:ftə,bɜ:nɪŋ *amer.* 'æftə,bɜ:nɪŋ / af·ter·burn·ing] *s.* postcombustione.

aftercare ['ɑ:ftəkeə* *amer.* 'æftəkeə* / after·care] *s.* convalescenza; (*pl.*) cure postoperatorie.

after-clap ['ɑ:ftəklæp *amer.* 'æftəklæp] *s.* (*non com.*) avvenimento inaspettato, contraccolpo (di un avvenimento).

aftercooler [,ɑ:ftə'ku:lə* *amer.* ,æftə'ku:lə* / af·ter·cool·er] *s.* (*tecn.*) postrefrigeratore.

aftercooling [,ɑ:ftə'ku:lɪŋ *amer.* ,æftə'ku:lɪŋ / af·ter·cool·ing] *s.* postrefrigerazione.

after-crop ['ɑ:ftəkrɒp *amer.* 'æftəkrɒp] *s.* secondo raccolto (di una stagione).

afterdamp ['ɑ:ftədæmp *amer.* 'æftədæmp / af·ter·damp] *s.* (*ind. min.*) gas residuo da esplosione di grisù.

aftereffect [,ɑ:ftərɪ'fekt *amer.* ,æftərɪ'fekt / af·ter·effect] *s.* conseguenza, effetto collaterale.

aftergame ['ɑ:ftəgeɪm *amer.* 'æftəgeɪm / af·ter·game] *s.* (*amer.*) rivincita.

afterglow ['ɑ:ftəgləʊ *amer.* 'æftəgləʊ / af·ter·glow] *s.* **1** ultimo bagliore (del sole) **2** (*fis.*) bagliore residuo; (*fis. del plasma*) postluminescenza **3** (*fig.*) gioia che perdura dopo una piacevole esperienza.

afterheat ['ɑ:ftəhi:t *amer.* 'æftəhi:t / af·ter·heat] *s.* (*fis. nucleare*) calore residuo.

after-hours [,ɑ:ftə'aʊəz *amer.* ,æftə'aʊəz] *agg.* dopo l'orario di chiusura (di bar, di negozio): — *drinking is illegal*, la vendita e il consumo di alcolici dopo l'orario di chiusura (del bar) è illegale // — *club*, (*amer.*) locale aperto fino a tarda notte // (*Borsa*) — *market*, dopoborsa.

after-image [,ɑ:ftər'ɪmɪdʒ *amer.* ,æftər'ɪmɪdʒ] *s.* (*med.*) immagine residua SIN. **photogene**.

afterlife ['ɑ:ftəlaɪf *amer.* 'æftəlaɪf / af·ter·life] *s.* **1** vita nell'aldilà, vita futura **2** parte successiva della vita (spec. dopo un particolare evento).

aftermath ['ɑ:ftəmæθ *amer.* 'æftəmæθ / af·ter·math] *s.* **1** (*non com.*) periodo immediatamente seguente a un avvenimento; conseguenza, risultato: *the — of the defeat*, le conseguenze della sconfitta **2** (*med.*) postumi (*pl.*) (di malattia) **3** (*non com.*) secondo taglio (del fieno); fieno di secondo taglio.

aftermost ['ɑ:ftəməʊst *amer.* 'æftəməʊst / af·ter·most] *agg.* (*mar.*) più vicino alla poppa; (*fig.*) ultimo, in coda.

afternoon [,ɑ:ftə'nu:n *attr.* 'ɑ:ftənu:n *amer.* ,æftə'nu:n / af·ter· ·noon] *s.* pomeriggio: *in* (o *during*) *the* —, nel pomeriggio; *on Sunday* —, nel pomeriggio di domenica; *this* —, oggi (nel) pomeriggio // — *tea*, tè del pomeriggio // *good —!*, buon giorno! // *the — of life*, il meriggio della vita.

afterpains ['ɑ:ftəpeɪnz *amer.* 'æftəpeɪnz / af·ter·pains] *s.pl.* (*med.*) contrazioni uterine post-partum; dolori post-partum.

afterpiece ['ɑ:ftəpi:s *amer.* 'æftəpi:s / af·ter·piece] *s.* (*teatr.*) breve pezzo alla fine di una rappresentazione.

after-reckoning [,ɑ:ftə'rekənɪŋ *amer.* ,æftə'rekənɪŋ] *s.* (*amm.*) revisione dei conti.

afters ['ɑ:ftəz *amer.* 'æftəz / af·ters] *s.* (*fam.*) dessert o altra portata che segue le portate principali.

aftershave ['ɑ:ftəʃeɪv *amer.* 'æftəʃeɪv / af·ter·shave] *s.* dopobarba: — *lotion*, lozione dopobarba.

aftershock ['ɑ:ftəʃɒk *amer.* 'æftəʃɒk / af·ter·shock] *s.* (*geol.*) scossa secondaria (di terremoto).

aftertaste ['ɑ:ftəteɪst *amer.* 'æftəteɪst / after·taste] *s.* retrogusto (detto di un cibo o di una bevanda).

after-tax ['ɑ:ftətæks *amer.* 'æftətæks] *agg.* (*trib.*) al netto delle imposte.

afterthought ['ɑ:ftəθɔ:t *amer.* 'æftəθɔ:t / af·ter·thought] *s.* ripensamento.

after treatment [,ɑ:ftə'tri:tmənt *amer.* ,æftə'tri:tmənt] *s.* (*tecn.*) trattamento successivo, secondario.

afterward ['ɑ:ftəwɔ:d *amer.* 'æftəwɔ:d / af·ter·ward] **afterwards** ['ɑ:ftəwədz *amer.* 'æftəwɔ:dz / af·ter·wards] *avv.* dopo, più tardi, poi, in seguito; successivamente: *we can go to the theatre and eat* —, possiamo andare a teatro e mangiare dopo.

afterwisdom [,ɑ:ftə'wɪzdəm *amer.* ,æftə'wɪzdəm / af·ter·wis·dom] *s.* senno di poi.

afterword ['ɑ:ftəwɜ:d *amer.* 'æftəwɜ:d / af·ter·word] *s.* postfazione; parte conclusiva.

afterworld ['ɑ:ftəwɜ:ld *amer.* 'æftəwɜ:ld / af·ter·world] *s.* mondo dell'aldilà, l'aldilà.

again [ə'gen, ə'geɪn] *avv.* **1** ancora, una seconda volta; di nuovo: *to say* —, ripetere; *try* —, prova una seconda volta; *to be oneself* —, stare di nuovo bene, rimettersi, tornare a essere se stesso; *here you are — !*, eccoti di nuovo! // — *and* — (o *time and* —), ripetutamente, cento volte; *now and* —, occasionalmente, di tanto in tanto **2** (*in frasi negative*) (non) più: *never* —, mai più; *I won't go there* —, non ci andrò più **3** inoltre, d'altra parte [cfr. *besides, moreover*]: *and —, I was feeling unwell*, e per giunta, non mi sentivo bene **4** *as much* —, altrettanto; *as many* —, altrettanti.

against [ə'genst, ə'geɪnst] *prep.* **1** contro, in opposizione a (*anche fig.*): — *the wind*, contro vento; *to swim — the current*, nuotare contro corrente; *to fight — poverty, time, the enemy*, combattere contro la povertà, il tempo, il nemico; — *the light*, contro luce; *I did it — my will*, l'ho fatto contro la mia volontà; *everything was — him*, tutto era contro di lui; *we all voted — that proposal*, tutti votammo contro quella proposta; *to be — sthg.*, essere contro qlco.: *he's — vivisection*, è contro la vivisezione; *signing this contract was — our interests*, era contro i nostri interessi firmare questo contratto; *are you for or — (the proposal)?*, siete favorevoli o contrari (alla proposta)?; *to run — someone*, (*nel linguaggio politico*) proporre la propria candidatura in opposizione a qlcu. **2** a contatto con, addosso a: *the rain is beating — the panes*, la pioggia batte contro i vetri; *the crowd was pressing — the barriers*, la folla premeva contro le transenne; *to put a chair — the door*, mettere una sedia contro la porta; *to lean — the wall*, appoggiarsi al muro **3** in previsione di, in vista di: *to take measures — inflation*, prendere provvedimenti in vista dell'inflazione; *to take precautions — being affected by flu*, prendere precauzioni contro le affezioni influenzali; *prepared against the day, / against their bridal day, which was not long*, (E. SPENSER) si preparavano per quel giorno, il giorno delle loro nozze, che non eran lontane **4** (*nel linguaggio giuridico* o *sportivo*) contro, avverso a [cfr. *versus*]: *Italy — Germany*, Italia contro Germania; *to take legal action — s.o.*, intentare causa a qlcu. **5** in contrasto con; sullo sfondo di: *the mountains stood out — a light blue sky*, le montagne risaltavano sullo sfondo di un cielo azzurro **6** (*nel linguaggio commerciale*) contro [cfr. *on*]: *payment — documents*, pagamento contro documenti **7** *as* —, di fronte a; a paragone di, rispetto a: *the birth rate is decreasing in Italy as — other countries*, il tasso di natalità sta calando in Italia rispetto ad altre nazioni europee **8** *over* —, dirimpetto a; (*fig.*) in contrasto con.

agama ['ægəmə] *s.* (*zool.*) (*Agama agama*) agama comune.

agami ['ægəmi:] *s.* (*zool.*) (*Psophia crepitans*) agami, trombettiere SIN. **trumpeter**.

agamic [ə'gæmɪk] *agg.* (*biol.*) agamico; asessuato.

agamogenesis [,ægəməʊ'dʒenɪsɪs / agamo·gen·esis] *s.* (*biol.*) agamogenesi, agamia.

agamous ['ægəməs / agam·ous] *agg.* (*biol.*) agamico, asessuato.

agape[1] [ə'geɪp] *avv.* e *agg.* **1** a bocca aperta (per meraviglia, sorpresa ecc.): *he was standing* —, se ne stava a bocca aperta **2** aperto, spalancato: *jaws* —, mascelle spalancate.

agape[2] ['ægəpi:] *s.* (*pl. invar.*) (*st. relig.*) agape.

agar-agar [,eɪgɑ:r'eɪgə* *amer.* ,ɑ:gɑ:r'ɑ:gə*] *s.* agar-agar.

agaric ['ægərɪk / ag·aric] *s.* (*bot.*) **1** agarico **2** → **fly-agaric**.

agastric [ə'gæstrɪk / a·gast·ric] *agg.* (*zool.*) agastrico.

agate ['ægət / ag·ate] *s.* **1** (*min.*) agata **2** (*tip.*) carattere tipografico di corpo 5 1/2.

agave [ə'geɪvɪ] *s.* (*bot.*) agave.

agaze [ə'geɪz] *avv.* (*antiq.*) con lo sguardo fisso.

age [eɪdʒ] *s.* **1** età: *what is your —?* (o *what — are you?*), che età avete?; *he got married at the — of thirty*, si sposò a trent'anni; *he is thirty years of —*, (*antiq.*) ha trent'anni; (*psic.*) *mental —*, età mentale; *retirement —*, età pensionabile; *old —*, vecchiaia; *full —*, maggiore età; *it is a good old —*, è un'età veneranda; *— limit*, limite di età // *be* (o *act*) *your —!*, comportati secondo la tua età! // *to feel one's —*, sentire l'età // *to look one's —*, dimostrare la propria età // *he is of an — to look after himself*, ha l'età per badare a se stesso // *to be promoted in order of —*, essere promosso per anzianità // *— before beauty!*, (*fam.*, *scherz.*) prego, dopo di te! // (*dir.*): *to be, to come of —*, essere, diventare maggiorenne; *— of consent*, maggiore età; *to be under —*, essere minorenne; non avere l'età per: *if you are under — you cannot drink alcohol in pubs*, se sei minorenne non puoi bere alcolici nei pub **2** età; epoca storica; periodo, tempo: *from — to —*, d'epoca in epoca; *our —*, il nostro tempo, la nostra generazione; *modern —*, età moderna // *Jazz Age*, età del jazz; *Elizabethan Age*, età elisabettiana; *Victorian Age*, età vittoriana; *Stone Age*, età della pietra; *Iron Age*, età del ferro; (*geol.*) *Ice Age*, era glaciale; *Middle Ages*, medioevo **3** (*estens.*) (*spec.pl.*) secoli, periodo lunghissimo: *ages and ages*, secoli e secoli; *it is ages since I went there*, (*fam.*) sono secoli che non ci vado.

to **age** *v.tr.* fare invecchiare; causare l'invecchiamento di ◆ *v.intr.* invecchiare.

age-bracket ['eɪdʒbrækɪt] *s.* fascia d'età.

aged ['eɪdʒɪd, eɪdʒd *nei sign. 2 e 3*] *agg.* **1** vecchio, anziano // *the —*, i vecchi **2** dell'età di: *— twenty five*, dell'età di venticinque anni **3** stagionato.

age-group ['eɪdʒgru:p] *s.* gruppo di età, fascia d'età: *all the children were divided into age-groups*, tutti i bambini furono divisi per fasce di età.

ageing ['eɪdʒɪŋ / age·ing] *s.* invecchiamento; stagionatura.

ageless ['eɪdʒlɪs / age·less] *agg.* **1** eterno, immutato; senza tempo **2** sempre giovane; di età indefinibile.

agelong ['eɪdʒlɒŋ / age·long] *agg.* eterno, che dura a lungo.

agency ['eɪdʒənsɪ] *s.* **1** agenzia, succursale; ente; (*amer.*) ente governativo, organismo: *he works in an advertising —*, lavora presso un'agenzia pubblicitaria; *detective —*, agenzia di investigazione; *employment —*, agenzia di collocamento; *semipublic —*, ente a partecipazione statale; *autonomous government —*, azienda autonoma statale **2** (*dir.*) rappresentanza: *— agreement*, contratto di rappresentanza; *sole —*, rappresentanza esclusiva **3** causa; azione; effetto; agente: *natural agencies*, agenti naturali; *through the — of water*, per azione dell'acqua **4** intromissione, interposizione: *by the — of*, per intervento di.

agenda [ə'dʒendə] *s.* ordine del giorno, agenda: *to place a question on the —*, porre una questione all'ordine del giorno.

agent ['eɪdʒənt] *s.* **1** agente; mandatario; rappresentante: *— of the firm*, rappresentante della ditta; *they are sole agents for*, hanno la rappresentanza esclusiva per; *buying —*, agente compratore; *estate —*, agente immobiliare // *bank —*, direttore di succursale di banca // *commission* (o *sales*) *—*, commissionario; *forwarding* (o *freight* o *shipping*) *—*, spedizioniere marittimo, (*amer.*) spedizioniere // *ticket —*, addetto alla biglietteria // *station —*, (*amer.*) capostazione // *secret —*, agente segreto // *to be a free —*, agire secondo la propria volontà **2** (*chim.*) agente: *oxidizing —*, agente ossidante **3** (*med.*) agente: *pathogenic —*, agente patogeno.

agent-general ['eɪdʒənt'dʒenərəl] *pl.* **agents-general** *s.* rappresentante nel Regno Unito di uno stato australiano o di una provincia canadese.

agglomerate [ə'glɒmərət / ag·glom·er·ate] *agg.* agglomerato ◆ *s.* **1** agglomerato **2** (*geol.*) breccia vulcanica.

to **agglomerate** [ə'glɒməreɪt] *v.tr.* agglomerare; ammassare cose diverse ◆ *v.intr.* agglomerarsi; ammassarsi; crescere in massa.

agglomeration [ə,glɒmə'reɪʃn / ag·glom·era·tion] *s.* agglomerazione: *— economies*, economie di agglomerazione.

agglomerative [ə'glɒmərətɪv / ag·glom·er·at·ive] *agg.* agglomerante.

agglutinant [ə'glu:tɪnənt / ag·glu·tin·ant] *agg.* e *s.* agglutinante; (*med.*) cicatrizzante.

agglutinate [ə'glu:tɪnɪt / ag·glu·tin·ate] *agg.* e *s.* agglutinato.

to **agglutinate** [ə'glu:tɪneɪt] *v.tr.* agglutinare ◆ *v.intr.* agglutinarsi; (*med.*) cicatrizzarsi, rimarginarsi.

agglutination [ə,glu:tɪ'neɪʃn / ag·glu·tina·tion] *s.* **1** (*biol.*, *ling.*) agglutinazione **2** (*med.*) rimarginazione, cicatrizzazione.

agglutinative [ə'glu:tɪnətɪv *amer.* ə'glu:tɪneɪtɪv / ag·glu·tin·at·ive] *agg.* agglutinante.

agglutinin [ə'glu:tɪnɪn / ag·glu·tinin] *s.* (*biochim.*) agglutinina.

agglutinogen [ə,glu:'tɪnədʒən / ag·glut·ino·gen] *s.* (*biol.*) agglutinogeno.

aggradation [ægrə'deɪʃn / ag·grada·tion] *s.* (*geol.*) sovralluvionamento.

to **aggrade** [ə'greɪd / ag·grade] *v.tr.* (*geol.*) aumentare il livello della superficie con il deposito di detriti ◆ *v.intr.* aumentare (detto di livello superficiale).

to **aggrandize** [ə'grændaɪz / ag·grand·ize] *v.tr.* ingrandire; aumentare (potere, ricchezza, importanza); esagerare.

aggrandizement [ə'grændɪzmənt / ag·grand·ize·ment] *s.* aumento (di prestigio, potere ecc.): *he joined the party for his personal —*, entrò nel partito per aumentare il suo prestigio personale.

to **aggravate** ['ægrəveɪt / ag·grav·ate] *v.tr.* **1** aggravare, accrescere (il peso, l'offesa): *to — the situation*, aggravare la situazione **2** (*fam.*) irritare, esasperare: *the children's shouts aggravated him*, le urla dei bambini lo irritavano.

aggravating ['ægrəveɪtɪŋ / ag·grav·at·ing] *agg.* **1** aggravante **2** (*fam.*) seccante, irritante, insopportabile.

aggravation [,ægrə'veɪʃn / ag·grava·tion] *s.* **1** (*non com.*) aggravamento, peggioramento // (*dir.*) *circumstance of —*, circostanza aggravante **2** (*solo sing.*) (*fam.*, *brit.*) esasperazione, irritazione; violenza; fastidi (*pl.*); disordini (*pl.*): *if you avoid the rush hour you will save some —*, se eviti l'ora di punta ti risparmierai del fastidio; *don't give me any —!*, non crearmi dei fastidi!

aggregate ['ægrɪgət / ag·greg·ate] *agg.* **1** collettivo; globale, totale: *— output*, produzione globale; (*comm.*) *— amount*, importo complessivo, ammontare totale; (*econ.*) *— demand*, domanda aggregata, globale, complessiva **2** (*geol.*) aggregato: *— structure*, struttura aggregata ◆ *s.* **1** aggregato; unione; complesso // *in the —*, nell'insieme, in totale **2** (*comm.*) totale complessivo **3** (*edil.*) aggregato (materiale inerte da costruzione).

to **aggregate** ['ægrɪgeɪt] *v.tr.* **1** aggregare; unire **2** (*rar.*) ammontare a **3** (*med.*) aggregare, accumulare ◆ *v.intr.* (*anche med.*) aggregarsi; accumularsi; unirsi: *the crowd aggregated in the valley*, la folla si aggregò nella valle.

aggregation [,ægrɪ'geɪʃn / ag·grega·tion] *s.* **1** aggregazione; unione **2** (*med.*) aggregazione, accumulo.

aggregative ['ægrɪgeɪtɪv / ag·greg·at·ive] *agg.* aggregativo // (*stat.*) *— index*, indice sintetico.

to **aggress** [ə'gres / ag·gress] *v.intr.* (*rar.*) iniziare una lite, un attacco, un'offensiva.

aggression [ə'greʃn / ag·gres·sion] *s.* aggressione.

aggressive [ə'gresɪv / ag·gress·ive] *agg.* **1** aggressivo; litigioso: *an — mood*, uno stato d'animo aggressivo **2** energico; aggressivo; (*fam.*) grintoso **3** offensivo, di attacco // **-ly** *avv.*

aggressiveness [ə'gresɪvnɪs / ag·gress·ive·ness] *s.* aggressività.

aggressor [ə'gresə* / ag·gress·or] *s.* aggressore.

to **aggrieve** [ə'gri:v / ag·grieve] *v.tr.* (*non com.*) affliggere, addolorare: *to be aggrieved by* (o *at*) *sthg.*, essere addolorato per qlco.

aggrieved [ə'gri:vd / ag·grieved] *agg.* **1** addolorato, dispiaciuto; arrabbiato: *I felt — at his refusal*, il suo rifiuto mi ha addolorato **2** (*dir.*) danneggiato: *the — party*, la parte danneggiata.

aggro ['ægrəʊ / ag·gro] *s.* [U] (*fam.*, *brit.*) abbr. di → **aggravation** 2.

aghast [ə'gɑ:st *amer.* ə'gæst] *agg.pred.* **1** atterrito **2** stupefatto; (*fam.*) scioccato.

agile ['ædʒaɪl *amer.* 'ædʒɪl] *agg.* agile, pronto, svelto, destro, attivo // **-ly** *avv.*

agility [ə'dʒɪlɪtɪ / agil·ity] *s.* agilità, prontezza, destrezza.

agin [ə'gɪn] *prep.* (*dial. spec. irl.*) contro • Contr. di *against*.

agio ['ædʒɪəʊ] *s.* (*econ.*) aggio.

agiotage ['ædʒətɪdʒ / agio·tage] *s.* (*comm.*) aggiotaggio.

to **agist** [ə'dʒɪst] *v.tr.* (*ant.*) **1** lasciar pascolare (bestiame altrui) sulle proprie terre dietro pagamento **2** porre un gravame di carattere pubblico su (una proprietà).

agistment [ə'dʒɪstmənt / agist·ment] *s.* (*ant.*) **1** il lasciar pascolare (bestiame altrui) sulle proprie terre **2** prezzo pagato per pascolare il proprio bestiame su terre altrui **3** gravame, tassa su una proprietà.

to **agitate** ['ædʒɪteɪt / agit·ate] *v.tr.* **1** agitare, scuotere **2** (*fig.*) agitare, turbare, commuovere **3** (*ant.*) dibattere, discutere ◆ *v.intr.* (*for*, *against*) agitarsi, mobilitarsi, unirsi in un'agitazione politica o sociale: *to — for higher wages*, mobilitarsi per salari più alti.

agitated ['ædʒɪteɪtɪd / agit·ated] *agg.* agitato, turbato: *to get —*, agitarsi, turbarsi.

agitation [ˌædʒɪ'teɪʃn / agita·tion] *s.* **1** agitazione, ansietà, irrequietezza **2** turbamento, commozione **3** (*med.*) tremore **4** tumulto; fermento; agitazione (in campo politico o sociale).

agitator ['ædʒɪteɪtə* / agit·ator] *s.* **1** agitatore (spec. politico) **2** (*tecn.*) agitatore.

agitprop [ˌædʒɪt'prɒp / agit·prop] *s.* agit -prop, agitatore politico.

aglare [ə'gleə] *avv.* (*letter.*) in modo abbagliante.

agleam [ə'gli:m] *agg. pred.* (*letter.*) brillante, scintillante: *eyes — with joy*, occhi scintillanti di gioia.

aglet ['æglɪt / ag·let] *s.* **1** puntale, aghetto (di stringa); lustrino, altro ornamento metallico per vestiti; puntale metallico (che scende dalla spalla di alcune uniformi militari) **2** (*bot.*) amento (di betulla, nocciolo).

agley [ə'gli:] *avv.* (*scoz.*) obliquamente, di traverso.

aglow [ə'gləʊ] *agg.pred.* ardente, eccitato: *he was — with happiness*, scoppiava di felicità ◆ *avv.* ardentemente; eccitatamente.

agnail ['ægneɪl / ag·nail] → **hangnail**.

agnate ['ægneɪt / ag·nate] *agg.* e *s.* **1** (*dir. antiq.*) agnato **2** (*zool.*) agnato.

agnatic [æg'nætɪk / ag·natic] *agg.* (*dir. antiq.*) agnatizio.

agnation [æg'neɪʃn / ag·na·tion] *s.* (*dir. antiq.*) agnazione.

agnostic [æg'nɒstɪk / ag·nostic] *agg.* e *s.* (*fil.*) agnostico; scettico.

agnosticism [æg'nɒstɪsɪzəm / ag·nos·ti·cism] *s.* (*fil.*) agnosticismo.

ago [ə'gəʊ] *avv.* fa, in passato: *three days —*, tre giorni fa; *how long —?*, quanto tempo fa?; *a little while —*, poco fa; *long —*, tempo fa, già da molto tempo.

agog [ə'gɒg] *agg.pred.* in orgasmo; eccitato: *to be all —*, non stare nella pelle.

agoge [ə'gəʊdʒɪ] *s.* (*mus.*) agogica.

agoing [ə'gəʊɪŋ / ago·ing] *avv.* (*rar.*) in azione, in moto.

agon [ə'gɒn] *s.* conflitto, lotta (tra due protagonisti).

agonic [ə'gɔnɪk / ag·onic] *agg.* agonico, privo di angoli // (*geofisica*) *— line*, linea agona.

agonist ['ægənɪst / ag·on·ist] *s.* agonista.

agonistic(al) [ˌægə'nɪstɪk(əl) / ag·on·istic(al)] *agg.* **1** agonistico, atletico **2** battagliero; polemico **3** (*fig.*) forzato, studiato, innaturale // **-ally** *avv.*

to **agonize** ['ægənaɪz / ag·on·ize] *v.intr.* **1** (*fam.*) tormentarsi; preoccuparsi: *to — after* (o *over*) *sthg.*, tormentarsi per qlco. **2** (*non com.*) lottare, combattere (*anche fig.*) **3** (*non com.*) agonizzare ◆ *v.tr.* (*ant.*) torturare, tormentare.

agonizing ['ægənaɪzɪŋ / ag·on·iz·ing] *agg.* che causa agonia; tormentoso; angoscioso // **-ly** *avv.*

agony ['ægənɪ / ag·ony] *s.* **1** agonia (della morte) **2** agonia, angoscia; sofferenza, dolore; spasimo // *to pile* (o *put* o *turn*) *on the —*, (*sl.*) esagerare la propria sofferenza, fare la vittima.

agony column ['ægənɪ'kɒləm] *s.* rubrica (nei giornali) per la ricerca di persone scomparse; (*scherz.*) rubrica che tratta i problemi personali dei lettori.

agora ['ægərə / ag·ora] *pl.* **agorae** ['ægəri: / ag·orae] **agoras** *s.* agora, assemblea.

agoraphobia [ˌægərə'fəʊbɪə / ago·ra·phobia] *s.* (*psic.*) agorafobia.

agoraphobic [ˌægərə'fəʊbɪk / ago·ra·phobic] *agg.* e *s.* (*psic.*) agorafobo.

agouti, **agouty** [ə'gu:tɪ] *s.* (*zool.*) (*Dasyprocta aguti*) aguti.

agraffe [ə'græf] *s.* (*tecn.*) graffa.

agraphia [eɪ'græfɪə] *s.* (*med.*) agrafia.

agrarian [ə'greərɪən / ag·rar·ian] *agg.* agrario ◆ *s.* **1** proprietario terriero; agrario **2** (*pol.*) membro del partito agrario.

agrarianism [əˌgreərɪə'nɪzəm / ag·rar·ian·ism] *s.* **1** (*st.*) movimento (II metà del XIX sec.) in favore delle riforme agrarie **2** equa divisione delle terre.

to **agree** [ə'gri:] *v.intr.* **1** essere d'accordo, convenire: *we don't — in* (o *on* o *upon*) *anything*, non ci troviamo d'accordo in niente; *they may find it difficult to —*, potrebbero avere qualche difficoltà a trovarsi d'accordo; *they agreed to help us*, si sono trovati d'accordo nell'aiutarci; *to — on a price*, pattuire un prezzo: *we agreed on 200 pounds*, ci accordammo per 200 sterline // *to — to differ*, convenire di rimanere ciascuno della propria opinione, sulle proprie posizioni **2** acconsentire: *the strikers agreed to the new offer*, gli scioperanti accettarono la nuova offerta; *to — to do sthg.*, acconsentire a fare qlco. **3** andare d'accordo: *they will never —*, non andranno mai d'accordo; *the two versions do not — with each other*, le due versioni non concordano **4** essere adatto a, confarsi: *this food does not — with me*, questo cibo non fa per me **5** (*gramm.*) concordare ◆ *v.tr.* **1** ammettere, accettare: *I — that he is very clever*, ammetto che è molto intelligente **2** (*comm.*) pareggiare (conti, partite): *to — accounts*, far quadrare i conti.

agreeable [ə'grɪəbl / agree·able] *agg.* **1** gradevole, piacevole, simpatico; gioviale: *to make oneself — to*, rendersi gradevole a qlcu. **2** disposto, consenziente; disponibile: *— to sthg.*, *to do sthg.*, (*fam.*) ben disposto a, a fare qlco.; *I'm —*, (*form.*) sono d'accordo **3** conforme; consono, congeniale: *— to*, conforme a, conveniente a, adatto a; *is that — to you?*, ti va? // **-bly** *avv.*

agreeableness [ə'grɪəblnɪs / agree·able·ness] *s.* **1** piacevolezza; giovialità **2** disponibilità **3** conformità.

agreed [ə'gri:d] *agg.* concordato, convenuto: *conditions — upon* (o *on*), condizioni concordate; *— price*, prezzo convenuto; *unless otherwise —*, salvo accordi contrari; *at the — -on place*, nel luogo convenuto // *—!*, d'accordo!

agreement [ə'gri:mənt / agree·ment] *s.* **1** accordo, intesa: *by mutual —*, di comune accordo; *to come to an —*, venire a un accordo; *to reach an —*, raggiungere un accordo; *to be in — with*, essere in accordo con // (*stat.*) *coefficient of —*, coefficiente di conformità **2** accordo, patto; (*dir.*) contratto: *to keep to an —*, attenersi a un accordo; (*econ.*) *pool —*, accordo di cartello; (*econ.*) *price —*, accordo sui prezzi, accordo di cartello; (*comm.*) *partnership —*, atto costitutivo (di società) // *gentlemen's —*, accordo verbale // *as per —*, come convenuto **3** (*gramm.*) concordanza.

agrestal [ə'grestəl / ag·rest·al] *agg.* (*ecol.*) agreste.

agrestic [ə'grestɪk / ag·restic] *agg.* **1** (*rar.*) agreste; rustico; rurale **2** (*rar.*) rozzo.

agribusiness ['ægrɪbɪznɪs / ag·ri·busi·ness] *s.* (*econ.*) sistema, settore agroindustriale.

agricultural [ˌægrɪ'kʌltʃərəl / ag·ri·cul·tural] *agg.* agricolo, agrario: *— machinery*, macchine agricole; *— college*, scuola di agraria; (*econ.*) *— subsidies*, sussidi all'agricoltura; *— climatology*, agroclimatologia; *— meteorology*, agrometeorologia.

agriculture ['ægrɪkʌltʃə* / ag·ri·cul·ture] *s.* **1** agricoltura **2** agraria.

agriculturist [ˌægrɪ'kʌltʃərɪst / ag·ri·cul·tur·ist] *s.* agricoltore; agrario.

agriecology [ˌægrɪ'ɪ:kɒlədʒɪ / ag·ri·eco·logy] *s.* (*ecol.*) ecologia agraria.

agrimony ['ægrɪmənɪ / ag·ri·mony] *s.* (*bot.*) (*Agrimonia eupatoria*) agrimonia, eupatorio; (*pop.*) erba vettonica.

agrimotor ['ægrɪˌməʊtə* / ag·ri·mo·tor] *s.* trattore agricolo.

agriproduct ['ægrɪprɒdʌkt / ag·ri·prod·uct] *s.* prodotto agricolo.

agrobiology [ˌægrəʊbaɪ'ɒlədʒɪ / ag·ro·bio·logy] *s.* (*agr.*) agrobiologia.

agrobusiness ['ægrəʊbɪznɪs / ag·ro·busi·ness] *s.* (*econ.*) → **agribusiness**.

agroclimatology [ˌægrəʊklɪmə'tɒlədʒɪ / ag·ro·cli·ma·to·logy] *s.* (*meteor.*) agroclimatologia.

agroindustry [ˌægrəʊ'ɪndʌstrɪ / agro·in·dus·try] *s.* (*econ.*) agroindustria.

agrology [ə'grɒlədʒɪ / ag·ro·logy] *s.* (*agr.*) agrologia.

agrometeorology ['ægrəʊmi:tjə'rɒlədʒɪ / ag·ro·met·eoro·logy] *s.* (*meteor.*) agrometeorologia.

agronomic(al) [ˌægrə'nɒmɪk(l) / ag·ro·nom·ic(al)] *agg.* agronomico.

agronomics [ˌægrə'nɒmɪks / ag·ro·nom·ics] *s.* [U] agronomia.

agronomist [ə'grɒnəmɪst / ag·ro·nom·ist] *s.* agronomo.

agronomy [ə'grɒnəmɪ / ag·ro·no·my] *s.* agronomia.

agrophilous [ə'grɒfɪləs / ag·ro·phil·ous] *agg.* (*ecol.*) agrofilo.

aground [ə'graʊnd] *avv.* (*mar.*) in secco: *to be —*, essere incagliato; *to run —*, incagliarsi ◆ *agg.pred.* (*mar.*) incagliato, arenato.

ague ['eɪgju:] *s.* **1** (*med.*, *antiq.*) febbre malarica **2** (*ant.*) forte attacco di brividi.

ague-cake ['eɪgju:keɪk] *s.* (*ant.*) ingrossamento di fegato (o milza) causato da malaria.

agued ['eɪgju:d] *agg.* (*med.*, *antiq.*) **1** colpito da febbre malarica **2** scosso da brividi.

ague-drops ['eɪgju:drɒps] *s.* (*antiq.*) (*farm.*) gocce febbrifughe.

aguish ['eɪgjʊɪʃ] *agg.* (*med.*) **1** malarico **2** soggetto a febbre malarica **3** che produce febbre malarica **4** con brividi; tremante **5**

(*fig.*) (*antiq.*) saltuario; a ondate; intermittente.

aguti *s.* (*zool.*) → **agouti**.

ah [ɑ:] *inter.* ah!, ahimè!; (*letter.*) deh!

aha [ɑ:'hɑ:] *inter.* ah!, bene!; (*iron.*) ben gli sta!

ahead [ə'hed] *avv.* **1** (*in espressioni di spazio*) avanti, in avanti; in testa; prima: *to go* —, andare avanti; *go —!* avanti!; *things are going* —, le cose procedono // *to get* —, farsi strada // *to get — of s.o., sthg.*, oltrepassare, superare qlcu., qlco.: *the lorry got — of me before the traffic-lights*, il camion mi superò prima del semaforo; *he got — of me*, arrivò prima di me // (*mar.*) *full, half speed* —, avanti a tutta, a mezza forza // *straight* —, avanti diritto; *he was looking straight* —, guardava diritto davanti a sé **2** (*in espressioni di tempo*) in futuro; in anticipo: *we have a lot of problems* —, abbiamo davanti un'infinità di problemi; *to look* —, prevedere, prepararsi per il futuro // *to plan* —, pianificare per tempo; *if you want to be a success, you must plan* —, se vuoi avere successo, devi fare dei piani per tempo; *to go, send on* —, andare, mandare avanti, prima, in anticipo; *before the rockstar left Rome, the band went on — to Florence*, prima che la rockstar lasciasse Roma, il complesso musicale la precedette a Firenze ♦ *agg.pred.* in vantaggio, avanti: *the team was — by two goals* (o *was two goals* —), la squadra era in vantaggio di due gol; *the Ferrari was — in the sixth lap*, la Ferrari era avanti (nelle prime posizioni) nel sesto giro.

ahem [m'm̩m] *inter.* hum!, ehm!; ehi!

ahoy [ə'hɔɪ] *inter.* (*mar.*) olà!

ahull [ə'hʌl] *avv.* (*mar.*) a secco di vele, con le vele serrate.

ahungered [ə'hʌŋgəd / ahun·gered] *agg.* (*ant.*) affamato.

ai ['ɑːɪ] *s.* (*zool.*) (*Bradypus tridactylus*) bradipo tridattilo; (*pop.*) ai-ai.

aid [eɪd] *s.* **1** aiuto, soccorso; *pl.* sussidi; assistenza: *collection in — of*, raccolta, colletta in aiuto di, a favore di; *to be of* —, essere d'aiuto, d'assistenza; *to call in s.o.'s* —, chiedere aiuto a qlcu.; *what's it in — of?*, (*fam.*) a cosa serve? // (*econ.*): *foreign* —, aiuti (economici) dall'estero; *grant-in-* —, contributo statale (a ente pubblico o morale) // *first* —, pronto soccorso; *first — post*, posto di pronto soccorso **2** aiutante, aiuto **3** (*dir.*): *— and abet*, concorso di persone nel reato, favoreggiamento; *legal — and advice*, assistenza legale **4** (*inform.*) assistenza, aiuto; *pl.* mezzi; strumenti ausiliari; consigli.

to **aid** *v.tr.* **1** aiutare, soccorrere, assistere **2** promuovere; favorire.

aide [eɪd] *s.* assistente; aiutante.

aide-de-camp [,eɪddə'kɒm *amer.* ,eɪd də'kæmp] *pl.* **aides-de-camp** *s.* (*mil.*) aiutante di campo.

aide-memoire ['eɪdmemwɑ:*] *s.* memorandum; pro memoria.

aider ['eɪdə*] *s.* aiuto; soccorritore.

AIDS [eidz] *s.* (*med.*) aids • Abbr. di A(*cquired*) I(*mmuno*)-D(*eficiency*) S(*yndrome*), sindrome da immunodeficienza acquisita.

aigrette ['eigret] *s.* **1** (*antiq.*, *zool.*) → **egret** **2** egretta; pennacchio **3** (*elettr.*) punta (di parafulmine).

aiguille ['eɪgwi:l] *s.* (*geogr.*) aiguille; picco acuminato, guglia.

aikido [aɪ'ki:dəʊ / ai·kido] *s.* aikido (una delle arti marziali giapponesi).

to **ail** [eɪl] *v.tr.* **1** affliggere, addolorare, far soffrire: *what's ailing you?*, (*fam.*) qual è il tuo problema? **2** (*ant.*) provocare malattia, far ammalare: *if anything ailed his daughter...*, (FIELDING) se qualcosa avesse provocato la malattia di sua figlia... ♦ *v.intr.* essere sofferente, sentirsi male: *he was ailing from a cold*, soffriva di un raffreddore.

ailanthus [eɪ'lænθəs / ailan·thus] *s.* (*bot.*) (*Ailanthus altissima*) ailanto SIN. tree of heaven.

aileron ['eɪlərɒn / ail·eron] *s.* (*aer.*) alettone.

ailing ['eɪlɪŋ / ail·ing] *agg.* **1** sofferente, malaticcio **2** (*fig.*) in crisi: *an — business*, un'azienda in fase critica.

ailment ['eɪlmənt / ail·ment] *s.* indisposizione, disturbo.

aim [eɪm] *s.* **1** mira, punto di mira **2** (*fig.*) scopo, intenzione, disegno, piano, proposito: *to take — at*, mirare a **3** (*ant.*) congettura, supposizione: *what you would work me to, I have some aim*, (SH. Julius Caesar) credo di sapere a che cosa tu vorresti indurmi.

to **aim** *v.intr.* **1** puntare; mirare, prendere la mira: *he aimed at her head*, puntò alla sua testa **2** (*fig.*) aspirare a, mirare a: *he aimed at becoming a doctor*, aspirava a diventare dottore; *he aimed at getting into Parliament*, aspirava ad entrare in Parlamento ♦ *v.tr.* **1** puntare (arma da fuoco); indirizzare (colpo ecc.) **2** (*fig.*) indirizzare; dirigere: *her remarks were not aimed at us*, le sue osservazioni non erano indirizzate a noi.

aimless ['eɪmlɪs / aim·less] *agg.* senza scopo, senza meta // **-ly** *avv.* // **-ness** *s.*

ain't [eɪnt] (*pop.*) *contr.* di *am not, is not, are not, have not, has not*: *she — coming tomorrow*, lei non verrà domani.

air [eə*] *s.* **1** aria; (*non com.*) brezza, venticello: *in the open* —, all'aria aperta; *breath of* —, soffio d'aria; (*meteor.*) *— mass*, massa d'aria; *to go out to take the* —, uscire per prendere una boccata d'aria; *to clear the* —, (*fam.*) rinfrescare l'aria; (*fig.*) chiarire un dubbio, un malinteso // *castles in the* —, castelli in aria // *my plans are still up in the* —, i miei progetti sono ancora per aria, incerti // *to live on* —, vivere d'aria // *to walk on* —, essere pazzo di gioia // *to give — to one's views*, rendere note le proprie opinioni // *there are rumours in the — that*, corre voce che // *to vanish into thin* —, (*fam.*) sparire nel nulla // (*rad.*): *to be on the* —, essere in onda; *to put sthg. on the* —, trasmettere qlco. per radio // *by* —, per via aerea, per aereo: *to send goods by* —, spedire merci per via aerea // *to give s.o. the* —, (*amer.*) volgere le spalle a qlcu. // *to get the* —, (*amer.*) essere licenziati **2** apparenza, aria, aspetto, sembiante; contegno: *he had a sad* —, aveva un'aria triste // *to give oneself airs*, darsi delle arie // *to put on airs*, metter su arie **3** (*mus.*) aria, melodia **4** (*con valore di agg. per lo più in composti*) aereo: *— crash*, disastro aereo; *— piracy*, pirateria aerea; *— law*, diritto aeronautico.

to **air** *v.tr.* **1** aerare, arieggiare; ventilare; mettere all'aria; asciugare all'aria; sciorinare: *to — a room*, aerare una stanza; *to — linen*, sciorinare i panni // *the matter needs to be aired*, il problema deve essere esposto e discusso sotto ogni aspetto **2** far conoscere, render noto // *he is always airing his knowledge*, mette sempre in mostra il suo sapere **3** (*amer.*) mandare in onda un programma (radiofonico o televisivo).

air- *pref.* di origine greca che indica relazione con l'aria oppure con gli aerei o l'aeronautica; it. aero-, avio-: *airbrake*, freno ad aria; *airbed*, materasso gonfiabile; *airborne*, aviotrasportato; aerosostentato; *airship*, aeronave.

air-ambulance ['eər,æmbjʊləns] *s.* ambulanza aerea, aereo ambulanza; eliambulanza.

air balloon [,eəbə'lu:n] *s.* **1** palloncino **2** (*aer.*) pallone; aerostato // *hot* —, mongolfiera.

airbase ['eəbeɪs / air·base] *s.* base aerea, aerobase.

air beacon ['eəbi:kən] *s.* aerofaro; radiofaro.

airbed ['eəbed / air·bed] *s.* materasso, materassino gonfiabile.

air-bends ['eəbendz] *s.pl.* (*med.*) embolo d'aria (*sing.*).

airbladder ['eə,blædə* / air·blad·der] *s.* **1** (*zool.*) vescica natatoria **2** (*bot.*) vescica aerifera.

air bleeder ['eə,bli:də*] *s.* sfiatatoio.

airboat ['eəbəʊt / air·boat] *s.* idroscivolante.

airborne ['eəbɔ:n / air·borne] *agg.* **1** trasportato dall'aria (di semi) **2** (*aer.*) aeroportato, aviotrasportato; aerosostentato **3** in volo: *we are now* —, siamo ora in volo.

airbrake ['eəbreɪk / air·brake] *s.* **1** freno ad aria compressa **2** (*aer.*) aerofreno, freno aerodinamico.

airbrick ['eəbrɪk / air·brick] *s.* mattone forato.

air-bridge ['eəbrɪdʒ] *s.* ponte aereo.

air-brush ['eəbrʌʃ] *s.* aerografo.

air-bubble ['eəbʌbl] *s.* bolla d'aria.

airburst ['eəbɜ:st / air·burst] *s.* esplosione in aria (di bomba ecc.).

airbus ['eəbʌs / air·bus] *s.* aerobus.

air chamber ['eə,tʃeɪmbə*] *s.* (*ing. mecc.*) camera d'aria.

air-compressor ['eəkəm'presə*] *s.* compressore d'aria.

air condenser ['eəkən'densə*] *s.* **1** (*elettr.*) condensatore ad aria **2** (*negli impianti a vapore*) condensatore raffreddato ad aria.

to **air-condition** ['eəkən'dɪʃn] *v.tr.* fornire di aria condizionata, fornire di impianto di condizionamento.

air-conditioned ['eəkən'dɪʃnd] *agg.* con aria condizionata, climatizzato.

air-conditioning ['eəkən,dɪʃənɪŋ] *s.* condizionamento dell'aria.

air-cooled ['eəku:ld] *agg.* raffreddato ad aria.

air-cooling ['eəku:lɪŋ] *s.* raffreddamento ad aria.

air-corridor ['eəkɒrɪdɔ:*] *s.* (*aer.*) corridoio aereo.

air-cover ['eəkʌvə*] *s.* (*mil.*) copertura aerea, protezione aerea.

aircraft ['eəkrɑ:ft *amer.* 'eəkræft / air·craft] *s.* (*pl. invar.*) aeromobile, aereo: *five — were brought down*, cinque aerei furono abbattuti

// *combat* —, aereo da combattimento // *tilt rotor* —, convertiplano.

aircraft carrier ['eəkrɑ:ft'kærıə*] *s.* (*mar.*) portaerei.

aircraftman ['eəkrɑ:ftmən / air·craft·man] *pl.* **aircraftmen** *s.* **1** (*aer. mil.*, GB) aviere: *leading* —, aviere scelto; *senior* —, primo aviere **2** meccanico d'aviazione.

aircrew ['eəkru: / air·crew] *s.* (*aer.*) equipaggio di volo.

aircushion ['eə,kʊʃn / air·cushion] *s.* **1** cuscino gonfiabile **2** (*tecn.*) cuscino pneumatico **3** (*tecn.*) cuscino d'aria: — *vehicle*, veicolo a cuscino d'aria.

air defence [,eədı'fens] *s.* (*mil.*) **1** difesa antiaerea; protezione antiaerea **2** contraerea.

airdraulic ['eədrɔ:lık / air·draulic] *agg.* (*tecn.*) idropneumatico.

air drill ['eədrıl] *s.* (*tecn.*) **1** trapano ad aria compressa **2** perforatrice pneumatica; martello pneumatico perforatore.

airdrome ['eədrəʊm / air·drome] *s.* (*spec. brit.*) **1** → **airfield** **2** (*antiq.*) aerodromo.

airdrop ['eədrɒp / air·drop] *s.* aerolancio, aviolancio, lancio con paracadute (di materiali).

to **airdrop** *v.tr.* paracadutare, lanciare col paracadute.

Airedale ['eədeıl / Aire·dale] *s.* (*zool.*) airedale.

airer ['eərə* / air·er] *s.* stendibiancheria a cavalletto.

airfield ['eəfi:ld / air·field] *s.* campo d'aviazione; aeroporto.

air fleet ['eəfli:t] *s.* flotta aerea, aeroflotta.

airforce ['eəfɔ:s / air·force] *s.* aeronautica militare; armata aerea; forze aeree.

airframe ['eəfreım / air·frame] *s.* (*aer.*) cellula.

airfreight ['eəfreıt / air·freight] *s.* **1** trasporto merci per via aerea **2** aeromerce; merci aviotrasportate (*pl.*).

to **airfreight** *v.tr.* spedire per via aerea.

airgap ['eəgæp / air·gap] *s.* (*elettr.*) traferro.

air-gas ['eəgæs] *s.* (*chim.*) gas d'aria.

airglow ['eəgləʊ / air·glow] *s.* (*geofisica*) luminescenza atmosferica.

air-grating ['eə,greıtıŋ] *s.* griglia di ventilazione.

airgun ['eəgʌn / air·gun] *s.* **1** pistola, fucile ad aria compressa **2** (*tecn.*) pistola a spruzzo.

air-gunner ['eə,gʌnə*] *s.* (*aer.*) mitragliere di bordo.

air head ['eəhed] *s.* (*sl. amer.*) testa vuota, persona senza cervello.

airhole ['eəhəʊl / air·hole] *s.* **1** bolla d'aria **2** (*aer.*) vuoto d'aria **3** (*tecn.*) sfiatatoio.

airhostess ['eə,həʊstıs / air·host·ess] *s.* hostess di volo.

air hunger ['eə,hʌŋgə*] *s.* (*med.*) dispnea, fiato corto.

airily ['eərılı / air·ily] *avv.* (*fig.*) in modo superficiale, con leggerezza; a cuor leggero.

airiness ['eərınıs / airi·ness] *s.* **1** l'essere arioso, ventilato **2** (*fig.*) leggerezza; superficialità; disinvoltura.

airing ['eərıŋ / air·ing] *s.* **1** ventilazione, aerazione; diffusione // *his views on football got an* —, le sue opinioni sul calcio furono diffuse; *to give sthg. an* —, annunciare qlco. ai quattro venti **2** (*fig.*) passeggiata, giro: *to take an* —, andare a prendere una boccata d'aria.

airing cupboard ['eərıŋ'kʌbəd] *s.* essiccatoio ad aria calda per la biancheria.

air inlet ['eər,ınlet] **air intake** ['eər,ınteık] *s.* (*tecn.*) presa d'aria.

air-jacket ['eə,dʒækıt] *s.* **1** (*aer.*) giubbotto pneumatico **2** (*tecn.*) involucro del raffreddamento ad aria.

air-lane ['eəleın] *s.* (*aer.*) corridoio aereo.

air leak ['eəli:k] *s.* **1** (*tecn.*) fuga d'aria **2** (*elettr.*) dispersione nell'atmosfera.

airless ['eəlıs / air·less] *agg.* **1** senz'aria; *an — room*, una stanza dall'aria viziata **2** senza vento, calmo.

airlift ['eəlıft / air·lift] *s.* **1** (*aer.*) aerosostentazione, sostentazione aerodinamica **2** (*aer.*) trasporto per via aerea **3** (*aer.*) ponte aereo **4** (*tecn.*) pompa ad aria compressa // — *hammer*, maglio ad aria compressa a semplice effetto.

to **airlift** *v.tr.* trasportare per via aerea.

airline ['eəlaın / air·line] *s.* linea aerea, aviolinea; compagnia aerea.

airliner ['eəlaınə* / air·liner] *s.* aereo di linea.

airlock ['eəlɒk / air·lock] *s.* (*tecn.*) **1** bolla d'aria, sacca d'aria **2** camera d'equilibrio.

air log ['eəlɒg] *s.* (*aer.*) dromografo.

airmail ['eəmeıl / air·mail] *s.* **1** posta aerea **2** (*sl. amer.*) spazzatura gettata dalla finestra.

to **airmail** *v.tr.* spedire per posta aerea.

airman ['eəmən / air·man] *pl.* **airmen** *s.* **1** (*spec. brit.*) aviatore, aeronauta **2** (*aer. mil.*, USA) aviere: — *basic*, aviere; — *third class*, aviere scelto; — *second class*, primo aviere; — *first class*, sergente.

airmanship ['eəmənʃıp / air·man·ship] *s.* abilità nel guidare aerei.

air map ['eəmæp] *s.* (*aer.*) carta nautica, carta (per la navigazione) aerea.

air-mechanic ['eəmə,kænık] *s.* (*aer.*) motorista.

air-miss ['eə,mıs] *s.* mancata collisione aerea.

air-officer ['eər,ɒfısə] *s.* ufficiale d'aviazione.

air-pit ['eə,pıt] *s.* (*aer.*) vuoto d'aria.

airplane ['eəpleın / air·plane] *s.* (*spec. amer.*) → **aeroplane**.

air-plant ['eə,plɑ:nt] *s.* (*bot. pop.*) epifita → **epiphyte**.

airpocket ['eə,pɒkıt / air·pocket] *s.* (*aer.*) vuoto d'aria.

airport ['eəpɔ:t / air·port] *s.* aeroporto.

air port ['eə'pɔ:t] *s.* (*amer.*) apertura per l'aria; luce di passaggio dell'aria.

air-power ['eə,paʊə*] *s.* potenziale aereo; potenza aerea.

airproof ['eəpru:f / air·proof] *agg.* (*spec. amer.*) a tenuta d'aria, ermetico SIN. **airtight** 1.

air-pump ['eəpʌmp] *s.* **1** pompa pneumatica **2** pompa a vuoto.

air raid ['eə,reıd] *s.* incursione aerea // *an — shelter*, un rifugio antiaereo.

air rifle ['eə,raıfəl] *s.* fucile ad aria compressa.

airscrew ['eəskru: / air·screw] *s.* (*aer.*) elica.

air-sea rescue ['eə'sı'reskju:] *s.* operazione di salvataggio con impiego di mezzi aerei e navali.

air service ['eə,sɜ:vıs] *s.* **1** aeroservizio, servizio aereo **2** aviazione.

airshaft ['eəʃɑ:ft / air·shaft] *s.* (*tecn. miner.*) pozzo di ventilazione.

airship ['eəʃıp / air·ship] *s.* (*aer.*) aeronave, dirigibile.

airsickness ['eəsıknıs / air·sick·ness] *s.* mal d'aria, mal d'aereo.

air sounding ['eə'saʊndıŋ] *s.* (*meteor.*) sondaggio aerologico.

airspace ['eəspeıs / air·space] *s.* **1** (*aer.*) spazio aereo // — *reservation*, spazio aereo interdetto **2** (*astr.*) spazio aereo.

air station ['eə'steıʃn] *s.* (*spec. amer.*) aeroscalo, scalo aereo.

airstop ['eəstɒp / air·stop] *s.* piattaforma per elicotteri.

air-strike ['eə,straık] *s.* incursione aerea, attacco aereo.

airstrip ['eəstrıp / air·strip] *s.* **1** (*aer. mil.*) striscia d'atterraggio **2** pista per servizi ausiliari (all'interno di un aeroporto).

air survey ['eə,sɜ:veı] *s.* rilevamento aereo.

air-taxi ['eə,tæksı] *s.* aerotaxi.

air terminal ['eə,tɜ:mınl] *s.* aerostazione, air terminal.

airtight ['eətaıt / air·tight] *agg.* **1** a tenuta d'aria, ermetico: — *container*, contenitore ermetico **2** (*fig.*) impenetrabile, inattaccabile: *an — defence*, una difesa impenetrabile; *an — argument*, un argomento inattaccabile.

air-time ['eətaım] *s.* (*rad. tv*) orario di trasmissione, tempo riservato a una trasmissione, spazio di trasmissione.

air-to-air ['eətə'eə*] *agg.* e *avv.* aria-aria: — *missiles*, missili aria-aria // *refuelling* —, rifornimento in volo.

air-to-ground ['eətə'graʊnd] *agg.* aria-terra.

air-track drill ['eətræk'drıl] *s.* (*ind. miner.*) perforatrice pneumatica cingolata.

air-umbrella [,eərʌm'brelə] *s.* (*aer. mil.*) copertura aerea.

airway ['eəweı / air·way] *s.* **1** aerovia, corridoio aereo **2** aviolinea, compagnia aerea **3** (*ind. miner.*, *amer.*) via d'aria, via di ventilazione BRIT. **ventilation drive** **4** (*rad.*) canale, banda di frequenza.

airwell ['eəwel / air·well] *s.* (*edil.*) pozzo di aerazione; cortile interno.

airwoman ['eə,wʊmən / air·wo·man] *pl.* **airwomen** ['eə,wımın] *s.* aviatrice.

airworthiness ['eə,wɜ:ðınıs / air·wor·thi·ness] *s.* (*aer.*) navigabilità.

airworthy ['eə,wɜ:ðı / air·wor·thy] *agg.* (*aer.*) idoneo al volo.

airy ['eərı] *agg.* **1** arioso, aerato, arieggiato **2** noncurante, superficiale, frivolo **3** vano, illusorio: — *promises*, promesse illusorie **4** (*fam. amer.*) borioso; dai modi affettati **5** (*poet.*) aereo, etereo, elevato.

airy-fairy ['eərı'feərı] *agg.* vano, illusorio.

aisle [aıl] *s.* **1** (*arch.*) navata **2** (*spec. amer.*) corsia, passaggio (fra due file di sedili), corridoio.

aisled [aɪld] *agg.* (*arch.*) con navate.

ait [eɪt] *s.* (*rar.*) isoletta (in fiume, lago).

aitch [eɪtʃ] *s.* acca (la lettera *h*) // *to drop one's aitches*, non pronunciare l'acca all'inizio di parola (segno di scarsa cultura).

ajar[1] [ə'dʒɑ:*] *avv.* e *agg.pred.* socchiuso (di porta).

ajar[2] *avv.* in disaccordo, in contrasto // *my nerves are all* —, ho i nervi a pezzi.

ajutage ['ædʒʊtɪdʒ / ajut·age] *s.* (*tecn.*) tubo (o tubetto, o bocchettone) di efflusso (di un liquido).

akimbo [ə'kɪmbəʊ] *avv.* con le mani ai fianchi e i gomiti in fuori.

akin [ə'kɪn] *agg.* **1** consanguineo **2** simile: *he smiled with sthg.* — *to pleasure*, sorrise quasi con piacere.

akinesia [,ækə'ni:sɪə / akin·esia] *s.* (*psic.*) acinesia.

-al [əl] *suff.* di origine latina serve a formare **1** (anche *-ial*) aggettivi da sostantivi; it. -ale: *coastal*, costale, della costa; *annual*, annuale; *managerial*, manageriale **2** sostantivi da verbi: *arrival*, arrivo; *refusal*, rifiuto.

alabaster ['æləbɑ:stə* *amer.* 'æləbæstə* / ala·bas·ter] *s.* alabastro ◆ *agg.* alabastrino, d'alabastro.

alabastrine [,ælə'bɑ:strɪn *amer.* ,ælə'bæs trɪn / ala·bas·trine] *agg.* (*rar.*) alabastrino.

alack [ə'læk / a·lack] **alackaday** [ə'lækədeɪ / alack·a·day] *inter.* (*ant.*) ohimè!

alacrity [ə'lækrɪtɪ / alac·rity] *s.* alacrità, prontezza; solerzia.

alalia [ə'lælɪə] *s.* (*psic.*) alalia.

à la mode [,ɑ:lɑ:'məʊd] *agg.* e *avv.* **1** alla moda **2** (*amer.*) con gelato (torta ecc.).

alanine ['æləni:n / alan·ine] *s.* (*biochim.*) alanina.

alar ['eɪlə*] *agg.* **1** alare **2** (*bot.*) ascellare.

alarm [ə'lɑ:m] *s.* **1** allarme; segnale d'allarme: — *signal*, segnale d'allarme; *electric* —, suoneria elettrica; *false* —, falso allarme; *radio* —, allarme dato per radio, radioallarme; *to raise* (o *to sound*) *the* —, (*anche fig.*) dare l'allarme; *there were several alarms during the night*, ci furono vari allarmi durante la notte // *alar(u)ms and excursions*, suoni di battaglia (nelle indicazioni di scena) **2** → alarm clock **3** (*fig.*) allarme; stato di agitazione, di paura: *in* —, allarmato, spaventato; *to take* (o *to feel*) —, allarmarsi.

to **alarm** *v.tr.* allarmare, spaventare: *to be alarmed at sthg.*, spaventarsi di qlco. ◆ *v.intr.* (*non com.*) dare l'allarme (a).

alarm-bell [ə'lɑ:m,bel] *s.* campanello d'allarme.

alarm clock [ə'lɑ:mklɒk] *s.* sveglia, orologio con soneria: *I'll set the alarm* (*clock*) *for seven o'clock*, metterò la sveglia alle sette.

alarming [ə'lɑ:mɪŋ / alarm·ing] *agg.* allarmante, preoccupante.

alarmism [ə'lɑ:mɪzəm / alarm·ism] *s.* allarmismo.

alarmist [ə'lɑ:mɪst / alarm·ist] *s.* allarmista.

alarm-radio [ə'lɑ:m'reɪdɪəʊ] *s.* radiosveglia SIN. radio alarm.

alarum [ə'leərəm / alar·um] *s.* (*ant.*) → **alarm**.

alas [ə'læs] *inter.* (*letter.*, *poet.*) ahimè!: *Alas! that my sacrilegious fist*, (W. SCOTT) Ahimè! quel mio sacrilego pugno; — *and alack*, (*ant.*) ahimè!

Alaskan [ə'læskən / Alas·kan] *agg.* e *s.* (nativo, abitante) dell'Alaska.

alate(d) ['eɪleɪt(ɪd) / al·ate(d)] *agg.* alato.

alb [ælb] *s.* (*eccl.*) alba.

albacore ['ælbəkɔ:* / al·ba·core] *s.* (*zool.*) (*Thunnus albacore*) albacora.

Albanian [æl'beɪnjən / Al·ba·nian] *agg.* e *s.* albanese.

albatross ['ælbətrɒs / al·ba·tross] *s.* (*zool.*) (*Diomedea albatrus*) albatro comune.

albedo [æl'bi:dəʊ / al·bedo] *s.* (*fis.*, *astr.*) albedo.

albeit [ɔ:l'bi:ɪt / al·beit] *cong.* **1** (*form.*) sebbene, quantunque: *a brilliant*, — *slipshod writer*, uno scrittore brillante, sebbene sciatto **2** (*ant.*) ammesso che.

albert ['ælbət / al·bert] *s.* catena per orologio da panciotto • Dal nome del consorte della regina Vittoria.

albescent [æl'besənt / al·bes·cent] *agg.* (*rar.*) biancheggiante.

albespine ['ælbəspaɪn / al·be·spine] *s.* (*bot. ant.*) → **mayflower**.

Albigenses [,ælbɪ'dʒensi:z / Al·bi·gen·ses] *s.pl.* (*st.*) albigesi.

Albigensian [,ælbɪ'dʒensɪən / Al·bi·gen·sian] *agg.* (*st.*) albigese.

albiness ['ælbɪnɪs / al·bin·ess] *s.* albina, donna albina.

albinism ['ælbɪnɪzəm / al·bin·ism] *s.* albinismo.

albino [æl'bi:nəʊ / al·bino] *pl.* **albinos** *s.* e *agg.* albino.

albite ['ælbaɪt / alb·ite] *s.* (*min.*) albite.

albitite ['ælbɪtaɪt / alb·it·ite] *s.* (*geol.*) albitite.

albugineous [,ælbju:'dʒɪnɪəs / al·bu·gin·eous] *agg.* biancastro.

album ['ælbəm / al·bum] *s.* **1** album: *a photograph* —, un album per fotografie **2** → long-playing record.

albumen ['ælbjʊmɪn / al·bu·men] *s.* **1** albume **2** → albumin.

albumin ['ælbjʊmɪn / al·bu·min] *s.* (*biochim.*) albumina.

albuminate ['ælbjʊmɪneɪt / al·bum·in·ate] *s.* (*chim.*) albuminato.

albuminoid [æl'bju:mɪnɔɪd / al·bu·min·oid] *agg.* e *s.* (*chim.*) albuminoide.

albuminous [æl'bju:mɪnəs / al·bu·min·ous] *agg.* (*chim.*) albuminoso.

albuminuria [,ælbju:mɪ'njʊərɪə / al·bu·min·uria] *s.* (*med.*) albuminuria.

albumose ['ælbju:,məʊs / al·bum·ose] *s.* (*biochim.*) albumosa.

alburnum [æl'bɜ:nəm / al·bur·num] *s.* (*bot.*) alburno SIN. sapwood.

alcahest *s.* → **alkahest**.

alcaic [æl'keɪɪk / al·caic] *agg.* (*letter.*) alcaico: — *strophe*, strofe alcaica.

alchemic [æl'kemik / al·chemic] *agg.* (*chim.*) alchemico.

alchemic(al) [æl'kemɪk(l) / al·chemic, al·chem·ical] *agg.* alchimistico.

alchemist ['ælkɪmɪst / al·chem·ist] *s.* alchimista.

alchemistical [,ælkɪ'mɪstɪkl / al·chem·ist·ic·al] *agg.* (*ant.*) alchimistico.

to **alchemize** ['ælkɪmaɪz / al·chem·ize] *v.tr.* alchimizzare.

alchemy ['ælkɪmɪ / al·chemy] *s.* **1** alchimia **2** (*ant.*) illusione: *all honour's mimic, all wealth alchemy*, (J. DONNE) tutti gli onori sono una pantomima, tutte le ricchezze falsi idoli.

alcohol ['ælkəhɒl / al·co·hol] *s.* **1** alcol: *denaturated* —, alcol denaturato; *ethyl* —, alcol etilico; *wood* —, alcol metilico **2** (*estens.*) bevanda alcolica.

alcoholic [,ælkə'hɒlɪk / al·co·holic] *agg.* **1** alcolico **2** alcolizzato ◆ *s.* alcolista; alcolizzato.

alcoholism ['ælkəhɒlɪzəm / al·co·hol·ism] *s.* alcolismo.

to **alcoholize** ['ælkəhɒlaɪz / al·co·hol·ize] *v.tr.* alcolizzare.

alcoholometer [,ælkəhɒ'lɒmɪtə* / al·co·hol·ometer] *s.* (*metrol.*) alcolimetro, alcolometro.

alcove ['ælkəʊv / al·cove] *s.* **1** alcova **2** nicchia **3** pergola; padiglione (in giardino).

aldehyde ['ældɪhaɪd / al·de·hyde] *s.* (*chim.*) aldeide.

alder[1] ['ɔ:ldə* / al·der] *s.* (*bot.*) ontano, alno.

alder[2] *s.* (*ant.*) genitore, antenato, capo, principe, signore.

alder-buckthorn ['ɔ:ldə'bʌkθɔ:n] *s.* (*bot.*) (*Frangula alnus*) frangola; (*pop.*) spino cervino minore.

alderman ['ɔ:ldəmən / al·der·man] *pl.* **aldermen** *s.* **1** (*st.*) alderman, chi nell'antico regno sassone era a capo di un distretto **2** (*antiq.*) consigliere comunale o provinciale.

aldermanic [,ɔ:ldə'mænɪk / al·der·manic] *agg.* **1** (*st.*) di un alderman **2** (*antiq.*) (proprio) di un consigliere comunale o provinciale.

aldermanry ['ɔ:ldəmənrɪ / al·der·manry] *s.* **1** carica, ufficio di alderman **2** (*antiq.*) distretto affidato a un alderman.

aldermanship ['ɔ:ldəmənʃɪp / al·der·man·ship] *s.* (*antiq.*) carica, ufficio di alderman.

Aldine ['ɔ:ldaɪn / Al·dine] *agg.* (*tip.*) aldino ◆ *s.* edizione aldina; carattere aldino.

aldohexose [,ældəʊ'heksəʊs / al·do·hex·ose] *agg.* (*chim.*) aldoesoso.

aldol ['ældɔ:l / al·dol] *s.* (*chim.*) aldolo.

aldose ['ældəʊs / al·dose] *s.* (*chim.*) aldoso.

ale [eɪl] *s.* tipo di birra: *brown* —, birra scura; *pale* —, birra chiara // *Adam's* —, acqua.

aleatory ['eɪlɪeɪtərɪ / aleat·ory] *agg.* aleatorio.

ale-bush ['eɪlbʊʃ] *s.* (*ant.*) cespuglio, arbusto posto accanto all'ingresso di una taverna; (*estens.*) insegna di una taverna.

ale-conner ['eɪlkɒnə*] *s.* (*st.*) ispettore alla produzione e al commercio della birra.

alee [ə'li:] *avv.* (*mar.*) sottovento.

alegar ['eɪlɪgə* / ale·gar] *s.* **1** birra acida **2** aceto di malto.

ale-hoof ['eɪlhu:f] *s.* (*bot.*) (*Glechoma hederacea*) edera terrestre.

alehouse ['eɪlhaʊs / ale·house] *s.* (*antiq.*) taverna // — *keeper*, gestore di una taverna.

alembic [ə'lembɪc / al·em·bic] *s.* (*chim.*) alambicco.

alerion [ə'lɪərɪən / aler·ion] *s.* (*arald.*) alerione.

alert [ə'lɜ:t] *agg.* **1** vigile, attento, all'erta **2** (*fig.*) pronto, sveglio ◆ *s.* allarme: *to sound the* —, suonare l'allarme // *to be on the* —, essere in stato di allerta, sul chi vive // (*inform.*) — *box*, finestra di avvertimento.

to **alert** *v.tr.* **1** mettere in stato di allerta; (*spec. mil.*) allertare **2** (*fig.*) mettere sull'avviso, mettere in guardia.

alertly [ə'lɜ:tlɪ / alert·ly] *avv.* all'erta.

alertness [ə'lɜ:tnɪs / alert·ness] *s.* **1** vigilanza **2** prontezza.

aleuron [ə'ljʊərən] **aleurone** [ə'ljʊərəʊn / aleur·one] *s.* (*biochim.*) aleurone, glutine.

A-level ['eɪ,levl] *s.* (*in Gran Bretagna*) esame di licenza di scuola media superiore.

alevin ['eɪlvɪn / ale·vin] *s.* (*zool.*) avannotto.

alewife ['eɪlwaɪf / ale·wife] *s.* **1** (*ant.*) donna che gestiva una taverna **2** (*zool.*) (*Alosa pseudoharengus*) alosa pseudoaringa • Forse per il suo aspetto grassoccio, tipico per tradizione delle ostesse.

Alexandrian [,ælɪg'zændrɪən / Al·ex·an·drian] *agg.* alessandrino, di Alessandria d'Egitto: — *school*, scuola alessandrina.

alexandrine [,ælɪg'zændraɪn / al·ex·an·drine] *agg.* e *s.* (verso) alessandrino.

alexandrite [,ælɪg'zændraɪt / al·ex·an·drite] *s.* (*min.*) alessandrite.

alexia [eɪ'leksɪə] *s.* (*psic.*) alessia.

alfalfa [æl'fælfə / al·falfa] *s.* (*bot.*) (*Medicago sativa*) erba medica SIN. lucern(e).

alfresco [æl'freskəʊ / al·fresco] *agg.* e *avv.* all'aperto.

alga ['ælgə] *pl.* **algae** ['ældʒi: / al·gae] *s.* (*bot.*) alga: *algae bloom*, (*ecol.*) fioritura di alghe.

algal ['ælgəl] *agg.* (*geol.*) algale; ad alghe: — *limestone*, *reef*, calcare, scogliera algale.

algazel ['ælgəzel / al·gazel] *s.* (*zool. ant.*) → **gazelle**.

algebra ['ældʒɪbrə / al·ge·bra] *s.* algebra.

algebraic [,ældʒɪ'breɪk / al·geb·raic] antiq. **algebraical** [,ældʒɪ'breɪkl / al·geb·ra·ical] *agg.* algebrico // **-ally** *avv.*

algebraist [,ældʒɪ'breɪɪst / al·ge·bra·ist] **algebrist** [,ældʒɪ'brɪst / al·ge·brist] *s.* algebrista.

Algerian [æl'dʒɪərɪən / Al·ger·ian] *agg.* e *s.* algerino.

algetic [æl'dʒetɪk / al·getic] *agg.* (*med.*) doloroso; algesico.

-algia ['ældʒə] *suff.* di origine greca, che significa 'dolore'; it. -algia: *neuralgia*, nevralgia.

algid ['ældʒɪd] *agg.* algido (*anche med.*); freddo, gelido // (*med.*) — *pernicious fever*, malaria perniciosa.

algidity [æl'dʒɪdɪtɪ / alg·id·ity] *s.* (*med.*) algidità.

algin ['ældʒɪn / al·gin] *s.* (*chim.*) algina.

alginic [æl'dʒɪnɪk / al·ginic] *agg.* (*chim.*) alginico.

Algol ['ælgɒl / Al·gol] *s.* (*inform.*) Algol (linguaggio di programmazione) • Da *Algo* (*rithmic*) *L*(*anguage*), 'linguaggio algoritmico'.

algology [æl'gɒlədʒɪ / al·go·logy] *s.* (*bot.*) algologia, studio delle alghe.

Algonkian [æl'gɒŋkɪən / Al·gon·kian] *agg.* **1** (*geol.*) algonchiano, (*antiq.*) algonchico **2** (*etnologia*) → Algonquian ◆ *s.* **1** (*geol.*) (periodo) algonchiano **2** (*etnologia*) → Algonquian.

Algonquian [æl'gɒŋkɪən / Al·gon·quian] *agg.* e *s.* (*etnologia*) algonchino.

Algonquin [æl'gɒŋkwɪn / Al·gon·quin] *s.* **1** algonchino, appartenente alla tribù degli algonchini **2** dialetto proprio di una tribù algonchina.

algophobia [,ælgə'fəʊbɪə / al·go·phobia] *s.* (*psic.*) algofobia.

algorithm ['ælgərɪðm / al·go·rithm] *s.* (*mat.*) algoritmo: *simplex* —, algoritmo del simplesso.

algorithmic [,ælgə'rɪðmɪk / al·go·rithmic] *agg.* **1** (*mat.*) algoritmico **2** (*inform.*) — *language* → Algol.

algraphy ['ælgrəfɪ / al·graphy] *s.* (*tip.*) stampa litografica con matrici costituite da lastre di alluminio.

algum ['ælgəm] *s.* algum (albero biblico).

alias ['eɪlɪəs] *s.* **1** pseudonimo; falso nome: *to travel under an* —, viaggiare sotto falso nome **2** (*inform.*) alias ◆ *avv.* (*non com.*) alias, altrimenti detto.

alibi ['ælɪbaɪ] *s.* alibi // *Alibi Ike*, (*fam. amer.*) chi ha l'abitudine di addurre scuse.

alicyclic [,ælɪ'saɪklɪk / ali·cyc·lic] *agg.* (*chim.*) aliciclico.

alidad ['ælɪdæd / al·idad] **alidade** ['ælɪdeɪd / al·id·ade] *s.* alidada.

alien ['eɪljən] *agg.* **1** alieno, estraneo; straniero: — *land*, terra straniera **2** (*fig.*) estraneo; contrario (a), che ripugna (a): — *to our ideas*, contrario alle nostre idee **3** extraterrestre ◆ *s.* **1** forestiero, straniero: *illegal* —, (*amer.*) immigrato clandestino **2** alieno, extraterrestre.

to **alien** (*poet.*) → to **alienate**.

alienability [,eɪljənə'bɪlɪtɪ / alien·ab·il·ity] *s.* alienabilità.

alienable ['eɪljənəbl / alien·able] *agg.* alienabile.

alienage ['eɪljənɪdʒ / alien·age] *s.* (*dir.*) condizione legale di straniero.

to **alienate** ['eɪljəneɪt / alien·ate] *v.tr.* **1** (*dir.*) alienare **2** (*fig.*) alienare, alienarsi, allontanare, estraniare: *to — public opinion*, alienarsi la pubblica opinione; *by his actions he has alienated all his friends* (o *alienated himself from his friends*), con il suo modo di fare si è alienato tutti gli amici **3** (*psic.*) alienare, alienarsi.

alienation [,eɪljə'neɪʃn / ali·ena·tion] *s.* **1** disaffezione; allontanamento **2** alienazione; estraniazione: *modern life often creates feelings of stress and* —, la vita moderna spesso porta a stati di stress e di alienazione // (*teatr.*) — *effect*, *A-effect*, effetto di straniamento **3** (*psic.*) alienazione; dissociazione: *mental* —, alienazione mentale **4** (*dir.*) trasferimento di beni e diritti.

alienator ['eɪljəneɪtə* / alien·at·or] *s.* (*dir.*) alienatore, alienante.

alienee [,eɪljə'ni: / alien·ee] *s.* (*dir.*) alienatario.

alienism ['eɪljənɪzəm / alien·ism] *s.* **1** qualità, condizione di straniero **2** studio e trattamento delle malattie mentali.

alienist ['eɪljənɪst / alien·ist] *s.* alienista.

alienor ['eɪlɪənɔ:* / alien·or] *s.* (*dir.*) → **alienator**.

aliform ['ælɪfɔ:m / ali·form] *agg.* aliforme.

alight[1] [ə'laɪt] *agg.pred.* acceso, in fiamme; ardente; illuminato (*anche fig.*): *to set sthg.* —, dar fuoco a qlco.; *his performance set the audience* —, la sua interpretazione infiammò il pubblico.

to **alight**[2] *pass.p.p.* **alighted** [ə'laɪtɪd] **alit** [ə'lɪt] *v.intr.* (*form.*) discendere (da un mezzo di trasporto): *do not — while the train is in motion*, non scendete mentre il treno è in moto.

□ **alight on**, **upon** *v.intr.* e *prep.* **1** posarsi su; atterrare su: *the bird alighted on a branch*, l'uccello si posò su un ramo; *to — on land* (o *on the ground*), atterrare; *to — on water*, ammarare **2** (*form.*) imbattersi in, incontrare per caso.

alighting [ə'laɪtɪŋ / alight·ing] *s.* (*aer.*): — (*on land*), atterraggio; — (*on water*), ammaraggio.

to **align** [ə'laɪn] *v.tr.* **1** allineare, mettere in linea: *can you — this shelf with the other one?*, puoi allineare questa mensola all'altra? **2** *to — oneself*, (*fig.*) allinearsi; schierarsi: *to — oneself with the opposition*, schierarsi con l'opposizione ◆ *v.intr.* allinearsi.

alignment [ə'laɪnmənt / align·ment] *s.* allineamento (*anche inform.*); schieramento (*anche fig.*): *to be in, out of* — (*with*), essere, non essere allineato (con).

alike [ə'laɪk] *agg.pred.* simile, somigliante: — *to*, simile a; *they are much* —, si assomigliano molto ◆ *avv.* parimenti, allo stesso modo: *the twins look — and sound* —, i gemelli si assomigliano non solo nell'aspetto ma anche nella voce; *the war damaged the south and the north* —, la guerra danneggiò allo stesso modo il sud e il nord.

aliment ['ælɪmənt / ali·ment] *s.* **1** (*non com.*) alimento, cibo (*anche fig.*) **2** (*dir.*) → alimony.

to **aliment** *v.tr.* **1** (*non com.*) alimentare **2** (*dir.*) passare gli alimenti a.

alimental [,ælɪ'mentl / ali·mental] *agg.* nutritivo.

alimentary [,ælɪ'mentərɪ / ali·ment·ary] *agg.* **1** alimentare, che riguarda gli alimenti **2** alimentare: (*anat.*) — *canal*, tubo digerente.

alimentation [,ælɪmen'teɪʃn / ali·menta·tion] *s.* alimentazione.

alimony ['ælɪmənɪ *amer.* 'ælɪməʊnɪ / ali·mony] *s.* alimenti (*pl.*) [cfr. *maintenance*].

to **aline** [ə'laɪn] e *deriv.* → to **align** e *deriv.*

aliphatic [,ælɪ'fætɪk / ali·phatic] *agg.* (*chim.*) alifatico.

aliquant ['ælɪkuənt / ali·quant] *agg.* (*mat. antiq.*) aliquanto: — *parts*, parti aliquante.

aliquot ['ælɪkwɒt / ali·quot] *agg.* e *s.* aliquota: (*mat.*) — *part*, aliquota.

alit *pass. p.p.* di to **alight**.

alive [ə'laɪv] *agg.pred.* **1** vivo, vivente, in vita, al mondo: *dead or* —, vivo o morto // *any man* —, chiunque **2** animato, vivace; pieno di vita, di vitalità: *that neighbourhood is very* *much* —, quel quartiere è molto vivace; *the popular theatre is very much — in Belgium*, il teatro popolare è molto vitale in Belgio // — *and kicking*, pieno di vigore, di vitalità // *look —!* muoviti! **3** attuale, in vita: *the controversy was kept — by the newspapers*, il problema rimase attuale grazie ai giornali **4** attento; sensibile; conscio, consapevole: *to be — to a problem*, essere attento, sensibile a un problema **5** — *with*, brulicante: *the river was — with boats*, il fiume brulicava di barche.

alizarin [ə'lɪzərɪn / al·iz·arin] *s.* (*chim.*) alizarina.

alkahest ['ælkəhest / al·ka·hest] *s.* (*alchimia*) solvente universale.

alkalescence [,ælkə'lesns / al·ka·les·cence] *s.* (*chim.*) alcalescenza.

alkalescent [,ælkə'lesnt / al·ka·les·cent] *agg.* (*chim.*) alcalescente.

alkali ['ælkəlaɪ / al·kali] *s.* (*chim.*) alcale; prodotto alcalino ◆ *agg.* (*chim.*) alcalino: — *metals*, metalli alcalini.

to **alkalify** ['ælkəlɪfaɪ / al·kal·ify] *v.tr.* (*chim.*) alcalizzare ◆ *v.intr.* alcalizzarsi.

alkalimeter [,ælkə'lɪmɪtə* / al·ka·li·meter] *s.* (*metrol.*) alcalimetro.

alkalimetry [,ælkə'lɪmətrɪ / al·ka·li·metry] *s.* (*chim.*) alcalimetria.

alkaline ['ælkəlaɪn / al·kal·ine] *agg.* (*chim.*) alcalino: — *-earth metals*, metalli alcalino-terrosi.

alkalinity [,ælkə'lɪnɪtɪ / al·ka·lin·ity] *s.* (*chim.*) alcalinità.

alkalization [,ælkəlaɪ'zeɪʃn / al·ka·li·za·tion] *s.* (*chim.*) alcalizzazione.

to **alkalize** ['ælkəlaɪz / al·kal·ize] *v.tr.* (*chim.*) alcalizzare.

alkaloid ['ælkəlɔɪd / al·kal·oid] *s.* (*chim.*) alcaloide.

alkane ['ælkeɪn / al·kane] *s.* (*chim.*) alcane.

alkanet ['ælkənet / al·ka·net] *s.* (*bot.*) (*Alkanna tinctoria*) alcanna spuria.

alkene ['ælki:n / al·kene] *s.* (*chim.*) alchene.

alkermes [əl'kɜ:mɪz / al·kermes] *s.* alchermes.

alkoxide [æl'kɒksaɪd / alk·ox·ide] *s.* (*chim.*) alcossido.

alkyd ['ælkɪd / al·kyd] *s.* (*chim.*) resina alchidica.

alkyl ['ælkɪl / al·kyl] *s.* (*chim.*) alchile // — *group*, gruppo alchilico.

alkylate ['ælkɪlət / al·kyl·ate] *s.* (*chim.*) alchilato.

alkylation [,ælkə'leɪʃn / al·kyl·ation] *s.* (*chim.*) alchilazione.

alkylbenzene ['ælkɪl'benzi:n / al·kyl·ben·zene] *s.* (*chim.*) alchilbenzene.

alkylic [æl'kɪlɪk / al·kylik] *agg.* (*chim.*) alchilico.

alkyne ['ælkɪn / al·kyne] *s.* (*chim.*) alchino.

all [ɔ:l] *agg.* **1** tutto, tutta, tutti, tutte (nel numero, nella quantità, nell'estensione o nella durata); intero [cfr. *whole*]: — *the world*, tutto il mondo; — *my family*, tutta la mia famiglia; — *men are equal*, tutti gli uomini sono uguali; — *the pupils were listening*, tutti gli allievi ascoltavano; — *the others*, tutti gli altri; — *three, four*, tutti e tre, quattro; — *the traffic was blocked*, tutto il traffico era bloccato; — *Italy was affected by bad weather*, tutta l'Italia era interessata dal maltempo; — *the house needs rebuilding*, tutta la, l'intera casa ha bisogno di essere ristrutturata; — *day* (*long*), tutto il giorno; — (*the*) *morning*, tutta la mattina; *he has been working — his life*, ha lavorato tutta la vita; — *the time*, tutto il tempo, continuamente; — *the way*, lungo tutto il cammino, (*fig.*) fino in fondo; *of — people*, in particolare; *of — people he shouldn't do that job*, fra tutti è il meno adatto a fare quel lavoro; *for — her faults*, malgrado i suoi difetti // Con valore predicativo, gener. dopo il verbo: *they were — Italian*, erano tutti italiani; *the fields were — green*, i campi erano tutti verdi **2** ogni [cfr. *every*]: *there were tourists of — nationalities*, c'erano turisti di tutte le nazionalità; *they sell — sorts of goods*, vendono ogni tipo di merce; *beyond — doubts*, fuori di ogni dubbio; *his work is above — praises*, la sua opera è al di sopra di ogni elogio; *irrecoverably dark, total eclipse / without all hope of day*, (MILTON) irrimediabilmente buio, eclisse totale, senza alcuna speranza di luce diurna **3** totale, completo [cfr. *complete*]: *with — sincerity*, in tutta sincerità; *with — speed*, a tutta velocità, con la massima velocità; *he said that in — seriousness*, lo disse in tutta serietà **4** — *in*, → all-in **5** — *over*, finito: *to be — over*, essere finito **6** — *up* (*with*), finito, rovinato: *it's — up with me*, per me è finita, sono rovinato.

all *pron.* **1** *sing.* tutto, ogni cosa [cfr. *everything*]: *that's* —, è tutto; — *is lost*, tutto è perduto; — *'s well*, tutto va bene; *tell me — about it*, dimmi tutto, raccontami tutto; *when — is said and done*, in fin dei conti, in ultima analisi; — *told*, complessivamente, tutto sommato; *after* —, dopo tutto; *first of* —, prima di tutto; *most of* —, più di ogni cosa, soprattutto; *in* —, in tutto, in totale; *there were fifty of us in* —, eravamo cinquanta in tutto; — *in* —, in conclusione, tutto sommato: — *in —, I don't agree with you*, per concludere, non sono d'accordo con voi; *it's — up*, tutto è finito, perduto; *it's — in a day's work*, fa parte della routine // Seguito da frase relativa, tutto ciò che: *for — I know*, per quanto io sappia; — *we could do was wait*, tutto ciò che potevamo fare era aspettare; *after — they have seen*, dopo tutto ciò che hanno visto **2** — *of*, (il) tutto, l'intero, la totalità di [cfr. *whole*]: — *of the traffic*, tutto il traffico; — *of the nations were involved*, tutte le nazioni furono coinvolte; *it will cost you — of a thousand dollars*, ti costerà non meno di mille dollari **3** *pl.* tutti, tutte: — *of us* (o *we* —), noi tutti; *I knew — of them* (o *them* —), li conoscevo tutti; *you can buy them* —, puoi comprarli tutti; — *and sundry*, tutti, nessuno escluso; *once and for* —, una volta per tutte; (*sport*) *three* —, *thirty* —, 3 pari, 30 pari (nel punteggio di una partita).

all *avv.* **1** tutto, completamente, interamente [cfr. *quite, entirely*]: — *covered by snow*, tutto coperto di neve; — *alone*, tutto solo; *I did it — by myself*, l'ho fatto tutto da solo; *to be — excited*, (*fam.*) essere tutto emozionato; *she was — dressed in white*, era tutta vestita di bianco; *to be — eyes*, (*anche fig.*) essere tutt'occhi; — *of a sudden* (o — *at once*), tutt'a un tratto, all'improvviso; — *the same*, eppure, ciononostante: — *the same, I think it's wrong*, eppure penso che sia sbagliato; *to be — the same* (*to*), *to be — one* (*to*), essere indifferente, non fare differenza (per): *it's — one to me*, per me fa lo stesso, è indifferente; *to be — there*, (*fam.*) essere sveglio, con la testa a posto; *he is not — there*, non è del tutto a posto, gli manca un venerdì; *at* —, affatto, punto; *not at* —, niente affatto; non c'è di che; *I am not at — surprised*, non sono affatto sorpreso; *"Thank you!" "Not at —"*, "Grazie!" "Non c'è di che" // — *but*, quasi: — *but certain*, quasi certo // Come rafforzativo di prep. o avv.: — *along* → along; — *about* (o *around*), tutto intorno; — *for*, (*fam.*) molto favorevole a; *to be — for a proposal*, essere molto favorevole a una proposta; — *over*, in ogni parte di; da capo; — *over the world*, in tutto il mondo; *I must do it — over again*, devo rifarlo tutto da capo **2** — *the* + compar., tanto più: — *the better*, *the worse*, tanto meglio, peggio; — *the more*, tanto più, a maggior ragione.

all *s.* [*sempre preceduto da un agg. poss.*] il tutto, la totalità (di valori, di averi e simili) di ciò che si possiede: *my* —, tutto il mio (avere); *he lost his* —, ha perso tutte le sue sostanze, i suoi averi; *she is his* —, ella è tutto per lui; *I will do my — to...*, farò tutto il possibile per...

all- *pref.* di origine anglosassone che entra nella composizione di agg., con il significato di 'massimamente, illimitatamente' (p.e. *all -knowing*, onnisciente; *all-powerful*, onnipotente; *all-embracing*, onnicomprensivo) o di s. con valore attributivo, col significato di 'interamente, totalmente' (p.e. *all-wool cardigan*, giacca di pura lana; *all-weather coat*, giacca per tutte le stagioni; *all-use screwdriver*, cacciavite universale).

all-American ['ɔ:lə'merɪkən] *agg.* **1** tipicamente americano; rappresentativo della mentalità americana: *an — boy*, un tipico ragazzo americano **2** tutto americano, interamente composto da elementi americani: *an — team*, una squadra interamente composta da americani, oppure squadra immaginaria, spec. di football americano, composta dai migliori giocatori del paese.

all amort [,ɔ:lə'mɔ:t] *agg.* (*ant.*) scoraggiato, depresso: *What, sweeting, all amort?*, (SH. Taming of the Shrew) Come cara, depressa? • Dal fr., letteralmente 'alla morte'.

allantoin [ə'læntəʊɪn / al·lan·toin] *s.* (*biochim.*) allantoina.

to **allay** [ə'leɪ / al·lay] *v.tr.* calmare (paura ecc.); lenire (dolore ecc.); dissipare (sospetti ecc.): *to — s.o.'s fear*, tranquillizzare qlcu.; *allaying both their fury and my passion*, (SH. The Tempest) molcendo sia il loro furore sia la mia passione.

all clear ['ɔ:l'klɪə*] *s.* cessato allarme: *the radio gave the* —, la radio diede il cessato allarme // — *signal*, segnale di cessato allarme.

all-day ['ɔ:l'deɪ] *agg.* che dura tutto il giorno: *an — festival*, un festival che dura tutto il giorno.

allegation [,ælə'geɪʃn / al·lega·tion] *s.* accusa non accompagnata da prove.

to **allege** [ə'ledʒ / al·lege] *v.tr.* (*form.*) **1** asserire, dichiarare (qlco.) senza produrre, o prima di produrre delle prove: *the defence alleged that he was present during the crime*, la difesa dichiarò che egli era presente al crimine; *I have taken all possible pains, ...to be certain of what I allege*, (O. GOLDSMITH) mi sono preso la briga..., d'essere certo di ciò che sostengo **2** addurre, produrre (scuse, ragioni ecc.): *he alleged that illness was the reason for* *his bad behaviour*, addusse la malattia come scusa del suo cattivo comportamento.

alleged [ə'ledʒd / al·leged] *agg.* presunto: *the — leader of the band*, il presunto capo della banda.

allegedly [ə'ledʒdlı / al·legedly] *avv.* presumibilmente: *he — planted the bomb*, si suppone che sia stato lui a mettere la bomba.

Alleghenian [ælə'geınıən / Al·le·ghen·ian] *agg.* (*geogr.*) allegheniano: — *orogeny*, (*geol.*) orogenesi allegheniana.

allegiance [ə'li:dʒəns / al·le·gi·ance] *s.* fedeltà, obbedienza (al sovrano, al governo, a un partito, a una causa).

allegoric(al) [,ælı'gɒrık(l) *amer.* ,ælı'gɔ:rık(l) / al·leg·or·ic(al)] *agg.* allegorico // **-ally** *avv.*

allegorist ['ælıgərıst / al·leg·or·ist] *s.* allegorista.

to **allegorize** ['ælıgəraız / al·leg·or·ize] *v.tr.* allegorizzare.

allegory ['ælıgərı *amer.* 'ælıgɔ:rı / al·leg·ory] *s.* **1** allegoria **2** (*ant.*) emblema.

allegretto [,ælı'gretəʊ / al·leg·retto] *s.* (*mus.*) allegretto.

allegro [ə'leıgrəʊ / al·legro] *s.* (*mus.*) allegro.

allele [ə'li:l / al·lele] *s.* (*biol.*) allele, gene allelomorfo.

all-electric [,ɔ:lı'lektrık] *agg.* funzionante solo elettricamente.

alleluia [,ælı'lu:jə / al·le·luia] *s.* e *inter.* → **halleluiah**.

allergen ['ælədʒən / al·ler·gen] *s.* (*biol.*) allergene.

allergenic [,ælə'dʒenık / al·ler·gen·ic] *agg.* allergizzante: — *factors*, fattori allergizzanti.

allergic [ə'lɜ:dʒık / al·ler·gic] *agg.* (*med.*) allergico // *he has always been — to work*, è sempre stato allergico al lavoro.

allergist ['ælədʒıst / al·ler·gist] *s.* (*med.*) allergologo.

allergy ['ælədʒı / al·lergy] *s.* **1** (*med.*) allergia **2** (*fam. fig.*) allergia, insofferenza, avversione.

allerion [ə'lıərıən / al·le·rion] *s.* → **alerion**.

to **alleviate** [ə'li:vıeıt / al·le·vi·ate] *v.tr.* alleviare, lenire; attenuare: *the* FAO *works to — third world hunger*, la FAO si adopera per diminuire la fame nel terzo mondo.

alleviation [ə,li:vı'eıʃn / al·le·vi·ation] *s.* alleviamento, lenimento; attenuazione.

alleviative [ə'li:vıeıtıv / al·le·vi·at·ive] *agg.* alleviante, calmante.

alleviator [ə'li:vıeıtə* / al·le·vi·at·or] *s.* (*non com.*) ciò che allevia; calmante; ciò che consola.

alleviatory [ə'li:vıeıtərı / al·le·vi·at·ory] *agg.* che allevia, calmante.

alley ['ælı / al·ley] *s.* **1** vicolo: *blind —*, (*anche fig.*) vicolo cieco; — *cat*, gatto randagio // — *apple*, (*fam. amer.*) escremento di cavallo **2** vialetto (di giardino) **3** → bowling alley.

alleyway ['ælıweı / al·ley·way] *s.* vicolo, stretto passaggio (fra costruzioni).

all-fired ['ɔ:l'faıəd] *avv.* (*sl. amer.*) terribilmente, estremamente.

All Fools' Day ['ɔ:l'fu:lzdeı] *s.* il 1° aprile.

all fours [,ɔ:l'fɔ:z] *s. on —*, gattoni, a quattro zampe: *the child was crawling on —*, il bambino camminava gattoni.

all-hail ['ɔ:l'heıl] *inter.* (*ant.*) onore a...: — *to the King!*, onore al Re!

All-Hallowmas [,ɔ:l'hæləʊzməs / All-Hal·low·mas] meno com. **All-Hallows** ['ɔ:l'hæləʊz / All-Hal·lows] *s.* (*ant.*) la festa di Ognissanti.

alliaceous [,ælı'eıʃəs / al·li·aceous] *agg.* (*bot.*) che sa di aglio.

alliance [ə'laıəns / al·li·ance] *s.* **1** alleanza: *the — between students and workers*, l'alleanza, l'unione di studenti e lavoratori; *to enter into an — with*, allearsi con **2** (*non com.*) unione di famiglie attraverso il matrimonio.

allied ['əlaıd *attr.* 'ælaıd] *agg.* **1** alleato, confederato: *the Allied Powers*, le potenze alleate **2** connesso; affine: *poetry and other — arts*, la poesia e le altre arti affini; *the metallurgical and — industries were in a big deficit*, l'industria metallurgica e le industrie connesse erano in grave deficit **3** (*biol.*) della stessa famiglia, ordine, natura.

alligator ['ælıgeıtə* / al·li·ga·tor] *s.* **1** (*zool.*) alligatore // — *bait*, (*sl. amer.*) negro (della Florida o della Louisiana) **2** (*sl. amer.*) pioniere, indiano molto combattivo; uomo forte, un duro **3** (*sl. amer.*) cultore di musica swing; musicista bianco di jazz.

alligator pear ['ælıgeıtə'peə*] *s.* (*fam. amer.*) (*bot.*) → **avocado**.

all-important [,ɔ:lım'pɔ:tənt] *agg.* importantissimo, cruciale.

all-in [,ɔ:l'ın] *agg.* **1** tutto compreso, complessivo; onnicomprensivo: *the — cost is £ 750*, il costo è £ 750 tutto compreso; (*comm.*) — *rate*, tasso onnicomprensivo // anche *avv.*: *you can stay there for £ 75 a week —*, puoi stare lì per £ 75 alla settimana, tutto compreso **2** (*fam.*) (gener. *all in*) molto stanco, esausto, distrutto: *a week's hard work left me —*, una settimana di duro lavoro mi ha lasciato distrutto.

all-in wrestling [,ɔ:l'ın'restlıŋ] *s.* (*sport*) lotta libera.

allis shad ['ælıs'ʃæd] *s.* (*zool.*) (*Alosa alosa*) alosa comune, agone.

to **alliterate** [ə'lıtəreıt / al·lit·er·ate] *v.intr.* allitterare; usare l'allitterazione.

alliteration [ə,lıtə'reıʃn / al·lit·era·tion] *s.* allitterazione.

alliterative [ə'lıtərətıv / al·lit·er·at·ive] *agg.* **1** allitterante (di parola); allitterato (di verso) **2** (*non com.*) che usa l'allitterazione (di poeta) // **-ly** *avv.*

all-night [,ɔ:l'naıt] *agg.* che dura tutta la notte; notturno; aperto tutta la notte: — *service*, servizio notturno; *an — café*, un bar aperto tutta la notte.

allo- ['æləʊ] *pref.* di origine greca che indica 'diversità'; it. allo-: *allochthonous*, alloctono; *allogamy*, allogamia.

allocable ['æləkəbl / al·loc·able] *agg.* → **allocatable**.

allocarpy ['æləʊ,kɑ:pı / al·lo·carpy] *s.* (*bot.*) allocarpia.

allocatable [,æləʊ'keıtəbl / al·loc·at·able] *agg.* (*dir.*) assegnabile; allocabile.

to **allocate** ['æləʊkeıt / al·loc·ate] *v.tr.* assegnare, allocare, ripartire; distribuire (parti, quote).

allocation [,æləʊ'keıʃn / al·loca·tion] *s.* **1** assegnazione; distribuzione (di funzioni, parti) **2** (*econ.*) allocazione, ripartizione (di risorse date tra impieghi alternativi); (*amm.*) imputazione: — *of expenses*, imputazione di spese; *cost —*, imputazione dei costi **3** (*inform.*) allocazione.

allocational [,æləʊ'keıʃnl / al·loca·tion·al] *agg.* (*econ.*) allocativo.

allocative [ə'lɒkətıv / al·loc·at·ive] *agg.* (*econ.*) allocativo: — *efficiency*, efficienza allocativa.

allocatur [,æləʊ'keıtə* / al·loca·tur] *s.* (*dir.*) documento che attesta la liquidazione delle spese di causa.

allochthonous [ə'lɒkθənəs / al·loch·thon·ous] *agg.* (*geol.*) alloctono.

allochton(e) ['æləktən / al·loch·ton(e)] *s.* (*geol.*) scoglio tettonico.

allocution [,æləʊ'kju:ʃn / al·locu·tion] *s.* allocuzione.

allodial [ə'ləʊdjəl / al·lo·dial] *agg.* (*st. dir.*) allodiale // **-ly** *avv.*

allodium [ə'ləʊdjəm / al·lo·dium] *s.* (*st. dir.*) allodio.

allogamy [ə'lɒgəmı / al·lo·gamy] *s.* (*bot.*) allogamia; fecondazione incrociata.

allogenic [æləʊ'dʒenık / al·lo·genic] *agg.* (*ecol.*) allogenico; causato da fattori esterni.

allograft ['æləʊgrɑ:ft / al·lo·graft] *s.* (*med.*) allotrapianto.

allomerism [ə'lɒmərızəm / al·lo·mer·ism] *s.* (*chim.*) allomeria.

allomorph ['æləʊmɔ:f / al·lo·morph] *s.* (*ling.*) allomorfo.

allomorphism ['æləʊmɔ:'fızəm / al·lo·morph·ism] *s.* (*biol.*) allomorfismo.

allonge [ə'lɒnʒ / al·longe] *s.* (*dir.*) allungamento (di cambiale).

allopath ['æləʊpæθ / al·lo·path] *s.* (*med.*) allopatico.

allopathic [,æləʊ'pæθık / al·lo·pathic] *agg.* (*med.*) allopatico // **-ally** *avv.*

allopathy [ə'lɒpəθı / al·lo·pathy] *s.* (*med.*) allopatia.

allophone ['æləʊfəʊn / al·lo·phone] *s.* (*ling.*) allofono.

all-or-nothing ['ɔ:lɔ:'nʌθıŋ] *agg.* decisivo, determinante: *it was an — attempt*, ha giocato il tutto per tutto.

allosaurus [,ælə'sɔ:rəs / allo·saurus] *s.* (*paleont.*) allosauro.

to **allot** [ə'lɒt / al·lot] *pass.p.p.* **allotted** [ə'lɒtıd / al·lot·ted] *v.tr.* distribuire, spartire; assegnare.

allotment [ə'lɒtmənt / al·lot·ment] *s.* **1** distribuzione, spartizione, ripartizione; assegnazione // (*comm.*) — *of shares*, *of bonds*, assegnazione di azioni, di obbligazioni **2** porzione; parte assegnata **3** (*in Gran Bretagna*) piccolo lotto di terreno coltivabile affittato per essere adibito a orto **4** (*amer.*) trattenuta sulla busta paga dei soldati dell'esercito.

allotrope ['ælətrəʊp / al·lo·trope] *s.* (*chim.*) allotropo.

allotropic [,æləʊ'trɒpık / al·lo·tropic] *agg.* (*chim.*) allotropico: — *form*, forma allotropa // **-ally** *avv.*

allotropism [ə'lɒtrəpızəm / al·lo·trop·ism]

allotropy [æ'lɒtrəpɪ / al·lo·tropy] *s.* (*chim.*) allotropia.

allotted [ə'lɒtɪd / al·lot·ted] *agg.* (*letter.*) predestinato: *The allotted bondsman of her palm*, (D.G. ROSSETTI) lo schiavo predestinato alla sua palma.

allottee [,ælə'ti: / al·lot·tee] *s.* (*dir.*) assegnatario.

all-out [,ɔ:l'aʊt] *agg.* (*fam.*) completo, assoluto; incondizionato; tenace, accanito: *an — support of the trade unions*, un appoggio incondizionato dei sindacati; *an — defence*, una difesa accanita.

all out *avv.* (*fam.*) tenacemente, con tutte le forze, strenuamente: *the players went — to win*, i giocatori fecero di tutto per vincere.

to **allow** [ə'laʊ / al·low] *v.tr.* **1** (III, IV) permettere, lasciare, concedere: *— me to help you*, permettetemi di aiutarvi; *he is not allowed wine*, non gli è permesso il vino; *they didn't — me in*, non mi hanno lasciato entrare; *no smoking allowed*, è proibito fumare; *dogs are not allowed*, è vietato l'ingresso ai cani // *to — oneself*, concedersi; permettersi: *to — oneself a vacation*, concedersi una vacanza; *she did not — herself to be discouraged by her first failure*, non si lasciò scoraggiare dal suo primo insuccesso // La costruzione *to be allowed* + *inf.* sostituisce nelle forme mancanti *may* nel significato di 'essere autorizzato, avere il permesso' [cfr. *may*]: *they were not allowed to stay out after midnight*, non potevano stare fuori oltre la mezzanotte **2** (III) concedere, accordare; praticare, fare: *she allowed him two hours to discuss the problem*, gli concesse due ore per discutere il problema; *he allows his son 50 pounds a month*, passa a suo figlio 50 sterline al mese; *they — 10% discount*, praticano, fanno uno sconto del 10%; *to — a credit*, concedere un credito **3** (III, IV) (*form.*) riconoscere, ammettere: *I — it to be true*, ammetto che sia vero; *his statement allowed no other reply*, la sua asserzione non ammetteva repliche **4** (*ant.*) approvare, essere d'accordo su: *I well allow the occasion of our arms*, (SH. Henry IV) concordo pienamente sulle ragioni della nostra lotta **5** (*amer.*) asserire, affermare, sostenere: *he allowed that he had won the race*, asseriva di aver vinto la corsa ◆ *v.intr.* (*for*) tenere conto (di): *we must — for his youth*, dobbiamo tenere conto della sua giovinezza.

allowable [ə'laʊəbl / al·low·able] *agg.* **1** permesso, lecito **2** ammissibile, accettabile **3** (*trib.*) deducibile // **-ness** *s.* // **-bly** *avv.*

allowance [ə'laʊəns / al·low·ance] *s.* **1** (*econ.*) assegno; indennità; gratifica; remunerazione: *maternity —*, assegno di maternità; *family —*, assegni familiari; *children —*, detrazione per figli a carico (dall'imposta sul reddito); *travelling —*, indennità di viaggio; *daily —*, diaria; *lodging —*, indennità di alloggio; *entertainment —*, indennità per spese di rappresentanza; *cost-of-living —*, indennità di carovita, (*in Italia*) indennità di contingenza // *— in kind*, pagamento in natura **2** abbuono, sconto, deduzione; ribasso: *they will make you an — for any purchase over 100 pounds*, vi faranno uno sconto per ogni acquisto superiore alle 100 sterline // (*trib.*): *tax —*, esenzione fiscale; *tax-free —*, quota di reddito in esenzione da imposta **3** (*amm.*) accantonamento: *depreciation —*, fondo (di) ammortamento **4** (*amer.*) piccola somma di denaro corrisposta regolarmente ai propri figli; mancetta SIN. pocket money **5** autorizzazione, permesso: (*econ.*) *foreign currency —*, assegnazione di valuta per turismo **6** *to make allowances for*, scusare, essere indulgenti; prendere in considerazione: *the teachers must make allowances for that student: his mother recently died*, i professori devono essere indulgenti verso quello studente: sua madre è morta recentemente **7** razione, parte: *to be put on a short* (o *to be reduced to a short*) —, essere messo a razione ridotta.

to **allowance** *v.tr.* **1** mettere a razione, razionare **2** assegnare, fissare una pensione, una rendita a.

alloy ['ælɔɪ / al·loy] *s.* **1** (*metall.*) lega **2** (*fig.*, *non com.*) lega, unione, amalgama.

to **alloy** [æ'lɔɪ] *v.tr.* **1** (*metall.*) legare, unire in lega, allegare **2** diminuire, attenuare la purezza (di un metallo) **3** (*fig. letter.*) svilire, corrompere, alterare: *her face was alloyed by greed*, il suo viso era alterato dalla cupidigia **4** (*fig. letter.*) mitigare, temperare ◆ *v.intr.* (*metall.*) legarsi, entrare in lega: *tin alloys with copper*, lo stagno si lega al rame.

all-powerful ['ɔ:l'paʊəfʊl] *agg.* onnipotente.

all-purpose ['ɔ:l,pɜ:pəs] *agg.* multiuso: *— knife*, coltello multiuso.

all right ['ɔ:l'raɪt] *agg.* **1** a posto; che va bene; che sta bene: *I'm —*, sto bene; *an — guy*, (*amer.*) una persona a posto **2** discreto: *"How did you like the play?" "It was —"*, "Ti è piaciuto lo spettacolo?" "Sì, abbastanza" ◆ *inter.* va bene, okay, sì ◆ *avv.* **1** bene; discretamente **2** senz'altro, senza fallo: *you'll pass your exam —*, passerai senz'altro l'esame.

all-risks ['ɔ:l'rɪsks] *agg.* contro tutti i rischi (di assicurazione): *— policy*, polizza contro tutti i rischi.

all round [,ɔ:l'raʊnd] *avv.* (*fam.*) in generale, tutto considerato: *taken —, he is a nice guy*, tutto considerato è una brava persona.

all-round *agg.* completo; competente in molti campi, versatile: *— athlete*, atleta completo // (*comm.*) *— price*, prezzo globale, tutto compreso.

all-rounder [,ɔ:l'raʊndə*] *s.* atleta completo; persona che coltiva svariati interessi.

All Saints' Day ['ɔ:l'seɪntsdeɪ] *s.* (festa di) Ognissanti.

allseed ['ɔ:lsi:d / all·seed] *s.* (*bot.*) (*Chenopodium polyspermum*) polisporo; (*pop.*) cencio molle.

all-seeing [,ɔ:l'si:ɪŋ] *agg.* onniveggente.

All Souls' Day ['ɔ:l'səʊlzdeɪ] *s.* il giorno della commemorazione dei defunti, il giorno dei morti.

allspice ['ɔ:lspaɪs / all·spice] *s.* (*bot.*) (*Pimenta officinalis*) pepe della Giamaica SIN. **pimento**.

all-star ['ɔ:l,stɑ:] *agg.* con attori famosi (di film, spettacolo teatrale).

all-time ['ɔ:l,taɪm] *agg.* di tutti i tempi, di ogni tempo: *— record*, primato mondiale // *the — high*, il livello più alto mai raggiunto; (*econ.*) rialzo massimo; *the — low*, il livello più basso mai raggiunto; (*econ.*) ribasso massimo.

to **allude** [ə'lu:d / al·lude] *v.intr.* alludere.

all up [ɔ:lʌp] *agg.pred.* senza speranza, senza scampo, senza una via d'uscita: *after a week without water it was — for the shipwrecked sailors*, dopo una settimana senza acqua, per i marinai naufraghi era la fine.

allure [ə'ljʊə* / al·lure] *s.* fascino; attrattiva.

to **allure** *v.tr.* (*non com.*) attrarre, attirare, allettare; affascinare: *where the green alleys windingly allure*, (BYRON) dove attirano verdi sentieri serpeggianti.

allurement [ə'ljʊəmənt / al·lure·ment] *s.* (*non com.*) **1** attrattiva; fascino **2** allettamento; lusinga.

allurer [ə'ljʊərə* / al·lur·er] *s.* (*non com.*) allettatore; tentatore.

alluring [ə'ljʊərɪŋ / al·lur·ing] *agg.* allettante; seducente; affascinante; ammiccante // **-ly** *avv.*

all-use [,ɔ:l'ju:s] *agg.* per tutti gli usi: *— screwdriver*, cacciavite universale.

allusion [ə'lu:ʒn / al·lu·sion] *s.* allusione.

allusive [ə'lu:sɪv / al·lus·ive] *agg.* allusivo // **-ly** *avv.*

allusiveness [ə'lu:sɪvnɪs / al·lus·ive·ness] *s.* carattere allusivo, allusività.

alluvial [ə'lu:vjəl / al·lu·vial] *agg.* (*geol.*) alluvionale: *— plain*, pianura alluvionale; *— cone* (o *fan*), cono, conoide di deiezione, alluvionale.

alluvion [ə'lu:vjən / al·lu·vion] *s.* **1** (*dir.*) avulsione **2** (*geol.*) → **alluvium**.

alluvium [ə'lu:vjəm / al·lu·vium] *pl.* **alluvia** [ə'lu:vjə / al·lu·via] *s.* (*spec. pl.*) (*geol.*) alluvione; deposito alluvionale.

all wet [,ɔ:l'wet] *agg.* (*fam. amer.*) sbagliato.

ally ['ælaɪ] *s.* **1** alleato; sostenitore: *to become allies*, allearsi **2** (*bot.*, *zool.*) affine.

to **ally** [ə'laɪ] *v.tr.* e *intr.*: *to — (oneself) to* (o *with*), allearsi con // *to — (oneself to s.o.) by marriage*, imparentarsi con qlcu.

allyl ['ælɪl / al·lyl] *agg.* (*chim.*) allilico: *— resin*, resina allilica ◆ *s.* (*chim.*) allile.

allylic [ə'lɪlɪk / al·lyl·ic] *agg.* (*chim.*) allilico.

almagest ['ælmədʒest / al·ma·gest] *s.* (*letter.*) almagesto.

Alma Mater [,ælmə'mɑ:tə* / Alma Ma·ter] *s.* **1** alma mater (nome dato alla propria scuola o alla propria università da ex studenti) **2** (*amer.*) inno della propria scuola o università.

almanac ['ɔ:lmənæk / al·manac] ant. **almanack** *s.* almanacco, calendario.

almandine ['ælməndaɪn / al·mand·ine] *s.* (*min.*) almandino.

almightiness [ɔ:l'maɪtɪnɪs / al·mighti·ness] *s.* onnipotenza.

almighty [ɔ:l'maɪtɪ / al·mighty] *agg.* **1** onnipotente // *the Almighty*, l'Onnipotente (Dio) **2** (*fam.*) enorme; potente: *an — mistake*, uno sbaglio enorme // *the — dollar*, la strapotenza del dollaro ◆ *avv.* (*fam.*) estremamente.

almoi(g)n ['ælmɔɪn / al·moi(g)n] *s.* (*rar.*) elemosina.

almond ['ɑ:mənd / al·mond] *s.* **1** mandorla: *burnt almonds*, mandorle tostate **2** *— (tree)*, (*Prunus amygdalus*) mandorlo ◆ *agg.* (*spec. in composti*) **1** di mandorla **2** a mandorla, a forma di mandorla.

almond-blossom ['ɑ:mənd'blɒsm] *s.* (*bot.*) fiore di mandorlo.

almond-eyed ['ɑ:mәndaɪd] *agg.* dagli occhi a mandorla.

almond-oil ['ɑ:mәndɒɪl] *s.* olio di mandorle.

almond willow ['ɑ:mәnd,wɪlәʊ] *s.* (*bot.*) (*Salix triandra*) salice da ceste.

almoner ['ɑ:mәnә* *amer.* 'ælmәnә* / al·moner] *s.* **1** elemosiniere **2** (*antiq.*) assistente sanitario.

almost ['ɔ:lmәʊst / al·most] *avv.* quasi, pressoché [cfr. *about*]: *it's — six o'clock*, sono quasi le sei; *there were — five hundred people*, c'erano quasi cinquecento persone.

alms [ɑ:mz] *s.pl.* elemosina (*sing.*).

alms-box ['ɑ:mzbɒks] *s.* cassetta delle elemosine.

alms-fee ['ɑ:mzfi:] *s.* (*eccl.*) obolo di San Pietro.

alms-giving ['ɑ:mz,gɪvɪŋ] *s.* elemosina, carità.

alms-house ['ɑ:mzhaʊs] *s.* ospizio di carità, ritiro per i poveri.

alms-man ['ɑ:mzmәn] *pl.* **alms-men** *s.* uomo che vive di carità; mendicante.

aloe ['ælәʊ] *pl.* **aloes** *s.* **1** (*bot.*) aloe **2** (*con v. sing.*) *aloes*, (lassativo da) aloe.

aloetic [,ælәʊ'etɪk / alo·etic] *agg.* aloetico.

aloft [ә'lɒft] *avv.* **1** in alto; in aria; in volo: *from —*, dall'alto; *the air-balloon carried him —*, la mongolfiera lo portò in alto; *while* [...] *the faint dying day-hymn stole aloft*, (BYRON) mentre [...] il fievole inno del giorno morente si smorzava in alto; *and flowers aloft shading the fount of life*, (MILTON) e fiorisce in alto ombreggiando la fonte della vita **2** (*mar.*) su, sopra, in alto // *— there!*, voi lassù in coffa!

aloha [ә'lәʊә] *inter.* parola di saluto, di benvenuto • Voce hawaiana che significa 'amore'.

alone [ә'lәʊn] *agg.* e *avv.* **1** solo, da solo: *she lives —*, vive da sola; *all* (o *quite*) *—*, solo soletto // *to let* (o *to leave*) *—*, lasciar stare, lasciar tranquillo // *let —*, tantomeno, figuriamoci: *you can't read German, let — write it!*, non sai leggere il tedesco, figuriamoci se sai scriverlo! // *to be — in*, (*fam.*) essere il solo a (fare qlco.) // *let well —*, il meglio è nemico del bene **2** uno solo, singolo: *at 8 one person — remained in the office*, alle otto era rimasta in ufficio una sola persona.

along [ә'lɒŋ] *avv.* **1** (in) avanti [cfr. *on*, *forward*]: *come —!*, vieni avanti!, muoviti!; *move — please!*, circolare, prego!; *here*, *there —*, in questa, quella direzione; *all —*, (da) sempre: *I knew that all —*, lo avevo sempre saputo **2** con sé, insieme, dietro [cfr. *together*]: *come — with me*, vieni (via) con me; *why don't you take him —?*, perché non te lo porti dietro? **3** si usa per formare *phrasal verbs* (p.e. *to be*, *to get —*, *to go —* ecc.); cfr. tali verbi.

along *prep.* lungo, per tutta la lunghezza di: *to sail — the coast*, navigare lungo la costa; *the road ran — the river*, la strada correva lungo il fiume; *go — Hill Road*, percorri Hill Road; *there was a hedge all — the path*, c'era una siepe lungo tutto il sentiero; *all — of*, (*dial.*) a causa di: *it's all — of him*, è tutta colpa sua.

alongshore [ә'lɒŋ'ʃɔ:* / along·shore] *avv.* (*mar.*) lungo la costa.

alongside [ә'lɒŋ'saɪd / along·side] *prep.* **1** di fianco a: *there is a supermarket — the church*, c'è un supermarket di fianco alla chiesa // (*comm.*) *free — ship*, franco sotto bordo **2** al fianco di, insieme a // *— each other*, fianco a fianco ♦ *avv.* accosto, accanto; (*mar.*) lungo il fianco, il bordo (della nave): *to come, to draw —*, accostare, accostarsi (di veicolo).

aloof [ә'lu:f] *avv.* **1** a distanza, lontano, lungi, alla larga; in disparte **2** (*mar.*) all'orza, al vento ♦ *agg.* distaccato, indifferente; riservato.

aloofness [ә'lu:fnɪs / aloof·ness] *s.* freddezza, indifferenza, distacco; riservatezza.

alopecia [,ælә'pi:ʃjә / alo·pe·cia] *s.* (*med.*) alopecia.

aloud [ә'laʊd] *avv.* ad alta voce, forte: *to read —*, leggere ad alta voce.

alow [ә'lәʊ] *avv.* (*mar.*) giù, sotto.

alp [ælp] *s.* monte, alpe; alpeggio.

alpaca [æl'pækә / al·paca] *s.* **1** (*zool.*) (*Lama guanicöe pacos*) alpaca **2** alpaca (lana, stoffa).

alpage ['ɔ:lpeɪdʒ / alp·age] *s.* pastura alpina.

alpenhorn ['ælpәnhɔ:n / al·pen·horn] *s.* (*mus.*) alphorn.

alpenstock ['ælpɪnstɒk / al·pen·stock] *s.* alpenstock, bastone da montagna.

alpestrine [æl'pestrɪn / al·pes·trine] *agg.* **1** (*non com.*) alpino; alpestre **2** subalpino, che cresce nelle zone subalpine.

alpha ['ælfә / al·pha] *s.* **1** alfa (prima lettera dell'alfabeto greco) // *— and omega*, (*fig.*) l'alfa e l'omega, il principio e la fine // (*inform.*) *— release*, versione pre-commerciale **2** (*fis.*) alfa: *— rays*, raggi alfa; (*fis. nucleare*) *— particle*, particella alfa; (*fis. nucleare*) *— decay*, *radioactivity*, decadimento, radioattività alfa.

alphabet ['ælfәbɪt / al·pha·bet] *s.* alfabeto // *— soup*, (*spec. amer.*) brodo con pasta corta a forma di lettere dell'alfabeto.

alphabetic(al) [,ælfә'betɪk(l) / al·pha·betic, al·pha·bet·ical] *agg.* alfabetico // **-ally** *avv.*

alphabetics [,ælfә'betɪks / al·pha·bet·ics] *s.* U (*inform.*) caratteri alfabetici (*pl.*), lettere dell'alfabeto (*pl.*).

to **alphabetize** ['ælfәbәtaɪz / al·pha·bet·ize] *v.tr.* alfabetizzare, mettere in ordine alfabetico.

alphanumeric [,ælfәnju:'merɪk / al·pha·nu·meric] *agg.* (*inform.*) alfanumerico.

alphanumerics [,ælfәnju:'merɪks / al·pha·nu·mer·ics] *s.* U (*inform.*) caratteri alfanumerici (*pl.*).

alpine ['ælpaɪn / alp·ine] *agg.* **1** delle Alpi, alpino: (*geol.*) *— orogeny*, orogenesi alpina **2** alpestre.

alpinism ['ælpɪnɪzәm / alp·in·ism] *s.* alpinismo.

alpinist ['ælpɪnɪst / alp·in·ist] *s.* alpinista.

Alps (the) [ælps] *no.pr.pl.* (*geogr.*) Alpi.

already [ɔ:l'redɪ / al·ready] *avv.* già, di già: *have you — been to Tokyo?*, sei già stato a Tokyo?; *it's — ten o'clock*, sono già le dieci // *that's enough — !*, (*amer. fam.*) su, basta!

alright [,ɔ:l'raɪt] *agg.* e *avv.* (*spec. amer.*) → **all right**.

Alsatian [æl'seɪʃjәn / Al·sa·tian] *agg.* e *s.* alsaziano // *— dog* (o *wolf*), alsaziano, pastore tedesco; cane lupo.

also ['ɔ:lsәʊ] *avv.* pure, anche; inoltre, altresì [cfr. *as well*, *too*]: *I was — there*, c'ero anch'io; *and he is — rich*, ed è pure ricco, e inoltre è ricco; *I have phoned them and I have — sent them a telegram*, ho telefonato e ho anche mandato loro un telegramma // *not only... but — ...*, non solo... ma anche...

also-ran ['ɔ:lsәʊ,ræn] *s.* **1** (*ippica*) cavallo non piazzato, non arrivato fra i primi tre **2** candidato, concorrente che non ha vinto.

alt [ælt] *s.* (*mus.*) alto // *in —*, in un'ottava sopra la chiave di sol; (*fig.*) in modo esaltato, fuori misura.

altar ['ɔ:ltә* / al·tar] *s.* altare: *high —*, altar maggiore // *to lead a woman to the —*, condurre una donna all'altare, sposarla.

altar boy ['ɔ:ltәbɔɪ] *s.* chierichetto.

altar-cloth ['ɔ:ltәklɒθ] *s.* tovaglia da altare.

altar-piece ['ɔ:ltәpi:s] *s.* pala d'altare.

altar-rail ['ɔ:ltәreɪl] *s.* balaustra d'altare.

altar-stone ['ɔ:ltәstәʊn] *s.* pietra sacra; piano dell'altare.

altazimuth [ælt'æzɪmәθ / alt·azi·muth] *s.* (*astr.*) altazimut: *— mounting*, sistema altazimutale; *— telescope*, telescopio con teodolite.

to **alter** ['ɔ:ltә* / al·ter] *v.tr.* **1** cambiare, mutare; modificare: *to — one's point of view*, modificare il proprio punto di vista; *this dress is too large, it must be altered*, questo vestito è troppo largo, deve essere modificato **2** (*amer.*) castrare ♦ *v.intr.* cambiare, cambiarsi, mutare, mutarsi; modificarsi: *the weather altered everyday*, il tempo cambiava ogni giorno.

alterability [,ɔltәrә'bɪlɪtɪ / al·ter·ab·il·ity] *s.* alterabilità.

alterable ['ɔ:ltәrәbl / al·ter·able] *agg.* alterabile, modificabile.

alteration [,ɔ:ltә'reɪʃn / al·tera·tion] *s.* **1** cambiamento, modifica: *with a few alterations your skirt will be okay*, con qualche modifica la tua gonna andrà benissimo **2** (*dir.*) falsificazione di un atto.

alterative ['ɔ:ltәrәtɪv / al·ter·at·ive] *agg.* alterativo.

to **altercate** ['ɔ:ltәkeɪt / al·ter·cate] *v.intr.* altercare.

altercation [,ɔ:ltә'keɪʃn / al·ter·ca·tion] *s.* alterco.

altercocker ['ɔ:ltәkɒkә* / al·ter·cock·er] *s.* (*sl. amer.*) vecchio ripugnante e lamentoso.

alternance [ɔ:l'tɜ:nәns / al·tern·ance] *s.* **1** l'alternarsi // (*med.*) *— pulsus*, battito irregolare **2** (*rad.*) alternanza.

alternant [ɔ:l'tɜ:nәnt / al·tern·ant] *agg.* alternante ♦ *s.* (*ling.*) alternanza.

alternate [ɔ:l'tɜ:nɪt / al·tern·ate] *agg.* **1** alterno; alternato: *on — days*, a giorni alterni; (*mat.*) *— angles*, angoli alterni; (*bot.*) *— leaves*, foglie alterne **2** (*inform.*) alternativo; sostitutivo; alterno; alternato; supplementare: *— area*, seconda area, zona utilizzata alternativamente, zona supplementare; *— path*, via di smistamento alternativa, collegamento sostitutivo; *— track*, traccia di riserva ♦ *s.* (*amer.*) sostituto.

to **alternate** ['ɔ:ltәneɪt] *v.tr.* alternare ♦ *v.intr.* alternarsi; oscillare, essere indeciso: *he alternated daily between staying and living*, ogni giorno oscillava fra l'idea di restare e l'idea di partire.

alternately [ɔ:l'tɜ:nɪtlɪ / al·tern·ately] *avv.* alternamente, alternativamente, vicendevolmente.

alternating current ['ɔ:ltəneɪtɪŋ'kʌrənt] *s.* (*fis.*) corrente alternata.

alternation [,ɔ:ltə'neɪʃn / al·terna·tion] *s.* alternanza, avvicendamento // (*agr.*) — *of crops*, rotazione delle colture.

alternative [ɔ:l'tɜ:nətɪv / al·tern·at·ive] *agg.* alternativo; che si pone come alternativa: — *energy supplies*, fonti di energia alternativa // (*econ.*): — *cost(s)*, costi di sostituzione; — *commodity*, bene succedaneo ◆ *s.* **1** alternativa **2** (*econ.*) bene succedaneo.

alternatively [ɔ:l'tɜ:nətɪvlɪ / al·tern·at·ive·ly] *avv.* alternativamente, in alternativa.

alternator ['ɔ:ltəneɪtə* / al·tern·ator] *s.* (*elettr.*) alternatore.

alterne [æl'tɜ:n / al·terne] *s.* (*ecol.*) successione alterna.

althea [æl'θi:ə] *s.* (*bot.*) **1** (*Althea officinalis*) altea **2** (*Hibiscus syriacus*) ibisco.

altho [ɔ:l'ðəʊ] *cong.* (*amer.*) → **although**.

althorn ['ælt,hɔ:n / alt·horn] *s.* (*mus.*) saxhorn alto.

although [ɔ:l'ðəʊ / al·though] *cong.* → **though**.

altimeter ['æltɪmi:tə* / al·ti·meter] *s.* (*metrol.*) altimetro: *sound-ranging* —, altimetro acustico.

altiplanation [,æltɪplə'neɪʃn / al·ti·plan·ation] *s.* (*geol.*) erosione che dà origine agli altipiani.

altiplano [,æltɪ'plɑ:nəʊ / al·ti·plano] *pl.* **altiplanos** *s.* (*geogr.*) altopiano (spec. nel Sudamerica).

altitude ['æltɪtju:d *amer.* 'æltɪtu:d / al·ti·tude] *s.* **1** altitudine; altezza; (*aer.*) quota: *high, low* —, alta, bassa quota // (*aer.*): *critical* —, quota critica; *cruising* —, quota di navigazione; *flight* —, quota di volo **2** (*astr.*) elevazione: — *of a star*, elevazione di un astro **3** (*mat., fis.*) altezza: — *of a triangle*, altezza di un triangolo; — *of a harmonic*, altezza di una (curva) armonica.

altitude recorder ['æltɪtju:drɪ'kɔ:də*] *s.* (*aer.*) altimetro registratore.

altitude sickness ['æltɪtju:d'sɪknɪs] *s.* mal delle altitudini, ipobaropatia.

altitudinal [æltɪ'tju:dɪnəl / al·ti·tudi·nal] *agg.* (*ecol.*) altitudinale: — *vegetation zone*, zona vegetativa altitudinale.

alto ['æltəʊ] *pl.* **altos** [al·tos] *s.* **1** (*mus.*) contralto // — *clef*, chiave di contralto **2** (*mus.*) alto.

altocumulus [,æltəʊ'kju:mjʊləs / al·to·cum·ulus] *pl.* **altocumuli** [,æltəʊ'kju:mjəlaɪ] *s.* (*meteor.*) altocumulo.

altogether [,ɔ:ltə'geðə* / al·to·gether] *avv.* **1** interamente; completamente, del tutto: *the noise stopped* —, il rumore cessò del tutto **2** in tutto; complessivamente; nell'insieme: — *it was an interesting performance*, nel complesso fu uno spettacolo interessante.

altogether *s.*: *in the* —, (*scherz.*) nudo.

alto-relievo [,æltəʊrɪ'li:vəʊ] *pl.* **alto-relievos**, **alto-rilievo** [,æltəʊrɪ'li:vəʊ] *pl.* **alto-rilievi** [,æltəʊrɪ'li:vaɪ] *s.* (*scult.*) altorilievo.

altostratus [,æltəʊ'streɪtəs,,æltəʊ'strɑ:təs / al·to·stratus] *pl.* **altostrati** [,æltəʊ'strɑ:tɪ] *s.* (*meteor.*) altostrato.

altruism ['æltrʊɪzəm / al·tru·ism] *s.* altruismo.

altruist ['æltrʊɪst / al·tru·ist] *s.* altruista.

altruistic [,æltrʊ'ɪstɪk / al·tru·istic] *agg.* altruistico // **-ally** *avv.*

alum ['æləm / al·um] *s.* (*chim.*) allume.

to **alum** *v.tr.* allumare, trattare con allume.

alumina [ə'lju:mɪnə / alu·mina] *s.* (*chim.*) allumina.

aluminate [əl'ju:mɪneɪt / alu·min·ate] *s.* (*chim.*) alluminato.

aluminiferous [əlju:mɪ'nɪfərəs / alu·mini·fer·ous] *agg.* (*chim.*) alluminifero.

aluminium [,æljʊ'mɪnɪəm / alu·mi·nium] *s.* (*chim.*) alluminio // — *paper*, carta di alluminio AMER. aluminum.

aluminium bronze [,æljʊ,mɪnɪəm 'brɒnz] *s.* (*metall.*) bronzo d'alluminio, cupralluminio.

to **aluminize** [ə'lju:mɪnaɪz / alu·min·ize] *v.tr.* (*metall.*) **1** rivestire con uno strato di alluminio, alluminare **2** calorizzare.

aluminizing [ə'lju:mɪnaɪzɪŋ / alu·min·iz·ing] *s.* (*metall.*) **1** alluminatura **2** calorizzazione.

aluminography [ə,lju:mɪn'ɒgrəfɪ / alu·mino·graphy] → **algraphy**.

aluminose [ə'lju:mɪnəʊs / alu·min·ose] *agg.* → **aluminous**.

aluminothermy [ə'lju:mɪnə,θɜ:mɪ / alu·mino·thermy] *s.* (*chim.*) alluminotermia.

aluminous [ə'lju:mɪnəs / alu·min·ous] *agg.* (*chim.*) **1** alluminoso, che contiene alluminio **2** che contiene allume **3** che contiene allumina.

aluminum [ə'lu:mɪnəm / alu·minum] *s.* (*amer.*) → **aluminium**.

alumna [ə'lʌmnə] *pl.* **alumnae** [ə'lʌmni: / alum·nae] *s.* (*amer.*) ex allieva.

alumnus [ə'lʌmnəs / alum·nus] *pl.* **alumni** [ə'lʌmnaɪ] *s.* (*amer.*) ex allievo.

alunite ['æljʊnaɪt / alu·nite] *s.* (*min.*) alunite.

alveolar [æl'vɪələ* / al· ve·olar] meno com. **alveolary** [æl'vɪələrɪ / al·ve·olary] *agg.* alveolare // (*anat.*) — *arch*, arcata alveolare.

alveolate [æl'vɪəlɪt / al·ve·ol·ate] *agg.* alveolato.

alveolus [æl'vɪələs / al·ve·olus] *pl.* **alveoli** [æl'vɪəlaɪ] *s.* alveolo.

alvine ['ælvaɪn / al·vine] *agg.* (*anat.*) addominale, alvino.

alway ['ɔ:lweɪ / al·way] *avv.* (*ant.*) sempre.

always ['ɔ:lweɪz / al·ways] *avv.* sempre: *he — protests*, protesta sempre; *he is — here*, è sempre qui.

alyo ['æljɔ:] *s.* (*sl. amer.*) lavoro di routine • Forse dall'it. 'aglio' e dall'espressione *to eat garlic*, mangiar aglio, che significava 'avere un'apparenza tranquilla'.

alyssum ['ælɪsəm / alys·sum] *s.* (*bot.*) (*Alissum maritimum*) alisso odoroso.

am [æm (*forma forte*)əm, m (*forme deboli*)] *1ª pers.sing.indic.pres.* di to **be**.

amability [,æmə'bɪlɪtɪ / am·ab·il·ity] *s.* (*ant.*) amabilità.

amah ['ɑ:mə] *s.* (*anglo-indiano*) balia.

amain [ə'meɪn] *avv.* (*ant.*) **1** con forza, con violenza: *two... keys he bore of metals twain / the golden opens, the iron shuts amain*, (MILTON) portava due chiavi di metallo diverso: quella d'oro per aprire, quella di ferro per chiudere con forza **2** precipitosamente.

amalgam [ə'mælgəm / am·al·gam] *s.* **1** (*chim.*) amalgama **2** (*estens.*) miscuglio, impasto (*anche fig.*): *an — of different ideas*, un miscuglio di idee diverse.

to **amalgamate** [ə'mælgəmeɪt / am·al·gam·ate] *v.tr.* **1** (*metall.*) amalgamare **2** (*fig.*) amalgamare, fondere, unire ◆ *v.intr.* **1** (*metall.*) amalgamarsi **2** (*fig.*) amalgamarsi, fondersi (spec. di società ecc.): *the two companies amalgamated*, le due compagnie si fusero.

amalgamated [ə'mælgə'meɪtɪd / am·al·gam·ated] *agg.* **1** (*metall.*) amalgamato **2** (*fig.*) amalgamato, fuso.

amalgamation [ə,mælgə'meɪʃn / am·al·gama·tion] *s.* **1** (*metall.*) amalgamazione **2** (*comm.*) fusione **3** mescolanza (di razze).

amalgamative [ə'mælgəmeɪtɪv / am·al·gam·at·ive] *agg.* che amalgama.

amalgamator [ə'mælgəmeɪtə* / am·al·gama·tor] *s.* **1** chi amalgama **2** (*metall.*) amalgamatore.

amanuensis [ə,mænjʊ'ensɪs / am·anu·en·sis] *pl.* **amanuenses** [ə,mænjʊ'ensi:z / am·anu·en·ses] *s.* amanuense.

amarant ['æmərænt / am·ar·ant] **amaranth** ['æmərænθ] *s.* **1** (*bot.*) amaranto **2** (*non com.*) (colore) amaranto **3** (*poet.*) fiore che non appassisce mai.

amaranthine [,æmə'rænθaɪn / am·ar·anth·ine] *agg.* **1** (*non com.*) amarantino **2** (*poet.*) imperituro, eterno: *a weed, albeit an amaranthine weed*, (F. THOMPSON) una malerba, sia pure imperitura.

amaryllis [,æmə'rɪlɪs / ama·ryl·lis] *s.* (*bot.*) (*Amaryllis belladonna*) amarillide d'estate.

to **amass** [ə'mæs] *v.tr.* ammassare, accumulare.

amassment [ə'mæsmənt / amass·ment] *s.* ammasso, accumulo.

amateur ['æmətə* / ama·teur] *s.* dilettante, non professionista, amatore // *he was an — painter*, era un pittore dilettante // — *night*, (*sl. amer.*) prestazione mediocre; rapporto sessuale occasionale.

amateurish [,æmə'tɜ:rɪʃ / ama·teur·ish] *agg.* (*spreg.*) da dilettante, dilettantesco.

amateurism ['æmətərɪzəm / ama·teur·ism] *s.* dilettantismo.

amateur video ['æmətə'vɪdɪəʊ] *agg.attr.* cineamatoriale, videoamatoriale.

amative ['æmətɪv / am·at·ive] *agg.* (*antiq.*) amoroso.

amatory ['æmətərɪ *amer.* 'æmətɔ:rɪ / am·at·ory] *agg.* (*letter., poet.*) amatorio, amoroso.

amaurosis [,æmɔ:'rəʊsɪs / am·aur·osis] *pl.* **amauroses** [,æmɔ:'rəʊsi:z] *s.* (*med.*) amaurosi.

amaurotic [,æmɔ:'rɒtɪk / am·aur·otic] *agg.* (*med.*) amaurotico, cieco.

amaze [ə'meɪz / am·aze] *s.* (*ant., poet.*) **1** stupore, sorpresa; confusione mentale **2** (*ant.*) sgomento.

to **amaze** *v.tr.* **1** stupire, sorprendere; confondere **2** (*ant.*) sgomentare.

amazed [ə'meɪzd / am·azed] *agg.* **1** stupito, sorpreso: *to be — at* (o *by*) *sthg.*, stupirsi, rimanere stupefatto di qlco. **2** (*ant.*) sgomento.

amazement [ə'meɪzmənt / amaze·ment] *s.* **1** sorpresa, meraviglia: *to my — he refused the money*, con mia grande sorpresa rifiutò il denaro **2** perplessità; costernazione.

amazing [ə'meɪzɪŋ / amaz·ing] *agg.* sorprendente; meraviglioso // **-ly** *avv.*

amazon ['æməzən *amer.* 'æməzɒn / am·azon] *s.* (*gener. maiuscolo*) (*mit.*, *anche fig.*) amazzone.

amazonite ['æməzə,naɪt / am·azon·ite] *s.* (*min.*) amazzonite.

Amazon (the) ['æməzən *amer.* 'æməzɒn / Am·azon] *no.pr.* (*geogr.*) il Rio delle Amazzoni // — *Basin*, Bacino del Rio delle Amazzoni.

ambassador [æm'bæsədə* / am·bas·sador] *s.* ambasciatore: — *to the Court of St. James's*, ambasciatore presso la Corte d'Inghilterra; *to be appointed* —, essere nominato ambasciatore; — *at large*, ambasciatore a disposizione; — *extraordinary*, ambasciatore in missione speciale; — *plenipotentiary*, ambasciatore plenipotenziario.

ambassadorial [æm,bæsə'dɔːrɪəl / am·bas·sad·orial] *agg.* da ambasciatore.

ambassadorship [æm'bæsədəʃɪp / am·bas·sador·ship] *s.* carica, ruolo di ambasciatore.

amber ['æmbə* / am·ber] *s.* **1** ambra **2** colore ambra **3** luce gialla (di un semaforo) ◆ *agg.* ambrato.

to **amber** *v.tr.* (*rar.*) conferire un colore ambrato a (qlco.).

ambergris ['æmbəgriːs *amer.* 'æmbəgrɪs / am·ber·gris] *s.* ambra grigia.

ambidexter ['æmbɪ'dekstə* / am·bi·dex·ter] *agg.* e *s.* **1** ambidestro **2** (*rar.*, *fig.*) (individuo) ambiguo, che fa il doppio gioco.

ambidextrous ['æmbɪ'dekstrəs / am·bi·dex·trous] *agg.* **1** ambidestro **2** (*ant. fig.*) ambiguo; falso: *a little dirty pimping pettifogging ambidextrous fellow*, (STERNE) un individuo piccolo lurido meschino cavilloso e ambiguo.

ambience ['æmbɪəns / am·bi·ence] *s.* (*letter.*) atmosfera: *this place has a particular* —, questo luogo ha un'atmosfera particolare.

ambient ['æmbɪənt / am·bi·ent] *agg.* ambientale, circostante: — *temperature*, temperatura ambientale.

ambiguity [,æmbɪ'gjuːɪtɪ / am·bi·gu·ity] *s.* ambiguità.

ambiguous [æm'bɪgjʊəs / am·bigu·ous] *agg.* ambiguo // **-ly** *avv.*

ambiguousness [æm'bɪgjʊəsnɪs / am·bigu·ous·ness] *s.* ambiguità.

ambit ['æmbɪt / am·bit] *s.* (*form.*) ambito; (*pl.*) limiti, confini.

ambition [æm'bɪʃn / am·bi·tion] *s.* ambizione: *the height of one's* —, il massimo dell'ambizione.

ambitionless [æm'bɪʃnlɪs / am·bi·tion·less] *agg.* senza ambizioni.

ambitious [æm'bɪʃəs / am·bi·tious] *agg.* ambizioso // **-ly** *avv.* // **-ness** *s.*

ambivalence [æm'bɪvələns / am·bi·val·ence] *s.* **1** ambivalenza **2** indecisione, incertezza; ambiguità: *in a state of* —, in uno stato di indecisione.

ambivalent [æm'bɪvələnt / am·bi·val·ent] *agg.* **1** ambivalente **2** indeciso, incerto; ambiguo: — *attitude towards sthg.*, attitudine ambigua verso qlco.

ambivert ['æmbɪvɜːt / am·bi·vert] *s.* persona che alterna momenti di estroversione ad altri di introversione.

amble ['æmbl] *s.* **1** (*ippica*) ambio **2** (*fam.*) passo moderato e sciolto.

to **amble** *v.intr.* **1** ambiare, andare col passo dell'ambio **2** (*fam.*) andare lemme lemme.

ambler ['æmblə* / am·bler] *s.* **1** cavallo che va d'ambio **2** persona che cammina lemme lemme.

amblyopia [,æmblɪ'əʊpɪə / am·bly·opia] *s.* (*med.*) ambliopia.

ambo ['æmbəʊ] *pl.* **ambos** [am·bos] **ambones** [æm'bəʊniːz / am·bones, am·bo·nes] *s.* (*arch. eccl.*) ambone.

ambrosia [æm'brəʊzjə *amer.* æm'brəʊʒə / am·bro·sia] *s.* **1** ambrosia **2** (*fam. amer.*) macedonia (a base di arance, cocco e banane).

ambrosial [æm'brəʊzjəl *amer.* æm'brəʊʒəl / am·bro·sial] *agg.* (*letter.*) d'ambrosia; delizioso.

Ambrosian [æm'brəʊzjən / Am·bro·sian] *agg.* **1** ambrosiano, di Sant'Ambrogio: (*eccl.*) — *rite*, rito ambrosiano **2** dell'Ambrosiana (biblioteca milanese).

ambrotype ['ambrə,taɪp / am·bro·type] *s.* (*fot.*) ambrotipo.

ambry ['æmbrɪ] *s.* **1** nicchia per arredi sacri **2** (*non com.*) credenza, dispensa; (*ant.*) ripostiglio.

ambs-ace ['eɪmzeɪs] *s.* (*ant.*) **1** ambasso, ambassi (il doppio asso nel gioco dei dadi) **2** (*fig.*) inutilità; mancanza di valore **3** sfortuna, malasorte.

ambulance ['æmbjʊləns / am·bu·lance] *s.* ambulanza.

ambulance-chaser ['ambjələns,tʃeɪsə*] *s.* (*spec. amer.*) **1** avvocato poco corretto **2** avvocato, o aiuto di un avvocato, che cerca di acquisire clienti fra le vittime di incidenti.

ambulant ['æmbjʊlənt / am·bu·lant] *agg.* **1** ambulante; ambulatorio **2** (*med.*) in grado di camminare, ambulante (di malato).

to **ambulate** ['æmbjʊleɪt / am·bu·late] *v.intr.* ambulare.

ambulatory ['æmbjʊlətərɪ / am·bu·lat·ory] *agg.* **1** ambulatorio; ambulante: *an — patient*, un paziente che può camminare **2** (*dir.*) sottoposto a condizione sospensiva ◆ *s.* (*arch.*) ambulacro.

(to) **ambuscade** [,æmbəs'keɪd / am·bus·cade] (*antiq.*) → (to) **ambush**.

ambush ['æmbʊʃ / am·bush] *s.* **1** imboscata, agguato, tranello: *to fall into an* —, cadere in un agguato; *to wait in* —, aspettare in agguato **2** luogo dell'agguato.

to **ambush** *v.tr.* tendere un agguato, un'imboscata a.

ameba [ə'miːbə] e *deriv.* (*amer.*) → **amoeba** e *deriv.*

ameer [ə'mɪə*] *s.* (*antiq.*) → **emir**.

to **ameliorate** [ə'miːljəreɪt / ameli·or·ate] *v.tr.* migliorare ◆ *v.intr.* migliorare; migliorarsi.

amelioration [ə,miːljə'reɪʃn / ameli·ora·tion] *s.* miglioramento.

ameliorative [ə'miːljərətɪv / ameli·or·at·ive] *agg.* migliorativo.

ameliorator [ə'miːljəreɪtə* / ameli·or·ator] *s.* miglioratore.

amen [,ɑː'men *amer.* ,eɪ'men] *inter.* amen, così sia // — *to that!*, d'accordo!

amenable [a'miːnəbl / amen·able] *agg.* **1** soggetto a, sottoposto a; dipendente da: *we are all — to law*, siamo tutti soggetti alla legge **2** riferibile a, riconducibile a, suscettibile di: *the results are — to the usual tests*, i risultati sono riferibili agli esami usuali **3** disponibile, disposto a: *I'm — to your suggestion*, sono disponibile ad accettare il tuo suggerimento // **-ity** *s.* // **-ness** *s.*

to **amend** [ə'mend] *v.tr.* emendare, migliorare; correggere ◆ *v.intr.* emendarsi, migliorarsi // **-er** *s.*

amendable [ə'mendəbl / amend·able] *agg.* emendabile, riparabile; migliorabile.

amende [ə'mɑːnd] *s.* (*ant.*) → **amends**.

amendment [ə'mendmənt / amend·ment] *s.* emendamento; miglioramento; riforma; (*dir.*) revisione, ratifica: — *and modification of treaties*, revisione dei trattati; — *of statute law*, emendamento della legge scritta.

amends [ə'mendz] *s.* **1** (*anche dir.*) ammenda; compenso; risarcimento, indennizzo: *to make — to s.o. for sthg.*, fare ammenda verso qlcu. per qlco. **2** (*ant.*) miglioramento: *but here I feel amends*, (MILTON) ma qui sento il miglioramento.

amenity [ə'miːnətɪ / amen·ity] *s.* **1** amenità **2** *pl.* bellezze, attrattive (di un luogo) **3** *pl.* gentilezze, cortesie **4** (*spec. pl.*) strutture: *sports amenities*, strutture sportive // (*amm.*) *employee's amenities*, benefici accessori.

amenorrhoea [æmenəʊ'rɪə / amen·or·rhoea] *s.* (*med.*) amenorrea.

ament [ə'ment] *s.* (*bot.*) amento, gattino SIN. amentum, lamb's tail.

amentaceous [æmən'teɪʃəs / amenta·ceous] *agg.* (*bot.*) amentaceo.

amentum [ə'mentəm / amen·tum] *pl.* **amenta** [ə'mentə] *s.* (*bot.*) → **ament**.

to **amerce** [ə'mɜːs] *v.tr.* (*ant.*) condannare a un'ammenda, multare; punire.

America [ə'merɪkə / Am·er·ica] *no.pr.* (*geogr.*) America.

American [ə'merɪkən / Am·er·ican] *agg.* e *s.* americano // (*sport*) — *football*, football americano // — *plan*, (*amer.*) tariffa alberghiera a pensione completa.

Americana [ə,merɪ'kɑːnə / Am·er·ic·ana] *s.pl.* documenti di americanistica, oggetti caratteristici della vecchia America (dipinti, fotografie, mobili).

American aloe [ə'merɪkən'æləʊ] *s.* (*bot.*) (*Agave americana*) agave.

Americanism [ə'merɪkənɪzəm / Am·er·ic·an·ism] *s.* americanismo.

Americanist [ə'merɪkənɪst / Am·er·ic·an·ist] *s.* studioso di cultura americana.

Americanization [ə'merɪkənaɪ,zeɪʃn / Am·er·ic·an·iza·tion] *s.* americanizzazione.

to **Americanize** [ə'merɪkənaɪz / Am·er·ic·an·ize] *v.tr.* americanizzare ◆ *v.intr.* americanizzarsi.

americium [,æmə'rɪsɪəm / am·eri·cium] *s.* (*chim.*) americio.

Amerind ['æmərɪnd / Am·er·ind] *s.* e *agg.* amerindio.

amethyst ['æmɪθɪst / ameth·yst] *s.* **1** (*min.*) ametista **2** color ametista.

amiability [,eɪmjə'bɪlɪtɪ / ami·ab·il·ity] *s.* amabilità; gradevolezza.

amiable ['eɪmjəbl / ami·able] *agg.* amabile; gradevole // **-bly** *avv.* // **-ness** *s.*

amiantus [,æmɪ'æntəs / ami·antus] **amianthus** [,æmɪ'ænθəs / ami·anthus] *s.* (*min.*) amianto.

amicability [,æmɪkə'bɪlətɪ / am·ic·ab·il·ity] *s.* amichevolezza.

amicable ['æmɪkəbl / am·ic·able] *agg.* amichevole // **-bly** *avv.* // **-ness** *s.*

amice[1] ['æmɪs / am·ice] *s.* (*eccl.*) amitto.

amice[2] *s.* (*eccl.*) mozzetta.

amid [ə'mɪd] *prep.* in mezzo a, entro, tra, fra.

amidase ['æmɪ,deɪs / amid·ase] *s.* (*biochim.*) amidasi.

amide ['æmaɪd] *s.* (*chim.*) ammide.

amidships [ə'mɪdʃɪps / amid·ships] *avv.* (*mar.*) a mezza nave.

amidst [ə'mɪdst] *prep.* → **amid**.

amination [,æmɪ'neɪʃn / amin·ation] *s.* (*chim.*) amminazione.

amine ['æmaɪn] *s.* (*chim.*) ammina.

amino [ə,mi:nəʊ] *agg.* (*chim.*) amminico: — *group*, gruppo amminico.

amino- *pref.* della terminologia chimica che indica la presenza del radicale amminico; it. ammino-: *aminobenzene*, amminobenzene.

amino acid [ə'mi:nəʊ'æsɪd] *s.* (*chim.*) amminoacido.

amir [ə'mɪə*] *s.* (*antiq.*) → **emir**.

amiss [ə'mɪs] *agg.* **1** sbagliato, imperfetto: *sthg. is* —, c'è qualcosa che non quadra **2** fuori luogo.

amiss *avv.* **1** male, erroneamente; a male: *to take it* —, aversene a male, prendersela // *it wouldn't come* (o *go*) —, sarebbe utile, bello **2** (*non com.*) smarrito, perso: *to go* —, perdersi.

amity ['æmɪtɪ / am·ity] *s.* (*form.*) amicizia; buoni rapporti.

ammeter ['æmɪtə* / am·meter] *s.* (*metrol.*) amperometro.

ammine ['æmi:n / am·mine] *agg.* (*chim.*) amminico: — *complex*, complesso amminico ♦ *s.* ammino (nel corpo del nome di un complesso).

ammo ['æməʊ] *s.* [U] (*fam.*) abbr. di → **ammunition**.

ammocolous [ə'mɒkjələs *amer.* ə'mɒkələs / am·mo·col·ous] *agg.* (*ecol.*) ammocolo; ammofilo.

ammonia [ə'məʊnjə / ammo·nia] *s.* (*chim.*) ammoniaca: — *water*, ammoniaca (in soluzione acquosa).

ammoniac [ə'məʊnɪæk / am·mo·niac] **ammoniacal** [,æməʊ'naɪəkəl / am·mo·niacal] *agg.* (*chim.*) ammoniacale.

ammoniate [ə'məʊnɪeɪt / am·mo·ni·ate] *s.* (*chim.*) ammoniato.

ammoniated [ə'məʊnɪeɪtɪd / am·mo·ni·ated] *agg.* (*chim.*) ammoniacato.

ammonic [ə'məʊnɪk / am·mo·nic] *agg.* (*chim.*) ammonico.

ammonifier [ə'məʊnə,faɪə* / am·mo·ni·fier] *s.* (*ecol.*) organismo ammonificante.

ammonite ['æmənaɪt / am·mon·ite] *s.* (*paleont.*) ammonite.

ammonium [ə'məʊnjəm / am·mo·nium] *s.* (*chim.*) ammonio.

ammono- ['æmə,nəʊ] *pref.* di origine greca che indica relazione con l'ammoniaca; it. ammono-: *ammonolysis*, ammonolisi.

ammoxidation [ə'mɒksɪ,deɪʃn / amm·ox·id·ation] *s.* (*chim.*) ammossidazione.

ammunition [,æmjʊ'nɪʃn / am·mu·ni·tion] *s.* [U] **1** (*mil.*) munizioni (*pl.*): *the ammunitions is finished*, le munizioni sono finite **2** (*fig.*) munizioni; materiale; argomenti (*pl.*): *he found fresh ammunitions for his views in the Bible*, trovò nuovi argomenti a favore della sua tesi nella Bibbia.

to **ammunition** *v.tr.* fornire di munizioni.

ammunition-pouch [æmjə'nɪʃn'paʊtʃ] *s.* cartuccera, giberna.

amnesia [æm'ni:zjə *amer.* æm'ni:ʒə / am·ne·sia] *s.* amnesia.

amnesty ['æmnɪstɪ / am·nesty] *s.* (*dir.*) amnistia: — *particular*, grazia e indulto.

to **amnesty** *v.tr.* amnistiare.

amnicolous [æm'nɪkjələs *amer.* æm'nɪkələs / am·ni·col·ous] *agg.* (*ecol.*) ripicolo; amnicolo.

amniocentesis [,æmnjəʊsɪn'ti:sɪs / am·nio·cen·tesis] *s.* (*med.*) amniocentesi.

amniography [,æm'njɒgrəfɪ / am·nio·graphy] *s.* (*med.*) amniografia.

amnion ['æmnɪɒn / am·nion] *pl.* **amnia** ['æmnɪə / am·nia] *s.* (*biol.*) amnio, amnios.

amnioscope ['æmnjə,skəʊp / am·nio·scope] *s.* (*med.*) amnioscopio.

amnioscopy [,æmnj'ɒskəpɪ / am·nio·scopy] *s.* (*med.*) amnioscopia.

amniotic ['æmnj'ɒtɪk / am·ni·otic] *agg.* (*biol.*) amniotico: — *fluid*, liquido amniotico.

amniotomy [,æmnj'ɒtəmɪ / am·nio·tomy] *s.* (*med.*) amniotomia.

amoeba [ə'mi:bə] *pl.* **amoebas** [amoe·bas] **amoebae** [ə'mi:bɪ / amoe·bae] *s.* (*zool.*) (*Amoeba proteus*) ameba.

amoebic [ə'mi:bɪk] *agg.* (*med.*) amebico.

amoeboid [ə'mi:bɔɪd / amoeb·oid] *agg.* (*biol.*) ameboide.

amok [ə'mɒk] *avv.*: *to run* —, correre qua e là preso da pazzia sanguinaria • Voce di origine malese.

among [ə'mʌŋ] **amongst** [ə'mʌŋst] *prep.* **1** fra, tra, in mezzo a (più di due persone o cose): *there are many Germans — the tourists*, ci sono molti tedeschi fra i turisti; *the hotel rises — the trees*, l'albergo sorge in mezzo agli alberi; *I wandered — the crowd*, vagai in mezzo alla folla; *they talked — themselves*, parlavano tra loro // *from* —, da, tra; *the Prime Minister forms the government by choosing from — the Members of Parliament*, il Primo ministro forma il governo scegliendo tra i membri del parlamento **2** (introduce il secondo termine di paragone dopo un superl. rel.) di, rispetto a [cfr. *of*]: *he is — the greatest Italian artists*, è uno tra i più grandi artisti italiani **3** (con valore distributivo) tra, per: *to divide a property — heirs*, dividere una proprietà tra gli eredi; *we had only a few pounds — us*, fra tutti avevamo solo poche sterline.

amoral [,eɪ'mɒrəl *amer.* ,eɪ'mɔ:rəl] *agg.* amorale.

amoretto [,æmə'retəʊ / amor·etto] *pl.* **amoretti** [,æmə'retɪ] *s.* amorino.

amorist ['æmərɪst / am·or·ist] *s.* (*non com.*) seduttore.

amorous ['æmərəs / am·or·ous] *agg.* **1** amoroso; affettuoso, tenero **2** innamorato **3** sensuale // **-ly** *avv.*

amorousness ['æmərəsnɪs / am·or·ous·ness] *s.* amorosità, amorevolezza; affetto.

amorphism [ə'mɔ:fɪzəm / amorph·ism] *s.* amorfismo.

amorphous [ə'mɔ:fəs / amorph·ous] *agg.* amorfo // **-ness** *s.*

amortizable [ə'mɔ:tɪzəbl / amort·iz·able] *agg.* (*comm.*) ammortizzabile.

amortization [ə'mɔ:tɪ'zeɪʃn *amer.* ,æmərt ɪ'zeɪʃn / amort·iza·tion] *s.* **1** (*amm.*, *econ.*) ammortamento, ammortizzazione, deprezzamento: — *fund*, fondo ammortamento **2** (*comm.*) ammortamento, pagamento, rimborso: — *of debts*, ammortamento dei debiti; — *loan*, prestito redimibile; — *table*, piano di ammortamento; — *schedule*, (negli Stati Uniti) piano di ammortamento.

to **amortize** [ə'mɔ:taɪz *amer.* 'æmərtaɪz / amort·ize] *v.tr.* **1** (*comm.*) ammortare, ammortizzare **2** (*dir.*) trasferire una proprietà in mano morta.

amount [ə'maʊnt] *s.* **1** (*comm.*) ammontare, importo, somma (totale), montante: — *due*, importo dovuto; *face* —, valore nominale; *material* —, ammontare considerevole; (*amm.*): — *brought forward*, riporto a nuovo; *to the — of*, fino alla concorrenza di **2** quantità: *in small amounts*, in piccole quantità; *he has any — of money*, ha molto denaro // (*fis.*) — *of substance*, quantità di materia.

to **amount** *v.intr.* **1** ammontare: *the expenses — to...*, le spese ammontano a... **2** equivalere: *his reply amounts to a refusal*, la sua risposta equivale ad un rifiuto **3** valere: *all his efforts, in the end, didn't — to much*, alla fine tutti i suoi sforzi non valsero a niente.

amour [ə'mʊə*] *s.* (*non com.*) **1** tresca, intrigo amoroso **2** persona con cui si ha una tresca.

amour-propre [ə'mʊə'prɒpr] *s.* (*fr.*) amor proprio.

amp ['æmp] *s.* (*fam.*) **1** abbr. di → **ampere** **2** abbr. di → **amplifier** **3** (*amer.*) chitarra elettrica.

amped ['æmpt] *agg.* (*sl. amer.*) sovreccitato.

amperage [æm'peərɪdʒ *amer.* æm'pɪərɪdʒ / am·per·age] *s.* (*fis.*) amperaggio, intensità di una corrente elettrica.

ampere ['æmpeə* *amer.* 'æmpɪə* / am·pere] *s.* (*fis.*) ampere.

ampere-hour ['æmpeər'aʊə*] *s.* (*fis.*) amperora.

ampere-turn ['æmpeə,tɜ:n] *s.* (*fis.*) amperspira.

ampersand ['æmpəsænd / am·per·sand] *s.* & (segno tipografico per *and*): *Brown & Co.*, Brown e C.

amphetamine [am'fetəmi:n / am·phet·amine] *s.* anfetammina.

amphiarthrosis [,æmfɪɑ:'θrəʊsɪs / am·phi·arth·ro·sis] *s.* (*med.*) anfiartrosi.

amphibian [æm'fɪbɪən / am·phi·bian] *agg.* e *s.* **1** (*bot.*, *zool.*) anfibio **2** (veicolo, velivolo) anfibio.

amphibiology [æm,fɪbɪ'ɒlədʒɪ / am·phi·bi·ology] *s.* (*zool.*) anfibiologia.

amphibious [æm'fɪbɪəs / am·phi·bi·ous] *agg.* anfibio: — *vehicle*, veicolo, mezzo anfibio; — *warfare*, guerra anfibia; — *tractor*, cingolato anfibio.

amphibole ['æmfɪbəʊl / am·phi·bole] *s.* (*min.*) anfibolo.

amphibolite [æm'fɪbəlaɪt / am·phi·bol·ite] *s.* (*min.*) anfibolite.

amphibological [æm,fɪbə'lɒdʒɪkl / am·phi·bo·lo·gical] *agg.* (*ret.*) anfibologico, ambiguo.

amphibology [,æmfɪ'bɒlədʒɪ / am·phibo·logy] **amphiboly** [æm'fɪbəlɪ / am·phibo·ly] *s.* (*ret.*) anfibologia.

amphibrach ['æmfɪbræk / am·phi·brach] *s.* (*poet.*) anfibraco.

amphictyonic [æm,fɪktɪ'ɒnɪk / amph·ic·ty·onic] *agg.* (*st.*) anfizionico.

amphictyons [æm'fɪktɪənz / amph·ic·tyons] *s.pl.* (*st.*) anfizioni.

amphigean [,æmfɪ'dʒɪən / am·phi·gean] *agg.* (*ecol.*) anfigeo, cosmopolita: *an — organism*, un organismo cosmopolita.

amphioxus [,æmfɪ'ɒksəs / am·phi·oxus] *pl.* **amphioxi** [,æmfɪ'ɒksaɪ / am·phi·oxi] **amphioxuses** [,æmfɪ'ɒksəsi:z / am·phi·oxuses] *s.* (*zool.*) (*Branchiostoma lanceolatum*) anfiosso, lancetta SIN. lancelet.

amphipod ['æmfɪpɒd / am·phi·pod] *agg.* e *s.* (*zool.*) anfipodo.

amphisb(a)ena [æmfɪs'bi:nə / am·phis·b(a)ena] *pl.* **amphisb(a)enae** [æmfɪs'bi:nɪ / am·phis·b(a)e·nae] **amphisb(a)enas** [æm fɪs'bi:nəz] *s.* (*zool.*, *mit.*) anfisbena.

amphitheatre ['æmfɪ,θɪətə* / am·phi·theatre] *s.* anfiteatro.

amphitheatrical [,æmfɪθɪ'ætrɪkl / am·phi·the·at·rical] *agg.* anfiteatrale.

amphitryon [æm'fɪtrɪən / am·phi·tryon] *s.* anfitrione, ospite.

amphiuma [,æmfɪ'ju:mə / am·phi·uma] *s.* (*zool.*) anfiuma SIN. congo eel.

amphora ['æmfərə / am·phora] *pl.* **amphorae** ['æmfəri: / am·phorae] **amphoras** [am·phoras] *s.* anfora.

amphoteric [,æmfə'terɪk / am·pho·ter·ic] *agg.* (*chim.*) anfotero.

ample ['æmpl] *agg.* **1** abbondante, in abbondanza: *they have — food for the party*, hanno cibo in abbondanza per la festa // *that's* —, è più che sufficiente **2** largo, ampio // **-ply** *avv.* // **-ness** *s.*

amplification [,æmplɪfɪ'keɪʃn / amp·li·fica·tion] *s.* **1** amplificazione **2** ampliamento; aggiunta.

amplificative ['æmplɪfɪkeɪtɪv / amp·li·fica·tive] *agg.* amplificativo.

amplifier ['æmplɪfaɪə* / amp·li·fier] *s.* amplificatore.

to **amplify** ['æmplɪfaɪ / amp·lify] *v.tr.* **1** amplificare (suono ecc.) **2** ampliare, allargare (un discorso, un racconto); aumentare (l'importanza, l'intensità di qlco.).

amplitude ['æmplɪtju:d *amer.* 'æmplɪtu:d / am·pli·tude] *s.* **1** ampiezza, estensione **2** abbondanza **3** (*fis.*) ampiezza: — *modulation*, AM, modulazione d'ampiezza **4** (*astr.*) amplitudine.

ampoule ['æmpʊl / am·poule] *s.* ampolla.

ampulla [æm'pʊlə / am·pulla] *pl.* **ampullae** [æm'pʊlɪ / am·pul·lae] *s.* ampolla (*anche scient.*).

to **amputate** ['æmpjʊteɪt / am·pu·tate] *v.tr.* amputare.

amputation [,æmpjʊ'teɪʃn / am·pu·ta·tion] *s.* amputazione.

amtrack ['æmtræk / am·track] *agg.* e *s.* (*amer.*) cingolato anfibio • Contr. di *amphibious* e *tractor*.

Amtrak ['æmtræk / Am·track] *s.* compagnia ferroviaria pubblica statunitense (che svolge solo il servizio passeggeri) • Contr. del nome della compagnia *American Travel Track*.

amuck [ə'mʌk] *avv.* → **amok**.

amulet ['æmjʊlɪt / amu·let] *s.* amuleto.

amusable [ə'mju:zəbl / amus·able] *agg.* (*non com.*) capace di divertirsi.

to **amuse** [ə'mju:z] *v.tr.* divertire, dilettare; distrarre: *to — oneself*, divertirsi; *his behaviour amuses me*, il suo comportamento mi diverte.

amused [ə'mju:zd] *agg.attr.* divertito: *to be — at* (o *by*), essere divertito da: *I was — by him*, mi ha fatto ridere; *we were — at his presumption*, la sua presunzione ci fece sorridere.

amusement [ə'mju:zmənt / amuse·ment] *s.* **1** divertimento; passatempo, svago: *a big city offers many amusements*, una grande città offre molti svaghi // — *arcade*, sala giochi // (*trib.*) — *tax*, imposta sugli spettacoli **2** (*ant.*) inganno: *this was an amusement the other way*, (DEFOE) era questo un inganno d'altro tipo.

amusement park [ə'mju:zmənt'pɑ:k] *s.* (*amer.*) lunapark BRIT. funfair.

amusing [ə'mju:zɪŋ / amus·ing] *agg.* divertente; piacevole; faceto // **-ly** *avv.*

amygdala [ə'mɪgdeɪl / amyg·dala] *pl.* **amygdalae** [ə'mɪgdəli:] *s.* (*anat.*) amigdala.

amygdalic [,æmɪg'dælɪk / amyg·dalic] *agg.* (*chim.*) amigdalico.

amygdalin [ə'mɪgdəlɪn / amyg·dalin] *s.* (*chim.*) amigdalina.

amygdaloid [ə'mɪgdəlɔɪd / amyg·daloid] *agg.* amigdaloide.

amyl ['æmɪl] *s.* (*chim.*) amile: — *group*, gruppo amile.

amylaceous [,æmɪ'leɪʃəs / amyl·aceous] *agg.* (*chim.*) amidaceo.

amylase ['æmɪ,leɪs / amyl·ase] *s.* (*chim.*) amilasi.

amylopectin [,æmələʊ'pektən / amylo·pectin] *s.* (*chim.*) amilopectina.

amylopsin [,æmɪ'lɒpsɪn / amyl·op·sin] *s.* (*biochim.*) amilopsina.

amylose ['æmə,ləʊs / amyl·ose] *s.* (*chim.*) amilosio.

an[1] [æn (*forma forte*)ən (*forma debole*)] → **a**[1].

an[2] *cong.* (*ant.*) **1** (*fam. abbr.* di *and*) e **2** se; come se: *an you weep, I'm fall'n indeed*, (SH. Henry VIII) se tu piangi sono davvero finito.

anabaptism [,ænə'bæptɪzəm / ana·bapt·ism] *s.* (*st. relig.*) anabattismo.

anabaptist [,ænə'bæptɪst / ana·bapt·ist] *s.* (*st. relig.*) anabattista ◆ *agg.* anabattistico.

anabas ['ænə,bæs / ana·bas] *s.* (*zool.*) (*Anabas testudineus*) anabate SIN. climbing perch.

anabasis [ə'næbəsɪs / ana·basis] *s.* anabasi.

anabatic [,ænə'bætɪk / ana·batic] *agg.* (*meteor.*) anabatico: — *winds*, venti anabatici, ascendenti.

anabolic [,ænə'bɒlɪk / ana·bolic] *agg.* (*biol.*) anabolico.

anabolic steroid ['ænə,bɒlɪk'stɪə,rɔɪd *amer.* 'ænə,bɒlɪk'sti:,rɔɪd] *s.* (*biochim.*) anabolizzante.

anabolism [ə'næbəʊlɪzəm / ana·bol·ism] *s.* (*biol.*) anabolismo.

anabolite [æ'næbə,laɪt / ana·bol·ite] *s.* (*biol.*) anabolita.

anabranch ['ænə,brɑ:ntʃ / ana·branch] *s.* (*geogr.*) braccio secondario (di fiume).

anachronic [,ænə'krɒnɪk / ana·chronic] *agg.* anacronistico.

anachronism [ə'nækrənɪzəm / ana·chron·ism] *s.* anacronismo.

anachronistic [ə,nækrə'nɪstɪk / ana·chron·istic] *agg.* anacronistico // **-ally** *avv.*

anacoluthon [,ænəkəʊ'lu:θɒn / an·aco·lu·thon] *pl.* **anacolutha** [,ænəkəʊ'lu:θə / an·aco·lu·tha] **anacoluthons** *s.* (*gramm.*) anacoluto.

anaconda [,ænə'kɒndə / ana·conda] *s.* (*zool.*) (*Eunectes murinus*) anaconda SIN. water-boa.

Anacreontic [ə,nækrɪ'ɒntɪk / Ana·cre·ontic] *agg.* anacreontico; (*metrica*) anacreonteo ◆ *s.* (*metrica*) anacreontica (composizione); anacreonteo (verso).

anacrusis [,ænə'kru:sɪs / ana·cru·sis] *pl.* **anacruses** [,ænə'kru:si:z] *s.* (*metrica*, *mus.*) anacrusi.

anadiplosis [,ænədɪ'pləʊsɪs / ana·dip·losis] *s.* (*ret.*) anadiplosi.

anadromous [ə'nædrəməs / ana·drom·ous] *agg.* (*zool.*) anadromo.

anaemia [ə'ni:mjə / an·ae·mia] *s.* **1** (*med.*) anemia: *pernicious* —, anemia perniciosa **2** (*fig.*) anemia, fiacchezza, mancanza di vitalità.

anaemic [ə'ni:mɪk / an·aemic] *agg.* **1** (*med.*) anemico **2** (*fig.*) anemico, privo di forza, di vitalità: *an — prose*, una prosa anemica.

anaerobe [æn'eɪərəʊb / an·aer·obe] *s.* (*biol.*) anaerobio.

anaerobic [æn,eɪə'rɒbɪk / an·aer·obic] *agg.* (*biol.*) anaerobico.

anaesthesia [,ænɪs'θi:zjə *amer.* ,ænɪs'θi:ʒə / an·aes·the·sia] *s.* (*med.*) anestesia.

anaesthesiology [ænəsθi:zi:'ɒləgɪ / an·aes·thesi·ology] *s.* (*med.*) anestesiologia.

anaesthetic [,ænɪs'θetɪk / an·aes·thetic] *agg.* e *s.* (*med.*) anestetico.

anaesthetist [æ'ni:sθətɪst / an·aes·thet·ist] *s.* (*med.*) anestesista.

anaesthetization [æ,ni:sθɪtɪ'zeɪʃn / an·aes·thet·iza·tion] *s.* (*med.*) anestesia.

to **anaesthetize** [æ'ni:sθətaɪz / an·aes·thet·ize] *v.tr.* (*med.*) anestetizzare.

anaglyph ['ænəglɪf / ana·glyph] *s.* **1** anaglifo, intaglio **2** (*fot.*) anaglifo.

anagoge ['ænəgɒdʒɪ / an·agoge] *s.* (*teol.*) anagogia.

anagogic(al) [,ænə'gɒdʒɪk(l) / an·ago·gic(al)] *agg.* (*teol.*) anagogico // **-ally** *avv.*

anagram ['ænəgræm / ana·gram] *s.* anagramma.

anagrammatic(al) [,ænəgrə'mætɪk(l) / ana·gram·matic·(al)] *agg.* anagrammatico // **-ally** *avv.*

anagrammatism [,ænə'græmətɪzəm / ana·gram·mat·ism] *s.* (*non com.*) formazione di anagrammi.

anagrammatist [,ænə'græmətɪst / ana·gram·mat·ist] *s.* anagrammista.

to **anagrammatize** [,ænə'græmətaɪz / ana·gram·mat·ize] *v.tr.* anagrammare.

anal ['eɪnl] *agg.* anale.

analcime [ə'nælsɪm / anal·cime] **analcite** [ə'næl,saɪt / anal·cite] *s.* (*min.*) analcime, analcite.

analecta [,ænə'lektə / ana·lecta] **analects** ['ænəlekts / ana·lects] *s.pl.* miscellanea; spigolature letterarie.

analemma [,ænə'lemə / ana·lemma] *s.* (*astr.*) analemma.

analeptic [,ænə'leptɪk / ana·leptic] *agg.* e *s.* (*med.*) analettico.

analgesia [,ænæl'dʒi:zjə *amer.* ,ænæl'dʒi:ʒə / an·al·gesia] *s.* (*med.*) analgesia.

analgesic [,ænæl'dʒi:sɪk / an·al·gesic] *agg.* e *s.* (*med.*) analgesico.

analog ['ænəlɒg *amer.* 'ænəlɔ:g / ana·log] *agg.* **1** (*inform.*) analogico: — *link*, collegamento analogico; — *network*, rete analogica **2** → analogue ♦ *s.* → analogue.

analogic(al) [,ænə'lɒdʒɪk(l) / ana·lo·gic(al)] *agg.* analogico // **-ally** *avv.*

analogist [ə'nælədʒɪst / ana·lo·gist] *s.* analogista.

to **analogize** [ə'nælədʒaɪz / ana·lo·gize] *v.tr.* (*non com.*) spiegare, rappresentare analogicamente; rendere analogo ♦ *v.intr.* fare uso di analogie; mostrare una analogia.

analogous [ə'næləgəs / ana·log·ous] *agg.* analogo // **-ly** *avv.*

analogue ['ænəlɒg *amer.* 'ænəlɔ:g / ana·logue] *s.* parola, termine analogo; cosa analoga; organo analogo; parte analoga ♦ *agg.* analogico: (*inform.*) — *transmission*, trasmissione analogica; — *watch*, orologio analogico • In inform. si preferisce usare la forma → analog.

analogy [ə'nælədʒɪ / ana·logy] *s.* analogia.

analphabetic ['ænælfə'betɪk / an·al·pha·betic] *agg.* e *s.* analfabeta.

analysable ['ænəlaɪzəbl / ana·lys·able] *agg.* analizzabile.

to **analyse** ['ænəlaɪz / ana·lyse] *v.tr.* analizzare.

analyser ['ænəlaɪzə* / ana·lyser] *s.* analizzatore.

analysis [ə'nælɪsɪs / ana·lysis] *pl.* **analyses** [ə'nælɪsi:z / ana·lyses] *s.* **1** analisi: — *of a problem, of a novel, of a situation*, analisi di un problema, di un romanzo, di una situazione; *he was admitted to hospital for a series of analyses*, era ricoverato per una serie di analisi; *in the last* —, in ultima analisi // *mathematical* —, analisi matematica // (*chim.*): *elemental* —, analisi elementare; *spectroscopic* —, analisi spettroscopica // (*fin.*) *financial statement* —, analisi di bilancio // (*econ.*): *cost* —, analisi dei costi; *cost-benefit* —, analisi costi e benefici **2** (*spec. amer.*) → psychoanalysis.

analyst ['ænəlɪst / ana·lyst] *s.* **1** (*inform., med.*) analista **2** → psychoanalyst.

analytic(al) [,ænə'lɪtɪk(l) / ana·lytic, ana·lyt·ical] *agg.* analitico: — *approach to a problem*, approccio analitico a un problema; *an — temperament*, un temperamento, un carattere analitico; (*fil.*) — *truth, proposition*, verità, proposizione analitica; *analytical geometry*, geometria analitica // (*ling.*) — *language*, lingua analitica // **-ally** *avv.*

analytics [,ænə'lɪtɪks / ana·lyt·ics] *s.* ⊔ (*fil.*) analitica.

to **analyze** ['ænə,laɪz / ana·lyze] e *deriv.* (*spec. amer.*) → to **analyse** e *deriv.*

anamnesis [,ænəm'ni:sɪs / ana·mnesis] *pl.* **anamneses** [,ænəm'ni:si:z] *s.* (*fil., med.*) anamnesi.

anamorphosis [,ænə'mɔ:fəsɪs / ana·mor·phosis] *pl.* **anamorphoses** [,ænə'mɔ:fəʊsi:z] *s.* (*biol.*) anamorfosi.

ananas [ə'nɑ:nəs / ana·nas] *s.* (*bot. non com.*) → **pineapple**.

anandrous [ə'nændrəs / an·an·drous] *agg.* (*bot.*) senza stami.

anapaest ['ænəpi:st / ana·paest] amer. **anapest** ['ænəpest] *s.* (*metrica*) anapesto.

anapaestic [,ænə'pi:,stɪk / ana·paestic] amer. **anapestic** [,ænəpestɪk] *agg.* (*metrica*) anapestico.

anaphase ['ænə,feɪz / ana·phase] *s.* (*biol.*) anafase.

anaphora [ə'næfərə / ana·phora] *s.* (*ret.*) anafora.

anaphrodisiac [æ,næfrə'dɪzɪæk / an·aph·ro·dis·iac] *agg.* anafrodisiaco.

anaphylactic [,ænəfɪ'læktɪk / ana·phyl·actic] *agg.* anafilattico: — *shock*, shock anafilattico.

anaphylaxis [,ænəfɪ'læksɪs / ana·phyl·axis] *pl.* **anaphylaxes** [,ænəfɪ'læksi:s] *s.* (*med.*) anafilassi.

anaplasty [,ænə'plɑ:stɪ *amer.* ,ænə'plæstɪ / ana·plasty] *s.* (*med.*) chirurgia plastica SIN. plastic surgery.

anaptyxis [,ænəp'tɪksɪs / ana·ptyxis] *pl.* **anaptyxes** [,ænəp'tɪksi:z] *s.* (*ling.*) anaptissi.

anarch ['ænɑ:k / an·arch] *s.* (*poet., antiq.*) ribelle, capo di una rivolta.

anarchic(al) [æ'nɑ:kɪk(l) / an·archic(al)] *agg.* anarchico // **-ally** *avv.*

anarchism ['ænəkɪzəm / an·arch·ism] *s.* anarchismo (credenza politica); anarchia (dottrina politica).

anarchist ['ænəkɪst / an·arch·ist] *s.* anarchico (*anche fig.*).

to **anarchize** ['ænəkaɪz / an·arch·ize] *v.tr.* (*non com.*) ridurre allo stato d'anarchia.

anarchy ['ænəkɪ / an·ar·chy] *s.* anarchia (*anche fig.*).

anasarca [,ænə'sɑ:kə / ana·sarca] *s.* (*med.*) anasarca.

anastatic [,ænə'stætɪk / ana·static] *agg.* anastatico.

anastigmat [ə'næstɪgmæt / ana·stig·mat] *s.* (*fis.*) obiettivo anastigmatico.

anastigmatic [ə,næstɪg'mætɪk / ana·stig·matic] *agg.* (*fis.*) anastigmatico: — *lens*, obiettivo anastigmatico.

anastigmatism [ænə'stɪgmə,tɪzm / ana·stig·mat·ism] *s.* (*fis.*) anastigmatismo.

to **anastomose** [ə'næstəməʊz / ana·stom·ose] *v.tr.* (*med.*) anastomizzare ♦ *v.intr.* comunicare mediante anastomosi.

anastomosis [,ænəstə'məʊsɪs / ana·stom·osis] *pl.* **anastomoses** [,ænəstə'məʊsi:z] *s.* (*med.*) anastomosi.

anastrophe [ə'næstrəfɪ / ana·stro·phe] *s.* (*ret.*) anastrofe.

anatase ['ænə,teɪz / ana·tase] *s.* (*min.*) anatasio SIN. octahedrite.

anathema [ə'næθəmə / ana·thema] *s.* **1** anatema **2** persona colpita da anatema **3** persona, cosa, idea detestata, fortemente disapprovata: *for him divorce was* —, per lui il divorzio era qualcosa di detestabile.

to **anathematize** [ə'næθəmətaɪz / ana·them·at·ize] *v.tr.* (*form.*) anatemizzare, colpire con anatema.

anatocism [ə'nætə,sɪzm / ana·to·cism] *s.* (*comm. rar.*) anatocismo, capitalizzazione di interessi.

Anatolian [,ænə'təʊlɪən / Ana·to·lian] *agg.* anatolico.

anatomic(al) [,ænə'tɒmɪk(l) / ana·tom·ic(al)] *agg.* anatomico // **-ally** *avv.*

anatomist [ə'nætəmɪst / ana·tom·ist] *s.* anatomista.

to **anatomize** [ə'nætəmaɪz / ana·tom·ize] *v.tr.* **1** anatomizzare **2** (*fig.*) analizzare.

anatomy [ə'nætəmɪ / ana·tomy] *s.* **1** anatomia **2** (*fig.*) anatomia, analisi minuziosa: *an — of medieval society*, una anatomia della società medievale.

-ance [əns] (anche *-ence*) *suff.* di origine latina usato per formare sostantivi che indicano stato, condizione, modo di essere, dagli agg. in *-ant, -ent*; it. -anza, -enza: *appearance*, apparenza; *abundance*, abbondanza; *adherence*, aderenza.

ancestor ['ænsestə* / an·cestor] *s.* antenato, avo, progenitore: *the — of the modern tank*, l'antenato del moderno carro armato.

ancestorial [,ænses'tɔ:rɪəl / an·cestor·ial] **ancestral** [æn'sestrəl / an·ces·tral] *agg.* ancestrale, avito; atavico: *the — home*, la casa avita; *an — belief*, una credenza ancestrale.

ancestress ['ænsestrɪs / an·ces·tress] *s.* antenata, ava.

ancestry ['ænsestrɪ / an·ces·try] *s.* **1** discendenza, stirpe; lignaggio **2** *pl.* gli antenati.

anchithere [,æŋkɪθɪə* / anchi·there] *s.* (*paleont.*) anchiterio.

anchor ['æŋkə* / an·chor] *s.* **1** (*mar.*) ancora: *the — drags*, l'ancora ara; *the — holds* (o *bites*), l'ancora agguanta; *the — is atrip*, l'ancora ha lasciato il fondo; *to be at* —, essere ancorato; *to cast* (o *to drop* o *to lay*) —, gettare l'ancora; *to come to* —, mettersi all'ancora, ancorarsi; *to let the — go*, mollare, gettare l'ancora; *to ride* (o *to lie*) *at* —, essere all'ancora, alla fonda; *to stow the* —, acceppare l'ancora; *to sweep an* —, raccogliere un'ancora perduta; *to weigh* —, levare l'ancora // — *berth*, posto di fonda; — *buoy*, boa d'ancoraggio; — *light*, fanale di fonda; — *watch*, guardia, servizio di porto **2** (*mecc.*) ancora; ancoraggio; fissaggio: — *escapement*, scappamento ad ancora (di un orologio); — *clamp*, morsetto d'ancoraggio; — *plate*, piastra di fissaggio **3** (*fig.*) ancora di salvezza, punto di appoggio.

to **anchor** *v.tr.* ancorare, fissare (*anche fig.*): *he is anchored in his beliefs*, è ancorato alle sue convinzioni ◆ *v.intr.* gettar l'ancora, ancorarsi.

anchorage[1] ['æŋkərɪdʒ / an·chor·age] *s.* **1** ancoraggio **2** (*comm.*) tassa di ancoraggio: — *dues*, diritti di ancoraggio **3** (*fig.*) appoggio, punto fermo, sostegno.

anchorage[2] *s.* (*rar.*) eremo.

anchoress ['æŋkərɪs / an·chor·ess] *s.* eremita (donna).

anchoret ['æŋkəret / an·cho·ret] → **anchorite**.

anchoretic [,æŋkə'retɪk / an·chor·etic] *agg.* → **anchoritic**.

anchor-hold ['æŋkə,həʊld] *s.* **1** presa all'ancora **2** (*fig.*) sicurezza.

anchorite ['æŋkəraɪt / an·chor·ite] *s.* anacoreta, eremita (uomo).

anchoritic [,æŋkə'rɪtɪk / an·chor·itic] *agg.* anacoretico; da, di anacoreta.

anchorman ['æŋkə,mæn / an·chor·man] *pl.* **anchormen** ['æŋkə,mən] *s.* (*spec. amer.*) **1** anchorman, conduttore di spettacolo televisivo che utilizza vari servizi giornalistici **2** (*sport*) l'ultimo elemento di una staffetta **3** (*fam.*) l'ultimo della classe.

anchor-stock ['æŋkə,stɒk] *s.* (*mar.*) ceppo dell'ancora.

anchovy ['æntʃəvɪ / an·chovy] *s.* (*zool.*) (*Engraulis encrasicholus*) acciuga, alice // — *paste*, pasta di acciughe; — *sauce*, salsa di acciughe.

anchusa [æŋ'kjusə / an·chusa] *s.* (*bot.*) (*Anchusa officinalis*) buglossa comune.

to **anchylose** ['æŋkɪ,ləʊs / an·chyl·ose] e *deriv.* → to **ankylose** e *deriv.*

ancien régime [ɔ:nsjɒnreɪ'ʒi:m] *s.* (*fr.*) ancien régime, l'ordine sociale e politico in Francia prima della Rivoluzione.

ancient[1] ['eɪnʃənt / an·cient] *agg.* antico; molto vecchio, antiquato: — *history*, storia antica; — *monuments*, monumenti antichi; *an — looking woman*, una donna dall'aspetto molto vecchio; *an — typewriter*, una macchina da scrivere antiquata // *the ancients*, gli antichi // **-ly** *avv.* // **-ness** *s.*

ancient[2] *s.* (*ant.*) **1** bandiera **2** portabandiera.

ancientry ['eɪnʃəntrɪ / an·cientry] *s.* (*ant.*) **1** antichità; tempi antichi **2** *pl.* le antichità.

ancillary [æn'sɪlərɪ *amer.* 'ænsɪlərɪ / an·cil·lary] *agg.* (*form.*) **1** sussidiario, ausiliario: — *hospital staff*, personale ausiliario dell'ospedale; — *equipment*, equipaggiamento sussidiario // (*med.*) — *treatment*, terapia adiuvante **2** (*dir.*) accessorio, complementare: — *instrument*, atto complementare (a un altro principale); — *obligation*, obbligazione accessoria.

ancipital [æn'sɪpɪtl / an·cipi·tal] *agg.* (*bot.*) ancipite.

ancle ['æŋkl] *s.* (*ant.*) → **ankle**.

ancon ['æŋkɒn] *s.* **1** (*anat.*) → elbow **2** (*arch., ant.*) ancona.

ancress ['æŋkrɪs / an·cress] *s.* (*ant.*) → **anchoress**.

-ancy [ənsɪ] (anche *-ency*) *suff.* di origine latina usato per formare sostantivi astratti che indicano stato, modo di essere, dagli agg. in *-ant, -ent*; it. -anza, -enza: *excellency*, eccellenza; *inconsistency*, inconsistenza.

and [ænd (*forma forte*)ənd, ən (*forme deboli*)] *cong.* **1** (*con valore coordinativo*) e, ed: *a boy — a girl*, un ragazzo e una ragazza; *my mother — father have gone to New York*, mio padre e mia madre sono andati a New York; *ladies — gentlemen*, signore e signori; *you — I*, tu ed io; *milk — coffee*, caffè e latte; *she can read — write*, sa leggere e scrivere; *they said good-bye — left*, salutarono e partirono; *I'm fine, — you?*, io sto bene, e tu?; *by — by*, tra poco; *now — then*, ogni tanto // In espressioni numeriche: *two hundred — twenty*, duecentoventi; *three — a half*, tre e mezzo; *two — two are four*, due più due fanno quattro // Nell'uso comm.: *Dawson — Sons*, Dawson e Figli // Come rafforzativo per indicare ripetitività di un'azione: *they talked — talked the whole morning*, parlarono e parlarono, continuarono a parlare tutta la mattina; *for hours — hours*, per ore e ore; *we walked for miles — miles*, camminammo per miglia e miglia // Con valore avversativo: *he saw she was tired — would not help*, vide che era stanca, eppure non volle aiutarla **2** (*tra due comparativi*) sempre più: *worse — worse*, sempre peggio; *farther — farther*, sempre più lontano **3** (*tra due verbi*) a, di: *go — buy me something to drink*, vai a comprarmi qualcosa da bere; *come — see us*, venite a trovarci; *try — help me*, cerca di aiutarmi **4** (*ant. con valore condiz.*) se, come se: *let her change her place — need be*, cambi posto se occorre; *And 'a speak anything against me...*, (SH. Romeo and Juliet) Se lui dice qualcosa contro di me...

Andalusian [,ændə'lu:zjən / Anda·lu·sian] *agg.* andaluso ◆ *s.* **1** andaluso **2** dialetto andaluso.

andalusite [,ændə'lu:saɪt / anda·lus·ite] *s.* (*min.*) andalusite.

andante [æn'dæntɪ / an·dante] *s.* (*mus.*) andante.

Andean [æn'dɪən / An·dean] *agg.* (*geogr.*) andino.

andesite ['ændə,zaɪt / an·des·ite] *s.* (*geol.*) andesite.

andiron ['ændaɪrən / and·iron] *s.* alare.

Andorran [æn'dɔ:rən / An·dor·ran] *agg.* e *s.* andorrano.

andro- ['ændrə, 'ændrəʊ, 'ændrɒ] *pref.* di origine greca che significa 'uomo'; it. andro-: *androgyny*, androginia; *andropause*, andropausa.

androecium [æn'dri:ʃɪəm / an·droe·cium] *pl.* **androecia** [æn'dri:ʃɪə / an·droe·cia] *s.* (*bot.*) androceo.

androgen ['ændrədʒən / an·dro·gen] *s.* (*biol., biochim.*) ormone androgeno.

androgyne ['ændrə,dʒaɪn *amer.* 'ændrədʒɪn / andro·gyne] *s.* donna androgina; uomo effeminato.

androgynous [æn'drɒdʒɪnəs / an·dro·gyn·ous] *agg.* (*biol.*) androgino, ermafrodito.

androgyny [æn'drɒdʒɪnɪ / an·dro·gyny] *s.* (*biol.*) androginia.

android ['ændrɔɪd / an·droid] *s.* androide.

andrology [æn'drɒlədʒɪ / an·dro·logy] *s.* (*med.*) andrologia.

andropause ['ændrə,pɔ:z / an·dro·pause] *s.* (*med.*) andropausa.

androphile ['ændrə,faɪl / an·dro·phile] *s.* (*ecol.*) organismo antropofilo.

androsterone [æn'drɒstərəʊn / an·dro·ster·one] *s.* (*biochim.*) androsterone.

anecdotage ['ænekdəʊtɪdʒ / an·ec·dot·age] *s.* **1** aneddotica **2** (*scherz.*) la garrula vecchiaia.

anecdotal [,ænek'dəʊtl / an·ec·dotal] *agg.* aneddotico // **-ally** *avv.*

anecdote ['ænɪkdəʊt / an·ec·dote] *s.* aneddoto.

anecdotical [,ænek'dɒtɪkl / an·ec·dotic·al] *agg.* aneddotico.

anecdotist ['ænɪkdəʊtɪst / an·ec·dot·ist] *s.* chi narra o raccoglie aneddoti, aneddotista.

anelastic [,ænə'læstɪk / an·elastic] *agg.* (*fis.*) anelastico.

anelasticity [,ænəlæs'tɪsɪtɪ / an·elasti·city] *s.* (*fis.*) anelasticità.

to **anele** [ə'ni:l] *v.tr.* **1** (*relig. ant.*) ungere, consacrare **2** amministrare l'estrema unzione a.

anelectric [,ænɪ'lektrɪk / an·elec·tric] *agg.* (*fis.*) anelettrico, che non si carica per strofinio.

anemia [ə'ni:mjə / an·e·mia] e *deriv.* (*spec. amer.*) → **anaemia** e *deriv.*

anemo- ['ænəmə,ə'nemə, ænə'mɒ / an·emo] *pref.* di origine greca che indica 'vento, aria'; it. anemo-: *anemometer*, anemometro.

anemochory [ə'neməkrɪ / an·emo·chory] *s.* (*ecol.*) anemocoria, disseminazione anemocora.

anemograph [ə'neməgrɑ:f *amer.* ə'neməgræf / an·emo·graph] *s.* (*meteor.*) anemografo.

anemography [,ænɪ'mɒgrəfɪ / an·emo·graphy] *s.* anemografia.

anemology [,ænə'mɒlədʒɪ / an·emo·logy] *s.* (*meteor.*) anemologia.

anemometer [,ænɪ'mɒmɪtə* / an·emo·meter] *s.* (*meteor.*) anemometro.

anemometry [,ænɪ'mɒmɪtrɪ / an·emo·metry] *s.* (*meteor.*) anemometria.

anemone [ə'nemənɪ] *s.* **1** (*bot.*) anemone **2** (*zool.*) → sea anemone.

anemone fish [ə'nemənɪ,fɪʃ] *s.* (*zool.*) (*Amphiprion percula*) anfiprione percula; (*pop.*) pesce pagliaccio.

anemophilous [,ænə'mɒfɪləs / an·emo·phil·ous] *agg.* (*bot.*) anemofilo.

anemophily [,ænə'mɒfɪlɪ / an·emo·phily] *s.* (*bot.*) anemofilia.

anemoscope [ə'neməskəʊp / an·emo·scope] *s.* (*meteor.*) anemoscopio.

anent [ə'nent] *prep.* (*ant. scoz.*) circa, concernente, in merito a: *he said nothing — this particular*, non disse nulla riguardo a questo particolare.

aneroid ['ænərɔɪd / an·er·oid] *agg.* (*fis.*) aneroide: — *barometer*, barometro aneroide ◆ *s.* barometro aneroide.

anesthesia e *deriv.* (*spec. amer.*) → **anaesthesia** e *deriv.*

aneurin ['ænjʊərɪn / an·eurin] *s.* (*biochim.*) aneurina, vitamina B_1.

aneurism, **aneurysm** ['ænjʊərɪzəm / an·eur·ism] *s.* (*med.*) aneurisma.

aneurismal, **aneurysmal** [,ænjʊə'rɪzməl / an·eur·is·mal] *agg.* (*med.*) aneurismatico.

anew [ə'nju:] *avv.* di nuovo, da capo: *to begin*—, ricominciare.

anfractuous [æn'fræktjʊəs / an·frac·tu·ous] *agg.* anfrattuoso.

angary ['æŋgərɪ / an·gary] *s.* angheria (*anche dir.*).

angel ['eɪndʒəl / an·gel] *s.* **1** angelo (*anche fig.*): *evil* —, angelo cattivo; *guardian* —, angelo custode; (*fig.*) *she is an* —*!*, è un angelo! // — *of death*, angelo, messaggero di morte // *dark* —, angelo delle tenebre, demonio; *fallen* —, angelo caduto // *to be on the side of the angels*, essere, stare dalla parte giusta **2** angelo, antica moneta d'oro inglese **3** (*fam.*) finanziatore di un'impresa (spec. di uno spettacolo).

to **angel** *v.tr.* (*sl. amer.*) finanziare, dare copertura finanziaria a.

angel cake ['eɪndʒəl,keɪk] amer. **angel food cake** [eɪndʒəl,fu:d keɪk] *s.* biscotto tipo savoiardo, pane degli angeli.

angel dust ['eɪndʒəl,dʌst] *s.* (*sl. amer.*) eroina sintetica.

Angeleno [,ændʒə'li:nəʊ / An·gel·eno] *s.* (*amer.*) abitante di Los Angeles.

angel fish ['eɪndʒəl,fɪʃ] *s.* (*zool.*) (*Heniochus acuminatus*) pesce angelo.

angelica [æn'dʒelɪkə / an·gel·ica] *s.* (*bot.*) **1** (*Angelica archangelica*) angelica **2** (*Aralia spinosa*) aralia spinosa SIN. devil's walking stick, Hercule's club.

angelic(al) [æn'dʒelɪk(l) / an·gelic(al)] *agg.* angelico // **-ally** *avv.*

angelology [,eɪndʒə'lɒlədʒɪ / an·gel·ology] *s.* (*teol.*) angelologia.

angelus ['ændʒɪləs / an·gelus] *s.* (*eccl.*) angelus.

anger ['æŋgə* / an·ger] *s.* collera, risentimento, ira, stizza: *in a fit of* —, in un accesso d'ira; *to provoke s.o.'s* —, provocare la collera di qlcu.

to **anger** *v.tr.* irritare, far andare in collera.

angered ['æŋgəd / an·gered] *agg.* irato, furioso.

Angevin ['ændʒɪvɪn / An·gevin] *agg.* e *s.* angioino.

angina [æn'dʒaɪnə / an·gina] *s.* (*med.*) angina // — (*pectoris*), angina pectoris.

angio- ['ændʒi:əʊ, 'ændʒi:ə, ,ændʒɪ'jɒ / an·gio] *pref.* di origine greca che significa 'vaso' o 'ricettacolo'; it. angio-: *angiography*, angiografia; *angiology*, angiologia; *angiosperm*, angiosperma.

angiography [,ændʒɪ'jɒgrəfɪ / an·gio·graphy] *s.* (*med.*) angiografia.

angiologist [,ændʒɪ'jɒlədʒɪst / an·gio·lo·gist] *s.* (*med.*) angiologo.

angiology [,ændʒɪ'jɒlədʒɪ / an·gio·logy] *s.* (*med.*) angiologia.

angioma [,ændʒɪ'jəʊmə / an·gioma] *s.* (*med.*) angioma.

angioplasty ['ændʒɪəʊ,plæstɪ / an·gio·plasty] *s.* (*med.*) angioplastica.

angiosperm ['ændʒɪə,spɜ:m / an·gio·sperm] *s.* (*bot.*) (pianta) angiosperma.

angle[1] ['æŋgl] *s.* **1** (*mat.*) angolo: *acute, obtuse, right* —, angolo acuto, ottuso, retto; *central, peripheral* —, angolo al centro, alla circonferenza; *at right angles*, ad angolo retto, perpendicolarmente // *at an* —, obliquamente **2** (*fig.*) angolo, angolazione, angolatura; punto di vista: *try to see it from my* —, tenta di vederlo dal mio punto di vista **3** (*geol.*) inclinazione (di strati): — *of repose* (o *of rest*), angolo di riposo.

to **angle**[1] *v.tr.* **1** disporre ad angolo, angolare **2** presentare secondo un certo punto di vista.

angle[2] *s.* (*ant.*) amo (da pesca).

to **angle**[2] *v.intr.* **1** pescare (con l'amo): *to* — *for trout*, pescare le trote **2** (*fig.*) adescare; cercare di ottenere (qlco.) con furbizia: *to* — *for compliments*, andare a caccia di complimenti.

angle bracket ['æŋgl,brækɪt] *s.* **1** (*spec. pl.*) sostegno a L per libri **2** (*tip.*) parentesi uncinata.

angled ['æŋgld] *agg.* **1** ad angoli, angolato **2** d'angolo.

angle iron ['æŋgl,aɪən] *s.* (*metall.*) ferro a L; angolare.

angler ['æŋglə* / ang·ler] *s.* **1** pescatore (con l'amo) **2** (*zool.*) — (*fish*), (*Lophius piscatorius*) rana pescatrice SIN. frog fish.

Angles ['æŋglz] *s.pl.* angli.

anglesite ['æŋglə,saɪt / an·gle·site] *s.* (*min.*) anglesite.

angleworm ['æŋgl,wɜ:m / an·gle·worm] *s.* (*zool.*) verme da esca.

Anglian ['æŋglɪən / An·glian] *agg.* anglico, degli angli ◆ *s.* anglo.

Anglican ['æŋglɪkən / An·glican] *agg.* e *s.* **1** (*st. relig.*) anglicano **2** (*amer.*) inglese.

Anglicanism ['æŋglɪkənɪzəm / An·glic·an·ism] *s.* (*st. relig.*) anglicanesimo.

anglicism ['æŋglɪsɪzəm / an·gli·cism] *s.* anglicismo.

anglicization [,æŋglɪsaɪ'zeɪʃn / an·gli·ci·za·tion] *s.* anglicizzazione.

to **anglicize** ['æŋglɪsaɪz / an·gli·cize] *v.tr.* anglicizzare.

angling ['æŋglɪŋ / ang·ling] *s.* pesca con l'amo.

Anglo- ['æŋgləʊ] *pref.* di origine latina che significa 'inglese'; it. anglo-: *anglophile*, anglofilo; *Anglo-Indian*, angloindiano.

Anglo *s.* (*sl. amer.*) bianco (usato dagli ispano-americani).

Anglo-American [,æŋgləʊə'merɪkən] *agg.* e *s.* angloamericano.

Anglo-French [,æŋgləʊ'frentʃ] *agg.* anglofrancese ◆ *s.* anglofrancese (lingua usata in Inghilterra a corte e nei tribunali dal 1200 sino al 1400 circa).

Anglo-Indian [,æŋgləʊ'ɪndjən] *agg.* e *s.* angloindiano.

Anglo-Irish [,æŋgləʊ'aɪrɪʃ] *agg.* e *s.* angloirlandese.

anglomania [,æŋgləʊ'meɪnjə / ang·lo·mania] *s.* [*anche maiuscolo*] anglomania.

anglomaniac [,æŋgləʊ'meɪnjæk / an·glo·man·iac] *s.* anglomane.

Anglo-Norman [,æŋgləʊ'nɔ:mən] *agg.* e *s.* anglonormanno.

anglophile ['æŋgləʊ,faɪl / ang·lo·phile] *s.* anglofilo.

anglophobe ['æŋgləʊfəʊb / ang·lo·phobe] *s.* anglofobo.

anglophobia [,æŋgləʊ'fəʊbjə / ang·lo·phobia] *s.* anglofobia.

anglophone ['æŋgləʊ,fəʊn / an·glo·phone] *agg.* e *s.* anglofono.

Anglo-Saxon [,æŋgləʊ'sæksən] *agg.* e *s.* anglosassone.

Angolan [æŋ'gəʊlən / An·golan] *agg.* e *s.* angolano.

angora [æŋ'gɔ:rə / an·gora] *s.* **1** angora (razza): *Angora cat, goat, rabbit*, gatto, capra, coniglio d'angora **2** lana d'angora, angora.

angostura [,æŋgə'stjʊərə / an·gos·tura] *s.* angostura.

angrily ['æŋgrɪlɪ / an·grily] *avv.* irosamente; con veemenza.

angry ['æŋgrɪ] *agg.* **1** irato, arrabbiato, stizzito, in collera: *to be* — *at* (o *with*) *s.o.*, essere adirato con qlcu.; *to be* — *at* (o *about*) *sthg.*, essere in collera per qlco.; *he was* — *at what she was doing*, era in collera per quello che lei faceva; *they were* — *about his delay*, erano in collera per il suo ritardo; *to feel* —, irritarsi, essere irritato; *to get* (o *to grow*) —, adirarsi, andare in collera; *to make* —, far andare in collera // *the* — *young men*, 'i giovani arrabbiati' **2** collerico, iracondo **3** (*letter.*) tempestoso, burrascoso **4** infiammato, irritato (di ferita, abrasione ecc.).

angst ['ɑ:ŋst] *s.* angoscia (esistenziale).

angstrom ['æŋstrəm / ang·strom] *s.* (*fis.*) angstrom (10^{-10} cm).

anguine ['æŋgwɪn / an·guine] *agg.* (*non com.*) serpentiforme.

anguish ['æŋgwɪʃ / an·guish] *s.* angoscia, tormento; dolore: *to be in* —, essere angosciato, addolorato; soffrire.

anguished ['æŋgwɪʃt / an·guished] *agg.* angosciato, tormentato.

angular ['æŋgjʊlə* / an·gu·lar] *agg.* **1** angolare: (*mat.*) — *distance*, distanza angolare **2** angoloso, spigoloso (*anche fig.*) // **-ly** *avv.*

angularity [,æŋgjʊ'lærətɪ / an·gu·lar·ity] *s.* **1** angolarità **2** *pl.* angolosità, spigolosità (*anche fig.*).

angulate ['æŋgjʊleɪt / an·gu·late] *agg.* angolato.

angulation [,æŋgjʊ'leɪʃn / an·gu·la·tion] *s.* angolazione.

anharmonic [,ænhɑ:'mɒnɪk / an·har·monic] *agg.* (*mat., fis.*) anarmonico: (*mat.*) — *ratio*, rapporto anarmonico, birapporto.

anhydride [æn'haɪdraɪd / an·hyd·ride] *s.* (*chim.*) anidride.

anhydrite [æn'haɪdraɪt / an·hyd·rite] *s.* (*min.*) anidrite.

anhydrous [æn'haɪdrəs / an·hyd·rous] *agg.* (*chim.*) anidro.

anigh [ə'naɪ] *avv.* e *prep.* (*ant.*) → **nigh**.

anil ['ænɪl] *s.* **1** (*bot.*) (*Indigofera anil*) anile **2** indaco.

anile ['eɪnaɪl / an·ile] *agg.* (*ant.*) (di donna) senile; rimbambita.

aniline ['ænɪli:n *amer.* 'ænɪlɪn / an·il·ine] *s.* (*chim.*) anilina // — *dye*, colorante, tintura d'anilina.

anility [æ'nɪlɪtɪ / an·il·ity] *s.* (*ant.*) (di donna) senilità; rimbambimento.

animadversion [,ænɪmæd'vɜ:ʃn / an·im·ad·ver·sion] *s.* (*form.*) censura, biasimo, riprovazione: *...it was rather presumptuous in me, ..., to express any doubt of the justice of his animadversion*, (J. BOSWELL) ...fu presunzione la mia, ..., di avanzare dei dubbi sulla correttezza della sua riprovazione; *to make animadversions (up)on sthg.*, criticare qlco.

to **animadvert** [,ænɪmæd'vɜ:t / an·im·ad·vert] *v.intr.* (*form.*) censurare, criticare: *to — (up)on* (o *about*) *sthg.*, criticare qlco.

animal ['ænɪml / an·imal] *agg.* e *s.* animale // — *spirits*, vitalità, energia vitale.

animalcular [,ænɪ'mælkjʊlə* / an·im·al·cular] *agg.* microbico.

animalcule [,ænɪ'mælkju:l / an·im·al·cule] *s.* (*biol. non com.*) microbio, microrganismo.

animal husbandry [,ænɪml'hʌsbəndrɪ] *s.* zootecnia.

animalism ['ænɪməlɪzəm / an·im·al·ism] *s.* **1** animalità; sensualità **2** (*fil.*) animalismo.

animalist ['ænɪməlɪst / an·im·al·ist] *s.* **1** sensualista **2** (*fil.*) animalista.

animality [,ænɪ'mælɪtɪ / an·im·al·ity] *s.* **1** animalità **2** vita animale.

animalization ['ænɪməlaɪ'zeɪʃn / an·im·al·iza·tion] *s.* abbrutimento.

to **animalize** ['ænɪməlaɪz / an·im·al·ize] *v.tr.* abbrutire.

animate ['ænɪmɪt / an·im·ate] *agg.* animato; dotato di movimento: *an — being*, un essere animato; *the leaves on the trees were the only — things in the silent garden*, le foglie sugli alberi erano le sole cose che si muovevano nel giardino silenzioso.

to **animate** ['ænɪmeɪt] *v.tr.* animare; stimolare: *joy animated his face*, la gioia gli animava il volto; *his comments animated the discussion*, i suoi interventi stimolarono il dibattito.

animated ['ænɪmeɪtɪd / an·im·ated] *agg.* animato; movimentato: *an — evening*, una serata movimentata; *to become —*, animarsi // **-ly** *avv.*

animated cartoon [,ænɪmeɪtɪdkɑ:'tu:n] *s.* → **cartoon**.

animating ['ænɪmeɪtɪŋ / an·im·at·ing] *agg.* vivificante.

animation [,ænɪ'meɪʃn / an·ima·tion] *s.* **1** animazione, vivacità; entusiasmo: *he talked with — of his plans for the future*, parlava con entusiasmo dei suoi progetti per il futuro **2** (*cinem.*) animazione.

animatism ['ænɪmətɪzm / ani·ma·tism] *s.* animatismo.

animator ['ænɪmeɪtə* / an·im·ator] *s.* (*cinem.*) animatore.

animism ['ænɪmɪzəm / an·im·ism] *s.* (*fil.*) animismo; spiritualismo.

animosity [,ænɪ'mɒsətɪ / an·im·os·ity] *s.* animosità, ostilità.

animus ['ænɪməs / an·imus] *s.* ⓤ **1** animosità, ostilità **2** intenzione, obiettivo; aspirazione **3** principio animatore; ispirazione.

anion ['ænaɪən / an·ion] *s.* (*chim.*, *fis.*) anione.

anionic [,ænaɪ'ɒnɪk / an·ionic] *agg.* (*chim.*, *fis.*) anionico.

anise ['ænɪs / an·ise] *pl. invar.* o **anises** ['ænɪsi:z / ani·ses] *s.* (*bot.*) (*Pimpinella anisum*) anice comune.

aniseed ['ænɪsi:d / ani·seed] *s.* (*bot.*) (semi di) anice.

anisette [,ænɪ'zet / an·is·ette] *s.* anisetta (liquore).

aniso- [ə'naɪsəʊ] *pref.* di origine greca che significa 'disuguale'; it. aniso-: (*med.*) *anisocoria*, anisocoria; (*biol.*) *anisogamete*, anisogamete.

anisole ['ænɪ,səʊl / an·isole] *s.* (*chim.*) anisolo.

anisophylly [,ænɪ'sɒfɪlɪ / an·iso·phylly] *s.* (*bot.*) anisofillia.

anisotropic [,ænɪsəʊ'trɒpɪk / an·iso·tropic] *agg.* (*fis.*) anisotropo.

anisotropy [,ænɪ'sɒtrəpɪ / an·iso·tropy] *s.* (*fis.*) anisotropia.

ankerite ['æŋkə,raɪt / an·ker·ite] *s.* (*min.*) ankerite.

ankle ['æŋkl] *s.* caviglia // — *joint*, collo del piede.

ankle bone ['æŋkəl,bəʊn] *s.* (*anat.*) astragalo.

ankle-deep ['æŋkəl'di:p] *agg.* alto fino alla caviglia: *a path — in mud*, un sentiero col fango alto fino alla caviglia.

ankle sock ['æŋkəl,sɒk] *s.* calzino corto.

anklet ['æŋklɪt / ank·let] *s.* **1** ornamento da caviglia **2** cavigliera **3** (*abbigl.*) calzino corto (da donna, da bambino).

to **ankylose** ['æŋkɪləʊz / an·kyl·ose] *v.tr.* anchilosare, rendere anchilosato ◆ *v.intr.* anchilosarsi, diventare anchilosato.

ankylosis [,æŋkaɪ'ləʊsɪs / an·kyl·osis] *pl.* **ankyloses** [,æŋkaɪ'ləʊsi:z] *s.* (*med.*) anchilosi.

ankylostoma [,æŋkə'lɒstəmə / an·kylo·stoma] *s.* (*zool.*) anchilostoma.

ankylotic [,æŋkə'lɒtɪk / an·kyl·otic] *agg.* anchilosato; irrigidito.

annabergite ['ænə,bɜ:gaɪt / an·na·berg·ite] *s.* (*min.*) annabergite.

annalist ['ænəlɪst / an·nal·ist] *s.* annalista.

annalistic ['ænəlɪstɪk / an·nal·istic] *agg.* annalistico.

annals ['ænlz / an·nals] *s.pl.* annali.

annates ['æneɪts / an·nates] *s.pl.* (*ant.*) (*dir. eccl.*) annualità.

to **anneal** [ə'ni:l / an·neal] *v.tr.* **1** (*metall.*) ricuocere **2** (*fig.*) temprare, fortificare.

annealing [ə'ni:lɪŋ / an·neal·ing] *s.* (*metall.*) ricottura: *black —*, ricottura nera; *blue —*, ricottura al blu; *bright —*, ricottura in bianco.

annelid ['ænəlɪd / an·nelid] *s.* (*zool.*) anellide.

to **annex** [ə'neks / an·nex] *v.tr.* **1** unire; allegare **2** annettere (un paese) **3** (*fam. scherz.*) prendere (senza permesso), appropriarsi di.

annexable [ə'neksəbl / an·nex·able] *agg.* (*non com.*) che si può annettere.

annexation [,ænek'seɪʃn / an·nexa·tion] *s.* annessione.

annexationist [,ænek'seɪʃənɪst / an·nexa·tion·ist] *agg.* e *s.* annessionista.

annex(e) ['æneks / an·nex(e)] *s.* **1** edificio secondario; dipendenza (di albergo ecc.) **2** allegato (a un documento).

annexitis [,ænək'saɪtɪs / an·nex·itis] *s.* (*med.*) annessite.

to **annihilate** [ə'naɪəleɪt / an·ni·hil·ate] *v.tr.* **1** distruggere, annientare; spazzar via: *an atomic war would — the human race*, una guerra atomica spazzerebbe via la razza umana **2** (*fig.*) annullare, rendere nullo: *a series of mistakes annihilated our efforts*, una serie di errori ha annullato i nostri sforzi.

annihilation [ə,naɪə'leɪʃn / an·ni·hila·tion] *s.* **1** annientamento, distruzione; annullamento **2** (*fis. nucleare*) annichilazione.

annihilator [ə'naɪəleɪtə* / an·ni·hil·ator] *s.* distruttore.

anniversary [,ænɪ'vɜ:sərɪ / an·ni·vers·ary] *s.* anniversario.

Anno Domini [,ænəʊ'dɒmɪnaɪ / Anno Dom·ini] *locuz.avv.* (abbr. AD) dell'era volgare: *154 AD*, 154 dopo Cristo.

to **annotate** ['ænəʊteɪt / an·not·ate] *v.tr.* annotare; chiosare ◆ *v.intr.* apporre note.

annotation [,ænəʊ'teɪʃn / an·nota·tion] *s.* annotazione; chiosa; postilla.

annotator [,ænəʊ'teɪtə* / an·not·ator] *s.* annotatore; commentatore.

to **announce** [ə'naʊns / an·nounce] *v.tr.* annunciare: *the government announced a new tax*, il governo annunciò una nuova tassa; *your flight hasn't been announced yet*, il tuo volo non è ancora stato annunciato.

announcement [ə'naʊnsmənt / an·nounce·ment] *s.* annuncio; dichiarazione; avviso: *a wedding —*, un annuncio, una partecipazione di nozze; *the Prime Minister made a public — about the economic situation*, il Primo Ministro rilasciò una dichiarazione riguardo alla situazione economica // (*trib.*) — *effect*, effetto di annuncio.

announcer [ə'naʊnsə* / an·noun·cer] *s.* annunciatore; presentatore.

annoy [ə'nɔɪ / an·noy] *s.* (*ant.*, *poet.*) noia.

to **annoy** *v.tr.* **1** importunare, dar noia a, infastidire, seccare: *his rudeness really annoyed me*, la sua maleducazione mi ha proprio seccato **2** (*ant.*) essere nocivo, inquinare: *where houses thick and sewers annoy the air*, (MILTON) dove le fitte case e le fogne infestano l'aria.

annoyance [ə'nɔɪəns / an·noy·ance] *s.* noia, fastidio, seccatura.

annoyed [ə'nɔɪd / an·noyed] *agg.* contrariato, seccato: *to be — about* (o *at*) *sthg.*, essere contrariato per qlco.; *to be — with s.o.*, essere seccato con qlcu.

annoyer [ə'nɔɪə* / an·noy·er] *s.* seccatore.

annoying [ə'nɔɪɪŋ / an·noy·ing] *agg.* noioso, fastidioso, seccante: *the — thing about it is that...*, la cosa seccante al riguardo è che...

annual ['ænjʊəl / an·nual] *agg.* annuale, annuo: *an — plant*, una pianta annua; (*astr.*) — *equation*, equazione annua; (*astr.*) — *parallax*, parallasse annuale // **-ly** *avv.* ◆ *s.* **1** annuario **2** (*bot.*) pianta annua.

annuary ['ænjʊərɪ / an·nu·ary] *s.* (*antiq.*) annuario.

annuation [ˌænjʊ'eɪʃn / an·nu·ation] *s.* (*ecol.*) variazione annuale.

annuitant [ə'njuːɪtənt / an·nu·it·ant] *s.* beneficiario di una rendita, di un vitalizio.

annuity [ə'njuːɪtɪ *amer.* ə'nuːɪtɪ / an·nu·ity] *s.* (*comm.*) annualità; rendita: *certain* —, rendita certa; — *due*, rendita anticipata; *perpetual* —, rendita perpetua; *life* —, vitalizio; — *unit*, rata di rendita vitalizia.

to **annul** [ə'nʌl / an·nul] *pass.p.p.* **annulled** [ə'nʌld / an·nulled] *v.tr.* annullare, abrogare, abolire.

annular ['ænjʊlə* / an·nu·lar] *agg.* **1** anulare: (*astr.*) — *eclipse*, eclissi anulare // — *finger*, (dito) anulare // (*mecc.*) — *anger*, punta a corona **2** (*biol.*) anelliforme.

annulate ['ænjʊleɪt / an·nu·late] **annulated** ['ænjʊleɪtɪd / an·nu·lated] *agg.* inanellato; ad anelli.

annullable [ə'nʌləbl / an·null·able] *agg.* annullabile.

annulment [ə'nʌlmənt / an·nul·ment] *s.* annullamento.

annulose ['ænjʊləʊz / an·nu·lose] *agg.* a forma di anello.

to **annunciate** [ə'nʌnʃɪeɪt / an·nun·ci·ate] *v.tr.* (*ant.*) annunciare, proclamare.

annunciation [əˌnʌnsɪ'eɪʃn / an·nun·ci·ation] *s.* (*non com.*) annuncio // *the Annunciation*, l'Annunciazione.

Annunciation-day [əˌnʌnsɪ'eɪʃnˌdeɪ] *s.* festa dell'Annunciazione.

annunciator [ə'nʌnʃɪeɪtə* / an·nun·ci·ator] *s.* (*non com.*) **1** annunciatore **2** (*ferr.*) segnalatore elettrico **3** (*elettr.*) quadro di segnalazione.

anode ['ænəʊd / an·ode] *s.* (*fis.*) anodo: — *rays*, raggi anodici.

anodic [ə'nəʊdɪk / an·odic] *agg.* (*fis.*, *chim.*) anodico: — *coating*, rivestimento anodico, anodizzazione.

to **anodize** ['ænəˌdaɪz / an·od·ize] *v.tr.* (*chim.*) anodizzare.

anodizing ['ænəˌdaɪzɪŋ / an·od·iz·ing] *agg.* (*chim.*) anodizzante ◆ *s.* (*chim.*) anodizzazione.

anodyne ['ænəʊdaɪn / ano·dyne] *agg.* **1** [*anche s.*] anodino; calmante; analgesico **2** (*fig.*) blando; prudente.

to **anoint** [ə'nɔɪnt] *v.tr.* **1** ungere (di olio ecc.) **2** (*relig.*) consacrare (sacerdoti, sovrani ecc.) // *the Anointed*, l'Unto (del Signore), il Messia // *the Lord's anointed*, re per diritto divino.

anointing [ə'nɔɪntɪŋ / anoint·ing] **anointment** [ə'nɔɪntmənt / anoint·ment] *s.* **1** unzione // *Anointing of the Sick*, estrema unzione **2** consacrazione (di sacerdote ecc.); incoronazione (di sovrano ecc.).

anole ['ænəʊl] *s.* (*zool.*) anolide.

anomalistic [əˌnɒmə'lɪstɪk / an·om·al·istic] *agg.* (*astr.*) anomalistico: — *month*, mese anomalistico; — *year*, anno anomalistico, periodico.

anomalous [ə'nɒmələs / an·om·al·ous] *agg.* anomalo: (*fis.*) — *dispersion*, dispersione anomala // **-ly** *avv.*

anomaly [ə'nɒməlɪ / an·om·aly] *s.* anomalia (*anche scient.*).

anomie ['ænəmiː] *s.* (*sociologia*) anomia.

anon [ə'nɒn] *avv.* (*ant.*) presto, subito, di lì a poco: *and to the supper set he us anon*, (CHAUCER) e ci preparò subito la cena // *ever and* —, ogni tanto.

anon abbr. di → **anonymous**.

anonym ['ænənɪm / an·onym] *s.* **1** anonimo **2** pseudonimo.

anonymity [ˌænə'nɪmɪtɪ / an·onym·ity] *s.* anonimato.

anonymous [ə'nɒnɪməs / an·onym·ous] *agg.* **1** anonimo: — *phone call*, *letter*, telefonata, lettera anonima **2** impersonale, generico: *the furnishings of the house were* —, l'arredamento della casa era anonimo // **-ly** *avv.* // **-ness** *s.*

anopheles [ə'nɒfɪliːz / an·oph·eles] *s.* (*pl. invar.*) (*zool.*) anofele.

anorak ['ænəˌræk / an·orak] *s.* giacca a vento con cappuccio.

anorexia [ˌænə'reksɪə / an·or·exia] *s.* (*med.*) anoressia.

anorexic [ˌænə'reksɪk / an·orexic] *agg.* (*med.*) anoressico.

anosmia [æ'nɒsmɪə / an·os·mia] *s.* (*med.*) anosmia.

another [ə'nʌðə* / an·other] *agg.* **1** un altro, un'altra; uno, una in più [cfr. *additional*, *further*]: *I'll stay* — *day*, mi fermerò un altro giorno, un giorno in più; *may I have* — *glass of wine?*, potrei avere un altro bicchiere di vino?; *this shirt is my size, I want* — *one*, questa camicia è della mia misura, ne voglio un'altra // Anche con *s.pl.*: — *five books*, altri cinque libri; *for* — *twenty years*, per altri vent'anni **2** un altro, un'altra; un secondo, una seconda; simile a [cfr. *second*]: *he will be* — *Picasso*, diventerà un altro Picasso; *that nuclear disaster is* — *Chernobyl*, quel disastro nucleare è un'altra Chernobyl **3** diverso; differente [cfr. *different*]: *that's* — *issue to discuss*, è un'altra questione da discutere; *it's* — *kettle of fish*, è un altro paio di maniche.

another *pron.indef.* **1** un altro, un'altra; uno, una in più: *I liked this story, tell me* —, mi è piaciuta questa storia, raccontamene un'altra; *she was smoking cigarettes one after* —, fumava una sigaretta dopo l'altra; *one way or* —, in un modo o nell'altro; *one or* — *is all right for me*, l'uno o l'altro per me va bene **2** un altro, un'altra; uno, una differente: *I don't like this newspaper, give me* —, *please*, non mi va questo giornale, me ne dia un altro, per favore **3** *one* — *pron.rec.* (spec. riferito a più di due persone o cose) l'un l'altro, reciprocamente: *they don't like one* —, non si sopportano.

Ansaphone® ['ɑːnsəˌfəʊn / An·sa·phone] → **answering machine**.

anserine ['ænsəraɪn / an·ser·ine] *agg.* (*non com.*) **1** d'oca **2** (*fig.*) stupido, sciocco.

answer ['ɑːnsə* *amer.* 'ænsə* / an·swer] *s.* **1** risposta, replica: *a ready* (o *pat*) —, una risposta pronta; *I don't know the* —, non so la risposta; *there was no* —, non ci fu risposta; *the police arrived in* — *to my phone call*, la polizia arrivò in seguito alla mia telefonata; *he must give an* — *to a charge*, deve replicare a un'accusa; (*form. comm.*) *an* — *will oblige*, sarà gradita una risposta // *to know all the answers*, essere padrone della situazione **2** soluzione (*anche mat.*): *this is the* — *to all your problems*, questa è la soluzione a tutti i vostri problemi; *the* — *to this problem is* $2\sqrt{3}$, la soluzione di questo problema è $2\sqrt{3}$.

to **answer** *v.tr.* e *intr.* **1** rispondere a, replicare a: *he answered the letter*, rispose alla lettera; *I cannot* — *your question*, non posso rispondere alla tua domanda; *he didn't* —, non rispose; *she answered with a smile*, rispose con un sorriso; *to* — *the bell, the door, the phone*, rispondere al campanello, alla porta, al telefono; *he answered that I was right*, rispose che avevo ragione; *a hundred pounds will* — *my immediate needs*, cento sterline risponderanno ai miei bisogni più immediati; (*dir.*) *to* — *a charge*, rispondere a un'accusa // *to* — *to the name of*, rispondere al nome di, chiamarsi // *to* — *the helm*, rispondere al timone (di imbarcazione) **2** rispondere a; corrispondere a: *this man answers* (*to*) *the police description*, quest'uomo corrisponde alla descrizione della polizia; *he did not* — (*to*) *my hopes*, non rispose alle mie speranze, aspettative **3** servire: *cotton will* — (*the purpose*) *as well as wool*, il cotone servirà allo scopo quanto la lana.

□ **answer back** *v.tr.* o *intr.* e *avv.* ribattere, rimbeccare; confutare: *be quiet, don't* — *back when I'm speaking*, stai zitto, non ribattere quando ti parlo.

□ **answer for** *v.intr.* e *prep.* rispondere di; rendersi garante di; essere responsabile di: *I can* — *for his honesty*, rispondo della sua onestà; *you have a lot to* — *for*, sei responsabile di molte cose.

answerable ['ɑːnsərəbl *amer.* 'ænsərəbl / an·swer·able] *agg.* **1** a cui si risponde **2** responsabile, garante: *they are* — *to the government for what they say*, essi sono responsabili verso il governo di ciò che dicono **3** (*ant.*) corrispondente a, conforme a.

answerer ['ɑːnsərə* *amer.* 'ænsərə* / an·swer·er] *s.* **1** chi risponde (a domanda, discussione, accusa) **2** (*tel.*) risponditore.

answering ['ɑːnsərɪŋ *amer.* 'ænsərɪŋ / an·swer·ing] *agg.* **1** in risposta: *an* — *cry*, un grido di risposta // — *service*, servizio di segreteria telefonica // — *machine*, segreteria telefonica **2** corrispondente: *I saw s.o.* — *to your description*, vidi qlcu. che corrispondeva alla tua descrizione.

answering machine ['ɑːnsərɪŋməˌʃiːn] *s.* (apparecchio di) segreteria telefonica.

ant [ænt] *s.* formica // *red* —, (*Formica rufa*) formica rossa // *to have ants in one's pants*, (*fam.*) essere impazienti.

an't [ɑːnt] *contr. fam.* di *am not*, *are not*, *is not*, *have not*, *has not*, *had not*.

-ant [ənt] (anche *-ent*) *suff.* di origine latina che entra nella composizione di aggettivi e sostantivi: *pleasant*, piacente, piacevole; *consistent*, consistente; *descendant*, discendente.

antacid [ˌænt'æsɪd / ant·acid] *agg.* e *s.* (*chim.*) antiacido.

antagonism [æn'tægənɪzəm / ant·ag·on·ism] *s.* **1** antagonismo; rivalità, opposizione **2** odio.

antagonist [æn'tægənɪst / ant·ag·on·ist] *agg.* antagonista ◆ *s.* **1** (*anat.*) (muscolo) antagonista **2** (*med.*) farmaco ad azione antagonistica.

antagonistic(al) [ænˌtægə'nɪstɪk(l) / ant·ag·on·istic(al)] *agg.* antagonistico; ostile // **-ally** *avv.*

to **antagonize** [æn'tægənaɪz / ant·ag·on·

ize] *v.tr.* **1** provocare l'ostilità di, inimicarsi (qlcu.) **2** opporsi (a), resistere (a).

antalgesic [,æntæl'dʒi:sɪk / ant·al·gesic] *agg.* (*med.*) analgesico.

antalgic [æn'tælgɪk / ant·alg·ic] *agg.* e *s.* (*med.*) antalgico.

antalkaline [æn'tælkə,laɪn / ant·alk·al·ine] *agg.* (*med.*) antialcalino ◆ *s.* (*med.*) sostanza antialcalina.

Antarctic [ænt'ɑ:ktɪk / Ant·arc·tic] *agg.* antartico: — *faunal region*, (*ecol.*) regione faunistica antartica // *the* — *Ocean*, l'oceano Antartico // — *Circle*, circolo polare antartico.

ant-bear ['ænt,beə*] *s.* (*zool. antiq.*) → **ant -eater**.

ante- ['æntɪ, 'æntə, æn'te] *pref.* di origine latina che significa 'avanti, prima': *ante-bellum*, anteguerra.

ante ['æntɪ] *s.* **1** (*poker*) buio // *to raise the* —, alzare la posta in gioco **2** (*fam.*) (quota pagata in) anticipo.

to **ante** *v.tr.* (*poker*) fare il 'buio' di; (*fig.*) giocare al rialzo, rialzare // *to* — *up* (*the stakes*), alzare la posta in gioco; *to* — *up*, (*amer.*) sborsare denaro.

ant-eater ['ænt,i:tə*] *s.* (*zool.*) formichiere.

ante-bellum ['æntɪ'beləm] *agg.* e *s.* anteguerra; (*spec. amer.*) di prima della guerra civile.

antecedence [,æntɪ'si:dəns / ante·cedence] *s.* anteriorità, precedenza.

antecedent [,æntɪ'si:dənt / ante·cedent] *agg.* (*form.*) antecedente (*to*, a) ◆ *s.* **1** antecedente, fatto, evento che ne precede un altro **2** (*gramm., log.*) antecedente **3** (*mus.*) tema di una fuga **4** *pl.* gli antenati; il passato (*sing.*) **5** *pl.* (*dir.*) precedenti penali.

antecedently [,æntɪ'si:dəntlɪ / ante·cedent·ly] *avv.* precedentemente.

antechamber ['æntɪ,tʃeɪmbə* / ante·cham·ber] *s.* anticamera.

antedate [,æntɪ'deɪt / ante·date] *s.* antidata.

to **antedate** *v.tr.* antidatare; anticipare.

antediluvian [,æntɪdɪ'lu:vjən / ante·di·lu·vian] *agg.* e *s.* antidiluviano (*anche scherz.*).

antefix ['æntɪ,fɪks / ante·fix] *pl.* **antefixes**, **antefixa** ['æntɪ,fɪksə / ante·fixa] *s.* (*arch.*) antefissa.

antelope ['æntɪləʊp / ante·lope] *pl. invar.* o **antelopes** *s.* (*zool.*) antilope.

antemeridian [,æntɪmə'rɪdɪən / ante·me·ri·dian] *agg.* (*rar.*) (*abbr. a.m.*) antimeridiano.

antenatal [,æntɪ'neɪtl / ante·natal] *agg.* prenatale // — *clinic*, clinica per gestanti.

antenna [æn'tenə / an·tenna] *pl.* **antennae** [æn'teni: / an·ten·nae] *nel sign. 1*, **antennas** *nel sign. 2 s.* **1** (*zool.*) antenna **2** (*spec. amer.*) → aerial.

antenuptial [,æntɪ'nʌpʃl / ante·nup·tial] *agg.* prematrimoniale.

antepenultimate [,æntɪpɪ'nʌltɪmət / ante·pen·ul·tim·ate] *agg.* e *s.* terzultimo.

anteprandial [,æntɪ'prændjəl / ante·pran·dial] *agg.* (*non com.*) di prima del pranzo.

anterior [æn'tɪərɪə* / an·terior] *agg.* anteriore, precedente // **-ly** *avv.*

anteriority [æn,tɪərɪ'ɔrɪtɪ / an·teri·or·ity] *s.* anteriorità.

anteroom ['æntɪrʊm *amer.* 'æntɪru:m / ante·room] *s.* anticamera.

ante-war ['æntɪ'wɔ:*] *agg.* anteguerra.

ant-fly ['ænt,flaɪ] *s.* (*zool.*) formica alata.

anthelion [æn'θi:ljən / an·the·lion] *pl.* **anthelions**, **anthelia** [æn'θi:ljə / an·the·lia] *s.* (*astr.*) antelio.

anthelmintic [,ænθɪl'mɪntɪk / an·thel·mintic] *agg.* e *s.* (*med.*) antielmintico.

anthem ['ænθəm / an·them] *s.* (*mus.*) antifona; inno, canto: *national* —, inno nazionale; *thy plaintive anthem fades*, (KEATS) il tuo malinconico canto svanisce.

anther ['ænθə* / an·ther] *s.* (*bot.*) antera.

antheridium [,ænθə'rɪdɪəm / an·ther·id·ium] *pl.* **antheridia** [,ænθə'rɪdɪə / an·ther·idia] *s.* (*bot.*) anteridio.

anthesis [æn'θi:sɪs / an·thesis] *s.* (*bot.*) antesi, fioritura.

anthill ['ænt,hɪl / ant·hill] *s.* formicaio.

anthologist [æn'θɒlədʒɪst / an·tho·lo·gist] *s.* antologista, compilatore di antologie.

to **anthologize** [æn'θɒlə,dʒaɪz / an·tho·lo·gize] *v.tr.* antologizzare.

anthology [æn'θɒlədʒɪ / an·tho·logy] *s.* antologia.

Anthony ['æntənɪ / An·thony] *no.pr.m.* Antonio // (*med.*) *St.* —*'s fire*, fuoco di S. Antonio // *St.* —*'s cross*, tipo di croce a T.

anthozoan [,ænθə'zəʊən / an·tho·zoan] *s.* (*zool.*) antozoo.

anthracene ['ænθrəsi:n / an·thra·cene] *s.* (*chim.*) antracene.

anthracite ['ænθrəsaɪt / an·thra·cite] *s.* antracite.

anthracitic [,ænθrə'sɪtɪk / an·thra·citic] *agg.* di antracite.

anthracosis [,ænθrə'kəʊsɪs / an·thra·cosis] *s.* (*med.*) antracosi.

anthrax ['ænθræks / an·thrax] *s.* (*med.*) antrace.

anthropic [æn'θrɒpɪk / an·thro·pic] *agg.* (*scient.*) antropico, che riguarda l'uomo.

anthropo- ['ænθrəpə, 'ænθrəpəʊ] *pref.* di origine greca che significa relazione, rapporto con 'uomo, essere umano'; it. antropo-: *anthropology*, antropologia; *anthropophagi*, antropofagi.

anthropocentric [,ænθrəʊpəʊ'sentrɪk / an·thro·po·cen·tric] *agg.* (*fil.*) antropocentrico.

anthropocentrism [,ænθrəpəʊ'sentrɪzm / an·thro·po·cen·trism] *s.* antropocentrismo.

anthropochory [,ænθrəʊ'pɒkərɪ / an·thro·po·chory] *s.* (*ecol.*) antropocoria.

anthropogenic [,ænθrəpəʊ'dʒenɪk / an·thro·po·genic] *agg.* (*ecol.*) determinato, prodotto dall'attività umana.

anthropoid ['ænθrəʊpɔɪd / an·throp·oid] *agg.* e *s.* (*zool.*) antropoide.

anthropological [,ænθrəpə'lɒdʒɪkl / an·thro·po·lo·gical] *agg.* antropologico // **-ly** *avv.*

anthropologist [,ænθrə'pɒlədʒɪst / an·thro·po·lo·gist] *s.* antropologo.

anthropology [,ænθrə'pɒlədʒɪ / an·thro·po·logy] *s.* antropologia.

anthropometry [,ænθrə'pɒmɪtrɪ / an·thro·po·metry] *s.* antropometria.

anthropomorph ['ænθrəpəʊ,mɔ:f / an·thro·po·morph] *s.* antropomorfo.

anthropomorphic [,ænθrəpəʊ'mɔ:fɪk / an·thro·po·morphic] *agg.* antropomorfo.

anthropomorphism [,ænθrəpəʊ'mɔ:fɪzəm / an·thro·po·morph·ism] *s.* antropomorfismo.

anthropomorphist [,ænθrəpəʊ'mɔ:fɪst / an·thro·po·morph·ist] *s.* antropomorfita.

to **anthropomorphize** [,ænθrəpəʊ'mɔ:faɪz / an·thro·po·morph·ize] *v.tr.* attribuire forma, personalità umana a.

anthropomorphous [,ænθrəpəʊ'mɔ:fəs / an·thro·po·morph·ous] *agg.* antropomorfo.

anthropophagi [,ænθrəʊ'pɒfəgaɪ / an·thro·po·phagi] *s.pl.* antropofagi.

anthropophagous [,ænθrəʊ'pɒfəgəs / an·thro·po·phag·ous] *agg.* antropofago.

anthropophagy [,ænθrəʊ'pɒfədʒɪ / an·thro·po·phagy] *s.* antropofagia.

anthroposophy [,ænθrəʊ'pɒsəfɪ / an·thro·po·sophy] *s.* antroposofia.

anthroposphere ['ænθrəpəʊ'sfɪə* / an·thro·po·sphere] *s.* (*ecol.*) antroposfera.

anthropotomy [,ænθrəʊ'pɒtəmɪ / an·thro·po·tomy] *s.* anatomia del corpo umano.

Anthropozoic [,ænθrəpəʊ'zəɪk / An·thro·po·zoic] *agg.* e *s.* (*geol. antiq.*) (periodo) antropozoico SIN. Neozoic.

anti- ['æntɪ, 'ænti:] *pref.* di origine greca che significa 'contro, di fronte'; it. anti-: *anticatholic*, anticattolico; *antinational*, antinazionale; *antiaircraft*, antiaereo.

anti-abolitionist ['æntɪ,æbə'lɪʃənɪst] *s.* e *agg.* (*amer.*) antiabolizionista.

antiacid ['æntɪ'æsɪd / an·ti·acid] *agg.* e *s.* → **antacid**.

antiaircraft [,æntɪ'eə,krɑ:ft *amer.* ,æntɪ'eə kræft / anti·air·craft] *agg.* antiaereo, controaereo // — *gun*, cannone antiaereo.

antiallergic [,æntɪə'lɜ:dʒɪk / an·ti·al·ler·gic] *agg.* e *s.* (*med.*) antiallergico.

antiarthritic [,æntɪɑ:'θrɪtɪk / an·ti·arth·ritic] *agg.* (*med.*) antiartritico.

antiatom ['æntɪ,ætəm / an·ti·atom] *s.* (*fis. nucleare*) antiatomo.

anti-atomic ['æntɪə,tɒmɪk] *agg.* antiatomico.

antibacterial [,æntɪbæk'tɪərɪəl / an·ti·bac·terial] *agg.* (*biol.*) antibatterico.

antiballistic [,æntɪbə'lɪstɪk / an·ti·bal·listic] *agg.* antibalistico.

antibiosis [,æntɪbaɪ'əʊsɪs / an·ti·bi·osis] *s.* (*biol.*) antibiosi.

antibiotic [,æntɪbaɪ'ɒtɪk / an·ti·bi·otic] *agg.* e *s.* (*chim.*) antibiotico: — *therapy*, terapia antibiotica // (*med.*) — *essay*, antibiogramma // **-ally** *avv.*

antibody ['æntɪ,bɒdɪ / an·ti·body] *s.* (*biochim.*) anticorpo: *monoclonal antibodies*, anticorpi monoclonali.

antiboreal [,æntɪ'bɔ:rɪəl / an·ti·bor·eal] *agg.* (*ecol.*) antiboreale: — *faunal region*, regione faunistica antiboreale.

antic ['æntɪk / an·tic] *agg.* (*ant.*) grottesco, bizzarro ◆ *s.* **1** (*ant.*) buffone **2** *spec.pl.* buffoneria, stramberia; scherzi, lazzi, gesti burloni; buffonate: *the people laughed at the antics of the clown*, la gente rideva ai lazzi del pagliaccio; *every election brings the usual politicians' antics*, ogni elezione porta con sé le solite buffonate dei politici.

anticardium ['æntɪkɑ:dɪəm / an·ti·card·ium] *s.* (*anat.*) anticardio.

anticatalyst ['æntɪkætəlɪst / an·ti·cata·lyst] *s.* (*chim.*) catalizzatore negativo.

anticatarrhal ['æntɪkə'tɑ:rəl / an·ti·ca·tar·rhal] *agg.* e *s.* (*med.*) anticatarrale.

anticathode ['æntɪ'kæθəʊd / an·ti·cath·ode] *s.* (*fis.*) anticatodo.

antichrist ['æntɪ,kraɪst / an·ti·christ] *s.* anticristo // *the Antichrist*, l'Anticristo.

antichristian ['æntɪ'krɪstjən / an·ti·chris·tian] *agg.* anticristiano.

to **anticipate** [æn'tɪsɪpeɪt / an·ti·cip·ate] *v.tr.* **1** anticipare: *he will — the money*, egli anticiperà il denaro; *you mustn't — the end of the story*, non anticipare la fine della storia **2** prevedere; aspettarsi: *I — he will be here tomorrow*, mi aspetto che venga domani; *they anticipated the defeat and were preparing to flee*, previdero la sconfitta e prepararono la fuga // (*econ.*): *anticipated inflation*, inflazione attesa; *anticipated profit*, profitto sperato **3** precedere; prevenire: *they anticipated the competition by publishing the news first*, precedettero la concorrenza pubblicando per primi la notizia; *I have anticipated your possible objections in my answer*, ho anticipato le tue probabili obiezioni nella mia risposta **4** pregustare: *I — the pleasure of meeting you*, pregusto il piacere di incontrarla.

anticipation [æn,tɪsɪ'peɪʃn / an·ti·cipa·tion] *s.* **1** anticipazione, anticipo // (*comm. form.*) *thanking you in —*, nell'attesa vi ringrazio **2** previsione; aspettazione; (*econ.*) previsione, aspettativa **3** pregustazione **4** (*mus.*) anticipazione (di un accordo).

anticipative [æn'tɪsɪpeɪtɪv / an·ti·cip·at·ive] *agg.* che anticipa // **-ly** *avv.*

anticipator [æn'tɪsɪpeɪtə* / an·ti·cip·ator] *s.* anticipatore.

anticipatory [æn'tɪsɪpeɪtərɪ / an·ti·cip·at·ory] *agg.* (*form.*) **1** anticipatore, precorritore; fatto, successo in anticipo, prima del previsto: *— feeling of fear*, presentimento di paura; *— action*, azione precorritrice **2** (*non com.*) fatto, successo troppo presto.

antick[1] ['æntɪk / an·tick] **anticke** *agg.* (*ant.*) → **antique**.

antick[2] *s.* (*ant.*) buffone ♦ *agg.* (*ant.*) grottesco: *making a many antick gesture*, (DEFOE) facendo molti gesti grotteschi.

anticlerical ['æntɪ'klerɪkl / anti·cler·ical] *agg.* anticlericale.

anticlericalism ['æntɪ'klerɪkəlɪzəm / anti·cler·ical·ism] *s.* anticlericalismo.

anticlimax ['æntɪ'klaɪmæks / anti·climax] *s.* anticlimax: *the last act is an —*, l'ultimo atto cade nel banale, scade, perde d'intensità // *after voting I felt a sense of —*, dopo aver votato, la tensione si allentò.

anticlinal ['æntɪ'klaɪnl / an·ti·clinal] *agg.* **1** (*geol.*) anticlinale: *— axis*, asse anticlinale **2** (*bot.*) anticlino.

anticline ['æntɪklaɪn / an·ti·cline] *s.* (*geol.*) (piega) anticlinale.

anticlinorium [,æntɪklɪ'nɔ:rɪəm / an·ti·clin·orium] *s.* (*geol.*) anticlinorio.

anticlockwise [,æntɪ'klɒkwaɪz / an·ti·clock·wise] *agg.* antiorario ♦ *avv.* in senso antiorario.

anticlotting ['æntɪ'klɒtɪŋ / an·ti·clot·ting] *agg.* (*med.*) anticoagulante.

anticoagulant ['æntɪkəʊ'ægjʊlənt / an·ti·co·agu·lant] *s.* anticoagulante.

anticoincidence [,æntɪkəʊɪn'sɪdəns / an·ti·co·in·cid·ence] *s.* (*fis. nucleare*) anticoincidenza // (*elettr.*) *— circuit*, circuito di anticoincidenza.

anticommunism [,æntɪ'kɒmjənɪzm / an·ti·com·mun·ism] *s.* anticomunismo.

anticommunist [,æntɪ'kɒmjənɪst / an·ti·com·mun·ist] *agg.* e *s.* anticomunista.

anti-competitive [,æntɪkəm'petɪtɪv] *agg.* (*econ.*) anticoncorrenziale.

anticonstitutional ['æntɪ,kɒnstɪ'tju:ʃənl / an·ti·con·sti·tu·tional] *agg.* anticostituzionale.

anticorrosive [,æntɪkə'rəʊsɪv / an·ti·cor·ros·ive] *agg.* (*chim.*) anticorrosivo: *— paint*, vernice anticorrosiva.

anti-cyclical [,æntɪ'sɪklɪkl] *agg.* anticiclico.

anticyclone ['æntɪ'saɪkləʊn / an·ti·cyc·lone] *s.* (*meteor.*) anticiclone.

anticyclonic [,æntɪsɪ'klɒnɪk / an·ti·cyc·lonic] *agg.* (*meteor.*) anticiclonico: *— winds*, venti anticiclonici.

anti-dazzle ['æntɪ'dæzl] *agg.* antiabbagliante, anabbagliante: (*aut.*) *— device*, dispositivo antiabbagliante; (*aut.*) *— headlights*, proiettori, luci anabbaglianti.

antidemocratic [,æntɪdemə'krætɪk / an·ti·demo·cratic] *agg.* antidemocratico.

antidepressant [,æntɪdə'presənt / an·ti·de·press·ant] *agg.* e *s.* (*med.*) antidepressivo.

antideuteron [,æntɪ'dju:terɒn / an·ti·deu·teron] *s.* (*fis. nucleare*) antideutone.

antidoping ['æntɪ'dəʊpɪŋ / an·ti·dop·ing] *agg.* antidoping: *— test*, controllo antidoping.

antidote ['æntɪdəʊt / an·ti·dote] *s.* (*to, for*, per) antidoto; rimedio (*anche fig.*).

anti-dumping [,æntɪ'dʌmpɪŋ] *agg.* (*comm., econ.*) antidumping: *— duty*, dazio (doganale) antidumping.

antidysenteric ['æntɪ,dɪsn'terɪk / an·ti·dys·ent·eric] *agg.* e *s.* (*med.*) antidiarroico.

antielectron [,æntɪə'lektrɒn / an·ti·elec·tron] *s.* (*fis. nucleare*) antielettrone SIN. **positron**.

anti-establishment [,æntɪəs'tæblɪʃmənt] *agg.* contro il sistema dirigente, ostile al sistema dirigente.

antievasion [,æntɪ,ɪ'veɪʒn / an·ti·eva·sion] *agg.* antielusivo: *— measures*, norme antielusive.

antiexplosive [,æntɪ,ɪk'spləʊsɪv / an·ti·ex·plos·ive] *agg.* e *s.* antideflagrante.

anti-fading ['æntɪ'feɪdɪŋ] *s.* (*rad.*) anti -fading, antievanescenza.

antifascism ['æntɪ'fæʃɪzm / an·ti·fas·cism] *s.* antifascismo.

antifascist ['æntɪ'fæʃɪst / an·ti·fas·cist] *agg.* e *s.* antifascista.

antifebrile ['æntɪ'fi:braɪl / an·ti·feb·rile] *agg.* e *s.* (*med.*) febbrifugo.

antifederal ['æntɪ'fedərəl / an·ti·fed·eral] *agg.* (*st. amer.*) antifederale, contro il federalismo (si riferisce al partito americano successivamente chiamato partito democratico).

antifederalist ['æntɪ'fedərəlɪst / an·ti·fed·eral·ist] *s.* (*st. amer.*) antifederalista.

antifermentative ['æntɪfə'mentətɪv / an·ti·fer·ment·at·ive] *agg.* e *s.* antifermentativo.

antifertility [,æntɪfə'tɪlətɪ / an·ti·fer·til·ity] *agg.* antifecondativo.

anti-fire ['æntɪ'faɪə*] *agg.* antincendio; ignifugo.

antifogging ['æntɪ'fɒgɪŋ / an·ti·fog·ging] *agg.* e *s.* antiappannante.

antifouling [,æntɪ'faʊlɪŋ / an·ti·foul·ing] *agg.* (*mar.*) antivegetativo: *— paint*, vernice sottomarina antivegetativa.

antifreeze ['æntɪ'fri:z / an·ti·freeze] *agg.* e *s.* antigelo; anticongelante.

antifreezing ['æntɪ'fri:zɪŋ / an·ti·freez·ing] *agg.* antigelo; anticongelante.

antifriction ['æntɪ'frɪkʃn / an·ti·fric·tion] *s.* (*mecc.*) antiattrito, antifrizione.

anti-gas ['æntɪ'gæs] *agg.* antigas.

antigen ['æntɪdʒen / an·ti·gen] *s.* (*biol.*) antigene.

antigenic [,æntɪ'dʒenɪk / an·ti·genic] *agg.* (*biol.*) antigenico.

antigorite [æn'tɪgə,raɪt / an·ti·gor·ite] *s.* (*min.*) antigorite.

Antiguan [æn'ti:gən / An·ti·guan] *agg.* e *s.* (nativo, abitante) di Antigua.

antihelix ['æntɪ'hi:lɪks / an·ti·helix] *pl.* **antihelixes** ['æntɪ'hi:lɪksɪz / an·ti·hel·ixes] **antihelices** ['æntɪ'hi:lɪsi:z / an·ti·hel·ices] *s.* (*anat.*) antelice.

anti-hero ['æntɪ,hɪərəʊ] *s.* antieroe.

antihistamine ['æntɪ'hɪstəmɪn / an·ti·his·tam·ine] *s.* (*med.*) antistaminico.

antihistaminic [,æntɪ,hɪstə'mɪnɪk / an·ti·his·tam·inic] *agg.* (*med.*) antistaminico.

antihypertensive [,æntɪ,haɪpə'tensɪv / an·ti·hyper·tens·ive] *agg.* e *s.* (*med.*) anti-ipertensivo.

antihysteric ['æntɪhɪs'terɪk / an·ti·hys·teric] *agg.* e *s.* (*med.*) antisterico.

anti-icer ['æntɪ'aɪsə*] *s.* (*aer.*) dispositivo antighiaccio.

anti-imperialist ['æntɪɪm'pɪərɪəlɪst] *s.* antimperialista.

anti-inflammatory ['æntɪjɪn'flæmətrɪ] *agg.* (*med.*) antinfiammatorio.

anti-inflation [,æntɪjɪn'fleɪʃn], **anti -inflationary** [,æntɪjɪn'fleɪʃnrɪ] *agg.* (*econ.*) antinflazionistico.

anti-insect [,æntɪ'ɪnsekt] *agg.* antipulci: *— collar*, collare antipulci.

anti-Jacobin, **antijacobin** [,æntɪ'dʒæk əbɪn / anti·jac·obin] *agg.* e *s.* (*st.*) antigiacobino, antirivoluzionario.

antiknock ['æntɪ'nɒk / an·ti·knock] *agg.* e *s.* (*chim.*) antidetonante.

antilogarithm [,æntɪ'lɒgərɪθəm / an·ti·log·ar·ithm] *s.* (*mat.*) antilogaritmo.

antilogy [æn'tɪlədʒɪ / an·ti·logy] *s.* (*fil.*) antilogia, contraddizione logica.

antimacassar [,æntɪmə'kæsə* / an·ti·ma·cas·sar] *s.* coprischienale (di sedie, poltrone ecc.).

anti-marketeer [,æntɪ,mɑ:kə'tɪə*] *s.* (*pol.*) chi si oppone alla presenza del Regno Unito nel MEC.

antimasque ['æntɪmɑ:sk *amer.* 'æntɪmæsk / an·ti·masque] *s.* (*teatr.*) intermezzo burlesco.

antimatter [,ænti'mætə* / an·ti·mat·ter] *s.* (*fis.*) antimateria.

antimetabole [,æntɪme'tæbəlɪ / an·ti·meta·bole] *s.* (*ret.*) antimetabole.

antimilitarism [,æntɪ'mɪlɪtərɪzəm / an·ti·mil·it·ar·ism] *s.* antimilitarismo.

antimilitarist [,æntɪ'mɪlɪtərɪst / an·ti·mil·it·ar·ist] *s.* antimilitarista ◆ *agg.* antimilitaristico, antimilitarista.

anti-mist ['æntɪ'mɪst] *agg.* antiappannante.

antimonarchical [,æntɪmɒ'nɑ:kɪkl / an·ti·mon·arch·ical] *agg.* antimonarchico.

antimonarchist [,æntɪ'mɒnəkɪst / an·ti·mon·arch·ist] *s.* antimonarchico.

antimonial [,æntɪ'məʊnjəl / an·ti·mo·nial] *agg.* (*chim.*) antimoniale ◆ *s.* (*med.*) farmaco che contiene antimonio.

antimonic [,æntɪ'mɒnɪk / an·ti·monic] *agg.* (*chim.*) antimonico.

antimonious [,æntɪ'məʊnɪəs / an·ti·mo·ni·ous] **antimonous** [æn'tɪmənəs / an·ti·mon·ous] *agg.* (*chim.*) antimonioso.

antimony ['æntɪmənɪ *amer.* 'æntɪ,məʊnɪ / an·ti·mony] *s.* (*chim.*) antimonio.

antimonyl ['æntəmə,nɪl / an·ti·monyl] *s.* (*chim.*) antimonile.

antimycotic [,æntɪmaɪ'kɒtɪk / an·ti·my·cotic] *agg.* (*med.*) antimicotico.

antinational [,æntɪ'næʃənl / an·ti·na·tion·al] *agg.* antinazionale.

antineuralgic [,æntɪnju:'rældʒɪk / an·ti·neur·al·gic] *agg.* (*med.*) antinevralgico.

antineutrino [,æntɪnju:'tri:nəʊ / an·ti·neut·rino] *s.* (*fis. nucleare*) antineutrino.

antineutron [,æntɪ'nju:trɒn / an·ti·neut·ron] *s.* (*fis. nucleare*) antineutrone.

antinode ['æntɪ,nəʊd / an·ti·node] *s.* (*fis.*) antinodo.

anti-noise [,æntɪ'nɔɪz] *agg.* antirumore; contro il rumore: — *legislation*, legislazione contro i rumori molesti // — *paint*, (vernice) antirombo.

antinomian [,æntɪ'nəʊmɪən / an·ti·no·mian] *s.* e *agg.* (*st.*) antinomista, antinomiano, seguace dell'antinomismo.

antinomy [æn'tɪnəmɪ / an·ti·nomy] *s.* antinomia.

anti-novel ['æntɪ,nɒvl] *s.* antiromanzo.

antinuclear [,æntɪ'nju:klɪə* / an·ti·nu·clear] *agg.* antinucleare.

antinucleus [,æntɪ'nju:klɪəs / an·ti·nuc·leus] *s.* (*fis. nucleare*) antinucleo.

antinuke ['æntɪ'nju:k / an·ti·nuke] *agg.* (*fam., spec. amer.*) antinucleare.

antioxidant [,æntɪ'ɒksɪdənt / an·ti·oxi·dant] *agg.* e *s.* (*chim.*) antiossidante.

antipapal [,æntɪ'peɪpəl / an·ti·papal] *agg.* antipapale.

antiparallel [,æntɪ'pærəlel / an·ti·par·al·lel] *agg.* (*mat., fis.*) antiparallelo.

antiparasitic [,æntɪpærə'sɪtɪk / an·ti·para·sitic] *agg.* antiparassitario.

antiparticle ['æntɪ,pɑ:tɪkl / an·ti·par·ticle] *s.* (*fis. nucleare*) antiparticella.

antipathetic [æn,tɪpə'θetɪk / an·ti·path·etic] *agg.* **1** avverso, contrario, ostile: *to be — to* (o *towards*) *an idea, a person*, essere avverso, ostile a un'idea, a una persona **2** opposto (in natura, carattere): *the two views were completely —*, i due punti di vista erano l'uno l'opposto dell'altro // **-ally** *avv.*

antipathic [,æntɪ'pæθɪk / an·ti·pathic] *agg.* **1** (*med.*) che ha, produce sintomi contrari **2** (*non com.*) → antipathetic.

antipathy [æn'tɪpəθɪ / an·ti·pathy] *s.* **1** antipatia, avversione; repulsione: *to have an — to(wards) s.o., sthg.*, avere antipatia per qlcu., qlco.: *he has a natural — to(wards) any form of violence*, ha una istintiva avversione per ogni forma di violenza **2** (*ant.*) incompatibilità, contrasto naturale.

antiperistalsis [,æntɪ,perə'stælsɪs / an·ti·peri·stal·sis] *s.* (*med.*) antiperistalsi.

anti-personnel [,æntɪ,pɜ:sə'nel] *agg.* (*mil.*) antiuomo: — *mine*, mina antiuomo.

antiperspirant [,æntɪ'pɜ:spərənt / an·ti·per·spir·ant] *agg.* e *s.* antisudorifico.

antiphlogistic [,æntɪflə'dʒɪstɪk / an·ti·phlo·gistic] *agg.* (*med.*) antiflogistico.

antiphon ['æntɪfən / an·ti·phon] *s.* (*mus.*) antifona; verso di una antifona.

antiphonal [æn'tɪfənəl / an·ti·phonal] *agg.* antifonale ◆ *s.* → antiphonary.

antiphonary [æn'tɪfənərɪ / an·ti·phon·ary] *s.* (*liturgia*) antifonario.

antiphony [æn'tɪfənɪ / an·ti·phony] *s.* (*mus.*) antifonia; antifona.

antiphrasis [æn'tɪfrəsɪs / an·ti·phra·sis] *s.* (*ret.*) antifrasi.

antiplaque ['æntɪ,plæk / an·ti·plaque] *agg.* antiplacca: — *toothpaste*, dentifricio antiplacca.

antipodal [æn'tɪpədl / an·ti·podal] *agg.* **1** degli, agli antipodi (*anche fig.*) **2** (*biol.*) antipode (di cellula).

antipode ['æntɪpəʊd / an·ti·pode] *pl.* **antipodes** *s.* **1** *spec.pl.* (*geogr.*) antipode **2** (*fig.*) punto diametralmente opposto; l'opposto, il contrario.

antipole ['æntɪ'pəʊl / an·ti·pole] *s.* polo opposto; opposto.

antipolio ['æntɪ'pəʊlɪəʊ / an·ti·polio] *agg.* (*med. fam.*) antipolio: — *vaccination*, vaccinazione antipolio.

antipollution [,æntɪpə'lu:ʃn / an·ti·pol·lu·tion] *agg.* (*ecol.*) antinquinamento.

antipope ['æntɪpəʊp / an·ti·pope] *s.* antipapa.

antiproton [,æntɪ'prəʊtɒn / an·ti·pro·ton] *s.* (*fis. nucleare*) antiprotone.

antipyretic [,æntɪpaɪ'retɪk / an·ti·pyr·etic] *agg.* e *s.* (*med.*) antipiretico.

antipyrin [,æntɪ'paɪərɪn / an·ti·pyrin] *s.* antipirina.

antiquarian [,æntɪ'kweərɪən / an·ti·quar·ian] *agg.* **1** antiquario **2** (*ant.*) archeologico ◆ *s.* **1** antiquario **2** (*ant.*) archeologo **3** carta da disegno in formato grande.

antiquarianism [,æntɪ'kweərɪənɪzəm / an·ti·quar·ian·ism] *s.* studio, passione per le antichità; antiquaria.

antiquary ['æntɪ'kwərɪ *amer.* 'æntɪkwerɪ / an·ti·quary] *s.* **1** antiquario; chi studia, colleziona antichità **2** (*ant.*) archeologo.

to **antiquate** ['æntɪkweɪt / an·ti·quate] *v.tr.* **1** (*non com.*) mettere in disuso **2** invecchiare, dare la patina d'antico a.

antiquated ['æntɪ'kweɪtɪd / an·ti·quated] *agg.* antiquato; in disuso (di persona, idea, cosa).

antique [æn'ti:k / an·tique] *agg.* **1** (*form.*) antico; dell'antichità (spec. greca e latina) **2** all'antica, antiquato: — *ideas*, idee antiquate ◆ *s.* oggetto (d'arte) antico, antichità, pezzo d'antiquariato: — *dealer*, antiquario; — *shop*, negozio d'antiquariato // *the* —, l'antico (arte, stile).

antiqueness [æn'ti:knɪs / an·tique·ness] *s.* antichità.

antiquity [æn'tɪkwɪtɪ / an·tiquity] *s.* **1** antichità; vetustà (di idee ecc.) **2** l'antichità (romana, greca); il mondo antico **3** (*ant.*) *pl.* ruderi, rovine (di costruzioni antiche) **4** *pl.* eventi, costumi, usanze dei tempi antichi.

antirabic [,æntɪ'ræbɪk / an·ti·ra·bic] *agg.* (*med.*) antirabbico.

anti-recession ['æntɪrə'seʃn] *agg.* (*econ.*) antirecessivo, anticongiunturale.

antirheumatic [,æntɪrʊ'mætɪk / an·ti·rheum·atic] *agg.* e *s.* (*med.*) antireumatico.

antiroll [,æntɪ'rəʊl / an·ti·roll] *agg.* antirollio.

antirrhinum [,æntɪ'raɪnəm / an·tir·rhinum] *s.* (*bot.*) antirrino.

anti-rust [,æntɪ'rʌst] *agg.* e *s.* antiruggine.

antiscorbutic [,æntɪskɔ:'bju:tɪk / an·ti·scor·bu·tic] *agg.* e *s.* (*med.*) antiscorbutico.

anti-Semite [,æntɪ'si:maɪt *amer.* ,æntɪ 'semaɪt] *s.* antisemita.

anti-semitic [,æntɪsɪ'mɪtɪk] *agg.* antisemita.

anti-Semitism [,æntɪ'semɪtɪzəm] *s.* antisemitismo.

antisepsis [,æntɪ'sepsɪs / an·ti·sep·sis] *s.* (*med.*) antisepsi.

antiseptic [,æntɪ'septɪk / an·ti·sep·tic] *agg.* e *s.* (*med.*) antisettico.

antiserum ['æntɪ,sɪərəm *amer.* 'æntɪ,si:rəm / an·ti·serum] *s.* (*med.*) antisiero: *monovalent, polivalent* —, siero monovalente, polivalente.

antiskid [,æntɪ'skɪd / an·ti·skid] *agg.* antisdrucciolevole, antiscivolo.

antislavery [,æntɪ'sleɪvərɪ / an·ti·slavery] *s.* antischiavismo ◆ *agg.* antischiavista.

antislump ['æntɪ'slʌmp / an·ti·slump] *agg.* (*econ.*) antirecessivo.

anti-smoking [,æntɪ'sməʊkɪŋ] *agg.* antifumo: — *campaign*, campagna antifumo.

antisocial [,æntɪ'səʊʃl / an·ti·so·cial] *agg.* antisociale; asociale; incivile.

antispasmodic ['æntɪspæz'mɒdɪk / an·ti·spas·modic] *agg.* e *s.* (*med.*) antispasmodico, antispastico.

antisplash [,æntɪ'splæʃ / an·ti·splash] *agg.* antispruzzo.

antistatic ['æntɪ'stætɪk / an·ti·static] *agg.* antistatico.

antistrophe [æn'tɪstrəfɪ / an·ti·strophe] *s.* antistrofe.

anti-tank [,æntɪ'tæŋk] *agg.* (*mil.*) anticarro: — *gun, mine*, cannone, mina anticarro.

antithesis [æn'tɪθɪsɪs / an·ti·thesis] *pl.*

antitheses [æn'tɪθɪsi:z] *s.* antitesi (*anche fig.*).

antithetic(al) [,æntɪ'θetɪk(l) / an·ti·thet·ic(al)] *agg.* antitetico // **-ally** *avv.*

antitoxic [,æntɪ'tɒksɪk / an·ti·toxic] *agg.* (*med.*) antitossico.

antitoxin [,æntɪ'tɒksɪn / an·ti·toxin] *s.* (*med.*) antitossina.

antitrades [,æntɪ'treɪdz / an·ti·trades] *s.pl.* (*meteor.*) controalisei.

antitrust ['æntɪ'trʌst / an·ti·trust] *agg.* (*econ.*) antitrust, antimonopolistico // (*dir.*) — *acts*, legislazione antimonopolistica federale (propria degli Stati Uniti).

antitubercular [,æntɪtjʊ'bɜ:kjələ* / an·ti·tuber·cu·lar] **antituberculotic** [,æntɪtjʊ,bɜ:kjə'lɒtɪk / an·ti·tuber·cul·otic] **antituberculous** [,æntɪtjʊ'bɜ:kjələs / an·ti·tuber·cu·lous] *agg.* (*med.*) antitubercolare.

antitumor ['æntɪ,tju:mə* / an·ti·tumor] *agg.* (*med.*) antitumorale.

antivenin [,æntɪ'venɪn / an·ti·venin] **antivenom** [,æntɪ'venəm / an·ti·venom] *s.* (*med.*) contravveleno, antidoto.

antiviral ['æntɪ'vaɪərəl / an·ti·viral] *agg.* (*med.*) antivirale.

antivirus [,æntɪ'vaɪərəs / an·ti·virus] *s.* (*inform.*) antivirus.

antivivisection [,æntɪ,vɪvɪ'sekʃn / an·ti·vi·vi·sec·tion] *agg.* antivivisezione.

anti-vivisectionist [,æntɪ,vɪvɪ'sekʃnɪst] *s.* antivivisezionista.

antler ['æntlə* / ant·ler] *s.* (*zool.*) palco, ramificazione (delle corna di cervo, daino ecc.).

antlered ['æntləd] *agg.* (*zool.*) fornito di corna, ramificato.

ant-lion ['ænt,laɪən] *s.* (*zool.*) formicaleone.

antocyanin [,æntəʊ'saɪənɪn / an·to·cyanin] *s.* (*chim.*) antocianina.

antonomasia [,æntənəʊ'meɪzjə / ant·ono·ma·sia] *s.* (*ret.*) antonomasia.

antonym ['æntəʊnɪm / ant·onym] *s.* (*ling.*) antonimo, opposto, contrario: *'good' is the — of 'bad'*, 'buono' è l'opposto di 'cattivo'.

antonymous [,æn'tɒnəməs / ant·onym·ous] *agg.* (*ling.*) antonimo, opposto, contrario.

antrum ['æntrəm / an·trum] *pl.* **antrums**, **antra** ['æntrə / an·tra] *s.* antro, caverna, cavità (*anche anat.*).

antsy ['æntsi:] *agg.* (*amer.*) nervoso, sulle spine.

anuran [ə'njʊrən / anu·ran] *agg.* e *s.* (*zool.*) anuro.

anuresis [,ænjʊ'ri:sɪs / an·uresis] *pl.* **anureses** [,ænjʊ'ri:si:z] *s.* (*med.*) anuresi, anuria.

anuria [ə'nju:rɪə / an·urìa] *s.* (*med.*) anuria, anuresi.

anurous [ə'nju:rəs / an·urous] *agg.* (*zool.*) anuro.

anus ['eɪnəs] *s.* (*pl.invar.*) (*anat.*) ano.

anvil ['ænvɪl / an·vil] *s.* **1** incudine // *on* (o *upon*) *the* —, (*fig.*) in preparazione; in discussione // (*meteor.*) — *cloud*, nube temporalesca (a incudine) **2** (*anat.*) incudine (dell'orecchio).

anxiety [æŋ'zaɪətɪ / an·xi·ety] *s.* **1** ansietà, inquietudine; apprensione, preoccupazione **2** (*fam.*) desiderio; impazienza **3** (*psic.*) ansia.

anxious ['æŋkʃəs] *agg.* **1** ansioso, inquieto, preoccupato: *don't be — about me*, non preoccupatevi per me // — *bench*, (*fam. amer.*) primo banco (nelle chiese revivaliste) (perché si suppone che vi si mettano i fedeli più ansiosi per la propria salvezza) **2** preoccupante, angoscioso **3** (*fam.*) desideroso; impaziente: *he's — to get promotion*, non vede l'ora di ricevere una promozione // **-ly** *avv.*

any ['enɪ] *agg.* **1** (*in frasi interrogative, dubitative o negative*; cfr. *some, no*) alcuno, alcuna, alcuni, alcune; del, dei, della, delle (con valore partitivo); un po' di: *has she — friends?*, ha qualche amico, degli amici?; *she hasn't — friends*, non ha alcun amico, non ha amici; *have you — wine?*, hai del vino?; *I don't want — sugar in my coffee*, non voglio zucchero nel caffè; *were there — people in the street?*, c'era gente per strada?; *isn't there — fruit?*, c'è un po' di frutta?; *haven't you had — breakfast yet?*, non hai ancora fatto colazione?; *I haven't got — money*, non ho soldi; — *good news?*, buone notizie?; *do you know — people here?*, conosci qualcuno qui? // In frasi affermative, ove sia implicita una negazione: *without — reason*, senza ragione; *there is hardly — bread left*, non c'è quasi più pane **2** (*con valore di articolo*) un, uno, una; il, lo, la: *the house hasn't got — front door*, la casa non ha un ingresso centrale; *the teapot hasn't got — lid*, la teiera non ha (il) coperchio **3** (*spec. in frasi affermative*) qualsiasi, qualunque: — *taxidriver would know it*, qualsiasi tassista lo saprebbe; *buy me — paper you like*, comprami il giornale che vuoi, uno qualsiasi; *bring me — cassettes you find on the shelf*, portami tutte le cassette che trovi sullo scaffale; *we'll make — effort to help you*, faremo ogni tentativo per aiutarti; *come at — time*, vieni a qualunque ora; *in — case, rate*, in ogni caso; — *day now*, da un giorno all'altro // — *amount*, (*fam.*) un sacco di // — *old how*, come viene, in un modo qualsiasi.

any *pron.indef.* **1** (*in frasi interrogative, dubitative o negative*; cfr. *some, none*) alcuno; qualcuno; nessuno; ne (con valore partitivo): *"Do you know — of these books?" "No, I don't know — of them"*, "Conosci qualcuno di questi libri?" "No, non ne conosco nessuno"; *"Have you got — money?" "I haven't —"*, "Hai del denaro?" "Non ne ho"; *I can't see — bookshop(s) here about; if you see — tell me, please*, non vedo librerie da queste parti; se ne vedi qualcuna, dimmelo, per favore **2** (*spec. in frasi affermative*) chiunque; uno, una; qualunque: — *of you could say as much*, chiunque di voi potrebbe dire altrettanto; — *of these books will do*, uno qualunque di questi libri andrà bene.

any *avv.* **1** (*in frasi interrogative, dubitative, negative*) affatto, in qualche misura, un po' (talvolta pleonastico): *it isn't — good*, non serve a nulla; *if it's — use, you can take it*, se può servire a qualcosa, puoi prenderlo // Davanti a un compar.: *are you — better?*, stai (un po') meglio?; *I don't feel — better*, non mi sento affatto meglio; *it isn't safe to go — further*, non è prudente andare più oltre; *she can't stand him — more* (o *longer*), non lo può più soffrire; *after that the situation was not — the better, the worse for him*, dopodiché la situazione non fu affatto meglio, peggio per lui **2** (*amer.*) affatto [cfr. brit. *at all*]: *he did not help us* —, non ci aiutò affatto.

anybody ['enɪ,bɒdɪ / any·body] *pron.indef.* **1** (*in frasi interrogative, dubitative o negative*; cfr. *somebody, someone*; *nobody*) qualcuno, taluno, alcuno, nessuno: *he does not know — here*, non conosce nessuno qui; *I cannot see* —, non vedo nessuno; *is — coming to dinner?*, viene qualcuno a cena?; *was there — I know?*, c'era qualcuno che io conosco? **2** (*spec. in frasi affermative*) chiunque, chicchessia: — *can do that*, chiunque può, tutti possono farlo; — *will show you the way*, qualsiasi persona vi indicherà la strada; *it's —'s guess*, è una semplice congettura, non è cosa sicura ◆ *s.m.* o *f.* qualcuno, una personalità, una persona importante: *is he —?*, è qualcuno?, è una personalità?; — *who is* —, chiunque sia qualcuno, chiunque abbia una personalità o una particolare influenza • Negli stessi significati si usa anche *anyone*.

anyhow ['enɪhaʊ / any·how] *avv.* **1** non importa come, in qualsiasi modo, comunque: *let me know* —, fammi sapere comunque **2** in qualche modo, alla meno peggio; senza ordine: *he was in such a hurry that he put his clothes on* —, aveva una tale fretta che si vestì in qualche modo; *he does everything* —, fa tutto in qualche modo, senza impegno; *the house was all* —, la casa era tutta in disordine **3** comunque, in ogni caso, ad ogni modo: *it is too late now* —, in ogni caso è troppo tardi ora; *I don't feel like eating; thanks* —, non mi sento di mangiare; grazie, comunque • In quest'ultimo significato si usa anche *anyway*.

anyone ['enɪwʌn / any·one] *pron.indef.* → **anybody**.

anyplace ['enɪ,pleɪs / any·place] *avv.* (*spec. amer.*) → **anywhere**.

anyroad ['enɪ,rəʊd / any·road] *avv.* e *cong.* (*fam.*) → **anyhow**.

anything ['enɪθɪŋ / any·thing] *pron.indef.* **1** (*in frasi interrogative, dubitative o negative*; cfr. *something, nothing*) qualche cosa, alcuna cosa; niente: *have you — to say?*, hai qualche cosa da dire?; (*is there*) — *wrong?*, (c'è) qualcosa (che) non va?; *he doesn't want* —, non vuole niente; — *else, sir?*, nient'altro signore?; *I didn't see — interesting*, non ho visto nulla di interessante; *without saying* —, senza dir nulla **2** (*spec. in frasi affermative*) qualunque cosa, qualsiasi cosa: *you may do — you like*, potete fare qualsiasi cosa vi piaccia // *like* —, in modo eccessivo: *he ran like* —, correva come un pazzo // — *but*, tutto fuorché, decisamente non: *he is — but an athlete*, è tutto fuorché un atleta, decisamente non è un atleta.

anytime ['enɪtaɪm / any·time] *avv.* (lo stesso che *any time*) in qualunque momento; ogni volta che.

anyway ['enɪweɪ / any·way] *avv.* e *cong.* → **anyhow**.

anywhere ['enɪweə* *amer.* 'enɪhweə* / any·where] *avv.* **1** (*in frasi interrogative, negative, dubitative*; cfr. *somewhere, nowhere*) in alcun luogo, da nessuna parte; in qualche luogo, da qualche parte: *"Will you be going — next summer?" "No, we won't be going —"*, "Andrete da qualche parte la prossima estate?" "No, non andremo in nessun posto"; *we hadn't got — to sleep*, non avevamo dove dormire; *I don't know whether there is a post office — around here*, non so se ci sia un ufficio postale da queste parti; — *else*, in alcun altro luogo **2** (*spec. in frasi affermative*) dovunque, in qualsiasi luogo: *it could happen* —, potrebbe succedere dovunque; *sit down — you like*, siediti dove vuoi; *there are more lakes in Scotland than — (else) in Britain*, ci sono più laghi in Scozia che in qualsiasi (altra) parte della Gran Bretagna.

anywise ['enɪwaɪz / any·wise] *avv.* (*antiq.*) in qualunque modo.

Anzac ['ænzæk / An·zac] *s.* **1** soldato dell'*Australian and New Zealand Army Corps* (1914-18) **2** *pl.* soldati australiani (in genere).

aorist [eərɪst / aor·ist] *s.* (*gramm.*) aoristo.

aorta [eɪ'ɔ:tə] *pl.* **aortas**, **aortae** [eɪ'ɔ:ti:] *s.* (*anat.*) aorta.

aortal [eɪ'ɔ:tl / aor·tal] **aortic** [eɪ'ɔ:tɪk / aor·tic] *agg.* (*anat.*) aortico, dell'aorta.

apace [ə'peɪs] *avv.* (*letter.*, *antiq.*) presto, velocemente.

apache [ə'pæʃ] *s.* (*antiq.*) *s.* apache, teppista parigino.

Apache [ə'pætʃɪ / Apa·che] *s.* apache (membro di una tribù di pellirosse del Nord America).

apagoge [æpə'gɒdʒi: / apa·goge] *s.* (*fil.*) apagoge, apagogia, abduzione.

apanage ['æpənɪdʒ / ap·an·age] *s.* (*non com.*) appannaggio (*anche fig.*).

apart [ə'pɑ:t] *avv.* **1** a parte, da parte, in disparte: *a class* —, un genere a parte; *he sat somewhat — from us*, si sedette alquanto in disparte da noi; *to live — from the world*, vivere in disparte dal mondo **2** separatamente, lontano: *the police kept the rival supporters* —, la polizia teneva separati i gruppi opposti di tifosi; *these lines are ten centimetres* —, queste linee sono lontane dieci centimetri una dall'altra; *they lived far* —, abitavano molto lontano; *to get* (o *to take*) *two things* —, separare, disgiungere due cose // *I cannot tell them* —, non li riconosco uno dall'altro, non li distinguo **3** a pezzi; in pezzi: *to fall, to come* —, cadere a pezzi, andare in pezzi // *to take a machine* —, smontare una macchina // *to take* —, (*sl.*) malmenare **4** indipendentemente, a prescindere, a parte: — *from the fact that*, a prescindere dal fatto che; *joking* —, scherzi a parte.

apartheid [ə'pɑ:θeɪd,ə'pɑ:taɪd / apart·heid] *s.* apartheid, discriminazione razziale (specialmente nella Repubblica Sudafricana).

apartment [ə'pɑ:tmənt / apart·ment] *s.* **1** (*spec. pl.*) camera; appartamento: *he has his own apartments in the Plaza Hotel*, ha le sue camere, il suo appartamento riservato al Plaza Hotel **2** (*spec. amer.*) appartamento // — *house* (o — *building*), (*amer.*) edificio composto da appartamenti; condominio; — *hotel*, residence **3** (*ant.*) stanza: *she retired to her own apartment*, (RICHARDSON) ella si ritirò nella sua stanza.

apastron [ə'pæstrən / ap·astron] *pl.* **apastra** [ə'pæstrə / ap·astra] *s.* (*astr.*) apoastro.

apathetic [,æpə'θetɪk / apa·thetic] *agg.* apatico, indifferente // **-ally** *avv.*

apathy ['æpəθɪ / ap·athy] *s.* apatia, indifferenza: *after so many disappointments he fell into a state of* —, dopo molte delusioni cadde in uno stato di apatia.

apatite ['æpə,taɪt / ap·at·ite] *s.* (*min.*) apatite.

ape [eɪp] *s.* **1** (*zool.*) scimmia antropomorfa // *to go* —, (*fam. amer.*) essere molto eccitato, su di giri // *to go — over s.o.*, andare pazzo per qlcu. **2** (*fig.*) imitatore **3** (*fig. spreg.*) persona goffa, stupida; scimmione **4** (*sl. amer.*) negro.

to **ape** *v.tr.* scimmiottare, imitare: *she tries to — his gestures but she can't*, prova a scimmiottare i suoi gesti, ma non ne è capace.

apeak [ə'pi:k] *avv.* (*mar.*) a picco.

aped [eɪpt] *agg.* (*sl. amer.*) ubriaco.

apeman ['eɪp,mæn / ape·man] *pl.* **apemen** *s.* uomo-scimmia.

Apennines (the) ['æpɪnaɪnz / Ap·en·nines] *no.pr.pl.* (*geogr.*) Appennini.

apepsy [ə'pepsɪ] *s.* (*med.*) apepsia.

aper ['eɪpə*] *s.* (*non com.*) imitatore.

aperçu [,æpɜ:'sju:] *s.* (*fr.*) **1** riassunto **2** intuizione.

aperient [ə'pɪərɪənt / aperi·ent] *agg.* e *s.* (*med.*) blando lassativo.

aperiodic [,eɪpɪrɪ'ɒdɪk / aperi·odic] *agg.* aperiodico.

aperitif ['ɑ:peɪri:'tɪf / aper·itif] *s.* aperitivo.

aperture ['æpə,tjʊə* / aper·ture] *s.* **1** apertura, foro, pertugio **2** (*scient.*) apertura (di macchina fotografica, telescopio ecc.).

apery ['eɪpərɪ] *s.* (*non com.*) **1** imitazione; scimmiottatura **2** colonia di scimmie.

apetalous [ə'petələs / apet·al·ous] *agg.* (*bot.*) apetalo.

apex ['eɪpeks] *pl.* **apexes** ['eɪpeksɪz] **apices** ['eɪpɪsi:z / api·ces] *s.* **1** apice, sommità; culmine (*anche fig.*): *to be at the — of one's career*, essere all'apice della propria carriera **2** (*scient.*) apice; vertice: *the — of a triangle*, il vertice di un triangolo; — *of the lung, of the heart*, apice del polmone, del cuore.

aphaeresis [æ'fɪərɪsɪs / aph·aer·esis] *pl.* **aphaereses** [æ'fɪərɪsi:z] *s.* (*ling.*) aferesi.

aphagia [ə'feɪdʒɪə / apha·gia] *s.* (*med.*) afagia.

aphasia [æ'feɪʒjə / apha·sia] *s.* (*med.*) afasia.

aphasic [ə'feɪzɪk] *agg.* e *s.* (*med.*) afasico.

aphelion [æ'fi:ljən / aph·elion] *pl.* **aphelia** [æ'fi:ljə / aph·elia] *s.* (*astr.*) afelio.

apheresis *s.* → **aphaeresis**.

aphesis ['æfɪsɪs / aph·esis] *pl.* **apheses** ['æfɪsi:z] *s.* (*ling.*) aferesi.

aphid ['eɪfɪd] **aphis** ['eɪfɪs] *pl.* **aphides** ['eɪfɪdi:z / aphi·des] *s.* (*zool.*) afide.

aphonia [eɪ'fəʊnjə] *s.* (*med.*) afonia.

aphonic [eɪ'fɒnɪk] *agg.* (*rar.*) afono.

aphony ['æfənɪ] *s.* (*med.*) afonia.

aphorism ['æfərɪzəm / aph·or·ism] *s.* aforisma.

aphoristic [,æfə'rɪstɪk / aph·or·istic] *agg.* aforistico // **-ally** *avv.*

aphrodisiac [,æfrəʊ'dɪzɪæk / aph·ro·dis·iac] *agg.* e *s.* afrodisiaco.

aphtha ['æfθə] *pl.* **aphthae** ['æfθi:] *s.* (*med.*) afta.

aphyllous [,eɪ'fɪləs / aphyl·lous] *agg.* (*bot.*) senza foglie, afillo.

apiarian [,eɪpɪ'eərɪən / api·ar·ian] *agg.* apistico, relativo all'apicoltura, di apicoltura.

apiarist ['eɪpjərɪst / api·ar·ist] *s.* apicoltore, apicultore SIN. **apiculturist**.

apiary ['eɪpjərɪ *amer.* 'eɪpɪerɪ / api·ary] *s.* apiario; arnia; alveare.

apical ['æpɪkl / ap·ical] *agg.* apicale; dell'apice; all'apice.

apiculture ['eɪpɪkʌltʃə* / api·cul·ture] *s.* apicoltura, apicultura.

apiculturist [,æpɪ'kʌltʃərɪst / api·cul·tur·ist] *s.* apicoltore, apicultore SIN. **apiarist**.

apiece [ə'pi:s] *avv.* **1** a testa, per uno, ciascuno: *he gave us five pounds* —, ci diede cinque sterline per uno **2** al pezzo; l'uno: *these cups cost three pounds* —, queste tazze costano tre sterline l'una.

apish ['eɪpɪʃ] *agg.* **1** scimmiesco **2** fatuo, sciocco // **-ly** *avv.* // **-ness** *s.*

aplanatic [,æplə'nætɪk / ap·lan·atic] *agg.* (*fis.*) aplanatico.

aplasia [ə'pleɪʒɪə / apla·sia] *s.* (*biol.*) aplasia.

aplenty [ə'plentɪ] *agg.* (*antiq.*) in abbondanza.

aplite ['æplaɪt] *s.* (*geol.*) aplite.

aplomb [ə'plɒm] *s.* **1** perpendicolarità **2** sicurezza, padronanza di sé.

apn(o)ea [æp'nɪə] *s.* apnea.

apn(o)eic [æp'ni:ɪk] *agg.* (*med.*) apnoico.

apocalypse [ə'pɒkəlɪps / apo·ca·lypse] *s.* apocalisse.

apocalyptic(al) [ə,pɒkə'lɪptɪk(l) / apo·ca·lyp·tic(al)] *agg.* apocalittico // **-ally** *avv.*

apochromatic [,æpəkrəʊ'mætɪk / apo·chro·matic] *agg.* (*fis.*) apocromatico: — *lens*, obiettivo apocromatico.

apocopation [ə,pɒkə'peɪʃn / apo·cop·ation] antiq. **apocope** [ə'pɒkəʊpɪ / apo·cope] *s.* (*ling.*) apocope.

Apocrypha [ə'pɒkrɪfə / Apo·cry·pha] *s.pl.* libri apocrifi.

apocryphal [ə'pɒkrɪfl / apo·cryphal] *agg.* apocrifo.

apod ['æpɒd] *pl.* **apods**, **apoda** ['æpədə] *agg.* e *s.* (*zool.*) apodo, apode.

apodal ['æpədl] *agg.* (*zool.*) apodo, apode.

apod(e)ictic [,æpəʊ'd(e)ɪktɪk / apo·d(e)ictic] *agg.* (*fil.*) apodittico.

apodosis [ə'pɒdəʊsɪs / apo·dosis] *pl.* **apodoses** [ə'pɒdəʊsi:z] *s.* (*gramm.*) apodosi.

apoenzyme [,æpəʊ'enzaɪm / apo·en·zyme] *s.* (*biochim.*) apoenzima.

apogeal [,æpə'dʒɪəl / apo·geal] **apogean** [,æpəʊ'dʒi:ən] *agg.* (*astr.*) all'apogeo.

apogee ['æpəʊdʒi: / apo·gee] *s.* (*astr.*) apogeo (*anche fig.*).

apolitical [,eɪpə'lɪtəkl / apol·it·ical] *agg.* apolitico.

Apollo asteroid [ə'pɒləʊ'æstərɔɪd] *s.* (*astr.*) oggetto Apollo.

Apollonian [,æpə'ləʊnjən / Apol·lo·nian] *agg.* apollineo, di Apollo.

Apollyon [ə'pɒljən / Apol·lyon] *no.pr.m.* Satana.

apologetic(al) [ə,pɒlə'dʒetɪk(l) / apo·lo·getic·(al)] *agg.* **1** di scusa: *she gave an apologetic smile*, fece un sorriso di scusa; *she felt very* —, sentiva di dovermi delle scuse **2** (*antiq.*) apologetico // **-ally** *avv.*

apologetics [ə,pɒlə'dʒetɪks / apo·lo·get·ics] *s.* [U] apologetica.

apologia [ˌæpəˈləʊdʒɪə / apo·lo·gia] *pl.* **apologias**, **apologiae** [ˌæpəˈləʊdʒiː,iː / apo·lo·giae] *s.* (*non com.*) apologia.

apologist [əˈpɒlədʒɪst / apo·lo·gist] *s.* apologista; apologeta.

to **apologize** [əˈpɒlədʒaɪz / apo·lo·gize] *v.intr.* **1** scusarsi, chiedere scusa: *to — to s.o. for sthg.*, chiedere scusa a qlcu. per qlco.; *he apologized for being late*, si scusò d'essere in ritardo; *I must — for myself*, devo scusarmi **2** (*antiq.*) fare un'apologia.

apologue [ˈæpəlɒg / apo·logue] *s.* apologo.

apology [əˈpɒlədʒɪ / apo·logy] *s.* **1** scusa, giustificazione: *I can't accept your apologies*, non posso accettare le tue scuse; *he was full of apologies*, non la smetteva più di scusarsi; *to make an — to s.o.*, presentare le proprie scuse a qlcu., scusarsi con qlcu. **2** (*fam.*) cattivo esemplare, brutta copia: *it was an — of* (o *for*) *a dinner*, aveva solo l'apparenza di un pranzo **3** (*antiq.*) apologia.

apophthegm [ˈæpəˌθem / apoph·thegm] *s.* → **apothegm**.

apophysary [əˈpɒfɪsərɪ / apo·physary] *agg.* (*anat.*) → **apophyseal**.

apophyseal [əˌpɒfɪˈsɪəl / apo·physeal] **apophysial** [ˌæpəˈfɪzɪəl / apo·physial] *agg.* (*anat.*) apofisario SIN. **apophysary**.

apophysis [əˈpɒfəsɪs / apo·physis] *pl.* **apophyses** [əˈpɒfəˌsiːz] *s.* (*anat.*) apofisi.

apoplectic [ˌæpəʊˈplektɪk / apo·plectic] *agg.* **1** (*med.*) apoplettico: (—) *stroke*, colpo apoplettico **2** (*fam.*) furibondo, furente ◆ *s.* (*med.*) apoplettico, persona colpita da apoplessia.

apoplexy [ˈæpəʊpleksɪ / apo·plexy] *s.* (*med.*) apoplessia.

aporia [əˈpɔːrɪə] *s.* (*fil.*) aporia.

aport [əˈpɔːt] *avv.* (*mar.*) verso sinistra.

apostasy [əˈpɒstəsɪ / apos·tasy] *s.* apostasia.

apostate [əˈpɒsteɪt / apos·tate] *agg.* e *s.* apostata.

to **apostatize** [əˈpɒstətaɪz / apos·tat·ize] *v.intr.* apostatare.

apostil(le) [əˈpɒstɪl / apos·til·(le)] *s.* (*ant.*) postilla.

apostle [əˈpɒsl] *s.* apostolo // *Apostles' Creed*, Credo, simbolo apostolico.

apostleship [əˈpɒslʃɪp / apostle·ship] **apostolate** [əˈpɒstəʊlət / apos·tol·ate] *s.* apostolato.

apostolic [ˌæpəˈstɒlɪk / apo·stolic] meno com. **apostolical** [ˌæpəˈstɒlɪkl / apo·stol·ical] *agg.* apostolico: *apostolic see*, Sede apostolica romana, la Chiesa di Roma; *apostolical succession*, successione apostolica; *— fathers*, Padri apostolici; *— vicar*, Vicario apostolico.

apostrophe[1] [əˈpɒstrəfɪ / apo·strophe] *s.* (*ret.*) apostrofe.

apostrophe[2] *s.* (*gramm.*) apostrofo.

to **apostrophize**[1] [əˈpɒstrəfaɪz / apo·stroph·ize] *v.tr.* e *intr.* (*ret.*) apostrofare.

to **apostrophize**[2] *v.tr.* (*gramm.*) apostrofare, segnare con apostrofo.

apothecary [əˈpɒθəkərɪ / apo·thec·ary] *s.* (*antiq.*) farmacista // *apothecaries' measure*, serie di unità di misura di peso e di capacità usate dai farmacisti in Gran Bretagna.

apothecium [ˌæpəˈθiːsɪəm / apo·thecium] *s.* (*bot.*) apotecio.

apothegm [ˈæpəˌθem / apo·thegm] *s.* (*rar.*) apoftegma.

apothem [ˈæpəθɪm / apo·them] *s.* (*mat.*) apotema.

apotheosis [əˌpɒθɪˈəʊsɪs / apo·the·osis] *pl.* **apotheoses** [əˌpɒθɪˈəʊsiːz] *s.* apoteosi, deificazione, glorificazione (*anche fig.*).

to **apotheosize** [əˈpɒθɪəʊsaɪz / apo·theo·size] *v.tr.* fare l'apoteosi di, deificare, glorificare (*anche fig.*).

to **appal** [əˈpɔːl / ap·pal] *pass.p.p.* **appalled** [əˈpɔːld / ap·palled] *v.tr.* sgomentare; spaventare; fare inorridire: *I was appalled at his words*, fui sgomentato dalle sue parole ◆ *v.intr.* sgomentarsi; spaventarsi; inorridire.

appalling [əˈpɔːlɪŋ / ap·pal·ling] *agg.* spaventoso, raccapricciante // **-ly** *avv.*

Appaloosa [ˌæpəˈluːsə / Ap·pa·loosa] *s.* razza equina nord americana.

appanage [ˈæpənɪdʒ / ap·pan·age] *s.* appannaggio (*anche fig.*).

apparat [ˌæpəˈræt / ap·parat] *s.* (*pol.*) organizzazione del partito comunista.

apparatchik [ˌæpəˈrætʃɪk / ap·par·at·chik] *s.* (*sl. amer.*) portaborse, burocrate.

apparatus [ˌæpəˈreɪtəs / ap·par·atus] *pl.* **apparatus**, **apparatuses** [ˌæpəˈreɪtəsɪz] *s.* **1** (*tecn.*) apparecchio, apparecchiatura, congegno, dispositivo; apparato: *lighting —*, apparato per illuminazione; *signalling —*, apparato di segnalazione // *— criticus*, apparato critico (di testo) **2** (*anat.*) apparato: *digestive —*, apparato digerente **3** apparato; organizzazione; sistema: *the political —*, l'apparato politico.

apparel [əˈpærəl / ap·parel] *s.* [U] **1** (*eccl.*) paramenti (*pl.*) **2** (*mar. mil.*) armamento, equipaggiamento **3** (*amer.*) vestito, vestiti: *ready-to-wear —*, abiti confezionati • Si noti come la parola presente in questo significato nell'inglese antico - come mostrano i versi di un'antica ballata qui riportati - si ripresenta nell'uso corrente oltreoceano. È questo un fenomeno abbastanza frequente, *come change thy apparel with me, old man* / come change thy apparel for mine, (Robin Hood and the Widow's Three Sons) vieni, cambia il tuo abito con me, vecchio vieni, cambia il tuo abito col mio.

to **apparel** *pass.p.p.* **apparelled** [əˈpærəld / ap·par·elled] *v.tr.* **1** ornare, addobbare **2** (*amer.* , *brit. ant. poet.*) vestire: *appareled in celestial light*, (WORDSWORTH) vestita di luce celeste **3** (*mar. mil.*) armare, equipaggiare.

apparent [əˈpærənt / ap·par·ent] *agg.* **1** evidente, visibile, chiaro: *from what I have said it is — that...*, da quanto ho detto appare evidente che... // (*astr.*): *— noon*, mezzogiorno vero; *— (solar) time*, tempo solare vero; *— solar day*, giorno solare vero // (*dir.*) *heir —*, erede legittimo **2** apparente: *his success was only —*, il suo successo fu solo apparente **3** (*fis.*) apparente, visibile: *— motion*, moto apparente // (*astr.*) *— position*, posizione apparente // **-ly** *avv.*

apparition [ˌæpəˈrɪʃn / ap·pari·tion] *s.* **1** apparizione; fantasma **2** (*astr.*) apparizione.

apparitor [əˈpærɪtə* / ap·par·itor] *s.* (*st.*) apparitore, messo, usciere.

appeal [əˈpiːl / ap·peal] *s.* **1** appello; preghiera, supplica: *he made an — to their generosity*, fece appello alla loro generosità; *the mother made an — on the radio to the kidnappers*, la madre lanciò un appello alla radio ai rapitori **2** colletta, raccolta di denaro: *the — for* AIDS *research raised 5000 pounds*, la raccolta di fondi per la ricerca sull'AIDS fruttò 5000 sterline; *cathedral — day*, giorno della raccolta delle offerte per la cattedrale **3** (*dir.*) appello, ricorso: *to file* (o *to lodge*) *an —*, interporre appello // *Court of Appeal*, Corte d'Appello **4** richiamo, attrazione: *the — of the sea*, l'attrazione del mare; *to lose one's —*, perdere d'attrattiva.

to **appeal** *v.intr.* **1** appellarsi, fare appello, ricorrere (*anche dir.*): *he appealed to me for help*, chiese il mio aiuto; *the authorities appealed to the crowd to disperse*, le autorità si appellarono alla folla perché si disperdesse; *to — to s.o.'s sense of duty*, fare appello al senso di responsabilità di qlcu.; (*dir.*): *to — to the law*, appellarsi alla legge; *— from a judgment*, appellarsi contro una sentenza; *to — against sthg.*, protestare contro qlco. // (*pol.*) *to — to the country*, sciogliere il parlamento (dopo un voto contrario) **2** interessare, piacere: *his pictures — to the eye*, i suoi quadri attraggono l'occhio; *your idea appeals to me*, la tua idea mi attrae.

appealable [əˈpiːləbl / ap·peal·able] *agg.* appellabile (*anche dir.*).

appealer [əˈpiːlə* / ap·peal·er] *s.* **1** supplicante, richiedente **2** (*dir.*) appellante.

appealing [əˈpiːlɪŋ / ap·peal·ing] *agg.* **1** supplichevole **2** attraente // **-ly** *avv.*

to **appear** [əˈpɪə* / ap·pear] *v.intr.* **1** apparire, presentarsi, mostrarsi: *the car suddenly appeared from nowhere*, la macchina apparve all'improvviso dal nulla; *this book appeared last month*, questo libro uscì, fu pubblicato il mese scorso; *the error appears on page 26*, l'errore è a pagina 26; *to — upon the scene*, apparire (sulla scena); *she will — in 'Othello'*, reciterà nell'"Otello'; *apes first appeared in Africa twenty million years ago*, le scimmie apparvero per la prima volta in Africa venti milioni di anni fa **2** (*dir.*) comparire, presentarsi in giudizio: *he appeared before the Court*, comparve in tribunale **3** sembrare, parere: *she appears unhappy*, sembra infelice; *it appears not*, sembra di no; *it would —*, parrebbe, a quanto pare; *so it appears*, così sembra; *there appears to be a mistake*, sembra che vi sia un errore.

appearance [əˈpɪərəns / ap·pear·ance] *s.* **1** apparenza, aspetto, sembianza; aria, cera: *a menacing —*, un aspetto minaccioso // *to* (o *by*) *all appearances*, da quanto si può vedere, a quanto sembra, all'apparenza // *for the sake of appearances*, per salvare le apparenze // *to keep up appearances*, salvare le apparenze **2** apparizione, comparsa: *with the — of parkingmeters parking became more expensive*, con la comparsa dei parchimetri diventò più costoso parcheggiare // *he put in an —*, fece atto di presenza // *she made her first — at the Tivoli*, fece il suo debutto al teatro Tivoli **3** (*dir.*) comparizione; costituzione in giudizio **4** (*ant.*) fantasma; visione.

appearer [əˈpɪərə* / ap·pear·er] *s.* (*dir.*) comparente.

appearing [əˈpɪərɪŋ / ap·pear·ing] *agg.* di

aspetto: *a very youthful — man*, un uomo di aspetto molto giovanile.

appeasable [ə'pi:zəbl / ap·peas·able] *agg.* placabile; appagabile.

to **appease** [ə'pi:z / ap·pease] *v.tr.* **1** placare, ammansire, pacificare; calmare (passione, ira ecc.); soddisfare, calmare (appetito, fame) **2** (*pol.*) pacificare a prezzo di concessioni.

appeasement [ə'pi:zmənt / ap·pease·ment] *s.* **1** pacificazione, acquietamento; appagamento, soddisfazione **2** (*pol.*) pacificazione a prezzo di concessioni.

appeasing [ə'pi:zɪŋ / ap·peas·ing] *agg.* calmante, lenitivo // **-ly** *avv.*

appellant [ə'pelənt / ap·pel·lant] *agg.* e *s.* (*dir.*) appellante.

appellate [ə'pelət / ap·pel·late] *agg.* (*dir.*) di appello: *— court*, corte d'appello.

appellation [,æpə'leɪʃn / ap·pel·la·tion] *s.* (*form.*) appellazione; nome, denominazione.

appellation (d'origine) contrôlée [æpəlæsɪ'ɒŋ(dɒrɪd'ʒi:n) kɒntrɒl'e] *locuz.fr.* denominazione di origine controllata.

appellative [ə'pelətɪv / ap·pel·lat·ive] *agg.* e *s.* appellativo: (*gramm.*) *— (name)*, nome comune.

appellatively [ə'pelətɪvlɪ / ap·pel·lat·ive·ly] *avv.* a mo' di appellativo.

appellee [,æpə'li: / ap·pel·lee] *s.* (*dir.*) appellato.

appellor [ə'pelə* / ap·pel·lor] *s.* (*dir.*) imputato che accusa i complici.

to **append** [ə'pend / ap·pend] *v.tr.* **1** (*form.*) apporre, aggiungere: *to — a signature to a document*, apporre una firma a un documento **2** (*letter.*) appendere, sospendere **3** (*inform.*) mettere di seguito, incollare.

appendage [ə'pendɪdʒ / ap·pend·age] *s.* **1** aggiunta; complemento; annesso **2** (*anat.*) appendice: *atrial —*, appendice atriale.

appendant [ə'pendənt / ap·pend·ant] *agg.* (*non com.*) **1** accessorio, aggiunto **2** attaccato; connesso ◆ *s.* **1** accessorio **2** dipendenza.

appendectomy [,æpən'dektəmɪ / ap·pend·ec·tomy] *s.* (*med. amer.*) → **appendicectomy**.

appendicectomy [ə,pendə'sektəmɪ / ap·pen·dic·ec·tomy] *s.* (*med.*) appendicectomia AMER. appendectomy.

appendicitis [ə,pendɪ'saɪtɪs / ap·pen·di·citis] *s.* (*med.*) appendicite.

appendicular [,æpən'dɪkjʊlə* / ap·pen·dicu·lar] *agg.* (*biol.*, *med.*) appendicolare.

appendix [ə'pendɪks / ap·pendix] *pl.* **appendixes** [ə'pendɪksɪz / ap·pen·di·xes] **appendices** [ə'pendɪksi:z / ap·pen·di·ces] *s.* **1** appendice, aggiunta **2** (*anat.*) appendice.

to **apperceive** [,æpə'si:v / ap·per·ceive] *v.tr.* (*fil.*) appercepire.

apperception [,æpə'sepʃn / ap·per·cep·tion] *s.* (*fil.*) appercezione.

to **appertain** [,æpə'teɪn / ap·per·tain] *v.intr.* **1** appartenere; spettare **2** essere in relazione; riferirsi.

appetence ['æpɪtəns / ap·pet·ence] **appetency** ['æpɪtənsɪ / ap·pet·ency] *s.* (*non com.*) **1** desiderio, brama; attrazione: *by nature have a mutual appetence*, (MARLOWE) per natura hanno una reciproca attrazione **2** affinità; inclinazione.

appetent ['æpɪtənt / ap·pet·ent] *agg.* (*non com.*) bramoso, desideroso.

appetite ['æpɪtaɪt / ap·pet·ite] *s.* **1** appetito: *don't spoil your — with sweets*, non rovinarti l'appetito con le caramelle; *to whet s.o.'s —*, stimolare l'appetito a qlcu. **2** (*fig.*) avidità, brama; forte desiderio.

appetitive [ə'petətɪv / ap·pet·it·ive] *agg.* (*fil.*) appetitivo.

to **appetize** ['æpɪtaɪz / ap·pet·ize] *v.tr.* destare appetito in.

appetizer ['æpɪtaɪzə* / ap·pet·izer] *s.* stuzzichini (*pl.*); aperitivo.

appetizing ['æpɪtaɪzɪŋ / ap·pet·iz·ing] *agg.* appetitoso; allettante // **-ly** *avv.*

to **applaud** [ə'plɔ:d / ap·plaud] *v.tr.* e *intr.* applaudire; approvare.

applauder [ə'plɔ:də* / ap·plaud·er] *s.* chi applaude; chi approva.

applause [ə'plɔ:z / ap·plause] *s.* U applauso; approvazione.

applausive [ə'plɔ:zɪv / ap·plaus·ive] *agg.* (*non com.*) plaudente // **-ly** *avv.*

apple ['æpl] *s.* **1** (*bot.*) mela, pomo: *— core*, torsolo di mela; *— sauce*, salsa di mele; (*fig.*) adulazione; chiacchiere // *— of discord*, pomo della discordia // *— of the eye*, (*fam. fig.*) pupilla degli occhi, favorito // *Adam's —*, pomo di Adamo // *— of Sodom* (o *Dead Sea —*), frutti che si riducono in cenere, azioni, fatti senza risultato // *Big Apple*, New York **2** (*bot.*) *— (-tree)* (*Pirus malus*) melo: *— blossom*, fiore di melo.

apple cart ['æpl,kɑ:t] *s.* nella locuz.: *to upset s.o.'s —*, (*fig.*) rovinare, buttare all'aria i piani di qlcu.

apple-cheeked ['æpl'tʃi:kt] *agg.* con le guance rosse come mele.

apple-head ['æpl,hed] *s.* (*amer.*) stupido.

applejack ['æpl,dʒæk / apple·jack] *s.* (*amer.*) acquavite di mele.

apple-knocker ['æpl,nɒkə*] *s.* (*fam. amer.*) raccoglitore stagionale di frutta; (*estens.*) persona rozza.

apple pie ['æpl,paɪ] *s.* (*cuc.*) torta di mele // *to be in — order*, (*fig.*) essere in perfetto ordine.

to **apple-polish** ['æpl,pɒlɪʃ] *v.tr.* (*fam. amer.*) adulare.

apple-polisher ['æpl,pɒlɪʃə*] *s.* (*fam. amer.*) adulatore, leccapiedi • In origine detto dello scolaro di campagna che portava una bella mela al maestro.

apple-tart ['æpl,tɑ:t] *s.* (*cuc.*) torta di mele.

appliance [ə'plaɪəns / ap·pli·ance] *s.* **1** applicazione **2** (*spec. pl.*) strumento, congegno, apparecchio, apparecchiatura, dispositivo: *a mechanical —*, un apparecchio meccanico; *electrical* (o *household*) *appliances*, elettrodomestici; *office appliances*, forniture per ufficio; *safety —*, dispositivo di sicurezza.

applicability [,æplɪkə'bɪlɪtɪ / ap·plic·ab·il·ity] *s.* applicabilità.

applicable ['æplɪkəbl / ap·plic·able] *agg.* **1** applicabile **2** adatto // **-ness** *s.*

applicant ['æplɪkənt / ap·plic·ant] *s.* **1** postulante, richiedente; candidato **2** (*dir.*) *— (for)*, ricorrente.

application [,æplɪ'keɪʃn / ap·plica·tion] *s.* **1** applicazione: *we suggest a second — of paint*, consigliamo una seconda mano di vernice; *— of a theory*, applicazione di una teoria // (*med.*) *for external —*, per uso esterno **2** cura, diligenza; applicazione; assiduità: *if you show — in your studies you will succeed*, se sarai assiduo, diligente nei tuoi studi, riuscirai **3** domanda, richiesta; ricorso (*anche dir.*): *— for a job, for employment*, domanda di impiego; *— form*, modulo di domanda, di richiesta; *samples on —*, campioni su richiesta; *to make an — to*, rivolgere un'istanza a // *on — to*, in caso si inoltri domanda a // *to make a share —*, sottoscrivere delle azioni **4** (*inform.*) applicazione; condizione di impiego (di un computer): *— audit*, guida per l'analisi (di un'applicazione); *— terminal*, terminale dedicato a un'applicazione; *— developer*, creatore di applicazioni; *— library*, biblioteca di programmi applicativi; *— package*, pacchetto applicativo, programmi applicativi; *— programming interface* (abbr. API), interfaccia per la programmazione di applicazioni.

application-dedicated terminal [,æpləkeɪʃn,dedə'keɪtɪd'tɜ:mənəl] *s.* (*inform.*) terminale specializzato, ADT.

application-oriented [æplə'keɪʃn'ɒrɪəntɪd] *agg.* (*inform.*) applicativo, adattato all'applicazione.

applicator ['æplə,keɪtə* / ap·plic·ator] *s.* **1** applicatore **2** (*tip.*) (*ink*) —, (dispositivo) inchiostratore.

applied [ə'plaɪd / ap·plied] *agg.* applicato: *— science*, scienza applicata; *— mathematics*, matematica applicata.

applier [ə'plaɪə* / ap·plier] *s.* **1** richiedente **2** chi applica.

appliqué ['æplə,keɪ / ap·pli·qué] *s.* e *agg.* (*fr.*) applicazione.

to **apply** [ə'plaɪ / ap·ply] *v.intr.* **1** rivolgersi; indirizzare, inoltrare domanda (a): *to — to s.o. for sthg.*, rivolgersi a qlcu. per qlco.; *to — for a job, for a scholarship*, far domanda di lavoro, di borsa di studio; *for that job you must — to...*, per quel lavoro devi rivolgerti a... **2** riguardare (qlcu., qlco.), concernere (qlcu., qlco.), avere attinenza con (qlcu., qlco.): *this does not — to you*, questo non ti riguarda; *this rule applies to all cases*, questa regola si applica a tutti i casi ◆ *v.tr.* **1** applicare: *he applied a label on his case*, applicò un'etichetta sulla valigia; *ointment was applied to the wound*, si applicò dell'unguento alla ferita; *to — a rule*, applicare una regola **2** *to — oneself* (o *one's mind*), applicarsi a, dedicarsi a, concentrarsi su **3** azionare: *he applied the brake*, azionò il freno.

to **appoint** [ə'pɔɪnt / ap·point] *v.tr.* **1** fissare, stabilire (giorno, limiti): *let's — a time and a place for the meeting*, stabiliamo l'ora e il luogo dell'incontro // *when Heaven appoints, man must obey*, (*prov.*) l'uomo propone e Dio dispone **2** nominare: *he was appointed chairman*, fu nominato presidente; *he was appointed to the office of manager*, gli fu dato l'incarico, la nomina di direttore **3** prescrivere, ordinare; assegnare (un lavoro ecc.): *each of the boys had his appointed task*, a ciascun ragazzo fu assegnato un compito **4** (*dir.*) assegnare con decreto.

appointed [ə'pɔɪntɪd / ap·pointed] *agg.* **1** fissato, designato: *at the — hour*, all'ora fissata;

(*dir.*) — *day*, termine fissato per l'entrata in vigore di una legge **2** scelto (per un lavoro); incaricato **3** arredato, equipaggiato: *a magnificently — house*, una casa arredata magnificamente; *well, badly —*, bene, male equipaggiato.

appointee [əpɔɪn'ti: / ap·pointee] *s.* persona designata a un ufficio, chiamata a eredità ecc.

appointive [ə'pɔɪntɪv / ap·point·ive] *agg.* (*amer.*) assegnato per nomina: — *offices*, cariche ottenute per nomina.

appointment [ə'pɔɪntmənt / ap·point·ment] *s.* **1** appuntamento, convegno: *to make* (o *fix*), *to keep, to break an —*, fissare, mantenere, mancare a un appuntamento; *to postpone* (o *to put off*) *an —*, posticipare un appuntamento; *to bring forward an —*, anticipare un appuntamento // — *book*, agenda **2** nomina: *his — as governor displeased everyone*, la sua nomina a governatore dispiacque a tutti **3** carica, impiego: *he obtained a good — in a business firm*, ottenne un buon posto in una ditta **4** prescrizione, decreto, ordine; ordinanza: *by the King's —*, per ordine del re **5** (*dir.*) assegnazione **6** *pl.* arredamento; equipaggiamento; arredo.

apport [ə'pɔ:t / ap·port] *s.* apporto (in seduta spiritica).

to **apportion** [ə'pɔ:ʃn / ap·por·tion] *v.tr.* distribuire, spartire, assegnare.

apportionable [ə'pɔ:ʃnəbl / ap·por·tion·able] *agg.* (*comm.*) frazionato: — *annuity*, rendita frazionata.

apportionment [ə'pɔ:ʃnmənt / ap·por·tion·ment] *s.* **1** distribuzione, spartizione, ripartizione **2** (*amm.*) imputazione; ripartizione.

to **appose**[1] [æ'pəʊz / ap·pose] *v.tr.* (*ant.*) **1** apporre: *to — one's signature to a document*, apporre la firma a un documento **2** accostare; avvicinare.

to **appose**[2] *v.tr.* (*ant.*) esaminare.

apposite ['æpəʊzɪt / ap·pos·ite] *agg.* conveniente, adatto, opportuno; appropriato, giusto: *an — remark*, una giusta osservazione.

apposition[1] [,æpəʊ'zɪʃn / ap·posi·tion] *s.* apposizione (*anche gramm.*).

apposition[2] *s.* (*ant.*) pubblica disputa di dotti; esame formale orale (alla St. Paul's School di Londra, ancora in uso per la festa annuale).

appositional [,æpəʊ'zɪʃənl / ap·posi·tional]
appositive [ə'pɒsɪtɪv / ap·posit·ive] *agg.* appositivo; in, di apposizione.

appraisable [ə'preɪzəbl / ap·prais·able] *agg.* valutabile, apprezzabile.

appraisal [ə'preɪzl / ap·praisal] *s.* stima, valutazione, perizia (*anche comm.*).

to **appraise** [ə'preɪz / ap·praise] *v.tr.* stimare, valutare, apprezzare (*anche comm.*).

appraisement [ə'preɪzmənt / ap·praise·ment] *s.* **1** → appraisal **2** (*comm.*) valore di stima.

appraiser [ə'preɪzə* / ap·praiser] *s.* stimatore; (*dir.*) perito stimatore: — *'s report*, perizia.

appreciable [ə'pri:ʃəbl / ap·pre·ciable] *agg.* **1** apprezzabile; stimabile, valutabile **2** sensibile: *an — difference*, una sensibile differenza // **-bly** *avv.*

to **appreciate** [ə'pri:ʃɪeɪt / ap·preci·ate] *v.tr.* **1** apprezzare; stimare, valutare giustamente: *his work has never been appreciated*, il suo lavoro non è mai stato valutato come merita; *I — your kindness*, apprezzo la tua gentilezza; *a reply would be greatly appreciated*, sarà molto gradita una risposta **2** rendersi conto di: *I — that...*, mi rendo conto che... ◆ *v.intr.* aumentare di valore; rivalutarsi, migliorarsi: *this land has appreciated greatly since the new motorway was built*, questi terreni si sono rivalutati da quando è stata costruita la nuova autostrada; *the lira has appreciated against the dollar*, la lira ha guadagnato sul dollaro.

appreciation [ə,pri:ʃɪ'eɪʃn / ap·pre·ci·ation] *s.* **1** apprezzamento; stima, valutazione **2** comprensione (di problema, situazione, difficoltà) **3** rivalutazione: *inventory, stock —*, plusvalenza delle scorte.

appreciative [ə'pri:ʃjətɪv / ap·pre·ci·at·ive] *agg.* **1** che apprezza; riconoscente **2** che comprende **3** elogiativo // **-ly** *avv.*

appreciatory [ə'pri:ʃjətərɪ / ap·pre·ci·at·ory] → **appreciative**.

to **apprehend** [,æprɪ'hend / ap·pre·hend] *v.tr.* **1** (*form.*) prendere, arrestare **2** (*antiq., letter.*) cogliere, afferrare, percepire: *he was conscious of, but could not apprehend, their wayward and flickering existence*, (J. JOYCE) ne era consapevole, ma non poteva immaginare la loro strana e vacillante esistenza **3** (*form.*) temere, avere il timore che: *we apprehend his Imperial Highness, ..., to have some tendency towards the high-heels*, (SWIFT) temiamo che sua Altezza Imperiale, ..., abbia qualche inclinazione per i tacchi alti.

apprehensibility ['æprɪ,hensɪ'bɪlətɪ / ap·pre·hens·ib·il·ity] *s.* **1** afferrabilità **2** percettibilità **3** apprensione.

apprehensible [,æprɪ'hensəbl / ap·pre·hens·ible] *agg.* **1** afferrabile **2** (*fig.*) comprensibile, percepibile.

apprehension [,æprɪ'henʃn / ap·pre·hen·sion] *s.* **1** timore, apprensione: *he was in — for her life*, era in apprensione, temeva per la sua vita **2** (*form.*) comprensione, intelligenza, percezione: *he had no real — of the difficulties*, non aveva una vera percezione delle difficoltà **3** (*form.*) arresto; presa, cattura: *everybody cooperated in the — of the thief*, cooperarono tutti all'arresto del ladro.

apprehensive [,æprɪ'hensɪv / ap·pre·hen·sive] *agg.* **1** apprensivo, timoroso **2** (*non com.*) perspicace, intelligente // **-ly** *avv.*

apprehensiveness [,æprɪ'hensɪvnɪs / ap·pre·hen·sive·ness] *s.* **1** apprensione **2** perspicacia, intelligenza.

apprentice [ə'prentɪs / ap·pren·tice] *s.* apprendista: *an — carpenter*, un apprendista falegname.

to **apprentice** *v.tr.* metter a mestiere, mettere a far pratica: *he was apprenticed to a tailor*, fu messo a far pratica presso un sarto.

apprenticeship [ə'prentɪsʃɪp / ap·pren·tice·ship] *s.* tirocinio, apprendistato: *to serve one's —*, fare il tirocinio.

to **apprise** [ə'praɪz / ap·prise] *v.tr.* (*form.*) informare, avvertire, far sapere a: *to — s.o. of sthg.*, avvertire qlcu. di qlco.; *to be apprised of*, essere consapevole di, sapere.

to **apprize** [ə'praɪz / ap·prize] *v.tr.* (*non com.*) stimare, apprezzare.

appro ['æprəʊ / ap·pro] *s.* (*comm. fam.*) abbr. di *approval*: *on —*, in esame, in prova.

approach [ə'prəʊtʃ / ap·proach] *s.* **1** l'avvicinarsi, l'approssimarsi; avvicinamento; approccio (*anche fig.*): *on our — the dogs started to bark*, al nostro avvicinarsi i cani presero ad abbaiare; *on the — of the enemy*, all'avvicinarsi del nemico; *the — of the spring*, l'approssimarsi della primavera; *a new — to teaching*, un nuovo approccio all'insegnamento; *to make approaches to s.o.*, (*fig.*) fare i primi passi verso qlcu.; fare delle avances a qlcu.; *we must stop our rivals making approaches to our best men*, dobbiamo fermare le proposte della concorrenza ai nostri uomini migliori // *that's the closest — to a goal we've had so far*, è in quell'occasione che siamo andati più vicino al goal **2** accesso: *the — to the town was through a valley*, si accedeva al paese attraverso una valle **3** (*golf*) approccio.

to **approach** *v.tr.* avvicinare, accostare (*anche fig.*): *he is easy to —*, è facilmente avvicinabile; *we approached their top researcher with a good offer*, avvicinammo il loro migliore ricercatore con una buona offerta; *what he says approaches the truth*, ciò che dice è quasi vero; *we are approaching Rome*, ci avviciniamo a Roma ◆ *v.intr.* avvicinarsi (*anche fig.*): *the day is approaching...*, si avvicina il giorno...

approachability [ə,prəʊtʃə'bɪlətɪ / ap·proach·ab·il·ity] *s.* accessibilità (*anche fig.*).

approachable [ə'prəʊtʃəbl / ap·proach·able] *agg.* avvicinabile, accessibile (*anche fig.*).

approaching [ə'prəʊtʃɪŋ / ap·proach·ing] *agg.* che si avvicina; prossimo, vicino; approssimativo.

to **approbate** ['æprəʊbeɪt / ap·prob·ate] (*amer.*) → to **approve**[1].

approbation [,æprəʊ'beɪʃn / ap·proba·tion] *s.* (*form.*) approvazione, sanzione; giudizio favorevole: *he looked at the scene with —*, osservò la scena con approvazione.

approbatory [,æprəʊ'beɪtərɪ / ap·prob·at·ory] *agg.* (*form.*) approvativo; favorevole.

appropriate [ə'prəʊprɪət / ap·pro·pri·ate] *agg.* appropriato, adatto; competente: *apply to the — authority*, fate domanda all'autorità competente; *please wear — dress to the funeral*, si prega di indossare un vestito adatto al funerale; (*econ.*) — *technology*, tecnologia appropriata // **-ly** *avv.* // **-ness** *s.*

to **appropriate** [ə'prəʊprɪeɪt] *v.tr.* **1** (*amm.*) stanziare; accantonare **2** appropriarsi di, far proprio senza averne il diritto.

appropriation [ə,prəʊprɪ'eɪʃn / ap·pro·pri·ation] *s.* **1** (*amm.*) distribuzione, ripartizione; stanziamento; impegno di spesa: — *account*, piano di riparto degli utili; *all budget appropriations have been approved*, tutti gli impegni di spesa del piano operativo sono stati approvati; *the — of funds for our department will be delayed*, lo stanziamento di fondi per il nostro dipartimento verrà ritardato **2** appropriazione.

appropriative [ə'prəʊprɪətɪv / ap·pro·pri·at·ive] *agg.* di appropriazione.

appropriator [ə'prəʊprɪeɪtə* / ap·pro·pri·ator] *s.* appropriatore; accaparratore.

approvable [ə'pru:vəbl / ap·prov·able] *agg.* approvabile; accettabile.

approval [ə'pru:vl / ap·proval] *s.* **1** approvazione, benestare; sanzione, ratifica: *your* *plans have my full —*, i tuoi progetti hanno la mia piena approvazione; *— of sentence*, ratifica di una sentenza; *seal of —*, visto di approvazione **2** (*comm.*) prova: *goods on —* (o *on appro*), merce in prova, in esame, in visione.

to **approve**[1] [ə'pru:v / ap·prove] *v.tr.* **1** approvare; sanzionare, ratificare: *he approved their decision to get married*, approvò la loro decisione di sposarsi; *the parliament approved the new tax policy*, il parlamento sanzionò la nuova politica fiscale; *the court martial sentence was approved*, la sentenza della corte marziale fu ratificata **2** (*ant.*) provare, mostrare: *approve first thy obedience*, (MILTON) dimostra prima la tua obbedienza ◆ *v.intr.* (*of*) approvare, ritenere giusto, saggio ecc.: *she did not — of his quitting his job*, non approvava che egli lasciasse il lavoro.

to **approve**[2] *v.tr.* (*ant.*) valorizzare (terre, proprietà).

approved [ə'pru:vd / ap·proved] *agg.* **1** approvato; accettato; riconosciuto: *an — method of teaching*, un metodo d'insegnamento riconosciuto, approvato; *read and —*, letto e approvato **2** autorizzato, permesso: *the list of — foods*, l'elenco dei cibi permessi **3** (*antiq.*) provato, rotto a tutte le esperienze.

approved school [ə'pru:vd,sku:l] *s.* riformatorio.

approvement[1] [ə'pru:vmənt / ap·prove·ment] *s.* (*ant.*) il fornire le prove della colpevolezza di un imputato.

approvement[2] *s.* valorizzazione (di terre, proprietà).

approver[1] [ə'pru:və* / ap·prover] *s.* (*dir.*) **1** chi approva **2** correo che si fa testimone d'accusa.

approver[2] *s.* castaldo, amministratore.

approximability [ə'prɒksımə,bılıtı / ap·prox·im·ab·il·ity] *s.* (*mat.*) approssimabilità.

approximate [ə'prɒksımət / ap·prox·im·ate] *agg.* **1** (*mat.*) approssimato: *— value*, valore approssimato **2** approssimativo // **-ly** *avv.*

to **approximate** [ə'prɒksımeıt / ap·prox·im·ate] *v.tr.* approssimare; accostare ◆ *v.intr.* approssimarsi, accostarsi.

approximation [ə,prɒksı'meıʃn / ap·prox·ima·tion] *s.* approssimazione: *— by excess, by defect*, approssimazione per eccesso, per difetto // (*mat.*) *— formula*, formula di approssimazione.

approximative [ə'prɒksımətıv / ap·prox·im·at·ive] *agg.* approssimativo // **-ly** *avv.*

appurtenance [ə'pɜ:tınəns / ap·pur·ten·ance] *s.* **1** (*dir.*) pertinenza **2** (*spec. pl. form.*) appendici, aggiunte **3** *pl.* (*form.*) accessori.

appurtenant [ə'pɜ:tınənt / ap·pur·ten·ant] *agg.* (*form.*) appartenente; pertinente; (*dir.*) annesso ◆ *s.* (*dir.*) pertinenza.

après-ski [,æpreı'ski:] *agg.* e *s.* (*fr.*) doposcì.

apricot ['eıprıkɒt / ap·ri·cot] *s.* **1** (*bot.*) albicocca **2** — (*tree*), (*Prunus armeniaca*) albicocco **3** color albicocca.

April ['eıprəl / Ap·ril] *s.* aprile // *— Fools' Day*, primo d'aprile // *— fool*, vittima di un pesce d'aprile: *they made an — fool of him*, gli fecero un pesce d'aprile.

a priori ['eıpraı'ɔ:raı / a pri·ori] *agg.* e *avv.* (*lat.*) a priori.

apriorism [eıprı'ɔ:rızəm / apri·or·ism] *s.* apriorismo.

aprioristic [,eıprıə'rıstık / apri·or·istic] *agg.* aprioristico.

apriority [,eıpraı'ɒrətı / apri·or·ity] *s.* l'essere a priori.

apron ['eıprən / ap·ron] *s.* **1** grembiule // *he is always tied to his mother's — -strings*, è sempre attaccato alle gonnelle della madre **2** (*tecn.*) grembiale; riparo; piastra di protezione; griglia **3** zeppa fermaferro (della pialla) **4** (*teatr.*) proscenio **5** nastro trasportatore **6** (*aer.*) piazzale **7** (*mar.*) controruota di prua.

apropos ['æprəpəʊ / apro·pos] *avv.* (*fr.*) a proposito ◆ *agg.* adatto, appropriato, a posto: *an — remark*, una osservazione appropriata.

apse [æps] *s.* (*arch.*) abside.

apsidal ['æpsıdl / ap·sidal] *agg.* (*arch.*) absidale.

apsis ['æpsıs / ap·sis] *pl.* **apsides** [æp'saıdi:z / ap·sides] *s.* **1** (*arch.*) abside **2** (*astr.*) apside, abside **3** (*eccl.*) reliquiario.

apt [æpt] *agg.* **1** incline, soggetto, propenso: *he is — to catch colds*, va soggetto a raffreddori // *he's — to be a nuisance*, ha la tendenza a scocciare; *I am — to believe that...*, sono propenso a credere che... **2** sveglio, intelligente: *one of my aptest pupils*, uno dei miei migliori allievi **3** atto, adatto, adeguato, pertinente: *an — quotation*, una citazione pertinente; *— behaviour*, un comportamento adeguato, appropriato **4** (*ant.*) capace: *this young galla(u)nt... thought himself so apt to all things that he gave himself almost to nothing*, (J. LYLY) questo giovane damerino... pensava di essere così capace in tutto che si dedicò quasi a niente // **-ness** *s.*

apteral ['æptərəl / ap·ter·al] *agg.* (*arch.*, *zool.*) attero.

apteran ['æptərən / ap·teran] **apterous** ['æptərəs / ap·ter·ous] *agg.* (*zool.*) attero, senz'ali.

apteryx ['æptərıks / ap·teryx] *pl.* **apteryxes** ['æptərıksıs] *s.* (*zool. antiq.*) → **kiwi**.

aptitude ['æptıtju:d *amer.* 'æptıtu:d / ap·ti·tude] *s.* **1** idoneità; attitudine: *— for music*, attitudine per la musica; *— test*, test attitudinale **2** intelligenza, perspicacia.

aptitudinal [,æptı'tju:dınl *amer.* ,æptıtu:dınl / ap·ti·tudi·nal] *agg.* (*non com.*) che ha attitudine.

aptly ['æptlı / apt·ly] *avv.* a proposito; in modo adatto.

Apulian [ə'pju:ljən / Apu·lian] *agg.* pugliese.

apyretic [,æpaı'retık / apyr·etic] *agg.* (*med.*) apiretico, senza febbre.

apyrexy [,æpı'reksı / apyr·exy] *s.* (*med.*) apiressia, assenza di febbre.

aqua ['ækwə] *s.* (*chim.*) acqua.

aquabatics [,ækwə'bætıks / aqua·bat·ics] *s.* [U] acrobazie nell'acqua.

aquacade ['ækwə,keıd / aqua·cade] *s.* (*amer.*) spettacolo sull'acqua (con musica e danza).

aquaculture ['ækwə,kʌltʃə* / aqua·cul·ture] *s.* **1** acquicoltura **2** (*bot.*) idroponica.

aquaculturist [,ækwə'kʌltʃərıst / aqua·cul·tur·ist] *s.* acquicoltore.

aquadrome ['ækwə,drəʊm / aqua·drome] *s.* centro attrezzato per le gare di sci d'acqua.

aquafarm ['ækwə,fɑ:m / aqua·farm] *s.* **1** azienda di acquicoltura **2** allevamento di pesci.

aqua-fortis [,ækwə'fɔ:tıs] *s.* (*chim. antiq.*) acquaforte, acido nitrico.

aqualung ['ækwəlʌŋ / aqua·lung] *s.* autorespiratore.

aquamarine [,ækwəmə'ri:n / aqua·mar·ine] *s.* **1** (*min.*) acquamarina **2** (colore) acquamarina.

aquametry [æ'kwɒmətrı / aqua·metry] *s.* (*chim.*) acquametria.

aquanaut ['ækwə,nɔ:t / aqua·naut] *s.* esploratore subacqueo; chi si immerge spesso in acque profonde.

aquapark ['ækwəpɑ:k / aqua·park] *s.* acquapark.

aquaplane ['ækwəpleın / aqua·plane] *s.* acquaplano.

to **aquaplane** *v.intr.* viaggiare in acquaplano.

aqua-regia [,ækwə'redʒıə] *s.* (*chim.*) acqua regia.

aquarelle [,ækwə'rel / aqua·relle] *s.* acquerello.

aquarium [ə'kweərıəm / aquar·ium] *pl.* **aquariums**, **aquaria** [ə'kweərıə / aqua·ria] *s.* acquario.

Aquarius [ə'kweərıəs / Aquar·ius] *no.pr.* (*astr.*) Aquario.

aquatic [ə'kwætık] *agg.* acquatico.

aquatint ['ækwətınt / aqua·tint] *s.* acquatinta.

aqua vitae [,ækwə'vi:ti:] *s.* acquavite (distillata da vino, vinacce ecc.).

aqueduct ['ækwıdʌkt / aque·duct] *s.* **1** acquedotto **2** (*anat.*) dotto, canale.

aqueous ['eıkwıəs / aque·ous] *agg.* acqueo; acquoso // (*anat.*) *— humor*, umore acqueo.

aquiculture ['ækwə,kʌltʃə* / aqui·cul·ture] e *deriv.* → **aquaculture** e *deriv.*

aquifer ['ækwəfə* / aqui·fer] *s.* (*geol.*) (livello) acquifero.

aquilegia [,ækwı'li:dʒjə / aqui·le·gia] *s.* (*bot.*) (*Aquilegia vulgaris*) aquilegia; (*pop.*) amor nascosto SIN. columbine.

aquiline ['ækwılaın / aquil·ine] *agg.* aquilino: *— nose*, naso aquilino.

aquiprata ['ækwı,prɑ:tə / aqui·prata] *s.* (*ecol.*) marcita.

aquosity [ə'kwɒsıtı / aquos·ity] *s.* acquosità.

Arab ['ærəb] *agg.* arabo ◆ *s.* **1** arabo **2** cavallo arabo.

arabesque [,ærə'besk / ar·ab·esque] *s.* **1** arabesco **2** (*balletto*) arabesque ◆ *agg.* arabescato.

Arabian [ə'reıbjən / Ara·bian] *agg.* arabo; arabico: *the — Gulf*, il golfo arabico // *the — bird*, la fenice, l'araba fenice // *'The — Nights'*, 'Le Mille e una Notte' ◆ *s.* arabo.

Arabian camel *s.* → **camel** 1.

Arabic ['ærəbık / Ar·abic] *agg.* arabico, arabo: *the — numerals*, numeri arabi, cifre arabiche ◆ *s.* la lingua araba, arabo.

Arabist ['ærəbıst / Ar·ab·ist] *s.* arabista.

arable ['ærəbl / ar·able] *agg.* arabile, arativo.

arachis ['ærə,kɪs] *s.* (*bot.*) (*Arachis hypogaea*) arachide; (*pop.*) nocciolina americana SIN. peanut.

arachnid [ə'ræknɪd / arach·nid] *s.* (*zool.*) aracnide.

arachnoid [ə'ræknɔɪd / arach·noid] *s.* (*anat.*) aracnoide.

aragonite [ə'rægənaɪt / ara·gon·ite] *s.* (*min.*) aragonite.

arak ['ærək] *s.* → **arrack**.

Aramaic [,ærə'meɪɪk / Ara·maic] *agg.* e *s.* aramaico.

arapaima [,ærə'paɪmə / ara·paima] *s.* (*zool.*) (*Arapaima gigas*) arapaima.

araucaria [,ærɔ:'keərɪə / ar·au·caria] *s.* (*bot.*) araucaria.

arbalest ['ɑ:bəlest / ar·bal·est] *s.* (*ant.*) balestra.

arbalester ['ɑ:bələstə* / ar·bal·est·er] *s.* (*ant.*) balestriere.

arbiter ['ɑ:bɪtə* / ar·biter] *s.* arbitro // *fashion* —, arbitro dell'eleganza.

arbitrable ['ɑ:bɪtrəbl / ar·bit·rable] *agg.* soggetto a decisione arbitrale.

arbitrage [,ɑ:bɪ'trɑ:ʒ / ar·bit·rage] *s.* **1** (*econ.*) arbitraggio: — *in* (*of*) *exchange*, arbitraggio sui cambi **2** (*dir.*) acquisto e vendita simultanea di diversi beni in diverse piazze.

arbitrager ['ɑ:bɪ,treɪdʒə* / ar·bit·rager] *s.* (*econ.*) arbitraggista.

arbitral ['ɑ:bɪtrəl / ar·bit·ral] *agg.* arbitrale.

arbitrament [ɑ:'bɪtrəmənt / ar·bit·ra·ment] *s.* **1** (*non com.*) arbitraggio **2** (*dir.*) lodo arbitrale.

arbitrarily ['ɑ:bɪtrərɪlɪ / ar·bit·rar·ily] *avv.* arbitrariamente.

arbitrariness ['ɑ:bɪtrərɪnɪs / ar·bit·rari·ness] *s.* arbitrarietà.

arbitrary ['ɑ:bɪtrərɪ / ar·bit·rary] *agg.* arbitrario.

to **arbitrate** ['ɑ:bɪtreɪt / ar·bit·rate] *v.tr.* sottoporre ad arbitrato, arbitrare ◆ *v.intr.* arbitrare, fare da arbitro.

arbitration [,ɑ:bɪ'treɪʃn / ar·bit·ra·tion] *s.* **1** (*dir.*) arbitrato: — *agreement*, clausola compromissoria; — *board*, collegio arbitrale; — *award*, lodo arbitrale **2** (*borsa*) — *of exchange*, arbitraggio di cambio // *by* —, arbitrariamente.

arbitrator ['ɑ:bɪtreɪtə* / ar·bit·rator] *s.* arbitro.

arbitress ['ɑ:bɪtrɪs / ar·bit·ress] *s.* (*non com.*) donna arbitro.

arblast ['ɑ:bləst / ar·blast] *s.* (*ant.*) → **arbalest**.

arbor[1] ['ɑ:bə* / ar·bor] *s.* (*mecc.*) **1** albero **2** armatura.

arbor[2] *s.* (*bot.*) **1** albero // *Arbor Day*, (*amer.*) Festa dell'Albero **2** (*bot.*) — *Iudae*, (*Cercis siliquastrum*) albero di Giuda **3** (*chim.*) albero.

arbor[3] *s.* (*amer.*) → **arbour**.

arboraceous [,ɑ:bə'reɪʃəs / ar·bora·ceous] *agg.* (*bot.*) simile ad albero; boscoso.

arboreal [ɑ:'bɔ:rɪəl / ar·bor·eal] *agg.* (*bot.*) arboreo; boschivo.

arboreous [ɑ:'bɔ:rɪəs / ar·bor·eous] *agg.* arboreo; boschivo.

arborescence [,ɑ:bə'resns / ar·bor·es·cence] *s.* (*bot.*) arborescenza.

arborescent [,ɑ:bə'resnt / ar·bor·es·cent] *agg.* (*bot.*) arborescente.

arboretum [,ɑ:bə'ri:təm / ar·bor·etum] *pl.* **arboreta** [,ɑ:bə'ri:tə / ar·bor·eta] *s.* (*bot.*) giardino botanico.

arboriculture ['ɑ:bərɪkʌltʃə* / ar·bori·cul·ture] *s.* (*bot.*) arboricoltura.

arboriculturist [,ɑ:bərɪ'kʌltʃərɪst / ar·bori·cul·tur·ist] *s.* arboricoltore.

arborization [,ɑ:bəraɪ'zeɪʃn / ar·bor·iza·tion] *s.* **1** (*scient.*) arborizzazione **2** (*anat.*) ramificazione (di capillari, di terminazioni nervose).

arbor vitae [,ɑ:bə'vaɪti:] *s.* (*bot.*) (*Thuja occidentalis*) tuia.

arbour ['ɑ:bə* / ar·bour] *s.* (*non com.*) pergolato, pergola; giardino; prato d'erbe o fiori.

arboured ['ɑ:bəd / ar·boured] *agg.* (*non com.*) a pergolato; a frascato.

arbutus [ɑ:'bju:təs / ar·bu·tus] *s.* (*bot.*) (*Arbutus unedo*) corbezzolo // — *berry*, corbezzola.

arc [ɑ:k] *s.* (*mat.*, *elettr.*) arco: — *length*, lunghezza dell'arco; — *secant*, arcosecante; — *sine*, arcoseno; *electric*, *voltaic* —, arco elettrico, voltaico // (*geol.*) *island* —, arco insulare.

to **arc** *v. intr.* (*elettr.*) formare un arco elettrico.

arcade [ɑ:'keɪd / ar·cade] *s.* **1** galleria (con negozi) // *shopping* —, centro commerciale al coperto // *video* —, (*amer.*) sala videogiochi **2** porticato, portico.

arcaded [ɑ:'keɪdɪd / ar·caded] *agg.* avente arcate, ad arcate.

arcadenik [ɑ:'keɪdnɪk / ar·cade·nik] *s.* (*sl. amer.*) frequentatore di sale di videogiochi.

Arcadian [ɑ:'keɪdjən / Ar·ca·dian] *agg.* arcadico, pastorale ◆ *s.* abitante dell'Arcadia, arcade.

arcading [ɑ:'keɪdɪŋ / ar·cad·ing] *s.* arcate (*pl.*), porticato.

arcane [ɑ:'keɪn / ar·cane] *agg.* arcano.

arcanum [ɑ:'keɪnəm / ar·canum] *pl.* **arcana** [ɑ:'keɪnə / ar·cana] *s.* arcano.

arc-furnace ['ɑ:k,fɜ:nəs] *s.* (*metall.*) forno elettrico.

arch[1] [ɑ:tʃ] *s.* **1** arco; arcata; volta: *pointed* (o *segmented*) —, arco ogivale; *triumphal* —, arco trionfale // *the* — *of the heavens*, (*fig.*) la volta celeste // (*st. eccl.*) *Court of Arches*, Corte d'Appello ecclesiastica della provincia di Canterbury **2** (*anat.*) arco, arcata (di sopracciglia, piedi ecc.): — *of the aorta*, arco aortico // *fallen arches*, piedi piatti.

to **arch**[1] *v.tr.* **1** congiungere con un arco **2** inarcare; incurvare: *the cat arches its back*, il gatto incurva la schiena ◆ *v.intr.* incurvarsi, formare un arco.

arch[2] *agg.* **1** birichino, malizioso, furbetto: *she threw me an* — *look*, mi lanciò un'occhiata maliziosa **2** superiore: *he had an* — *tone of voice*, aveva un tono di superiorità // **-ly** *avv.*

arch- *pref.* di origine greca che significa 'primato, comando'; it. arci-, archi-: *arch-fiend*, arcidiavolo; *arch-druid*, capo druido; *archdiocese*, arcidiocesi; *arch-rivals*, grandi rivali.

Archaean [ɑ:'kɪən / Ar·chaean] *agg.* (*geol. amer.*) → **Archean**.

archaeologic(al) [,ɑ:kɪə'lɒdʒɪk(l) / archae·olo·gic(al)] *agg.* archeologico // **-ally** *avv.*

archaeologist [,ɑ:kɪ'ɒlədʒɪst / archae·olo·gist] *s.* archeologo.

archaeology [,ɑ:kɪ'ɒlədʒɪ / archae·ology] *s.* archeologia: *industrial* —, archeologia industriale.

Archaeopteryx [,ɑ:kɪɒptərɪks / Archaeo·pteryx] *s.* (*paleont.*) archeopterige, archaeopteryx.

Archaeozoic [,ɑ:kɪə'zəʊɪk / Archaeo·zoic] *agg.* (*geol.*) archeozoico.

archaic non com. **archaical** [ɑ:'keɪɪk(l) / ar·chaic, archa·ic·al] *agg.* arcaico.

archaism ['ɑ:keɪɪzəm / archa·ism] *s.* arcaismo.

archaistic [,ɑ:keɪ'ɪstɪk / archa·istic] *agg.* arcaistico; arcaizzante.

to **archaize** ['ɑ:keɪaɪz / archa·ize] *v.intr.* usare arcaismi, arcaizzare; imitare l'arcaico.

archangel ['ɑ:k,eɪndʒəl / arch·an·gel] *s.* arcangelo.

archbishop ['ɑ:tʃ'bɪʃəp / arch·bishop] *s.* arcivescovo.

archbishopric [,ɑ:tʃ'bɪʃəprɪk / arch·bish·op·ric] *s.* arcivescovado.

archdeacon ['ɑ:tʃ'di:kən / arch·deacon] *s.* arcidiacono.

archdeaconry [,ɑ:tʃ'di:kənrɪ / arch·deac·onry] *s.* arcidiaconato.

archdiocese [,ɑ:tʃ'daɪəsɪs / arch·di·ocese] *s.* arcidiocesi, archidiocesi.

archducal [,ɑ:tʃ'dju:kl / arch·ducal] *agg.* arciducale.

archduchess ['ɑ:tʃ'dʌtʃɪs / arch·duch·ess] *s.* arciduchessa.

archduchy ['ɑ:tʃ'dʌtʃɪ / arch·duchy] *s.* arciducato (territorio).

archduke [,ɑ:tʃ'dju:k *amer.* ,ɑ:tʃ'du:k / arch·duke] *s.* arciduca.

archdukedom [ɑ:tʃ'dju:kdəm / arch·duke·dom] *s.* arciducato.

Archean [,ɑ:'kɪən / Arch·ean] *agg.* (*geol.*) archeano.

arched [ɑ:tʃt] *agg.* ad arco; arcuato.

archegonium [,ɑ:kə'gəʊnɪəm / arche·go·nium] *pl.* **archegonia** [,ɑ:kə'gəʊnɪə / arche·go·nia] *s.* (*bot.*) archegonio.

arch-enemy [,ɑ:tʃ'enɪmɪ] *s.* **1** nemico acerrimo **2** il grande avversario, Satana.

Archeozoic [,ɑ:kɪə'zəʊɪk / Archeo·zoic] *agg.* (*geol. amer.*) → **Archaeozoic**.

archer ['ɑ:tʃə*] *s.* arciere // *the Archer*, (*astr. non com.*) il Sagittario.

archery ['ɑ:tʃərɪ / arch·ery] *s.* tiro all'arco.

archetype ['ɑ:kɪtaɪp / arche·type] *s.* archetipo.

arch-fiend ['ɑ:tʃ'fi:nd] *s.* (*non com.*) arcidiavolo, Satana.

arch-heretic ['ɑ:tʃ 'herətɪk] *s.* grande eretico, eresiarca.

archidiaconal [,ɑ:kɪdaɪ'ækənəl / archi·di·ac·onal] *agg.* arcidiaconale.

archie ['ɑ:tʃɪ] *s.* (*sl.*) cannone antiaereo della prima e seconda guerra mondiale.

archiepiscopal [,ɑ:kɪɪ'pɪskəpl / archi·epis·copal] *agg.* arcivescovile.

archil [ˈɑ:tʃɪl / ar·chil] *s.* **1** (*bot.*) oricello **2** (*chim.*) orcina.

archimandrite [ˌɑ:kɪˈmændraɪt / archi·man·drite] *s.* (*eccl.*) archimandrita.

Archimedean [ˌɑ:kɪˈmi:djən / Archi·me·dean] *agg.* d'Archimede, archimedeo // (*mat.*): — *field*, campo archimedeo; — *postulate*, postulato d'Archimede, archimedeo; — *spiral*, spirale d'Archimede // (*mecc.*) — *screw*, vite di Archimede.

arching [ˈɑ:tʃɪŋ / arch·ing] *s.* arco (di volta); arcate (di edificio).

archipelago [ˌɑ:kɪˈpelɪgəʊ / archi·pe·lago] *pl.* **archipelago(e)s** [ˌɑ: kɪˈpelɪgəʊz / archi·pe·la·goes] *s.* (*geogr.*) arcipelago // *the Archipelago*, l'Arcipelago greco; l'Egeo.

architect [ˈɑ:kɪtekt / archi·tect] *s.* **1** architetto **2** (*fig.*) artefice, autore: *the — of our triumph*, l'artefice del nostro trionfo.

architectonic(al) [ˌɑ:kɪtekˈtɒnɪk(l) / ar·chi·tec·tonic·(al)] *agg.* architettonico (*anche fig.*).

architectural [ˌɑ:kɪˈtektʃərəl / archi·tec·tural] *agg.* architettonico (*anche fig.*).

architecture [ˈɑ:kɪtektʃə* / archi·tec·ture] *s.* architettura (*anche inform.*).

architrave [ˈɑ:kɪtreɪv / archi·trave] *s.* architrave.

archive [ˈɑ:kaɪv / arch·ive] *s.gener.pl.* **1** documenti di archivio **2** archivio (*anche inform.*).

archivist [ˈɑ:kɪvɪst / arch·iv·ist] *s.* archivista.

archivolt [ˈɑ:kɪvəʊlt / archi·volt] *s.* (*arch.*) archivolto.

archness [ˈɑ:tʃnɪs / arch·ness] *s.* (*letter.*) malizia: *between archness and real dismay*, (T. HARDY) tra malizia e spavento reale.

archon [ˈɑ:kən] *s.* (*st. greca*) arconte.

arch-opponent [ˈɑ:tʃəˈpəʊnənt] *s.* principale avversario.

archpriest [ˈɑ:tʃˈpri:st / arch·priest] *s.* arciprete.

archstone [ˌɑ:tʃˈstəʊn / arch·stone] *s.* (*arch.*) peduccio di volta, d'arco; (*amer.*) chiave di volta, d'arco; spigolo.

archway [ˈɑ:tʃweɪ / arch·way] *s.* passaggio ad arco.

arc lamp [ˈɑ:kˌlæmp] **arc light** [ˈɑ:kˌlaɪt] *s.* (*fis.*) lampada ad arco.

arc-lighting [ˈɑ:kˌlaɪtɪŋ] *s.* illuminazione con lampade ad arco.

Arctic [ˈɑ:ktɪk / Arc·tic] *agg.* artico // *the — Circle*, il Circolo Polare Artico // *the — Ocean*, l'Oceano Glaciale Artico // (*ecol.*) — *tree line*, limite settentrionale della vegetazione arborea ◆ *no.pr.* (*geogr.*) l'Artico.

arctics [ˈɑ:ktɪks / arc·tics] *s.pl.* (*amer.*) soprascarpe da neve.

arcuate [ˈɑ:kjʊɪt / ar·cu·ate] *agg.* arcuato.

arc-welding [ˈɑ:kˌweldɪŋ] *s.* (*mecc.*) saldatura ad arco.

ardency [ˈɑ:dənsɪ / ar·dency] *s.* ardore.

ardent [ˈɑ:dənt / ar·dent] *agg.* ardente (*anche fig.*): *an — appeal*, un appello ardente, appassionato // — *spirits*, liquori // **-ly** *avv.*

ardour [ˈɑ:də* / ar·dour] amer. **ardor** *s.* ardore (*anche fig.*).

arduous [ˈɑ:djʊəs / ar·du·ous] *agg.* **1** arduo, difficile **2** (*non com.*) strenuo; energico // **-ly** *avv.* // **-ness** *s.*

are[1] [ɑ:* (*forma forte*)ə* (*forma debole*)] 2ª *pers.sing.*, 1ª, 2ª, 3ª *pers.pl.indic.pres.* di to **be**.

are[2] [ɑ:*] *s.* (*agr.*) ara (misura di superficie = 119.9 sq.yd.).

area [ˈeərɪə] *s.* **1** (*mat.*) area, superficie **2** zona, campo, area: (*mil.*) *fortified* —, area fortificata; (*mil.*) *mined* —, zona minata; (*aer.*) *landing* —, zona di atterraggio; (*econ.*) *development* —, area di sviluppo; (*econ.*) *depressed* —, area depressa; (*comm.*) — *manager*, area manager, capozona // *postal* —, distretto postale // — *code*, (*amer.*) prefisso telefonico **3** campo, ambito (di ricerca o di interessi): *his interests lie in the — of music*, i suoi interessi sono nell'ambito della musica **4** (*inform.*) area, zona di memoria: — *code*, codice indicatore di zona; — *fill*, (*applicazione grafica*) riempimento di una zona.

areal [ˈeərɪəl] *agg.* areale: (*fis.*) — *velocity*, velocità areale.

areca [ˈærɪkə] *s.* (*bot.*) areca.

to **arefy** [ˈærɪfaɪ] *v.tr.* e *intr.* (*ant.*) asciugare, asciugarsi.

areg [ˈæreg] *s.* (*ecol.*) erg, deserto di sabbia.

arena [əˈri:nə] *s.* arena; campo di operazioni (*anche mil.*).

arenaceous [ˈærɪneɪʃəs / ar·en·aceous] *agg.* **1** arenoso, sabbioso **2** (*geol.*) arenaceo **3** (*bot.*) arenicolo.

arene [ˈæˌri:n] *s.* (*chim.*) arene.

arenic [əˈri:nɪk / aren·ic] *agg.* (*chim.*) arenico: — *compound*, composto arenico.

arenite [ˈærəˌnaɪt / aren·ite] *s.* (*geol.*) arenite.

aren't [ɑ:nt] contr. di *are not*.

areography [ˌærɪˈɒgrəfɪ / areo·graphy] *s.* **1** (*ecol.*) biogeografia descrittiva **2** (*astr.*) areografia.

areola [əˈri:ələ / are·ola] *pl.* **areolae** [əriˈəʊli:] **areolas** *s.* (*anat.*) areola: — *mammae*, areola mammaria.

areometer [ˌærɪˈɒmɪtə* / areo·meter] *s.* (*metrol.*) areometro.

Areopagite [ˌærɪˈɒpəgaɪt / Are·opag·ite] *s.* (*st. greca*) areopagita.

areopagitic [ˌærɪɒpəˈdʒɪtɪk / are·opag·itic] *agg.* areopagitico.

areopagus [ˌærɪˈɒpəgəs / are·opagus] *s.* areopago, alto consesso giudicante.

arête [æˈreɪt / ar·ête] *s.* (*geogr.*) cresta di circo glaciale.

argal [ɑ:gl / ar·gal] *avv.* (*letter.*) quindi, perciò // *but if the water come to him and drown him, he drowns not himself. Argal...*, (SH. Hamlet) ma se l'acqua va da lui e lo annega, non è lui che si annega. Quindi... • È una storpiatura del lat. 'ergo'.

argala [ˈɑ:gələ / ar·gala] *s.* (*zool. rar.*) → **marabou**.

argali [ˈɑ:gəlɪ / ar·gali] *s.* (*zool.*) (*Ovis ammon*) argali.

argent [ˈɑ:dʒənt / ar·gent] *agg.* argenteo, risplendente ◆ *s.* (*ant.*) **1** argento **2** denaro, moneta d'argento.

argental [ɑ:ˈdʒentl / ar·gent·al] *agg.* (*ant.*) d'argento.

argentation [ˌɑ:dʒənˈteɪʃn / ar·gent·ation] *s.* (*rar.*) argentatura.

argentic [ɑ:ˈdʒentɪk / ar·gentic] *agg.* (*chim.*) argentico.

argentiferous [ˌɑ:dʒənˈtɪfərəs / ar·gen·ti·fer·ous] *agg.* (*geol.*) argentifero.

argentine[1] [ˈɑ:dʒəntaɪn / ar·gen·tine] *agg.* argentino, argenteo ◆ *s.* **1** (*zool.*) (*Argentinia sphyraena*) argentina **2** (*metall.*) alpacca; argentana; argentone (o qualsiasi altra lega di rame, nichel e zinco che somigli all'argento); argentina.

Argentine[2] *agg.* e *s.* argentino, dell'Argentina.

argentite [ˈɑ:dʒənˌtaɪt / ar·gent·ite] *s.* (*min.*) argentite.

argentous [ɑ:ˈdʒentəs / ar·gent·ous] *agg.* (*chim.*) argentoso.

argie-bargie → **argy-bargy**.

argil [ˈɑ:dʒɪl / ar·gil] *s.* (*ant.*) argilla SIN. clay.

argillaceous [ˌɑ:dʒɪˈleɪʃəs / ar·gil·la·ceous] *agg.* argilloso; argillaceo.

argillite [ˈɑ:dʒəˌlaɪt / ar·gil·lite] *s.* (*geol.*) argillite.

arginine [ˈɑ:dʒəˌnaɪn / ar·gin·ine] *s.* (*chim.*) arginina.

to **argle-bargle** [ˈɑ:glˈbɑ:gl] *v.intr.* → to **argy-bargy**.

argol [ˈɑ:gl / ar·gol] *s.* tartaro (di vino).

argon [ˈɑ:gən / ar·gon] *s.* (*chim.*) argo(n).

Argonaut [ˈɑ:gənɔ:t / Ar·go·naut] *s.* **1** (*mit.*) argonauta **2** [spesso minuscolo] (*amer.*) cercatore di oro; avventuriero.

argonaut *s.* (*zool.*) (*Argonauta argo*) argonauta SIN. paper nautilus.

argosy [ˈɑ:gəsɪ / ar·gosy] *s.* (*ant.*) nave mercantile.

argot [ˈɑ:gəʊ / ar·got] *s.* gergo (specialmente dei bassifondi).

arguable [ˈɑ:gjʊəbl / ar·gu·able] *agg.* **1** discutibile: *it's an — statement*, è un'affermazione discutibile **2** sostenibile, che si può sostenere: *it's — that pollution is the most important problem of our time*, si può sostenere che l'inquinamento è il problema più importante del nostro tempo.

arguably [ˈɑ:gjʊəˌblɪ / ar·gu·ably] *avv.* forse, si può dire che: — *it's too late to stop corruption*, forse si può dire che è troppo tardi per porre un freno alla corruzione.

to **argue** [ˈɑ:gju: / ar·gue] *v.intr.* **1** argomentare, discutere; ragionare: *don't —!*, non discutere (tanto)!; *he argued soundly*, ragionò assennatamente **2** discutere, litigare ◆ *v.tr.* **1** (*letter.*) provare, dimostrare, rivelare: *his action argues courage*, la sua azione dimostra coraggio; *it argues an insensibility*, (LAMB) questo denota mancanza di sensibilità **2** persuadere (a fare o non fare qlco.): *to — s.o. out of, into doing sthg.*, dissuadere, persuadere a forza di ragionamenti qlcu. dal, a fare qlco. // *he argued her doubts away*, ragionando sciolse i suoi dubbi.

□ **argue out** *v.tr.* e *avv.* discutere nei dettagli, dibattere: *his project was argued out in the last meeting*, il suo progetto fu discusso nei dettagli nel corso dell'ultima riunione.

to **argufy** [ˈɑ:gju:faɪ / ar·gufy] *v.intr.* (*sl.*) argomentare, sofisticare, cavillare.

argument [ˈɑ:gjʊmənt / ar·gu·ment] *s.* **1**

discussione, disputa, controversia: *for —'s sake*, per il gusto di discutere; *it is beyond —*, è indiscutibile **2** (*non com.*) argomento: — *against, for*, argomento contro, a favore di // (*mat.*) — *of a function*, argomento di una funzione // (*astr.*) — *of latitude, of perihelion*, argomento di latitudine, di perielio **3** (*letter.*) sommario.

argumental [,ɑ:gjʊ'mentl / ar·gu·ment·al] *agg.* (*non com.*) argomentativo.

argumentation [,ɑ:gjʊmen'teɪʃn / ar·gu·men·ta·tion] *s.* argomentazione, discussione.

argumentative [,ɑ:gjʊ'mentətɪv / ar·gu·ment·at·ive] *agg.* polemico // **-ly** *avv.* // **-ness** *s.*

argute [ɑ:'gju:t / ar·gute] *agg.* (*rar.*) **1** acuto, perspicace **2** acuto (di suono).

argy-bargy ['ɑ:dʒɪ'bɑ:dʒɪ] *s.* (*fam.*) discussione, diverbio.

to **argy-bargy** *v.intr.* (*fam.*) discutere, disputare.

aria ['ɑ:rɪə] *pl.* **arias**, **arie** ['ɑ:rɪeɪ] *s.* (*mus.*) aria.

Arian ['eərɪən / Ar·ian] *agg.* e *s.* ariano.

Arianism ['eərɪənɪzəm / Ari·an·ism] *s.* arianesimo.

arid ['ærɪd] *agg.* arido (*anche fig.*): — *climate*, clima arido; *an — period of our history*, un periodo arido, vuoto della nostra storia.

aridity [æ'rɪdɪtɪ / arid·ity] **aridness** ['ærɪdnɪs / arid·ness] *s.* aridità (*anche fig.*).

Aries ['eəri:z / Ar·ies] *no.pr.* (*astr.*) Ariete.

aright [ə'raɪt] *avv.* bene, giustamente: *if I heard —*, se ho sentito bene.

aril ['ɑ:rɪl] *s.* (*bot.*) arillo.

to **arise** [ə'raɪz] *pass.* **arose** [ə'rəʊz] *p.p.* **arisen** [ə'rɪzn] *v.intr.* **1** (*form.*) alzarsi, levarsi; sorgere: *a new city slowly arose from* (o *out of*) *the ruins*, una nuova città sorse lentamente dalle rovine **2** (*fig.*) nascere; presentarsi: *life on earth arose millions of years ago*, la vita sulla terra comparve milioni di anni fa; *good opportunities do not — every day*, le buone occasioni non si presentano ogni giorno; *a new situation has arisen*, una nuova situazione si è presentata; *new thoughts arose in his mind*, nuovi pensieri gli si presentarono alla mente **3** provenire, derivare: *I want to examine the implications arising from* (o *out of*) *his theory*, voglio esaminare le implicazioni derivanti da questa teoria; *thence it arises that...*, da ciò risulta che...

arista [ə'rɪstə] *s.* (*bot.*) arista, resta.

aristate [ə'rɪsteɪt / arist·ate] *agg.* (*bot.*) aristato.

aristocracy [,ærɪ'stɒkrəsɪ / ar·is·to·cracy] *s.* aristocrazia.

aristocrat ['ærɪstəkræt *amer.* ə'rɪstəkræt / ar·is·to·crat] *s.* aristocratico.

aristocratic(al) [,ærɪstə'krætɪk(l) / ar·is·to·cratic·(al)] *agg.* aristocratico // **-ally** *avv.*

Aristotelean, **Aristotelian** [,ærɪstɒ'ti:ljən / Ar·is·to·telean] *agg.* e *s.* aristotelico.

Aristotelianism [,ærɪstɒ'ti:ljənɪzəm / Ar·is·to·telian·ism] *s.* (*fil.*) aristotelismo.

Aristotelic [,ærɪstɒ'telɪk / Ar·is·to·telic] *agg.* aristotelico.

arithmetic [ə'rɪθmətɪk / arith·metic] *s.* **1** aritmetica **2** (*inform.*) aritmetica, calcolo: — *statement*, istruzione di calcolo.

arithmetic [,ærɪθ'metɪk / ar·ith·metic] *agg.* aritmetico: — *media*, media aritmetica; — *progression*, progressione aritmetica // (*inform.*) — *section, unit*, unità aritmetica.

arithmetical [,ærɪθ'metɪkl / ar·ith·met·ical] *agg.* aritmetico // **-ly** *avv.*

arithmetician [ə,rɪθmə'tɪʃn / ar·ith·meti·cian] *s.* aritmetico.

ark [ɑ:k] *s.* arca // *out of the —*, (*fam.*) vecchissimo // *Noah's —*, l'arca di Noè // *the Ark of the Covenant*, l'Arca dell'Alleanza.

arkose [,ɑ:'kəʊs *amer.* 'ɑ:,kəʊs / ark·ose] *s.* (*geol.*) arcose.

arm[1] [ɑ:m] *s.* **1** braccio: *I saw her on her husband's —*, la vidi al braccio di suo marito; *she came with a baby in her arms*, arrivò con il bambino in braccio; *I'd give my right — to have a job in New York*, darei il mio braccio destro, farei di tutto per avere un lavoro a New York // *in* (o *within*) *—'s reach*, a portata di mano // *— in —*, a braccetto // *to fold one's arms*, incrociare le braccia // *to give one's — to s.o.*, dare il braccio a qlcu. // *to receive s.o. with open arms*, ricevere qlcu. a braccia aperte // *to keep s.o. at — 's length*, tenere qlcu. a distanza // (*trib.*) *— 's length principle*, principio della reciproca indipendenza (tra due soggetti operanti in regimi fiscali diversi) // *on the —*, (*sl. amer.*) a credito **2** (*fig.*) braccio, branca; ramo, divisione: *the — of the law*, il braccio della legge, la polizia; *the secular —*, il braccio secolare; *— of the sea*, braccio di mare; *the chemical — of a multinational*, la divisione, il ramo chimico di una multinazionale **3** (*mecc.*) braccio: *— of a lever, of a balance*, il braccio di una leva, di una bilancia **4** manica **5** bracciolo **6** ramo (di albero) **7** (*zool.*) arto.

arm[2] *s.* **1** *pl.* armi; armamenti: *arms limitation treaty*, trattato per la limitazione degli armamenti; *arms race*, corsa agli armamenti; *comrade in arms*, compagno d'armi; *in arms*, armato; *under arms*, in assetto di guerra; *to bear arms*, essere sotto le armi // *to lay down arms*, deporre le armi, cessare le ostilità; *to take up arms*, prendere le armi // *to be up in arms against s.o.*, essere in rivolta contro qlcu. **2** arma, specialità dell'esercito **3** (*arald.*) arma: *coat of arms*, scudo araldico, stemma.

to **arm**[2] *v.tr.* armare (*anche fig.*): *he was armed with a rifle*, era armato di moschetto; *he was armed with full powers*, era armato di pieni poteri ◆ *v.intr.* armarsi.

armada [ɑ:'mɑ:də / ar·mada] *s.* armata (specialmente navale) // *the Invincible Armada*, (*st.*) l'Invincibile Armata.

armadillo [,ɑ:mə'dɪləʊ / ar·ma·dillo] *s.* (*zool.*) armadillo, tatù.

Armageddon [,ɑ:mə'gedən / Ar·ma·ged·don] *s.* **1** (*Bibbia, Apocalisse*) luogo dove si svolge la battaglia decisiva tra le forze del Bene e quelle del Male **2** (*estens.*) battaglia decisiva.

armament ['ɑ:məmənt / ar·ma·ment] *s.* (*mil.*) armamento.

armature ['ɑ:mə,tjʊə* / ar·ma·ture] *s.* **1** armatura **2** (*elettr.*) armatura, indotto.

armband ['ɑ:m,bænd / arm·band] *s.* fascia, nastro di stoffa al braccio (apposto come segno di lutto, di riconoscimento ecc.).

armchair [,ɑ:m'tʃeə* / arm·chair] *s.* poltrona // *long —*, (*amer.*) dormeuse ◆ *agg.* (*spreg.*) teorico, da tavolino: *an — sportsman*, uno sportivo da tavolino; *an — traveller*, uno che viaggia con la fantasia.

armed [ɑ:md] *agg.* armato: — *neutrality*, neutralità armata; — *to the teeth*, armato fino ai denti; — *with full powers*, armato di pieni poteri // *the — forces* (o *services*), le forze armate.

Armenian [ɑ:'mi:njən / Ar·me·nian] *agg.* e *s.* armeno.

armful ['ɑ:mfʊl / arm·ful] *s.* bracciata: *an — of fresh flowers*, una bracciata di fiori freschi.

armhole ['ɑ:mhəʊl / arm·hole] *s.* giro manica.

armiger ['ɑ:mɪdʒə* / ar·mi·ger] *pl.* **armigers**, **armigeri** [ɑ:'mɪdʒərɪ / ar·mi·geri] *s.* (*ant.*) armigero.

armillary ['ɑ:mɪlərɪ / ar·mil·lary] *agg.* **1** (*rar.*) armillare **2** (*astr.*) — *sphere*, sfera armillare.

armistice ['ɑ:mɪstɪs / ar·mis·tice] *s.* armistizio // *Armistice Day*, giorno dell'Armistizio (in Gran Bretagna, l'11 novembre).

armless[1] ['ɑ:mlɪs / arm·less] *agg.* senza braccia.

armless[2] *agg.* disarmato.

armlet ['ɑ:mlɪt / arm·let] *s.* **1** bracciale **2** piccolo braccio di mare.

armor e *deriv.* (*amer.*) → **armour** e *deriv.*

armorial [ɑ:'mɔ:rɪəl / ar·mor·ial] *agg.* araldico: *with — bearings*, portante lo stemma, blasonato ◆ *s.* libro di araldica.

armorist ['ɑ:mərɪst / ar·mor·ist] *s.* studioso di araldica.

armory ['ɑ:mərɪ / ar·mory] *s.* araldica.

armour ['ɑ:mə* / ar·mour] *s.* **1** armatura, corazza **2** blindatura **3** (*mil.*) mezzi corazzati, blindati (*pl.*) **4** (*arald.*) stemma **5** (*zool., bot.*) protezione, corazza **6** scafandro.

to **armour** *v.tr.* rivestire d'armatura, corazzare, blindare.

armour-bearer ['ɑ:mə,beərə*] *s.* scudiero.

armour-clad ['ɑ:mə,klæd] *agg.* blindato, corazzato.

armoured ['ɑ:məd / ar·moured] *agg.* (*mil.*) blindato; corazzato: — *vehicles*, veicoli blindati; *an — division*, una divisione corazzata // — *car*, autoblindo.

armourer ['ɑ:mərə* / ar·mourer] *s.* **1** armaiolo **2** (*mil.*) armiere.

armour plate ['ɑ:mə,pleɪt] *s.* piastra metallica di protezione, blinda.

armour-plated ['ɑ:mə,pleɪtɪd] *agg.* blindato, corazzato.

armoury ['ɑ:mərɪ / ar·moury] *s.* **1** arsenale; (*amer.*) fabbrica d'armi **2** armeria **3** sala d'armi.

armpit ['ɑ:mpɪt / arm·pit] *s.* (*anat.*) ascella.

arm-waver ['ɑ:m,weɪvə*] *s.* (*sl. amer.*) persona esagitata.

army ['ɑ:mɪ] *s.* **1** esercito; armata: *standing —* (o *regular —*), esercito permanente; *to assemble* (o *to gather*) *an —*, raccogliere un esercito; *to be in the —*, prestare servizio militare; *to go into* (o *to join*) *the —*, entrare nell'esercito; — *group*, gruppo di armati; — *corps*, corpo d'armata // — *men*, soldati, militari // — *pensioner*, militare in pensione // — *game*, (*sl. amer.*) truffa **2** gruppo organizzato di persone, esercito: *Salvation Army*, Esercito della Salvezza **3** grande moltitudine.

army list [ˈɑːmɪ,lɪst] *s.* annuario militare.

arnica [ˈɑːnɪkə / ar·nica] *s.* (*bot.*) (*Arnica montana*) arnica.

aroint → **aroynt**.

aroma [əˈrəʊmə] *s.* aroma, profumo (*anche fig.*): *the — of success*, il profumo del successo.

aromatic [,ærəʊˈmætɪk / aro·matic] *agg.* aromatico; fragrante // (*chim.*): *— compound*, composto aromatico; *— series*, serie aromatica ♦ *s.* **1** (*bot.*) pianta aromatica **2** (*chim.*) composto aromatico // **-ally** *avv.*

aromatical [,ærəʊˈmætɪkl / aro·mat·ic·al] *agg.* → **aromatic**.

to **aromatize** [əˈrəʊmətaɪz / aro·mat·ize] *v.tr.* **1** aromatizzare; profumare **2** (*chim.*) aromatizzare (trasformare una sostanza in un'altra della serie aromatica).

arose *pass.* di to **arise**.

around [əˈraʊnd] *avv.* **1** intorno, all'intorno: *all —*, tutt'intorno, da tutte le parti **2** qua e là, in giro [cfr. *about* e *round*]: *to wander —*, girovagare // *he is now beginning to get — again*, è di nuovo in piedi (sta meglio) **3** circa: *— 5000 people were present*, circa 5000 persone erano presenti **4** si usa per formare 'phrasal verbs': p.e. *to get —*, *to look —* ecc.; cfr. tali verbi.

around *prep.* intorno a, attorno a [cfr. *about*, *round*]: *to walk — the streets*, vagabondare per le strade; *a trip — the world*, un viaggio intorno al mondo; *she had a scarf — her neck*, aveva una sciarpa intorno al collo.

to **arouse** [əˈraʊz] *v.tr.* **1** destare, svegliare; ridestare, risvegliare **2** eccitare, stimolare.

aroynt [əˈrɔɪnt] *inter.* (*ant.*) via!: *— thee!*, vattene!

arpeggione [,ɑːpeˈdʒjəʊneɪ / ar·peg·gione] *s.* (*mus.*) arpeggione.

arquebus [ˈɑːkwɪbəs / ar·que·bus] *s.* archibugio.

arquebusier [,ɑːkwɪbəˈsɪə* / ar·que·bus·ier] *s.* archibugiere.

arrack [ˈærək / ar·rack] *s.* 'arac' (liquore orientale).

to **arraign** [əˈreɪn / ar·raign] *v.tr.* **1** (*dir.*) accusare; chiamare in giudizio **2** biasimare; attaccare (un'opinione).

arraignment [əˈreɪnmənt / ar·raign·ment] *s.* **1** (*dir.*) contestazione dell'accusa **2** biasimo.

to **arrange** [əˈreɪndʒ / ar·range] *v.tr.* **1** disporre, sistemare, aggiustare, riordinare, mettere in ordine: *he arranged the cushions on the sofa*, riordinò i cuscini sul divano; *he arranged himself on the chair*, si sistemò sulla sedia; *she had had time to arrange herself, [...], her hair elaborately done, her lips and cheeks painted*, (W.S. MAUGHAM) aveva avuto tempo per prepararsi, [...], i suoi capelli erano acconciati con cura, le labbra e le guance truccate; *to — one's affairs*, ordinare i propri affari **2** preparare, combinare; predisporre; stabilire; organizzare: *we shall — to go*, combineremo di andare: *to — a marriage*, combinare un matrimonio; *to — a meeting*, predisporre un incontro **3** (*mus.*) ridurre; arrangiare **4** comporre (una lite) ♦ *v.intr.* prendere accordi, accordarsi; combinare: *I have arranged for him to come*, ho preso accordi perché venga.

arrangement [əˈreɪndʒmənt / ar·range·ment] *s.* **1** disposizione, sistemazione: *the art of flower —*, l'arte di disporre i fiori **2** accordo, intesa; (*dir.*) intesa, contratto, convenzione: (*trib.*) *— with the Revenue Office*, concordato fiscale; (*dir.*) *— with creditors*, concordato con i creditori; *we have made an — to meet at Liverpool*, ci siamo accordati per incontrarci a Liverpool // (*econ.*) *standby —*, accordo stand-by **3** (*mus.*) arrangiamento **4** (*tecn.*) disposizione, preparazione; dispositivo, congegno.

arranger [əˈreɪndʒə* / ar·ranger] *s.* **1** chi accomoda, modifica **2** (*mus.*) arrangiatore.

arrant [ˈærənt / ar·rant] *agg.* (*antiq.*) famigerato, di cattiva fama: *— knave*, briccone matricolato // *— nonsense*, nonsenso completo.

arras [ˈærəs / ar·ras] *s.* arazzo // *behind the —*, (*fig.*) di nascosto.

array [əˈreɪ / ar·ray] *s.* **1** apparato, mostra; assortimento: *a vast — of electrical equipment in the shop*, un vasto assortimento di attrezzature elettriche nel negozio **2** (*antiq.*) abbigliamento; ornamento **3** (*dir.*) lista dei giurati **4** (*mil.*) ordine, spiegamento; schiera: *battle —*, ordine di battaglia **5** (*elettr.*) disposizione a schiera; rete; allineamento: *aerial —*, rete di antenne; *colinear —*, allineamento in linea **6** (*inform.*) allineamento; insieme; gamma (di prodotti); fila (di pulsanti); rete: *— pitch*, passo longitudinale; *— processor*, macchina a organizzazione a matrice (matriciale).

to **array** *v.tr.* **1** ornare; abbigliare, addobbare: *to — oneself*, abbigliarsi **2** (*mil.*) schierare, spiegare **3** (*dir.*) far l'appello di (una giuria).

arrear [əˈrɪə* / ar·rear] *agg.* (*amm.*) arretrato, in arretrato ♦ *s.* **1** *pl.* (*amm.*) arretrati, debiti arretrati: *expenditure, revenue arrears*, residui passivi, attivi; *in —*, in arretrato **2** lavoro arretrato **3** (*mil. ant.*) retroguardia.

arrearage [əˈrɪərɪdʒ / ar·rear·age] *s.* (*rar.*) **1** ritardo (nel lavoro ecc.) **2** *pl.* debiti.

arrect [əˈrekt / ar·rect] *agg.* **1** dritto, rizzato (di orecchio) **2** (*fig.*) in guardia, vigilante.

arrest [əˈrest / ar·rest] *s.* **1** arresto (*anche dir.*): *under —*, in arresto; *house —*, arresto domiciliare; (*mil.*) agli arresti; *— warrant*, arresto in forza di un mandato, mandato di cattura **2** fermata, sosta // *cardiac —*, arresto cardiaco **3** (*mecc.*) fermo, arresto.

to **arrest** *v.tr.* **1** arrestare (*anche dir.*) **2** fermare, far cessare **3** catturare, fissare (l'attenzione).

arrestation [,ærəˈsteɪʃn / ar·resta·tion] *s.* arresto; impedimento.

arrester [əˈrestə* / ar·rester] *s.* **1** chi arresta // (*aer.*) *— hook*, gancio d'appontaggio **2** (*elettr.*) scaricatore.

arresting gear [əˈrestɪŋ,gɪə*] *s.* (*aer.*) sistema di arresto per appontaggio.

arresting wires [əˈrestɪŋ,waɪəz] *s.* (*aer.*) cavi d'appontaggio.

arrestive [əˈrestɪv / ar·rest·ive] *agg.* che tende a fermare.

arrestment [əˈrestmənt / ar·rest·ment] *s.* (*non com.*) arresto.

arrhythmia [eɪˈrɪðmɪə / ar·rhyth·mia] *s.* (*med.*) aritmia SIN. **arrhythmy**.

arrhythmic(al) [eɪˈrɪðmɪk(l) / ar·rhyth·mic(al)] *agg.* (*med.*) aritmico.

arrhythmy [ˈærɪθmɪ / ar·rhythmy] *s.* (*med.*) → **arrhythmia**.

to **arride** [əˈraɪd / ar·ride] *v.tr.* (*ant.*) arridere a; piacere a.

arris [ˈærɪs / ar·ris] *s.* (*arch.*) spigolo.

arriswise [ˈærəs,waɪz / ar·ris·wise] *avv.* a spigolo, diagonalmente.

arrival [əˈraɪvl / ar·rival] *s.* **1** arrivo, venuta **2** arrivo, nuovo arrivato: *he is a new — in this hotel*, è un nuovo arrivato in questo albergo.

to **arrive** [əˈraɪv / ar·rive] *v.intr.* **1** arrivare, giungere (*anche fig.*): *he will — today at ten*, arriverà oggi alle dieci; *she arrived in Rome yesterday*, arrivò a Roma ieri; *he arrived at the hotel at eleven p.m.*, arrivò all'albergo alle undici di sera; *to — at a conclusion, a decision*, giungere a una conclusione, una decisione; *to — at the age of*, raggiungere l'età di; *summer has arrived at last!*, l'estate è arrivata finalmente! // *when is the baby going to —?*, quando nascerà il bambino? **2** arrivare, raggiungere il successo: *with his own TV show he has arrived*, con il suo programma televisivo è arrivato.

arriviste [,æriːˈviːst / ar·riv·iste] *s.* (*fr.*) arrivista.

arrogance [ˈærəgəns / ar·rog·ance] **arrogancy** [ˈærəgənsɪ / ar·rog·ancy] *s.* arroganza.

arrogant [ˈærəgənt / ar·rog·ant] *agg.* arrogante // **-ly** *avv.*

to **arrogate** [ˈærəʊgeɪt / ar·rog·ate] *v.tr.* **1** arrogare: *to — sthg. to oneself*, arrogarsi qlco. **2** attribuire ingiustamente.

arrogation [,ærəʊˈgeɪʃn / ar·roga·tion] *s.* pretesa (arrogante); usurpazione.

arrow [ˈærəʊ / ar·row] *s.* freccia, strale, dardo // (*astr.*) *Arrow*, Sagittario // (*inform.*) *— pointer*, puntatore (del mouse).

arrow engine [ˈærəʊ,endʒɪn] *s.* (*mecc.*) motore a W.

arrowhead [ˈærəʊ,hed / ar·row·head] *s.* **1** punta di freccia **2** (*bot.*) (*Sagittaria Sagittifolia*) sagittaria, erba saetta.

arrow-headed characters [ˈærəʊ ˈhedɪdˈkærəktəz] *s.* caratteri cuneiformi.

arrow poison frog [ˈærəʊˈpɔɪznˈfrɒg] *s.* (*zool.*) dendrobate.

arrowroot [ˈærəʊ,ruːt / ar·row·root] *s.* **1** (*bot.*) (*Maranta arundinacea*) arrowroot **2** la fecola che si ricava da tale pianta **3** (*bot. pop.*) *— of Brazil*, → batata.

arrow slit [ˈærəʊˈslɪt] *s.* feritoia.

arrow-worm [ˈærəʊ,wɜːm] *s.* (*zool.*) chetognato.

arrowy [ˈærəʊɪ / ar·rowy] *agg.* di freccia; a forma di freccia; (*fig.*) acuto; rapido, sfrecciante.

arse [ɑːs] *s.* **1** (*volg. brit.*) culo **2** scocciatore.

to **arse about**, **around** [ˈɑːsə,bəʊt, ə,raʊnd] *v.intr.* e *avv.* non fare nulla, bighellonare.

arse-licker [ˈɑːs,lɪkə*] *s.* (*volg.*) leccaculo.

arsenal [ˈɑːsənl / ar·senal] *s.* arsenale (*anche fig.*).

arsenate [ˈɑːsənɪt / ar·sen·ate] **arseniate** [ɑːˈsɪnɪeɪt / ar·sen·iate] *s.* (*chim.*) arseniato.

arsenic [ˈɑːsnɪk / ar·senic] *s.* (*chim.*) arsenico.

arsenic(al) [ɑ:'senɪk(l) / ar·senic, ar·sen·ic(al)] *agg.* (*chim.*) arsenicale.

arsenide ['ɑ:sə,naɪd / ar·sen·ide] *s.* (*chim.*) arseniuro.

arsenious [ɑ:'si:njəs / ar·seni·ous] *agg.* (*chim.*) arsenioso.

arsenite ['ɑ:sə,naɪt / ar·sen·ite] *s.* (*min.*) arsenite.

arsenolite [ɑ:'senə,laɪt / ar·seno·lite] *s.* (*min.*) arsenolite.

arsenopyrite [,ɑ:sənəʊ'paɪraɪt / ar·seno·pyr·ite] *s.* (*min.*) arsenopirite.

arsine ['ɑ:si:n, 'ɑ:sɪni, 'ɑ:saɪn / ars·ine] *s.* (*chim.*) arsina.

arsis ['ɑ:sɪs / ar·sis] *pl.* **arses** ['ɑ:si:z] *s.* (*poet., mus.*) arsi.

arson ['ɑ:sn / ar·son] *s.* (*dir.*) incendio doloso: *to commit* —, provocare dolosamente un incendio.

arsonist ['ɑ:sənɪst / ars·on·ist] *s.* (*dir.*) piromane, colpevole di incendio doloso.

art[1] [ɑ:t] *s.* **1** arte: — *gallery*, galleria d'arte; — *historian*, storico dell'arte // *the fine arts*, le belle arti; *the liberal arts*, le arti liberali; *the mechanical* (o *useful*) *arts*, le arti industriali; *to get sthg. down to a fine* —, fare di qlco. un'arte: *he's got cheating down to a fine* —, (*fam.*) è bravissimo a barare // *black* —, magia **2** *pl.* belle lettere // *Bachelor, Master of Arts*, diplomato, laureato in lettere; *Faculty of Arts*, facoltà di lettere **3** (*letter.*) artificio; potere: *excite admiration of himself by arts*, (WORDSWORTH) suscitare ammirazione di sé con artifici; *beyond an Angel's art*, (DONNE) al di là del potere di un angelo.

art[2] [ɑ:t (*forma forte*)ət (*forma debole*)] (*ant., poet.*) *seconda pers. sing. pres. indic.* di *to be*; nell'inglese moderno, *are*: *yet art thou but Faustus*, (MARLOWE) eppure tu non sei ancor altro che Faustus; *thou... art / A guest for queens*, (E. BARRETT BROWNING) tu... sei un ospite per le regine.

art déco [ɑ:t'dekəʊ] *s.* art déco.

art director ['ɑ:tdə,rektə*] *s.* direttore artistico; (*teatr.*) direttore di scena.

artefact ['ɑ:tɪfækt / arte·fact] *s.* manufatto.

arterial [ɑ:'tɪərɪəl / ar·ter·ial] *agg.* **1** (*anat.*) arterioso **2** — *road, railway*, grande via di comunicazione stradale, ferroviaria.

arterialization [ɑ:,tɪərɪəlaɪ'zeɪʃn / ar·teri·al·iza·tion] *s.* (*med.*) il trasformarsi del sangue venoso in arterioso.

to **arterialize** [ɑ:'tɪərɪəlaɪz / ar·teri·al·ize] *v.tr.* (*med.*) trasformare in arterioso (il sangue venoso).

arteriography [ɑ:,tɪərɪ'ɒgrəfɪ / ar·terio·graphy] *s.* (*med.*) arteriografia.

arteriole [ɑ:'ti:rɪ,əʊl / ar·teri·ole] *s.* (*anat.*) arteriola.

arteriosclerosis [ɑ:,tɪərɪəʊsklɪə'rəʊsɪs / ar·terio·scler·osis] *s.* (*med.*) arteriosclerosi.

arteriotomy [ɑ:,tɪərɪ'ɒtəmɪ / ar·terio·tomy] *s.* (*med.*) arteriotomia.

artery ['ɑ:tərɪ / ar·tery] *s.* **1** (*anat.*) arteria **2** (*fig.*) arteria, importante via di comunicazione.

artesian [ɑ:'ti:zjən *amer.* ɑ:'ti:ʒn / ar·te·sian] *agg.* (*geol.*) artesiano: — *waters*, acque artesiane; — *well*, pozzo artesiano.

artful ['ɑ:tfʊl / art·ful] *agg.* **1** destro, abile; astuto **2** artificioso **3** (*ant.*) fatto ad arte // **-ly** *avv.* // **-ness** *s.*

arthralgia [ɑ:'θrældʒɪə / arth·ral·gia] *s.* (*med.*) artralgia.

arthritic [ɑ:'θrɪtɪk / arth·ritic] *agg.* (*med.*) artritico.

arthritis [ɑ:'θraɪtɪs / arth·ritis] *s.* (*med.*) artrite: *rheumatoid* —, artrite reumatoide.

arthropod ['ɑ:θrə,pɒd / arth·ro·pod] *s.* (*zool.*) artropode.

arthrosis [ɑ:'θrəʊsɪs / arth·ro·sis] *s.* (*med.*) artrosi.

arthurian [ɑ:'θju:rɪən / arth·ur·ian] *agg.* (*letter.*) arturiano.

artichoke ['ɑ:tɪtʃəʊk / ar·ti·choke] *s.* (*bot.*) **1** (*Cynara cardunculus scolymus*) carciofo **2** *Jerusalem* —, (*Heliantus tuberosus*) topinambur.

article ['ɑ:tɪkl / art·icle] *s.* **1** articolo (di giornale): *leading* —, articolo di fondo **2** clausola, condizione **3** (*gramm.*) articolo: *definite, indefinite* —, articolo definito, indefinito **4** articolo; oggetto: *an* — *of clothing*, un articolo di vestiario **5** (*gener. pl.*) (*dir. comm.*) contratto; convenzioni, regolamenti; statuto; *articles of association*, statuto di società anonima; *ship's articles*, contratto di arruolamento su nave // (*dir.*): *articles of accusation*, capi d'imputazione // — *of war*, legge marziale; *articles of war*, codice militare // *Thirty-nine Articles*, trentanove articoli della chiesa anglicana // *articles of faith*, credo **6** (*sl. amer.*) bel tipo.

to **article** *v.tr.* **1** collocare come apprendista: *to* — *s.o. to an architect*, collocare qlcu. come apprendista presso un architetto **2** esporre per punti **3** obbligare con clausole **4** (*ant.*) accusare.

articular [ɑ:'tɪkjʊlə* / ar·tic·ular] *agg.* (*anat., zool.*) articolare.

articulate [ɑ:'tɪkjʊlət / ar·ticu·late] *agg.* **1** articolato **2** distinto, chiaro **3** eloquente ◆ *s.* animale articolato // **-ly** *avv.*

to **articulate** [ɑ:'tɪkjʊleɪt] *v.tr.* **1** pronunciare distintamente **2** esprimere chiaramente (sentimenti ecc.) // *to* — *one's anger*, esternare la propria irritazione **3** (*med.*) collegare (come in una giuntura), congiungere **4** (*mecc.*) articolare; rendere snodato // *articulated joint*, giunto snodato ◆ *v.intr.* **1** articolarsi (*anche med.*) **2** (*mecc.*) articolarsi; essere snodato.

articulateness [ɑ:'tɪkjʊlətnɪs / ar·ticu·late·ness] *s.* articolazione.

articulation [ɑ:,tɪkjʊ'leɪʃn / ar·ticu·la·tion] *s.* **1** (*anat.*) articolazione, giuntura **2** pronuncia distinta.

artifact ['ɑ:tɪfækt / arti·fact] *s.* (*amer.*) → **artefact**.

artifice ['ɑ:tɪfɪs / ar·ti·fice] *s.* **1** artificio **2** abilità, destrezza.

artificer [ɑ:'tɪfɪsə* / ar·ti·fi·cer] *s.* **1** (*non com.*) fabbricante, artefice (*anche fig.*) **2** inventore **3** (*mil.*) artificiere.

artificial [,ɑ:tɪ'fɪʃl / ar·ti·fi·cial] *agg.* artificiale, non naturale; finto; fittizio, falso: — *light*, luce artificiale; — *respiration*, respirazione artificiale; — *organs*, organi artificiali; *an* — *tone of voice*, un tono di voce non naturale // (*inform.*) — *intelligence*, intelligenza artificiale // (*dir.*) — *person*, persona giuridica // **-ly** *avv.*

artificiality [,ɑ:tɪfɪʃɪ'ælɪtɪ / ar·ti·fi·ci·al·ity] *s.* artificialità; artificiosità.

to **artificialize** [,ɑ:tɪ'fɪʃəlaɪz / ar·ti·fi·cial·ize] *v.tr.* rendere artificiale, rendere artificioso, artefare.

artificialness [,ɑ:tɪ'fɪʃlnɪs / ar·ti·fi·cial·ness] → **artificiality**.

artillery [ɑ:'tɪlərɪ / ar·til·lery] *s.* artiglieria: *coastal* —, artiglieria costiera; *field* —, artiglieria da campagna; *fortress* —, artiglieria da fortezza; *heavy* —, artiglieria pesante; *horse* —, artiglieria a cavallo; *naval* —, artiglieria navale; *siege* —, artiglieria da assedio // — *bogie*, affusto.

artilleryman [ɑ:'tɪlərɪmən / ar·til·lery·man] *pl.* **artillerymen** *s.* artigliere.

artiodactyl(e) [,ɑ:tɪəʊ'dæktɪl / ar·tio·dac·tyl(e)] *agg.* e *s.* (*zool.*) artiodattilo.

artisan [,ɑ:tɪ'zæn *amer.* 'ɑ:tɪzn / ar·tisan] *s.* **1** artigiano **2** (*ant.*) maestro d'arti occulte: *o what a world of profit... / is promised to the studious artisan*, (MARLOWE) o che mondo di benefici... si profila per l'ingegnoso maestro di arti occulte.

artist ['ɑ:tɪst / art·ist] *s.* artista (*anche fig.*); *a make-out* —, (*fam. amer.*) un uomo esperto in prestazioni sessuali.

artiste [ɑ:'ti:st / ar·tiste] *s.* artista (spec. di teatro, music hall, circo).

artistic(al) [ɑ:'tɪstɪk(l) / art·istic·(al)] *agg.* artistico: — *temperament*, temperamento artistico // **-ally** *avv.*

artistry ['ɑ:tɪstrɪ / art·istry] *s.* arte, abilità artistica.

artless ['ɑ:tlɪs / art·less] *agg.* ingenuo, semplice, candido // **-ly** *avv.* // **-ness** *s.*

artmobile ['ɑ:tmə,bi:l / art·mo·bile] *s.* (*amer.*) autorimorchio attrezzato per mostre d'arte.

art nouveau [ɑ:nu:'vəʊ] *s.* (*fr.*) (stile) liberty.

art paper ['ɑ:t,peɪpə*] *s.* carta patinata.

arts and crafts ['ɑ:tsən(d)krɑ:fts] *s.* artigianato.

art-school ['ɑ:t,sku:l] *s.* liceo artistico; scuola di belle arti.

artsy-craftsy ['ɑ:tsɪ'krɑ:ftsɪ] *agg.* (*amer.*) → **arty-crafty**.

art work ['ɑ:t,wɜ:k] *s.* grafica.

art wreck ['ɑ:t'rek] *s.* (*sl. amer.*) patetico personaggio metropolitano che si atteggia ad artista; artista fallito.

arty ['ɑ:tɪ] *agg.* (*fam. spreg.*) che ha pretese artistiche.

arty-crafty ['ɑ:tɪ'krɑ:ftɪ] *agg.* (*spreg.*) con pretese artistiche.

arum ['eərəm] *s.* (*bot.*) **1** aro **2** — *lily*, (*Zantedeschia aethiopica*) calla (dei fioristi).

-ary [ərɪ] *suff.* di origine latina che entra nella composizione di aggettivi e sostantivi; indica relazione, rapporto con quanto espresso dalla parola di origine; it. -ario: *planetary*, planetario; *monetary*, monetario.

Aryan ['eərɪən] *agg.* ariano (di stirpe indoeuropea) ◆ *s.* ariano (di stirpe o lingua indoeuropea).

aryl ['ærɪl] *s.* (*chim.*) arile: — *group*, gruppo arilico.

as[1] [æz (*forma forte*)əz (*forma debole*)] *avv.* e

cong. **1** (*in frasi compar., spesso in correlazione con* so): (così) come: *— a man lives, so shall he die*, come si vive, così si muore; (*just*) *— airline pilots, so railway workers will be involved in strike action*, come i piloti, così i ferrovieri aderiranno allo sciopero **2** (*nei comparativi di uguaglianza*) *as... as*, così... come; tanto... quanto: *he is — old — me* (o *I am*), è vecchio quanto me, ha la mia stessa età; *you are — tall — him* (o *he is*), sei alto come lui; *it's — cold — yesterday*, fa freddo come ieri // Nelle frasi negative, il primo *as* è spesso sostituito da *so*: *it wasn't —* (o *so*) *far — I thought*, non era così lontano come pensavo; *isn't he —* (o *so*) *rich — you* (*are*)?, non è ricco quanto te? // In similitudini o frasi proverbiali: *— cold — ice*, freddo come il ghiaccio; *— deaf — a post*, sordo come una campana; *— easy — ABC*, facile come l'abc; *— quick — a flash*, veloce come il lampo // In unione con *much* o *many*, davanti a sostantivi o verbi: *I like him — much — you do*, mi è (tanto) simpatico quanto lo è a te; *it's twice — much — that*, è due volte tanto; *I've got — many brothers — you have*, ho tanti fratelli quanti ne hai tu // *they were — many — fifty thousand people*, erano ben cinquantamila persone [cfr. anche *much* e *many*] // *— long —*, finché, per tutto il tempo che; purché, a condizione che: *— long — I live*, finché vivrò; *you can come, — long — you finish your homework*, puoi venire, purché finisca i tuoi compiti // *— far —*, fino a (distanza); per quanto: *go on — far — the traffic lights*, andate avanti fino al semaforo; *— far — I'm concerned*, per quanto mi riguarda // *— good —*, quasi: *he has — good — accepted*, ha quasi accettato // *— recently —*, non più tardi di: *I saw him — recently — last week*, lo vidi non più tardi della settimana scorsa // *— soon —*, non appena: *— soon — possible*, al più presto possibile; *she came — soon — she could*, è venuta appena ha potuto // *— well —*, oltre a, come pure: *in the morning — well — at night*, sia di mattina che di sera.

as[2] *cong.* **1** (*con valore temporale*) quando, mentre [cfr. *when, while*]: *I met him — I was coming home*, l'incontrai mentre venivo a casa; *— time goes by*, mentre il tempo passa; *— a child, he looked like his father*, da bambino, quand'era bambino assomigliava a suo padre; *— I get older*, con l'avanzare dell'età; *— yet*, finora **2** (*con valore causale*) poiché, dal momento che [cfr. *because, since*]: *— I was tired, I stayed at home*, poiché ero stanco, restai a casa **3** (*con valore concessivo*) sebbene, benché: *poor — he is, he is happy*, benché povero, è felice; *much — I would have liked to, I couldn't help him*, per quanto avessi voluto, non potei aiutarlo **4** (*con valore modale*) come, allo stesso modo che; secondo, conforme a [cfr. *like*]: *— above*, come sopra; *— before*, come prima; *— it is*, com'è; *— a rule*, di regola; *— usual*, come al solito; *to behave — a gentleman*, comportarsi da gentiluomo; *to leave things — they are*, lasciare le cose come stanno; *he was given £ 200 — a prize*, gli diedero 200 sterline come premio; *he did — I did*, ha fatto come me; *— I was saying*, come dicevo; *— you like*, come vuoi, come ti pare; *— it were*, per così dire; *— things stand*, come stanno le cose; *to treat s.o. — a child*, trattare qlcu. da, come un bambino; *— I understand*, a quanto capisco, secondo la mia opinione // (*mil.*) *— you were!*, al tempo! **5** come, in qualità di: *he was famous — a dramatist*, era famoso come drammaturgo; *to succeed — a politician*, avere successo come politico; *to be regarded — an eccentric*, essere considerato un eccentrico; *I'm talking to you — a father*, ti parlo come un padre **6** (*preceduto da* such, *nelle esemplificazioni*) (tale) quale, (così) come, come ad esempio: *they visited the main Italian towns, such — Rome, Milan, Florence*, visitarono le principali città italiane, come Roma, Milano, Firenze; *people such — you*, gente come voi **7** (*con valore di pron. rel., spesso in correlazione con* such *o* same) che: *I have the same books — you have*, ho gli stessi libri che hai tu; *he isn't such a genius — he thinks he is*, non è poi il genio che crede di essere; *he will sell you the same goods — he sold me*, ti venderà la stessa merce che ha venduto a me; *we can send you such goods — will satisfy you*, possiamo inviarvi tali merci che vi soddisferanno; *it were better to have no opinion of God at all than such an opinion as is unworthy of Him*, (F. BACON) sarebbe meglio non avere alcuna opinione di Dio piuttosto che una indegna di Lui **8** *— if, — though*, come se **9** *— for, — regards, — to*, quanto a, per quanto riguarda: *— for that man*, quanto a quell'uomo // *so — to*, così da: *she arrived late so — to avoid meeting him*, arrivò in ritardo, in modo da evitare di incontrarlo **10** (*comm.*): *— at*, al: *value — at 31st Dec.*, valuta al 31 dicembre; *— from*, da; *the dividend is payable — from the 31st of May*, il dividendo è pagabile dal 31 maggio; *— per*, come da: *— per instructions*, come da istruzioni **11** *— well*, pure, anche: *you may come — well*, voi pure potete venire.

as[3] [æs] *s.* (*st. romana*) asse (unità di peso = 0,722 lb.).

asafoetida [ˌæsəˈfetɪdə / asa·foe·tida] *s.* (*bot.*) (*Ferula assa-foetida*) ferula, assafetida.

asap, ASAP [ˈeɪˌsæp] *avv.* (*fam. amer.*) il più presto possibile • Da *a(s) s(oon) a(s) p(ossible)*.

asbestine [æzˈbestɪn / as·bes·tine] *agg.* (*non com.*) incombustibile.

asbestos [æzˈbestɒs / as·bes·tos] *s.* (*min.*) asbesto, amianto // *— cement*, fibrocemento, eternit®.

asbestosis [ˌæzbəˈstəʊsɪs / as·bes·tosis] *s.* (*med.*) asbestosi.

ascarid [ˈæskərəd / as·carid] *s.* (*zool.*) ascaride.

to **ascend** [əˈsend / as·cend] *v.intr.* (*form.*) ascendere, innalzarsi: *he has ascended to heaven*, è salito in cielo ◆ *v.tr.* **1** (*form.*) salire: *the king ascended the throne ten years ago*, il re salì al trono dieci anni fa **2** (*non com.*) risalire.

ascendable [əˈsendəbl / as·cend·able] *agg.* (*rar.*) scalabile.

ascendancy [əˈsendənsɪ / as·cend·ancy] *s.* (*form.*) ascendente, influenza; potere: *to gain — over s.o.*, acquistare potere su qlcu.

ascendant [əˈsendənt / as·cend·ant] *agg.* ascendente (*fig.*) superiore, dominante: *the — class, party*, la classe, il partito dominante ◆ *s.* **1** ascendente (*anche astrol.*) // *in the —*, in ascesa, nascente; (*fig.*) emergente **2** (*non com.*) antenato.

ascendent e *deriv.* → **ascendant** e *deriv.*

ascending [əˈsendɪŋ / as·cend·ing] *agg.* ascendente.

ascension [əˈsenʃn / as·cen·sion] *s.* ascensione // *Ascension Day*, giorno dell'Ascensione.

ascensional [əˈsenʃənl / as·cen·sion·al] *agg.* ascensionale.

Ascensiontide [əˈsenʃnˌtaɪd / As·cen·sion·tide] *s.* periodo che va dall'Ascensione alla Pentecoste.

ascent [əˈsent / as·cent] *s.* **1** ascensione, ascesa: *a balloon —*, un'ascensione in mongolfiera **2** (*fig.*) ascesa; crescita: *John's — in the company was rapid*, l'ascesa di John all'interno della società fu rapida **3** salita, pendio: *easy —*, dolce pendio; *steep —*, salita ripida.

to **ascertain** [ˌæsəˈteɪn / as·cer·tain] *v.tr.* (*form.*) accertare, accertarsi di; venire a sapere; constatare: *it is difficult to — his background*, è difficile accertare le sue origini; *it is difficult to — whether...*, è difficile sapere se...

ascertainable [ˌæsəˈteɪnəbl / as·cer·tain·able] *agg.* accertabile.

ascertainment [ˌæsəˈteɪnmənt / as·cer·tain·ment] *s.* accertamento.

ascesis [əˈsiːsəs / as·cesis] *pl.* **asceses** [əˈsiːsiːz] *s.* ascesi.

ascetic [əˈsetɪk / as·cetic] *agg.* ascetico ◆ *s.* asceta.

ascetical [əˈsetɪkl / as·cetic·al] *agg.* ascetico // **-ly** *avv.*

asceticism [əˈsetɪsɪzəm / as·cet·icism] *s.* **1** ascetismo **2** (*fil., relig.*) ascetica.

ascidian [əˈsɪdɪən / as·cid·ian] *s.* (*zool.*) ascidiaceo.

ascidium [əˈsɪdɪəm / as·cid·ium] *pl.* **ascidia** [əˈsɪdɪə / as·cidia] *s.* (*bot.*) ascidio.

Asclepiad[1] [æˈskliːpɪæd / As·cle·piad] *s.* (*metrica*) (verso) asclepiadeo.

asclepiad[2] *s.* (*bot.*) asclepiade.

Asclepiadean [əˌskliːpɪəˈdɪən / As·cle·piad·ean] *agg.* e *s.* (*metrica*) (verso) asclepiadeo.

ascocarp [ˈæskəˌkɑːp / as·co·carp] *s.* (*bot.*) ascocarpo.

ascorbate [əˈskɔːbeɪt / as·cor·bate] *s.* (*chim.*) ascorbato.

ascorbic [əˈskɔːbɪk / as·cor·bic] *agg.* (*chim.*) ascorbico: *— acid*, acido ascorbico (vitamina C).

ascot [ˈæskət] *s.* (*amer.*) (*abbigl. maschile*) fazzoletto da collo.

ascribable [əˈskraɪbəbl / ascrib·able] *agg.* ascrivibile.

to **ascribe** [əˈskraɪb] *v.tr.* ascrivere a; attribuire a: *to — sthg. to s.o.*, attribuire qlco. a qlcu.

ascription [əˈskrɪpʃn / ascrip·tion] *s.* attribuzione.

ascus [ˈæskəs] *pl.* **asci** [ˈæskiː] *s.* (*bot.*) asco.

asdic [ˈæzdɪk / as·dic] *s.* (*mar.*) ecogoniometro, sonar.

asepsis [æˈsepsɪs / asep·sis] *s.* (*med.*) asepsi.

aseptic [æˈseptɪk] *agg.* e *s.* (*med.*) asettico.

asexual [eɪˈseksjʊəl / asex·ual] *agg.* (*biol.*) asessuale; asessuato.

asexuality [eɪˌseksjʊˈælɪtɪ / asexu·al·ity] *s.* (*biol.*) asessualità.

ash[1] [æʃ] *s.* (*bot.*) *— (tree)*, (*Fraxinus excelsior*) frassino.

ash[2] *s.* **1** (*spec. pl.*) cenere: *cigarette, cigar* —, cenere di sigaretta, di sigaro; *to reduce, to burn to ashes*, ridurre, andare in cenere // *with sackcloth and ashes*, (*fig.*) con il capo cosparso di cenere, chiedendo perdono con molta umiltà // *Ash Wednesday*, mercoledì delle Ceneri **2** *pl.* ceneri, resti mortali: *peace to his ashes*, pace alle sue ceneri // *the Ashes*, (*iron.*) trofeo di cricket • Il nome del trofeo fa riferimento all'espressione usata da un giornale inglese a commento della cocente sconfitta subita nel 1882 dalla squadra inglese da parte di quella australiana: 'agli inglesi non fu concesso altro che portare a casa i resti mortali' **3** (*geol.*) cenere vulcanica: — *cone*, cono di cenere.

to **ash**[2] *v.tr.* (*non com.*) coprire di cenere.

ashamed [ə'ʃeɪmd] *agg.* vergognoso, confuso: *to be — of*, aver vergogna di; *you should be — (of yourself)!*, dovresti vergognarti!; *to be* (o *to feel*) *— to do* (o *of doing*) *sthg.*, avere, sentire vergogna di fare qlco.; *I'm — to ask another favour*, mi vergogno di chiedere un altro favore.

ash-blond ['æʃ'blɒnd] *agg.* biondo cenere (di capelli).

ashcan ['æʃ,kæn / ash·can] *s.* (*amer.*) **1** pattumiera BRIT. dustbin **2** (*sl.*) bomba di profondità.

ashen [æʃn / ash·en] *agg.* di color cenere, grigio pallido; grigio come la cenere.

ash-fly ['æʃ,flaɪ] *s.* (*zool.*) verme del frassino.

ash-hole ['æʃ,həʊl] *s.* buca per la cenere, ceneratoio SIN. ash-pit.

ash-key ['æʃ,ki:] *s.* (*bot.*) samara (del frassino).

ashlar, **ashler** ['æʃlə* / ash·lar] *s.* (*arch.*) concio.

ashore [ə'ʃɔ:*] *avv.* a terra; sulla riva: *to get* (o *to go*) —, sbarcare, prender terra; *to run* (o *to be driven*) —, andare ad arenarsi, a incagliarsi; (*mar.*) *all — that's going —!*, tutti i visitatori a terra (la nave sta per salpare)!

ash-pan ['æʃ,pæn] *s.* ceneratoio (di stufa).

ash-pit ['æʃ,pɪt] *s.* buca per la cenere, ceneratoio SIN. ash-hole.

ashram ['æʃrəm / ash·ram] *s.* (in India) eremitaggio; eremo.

ashtray ['æʃ,treɪ / ash·tray] *s.* portacenere, posacenere.

ashwood ['æʃwʊd / ash·wood] *s.* (*bot.*) frassineto.

ashy ['æʃɪ] *agg.* **1** cinereo; (*fig.*) pallido **2** coperto di cenere.

Asian ['eɪʃn *amer.* 'eɪʒn] *agg.* e *s.* asiatico.

Asiandollar ['eɪʃn'dɒlə* / Asian·dol·lar] *s.* (*econ.*) asiadollaro.

Asiatic [,eɪʃɪ'ætɪk / Asi·atic] *agg.* e *s.* asiatico.

aside [ə'saɪd] *avv.* a parte, da parte: *joking —*..., scherzi a parte...; *to draw* —, tirar(si) da parte; *to lay —, to put —, to set* —, mettere da parte, allontanare; annullare; *to stand* —, tenersi in disparte; *to turn* —, sviare, deviare, voltarsi da parte o altrove // — *from*, in disparte; (*amer.*) a parte, eccetto: — *from the fright, he was uninjured*, a parte lo spavento, egli rimase incolume.

aside *s.* **1** (*teatr.*) a parte; a solo **2** (*estens.*) digressione.

asinine ['æsɪnaɪn / as·in·ine] *agg.* da asino; asinino, asinesco.

asininity [,æsɪ'nɪnətɪ / as·in·in·ity] *s.* asinità.

to **ask**[1] [ɑ:sk *amer.* æsk] *v.tr.* **1** (III, IV) domandare, chiedere: *to — s.o. sthg.*, domandare qlco. a qlcu.: *I asked him a favour* (o *a favour of him*), gli chiesi un favore; *to — s.o. the way*, chiedere la strada a qlcu.; *to — s.o.'s pardon*, chiedere perdono a qlcu.; *to — s.o. to do sthg.*, chiedere a qlcu. di fare qlco.; *to — sthg. for s.o.*, chiedere qlco. per qlcu.; *they asked me 500 pounds for that horse*, mi hanno chiesto 500 sterline per quel cavallo // *it's yours for the asking*, hai solo da chiedermelo, è tuo!; *going about without shoes! I — you!*, andare in giro senza scarpe! Ma dimmi un po'... **2** invitare: *to — s.o. to dinner*, invitare qlcu. a pranzo.

□ **ask about** *v.intr.* e *prep.* chiedere, informarsi su (qlco.): *he asked about my work*, si è informato sul mio lavoro.

□ **ask after** *v.intr.* e *prep.* informarsi su, circa (la salute ecc.) di qlcu.: *he asked after you*, ha chiesto come stavi.

□ **ask for** *v.intr.* e *prep.* **1** chiedere di, cercare (qlcu.): *he asked for you by name*, ha chiesto espressamente di te **2** chiedere, richiedere, desiderare (qlco.): *all I ask for is some time to think about it*, chiedo solo un po' di tempo per pensarci // *to — for trouble*, cercar guai // *you asked for it!*, (*fam.*) te la sei voluta!, te la sei andata a cercare!

ask[1] *s.* (*Borsa*) prezzo di offerta, lettera, prezzo lettera.

ask[2] *s.* (*rar.*) (*zool.*) → **newt**.

askance [əs'kæns] **askant** [əs'kænt] *avv.* obliquamente, di traverso // *to look* —, guardare con sospetto.

askari ['æskərɪ / as·kari] *s.* ascaro.

asker ['ɑ:skə* / ask·er] *s.* (*non com.*) sollecitatore.

askew [ə'skju:] *avv.* di traverso, obliquamente ◆ *agg.* bieco, storto, obliquo: *this seam is* —, questa cucitura è storta.

asking price ['ɑ:skɪŋ,praɪs] *s.* (*comm.*) prezzo di domanda.

aslant [ə'slɑ:nt *amer.* ə'slænt] *avv.* obliquamente, da un lato, di sghembo: *the last rays of the sun were shining in aslant*, (CH. DICKENS) gli ultimi raggi del sole penetravano obliquamente ◆ *prep.* (*rar.*) a, di, per traverso (di), attraverso.

asleep [ə'sli:p] *avv.* e *agg.* **1** addormentato, che dorme: *to be* —, dormire; *to fall* —, addormentarsi // *fast, sound* —, addormentato profondamente **2** intirizzito, paralizzato (dal freddo ecc.); intorpidito: *my leg is* —, mi si è intorpidita la gamba.

aslope [ə'sləʊp] *avv.* (*non com.*) in pendio; di sghembo ◆ *agg.* inclinato, in pendenza, obliquo.

asp[1] [æsp] *s.* **1** (*zool.*) (*Vipera aspis*) aspide **2** (*poet.*) serpente velenoso SIN. aspic.

asp[2] *s.* (*bot.*) (*Populus tremula*) pioppo tremulo SIN. aspen.

asparagine [ə'spærə,dʒɪn,ə'spærə,dʒaɪn / as·par·agine] *s.* (*chim.*) asparagina.

asparagus [ə'spærəgəs / as·par·agus] *s.* [U] (*bot.*) (*Asparagus officinalis*) asparago; asparagi SIN. sparrow-grass.

aspartic [ə'spɑ:tɪk / as·par·tic] *agg.* (*chim.*) aspartico: — *acid*, acido aspartico.

aspect ['æspekt / as·pect] *s.* **1** aspetto, apparenza **2** esposizione (di una casa, di un edificio rispetto ai punti cardinali): *the house has a southern* —, la casa guarda verso sud **3** (*astr.*) posizione apparente **4** (*ecol.*) aspetto stagionale **5** (*ling.*) aspetto (verbale).

aspection [ə'spekʃn / as·pect·ion] *s.* (*ecol.*) successione stagionale.

aspect ratio ['æspekt,reɪʃ(ɪ)əʊ] *s.* **1** (*aer.*) allungamento alare **2** (*tv*) rapporto di formato.

aspectual [æ'spektʃʊəl / as·pect·ual] *agg.* (*ling.*) che riguarda l'aspetto (verbale).

aspen ['æspən / as·pen] *agg.* **1** di, simile a pioppo tremulo **2** (*fig.*) tremante, timoroso ◆ *s.* (*bot.*) → asp[2].

aspergillosis [,æspədʒɪ'ləʊsəs / as·per·gil·lo·sis] *s.* (*med.*) aspergillosi.

aspergillum [,æspə'dʒɪləm / as·per·gil·lum] *pl.* **aspergilla** [,æspə'dʒɪlə / as·per·gilla] **aspergillums** *s.* (*eccl.*) aspersorio.

aspergillus [,æspə'dʒɪləs / as·per·gil·lus] *pl.* **aspergilli** [,æspə'dʒɪlaɪ / as·per·gilli] *s.* (*bot.*) aspergillo.

asperity [æ'sperɪtɪ / as·per·ity] *s.* **1** asprezza, rudezza **2** rigore (di clima) **3** (*ant.*) asperità (di terreno ecc.).

to **asperse** [ə'spɜ:s / as·perse] *v.tr.* **1** aspergere **2** (*form.*) calunniare, diffamare.

asperser [ə'spɜ:sə* / as·perser] *s.* **1** (*eccl.*) aspersorio **2** (*form.*) calunniatore, diffamatore.

aspersion [ə'spɜ:ʃn / as·per·sion] *s.* **1** (*eccl.*) aspersione **2** (*form.*) calunnia, diffamazione: *to cast aspersions on s.o.*, calunniare qlcu.; diffamare qlcu.

aspersive [ə'spɜ:sɪv / as·per·sive] *agg.* (*ant.*) calunnioso, diffamatorio.

aspersorium [,æspə'sɔ:rɪəm / as·per·sor·ium] *s.* (*eccl.*) **1** acquasantiera **2** aspersorio.

asphalt ['æsfælt *amer.* 'æsfɔ:lt / as·phalt] *s.* asfalto: *an — surface*, una superficie d'asfalto, asfaltata.

to **asphalt** *v.tr.* asfaltare.

asphaltic [æs'fæltɪk *amer.* æs'fɔ:ltɪk / as·phaltic] *agg.* asfaltico.

asphaltite [æs'fæl,taɪt / as·phalt·ite] *s.* (*geol.*) asfaltite.

asphodel ['æsfədel / as·pho·del] *s.* (*bot.*) (*Asphodelus ramosus*) asfodelo.

asphyxia [æs'fɪksɪə / as·phyxia] *s.* (*med.*) asfissia.

asphyxial [æs'fɪksɪəl / as·phyxi·al] *agg.* (*med.*) asfittico; di asfissia.

to **asphyxiate** [əs'fɪksɪeɪt / as·phyxi·ate] *v.tr.* asfissiare; soffocare: *asphyxiating gas*, gas asfissiante.

asphyxiation [əs,fɪksɪ'eɪʃn / as·phyxi·ation] *s.* soffocamento, asfissia.

aspic[1] ['æspɪk / as·pic] *s.* (*bot. rar.*) → **lavender**.

aspic[2] *s.* (*cuc.*) gelatina (di carne); aspic.

aspic[3] *s.* (*zool., poet.*) → **asp**[1].

aspidistra [,æspə'dɪstrə / as·pi·dis·tra] *s.* (*bot.*) aspidistra.

aspirant ['æspə,rənt, ə'spaɪərənt / as·pir·ant] *agg.* aspirante; ambizioso ◆ *s.* aspirante;

candidato: *there are many aspirants to* (o *for*) *the prize*, ci sono molti aspiranti al premio.

aspirate ['æspərət / as·pir·ate] *agg.* aspirato ◆ *s.* consonante aspirata; il suono di h.

to **aspirate** ['æspəreɪt] *v.tr.* aspirare.

aspiration [,æspə'reɪʃn / as·pira·tion] *s.* aspirazione (*anche fig.*).

aspirator ['æspəreɪtə* / as·pir·ator] *s.* aspiratore.

to **aspire** [ə'spaɪə* / as·pire] *v.intr.* **1** aspirare, agognare: *to — to* (o *after*) *sthg.*, aspirare a qlco. **2** (*ant.*) elevarsi, salire.

aspirin® ['æspərɪn / as·pirin] *pl.* **aspirin(s)** *s.* (*med.*) aspirina®.

aspiring [ə'spaɪrɪŋ / as·pir·ing] *agg.* aspirante; ambizioso.

asquint [ə'skwɪnt] *agg.* strabico; bieco, torvo (di sguardo) ◆ *avv.* di traverso, obliquamente; (*fig.*) in modo bieco, losco: *to look —*, guardar bieco, in modo losco.

ass[1] [æs] *s.* **1** (*zool.*) (*Equus asinus*) asino, somaro: *she —*, asina; *—'s foal* (o *—'s colt*), asinello; *—'s milk*, latte d'asina **2** (*fig.*) asino, somaro: *to make an — of oneself*, rendersi ridicolo; *to make an — of s.o.*, rendere ridicolo qlcu.; *to play the —*, fare lo sciocco, lo stupido // *asses' bridge*, ponte degli asini, punto di particolare difficoltà (*p.es.* in matematica il 5º teorema del I libro di Euclide).

ass[2] *s.* (*sl. amer. volg.*) culo // *my —!*, col cavolo! // *pain in the —*, seccatura; scocciatore // *a piece of —*, una bella ragazza // *to work one's — off* (o *to get one's — in gear*), lavorare come pazzi, darci sotto // *dead —*, idiota.

assagai ['æsəgaɪ] *s.* → **assegai**.

to **assail** [ə'seɪl / as·sail] *v.tr.* **1** (*letter.*) assalire, attaccare; investire (*anche fig.*): *to — with questions*, investire di domande **2** affrontare (con decisione).

assailable [ə'seɪləbl / as·sail·able] *agg.* attaccabile (*anche fig.*).

assailant [ə'seɪlənt / as·sail·ant] *s.* assalitore.

assassin [ə'sæsɪn *amer.* ə'sæsn / as·sas·sin] *s.* assassino; sicario.

to **assassinate** [ə'sæsɪneɪt *amer.* ə'sæsəneɪt / as·sas·sin·ate] *v.tr.* assassinare.

assassination [ə,sæsɪ'neɪʃn *amer.* ə,sæsə'neɪʃn / as·sas·sina·tion] *s.* assassinio.

assault [ə'sɔ:lt / as·sault] *s.* **1** assalto, attacco: *to take* (o *to carry*) *a town by —*, prendere d'assalto una città **2** (*dir.*) vie di fatto, atti violenti; aggressione.

to **assault** *v.tr.* **1** assalire, assaltare, attaccare: *he was assaulted*, fu vittima di un'aggressione **2** (*dir.*) passare a vie di fatto contro qlcu.

assaultable [ə'sɔ:ltəbl / as·sault·able] *agg.* attaccabile.

assault boat [ə'sɔ:lt,bəʊt] *s.* (*mar. mil.*) mezzo d'assalto.

assaulter [ə'sɔ:ltə* / as·saulter] *s.* assalitore; aggressore.

assault gun [ə'sɔ:lt,gʌn] *s.* (*mil.*) cannone semovente.

assault model [ə'sɔ:lt,modl] *s.* (*mil.*) veicolo d'assalto.

assay [ə'seɪ / as·say] *s.* **1** (*chim.*) saggio, analisi: *dry, wet —*, analisi a secco, a umido **2** (*metall.*) saggio, assaggio: *— balance*, bilancia di assaggio **3** (*min.*) saggio, campionatura: *— plan*, mappa delle campionature **4** (*ant.*) prova, tentativo.

to **assay** *v.tr.* **1** (*tecn.*) saggiare, analizzare, assaggiare **2** (*ant.*) provare, tentare; mettere alla prova ◆ *v.intr.* **1** (*tecn.*) mostrare, rivelare (al saggio): *the ore assays high in metal*, al saggio il minerale mostra un alto contenuto di metallo **2** (*ant.*) provare, tentare: *vain man... that doest in vain assay*, (E. SPENSER) un vano... che invano tenta.

assayable [ə'seɪəbl / as·say·able] *agg.* (*tecn.*) saggiabile.

assayer [ə'seɪə* / as·sayer] *s.* (*tecn.*) assaggiatore, saggiatore.

assaying [ə'seɪɪŋ / as·say·ing] *s.* (*min.*) saggiatura; saggio.

assay-master [ə'seɪ,mɑ:stə*] *s.* funzionario addetto alla saggiatura dei metalli preziosi.

assay-piece [ə'seɪ,pi:s] *s.* (*metall.*) campione per la saggiatura.

assegai ['æsəgeɪ / as·se·gai] *s.* zagaglia.

assemblage [ə'semblɪdʒ / as·sem·blage] *s.* **1** il riunire, il raccogliere; riunione; raduno; assembramento; raccolta (di persone, animali, cose) **2** (*mecc.*) montaggio; assemblaggio **3** (*ecol.*) raduno stocastico.

to **assemble** [ə'sembl / as·semble] *v.tr.* **1** riunire, adunare **2** (*mecc.*) montare; assemblare **3** (*inform.*) assemblare ◆ *v.intr.* riunirsi; adunarsi: *the delegates assembled in the town hall*, i delegati si riunirono in municipio.

assembler [ə'semblə* / as·sem·bler] *s.* **1** (*mecc.*) montatore; assemblatore **2** (*inform.*) assemblatore; programma di assemblaggio.

assembling [ə'semblɪŋ / as·sem·bling] *s.* **1** il riunire, il raccogliere (cose, persone) **2** (*mecc.*) montaggio; assemblaggio.

assembly [ə'semblɪ / as·sem·bly] *s.* **1** assemblea, riunione // *— room*, sala da ballo, da riunioni **2** (*mil.*) segnale d'adunata; adunata **3** (*pol.*) camera bassa (in alcuni stati americani) **4** (*mecc.*) insieme dei componenti, complessivo; assemblaggio; montaggio // *— drawing*, disegno d'assieme // *— line*, catena di montaggio **5** (*inform.*) insieme (di pezzi, di parti di programmi): *— language*, linguaggio assemblatore; *— time*, momento di assemblaggio.

assemblyman [ə'semblɪ,mæn / as·sem·bly·man] *pl.* **assemblymen** [ə'semblɪ,men] *s.* (*pol.*) deputato della camera bassa (di alcuni stati americani).

assent [ə'sent / as·sent] *s.* (*form.*) consenso, approvazione; sanzione.

to **assent** *v.intr.* (*form.*) assentire, acconsentire, dare l'approvazione: *to — to a proposal*, approvare una proposta.

assentation [,æsən'teɪʃn / as·senta·tion] *s.* (*ant.*) approvazione non sincera; adulazione.

assenter [ə'sentə* / as·senter] *s.* chi assente, approva, consente.

assentient [ə'senʃənt / as·sen·tient] *agg.* (*non com.*) assenziente, consenziente ◆ *s.* chi assente, consente.

assenting [ə'sentɪŋ / as·sent·ing] *agg.* consenziente.

assentor [ə'sentə* / as·sentor] *s.* (*non com.*) chi assente, approva, consente.

to **assert** [ə'sɜ:t / as·sert] *v.tr.* **1** asserire, affermare: *his friends asserted that he was innocent*, i suoi amici asserirono che era innocente; *to — one's good faith*, affermare la propria buona fede **2** rivendicare, sostenere, difendere (diritti): *to — one's claims to*, rivendicare i propri diritti a; *to — one's authority*, affermare la propria autorità; *to — oneself*, farsi valere.

assertable [ə'sɜ:təbl / as·sert·able] *agg.* **1** che si può asserire **2** che si può rivendicare.

assertion [ə'sɜ:ʃn / as·ser·tion] *s.* **1** asserzione, affermazione // (*dir.*) *— under oath*, dichiarazione giurata **2** rivendicazione, difesa.

assertive [ə'sɜ:tɪv / as·sert·ive] *agg.* positivo, determinato; energico, aggressivo: *an — speech*, un discorso positivo, concreto; *an energetic, — child*, un bambino vivace e sicuro di sé // **-ly** *avv.*

assertor [ə'sɜ:tə* / as·sertor] *s.* (*non com.*) assertore; difensore.

assertory [ə'sɜ:tərɪ / as·sert·ory] *agg.* (*non com.*) assertivo; positivo; determinato.

to **assess** [ə'ses / as·sess] *v.tr.* **1** (*trib.*) accertare ai fini fiscali **2** (*trib.*) imporre un tributo a; gravare di un'imposta; prelevare un'imposta da: *to — oneself (for tax)*, autotassarsi **3** valutare, stimare.

assessable [ə'sesəbl / as·sess·able] *agg.* (*trib.*) imponibile: *— value*, imponibile; *— income*, reddito imponibile.

assessed [ə'sest / as·ses·sed] *agg.* tassato, gravato da imposta // (*trib.*) *— value*, valore catastale; valore imponibile; *— taxes*, imposte accertate.

assessment [ə'sesmənt / as·sess·ment] *s.* **1** valutazione, stima; (*fig.*) giudizio, opinione: *his — of the situation was discouraging*, il suo giudizio sulla situazione era scoraggiante // (*dir.*) *— of the damages*, liquidazione del danno // (*trib.*) *— of taxation*, accertamento tributario **2** (*trib.*) contributo di miglioria.

assessor [ə'sesə* / as·ses·sor] *s.* **1** assistente (spec. di magistrato) **2** (*trib.*) agente delle imposte.

asset ['æset / as·set] *s.* **1** bene; vantaggio; risorsa: *with all his experience he is a great — to the company*, con tutta la sua esperienza, è una grande risorsa per la compagnia **2** *pl.* (*econ.*) attività, attivo: *financial assets*, attività, disponibilità finanziarie; *real assets*, attività reali; *current assets*, attività correnti; *fixed assets*, immobilizzazioni tecniche; *dead assets*, attività improduttive; *contingent assets*, sopravvenienze attive; *liquid assets*, disponibilità liquide; *quick assets*, attività a breve, attività di pronto realizzo; *assets and liabilities*, attività e passività, attivo e passivo; *assets side*, avere; *assets administration*, gestione patrimoniale **3** *pl.* patrimonio (di un debitore) **4** *pl.* (*dir.*) (*legal*) *—*, asse ereditario.

to **assever** [æ'sevə* / as·sever] *v.tr.* (*ant.*) → to **asseverate**.

to **asseverate** [ə'sevəreɪt / as·sev·er·ate] *v.tr.* asserire (con solennità).

asseveration [ə,sevə'reɪʃn / as·sev·era·tion] *s.* asserzione (solenne); l'asserire solennemente.

asshole ['æs,həʊl] *s.* (*fam. amer.*) idiota, stupido.

to **assibilate** [ə'sɪbɪleɪt / as·sib·il·ate] *v.tr.* (*ling.*) assibilare.

assiduity [,æsı'dju:ətı *amer.* ,æsı'du:ətı / as·si·du·ity] *s.* attenzione costante; sollecitudine; assiduità.

assiduous [ə'sıdjʊəs *amer.* ə'sıdʒʊəs / as·sidu·ous] *agg.* assiduo // **-ly** *avv.* // **-ness** *s.*

assign [ə'saın / as·sign] *s.* (*dir.*) cessionario; giratario.

to **assign** *v.tr.* **1** assegnare: *they assigned him a tough job*, gli assegnarono un lavoro difficile; *I was assigned a comfortable seat on the plane*, mi fu assegnato un posto comodo sull'aereo **2** destinare, assegnare: *units were assigned to the west front*, furono destinati dei reparti al fronte occidentale **3** (*dir.*) trasferire; cedere (beni, mandati ecc.) **4** determinare, fissare (un giorno ecc.).

assignable [ə'saınəbl / as·sign·able] *agg.* **1** assegnabile **2** determinabile **3** (*dir.*) trasferibile.

assignat [,æsın'jɑ:] *s.* (*st. francese*) assegnato (carta moneta).

assignation [,æsıg'neıʃn / as·sig·na·tion] *s.* **1** assegnazione; attribuzione; designazione; ciò che viene assegnato, attribuito **2** (*dir.*) cessione, trasferimento (di beni): *deed of* —, atto di cessione // (*comm.*) — *of claims*, cessione di crediti **3** (*form.*) appuntamento (spec. amoroso).

assignee [,æsı'ni: / as·signee] *s.* **1** (*dir.*) cessionario **2** (*comm.*) mandatario.

assignment [ə'saınmənt / as·sign·ment] *s.* **1** compito, incarico, mansione; nomina: *he's got a foreign* —, ha ricevuto un incarico all'estero // — *record*, mansionario **2** (*amer.*) (*scuola*) compito a casa **3** assegnazione (di denaro ecc.); stanziamento; (*dir.*) cessione, trasferimento: *deed of* —, atto di cessione; — *for the benefit of creditors*, cessione dei beni ai creditori **4** (*inform.*) assegnazione, assegnamento: — *statement*, istruzioni di assegnamento.

assignor [,æsı'nɔ:* / as·signor] *s.* **1** (*dir.*) cedente **2** (*comm.*) mandante.

assimilable [ə'sımıləbl / as·sim·il·able] *agg.* **1** assimilabile **2** paragonabile.

to **assimilate** [ə'sımıleıt / as·sim·il·ate] *v.tr.* **1** assimilare: *some immigrants just don't — the American way of life*, alcuni immigranti proprio non riescono ad assimilare lo stile di vita americano; *he studies a lot, but does not — the material*, studia molto, ma non assimila **2** confrontare, paragonare: *to — to* (o *with*), confrontare con **3** (*non com.*) rendere simile a ◆ *v.intr.* **1** assimilarsi **2** diventare simile a.

assimilation [ə,sımı'leıʃn / as·sim·ila·tion] *s.* **1** assimilazione (*anche fig.*): *his powers of — are diminished*, le sue capacità di assimilazione sono diminuite **2** somiglianza **3** (*non com.*) confronto.

assimilative [ə'sımılətıv / as·sim·il·at·ive] *agg.* assimilativo.

to **assist** [ə'sıst / as·sist] *v.tr.* **1** assistere, aiutare **2** (*dir.*) aiutare, favoreggiare. SIN. to abet ◆ *v.intr.* (*form.*) assistere, presenziare: *to — at a ceremony*, essere presente ad una cerimonia.

assistance [ə'sıstəns / as·sist·ance] *s.* **1** assistenza, aiuto **2** (*dir.*) favoreggiamento. SIN. abetting.

assistant [ə'sıstənt / as·sist·ant] *s.* **1** assistente, aiuto; aggiunto // (*comm.*) — *director*, vice-direttore; (*cinem.*) — *director*, aiuto regista; — *professor*, (*amer.*) ricercatore universitario **2** (*shop*) —, commesso di negozio.

assize [ə'saız / as·size] *s.* **1** (*ant.*) calmiere: — *of bread*, calmiere del pane **2** (*dir. antiq.*) seduta **3** *pl.* (*dir. antiq.*) Assise, Corte d'Assise; sessione d'Assise.

to **assize** *v.tr.* (*ant.*) calmierare.

associability [ə,səʊʃjə'bılıtı / as·so·ci·ab·il·ity] *s.* associabilità.

associable [ə'səʊʃjəbl / as·so·ci·able] *agg.* associabile // **-ly** *avv.*

associate [ə'səʊʃıət / as·so·ci·ate] *agg.* associato, aggiunto: — *member*, membro associato; — *professor*, (*amer.*) professore associato; — *editor*, (*amer.*) condirettore (di giornale, rivista) // (*dir.*) — *judge*, figura giuridica tra il giudice ausiliare e il cancelliere ◆ *s.* socio; collega.

to **associate** [ə'səʊʃıeıt] *v.tr.* associare, connettere, collegare (*anche fig.*): *he associates his ideas with liberal democracy*, associa le sue idee alla democrazia liberale ◆ *v.intr.* **1** associarsi, collegarsi: *to — with s.o. in sthg.*, associarsi a qlcu. in qlco. **2** frequentare; fare comunella: *her parents don't like the guy she associates with*, ai suoi genitori non piace il tipo che frequenta.

associated [ə'səʊʃıeıtıd / as·so·ci·ated] *agg.* associato (*anche inform.*); alleato // — *company*, società consociata.

association [ə,səʊsı'eıʃn / as·so·ci·ation] *s.* **1** associazione: — *of ideas*, associazione di idee **2** (*comm.*) associazione priva di personalità giuridica: *trade* —, associazione di categoria; *mutual* —, società cooperativa; *deeds of* —, statuto associativo **3** legame, relazione; frequentazione: *his — with ballet lasted a life-time*, il suo legame col balletto durò tutta una vita.

association football [ə'səʊsı,eıʃn'fʊtbɔ:l] *s.* (*form.*) gioco del calcio.

associationism [ə,səʊsı'eıʃnızm / as·so·ci·ation·ism] *s.* associazionismo.

associative [ə'səʊʃjətıv / as·so·ci·at·ive] *agg.* associativo // (*mat.*) — *property*, proprietà associativa; — *law*, associatività.

associativity [ə,səʊʃjə'tıvətı / as·so·ci·at·iv·ity] *s.* (*mat.*) associatività.

to **assoil** [ə'sɔıl] *v.tr.* (*ant.*) **1** assolvere da un peccato **2** espiare (una colpa).

assonance ['æsəʊnəns / as·son·ance] *s.* assonanza.

assonant ['æsəʊnənt / as·son·ant] *agg.* assonante.

to **assonate** ['æsəʊneıt / as·son·ate] *v.intr.* essere in assonanza, assonare.

to **assort** [ə'sɔ:t / as·sort] *v.tr.* **1** (*non com.*) assortire; armonizzare **2** (*non com.*) classificare **3** (*amer.*) rifornire con assortimento (negozi ecc.) ◆ *v.intr.* (*non com.*) **1** assortirsi, armonizzarsi **2** *to — with* (*s.o.*), frequentare (qlcu.).

assorted [ə'sɔ:tıd / as·sor·ted] *agg.* assortito: *a box of — chocolates*, una scatola di cioccolatini assortiti; *they are a strangely — pair*, sono una coppia stranamente assortita.

assortment [ə'sɔ:tmənt / as·sort·ment] *s.* assortimento.

to **assuage** [ə'sweıdʒ / as·suage] *v.tr.* e *intr.* (*form.*) calmare, calmarsi; lenire, mitigare (pena, dolore ecc.): *time can assuage the pangs of love, but only death can still the anguish of wounded vanity*, (W.S. MAUGHAM) il tempo lenisce le pene d'amore, ma solo la morte placa il tormento della vanità ferita.

assuagement [ə'sweıdʒmənt / as·suage·ment] *s.* (*non com.*) **1** alleviamento; sollievo **2** appagamento.

assuefaction [,æswə'fækʃn / as·sue·fac·tion] *s.* (*ant.*) l'abituarsi, abitudine.

to **assume** [ə'sju:m *amer.* ə'su:m / as·sume] *v.tr.* **1** assumere; presumere; supporre: *I — you don't smoke, Mrs Brown*, immagino che lei non fumi, signora Brown; *they were assuming that she was wealthy*, supponevano che fosse ricca; *assuming that we have another day, we still won't finish the job*, ammesso anche di avere un giorno in più, non finiremo il lavoro; *you — too much*, sei troppo presuntuoso **2** assumere; assumersi, prendersi, farsi carico di (potere, responsabilità ecc.): *the dancer assumed a new position*, il ballerino assunse una nuova posizione; *he assumed responsibility for the damage*, si prese la responsabilità per il danno **3** affettare, fingere: *she assumed an appearance of indifference*, finse un'aria di indifferenza; *an assumed name*, un nome falso, uno pseudonimo; *assumed virtues*, false virtù.

assuming [ə'sju:mıŋ *amer.* ə'su:mıŋ / as·sum·ing] *agg.* presuntuoso; supponente // **-ly** *avv.*

assumption [ə'sʌmpʃn / as·sump·tion] *s.* **1** assunzione; presupposizione: *his argument was based on a wrong* —, la sua argomentazione era basata su una assunzione erronea **2** assunzione, impegno: — *of responsibilities*, assunzione di responsabilità **3** presunzione; arroganza **4** (*relig.*) *Assumption*, l'Assunzione (della Vergine).

assumptive [ə'sʌmptıv / as·sumpt·ive] *agg.* (*non com.*) **1** presunto, supposto **2** che ha molte pretese; arrogante.

assurance [ə'ʃʊərəns / as·sur·ance] *s.* **1** assicurazione, affermazione, promessa formale: *I have his — that...*, ho la sua promessa formale che... **2** (*dir.*) assicurazione: *life* —, assicurazione sulla vita **3** confidenza, fiducia; certezza, sicurezza: *"I'll win", she said with* —, "Vincerò!", disse con sicurezza **4** (*ant.*) arditezza; presunzione; impudenza.

to **assure** [ə'ʃʊə* / as·sure] *v.tr.* **1** assicurare (*anche dir.*): *they assured her of their support*, le assicurarono il loro appoggio **2** rassicurare **3** (*ant.*) incoraggiare // *I can — you*, ne rispondo io.

assured [ə'ʃʊəd / as·sured] *agg.* **1** certo, sicuro, assicurato: *an — success*, un successo sicuro // *rest* —, stai, sia certo **2** a proprio agio; con confidenza: *he gave a thoroughly — performance*, la sua prestazione denotava piena confidenza ◆ *s.* (*dir.*) l'assicurato (sulla vita) // **-ly** *avv.* // **-ness** *s.*

assurer [ə'ʃʊərə* / as·surer] *s.* assicuratore.

assurgent [ə'sɜ:dʒənt / as·sur·gent] *agg.* (*bot.*) ascendente.

Assyrian [ə'sırıən / As·syr·ian] *agg.* e *s.* assiro.

Assyriologist [ə,sırı'ɒlədʒıst / As·syr·iolo·gist] *s.* assiriologo.

Assyriology [ə,sırı'ɒlədʒı / As·syri·ology] *s.* assiriologia.

ast [æst] (*amer.*) forma fam. per *asked*.

astarboard [ə'stɑ:bəd / a·star·board] *avv.* (*mar., aer.*) a dritta, sulla dritta.

astatic [ə'stætɪk] *agg.* (*fis.*) astatico: — *galvanometer*, galvanometro astatico.

astatine ['æstə,ti:n / astat·ine] *s.* (*chim.*) astato.

aster ['æstə* / as·ter] *s.* (*bot.*) astro, aster.

asterisk ['æstərɪsk / as·ter·isk] *s.* asterisco.

to **asterisk** *v.tr.* segnare con asterisco.

asterism ['æstərɪzəm / as·ter·ism] *s.* **1** (*astr., min.*) asterismo **2** gruppo di tre asterischi.

astern [ə'stɜ:n] *avv.* (*mar., aer.*) a poppa; indietro: *full speed* —, indietro a tutta velocità; *to have the wind* —, avere il vento in poppa.

asteroid ['æstərɔɪd / as·ter·oid] *agg.* a forma di stella ◆ *s.* **1** (*astr.*) asteroide; pianetino; planetoide // — *belt*, fascia degli asteroidi // *Apollo, Amor* —, oggetto Apollo, Amore **2** (*zool.*) asteroide.

asteroidal [,æstə'rɔɪdl / as·ter·oidal] *agg.* asteroidale.

asthenia [æs'θi:njə / as·the·nia] *s.* (*med.*) astenia, debolezza.

asthenic [æs'θenɪk / as·thenic] *agg.* e *s.* (*med.*) astenico.

asthenosphere [æs'θenə,sfɪə* / as·theno·sphere] *s.* (*geol.*) astenosfera.

asthma ['æsmə *amer.* 'æzmə] *s.* (*med.*) asma.

asthmatic [æs'mætɪk *amer.* æz'mætɪk / asth·matic] *agg.* e *s.* asmatico.

astigmatic [,æstɪg'mætɪk / astig·matic] *agg.* (*med.*) astigmatico.

astigmatism [æ'stɪgmətɪzəm / astig·mat·ism] *s.* (*med., fis.*) astigmatismo.

astir [ə'stɜ:*] *avv.* e *agg.pred.* **1** in moto, in agitazione (*anche fig.*): *the whole town was — with people*, l'intera città brulicava di gente; *to set* —, mettere in moto **2** fuori dal letto, in piedi: *to be — early*, essere alzato per tempo.

to **astonish** [ə'stɒnɪʃ / as·ton·ish] *v.tr.* stupire, meravigliare; sorprendere: *I am astonished at nothing*, nulla mi sorprende; *I was astonished at seeing* (o *to see*) *him there*, fui stupito di vederlo là.

astonishing [ə'stɒnɪʃɪŋ / as·ton·ish·ing] *agg.* sorprendente, straordinario, sbalorditivo // **-ly** *avv.*

astonishment [ə'stɒnɪʃmənt / as·ton·ish·ment] *s.* **1** sorpresa, stupore, meraviglia: *he stood in open-mouthed* —, rimase a bocca aperta per la sorpresa **2** (*ant.*) costernazione: *I was in the utmost astonishment*, (SWIFT) rimasi profondamente costernato.

to **astound** [ə'staʊnd] *v.tr.* stupire, sbalordire; stordire per lo stupore; sgomentare.

astounding [ə'staʊndɪŋ / astound·ing] *agg.* stupefacente, sbalorditivo.

astraddle [ə'strædl] *avv.* e *agg.pred.* (*non com.*) a cavalcioni.

astragal ['æstrəgəl / as·tra·gal] *s.* (*arch.*) astragalo.

astragalus [æs'trægələs / as·trag·alus] *pl.* **astragali** [æs'trægəlaɪ / as·trag·ali] *s.* (*anat., bot.*) astragalo.

astrakhan [,æstrə'kæn *amer.* 'æstrəkən / as·tra·khan] *s.* astrakan, astracan.

astral ['æstrəl / as·tral] *agg.* (*form.*) astrale; siderale: — *spirits*, spiriti astrali // (*aer.*) — *arch*, finestra a cupola per osservazioni astronomiche.

astray [ə'streɪ] *avv.* e *agg.pred.* fuori strada (*anche fig.*): *to go* —, smarrirsi, fuorviarsi; *to lead* —, sviare, fuorviare, traviare.

astride [ə'straɪd] *avv.* e *agg.pred.* a cavalcioni; a gambe larghe: *to get* —, mettersi a cavalcioni: *to stand* —, stare ritto a gambe larghe ◆ *prep.* a cavalcioni di: — *the chair*, a cavalcioni della sedia // *his farm lay — the frontier*, (*fig.*) la sua fattoria si trova su entrambi i lati della frontiera.

astringency [ə'strɪndʒənsɪ / astrin·gency] *s.* **1** astringenza **2** (*fig.*) durezza, severità.

astringent [ə'strɪndʒənt / astrin·gent] *agg.* **1** (*med.*) astringente **2** (*fig.*) severo ◆ *s.* (*med.*) astringente // **-ly** *avv.*

astrionics [,æstrɪ'ɒnɪks / as·tri·on·ics] *s.* U elettronica aerospaziale; astrionica.

astro- ['æs,trəʊ, 'æstrə,ə'strɒ] *pref.* di origine greca che indica relazione con gli astri oppure con la navigazione spaziale; it. astro-: *astrology*, astrologia; *astronaut*, astronauta.

astrodome ['æstrə,dəʊm / as·tro·dome] *s.* astrodromo; cosmodromo.

astrodynamics [,æstrəʊdaɪ'næmɪks / as·tro·dy·namics] *s.* U astrodinamica.

astrogeology [,æstrəʊdʒi:'ɒləgɪ / as·tro·geo·logy] *s.* (*astr.*) astrogeologia.

astrograph ['æstrə,grɑ:f *amer.* 'æstrə,græf / as·tro·graph] *s.* (*astr.*) astrografo.

astroid ['æs,trɔɪd] *s.* (*mat.*) astroide, asteroide.

astrolabe ['æstrəʊleɪb / as·tro·labe] *s.* (*astr.*) astrolabio.

astrologer [ə'strɒlədʒə* / as·tro·lo·ger] *s.* astrologo.

astrologic(al) [,æstrə'lɒdʒɪk(l) / as·tro·lo·gic(al)] *agg.* astrologico // **-ally** *avv.*

astrology [ə'strɒlədʒɪ / as·tro·logy] *s.* astrologia.

astrometer [æ'strɒmɪtə* / as·tro·meter] *s.* (*astr.*) astrometro.

astrometric [,æstrəʊ'metrɪk / as·tro·met·ric] *agg.* (*astr.*) astrometrico: — *position*, posizione astrometrica.

astrometry [ə'strɒmətrɪ / as·tro·metry] *s.* (*astr.*) astrometria; astronomia di posizione.

astronaut ['æstrənɔ:t / as·tro·naut] *s.* astronauta.

astronautic(al) [,æstrə'nɔ:tɪk(l) / as·tro·naut·ic(al)] *agg.* astronautico.

astronautics [,æstrə'nɔ:tɪks / as·tro·naut·ics] *s.* U astronautica.

astronavigation [,æstrəʊnævə'geɪʃn / as·tro·nav·iga·tion] *s.* astronavigazione; navigazione nello spazio.

astronomer [ə'strɒnəmə* / as·tro·nomer] *s.* astronomo.

astronomical meno com. **astronomic** [,æstrə'nɒmɪk(l) / as·tro·nom·ical, as·tro·nomic] *agg.* astronomico (*anche fig.*): *an — figure*, una cifra astronomica // **-ally** *avv.*

astronomy [ə'strɒnəmɪ / as·tro·nomy] *s.* (*astr.*) astronomia.

astrophysics [,æstrəʊ'fɪzɪks / as·tro·phys·ics] *s.* U (*astr.*) astrofisica.

astrotracker ['æstrəʊ,trækə* / as·tro·track·er] *s.* (*aer.*) sestante automatico.

astute [ə'stju:t *amer.* ə'stu:t / as·tute] *agg.* astuto, scaltro; sagace // **-ly** *avv.* // **-ness** *s.*

asunder [ə'sʌndə* / asun·der] *avv.* **1** separatamente: *to come* —, disgiungersi, disunirsi **2** in pezzi: *to tear* (o *rend*) —, fare a pezzi.

asylum [ə'saɪləm / asy·lum] *s.* **1** asilo, diritto d'asilo; rifugio: *to give* (o *afford*) — *to s.o.*, dare asilo, offrire ricovero a qlcu. // *political* —, asilo politico **2** casa di ricovero; istituto: — *for the blind*, istituto dei ciechi // *lunatic* —, manicomio.

asymmetric [,æsɪ'metrɪk / asym·met·ric] *agg.* asimmetrico // (*fis.*) — *top*, trottola asimmetrica.

asymmetry [æ'sɪmətrɪ / asym·metry] *s.* asimmetria.

asymptote ['æsɪmptəʊt / asymp·tote] *s.* (*mat.*) asintoto.

asymptotic [,æsəm'tɒtɪk / asymp·totic] *agg.* (*mat.*) asintotico.

asynchronism [æ'sɪŋkrənɪzəm / asyn·chron·ism] *s.* (*fis.*) asincronismo.

asynchronous [æ'sɪŋkrənəs / asyn·chron·ous] *agg.* asincrono.

asyndeton [æ'sɪndɪtən / asyn·deton] *pl.* **asyndeta** [æ'sɪndɪtə / asyn·deta] *s.* (*ret.*) asindeto.

asynergia [,æsɪ'nɜ:dʒɪə / asyn·er·gia] *s.* (*med.*) asinergia.

asynergic [,æsɪ'nɜ:dʒɪk / asyn·er·gic] *agg.* (*med.*) asinergico.

asyntactic [,æsɪn'tæktɪk / asyn·tac·tic] *agg.* (*gramm.*) asintattico.

at [æt (*forma forte*) ət (*forma debole*)] *prep.* **1** (*stato in luogo*; *posizione*) a, da, in, presso [cfr. *in*]: — *Monza*, — *the hotel*, — *the window*, — *home*, — *church*, — *school*, a Monza, all'albergo, alla finestra, a casa, in chiesa, a scuola; — *Mr Brown's*, dal Signor Brown; *to sit down — table*, sedersi a tavola; — *the entrance*, all'ingresso; *he is — his office*, è in ufficio; *to knock — the door*, bussare alla porta; — *the top of the list*, in cima alla lista; — *the end of the road*, in fondo alla strada **2** (*direzione*) a, verso, contro, addosso a [cfr. *towards*]: *to look — s.o., sthg.*, guardare qlcu., qlco.; *to aim — s.o., sthg.*, mirare a qlcu., qlco.; *to arrive — a place*, arrivare in un luogo; *I cannot get — the meaning of it*, non riesco ad afferrarne il significato; *to throw sthg. — s.o.*, gettare qlco. a qlcu.; *to fire — s.o., sthg.*, sparare contro qlcu., qlco.; *to laugh — s.o.*, ridere di qlcu. **3** (*tempo*) a, di: — *seven o'clock*, alle sette; — *noon*, a mezzogiorno; — *night*, di notte; — *dawn*, all'alba; — *Christmas*, a Natale; — *the same time*, nello stesso tempo; — *that time, moment*, in quel tempo, momento; — *present*, al momento, ora; — *this point*, a questo punto; — (*the age of*) *ten*, all'età di dieci anni; — (*regular*) *intervals*, a intervalli (regolari); — *first*, dapprima; — *last*, finalmente; — *any time*, a qualunque ora; — *once*, subito **4** (*condizione*; *occupazione*; *situazione*) a, in: — *war*, — *peace*, in guerra, in pace; *to be — work*, — *dinner*, essere al lavoro, a cena; *to be busy — one's work*, essere occupato nel proprio lavoro; *to be good — English*, essere bravo in inglese **5** (*misura*; *distanza*; *valore*) a: — *a distance*, a una certa distanza; — *hand*, a portata di mano, vicino; *near — hand*, vicinissimo; *to buy — a high, low price*, comprare a un prezzo alto, basso; —

least, most, al minimo, al massimo; — *fifty miles per hour*, a 50 miglia all'ora; — *full speed*, a tutta velocità; — *a time*, alla volta, per volta: *two — a time*, due per volta **6** (*modo*) a, con: — *ease*, (*mil.*) riposo; — *random*, a caso; — *leisure*, con comodo; — *any rate*, a qualsiasi costo, in ogni modo; — *first sight*, a prima vista; *to be — one's best*, essere al meglio, nella migliore condizione **7** (*causa*) a causa di, per: *to be surprised, pleased — sthg.*, essere sorpresi, contenti per qlco.; *he was shocked — the news*, fu colpito dalla notizia; *I was sorry — her departure*, ero triste per la sua partenza.

ataraxia [,ætə'ræksıə / at·ar·axia] **ataraxy** ['ætəræksı / at·ar·axy] *s.* (*fil.*) atarassia.

ataunto [ə'tɔ:ntəʊ] *avv.* (*mar.*) a vele spiegate.

atavic [ə'tævık / at·avic] *agg.* (*rar.*) → **atavistic**.

atavism ['ætəvızəm / at·av·ism] *s.* atavismo.

atavistic [,ætə'vıstık / at·av·istic] *agg.* atavico.

ataxia [ə'tæksıə] *s.* (*med.*) atassia SIN. **ataxy**.

ataxic [ə'tæksık] *agg.* (*med.*) atassico.

ataxy [ə'tæksı] *s.* (*med.*) → **ataxia**.

ate [et *amer.* eıt] *pass.* di to **eat**.

atelier ['ætəl,jeı / atel·ier] *s.* atelier (spec. di artista).

atheism ['eıθııзəm / athe·ism] *s.* ateismo.

atheist ['eıθııst / athe·ist] *s.* ateo.

atheistic(al) [,eıθı'ıstık(l) / athe·istic(al)] *agg.* ateistico.

atheling ['æθəlıŋ / athel·ing] *s.* (*st.*) nobile anglosassone; erede al trono.

athenaeum [,æθı'ni:əm / athe·naeum] *s.* **1** tempio di Atena **2** circolo letterario o scientifico; sala di lettura; biblioteca.

atheneum (*amer.*) → **athenaeum**.

Athenian [ə'θi:njən / Athe·nian] *agg.* e *s.* ateniese.

to **athermalize** [,ə'θɜ:mə,laız / ather·mal·ize] *v.tr.* (*tecn.*) rendere indipendente dalla temperatura.

athirst [ə'θɜ:st] *agg.pred.* (*antiq.*) **1** assetato **2** (*fig.*) bramoso, desideroso.

athlete ['æθli:t / ath·lete] *s.* atleta // (*med.*) — *'s foot*, piede d'atleta.

athletic [æθ'letık / ath·letic] *agg.* atletico // **-ally** *avv.*

athleticism [æθ'letısızəm / ath·let·icism] *s.* atletismo.

athletics [æθ'letıks / ath·let·ics] *s.* ⓤ atletica.

athodyd ['æθə,dıd / atho·dyd] *s.* (*aer.*) autoreattore, statoreattore.

at home [ət'həʊm] *s.* ricevimento (in casa): *her at homes are very pleasant*, i suoi ricevimenti sono molto accoglienti ◆ *agg.* a proprio agio: *make yourself —*, accomodati; *he was — in three languages*, parlava con la massima disinvoltura tre lingue.

athwart [ə'θwɔ:t] *prep.* (*ant.*, *letter.*) attraverso ◆ *avv.* **1** (*antiq.*, *letter.*) a, di, per traverso; obliquamente; trasversalmente: *as they strike athwart / their wings in passing*, (E. BARRETT BROWNING) mentre passano battendo di traverso le ali **2** in opposizione a **3** (*mar.*) al traverso, per madiere.

atilt [ə'tılt] *avv.* **1** inclinato: *with hat —*, col cappello sulle ventitrè **2** (*spec. fig.*) con la lancia in resta, all'attacco: *to run —*, giostrare; *to run — against s.o.*, (*fig.*) venire in urto con qlcu.

atishoo [ə'tıʃu: / a·ti·shoo] *inter.* eccì, etcì: *to go —*, starnutire.

atlantean [,ætlæn'ti:ən / at·lan·tean] *agg.* (*non com.*) **1** fortissimo **2** relativo all'Atlantide.

Atlantic [ət'læntık / At·lantic] *agg.* atlantico // (*mar.*) — *liner*, transatlantico // — *Charter*, (*pol.*) Carta atlantica ◆ *no.pr.* (*geogr.*) Atlantico // *North — Treaty* (o *Pact*), (*pol.*) Patto atlantico.

atlantosaurus [ət,læntə'sɔ:rəs / at·lan·to·saurus] *s.* (*paleont.*) atlantosauro.

atlas ['ætləs / at·las] *pl.* **atlases** ['ætləsız] *s.* atlante (*anche anat.*) // *road —*, atlante stradale.

atmosphere ['ætmə,sfıə* / at·mo·sphere] *s.* atmosfera (*anche fig.*).

atmospheric(al) [,ætməs'ferık(l) / at·mo·spheric·(al)] *agg.* atmosferico (*anche fig.*): — *pressure*, pressione atmosferica.

atmospherics [,ætməs'ferıks / at·mo·spher·ics] *s.* ⓤ (*rad.*) scariche (*pl.*).

atoll ['ætɒl] *s.* (*geogr.*) atollo.

atom [,ætəm] *s.* **1** (*fis.*, *chim.*) atomo **2** (*fig.*) atomo, briciolo: *there's not one — of optimism in him*, non c'è un briciolo di ottimismo in lui // — *bomb*, bomba atomica.

atomic [ə'tɒmık] *agg.* **1** atomico, dell'atomo: — *model*, modello di atomo; — *number*, numero atomico; — *weight*, peso atomico; — *spectra*, spettri atomici; — *volume*, volume atomico **2** atomico, nucleare: — *bomb*, bomba atomica; — *energy*, energia nucleare; — *pile*, pila atomica; — *explosion*, esplosione nucleare; — *weapon*, arma nucleare; — *plant*, centrale nucleare // *Atomic Energy Authority*, (*negli Stati Uniti*) *Atomic Energy Commission*, Commissione per l'Energia Atomica.

atomicity [,ætə'mısıtı / atom·ic·ity] *s.* (*fis.*) atomicità.

atomism ['ætəmızəm / at·om·ism] *s.* (*st. fil.*) atomismo.

atomist ['ætəmıst / at·om·ist] *s.* (*st. fil.*) atomista.

atomistic [,ætə'mıstık / at·om·istic] *agg.* atomistico.

atomization [,ætəʊmaı'zeıʃn / at·om·iza·tion] *s.* atomizzazione; polverizzazione.

to **atomize** ['ætəʊmaız / at·om·ize] *v.tr.* atomizzare; polverizzare.

atomizer ['ætəʊmaızə* / at·om·izer] *s.* vaporizzatore; spruzzatore; nebulizzatore.

atom-smasher ['ætəm,smæʃə*] *s.* (*fam.*) (*fis. nucleare*) acceleratore.

atomy[1] ['ætəmı] *s.* (*non com.*) scheletro; corpo scheletrico.

atomy[2] *s.* (*ant.*) atomo; essere piccolissimo.

atonable [ə'təʊnəbl / aton·able] *agg.* espiabile, riparabile.

atonal [eı'təʊnl] *agg.* (*mus.*) atonale.

atonality [,ætə'nælıtı / aton·al·ity] *s.* (*mus.*) atonalità.

to **atone** [ə'təʊn] *v.intr.* espiare, fare ammenda: *to — for a fault*, espiare un errore ◆ *v.tr.* (*ant.*) riconciliare (nemici); comporre (una lite): *I was glad I did atone my countryman*, (SH. Cymbeline) felice di essermi riconciliato col mio compatriota.

atonement [ə'təʊnmənt / atone·ment] *s.* **1** (*form.*) espiazione, riparazione // (*rel.*) *the Atonement*, la Redenzione **2** (*ant.*) conciliazione.

atonia [ə'təʊnıə] *s.* (*med.*) atonia.

atonic [æ'tɒnık] *agg.* **1** (*gramm.*) atono **2** (*med.*) atonico ◆ *s.* parola atona.

atony ['ætənı] *s.* (*non com.*) atonia.

atop [ə'tɒp] *avv.* in cima: — *the hill*, in cima alla collina.

atrabilious [,ætrə'bıljəs / at·ra·bili·ous] *agg.* **1** atrabiliare; ipocondriaco **2** (*non com.*) malinconico.

atrial ['ɑ:trıəl / atri·al] *agg.* (*anat.*) atriale.

atrip [ə'trıp] *agg.pred.* (*mar.*) **1** spedata, che ha lasciato la presa sul fondo (di ancora) **2** alzata a segno (di vela) **3** issato e pronto per essere incrociato (di pennone) **4** senza la chiave d'albero e pronto per essere ammainato (di tronco superiore d'albero).

atrium ['ɑ:trıəm / at·rium] *pl.* **atria** ['ɑ:trıə / at·ria] **atriums** [at·ri·ums] *s.* (*anat.*, *arch.*) atrio.

atrocious [ə'trəʊʃəs / at·ro·cious] *agg.* atroce, orrendo: *her hat was simply —*, (*fam.*) il suo cappello era proprio un orrore // **-ly** *avv.* // **-ness** *s.*

atrocity [ə'trɒsətı / at·ro·city] *s.* **1** atrocità **2** (*fam.*) cosa orrenda.

atrophic [æ'trɒfık / at·ro·phic] *agg.* (*med.*) atrofico.

atrophy ['ætrəfı / at·rophy] *s.* (*med.*) atrofia.

to **atrophy** *v.tr.* atrofizzare ◆ *v.intr.* atrofizzarsi.

atropine ['ætrəpın / at·rop·ine] *s.* (*chim.*) atropina.

attaboy ['ætəbɔı / atta·boy] *inter.* (*amer.*) bene!, bravo!, avanti!

to **attach** [a'tætʃ / at·tach] *v.tr.* **1** attaccare; unire; fissare: — *that label to your case*, attacca quell'etichetta alla tua valigia // *to — oneself*, unirsi, associarsi: *she attached herself to the group of dancers*, si unì al gruppo di ballerine **2** (*mil.*) assegnare, essere destinato a: *he was attached to the third regiment*, fu assegnato al terzo reggimento **3** attribuire, dare: *don't — importance to what he says*, non dare importanza a ciò che dice ◆ *v.intr.* (*form.*) comportare: *no blame attaches to him for that action*, quell'azione non comporta alcuna colpa per lui.

attachable [ə'tætʃəbl / at·tach·able] *agg.* **1** attaccabile **2** che si affeziona **3** (*dir.*) sequestrabile; pignorabile.

attaché [ə'tæʃeı *amer.* ,ætə'ʃeı / at·taché] *s.* (*fr.*) addetto (diplomatico o militare).

attaché case [ə'tæʃeı,keıs *amer.* ,ætə'ʃeı ,keıs] *s.* valigetta per documenti, ventiquattrore.

attached [ə'tætʃt / at·tach·ed] *agg.* **1** attaccato, unito **2** addetto, assegnato (a ufficio, posto): *officer — to the staff*, ufficiale assegnato allo stato maggiore **3** affezionato, devoto: *we are very — to each other*, siamo molto affezionati l'uno all'altro **4** (*mil.*) aggregato.

attachment [ə'tætʃmənt / at·tach·ment] *s.* **1** attaccamento, unione // (*mil.*) *to be on — with the artillery*, essere assegnato all'artiglieria 2 affezione, affetto: *to entertain an — for s.o.*, nutrire dell'affetto per qlcu. 3 (*dir.*) sequestro; pignoramento 4 (*mecc.*) accessorio, strumento di corredo.

attack [ə'tæk / at·tack] *s.* 1 attacco, assalto, offensiva: *to make an — on*, fare un attacco su; *to return to the —*, ritornare all'attacco (*anche fig.*); *to come under —*, subire un attacco // *to make an all-out — on s.o., sthg.*, partire in quarta contro qlcu., qlco. 2 attacco, accesso (di malattia): *— of gout*, attacco di gotta; *heart —*, attacco di cuore 3 (*mus.*) attacco, inizio.

to **attack** *v.tr.* 1 attaccare, assalire (*anche fig.*): *he was attacked by the press*, fu attaccato dalla stampa; *to — a task*, mettersi di lena a fare un compito 2 (*chim.*) attaccare: *not attacked by acids*, inattaccabile dagli acidi.

attackable [ə'tækəbl / at·tack·able] *agg.* attaccabile, assalibile.

attacker [ə'tækə* / at·tacker] *s.* 1 assalitore; aggressore 2 (*mil., sport*) attaccante.

attagirl ['ætəgɜ:l / atta·girl] *inter.* (*amer.*) bene!, brava!

to **attain** [ə'teɪn / at·tain] *v.tr.* ottenere, conseguire, raggiungere; arrivare a; giungere a: *he attained a great age*, giunse a un'età veneranda; *to — one's end*, raggiungere lo scopo prefisso; *in 1961 the country attained independence*, nel 1961 il paese ottenne l'indipendenza ♦ *v.intr.* (*letter.*) arrivare, raggiungere: *to — to perfection*, raggiungere la perfezione; *of thy perfection, how shall I attain?*, (MILTON) come potrò raggiungere la tua perfezione?

attainability [ə,teɪnə'bɪlətɪ / at·tain·ab·il·ity] *s.* possibilità di ottenere, di conseguire, di raggiungere; accessibilità.

attainable [ə'teɪnəbl / at·tain·able] *agg.* ottenibile, conseguibile, raggiungibile, accessibile.

attainder [ə'teɪndə* / at·tain·der] *s.* (*dir. ant.*) confisca dei beni; estinzione dei diritti civili (come conseguenza di proscrizione).

attainment [ə'teɪnmənt / at·tain·ment] *s.* 1 raggiungimento, realizzazione, conseguimento 2 (*spec. pl.*) cognizioni; cultura, sapere: *man of small attainments*, uomo poco istruito.

attaint [ə'teɪnt / at·taint] *agg.* (*ant.*) 1 corrotto, infetto 2 macchiato, disonorato ♦ *s.* 1 (*ant.*) macchia, disonore 2 (*dir.*) confisca dei beni; estinzione dei diritti civili.

to **attaint** *v.tr.* 1 (*ant.*) corrompere, infettare 2 ledere, disonorare 3 (*dir.*) confiscare i beni a; privare dei diritti civili.

attar ['ætə* / at·tar] *s.* essenza: *— of roses*, essenza di rose.

to **attemper** [ə'tempə* / at·tem·per] *v.tr.* 1 (*antiq.*) temperare, mitigare, moderare 2 diluire, stemperare 3 (*antiq.*) adattare, appropriare.

attemperment [ə'tempəmənt / at·tem·per·ment] *s.* (*antiq.*) 1 moderazione 2 proporzione; giusta mescolanza.

attempt [ə'tem*p*t / at·tempt] *s.* 1 tentativo, prova; sforzo: *— at escaping* (o *to escape*), tentativo di evasione; *to make an — at doing* (o *to do*) *sthg.*, sforzarsi di fare qlco. 2 (*dir.*) tentativo nel reato 3 attentato: *— on s.o.'s life*, attentato alla vita di qlcu.

to **attempt** *v.tr.* 1 tentare, provare, cercare: *to — the impossible* (o *to — impossibilities*), tentare l'impossibile; (*dir.*) *attempted murder*, tentato omicidio 2 attentare a 3 (*ant.*) tentare (al male).

attemptable [ə'tem*p*təbl / at·tempt·able] *agg.* tentabile.

attempter [ə'tem*p*tə* / at·tempter] *s.* (*ant.*) 1 chi tenta 2 attentatore.

to **attend** [ə'tend / at·tend] *v.tr.* 1 assistere a, intervenire a, presenziare a; seguire (lezioni); frequentare (scuola, chiesa): *to — a conference, a meeting*, intervenire a una conferenza, a un incontro; *he attends the local high school*, frequenta la scuola superiore locale 2 (*form.*) prendersi cura di; assistere, curare (un malato ecc.): *the doctor attended the crash victim*, il dottore curò la vittima dell'incidente 3 (*form.*) accompagnare: *she hates the publicity that attends her activity*, odia la pubblicità che accompagna la sua attività; *may happiness always — you!*, che la felicità ti accompagni sempre! 4 (*ant.*) andare con, accompagnare: *he gravely declared he would attend them*, (FIELDING) dichiarò seriamente che sarebbe andato con loro ♦ *v.intr.* 1 (*form.*) prestare attenzione, badare: *— to my words*, bada alle mie parole 2 occuparsi di, accudire a: *I have my own business to — to*, devo occuparmi dei miei affari; *will you — to the matter?*, ti occuperai della cosa? // *is somebody attending to you?*, la stanno servendo?

attendance [ə'tendəns / at·tend·ance] *s.* 1 servizio: *to be in — on*, essere al servizio di // *lady in —*, dama di compagnia // *to dance — on s.o.*, (*fig.*) fare il portaborse di qlcu. 2 assistenza, cure (*pl.*), prestazioni (*pl.*) (di un medico ecc.) 3 frequenza, presenza regolare; (*amm.*) presenza: *your — in class has been poor this year*, la tua frequenza è stata scarsa quest'anno; *— pay*, indennità di presenza; *— book, register*, libro, registro delle presenze // *to be in —*, (*form.*) essere presente 4 pubblico, spettatori (*pl.*): *an — of over 600*, un pubblico di oltre 600 persone.

attendance centre [ə'tendəns,sentə*] *s.* riformatorio.

attendant [ə'tendənt / at·tend·ant] *agg.* 1 che accompagna, connesso: *we must examine the — circumstances*, dobbiamo esaminare le circostanze contingenti 2 dipendente, al servizio di 3 presente: *the — crowd*, la folla presente ♦ *s.* 1 servitore, inserviente; guardiano, sorvegliante; custode 2 *pl.* servitù; personale (di negozio ecc.).

attention [ə'tenʃn / at·ten·tion] *s.* 1 attenzione: *to attract* (o *draw* o *call*) *the —*, attirare l'attenzione: *the boy attracted* (o *drew* o *called*) *my —*, il ragazzo attirò la mia attenzione; *to come to s.o.'s —*, giungere, arrivare all'attenzione di qlcu.: *when the fact came to my —, it was too late*, quando il fatto giunse alla mia attenzione, era troppo tardi; *to bring to s.o.'s —*, portare all'attenzione di qlcu.: *when the fact was brought* (o *drawn*) *to my — I should have done something*, quando il fatto fu portato alla mia attenzione avrei dovuto fare qualcosa; *to pay, to give one's — to*, prestare attenzione a: *you must pay — to the teacher*, dovete prestare attenzione all'insegnante; *he gave his full — to the speaker*, prestò molta attenzione a colui che parlava; *to turn one's — to sthg.*, rivolgere l'attenzione a qlco. // *to be all —*, (*fam.*) essere tutt'orecchi // (*mil.*) *—!* attenzione!, attenti! // *to be at —, to stand at* (o *to*) *—*, essere, stare sull'attenti; *to come to —*, mettersi sull'attenti 2 *pl.* interessamento; cure; premure: *to be full of attentions for s.o.*, essere pieno di riguardi per qlcu. // *to pay one's attentions* (o *to pay —*) *to s.o.*, (*fam.*) fare la corte a qlcu.

attentive [ə'tentɪv / at·tent·ive] *agg.* 1 attento 2 assiduo; sollecito; riguardoso // **-ly** *avv.* // **-ness** *s.*

attenuant [ə'tenjʊənt / at·tenu·ant] *agg.* attenuante, diluente ♦ *s.* sostanza diluente.

attenuate [ə'tenjʊɪt / at·tenu·ate] *agg.* 1 (*form.*) assottigliato; lungo e sottile 2 attenuato; tenue.

to **attenuate** [ə'tenjʊeɪt] *v.tr.* 1 assottigliare; far dimagrire 2 attenuare 3 (*med.*) diluire; rendere meno virulento, patogeno: *an attenuated virus*, un virus attenuato ♦ *v.intr.* 1 assottigliarsi, dimagrire 2 attenuarsi.

attenuation [ə,tenjʊ'eɪʃn / at·tenu·ation] *s.* 1 assottigliamento 2 attenuazione (*anche fis.*).

to **attest** [ə'test / at·test] *v.tr.* (*dir.*) attestare, testimoniare, certificare; affermare (con giuramento); far giurare, far prestare giuramento; vidimare // *attested copy*, copia vidimata // *to — a signature*, legalizzare, autenticare una firma ♦ *v.intr.* 1 attestare, testimoniare: *the archeological discoveries — to a high level of civilization*, le scoperte archeologiche testimoniano un alto grado di civiltà 2 (*mil. amer.*) arruolarsi.

attestant [ə'testənt / at·test·ant] *agg.* attestante ♦ *s.* (*dir.*) teste, testimonio.

attestation [,æte'steɪʃn / at·testa·tion] *s.* (*dir.*) 1 attestazione, testimonianza; prova 2 legalizzazione (di una firma ecc.); vidimazione.

attested [ə'testɪd / at·tested] *agg.* scientificamente controllato: *— milk*, latte a norma di legge.

attestor [ə'testə* / at·testor] *s.* 1 (*dir.*) testimone 2 chi attesta.

Attic[1] ['ætɪk / At·tic] *agg.* attico, ateniese; (*antiq.*) greco: *— salt* (o *wit*), arguzia, spirito attico ♦ *s.* dialetto attico.

attic[2] *s.* 1 (*arch.*) attico 2 soffitta, sottotetto.

atticism ['ætɪsɪzəm / at·ti·cism] *s.* atticismo.

to **atticize** ['ætɪsaɪz / at·ti·cize] *v.intr.* atticizzare.

attire [ə'taɪə* / at·tire] *s.* 1 [U] (*form.*) abbigliamento; vestiti, abiti (*pl.*); ornamenti (*pl.*): *I watched their rich attire*, (COLERIDGE) osservai il loro ricco abbigliamento 2 (*arald.*) palchi di corna (di cervo).

to **attire** *v.tr.* abbigliare; ornare; adornare.

attitude ['ætɪtju:d *amer.* 'ætɪtu:d / at·ti·tude] *s.* 1 posa; atteggiamento: *— of mind*, modo di pensare; *to strike an —*, assumere una posa; *to have an —*, (*fam. amer.*) avere un modo di fare risentito e scostante 2 opinione; giudizio: *what's your — towards this play?*, qual è il tuo giudizio su questa commedia? 3 assetto, posizione: *— angle*, angolo di assetto (di un veicolo); (*aer.*) *— of flight*, assetto di volo.

attitudinal [,ætɪ'tju:dənəl / at·ti·tu·dinal] *agg.* attitudinale.

attitudinarian [,ætɪtju:dɪ'neərɪən *amer.* ,ætɪtu:dɪ'neərɪən / at·ti·tu·din·arian] *s.* (*non com.*) posatore.

to **attitudinize** [,ætɪ'tju:dɪnaɪz *amer.* ,ætɪ'tu:dɪnaɪz / at·ti·tu·din·ize] *v.intr.* atteggiarsi, posare; assumere un atteggiamento // **-er** *s.*

atto- ['ætəʊ] *pref.* (*metrol.*) 10^{-18}; it. atto-: *attosecond*, attosecondo.

to **attorn** [ə'tɜ:n / at·torn] *v.tr.* trasferire (la proprietà) ◆ *v.intr.* riconoscere l'autorità del nuovo padrone.

attorney[1] [ə'tɜ:nɪ / at·tor·ney] *s.* (*dir.*) procuratore: *plaintiff's* —, avvocato di parte civile; — *'s office*, procura (ufficio del procuratore) // — (*-at-law*), procuratore legale, avvocato (con facoltà di discutere cause presso le corti di grado inferiore; dal 1873, in Inghilterra, gli compete il titolo di *solicitor*) // *Attorney -General*, alto magistrato, consulente del governo inglese; (*negli Stati Uniti*) chi svolge di fatto le funzioni di ministro della giustizia e sovrintende ai procuratori distrettuali.

attorney[2] *s.* (*dir.*) procura: *letter* (o *power* o *warrant*) *of* —, procura.

attorneyship [ə'tɜ:nɪʃɪp / at·tor·ney·ship] *s.* (*dir.*) ufficio di procuratore.

to **attract** [ə'trækt / at·tract] *v.tr.* attrarre, attirare (*anche fig.*): *magnet attracts iron*, la calamita attira il ferro; *the plan does not — him*, il progetto non lo attira.

attractable [ə'træktəbl / at·tract·able] *agg.* che può essere attratto.

attraction [ə'trækʃn / at·trac·tion] *s.* **1** (*astr.*, *fis.*) attrazione **2** (*fig.*) attrattiva; fascino.

attractive [ə'træktɪv / at·tract·ive] *agg.* **1** (*fis.*) attrattivo: — *force*, forza di attrazione **2** attraente // **-ly** *avv.*

attractiveness [ə'træktɪvnɪs / at·tract·ive·ness] *s.* **1** bellezza **2** attrazione **3** attrattiva.

attributable [ə'trɪbjʊtəbl / at·trib·ut·able] *agg.* attribuibile, addossabile.

attribute ['ætrɪbju:t / at·tri·bute] *s.* **1** attributo **2** (*stat.*) carattere qualitativo.

to **attribute** [ə'trɪbju:t / at·trib·ute] *v.tr.* attribuire; ascrivere.

attribution ['ætrɪ'bju:ʃn / at·tri·bu·tion] *s.* attribuzione.

attributive [ə'trɪbjʊtɪv / at·trib·ut·ive] *agg.* attributivo (*anche gramm.*) ◆ *s.* (*gramm.*) attributo // **-ly** *avv.*

attrited [ə'traɪtɪd / at·tri·ted] *agg.* (*non com.*) logoro (per sfregamento, attrito).

attrition [ə'trɪʃn / at·tri·tion] *s.* **1** attrito; logorio **2** logoramento: *war of* —, guerra di logoramento **3** (*teol.*) attrizione.

to **attune** [ə'tju:n *amer.* ə'tu:n / at·tune] *v.tr.* accordare, intonare, armonizzare.

attuned [ə'tju:nd *amer.* ə'tu:nd / at·tuned] *agg.* sintonizzato, in sintonia: *tastes — to mine*, gusti all'unisono coi miei; *their minds were* —, le loro menti erano in sintonia.

atypical [,eɪ'tɪpɪkl / atyp·ical] *agg.* atipico.

aubade [əʊ'bɑ:d / au·bade] *s.* lirica, canzone, musica cantata al mattino o che ad esso si ispiri.

aubergine ['əʊbəʒi:n / au·ber·gine] *s.* (*bot.*) (*Solanum melongena*) melanzana AMER. eggplant.

aubretia [ɔ:'bri:ʃə / au·bre·tia] *s.* (*bot.*) (*Aubretia deltoides*) aubrezia.

auburn ['ɔ:bən / au·burn] *agg.* e *s.* castano chiaro con riflessi ramati.

auction ['ɔ:kʃn / auc·tion] *s.* asta: — *sale*, vendita all'asta, all'incanto; *to sell by* (o, *amer.*, *at*) —, vendere all'asta; *to be up for* —, andare all'asta; *to put up for* —, mettere all'asta // — *room*, sala d'aste // *Dutch auction*, asta olandese.

to **auction** *v.tr.* **1** mettere, mandare, vendere all'asta, all'incanto: *the Picasso was auctioned last month*, il Picasso è andato all'asta il mese scorso **2** (*amer.*) appaltare (un lavoro).

□ **auction off** *v.tr.* e *avv.* svendere: *he was forced to — off his furniture*, fu costretto a svendere i mobili.

auctioneer [,ɔ:kʃə'nɪə* / auc·tion·eer] *s.* banditore.

to **auctioneer** *v.tr.* (*non com.*) vendere all'asta.

audacious [ɔ:'deɪʃəs / au·da·cious] *agg.* **1** audace, intrepido **2** insolente, sfacciato // **-ly** *avv.*

audaciousness [ɔ:'deɪʃəsnɪs / au·da·cious·ness] **audacity** [ɔ:'dæsətɪ / au·da·city] *s.* **1** audacia **2** insolenza.

audibility [,ɔ:dɪ'bɪlətɪ / aud·ib·il·ity] *s.* udibilità.

audible ['ɔ:dəbl / aud·ible] *agg.* udibile, percepibile: *a barely — whisper*, un sussurro appena percepibile // (*fis.*) — *range*, intervallo di udibilità // **-ness** *s.*

audibly ['ɔ:dəblɪ / aud·ibly] *avv.* in modo udibile, distintamente.

audience ['ɔ:djəns / au·di·ence] *s.* **1** uditorio, pubblico: *his TV show has a wide* —, il suo spettacolo televisivo ha un vasto pubblico // — *participation*, partecipazione, coinvolgimento del pubblico // — *rating*, indice di ascolto **2** (*form.*) udienza: — *chamber*, sala d'udienza; *a private* —, un'udienza privata; *to have an — with s.o.*, avere udienza da qlcu.; *to give, to grant an — to s.o.*, dare, concedere un'udienza a qlcu. **3** (*econ.*) audience; (il grande) pubblico (raggiunto attraverso i mass media).

audio ['ɔ:djəʊ / au·dio] *agg.* e *s.* audio.

audio-engineer ['ɔ:djəʊendʒɪ,nɪə*] *s.* tecnico del suono.

audio frequency ['ɔ:djəʊ'fri:kwənsɪ] *s.* (*fis.*) frequenza audio, audiofrequenza.

audiogram ['ɔ:djəʊ,græm / au·dio·gram] *s.* (*fis.*) audiogramma.

audiograph ['ɔ:djəʊ,grɑ:f, 'ɔ:djəʊ,græf / au·dio·graph] *s.* audiografo.

audio-lingual ['ɔ:djəʊ'lɪŋwəl] *agg.* audiolinguistico.

audiology [,ɔ:'djɒlədʒɪ / au·di·ol·ogy] *s.* (*med.*) audiologia.

audiometer [,ɔ:dj'ɒmɪtə* / au·di·ometer] *s.* (*metrol.*) audiometro.

audiotypist ['ɔ:djəʊ,taɪpɪst / au·dio·typist] *s.* chi batte a macchina un testo registrato.

audio-visual ['ɔ:djəʊ'vɪʒwəl] *agg.* audiovisivo: — *aids*, materiale didattico audiovisivo, sussidi audiovisivi.

audiphone ['ɔ:dɪfəʊn / au·di·phone] *s.* (*med.*) audifono.

audit ['ɔ:dɪt] *s.* (*amm.*) verifica, revisione contabile; controllo del bilancio: *full-scope* —, certificazione del bilancio.

to **audit** *v.tr.* **1** (*amm.*) verificare, rivedere (conti) **2** (*amer.*) seguire un corso (scolastico) come uditore.

auditability [,ɔ:dɪtə'bɪlɪtɪ / aud·it·ab·il·ity] *s.* (*amm.*) verificabilità (di un sistema informatico).

auditing ['ɔ:dɪtɪŋ / au·dit·ing] *s.* (*amm.*) certificazione di bilancio.

audition [ɔ:'dɪʃn / au·di·tion] *s.* **1** audizione **2** (*med.*) udito, facoltà di udire.

auditive ['ɔ:dɪtɪv / aud·it·ive] *agg.* (*rar.*) uditivo: (*anat.*) — *canal*, canale uditivo.

auditor ['ɔ:dɪtə* / aud·itor] *s.* **1** (*amm.*) revisore contabile // (*comm.*): (*statutory*) —, sindaco (di una società); *standing, substitute* —, sindaco effettivo, supplente; — *'s report*, relazione dei sindaci **2** (*rar.*) uditore.

auditorial [,ɔ:dɪ'tɔ:rɪəl / aud·it·or·ial] *agg.* (*comm.*) relativo a una revisione di conti ufficiale.

auditorium [,ɔ:dɪ'tɔ:rɪəm / aud·it·or·ium] *pl.* **auditoriums**, **auditoria** [,ɔ:dɪ'tɔ:rɪə / aud·it·oria] *s.* **1** sala (di concerti, conferenze), auditorio **2** parlatorio (di un convento).

auditorship ['ɔ:dɪtəʃɪp / aud·it·or·ship] *s.* (*amm.*) carica di revisore (dei conti), di sindaco (di società).

auditory ['ɔ:dɪtərɪ *amer.* ,ɔ:dɪ'tɔ:rɪ / aud·it·ory] *agg.* uditivo; (*med.*) acustico; (*anat.*) — *nerve*, nervo acustico ◆ *s.* **1** uditorio, pubblico **2** auditorio.

au fait [,əʊ'feɪ, əʊ'fɛ] *agg.* ben informato: — *with the matter*, bene informato sull'argomento.

auger ['ɔ:gə*] *s.* **1** trivella; verrina **2** (*tecn. min.*) trivella elicoidale // — *boring*, perforazione a trivella.

auger-bit ['ɔ:gə,bɪt] *s.* punta a tortiglione.

aught[1] [ɔ:t] *s.* (*scoz.*) proprietà, possesso.

aught[2] *pron.* (*ant.*) qualsiasi cosa; alcuna cosa: *a stranger that I had never seen before, and who might be a bad man for aught I knew*, (CH. LAMB) uno straniero che non avevo mai visto prima e che avrebbe potuto essere un malvagio, per quanto ne sapevo ◆ *avv.* (*ant.*) assolutamente, in ogni modo.

augment ['ɔ:gmənt / aug·ment] *s.* (*ling.*) aumento.

to **augment** [ɔ:g'ment / aug·ment] *v.tr.* e *intr.* (*form.*) aumentare // **-er** *s.*

augmentable [ɔ:g'mentəbl / aug·ment·able] *agg.* (*form.*) aumentabile.

augmentation [,ɔ:gmen'teɪʃn / aug·men·ta·tion] *s.* **1** aumento, incremento; aggiunta **2** (*mus.*) aumentazione.

augmentative [ɔ:g'mentətɪv / aug·ment·at·ive] *agg.* e *s.* (*gramm.*) accrescitivo.

augur ['ɔ:gə* / au·gur] *s.* **1** (*st.*) augure **2** (*estens.*) profeta; indovino.

to **augur** *v.tr.* e *intr.* predire, pronosticare: *it augurs well, ill, no good*, promette bene, male, nulla di buono.

augural ['ɔ:gjʊrəl / au·gural] *agg.* (*non com.*) augurale.

augury ['ɔ:gjʊrɪ / au·gury] *s.* **1** (*letter.*) pronostico; presagio **2** divinazione, arte di prevedere il futuro.

august [ɔ:'gʌst / au·gust] *agg.* (*letter.*) augusto, maestoso // **-ly** *avv.*

August ['ɔ:gəst / Au·gust] *s.* agosto // — *Bank Holiday*, Ferragosto britannico (ultimo lunedì di agosto in Inghilterra e Galles; primo e ultimo lunedì di agosto in Scozia e Irlanda del Nord).

Augustan [ɔ:'gʌstən / Au·gustan] *agg.* **1** di Augusto, augusteo **2** (*letter. inglese*) dell'età di Dryden e soprattutto di Pope (1660-1744) **3** (*estens.*) classico, raffinato ◆ *s.* (*letter. inglese*) scrittore dell'età di Dryden e soprattutto di Pope (1660-1744).

Augustinian [,ɔ:gə'stɪnɪən / Au·gust·in·ian] *agg.* e *s.* agostiniano // — *canons*, Canonici regolari di S. Agostino; — *friars*, agostiniani eremiti.

Augustinianism [,ɔ:gə'stɪnɪə,nɪzəm / Au·gust·in·ian·ism] **Augustinism** [ɔ:'gʌstə,nɪzəm / Au·gust·in·ism] *s.* (*fil.*) agostinismo.

augustness [ɔ:'gʌstnɪs / au·gust·ness] *s.* maestosità; nobiltà.

auk [ɔ:k] *s.* (*zool.*) alca.

auklet ['ɔ:klət / auk·let] *s.* (*zool.*) (*Aethia cristatella*) alca crestata SIN. sea sparrow.

auld [ɔ:ld] *agg.* (*scoz.*) vecchio: — *lang syne*, i bei tempi passati // *the Auld kirk*, la Chiesa di Scozia // *Auld Reekie*, Edimburgo.

aulic ['ɔ:lɪk] *agg.* (*rar.*) aulico.

aunt [ɑ:nt *amer.* ænt] *s.* **1** zia // *Aunt Sally*, bersaglio (*spec. fig.*); oggetto di critiche e di insulti **2** (*ant.*) donna di facili costumi; comare, vecchia: *the thrush and the jay / are summer songs for me and my aunts*, (SH. The Winter's Tale) il tordo e la ghiandaia sono canti estivi per me e le mie amanti; *the wisest aunt, telling the saddest tale*, (SH. Midsummer) la comare più sapiente che racconta la più triste delle storie.

auntie, **aunty** [ɑ:ntɪ *amer.* æntɪ] *s.* zietta // *Auntie*, (*scherz.*) 'la Zietta', la BBC (Ente Radiofonico Britannico).

au pair [,əʊ'peə*] *agg.* (*fr.*) alla pari ◆ *s.* ragazza alla pari.

aura ['ɔ:rə] *pl.* **aurae** ['ɔ:ri:] **auras** *s.* **1** effluvio, emanazione **2** (*fig.*) atmosfera **3** (*med.*) aura.

aural ['ɔ:rəl] *agg.* auricolare: — *comprehension exercises*, esercizi di comprensione all'ascolto // (*dir.*) — *witness*, testimone auricolare // (*tv*) — *signal*, segnale audio.

aureate ['ɔ:rɪɪt / au·re·ate] *agg.* (*letter.*) aureo.

aurelia [ɔ:'ri:ljə, ɔ:'ri:lɪə / au·re·lia] *s.* (*zool.*) **1** crisalide (di farfalla) **2** medusa aurelia.

aureola [ɔ:'rɪəʊlə / au·re·ola] **aureole** ['ɔ:rɪəʊl] *s.* aureola.

aureomycin® [,ɔ:rɪəʊ'maɪsɪn / au·reo·my·cin] *s.* (*med.*) aureomicina®.

auric ['ɔ:rɪk] *agg.* **1** (*non com.*) d'oro **2** (*chim.*) aurico.

auricle ['ɔ:rɪkl / aur·icle] *s.* **1** (*anat.*) atrio (del cuore), auricola **2** (*anat.*) padiglione auricolare **3** (*zool.*) orecchio esterno **4** (*bot.*) organo auricolato.

auricula [ə'rɪkjʊlə / au·ri·cula] *pl.* **auriculas**, **auriculae** [ə'rɪkjʊli:] *s.* **1** (*anat.*) padiglione auricolare **2** (*bot.*) (*Primula auricula*) orecchio d'orso **3** (*zool.*) → abalone.

auricular [ɔ:'rɪkjʊlə* / au·ri·cu·lar] *agg.* auricolare.

auriculate [ɔ:'rɪkjʊlət / au·ri·cu·late] *agg.* (*biol.*) auricolato.

auriferous [ɔ:'rɪfərəs / au·ri·fer·ous] *agg.* (*geol.*) aurifero.

auriform ['ɔ:rɪfɔ:m / au·ri·form] *agg.* a forma di orecchio.

aurochs ['ɔ:rɒks / aur·ochs] *s.* **1** (*paleont.*) (*Bos primigenius*) uro **2** (*zool.*) (*Bison bonasus*) bisonte europeo.

aurora [ɔ:'rɔ:rə / au·rora] *pl.* **auroras**, **aurorae** [ɔ'rɔ:ri:] *s.* (*geofisica*) aurora: — *borealis*, *polaris*, *australis*, aurora boreale, polare, australe.

auroral [ɔ:'rɔ:rəl / au·roral] *agg.* aurorale.

aurous ['ɔ:rəs / aur·ous] *agg.* (*chim.*) auroso.

to **auscultate** ['ɔ:skəlteɪt / aus·cul·tate] *v.tr.* (*med.*) auscultare.

auscultation [,ɔ:skəl'teɪʃn / aus·cul·ta·tion] *s.* (*med.*) auscultazione.

auscultator ['ɔ:skəlteɪtə* / aus·cul·tator] *s.* (*med.*) chi ausculta.

to **auspicate** ['ɔ:spɪkeɪt / aus·pi·cate] *v.tr.* (*rar. ant.*) iniziare sotto buoni auspici.

auspice ['ɔ:spɪs / aus·pice] *s.* **1** auspicio **2** *pl.* patronato, protezione: *under the auspices of*, sotto gli auspici di.

auspicious [ɔ:'spɪʃəs / aus·pi·cious] *agg.* **1** auspicale, di buon augurio **2** propizio, fausto // **-ness** *s.*

auspiciously [ɔ:'spɪʃəslɪ / aus·pi·cious·ly] *avv.* sotto felici auspici.

Aussie ['ɒzɪ / Aus·sie] *agg.* e *s.* (*fam.*) australiano.

austenite ['ɔ:stə,naɪt / aus·ten·ite] *s.* (*metall.*) austenite.

austere [ɒ'stɪə* / aus·tere] *agg.* austero // **-ly** *avv.*

austereness [ɒ'stɪənɪs / aus·tere·ness] **austerity** [ɒ'sterɪtɪ / aus·ter·ity] *s.* austerità.

austral ['ɔ:strəl / aus·tral] *agg.* (*geogr.*) australe: — *hemisphere*, emisfero australe, meridionale.

Australasian [,ɒstrə'leɪʒjən / Aus·tra·la·sian] *agg.* e *s.* australasiano.

Australia [ɒ'streɪljə / Aus·tra·lia] *no.pr.* (*geogr.*) Australia // — *Day*, primo lunedì dopo il 26 gennaio (celebra lo sbarco degli inglesi in Australia nel 1788).

Australian [ɒ'streɪljən / Aus·tra·lian] *agg.* e *s.* australiano // (*football*) — *rules*, specie di rugby giocato da 18 elementi per squadra.

Australopithecus [,ɔ:strələʊ'pɪθəkəs / Aus·tra·lo·pith·ecus] *s.* (*paleont.*) australopiteco.

Austrian ['ɒstrɪən / Aus·trian] *agg.* e *s.* austriaco.

Austr(o)- [,ɒstrəʊ] *pref.*, it. austro-; indica **1** austriaco: *Austro-Hungarian*, austroungarico **2** australe: *Austroasiatic*, austroasiatico.

Austro-Hungarian [,ɒstrəʊhʌŋ'geərɪən] *agg.* (*st.*) austroungarico.

autarchic(al) [ɔ:'tɑ:kɪk(əl) / aut·archic(al)] *agg.* **1** (*econ.*) autarchico **2** (*rar.*) dispotico.

autarchy ['ɔ:tɑkɪ / aut·archy] *s.* **1** (*econ.*) autarchia **2** (*rar.*) dispotismo; autocrazia.

autarky e *deriv.* (*econ.*) → **autarchy** e *deriv.*

autecology [,ɔ:tə'kɒlədʒɪ / aut·eco·logy] *s.* (*ecol.*) autecologia.

authentic [ɔ:θentɪk / au·then·tic] meno com. **authentical** [ɔ:'θentɪkl / au·then·tic·al] *agg.* **1** autentico, vero **2** (*fam.*) sincero, onesto // **-ally** *avv.*

to **authenticate** [ɔ:'θentɪkeɪt / au·then·tic·ate] *v.tr.* **1** (*dir.*) autenticare, legalizzare **2** stabilire la validità di; verificare: *to — a claim*, verificare la validità di una pretesa.

authentication [ɔ:,θəntɪ'kəɪʃn / au·then·tica·tion] *s.* (*dir.*, *inform.*) **1** autenticazione **2** scoperta, verifica della autenticità (di un documento).

authenticity [,ɔ:θen'tɪsətɪ / au·then·ti·city] *s.* **1** autenticità, veridicità **2** (*fam.*) sincerità.

author ['ɔ:θə* / au·thor] *s.* **1** autore **2** artefice, promotore.

authoress ['ɔ:θərɪs / au·thor·ess] *s.* (*non com.*) **1** autrice **2** artefice, promotrice.

authorial [ɔ:'θɔ:rɪəl / au·thor·ial] *agg.* dell'autore, proprio dell'autore.

authoritarian [ɔ:,θɒrɪ'teərɪən / au·thor·it·ar·ian] *agg.* e *s.* assolutista.

authoritarianism [ɔ:,θɒrɪ'teərɪənɪzəm, ɔ:,θɒrə'teərɪənɪzəm, ɔ:,θɒrɪteərjənɪzəm / au·thor·it·ar·ian·ism] *s.* (*pol.*) autoritarismo.

authoritative [ɔ:'θɒrɪtətɪv / au·thor·it·at·ive] *agg.* **1** autorevole: *to know sthg. from an — source*, sapere qlco. da fonte autorevole // (*dir.*) — *decision*, sentenza fondata su una precedente decisione **2** autoritario // **-ly** *avv.*

authoritativeness [ə:'θɒrɪtətɪvnɪs / au·thor·it·at·ive·ness] *s.* **1** autorevolezza **2** tono autoritario, perentorio.

authority [ɔ:'θɒrɪtɪ / au·thor·ity] *s.* **1** autorità: *to have — over s.o.*, avere autorità su qlcu.; *to be in —*, comandare **2** influenza, ascendente **3** specialista, persona autorevole **4** fonte (di informazioni): *to quote one's authorities*, citare le fonti; *I have the information on good —*, ho questa informazione da fonti affidabili **5** autorizzazione: *he has my — to do it*, ha la mia autorizzazione a farlo **6** (*spec. pl.*) autorità: *public*, *local —*, amministrazione pubblica, locale // (*econ.*): *supervisory —*, autorità di vigilanza; *monetary authorities*, autorità monetarie.

authorizable ['ɔ:θəraɪzəbl / au·thor·iz·able] *agg.* autorizzabile.

authorization [,ɔ:θəraɪ'zeɪʃn *amer.* ,ɔ:θərɪ'zeɪʃn / au·thor·iza·tion] *s.* autorizzazione: *written —*, autorizzazione scritta // (*banca*) — *of credit*, concessione di credito.

to **authorize** ['ɔ:θəraɪz / au·thor·ize] *v.tr.* autorizzare: *the president authorized the attack*, il presidente autorizzò l'attacco; *to — s.o. to do sthg.*, autorizzare qlcu. a fare qlco. // *to — payment of an invoice*, dare ordine di pagamento di una fattura.

authorized ['ɔ:θəraɪzd / au·thor·ized] *agg.* autorizzato // *Authorized Version* (*of the Bible*), Versione autorizzata (traduzione ufficiale, anglicana della Bibbia, 1611) // (*econ.*) — *capital* (amer. — *capital stock*), capitale nominale (di società per azioni), capitale sociale.

authorless ['ɔ:θəlɪs / au·thor·less] *agg.* anonimo, senza autore.

authorship ['ɔ:θəʃɪp / au·thor·ship] *s.* **1** paternità (di un libro, di un fatto, di un'idea): *the — of the outrage is unknown*, la paternità dell'attentato è sconosciuta **2** professione di scrittore.

autism ['ɔ:tɪzm / aut·ism] *s.* (*psic.*) autismo.

autistic [ɔ:'tɪstɪk / aut·istic] *agg.* (*psic.*) autistico.

auto ['ɔ:təʊ] *s.* (*spec. amer.*) automobile: — *body shop*, (*amer.*) carrozziere; carrozzeria (officina).

auto- ['ɔ:təʊ, ˌɔ:təʊ, ˌɔ:tə] *pref.* di origine greca che significa 'di se stesso'; it. auto-: *autobiography*, autobiografia.

autoanalyzer [ˌɔ:təʊ'ænəlaɪzə* / auto·ana·lyzer] *s.* (*chim.*) autoanalizzatore.

autobiographer [ˌɔ:təʊbaɪ'ɒgrəfə* / auto·bio·grapher] *s.* autobiografo.

autobiographic(al) ['ɔ:təʊˌbaɪəʊ'græfɪk(l) / auto·bio·graphic, auto·bio·graph·ical] *agg.* autobiografico.

autobiography [ˌɔ:təʊbaɪ'ɒgrəfɪ / auto·bio·graphy] *s.* autobiografia.

autobus ['ɔ:təbʌs / auto·bus] *s.* (*amer.*) autobus.

autocade ['ɔ:təˌkeɪd / auto·cade] *s.* (*amer.*) → **motorcade**.

autocamp ['ɔ:təkæmp / auto·camp] *s.* (*amer.*) campeggio per automobilisti.

autocar ['ɔ:təʊkɑ:* / auto·car] *s.* automobile.

autocatalysis [ˌɔ:təʊkə'tæləsɪs / auto·cata·lysis] *s.* (*chim.*) autocatalisi.

autochory ['ɔ:təʊˌkəʊrɪ / auto·chory] *s.* (*ecol.*) autodisseminazione, autocoria.

autochthon [ɔ:'tɒkθən / au·toch·thon] *pl.* **autochthons**, **autochthones** [ɔ:'tɒk θəni:z] *s.* autoctono.

autochthonous [ɔ:'tɒkθənəs / au·toch·thon·ous] *agg.* autoctono.

autocinesis e *deriv.* → **autokinesis** e *deriv.*

autoclavable [ˌɔ:təʊ'kleɪvəbl / auto·clav·able] *agg.* (*chim.*) trattabile in autoclave.

autoclave ['ɔ:təʊˌkleɪv / auto·clave] *s.* autoclave.

to **autoclave** *v.tr.* trattare in autoclave; sottoporre all'azione di un'autoclave.

autocorrelation [ˌɔ:təʊˌkɒrə'leɪʃn / auto·cor·rela·tion] *s.* (*stat.*, *tel.*) autocorrelazione.

autocracy [ɔ:'tɒkrəsɪ / auto·cracy] *s.* (*pol.*) autocrazia.

autocrat ['ɔ:təʊkræt / auto·crat] *s.* autocrate.

autocratic(al) [ˌɔ:təʊ'krætɪk(l) / auto·cratic·(al)] *agg.* autocratico // **-ally** *avv.*

autocue ['ɔ:təʊˌkju: / auto·cue] *s.* (*cinem.*) gobbo.

autodidact ['ɔ:təʊdɪdækt / auto·di·dact] *s.* autodidatta.

autodyne ['ɔ:təʊˌdaɪn / auto·dyne] *s.* (*elettr.*) autodina.

autoecology [ˌɔ:təʊi:'kɒlədʒɪ / auto·eco·logy] *s.* → **autecology**.

autoeroticism [ˌɔ:təʊɪ'rɒtɪsɪzəm / auto·eroti·cism] **autoerotism** [ˌɔ:təʊ'erətɪzəm / auto·erotism] *s.* autoerotismo.

autofinancing [ˌɔ:təʊ'faɪnænsɪŋ / auto·fin·an·cing] *s.* (*econ.*) autofinanziamento.

autoflare ['ɔ:təʊˌfleə* / auto·flare] *s.* (*elettr.*) autoeccitazione.

autofrettage ['ɔ:təʊˌfretɪdʒ / auto·fret·tage] *s.* (*mecc.*) autoforzamento; autocerchiatura.

autogamy [ɔ:'tɒgəmɪ / auto·gamy] *s.* (*biol.*) autogamia, fecondazione diretta.

autogenous [ɔ:'tɒdʒənəs / auto·gen·ous] *agg.* **1** (*biol.*) autogeno; (*med.*) — *vaccine*, autovaccino **2** (*metall.*) autogeno: — *welding*, saldatura autogena.

autogestion ['ɔ:təʊˌdʒestʃən / auto·gestion] *s.* (*econ.*) autogestione.

autogiro [ˌɔ:təʊ'dʒaɪərəʊ / auto·giro] *s.* (*aer.*) autogiro.

autograft ['ɔ:təʊˌgrɑ:ft / auto·graft] *s.* (*med.*) autotrapianto; autoinnesto.

autograph ['ɔ:təgrɑ:f *amer.* 'ɔ:təgræf / auto·graph] *s.* **1** autografo; scritto autografo **2** (*non com.*) firma **3** (*tip.*) riproduzione autografica ◆ *agg.* autografo: — *manuscript*, manoscritto autografo.

to **autograph** *v.tr.* **1** porre l'autografo su, firmare **2** (*non com.*) scrivere di proprio pugno **3** (*tip.*) autografare.

autographic(al) [ˌɔ:təʊ'græfɪk(l) / auto·graphic·(al)] *agg.* autografico (*anche tip.*).

autography [ɔ:'tɒgrəfɪ / auto·graphy] *s.* (*non com.*) autografia (*anche tip.*).

autogravure [ɔ:təʊgrə'vjʊə* / auto·gravure] *s.* autofotoincisione.

autogyro → **autogiro**.

auto-ignition [ˌɔ:təʊɪg'nɪʃn] *s.* autoaccensione.

auto-immune [ˌɔ:təʊɪ'mju:n] *agg.* (*med.*) autoimmune, autoimmunitario: — *diseases*, malattie autoimmunitarie.

auto-immunity [ˌɔ:təʊɪ'mju:nətɪ] *s.* (*med.*) autoimmunità.

auto-immunization [ˌɔ:təʊˌɪmju:naɪ'zeɪʃn] *s.* (*med.*) autoimmunizzazione.

auto-intoxication [ˌɔ:təʊɪnˌtɒksɪ'keɪʃn] *s.* (*med.*) autointossicazione; tossicosi endogena.

autoist ['ɔ:təʊɪst / auto·ist] *s.* (*fam. amer.*) automobilista.

autokinesis [ˌɔ:təʊkaɪ'ni:sɪs / auto·kin·esis] *s.* (*med.*) autocinesi.

autokinetic [ˌɔ:təʊkaɪ'netɪk / auto·kin·etic] *agg.* (*med.*) autocinetico.

auto lift ['ɔ:təʊˌlɪft] *s.* (*amer.*) ponte (sollevatore).

autolysis [ɔ:'tɔ:lɪsɪs / auto·lysis] *s.* (*chim.*, *biol.*) autolisi.

automaker ['ɔ:təʊˌmeɪkə* / auto·maker] *s.* (*amer.*) fabbrica di automobili; casa automobilistica.

automat [ɔ:təʊmæt / auto·mat] *s.* (*spec. amer.*) macchinetta per la distribuzione automatica dei cibi; anche, locale dotato di tali macchinette.

automatic [ˌɔ:tə'mætɪk / auto·matic] *agg.* automatico: — *control*, comando automatico; — *machine*, distributore automatico; — *writing*, scrittura automatica // (*inform.*): — *store*, memoria insita; — *abstracting*, analisi automatica dei documenti // (*tel.*) — *send -receive set*, emettitore-ricevitore, telescrivente ◆ *s.* **1** pistola automatica **2** automobile dotata di cambio automatico **3** lavatrice automatica // **-ally** *avv.*

automatic pilot ['ɔ:təˌmætɪk'paɪlət] *s.* (*aer.*) pilota automatico; autopilota // *to be on* —, (*fig.*) comportarsi meccanicamente.

automation [ˌɔ:tə'meɪʃn / auto·ma·tion] *s.* automazione.

automatism [ɔ:'tɒmətɪzəm / auto·mat·ism] *s.* automatismo.

automaton [ɔ:'tɒmətən *amer.* ɔ:'tɒmətɒn / au·to·maton] *pl.* **automatons** [au·to·mat·ons] **automata** [ɔ:'tɒmətə / au·to·mata] *s.* automa (*anche fig.*).

automobile ['ɔ:təməʊbi:l *amer.* ˌɔ:təmə'bi:l / auto·mo·bile] *s.* (*amer.*) automobile.

to **automobile** *v.intr.* (*amer.*) andare in automobile.

automobilist [ˌɔ:təmə'bi:lɪst / auto·mo·bil·ist] *s.* automobilista.

automorphism [ˌɔ:təʊ'mɔ:fɪzəm / auto·morph·ism] *s.* (*mat.*) automorfismo.

automotive [ˌɔ:tə'məʊtɪv / auto·mot·ive] *agg.* (*amer.*) **1** autopropulso **2** motoristico; automobilistico: *the — industry*, l'industria automobilistica.

autonomic [ˌɔ:təʊ'nɒmɪk / auto·nomic]
autonomous [ɔ:'tɒnəməs / auto·nom·ous] *agg.* autonomo.

autonomy [ɔ:'tɒnəmɪ / auto·nomy] *s.* autonomia.

autonym ['ɔ:tənɪm / auto·nym] *s.* **1** scritto pubblicato con il nome dell'autore **2** il nome dell'autore ◆ *agg.* pubblicato col nome dell'autore, d'autore.

autophobia [ˌɔ:tə'fəʊbɪə / auto·phobia] *s.* (*psic.*) paura di stare solo; autofobia.

autoplasty ['ɔ:təˌplæstɪ / auto·plasty] *s.* (*med.*) autoplastica.

autopsy ['ɔ:təpsɪ / aut·opsy] *s.* autopsia (*anche fig.*): *to conduct an* —, fare una autopsia; *they held an — on the day's events*, fecero un esame minuzioso degli eventi del giorno.

autoregulation [ˌɔ:təʊˌregjʊ'leɪʃn / auto·re·gu·la·tion] *s.* autoregolazione.

autorepeat [ˌɔ:təʊˌrɪ'pi:t / auto·re·peat] *s.* (*inform.*) ripetizione automatica.

autorotation [ˌɔ:təʊrəʊ'teɪʃn / auto·ro·ta·tion] *s.* (*aer.*) autorotazione.

autosave ['ɔ:təʊˌseɪv / auto·save] *s.* (*inform.*) salvataggio automatico.

autosizing [ˌɔ:təʊ'saɪzɪŋ / auto·siz·ing] *s.* (*inform.*) dimensionamento automatico.

autosuggestion [ˌɔ:təʊsə'dʒestʃən / auto·sug·ges·tion] *s.* autosuggestione.

autotimer ['ɔ:təʊˌtaɪmə* / auto·timer] *s.* timer.

autotrace ['ɔ:təʊˌtreɪs / auto·trace] *s.* (*inform.*) traccia automatica.

autotrophic [ˌɔ:təʊ'trɒfɪk / auto·trophic] *agg.* (*biol.*) autotrofo.

autotrophism [ˌɔ:təʊ'trɒfɪzəm / auto·troph·ism] *s.* (*biol.*) autotrofismo.

autotype ['ɔ:təʊtaɪp / auto·type] *s.* **1** (*fot.*) autotipo; foto al carbone **2** (*tip.*) facsimile; autotipia.

autotypography [ˌɔ:təʊtɪ'pɒgrəfɪ / auto·ty·po·graphy] *s.* (*tip.*) autotipia.

autovac ['ɔ:təvæk / auto·vac] *s.* (*aut.*) pompa di alimentazione a depressione.

autovaccine ['ɔ:təʊˌvæksi:n / auto·vac·cine] *s.* (*med.*) autovaccino.

autoxidation [ˌɔ:tɒksɪ'deɪʃn / autox·ida·tion] *s.* (*chim.*) autossidazione.

autrefois acquit [ɔ:trəfwɑ:ækwɪt] *s.* (*dir.*) persona prosciolta in precedenza per lo stesso reato.

autumn ['ɔ:təm / au·tumn] *s.* autunno.

autumnal [ɔ:'tʌmnəl / au·tum·nal] *agg.* autunnale.

autunite ['ɔ:tə,naɪt / autun·ite] *s.* (*min.*) autunite.

auxiliary [ɔ:g'zɪljərɪ / aux·ili·ary] *agg.* **1** ausiliare (*anche gramm.*) // (*econ.*) — *capital*, beni strumentali // (*amm.*) — *book*, partitario **2** (*inform.*) ausiliario: — *hopper*, serbatoio di carico; — *operation*, operazione ausiliaria, di servizio; — *stacker*, contenitore ausiliario di ricezione **3** (*med.*) adiuvante ◆ *s.* **1** ausiliare (*anche gramm.*): *nursing* —, aiuto infermiere, infermiera **2** *pl.* milizie ausiliarie **3** (*amer.*) organizzazione assistenziale.

auxin ['ɔ:ksən] *s.* (*biochim.*) auxina.

auxochrome ['ɔ:ksə,krəʊm / auxo·chrome] *s.* (*chim.*) auxocromo.

avail [ə'veɪl] *s.* **1** (*spec. in frasi negative*) profitto, utilità, vantaggio: *to be of no* —, non servir a nulla, essere inutile; *his protest was of no* —, la sua protesta era inutile **2** (*comm. amer.*) ricavo netto, entrata.

to **avail** *v.tr.* (*form.*) servire (a), giovare (a), essere utile (a), aiutare, favorire; *to — oneself of*, approfittare di, servirsi di, utilizzare: *I — myself of the opportunity*, approfitto dell'occasione.

availability [ə,veɪlə'bɪlətɪ / avail·ab·il·ity] *s.* disponibilità: *there's a large — of seats*, c'è un'ampia disponibilità di posti.

available [ə'veɪləbl / avail·able] *agg.* **1** disponibile, a disposizione; accessibile; utilizzabile: *his new record is — in the shops now*, il suo nuovo disco è disponibile ora nei negozi; *the funds will be — for six months*, i fondi saranno disponibili, utilizzabili per sei mesi; (*banca*) — *cash*, disponibilità di cassa **2** libero, disponibile: *I'm — for 15 minutes before the meeting*, sono libero per 15 minuti prima della riunione; *the prime minister was not — for comments*, il primo ministro non era disponibile per fornire commenti; *is this seat —?*, è libero questo posto?; *she's not married, she's* —, (*fam.*) non è sposata, è libera.

availableness [ə'veiləblnɪs / avail·able·ness] → **availability**.

avalanche ['ævəlɑ:nʃ *amer.* 'ævəlæntʃ / ava·lanche] *s.* **1** (*geogr.*) valanga; (*non com.*) frana **2** (*fis. nucleare*) valanga, cascata: — *effect*, effetto a valanga, a cascata.

avant-g(u)arde [,ævɑ:ŋ'gɑ:d] *s.* (*fr.*) avanguardia.

avant-g(u)ardism [,ævɑ:ŋ'gɑ:dɪzm] *s.* avanguardismo, movimento d'avanguardia.

avant-g(u)ardist(e) [,ævɑ:ŋ'gɑ:dɪst] *s.* avanguardista, esponente di una corrente di avanguardia.

avarice ['ævərɪs / av·ar·ice] *s.* **1** avarizia **2** cupidigia, brama di ricchezza.

avaricious [,ævə'rɪʃəs / av·ari·cious] *agg.* **1** avaro **2** cupido, avido // **-ly** *avv.*

avast [ə'vɑ:st *amer.* ə'væst] *inter.* (*mar.*) ferma!; basta!; stop!

avatar [,ævə'tɑ:* / av·atar] *s.* **1** (*mit. indiana*) incarnazione **2** (*inform.*) avatar.

avaunt [ə'vɔ:nt] *inter.* (*ant.*) via!, indietro!, vattene!

ave ['ɑ:vɪ] *s.* avemaria.

ave *inter.* (*rar.*) salute, salve.

Ave. *s.* abbr. di *avenue*: *Churchill Ave.*, avenue Churchill.

ave-bell ['ɑ:vɪbel] *s.* campana dell'angelus.

to **avenge** [ə'vendʒ] *v.tr.* vendicare: *to — oneself* (*on*), vendicarsi (su); *to — a wrong*, vendicare un torto.

avengement [ə'vendʒmənt / avenge·ment] *s.* (*ant.*) vendetta.

avenger [ə'vendʒə* / aven·ger] *s.* vendicatore.

avenging [ə'vendʒɪŋ / aven·ging] *agg.* vendicatore.

avens-root ['ævənz,ru:t] *s.* (*bot.*) (*Geum urbanum*) cariofillata, erba benedetta SIN. bennet.

aventurine [ə'ventjʊrɪn / aven·tur·ine] *s.* (*min.*) avventurina.

avenue ['ævənju: *amer.* 'ævənu: / av·enue] *s.* viale; (*amer.*) strada (molto larga) (*anche fig.*): *an — to success*, un'ampia strada verso il successo // *to explore every* —, considerare ogni possibilità.

to **aver** [ə'vɜ:*] *pass.p.p.* **averred** [ə'vɜ:d] *v.tr.* **1** affermare, dichiarare **2** (*dir.*, *antiq.*) provare; giustificare.

average ['ævərɪdʒ / av·er·age] *agg.* medio, comune, ordinario: *the — Italian*, l'italiano medio; — *cost*, costo medio ◆ *s.* **1** media: *on* (*an*) —, in media: *he works on* (*an*) — *43 hours a week*, lavora mediamente 43 ore alla settimana; *below*, *above* —, sotto, sopra la media; *by the law of —, you will have a car accident*, stando alle statistiche, hai buone probabilità di avere un incidente stradale; (*stat.*) *to affect the* —, influire sulla media **2** (*comm. mar.*) avaria: *general*, *particular* —, avaria generale, particolare // — *adjuster*, liquidatore d'avaria; — *bond*, obbligazione d'avaria.

to **average** *v.tr.* **1** fare, prendere, raggiungere la media di; avere in media **2** lavorare, produrre una media di: *he averages a book a year*, produce in media un libro all'anno.

□ **average out** *v.tr.* e *intr.* e *avv.* fare una media: *if we — it out it comes to 50 pounds a month*, facendo una media saranno 50 sterline al mese.

averaging ['ævərɪdʒɪŋ / av·er·aging] *s.* (*Borsa*) copertura.

averment [ə'vɜ:mənt / aver·ment] *s.* **1** (*rar.*) affermazione; asserzione **2** (*dir. antiq.*) testimonianza, prova.

to **averruncate** [,ævə'rʌŋkeɪt / aver·run·cate] *v.tr.* (*ant.*) sradicare.

averse [ə'vɜ:s] *agg.* **1** avverso, contrario; riluttante: *to be — to* (o *from*) *sthg.*, essere avverso a qlco. **2** (*ant.*) opposto; nella direzione contraria; sul lato opposto: *on the coast averse*, (MILTON) sulla costa opposta // **-ly** *avv.*

averseness [ə'vɜ:snɪs / averse·ness]

aversion [ə'vɜ:ʃən / aver·sion] *s.* avversione, antipatia.

to **avert** [ə'vɜ:t] *v.tr.* sviare; allontanare; distogliere: *to — a disaster*, sviare un disastro; *to — one's gaze*, distogliere lo sguardo // — *oneself*, sviarsi; allontanarsi; distogliersi.

avertable [ə'vɜ:təbl / avert·able] **avertible** *agg.* allontanabile; sviabile.

avgas ['æv'gæs] *s.* (*amer.*) benzina avio (per aerei).

avian ['eɪvɪən] *agg.* aviario; di uccelli (spec. polli); avicolo.

aviary ['eɪvjərɪ *amer.* 'eɪvɪerɪ / avi·ary] *s.* uccelliera, voliera.

to **aviate** ['eɪvɪeɪt / avi·ate] *v.intr.* (*non com.*) volare in aereo.

aviation [,eɪvɪ'eɪʃn / avi·ation] *s.* aviazione.

aviator ['eɪvɪeɪtə* / avi·ator] *s.* aviatore.

aviculture ['eɪvɪkʌltʃə* / avi·cul·ture] *s.* avicoltura.

aviculturist [,eɪvɪ'kʌltʃərɪst / avi·cul·tur·ist] *s.* avicoltore.

avid ['ævɪd] *agg.* avido; bramoso: — *viewers can now watch* TV *24 hours a day*, gli assetati di televisione possono ora guardarla 24 ore al giorno.

avidity [ə'vɪdətɪ / avid·ity] *s.* avidità.

avifauna ['eɪvɪ,fɔ:nə / avi·fauna] *s.* avifauna.

avionics [,eɪvɪ'ɒnɪks / avi·on·ics] *s.* ⓤ (*aer.*) avioelettronica; avionica.

to **avise** [ə'vaɪz] *v. tr.* (*ant.*) informare: *are you avised?*, (SH. The Merry Wives of Windsor) siete voi informati?

aviso [ə'vaɪzəʊ] *s.* (*mar.*) avviso.

avitaminosis [,eɪvaɪtəmɪ'nəʊsɪs / avit·amin·osis] *pl.* **avitaminoses** [,eɪvaɪtəmɪ'nəʊsi:z] *s.* (*med.*) avitaminosi.

avocado [,ævəʊ'kɑ:dəʊ / avo·cado] *s.* (*bot.*) avocado; — (*tree*), (*Persea gratissima*) (albero di) avocado; — (*pear*), (frutto dell') avocado.

to **avocate** ['ævəʊkeɪt / avo·cate] *v.tr.* (*dir.*) avocare.

avocation [,ævəʊ'keɪʃn / avoca·tion] *s.* **1** (*non com.*) passatempo, svago; occupazioni secondarie: *armies gave little disturbance to the peaceful avocations*, (G. TREVELYAN) gli eserciti disturbarono poco le tranquille occupazioni secondarie **2** (*dir.*) avocazione.

avocet ['ævəʊset / avo·cet] *s.* (*zool.*) (*Recurvirostra avosetta*) avocetta; (*pop.*) monachina SIN. scooper.

to **avoid** [ə'vɔɪd] *v.tr.* **1** (I) evitare; scansare, schivare: *to — doing sthg.*, evitare di fare qlco.; *to — s.o., sthg. like the plague*, evitare qlcu., qlco. come il fumo negli occhi, come la peste **2** (*dir.*) annullare, invalidare.

avoidable [ə'vɔɪdəbl / avoid·able] *agg.* **1** evitabile **2** (*dir.*) annullabile.

avoidance [ə'vɔɪdəns / avoid·ance] *s.* **1** fuga, scampo, l'evitare, lo scampare: *the — of future difficulties*, l'evitare future difficoltà // (*trib.*) *tax* —, elusione fiscale **2** (*dir.*) rescissione; annullamento: — *clause*, clausola risolutiva.

avoirdupois [,ævədə'pɔɪz / avoir·du·pois] *s.* — (*weight*), 'avoirdupois' (sistema di pesi usato in Gran Bretagna e negli Stati Uniti per ogni tipo di merce eccetto pietre e metalli preziosi, medicinali): — *dram*, dramma avoirdupois (= gr. 1,772); — *ounce*, oncia avoirdupois (= gr. 28,349); — *pound*, libbra avoirdupois (= gr. 453,592).

to **avouch** [ə'vaʊtʃ] *v.tr.* e *intr.* (*antiq.*) affermare, dichiarare; garantire.

avouchable [ə'vaʊtʃəbl / avouch·able] *agg.* (*antiq.*) affermabile; garantibile.

avouchment [ə'vaʊtʃmənt / avouch·ment] *s.* (*antiq.*) dichiarazione; affermazione; garanzia.

to **avow** [ə'vaʊ] *v.tr.* (*form.*) ammettere, confessare; dichiarare apertamente; affermare: *he avowed that he was the author*, ammise di essere l'autore; *she avowed the opposite*, dichiarò il contrario.

avowable [ə'vaʊəbl / avow·able] *agg.* (*form.*) ammissibile; confessabile; affermabile.

avowal [ə'vaʊəl] *s.* (*form.*) ammissione; confessione; dichiarazione; affermazione.

avowed [ə'vaʊd] *agg.* confessato; manifesto; aperto: *an — enemy*, un nemico dichiarato; *with the — aim*, con lo scopo manifesto // **-ly** *avv.*

avulsion [ə'vʌlʃn / avul·sion] *s.* **1** (*rar.*) separazione forzata **2** (*med.*) avulsione.

avuncular [ə'vʌŋkjʊlə* / avun·cu·lar] *agg.* di zio // **-ly** *avv.*

to **await** [ə'weɪt] *v.tr.* attendere, aspettare: *awaiting your orders, delivery, kind reply*, in attesa dei vostri ordini, della consegna, della vostra cortese risposta; *we — your reply*, attendiamo la vostra risposta.

awake [ə'weɪk] *agg.pred.* **1** sveglio, desto: *wide —*, ben sveglio; *she went to bed early but lay — the whole night*, si coricò presto ma rimase sveglia tutta la notte **2** sensibile, conscio: *to be — to a danger*, essere conscio di un pericolo.

to **awake** *pass.* **awoke** [ə'wəʊk] **awaked** [ə'weɪkt] *p.p.* **awoken** [ə'wəʊkən] *v.tr.* **1** svegliare, destare (*anche fig.*) **2** rendere consapevole, conscio ◆ *v.intr.* **1** (*letter.*) svegliarsi **2** essere conscio, rendersi conto: *he awoke to the danger he was in*, si rese conto del pericolo in cui si trovava.

to **awaken** [ə'weɪkən] *v.tr.* (*letter.*) **1** risvegliare (*anche fig.*) **2** far aprire gli occhi a, rendere consapevole: *I awakened him to a sense of his danger*, gli aprii gli occhi sul pericolo che correva ◆ *v.intr.* svegliarsi; risvegliarsi; aprire gli occhi.

awakening [ə'weɪkənɪŋ / awaken·ing] *s.* risveglio (*anche fig.*): *a rude —*, un amaro risveglio.

award [ə'wɔːd] *s.* **1** (*dir.*) sentenza, giudizio arbitrale; arbitrato **2** ricompensa; riconoscimento: *— for valour*, ricompensa al valore **3** premio; borsa di studio.

to **award** *v.tr.* **1** aggiudicare; accordare; assegnare; *to — damages*, liquidare il danno **2** giudicare, decretare (*anche dir.*).

awarder [ə'wɔːdə* / award·er] *s.* arbitro.

aware [ə'weə*] *agg.pred.* **1** conscio, consapevole: *to be — of sthg.*, conoscere, accorgersi di qlco. **2** informato, preparato: *she is very politically —*, è una persona molto preparata politicamente; *to make s.o. — that*, informare qlcu. che // **-ness** *s.*

awash [ə'wɒʃ] *agg. pred.* **1** a galla; a fior d'acqua; in affioramento: *the submarine proceeded —*, il sommergibile navigava in affioramento (o a fior d'acqua) **2** inondato (*anche fig.*): *the street was —*, la strada era inondata // *the company was now — with dollars*, l'azienda affogava nei dollari.

away [ə'weɪ] *avv.* **1** via: *to go —*, andare via, andarsene; *to run —*, scappar via; *take them —!*, portali via! // Con uso esclamativo ed ellittico: *—!*, via!, andiamo!; *— with him!*, portatelo via!; *one, two, three and —!*, uno, due, tre, via!; *we must — at once*, (*letter.*) dobbiamo andarcene subito **2** lontano [cfr. *far*]: *his house is four miles —*, la sua casa è a quattro miglia di distanza; *to live far —*, abitare molto lontano; *it's a long way —*, è molto distante; *to stay —*, assentarsi, rimanere assente; *he is — today*, è via, assente oggi // *— from*, lontano da: *keep — from the river!*, tieniti, tenetevi lontano dal fiume!; *the hotel was ten minutes — from the beach*, l'albergo era a dieci minuti dalla spiaggia **3** da parte [cfr. *aside*]: *to put sthg. —*, mettere qlco. via, da parte **4** continuamente, di seguito [cfr. *continuously*]: *after three hours, he was still working —, on the computer program*, dopo tre ore, stava ancora lavorando sul programma del computer; *the old woman went on knitting — without looking up*, la vecchia continuava a sferruzzare senza alzare gli occhi **5** (*per indicare graduale diminuzione o perdita*) via via: *to boil —*, continuare a bollire fino a esaurirsi; *to fade —*, scomparire, dileguarsi; perdere forza o vigore; *the snow had melted — slowly*, la neve era andata lentamente sciogliendosi; *the hills stretched — into the distance*, le colline si estendevano a perdita d'occhio // *to pass — quietly*, spegnersi, morire in pace **6** (*sport*) fuori casa: *they have lost two matches — and one at home*, hanno perso due partite fuori casa e una in casa • In questo significato è usato anche come *agg.*: *it's our first — match*, è la nostra prima partita fuori casa **7** *right —, straight —*, subito, senza indugio **8** *far and —*, moltissimo, di gran lunga: *it's far and — more difficult than I expected*, è di gran lunga più difficile di quanto mi aspettassi **9** *out and —*, al di là di ogni confronto: *they were out and — the most promising*, erano i più promettenti in assoluto **10** si usa per formare *phrasal verbs* (p.e. *to get —, to give —, to take —, to do — with* ecc.); cfr. tali verbi.

awe [ɔː] *s.* timore reverenziale, meraviglia; paura; sgomento: *to keep in —*, tenere in soggezione; *to strike s.o. with —* (o *to inspire — in s.o.*), ispirare a qlcu. timore reverenziale; *to be* (o *to stand*) *in —*, avere soggezione.

to **awe** *v.tr.* incutere rispetto, timore, soggezione; far tremare.

aweary [ə'wɪərɪ] *agg.pred.* (*antiq.*) stanco.

aweather [ə'weðə*] *avv.* (*mar.*) al vento; sopravvento.

aweigh [ə'weɪ] *avv.* (*mar.*) pendente: *with anchor —*, con l'ancora staccata dal fondo; *anchor —!*, levate l'ancora!

awe-inspiring ['ɔːɪn,spaɪrɪŋ] *agg.* che incute un timore riverente.

aweless ['ɔːlɪs / awe·less] *agg.* **1** intrepido, senza timore **2** senza rispetto.

awesome ['ɔːsəm / awe·some] *agg.* che incute timore, terrificante; imponente, grandioso.

awe-stricken ['ɔːstrɪkən] **awe-struck** ['ɔːstrʌk] *agg.* impaurito, spaventato, intimorito.

awful ['ɔːfʊl *nel senso 3* 'ɔːfl / aw·ful] *agg.* **1** terribile, spaventoso, spaventevole **2** (*letter.*) imponente, maestoso: *he announced his awful approach to me*, (BOSWELL) annunciò il suo solenne avvicinarsi a me **3** (*fam. usato come rafforzativo*): *an — bore*, un terribile scocciatore; una grande seccatura; *you're an — fool!*, sei uno sciocco!; *I like her an — lot*, mi piace moltissimo.

awfully ['ɔːfʊlɪ *nel senso 2* 'ɔːflɪ / aw·fully] *avv.* **1** terribilmente, spaventevolmente **2** (*fam.*) molto: *I am — glad, sorry*, sono molto contento, spiacente; *thanks —*, grazie mille.

awfulness ['ɔːfʊlnɪs / aw·ful·ness] *s.* **1** pessima qualità; cattiva condotta: *the disgusting smell expressed the full — of the place*, l'odore disgustoso esprimeva la pessima qualità del luogo **2** (*antiq.*) importanza, maestosità.

awhile [ə'waɪl *amer.* ə'hwaɪl] *avv.* un momento, per un istante; qualche tempo: *wait —*, aspettate un po'.

awkward ['ɔːkwəd / awk·ward] *agg.* **1** goffo; malaccorto; inelegante **2** scomodo, poco maneggevole, difficile da usare: *the tool was very — to use*, l'arnese era molto scomodo da usare **3** (*fig.*) imbarazzante; inopportuno; delicato: *an — remark, question*, un'osservazione, una domanda imbarazzante // *to make things — for s.o.*, creare difficoltà a qlcu. **4** (*fig.*) difficile (di persona): *his mother is an — person to live with*, sua madre non è una persona facile da viverci insieme **5** imbarazzato: *to feel —*, sentirsi a disagio: *at our first meeting I felt very —*, al nostro primo incontro mi sentii molto imbarazzato.

awkwardly ['ɔːkwədlɪ / awk·ward·ly] *avv.* **1** goffamente **2** in modo imbarazzante, imbarazzato.

awkwardness ['ɔːkwədnɪs / awk·ward·ness] *s.* **1** goffaggine, mancanza di grazia, di tatto **2** difficoltà; imbarazzo.

awl [ɔːl] *s.* punteruolo; lesina.

awn [ɔːn] *s.* (*bot.*) resta, barba (di cereali).

awning ['ɔːnɪŋ / awn·ing] *s.* tenda di riparo; copertura di tela // (*mar.*) *— deck*, ponte tenda // (*edil.*) *— window*, finestra a ribalte (o a vasistas multiplo).

awoke *pass.* di to **awake**.

awol, AWOL [æ'wɔːl] *agg.* e *s.* e *avv.* (*amer.*) assente senza permesso: *to go —*, assentarsi senza permesso • Di origine mil.; da *a*(*bsent*) *w*(*ithout*) *l*(*eave*).

awry [ə'raɪ] *agg.pred.* storto; bieco; perverso; errato ◆ *avv.* per traverso, erratamente; perversamente: *to look —*, guardare di traverso.

aw shucks [,ɔː'ʃʌks] *inter.* (*fam. amer.*) accidenti! porca miseria!

ax(e) [æks] *s.* **1** scure; accetta: *executioner's —*, mannaia // *to have an — to grind*, tirare l'acqua al proprio mulino; (*amer.*) avere un chiodo fisso **2** (*sl. amer.*) chitarra.

to **ax(e)** *v.tr.* licenziare in tronco; eliminare.

axial ['æksɪəl / ax·ial] *agg.* assiale: (*mat.*) *— symmetry*, simmetria assiale; (*astr.*) *— tilt*, inclinazione dell'asse (di un corpo celeste).

axil ['æksɪl] *s.* (*bot.*) ascella SIN. **axilla**.

axile ['æksaɪl / ax·ile] *agg.* (*biol.*) assile.

axilla [æk'sɪlə / ax·illa] *pl.* **axillae** [æk'sɪliː / ax·il·lae] *s.* **1** (*anat.*) ascella; spalla **2** (*bot.*) → **axil**.

axillary [æk'sɪlərɪ / ax·il·lary] *agg.* (*anat.*, *bot.*) ascellare.

axiology [,æksɪ'ɒlədʒɪ / axi·ology] *s.* (*fil.*) assiologia.

axiom ['æksɪəm / ax·iom] *s.* (*log.*) assioma.

axiomatic meno com. **axiomatical** [,æksɪəʊ'mætɪk(l) / ax·io·matic·(al)] *agg.* (*log.*) assiomatico: *— theory*, teoria assiomatica // **-ally** *avv.*

axiomatics [,æksɪəʊ'mætɪks / ax·io·matics] *s.* U (*log.*) assiomatica.

axis ['æksɪs] *pl.* **axes** ['æksiːz] *s.* **1** (*scient.*) asse: *rotation —*, asse di rotazione; (*mil.*) *— of* *sighting*, linea di mira // (*mat.*): — *of symmetry*, asse di simmetria; *coordinate* —, asse coordinato; *the x, y* —, (*fam.*) l'asse delle ascisse, delle ordinate **2** (*pol.*) asse, alleanza fra potenze; *the Axis*, (*st.*) l'Asse Roma-Berlino.

axle ['æksl] *s.* (*mecc.*) asse, assale; sala: *carrying* —, asse portante (di ruote motrici); *dead* —, asse portante (di ruote non motrici); *live* —, asse motore; (*ferr.*) *assembled* —, sala montata; (*ferr.*) *driving* —, sala motrice // (*aut.*) *rear* —, ponte posteriore.

axle box ['æksIbɒks] *s.* (*ferr.*) boccola.

axle distance ['æksl,dɪstəns] *s.* (*tecn.*) interasse.

axle shaft ['æksl,ʃɑ:ft] *s.* (*aut.*) semiasse.

axletree ['æksltri: / axle·tree] *s.* (*mecc.*) asse fisso; assale; sala // — *spindle*, perno a fuso; fusello.

axolotl [,æksə'lɒtl / axo·lotl] *s.* (*zool.*) (*Ambystoma tigrinum*) axolotl.

ay[1], **aye**[1] [eɪ] *avv.* (*poet.*) sempre // *for* —, per sempre.

ay[2], **aye**[2] *inter.* (*poet.*) ah!: — *me!*, ahimè!

ay[3], **aye**[3] [aɪ] *s.* voto di assenso: *the ayes have it*, la maggioranza dei voti è favorevole ◆ *inter. avv.* sì, certo; già, già; (*mar.*) *aye aye sir*, signorsì; *Ay, because the sea's the street there*, (R. BROWNING) Sì, certo, perché là la strada è il mare.

ayah ['aɪə] *s.* (*angloindiano*) bambinaia, cameriera indiana.

ayatollah [,aɪə'tɒlə / aya·tol·lah] *s.* ayatollah.

aye-aye ['aɪaɪ] *s.* (*zool.*) (*Daubentonia madagascariensis*) aye-aye.

azalea [ə'zeɪljə / aza·lea] *s.* (*bot.*) azalea.

azarole ['æzərəʊl / aza·role] *s.* (*bot.*) (*Crataegus azarolus*) lazzeruolo.

azeotrope [ə'zɪətrəʊp / azeo·trope] *s.* (*chim., fis.*) azeotropo.

azeotropic [,əzɪə'trɒpɪk / azeo·tropic] *agg.* (*chim., fis.*) azeotropico.

azeotropy [ə'zɪətrəpɪ / azeo·tropy] *s.* (*chim., fis.*) azeotropia.

Azerbaijani [,æzəbaɪ'dʒɑ:nɪ / Azer·bai·ja·ni] *agg.* e *s.* azero.

azide ['eɪzɪd, 'eɪzaɪd] *s.* (*chim.*) azide.

azimuth ['æzɪməθ / azi·muth] *s.* (*astr.*) azimut: — *angle*, angolo azimutale; — *circle*, arco azimut, cerchio azimutale // — *compass*, bussola azimutale, ecclimetro.

azimuthal ['æzɪmju:θəl / azi·muthal] *agg.* (*astr., fis.*) azimutale: — *projection*, proiezione azimutale.

azine ['æzɪn, 'æzi:n, 'eɪzɪn, 'eɪzaɪn, 'æzən] *s.* (*chim.*) azina.

azo ['eɪzəʊ, 'æzəʊ] *agg.* (*chim.*) azoico: — *dye*, colorante azoico; — *compound*, azocomposto.

azo- *pref.* della terminologia chimica che indica la presenza del gruppo azoico; it. azo-: *azobenzene*, azobenzene.

azoic [ə'zəʊɪk] *agg.* (*chim.*) azoico.

Azoic *s.* (*geol.*) azoico.

azote [ə'zəʊt] *s.* (*chim. antiq.*) azoto.

azotemia [,æzə'ti:mɪə / azot·emia] *s.* (*med.*) azotemia.

to **azotize** ['æzətaɪz / azot·ize] *v.tr.* (*chim. antiq.*) azotare, impregnare di azoto.

Aztec ['æztek / Az·tec] *agg.* e *s.* azteco.

azulene ['æʒə,li:n / azul·ene] *s.* (*chim.*) azulene.

azure ['æʒə*, 'eɪʒə*] *agg.* azzurro ◆ *s.* **1** azzurro, cielo **2** (*min.*) lapislazzuli.

to **azure** *v.tr.* (*non com.*) azzurrare, tingere in azzurro.

azurine ['æʒʊraɪn / azur·ine] *agg.* azzurrino.

azurite ['æʒʊraɪt / azur·ite] *s.* (*min.*) azzurrite.

azygote [eɪ'zaɪgəʊt, ə'zaɪgəʊt / azy·gote] *s.* (*biol.*) azigote.

azygous ['æzɪgəs / azy·gous] *agg.* singolo, non appaiato; (*anat.*) impari.

azyme ['æzɪm] *s.* pane azzimo.

azymous ['æzɪməs / azy·mous] *agg.* azzimo, non lievitato.

Bb

b [bi:] *pl.* **bs**, **b's** [bi:z] *s.* **1** (*seconda lettera dell'alfabeto inglese*) b // (*tel.*) — *for Benjamin* (o amer. — *for Baker*), b come Bologna // *the three B's*, Bach, Beethoven, Brahms **2** (*mus.*) *B*, si (settima nota): *B flat*, *B natural*, si bemolle, si bequadro **3** B, di seconda o secondaria importanza: *B-class*, seconda classe, serie B; *B-level*, secondo livello **4** B, livello di valutazione pari al 'buono'.

BA, **B.A.** [ˌbi:ˈeɪ] *s.* (abbr. di *Bachelor of Arts*) primo livello di laurea (in lettere).

baa [bɑ:] *s.* belato.

to **baa** *v.intr.* belare.

baaing [ˈbɑ:ɪŋ / baa·ing] *s.* belato.

baal [ˈbeɪəl] *pl.* **baalim** [ˈbeɪəlɪm / ba·alim] *s.* idolo.

baa-lamb [ˈbɑ:læm] *s.* (*scherz.*) agnellino.

baas [bɑ:s] *s.* (*Sudafrica*) padrone.

babbie [ˈbæbɪ / bab·bie] (*scoz.*) → **baby**.

Babbitt [ˈbæbɪt / Bab·bitt] *s.* 'Babbitt' (personificazione dell'uomo d'affari nordamericano, ignorante e convenzionale) • Dall'omonimo protagonista di un noto romanzo di Sinclair Lewis.

babbitt metal [ˈbæbɪtˌmetl] *s.* (*metall.*) lega antifrizione, metallo di Babbitt • Dal nome dell'inventore.

babble [ˈbæbl] *s.* **1** balbettamento **2** ciarla, chiacchiera **3** mormorio (di ruscello ecc.).

to **babble** *v.tr.* **1** balbettare, farfugliare: *eventually he babbled some remark*, alla fine balbettò qualche commento **2** lasciarsi sfuggire (un segreto ecc.) ◆ *v.intr.* **1** balbettare, farfugliare **2** ciarlare, chiacchierare **3** mormorare (di ruscello ecc.).

babbler [ˈbæblə* / bab·bler] *s.* chiacchierone.

babbling [ˈbæblɪŋ / bab·bling] *agg.* ciarliero; mormorante // — *brook*, (*sl. amer.*) donna chiacchierona, pettegola ◆ *s.* chiacchierio; mormorio.

babby [ˈbæbɪ] (*dial.*) → **baby**.

babe [beɪb] *s.* **1** (*antiq.*) bambino // *a — in arms* (o amer. *a — in the woods*), una persona inesperta, sprovveduta **2** (*fam. spec. amer.*) ragazza, bambina (come appellativo affettuoso); bambola; pupa.

babel [ˈbeɪbl / ba·bel] *s.* confusione, frastuono.

babesiasis [ˌbæbɪˈsɪəsɪs / ba·besi·asis] *pl.* **babesiases** [ˌbæbɪˈsɪəsi:z] *s.* (*vet.*) piroplasmosi.

babesiosis [ˌbæbɪsɪˈəʊsɪs / ba·besi·osis] *pl.* **babesioses** [ˌbæbɪsɪ ˈəʊsi:z] *s.* (*vet.*) → **babesiasis**.

babiroussa, **babirussa** [ˌbɑ:bɪˈru:sə / ba·bi·r(o)ussa] *s.* (*zool.*) (*Babyrousa babyrussa*) babirussa SIN. pig-deer.

baboo [ˈbɑ:bu:] *s.* (*angloindiano*) signore; impiegato angloindiano; (*spreg.*) indiano anglicizzato.

baboon [bəˈbu:n *amer.* bæˈbu:n / ba·boon] *s.* (*zool.*) (*Papio cynocephalus*) babbuino SIN. dog-ape, dog-faced baboon.

baboonery [bəˈbu:nərɪ / ba·boon·ery] *s.* **1** (*zool.*) colonia di babbuini **2** (*non com.*) buffoneria; comportamento da babbuino.

baboonish [bəˈbu:nɪʃ / ba·boon·ish] *agg.* da babbuino; sciocco, goffo.

babu → **baboo**.

babushka [bəˈbʊʃkə / ba·bushka] *s.* (*amer.*) fazzoletto per la testa.

baby [ˈbeɪbɪ] *s.* **1** neonato, bebé: — *boy*, neonato, bimbo; — *girl*, neonata, bimba // *to leave s.o. holding the* —, (*fig. fam.*) lasciare qlcu. nei guai, con una grossa responsabilità // *to throw the — out with the bathwater*, (*fig. fam.*) buttare via il bambino con l'acqua sporca, non distinguere ciò che è importante da ciò che non lo è **2** (*fam.*) cara, caro **3** (*ant.*) bambola.

baby-batterer [ˈbeɪbɪˈbætərə*] *s.* persona violenta con i bambini.

baby-battering [ˈbeɪbɪˈbætərɪŋ] *s.* maltrattamento, violenza ai bambini.

baby beef [ˈbeɪbɪˈbi:f] *s.* carne di vitellone.

baby blues [ˈbeɪbɪˈblu:z] *s.pl.* (*sl. amer.*) occhi.

baby-bouncer [ˈbeɪbɪˈbaʊnsə*] *s.* seggiolino sospeso per mezzo di elastici (per il gioco e il divertimento del bambino).

Baby Buggy® [ˈbeɪbɪˈbʌgɪ] *s.* (*spec. amer.*) carrozzina per bambini → **pram**[1].

babycakes [ˈbeɪbɪˌkeɪks / ba·by·cakes] *s.* (*fam. amer.*) ragazza del cuore.

baby-car [ˈbeɪbɪkɑ:] *s.* piccola automobile, utilitaria.

baby carriage [ˈbeɪbɪˌkærɪdʒ] *s.* (*amer.*) carrozzina per bambini BRIT. pram.

baby doll [ˈbeɪbɪdɒl] *s.* (*fam. amer.*) ragazza giovane e carina (spec. bionda e con gli occhi azzurri) • Dall'attrice Carol Baker protagonista del film omonimo.

baby-farmer [ˈbeɪbɪˌfɑ:mə*] *s.* (*non com.*, *spec. spreg.*) → **baby-minder**.

babyfood [ˈbeɪbɪˌfu:d / ba·by·food] *s.* alimenti, cibo per bambini.

baby-grand [ˈbeɪbɪˈgrænd] *s.* pianoforte a mezza coda.

babyhood [ˈbeɪbɪhʊd / ba·by·hood] *s.* prima infanzia.

babyish [ˈbeɪbɪɪʃ / ba·by·ish] *agg.* bambinesco, infantile.

baby-jumper [ˈbeɪbɪˌdʒʌmpə*] *s.* → **baby -bouncer**.

baby kisser [ˈbeɪbɪˌkɪsə*] *s.* (*sl. amer.*) uomo politico impegnato in un giro elettorale • Dall'abitudine degli uomini politici di baciare i bambini per accattivarsi le simpatie.

Babylonian [ˌbæbɪˈləʊnjən / Ba·by·lon·ian] *agg.* e *s.* babilonese.

Babylonish [ˌbæbɪˈləʊnɪʃ / Ba·by·lon·ish] *agg.* babelico.

baby-minder [ˈbeɪbɪˌmaɪndə*] *s.* (*spec. brit.*) donna che cura a casa propria uno o più bambini altrui.

baby-pin [ˈbeɪbɪpɪn] *s.* spilla da balia.

baby pondweed [ˈbeɪbɪˈpɒndwi:d] *s.* (*bot.*) (*Potamogeton pusillus*) naiade sottile; (*pop.*) erba grata.

to **baby-sit** [ˈbeɪbɪˌsɪt] *v.intr.* fare da baby -sitter.

baby-sitter [ˈbeɪbɪˌsɪtə*] *s.* baby-sitter (chi custodisce i bambini durante l'assenza dei genitori).

baby-talk [ˈbeɪbɪtɔ:k] *s.* linguaggio infantile.

baby tooth [ˈbeɪbɪtu:θ] *pl.* **baby teeth** [ˈbeɪbɪti:θ] *s.* (*spec. amer.*) dente da latte → **milk tooth**.

baby-walker [ˈbeɪbɪˌwɔ:kə*] *s.* girello AMER. go-cart.

bacca [ˈbækə] *pl.* **baccae** [ˈbækɪ] *s.* (*bot.*) bacca.

baccalaureate [ˌbækəˈlɔ:rɪət / bac·ca·laur·eate] *s.* **1** (*non com.*) baccalaureato **2** (negli Stati Uniti) discorso pronunciato al conferimento della laurea di primo grado (Bachelor of Arts).

baccarat [ˈbækərɑ: / bac·carat] *s.* (*gioco*) baccarà.

Baccarat®**-glass** [ˈbækərɑ:ˈglɑ:s] *s.* (cristallo) baccarà.

baccate [ˈbækeɪt / bac·cate] *agg.* (*bot.*) **1** a forma di bacca **2** fornito di bacche.

Bacchanal [ˈbækənl / Bac·chanal] *agg.* **1** bacchico **2** (*antiq.*) ubriaco ◆ *s.* **1** baccante;

sacerdote, sacerdotessa di Bacco **2** (*antiq.*) ubriacone **3** (*spec. pl.*) baccanale; orgia.

Bacchanalia [ˌbækə'neɪljə / Bac·chan·a·lia] *s.pl.* baccanale; orgia.

Bacchanalian [ˌbækə'neɪljən / Bac·chan·a·lian] *agg.* **1** di, da baccanale **2** (*letter.*) di, da ubriaco ◆ *s.* (*antiq.*) ubriacone.

Bacchant ['bækənt / Bac·chant] *s.* **1** sacerdote, sacerdotessa di Bacco; baccante **2** (*antiq.*) ubriaco.

Bacchante [bə'kæntɪ / Bac·chante] *s.* **1** baccante, sacerdotessa di Bacco **2** (*antiq.*) ubriaca.

Bacchantic [bə'kæntɪk / Bac·chantic] *agg.* di, da baccante.

Bacchic ['bækɪk / Bac·chic] *agg.* bacchico.

bacchius ['bækɪəs / bac·chius] *s.* (*metrica*) baccheo.

bacciferous [bæk'sɪfərəs / bacci·fer·ous] *agg.* (*bot.*) che porta bacche, baccifero.

baccy ['bækɪ] *s.* (*sl.*) tabacco.

bach [bætʃ] *s.* (*fam. amer.*) scapolo • Abbr. di *bachelor*.

to **bach** *v.intr.* (*sl. amer.*) vivere da scapolo.

bachelor ['bætʃələ* / bach·elor] *s.* **1** scapolo, celibe: *old* —, vecchio scapolo // — *flat*, appartamento da scapolo // — *'s wife*, (*iron.*) donna ideale **2** laureato: — *'s degree*, (*brit.*) primo livello di laurea; *Bachelor of Arts*, laureato in lettere; *Bachelor of Science*, laureato in scienze **3** (*st.*) baccelliere.

bachelordom ['bætʃələdəm / bach·el·or·dom] → **bachelorhood**.

bachelor girl ['bætʃələ'gɜ:l] *s.* (*fam.*) ragazza indipendente che vive sola.

bachelorhood ['bætʃələhʊd / bach·el·or·hood] *s.* celibato SIN. bachelordom, bachelorship.

bachelor mother ['bætʃələ'mʌðə*] *s.* (*amer.*) donna sola con figli; ragazza madre.

bachelor's button ['bætʃələz'bʌtn] *s.* (*bot.*) ranuncolo comune, botton d'oro → **crowfoot**.

bachelorship ['bætʃələˌʃɪp / bach·el·or·ship] *s.* (*antiq.*) → **bachelorhood**.

bacillar [bə'sɪlə* / ba·cil·lar] **bacillary** [bə'sɪlərɪ / ba·cil·lary] *agg.* (*biol.*) bacillare.

bacilliform [bə'sɪlɪfɔ:m / ba·cil·li·form] *agg.* (*biol.*) bacilliforme.

bacillosis [ˌbæsɪl'əʊsɪs / ba·cil·lo·sis] *s.* (*med.*) bacillosi.

bacillus [bə'sɪləs / ba·cil·lus] *pl.* **bacilli** [bə'sɪlaɪ / ba·cilli] *s.* bacillo.

back [bæk] *agg.* **1** posteriore, di dietro: — *legs*, zampe posteriori; — *seat, door*, sedile, porta posteriore; — *garden*, giardino sul retro; — *pages*, ultime pagine; *a — road*, una via secondaria, tranquilla // (*chim., fis.*): — *donation*, retrodonazione; — *donation bond*, legame di retrodonazione **2** remoto, lontano (nel tempo): *their quarrel is all — history, now they are good friends*, il loro litigio è una storia vecchia, ora sono buoni amici **3** arretrato: — *rent*, affitto arretrato // (*comm.*): — *payment*, pagamento degli arretrati; — *order*, ordinativo arretrato (per mancanza di merci in magazzino) **4** (*fon.*) velare, gutturale **5** (*di movimento*) contrario: — *current*, corrente, flusso contrario.

back *s.* **1** dorso, schiena; spalle (*anche fig.*); reni (*pl.*); didietro: *at the* —, sul didietro; *behind my* —, dietro di me, alle mie spalle; *excuse my* —, scusa se ti volto le spalle; *he does not bow his — to anyone*, non si piega davanti ad alcuno; *he has all his family on his* —, ha tutta la famiglia sulle spalle; *he has a big bank at his* —, lo sostiene una banca importante; *he is at the — of it all*, dietro a tutto questo c'è lui; *he turned his — on a very good position*, volse le spalle a un'ottima posizione; *his — is not equal to the burden*, è un peso sproporzionato alle sue forze // *to put one's — into sthg.*, mettercela tutta // *to put s.o. with one's — to the wall*, (*fig.*) mettere qlcu. con le spalle al muro // *to break the — of sthg.*, fare la parte più difficile, più importante di qlco.; *to break one's — for sthg.* (o *to get sthg.*), (*fam.*) farsi in pezzi per ottenere qlco. // *to live off the — of s.o., sthg.*, vivere alle spalle di qlcu., qlco. // *to scratch s.o.'s — (if they scratch yours)*, (*fam.*) darsi una mano reciprocamente // *he gets his — up for nothing*, si arrabbia per un nonnulla; *this got his — up*, questo lo irritò // *get off my* —, lasciami in pace, smettila di seccarmi // *to be on s.o.'s* —, (*amer.*) dare addosso a qlcu. **2** dorso (della mano, di un libro ecc.); schienale (di sedile); rovescio (di stoffa, di medaglia) **3** la parte posteriore: *the — of the car*, la parte posteriore di un'automobile; *in the* —, nella parte posteriore; *round, out the* —, (*fam.*) sul retro (di una casa, di un edificio) // *to wear sthg. — to front*, indossare qlco. al contrario // *the — of beyond*, (*fig. fam.*) un posto isolato, fuori dal mondo **4** fondo, sfondo; ultima parte: — *of the stage*, sfondo del palcoscenico; *in the — of my mind*, nel fondo della mia mente; *the index is at the — of the book*, l'indice è in fondo al libro **5** (*mil. ant.*) retroguardia.

back *avv.* **1** (*in espressioni di spazio*) indietro; all'indietro; di ritorno: *call him — at once*, richiamalo indietro subito; *stand —!*, indietro!, state indietro!; *they made their way — to the village*, rifecero il cammino verso il villaggio; *to be* —, essere di ritorno; *they are just* —, sono appena tornati; *to come* —, ritornare, tornare indietro: *they came — home yesterday*, sono tornati a casa ieri; *to get* —, ritornare; *to keep* —, tenere indietro, trattenere: *the police kept — the crowd from the President*, la polizia teneva indietro la folla dal presidente; *to walk* —, tornare indietro a piedi // *the house was set — from the road*, la casa era in posizione arretrata rispetto alla strada // *there are 50 kilometres there and* —, ci sono 50 km fra andata e ritorno // — *and forth*, avanti e indietro // — *to square one*, (*fam. amer.*) ritorno al punto di partenza **2** (*in espressioni di tempo*) addietro; prima: *a few days* —, alcuni giorni fa; *they had seen her a week* —, l'avevano vista una settimana prima // *cast your mind — to your childhood*, ritorna col pensiero alla tua infanzia // *to go — to*, risalire a: *this castle goes — to the 13th century*, questo castello risale al 13° secolo // *meanwhile, — in Paris, the police were making inquiries*, nel frattempo, a Parigi, la polizia indagava **3** di nuovo [cfr. *again*]: *put it — on the shelf*, rimettilo sullo scaffale; *things are — to normal*, le cose sono tornate normali, la situazione si è normalizzata; *he went — to sleep*, ritornò nuovamente a dormire; *they are — at work*, sono di nuovo al lavoro, hanno ripreso a lavorare // *to be — in fashion*, essere di nuovo di moda **4** (*per indicare restituzione*) indietro, di ritorno: *money — if not satisfied*, il denaro sarà rimborsato se il cliente non sarà soddisfatto; *they paid me — all the money*, mi restituirono tutto il denaro // *to get your own — on s.o.*, vendicarsi di qlcu. **5** (*per indicare replica*) di rimando: *to answer* —, ribattere; *I'll get — to you later*, ti ritelefonerò più tardi; *shall I write — to them?*, devo rispondere loro per iscritto?; *he looked at the girl and she stared — at him*, guardò la ragazza, e lei rispose al suo sguardo fissandolo **6** *in — of*, (*amer.*) dietro a [cfr. *behind*]: *in — of the church*, dietro la chiesa **7** si usa per formare *phrasal verbs* (p.e. *to get* —, *to set* — ecc.); cfr. tali verbi.

back *inter.* indietro!

to **back** *v.tr.* **1** fare indietreggiare; muovere indietro: *he backed me against the wall*, mi ha fatto andare indietro fino alla parete; *to — a car*, far fare retromarcia a un'automobile // (*mar.*) *to — water*, sciare (remando alla rovescia) // (*mar.*) *to — sails*, prendere accollo **2** sostenere, spalleggiare; appoggiare: *the leaders of the opposition decided to — the government*, i leader dell'opposizione decisero di dare il loro appoggio al governo **3** puntare su, scommettere su: *to — a horse, a winner*, scommettere su un cavallo, sul vincente **4** rinforzare; rivestire; foderare: *a dress backed with silk*, un abito foderato di seta // *to — an anchor*, rinforzare (con un peso) la tenuta di un'ancora **5** accompagnare (un cantante): *at the last concert she was backed by a new group*, all'ultimo concerto era accompagnata da un nuovo gruppo **6** scrivere sul retro di; apporre la firma a; controfirmare (un documento): *to — a bill*, avallare una cambiale **7** montare su (un cavallo) **8** (*chim.*) scaldare (una superficie) per degasare ◆ *v.intr.* **1** fare marcia indietro: *his car backed a little to let me in*, la sua auto si spostò indietro per lasciarmi entrare **2** (*mar.*) cambiare direzione in senso antiorario (detto del vento).

□ **back away** *v.intr.* e *avv.* indietreggiare lentamente, allontanarsi indietreggiando, retrocedere: *we backed away from the sleeping child*, ci allontanammo dal bambino addormentato camminando all'indietro.

□ **back down** *v.intr.* e *avv.* rinunciare (a), abbandonare, ritirare (una pretesa, un'accusa ecc.): *confronted with evidence they had to — down*, di fronte all'evidenza dovettero ritirare l'accusa, ritirarsi.

□ **back into** *v.intr.* e *prep.* urtare facendo marcia indietro: *he backed into my car for the second time*, facendo retromarcia urtò la mia auto per la seconda volta.

□ **back off** *v.intr.* e *avv.* **1** indietreggiare, spostarsi indietro: *do you mind backing off a bit?*, puoi spostarti?; (*fig.*) per piacere, non interferire, non impicciarti **2** (*fig.*) ripensarci, fare marcia indietro: *I was enthusiastic but now I'm backing off (the idea)*, ne ero entusiasta ma adesso ci sto ripensando **3** (*amer.*) → to back down ◆ *v.tr.* e *avv.* (*tecn.*) **1** ruotare in senso inverso **2** svitare; disconnettere **3** ritirare (l'utensile) dal foro **4** allontanare (l'utensile) dal pezzo **5** spogliare; produrre un angolo di spoglia.

□ **back on to** *v.intr.* e *avv.* e *prep.* affacciarsi con la parte posteriore: *the house backed on to the school*, il retro della casa dava sulla scuola.

□ **back out** *v.intr.* e *avv.* **1** ritirarsi, fare marcia indietro (da un impegno, una promessa ecc.): *you can't — out of it now*, non puoi ritirarti adesso **2** (*inform.*) annullare le modifiche apportate (a un programma) **3** (*amer.*) (*aut.*) fare marcia indietro.

□ **back up** *v.tr.* e *avv.* **1** appoggiare, spalleggiare: *he is always ready to — me up*, è sempre pronto ad appoggiarmi // *the lectures will be backed up by a programme of field work*, le lezioni saranno integrate da un corso pratico **2** avvalorare, comprovare, confermare: *what he said backs up my theory*, quanto disse avvalora la mia teoria **3** (*inform.*) fare una copia di, salvare; far tornare indietro (il contatore) ◆ *v.intr.* e *avv.* fare marcia indietro; indietreggiare.

backache [ˈbækeɪk / back·ache] *s.* (*med.*) mal di schiena.

back alley [ˈbækælɪ] *s.* (*sl. amer.*) quartieri malfamati di una città: *Saturday night in Reno... Back alley Reno...*, (L. HUGHES) Sabato sera a Reno... I suoi quartieri malfamati...

backasswords [bækˈæswədz / back·ass·words] *avv.* (*sl. amer.*) tutto al contrario.

Back Bay [ˈbækbeiː] *s.* elegante quartiere residenziale di Boston.

backbencher [ˌbækˈbentʃə* / back·bencher] *s.* parlamentare senza incarico.

to **backbite** [ˈbækbaɪt / back·bite] *pass.* **backbit** [ˈbækbɪt / back·bit] *p.p.* **backbit**, **backbitten** [ˈbækˌbɪtn / back·bitten] *v.tr.* e *intr.* sparlare (di), calunniare.

backbiter [ˈbækˌbaɪtə* / back·biter] *s.* calunniatore, maldicente.

backbiting [ˈbækbaɪtɪŋ / back·bit·ing] *agg.* maldicente ◆ *s.* maldicenza, calunnia.

back-blocks [ˈbækˈblɒks] *s.pl.* (*austr.*) regioni interne, entroterra.

backboard [ˈbækbɔːd / back·board] *s.* **1** parte posteriore, retro (spec. di quadro) **2** ribalta (di carro).

backbone [ˈbækbəʊn / back·bone] *s.* spina dorsale (*anche inform.*, *fig.*) // *to the —*, (*fig.*) fino al midollo // *he 's got a plenty of —*, (*fig.*) ha stoffa.

backbreaking [ˈbækbreɪkɪŋ / back·break·ing] *agg.* molto duro, sfiancante (di lavoro e simili).

backchat [ˈbæktʃæt / back·chat] *s.* (*fam. brit.*) risposta impertinente.

backcloth [ˈbækklɒθ / back·cloth] *s.* **1** (*teatr.*) fondale **2** (*fig.*) sfondo; ambiente.

to **backcomb** [ˈbækkəʊm / back·comb] *v.tr.* cotonare (i capelli).

back copy [ˈbækˌkɒpɪ] *s.* → **back number** 1.

back-country [ˈbækˌkʌntrɪ] *s.* (*fam. amer.*) terra di confine; paese remoto e scarsamente abitato.

backcourt [ˈbækˈkɔːt / back·court] *s.* **1** (*tennis*) fondo campo **2** (*pallacanestro*) zona di difesa.

back crawl [ˈbækˌkrɔːl] *s.* (*nuoto*) dorso SIN. backstroke.

back-cross [ˈbækˌkrɒs] *s.* incrocio tra un ibrido e un progenitore.

to **backdate** [ˌbækˈdeɪt / back·date] *v.tr.* retrodatare.

back door [ˌbækˈdɔː*] *s.* porta posteriore: *to get in through* (o *by*) *the —*, (*anche fig.*) entrare dalla porta di servizio.

back-door [ˈbækdɔː*] *agg.* **1** segreto, sottobanco, sottomano; subdolo; disonesto: *— methods*, metodi subdoli, poco chiari // *— man*, (*amer.*) amante (di una donna sposata) **2** (*inform.*) non autorizzato.

backdown [ˈbækdaʊn / back·down] *s.* (*amer.*) cedimento.

backdrop [ˈbækdrɒp / back·drop] *s.* → **backcloth**.

backed [bækt] *agg.* **1** (usato per lo più nei composti) dal dorso; dalle spalle: *broad- —*, (*fig.*) dalle spalle larghe; *stiff- —*, (*fig.*) dalla schiena rigida, tutto d'un pezzo; *computer- —*, supportato, con l'ausilio dell'elaboratore **2** (*comm.*) avallato: *— bill*, cambiale avallata.

back-end [ˈbækend] *s.* **1** fondo **2** (*fam.*) tardo autunno.

backer [ˈbækə*] *s.* **1** sostenitore; finanziatore: *theatrical —*, finanziatore teatrale **2** scommettitore **3** (*comm.*) avallante.

backfall [ˈbækˌfɔːl / back·fall] *s.* caduta all'indietro (nella lotta).

backfield [ˈbækfiːld / back·field] *s.* (*amer.*) (*calcio*) area di difesa.

backfilling [ˌbækˈfɪlɪŋ / back·fill·ing] *s.* (*tecn.*) materiale di riempimento.

backfire [ˌbækˈfaɪə* / back·fire] *s.* (*mecc.*) ritorno di fiamma.

to **backfire** *v.intr.* **1** (*mecc.*) produrre un ritorno di fiamma **2** (*fig.*) avere un effetto contrario (a quello desiderato); ritorcersi contro.

backfire antenna [ˌbækˈfaɪəræn'tenə] *s.* (*elettr.*) antenna a radiazione posteriore.

backflooding [ˈbækˈflʌdɪŋ / back·flood·ing] *s.* (*geol.*) ritorno d'acqua (sotterranea).

back formation [ˈbækfɔːˈmeɪʃn] *s.* (*ling.*) retroformazione; formazione a posteriori.

backgammon [bækˈgæmən *amer.* ˈbæk ˌgæmən / back·gam·mon] *s.* (*gioco*) backgammon; tavola reale.

background [ˈbækgraʊnd / back·ground] *s.* **1** sfondo (di quadro, di scena); fondo, sottofondo (*anche fig.*): *the picture has a black —*, il quadro ha uno sfondo nero; *there was music playing in the —*, c'era un sottofondo musicale // *in the —*, (*fig.*) in disparte; *he kept himself firmly in the —*, si tenne rigorosamente in disparte **2** ambiente, origine familiare: *he comes from a theatrical —*, viene da un ambiente di teatro; *working class —*, origine proletaria **3** insieme di conoscenze, di esperienze; formazione, bagaglio culturale: *his — is in science*, la sua formazione è scientifica **4** — (*information*), insieme delle informazioni, dei dati necessari alla comprensione di qlco.: *I need some more — (information) to help you*, devo saperne di più per aiutarti **5** precedenti (*pl.*), antefatto: *the economic — to the political crisis*, i precedenti economici della crisi politica ◆ *agg.* **1** di fondo: (*elettr.*, *rad.*, *tel.*) *— noise*, rumore di fondo // (*tv*) *— projection*, proiezione per trasparenza **2** (*inform.*) di fondo, non prioritario: *— processing*, elaborazione secondaria, a bassa priorità; *— program*, trattamento di base.

backgrounder [ˈbækgraʊndə* / back·ground·er] *s.* (*amer.*) conferenza stampa.

backhand [ˈbækhænd / back·hand] *s.* **1** (*sport*) rovescio **2** grafia inclinata verso sinistra.

backhanded [ˌbækˈhændɪd / back·han·ded] *agg.* **1** dato col dorso (della mano): *a — slap*, un manrovescio **2** (*sport*) di rovescio **3** (*fig.*) ambiguo; sleale: *a — compliment*, un complimento ambiguo **4** inclinata verso sinistra (di grafia).

backhander [ˈbækhændə* / back·hander] *s.* **1** manrovescio **2** (*fam.*) bustarella.

backhoe [ˈbækhəʊ / back·hoe] *s.* (*tecn.*) retroescavatore; escavatore a cucchiaio rovescio.

backing [ˈbækɪŋ / back·ing] *s.* **1** marcia indietro **2** sostegno; gruppo di sostenitori **3** (*mus.*) sottofondo **4** (*comm.*, *econ.*) copertura, garanzia: *gold —*, garanzia in oro, copertura aurea (della moneta).

back issue [ˈbækɪʃuː] *s.* → **back number** 1.

backlands [ˈbæklændz / back·lands] *s.* (*geol.*) retroterra.

backlash [ˈbæklæʃ / back·lash] *s.* **1** (*mecc.*) passo perduto; gioco **2** (*mecc.*) scatto all'indietro; rinculo **3** (*fig.*) reazione violenta **4** (*inform.*) simbolo di 'barra traversa'.

backless [ˈbæklɪs / back·less] *agg.* senza dorso; (*di abito*) molto scollato dietro.

backlining [ˌbækˈlaɪnɪŋ / back·lin·ing] *s.* dorso (nella rilegatura dei libri).

backlog [ˈbæklɒg / back·log] *s.* (*gener. sing.*) **1** arretrato; lavoro arretrato: *a — of orders*, cumulo di ordinazioni arretrate **2** grosso ceppo (per camino) **3** (*amer.*) fondo di riserva **4** (*inform.*) portafoglio ordini, carnet; lavoro arretrato.

backmost [ˈbækməʊst / back·most] *agg.* il più indietro possibile, ultimissimo.

back number [ˈbækˈnʌmbə*] *s.* **1** numero arretrato SIN. back issue, back copy **2** (*fig. fam.*) persona antiquata, pezzo da museo.

backpack [ˈbækpæk / back·pack] *s.* (*spec. amer.*) zaino SIN. rucksack, haversack.

back pay [ˈbækpeɪ] *s.* paga, stipendio arretrato; arretrato.

to **backpedal** [ˌbækˈpedl / back·pedal] *v.intr.* tornare sui propri passi; far marcia indietro SIN. to backtrack.

back pressure [ˈbækˈpreʃə*] *s.* (*mecc.*) contropressione; spinta di perforazione; resistenza alla scarica.

backrest [ˈbækrest / back·rest] *s.* schienale.

backroom boy [ˈbækrʊmˌbɔɪ] *s.* (*fam.*) chi lavora dietro le quinte.

backsaw [ˈbæksɔː / back·saw] *s.* (*mecc.*) saracco a dorso rigido (o a costola).

backscattering [ˌbækˈskætərɪŋ / back·scat·ter·ing] *s.* (*elettr.*) retrodiffusione; radiazione di ritorno.

backscratch [ˈbækˌskrætʃ / back·scratch] *s.* (*fig.*) (*fam. amer.*) soccorso, aiuto reciproco.

backscratcher [ˈbækˈskrætʃə* / back·scratch·er] *s.* (*fam. amer.*) leccapiedi.

back seat [ˌbækˈsiːt] *s.* **1** sedile posteriore (di auto) // *— driver*, chi dà consigli non richiesti a chi è alla guida; (*estens.*) impiccione **2** (*fig.*) posizione, ruolo di secondo piano: *I won't take a — to her*, non accetterò di dipendere da lei, di essere sotto di lei.

backsheesh [ˈbækʃiːʃ / back·sheesh] *s.* mancia.

backside [ˌbækˈsaɪd / back·side] *s.* deretano, fondoschiena.

back-slang ['bækslæŋ] *s.* gergo in cui ogni parola è scritta o pronunciata a ritroso.

backslapper ['bæk,slæpə* / back·slap·per] *s.* (*fam. amer.*) persona che si prende troppa confidenza (che dà pacche sulla spalla).

to **backslide** [,bæk'slaɪd / back·slide] *pass. p.p.* **backslid** [,bæk'slɪd] *v.intr.* apostatare; ricadere nell'errore, nel peccato.

backslider [,bæk'slaɪdə* / back·slider] *s.* apostata; chi ricade nell'errore, nel peccato.

backsliding [,bæk'slaɪdɪŋ / back·slid·ing] *s.* apostasia; il ricadere nell'errore, nel peccato.

to **backspace** ['bækspeɪs / back·space] *v.intr.* usare il tasto di ritorno; arretrare.

backspace(r) ['bæk,speɪs(ə*) / back·space(r)] *s.* **1** tasto di ritorno **2** (*inform.*) arretramento di uno spazio; (IBM) spazio di ritorno; spaziatura indietro: — *key*, tasto di ritorno.

to **backstab** ['bækstæb / back·stab] *v.intr.* pugnalare alle spalle.

backstage [,bæk'steɪdʒ / back·stage] *agg.* e *avv.* che avviene dietro le scene, le quinte ♦ *s.* retroscena.

backstair [,bæk'steə* / back·stair] **backstairs** [,bæk'steəz] *s.* scala di servizio ♦ *agg.* (*fig.*) segreto, nascosto: — *influence*, influenza segreta, appoggio nascosto.

backstay ['bækstei / back·stay] *s.* **1** (*tecn.*) vento; cavo di controventatura **2** (*mar.*) paterazzo; sartia **3** (*antiq.*) reggischiena.

back-steam ['bæksti:m] *s.* (*tecn.*) controvapore.

backstitch ['bækstɪtʃ / back·stitch] *s.* (*cucito*) punto indietro.

back street ['bækstri:t] *s.* via secondaria e tranquilla (gener. di periferia).

back-street *agg.* (*fig.*) clandestino; implicato in attività clandestine, illegali.

backstroke ['bækstrəʊk / back·stroke] *s.* **1** (*nuoto*) dorso **2** manrovescio.

back talk ['bæktɔ:k] *s.* (*fam. amer.*) → **backchat**.

back-to-back [,bæktə'bæk] *agg.* (*amer.*) **1** schiena a schiena **2** uno dopo l'altro, in sequenza.

to **backtrack** ['bæktræk / back·track] *v.intr.* ritornare sui propri passi (*anche fig.*).

backtracking ['bæktrækɪŋ / back·track·ing] *s.* (*inform.*) ritorno all'indietro (nella ricerca di dati).

backup ['bækʌp / back·up] *s.* (*spec. amer.*) **1** riserva (cosa o persona) **2** supporto, appoggio; copertura: *each test requires computer* —, ogni prova richiede il supporto del computer; *we need artillery* —, abbiamo bisogno della copertura dell'artiglieria ♦ *agg.attr.* di supporto; di riserva // (*inform.*): — *computer*, elaboratore di riserva; — *facilities*, attrezzature di riserva, installazione di soccorso; — *tape*, duplicato, copia (di nastro); — *programmer*, aiuto programmatore // (*fin.*) — *facilities*, linee di credito concesse in appoggio all'emissione di titoli.

backward ['bækwəd / back·ward] *agg.* **1** all'indietro, a ritroso: *a — glance*, uno sguardo all'indietro // (*trib.*) — *shifting*, traslazione d'imposta // (*econ.*) — *integration*, integrazione (verticale) a monte // (*inform.*): — *printing*, stampa da destra a sinistra; — *recovery*, ritorno allo stato precedente l'aggiornamento; — *sort*, ordinamento precedente **2** arretrato; sottosviluppato: — *areas*, zone arretrate **3** timido; esitante: *to be — in doing sthg.*, esitare a fare qlco. **4** lento; tardo, ritardato; in ritardo: *a — child*, un bimbo ritardato **5** tardivo (di frutto ecc.).

backwardation [,bækwə'deɪʃn / back·warda·tion] *s.* **1** (*Borsa*) deporto: — *rate*, corso del deporto **2** (*comm.*) contratto di deposito.

backward-looking ['bækwəd'lʊkɪŋ] *agg.* antiquato.

backwardly ['bækwədlɪ / back·ward·ly] *avv.* **1** all'indietro **2** lentamente; con riluttanza.

backwardness ['bækwədnɪs / back·ward·ness] *s.* **1** arretratezza; sottosviluppo **2** lentezza (dell'intelligenza) **3** tardività (di frutti); ritardo (di stagione) **4** riluttanza; esitazione.

backward(s) ['bækwəd(z) / back·ward(s)] *avv.* indietro, addietro, all'indietro; verso il retro; sul retro; in senso inverso, a ritroso: *to look* —, guardare indietro // *backwards and forwards*, avanti e indietro // *to fall, to lean, to bend over backwards to*, (*fam.*) fare l'impossibile per // *to know sthg. backwards*, conoscere qlco. molto bene, da cima a fondo.

backwash ['bækwɒʃ / back·wash] *s.* **1** risacca; riflusso **2** scia **3** (*fig.*) ripercussione, conseguenza spiacevole.

to **backwash** *v.tr.* **1** (*tecn.*) lavare in controcorrente **2** (*tess.*) sgrassare.

backwater ['bæk,wɔ:tə* / back·water] *s.* **1** (*geogr.*) acqua stagnante; laguna costiera; acqua di riflusso (in seguito a sbarramento) **2** (*fig.*) situazione stagnante, ristagno: *a cultural* —, un ristagno culturale.

backwoods ['bækwʊdz / back·woods] *s.pl.* **1** zona boschiva (lontano da centri abitati, spec. nell'America del Nord) **2** (*fig.*) posto isolato, fuori dal mondo.

backwoodsman ['bækwʊdzmən / back·woods·man] *pl.* **backwoodsmen** *s.* **1** abitante della foresta **2** (*spreg.*) uomo politico assenteista.

backyard [,bæk'jɑ:d / back·yard] *s.* **1** cortile dietro la casa **2** (*amer.*) prato, giardinetto dietro la casa **3** (*fig.*) casa, ambiente familiare: *his worst political defeat was in his own* —, la sua peggiore sconfitta politica la ottenne in casa.

bacon ['beɪkən / ba·con] *s.* pancetta affumicata, bacon // *to bring home the* —, (*sl.*) riuscire in un'impresa // *to save one's* —, salvare la pelle; (*amer.*) difendere i propri beni.

Baconian [beɪ'kəʊnjən / Ba·co·nian] *agg.* (*fil.*) baconiano, di Bacone ♦ *s.* (*fil.*) seguace di Bacone.

bacony ['beɪkənɪ / ba·cony] *agg.* (*non com.*) lardaceo // (*med.*): — *degeneration* (o — *infiltration*), degenerazione amiloide; — *spleen*, milza lardacea, in degenerazione amiloide.

bacteremia [,bæktə'ri:mɪə / bac·teremia] *s.* (*med.*) batteriemia.

bacterial [bæk'tɪərɪəl / bac·terial] *agg.* (*biol.*) batterico; di, dei batteri.

bactericidal [,bæktɪrə'saɪdəl / bac·teri·cidal] *agg.* (*biol.*) battericida.

bactericide [bæk'tɪrəsaɪd / bac·teri·cide] *s.* (*med.*) battericida.

bacteriogenic [bæk,tɪərɪə'dʒi:nɪk / bac·terio·genic] *agg.* (*biol.*) **1** provocato da batteri **2** che produce batteri.

bacteriologic(al) [bæk,tɪərɪə'lɒdʒɪk(l) / bac·terio·lo·gic(al)] *agg.* batteriologico.

bacteriologist [bæk,tɪərɪ'ɒlədʒɪst / bac·teri·olo·gist] *s.* batteriologo.

bacteriology [bæk,tɪərɪ'ɒlədʒɪ / bac·teri·ology] *s.* batteriologia.

bacteriolysis [bæk,tɪərɪ'ɒlɪsɪs / bac·teri·olysist] *s.* (*biol.*) batteriolisi.

bacteriophage [bæk'tɪərɪə,feɪdʒ / bac·terio·phage] *s.* (*biol.*) batteriofago.

bacteriophagy [,bæktɪərɪ'ɒfədʒɪ / bac·terio·phagy] *s.* (*med.*) batteriofagia.

bacterioscopy [bæk,tɪərɪ'ɒskəpɪ / bac·terio·scopy] *s.* batterioscopia.

bacterium [bæk'tɪərɪəm / bac·terium] *pl.* **bacteria** [bæk'tɪərɪə] *s.* (*biol.*) batterio.

bacteriuria [,bæktɪərɪ'ʊərɪə / bac·teri·uria] *s.* (*med.*) batteriuria.

Bactrian camel ['bæktrɪən'kæml] *s.* → **camel** 1.

baculine ['bækjʊlaɪn / bacul·ine] *agg.* (*ant.*) di verga, di staffile.

bad [bæd] *comp.* **worse** [wɜ:s] *superl.* **worst** [wɜ:st] *agg.* **1** cattivo, malvagio; brutto; vizioso; malsano; nocivo; forte (di mal di testa, raffreddore ecc.); ammalato; marcio: — *weather*, brutto tempo; — *air*, aria malsana; — *crop*, cattivo raccolto; — *cold*, forte raffreddore; — *traffic*, traffico caotico; — *light*, luce scarsa; — *form*, cattiva educazione; — *temper*, cattivo carattere; — *language*, linguaggio grossolano; bestemmie; — *blood*, (*fig.*) cattivo sangue // — *coin*, moneta falsa // — *cheque*, assegno a vuoto // (*comm.*) — *debts*, crediti inesigibili // — *money drives out good*, la moneta cattiva scaccia la buona // *to feel* —, sentirsi male; *to get* —, marcire; corrompersi; peggiorare; *to go* —, andare a male, corrompersi // *to have a — finger, foot*, aver male a un dito, un piede // *to go from — to worse*, andare di male in peggio // *"I've got a cold" "Oh, that's too —!"*, "Ho il raffreddore" "Che peccato!"; *"I've got a headache I must go home" "That's too —, you must stay!"*, "Ho mal di testa devo tornare a casa" "Mi dispiace per te, ma devi restare!" // *a — lot* (o *type* o *sort*), un cattivo soggetto // *too — of him*, molto scortese da parte sua // *is it as — as all that?*, siamo proprio a questo punto? // *that's not* (*so*) —!, non c'è male! *"I won a trip to London" "That can't be —!"*, "Ho vinto un viaggio a Londra" "Bello, eh!" // *to be — at* (*doing*) *sthg.*, non aver attitudine per qlco., non essere bravo in qlco. // *to be in — with somebody*, (*fam. amer.*) cadere in disgrazia con qlcu. **2** (*sl. amer.*) buono, eccellente: *they've got a really — guitarist*, hanno un favoloso chitarrista ♦ *avv.* (*fam.*) → **badly**.

bad *s.* male, rovina: *to take the — with the good*, accettare il male e il bene, la cattiva come la buona sorte // (*comm.*) *£ 300 to the* —, 300 sterline a conto perdita // *to go to the* —, andare in rovina.

badass ['bædæs / bad·ass] *s.* (*sl. amer.*) persona litigiosa e insignificante.

bad count [,bæd'kaʊnt] *s.* (*fam. amer.*) trattamento scorretto; brutto tiro, tiro mancino.

baddie *s.* → **baddy**.

baddish ['bædɪʃ / bad·dish] *agg.* piuttosto, alquanto cattivo.

baddy ['bædɪ] *s.* (*fam.*) il cattivo (in un film ecc.).

bade *pass.* di to **bid**[1].

badge [bædʒ] *s.* insegna; simbolo; distintivo; segno (d'ufficio ecc.); (*mil.*) gallone.

badge bandit ['bædʒ 'bændɪt] *s.* (*sl. amer.*) poliziotto motorizzato.

badge game ['bædʒgeɪm] *s.* (*sl. amer.*) ricatto, estorsione; intimidazione (a fini personali o politici).

badger[1] ['bædʒə*] *s.* **1** (*zool.*) tasso // — *State*, stato del Wisconsin (perché ha come animale rappresentativo il tasso) **2** pennello di tasso **3** abitante del Wisconsin.

to **badger**[1] *v.tr.* tormentare; infastidire: *to — s.o. with questions*, infastidire qlcu. con domande.

badger[2] *s.* (*ant.*) venditore ambulante.

badger-legged ['bædʒəlegd] *agg.* con le gambe di lunghezza disuguale.

bad-hearted [,bæd'hɑːtɪd] *agg.* malvagio di cuore.

badinage ['bædɪnɑːʒ *amer.* ,bædən'ɑːʒ / bad·in·age] *s.* scherzo, burla.

badlands ['bæd,lændz / bad·lands] *s.pl.* **1** (*geogr.*) calanchi **2** (*fam. amer.*) guai; tumulti.

bad-looking ['bæd,lʊkɪŋ] *agg.* di aspetto brutto, triste.

badly ['bædlɪ / bad·ly] *avv.* **1** male, malamente **2** duramente: *he was — beaten at tennis*, fu duramente sconfitto a tennis **3** moltissimo, grandemente: *he was — disappointed*, ci rimase molto male.

badly-off [,bædlɪ'ɒf] *agg.* **1** povero, spiantato **2** carente: *the town was — for entertainment*, la città era carente di divertimenti.

badman ['bæd,mæn / bad·man] *pl.* **badmen** ['bæd,men] *s.* (*fam. amer.*) bandito, fuorilegge.

bad-mannered [,bæd'mænəd] *agg.* maleducato.

badmash [bʌd'mæʃ / bad·mash] *s.* (*angloindiano, rar.*) mascalzone.

badminton ['bædmɪntən / bad·min·ton] *s.* **1** (*gioco*) volano **2** 'badminton' (bevanda fatta di vino rosso, zucchero, seltz).

to **bad-mouth** ['bæd,maʊð] *v.tr.* (*fam. amer.*) sparlare di (qlcu., qlco.).

badness ['bædnɪs / bad·ness] *s.* **1** cattiveria, malvagità **2** cattiva qualità; cattivo stato: *the — of the food*, la cattiva qualità del cibo; *the — of the roads*, il cattivo stato delle strade **3** inclemenza, rigidità (di clima).

bad scene ['bæd,siːn] *s.* (*fam. amer.*) esperienza negativa.

bad-tempered [,bæd 'tempəd] *agg.* di carattere irascibile.

baffle ['bæfl] *s.* **1** (*mecc.*) deflettore, diaframma, schermo **2** (*rad.*) schermo acustico **3** (*edil.*) pannello acustico // (*edil.*) — *wall*, parete antiacustica **4** (*non com.*) inganno; impedimento; confusione.

to **baffle** **1** *v.tr.* sconcertare; confondere: *the problem has baffled modern science*, il problema ha sconcertato la scienza moderna **2** frustrare; impedire **3** (*tecn.*) deflettere, deviare.

baffleboard ['bæflbɔːd / baf·fle·board] *s.* **1** (*tecn.*) tavola paraspruzzi **2** (*min.*) sfioratore.

bafflement ['bæflmənt / baf·fle·ment] *s.* confusione; perplessità; turbamento.

baffle plate ['bæfl,pleɪt] *s.* **1** (*tecn.*) deflettore, diaframma, schermo; parafiamma **2** (*elettr.*) placca di diaframma.

baffling ['bæflɪŋ / baf·fling] *agg.* sconcertante; che impedisce, confonde: *a — robbery*, una rapina sconcertante // (*meteor.*) — *wind*, vento costante.

bag[1] [bæg] *s.* **1** sacco; sacchetto: *paper, plastic —*, sacchetto di carta, di plastica; *a — of sweets*, un sacchetto di caramelle // *a — of money*, un sacco di denaro // *bags of*, (*con v. al sing.*) un sacco di: *there's bags of room*, c'è un sacco di spazio // — *of bones*, sacco d'ossa, persona magrissima // *a mixed —*, un misto di buono e di cattivo // *the whole — of tricks*, (*sl.*) tutto quanto // *to let the cat out of the —*, lasciarsi sfuggire un segreto // *it's in the —*, è una cosa sicura, ce l'hai in tasca **2** borsa; borsetta; (*amer.*) borsellino: *travelling —*, borsa, sacca da viaggio; *shoulder —*, borsa a tracolla // *vanity —*, bustina per accessori da trucco; beauty-case // — *and baggage*, armi e bagagli // *to set one's — for an office*, (*amer.*) farsi avanti per ottenere un incarico **3** carniere: *a good —*, un carniere ben fornito **4** (*anat.*) sacco, vescica: — *of waters*, sacco amniotico **5** *pl.* (*fam.*) borse (sotto gli occhi) **6** (*sl. spreg.*) donna brutta o trasandata; (*amer.*) prostituta: *old, stupid —*, vecchia strega **7** *pl.* (*sl.*) pantaloni **8** (*amer. fam.*) attività, interesse principale **9** (*amer. fam.*) guaio, pasticcio **10** (*amer. fam.*) bustina, dose (di droga) **11** (*amer. fam.*) ambiente, milieu, luogo d'origine.

to **bag**[1] *pass.p.p.* **bagged** [bægd] *v.tr.* **1** mettere in un sacco, una borsa; insaccare **2** mettere in carniere; catturare; uccidere (selvaggina) **3** (*estens. aer.*) abbattere **4** (*fam.*) fare sparire; rubare; intascare **5** (*fam.*) accaparrare, appropriarsi di: *he bagged two seats at the front*, si è accaparrato due posti davanti // *bags me!*, a me per primo! ◆ *v.intr.* **1** gonfiarsi; fare borse, essere cascante (di vestiti) **2** (*mar.*) far sacco (di vela).

to **bag**[2] *v.tr.* mietere, falciare.

bagasse [bə'gæs / ba·gasse] *s.* (*ind. saccarifera*) bagassa.

bagatelle [,bægə'tel / ba·ga·telle] *s.* **1** bagatella, inezia **2** biliardino **3** (*mus.*) bagattella.

bagful ['bægfʊl / bag·ful] *pl.* **bagsful** ['bægzfʊl] **bagfuls** ['bægfʊlz] *s.* carniere pieno; (*fig.*) molto.

baggage ['bægɪdʒ / bag·gage] *s.* [U] **1** (*spec. amer.*) bagaglio, bagagli; (*mil.*) salmeria, bagaglio **2** (*fam.*) prostituta **3** (*scherz.*) ragazzetta; ragazza sfrontata.

baggage-animal ['bægɪdʒ'ænɪml] *s.* animale da soma.

baggage car ['bægɪdʒkɑː*] *s.* (*amer.*) bagagliaio (su treno) BRIT. luggage van.

baggage-check ['bægɪdʒ,tʃek] *s.* (*amer.*) scontrino per il bagaglio.

baggage master ['bægɪdʒ,mɑːstə* *amer.* 'bægɪdʒ,mæstə*] *s.* addetto al servizio merci.

baggage room ['bægɪdʒruːm] *s.*(*amer.*) deposito bagagli a mano BRIT. left luggage (office).

baggage train ['bægɪdʒ,treɪn] *s.* (*mil.*) salmerie (*pl.*).

baggies ['bægɪz / bag·gies] *s.* (*amer. fam.*) costume da bagno da uomo a calzoncino.

bagging ['bægɪŋ / bag·ging] *s.* tela da sacco.

baggy ['bægɪ] *agg.* rigonfio; che ha perso ogni forma, cascante.

bagman ['bægmən / bag·man] *pl.* **bagmen** *s.* (*fam.*) commesso viaggiatore **2** (*sl. amer.*) spacciatore (di droga).

bagpiper ['bæg,paɪpə* / bag·piper] *s.* suonatore di cornamusa, zampognaro.

bagpipes ['bægpaɪps / bag·pipes] *s.* cornamusa, zampogna.

bah [bɑː] *inter.* ohibò!; bah!

Bahraini [bɑː'reɪnɪ / Bah·raini] **Bahreini** [Bah·reini] *agg.* e *s.* (nativo, abitante) del Bahrein.

baignoire ['beɪnwɑː* / baign·oire] *s.* (*fr.*) (*teatr.*) barcaccia.

bail[1] [beɪl] *s.* (*dir.*) **1** cauzione; garanzia: *to grant —*, concedere la libertà provvisoria su cauzione; *to refuse —*, rifiutare la domanda di libertà provvisoria **2** garante: *to stand* (o *to go*) — *for s.o.*, rendersi garante di qlcu. (per ottenerne la libertà provvisoria) **3** (*dir. comm.*) cauzione.

to **bail**[1] *v.tr.* **1** (*dir.*) dar garanzia per: *to — s.o.* (*out*), ottenere per qlcu. la libertà provvisoria dietro cauzione **2** (*comm.*) affidare: *to — goods to s.o.*, affidare a qlcu. merce in consegna.

□ **bail out** *v.tr.* e *avv.* **1** salvare (un'impresa in difficoltà finanziarie) **2** (*fig.*) tirar fuori (qlcu.) dai pasticci ◆ *v.intr.* e *avv.* (*amer.*) salvarsi lanciandosi col paracadute BRIT. to bale out.

bail[2] *s.* **1** cerchio (per sorreggere la copertura di un carro, di una barca ecc.) **2** manico semicircolare.

bail[3] *s.* **1** (*ant. mil.*) palizzata, bastione **2** recinto esterno di un castello feudale **3** tramezzo di stalla.

to **bail**[3] *v.tr.* **1** (*rar.*) confinare **2** *to — up*, (*austr.*) assicurare (una mucca) ad un tramezzo durante la mungitura; disarmare per derubare (di brigante); alzare le mani (in segno di resa).

bail[4] *s.* (*cricket*) una delle sbarrette (che riuniscono i picchetti).

bail[5] *s.* (*mar.*) sessola, gottazza.

to **bail**[5] *v.tr.* (*mar.*) sgottare, aggottare (svuotare una barca piena d'acqua).

bailable ['beɪləbl / bail·able] *agg.*: (*dir.*) — *offence*, reato che consente la libertà provvisoria dietro cauzione.

bailbondsman ['beɪlbɒndz'mæn / bail·bonds·man] *s.* (*dir. amer.*) garante.

bailee [,beɪ'liː] *s.* (*dir. comm.*) depositario; consegnatario.

bailer[1] ['beɪlə*] *s.* (*dir. comm.*) depositante; garante.

bailer[2] *s.* **1** (*mar.*) sessola, gottazza **2** (*tecn.*) estrattore (d'acqua) a tazze.

bailey ['beɪlɪ] *s.* muro esterno; corte di castello // *the Old Bailey*, l'"Old Bailey' (tribunale penale di Londra).

bailie ['beɪlɪ] *s.* (*amm. scoz.*) assessore comunale.

bailiff ['beɪlɪf / bail·iff] *s.* **1** (*dir.*) ufficiale giudiziario (competente a eseguire anche arresti) **2** (*st.*) *king's* —, balivo **3** fattore, amministratore di una tenuta.

bailing ['beɪlɪŋ / bail·ing] *s.* **1** (*mar.*) sgottamento, aggottamento **2** (*min.*) spurgo di un pozzo (mediante una cucchiaia).

bailiwick ['beɪlɪwɪk / bai·li·wick] *s.* **1** (*dir.*) ufficio, giurisdizione di giudice **2** (*fig.*) campo di attività; sfera di azione; competenza.

bailment ['beɪlmənt / bail·ment] *s.* **1** (*comm.*) consegna di merci (da custodire) **2** (*dir.*) figura giuridica esclusiva della common law che include taluni elementi di: comodato; deposito; locazione.

bailor ['beɪlə*] *s.* (*dir. comm.*) depositante; garante.

bailout [,beɪl'aʊt / bail·out] *s.* (*spec. amer.*) **1** lancio d'emergenza dall'aereo (di pilota) **2** (*fig.*) salvataggio; spec. salvataggio finanziario di impresa in difficoltà.

bailsman ['beɪlzmən / bails·man] *pl.* **bailsmen** *s.* (*dir.*) garante, mallevadore.

bain-marie [,bæn,mɑ:'ri:] *s.* (*cuc.*) bagnomaria.

bairn [beən] *s.* (*scoz.*) bambino.

bait [beɪt] *s.* **1** esca; (*fig.*) lusinga, allettamento: *to rise to* (o *take*) *the* —, (*anche fig.*) abboccare // (*comm.*) — *and switch product*, articolo civetta **2** (*ant.*) sosta (per ristorarsi, durante un viaggio); posta (di cavalli).

to **bait** *v.tr.* **1** fornire di esca (amo ecc.) **2** (*fig.*) adescare; lusingare **3** tormentare; stuzzicare (*anche fig.*): *they baited him with provocative comments*, lo tormentavano con commenti provocatori **4** (*ant.*) nutrire (un cavallo) durante una sosta; (*estens.*) nutrire, ristorare: *O Sleep! the certain knot of peace, / the baiting-place of wits*, (E. SPENSER) O Sonno! legame apportatore di pace, ristoro dello spirito ◆ *v.intr.* (*ant.*) fermarsi per ristorarsi.

baiting ['beɪtɪŋ / bait·ing] *s.* (*ant.*) aizzare cani contro animali incatenati; (*fig.*) lo schernire (persone): *bear* (o *bull*) —, combattimento contro orsi o tori.

baize [beɪz] *s.* panno di lana pesante (per porte, mobili, tavoli, biliardi): *green* —, panno verde, tappeto verde.

to **bake** [beɪk] *v.tr.* **1** cuocere al forno **2** fare indurire (per effetto di calore) ◆ *v.intr.* **1** cuocere **2** indurirsi (per effetto del calore) **3** (*fam.*) avere molto caldo: *open that window, I'm baking!*, apri quella finestra, sto morendo dal caldo!

bakehouse ['beɪkhaʊs / bake·house] *s.* (*antiq.*) forno, panificio.

bakelite® ['beɪklaɪt / bake·lite] *s.* bachelite®.

baker ['beɪkə*] *s.* fornaio, panettiere: — *s'* (*shop*), panetteria // — *'s dozen*, 13, una dozzina più uno, peso abbondante.

baker-leg ['beɪkəleg] *s.* ginocchio valgo.

baker-legged ['beɪkəlegd] *agg.* (*antiq.*) con le gambe a X.

bakery ['beɪkərɪ] *s.* forno, panificio.

baking ['beɪkɪŋ] *s.* cottura al forno; infornata (di pane); cotta (di mattoni).

baking-hot [,beɪkɪŋ'hɒt] *agg.* torrido.

baking-pan ['beɪkɪŋpæn] *s.* stampo per dolci; tortiera.

baking-powder ['beɪkɪŋ,paʊdə*] *s.* lievito in polvere, lievito chimico, lievito minerale.

baking-soda [,beɪkɪŋ'səʊdə] *s.* (*chim.*) bicarbonato di sodio.

baking-tin ['beɪkɪŋtɪn] *s.* teglia; tortiera.

baksheesh ['bækʃi:ʃ / bak·sheesh] **bakshish** *s.* U mancia; elemosina.

Balaam ['beɪlæm] *s.* **1** cattivo profeta **2** (*giornalismo*) articoli usati come riempitivo.

balaclava [,bælə'klɑ:və / ba·la·clava] *s.* passamontagna.

balalaika [,bælə'laɪkə / ba·la·laika] *s.* (*mus.*) balalaica.

balance ['bæləns / bal·ance] *s.* **1** equilibrio (*anche fig.*): *ecological* —, equilibrio ecologico; *lack of* —, (*anche fig.*) mancanza di equilibrio; — *of power*, equilibrio di potere; *to lose one's* —, (*anche fig.*) perdere l'equilibrio; (*fig.*) perdere l'equilibrio mentale, avere la mente sconvolta; *off* —, sbilanciato; squilibrato (*anche fig.*) // *to strike a* —, raggiungere un accordo, un compromesso // (*meteor.*) — *equation*, equazione di equilibrio // *on* —, tutto sommato **2** bilancia // *to throw into the* —, (*fig.*) gettare sulla bilancia // *to hang in the* —, essere incerto, non chiaro // *the* — *of opinion*, l'opinione preponderante // *to hold the* — *of power*, avere il potere decisionale, essere l'ago della bilancia // (*astr.*) *Balance*, Bilancia **3** (*econ., amm.*) saldo; bilancio: — *deficit*, disavanzo; *debt* —, saldo a debito; *loss* —, saldo passivo; *credit* —, saldo a credito; *money* —, offerta netta di moneta; — *sheet*, bilancio di esercizio, stato patrimoniale; *final* —, bilancio consuntivo; *to strike a* —, fare un bilancio; — *of payments*, bilancia dei pagamenti; — *of trade*, bilancia commerciale; — (*of payments*) *on current accounts* (o *current* —), (saldo delle) partite correnti; *basic* — *of payments*, saldo di base **4** (*comm.*) liquidazione, regolamento; conguaglio: — *of an account*, regolamento di un conto **5** (*mecc.*) bilanciere: — *spring*, molla del bilanciere **6** — (*weight*), contrappeso **7** (*fam.*) il rimanente, ciò che resta.

to **balance** *v.tr.* **1** bilanciare, tenere in equilibrio: *he could — the ball on his head*, era in grado di tenere in equilibrio la palla sulla testa **2** (*fig.*) ponderare; valutare; soppesare: *we must — its usefulness against its cost*, dobbiamo valutarne l'utilità a confronto del costo **3** equilibrare, dosare; compensare: *you have to — facts and opinions in your article*, dovete dosare i fatti e le opinioni nell'articolo **4** (*amm.*) chiudere, pareggiare, saldare (i conti): *to — the budget*, pareggiare il bilancio // *balancing entry*, scrittura contabile rettificativa ◆ *v.intr.* **1** bilanciarsi, essere in equilibrio; mantenere l'equilibrio **2** (*amm.*) essere in pareggio; quadrare.

balanced ['bælənst / bal·an·ced] *agg.* **1** bilanciato; equilibrato (*anche fig.*): — *diet*, dieta equilibrata // (*econ.*) — *growth*, crescita equilibrata // (*amm.*) — *budget*, bilancio in pareggio **2** (*aer., mar.*) compensato.

balancer ['bælənsə* / bal·an·cer] *s.* **1** equilibrista, acrobata **2** bilanciere; equilibratore **3** (macchina) bilanciatrice, equilibratrice **4** (*elettr.*) compensatore.

balance-wheel ['bælənswi:l] *s.* (*mecc.*) bilanciere.

balas ['bæləs] *s.* (*min.*) balascio.

balconied ['bælkənɪd / bal·con·ied] *agg.* (*non com.*) fornito di balcone.

balcony ['bælkənɪ / bal·cony] *s.* **1** balcone; terrazzino **2** (*teatr.*) balconata, galleria.

bald [bɔ:ld] *agg.* **1** calvo, pelato (di persona); senza pelo (di animale); implume (di uccello); spoglio (di albero); senza alberi, nudo (di terreno) **2** scarno, disadorno; essenziale (di stile o racconto): *a — account*, un resoconto essenziale **3** schietto, esplicito; immediato: *a — question*, una domanda esplicita **4** liscio: *a — tyre*, una gomma liscia **5** pezzato di bianco (spec. di cavallo).

baldachin ['bɔ:ldəkɪn / bal·da·chin] *s.* baldacchino.

bald-coot ['bɔ:ldku:t] *s.* **1** (*zool.*) (*Fulica atra*) folaga **2** (*fig.*) calvo, pelato (di persona).

bald-eagle [,bɔ:ld'i:gl] *s.* (*zool.*) (*Heliacetus leucocephalus*) aquila di mare dalla testa bianca • È il simbolo degli Stati Uniti.

balderdash ['bɔ:ldədæʃ / bal·der·dash] *s.* U **1** ciance; sciocchezze (*pl.*) **2** guazzabuglio, miscuglio (di parole).

bald-head [bɔ:ldhed] *s.* calvo; testa calva.

bald-headed [,bɔ:ld'hedɪd] *agg.* e *avv.* calvo, senza capelli // *to go — at*, (*fam.*) lanciarsi a capofitto in.

baldly ['bɔ:ldlɪ / bald·ly] *avv.* **1** nudamente; poveramente **2** schiettamente; apertamente: *to put it* —, per dirla in parole povere; *to speak* —, dire pane al pane, parlare senza peli sulla lingua.

bald-money [,bɔ:ld'mʌnɪ] *s.* (*bot.*) (*Meum athamanticum*) finocchio alpino; (*pop.*) imperatrice.

baldness ['bɔ:ldnɪs / bald·ness] *s.* **1** calvizie **2** (*fig.*) nudità **3** (*fig.*) schiettezza, immediatezza.

baldpate ['bɔ:ldpeɪt / bald·pate] *s.* **1** testa calva; (*fam. antiq.*) zucca pelata; pelata, boccia **2** (*zool.*) (*Anas americana*) fischione americano.

baldpated ['bɔ:ld,peɪtɪd / bald·pated] *agg.* calvo.

baldric(k) ['bɔ:ldrɪk / bal·dric(k)] *s.* balteo, bandoliera.

bale[1] [beɪl] *s.* (*comm.*) balla (di merce).

to **bale**[1] *v.tr.* (*comm.*) imballare.

bale[2] *s.* (*ant.*) **1** grande fuoco, falò; pira **2** segnale luminoso; lanterna; faro.

bale[3] *s.* (*ant. poet.*) disgrazia; tristezza; dolore: *the one side must have bale*, (SH. Coriolanus) una delle due parti dovrà avere la peggio.

to **bale**[4] → to **bail**[5].

baleen [bə'li:n / ba·leen] *s.* (*non com.*) fanone, osso di balena SIN. **whalebone**.

balefire ['beɪlfaɪə* / bale·fire] *s.* (*ant.*) falò; rogo funerario.

baleful ['beɪlfʊl / bale·ful] *agg.* (*letter.*) **1** funesto; malefico; nocivo **2** accorato // **-ly** *avv.* // **-ness** *s.*

to **bale out** [,beɪl'aʊt] *v.intr.* e *avv.* salvarsi lanciandosi col paracadute.

baler ['beɪlə*] *s.* **1** imballatore **2** pressaballe; pressaforaggio.

balk [bɔ:k] meno com. **baulk** *s.* **1** (*agr.*)

terrapieno; porca **2** (*fig.*) ostacolo; impedimento **3** (*arch.*) catena **4** funicella (delle reti da pesca) **5** trave di legno **6** (*sport*) fallo del lanciatore **7** (*biliardo*) punto, linea d'acchito.

to **balk** *v.tr.* **1** (*ant.*) arare (la terra) **2** evitare; omettere; rifiutare; rinunciare a: *time, stern huntsman! who can balk, staunch as hounds, and fleet as hawk*, (W. SCOTT) il tempo, inflessibile cacciatore! chi può arrestarlo, fedele come un segugio, veloce come un falco **3** ostacolare; impedire: *he was balked in his project*, fu ostacolato nel suo progetto; *balked in their own blood*, (SH. Henry IV) ostacolati dal loro stesso sangue ◆ *v.intr.* **1** impuntarsi; recalcitrare (di cavallo) **2** tirarsi indietro; titubare.

Balkan [ˈbɔ:lkən / Bal·kan] *agg.* balcanico.

to **balkanize** [ˈbɔ:lkənaɪz / bal·kan·ize] *v.tr.* ridurre in una situazione (economica, politica ecc.) simile a quella degli stati balcanici.

ball[1] [bɔ:l] *s.* **1** palla, pallone; sfera; gomitolo; (*letter.*) la terra: *to throw the* —, lanciare la palla; *to play* —, giocare a palla; (*fig.*) collaborare; *she rolled the wool into a* —, avvolse la lana a gomitolo // — *boy*, raccattapalle // *the — of the eye*, globo oculare; — *of the foot*, avampiede; — *of the thumb*, polpastrello del pollice // *three balls*, insegna di un banco di pegni // — *and chain*, (*fig.*) palla al piede // — *of fire*, (*amer.*) persona iperattiva, superefficiente // *to start the — rolling*, (*fam.*) cominciare per primo; *to keep the — rolling*, (*fam.*) mantenere vivo qlco. (discorso ecc.), continuare senza interruzione // *to have the — at one's feet*, (*fam.*) avere la strada del successo aperta // *the — is in your court*, (*fam.*) tocca a te // *to be on the* —, (*fam.*) essere in gamba **2** lancio; punto; colpo: *a foul* —, un lancio non valido **3** palla; proiettile; pallottola: *cannon* —, palla di cannone **4** (*fam. amer.*) baseball: — *park*, campo di baseball; — *game*, partita di baseball // *it's a whole new — game*, è un altro paio di maniche **5** *pl.* (*volg.*) palle, balle: — *breaker*, rompiscatole // *he's got balls*, (*fam.*) ha coraggio **6** *pl.* (*volg.*) frottole; fandonie; balle.

to **ball**[1] *v.tr.* appallottolare, aggomitolare // *to — the jack*, (*fam. amer.*) andare a tutta birra ◆ *v.intr.* **1** raggomitolarsi **2** (*fam.*) divertirsi molto, darsi alla pazza gioia.

□ **ball up** *v.tr.* e *avv.* (*fam. amer.*) incasinare, rovinare, pasticciare.

ball[2] *s.* ballo; festa da ballo; (*amer.*) festa scatenata: *fancy-dress* —, ballo in costume; *masked* —, ballo in maschera // *to have a* —, (*fam.*) divertirsi molto, darsi alla pazza gioia.

ballad [ˈbæləd / bal·lad] *s.* ballata (componimento poetico di carattere popolare): — *monger*, cantore ambulante di ballate.

ballade [bæˈlɑ:d / bal·lade] *s.* ballata (componimento poetico, in origine musicato e destinato ad accompagnare danze; componimento musicale).

ballast [ˈbæləst / bal·last] *s.* **1** (*aer.*, *mar.*) zavorra **2** (*fig.*) equilibrio **3** 'ballast', massicciata (di ferrovia, strada ecc.) **4** (*elettr.*) reattore (per lampade a scarica); regolatore di corrente: — *tube*, tubo autoregolatore.

to **ballast** *v.tr.* **1** (*mar.*) zavorrare **2** (*fig.*) consolidare **3** massicciare; inghiaiare.

ball bearing [ˌbɔ:lˈbeərɪŋ] *s.* (*mecc.*) cuscinetto a sfere.

ball-cartridge [ˌbɔ:lˈkɑ:trɪdʒ] *s.* cartuccia a palla.

ballcock [ˈbɔ:lkɒk / ball·cock] *s.* galleggiante (di chiusura automatica di serbatoio) // — *valve*, valvola automatica a galleggiante SIN. ball-tap, balloon-cock.

ballerina [ˌbæləˈri:nə / bal·ler·ina] *pl.* **ballerine** [ˌbæləˈri:neɪ] **ballerinas** [ˌbæləˈri:nəz] *s.* ballerina.

ballet [ˈbæleɪ / bal·let] *s.* balletto; corpo di ballo: — *dancer*, ballerino, ballerina.

ballet-master [ˈbælɪˌmɑ:stə* *amer.* ˈbælɪ ˌmæstə*] *s.* maestro di danza.

bal(l)ista [bəˈlɪstə / bal·(l)ista] *pl.* **bal(l)istae** [bəˈlɪsti:] *s.* (*st. mil.*) balista, balestra.

ballistic [bəˈlɪstɪk / bal·listic] *agg.* balistico, di balistica: — *missile*, missile balistico; (*fis.*) — *galvanometer*, galvanometro balistico; — *pendulum*, pendolo balistico.

ballistics [bəˈlɪstɪks / bal·list·ics] *s.* ⓤ balistica.

ballistite [ˈbælɪstaɪt / bal·list·ite] *s.* (*chim.*) balistite.

ballocks [ˈbæləks / bal·locks] *s.* (*volg.*) → **bollocks**.

balloon [bəˈlu:n / bal·loon] *s.* **1** pallone; pallone aerostatico: *sounding* —, pallone sonda; *barrage* —, pallone di sbarramento; *captive* —, pallone frenato; (*meteor.*) — *drag*, pallone frenante // *the — went up*, (*fig.*) scoppiò la bomba (di un fatto che genera scalpore) **2** palloncino **3** nuvoletta (dei fumetti) **4** (*arch.*) globo, sfera **5** (*med.*) insufflazione.

to **balloon** *v.intr.* **1** gonfiarsi come un pallone (*anche fig.*) **2** viaggiare in mongolfiera **3** muoversi nell'aria (come un pallone); fluttuare (*anche fig.*): *phrases ballooned from his mouth*, volarono dalla sua bocca delle frasi ◆ *v.tr.* **1** gonfiare come un pallone **2** (*med.*) insufflare (una cavità per sottoporla a esame).

balloon-cock [bəˈlu:nkɒk] *s.* → **ballcock**.

ballooning [bəˈlu:nɪŋ / bal·loon·ing] *s.* **1** il volare in mongolfiera **2** (*econ. fam. amer.*) gonfiamento speculativo, spinta speculativa al rialzo **3** (*fam. amer.*) incensamento, sviolinatura (spec. a un uomo politico).

balloonist [bəˈlu:nɪst / bal·loon·ist] *s.* (*aer.*) aerostiere.

ballot[1] [ˈbælət / bal·lot] *s.* **1** voto (a scrutinio segreto); l'atto del votare a scrutinio segreto: — *paper*, scheda di votazione; — *box*, urna; *by* —, con votazione, con scrutinio // *the — for women*, il voto alle donne **2** scheda (di votazione) **3** (*st.*) palla, pallina per votare.

to **ballot**[1] *v.intr.* (*dir.*) votare a scrutinio segreto ◆ *v.tr.* interpellare mediante scrutinio segreto.

ballot[2] *s.* (*comm.*) piccola balla.

ballpoint (pen) [ˈbɔ:lpɔɪnt(pen) / ball·point (pen)] *s.* penna a sfera, biro.

ballroom [ˈbɔ:lrʊm / ball·room] *s.* sala da ballo: — *dancing*, ballo da sala.

ball(s)-up [ˈbɔ:l(z)ʌp] *pl.* **ball(s)-ups** *s.* (*volg.*) pasticcio, casino.

to **ball(s) up** *v.tr.* (*volg.*) fare un pasticcio, un casino di, su (qlco.): *he always ball(se)s everything up*, fa sempre dei casini.

ballsy [ˈbɔ:lzɪ] *agg.* (*fam. amer.*) aggressivo; grintoso; duro.

ball-tap [ˈbɔ:ltæp] *s.* → **ballcock**.

bally [ˈbælɪ] *agg.* (*sl.* o *antiq.*) maledetto ◆ *avv.* maledettamente.

ballyhoo [ˈbælɪhu: / bal·ly·hoo] *s.* strombazzata pubblicitaria.

to **ballyhoo** *v.tr.* fare pubblicità in modo sensazionale a.

to **ballyrag** [ˈbælɪræg / bal·ly·rag] *v.tr.* e *intr.* → to **bullyrag**.

balm [bɑ:m] *s.* balsamo (*anche fig.*).

to **balm** *v.tr.* (*ant.*) **1** ungere; spalmare di balsamo **2** calmare; alleviare.

balm-cricket [ˈbɑ:mˌkrɪkɪt] *s.* (*zool. pop.*) cicala SIN. tree-cricket.

balminess [ˈbɑ:mɪnɪs / balmi·ness] *s.* **1** soffio balsamico; fragranza **2** soffio leggero, dolce.

balmy [ˈbɑ:mɪ] *agg.* **1** balsamico; calmante; fragrante **2** (*fig.*) dolce **3** (*sl.*) sventato; svanito; (*spec. amer.*) ubriaco.

baloney [bəˈləʊnɪ / ba·lo·ney] *s.* (*amer.*) → **boloney**.

balsa [ˈbɒlsə] *s.* **1** (*bot.*) (*Ochroma lagopus*) balsa **2** — (*wood*), (legno di) balsa.

balsam [ˈbɔ:lsəm / bal·sam] *s.* **1** balsamo (*anche fig.*) **2** (*bot.*) (*Impatiens noli tangere*) balsamina; (*pop.*) erba impaziente SIN. touch -me-not **3** — *fir*, (*Abies balsamea*) abete del balsamo.

balsamic meno com. **balsamical** [bɔ:lˈsæmɪk(l) / bal·samic·(al)] *agg.* balsamico.

balsamine [ˈbɔ:lsəmɪn / bal·sam·ine] *s.* (*bot.*) (*Impatiens balsamina*) balsamina; (*pop.*) begli uomini.

balsamous [ˈbɔ:lsəməs / bal·sam·ous] *agg.* (*non com.*) balsamico.

Baltic [ˈbɔ:ltɪk / Bal·tic] *agg.* baltico // *the — Sea*, il mare Baltico ◆ *s.* il Baltico.

Baluch [bəˈlu:tʃ / Ba·luch] **Baluchi** [bəˈlu:tʃɪ / Ba·luchi] *agg.* e *s.* beluci.

baluster [ˈbæləstə* / bal·us·ter] *s.* (*arch.*) balaustro.

balustered [ˈbæləstəd / bal·us·tered] *agg.* balaustrato.

balustrade [ˌbæləsˈtreɪd / bal·us·trade] *s.* balaustrata.

balustraded [ˌbæləsˈtreɪdɪd / bal·us·traded] *agg.* balaustrato.

bam [bæm] *s.* (*sl. ant.*) inganno.

bambino [bæmˈbi:nəʊ / bam·bino] *pl.* **bambini** [bæmˈbɪnɪ / bam·bini] *s.* **1** immagine del Bambino Gesù **2** (*non com.*) bambino.

bamboo [bæmˈbu: / bam·boo] *pl.* **bamboos** *s.* bambù ◆ *agg.* di bambù, fatto col bambù.

to **bamboozle** [bæmˈbu:zl / bam·boozle] *v.tr.* **1** turlupinare; ingannare **2** confondere.

bamboozlement [bæmˈbu:zlmənt / bam·boozle·ment] *s.* turlupinatura; inganno.

bamboozler [bæmˈbu:zlə* / bam·booz·ler] *s.* turlupinatore; ingannatore.

ban [bæn] *s.* **1** bando; interdizione: (*econ.*) *import* —, divieto di importazione **2** scomunica **3** bando, proclama.

to **ban** *pass.p.p.* **banned** [bænd] *v.tr.* proibire; interdire; mettere all'indice.

banal [bəˈnɑ:l *amer.* ˈbeɪnəl] *agg.* banale, comune.

banality [bə'nælɪtɪ / ban·al·ity] *s.* banalità; luogo comune.

banana [bə'nɑːnə *amer.* bə'nænə / ba·nana] *s.* **1** banana // — *oil*, (*chim.*) acetato di amile // — *republic*, (*spreg.*) piccola repubblica sudamericana (la cui economia dipende da capitale straniero) // — *split*, gelato con banana, panna ecc. **2** — (*-tree*), (*Musa sapientium*) banano.

bananas [bə'nɑːnəz *amer.* bə'nænəz / ba·nanas] *agg.* (*fam.*) pazzo: *to go* —, agitarsi, eccitarsi; dare i numeri; *to drive s.o.* —, fare impazzire qlcu.

banausic [bə'nɔːsɪk / ban·ausic] *agg.* (*non com.*) **1** volgare; materialistico **2** pratico.

banc [bæŋk] **banco** ['bæŋkəʊ] *s.* banco, seggio // *in* —, (*antiq.*) in seduta plenaria.

band[1] [bænd] *s.* vincolo, legame.

to **band**[1] *v.tr.* **1** bendare, fasciare **2** legare, unire.

band[2] *s.* **1** benda; striscia, lista; riga; fascia; nastro; cerchio (di botte): *elastic* —, fascia elastica; elastico // *age* —, fascia d'età // — *saw*, sega a nastro **2** (*rad.*, *inform.*) banda: *frequency* (o *wave*) —, banda di frequenza, gamma di frequenze **3** (*geol.*) lamina **4** (*econ.*) fascia: — *of fluctuation*, fascia di oscillazione; *snake* —, fascia del serpente (monetario).

to **band**[2] *v. tr.* segnare con strisce; rigare.

band[3] *s.* **1** (*mus.*) banda; gruppo; orchestrina: *jazz, rock* —, gruppo jazz, rock **2** banda; comitiva, compagnia organizzata: — *of robbers*, banda di ladri // *to beat the* —, (*amer.*) a spron battuto.

to **band**[3] *v. tr.* e *intr.* (*non com.*) riunire, riunirsi; associare, associarsi.

bandage ['bændɪdʒ / band·age] *s.* benda, fascia; fasciatura.

to **bandage** *v. tr.* bendare, fasciare: *to — an arm*, fasciare un braccio; *to — up a wound*, fasciare una ferita.

bandaging ['bændɪdʒɪŋ / band·aging] *s.* fasciatura.

bandan(n)a [bæn'dænə / ban·dan(n)a] *s.* bandana.

bandbox ['bæn*d*bɒks / band·box] *s.* cappelliera.

bandeau ['bændəʊ *amer.* bæn'dəʊ / ban·deau] *pl.* **bandeaux** ['bændəʊz *amer.* bæn'dəʊz / ban·deaux] *s.* (*fr.*) fascia, striscia (per capelli, cappelli, occhi).

banded ['bændɪd / ban·ded] *agg* (*geol.*) laminato: — *coal*, carbone laminato.

banderol(e) ['bændərəʊl / ban·derol, ban·der·ole] *s.* banderuola, pennone.

bandicoot ['bændɪkuːt / ban·di·coot] *s.* (*zool.*) **1** (*Mus malabaricus*) topo gigante **2** peramele.

bandit ['bændɪt / ban·dit] *s.* bandito, brigante.

banditry ['bændɪtrɪ / ban·ditry] *s.* banditismo, brigantaggio.

bandlet ['bændlɪt / band·let] *s.* (*arch.*) listello.

bandmaster ['bæn*d*,mɑːstə* *amer.* 'bænd ,mæstə* / band·mas·ter] *s.* capobanda.

bandmoll ['bændmɒl / band·moll] *s.* (*fam. amer.*) ragazza che fa parte di un complesso rock.

bandog ['bændɒg / ban·dog] *s.* (*rar.*) cane da guardia; mastino.

bandolier [,bændəʊ'lɪə* / ban·do·lier] meno com. **bandoleer** [,bændəʊ'lɪə* / ban·do·leer] *s.* bandoliera.

bandoline ['bændəʊliːn / ban·do·line] *s.* (*antiq.*) fissatore per capelli.

bandsman ['bæn*d*zmən / bands·man] *pl.* **bandsmen** *s.* (*mus.*) bandista; musicante.

bandspectrum ['bænd,spektrəm / band·spec·trum] *s.* (*fis.*) spettro a bande.

bandstand ['bændstænd / band·stand] *s.* palco dell'orchestra.

band-string ['bændstrɪŋ] *s.* fettuccia, nastro di cotone.

bandwagon ['bænd,wægən / band·wagon] *s.* carro della banda (al seguito di un corteo) // *to jump* (o *to climb*) *on the* —, partecipare a un'impresa, sposare una causa e simili perché di moda o sembra destinata al successo, (*fam.*) saltare sul carro.

bandwidth ['bændwɪdθ / band·width] *s.* (*fis.*) larghezza di banda.

bandy ['bændɪ] *agg.* curvo, storto (di gambe) // — *leg*, ginocchio varo.

to **bandy** *v.tr.* **1** scambiare (parole, accuse ecc.); discutere; criticare: *different versions of the story were bandied about in discussion*, si discusse in lungo e in largo delle diverse interpretazioni della storia **2** (*ant.*) far rimbalzare da una parte all'altra (come una pallina): *my words will bandy her to my sweet love*, (SH. Romeo and Juliet) le mie parole la faranno rimbalzare al mio dolce amore ◆ *v.intr.* (*ant.*) combattere, contendere: *I will bandy with you in faction*, (SH. As You Like It) contenderò con lui faziosamente.

bandy-legged ['bændɪlegd] *agg.* dalle gambe storte, arcuate.

bane [beɪn] *s.* **1** disgrazia, sventura; flagello, rovina: *burocracy is the — of the health service*, la burocrazia è la rovina del servizio sanitario **2** (*ant.*) veleno **3** (*ant.*) causa di sventure.

to **bane** *v.tr.* (*ant.*) **1** avvelenare **2** danneggiare.

baneberry ['beɪnberɪ / bane·berry] *s.* (*bot.*) (*Actea spicata*) actea; (*pop.*) barba di capra SIN. **cocosh, necklaceweed.**

baneful ['beɪnfəl / bane·ful] *agg.* **1** pernicioso **2** velenoso // **-ness** *s.*

banefully ['beɪnfʊlɪ / bane·fully] *avv.* dannosamente.

bang[1] [bæŋ] *s.* **1** colpo (di fucile ecc.); rumore improvviso, violento (come di porta che sbatte) // *the party went with a* —, (*fam.*) la festa è stata un gran successo **2** botta, colpo (*anche fig.*): *I got a — on my head*, ricevetti una botta in testa **3** (*sl. amer.*) iniezione di droga **4** (*inform.*) punto esclamativo.

to **bang**[1] *v.tr.* **1** battere rumorosamente, violentemente; sbattere violentemente: *she fell and banged her head*, cadde e batté la testa; *the door banged shut*, la porta si chiuse violentemente // *to — one's head against a brick wall*, (*fig.*) sbattere di qua e di là senza combinare nulla // (*Borsa*) *to — the market*, deprimere il mercato **2** (*volg. sl.*) fottere, sbattere ◆ *v. intr.* **1** battere; sbattere, urtare: *to — at* (o *on*) *the door*, bussare, battere rumorosamente alla porta; *the car banged against the wall*, la macchina sbatté contro il muro **2** esplodere, scoppiare.

□ **bang about** *v.tr.* e *avv.* (*fam.*) sbattere qua e là: *don't — the carpet beater about, please*, non sbattere il battitappeto di qua e di là, per favore ◆ *v. intr.* e *avv.* muoversi (in una stanza ecc.) facendo rumore.

□ **bang around** *v.intr.* e *avv.* → to bang about.

□ **bang away** *v.intr.* e *avv.* picchiare con forza e intensità.

□ **bang out** *v.tr.* e *avv.* (*fam.*) suonare (un motivo musicale ecc.) forte e male.

bang[1] *avv.* **1** improvvisamente, subitamente: — *went all my money*, (*sl.*) ho perduto di colpo tutto il mio denaro // *to go* —, (*fam.*) esplodere **2** proprio, esattamente: — *in the middle*, proprio nel centro; — *on*, esattamente, proprio così; *he drove round the corner — into a flock of sheep*, fece una curva e andò a sbattere contro un gregge di pecore.

bang[1] *inter.* e *s.* pum!, pam! (come un colpo di fucile) // *to have the best — for the buck*, (*fam. amer.*) avere il meglio per quanto si è pagato.

bang[2] *s.* frangia (di capelli).

to **bang**[2] *v.tr.* tagliare (i capelli) a frangia // *to — a horse's tail*, mozzare la coda di un cavallo.

banger ['bæŋə*] *s.* (*fam.*) **1** (*brit.*) salsiccia **2** vecchio macinino (riferito a auto) **3** mortaretto, botto.

banging ['bæŋɪŋ / bang·ing] *s.* **1** (serie di) colpi violenti; detonazioni **2** (*Borsa*) — *of the market*, svilimento del mercato (con massicce vendite).

Bangladeshi [,bæŋglə'deʃɪ / Ban·gla·deshi] *agg.* e *s.* (nativo, abitante) del Bangladesh.

bangle ['bæŋgl] *s.* braccialetto (da polso, caviglia).

bangtail ['bæŋteɪl / bang·tail] *s.* (*zool.*) **1** cavallo con la coda mozza **2** (*fam. amer.*) cavallo da corsa.

bang-up ['bæŋʌp] *agg.* (*fam.*) eccellente, ottimo.

banian ['bænɪən / ban·ian] *s.* **1** commerciante indù **2** giacchetta, camiciotto sciolto di lana **3** (*bot.*) → banyian.

to **banish** ['bænɪʃ / ban·ish] *v.tr.* bandire; esiliare; cacciare (*anche fig.*).

banishment ['bænɪʃmənt / ban·ish·ment] *s.* bando; esilio.

banister ['bænɪstə* / ban·is·ter] *s.* (*gener. pl.*) ringhiera (di scala).

banjo ['bændʒəʊ] *pl.* **banjos, banjoes** *s.* (*mus.*) banjo.

banjoist ['bændʒəʊɪst / ban·jo·ist] *s.* (*antiq.*) suonatore di banjo.

bank[1] [bæŋk] *s.* **1** altura, tumulo; banco (anche di nubi, neve); terrapieno; massicciata; (*mar.*) bassofondo, banco **2** (*geogr.*) sponda, riva, argine; bordo di precipizio **3** (*ind. miner.*) bocca del pozzo; piazzale del pozzo; gradino di cava **4** (*aer.*) sbandamento; inclinazione trasversale; angolo di rollio // — *indicator*, indicatore di sbandamento; sbandometro // — *and turn indicator*, virosbandometro.

to **bank**[1] *v.tr.* **1** arginare **2** sopraelevare (la curva di una strada) **3** *to — a fire*, coprire un fuoco (con altra legna) affinché bruci lentamente **4** inclinare lateralmente (un aereo) in virata **5** (*biliardo*) colpire di sponda **6** (*ant.*) sbarcare in: *as I have bank'd their towns*, (SH. King John) quando sono sbarcato nelle loro città ◆ *v.intr.* **1** urtare contro un argine **2** (*aer.*) inclinarsi lateralmente (in virata) **3** (*aut.*) fare una curva su due ruote // (*motociclismo, ciclismo*) inclinarsi lateralmente (in curva).

□ **bank up** *v.tr.* e *avv.* **1** ammucchiare, ammassare **2** → to bank 1 e 3.

bank[2] *s.* **1** banca, banco: *central* —, banca centrale; *commercial* —, banca commerciale, (in Italia) azienda di credito ordinario; — *corporation*, (*amer.*) istituto di credito; *country* —, banca locale; *investment* —, banca di investimento mobiliare; *merchant* —, banca d'affari; *mortgage* —, banca di credito fondiario; *issuing* — (o — *of issue*), banca di emissione; *savings* —, cassa di risparmio; *World Bank*, Banca Mondiale; — *for international settlements*, banca dei regolamenti internazionali // *Bank Holiday*, festività legale (in cui le banche sono chiuse) **2** (usato come *agg.* spec. nei composti) bancario: — *account*, conto bancario; — *loan*, prestito bancario; — *interest*, interesse bancario; — *transfer*, bonifico bancario; — *overdraft*, scoperto bancario; — *run*, assalto agli sportelli; — *money*, moneta scritturale; — *clerk*, bancario, impiegato di banca; — *worker*, bancario, chi è dipendente di banca **3** (*estens.*) banca (di organi ecc.): *blood* —, banca del sangue, emoteca **4** banco (di gioco): *to break the* —, far saltare il banco.

to **bank**[2] *v.tr.* depositare in banca; effettuare (un versamento) su un conto bancario ◆ *v.intr.* **1** avere un conto in banca: *to — with the Midland Bank*, essere clienti della Midland Bank; *whom do you — with?*, qual è la tua banca? **2** esercitare l'attività bancaria; fare il banchiere **3** tenere il banco (nei giochi).

□ **bank (up)on** *v.intr.* e *prep.* contare su: *don't bank on me, you're wasting your time*, non contare su di me, perdi il tuo tempo.

bank[3] *s.* **1** fila (di tasti, di luci, di interruttori ecc.); tastiera di organo **2** fila di remi (in una galera) **3** (*mecc.*) linea (di cilindri in un motore disposti in fila).

to **bank**[3] *v.tr.* disporre in fila // *to — oars*, tirare i remi in barca.

bankable ['bæŋkəbl / bank·able] *agg.* **1** (*comm.*) bancabile: — *bill*, cambiale bancabile **2** (*fam. amer.*) di reputazione tale da garantire il successo.

bankbill ['bæŋkbɪl / bank·bill] *s.* **1** tratta bancaria SIN. bank draft **2** *bank bill*, (*amer.*) → banknote.

bankbook ['bæŋkbʊk / bank·book] *s.* libretto di banca.

bank cheque ['bæŋk,tʃek] *s.* → **bank draft** 1.

bank draft ['bæŋk,drɑ:ft *amer.* 'bæŋk ,dræft] *s.* **1** assegno circolare SIN. bank cheque **2** → bankbill 1.

banker[1] ['bæŋkə*] *s.* **1** banchiere // — *'s acceptance*, accettazione bancaria // — *'s card*, carta assegni // — *'s draft, cheque*, assegno circolare // — *'s reference(s)*, referenze bancarie **2** banchiere, chi tiene il banco (in alcuni giochi).

banker[2] *s.* **1** imbarcazione adibita alla pesca del merluzzo; pescatore di merluzzo (in Terranova) **2** sterratore **3** (cavallo) saltatore.

banker[3] *s.* (*non com.*) banco (su cui si riducono alla giusta misura mattoni o pietre).

bank giro ['bæŋk,dʒaɪrəʊ] *s.* giroconto.

banking[1] ['bæŋkɪŋ / bank·ing] *s.* **1** arginatura **2** sopraelevazione di una curva **3** pesca sui banchi (di Terranova).

banking[2] *agg.* di banca, bancario: — *secret*, segreto bancario; — *terminal*, terminale bancario; — *software*, software per applicazioni bancarie ◆ *s.* **1** operazione bancaria; attività bancaria: *foreign currency* —, operazione bancaria in valuta // *central* —, l'attività della banca centrale o del governatore della banca centrale **2** tecnica bancaria.

bank night ['bæŋk,naɪt] *s.* (*fam. amer.*) serata in cui vengono assegnati premi in denaro (spec. agli spettatori di un cinema).

banknote ['bæŋknəʊt / bank·note] **bank note** *s.* banconota.

bank rate ['bæŋkreɪt] *s.* (*banca*) tasso ufficiale di sconto.

bankroll ['bæŋk,rəʊl / bank·roll] *s.* (*amer.*) **1** rotolo di banconote **2** risorse economiche; fondi.

to **bankroll** *v.tr.* (*fam. amer.*) rifornire di denaro, finanziare.

bankrupt ['bæŋkrʌpt / bank·rupt] *agg.* **1** fallito; (*estens.*) carico di debiti; rovinato: *to go, to become* —, fallire, far fallimento **2** (*fig.*) completamente privo (di qualità positive): *a morally — age*, un'età priva di valori morali ◆ *s.* fallito; bancarottiere.

to **bankrupt** *v.tr.* far fallire; (*fam.*) rovinare, mandare in rovina.

bankruptcy ['bæŋkrəptsɪ / bank·ruptcy] *s.* (*comm.*) fallimento; bancarotta: *fraudulent* —, bancarotta fraudolenta; *small* —, piccolo fallimento; — *assets*, attivo fallimentare; — *offence*, reato fallimentare; — *proceedings*, procedimento fallimentare.

to **bank select** [,bæŋksɪ'lekt] *v.intr.* (*inform.*) selezionare una batteria di memoria.

bank teller ['bæŋk,telə*] *s.* bancario addetto allo sportello, sportellista; cassiere.

banner ['bænə* / ban·ner] *agg.* (*amer.*) eccellente; eccezionale ◆ *s.* **1** vessillo; stendardo; bandiera (*anche fig.*): *under the — of*, nel nome di, per la causa di **2** striscione (nei cortei) **3** annuncio pubblicitario (su pagine Web).

bannered ['bænəd / ban·nered] *agg.* (*antiq. mar.*) imbandierato.

banneret ['bænərɪt / ban·neret] *s.* (*st.*) banderese.

bannerman ['bænəmən / ban·ner·man] *pl.* **bannermen** *s.* (*non com.*) portabandiera.

bannerol ['bænərəʊl / ban·nerol] *s.* banderuola.

bannock ['bænək / ban·nock] *s.* (*scoz.*) focaccia d'avena o d'orzo.

banns [bænz] *s.pl.* pubblicazioni matrimoniali: *to put up* (o *to publish* o *to call*) *the* —, fare le pubblicazioni matrimoniali.

banquet ['bæŋkwɪt / ban·quet] *s.* banchetto, lauto pranzo.

to **banquet** *v.tr.* offrire un banchetto a ◆ *v.intr.* banchettare; festeggiare.

banqueter ['bæŋkwɪtə* / ban·queter] *s.* banchettante, commensale, convitato.

banqueting ['bæŋkwɪtɪŋ / ban·quet·ing] *s.* il banchettare.

banqueting-hall ['bæŋkwɪtɪŋhɔ:l] **banqueting-room** ['bæŋkwɪtɪŋru:m] *s.* sala per banchetti.

banquette [bæŋ'ket / ban·quette] *s.* **1** banchina di tiro **2** panchetta, lungo sedile di legno.

banshee [bæn'ʃi: *amer.* 'bænʃi: / ban·shee] *s.* (*irl., scoz.*) spirito (di donna) preannunciante morte.

bantam ['bæntəm / ban·tam] *s.* (*zool.*) galletto forte e battagliero; galletto, gallinella americana.

bantamweight ['bæntəmweɪt / ban·tam·weight] *s.* (*sport*) peso gallo.

banter ['bæntə* / ban·ter] *s.* canzonatura; celia.

to **banter** *v.tr.* **1** canzonare; fare dell'ironia (su) **2** (*amer.*) sfidare ◆ *v.intr.* chiacchierare scherzosamente; motteggiare.

banterer ['bæntərə* / ban·ter·er] *s.* burlone.

bantering ['bæntərɪŋ / ban·ter·ing] *s.* canzonatura; motteggio.

bantling ['bæntlɪŋ / bant·ling] *s.* marmocchio; bamboccio.

Bantu [,bæn'tu: *amer.* 'bæntu:] *agg.* e *s.* bantù.

bany(i)an ['bænɪən / ban·y(i)an] *s.* (*bot.*) (*Ficus benghalensis*) baniano, fico del Banyan.

banzai ['bɑ:nzaɪ / ban·zai] *inter.* banzai, grido di guerra.

baobab ['beɪəbæb, 'beɪəʊbæb *amer.* 'baʊbæb / bao·bab] *s.* (*bot.*) (*Adansonia digitata*) baobab; (*pop.*) noce d'Egitto.

bap [bæp] *s.* (*scoz.*) panino.

baptism ['bæptɪzəm / bap·tism] *s.* battesimo.

baptismal [bæp'tɪzml / bap·tis·mal] *agg.* battesimale.

baptist ['bæptɪst / bapt·ist] *s.* **1** chi battezza // (*relig.*) *John the Baptist*, Giovanni Battista **2** (*relig.*) battista.

baptist(e)ry ['bæptɪst(ə)rɪ / bap·tistry, bap·tist·ery] *s.* battistero.

to **baptize** [bæp'taɪz / bap·tize] *v.tr.* battezzare.

bapu ['bæpu] *s.* (*relig. hindi*) padre spirituale.

bar[1] [bɑ:*] *prep.* (*fam.*) eccetto, tranne; salvo, a parte: *all — him*, tutti tranne lui; *he's the best in the world, — none*, non è secondo a nessuno; — *accidents we'll be on time*, salvo imprevisti arriveremo in tempo.

bar[2] *s.* **1** sbarra, stanga, spranga (di metallo, di legno); stecca (di cioccolata ecc.) // (*ginnastica*): — *exercises*, esercizi alla sbarra; *horizontal* —, sbarra orizzontale; *parallel bars*, parallele // *behind bars*, in prigione // (*stat.*) — *chart*, diagramma a colonna // (*econ.*) *gold in bars*, — *gold*, oro in lingotti, oro lingotto **2** striscia; riga: *a — of light*, una striscia di luce **3** (*inform.*) barra; tratto, linea: *tool* —, *applications* —, barra degli strumenti, delle applicazioni; — *code*, codice a barre **4** (*geogr.*) banco di sabbia SIN. ball **5** impedimento; bando; ostacolo: *a — to success*, un ostacolo al successo; *colour* —, divieto rivolto contro persone di colore **6** (*arald.*) sbarra, banda (su scudo) **7** (*dir.*)

barra (divisorio che separa i giudici dagli accusati); (*fig.*) tribunale: *the prisoner at the —*, l'accusato; *to appear at the —*, apparire in giudizio; *to be called to the —*, essere iscritto all'albo degli avvocati // *the Bar*, l'Ordine degli avvocati // *Bar exam*, esame di abilitazione alla professione legale **8** sospensione legale **9** (*econ. fam.*) un milione di sterline **10** bar (locale, banco): *wine —*, specie di enoteca dove si può comprare vino, bere e mangiare; *sandwich —*, paninoteca **11** (*mus.*) sbarretta; battuta: *three bars' rest*, tre battute di arresto **12** (*mil. amer.*) grado.

to **bar**[2] *pass.p.p.* **barred** [bɑ:d] *v.tr.* **1** sprangare; sbarrare // *to — in*, chiudere dentro: *to — oneself in*, barricarsi **2** rigare, listare **3** ostruire; (*fig.*) ostacolare: *to — s.o. from doing sthg.*, impedire a qlcu. di fare qlco.; *to — s.o.'s way*, impedire il passaggio a qlcu.; *to — the way to progress*, ostacolare il progresso **4** escludere; interdire, proibire; (*sl.*) disapprovare: *she barred smoking in the dining room*, non permetteva che si fumasse in sala da pranzo **5** sospendere (un'azione legale).

bar[3] *s.* (*fis.*) bar (unità di misura della pressione).

barathrum ['bærəθrʌm / bar·ath·rum] *s.* baratro, abisso.

barb[1] [bɑ:b] *s.* **1** ardiglione (di amo); barbiglio (di freccia) **2** (*zool.*) barba, cirro (di pesci); barba di una piuma **3** (*fig.*) asprezza; atteggiamento pungente **4** soggolo.

to **barb**[1] *v.tr.* munire di ardiglione (un amo), di barbigli (una freccia).

barb[2] *s.* (*ant.*) cavallo di Barberia.

Barbadian [bɑ:'beɪdɪən / Bar·ba·dian] *agg.* e *s.* abitante delle Barbados.

barbadine ['bɑ:bədi:n / bar·ba·dine] *s.* (*bot.*) (*Passiflora quadrangularis*) barbadine.

barbaresque [,bɑ:bə'resk / bar·bar·esque] *agg.* barbaresco.

barbarian [bɑ:'beərɪən / bar·bar·ian] *agg.* e *s.* **1** barbaro **2** (*fig.*) barbaro, selvaggio, rozzo.

barbaric [bɑ:'bærɪk / bar·baric] *agg.* barbarico, barbaro; primitivo; crudele // **-ally** *avv.*

barbarism ['bɑ:bərɪzəm / bar·bar·ism] *s.* **1** barbarie **2** barbarismo (nel linguaggio).

barbarity [bɑ:'bærɪtɪ / bar·bar·ity] *s.* barbarie; crudeltà.

to **barbarize** ['bɑ:bəraɪz / bar·bar·ize] *v.tr.* **1** rendere barbaro **2** barbarizzare (il linguaggio) ◆ *v.intr.* diventare barbaro; imbarbarirsi.

barbarous ['bɑ:bərəs / bar·bar·ous] *agg.* barbaro // **-ly** *avv.* // **-ness** *s.*

Barbary ape ['bɑ:bərɪ,eɪp] *s.* (*zool.*) (*Macaca sylvana*) bertuccia.

barbate ['bɑ:beɪt / barb·ate] *agg.* (*zool.*, *bot.*) barbato, barbuto.

barbecue ['bɑ:bɪkju: / bar·be·cue] *s.* **1** griglia, graticola, barbecue **2** carne arrostita alla griglia, alla graticola **3** (*spec. amer.*) festa, in cui viene servita carne grigliata.

to **barbecue** *v.tr.* arrostire alla griglia, grigliare.

barbed [bɑ:bd] *agg.* **1** dentato, dentellato; uncinato: *— arrow*, freccia con barbigli; *— hook*, amo con ardiglione **2** (*bot.*) barbato **3** (*fig.*) acuto; pungente: *a — remark*, una osservazione pungente.

barbed wire [,bɑ:bd'waɪə*] *s.* filo di ferro spinato: *barbed-wire fence*, reticolato.

barbel ['bɑ:bl / bar·bel] *s.* (*zool.*) **1** barbio, barbo **2** barbiglio.

bar-bell ['bɑ:bel] *s.* (*sport*) bilanciere.

barber ['bɑ:bə*] *s.* barbiere // *— 's block*, porta parrucca // *— chair*, (*fam. amer.*) sedile di navicella spaziale.

to **barber** *v.intr.* (*fam. amer.*) chiacchierare.

barberry ['bɑ:bərɪ / bar·berry] *s.* (*bot.*) (*Berberis vulgaris*) crespino.

barber's pole [,bɑ:bəz'pəʊl] *s.* palo a strisce bianche e rosse usato come insegna dei negozi dei barbieri.

barbet ['bɑ:bɪt] *s.* (*zool.*) barbuto (genere di pesci).

barbette [bɑ:'bet / barb·ette] *s.* (*mar. mil.*) barbetta.

barbican ['bɑ:bɪkən / bar·bi·can] *s.* (*arch. mil.*) barbacane.

barbie doll ['bɑ:bɪ,dɒl *amer.* 'bɑ:bɪ,dɔ:l] *s.* (*fam. amer.*) (*fig.*) pupattola: *that — of his wife*, quella pupattola di sua moglie.

barbiturate [bɑ:'bɪtjʊrət / bar·bit·ur·ate] *s.* (*chim.*) barbiturico.

barbituric [,bɑ:bɪ'tjʊərɪk / bar·bit·uric] *agg.* (*chim.*) barbiturico: *— acid*, acido barbiturico.

barbule ['bɑ:bju:l / barb·ule] *s.* (*zool.*) barbula.

barcarole [,bɑ:kə'rəʊl / bar·car·ole] *s.* (*mus.*) barcarola.

barchan ['bɑ:kən / bar·chan] **barchane** ['bɑ:keɪn / bar·chane] *s.* (*geogr.*) barcana, duna a mezzaluna.

bard[1] [bɑ:d] *s.* (*st.*) bardo; poeta // *the Bard of Avon*, Shakespeare.

bard[2] *s.* (*st.*) barda.

to **bard**[2] *v.tr.* bardare (un cavallo).

barded ['bɑ:dɪd] *agg.* bardato (di cavallo).

bardic ['bɑ:dɪk] *agg.* (*st.*) da bardo.

bardism ['bɑ:dɪzəm / bard·ism] *s.* (*st.*) l'arte dei bardi.

bardolatry [bɑ:d'ɒlətrɪ / bard·ol·atry] *s.* idolatria per Shakespeare.

bare [beə*] *agg.* **1** nudo, spoglio; scoperto (*anche fig.*): *— of clothes*, senz'abiti; *she killed him with her — hands*, lo uccise con le sue mani (senza usare armi) // *to lay —*, mettere a nudo, rivelare: *all his faults were laid —*, tutti i suoi difetti furono messi a nudo **2** logoro, usato (di vestito) **3** vuoto, privo di: *a room — of furniture*, una stanza vuota, priva di mobili **4** semplice: *the — idea* (o *fact*), la sola idea; *the — truth*, la semplice verità: *to earn a — living*, guadagnarsi appena da vivere; *the — minimum*, il minimo assoluto **5** (*poet.*) puro, terso: *when night is bare*, (SHELLEY) quando la notte è limpida.

to **bare** *v.tr.* **1** denudare, mettere a nudo (*anche fig.*); smascherare, scoprire, rivelare: *to — one's head*, scoprirsi il capo; *to — one's soul*, aprire il proprio animo; *the dog bared its teeth*, il cane scoprì i denti **2** sfoderare, sguainare **3** (*ant.*) radere: *the desire of the penitent / to be so bared before his death*, (SH. Measure for Measure) il desiderio del penitente di essere tonsurato a quel modo prima della morte.

bareback(ed) ['beəbæk(t) / bare·back(ed)] *agg.* senza sella (di cavallo).

barebones ['beəbəʊnz / bare·bones] *s.* persona scarna, scheletrita.

barefaced ['beəfeɪst / bare·faced] *agg.* **1** a viso scoperto; senza maschera **2** aperto; chiaro **3** sfacciato, spudorato **4** imberbe // **-ly** *avv.*

barefacedness ['beəfeɪstnɪs / bare·faced·ness] *s.* **1** sfacciataggine **2** chiarezza, schiettezza.

barefoot ['beəfʊt / bare·foot] **barefooted** ['bɛə'fʊtɪd, ,beə'fʊtɪd / bare·footed] *agg.* scalzo ◆ *avv.* a piedi scalzi.

barehanded [,beə'hændɪd / bare·handed] *agg.* e *avv.* **1** a mano nuda; senza armi **2** (*fam.*) con le mani nel sacco.

bareheaded [,beə'hedɪd / bare·headed] *agg.* e *avv.* a capo scoperto, senza cappello.

barelegged [,beə'legd / bare·legged] *agg.* e *avv.* con le gambe nude.

barely ['beəlɪ] *avv.* **1** apertamente; nudamente; esplicitamente **2** semplicemente; appena: *I — know him*, lo conosco appena; *I — made it*, ce l'ho fatta per un pelo.

bareness ['beənɪs / bare·ness] *s.* **1** nudità **2** scarsezza; povertà.

baresark ['bɛəsɑ:k / bare·sark] → **berserk(er)**.

to **barf** [bɑ:f] *v.intr.* (*fam. amer.*) vomitare.

barfly ['bɑ:flaɪ / bar·fly] *s.* (*fam.*) frequentatore assiduo di bar.

bargain ['bɑ:gɪn / bar·gain] *s.* **1** affare; contratto; patto: *a bad —*, un cattivo affare; *a good —*, un buon affare // *to make the best of a bad —*, trarre il meglio da un cattivo affare // *to make* (o *to strike*) *a — with s.o.*, concludere un affare con qlcu. // *into the —*, per giunta, in più // *a — s' a —*, affare fatto **2** (*dir.*) scambio **3** (*comm.*) occasione, affare: *it's a —*, è un'occasione, un affare vantaggioso; *— price*, prezzo d'occasione; *— purchasing*, acquisto in blocco **4** (*econ.*) transazione: *— money*, caparra.

to **bargain** *v.intr.* (*on*) contrattare, pattuire, negoziare; mercanteggiare ◆ *v.tr.* accordarsi su (qlco.), negoziare.

□ **bargain away** *v.tr.* e *avv.* svendere, cedere.

□ **bargain for** *v.intr.* e *prep.* *to — for* attendersi, aspettarsi: *I didn't — for that*, questo non me l'aspettavo.

bargain-basement [,bɑ:gɪn'beɪsmənt] **bargain-counter** [,bɑ:gɪn'kaʊntə*] *s.* reparto occasioni (in un grande magazzino).

bargainee [,bɑ:gɪ'ni: / bar·gainee] *s.* (*dir.*) acquirente.

bargainer ['bɑ:gɪnə* / bar·gain·er] *s.* **1** (*dir.*) venditore; mercante **2** chi tira sul prezzo.

bargain-hunter ['bɑ:gɪn,hʌntə*] *s.* chi va in cerca di saldi, occasioni.

bargaining ['bɑ:gɪnɪŋ / bar·gain·ing] *s.* U (*dir.*, *econ.*) contrattazione: *collective*, *national*, *company —*, contrattazione collettiva, nazionale, aziendale; *wage —*, contrattazione salariale; *— power*, potere contrattuale.

bargainor ['bɑ:gənə* / bar·gainor] *s.* (*dir.*) contraente (venditore).

bargain plea ['bɑ:gɪn,pli:] *s.* (*amer.*) accordo antecedente al processo in cui l'imputato concorda di riconoscersi colpevole di reati minori per venire scagionato da altri più gravi.

barge [bɑ:dʒ] *s.* (*mar.*) **1** chiatta, bettolina, maona // — *pole*, pertica da barcaiolo: *I wouldn't touch him with a — pole*, non voglio avere niente a che fare con lui **2** scialuppa; lancia di parata: *admiral's* —, lancia dell'ammiraglio; *unloading* —, chiatta da sbarco.

to **barge** *v.tr.* trasportare su chiatta ◆ *v.intr.* *to — against, into* (*s.o., sthg.*), (*sl.*) urtare pesantemente contro.

□ **barge in** *v.intr.* e *avv.*, **barge into** *v.intr.* e *prep.* **1** interrompere (una conversazione ecc.); disturbare (qlcu.) [cfr. *to break in / into*]: *sorry to — in (on you) like this...*, scusa se ti disturbo... **2** fare irruzione, entrare violentemente: *suddenly the children barged into the room*, improvvisamente i bambini irruppero nella stanza.

bargee [bɑ:'dʒi: / bar·gee] **bargeman** ['bɑ:dʒmən / barge·man] *pl.* **bargemen** *s.* barcaiolo; battelliere.

baric¹ ['bærɪk] *agg.* (*meteor.*) barico.

baric² *agg.* (*chim.*) barico.

barite ['beəraɪt / bar·ite] *s.* (*min.*) barite, solfato di bario.

baritone ['bærɪtəʊn / ba·ri·tone] *s.* (*mus.*) baritono.

barium ['beərɪəm / bar·ium] *s.* (*chim.*) bario: — *sulphate*, solfato di bario; (*med.*) — *meal*, pappa di bario, baritina.

bark¹ [bɑ:k] *s.* scorza, corteccia.

to **bark**¹ *v.tr.* scortecciare // *to — one's knuckles*, sbucciarsi le nocche.

bark² *s.* **1** latrato // *his — is worse than his bite*, (*prov.*) can che abbaia non morde **2** ordine secco, brusco **3** scoppio; colpo **4** (*sl.*) tosse.

to **bark**² *v.intr.* **1** latrare, abbaiare // *to — at the moon*, abbaiare alla luna // *to — up the wrong tree*, (*fam.*) essere fuori strada; fare ipotesi sbagliate **2** parlare rabbiosamente, urlare **3** sparare **4** (*sl.*) tossire **5** (*antiq.*) imbonire.

bark³ *s.* (*mar.*) brigantino a palo; (*poet.*) barca; imbarcazione: *as my bark did skim / the bright blue waters*, (BYRON) mentre la mia barca solcava le scintillanti acque blu.

bar-keeper ['bɑ:,ki:pə*] fam. **bar-keep** ['bɑ:,ki:p] *s.* proprietario di bar.

barkentine ['bɑ:kənti:n / bar·ken·tine] → **barquentine**.

barker¹ ['bɑ:kə*] *s.* **1** scortecciatore **2** scortecciatoio **3** (macchina) scortecciatrice.

barker² *s.* **1** (*fam.*) strillone, imbonitore **2** chi urla e sbraita **3** (*sl. antiq.*) pistola.

barkhan ['bɑ:kɑ:n / bar·khan] → **barchan**.

barking¹ ['bɑ:kɪŋ / bark·ing] *s.* scortecciamento.

barking² *s.* **1** abbaiamento **2** [U] urla rabbiose **3** (*sl.*) tosse.

barley ['bɑ:lɪ / bar·ley] *s.* orzo: — *meal*, farina d'orzo; — *sugar*, zucchero d'orzo; — *water*, acqua d'orzo // *great* —, spelta, farro; *malted* —, orzo tallito, malto; *pearl* —, orzo perlato.

barleycorn ['bɑ:lɪkɔ:n / barley·corn] *s.* chicco d'orzo // *John Barleycorn*, (*fam.*) personificazione dello whisky, della birra.

barley wine ['bɑ:lɪ,waɪn] *s.* (*spec. brit.*) bevanda alcolica simile a una birra dolce e forte.

bar-line ['bɑ:laɪn] *s.* (*mus.*) sbarretta.

barm [bɑ:m] *s.* **1** lievito di birra; fermento: *and sometime makes the drink to bear no barm*, (SH. Midsummer Night's Dream) e talvolta non fa fermentare la birra **2** schiuma del liquido che fermenta.

barmaid ['bɑ:meɪd / bar·maid] *s.* cameriera di bar; barista.

barman ['bɑ:mən / bar·man] *pl.* **barmen** *s.* barista AMER. bartender.

barmecide ['bɑ:məsaɪd / bar·me·cide] *agg.* (*fig.*) irreale, illusorio; deludente.

barmy ['bɑ:mɪ] *agg.* **1** che contiene lievito; schiumoso; in fermentazione **2** (*fam.*) balordo, sciocco.

barn¹ [bɑ:n] *s.* **1** granaio; (*spreg.*) baracca // — *door*, porta di granaio: *he could not hit a* —, (*fam.*) non sapeva colpire nemmeno il più grosso bersaglio // *as big as a* —, (*fam.*) molto grande // *were you born in a —? you never shut the door*, abiti al Colosseo? non chiudi mai la porta **2** (*amer.*) stalla **3** (*amer.*) rimessa, deposito **4** (*fam. amer.*) teatro estivo (in campagna).

barn² *s.* (*metrol.*) barn (= 10^{-24} cm^2).

Barnabite ['bɑ:nəbaɪt / Barn·ab·ite] *s.* (*eccl.*) barnabita.

barnacle¹ ['bɑ:nəkl / barn·acle] *s.* **1** (*zool.*) balano **2** (*zool.*) cirripede SIN. acorn shell **3** (*fam.*) persona attaccaticcia, scocciatore.

barnacle² *s.* (*gener. pl.*) **1** torcinaso **2** (*sl. st.*) occhiali.

barnacle-goose ['bɑ:nəkl,gu:s] *s.* (*zool.*) (*Branta leucopsis*) oca facciabianca, bernacla.

barn dance ['bɑ:n,dɑ:ns *amer.* 'bɑ:n,dæns] *s.* danza campestre.

barn(e) [bɑ:n] *s.* (*ant.*) figlio, figlia; bambino, bambina: *you'll see he shall lack no barns*, (SH. Much Ado) provvederai tu che non gli manchino figli.

barney ['bɑ:nɪ / bar·ney] *s.* **1** (*fam.*) baruffa, litigio **2** (*sl. amer.*) incontro di boxe truccato.

barn owl ['bɑ:naʊl] *s.* (*zool.*) (*Tyto alba*) barbagianni.

to **barnstorm** ['bɑ:nstɔ:m / barn·storm] *v.intr.* (*fam.*) **1** spostarsi da un luogo all'altro (per dare rappresentazioni o per fare comizi ecc.) **2** fare acrobazie (di piloti) // **-er** *s.*

barn swallow ['bɑ:nswɒləʊ] *s.* (*zool.*) → **swallow**¹.

barnyard ['bɑ:njɑ:d / barn·yard] *s.* aia, cortile // — *fowls*, animali da cortile SIN. farmyard.

barogram ['bærəgræm / ba·ro·gram] *s.* (*meteor.*) barogramma.

barograph ['bærəʊgrɑ:f / ba·ro·graph] *s.* (*meteor.*) barografo.

barology [bə'rɒlədʒɪ / ba·ro·logy] *s.* (*meteor.*) barologia.

barometer [bə'rɒmɪtə* / ba·ro·meter] *s.* (*metrol.*) barometro // *aneroid* —, barometro aneroide.

barometric(al) [,bærəʊ'metrɪk(l) / ba·ro·met·ric(al)] *agg.* barometrico: (*fis.*) — *formula*, formula barometrica; (*meteor.*) — *pressure*, pressione atmosferica // **-ally** *avv.*

barometry [bə'rɒmɪtrɪ / ba·ro·metry] *s.* (*fis.*) barometria.

baron ['bærən] *s.* **1** (*arald.*) barone **2** (*amer.*) grande industriale // *beer* —, il re della birra.

baronage ['bærənɪdʒ / bar·on·age] *s.* **1** baronia; i baroni; (*st.*) i grandi vassalli della corona **2** lista dei baroni; annuario della nobiltà.

baroness ['bærənɪs / bar·on·ess] *s.* baronessa.

baronet ['bærənɪt / bar·onet] *s.* baronetto.

to **baronet** *v.tr.* elevare al rango di baronetto, nominare baronetto.

baronetcy ['bærənɪtsɪ / bar·on·etcy] *s.* rango, titolo di baronetto.

baronial [bə'rəʊnjəl / ba·ro·nial] *agg.* baronale, di barone.

barony ['bærənɪ / bar·ony] *s.* **1** baronia **2** suddivisione di una contea (in Irlanda) **3** proprietà terriera (in Scozia).

baroque [bə'rɒk *amer.* bə'rəʊk / ba·roque] *agg.* e *s.* barocco (*anche fig.*).

baroscope ['bærəskəʊp / ba·ro·scope] *s.* (*fis.*) baroscopio.

barostat [bærəstət / ba·ro·stat] *s.* (*fis.*) barostato.

barotitis [bærə'taɪtəs / ba·ro·titis] *s.* (*med.*) barotite SIN. aerotitis.

barouche [bæ'ru:ʃ / ba·rouche] *s.* barroccio; calesse.

bar-parlour ['bɑ:,pɑ:lə*] *s.* (*antiq.*) piccola stanza riservata adiacente alla taverna.

barque [bɑ:k] *s.* (*mar.*) → **bark**³.

barquentine ['bɑ:kənti:n / bar·quen·tine] *s.* nave goletta.

barracan ['bærəkæn / barra·can] *s.* (*st.*) barracano.

barrack¹ ['bærək / bar·rack] *s.* (*gener. pl.*) baraccamento; caserma.

to **barrack**¹ *v.tr.* e *intr.* accasermare; accasermarsi; vivere in baracche; acquartierare; acquartierarsi.

to **barrack**² *v.tr.* coprire di insulti, schernire; fischiare.

barracking ['bærəkɪŋ / bar·rack·ing] *s.* il coprire d'insulti; il fischiare.

barracoon [,bærə'ku:n / bar·ra·coon] *s.* recinto per schiavi neri o forzati (nell'Africa Francese).

barracuda [,bærə'kju:də / bar·ra·cuda] *pl.* **barracuda**, **barracudas** *s.* (*zool.*) barracuda.

barrage ['bærɑ:ʒ *amer.* bə'rɑ:ʒ / bar·rage] *s.* **1** sbarramento, ostruzione (*anche mil.*) ; diga // (*mil.*): *anti-aircraft* —, sbarramento antiaereo; — *fire*, fuoco di sbarramento **2** (*fig.*) serie continua e ininterrotta: *a — of questions*, un fuoco di fila, una serie continua di domande.

to **barrage** *v.tr.* **1** sottoporre a tiro di sbarramento **2** (*fig.*) tempestare (di domande).

barrator ['bærətə* / bar·rator] *s.* **1** (*dir. antiq.*) attaccabrighe **2** barattiere **3** (*mar.*) chi commette baratteria.

barratry ['bærətrɪ / bar·ratry] *s.* **1** (*dir. antiq.*) incitamento alle liti; discordia **2** (*mar.*) baratteria, frode a danno dell'armatore.

barred [bɑ:d] *agg.* **1** barrato; sbarrato **2** a strisce **3** proibito; bandito.

barrel ['bærəl / bar·rel] *s.* **1** barile; botte; fusto // (*arch.*) — *vault*, volta a botte // *to have s.o. over a* —, (*fam.*) mettere qlcu. con le spalle al muro; *to be over a* —, (*fam.*) essere al verde // *in the* —, (*fam. amer.*) licenziato o in procinto di esserlo // *to scrape the bottom of the* —, (*fig.*) toccare il fondo **2** tamburo (di rivoltella ecc.); bariletto (d'orologio); cassa (di tamburo); (*mar.*) tamburo, campana **3** cilindro; serbatoio (di penna stilografica); cannuccia (di pipa); cannello (di penna); canna (d'arma da fuoco); cilindro (d'organo) **4** barile (misura di capacità di valore vario: per liquidi in Gran Bretagna circa 164 litri e negli Stati Uniti circa 119 litri; per petrolio greggio circa 159 litri; per aridi circa 116 litri).

to **barrel** *pass.p.p.* **barrelled** ['bærəld / bar·relled] *v.tr.* imbarilare; imbottare ◆ *v.intr.* (*amer.*) andare a tutta birra.

barrel-chested ['bærəl,tʃestɪd] *agg.* che ha una cassa toracica prominente.

barrel-house ['bærəl,haʊs] *s.* (*amer.*) bar d'infimo ordine ◆ *agg.* jazz molto ritmato.

barrelled ['bærəld / bar·relled] *agg.* **1** messo in barili, in botti **2** a forma di barile.

barrel organ ['bærəl,ɔ:gən] *s.* organetto.

barren ['bærən / bar·ren] *agg.* **1** sterile; arido; povero; — *of*, totalmente mancante di: *mind — of ideas*, spirito sprovvisto di idee **2** inutile; vuoto; senza interesse; poco proficuo // **-ly** *avv.* // **-ness** *s.*

barret ['bærɪt / bar·ret] *s.* (*rar.*) berretta.

barrette [bə'ret / bar·rette] *s.* (*amer.*) fermacapelli.

barricade [,bærɪ'keɪd / bar·ri·cade] *s.* barricata; steccato; barriera (*anche fig.*).

to **barricade** *v.tr.* barricare; asserragliare; ostruire: *he barricaded himself in the room*, si barricò nella stanza.

barrier ['bærɪə* / bar·rier] *s.* barriera; barricata; palizzata; cancello; spalto; limite // (*geogr.*): — *beach, island*, lido (di laguna); — *lake*, lago di sbarramento; — *reef*, barriera corallina // (*econ.*): *custom* —, barriera doganale; *tariff barriers*, barriere tariffarie // (*fis.*) *sonic* (o *sound*) —, muro del suono // *the Great Ice Barrier*, la banchisa.

to **barrier** *v.tr.* chiudere con una barriera, sbarrare.

barring ['bɑ:rɪŋ / bar·ring] → **bar**[1].

barrister ['bærɪstə* / bar·ris·ter] *s.* (*dir.*) avvocato (con facoltà di discutere cause presso le corti inglesi di grado superiore) // *revising* —, controllore delle liste elettorali // *to appear on the roll of barristers*, essere iscritto all'albo degli avvocati.

barristerial [,bærɪ'stɪərɪəl / bar·ris·ter·ial] *agg.* (*rar.*) da, di avvocato.

barristership ['bærɪstəʃɪp / bar·ris·ter·ship] *s.* (*dir.*) avvocatura (di grado superiore).

bar-room ['bɑ:ru:m] *s.* (*amer.*) → **bar**[2] 10.

barrow[1] ['bærəʊ / bar·row] *s.* carretta: *coster's* —, carretta a due ruote di venditore ambulante; — *boy*, venditore ambulante.

barrow[2] *s.* **1** collina, altura (nei nomi di località) **2** tumulo.

bartender ['bɑ:,tendə* / bar·tender] *s.* (*spec. amer.*) → **barman**.

barter ['bɑ:tə* / bar·ter] *s.* **1** baratto, scambio **2** (*mat.*) equivalenza.

to **barter** *v.tr.* barattare, scambiare: *to — a thing for* (o *against* o *with*) *another*, barattare una cosa con un'altra // *to — away*, vendere, cedere ◆ *v.intr.* praticare il baratto.

barterer ['bɑ:tərə* / bar·ter·er] *s.* barattatore.

bartholinitis [,bɑ:təlɪ'naɪtɪs / bar·tho·lin·itis] *s.* (*med.*) bartolinite.

bartizan ['bɑ:tɪzæn / bar·tizan] *s.* (*arch.*) bertesca.

barton ['bɑ:tn / bar·ton] *s.* **1** cortile di fattoria **2** (*ant.*) rustici di proprietà signorile.

barycentre ['bærɪsentə* / ba·ry·centre] *s.* **1** (*fis.*) baricentro: (*mat.*) — *of the triangle*, baricentro del triangolo **2** (*astr.*) baricentro; centro di massa.

barycentric [,bærɪ'sentrɪk / ba·ry·cent·ric] *agg.* (*fis., mat.*) baricentrico: (*mat.*) — *coordinate*, coordinata baricentrica.

barye ['bærɪ] *s.* (*metrol.*) baria (unità di misura della pressione).

baryon ['bærɪən / ba·ryon] *s.* (*fis. nucleare*) barione; — *number*, numero barionico.

barysphere ['bærɪsfɪə* / ba·ry·sphere] *s.* (*geol.*) barisfera.

baryta [bə'raɪtə] *s.* (*chim.*) **1** ossido di bario **2** idrossido di bario.

baryte(s) [bə'raɪti:z / bary·te(s)] *s.* (*chim.*) baritina.

barytic [bə'rɪtɪk] *agg.* (*chim.*) barico.

barytone ['bærɪtəʊn / ba·ry·tone] *s.* (*mus.*) → **baritone**.

basal ['beɪsl] *agg.* **1** fondamentale, basilare **2** (*scient.*) basale.

basalt ['bæsɔ:lt *amer.* bə'sɔ:lt / bas·alt] *s.* (*geol.*) basalto.

basaltic [bə'sɔ:ltɪk / ba·saltic] *agg.* (*geol.*) basaltico: — *rock*, roccia basaltica.

basan ['bæzən] *s.* bazzana.

bascule ['bæskju:l / bas·cule] *s.* bascula // — *bridge*, ponte levatoio.

base[1] [beɪs] *agg.* (*spreg.*) basso; vile, indegno // — *metal*, metallo vile // **-ly** *avv.*

base[2] *s.* **1** base; basamento; piedistallo; zoccolo; fondamento; parte iniziale: *the — of the mountains*, la base della montagna; *the — of the pillar*, lo zoccolo della colonna // (*mat.*): *the — of a triangle*, la base di un triangolo; *decimal* —, base decimale // (*inform.*): — *address*, indirizzo di base; — *film*, supporto; — *number*, base della numerazione // (*biol.*) — *pairing*, appaiamento di basi (del DNA) // (*econ.*): *monetary* —, base monetaria; — *pay*, paga base; (*banca*) — *rate*, tasso bancario di riferimento, prime rate **2** (*fig.*) base: *research is a good — for innovation*, la ricerca è una buona base dell'innovazione // *we have a good — to proceed from*, abbiamo una buona base da cui partire **3** (*mil., sport*) base: (*mil.*) *advanced* —, base avanzata; (*baseball*) *to get to first* —, raggiungere la prima base; (*fam. amer.*) ottenere un successo iniziale // *off* —, impreparato, preso alla sprovvista **4** (*chim.*) base **5** (*inform. spec. amer.*) parco installazioni (presso i clienti).

to **base**[2] *v.tr.* **1** basare, fondare (*anche fig.*) **2** *to be based at* (o *in*), essere di base a (di militare); *where are you based now?*, (*fam.*) dove abiti adesso?

baseball ['beɪsbɔ:l / base·ball] *s.* baseball // (*med.*) — *finger*, dito a martello.

baseboard ['beɪsbɔ:d / base·board] *s.* (*amer.*) battiscopa; zoccolo (di parete) SIN. mopboard BRIT. skirting board.

base-born ['beɪsbɔ:n] *agg.* (*antiq.*) di bassi natali.

base-broom ['beɪs,bru:m] *s.* (*bot.*) (*Genista tinctoria*) ginestrella.

basecourt ['beɪskɔ:t / base·court] *s.* (*ant.*) cortile esterno di castello; cortile posteriore di fattoria.

-based [beɪst] *suff.* usato per formare *agg.*; indica 'a base di': *water-based solution*, soluzione a base di acqua; *computer-based*, automatizzato.

baseless ['beɪslɪs / base·less] *agg.* senza base; infondato // **-ness** *s.*

baseline ['beɪslaɪn / base·line] *s.* **1** linea di base **2** linea di delimitazione di un campo da gioco.

base load ['beɪsləʊd] *s.* (*elettr.*) carico minimo, carico di base.

basement ['beɪsmənt / base·ment] *s.* **1** seminterrato; interrato: — *flat*, (appartamento al) seminterrato **2** fondamento; base (*anche fig.*) **3** (*geol.*) basamento **4** (*mecc.*) basamento, base.

base-minded [,beɪs'maɪndɪd] *agg.* di animo vile.

baseness ['beɪsnɪs / base·ness] *s.* bassezza (*anche fig.*).

bash [bæʃ] *s.* **1** (*sl.*) colpo forte // *he had a — at climbing over the wall*, (*fam.*) ha tentato di scalare il muro; *I don't think you'll persuade him but give it a* —, non credo riuscirai a convincerlo, ma provaci **2** (*sl.*) festa.

to **bash** *v.tr.* (*sl.*) fracassare; colpire violentemente.

□ **bash in** *v.tr.* e *avv.* (*fam.*) sfondare.

□ **bash on** *v.intr.* e *avv.* (*fam.*) continuare a fare (qlco.) senza entusiasmo.

□ **bash up** *v.tr.* e *avv.* picchiare, pestare; danneggiare.

basher ['bæʃə* / bash·er] *s.* (*sl.*) fracassone.

bashful ['bæʃfʊl / bash·ful] *agg.* vergognoso, timido; modesto // **-ly** *avv.* // **-ness** *s.*

basic ['beɪsɪk / ba·sic] *agg.* **1** fondamentale // — *English*, inglese essenziale (per uso internazionale) // (*econ.*): — *commodity*, materia prima, prodotto base; — *price*, prezzo base; — *industry*, industria di base; — *pay* (o — *wage rate*), paga base **2** (*scient.*) di base, basico: (*chim.*) — *group*, gruppo basico; (*geol.*) — *front*, fronte basico; (*geol.*) — *rocks*, rocce basiche **3** (*inform.*) di base: — *machine*, configurazione minima, macchina di base ◆ *s.pl.* primi elementi, basi: *he only knows the basics of physics*, non va oltre una conoscenza elementare della fisica.

Basic *s.* (*inform.*) basic (linguaggio di programmazione) • Da *B*(*eginners*) *A*(*ll-purpose*) *S*(*ymbolic*) *I*(*nstruction*) *C*(*ode*), codice simbolico di istruzione polivalente per principianti.

basicity [bə'sɪsɪtɪ / ba·si·city] *s.* (*chim.*) basicità.

basidiomycete ['bæsɪdɪə(ʊ)maɪ'si:tɪ / ba·sid·io·my·cete] *s.* (*bot.*) basidiomicete.

basidiospore [,bæsɪ'daɪəʊspɔ:* / ba·sid·io·spore] *s.* (*bot.*) basidiospora.

basidium [bə'sɪdɪəm / ba·sid·ium] *pl.* **basidia** [bə'sɪdɪə / ba·sidia] *s.* (*bot.*) basidio.

to **basify** ['beɪsɪfaɪ / ba·si·fy] *v.tr.* (*chim.*) basificare.

basil ['bæzəl] *s.* (*bot.*) (*Ocimum basilicum*) basilico.

basilar ['bæsılə* / bas·ilar] *agg.* **1** basilare **2** (*biol.*) basale, di base.

basilary ['bæsılərı / bas·ilary] *agg.* → **basilar** 1.

basilica [bə'zılıkə / ba·sil·ica] *s.* basilica.

basilican [bə'zılıkən / ba·sil·ican] *agg.* basilicale.

basilicon [bə'zılıkən / ba·sil·icon] *s.* (*ant.*) unguento sovrano.

basilisk ['bæzılısk / ba·si·lisk] *s.* **1** (*mit.*) basilisco SIN. cockatrice **2** (*zool.*) basilisco.

basin ['beısn / ba·sin] *s.* **1** bacino, bacile; catino, bacinella; scodella; lavabo **2** (*mar.*) bacino, darsena **3** (*geogr.*, *geol.*) bacino.

basinful ['beısnfʊl / ba·sin·ful] *s.* il contenuto di un catino.

basin-stand ['beısn'stænd] *s.* portacatino.

basis ['beısıs / ba·sis] *pl.* **bases** ['beısi:z / ba·ses] *s.* **1** base; fondamento: *he is paid on a weekly* —, è pagato settimanalmente // (*mat.*) — (*of a vector space*), base di uno spazio vettoriale // (*trib.*) — *of assessment*, (base) imponibile **2** (*Borsa*) differenza tra due prezzi di mercato o tra due tassi di interesse; spread.

to **bask** [bɑ:sk *amer.* bæsk] *v.intr.* **1** scaldarsi, esporsi, sdraiarsi, crogiolarsi (al sole, davanti al fuoco): *to — in the sun*, prendere il sole **2** (*fig.*) bearsi: *he basked in his glory*, si beava della sua gloria.

basket ['bɑ:skıt *amer.* 'bæskıt / bas·ket] *s.* **1** canestro, cesto // *wastepaper* —, cestino per la carta straccia // (*econ.*): — *of goods* (o *items*), paniere di beni; — *of currency*, paniere di monete **2** (*pallacanestro*) canestro: *he shot 30 baskets*, ha realizzato 30 canestri.

to **basket** *v.tr.* (*non com.*) cestinare; gettare nel cestino.

basketball ['bɑ:skıtbɔ:l / bas·ket·ball] *s.* (*sport*) **1** pallacanestro **2** pallone da pallacanestro.

basket case ['bɑ:skıt,keıs *amer.* 'bæskıt ,keıs] *s.* **1** individuo senza gambe e senza braccia **2** (*fig.*) persona che non ha più niente da perdere; persona senza speranze; caso disperato.

basket-chair ['bɑ:skıt,tʃeə* *amer.* 'bæskıt ,tʃeə*] *s.* sedia di vimini.

basketful ['bɑ:skıtfʊl *amer.* 'bæskıtfʊl / bas·ket·ful] *s.* panierata, un cesto pieno (di qlco.).

basket-maker ['bɑ:skıt,meıkə* *amer.* 'bæskıt,meıkə*] *s.* cestaio, panieraio.

basketry ['bɑ:skıtrı *amer.* 'bæskıtrı / bas·ketry] *s.* → **basketwork**.

basket-willow ['bɑ:skıt,wıləʊ *amer.* 'bæskıt,wıləʊ] *s.* (*bot.*) (*Salix viminalis*) salice da vimine.

basketwork ['bɑ:skıt,wɜ:k *amer.* 'bæskıt ,wɜ:k / bas·ket·work] *s.* **1** l'arte di lavorare il giunco; giunco lavorato **2** manufatti di giunco SIN. basketry.

basking shark ['bɑ:skıŋ,ʃɑ:k *amer.* 'bæskıŋ,ʃɑ:k] *s.* (*zool.*) (*Cetorhinus maximus*) squalo elefante.

basophil(e) ['beısəfaıl / ba·so·phil(e)] *s.* (*biol.*) cellula basofila.

basophilia [,beısə'fılıə / ba·so·philia] *s.* (*biol.*) basofilia.

basophilous [beı'sɒfıləs / ba·so·phil·ous] *agg.* (*biol.*) basofilo.

Basque [bɑ:sk] *agg.* e *s.* basco.

bas-relief ['bæsrı,li:f] *s.* (*arch.*) bassorilievo.

bass[1] [beıs] *agg.* e *s.* (*mus.*) basso // — *clef*, chiave di basso // *deep* —, basso profondo; *first* —, primo basso assoluto // *double* —, contrabbasso.

bass[2] [bæs] *s.* (*bot.*) **1** tiglio americano **2** corteccia (di tiglio americano).

bass[3] *s.* (*zool.*) **1** (*Perca fluviatilis*) pesce persico **2** (*sea*) —, spigola, branzino.

bass-bar ['beısbɑ:] *s.* catena (di violino e sim.).

bass drum ['beısdrʌm] *s.* (*mus.*) grancassa.

basset[1] ['bæsıt / bas·set] *s.* (*zool.*) cane bassotto.

basset[2] *s.* bassetta (antico gioco di carte).

basset-horn ['bæsıthɔ:n] *s.* (*mus.*) corno di bassetto.

basset hound ['bæsıt,haʊnd] *s.* → **basset**[1].

bassinet [,bæsı'net / bas·sinet] *s.* culla di vimini.

basso ['bæsəʊ] *s.* (*mus.*) basso (voce, cantante).

bassoon [bə'su:n / bas·soon] *s.* (*mus.*) fagotto.

bassoonist [bə'su:nıst / bas·soon·ist] *s.* (*mus.*) fagottista.

bass viol ['beısvaıəl] *s.* (*mus.*) viola da gamba.

basswood ['bæswʊd / bass·wood] *s.* (*bot.*) **1** (*Tilia americana*) tiglio americano **2** (legno di) tiglio.

bast [bæst] *s.* fibra di tiglio.

bastard ['bɑ:stəd *amer.* 'bæstəd / bas·tard] *agg.* **1** bastardo, illegittimo, spurio **2** (*zool.*, *bot.*) ibrido, bastardo // — *ceder*, cedro bastardo; (*amer.*) sequoia // — *wing*, ala bastarda, alula **3** (*tecn.*) bastardo; non unificato ◆ *s.* **1** bastardo **2** (*dir.*) figlio naturale, adulterino.

to **bastardize** ['bæstədaız / bas·tard·ize] *v.tr.* **1** imbastardire **2** dichiarar bastardo **3** (*dir.*) disconoscere la paternità o la maternità naturale di.

bastard title ['bɑ:stəd,taıtl *amer.* 'bæstəd,taıtl] *s.* (*tip.*) occhiello SIN. half title.

bastardy ['bɑ:stədı *amer.* 'bæstədı / bas·tardy] *s.* bastardaggine; bastardume.

to **baste**[1] [beıst] *v.tr.* imbastire.

to **baste**[2] *v.tr.* cospargere (l'arrosto) con burro, grasso.

to **baste**[3] *v.tr.* battere, bastonare; sgridare, ingiuriare.

bastille [bæs'ti:l / bas·tille] *s.* fortezza, prigione // *the Bastille*, (*st.*) la Bastiglia.

bastinado [,bæstı'neıdəʊ / bas·ti·nado] *s.* (*st.*) bastonatura della pianta dei piedi.

to **bastinado** *v.tr.* (*st.*) punire bastonando la pianta dei piedi.

basting[1] ['beıstıŋ / bast·ing] *s.* imbastitura.

basting[2] *s.* (*fam.*) bastonatura.

bastion ['bæstıən / bas·tion] *s.* bastione (*anche fig.*).

bat[1] [bæt] *s.* (*zool.*) pipistrello // *he is as blind as a* —, è cieco come una talpa // *to have bats in the belfry*, essere un po' strambo, tocco SIN. (*pop.*) flitter-mouse.

bat[2] *s.* **1** mazza (da cricket, da baseball); racchetta da ping pong // *a good* —, un buon giocatore di cricket // *he did it off his own* —, (*fam.*) lo fece di propria iniziativa **2** velocità (del passo, del colpo nel cricket) // *he went off at a rare* —, (*fig.*) è partito in quarta **3** (*sl. amer.*) il bere qlco. tutto d'un fiato **4** (*sl. amer.*) prostituta.

to **bat**[2] *pass.p.p.* **batted** ['bætıd] *v.intr.* e *tr.* maneggiare la mazza (al cricket, al baseball); battere (la palla) con la mazza, effettuare la battuta // *to — around*, (*fam.*) gironzolare // *to — an idea around*, (*fam.*) discutere un'idea.

to **bat**[3] *pass.p.p.* **batted** *v.tr.* battere (le palpebre) // *he never batted an eyelid*, (*fam.*) non batté ciglio.

batata [bə'teıtə / ba·tata] *s.* (*bot.*) (*Ipomœa batatas*) batata, patata americana; (*pop.*) patata dolce SIN. Spanish potato, sweet potato AMER. yam.

Batavian [bə'teıvjən / Ba·ta·vian] *agg.* e *s.* batavo; olandese.

batch [bætʃ] *s.* **1** infornata (di pane) **2** gruppo (di persone) **3** (*amm.*) lotto, partita: — *process*, lavorazione per lotti **4** (*inform.*) lotto (di schede); gruppo (di lavori): — *data terminal*, terminale per elaborazione a lotti; — *file*, archivio sequenziale; — *header*, intestazione di lotto; — *processing*, elaborazione sequenziale, trattamento a lotti (o a gruppi); — *record*, registrazione di archivio sequenziale; — *total*, totale di controllo **5** (*tecn.*) mescola; carica.

to **batch** *v.tr.* (*tecn.*) mettere insieme, dosare (i materiali per preparare una carica o una mescola); mescolare.

□ **batch out** *v.intr.* e *avv.* (*fam. amer.*) sgommare, partire da fermo con l'auto in forte accelerazione.

batcher ['bætʃə* / batch·er] *s.* (*tecn.*) **1** dosatore **2** (tramoggia) dosatrice.

batching ['bætʃıŋ / batch·ing] *s.* **1** (*inform.*) raggruppamento (delle informazioni) **2** (*tecn.*) dosatura.

bate[1] [beıt] *s.* (*chim.*) soluzione alcalina per la concia delle pelli.

to **bate**[1] *v.tr.* macerare (pelli) in soluzione alcalina.

to **bate**[2] *v.tr.* **1** (*ant.*) ridurre, diminuire; abbattere: *these griefs and losses have so bated me*, (SH. Merchant of Venice) questi dolori e queste perdite mi hanno così abbattuto // *to speak with bated breath*, parlare con un fil di voce **2** (*comm.*) detrarre, defalcare ◆ *v.intr.* diminuire; calare.

bath [bɑ:θ *amer.* bæθ] *pl.* **baths** [bɑ:ðz *amer.* bæðz] *s.* **1** bagno: *hot, cold* —, bagno caldo, freddo; *to take* (o *have*) *a* —, fare un bagno; *to take a* —, (*amer.*) subire una forte perdita finanziaria; *to run a* —, far scendere l'acqua per il bagno // *Order of the Bath*, ordine cavalleresco (inglese) del Bagno • Nell'inglese della Gran Bretagna la parola indica quasi esclusivamente il 'bagno fatto per pulizia', nell'inglese degli Stati Uniti anche il 'bagno in mare o in piscina' **2** bagno, vasca da bagno **3** *pl.* (*swimming*) *baths*, (*brit.*) piscina (spec. coperta); bagni pubblici; terme **4** (*chim.*) *thermostatic* —, bagno termostatico, termostato.

to **bath** *v.tr.* bagnare; fare il bagno a ◆ *v.intr.* fare il bagno, bagnarsi.

Bath-brick ['bɑ:θbrɪk] *s.* (*tecn.*) composto abrasivo fine usato per la pulitura dei metalli.

Bath chair [,bɑ:θ'tʃeə*] *s.* poltrona, sedia a rotelle (per invalidi o anziani).

bathe [beɪð] *s.* (*brit.*) bagno (in fiume, mare, piscina): *to go for a* —, andare a fare il bagno, una nuotata.

to **bathe** *v.intr.* **1** (*spec. brit.*) fare un bagno (in mare, lago, piscina ecc.) **2** (*amer.*) fare un bagno (di pulizia) ◆ *v.tr.* **1** bagnare **2** (*fig.*) inondare: *the stage was bathed in the light*, il palcoscenico era inondato di luce.

bather ['beɪðə*] *s.* bagnante.

bathetic [bə'θetɪk / bath·etic] *agg.* che cade nel ridicolo.

bathhouse ['bɑ:θhaʊs *amer.* 'bæθhaʊs / bath·house] *s.* **1** stabilimento balneare **2** cabina balneare.

bathing ['beɪðɪŋ / bath·ing] *s.* Ⓤ il bagnarsi; i bagni; balneazione: — *place*, posto dove si può fare il bagno, adatto a fare il bagno.

bathing-cabin ['beɪðɪŋ,kæbɪn] *s.* cabina (di stabilimento balneare) SIN. bathing-hut.

bathing cap ['beɪðɪŋkæp] *s.* cuffia da bagno.

bathing costume ['beɪðɪŋ'kɒstju:m] → **bathing suit**.

bathing-establishment ['beɪðɪŋ ɪ'stæblɪʃmənt] *s.* stabilimento di bagni.

bathing-hut ['beɪðɪŋhʌt] → **bathing-cabin**.

bathing-resort ['beɪðɪŋ,ri:'sɔ:t] *s.* stazione balneare.

bathing suit ['beɪðɪŋsu:t] *s.* costume da bagno SIN. bathing costume, swimsuit, swimming costume.

bathing trunks ['beɪðɪŋ,trʌŋks] *s.* (*solo brit.*) calzoncini da bagno.

batholith ['bæθəlɪθ / batho·lith] *s.* (*geol.*) batolite SIN. bathylith.

bathometer [bə'θɒmɪtə* / ba·tho·meter] *s.* batometro.

bathorse ['bæthɔ:s / bat·horse] *s.* (*mil.*) cavallo da soma.

bathos ['beɪθɒs] *s.* (*ret.*) goffa discesa dal sublime al ridicolo; rappresentazione molto al di sotto dell'attesa.

bathrobe ['bɑ:θrəʊb / bath·robe] *s.* **1** accappatoio **2** (*amer.*) vestaglia BRIT. dressing gown.

bathroom ['bɑ:θrʊm *amer.* 'bæθrʊm / bath·room] *s.* stanza da bagno.

bath-salts ['bɑ:θsɒlts *amer.* 'bæθsɒlts] *s.pl.* sali da bagno.

bath-towel ['bɑ:θ,taʊəl *amer.* 'bæθ,taʊəl] *s.* telo, lenzuolo da bagno.

bathtub ['bɑ:θtʌb / bath·tub] *s.* **1** (*amer.*) vasca da bagno BRIT. bath **2** (*fam. amer.*) limousine **3** (*fam. amer.*) piccola imbarcazione, bagnarola **4** (*antiq.*) tinozza.

bathwater ['bɑ:θ,wɔ:tə* *amer.* 'bæθ,wɔ:tə* / bath·water] *s.* acqua del bagno.

bathyal ['bæθɪəl / bathy·al] *agg.* (*oceanografia*) batiale.

bathylith ['bæθɪlɪθ / bathy·lith] *s.* (*geol.*) → **batholith**.

bathymetric [,bæθɪ'metrɪk / bathy·metric] *agg.* (*oceanografia*) batimetrico.

bathymetry [bə'θɪmɪtrɪ / bathy·metry] *s.* (*oceanografia*) batimetria.

bathyscaphe ['bæθɪskæf / bathy·scaphe] *s.* batiscafo.

bathysphere ['bæθɪ,sfɪə* / bathy·sphere] *s.* batisfera.

batik [bə'ti:k / ba·tik] *s.* (*tess.*) metodo indonesiano di tintura decorativa di tessuti; tessuto decorato con tale procedimento.

batiste [bæ'ti:st / ba·tiste] *s.* batista (tela).

batman ['bætmən / bat·man] *pl.* **batmen** *s.* (*mil.*) ordinanza, attendente.

baton ['bætən *amer.* bə'tɒn] *s.* **1** bastone; manganello (di maresciallo, di poliziotto): — *charge*, carica con i manganelli **2** bacchetta (di direttore d'orchestra) **3** (*sport*) testimone (nelle corse a staffetta).

to **baton** *v.tr.* bastonare.

baton gun ['bætən,gʌn] *s.* fucile a proiettili di gomma.

batrachian [bə'treɪkjən / bat·ra·chian] *agg.* e *s.* (*zool.*) (di) batrace.

bats [bæts] *agg.* (*fam.*) matto; strambo; eccentrico: *he's —!*, è un po' strambo.

batsman ['bætsmən / bats·man] *pl.* **batsmen** *s.* **1** battitore (al cricket, baseball) **2** (*aer.*) segnalatore (di manovre a terra, spec. nell'atterraggio su portaerei).

battalion [bə'tæljən / bat·tal·ion] *s.* (*mil.*) battaglione; (*fig.*) folta schiera.

battels ['bætlz / bat·tels] *s.pl.* retta di collegio (a Oxford).

batten[1] ['bætn / bat·ten] *s.* **1** assicella, tavoletta, listello **2** asse, tavola (per pavimenti) **3** (*mar.*) stecca **4** (*aer.*) bloccapiani **5** luci di scena (fila di lampade fissate su una striscia di legno sospesa).

to **batten**[1] *v.tr.* chiudere con assicelle // *to — down* (*the hatches*), (*mar.*) chiudere (i boccaporti) con rinforzi di legno; (*fig.*) prepararsi per un'emergenza.

batten[2] *s.* (*tess.*) battente.

to **batten**[3] *v.intr.* **1** ingozzarsi: *to — on* (o *upon*) *sthg.*, ingozzarsi con qlco. **2** ingrassare: *to — on s.o.*, (*fig.*) ingrassarsi a spese di qlcu. ◆ *v.tr.* (*ant.*) nutrire, ingrassare: *battening our flocks with the fresh dews of night*, (MILTON) nutrendo le nostre greggi con le fresche rugiade della notte.

batter[1] ['bætə* / bat·ter] *s.* **1** (*cuc.*) pastella **2** (*tip.*) carattere avariato.

to **batter**[1] *v.tr.* **1** colpire, battere: *the waves battered the harbour wall*, le onde colpivano il molo // (*med.*) *battered child syndrome*, sindrome del bambino maltrattato // *to — eggs*, sbattere le uova **2** (*amer.*) elemosinare cibo ecc.: *the hungry hobos battered the back doors of the citizens*, (J. LONDON) i barboni affamati elemosinavano cibo alle porte di servizio delle case ◆ *v.intr.* **1** battere: *to — at the door*, battere ripetutamente alla porta **2** (*artiglieria*) battere; battere in breccia; atterrare.

□ **batter down** *v.tr.* e *avv.* buttare giù, abbattere a colpi.

batter[2] *s.* (*edil.*) pendenza (di muro); scarpa.

to **batter**[2] *v.intr.* (*edil.*) essere in pendenza (di muro); formare una scarpa.

batter[3] *s.* (*amer.*) (*baseball*) battitore.

battering ['bætərɪŋ / bat·ter·ing] *s.* il battere; (*mil.*) il cannoneggiare; il battere in breccia // *to take a* —, (*fig.*) uscire malconcio (da qlco.).

battering ram ['bætərɪŋræm] *s.* (*mil. st.*) ariete.

battering tool ['bætərɪŋtu:l] *s.* (*mecc.*) utensile per martellare.

battery ['bætərɪ / bat·tery] *s.* **1** (*mil.*) batteria: *anti-aircraft* —, batteria contraerea; *coast* —, batteria costiera; *horse* —, batteria a cavallo; *trench-mortar* —, batteria di mortai **2** (*elettr.*) batteria; pila: *the — is dead*, la batteria è scarica; *the radio needs new batteries*, la radio ha bisogno di nuove batterie; *to charge a* —, caricare una batteria; *dry* —, batteria a secco // *storage* —, accumulatore **3** (*mus.*) batteria **4** batteria (da cucina) **5** allevamento (di polli); batteria: — *hens, chicken*, polli da allevamento; — *farming*, allevamento in batteria; — *eggs*, uova d'allevamento **6** (*fig.*) serie, gran numero, mucchio: *I had to take a — of tests*, ho dovuto fare una serie di test **7** (*dir.*) assalto, aggressione // (*assault and*) —, vie di fatto.

battik ['bætɪk / bat·tik] *s.* (*tess.*) → **batik**.

batting ['bætɪŋ / bat·ting] *s.* ovatta (per imbottiture).

battle ['bætl] *s.* **1** battaglia, combattimento: *air* —, battaglia aerea; *to give, to fight a* —, dare battaglia, combattere una battaglia; *to die in* —, morire in combattimento; *to do* (o *to join*) *— with s.o.*, lottare contro qlcu. // — *cry*, grido di battaglia; — *song*, canto di battaglia // *losing* —, (*fig.*) battaglia perdente, perduta // *that's half the* —, (*fig.*) il più è fatto, il passo più importante è compiuto **2** (*ant.*) esercito, parte di un esercito o di una flotta: *what may the king's whole battle reach?*, (SH. Henry IV) a quanto può ammontare l'esercito del re?

to **battle** *v.intr.* combattere, battersi, battagliare: *to — for, against*, combattere per, contro.

battleaxe ['bætlæks / bat·tle·axe] amer. **battleax** *s.* **1** azza **2** (*fam.*) dama di modi autoritari, caporale, sergente maggiore.

battle cruiser ['bætl,kru:zə*] *s.* (*mar.*) incrociatore da battaglia.

battledore ['bætldɔ:* / bat·tle·dore] *s.* racchetta (del volano) // — *and shuttlecock*, il volano.

battle dress ['bætl,dres] *s.* (*mil.*) uniforme da campo.

battlefield ['bætlfi:ld / bat·tle·field] **battleground** ['bætlgraʊnd / battle·ground] *s.* campo di battaglia (*anche fig.*).

battlement ['bætlmənt / bat·tle·ment] *s.* (*arch.*) merlatura; bastione.

battlemented ['bætlməntɪd / bat·tle·mented] *agg.* (*arch.*) merlato.

battle royal [,bætl'rɔɪəl] *pl.* **battles royal**, **battle royals** *s.* (*form., letter.*) (*mil.*) mischia.

battleship ['bætlʃɪp / bat·tle·ship] *s.* (*mar.*) corazzata.

battue [bæ'tu: / bat·tue] *s.* **1** battuta (di caccia) **2** massacro.

batty ['bætɪ] *agg.* (*fam.*) pazzo; strambo.

bauble ['bɔ:bl] *s.* **1** bagatella, bazzecola **2** (*ant.*) giocattolo **3** bastone dei giullari.

baud [bɔ:d] *s.* (*inform.*) baud: — *rate*, velocità di trasmissione in baud.

to **baulk** → to **balk**.

bauxite ['bɔ:ksaɪt / baux·ite] *s.* (*min.*) bauxite.

Bavarian [bə'verɪən / Ba·var·ian] *agg.* e *s.* bavarese.

bavin ['bævɪn] *s.* (*ant.*) **1** fascina, fastello **2** calcare impuro.

bawd [bɔ:d] *s.* (*antiq.*) mezzana.

bawdiness ['bɔ:dɪnɪs / bawdi·ness] *s.* oscenità.

bawdry ['bɔ:drɪ] *s.* (*ant.*) oscenità; linguaggio osceno.

bawdy ['bɔ:dɪ] *agg.* **1** osceno **2** (*ant.*) sporco, macchiato // **-ily** *avv.*

bawdy-house ['bɔ:dɪhaʊs] *s.* (*antiq.*) bordello.

bawl [bɔ:l] *s.* urlo, grido.

to **bawl** *v.tr.* e *intr.* **1** gridare **2** (di bambino) piangere.

□ **bawl out** *v.tr.* e *avv.* **1** sgridare, rimproverare (qlcu.) aspramente **2** urlare, gridare ad alta voce (qlco.).

bawler ['bɔ:lə* / bawl·er] *s.* persona che grida, strilla.

bawling ['bɔ:lɪŋ / bawl·ing] *s.* Ⓤ schiamazzo, schiamazzi; clamore; grida (*pl.*).

bawn [bɔ:n] *s.* **1** fortificazione intorno a una casa **2** recinto per il bestiame.

bay[1] [beɪ] *s.* **1** (*geogr.*) baia, insenatura del mare // *Hudson Bay*, la baia di Hudson **2** incavatura; recesso (nelle montagne) **3** (*amer.*) radura.

bay[2] *s.* **1** (*bot.*) (*Laurus nobilis*) alloro, lauro: — *leaf*, foglia di alloro; — *wreath*, corona d'alloro **2** *pl.* corona della vittoria, lauro: *to win the palm, the oak, or bays*, (A. MARVELL) vincer la palma, la quercia o il lauro.

bay[3] *s.* **1** (*arch.*) campata **2** (*edil.*) recesso; alcova; sporto **3** (*aer.*) vano, comparto: *bomb* —, vano bombiero **4** (*mar.*) ospedale, infermeria di bordo **5** (*ferr.*) binario di raccordo (nelle stazioni) **6** (*mil.*) camminamento (collegamento fra due trincee) **7** (*elettr.*) antenna a dipolo e riflettore.

bay[4] *s.* latrato; abbaio // *to be* (o *to stand*) *at* —, (*fig.*) essere, trovarsi con le spalle al muro; *to keep* (o *hold*) *at* —, tenere a bada; *to bring a deer to* —, ridurre agli estremi un cervo.

to **bay**[4] *v.tr.* e *intr.* abbaiare, latrare (a, contro) // *to* — (*at*) *the moon*, abbaiare alla luna.

bay[5] *agg.* e *s.* baio: *dapple, dark, light* —, baio pomellato, scuro, chiaro.

bay[6] *s.* argine, diga.

to **bay**[6] *v.tr.* (*non com.*) arginare.

bayadere [,bɑ:jə'dɪə* / bay·ad·ere] *s.* baiadera.

bayard ['beɪɑ:d / bay·ard] *s.* **1** cavallo baio **2** (*fig.*) ignorante presuntuoso.

bayberry ['beɪberɪ / bay·berry] *s.* (*bot.*) pimento.

bay-oak ['beɪəʊk] *s.* (*bot.*) (*Quercus robur*) farnia.

bayonet ['beɪənɪt / bay·onet] *s.* baionetta: *with fixed* —, con la baionetta inastata; — *thrust*, baionettata; *fix bayonets!*, baionett'in canna!

to **bayonet** *v.tr.* colpire con la baionetta.

bayou ['baɪu:] *s.* (*nel Nordamerica*) ramo paludoso di un fiume // — *blue*, (*fam. amer.*) whisky di contrabbando e/o di qualità inferiore.

bay-salt [,beɪ'sɔ:lt] *s.* sale da cucina non raffinato.

bay window [,beɪ'wɪndəʊ] *s.* **1** (*arch.*) bovindo **2** (*sl. amer.*) pancione, pancia prominente.

bazaar [bə'zɑ:* / ba·zaar] *s.* **1** bazar **2** vendita di beneficenza.

bazoo [bə'zu:] *s.* (*sl. amer.*) bocca: *close your big* —, chiudi il becco.

bazooka [bə'zu:kə / ba·zooka] *s.* **1** (*mil.*) bazooka; lanciarazzi controcarri **2** (*fam. amer.*) rozzo strumento musicale (formato da un tubo e da un foglio di carta velina).

bazoom [bə'zu:m / ba·zoom] *s.* (*volg. amer.*) seno.

bdellium ['bdelɪəm / bdel·lium] *s.* (*bot.*) bdellio.

be- [bɪ, bə] *pref.* di origine anglosassone; si usa in unione con verbi, aggettivi o sostantivi per formare alcuni verbi **1** (*nel significato gener. di* 'intorno'): *to besprinkle*, spruzzare intorno **2** (*nel significato di* 'completamente, eccessivamente'): *to besmear*, imbrattare **3** (*con significato privativo*): *to betake oneself to*, (*letter.*) andarsene a **4** (*per rendere tr. un v. intr.*): *to benoan*, lamentare ◆ (*in unione con s.* o *agg.*) **1** (*con significato di* 'rendere'): *to besot*, istupidire **2** (*con significato di* 'coprire di, fornire di, trattare come'): *to befriend*, offrire la propria amicizia a; *to becloud*, coprire di nuvole; *bemedalled*, pluridecorato.

to **be** [bi: (*forma forte*) bɪ (*forma debole*)] *pass.* **was** [wɒz (*forma forte*) wəz, wz (*forma debole*)] *p.p.* **been** [bi:n (*forma forte*) bɪn (*forme deboli*)]; *indic. pres. sing.* **am** [æm (*forma forte*)əm, m (*forme deboli*)] **are** [ɑ:* (*forma forte*)ə(*forma debole*)] **is** [ɪz (*forma forte*) z, s (*forme deboli*)]; *pl.* **are** // *indic. pass. sing.* **was, were** [wɜ:* (*forma forte*) wə*(*forma debole*)] **was**; *pl.* **were** // *cong. pres.* **be** // *cong. pass.* **were** *v.* **1** (*con funzione di copula*) essere: *he was very kind to me*, è stato molto gentile con me; *they have been lucky to find a house*, sono stati fortunati a trovare una casa; — *careful!*, (sta') attento!; *don't* — *rude!*, non essere sgarbato!; *it's expensive, isn't it?*, è caro, vero?; *I'm late, aren't I?*, sono in ritardo, non è vero?; *they aren't brothers, are they?*, non sono fratelli, vero? // — *yourself*, sii te stesso // *she was as happy as could* —, era al colmo della felicità **2** (*con funzione di ausiliare, nella forma passiva*) essere, venire: *she is wanted on the phone*, è desiderata al telefono; *he was elected last year*, fu, venne eletto l'anno scorso; *the house is being built*, la casa è in costruzione; *the new bridge will* — *finished next year*, il nuovo ponte sarà terminato l'anno prossimo; *the statue is to* — *found in that museum*, la statua si trova in quel museo // *he is gone*, è andato; è morto // *the sun is set*, il sole è tramontato // *Thy will be done*, sia fatta la Tua volontà **3** (*con funzione di ausiliare, nelle forme progressive*) stare: *he is reading*, sta leggendo, legge; *where are you going?*, dove vai?; *we have been talking to her for half an hour*, stiamo parlando con lei da mezz'ora; *they'll* — *leaving at eight o'clock*, partiranno alle otto; *he had been watching tv for three hours*, guardava la tv da tre ore; *the demonstrators were marching in the rain*, i dimostranti sfilavano sotto la pioggia **4** (*preceduto da* there) esserci: *there is no hope of finding a room in the hotel*, non c'è speranza di trovare una camera in albergo; *there are too many mistakes in this article*, ci sono troppi errori in questo articolo; *how much cheese is there in the fridge?*, quanto formaggio c'è in frigorifero?; *there was no traffic in the streets*, non c'era traffico per le strade // *there is no pleasing him*, non c'è verso di accontentarlo **5** esistere: *God alone is*, solo Dio esiste; *I am*, sono, vivo, esisto // *to* — *or not to* —, (SH. Hamlet) essere o non essere **6** stare, trovarsi; andare; venire: *has anyone been?*, (*fam.*) è venuto qlcu.?; *have you been to see him?*, sei stato, andato a trovarlo?; *he is from India*, viene dall'India; *he is in London now*, ora è, si trova a Londra; *I have been to Rome*, sono stato a Roma **7** stare (di salute): *how are you?*, come stai?; *I am well, ill*, sto bene, male **8** avvenire, accadere; aver luogo: *how can such things* —*?*, come possono accadere cose simili?; *when is the concert?*, quando avrà luogo il concerto?; *when is your birthday?*, quando è il tuo compleanno? **9** costare: *how much is that?, it's five pounds*, quanto costa? costa 5 sterline **10** (*seguito da inf.*) dovere; essere prestabilito: *the plane was to land at 3.15*, l'aereo doveva atterrare alle 3.15; *we were to pay in advance*, dovevamo pagare in anticipo; *when is the wedding to* —*?*, quando sarà il matrimonio?; *he is to* — *helped*, deve essere aiutato, lo si deve aiutare; *he was to have become her husband*, doveva, avrebbe dovuto diventare suo marito; *what am I to do?*, che cosa devo fare? **11** fare, essere (di professione): *he's a doctor, a policeman*, fa il medico, il poliziotto; *she's going to* — *a nurse*, ha intenzione di diventare infermiera **12** (*usato impers.*) essere; fare: *it is five o'clock*, sono le cinque; *it is late*, è tardi; *it was a year since I had seen him*, non lo vedevo da un anno, era un anno che non lo vedevo; *it's to* — *hoped that...*, c'è da sperare che...; *what is it?*, che cosa è?; *who is it?*, chi è?; *it's me* (form. *it's I*), sono io; *it's us* (form. *it's we*), siamo noi; *it is cold, warm today*, oggi fa freddo, caldo **13** (*in particolari espressioni*) avere: *he's twelve (years old)*, ha dodici anni; *to* — *right, wrong, hungry, thirsty, sleepy etc.*, aver ragione, torto, fame, sete, sonno ecc. **14** (*con uso enfatico*): *he is doing his best*, fa proprio del suo meglio; *I am glad to see you!*, son ben contento di vederti! **15** si usa per formare *phrasal verbs* (p.e. *to be about, to be in, to be for* ecc.) cfr. qui sotto.

◆ FRASEOLOGIA: — *it said in confidence*, sia detto in confidenza // — *that as it may*, sia come sia // *let it* —, lascia stare, lasciate stare; *(and) so* — *it*, (e) così sia // *let there* — *light!*, sia fatta la luce // *to* — *fair, honest, frank, I think...*, per essere leale, onesto, sincero, penso... // *it may* —, può essere // *you should inform the authorities whether it* — *to your advantage or not*, (*form.*) dovreste informare le autorità se ciò sia a vostro vantaggio o meno • Con altre forme del v.: *as it were*, per così dire // *for the time being*, per il momento, temporaneamente // *here he is*, eccolo (qui); *there they are*, eccoli (là) // *how far is the river?*, quanto dista il fiume? // *I am for tax reform*, sono, parteggio per la riforma fiscale // *"What's yours?"*, *"Mine's a beer"*, "Che cosa prendi?", "Una birra" // *three and two are five*, tre e due fanno cinque; *twice three is six*, due per tre fa sei // *what is that to me?*, che cosa me ne importa? // *my problem is finding* (o *to find*) *a cheap hotel*, il mio problema è trovare un albergo conveniente // *all you have to do is put the answer*, tutto quello che devi fare è aggiungere la risposta.

□ **be about** *v.* e *avv.* essere in giro, in circolazione: *there's a lot of money about at Christmas*, circolano un sacco di soldi a Natale; *there are a lot of pickpockets about in crowded markets*, ci sono molti borsaioli in giro per i mercati affollati ◆ *v.* e *prep.* essere occupato, intento a: *he was about his business*, era tutto occupato nei suoi affari; *what are you about?*, che cosa stai facendo?; *while you are about it*, già che ci sei.

□ **be above** *v.* e *prep.* → above.

□ **be after** *v.* e *prep.* → after.

□ **be against** *v.* e *prep.* → against.

□ **be ahead** *v.* e *avv.* essere avanti: *Japan is a long way ahead in electronics*, il Giappone è molto avanti nel campo dell'elettronica; *they're ahead of me in learning the language*, sono più avanti di me nell'apprendimento della lingua.

□ **be along** *v.* e *avv.* venire, arrivare: *he'll — along in about an hour*, arriverà fra un'ora circa.

□ **be around** *v.* e *avv.* **1** essere presente: *as a sax player he was around on the jazz scene for twenty years*, è stato presente come sassofonista nell'ambiente jazzistico per vent'anni **2** → to be about **3** essere navigato, essere una persona di mondo: *I don't think she's the right girl for him; she's been around a lot you know*, non credo sia la ragazza adatta a lui; sai, è una che la sa lunga **4** venire, arrivare: *she'll — around this evening*, verrà a trovarci stasera.

□ **be at** *v.* e *prep.* **1** stare addosso: *she's always at him to take her to the theatre*, gli sta sempre addosso perché la porti a teatro **2** rovistare: *the children have been at my cassettes again*, i bambini hanno di nuovo frugato fra le mie cassette // *what the hell is he at?*, cosa diavolo sta combinando?

□ **be away** *v.* e *avv.* **1** essere riposto, essere messo via: *her old love letters were away in the drawer*, le sue vecchie lettere d'amore erano state riposte nel cassetto **2** — *well away*, fare una buona partenza, partire bene; essere alticcio: *the athlete was well away in the first lap*, nel primo giro l'atleta era partito bene; *after two hours in the pub, Uncle Jack was well away*, dopo due ore nel pub, lo zio Jack era già a buon punto (verso una sbronza).

□ **be back** *v.* e *avv.* **1** essere di ritorno, ritornare: *I'll — back in a minute*, sarò di ritorno fra un minuto **2** ritornare al suo posto: *the telly in the living room is back where it was last year*, il televisore nel soggiorno è stato rimesso dov'era l'anno scorso.

□ **be before** *v.* e *prep.* essere prima di, essere davanti a: *she was before me in the waiting list*, era prima di me nella lista d'attesa; *the accused has been before this Court on two previous occasions*, l'accusato è già comparso davanti a questa corte in due precedenti occasioni.

□ **be behind** *v.* e *avv.* essere in arretrato; essere indietro: *she's always behind with her work*, è sempre in arretrato col suo lavoro ◆ *v.* e *prep.* stare dietro a: *we didn't know what was behind his suggestion*, non sapevamo che cosa si nascondeva dietro il suo consiglio.

□ **be below** *v.* e *prep.* essere inferiore a, al di sotto di: *the car's performance is below the level I expected*, la prestazione dell'auto è inferiore alla mia aspettativa; *in rank a corporal is below a sergeant*, il caporale è inferiore di grado al sergente ◆ *v.* e *avv.* (*mar.*) essere sotto coperta: *the decks were cleaned at night when the passengers were below*, i ponti venivano ripuliti di sera quando i passeggeri erano sottocoperta.

□ **be beneath** *v.* e *prep.* → beneath.

□ **be beyond** *v.* e *prep.* → beyond.

□ **be down** *v.* e *avv.* **1** (*fam.*) essere sotto, essere in debito: *when he got up from the roulette table, he was a thousand pounds down*, quando si alzò dal tavolo della roulette, era sotto di mille sterline **2** essere diminuito, essere inferiore: *compared with last month's figures, unemployment this month is down by 2%*, rispetto ai dati del mese scorso, la disoccupazione è scesa questo mese del 2% **3** — *down* (*for*), essere iscritto a, essere in lista per: *his name's down in the list for the ping-pong tournament*, il suo nome è fra gli iscritti al torneo di ping-pong; *I'm down for 20 pounds for their wedding present*, mi sono impegnato a dare 20 sterline per il loro regalo di nozze; *the little boy was already down for Eton even before he was born*, il bambino era già iscritto a Eton ancor prima della sua nascita **4** — *down on*, (*fam.*) stare addosso; avercela con, essere prevenuto contro: *the sportswriters are down on that athlete because of his politics*, i giornalisti sportivi sono prevenuti nei confronti di quell'atleta a causa della sua fede politica; *when he went bankrupt, his creditors were down on him for repayment of all their loans*, quando fallì, i creditori gli stavano addosso per ottenere la restituzione di tutti i loro prestiti **5** — *down to*, essere ridotto a: *at the end of the month, he was down to his last penny*, alla fine del mese, si era ridotto al verde **6** — *down with*, essere ammalato di: *she's down with flu*, è a letto con l'influenza.

□ **be for** *v.* e *prep.* essere in favore di, sostenitore di: *he's for the other party*, è un fautore del partito opposto // *I'm all for having an early holiday*, sarei entusiasta di avere una vacanza anticipata.

□ **be in** *v.* e *avv.* **1** essere in casa, essere presente: *I'll — in tonight*, sarò in casa stasera **2** essere di moda: *black leather's in this year*, quest'anno è di moda il cuoio nero **3** essere raccolto, essere di stagione: *the harvest must — in before it rains*, la messe dev'essere raccolta prima che piova; *April's too early; cherries aren't in till May*, aprile è troppo presto, le ciliege non sono di stagione prima di maggio **4** essere eletto, essere al potere: *the Republicans have been in for a long time*, i repubblicani sono da tempo al potere **5** (*sport*) essere in battuta (nel cricket, nel baseball, e sim.): *when our side was in, a thunderstorm stopped play*, quando eravamo noi in battuta, un temporale fece sospendere il gioco **6** essere al massimo (di marea): *when the tide's in, the ships can sail up the river*, quando la marea è al massimo, le navi possono risalire il fiume **7** — *in for*, essere candidato per, aspirante a (un impiego ecc.); (*sport*) essere iscritto (per gareggiare): *he's in for a manager's job with IBM*, è un aspirante a un posto direttivo presso l'IBM; *the world champion is in for the 5000 metres*, il campione del mondo è iscritto alla gara dei 5000 metri **8** — *in for*, aspettarsi, prevedere: *I think we're in for some nasty weather in February*, penso che dobbiamo aspettarci brutto tempo in febbraio **9** — *in on*, essere al corrente, informato di: *I was in on the new plan from the start*, ero al corrente fin dall'inizio del nuovo progetto **10** — *in with*, farsi amico di: *he's in with the most important politicians*, se la fa con i più importanti uomini politici.

□ **be off** *v.* e *avv.* **1** essere a terra: *he can't ride that bike... look, he's off again!*, non sa andare su quella bicicletta... guarda, è caduto un'altra volta! **2** essersi staccato, essere caduto: *the handle's off*, la maniglia si è di nuovo staccata **3** andarsene in fretta: *it's eight o'clock, I must — off at once*, sono le otto, devo andar via subito **4** essere cancellato, annullato: *they've quarrelled and their engagement's off*, hanno litigato e il fidanzamento è andato a monte **5** non essere più sulla lista, essere esaurito (di piatti ecc.): *'The roast beef's off', the waiter told me*, 'Il roast beef è esaurito', mi disse il cameriere **6** essere tolto, interrotto (di fornitura, servizio ecc.): *the water will — off while they repair the pipes*, toglieranno l'acqua mentre riparano le tubature **7** essere marcio, andare a male: *the milk's off, it's been in the fridge too long*, il latte è andato a male, è stato troppo tempo nel frigo ◆ *v.* e *prep.* non interessarsi (di), non avere più entusiasmo (per): *she's been off her food ever since she had the flu*, da quando ha avuto l'influenza, non ha più appetito // *he must — off his head*, dev'essere pazzo.

□ **be on** *v.* e *avv.* **1** essere in atto, essere indetto: *the talks have fallen through so tomorrow's rail strike is still on*, le trattative sono fallite, quindi lo sciopero ferroviario di domani è confermato **2** essere in scena, in palcoscenico: *hurry up! you're on in a minute!*, sbrigati! vai in scena tra un minuto! **3** essere in programma (di spettacolo teatrale, cinematografico o televisivo): *Hamlet's on at the National Theatre next week*, «Amleto» è in programma al teatro Nazionale la settimana prossima **4** essere acceso, in funzione: *the light was on when I went out*, la luce era accesa quando sono uscito **5** essere attuabile, realizzabile: *the management said my scheme just wasn't on*, la direzione disse che il mio progetto non era affatto attuabile ◆ *v.* e *prep.* **1** toccare come spesa (a): *don't worry, this round's on me*, non preoccuparti, tocca a me pagar da bere questa volta **2** essere scommesso (di denaro): *my money's on the favourite in the next race*, ho puntato sul favorito nella prossima corsa **3** cogliere di sorpresa: *the time went so quickly that summer was on* (o *upon*) *us, before we realized*, il tempo passò così in fretta che l'estate ci colse di sorpresa **4** — *on* (*about*), parlare insistentemente (di); blaterare: *what's he on about now for goodness sake?*, che cosa va blaterando adesso, per amor del cielo? **5** — *on at*, tormentare, assillare: *his wife's always on at him to stop smoking*, la moglie lo tormenta sempre perché smetta di fumare **6** — *well on* (*in to*), essere inoltrato (di tempo): *it was well on into spring but it was still very cold*, era primavera inoltrata eppure faceva ancora molto freddo **7** — *on to*, mettersi in contatto (con); stare dietro (a): *I've been on to British Airways and they don't know anything about my luggage*, mi sono messo in contatto con la British Airways ma non sanno niente del mio bagaglio // *the police are on to the gang that broke into the bank*, la polizia sta braccando la banda che ha rapinato la banca.

□ **be out** *v.* e *avv.* **1** essere fuori, essere assente: *the phone doesn't answer, she must —*

out, il telefono non risponde: dev'essere fuori // (*sport*) *the batsman was out after ten minutes*, il battitore fu eliminato dopo dieci minuti **2** essere in sciopero: *the train drivers are out*, i macchinisti sono in sciopero **3** essere allontanato, estraniato: *if he doesn't follow the club rules, he'll — out for good*, se non seguirà le regole del club, sarà allontanato per sempre **4** (*fig.*) essere fuori; essere pubblicato, essere in vendita: *the sun was out in the morning but it was cloudy in the afternoon*, c'era il sole la mattina, ma nel pomeriggio era nuvoloso; *daisies are already out in February, if not January!*, le pratoline sono già fiorite in febbraio, se non addirittura in gennaio!; *our new colour magazine is out on Tuesdays*, il nostro settimanale a colori esce il martedì // *the secret was out as soon as she came back from holiday*, fu svelato il segreto appena tornò dalle vacanze **5** essere finito: *before the month's out*, prima della fine del mese **6** essere spento: *this milk will never boil, the gas is out!*, questo latte non bollirà mai, il gas è spento! **7** essere inesatto, sbagliato: *he was a long way out in his forecast of the results*, era ben lungi dall'essere esatto nelle sue previsioni dei risultati **8** essere vietato: *smoking in the library is strictly out*, è severamente vietato fumare in biblioteca **9** essere fuori moda: *long skirts are definitely out this year*, quest'anno le gonne lunghe sono decisamente fuori moda **10** essere al minimo (di marea): *when the tide is out you can walk along the beach*, quando c'è la bassa marea si può camminare lungo la spiaggia **11** essere deciso, risoluto: *he's out to make a reputation at all costs*, è deciso a farsi una fama a tutti i costi **12** — *out for*, essere alla caccia di, mirare a: *she's out for anything she can get*, mira a ottenere tutto quello che può **13** — *out from*, essere lontano da, al largo di: *our ship was 200 miles out from New York when a storm blew up*, la nostra nave era 200 miglia al largo di New York quando scoppiò un temporale **14** — *out in*, essere presente, partecipare: *students were out in large numbers at the demo*, gli studenti parteciparono in massa alla dimostrazione **15** — *out of*, essere, rimanere privo di: *he's been out of a job for over a year*, è senza lavoro da oltre un anno; *I'm sorry, miss, we're out of peaches today*, spiacente, signorina, siamo rimasti senza pesche oggi.

□ **be over** *v.* e *avv.* **1** essere finito, terminare: *the party was over by midnight*, per mezzanotte la festa era finita **2** essere rimasto, avanzare: *there was a lot of bread over*, era avanzato un sacco di pane **3** venire, andare a trovare: *my mother-in-law will be over at the weekend*, verrà a trovarci mia suocera per il fine settimana.

□ **be through** *v.* e *avv.* **1** aver chiuso, terminato (un rapporto): *he's let me down once too often: now, I'm through*, mi ha mancato di parola una volta di troppo: ora, ho chiuso; *after their last quarrel, she's through with him for ever*, dopo il loro ultimo litigio, ha chiuso con lui per sempre **2** — *through to*, essere in linea, parlare al telefono con: *you're through to Rome, sir*, Roma è in linea, signore.

□ **be up** *v.* e *avv.* **1** essere aumentato (di prezzo): *petrol is up again*, la benzina è aumentata ancora **2** essere residente, vivere: *my parents are still up in Scotland*, i miei genitori risiedono ancora in Scozia **3** essere terminato, scadere: *next year his time as President will be up*, l'anno prossimo scadrà il suo mandato di Presidente **4** essere in piedi, essere sveglio: *I was up half the night with toothache*, sono stato sveglio metà della notte per il mal di denti **5** apparire, presentarsi; essere all'ordine del giorno: *he was up in court for stealing a car*, dovette comparire in tribunale per aver rubato una macchina; *the new salary proposals were up for discussion at the meeting last night*, all'incontro di ieri sera erano all'ordine del giorno le nuove proposte salariali // *he'll — up for election next year*, si candiderà per le elezioni l'anno prossimo // *what's up?*, che succede? // *something was up*, qualcosa bolliva in pentola // *I knew that something was up when I saw his face*, capivo che qlco. era andato storto quando vidi la sua faccia **6** — *up* (*against*), dover affrontare, essere di fronte (a): *he's up against some real problems in his job*, deve affrontare seri problemi nel suo lavoro // *they were up against it*, erano in serie difficoltà.

□ **be up to** *v.* e *avv.* e *prep.* **1** essere immerso in, intento a: *I don't know what he's up to*, non so che cosa stia combinando **2** — *up to*, toccare, spettare (a): *it's up to you to find an answer to this problem*, tocca a voi trovare una soluzione a questo problema **3** — *up to*, essere all'altezza: *it was a difficult task and he wasn't up to it*, era un compito difficile e lui non era all'altezza.

□ **be upon** *v.* e *prep.* → to be on.

□ **be with** *v.* e *prep.* **1** essere alle dipendenze (di), lavorare per: *I'm with a big computer firm now*, ora lavoro per una grossa ditta di calcolatori **2** seguire, riuscire a comprendere: *well, as you can see, that's an outline of the project. Are you with me?*, dunque, come potete vedere, quello è uno schema del progetto. Mi seguite? **3** sostenere: *if you decide to protest then we're with you*, se decidete di contestare, allora siamo tutti con voi.

beach [bi:tʃ] *s.* **1** spiaggia; riva; lido **2** ghiaia marina ♦ *agg.* da spiaggia: — *umbrella*, ombrellone // — *bum*, (*fam. amer.*) bullo da spiaggia.

to **beach** *v.tr.* **1** tirare a riva (un'imbarcazione) **2** togliere a un capitano il comando della nave e destinarlo a un servizio a terra.

beachboy ['bi:tʃbɔɪ / beach·boy] *s.* (*amer.*) bagnino.

beach buggy ['bi:tʃ,bʌgɪ] *s.* 'pulce della sabbia', veicolo fuoristrada con ruote larghe (per poter viaggiare sulla sabbia) SIN. dune buggy.

beachchair ['bi:tʃtʃeə* / beach·chair] *s.* (*amer.*) sedia a sdraio BRIT. deckchair.

beachcomber ['bi:tʃ,kəʊmə* / beach·comber] *s.* **1** frangente **2** uomo che vive di ciò che il mare rigetta sulla spiaggia.

beached [bi:tʃt] *agg.* **1** dotato di spiaggia **2** (*mar.*) tirato a secco.

beach-flea ['bi:tʃ,fli:] *s.* (*zool.*) pulce di mare → **sand-hopper**.

beach-grass ['bi:tʃ,græs] *s.* (*bot.*) (*Ammophila arenaria*) ammofila.

beachhead ['bi:tʃhed / beach·head] *s.* (*mil.*) testa di sbarco.

beaching ['bi:tʃɪŋ / beach·ing] *s.* alaggio.

beach-master ['bi:tʃ,mɑ:stə* *amer.* 'bi:tʃ ,mæstə*] *s.* (*mil.*) ufficiale che dirige le operazioni di sbarco.

beachwear ['bi:tʃweə* / beach·wear] *s.* abbigliamento da spiaggia.

beachy ['bi:tʃɪ] *agg.* sassoso, ghiaioso.

beacon ['bi:kən] *s.* **1** segnale; (*ant.*) fuoco di segnalazione **2** (*mar.*) faro **3** (*aer.*) (*radio*) —, radiofaro **4** → Belisha beacon.

to **beacon** *v.tr.* (*non com.*) **1** illuminare **2** munire di fuochi o fari di segnalazione ♦ *v.intr.* risplendere come un faro (*anche fig.*).

bead [bi:d] *s.* **1** grano (di rosario, di collana ecc.); perlina di vetro **2** goccia (di rugiada, di sudore); bolla **3** *pl.* collana; rosario: *to tell one's beads*, dire il rosario **4** mirino (di fucile): *to draw a — on s.o., sthg.*, puntare su, mirare a qlcu., qlco. **5** (*arch.*) modanatura **6** (*mecc.*) nervatura.

to **bead** *v.tr.* ornare di perline ♦ *v.intr.* **1** imperlarsi **2** infilare perline **3** (*mecc.*) nervare.

beadhouse ['bi:dhaʊs / bead·house] *s.* (*ant.*) ricovero per poveri.

beading ['bi:dɪŋ / bead·ing] *s.* **1** (*arch.*) modanatura **2** (*mecc.*) bordatura; nervatura; cordone (di saldatura).

beadle ['bi:dl] *s.* (*antiq.*) **1** scaccino, sagrestano **2** mazziere **3** portiere (di università, college) **4** usciere.

beadledom ['bi:dldəm / beadle·dom] *s.* (*antiq.*) stupido formalismo.

beadsman ['bi:dzmən / beads·man] *pl.* **beadsmen** *s.* (*ant.*) **1** uomo ricoverato in un ospizio di mendicità e tenuto a pregare per altri **2** (*scoz.*) mendicante.

beadswoman ['bi:dz,wʊmən / beads·woman] *pl.* **beadswomen** ['bi:dz,wɪmɪn / beads·women] *s.* forma f. di **beadsman**.

beadwork ['bi:dwɜ:k / bead·work] *s.* guarnizione di perline.

beady ['bi:dɪ] *agg.* **1** piccolo e lucente **2** imperlato.

beagle ['bi:gl] *s.* **1** (*zool.*) bracchetto **2** (*amer.*) usciere (di tribunale).

beak[1] [bi:k] *s.* **1** becco; rostro **2** (*fam.*) naso **3** (*mar.*) sperone, rostro **4** corno (di incudine) **5** beccuccio (di teiera ecc.).

to **beak**[1] *v.tr.* beccare.

beak[2] *s.* (*sl. antiq.*) **1** magistrato **2** maestro di scuola.

beaked [bi:kt] *agg.* **1** munito di becco, di rostro **2** rostrato.

beaked-carp [,bi:kt'kɑ:p] *s.* (*zool. pop.*) lasca → **dace**.

beaker ['bi:kə*] *s.* **1** bicchiere (di plastica) **2** (*chim.*) beaker; bicchiere di vetro temperato **3** (*letter.*) coppa; calice: *o for a beaker full of the warm South*, (KEATS) o per un calice colmo del caldo Sud.

beakful ['bi:kfʊl / beak·ful] *s.* imbeccata.

be-all and end-all ['bi:ɔ:lənd'endɔ:l] *s.* la cosa più importante; l'alfa e l'omega, il principio e la fine.

beam[1] [bi:m] *s.* **1** trave **2** bure, stanga (dell'aratro); timone (della carrozza) **3** giogo (della bilancia); bilancia **4** (*mar.*) fuso (dell'ancora); baglio; larghezza massima (della nave); la parte più larga (della nave) // *broad in the —*, (*fam.*) larga di fianchi (di persona) **5** (*tess.*) subbio **6** asta (delle corna del cervo).

beam[2] *s.* **1** raggio; bagliore; sprazzo di luce; (*fig.*) sorriso **2** fascio (di radiazioni) // (*fis.*

nucleare) — *hole*, canale d'irradiazione **3** (*rad.*, *aer.*) segnale unidirezionale // (*aer.*) *on, off the* —, sulla rotta giusta, sbagliata // *to be off (the)* —, (*fam.*) sbagliare.

to **beam**[2] *v.intr.* **1** emettere radiazioni, irradiare; brillare, sfavillare: *his eyes were beaming with joy*, gli sfavillavano gli occhi di gioia **2** sorridere radiosamente ♦ *v.tr.* **1** orientare, dirigere (mediante antenna direzionale); trasmettere unidirezionalmente **2** individuare, localizzare (mediante ricevitore unidirezionale).

beam-ends [ˌbi:m'endz] *s.pl.* nelle loc.: *on her* —, (*di nave*) sul fianco; *on one's* —, (*sl.*) al verde.

beam-engine ['bi:mˌendʒɪn] *s.* macchina a vapore a bilanciere.

beaming ['bi:mɪŋ / beam·ing] *agg.* raggiante ♦ *s.* irraggiamento.

beamless ['bi:mlɪs / beam·less] *agg.* senza raggi.

beamy ['bi:mɪ] *agg.* (*non com.*) **1** fulgido, radioso **2** massiccio; vasto, largo **3** ramoso (di corna di cervo).

bean [bi:n] *s.* **1** (*bot.*) (*Phaseolus vulgaris*) fagiolo (seme, baccello, pianta) // — *pod* (o — *shell*), baccello // *French beans*, fagiolini verdi // *to know how many beans make five*, essere intelligente // *he hasn't (got) a* —, non ha un soldo // *he isn't worth a* —, non vale niente // *to spill the beans*, rivelare un segreto // *to be full of beans*, essere su di giri // *to give s.o. beans*, (*fam.*) dare a qlcu. una lavata di capo **2** (*fam. amer.*) testa; cocuzzolo // *old* —, caro amico, mio caro **3** (*baseball*) lancio che mira deliberatamente alla testa del battitore **4** *pl.* (*sl. amer.*) poco, quasi niente: *he doesn't know beans about it*, non ne sa quasi niente.

to **bean** *v.tr.* (*fam. amer.*) colpire alla testa.

bean-eater ['bi:ni:tə*] *s.* (*fam. amer.*) **1** abitante di Boston o del New England **2** messicano (spec. di umili origini).

beanery ['bi:nərɪ / bean·ery] *s.* (*fam. amer.*) ristorante scadente.

beanfeast ['bi:nfi:st / bean·feast] *s.* (*brit. fam.*) festa.

beanie [bi:nɪ] *s.* (*amer.*) cappello senza ala o tesa; berretto, basco.

beanpole ['bi:npəʊl / bean·pole] *s.* **1** tutore (per piante rampicanti) **2** (*fam.*) persona alta e smilza.

beansprout ['bi:nspraʊt / bean·sprout] *s.* (*bot.*) germoglio di fagiolo.

beanstalk ['bi:nstɔ:k / bean·stalk] *s.* gambo di pianta di fagiolo.

to **bear**[1] [beə*] *pass.* **bore** [bɔ:*] *p.p.* **borne** [bɔ:n] *nel senso 4* **born** [bɔ:n] *v.tr.* **1** (*form.*) portare (*anche fig.*), recare; sorreggere, sostenere: *he was bearing a wreath*, portava una corona di fiori; *the wounded were borne away on stretchers*, i feriti furono portati via con le barelle; *six pillars — the roof*, sei pilastri sostengono il tetto; *the car bore French number-plates*, l'auto aveva una targa francese; *his face bore signs of grief*, il suo volto portava i segni del dolore; *every piece bore a number*, ogni pezzo aveva un numero; *to — arms*, portare le armi; *to — a grudge*, portare rancore // *to — sthg. in mind*, tenere a mente qlco. // *to — reference to*, riferirsi a // *to — witness*, deporre, testimoniare // *to — comparison with*, reggere il paragone con **2** sopportare, tollerare: *the grief was too great to* —, il dolore era intollerabile; *he bore the pain bravely*, sopportò il dolore con coraggio; *I cannot — him*, non lo posso soffrire; *I cannot — him speaking to me*, non sopporto che mi parli; *I can't — to look*, non posso guardare; *many people can't — rock music*, molti non sopportano la musica rock // *to — hard*, sopportare a malincuore; (*ant.*) non amare: *Caesar doth bear me hard*, (SH. Julius Caesar) Cesare non mi ama **3** (*econ.*) fruttare: *to — a 10% rate of interest*, fruttare un interesse del 10% **4** generare, produrre, partorire: *she bore three sons*, ha avuto tre figli; *this tree bears no fruit*, quest'albero non dà frutti // *he was born in 1911*, nacque nel 1911 **5** spingere, forzare; premere // *they were borne forward by the crowd*, furono spinti in avanti dalla folla // *to bring to* —, far pesare: *he brought all his authority to — on the minister*, fece pesare tutta la sua autorità sul ministro **6** girare, voltare; dirigersi: — (*to the*) *right at the corner*, all'angolo gira a destra **7** *to — oneself*, (*form.*) comportarsi: *she bore herself well*, si comportò bene.

□ **bear away** *v.tr.* e *avv.* portare via ♦ *v.intr.* e *avv.* deviare dalla propria rotta.

□ **bear down** *v.tr.* e *avv.* (*form.*) vincere, superare: *to — down all resistance*, superare ogni resistenza ♦ *v.intr.* e *avv.* (*on, upon*) **1** avanzare velocemente (verso): *the car was bearing down on us at great speed*, l'automobile avanzava velocemente verso di noi **2** (*med.*) spingere (durante il travaglio) **3** premere con forza; (*fig.*) gravare: *you have to — down on the lever quite hard*, devi premere sulla leva con forza **4** (*fig.*) gravare (su); avere la mano pesante (con): *new taxes — down hard on workers*, nuove tasse gravano sui lavoratori; *the court bore down* (*hard*) *on him*, il giudice ha avuto la mano pesante con lui.

□ **bear on, upon** *v.intr.* e *prep.* avere relazione, rapporto con: *I can't see how this bears on your problem*, non vedo che relazione abbia con il tuo problema.

□ **bear out** *v.tr.* e *avv.* avvalorare, confermare: *his story was borne out by later evidence*, nuove prove avvalorarono la sua versione.

□ **bear up** *v.intr.* e *avv.* resistere, reggere, tener duro: *he bore up well after the news of his wife's death*, ha retto bene alla notizia della morte di sua moglie // *your story just doesn't — up at all*, la tua storia non sta proprio in piedi.

□ **bear with** *v.intr.* e *prep.* aver pazienza (con), sopportare (qlco., qlcu.): — *with me for the moment, I will explain later*, abbi pazienza un momento, poi ti spiego; *bear with me, / my heart is in the coffin there with Caesar*, (SH. Julius Caesar) abbiate pazienza, il mio cuore è nella bara con Cesare.

bear[2] *s.* **1** (*zool.*) orso: *she* —, orsa; *polar* (o *sea*) —, (*Ursus maritimus*) orso bianco, orso polare // (*astr.*) *the Great, Little Bear*, (*astr.*) l'Orsa Maggiore, Minore // *what a —!*, che orso! // *to be like a — with a sore head*, essere di umore nero **2** (*Borsa*) orso, speculatore al ribasso, ribassista: *covered* —, ribassista coperto (cioè in possesso dei titoli che ha venduto a termine) // — *market*, mercato al ribasso; — *covering*, acquisto di copertura; — *sale*, vendita allo scoperto; *to go a* —, speculare al ribasso, vendere allo scoperto.

to **bear**[3] *v.intr.* (*Borsa*) speculare al ribasso ♦ *v.tr.* provocare un ribasso.

bearable ['beərəbl / bear·able] *agg.* sopportabile // **-bly** *avv.*

bear-baiting ['beəbeɪtɪŋ] *s.* combattimento di cani contro un orso.

bearberry ['beəbərɪ / bear·berry] *s.* (*bot.*) (*Arctosaphilos uva-ursi*) uva ursina.

bearbind ['beəbaɪnd / bear·bind] non com. **bearbine** ['beəbaɪn / bear·bine] *s.* (*bot.*) (*Convolvulus arvensis*) vilucchio.

bear-cat ['beəkæt] *s.* (*zool.*) → **panda**.

beard [bɪəd] *s.* **1** barba: *thin* —, barba rada; *to grow a* —, lasciarsi crescere la barba; *to wear a* —, portare la barba **2** (*bot.*) resta (di una spiga).

to **beard** *v.tr.* sfidare: *to — the lion in his den*, sfidare il leone nel suo covo; (*fig.*) affrontare l'ira di qlcu.

bearded ['bɪədɪd / bear·ded] *agg.* **1** barbuto **2** (*bot.*) aristato.

bearded usnea ['bɪədɪdʌsnɪə] *s.* (*bot.*) barba di bosco → **usnea**.

beardless ['bɪədlɪs / beard·less] *agg.* **1** senza barba **2** (*bot.*) (frumento) mutico.

bearer ['beərə*] *s.* **1** portatore, latore: — *of good news*, latore di buone notizie; (*econ.*) *interest* —, fruttifero // (*comm.*): *payable to* —, pagabile al portatore; — *cheque*, assegno al portatore; — *bond*, obbligazione di ente pubblico al portatore; — *debenture*, obbligazione al portatore; — *securities*, titoli al portatore **2** (*form.*) portatore, possessore: *the passport contains the —'s photo*, il passaporto reca la fotografia del titolare **3** (*arch.*) sostegno, supporto **4** (*di pianta*) che dà frutti: *it's a good* —, dà molti frutti.

bearing ['beərɪŋ / bear·ing] *s.* **1** portamento, aria: *he was a man of regal* —, quell'uomo aveva un portamento regale **2** condotta, contegno **3** relazione, rapporto: *his comments have no — on the case*, i suoi commenti non hanno alcun rapporto con il caso **4** tolleranza, sopportazione: *beyond* (o *past*) —, insopportabile **5** (*arch.*) sostegno; supporto **6** (*mecc.*) supporto, cuscinetto **7** (*mar.*) rilevamento: *compass* —, lettura della bussola; *to get* (o *find* o *take*) *one's bearings*, calcolare, trovare la posizione, (*fig.*) orientarsi; *to lose one's bearings*, (*anche fig.*) perdere l'orientamento **8** (*arald.*) arme, insegna **9** direzione; (*topografia*) direzione, azimut **10** capacità di produrre (di pianta); capacità di figliare (di animale); frutto; raccolto: *the cow is past* —, la vacca non è più in età fertile.

bearing *agg.* **1** che porta, portante: — *surface*, superficie portante **2** (*scient.*) (*usato spec. nei composti*) che produce; che contiene: *oil-* —, petrolifero; *fruit-* —, fruttifero (di albero).

bearing brass ['beərɪŋˌbrɑ:s *amer.* 'beərɪŋ ˌbræs] *s.* (*mecc.*) bronzina.

bearing down [ˌbeərɪŋ'daʊn] *s.* (*med.*) travaglio.

bearish ['beərɪʃ / bear·ish] **bearlike** ['beəlaɪk / bear·like] *agg.* **1** da orso, di orso; poco socievole; grossolano, rozzo **2** (*Borsa*) tendente al ribasso: *the market is* —, il mercato (azionario) tende al ribasso.

bear's breech ['beəz'bri:tʃ] *s.* (*pop.*) → **acanthus**.

bear's foot ['beəzfʊt] *s.* (*pop.*) → **hellebore**.

bearskin ['beəskın / bear·skin] *s.* **1** pelle d'orso **2** colbacco (di pelo d'orso).

bear trap ['beətræp] *s.* (*fam. amer.*) controllo a sorpresa della velocità (delle auto) • Collegato a *Smokey Bear*, soprannome della polizia stradale.

beast [bi:st] *s.* **1** bestia, animale: *— of burden*, bestia da soma; *wild —*, bestia feroce // *to make a — of oneself*, ridursi come una bestia, abbruttirsi **2** (*fig.*) animale; bruto: *he is a —!*, è un animale // *the Beast*, l'Anticristo **3** *pl.* bestiame (*sing.*) **4** (*sl. amer.*) ragazza brutta.

beastie ['bi:stı] *s.* (*fam.*) bestiola.

beastlike ['bi:stlaık / beast·like] *agg.* bestiale; da bestia.

beastliness ['bi:stlınıs / beast·li·ness] *s.* **1** bestialità, brutalità **2** oscenità, turpitudine **3** (*fam. amer.*) cosa sgradevole, spiacevole.

beastly ['bi:stlı] *agg.* **1** bestiale, brutale **2** sporco, lurido, schifoso: *this place is in a — condition*, questo posto è in uno stato schifoso; *what — weather!*, che tempo orribile! ◆ *avv.* terribilmente: *he was — drunk*, era ubriaco fradicio.

beat [bi:t] *s.* **1** il battere; colpo (di tamburo) **2** pulsazione, battito (del polso ecc.) **3** (*mus.*) ritmo; battuta: *the music has got a Brazilian —*, la musica ha un ritmo brasiliano **4** zona di sorveglianza (di sentinella, di agente di polizia); ronda **5** esponente della 'beat generation' **6** (*spec. pl.*) (*fis.*) battimento **7** (*mecc.*) battuta **8** (*mar.*) bordata.

to **beat** *pass.* **beat** *p.p.* **beaten** ['bi:tn] **beat** *v.tr.* **1** battere; picchiare, colpire, percuotere: *to — the grass with a stick*, battere l'erba con un bastone; *his father used to — him*, il padre era solito picchiarlo; *to — s.o. to death*, picchiare a morte qlcu. // *to — s.o. black and blue*, *to — the living daylight out of s.o.*, (*amer.*) *to — s.o.'s brains out*, conciare qlcu. per le feste // *to — time*, (*mus.*) battere il tempo // *to — one's brain*, lambiccarsi il cervello // *to — a dead horse*, (*sl. amer.*) combattere una battaglia persa // *— it!*, (*fam.*) fila via! vattene! smamma! **2** sbattere: *to — the wings*, sbattere le ali; *— two eggs together and add sugar*, sbatti due uova e poi aggiungi lo zucchero **3** percorrere in lungo e in largo, battere: *the police were beating the countryside for the fugitive*, la polizia batteva la campagna alla ricerca del fuggiasco; *to — the streets*, battere le strade **4** battere, vincere: *Tottenham beat Arsenal five one*, Tottenham ha battuto l'Arsenal cinque a uno; *he beat me at tennis the other day*, mi ha battuto a tennis l'altro giorno; *you can't — that restaurant for good food*, quel ristorante è insuperabile per la buona cucina // *to — the record*, battere il record // *we are leaving early to — the weekend rush*, partiamo presto per battere sul tempo, evitare l'esodo del weekend // *that beats everything* (o amer. *that beats the band)!*, non è possibile!, è il colmo! // *to — the band*, (*fam. amer.*) a spron battuto; *to — the gun*, (*fam. amer.*) finire prima del segnale di chiusura // *you can't — it!*, (*fam.*) ma va!, questa è forte! **5** (*fam.*) sconcertare, lasciare perplesso: *what beats me is...*, quello che mi sconcerta è...; *it beats me!*, non saprei! **6** (*mecc.*) battere, martellare **7** (*fam.*) gabbare; (*amer.*) defraudare ◆ *v.intr.* **1** battere, picchiare (su, contro): *the rain beat on the roof*, la pioggia batteva sul tetto; *the waves beat against the harbour wall*, le onde sbattevano sul molo // *to — to arms*, (*mil.*) suonare a raccolta **2** sbattere (di ali) **3** battere, pulsare.

□ **beat about** *v.intr.* e *prep.* **1** (*form.*) cercare affannosamente (via d'uscita ecc.) // *to — about the bush*, (*fam.*) menare il can per l'aia **2** (*mar.*) cambiare direzione (di nave).

□ **beat back** *v.tr.* e *avv.* respingere.

□ **beat down** *v.intr.* e *avv.* (*on*) colpire duramente (di sole, pioggia ecc.): *the sun is beating down hard today*, il sole picchia oggi; *rain was beating down on the poor village huts*, la pioggia sferzava le povere capanne del villaggio ◆ *v.tr.* e *avv.* (*fam.*) abbassare; far abbassare il prezzo a: *competition beats prices down*, la concorrenza abbassa i prezzi; *he asked me 50 pounds for that coat but I beat him down to 41*, mi aveva chiesto 50 sterline per quel cappotto ma l'ho fatto scendere a 41.

□ **beat in** *v.tr.* e *avv.* rompere picchiando; sfondare.

□ **beat off** *v.tr.* e *avv.* respingere (assalto, nemici).

□ **beat out** *v.tr.* e *avv.* **1** suonare (un motivo) con uno strumento a percussione **2** estinguere a colpi (un fuoco).

□ **beat up** *v.tr.* e *avv.* **1** picchiare selvaggiamente: *he accused the police of beating him up*, accusò la polizia di maltrattamenti **2** sbattere (le uova) **3** → to drum up ◆ *v.intr.* e *avv.* partire contro vento.

beat *agg.* **1** (*sl.*) stanco morto **2** relativo a, della 'beat generation'.

beaten ['bi:tn] *agg.* **1** battuto // *that's off the — track*, (*fam.*) è fuori mano **2** battuto, martellato (di metallo) **3** (*fig.*) abbattuto, prostrato **4** (*fam. amer.*) confuso, perplesso.

beaten-up [,bi:tn'ʌp] *agg.* malconcio, malandato, in cattive condizioni.

beater ['bi:tə*] *s.* **1** battitore // *carpet —*, battitappeto // *egg —*, sbattiuova **2** (*tecn.*) (macchina) battitrice; sfibratrice.

beat generation ['bi:t,dʒenə'reıʃn] *s.* 'beat generation' (negli Stati Uniti una corrente intellettuale anticonformista degli anni '50).

beatific(al) [,bi:ə'tıfık(l) / be·atif·ic·(al)] *agg.* beatifico; beato // **-ally** *avv.*

beatification [bi:,ætıfı'keıʃn / be·ati·fica·tion] *s.* (*eccl.*) beatificazione.

to **beatify** [bi:'ætıfaı / be·atify] *v.tr.* **1** (*eccl.*) beatificare **2** rendere felice.

beating ['bi:tıŋ / beat·ing] *s.* **1** bastonata; (*fig.*) punizione: *to give a —*, bastonare, punire; *to get a —*, (*fam.*) essere bastonato, punito **2** battito (di cuore, d'ali ecc.) **3** sconfitta // *it will take some —*, (*fam.*) sarà difficile da superare (in bravura, bellezza ecc.).

beating up [,bi:tıŋ'ʌp] *s.* **1** (*fam.*) pestaggio **2** (*tess.*) battuta della trama; addensamento.

beatitude [bi:'ætıtju:d / be·ati·tude] *s.* beatitudine.

beatnik ['bi:tnık / beat·nik] *s.* esponente della 'beat generation'.

beat-up ['bi:tʌp] *agg.* (*fam.*) malridotto, in pessime condizioni, malconcio.

beau [bəʊ] *pl.* **beaux**, **beaus** [bəʊz] *s.* **1** (*antiq.*) damerino, zerbinotto; cicisbeo **2** (*amer.*) fidanzato, amante.

beaut [bju:t] *s.* (*sl.*) → **beauty** 3.

beauteous ['bju:tjəs / beau·te·ous] *agg.* (*poet.*) bello; vago.

beautician [bju:'tıʃn / beau·ti·cian] *s.* estetista.

beautiful ['bju:təfʊl / beau·ti·ful] *agg.* bello, leggiadro; stupendo, magnifico; eccellente: *a — girl*, una bella ragazza; *a very — garden*, un bellissimo giardino; *a — player*, un eccellente giocatore; *—!*, stupendo! // (*fil.*) *the —*, il bello; la bellezza; *— contest*, concorso di bellezza.

beautifully ['bju:təflı / beau·ti·fully] *avv.* in modo bello, leggiadro; perfettamente, in modo mirabile, eccelso.

to **beautify** ['bju:tıfaı / beau·tify] *v.tr.* abbellire; ornare.

beauty ['bju:tı] *s.* **1** bellezza, beltà, vaghezza; perfezione di lineamenti **2** donna bella: *she was no —*, non era certo una bella donna // *the Sleeping Beauty*, la Bella Addormentata **3** (*fam.*) meraviglia, bellezza: *your new car is a —*, la tua nuova macchina è una bellezza; *that's the — of this plan, it can't go wrong*, il bello di questo piano è che non può fallire ◆ *agg.* (*per lo più nei composti*) di bellezza: *— products*, prodotti di bellezza; *— queen*, reginetta (di bellezza).

beauty parlour ['bju:tıpɑ:lə*] **beauty salon** ['bju:tısælɒn] amer. **beauty shop** ['bju:tıʃɒp] *s.* istituto di bellezza, salone di bellezza.

beauty sleep ['bju:tısli:p] *s.* (*gener. scherz.*) il primo sonno, il sonno delle ore fino a mezzanotte: *I must go to bed now or I'll miss my —*, devo andare a letto adesso o addio bellezza!

beauty spot ['bju:tıspɒt] *s.* **1** neo artificiale **2** luogo pittoresco.

beaver[1] ['bi:və* / bea·ver] *s.* **1** (*zool.*) castoro // *eager —*, persona molto operosa **2** (*pl. invar.*) pelliccia, cappello di castoro **3** (*sl.*) barba; uomo con barba.

beaver[2] *s.* parte inferiore della visiera di un elmo.

to **beaver away** [bi:vərə'weı] *v.intr.* e *avv.* (*fam. spec. brit.*) lavorar sodo.

beaver-rat ['bi:vəræt] *s.* (*zool.*) (*Hydromys chrysogaster*) idromide orientale.

bebop ['bi:bɒp / be·bop] *s.* 'be-bop' (tipo di musica jazz degli anni '40).

to **becalm** [bı'kɑ:m / be·calm] *v.tr.* abbonacciare // *to be becalmed*, (*mar.*) essere in bonaccia.

became *pass.* di to **become**.

because [bı'kɒz / be·cause] *cong.* **1** perché, poiché: *they can't come — they are busy*, non possono venire perché sono occupati; *"Why are you late today?" "Because I missed my usual train"*, "Perché sei in ritardo oggi?" "Perché ho perso il mio solito treno"; *"I couldn't contact them" "Why?" "Because their phone is out of order"*, "Non ho potuto mettermi in contatto con loro" "Perché?" "Perché il loro telefono non funziona" **2** per il fatto che: *just — he's been to university doesn't mean he's intelligent*, solo per il fatto che è andato all'università, non significa che sia intelligente **3** *— of*, a causa di, per: *— of his illness he cannot work*, a causa della sua malattia non può lavorare; *it was — of his experience in Africa that he got the job*, ottenne l'impiego grazie alla sua esperienza in Africa.

beccafico [ˌbekəˈfiːkəʊ / bec·ca·fico] *pl.* **beccafico(e)s** *s.* (*zool.*) (*Sylvia borin*) beccafico SIN. fig-eater, figpecker.

bechamel [ˈbeɪʃəmel / bech·amel] *s.* (*cuc.*) besciamella.

to **bechance** [bɪˈtʃɑːns / be·chance] *v.intr.* (*ant.*) accadere (per caso).

bêche-de-mer [ˌbeɪʃdəˈmeə*] *pl. invar.* o **bêches-de-mer** *s.* (*zool.*) oloturia, cetriolo di mare, trepang SIN. sea cucumber, trepang.

beck[1] [bek] *s.* (*non com.*) cenno, segno (col capo, col dito) // *to be at s.o.'s — and call*, essere sempre agli ordini di qlcu.

to **beck**[1] (*poet.*) → to **beckon**.

beck[2] *s.* ruscello (di montagna).

becket [ˈbekɪt] *s.* (*mar.*) gancio, uncino, anello di fissaggio; manetta.

to **beckon** [ˈbekən] *v.tr.* e *intr.* chiamare con un cenno; fare un cenno (a): *he beckoned, and the waiter came over*, fece un cenno e il cameriere venne; *he beckoned (to) me to come closer*, mi fece un cenno di avvicinarmi.

to **becloud** [bɪˈklaʊd / be·cloud] *v.tr.* (*non com.*) annuvolare; oscurare.

to **become** [bɪˈkʌm / be·come] *pass.* **became** [bɪˈkeɪm / be·came] *p.p.* **become** [bɪˈkʌm / be·come] *v.intr.* **1** diventare, divenire: *he became very thin*, diventò molto magro; *the sky became darker and darker*, il cielo divenne sempre più scuro; *to — acquainted with*, fare la conoscenza di **2** accadere; avvenire: *what has — of him?*, che ne è di lui? // *to — due*, scadere // *to — final*, (*dir.*) passare in giudicato (di legge) ◆ *v.tr.* addirsi a; stare bene a; essere conveniente, adatto a: *a hat that becomes her*, un cappello che le dona; *cynicism doesn't become you*, il cinismo non ti si addice.

becoming [bɪˈkʌmɪŋ / be·com·ing] *agg.* (*form.*) adatto, conveniente, appropriato; che si addice, che dona: *with a — smile*, con un sorriso di circostanza // **-ly** *avv.* // **-ness** *s.*

becquerel [ˌbekəˈrel / bec·querel] *s.* (*fis. nucleare*) becquerel (unità di misura).

bed [bed] *s.* **1** letto: *single —*, letto singolo, a una piazza; *double —*, letto a due piazze, matrimoniale; *twin beds*, letti gemelli; *folding —*, letto pieghevole; *spring —*, (letto) elastico; *bunk —*, letto a castello; *spare —*, letto in più, disponibile; *fold-away —*, letto estraibile; *to be in —*, essere a letto; *to go* (o *get*) *to —*, andare a letto; *to get into —*, entrare nel letto; *to make a —*, rifare un letto; *a 600 — hotel*, un albergo con 600 posti letto; *— and board*, pensione completa; *— and breakfast*, camera e prima colazione // *to lie in —*, giacere a letto; *to keep to one's —*, essere allettato, essere costretto a letto // *to get out of — on the wrong side*, (*fig.*) alzarsi col piede sbagliato // *to lie on a — of roses*, (*fig.*) giacere in un letto di rose // *to go to — with s.o.*, andare a letto con qlcu. // *you have made your — now you must lie on it*, (*fig.*) ti sei messo nei guai, ora arrangiati // *to go to one's narrow —*, morire **2** lettiera **3** aiuola **4** letto, alveo (di corso d'acqua); fondo (di mare) **5** fondo, fondo stradale **6** (*geol.*) strato **7** (*chim.*) letto: *catalyst —*, letto di catalizzatore; *fluidized —*, letto fluidizzato **8** (*mecc.*) basamento; bancale, banco **9** (*ant.*) matrimonio.

to **bed** *pass.p.p.* **bedded** [ˈbedɪd / bed·ded] *v.tr.* **1** mettere a letto **2** (*fig.*) portare a letto, andare a letto con **3** fissare; (*mecc.*) assestare **4** (*bot.*) mettere a dimora, piantare (fiori ecc.) **5** sistemare in strati ◆ *v.intr.* **1** (*zool.*) mettersi a giocare (di animali) **2** (*geol.*) stratificarsi.

□ **bed down** *v.tr.* e *avv.* mettere a letto: *at ten the kids were bedded down*, alle dieci i bambini furono messi a letto ◆ *v.intr.* e *avv.* **1** mettersi a dormire (in un letto di fortuna): *we bedded down in a barn for the night*, passammo la notte in un granaio **2** consolidarsi; assestarsi (di materiale trasportato).

□ **bed out** *v.tr.* e *avv.* (*agr.*) trapiantare.

to **bedabble** [bɪˈdæbl / be·dabble] *v.tr.* (*non com.*) spruzzare, inzaccherare.

bedad [bɪˈdæd / be·dad] *inter.* (*irl.*) per Bacco!

to **bedaub** [bɪˈdɔːb / be·daub] *v.tr.* (*ant.*) **1** imbrattare di colore; (*fig.*) dipingere male **2** vestire in modo sgargiante.

to **bedazzle** [bɪˈdæzl / be·dazzle] *v.tr.* abbagliare.

bedbug [ˈbedbʌg / bed·bug] *s.* (*zool.*) cimice AMER. chinch.

bedchamber [ˈbedˌtʃeɪmbə* / bed·cham·ber] *s.* (*ant.*) camera da letto // *Gentleman of the Bedchamber*, gentiluomo di camera.

bedclothes [ˈbedkləʊðz / bed·clothes] *s.pl.* biancheria e coperte da letto.

bedded [ˈbedɪd / bed·ded] *agg.* **1** coricato **2** (*geol.*) stratificato.

bedder [ˈbedə* / bed·der] *s.* **1** chi fa i letti (specialmente per gli studenti dei college inglesi) **2** (*bot.*) piantina (da trapianto).

bedding [ˈbedɪŋ / bed·ding] *s.* **1** quanto serve per un letto (coperte, materasso ecc.) **2** lettiera **3** fondo (di strada ecc.) **4** (*geol.*) stratificazione: *— plane*, piano di stratificazione **5** trapianto in aiuola (di piantine).

to **bedeck** [bɪˈdek / be·deck] *v.tr.* ornare, abbellire; decorare: *the room was bedecked with posters*, la stanza era tutta decorata di manifesti.

to **bedevil** [bɪˈdevl / be·devil] *v.tr.* **1** rendere la vita difficile a, tormentare: *to be bedevilled with problems*, essere assillati da una serie di problemi **2** maltrattare **3** rendere indemoniato.

bedevilment [bɪˈdevlmənt / be·dev·il·ment] *s.* (*antiq.*) **1** confusione **2** l'essere indemoniato.

to **bedew** [bɪˈdjuː *amer.* bɪˈduː / be·dew] *v.tr.* (*poet.*) irrorare: *bedewed with tears*, bagnato di lacrime.

bedfast [ˈbedfəst / bed·fast] *agg.* costretto a letto SIN. bedridden.

bedfellow [ˈbedˌfeloʊ / bed·fel·low] *s.* **1** compagno di letto **2** compagno.

bedight [bɪˈdaɪt / be·dight] *agg.* (*ant.*) ornato.

to **bedim** [bɪˈdɪm / be·dim] *pass.p.p.* **bedimmed** [bɪˈdɪmd / be·dimmed] *v.tr.* (*non com.*) oscurare, offuscare.

to **bedizen** [bɪˈdaɪzn / be·dizen] *v.tr.* (*ant.*) vestire in modo sgargiante.

bed-jacket [ˈbedˌdʒækɪt] *s.* (*abbigl.*) liseuse.

bedlam [ˈbedləm / bed·lam] *s.* **1** (*fig.*) manicomio, confusione, baraonda **2** (*ant.*) manicomio; pazzo: *Bedlam have done*, (SH. King John) Pazzo smettila.

bedlamite [ˈbedləmaɪt / bed·lam·ite] *s.* (*ant.*) matto, pazzo.

bed linen [ˈbedˌlɪnɪn] *s.* biancheria da letto.

Bedouin [ˈbedʊɪn / bed·ouin] *agg.* e *s.* beduino.

bedpan [ˈbedpæn / bed·pan] *s.* padella (per infermi).

bedplate [ˈbedpleɪt / bed·plate] *s.* (*tecn.*) basamento; piastra di fondazione // platea di fondo (di una fornace).

bedpost [ˈbedpəʊst / bed·post] *s.* colonna (di letto a baldacchino) // *between you, me, and the —*, (*fam.*) detto fra me e te.

bedraggled [bɪˈdrægld / be·draggled] *agg.* in disordine.

to **bedrench** [bɪˈdrentʃ / be·drench] *v.tr.* inzuppare.

bedridden [ˈbedˌrɪdn / bed·rid·den] *agg.* allettato, costretto a letto SIN. bedfast.

bedrock [ˈbedrɒk / bed·rock] *s.* **1** (*geol.*) roccia in posto, roccia fresca **2** (*fig.*) base, fondamento.

bed-roll [ˈbedrəʊl] *s.* sacco a pelo; coperta arrotolata (per facilitarne il trasporto).

bedroom [ˈbedrʊm / bed·room] *s.* camera da letto.

bedside [ˈbedsaɪd / bed·side] *s.* fianco del letto; capezzale: *the priest visited the — of the sick*, il prete andò al capezzale dell'infermo // *— manner*, modi rassicuranti (specialmente di medico).

bed-sit [ˌbedˈsɪt] **bed-sitter** [ˌbedˈsɪtə*] **bed-sitting room** [ˈbedˌsɪtɪŋˈruːm] *s.* camera-soggiorno.

bedsore [ˈbedsɔː* / bed·sore] *s.* (*med.*) piaga da decubito.

bedspread [ˈbedspred / bed·spread] *s.* copriletto.

bedstead [ˈbedsted / bed·stead] *s.* telaio del letto.

bedtime [ˈbedtaɪm / bed·time] *s.* l'ora di andare a letto.

bed warmer [ˈbedwɔːmə*] *s.* scaldaletto; prete (*fam.*).

bed-wetting [ˈbedwetɪŋ] *s.* (*med.*) enuresi (notturna).

bee[1] [biː] *s.* **1** (*zool.*) ape: *queen —*, ape regina; (*fig.*) persona che si dà molta importanza; *worker —*, ape operaia // *busy —*, (*fam.*) gran lavoratore; persona indaffarata // *to have a — in one's bonnet*, avere un'idea fissa, una mania // *he thinks he's the — 's kness*, si crede chi sa chi **2** (*amer.*) incontro, riunione, gara amichevole; (*sl.*) idea, ossessione.

bee[2] *s.* (*ant.*) anello di metallo.

bee-bread [ˈbiːbred] *s.* miscela di polline e miele.

beech [biːtʃ] *s.* (*bot.*) (*Fagus sylvatica*) faggio.

beechen [ˈbiːtʃən] *agg.* (*letter.*) (*bot.*) di faggio.

beech-marten [ˌbiːtʃˈmɑːtɪn *amer.* ˌbiːtʃ ˈmɑːtn] *s.* (*zool.*) (*Martes foina*) faina.

beech-mast [ˈbiːtʃmɑːst *amer.* ˈbiːtʃmæst] **beech-nut** [ˈbiːtʃnʌt] *s.* (*bot.*) faggiola, faggina.

beech-oil ['bi:tʃɔɪl] *s.* olio di faggiola.

beechwood ['bi:tʃwʊd / beech·wood] *s.* (*bot.*) faggeta, faggeto.

bee-eater ['bi:,i:tə*] *s.* (*zool.*) (*Merops apiaster*) gruccione.

beef [bi:f] *s.* **1** manzo; carne di manzo: *boiled* —, manzo lesso; *roast* —, arrosto di manzo; *salt* —, manzo salato; *tinned* — (o amer. *canned* —), manzo in scatola // — *cubes*, dadi di carne **2** bue da macello **3** (*fam.*) muscolo **4** (*fam. amer.*) forza **5** (*sl. amer.*) lamento; protesta.

to **beef** *v.intr.* (*sl.*) **1** lamentarsi **2** (*fam. amer.*) rafforzare, dare forza, vigore.

□ **beef up** *v.intr.* e *avv.* (*fam.*) rimpolpare: *the show is not bad but needs to be beefed up with a couple of good songs*, lo spettacolo non è male ma andrebbe rimpolpato con un paio di belle canzoni.

beefcake ['bi:fkeɪk / beef·cake] *s.* (*fam.*) 'mister muscolo'.

beefeater ['bi:f,i:tə* / beef·eater] *s.* **1** guardia della Torre di Londra **2** (*fam. amer.*) inglese.

beefsteak ['bi:fsteɪk / beef·steak] *s.* bistecca.

beeftea ['bi:f'ti: / beef·tea] *s.* brodo ristretto.

beef-wood ['bi:fwʊd] *s.* legno rosso (di varie specie).

beefy ['bi:fɪ] *agg.* muscoloso; solido.

bee-glue ['bi:glu:] *s.* propoli → **propolis**.

beehive ['bi:haɪv / bee·hive] *s.* alveare, arnia.

beekeeper ['bi:ki:pə* / bee·keep·er] *s.* apicoltore SIN. bee-master.

beekeeping ['bi:ki:pɪŋ / bee·keep·ing] *s.* apicoltura.

beekie [bi:kɪ] *s.* (*fam. amer.*) (in una società, grossa ditta e simili) chi fa la spia per conto della direzione.

beeline ['bi:laɪn / bee·line] *s.* linea retta: *to make a — for*, (*fam.*) dirigersi direttamente e in fretta verso, a, precipitarsi verso, a.

bee-liner ['bi:laɪnə*] *s.* (*ferr.*) automotrice.

bee-master ['bi:mɑ:stə* *amer.* 'bi:mæstə*] → **beekeeper**.

been [bi:n *amer.* bɪn] *p.p.* di to **be**.

beep [bi:p] *s.* **1** trillo, squillo (del telefono): *to give a* —, (*fam.*) dare un colpo di telefono **2** suono di clacson (d'automobile).

to **beep** *v.intr.* **1** far squillare (telefono, citofono ecc.) **2** dare un colpo di clacson.

beeper ['bi:pə*] *s.* cicalino, avvisatore acustico.

beer [bɪə*] *s.* birra: *bitter* —, birra amara; *draught* —, birra alla spina; *small* —, (*non com.*) birra leggera; (*fig.*) cosa poco importante // — *belly* (o — *gut*), (*fam.*) stomaco dilatato, 'pancetta' // — *money*, denaro per le piccole spese // *not to be all — and skittles*, non essere tutto rose e fiori.

beer-garden ['bɪəgɑ:dn] *s.* birreria all'aperto.

beer-house ['bɪəhaʊs] *s.* (*non com.*) birreria.

beer-pump ['bɪəpʌmp] *s.* macchina per spillare la birra.

beery ['bɪərɪ] *agg.* **1** di birra **2** ubriaco di birra.

beestings ['bi:stɪŋz / beest·ings] *s.pl.* colostro (di vacca).

beeswax ['bi:zwæks / bees·wax] *s.* cera vergine.

beeswing ['bi:zwɪŋ / bees·wing] *s.* (*non com.*) **1** pellicola del vino **2** vino vecchio (che mostra una pellicola).

beet [bi:t] *s.* → **sugar beet** e **beetroot**.

beetle[1] ['bi:tl] *s.* (*zool.*) **1** coleottero, scarabeo **2** (*black*) —, scarafaggio → **cockroach** **3** (*sl., aut.*) Maggiolino® (Volkswagen).

to **beetle**[1] *v.intr.*: *to — away* (o *off*), scappar via, correre via, filarsela.

beetle[2] *s.* **1** mazzuolo **2** pestello.

to **beetle**[2] *v.tr.* battere col mazzuolo.

beetle[3] *agg.* (*non com.*) prominente; irsuto // — *brows*, sopracciglia folte, cespugliose.

to **beetle**[3] *v.intr.* (*non com.*) sporgere (di sopracciglia); strapiombare (di roccia); incombere (del destino).

beetle-browed ['bi:tlbraʊd] *agg.* dalle sopracciglia folte, cespugliose; (*fig.*) accigliato.

beetle-crusher ['bi:tlkrʌʃə*] *s.* (*sl.*) scarpone, stivalone.

beetroot ['bi:tru:t / beet·root] *s.* (*bot.*) (*Beta vulgaris rubra*) barbabietola rossa // *as red as a* —, (*fam.*) rosso come un peperone (spec. per timidezza).

beezer ['bi:zə*] *s.* (*sl.*) naso.

to **befall** [bɪ'fɔ:l / be·fall] *pass.* **befell** [bɪ'fel] *p.p.* **befallen** [bɪ'fɔ:lən] *v.tr.* e *intr.* (*form.*) accadere (a); succedere (a): *no harm will — you*, non ti accadrà niente di male; *whatever may — him*, qualunque cosa gli possa succedere; *sweet joy befall thee!*, (W. BLAKE) dolce gioia sia la tua sorte!

to **befit** [bɪ'fɪt / be·fit] *pass.p.p.* **befitted** [bɪ'fɪtɪd / be·fit·ted] *v.tr.* (*form.*) convenire a; addirsi a: *it does not — you to...*, non si addice a te di...; *the wine, as befits a three-star restaurant, was excellent*, il vino, come si addice a un ristorante tre stelle, era eccellente.

befitting [bɪ'fɪtɪŋ / be·fit·ting] *agg.* (*form.*) conveniente, adatto.

to **befog** [bɪ'fɒg *amer.* bɪ'fɔ:g / be·fog] *pass.p.p.* **befogged** [bɪ'fɒgd *amer.* bɪ'fɔ:gd / be·fogged] *v.tr.* (*non com.*) annebbiare, confondere; offuscare; ottenebrare.

to **befool** [bɪ'fu:l / be·fool] *v.tr.* (*non com.*) trattare da sciocco; mettere in ridicolo.

before [bɪ'fɔ:* / be·fore] *avv.* prima, precedentemente; già: *I told you* —, te l'ho già detto; *I have seen you* —, vi ho già visto; *to go on* —, andare avanti: *if I'm late, go on — to the restaurant*, se tardo, precedetemi al ristorante; *to go on as* —, andare avanti come prima; *she had arrived the week* —, era arrivata la settimana prima; *have you ever been to London —?*, sei già stato a Londra?; *he had never seen the pyramids* —, non aveva mai visto le piramidi prima di allora.

before *prep.* **1** (*in espressioni di tempo*) prima (di); davanti a: *you spoke — me*, hai parlato prima di me; *I met him just — Easter*, lo incontrai poco prima di Pasqua; *she's very young, she has her whole life — her*, è molto giovane, ha tutta la vita davanti; — *the war*, prima della guerra // *Before Christ* (*abbr.* B.C.), avanti Cristo // — *long*, fra non molto // *the night — last*, l'altra notte // *you are — your time*, tu precorri i tempi // (*trib.*) — *tax profit*, utile al lordo delle imposte **2** (*in espressioni di spazio*) di fronte a, davanti a: *he stopped — the gate*, si fermò davanti al cancello; — *the judge, the court*, dinanzi al giudice, al tribunale; *he has a hard task — him*, ha di fronte un difficile compito // *public opinion is changing — the pressure of the mass media*, l'opinione pubblica sta cambiando sotto la pressione dei mass media // *he put the welfare of his family — the demands of his job*, davanti alle esigenze di lavoro metteva il bene della famiglia // — *God and man*, davanti a Dio e agli uomini.

before *cong.* prima che; piuttosto che: *come and see me — you leave*, venite a trovarmi prima di partire; *I would die — I told him*, morirei piuttosto che dirglielo; *it was a long time — we reached San Francisco*, fu molto tempo prima che arrivassimo a San Francisco; *think — you speak*, rifletti prima di parlare; *he always has breakfast — going to work*, fa sempre colazione prima di andare al lavoro; *she had to pass the entrance exam — the college accepted her*, ha dovuto superare l'esame di ammissione prima di essere accettata dal 'college'.

beforehand [bɪ'fɔ:hænd / be·fore·hand] *avv.* anticipatamente, in anticipo; prima: *I had rung — to book a seat*, avevo telefonato in anticipo per prenotare una poltrona; *if you want to come and see me, ring* —, se vuoi venire a trovarmi telefona prima ◆ *agg.* precipitoso, affrettato.

beforetime [bɪ'fɔ:taɪm / be·fore·time] *avv.* (*ant.*) tempo fa; precedentemente; anticamente; altre volte.

to **befoul** [bɪ'faʊl / be·foul] *v.tr.* insudiciare.

to **befriend** [bɪ'frend / be·friend] *v.tr.* essere, mostrarsi amico di; aiutare, favorire.

to **befuddle** [bɪ'fʌdl / be·fuddle] *v.tr.* confondere, mandare in confusione.

to **beg** [beg] *pass.p.p.* **begged** [begd] *v.intr.* **1** chiedere l'elemosina, mendicare: *the old woman begged outside the supermarket*, l'anziana donna chiedeva l'elemosina fuori dal supermercato // *if it's going begging I'll have it*, se non lo vuole nessuno lo prendo io **2** (*form.*) permettersi: *I — to differ*, mi permetto di non essere d'accordo **3** (*comm.*) pregiarsi: *I — to state*, mi pregio comunicarvi // *we — to acknowledge receipt of your letter*, accusiamo ricevuta della pregiata vostra ◆ *v.tr.* **1** (III, IV) domandare insistentemente, pregare, supplicare: *to — s.o. to do sthg.* (o *to — s.o. for sthg.*), chiedere insistentemente a qlcu. di fare qlco.; *she begged the judge to release her son*, supplicò il giudice di rilasciare suo figlio **2** (III, IV) domandare, chiedere: *to — a favour of* (o *from*) *s.o.*, chiedere un favore a qlcu.; *to — s.o.'s pardon*, chiedere scusa a qlcu.; *I — your pardon*, chiedo scusa.

□ **beg off** *v.intr.* e *avv.* disdire un impegno scusandosi.

begad [bɪ'gæd / be·gad] *inter.* (*antiq.*) perdinci!

began *pass.* di to **begin**.

to **beget** [bɪ'get / be·get] *pass.* **begot** [bɪ'gɒt / be·got] *p.p.* **begot**, **begotten** [bɪ'gɒtn / be·got·ten] *v.tr.* (*form.*) **1** generare, procreare; far nascere // (*teol.*) *the only Begotten of the Father*, il Figlio unigenito del Padre **2** causare, cagionare; suscitare: *the transport crisis* *begot food shortages*, la crisi nei trasporti creò la mancanza di prodotti alimentari.

begetter [bɪ'getə* / be·get·ter] *s.* (*form.*) generatore, padre; (*fig.*) autore.

beggar ['begə* / beg·gar] *s.* **1** accattone; povero; mendicante, pezzente // *beggars can't be choosers*, (*prov.*) o mangiar questa minestra o saltar quella finestra **2** (*fam.*) individuo, tipo; furfante: *you lucky —!*, che tipo fortunato!; *poor little —!*, poveraccio!; *you insolent —!*, furfante insolente!

to **beggar** *v.tr.* (*form.*) ridurre alla mendicità, in miseria; impoverire // *to — description*, superare qualsiasi descrizione: *it's too beautiful, it beggars description*, è troppo bello, è al di là di ogni descrizione.

beggarly ['begəlɪ / beg·garly] *agg.* mendico, misero, povero; sordido; meschino, gretto: *— action*, azione meschina, vile; *— clothes*, abiti a brandelli ◆ *avv.* miserabilmente, miseramente.

beggar-my-neighbour [ˌbegəmɪ'neɪbə*] *s.* rubamazzetto (gioco di carte).

beggar's lice ['begəzˌlaɪs] *s.* (*bot.*) (*Galium aparine*) attaccamani.

beggary ['begərɪ / beg·gary] *s.* **1** mendicità; indigenza; (*fig.*) miseria: *to be reduced to —*, essere ridotti alla mendicità **2** (*non com.*) gli indigenti (*pl.*).

begging ['begɪŋ / beg·ging] *agg.* mendicante: *— friar*, frate questuante ◆ *s.* mendicità, accattonaggio.

begging-letter ['begɪŋˌletə*] *s.* lettera per sollecitare offerte, sottoscrizioni.

to **begin** [bɪ'gɪn / be·gin] *pass.* **began** [bɪ'gæn / be·gan] *p.p.* **begun** [bɪ'gʌn / be·gun] *v.tr.* e *intr.* (II) (in)cominciare, iniziare: *he began (his career) as a journalist*, iniziò (la sua carriera) come giornalista; *he finished the first book, and began on the second at once*, finì il primo libro e iniziò subito il secondo; *he began reading* (o *to read*) *the letter*, cominciò a leggere la lettera; *how did this —?*, com'è cominciato?; *the quotation that begins his paper was...*, la citazione iniziale del suo articolo era...; *to — by doing sthg.*, cominciare col fare qlco.: *he began by asking our names*, cominciò col chiedere i nostri nomi; *his speech began a long discussion*, il suo intervento diede inizio a un lungo dibattito // *to — again*, ricominciare // *to — at the beginning*, per cominciare dal principio // *to — with*, in primo luogo, per cominciare // *well begun is half done*, (*prov.*) chi ben comincia è a metà dell'opera.

beginner [bɪ'gɪnə* / be·gin·ner] *s.* principiante, esordiente; iniziatore; novizio: *—'s luck*, la fortuna del principiante.

beginning [bɪ'gɪnɪŋ / be·gin·ning] *s.* **1** principio, inizio, esordio, origine: *the — of that book was very interesting*, l'inizio del libro era molto interessante; *the beginnings of industrial civilization*, le origini della civiltà industriale **2** (*inform.*) inizio: *— file label*, etichetta di inizio di un file, di un archivio; *— of tape marker*, marca di inizio di nastro.

to **begird** [bɪ'gɜ:d / be·gird] *pass.* **begirded** [bɪ'gɜ:dɪd / be·girded] *p.p.* **begirt** [bɪ'gɜ:t / be·girt] *v.tr.* (*ant.*) cingere, circondare; accerchiare.

begone [bɪ'gɒn *amer.* bɪ'gɔ:n / be·gone] *inter.* (*ant.*) andate via!

begonia [bɪ'gəʊnjə / be·go·nia] *s.* (*bot.*) begonia SIN. **elephant's ear**.

begorra [bɪ'gɒrə / be·gorra] *inter.* (*irl.*) perdinci!

begot *pass. p.p.* di to **beget**.

begotten *p.p.* di to **beget**.

to **begrime** [bɪ'graɪm / be·grime] *v.tr.* annerire; sporcare.

to **begrudge** [bɪ'grʌdʒ / be·grudge] *v.tr.* **1** invidiare **2** lesinare; dare malvolentieri: *don't — me a few pounds!*, non lesinarmi poche sterline!

to **beguile** [bɪ'gaɪl / be·guile] *v.tr.* **1** illudere; ingannare; imbrogliare // *to — the time*, ingannare, far passare il tempo **2** incantare, sedurre.

beguilement [bɪ'gaɪlmənt / be·guile·ment] *s.* (*non com.*) **1** inganno **2** seduzione, allettamento.

beguiler [bɪ'gaɪlə* / be·guiler] *s.* (*non com.*) seduttore.

beguiling [bɪ'gaɪlɪŋ / be·guil·ing] *agg.* accattivante: *a — smile*, un sorriso accattivante.

beguinage ['begɪnɪdʒ / be·guin·age] *s.* (*st.*) beghinaggio.

beguine[1] ['begɪn / be·guine] *s.* (*st.*) beghina.

beguine[2] [bə'gi:n] *s.* (*mus.*) béguine.

begum ['beɪgəm / be·gum] *s.* regina, principessa indiana.

begun *p.p.* di to **begin**.

behalf [bɪ'hɑ:f *amer.* bɪ'hæf / be·half] *s.* profitto, vantaggio, interesse, favore, pro; parte: *on* (amer. *in*) *— of s.o.*, *on* (amer. *in*) *s.o.'s —*, nell'interesse, a favore di qlcu.; per conto, a nome di qlcu.

to **behave** [bɪ'heɪv / be·have] *v.intr.* **1** agire, portarsi, comportarsi bene: *— yourself!*, comportati bene!, sta buono!; *he behaved like a hero*, si comportò da eroe **2** funzionare (di macchina).

behavior e *deriv.* (*amer.*) → **behaviour** e *deriv.*

behaviour [bɪ'heɪvjə / be·ha·vi·our] *s.* Ⓤ **1** comportamento, condotta, contegno: *his — towards me shows that he doesn't like me*, il suo comportamento verso di me mostra che non gli piaccio // *to be on one's best —*, comportarsi al meglio // (*dir.*): *good —*, buona condotta; *good — allowances*, riduzioni di pena per buona condotta // (*psic.*) *— therapy*, terapia comportamentale **2** (*mecc.*) comportamento; (modalità di) funzionamento.

behavioural [bɪ'heɪvjərəl / be·ha·vi·oural] *agg.* comportamentale, del comportamento: *the — sciences*, scienze del comportamento.

behaviourism [bɪ'heɪvjərɪzəm / be·ha·vi·our·ism] *s.* psicologia del comportamento, comportamentismo; behaviorismo.

behaviourist [bɪ'heɪvjərɪst / be·ha·vi·our·ist] *s.* comportamentista, behaviorista.

to **behead** [bɪ'hed / be·head] *v.tr.* decapitare.

beheading [bɪ'hedɪŋ / be·head·ing] *s.* decapitazione.

beheld *pass. p.p.* di to **behold**.

behemoth [bɪ'hi:mɒθ / be·he·moth] *s.* (*Bibbia*) animale enorme.

behest [bɪ'hest / be·hest] *s.* (*form.*) comando, ordine: *it was done at the — of the president*, fu eseguito per ordine del presidente; *disobedient opposition to you and your behests*, (SH. Romeo and Juliet) disubbidire a voi e ai vostri ordini.

behind [bɪ'haɪnd / be·hind] *avv.* **1** dietro; indietro; posteriormente: *first came the tanks and — there marched the infantry*, prima venivano i carri armati, dietro marciava la fanteria; *to come —*, seguire; *to leave —*, lasciare indietro, dimenticare: *he left his umbrella —*, dimenticò l'ombrello; *to stay —*, stare indietro; *from —*, da dietro: *they hit him from —*, lo colpirono da dietro; *not far —* (o *close —*), subito dopo; *a long way —*, molto indietro **2** in arretrato, in ritardo: *to be — with* (o *in*) *one's work*, essere in arretrato, in ritardo col lavoro **3** si usa per formare *phrasal verbs* (p.e. *to fall —*, *to stay —* ecc.); cfr. tali verbi.

behind *prep.* dietro (a) (*anche fig.*): *the road runs — the stadium*, la strada passa dietro lo stadio; *— the counter*, dietro il banco, lo sportello; *— the curtain*, dietro la tenda; *he closed the gate — him*, chiuse il cancello dietro di sé; *look — you!*, guardati alle spalle!; *to walk close — s.o.*, camminare dietro a qlcu.; *the unhappy love affair was at last — her*, l'infelice storia d'amore era finalmente alle sue spalle; *he had a lot of experience — him*, aveva alle spalle una lunga esperienza; *our country is — Japan in electronics*, il nostro paese viene dietro al Giappone nel campo dell'elettronica; *— the scenes*, (*anche fig.*) dietro le quinte // *— the Iron Curtain*, al di là della Cortina di ferro // *to be — the times*, essere antiquato, fuori moda, in arretrato coi tempi // *— s.o.'s back*, all'insaputa, alle spalle di qlcu. // *he left three children — him*, morì lasciando tre figli // *there is sthg. — this*, (*fig.*) c'è sotto qlco. // *the whole party was — the reform*, tutto il partito era a favore della riforma // *nobody knew what lay — his offer*, nessuno sapeva cosa si nascondeva dietro la sua offerta.

behind *s.* (*fam.*) didietro; sedere.

behindhand [bɪ'haɪndhænd / be·hind·hand] *avv.* e *agg. pred.* in arretrato, in ritardo: *I am — with my work*, sono in ritardo con il mio lavoro.

to **behold** [bɪ'həʊld / be·hold] *pass.p.p.* **beheld** [bɪ'held / be·held] *v.tr.* (*letter.*) guardare, vedere, scorgere; osservare, contemplare: *lo and —!*, ecco! guarda!; *her eyes were open, but she still beheld / ..., the vision of her sleep*, (KEATS) i suoi occhi erano aperti ma ancora contemplava..., ciò che nel sonno aveva visto; *behold her single in the field / yon solitary Highland Lass*, (WORDSWORTH) guardala sola nel campo quella solitaria fanciulla degli altipiani.

beholden [bɪ'həʊldən / be·holden] *agg.* obbligato, grato: *I am — to my uncle for my success*, sono grato a mio zio per il mio successo.

beholder [bɪ'həʊldə* / be·hold·er] *s.* spettatore; osservatore: *beauty is in the eye of the —*, (*prov.*) la bellezza sta nell'occhio di chi guarda.

behoof [bɪ'hu:f / be·hoof] *s.* (*ant.*) vantaggio, profitto, interesse.

to **behoove** [bɪ'hu:v] (*amer.*) → to **behove**.

to **behove** [bɪ'həʊv / be·hove] *v.tr. impers.* (*form.*) essere necessario, doveroso, giusto; convenire: *it behoved him to take the nicest* *care*, (STERNE) era suo interesse prendersene molta cura.

beige [beɪʒ] *agg.* e *s.* (colore) beige.

be-in [bi:'ɪn] *s.* (*fam. amer.*) raduno pacifico di giovani.

being ['bi:ɪŋ / be·ing] *agg.* presente, attuale: *for the time* —, per il momento, per ora ◆ *s.* **1** essere vivente, creatura: *human beings*, esseri umani // *the Supreme Being*, Dio, l'Ente Supremo **2** l'essere, esistenza: *in* —, esistente, in vita; vigente, in vigore; *to call, to bring into* —, (*form.*) dare vita a; *to come into* —, avere origine.

bejabers [bɪ'dʒæbəz / be·jabers] *inter.* (*irl.*) santo cielo!

to **bejewel** [bɪ'dʒu:əl / be·jewel] *pass.p.p.* **bejewelled** [bɪ'dʒu:əld / be·jew·elled] *v.tr.* ornare con gioielli.

bel [bel] *s.* (*fis.*) bel (unità di misura).

to **belabour** [bɪ'leɪbə* / be·la·bour] *v.tr.* **1** battere, bastonare, picchiare **2** (*fig.*) attaccare, assalire con parole **3** dilungarsi su (un argomento, una questione ecc.).

belated [bɪ'leɪtɪd / be·lated] *agg.* **1** tardo; tardivo, che giunge in ritardo: *I wrote her my — congratulations*, le scrissi in ritardo le mie congratulazioni; *sometimes came upon belated travellers*, (CH. BRONTË) talvolta si imbatteva in viaggiatori ritardatari **2** (*ant.*) sorpreso dall'oscurità.

belatedly [bɪ'leɪtɪdlɪ / be·lated·ly] *avv.* tardivamente.

to **belaud** [bɪ'lɔ:d / be·laud] *v.tr.* (*antiq.*) lodare soverchiamente.

to **belay** [bɪ'leɪ / be·lay] *v.tr.* **1** (*mar.*) dar volta // — *there!*, (*sl. mar.*) ferma!, fermatevi!, basta! **2** (*alpinismo*) assicurare (una corda).

belaying pin [bɪ'leɪɪŋpɪn] *s.* (*mar.*) caviglia; galloccia.

belaying rack [bɪ'leɪɪŋ,ræk] *s.* (*mar.*) caviglera, pazienza.

belch [beltʃ] *s.* **1** rutto; eruzione (di vulcano); scoppio (di fiamme, cannone ecc.) **2** (*ant., spreg.*) birra cattiva.

to **belch** *v.intr.* ruttare ◆ *v.tr.* eruttare: *to — forth flames*, eruttare fiamme.

belcher ['beltʃə*] *s.* (*ant.*) fazzoletto da collo colorato.

beldam(e) ['beldəm / bel·dam(e)] *s.* (*ant.*) **1** nonna, antenata; vecchia balia **2** strega, megera: *a dwarfish beldame bears me company*, (MARLOWE) una strega nanerottola mi tiene compagnia.

to **beleaguer** [bɪ'li:gə* / be·lea·guer] *v.tr.* (*form.*) **1** assediare **2** (*estens. fig.*) assillare; bersagliare.

belemnite ['beləmnaɪt / be·lemn·ite] *s.* (*paleont.*) belemnite (fossile).

belfry ['belfrɪ / bel·fry] *s.* cella campanaria; campanile.

Belgian ['beldʒən / Bel·gian] *agg.* e *s.* belga.

Belgic ['beldʒɪk / Bel·gic] *agg.* (*st.*) belga, degli antichi belgi.

to **belie** [bɪ'laɪ / be·lie] *v.tr.* (*form.*) **1** mascherare, celare **2** smentire **3** deludere.

belief [bɪ'li:f / be·lief] *s.* **1** credenza, fede, credo // *beyond* (o *past all*) —, incredibile **2** convinzione // *in the — that...*, nella convinzione che... // *to the best of my* —, per quanto io ne sappia.

believable [bɪ'li:vəbl / be·liev·able] *agg.* credibile.

to **believe** [bɪ'li:v / be·lieve] *v.tr.* **1** credere, prestar fede a: *I don't — you*, non ti credo; *you can't make me — that*, non potete farmi credere questo **2** (IV) ritenere, reputare: *I believed him a good friend*, lo ritenevo un buon amico; *it is believed there are no survivors*, si ritiene non ci siano superstiti; *Hemingway is well -known in Russia, I* —, mi risulta che Hemingway sia molto noto in Russia // *to make* —, far finta di, fingere ◆ *v.intr.* credere; aver fiducia; prestar fede: *we — in God*, crediamo in Dio; *I — in the future of this team*, ho fiducia nel futuro di questa squadra // *I — in doing one's best*, sono convinto che ciascuno debba sempre impegnarsi al massimo.

believer [bɪ'li:və* / be·liever] *s.* **1** credente **2** sostenitore: *he is a great — in jogging*, è un gran sostenitore del jogging.

believing [bɪ'li:vɪŋ / be·liev·ing] *agg.* fiducioso, credente.

belike [bɪ'laɪk / be·like] *avv.* (*ant.*) forse, probabilmente.

Belisha beacon [bə,li:ʃə'bi:kən / Be·li·sha beacon] *s.* segnalazione luminosa di passaggio pedonale.

to **belittle** [bɪ'lɪtl / be·little] *v.tr.* **1** deprezzare; sminuire **2** (*ant.*) rimpicciolire.

Belizean [bə'li:zɪən / Bel·izean] **Belizian** [Bel·izian] *agg.* e *s.* (nativo, abitante) del Belize.

bell[1] [bel] *s.* **1** campana, campanello: *chime of bells*, carillon di campane // (*eccl.*) —, *book and candle*, esorcismo // *as sound as a* —, sano come un pesce // *to give s.o. a* —, (*fam.*) dare un colpo di telefono a qlcu.: *give me a — before Monday*, dammi un colpo di telefono prima di lunedì // *this name rings a* —, (*fam.*) questo nome mi dice qlco., non mi è nuovo // *bells and whistles*, (*sl. amer.*) fronzoli **2** (*mar.*) turno di mezz'ora di guardia: *three bells*, tre mezze ore; *to strike eight bells*, battere il mezzogiorno **3** (*bot.*) organo campanulato: — *flower*, campanella.

to **bell**[1] *v.tr.* **1** (*mecc.*) scampanare, allargare a campana **2** (*non com.*) fornire di campanello // *to — the cat*, (*fam.*) affrontare qlco. di molto pericoloso per il bene comune.

bell[2] *s.* bramito (di cervo in amore).

to **bell**[2] *v.intr.* **1** bramire (di cervo in amore) **2** abbaiare, latrare (di cani da caccia).

belladonna [,belə'dɒnə / bel·la·donna] *s.* (*bot.*) (*Atropa belladonna*) belladonna SIN. deadly nightshade, dwale.

bell-bottomed ['bel,bɒtəmd] *agg.* a zampa d'elefante (di pantaloni).

bell-bottoms ['bel,bɒtəmz] *s.* (*fam.*) pantaloni a zampa d'elefante.

bellboy ['belbɔɪ / bell·boy] *s.* fattorino d'albergo AMER. bellhop.

belle [bel] *s.* (*antiq.*) bella, bella donna: *the — of the ball*, la reginetta del ballo.

belles-lettres [,bel'letrə] *s.* ▢U belle lettere.

bell-founder ['bel,faʊndə*] *s.* fonditore di campane.

bell-glass ['belglɑ:s] → **bell-jar**.

bellhop ['belhɒp / bell·hop] *s.* (*amer.*) → **bellboy**.

bellicose ['belɪkəʊz / bel·li·cose] *agg.* (*form.*) bellicoso; guerresco.

bellicosity [,belɪ'kɒsətɪ / bel·li·cos·ity] *s.* (*form.*) bellicosità.

bellied ['belɪd / bell·ied] *agg.* obeso; panciuto; corpulento.

-bellied *suff.* dotato di pancia: *a big- — man*, un uomo con una pancia prominente.

belligerency [bɪ'lɪdʒərənsɪ / bel·li·ger·ency] *s.* belligeranza.

belligerent [bɪ'lɪdʒərənt / bel·li·ger·ent] *agg.* e *s.* belligerante.

bell-jar ['beldʒɑ:] *s.* (*tecn.*) campana di vetro.

bellman ['belmən / bell·man] *pl.* **bellmen** *s.* (*ant.*) banditore.

bell-metal ['bel,metl] *s.* bronzo per campane.

bell-mouthed ['belmaʊðd] *agg.* (*mecc.*) scampanato, allargato all'imboccatura.

bellow ['beləʊ / bel·low] *s.* muggito; urlo simile a un muggito.

to **bellow** *v.tr.* e *intr.* mugghiare, muggire; rombare; rumoreggiare; urlare rabbiosamente: *he bellowed with laughter*, scoppiò in una risata; *she bellowed that she wanted to be left in peace*, gridò che la lasciassero in pace.

bellowing ['beləʊɪŋ / bel·low·ing] *s.* ▢U muggito.

bellows ['beləʊz / bel·lows] *s.pl.* soffietto, mantice (*sing.*); soffieria.

bell-pull ['belpʊl] *s.* cordone del campanello.

bell-push ['belpʊʃ] *s.* pulsante del campanello.

bell-ringer ['bel,rɪŋə*] *s.* campanaro.

bell-ringing ['belrɪŋɪŋ] *s.* l'arte del campanaro.

bell-rope ['belrəʊp] *s.* fune di campana.

bell-shaped ['belʃeɪpt] *agg.* campanato, scampanato; campaniforme, a forma di campana // (*stat.*) — *curve*, curva a campana.

bell-tent ['beltent] *s.* tenda conica.

bell tower ['bel,taʊə*] *s.* campanile.

bell-wether ['bel,weðə*] *s.* **1** pecora guida **2** (*fig.*) capo; capobanda.

belly ['belɪ] *s.* **1** ventre, pancia **2** oggetto, vaso panciuto.

bellyache ['belɪeɪk / belly·ache] *s.* mal di pancia (*anche fig.*).

to **bellyache** *v.intr.* (*fam.*) lagnarsi, lamentarsi: *he's always bellyaching about high prices*, si lamenta sempre dei prezzi alti.

bellyband ['belɪbænd / belly·band] *s.* sottopancia (dei cavalli).

belly-button ['belɪbʌtn] *s.* (*anat. fam.*) ombelico SIN. navel.

belly dance ['belɪdɑ:ns *amer.* 'belɪdæns] *s.* danza del ventre.

belly-dancer ['belɪdɑ:nsə* *amer.* 'belɪdænsə*] *s.* danzatrice che esegue la danza del ventre.

belly fiddle ['belɪfɪdl] *s.* (*fam. amer.*) chitarra.

belly flop ['belɪflɒp] *s.* (*fam.*) panciata, spanciata (tuffandosi) ◆ *avv.* a pancia in giù.

bellyful ['belɪful / belly·ful] *s.* (*fam.*) scorpacciata (*anche fig.*): *I've had a — of your* *excuses*, ne ho avuto fin sopra i capelli delle tue scuse.

to **belly-land** ['belɪlænd] *v.intr.* (*sl. aer.*) atterrare sul ventre.

belly-landing ['belɪ,lændɪŋ] *s.* (*sl. aer.*) atterraggio sul ventre.

belly-laugh ['belɪlɑ:f] *s.* (*fam.*) grassa risata, risata fragorosa.

to **belly (out)** *v.tr.* e *intr.* gonfiare, gonfiarsi (di vela).

belly whop ['belɪwɒp *amer.* 'belɪhwɒp] *s.* e *avv.* (*amer.*) → **belly flop**.

to **belong** [bɪ'lɒŋ *amer.* bɪ'lɔ:ŋ / be·long] *v.intr.* **1** appartenere, far parte di: *now you — to our club*, ora appartieni al nostro circolo; *this belongs to me*, questo mi appartiene **2** concernere, spettare **3** essere originario (di un posto), abitare: *they — to London*, sono di Londra **4** star di posto, essere riposto: *the cups — on the shelf*, le tazze stanno sulla mensola.

belongings [bɪ'lɒŋɪŋz *amer.* bɪ'lɔ:ŋ'ɪŋz / be·long·ings] *s.pl.* **1** proprietà, roba (*sing.*): *personal —*, effetti personali **2** (*antiq.*) parenti.

Belorussian [,beləʊ'rʌʃn / Be·lo·rus·sian] *agg.* e *s.* bielorusso.

beloved [bɪ'lʌvd / be·loved] *agg.* e *s.* amato, caro, diletto: *he returned to his — Scotland*, ritornò alla sua amata Scozia; *my —*, amore mio.

below [bɪ'ləʊ / be·low] *avv.* sotto, al di sotto, in basso [cfr. *beneath*, *under(neath)*]: *the blue sea —*, il mare azzurro sottostante; *from the plane we saw the Alps —*, dall'aereo vedevamo le Alpi sottostanti; *here —*, quaggiù; *there —*, laggiù; *from —*, da sotto, dal di sotto: *a strange noise came from —*, dal di sotto proveniva uno strano rumore; *mistakes were made at managerial level and —*, furono commessi errori a livello direttivo e a livello inferiore; *the floor —*, il piano di sotto; *the line —*, la riga sotto // *the captain didn't stay on deck, he went —*, il capitano non rimase sul ponte, andò sottocoperta // *see —*, vedi sotto, vedi oltre // *it was ten —*, c'erano dieci gradi sotto zero.

below *prep.* sotto, al di sotto di [cfr. *beneath*, *under(neath)*]: *— sea level*, sotto il livello del mare; *— zero*, *— freezing*, sotto zero; *— average*, sotto la media; *a sum — five pounds*, una somma inferiore a cinque sterline; *just — the top of the hill*, appena sotto la cima del colle; *the sun is sinking — the horizon*, il sole cala sull'orizzonte; *he put his signature — mine*, appose la sua firma sotto la mia; *they have a flat — ours*, hanno un appartamento sotto il nostro; *he looked very calm but — the surface he must have been furious*, sembrava calmissimo ma sotto sotto doveva essere furibondo; *our manager has twenty-five people — him*, il nostro direttore ha venticinque persone sotto di lui, alle sue dipendenze // (*mar.*) *— deck*, sottocoperta // *— ground*, sottoterra // (*Borsa*) *— par*, sotto la pari.

below the line [bɪ'ləʊðə'laɪn] *agg.* **1** (*amm.*) fuori bilancio, straordinario **2** (*econ.*) 'below the line' (detto di operazioni di aggiustamento delle autorità monetarie per distinguerle dalle altre transazioni registrate nella bilancia dei pagamenti).

belt[1] [belt] *s.* **1** cintura, cintola; cinghia: *to hit below the —*, (*fam.*, *fig.*) tirare un colpo basso; *to tighten one's —*, (*fig.*) stringere la cinghia// *to have sthg. under one's —*, avere qlco. al proprio attivo // *— line*, (*amer.*) circonvallazione (di linea tramviaria) **2** (*geogr.*) fascia, zona: *the wheat —*, la zona, la regione granifera; *borscht —*, (*fam. amer.*) regione circostante le montagne Catskill (dove sorgono molti alberghi gestiti da ebrei) **3** (*karatè ecc.*) cintura; (*pugilato*) titolo di campione **4** (*mecc.*) cinghia.

to **belt**[1] *v.tr.* **1** cingere con una cintura **2** attaccare a una cintura **3** (*fam.*) percuotere, colpire con violenza; battere con una cinghia **4** (*fam.*) correre: *the cars were belting along the road*, le auto scorrevano veloci sulla strada.

□ **belt on** *v.tr.* allacciare, allacciarsi (qlco.).

□ **belt out** *v.tr.* (*fam.*) cantare, suonare ad alta voce.

□ **belt up** *v.intr.* (*fam.*) tacere, chiudere la bocca [cfr. to *shut up*].

belt[2] *s.* (*fam.*) colpo.

belted ['beltɪd] *agg.* cinto; munito di cintura // *— earl*, signore di alto lignaggio.

belting ['beltɪŋ / belt·ing] *s.* **1** cinghie **2** materiale per cinghie **3** staffilata; botte, percosse (*pl.*).

beltway ['beltweɪ / belt·way] *s.* (*amer.*) circonvallazione; tangenziale BRIT. ring road.

belvedere ['belvɪ,dɪə* / bel·ve·dere] *s.* belvedere.

to **bemedal** [bɪ'medl / be·medal] *v.tr.* coprire di medaglie.

to **bemire** [bɪ'maɪə* / be·mire] *v.tr.* infangare.

to **bemoan** [bɪ'məʊn / be·moan] *v.tr.* e *intr.* **1** lamentare, lamentarsi **2** compiangere.

to **bemuse** [bɪ'mju:z / be·muse] *v.tr.* confondere, stupefare.

bemused [bɪ'mju:zd / be·mused] *agg.* (*by*, *with*) confuso, perplesso; attonito.

ben[1] [ben] *agg.* (*scoz.*) interno ◆ *s.* (*scoz.*) stanza interna // *but and —*, la stanza esterna e quella interna.

ben[1] *avv.* e *prep.* (*scoz.*) all'interno.

ben[2] *s.* (*scoz.*) picco, montagna // *Ben Nevis*, Ben Nevis (la più alta montagna della Scozia).

bench [bentʃ] *s.* **1** panca, panchina; banco (di barca) **2** banco di lavoro // *testing —*, banco di prova **3** seggio, scanno, sedile: *the episcopal —*, il seggio dei vescovi (alla Camera dei Lord); *the judge's —*, il seggio del giudice // *the Treasury Bench*, il seggio ministeriale (alla Camera dei Comuni) // *the King's Bench*, regia corte (tribunale inglese) // *the Bench*, la magistratura nel suo insieme // *to be* (o *to sit* o *to serve*) *on the Bench*, essere magistrato // *to be raised to the —*, essere nominato giudice, vescovo **4** (*geogr.*) terrazzo; (*miner.*) banco orizzontale **5** (*sport*) panchina: *to warm the —*, (*sl.*) stare in panchina.

to **bench** *v.tr.* (*sport*, *amer.*) mandare in panchina.

bencher ['bentʃə*] *s.* (*dir.*) avvocato anziano; membro del collegio degli avvocati.

benching ['bentʃɪŋ / bench·ing] *s.* (*miner.*) coltivazione a gradini.

bench mark ['bentʃmɑ:k] *s.* **1** segno, punto di riferimento: *— program*, (*inform.*) programma di valutazione prestazioni **2** (*topografia*) caposaldo altimetrico.

bench warmer ['bentʃwɔ:mə*] *s.* (*sport spec. amer.*) (*fam.*) giocatore di riserva, panchinaro.

bend[1] [bend] *s.* **1** curvatura, piegatura, flessione // *round the —*, (*fam.*) pazzo **2** declivio; inclinazione **3** curva, ansa, gomito (di fiume, di strada) **4** *pl.* (*med. fam.*) sindrome da decompressione (dei sommozzatori).

to **bend**[1] *pass.p.p.* **bent** [bent] *v.tr.* **1** curvare, piegare, flettere, chinare: *to — double*, piegare in due; *she bent her head and was silent*, abbassò la testa e tacque **2** tendere (un arco) **3** (*antiq.*) inarcare (le sopracciglia); voltare, volgere (gli occhi ecc.) **4** (*fig.*) piegare, sottomettere, assoggettare: *to — s.o. to one's will*, piegare qlcu. ai propri voleri; *to — the rules*, interpretare, piegare le regole a proprio favore **5** *to — one's way*, volgersi, dirigersi: *he bent his way towards the house*, si diresse verso la casa ◆ *v.intr.* curvarsi, piegarsi, flettersi; chinarsi (*anche fig.*): *he bent (down) and saw it*, si chinò e lo vide; *also the government bent to pressure from big business*, anche il governo ha ceduto alle pressioni della grossa industria.

□ **bend over** *v.intr.* e *avv.* piegarsi: *to — over backwards*, (*fig.*) fare di tutto, farsi in quattro.

bend[2] *s.* (*mar.*) nodo (di vari generi).

to **bend**[2] *v.tr.* (*mar.*) legare, assicurare con nodo.

bend[3] *s.* (*arald.*) banda: *— sinister*, banda di bastardigia.

bender ['bendə*] *s.* **1** curvatore **2** macchina curvatrice; piegatrice **3** (*fam.*) bevuta: *to go on a —*, ubriacarsi.

bendy ['bendɪ] *agg.* **1** flessibile **2** con molte curve, tortuoso.

beneath [bɪ'ni:θ / be·neath] *avv.* sotto, di sotto [cfr. *below*, *under(neath)*]: *from the hill we looked at the valley —*, dalla collina guardavamo la vallata sottostante; *the carpet hid the ugly stone floor —*, il tappeto nascondeva il brutto pavimento di pietra (che stava) sotto.

beneath *prep.* sotto, al di sotto di [cfr. *below*, *under(neath)*]: *the village lay — the mountain*, il paese giaceva ai piedi della montagna; *the path was littered with wet leaves — her feet*, sotto i suoi piedi, il sentiero era cosparso di foglie bagnate; *she was wearing a silk blouse — her jacket*, sotto la giacca indossava una camicia di seta // *the inquiry didn't get — the surface of the scandal*, l'inchiesta non andò a fondo dello scandalo // *everybody thought she had married — her*, tutti pensavano che aveva sposato una persona di classe inferiore // *his behaviour is — contempt*, il suo comportamento è inqualificabile, indegno, ignobile// *this is — you*, ciò non è degno di te.

Benedictine [,benɪ'dɪkti:n / Bene·dict·ine] *agg.* e *s.* (*eccl.*) benedettino.

benediction [,benɪ'dɪkʃn / be·ne·dic·tion] *s.* benedizione.

benedictory [,benɪ'dɪktərɪ / be·ne·dict·ory] *agg.* benedicente; di benedizione.

benefaction [,benɪ'fækʃn / be·ne·fac·tion] *s.* beneficenza; opera buona.

benefactor ['benɪfæktə* / be·ne·factor] *s.* benefattore.

benefactress ['benɪfæktrɪs / be·ne·fact·ress] *s.* benefattrice.

benefic [bɪ'nefɪk / be·ne·fic] *agg.* (*ant.*) propizio.

benefice ['benɪfɪs / be·ne·fice] *s.* (*eccl.*) beneficio; prebenda.

beneficed ['benɪfɪst / be·ne·ficed] *agg.* (*eccl.*) beneficiato.

beneficence [bɪ'nefɪsns / be·ne·fi·cence] *s.* (*form.*) beneficenza; opera di beneficenza.

beneficent [bɪ'nefɪsnt / be·ne·fi·cent] *agg.* benefico; generoso // **-ly** *avv.*

beneficial [,benɪ'fɪʃl / be·ne·fi·cial] *agg.* **1** utile, vantaggioso; benefico, che reca giovamento // (*dir.*): — *owner*, proprietario; — *association*, società di mutuo soccorso **2** (*eccl.*) beneficiale // **-ly** *avv.* // **-ness** *s.*

beneficiary [,benɪ'fɪʃərɪ *amer.* ,benɪ'fɪʃɪerɪ / be·ne·fi·ciary] *agg.* e *s.* **1** feudatario **2** (*eccl.*, *dir.*, *comm.*) beneficiario **3** chi trae beneficio (da qlco.).

to **beneficiate** [,benɪ'fɪʃɪeɪt / be·ne·fi·ciate] *v.tr.* (*metall.*) arricchire (il minerale).

beneficiation [,benɪfɪʃɪ'eɪʃn / be·ne·fi·cia·tion] *s.* (*metall.*) arricchimento (del minerale).

benefit ['benɪfɪt / be·ne·fit] *s.* **1** vantaggio; profitto; utilità: *the public* —, il bene pubblico; *he derived no — from it*, non gliene venne nessun vantaggio; *to be of great* —, essere di grande vantaggio // *for the — of*, a vantaggio di **2** — (*night* o *performance*), recita di beneficenza, beneficiata **3** (*econ.*) indennità; beneficio: *child* —, assegno familiare (per figli a carico); *old age benefits*, indennità di anzianità; *unemployment* —, indennità di disoccupazione; *social security benefits*, prestazioni della sicurezza sociale, provvidenze della sicurezza sociale **4** (*dir.*) beneficio: — *of the doubt*, beneficio di dubbio.

to **benefit** *v.tr.* giovare a, far del bene a, beneficare: *exercise benefits everyone*, l'esercizio fisico fa bene a tutti ◆ *v.intr.* (*by*) approfittare (di), trarre vantaggio da, avvantaggiarsi (di).

benevolence [bɪ'nevələns / be·ne·vol·ence] *s.* **1** benevolenza; carità **2** (*st.*) prestito forzoso.

benevolent [bɪ'nevələnt / be·ne·vol·ent] *agg.* benevolo; caritatevole: — *association* (o *society*), associazione filantropica // **-ly** *avv.*

Bengal light [,beŋgɔ:l'laɪt] *s.* bengala.

to **benight** [bɪ'naɪt / be·night] *v.tr.* (*letter.*) oscurare, ottenebrare; *'twere wholesomer for mee, that winter did / benight the glory of this place*, (J. DONNE) sarebbe stato più salutare per me se l'inverno avesse ottenebrato la gloria di questo posto.

benighted [bɪ'naɪtɪd / be·nighted] *agg.* (*letter.*) **1** sorpreso dalla notte **2** ottenebrato (mentalmente).

benign [bɪ'naɪn / be·nign] *agg.* **1** benigno, benevolo, favorevole **2** (*med.*) benigno.

benignancy [bɪ'nɪgnənsɪ / be·nig·nancy] *s.* (*non com.*) benignità, benevolenza.

benignant [bɪ'nɪgnənt / be·nig·nant] *agg.* benevolo; benigno // **-ly** *avv.*

benignity [bɪ'nɪgnɪtɪ / be·nig·nity] *s.* benignità, benevolenza.

Beninese [ben'i:ni:z / Be·ninese] *agg.* e *s.* (nativo, abitante) del Benin.

benison ['benɪzn / ben·ison] *s.* (*ant.*) benedizione.

benjamin-tree ['bendʒəmɪn,tri:] *s.* (*bot.*) (*Styrax benzoin*) benzoino SIN. spicebush, spicewood.

bennet ['benɪt / ben·net] *s.* (*bot.*) **1** cicuta → hemlock **2** valeriana → valerian **3** → avens-root.

bent[1] [bent] *pass.p.p.* di to **bend** ◆ *agg.* **1** curvato, piegato; storto **2** (*fig.*) risoluto, deciso; incline, propenso: — *on doing sthg.*, risoluto a fare qlco.: *he's — on driving all the way to Spain*, è deciso ad andare in auto fino in Spagna; *though my soul more bent to serve*, (MILTON) sebbene la mia anima sia più incline a servire // — *on mischief*, intenzionato, deciso a fare qlco. di negativo **3** (*sl.*) disonesto **4** (*spreg.*) invertito, omosessuale **5** (*sl. amer.*) a corto di soldi **6** (*sl. amer.*) ubriaco.

bent[1] *s.* **1** tendenza, disposizione, inclinazione: *he determined to follow his own* —, decise di seguire la sua inclinazione; *to have a natural — for music*, avere disposizione per la musica // *to the top of one's* —, al massimo (delle proprie capacità) **2** (*tecn.*) struttura portante trasversale.

bent[2] *s.* **1** (*bot.*) agrostide SIN. hair-grass **2** stelo d'erba secco **3** prateria.

benthic ['benθɪk / ben·thic] *agg.* (*biol.*) bentonico SIN. benthonic.

benthon ['benθɒn / ben·thon] → **benthos**.

benthonic [ben'θɒnɪk / ben·tho·nic] → **benthic**.

benthos ['benθɒs / ben·thos] *s.* (*biol.*) bentos, benthos.

bentonite ['bentəʊnaɪt / ben·ton·ite] *s.* (*geol.*) bentonite.

to **benumb** [bɪ'nʌm / be·numb] *v.tr.* intorpidire; (*fig.*) paralizzare.

benumbment [bɪ'nʌmmənt / be·numb·ment] *s.* (*non com.*) torpore, intorpidimento.

benzaldehyde [ben'zældəhaɪd / ben·zal·de·hyde] *s.* (*chim.*) benzaldeide.

benzedrine® ['benzədri:n / ben·ze·drine] *s.* (*chim.*) benzedrina®.

benzene ['benzi:n / ben·zene] *s.* (*chim.*) benzene, benzolo: — *ring*, anello benzenico; — *series*, serie benzenica SIN. benzol.

benzidine ['benzədi:n / ben·zi·dine] *s.* (*chim.*) benzidina.

benzine ['benzi:n / ben·zine] *s.* (*chim.*) benzina.

benzo- ['benzəʊ] *pref.* della terminologia chimica che indica relazione col benzene; it. benzo-: *benzocaine*, benzocaina; *benzoquinone*, benzochinone; *benzophenone*, benzofenone.

benzoate ['benzəʊeɪt / ben·zoate] *s.* (*chim.*) benzoato.

benzoic [ben'zəʊɪk / ben·zoic] *agg.* (*chim.*) benzoico.

benzoin ['benzəʊɪn / ben·zoin] *s.* (*chim.*) benzoino.

benzol ['benzɒl *amer.* 'benzɔ:l / ben·zol] *s.* (*chim.*) → **benzene**.

benzopyrene [benzəʊ'paɪri:n / ben·zo·pyr·ene] *s.* (*chim.*) benzopirene.

benzoyl ['benzəʊɪl / ben·zoyl] *s.* (*chim.*) benzoile: — *radical*, radicale benzoile.

benzyl ['benzɪl / ben·zyl] *s.* (*chim.*) benzile: — *radical*, radicale benzilico.

benzyne ['benzi:n / ben·zyne] *s.* (*chim.*) benzino: — *radical*, radicale benzino.

to **bequeath** [bɪ'kwi:ð / be·queath] *v.tr.* (*dir.*) lasciare in legato; (*fig.*) trasmettere; tramandare: *the previous government has bequeathed us this mess*, il governo precedente ci ha lasciato questo pasticcio; *in what he hath bequeathed us ?*, (BYRON) che cosa ci ha lasciato in eredità?

bequeather [bɪ'kwi:ðə* / be·queath·er] *s.* (*dir.*) testatore.

bequest [bɪ'kwest / be·quest] *s.* (*anche dir.*) lascito; legato.

to **berate** [bɪ'reɪt / be·rate] *v.tr.* rimproverare.

Berber ['bɜ:bə* / Ber·ber] *agg.* e *s.* berbero.

berberine ['bɜ:bəri:n / ber·ber·ine] *s.* (*chim.*) berberina.

berberry ['bɜ:bərɪ / ber·berry] *s.* → **barberry**.

berceuse [beə'sɜ:z / ber·ceuse] *s.* berceuse; ninnananna.

to **bereave** [bɪ'ri:v / be·reave] *pass.p.p.* **bereaved** [bɪ'ri:vd / be·reaved] **bereft** [bɪ'reft / be·reft] *v.tr.* (*antiq.*) privare, spogliare; orbare: *bereft of sight*, privo della vista; *he was afraid of being bereft of them all*, (STERNE) temeva di essere privato di tutti loro // *the bereaved*, i familiari del defunto • Dei due p.p. *bereaved* indica una perdita conseguente alla morte di qlcu., *bereft* indica, nell'uso moderno, la mancanza di qlco. di astratto (speranza, idee ecc.); in quest'ultimo caso è spesso anche *agg.*

bereavement [bɪ'ri:vmənt / be·reave·ment] *s.* lutto; perdita: *owing to a recent* —, a causa di un recente lutto.

bereft *pass.p.p.* di to **bereave**.

beret ['bereɪ *amer.* bə'reɪ] *s.* berretto, basco.

berg [bɜ:g] *s.* **1** (abbr. di *iceberg*) iceberg, massa di ghiaccio galleggiante **2** (*Sud Africa*) montagna.

bergamot ['bɜ:gəmɒt / ber·ga·mot] *s.* (*bot.*) **1** (*Citrus bergamia*) bergamotto **2** essenza di bergamotto **3** (pera) bergamotta.

bergamot mint ['bɜ:gəmɒt'mɪnt] *s.* (*bot.*) (*Mentha aquatica*) menta acquatica SIN. water mint.

berg crystal [,bɜ:g'krɪstl] *s.* (*miner.*) → **rock crystal**.

to **berhyme** [bɪ'raɪm / be·rhyme] *v.tr.* (*ant.*) verseggiare.

beribboned [bɪ'rɪbənd / be·rib·boned] *agg.* decorato con nastri.

beriberi [,berɪ'berɪ / beri·beri] *s.* (*med.*) beriberi.

berk [bɜ:k] *s.* (*sl.*, *volg.*) stupido!

berkelium ['bɜ:klɪəm / ber·ke·lium] *s.* (*chim.*) berkelio.

berlin(e) [bɜ:'lɪn / ber·lin(e)] *s.* berlina (vettura).

Berliner [bɜ:'lɪnə* / Ber·liner] *s.* berlinese.

Berlinese [,bɜ:lɪ'ni:z / Ber·lin·ese] *agg.* berlinese.

berm [bɜ:m] *s.* **1** (*geogr.*) piccolo terrazzo alluvionale **2** (*miner.*) berma, gradino **3** (*edil.*) berma, banchina.

Bermuda [bə'mju:də / Ber·muda] *no.pr.* (*geogr.*) Bermude // (*meteor.*) — *high*, anticiclone delle Bermude.

bermudas [bə'mju:dəz / ber·mu·das] **Bermuda shorts** [bə'mju:də'ʃɔ:ts] *s.pl.* bermuda, calzoncini al ginocchio.

Bermud(i)an [bəˈmjuːd(ɪ)ən / Ber·mud(i)an] *agg.* e *s.* (nativo, abitante) delle Bermude.

Bernardine [ˈbɜːnədɪn / Ber·nar·dine] *agg.* e *s.* (*eccl.*) cistercense.

berried [ˈberɪd / ber·ried] *agg.* **1** (*bot.*) fornito di bacche **2** (*zool.*) fornito di uova (di crostacei, pesci).

berry [ˈberɪ] *s.* **1** (*bot.*) bacca; chicco **2** (*zool.*) uovo di pesce, di crostaceo **3** (*sl. amer.*) un dollaro.

to **berry** *v.intr.* **1** produrre bacche **2** cogliere bacche.

berserk(er) [bəˈsɜːk(ə*) / ber·serk(er)] *s.* guerriero leggendario vichingo (che combatteva con cieca ira) // *to go berserk*, perdere completamente il controllo di sé: *the crowd went berserk and burnt the police station*, la folla impazzì e diede fuoco alla stazione di polizia.

berth [bɜːθ] *s.* **1** (*mar.*) ancoraggio, posto di fonda, d'ormeggio // *loading* —, posto di caricamento **2** (*aer.*) parcheggio, posto d'ormeggio **3** (*ant.*) rimessa **4** (*mar.*, *ferr.*) cuccetta **5** (*fig.*) posto, impiego: *to be in a good* —, avere un buon posto, impiego // *to give a wide — to*, evitare, scansare, stare alla larga da.

to **berth** *v.tr.* e *intr.* **1** (*mar.*) ancorare; ammarrare **2** (*aer.*, *aut.*) sistemare nel posto di parcheggio, in rimessa **3** (*non com.*) avere un posto per dormire; dare un posto per dormire a.

to **beruffle** [bɪˈrʌfl / be·ruffle] *v.tr.* (*letter.*) arruffare: *in blast-beruffled plume*, (T. HARDY) con le piume arruffate dal vento.

beryl [ˈberɪl] *s.* (*min.*) berillo.

beryllium [beˈrɪljəm / be·ryl·lium] *s.* (*chim.*) berillio.

to **beseech** [bɪˈsiːtʃ / be·seech] *pass.p.p.* **besought** [bɪˈsɔːt / be·sought] **beseeched** [bɪˈsiːtʃt / be·seeched] *v.tr.* (*letter.*) supplicare; scongiurare; implorare: *follow me, I beseech you, to this window*, (R.L. STEVENSON) seguitemi, vi prego, a questa finestra // **-er** *s.*

beseeching [bɪˈsiːtʃɪŋ / be·seech·ing] *agg.* supplicante // **-ly** *avv.*

to **beseem** [bɪˈsiːm / be·seem] *v.tr.* (*ant.*) convenire (a), addirsi (a).

beseeming [bɪˈsiːmɪŋ / be·seem·ing] *agg.* (*ant.*) adatto, conveniente // **-ly** *avv.*

to **beset** [bɪˈset / be·set] *pass.p.p.* **beset** *v.tr.* **1** circondare; ridurre alle strette: *the thief was — by a mob waving clubs*, il ladro fu circondato da una folla che agitava bastoni **2** (*fig.*) assediare; assalire: *to be — with doubts, fears etc.*, essere assalito da dubbi, paure ecc.; *the sin of laziness has beset me*, (W. SCOTT) il peccato della pigrizia mi ha assalito.

besetment [bɪˈsetmənt / be·set·ment] *s.* (*non com.*) **1** assedio; aggiramento **2** contrarietà, fastidio.

besetting [bɪˈsetɪŋ / be·set·ting] *agg.* incombente; assillante // *his — sin*, il suo vizio inveterato.

to **beshrew** [bɪˈʃruː] *v.tr.* (*ant.*) maledire: — *the day!*, maledetto sia il giorno!; — *me if*, che il diavolo mi porti se; *she will beshrew me much*, (SH. Romeo and Juliet) mi maledirà molto.

beside [bɪˈsaɪd / be·side] *prep.* **1** accanto a, presso, vicino a (cfr. *next to*, *near*): *sit — me*, siediti accanto a me: *you'll find the pub right — the supermarket*, troverai il bar proprio accanto al supermercato; *in his early struggles as an artist, his first wife was always — him*, agli inizi della sua carriera artistica, la prima moglie gli fu sempre accanto // *to be — oneself with grief*, essere fuori di sé per il dolore // *that's — the point*, (quello) non c'entra **2** accanto a, in confronto a: — *the masterpieces of the past this new music sounds very feeble*, in confronto ai capolavori del passato, questa nuova musica sembra molto fiacca.

besides [bɪˈsaɪdz / be·sides] *avv.* inoltre, per di più; d'altronde: —, *I have no money*, per di più non ho denaro; *many others* —, molti altri ancora; *and more* —, e altro, altri ancora; *what did he tell you —?*, e poi cosa ti ha detto?; *she's got the right personality for the job and, —, she speaks three languages fluently*, possiede la personalità adatta per quel lavoro, e inoltre parla correntemente tre lingue.

besides *prep.* oltre a: — *science fiction and comics, he never reads anything*, oltre alla fantascienza e ai fumetti, non legge mai niente; *the new government promised legal reforms — cuts in taxes*, il nuovo governo promise riforme giudiziarie oltre che riduzioni fiscali; *there'll be nobody — you and your family*, non ci sarà nessuno oltre a te e alla tua famiglia.

to **besiege** [bɪˈsiːdʒ / be·siege] *v.tr.* assediare, accerchiare, assalire (*anche fig.*).

besieger [bɪˈsiːdʒə* / be·sieger] *s.* assediante.

to **beslobber** [bɪˈslɒbə* / be·slob·ber] *v.tr.* **1** coprire di bava **2** (*fig.*) adulare **3** baciare con eccessivo trasporto.

to **besmear** [bɪˈsmɪə* / be·smear] *v.tr.* imbrattare, sporcare.

to **besmirch** [bɪˈsmɜːtʃ / be·smirch] *v.tr.* (*letter.*) infangare; sporcare; scolorire; (*fig.*) offuscare, oscurare (fama, nome): *he didn't hesitate to — his opponents' character*, non esitò a infangare la figura dei suoi avversari.

besom [ˈbiːzəm / be·som] *s.* (*antiq.*) granata, scopa.

to **besom** *v.tr.* (*antiq.*) scopare.

to **besot** [bɪˈsɒt / be·sot] *pass.p.p.* **besotted** [bɪˈsɒtɪd / be·sot·ted] *v.tr.* (*ant.*) istupidire: *to — oneself*, abbrutirsi.

besotted [bɪˈsɒtɪd / be·sot·ted] *agg.* **1** istupidito **2** stordito, abbrutito (dall'alcol) **3** infatuato.

besought *pass.p.p.* di to **beseech**.

to **bespangle** [bɪˈspæŋgl / be·spangle] *v.tr.* (*ant.*) adornare, cospargere di lustrini.

to **bespatter** [bɪˈspætə* / be·spat·ter] *v.tr.* **1** inzaccherare **2** (*fig.*) (*non com.*) coprire (di insulti).

to **bespeak** [bɪˈspiːk / be·speak] *pass.* **bespoke** [bɪˈspəʊk / be·spoke] *p.p.* **bespoken** [bɪˈspəʊkən / be·spoken] *v.tr.* **1** (*form.*) rivelare, essere segno di: *his actions — a certain reluctance*, i suoi atteggiamenti rivelano una certa riluttanza **2** (*antiq.*) ordinare; prenotare **3** (*ant.*) chiedere (un favore).

bespectacled [bɪˈspektəkld / be·spec·tacled] *agg.* (*form.*) che porta gli occhiali, con occhiali.

bespoke *pass.* di to **bespeak** ◆ *agg.* fatto su misura, su ordinazione: — *suit*, abito fatto su misura.

bespoken *p.p.* di to **bespeak**.

to **besprinkle** [bɪˈsprɪŋkl / be·sprinkle] *v.tr.* (*letter.*) spruzzare; cospargere.

best [best] *agg.* [superl. di *good*] (il) migliore: *the — book in the library*, il miglior libro della biblioteca; *the — years of your life*, i migliori anni della vostra vita; *that was the — concert I've ever been to*, quello fu il miglior concerto a cui abbia mai assistito; *she got the — results of all*, ottenne i risultati migliori di tutti; *it's the — restaurant in London*, è il miglior ristorante di Londra; *what's the — way to get to your house?*, qual è la strada migliore per arrivare a casa tua?; *our — friend*, il nostro migliore amico; *that was the — thing to do*, quella era la cosa migliore da fare // *I think it's — if we phone him at once*, penso che sia meglio se gli telefoniamo subito // *the — part of a year*, quasi tutto l'anno // *my — wishes*, i miei migliori auguri.

best *s.* il meglio, il migliore: *it's the — of his records*, è il migliore dei suoi dischi; *he wanted his children to have the — of everything*, voleva che i suoi figli avessero il meglio di tutto; *that's the — I can do for you, sir*, è tutto ciò che posso fare per lei, signore; *to get the — out of sthg., s.o.*, trarre il meglio da qlco., qlcu.; *a good trainer gets the — out of his team*, un buon allenatore trae il meglio dalla sua squadra; *though he was unpopular, what he did was (all) for the* —, anche se non era ben visto, quello che ha fatto l'ha fatto per il meglio; *the — of it is that...*, il bello (della faccenda) è che...; *dressed in his (Sunday)* —, vestito dei suoi abiti migliori; *to the — of my ability, belief, knowledge*, per quanto possa, creda, sappia; *I am in the — of health*, godo della migliore salute // *to do one's* —, fare del proprio meglio; *he did his — to win the race*, fece del suo meglio per vincere la corsa; *I did the — I could*, ho fatto meglio che ho potuto // *to be at one's* —, essere nelle migliori condizioni, nella forma migliore; dare il meglio di sé: *I'm not at my — in the morning*, la mattina non sono nella mia forma migliore; *he's at his — in the slalom*, dà il meglio di sé nello slalom // *to hope for the* —, sperare per il meglio // *at the — of times*, il più delle volte; nella migliore delle ipotesi: *he's a bad driver at the — of times*, il più delle volte è un pessimo automobilista // — *of luck*, buona fortuna, tanti auguri // *all the* —, i migliori auguri, i più cordiali saluti.

best *avv.* [*superl.* di *well*] **1** nel modo migliore; meglio: *they do the tango* —, ballano meglio il tango (degli altri balli); *he's the one that sings* —, è quello che canta meglio; *he works — in the early morning*, egli lavora meglio al mattino presto; *I helped her as — I could*, l'ho aiutata come meglio ho potuto; *you know — what to do*, tu sai meglio cosa fare // *at* —, al massimo, al meglio: *at — he only understood half the questions*, al massimo, ha capito soltanto la metà delle domande // *he's got very little money but he manages as — he can*, ha ben pochi soldi ma se la cava meglio che può // *had* —, sarebbe meglio che, converrebbe: *you 'd — not leave too late*, ti conviene non partire troppo tardi **2** di più; maggiormente: *to like* —, preferire (fra più di due): *I like this colour* —, mi piace questo colore più di tutti **3** negli agg. composti: *his best-known symphony is his fifth*, la sua sinfonia più nota è la quinta; *only the best-looking actresses appear in cosmetics advertising*, solo le attrici più belle appaiono nella pubblicità dei cosmetici.

to **best** *v.tr.* vincere, superare.

to **bestead** [bɪ'sted / be·stead] *v.tr.* e *intr.* (*ant.*) aiutare; profittare.

bestial ['bestjəl / bes·tial] *agg.* bestiale, brutale; sensuale; lussurioso; osceno // **-ly** *avv.*

bestiality [,bestɪ'ælətɪ / bes·ti·al·ity] *s.* **1** bestialità; brutalità **2** (*dir.*) reato che si configura nel rapporto sessuale con animali.

to **bestialize** ['bestjəlaɪz / bes·ti·al·ize] *v.tr.* abbrutire.

bestiary ['bestɪərɪ *amer.* 'bestɪerɪ / bes·ti·ary] *s.* bestiario.

to **bestir** [bɪ'stɜ:* / be·stir] *pass.p.p.* **bestirred** [bɪ'stɜ:d / be·stirred] *v.tr.* (*form.*) agitare, muovere: *to — oneself*, muoversi, mettersi in moto; (*fig.*) brigare; darsi da fare.

best man ['bestmæn] *s.* testimone dello sposo.

to **bestow** [bɪ'stəʊ / be·stow] *v.tr.* (*form.*) **1** accordare, concedere; dare; donare: *to — a gift, an honour, a praise*, concedere un dono, un onore, una lode; *to — in marriage*, dare in moglie **2** mettere, depositare.

bestowal [bɪ'stəʊəl / be·stowal] *s.* (*form.*) **1** conferimento; concessione (di un privilegio ecc.) **2** (*dir.*) donazione-legato.

to **bestrew** [bɪ'stru: / be·strew] *pass.* **bestrewed** [bɪ'stru:d] *p.p.* **bestrewed**, **bestrewn** [bɪ'stru:n] **bestrown** [bɪ'strəʊn] *v.tr.* (*letter.*) disseminare, cospargere: *the floor was bestrewn with pieces of paper*, il pavimento era disseminato di pezzi di carta.

to **bestride** [bɪ'straɪd / be·stride] *pass.* **bestrode** [bɪ'strəʊd / be·strode] *p.p.* **bestridden** [bɪ'strɪdn / be·strid·den] *v.tr.* **1** cavalcare; montare, stare a cavallo di: *the bridge bestrode the river*, il ponte era a cavallo del fiume **2** (*fig.*) dominare.

best-seller ['best'selə*] *s.* best seller, disco, libro o altro prodotto di successo.

best-selling ['best'selɪŋ] *agg.* che si è venduto molto bene; di successo.

bestudded [bɪ'stʌdɪd / be·studded] *agg.* (*ant.*) tempestato, cosparso: *the sky was — with stars*, il cielo era tempestato di stelle.

bet [bet] *s.* scommessa; puntata (a carte): *to make* (o *to lay*) *a —*, fare una scommessa; *to take a —*, accettare una scommessa // *a good* (o *safe*) *—*, una cosa sicura // *to hedge* (o *cover*) *one's bets*, (*fig.*) scommettere su più cose per diminuire il rischio // *your best — is to take the train*, (*fam.*) la cosa migliore è che tu prenda il treno; *my — is he'll soon get tired of it*, (*fam.*) a mio avviso se ne stancherà presto.

to **bet** *pass.p.p.* **bet** *v.tr.* e *intr.* scommettere: *he — ten dollars on the black horse*, scommise dieci dollari sul cavallo nero // *you can — your boots* (o *bottom dollar*) *that...*, puoi essere sicuro che..., puoi scommettere la camicia che... // *"Are you enjoying yourself?" "You —!"*, "Ti diverti?" "Puoi scommetterci!" // *"I'm going to America next year" "I —!"*, "Andrò in America l'anno prossimo" "Figuriamoci!"

beta ['bi:tə *amer.* 'beɪtə] *s.* beta (seconda lettera dell'alfabeto greco) // (*fis. nucleare*) *— particle*, particella beta, elettrone // (*fis.*) *— rays*, raggi beta.

beta-blocker ['bi:,təblɒkə*] *s.* (*med.*) (farmaco) betabloccante.

betaine ['bi:təɪn / beta·ine] *s.* (*chim.*) betaina.

to **betake** [bɪ'teɪk / be·take] *pass.* **betook** [bɪ'tʊk / be·took] *p.p.* **betaken** [bɪ'teɪkn / be·taken] *v.tr.* **1** (*antiq.*) *to — oneself to a place*, dirigersi verso un luogo **2** (*ant.*) *to — oneself*, ricorrere, far ricorso a: *...he was forced to put up his sword, and betake himself to another weapon*, (BUNYAN)... fu costretto a riporre la spada e a ricorrere a un'altra arma.

betatron ['bi:tətrɒn / be·ta·tron] *s.* (*fis. nucleare*) betatrone.

to **beteem** [bɪ'ti:m] *v.tr.* (*ant.*) considerare adatto; concedere, lasciare: *he might not beteem the winds visit her face too roughly*, (SH. Hamlet) non avrebbe permesso alla brezza di avvicinarsi al suo volto troppo rudemente.

betel ['bi:tl] *s.* (*bot.*) (*Piper betle*) betel.

betel-nut ['bi:tlnʌt] *s.* (*bot.*) noce di betel, noce di areca.

bête-noire [,beɪt'nwɑ:*] *pl.* **bêtes-noires** *s.* (*fr.*) (*fig.*) bestia nera.

bethel ['beθl] *s.* **1** luogo sacro (non conformista) **2** (*amer.*) luogo di culto per marinai.

to **bethink** [bɪ'θɪŋk / be·think] *pass.p.p.* **bethought** [bɪ'θɔ:t / be·thought] *v.tr.* (*ant.*): *to — oneself*, considerare, riflettere; ricordarsi ◆ *v. intr.* (*ant.*) considerare; riflettere.

to **betide** [bɪ'taɪd / be·tide] *v.tr.* e *intr.* (*form.*) (*solo alla 3ª persona sing. pres. cong.*) accadere, avvenire: *whatever —*, qualunque cosa accada; *woe — him who...*, male colga colui che...; *the luckier lot betide you!*, (B. JONSON) la sorte più fortunata ti assista!

betimes [bɪ'taɪmz / be·times] *avv.* **1** (*antiq.*) per tempo; presto: *it is better to repose in the earth betimes*, (W.S. LANDOR) è meglio riposare in terra di buon'ora **2** (*ant.*) in fretta, rapidamente.

to **betoken** [bɪ'təʊkən / be·token] *v.tr.* (*form.*) presagire; indicare, suggerire: *his constant smile betokens a gentle nature*, il suo sorriso costante indica una natura gentile.

betony ['betənɪ / bet·ony] *s.* (*bot.*) (*Betonica officinalis*) betonica, vettonica.

betook *pass.* di to **betake**.

to **betray** [bɪ'treɪ / be·tray] *v.tr.* tradire; denunciare; palesare: *to — oneself*, tradirsi; *she will never — her friends*, non tradirà mai i suoi amici; *his tight smile betrayed his annoyance*, il suo mezzo sorriso tradiva un senso di fastidio.

betrayal [bɪ'treɪəl / be·trayal] *s.* tradimento.

betrayer [bɪ'treɪə* / be·tray·er] *s.* traditore; delatore.

to **betroth** [bɪ'trəʊð / be·troth] *v.tr.* (*antiq.*) fidanzare, promettere in matrimonio.

betrothal [bɪ'trəʊðl / be·trothal] *s.* (*antiq.*) fidanzamento.

betrothed [bɪ'trəʊðd / be·trothed] *agg.* (*antiq.*) fidanzato: *the —*, i promessi sposi ◆ *s.* fidanzato.

betrothment [bɪ'trəʊðmənt / be·troth·ment] *s.* (*antiq.*) fidanzamento.

better[1] ['betə* / bet·ter] *agg.* [compar. di *good*] migliore: *she is — than he is at maths*, è migliore, più brava di lui in matematica; *these shirts are — quality and, of course, they cost more*, queste camicie sono di qualità migliore e, naturalmente, costano di più; *the view's — from the other side of the hotel*, la vista è migliore dall'altro lato dell'albergo; *the film was much — than I expected*, il film era molto migliore di quanto mi aspettassi; *to get —*, stare meglio, migliorare; *to look —*, stare meglio, avere miglior cera; *you look — with your glasses on*, stai meglio con gli occhiali; *to be —*, stare meglio, andare meglio: *are you — today?*, stai meglio oggi?; *her flu was —*, la sua influenza andava meglio; *that's —*, così va meglio // *you're a — man than I am*, tra noi due sei il migliore // *he was — than his word*, fece meglio di quanto aveva promesso // *it's against my — nature but...*, è contro il mio carattere, ma...; *he is — off than I am*, è più ricco di me // *the — part of* (*sthg.*), più di metà, quasi tutto: *the — part of the day*, quasi tutto il giorno; *discretion is the — part of valour*, (*prov.*) la prudenza non è mai troppa // *he is no — than a fool*, non è altro che uno sciocco.

better[1] *avv.* [compar. di *well*] **1** meglio, in modo migliore: *she plays tennis — than her brother*, gioca a tennis meglio di suo fratello; *you'll understand — if you listen carefully*, capirai meglio se ascolterai attentamente; *this team is — trained than their rivals*, questa squadra è preparata meglio di quella avversaria; *he is — known for his novels than his poetry*, è meglio conosciuto per i suoi romanzi che per la poesia; *put the milk in the kitchen or, — still, put it in the fridge*, metti il latte in cucina o, meglio ancora, mettilo nel frigo; *— phone him straight away*, meglio telefonargli immediatamente; *it would be far — for you to read the book at home*, sarebbe molto meglio se leggessi il libro a casa; *I felt — when I'd had the tooth out*, mi sentii meglio dopo che ebbi tolto il dente; *— and —*, di bene in meglio, sempre meglio; *— late than never*, meglio tardi che mai; *so much the —*, tanto meglio; *the country will be all the — for a change of government*, il paese ci guadagnerà, sarà avvantaggiato da un cambiamento di governo // *for — or worse*, nella buona e nella cattiva sorte // *the sooner the —*, prima è, meglio è // *the more the —*, più (si) è, meglio è // *to like —*, preferire (fra due) // *had —*, sarebbe meglio che; converrebbe: *you had — go*, fareste meglio ad andarvene, vi conviene andare **2** (*fam.*) di più: *I'll like it — when I understand it more*, mi piacerà di più quando lo capirò meglio.

better[1] *s.* **1** il meglio: *all for the —*, tutto per il meglio; *a change for the —*, un cambiamento in meglio; *to get the — of*, superare: *he's managed to get the — of all his rivals*, è riuscito a superare tutti i suoi rivali **2** superiore: *your betters*, i vostri superiori.

to **better**[1] *v.tr.* migliorare: *he bettered the record by three seconds*, ha migliorato il record di tre secondi ◆ *v.intr.* migliorare, migliorarsi: *to — oneself*, migliorare le proprie condizioni.

better[2] *s.* scommettitore.

betterment ['betəmənt / bet·ter·ment] *s.* (*form.*) miglioramento, miglioria: *— levy*, contributo di miglioria.

betting ['betɪŋ / bet·ting] *s.* lo scommettere // *what's the — he'll be late?*, (*fam.*) che cosa scommetti che arriverà in ritardo?

betting shop ['betɪŋʃɒp] *s.* sala corse.

bettor ['betə*] *s.* scommettitore.

between [bɪ'twi:n / be·tween] *prep.* **1** (*in espressioni di spazio e tempo*) tra, fra (gener. fra due); in mezzo a: *the English Channel lies — France and England*, la Manica si estende tra la Francia e l'Inghilterra; *we usually take our holidays — mid-July and the end of August*, di solito prendiamo le vacanze tra la metà di luglio e la fine di agosto **2** (*per indicare interrelazione*) fra: — *you and me*, *ourselves*, fra me e te, fra noi; *we bought it — us*, l'abbiamo comprato in società; *competition — Japan and U.S. has grown very intense*, la concorrenza tra Giappone e Stati Uniti si è notevolmente intensificata; *what's the difference — these two medicines?*, qual è la differenza fra questi due medicinali?; *he has a choice — staying and leaving*, può scegliere tra rimanere e partire.

between *avv.* (spesso rafforzato da *in*) **1** in mezzo (gener. fra due): *what did they put (in) —?*, che cosa hanno messo in mezzo?; *what was there (in) —?*, che cosa c'era in mezzo? // *his visits are few and far —*, le sue visite sono rarissime **2** nel frattempo: *what happened in —?*, cos'è successo nel frattempo?

between-whiles [bɪ'twi:nwaɪlz] *avv.* (*antiq.*) negli intervalli.

betwixt [bɪ'twɪkst / be·twixt] *avv.* e *prep.* (*ant. letter.*) tra, fra: — *and between*, né carne né pesce, in posizione intermedia.

bevatron ['bevətrɒn / beva·tron] *s.* (*fis. nucleare*) bevatrone.

bevel ['bevl] *s.* **1** spigolo ad angolo non retto; smussatura; ugnatura **2** (*mecc.*) bisello; smusso // — *gear*, ingranaggio conico, a ruote coniche; — *wheel*, ruota conica; — (*square*), squadra falsa.

to **bevel** *pass.p.p.* **bevelled** ['bevld / bev·elled] *v.tr.* smussare: *to — a mirror*, molare (a smusso) uno specchio.

bevelling ['bevlɪŋ / bev·el·ling] *s.* inclinazione, smussatura.

beverage ['bevərɪdʒ / bev·er·age] *s.* bevanda.

bevy ['bevɪ] *s.* **1** gruppo, frotta **2** stormo (di uccelli) **3** (*amer.*) collezione di oggetti.

to **bewail** [bɪ'weɪl / be·wail] *v.tr.* e *intr.* lamentare, lamentarsi; deplorare: *to — one's lot*, lamentarsi della propria sorte.

bewailer [bɪ'weɪlə* / be·wail·er] *s.* chi si lamenta: *bewailers for their Italy enchained*, (E.B. BROWNING) ...che si lamentavano per la loro Italia in ceppi.

to **beware** [bɪ'weə* / be·ware] *v.tr.* e *intr.* guardarsi, stare attento; badare: — *of the dog!*, attenti al cane!; — *of pick-pockets!*, attenti ai borsaioli!

bewigged [bɪ'wɪgd / be·wig·ged] *agg.* con parrucca, imparruccato.

to **bewilder** [bɪ'wɪldə* / be·wil·der] *v.tr.* rendere perplesso; disorientare; sconcertare; confondere.

bewildering [bɪ'wɪldərɪŋ / be·wil·der·ing] *agg.* sbalorditivo; sconcertante; stupefacente // **-ly** *avv.*

bewilderment [bɪ'wɪldəmənt / be·wil·der·ment] *s.* confusione, smarrimento.

to **bewitch** [bɪ'wɪtʃ / be·witch] *v.tr.* incantare, stregare; ammaliare.

bewitcher [bɪ'wɪtʃə* / be·witch·er] *s.* (*non com.*) stregone, strega; incantatore; ammaliatore.

bewitchery [bɪ'wɪtʃərɪ / be·witch·ery] *s.* (*non com.*) stregoneria, incanto.

bewitching [bɪ'wɪtʃɪŋ / be·witch·ing] *agg.* affascinante, seducente // **-ly** *avv.*

bewitchment [bɪ'wɪtʃmənt / be·witch·ment] *s.* malia, stregoneria; incanto, fascino.

to **bewray** [bɪ'reɪ] *v.tr.* (*ant.*) rivelare involontariamente, rendere noto, tradire: *and, smiling wantonly his love bewrayed*, (MARLOWE) e sorridendo impudicamente tradì il suo amore.

bey [beɪ] *s.* bey o bei.

beyond [bɪ'jɒnd / bey·ond] *prep.* **1** (*nello spazio e nel tempo*) al di là di, oltre a: *to sail — the seas*, navigare oltremare; *he didn't get — his second year at university*, non andò oltre il secondo anno di università; *the village lay — the hills*, il paese giaceva al di là delle colline **2** (*in senso astratto*) al di là di; oltre a: — *belief*, incredibile; — *endurance*, insopportabile; *his behaviour was — contempt*, il suo contegno era inqualificabile; *how he became so famous is quite — me*, non sono in grado di capire come abbia fatto a diventare così famoso; *they were living — their means*, avevano un tenore di vita superiore ai loro mezzi; *after the accident my car was — repair*, dopo l'incidente la mia auto non era più riparabile; *he did nothing — laughing and tearing up the letter*, non fece nient'altro che ridere e stracciare la lettera; *they had no choice — accepting the offer*, non avevano altra scelta se non accettare l'offerta // *a sick man — medical help*, un caso incurabile.

beyond *avv.* oltre, al di là: *the lands —*, le terre lontane.

beyond *s.* l'aldilà, la vita futura: *she heard voices from the —*, sentiva delle voci dall'aldilà // *the back of —*, il più remoto angolo del mondo.

bezel ['bezl] *s.* **1** faccetta (di gemma) **2** castone **3** lunetta (di orologio e sim.) **4** → bevel.

to **bezel** *v.tr.* **1** sfaccettare **2** → to bevel.

bezique [bɪ'zi:k / be·zique] *s.* bazzica (gioco di carte).

bezonian [bɪ'zəʊnɪən / be·zo·nian] *s.* (*ant.*) mendicante; individuo di bassa origine: *under which king, bezonian? speak or die*, (SH. Henry IV) sotto quale re, scalcagnato? parla o muori.

B-girl ['bi:gɜ:l] *s.* (*sl. amer.*) ragazza che in un bar, o in un night club, convince i clienti a ordinare consumazioni.

bhang [bæŋ] *s.* (*pop.*) bang (canapa indiana usata come narcotico).

bheesty ['bi:stɪ] *s.* (*angloindiano*) portatore d'acqua.

Bhutanese [,bu:tə'ni:z / Bhu·tan·ese] *agg.* e *s.* (nativo, abitante) del Bhutan.

bi- [baɪ] *pref.* di origine latina con significato di 'due, composto di due, doppio'; it. bi-, di-: *bimolecular*, bimolecolare; *biphenyl*, difenile.

Biafran [bɪ'æfrən / Bi·afran] *agg.* e *s.* biafrano.

biannual [baɪ'ænjʊəl / bi·an·nual] *agg.* biannuale.

biarticular [baɪ'ɑ:tɪkjʊlə* / bi·ar·tic·ular] *agg.* (*anat.*) biarticolato (di giunture).

bias ['baɪəs] *s.* **1** pregiudizio: *free from —, without —*, senza preconcetti, senza pregiudizi; *to have a — against s.o.*, avere una prevenzione contro qlcu. **2** predisposizione, inclinazione: *she has a — towards the colour black*, ha inclinazione per il colore nero; *to have a — towards s.o.*, essere parziale nei confronti di qlcu. **3** (*sartoria*) cucitura diagonale; sbieco: *to cut on the —*, tagliare sbieco // — *binding*, rinforzo **4** (*stat.*) distorsione, errore sistematico **5** (*elettr.*) polarizzazione **6** peso eccedente di una boccia; inclinazione, deviazione di una boccia causata da peso eccedente.

to **bias** *pass.p.p.* **bias(s)ed** ['baɪəst / bi·as(s)ed] *v.tr.* **1** fare inclinare **2** influenzare: *he tried to — our decision by threatening us*, tentò di influenzare la nostra decisione minacciandoci **3** (*elettr.*) polarizzare.

bias-belted [,baɪəs'beltɪd] *agg.* (*di pneumatico*) cinturato.

bias(s)ed ['baɪəst / bi·as(s)ed] *agg.* non obiettivo; prevenuto; parziale: *he is — against Italians*, è prevenuto verso gli italiani; *he is — towards Italians*, è parziale nei confronti degli italiani.

biaxial [,baɪ'æksl / bi·axial] *agg.* (*fis.*) biassiale.

bib[1] [bɪb] *s.* bavaglino; pettorina // *to be in one's best — and tucker*, (*fam.*) indossare l'abito migliore, essere vestito della festa.

to **bib**[1] *pass.p.p.* **bibbed** [bɪbd] *v.intr.* (*antiq.*) bere assai, trincare.

bib[2] *s.* (*zool.*) (*Gadus luscus*) gado barbato SIN. whiting-pout.

bibasic [,baɪ'beɪsɪk / bi·basic] *agg.* (*chim.*) bibasico.

bibber ['bɪbə* / bib·ber] *s.* (*fam.*) bevitore.

bibcock ['bɪbkɒk / bib·cock] *s.* rubinetto.

Bible ['baɪbl] *s.* Bibbia: *it was his bible*, era la sua bibbia // — *belt*, aree rurali dell'Arkansas, Tennessee e Missouri (i cui abitanti sono molto bigotti) // — *banger*, (*fam. amer.*) fondamentalista.

Bible-pounder ['baɪbl,paʊndə*] **Bible -puncher** ['baɪbl,pʌntʃə*] **Bible -thumper** ['baɪbl,θʌmpə*] *s.* (*fam.*) predicatore energico.

biblical ['bɪblɪkl / bib·lical] *agg.* biblico // **-ly** *avv.*

biblicist ['bɪblɪsɪst / bi·bli·cist] *s.* (*non com.*) **1** studioso della Bibbia **2** chi segue la Bibbia alla lettera.

bibliographer [,bɪblɪ'ɒgrəfə* / bib·lio·grapher] *s.* bibliografo.

bibliographic(al) [,bɪblɪə'græfɪk(əl) / bib·lio·graphic, bib·lio·graph·ical] *agg.* bibliografico.

bibliography [,bɪblɪ'ɒgrəfɪ / bib·lio·graphy] *s.* bibliografia.

bibliolatry [,bɪblɪ'ɒlətrɪ / bib·lio·latry] *s.* bibliolatria.

bibliomania [,bɪblɪəʊ'meɪnjə / bib·lio·mania] *s.* bibliomania.

bibliomaniac [,bɪblɪəʊ'meɪnɪæk / bib·lio·maniac] *s.* bibliomane.

bibliophile ['bɪblɪəʊfaɪl / bib·lio·phile] *s.* bibliofilo.

biblist ['bɪblɪst / bib·list] *s.* biblista, studioso della Bibbia.

bibulous ['bɪbjʊləs / bibu·lous] *agg.* **1** bibulo, assorbente **2** (*scherz.*) beone, ubriacone.

bicameral [baɪ'kæmərəl / bi·cam·eral] *agg.* (*dir., pol.*) bicamerale.

bicarbonate [baɪ'kɑ:bənɪt / bi·car·bon·ate]

s. (*chim.*) bicarbonato: — *of soda*, bicarbonato di sodio.

bice [baɪs] *s.* colore blu, verde pallido.

bicellular [baɪ'seljʊlə* / bi·cell·ular] *agg.* (*biol.*) bicellulare.

bicentenary [,baɪsen'ti:nərɪ *amer.* ,baɪ'sen tenerɪ / bi·cen·ten·ary] *agg.* e *s.* bicentenario.

bicentennial [,baɪsen'tenjəl / bi·cen·ten·nial] *agg.* bicentennale.

bicephalous [baɪ'sefələs / bi·ceph·al·ous] *agg.* bicefalo.

biceps ['baɪseps / bi·ceps] *s.* (*pl. invar.*) (*anat.*) bicipite.

bichloride [baɪ'klɔ:raɪd / bi·chlor·ide] *s.* (*chim.*) bicloruro.

bicipital [baɪ'sɪpətəl / bi·cip·ital] *agg.* **1** bicipite, con due teste **2** (*anat.*) del bicipite.

bicker[1] ['bɪkə*] *s.* (*ant.*) **1** lite; zuffa **2** gorgoglio (di fiume) **3** ticchettio della pioggia.

to **bicker**[1] *v.intr.* **1** altercare, disputare, litigare **2** (*non com.*) risplendere (di fiamma) **3** (*non com.*) gorgogliare (di fiume) **4** (*non com.*) ticchettare di pioggia.

bicker[2] *s.* (*scoz.*) coppa.

bickerer ['bɪkərə* / bicker·er] *s.* persona litigiosa.

bickering ['bɪkərɪŋ / bick·er·ing] *s.* Ⓤ battibecco.

biconcave [baɪ'kɒnkeɪv / bi·con·cave] *agg.* biconcavo.

biconvex [baɪ'kɒnveks / bi·con·vex] *agg.* biconvesso.

bicuspid [baɪ'kʌspɪd / bi·cuspid] *agg.* bicuspide: (*med.*) — *valve*, valvola bicuspide, valvola mitralica ◆ *s.* (*anat.*) (dente) premolare.

bicycle ['baɪsɪkl / bi·cycle] *s.* bicicletta: — *ride*, giro in bicicletta, biciclettata.

to **bicycle** *v.intr.* (*antiq.*) andare in bicicletta.

bicycling ['baɪsɪklɪŋ / bi·cyc·ling] *s.* (*antiq.*) ciclismo.

bicyclist ['baɪsɪklɪst / bi·cyc·list] *s.* (*antiq.*) ciclista.

to **bid**[1] [bɪd] *pass.* **bad** [bæd] **bade** [bæd] **bid** *p.p.* **bidden** ['bɪdn / bid·den] **bid** *v.tr.* **1** dire; augurare: *to — good-bye to s.o.*, accomiatarsi da qlcu.; salutare qlcu.: *to — good-morning*, dire buon giorno; *to — farewell*, dire addio **2** (*form.*) (V) invitare a: *the priest bade them rise*, il prete li invitò ad alzarsi **3** (*form.*) (V) comandare, ordinare: — *him go*, ordinagli di andare; *do as you are bidden*, fai come ti comandano **4** — *fair*, sembrare che, promettere: *the weather bids fair to improve*, il tempo promette di migliorare **5** (*ant.*) pregare.

bid[2] *s.* **1** (*dir.*) offerta (a un'asta): *to make a — for sthg.*, (*fig.*) fare un tentativo per ottenere, raggiungere qlco. **2** (*Borsa*) offerta: *take over —*, offerta di pubblico acquisto; — *price*, prezzo denaro, prezzo di domanda **3** appalto: *advertisement for bids*, bando di appalto; *to make a —*, fare offerta di appalto **4** dichiarazione (a carte).

to **bid**[2] *pass.p.p.* **bid** *v.tr.* e *intr.* **1** offrire (ad un'asta); fare offerta di appalto: *to — (money) for sthg.*, offrire denaro per qlco. // — *company*, società che effettua un'offerta pubblica di acquisto **2** (*carte*) dichiarare.

□ **bid in** *v.tr.* e *avv.* far salire (l'offerta).

□ **bid up** *v.tr.* e *avv.* rilanciare, aumentare (l'offerta); rilanciare (a carte).

biddable ['bɪdəbl / bid·dable] *agg.* (*antiq.*) obbediente, docile.

bidden *p.p.* di to **bid**[1].

bidder ['bɪdə* / bid·der] *s.* **1** (*dir.*) offerente (a un'asta); appaltatore, chi prende in appalto: *the highest —*, il miglior offerente **2** dichiarante (a carte).

bidding[1] ['bɪdɪŋ / bid·ding] *s.* (*form.*) **1** ordine; comando: *to do s.o.'s —*, eseguire l'ordine di qlcu. **2** invito.

bidding[2] *s.* **1** licitazione, offerta a un'asta o a una gara d'appalto; l'insieme delle offerte: *the — was strong, slack*, le offerte erano forti, scarse // (*econ.*) *competitive —*, asta (di buoni del tesoro) **2** (*carte*) dichiarazione.

biddy ['bɪdɪ] *s.* **1** (*zool. dial.*) gallina, pollo **2** (*fig.*) vecchia **3** (*fam. amer.*) domestica **4** (*sl. amer.*) donna eccentrica e bisbetica.

to **bide** [baɪd] *pass.* **bode** [bəʊd] *p.p.* **bided** ['baɪdɪd] *v.tr.* e *intr.* (*poet.*) aspettare // *to — one's time*, aspettare un'occasione migliore, la propria occasione.

bidet ['bi:deɪ / bi·det] *s.* (*fr.*) bidè.

biennial [baɪ'enɪəl / bi·en·nial] *agg.* biennale // **-ly** *avv.*

biennium [baɪ'enɪəm / bi·en·nium] *pl.* **biennia** [baɪ'enɪə] **bienniums** [bi·en·ni·ums] *s.* biennio.

bier [bɪə*] *s.* **1** cataletto; bara, feretro **2** (*ant. fig.*) tomba.

bifacial [baɪ'feɪʃl / bi·fa·cial] *agg.* bifacciale.

biff [bɪf] *s.* (*sl.*) scapaccione, colpo.

to **biff** *v.tr.* (*sl.*) dare uno scapaccione, un colpo a.

bifid ['baɪfɪd] *agg.* bifido // (*anat.*) — *spine*, spina dorsale bifida.

bifilar [baɪ'faɪlə* / bi·filar] *agg.* bifilare: (*fis.*) — *electrometer*, elettrometro bifilare.

bifocal [,baɪ'fəʊkl / bi·focal] *agg.* bifocale ◆ *s.* **1** lente bifocale **2** *pl.* occhiali con lenti bifocali.

bifold ['baɪfəʊld / bi·fold] *agg.* (*ant.*) doppio.

bifoliate [baɪ'fəʊlɪət / bi·fo·li·ate] *agg.* (*bot.*) che ha due foglie.

bifurcate ['baɪfəkəɪt / bi·furc·ate] *agg.* biforcuto.

to **bifurcate** *v.intr.* biforcarsi.

bifurcation [,baɪfə'keɪʃn / bi·furca·tion] *s.* **1** biforcazione **2** (*mat.*) biforcazione, punto di biforcazione.

big [bɪg] *comp.* **bigger** ['bɪgə*] *superl.* **biggest** ['bɪgɪst] *agg.* **1** grande; grosso; forte (*anche fig.*): *a — house*, una grande casa; *a — garden*, un grande giardino; *he is a — boy*, è un ragazzo robusto; *you're a — boy now*, adesso sei un ragazzo grande; *he is — for his age*, è grande per la sua età; *he is — enough to defend himself*, è abbastanza grande per difendersi; *to grow —* (o *bigger*), crescere; ingrassare; *a — appetite*, un forte appetito; *a — eater*, un forte mangiatore; *a — majority*, una forte maggioranza // *to earn — money*, guadagnare molto // *he has got a — heart*, (*fam.*) è molto generoso // *to be too — for one's shoes* (o *boots*), (*fam.*) darsi delle arie // *Big Ben*, il Big Ben (orologio del palazzo del Parlamento a Londra) // *Big Blue*, (*sl.*) l'IBM (dal colore del suo marchio) **2** importante; notevole: *it was a — day for me*, è stato un giorno importante per me; *there was a — drop in prices*, ci fu una forte caduta dei prezzi; *they entertained in a — way*, davano ricevimenti grandiosi // *he had — ideas*, aveva idee grandiose, pensava in grande // *that's — of you!*, (*iron.*) grazie tante! **3** maggiore (di fratello, sorella) **4** pieno; gonfio; (*antiq.*) gravido **5** (*fam.*) molto popolare, famoso // *to make it —*, (*fam.*) riuscire, diventare famoso ◆ Come avv. in alcune locuz. (*fam.*): *to talk —*, vantarsi; fare lo smargiasso // *to think —*, pensare in grande, avere idee grandiose // *to go over —*, avere successo.

bigamist ['bɪgəmɪst / bi·gam·ist] *s.* bigamo.

bigamous ['bɪgəməs / bi·gam·ous] *agg.* bigamo.

bigamy ['bɪgəmɪ / bi·gamy] *s.* bigamia.

bigarade ['bɪgə,reɪd / big·arade] *s.* (*bot.*) (*Citrus aurantium amara*) arancio amaro.

bigaroon [,bɪgə'ru:n / big·aroon] **bigarreau** ['bɪgərəʊ / big·arreau] *s.* (*bot.*) ciliegia corniola, duracina.

bigass ['bɪgæs] *agg.* **1** (*fam. amer.*) supponente; pretenzioso: *to act — with s.o.*, fare il gradasso con qlcu. **2** (*sl. amer.*) grande, sproporzionato.

big bang [bɪg'bæŋ] *s.* (*scient.*) big bang; esplosione primordiale.

big-bellied [bɪg'belɪd] *agg.* **1** panciuto, con la pancia grossa **2** (*estens.*) gravida.

big-boned ['bɪgbəʊnd] *agg.* forte di ossatura SIN. **strong-boned**.

big brother [bɪg'brʌðə*] *s.* **1** fratello maggiore **2** capo di governo che lascia poco spazio agli altri; dittatore.

big bug [bɪg'bʌg] *s.* (*fam.*) → **big shot**.

big business [bɪg'bɪznɪz] *s.* Ⓤ (*fam.*) **1** grosso affare: *sport is — nowadays*, lo sport è un grosso affare al giorno d'oggi **2** il capitale, la grande industria: — *controls American politics*, la grande industria controlla la politica americana.

big cheese [bɪg'tʃi:z] *s.* (*fam.*) → **big shot**.

big deal [bɪg'di:l] *s.* **1** (*amer.*) cosa o situazione importante // *no —!*, niente di importante!; *to make a —*, (*amer.*) dare eccessiva importanza a una situazione, fare un caso di stato (di) **2** (*fam. amer. spreg.*) bella roba!

big dipper [bɪg'dɪpə*] *s.* montagne russe (*pl.*).

bigeminal [baɪ'dʒemɪnl / bi·gem·in·al] *agg.* (*bot.*) bigeminato.

big end [,bɪg'end] *s.* (*brit.*) (*mecc.*) testa, testata (del motore a scoppio).

big game [,bɪg'geɪm] *s.* **1** caccia grossa **2** (*fig.*) meta ambita; obiettivo.

biggish ['bɪgɪʃ / big·gish] *agg.* piuttosto grosso, grande.

bighead ['bɪghed / big·head] *s.* (*fam.*) presuntuoso.

big-headed [bɪg'hedɪd] *agg.* (*fam.*) pieno di sé, presuntuoso.

big-hearted [bɪg'hɑ:tɪd] *agg.* (*fam.*) generoso, magnanimo.

bighorn sheep ['bɪghɔ:n'ʃi:p] *s.* (*zool.*) bighorn, pecora delle Montagne Rocciose.

bight [baɪt] *s.* **1** (*geogr.*) ansa (di fiume); golfo, baia **2** (*mar.*) doppino.

big mouth [bɪg'maʊθ] *s.* chiacchierone, uno che parla troppo.

big name [,bɪg'neɪm] *s.* (*fam.*) personaggio, grosso nome.

bigness ['bɪgnɪs / big·ness] *s.* grossezza, grandezza.

big noise [,bɪg'nɔɪz] *s.* (*fam.*) → **big shot**.

bigot ['bɪgət] *s.* **1** bigotto **2** fanatico; settario.

bigoted ['bɪgətɪd / big·oted] *agg.* **1** bigotto **2** fanatico, settario.

bigotry ['bɪgətrɪ / big·otry] *s.* **1** bigottismo **2** fanatismo, settarismo.

big shot [,bɪg'ʃɒt] *s.* (*fam.*) pezzo grosso SIN. big bug, big cheese, big noise.

big stick [,bɪg'stɪk] *s.* (*fam.*) grande dispiego di forze.

big time ['bɪg,taɪm] *s.* (*fam. brit.*) massimo livello (di carriera, successo ecc.): *he is in the — now*, ora è al massimo, è in cima alla scala.

big toe [bɪg'təʊ] *s.* alluce.

big top [,bɪg'tɒp] *s.* tendone (di circo).

bigwig ['bɪgwɪg / big·wig] *s.* (*fam.*) persona importante.

bijection ['baɪdʒekʃn / bi·jec·tion] *s.* (*mat.*) biiezione, corrispondenza biunivoca.

bijou ['bi:ʒu: / bi·jou] *pl.* **bijoux** *s.* (*fr.*) bijou; gioiello (*anche fig.*).

bijouterie [bɪ'ʒu:təri: / bi·jou·terie] *s.* bigiotteria, minuteria.

bike [baɪk] *s.* (*fam.*) bicicletta, bici; motocicletta, moto // *on your —!*, (*fam.*) va via!

to **bike** *v.intr.* (*fam.*) andare in bicicletta, in bici, in moto.

bikelane ['baɪkleɪn / bike·lane] **bikeway** ['baɪkweɪ / bike·way] *s.* (*amer.*) pista ciclabile.

bikini [bɪ'ki:nɪ / bi·kini] *s.* bikini.

bilabial [,baɪ'leɪbjəl / bi·la·bial] *agg.* **1** (*bot.*) bilabiato **2** (*fon.*) bilabiale ◆ *s.* consonante bilabiale.

bilateral [,baɪ'lætərəl / bi·lat·eral] *agg.* bilaterale.

bilateralism [baɪ'lætərəlɪzəm / bi·lat·eral·ism] *s.* bilateralismo.

bilberry ['bɪlbərɪ *amer.* 'bɪlberɪ / bil·berry] *s.* (*bot.*) mirtillo → **blueberry**.

bilbo ['bɪlbəʊ] *pl.* **bilbos** *s.* (*ant.*) spada.

bile [baɪl] *s.* **1** bile: — *acids*, acidi biliari **2** (*fig.*) rabbia, ira.

bile-duct ['baɪldʌkt] *s.* (*anat.*) dotto biliare // *common* —, coledoco.

bilestone ['baɪlstəʊn / bile·stone] *s.* (*med.*) → **gallstone**.

bilge [bɪldʒ] *s.* **1** (*mar.*) carena, opera viva **2** (*mar.*) sentina: — (*water*), acqua di sentina; — *pump*, pompa di sentina **3** [U] (*sl.*) sciocchezze (*pl.*): *don't talk —!*, non dire scemenze!

to **bilge** *v.intr.* **1** (*mar.*) far acqua **2** (*sl. amer.*) essere bocciato e costretto a dimettersi.

bilge block ['bɪldʒ,blɒk] *s.* (*mar.*) puntello (di bacino).

bilge keel ['bɪldʒ,ki:l] *s.* (*mar.*) aletta antirollio; chiglia di rollio.

bilge ways ['bɪldʒweɪz] *s.pl.* (*mar.*) taccate.

bilgy ['bɪldʒɪ] *agg.* (*non com.*) fetido.

bilharzia [bɪl'hɑ:zɪə / bil·har·zia] *s.* (*zool.*) bilarzia, bilharzia; schistosoma.

bilharziasis [,bɪlhɑ:'zɪəsɪs / bil·har·ziasis] **bilharziosis** [,bɪlhɑ:zɪ'əʊsɪs] *s.* (*med.*) bilarziosi, bilharziosi; schistosomiasi.

biliary ['bɪljərɪ / bili·ary] *agg.* **1** (*med.*) biliare **2** bilioso, collerico.

bilinear [baɪ'lɪnɪə* / bi·lin·ear] *agg.* (*mat.*) bilineare: — *equation*, equazione bilineare.

bilinearity [,baɪlɪnɪ'ærɪtɪ / bi·lin·ear·ity] *s.* (*mat.*) bilinearità.

bilingual [baɪ'lɪŋgwəl / bi·lin·gual] *agg.* e *s.* bilingue.

bilingualism [baɪ'lɪŋgwəlɪzəm / bi·lin·gual·ism] *s.* bilinguismo.

bilious ['bɪljəs / bi·li·ous] *agg.* biliare; (*fig.*) collerico, irritabile.

biliousness ['bɪljəsnɪs / bi·li·ous·ness] *s.* (*med.*) stato bilioso; attacco di bile; crisi epatica.

bilirubin [,bɪlɪ'ru:bɪn / bi·li·rubin] *s.* (*biochim.*) bilirubina.

bilirubinemia ['bɪlɪ,ru:bɪ'ni:mjə / bi·li·rubin·emia] *s.* (*med.*) bilirubinemia.

biliteral [,baɪ'lɪtərəl / bi·lit·eral] *agg.* di due lettere ◆ *s.* parola, sillaba, radice di due lettere.

biliverdin [,bɪlɪ'vɜ:dɪn / bi·li·ver·din] *s.* (*biochim.*) biliverdina.

to **bilk** [bɪlk] *v.tr.* ingannare; imbrogliare.

bill[1] [bill] *s.* **1** conto; nota; fattura, bolletta: *gas* —, bolletta del gas; *to ask for the* —, chiedere il conto; *to pay the* —, pagare il conto; *to foot the* —, (*fam.*) pagare le spese (*anche fig.*) // *to fit* (o *to fill*) *the* —, essere adatto (a un incarico, a una funzione) **2** polizza; bolletta; certificato: — *of entry*, bolletta di entrata; (*trib.*) bolla doganale; — *of lading*, polizza di carico; (*clean*) — *of health*, certificato di fine malattia // *to give to sthg. a clean — of health*, (*fig.*) approvare qualcosa **3** (*comm.*) effetto: — (*of exchange*), cambiale, tratta; — *at sight*, — *on demand*, cambiale a vista; — *in distress*, cambiale in sofferenza; *clean* —, cambiale non documentata; — *guarantee*, avallo; — *rate*, tasso di sconto; *to endorse a* —, girare una cambiale; *bills payable*, effetti passivi; *bills receivable*, effetti attivi; (*Banca*) *bills in hand*, portafoglio cambiali; (*Banca*) *bills for collection*, cambiali all'incasso // — *of credit*, (*comm. amer.*) vaglia cambiario (della banca centrale) **4** progetto di legge (presentato al Parlamento): *private* —, progetto di legge di interesse locale // *Bill of Rights*, (*st.*) legge del 1689 sui diritti del cittadino inglese; (*negli Stati Uniti*) i primi dieci emendamenti (della costituzione americana), carta costituzionale dei diritti del cittadino (1791) **5** (*amer.*) banconota, biglietto **6** lista: — *of fare*, lista delle vivande, menu **7** affisso; programma di spettacolo, locandina teatrale: *to top* (o *to head*) *the* —, comparire in testa al cartellone // *stick no bills*, vietata l'affissione **8** (*dir.*) atto: — *of sale*, atto di vendita **9** (*ant.*) contratto: *is it unwilling I should write this bill?*, (MARLOWE) è controvoglia che debbo scrivere questo contratto?

to **bill**[1] *v.tr.* **1** fatturare **2** affiggere (un manifesto); reclamizzare (qlco.) attraverso un manifesto **3** (*teatr.*) mettere in programma.

bill[2] *s.* **1** alabarda **2** falcetto **3** lama di forbici.

bill[3] *s.* **1** (*zool.*) becco; rostro **2** arpione **3** (*mar.*) unghia, becco dell'ancora.

to **bill**[3] *v.intr.* becchettarsi (di uccelli) // *to — and coo*, (*fam.*) tubare.

billabong ['bɪləbɒŋ / bil·la·bong] *s.* (*geogr.*) banca (in Australia).

billboard ['bɪlbɔ:d / bill·board] *s.* (*spec. amer.*) tabellone d'affissione BRIT. hoarding.

bill-broker ['bɪlbrəʊkə*] *s.* (*comm.*) agente di cambio (sul mercato monetario).

billet[1] ['bɪlɪt / bil·let] *s.* (*mil.*) alloggio, accantonamento; buono d'alloggio // *a good* —, (*sl.*) un buon impiego // *every bullet has its* —, (*fam.*) ogni colpo giunge a segno; non si lotta contro il destino.

to **billet**[1] *pass.p.p.* **billeted** ['bɪlɪtɪd / bil·leted] *v.tr.* (*mil.*) alloggiare (soldati): *to — troops on* (o *with*) *s.o.*, *in a town*, alloggiare truppe presso qlcu., accantonare truppe in una città.

billet[2] *s.* **1** ceppo (da ardere) **2** (*metall.*) billetta **3** (*arch.*) modanatura.

billet[3] *s.* (*scherz.*, *non com.*) biglietto, lettera.

billet-doux [,bɪleɪ'du:] *s.* (*fr. scherz.*) lettera amorosa.

billfold ['bɪlfəʊld / bill·fold] *s.* (*amer.*) portafoglio BRIT. wallet.

billful ['bɪlfʊl / bill·ful] *s.* (*non com.*) beccata (quanto sta nel becco).

billhead ['bɪlhed / bill·head] *s.* (*comm.*) modulo intestato per fatture.

billhook ['bɪlhʊk / bill·hook] *s.* roncola.

billiard ['bɪljəd / bil·liard] *agg.* (*gener. nei composti*) di, da biliardo: — *ball*, — *cue*, palla, stecca da biliardo; — *marker*, marcatore; — *room*, sala da biliardo; — *table*, tavolo da biliardo // *to draw a — ball*, tirare una palla con effetto.

billiards ['bɪljədz / bil·liards] *s.pl.* biliardo (gioco).

billing ['bɪlɪŋ / bil·ling] *s.* (*comm.*) **1** fatturazione: — *at cost*, fatturazione al prezzo di costo // (*inform.*): — *pitch*, densità di otto caratteri per pollice; — *tape*, nastro di fatturazioni **2** stanziamento totale assegnato a un'agenzia pubblicitaria **3** (*teatr.*) posizione di un nome sul cartellone: *top* —, la posizione migliore sul cartellone.

billingsgate ['bɪlɪŋzgɪt / bil·lings·gate] *s.* (*fam.*) linguaggio (volgare) da pescivendoli • Dal nome dell'antico mercato del pesce a Londra.

billion ['bɪljən / bil·lion] *s.* (*amer.*) miliardo; (*brit.*) mille miliardi, bilione.

billionaire [bɪlɪə'neə* / bil·lion·aire] *s.* (*amer.*) miliardario.

bill of exchange [,bɪləveks'tʃeɪndʒ] *s.* (*comm.*) → **bill**[1].

bill of fare [,bɪləv'feə*] *s.* menu.

billow ['bɪləʊ / bil·low] *s.* **1** onda, flutto (*anche fig.*); maroso **2** (*poet.*) il mare.

to **billow** *v.intr.* ondeggiare; fluttuare, gonfiarsi.

billowy ['bɪləʊɪ / bil·lowy] *agg.* ondoso; fluttuante.

billposter ['bɪl,pəʊstə* / bill·poster] **bill-sticker** ['bɪl,stɪkə* / bill·sticker] *s.* attacchino.

billsticking ['bɪl,stɪkɪŋ / bill·stick·ing] *s.* affissione.

billy ['bɪlɪ] *s.* **1** (*amer.*) manganello (dei poliziotti) **2** pentolino (per il tè).

billycock ['bɪlɪkɔk / billy·cock] *s.* (*sl. antiq.*) bombetta.

billygoat ['bɪlɪgəʊt / billy·goat] *s.* (*zool.*) capro, becco.

billy-(h)o [bɪlɪ'(h)əʊ] *s.* (*sl.*) moltissimo; velocemente; fortemente ecc.: *to run like* —, correre come un pazzo.

bilobate [baɪ'ləʊbeɪt / bi·lob·ate] *agg.* bilobato.

bilocation [,baɪləʊ'keɪʃn / bi·loca·tion] *s.* (*non com.*) bilocazione.

bilocular [baɪ'lɒkjələ* / bi·loc·ular] *agg.* (*biol.*) biloculare.

biltong ['bɪltɔŋ / bil·tong] *s.* carne seccata al sole.

bimanal ['bɪmənəl / bi·manal] *agg.* bimano.

bimane ['baɪmeɪn / bi·mane] *pl.* **bimanes**, **bimana** ['bɪmənə] *s.* bimane.

bimanous ['bɪmənəs / bi·man·ous] *agg.* → **bimanal**.

bimbo ['bɪmbəʊ] *s.* (*sl. amer.*) ragazza.

bimestrial [baɪ'mestrɪəl / bi·mest·ri·al] *agg.* bimestrale.

bimetallic [,baɪmɪ'tælɪk / bi·met·al·lic] *agg.* bimetallico.

bimetallism [baɪ'metəlɪzəm / bi·met·al·lism] *s.* (*econ.*) bimetallismo.

bimetallist [baɪ'metəlɪst / bi·met·al·list] *s.* (*econ.*) bimetallista.

bimillenary [,baɪmɪ'lenərɪ / bi·mil·len·ary] *s.* bimillenario.

bimonthly ['baɪ'mʌnθlɪ / bi·monthly] *agg.* bimensile ◆ *s.* (pubblicazione) bimensile ◆ *avv.* ogni due mesi.

bin [bɪn] *s.* contenitore; silo; deposito (per materiali incoerenti): *ore* —, silo di minerale.

binary ['baɪnərɪ / bin·ary] *agg.* binario: (*mat.*) — *digit*, *number*, cifra, numero binario; (*chim.*) — *compound*, composto binario; (*astr.*) — *star*, stella binaria, stella doppia // (*inform.*): — *code*, codice binario; — *check digit*, bit di controllo; — *pattern*, configurazione binaria; — *notation*, numerazione (codificata) in binario; — *weight*, peso di bit ◆ *s.* **1** (*inform.*) programma in binario **2** (*astr.*) stella binaria, doppia.

binate ['baɪneɪt / bin·ate] *agg.* binato.

binaural [bɪn'ɔːrəl / bin·aural] *agg.* **1** (*anat.*) biaurale, che appartiene alle due orecchie: — *arch*, linea che unisce i due punti auricolari passando per il vertice del capo **2** (*acustica*) biauricolare: — *hearing*, ascolto biauricolare; — *stethoscope*, stetoscopio biauricolare.

bind [baɪnd] *s.* **1** legame; fascia **2** (*fam.*) seccatura; fastidio: *it's an awful — not having the car with us*, è una seccatura non aver qui la macchina **3** (*mus.*) legatura **4** (*mecc.*) incastratura, grippatura **5** (*geol.*) terra indurita chiusa fra due strati di carbone.

to **bind** *pass.p.p.* **bound** [baʊnd] *v.tr.* **1** legare (*anche fig.*); allacciare (*anche fig.*); attaccare; incatenare: *his hands were bound*, le sue mani erano legate; *a deep friendship binds us together*, una profonda amicizia ci lega; *to be bound by affection*, essere, sentirsi legato da affetto; *to — s.o. hand and foot,* (*fig.*) legare qlcu. mani e piedi **2** fasciare, bendare: *to — (up) a wound*, fasciare una ferita **3** rilegare: *I'll have my books bound in leather*, mi farò rilegare i libri in pelle **4** obbligare, costringere; impegnare; legare; vincolare: *he has bound himself to do it*, si è impegnato a farlo; *to — s.o. (down) to do sthg.*, obbligare qlcu. a fare qlco.; *duty binds me to go*, il dovere mi costringe ad andarmene // *to — (s.o.) as an apprentice*, (*antiq.*) allogare (qlcu.) come apprendista **5** bordare, fare un bordo a: *to — the edges of a carpet*, bordare un tappeto **6** indurire, rapprendere; amalgamare: *the sun bound the wet sand into a lump*, il sole raggrumò la sabbia bagnata ◆ *v.intr.* **1** *to — (together)*, unirsi, legarsi, amalgamarsi: *this flour mixture isn't wet enough to — properly*, questo impasto di farina non è abbastanza bagnato da amalgamarsi bene **2** (*mecc.*) incastrarsi, gripparsi **3** (*chim.*) legare, legarsi.

□ **bind over** *v.tr.* e *avv.* (*dir.*) obbligare qlcu. a fare o a omettere qlco. sotto minaccia di sanzione (da parte del giudice).

binder ['baɪndə*] *s.* **1** rilegatore **2** rilegatura mobile (per giornali ecc.) **3** (*agr.*) mietilega **4** (*mecc.*) legatrice **5** (*chim.*) legante **6** (*arch.*) tirante.

bindery ['baɪndərɪ / bind·ery] *s.* legatoria.

binding ['baɪndɪŋ / bind·ing] *agg.* **1** che lega; legante // (*fis.*) — *energy*, energia di legame // (*chim.*) — *agent*, agente legante **2** obbligatorio; impegnativo: — *offer*, offerta impegnativa ◆ *s.* **1** legatura; legame; fasciatura; nastro, bordura **2** rilegatura; copertina **3** (*mecc.*) inceppamento, grippaggio **4** (*chim.*) legante **5** (*sci*) attacco.

bindle ['bɪndl] *s.* (*fam. amer.*) fagotto (in origine quello tipico dei vagabondi).

bindlestiff ['bɪndl,stɪf / bindle·stiff] *s.* (*fam. amer.*) **1** lavoratore agricolo stagionale **2** vagabondo.

bindweed ['baɪndwiːd / bind·weed] *s.* (*bot.*) (*Polygonum convolvulus*) convolvolo rampicante.

bine [bain] *s.* (*bot.*) **1** gambo di rampicante; (*estens. letter.*) rampicante: *the tangled bine-stems scored the sky*, (T. HARDY) gli intricati rampicanti intaccavano il cielo **2** virgulto.

binge [bɪndʒ] *s.* **1** (*sl.*) baldoria, festa rumorosa **2** (*fam.*) attività frenetica: *every year before Christmas she goes on a shopping* —, tutti gli anni prima di Natale si butta nelle spese.

bingo ['bɪŋgəʊ] *s.* tombola ◆ *inter.* ecco!: *I opened the door and bingo! There she was*, aprii la porta ed ecco! Lei era lì.

binnacle ['bɪnəkl / bin·nacle] *s.* (*mar.*) chiesuola, abitacolo // — *list*, (*amer.*) elenco giornaliero dei marinai ammalati (che viene esposto vicino alla chiesuola).

binocular [baɪ'nɔkjulə* / bin·ocu·lar] *agg.* binoculare ◆ *s.pl.* binocolo (*sing.*).

binomial [baɪ'nəʊmjəl / bi·no·mial] *agg.* (*mat.*) binomiale // (*stat.*): — *coefficients*, coefficienti binomiali; — *distribution*, distribuzione binomiale ◆ *s.* (*mat.*) binomio.

binominal [baɪ'nɒmɪnl / bi·nom·inal] *agg.* che ha due nomi.

binormal [baɪ'nɔːml / bi·nor·mal] *agg.* (*stat.*) binormale: — *distribution*, distribuzione binormale.

bio [baɪəʊ] *s.* (*fam. amer.*) → **biography**.

bio- *pref.* di origine greca che significa 'della vita', 'delle cose viventi'; it. bio-: *biogenesis*, biogenesi; *biocatalysis*, biocatalisi; *biochronology*, biocronologia.

bioassay [,baɪəʊ'æseɪ / bio·as·say] *s.* (*chim.*, *biol.*) prova biologica (di un farmaco).

to **bioassay** *v.tr.* (*chim.*, *biol.*) verificare biologicamente (un farmaco).

biocatalyst [,baɪəʊ'kætəlɪst / bio·cata·lyst] *s.* (*biochim.*) biocatalizzatore.

biocenology *s.* (*amer.*) → **biocoenology**.

biocenosis *s.* (*amer.*) → **biocoenosis**.

biochemical ['baɪəʊ'kemɪkəl / bio·chem·ical] *agg.* biochimico: (*geol.*) — *rock*, *sediment*, roccia, sedimento biochimico.

biochemist ['baɪəʊ'kemɪst / bio·chem·ist] *s.* biochimico.

biochemistry ['baɪəʊ'kemɪstrɪ / bio·chem·istry] *s.* biochimica.

biochore ['baɪəkɔː* / bio·chore] *s.* (*ecol.*) biocora.

bioclastic [,baɪəʊ'klæstɪk / bio·clastic] *agg.* (*geol.*) bioclastico.

bioclimatology [,baɪəʊklaɪmə'tɒlədʒɪ / bio·cli·ma·to·logy] *s.* (*ecol.*) bioclimatologia.

biocoenology [,baɪəʊsɪ'nɒlədʒɪ / bio·coen·o·logy] *s.* (*ecol.*) biocenologia.

biocoenosis [,baɪəʊsiː'nəʊsɪs / bio·coen·osis] *s.* (*ecol.*) biocenosi.

biocycle ['baɪəʊsaɪkl / bio·cycle] *s.* (*ecol.*) biociclo.

biodegradability ['baɪəʊdɪ,greɪdə'bɪlətɪ / bio·de·grad·ab·il·ity] *s.* biodegradabilità.

biodegradable [,baɪəʊdɪ'greɪdəbəl / bio·de·grad·able] *agg.* biodegradabile.

biodegradation [baɪəʊ,degrə'deɪʃn / bio·de·grada·tion] *s.* biodegradazione.

biodynamics [,baɪəʊdaɪ'næmɪks / bio·dy·nam·ics] *s.* ⓤ biodinamica.

bioenergetic ['baɪəʊ,enə'dʒetɪk / bio·en·er·getic] *agg.* bioenergetico.

bioengineering [baɪəʊ,endʒɪ'nɪərɪŋ / bio·en·gin·eer·ing] *s.* bioingegneria.

biofeedback [,baɪəʊ'fiːdbæk / bio·feed·back] *s.* (*psic.*) training autogeno.

biogenesis ['baɪəʊ'dʒenɪsɪs / bio·gen·esis] *s.* biogenesi.

biogenetic [,baɪəʊdʒə'netɪk / bio·gen·etic] *agg.* biogenetico.

biogenetics [,baɪəʊdʒə'netɪks / bio·gen·et·ics] *s.* ⓤ biogenetica.

biogenic [,baɪəʊ'dʒiːnɪk / bio·genic] *agg.* (*geol.*) organogeno: — *rocks*, rocce organogene, bioliti.

biographer [baɪ'ɒgrəfə* / bio·grapher] *s.* biografo.

biographic(al) [,baɪəʊ'græfɪk(əl) / bio·graphic, bio·graph·ical] *agg.* biografico // **-ally** *avv.*

biography [baɪ'ɒgrəfɪ / bio·graphy] *s.* biografia.

bioherm ['baɪəʊhɜːm / bio·herm] *s.* (*geol.*) bioherma.

biolite ['baɪəʊlaɪt / bio·lite] **biolith** ['baɪəʊlɪθ] *s.* (*geol.*) biolite, roccia organogena.

biological meno com. **biologic** [,baɪə'lɒdʒɪk(əl) / bio·lo·gic(al)] *agg.* biologico: — *warfare*, guerra biologica; — *control*, controllo biologico; — *half-life*, tempo di dimezzamento biologico, emivita biologica // **-ally** *avv.*

biologism [baɪ'ɒlə,dʒɪzəm / bio·lo·gism] *s.* biologismo.

biologist [baɪ'ɒlədʒɪst / bio·lo·gist] *s.* biologo.

biology [baɪ'ɒlədʒɪ / bio·logy] *s.* biologia.

bioluminescence [,baɪəʊlu:,mɪ'nesns / bio·lu·min·es·cence] *s.* (*fis.*) bioluminescenza.

biolysis [baɪ'ɒləsɪs / bio·lysis] *s.* biolisi.

biomass ['baɪəʊmæs / bio·mass] *s.* biomassa.

biome ['baɪəʊm] *s.* (*ecol.*) bioma.

biomedical [,baɪəʊ'medɪkl / bio·medi·cal] *agg.* biomedico.

biomedicine [baɪəʊ'medsɪn / bio·me·di·cine] *s.* biomedicina.

biometeorology ['baiəʊ,mi:tjə'rɒlədʒɪ / bio·met·eoro·logy] *s.* biometeorologia.

biometric [,baɪəʊ'metrɪk / bio·met·ric] *agg.* biometrico.

biometrics [,baɪəʊ'metrɪks / bio·met·rics] *s.* ⓤ biometria.

biometry [baɪ'ɒmɪtrɪ / bio·metry] *s.* biometria.

bion ['baɪɒn] *s.* (*ecol.*) bionte, organismo individuale.

bionic [baɪ'ɒnɪk / bi·onic] *agg.* bionico; (*estens.*) sovrumano.

bionics [baɪ'ɒnɪks / bi·on·ics] *s.* ⓤ bionica.

bionomics [,baɪəʊ'nɒmɪks / bi·onom·ics] *s.* ⓤ bionomia.

biophysics [,baɪəʊ'fɪzɪks / bio·phys·ics] *s.* ⓤ biofisica.

bioplasm ['baɪəplæzəm / bio·plasm] *s.* (*biol.*) bioplasma, protoplasma.

biopsy ['baɪɒpsɪ / bi·opsy] *s.* biopsia.

biorhythm ['baɪəʊ,rɪθəm / bio·rhythm] *s.* (*biol.*) bioritmo.

bioscopy ['baɪəskəʊpɪ / bio·scopy] *s.* bioscopia.

biosphere ['baɪəsfɪə* / bio·sphere] *s.* biosfera.

biostatics [,baɪəʊ'stætɪks / bio·stat·ics] *s.* ⓤ biostatica.

biostatistics [,baɪəʊ'stætɪstɪks / bio·stat·ist·ics] *s.* ⓤ biostatistica.

biostrome ['baɪəʊstrəʊm / bio·strome] *s.* (*geol.*) biostroma.

biosynthesis [,baɪəʊ'sɪnθəsɪs / bio·syn·thesis] *s.* biosintesi.

biotechnology [,baɪəʊtek'nɒlədʒɪ / bio·tech·no·logy] *s.* biotecnologia.

biotic [baɪ'ɒtɪk / bi·otic] *agg.* (*biol.*) biotico: (*ecol.*) — *environment*, ambiente biotico.

biotin ['baɪətɪn / bi·otin] *s.* (*biochim.*) biotina.

biotite ['baɪətaɪt / bi·otite] *s.* (*min.*) biotite.

biotope ['baɪətəʊp / bio·tope] *s.* (*ecol.*) biotopo.

biotype ['baɪəʊtaɪp / bio·type] *s.* (*biol.*) biotipo.

biovular [baɪ'əʊvjʊlə* / bi·ovu·lar] *agg.* (*biol.*) biovulare.

biparous ['bɪpərəs / bi·par·ous] *agg.* (*biol.*) biparo.

bipartisan [,baɪpɑ:tɪ'zæn / bi·par·tisan] *agg.* **1** bipartitico **2** derivante da un compromesso, da un accordo fra due posizioni opposte: *only in the field of foreign policy did the Democrats and the Republicans have a — approach*, solo per la politica estera democratici e repubblicani seguivano una linea comune.

bipartite [,baɪ'pɑ:taɪt / bi·part·ite] *agg.* bipartito; bipartitico.

biped ['baɪped / bi·ped] *agg.* e *s.* bipede.

bipedal ['baɪ,pedl / bi·pedal] *agg.* bipede.

biphasic [baɪ'feɪzɪk / bi·phasic] *agg.* (*chim.fis.*) bifasico.

biplane ['baɪpleɪn / bi·plane] *s.* (*aer.*) biplano.

bipolar [,baɪ'pəʊlə* / bi·po·lar] *agg.* bipolare: — *transistor*, transistor bipolare.

bipolarity [,baɪpəʊ'lærətɪ / bi·po·lar·ity] *s.* bipolarità.

biquadrate [,baɪ'kwɒdrɪt / bi·quad·rate] *s.* (*mat.*) biquadrato, quarta potenza.

to **biquadrate** [,baɪ'kwɒdreɪt] *v.tr.* (*mat. antiq.*) elevare alla quarta potenza.

biquadratic [,baɪkwɒ'drætɪk / bi·quad·ratic] *agg.* (*mat.*) biquadratico, alla quarta potenza: — *equation*, equazione biquadratica ◆ *s.* biquadratico, quarta potenza; equazione biquadratica.

birational [baɪ'ræʃənl / bi·ra·tional] *agg.* (*mat.*) birazionale: — *transformation*, trasformazione birazionale.

birch [bɜ:tʃ] *s.* **1** (*bot.*) (*Betula alba*) betulla **2** verga, sferza: *to flog with a* —, sferzare.

to **birch** *v.tr.* (*antiq.*) sferzare, fustigare.

birchen ['bɜ:tʃən] *agg.* (*bot.*) di betulla.

bird [bɜ:d] *s.* **1** uccello: — *of passage*, uccello migratore; — *of prey*, uccello rapace; *hen* —, femmina di uccello; — *'s nest*, nido d'uccello // — *'s eye view*, vista dall'alto, a volo d'uccello; (*fig.*) visione globale // *early* —, persona mattiniera // — *of Jove*, aquila; — *of Juno*, pavone; *Muses' birds*, api // — *in hand*, cosa sicura // *the birds and the bees*, (*spec. scherz.*) l'ABC dell'educazione sessuale impartita ai bambini // *to give* (*s.o.*) *the* —, (*fam.*) fischiare (uno spettacolo, un cantante ecc.) // *to do* —, (*sl.*) fare un periodo in prigione // *a — in the hand is worth two in the bush*, (*prov.*) meglio un uovo oggi che una gallina domani // *the early — catches the worm*, (*prov.*) le ore del mattino hanno l'oro in bocca // *to kill two birds with one stone*, (*prov.*) prendere due piccioni con una fava // *birds of a feather*, gente dello stesso stampo; *birds of a feather flock together*, (*prov.*) ogni simile ama il suo simile **2** (*sl.*) tipo, individuo: *who's that old —?*, chi è quel tipo là?; *he is a queer* —, è un tipo strano // *I'm a literary bird myself*, (F.S. FITZGERALD) sono io stesso un animale letterario **3** (*sl.*) donna, ragazza **4** (*fam. amer.*) aquila (insegna militare) **5** (*sl. amer.*) elicottero **6** (*sl. amer.*) omosessuale.

to **bird** *v.intr.* **1** osservare gli uccelli **2** (*rar.*) uccellare.

bird-brained ['bɜ:dbreɪnd] *agg.* (*fam.*) leggero, sciocco, con un cervello di gallina.

bird cage ['bɜ:dkeɪdʒ] *s.* gabbia per uccelli, uccelliera.

birdcall ['bɜ:dkɔ:l / bird·call] *s.* **1** canto degli uccelli **2** richiamo, fischio per uccelli.

bird-catcher ['bɜ:dkætʃə*] *s.* uccellatore.

bird-catching ['bɜ:dkætʃɪŋ] *s.* uccellagione.

bird dog ['bɜ:ddɒg] *s.* (*zool. amer.*) cane da penna BRIT. gundog.

to **bird-dog** *v.intr.* (*sl. amer.*) soffiare la moglie o la ragazza a qlcu.

bird-fancier ['bɜ:d,fænsɪə*] *s.* ornitologo; avicoltore.

birdie ['bɜ:dɪ] *s.* **1** (*golf*) 'birdie', andare in buca con un tiro in meno del par **2** (*fam.*) uccellino // *watch the* —, sorridi (per la fotografia).

birdlike ['bɜ:dlaɪk / bird·like] *agg.* da, di uccello.

birdlime ['bɜ:dlaɪm / bird·lime] *s.* (*bot.*) (*Viscum album*) vischio, pania.

birdman ['bɜ:dmæn / bird·man] *pl.* **birdmen** *s.* (*amer.*) **1** ornitologo **2** (*fam.*) aviatore.

bird of paradise [,bɜ:dəv'pærədaɪs] *s.* (*zool.*) uccello del paradiso.

bird-rape ['bɜ:dreɪp] *s.* (*bot.*) (*Brassica campestris*) rutabaga.

birdseed ['bɜ:dsi:d / bird·seed] *s.* becchime (miglio, panico).

bird's eye ['bɜ:dzaɪ] *s.* (*bot.*) (*Veronica chamaedrys*) veronica maggiore.

bird-watching ['bɜ:d,wɒtʃɪŋ] *s.* bird watching, attività ricreativa e sportiva che consiste nell'osservare gli uccelli nel loro ambiente naturale.

birefringence [bɪrɪ'frɪndʒɪns / bi·refrin·gence] *s.* (*fis.*) birifrangenza, birifrazione.

birefringent [bɪrɪ'frɪndʒɪnt / bi·refrin·gent] *agg.* (*fis.*) birifrangente.

bireme ['baɪri:m / bi·reme] *s.* bireme.

biretta [bɪ'retə / bi·retta] *s.* berretta da prete.

biro® ['baɪərəʊ] *pl.* **biros** *s.* biro®, penna a sfera.

birth [bɜ:θ] *s.* **1** nascita: *French by* —, francese di nascita; *to give — to*, partorire, dare alla luce (*anche fig.*); — *defect*, anomalia congenita // — *control*, controllo delle nascite **2** discendenza, stirpe, parentado: *of good* —, di buona famiglia; *of high* —, di alto lignaggio **3** (*fig.*) origine, inizio: *the — of an idea*, la genesi di un'idea.

birthday ['bɜ:θdeɪ / birth·day] *s.* giorno natalizio, compleanno: — *present*, regalo di compleanno // *in his — suit*, (*scherz.*) nudo.

birthmark ['bɜ:θmɑ:k / birth·mark] *s.* voglia, macchia sulla pelle.

birthplace ['bɜ:θpleɪs / birth·place] *s.* luogo di nascita.

birthrate ['bɜ:θreɪt / birth·rate] *s.* tasso di natalità.

birthright ['bɜ:θraɪt / birth·right] *s.* diritto di nascita.

birthwort ['bɜ:θ,wɜ:t / birth·wort] *s.* (*bot.*) (*Aristolochia clematis*) aristolochia.

bis [bɪs] *avv.* (*non com.*) bis.

biscuit ['bɪskɪt / bis·cuit] *agg.* (color) marrone chiaro ◆ *s.* **1** biscotto; galletta; (*amer.*) focaccina dolce: *military, ship's* (o *sea*) —, galletta (per marinai) // *that takes the —!*, (*fam.*) è il colmo! **2** biscuit, biscotto (ceramica bianca non verniciata).

to **bisect** [baɪ'sekt / bi·sect] *v.tr.* **1** dividere in due parti **2** (*mat.*) bisecare ◆ *v.intr.* **1** biforcarsi **2** (*mat.*) bisecarsi.

bisection [,baɪ'sekʃn / bi·sec·tion] *s.* (*mat.*) bisezione.

bisector [,baɪ'sektə* / bi·sec·tor] *s.* (*mat.*) **1** bisecante, bisettore **2** (*angle*) —, bisettrice.

biserrate [baɪ'sereɪt / bi·ser·rate] *agg.* a doppia seghettatura.

bisexual [,baɪ'seksjʊəl / bi·sex·ual] *agg.* e *s.* **1** (*biol.*) bisessuale, ermafrodito **2** (comportamento) bisessuale.

bisexuality [baɪ,sekʃu'ælɪtɪ / bi·sexu·al·ity] *s.* bisessualità; bivalenza sessuale.

bishop[1] ['bɪʃəp] *s.* **1** vescovo **2** alfiere (agli scacchi) **3** (*ant.*) bevanda di vino caldo aromatizzato, vin brulé.

to **bishop**[1] *v.tr.* **1** (*relig.*) consacrare vescovo **2** cresimare.

to **bishop**[2] *v.tr.* (*ant.*) **1** limare i denti a (un cavallo, per farlo sembrare più giovane) **2** far annegare.

bishopric ['bɪʃəprɪk / bish·op·ric] *s.* vescovato.

bismuth ['bɪzməθ / bis·muth] *s.* (*chim.*) bismuto.

bison ['baɪsn / bi·son] *s.* (*zool.*) bisonte.

bisque[1] [bi:sk] → **biscuit** 2.

bisque[2] *s.* zuppa (con brodo di uccelli, di pesci).

bissextile [bɪ'sekstaɪl / bis·sex·tile] *agg.* e *s.* (anno) bisestile.

bistable [baɪ'steɪbl / bi·stable] *agg.* (*elettr.*) bistabile: — *circuit*, circuito bistabile, flip-flop.

bister ['bɪstə* / bis·ter] → **bistre**.

bistort ['bɪstɔ:t / bis·tort] *s.* (*bot.*) (*Polygonum bistorta*) bistorta; (*pop.*) serpentaria SIN. snakeroot, snakeweed.

bistoury ['bɪstʊrɪ / bis·toury] *s.* (*med.*) bisturi.

bistre ['bɪstə* / bis·tre] *agg.* e *s.* (color) bistro.

bistro ['bi:strəʊ / bis·tro] *s.* bistrot.

bisulphate [,baɪ'sʌlfeɪt / bi·sul·phate] *s.* (*chim.*) bisolfato.

bisulphite [,baɪ'sʌlfaɪt / bi·sul·phite] *s.* (*chim.*) bisolfito.

bit[1] [bɪt] *s.* **1** (*mecc.*) parte tagliente di un utensile; punta (di trapano); scalpello; morsa (di tenaglie ecc.); ingegno (nella chiave) **2** (*antiq.*) qualche cosa da mangiare **3** morso (del cavallo) // *to champ the* —, mordere il freno (*anche fig.*); *to take the — between one's teeth*, (*fig.*) prendere la mano; prenderci gusto.

to **bit**[1] *v.tr.* imbrigliare, mettere il morso a.

bit[2] *s.* **1** pezzettino; bocconcino: *a — of meat*, un pezzettino di carne // *to bits*, in pezzi; (*fam.*) molto: *thrilled to bits*, molto eccitato // *bits and pieces*, (*fam.*) cianfrusaglie, carabattole **2** un poco, un po': *a — of sunshine*, un po' di sole; *a — of a delay*, un po' di ritardo; *wait a* —, aspetta un poco // — *by* —, a poco a poco // *a — of a coward*, piuttosto vile // *a — of all right*, (*fam.*) molto bene; molto bello, molto attraente // *to do one's* —, fare la propria parte // *to give s.o. a — of one's mind*, parlare con franchezza a qlcu. // *not a* —, per niente; *not a — of it*, neanche per sogno // *every — as*, assolutamente allo stesso livello di **3** (*quite*) *a* —, parecchio: *there is quite a — of snow tonight*, c'è parecchia neve stasera // *a — much* (o *strong* o *steep*), un po' troppo **4** (*fam.*) moneta; (*amer.*) 12,50 centesimi di dollaro: *a 50 p* —, una moneta da 50 p; *two bits*, (*amer.*) un quarto di dollaro **5** (*fam.*) ambiente; quadro; parte, ruolo: *a — part*, (amer. *a* —) una particina (in uno spettacolo); *the motherly* —, il ruolo materno **6** (*amer.*) condanna.

bit[3] *s.* (*inform.*) bit: — *fiddling, handling*, manipolazione di bit, manipolazione di istruzioni per migliorare i risultati; — *map* (*graphics*), grafica bit map, grafica per punti; — *size*, numero di bit del microprocessore, — *slicing*, divisione bit per bit; — *pattern*, configurazione binaria, configurazione di bit; — *rate*, velocità di trasmissione (in bit) • Da *Bi(nary) (digi)T*, cifra binaria.

bit[4] *pass.p.p.* di to **bite**.

bitartrate [baɪ'tɑ:treɪt / bi·tar·trate] *s.* (*chim.*) bitartrato.

bitch [bɪtʃ] *s.* **1** cagna; lupa; volpe femmina **2** (*fig. spreg.*) cagna, donna scostumata // *to have a — about sthg., s.o.*, (*fam.*) parlare male, lamentarsi di qlco., di qlcu.

to **bitch** *v.intr.* (*fam.*) lamentarsi, lagnarsi: *he always bitches about his bad luck*, si lamenta sempre della sua sfortuna.

□ **bitch up** *v.tr.* e *avv.* (*sl. amer.*) incasinare, rovinare.

bitch-fox ['bɪtʃfɒks] *s.* (*zool.*) volpe femmina.

bitchy ['bɪtʃɪ] *agg.* maligno; malevolo.

bite [baɪt] *s.* **1** morso, morsicatura // *to put the — on*, (*fam. amer.*) chiedere denaro a // *his bark is worse than his* —, (*prov.*) can che abbaia non morde **2** boccone **3** l'abboccare (di pesci) **4** dolore acuto (fisico, morale) **5** presa, stretta // (*econ.*) *tax* —, inasprimento fiscale **6** (*med.*) chiusura (di mascelle, denti) **7** sapore piccante: *I like food with a bit of* —, mi piace il cibo piccante.

to **bite** *pass.* **bit** [bɪt] *p.p.* **bit**, **bitten** ['bɪtn / bit·ten] *v.tr.* **1** mordere, morsicare; addentare (*anche fig.*): *to — sthg.*, mordere qlco.; *to — one's lips*, mordersi le labbra; *to — one's nails*, mangiarsi le unghie // *bitten with*, affetto da: *to be bitten with a desire to do sthg.*, ardere dal desiderio di fare qlco. // *to — the dust*, (*fig.*) mordere la polvere // *what's biting him?*, (*fam.*) che cos'ha? che cosa lo rode? **2** ingannare: *to get bitten*, farsi imbrogliare **3** (*non com.*) ferire (di spada) ♦ *v.intr.* **1** (*into, at*) mordere, morsicare; addentare **2** abboccare: *the fish are biting today*, i pesci abboccano oggi **3** far presa; (*mar.*) mordere, tenere (di ancora) **4** (*fig.*) mordere, farsi sentire; lasciare il segno: *sanctions are beginning to* —, le sanzioni incominciano a farsi sentire **5** corrodere: *acid bites* (*into*) *metal*, l'acido corrode il metallo **6** (*non com.*) ferire (di spada).

□ **bite back** *v.tr.* e *avv.* fermarsi appena in tempo dal dire qlco.: *I bit back the criticism remembering she was his girlfriend*, mi fermai appena in tempo dal fare una critica ricordandomi che era la sua ragazza.

□ **bite into** *v.intr.* e *prep.* penetrare: *the rope was so tight that it bit into his flesh*, la corda era così tesa che penetrò nella sua carne.

□ **bite off** *v.tr.* e *avv.* portar via con un morso, mordere via // *to — off more than one can chew*, fare il passo più lungo della gamba.

□ **bite on** *v.intr.* e *avv.* (*fam.*) lavorarci sopra; dedicarsi a: *I like something difficult to — on*, mi piace dedicarmi a qlco. di impegnativo.

biter ['baɪtə*] *s.* **1** chi morde **2** (*fig. antiq.*) ingannatore; imbroglione: *the — bit*, il truffatore truffato.

Bithynian [bɪ'θɪnɪən / Bi·thyn·ian] *agg.* e *s.* bitinico.

biting ['baɪtɪŋ / bit·ing] *agg.* **1** mordente, pungente, tagliente **2** acre; piccante **3** mordace, sarcastico, caustico // **-ly** *avv.*

bitless ['bɪtlɪs / bit·less] *agg.* senza mordente.

bitt [bɪt] *s.gener.pl.* (*mar.*) bitta.

to **bitt** *v.tr.* (*mar.*) abbittare, dar volta alla bitta.

bitten *p.p.* di to **bite**.

bitter[1] ['bɪtə* / bit·ter] *agg.* **1** amaro (*anche fig.*): — *beer*, birra amara; — *experience*, esperienza penosa; — *reproach*, rimprovero amaro; — *tears*, lacrime amare // *we must take the — with the sweet*, (*prov.*) non c'è rosa senza spine **2** pungente, rigido (di clima) **3** acre, aspro (di tono) **4** accanito: — *enemies*, nemici mortali; — *hatred*, odio accanito // **-ly** *avv.*

bitter[1] *s.* **1** birra amara **2** (*agr.*) butteratura (delle mele).

to **bitter**[1] *v.tr.* (*non com.*) rendere amaro; (*fig.*) amareggiare.

bitter[2] *s.* (*mar.*) volta di bitta.

bitter-end ['bɪtər'end] *s.* (*mar.*) parte terminale entro bordo di una cima, catena, cavo // *to the* —, (*fig.*) a oltranza: *to go on* (o *to resist*), *to fight to the* —, resistere, combattere a oltranza.

bitterish ['bɪtərɪʃ / bit·ter·ish] *agg.* amarognolo.

bitterling ['bɪtəlɪŋ / bit·ter·ling] *s.* (*zool.*) (*Rhodeus amarus*) rodeo.

bittern[1] ['bɪtən / bit·tern] *s.* (*zool.*) (*Botaurus stellaris*) tarabuso.

bittern[2] *s.* (*chim.*) acqua madre.

bitterness ['bɪtənɪs / bit·ter·ness] *s.* **1** amarezza (di dolore); gusto amaro **2** rancore **3** rigidità (di clima).

bitters ['bɪtəz / bit·ters] *s.pl.* amaro (liquore).

bittersweet ['bɪtəswi:t / bitter·sweet] *agg.* agrodolce; dolce e amaro (*anche fig.*): — *memories*, dolci e amari ricordi ♦ *s.* (*bot.*) (*Solanum dulcamara*) dulcamara.

bitty ['bɪtɪ] *agg.* **1** sconnesso, sconclusionato; frammentario: *he gave me a — account of his afternoon*, mi fece un resoconto frammentario del suo pomeriggio **2** (*fam. amer.*) piccolo piccolo, piccino.

bitumen ['bɪtjʊmɪn / bitu·men] *s.* bitume.

to **bituminize** [bɪ'tju:mɪnaɪz *amer.* bɪ'tu:mɪnaɪz / bi·tu·min·ize] *v.tr.* bitumizzare, impregnare con bitume.

bituminous [bɪ'tju:mɪnəs *amer.* bɪ'tu:mɪnəs / bi·tu·min·ous] *agg.* bituminoso: — *coal*, carbone bituminoso; (*geol.*) — *shake*, argillite bituminosa, scisto bituminoso.

bivalence ['baɪ,veɪləns / bi·va·lence] *s.* (*chim.*) bivalenza.

bivalent ['baɪ,veɪlənt / bi·va·lent] *agg.* (*chim.*) bivalente // (*biol.*) — *chromosome*, cromosoma bivalente.

bivalve ['baɪvælv / bi·valve] *agg.* e *s.* (*zool., bot.*) bivalve.

bivalved ['baɪvælvd / bi·valved] **bivalv-**

ular [baɪ'vælvjulə* / bi·valv·ular] *agg.* (*zool.*, *bot.*) bivalve.

bivouac ['bɪvʊæk / biv·ouac] *s.* (*mil.*) bivacco.

to **bivouac** *pass.p.p.* **bivouacked** ['bɪvʊækt / biv·ou·acked] *v.intr.* bivaccare.

bi-weekly [,baɪ'wi:klɪ] *agg.* bisettimanale ◆ *s.* (pubblicazione) bisettimanale ◆ *avv.* due volte la settimana.

biz [bɪz] (*sl.*) abbr. di → **business**.

bizarre [bɪ'zɑ:* / bi·zarre] *agg.* bizzarro, strano; eccentrico; grottesco.

bizarrerie [bɪ'zɑ:rərɪ / bi·zar·rerie] *s.* bizzarria; eccentricità.

bla(a) [blɑ:] *agg.* insignificante ◆ *s.* U stupidaggini (*pl.*).

blab [blæb] *s.* (*fam.*) ciarlone.

to **blab** *pass.p.p.* **blabbed** [blæbd] *v.tr.* (*fam.*) rivelare; spifferare, spiattellare: *he blabbed it all to the police*, spifferò tutto alla polizia ◆ *v.intr.* cantare, fare la spia.

blabber ['blæbə* / blab·ber] **blabbermouth** ['blæbəmaʊθ / blab·ber·mouth] *s.* (*fam.*) ciarlone, chiacchierone.

black [blæk] *agg.* **1** nero; scuro, buio; annerito; sporco: — *stockings*, calze nere; *a — night*, una notte buia; — *coffee*, caffè nero; — *tea*, tè senza latte; — *with age*, annerito dal tempo; *his hands were* —, aveva le mani sporche // — *eye*, occhio nero, pesto // — *and blu*, pieno di lividi // *as — as raven's wing*, corvino // — *mark*, nota di biasimo // — *interest*, interessi attivi // *Black Friar*, domenicano; *Black Monk*, benedettino // *Black Country*, distretti minerario-siderurgici del centro Inghilterra // *Black Death*, (*st.*) la peste // *Black Rod*, usciere dell'ufficio del Lord Ciambellano, della Camera dei Lord, dell'Ordine della Giarrettiera // (*geogr.*) *Black Sea*, Mar Nero **2** nero, clandestino; sommerso: — *economy*, economia irregolare, economia sommersa; — *money*, denaro sporco **3** malvagio, sinistro; lugubre, triste; funesto; minaccioso, irato, astioso; disastroso: *things look* —, le cose vanno male; *things are not as — as are painted*, le cose vanno meglio di quanto sembra; — *in the face*, furioso; *to give s.o. a — look*, lanciare un'occhiataccia a qlcu. // *to look as — as thunder*, essere nero, avere l'aria furiosa // — *art(s)*, magie; magia nera **4** nero, negro, di colore; dei negri d'America: — *teacher*, un insegnante di colore; — *music*, musica dei negri d'America // *Black Continent*, Continente Nero, Africa ◆ *s.* **1** colore nero: *I like to wear* —, mi piace vestirmi di nero // — *and white*, per iscritto: *to set sthg. down in — and white*, mettere qlco. per iscritto // (*econ.*) *in the* —, in attivo **2** vernice, tintura nera; macchia nera **3** abito nero, lutto: *to put on* —, mettere il lutto **4** fuligine **5** (*bot.*) carbone (delle piante) **6** nero, negro **7** cavallo nero.

to **black** *v.tr.* **1** annerire, tingere di nero; lucidare, verniciare di nero; imbrattare, insudiciare **2** (*fig.*) marchiare (d'infamia) e boicottare.

□ **black out** *v.intr.* e *avv.* svenire, perdere i sensi ◆ *v.tr.* e *avv.* **1** lasciare senza luce **2** oscurare (programmi TV ecc.) **3** (*mil.*) mettere in atto l'oscuramento su; schermare **4** cancellare coprendo con un tratto nero.

blackamoor ['blækə,mʊə* / black·amoor] *s.* (*ant.*) negro; moro.

blackball ['blækbɔ:l / black·ball] *s.* palla nera (indicante voto contrario); (*amer.*) voto contrario, voto segreto.

to **blackball** *v.tr.* **1** votare contro, bocciare **2** bandire; interdire.

blackbeetle [,blæk'bi:tl / black·beetle] *s.* (*zool.*) scarafaggio → **cockroach**.

black belt ['blækbelt] *s.* **1** (*judo*) cintura nera **2** (*amer.*) area con maggioranza di popolazione nera.

blackberry ['blækbərɪ *amer.* 'blæk,berɪ / black·berry] *s.* (*bot.*) mora di rovo // — *bush*, rovo.

blackbird ['blækbɜ:d / black·bird] *s.* (*zool.*) (*Turdus merula*) merlo SIN. ouzel.

blackbirder ['blækbɜ:də* / black·bird·er] *s.* (*amer.*) mercante di schiavi neri.

blackboard ['blækbɔ:d / black·board] *s.* lavagna: *to write on the* —, scrivere alla lavagna.

black body ['blæk'bɒdɪ] *s.* (*fis.*) corpo nero.

black box ['blækbɒks] *s.* (*aer.*) scatola nera.

blackcap ['blækkæp / black·cap] *s.* (*zool.*) (*Sylvia atricapilla*) capinera.

black-cumin ['blæk'kʌmɪn] *s.* (*bot.*) → **fennel flower**.

blackcurrant [,blæk'kʌrənt / black·currant] *s.* (*bot.*) (*Ribes nigrum*) ribes nero.

black damp ['blæk'dæmp] *s.* (*ind. miner.*) gas di miniera asfissiante SIN. chokedamp.

black diamond ['blæk'daɪəmənd] *s.* (*min.*) carbonado.

black dog ['blæk'dɒg] *s.* (*antiq.*) malumore, depressione.

to **blacken** ['blækən] *v.tr.* **1** annerire; affumicare; oscurare; lucidare di nero **2** (*fig.*) calunniare, diffamare ◆ *v.intr.* annerirsi; oscurarsi: *the sky blackened*, il cielo si oscurò.

Blackfeet ['blækfi:t / Black·feet] *s.pl.* 'Piedi neri' (tribù pellerossa).

blackfellow ['blæk,felәʊ / black·fellow] *s.* (*antiq.*) aborigeno australiano.

black frost ['blæk'frɒst] *s.* brina invisibile (sulle strade).

black grouse ['blæk'graʊs] *s.* (*zool.*) (*Lyrurus tetrix*) fagiano di monte.

blackguard ['blægɑ:d / black·guard] *agg.* (*antiq.*) disonesto, malvagio ◆ *s.* (*antiq.*) furfante, mascalzone: *he was, I believe, one of the greatest blackguards that ever lived*, (W. COLLINS) fu, io credo, uno dei più grandi mascalzoni che sia mai vissuto // **-ly** *avv.*

to **blackguard** *v.tr.* (*antiq.*) insultare, ingiuriare ◆ *v.intr.* agire da furfante, da mascalzone.

blackhead ['blækhed / black·head] *s.* **1** comedone **2** (*vet.*) enterite epatica (dei tacchini).

black hole ['blæk'həʊl] *s.* (*fis.*, *astr.*) buco nero.

black ice ['blækaɪs] *s.* ghiaccio invisibile (sulle strade).

blacking ['blækɪŋ / black·ing] *s.* lucido nero (per scarpe).

blackish ['blækɪʃ / black·ish] *agg.* nerastro.

blackjack ['blækdʒæk / black·jack] *s.* **1** boccale di cuoio catramato **2** (*min.*) blenda **3** (*bot. amer.*) quercia **4** bandiera nera (di nave pirata) **5** (*amer.*) sfollagente **6** blackjack (gioco di carte).

to **blackjack** *v.tr.* (*amer.*) **1** colpire con uno sfollagente **2** (*fig.*) indurre con minacce a fare qlco.

black lead [,blæk'led] *s.* (*min.*) grafite SIN. plumbago.

blackleg ['blækleg / black·leg] *s.* **1** truffatore (specialmente alle corse) **2** crumiro **3** (*vet.*, *agr.*) malattia infettiva di animali e piante.

blacklist ['blæk,lɪst / black·list] *s.* elenco degli indesiderabili; lista nera.

to **blacklist** *v.tr.* mettere sulla lista nera; schedare.

blackly ['blæklɪ / black·ly] *avv.* minacciosamente; sinistramente.

blackmail ['blækmeɪl / black·mail] *s.* U **1** ricatto; estorsione **2** (*st.*) tributo (pagato a pirati, briganti per averne l'immunità).

to **blackmail** *v.tr.* ricattare.

blackmailer ['blæk,meɪlə* / black·mailer] *s.* ricattatore.

black Maria ['blækmə'raɪə] *s.* furgone cellulare.

black market ['blæk'mɑ:kɪt] *s.* mercato nero; borsa nera.

black marketeer ['blæk,mɑ:kə'tɪə*] *s.* borsanerista.

blackness ['blæknɪs / black·ness] *s.* nerezza; oscurità.

blackout ['blækaʊt / black·out] *s.* **1** blackout, interruzione (di corrente, trasmissione ecc.); (*estens.*) soppressione (di notizie, informazioni ecc.): *a news* — (o *press* —), silenzio stampa **2** oscuramento, schermatura (in tempo di guerra) **3** annebbiamento della vista, perdita temporanea di coscienza.

to **blackout** *v.tr.* e *intr.* → to **black out**.

Black Panther ['blæk'pænθə*] *s.* (*amer.*) Pantera Nera (membro militante del Black Power).

Black Power ['blæk'paʊə*] *s.* (*amer.*) Potere Nero (movimento integralista dei neri americani).

black-pudding [,blæk'pʊdɪŋ] *s.* sanguinaccio.

Blackshirt ['blækʃɜ:t / Black·shirt] *s.* fascista, camicia nera.

blacksmith ['blæksmɪθ / black·smith] *s.* fabbro ferraio; maniscalco // —*'s* (*shop*), fucina.

blacksploitation [,blæksplɔɪ'teɪʃn / black·sploita·tion] *s.* (*sl. amer.*) sfruttamento dei neri (a fini commerciali: cinema ecc.).

black spot ['blækspɒt] *s.* **1** punto della morte, punto ad alto grado di pericolosità (su strade, a incroci ecc.) **2** territorio, regione dove una situazione è critica; punto caldo.

blackthorn ['blækθɔ:n / black·thorn] *s.* (*bot.*) (*Prunus spinosa*) prugnolo, susino selvatico.

black-tie [,blæk'taɪ] *agg.* che richiede lo smoking, l'abito da sera: — *party*, ricevimento formale dove è gradito l'abito da sera.

blacktop ['blæk'tɒp / black·top] *s.* (*amer.*) miscela bituminosa.

black widow [,blæk'wɪdəʊ] *s.* (*zool.*) (*Latrodectus mactans*) vedova nera.

bladder ['blædə* / blad·der] *s.* **1** (*anat.*) vescica urinaria; vescica **2** (*bot.*) pericarpio turgido; vescica piena d'aria (in alghe ecc.) **3** camera d'aria (di pallone) **4** (*fig.*) testa vuota, pallone gonfiato.

bladder-campion ['blædə'kæmpjən] *s.* (*bot.*) (*Silene inflata*) erba del cucco.

bladdered ['blædəd / blad·dered] *agg.* (*ant.*) gonfio; gonfiato.

bladdery ['blædərı / blad·dery] *agg.* (*non com.*) gonfio come una vescica; pieno di vesciche.

blade [bleıd] *s.* **1** (*bot.*) filo, stelo (d'erba); gambo, lamina (di foglia): *corn in the* —, grano verde, ancora senza spiga **2** lama; spada **3** (*antiq.*, *fig.*) spadaccino; attaccabrighe **4** (*anat.*, *zool.*) → **blade-bone** **5** (*ferr.*) ago **6** (*fot.*) lamella **7** (*mar.*) pala di remo **8** (*mecc.*) pala, paletta.

blade-bone ['bleıdbəʊn] *s.* (*anat.*, *zool.*) osso piatto.

bladed ['bleıdıd] *agg.* **1** (*bot.*) munito di stelo; che comincia a spuntare (di grano) **2** munito di lama **3** (*mecc.*) palettato.

blah *s.* → **bla(a)**.

blain [bleın] *s.* (*med.*) vescicola cutanea.

blamable ['bleıməbl / blam·able] *agg.* biasimevole.

blame [bleım] *s.* **1** biasimo; rimprovero; accusa: *to bear the* —, accollarsi il biasimo **2** colpa; responsabilità: *to take the* —, prendersi la colpa; *free from* —, senza colpa; *to lay the* — *upon* (o *to throw the* — *on*) *s.o.*, incolpare qlcu. per qlco.

to **blame** *v.tr.* **1** biasimare; rimproverare; accusare: *to* — *oneself for sthg.*, rimproverarsi qlco. **2** incolpare, dare la colpa a: *to* — *sthg. on s.o.*, addossare a qlcu. la colpa di qlco.; *to be to* —, essere colpevole.

blameable ['bleıməbl / blame·able] *agg.* biasimevole.

blamed ['bleımd] *agg.* (*iron.*) benedetto.

blameful ['bleımfʊl / blame·ful] *agg.* (*ant.*) biasimevole // **-ly** *avv.* // **-ness** *s.*

blameless ['bleımlıs / blame·less] *agg.* irreprensibile, incensurabile // **-ly** *avv.* // **-ness** *s.*

blameworthy ['bleım,wɜ:ðı / blame·wor·thy] *agg.* biasimevole, riprovevole // **-iness** *s.*

to **blanch** [blɑ:ntʃ *amer.* blæntʃ] *v.intr.* impallidire: *she blanched with fear*, impallidì per la paura ◆ *v.tr.* **1** mondare (mandorle ecc.) **2** imbiancare, sbiancare, decolorare.

blancher ['blɑ:ntʃə* / blanch·er] *s.* **1** sbiancatore **2** (agente) sbiancante, decolorante.

blancmange [blə'mɒnʒ / blanc·mange] *s.* (*cuc.*) biancomangiare.

bland [blænd] *agg.* **1** blando, dolce, mite, soave, carezzevole **2** (*di cibo*) senza sapore, insipido; (*fig.*) insulso, privo di interesse // **-ly** *avv.* // **-ness** *s.*

to **blandish** ['blændıʃ / bland·ish] *v.tr.* (*non com.*) blandire, lusingare.

blandishment ['blændıʃmənt / bland·ish·ment] *s.* (*gener. pl. form.*) blandizia, lusinga: *with female blandishments*, con blandizie, lusinghe femminili.

blank [blæŋk] *agg.* **1** vuoto, non riempito, in bianco: — *space*, spazio vuoto; — *form*, modulo in bianco // (*comm.*): — *cheque*, assegno in bianco; — *credit*, credito allo scoperto // *to go* —, (*fig.*) avere un vuoto di memoria **2** (*inform.*) vuoto, non utilizzato, senza informazione: — *character*, carattere in bianco; — *coil*, nastro con le sole perforazioni di trascinamento; — *column*, colonna vuota, non perforata; — *key*, tasto senza dicitura **3** (*fig.*) vacuo: *a* — *look*, uno sguardo vacuo **4** totale, completo: *a* — *refusal*, un rifiuto totale; *the first thought that darted across Silas's blank bewilderment*, (G. ELIOT) il primo pensiero che colpì come un dardo l'assoluto stupore di Silas **5** (*poesia*) sciolto: — *verse*, versi sciolti.

blank *s.* **1** spazio vuoto, in bianco; spazio da riempire: *she left many blanks in her translation*, lasciò molte parti in bianco nella traduzione **2** vuoto; lacuna; cosa priva di significato: *his death left a* —, la sua morte lasciò un gran vuoto; *my mind is a* —, ho la testa completamente vuota **3** mira, centro (di bersaglio) **4** biglietto di lotteria non vincente: *to draw a* —, sortire un biglietto non vincente; (*fig.*) fallire, far fiasco **5** cartuccia a salve **6** (*amer.*) modulo **7** disco metallico per conio; (*mecc.*) pezzo grezzo; sbozzato **8** (*tip.*) lineetta, trattino.

to **blank** *v.tr.* **1** (*tip.*) indicare con lineetta **2** (*sport amer.*) impedire di segnare punti a (un avversario) **3** (*mecc.*) tranciare **4** (*inform.*) azzerare, cancellare (la memoria).

□ **blank out** *v.tr.* e *avv.* coprire, nascondere, velare.

blanket ['blæŋkıt / blan·ket] *s.* coperta; coltre, copertura (*anche fig.*): — *of snow*, coltre di neve // *blue* —, (*fam. amer.*) oggetto personale che dà sicurezza (p.e. la coperta di Linus) // *born on the wrong side of the* —, illegittimo ◆ *agg.* globale; generalizzato // (*amm.*) — *policy*, polizza scudo.

to **blanket** *v.tr.* **1** coprire con una coperta **2** (*fig.*) ricoprire, rivestire; ammantare: *they blanketed the town with posters*, rivestirono la città di manifesti **3** (*fam.*) soffocare (uno scandalo) **4** (*rad.*) disturbare (volutamente) la ricezione di (apparecchi riceventi) **5** (*mar.*) rubare il vento a.

blankety-blank ['blæŋkıtı'blæŋk] *agg.* e *s.* (*fam.*) (trattino) usato in luogo di parola volgare, ingiuriosa.

blankly ['blæŋklı / blank·ly] *avv.* **1** senza espressione: *she looked at me* —, mi guardò senza espressione **2** decisamente, recisamente, assolutamente: *to deny* —, negare risolutamente.

blankness ['blæŋknıs / blank·ness] *s.* **1** espressione vacua **2** mancanza di avvenimenti, idee, interesse.

blare [bleə*] *s.* ⓤ squillo; (*estens.*) rumore, chiasso.

to **blare (out)** *v.tr.* suonare (la tromba); emettere (un suono) ad alto volume ◆ *v.intr.* **1** squillare (di tromba); strombazzare (di auto) **2** andare a tutto volume: *the radio blared* (*out*) *all night long*, per tutta la notte la radio è andata a tutto volume // *blaring propaganda*, propaganda urlata.

blarney ['blɑ:nı / blar·ney] *s.* ⓤ (*fam.*) lusinghe, adulazioni, moine (*pl.*).

to **blarney** *v.tr.* (*fam.*) lusingare, adulare, blandire, incensare ◆ *v.intr.* servirsi dell'adulazione.

blasé ['blɑ:zeı] *agg.* (*fr.*) blasé, indifferente, disincantato.

to **blaspheme** [blæs'fi:m / blas·pheme] *v.intr.* bestemmiare ◆ *v.tr.* ingiuriare.

blasphemer [blæs'fi:mə* / blas·phemer] *s.* bestemmiatore; blasfemo.

blasphemous ['blæsfəməs / blas·phem·ous] *agg.* blasfemo; empio; profano; irriverente // **-ly** *avv.*

blasphemy ['blæsfəmı / blas·phemy] *s.* bestemmia; empietà.

blast [blɑ:st *amer.* blæst] *s.* **1** raffica, colpo di vento; bufera; getto; soffio; corrente d'aria: — *of steam*, getto di vapore; *cold* —, vento gelido // *bomb* —, spostamento d'aria // (*at*) *full* —, (*fam.*) a tutto volume; a tutta velocità, a tutta birra **2** suono di strumento a fiato; squillo **3** esplosione, scoppio; carica di esplosivo // *atomic* —, esplosione atomica **4** (*non com.*) influenza perniciosa; flagello **5** (*fam. amer.*) festa scatenata (gener. dove si fuma marijuana).

to **blast** *v.tr.* **1** fare esplodere, far brillare, far saltare (con esplosivi): *they blasted a tunnel through the mountains*, aprirono con l'esplosivo un tunnel nelle montagne **2** rovinare, distruggere; disseccare; far inaridire, far appassire **3** (*sl.*) maledire, bestemmiare: — *that man!*, al diavolo quell'uomo! **4** (*sl. amer.*) drogarsi con.

□ **blast away** *v.intr.* e *avv.* **1** sparare a raffica **2** suonare a tutto volume (di radio, banda ecc.).

□ **blast off** *v.intr.* e *avv.* partire (di razzo e simili).

□ **blast out** *v.intr.* e *tr.* e *avv.* (*fam.*) suonare a tutto volume; andar via a tutta birra, partire a razzo.

blast burner ['blɑ:st'bɜ:nə* *amer.* 'blæst 'bɜ:nə*] *s.* bruciatore di soffieria.

blasted ['blɑ:stıd *amer.* 'blæstıd / blas·ted] *agg.* **1** (*sl.*) maledetto **2** disseccato.

blast furnace ['blɑ:st,fɜ:nıs] *s.* (*metall.*) altoforno.

blasthole ['blɑ:sthəʊl *amer.* 'blæsthəʊl / blast·hole] *s.* **1** (*mecc.*) bocca d'entrata (di una pompa) **2** (*min.*) foro, fornello da mina.

blast inlet ['blɑ:st'ınlet *amer.* 'blæst'ınlet] *s.* (*metall.*) entrata dell'aria.

blasto- ['blæstəʊ] *pref.* della terminologia scientifica, di origine greca, con significato di 'germe, crescita' o 'embrione'; it. blasto-: *blastocyst*, blastocisti; *blastoderm*, blastoderma; *blastopore*, blastoporo.

blastocyte ['blæstəʊsaıt / blas·to·cyte] *s.* (*biol.*) blastocito.

blast-off ['blɑ:stɒf *amer.* 'blæstɒf] *s.* partenza, lancio (di razzo e simili).

blastoid ['blæstɔıd / blas·toid] *s.* (*paleont.*) blastoide.

blastoma [blæs'təʊmə / blas·toma] *s.* (*med.*) blastoma.

blastomere ['blæstəmıə* / blas·to·mere] *s.* (*biol.*) blastomero.

blastomyces [blæstə'maısız / blas·to·my·ces] **blastomycete** [,blæstəʊ'maısi:t / blas·to·my·cete] *s.* (*biol.*) blastomicete, saccaromiceto.

blastomycosis [,blæstəʊmaı'kəʊsıs / blas·to·my·cosis] *s.* (*med.*) blastomicosi.

blast pipe ['blɑ:stpaıp] *s.* (*ferr.*) scappamento, ugello soffiante.

blast powder ['blɑ:st'paʊdə* *amer.* 'blæst 'paʊdə*] *s.* polvere da mina.

blastula ['blæstʃʊlə / blas·tula] *pl.* **blastulas**, **blastulae** [,blæstʃʊli:] *s.* (*biol.*) blastula.

blat [blæt] *s.* (*amer.*) belato.

to **blat** *pass.p.p.* **blatted** ['blætɪd] *v.intr.* (*amer.*) **1** belare **2** chiacchierare ◆ *v.tr.* rivelare.

blatancy ['bleɪtənsɪ / bla·tancy] *s.* **1** schiamazzo, strepito, clamore **2** appariscenza; sfoggio, ostentazione.

blatant ['bleɪtənt / bla·tant] *agg.* **1** assordante, fragoroso, chiassoso **2** appariscente, vistoso **3** (*fig.*) impudente, sfacciato: *a — disregard for human rights*, un impudente disprezzo per i diritti umani // **-ly** *avv.*

blather ['blæðə*] *s.* [U] (*fam.*) chiacchiere sciocche (*pl.*).

to **blather** → to **blether**.

blatherskite ['blæðəskaɪt / blather·skite] *s.* (*scoz. fam.*) ciarlone.

blatter ['blætə*] *s.* [U] **1** chiacchiere (*pl.*); fiume di parole **2** crepitio (di grandine ecc.).

to **blatter** *v.intr.* **1** cianciare, ciarlare **2** crepitare (di grandine ecc.).

blaze[1] [bleɪz] *s.* **1** fiamma, vampa, fiammata // *go to blazes!*, (*sl.*) va' all'inferno! **2** incendio **3** (*fig.*) scoppio violento (di passione, collera); esplosione, ondata: *he left in a — of publicity*, partì travolto da un'ondata di pubblicità // *like blazes*, (*sl.*) come una furia // *who the blazes does he think he is?*, (*sl.*) chi diavolo crede di essere? **4** splendore (di colore, bellezza); sfavillio (di luci).

to **blaze**[1] *v.intr.* ardere, avvampare, divampare; fiammeggiare; sfavillare, risplendere (*anche fig.*).

□ **blaze away** *v.intr.* e *avv.* **1** bruciare allegramente, vivacemente **2** sparare a raffica.

□ **blaze up** *v.intr.* e *avv.* divampare.

blaze[2] *s.* **1** macchia bianca, stella (sulla fronte d'un cavallo o d'un bue) **2** segnavia (inciso su un albero).

to **blaze**[2] *v.tr.* indicare (un sentiero) con incisioni su alberi // *to — a trail*, tracciare una via (*anche fig.*).

to **blaze**[3] *v.tr.* divulgare, diffondere: *to — the news abroad*, diffondere notizie all'estero.

blazer ['bleɪzə*] *s.* giacca sportiva.

blazing ['bleɪzɪŋ / blaz·ing] *agg.* **1** che brucia con vivacità; in fiamme; molto caldo, cocente: *a — house*, una casa in fiamme; *a — sun*, un sole cocente; *the — heat*, il caldo rovente **2** molto luminoso, brillante; vivido: *— red*, rosso fiammante **3** (*fam.*) violento: *a — anger*, una rabbia violenta; *a — row*, una lite infuocata.

blazon ['bleɪzn] *s.* **1** (*arald.*) blasone, stemma **2** (*ant.*) proclamazione, divulgazione **3** (*ant.*) relazione, descrizione (spec. di virtù).

to **blazon** *v.tr.* **1** (*form.*) proclamare, divulgare **2** esaltare, celebrare; dar lustro a: *his name was blazoned above the door*, il suo nome compariva vistosamente sopra la porta; *to — his own worthless name*, per dar lustro al suo nome insignificante.

blazoner ['bleɪznə* / blazon·er] *s.* (*non com.*) blasonista.

blazonry ['bleɪznrɪ / blaz·onry] *s.* **1** araldica **2** sfoggio, esibizione.

bleach [bli:tʃ] *s.* **1** candeggina **2** sbiancatura, candeggio; scolorimento, decolorazione.

to **bleach** *v.tr.* imbiancare, sbiancare; candeggiare; scolorire, decolorare: (*chim.*) *bleaching powder*, polvere sbiancante ◆ *v.intr.* sbiancarsi; imbiancarsi; scolorirsi.

bleacher ['bli:tʃə*] *s.* **1** chi imbianca **2** recipiente per candeggio **3** (*gener. pl. amer.*) posto allo scoperto (di stadio).

bleaching ['bli:tʃɪŋ] *s.* sbiancatura, imbianchimento, candeggio, decolorazione.

bleak[1] [bli:k] *agg.* **1** deserto, brullo, nudo **2** esposto al vento, al freddo // *— weather*, tempo rigido **3** pallido, incolore: *a — smile*, un pallido sorriso **4** desolato, triste, deprimente, lugubre // **-ly** *avv.* // **-ness** *s.*

bleak[2] *s.* (*zool.*) (*Alburnus albidus*) alborella, avola.

blear [blɪə*] *agg.* (*antiq.*) → **bleary**.

to **blear** *v.tr.* (*non com.*) rendere (gli occhi) cisposi; offuscare, annebbiare, velare (la vista); ottenebrare (la mente); rendere indistinto (contorni ecc.).

blearily ['blɪərəlɪ / bleari·ly] *avv.* **1** in modo indistinto, confuso **2** con l'atteggiamento di chi vede in modo confuso, di chi ha la vista annebbiata.

bleary ['blɪerɪ] *agg.* **1** cisposo, velato (di occhi); ottuso (di mente); oscuro, indistinto, confuso **2** molto stanco, esausto // **-iness** *s.*

bleary-eyed ['blɪərɪ'aɪd] *agg.* **1** dagli, con gli occhi cisposi **2** con lo sguardo annebbiato.

bleat [bli:t] *s.* belato (di ovini); (*fig.*) piagnucolio.

to **bleat** *v.tr.* e *intr.* belare; (*fig.*) piagnucolare; dire con voce piagnucolosa.

bleating ['bli:tɪŋ / bleat·ing] *agg.* belante; (*fig.*) piagnucoloso ◆ *s.* il belare; (*fig.*) piagnucolio.

bleb [bleb] *s.* **1** (*med., bot.*) vescichetta, bolla **2** bolla d'aria.

bled [bled] *agg.* (*tip.*) rifilato; al vivo.

to **bleed** [bli:d] *pass.p.p.* **bled** [bled] *v.intr.* **1** sanguinare (*anche fig.*): *his heart bled*, gli sanguinava il cuore; *his nose is bleeding* (o *he is bleeding at the nose*), perde sangue dal naso; *to — to death*, morire dissanguato **2** (*bot.*) emettere linfa **3** subire una estorsione; perdere denaro **4** stingere, lasciare il colore ◆ *v.tr.* **1** dissanguare (*anche fig.*); (*med.*) salassare // *to — s.o. white* (o *dry*), ridurre sul lastrico qlcu. **2** (*mecc.*) spurgare **3** (*mecc.*) spillare, prelevare (vapore) **4** (*tip.*) rifilare; tagliare al vivo.

bleeder ['bli:də*] *s.* **1** (*med.*) emofiliaco: *— disease*, emofilia **2** chi sanguina facilmente; soggetto emorragico **3** (*med.*) flebotomo, salassatore **4** (*fam. spec. brit.*) canaglia, delinquente; sanguisuga // *a poor —*, un povero disgraziato **5** (*mecc.*) valvola di spurgo, di scarico **6** (*elettr.*) resistenza di dispersione, di drenaggio.

bleeding ['bli:dɪŋ / bleed·ing] *agg.* **1** sanguinante **2** (*fam.*) maledetto: *you — idiot!*, maledetto stupido! ◆ *s.* **1** (*med.*) emorragia **2** salasso **3** fuga (d'acqua, di gas) **4** (*mecc.*) spurgo **5** (*fot.*) frangia.

bleep [bli:p] *s.* blip, suono metallico gener. intermittente (per attirare l'attenzione).

to **bleep** *v.tr.* e *intr.* chiamare col cicalino.

bleeper ['bli:pə*] *s.* cicalino.

blemish ['blemɪʃ / blem·ish] *s.* difetto (fisico, morale); imperfezione, macchia (*anche fig.*).

to **blemish** *v.tr.* sfigurare, deformare; offuscare, macchiare (reputazione).

to **blench** [blen*t*ʃ] *v.intr.* ritrarsi, indietreggiare (per la paura): *he blenched at the idea of correcting his boss*, tremò all'idea di correggere il suo capo; *...if he but blench / I know my course*, (SH. Hamlet) ...solo che vacilli un attimo e saprò quel che mi resta da fare.

blend [blend] *s.* **1** miscela, mistura (di tè, tabacchi, liquori ecc.) **2** fusione (di colori, suoni, sentimenti ecc.) **3** (*ling.*) parola macedonia.

to **blend** *pass.p.p.* **blended** ['blendɪd] letter. **blent** [blent] *v.tr.* e *intr.* mescolare, mescolarsi; mischiare, mischiarsi (di tè, tabacchi, liquori ecc.); fondere, fondersi (di colori, gusti ecc.); armonizzare: *that picture on the wall blends in nicely with the room*, quel quadro sul muro si armonizza bene con la stanza, si inserisce bene nella stanza; *— in flour and butter before adding the sugar*, mescola la farina e il burro prima di aggiungere lo zucchero; *where every something, being blent together / turn to a wild nothing*, (SH. Merchant of Venice) dove ogni singola cosa, mescolandosi con le altre, si trasforma in un selvaggio niente.

blende [blend] *s.* (*min.*) blenda.

blender ['blendə*] *s.* **1** (*spec. amer.*) frullatore BRIT. liquidizer **2** mescolatore.

blennorrhagia [blenɔ:rʌ'dʒɪə / blen·nor·rhagia] **blennorrhoea** [blenɔ:'rɪə / blen·nor·rhea] *s.* (*med.*) blenorragia, blenorrea, gonorrea SIN. gonorrh(o)ea.

blenny ['blenɪ] *s.* (*zool.*) blennio; bavosa.

blent *pass.p.p.* (*letter.*) di to **blend**.

blepharism ['blefərɪzm / bleph·ar·ism] *s.* (*med.*) blefarismo.

blepharitis [blefə'raɪtɪs / bleph·ar·itis] *s.* (*med.*) blefarite.

blesbock ['blesbɒk / bles·bock] *s.* (*zool.*) (*Damaliscus albifrons*) damalisco dalla fronte bianca.

to **bless** [bles] *pass.p.p.* **blessed** [blest] letter. **blest** [blest] *v.tr.* **1** benedire; consacrare; beatificare; santificare; invocare il favore divino su; render felice // *— me!*; *— my soul!*; *God — me!*, (esclamazioni di meraviglia, indignazione) Dio mio!; misericordia! ecc.; *God — you!*, Dio vi benedica! // *bless you!*, (dopo uno starnuto) salute! **2** *to — oneself*, farsi il segno della croce // *he hasn't got a penny to — himself with*, non ha il becco di un quattrino.

blessed ['blesɪd] *agg.* benedetto; consacrato; beato; santo; felice; fortunato // *the —*, i Beati; *the Blessed Sacrament*, il Santissimo Sacramento; *the Blessed Virgin*, la Vergine Santissima // *every — day*, ogni santo giorno // *to be — with sthg.*, avere la fortuna di possedere qlco. // **-ly** *avv.* // **-ness** *s.*

blessing ['blesɪŋ / bless·ing] *s.* **1** benedizione; fortuna; felicità: *he gave us his —*, ci diede la sua benedizione; *count your blessings*, renditi conto della tua fortuna; *a mixed —*, una situazione con vantaggi e svantaggi; *a — in disguise*, un male che si trasforma in bene, un male solo apparente: *it may be a — in* *disguise*, può darsi che non tutto il male venga per nuocere **2** (*fam.*) benedizione, approvazione, incoraggiamento **3** (*eccl.*) benedicite.

blest *pass.p.p.* (*letter.*) di to **bless**.

bletcherous ['bletʃərɪs / bletch·er·ous] *agg.* (*sl. amer.*) disgustoso, orribile.

blether ['bleðə*] *s.* [U] chiacchiere sciocche (*pl.*).

to **blether** *v.intr.* chiacchierare scioccamente, blaterare // *blethering idiot*, (*fam.*) perfetto idiota.

bletherskate ['bleðəskeɪt / blether·skate] *s.* (*fam.*) ciarlone.

blew *pass.* di to **blow**[1], to **blow**[2].

blight [blaɪt] *s.* **1** (*agr.*) ruggine (delle piante); avvizzimento; nebbia // (*ecol.*) *urban* —, degrado urbano **2** (*fig.*) influenza maligna: *that accident was a — upon his youth*, quell'incidente gli avvelenò la giovinezza.

to **blight** *v.tr.* **1** fare appassire **2** (*fig.*) rovinare ◆ *v.intr.* appassire.

blighter ['blaɪtə*] *s.* (*sl.*) **1** buono a nulla; canaglia **2** tizio, tipo.

Blighty ['blaɪtɪ] *s.* (*sl. mil.*) l'Inghilterra: — *wound*, ferita che assicura il ritorno in patria • Da una parola indiana che significa 'patria'.

blimey ['blaɪmɪ / bli·mey] *inter.* (*pop.*) accidenti!, al diavolo! • Contr. di *God blind me*, Dio mi fulmini.

blimp [blɪmp] *s.* **1** (*aer.*) dirigibile floscio **2** conservatore ottuso, stupido.

blind [blaɪnd] *agg.* **1** cieco (*anche fig.*): *a — man*, un cieco; — *in one eye*, cieco da un occhio, guercio; *a — hate*, un odio cieco, incontrollato; *the — forces of nature*; le forze cieche della natura // *the* —, i ciechi // — *as a mole* (o *a bat* o *a beetle*), (*fam.*) cieco come una talpa // *not to take a — bit of notice*, (*fam.*) ignorare completamente; *to turn a — eye to*, evitare di guardare, di prendere in considerazione // *to drink oneself* —, (*fam.*) bere fino a non capire più niente // (*comm.*) — *selling*, vendite a scatola chiusa // (*aer.*): — *flying*, volo cieco, strumentale; — *landing*, atterraggio cieco, strumentale // (*inform.*) — *carbon copy*, messaggio di posta elettronica (inviato all'insaputa del destinatario principale) **2** cieco, senza aperture: *a — stitch*, punto cieco, cucitura interna invisibile; *a — wall*, un muro cieco, senza porte e finestre // — *baggage*, (*amer.*) carro merci **3** (*ant.*) buio; oscuro **4** (*sl. amer.*) ubriaco.

blind *s.* **1** tendina, cortina: *venetian* —, (persiane alla) veneziana **2** paraocchi **3** (*fig.*) pretesto, finzione; paravento: *her piety is only a* —, la sua pietà è solo una finzione **4** (*caccia*) posta; roccolo **5** (*poker*) buio **6** (*fam. amer.*) lettera con indirizzo incompleto o illeggibile.

to **blind** *v.tr.* **1** accecare; abbagliare (*anche fig.*), eclissare **2** ingannare **3** (*mil.*) blindare, corazzare **4** (*rad.*) schermare.

blindage ['blaɪndɪdʒ / blind·age] *s.* **1** (*mil.*) blindaggio **2** (*rad.*) schermaggio.

blind alley ['blaɪndælɪ] *s.* vicolo cieco (*anche fig.*).

blind date ['blaɪnd'deɪt] *s.* (*fam.*) appuntamento al buio, alla cieca.

blind drunk ['blaɪnd'drʌŋk] *agg.* (*sl.*) ubriaco fradicio.

blinder ['blaɪndə*] *s.* **1** (*fam.*) ubriacatura, sbronza: *to go on a* —, ubriacarsi **2** (*fam.*) cosa eccezionale, fantastica **3** *pl.* (*amer.*) paraocchi BRIT. **blinkers**.

blindfold ['blaɪndfəʊld / blind·fold] *agg.* con gli occhi bendati; con gli occhi chiusi; (*fig.*) irriflessivo ◆ *avv.* ad occhi bendati; ad occhi chiusi; (*fig.*) senza riflettere, alla cieca ◆ *s.* benda (che copre gli occhi).

to **blindfold** *v.tr.* bendare gli occhi a (*anche fig.*); bendare (gli occhi) // *to — a pair*, (*fam. amer.*) friggere due uova su entrambi i lati.

blindly ['blaɪndlɪ / blind·ly] *avv.* ciecamente, alla cieca.

blind man's buff [,blaɪndmænz'bʌf] *s.* (*gioco*) mosca cieca.

blindness ['blaɪndnɪs / blind·ness] *s.* cecità (*anche fig.*): *struck with* —, colpito da cecità.

blind-side ['blaɪnd'saɪd] *s.* **1** punto cieco; punto morto **2** (*fig.*) punto debole.

to **blind-side** *v.tr.* (*spec. amer.*) avvicinarsi (a qlcu.) di soppiatto (restando fuori dal suo campo visivo).

blind spot ['blaɪndspɒt] *s.* **1** punto cieco **2** (*fig.*) punto debole **3** (*rad.*) zona di silenzio **4** (*radar*) zona morta **5** (*med.*) scotoma, punto cieco della retina.

blind track ['blaɪnd'træk] *s.* (*ferr.*) binario morto.

blindworm ['blaɪndwɜ:m / blind·worm] *s.* (*zool.*) **1** (*Caecilia gracilis*) cecilia **2** orbettino → **slowworm 1**.

blink [blɪŋk] *s.* **1** batter d'occhi // *in the — of an eye(lid)*, in un batter d'occhio, in un attimo **2** guizzo, lampo (di luce) // *to be on the* —, funzionare male, funzionare a tratti; (*fam. spec. amer.*) essere fuori fase (di persona) **3** (*meteor.*) riverbero.

to **blink** *v.intr.* **1** (*anche tr.*) *to — (one's eyes)*, battere le palpebre, ammiccare **2** (*fig.*) chiudere gli occhi su, eludere, schivare, evitare: *historians — at these facts*, gli storici chiudono gli occhi su questi fatti **3** vacillare; lampeggiare (di luce) **4** (*inform.*) lampeggiare **5** inacidire (di latte, birra).

blinker [blɪŋkə*] *s.* **1** (*aut.*) lampeggiatore **2** *pl.* occhiali ortottici **3** *pl.* paraocchi **4** *pl.* (*sl.* o *ant.*) occhi.

blinkered ['blɪŋkəd / blink·ered] *agg.* (*fig.*) con i paraocchi, ristretto; ottuso: *a — mentality*, una mentalità ottusa, ristretta.

blinkie ['blɪŋkɪ] *s.* (*fam. amer.*) mendicante che finge di essere cieco.

blinking ['blɪŋkɪŋ / blink·ing] *agg.* **1** ammiccante **2** intermittente (di luce) **3** (*sl.*) maledetto, dannato: *you 're a — fool*, sei un maledetto stupido ◆ *s.* **1** ammicco **2** intermittenza **3** inacidimento (di birra, latte).

blip [blɪp] *s.* **1** suono breve e intermittente **2** (*elettr.*) segnale di ritorno.

bliss [blɪs] *s.* beatitudine; felicità.

blissful ['blɪsfʊl / bliss·ful] *agg.* **1** beato; felice **2** delizioso; che rende felice: *it was a — day*, fu una giornata deliziosa // **-ly** *avv.* // **-ness** *s.*

blister ['blɪstə* / blis·ter] *s.* **1** (*med.*) pustola, gonfiore, vescichetta, bolla **2** (*metall.*) bolla; soffiatura; blister **3** bolla (su superficie di materiale solido) **4** (farmaco) vescicante.

to **blister** *v.intr.* (*med.*) produrre vesciche, coprirsi di vesciche: *it was blistered*, era coperto di vesciche ◆ *v.tr.* (*med.*) applicare un vescicante a.

blister copper ['blɪstə'kɒpə*] *s.* (*metall.*) rame di cementazione; rame grezzo.

blister gas ['blɪstə'gæs] *s.* gas vescicante.

blithe [blaɪð] *agg.* **1** (*poet.*) gaio, gioioso; allegro: *hail to thee, blithe spirit!*, (P.B. SHELLEY) salve a te, spirito gioioso! **2** sconsiderato, avventato // **-ly** *avv.* // **-ness** *s.*

to **blither** ['blɪθə*] → to **blether**.

blithering ['blɪðərɪŋ / blith·er·ing] *agg.* (*sl.*) stupido, idiota.

blithesome ['blaɪðsəm / blithe·some] *agg.* (*non com.*) gaio, gioioso, allegro // **-ness** *s.*

blitz [blɪts] *s.* (*mil.*) attacco improvviso, blitz; guerra lampo // *an advertising* —, una campagna pubblicitaria intensiva // *to have a — on sthg.*, (*fam.*) darci sotto a fare qlco.

to **blitz** *v.tr.* sottoporre a incursioni (*anche fig.*).

blizzard ['blɪzəd / bliz·zard] *s.* **1** bufera di neve, tormenta **2** (*ant.*) colpo violento; serie violenta di colpi.

to **bloat**[1] [bləʊt] *v.tr.* affumicare (le aringhe).

to **bloat**[2] *v.tr.* e *intr.* gonfiare, gonfiarsi (*anche fig.*).

bloated[1] ['bləʊtɪd] *agg.* affumicato (di aringa).

bloated[2] *agg.* **1** gonfio; (*fig.*) tronfio; sovrabbondante, eccessivo: — *with success*, tronfio per il successo **2** (*fam.*) pieno (di una persona che ha mangiato molto).

bloater [bləʊtə*] *s.* aringa affumicata.

blob [blɒb] *s.* **1** bolla d'aria; gonfiore **2** goccia; macchia, chiazza: *a — of jam, of paint*, una chiazza di marmellata, di vernice **3** (*fam. amer.*) errore; svista.

blobber ['blɒbə*] *agg.* (*ant.*) tumido (di labbra).

blobber-lipped ['blɒbə'lɪpt] *agg.* dalle labbra tumide.

bloc [blɒk] *s.* blocco (di partiti, nazioni).

block [blɒk] *s.* **1** blocco (di legno, pietra ecc.); masso; ceppo (del macellaio, del boia); forma di legno (per cappelli e parrucche); cubo (giocattolo infantile) // *a — of the old* —, un figlio che assomiglia al padre // *to go to the* —, salire il patibolo // *to lay* (o *to put*) *one's head on the* —, (*fig.*) rischiare, giocarsi la reputazione **2** blocco; blocchetto (di biglietti, fogli) // (*fin., comm.*): — *of shares*, pacchetto azionario; — *policy*, polizza scudo **3** grande edificio; caseggiato; palazzo; (*spec. amer.*) isolato: *office* —, palazzo di uffici **4** blocco; bloccaggio; ostacolo, ingombro (molto spesso in composti): *roadblock*, blocco stradale; *block -system*, sistema di blocco // *mental* —, blocco mentale **5** (*sl.*) testa: *I'll knock your — off!*, ti spaccherò la testa! **6** (*inform.*) blocco di registrazioni; blocco in uno schema a blocchi; pezzo di testo (da spostare); cursore a forma di quadrato: — *serial number*, numero (di registrazione) blocco; — *serial number writing*, immatricolazione di blocchi; — *sort*, ordinamento a blocchi; — *time*, tempo di disponibilità dell'hardware **7** (*mecc.*) monoblocco, basamento **8** (*edil.*) blocco **9** (*mar.*) bozzello **10** (*tip.*) cliché (montato); zoccolo (di cliché).

to **block** *v.tr.* chiudere, bloccare; ostacolare: *the accident blocked the traffic*, l'incidente bloccò il traffico; *to — a bill*, (*pol.*) bloccare un progetto di legge; *to — s.o.'s way*, ostruire il passaggio a qlcu. // *road blocked*, strada sbarrata.

□ **block in** *v.tr.* e *avv.* **1** bloccare (l'automobile di qlcu.) parcheggiando male la propria; (*fam.*) chiudere dentro **2** schizzare, fare uno schizzo di.

□ **block off** *v.tr.* e *avv.* bloccare (passaggio, porta ecc.).

□ **block out** *v.tr.* e *avv.* **1** impedire la diffusione (di notizie ecc.) **2** buttar giù lo schema (di qlco.); schizzare.

□ **block up** *v.tr.* e *avv.* intasare; ostruire; bloccare completamente ◆ *v.intr.* e *avv.* intasarsi; ostruirsi; bloccarsi completamente.

blockade [blɒ'keɪd / block·ade] *s.* **1** (*mil.*) blocco, assedio: *to raise the —*, togliere il blocco; *to run the —*, forzare il blocco **2** blocco, ostruzione.

to **blockade** *v.tr.* bloccare, assediare; ostruire.

blockader [blɒ'keɪdə* / block·ader] *s.* chi assedia o blocca.

blockade-runner [blɒ'keɪd'rʌnə*] *s.* persona, nave che forza un blocco.

block and tackle ['blɒkənd'tækl] *s.* (*mecc.*) paranco.

to **blockbust** ['blɒk,bʌst / block·bust] *v.tr.* (*amer.*) indurre con pressioni psicologiche i proprietari di un gruppo di case a vendere precipitosamente.

blockbuster ['blɒk,bʌstə* / block·buster] *s.* **1** (*fam.*) bomba **2** (*fam.*) libro, film d'azione; fumettone **3** (*spec. amer.*) chi induce con pressioni psicologiche i proprietari a vendere la propria casa.

block capital ['blɒk'kæpɪtl] *s.* **1** (*tip.*) maiuscola in carattere bastone **2** (*pl.*) stampatello SIN. block letters.

blockhead ['blɒkhed / block·head] *s.* (*fam.*) stupido; sciocco.

blockhouse ['blɒkhaʊs / block·house] *s.* (*mil.*) fortino, casamatta.

blockish ['blɒkɪʃ / block·ish] *agg.* stupido, ottuso, tardo: *a dull and blockish head*, (J. LYLY) una mente tarda e ottusa.

block letter ['blɒk'letə*] *s.* **1** (*tip.*) carattere bastone **2** *pl.* stampatello SIN. block capitals.

block-system ['blɒk'sɪstəm] *s.* (*ferr.*) sistema di blocco.

bloke [bləʊk] *s.* (*fam. brit.*) tipo; individuo.

blond [blɒnd] *agg.* e *s.* biondo.

blonde [blɒnd] *agg.* e *s.* (donna) bionda.

blood [blʌd] *s.* **1** sangue: *to shed* (o *to spill*) *—*, versar sangue; *to give* (o *to donate*) *—*, donar il sangue // *to have s.o.'s — on one's hands*, essere responsabile della morte di qlcu. // *to be after s.o.'s —*, avercela a morte con qlcu. // *to sweat — for sthg.*, sudar sangue per qlco. // *in cold —*, a sangue freddo // *he is out for —*, è trasportato dall'ira; *his — is up*, è in collera; *it makes my — boil*, mi fa ribollire il sangue; *it makes my — run cold*, mi fa venire i brividi // *there is bad — between them*, c'è cattivo sangue tra di loro // *to get — from* (o *out of*) *a stone*, cavar sangue da una rapa // *— is thicker than water*, il sangue non è acqua **2** (*bot.*) linfa **3** stirpe; prole, discendenza; parentela // *blue —*, sangue blu; *a Prince of the —*, un principe del sangue (*o* reale) **4** (*antiq.*) zerbinotto, elegantone: *it was the morning costume of a dandy or blood of those days*, (W.M. THACKERAY) era l'abito da mattino di un elegantone o zerbinotto di quei tempi ◆ *agg.* (spesso in composti) **1** di sangue; relativo al sangue: *— cell*, cellula ematica; *— donor*, donatore di sangue; *— pressure*, pressione sanguigna; *— brother*, fratello di sangue; *— relation*, consanguineo **2** (*fig.*) di razza; di sangue blu; di buona famiglia.

to **blood** *v.tr.* **1** (*med.*) salassare **2** (*caccia*) far vedere, odorare il sangue a (un cane) **3** (*fig.*) iniziare a una nuova esperienza (qlcu.).

blood-and-thunder ['blʌdənd'θʌndə*] *agg.* a sensazione, drammatico.

blood bank ['blʌdbæŋk] *s.* (*med.*) banca del sangue; emoteca.

blood count ['blʌdkaʊnt] *s.* (*med.*) conteggio globulare del sangue.

bloodcurdling ['blʌd,kɜ:dlɪŋ / blood·curd·ling] *agg.* raccapricciante.

blood feud ['blʌdfju:d] *s.* faida.

blood group ['blʌdgru:p] *s.* (*med.*) gruppo sanguigno SIN. blood type.

blood heat ['blʌdhi:t] (*med.*) temperatura corporea.

blood-horse ['blʌdhɔ:s] *s.* (*zool.*) (cavallo) purosangue.

bloodhound ['blʌdhaʊnd / blood·hound] *s.* (cane) segugio; (*fig.*) poliziotto, 'detective'.

bloodless ['blʌdlɪs / blood·less] *agg.* **1** esangue, pallido, anemico **2** (*fig.*) insensibile, freddo **3** incruento // **-ly** *avv.* // **-ness** *s.*

bloodletting ['blʌdletɪŋ / blood·letting] *s.* **1** (*med.*) salasso **2** massacro; carneficina.

blood lust ['blʌdlʌst] *s.* istinto sanguinario, sete di sangue.

blood-mare ['blʌdmeə*] *s.* (*zool.*) (cavalla) purosangue.

bloodmobile ['blʌdməbi:l / blood·mo·bile] *s.* (*amer.*) autoemoteca.

blood money ['blʌd,mʌnɪ] *s.* **1** denaro dato a un sicario; denaro per pagare il silenzio di qlcu. **2** (*st.*) penale pagata da un omicida ai parenti dell'ucciso; guidrigildo.

blood-orange [,blʌd'ɒrɪndʒ] *s.* (*bot.*) arancia sanguigna, sanguinello.

blood poisoning ['blʌd,pɔɪznɪŋ] *s.* setticemia.

blood-red [,blʌd'red] *agg.* rosso sangue.

bloodroot [,blʌdru:t / blood·root] *s.* (*bot.*) sanguinaria → **sanguinaria**.

bloodshed ['blʌdʃed / blood·shed] *s.* spargimento di sangue; ecatombe, massacro.

bloodshedding ['blʌdʃedɪŋ / blood·shed·ding] → **bloodshed**.

bloodshot ['blʌdʃɒt / blood·shot] *agg.* iniettato di sangue (di occhi).

bloodstain ['blʌdsteɪn / blood·stain] *s.* macchia di sangue.

bloodstained ['blʌdsteɪnd / blood·stained] *agg.* macchiato di sangue (*anche fig.*).

bloodstone ['blʌdstəʊn / blood·stone] *s.* (*min.*) eliotropio.

bloodstream ['blʌdstri:m / blood·stream] *s.* (*med.*) flusso sanguigno.

bloodsucker ['blʌdsʌkə* / blood·sucker] *s.* sanguisuga, mignatta; (*fig.*, *fam.*) usuraio; vampiro.

blood test ['blʌd'test] *s.* (*med.*) esame del sangue.

bloodthirsty ['blʌdθɜ:stɪ / blood·thirsty] *agg.* assetato di sangue; sanguinario.

blood type ['blʌdtaɪp] → **blood group**.

blood typing ['blʌd'taɪpɪŋ] *s.* (*med.*) tipizzazione del sangue.

bloody ['blʌdɪ] *agg.* **1** sanguinante **2** cruento, sanguinoso: *— fight*, conflitto sanguinoso **3** sanguinario // *Bloody Mary*, Maria la Sanguinaria (Maria Tudor); cocktail a base di pomodoro e vodka **4** (*fam. brit.*) maledetto: *— fool*, maledetto idiota **5** (*fam. antiq.*) spiacevole, sgradevole: *she is being perfectly — to him*, ha un comportamento spiacevole verso di lui **6** (*non com.*) sanguigno, di color rosso sangue // **-ily** *avv.* // **-iness** *s.*

bloody *avv.* (*fam.*) molto: *— fine*, maledettamente bello, bellissimo; *not — likely*, neanche per sogno.

to **bloody** *v.tr.* macchiare di sangue, insanguinare.

bloody-minded ['blʌdɪ'maɪndɪd] *agg.* **1** sanguinario **2** (*fam.*) prepotente; malvagio // **-ly** *avv.* // **-ness** *s.*

bloom[1] [blu:m] *s.* **1** fiore; fioritura: *in* (*full*) *—*, in (piena) fioritura, in fiore; *in the — of youth*, nel fiore della giovinezza **2** lanugine (di frutta, gemme); pruina **3** rossore; colorito roseo (delle gote) **4** efflorescenza (su muro, di vino ecc.).

to **bloom**[1] *v.intr.* **1** fiorire, essere in fiore; sbocciare (*anche fig.*) **2** arrossire, risplendere **3** *to — into* (*sthg.*), (*fig.*) diventare.

bloom[2] *s.* **1** (*metall.*) blumo, lingotto sbozzato // *flat —*, bramma **2** massa di vetro fuso.

to **bloom**[2] *v.tr.* (*metall.*) blumare, sbozzare.

bloomer[1] ['blu:mə*] *s.* **1** pianta in fiore; (*estens.*) fioritura: *an early —*, pianta con fioritura precoce **2** (*tip.*) lettera ornata **3** (*sl. antiq. amer.*) sbaglio, errore; fiasco.

bloomer[2] *s.* **1** (*gener. pl.*) (*st.*) 'bloomer' (costume femminile consistente in pantaloni stretti alle caviglie e gonnellino) **2** *pl.* calzoni femminili da sport (in uso nell'800).

bloomer[3] *s.* (*metall.*) forno per blumi.

bloomery ['blu:mərɪ / bloom·ery] *s.* (*metall.*) blumeria.

blooming[1] ['blu:mɪŋ / bloom·ing] *agg.* fiorente, in fiore // *— with health, joy*, sprizzante salute, gioia // *you're a — fool*, (*sl.*) sei un perfetto imbecille.

blooming[2] *s.* (*metall.*) produzione di blumi // *— mill*, treno blooming, laminatoio per blumi.

bloomy ['blu:mɪ] *agg.* **1** fiorito **2** lucente **3** vellutato.

blooper ['blu:pə* / bloop·er] *s.* (*fam. amer.*) errore.

blossom ['blɒsəm / blos·som] *s.* fiore (d'albero fruttifero): *in full —*, in piena fioritura; *to come into —*, fiorire.

to **blossom** *v.intr.* fiorire; sbocciare // *to — into* (*sthg.*), (*fig.*) svilupparsi, diventare; sbocciare.

blossomless ['blɒsəmlɪs / blos·som·less] *agg.* senza fiori.

blot[1] [blɒt] *s.* **1** macchia (di inchiostro ecc.); sgorbio // *a — on the landscape*, (*fig.*) un pugno nell'occhio, qlco. che rovina il paesaggio **2** (*fig.*) difetto (morale); colpa.

to **blot**[1] *pass.p.p.* **blotted** ['blɒtɪd / blot·ted] *v.tr.* **1** macchiare; (*fig.*) infamare: *he has blotted his copybook*, (*fam.*) si è macchiato la reputazione **2** asciugare, assorbire ◆ *v.intr.* fare macchie, sgorbi; macchiarsi.

□ **blot out** *v.tr.* e *avv.* **1** oscurare, offuscare; nascondere **2** (*fig.*) cancellare.

□ **blot up** *v.tr.* e *avv.* assorbire; prosciugare.

blot[2] *s.* **1** pedina scoperta (al backgammon) **2** (*ant. mil.*) punto debole in strategia.

blotch [blɒtʃ] *s.* **1** macchia, chiazza; sgorbio **2** (*med.*) macchia; pustola, enfiatura.

to **blotch** *v.tr.* coprire di macchie ◆ *v.intr.* coprirsi di pustole, di macchie.

blotched ['blɒtʃd] **blotchy** ['blɒtʃɪ] *agg.* macchiato.

blotter ['blɒtə* / blot·ter] *s.* **1** tampone di carta assorbente **2** (*amm.*) brogliaccio.

blotting-pad ['blɒtɪŋ,pæd] *s.* tampone (di carta assorbente).

blotting paper ['blɒtɪŋ,peɪpə*] *s.* carta assorbente.

blotto ['blɒtəʊ] *agg.* (*sl.*) ubriaco fradicio.

blouse [blaʊz *amer.* blaʊs] *s.* blusa, camicetta; camiciotto.

blow[1] [bləʊ] *s.* soffio; raffica, colpo di vento; soffiata (di naso); soffiata (in strumento a fiato).

to **blow**[1] *pass.* **blew** [blu:] *p.p.* **blown** [bləʊn] *v.intr.* **1** soffiare (di vento, aria): *a gale was blowing*, soffiava vento di tempesta // *darkness blew along the bare upland slopes*, (V. WOOLF) l'oscurità avanzò come un soffio lungo i desolati alti pendii // *to — on one's fingers*, soffiarsi sulle dita // *to — upon s.o.'s reputation*, (*fig.*) screditare qlcu. **2** gettar fuori acqua dallo sfiatatoio (di cetaceo) **3** ansare, ansimare **4** scoppiare (di pneumatico) **5** (*elettr.*) saltare (di valvola) ◆ *v.tr.* **1** soffiare; spingere con un soffio: *the wind was blowing the snow against our faces*, il vento ci sbatteva la neve in faccia; *the wind blew the door open*, una ventata spalancò la porta; *she blew him a kiss*, gli mandò un bacio // *to — glass*, soffiare il vetro // *to — one's nose*, soffiarsi il naso // *it's an ill wind that blows nobody any good*, (*prov.*) non tutto il male viene per nuocere **2** suonare (strumenti a fiato): *to — a trumpet*, suonare la tromba // *to — one's own trumpet*, (*fig.*) cantare le proprie lodi **3** far saltare (*anche fig.*): *to — a fuse*, far saltare un fusibile; *the Americans have blown his cover*, gli americani hanno fatto saltare la sua copertura, hanno rivelato la sua identità // *to — s.o.'s mind*, (*sl.*) mandare fuori di testa, sballare; *this music just blows my mind*, questa musica mi manda fuori di testa, è uno sballo **4** (*sl.*) sperperare: *he blew a lot of money gambling*, sperperò un sacco di soldi al gioco **5** (*sl.*) sprecare; mandare all'aria: *she blew her opportunity*, sprecò la sua opportunità.

◆ FRASEOLOGIA: *blow me (down)!*, (*sl.*) che sorpresa!; *blow!*, (*sl.*) accidenti!, che peccato!; *I'll be blowed!*, non ci sto!, non sono d'accordo!; *I'll be blowed if I'll do it!*, (*sl.*) non ci sto a fare questo lavoro! // *— the expense!*, (*sl.*) dimentichiamo la spesa, crepi l'avarizia! // *to — grits*, (*sl. amer.*) vomitare // *to — a hype*, (*sl. amer.*) sovreccitarsi // *to — town*, (*fam. amer.*) far fagotto all'improvviso.

□ **blow away** *v.tr.* e *avv.* far volar via ◆ *v.intr.* e *avv.* volar via.

□ **blow down** *v.tr.* e *avv.* abbattere (detto del vento) // *blow me down!*, (*sl.*) che sorpresa!

□ **blow in** *v.intr.* e *avv.* (*fam.*) arrivare inaspettatamente: *Charles has just blown in from Paris*, Charles è appena arrivato improvvisamente da Parigi.

□ **blow into** *v.intr.* e *prep.* arrivare inaspettatamente in: *one evening he just blew into town*, un pomeriggio arrivò inaspettatamente in città.

□ **blow off** *v.intr.* e *tr.* e *avv.* **1** (far) volar via: *the wind blew off his hat*, il vento gli fece volar via il cappello // *to — it off*, fallire; mancare; trascurare **2** *— off steam*, (*fam.*) sbollire: *he's still very angry, let him blow off steam for a bit before you ask him*, è ancora arrabbiato, lascialo sbollire per un po' prima di chiederglielo.

□ **blow out** *v.tr.* e *avv.* **1** spegnere: *to — out a candle*, spegnere una candela // *to — itself out*, esaurirsi (di temporale ecc.) **2** far saltare (un apparecchio elettrico) **3** far erompere (gas ecc.) ◆ *v.intr.* e *avv.* **1** spegnersi **2** cessare (di temporale) **3** fuoriuscire; erompere (di gas) **4** scoppiare (di pneumatico e simili) **5** saltare (di apparecchio elettrico).

□ **blow over** *v.intr.* e *avv.* **1** esaurirsi: *the whole thing will — over in a few days*, la cosa perderà d'interesse in pochi giorni **2** → to blow down.

□ **blow up** *v.tr.* e *avv.* **1** far scoppiare; far saltare in aria **2** gonfiare: *to — up a rubber boat*, gonfiare un canotto di gomma **3** ingrandire (una fotografia), fare un ingrandimento di **4** (*fig.*) gonfiare: *the news has been blown up in the paper*, sul giornale la notizia è stata gonfiata **5** (*fam.*) arrabbiarsi con, rimproverare severamente ◆ *v.intr.* e *avv.* **1** scoppiare; saltare in aria **2** (*estens.*) scoppiare (di crisi politica, litigio, temporale).

blow[2] *s.* (*bot.*) fioritura.

to **blow**[2] *pass.* **blew** *p.p.* **blown** *v.intr.* (*ant.*) aprirsi, sbocciare; germogliare.

blow[3] *s.* colpo (*anche fig.*): *his death was a — for all of us*, la sua morte fu un colpo per noi tutti // *at a —*, in un colpo solo // *without striking a —*, senza colpo ferire // *to strike a — for, against s.o.*, intervenire a favore di, contro qlcu. // *to come to blows*, venire alle mani // *to bring to blows*, far venire alle mani.

blowball ['bləʊbɔ:l / blow·ball] *s.* (*bot.*) pappo.

blow-by-blow ['bləʊbaɪ'bləʊ] *agg.* dettagliato: *a — account*, un resoconto dettagliato.

blow-dry [,bləʊdraɪ] *s.* piega a fon.

to **blow-dry** *v.tr.* asciugare i capelli con il fon, fonare.

blower ['bləʊə*] *s.* **1** soffiatore **2** (*mecc.*) sfiatatoio **3** (*sl.*) telefono.

blowfly ['bləʊ,flaɪ / blow·fly] *s.* (*zool.*) **1** tafano **2** moscone verde o azzurro.

blowgun ['bləʊgʌn / blow·gun] *s.* cerbottana.

blowhard ['bləʊhɑ:d / blow·hard] *s.* (*fam. amer.*) spaccone, smargiasso.

blowhole ['bləʊhəʊl / blow·hole] *s.* **1** (*zool.*) sfiatatoio (di cetaceo) **2** (*metall.*) soffiatura.

blowing [bləʊɪŋ / blow·ing] *s.* (*fam.*) il suonare musica jazz.

blowjob ['bləʊ,dʒɒb / blow·job] *s.* (*volg.*) pompino.

blowlamp ['bləʊlæmp / blow·lamp] spec. amer. **blowtorch** ['bləʊtɔ:tʃ / blow·torch] *s.* (*tecn.*) fiaccola, lampada (per saldare).

blown[1] [bləʊn] *p.p.* di to **blow**[1] ◆ *agg.* **1** andato a male, guasto **2** (*fam.*) esausto, sfinito.

blown[2] *p.p.* di to **blow**[2] ◆ *agg.* sfiorito (di fiore).

blowoff ['bləʊɒf / blow·off] *s.* (*sl. amer.*) **1** litigio, lite **2** (*fig.*) l'ultima goccia, il colmo.

blowout ['bləʊaʊt / blow·out] *s.* **1** (*fam.*) abbuffata **2** scoppio (spec. di pneumatico) **3** (*elettr.*) estinzione (di un arco elettrico); fusione (di un fusibile) **4** (*miner.*) eruzione (di pozzo di petrolio).

blowpipe ['bləʊpaɪp / blow·pipe] *s.* **1** cannello ferruminatorio **2** canna (per la soffiatura del vetro) **3** cerbottana SIN. **blowgun**.

blowsy ['blaʊzɪ] *agg.* **1** trasandato, sciatto **2** rosso in viso, congestionato.

blow-up ['bləʊʌp] *s.* **1** scoppio, esplosione **2** (*fam.*) crisi di rabbia **3** (*fot.*) ingrandimento; gigantografia **4** (*ind. petrolifera*) eruzione (del pozzo).

blowy ['bləʊɪ] *agg.* (*fam.*) ventoso.

blowzy ['blaʊzɪ] → **blowsy**.

to **blub** [blʌb] *pass.p.p.* **blubbed** [blʌbd] → to **blubber**[1].

blubber[1] ['blʌbə* / blub·ber] *agg.* (*ant.*) tumido, gonfio (di labbra).

to **blubber**[1] *v.intr.* (*antiq.*) singhiozzare, piangere a dirotto ◆ *v.tr.* balbettare (qlco.) singhiozzando.

blubber[2] *s.* **1** grasso di balena **2** (*zool. pop.*) medusa.

blubberer ['blʌbərə* / blub·ber·er] *s.* (*non com.*) piagnucolone, frignone.

bluchers ['blu:tʃəz / bluch·ers] *s.pl.* (*ant.*) stivaletti.

bludgeon ['blʌdʒən] *s.* randello.

to **bludgeon** *v.tr.* colpire con un randello.

blue [blu:] *agg.* **1** azzurro, celeste, blu: *her new dress is light —*, il suo nuovo abito è azzurro // *once in a — moon*, molto raramente, quasi mai // *to burn —*, bruciare con fiamma azzurra **2** livido; cianotico // *till one is — in the face*, (*fam.*) fino alla nausea **3** triste, nervoso, depresso: *to feel* (o *to look*) —, sentirsi depresso, aver l'aria stanca e depressa // *— devils*, apparizioni durante il delirio, depressione di spirito **4** funesto, calamitoso **5** (*amer.*) puritano, rigoroso: *— nose*, persona di rigidi principi; *— laws*, leggi ispirate al puritanesimo **6** (*fam.*) indecente, osceno: *a — film, a — joke*, un film pornografico, una barzelletta oscena, volgare **7** (*amer. fam.*) ubriaco.

blue *s.* **1** azzurro, celeste, blu: *dark, light —*, azzurro scuro, chiaro (colori di Oxford e Cambridge) // *Eaton —*, azzurro pallido **2** mare; cielo // *bolt from the —*, fulmine a ciel sereno // *out of the —*, inaspettatamente (*avv.*); inaspettato (*agg.*) **3** *pl.* (*fam.*) tristezza, depressione: *to have the blues*, essere depresso **4** *pl.* blues (canto negroamericano di tono melanconico) **5** (*st. amer.*) soldato dell'Unione.

to **blue** *v.tr.* **1** tingere in blu **2** (*sl. antiq.*) spendere pazzamente, scialacquare.

blue baby ['blu:'beɪbɪ] *s.* (*med.*) bambino cianotico; bambino affetto da morbo blu.

Bluebeard ['blu:bɪəd / Blue·beard] *s.* (*letter.*) Barbablù.

bluebell ['blu:bel / blue·bell] *s.* (*bot.*) **1** (*Campanula rotundifolia*) campanula, campanella **2** (*Muscari comosum*) giacinto di bosco.

blueberry ['blu:bərɪ / blue·berry] *s.* (*bot.*) (*Vaccinium myrtillus*) mirtillo SIN. bilberry, whortleberry, huckleberry.

bluebird ['blu:bɜ:d / blue·bird] *s.* (*zool.*) uccello azzurro.

blue-black [,blu:'blæk] *agg.* blu-notte, blu scurissimo.

blue-bonnet ['blu:'bɒnɪt] *s.* (*bot.*) centaurea.

blue book ['blu:'bʊk] *s.* (*amer.*) **1** esame, test • Dal colore del quaderno su cui va svolto **2** registro in cui sono elencate le persone socialmente importanti **3** (*brit.*) rapporto governativo ufficiale.

bluebottle ['blu:,bɒtl / blue·bottle] *s.* **1** (*zool.*) (*Calliphora vomitoria*) moscone azzurro **2** (*bot.*) (*Centaurea cyanus*) fiordaliso **3** (*sl. antiq.*) poliziotto.

blue box ['blu:bɒks] *s.* (*amer.*) congegno elettronico che consente di telefonare senza pagare.

blue cheese ['blu:'tʃi:z] *s.* formaggio tipo gorgonzola.

blue-chip ['blu:tʃɪp] *agg.* e *s.* (*econ.*) (titolo) di prim'ordine, altamente sicuro ◆ *agg.* (*estens.*) costoso e di buona qualità • Dal colore delle fiche di valore più elevato nel poker.

bluecoat ['blu:kəʊt / blue·coat] *s.* soldato, marinaio, poliziotto (la cui divisa sia blu).

blue-collar [,blu:'kɒlə*] *agg.* di operaio, operaio: *a — strike*, uno sciopero che riguarda gli operai; — (*worker*), operaio.

blue-eyed ['blu:aɪd] *agg.* **1** dagli occhi azzurri **2** (*fam.*) favorito, prediletto: — *boy*, pupillo, favorito **3** (*fam. amer.*) innocente, ingenuo.

bluefish ['blu:fɪʃ / blue·fish] *s.* (*zool.*) (*Pomatomus saltator*) pomatomo; (*pop.*) pesce azzurro.

bluegrass ['blu:grɑ:s / blue·grass] *s.* **1** (*bot.*) fienarola // *Bluegrass State*, il Kentucky **2** genere di musica country americana.

blue-grey ['blu:greɪ] *agg.* grigio azzurro.

blue gum ['blu:gʌm] *s.* (*bot.*) (*Eucalyptus botryoides*) Mahogani bastardo.

bluehare ['blu:'heə* / blue·hare] *s.* (*zool.*) (*Lepus timidus*) lepre alpina.

blueing ['blu:ɪŋ / blue·ing] *s.* (*metall.*) brunitura.

blueish ['blu:ɪʃ / blue·ish] *agg.* bluastro.

bluejack ['blu:dʒæk / blue·jack] *s.* (*chim.*) solfato di rame SIN. bluestone.

bluejacket ['blu:'dʒækɪt / blue·jacket] *s.* marinaio (della marina militare dei paesi anglosassoni).

blue jeans ['blu:'dʒi:nz] *s.* (*amer.*) → **jean**[2] 2.

blue John ['blu:'dʒɒn] *s.* (*min.*) varietà di fluorite.

blue mould ['blu:'məʊld] *s.* muffa azzurra (di pane, formaggio ecc.).

blueness ['blu:nɪs / blue·ness] *s.* **1** (*letter.*) azzurrità **2** livido.

blue note ['blu:'nəʊt] *s.* (*mus.*) 'blue note', caratteristica nota di intonazione oscillante che ricorre nel blues.

to **blue-pencil** [,blu:'pensl] *pass.p.p.* **blue -pencilled** [,blu:'pensld] *v.tr.* correggere, fare tagli in (un testo).

blue peter ['blu:'pi:tə*] *s.* (*mar.*) segnale di pronti a partire.

blue point ['blu:pɔɪnt] *s.* varietà di ostrica molto comune negli Stati Uniti • Dalla località omonima del Long Island dove viene coltivata.

blueprint ['blu:prɪnt / blue·print] *s.* **1** cianografia, (copia) cianografica; eliografia, copia eliografica **2** progetto; programma; piano.

blue riband ['blu:'rɪbənd] **blue ribbon** ['blu:'rɪbən] *s.* **1** nastro dell'ordine della giarrettiera **2** riconoscimento prestigioso.

blueshark ['blu:ʃɑ:k / blue·shark] *s.* (*zool.*) (*Prionace glauca*) verdesca.

bluestocking ['blu:,stɒkɪŋ / blue·stock·ing] *s.* **1** bas-bleu (donna intellettuale; donna saccente) **2** (*zool.*) (*Recurvirostra americana*) avocetta americana.

bluestone ['blu:stəʊn / blue·stone] *s.* (*chim.*) → **bluejack**.

blue whale [,blu:'weɪl] *s.* (*zool.*) → **sulphur-bottom**.

bluff[1] [blʌf] *agg.* **1** ripido (di scogli ecc.) **2** franco, cordiale **3** brusco, sgarbato ◆ *s.* **1** (*geogr.*) riva scoscesa; promontorio **2** (*mar.*) grossa prua.

bluff[2] *s.* bluff (al poker) // *to call s.o.'s —*, (*nel poker*) andare a vedere; (*estens.*) costringere qlcu. a scoprire le proprie carte.

to **bluff**[2] *v.tr.* ingannare; indurre con l'inganno: *he bluffed her into thinking he was serious*, la ingannò facendole credere che parlava seriamente; *he bluffed his way out of an awkward situation*, bluffando uscì da una situazione imbarazzante // *to — it out*, riuscire bluffando, con un bluff ◆ *v.intr.* bluffare.

bluffer ['blʌfə* / bluff·er] *s.* ingannatore.

bluffness ['blʌfnɪs / bluff·ness] *s.* franchezza.

bluish ['blu:ɪʃ / blu·ish] → **blueish**.

blunder ['blʌndə* / blun·der] *s.* errore grossolano; fallo; sbaglio; equivoco: *to make a —*, prendere un granchio.

to **blunder** *v.intr.* **1** muoversi goffamente; inciampare: *to — into sthg.*, inciampare in qlco.; *to — upon*, imbattersi, trovare per caso // *to — through sthg.*, cavarsela a malapena in qlco. **2** commettere un errore grossolano; agire stupidamente ◆ *v.tr.* sciupare, pasticciare, rovinare.

□ **blunder out** *v.tr.* e *avv.* dire (qlco. di stupido).

blunderbuss ['blʌndəbʌs / blun·der·buss] *s.* (*st.*) trombone (schioppo).

blunderer ['blʌndərə* / blun·der·er] *s.* confusionario.

blunderhead ['blʌndəhed / blunder·head] *s.* (*antiq.*) stordito; sciocco.

to **blunge** [blʌndʒ] *v.tr.* mescolare con acqua (nella fabbricazione di terrecotte).

blunt [blʌnt] *agg.* **1** smussato, spuntato; senza spigoli: — *pencil*, matita senza punta; *this knife is —*, questo coltello non taglia // — *instrument*, corpo contundente **2** ottuso **3** schietto, brusco: *a — answer*, una risposta diretta // **-ly** *avv.*

blunt *s.* ago passanastro.

to **blunt** *v.tr.* smussare; attutire; ottundere: *the difficulties soon blunted his enthusiasm*, le difficoltà smorzarono presto il suo entusiasmo.

bluntness ['blʌntnɪs / blunt·ness] *s.* **1** schiettezza **2** (*non com.*) ottusità **3** smussatura (di lama).

blur [blɜ:*] *s.* **1** (*ant.*) macchia (d'inchiostro ecc.); (*fig.*) infamia, macchia **2** apparenza confusa; forma indistinta.

to **blur** *pass.p.p.* **blurred** [blɜ:d] *v.tr.* **1** (*ant.*) macchiare (d'inchiostro ecc.), insudiciare **2** rendere confuso, indistinto; offuscare: *in the blurred circle of light*, (CONRAD) nei fiochi cerchi di luce.

blurb [blɜ:b] *s.* **1** soffietto editoriale **2** fascetta pubblicitaria (di un libro).

blurry [blɜ:rɪ] *agg.* indistinto, confuso: — *eyes*, occhi velati.

to **blurt (out)** [blɜ:t] *v.tr.* sbottare, dire inconsideratamente: *to — (out) a secret*, svelare un segreto senza riflettere.

blush [blʌʃ] *s.* **1** rossore: *to spare s.o.'s blushes*, evitare di mettere in imbarazzo qlcu. **2** color roseo; freschezza, giovinezza **3** occhiata: *at first —*, a prima vista.

to **blush** *v.intr.* arrossire: *to — for shame*, arrossire dalla vergogna; *to — to the roots of one's hair*, arrossire fino alla radice dei capelli.

blushingly ['blʌʃɪŋlɪ / blush·ing·ly] *avv.* con rossore, arrossendo.

bluster ['blʌstə* / blus·ter] *s.* **1** temporale; raffica **2** baccano; scoppio d'ira; smargiassata, spacconata.

to **bluster** *v.intr.* infuriare, rumoreggiare (di acque, vento); parlare violentemente; fare lo smargiasso, lo spaccone: *to — at s.o.*, gridare, inveire contro qlcu. ◆ *v.tr.* — (*out*), gridare, urlare, dire in modo violento.

blusterer ['blʌstərə* / blus·ter·er] *s.* chiassone; fanfarone, spaccone, smargiasso.

blustering ['blʌstərɪŋ / blus·ter·ing] *agg.* chiassoso, rumoroso; aggressivo.

blusterous ['blʌstərəs / blus·ter·ous] **blustery** ['blʌstərɪ / blus·tery] *agg.* **1** tempestoso; burrascoso **2** spavaldo; borioso.

BMOC ['bi:eməʊ'si:] *s.* (*fam. amer.*) lo studente più popolare di un college • Acronimo di *B*(*ig*) *M*(*an*) *O*(*n*) *C*(*ampus*).

B.O. ['bi:'əʊ] *agg.* (*fam. amer.*) di successo, di cassetta: *this actor is no longer —*, questo attore non fa più cassetta • Da *B*(*ox*) *O*(*ffice*), botteghino del teatro.

bo [bəʊ] *pl.* **boes** *s.* (*amer.*) **1** (*fam.*) vagabondo, barbone **2** (*sl.*) tizio, individuo: *say, —, can you come with me?*, ehi, tu, puoi venire con me?

boa ['bəʊ] *s.* **1** (*zool.*) — *constrictor*, (*Boa constrictor*) serpente boa **2** (*abbigl.*) boa, stola di piume.

boar [bɔ:*] *s.* (*zool.*) **1** verro **2** → wild boar.

board [bɔ:d] *s.* **1** asse; assito; tavola; tabellone // *to sweep the —*, vincere tutto; stravincere **2** *pl.* (*teatr.*) palcoscenico: *to tread the boards*, calcare le scene **3** desco, mensa; vitto;

pensione: — *and lodging*, vitto e alloggio; *half* —, mezza pensione; *full* —, pensione completa; *bed and* —, pensione completa, vitto e alloggio; *had spread the board, with roses strewed the room*, (MARLOWE) aveva apparecchiato la mensa, di rose sparsa la stanza **4** tavolo di consiglio; consiglio; comitato; ministero: — *of directors*, consiglio d'amministrazione; — *of management*, comitato direttivo; — *of examiners*, commissione d'esami; — *of arbitrators*, collegio arbitrale; *Board of Customs and Excise*, Direzione generale dei Dazi e delle Dogane; *Board of Trade*, Ministero del Commercio // *to serve on the* —, far parte del consiglio **5** (*mar.*) bordo, ponte: *on* —, a bordo; *to go on* —, imbarcarsi, andare a bordo // *to go by the* —, andare perduto (albero, vela ecc.); (*fig.*) fallire completamente // (*comm.*) *free on* —, franco a bordo **6** (*inform.*) lavagna, tabellone; piastra; carta, modulo: — *puller*, leva di estrazione della carta.

to **board** *v.tr.* **1** fornire di assi, di tavole **2** prendere a pensione **3** (*mar.*) abbordare; attaccare **4** imbarcarsi su; salire su (treno, bus ecc.) ◆ *v.intr.* **1** essere a pensione: *she boarded with a Scottish family*, era a pensione presso una famiglia scozzese **2** imbarcarsi; salire (su).

□ **board out** *v.tr.* e *avv.* mettere a pensione ◆ *v.intr.* e *avv.* andare a pensione.

□ **board up** *v.tr.* e *avv.* chiudere con assi.

boarder ['bɔ:də*] *s.* **1** pensionante; convittore: *to take in boarders*, tenere dei pensionanti **2** (*mar.*) abbordatore.

board-game ['bɔ:dgeɪm] *s.* gioco da tavolo.

boarding ['bɔ:dɪŋ / board·ing] *s.* **1** assito, tavolato; copertura di tavole **2** il tenere o essere a pensione **3** (*mar.*) abbordaggio, arrembaggio **4** (*aer.*, *mar.*) imbarco: — *card*, carta d'imbarco.

boarding house ['bɔ:dɪŋhaʊs] *s.* pensione privata.

boarding officer ['bɔ:dɪŋ'ɒfɪsə*] *s.* (*mar.*) ufficiale di bordo.

boarding school ['bɔ:dɪŋsku:l] *s.* collegio, convitto.

boardroom ['bɔ:dru:m / board·room] *s.* sala di rappresentanza, sala per assemblee, sala di consiglio (nelle società).

boardwalk ['bɔ:dwɔ:k / board·walk] *s.* (*amer.*) passerella (in riva al mare).

boarhound ['bɔ:haʊnd / boar·hound] *s.* (*zool.*) cane danese (usato per la caccia al cinghiale).

boarish ['bɔ:rɪʃ / boar·ish] *agg.* maialesco (*anche fig.*).

boast[1] [bəʊst] *s.* vanto, vanteria.

to **boast**[1] *v.tr.* vantare: *the school boasts a fine library*, la scuola vanta una bella biblioteca ◆ *v.intr.* vantarsi; gloriarsi: *that's nothing to* — *of*, non c'è niente di cui vantarsi.

to **boast**[2] *v.tr.* (*scult.*) sbozzare.

boaster[1] [bəʊstə* / boast·er] *s.* spaccone, fanfarone.

boaster[2] *s.* (*scult.*) scalpello da sbozzo.

boastful ['bəʊstfʊl / boast·ful] *agg.* vanaglorioso // **-ly** *avv.*

boastfulness ['bəʊstfʊlnɪs / boast·ful·ness] *s.* millanteria; vanagloria, iattanza.

boasting ['bəʊstɪŋ / boast·ing] *agg.* vanaglorioso // **-ly** *avv.*

boat [bəʊt] *s.* **1** barca, battello, imbarcazione; piccola nave; sottomarino; (*fam.*) nave: *to take to the boats*, (*mar.*) calare le scialuppe; (*fig.*) mettersi in salvo; *to take the* —, imbarcarsi // *fishing* —, peschereccio // *ship's* —, lancia di bordo // *to be in the same* —, (*fam.*) trovarsi sulla stessa barca // *to burn one's boats*, tagliarsi i ponti alle spalle // *to push the* — *out*, (*fam.*) fare uno sforzo economico // *to rock the* —, (*fam.*) turbare lo status quo // *to miss the* —, (*fam.*) perdere un'occasione **2** salsiera (a forma di barca) **3** (*chim.*) navicella **4** (*tess.*) navetta.

to **boat** *v.intr.* andare in barca ◆ *v.tr.* **1** trasportare con la barca: *to* — *across*, traghettare **2** tirare a bordo: *to* — *the oars*, tirare i remi in barca; trasportare in barca.

boat-deck ['bəʊt'dek] *s.* (*mar.*) ponte delle imbarcazioni, ponte barche.

boater ['bəʊtə*] *s.* **1** (*abbigl.*) paglietta **2** barcaiolo.

boatfly ['bəʊtflaɪ / boat·fly] *s.* (*zool.*) (*Notonecta glauca*) notonetta.

boatful ['bəʊtfʊl / boat·ful] *s.* il contenuto di una barca, carico.

boat hook ['bəʊthʊk] *s.* (*mar.*) gaffa.

boathouse ['bəʊthaʊs / boat·house] *s.* riparo coperto per barche, rimessa per barche.

boating ['bəʊtɪŋ / boat·ing] *s.* nautica (da diporto): *to go* —, andare in barca (con piccoli cabinati e sim.).

boatload ['bəʊtləʊd / boat·load] *s.* il contenuto di una barca, carico.

boatman ['bəʊtmən / boat·man] *pl.* **boatmen** *s.* barcaiolo.

boat race, boatrace ['bəʊtreɪs / boat·race] *s.* gara di canottaggio.

boatswain ['bəʊsn / boat·swain] *s.* (*mar.*) nostromo.

boat train ['bəʊt'treɪn] *s.* treno in coincidenza con navi in partenza o in arrivo.

Bob [bɒb] *no.pr.m.* dim. di **Robert** // —*'s your uncle!*, (*sl.*) tutto sistemato!

bob[1] *s.* **1** peso terminale (di pendolo, di filo a piombo) **2** ciondolo; orecchino **3** ciocca, ricciolo; caschetto **4** coda di cavallo monca **5** ciuffetto di larve o vermi (come esca per la pesca con la lenza) **6** (*metall.*) materozza **7** (*mecc.*) disco di feltro (per pulitrice) **8** (*ant.*) refrain di una canzone.

to **bob**[1] *pass.p.p.* **bobbed** [bɔbd] *v.tr.* **1** tagliare (capelli) a caschetto // *bobbed hair*, capelli corti a caschetto **2** moncare (coda di cavallo) **3** pescare con la lenza.

bob[2] *s.* colpetto, piccola scossa; strattone.

to **bob**[2] *v.tr.* **1** colpire con uno strumento nodoso; picchiare, bastonare: *our fathers / have in their own land beaten, bobb'd, and thumped*, (SH. Richard III) i nostri padri sulle loro terre solevano picchiare, bastonare e pestare **2** dare un colpetto leggero a.

bob[3] *s.* **1** movimento in su e giù; avanti e indietro **2** inchino.

to **bob**[3] *v.tr.* e *intr.* **1** muovere, muoversi in su e giù; avanti e indietro; muovere, muoversi di scatto **2** inchinarsi, fare (un inchino) **3** *to* — *for* (*sthg.*), cercare di afferrare con i denti (un frutto appeso).

□ **bob up** *v.intr.* e *avv.* venire improvvisamente a galla (*anche fig.*).

bob[4] *s.* scampanio, variazione nello scampanio.

bob[5] *s.* (*invariato al pl.*) **1** (*fam. brit. antiq.*) scellino: *two* —, due scellini **2** (*fam. amer.*) dollaro.

bob[6] *s.* (*sport*) bob, guidoslitta: — *run*, pista da bob.

to **bob**[7] *v.tr.* (*ant.*) ingannare; prendere con l'inganno, truffare: *gold and jewels that I bobbed from him*, (SH. Othello) oro e gioielli che gli ho truffato.

bobbin ['bɒbɪn / bob·bin] *s.* **1** (*tess.*) bobina, rocchetto; spola: *winding-on* —, bobina d'avvolgimento **2** (*elettr.*) bobina; rocchetto.

bobbinet ['bɒbɪnet / bob·binet] *s.* (*tess.*) pizzo a rete (fatto a macchina).

bobble ['bɒbəl] *s.* **1** movimento in su e giù **2** pompon **3** (*amer.*) sbaglio, errore.

to **bobble** *v.intr.* **1** muoversi in su e giù **2** (*amer.*) sbagliare.

bobby ['bɒbɪ] *s.* (*fam. brit.*) poliziotto.

bobby pin ['bɒbɪpɪn] *s.* (*amer.*) molletta (per capelli) BRIT. hairgrip.

bobbysocks ['bɒbɪsɒks / bobby·socks] *s.pl.* (*fam. amer.*) calzini.

bobbysoxer ['bɒbɪsɒksə* / bobby·sox·er] *s.* (*sl. amer.*) negli anni '50, ragazzina dalle calze corte (fanatica per i divi del cinema ecc.).

bobcat ['bɒbkæt / bob·cat] *s.* (*zool.*) (*Lynx rufus*) lince rossa.

bobolink ['bɒbəlɪŋk / bo·bo·link] *s.* (*zool.*) (*Dolichonyx oryzivorus*) bobolink SIN. rice-bird.

bobsled ['bɒbsled / bob·sled] **bob-sleigh** ['bɒbsleɪ] → **bob**[6].

bobstay ['bɒbsteɪ / bob·stay] *s.* (*mar.*) briglia di bompresso.

bobtail ['bɒbteɪl / bob·tail] *agg.* e *s.* (*zool.*) (cavallo, cane) con la coda mozza.

bobtailed ['bɒbteɪld / bob·tailed] *agg.* con la coda mozza.

bob-white ['bɒbwaɪt] *s.* (*zool.*) (*Colinus virginianus*) quaglia della Virginia.

boche [bɒʃ] *pl.* **boche**, **boches** ['bɒʃɪz] *agg.* e *s.* (*sl. spreg.*) tedesco.

bock [bɒk] *s.* **1** birra tedesca (forte e scura) **2** (*rar.*) bicchiere di birra.

bod [bɒd] *s.* (*fam.*) persona; uomo; individuo.

bodacious [bɒ'deɪʃɪs / bo·da·cious] *agg.* (*fam. amer.*) eccessivo; sfacciato.

to **bode** [bəʊd] *v.intr.* presagire: *to* — *well*, *ill*, essere di buono, di cattivo augurio.

bode *pass.* di to **bide**.

bodice ['bɒdɪs / bod·ice] *s.* corsetto; busto.

bodice-buster ['bɒdɪs'bʌstə*] **bodice-ripper** ['bɒdɪs'rɪpə*] *s.* (*sl. amer.*) romanzo erotico (spec. a sfondo storico).

bodied ['bɒdɪd / bod·ied] *agg.* (usato spec. nei composti) fornito di corpo: *full-* —, corposo (di vino); *strong-* —, robusto.

bodiless ['bɒdɪlɪs / bodi·less] *agg.* incorporeo.

bodily ['bɒdɪlɪ / bod·ily] *agg.* corporeo; corporale; fisico.

bodily *avv.* **1** corporalmente; di persona **2**

in massa; tutt'insieme **3** interamente; di peso: *to pick up s.o.* —, prendere qlcu. di peso.

boding ['bəʊdɪŋ / bod·ing] *agg.* (*rar.*) presago ◆ *s.* presagio.

bodkin ['bɒdkɪn / bod·kin] *s.* **1** punteruolo; spillone; passanastro **2** (*ant.*) stiletto **3** (*tip.*) pinzette da tipografo.

Bodleian [bɒd'li:ən / Bod·leian] *agg.* bodleiano // *the* — (*Library*), la biblioteca bodleiana (a Oxford).

body ['bɒdɪ] *s.* **1** corpo, struttura fisica (di uomo, di animale) // — *and soul*, anima e corpo, completamente // *to keep — and soul together*, (*fam.*) sopravvivere // (*psic.*) — *image*, immagine di sé **2** tronco, torso **3** cadavere; carogna **4** parte essenziale (di qlco.); corpo: *the — of information*, il nucleo delle informazioni **5** (*arch.*) navata centrale; fusto di colonna **6** (*mar.*) scafo **7** (*aer.*) fusoliera **8** (*mecc.*) gambo **9** (*aut.*) scocca, carrozzeria; cassone (di autocarro): *streamlined* —, carrozzeria aerodinamica; *custom-built* —, carrozzeria fuoriserie **10** gruppo di persone; sodalizio; corporazione; società: *a public* —, un ente pubblico; *the public* —, lo Stato; *they came in a* —, vennero in massa **11** massa, quantità: *the sea is a — of water*, il mare è una massa di acqua **12** sostanza; consistenza: *a wine of good* —, un vino corposo **13** (*geol.*) giacimento **14** corpetto, corsetto **15** (*astr.*) corpo: *the heavenly bodies*, i corpi celesti **16** (*sl. antiq.*) persona: *a decent* —, una persona per bene **17** (*tip.*) corpo.

to **body** *v.tr.* **1** dar corpo a, dar forma a, plasmare // *to — forth*, dare forma a; rappresentare; impersonare **2** addensare; ispessire; rassodare.

body blow ['bɒdɪbləʊ] *s.* **1** (*boxe*) colpo allo stomaco **2** (*fig.*) brutto colpo (*to*, per).

body-builder ['bɒdɪ'bɪldə*] *s.* **1** culturista **2** (*aut.*) → body-maker.

body-building ['bɒdɪ'bɪldɪŋ] *s.* **1** body -building **2** assemblaggio carrozzerie.

body-centred ['bɒdɪ'sentəd] *agg.* a corpo centrato.

body-count ['bɒdɪ'kaʊnt] *s.* conto, numero delle perdite umane, delle vittime: *the final — is not yet complete*, il numero delle vittime non è definitivo.

bodyguard ['bɒdɪgɑ:d / body·guard] *s.* guardia del corpo.

body language ['bɒdɪ,læŋgwɪdʒ] *s.* gestualità, linguaggio gestuale.

body-maker ['bɒdɪmeɪkə*] *s.* carrozziere, chi lavora nel reparto carrozzeria (di una fabbrica).

body servant ['bɒdɪ'sɜ:vənt] *s.* (*ant.*) cameriere personale.

body shop ['bɒdɪʃɒp] *s.* reparto carrozzeria (in una fabbrica di automobili).

body-snatcher ['bɒdɪ,snætʃə*] *s.* chi un tempo disseppelliva i cadaveri per venderli ai laboratori anatomici.

body stocking ['bɒdɪ,stɒkɪŋ] *s.* (*abbigl.*) body; tutina.

bodysuit ['bɒdɪ,su:t / body·suit] *s.* (*abbigl.*) abito a tuta molto aderente.

bodywork ['bɒdɪwɜ:k / body·work] *s.* **1** carrozzeria (di autoveicolo) **2** lavoro da carrozziere.

boehmite ['bəʊ,maɪt / boehm·ite] *s.* (*min.*) boemite.

Boeotian [bɪ'əʊʃjən / Boe·otian] *agg.* e *s.* beota (*anche fig.*).

Boer ['bəʊə*] *agg.* e *s.* boero.

boff [bɒf] *s.* (*sl. amer.*) **1** pugno; schiaffo **2** atto sessuale.

boffin ['bɒfin / bof·fin] *s.* (*sl.*) testa d'uovo, cervellone, ricercatore; scienziato.

boffo ['bɒfəʊ] *s.* (*sl. amer.*) **1** risata fragorosa (del pubblico) **2** spettacolo, battuta comica che piace al pubblico **3** un anno di galera ◆ *agg.* molto popolare; di successo.

boffola ['bɒfələ / bof·fola] *s.* (*sl. amer.*) → **boffo** 1 e 2.

bog[1] ['bɒg] *s.* **1** palude; acquitrino.

bog[2] *s.* (*volg.*) cesso, latrina.

to **bog down**[1] [,bɒg'daʊn] *pass.p.p.* **bogged down** [,bɒgd'daʊn] *v.tr.* e *avv.* fare affondare in un pantano; impantanare ◆ *v.intr.* e *avv.* impantanarsi (*anche fig.*).

bogey[1] ['bəʊgɪ / bo·gey] *s.* (*golf*) l'andare in buca con un tiro in più del par.

bogey[2] → **bogy**.

bogginess ['bɒgɪnɪs / boggi·ness] *s.* l'essere paludoso.

to **boggle** ['bɒgl] *v.intr.* **1** trasalire; sbalordire; impressionare: *my mind boggles!*, inorridisco al solo pensiero **2** esitare: *to — at* (o *about*) *doing sthg.*, esitare a far qlco.

boggler ['bɒglə* / bog·gler] *s.* (*non com.*) individuo dubbioso, che esita.

boggy ['bɒgɪ] *agg.* paludoso.

bogie[1] ['bəʊgɪ / bo·gie] *s.* **1** → bogy 1 **2** (*spec. amer.*) → bogey[1].

bogie[2] *s.* **1** (*miner.*) carrello **2** (*ferr.*) carrello ferroviario **3** rullo di corsa (ruota di sostegno del cingolo nei veicoli cingolati).

bogle ['bɒgl] *s.* (*scoz.*) spirito; spaventapasseri.

bog-moss ['bɒgmɒs] *s.* (*bot.*) sfagno.

bog-trotter ['bɒgtrɒtə*] *s.* (*sl. amer.*) irlandese di nascita o di origine.

bogus ['bəʊgəs / bo·gus] *agg.* falso, finto; simulato: // (*comm.*) — *company*, società fantasma, società fittizia.

bogy ['bəʊgɪ] *s.* **1** spettro; spauracchio; babau: — *man*, uomo nero, orco (delle fiabe) **2** (*fam.*) muco del naso **3** (*sl. amer.*) poliziotto **4** (*sl. amer.*) caccia nemico.

Bohemian [bəʊ'hi:mjən / Bo·he·mian] *agg.* **1** boemo **2** (*ant.*) di, da zingaro **3** 'bohémien', di, da artista ◆ *s.* **1** boemo **2** (*ant.*) zingaro **3** 'bohémien', 'bohémienne'; artista.

bohemianism [bəʊ'hi:mjənɪzəm / bo·hemi·an·ism] *s.* 'bohème', vita da artista.

boho ['bəʊhəʊ] *s.* (*sl. amer.*) incapace, cialtrone.

bohunk ['bəʊhʌŋk / bo·hunk] *s.* (*fam. amer. spreg.*) immigrato dell'Europa orientale.

boil[1] [bɔɪl] *s.* punto d'ebollizione, bollitura: *the water is on the* —, l'acqua è in ebollizione; *to bring to the* —, portare al punto d'ebollizione, a bollore.

to **boil**[1] *v.tr.* e *intr.* bollire, far bollire; cuocere, lessare; (*fig.*) ribollire: *to — with rage*, ribollire di rabbia; *to — dry*, evaporare; far evaporare // *to keep the pot boiling*, (*fam.*) far andare avanti la baracca; guadagnarsi la vita; non interrompere l'evolversi, la continuità di una serie di azioni, eventi.

□ **boil away** *v.intr.* e *avv.* consumarsi, evaporare del tutto bollendo.

□ **boil down** *v.intr.* e *avv.* **1** ridursi bollendo, condensarsi **2** (*to*) (*fig.*) ridursi a: *the demand boils down to more money*, la richiesta si riduce ad una domanda per più soldi ◆ *v.tr.* e *avv.* **1** ridurre bollendo: *to — a sauce down*, ridurre una salsa, rendendola più densa **2** (*fig.*) condensare, riassumere (un argomento, notizie ecc.).

□ **boil over** *v.intr.* e *avv.* **1** traboccare bollendo: *the milk is boiling over*, il latte sta traboccando **2** (*into*) (*fig.*) degenerare: *the demonstration boiled over into violence*, la dimostrazione è degenerata in violenza.

□ **boil up** *v.tr.* e *avv.* riscaldare: *if you want I'll — up some soup for you*, se vuoi ti riscaldo della zuppa ◆ *v.intr.* e *avv.* (*fig.*) farsi caldo, diventare rovente: *the situation is boiling up*, la situazione si fa rovente.

boil[2] *s.* **1** foruncolo; vescichetta **2** (*ind. vetraria*) bollicina, pulica.

boiled [bɔɪld] *agg.* bollito: — *meat*, — *beef*, bollito, lesso; — *potatoes*, patate lesse // — *shirt*, (*sl. amer.*) camicia inamidata; (*fig.*) dignitario; personaggio importante.

boiler [bɔɪlə*] *s.* caldaia; bollitore; scaldabagno, scaldacqua: — *works*, fabbrica di caldaie; *gas-fired* —, caldaia a gas; *oil-fired* —, caldaia a nafta; *steam* —, caldaia a vapore.

boilermaker ['bɔɪlə,meɪkə* / boiler·maker] *s.* **1** calderaio **2** (*fam. amer.*) bevanda molto alcolica.

boiler plate ['bɔɪlə,pleɪt] *s.* (*amer.*) **1** (*metall.*) lamiera grossa **2** (*fam.*) pezzo scadente; articolo di riserva (tenuto come riempitivo per giornali ecc.).

boiler suit ['bɔɪləsu:t] *s.* tuta intera (da lavoro) SIN. overalls AMER. overall.

boiling ['bɔɪlɪŋ / boil·ing] *agg.* bollente; (*fig.*) agitato // *a — hot day*, una giornata di caldo infernale.

boiling off [,bɔɪlɪŋ'ɒf] *s.* (*tess.*) sgommatura.

boiling plate ['bɔɪlɪŋ,pleɪt] *s.* fornello elettrico (a piastra).

boiling point ['bɔɪlɪŋpɔɪnt] *s.* **1** (*fis., chim.*) punto di ebollizione **2** (*fig.*) stato di eccitazione.

boiling ring ['bɔɪlɪŋ,rɪŋ] *s.* fornello elettrico (a resistenza scoperta).

boisterous ['bɔɪstərəs / bois·ter·ous] *agg.* **1** chiassoso, turbolento **2** tempestoso **3** sfrenato (di riso) // **-ly** *avv.* // **-ness** *s.*

boko ['bəʊkəʊ] *s.* (*sl.*) naso.

bold [bəʊld] *agg.* **1** audace, coraggioso; ardito // *to put a — face on sthg.*, affrontare qlco. coraggiosamente **2** sfacciato, sfrontato: *to be — with s.o.*, prendersi delle libertà con qlcu. // *as — as brass*, (*fam.*) sfacciato // *to make — to do sthg.*, osare di fare qlco. // *what do you intend, if I may be so —?*, che cosa intende, se non sono indiscreto? **3** vigoroso; ben delineato: — *handwriting*, calligrafia marcata e chiara // **-ly** *avv.* // **-ness** *s.*

boldface ['bəʊldfeɪs / bold·face] *s.* (*tip.*) neretto; grassetto SIN. bold type.

bold-faced [,bəʊld'feɪst] *agg.* **1** audace; sfacciato **2** (*tip.*) in neretto, in grassetto.

bold type ['bəʊldtaɪp] *s.* (*tip.*) → **boldface**.

bole[1] [bəʊl] *s.* tronco d'albero.

bole[2] *s.* (*min.*) bolo // — *armeniac*, bolo d'Armenia.

bole[3] *s.* nicchia; apertura per dare aria e luce.

bole[4] *s.* (*rar.*) crogiolo.

bolero [bə'leərəʊ *nel senso 2* 'bɔlrou / bol·ero] *s.* **1** bolero (danza) **2** bolero (indumento per signora).

bolide ['bɒlaɪd / bol·ide] *s.* (*astr.*) bolide.

Bolivian [bə'lɪvɪən / Bo·livian] *agg.* e *s.* boliviano.

boll[1] [bəʊl] *s.* capsula globosa (di lino, cotone).

boll[2] *s.* (*st.*) 'boll' (antica misura di capacità per cereali).

bollard ['bɒləd / bol·lard] *s.* **1** (*mar.*) bitta **2** pilastro, colonnetta (per la limitazione del traffico).

to **bollix up** ['bɒlɪksʌp] *v.tr.* e *avv.* (*fam. amer.*) incasinare, pasticciare, rovinare, mettere confusione in.

bollocks ['bɒləks / bol·locks] *s.pl.* (*volg.*) **1** palle **2** ⓤ balle, fandonie (*pl.*).

to **bollocks up** ['bɒləksʌp] *v.tr.* e *avv.* (*volg.*) incasinare, rovinare, pasticciare.

boll weevil ['bəʊl,wi:vɪl] *s.* (*zool. amer.*) (*Anthonomus grandis*) antonomo (parassita del cotone).

bolo ['bəʊləʊ] *s.* (*sl. amer.*) **1** (*mil.*) tiratore incapace **2** (*boxe*) colpo mancato.

bolometer [bəʊ'lɒmɪtə* / bo·lo·meter] *s.* (*fis.*) bolometro.

bolometric [,bəʊləʊ'metrɪk / bo·lo·met·ric] *agg.* (*fis.*) bolometrico: (*astr.*) — *magnitude*, magnitudine bolometrica; — *correction*, correzione bolometrica.

boloney [bə'ləʊnɪ / bo·lo·ney] *s.* ⓤ (*sl.*) frottole; sciocchezze (*pl.*).

Bolshevik ['bɒlʃɪvɪk / Bol·shevik] *agg.* e *s.* **1** (*pol.*) bolscevico **2** marxista; comunista; rivoluzionario.

Bolshevism ['bɒlʃɪvɪzəm / Bol·shev·ism] *s.* (*pol.*) bolscevismo.

Bolshevist ['bɒlʃɪvɪst / Bol·shev·ist] *agg.* e *s.* (*antiq.*) (*pol.*) bolscevico.

bolshevization [,bɒlʃɪvɪ'zeɪʃn / bol·shev·iza·tion] *s.* (*pol.*) bolscevizzazione.

to **bolshevize** ['bɒlʃɪvaɪz / bol·shev·ize] *v.tr.* (*pol.*) bolscevizzare.

bolshie ['bɒlʃɪ / bol·shie] **bolshy** *agg.* e *s.* **1** abbr. *fam.* di → Bolshevik **2** (*fig.*) sanguinario; truculento.

bolster ['bɒlstə* / bol·ster] *s.* **1** capezzale **2** (*tecn.*) piano d'appoggio; mensola; supporto.

to **bolster** *v.tr.* e *intr.* **1** sostenere (*anche fig.*): *to — s.o.* (*up*), sostenere qlcu. con un cuscino: *we tried to — up his spirits*, (*fig.*) tentammo di tirargli su il morale **2** (*antiq.*) far la lotta con i cuscini.

bolstering ['bɒlstərɪŋ / bol·ster·ing] *s.* sostegno, appoggio.

bolt[1] [bəʊlt] *s.* **1** catenaccio; chiavistello; paletto; stanga; spranga **2** (*mecc.*) bullone: *machine* —, bullone commerciale; *stove* —, bullone da carraio; *tap* —, bullone senza dado // — *and nut*, vite con dado, bullone // *bolts and nuts*, bulloneria; minuteria metallica // *nuts and bolts*, particolari, dettagli tecnici; (*fam.*) inezie, quisquilie **3** otturatore (di armi da fuoco) **4** (*ant.*) ferri (ai piedi) **5** freccia, dardo (spec. di balestra): *to shoot one's* —, fare l'ultimo sforzo e poi fallire **6** fulmine, saetta // *a — from the blue*, (*fam.*) un fulmine a ciel sereno **7** salto, balzo; scatto **8** (*amer.*) defezione, diserzione (politica) // *to make a — for it*, darsela a gambe, fuggire **9** rotolo (di tessuto): *a — of silk*, un rotolo di seta.

bolt[1] *avv.* verticalmente // *to sit — upright*, sedere ben diritto.

to **bolt**[1] *v.tr.* **1** chiudere con un catenaccio; sprangare: *the door was bolted on the inside*, la porta era sprangata dall'interno // *to — in*, rinchiudere con un catenaccio; *to — out*, chiudere fuori con un catenaccio **2** imbullonare **3** *to —* (*down*), inghiottire velocemente, trangugiare; ingozzarsi di: *don't — (down) your food like that*, non trangugiare il cibo così **4** (*amer.*) disertare, abbandonare (un partito) ◆ *v.intr.* **1** chiudersi con un catenaccio, una spranga **2** scappar via; imbizzarrirsi e scappare (di cavallo).

bolt[2] *s.* setaccio, buratto.

to **bolt**[2] *v.tr.* setacciare, abburattare.

bolter[1] ['bəʊltə*] *s.* **1** cavallo in fuga **2** chi fugge; (*amer.*) chi abbandona il proprio partito.

bolter[2] *s.* setaccio, buratto.

bolt handle ['bəʊlt,hændl] *s.* manubrio (dell'otturatore).

bolt head ['bəʊlt,hed] *s.* **1** (*mecc.*) testa del bullone **2** (*mil.*) testa dell'otturatore.

bolthole ['bəʊlthəʊl / bolt·hole] *s.* rifugio.

bolting[1] ['bəʊltɪŋ / bolt·ing] *s.* **1** il chiudere a catenaccio **2** l'azione di svignarsela.

bolting[2] *s.* setacciatura, abburattatura.

bolting cloth ['bəʊltɪŋ,klɒθ *amer.* 'bəʊlt ɪŋ,klɔ:θ] *s.* stamigna.

bolting machine ['bəʊltɪŋmə'ʃi:n] *s.* buratto; setacciatrice.

bolt-rope ['bəʊltrəʊp] *s.* **1** (*mar.*) gratile, ralinga **2** fune, cavo, corda particolarmente resistente.

bolus ['bəʊləs] *s.* bolo.

bomb [bɒm] *s.* **1** bomba: *atomic* (o *atom*) —, bomba atomica; *buzz* (o *robot*) —, bomba volante; *chemical* —, bomba chimica; *flying* —, bomba volante; *fragmentation* —, bomba dirompente; *smoke* —, bomba fumogena; *submarine* —, bomba di profondità; *time* —, bomba a orologeria // — *bay*, vano bombe // — *disposal squad*, (squadra) artificieri // (*geol.*) *volcanic* —, bomba vulcanica // *to go like a* —, (*fam.*) andare molto veloce; avere successo **2** (*fam.*) fortuna, grossa quantità di denaro: *his new car cost a* —, la sua nuova macchina gli è costata una fortuna **3** bomboletta: *aerosol* —, bomboletta aerosol, spray **4** (*amer.*) sconfitta clamorosa, disfatta **5** (*sport*) passaggio lungo; (*fam.*) cannonata, bomba.

to **bomb** *v.tr.* bombardare (dall'aria) ◆ *v.intr.* **1** (*amer.*) (*spec. teatr.*) fare fiasco **2** (*inform.*) bombare, arrestarsi improvvisamente.

□ **bomb out** *v.tr.* e *avv.* distruggere bombardando: *their house was bombed out during World War II*, la loro casa fu distrutta dai bombardamenti durante la seconda guerra mondiale; *we were bombed out during the last war*, abbiamo avuto la casa distrutta dalle bombe durante l'ultima guerra.

□ **bomb up** *v.intr.* e *tr.* e *avv.* caricare bombe, fare il carico di bombe.

bombard ['bɒmbɑ:d / bom·bard] *s.* **1** (*st. mil.*) bombarda **2** (*mus.*) bombarda.

to **bombard** [bɒm'bɑ:d] *v.tr.* **1** bombardare (*anche fis.*) **2** (*fig.*) bombardare, tempestare.

bombardier [,bɒmbə'dɪə* / bom·bard·ier] *s.* bombardiere.

bombardment [bɒm'bɑ:dmənt / bom·bard·ment] *s.* bombardamento.

bombardon [bɒm'bɑ:dn / bom·bardon] *s.* (*mus.*) bombardone.

bombast ['bɒmbæst / bom·bast] *s.* **1** (*non com.*) magniloquenza; ampollosità; enfasi **2** (*ant.*) bambagia.

bombastic [bɒm'bæstik / bom·bastic] *s.* ampolloso; enfatico // **-ally** *avv.*

Bombay duck ['bɒmbeɪ,dʌk] *s.* (*zool.*) anatra cinese.

bomb-calorimeter ['bɒm,kælə'rɪmɪtə*] *s.* calorimetro con bomba calorimetrica.

bombed-out ['bɒmd'aʊt] *agg.* **1** sinistrato (in seguito a bombardamento) **2** (*fam. amer.*) andato (per troppa droga).

bomber ['bɒmə*] *s.* **1** bombardiere // *dive* —, bombardiere in picchiata // *torpedo* —, aerosilurante **2** chi lancia, chi colloca una bomba, bombarolo.

bomber jacket ['bɒmə,dʒækɪt] *s.* giubbotto imbottito (come quello dei piloti), bomber.

bombing ['bɒmɪŋ / bomb·ing] *s.* bombardamento: *dive* —, bombardamento in picchiata.

bombproof ['bɒmpru:f / bomb·proof] *agg.* a prova di bomba // — *shelter*, rifugio antiaereo.

bombshell ['bɒmʃel / bomb·shell] *s.* **1** bomba; ordigno esplosivo **2** (*fig.*) notizia, evento sconvolgente, sorprendente **3** (*fam. amer.*) (*riferito a donna*) bomba del sesso.

bombsight ['bɒmsaɪt / bomb·sight] *s.* (*aer.*) dispositivo di puntamento.

bombsite ['bomsaɪt / bomb·site] *s.* area urbana distrutta dai bombardamenti.

bomb thrower ['bɒmθrəʊə*] *s.* (*aer.*) lanciabombe.

bona fide [,bəʊnə'faɪdɪ] *agg.* valido, genuino ◆ *avv.* in buona fede; onestamente.

bona fides [,bəʊnə'faɪdi:z] *s.* sincerità; buona fede: *they will have to check your financial* —, dovranno controllare la tua buona fede in materia finanziaria.

bonanza [bəʊ'nænzə / bon·anza] *s.* **1** filone d'oro, d'argento **2** (*fig.*) fonte di prosperità, ricchezza; colpo di fortuna: *to enjoy a — on the stock exchange*, avere un colpo di fortuna in borsa.

bona roba [,bəʊnə'rəʊbə] *s.* (*ant.*) prostituta; cortigiana.

bon-bon ['bɒnbɒn] *s.* chicca, zuccherino.

bonce [bɒns] *s.* (*fam. spec. brit.*) testa, zucca.

bond[1] [bɒnd] *agg.* (*ant.*) schiavo.

bond[2] [bɒnd] *s.* **1** vincolo, legame (*anche fig.*): *the — of friendship*, il legame dell'amicizia; *the — of marriage*, il legame matrimoniale // (*comm.*): *goods in* —, merci vincolate, in attesa di sdoganamento; *warehouse* —, buono di carico (di magazzino) **2** *pl.* (*letter.*) catene, vincoli **3** impegno, patto // *his word is his* —, la sua parola è sacra **4** (*chim.*, *fis.*) legame: — *energy*, energia di legame; (*fis.*) — *strength*, forza del legame **5** (*dir.*) vincolo; cauzione: — *creditor*, creditore garantito da cauzione // *arbitration* —, patto arbitrale **6** (*econ.*) obbligazione: *active* —, obbligazione a cedola fissa; *deferred* —, obbligazione a cedola crescente; *bearer* —, obbligazione al portatore; *income* —, obbligazione semplice, non garantita; *straight* —, obbligazione ordinaria, non convertibile; *foreign currency* —, obbligazione denominata in valuta; *callable bonds*, titoli con facoltà di rimborso anticipato; *civil bonds*, titoli del debito pubblico; *coupon* —, obbligazione couponata; *mortgage* —, cartella fondiaria, obbligazione ipotecaria; *general mortgage* —, (*amer.*) obbligazione con garanzia generica; *drop lock bonds*, titoli a tasso variabile convertibili automaticamente in obbligazioni a tasso fisso; *government bonds*, titoli di stato; *deep discount* —, obbligazione quotata molto al di sotto della parità; — *market*, mercato obbligazionario; — *yield*, rendimento obbligazionario **7** (*elettr.*) collegamento, connessione; giunzione **8** (*mecc.*) giunzione; vincolo **9** (*metall.*) agglomerante, agglutinante **10** (*edil.*) aderenza; apparecchio.

to **bond**[2] *v.tr.* **1** (*comm.*) mettere in deposito doganale, in punto franco **2** mettere insieme, allineare (mattoni, pietre); costruire (un muro) **3** (*tecn.*) unire, saldare, far aderire // *bonding agent*, legante **4** (*elettr.*) collegare **5** (*dir.*) assumere un impegno scritto; assumere una garanzia.

bond[3] *s.* lega, confederazione (detto della Confederazione sudafricana).

bondage [ˈbɒndɪdʒ / bond·age] *s.* schiavitù; servitù.

bonded [ˈbɒndɪd / bon·ded] *agg.* legato; (*comm.*) vincolato // — *warehouse*, magazzino doganale, deposito franco.

bondholder [ˈbɒnd,həʊldə* / bond·hold·er] *s.* (*econ.*) detentore di obbligazioni.

bonding [ˈbɒndɪŋ / bond·ing] *s.* (*tecn.*) collegamento; incollaggio; saldatura.

bondmaid [ˈbɒndmeɪd / bond·maid] **bondmaiden** [ˈbɒnd,meɪdn / bond·maiden] *s.* (*ant.*) giovane schiava.

bondman [ˈbɒndmən / bond·man] *pl.* **bondmen** → **bondsman**.

bondslave [ˈbɒndsleɪv / bond·slave] *s.* (*ant.*) schiavo, schiava.

bondsman [ˈbɒndzmən / bonds·man] *pl.* **bondsmen** *s.* **1** schiavo **2** (*dir. comm.*) fideiussore, garante, mallevadore: *to be* — *for s.o.*, rendersi garante per qlcu.

bondswoman [ˈbɒndz,wʊmən / bonds·woman] *pl.* **bondswomen** [ˈbɒndz,wɪmɪn] **bondwoman** [ˈbɒnd,wʊmən / bond·woman] *pl.* **bondwomen** [ˈbɒnd,wɪmɪn] *s.* (*ant.*) schiava.

bond-washing [ˈbɒndwɔʃɪŋ] *s.* (*fin. amer.*) il vendere titoli pubblici con cedole e il riacquistarli ex cedola per eludere il fisco.

bone[1] [bəʊn] *s.* **1** osso: *skin and* —, pelle e ossa; — *age*, età ossea; — *graft*, trapianto osseo; — *marrow*, midollo osseo; *the bones*, (*fam.*) lo scheletro // *fish* —, lisca, spina di pesce // (*geol.*): — *breccia*, breccia ossifera; — *bed*, livello ossifero // — *of contention*, pomo della discordia // *he is* (*nothing but*) *a bag of bones*, non è che, è un sacco d'ossa // *the bare bones*, le cose fondamentali // *to cut to the* —, ridurre all'osso // *a bit too close to the* —, troppo vicino alla verità, al vero // *he was chilled to the* —, era gelato fino alle ossa // *I feel it in my bones*, (*fig.*) me lo sento nelle ossa, ne ho il presentimento // *bred in the* —, connaturato // *to have a* — *to pick with s.o.*, (*fig.*) avere motivo di litigare con qlcu. // *to work one's fingers to the* —, lavorare molto sodo // *to make no bones about doing sthg.*, non esitare, non farsi scrupolo di fare qlco. **2** *pl.* resti mortali **3** *pl.* pedine, dadi (d'osso, di avorio) **4** *pl.* nacchere **5** stecca di busto **6** (*fam. amer.*) dollaro **7** (*fam. amer.*) studente diligente.

to **bone**[1] *v.tr.* **1** disossare **2** togliere le spine (a un pesce) **3** (*ant.*) mettere le stecche a (un busto) **4** (*ant.*) rubare **5** (*agr.*) fertilizzare (con farina di ossa).

□ **bone up** *v.intr.* e *avv.* (*on*) applicarsi intensamente, studiare sodo.

to **bone**[2] *v.tr.* (*non com.*) misurare il livello di.

bone-black [ˈbəʊnblæk] *s.* carbone d'ossa, nero animale.

bone china [,bəʊnˈtʃaɪnə] *s.* porcellana fine.

boned [bəʊnd] *agg.* **1** (*spec. nei composti*) ossuto: *big*- —, *strong*- —, forte di ossatura **2** disossato **3** fornito di stecche.

bone-dry [bəʊnˈdraɪ] *agg.* (*fam.*) perfettamente asciutto.

bone-eater [ˈbəʊni:tə*] *s.* (*fam. amer.*) cane.

bonehead [ˈbəʊnhed / bone·head] *s.* (*sl.*) scimunito, stupido, tonto: *four sons, all boneheads*, (F.S. FITZGERALD) quattro figli, quattro tonti.

bone-idle [bəʊnˈaɪdl] **bone-lazy** [ˈbəʊn ,leɪzɪ] *agg.* pigrone, molto pigro.

boneless [ˈbəʊnlɪs / bone·less] *agg.* senz'ossa; disossato.

bone-meal [ˈbəʊnmi:l] *s.* fertilizzante (a base di farina di ossa).

boner [ˈbəʊnə*] *s.* (*fam. amer.*) granchio, errore grossolano; gaffe.

bonesetter [ˈbəʊn,setə* / bone·set·ter] *s.* (*fam.*) aggiustaossa.

boneshaker [ˈbəʊn,ʃeɪkə* / bone·shaker] *s.* (*fam.*) veicolo traballante.

bone-weary [ˈbəʊnwɪərɪ] *agg.* completamente esausto.

boneyard [ˈbəʊnjɑ:d / bone·yard] *s.* (*fam. amer.*) cimitero.

bonfire [ˈbɒn,faɪə* / bon·fire] *s.* falò // — *night*, notte del 5 novembre (celebrazione con falò e fuochi d'artificio dell'anniversario dell'attentato al Parlamento nel 1609).

bonhom(m)ie [ˈbɒnɒmi: / bon·hom(m)ie] *s.* bonomia.

boniface [ˈbɒnɪfeɪs / bo·ni·face] *s.* (*non com.*) oste • Forse da un personaggio dell'Ariosto.

bonito [bəˈnɪtəʊ / bo·nito] *s.* (*zool.*) (*Katsuwonus pelamis*) bonito.

bonkers [ˈbɒŋkəz / bonk·ers] *agg.* (*fam.*) tutto matto: *he must be* — *to pay £ 500 for it*, deve essere pazzo per pagarlo 500 sterline.

bon mot [,bɒnˈməʊ] *pl.* **bons mots** *s.* spiritosaggine.

bonnet [ˈbɒnɪt / bon·net] *s.* **1** berretto scozzese da uomo; cuffia da donna; tipico copricapo di penne degli indiani d'America // *to have a bee in one's* —, essere fissato **2** (*mar.*) vela di riserva, bonetta **3** coperchio; copertura; (*aer.*) cappottatura; (*aut.*) cofano.

bonneted [ˈbɒnɪtɪd / bon·neted] *agg.* che porta il berretto, con berretto.

bonny [ˈbɒnɪ] *agg.* **1** (*scoz.*) grazioso **2** (*fam.*) paffuto; dall'aspetto sano // **-ily** *avv.*

bonus [ˈbəʊnəs / bo·nus] *s.* **1** (*comm.*) gratifica, premio; indennità: *cost of living* —, indennità di carovita; *long service* —, premio di anzianità // — *scheme*, piano di partecipazione agli utili // (*assicurazioni*) *no claims* —, riduzione del premio all'assicurato che non provoca nessun sinistro automobilistico **2** (*econ.*) dividendo straordinario: — *issue*, emissione gratuita di azioni; — *share* (o amer. — *stock*), azione gratuita **3** (*fam.*) qualcosa di piacevole e inaspettato: *when I went to Paris there was a Picasso exhibition which was an unexpected* —, quando andai a Parigi c'era una mostra di Picasso: una sorpresa piacevole e inaspettata.

bon vivant [,bɒnvi:ˈvɑ:n] *s.* gaudente.

bony [ˈbəʊnɪ] *agg.* **1** osseo **2** ossuto, scarno **3** pieno di lische (di pesce).

bonze [bɒnz] *s.* bonzo (sacerdote buddista).

bonzer [ˈbɒnzə* / bon·zer] *agg.* (*austr.*) eccellente.

boo[1] [bu:] *pl.* **boos** *s.* grido di disapprovazione.

to **boo**[1] *v.tr.* e *intr.* fischiare (attori ecc.): *he was booed off the stage*, fu scacciato a fischi dal palcoscenico.

boo[2] *inter.* bù (per spaventare, usata specialmente coi bambini) // *he can't say* — *to a goose*, ha paura anche di una mosca.

boo[3] *s.* (*sl. amer.*) marijuana.

boob[1] [bu:b] *s.* **1** (*fam.*) gaffe, passo falso, errore stupido **2** (*volg.*) tetta.

to **boob**[1] *v.intr.* (*fam.*) fare una gaffe, commettere un errore.

boob[2] (*amer.*) → **booby**.

boo-boo [ˈbu:ˈbu:] *s.* (*fam. amer.*) → **boo**[1].

boob tube [ˈbu:b,tju:b] *s.* (*fam. amer.*) televisore.

booby [ˈbu:bɪ] *s.* (*fam.*) sciocco, stupido.

booby hatch [ˈbu:bɪhætʃ] *s.* (*fam. amer.*) **1** manicomio **2** cellulare; prigione.

boobyish [ˈbu:bɪɪʃ / boo·by·ish] *agg.* goffo, sciocco.

booby prize [ˈbu:bɪpraɪz] *s.* premio dato (per scherzo) all'ultimo classificato.

booby trap [ˈbu:bɪtræp] *s.* (*mil.*) trappola esplosiva; (*fig.*) scherzo (che sorprende la buona fede di qlcu., p.e. un secchio d'acqua in bilico sulla porta).

to **booby-trap** *v.tr.* (*mil.*) disporre trappole esplosive; (*fig.*) predisporre scherzi (su qlco.): *he booby-trapped the door with a bucket of water*, mise un secchio d'acqua sulla porta per uno scherzo.

boodle [ˈbu:dl] *s.* [U] (*sl. spec. amer.*) **1** quattrini (*pl.*); bustarella, tangente **2** denaro falso **3** dolciumi (*pl.*), caramelle (*pl.*) **4** combriccola, banda **5** grossa quantità **6** bottino.

boodler ['bu:dlə* / boodl·er] *s.* (*sl. amer.*) **1** uomo politico corrotto **2** vagabondo (che si fa arrestare per passare l'inverno al caldo).

boogerboo [,bu:gə'bu: / boo·ger·boo] *s.* (*fam. amer.*) persona insincera.

boogie, **boogy** ['bu:gɪ *amer.* 'bʊgɪ] *s.* (*amer. spreg.*) negro.

boogie-woogie ['bu:gɪ,wu:gɪ] *s.* (*mus.*) boogie-woogie.

boohoo [,bu:'hu: / boo·hoo] *s.* (*fam.*) pianto; suono di pianto.

to **boohoo** *v.intr.* (*fam.*) piangere a dirotto.

book [bʊk] *s.* **1** libro: *paperback* —, libro in brossura; *hardbound* (o *hardcover*) —, libro rilegato; *reference* —, libro di consultazione; *picture* —, libro illustrato; *reading* —, libro di lettura; — *fair*, fiera del libro // — *club*, club del libro // *white* —, libro bianco // *wish* —, (*amer.*) catalogo postale // — *of hours*, breviario, libro d'ore // *the Book*, la Bibbia; — *of Common Prayers*, libro di preghiere (della Chiesa Anglicana); *to swear on the Book*, giurare sulla Bibbia **2** (*exercise*) —, quaderno **3** tomo, volume **4** (*amm.*) registro: *to keep the books of a firm*, tenere la contabilità di una ditta // (*dir.*) *books of account*, libri contabili // (*mar.*) *ship's books*, libri di bordo **5** blocchetto // *a — of matches*, una bustina di fiammiferi **6** libretto (d'opera) **7** (*inform.*) grande blocco di memoria; titolo multimediale // (*tel.*) — *message*, messaggio multidestinatario.

◆ FRASEOLOGIA: *to be a closed* —, (*fig.*) essere un libro chiuso // *to talk like a* —, parlare come un libro stampato // *to know s.o. like a* —, conoscere a fondo qlcu. // *to speak by the* —, parlare con cognizione di causa // *to take a leaf out of s.o.'s* —, (*fam.*) imitare l'esempio di qlcu. // *in my* —, secondo me; *it suits my* —, mi va bene // *to be in s.o.'s good, bad books*, (*fam.*) essere, non essere nelle grazie di qlcu. // *to bring s.o. to* —, (*fig.*) presentare il conto a qlcu. // *to throw the — at s.o.*, (*fam.*) ritenere qlcu. responsabile di tutto; punire severamente qlcu. // *to hit the books*, (*fam. amer.*) mettersi a studiare // *to run a* —, (*amer.*) avere il conto aperto (in un negozio) // *to make* (*a*) — *on*, (*fam.*) accettare una scommessa, scommesse su (*anche fig.*).

to **book** *v.tr.* **1** scrivere (in un libro); prendere nota di **2** (*amm.*) registrare (un'ordinazione, un ospite in albergo ecc.), iscrivere; contabilizzare: *we are heavily booked*, abbiamo molti ordini da eseguire; *to — as a liability*, iscrivere al passivo **3** prenotare, fissare (posti a teatro, albergo, treno ecc.) // *I'm booked up for the whole day*, (*fam.*) sono impegnato per l'intera giornata // — *it!*, (*fam. amer.*) contaci! **4** (*fam.*) multare, fare una contravvenzione a; (*sport*) ammonire **5** (*teatr.*) scritturare.

□ **book in** *v.tr.* e *intr.* e *avv.* **1** riservare, prenotare una stanza in albergo: *I booked you in at the Cavour*, ti ho riservato una stanza al Cavour; *I booked in at the Cavour*, ho prenotato al Cavour **2** registrarsi [cfr. *check in*]: *you must — in as soon as you arrive*, devi registrarti non appena arrivi.

bookable ['bʊkəbəl / book·able] *agg.* **1** prenotabile **2** passibile di contravvenzione: *crossing with the red is a — offence*, l'attraversamento col rosso è passibile di contravvenzione.

book-account [,bʊkə'kaʊnt] *s.* conto aperto (presso un negozio).

bookbinder ['bʊk,baɪndə* / book·binder] *s.* rilegatore (di libri).

bookbindery ['bʊk,baɪndərɪ / book·bindery] *s.* legatoria.

bookbinding ['bʊk,baɪndɪŋ / book·binding] *s.* rilegatura (di libri).

bookcase ['bʊkkeɪs / book·case] *s.* libreria, scaffale (per libri).

book-cover ['bʊk,kʌvə*] *s.* sopraccoperta (di libro) SIN. book-jacket.

book designer [,bʊkdɪ'zaɪnə*] *s.* grafico impaginatore.

booked-up [,bʊkt'ʌp] *agg.* impegnato, non disponibile.

bookend ['bʊkend / book·end] *s.* ciascuno dei due elementi di un reggilibri.

booketeria [,bʊkɪ'tɪərɪə / book·et·eria] *s.* (*amer.*) reparto libri (nei supermercati ecc.).

bookie ['bʊkɪ] *s.* (*fam.*) allibratore.

booking ['bʊkɪŋ / book·ing] *s.* **1** prenotazione (spec. di posti) AMER. reservation **2** scrittura; scritturazione (di artista).

booking agency ['bʊkɪŋ'eɪdʒənsɪ] *s.* **1** agenzia prenotazioni **2** agenzia scritturazioni.

booking clerk ['bʊkɪŋ,klɑ:k *amer.* 'bʊkɪŋ ,klɜ:k] *s.* (*brit.*) (*ferr.*) addetto alla biglietteria.

booking office ['bʊkɪŋɒfɪs] *s.* (*brit.*) biglietteria.

bookish ['bʊkɪʃ / book·ish] *agg.* **1** studioso **2** libresco, pedante.

bookishness ['bʊkɪʃnɪs / book·ish·ness] *s.* **1** passione per i libri **2** pedanteria.

book-jacket ['bʊkdʒækɪt] → **book -cover**.

bookkeeper ['bʊk,ki:pə* / book·keeper] *s.* (*amm.*) contabile.

bookkeeping ['bʊk,ki:pɪŋ / book·keeping] *s.* (*amm.*) contabilità: — *voucher*, pezza giustificativa contabile.

book learning ['bʊklɜ:nɪŋ] *s.* cultura libresca.

booklet ['bʊklɪt / book·let] *s.* libretto, opuscolo, libello.

booklouse ['bʊklaʊs / book·louse] *pl.* **booklice** ['buklaɪs / book·lice] *s.* (*zool.*) tarlo.

booklover ['buk,lʌvə* / book·lover] *s.* bibliofilo.

bookmaker ['bʊk,meɪkə* / book·maker] *s.* allibratore.

bookmaking ['bʊk,meɪkɪŋ / book·making] *s.* professione dell'allibratore.

bookman ['bʊkmən / book·man] *s.* (*ant.*) dotto, erudito; letterato; studioso.

bookmark ['bʊkmɑ:k / book·mark] **bookmarker** ['bʊkmɑ:kə* / book·marker] *s.* segnalibro.

bookmobile ['bʊkməbi:l / book·mo·bile] *s.* (*fam. amer.*) bibliobus BRIT. mobile library.

bookplate ['bʊkpleɪt / book·plate] *s.* ex-libris.

book-post ['bʊkpəʊst] *s.* servizio a tariffa speciale per la spedizione di libri.

book price ['bʊkpraɪs] *s.* (*comm.*) → **book value**.

bookrest ['bʊkrest / book·rest] → **bookstand** 1.

bookseller ['bʊk,selə* / book·sel·ler] *s.* libraio.

bookshelf ['bʊkʃelf / book·shelf] *pl.* **bookshelves** ['bukʃelvz / book·shelves] *s.* scaffale (per libri).

bookshop ['bʊkʃɒp / book·shop] *s.* libreria (negozio) AMER. bookstore.

bookstall ['bʊkstɔ:l / book·stall] *s.* edicola, chiosco; bancarella (per vendita di libri) SIN. bookstand 2.

bookstand ['bʊkstænd / book·stand] *s.* **1** leggio SIN. bookrest **2** bancarella, edicola (per la vendita di libri) SIN. bookstall.

bookstore ['bʊkstɔ: / book·store] *s.* (*amer.*) → **bookshop**.

book value ['bʊkvælju:] *s.* (*comm.*) valore contabile SIN. book price.

bookwork ['bʊkwɜ:k / book·work] *s.* conoscenza teorica; teoria (in opposizione alla pratica).

bookworm ['bʊkwɜ:m / book·worm] *s.* **1** (*zool.*) tignola SIN. powder post-beetle **2** (*fig.*) topo di biblioteca.

Boolean [bu:'lɪən / Boo·lean] *agg.* (*mat.*) booleano, di Boole: — *algebra*, algebra booleana; — *lattice*, reticolo booleano.

boom[1] [bu:m] *s.* **1** (*econ.*) boom, fase di espansione economica, alta congiuntura: *the — years*, gli anni del boom, anni di sviluppo e prosperità // — *town*, città che ha acquistato prosperità in seguito al boom economico **2** (*fig.*) boom, improvvisa popolarità o aumento: *baby* —, boom delle nascite.

to **boom**[1] *v.intr.* prosperare, essere in periodo di attività, di sviluppo; essere in voga, in auge: *trade is booming*, il commercio è fiorente ◆ *v.tr.* **1** far prosperare; sviluppare **2** lanciare, fare il lancio pubblicitario di.

boom[2] *s.* **1** (*mar.*) boma; asta, palo; bastone di coltellaccio // *to lower the — on s.o.*, (*fig. fam.*) imporre la disciplina a qlcu. (con misure restrittive) **2** (*cinem.*, *tv*) giraffa **3** braccio (di gru) **4** barriera galleggiante di tronchi attraverso un fiume, una baia.

to **boom**[2] *v.tr.* **1** (*mar.*) *to — (out) the sails*, mettere le vele a coltellaccio **2** *to — (off) part of a river*, dividere parte di un fiume con una barriera galleggiante.

boom[3] *s.* rombo, rimbombo; tuono.

to **boom**[3] *v.intr.* **1** rimbombare; tuonare **2** (*mar.*) viaggiare a vele spiegate.

□ **boom out** *v.tr.* e *avv.* gridare, urlare ◆ *v.intr.* e *avv.* (*fig.*) rimbombare, tuonare.

boomer ['bu:mə*] *s.* (*zool.*) **1** (*Macropus giganteus*) grosso canguro (maschio) **2** (*Aplodontia rufa*) castoro di montagna.

boomerang ['bu:məræŋ / boom·er·ang] *s.* **1** boomerang **2** (*fam.*) argomento, accusa che ricade su chi l'ha lanciata.

to **boomerang** *v.intr.* ritorcersi (contro); ricadere (su).

boomflation ['bu:mfleɪʃn / boom·fla·tion] *s.* (*fam.*) boom da inflazione.

boon [bu:n] *agg.* (*letter.*) **1** generoso, benigno **2** allegro: *a — companion*, compagno di bagordi; *hight'nd as with wine, jocund and boon*, (MILTON) gaio e giocondo, come rallegrato dal vino ◆ *s.* **1** aiuto, conforto; sostegno **2** (*antiq.*) favore; preghiera, richiesta: *to ask a — of s.o.*, chiedere un favore a qlcu.;

cousin you must grant me my boon, (W. SCOTT) cugino devi acconsentire alla mia richiesta.

boondocks ['bu:ndɒks / boon·docks] *s.pl.* (*fam. amer.*) zona disabitata, lontana dai centri urbani; luogo sperduto: *they came to a dilapidated building, out in the boondocks of nowhere*, (T. PYNCHON) giunsero nei pressi di una casa in rovina, in mezzo al nulla.

boondoggle ['bu:ndɔ:gl / boon·doggle] *s.* (*amer.*) **1** (*fam.*) oggetto artigianale **2** (*sl.*) tempo sprecato; lavoro inutile.

boor [bʊə*] *s.* persona rozza, zotica, villana.

boorish ['bʊərɪʃ / boor·ish] *agg.* rustico; maleducato // **-ly** *avv.*

boorishness ['bʊərɪʃnɪs / boor·ish·ness] *s.* rozzezza, zoticaggine.

boost [bu:st] *s.* **1** spinta; incremento, incoraggiamento: *this victory will be a — to his confidence*, questa vittoria aumenterà la sua fiducia in se stesso **2** (*elettr.*) aumento della tensione; (*fis.*) spinta; pressione; (*mecc.*) sovralimentazione **3** (*sl. amer.*) lancio pubblicitario (eccezionale).

to **boost** *v.tr.* **1** aumentare, incrementare: *the sale of the French plant should — profits*, la vendita dello stabilimento francese dovrebbe aumentare i profitti; *to — s.o.'s spirits*, tirar su il morale di qlcu. **2** (*elettr.*) elevare la tensione di; (*fis.*) spingere; (*mecc.*) sovralimentare **3** (*sl. amer.*) promuovere, lanciare (un prodotto) **4** (*sl. amer.*) rubare (in un negozio).

booster ['bu:stə*] *s.* **1** pubblicitario **2** (*sl. amer.*) chi ruba (in un negozio) **3** (*tecn.*) elevatore; motore, compressore, razzo ausiliario **4** (*tv*) preamplificatore **5** (*med.*) richiamo (di vaccinazione): — *dose*, dose supplementare.

boot[1] [bu:t] *s.* **1** stivale; scarpone; calzatura, scarpa pesante: *to put on, to take off one's boots*, mettersi, togliersi gli stivali // *to lick s.o.'s boots*, (*fam.*) leccare i piedi a qlcu. // *to get too big for one's boots*, (*fam.*) darsi delle arie, diventare vanitoso // *to get* (o *be given*) *the* —, (*fam.*) essere buttato fuori, licenziato // *to put the — in*, (*fam.*) infierire su qlcu. (*anche fig.*) // *to die with one's boots on*, morire sulla breccia, ancora in attività; *the — is on the other foot*, ora le cose sono completamente diverse, la situazione è il contrario di quello che era // *you are not fit to black his boots*, (*fig.*) non sei degno di lustrargli le scarpe **2** (*aut.*) portabagagli, baule posteriore AMER. trunk **3** (*sl. amer.*) calcio **4** (*sl. amer.*) passione: *I get a — from boats*, ho la passione delle barche **5** (*sl. amer.*) nero, negro **6** antico strumento di tortura **7** (*inform.*) boot, processo di accensione.

to **boot**[1] *v.tr.* **1** (*antiq.*) calzare gli stivali a: *to — s.o.*, mettere gli stivali a qlcu. **2** dare un calcio a **3** — (*out*), mandare via a pedate; licenziare **4** (*fam. amer.*) mancare, perdere (un'occasione).

boot[2] *s.* nella locuz.: *to* —, (*antiq.*) in più, in aggiunta: *she is beautiful, and rich to* —, essa è bella e per di più ricca.

to **boot**[2] *v.tr.impers.* (*ant.*) essere di vantaggio: *What boots it, then, to think of God or heaven?*, (MARLOWE) Che serve quindi, pensar a Dio o al cielo?

bootblack ['bu:tblæk / boot·black] *s.* (*non com.*) lustrascarpe.

boot camp ['bu:tkæmp] *s.* (*mil. amer.*) campo di addestramento dei marines.

booted ['bu:tɪd] *agg.* (*non com.*) che calza stivali, scarpe pesanti.

bootee ['bu:ti:] *s.* **1** stivaletto per donna **2** scarpetta di lana per bambini, babbuccia.

booth [bu:ð *amer.* bu:θ] *s.* **1** baracca; (*nelle fiere*) baraccone **2** bancarella **3** cabina: *telephone* —, cabina telefonica **4** separé.

boot-jack ['bu:tdʒæk] *s.* cavastivali.

bootlace ['bu:tleɪs / boot·lace] *s.* stringa.

bootlast ['bu:tlɑ:st *amer.* 'bu:tlæst / boot·last] *s.* forma per stivali, scarpe SIN. bootree.

bootleg ['bu:tleg / boot·leg] *agg.* (di merce, spec. bevande alcoliche) prodotto clandestinamente; venduto illegalmente.

to **bootleg** *v.intr.* produrre clandestinamente; fare traffico illecito (spec. di bevande alcoliche).

bootleg *s.* (*tecn. ferr.*) cuffia di protezione.

bootlegger ['bu:t,legə* / boot·leg·ger] *s.* contrabbandiere (spec. di bevande alcoliche).

bootless ['bu:tlɪs / boot·less] *agg.* (*letter.*) vano // **-ly** *avv.*

bootlicker ['bu:tlɪkə* / boot·licker] *s.* leccapiedi.

bootmaker ['bu:tmeɪkə* / boot·maker] *s.* calzolaio.

boots [bu:ts] *s.* (*antiq.*) lustrascarpe; facchino (d'albergo).

bootstrap ['bu:tstræp / boot·strap] *s.* **1** linguetta per calzare lo stivale: *to pull oneself up by one's own bootstraps*, (*fig.*) farcela da solo, cavarsela con le proprie forze **2** (*inform.*) sequenza di istruzioni iniziali: — *card, device*, scheda, unità di innesco; — *routine*, procedura di caricamento.

bootstrapper ['bu:tstræpə* / boot·strap·per] *s.* (*sl. amer.*) persona che si è fatta da sé.

boottree ['bu:ttri: / boot·tree] *s.* → **bootlast**.

booty ['bu:tɪ] *s.* preda; bottino.

booze [bu:z] *s.* (*fam.*) **1** sbornia // *to* (*go*) *on the* —, prendere una sbornia // — *fighter*, (*amer.*) gran bevitore **2** bevanda alcolica.

to **booze** *v.intr.* (*fam.*) **1** ubriacarsi **2** (*amer.*) bere alcolici.

boozer ['bu:zə*] *s.* (*fam.*) **1** beone **2** taverna; bar **3** (*amer.*) bevitore di alcolici.

booze-up ['bu:zʌp] *s.* (*sl.*) bisboccia, baldoria.

boozy ['bu:zɪ] *agg.* (*fam.*) brillo // — *breath*, alito che sa di alcol // — *singing*, cantare da ubriaco.

to **bop**[1] [bɒp] *v.intr.* (*fam.*) ballare il be-bop.

bop[2] *s.* (*fam.*) pugno.

to **bop**[2] *v.tr.* (*fam.*) dare un pugno a.

bopeep [boʊ'pi:p / bo·peep] *s.* (*fam.*) cucù (gioco infantile).

bopper ['bɒpə* / bop·per] *s.* → **teenybopper**.

bora ['bɔ:rə] *s.* (*meteor.*) bora.

boracic [bə'ræsɪk / bor·acic] *agg.* (*chim.*) borico.

boracite ['bɔ:rəsaɪt / bor·acite] *s.* (*min.*) boracite.

borage ['bɒrɪdʒ / bor·age] *s.* (*bot.*) (*Borago officinalis*) borragine; (*pop.*) buglossa vera.

boral [bɔ:rl] *s.* (*chim.*) borale.

borane ['bɔ:reɪn / bor·ane] *s.* (*chim.*) borano.

borate ['bɔ:reɪt / bor·ate] *s.* (*chim.*) borato.

borax ['bɔ:ræks] *s.* (*chim.*) borace.

borazon ['bɔ:rəzɒn / bor·azon] *s.* (*chim.*) borazone.

border ['bɔ:də* / bor·der] *s.* **1** orlo; bordo; margine; limite **2** frontiera, confine // *the Border*, zona di confine fra Scozia e Inghilterra; confine tra Stati Uniti e Messico; *south of the* —, (*amer.*) fallimentare; del tutto negativo.

to **border** *v.tr.* **1** orlare; delimitare **2** confinare con.

□ **border (up)on** *v.tr.* e *prep.* confinare con; (*fig.*) rasentare.

borderer ['bɔ:dərə* / bor·derer] *s.* abitante di confine (specialmente fra Scozia e Inghilterra).

borderland ['bɔ:dəlænd / bor·der·land] *s.* terra di confine; confine.

borderline ['bɔ:dəlaɪn / bor·der·line] *s.* linea di demarcazione; confine ♦ *agg.attr.* **1** al limite del lecito, del consentito **2** incerto, dubbio: *a — candidate*, un candidato non del tutto soddisfacente.

border-worker ['bɔ:dəwɜ:kə*] *s.* frontaliero.

bordure ['bɔ:djʊə* / bord·ure] *s.* (*arald.*) bordura.

bore[1] [bɔ:*] *s.* **1** buco, foro **2** (*mecc.*) diametro interno; alesaggio **3** calibro (di arma da fuoco) // *heavy* —, (di) grosso calibro **4** scandaglio.

to **bore**[1] *v.tr.* **1** forare, bucare, perforare; trapanare **2** (*mecc.*) fresare; barenare **3** scandagliare, sondare ♦ *v.intr.* **1** praticare un foro: *to — through sthg.*, perforare qlco. da lato a lato // *his eyes bored into mine*, (*fig.*) mi lanciò uno sguardo penetrante **2** aprirsi un varco, avanzare con difficoltà: *he bored through the crowd*, si aprì un varco tra la folla **3** spingere la testa in avanti (di cavallo).

bore[2] *s.* **1** seccatura, noia **2** seccatore; scocciatore.

to **bore**[2] *v.tr.* annoiare; infastidire; (*fam.*) seccare; scocciare: *did the film — you?*, il film ti ha annoiato?; *I was bored to death* (o *to tears*), mi sono scocciato a morte.

bore[3] *s.* (*geogr.*) onda di marea (spec. di estuario).

bore[4] *pass.* di to **bear**[1].

boreal ['bɔ:rɪəl / bor·eal] *agg.* boreale.

Boreas ['bɒrɪæs / Bo·reas] *s.* (*letter.*) borea, vento del Nord.

boredom ['bɔ:dəm / bore·dom] *s.* noia, fastidio.

borehole ['bɔ:həʊl / bore·hole] *s.* (*ind. miner.*) foro di sonda.

borer ['bɔ:rə*] *s.* **1** (*tecn. miner.*) trivella **2** operaio scavapozzi **3** (*zool.*) tarlo; (*fam.*) verme, baco (della frutta).

boric ['bɔ:rɪk] *agg.* (*chim.*) borico: — *acid*, acido borico.

boride ['bɔ:raɪd / bor·ide] *s.* (*chim.*) boruro.

boriding ['bɔ:raɪdɪŋ / bor·id·ing] *s.* (*metall.*) borurazione.

boring[1] ['bɔ:rɪŋ / bor·ing] *agg.* noioso.

boring[2] *s.* **1** (*mecc.*) alesatura **2** (*min.*) trivellazione, sondaggio.

boring bar ['bɔ:rɪŋbɑ:] *s.* **1** (*mecc.*) barra alesatrice, bareno **2** (*min.*) asta di trivella.

born [bɔ:n] *p.p.* di to **bear**[1] ◆ *agg.* **1** nato, generato: — *of*, nato, generato da; *first* —, primogenito; *new* —, neonato; *he is a — poet*, è un poeta nato; *London-* —, nativo di Londra; *a Londoner, — and bred*, un londinese nato e cresciuto; *they were — and bred conservatives*, erano nati conservatori // *in all my — days*, da quando sono al mondo // — *fool*, (*sl.*) perfetto idiota **2** *to be* —, essere nato: *Shakespeare was — in Stratford in 1564*, Shakespeare nacque a Stratford nel 1564; *I was — in 1953*, sono nata nel 1953 // *there's one — every minute*, il mondo è pieno di sciocchi // *you don't know you're* —, non sai quanto sei fortunato.

borne *p.p.* di to **bear**[1].

borneol ['bɔ:nɪəʊl / born·eol] *s.* (*chim.*) borneolo.

bornite ['bɔ:naɪt / born·ite] *s.* (*min.*) bornite.

boron ['bɔ:rɒn] *s.* (*chim.*) boro.

borosilicate [bɔ:rə'sɪlɪkɪt / boro·si·lic·ate] *s.* (*min.*) borosilicato.

borough ['bʌrə *amer.* 'bʌrəʊ / bor·ough] *s.* **1** borgo; cittadina; municipio; divisione amministrativa (di una grande città); circoscrizione elettorale, mandamento // *rotten boroughs*, (*st. inglese*) sezioni elettorali con pochissimi votanti (abolite nel 1832) **2** (*negli Stati Uniti*) città con autonomia amministrativa; distretto amministrativo di New York.

to **borrow** ['bɒrəʊ / bor·row] *v.tr.* **1** prendere a prestito; farsi prestare: *the book I borrowed last week*, il libro che ho preso in prestito la settimana scorsa; *they will — money from him*, si faranno prestare del denaro da lui // (*comm.*): *to — capital*, raccogliere capitali; *borrowed capital*, capitale di credito // *borrowed plumes*, (*fig.*) penne di pavone **2** (*dir.*) prendere in comodato, prendere a mutuo **3** (*fig.*) adottare; derivare: *he borrowed most of his ideas from Marx*, derivò, trasse la maggior parte delle sue idee da Marx.

borrower ['bɒrəʊə* / bor·row·er] *s.* **1** chi prende a prestito **2** (*dir.*) comodatario, mutuatario.

borrowing ['bɒrəʊɪŋ / bor·row·ing] *s.* **1** il prendere a prestito, l'appropriarsi; ciò di cui ci si è appropriati (*anche fig.*) **2** (*econ.*) prestito, indebitamento finanziario: — *abroad*, indebitamento estero; *outside borrowings*, indebitamento esterno; — *facilities*, agevolazione creditizia **3** (*dir.*) il prendere in comodato **4** (*ling.*) prestito.

borsch(t) [bɔ:ʃ(t)] *s.* (*cuc.*) zuppa russa a base di barbabietole.

borstal ['bɔ:stl / bor·stal] *s.* (*brit.*) riformatorio.

bort [bɔ:t] *s.* diamante industriale, bort.

boscage ['bɒskɪdʒ / bosc·age] *s.* boschetto folto.

bosh[1] [bɒʃ] *s.* (*sl.*) [U] chiacchiere; sciocchezze; assurdità.

bosh[2] *s.* (*metall.*) sacca (dell'altoforno).

boskage ['bɒskɪdʒ / bosk·age] → **boscage**.

bosker ['bɒskə* / bos·ker] *agg.* (*sl. austr.*) eccellente.

bosky ['bɒskɪ] *agg.* **1** (*letter.*) boscoso **2** (*sl., ant.*) ubriaco.

bo's'n, bos'n ['bəʊsn] contr. di → **boatswain**.

Bosnian ['bɒznɪən / Bos·nian] *agg.* e *s.* bosniaco.

bosom ['bʊzəm] *s.* **1** petto, seno (*anche fig.*): *in her excellent white bosom*, (SH. Hamlet) nel suo bel seno candido; *in the — of one's family*, in seno alla famiglia; *to keep in one's* —, tenere segreto **2** (*fig.*) affetto; cuore; desiderio // *my — friend*, il mio più intimo amico **3** (*amer.*) superficie di lago, fiume **4** il davanti di un abito; (*amer.*) il davanti di una camicia.

bosomy ['bʊzəmɪ / bos·omy] *agg.* (*fam.*) pettoruta.

boson ['bəʊsɒn / bo·son] *s.* (*fis. nucleare*) bosone.

boss[1] [bɒs] *s.* (*fam.*) boss; capo; direttore; padrone; (*spec. amer.*) capo di partito politico: *crime* —, boss del crimine ◆ *agg.* (*sl. amer.*) grande, forte, da sballo.

to **boss**[1] *v.tr.* (*around, about*) spadroneggiare; comandare.

boss[2] *s.* **1** protuberanza **2** (*arch.*) bugna; borchia, risalto, aggetto **3** (*mecc.*) punzone (di pressa); flangia d'estremità **4** (*aer., mar.*) mozzo (di elica monoblocco).

to **boss**[2] *v.tr.* **1** lavorare a borchie **2** costruire a bugnato **3** (*mecc.*) punzonare.

bossage ['bɒsɪdʒ / bos·sage] *s.* (*arch.*) bugnato.

boss-eyed ['bɒsaɪd] *agg.* (*fam.*) **1** strabico **2** sbilenco.

boss shot ['bɒs'ʃɒt] *s.* (*sl.*) tentativo maldestro, pasticcio.

bossy[1] ['bɒsɪ] *agg.* (*fam.*) prepotente; autoritario.

bossy[2] *agg.* protuberante; (*arch.*) a bugnato.

boston ['bɒstən] *s.* **1** 'boston' (valzer lento e strisciato) **2** 'boston' (gioco a carte).

botanic(al) [bə'tænɪk(l) / bo·tanic, bo·tanical] *agg.* botanico: *botanical garden*, orto botanico // **-ally** *avv.*

botanist ['bɒtənɪst / bot·an·ist] *s.* botanico.

to **botanize** ['bɒtənaɪz / bot·an·ize] *v.intr.* **1** raccogliere piante (per studio) **2** studiare botanica.

botanizer ['bɒtənaɪzə* / bot·an·izer] *s.* erborista.

botanizing ['bɒtənaɪzɪŋ / bot·an·iz·ing] *s.* raccolta delle piante per scopi scientifici.

botany ['bɒtənɪ / bot·any] *s.* botanica.

Botany *s.*: — *wool*, lana australiana.

botargo [bəʊ'tɑ:gəʊ / bo·targo] *s.* bottarga.

botch [bɒtʃ] *s.* **1** bitorzolo **2** lavoro male eseguito; rattoppo mal fatto: *to make a — of sthg.*, fare un pasticcio di qlco.

to **botch** *v.tr.* abborracciare, rappezzare, rattoppare malamente: *to — (up) a speech*, raffazzonare un discorso.

botcher ['bɒtʃə* / botch·er] *s.* pasticcione; rappezzatore.

botch-up ['bɒtʃʌp] *s.* rattoppo mal fatto; pasticcio.

botchy ['bɒtʃɪ] *agg.* **1** pieno di bitorzoli **2** rappezzato; fatto malamente, in qualche modo.

botfly ['bɒtflaɪ / bot·fly] *s.* (*zool.*) estride.

both [bəʊθ] *agg.* tutti e due; entrambi, entrambe [cfr. *either*]: — *brothers are architects*, entrambi i fratelli sono architetti; *you must throw the ball with — (your) hands*, devi lanciare la palla con tutt'e due le mani; *she kissed him on — cheeks*, lo baciò su tutt'e due le guance; — *these actors are American*, entrambi questi attori sono americani; *on — sides*, su entrambi i lati; (*fig.*) da ambo le parti.

both *pron.* tutti e due, entrambi: *you can have vanilla or strawberry or* —, potete prendere vaniglia o fragola, o tutt'e due; — *are poets*, sono entrambi poeti; *they are — alike*, sono tutti e due uguali; *we* — (o — *of us*) *saw that film*, entrambi abbiamo visto quel film; *I like them* —, mi piacciono tutti e due.

both *avv.* — ... *and*, sia... sia, tanto... quanto; ad un tempo, insieme: — *men and women*, sia uomini che donne; *he is — a poet and a painter*, è ad un tempo poeta e pittore; *she is — beautiful and clever*, è sia bella che intelligente; *John and I — went*, andammo sia io che John; *he — sings and acts well*, è valido sia come cantante che come attore.

bother ['bɒðə*] *s.* seccatura, noia; difficoltà; causa di difficoltà: *what a —!*, che seccatura! // *don't go to (all) the — of setting the table just for me*, non stare ad apparecchiare la tavola solo per me.

to **bother** *v.tr.* **1** infastidire; seccare: — *it!*, all'inferno!; *don't — me!*, lasciami stare! **2** preoccupare; agitare: *this thought kept bothering him*, questo pensiero lo preoccupava di continuo // *I can't be bothered*, non mi importa ◆ *v.intr.* preoccuparsi: *don't — about me*, non disturbatevi per me.

botheration [,bɒðə'reɪʃn / both·era·tion] *s.* (*fam.*) seccatura ◆ *inter.* all'inferno!

bothersome ['bɒðəsəm / both·er·some] *agg.* seccante, noioso; fastidioso.

bottle[1] ['bɒtl] *s.* **1** bottiglia; boccetta; flacone; bombola (per gas): *to cork a* —, tappare una bottiglia; *to crack* (o *to uncork*) *a* —, stappare una bottiglia; *hot-water* —, boule (dell'acqua calda) // *to hit the* — (o *to take to the* —), darsi al bere // *over a* —, davanti a una bottiglia, bevendoci sopra **2** biberon; allattamento artificiale // *child brought up on the* —, bambino allevato artificialmente **3** (*sl. brit.*) coraggio, fegato: *to lose one's* —, dimostrarsi vigliacco.

to **bottle**[1] *v.tr.* **1** imbottigliare: *he bottled last year's wine*, ha imbottigliato il vino dell'anno scorso // *bottled wine*, vino in bottiglia **2** *to — (up)*, (*fig.*) imbottigliare, bloccare (traffico ecc.); reprimere, soffocare (sentimenti).

□ **bottle out** *v.intr.* e *avv.* (*sl. brit.*) non avere il coraggio (di fare qlco.): *he bottled out of diving*, non ebbe il coraggio di tuffarsi.

bottle[2] *s.* (*dial.*) fascio di fieno, di paglia.

bottle bank ['bɒtlbæŋk] *s.* raccoglitore per vetri (nelle strade).

bottle-brush ['bɒtlbrʌʃ] *s.* scovolino per bottiglie.

bottled gas ['bɒtld,gæs] **bottle-gas** ['bɒtlgæs] *s.* **1** gas (liquefatto) in bombole **2** gas liquido.

to **bottle-feed** ['bɒtlfi:d] *v.tr.* allattare artificialmente (con il poppatoio).

bottle-feeding ['bɒtl,fi:dɪŋ] *s.* allattamento artificiale.

bottle green [,bɒtl'gri:n] *s.* color verde bottiglia.

bottle-green ['bɒtlgri:n] *agg.* verde bottiglia.

bottle-holder ['bɒtl,həʊldə*] *s.* (*fam.*) secondo (di un pugile).

bottleneck ['bɒtlnek / bottle·neck] *s.* **1** collo di bottiglia **2** strettoia (di strada); (*fig.*) strozzatura.

bottle-nose ['bɒtlnəʊz] *s.* **1** (*zool.*) (*Tursiops truncatus*) tursiope **2** naso grosso e rosso.

bottle opener ['bɒtləʊpənə*] *s.* **1** apribottiglie **2** → bottle-party.

bottle-party ['bɒtlpɑ:tɪ] *s.* festa improvvisata in cui gli ospiti portano da bere.

bottlewasher ['bɒtl,wɒʃə* / bottle·wash·er] *s.* **1** lavabottiglie **2** factotum.

bottling-plant ['bɒtlɪŋplɑ:nt *amer.* 'bɒtlɪŋ plænt] *s.* impianto d'imbottigliamento.

bottom ['bɒtəm / bot·tom] *agg.* **1** inferiore, ultimo: — *prices*, prezzi minimi // — *man*, (*fam. amer.*) l'ultima ruota del carro **2** basilare, fondamentale, essenziale ◆ *s.* **1** fondo; parte inferiore; estremità; letto (di fiume); fondo (di mare, lago): *from top to* —, dall'alto al basso; *to go* (o *to sink*) *to the* —, colare a picco; *to send a ship to the* —, affondare una nave; *to touch* —, toccare il fondo (*anche fig.*) // *at* — *of page*, a piè di pagina // *from the* — *of one's heart*, sinceramente **2** (*fig.*) fondamento; essenza; causa, origine: *I wonder who is at the* — *of this*, mi chiedo chi c'è all'origine di tutto questo // *to get to the* — *of sthg.*, andare a fondo in qlco. **3** sedere, fondoschiena **4** fondamenta; piedistallo **5** slip di costume a due pezzi; *pl.* pantaloni di un pigiama **6** (*aut.*) prima marcia **7** (*mar.*) opera viva, carena **8** resistenza, (capacità di) sopportazione **9** (*inform.*) fondo (di una gamma): — *up design*, progetto ascendente (strutturato partendo dalle funzioni micro) **10** (*ant.*) matassa; gomitolo: *beat me to death with a bottom of brown thread*, (SH. Taming of the Shrew) battetemi a morte con una matassa di filo brunito.

to **bottom** *v.tr.* (*non com.*) **1** mettere il fondo a; impagliare (sedie); lastricare (una strada) **2** (*fig.*, *ant.*) arrivare al significato, all'essenza di; capire **3** (*fig.*, *ant.*) basare: *to* — (*an argument*) *upon sthg.*, basare (un argomento) su qlco. **4** (*ant.*) avvolgere (una matassa), raggomitolare: *as you unwind her love from him, / ... / you must provide to bottom it on me*, (SH. The Two Gentlemen of Verona) quando dipanerete il suo amore da lui, ..., dovrete raggomitolarlo su di me ◆ *v.intr.* toccare il fondo (di imbarcazione).

□ **bottom out** *v.intr.* e *avv.* raggiungere il livello più basso (prima di risalire): *the dollar bottomed out at 1000 liras*, il dollaro ha toccato il livello più basso a 1000 lire.

bottom drawer [,bɒtəm'drɔ:*] *s.* corredo (da sposa) AMER. hope chest.

bottoming out [,bɒtəmɪŋ'aʊt] *s.* (*econ.*) punto di svolta inferiore.

bottomless [bɒtəmlɪs / bot·tom·less] *agg.* senza fondo; (*fig.*) senza fine // *the* — *pit*, l'inferno.

bottom line [,bɒtəm'laɪn] *s.* (*econ.*) la riga che nei rendiconti finanziari espone il guadagno o la perdita; (*estens.*) i profitti o le perdite derivanti da un'attività economica.

bottommost ['bɒtəmməʊst / bot·tom·most] *agg.superl.* il più in basso; l'ultimo.

botulinic [,bɒtjʊ'lɪnɪk / botu·linic] *agg.* (*med.*) botulinico.

botulism ['bɒtjʊlɪzəm / botu·lism] *s.* (*med.*) botulismo.

boudoir ['bu:dwɑ:* / bou·doir] *s.* (*fr.*) boudoir, salottino.

bouffant ['bu:fɒŋ / bouf·fant] *agg.* (*fr.*) con lo sbuffo (di vestito); gonfio (di capelli).

bougainvillea [,bu:gən'vɪlɪə / bou·gain·vil·lea] *s.* (*bot.*) (*Bougainvillea spectabilis*) buganvillea.

bough [baʊ] *s.* ramo (d'albero).

bought *pass.p.p.* di to **buy**.

bought-out parts [,bɔ:taʊt'pɑ:ts] *s.pl.* (*econ.*) prodotti dell'indotto (cioè acquistati da altre imprese).

bougie ['bu:ʒi: / bou·gie] *s.* **1** (*ant.*) candela **2** (*med.*) catetere.

boulder ['bəʊldə* / boul·der] *s.* macigno; (*geol.*) masso.

boulevard ['bu:lvɑ: *amer.* 'bʊlvɑ: / bou·le·vard] *s.* (*amer.*) viale; corso.

boulter [bəʊltə* / boul·ter] *s.* (*pesca*) palamite.

bounce [baʊns] *avv.* (*ant.*) **1** improvvisamente **2** rumorosamente.

bounce *s.* **1** balzo; rimbalzo: *to take* (o *to catch*) *the ball on the* —, (*fig.*) cogliere la palla al balzo // *to get the* —, (*sl. amer.*) essere licenziato **2** (*fam.*) vivacità **3** (*ant.*, *fig.*) esagerazione; vanagloria **4** (*comm. fam.*) assegno a vuoto, assegno scoperto **5** (*elettr.*) saltellamento (di contatti); fluttuazione (di radar) // — *back*, eco (di segnale audio) **6** (*inform.*) rimbalzo (di posta elettronica).

to **bounce** *v.tr.* **1** far rimbalzare: *to* — *the ball off a wall*, far rimbalzare la palla sulla parete // *to* — *a cheque*, respingere un assegno (di banca) **2** raggirare: *to* — *s.o. into doing sthg.*, costringere con lusinghe qlcu. a fare qlco. **3** (*sl. amer.*) licenziare ◆ *v.intr.* **1** rimbalzare; sobbalzare **2** balzare: *to* — *into*, *out of a room*, irrompere in, balzar fuori da una stanza **3** essere respinto (di assegno): *his cheque bounced*, il suo assegno è stato respinto **4** (*ant.*) vantarsi, gloriarsi; bluffare.

□ **bounce back** *v.intr.* e *avv.* **1** rimbalzare **2** riprendersi (dopo un periodo di sfortuna, insuccesso).

□ **bounce for** *v.intr.* e *prep.* (*amer.*) invitare; pagare per.

bouncer ['baʊnsə* / boun·cer] *s.* **1** buttafuori **2** (*comm. fam.*) assegno a vuoto, assegno scoperto **3** (*ant.*) fanfarone **4** (*sl. ant.*) grossa bugia.

bouncing ['baʊnsɪŋ / boun·cing] *agg.* vigoroso; vivace: *a* — *baby*, un bambino pieno di salute.

bound[1] [baʊnd] *s.* **1** (*gener.pl.*) confine, limite; restrizione: *to go beyond the bounds of reason*, uscire dai limiti della ragione; *to go out of bounds*, passare il limite; *to keep within bounds*, non uscire dai limiti **2** (*mat.*) estremo, limite: *the greatest lower* —, il massimo limite inferiore; *upper* —, estremo superiore.

to **bound**[1] *v.tr.* **1** *to* — (*on*), confinare (*anche fig.*): *his land bounds* (*on*) *mine*, la sua terra confina con la mia **2** (*spec. al passivo*) delimitare: *to be bounded by*, essere delimitato da.

bound[2] *s.* salto; balzo; rimbalzo: *at a* —, con un balzo // *to advance by leaps and bounds*, (*fig.*) far passi da gigante.

to **bound**[2] *v.intr.* balzare; rimbalzare; saltare.

bound[3] *pass.p.p.* di to **bind** ◆ *agg.* **1** legato; unito a; connesso con: *to be* — *up with*, dipendere da; *his welfare was* — *up with the welfare of his family*, il suo benessere era legato a quello della sua famiglia **2** (*med.*) costipato **3** legato, rilegato **4** obbligato, costretto: *like a man to double business bound*, (SH. Hamlet) come un uomo costretto a un doppio lavoro **5** diretto; (*di mezzo di trasporto*) in partenza per, in direzione, con destinazione: *to be* — *for*, essere diretto a **6** certo; destinato: *it was* — *to happen*, doveva accadere; *he is* — *to win*, è certo che vincerà // *I'll be* —*!*, scommetto! • In tutti i precedenti significati può essere usato per formare *agg.* e *avv.*: *housebound*, costretto a rimanere a casa; *homebound*, diretto a casa; *case-bound*, rilegato in cartone (di libro).

boundary ['baʊndərɪ / bound·ary] *s.* **1** limite, termine; frontiera // — *line*, linea di confine, linea di demarcazione **2** (*mat.*) contorno, bordo: — *value*, valore al contorno.

bounden ['baʊndən] *p.p.* (*ant.*) di to **bind** ◆ *agg.* (*antiq.*) — *duty*, sacro dovere.

bounder ['baʊndə*] *s.* (*sl.*, *antiq.*) maleducato; mascalzone.

boundless ['baʊndlɪs / bound·less] *agg.* illimitato; sconfinato // **-ness** *s.*

bound over [baʊndəʊvə*] *s.* (*dir.*) chi assume l'obbligo davanti al giudice di fare od omettere qlco.

bounteous ['baʊntɪəs / boun·teous] **bountiful** ['baʊntifʊl / boun·ti·ful] *agg.* (*letter.*) **1** liberale, generoso; benefico **2** abbondante // **-ly** *avv.* // **-ness** *s.*

bounty ['baʊntɪ] *s.* **1** generosità, bontà: *large was his bounty, and his soul sincere*, (T. GRAY) grande era la sua bontà e la sua anima sincera **2** taglia: — *hunter*, cacciatore di taglie **3** dono; (*mil. mar. st.*) premio di arruolamento; (*comm.*, *econ.*) premio: — *on exportation*, premio all'esportazione.

bouquet [bʊ'keɪ / bou·quet] *s.* **1** mazzolino, mazzo (di fiori) **2** profumo, aroma (di vino) **3** elogio, complimento.

bourbon ['bɜ:bən / bour·bon] *s.* (*amer.*) whisky di mais (originario della contea di Bourbon, Kentucky).

Bourbon ['bʊəbən / Bour·bon] *s.* **1** borbonico **2** reazionario.

bourgeois[1] ['bʊəʒwɑ: *amer.* ,bʊə'ʒwɑ: / bour·geois] *agg.* e *s.* borghese.

bourgeois[2] [bɜ:'dʒɔɪs] *s.* (*tip.*) corpo 9.

bourgeoisie [,bʊəʒwɑ:'zi: / bour·geoisie] *s.* borghesia: *petty* —, piccola borghesia.

bourn [bʊən] *s.* (*non com.*) ruscello.

bourn(e) [bʊən] *s.* **1** (*letter.*) meta; scopo **2** (*ant.*) confine: *from whose bourn / no traveller returns*, (SH. Hamlet) da dove non torna mai nessuno.

bouse[1] [bu:z] *s.* (*ant.*) → **booze**.

to **bouse**[1] *v.intr.* (*ant.*) → to **booze**.

to **bouse**[2] [baʊz] *v.tr.* (*mar.*) alare con un paranco.

boustrophedon [,baʊstrə'fi:dən / bou·stro·phe·don] *agg.* (*archeol.*) bustrofedico.

bout[1] [baʊt] *s.* **1** prova **2** breve periodo di attività intensa **3** (*med.*) attacco (di malattia) **4** lotta **5** (*sport*) incontro.

bout[2] *avv.*, *prep.* e *agg.* → **about**.

boutique [bu:'ti:k / bou·tique] *s.* boutique.

bovid ['bəʊvɪd] *agg.* (*zool.*) bovide.

bovine ['bəʊvaɪn / bo·vine] *agg.* **1** bovino **2** (*fig.*) ottuso.

bovril® ['bɒvrəl / bov·ril] *s.* estratto di carne di bue.

bovver ['bɒvə* / bov·ver] *s.* (*sl. brit.*) **1** rissa; violenza // — *boots*, scarpe rinforzate (in punta ecc.) **2** difficoltà, rogna.

bovver boy ['bɒvə,bɔɪ] *s.* giovane aggressivo e violento.

bow[1] [bəʊ] *s.* **1** arco **2** archetto (di violino ecc.) **3** nodo; fiocco **4** (*spec. amer.*) stanghetta (degli occhiali).

to **bow**[1] *v.tr.* suonare (uno strumento) con l'archetto.

bow[2] [baʊ] *s.* saluto, inchino: *to make one's* —, ritirarsi dalle scene; comparire sulle scene; *to take a* —, comparire in scena per ricevere applausi.

to **bow**[2] *v.tr.* piegare, curvare: *to — one's head*, chinare il capo (*anche fig.*); salutare chinando il capo ◆ *v.intr.* piegarsi, chinarsi; inchinarsi; (*fig.*) sottomettersi: *to — low*, inchinarsi profondamente // *to — and scrape*, (*fig.*) essere servile // *I — to no one in my respect for his work*, sono il primo a rispettarlo per il suo lavoro // *bowing acquaintance*, conoscenza superficiale.

□ **bow down** *v.intr.* e *avv.* prostrarsi.

□ **bow in** *v.tr.* e *avv.*, **bow into** *v.tr.* e *prep.* salutare con un inchino (un cliente che entra).

□ **bow out** *v.intr.* e *avv.* (*fam.*) ritirarsi (da un posto importante): *Sir James bows out at the end of a brilliant career in the City*, Sir James si ritira alla fine di una brillante carriera nella City ◆ *v.tr.* e *avv.* salutare con un inchino (un cliente che esce) // *to — oneself out*, prendere congedo con un inchino.

bow[3] *s.* **1** (*gener.pl.*) (*mar.*) prua, prora: *to be down by the bows*, affondare di prua **2** vogatore di punta.

Bow bells ['bəʊ'belz] *s.* le campane di St. -Mary-le-Bow (chiesa della City a Londra) // *within the sound of* —, nel cuore di Londra.

bow-compass ['bəʊ,kʌmpəs] *s.* balaustrino.

bowdlerization [,baʊdləraɪ'zeɪʃn / bowd·ler·iza·tion] *s.* espurgazione (di un libro).

to **bowdlerize** ['baʊdləraɪz / bowd·ler·ize] *v.tr.* espurgare (un libro).

bowel ['baʊəl] *s.* (*spec. pl.*) **1** (*anat.*) viscere (*anche fig.*); budella: *the bowels of the earth*, le viscere della terra; *I feel it in my* —, me lo sento nel cuore **2** (*fig.*) sentimenti di compassione.

bower[1] ['baʊə*] *s.* **1** (*letter.*) pergolato, luogo ombreggiato **2** (*letter.*) capanna; dimora, ritiro, rifugio: *wand'ring near her secret bower*, (T. GREY) vagando presso il suo segreto rifugio **3** (*ant.*) camera, appartamento femminile.

to **bower**[1] *v.tr.* (*ant.*) circondare con un pergolato.

bower[2] *s.* (*mar.*) ancora di posta.

bower[3] *s.* (*mus.*) suonatore di strumenti ad arco.

bower-bird ['baʊəbɜ:d] *s.* (*zool.*) uccello giardiniere.

bowery[1] ['baʊərɪ / bow·ery] *agg.* (*rar.*) ombreggiato.

bowery[2] *s.* (*amer.*) piantagione dei primi coloni olandesi a New York // *the Bowery*, strada malfamata nella parte bassa di Manhattan.

bowfin ['bəʊfɪn / bow·fin] *s.* (*zool.*) (*Amia calva*) amia.

bow-fronted ['bəʊ,frʌntɪd] *agg.* con la fronte convessa.

bowie-knife ['bəʊɪnaɪf] *s.* (*amer.*) tipo particolare di coltello da caccia • Dal nome del suo inventore.

bowl[1] [bəʊl] *s.* **1** scodella, tazza, ciotola; vaso; catino **2** cavità (della pipa, del cucchiaio ecc.) **3** arena, anfiteatro: *there was a natural — among the hills*, c'era un anfiteatro naturale fra le colline.

bowl[2] *s.* boccia: (*game of*) *bowls*, gioco delle bocce sull'erba.

to **bowl**[2] *v.intr.* **1** rotolare **2** giocare a bocce sull'erba; giocare a bowling; lanciare una boccia **3** (*cricket*) servire ◆ *v.tr.* fare rotolare (una palla).

□ **bowl along** *v.intr.* e *avv.* andare rapidamente, senza interruzione (*anche fig.*).

□ **bowl out** *v.tr.* e *avv.* (*cricket*) mettere fuori gioco (un battitore).

□ **bowl over** *v.tr.* e *avv.* **1** far cadere (correndo) **2** (*fig.*) colpire, stupire: *he was bowled over by her performance*, rimase colpito dalla sua performance.

bowleg ['bəʊleg / bow·leg] *s.* (*anat.*) ginocchio varo, in dentro.

bow-legged ['bəʊ,legd] *agg.* con le gambe arcuate.

bowler[1] [bəʊlə*] *s.* bombetta, cappello duro.

bowler[2] *s.* (*sport*) **1** giocatore di bocce **2** (*cricket*) giocatore che serve la palla.

bowlful ['bəʊlfʊl / bowl·ful] *s.* scodella (come contenuto).

bowline ['bəʊlɪn / bow·line] *s.* (*mar.*) bolina.

bowline-knot ['bəʊlaɪn'nɒt] *s.* (*mar.*) gassa d'amante.

bowling ['bəʊlɪŋ / bowl·ing] *s.* **1** gioco delle bocce sull'erba **2** bowling, gioco dei birilli automatici.

bowling alley ['bəʊlɪŋ'ælɪ] *s.* **1** corsia del bowling, corsia per il gioco dei birilli automatici **2** bowling (luogo dove si gioca).

bowling green ['bəʊlɪŋ'gri:n] **bowling ground** ['bəʊlɪŋ'graʊnd] *s.* prato ove si gioca a bocce.

bowman[1] ['bəʊmən / bow·man] *pl.* **bowmen** *s.* arciere.

bowman[2] ['baʊmən] *pl.* **bowmen** *s.* (*mar.*) vogatore di punta.

bow-saw ['bəʊ,sɔ:] *s.* sega ad arco, sega per tagliare la legna SIN. log-saw.

bowser ['baʊzə* / bow·ser] *s.* **1** (*aer.*) autocisterna leggera (per rifornimenti di carburante aeroportuali) **2** (*spec. austr.*) pompa della benzina.

bowshot ['bəʊʃɒt / bow·shot] *s.* tiro d'arco.

bowsprit ['bəʊsprɪt / bow·sprit] *s.* (*mar.*) bompresso.

bowstring ['bəʊstrɪŋ / bow·string] *s.* corda d'arco; laccio.

to **bowstring** *v.tr.* (*ant.*) strangolare con un laccio.

bow tie [,bəʊ'taɪ] *s.* cravatta a farfalla.

bow window [,bəʊ'wɪndəʊ] *s.* (*arch.*) bovindo.

bowwow [,baʊ'waʊ / bow·wow] *inter.* e *s.* **1** bau bau (imitazione dell'abbaiare di un cane) **2** bau-bau, il cane (nel linguaggio infantile).

box[1] [bɒks] *s.* (*bot.*) (*Buxus sempervirens*) bosso.

box[2] *s.* **1** scatola, cassa, cassetta // *P.O.* —, casella postale **2** (*fam.*) buco (riferito ad abitazione); stanzetta, cubicolo **3** (*teatr.*) palco **4** stalla (per i cavalli da corsa) **5** cassetta (di carrozza) **6** bossolo (di cartuccia) **7** (*dir.*) banco, sbarra: *jury* —, banco della giuria; *witness* —, banco dei testimoni **8** (*fam. amer.*) televisore; fisarmonica o strumento a corda; bara **9** casella, riquadro: *fill in the — on the form*, completate la casella nel modulo **10** regalo, strenna, mancia (natalizia) **11** (*elettr.*) vaso (di una batteria) **12** (*baseball*) zona che delimita la posizione del battitore o del ricevitore **13** (*inform.*) zona; casella; blocco; (*sl.*) macchina.

to **box**[2] *v.tr.* porre in scatola, imballare in scatole, inscatolare // *to — the compass*, elencare i 32 punti cardinali nell'ordine esatto; (*fig.*) cambiar rotta.

□ **box in**, **up** *v.tr.* e *avv.* bloccare, incastrare // *to feel boxed in*, sentirsi in gabbia.

□ **box off** *v.tr.* e *avv.* recintare, delimitare con un recinto.

box[3] *s.* pugno; schiaffo, ceffone.

to **box**[3] *v.intr.* battersi a pugni, fare a pugni; fare del pugilato ◆ *v.tr.* schiaffeggiare // *to — s.o.'s ears*, schiaffeggiare qlcu.

box-camera ['bɒks,kæmərə] *s.* macchina fotografica a cassetta.

boxcar ['bɒkskɑ: / box·car] *s.* (*amer.*) → **boxwagon**.

boxer ['bɒksə*] *s.* **1** pugile // (*st.*) *Boxer*, Boxer, membro di una società segreta cinese contro gli stranieri **2** (*zool.*) (cane) boxer.

boxing[1] ['bɒksɪŋ / box·ing] *s.* (*antiq.*) l'inscatolare, imballaggio.

boxing[2] *s.* pugilato: — *match*, gara di pugilato.

Boxing Day ['bɒksɪŋdeɪ] *s.* S. Stefano • Il nome deriva dalla vecchia usanza di distribuire in quel giorno regali (*boxes*) ai dipendenti.

boxing glove ['bɒksɪŋglʌv] *s.* guanto da pugile; guantone.

box junction ['bɒks,dʒʌŋkʃn] *s.* incrocio stradale.

box-kite ['bɒkskaɪt] *s.* aquilone a scatola.

box number ['bɒks,nʌmbə*] *s.* (numero di) casella postale.

box office ['bɒks,ɒfɪs] *s.* botteghino (di teatro): — *success*, successo di cassetta.

box-pleat ['bɒkspli:t] *s.* (*sartoria*) cannone.

boxroom ['bɒksrʊm / box·room] *s.* ripostiglio.

boxseat ['bɒks,si:t / box·seat] *s.* posto a cassetta (in una diligenza).

box spanner ['bɒks,spænə*] *s.* (*mecc.*) chiave a tubo AMER. box wrench.

boxwagon ['bɒkswægən / box·wagon] *s.* (*ferr.*) carro merci chiuso AMER. boxcar.

boxwood ['bɒkswʊd / box·wood] *s.* (legno di) bosso.

box wrench ['bɒksrentʃ] *s.* (*amer.*) → **box spanner**.

boy [bɔɪ] *s.* **1** ragazzo, fanciullo; adolescente: *little* —, bambino // *one of the boys*, (*fam.*) uno come noi // *old* —!, vecchio mio! // *good old* —, bravo ragazzo // (*amer.*): *big* —, pezzo grosso; *bug* —, giovane fantino; *that's my* —, sono fiero di te; *boys in the backroom*, gruppo di persone (spec. politici) che controllano una situazione, un'impresa ecc. **2** garzone, fattorino; (*spreg.*) servo indigeno ◆ *inter. Boy! Oh,* —!, accidenti!

boycott ['bɔɪkɒt / boy·cott] *s.* boicottaggio • Dal nome del capitano Ch.C. Boycott (1832-1897), amministratore di proprietà terriere in Irlanda, la cui durezza provocò il rifiuto di ogni collaborazione da parte degli affittuari.

to **boycott** *v.tr.* boicottare.

boycotter ['bɔɪkɒtə* / boy·cott·er] *s.* boicottatore.

boyfriend ['bɔɪfrend / boy·friend] *s.* ragazzo, innamorato, compagno preferito (di una ragazza).

boyhood ['bɔɪhʊd / boy·hood] *s.* fanciullezza.

boyish ['bɔɪɪʃ / boy·ish] *agg.* da ragazzo: — *good looks*, aspetto da ragazzo // **-ly** *avv.* // **-ness** *s.*

boy scout [bɔɪ'skaʊt] *s.* boy scout, giovane esploratore.

bra [brɑ:] *s.* reggiseno (abbr. di *brassière*).

brabble ['bræbl] *s.* (*ant.*) lite, rissa: *in private brabble did we apprehend him*, (SH. Twelfth Night) lo arrestammo durante una lite privata.

bra-burner ['brɑ:bɜ:nə*] *s.* (*fam. amer. spreg.*) femminista militante.

brace [breɪs] *s.* **1** qualunque cosa che tiene unito; sostegno; fermo **2** (*med.*) apparecchio (per i denti); apparecchio ortopedico **3** *pl.* bretelle **4** tirante; controvento **5** (*mar.*) braccio **6** (*mecc.*) sostegno; collegamento **7** (*falegnameria*) menarola **8** (*tip.*) graffa **9** (*mus.*) legatura **10** (*invariato al pl.*) paio: *three — of partridges*, tre coppie di pernici **11** (*edil.*) putrella.

to **brace** *v.tr.* **1** rinforzare, fortificare; (*fig.*) rinvigorire: *the sea air will — your nerves*, l'aria di mare ti rinvigorirà **2** *to — oneself*, puntare, far forza (su); prepararsi a ricevere (colpo ecc.): *he braced himself against the table and got to his feet*, puntò le braccia sul tavolo e si alzò in piedi; — *yourself, I've got some bad news for you*, tienti forte, ho una cattiva notizia per te **3** fasciare, cingere; legare; stringere **4** (*mar.*) bracciare **5** (*non com.*) accoppiare.

braced [breɪst] *agg.* **1** controventato **2** cinturato (detto di pneumatico).

bracelet ['breɪslɪt / brace·let] *s.* **1** braccialetto **2** *pl.* (*fam. scherz.*) manette.

brach [brætʃ] *s.* (*ant.*) cane da caccia (femmina): *the brach may stand by the fire and stink*, (SH. King Lear) la cagna può starsene presso il caminetto e puzzare.

brachial ['breɪkjəl / bra·chial] *agg.* (*anat.*) brachiale: — *artery*, arteria omerale.

brachiopod ['brækɪəpɒd / bra·chio·pod] *agg.* e *s.* (*zool.*) brachiopode.

Brachiosaurus [,brækɪə'sɔ:rəs / Bra·chio·saurus] *pl.* **Brachiosauri** [,brækjəʊ'sɔ:raɪ / Bra·chio·sauri] *s.* (*paleont.*) brachisauro.

brachistochrone [bræk'ɪstəkrəʊn / bra·chis·to·chrone] *s.* (*mat., fis.*) (curva) brachistocrona.

brachycephalic [,brækɪke'fælɪk / bra·chy·ceph·alic] **brachycephalous** [,brækɪ'kefələs / bra·chy·ceph·al·ous] *agg.* brachicefalo.

brachycephaly [,brækɪ'kefəlɪ / bra·chy·ceph·aly] *s.* (*med.*) brachicefalia.

brachylogy [brə'kɪlədʒɪ / bra·chy·logy] *s.* brachilogia.

bracing ['breɪsɪŋ / bra·cing] *agg.* fortificante; tonificante ◆ *s.* (*tecn.*) **1** controventatura **2** rinforzo, irrigidimento.

brack-brain ['brækbreɪn] *s.* (*sl. amer.*) stupido.

brack-brained ['brækbreɪnd] *agg.* (*sl. amer.*) stupido.

bracken ['brækən] *s.* (*bot.*) [U] **1** felce (pteridio) **2** felceto.

bracket ['brækɪt] *s.* **1** mensola; sostegno; staffa **2** braccio portalampada **3** (*arch.*) beccatello **4** parentesi: *in* (o *between*) *brackets*, fra parentesi; *round, square, curly brackets*, parentesi (ro)tonde, quadre, graffe **5** (*trib.*) classe, scaglione: *income* —, classe, fascia di reddito; *tax* —, scaglione di imposta **6** (*mil.*) forcella (distanza fra due tiri di cannone, o due lanci di bomba, di cui uno a sinistra e l'altro a destra dell'obiettivo).

to **bracket** *v.tr.* **1** mettere fra parentesi **2** raggruppare; mettere insieme **3** (*mil.*) cannoneggiare o bombardare a forcella.

bracketing ['brækɪtɪŋ / brack·et·ing] *s.* **1** (*mecc.*) serie di supporti **2** (*edil.*) nervatura di sostegno **3** (*mil.*) cannoneggiamento a forcella: — *method*, tiro a forcella (per aggiustare la mira sull'obiettivo).

brackish ['brækɪʃ / brack·ish] *agg.* salmastro, salato.

brackishness ['brækɪʃnɪs / brack·ish·ness] *s.* salsedine; sapore salmastro.

bract [brækt] *s.* (*bot.*) brattea.

bracteal ['bræktɪəl / bract·eal] *agg.* (*bot.*) bratteale.

bracteate ['bræktiːɪt / bract·eate] *agg.* (*bot.*) bratteato.

brad [bræd] *s.* **1** chiodino a testa laterale **2** chiodo con testa a scomparsa.

bradawl ['brædɔ:l / brad·awl] *s.* punteruolo.

Bradshaw ['brædʃɔ: / Brad·shaw] *s.* (*fam.*) orario ferroviario • Dal nome del primo curatore.

bradycardia [brædɪ'kɑ:dɪə / brady·car·dia] *s.* (*med.*) bradicardia.

bradyseism ['brædɪsaɪzəm / brady·seism] *s.* (*geol.*) bradisismo.

brae [breɪ] *s.* (*scoz.*) fianco di collina; argine ripido; (*poet.*) collina: *the groins of the braes that the brook treads through*, (G.M. HOPKINS) le valli delle colline che il ruscello attraversa.

brag [bræg] *s.* **1** vanto, millanteria; fanfaronata **2** gioco di carte.

to **brag** *pass.p.p.* **bragged** [brægd] *v.intr.* vantarsi: *he bragged about his triumph*, si vantò del suo trionfo ◆ *v.tr.* vantare.

braggadocio [,brægə'dəʊtʃɪəʊ / brag·ga·docio] *s.* millanteria.

braggart ['brægət / brag·gart] *agg.* e *s.* spaccone; millantatore.

Brahman ['brɑ:mən / Brah·man] *s.* bramino.

Brahmanic(al) [brɑ:'mænɪk(əl) / Brah·man·ic(al)] *agg.* bramanico.

Brahmanism ['brɑ:mənɪzəm / Brah·man·ism] *s.* bramanesimo.

Brahmin ['brɑ:mɪn / Brah·min] *s.* **1** → Brahman **2** (*iniziale minuscola*) (*fam. amer.*) intellettuale, letterato.

Brahminee ['brɑ:mɪni: / Brah·minee] *s.* bramina.

Brahminic(al) [brɑ:'mɪnɪk(əl) / Brah·min·ic(al)] → **Brahmanic(al)**.

Brahminism ['brɑ:mɪnɪzəm / Brah·min·ism] *s.* bramanesimo.

braid[1] [breɪd] *s.* **1** treccia (di capelli) **2** gallone; spighetta.

to **braid**[1] *v.tr.* **1** intrecciare (capelli, nastri) **2** guarnire (di spighetta, galloni ecc.).

to **braid**[2] *v.tr.* (*ant.*) rimproverare: *'twould braid yourself too near for me to tell it*, (SH. All's Well) ti rimprovererebbe troppo se lo dicessi.

braid(e) [breɪd] *agg.* (*ant.*) ingannevole, falso: *Frenchmen are so braid*, (SH. All's Well) i francesi sono così falsi.

braille [breɪl] *s.* braille® (metodo di scrittura a rilievo per i ciechi).

brain [breɪn] *s.* **1** (*anat.*) cervello; (*fig. gener. pl.*) intelligenza, senno, capacità intellettiva: *he has no brains at all*, è senza cervello; *to cudgel one's brains* (o *to rack one's brains*), lambiccarsi, stillarsi il cervello // *to have sthg. on the* —, (*fam.*) essere preoccupato per qlco. // *to pick s.o.'s brains*, (*fam.*) consultare qlcu.; *to blow s.o.'s brains out*, (*fam.*) sparare, far saltare le cervella a qlcu. // — *death*, morte cerebrale // — *fever*, meningite // *shit for* —, (*volg. amer.*) persona stupida, senza cervello **2** (*fig.*) persona molto intelligente, mente, cervello: *he is one of the best brains in the country*, è uno dei più bei cervelli del paese // — *drain*, fuga di cervelli // *brains trust*, trust di cervelli **3** (*amer.*) detective.

to **brain** *v.tr.* rompere, spaccare la testa a.

brainchild ['breɪntʃaɪld / brain·child] *pl.* **brainchildren** ['breɪn,tʃɪldrən / brain·chil·dren] *s.* (*fam.*) idea; invenzione.

brained [breɪnd] *agg.* (*non com.*) (*spec. in composti*): dotato di cervello: *bird-* —, (*fam.*) con il cervello di gallina.

brainless ['breɪnlɪs / brain·less] *agg.* (*fig.*) senza cervello; senza testa.

brainpan ['breɪnpæn / brain·pan] *s.* (*anat.*) scatola cranica.

brainsick ['breɪnsɪk / brain·sick] *agg.* ammalato di mente.

brainstorm ['breɪnstɔ:m / brain·storm] *s.* **1** raptus, attacco di pazzia **2** (*fam. amer.*) idea, progetto, ispirazione improvvisa.

to **brainstorm** *v.intr.* (*fam.*) confrontare le proprie idee (con altri su un problema specifico).

brain-teaser ['breɪnti:zə*] *s.* rompicapo.

to **brainwash** [ˈbreɪnwɒʃ / brain·wash] *v.tr.* (*fam.*) fare un lavaggio del cervello (a).

brainwashing [ˈbreɪnwɒʃɪŋ / brain·wash·ing] *s.* lavaggio del cervello.

brainwave [ˈbreɪnweɪv / brain·wave] *s.* (*fam.*) idea luminosa, idea brillante, lampo di genio.

brainy [ˈbreɪnɪ] *agg.* (*fam.*) intelligente, abile: *how — of you!*, che eccellente idea!

to **braise** [breɪz] *v.tr.* brasare, cuocere a stufato.

brake[1] [breɪk] *s.* (*bot.*) (*Pteridium aquilinum*) felce aquilina; (*pop.*) felce femmina: *diamonds on the brake are gleaming*, (W. SCOTT) sulle felci scintillano i diamanti.

brake[2] *s.* (*poet.*) boschetto, cespuglio: *come out to ramble / the hilly brakes around*, (A.E. HOUSMAN) vieni a vagare tra i cespugli della collina.

brake[3] *s.* **1** (*tess.*) gramola, maciulla **2** (*agr.*) erpice **3** ruota (di tortura).

to **brake**[3] *v.tr.* **1** (*tess.*) gramolare, maciullare **2** (*agr.*) erpicare, rompere le zolle.

brake[4] *s.* (*mecc.*) freno: *to clap on the —*, dare un colpo di freno; *to put on the —*, tirare il freno a mano // *to act as a — on s.o.'s activities*, (*fig.*) agire da freno alle attività di qlcu. // *air —*, freno ad aria compressa; *band —*, freno a nastro; *block —*, freno a ceppi; *disc —*, freno a disco; *drum —*, freno a tamburo; *self-acting —*, freno automatico; *emergency —*, freno di sicurezza; (*ferr.*) segnale di allarme; (*aut.*) *foot —*, freno a pedale; (*aut.*) *parking —*, freno di stazionamento, freno a mano; (*aut.*) *power —*, servofreno // *— horsepower*, potenza al freno // *— block*, ceppo del freno.

to **brake**[4] *v.tr.* e *intr.* frenare.

brake[5] *pass.* (*ant.*) di to **break**[1].

brake lining [ˈbreɪklaɪnɪŋ] *s.* (*mecc.*) guarnizione (della ganascia o della pastiglia) del freno.

brakeman [breɪkmən / brake·man] *pl.* **brakemen** *s.* (*amer.*) frenatore BRIT. brakesman.

brake shoe [ˈbreɪkʃuː] *s.* (*mecc.*) ganascia del freno.

brakesman [ˈbreɪksmən / brakes·man] *pl.* **brakesmen** *s.* frenatore.

brake van [ˈbreɪkvæn] *s.* (*ferr.*) **1** carro di servizio (dove si trova il comando manuale del freno) **2** garitta del frenatore.

brake-wheel [ˈbreɪk,wiːl] *s.* (*ferr.*) volantino del freno a mano.

brakie [ˈbreɪkɪ] **brakey** [ˈbreɪkɪ] *s.* (*sl. amer.*) (*ferr.*) frenatore.

braking [ˈbreɪkɪŋ / brak·ing] *s.* frenatura: *— power*, pressione di frenatura; forza frenante.

bramble [ˈbræmbl] *s.* (*bot.*) **1** (*Rubus fruticosus*) rovo **2** — (*-berry*), mora (di rovo) SIN. blackberry.

bramble-bush [ˈbræmbl,bʊʃ] *s.* roveto.

bramblerose [ˈbræmblrəʊz / bramble·rose] *s.* (*bot.*) rosa canina.

brambling [ˈbræmblɪŋ / bram·bling] *s.* (*zool.*) (*Fringilla montifringilla*) peppola.

brambly [ˈbræmblɪ] *agg.* pieno di rovi.

bran [bræn] *s.* crusca; semola.

brancard [ˈbræŋkəd] *s.* (*ant.*) lettiera di cavallo.

branch [brɑːntʃ *amer.* bræntʃ] *s.* **1** ramo (*anche estens.*): *botany is a — of biology*, la botanica è un ramo della biologia **2** ramificazione (di catena di montagne); ramo, braccio (di fiume); diramazione (di strada, ferrovia); (*anat.*) diramazione (di arterie, terminazioni nervose) **3** (*amer.*) ruscello // *bourbon and — water*, whisky con acqua **4** (*comm.*) succursale, filiale (di società, banca ecc.): (*bank*) —, filiale (di banca), sportello **5** (*tecn.*) diramazione; derivazione; raccordo: (*elettr.*) *— circuit*, circuito derivato; (*mecc.*) *— pipe*, tubo di raccordo **6** (*arch.*) nervatura (di volta gotica) **7** (*mat.*) ramo: *— of a curve*, ramo di una curva **8** (*inform.*) salto, diramazione: *to take a —*, eseguire una diramazione.

to **branch** *v.intr.* **1** metter rami, ramificare; ramificarsi **2** diramarsi: *take the road that branches (off) to the left*, prendi la strada che si dirama sulla sinistra; // (*inform.*) *to — to a frequency*, diramarsi su una frequenza.

□ **branch out** *v.intr.* e *avv.* (*into*) estendere la propria attività (a).

branched [brɑːntʃt *amer.* bræntʃt] *agg.* ramoso.

branchia [ˈbræŋkɪə / bran·chia] *pl.* **branchiae** [ˈbræŋkiiː] *s.* (*zool.*) branchia.

branchial [ˈbræŋkɪəl / bran·chial] *agg.* (*zool.*) branchiale.

branchiate [ˈbræŋkɪeɪt / bran·chi·ate] *agg.* (*zool.*) branchiato.

branching [ˈbrɑːntʃɪŋ / branch·ing] *s.* (*fis. nucleare*) decadimento multiplo, disintegrazione multipla: *— ratio*, rapporto fra (due o più) probabilità di decadimento.

branchless [ˈbrɑːntʃlɪs *amer.* ˈbræntʃlɪs / branch·less] *agg.* senza rami.

branchlet [ˈbrɑːntʃlɪt / branch·let] *s.* ramoscello.

branchy [ˈbrɑːntʃɪ *amer.* ˈbræntʃɪ] *agg.* (*fam.*) ramoso.

brand [brænd] *s.* **1** tizzone **2** marchio a fuoco; stampo in ferro per marchio a fuoco **3** marchio d'infamia, stigma: *— of Cain*, marchio di Caino **4** (*comm.*) marchio; marca, qualità (di merce): *a famous —*, una marca famosa; *— image*, immagine di marca; *— loyalty*, fedeltà alla marca **5** (*letter.*) spada, brando.

to **brand** *v.tr.* **1** marchiare (con ferro rovente ecc.) **2** (*fig.*) stigmatizzare; tacciare, bollare: *he was branded a dangerous terrorist by the newspapers*, fu tacciato dalla stampa di essere un pericoloso terrorista **3** imprimere: *to — on one's memory*, imprimere nella memoria.

branded [ˈbrændɪd] *agg.* di marca: (*comm.*) *— goods*, articoli, prodotti di marca.

branding [ˈbrændɪŋ / brand·ing] *s.* marchiatura: *— iron*, ferro da marchio.

to **brandish** [ˈbrændɪʃ / bran·dish] *v.tr.* brandire.

brand name [ˈbrændneɪm] *s.* marca, nome commerciale (di un prodotto).

brand-new [,brænd'njuː] *agg.* nuovo fiammante, nuovo di zecca.

brandy [ˈbrændɪ] *s.* brandy, acquavite di vino.

brandy-pawnee [,brændɪˈpɔːnɪ] *s.* (*antiq.*) brandy e acqua.

brandy-snap [ˈbrændɪsnæp] *s.* tipo di biscotto con zenzero e acquavite.

brank [bræŋk] *s.* → **buckwheat**.

brank-ursine [,bræŋkˈɜːsɪn] *s.* (*pop.*) → **acanthus**.

brash[1] [bræʃ] *agg.* (*spreg.*) esuberante; chiassoso; sfacciato; vistoso // **-ly** *avv.* // **-ness** *s.*

brash[2] *s.* **1** (*non com.*) → water-brash **2** (*ant.*) scroscio di pioggia improvviso.

brash[3] *s.* **1** (*non com.*) frammenti (di roccia, ghiaccio) **2** (*bot.*) tralci, rami potati.

brass [brɑːs *amer.* bræs] *agg.* **1** di ottone: *— plate*, targa d'ottone; *— sheet*, lamiera d'ottone // (*metall.*) *— coating*, ottonatura // *let's get down to — tacks*, (*sl.*) veniamo al sodo **2** (*fig. fam.*) sfacciato; audace, impudente ♦ *s.* **1** ottone: *low —*, ottone a basso tenore di zinco // *as bold as —*, che non teme niente **2** (*mecc.*) bronzina **3** *pl.* (*mus.*) ottoni **4** *pl.* articoli di ottone **5** (*fig.*) sfacciataggine, sfrontatezza **6** (*sl.*) moneta, denaro **7** (*sl.*) galloni (di graduato); (*fam. spec. amer.*) ufficiale (dell'esercito) // *the Top Brass*, gli alti ufficiali **8** lapide, targa funeraria (spec. nelle chiese).

brassage [ˈbræsɪdʒ / brass·age] *s.* diritto di conio.

brassard [ˈbræsɑːd / bras·sard] *s.* (*non com.*) bracciale.

brass band [,brɑːsˈbænd] *s.* banda; fanfara.

brassed off [,brɑːstˈɒf] *agg.* (*sl.*) annoiato, stanco; stufo: *I'm — with waiting for the bus*, sono stufo di aspettare l'autobus; *I'm — with the weather*, sono stanco di questo tempo.

brasserie [ˈbræsərɪ / bras·serie] *s.* (*fr.*) birreria; piccolo ristorante.

brass hat [ˈbrɑːsˈhæt] *s.* (*sl.*) ufficiale superiore di alto grado.

brassie [ˈbrɑːsɪ *amer.* ˈbræsɪ / bras·sie] *s.* (*golf*) → **brassy**.

brassière [ˈbræsɪə* *amer.* bræˈzɪə* / bras·si·ère] *s.* (*fr.*) reggipetto.

brassiness [ˈbrɑːsɪnɪs *amer.* ˈbræsɪnɪs / brassi·ness] *s.* (*non com.*) sfrontatezza.

brass-monkey [,brɑːsˈmʌŋkɪ] *agg.* (*sl. brit.*) freddissimo.

brass-rubbing [ˈbrɑːsrʌbɪŋ *amer.* ˈbræs rʌbɪŋ] *s.* impronta, ricalco di rilievi, iscrizioni tombali (ottenuta per sfregamento su un foglio di carta di una matita o gessetto a cera).

brassware [ˈbrɑːsweə* *amer.* ˈbræsweə* / brass·ware] *s.* [U] ottoname.

brassy [ˈbrɑːsɪ *amer.* ˈbræsɪ] *agg.* **1** d'ottone **2** (*fig.*) sfacciato **3** (di suono) stridulo, metallico **4** di color ottone **5** vistoso, appariscente ♦ *s.* (*golf*) mazza con testa d'ottone.

brat [bræt] *s.* (*spreg.*) marmocchio; monello.

brattice [brætɪs / brat·tice] *s.* (*ind. min.*) tramezzo di ventilazione.

braunite [ˈbraʊnaɪt / braun·ite] *s.* (*min.*) braunite.

bravado [brəˈvɑːdəʊ / bra·vado] *s.* [U] bravata, smargiassata.

brave [breɪv] *agg.* **1** prode, audace, coraggioso // *he put a — face on his disappointment*, (*fig.*) mascherava il suo disappunto con un sorriso **2** (*ant., letter.*) bello; splendido: *sweet rose, whose hue, angry and brave...*, (G. HERBERT) dolce rosa, il cui colore rosso e splendido... ◆ *s.* **1** prode **2** guerriero pellirossa **3** (*ant.*) bravo.

to **brave** *v.tr.* **1** sfidare, affrontare (pericoli) // *to — it out*, affrontare una situazione con coraggio, a testa alta **2** (*ant.*) adornare, rendere splendido: *thou hast braved many men*, (SH. Taming of the Shrew) tu hai adornato molte persone.

bravely ['breɪvlɪ / brave·ly] *avv.* **1** coraggiosamente, audacemente **2** (*ant. letter.*) splendidamente.

bravery ['breɪvərɪ] *s.* **1** coraggio; audacia **2** (*ant.*) splendore, magnificenza.

bravo[1] ['brɑː,vəʊ] *pl.* **bravos, bravoes** ['brɑː,vəʊz / bra·voes] *s.* bravo; sicario.

bravo[2] *inter.* bravo!; bene!

bravura [brə'vʊərə / bra·vura] *s.* **1** (*mus.*) aria, pezzo di bravura **2** (*fig. letter.*) sfoggio, ostentazione.

brawl [brɔːl] *s.* rissa; schiamazzo.

to **brawl** *v.intr.* **1** rissare, azzuffarsi, schiamazzare **2** (*non com.*) rumoreggiare (di torrente, acqua).

brawler ['brɔːlə* / brawl·er] *s.* chi litiga, fa fracasso.

brawling ['brɔːlɪŋ / brawl·ing] *s.* **1** rissa, schiamazzo **2** (*non com.*) il rumoreggiare (di torrente, acqua).

brawn [brɔːn] *s.* **1** muscolo (di braccio, di polpaccio) **2** forza muscolare // *the — drain*, (*fam. amer.*) fuga dei dipendenti da una ditta, degli atleti da una squadra **3** (*cuc.*) soppressata.

brawniness ['brɔːnɪnɪs / braw·ni·ness] *s.* muscolosità; robustezza.

brawny ['brɔːnɪ] *agg.* muscoloso; robusto.

braxy ['bræksɪ] *s.* (*vet.*) bradsot (malattia degli ovini).

bray[1] [breɪ] *s.* **1** raglio **2** (*non com.*) squillo (di tromba).

to **bray**[1] *v.intr.* **1** ragliare **2** squillare (di tromba).

to **bray**[2] *v.tr.* (*ant.*) pestare, macinare (colori ecc.).

to **braze**[1] [breɪz] *v.tr.* (*ant.*) **1** ottonare **2** (*fig.*) indurire.

to **braze**[2] *v.tr.* (*metall.*) saldare mediante brasatura forte; saldare a ottone.

brazen ['breɪzn] *agg.* **1** sfacciato; sfrontato **2** penetrante; squillante **3** (*ant.*) di ottone **4** (*ant.*) come ottone.

brazen-faced ['breɪznfeɪst] *agg.* sfacciato.

brazenly ['breɪznlɪ / brazen·ly] *avv.* sfacciatamente.

brazenness ['breɪznnɪs / brazen·ness] *s.* sfacciataggine.

to **brazen out** [,breɪzn'aʊt] *v.tr.* (*fam.*) affrontare una situazione imbarazzante con aria di sfida: *don't try to — it out!*, non pensare di cavartela con la tua solita facciatosta.

brazier[1] ['breɪzjə* / bra·zier] *s.* ottonaio; calderaio.

brazier[2] *s.* braciere.

Brazilian [brə'zɪljən / Bra·zil·ian] *agg.* e *s.* brasiliano.

brazilin ['bræzɪlɪn / brazi·lin] *s.* (*chim.*) brasilina, brazilina.

Brazil-nut [brə'zɪlnʌt] *s.* (*bot.*) noce del Brasile.

brazing[1] ['breɪzɪŋ / bra·zing] *s.* (*metall.*) ottonatura.

brazing[2] *s.* (*metall.*) brasatura forte; saldatura a ottone.

breach [briːtʃ] *s.* **1** frattura; (*mar.*) rottura; (*mil.*) breccia: *to stand in the —*, sostenere l'assalto, (*fig.*) stare sulla breccia // *to step into the —*, sostituire una persona (assente per malattia ecc.) // *to throw oneself into the —*, tentare di salvare la situazione **2** (*dir.*) violazione; infrazione; rottura; abuso: *— of contract*, rottura di contratto; *— of duty*, infrazione al dovere; *— of law*, violazione della legge; *— of the peace*, violazione dell'ordine pubblico; *— of promise*, rottura di promessa di matrimonio; *— of trust*, abuso di fiducia **3** salto (della balena fuori dall'acqua) **4** frangersi di un'onda; frangente; maroso; *you took me from the breach of the sea*, (SH. Twelfth Night) mi salvasti dai frangenti del mare.

to **breach** *v.tr.* **1** aprire una breccia, una falla in (muro, diga); fendersi **2** rompere (accordo, promessa) ◆ *v.intr.* **1** fendersi **2** balzare (di balena).

bread [bred] *s.* **1** pane: *a loaf of —*, una pagnotta; *a roll of —*, un panino; *stale —*, pane raffermo; *new —*, pane fresco; *unleavened —*, pane azzimo; *brown —*, pane scuro, integrale // *to be on — and water*, essere a pane e acqua // *to know on which side one's — is buttered*, (*fig.*) sapere da che parte conviene stare // *to cast* (o *throw*) *one's — upon the waters*, (*fam.*) fare qualcosa senza aspettarsi niente in cambio // *to take the — out s.o.'s mouth*, (*fam.*) levare il pane di bocca a qlcu. // *to break — with s.o.*, (*form.*) spezzare il pane con qlcu. // *to want one's — buttered on both sides*, (*fam.*) volere più del necessario o del dovuto // *the best thing since sliced —*, (*fam.*) superiore, molto buono: *his new film is the best thing since sliced —*, il suo nuovo film è eccezionale // *man does not live by — alone*, (*prov.*) non si vive di solo pane **2** vitto, sostentamento, cibo: *to earn one's daily —*, guadagnarsi il pane **3** (*rel.*) pane, ostia **4** (*fam.*) soldi, denaro: *I need the —*, ho bisogno di soldi.

bread-and-butter [,bredənd'bʌtə*] *s.* e *agg.* **1** necessario **2** (di) routine, quotidiano // *— letter*, lettera di ringraziamento per essere stati ospitati.

breadbasket ['bred,bɑːskɪt / bread·basket] *s.* **1** cestino per il pane **2** (*fig.*) granaio, grossa area cerealicola: *it's the — of the United States*, è il granaio degli Stati Uniti **3** (*sl.*) lo stomaco.

breadbin ['bredbɪn / bread·bɪn] *s.* madia.

breadboard ['bredbɔːd / bread·board] *s.* **1** asse del pane, tagliere **2** (*inform.*) piastra per montaggio di circuiti elettronici.

breadcrumb ['bredkrʌm / bread·crumb] *s.* **1** mollica **2** *pl.* briciole; pan grattato.

to **breadcrumb** *v.tr.* (*non com.*) impanare.

breadfruit ['bredfruːt / bread·fruit] *s.* frutto dell'albero del pane.

breadline ['bredlaɪn / bread·line] *s.* fila (di poveri o disoccupati che aspettano cibo o assistenza) // *to be on the —*, essere ridotti in povertà.

breadstick ['bredstɪk / bread·stick] *s.* grissino.

breadstuffs ['bredstʌfs / bread·stuffs] *s.pl.* cereali (usati per fare il pane).

breadth [bredθ] *s.* **1** larghezza, ampiezza; altezza (di stoffa): *a carpet 3 metres in —*, un tappeto largo 3 metri // *to a hair's —*, esattamente, al millimetro **2** (*fig.*) liberalità; larghezza di vedute.

breadthways ['bredθweɪz / breadth·ways]
breadthwise ['bredθwaɪz / breadth·wise] *avv.* in larghezza, secondo la larghezza.

bread-tree ['bredtriː] *s.* (*bot.*) (*Artocarpus incisa*) albero del pane.

breadwinner ['bred,wɪnə* / bread·winner] *s.* il sostegno della famiglia, chi guadagna il pane per tutta la famiglia.

break[1] [breɪk] *s.* **1** rottura, frattura (*anche fig.*): *there is a — in the pipe*, c'è una fessura nel tubo; *a — with tradition*, una rottura con la tradizione // *at the — of day*, all'alba **2** periodo di riposo; pausa; intervallo; (*a scuola*) intervallo, ricreazione: *you need a — from work*, hai bisogno di un periodo di riposo; *— is over*, l'intervallo è finito; *tea, coffee —*, pausa per il tè, il caffè; *without a —*, senza interruzione // *give me a —!*, (*spec. amer.*) dammi tregua! **3** possibilità; opportunità, occasione; (colpo di) fortuna: *to give s.o. a —*, dare a qlcu. una possibilità **4** (*dir.*) infrazione, violazione, irregolarità **5** cambiamento improvviso (del tempo atmosferico): *a — in the weather*, un cambiamento del tempo **6** fuga: *jail —*, fuga dalla prigione, evasione // *to make a — (for it)*, (tentare di) fuggire **7** (*cricket, baseball*) deviazione di una palla **8** (*biliardo*) punti che un giocatore accumula in un turno **9** (*tennis*) break, vantaggio ottenuto vincendo il gioco in cui serve l'avversario **10** (*boxe*) break **11** (*sport*) partenza **12** (*mus.*) mutamento di registro **13** (*mecc.*) rottura; rodaggio (di motore) **14** (*elettr.*) interruzione; commutatore **15** (*tip.*) righino **16** (*metall.*) gioco di colori (sulla superficie di una massa metallica fusa) **17** (*Borsa*) brusca caduta dei prezzi **18** (*amer.*) sfortuna **19** (*amer.*) papera; gaffe.

to **break**[1] *pass.* **broke** [brəʊk] (*ant.*) **brake** [breɪk] *p.p.* **broken** ['brəʊkən] (*ant.*) **broke** *v.tr.* **1** rompere, spezzare: *to — a glass*, rompere un bicchiere; *she broke a leg*, si ruppe una gamba; *to — sthg. into pieces*, mandare in pezzi, in frantumi // *to — file*, rompere le file // *— a leg!*, (*sl. teatr.*) in bocca al lupo **2** interrompere: *to — a journey*, interrompere un viaggio; *to — short*, interrompere anzitempo; *to — a habit*, interrompere un'abitudine // *to — one's pace* (o *step*), rompere il passo, l'andatura // *to — a fall*, attutire la caduta **3** venir meno a, violare: *to — one's promise*, venir meno a una promessa; *to — faith with s.o.*, venir meno con qlcu. alla parola data; *to — a rule*, infrangere una regola **4** risolvere: *the police broke the case and caught the criminal*, la polizia risolse il caso e prese il criminale; *to — a code*, decifrare un codice **5** soggiogare, domare **6** rovinare; far fallire: *bad investments broke them*, i cattivi investimenti li hanno portati al fallimento; *to — a strike*, far fallire uno sciopero // *to — the bank*, far saltare il banco **7** (*inform.*) interrompere (una esecuzione); dividere (un codice) ◆ *v.intr.* **1** rompersi, spezzarsi: *the cup broke into pieces*, la tazza andò in frantumi // *his voice is breaking*, sta cambiando voce **2** fare una pausa: *I suggest we — for lunch*, suggerisco di fare una pausa e andare a mangiare **3** sorgere, spuntare; scoppiare (di temporale); cambiare (di tempo): *day breaks*, spunta il giorno; *the storm broke*, scoppiò il temporale.

◆ FRASEOLOGIA: *to — even*, chiudere in pareggio (un affare ecc.); *to — loose*, spezzare i legami, evadere; *to — open*, aprire con violenza; *to — camp*, togliere il campo; *to — cover*, uscire allo scoperto; *to — the news*, comunicare una notizia; *to — new ground*, fare nuove scoperte.

□ **break away** *v.intr.* e *avv.* (*fam.*) **1** scappar via (da), allontanarsi bruscamente (da): *he suddenly broke away from us*, all'improvviso si allontanò bruscamente da noi **2** allontanarsi (da), rompere ogni rapporto (con); rendersi indipendente (di paese): *he decided to — away from his former friends*, decise di rompere con i suoi amici di un tempo; *the territories of the North broke away from their mother country*, i territori del Nord si resero indipendenti **3** (*sport*) fare una fuga.

□ **break back** *v.intr.* e *avv.* (*sport*) fare un contropiede.

□ **break down** *v.tr.* e *avv.* **1** abbattere (*anche fig.*): *the fireman had to — down a wall to get in*, il pompiere dovette abbattere una parete per entrare; *to — down s.o.'s resistance, reserve*, abbattere la resistenza, il riserbo di qlcu. **2** suddividere; presentare nei dettagli; analizzare: *the expenditures can be broken down under four headings*, le spese possono essere suddivise in quattro voci **3** (*chim.*) decomporre; analizzare; demolire: *bacteria — down organic matter*, i batteri demoliscono il materiale organico ◆ *v.intr.* e *avv.* **1** avere un guasto, guastarsi: *the car broke down just outside Canterbury*, l'auto si è guastata appena fuori Canterbury **2** crollare; subire un collasso: *I was afraid she was going to — down*, temevo che sarebbe crollata; *telephone communication had broken down and we were isolated*, le comunicazioni telefoniche erano saltate ed eravamo isolati **3** (*chim.*) decomporsi; demolirsi: *proteins — down under the action of enzymes*, le proteine si demoliscono per azione degli enzimi.

□ **break in** *v.intr.* e *avv.* **1** entrare con la forza, irrompere: *the policeman broke in through a window*, il poliziotto fece irruzione attraverso una finestra [cfr. to *break into* 1] **2** (*on, upon*) interrompere (una conversazione ecc.); disturbare (qlcu.): *sorry to — in (on you)...*, scusa se ti interrompo... ◆ *v.tr.* e *avv.* domare (*anche fig.*): *to — in a horse* (o *to — a horse in*), domare un cavallo // *to — a pair of shoes in*, addomesticare un paio di scarpe nuove (portandole).

□ **break into** *v.intr.* e *prep.* **1** irrompere, entrare con la forza: *eventually the rioters broke into the town hall*, alla fine i rivoltosi entrarono a forza nel municipio **2** (*fig.*) entrare (in un nuovo campo di attività), farsi strada: *she is trying to — into the theatre*, sta tentando di farsi strada nel teatro **3** scoppiare a, prorompere: *to — into laughter*, scoppiare a ridere; *to — into applause*, scoppiare in un applauso **4** intaccare (denaro, scorte e simili) **5** interferire con: *this will — into my lunchtime*, questo interferirà con la mia pausa per il pranzo ◆ *v.tr.* e *prep.* suddividere: *to — a word into syllables*, dividere una parola in sillabe.

□ **break off** *v.tr.* e *avv.* **1** staccare, distaccare: *to — off a branch*, staccare un ramo; *to — off a piece of chocolate from a bar*, staccare da una tavoletta un pezzetto di cioccolato **2** interrompere, porre fine a: *to — off negotiations*, interrompere i negoziati; *to — off an engagement*, rompere un fidanzamento ◆ *v.intr.* e *avv.* **1** staccarsi, distaccarsi: *the icicle broke off*, il candelotto di ghiaccio si staccò **2** interrompersi: *suddenly she broke off and looked at him*, all'improvviso si interruppe e lo guardò.

□ **break out** *v.intr.* e *avv.* **1** scoppiare, esplodere: *a quarrel broke out between the two parties*, scoppiò una disputa fra le due parti **2** ricoprirsi (di); apparire d'improvviso: *her face broke out in a rash*, il suo viso si ricoprì di un'irritazione; *a rash broke out on her face*, un'irritazione apparve d'improvviso sulla sua faccia // *to — out in a cold sweet*, (*fam.*) ricoprirsi di sudor freddo (per paura ecc.) **3** liberarsi da, trovare una via d'uscita: *finally the cavalry broke out*, alla fine la cavalleria ruppe l'accerchiamento; *to — out of everyday routine*, liberarsi dalla routine quotidiana ◆ *v.tr.* e *avv.* esporre; approntare: *to — out sails*, spiegare le vele; *to — out the flags*, esporre le bandiere; *to — out the machine-guns*, approntare le mitragliatrici.

□ **break through** *v.intr.* e *prep.* **1** aprirsi un varco (attraverso); penetrare attraverso; sfondare: *the cavalry broke through the right flank*, la cavalleria sfondò sul fianco destro // *the sun broke through for a while*, il sole squarciò le nubi per breve tempo **2** (*fig.*) superare, vincere: *to — through s.o.'s reserve*, vincere il riserbo di qlcu.

□ **break up** *v.tr.* e *avv.* **1** fare a pezzi; smantellare; disgregare: *to — up a ship*, smantellare una nave; *to — up an empire*, disgregare un impero; *to — up an organization*, smantellare un'organizzazione // (*mat.*) *to — up into factors*, scomporre in fattori (un numero); fattorizzare **2** disperdere; sciogliere: *the police broke the gathering up*, la polizia disperse l'assembramento // *to — up the party*, dare il via allo scioglimento di una festa (andandosene per primi) **3** (*fig.*) spezzare, rompere: *to — up the day*, spezzare la giornata; *to — up the monotony of one's work*, rompere la monotonia del proprio lavoro ◆ *v.intr.* e *avv.* **1** andare in pezzi; spezzettarsi; disintegrarsi: *the boat started to — up in the storm*, l'imbarcazione incominciò a sfasciarsi nella tempesta **2** (*fig.*) crollare, andare in pezzi (mentalmente o fisicamente) **3** (*fig.*) sciogliersi; finire: *at 10 p.m. the meeting broke up*, alle 22 la riunione si sciolse; *their marriage has virtually broken up*, il loro matrimonio è praticamente finito **4** cambiare (di tempo atmosferico) **5** (*fam. spec. brit.*) iniziare un periodo di vacanza: *when do you — up for Christmas holiday?*, quando iniziate le vacanze di Natale?

□ **break with** *v.intr.* e *prep.* rompere con: *to — with one's family, with the past, with tradition*, rompere con la propria famiglia, con il passato, con la tradizione.

break[2] *s.* break (carrozza a quattro ruote con due sedili di fronte, disposti longitudinalmente rispetto al sedile del cocchiere).

(to) **break**[3] → (to) **brake**[4].

breakable ['breɪkəbl / break·able] *agg.* fragile.

breakables ['breɪkəblz / break·ables] *s.pl.* oggetti fragili.

breakage ['breɪkɪdʒ / break·age] *s.* **1** rottura, spaccatura, frattura **2** U danni (*pl.*): *you must pay for the —*, dovete pagare i danni.

breakaway ['breɪkəweɪ / break·away] *s.* **1** separazione; defezione, fuga; (*pol.*) scissione **2** (*sport*) contropiede (calcio); fuga (ciclismo); falsa partenza (ippica) **3** (*mecc.*) distacco; scollamento **4** (*austr.*) sbandamento (di gregge) **5** (*cinem.*) scenario destinato a crollare **6** (*amer.*) cosa che si rompe facilmente (vetro per idrante, parte terminale di fialetta ecc.) ◆ *agg.* (*pol.*) di scissione: *socialists split and the majority started a — party*, i socialisti si divisero e la maggioranza formò un partito di scissione.

break dance ['breɪkdɑ:ns *amer.* 'breɪk dæns] *s.* (*sl. amer.*) danza molto ritmata che i giovani (spec. neri) eseguono in strada.

breakdown ['breɪkdaʊn / break·down] *s.* **1** (*med.*) (*nervous*) —, esaurimento nervoso **2** insuccesso, rottura (di negoziati) **3** dissesto, sfacelo (di ditta, di governo): *the — of the Roman Empire*, il crollo dell'impero romano **4** sospensione (di servizio) **5** (*mecc.*) panne, guasto; (*mar.*) avaria // *— repairs*, riparazioni di fortuna; *— service*, servizio riparazioni; *— train*, convoglio di soccorso; *— crane*, carro gru; *— van*, carro attrezzi **6** analisi: (*amm.*) *a — of expenses*, un resoconto analitico delle spese **7** (*elettr.*) scarica distruttiva: *— voltage*, potenziale di scarica **8** (*lotta*) schienata.

breaker[1] ['breɪkə*] *s.* **1** rompitore **2** violatore **3** domatore; ammaestratore **4** (*sl. amer.*) chi esegue la 'break dance' **5** (*tecn.*) sfilacciatrice (di stracci, cartastraccia, fibre vegetali); frantoio (di minerali) **6** demolitore; sfasciacarrozze // *—'s yard*, cantiere di demolizioni navali **7** (*elettr.*) ruttore; interruttore // *— points*, contatti del ruttore, puntine platinate **8** (*mar.*) frangente.

breaker[2] ['breɪkə*] *s.* (*mar.*) barilotto.

break-even point [,breɪki:vn'pɔɪnt] *s.* (*econ.*) punto di pareggio.

breakfast ['brekfəst / break·fast] *s.* prima colazione: *English —*, prima colazione all'inglese // *— television*, programmi del mattino (in televisione).

to **breakfast** *v.intr.* (*form.*) far la prima colazione: *to — on boiled eggs*, far colazione con uova alla coque ◆ *v.tr.* offrire la prima colazione a.

break-in [breɪk'ɪn] *s.* **1** effrazione; scasso; irruzione (anche di polizia); (*amer.*) violazione di domicilio **2** rodaggio.

breaking ['breɪkɪŋ] *s.* **1** rottura, spaccatura; frattura; sfracellamento **2** (*dir.*) infrazione, violazione.

breaking and entering [,breɪkɪŋənd 'entərɪŋ] *s.* violazione di domicilio con effrazione.

breaking-point ['breɪkɪŋ,pɔɪnt] *s.* punto di rottura (*anche fig.*).

breakneck ['breɪknek / break·neck] *agg.* pericoloso: *to go at — speed*, andare a rotta di collo.

breakout ['breɪkaʊt / break·out] *s.* **1** evasione **2** (*mil.*) rottura dell'accerchiamento.

breakpoint ['breɪkpɔɪnt / break·point] *s.* (*inform.*) punto di arresto di una esecuzione.

breakthrough ['breɪk'θru: / break·through] *s.* **1** (*mil.*) sfondamento, penetrazione (nelle linee nemiche) **2** passo significativo; svolta: *we are on the brink of a major — in semiconductivity*, siamo sull'orlo di una svolta importante nel campo della semiconduttività **3** (*miner.*) passaggio di comunicazione.

breakup [ˈbreɪkʌp / break·up] *s.* **1** crollo; fallimento; collasso; disgregazione: *that caused the — of the family*, fu la causa della disgregazione, del crollo della famiglia; *after the — of their marriage...*, dopo il fallimento del loro matrimonio... **2** (*comm.*) realizzo, svendita, scorporo **3** fine, scioglimento; fine (dell'anno scolastico): *we went away before the — of the meeting*, ce ne andammo prima della fine dell'incontro **4** (*mil.*) scioglimento; dispersione **5** (*med.*) collasso **6** (*geogr.*) disgelo (spec. di fiumi).

breakwater [ˈbreɪk,wɔːtə* / break·wa·ter] *s.* frangiflutti; argine; diga.

bream[1] [briːm] *s.* (*zool.*) (*Abramis brama*) abramide comune.

to **bream**[2] *v.tr.* pulire, raschiare (la carena di un'imbarcazione).

breast [brest] *s.* **1** (*anat.*) petto, seno; mammella; poppa (anche di animale): — *self -examination*, autopalpazione del seno; *he was fed at the —*, fu nutrito al seno; *we cooked — of chicken*, abbiamo cucinato petto di pollo // *to beat one's —*, battersi il petto **2** (*fig.*) cuore; coscienza; affetto; sorgente di nutrimento: *he felt pride swelling in his —*, sentì l'orgoglio gonfiargli il petto // *to make a clean — of sthg.*, fare una completa confessione **3** davanti di abito: — *pocket*, taschino di giacca **4** (*arch.*) parapetto **5** (*miner.*) fronte d'avanzamento.

to **breast** *v.tr.* **1** affrontare; resistere a: *the ship breasted the oncoming waves*, la nave affrontò le onde che arrivavano **2** scalare (un pendio, un monte); prendere di petto (*anche fig.*) **3** (*sport*) *to — the tape*, tagliare il traguardo.

breastbone [ˈbres*t*bəʊn / breast·bone] *s.* (*anat.*) sterno.

breasted [ˈbrestɪd] *agg.* (*usato spec. per formare composti*) dal petto: *broad- —*, dal petto ampio; *double- —*, a doppio petto; *single- —*, a un petto solo.

breast-fed [ˈbres*t*,fed] *agg.* allattato al seno.

to **breast-feed** [ˈbres*t*fiːd] *pass.p.p.* **breast -fed** [ˈbres*t*fed] *v.tr.* allattare al seno.

breast harness [ˈbres*t*,hɑːnɪs] *s.* pettorale (di cavallo).

breastplate [ˈbres*t*pleɪt / breast·plate] *s.* **1** corazza **2** (*zool.*) piastrone (della tartaruga) **3** pettorale (di cavallo) **4** targa con iscrizione (di bara).

breaststroke [ˈbres*t*,strəʊk / breast·stroke] *s.* (*sport*) nuoto a rana.

breastsummer [ˈbrestsəmə* / breast·sum·mer] *s.* (*arch.*) architrave.

breastwork [ˈbrestwɜːk / breast·work] *s.* **1** (*arch. mil.*) parapetto, muro basso di difesa **2** (*mar.*) parapetto di murata.

breath [breθ] *s.* **1** respiro, alito, fiato; soffio (*anche fig.*): *the — of life*, il soffio della vita; *bad —*, alito cattivo; *last —*, l'ultimo respiro; *out of —*, senza fiato; (*med.*) *shortness of —*, fiato corto; *to be short of —*, avere il respiro corto; *to take a big —*, respirare a fondo, fare un bel respiro; *to draw —*, respirare, vivere; *to hold* (o *to catch*) *one's —*, trattenere il respiro; *to recover one's —* (o *to get one's — back*), riprendere fiato // *to take —*, riposare; *to take s.o.'s — away*, togliere il fiato a qlcu. // *to waste one's —*, sprecare il fiato // *to save one's —*, risparmiare il fiato // *to take* (o *to get*) *a — of air*, prendere una boccata d'aria // *under one's —*, sottovoce // *in one —*, in un lampo // *in the same —*, simultaneamente **2** venticello, brezza: *a — of wind*, *of air*, un soffio di vento, d'aria **3** ombra; traccia: *there wasn't a — of opposition to the plan*, non c'era traccia di opposizione al progetto **4** mormorio, sussurro.

breathable [ˈbriːðəbl / breath·able] *agg.* respirabile.

to **breathalyse** [ˈbreθə,laɪz / breath·alyse] *v.tr.* sottoporre il fiato a test alcolico SIN. to breath test.

Breathalyser® [ˈbreθə,laɪzə* / Breath·alyser] *s.* strumento per determinare il tasso alcolico (in una persona) mediante analisi del fiato.

to **breathe** [briːð] *v.intr.* **1** respirare; prender fiato: — *deeply!*, respiri profondamente; *the fat man was breathing short*, l'uomo grasso aveva il fiato corto; *he was breathing hard when he finished the race*, respirava a fatica, quando smise di correre // *to — again*, (*anche fig.*) riprendere fiato, sentirsi sollevato **2** (*form.*) alitare; soffiare (di vento) **3** (*fon.*) aspirare ◆ *v.tr.* **1** respirare, inalare: *we all — polluted air*, respiriamo tutti aria inquinata **2** emettere; emanare; infondere: *to — new life into s.o.*, *into a conversation*, rianimare qlcu., una conversazione; *they breathed new life into him*, gli infusero nuova vita; *he breathed smoke over us*, soffiò fumo su noi // *to — one's last* (*breath*), spirare, esalare l'ultimo respiro // *to — a sigh*, sospirare // *to — strife*, borbottare minacce // *to — down s.o.'s neck*, (*fam.*) stare addosso a qlcu. **3** sussurrare; mormorare: *don't — word of it to him*, non farne parola con lui; *he breathed sthg. to me*, mi sussurrò qlco.; *to — a prayer*, mormorare una preghiera.

□ **breathe forth** *v.tr.* e *avv.* (*letter.*) esalare.

□ **breathe in** *v.tr.* e *intr.* e *avv.* inspirare.

□ **breathe out** *v.tr.* e *intr.* e *avv.* espirare.

breather [ˈbriːðə*] *s.* **1** pausa (per riprendere fiato) **2** sfiatatoio **3** (*sl. amer.*) maniaco (che fa telefonate ansimando all'apparecchio).

breathing [ˈbriːðɪŋ / breath·ing] *agg.* che respira, vivente; esalante ◆ *s.* **1** respiro, respirazione **2** (*ant.*) soffio di vento, brezza **3** (*fon.*) aspirazione, spirito (in greco): *rough —*, (*fon.*) spirito aspro; *smooth —*, spirito dolce.

breathing-space [ˈbriːðɪŋ,speɪs]
breathing-time [ˈbriːðɪŋ,taɪm] *s.* (*fig.*) tempo per respirare, breve tregua, breve intervallo.

breathless [ˈbreθlɪs / breath·less] *agg.* **1** ansante, senza respiro **2** trepido, ansioso: *to wait in — suspense*, (*fig.*) aspettare con vivissima ansia // *there was a — silence*, non si sentiva volare una mosca **3** esanime, senza vita **4** senza un alito di vento: *a — afternoon*, un pomeriggio senza un alito di vento.

breathlessly [ˈbreθlɪslɪ / breath·less·ly] *avv.* **1** senza fiato **2** (*fig.*) con il fiato sospeso.

breathlessness [ˈbreθlɪsnɪs / breath·less·ness] *s.* mancanza di respiro, oppressione, affanno.

breathtaking [ˈbreθ,teɪkɪŋ / breath·tak·ing] *agg.* mozzafiato // **-ly** *avv.*

breath test [ˈbreθ,test] *s.* prova del fiato (per determinare il tasso alcolico).

to **breath test** *v.tr.* sottoporre alla prova del fiato (per determinare il tasso alcolico).

breathy [ˈbreθɪ] *agg.* **1** (*fon.*) accompagnato da emissione di respiro **2** *a — voice*, voce di gola.

breccia [ˈbretʃɪə / brec·cia] *s.* (*geol.*) breccia.

bred *pass.p.p.* di to **breed**.

breech [briːtʃ] *s.* **1** sedere, deretano // — *delivery*, parto podalico **2** la parte posteriore di qlco.; culatta (di arma da fuoco).

to **breech** *v.tr.* (*antiq.*) mettere in calzoncini (un bimbo, per la prima volta).

breechblock [ˈbriːtʃˈblɒk / breech·block] *s.* (*mil.*) otturatore.

breeches [ˈbriːtʃɪz] *s.pl.* calzoni; brache: *knee —*, calzoni alla zuava; *riding —*, calzoni da cavallerizzo // *to get too big for one's —*, (*fig.*) insuperbirsi, montarsi la testa // *to wear the —*, (*fig.*) portare i calzoni, comandare.

breeches-buoy [ˈbriːtʃizˈbɔɪ / breech·es-buoy] *s.* (*mar.*) teleferica di trasbordo.

breeching [ˈbriːtʃɪŋ / breech·ing] *s.* **1** imbraca **2** imbracatura (di cannone, di cavallo).

breech-loader [ˈbriːtʃ,ləʊdə*] *s.* arma da fuoco a retrocarica.

breech loading [ˈbriːtʃ,ləʊdɪŋ] *s.* (*mil.*) retrocarica.

breed [briːd] *s.* **1** razza; famiglia, stirpe, progenie // — *will tell*, (*prov.*) buon sangue non mente **2** (*bot.*) varietà; (*zool.*) razza.

to **breed** *pass.p.p.* **bred** [bred] *v.intr.* **1** (*di animali*) generare, procreare **2** (*fig.*) nascere, originarsi: *crime often breeds in slums*, la criminalità ha spesso origine nei quartieri più poveri; *but could youth last, and love still breed, / had joys no date, nor age no need*, (MARLOWE) ma potesse durare la gioventù e l'amore nascere ancora, non avesse la gioia fine, né la vecchiezza bisogni ◆ *v.tr.* **1** allevare: *to — cattle*, allevare bestiame **2** allevare, educare // *he was bred* (*up*) *to the law*, fu avviato alla carriera giuridica // *born and bred*, di nascita e di educazione // *bred in the bone*, insito, innato **3** (*fig.*) produrre, causare: *to — ill blood*, far cattivo sangue; *to — quarrels*, causare dispute.

breeder [ˈbriːdə* / breed·er] *s.* **1** chi genera (*anche fig.*) **2** animale, pianta da riproduzione **3** allevatore **4** (*fis. nucleare*) — (*reactor*), reattore autofertilizzante ◆ *agg.* di razza; da riproduzione.

breeding [ˈbriːdɪŋ / breed·ing] *s.* **1** generazione, procreazione // — *in*, accoppiamento tra consanguinei **2** (*bot.*, *zool.*) riproduzione **3** allevamento **4** educazione, buone maniere // *by birth and —*, per nascita ed educazione.

breeding-ground [ˈbriːdɪŋ,graʊnd] *s.* **1** (*agr.*) terreno, luogo di riproduzione **2** (*fig.*) terreno fertile: *slums are a — for violence*, i bassifondi sono terreno fertile per la violenza.

breeze[1] [briːz] *s.* **1** brezza: *land —*, vento di terra; *sea —*, brezza di mare // *to go like a —*, (*fam.*) camminare a cuor leggero // *to shoot the —*, (*sl. amer.*) fare una chiacchierata, avere un colloquio informale **2** (*fam. antiq.*) eccitamento, litigio **3** (*sl. spec. amer.*) compito facile: *in a —*, con facilità.

to **breeze**[1] *v.intr.* (*rar.*) **1** muoversi velocemente e con disinvoltura **2** alitare (di vento) **3** (*sl.*) vantarsi.

□ **breeze in** *v.intr.* e *avv.* entrare con disinvoltura.

□ **breeze through** *v.intr.* e *prep.* passare velocemente e facilmente qlco. (esame, libro ecc.).

breeze[2] *s.* (*sl.*) tafano.

breeze[3] *s.* scorie di fornace.

breezeblock ['bri:z,blɒk / breeze·block] *s.* (*edil.*) blocco di calcestruzzo di scorie.

breezily [bri:zɪlɪ / breez·ily] *avv.* **1** con vento, brezza **2** (*fam.*) cordialmente, con giovialità; con disinvoltura.

breeziness ['bri:zɪnɪs / breezi·ness] *s.* **1** cordialità, giovialità; disinvoltura; brio (di persona, stile, discorso) **2** freschezza; ariosità (di luogo).

breezy ['bri:zɪ] *agg.* **1** ventoso, ventilato; arieggiato **2** gioviale; allegro, brioso.

brehon ['bri:hən] *s.* (*st.*) giudice dell'antica Irlanda celtica.

bremsstrahlung ['bremz,ʃtrɑ:lʊŋ / brems·strahl·ung] *s.* (*fis. nucleare*) (*radiazione di*) frenamento.

Bren [bren] *s.* — (*gun*), 'bren' (mitra leggero degli anni cinquanta) • Dai nomi delle città Br(no), in Cecoslovacchia, e En(field), in Inghilterra.

brent [brent] *s.* — (*-goose*), (*Branta bernicla*) oca colombaccio.

brer [brɜ:*] (*sl. amer.*) abbr. di → **brother**.

bressummer ['bresəmə* / bres·sum·mer] *s.* (*arch.*) → **breastsummer**.

brethren ['breðrən] (*antiq.*) *pl.* di **brother** 3.

Breton ['bretən] *agg.* e *s.* bretone.

breve [bri:v] *s.* **1** (*mus.*) breve **2** (*tip.*) segno per distinguere una vocale breve **3** breve (lettera papale).

brevet ['brevɪt *amer.* brɪ'vet] *s.* (*mil.*) **1** brevetto, nomina, promozione **2** posizione onorifica, nominale.

to **brevet** *v.tr.* (*mil.*) **1** consegnare il brevetto a **2** conferire la promozione onoraria a (un ufficiale).

breviary ['bri:vjərɪ *amer.* 'bri:vɪerɪ / bre·vi·ary] *s.* (*eccl.*) breviario.

brevier [brə'vɪə* / brevi·er] *s.* (*tip.*) corpo 8.

brevity ['brevətɪ / brev·ity] *s.* brevità; concisione.

brew [bru:] *s.* **1** mescolanza, mistura (di liquidi); miscela; infuso, tisana **2** fermentazione (della birra) // *a good — of beer*, una buona qualità di birra **3** bevanda fermentata.

to **brew** *v.tr.* **1** mescolare (liquidi); fare (un infuso) **2** fare (la birra, il tè) **3** (*fig.*) macchinare, preparare; tramare: *to — mischief*, tramare una malefatta ◆ *v.intr.* **1** essere in infusione, in fermentazione: *pour the tea, it has brewed*, versa il tè, è abbastanza scuro, è pronto **2** prepararsi: *there is a crisis brewing*, (*fam.*) si prepara una crisi; *there is sthg. brewing*, c'è qlco. in aria, qualcosa bolle in pentola; *I should like to know what is brewing*, mi piacerebbe sapere cosa bolle in pentola.

□ **brew up** *v.intr.* e *avv.* **1** (*fam.*) preparare il tè **2** (*fig.*) prepararsi; svilupparsi: *a big storm was brewing up*, si preparava un grosso temporale.

brewage ['bru:ɪdʒ / brew·age] *s.* → **brew**.

brewer ['bru:ə*] *s.* birraio.

brewery ['bru:ərɪ / brew·ery] *s.* fabbrica di birra.

brewing ['bru:ɪŋ / brew·ing] *s.* **1** fabbricazione della birra **2** quantità di birra fatta in una volta.

briar → **brier**[1] e **brier**[2].

bribability [,braɪbə'bɪlɪtɪ / brib·ab·il·ity] *s.* corruttibilità.

bribable ['braɪbəbl / brib·able] *agg.* corruttibile.

bribe [braɪb] *s.* **1** bustarella; tangente **2** esca; allettamento.

to **bribe** *v.tr.* **1** corrompere: *to — s.o. to silence* (o *s.o.'s silence*), comprare il silenzio di qlcu.; *to — s.o. into* (*doing*) *sthg.*, indurre qlcu. a fare qlco. corrompendolo con denaro **2** (*fig.*) allettare, sedurre.

bribee [braɪ'bi:] *s.* (*non com.*) chi si lascia corrompere.

briber ['braɪbə*] *s.* chi compra qlcu., chi corrompe con bustarelle.

bribery ['braɪbərɪ] *s.* corruzione: *open to —*, corruttibile.

bric-a-brac ['brɪkəbræk] *s.* U bric-à-brac, anticaglie (*pl.*), cianfrusaglie (*pl.*).

brick [brɪk] *s.* **1** mattone: *— wall*, muro di mattoni; *hollow —*, mattone forato // *to drop a —*, (*sl.*) fare una gaffe // *to make bricks without straw*, costruire sulla sabbia, fare i conti senza l'oste **2** forma, pezzo rettangolare (di gelato, sapone ecc.) **3** *pl.* cubi (gioco infantile) **4** (*fam. antiq.*) persona buona e fidata: *he was a real — to me*, fu un vero amico per me, mi fu di grande aiuto **5** *pl.* (*amer.*) marciapiede; strada: *to hit the bricks*, camminare in strada.

to **brick** *v.tr.* costruire in mattoni.

□ **brick in** *v.tr.* e *avv.* murare, chiudere con mattoni.

□ **brick off** *v.tr.* e *avv.* separare con un muro di mattoni.

□ **brick up** *v.tr.* e *avv.* murare, chiudere con mattoni.

brickbat ['brɪkbæt / brick·bat] *s.* **1** pezzo di mattone (generalmente usato come proiettile): *to throw brickbats at*, lanciar sassi, prendere a sassate **2** critiche, frecciate: *at the end of her performance she received more brickbats than applause*, alla fine della sua esibizione ricevette più critiche che applausi.

brick-clay ['brɪk,kleɪ] *s.* → **brick-earth**.

brick-dust ['brɪkdʌst] *s.* polvere di mattone.

brick-earth ['brɪkɜ:θ] *s.* argilla per mattoni.

brickfield ['brɪkfi:ld / brick·field] *s.* mattonaia.

brick flooring ['brɪk,flɔ:rɪŋ] *s.* (*costr.*) ammattonato.

brick-kiln ['brɪkkɪln] *s.* fornace per mattoni.

bricklayer ['brɪk,leɪə* / brick·layer] *s.* muratore.

brickle ['brɪkl] *agg.* (*ant.*) debole; fragile (*anche fig.*).

brickmaker ['brɪk,meɪkə* / brick·maker] *s.* mattonaio.

brickmaking ['brɪk,meɪkɪŋ / brick·mak·ing] *s.* fabbricazione dei mattoni.

brick-red ['brɪkred] *agg.* rosso mattone.

bricktop ['brɪktɒp / brick·top] *s.* (*fam. amer.*) rosso, persona dai capelli rossi; (*fam.*) pel di carota.

brickwork ['brɪkwɜ:k / brick·work] *s.* costruzione di mattoni.

brickyard ['brɪkjɑ:d / brick·yard] *s.* mattonaia.

bricole ['brɪkəl] *s.* **1** (*st.*) briccola **2** (*ant.*) sopraspalla **3** tiro indiretto; (*biliardo*) tiro di sponda.

bridal ['braɪdl / bri·dal] *agg.* nuziale ◆ *s.* sposalizio; nozze (*pl.*): *it was upon the second morning after this happy bridal*, (W. SCOTT) fu il secondo giorno dopo questo felice sposalizio.

bride[1] [braɪd] *s.* sposa, sposa novella: *to become a —*, maritarsi // *the — and bridegroom*, gli sposi // *—'s cake*, torta nuziale.

bride[2] *s.* (*ricamo*) punto tulle.

bridecake ['braɪdkeɪk / bride·cake] *s.* torta nuziale.

bridegroom ['braɪdgrʊm / bride·groom] *s.* sposo, sposo novello.

bridesmaid ['braɪdzmeɪd / brides·maid] *s.* damigella d'onore di una sposa.

bridesman ['braɪdzmən / brides·man] *pl.* **bridesmen** *s.* (*ant.*) testimone dello sposo.

bride-to-be ['braɪdtə,bi:] *s.* futura sposa.

bridewell ['braɪdwəl / bride·well] *s.* (*antiq.*) casa di correzione; prigione.

bridge[1] [brɪdʒ] *s.* **1** ponte; passerella: *Bailey —*, ponte Bailey (a elementi prefabbricati); *flying —*, passerella, ponte volante; *fore and aft —*, passerella di collegamento; *jury —*, ponte di fortuna; *pontoon —*, ponte di barche; *suspension —*, ponte sospeso; *to throw a — over* (o *across*) *a river*, gettare un ponte su un fiume // *I'll cross that — when I come to it*, (*fig.*) affronterò il problema quando sarà il momento // *to burn one's bridges*, (*fig.*) bruciarsi i ponti alle spalle // *it's all water under the —*, è tutto passato **2** (*mar.*) ponte di comando, plancia **3** (*odontoiatria*) ponte **4** (*mus.*) ponticello (di strumento ad arco) **5** ponte (degli occhiali, del naso) **6** (*elettr.*) ponte; collegamento in parallelo **7** (*chim.*) *— bond*, legame a ponte.

to **bridge**[1] *v.tr.* **1** costruire un ponte su **2** far da ponte: *the fallen tree bridged the stream*, l'albero caduto faceva da ponte sul ruscello **3** essere a cavallo di: *MacMillan's career bridged the pre- and post-war eras*, la carriera di MacMillan si sviluppò a cavallo del periodo pre- e post-bellico **4** colmare: *to — a gap*, colmare una lacuna **5** (*elettr.*) collegare.

□ **bridge over** *v.tr.* e *avv.* **1** superare (difficoltà ecc.) **2** aiutare, essere d'aiuto a: *I hope this loan will — you over*, spero che questo prestito ti sarà d'aiuto.

bridge[2] *s.* (*gioco*) bridge; (*rar.*) ponte; *contract —*, bridge contratto.

bridge-builder ['brɪdʒ,bɪldə*] *s.* **1** costruttore di ponti **2** (*estens.*) mediatore (spec. in diplomazia).

bridged [brɪdʒd] *agg.* provvisto di ponte // *high — nose*, naso pronunciato.

bridgehead ['brɪdʒhed / bridge·head] *s.* (*mil.*) testa di ponte.

bridge-house ['brɪdʒhaʊs] *s.* **1** (*mar.*) tuga **2** casa, casello all'estremità di un ponte.

bridgeless ['brɪdʒlɪs / bridge·less] *agg.* senza ponte (di fiume); (*fig.*) insormontabile, insuperabile (di abisso, malinteso ecc.) // *an almost — nose*, un naso piatto.

bridging ['brɪdʒɪŋ / bridg·ing] *agg.* **1** che attraversa **2** che sostituisce; provvisorio: — *title*, titolo provvisorio (di film ecc.) // (*fin.*): — *advance*, prestito transitorio; — *loan*, prestito compensativo, prefinanziamento.

bridle ['braɪdl] *s.* **1** briglia: *to give the horse the* —, allentare le briglie **2** (*fig.*) ostacolo; ritegno; freno: *to put a — on one's passions*, porre un freno alle proprie passioni **3** (*mar.*) zampa d'oca **4** (*anat.*) frenulo; briglia.

to **bridle** *v.tr.* **1** imbrigliare (*anche fig.*) **2** frenare (*anche fig.*) ◆ *v.intr.* alzare il capo in atteggiamento sdegnoso; fare l'offeso, risentirsi, stizzirsi: *he bridled at their unkind remarks*, si risentì delle loro scortesi osservazioni.

bridlehand ['braɪdlhænd / bridle·hand] *s.* la mano che tiene le briglie; (*gener.*) mano sinistra.

bridle-path ['braɪdlpɑ:θ] **bridle-road** ['braɪdlrəʊd] *s.* sentiero per passeggiate a cavallo.

bridlerein ['braɪdlreɪn / bridle·rein] *s.* redine.

brief [bri:f] *agg.* **1** breve; conciso: *to be* —, essere breve (nel discorso) // *in* —, a farla breve, in breve **2** brusco (di modi) **3** corto: *she was wearing a very — skirt*, indossava una gonna molto corta.

brief *s.* **1** riassunto **2** (*aer.*) istruzioni sommarie **3** (*dir.*) memoria, comparsa; fascicolo; (*amer.*) verbale di un processo // *to hold a —, no — for*, essere, non essere incaricato della difesa di **4** (*fig.*) incarico; compito: *it's not my — to tell you...*, non è mio compito, non sta a me dirti... // *to hold no — for sthg., s.o.*, (*form.*) non essere un sostenitore di qlco., di qlcu. **5** breve, lettera papale.

to **brief** *v.tr.* **1** (*dir.*) riassumere per sommi capi: *to — a case*, fare il riassunto di una causa // *to — a lawyer*, affidare una causa a un avvocato **2** impartire istruzioni a.

brief bag ['bri:fbæg] *s.* (*solo brit.*) borsa portacarte tipica degli avvocati inglesi.

briefcase ['bri:fkeɪs / brief·case] *s.* borsa portadocumenti; ventiquattrore.

briefing ['bri:fɪŋ / brief·ing] *s.* informativa; l'impartire informazioni, istruzioni.

briefless ['bri:flɪs / brief·less] *agg.* senza cause (di avvocato).

briefly ['bri:flɪ / brief·ly] *avv.* brevemente.

briefness ['bri:fnɪs / brief·ness] *s.* brevità; concisione.

briefs [bri:fs] *s.pl.* mutandine, slip.

brier[1] ['braɪə*] *s.* (*bot.*) rovo // — *rose*, rosa canina.

brier[2] *s.* **1** (*bot.*) erica **2** pipa di radica.

brier-root ['braɪə,ru:t] *s.* radica.

brig[1] [brɪg] *s.* (*mar.*) brigantino.

brig[2] *s.* (*scoz.*) ponte.

brigade [brɪ'geɪd / bri·gade] *s.* **1** (*mil.*) brigata // *one of the old* —, uno della vecchia guardia **2** associazione, corpo organizzato di persone a scopo pubblico: *the Fire Brigade*, i Vigili del Fuoco **3** (*scherz.*) gruppo: *the anti -smoking* —, quelli contro il fumo.

to **brigade** *v.tr.* (*mil.*) unire in brigate.

brigade-major [brɪ'geɪd,meɪdʒə*] *s.* brigadier generale.

brigadier [,brɪgə'dɪə* / bri·gad·ier] *s.* (*mil.* GB) brigadier generale, generale di brigata.

brigadier general ['brɪgə,dɪə'dʒenərəl] *s.* (*mil.* USA) brigadier generale, generale di brigata; (*aer. mil.* USA) generale di brigata aerea.

brigand ['brɪgənd / brig·and] *s.* brigante.

brigandage ['brɪgəndɪdʒ / brig·and·age] *s.* brigantaggio.

brigandish ['brɪgəndɪʃ / brig·and·ish] *agg.* (*non com.*) brigantesco.

brigandism ['brɪgəndɪzəm / brig·and·ism] *s.* (*rar.*) brigantaggio.

brigantine ['brɪgəntaɪn / brig·an·tine] *s.* (*mar.*) brigantino.

bright [braɪt] *agg.* **1** lucido, risplendente; intenso; vivido; vivace (di colore): *a — light*, una luce intensa; — *red*, rosso vivo; — *steel*, acciaio lucido, bianco; — *weather*, tempo bello, limpido; *to make* —, rendere brillante // — *and early*, di prima mattina // (*astr.*) — *nebula*, nebulosa lucente // *the — side of things*, il lato buono delle cose; *to look on the — side*, vedere tutto rosa, essere ottimista **2** gioioso; vivace; intelligente: *a — girl*, una ragazza sveglia **3** illustre ◆ *avv.* (*letter.*) **1** luminosamente: *the stars were shining* —, le stelle risplendevano luminose **2** allegramente.

to **brighten** ['braɪtn] *v.tr.* e *intr.* **1** brillare; far brillare; ravvivare (*anche fig.*): *the light brightened*, la luce si fece più intensa **2** (*tecn.*) brillantare **3** (*fig.*) animare, animarsi; rallegrare, rallegrarsi: *her smile brightened the room*, il suo sorriso illuminò la stanza; *his face brightened*, il suo volto si animò // *things are brightening* (*up*), le prospettive migliorano, l'avvenire si annuncia più sereno.

brightly ['braɪtlɪ / bright·ly] *avv.* **1** luminosamente **2** allegramente; vivacemente.

brightness ['braɪtnɪs / bright·ness] *s.* **1** splendore, luminosità **2** gaiezza; vivacità, intelligenza **3** (*Borsa*) vivacità, buon andamento della domanda.

brights [braɪts] *s.pl.* (*amer.*) (*aut.*) abbaglianti, luci di profondità.

brill [brɪl] *s.* (*zool.*) (*Rhombus laevis*) rombo liscio.

brilliance ['brɪljens / bril·liance] *s.* **1** lucentezza, brillantezza; splendore (*anche fig.*) **2** vivacità d'ingegno **3** (*ottica*) brillanza, luminanza.

brilliancy ['brɪljənsɪ / bril·liancy] *s.* (*non com.*) brillantezza (spec. delle gemme).

brilliant ['brɪljənt / bril·liant] *agg.* **1** brillante, lucente **2** vivace, brillante; pieno di talento: *he was a — musician*, era un musicista di talento **3** (*fam.*) fantastico, eccezionale: *we had a — holiday last year*, le vacanze dell'anno scorso sono state fantastiche // **-ly** *avv.*

brilliant *s.* **1** brillante (diamante sfaccettato a forma bipiramidale) **2** (*tip.*) corpo 3 1/2 circa.

brilliantine [,brɪljən'ti:n / bril·liant·ine] *s.* brillantina.

brim [brɪm] *s.* **1** orlo, bordo; margine; sponda: *full to the* —, pieno fino all'orlo, colmo **2** tesa, ala (di cappello).

to **brim** *pass.p.p.* **brimmed** [brɪmd] *v.tr.* colmare (*anche fig.*) ◆ *v.intr.* essere pieno fino all'orlo (*anche fig.*): *she brimmed with ideas*, era piena di idee.

□ **brim over** *v.intr.* e *avv.* traboccare: *brimming over with life*, traboccante di vita; *eyes brimming over with tears*, occhi pieni di lacrime.

brimful [,brɪm'fʊl / brim·ful] *agg.* ricolmo, colmo; (*fig.*) pieno; colmo, traboccante: *prose — with adjectives*, prosa gonfia, traboccante di aggettivi; *the lark is so brimful of gladness*, (S.T. COLERIDGE) l'allodola è così ricolma di contentezza.

brimless ['brɪmlɪs / brim·less] *agg.* **1** senza orlo **2** senza tesa.

brimmed [brɪmd] *agg.* **1** colmo sino all'orlo **2** con orlo, bordo, ala, tesa: *broad- — hat*, cappello a larga tesa.

brimstone ['brɪmstəʊn / brim·stone] *s.* **1** (*ant.*) zolfo // — *yellow*, giallo zolfo **2** (*fig.*) zolfo infernale: *there was an air of — about that man*, quell'uomo puzzava d'inferno, c'era qualcosa di diabolico, in quell'uomo; *fire and* —, il fuoco eterno, l'inferno **3** (*bot.*) — (*vegetable*), polvere di licapodio.

brimstony ['brɪmstənɪ / brim·stony] *agg.* (*ant.*) sulfureo.

brindle(d) ['brɪndl(d)] poet. **brinded** ['brɪndɪd] *agg.* **1** macchiato, chiazzato **2** (*zool.*) pezzato: — *cows*, mucche dal mantello pezzato; *skies of douple-colour as a brinded cow*, (G.M. HOPKINS) cieli bicolori come una mucca pezzata.

brine [braɪn] *s.* **1** acqua salmastra **2** salamoia **3** (*letter.*) mare **4** (*letter.*) lacrime.

to **brine** *v.tr.* mettere in salamoia.

brine-pit ['braɪnpɪt] *s.* salina.

to **bring** [brɪŋ] *pass.p.p.* **brought** [brɔ:t] *v.tr.* **1** portare; condurre; recare; procurare: — *him to me*, conducilo da me; *can you — me some water, please?*, puoi portarmi dell'acqua, per favore?; *he brought the dog with him*, portò il cane con sé; *what brings you here?*, che cosa ti porta qui?; *this path brings you to the swimming pool*, questo sentiero ti porta alla piscina; *to — happiness, prosperity*, procurare, recare felicità, prosperità; *to — tears to s.o.'s eyes*, far venire le lacrime agli occhi di qlcu. // *to — into question*, fare entrare in discussione // (*ant.*) *to — to pass*, causare, far succedere // *to — sthg. home to s.o.*, aprire gli occhi a qlcu.: *his death brought home to me the value of his friendship*, la sua morte mi ha fatto capire il valore della sua amicizia // *to* — (*influence, pressure*) *to bear on*, esercitare (influenza, pressione) su: *you must — more pressure to bear on him*, devi esercitare maggiore pressione su di lui; *we brought out big guns to bear on the enemy*, usammo i nostri potenti cannoni contro il nemico **2** indurre, persuadere: *I cannot — myself to believe it*, non posso proprio crederlo; *he would never — himself to kill a bird*, non ucciderebbe mai un uccello **3** procurare (cifra, denaro): *his old car won't — him much*, la sua vecchia automobile non gli frutterà molto **4** far accorrere: *her cries brought the policeman*, le sue grida fecero accorrere il poliziotto // *you have brought it on yourself*, te lo sei tirato addosso da solo **5** (*dir.*) presentare: *to — an action against s.o.*, intentare un processo contro qlcu.; *to — a charge against s.o.*, presentare un'accusa contro qlcu. **6** (*ant.*) accompagnare.

□ **bring about** *v.tr.* e *avv.* **1** causare, determinare: *his refusal brought about a difficult situation*, il suo rifiuto determinò una situazione difficile **2** far virare (un'imbarcazione) SIN. to bring round.

□ **bring along** *v.tr.* e *avv.* condurre con sé: *— your friend along if you wish*, porta con te il tuo amico se vuoi.

□ **bring around** *v.tr.* e *avv.* convincere SIN. to bring over, to bring round: *he did his best to — me around to his point of view*, fece del suo meglio per portarmi a condividere il suo punto di vista.

□ **bring back** *v.tr.* e *avv.* **1** restituire; riportare: *the car must be brought back within a week*, l'auto deve essere restituita entro una settimana; *I'll take you there and — you back home*, ti porto là e poi ti riporto a casa **2** riportare alla memoria: *her letter brings back many memories*, la sua lettera mi riporta alla mente tanti ricordi **3** riportare in auge, in vigore: *some people want to — back capital punishment*, certa gente vuole il ritorno della pena di morte.

□ **bring down** *v.tr.* e *avv.* **1** far cadere; abbattere; far crollare: *to — down the government*, far cadere il governo; *to — down a plane*, abbattere un aereo **2** far scendere (prezzi ecc.) **3** (*on*) attirare (su): *to — down trouble on s.o.*, attirare guai su qlcu.

□ **bring forth** *v.tr.* e *avv.* **1** avanzare, proporre; produrre, causare: *he is unlikely to — forth a bright idea*, è poco probabile che se ne esca con un'idea brillante **2** produrre, esibire (prove, testimoni) **3** (*antiq.*) generare.

□ **bring forward** *v.tr.* e *avv.* **1** anticipare: *the party has been brought forward to Tuesday*, la festa è stata anticipata a martedì **2** mettere avanti (un orologio) **3** avanzare (proposte ecc.) **4** (*mat.*) riportare.

□ **bring in** *v.tr.* e *avv.* **1** introdurre: *to — in a new law, a new fashion*, introdurre una nuova legge, una nuova moda **2** tirar dentro, far partecipare (a un progetto, impresa ecc.) [cfr. to *bring into* 1] **3** far guadagnare, procurare (come introito), fruttare: *the auction brought in over 1000 pounds*, l'asta ha fruttato 1000 sterline **4** (*dir.*) emettere (un verdetto) **5** mettere in discussione, introdurre in una discussione [cfr. to *bring into* 2]: *I want to — in the financial point*, voglio che si discuta il punto finanziario.

□ **bring into** *v.tr.* e *prep.* **1** tirar dentro, mettere dentro: *he plans to — his nephew into the executive committee*, progetta di metter suo nipote nel comitato esecutivo **2** introdurre, portare (in discussione ecc.): *I'll do my best to — your points into the negotiations*, farò del mio meglio per inserire le tue opinioni nelle trattative **3** (*fraseologia*) *to — into existence, to — into disrepute, to — into focus etc.* → existence, disrepute, focus ecc.

□ **bring off** *v.tr.* e *avv.* **1** (*fam.*) portare a buon fine: *the goalkeeper brought off a brilliant save*, il portiere fece una parata formidabile **2** portare in salvo.

□ **bring on** *v.tr.* e *avv.* **1** procurare (un disturbo, una malattia) **2** (*antiq.*) addestrare, istruire.

□ **bring out** *v.tr.* e *avv.* **1** mettere sul mercato (un prodotto); far uscire (libro, album ecc.): *he has just brought out a new book on Celtic art*, è appena uscito un suo nuovo libro sull'arte celtica **2** tirar fuori: *he is capable of bringing out the best in every person he works with*, riesce a tirar fuori il meglio da tutti quelli che lavorano con lui; *he brought out a few English words*, tirò fuori qualche parola in inglese; *he brought out a pile of documents*, tirò fuori un mucchio di documenti **3** far sbocciare **4** (*in*) far venir fuori: *strawberries bring him out in a rash*, le fragole gli fanno venire l'orticaria.

□ **bring over** *v.tr.* e *avv.* **1** far venire su, richiamare; portare con sé: *the next time he comes he wants to — over the whole family*, la prossima volta che viene, vuole portare con sé tutta la famiglia **2** (*to*) convincere (qlcu.) a cambiare bandiera: *I think he can be brought over to our side*, penso che possa essere convinto a passare dalla nostra parte.

□ **bring round** *v.tr.* e *avv.* **1** → to bring about 2 **2** far rinvenire **3** (*to*) conquistare, far venire dalla propria parte: *I'll try to — him round to our viewpoint*, cercherò di conquistarlo al nostro punto di vista **4** (*to*) (*fig.*) dirottare (discussione, conversazione ecc.): *he managed to — the conversation round to football*, riuscì a dirottare la conversazione sul calcio.

□ **bring to** *v.tr.* e *avv.* **1** far rinvenire, far tornare in sé **2** (*mar.*) fermare, far fermare: *he ordered the ship's captain to — to*, ordinò al capitano di fermare la nave **3** (*fraseologia*) *to — to s.o.'s attention, to — to an end, to — to the fore etc.* → attention, end, fore ecc.

□ **bring up** *v.tr.* e *avv.* **1** allevare, crescere: *he was brought up strictly*, ha ricevuto un'educazione severa **2** sollevare (un argomento ecc.): *— the point up at the next meeting*, solleva questo punto alla prossima riunione **3** (*fam.*) vomitare **4** (*dir.*) *to — s.o. up before the court*, chiamare, citare qlcu. in tribunale.

bringer [ˈbrɪŋə* / bring·er] *s.* (*ant.*) portatore, latore (di notizie ecc.).

bringing forward [ˌbrɪŋɪŋˈfɔ:wəd] *s.* (*amm.*) il riportare (un totale) da una pagina alla successiva.

bringing-in [ˌbrɪŋɪŋˈɪn] *s.* (*fin.*) apporto (di capitali).

bringing-out [ˌbrɪŋɪŋˈaʊt] *s.* (*fin.*) lancio (di società, titoli ecc.).

brinish [ˈbraɪnɪʃ / brin·ish] *agg.* salmastro.

brinjal [ˈbrɪndʒɔ:l / brin·jal] *s.* (*sl.*) melanzana.

brink [brɪŋk] *s.* orlo, bordo, margine (*anche fig.*): *on the — of despair*, sull'orlo della disperazione; *on the — of the grave*, sull'orlo della fossa; *he was on the — of doing sthg. foolish*, era sul punto di fare una sciocchezza.

brinkmanship [ˈbrɪŋkmənʃɪp / brink·man·ship] *s.* politica del rischio calcolato: *nuclear —*, politica con rischio di guerra nucleare calcolato.

briny [ˈbraɪnɪ] *agg.* salato; marino // *the — deep*, (*letter.*) il mare ◆ *s.* (*sl. antiq.*) il mare.

brio [ˈbri:əʊ] *s.* (*mus.*) brio.

brioche [bri:ˈɒʃ *amer.* ˈbri:əʊʃ / bri·oche] *s.* (*fr.*) (*non com.*) brioche.

briony [ˈbraɪənɪ] → **bryony**.

briquet [ˈbrɪkɪt / bri·quet] **briquette** [brɪˈket / bri·quette] *s.* mattonella, formella di carbone.

brisk [brɪsk] *agg.* **1** vivace, vispo; svelto: *— manners*, modi spicci, energici; (*comm.*) *— market*, mercato attivo; *at a — pace*, a passo svelto **2** frizzante; pungente: *a — wind*, un vento frizzante; *it was a — March morning*, era una frizzante mattina di marzo // **-ly** *avv.* // **-ness** *s.*

to **brisk** *v.tr.* e *intr.* (*rar.*) animare, animarsi; rianimare, rianimarsi.

brisket [ˈbrɪskɪt / bris·ket] *s.* (*cuc.*) punta (di petto).

brisling [ˈbrɪslɪŋ / bris·ling] *s.* (*zool.*) (*Sprattus sprattus*) spratto.

bristle [ˈbrɪsl] *s.* setola; pelo ruvido (non rasato).

to **bristle** *v.tr.* rizzare (peli, capelli) ◆ *v.intr.* **1** rizzarsi (di peli, capelli); (*fig.*) andare in collera **2** essere irto di, spinoso: *his style bristles with learned words*, il suo stile è pieno, farcito di parole dotte; *to — with difficulties*, essere irto di difficoltà.

bristled [ˈbrɪsld] *agg.* setoloso.

bristlestar [ˈbrɪslˌstɑ:* / bristle·star] *s.* (*zool.*) ofiura.

bristly [ˈbrɪslɪ] *agg.* setoloso; ruvido, ispido (*anche fig.*): *a — character*, un carattere litigioso, aggressivo, spinoso.

Brit [brɪt] *s.* (*fam.*) (abbr. di *British*) inglese: *there were two Brits in the bar*, c'erano due inglesi al bar.

Britannia [brɪˈtænjə / Bri·tan·nia] *no.pr.* Britannia (nome latino della Gran Bretagna e figura simbolica che rappresenta la Gran Bretagna).

Britannic [brɪˈtænɪk / Bri·tan·nic] *agg.* (*form.*) britannico: *His — Majesty*, Sua Maestà britannica.

britches [ˈbrɪtʃɪz] *s.pl.* (*amer.*) → **breeches**.

Briticism [ˈbrɪtɪsɪzəm / Briti·cism] *s.* (*amer.*) anglismo.

British [ˈbrɪtɪʃ / Brit·ish] *agg.* britannico: *— Academy*, Accademia britannica (delle scienze morali e politiche); *— Association*, Accademia britannica (delle scienze); *the — Empire*, l'Impero britannico; *the — Isles*, le Isole britanniche // *the —*, la popolazione del Regno Unito // *the — Channel*, la Manica // *the best of —!* (*fam.*) buona fortuna!

Britisher [ˈbrɪtɪʃə* / Brit·isher] *s.* (*amer.*) inglese.

Britishism [ˈbrɪtɪʃɪzəm / Brit·ish·ism] *s.* (*amer.*) anglismo.

Briton [brɪtn] *s.* **1** abitante del Regno Unito **2** (*st.*) britanno.

brittle [brɪtl] *agg.* **1** fragile; friabile (*anche fig.*) **2** (di rumore) secco // *a — laugh*, una risatina nervosa **3** freddo, calcolatore (di carattere).

brittleness [ˈbrɪtlnɪs / brittle·ness] *s.* fragilità; friabilità.

bro [brəʊ] *s.* **1** (*amer.*) fratello **2** *pl.* (uso quasi esclusivamente comm.) *John Mark & Bros* • Abbr. di *brother*.

broach[1] [brəʊtʃ] *s.* **1** (*non com.*) spiedo **2** (*arch.*) guglia **3** (*mecc.*) broccia, spina.

to **broach**[1] *v.tr.* **1** (*form.*) stappare (una bottiglia), spillare (vino ecc.) **2** intavolare, avviare un discorso su: *I broached the subject to him*, gli accennai la cosa **3** (*mecc.*) brocciare.

to **broach**[2] *v.tr.* e *intr.* (*mar.*) straorzare.

broad [brɔ:d] *agg.* **1** largo, ampio, esteso: *a — grin*, un ampio sorriso; *in — daylight*, in pieno giorno; *a road thirty metres —*, una strada larga trenta metri // *it is as — as it is long*, è la stessa cosa // *to grow —*, allargarsi // *to have a — back* (o *— shoulders*), avere le spalle robuste (*anche fig.*) **2** chiaro; ovvio: *a — hint*, un accenno esplicito **3** marcato, spiccato; rustico; volgare: — *accent*, accento marcato; — *speech*, linguaggio volgare; *a — story*, un racconto volgare, salace **4** tollerante, liberale: — *mind*, mente aperta, tollerante; *with a — outlook*, di ampie vedute // *Broad Church*, chiesa liberale, latitudinaria **5** generale; principale; essenziale: *the — facts*, i fatti puri e semplici; *in — outline*, a grandi linee; *in a — sense that's true*, in generale ciò è vero; *it's political in the — sense of the word*, è politico nel senso generale della parola ◆ *s.* **1** larghezza, ampiezza: *the — of the back*, la larghezza delle spalle **2** (*fam. amer.*) ragazza; (*sl. amer.*) prostituta.

broad *avv.* (*non com.*) ampiamente; completamente.

broad-arrow ['brɔ:d,ærəʊ] *s.* marchio (t) che in Gran Bretagna indica la proprietà dello stato.

broadband ['brɔ:dbænd / broad·band] *s.* (*inform.*) banda larga // (*tel.*) — *net*, rete a banda larga.

broad bean ['brɔ:dbi:n] *s.* (*bot.*) (*Vicia faba*) fava comune.

broadbrim ['brɔ:dbrɪm / broad·brim] *s.* cappello dalle larghe tese.

broadbrimmed ['brɔ:dbrɪmd / broad·brimmed] *agg.* a larghe tese.

broadcast ['brɔ:dkɑ:st *amer.* 'brɔ:dkæst / broad·cast] *agg.* **1** radiodiffuso, radiotrasmesso; telediffuso, teletrasmesso **2** (*agr.*) seminato; sparso (*anche fig.*) ◆ *s.* **1** (*rad., tv*) programma televisivo, radiofonico; radiodiffusione, radiotrasmissione; teletrasmissione // — (*account*), radiocronaca, telecronaca; — *announcement*, comunicazione radiofonica, televisiva **2** (*agr.*) semina a spaglio **3** (*inform.*) diffusione: — *videotex*, videotex diffuso.

broadcast *avv.* (*non com.*) in modo sparso; largamente.

to **broadcast** *pass.p.p.* **broadcast** meno com. **broadcasted** ['brɔ:dkɑ:stɪd *amer.* 'brɔ:dkæstɪd / broad·cas·ted] *v.tr.* **1** radiotrasmettere, trasmettere per radio, per televisione **2** seminare a spaglio; (*fig.*) disseminare, divulgare.

broadcaster ['brɔ:dkɑ:stə* *amer.* 'brɔ:d kæstə* / broad·cast·er] *s.* **1** chi parla alla radio, alla televisione, giornalista televisivo, radiofonico **2** ente, organizzazione di radiodiffusione, teletrasmissione **3** (*agr.*) seminatrice centrifuga; distributore a spaglio.

broadcasting ['brɔ:dkɑ:stɪŋ *amer.* 'brɔ:d kæstɪŋ / broad·cast·ing] *s.* **1** radiodiffusione; teletrasmissione // *British Broadcasting Corporation* (abbr. BBC), Ente Radiofonico Britannico // — *studio*, studio radiofonico, televisivo; sala di trasmissione **2** il fare, preparare programmi televisivi, radiofonici **3** (*agr.*) semina a spaglio.

broadcloth ['brɔ:dklɒθ *amer.* 'brɔ:dklɔ:θ / broad·cloth] *s.* tessuto pettinato a doppia altezza.

to **broaden (out)** ['brɔ:dn] *v.tr.* e *intr.* allargare, allargarsi; spandere, spandersi.

broad-leaf ['brɔ:dli:f] *agg.* e *s.* (*bot.*) latifoglia.

broad-leaved ['brɔ:d,li:vd] *agg.* (*bot.*) latifoglio.

broadly ['brɔ:dlɪ / broad·ly] *avv.* largamente; ampiamente: *I was — in agreement*, ero in linea di massima d'accordo; *a — based party*, un partito con un'ampia base; — *speaking*, parlando in generale.

broadminded [,brɔ:d'maɪndɪd / broad·minded] *agg.* di larghe vedute, tollerante // **-ly** *avv.*

broadmindedness [,brɔ:d'maɪndɪdnɪs / broad·minded·ness] *s.* larghezza di vedute, tolleranza.

broadness ['brɔ:dnɪs / broad·ness] *s.* **1** larghezza **2** grossolanità, volgarità.

broadsheet ['brɔ:dʃi:t / broad·sheet] *s.* manifesto.

broad-shouldered ['brɔ:d'ʃəʊldəd] *agg.* che ha le spalle larghe (*anche fig.*).

broadside ['brɔ:dsaɪd / broad·side] *s.* **1** (*mar.*) murata **2** (*mar.*) bordata **3** (*fig.*) violento attacco verbale o scritto **4** (*tip.*) pieghevole, dépliant.

broad-spectrum ['brɔ:d'spektrəm] *agg.* (*scient.*) a largo spettro.

broadsword ['brɔ:dsɔ:d / broad·sword] *s.* spadone.

broadtail ['brɔ:dteɪl / broad·tail] *s.* (*zool.*) breitschwanz.

broadways ['brɔ:dweɪz / broad·ways]
broadwise ['brɔ:dwaɪz / broad·wise] *avv.* (*non com.*) nel senso della larghezza, secondo la larghezza.

brocade [brəʊ'keɪd / bro·cade] *s.* (*tess.*) broccato.

to **brocade** *v.tr.* broccare, ornare il tessuto di brocchi.

brocaded [brəʊ'keɪdɪd / bro·caded] *agg.* di broccato.

brocatelle [,brɒkə'tel / bro·ca·telle] *s.* (*tess.*) broccatello.

broccoli ['brɒkəlɪ / broc·coli] *s.* [U] (*bot.*) broccoletti, cime di rapa.

brochure ['brəʊʃə* *amer.* brəʊ'ʃʊə* / bro·chure] *s.* **1** (*tip.*) brossura **2** opuscolo.

brock [brɒck] *s.* (*zool., fam.*) tasso.

brocket ['brɒkɪt] *s.* (*zool.*) cervo di due anni.

brogue[1] [brəʊg] *s.* scarpa robusta sportiva.

brogue[2] *s.* (*scoz., irl.*) cadenza dialettale.

to **broider** ['brɔɪdə*] e *deriv.* (*ant. letter.*) → to **embroider** e *deriv.*

broil[1] [brɔɪl] *s.* (*non com.*) rissa; tumulto.

to **broil**[1] *v.tr.* (*ant.*) coinvolgere in risse o tumulti ◆ *v.intr.* (*ant.*) essere coinvolto in una rissa, prendere parte a una rissa.

broil[2] *s.* carne arrostita alla griglia o allo spiedo.

to **broil**[2] *v.tr.* cuocere carne alla griglia o allo spiedo ◆ *v.intr.* bruciare, essere esposto a grande calore: *he broiled in the hot sun*, arrostiva sotto il sole cocente.

broiler[1] ['brɔɪlə*] *s.* (*non com.*) fomentatore di risse, attaccabrighe.

broiler[2] *s.* **1** graticola **2** pollastro da arrostire.

brokage ['brəʊkɪdʒ / brok·age] *s.* (*comm.*) → **brokerage**.

broke [brəʊk] *pass.* (*ant.*) *p.p.* di to **break**[1] ◆ *agg.* (*sl.*) squattrinato; rovinato // *stony* —, completamente in bolletta // *to go for* —, rischiare il tutto per tutto // *to go* —, (*fam.*) fallire; far bancarotta.

to **broke** *v.intr.* (*comm. fam.*) esercitare l'attività di broker.

broken ['brəʊkən] *p.p.* di to **break**[1] ◆ *agg.* **1** rotto; spezzato (*anche fig.*): *I think his leg is* —, credo che si sia rotto la gamba; *a — marriage*, un matrimonio fallito; *a — promise*, una promessa mancata; *she wept and told her story in a — voice*, pianse e raccontò la sua storia con voce rotta **2** discontinuo, interrotto: — *journey*, viaggio interrotto; — *week*, settimana interrotta da una festa // (*Borsa*) — *amount*, spezzatura // *a — sleep*, un sonno agitato **3** guasto, rotto: *the tv is* —, la televisione è rotta **4** incerto, variabile (di tempo); ineguale, accidentato (di terreno); increspato (di acque) **5** indebolito, deperito: — *health*, salute debole, malferma **6** accorato, avvilito, scoraggiato: *a — man*, un uomo finito **7** scorretto: — *English*, inglese scorretto.

broken-backed ['brəʊkən,bækt] *agg.* con la schiena rotta, fuori posto.

broken-down ['brəʊkən,daʊn] *agg.* **1** guasto: *we had to push his — car*, abbiamo dovuto spingere la sua macchina in panne **2** malconcio, malridotto, a pezzi (*anche fig.*).

broken-hearted ['brəʊkən'hɑ:tɪd] *agg.* col cuore spezzato.

brokenly ['brəʊkənlɪ / broken·ly] *avv.* a scatti; in modo interrotto; a intervalli; irregolarmente.

broken meats ['brəʊkən'mi:ts] *s.pl.* (*non com.*) avanzi, resti (di un banchetto ecc.).

broken-winded ['brəʊkən,wɪndɪd] *agg.* bolso (di cavallo).

broker ['brəʊkə*] *s.* (*comm., fin.*) **1** mediatore, agente, commissionario, intermediario; broker: — *'s contract*, contratto di commissione; — *'s contract note*, fissato bollato; *commodities* —, mediatore (agente che effettua negoziazioni di merci in borsa); *foreign exchange* —, cambista **2** → stockbroker.

brokerage ['brəʊkərɪdʒ / broker·age] *s.* (*comm.*) mediazione, commissione SIN. brokage.

broking ['brəʊkɪŋ / brok·ing] *s.* attività di agente mediatore, di broker.

brolly ['brɒlɪ] *s.* (*fam.*) ombrello.

bromal ['brəʊməl / brom·al] *s.* (*chim.*) bromalio.

bromate ['brəʊmeɪt / brom·ate] *s.* (*chim.*) bromato.

to **bromate** *v.tr.* (*chim.*) **1** combinare con un bromato **2** far reagire con bromo.

bromic ['brəʊmɪk / bro·mic] *agg.* (*chim.*) bromico: — *acid*, acido bromico.

bromide ['brəʊmaɪd / brom·ide] *s.* **1** (*chim.*) bromuro // (*fot.*) — *paper*, carta al bromuro **2** (*sl. amer.*) persona noiosa; banalità; vecchia battuta.

to **brominate** ['brɒmɪ,neɪt / bromin·ate] *v.tr.* (*chim.*) bromurare, trattare con bromuro.

bromination [,brɒmɪ'neɪʃn / brom·ina·tion] *s.* (*chim.*) bromurazione.

bromine ['brəʊmi:n / brom·ine] *s.* (*chim.*) bromo.

bromism ['brəʊmɪzəm / brom·ism] *s.* (*med.*) bromismo.

to **bromize** ['brəʊmaɪz / brom·ize] *v.tr.* (*chim.*) trattare con bromo.

bronchial ['brɒŋkjəl / bron·chial] *agg.*

(*med.*) bronchiale: — *asthma*, asma bronchiale.

bronchiole [ˈbrɒŋkɪ,əʊl / bron·chi·ole] **bronchiolus** [,brɒŋˈkaɪələs / bron·chi·olus] *pl.* **bronchioli** [,brɒŋˈkaɪəlaɪ] *s.* (*anat.*) bronchiolo.

bronchitic [brɒŋˈkɪtɪk / bron·chitic] *agg.* (*med.*) di bronchite; affetto da bronchite.

bronchitis [brɔŋˈkaɪtɪs / bron·chitis] *s.* (*med.*) bronchite.

broncho- [ˈbrɒŋkəʊ', brɒŋˈkɒ] *pref.* di origine greca, usato nella terminologia medica per indicare relazione coi bronchi; it. bronco-: *bronchopathy*, broncopatia; *bronchotomy*, broncotomia.

bronchopathy [,brɒŋˈkɒpəθɪ / bron·cho·pathy] *s.* (*med.*) broncopatia.

bronchopneumonia [,brɒŋkəʊnju:ˈməʊnɪə / bron·cho·pneu·mo·nia] *s.* (*med.*) broncopolmonite.

bronchoscope [ˈbrɒŋkəʊskəʊp / bron·cho·scope] *s.* (*med.*) broncoscopio.

bronchotomy [brɒŋˈkɒtəmɪ / bron·cho·tomy] *s.* (*med.*) broncotomia.

bronchus [ˈbrɒŋkəs / bron·chus] *pl.* **bronchi** [ˈbrɒŋkaɪ] **bronchia** [ˈbrɒŋkɪə] *s.* (*anat.*) bronco.

bronco [ˈbrɒŋkəʊ] *s.* (*amer.*) cavallo selvaggio // — *buster*, (*sl. amer.*) domatore di cavalli selvaggi.

brontosaur [ˈbrɒntə,sɔ:* / bron·to·saur] **brontosaurus** [,brɒntəˈsɔ:rəs / bron·to·saurus] *pl.* **brontosauruses** [,brɒntəˈsɔ:rəsɪz / bron·to·sauruses] **brontosauri** [,brɒntəˈsɔ:raɪ / bron·to·sauri] *s.* (*paleont.*) brontosauro.

Bronx [brɒŋks] *no.pr.* Bronx (quartiere di New York) // — *cheer*, (*amer.*) pernacchia.

bronze [brɒnz] *s.* **1** bronzo; oggetto, opera in bronzo // *the Bronze Age*, l'età del bronzo **2** medaglia di bronzo **3** color bronzo ◆ *agg.* **1** bronzeo, di colore bronzo **2** di bronzo: — *medal*, medaglia di bronzo.

to **bronze** *v.tr.* **1** bronzare; brunire **2** abbronzare **3** (*fot.*) metallizzare ◆ *v.intr.* abbronzarsi.

bronzed [brɒnzd] *agg.* **1** bronzato, brunito **2** abbronzato.

bronzing [ˈbrɒnzɪŋ / bron·zing] *s.* abbronzatura.

bronzy [ˈbrɒnzɪ] *agg.* bronzeo.

brooch [brəʊtʃ] *s.* fermaglio, spilla.

brood [bru:d] *s.* **1** covata (di uccelli) **2** (*scherz.*) prole, figliolanza, nidiata (di bambini) **3** (*spreg.*) turba.

to **brood** *v.intr.* **1** (*fig.*) rimuginare, meditare: *you must not — over* (o *about*) *your sorrows*, non devi rimuginare troppo sui tuoi dolori **2** (*fig.*) sovrastare; (*poet.*) aleggiare: *dark clouds were brooding over the valley*, nuvole scure incombevano sulla valle; *the gentleness of heaven broods o'er the sea*, (W. WORDSWORTH) la gentilezza del cielo aleggia sul mare **3** covare ◆ *v.tr.* covare.

brooder [ˈbru:də*] *s.* **1** (*zool.*) animale che cova; chioccia **2** (*amer.*) incubatrice **3** chi medita.

brood-hen [ˈbru:dhen] *s.* chioccia.

brood-mare [ˈbru:dmeə*] *s.* cavalla da riproduzione, fattrice.

broody [ˈbru:dɪ] *agg.* **1** che vuole covare (di gallina) **2** (*fig.*) meditabondo, che rimugina.

broody-hen [bru:dɪhen] → **brood-hen**.

brook[1] [brʊk] *s.* ruscello.

to **brook**[2] *v.tr.* (*form.*) tollerare, soffrire, sopportare: *the matter brooks no delay*, la faccenda non ammette ritardo.

brookite [ˈbrʊkaɪt / brook·ite] *s.* (*min.*) brookite.

brooklet [ˈbrʊklɪt / brook·let] *s.* ruscelletto.

broom [bru:m] *s.* **1** scopa // *a new — sweeps clean*, (*prov.*) scopa nuova scopa bene **2** (*bot.*) (*Cytisus scoparia*) ginestra dei carbonai.

to **broom** *v.tr.* (*rar.*) scopare.

broomcorn [ˈbru:mkɔ:n / broom·corn] *s.* (*bot.*) saggina, sorgo → **sorgho**.

broomrape [ˈbru:mreɪp / broom·rape] *s.* (*bot.*) orobanche; (*pop.*) succiamele.

broomstick [ˈbru:mstɪk / broom·stick] *s.* manico di scopa.

broth [brɒθ] *s.* **1** brodo: *thin* —, brodo leggero // *a — of a girl*, (*irl.*) una perla di ragazza **2** (*biol.*) brodo di coltura.

brothel [ˈbrɒθl] *s.* casa di tolleranza, bordello.

brother [ˈbrʌðə*] *pl. nel senso 3* **brethren** [ˈbreðrən / breth·ren] *s.* **1** fratello: *elder* —, fratello maggiore; *younger* —, fratello minore **2** compagno; camerata **3** confratello: *my dearly beloved brethren*, (*eccl.*) miei benamati confratelli **4** (*fam. amer.*) amico, compagno (appellativo con cui si chiamano tra loro i neri d'America).

brother-german [ˈbrʌðə,dʒɜ:mən] *s.* fratello germano.

brotherhood [ˈbrʌðəhʊd / broth·er·hood] *s.* **1** fratellanza; cameratismo; amor fraterno **2** confraternita; associazione.

brother-in-arms [ˈbrʌðərɪˈnɑ:mz] *pl.* **brothers-in-arms** [ˈbrʌðəzɪˈnɑ:mz] *s.* (*antiq.*) commilitone, compagno d'armi.

brother-in-law [ˈbrʌðərɪn,lɔ:] *pl.* **brothers-in-law** [ˈbrʌðəzɪn,lɔ:] *s.* cognato.

brotherless [ˈbrʌðəlɪs / broth·er·less] *agg.* senza fratelli.

brotherliness [ˈbrʌðəlɪnɪs / broth·er·li·ness] *s.* fratellanza.

brotherly [ˈbrʌðəlɪ / broth·erly] *agg.* fraterno ◆ *avv.* fraternamente.

brougham [ˈbru:əm] *s.* **1** 'brum' (carrozza chiusa) **2** (*antiq.*) limousine (automobile con posto di guida esterno).

brought [brɔ:t] *pass.p.p* di to **bring**.

brought forward [,brɔ:tˈfɔ:wəd] *s.* (*amm.*) riporto.

brow[1] [braʊ] *s.* **1** fronte: *a broad* —, una fronte ampia **2** *pl.* sopracciglia: *to pucker* (o *to knit*) *one's brows*, aggrottare le sopracciglia **3** orlo (di precipizio, di scarpata ecc.) **4** cima, sommità di collina, di rampa stradale: *on the — of the hill*, al culmine della salita.

brow[2] *s.* (*mar.*) passerella.

to **browbeat** [ˈbraʊbi:t / brow·beat] *pass.* **browbeat** *p.p.* **browbeaten** [ˈbraʊbi:tn] *v.tr.* guardare con cipiglio; intimidire, intimorire (con parole, sguardi): *she — him into cleaning the car*, gli intimò di pulire la macchina.

browed [braʊd] *agg.* (*non com.*) munito di sopracciglia (usato spec. in composti): *smooth*-—, tranquillo, rilassato, con la fronte distesa.

browless [ˈbraʊlɪs / brow·less] *agg.* senza sopracciglia.

brown [braʊn] *agg.* **1** bruno; marrone; castano: — *bear*, orso bruno; — *eyes*, occhi castani; — *shoes*, scarpe marroni // *Brown Bess*, (*sl.*, *antiq.*) 'Brown Bess' (vecchio tipo di moschetto) **2** integrale: — *rice*, riso integrale; — *sugar*, zucchero di canna (non raffinato) **3** scuro; abbronzato: — *as a berry*, molto abbronzato **4** (*zool.*) sauro (di cavallo) **5** (*ant.*, *poet.*) scuro, buio, cupo: *and brown as evening*, (MILTON) e cupo come la sera.

brown *s.* color bruno, marrone: *he likes to wear* —, gli piace vestirsi in marrone.

to **brown** *v.tr.* **1** rendere bruno; rosolare **2** abbronzare ◆ *v.intr.* **1** diventare bruno; rosolarsi **2** abbronzarsi.

to **brown bag** [ˈbraʊnbæg] *v.intr.* (*fam. amer.*) andare in un ristorante portandosi il proprio cibo e bevande.

brown coal [ˈbraʊnˈkəʊl] *s.* (*geol.*) lignite.

browned off [ˈbraʊndɒf] *agg.* annoiato, scocciato • La parola risale alla II guerra mondiale e si pensa che derivi dal colore della divisa dell'esercito.

Brownian [ˈbraʊnɪən / Brown·ian] *agg.* browniano: (*fis.*) — *movement*, moto browniano.

brownie [ˈbraʊnɪ] *s.* **1** folletto **2** (*scout*) giovane esploratrice; coccinella **3** 'Brownie'® (tipo di macchina fotografica) **4** (*fam. amer.*) biscotto casereccio al cioccolato.

brownish [ˈbraʊnɪʃ / brown·ish] *agg.* brunastro, tendente al marrone.

Brownists [ˈbraʊnɪsts / Brown·ists] *s.pl.* (*st. relig.*) seguaci di Robert Brown (che fondò una setta nel 1580).

brown-nose [ˈbraʊnnəʊz] *s.* (*sl. amer.*) leccapiedi.

brown-paper [,braʊnˈpeɪpə*] *s.* carta da pacchi.

Brownshirt [ˈbraʊnʃɜ:t / Brown·shirt] *s.* nazista; camicia bruna.

brownstone [ˈbraʊnstəʊn / brown·stone] *s.* **1** (*edil.*) tipo di arenaria di colore rossastro per costruzioni **2** (*amer.*) casa costruita con questo materiale; casa elegante: — *district*, quartiere elegante.

brown study [,braʊnˈstʌdɪ] *s.* (*antiq.*) stato di sogno: *in a* —, assorto.

browse [braʊz] *s.* **1** (*bot.*) pollone; tenero germoglio **2** brucatura **3** (*fig.*) scorsa, lettura rapida; occhiata.

to **browse** *v.intr.* **1** brucare **2** girellare; dare un'occhiata: *to — among books*, curiosare fra i libri; *to — around in the children department*, girellare nel reparto bambini **3** scorrere, leggere scorrendo.

browser [ˈbraʊzə* / brow·ser] *s.* (*inform.*) browser, navigatore; (*Internet*) software che permette di navigare le pagine web.

browsing [ˈbraʊzɪŋ / brows·ing] *agg.* pascolante ◆ *s.* **1** il brucare **2** (*fig.*) il leggere a spizzico; il curiosare per negozi **3** (*inform.*) lettura, scorrimento.

brucellosis [,bru:səˈləʊsɪs / bru·cel·losis] *s.* (*med.*, *vet.*) brucellosi.

brucine ['bru:si:n / bruc·ine] *s.* (*chim.*) brucina.

brucite ['bru:saɪt / bruc·ite] *s.* (*min.*) brucite.

bruin ['bru:ɪn] *s.* (*fam.*) orso.

bruise [bru:z] *s.* ammaccatura; contusione; livido.

to **bruise** *v.tr.* **1** ammaccare; schiacciare, contundere **2** battere (un metallo) **3** (*fig.*) ferire, urtare (sentimenti) ◆ *v.intr.* **1** ammaccarsi; coprirsi di lividi **2** (*fig.*) urtarsi, offendersi **3** (*caccia*) cavalcare a rotta di collo.

bruised [bru:zd] *agg.* ammaccato; contuso: *— all over*, tutto ammaccato // *she was still — by her experiences in London*, portava ancora i segni della sua esperienza a Londra.

bruiser ['bru:zə*] *s.* **1** (*st.*) pugile (combattente senza guanti) **2** (*estens.*) colosso; gigante // *he is a big —*, è un pezzo d'uomo **3** (*fig.*) persona prepotente; uomo combattivo **4** (*tecn.*) frantoio, frantumatrice.

bruising ['bru:zɪŋ / bruis·ing] *s.* [U] ammaccatura; contusione.

bruit [bru:t] *s.* **1** (*ant.*, *letter.*) rumore; diceria: *comes on at hand the bruit*, (F. THOMPSON) s'avvicina il rumore **2** (*med.*) rumori anormali (percepiti all'auscultazione).

to **bruit** *v.tr.* (*ant.*) spargere, divulgare (rumore, diceria); annunziare: *it was bruited (about) that...*, (*form.*) correva voce che... ; *by this great clatter one of the greatest note / seems bruited*, (SH. Macbeth) un fragore così grande sembra annunziare un personaggio di alta importanza.

Brumaire [,brju:'meə*] *s.* (*st. francese*) brumaio.

brumby ['brʌmbɪ] *s.* (*austr.*) cavallo non domato.

Brummagem ['brʌmədʒəm / Brum·ma·gem] *s.* **1** (*dial.*) la città di Birmingham **2** oggetto fatto a Birmingham ◆ *agg.* **1** (*spreg.*) di Birmingham **2** (*estens.*) vistoso e di poco prezzo.

brumous ['bru:məs / bru·mous] *agg.* (*rar.*) brumale; invernale; brumoso.

brunch [brʌntʃ] *s.* (*sl.*) pasto che sostituisce la prima e la seconda colazione (si consuma in genere nei fine settimana) • Contr. di *breakfast* e *lunch*.

Bruneian ['bru:naɪən / Bru·neian] *agg.* e *s.* (nativo, abitante) del Brunei.

brunette [bru:'net / bru·nette] *s.* bruna, brunetta.

brunt [brʌnt] *s.* urto, scontro: *he bore the — of her anger*, toccò a lui subire lo sfogo della sua ira; [*let me*]*... / bear the brunt, in a minute pay glad life's arrears / of pain*, (R. BROWNING) [lascia che] ...affronti l'urto, in un minuto io paghi contento gli arretrati di dolore di una vita.

brush [brʌʃ] *s.* **1** spazzola; spazzolino // *a — haircut*, taglio a spazzola **2** spazzolata, colpo di spazzola **3** pennello; (*fig.*) pittore: *from the same —*, dello stesso pennello **4** (*elettr.*) spazzola // *— discharge*, scarica a fiocco **5** rissa, scontro, schermaglia (*anche fig.*): *a — with the enemy*, uno scontro con il nemico; *he had a — with death*, ha visto la morte da vicino **6** coda folta (specialmente di volpe) **7** boscaglia, sottobosco; folto di cespugli **8** (*amer.*) ramoscelli, sterpi da bruciare **9** (*inform.*) spazzola (di lettura) **10** tocco leggero: *he felt the — of her silk dress*, sentì il tocco leggero del suo abito di seta.

to **brush** *v.tr.* **1** spazzolare: *to — one's hair*, spazzolarsi i capelli; *to — one's shoes*, spazzolarsi, lucidarsi le scarpe; *to — one's teeth*, lavarsi i denti // *to — tears aside*, asciugarsi le lacrime **2** sfiorare: *the girl's arm brushed (against) his raincoat*, il braccio della ragazza sfiorò il suo impermeabile.

□ **brush aside, away** *v.tr.* e *avv.* **1** cacciar via **2** mettere da parte (proteste, problemi ecc.).

□ **brush by** *v.intr.* e *prep.* passare oltre velocemente; passar via: *he brushed by me on his way out of the room*, mi passò vicino velocemente mentre usciva dalla stanza.

□ **brush down** *v.tr.* e *avv.* spazzolare: *to — oneself down*, spazzolarsi.

□ **brush off** *v.tr.* e *avv.* **1** togliere spazzolando **2** ignorare: *they tried to speak to the attendant, but he just brushed them off*, tentarono di parlare con la guardia, ma egli li ignorò ◆ *v.intr.* e *avv.* andare via con una spazzolata (di sporco): *it won't — off easily*, non se ne andrà con una semplice spazzolata.

□ **brush past** *v.intr.* e *prep.* → to brush by.

□ **brush up** *v.tr.* e *avv.* **1** raccogliere con la spazzola **2** dare una ripassata, una rinfrescata a: *you need — up (on) your English*, hai bisogno di dare una ripassata al tuo inglese.

brush-off ['brʌʃɒf] *s.* (*fam.*) secco rifiuto; brusco allontanamento: *to get the —*, ricevere un secco rifiuto.

brush-up [,brʌ'ʃʌp] *s.* **1** ripulita, rassettata // *a wash and —*, una bella ripulita **2** (*fam.*) ripasso, rinfrescata, spolverata (di studio).

brushwood ['brʌʃwʊd / brush·wood] *s.* **1** macchia; sottobosco **2** (*fam. amer.*) fascina; ramoscelli, sterpi da bruciare.

brushwork ['brʌʃwɜ:k / brush·work] *s.* tocco di pennello: *his — is unmistakable*, il suo tocco è inconfondibile.

brushy ['brʌʃɪ] *agg.* **1** setoloso; ispido **2** fitto, folto (di boscaglia).

brusque [brʊsk] *agg.* brusco; rude // **-ly** *avv.*

brusqueness ['brʊsknɪs / brusque·ness]
brusquerie [,bru:skə'ri: / brus·querie] *s.* rudezza; asprezza.

Brussel(s) sprouts [,brʌsəl(z)'spraʊts] *s.pl.* (*bot.*) (*Brassica oleracea gemmifera*) cavolini di Bruxelles.

brutal ['bru:tl / bru·tal] *agg.* brutale: *the — facts*, la dura realtà // **-ly** *avv.*

brutalism ['bru:təlɪzəm / bru·tal·ism] *s.* (*non com.*) brutalità.

brutality [bru:'tælɪtɪ / bru·tal·ity] *s.* brutalità.

brutalization [,bru:təlaɪ'zeɪʃn / bru·tal·iza·tion] *s.* **1** abbrutimento **2** crudeltà.

to **brutalize** ['bru:təlaɪz / bru·tal·ize] *v.tr.* **1** abbrutire, rendere simile a una bestia **2** brutalizzare ◆ *v.intr.* abbrutirsi.

brute [bru:t] *agg.* brutale, selvaggio, animale: *— strength*, forza brutale, animale ◆ *s.* **1** bruto **2** animale; bestia; istinto animale // *the dog was locked out and the poor — had to sleep on the doormat all night*, il cane rimase chiuso fuori e la povera bestia dovette dormire sullo zerbino tutta la notte.

to **brutify** ['bru:tɪfaɪ / bru·tify] *v.tr.* abbrutire ◆ *v.intr.* abbrutirsi.

brutish ['bru:tɪʃ / bru·tish] *agg.* **1** brutale, bestiale; abbrutito **2** rozzo; ignorante // **-ly** *avv.*

brutishness ['bru:tɪʃnɪs / bru·tish·ness] *s.* **1** abbrutimento **2** brutalità.

bryologist [braɪ'ɒlədʒɪst / bry·olo·gist] *s.* studioso di briologia.

bryology [braɪ'ɒlədʒɪ / bry·ology] *s.* briologia.

bryony ['braɪənɪ / bry·ony] *s.* (*bot.*) (*Bryonia dioica*) brionia, vite bianca; (*pop.*) fescera.

BTO [bi:ti:'əʊ] *s.* (*fam. amer.*) faccendiere, intrallazzatore • Da *Big Time Operator*.

bubal ['bju:bəl / bu·bal] *s.* (*zool.*) (*Antilope bubalis*) bubalo.

bubble ['bʌbl] *s.* **1** bolla (d'aria, di sapone ecc.): *— bath*, bagno di schiuma // *to blow bubbles*, fare le bolle di sapone // *to prick the —*, far scoppiare come una bolla di sapone // (*fis.*) *— chamber*, camera a bolle // (*inform.*) *— memory*, memoria a bolle, cavità visibile (nel vetro, nell'ambra ecc.) **2** gorgoglio (di liquido in ebollizione) **3** (*fig.*) sogno; chimera **4** impostura, frode **5** (*econ.*) bolla speculativa.

to **bubble** *v.tr.* e *intr.* **1** (far) gorgogliare; ribollire; spumeggiare **2** (*rar. ant.*) ingannare (con progetti inconsistenti).

□ **bubble over** *v.intr.* e *avv.* traboccare (*anche fig.*): *to — over with joy*, traboccare di gioia.

□ **bubble up** *v.intr.* e *avv.* traboccare spumeggiando: *champagne was bubbling up out of the bottle*, lo champagne traboccava spumeggiando dalla bottiglia.

bubble brain [bʌblbreɪn] *s.* (*sl. amer.*) testa, zucca vuota; zuccone.

bubble-gum ['bʌblgʌm] *s.* → **chewing gum**.

bubbletop ['bʌbltɒp / bubble·top] *s.* cupola trasparente: *— car*, auto con cupola trasparente (a prova di proiettile).

bubbling ['bʌblɪŋ / bub·bling] *s.* gorgogliamento; ribollimento.

bubbly ['bʌblɪ] *agg.* **1** pieno di bolle; che emette bolle **2** (*fig.*) spumeggiante: *a — personality*, una personalità spumeggiante ◆ *s.* (*fam.*) champagne.

bubo ['bju:bəʊ] *pl.* **buboes** *s.* (*med.*) bubbone.

bubonic [bju:'bɒnɪk / bu·bonic] *agg.* (*med.*) bubbonico: *— plague*, peste bubbonica.

bubonocele [bju:'bɒnəsi:l / bu·bono·cele] *s.* (*med.*) ernia inguinale.

buccal ['bʌkəl / buc·cal] *agg.* delle guance, della bocca.

buccaneer [,bʌkə'nɪə* / buc·can·eer] *s.* bucaniere; (*fig.*) pirata, filibustiere.

to **buccaneer** *v.intr.* (*non com.*) fare della pirateria, pirateggiare.

buccaneering [,bʌkə'nɪərɪŋ / buc·can·eer·ing] *s.* pirateria, filibusteria ◆ *agg.* (*anche fig.*) da filibustiere, avventuriero.

buccaneerish [,bʌkə'nɪərɪʃ / buc·can·eer·ish] *agg.* (*non com.*) piratesco.

buccinator ['bʌksɪneɪtə* / buc·cin·ator] *s.* (*anat.*) (muscolo) buccinatore.

buck[1] [bʌk] *s.* **1** daino; cervo; caprone; maschio di antilope, renna, coniglio, lepre **2** (*fig.*) zerbinotto **3** (*sl. amer.*) maschio: *— nigger*, (*spreg.*) giovane negro **4** (*sl. amer.*)

pellerossa; negro **5** (*sl. amer.*) dollaro: *to make a quick* (o *fast*) —, fare dei guadagni facili.

to **buck**[1] *v.tr.* **1** (*non com.*) accoppiarsi con (detto di caprone, daino, cervo ecc.) **2** *to — off*, disarcionare (di cavallo) **3** opporre **4** (*fam.*) evitare: *he always bucks the question*, egli evita sempre la domanda ◆ *v.intr.* **1** saltare col dorso inarcato, arcuato; impennarsi (di cavallo) **2** opporsi.

□ **buck up** *v.tr.* e *avv.* (*fam.*) rallegrare, tirar su di morale // *— your ideas up!*, metti la testa a posto! ◆ *v.intr.* e *avv.* (*fam.*) **1** tirarsi su di morale: *— up!*, su con la vita! **2** affrettarsi: *— up, we are late*, svelto, siamo in ritardo.

buck[2] *s.* (*rar.*) cestone per pescare le anguille.

buck[3] *s.* telaio; intelaiatura.

buck[4] *s.* (*sl. poker*) gettone // *to pass the — to s.o.*, scaricare su di un altro la propria responsabilità; *the buck stops here*, (H. TRUMAN) prendo io la responsabilità.

to **buck**[5] *v.tr.* (*non com.*) frantumare (minerale).

buckaroo [ˈbʌkəˌruː / buck·aroo] *s.* (*fam. amer.*) cowboy, mandriano.

buckbean [ˈbʌkbiːn / buck·bean] *s.* (*bot.*) (*Menyanthes trifoliata*) trifoglio acquatico SIN. marsh buckbean.

bucker [ˈbʌkə* / buck·er] *s.* cavallo che si impenna.

bucket [ˈbʌkɪt] *s.* **1** secchio; secchia // *to kick the —*, (*sl.*) crepare **2** (*fam.*) grossa quantità, un sacco **3** (*mecc.*) tazza (di elevatore); benna; pistone valvolato; paletta mobile; cucchiaia (di draga): (*ind. min.*) *— drill*, trivella a cucchiaia **4** (*mar.*) bugliolo **5** (*amer.*) (*pallacanestro*) canestro **6** (*Borsa amer.*) l'accettare ordini di borsa senza eseguirli (per speculare in proprio).

to **bucket** *v.intr.* **1** (*fam.*) venir giù a secchi: *the rain bucketed* (*down*), pioveva a catinelle **2** (*fam.*) muoversi, avanzare a strattoni (di veicolo): *the jeep bucketed down the hillside to get to headquarters in time*, la jeep rotolava giù dalla collina per arrivare in tempo al quartier generale **3** (*antiq.*) cavalcare sfrenatamente **4** (*non com.*) remare con ritmo affrettato; (*fam.*) affrettarsi **5** (*amer.*) (*Borsa*) speculare in modo disonesto con denaro o titoli di terzi ◆ *v.tr.* **1** portare a secchi **2** (*ant.*) ingannare **3** (*antiq.*) forzare (il cavallo).

bucketful [ˈbʌkɪtfʊl / buck·et·ful] *s.* secchiata.

bucket seat [ˈbʌkɪtˌsiːt] *s.* (*aer.*, *aut.*) strapuntino; sedile ribaltabile.

buckeye [ˈbʌkaɪ / buck·eye] *s.* (*fam. amer.*) **1** (*bot.*) (*Aesculus pavia*) castagno d'India rosso; ippocastano **2** *— state*, stato dell'Ohio (perché l'ippocastano ne è l'albero rappresentativo) **3** abitante dell'Ohio.

buckhorn [ˈbʌkhɔːn / buck·horn] *s.* corno di daino (per manichi).

Buckingham Palace [ˈbʌkɪŋəmˈpælɪs / Buck·ing·ham Pal·ace] *s.* 'Buckingham Palace' (residenza londinese dei re d'Inghilterra).

buckish [ˈbʌkɪʃ / buck·ish] *agg.* **1** caprino **2** vanitoso.

buckle [ˈbʌkl] *s.* **1** fibbia; fermaglio **2** (*mecc.*) ingobbatura; rigonfiamento, gobba.

to **buckle** *v.tr.* e *intr.* **1** affibbiare, affibbiarsi; allacciare con fibbia, allacciarsi // *he buckled himself (in)*, si allacciò tutte le fibbie (di pilota, paracadutista ecc.) **2** indossare (l'armatura); affibbiare (la spada): *to — (on) one's sword*, cingere la spada **3** (*mecc.*) curvare, curvarsi; piegarsi; deformare, deformarsi: *buckled with the heat of the fire*, piegato per il calore del fuoco.

□ **buckle down** *v.intr.* e *avv.* (*to*) mettersi seriamente a: *I'm going to — down to learning French*, mi applicherò seriamente allo studio del francese.

□ **buckle to** *v.intr.* e *avv.* (*fam.*) unire le forze e darci dentro.

buckler [ˈbʌklə* / buck·ler] *s.* scudo; (*fig.*) protezione, scudo.

to **buckler** *v.tr.* (*non com.*) fare scudo a.

bucko [ˈbʌkəʊ] *s.* **1** attaccabrighe spavaldo **2** (*spec. irl.*) giovanotto; individuo.

buckram [ˈbʌkrəm / buck·ram] *s.* **1** tela da fusto; garza rigida (per forme di cappelli, per rilegare i libri ecc.) **2** (*ant.*) durezza, rigidezza di maniere **3** (*ant.*) parvenza di forza ◆ *agg.* (*ant.*) **1** rigido, duro di maniere **2** forte in apparenza.

bucksaw [ˈbʌksɔː / buck·saw] *s.* sega a telaio (da falegname).

buckshee [ˌbʌkˈʃiː / buck·shee] *avv.* (*sl.*) gratuitamente ◆ *agg.* gratuito ◆ *s.* (*sl. mil.*) razione supplementare; paga supplementare.

buckshot [ˈbʌkʃɒt / buck·shot] *s.* [U] pallettoni (*pl.*).

buckskin [ˈbʌkskɪn / buck·skin] *s.* **1** pelle di daino; pelle scamosciata **2** *pl.* calzoni, guanti, scarpe di pelle scamosciata.

buckteeth [ˌbʌkˈtiːθ / buck·teeth] *s.pl.* denti sporgenti.

buckthorn [ˈbʌkˌθɔːn / buck·thorn] *s.* (*bot.*) (*Plantago coronopus*) coronopo, erba stella.

buckwheat [ˈbʌkwiːt *amer.* ˈbʌkhwiːt / buck·wheat] *s.* (*bot.*) (*Polygonum fagopyrum*) grano saraceno; (*pop.*) frumentone SIN. brank.

bucolic [bjuːˈkɒlɪk / bu·colic] *agg.* bucolico, agreste, pastorale ◆ *s.* **1** *pl.* bucoliche: *the Bucolics of Virgil*, le Bucoliche di Virgilio **2** (*ant.*) poeta pastorale **3** (*scherz. antiq.*) contadino.

bucolically [bjuːˈkɒlɪkəlɪ / bu·col·ic·ally] *avv.* bucolicamente, in modo bucolico.

bud [bʌd] *s.* **1** (*bot.*) gemma; germoglio, getto; bottone, bocciuolo: *in the —*, in boccio // *poets in the —*, poeti in erba // *to nip sthg. in the —*, troncare qlco. sul nascere **2** (*biol.*) protuberanza; gemma; germe; cellula **3** (*fam. amer.*) → buddy.

to **bud** *pass.p.p.* **budded** [ˈbʌdɪd / bud·ded] *v.tr.* **1** far germogliare **2** innestare (piante, fiori) ◆ *v.intr.* **1** spuntare (di gemme); sbocciare **2** fare innesti **3** (*biol.*) riprodursi per gemmazione **4** (*fig.*) nascere, svilupparsi.

Buddhism [ˈbʊdɪzəm / Bud·dhism] *s.* buddismo.

Buddhist [ˈbʊdɪst / Bud·dhist] *agg.* buddistico ◆ *s.* buddista.

Buddhistic [bʊˈdɪstɪk / Bud·dhistic] **Buddhistical** [bʊˈdɪstɪkl / Bud·dhist·ical] *agg.* buddistico.

budding [ˈbʌdɪŋ / bud·ding] *s.* **1** (*biol.*) gemmazione **2** (*bot.*) riproduzione per innesto.

budding *agg.attr.* in erba: *a — poet*, un poeta in erba.

buddy [ˈbʌdɪ] *s.* **1** amico del cuore; compagno, commilitone // *ace —*, (*fam. amer.*) amico del cuore // *— seat*, (*fam. amer.*) parte del sedile di una motocicletta occupata dal trasportato **2** (*sl. amer.*) tipo, amico: *Hey —, have you got a light?*, Hei amico, hai da accendere?

to **buddy up** [ˈbʌdɪʌp] *v.intr.* (*sl. amer.*) **1** dividere il proprio appartamento (con) **2** farsi amico (di), ingraziarsi (qlcu.).

to **budge** [bʌdʒ] *v.intr.* scostarsi: *he refused to —*, si rifiutò di muoversi; *I won't — an inch*, non indietreggerò di un centimetro ◆ *v.tr.* smuovere (*anche fig.*), scostare: *she can't — the heavy door*, non riesce a smuovere la pesante porta; *I can't — him*, non riesco a smuoverlo.

□ **budge up** *v.intr.* e *avv.* spostarsi; farsi da parte.

budgerigar [ˈbʌdʒərɪgɑː* / budger·igar] *s.* (*zool.*) (*Melopsittacus ondulatus*) pappagallino (ondulato).

budget [ˈbʌdʒɪt] *s.* **1** (*econ.*) bilancio di previsione, bilancio preventivo, budget; bilancio dello stato: *— appropriation*, stanziamento di bilancio; *— surplus*, avanzo di bilancio; *— deficit*, disavanzo di bilancio; *— of authorizations*, bilancio (statale) di competenza; *closed —*, bilancio consuntivo; *balanced —*, pareggio di bilancio; *expansionary —*, bilancio improntato a una politica espansiva // *household —*, bilancio familiare, contabilità domestica **2** (*amm.*) preventivo di cassa **3** (*pubblicità*) stanziamento **4** (*gener. fig.*) fascio, sacco **5** raccolta (di documenti).

budget *agg.* (*fam.*) basso, vantaggioso: *— price*, prezzo ridotto.

to **budget** *v.tr.* **1** preventivare: *budgeted cost*, costo preventivato **2** (*fig.*) pianificare; programmare: *he budgeted his time carefully*, pianificò attentamente il suo tempo ◆ *v.intr.* fare un bilancio preventivo.

□ **budget for** *v.intr.* e *prep.* **1** inserire, stanziare a bilancio **2** (*estens.*) calcolare, prendere in considerazione.

budgetary [ˈbʌdʒətərɪ / budget·ary] *agg.* (*econ.*) budgetario, di bilancio: *— control*, controllo di bilancio; *— equilibrium*, pareggio di bilancio; *— depreciation*, minori entrate; *— year*, anno finanziario, esercizio finanziario.

budgeting [ˈbʌdʒətɪŋ / budget·ing] *s.* (*econ.*) politica di bilancio.

budgie [ˈbʌdʒɪ] *s.* (*fam.*) → **budgerigar**.

budless [ˈbʌdlɪs / bud·less] *agg.* senza gemme; senza bocciuoli.

budlet [ˈbʌdlɪt / bud·let] *s.* bocciuolo.

buff[1] [bʌf] *agg.* **1** scamosciato **2** color camoscio ◆ *s.* **1** pelle scamosciata di bufalo, di bovino **2** (color) camoscio // *the Buffs*, reggimento del Kent orientale (dal colore dei risvolti della giacca) **3** la nuda pelle: *in the —*, (*scherz. antiq.*) nudo; *stripped to the —*, denudato **4** (*fam.*) patito, appassionato: *he's an opera —*, è un patito dell'opera • Il nome era dato in origine ai pompieri volontari della città di New York perché indossavano una divisa di pelle scamosciata.

to **buff**[1] *v.tr.* **1** (*mecc.*) lucidare (una superficie metallica) con pelle scamosciata o con una pulitrice; brillantare **2** scamosciare.

buff² *s.* (*non com.*) buffetto, colpetto.

buffalo ['bʌfələʊ / buf·falo] *pl.invar.* o **buffalo(e)s** ['bʌfələʊz / buf·fa·lo(e)s] *s.* **1** (*zool.*) (*Bubalus bubalus*) bufalo indiano; (*Bison bison*) bisonte americano **2** (*mar. mil.*) mezzo corazzato anfibio.

to **buffalo** *v.tr.* (*fam. amer.*) sconcertare; intimidire.

□ **buffalo down** *v.tr.* e *avv.* dare una lezione a: *I'm going to — that guy down*, darò una lezione a quel tipo.

buffalo-fish ['bʌfələʊ,fɪʃ] *s.* (*zool.*) pesce bufalo.

buffalo-gnat ['bʌfələʊ,næt] *s.* (*zool.*) simulio.

buffer ['bʌfə* / buf·fer] *s.* **1** (*ferr.*) respingente **2** (*mecc.*) paracolpi; tampone // — *State*, Stato cuscinetto // (*econ.*) — *stock*, scorte tampone **3** (*tecn.*) pulitrice **4** (*chim.*) tampone: — *solution*, soluzione tampone **5** (*inform.*) tampone; memoria intermediaria; (IBM) memoria di transito: — *area*, zona tampone; — *control*, gestione di memoria tampone; — *storage*, *store*, memoria tampone **6** (*sl. spreg. antiq.*) individuo inetto, imbecille: *old* —, vecchio imbecille.

to **buffer** *v.tr.* tamponare (*anche chim.*) ◆ *v.intr.* agire da paracolpi.

buffet¹ ['bʌfɪt / buf·fet] *s.* schiaffo; (*fig.*) colpo avverso.

to **buffet**¹ *v.tr.* urtare; colpire ripetutamente: *the waves buffeted the ship*, le onde schiaffeggiavano la nave ◆ *v.intr.* fare progressi, avanzare (contro difficoltà naturali); lottare.

buffet² [*nel senso 2* 'bʊfeɪ *amer.* bə'feɪ] *s.* **1** credenza **2** buffet, tavola di rinfreschi // *cold* —, tavola fredda // — *supper*, cena in piedi.

buffet car [bʊfeɪkɑ:] *s.* vagone ristorante; vagone con servizio bar.

buffo ['bʊfəʊ] *s.* buffo (cantante comico di opera lirica); opera buffa.

buffoon [bə'fu:n / buf·foon] *s.* buffone // *to play the* —, fare il buffone.

to **buffoon** *v.intr.* (*non com.*) fare il buffone.

buffoonery [bə'fu:nərɪ / buf·foon·ery] *s.* [U] buffoneria, buffonata.

bug [bʌg] *s.* **1** (*zool.*) cimice; (*amer.*) piccolo insetto // *a big* —, (*sl.*) una persona importante **2** (*fam.*) microbo, germe; malattia; (*fig.*) mania; moda: *he has got the skiing* —, ha la mania dello sci **3** (*fam.*) problema, difficoltà (spec. di origine tecnica); (*inform.*) errore di programma; difetto, imperfezione **4** (*sl.*) microspia, microfono spia; cimice **5** (*fam. amer.*) Volkswagen modello maggiolino **6** (*fam. amer.*) pazzo: — *doctor*, psichiatra, psicologo; — *test*, test psicologico; test di intelligenza.

to **bug** *v.tr.* **1** mettere sotto controllo (il telefono); piazzare microfoni in **2** (*sl. amer.*) dar fastidio, infastidire, irritare **3** (*inform.*) introdurre volontariamente errori (in un programma per fare delle prove).

□ **bug out** *v.intr.* e *avv.* (*fam. amer.*) fare i bagagli, andarsene.

bugaboo ['bʌgəbu: / bug·aboo] **bugbear** ['bʌgbeə* / bug·bear] *s.* spauracchio, babau.

bugger ['bʌgə* / bug·ger] *s.* **1** sodomita **2** (*volg.*) canaglia, delinquente **3** (*volg.*) individuo, tipo; (*fam.*) briccone, bricconcello.

to **bugger** *v.tr.* sodomizzare ◆ *v.intr.* avere rapporti di sodomia (con).

□ **bugger about** *v.intr.* e *avv.* (*volg.*) sprecare tempo (a fare cose inutili) ◆ *v.tr.* e *avv.* creare difficoltà a.

□ **bugger off** *v.intr.* e *avv.* (*volg.*) andare via: — *off!*, va' al diavolo!

□ **bugger up** *v.tr.* e *avv.* (*volg.*) pasticciare.

buggered ['bʌgəd / bug·gered] *agg.* (*volg.*) **1** molto stanco, esausto **2** molto stupito; scioccato: *I'll be —!*, non ci posso credere!

buggery ['bʌgərɪ / bug·gery] *s.* sodomia.

bugging ['bʌgɪŋ / bug·ging] *s.* (*dir.*) intercettazione telefonica illegale // — *device*, microspia.

Buggins' turn ['bʌgɪnz,tɜ:n] *s.* (*fam.*) sistema delle promozioni aziendali basato sull'anzianità.

buggy¹ ['bʌgɪ] *agg.* **1** infestato da cimici o altri insetti **2** (*sl. amer.*) pazzo.

buggy² *s.* **1** carrozzino (scoperto) **2** carretto **3** (*baby*) —, carrozzina; passeggino **4** (*sl.*) vecchia automobile, carretta, macinino.

bughouse ['bʌghaʊs / bug·house] *s.* (*fam. amer.*) manicomio.

bug-hunter ['bʌg,hʌntə*] *s.* (*fam.*) entomologo.

bugle¹ ['bju:gl] *s.* tromba senza tasti; corno da caccia.

to **bugle**¹ *v.tr.* e *intr.* suonare la tromba; chiamare a raccolta a suon di tromba.

bugle² *s.* (*bot.*) (*Ajuga reptans*) consolida; (*pop.*) erba di San Lorenzo.

bugle³ *s.* (*ant.*) perlina di vetro (di solito nera usata come ornamento); grano di rosario: *'tis not your inky brows, your black silk hair* / your bugle eyeballs... / *that can entame my spirits*, (SH. As You Like It) non saranno le tue sopracciglia di inchiostro, né i tuoi serici capelli neri, né i tuoi occhioni neri... che potranno rendere schiavo il mio spirito.

bugler ['bju:glə* / bu·gler] *s.* (*mil.*) trombettiere.

bugloss ['bju:glɒs / bu·gloss] *s.* (*bot.*) (*Anchusa officinalis*) buglossa.

buhl [bu:l] *agg.* intarsiato in oro, ottone, tartaruga ◆ *s.* tessera in oro, ottone, tartaruga (per intarsio).

build [bɪld] *s.* **1** struttura (di nave); conformazione **2** corporatura: *a man of my* —, un uomo della mia corporatura.

to **build** *pass.p.p.* **built** [bɪlt] *v.tr.* costruire (*anche fig.*); fabbricare, edificare: *the house is being built*, la casa è in costruzione; *he built a vast organisation*, creò una vasta organizzazione; *to — castles in the air*, fare castelli in aria; *to — a theory on facts*, costruire una teoria sui fatti // *he's built that way*, (*fam.*) è fatto così.

□ **build in** *v.tr.* e *avv.* **build into** *v.tr.* e *prep.* incorporare (*anche fig.*); incassare: *we've built in the oven*, abbiamo incassato, incorporato il forno (nel blocco cucina).

□ **build on** *v.tr.* e *avv.* aggiungere: *the second floor was built on later*, il secondo piano fu aggiunto successivamente // *they have built on to the house*, hanno ampliato la casa.

□ **build up** *v.tr.* e *avv.* **1** aumentare, accrescere; incrementare **2** edificare, costruire (un'area) **3** costruire, mettere su, mettere insieme; accumulare: *in a few years he built up a prosperous firm*, in pochi anni mise in piedi una ditta prospera; *he built up a good reputation*, si creò una buona reputazione; *to — up a fortune*, accumulare una fortuna // *to — up s.o.'s morale*, tirar su il morale di qlcu. **4** costruire (la fama, il successo di qlcu.): *he doesn't need to be built up*, non ha bisogno che gli si costruisca un'immagine; *he was built up into a great success*, ne hanno fatto un personaggio di grande successo ◆ *v.intr.* e *avv.* accumularsi: *black clouds were building up far away*, delle nuvole scure si accumulavano in lontananza.

□ **build (up) on** *v.tr.* e *prep.* fondare, basare su: *his theory isn't built on facts*, la sua teoria non è basata sui fatti.

builder ['bɪldə*] *s.* costruttore (*anche fig.*); (*antiq.*) capomastro.

building ['bɪldɪŋ / build·ing] *agg.* edile; edilizio: — *materials*, materiali da costruzione; — *industry*, industria edilizia; — *site*, cantiere edilizio; — *contractor*, imprenditore edile; — *code*, regolamento edilizio // (*banca*) — *society*, istituto di credito fondiario ◆ *s.* **1** edificio, costruzione, fabbricato **2** edilizia.

building block ['bɪldɪŋblɒk] *s.* componente elementare; particella elementare: *Democritus thought that atoms were the building blocks of Nature*, per Democrito gli atomi erano le particelle elementari che formavano la natura.

building-lot ['bɪldɪŋ,lɒt] *s.* area fabbricabile.

buildup ['bɪldʌp] *s.* **1** accumulo; aumento, intensificazione: *a massive — of weapons*, un massiccio aumento di armi; *a — of traffic*, un'intensificazione del traffico **2** (*fam.*) campagna pubblicitaria.

built [bɪlt] *pass.p.p.* di to **build** ◆ *agg.* (usato soprattutto nei composti) formato: *a heavily*, *lightly — man*, un uomo di corporatura grossa, esile; *a well — boy*, un ragazzo robusto, ben piantato.

built-in ['bɪl'tɪn] *agg.* **1** incorporato, incassato: *a — sink*, un lavandino incorporato **2** (*inform.*) integrato: — *check*, controllo automatico; — *test*, test integrato **3** (*econ.*) automatico: — *flexibility*, flessibilità automatica; — *stabilizer*, stabilizzatore automatico.

built-up ['bɪl,tʌp] *agg.* **1** costruito: — *area*, agglomerato urbano **2** (*di scarpe*) con rialzo.

bulb [bʌlb] *s.* **1** (*elettr.*) lampadina; ampolla (di lampadina); valvola (termoionica) // — *socket*, portalampada **2** bulbo (*anche anat.*): *the — of the thermometer*, il bulbo del termometro; *hair* —, bulbo capillifero **3** (*bot.*) bulbo; tubero.

bulbiferous [bʌl'bɪfərəs / bul·bi·fer·ous] *agg.* bulbifero.

bulbiform ['bʌlbɪfɔ:m / bul·bi·form] *agg.* bulbiforme.

bulbil ['bʌlbɪl / bul·bil] *s.* (*bot.*) bulbillo.

bulbous ['bʌlbəs / bulb·ous] *agg.* bulboso: — *nose*, naso a patata.

bulbul ['bʊlbʊl / bul·bul] *s.* **1** (*zool.*) bulbul **2** (*fig.*, *non com.*) cantore, poeta.

Bulgar ['bʌlgɑ:* / Bul·gar] *s.* bulgaro.

Bulgarian [bʌl'geərɪən / Bul·gar·ian] *agg.* e *s.* bulgaro.

bulge [bʌldʒ] *s.* **1** protuberanza, sporgenza; convessità; gonfiore **2** (*sl.*) vantaggio: *to have* (o *to get*) *the — on*, avere vantaggio su **3** grande incremento temporaneo: *the population* —, l'incremento demografico **4** (*Borsa*) rialzo (delle quotazioni).

to **bulge** *v.tr.* e *intr.* gonfiare, gonfiarsi (*anche fig.*): *the shelves bulged with food*, gli scaffali straripavano di cibo; *his eyes bulged with horror*, aveva gli occhi in fuori dall'orrore; *to* — (*out*), sporgere.

bulging ['bʌldʒɪŋ / bul·ging] *agg.* **1** gonfio; protuberante, sporgente: — *eyes*, occhi sporgenti **2** pieno zeppo: *a — suitcase*, una valigia piena zeppa.

bulgy ['bʌldʒɪ] *agg.* (*fam.*) rigonfio; protuberante.

bulimia [bju'lɪmɪə / bu·li·mia] *s.* (*med.*) bulimia.

bulimic [bju:'lɪmɪk / bu·li·mic] *agg.* (*med.*) bulimico.

bulk [bʌlk] *s.* **1** mole, grande massa, grande quantità, volume: *of vast* —, di notevole grossezza; *to buy, to sell in* —, comprare, vendere all'ingrosso; — *buyer*, compratore all'ingrosso // (*inform.*) — *of information*, quantità, insieme di informazioni **2** la maggior parte: *the — of the army*, il grosso dell'esercito; *the — of mankind*, la maggior parte dell'umanità; *to leave the — of one's fortune to s.o.*, lasciare a qlcu. la maggior parte delle proprie ricchezze **3** (*mar. ant.*) carico **4** (*ant.*) tronco, corpo: *he rais'd a sigh so piteous and profound / that it did seem to shatter all his bulk*, (SH. Hamlet) trasse un sospiro tanto pietoso e profondo, che pareva schiantargli il corpo.

to **bulk** *v.intr.* essere grande, importante // *to — large*, occupare un posto importante ◆ *v.tr.* verificare il peso del contenuto di (una cassa, alla dogana).

bulkhead ['bʌlkhed / bulk·head] *s.* (*mar., aer.*) paratia: *collision* —, paratia di collisione; *watertight* —, paratia stagna.

bulkily ['bʌlkɪlɪ / bulk·ily] *avv.* voluminosamente.

bulkiness ['bʌlkɪnɪs / bulki·ness] *s.* voluminosità; l'essere ingombrante.

bulky ['bʌlkɪ] *agg.* massiccio, voluminoso; ingombrante; corpulento.

bull[1] [bʊl] *s.* **1** toro; maschio (di alcuni mammiferi) // *a — in a china shop*, chi agisce goffamente in faccende delicate // *to take the — by the horns*, prendere il toro per le corna, affrontare una situazione con decisione // (*astr.*) *the Bull*, il Toro **2** (*Borsa*) rialzista, toro // — *market*, mercato di rialzo **3** → bull's-eye 1 **4** (*fam. amer.*) poliziotto // — *of the woods*, capo, sovrintendente **5** ⓤ (*sl. amer.*) chiacchiere; sciocchezze: *to shoot the* —, dire sciocchezze, fare chiacchiere.

bull[1] *agg.attr.* taurino: — *neck*, collo taurino; *bullnecked*, dal collo taurino.

to **bull**[1] *v.intr.* **1** avanzare con forza: *he bulled through the crowd*, superò d'impeto la folla **2** (*Borsa*) speculare al rialzo ◆ *v.tr.* (*Borsa*) comprare a termine (prevedendo un rialzo).

□ **bull through** *v.tr.* e *avv.* portare a termine (qlco.) superando ogni ostacolo: *she bulled the plan through*, con determinazione e forza di volontà portò a termine il progetto.

bull[2] *s.* (*eccl.*) bolla pontificia.

bullace ['bʊlɪs / bul·lace] *s.* (*bot.*) (*Prunus domestica insititia*) susino selvatico, prugnolo da siepe.

bullate ['bʊleɪt / bul·late] *agg.* **1** (*bot.*) gonfio **2** (*med.*) coperto di vescichette.

bull-baiting ['bʊl,beɪtɪŋ] *s.* combattimento fra cani e toro (tipico dell'epoca elisabettiana).

bull-calf ['bʊl'kɑ:f] *pl.* **bull-calves** ['bʊl'kɑ:vz] *s.* **1** torello **2** (*fig. non com.*) stupidotto.

bulldog ['bʊldɒg / bull·dog] *s.* **1** bulldog **2** censore (a Oxford, Cambridge) **3** grossa rivoltella **4** (*fam. amer.*) prima edizione del mattino (di giornale).

to **bulldoze** ['bʊldəʊz / bull·doze] *v.tr.* **1** demolire, rimuovere con un bulldozer **2** (*fig.*) costringere in malo modo (a fare qlco.): *she bulldozed me into selling her the car*, mi ha costretto a venderle la macchina.

bulldozer ['bʊl,dəʊzə* / bull·dozer] *s.* **1** (*mecc.*) fucinatrice orizzontale **2** apripista, bulldozer.

bullet ['bʊlɪt / bul·let] *s.* pallottola, proiettile // *to bite the* —, (*fam. amer.*) ingoiare il rospo.

bulletin ['bʊlɪtɪn / bul·letin] *s.* bollettino, comunicato: *news* —, giornale radio, notiziario; *war* —, comunicato di guerra; — *board*, (*amer.*) tabellone, bacheca.

bullet-proof ['bʊlətpru:f] *agg.* blindato; a prova di proiettile.

bullfight ['bʊlfaɪt / bull·fight] *s.* corrida.

bullfighter ['bʊlfaɪtə* / bull·fighter] *s.* torero.

bullfighting ['bʊlfaɪtɪŋ / bull·fight·ing] *s.* tauromachia.

bullfinch ['bʊlfɪntʃ / bull·finch] *s.* **1** (*zool.*) (*Pyrrhula pyrrhula*) ciuffolotto **2** siepe che fiancheggia un fossato.

bullfrog ['bʊlfrɒg / bull·frog] *s.* (*zool.*) (*Rana catesbeiana*) rana toro.

bullhead ['bʊlhed / bull·head] *s.* (*zool.*) **1** (*Cottus gobio*) ghiozzo **2** (*Ameiurus nebulosus*) pesce gatto.

bull-headed ['bʊl'hedɪd] *agg.* impetuoso e ostinato.

bull-horn ['bʊlhɔ:n] *s.* (*amer.*) altoparlante, megafono.

bullion ['bʊljən / bul·lion] *s.* (*econ.*) metallo prezioso; oro o argento in barre o lingotti: — *point*, punti dell'oro; — *coins*, monete metalliche.

bullionism ['bʊljənɪzm / bul·lion·ism] *s.* (*econ.*) bullionismo.

bullish ['bʊlɪʃ / bull·ish] *agg.* **1** (*fam.*) tonto, stupidotto **2** (*Borsa*) tendente al rialzo.

bullock ['bʊlək / bul·lock] *s.* (*zool.*) manzo; torello.

bullpen ['bʊl,pen / bull·pen] *s.* (*fam. amer.*) **1** camera, cella di sicurezza **2** stanza di riposo (per dipendenti di fabbriche, uffici) **3** area dove si scaldano i giocatori di baseball (prima di entrare in campo).

bull-ring ['bʊlrɪŋ] *s.* arena.

bull session ['bʊl,seʃn] *s.* (*fam. amer.*) riunione (fra uomini); chiacchierata (fra uomini).

bull's-eye ['bʊlzaɪ] *s.* **1** centro (di bersaglio); barilotto **2** occhio di bue; oblò; finestra, apertura rotonda **3** (*fot.*) occhio di bue **4** grossa caramella rotonda ◆ *inter.* centro!

bullshit ['bʊlʃɪt / bull·shit] *s.* ⓤ (*volg.*) sciocchezze (*pl.*), stupidaggini (*pl.*).

to **bullshit** *v.tr.* (*volg.*) menare per il naso, prendere in giro.

bull-trout ['bʊltraʊt] *s.* (*zool.*) (*Salmo trutta*) trota comune.

bully[1] ['bʊlɪ] *agg.* **1** borioso **2** (*sl. amer.*) magnifico, splendido // — *for you!*, bravo te! ◆ *s.* **1** persona prepotente e crudele; spaccone, bravaccio, bullo **2** (*ant.*) protettore (di una prostituta).

to **bully**[1] *v.intr.* fare il prepotente; comandare ◆ *v.tr.* angariare, tiranneggiare: *to — s.o. into doing sthg.*, costringere qlcu. a fare qlco. con la prepotenza.

bully[2] *s.* manzo lesso in scatola.

bullyboy ['bʊlɪ,bɔɪ / bully·boy] *s.* persona prepotente, violenta; picchiatore.

to **bullyrag** ['bʊlɪræg / bully·rag] *pass.p.p.* **bullyragged** ['bʊlɪrægd / bully·rag·ged] *v.tr.* (*sl. antiq.*) tormentare con scherzi grossolani ◆ *v.intr.* scherzare grossolanamente.

bulrush ['bʊlrʌʃ / bul·rush] *s.* (*bot.*) **1** (*Scirpus palustris*) giunco, scirpo **2** (*Typha latifolia*) stiancia, tifo; (*pop.*) mazza sorda.

bulwark ['bʊlwək / bul·wark] *s.* **1** bastione, spalto; baluardo (*anche fig.*) **2** frangiflutti **3** (*mar.*) parapetto.

bum[1] [bʌm] *s.* (*volg.*) deretano, sedere.

bum[2] *agg.* (*amer.*) di cattiva qualità, scadente ◆ *s.* (*spreg.*) **1** perdigiorno, fannullone; mangiapane a ufo; vagabondo: *to go on the* —, vivere da vagabondo; *he was a bum named Bob*, (JOHN IRVING) era un perdigiorno di nome Bob **2** fanatico di uno sport che vive di espedienti per poterlo praticare.

to **bum**[2] *pass.p.p.* **bummed** [bʌmd] *v.intr.* (*amer.*) vagabondare; oziare ◆ *v.tr.* (*amer. sl.*) scroccare: *can I — a cigarette off you?*, posso scroccarti una sigaretta?

□ **bum out** *v.tr.* e *avv.* (*fam. amer.*) deprimere, scoraggiare; irritare.

bumble ['bʌmbl] *s.* **1** pasticcio **2** (*spreg.*) piccolo funzionario borioso • Dal personaggio omonimo del romanzo di Dickens *Oliver Twist.*

to **bumble** *v.intr.* **1** fare un pasticcio, pasticciare **2** borbottare; impappinarsi **3** (*ant.*) ronzare ◆ *v.tr.* **1** raffazzonare **2** borbottare.

bumble-bee ['bʌmblbi:] *s.* (*zool.*) calabrone; bombo.

bumbling ['bʌmblɪŋ / bum·bling] *agg.* (*fam.*) inetto, incompetente.

bumboat ['bʌmbəʊt / bum·boat] *s.* barca dei viveri.

bumf [bʌmf] *s.* (*sl. spreg.*) ⓤ documenti burocratici.

bumkin ['bʌmkɪn] *s.* (*mar.*) buttafuori.

bummer ['bʌmə* / bum·mer] *s.* (*fam. amer.*) **1** seccatura, rottura **2** fallimento, fiasco.

bump [bʌmp] *s.* **1** urto, colpo, sobbalzo **2** gobba, cunetta (di strada) **3** enfiagione, protuberanza; bernoccolo (*anche fig.*): *the — of mathematics*, il bernoccolo della matematica.

to **bump** *v.tr.* e *intr.* **1** urtare; collidere; battere, colpire: *to — against* (o *on*), urtare, andare a sbattere contro **2** (*amer.*) cancellare, eliminare **3** (*sl. amer.*) licenziare; promuovere.

□ **bump along** *v.intr.* e *avv.* avanzare sobbalzando (di veicolo).

□ **bump into** *v.intr.* e *prep.* **1** sbattere contro (un veicolo); tamponare **2** (*fam.*) imbattersi in: *I bumped into him the other day*, mi sono imbattuto in lui l'altro giorno.

□ **bump off** *v.tr.* e *avv.* (*fam.*) assassinare, far fuori.

□ **bump up** *v.tr.* e *avv.* (*fam.*) aumentare, alzare, accrescere.

□ **bump up against** *v.intr.* e *avv.* e *prep.* (*fam.*) imbattersi in, incontrare per caso.

bump *avv.* improvvisamente; violentemente: *she was looking in the shop window and ran — into him*, guardava la vetrina e sbatté improvvisamente contro di lui.

bumper ['bʌmpə*] *s.* **1** (*rar.*) bicchiere pieno, colmo **2** (*aut.*) paraurti; (*ferr.*) respingente; (*mar.*) parabordo // *— to —*, (*fam.*) in coda, in colonna **3** (*sl. amer.*) spogliarellista ◆ *agg.* eccezionale; molto abbondante: *a — week for films*, una settimana eccezionale per il cinema; *a — crop*, un raccolto eccezionalmente abbondante.

bumper car ['bʌmpə'kɑ:*] *s.* (*amer.*) autoscontro.

bumpety-bump ['bʌmpɪtɪ'bʌmp] *avv.* (*fam.*) a sbalzi: *that made my heart go —*, (*fam.*) ciò mi fece venire il batticuore.

bumph [bʌmf] *s.* → **bumf**.

bumpiness ['bʌmpɪnɪs / bum·pi·ness] *s.* irregolarità (di strada, terreno).

bumping ['bʌmpɪŋ / bump·ing] *s.* (*chim.*) ebollizione a scosse.

bumpkin[1] ['bʌmpkɪn / bump·kin] *s.* zoticone.

bumpkin[2] *s.* (*mar.*) buttafuori.

bumptious ['bʌmpʃəs / bump·tious] *agg.* (*spreg.*) presuntuoso // **-ly** *avv.* // **-ness** *s.*

bumpy ['bʌmpɪ] *agg.* **1** sassoso, ineguale (di strada ecc.) // *a — ride*, un viaggio a scossoni **2** con protuberanze **3** (*fam.*) ineguale, non costante; con alti e bassi: *we had a — time last year*, l'anno scorso abbiamo avuto un periodo con alti e bassi.

bum rap ['bʌmræp] *s.* (*sl. amer.*) condanna, accusa ingiustificata, immeritata.

bum's rush ['bʌmzrʌʃ] *s.* (*fam. amer.*) il buttar fuori qlcu. con la forza da un locale pubblico: *give him the —!*, buttalo fuori!

bum steer ['bʌm'sti:ə*] *s.* (*sl. amer.*) informazioni false, ingannevoli.

bun[1] [bʌn] *s.* **1** focaccia, ciambella dolce // *to have a — in the oven*, (*scherz.*) essere incinta **2** 'chignon', crocchia.

bun[2] *s.* **1** (*zool. sl.*) coniglio; scoiattolo **2** *pl.* (*sl. amer.*) chiappe (spec. di uomo).

bunch [bʌntʃ] *s.* **1** fascio, mazzo; grappolo: *a — of flowers*, un mazzo di fiori; *a — of grapes*, un grappolo d'uva; *a — of bananas*, un casco di banane; *a — of keys*, un mazzo di chiavi // *— of fives*, (*sl.*) pugno chiuso, mano **2** (*tess.*) fiocco **3** (*elettr.*) pacchetto; gruppo // *— filament*, filamento a zig-zag **4** (*fam.*) gruppo (di persone): *the best of the —*, il migliore tra tutti **5** (*amer.*) branco (di bestiame).

to **bunch** *v.tr.* (*up, together*) ammucchiare, raggruppare ◆ *v.intr.* **1** (*up, up together*) ammucchiarsi, raggrupparsi **2** (*up*) raggrinzirsi (di stoffa).

bunching ['bʌntʃɪŋ / bunch·ing] *s.* (*bot.*) accestimento.

bunchy ['bʌntʃɪ] *agg.* a grappoli, a mazzi.

(to) **bunco** → (to) **bunko**.

buncombe ['bʌŋkəm / bun·combe] → **bunkum**.

bundle ['bʌndl] *s.* **1** fagotto, involto; rotolo; covone, fascio (*anche anat.*); fascina (di legna) // (*econ.*) *— of goods*, paniere di beni // *he is a — of nerves*, (*fam.*) è un fascio di nervi // *I don't go a — on classical music*, (*fam.*) non mi piace molto la musica classica **2** (*fam. amer.*) gruzzolo; grossa somma di denaro; *to drop a —*, perdere una grossa somma **3** (*fam. amer.*) ragazza attraente.

to **bundle** *v.tr.* **1** legare a fasci, riunire in mazzo, affastellare; impacchettare **2** spingere in modo violento, a forza; fare entrare in fretta: *he was bundled into a car*, fu spinto a forza in una macchina **3** (*inform.*) vendere (il software) insieme al computer.

□ **bundle off** *v.tr.* e *avv.* (*fam.*) allontanare in fretta, spedir via: *after the scandal the son was bundled off to Scotland*, dopo lo scandalo il figlio fu spedito in Scozia.

□ **bundle up** *v.tr.* e *avv.* far su; legare; affastellare ◆ *v.intr.* e *avv.* farsi su, avvolgersi: *we bundled up in our coats and scarves before going out*, ci avvolgemmo ben bene nei cappotti e nelle sciarpe prima di uscire.

bun-fight ['bʌnfaɪt] *s.* (*sl.*) ricevimento pomeridiano.

bung [bʌŋ] *s.* tappo, turacciolo; zipolo.

to **bung** *v.tr.* **1** tappare **2** (*fam.*) gettare, buttare: *he bunged his coat on the chair*, gettò il cappotto sulla sedia.

□ **bung up** *v.tr.* e *avv.* (*fam.*) intasare; tappare // *eyes, nose bunged up*, (*fam.*) occhi gonfi, naso chiuso.

bungalow ['bʌŋgələʊ / bun·ga·low] *s.* bungalow (casa ad un piano generalmente con verande).

bunghole ['bʌŋ'həʊl / bung·hole] *s.* cocchiume.

bungle ['bʌŋgl] *s.* lavoro mal fatto, pasticcio, abborracciatura.

to **bungle** *v.tr.* abborracciare, pasticciare; fare un pasticcio di (*anche fig.*).

bungler ['bʌŋglə* / bun·gler] *s.* pasticcione; arruffone; persona maldestra.

bungling ['bʌŋglɪŋ / bun·gling] *agg.* **1** mal fatto; sciupato **2** malaccorto, goffo, balordo ◆ *s.* goffaggine, balordaggine.

bunion ['bʌnjən / bun·ion] *s.* callo, infiammazione (ai piedi).

bunk[1] [bʌŋk] *s.* (*mar. ferr.*) cuccetta.

to **bunk**[1] *v.intr.* **1** dormire (in cuccetta): *the crew — forward*, l'equipaggio ha le cuccette a prua **2** (*fam.*) alloggiare alla meglio per la notte: *to — with s.o.*, dividere la camera con qlcu.

bunk[2] *s.* (*sl.*) fuga: *to do a —*, tagliare la corda.

to **bunk**[2] *v.intr.* (*sl.*) darsela a gambe, fuggire.

bunk[3] *s.* (*fam.*) fandonia, sciocchezza: *history is bunk*, (H. FORD) la storia è una sciocchezza.

bunk bed ['bʌŋk'bed] *s.* letto a castello.

bunker ['bʌŋkə*] *s.* **1** carbonile, deposito di combustibile (generalmente di nave) **2** (*mil.*) bunker, fortino; rifugio (*anche fig.*) **3** (*golf*) ostacolo di sabbia AMER. trap.

to **bunker** *v.tr.* **1** fornire di carbone **2** mettere in difficoltà **3** (*golf*) tirare in bunker ◆ *v.intr.* rifornirsi di carbone.

bunko ['bʌŋkəʊ] *s.* (*sl. amer.*) truffa; imbroglio (specialmente a carte) // *— steerer*, chi organizza una truffa.

to **bunko** *v.tr.* (*sl. amer.*) truffare; imbrogliare (spec. a carte).

bunkum ['bʌŋkəm / bun·kum] *s.* Ⓤ (*fam.*) chiacchiere, sciocchezze, stupidaggini (*pl.*): *that's all —!*, sono tutte sciocchezze! • Pronuncia di Buncombe, contea della Carolina del Sud e con allusione a un intervento non molto intelligente fatto da un suo rappresentante al Congresso.

bunk-up ['bʌŋkʌp] *s.* spinta (*anche fig.*): *to give s.o. a —*, dare una spinta a qlcu. // *to have a —*, (*sl.*) avere rapporti sessuali.

bunnia ['bʌnɪə] *s.* (*angloindiano*) commerciante, negoziante.

bunny ['bʌnɪ] *s.* **1** coniglietto (nel linguaggio infantile) **2** (*fam. amer.*) persona presa di mira, zimbello **3** (*fam. amer.*) compagna di avventura **4** (*fam. amer.*) omosessuale.

bunny-girl [bʌnɪgɜ:l] *s.* coniglietta (ragazza del night-club).

bunt[1] [bʌnt] *s.* (*mar.*) **1** fondo (di rete da pesca) **2** parte mediana (di vela).

to **bunt**[1] *v.intr.* (*mar.*) gonfiare, gonfiarsi (di vele).

bunt[2] *s.* (*agr.*) ruggine del frumento.

bunt[3] *s.* (*baseball*) palla smorzata.

to **bunt**[3] *v.tr.* e *intr.* (*baseball*) smorzare (la palla) con la mazza.

bunting[1] ['bʌntɪŋ / bunt·ing] *s.* **1** (*zool.*) zigolo **2** (*antiq.*) persona piccola, paffutella.

bunting[2] *s.* **1** stamigna (tessuto per far bandiere) **2** Ⓤ bandiere, pavese.

buoy [bɔɪ] *s.* (*mar.*) gavitello, boa: *bell —*, boa a (o con) campana; *mooring —*, boa d'ormeggio.

to **buoy** *v.tr.* **1** far galleggiare; tenere a galla; riportare a galla **2** (*fig.*) sostenere, appoggiare: *buoyed (up) with new hope*, animato, sostenuto da una nuova speranza.

buoyage ['bɔɪɪdʒ / buoy·age] *s.* (*mar.*) sistema di segnalamento mediante boe, gavitelli.

buoyancy ['bɔɪənsɪ / buoy·ancy] *s.* **1** galleggiabilità; (*mar.*) spinta di galleggiamento, spinta idrostatica; (*aer.*) spinta statica, forza ascensionale **2** (*fig.*) ottimismo; vivacità; capacità di recupero: *her personal — and cheerfulness helped us greatly*, il suo ottimismo e la sua allegria ci aiutarono molto **3** (*Borsa*) tendenza al rialzo dei prezzi.

buoyant ['bɔɪənt / buoy·ant] *agg.* **1** galleggiante; galleggiabile: *salt water is more — than fresh*, l'acqua salata sostiene meglio dell'acqua dolce **2** (*fig.*) ottimista, allegro; pieno di risorse: *they were in a — mood after their victory*, erano in uno stato di eccitazione dopo la vittoria // (*Borsa*) *the market is —*, il mercato tende al rialzo.

buoyantly ['bɔɪəntlɪ / buoy·ant·ly] *avv.* allegramente; con ottimismo.

bur[1] [bɜ:*] *s.* **1** (*bot.*) lappola, bardana **2** riccio (di castagna) **3** (*non com. fig.*) persona appiccicaticcia.

(to) **bur**[2] → (to) **burr**[4].

to **burble** ['bɜ:bl] *v.intr.* **1** gorgogliare **2** ribollire (di rabbia) **3** traboccare (di allegria) **4** parlottare; chiacchierare.

burbot ['bɜ:bət / bur·bot] *s.* (*zool.*) (*Lota lota*) bottatrice.

burden ['bɜ:dn / bur·den] *s.* **1** peso, fardello, carico (*anche fig.*): *the — of* (*the*) *years*, il peso degli anni; *beast of —*, bestia da soma; *his family is a — to him*, la sua famiglia gli è di peso; *to make s.o.'s life a —*, rendere la vita impossibile a qlcu. // *the — of the speech*, il nocciolo del discorso // (*dir.*) *— of proof*, onere della prova **2** (*mar.*) portata (di nave): *ship of ten thousand tons —*, nave da diecimila tonnellate **3** (*elettr.*) carico **4** (*amm.*) costo indiretto: *— centre*, centro di costo **5** (*trib.*) onere, carico tributario **6** ritornello di canzone; tema (di discorso, poesia ecc.).

to **burden** *v.tr.* caricare, gravare; (*fig.*) opprimere: *to — with taxes, with a mortgage*, gravare di tasse, di ipoteca; *to — s.o. with a decision*, lasciare a qlcu. il peso della decisione.

burdensome ['bɜ:dnsəm / bur·den·some] *agg.* (*form.*) gravoso, pesante.

burdock ['bɜ:dɒk / bur·dock] *s.* (*bot.*) (*Arctium lappa*) bardana, lappola; (*pop.*) farfaraccio.

bureau ['bjʊərəʊ / bur·eau] *pl.* **bureaux** ['bjʊərəʊz] *s.* **1** scrittoio (con cassetti) **2** studio, ufficio; agenzia **3** (*amer.*) cassettiera **4** (*amer.*) ufficio governativo; dipartimento.

bureaucracy [bjʊə'rɒkrəsɪ / bur·eau·cracy] *s.* burocrazia.

bureaucrat ['bjʊərəʊkræt / bur·eau·crat] *s.* burocrate.

bureaucratic [,bjʊərəʊ'krætɪk / bur·eau·cratic] *agg.* burocratico // **-ally** *avv.*

bureaucratism [bjʊə'rɒkrətɪzm / bur·eau·crat·ism] *s.* burocratismo.

to **bureaucratize** [bjuə'rɔkrətaɪz / bur·eau·crat·ize] *v.tr.* burocratizzare.

bureautics [bjuə'rɒtɪks / bur·eau·tics] *s.* ⓤ (*inform.*) burotica, informatica per l'ufficio.

burette [bjʊə'ret / bur·ette] *s.* (*chim.*) buretta.

burg [bɜ:g] *s.* **1** (*st.*) fortezza; città fortificata **2** (*fam. amer.*) città; paese; villaggio.

burgage ['bɜ:gɪdʒ / burg·age] *s.* antico possedimento terriero.

burgee ['bɜ:dʒi: / bur·gee] *s.* (*mar.*) guidone.

burgeon ['bɜ:dʒən / bur·geon] *s.* (*ant.*, *letter.*) germoglio, gemma.

to **burgeon** *v.intr.* (*letter.*) germogliare, gemmare; fiorire (*anche fig.*).

burger [bɜ:gə*] → **hamburger**.

burgess ['bɜ:dʒɪs / bur·gess] *s.* **1** (*non com.*) cittadino; elettore: *the burgesses*, i cittadini **2** (*st.*) deputato al Parlamento inglese (rappresentante di borgo, università).

burgh ['bʌrə] *s.* (*scoz.*) borgo, borgata, municipio: *Parliamentary —*, città rappresentata direttamente (o indirettamente) nel Parlamento inglese.

burgher ['bɜ:gə*] *s.* (*st.*) cittadino.

burglar ['bɜ:glə* / burg·lar] *s.* scassinatore; svaligiatore // *— alarm*, allarme, sirena antifurto.

burglarious [bɜ:'gleəriəs / burg·lari·ous] *agg.* **1** (*ant.*) ladresco, brigantesco **2** (*dir.*) relativo a furto con scasso // **-ly** *avv.*

to **burglarize** ['bɜ:gləraɪz / burg·lar·ize] (*spec. amer.*) → to **burgle**.

burglary ['bɜ:glərɪ / burg·lary] *s.* furto con scasso.

to **burgle** ['bɜ:gl] *v.tr.* e *intr.* svaligiare (casa, ufficio ecc.); commettere un furto con scasso.

burgomaster ['bɜ:gəʊ,mɑ:stə* *amer.* 'bɜ:gəʊ,mæstə* / bur·go·mas·ter] *s.* borgomastro (spec. in Germania e Olanda).

burgonet ['bɜ:gənet / bur·go·net] *s.* (*st.*) elmetto con visiera.

burgoo [bɜ:'gu: / bur·goo] *s.* **1** (*sl. mar.*) pappa di farina d'avena **2** (*amer.*) sorta di minestra (a base di carne e verdura); festa, picnic in cui si consuma detta minestra.

Burgundian [bɜ:'gʌndɪən / Bur·gun·dian] *agg.* e *s.* borgognone.

burgundy ['bɜ:gəndɪ / bur·gundy] *s.* borgogna (vino).

burial ['berɪəl] *s.* seppellimento, sepoltura; esequie; inumazione // *— service*, ufficio funebre // *church —*, sepoltura religiosa.

burial-ground ['berɪəl,graʊnd] *s.* cimitero; luogo di sepoltura.

burial-place ['berɪəl,pleɪs] *s.* **1** cimitero; luogo di sepoltura SIN. burial-ground **2** sepoltura, tomba.

burin ['bjʊərɪn] *s.* bulino.

burinist ['bjʊərɪnɪst / burin·ist] *s.* bulinista, incisore.

to **burke** [bɜ:k] *v.tr.* (*non com.*) soffocare (uno scandalo); mettere sotto silenzio.

Burkinan [bɜ:'ki:nən / Bur·ki·nan] *agg.* e *s.* (nativo, abitante) del Burkina Faso.

burl [bɜ:l] *s.* nodo (difetto di un filato o del legno).

to **burl** *v.tr.* (*tess.*) **1** liberare (un filato) dai nodi **2** rifinire, riparare (un tessuto, eliminando i difetti di fabbricazione).

burlap ['bɜ:læp / bur·lap] *s.* (*amer.*) iuta.

burlesque [bɜ:'lesk / bur·lesque] *agg.* burlesco; parodistico ♦ *s.* **1** farsa; parodia; poema eroicomico **2** (*teatr. amer.*) rivista; spettacolo di spogliarello.

to **burlesque** *v.tr.* mettere in ridicolo, parodiare.

burliness ['bɜ:lɪnɪs / bur·li·ness] *s.* corpulenza.

burly ['bɜ:lɪ] *agg.* grande e grosso; corpulento.

Burman [bɜ:mən / Bur·man] *agg.* e *s.* birmano.

Burmese [,bɜ:'mi:z / Burm·ese] *agg.* e *s.* birmano.

burn[1] [bɜ:n] *s.* **1** bruciatura **2** (*med.*) ustione, scottatura, bruciatura **3** (*tecn.*) cottura; calcinazione **4** accensione (di motori a razzo di veicoli spaziali) // *to do a slow —*, (*fig. fam.*) arrabbiarsi, scaldarsi poco a poco.

to **burn**[1] *pass.p.p.* **burnt** [bə:nt] (*rar.*) **burned** [bɜ:nd] *v.tr.* **1** bruciare; incendiare; incenerire: *the whisky burnt his throat*, il whisky gli bruciava la gola; *they burnt the documents*, incenerirono i documenti; *this lamp burns oil*, questa lampada va a olio // *to — s.o. alive* (o *to death*), bruciare vivo qlco. // *to — s.o.'s ears*, (*fam.*) rimproverare severamente qlcu. // *to have money to —*, avere denaro da buttare via // *money burns a hole in his pocket*, (*fam.*) ha le mani bucate // *to — one's ass*, (*amer.*) andare su tutte le furie // *to — sthg. to the ground* (o *to ashes*), bruciare qlco. totalmente, incenerire // *to — the candle at both ends*, (*fig.*) affaticarsi eccessivamente con troppe attività // *to — the midnight oil*, lavorare fino a notte alta // *to — one's boats* (o *bridges*), (*fig.*) bruciarsi i ponti alle spalle // *to — one's fingers*, (*fig.*) rimanere scottato, bruciarsi le dita **2** ustionare, scottare: *I burned my hand*, mi sono bruciato la mano **3** (*sl. amer.*) giustiziare sulla sedia elettrica **4** (*sl. amer.*) assassinare, uccidere **5** incidere col fuoco: *she burnt her name into the wood*, incise il suo nome nel legno **6** (*ind.*) (*tecn.*) cuocere; calcinare **7** (*chim.*) combinare con ossigeno (per produrre una combustione) **8** (*sl. amer.*) accendere (un motore a razzo di veicolo spaziale) **9** (*med.*) cauterizzare ♦ *v.intr.* **1** bruciare; scottare; incendiarsi; incenerirsi: *the house is burning!*, la casa sta bruciando!; *coal burns to give us energy*, il carbone brucia per darci energia; *the whisky burnt in his throat*, il whisky gli bruciava in gola; *to — low*, bruciare a fiamma bassa **2** (*fig.*) ardere; scottare: *to — with fever*, scottare per la febbre; *her cheeks were burning*, le sue guance bruciavano; *to — with anger, with desire*, ardere dalla rabbia, dal desiderio; *to — to do sthg.*, ardere dal desiderio di fare qlco. // *my ears are burning*, mi fischiano le orecchie **3** risplendere; divampare; mandare luce: *the lamp burns clear*, la lampada fa bella luce; *to — dim*, far poca luce **4** *to be burning*, essere acceso (di luce ecc.) **5** scottarsi: *she burns easily*, si scotta facilmente (al sole) **6** (*chim.*) combinarsi con ossigeno (producendo una combustione) **7** (*sl. amer.*) accendersi; restare acceso (di motore a razzo di veicolo spaziale).

□ **burn away** *v.intr.* e *avv.* **1** bruciare: *when I arrived the fire was burning away lively in the fireplace*, quando arrivai il fuoco bruciava allegramente nel camino **2** [*anche v.tr. al passivo*] consumarsi, bruciarsi: *the skin of his face was badly burned away*, la pelle del suo viso rimase gravemente ustionata; *the log had burned away*, il tronco si era consumato.

□ **burn down** *v.tr.* e *avv.* dare alle fiamme; bruciare; distruggere col fuoco ♦ *v.intr.* e *avv.* bruciare, essere distrutto dal fuoco: *the building burnt down last year*, l'edificio bruciò lo scorso anno.

□ **burn in** *v.tr.* e *avv.* **1** incidere col fuoco **2** (*fig.*) imprimere indelebilmente.

□ **burn off** *v.tr.* e *avv.* **1** distruggere col fuoco **2** togliere col fuoco.

□ **burn out** *v.intr.* e *avv.* **1** [anche: *— itself out*] estinguersi: *in the evening the fire burnt* (*itself*) *out*, alla sera il fuoco si è esaurito **2** (*tecn.*) bruciarsi; fondersi: *bearings burnt out*, si sono fuse le bronzine **3** *—* (*oneself*) *out*, (*fam.*) consumarsi, rovinarsi la salute (per il troppo lavoro) ♦ *v.tr.* (*tecn.*) **1** bruciar via; asportare con la fiamma **2** bruciare; fondere: *he burnt out the bearings*, ha fuso le bronzine.

□ **burn up** *v.intr.* e *avv.* **1** ravvivarsi (di fiamma), divampare **2** andare distrutto dal fuoco, incenerirsi, bruciare: *the meteorite burned up when it entered the atmosphere*, il meteorite si è ridotto in cenere al contatto con l'atmosfera **3** (*amer.*) arrabbiarsi ♦ *v.tr.* e *avv.* **1** bruciare, distruggere col fuoco **2** *to — up* (*the road*), (*sl.*) bruciare la strada **3** (*sl. amer.*) far arrabbiare **4** (*sl. amer.*) dare una lavata di capo a.

burn[2] *s.* **1** (*ant.*) sorgente, fonte; corso d'acqua **2** (*scoz.*) ruscello.

burned-out [ˈbɜːnˈdaʊt] *agg.* → **burnt-out**.

burner [ˈbɜːnə*] *s.* **1** chi, che incendia **2** bruciatore; apparato per bruciare **3** becco a gas: *Bunsen* —, becco (di) Bunsen **4** (*amer.*) piastra (di stufa) // *to put sthg. on the back* —, (*amer.*) mettere qlco. (idea, progetto ecc.) da parte, nel cassetto • Deriva dall'abitudine di una volta di tenere in caldo i cibi in un angolo della piastra **5** (*sl. amer.*) sedia elettrica.

burnet [ˈbɜːnɪt / bur·net] *s.* (*bot.*) **1** (*Poterium sanguisorba*) pimpinella minore, salvastrella **2** (*Pimpinella saxifraga*) tragoselino becchino.

burning [ˈbɜːnɪŋ / burn·ing] *agg.* bruciante, ardente; scottante, cocente (*anche fig.*): — *hot*, rovente; — *coals*, brace; — *question*, problema scottante; — *shame*, cocente vergogna ◆ *s.* **1** incendio; combustione // *a smell of* —, un odore di bruciato **2** bruciatura; bruciore **3** (*tecn.*) cottura; calcinazione **4** (*metall.*) fusione.

burning-glass [ˈbɜːnɪŋ,glæs] *s.* specchio ustorio.

burnish [ˈbɜːnɪʃ / burn·ish] *s.* brunitura; lucidatura.

to **burnish** *v.tr.* brunire; lucidare.

burnisher [ˈbɜːnɪʃə* / burn·ish·er] *s.* **1** brunitore **2** (*mecc.*) brunitoio.

burnishing [ˈbɜːnɪʃɪŋ / burn·ish·ing] *s.* brunitura; lucidatura.

burnous [bɜːˈnuːz / bur·nous] *s.* 'burnus' (mantello con cappuccio degli arabi).

burnout [ˈbɜːn,aʊt / burn·out] *s.* **1** (*fam. amer.*) esaurimento psicofisico **2** incendio molto distruttivo **3** (*aer.*) arresto della combustione (all'interno del motore) **4** (*elettr.*) interruzione per corto circuito.

burns [bɜːnz] *s.pl.* (*fam. amer.*) basette.

burnt *pass.p.p.* di to **burn** ◆ *agg.* bruciato; tostato.

burnt-out [ˈbɜːntˈaʊt] *agg.* (*fam.*) **1** esaurito; esausto, scoppiato **2** completamente bruciato.

burp [bɜːp] *s.* rutto.

to **burp** *v.tr.* far fare a (un bambino) il ruttino ◆ *v.intr.* ruttare.

burr[1] [bɜː*] *s.* **1** cerchio **2** (*mecc.*) rosetta, rondella.

burr[2] *s.* (*mecc.*) sbavatura, ricciolo.

burr[3] *s.* (*mecc.*) fresa a lima.

burr[4] *s.* pronunzia arrotata della lettera *'r'*; pronuncia francese della *'r'*.

to **burr**[4] *v.tr.* e *intr.* **1** arrotare (la erre) alla francese; pronunciare la erre alla francese: *to* — *one's r's*, arrotare la *'r'* **2** parlare non chiaramente **3** ronzare, emettere un rumore sordo e continuo.

burro [ˈbʊrəʊ] *s.* (*sl. amer.*) asinello.

burrow [ˈbʌrəʊ / bur·row] *s.* tana (di coniglio, talpa ecc.).

to **burrow** *v.tr.* scavare (una tana); traforare ◆ *v.intr.* **1** farsi una tana; vivere in una tana **2** rintanarsi; nascondersi **3** (*fig.*) far ricerche, investigare: *to* — *into the archives*, fare delle ricerche, frugare negli archivi.

bursa [ˈbɜːsə] *s.* (*anat.*) borsa, cavità.

bursar [ˈbɜːsə* / bur·sar] *s.* **1** economo (di un collegio ecc.) **2** (*scoz.*) borsista (studente che usufruisce di una borsa di studio).

bursarship [ˈbɜːsəʃɪp / bur·sar·ship] *s.* **1** economato **2** (*scoz.*) borsa di studio.

bursary [ˈbɜːsərɪ / burs·ary] *s.* **1** ufficio dell'economato **2** (*scoz.*) borsa di studio.

bursitis [,bɜːˈsaɪtɪs / burs·itis] *s.* (*med.*) borsite.

burst [bɜːst] *s.* scoppio, esplosione (*anche fig.*); scatto; scroscio (di risa, tuono ecc.): — *of gunfire*, raffica di fucileria; — *of energy*, *of activity*, scatto di energia, di attività // (*med.*) — *of fever*, attacco di febbre // (*sport*) *final* —, scatto, volata finale.

to **burst** *pass.p.p.* **burst** *v.tr.* **1** far scoppiare, far esplodere, esplodere (*anche fig.*): *the child* — *the balloon*, il bambino fece scoppiare il palloncino // *to* — *one's sides with laughing*, scoppiare dalle risa **2** spalancare; forzare; sfondare, traboccare, sgorgare: *the river* — *its banks*, il fiume ruppe gli argini // *to* — *open*, spalancare, aprire con violenza ◆ *v.intr.* **1** scoppiare (*anche fig.*), esplodere; prorompere: *his tyre* — *on the motorway*, gli è scoppiata una gomma sull'autostrada; *to* — *with envy*, crepare di invidia; *he was bursting to tell me the truth*, scoppiava dalla voglia di dirmi la verità // *the truth* — *upon me*, improvvisamente mi apparve la verità // *to* — *open*, aprirsi con violenza **2** irrompere: *the Beatles* — *onto the scene in 1963*, i Beatles irruppero sulla scena nel 1963 **3** aprirsi (di germogli).

□ **burst in** *v.intr.* e *avv.* (*upon*) interrompere; disturbare SIN. to break in.

□ **burst into** *v.intr.* e *prep.* **1** scoppiare a (ridere, piangere ecc.) SIN. to break into, to burst out **2** irrompere, fare irruzione.

□ **burst out** *v.intr.* e *avv.* **1** scoppiare a (fare qlco.): *he suddenly* — *out into laughing*, scoppiò a ridere improvvisamente **2** esclamare: *"It can't be!"*, — *he out*, "Non è possibile!" esclamò **3** apparire, mostrarsi (di sole, luna).

bursting [ˈbɜːstɪŋ / burst·ing] *agg.* che scoppia: — *heart*, cuore gonfio, che sta per scoppiare; — *with importance*, *impatience*, gonfio d'importanza, che scoppia d'impazienza // — *at the seams*, (*fam.*) strapieno: *the theatre was* — *at the seams*, il teatro era strapieno ◆ *s.* **1** esplosione (di bomba), scoppio (di temporale, pneumatico ecc.) **2** (*inform.*) separazione dei fogli, strappo (di un tabulato).

burthen [ˈbɜːðn / bur·then] (*ant.*) → **burden**.

burton [ˈbɜːtn / bur·ton] *s.* (*mar.*) paranchino // *he's gone for a* —*!*, (*fam.*, *spec. brit.*) se ne è andato!, è morto!; è caduto! (anche di cosa).

Burundian [bʊˈrʊndɪən / Bu·run·dian] *agg.* e *s.* (nativo, abitante) del Burundi.

to **bury** [ˈberɪ] *v.tr.* **1** seppellire (*anche fig.*): sotterrare, interrare: *they buried two sons*, persero due figli; *to* — *oneself in the country*, (*fig.*) seppellirsi in campagna // *to* — *the hatchet*, fare la pace, seppellire l'ascia di guerra **2** immergere, affondare (*anche fig.*): *to* — *one's head in one's hands*, nascondere la testa tra le mani; *to* — *one's head in the sand*, (*fig.*) fare lo struzzo; *to be buried in thought*, essere immerso nei propri pensieri.

□ **bury away** *v.tr.* e *avv.* nascondere.

burying [ˈberɪɪŋ / bury·ing] → **burial**.

burying-beetle [ˈberɪɪŋ,biːtl] *s.* (*zool.*) necroforo SIN. carrion-beetle.

bus [bʌs] *pl.* **buses** [ˈbʌsɪz] *s.* **1** autobus: *to miss the* —, perdere l'autobus; (*fam.*) lasciarsi sfuggire l'occasione **2** (*sl.*, *antiq.*) aeroplano; automobile; motocicletta **3** (*tel.*) canale; collettore; rete che collega le varie unità a un elaboratore.

to **bus** *pass.p.p.* **bussed** [bʌst] *v.intr.* andare in autobus: *we bussed it*, siamo venuti in autobus ◆ *v.tr.* **1** trasportare in autobus **2** (*amer.*) *to* — *tables*, servire ai tavoli.

bus boy [ˈbʌsbɔɪ] *s.* (*fam. amer.*) aiuto cameriere.

busby [ˈbʌzbɪ] *s.* (*mil.*) colbac, colbacco.

bus conductor [ˈbʌskənˈdʌktə*] *s.* bigliettaio (in un autobus).

bus-fare [ˈbʌsfeə*] *s.* tariffa, prezzo del biglietto (d'autobus).

bush[1] [bʊʃ] *s.* **1** cespuglio, macchia; sottobosco // — *of hair*, massa di capelli // *to take to the* —, (*fig.*) darsi alla macchia // — *telegraph*, (*fig.*) tam tam // (*fam. amer.*): — *parole*, evasione (da un carcere); — *patrol*, effusioni amorose **2** terra selvaggia (spec. in Australia e Africa), boscaglia **3** (*antiq.*) frasca (di osteria) // *good wine needs no* —, il buon vino non ha bisogno d'insegna.

bush[1] *agg.* (*fam. amer.*) provinciale, rurale: — *town*, città di provincia // (*sport*) — *league*, serie B (del baseball).

to **bush**[1] *v.intr.* infittirsi (come un cespuglio) ◆ *v.tr.* recingere, decorare (con cespugli).

bush[2] *s.* **1** (*mecc.*) boccola, bussola **2** (*elettr.*) rivestimento, guaina isolante.

to **bush**[2] *v.tr.* **1** (*mecc.*) imboccolare, imbussolare **2** (*elettr.*) coprire con rivestimento, guaina isolante.

bush baby [ˈbʊʃbeɪbɪ] *s.* (*zool.*) (*Galago galago*) galagone SIN. galago.

bush-cat [ˈbʊʃ,kaet] *s.* (*zool.*) servalo → **serval**.

bushcraft [ˈbʊʃ,krɑːft / bush·craft] *s.* arte, tecnica della sopravvivenza nei luoghi selvaggi.

bushed [bʊʃt] *agg.* (*fam.*) stanco morto, molto stanco.

bushel [ˈbʊʃl] *s.* bushel (misura di capacità per cereali = circa 36,37 litri nel Regno Unito e circa 35,24 litri negli Stati Uniti); staio // *bushels of sthg.*, (*fam.*) grande quantità di qlco.

bushelful [ˈbʊʃlful / bush·el·ful] *s.* il contenuto di un bushel; staiata.

bushfighting [ˈbʊʃ,faɪtɪŋ / bush·fight·ing] *s.* guerriglia.

bushiness [ˈbʊʃɪnɪs / bushi·ness] *s.* **1** cespugliosità **2** densità (di vegetazione).

bushing [ˈbʊʃɪŋ / bush·ing] *s.* **1** (*mecc.*) boccola; bussola; (raccordo di) riduzione **2** (*elettr.*) guaina isolante; isolatore.

bushman [ˈbʊʃmən / bush·man] *pl.* **bushmen** [ˈbʊʃmən] *s.* **1** (*con iniziale maiuscola*) boscimano **2** (*austral.*) abitante del 'bush', delle terre selvagge.

bush-rope [bʊʃrəʊp] *s.* (*bot.*) liana.

bushwash [ˈbʊʃ,wɒʃ / bush·wash] *s.* U (*fam. amer.*) stupidaggine.

to **bushwhack** [ˈbʊʃ,wæk / bush·whack] *v.tr.* (*fam.*) **1** tendere un'imboscata a **2** attaccare violentemente ◆ *v.intr.* vivere nei boschi.

bushwhacker [ˈbʊʃ,wækə* / bush·whacker] *s.* (*fam.*) chi tende imboscate, bandito • In origine era il nome dato dai nordisti a quei combattenti della Confederazione che tendevano imboscate.

bushy ['bʊʃɪ] *agg.* folto, spesso; cespuglioso: — *eyebrows*, sopracciglia folte.

busily ['bɪzɪlɪ] *avv.* attivamente; alacremente.

business ['bɪznɪs / busi·ness] *s.* **1** 🄤 affari (*pl.*); lavoro; commercio: *to do — with*, fare affari con, commerciare con; *he is doing terrible* —, gli affari gli vanno male; *to be in* —, essere nel commercio; *to go into* —, mettersi nel commercio; *to give up* — (o *to go out of* —), ritirarsi dagli affari; *to make money from computer* —, far soldi nel settore dei computer; *to have a — appointment*, avere un appuntamento d'affari; *are you in London on pleasure or on —?*, sei a Londra in viaggio di piacere o per lavoro?; *phone during — hours*, chiamate nelle ore d'ufficio; *to talk* —, parlare d'affari; *let's talk* —, veniamo agli affari; *let's get down to* —, diamoci da fare; veniamo agli affari; *to mean* —, fare sul serio; *the last obstacle has been overcome: now we are in* —, l'ultimo ostacolo è stato superato: finalmente possiamo procedere; — *is* —, gli affari sono affari // (*econ., comm.*): *big* —, il grande capitale, la grande industria; — *circles*, ambienti industriali e finanziari influenti; — *cycle*, ciclo economico; — *deal*, operazione commerciale; — *enterprise* (o — *firm*), impresa, ditta; — *corporation*, (*amer.*) società commerciale; — *outlook*, previsioni congiunturali; — *trend*, congiuntura // (*banca*) *trustee* —, operazioni fiduciarie **2** lavoro, occupazione, attività: *line of* —, genere d'attività; *what — are you in?*, che attività svolge? **3** impresa, ditta, azienda: *a well-known* —, una ditta conosciuta; *trading* —, impresa commerciale; — *name*, ragione sociale; — *capital*, capitale circolante, fondi di gestione; — *premises*, sede di uffici; magazzini // (*inform.* IBM) — *application*, applicazione aziendale; programmi di gestione commerciale // — *school* (o *college*), facoltà di economia e commercio **4** compito, scopo; dovere: *the — of the meeting*, lo scopo dell'assemblea // *to make it one's own — to do sthg.*, farsi un dovere di fare qlco. **5** faccenda, affare: *it's a serious* —, è una faccenda seria, un affare serio; *the whole — found him completely unprepared*, l'intera faccenda lo trovò del tutto impreparato; *the resignation — has been going on for months*, la faccenda, la questione delle dimissioni sta andando avanti da mesi // *it is none of my* — (o *it is not my* —), non è affar mio, non mi riguarda; *mind your own* —, bada ai fatti tuoi; *send him about his* —, (*fam.*) mandalo per i fatti suoi, mandalo al diavolo // *he had some — with you*, voleva parlarti // *you have no — to be here*, non hai motivo di essere qui, non spetta a te essere qui // *to do one's* —, (*fam.*) fare i propri bisogni **6** (*teatr.*) azione mimica, movimenti degli attori sulla scena.

business agent ['bɪznɪs,eɪdʒənt] *s.* agente di commercio; (*amer.*) rappresentante sindacale aziendale.

business end ['bɪznɪsend] *s.* (*fam.*) estremità (attiva): *the — of the revolver*, la bocca della rivoltella; *the — of the spade*, la punta della spada; *the business ends of the fork*, i rebbi della forchetta.

businesslike ['bɪznɪslaɪk / busi·ness·like] *agg.* **1** da uomo d'affari **2** metodico, sistematico; pratico; efficiente.

businessman ['bɪznɪsmən / busi·ness·man] *pl.* **businessmen** *s.* uomo d'affari.

business suit ['bɪznɪs,suːt] *s.* (*amer.*) abito intero, vestito (da uomo); tailleur (da donna).

businesswoman ['bɪznɪs,wʊmən / busi·ness·wo·man] *pl.* **businesswomen** ['bɪznɪs ,wɪmɪn] *s.* donna d'affari.

to **busk**[1] [bʌsk] *v.intr.* (*fam.*) cantare, suonare per la strada.

busk[2] *s.* (*ant.*) stecca (da busto).

to **busk**[3] *v.tr.* e *intr.* (*ant.*) **1** preparare, prepararsi; attrezzare; mettere in ordine **2** vestire, vestirsi.

busker ['bʌskə*] *s.* cantante, suonatore o attore di strada, ambulante.

buskin ['bʌskɪn / bus·kin] *s.* **1** (*non com.*) stivaletto; (*teatr.*) coturno **2** (*fig., antiq.*) tragedia; vena tragica.

buskined ['bʌskɪnd / bus·kined] *agg.* (*non com.*) calzato di stivaletti; (*teatr.*) calzato di coturni.

busman ['bʌsmən / bus·man] *pl.* **busmen** *s.* conducente di autobus // —*'s holiday*, vacanza passata facendo un lavoro simile a quello abituale.

buss[1] [bʌs] *s.* (*ant.*) battello per la pesca delle aringhe.

buss[2] *s.* (*ant.*) bacio.

to **buss**[2] *v.tr.* (*ant.*) baciare.

bus stop ['bʌsstɒp] *s.* **1** fermata dell'autobus **2** segnale stradale che indica la fermata dell'autobus.

bust[1] [bʌst] *s.* **1** (*scult.*) busto **2** busto, petto, seno.

bust[2] *s.* (*fam.*) **1** fallimento totale, rovina **2** (*amer.*) arresto; retata **3** (*amer.*) festa, baldoria ◆ *agg.* rotto // *to go* —, fallire.

to **bust**[2] *pass.p.p.* **bust, busted** ['bʌstɪd] *v.tr.* (*fam.*) **1** rompere **2** arrestare; fare una retata in **3** (*fig.*) mandare in rovina **4** (*amer.*) domare (cavalli ecc.) **5** (*sl. amer.*) colpire.
□ **bust out** *v.intr.* e *avv.* fuggire (di prigione).
□ **bust up** *v.tr.* e *avv.* interrompere ◆ *v.intr.* e *avv.* rompere (con qlcu.): *their marriage has — up*, il loro matrimonio è finito.

bustard ['bʌstəd / bus·tard] *s.* (*zool.*) **1** (*Otis tarda*) ottarda **2** *little* —, (*Otis tetrax*) gallina prataiola.

buster ['bʌstə* / bus·ter] *s.* (*sl. amer.*) **1** tizio: *come here —!*, ehi tu, vieni qui! **2** baldoria **3** (*nei composti*) che distrugge o sconfigge qlcu. o qlco.: *ghostbuster*, acchiappafantasmi; *crimebuster*, acchiappa assassini.

bustle[1] ['bʌsl] *s.* trambusto, scompiglio.

to **bustle**[1] *v.intr.* muoversi, agitarsi, essere in agitazione: *the room bustled with people*, la stanza era piena di gente che si agitava; *we must* —, dobbiamo muoverci // *to — in and out*, entrare e uscire con aria affaccendata ◆ *v.tr.* fare fretta a, sollecitare.
□ **bustle about, around** *v.intr.* e *avv.* affaccendarsi, darsi da fare: *I can see her, bustling about in the kitchen...*, mi pare di vederla, affaccendarsi in cucina...

bustle[2] *s.* crinolina.

bustler ['bʌslə*] *s.* persona attiva.

bustling ['bʌslɪŋ / bust·ling] *agg.* affaccendato.

bust-up ['bʌstʌp] *pl.* **bust-ups** *s.* (*fam.*) lite, scontro violento: *he had too many bust -ups with the boss and got sacked*, ebbe troppi scontri col suo capo e fu licenziato.

busty ['bʌstɪ] *agg.* (*fam.*) pettoruta.

busy ['bɪzɪ] *agg.* **1** affaccendato, occupato; attivo: *to be — doing at* (o *with* o *over*) *sthg.*, esser occupato a fare qlco.; *I'll have a very — day tomorrow*, domani sarò molto occupato // *get —!*, (*fam.*) sbrigati!, muoviti! **2** occupato (di telefono).

to **busy** *v.tr.* occupare, affaccendare; tenere occupato: *to — oneself doing, with* (o *in* o *about*) *sthg.*, essere occupato a fare qlco.

busybody ['bɪzɪ,bɒdɪ / busy·body] *s.* (*fam.*) ficcanaso, intrigante.

busyness ['bɪzɪnɪs / busy·ness] *s.* attività, l'essere affaccendato.

but[1] [bʌt (*forma forte*) bət (*forma debole*)] *cong.* con valore avversativo **1** (*per esprimere contrasto diretto*) ma, però: *she was poor — she was honest*, era povera ma onesta; *I don't want the black shoes — the brown ones*, non voglio le scarpe nere ma quelle marroni; *it was a lovely flat — the central heating didn't work*, era un bell'appartamento, ma non funzionava il riscaldamento centrale; *he works hard — he can hardly make ends meet*, lavora molto, ma riesce a mala pena a sbarcare il lunario **2** (*per precisare o modificare un'affermazione*) ma, pur tuttavia; sì, però: *yes, it was a very good concert, — the tickets were too dear*, sì, era un ottimo concerto, ma i biglietti erano troppo cari; *Shakespeare is difficult. Yes, — he's always worth reading*, Shakespeare è difficile. Sì, ma val sempre la pena di leggerlo; *the coats look alike — the red one is slightly longer*, i cappotti sembrano uguali ma quello rosso è leggermente più lungo **3** (*per esprimere scusa o cortese rifiuto*) ma: *thank you for inviting me — I'm afraid I'm busy on Saturday*, grazie per avermi invitato ma purtroppo sabato sono impegnato; *I'm sorry —...*, mi spiace, ma... **4** (*per esprimere contraddizione*) ma, tuttavia, eppure: *he may have studied German at university as you say. But I'm sure he can't speak it*, può darsi che abbia studiato il tedesco all'università, come tu dici. Tuttavia sono sicuro che non lo sa parlare **5** (*per esprimere sorpresa*) ma: *I thought he was a good player. But scoring five goals in one match!*, pensavo che fosse un buon giocatore. Ma segnare cinque gol in una sola partita! **6** (*enfatico*) ma così, ma (così) tanto: *he was rich — rich, he had two yachts and a private jet!*, era ricco ma così ricco, aveva due yacht e un aereo privato! **7** (*form. dopo una negazione*) che non, senza (che); se non: *I never see him — he is smoking*, ogni volta che lo vedo sta fumando **8** — *for*, se non fosse (stato) per: — *for him they would never have known the truth of the matter*, se non fosse (stato) per lui, non avrebbero mai saputo la verità sulla faccenda; — *for the pilot's skill, they would not be here to tell the tale*, se non fosse stato per l'abilità del pilota, non sarebbero qui a raccontarci l'accaduto **9** — *that*, (*form.*) se non: — *that the evidence proves his guilt, I wouldn't believe it*, se non fossero le prove a dimostrare la sua colpa, non ci crederei.

but[1] *prep.* tranne, eccetto, fuorché: *they all went — me*, andarono tutti tranne me // *it's the last — one, — two*, è il penultimo, il terzultimo // *nothing* —, niente altro che: *nothing — the truth*, nient'altro che la verità; *he does nothing — complain*, non fa altro che lamentarsi; *she can eat nothing — cheese and eggs* (o *she can't eat anything — cheese and eggs*), non può mangiare altro che formaggio e uova // *he's anything — stupid*, è tutt'altro che stupido.

but[1] *avv.* **1** (*form.*) solamente, soltanto: *I have — two friends*, ho solamente due amici; *there was — a little money left*, c'era rimasto solo qualche soldo; *had I — known, I would have helped you*, se soltanto l'avessi saputo, ti avrei aiutato; *we can — pay him* (o *we cannot — pay him*), non ci resta che pagarlo **2** — *then*, però; ma (dopotutto): *I know I was wrong. But then, you can't always be right, can you?*, So di aver avuto torto. Ma dopotutto, non si può sempre avere ragione, no?; *he could speak Bantu. But then, his parents came from Africa*, Sapeva parlare la lingua bantù. Ma dopotutto, i suoi genitori venivano dall'Africa.

but[1] *s.* ma: *I want no ifs and no buts*, non voglio né se né ma; *no buts about it!*, non c'è ma che tenga!

to **but**[1] [bʌt] *v.tr.* (*scherz.*) — *me no buts*, non dirmi dei 'ma', non sollevare obiezioni.

but[2] *s.* (*zool.*) femmina di coniglio o di capra.

butadiene [,bju:tə'daii:n / bu·ta·di·ene] *s.* (*chim.*) butadiene.

butane ['bju:teɪn / bu·tane] *s.* (*chim.*) butano.

butanone ['bju:tə,nəʊn / bu·ta·none] *s.* (*chim.*) butanone.

butch [bʊtʃ] *agg.* (*fam.*) fortemente mascolino, virile (di uomo); mascolina, con tratti, atteggiamenti maschili (di donna).

butcher ['bʊtʃə* / but·cher] *s.* **1** macellaio: *—'s* (*shop*), macelleria // (*fam. amer.*): — *shop*, ospedale; — *wagon*, ambulanza **2** (*amer.*) ambulante che vende dolci o giornali (nei teatri, sui treni).

to **butcher** *v.tr.* **1** macellare; massacrare (*anche fig.*) **2** stroncare, distruggere (con critiche).

butcher-bird ['bʊtʃə,bɜ:d] *s.* (*zool.*) averla maggiore → **shrike**.

butcherly ['bʊtʃəlɪ / but·cherly] *agg.* (*non com.*) da macellaio; brutale, sanguinario.

butcher's broom ['bʊtʃəz'bru:m] *s.* (*bot.*) (*Ruscus aculeatus*) pungitopo, rusco SIN. ruscus.

butchery ['bʊtʃərɪ / but·chery] *s.* **1** macelleria **2** macello **3** commercio di carni macellate **4** (*fig.*) macello, strage.

butene ['bju:,ti:n / bu·tene] *s.* (*chim.*) butene.

butler ['bʌtlə* / but·ler] *s.* **1** maggiordomo **2** cantiniere, cameriere addetto all'argenteria, ai vini.

butlery ['bʌtlərɪ / but·lery] *s.* dispensa.

butt[1] [bʌt] *s.* botte (di circa 600 litri), barile.

butt[2] *s.* (*zool.*) (*Hippoglossus hippoglossus*) ippoglosso.

butt[3] *s.* **1** calcio (di arma da fuoco); impugnatura (di utensile) **2** ceppo (di albero) **3** (*conceria*) scagnello **4** mozzicone (di sigaretta ecc.); (*amer.*) sigaretta: — *legging*, contrabbando di sigarette **5** matrice di assegno **6** (*mecc.*) cerniera **7** (*sl. amer.*) sedere.

butt[4] *s.* **1** monticello di terra dietro al bersaglio **2** riparo per la caccia alla starna **3** *pl.* poligono di tiro **4** mira; scopo **5** zimbello, bersaglio (di critiche).

butt[5] *s.* cozzo; cornata.

to **butt**[5] *v.tr.* urtare con la testa, con le corna; cozzare ◆ *v.intr.* muoversi, avanzare a testa bassa, avanzare urtando qlco. (come un animale che si apre la via con le corna).

□ **butt in** *v.intr.* e *avv.* (*sl.*) (*on, to*) interrompere (qlcu.), intromettersi: *she is always butting in on someone else's conversation*, ha la cattiva abitudine di intromettersi nelle conversazioni altrui // *let me — in*, lasciatemi dire la mia // *to — into a discussion*, buttarsi in una discussione.

butter ['bʌtə* / but·ter] *s.* burro: *melted —*, burro fuso; *peanut —*, burro di arachidi // *she looks as though — wouldn't melt in her mouth*, fa la santerellina.

to **butter** *v.tr.* imburrare; cuocere con burro: *buttered bread*, pane imburrato // *his bread is buttered on both sides*, ha la vita facile, vive nell'abbondanza.

□ **butter up** *v.tr.* e *avv.* (*sl.*) adulare.

butter-and-eggs [,bʌtərən'(d)egz] *s.* (*bot. pop.*) (*Linaria vulgaris*) linaiola, linaria SIN. toadflax.

butter-and-eggs man [,bʌtərən'(d)egz mæn] *s.* (*fam. amer.*) ricco uomo d'affari di provincia.

butter bean ['bʌtə,bi:n] *s.* (*bot.*) (*Phaseolus lunatus*) fagiolo americano, fagiolo di Lima SIN. lima-bean.

butterbump ['bʌtəbʌmp / but·ter·bump] *s.* (*zool.*) (*Botaurus stellaris*) tarabuso.

butterbur ['bʌtəbɜ:* / but·ter·bur] *s.* (*bot.*) (*Petasites officinalis*) farfaraccio; (*pop.*) piè d'asino.

butterbush ['bʌtə,bʊʃ / but·ter·bush] *s.* (*bot.*) (*Pittosporum tobira*) pittosporo.

buttercup ['bʌtəkʌp / but·ter·cup] *s.* (*bot.*) botton d'oro, ranuncolo.

butter dish ['bʌtədɪʃ] *s.* piattino del burro, burriera.

butterfingers ['bʌtə,fɪŋgəz / but·ter·fin·gers] *s.* (*fam.*) persona dalle mani di pastafrolla.

butterfly ['bʌtəflaɪ / but·ter·fly] *s.* **1** farfalla // (*fin.*) — *call spread*, nel mercato delle opzioni, strategia che implica quattro contratti simultanei **2** (*fig.*) persona frivola; farfallone **3** *pl.* (*fam.*) dolori di stomaco (da causa nervosa).

butterfly nut ['bʌtəflaɪ,nʌt] *s.* (*mecc.*) dado ad alette, galletto.

butterfly stroke ['bʌtəflaɪ,strəʊk] *s.* (*sport*) nuoto a farfalla.

butterfly valve ['bʌtəflaɪ'vælv] *s.* (*mecc.*) valvola a farfalla.

butter knife ['bʌtənaɪf] *pl.* **butter knives** ['bʌtənaɪvz] *s.* coltellino da burro.

buttermilk ['bʌtəmɪlk / but·ter·milk] *s.* siero di latte; latticello.

butternut[1] ['bʌtənʌt / but·ter·nut] *s.* (*bot.*) (*Iuglans cinerea*) noce cinereo americano.

butternut[2] *s.* pezzetto, noce di burro.

butterscotch ['bʌtəskɒtʃ / but·ter·scotch] *s.* tipo di caramella a base di zucchero e burro.

butter-tree ['bʌtə,tri:] *s.* albero del burro.

butterwort ['bʌtəwɜ:t / but·ter·wort] *s.* (*bot.*) (*Pinguicola vulgaris*) pinguicola.

buttery ['bʌtərɪ / but·tery] *agg.* burroso ◆ *s.* magazzino per viveri (in un collegio), dispensa.

buttock ['bʌtək / but·tock] *s.* **1** natica **2** *pl.* sedere **3** mossa nella lotta libera.

to **buttock** *v.tr.* scaraventare a terra (nella lotta libera).

button ['bʌtn / but·ton] *s.* **1** bottone: *to sew a — on*, attaccare un bottone // *I don't care a —*, (*fam.*) non me ne importa un fico // *to be a — short*, (*fam.*) essere un po' corto (di intelletto) // *to take by the —*, (*fig.*) attaccare un bottone **2** bottoncino per colletto; (*amer.*) gemello da polsino **3** pulsante // *on the —*, (*spec. amer.*) in punto; precisamente **4** (*amer.*) distintivo, patacca **5** (*bot.*) bocciuolo; germoglio: *the canker galls the infants of the spring / too oft before their buttons be disclosed*, (SH. Hamlet) troppo spesso il verme attacca i virgulti della primavera ancor prima che le loro gemme sian dischiuse **6** fungo immaturo.

to **button** *v.tr.* **1** abbottonare, abbottonarsi: *he buttoned* (*up*) *his coat*, si abbottonò il cappotto // *— your lip!*, (*fam.*) chiudi il becco! **2** fornire di bottoni **3** (*scherma*) toccare ◆ *v.intr.* **1** abbottonarsi: *the dress buttons down the back*, il vestito si abbottona sulla schiena **2** gemmare, germogliare (di fiore, pianta).

□ **button up** *v.intr.* e *avv.* (*fig.*) abbottonarsi, diventare muto ◆ *v.tr.* e *avv.* (*spec. amer.*) concludere (un affare).

button-down ['bʌtndaʊn] *agg.* **1** col collo chiuso da un bottone, abbottonato al collo (di camicia e simile) **2** (*fam. amer.*) convenzionale; conservatore.

buttoned ['bʌtnd / but·toned] *agg.* abbottonato; adorno di bottoni // *close —*, (*fig.*) abbottonato, di poche parole.

buttonhole ['bʌtnhəʊl / but·ton·hole] *s.* **1** occhiello, asola **2** fiore da mettere all'occhiello **3** (*med.*) apertura, fenditura (di cavità).

to **buttonhole** *v.tr.* **1** far occhielli, asole **2** (*fig.*) attaccare un bottone a: *he buttonholed me*, mi attaccò un bottone.

buttonholer ['bʌtnhəʊlə* / but·ton·holer] *s.* **1** asolaia, occhiellaia **2** macchina per fare le asole, gli occhielli **3** (*fig.*) attaccabottoni.

buttonless ['bʌtnlɪs / but·ton·less] *agg.* senza bottoni.

buttons ['bʌtnz / but·tons] *s.* (*fam. antiq.*) ragazzo in livrea.

button-wood ['bʌtən,wʊd] *s.* (*bot.*) (*Platanus occidentalis*) platano americano SIN. sycamore.

buttony ['bʌtənɪ / but·tony] *agg.* (*non com.*) con molti bottoni.

buttress ['bʌtrɪs / but·tress] *s.* **1** sostegno, appoggio (*anche fig.*) **2** (*edil.*) contrafforte, sperone.

to **buttress** *v.tr.* **1** sostenere (con pilastro, sperone ecc.) **2** (*fig.*) rinforzare, rendere più forte: *to — an argument with figures*, rafforzare una tesi con dati statistici.

butty ['bʌtɪ] *s.* **1** (*ant.*) compagno, camerata **2** (*antiq.*) chi fa da intermediario fra il proprietario di una miniera e i minatori **3** subappaltatore.

butyl ['bju:tl / bu·tyl] *agg.* (*chim.*) butilico: — *alcohol*, alcol butilico; — *rubber*, gomma butilica ◆ *s.* (*chim.*) butile: — *radical*, radicale butile.

butylene [ˈbju:tɪli:n / bu·tyl·ene] *s.* (*chim.*) butilene.

butyraceous [ˌbju:təˈreɪʃəs / bu·tyr·aceous] *agg.* (*non com.*) burroso, butirroso.

butyraldehyde [ˌbju:təˈrældəhaɪd / bu·tyr·alde·hyde] *s.* (*chim.*) butirraldeide.

butyrate [ˈbju:tə,reɪt / bu·tyr·ate] *s.* (*chim.*) butirrato.

butyric [bju:ˈtɪrɪk / bu·tyric] *agg.* (*chim.*) butirrico.

butyrin(e) [ˈbju:tərɪn / bu·tyr·in(e)] *s.* (*chim.*) butirrina, butirina.

butyrometer [ˌbju:təˈrɒmɪtə* / bu·tyro·meter] *s.* (*chim.*) butirrometro.

butyrous [ˈbju:tərəs / bu·tyr·ous] *agg.* (*non com.*) → **butyraceous**.

buxom [ˈbʌksəm] *agg.* **1** formosa (di donna) **2** (*antiq.*) di aspetto sano, fiorente.

buxomness [ˈbʌksəmnɪs / buxom·ness] *s.* avvenenza, formosità.

buy [baɪ] *s.* **1** (*fam.*) acquisto, compera: *a good* —, un buon acquisto **2** (*comm.*) affare // (*Borsa*) — *on close*, ordine in chiusura, ordine al listino.

to **buy** *pass.p.p.* **bought** [bɔ:t] *v.tr.* **1** comprare, acquistare: *to — for cash*, comprare in contanti; *to — sthg. from* (o *off*) *s.o.*, comprare qlco. da qlcu.: *I bought this book from him*, comprai questo libro da lui; *to — s.o. sthg.*, comprare qlco. per qlcu.: *I bought him a book*, gli comprai un libro; *to — sthg. for s.o.*, comprare qlco. per qlcu.: *I bought a book for him, not for her*, comprai un libro per lui, non per lei // *to — wholesale*, comprare all'ingrosso; *to — on instalments*, comprare a rate; *to — for future delivery* (o *forward*), comprare a termine // *to — a pig in a poke*, (*fig.*) comprare qlco. a occhi chiusi // *to — time*, guadagnare tempo // *you are not expecting me to — this story?*, (*fam. amer.*) non ti aspetterai che io la beva?; *I'll — that!*, (*fam. amer.*) mi hai convinto!; aggiudicato! **2** comprare, corrompere: *he was easily bought*, fu comprato, corrotto facilmente.

□ **buy back** *v.tr.* e *avv.* ricomprare.

□ **buy forward** *v.tr.* e *avv.* (*comm.*) comperare a termine.

□ **buy in** *v.tr.* e *avv.* **1** accaparrare, accapararsi; fare incetta di **2** → to buy back.

□ **buy into** *v.tr.* e *prep.* acquistare una quota del capitale di (un'impresa).

□ **buy off** *v.tr.* e *avv.* (*fig.*) corrompere; comprare (il silenzio ecc. di qlcu.): *the witness has been bought off*, il testimone è stato corrotto.

□ **buy out** *v.tr.* e *avv.* **1** rilevare (un'azienda ecc.): *he wants to — out his partner*, vuole rilevare la quota del socio **2** comprare l'esonero (dal servizio militare).

□ **buy over** *v.tr.* e *avv.* (*solo brit.*) → to buy off.

□ **buy up** *v.tr.* e *avv.* **1** acquistare grossi quantitativi di, accaparrare: *his agency is buying up all land available in that area*, la sua agenzia sta acquistando tutto il terreno disponibile in quell'area **2** (*Borsa*) rastrellare (azioni) **3** → to buy out 1.

buyable [ˈbaɪəbl / buy·able] *agg.* acquistabile.

buyback [ˈbaɪ,bæk / buy·back] *s.* (*dir.*) compensazione diretta.

buyer [ˈbaɪə*] *s.* **1** compratore; acquirente // (*Borsa*): *—'s option*, (contratto a premio) dont; *—'s option to double*, (contratto a premio) noch; — *'s market*, mercato favorevole al compratore, mercato del compratore **2** responsabile di un ufficio acquisti.

buying [ˈbaɪɪŋ / buy·ing] *s.* [U] acquisto: — *power*, potere d'acquisto.

buying-in [ˌbaɪɪŋˈɪn] *s.* **1** (*econ.*) acquisto da parte della banca centrale sul mercato dei cambi (per sostenere la moneta nazionale) **2** (*Borsa*) — *of stocks*, acquisto coattivo (di titoli).

buy-out [ˈbaɪaʊt] *s.* (*comm.*) acquisto in blocco: *management* —, acquisizione del controllo di una società da parte dei suoi manager; *leveraged* —, acquisto di tutte le azioni di una società (con prestito garantito dalle azioni da acquistare).

buzz[1] [bʌz] *s.* **1** ronzio (di api ecc.) **2** mormorio, brusio (di persone ecc.) **3** (*fam.*) telefonata, squillo: *give me a* —, fammi uno squillo **4** (*fam.*) pettegolezzo, diceria // — *book*, il libro del momento, bestseller // — *word*, parola, espressione del momento, di moda // *what's the —?*, che cosa si dice in giro? **5** (*fam.*) leggero stato di euforia (indotto spec. da alcol o droga) // — *bomb*, (*fam.*) bomba volante, V1.

to **buzz**[1] *v.intr.* **1** ronzare (*anche fig.*): *the bees were buzzing busily*, le api ronzavano affaccendate **2** mormorare, bisbigliare ◆ *v.tr.* **1** chiamare con un segnale acustico; telefonare: *he buzzed his secretary*, chiamò la segretaria **2** (*fam.*) (di aereo) sfiorare, fare il pelo a.

□ **buzz off** *v.intr.* e *avv.* (*fam.*) togliersi dai piedi.

to **buzz**[2] *v.tr.* (*ant.*) scolare (una bottiglia).

buzzard [ˈbʌzəd / buz·zard] *s.* (*zool.*) (*Buteo buteo*) poiana.

buzzer [ˈbʌzə*] *s.* **1** segnale acustico; cicalino, cicala **2** insetto che ronza **3** (*ant.*) persona che bisbiglia **4** (*aut. antiq.*) clacson **5** (*amer. mil.*) segnalatore.

buzzing [ˈbʌzɪŋ / buzz·ing] *agg.* ronzante ◆ *s.* ronzio; brusio: *a — in the ears*, un ronzio negli orecchi.

bwana [ˈbwɑ:nə] *s.* bwana, appellativo di rispetto dato dai neri africani ai bianchi in epoca coloniale.

by [baɪ] *prep.* **1** (*dopo un v. passivo per introdurre un compl. di agente*) da: *the house had been destroyed — a bomb*, la casa era stata distrutta da una bomba; *the stadium is surrounded — trees*, lo stadio è circondato di alberi; *she was woken up — the phone ringing*, fu svegliata dal trillo del telefono; *the novel was published — Garzanti in 1979*, il romanzo fu pubblicato da Garzanti nel 1979 // *an opera* (*written*) — *Verdi*, un'opera di (scritta da) Verdi // *a portrait* (*painted*) — *Rubens*, un ritratto di (dipinto da) Rubens **2** (*dopo un s. o gerundio per introdurre un compl. d'agente*) da, da parte di: *the use of drugs — athletes is being investigated*, si sta indagando sull'uso di stupefacenti da parte degli atleti; *the banning of the meeting — the police was inevitable*, il divieto della manifestazione da parte della polizia fu inevitabile **3** (*per introdurre un compl. di mezzo o di modo*) per mezzo di; con; attraverso; in: *they came — bus, tram, car, train, plane*, vennero in autobus, tram, macchina, treno, aereo; *we travelled — land, sea, and air*, abbiamo viaggiato via terra, via mare e per via aerea; — *rail*, per ferrovia; — *post*, per posta; *she came up — the lift, — the stairs*, è salita con l'ascensore, dalle scale; *he came in — the front door*, entrò dalla porta principale; *he lives — writing novels*, campa scrivendo romanzi; — *selling the house he made enough money to live on*, con la vendita della casa ricavò denaro sufficiente per vivere; *he always justifies himself — criticizing others*, si giustifica sempre criticando gli altri; *let's begin — asking the obvious questions*, cominciamo col domandarci le cose più ovvie; *I always pay — cheque*, pago sempre con assegno; *judging — appearances*, a giudicare dalle apparenze; *I met him — chance*, l'ho incontrato per caso; *I did it — mistake*, l'ho fatto per sbaglio; *we know him — sight*, lo conosciamo di vista; *they learnt the poem — heart*, hanno imparato la poesia a memoria; *she took me — the hand*, mi prese per mano; *hold it — the handle*, tienilo dalla parte del manico // *what do you mean — that?*, cosa intendi dire con questo? // *what did you understand — his remarks?*, che cosa avete capito delle sue osservazioni? // *he did the work — himself*, ha fatto il lavoro da solo // *she couldn't manage all — herself*, non ce l'ha fatta da sola **4** (*in espressioni di luogo o spazio*) accanto a; davanti a: *he was standing — the window*, era in piedi accanto alla finestra; *they live in a house — the sea*, abitano in una casa vicino al mare; *they rushed — us*, ci passarono davanti a tutta velocità; *I pass — your house every day*, passo tutti i giorni davanti a casa tua; *side — side*, fianco a fianco; — *the side of*, di fianco a **5** (*in espressioni di tempo*) entro; per; di, a: *I'll finish this job — 7 o'clock*, finirò questo lavoro per le 7; *these goods must be delivered — the end of next week*, questa merce dev'essere consegnata entro la fine della settimana prossima; *some cities are attractive — day but not — night*, alcune città sono piacevoli di giorno ma non di notte; — *moonlight, the landscape looked ghostly*, al chiaro di luna, il paesaggio aveva una luce spettrale // — *now*, ormai: — *now you should be able to do the job alone*, ormai dovresti essere in grado di fare il lavoro da solo // — *this time*, a quest'ora: *he should be here — this time*, a quest'ora dovrebbe essere qui **6** (*misura*; *distanza*; *calcolo*) per; a; di: *the room measures 2 metres — 3*, la stanza è 2 metri per 3; *this dress is shorter — two centimetres*, questo abito è più corto di due centimetri; *she's older than me — five years*, è più vecchia di me di cinque anni; *in Britain cloth is sold — the yard, fruit — the pound*, in Gran Bretagna la stoffa si vende a yarde, la frutta a libbre; *15 divided — 5 is 3*, 15 diviso per 5 è uguale a 3; *12* (*multiplied*) — *3 is 36*, 12 per 3 fa 36; *prices went up — 20%*, i prezzi sono saliti del 20% // — *far*, di gran lunga: *this song is — far his best*, questa è di gran lunga la sua canzone migliore **7** (*con valore distr.*) a; per; *one — one, two — two*, uno, due alla volta; *his responsibility grew year — year*, di anno in anno aumentava la sua responsabilità; *little — little* (o *bit — bit*), *he began to understand*, a poco a poco, cominciò a capire **8** (*in senso astratto*) per, secondo: — *law, you should declare your income to the tax office*, per legge dovresti dichiarare il tuo reddito all'ufficio delle tasse; — *his standards, her family were very well off*, secondo i suoi criteri, la famiglia di lei era molto ricca; *he was a butcher — trade*, faceva di mestiere il macellaio; — *nature she was very moody*, era molto lunatica di natura; *he swore — God he hadn't done it*, giurò su Dio di non averlo fatto // — *no means* (o *not — any means*), per nulla, affatto, in nessun modo: *this is — no means* (o *not — any means*) *a solution to our problem*, questa non è affatto una soluzione del nostro problema // — *all means*, senz'altro, certamente, ad ogni costo: — *all means bring your children, too*, portate senz'altro anche i bambini // — *the way*, a proposito, incidentalmente: ... — *the way, did you remember to bring some flowers for her?*, ... a proposito, ti sei ricordato di portarle dei fiori?

by *avv.* **1** vicino: *close* (o *hard*) —, molto vicino: *he lives hard* —, abita molto vicino; *when no one was* —, quando non c'era nessuno vicino, presente **2** accanto: *to go* —, passare; *to hurry* —, passare in fretta; *to run* —, passare correndo **3** da parte, in disparte: *to put sthg.* —, mettere da parte qlco.: *wisely he had put sthg. — for his old age*, aveva prudentemente messo da parte qlco. per la vecchiaia; *to stand* —, stare accanto, assistere; tenersi in disparte; (*mil.*) tenersi pronto per un'azione: *she stood — while he repaired the lamp*, gli stava vicino mentre riparava il lampadario; (*mil.*) *all units must stand — at ten hundred hours*, tutte le unità si tengano pronte alle ore dieci // — *and* —, tra poco; — *and large*, generalmente parlando, in linea di massima.

by *agg.attr.* (*non com.*) secondario, indiretto: — *effect*, effetto secondario; — *consideration*, considerazione secondaria.

by- *pref.* di origine anglosassone che significa 'di minore importanza': *by-product*, sottoprodotto; *byroad*, strada secondaria.

by-bidder ['baɪ,bɪdə*] *s.* chi fa offerte fittizie a un'asta.

by-blow ['baɪ,bləʊ] *s.* **1** (*lotta*) colpo traverso **2** bastardo, figlio illegittimo.

bye [baɪ] *agg.attr.* secondario, indiretto.

bye *s.* **1** (*cricket*) punto per palla passata **2** (*sport*) il passare un turno senza giocare.

bye-bye ['baɪ'baɪ] *inter. fam.* arrivederci, ciao.

bye-byes ['baɪbaɪz] *s.* (*fam.*) nanna: *to go to* —, andare a nanna.

by-election ['baɪɪ,lekʃn] *s.* (*pol.*) elezione straordinaria.

Byelorussian [,bjeləʊ'rʌʃn / Bye·lo·rus·sian] *agg.* e *s.* bielorusso.

by-end ['baɪ,end] *s.* secondo fine, fine recondito; scopo segreto.

bygone ['baɪgɒn / by·gone] *agg.* passato, del passato: *in — days*, nei tempi che furono, una volta.

bygones ['baɪgɒnz / by·gones] *s.pl.* passato: *let — be* —, dimentica il passato, metti una pietra sul passato; acqua passata non macina più.

bylaw ['baɪlɔ: / by·law] *s.* (*dir.*) legge locale; statuto (municipale, amministrativo); regolamento, norma, prescrizione.

by-line ['baɪlaɪn] *s.* (*giornalismo*) nome dell'autore (sopra l'articolo).

by-name ['baɪ,neɪm] *s.* soprannome, nomignolo.

BYO ['bi:waɪ,əʊ] (*fam. amer.*) (sta per *Bring Your Own*) ciascuno porti il suo (cibo o bevande a una festa): *BYOB* (Bring Your Own Booze), ciascuno porti le proprie bevande; *BYOF* (Bring Your Own Food), ciascuno porti il proprio cibo.

bypass ['baɪpɑ:s / by·pass] *s.* **1** (*mecc.*) by -pass, bipasso **2** circonvallazione; tangenziale **3** (*elettr.*) shunt, derivazione **4** (*med.*) deviazione (di arteria), by-pass.

to **bypass** *v.tr.* **1** girare intorno a, evitare (città, traffico ecc.), bypassare **2** fornire (una città) di circonvallazione **3** raggirare, evitare **4** (*med.*) deviare, fare una deviazione **5** (*mecc.*) bypassare, bipassare **6** (*elettr.*) shuntare, derivare.

bypath ['baɪpɑ:θ / by·path] *s.* sentiero laterale.

by-play ['baɪpleɪ] *s.* (*teatr.*) controscena, azione secondaria.

by-plot ['baɪ,plɒt] *s.* (*teatr.*) intreccio secondario.

by-product ['baɪ,prɒdʌkt] *s.* sottoprodotto, prodotto secondario.

byre ['baɪə*] *s.* vaccheria, stalla.

byroad ['baɪrəʊd / by·road] *s.* strada secondaria.

Byronic [baɪ'rɒnik / By·ronic] *agg.* **1** byroniano **2** (*fig.*) romantico; appassionato; malinconico.

byssaceous [bɪ'seɪʃəs / bys·sa·ceous] *agg.* (*bot.*) bissaceo.

byssiferous [bɪ'sɪfərəs / bys·si·fer·ous] *agg.* (*zool.*) bissifero.

byssus ['bɪsəs / bys·sus] *s.* **1** (*zool.*) bisso (mollusco) **2** (*tess.*) bisso.

bystander ['baɪ,stændə* / by·stander] *s.* **1** astante; passante **2** (*dir.*) il terzo leso.

by-street ['baɪstri:t] *s.* via appartata, fuori mano, viuzza.

byte [baɪt] *s.* (*inform.*) byte (gruppo di posizioni binarie di 8 bits): — *mode*, trasferimento di un byte alla volta.

byway ['baɪweɪ / by·way] *s.* scorciatoia; strada poco frequentata; via traversa (*anche fig.*): *the byways of history*, le parti meno note della storia.

byword ['baɪwɜ:d / by·word] *s.* **1** personificazione, simbolo: *the department has become a — for efficiency*, il reparto è diventato un simbolo di efficienza **2** proverbio, detto.

bywork ['baɪwɜ:k / by·work] *s.* (*non com.*) lavoro secondario; occupazione marginale.

Byzantine [bɪ'zæntaɪn / By·zan·tine] meno com. **Byzantian** [bɪ'zæntɪən] *agg.* e *s.* bizantino.

Byzantinism [bɪ'zæntɪnɪzəm / By·zan·tin·ism] *s.* bizantinismo (*anche fig.*).

Cc

c [si:] *pl.* **cs, c's** [si:z] *s.* **1** (*terza lettera dell'alfabeto inglese*) c // (*tel.*) — *for Charlie*, c come Como // *big C*, (*fam. amer.*) cancro **2** (*mus.*) *C*, do; chiave di do // *middle C*, do sotto il rigo (nella chiave di violino); do sopra il rigo (nella chiave di basso) **3** C (*cifra romana*), 100.

C, C++ [si:'plʌs'plʌs] *s.* linguaggi di programmazione C e C++.

Caaba ['kɑ:əbə / Ca·aba] *s.* (*relig.*) → **Kaaba**.

cab[1] [kæb] *s.* **1** (*spec. amer.*) vettura di piazza; taxi **2** cabina (di locomotiva, di camion) **3** carrozza da nolo, carrozzella.

to **cab**[1] *pass.p.p.* **cabbed** [kæbd] *v.intr.* (*antiq.*) andare in vettura, in taxi; prendere una vettura, un taxi: *we cabbed it to*..., siamo andati in taxi a...

cab[2] *s.* (*sl., antiq.*) bigino.

to **cab**[2] *pass.p.p.* **cabbed** *v.intr.* (*sl. antiq.*) usare un bigino (nel preparare le lezioni).

cabal [kə'bæl / ca·bal] *s.* **1** congiura; intrigo **2** (*rar.*) conventicola, gruppo, cricca **3** *the Cabal*, (*st. inglese*) comitato degli affari esteri di Carlo II.

to **cabal** *pass.p.p.* **caballed** [kə'bæld / ca·bal·led] *v.intr.* (*rar.*) ordire intrighi, complottare, congiurare.

cabala e *deriv.* → **cabbala** e *deriv.*

caballer [kə'bælə* / ca·bal·ler] *s.* (*ant.*) imbroglione; intrigante.

cabana [kə'bɑ:nə / ca·bana] *s.* **1** cabana (tipo di sigaro) **2** (*ispano-amer.*) capanno da spiaggia.

cabaret ['kæbəreɪ *amer.* ˌkæbə'reɪ / cab·a·ret] *s.* spettacolo di cabaret; cabaret, caffè concerto.

cabbage ['kæbɪdʒ / cab·bage] *s.* **1** cavolo; (*bot.*) (*Brassica oleracea capitata*) cavolo cappuccio: — *stump*, torso di cavolo **2** (*fam. spreg.*) persona che non si interessa di niente; deficiente **3** (*sl. antiq.*) soldi, denaro.

cabbage-butterfly ['kæbɪdʒ'bʌtəflaɪ] *s.* (*zool.*) (*Pieris brassicae*) cavolaia.

cabbagehead ['kæbɪdʒhed / cab·bage·head] *s.* (*bot.*) cavolo.

cabbage-lettuce ['kæbɪdʒ'letɪs] *s.* (*bot.*) (*Lactuca sativa capitata*) lattuga cappuccia.

cabbage-rose ['kæbɪdʒrəʊz] *s.* (*bot.*) rosa centifoglie.

cabbala [kə'bɑ:lə / cab·bala] *s.* cabala.

cabbalism ['kæbəlɪzəm / cab·bal·ism] *s.* cabalismo.

cabbalist ['kæbəlɪst / cab·bal·ist] *s.* cabalista.

cabbalistic [ˌkæbə'lɪstɪk / cab·bal·istic] *agg.* cabalistico // **-ally** *avv.*

cabby ['kæbɪ] *s.* (*fam.*) **1** tassista **2** cocchiere, vetturino.

cabdriver ['kæbˌdraɪvə* / cab·driver] *s.* **1** taxista, tassista **2** vetturino.

caber ['keɪbə* / ca·ber] *s.* (*scoz.*) caber (tronco di pino senza rami usato nella gara di lancio detta 'tossing the caber').

cabin ['kæbɪn] *s.* **1** capanna; casa piccola e rozza, rustico, baita **2** (*aer., ferr., mar.*) cabina // — *boy*, mozzo, addetto ai servizi di cabina.

to **cabin** *v.tr.* (*non com.*) rinchiudere in una cabina, in piccolo spazio ◆ *v.intr.* (*rar.*) abitare in una casupola.

cabin cruiser ['kæbɪnˌkru:zə*] *s.* (*mar.*) cabinato.

cabinet ['kæbɪnɪt / cab·inet] *s.* **1** stipo; scrigno; armadietto, mobiletto; vetrinetta **2** (*pol.*) *Cabinet*, gabinetto; consiglio dei ministri // *Cabinet-Council*, consiglio di gabinetto // *kitchen* —, gruppo di consiglieri di un capo di stato senza incarico ufficiale **3** (*ant.*) stanzino.

cabinet-maker ['kæbɪnɪtˌmeɪkə*] *s.* ebanista.

cabinet-making ['kæbɪnɪtˌmeɪkɪŋ] *s.* ebanisteria.

cabinet-minister ['kæbɪnɪt'mɪnɪstə*] *s.* (*pol.*) membro del gabinetto (dei ministri).

cable ['keɪbl] *s.* **1** (*tecn.*) cavo: *optical fibre* —, cavo a fibre ottiche; *by* —, per cavo; *messenger* —, cavo portante // (*tel.*) — *network*, rete in cavo **2** cablogramma // (*banca*) — *transfer*, bonifico cablografico **3** (*inform.*) cavo: — *thru*, cavo di collegamento in serie o seriale; — *through*, percorso dei cavi.

to **cable** *v.tr.* **1** trasmettere per cablogramma; mandare un cablogramma a: *to* — *s.o.*, mandare un cablogramma a qlcu.; *he cabled us the money*, ci ha mandato il denaro per cablogramma **2** fornire di cavo **3** legare con un cavo ◆ *v.intr.* trasmettere per cablogramma; mandare un cablogramma.

cable-address [ˌkeɪblə'dres] *s.* indirizzo telegrafico.

cable bend ['keɪblˌbend] *s.* (*mar.*) **1** merlino **2** nodo di grippia.

cable car ['keɪblkɑ:*] *s.* **1** cabina (di funivia o di funicolare) **2** tram a cremagliera.

cablecast ['keɪblˌkɑ:st / ca·ble·cast] *s.* trasmissione (televisiva) via cavo.

to **cablecast** *v.tr.* (tele)trasmettere, (tele)diffondere via cavo.

cablecaster ['keɪblˌkɑ:stə* / ca·ble·caster] *s.* trasmettitore (televisivo) via cavo.

cablegram ['keɪblgræm / ca·ble·gram] *s.* (*non com.*) cablogramma.

cable-laid rope ['keɪblˌleɪd'rəʊp] *s.* (*mar.*) torticcio.

cableman ['keɪblmən / ca·ble·man] *pl.* **cablemen** *s.* posacavi, installatore di cavi.

cable railway ['keɪblˌreɪlweɪ] *s.* funicolare.

cable ship ['keɪblˌʃɪp] *s.* (*mar.*) nave posacavi.

cable-stitch ['keɪblˌstɪtʃ] *s.* (*lavoro a maglia*) punto a trecce.

cablet ['keɪblɪt / ca·blet] *s.* (*rar.*) piccolo cavo.

cable television [ˌkeɪbl'telɪˌvɪʒn] *s.* televisione via cavo.

cableway ['keɪblweɪ / ca·ble·way] *s.* **1** funivia **2** teleferica.

cabman ['kæbmən / cab·man] *pl.* **cabmen** *s.* vetturino; cocchiere.

cabochon [ˌkɑ:bə'ʃɔ:ŋ / ca·bo·chon] *s.* pietra preziosa tagliata a cabochon, tagliata senza sfaccettatura ◆ *agg.* a cabochon.

caboodle [kə'bu:dl / ca·boodle] *s.* *the whole* —, tutto quanto; tutti quanti.

caboose [kə'bu:s / ca·boose] *s.* **1** (*mar.*) cucina di bordo **2** (*amer. ferr.*) vagone di servizio per il personale viaggiante di un treno merci.

cabotage ['kæbətɑ:ʒ / cab·ot·age] *s.* (*mar.*) cabotaggio.

cab rank ['kæbræŋk] **cabstand** ['kæbstænd / cab·stand] *s.* (*spec. amer.*) posteggio di taxi BRIT. taxi rank.

cabriolet [ˌkæbrɪəʊ'leɪ / cab·ri·olet] *s.* **1** calessino **2** (*aut.*) cabriolet, vettura da turismo.

cacao [kə'kɑ:əʊ / ca·cao] *s.* (*bot.*) (*Theobroma cacao*) cacao (pianta e seme).

cachalot ['kæʃəlɒt / cach·alot] *s.* (*zool.*) (*Physeter macrocephalus*) capodoglio SIN. sperm whale.

cache [kæʃ] *s.* **1** nascondiglio (per tesoro, munizioni, provviste) **2** scorte, provviste nascoste **3** (*inform.*) cache: — *memory* (o *store*), memoria cache (memoria di accesso rapido per aumentare la capacità elaborativa di un sistema); — *hit rate* (o *ratio*), tasso di successo (nel reperire un dato ricercato).

to **cache** *v.tr.* nascondere (tesoro, munizioni, provviste).

cachectic [kə'kektɪk / cach·ectic] *agg.* (*med.*) cachettico.

cache-sexe ['kæʃ'seks] *s.* cache-sexe, slip ridottissimo che copre solo il pube, usato soprattutto come costume di scena.

cachet ['kæʃeɪ *amer.* kæ'ʃeɪ] *s.* **1** prestigio, status sociale **2** segno ufficiale d'autenticità **3** (*ant.*) sigillo **4** (*med.*) cachet, cialda.

cachexy [kə'keksɪ / cach·exy] *s.* (*med.*) cachessia.

to **cachinnate** ['kækɪneɪt / cach·in·nate] *v.intr.* (*rar.*) ridere smodatamente.

cachinnation [,kækɪ'neɪʃn / cach·in·nation] *s.* (*rar.*) riso smodato.

cachinnatory [kə'kɪnətərɪ / cach·in·natory] *agg.* (*rar.*) di riso smodato.

cacholong ['kæʃəlɒŋ / ca·cho·long] *s.* (*min.*) casciolongo.

cachou ['kæʃu: *amer.* kə'ʃu:] *s.* **1** (*bot.*) → catechu 1 **2** pasticca aromatica.

cacique [kæ'si:k / ca·cique] *s.* cacicco (capo indiano dell'America centromeridionale).

cack-handed [,kæk'hændɪd] *agg.* **1** (*non com.*) mancino **2** goffo, impacciato, maldestro.

cackle ['kækl] *s.* **1** schiamazzo (di oca, gallina) **2** (*fig.*) risata stridula **3** (*fig.*) cicaleccio, chiacchierio // *cut the —!*, basta con le chiacchiere!

to **cackle** *v.intr.* **1** schiamazzare (di oca, gallina) **2** (*fig.*) chiacchierare; ridere in modo stridulo; ridacchiare.

cackler ['kæklə*] *s.* **1** gallina che chioccia **2** (*fig.*) chiacchierone.

cacodemon [,kækə'di:mən / ca·co·demon] *s.* cacodemone, spirito maligno.

cacodyl ['kækəʊdaɪl / caco·dyl] *s.* (*chim.*) cacodile.

cacoethes [,kækə'i:θi:z / ca·co·ethes] *s.* (*ant.*) cattiva abitudine.

cacography [kæ'kɒgrəfɪ / ca·co·graphy] *s.* (*rar.*) cacografia.

cacophonous [kæ'kɒfənəs / ca·co·phonous] *agg.* cacofonico.

cacophony [kæ'kɒfənɪ / ca·co·phony] *s.* cacofonia.

cactaceous [kæk'teɪʃəs / cac·ta·ceous] *agg.* (*bot.*) di cactus.

cactus ['kæktəs / cac·tus] *pl.* **cactuses** ['kæktəsɪz] **cacti** ['kæktaɪ] *s.* (*bot.*) cactus, cacto.

cad [kæd] *s.* **1** maleducato; mascalzone **2** (*sl. amer.*) vagabondo.

cadastral [kə'dæstrəl / ca·das·tral] *agg.* catastale.

cadastre [kə'dæstə* / ca·dastre] *s.* catasto.

cadaver [kə'deɪvə* / ca·da·ver] *s.* cadavere.

cadaveric [kə'dævərɪk / ca·da·veric] *agg.* cadaverico.

cadaverine [kə'dævərɪn / ca·da·ver·ine] *s.* (*chim.*) cadaverina.

cadaverous [kə'dævərəs / ca·da·ver·ous] *agg.* cadaverico; esangue, pallidissimo.

caddice ['kædɪs] → **caddis**.

caddie ['kædɪ / cad·die] *s.* (*golf*) caddie, portamazze, portabastoni.

caddis ['kædɪs / cad·dis] *s.* (*zool.*) larva di friganea (da esca) SIN. cod-bait.

caddish ['kædɪʃ / cad·dish] *agg.* (*fam.*, *antiq.*) maleducato; volgare; villano // **-ness** *s.*

caddy[1] ['kædɪ] *s.* (*tea*) —, barattolo per il tè.

caddy[2] *s.* (*golf*) → **caddie**.

to **caddy**[2] *v.intr.* (*golf*) fare da portamazze.

Caddy[3] (*spec. amer.*) abbr. di *Cadillac*.

cadence ['keɪdəns / ca·dence] *s.* **1** cadenza, ritmo **2** intonazione, modulazione (di voce) **3** (*mus.*) fine di frase musicale.

cadenced ['keɪdənst / ca·denced] *agg.* cadenzato, ritmico.

cadency ['keɪdənsɪ / ca·dency] *s.* **1** (*rar.*) discendenza di un ramo cadetto **2** (*amer.*) → cadence.

cadenza [kə'denzə / ca·denza] *s.* (*mus.*) cadenza.

cadet [kə'det / ca·det] *s.* **1** cadetto, allievo (di scuola militare, di Accademia) // — *ship*, nave scuola **2** cadetto, figlio maschio non primogenito; fratello non primogenito.

cadge[1] [kædʒ] *s.* (*rar.*) scrocco // *to be on the* —, essere uno scroccone.

to **cadge**[1] *v.tr.* **1** scroccare: *can I — a cigarette from* (o *off*) *you?*, posso scroccarti una sigaretta? **2** (*ant.*) accattare, mendicare ◆ *v.intr.* **1** vivere a scrocco **2** (*ant.*) mendicare.

cadge[2] *s.* **1** (*st.*) gabbia per falconi **2** bisaccia.

cadger ['kædʒə*] *s.* **1** scroccatore **2** (*ant.*) mendicante **3** (*ant.*) venditore ambulante.

cadi ['kɑ:dɪ] *s.* cadì (magistrato musulmano).

Cadmean [kæd'mi:ən / Cad·mean] *agg.* di Cadmo // — *victory*, (*fig.*) vittoria di Pirro.

cadmic ['kædmɪk] *agg.* (*chim.*) cadmico.

cadmium ['kædmɪəm / cad·mium] *s.* (*chim.*) cadmio // — *yellow*, giallo cadmio.

cadre ['kɑ:də* *amer.* 'kædrɪ] *s.* **1** (*pol. mil.*) quadro, organico, cellula; membro di un quadro **2** (*non com.*) canovaccio (di opera, lavoro teatrale).

caduceus [kə'dju:sjəs / ca·du·ceus] *pl.* **caducei** [kə'dju:sjaɪ / ca·du·cei] *s.* caduceo.

caducity [kə'dju:sɪtɪ / ca·du·city] *s.* caducità (*anche biol.*); fugacità.

caducous [kə'dju:kəs / ca·du·cous] *agg.* (*non com.*) caduco (*anche biol.*); fugace.

caecal ['si:kəl] *agg.* (*anat.*) cecale, relativo all'intestino cieco.

caecum ['si:kəm] *pl.* **caeca** ['si:kə] *s.* (*anat.*) intestino cieco.

Caesar ['si:zə* / Cae·sar] *s.* **1** cesare; imperatore // *—'s wife*, (*fig.*) persona al di sopra di ogni sospetto // *to appeal to* —, appellarsi alle autorità superiori **2** autocrate.

Caesarean [,si:zə'rɪən / Cae·sar·ean] **Caesarian** *agg.* cesareo, di Cesare; imperiale ◆ *s.* seguace di Cesare; sostenitore di un'autocrazia.

caesarean [si:'zeərɪən] **caesarian** *agg.* e *s.* (*med.*) — (*section*), taglio cesareo, cesareo.

Caesarism ['si:zərɪzəm / Cae·sar·ism] *s.* (*non com.*) cesarismo, governo assoluto.

caesium ['si:zjəm / cae·sium] *s.* (*chim.*) cesio: (*fis.*) — *clock*, orologio al cesio.

caesura [si:'zjʊərə *amer.* si:'ʒʊərə / caes·ura] *s.* (*poet.*) cesura.

café ['kæfeɪ *amer.* kæ'feɪ] *s.* caffè.

cafeteria [,kæfɪ'tɪərɪə / caf·et·eria] *s.* ristorante self-service, cafeteria.

caffeine ['kæfi:n / caf·feine] *s.* caffeina.

caftan ['kæftən / caf·tan] *s.* caffetano.

cage [keɪdʒ] *s.* **1** gabbia // *lift* —, gabbia di ascensore; montacarichi **2** prigione **3** (*edil.*) palizzata; impalcatura; armatura **4** (*elettr. mecc.*) gabbia **5** (*ind. miner.*) gabbia.

to **cage** *v.tr.* **1** mettere, tenere in gabbia **2** imprigionare.

cagebird ['keɪdʒbɜ:d / cage·bird] *s.* uccello da gabbia.

cagey ['keɪdʒɪ] *agg.* (*fam.*) cauto, prudente; riluttante.

cagoule [kə'gu:l / ca·goule] *s.* mantella, mantello, mantellina impermeabile.

cahoots [kə'hu:ts / ca·hoots] *s.pl.* (*sl. spec. amer.*): *in — with the devil*, in combutta col diavolo.

caiman ['keɪmən] → **cayman**.

Cain [keɪn] *no.pr.m.* Caino // *to raise* —, fare una sfuriata ◆ *s.* (*estens.*) fratricida; assassino.

Cainozoic [,kaɪnə'zəʊɪk / Cai·no·zoic] *agg.* e *s.* (*geol.*) cenozoico.

caique [kaɪ'i:k / ca·ique] *s.* (*mar.*) caicco, scialuppa.

cairn [keən] *s.* tumulo.

cairngorm [,keən'gɔ:m / cairn·gorm] *s.* (*min.*) quarzo giallo o bruno.

caisson [kə'su:n / cais·son] *s.* **1** (*arch.*) cassettone (di soffitto) **2** (*mar.*) cassone; barca portacassone // (*med.*) — *disease*, sindrome da decompressione (dei sommozzatori) **3** (*mil.*) cassonetto.

caitiff ['keɪtɪf] *agg.* e *s.* (*ant.*) vile; codardo.

to **cajole** [kə'dʒəʊl / ca·jole] *v.tr.* blandire; allettare; persuadere con lusinghe.

cajolement [kə'dʒəʊlmənt / ca·jole·ment] → **cajolery**.

cajoler [kə'dʒəʊlə* / ca·joler] *s.* adulatore.

cajolery [kə'dʒəʊlərɪ / ca·jolery] *s.* [U] lusinga, adulazione, allettamento.

cajolingly [kə'dʒəʊlɪŋlɪ / ca·jol·ing·ly] *avv.* con lusinghe, con allettamenti.

Cajun ['keɪdʒən] *s.* (*amer.*) nativo della Louisiana di discendenza francese // — *food*, cucina tipica degli stati meridionali degli Stati Uniti.

cake [keɪk] *s.* **1** torta; focaccia; tortino, pasticcio al forno: *wedding* —, torta nuziale; *to bake a* —, cuocere una torta // — *shop*, pasticceria // — *mix*, mistura per torta // — *tin*, tortiera // *the icing on the* —, (*fig.*) la ciliegina sulla torta // *I want a bigger slice of the* —, (*fig.*) voglio una fetta più grande // *cakes and ale*, le buone cose della vita // *a piece of* —, (*fam.*) qlco. di facile e gradito: *it's a piece of* —, è una pacchia // *to take the* —, (*fam. amer.*) meritarsi il premio: *it takes the —!*, è il colmo! // *you can't have your — and eat it too*, (*prov.*) non si può avere la botte piena e la moglie ubriaca **2** (*amer.*) → pancake **3** tavoletta (di sostanza compressa): *a — of soap*, una saponetta; un pezzo di sapone **4** grumo, crosta (di sangue ecc.).

to **cake** *v.tr.* incrostare; (far) indurire; coagulare: *caked with blood, mud*, incrostato di sangue, fango; *their blood is cak'd*, (SH. Timon of Athens) il loro sangue è cagliato ◆ *v.intr.* incrostarsi; indurirsi; coagularsi; agglutinarsi.

cake slice ['keɪk,slaɪs] *s.* paletta per dolci.

caky ['keɪkɪ] *agg.* rappreso, indurito.

Calabar-bean ['kæləbɑ:'bi:n / Ca·labar-bean] *s.* (*bot.*) (*Physostigma venenosum*) fava del Calabar.

calabash ['kæləbæʃ / cala·bash] *s.* **1** (*bot.*) (*Lagenaria siceraria*) lagenaria; (*pop.*) zucca da pesca **2** (*bot.*) (*Crescentia cujete*) crescenzia **3** recipiente ricavato da una zucca.

calaboose [,kælə'bu:z / cala·boose] *s.* (*fam. amer.*) prigione.

Calabrian [kə'læbrɪən / Ca·lab·ri·an] *agg.* e *s.* calabrese.

calamander [,kælə'mændə* / ca·la·man·der] *s.* calamandra.

calamary ['kæləmərɪ / cala·mary] *s.* (*non com. zool.*) → **squid**.

calamine ['kæləmaɪn / cal·amine] *s.* (*min.*) calamina.

calamint ['kæləmɪnt / cala·mint] *s.* (*bot.*) (*Satureja calamintha*) calaminta; (*pop.*) nepitella.

calamite ['kæləmaɪt / cala·mite] *s.* (*paleont.*) vegetale fossile.

calamitous [kə'læmɪtəs / ca·lam·it·ous] *agg.* calamitoso, disastroso // **-ly** *avv.*

calamity [kə'læmɪtɪ / ca·lam·ity] *s.* calamità, disastro; sinistro.

calamity howler [kə'læmɪtɪ,haʊlə*] *s.* (*sl. amer.*) pessimista.

calamus ['kæləməs / cala·mus] *pl.* **calami** ['kæləmi:] *s.* (*bot.*) **1** calamo **2** (*Acorus calamus*) calamo aromatico, acoro vero; (*pop.*) erba di Venere SIN. flag root.

calanque [kə'læŋk / ca·lanque] *s.* (*geogr.*) → **gully**.

calash [kə'læʃ / ca·lash] *s.* **1** calesse **2** mantice mobile di calesse **3** (*st.*) sorta di cappuccio da donna.

calaverite [kə'lævəraɪt / ca·laver·ite] *s.* (*min.*) calaverite.

calcaneal [kæl'keɪnɪəl / cal·ca·neal] **calcanean** [kæl'keɪnɪən / cal·ca·nean] *agg.* (*anat.*) relativo al calcagno.

calcaneum [kæl'keɪnɪəm / cal·ca·neum] *pl.* **calcanea** [kæl'keɪnɪə / cal·ca·nea] **calcaneus** [kæl'keɪnɪəs / cal·ca·neus] *pl.* **calcanei** [kæl'keɪnɪaɪ / cal·ca·nei] *s.* (*form.*) (*anat.*) calcagno SIN. heel.

calcar[1] ['kælkɑ:* / cal·car] *s.* (*st. tecn.*) calcara.

calcar[2] *s.* (*bot.*) sperone.

calcareous [kæl'keərɪəs / cal·care·ous] *agg.* calcareo.

calceolaria [,kælsɪə'leərɪə / cal·ce·olaria] *s.* (*bot.*) calceolaria.

calceolate ['kælsɪəleɪt / cal·ce·ol·ate] *agg.* (*bot.*) calceolato.

calcic ['kælsɪk / cal·cic] *agg.* (*chim.*) calcico.

calcicole [,kælsɪ'kəʊl / cal·ci·cole] *s.* (*ecol.*) organismo calcicolo, organismo calcofilo.

calcicolous [kæl'sɪkələs / cal·ci·col·ous] *agg.* (*bot.*) calcicolo.

calciferol [kæl'sɪfərəl / cal·ci·ferol] *s.* (*biochim.*) calciferolo, vitamina D_2.

calciferous [kæl'sɪfərəs / cal·ci·fer·ous] *agg.* (*min.*) calcifero.

calcific [kæl'sɪfɪk / cal·cific] *agg.* (*chim.*) calcificante; calcificato.

calcification [,kælsɪfɪ'keɪʃn / cal·ci·fica·tion] *s.* calcificazione: (*med.*) *arterial* —, calcificazione delle arterie.

calcifuge ['kælsɪ,fju:dʒ / cal·ci·fuge] *s.* (*ecol.*) organismo calcifugo, organismo calcofobo SIN. calciphobe.

calcifugous [kæl'sɪfjʊgəs / cal·ci·fug·ous] *agg.* (*bot.*) calcifugo.

to **calcify** ['kælsɪfaɪ / cal·cify] *v.tr.* calcificare ◆ *v.intr.* calcificarsi.

calcimine ['kælsɪmaɪn / cal·ci·mine] *s.* (*chim.*) calcimmina.

calcinable [kæl'saɪnəbl / cal·cin·able] *agg.* (*chim.*) calcinabile.

calcination [,kælsɪ'neɪʃən / cal·cina·tion] *s.* (*chim.*) calcinazione.

to **calcine** ['kælsaɪn / cal·cine] *v.tr.* (*chim.*) calcinare ◆ *v.intr.* (*chim.*) calcinarsi.

calcinosis [,kælsɪ'nəʊsɪs / cal·cin·osis] *s.* (*med.*) calcinosi.

calciphobe ['kælsɪ,fəʊb / cal·ci·phobe] → **calcifuge**.

calcite ['kælsaɪt / cal·cite] *s.* (*min.*) calcite.

calcitonin [,kælsɪ'təʊnɪn / cal·ci·tonin] *s.* (*biochim.*) calcitonina.

calcium ['kælsɪəm / cal·cium] *s.* (*chim.*) calcio: — *carbide*, carburo di calcio; — *carbonate*, carbonato di calcio; — *chloride*, cloruro di calcio; — *cyanamide*, calciocianamide; — *nitrate*, nitrato di calcio.

calcrete ['kæl,kri:t / cal·crete] *s.* (*geol.*) crostone calcareo.

calcspar ['kælkspɑ: / calc·spar] *s.* (*min.*) calcite.

calctufa [,kælk'tu:fə / calc·tufa] **calctuff** ['kælktʌf / calc·tuff] *s.* (*geol.*) travertino.

calculable ['kælkjʊləbl / cal·cul·able] *agg.* calcolabile.

to **calculate** ['kælkjʊleɪt / cal·cu·late] *v.tr.* calcolare ◆ *v.intr.* **1** fare affidamento, contare: *to — on sthg., happening*, contare che avvenga qlco.; *to — to do sthg.* (*amer.*) contare di fare qlco. **2** (*amer.*) supporre, credere.

calculated ['kælkjʊleɪtɪd / cal·cu·lated] *agg.* **1** calcolato: *the new rules are — to make cheating impossible*, le nuove regole sono state studiate per evitare imbrogli **2** deliberato, premeditato, calcolato: — *risk*, rischio calcolato **3** (*fig.*) adatto, idoneo: *his reputation is scarcely — to create trust*, la sua reputazione non è certo tale da ispirare fiducia.

calculating ['kælkjʊleɪtɪŋ / cal·cu·lat·ing] *agg.* calcolatore: *a cool — man*, un uomo freddo e calcolatore // — *machine*, (macchina) calcolatrice // (*inform.*) — *unit*, calcolatrice.

calculation [,kælkjʊ'leɪʃn / cal·cu·la·tion] *s.* **1** (*mat.*) calcolo, conto **2** (*fig.*) calcolo; previsione: *behind his friendliness lay pure —*, dietro la sua gentilezza c'era solo del calcolo.

calculator ['kælkjʊleɪtə* / cal·cu·lator] *s.* **1** contabile **2** calcolatrice: *hand —*, calcolatrice meccanica **3** prontuario.

calculosis ['kælkjʊ'ləʊsɪs / cal·cu·losis] *pl.* **calculoses** ['kælkjʊ'ləʊsi:z] *s.* (*med.*) calcolosi.

calculous ['kælkjʊləs / cal·cu·lous] *agg.* (*med.*) calcoloso.

calculus ['kælkjʊləs / cal·cu·lus] *pl.* **calculi** ['kælkjʊlaɪ / cal·culi] *s.* **1** (*med.*) calcolo **2** (*mat.*) calcolo: *differential —*, calcolo differenziale; *integral —*, calcolo integrale.

caldron ['kɔ:ldrən / cal·dron] *s.* → **cauldron**.

Caledonian [,kælɪ'dəʊnjən / Ca·le·do·nian] *agg.* e *s.* (*st.*) caledone, scozzese: (*geol.*) — *orogenesis*, orogenesi caledoniana.

calefacient [,kælɪ'feɪʃnt / ca·le·fa·cient] *agg.* e *s.* (sostanza) calefacente, che riscalda.

calefaction [,kælɪ'fækʃn / ca·le·fac·tion] *s.* (*fis.*) calefazione; riscaldamento.

calefactory [,kælɪ'fæktərɪ / ca·le·fact·ory] *agg.* calefacente; riscaldante ◆ *s.* calefattore; scaldaletto.

calendar ['kælɪndə* / cal·en·dar] *s.* **1** calendario, almanacco; annuario (d'università) // — *day*, giorno civile, giorno solare; — *month*, mese civile; — *year*, anno civile, anno solare **2** lista, elenco **3** (*amer.*) agenda.

to **calendar** *v.tr.* (*non com.*) **1** inscrivere (in un calendario, in una lista) **2** classificare; elencare; schedare (documenti ecc.).

calendar-pad ['kælɪndəpæd] *s.* blocco del calendario.

calender[1] ['kælɪndə* / cal·en·der] *s.* (*tecn.*) calandra.

to **calender**[1] *v.tr.* (*tecn.*) calandrare.

calender[2] *s.* (*ant.*) derviscio nomade.

calends ['kælɪndz / cal·ends] *s.pl.* calende // (*antiq.*) *on* (o *at*) *the Greek —*, alle calende greche.

calendula [kæ'lendʒʊlə / ca·len·dula] *s.* (*bot.*) calendola, calendula → **pot marigold**.

calf[1] [kɑ:f *amer.* kæf] *pl.* **calves** [kɑ:vz *amer.* kævz] *s.* **1** vitello, vitellino: *cow in* (o *with*) —, mucca gravida // *the golden —*, il vitello d'oro; (*fig.*) la ricchezza **2** il piccolo di alcuni grossi mammiferi (elefante, balena ecc.) **3** (*antiq.*) giovincello, bamboccio **4** (*antiq.*) stupido, ignorante.

calf[2] *s.* polpaccio.

calf-bound ['kɑ:fbaʊnd] *agg.* rilegato in pelle di vitello.

calf love ['kɑ:flʌv *amer.* 'kæflʌv] *s.* amore fra adolescenti.

calfskin ['kɑ:fskɪn *amer.* 'kæfskɪn / calf·skin] *s.* pelle di vitello.

caliber *s.* → **calibre**.

to **calibrate** ['kælɪbreɪt / cal·ib·rate] *v.tr.* **1** calibrare, misurare il calibro di **2** (*metrol.*) tarare (uno strumento di misura).

calibration [,kælɪ'breɪʃn / cal·ib·ration] *s.* **1** (*tecn.*) calibratura **2** (*metrol.*) taratura (di uno strumento di misura).

calibre ['kælɪbə* / cal·ibre] *s.* **1** calibro (di arma da fuoco ecc.) **2** (*fig.*) qualità, valore: *our success is due to the high — of our staff*, il nostro successo è dovuto all'alto valore del nostro staff.

calibred ['kælɪbəd / cal·ibred] *agg.* calibrato.

caliche [kəˈli:tʃi: / ca·liche] *s.* (*chim.*) caliche.

calico [ˈkælɪkəʊ / cal·ico] *agg.* di calicò ◆ *s.* calicò (tela di cotone); (*amer.*) tela di cotone stampata.

calif [ˈkælɪf] *s.* (*ant.*) → **caliph**.

Californian [,kælɪˈfɔ:njən / Ca·li·for·nian] *agg.* e *s.* californiano, della California.

californium [kæləˈfɔ:nɪəm / ca·li·for·nium] *s.* (*chim.*) californio.

caliginosity [kə,lɪdʒɪˈnɒsɪtɪ / ca·li·gin·os·ity] *s.* (*rar.*) caliginosità.

caliginous [kəˈlɪdʒɪnəs / ca·lig·in·ous] *agg.* (*rar.*) caliginoso.

caliper [ˈkælɪpə* / cali·per] *s.* → **calliper**.

caliph [ˈkælɪf / ca·liph] *s.* califfo.

caliphate [ˈkælɪfeɪt / ca·liph·ate] *s.* califfato.

calix *s.* → **calyx**.

to **calk**[1] [kɔ:k] *v.tr.* decalcare (un disegno ecc.).

to **calk**[2] → to **caulk**.

calker → **caulker**.

calking [ˈkɔ:kɪŋ / calk·ing] *s.* ricalco.

call [kɔ:l] *s.* **1** appello; richiamo (*anche fig.*): *duty's* —, l'appello del dovere; — *number*, segnatura (di libro in biblioteca); *to come at* (o *to answer*) *s.o.'s* —, rispondere all'appello di qlcu.; — *of the wild*, richiamo della foresta; *a — for help*, un grido d'aiuto; *last — for flight AZ202 to London*, ultima chiamata per il volo AZ202 per Londra; *he answered the — and became a priest*, seguì la vocazione e diventò prete // *to be within* —, essere a portata di mano // *to be on* —, essere in servizio, di turno (di medico); essere in allarme (di polizia) // *to have a close* —, (*fam.*) scamparla bella, per miracolo // *to have first — on sthg.*, avere diritto di precedenza per qlco. **2** segnale; suono; fischio, richiamo (di uccello e animale) // *the centre forward disagreed with the referee's* —, il centravanti non era d'accordo con la decisione dell'arbitro **3** telefonata, chiamata; (*tel.*) chiamata; comunicazione, trasmissione, collegamento; (*inform.*) chiamata di sottoprogramma: *police received a lot of calls*, la polizia ricevette molte chiamate; *international trunk* —, telefonata internazionale; *charge* — (o amer. *collect* —), chiamata a carico del destinatario; *long distance* — (o *trunk* —), telefonata intercomunale, interurbana; *local* —, telefonata locale // (*tel.*): — *clearing*, svincolo del collegamento; — *forwarding*, rinvio automatico di chiamata; — *set up time*, tempo necessario per attivare una comunicazione // (*inform.*): — *collision*, conflitto (fra chiamata in input e output); — *report*, rapporto di intervento; — *word*, parola di identificazione **4** visita; fermata (di treno); scalo (di nave): *house* —, visita a domicilio; *to pay s.o. a* —, fare una breve visita a qlcu. **5** convocazione; (*mil.*) adunata: — *to quarters*, ritirata; *to sound the* —, suonare l'adunata // (*amm.*) — *pay*, indennità di presenza **6** richiesta: *there was a general — for the abolition of life imprisonment*, ci fu una richiesta generale per l'abolizione dell'ergastolo // (*dir.*): — *for tender*, invito a una gara d'appalto; — *on guarantor*, chiamata in garanzia **7** (*comm.*) richiesta, chiamata; richiamo dei decimi (del capitale sociale non ancora versato): *at* —, esigibile a vista; *on* —, a, su richiesta **8** (*Borsa*): — (*option*), (contratto a premio) dont; — *of more*, (contratto a premio) noch **9** motivo, ragione: *there is no — for him to behave like that*, non c'è motivo perché si comporti così **10** (*carte*) invito, chiamata.

to **call** *v.tr.* **1** chiamare: *my son is called Bernard*, mio figlio si chiama Bernard; *everybody calls him by his nickname*, lo chiamano tutti con il soprannome; *to — things by their right name*, chiamare le cose con il nome giusto; *his last novel is called 'Jane'*, il suo ultimo romanzo si intitola 'Jane' // *he calls himself an artist*, dice di essere un artista // *I wouldn't — it beautiful*, non direi che è bello // *to — s.o. names*, insultare qualcuno // *to — sthg. one's own*, dire di possedere qlco.: *there isn't a pen I can — my own*, mi prendono sempre le penne // *"How much do I owe you?" "Let's — it £ 5"*, "Quanto ti devo?" "Diciamo £ 5" **2** chiamare, annunciare, dire a voce alta: *my name was called last*, il mio nome fu chiamato per ultimo; *there is somebody calling you*, qualcuno ti sta chiamando; *to — a flight*, annunciare un volo; *he felt he was called to become a politician*, sentì che la sua vocazione era la politica; *to — aloud*, chiamare ad alta voce **3** telefonare a, chiamare al telefono: *I called him last night*, gli ho telefonato ieri sera **4** chiamare, far venire, convocare: *he was called by the police*, fu chiamato dalla polizia; *to — the doctor*, chiamare il dottore; *to — a meeting*, convocare un incontro; *the president called a press conference*, il presidente convocò una conferenza stampa; *to — a strike*, proclamare, indire uno sciopero // *to — to order*, richiamare all'ordine // *to — to arms*, chiamare alle armi // *to — to mind*, richiamare alla mente // *to — aside*, chiamare in disparte // *to — into being*, creare, far nascere // *to — s.o. to account*, chiamare qlcu. alla resa dei conti **5** (*dir.*) citare: *to be called as a witness*, essere citato come testimone **6** (*inform.*) chiamare, lanciare, richiamare (un sottoprogramma) ◆ *v.intr.* **1** chiamare, gridare; telefonare: *I called last night but he wasn't in*, ho telefonato ieri sera ma non c'era; *she called to her son to come home*, gridò a suo figlio di tornare a casa **2** venire, passare; fare una visita: *I'll — on you next week*, verrò da te la prossima settimana; *he called at seven last night*, ieri sera è venuto alle sette **3** fare una fermata (di treno, autobus ecc.); fare scalo (di nave): *the 8.50 train doesn't — at Canterbury*, il treno delle 8.50 non si ferma a Canterbury **4** richiamare (di uccello e animale) **5** (*poker*) vedere.

□ **call back** *v.tr.* e *avv.* richiamare: — *him back, he's wanted on the phone*, richiamalo, lo vogliono al telefono; *I'll — you back tonight*, ti ritelefono, ti richiamo stasera.

□ **call down** *v.tr.* e *avv.* invocare (una maledizione, una disgrazia) su qlcu.

□ **call for** *v.intr.* e *prep.* **1** passare a prendere: *what time shall I — for you tonight?*, a che ora passo a prenderti stasera? **2** richiedere, domandare: *the situation calls for immediate action*, la situazione richiede azione immediata // *did you get promoted? Good! this calls for a toast!*, hai avuto un avanzamento? Bene! merita un brindisi.

□ **call forth** *v.tr.* e *avv.* (*form.*) suscitare, sollevare, far venir fuori; creare, far nascere.

□ **call in** *v.tr.* e *avv.* **1** chiamare, far venire; fare intervenire: *we had to — in the police*, abbiamo dovuto far intervenire la polizia **2** telefonare (a casa, in ufficio e simili): *"Any news from John?" "Yes, he has just called in to say he has been delayed"*, "Notizie da John?" "Sì, ha appena chiamato per dire che ritarderà" **3** richiamare; far ritornare, ritirare: *the firm is calling in all defective appliances*, la ditta sta ritirando dal mercato tutte le apparecchiature difettose **4** (*at*) fare un salto (da), fare una visitina (a).

□ **call off** *v.tr.* e *avv.* **1** cancellare, annullare: *the strike was called off at the last moment*, lo sciopero è rientrato all'ultimo momento; *we decided to go for a walk, but then it started raining and we called it off*, avevamo deciso di fare una passeggiata ma poi ha incominciato a piovere e abbiamo cambiato idea **2** richiamare (soldati, poliziotti, cani ecc.): *it's time to — off your men, captain*, può richiamare i suoi uomini, capitano.

□ **call on** *v.intr.* e *prep.* **1** (*form.*) richiedere a, invitare; fare appello a: *I will now — on Mr Brown to say a word of thanks...*, inviterò ora Mr Brown a dire una parola di ringraziamento...; *he called on the congregation to follow the example of the Good Samaritan*, fece appello alla congregazione perché seguisse l'esempio del buon samaritano; *to — on one's patience*, fare appello alla propria pazienza **2** visitare, far visita: *our agent will — on you this week*, il nostro agente verrà da lei in settimana.

□ **call out** *v.intr.* e *avv.* **1** gridare, urlare, chiamare a gran voce: *"Come here!", she called out*, "Vieni qui!", gridò **2** richiedere, chiedere a voce alta: *the poor man called out for help*, il povero uomo chiedeva a gran voce di aiutarlo ◆ *v.tr.* e *avv.* **1** chiamare a voce alta; leggere a voce alta: *one of the examiners called out the names of the candidates*, uno degli esaminatori chiamò (ad alta voce) i nomi dei candidati **2** chiamare, far venire: *to — out the fire-brigade*, chiamare i vigili del fuoco **3** far scendere in sciopero: *railways workers were called out* (*on strike*) *in support of the miners*, fu proclamato uno sciopero dei ferrovieri per solidarietà con i minatori.

□ **call round** *v.intr.* e *avv.* far visita, andare da: *I'll — round at John's and fetch your book*, passerò da John e prenderò il tuo libro.

□ **call up** *v.tr.* e *avv.* **1** telefonare, chiamare per telefono: *I'll — (you) up tomorrow*, (ti) telefonerò domani **2** (*mil.*) richiamare, chiamare alle armi **3** (*mil.*, *sport*) chiamare in aiuto, in rinforzo **4** (*fig.*) richiamare alla memoria.

□ **call upon** → to call on 1.

calla [ˈkælə] *s.* (*bot.*) **1** (*Calla palustris*) calla **2** (*Zantedeschia aethiopica*) calla dei fioristi SIN. calla-lily.

callable [ˈkɔ:ləbl / call·able] *agg.* **1** (*comm.*) esigibile; riscattabile anticipatamente: — *bond*, obbligazione riscattabile; — *by lot*, rimborsabile per sorteggio (detto di obbligazione) **2** (*inform.*) richiamabile, che si può richiamare (detto di un sottoprogramma).

calla-lily [ˈkæləlɪlɪ] → **calla** 2.

call-bird [ˈkɔ:lbɜ:d] *s.* (*zool.*) uccello da richiamo.

call box [ˈkɔ:lbɒks] *s.* cabina telefonica SIN. (tele)phone booth, telephone kiosk, (tele)phone box.

called party [ˈkɔ:ldpɑ:tɪ] *s.* (*tel.*) abbonato richiesto.

caller [ˈkɔ:lə* / call·er] *s.* **1** visitatore **2** chi telefona **3** chi grida o chiama // *bingo* —, chi estrae e chiama i numeri alla tombola // *dance* —, chi guida le danze.

call girl [ˈkɔːlgɜːl] *s.* (*fam.*) ragazza squillo.

calligrapher [kəˈlɪgrəfə* / cal·li·grapher] *s.* calligrafo.

calligraphic [ˌkælɪˈgræfɪk / cal·li·graphic] *agg.* calligrafico.

calligraphy [kəˈlɪgrəfɪ / cal·li·graphy] *s.* calligrafia.

call-in [ˈkɔːlɪn] *s.* (*amer.*) → **phone-in**.

calling [ˈkɔːlɪŋ / call·ing] *s.* **1** mestiere, occupazione, professione **2** chiamata, vocazione **3** appello, chiamata; richiamo **4** visita: — *hours*, ore di visita.

calling card [ˈkɔːlɪŋkɑːd] *s.* (*amer.*) **1** biglietto da visita **2** scheda telefonica (con la quale è possibile addebitare sul proprio numero telefonate effettuate da un qualsiasi apparecchio).

calling party [ˈkɔːlɪŋˌpɑːtɪ] *s.* (*tel.*) richiedente.

calliper [ˈkælɪpə* / cal·li·per] *s.* (*gener. pl.*) **1** compasso **2** calibro.

to **calliper** *v.tr.* (*non com.*) calibrare.

callisthenics [ˌkælɪsˈθenɪks / cal·lis·thenics] *s.* [U] ginnastica ritmica.

call-loan [ˈkɔːlləʊn] **call-money** [ˈkɔːl ˌmʌnɪ] *s.* (*comm.*) prestito a vista.

callnote [ˈkɔːlnəʊt / call·note] *s.* richiamo (di animale).

callose [ˈkæləʊs / cal·lose] *s.* (*bot.*) callosio.

callosity [kæˈlɒsɪtɪ / cal·los·ity] *s.* **1** (*biol.*) callosità **2** (*fig.*) insensibilità: — *of heart*, durezza di cuore.

callous [ˈkæləs / cal·lous] *agg.* **1** (*med.*) calloso **2** (*fig.*) insensibile, incallito, senza cuore.

callously [ˈkæləslɪ / cal·lous·ly] *avv.* senza pietà.

callousness [ˈkæləsnɪs / cal·lous·ness] *s.* **1** callosità, durezza **2** (*fig.*) insensibilità, mancanza di cuore.

callout [ˈkɔːlaʊt / call·out] *s.* (*inform.*) legenda.

call-over [ˈkɔːləʊvə*] *s.* appello.

callow [ˈkæləʊ / cal·low] *agg.* **1** (*zool.*) implume **2** (*fig.*) immaturo, inesperto, imberbe: *a — youth*, (*fam.*) un giovane imberbe // **-ly** *avv.* // **-ness** *s.*

call sign [ˈkɔːlsaɪn] *s.* (*rad.*, *tel.*) segnale di chiamata.

call-up [ˈkɔːlʌp] *s.* (*fam. mil.*) chiamata alle armi, leva: — *papers*, cartolina precetto.

callus [ˈkæləs / cal·lus] *s.* **1** callo, callosità **2** (*bot.*) callo cicatriziale, callosità.

calm [kɑːm] *agg.* **1** senza vento, calmo (di tempo atmosferico, mare): *to fall* —, calmarsi (del vento); *to grow* —, calmarsi (del mare); *as — as millpond*, liscio come l'olio (di specchio d'acqua) **2** (*fig.*) calmo, tranquillo: *to keep* —, mantenersi calmo, non eccitarsi ◆ *s.* **1** calma, assenza di vento: *dead* —, bonaccia; (*meteor.*) — *belt*, fascia delle calme (dei tropici) **2** (*fig.*) calma, tranquillità.

to **calm** *v.tr.* calmare; sedare (tempesta, ira). □ **calm down** *v.tr.* e *avv.*: calmare, tranquillizzare; rappacificare: *they calmed the little boy down*, tranquillizzarono il bambino ◆ *v.intr.* e *avv.* calmarsi: — *down!*, calmatevi!, datevi una calmata!; *after shouting a full five minutes he calmed down*, dopo aver gridato per ben cinque minuti egli si calmò.

calmative [ˈkælmətɪv / calm·at·ive] *agg.* e *s.* (*med.*) calmante, sedativo.

calming [ˈkɑːmɪŋ / calm·ing] *agg.* calmante.

calmly [ˈkɑːmlɪ / calm·ly] *avv.* con calma, tranquillamente.

calmness [ˈkɑːmnɪs / calm·ness] *s.* calma, tranquillità.

calomel [ˈkæləʊmel / ca·lo·mel] *s.* (*chim.*) calomelano®.

calor gas® [ˈkæləgæs] *s.* gas liquido (in bombole).

caloric [kəˈlɔːrɪk / cal·oric] *agg.* calorico ◆ *s.* **1** (*fis.*) calorico: — *theory*, teoria del calorico **2** (*ant.*) calore.

calorie [ˈkælərɪ / cal·orie] *s.* caloria.

calorifacient [kəˌlɒrɪˈfeɪʃnt / cal·ori·fa·cient] *agg.* (*fis.*) calorifico.

calorific [ˌkæləˈrɪfɪk / cal·or·ific] *agg.* (*fis.*) calorifico: — *value*, potere calorifico.

calorification [kəˌlɒrɪfɪˈkeɪʃn / cal·ori·fic·ation] *s.* (*fis.*) calorificazione.

calorimeter [ˌkæləˈrɪmɪtə* / cal·ori·meter] *s.* (*fis.*) calorimetro.

calorimetric(al) [ˌkælərɪˈmetrɪkəl / ca·lori·met·ric·(al)] *agg.* (*fis.*) calorimetrico.

calorimetry [ˌkæləˈrɪmɪtrɪ / ca·lori·metry] *s.* (*fis.*) calorimetria.

calory [ˈkælərɪ / cal·ory] → **calorie**.

calotte [kəˈlɒt / ca·lotte] *s.* **1** calotta, zucchetto (di ecclesiastico) **2** (*geol.*) calotta glaciale **3** (*zool.*) cresta a cappuccio.

calotype [ˈkæləˌtaɪp / ca·lo·type] *s.* (*fot.*) calotipo.

caltrop [ˈkæltrəp / cal·trop] *s.* (*bot.*) **1** (*Trapa natans*) castagna d'acqua **2** (*Centaurea calcitrapa*) calcatreppola; (*pop.*) cardo stellato.

calumet [ˈkæljʊmet / calu·met] *s.* 'calumet' (pipa degli indiani del Nord America) SIN. peace pipe.

to **calumniate** [kəˈlʌmnɪeɪt / ca·lum·ni·ate] *v.tr.* (*form.*) calunniare.

calumniation [kəˌlʌmnɪˈeɪʃn / ca·lum·ni·ation] *s.* (*form.*) calunnia.

calumniator [kəˈlʌmnɪeɪtə* / ca·lum·ni·ator] *s.* (*form.*) calunniatore.

calumnious [kəˈlʌmnɪəs / ca·lum·ni·ous] *agg.* (*form.*) calunnioso // **-ly** *avv.*

calumny [ˈkæləmnɪ / cal·umny] *s.* (*form.*) calunnia.

calvary [ˈkælvərɪ / cal·vary] *s.* calvario (*anche fig.*).

to **calve** [kɑːv *amer.* kæv] *v.tr.* e *intr.* **1** figliare, partorire (di vacca) **2** lasciar cadere (blocchi di ghiaccio, iceberg ecc.); distaccarsi (di iceberg e simili).

calves [kɑːvz *amer.* kævz] *pl.* di **calf**[1] e **calf**[2].

Calvinism [ˈkælvɪnɪzm / Cal·vin·ism] *s.* (*st. relig.*) calvinismo.

Calvinist [ˈkælvɪnɪst / Cal·vin·ist] *s.* (*st. relig.*) calvinista.

Calvinistic(al) [ˌkælvɪˈnɪstɪk(əl) / Cal·vin·istic, Cal·vin·ist·ical] *agg.* calvinistico.

to **Calvinize** [ˈkælvɪnaɪz / Cal·vin·ize] *v.tr.* e *intr.* convertire, convertirsi al calvinismo.

calx [kælks] *pl.* **calces** [ˈkælsiːz / cal·ces] *s.* (*chim.*) residuo di calcinazione; cenere.

calycanthus [ˌkælɪˈkænθəs / ca·ly·can·thus] *s.* (*bot.*) (*Calycanthus floridus*) calicanto d'estate SIN. strawberry-shrub.

calyciform [kəˈlɪsɪfɔːm / ca·lyci·form] *agg.* (*bot.*) caliciforme, a forma di calice.

calycle [ˈkælɪkl / ca·ly·cle] *s.* (*bot.*) calicetto.

calypso [kəˈlɪpsəʊ / ca·lypso] *pl.* **calypso(e)s** *s.* calipso.

calyptra [kəˈlɪptrə / ca·lyp·tra] *s.* (*bot.*) caliptra, pileoriza.

calyx [ˈkeɪlɪks / ca·lyx] *pl.* **calyxes** [ˈkeɪlɪksiːz / ca·ly·xes] **calyces** [ˈkeɪlɪsiːz / ca·ly·ces] *s.* (*bot.*) calice.

cam[1] [kæm] *s.* (*mecc.*) camma.

cam[2] *s.* (*rar.*) cresta, monticello di terra.

camaraderie [ˌkæməˈrɑːdəriː / ca·ma·ra·derie] *s.* cameratismo.

camber [ˈkæmbə* / cam·ber] *s.* **1** (*tecn.*) curvatura; bombatura **2** (*edil.*) freccia **3** (*aut.*) campanatura.

to **camber** *v.tr.* (*tecn.*) curvare; bombare.

cambist [ˈkæmbɪst / camb·ist] *s.* (*comm.*) cambista, cambiavalute.

Cambodian [kæmˈbəʊdɪən / Cam·bo·dian] *agg.* e *s.* cambogiano.

Cambrian [ˈkæmbrɪən / Cam·brian] *agg.* **1** gallese **2** (*geol.*) cambriano, cambrico ◆ *s.* **1** antico abitatore del Galles **2** (*geol.*) cambriano, cambrico.

cambric [ˈkeɪmbrɪk / cam·bric] *s.* cambrì, percalle.

came [keɪm] *s.* (*tecn.*) bacchetta di piombo (per vetrate a mosaico).

came *pass.* di to **come**.

camel [ˈkæml] *s.* **1** cammello; (*two humped*) —, (*Camelus bactrianus*) cammello SIN. Bactrian camel; (*one humped*) —, dromedario SIN. Arabian camel **2** (*mar.*) cammello; zattera a cassoni pneumatici.

camel-corps [ˈkæmlˌkɔː*] *s.pl.* (*mil.*) corpo di truppe cammellate.

camel-driver [ˈkæmlˌdraɪvə*] *s.* cammelliere.

cameleer [ˌkæmɪˈlɪə* / cam·el·eer] *s.* (*ant.*) cammelliere.

camelhair [ˈkæməlheə* / camel·hair] *s.* (tessuto) cammello.

camelia [kəˈmiːljə / ca·melia] *s.* (*amer.*) → **camellia**.

cameline [ˈkæməlɪn / ca·mel·ine] *s.* (tessuto di pelo di) cammello.

camellia [kəˈmiːljə / ca·mel·lia] *s.* (*bot.*) (*Camelia japonica*) camelia; (*pop.*) rosa del Giappone.

camelopard [ˈkæmɪləpɑːd / cam·elo·pard] *s.* (*zool. antiq.*) giraffa.

cameo [ˈkæmɪəʊ / ca·meo] *s.* **1** cammeo **2** (*fig.*) pezzo piccolo ma rilevante (di articolo, opera teatrale ecc.); schizzo, breve descrizione.

camera [ˈkæmərə / cam·era] *pl.* **cameras** *nel sign. 2* **camerae** [ˈkæməˌriː] *s.* **1** (*fot.*) macchina fotografica; (*cinem.*) cinepresa; macchina da presa; (*tv*) telecamera // (*tv*) *to be on* —, essere in trasmissione, in onda **2** (*dir.*) Camera di Consiglio; gabinetto del giudice // *in* —, a porte chiuse **3** (*ottica*) — *obscura*, camera oscura.

cameralism ['kæmərəlɪzm / cam·era·lism] *s.* (*econ.*) cameralismo.

cameraman ['kæmərəmən / cam·era·man] *pl.* **cameramen** *s.* cameraman, operatore cinematografico, cineoperatore; operatore televisivo.

camera-shy ['kæmərəʃaɪ] *agg.* (*fam.*) che non ama essere fotografato o filmato.

camerlingo [,kæmə'lɪŋgəʊ / cam·er·lingo] *s.* (*eccl.*) camerlengo.

Cameroonian [,kæmə'ru:nɪən / Cam·er·oonian] *agg.* e *s.* camerunese, (nativo, abitante) del Camerun.

cami-knickers ['kæmɪ,nɪkəz] **cami-knicks** ['kæmɪ,nɪks] *s.pl.* pagliaccetto (*sing.*).

camion [,kɑ:'mɪɔ:ŋ / cam·ion] *s.* (*rar.*) camion, autocarro.

camisole ['kæmɪsəʊl / cami·sole] *s.* corpetto; camiciola; copribusto.

camlet ['kæmlɪt / cam·let] *s.* (*non com.*) (tessuto di pelo di) cammello.

camomile ['kæməmaɪl / camo·mile] *s.* camomilla; (*bot.*) (*Matricaria chamomilla*) camomilla comune; (*Anthemis nobilis*) camomilla romana // — *tea*, (tisana di) camomilla.

Camorra [kə'mɒrə / Ca·morra] *s.* camorra.

camouflage ['kæmʊflɑ:ʒ / cam·ou·flage] *s.* **1** (*mil.*, *zool.*) mimetizzazione **2** (*fig.*) mimetizzazione, copertura; maschera: *behind the — of political ideology*, dietro la copertura dell'ideologia politica.

to **camouflage** *v.tr.* **1** mimetizzare (*anche mil.*) **2** camuffare, mascherare.

camp[1] [kæmp] *s.* **1** campeggio, campo: *holiday* —, campo vacanze; *summer* —, campeggio estivo; *gipsy* —, accampamento di zingari; *to make* (o *pitch*) —, accamparsi, mettere il campo; *to break* —, disfare il campo, togliere le tende // — *chair*, *stool*, sedia, seggiolino pieghevole **2** (*mil.*) campo, accampamento; baracche (*pl.*): *military* —, campo militare; *training* —, campo d'addestramento; *concentration* —, campo di concentramento; *all recruits have to be in — by 9 p.m.*, tutte le reclute devono rientrare per le 21 **3** (*fig.*) campo, fazione: *the crisis split the party in two different camps*, la crisi divise il partito in due fazioni; *they belong to the pro-nuclear* —, sono a favore del nucleare // *which — are you in?*, da che parte stai?

to **camp**[1] *v.intr.* campeggiare; accamparsi; attendarsi.

□ **camp out** *v.intr.* e *avv.* dormire in tenda.

camp[2] *agg.* (*fam.*) **1** affettato; effeminato; omosessuale **2** kitsch; pacchiano, vistoso, che manca di finezza o di misura // *high* —, intenzionalmente kitsch.

to **camp**[2] *v.intr.* comportarsi in modo affettato, lezioso.

□ **camp up** *v.tr.* e *avv.* rendere volutamente affettato e lezioso.

campaign [kæm'peɪn / cam·paign] *s.* campagna: *military*, *electoral*, *advertising* —, campagna militare, elettorale, pubblicitaria; *a — against smoking*, una campagna contro il fumo.

to **campaign** *v.intr.* fare una campagna (militare ecc.), condurre una campagna (contro, per): *the early suffragettes campaigned for votes for women*, le prime suffragette condussero una campagna per dare il voto alle donne.

campaigner [kæm'peɪnə* / cam·paigner] *s.* **1** chi conduce una campagna (in campo politico, sociale ecc.) **2** (*old*) —, reduce; veterano (*anche fig.*).

campaniform [kəm'pænɪfɔ:m / cam·pani·form] *agg.* (*form.*) campaniforme.

campanile [,kæmpə'ni:lɪ / cam·pa·nile] *pl.* **campaniles**, **campanili** [,kæmpə'ni:,li:] *s.* campanile.

campanology [,kæmpə'nɒlədʒɪ / cam·pano·logy] *s.* campanologia.

campanula [kəm'pænjʊlə / cam·pan·ula] *s.* (*bot.*) campanula.

campanulaceous [kæm,pænjʊ'leɪʃəs / cam·panu·lace·ous] *agg.* (*bot.*) campanulaceo.

campanulate [kæm'pænjʊlɪt / cam·panu·late] *agg.* (*bot.*) campanulato.

camp bed [,kæmp'bed] *s.* letto da campo, branda AMER. cot.

camper ['kæmpə*] *s.* **1** campeggiatore **2** (*aut.*) camper.

camper-out [,kæmpər'aʊt] *s.* campeggiatore.

campestral [kəm'pestrəl / cam·pes·tral] *agg.* (*rar.*) campestre.

campfire ['kæmp,faɪə* / camp·fire] *s.* fuoco da accampamento, fuoco di bivacco.

camp follower ['kæmp,fɒləʊə*] *s.* **1** simpatizzante, sostenitore **2** (*st.*) civile al seguito di un esercito.

campground ['kæmpgraʊnd / camp·ground] *s.* (*spec. amer.*) → **campsite**.

camphene ['kæmfi:n / cam·phene] *s.* (*chim.*) canfene.

camphol ['kæmfəl / cam·phol] *s.* (*chim.*) canfolo.

camphor ['kæmfə* / cam·phor] *s.* **1** (*chim.*) canfora **2** (*bot.*) (*Cinnamomum camphora*) canforo, albero della canfora.

camphorate ['kæmfərɪt / cam·phor·ate] *s.* (*chim.*) canforato.

to **camphorate** ['kæmfəreɪt] *v.tr.* (*chim.*) canforare.

camphorated ['kæmfəreɪtɪd / cam·phor·ated] *agg.* (*chim.*) canforato: — *oil*, olio canforato.

camphoric [kæm'fɒrɪk / cam·phoric] *agg.* (*chim.*) **1** canforato **2** canforico.

camping ['kæmpɪŋ / camp·ing] *s.* il campeggiare, il fare campeggio • Attenzione, il termine *camping* non corrisponde all'italiano 'campeggio, luogo dove si campeggia', che equivale invece all'inglese *campsite*.

campion ['kæmpjən / cam·pion] *s.* (*bot.*) licnide.

camp meeting ['kæmp,mi:tɪŋ] *s.* (*amer.*) raduno religioso all'aperto.

campsite ['kæmpsaɪt / camp·site] *s.* campeggio SIN. campground.

campus ['kæmpəs / cam·pus] *s.* (*spec. amer.*) **1** campus, l'insieme dei terreni, campi di gioco, edifici su cui sorge una scuola, un istituto universitario **2** (*fig.*) mondo universitario.

to **campus** *v.tr.* (*sl. amer.*) confinare uno studente nel campus (per punizione).

camshaft ['kæmʃɑ:ft / cam·shaft] *s.* (*mecc.*) albero a camme.

can[1] [kæn] *s.* **1** contenitore, barattolo, recipiente (di metallo); lattina; bidone: *a — of tomatoes*, una scatola di pelati; *a — of beer*, una lattina di birra; *milk* —, bidone per il latte // *to open a — of worms*, (*fig. fam.*) scoperchiare il vaso di Pandora; *the inquiry has opened up a real — of worms in the London police*, l'inchiesta ha fatto venire a galla tutto il marciume nascosto nella polizia londinese // *to carry the* —, (*fam.*) prendersi la colpa, la responsabilità: *you'll carry the* —, la colpa sarà tua **2** (*cinem.*) contenitore per pellicole, pizza **3** (*sl. amer.*) sedere, culo **4** (*sl. amer.*) latrina, cesso **5** (*sl. amer.*) prigione, galera **6** (*fam. antiq.*) automobile, aeroplano.

to **can**[1] *pass.p.p.* **canned** [kænd] *v.tr.* **1** mettere, conservare in scatola (carne, cibi) **2** (*sl. amer.*) licenziare **3** (*sl. amer.*) sospendere (da una scuola) **4** (*sl. amer.*) smettere, piantare (di fare qlco.): — *all that talk*, smettila di parlare.

can[2] [kæn (*forma forte*) kən, kn, kŋ(*forme deboli*)] *modal verb* (V) *indic.cong.pres.* **can**; *indic.cong.pass.* e *cond.* **could** [kʊd (*forma forte*) kəd (*forma debole*)]; *forme negative* **cannot** ['kænɒt], **can not**, **could not**; *forme contratte* **can't** [kɑ:nt *amer.* kænt] **couldn't** [kʊdnt]. Nei tempi mancanti si usa *to be able* [cfr. *able*] **1** (*possibilità*) potere, riuscire a: *he can't go now, it's too late*, non può andare adesso, è troppo tardi; *you can't expect him to agree with you*, non puoi aspettarti che sia d'accordo con te; *there — be no doubt he was involved*, non possono esservi dubbi che egli fosse implicato; *we — send the letter tomorrow*, possiamo spedire la lettera domani; *I can't afford a holiday in the Bahamas*, non posso permettermi una vacanza alle Bahama; *I — see what you mean*, capisco cosa intendi dire; *it can't be done*, non si può fare; *he couldn't remember the answer*, non riusciva a ricordare la risposta; *I can't tell you his name, I've forgotten it*, non posso dirti il suo nome, me lo sono dimenticato; *we couldn't find a place to park in*, non riuscivamo a trovare un posto per parcheggiare; *I couldn't understand what he was talking about*, non riuscivo a capire di che cosa stesse parlando; *she couldn't get there in time*, non riuscì ad arrivare in tempo; *we can't stand the noise the neighbours make*, non riusciamo a sopportare il rumore che fanno i nostri vicini; *he said he was too busy and couldn't come*, disse che era troppo occupato e che non poteva venire; *you can't open the door with that key*, non puoi aprire la porta con quella chiave **2** (*permesso*) potere, essere permesso, lecito: *I can't tell you his name, I'm not allowed to*, non posso dirti il suo nome, non sono autorizzato; *you — do as you like*, puoi fare come vuoi; *he said I could borrow his car*, mi disse che potevo prendere in prestito la sua macchina; *you can't use the office phone for your private calls*, non puoi usare il telefono dell'ufficio per le telefonate personali; *we couldn't park in front of the house*, non si poteva parcheggiare davanti alla casa **3** (*capacità*) essere capace, essere in grado di; sapere: *anybody — do it*, chiunque è in grado di farlo; *she could play the piano when she was five*, sapeva suonare il piano all'età di cinque anni; *he couldn't read or write*, non sapeva né leggere né scrivere; *he — lift 30 kilos with one hand*, è capace di sollevare 30 chili con una mano sola; *Mr Dubrovski — speak five languages fluently*, il signor Dubrovski parla correntemente cinque lingue; *I — smell something burning*, sento odore di bruciato; *we could see a light in the distance*, vedevamo una luce in lontananza; *— you hear a noise?*, non senti un rumore? // *you never — tell*, non si sa mai **4** (*nelle frasi interr.*) (*per chiedere un'informazione, un favore o un permesso*): *— you tell me the time, please?*, mi sa dire l'ora, per favore?; *could you go for me?*, potresti andare tu per me?; *— I use the phone?*, posso usare il telefono?; *— I speak to Jane, please?*, posso parlare con Jane, per favore?; *could I open the window?*, potrei aprire la finestra? // (*per esprimere capacità*): *— she swim?*, sa nuotare?; *— they speak Russian?*, parlano il russo?; *— he get here by seven?*, potrebbe essere qui per le sette?; *could you let me know as soon as possible?*, potreste farmelo sapere al più presto possibile? // (*per esprimere offerta*): *— I help you?*, posso aiutarti?, in che cosa posso servirla?; *what — I do for you?*, cosa posso fare per lei? // (*per chiedere con insistenza, gener. nella forma negativa*): *can't you help me?*, non puoi aiutarmi?; *couldn't she let me know?*, non potrebbe farmelo sapere?; *couldn't they have told me earlier?*, non avrebbero potuto dirmelo prima?; *can't we talk about it?*, non possiamo parlarne?; *can't you keep your voice down?*, non puoi abbassare la voce? // (*nelle 'tail questions'*): *you — remember his name, can't you?*, ricordi il suo nome, vero?; *she can't do it alone, — she?*, non può farlo da sola, non è vero?; *they couldn't refuse, could they?*, non potevano rifiutare, vero?; *I couldn't let them get away with it, could I?*, non potevo permettere che la facessero franca, non è vero? **5** (*in frasi ipotetiche*) potere, sapere: *we — do it if we try*, possiamo farlo se ci proviamo; *we could do it if we tried*, potremmo farlo se tentassimo; *we could have done it if we'd tried*, avremmo potuto farlo se avessimo tentato; *if I — find the money we — buy a new car*, se riesco a trovare i soldi, possiamo comprare una macchina nuova; *if I could find the money, we could buy a new car*, se riuscissi a trovare i soldi, potremmo comprare una macchina nuova; *if I could have found the money, we could have bought a new car*, se fossi riuscito a trovare i soldi, avremmo potuto comprare una macchina nuova; *I would help you if I could*, se potessi, ti aiuterei **6** (*in frasi negative, per esprimere supposizione*) potere, essere possibile: *that can't be right!*, non può essere giusto!; *she can't have said anything of the sort*, non può aver detto niente del genere; *he couldn't have got to the station in time*, non è possibile che sia arrivato alla stazione in tempo // *she couldn't have been kinder*, non avrebbe potuto essere più gentile // *at least they could have told me before*, avrebbero potuto almeno dirmelo prima **7** *cannot help*, *could not help*: *I can't help it*, non posso farne a meno, non posso farci niente; *I can't help thinking that...*, non posso fare a meno di pensare che...; *she couldn't help laughing*, non poté fare a meno di ridere; *it can't be helped*, è inevitabile, non c'è niente da fare.

Canadian [kə'neɪdjən / Ca·na·dian] *agg.* e *s.* canadese.

canal [kə'næl / ca·nal] *s.* **1** canale: *branch —*, canale derivato // (*astr.*) *canals of Mars*, canali di Marte // *the Grand Canal*, il Canal Grande (a Venezia) // *the Panama Canal*, il Canale di Panama **2** (*biol.*) canale, dotto, tubo.

canal-boat [kə'nɑ:lbəʊt] *s.* chiatta.

canaliculus [,kænə'lɪkjʊləs / can·al·ic·ulus] *pl.* **canaliculi** [,kænə'lɪkjʊlaɪ / can·al·ic·uli] *s.* (*anat.*) canalicolo.

canalization [,kænəlaɪ'zeɪʃn / can·al·iza·tion] *s.* canalizzazione.

to **canalize** ['kænəlaɪz / can·al·ize] *v.tr.* **1** canalizzare; fornire di canali **2** (*fig.*) convogliare, canalizzare.

canal rays [kə'nælreɪz] *s.pl.* (*fis.*) raggi canale, raggi positivi.

canapé ['kænəpeɪ / can·apé] *s.* (*fr.*) **1** canapé, tartina **2** divano, sofà.

canard [kæ'nɑ:d / ca·nard] *s.* **1** fandonia, frottola, panzana (dei giornali); voce tendenziosa **2** (*aer.*) canard.

canary [kə'neərɪ / ca·nary] *agg.* giallo canarino ◆ *s.* **1** (*zool.*) (*Serinus canarius*) canarino: *hen- —*, canarina **2** (*sl. amer.*) informatore della polizia **3** (*sl. amer.*) giovane donna, ragazza; cantante (spec. di musica popolare) **4** danza spagnola originaria delle Canarie, canario: *I have seen a medicine / that's able to breathe life into a stone / ...and make you dance canary*, (SH. All's Well) ho visto una medicina in grado di dare la vita a una pietra ...e di farti ballare un canario **5** color giallo canarino.

canary-grass [kə'neərɪ,græs] *s.* (*bot.*) (*Phalaris canariensis*) canaria; (*pop.*) scagliola.

canasta [kə'næstə / ca·nasta] *s.* canasta (gioco di carte).

canaster [kə'næstə* / ca·nas·ter] *s.* **1** canestro (per imballare il tabacco) **2** tabacco essiccato e tagliuzzato.

cancan ['kænkæn / can·can] *s.* cancan (danza).

cancel ['kænsl / can·cel] *s.* **1** (*tip.*) soppressione (di pagine stampate); la pagina stampata soppressa o quella che la sostituisce **2** (*inform.*) annullamento: *— character*, carattere di annullamento; *— key*, tasto di annullamento **3** (*ferr. ecc.*) *pl.* (*pair of*) *cancels*, pinza per forare i biglietti **4** (*non com.*) annullamento, cancellazione; contrordine.

to **cancel** *pass.p.p.* **cancelled** ['kænsld / can·celled] *v.tr.* **1** cancellare, annullare: *he cancelled his booking for Rome*, ha annullato la sua prenotazione per Roma; *to — a debt*, cancellare un debito; *to — an order*, annullare un ordine; *to — a mortgage*, ammortizzare un'ipoteca **2** annullare (francobolli, assegni ecc.) **3** (*dir.*) revocare (testamento); rescindere (contratto ecc.) **4** (*mat.*) elidere, semplificare (fattori comuni) ◆ *v.intr.* (*inform.*) azzerare la memoria.

□ **cancel out** *v.tr.* e *avv.* controbilanciare, neutralizzare, compensare, eliminare: *his carefulness cancels out his inexperience*, la sua attenzione compensa la sua inesperienza; *the two effects tend to — each other out*, i due effetti tendono a eliminarsi l'un l'altro.

cancellable ['kænsələbl / can·cell·able] *agg.* cancellabile, annullabile.

cancellate(d) ['kænsələɪt(ɪd) / can·cel·late(d)] *agg.* (*biol.*) **1** reticolato, reticolare **2** spugnoso, poroso.

cancellation [,kænsə'leɪʃn / can·cel·la·tion] *s.* **1** cancellatura, cassatura **2** cancellamento, annullamento; soppressione **3** (*comm.*) annullamento, storno: *— of a debt*, remissione di un debito // (*dir.*) *— of a contract*, risoluzione del contratto per inadempimento **4** (*mat.*) cancellazione: *— law*, legge di cancellazione **5** (*filatelia*) annullo.

cancellous ['kænsələs / can·cel·lous] *agg.* (*biol.*) spugnoso, poroso.

cancer ['kænsə* / can·cer] *s.* (*med.*) cancro: *— cell*, cellula cancerosa.

Cancer ['kænsə* / Can·cer] *no.pr.* (*astr.*) Cancro // *Tropic of —*, Tropico del Cancro.

cancered ['kænsəd / can·cered] *agg.* (*med.*) canceroso.

cancerogenic [,kænsərəʊ'dʒenɪk / can·cero·genic] *agg.* (*med.*) cancerogeno.

cancerologist [,kænsə'rɒlədʒɪst / can·cer·olo·gist] *s.* (*med.*) oncologo, cancerologo.

cancerology [,kænsə'rɒlədʒɪ / can·cer·ology] *s.* (*med.*) oncologia, cancerologia.

cancerous ['kænsərəs / can·cer·ous] *agg.* (*med.*) canceroso.

cancroid ['kæŋkrɔɪd / can·croid] *agg.* **1** (*med.*) cancroide **2** (*zool.*) granchiforme, simile a granchio ◆ *s.* (*med.*) cancroide.

candela [kæn'di:lə / can·dela] *s.* (*metrol.*) candela (unità di misura dell'intensità luminosa) SIN. candle.

candelabrum [,kændɪ'lɑ:brəm / can·de·lab·rum] *pl.* **candelabrums**, **candelabra** [,kændɪ'lɑ:brə / can·de·labra] *s.* candelabro; lampadario.

candescence [kən'desəns / can·des·cence] *s.* candescenza.

candescent [kən'desənt / can·des·cent] *agg.* candescente.

candid ['kændɪd / can·did] *agg.* **1** franco, sincero, schietto, diretto: *I hope you've been — with us about your past*, spero che tu sia stato sincero con noi riguardo il tuo passato **2** (*ant.*) imparziale; senza pregiudizi // **-ly** *avv.* // **-ness** *s.*

candidacy ['kændɪdəsɪ / can·did·acy] *s.* candidatura.

candidate ['kændɪdət *amer.* 'kændɪdeɪt / can·did·ate] *s.* candidato.

candidature ['kændɪdətʃə* / can·di·da·ture] *s.* candidatura.

candied ['kændɪd / can·died] *agg.* **1** candito: *— fruit*, frutta candita **2** (*non com. fig.*) mellifluo, mieloso.

candle ['kændl] *s.* **1** candela: *stearine, tallow, wax —*, candela di stearina, sego, cera; *church —*, cero; *Roman —*, candela romana, bengala // *to burn the — at both ends*, (*fam.*) lavorare eccessivamente, esaurirsi // *the game is not worth the —*, il gioco non vale la candela // *his singing can't hold a — to Pavarotti's*, la sua voce non regge neanche lontanamente il confronto con quella di Pavarotti **2** (*metrol.*) → candela.

candle-end ['kændl,end] *s.* moccolo.

candle-holder ['kændl,həʊldə*] *s.* candeliere.

candlelight ['kændllaɪt / can·dle·light] *s.* lume di candela: *by —*, a lume di candela.

Candlemas ['kændlməs / Can·dle·mas] *s.* (*eccl.*) Candelora.

candle-power ['kændl,paʊə*] *s.* (*elettr.*) (intensità luminosa espressa in) candele.

candle-snuffer ['kændl,snʌfə*] *s.* smoccolatoio.

candlestick ['kændlstɪk / can·dle·stick] *s.* candeliere.

candlewick ['kændlwɪk / can·dle·wick] *s.* **1** stoppino, lucignolo **2** (*tess.*) ciniglia.

candling ['kændlɪŋ / cand·ling] *s.* (*agr.*) speratura (di uova).

candock ['kændɒk / can·dock] *s.* (*bot.*) (*Nuphar luteum*) nenufaro, ninfea gialla.

candour ['kændə* / cand·our] *s.* **1** franchezza, sincerità; candore **2** (*ant.*) imparzialità.

candy ['kændɪ] *s.* **1** (*spec. amer.*) dolciume: *a box of candies*, una scatola di dolci; — *store*, negozio di dolciumi **2** (*amer.*) [U] confetti (*pl.*) **3** (*sl. amer.*) droga.

to **candy** *v.tr.* candire ◆ *v.intr.* cristallizzarsi (di zucchero).

candy ass ['kændɪ,æs] *s.* (*sl. amer.*) persona timida, femminuccia.

candyass [candy·ass] **candy-assed** ['kændɪ,æst] *agg.* (*sl. amer.*) timido, effeminato.

candyfloss ['kændɪflɒs / candy·floss] *s.* zucchero filato AMER. cotton candy.

candytuft ['kændɪtʌft / candy·tuft] *s.* (*bot.*) (*Iberis umbellata*) iberide di Creta.

cane [keɪn] *s.* **1** (*bot.*) canna; giunco **2** bastone da passeggio **3** bastoncino flessibile (usato per punire gli scolari discoli): *he got the* —, fu punito con la verga ◆ *agg.* di canna, di giunco; fatto con la canna, col giunco: *a — chair*, una sedia di giunco.

to **cane** *v.tr.* **1** bastonare, picchiare, fustigare (con una canna): *in the past a teacher could — a pupil*, in passato il maestro poteva picchiare uno scolaro con una canna **2** inserire cannucce in (una sedia ecc.).

cane-bottomed ['keɪn,bɒtəmd] *agg.* col sedile di canna, di giunco: — *chair*, sedia con sedile di canna, di giunco.

cane-brake ['keɪnbreɪk / cane·brake] *s.* canneto.

canella [kə'nelə / can·ella] *s.* (*bot.*) (*Canella alba*) cannella bianca.

canescent [kə'nesənt / can·es·cent] *agg.* (*rar.*) bianchiccio.

cane-sugar ['keɪn,ʃʊgə*] *s.* zucchero di canna.

canful ['kænfʊl / can·ful] *s.* contenuto di un intero bidone, di una intera lattina.

canicular [kə'nɪkjʊlə* / ca·nicu·lar] *agg.* canicolare.

canine ['keɪnaɪn *come s.* 'kænaɪn / can·ine] *agg.* canino, di cane ◆ *s.* (*anat.*) — (*tooth*), (dente) canino.

caning ['keɪnɪŋ / can·ing] *s.* bastonatura; fustigazione: *a good* (o *a sound*) —, una buona bastonatura.

canister ['kænɪstə* / can·is·ter] *s.* **1** scatola, barattolo di metallo bianco (per tè, caffè ecc.); bombola, bomboletta: *gas* —, bombola del gas; — *of shaving cream*, bomboletta di schiuma da barba **2** (*mil.*) proietto; bossolo: — *shot*, proietto a mitraglia; — *of tear gas*, candelotto lacrimogeno **3** filtro (della maschera antigas): — *respirator*, maschera antigas **4** (*rel.*) ciborio.

canker ['kæŋkə* / can·ker] *s.* **1** (*med.*) stomatite, afta **2** (*fig. form.*) influenza corruttrice, nefasta; cancro, vizio **3** (*bot.*) malattia degli alberi da frutta **4** (*ant.*) rosa canina: *I had rather be a canker in a hedge / than a rose in his grace*, (SH. Much Ado about Nothing) preferirei essere una rosa canina su una siepe che una rosa nelle sue grazie **5** (*vet.*) malattia al piede del cavallo.

to **canker** *v.tr.* **1** (*med.*) ulcerare, infettare; (*bot.*) corrodere **2** (*fig. form.*) corrompere (un'anima, una società) ◆ *v.intr.* **1** (*med.*) ulcerarsi, infettarsi **2** (*fig. form.*) corrompersi.

cankered ['kæŋkəd / can·kered] *agg.* **1** (*med.*) affetto da ulcerazioni; infetto **2** (*bot.*) corroso: — *rose*, rosa corrosa (dai bruchi) **3** (*fig.*) maligno, velenoso; acido (di carattere).

cankerous ['kæŋkərəs / can·ker·ous] *agg.* **1** (*med.*) cancrenoso; ulcerato, infetto **2** (*bot.*) corroso.

canna ['kænə] *s.* (*bot.*) canna.

cannabin ['kænəbɪn / can·na·bin] *s.* (*chim.*) cannabina.

cannabis ['kænəbɪs / can·na·bis] *s.* (*bot.*) **1** (*Cannabis sativa*) canapa comune **2** (*Cannabis indica*) canapa indiana **3** hashish.

canned [kænd] *agg.* **1** conservato in scatola; in scatola: — *goods*, scatolame; — *meat*, carne in scatola // — *music*, musica riprodotta, registrata // (*inform.*): — *cycle*, ciclo programmato; — *paragraphs*, paragrafi passe -partout; — *software*, software standard **2** (*sl.*) ubriaco: *he got — last night*, la notte scorsa si è ubriacato.

cannel ['kænl / can·nel] *s.* carbone bituminoso a fiamma lunga.

cannel-coal ['kænəl,kəʊl] *s.* carbone tipo cannel.

canner ['kænə* / can·ner] *s.* (*spec. amer.*) chi mette in scatola cibi per conservarli.

cannery ['kænərɪ / can·nery] *s.* (*spec. amer.*) fabbrica di conserve alimentari, conservificio.

cannibal ['kænɪbəl / can·ni·bal] *s.* cannibale.

cannibalism ['kænɪbəlɪzəm / can·ni·bal·ism] *s.* cannibalismo.

cannibalistic [,kænɪbə'lɪstɪk / can·nib·al·istic] *agg.* cannibalesco.

to **cannibalize** ['kænɪbəlaɪz / can·ni·bal·ize] *v.tr.* cannibalizzare, smontare uno o più pezzi da una macchina (auto, aereo ecc.) e utilizzarli per ripararne un'altra.

cannikin ['kænɪkɪn / can·ni·kin] *s.* (*non com.*) piccola scatola, barattolo di metallo.

cannily ['kænɪlɪ / can·nily] *avv.* astutamente; prudentemente.

canniness ['kænɪnɪs / can·ni·ness] *s.* **1** prudenza, circospezione **2** astuzia **3** (*scoz.*) cortesia.

canning industry ['kænɪŋ,ɪndəstrɪ] *s.* industria conserviera.

cannon[1] ['kænən / can·non] *s.* **1** (*gener. invariato al pl.*) cannone; bocca da fuoco, pezzo d'artiglieria: — *shot*, colpo di cannone // — *fodder*, (*spreg.*) carne da macello (di soldati in guerra) **2** (*sl. amer.*) pistola, revolver **3** (*biliardo*) carambola.

to **cannon**[1] *v.tr.* cannoneggiare ◆ *v.intr.* **1** sparare cannonate **2** (*biliardo*) far carambola **3** (*fig.*) scontrarsi: *to — into* (o *against*) *s.o.*, *sthg.*, urtare violentemente qlcu., qlco.

cannon[2] *s.* (*sl. amer.*) borseggiatore, tagliaborse.

cannonade [,kænə'neɪd / can·non·ade] *s.* cannoneggiamento; bombardamento.

to **cannonade** *v.tr.* cannoneggiare; bombardare ◆ *v.intr.* sparare cannonate.

cannonball ['kænənbɔ:l / can·non·ball] *s.* **1** palla da cannone **2** (*sl. amer.*) treno espresso.

cannoneer [,kænə'nɪə* / can·non·eer] *s.* cannoniere.

cannot → **can**.

cannula ['kænjʊlə / can·nula] *pl.* **cannulae** [kænjʊli: / can·nulae] **cannulas** *s.* (*med.*) cannula, catetere.

canny ['kænɪ] *agg.* circospetto; astuto; prudente; abile // *ca'* —, (*scoz.*) va prudente, guardingo.

canoe [kə'nu: / ca·noe] *s.* canoa // *to paddle one's own* —, (*fam.*) occuparsi dei fatti propri.

to **canoe** *v.intr.* andare in canoa.

canoeing [kə'nu:ɪŋ / ca·noe·ing] *s.* canoismo.

canoeist [kə'nu:ɪst / ca·noe·ist] *s.* canoista.

canon[1] ['kænən] *s.* **1** (*eccl., dir., mus.*) canone **2** regola, disciplina **3** corpus, insieme ufficiale delle opere: *she was studying the entire Dickens* —, studiava l'intera opera di Dickens.

canon[2] *s.* (*eccl.*) canonico.

cañon → **canyon**.

canoness ['kænənɪs / ca·non·ess] *s.* (*eccl.*) canonichessa.

canonical [kə'nɒnɪkl / ca·non·ical] *agg.* canonico: *a — edition*, un'edizione canonica; — *hour*, ora canonica // (*mat.*): — *equation*, equazione canonica; — *form*, forma canonica ◆ *s.* (*eccl.*) canonico.

canonically [kə'nɒnɪkəlɪ / ca·non·ic·ally] *avv.* (*eccl.*) canonicamente.

canonicals [kə'nɒnɪklz / ca·non·ic·als] *s.pl.* abiti sacerdotali.

canonicate [kə'nɒnɪkeɪt / ca·non·ic·ate] *s.* (*eccl.*) canonicato.

canonist ['kænənɪst / can·on·ist] *s.* canonista.

canonizable ['kænənaɪzəbl / can·on·iz·able] *agg.* (*eccl.*) canonizzabile.

canonization [,kænənaɪ'zeɪʃn *amer.* ,kænənɪ'zeɪʃn / can·on·iza·tion] *s.* (*eccl.*) canonizzazione.

to **canonize** ['kænənaɪz / can·on·ize] *v.tr.* (*eccl.*) canonizzare.

canon law ['kænənlɔ:] *s.* (*dir.*) diritto canonico.

canonry ['kænənrɪ / can·onry] *s.* (*eccl.*) canonicato.

to **canoodle** [kə'nu:dl / ca·noodle] *v.tr.* (*sl.*) **1** abbracciare, accarezzare teneramente **2** (*fig.*) persuadere in modo suadente ◆ *v.intr.* (*sl.*) abbracciarsi, accarezzarsi teneramente.

can opener ['kænəʊpənə*] *s.* (*spec. amer.*) apriscatole BRIT. tin opener.

canopied ['kænəpɪd / can·op·ied] *agg.* **1** a baldacchino, dotato di baldacchino (spec. di letto) **2** con tenda (di balcone, terrazzo).

canopy ['kænəpɪ / can·opy] *s.* **1** baldacchino **2** (*fig.*) volta: *the — of heaven*, la volta del cielo; *a — of leaves*, un tetto di foglie // *no* *one under God's* —, (*amer. fam.*) nessuno al mondo **3** (*arch.*) sporgenza ornamentale a guisa di tetto **4** (*aer.*) calotta, tettuccio.

to **canopy** *v.tr.* **1** coprire con baldacchino, fornire di baldacchino **2** far da volta a (qlco.).

canorous [kə'nɔ:rəs / ca·nor·ous] *agg.* (*rar.*) canoro; armonioso; sonoro.

canst [kænst (*forma forte*) kənst (*forma debole*)] (*ant. poet.*) *seconda pers.sing.pres.indic.* di *can*; nell'inglese moderno *can.*

cant[1] [kænt] *s.* **1** (*arch.*) angolo esterno; cantonata; angolo smussato **2** sopraelevazione (di una curva stradale, ferroviaria) **3** (*mar.*) ordinata deviata, costa deviata **4** inclinazione, curvatura **5** spinta, urto (che fa inclinare qlco.).

to **cant**[1] *v.tr.* **1** (*arch.*) smussare **2** inclinare, curvare (una trave); cambiare la direzione di **3** spingere; urtare **4** rovesciare ◆ *v.intr.* **1** curvarsi; pendere **2** (*mar.*) ingavonarsi.

cant[2] *agg.* **1** di gergo **2** trito, banale, comune **3** ipocrita, insincero ◆ *s.* Ⓤ ipocrisie, frasi insincere (*pl.*).

to **cant**[2] *v.intr.* (*non com.*) **1** piagnucolare (come un mendicante) **2** (*ant.*) parlare in gergo **3** parlare con affettazione, con ipocrisia **4** fare l'ipocrita, il bacchettone.

can't contr. di *can not.*

Cantab ['kæntæb / Can·tab] *s.* abbr. di → **Cantabrigian**.

Cantabrigian [,kæntə'brɪdʒɪən / Can·ta·bri·gian] *agg.* e *s.* (membro) dell'università di Cambridge.

cantaloup ['kæntəlu:p / can·ta·loup] **cantaloupe** ['kæntəlu:p] *s.* (*bot.*) cantalupo (varietà di melone).

cantankerous [kən'tæŋkərəs / can·tan·ker·ous] *agg.* stizzoso; litigioso: *to be* —, avere un cattivo carattere // **-ly** *avv.* // **-ness** *s.*

cantata [kæn'tɑ:tə / can·tata] *s.* (*mus.*) cantata.

canteen [kæn'ti:n / can·teen] *s.* **1** mensa aziendale **2** posto di ristoro; cucina di fortuna: *the rescue services set up a mobile* —, le squadre di salvataggio allestirono una cucina da campo **3** spaccio **4** servizio di posate: *a — of cutlery for 12*, un servizio di posate da 12 **5** (*mil.*) borraccia; set di posate.

canter[1] ['kæntə* / can·ter] *s.* (*non com.*) **1** chi usa un gergo **2** ipocrita; chi parla con adulazione.

canter[2] *s.* piccolo galoppo.

to **canter**[2] *v.intr.* andare a piccolo galoppo ◆ *v.tr.* fare andare (un cavallo) a piccolo galoppo.

canterbury ['kæntəbərɪ / can·ter·bury] *s.* leggio per musica.

cantharis ['kænθərɪs / can·tha·ris] *pl.* **cantharides** [kæn'θærɪdi:z / can·tha·rides] *s.* **1** (*zool.*) (*Lytta vesicatoria*) cantaride SIN. Spanish fly **2** *pl.* (*med.*) polvere di cantaridi.

canthus ['kænθəs / can·thus] *pl.* **canthi** [kænθi:] *s.* (*anat.*) angolo palpebrale.

canticle ['kæntɪkl / cant·icle] *s.* cantico // *'The Canticles'* (*Bibbia*) 'Il Cantico dei Cantici'.

cantilena [,kæntə'leɪnə / can·ti·lena] *s.* **1** nenia religiosa **2** esercizio di canto, solfeggio **3** melodia.

cantilever ['kæntɪli:və* / can·ti·lever] *s.* (*arch.*) trave a sbalzo; cantilever // — *bridge*, ponte a mensola.

cantle ['kæntl] *s.* **1** (*antiq.*) pezzetto (di pane, formaggio); frammento: *this river... cuts me from the best of my land / a huge half-moon, a monstrous cantle out*, (SH. Henry IV) questo fiume... mi taglia via un'immensa mezzaluna, un enorme cantone delle mie terre migliori **2** arcione posteriore (di sella).

canto ['kæntəʊ] *pl.* **cantos** *s.* (*mus.*, *poesia*) canto.

canton ['kæntɒn / can·ton] *s.* **1** (*geogr.*) cantone; regione **2** (*arch.*) cantone; spicchio (di una volta).

to **canton** [kæn'tɒn *nel senso 2* kæn'tu:n] *v.tr.* **1** dividere in cantoni **2** (*mil.*) accantonare, acquartierare (truppe).

Cantonese [,kæntə'ni:z / Can·ton·ese] *agg.* e *s.* cantonese.

cantonment [kæn'tu:nmənt *amer.* kæn 'təʊnmənt / can·ton·ment] *s.* (*mil.*) accantonamento, acquartieramento.

cantor ['kæntɔ:* / can·tor] *s.* (*eccl.*) cantore.

cantorial [kæn'tɔ:rɪəl / can·tor·ial] *agg.* (*eccl.*) di, da cantore.

cantrip ['kæntrɪp / can·trip] *s.* (*scoz.*) **1** incantesimo **2** burla, scherzo.

Canuck [kə'nʊk / Ca·nuck] *s.* (*amer.*) canadese; (*sl.*) franco-canadese.

canvas ['kænvəs / can·vas] *s.* **1** canovaccio, tela grossa di canapa // (*mil.*) *under* —, attendato, sotto la tenda **2** (*mar.*) tela da vele; velatura, vele: *under* —, a vele spiegate; *with all her — spread* (o *with every stitch of — set*), con tutte le vele distese, spiegate **3** tela, quadro **4** (*fig.*) circo **5** (*sport*) tappeto: *to be on the* —, essere al tappeto **6** imbottitura (spec. di cappotto).

canvas-back ['kænvəsbæk] *s.* (*zool.*) (*Aythya valisneria*) moretta americana.

canvass ['kænvəs / can·vass] *s.* **1** (*pol.*) sollecitazione (di voti); sondaggio elettorale; propaganda **2** esame approfondito, analisi dettagliata **3** (*ant.*) esame.

to **canvass** *v.tr.* **1** passare al vaglio, discutere **2** (*pol.*) sollecitare (voti) ◆ *v.intr.* **1** fare un giro elettorale; fare un sondaggio elettorale; fare propaganda politica **2** condurre un'indagine di mercato, un sondaggio; vendere porta a porta **3** discutere.

canvasser ['kænvəsə* / can·vasser] *s.* **1** galoppino elettorale **2** (*comm.*) piazzista **3** chi raccoglie fondi e sottoscrizioni.

canvassing ['kænvəsɪŋ / can·vass·ing] *s.* **1** → canvass **2** (*comm.*) vendita porta a porta.

canyon ['kænjən / can·yon] *s.* (*geogr.*) cañon, canalone.

canzone [kæn'tsəʊnɪ / can·zone] *s.* (*poet.*, *non com.*) canzone.

canzonet [,kænzəʊ'net / can·zo·net] *s.* (*poet.*) canzonetta.

caoutchouc ['kaʊtʃʊk / caout·chouc] *s.* caucciù.

cap[1] [kæp] *s.* **1** copricapo senza falda; berretto; in partic. coppola; bustina militare, berretto da militare, da marinaio; berretta (da cardinale); cuffia, cuffietta; crestina da cameriera: *bathing* —, cuffia da bagno; *black* —, berretto nero indossato dal giudice (quando pronunciava le sentenze di morte); (*mil.*) *steel* —, elmetto // — *and bells*, berretto a sonagli (del buffone, del giullare) // — *of liberty*, berretto frigio // *the — fits*, (*fig.*) l'osservazione è giusta; *if the — fits wear it*, (*fam.*) a buon intenditore poche parole // — *in hand*, umilmente // *a feather in one's* —, una ragione di onore, un segno di distinzione, un fiore all'occhiello // *in — and gown*, in tocco e toga, in abito accademico // *to set one's — at*, cercare di accattivarsi le simpatie di: *to set one's — at a man*, (*fam. antiq.*) cercare di accalappiare un uomo (per sposarlo) // *to put on one's thinking* —, mettersi a pensare, a riflettere **2** cappuccio; capsula, tappo (a vite): *I can't get the — off this tube*, non riesco a svitare, a togliere il cappuccio di questo tubetto **3** capsula (di cartuccia o di ordigno esplosivo); fulminante **4** (*mecc.*) cappello; cappellotto; calotta; puntalino (di valvola); scodellino (di molla) // *hub* —, coprimozzo **5** (*elettr.*) cappuccio isolante; calotta (del distributore d'accensione) // *bayonet* —, attacco a baionetta **6** (*med. fam.*) diaframma (anticoncezionale) **7** (*ind. miner.*) capsula; detonatore // — *crimper*, pinza da minatore **8** (*geol.*) — *rock*, roccia di copertura (di giacimento petrolifero) **9** (*arch.*) capitello, coronamento **10** (*mar.*) testa di moro (di albero) **11** (*bot.*) cappella di fungo **12** (*zool.*) cappuccio (di uccello) **13** (*sport*) presenza nella squadra nazionale **14** (*fin.*) cap, limiti superiori di tasso.

to **cap**[1] *pass.p.p.* **capped** [kæpt] *v.tr* **1** tappare; coprire con un tappo, una capsula // *to — a tooth*, incapsulare un dente // (*ind. miner.*) *to — an oil well*, chiudere il pozzo (petrolifero) **2** coprire (il capo) con berretto, cuffia **3** coprire; (*fig.*) coronare, incoronare: *she capped the ice-cream with whipped cream*, ha coperto il gelato di panna montata; *he capped his career by winning an Oscar*, coronò la sua carriera con un Oscar // *that caps all!*, è il colmo! // *to — an anecdote*, fare seguito a un aneddoto con un altro migliore **4** (*sport*) scegliere (atleta, giocatore per la squadra nazionale) **5** conferire un diploma di infermiera a; conferire una laurea a (in università scozzesi).

cap[2] *s.* (*sl.* abbr. di *captain*) capitano.

capability [,keɪpə'bɪlətɪ / cap·ab·il·ity] *s.* **1** capacità, idoneità, abilità; facoltà, proprietà: *that metal has the — to fuse at a low temperature*, quel metallo ha la proprietà di fondere a basse temperature // *nuclear* —, potenziale atomico **2** *pl.* possibilità, risorse: *a man of great capabilities*, un uomo dalle grandi possibilità.

capable ['keɪpəbl / cap·able] *agg.* **1** capace, abile, in grado: — *of* (*doing*) *sthg.*, capace di fare qlco. **2** competente, esperto: *very — doctor*, medico molto competente **3** suscettibile (di miglioramento ecc.): *my plan is always — of improvement*, il mio piano è sempre suscettibile di miglioramento.

capacious [kə'peɪʃəs / ca·pa·cious] *agg.* vasto, spazioso, capace, capiente // **-ly** *avv.* // **-ness** *s.*

capacitance [kə'pæsɪtəns / ca·pa·cit·ance] *s.* (*elettr.*) capacità.

to **capacitate** [kə'pæsɪteɪt / ca·pa·cit·ate] *v.tr.* (*non com.*) rendere capace, qualificare: (*dir.*) *to — s.o. to act*, dare a qlcu. il potere, la capacità legale di agire.

capacitor [kə'pæsɪtə* / ca·pa·citor] *s.* (*elettr.*) condensatore.

capacity [kə'pæsətɪ / ca·pa·city] *s.* **1** capacità, capienza: *carrying* —, portata, carico massimo (di carro ecc.); *seating* —, numero di posti a sedere (in teatro ecc.) // *every night there was a — audience*, ogni sera c'era il tutto esaurito **2** capacità, abilità: *we require staff with the — to react quickly in an emergency*, richiediamo personale in grado di reagire prontamente in caso di emergenza **3** (*dir.*) capacità, competenza legale: *to act in one's official* —, agire nell'esercizio delle proprie funzioni; *to have — to act*, avere la capacità (legale) di agire **4** (*econ.*) capacità produttiva: *excess* —, capacità produttiva eccedente; *idle* —, capacità produttiva inutilizzata; *earning* —, redditività; — *utilisation*, capacità utilizzata **5** (*inform.*) capacità (di memoria); potenza (di elaborazione); (*tel.*) portata di linea; (*elettr.*) potenza (di motore); (*elettr. antiq.*) → **capacitance** **6** capacità, potenzialità: *his — for work was immense*, era un gran lavoratore.

cap-à-pie [ˌkæpəˈpiː] *avv.* (*non com.*) da capo a piedi.

caparison [kəˈpærɪsn / ca·par·ison] *s.* **1** gualdrappa, bardatura (di cavallo) **2** (*letter.*) abbigliamento sontuoso.

to **caparison** *v.tr.* **1** bardare (un cavallo) **2** abbigliare, adornare.

cape[1] [keɪp] *s.* capo, punta, promontorio // *the Cape* (*of Good Hope*), il Capo di Buona Speranza // *Cape Dutch*, gli olandesi della ex Colonia del Capo; la lingua parlata dagli afrikander // *to go round* (o *to round*) *Cape Horn*, doppiare il Capo Horn.

cape[2] *s.* cappa, mantellina.

capelin [ˈkæpələn / cape·lin] *s.* (*zool.*) (*Mallotus villosus*) capelan (pesce atlantico).

caper[1] [ˈkeɪpə* / ca·per] *s.* (*bot.*) (*Capparis spinosa*) cappero.

caper[2] *s.* **1** capriola, salto; (*fig.*) birichinata, monelleria: *to cut capers*, far capriole, saltellare; (*fig.*) fare scherzi, comportarsi da giocherellone // *all that* —, (*fam.*) sciocchezze, stupidaggini: *I hate filling out forms and all that* —, odio compilare moduli e sciocchezze del genere **2** (*sl.*) attività illegale o criminosa; grande rapina, grosso colpo: *the Watergate* —, lo scandalo Watergate.

to **caper**[2] *v.intr.* far capriole, salti: *to — about*, saltellare qua e là.

capercaillie [ˌkæpəˈkeɪlɪ / ca·per·cail·lie] **capercailzie** [ˌkæpəˈkeɪlzɪ / ca·per·cail·zie] *s.* (*zool.*) (*Tetrao urogallus*) gallo cedrone.

caperer [ˈkeɪpərə* / ca·per·er] *s.* **1** chi fa capriole **2** (*zool.*) friganea.

Cape Verdean [ˌkeɪpˈvɜːdɪən] *agg.* e *s.* (nativo, abitante) di Capo Verde.

capias [ˈkeɪpɪæs / cap·ias] *s.* (*dir. antiq.*) mandato di cattura SIN. **arrest warrant**.

capillarity [ˌkæpɪˈlærətɪ / ca·pil·lar·ity] *s.* (*fis.*) capillarità.

capillary [kəˈpɪlərɪ / ca·pil·lary] *agg.* capillare // (*fis.*) — *attraction*, adesione capillare // (*med.*): — *attraction*, adesione capillare, capillarità; — *bed*, sistema capillare ◆ *s.* (*anat.*) vaso capillare.

capital[1] [ˈkæpɪtl / cap·ital] *agg.* **1** capitale: *of — importance*, di importanza capitale // (*dir.*): — *crime*, delitto capitale; — *punishment*, pena capitale, di morte **2** (*econ.*) del, relativo al capitale: — *account*, conto capitale; — *gains*, guadagni in conto capitale, plusvalenze; — *gain*(*s*), reddito, rendimento del capitale; — *movement*, *flows*, movimenti di capitale; — *deepening*, approfondimento di capitale (aumento del capitale impiegato a un tasso più rapido dell'accrescimento della forza lavoro); — *widening*, ampliamento del capitale (aumento del capitale impiegato a tecnologia immutata); — *gearing*, rapporto di indebitamento; *low-geared* —, capitale a basso rapporto di indebitamento; — *assets*, immobilizzazioni; — *goods*, beni capitali // (*trib.*) — *tax*, *levy*, imposta patrimoniale // (*fin.*) — *sum*, principale, capitale (somma di denaro distinta dagli interessi che frutta) **3** (*antiq.*) magnifico, eccellente (spec. nelle esclamazioni) ◆ *s.* **1** — (*city*), capitale (di uno stato) **2** lettera maiuscola **3** [U] (*comm.*, *econ.*) capitale: *company's* —, capitale sociale; *authorized* (*share*) — (o *registered* —), capitale sociale nominale (di società per azioni); *share* —, capitale azionario; *equity* —, capitale azionario con diritto di voto, (*amer.*) capitale azionario; (*fully*) *paid-up* — (o amer. *paid-in* —), capitale conferito, capitale (interamente) versato; *uncalled* —, capitale non ancora versato; *risk* — (o *venture* —), capitale destinato a nuovi investimenti, capitale di rischio; *loan* —, capitale di credito; *working* —, capitale di esercizio, capitale circolante // *short-term private non liquid* —, (*amer.*) fondi a breve non bancari (bilancia dei pagamenti).

capital[2] *s.* (*arch.*) capitello.

capital-intensive [ˈkæpɪtəlɪnˌtensɪv] *agg.* (*econ.*) a uso intensivo di capitale.

capitalism [ˈkæpɪtəlɪzəm / cap·it·al·ism] *s.* capitalismo.

capitalist [ˈkæpɪtəlɪst / cap·it·al·ist] *s.* e *agg.* capitalista.

capitalistic [ˌkæpɪtəˈlɪstɪk / ca·pit·al·istic] *agg.* capitalistico.

capitalizable [ˈkæpɪtəˌlaɪzəbl / cap·it·al·iz·able] *agg.* capitalizzabile, che si può capitalizzare.

capitalization [ˌkæpɪtəlaɪˈzeɪʃn / cap·it·al·iza·tion] *s.* **1** (*econ.*) capitalizzazione: (*stock*) *market* —, capitalizzazione di borsa; — *issue*, emissione di azioni gratuite; (*trib.*) — *of a tax*, capitalizzazione di un'imposta **2** (*fig.*) sfruttamento **3** uso delle lettere maiuscole.

to **capitalize** [ˈkæpɪtəlaɪz / cap·it·al·ize] *v.tr.* **1** (*econ.*) capitalizzare; dotare di capitale **2** (*fin.*) calcolare il valore attuale (di una somma futura): *capitalized value*, valore capitalizzato; valore attuale **3** scrivere (una parola) con lettera iniziale maiuscola ◆ *v.intr.* (*fig.*) far tesoro (di); giovarsi (di); trarre profitto, vantaggio (da): *he capitalized on the success of his first book by writing a sequel*, fece tesoro del successo del suo primo libro e ne scrisse il seguito.

capitally [ˈkæpɪtlɪ / cap·it·ally] *avv.* (*antiq.*) **1** a meraviglia, in modo eccellente **2** con pena capitale.

capitate [ˈkæpɪteɪt / cap·it·ate] *agg.* (*bot.*) capitato.

capitation [ˌkæpɪˈteɪʃn / cap·ita·tion] *s.* **1** (*st. dir.*) testatico **2** (*trib.*) capitazione; imposta, tassa sulla persona.

capitellum [ˌkæpɪˈteləm / cap·it·el·lum] *pl.* **capitella** [ˌkæpɪˈtelə / cap·it·ella] *s.* → **capitulum**.

Capitol (the) [ˈkæpɪtl / Cap·itol] *s.* Campidoglio (a Roma, a Washington).

Capitoline [kəˈpɪtəʊlaɪn / Ca·pi·tol·ine] *agg.* capitolino.

capitular [kəˈpɪtjʊlə* / ca·pit·ular] *agg.* (*eccl.*) capitolare ◆ *s.* **1** membro del capitolo **2** *pl.* leggi, statuti del capitolo.

capitulary [kəˈpɪtjʊlərɪ / ca·pit·ulary] *s.* (*st.*) capitolare.

to **capitulate** [kəˈpɪtjʊleɪt / ca·pit·ulate] *v.intr.* capitolare, arrendersi; venire a patti, trattare, trovare un accordo: *do not bid me / dismiss my soldiers, or capitulate / again with Rome's mechanics*, (SH. Coriolanus) non dirmi di licenziare i miei soldati o di venire di nuovo a patti con la plebaglia romana.

capitulation [kəˌpɪtjʊˈleɪʃn / ca·pit·ula·tion] *s.* **1** capitolazione, resa **2** *pl.* (*non com.*) patti della resa.

capitulum [kəˈpɪtjʊləm / ca·pit·ulum] *pl.* **capitula** [kəˈpɪtjʊlə] *s.* (*anat.*) capitello.

capless [ˈkæplɪs / cap·less] *agg.* senza berretto, cappello; a testa nuda.

capon [ˈkeɪpən *amer.* ˈkeɪpɒn / ca·pon] *s.* cappone.

to **caponize** [ˈkeɪpənaɪz / ca·pon·ize] *v.tr.* (*rar.*) capponare, castrare.

capot [kəˈpɒt / ca·pot] *s.* cappotto (al gioco).

to **capot** *pass.p.p.* **capotted** [kəˈpɒtɪd / ca·pot·ted] *v.tr.* dar cappotto a (a carte).

capote [kəˈpəʊt / ca·pote] *s.* **1** mantello con cappuccio **2** (*aut.*) capote, mantice.

cap-paper [ˈkæppeɪpə*] *s.* (*ant.*) **1** carta da pacchi **2** tipo di carta da scrivere.

capping [ˈkæpɪŋ / cap·ping] *s.* **1** (*geol.*) cappello, cappellaccio (di giacimento) **2** (*arch.*) capitello.

cappuccino [ˌkæpʊˈtʃiːnəʊ / cap·pucci·no] *pl.* **cappuccinos** *s.* (*it.*) cappuccino (bevanda).

capric [ˈkæprɪk / cap·ric] *agg.* (*chim.*) caprico: — *acid*, acido caprico, decanoico.

caprice [kəˈpriːs / ca·price] *s.* **1** capriccio, fantasia; umore mutevole; cambiamento improvviso **2** volubilità, incostanza.

capricious [kəˈprɪʃəs / ca·pri·cious] *agg.* capriccioso; incostante // **-ly** *avv.* // **-ness** *s.*

Capricorn [ˈkæprɪkɔːn / Cap·ri·corn] *no.pr.* (*astr.*) Capricorno // *Tropic of* —, Tropico del Capricorno.

caprification [ˌkæprɪfɪˈkeɪʃn / ca·pri·fica·tion] *s.* (*agr.*) caprificazione.

caprifig [ˈkæprɪfɪg / ca·pri·fig] *s.* (*bot.*) (*Ficus carica sylvestris*) caprifico.

caprine [ˈkæpraɪn / cap·rine] *agg.* (*zool.*) caprino, di capra.

capriole [ˈkæprɪəʊl / cap·ri·ole] *s.* **1** l'impennarsi, lo sgroppare (di cavallo), sgroppata **2** capriola, balzo.

to **capriole** *v.intr.* **1** impennarsi, sgroppare (di cavallo) **2** fare una capriola (nel balletto).

caproic [kəˈprəʊɪk / cap·roic] *agg.* (*chim.*) caproico: — *acid*, acido caproico, esanoico.

caprolactam [ˌkæprəʊˈlæktəm / cap·ro·lac·tam] *s.* (*chim.*) caprolattame.

caprylic [kæˈprɪlɪk / cap·rylic] *agg.* (*chim.*) caprilico: — *acid*, acido caprilico.

cap screw [ˈkæpskruː] *s.* (*mecc.*) bullone senza dado.

capsicum [ˈkæpsɪkəm / cap·sicum] *s.* **1**

(*bot.*) capsico **2** peperone; pimento **3** paprika.

capsid ['kæpsɪd] *s.* (*biol.*) capside.

capsizable [kæp'saɪzəbl / cap·siz·able] *agg.* rovesciabile, ribaltabile.

capsizal [kæp'saɪzəl / cap·sizal] *s.* (*non com.*) capovolgimento.

to **capsize** [kæp'saɪz / cap·size] *v.tr.* rovesciare; capovolgere; ribaltare ◆ *v.intr.* rovesciarsi; capovolgersi (di barca, nave).

capsizing [kæp'saɪzɪŋ / cap·siz·ing] *s.* capovolgimento; rovesciamento.

capstan ['kæpstən / cap·stan] *s.* (*ferr.*, *mar.*) argano, cabestano.

capstone ['kæpstəʊn / cap·stone] *s.* **1** (*arch.*) chiave di volta, pietra di coronamento **2** (*archeol.*) lastra di copertura **3** (*fig.*) fattore decisivo, punto culminante.

capsular ['kæpsjʊlə* / cap·su·lar] *agg.* di capsula, capsulare: (*anat.*) — *ligament*, legamento capsulare.

capsule ['kæpsju:l *amer.* 'kæpsl / cap·sule] *s.* **1** capsula, contenitore **2** (*aer.*) capsula: *space* —, capsula spaziale **3** (*bot.*) pericarpo; capsula **4** capsula; pillola; (*chim.*) capsula **5** (*anat.*) capsula **6** capsula (di bottiglia ecc.) **7** (*amer.*) riassunto, schema ◆ *agg.* conciso, stringato: *he gave a — description of events*, diede una descrizione concisa dei fatti.

to **capsule** *v.tr.* **1** incapsulare **2** (*amer.*) schematizzare.

capsuliform ['kæpsjʊlɪfɔ:m / cap·suli·form] *agg.* (*non com.*) a forma di capsula.

captain ['kæptɪn / cap·tain] *s.* **1** (*mil.*, *sport ecc.*) capitano, comandante; (*mar. mil.*, GB e USA) capitano di vascello; (*amer.*) comandante di polizia e dei vigili del fuoco // (*aer. mil.*, GB) *Group* —, colonnello // *bell* —, (*amer.*) caposquadra dei facchini di un albergo // *sky* —, (*amer.*) addetto al ritiro dei bagagli presso una compagnia aerea **2** capo: *the great captains of industry*, i magnati dell'industria **3** capoclassè.

to **captain** *v.tr.* capitanare, comandare.

captaincy ['kæptɪnsɪ / cap·taincy] **captainship** ['kæptɪnʃɪp / cap·tain·ship] *s.* **1** grado di capitano **2** l'arte di comandare.

caption ['kæpʃn / cap·tion] *s.* **1** didascalia; sottotitolo **2** (*dir.*) allegato **3** (*antiq.*) arresto; cattura.

to **caption** *v.tr.* fornire di didascalie, di sottotitoli; sottotitolare.

captious ['kæpʃəs / cap·tious] *agg.* capzioso, insidioso; sofistico // **-ly** *avv.* // **-ness** *s.*

to **captivate** ['kæptɪveɪt / cap·tiv·ate] *v.tr.* affascinare, ammaliare, incantare, sedurre.

captivating ['kæptɪveɪtɪŋ / cap·tiv·at·ing] *agg.* accattivante; seducente, affascinante.

captivation [,kæptɪ'veɪʃn / cap·tiva·tion] *s.* seduzione, fascino, incanto.

captive ['kæptɪv / cap·tive] *agg.* e *s.* prigioniero; schiavo: *to hold* —, tenere prigioniero; *to take* —, far prigioniero // (*comm.*): — *business*, attività economica al riparo della concorrenza; — *market*, mercato prigioniero, mercato intergruppo; — *audience*, pubblico involontario di un messaggio pubblicitario.

captivity [kæp'tɪvɪtɪ / cap·tiv·ity] *s.* cattività, prigionia.

captor ['kæptə*] *s.* chi fa prigioniero, chi cattura; catturatore.

capture [kæptʃə* / cap·ture] *s.* **1** cattura; *river* —, cattura fluviale; (*fis. nucleare*) — *of electrons, neutrons*, cattura di elettroni, di neutroni **2** preda, bottino.

to **capture** *v.tr.* **1** catturare, far prigioniero; prendere (città ecc.): *he was captured during the war*, fu fatto prigioniero durante la guerra **2** conquistare; catturare (*anche fig.*): *the right wing are trying to — the party*, l'ala destra sta tentando di conquistare il partito; *her cry captured my attention*, il suo grido attirò la mia attenzione // (*inform.*) *to — an image*, catturare un'immagine **3** cogliere: *Kubrick's films — the nature of war*, i film di Kubrick colgono l'essenza della guerra.

capturer ['kæptʃərə* / cap·turer] → **captor**.

Capuchin ['kæpjʊʃɪn / Ca·pu·chin] *s.* **1** (*eccl.*) cappuccino **2** cappotto da donna con cappuccio.

capuchin monkey ['kæpjʊʃɪn'mʌŋkɪ] *s.* (*zool.*) (*Cebus capucinus*) cebo cappuccino.

capybara [,kæpɪ'bɑ:rə / ca·py·bara] *s.* (*zool.*) (*Hydrochoerus capybara*) capibara.

car [kɑ:*] *s.* **1** automobile, autovettura: *I went by* —, andai in auto // — *hire*, autonoleggio // — *wash*, autolavaggio // — *industry*, industria automobilistica // *courtesy* —, auto di un albergo (che ritira i clienti all'aeroporto o alla stazione) // *compact* —, utilitaria // *sports* —, automobile sportiva **2** (*spec. amer.*) vagone, carro, carrozza, vettura: *sleeping* —, vagone letto; *dining* —, vagone ristorante; *freight* —, carro merci; *mail* —, vagone postale; *tank* —, vagone cisterna; *tram*, *trolley* —, tram, vettura tranviaria // — *fare*, prezzo del biglietto dell'autobus o della metropolitana **3** cabina di ascensore **4** (*aer.*) navicella (di aerostato) **5** (*miner.*) vagonetto **6** (*ant.*) carro, carretta: *triumphal* —, carro trionfale; *the — of the sun*, il carro del sole.

carabineer [,kærəbɪ'neer / ca·ra·bin·eer] *s.* (*st. mil.*) soldato a cavallo armato di carabina; carabino (VII sec.); carabiniere (XIX sec.).

caracal ['kærəkæl / ca·ra·cal] *s.* (*zool.*) (*Lynx caracal*) caracal; (*pop.*) lince del deserto.

caracole ['kærəkəʊl / ca·ra·cole] *s.* caracollo.

to **caracole** *v.intr.* caracollare.

carafe [kə'ræf / ca·rafe] *s.* caraffa.

caramel ['kærəmel / cara·mel] *s.* **1** caramello, zucchero caramellato **2** caramella morbida a base di zucchero, burro e latte **3** color caramello.

carapace ['kærəpeɪs / cara·pace] *s.* (*zool.*) carapace.

carat ['kærət] *s.* carato.

caravan ['kærəvæn / cara·van] *s.* **1** (*aut.*) roulotte AMER. **trailer** // *motor* —, camper **2** carovana: *to travel in* —, viaggiare in carovana, in comitiva **3** carro (di saltimbanchi, zingari ecc.).

to **caravan** *v.intr.* viaggiare in roulotte.

caravanning ['kærəvænɪŋ / cara·van·ning] *s.* il fare una vacanza in roulotte.

caravanserai [,kærə'vænsəraɪ / ca·ra·van·serai] *s.* caravanserraglio.

caravel ['kærəvel / cara·vel] *s.* (*st. mar.*) caravella.

caraway ['kærəweɪ / ca·ra·way] *s.* (*bot.*) (*Carum carvi*) cumino tedesco, cumino dei prati, carvi.

carb- [kɑ:b] *pref.* della terminologia chimica che indica la presenza di carbonio; it. carb-: *carbonion*, carbonione.

carbamate [kɑ:'bæmeɪt / car·ba·mate] *s.* (*chim.*) carbammato.

carbamic [kɑ:'bæmɪk / car·ba·mic] *agg.* (*chim.*) carbammico: — *acid*, acido carbammico.

carbamide [kɑ:'bæmaɪd / car·bam·ide] *s.* (*chim.*) carbammide.

carbanion ['kɑ:bə'naɪən / car·ban·ion] *s.* (*chim.*) carbanione.

carbazole ['kɑ:bəzəʊl / car·baz·ole] *s.* (*chim.*) carbazolo.

carbene ['kɑ:bi:n / carb·ene] *s.* (*chim.*) carbene.

carbide ['kɑ:baɪd / carb·ide] *s.* (*chim.*) carburo // — *lamp*, lampada a carburo, ad acetilene.

carbine ['kɑ:baɪn / car·bine] *s.* carabina.

carbineer [,kɑ:bɪ'nɪə* / car·bineer] → **carabineer**.

carbocyclic [,kɑ:bəʊ'saɪklɪk / car·bo·cyc·lic] *agg.* (*chim.*) carbociclico.

carbohydrate [,kɑ:bəʊ'haɪdreɪt / car·bo·hyd·rate] *s.* (*chim.*) carboidrato.

carbolated ['kɑ:bə,leɪtɪd / car·bo·lated] *agg.* (*chim.*) trattato con acido fenico.

carbolic [kɑ:'bɒlɪk / car·bolic] *agg.* (*chim. antiq.*) fenico: — *acid*, acido fenico, fenolo.

to **carbolize** ['kɑ:bəlaɪz / car·bol·ize] *v.tr.* (*chim.*) trattare, sterilizzare con acido fenico.

carbon ['kɑ:bən / car·bon] *s.* **1** (*chim.*) carbonio: — *dioxide*, biossido di carbonio, anidride carbonica; — *monoxide*, monossido di carbonio; — *tetrachloride*, tetracloruro di carbonio; — *fiber*, fibra al carbonio; — *cycle*, ciclo del carbonio **2** (*elettr.*) carbone, carboncino **3** — (*paper*), carta carbone, carta copiativa **4** — (*copy*), copia (fatta con carta) carbone; (*fig.*) copia carbone; copia perfetta; (*inform.*) messaggio inviato a più destinatari (posta elettronica) **5** (*fot.*) — *process*, processo al carbone.

carbon-14 ['kɑ:bən,fɔ:'ti:n] *s.* (*fis. nucleare*) carbonio 14, radiocarbonio: — *dating*, datazione con il carbonio 14.

carbonaceous [,kɑ:bəʊ'neɪʃəs / car·bona·ceous] *agg.* di carbone; carbonoso: (*geol.*) — *rock*, roccia carbonacea.

carbonado [,kɑ:bə'neɪdəʊ / car·bon·ado] *s.* (*chim.*) carbonado.

carbonate ['kɑ:bənɪt / car·bon·ate] *s.* (*chim.*) carbonato.

to **carbonate** *v.tr.* **1** (*chim.*) trasformare in carbonato **2** addizionare, combinare con anidride carbonica; gassare **3** carbonizzare.

carbonated ['kɑ:bəneɪtɪd / car·bon·ated] *agg.* che contiene anidride carbonica; gassato: — *water*, acqua gassata.

carbonation ['kɑ:bə,neɪʃn / car·bona·tion] *s.* (*chim.*) carbonatazione.

carbon dating ['kɑ:bən'deɪtɪŋ] *s.* → **carbon-14**.

carbonic [kɑːˈbɒnɪk / car·bonic] *agg.* (*chim.*) carbonico: — *acid*, acido carbonico.

carboniferous [ˌkɑːbəˈnɪfərəs / car·bon·if·er·ous] *agg.* carbonifero // (*geol.*) *the Carboniferous* (*period*), il (periodo) carbonifero.

carbonite [ˈkɑːbənaɪt / car·bon·ite] *s.* (*min.*) carbonite.

carbonium (ion) [kɑːˈbəʊnɪəm(ˈaɪən)] *s.* (*chim.*) ione carbonio.

carbonization [ˌkɑːbənaɪˈzeɪʃn *amer.* ˌkɑːbənɪˈzeɪʃn / car·bon·iza·tion] *s.* carbonizzazione.

to **carbonize** [ˈkɑːbənaɪz / car·bon·ize] *v.tr.* **1** carbonizzare **2** → to carburize ◆ *v.intr.* essere carbonizzato.

carbonyl [ˈkɑːbəˌnɪl / car·bo·nyl] *s.* (*chim.*) carbonile: — *group*, gruppo carbonile.

carborundum® [ˌkɑːbəˈrʌndəm / car·bor·un·dum] *s.* (*chim.*) carborundum.

carboxyl [kɑːˈbɒksɪl / carb·oxyl] *s.* (*chim.*) carbossile: — *group*, gruppo carbossile.

carboxylase [kɑːˈbɒksɪˌleɪz / carb·oxyl·ase] *s.* (*biochim.*) carbossilasi.

carboxylate [kɑːˈbɒksɪˌleɪt / carb·oxyl·ate] *s.* (*chim.*) carbossilato.

carboxylic [ˌkɑːbɒˈksɪlɪk / carb·oxylic] *agg.* (*chim.*) carbossilico.

carboy [ˈkɑːbɔɪ / car·boy] *s.* damigiana per liquidi corrosivi.

carbuncle [ˈkɑːbʌŋkl / car·buncle] *s.* **1** (*min.*) carbonchio (rubino rosso acceso) **2** (*vet.*) carbonchio **3** (*med. ant.*) foruncolo, pustola.

carbuncled [ˈkɑːbʌŋkld / car·buncled] *agg.* **1** ornato di carbonchi **2** coperto di pustole, di bitorzoli, di foruncoli.

carbuncular [kɑːˈbʌŋkjʊlə* / car·bun·cu·lar] *agg.* carbonchioso; foruncoloso.

carbunculosis [ˌkɑːˌbʌŋkjʊˈləʊsɪs / car·bun·cul·osis] *s.* (*med.*) foruncolosi.

carburant [ˈkɑːbjʊrənt / car·bur·ant] *s.* carburante.

to **carburate** [ˈkɑːbjʊreɪt / car·bur·ate] → to **carburet**.

carburation [ˌkɑːbjʊˈreɪʃn / car·bura·tion] → **carburetion**.

carburet [ˈkɑːbjʊret / car·buret] *s.* (*chim. antiq.*) carburo.

to **carburet** *pass.p.p.* **carburetted** [ˈkɑːbjʊretɪd / car·bur·et·ted] *v.tr.* (*chim.*) **1** combinare con carbonio **2** mescolare con composti volatili del carbonio; carburare.

carburetant [ˌkɑːbjʊˈretənt / car·bur·et·ant] *s.* (*chim.*) carburante.

carburetion [ˌkɑːbjʊˈriːʃn / car·bur·et·ion] *s.* (*chim.*) carburazione SIN. carburation.

carburetor [ˈkɑːrbəreɪtə* / car·bur·etor] *s.* (*amer.*) → **carburetter**, **carburettor**.

carburetter, **carburettor** [ˌkɑːbjʊˈretə* *amer.* ˈkɑːrbəreɪtə* / car·bur·et·tor] *s.* (*chim.*, *mecc.*) carburatore.

carburization [ˌkɑːbjəraɪˈzeɪʃn / car·bur·iza·tion] *s.* (*metall.*) carburazione, cementazione.

to **carburize** [ˈkɑːbjʊraɪz / car·bur·ize] *v.tr.* **1** (*chim.*) mescolare con composti volatili del carbonio; carburare **2** (*metall.*) carburare, cementare.

carbylamine [ˌkɑːbɪləˈmiːn / car·byl·am·ine] *s.* (*chim.*) carbilammina.

carcanet [ˈkɑːkənet / car·ca·net] *s.* (*ant.*) monile.

carcass [ˈkɑːkəs / car·cass] *s.* **1** carcassa, cadavere di animale **2** (*sl. spreg.*) carcassa, corpo umano: *to save one's* —, (*fam.*) salvare la pelle **3** armatura (di casa); ossatura (di nave); carcassa (di pneumatico) **4** (*fig.*) veicolo malandato.

carcinogen [kɑːˈsɪnədʒən / car·ci·no·gen] *s.* (*med.*) agente cancerogeno.

carcinogenesis [ˌkɑːsɪnəˈdʒenəsɪs / car·ci·no·gen·esis] *s.* (*med.*) carcinogenesi.

carcinogenic [ˌkɑːsɪnəˈdʒenɪk / car·ci·no·genic] *agg.* (*med.*) cancerogeno.

carcinoid [ˈkɑːsɪnɔɪd / car·cin·oid] *s.* (*med.*) carcinoide.

carcinoma [ˌkɑːsɪˈnəʊmə / car·cin·oma] *pl.* **carcinomata** [ˌkɑːsɪˈnəʊmətə / car·cin·omata] **carcinomas** *s.* (*med.*) carcinoma.

carcinomatosis [ˌkɑːsɪnəʊməˈtəʊsɪs / car·cin·oma·tosis] **carcinosis** [kɑːsɪˈnəʊsɪs / car·cin·osis] *s.* (*med.*) carcinosi.

car-coat [ˈkɑːkəʊt] *s.* cappotto corto (ideato per essere indossato in macchina).

card[1] [kɑːd] *s.* **1** biglietto; scheda; cartoncino; cartolina; tessera: *birthday* —, biglietto di compleanno; *wedding* —, partecipazione di nozze; *Christmas* —, biglietto natalizio; *business* —, biglietto da visita di una ditta o di un professionista; *visiting* — (amer. *calling* —), biglietto da visita; *membership* —, tessera di associazione // *bingo* —, cartella del bingo, della tombola // *to get* (o *be given*) *one's cards*, (*fam.*) essere licenziato **2** (*sport*) cartellino: *yellow* —, cartellino giallo (ammonizione); *red* —, cartellino rosso (espulsione) **3** (*gener. pl.*) *playing cards*, carte da gioco; *game of cards*, partita a carte; *pack of cards*, mazzo di carte; *to play* (*at*) *cards*, giocare a carte // *it is on the cards* (amer. *in the cards*), è una cosa probabile, possibile // *it is a sure* —, (*sl.*) è una cosa certa // *to have a — up one's sleeve*, (*fig.*) avere un asso nella manica // *to play one's cards right*, giocare bene le proprie carte // *to lay* (o *put*) *one's cards on the table*, mettere le carte in tavola // *to hold all the cards*, (*fam.*) avere tutte le carte in mano, essere padrone della situazione **4** (*inform.*) scheda (perforata); scheda di circuiti stampati; sistema attivato mediante scheda: *data* —, scheda meccanografica, scheda dati; — *bed*, pista di scorrimento schede; — *bin*, contenitore di ricevimento; — *groover*, intaccatrice; — *file*, archivio, schedario; — *wreck*, intasamento schede; *edge-punched* —, scheda con bordo perforato; scheda con perforazione ai margini (per ricerca documentaria) **5** programma, opuscolo: *to go through the* (*race*) —, esaminare il programma (delle corse) **6** (*fam. antiq.*) burlone; tipo eccentrico **7** (*mar. ant.*) quadrante: *compass* —, quadrante della bussola; *mariner's* —, rosa dei venti.

to **card**[1] *v.tr.* schedare, annotare su cartoncini.

card[2] *s.* (*tess.*) **1** cardatrice, carda **2** scardasso.

to **card**[2] *v.tr.* (*tess.*) cardare; scardassare.

cardamom [ˈkɑːdəməm / car·da·mom] *s.* (*bot.*) (*Elettaria cardamomum*) cardamomo.

cardan [ˈkɑːdən / car·dan] *s.* (*mecc.*) cardano // — *joint*, giunto cardanico.

cardboard [ˈkɑːdbɔːd / card·board] *s.* cartone ◆ *agg.* **1** di cartone **2** (*fig. spreg.*) artificioso; stereotipato: — *characters*, personaggi stereotipati.

card-carrying [kˈɑːdˌkærɪŋ] *agg.* che mostra apertamente l'appartenenza a un partito, che appoggia pienamente le idee di un partito o di un gruppo.

card-case [ˈkɑːdkeɪs] *s.* portabiglietti da visita.

carder [ˈkɑːdə* / car·der] *s.* (*tess.*) **1** cardatore, scardassatore **2** (macchina) cardatrice; carda.

card-game [ˈkɑːdgeɪm] *s.* gioco di carte.

card-holder [ˈkɑːdˌhəʊldə*] *s.* tesserato; socio (di partito, club).

cardiac [ˈkɑːdɪæk / car·diac] *agg.* (*anat.*) cardiaco: — *arrest*, arresto cardiaco; — *failure*, insufficienza cardiaca; — *massage*, massaggio cardiaco; — *input*, ritorno venoso; — *output*, flusso cardiaco; — *plexus*, plesso cardiaco; — *valve*, valvola cardiaca ◆ *s.* (*med.*) **1** cardiotonico, stimolante cardiaco **2** cardiopatico.

cardigan [ˈkɑːdɪgən / car·di·gan] *s.* (*abbigl.*) cardigan.

cardinal [ˈkɑːdɪnl / car·dinal] *agg.* (*form.*) cardinale, principale // (*mat.*) — *number*, numero cardinale // (*geogr.*) — *point*, punto cardinale // — *altar*, altare maggiore // *the* — *virtues*, le virtù cardinali // (*teol.*) — *sin*, peccato mortale ◆ *s.* **1** (*eccl.*) cardinale **2** mantello corto da donna.

cardinalate [ˈkɑːdɪnəleɪt / car·din·al·ate] *s.* cardinalato.

cardinal-bird [ˈkɑːdɪnlˈbɜːd] *s.* (*zool.*) (*Richmondena cardinalis*) cardinale rosso SIN. cardinal-grosbeak.

cardinal-flower [ˈkɑːdɪnlˈflaʊə*] *s.* (*bot.*) (*Lobelia cardinalis*) lobelia a fior di cardinale.

cardinal-grosbeak [ˈkɑːdɪnlˈgrəʊsbiːk] → **cardinal-bird**.

cardinalism [ˈkɑːdɪnəlɪzəm / car·din·al·ism] *s.* (*econ.*) cardinalismo.

cardinality [ˌkɑːdɪˈnælɪtɪ / car·din·al·ity] *s.* (*mat.*) cardinalità: — *of a set*, cardinalità di un insieme.

cardinally [ˈkɑːdɪnəlɪ / car·din·ally] *avv.* (*form.*) fondamentalmente.

cardinal red [ˌkɑːdɪnlˈred] *s.* rosso cardinale.

cardinalship [ˈkɑːdɪnlʃɪp / car·din·al·ship] *s.* cardinalato.

card index [ˈkɑːdˌɪndeks] *s.* schedario.

carding [ˈkɑːdɪŋ / card·ing] *s.* (*tess.*) cardatura; scardassatura.

carding machine [ˈkɑːdɪŋməʃiːn] *s.* (*tess.*) cardatrice, carda.

cardi(o)- [ˈkɑːdɪ(əʊ)] *pref.* del linguaggio medico di origine greca che significa o indica relazione con il 'cuore'; it. cardio-: *cardio-circulatory*, cardiocircolatorio; *cardioangiology*, cardioangiologia; *cardiopericarditis*, cardiopericardite; *cardiostenosis*, cardiostenosi; *cardiotoxic*, cardiotossico.

cardiogram [ˈkɑːdɪəʊgræm / car·dio·gram] *s.* (*med.*) cardiogramma.

cardiograph [ˈkɑːdɪəʊgrɑːf *amer.* ˈkɑːdɪəʊgræf / car·dio·graph] *s.* (*med.*) cardiografo.

cardiography [ˌkɑ:dɪ'ɒgrəfɪ / car·dio·graphy] *s.* (*med.*) cardiografia.

cardioid ['kɑ:dɪɔɪd / car·di·oid] *s.* (*mat.*) cardioide (curva).

cardiologist [ˌkɑ:dɪ'ɒlədʒɪst / car·di·olo·gist] *s.* cardiologo.

cardiology [ˌkɑ:dɪ'ɒlədʒɪ / car·di·ology] *s.* cardiologia.

cardiopathy [kɑ:dɪ'ɒpəθɪ / car·dio·pathy] *s.* (*med.*) cardiopatia.

cardiopulmonary ['kɑ:dɪəʊ'pʌlmənərɪ / car·dio·pul·mon·ary] *agg.* (*anat.*) cardiopolmonare.

cardioscope ['kɑ:dɪəskəʊp / car·dio·scope] *s.* (*med.*) cardioscopio.

cardioscopy [kɑ:dɪ'ɒskəpɪ / car·dio·scopy] *s.* (*med.*) cardioscopia.

cardiospasm ['kɑ:dɪəspæzm / car·dio·spasm] *s.* (*med.*) cardiospasmo.

cardiotomy [kɑ:dɪ'ɒtəmɪ / car·dio·tomy] *s.* (*med.*) cardiotomia.

cardiotonic [kɑ:dɪə'tɒnɪk / car·dio·tonic] *agg.* e *s.* (*med.*) cardiotonico.

cardiovascular ['kɑ:dɪəʊ'væskjʊlə* / car·dio·vas·cu·lar] *agg.* (*anat.*) cardiovascolare.

carditis [kɑ:'daɪtɪs / card·itis] *s.* (*med.*) cardite.

card member ['kɑ:d,membə*] *s.* tesserato; iscritto.

cardoon [kɑ:'du:n / car·doon] *s.* (*bot.*) (*Cynara cardunculus*) cardo mangereccio.

cardpunch ['kɑ:dpʌntʃ / card·punch] *s.* (*inform.*) perforatrice a tastiera AMER. keypunch.

card shark ['kɑ:d,ʃɑ:k] *s.* (*sl. amer.*) baro.

cardsharper ['kɑ:d,ʃɑ:pə* / card·sharp·er] *s.* baro.

card-table ['kɑ:d,teɪbl] *s.* (piccolo) tavolo da gioco.

card-vote ['kɑ:d,vəʊt] *s.* votazione in cui il voto di ogni delegato ha valore proporzionale al numero di coloro che egli rappresenta.

care [keə*] *s.* **1** [U] cura, cure; attenzione; sollecitudine: *after the accident her sister needed a lot of —*, dopo l'incidente sua sorella aveva bisogno di molte cure; *he was taking good — of her*, si prendeva molta cura di lei; *to show — in doing sthg.*, mostrare attenzione, cura nel fare qlco.; *you should take more — with your homework*, dovresti essere più diligente, attento nel fare i compiti; *to take — of*, aver cura di, vigilare, curare, occuparsi di: *the neighbour took — of the garden while he was on vacation*, il vicino si occupò, si prese cura del giardino mentre egli era in vacanza; *to take —*, aver cura, badare: *take — (that) you don't break it*, bada di non romperlo; *take — (of yourself)*, riguardati, stammi bene; *I'll take — of it*, ci penso io; *I'll take — of him*, (*iron.*) lo sistemo io // (*handle*) *with —!*, fragile! **2** protezione, vigilanza, custodia: *to take into —*, prendere in custodia; *he had all the first year students in his —*, aveva in custodia tutti gli studenti del primo anno **3** preoccupazione, affanno, pena, inquietudine; responsabilità: *he always looks like as if he hasn't a — in the world*, sembra che non abbia mai alcun problema; *free from —*, senza pensieri; *cares of State*, responsabilità di stato // *— killed the cat*, (*prov.*) le preoccupazioni conducono alla tomba **4** (*dir.*) diligenza.

to **care** *v.intr.* **1** curarsi, preoccuparsi, importare, interessarsi: *I couldn't — less*, non me ne importa niente; *for all I —*, per quel che mi importa; *he can go to hell, for all I —*, per quanto mi riguarda può andare all'inferno; *I don't —*, non me ne importa; *who cares?*, a chi importa?, chi ci bada?; *if I — to, I can have you sacked*, se solo voglio, ti posso far licenziare // *I am beyond* (o *past*) *caring*, non me ne importa più niente // *I don't — a bean* (o *a damn* o *a button* o *a pin* o *a farthing*), (*sl.*) non me ne importa un bel niente **2** voler bene: *I think she still cares for him*, credo che gli voglia ancora bene.

□ **care about** *v.intr.* e *prep.* avere interesse in, preoccuparsi per: *he never cared about what people said*, non si è mai preoccupato di quello che diceva la gente.

□ **care for** *v.intr.* e *prep.* **1** piacere, gradire: *I actually don't — for Chinese food*, a dire il vero la cucina cinese non mi piace; *they didn't seem to — much for my proposal*, la mia proposta non sembra che sia loro piaciuta molto; *would you — for a brandy?*, gradisce un brandy? **2** (*form.*) prendersi cura di SIN. to take care of; to look after: *don't worry for your mother, she is well cared for*, non essere preoccupato per tua madre, c'è chi si prende molta cura di lei.

to **careen** [kə'ri:n / ca·reen] *v.tr.* (*mar.*) carenare, mettere fuori acqua (la carena) ◆ *v.intr.* (*spec. amer.*) avanzare sbandando (di veicolo).

careenage [kə'ri:nɪdʒ / ca·reen·age] *s.* (*mar.*) carenaggio.

careening [kə'ri:nɪŋ / car·een·ing] *s.* (*mar.*) **1** carenaggio **2** sbandamento // *— basin*, bacino di carenaggio.

career [kə'rɪə* / ca·reer] *s.* **1** carriera: *school —*, carriera scolastica; *to take up a —*, abbracciare una carriera, una professione **2** corsa, andatura veloce: *to be off in full —*, partire a tutta velocità ◆ *agg.* di carriera, di professione: *— soldier*, soldato di carriera; *— politician*, politico di professione; *— man*, (*amer.*) diplomatico di carriera // *— woman* (o *— girl*), donna che si interessa soprattutto di fare carriera, carrierista.

to **career (along)** *v.intr.* andare a gran velocità; sbandare: *the schoolboy came careering around the corner and knocked her over*, il ragazzino girò velocemente l'angolo e la sbatté a terra.

careerist [kə'rɪərɪst / ca·reer·ist] *s.* arrivista, carrierista.

carefree ['keəfri: / care·free] *agg.* senza pensieri, senza preoccupazioni, spensierato.

careful ['keəfʊl / care·ful] *agg.* **1** accurato, curato: *a — reading*, una lettura accurata **2** attento, prudente, sollecito, guardingo: *be —!*, stai attento!; *he is — with his money*, sta attento a non spendere troppo.

carefully ['keəflɪ / care·fully] *avv.* **1** accuratamente; con attenzione, con cura **2** con cautela, con prudenza **3** attentamente, sollecitamente.

carefulness ['keəfʊlnɪs / care·ful·ness] *s.* **1** accuratezza **2** attenzione, cautela, prudenza, sollecitudine.

careladen ['keəleɪdn / care·laden] → **careworn**.

careless ['keəlɪs / care·less] *agg.* **1** noncurante, trascurato; negligente; sconsiderato: *she's — of the impression she makes*, è noncurante dell'impressione che fa; *a — driver*, un guidatore imprudente, sconsiderato **2** spontaneo: *— grace*, grazia istintiva, spontanea **3** spensierato.

carelessly ['keəlɪslɪ / care·less·ly] *avv.* **1** trascuratamente, negligentemente **2** spensieratamente.

carelessness ['keəlɪsnɪs / care·less·ness] *s.* **1** trascuratezza, negligenza **2** spensieratezza.

caress [kə'res] *s.* **1** carezza **2** (*non com.*) dimostrazione d'affetto.

to **caress** *v.tr.* accarezzare, carezzare (*anche fig.*); vezzeggiare.

caressing [kə'resɪŋ / caress·ing] *agg.* carezzevole // **-ly** *avv.*

caret ['kærət] *s.* (*tip.*) segno di omissione.

caretaker ['keə,teɪkə* / care·taker] *s.* custode, guardiano; portiere AMER. janitor.

caretaker *agg.* provvisorio: *— president*, presidente provvisorio, presidente ad interim; *— government*, governo provvisorio, governo di transizione.

careworn ['keəwɔ:n / care·worn] *agg.* pieno di pensieri, oberato dalle preoccupazioni.

cargo ['kɑ:gəʊ] *pl.* **cargoes** ['kɑ:gəʊz / car·goes] *s.* carico (di nave, aereo ecc.), merce imbarcata // *— boat*, nave da carico.

to **cargo** *v.tr.* (*non com.*) caricare (una nave): *ship cargoed with wheat*, nave carica di grano.

car hop ['kɑ:hɒp] *s.* (*amer.*) inserviente di un drive-in.

Carib ['kærɪb] *agg.* caraibico ◆ *s.* caraibo.

Caribbean [ˌkærɪ'bi:ən / Ca·rib·bean] *agg.* caraibico: *the — Sea*, il Mar dei Caraibi.

caribe ['kærɪbi: / ca·ribe] *s.* (*zool.*) → **piranha**.

caribou ['kærɪbu: / ca·ri·bou] *pl.* **caribou(s)** *s.* (*zool.*) (*Rangifer caribou*) caribù.

caricaturable [ˌkærɪkə'tjʊrəbl / ca·ri·ca·tur·able] *agg.* che si presta alla caricatura.

caricature ['kærɪkə,tjʊə* / ca·ri·ca·ture] *s.* caricatura.

to **caricature** *v.tr.* mettere in caricatura; fare la caricatura di.

caricaturist ['kærɪkə,tjʊərɪst / ca·ri·ca·tur·ist] *s.* caricaturista.

caries ['keərii:z / car·ies] *s.* [U] (*med.*) carie.

carillon ['kærɪljən *amer.* 'kærəlɒn / ca·ril·lon] *s.* (*mus.*) carillon.

carina [kə'raɪnə / ca·rina] *pl.* **carinae** [kə'raɪni: / ca·ri·nae] **carinas** *s.* (*biol.*) carena.

carinal [kə'raɪnəl / ca·rinal] *agg.* (*biol.*) di carena.

carinate ['kærɪneɪt / car·in·ate] *agg.* (*biol.*) carenato.

caring ['keərɪŋ / car·ing] *agg.* altruista, che si prende cura degli altri ◆ *s.* comportamento, atteggiamento altruista, generoso.

carious ['keərɪəs / ca·ri·ous] *agg.* (*med.*) cariato.

to **cark** [kɑ:k] *v.intr.* (*rar.*) essere ansioso.

carl [kɑ:l] *s.* (*ant.*) contadino, villano, zotico: *could this carl... have subdu'd me*, (SH. Cymbeline) questo zoticone potrebbe... avermi soggiogato.

carline [ˈkɑːlɪn / car·line] *s.* (*bot.*) **1** (*Carlina vulgaris*) carlina (comune) **2** (*Carlina acaulis*) carlina bianca.

Carlism [ˈkɑːlɪzəm / Carl·ism] *s.* (*st.*) carlismo.

Carlist [ˈkɑːlɪst / Carl·ist] *s.* (*st.*) carlista.

carlot [ˈkɑːlət / car·lot] *s.* (*ant.*) contadino, villano: *he hath bought the cottage and the bounds / that the old carlot once was master of*, (SH. As You Like It) ha comprato il casolare e i pascoli che un tempo erano stati del vecchio contadino.

Carlovingian [ˌkɑːləʊˈvɪndʒɪən / Car·lo·ving·ian] → **Carolingian**.

carman [ˈkɑːmən / car·man] *pl.* **carmen** *s.* carrettiere.

carmat [ˈkɑːmæt / car·mat] *s.* tappetino (per automobili).

Carmelite[1] [ˈkɑːmɪlaɪt / Car·mel·ite] *agg.* e *s.* (*eccl.*) carmelitano: — *nun*, carmelitana.

Carmelite[2] *s.* lana di vigogna.

carminative [ˈkɑːmɪnətɪv / car·min·at·ive] *agg.* e *s.* (*med.*) carminativo.

carmine [ˈkɑːmaɪn / car·mine] *agg.* e *s.* carminio.

carminite [ˈkɑːmɪnaɪt / car·min·ite] *s.* (*min.*) carminite.

carnage [ˈkɑːnɪdʒ / carn·age] *s.* carneficina, macello, strage.

carnal [ˈkɑːnl / car·nal] *agg.* (*form.*) carnale, sensuale: — *desire*, desiderio carnale.

carnality [kɑːˈnælɪtɪ / car·nal·ity] *s.* (*form.*) carnalità, sensualità.

carnallite [ˈkɑːnəlaɪt / car·nal·lite] *s.* (*min.*) carnallite.

carnation[1] [kɑːˈneɪʃn / car·na·tion] *agg.* carnicino, color rosa.

carnation[2] *s.* (*bot.*) garofano doppio coltivato.

carnauba [kɑːˈnəʊbə / car·nauba] *s.* (*chim.*) carnauba: — *wax*, cera carnauba.

carnelian [kəˈniːljən / car·nel·ian] *s.* (*min.*) cornalina.

carnification [ˌkɑːnɪfɪˈkeɪʃn / car·ni·fica·tion] *s.* (*med.*) carnificazione (dei polmoni).

to **carnify** [ˈkɑːnɪfaɪ / car·nify] *v.intr.* (*med.*) carnificare, carnificarsi.

carnitine [ˈkɑːnɪtaɪn / car·ni·tine] *s.* (*biochim.*) carnitina.

carnival [ˈkɑːnɪvl / car·ni·val] *s.* carnevale; festa popolare, sagra.

carnivore [ˈkɑːnɪvɔː* / car·ni·vore] *s.* **1** (*zool.*) carnivoro **2** pianta carnivora.

carnivorous [kɑːˈnɪvərəs / car·ni·vor·ous] *agg.* carnivoro.

carnotite [ˈkɑːnətaɪt / car·not·ite] *s.* (*min.*) carnotite.

to **carny** [ˈkɑːnɪ] *v.tr.* (*fam. antiq.*) blandire, persuadere con moine.

carob [ˈkærob] *s.* (*bot.*) **1** (*Ceratonia siliqua*) carrubo SIN. locust **2** carruba.

carol [ˈkærəl] *s.* canzone di gioia; canto religioso; inno; carola: *Christmas* —, canto di Natale.

to **carol** *pass.p.p.* **carolled** [ˈkærəld / ca·rolled] *v.tr.* e *intr.* cantare (canti religiosi natalizi); cantare con gioia; inneggiare (a) // *to go carolling*, andare di casa in casa cantando inni natalizi.

Caroline [ˈkærəlaɪn / Car·ol·ine] *agg.* carolino, del tempo di Carlomagno, Carlo I, Carlo II d'Inghilterra.

Carolingian [ˌkærəˈlɪndʒɪən / Ca·ro·lin·gian] *agg.* carolingio.

carom [ˈkærəm] *s.* (*amer.*) carambola (al biliardo).

to **carom** *v.intr.* (*amer.*) fare carambola (al biliardo).

carotene [ˈkærətiːn / car·ot·ene] *s.* (*chim.*) carotene.

carotenemia [ˌkærətəˈniːmɪə / ca·rot·en·emia] *s.* (*med.*) carotinemia.

carotenoid [ˈkærətənɔɪd / ca·rot·en·oid] *s.* (*chim.*) carotenoide.

carotid [kəˈrɒtɪd / ca·rotid] *agg.* (*anat.*) carotideo: — *body*, glomo carotideo; — *sinus*, seno carotideo ◆ *s.* (*anat.*) carotide.

carousal [kəˈraʊzl / ca·rou·sal] **carouse** [kəˈraʊz / ca·rouse] *s.* (*letter.*) gozzoviglia.

to **carouse** [kəˈraʊz] *v.intr.* gozzovigliare.

carousel [ˌkæruːˈzel / ca·rou·sel] *s.* **1** carosello, giostra **2** (*amer.*) → merry-go-round.

carouser [kəˈraʊzə* / ca·rouser] *s.* chi gozzoviglia.

carp[1] [kɑːp] *s.* (*zool.*) (*Cyprinus carpio*) carpa SIN. round-fish.

to **carp**[2] *v.intr.* **1** cavillare; fare obiezioni ingiustificate; trovare da ridire: *to — at s.o., sthg.*, censurare qlcu., trovar da ridire su qlco. **2** (*ant.*) fare chiacchiere, chiacchierare.

carpal [ˈkɑːpəl] *agg.* (*anat.*) carpale, del carpo.

car park [ˈkɑːpɑːk] *s.* parcheggio AMER. parking lot.

carpel [ˈkɑːpel / car·pel] *s.* (*bot.*) carpello.

carpellary [kɑːˈpelərɪ / car·pel·lary] *agg.* (*bot.*) carpellare.

carpenter [ˈkɑːpəntə* / car·pen·ter] *s.* carpentiere; falegname // (*mar.*) *ship's* —, carpentiere di bordo // (*teatr.*) *stage* —, macchinista.

to **carpenter** *v.tr.* costruire (*anche fig.*): *he carpentered a chest of drawers*, ha costruito, fabbricato un cassettone ◆ *v.intr.* fare il carpentiere, il falegname.

carpenter-ant [ˌkɑːpɪntərˈænt] *s.* (*zool.*) formica rodilegno.

carpenter-bee [ˌkɑːpɪntəˈbiː] *s.* (*zool.*) ape legnaiola.

carpentry [ˈkɑːpəntrɪ / car·pen·try] *s.* carpenteria, falegnameria.

carper [ˈkɑːpə*] *s.* critico malevolo.

carpet [ˈkɑːpɪt / car·pet] *s.* **1** tappeto: *Persian* —, tappeto persiano; *wall-to-wall* —, moquette; *bedside* —, scendiletto // *a — of snow*, una coltre di neve; — *of grass*, tappeto erboso // *to sweep sthg. under the* —, (*fig.*) nascondere qlco. // *to be on the* —, (*fam.*) essere nei guai; (*spec. amer.*) essere in discussione // *dance* —, (*antiq.*) ballo in famiglia **2** (*ant.*) tovaglia: *be the Jacks fair within, the Jills fair without, and carpets laid*, (SH. Taming of the Shrew) le tazze di cuoio siano pulite all'interno, le coppe di peltro all'esterno e le tovaglie distese.

to **carpet** *v.tr.* **1** coprire con tappeto, con una moquette **2** (*fig.*) tappezzare **3** (*fam.*) sgridare, dare un cicchetto a.

carpetbagger [ˈkɑːpɪtbægə* / car·pet·bag·ger] *s.* (*amer.*) politicante (che viene da un altro stato, circoscrizione, città) in cerca di fortuna, affermazione ecc. • In origine era il piccolo trafficante nordista che, al termine della guerra civile americana, girava per gli stati del sud in cerca di fortuna con una sacca fatta di tessuto da tappeti.

carpet beater [ˈkɑːpətbiːtə*] *s.* battipanni.

carpet-bombing [ˈkɑːpɪtˌbɒmɪŋ] *s.* bombardamento a tappeto.

carpeted [ˈkɑːpɪtɪd / car·peted] *agg.* coperto con tappeto, con moquette // — *with flowers*, tappezzato di fiori.

carpeting [ˈkɑːpətɪŋ / car·pet·ing] *s.* U moquette.

carpet-knight [ˈkɑːpɪtˌnaɪt] *s.* eroe da salotto, damerino.

carpet-slipper [ˈkɑːpɪtˌslɪpə*] *s.* ciabatta di stoffa.

carpet-snake [ˈkɑːpɪtˌsneɪk] *s.* (*zool.*) **1** (*Python spilotes*) pitone tappeto **2** (*Lycodon aulicus*) licodonte aulico.

carpet sweeper [ˈkɑːpɪtˌswiːpə*] *s.* battitappeto.

carping [ˈkɑːpɪŋ / carp·ing] *agg.* cavilloso: *an envious carping tongue*, (SH. Henry VI) una mala lingua.

carpogenous [kɑːˈpɒdʒənəs / car·po·gen·ous] *agg.* (*bot.*) carpogeno.

carpogonium [ˌkɑːpəˈgəʊnɪəm / car·po·gon·ium] *pl.* **carpogonia** [ˌkɑːpəˈgəʊnɪə / car·po·gonia] *s.* (*bot.*) carpogonio.

carpology [kɑːˈpɒlədʒɪ / car·po·logy] *s.* (*bot.*) carpologia.

carpospore [ˈkɑːpəspɔː* / car·po·spore] *s.* (*bot.*) carpospora.

carpus [ˈkɑːpəs] *pl.* **carpi** [ˈkɑːpaɪ] *s.* (*anat.*) carpo.

carrack [ˈkærək / car·rack] *s.* (*ant.*) grossa nave da carico, caracca: *faith, he tonight hath boarded a land carrack*, (SH. Othello) in fede mia, questa notte ha abbordato una caracca da terra.

carrageen [ˈkærəgiːn / car·ra·geen] *s.* (*bot.*) (*Chondrus crispus*) carrageen, musco d'Irlanda.

carrel(l) [ˈkærəl / car·rel(l)] *s.* box per consultazione (nelle biblioteche).

carriage [ˈkærɪdʒ / car·riage] *s.* **1** carrozza, vettura: *railway* —, carrozza, vettura ferroviaria // — *and pair*, — *and four*, tiro a due, a quattro **2** portamento; contegno; andatura **3** (*comm.*) trasporto; spesa di trasporto, porto: — *forward*, porto assegnato; — *free*, franco di porto; — *included*, porto compreso; — *paid*, porto affrancato **4** (*mecc.*) carrello **5** (*mil.*) affusto (di cannone) **6** (*inform.*) carrello: *automatic* —, meccanismo automatico di trascinamento (carta).

carriageable [ˈkærɪdʒəbl / car·riage·able] *agg.* (*rar.*) **1** trasportabile **2** carrozzabile.

carriage-builder [ˈkærɪdʒˌbɪldə*] *s.* fabbricante di carrozze.

carriage-drive [ˈkærɪdʒdraɪv] *s.* viale d'accesso (a una casa privata).

carriageway ['kærɪdgweɪ / car·riage·way] *s.* carreggiata.

carrickbend ['kærɪk'bend / car·rick·bend] *s.* (*mar.*) nodo vaccaio.

carrier ['kærɪə* / car·rier] *s.* **1** portatore; corriere, spedizioniere; (*amer.*) postino // (*dir.*) *common* —, vettore; trasportatore, spedizioniere // *troop* —, veicolo, mezzo per trasporto truppe **2** portapacchi (per bicicletta, automobile) **3** supporto, sostegno; cavalletto (per macchina fotografica) // (*inform.*) *data* —, supporto di informazione; trasportatore di dati (società di servizi) **4** (*mecc.*) trasportatore; piastra portante **5** (*elettr.*) (onda) portante **6** (*fis.*) portatore, trasportatore **7** (*med.*) portatore (di infezione, anomalia congenita): *healthy* —, portatore sano; *asyntomatic* —, portatore asintomatico.

carrier pigeon ['kærɪə,pɪdʒɪn] *s.* (*zool.*) piccione viaggiatore.

carriole ['kærɪəʊl / car·ri·ole] *s.* **1** calessino **2** slitta canadese.

carrion ['kærɪən / car·rion] *s.* carogna, carne putrefatta ◆ *agg.* (*non com.*) putrido; sporco.

carrion-beetle ['kærɪən,bi:tl] *s.* (*zool.*) necroforo SIN. burying-beetle.

carrion-crow ['kærɪən'krəʊ] *s.* (*zool.*) (*Corvus corone*) cornacchia nera.

carronade [,kærə'neɪd / car·ron·ade] *s.* (*mar. mil. st.*) caronata.

carrot ['kærət / car·rot] *s.* (*bot.*) (*Daucus carota*) carota // *to dangle* (o *to offer*) *the* —, agitare l'esca // *the — and the stick*, (*fig.*) il bastone e la carota.

carrot-top ['kærət,tɒp] *s.* (*sl.*) pel di carota, persona dai capelli rossi.

carroty ['kærətɪ / car·roty] *agg.* (*fam.*) di colore carota; dai capelli rossi.

carry ['kærɪ] *s.* **1** portata (di fucile ecc.) **2** (*golf*) traiettoria di una palla **3** trasporto // (*inform.*) *end-around* —, riporto circolare.

to **carry** *pass.p.p.* **carried** ['kærɪd / car·ried] *v.tr.* **1** portare, portare con sé (un peso, un pacco); trasportare; portare (di automobile, nave ecc.): *I can't — this weight*, non posso portare questo peso; *you must — your identity card with you*, devi portare con te la carta d'identità; *the ship carried lifestock*, la nave trasportava bestiame; *our car can — four people*, la nostra macchina può portare quattro persone; *to — a burden*, (*anche fig.*) portare un peso, un fardello // *she was running as fast as her legs could — her*, correva a più non posso // *he was carried shoulder high*, fu portato in trionfo // *to — a child*, (*antiq.*) essere incinta (di donna) // *to — across*, trasportare (dall'altra parte, all'altra riva): *the ferry carries cars across the lake every other hour*, il traghetto trasporta le macchine dall'altra parte del lago a ore alterne **2** trasmettere, diffondere (malattie): *mosquitoes — malaria*, le zanzare trasmettono la malaria **3** comportare; determinare: *your explanation doesn't — much conviction*, la tua spiegazione non è molto convincente, non sono molto convinto della tua spiegazione; *in most countries murder still carries the death penalty*, nella maggior parte dei paesi l'omicidio comporta ancora la pena di morte **4** (*fig.*) portare, condurre: *we've carried the design as far as we could*, abbiamo portato avanti, abbiamo condotto il progetto fin dove abbiamo potuto; *her talents carried her to the top of her profession*, le sue capacità l'hanno portata al punto più alto della sua professione; *to — the war into the enemy's country*, portare la guerra nel paese nemico **5** portare, includere, contenere (di giornale): *the Tribune carries an important editorial*, il Tribune porta un importante articolo di fondo; *the newspapers carried news of his trial*, i giornali contenevano, portavano notizie del suo processo **6** tenere (in negozio per vendere): *we — all sizes*, abbiamo tutte le taglie **7** far accogliere, far approvare: *the bill was carried*, il progetto fu approvato; *to — a resolution, a proposal*, far approvare una deliberazione, una proposta; *to — a motion*, approvare una proposta **8** sostenere, portare (*anche fig.*); sostenere una parte, cantare da (soprano ecc.): *those columns — the weight of the whole roof*, quelle colonne sostengono il peso di tutto il tetto; *how long can the company — the steel-making division?*, per quanto tempo la compagnia potrà sostenere il settore siderurgico?; *he carried his arm in a sling*, portava il braccio al collo // *he carried himself proudly*, aveva un aspetto fiero; *to — oneself well*, avere un bel portamento; comportarsi bene // *he can't — alcohol*, non regge l'alcol // *she doesn't — her age well*, non porta bene la sua età // *you can — your head high*, puoi andare a testa alta **9** espugnare, prendere d'assalto; vincere, conquistare (*anche fig.*): *the Republicans carried Texas in the last election*, nelle ultime elezioni i Repubblicani hanno conquistato il Texas // *try to — your audience with you*, cerca di trascinare, di conquistare il tuo pubblico // *to — all before one*, essere irresistibile, aver successo // *to — the day*, riportar vittoria, vincere // (*teatr.*) *to — the house*, conquistare l'uditorio **10** avere (*anche fig.*): *all our products — a guarantee*, tutti i nostri prodotti hanno una garanzia; *to — authority, weight*, avere autorità, peso: *what he says carries a lot of weight*, ciò che dice ha di solito molto peso **11** (*mat.*) riportare // *carried amount*, riporto ◆ *v.intr.* **1** raggiungere (di voce, pallottola, suono): *her voice carries a long way*, la sua voce si sente anche da lontano; *the bullet carries 200 yards*, la pallottola ha una portata di 200 iarde **2** (*agr.*) produrre (di terreno).

□ **carry away** *v.tr.* e *avv.* (*gener. pass.*) **1** lasciarsi trascinare, trasportare (da impulso, entusiasmo ecc.): *cherries were so fresh at the supermarket this morning that I got carried away and I bought too many of them*, le ciliege del supermercato erano così fresche questa mattina che mi sono lasciata trasportare dall'entusiasmo e ne ho comprate troppe; *he is a very self-controlled man, but sometimes he gets carried away*, ha molto autocontrollo ma talvolta perde le staffe **2** (*fig. antiq.*) portar via: *he was carried away by pneumonia*, morì di polmonite.

□ **carry back** *v.tr.* e *avv.* riportare alla mente; ricordare: *the music carried me back to my youth*, la musica mi ha riportato alla mia giovinezza.

□ **carry down** *v.tr.* e *avv.* portar giù (dall'alto); far discendere.

□ **carry forward** *v.tr.* e *avv.* (*amm.*) riportare a nuovo, fare un riporto (di un totale) SIN. to carry over.

□ **carry off** *v.tr.* e *avv.* **1** riuscire bene (in qlco.), cavarsela bene: *it's a difficult job and I'm not sure she will — it off*, è un lavoro difficile e non sono sicuro che saprà cavarsela **2** portar via, vincere (premi ecc.).

□ **carry on** *v.tr.* e *avv.* **1** (*spec. brit.*) continuare, proseguire (a fare qlco.): *I must go now but we can — on in the afternoon*, adesso devo andar via ma possiamo continuare nel pomeriggio; *he left his teaching job but carried on with private lessons*, lasciò l'insegnamento ma continuò con le lezioni private; *she carried on talking as if she hadn't seen me*, continuò a parlare come se non mi avesse visto **2** (*fam.*) fare storie; farla lunga: *I thought your car was completely smashed up the way you — on*, pensavo che la tua auto fosse a pezzi da come la fai lunga **3** svolgere, eseguire, fare: *it's impossible to — on a normal conversation with all this noise*, è impossibile conversare con tutto questo rumore **4** avere una relazione con: *he has been carrying on with a nurse for three years*, ha avuto una storia che è durata tre anni con un'infermiera.

□ **carry out** *v.tr.* e *avv.* **1** effettuare, compiere: *research are being carried out in this particular field*, si stanno effettuando ricerche in questo campo specifico **2** adempiere (promessa, dovere, ordine ecc.): *to — out a threat*, mettere in atto una minaccia.

□ **carry over** → to carry forward.

□ **carry through** *v.tr.* e *avv.* **1** aiutare a superare: *his party's support carried him through the scandal*, l'appoggio del partito lo aiutò a superare lo scandalo **2** portare a compimento, realizzare: *he is determined to — through his plan*, è deciso a portare a compimento il suo piano.

carryall ['kærɪɔ:l / carry·all] *s.* **1** (*spec. amer.*) grossa borsa floscia (per portare pacchetti ecc.) BRIT. holdall **2** carrozza, automobile con due lunghi sedili laterali.

carry-back ['kærɪbæk] *s.* (*amer.*) (*amm.*) riporto in esercizi precedenti // (*trib.*) *tax loss* —, compensazione di perdite con utili di esercizi precedenti.

carrycot ['kærɪ,kɒt / carry·cot] *s.* baby-pullman®, culla portatile.

carrying-forward [,kærɪ(j)ɪŋ'fɔ:wəd] *s.* (*amm.*) riporto a nuovo // (*trib. amer.*) *tax loss* —, compensazione di perdite con utili di esercizi successivi.

carrying-over [kærɪ(j)ɪŋəʊvə*] *s.* → **carry-over**.

carry-on [,kærɪ'(j)ɒn] *s.* U (*fam.*) **1** bagaglio a mano **2** confusione; casino: *what a — about nothing!*, quante storie per niente!

carry-over ['kærɪ'əʊvə*] *s.* (*Borsa*) riporto: — *rate, day*, prezzo, giorno del riporto (da parte del venditore); — *transaction*, contratto di riporto SIN. carrying-over.

car-show ['kɑ:,ʃəʊ] *s.* salone dell'auto.

car-showroom [,kɑ:'ʃəʊrʊm] *s.* autosalone.

carsick ['kɑ:sɪk / car·sick] *agg.* (*med.*) che soffre il mal d'auto, affetto da mal d'auto.

carsickness ['kɑ:sɪknəs / car·sick·ness] *s.* (*med.*) mal d'auto.

cart [kɑ:t] *s.* **1** carro, carretto // *in the* —, (*sl.*) in difficoltà, nei guai // *to put the — before the horse*, (*fam.*) mettere il carro innanzi ai buoi **2** (*spec. amer.*) carrello (per la spesa) BRIT. trolley.

to **cart** *v.tr.* **1** trasportare (con carro) **2** (*fam.*) portar via (con la forza); portare con sé:

to — s.o. off to the police, portare qlcu. al commissariato.

cartage ['kɑ:tɪdʒ / cart·age] *s.* **1** trasporto con carri **2** (*comm.*) spese di trasporto.

carte [kɑ:t] *s.* quarta (posizione nella scherma).

carte blanche [,kɑ:t'blɑ̃:nʃ] *s.* (*fr.*) carta bianca.

cartel [kɑ:'tel / car·tel] *s.* **1** (*econ.*) cartello **2** (*pol.*) blocco, coalizione **3** (*antiq.*) accordo per lo scambio di prigionieri **4** (*non com.*) cartello di sfida (per un duello).

carter ['kɑ:tə*] *s.* carrettiere.

Cartesian [kɑ:'ti:zjən / Car·tes·ian] *agg.* e *s.* cartesiano // (*mat.*): — *axis*, asse cartesiano; — *coordinates*, coordinate cartesiane.

Cartesianism [kɑ:'ti:zjənɪzəm / Car·tes·ian·ism] *s.* (*fil.*) cartesianismo.

cartful ['kɑ:tfʊl / cart·ful] *s.* carrettata.

Carthaginian [,kɑ:θə'dʒɪnɪən / Car·tha·gin·ian] *agg.* e *s.* cartaginese.

carthorse ['kɑ:thɔ:s / cart·horse] *s.* cavallo da traino, da tiro.

Carthusian [kɑ:'θju:zjən / Car·thu·sian] *agg.* e *s.* **1** (*eccl.*) certosino **2** (allievo) della scuola di 'Charterhouse'.

cartilage ['kɑ:tɪlɪdʒ / car·til·age] *s.* (*anat.*) cartilagine.

cartilaginoid [,kɑ:tɪ'lædʒɪnɔɪd / car·ti·la·gin·oid] *agg.* cartilagineo.

cartilaginous [,kɑ:tɪ'lædʒɪnəs / car·ti·la·gin·ous] *agg.* cartilaginoso.

cartload ['kɑ:tləʊd / cart·load] *s.* carrettata.

cartogram ['kɑ:tə,græm / car·to·gram] *s.* cartogramma.

cartographer [kɑ:'tɒgrəfə* / car·to·grapher] *s.* cartografo.

cartographic(al) [,kɑ:tə'græfɪk(l) / car·to·graphic, car·to·graph·ic(al)] *agg.* cartografico.

cartography [kɑ:'tɒgrəfɪ / car·to·graphy] *s.* cartografia.

cartomancy ['kɑ:təʊmænsɪ / car·to·mancy] *s.* cartomanzia.

carton ['kɑ:tən / car·ton] *s.* **1** cartone; scatola di cartone; stecca (di sigarette); cartone (come quantità) **2** centro bianco (di bersaglio).

cartoon [kɑ:'tu:n / car·toon] *s.* **1** vignetta (generalmente a sfondo politico) **2** (*cinem.*) cartone, disegno animato **3** cartone (disegno per affresco, mosaico ecc.).

to **cartoon** *v.tr.* fare una caricatura di; fare una vignetta di ◆ *v.intr.* **1** disegnare cartoni animati **2** disegnare un cartone (per affresco, mosaico ecc.).

cartoonist [kɑ:'tu:nɪst / car·toon·ist] *s.* **1** caricaturista; vignettista **2** disegnatore (di cartoni animati).

cartouche [kɑ:'tu:ʃ / car·touche] *s.* **1** (*arch.*) cartoccio, cartiglio **2** cartuccia.

cartridge ['kɑ:trɪdʒ / cart·ridge] *s.* **1** cartuccia: *ball* —, pallottola; — *case*, bossolo; *to fire* (*with*) *blank* —, sparare a salve **2** (*fot.*) caricatore, rotolo, rullino **3** cartuccia (di penna stilografica) **4** cassetta (di registratore) **5** testina staccabile del fonorilevatore (di giradischi) **6** (*inform.*) cartuccia.

cartridge-belt ['kɑ:trɪdʒbelt] *s.* cartucciera, giberna.

cartridge paper ['kɑ:trɪdʒ,peɪpə*] *s.* carta grossa da disegno.

cartridge-pouch ['kɑ:trɪdʒ,paʊtʃ] → **cartridge-belt**.

cart road ['kɑ:trəʊd] **cart track** ['kɑ:t træk] *s.* strada carreggiabile, carraia.

cartulary ['kɑ:tjʊlərɪ / car·tu·lary] *s.* (*ant.*) **1** cartolare, cartulario, cartolario **2** chi teneva il cartolare **3** luogo dove si custodiva il cartolare.

cartwheel ['kɑ:twi:l / cart·wheel] *s.* **1** ruota da carro **2** (*ginnastica*) ruota: *to turn cartwheels*, fare la ruota.

to **cartwheel** *v.intr.* (*ginnastica*) fare la ruota.

caruncle ['kærəŋkl / car·uncle] *s.* **1** (*anat.*) caruncola, escrescenza carnosa **2** (*bot.*) caruncola, piccola protuberanza.

carvacrol ['kɑ:və,krɒl / car·va·crol] *s.* (*chim.*) carvacrolo.

to **carve** [kɑ:v] *pass.* **carved** [kɑ:vd] *p.p.* **carved** (*ant.*) **carven** ['kɑ:vən] *v.tr.* **1** scolpire; incidere; cesellare; intagliare; (*estens.*) ricavare: *to — a statue in* (o *out of*) *stone*, ricavare una statua dalla pietra; *they carved a missile base in* (o *out of*) *the mountainside*, ricavarono una base missilistica dal fianco della montagna // *to — one's way* (*through*), (*fig.*) farsi strada con sforzo **2** trinciare, tagliare, fare a pezzi (carne ecc.) ◆ *v.intr.* **1** fare l'intagliatore, l'incisore **2** fare le parti (di carne ecc.).

□ **carve out** *v.tr.* e *avv.* fare con sforzo; ottenere con fatica; ricavare; aprire; (*fig. fam.*) creare, fare, costruire: *to — out a space, a niche*, ritagliarsi uno spazio; *she has carved out a comfortable niche for herself*, si è creata un bel posticino comodo.

□ **carve up** *v.tr.* e *avv.* **1** dividere, suddividere: *we carved up the estate between us*, dividemmo la proprietà fra noi due **2** trinciare, tagliare (carne ecc.) **3** (*fam.*) accoltellare: *he got carved up in the fight*, durante la lite fu preso a coltellate **4** (*sl. brit.*) superare e tagliare bruscamente la strada.

carvel ['kɑ:vɪl / car·vel] *s.* (*mar. st.*) caravella.

carver ['kɑ:və*] *s.* **1** intagliatore, scultore (in legno, avorio) **2** chi taglia la carne ecc. a tavola **3** trinciante (coltello) SIN. **carving knife**.

carvery ['kɑ:vərɪ / car·very] *s.* ristorante con buffet self-service di carni arrosto.

carving ['kɑ:vɪŋ / carv·ing] *s.* **1** scultura, intaglio (in legno, avorio): — *wood*, legno da intaglio **2** l'arte di scolpire, di intagliare **3** il trinciare carne ecc.

carving fork [kɑ:vɪŋfɔ:k] *s.* forchetta da scalco.

carving knife ['kɑ:vɪŋnaɪf] *s.* trinciante SIN. **carver**.

carvone ['kɑ:,vəʊn / car·vone] *s.* (*chim.*) carvone.

caryatid [,kærɪ'ætɪd / ca·ry·atid] *pl.* **caryatids**, **caryatides** [,kærɪ'ætɪdi:z / ca·ry·at·ides] *s.* cariatide.

caryopsis [,kærɪ'ɒpsɪs / ca·ry·op·sis] *pl.* **caryopses** [,kærɪ'ɒpsi:z] **caryopsides** [,kærɪ'ɒpsɪdi:z / ca·ry·op·si·des] *s.* (*bot.*) cariosside.

cascade [kæs'keɪd / cas·cade] *s.* **1** cascata **2** (*fig.*) cascata (di capelli, gioielli ecc.); drappeggio **3** (*fis. nucleare*) → **avalanche** 2.

to **cascade** *v.intr.* scendere, cadere come una cascata.

cascara [kæ'skɑ:rə / cas·cara] *s.* (*bot.*) — (*buckthorn*), (*Rhamnus purshiana*) cascara (sagrada).

case[1] [keɪs] *s.* **1** caso, avvenimento, fatto: *in any* —, ad ogni modo, in qualsiasi caso; in ogni caso: *I couldn't see his face clearly and in any — he was wearing dark glasses*, non potevo vedere chiaramente il suo viso e in ogni caso portava gli occhiali scuri; *in* —, qualora: *in — of need apply to*, al bisogno rivolgersi a; *in such a* —, in tal caso; *such being the* —, (*form.*) stando così le cose; *to make (out) one's* —, esporre il proprio caso, provare le proprie ragioni; *to state the* —, esporre i fatti // *a — in point*, un esempio interessante, significativo: *some poets protested against the war, Sassoon is a — in point*, alcuni poeti protestarono contro la guerra, Sassoon è un esempio significativo **2** argomento, motivo; tesi: *there is a strong — for removing lead from petrol*, ci sono buoni motivi per togliere il piombo dalla benzina **3** (*dir.*) processo, causa; sentenza: *to win a* —, vincere una causa **4** (*med.*) caso **5** (*fam. antiq.*) individuo, tipo, carattere **6** (*gramm.*) caso: *the genitive* —, il caso genitivo.

to **case**[1] *v.tr.* (*fam. amer.*) ispezionare, perlustrare: *to — the joint*, ispezionare un locale (prima di svaligiarlo).

case[2] *s.* **1** custodia, astuccio, fodero; copertina; pelle: *scissors* —, astuccio per le forbici; *cigar* —, portasigari **2** cassa, cassetta, scatola: *I bought a couple of cases of champagne*, ho comperato due casse di champagne **3** valigia **4** (*tip.*) cassa (tipografica): *lower* —, *upper* —, cassa per lettere minuscole, maiuscole **5** (*bot.*) baccello **6** intelaiatura (di porta, finestra) **7** pelle (di salumi).

to **case**[2] *v.tr.* **1** rivestire, ricoprire; foderare: *cased in steel*, rivestito di acciaio **2** mettere in casse, imballare: *to — goods* (*up*), rinchiudere merci in casse **3** (*ant.*) togliere dall'involucro; scuoiare: *we'll make you some sport with the fox ere we case him*, (SH. All's Well) ti faremo divertire con la volpe prima di scuoiarla.

casease ['keɪsɪeɪz / cas·ease] *s.* (*chim.*) caseasi.

case-binding ['keɪs'baɪndɪŋ] *s.* rilegatura di libri in cartone.

casebook ['keɪsbʊk / case·book] *s.* registro dei casi (presi in esame); raccolta di dati: *doctor's* —, registro del medico.

to **case-harden** ['keɪs,hɑ:dn] *v.tr.* **1** temprare, indurire (*anche fig.*) **2** (*metall.*) cementare.

case-hardened ['keɪshɑ:dənd] *agg.* **1** temprato, indurito; (*fig.*) incallito: *a — criminal*, un criminale incallito **2** (*metall.*) cementato.

case history ['keɪs'hɪstərɪ] *s.* **1** curriculum, documentazione, casistica (relativa al passato di qlcu., qlco.) **2** (*med.*) anamnesi.

casein ['keɪsi:ɪn / ca·sein] *s.* (*chim.*) caseina.

caseinogen [,keɪ'si:nədʒən / ca·sein·ogen] *s.* (*chim.*) caseinogeno.

case-law ['keɪs,lɔ:] *s.* (*dir.*) **1** insieme di leggi sancite da casi precedenti **2** giurisprudenza; diritto, norme di origine giurisprudenziale.

case-load ['keɪsləʊd] *s.* carico di lavoro; quantità di casi (da prendere in esame).

casemate ['keɪsmeɪt / case·mate] *s.* (*mil.*) casamatta.

casement ['keɪsmənt / case·ment] *s.* **1** telaio di finestra a due battenti **2** — (*window*), finestra a battenti: *of a sudden a casement violently opened*, (D. DEFOE) d'improvviso una finestra si spalancò.

caseose ['keɪsɪ,əʊz / ca·se·ose] *s.* (*chim.*) caseosio.

caseous ['keɪsɪəs / ca·se·ous] *agg.* caseoso.

case-shot ['keɪsʃɒt] *s.* (cannonata a) mitraglia; shrapnel.

case study ['keɪs,stʌdɪ] *s.* studio analitico (di un individuo, società ecc.); casistica.

casework ['keɪswɜ:k / case·work] *s.* assistenza sociale.

caseworker ['keɪs,wɜ:kə* / case·worker] *s.* assistente sociale.

cash [kæʃ] *s.* ⓤ **1** (*comm.*) contante, denaro in contanti: *I haven't any — on me*, non ho contanti con me; *to pay in* (o *by* o *for*) —, pagare in, per contanti; — *down*, pronta cassa; — *payment*, pagamento per contanti; — *discount*, sconto per contanti; — *price, sale*, prezzo, vendita per contanti; — *terms*, condizioni per pagamento in contanti; — *against documents*, pagamento contro documenti; — *on delivery*, pagamento alla consegna // (*fam.*): *hard* —, denaro sonante; *to be in* —, avere soldi; *to be out of* —, essere senza soldi; *petty* —, contante per le piccole spese di una ditta; — *on the nail*, (*sl.*) pagamento sull'unghia, in contante // (*banca*): *counter* —, fabbisogno giornaliero di contanti; — *ratio*, rapporto di liquidità; *vault* —, contante in cassa, (*amer.*) contante detenuto dalle banche della Riserva Federale **2** (*amm.*) cassa: — *assets*, attività liquide; — *account*, conto di cassa; — *budget*, preventivo di cassa; *available* —, disponibilità liquide, di cassa; — *on hand*, fondo di cassa; — *short*, ammanco, disavanzo di cassa // — *-basis*, principio di cassa; — *-basis method*, contabilità basata sul principio di cassa.

to **cash** *v.tr.* incassare, riscuotere, cambiare (un assegno): *to — a cheque*, incassare un assegno.

□ **cash in** *v.tr.* e *avv.* **1** incassare **2** (*sl. amer.*) tirare le cuoia ♦ *v.intr.* e *avv.* — *in* (*on*), approfittare (di): *to — in on a situation*, approfittare di una situazione.

□ **cash up** *v.intr.* e *avv.* fare i conti (alla fine della giornata).

cashable ['kæʃəbl / cash·able] *agg.* (*comm.*) mobilizzabile, trasformabile in moneta.

cash-and-carry ['kæʃən'kærɪ] *s.* **1** (*comm.*) cash and carry, vendita all'ingrosso con pagamento in contanti e trasporto a carico del compratore **2** negozio, magazzino per la vendita all'ingrosso.

cash-book ['kæʃbʊk] *s.* (*comm.*) libro cassa.

cash card ['kæʃkɑ:d] *s.* (*banca*) carta magnetica personalizzata che consente il prelievo di denaro contante da sportelli automatici, tessera del bancomat®.

cash clerk ['kæʃklɑ:k] *s.* cassiere.

cash-credit ['kæʃ,kredɪt] *s.* (*banca*) credito di cassa.

cash crops ['kæʃkrɒps] *s.pl.* prodotti agricoli destinati al mercato.

cash desk ['kæʃdesk] *s.* cassa (di negozio, bar ecc.).

cash dispenser ['kæʃdɪs,pensə*] *s.* cassa di prelievo automatico; cassa automatica.

cashew [kæ'ʃu:] *s.* (*bot.*) (*Anacardium occidentale*) anacardio.

cash flow ['kæʃfləʊ] *s.* (*fin.*) flusso di cassa, cash-flow.

cashier[1] [kæ'ʃɪə* / cash·ier] *s.* cassiere: —*'s desk*, cassa; —*'s office*, ufficio cassa; —*'s cheque*, assegno circolare.

to **cashier**[2] [kə'ʃɪə*] *v.tr.* **1** (*mil.*) destituire **2** scartare, buttare via.

cashless ['kæʃlɪs / cash·less] *agg.* senza moneta, senza contanti.

cashmere [kæʃ'mɪə* / cash·mere] *s.* cachemire (lana, tessuto).

cash point ['kæʃpɔɪnt] *s.* cassa di prelievo automatico.

cash register ['kæʃ,redʒɪstə*] *s.* registratore di cassa.

casing ['keɪsɪŋ / cas·ing] *s.* **1** rivestimento; astuccio **2** intelaiatura, telaio (di porte, finestre); infisso **3** (*aut.*) copertone **4** (*ind. miner.*) rivestimento, casing **5** (*mecc.*) carcassa (di macchina); cuffia, astuccio (di protezione) **6** *pl.* budella, interiora.

casino [kə'si:nəʊ / ca·sino] *pl.* **casinos** *s.* casinò.

cask [kɑ:sk *amer.* kæsk] *s.* barile; botte.

to **cask** *v.tr.* imbarilare.

casket ['kɑ:skɪt *amer.* 'kæskɪt / cas·ket] *s.* **1** scrigno, cofanetto **2** (*amer.*) cassa da morto; urna per ceneri.

Caspian ['kæspɪən / Cas·pian] *agg.* (*geogr.*) caspico, del Caspio: *the — Sea*, il Mar Caspio.

casque [kæsk] *s.* (*st.*) casco, elmo: *not to be other than one thing, not moving / from the casque to the cushion*, (SH. Coriolanus) il non poter essere una cosa sola, non saper passare dall'elmo del guerriero al cuscino del magistrato.

cassation [kæ'seɪʃn / cas·sa·tion] *s.* (*dir.*) cassazione, annullamento // *Court of Cassation*, Corte di cassazione.

cassava [kə'sɑ:və / cas·sava] *s.* **1** (*bot.*) (*Manihot utilissima*) manioca **2** farina; fecola di manioca, cassava, tapioca.

casserole ['kæsərəʊl / cas·ser·ole] *s.* **1** casseruola **2** (*cuc.*) pasticcio (di carne, pesce ecc.) **3** (*chim.*) capsula.

cassette [kə'set / cas·sette] *s.* **1** cassetta, caricatore di nastro magnetico **2** (*fot.*) caricatore.

cassette player [kə'setpleɪjə*] *s.* mangiacassette, mangianastri®; riproduttore di suono.

cassette recorder [kə'setrɪ'kɔ:də*] *s.* registratore a cassetta.

cassia ['kæsɪə / cas·sia] *s.* (*bot.*) (*Cinnamomum cassia*) cannella del Malabar.

cassiterite [kə'sɪtəraɪt / cas·sit·er·ite] *s.* (*min.*) cassiterite.

cassock ['kæsək / cas·sock] *s.* **1** tonaca **2** (*ant.*) mantello militare; casacca; specie di gonna lunga (indossata da entrambi i sessi): *half of which dare not shake the snow from off their cassocks lest they shake themselves to pieces*, (SH. All's Well) metà dei quali non osa scuotere la neve dai mantelli per paura di cadere a pezzi.

cassolette [,kæsəʊ'let / cas·so·lette] *s.* (*rar.*) incensiere; scatoletta (con il coperchio perforato) per profumi.

cassowary ['kæsəweərɪ / cas·so·wary] *s.* (*zool.*) casuario.

cast [kɑ:st *amer.* kæst] *s.* **1** (*teatr.*) cast, complesso (di attori); distribuzione delle diverse parti (agli attori): *a star-studded* —, un cast di attori di primo piano **2** getto; colpo; tiro, lancio (di dadi, missili, reti da pesca ecc.) // *to stake all on a single* —, (*fig.*) giocare il tutto per tutto **3** (*tecn.*) getto, gettata; colata **4** stampo; calco; (*paleont.*) controimpronta; (*med.*) gesso, ingessatura; impronta (di denti): *his leg is still in a* —, la sua gamba è ancora ingessata **5** (*fig.*) forma: — *of mind*, forma mentis **6** abbozzo (di qualsiasi tipo di lavoro) **7** previsione, pronostico **8** sguardo, occhiata **9** leggero strabismo: *he has a — in his eye*, egli è leggermente strabico **10** piccola aggiunta (di colore) **11** escremento (di uccelli, vermi) **12** (*agr.*) aratura **13** (*dir.*) chi perde la causa.

to **cast** *pass.p.p.* **cast** *v.tr.* **1** (*teatr.*) distribuire, assegnare (le parti agli attori): *he was — as Romeo*, gli è stata assegnata la parte di Romeo; *she's always being — in the role of the rebellious adolescent*, le viene sempre assegnato il ruolo dell'adolescente ribelle **2** gettare, lanciare (*anche fig.*): *to — anchor*, gettare l'ancora; *to — a line*, lanciare la lenza; (*mar.*) *to — the lead*, gettare lo scandaglio; *to — a glance at s.o., sthg.*, gettare uno sguardo a qlcu., qlco.; *he — a look in my direction*, lanciò un'occhiata nella mia direzione; *he — his mind back to the day before*, ritornò con la mente al giorno prima; *to — the blame on s.o.*, dare la colpa a qlcu.; *to — oneself at s.o.'s feet*, gettarsi ai piedi di qlcu.; *to — s.o. into prison*, (*letter.*) gettare qlcu. in prigione // *to — a spell*, fare, lanciare un incantesimo; (*fig.*) incantare, affascinare // *the die is* —, il dado è tratto // *to — sthg. in s.o.'s teeth*, rinfacciare qlco. a qlcu. **3** proiettare; gettare: *coming events — their shadows before*, avvenimenti futuri proiettano innanzi le loro ombre; *his research — new light on prehistoric Britain*, la sua ricerca gettò una nuova luce sulla Britannia preistorica **4** (di cavallo) perdere (il ferro) **5** abbattere (animali) **6** (*tecn.*) colare (in stampo) **7** calcolare; dedurre; trarre: *to — a horoscope*, trarre un oroscopo; *his filth within being cast, he would appear / a pond as deep as hell*, (SH. Measure for Measure) se si misurasse il marcio che ha dentro, egli si rivelerebbe uno stagno profondo come l'inferno // *to — accounts*, (*antiq.*) tirare le somme, fare un bilancio **8** mutare, cambiare (penne, pelo, pelle): *the snake — its skin*, il serpente ha cambiato la pelle **9** (*ant.*) licenziare, mandar via: *cannot with safety cast him*, (SH. Othello) non può permettersi di mandarlo via senza compromettere la propria sicurezza ♦ *v.intr.* **1** (*zool.*) rimettere, rigettare (di falchi, gufi) **2** (*zool.*) partorire innanzi tempo.

□ **cast about**, **around** *v.intr.* e *avv.* (*form.*) guardarsi in giro cercando qlco.

□ **cast aside** *v.tr.* e *avv.* gettare, mettere da parte; disfarsi di: *to — aside all doubts!*, getta via, metti da parte tutti i dubbi!

□ **cast away** *v.tr.* e *avv.* (*form.*) **1** buttar via; gettare **2** far naufragare.

□ **cast down** *v.tr.* e *avv.* (*form.*) buttar giù, abbattere (*anche fig.*): *the news — him down*, la notizia l'ha depresso.
□ **cast off** *v.tr.* e *avv.* **1** liberarsi di: *it's time to — off the old prejudices*, è tempo di liberarsi dei vecchi pregiudizi **2** sciogliere (gli ormeggi, la cima e sim.) **3** (*lavori a maglia*) buttar giù i punti (per finire il pezzo), chiudere; calare ◆ *v.intr. e avv.* salpare.
□ **cast on** *v.tr.* e *avv.* (*lavori a maglia*) metter su i punti.
□ **cast out** *v.tr.* e *avv.* buttar fuori.

castanet [,kæstə'net / cas·ta·net] *s.* **1** *pl.* (*mus.*) (*a pair of*) *castanets*, castagnette, nacchere **2** (*zool.*) → rattlesnake.

castaway ['kɑ:stəweɪ *amer.* 'kæstəweɪ / cast·away] *s.* **1** naufrago **2** (*ant.*) reprobo ◆ *agg.* arenato; rigettato, respinto, inutile.

caste [kɑ:st *amer.* kæst] *s.* casta // *to lose* —, scendere di grado nella classe sociale // *high- —, low- — Indian*, indiano di casta alta, di casta bassa.

castellan ['kɑ:stələn / cas·tel·lan] *s.* castellano.

castellated ['kæstəleɪtɪd / cas·tel·lated] *agg.* turrito; (luogo) ricco di castelli fortificati.

caste-mark ['kɑ:st,mɑ:k] *s.* segno distintivo di appartenenza a una casta; segno di status sociale.

caster ['kɑ:stə* *amer.* 'kæstə*] *s.* **1** → castor[1] **2** lanciatore **3** (*metall.*) fonditore **4** calcolatore; computista: — *of horoscopes*, chi trae gli oroscopi **5** cappello di pelo di castoro.

caster sugar [,kɑ:stə'ʃʊgə*] *s.* zucchero raffinato, semolato.

to **castigate** ['kæstɪgeɪt / cas·tig·ate] *v.tr.* (*form.*) castigare, punire.

castigation [,kæstɪ'geɪʃn / cas·tiga·tion] *s.* (*non com.*) castigo, punizione.

castigator ['kæstɪgeɪtə* / cas·tig·ator] *s.* (*non com.*) castigatore.

castigatory ['kæstɪgeɪtərɪ / cas·tig·at·ory] *agg.* (*non com.*) punitivo.

Castilian [kæs'tɪlɪən / Cas·til·ian] *agg.* e *s.* castigliano.

casting ['kɑ:stɪŋ *amer.* 'kæstɪŋ / cast·ing] *s.* **1** il gettare **2** (*tecn.*) getto, colata, gettata **3** distribuzione (delle parti agli attori) **4** pesca con lancio della lenza **5** (*zool.*) escremento di animale; *pl.* muta (di penne, pelo, pelle).

casting-net ['kɑ:stɪŋ,net] *s.* (*mar.*) ritrecina, rete da lancio.

casting out nines ['kɑ:stɪŋaʊt'naɪnz] *s.* (*mat.*) prova del nove.

casting-vote ['kɑ:stɪŋ,vəʊt] *s.* voto decisivo.

casting-weight ['kɑ:stɪŋ,weɪt] *s.* peso decisivo.

cast iron [,kɑ:st'aɪən] *s.* (*metall.*) ghisa.

cast-iron ['kɑ:staɪən] *agg.* **1** di ghisa **2** (*fig.*) incrollabile; inflessibile; di ferro: *a — alibi*, un alibi di ferro.

castle ['kɑ:sl *amer.* 'kæsl] *s.* **1** castello // *to build castles in the air* (o *in Spain*), (*fig.*) fare castelli in aria **2** (*scacchi*) torre.

to **castle** *v.intr.* (*scacchi*) arroccare ◆ *v.tr.* (*ant.*) fortificare.

castle-builder ['kɑ:sl,bɪldə*] *s.* sognatore.

cast-off ['kɑ:stɒf] *agg.* **1** (*spec. di indumenti*) smesso, messo da parte **2** (*estens.*) rifiutato; respinto.

castor[1] ['kɑ:stə* *amer.* 'kæstə*] *s.* **1** pepiera; saliera; spargizucchero; ampolla: *a set of castors*, ampolliera **2** (*mecc.*) ruota orientabile, girella.

Castor *no.pr.* (*astr.*) Castore.

castor[2] *s.* (*med.*) castoreo.

castor[3] *s.* (*vet.*) castagna (callosità degli arti degli equini).

castor bean ['kɑ:stə'bi:n *amer.* 'kæstəbi:n] *s.* (*bot.*) seme del ricino.

castoreum [kæs'tɔ:rɪəm / castor·eum] *s.* (*med.*) castoreo.

castor oil [,kɑ:stər'ɔɪl *amer.* 'kæstərɔɪl] *s.* (*med.*) olio di ricino.

castor-oil plant [,kɑ:stər'ɔɪlplɑ:nt *amer.* 'kæstərɔɪl,plænt] *s.* (*bot.*) (*Ricinus communis*) ricino SIN. ricinus.

castor sugar ['kɑ:stə'ʃʊgə* *amer.* kæstə ʃʊgə*] *s.* → **caster sugar**.

to **castrate** [kæ'streɪt *amer.* 'kæstreɪt / castrate] *v.tr.* **1** castrare **2** (*fig.*) mutilare (un testo, una legge ecc.).

castration [kæ'streɪʃn / cas·tra·tion] *s.* **1** castrazione // (*psic.*) — *complex*, complesso di castrazione **2** (*fig.*) espurgazione (di testo, legge ecc.).

casual ['kæʒjʊəl / cas·ual] *agg.* **1** casuale, accidentale, fortuito; occasionale, avventizio: *a — meeting*, un incontro fortuito; *a — job*, un lavoro avventizio // (*amm.*) — *income*, entrate straordinarie; — *labour*, manodopera avventizia **2** noncurante, indifferente; distratto, superficiale: *your approach is too* —, il tuo modo di affrontare le cose è troppo superficiale **3** disinvolto, informale: *a — wave*, un cenno disinvolto di saluto **4** (di abito) casual, informale; sportivo // **-ly** *avv.* // **-ness** *s.*

casualism ['kæʒjʊəlɪzəm / cas·ual·ism] *s.* (*fil.*) casualismo.

casualist ['kæʒjʊəlɪst / cas·ual·ist] *s.* (*fil.*) casualista.

casuals ['kæʒjʊəlz / cas·uals] *s.pl.* abiti pratici, casual.

casualty ['kæʒjʊəltɪ / casu·alty] *s.* **1** infortunio, incidente; disgrazia, disastro // — *ward*, pronto soccorso **2** infortunato **3** morto; ferito; *s.pl.* vittime, perdite (di uomini): *the list of casualties*, la lista delle vittime.

casuarina [,kæʒjʊə'raɪnə / ca·su·ar·ina] *s.* (*bot.*) equiseto, coda di cavallo.

casuist ['kæzjʊɪst / ca·su·ist] *s.* **1** (*teol.*) casista **2** (*spreg.*) sofista, cavillatore.

casuistic(al) [,kæzjʊ'ɪstɪk(l) / ca·su·istic, ca·su·ist·ical] *agg.* **1** (*teol.*) casistico **2** (*spreg.*) sofistico, cavilloso // **-ally** *avv.*

casuistry ['kæzjʊɪstrɪ / ca·su·istry] *s.* **1** (*teol.*) casistica **2** (*spreg.*) sofisma, ragionamento capzioso.

cat [kæt] *s.* **1** gatto; felino // *a — may look at a king*, anche il più umile ha dei diritti // *to be like a — on hot bricks*, (amer. *to be like a — on a hot tin roof*), (*fam.*) star sui carboni ardenti // *to let the — out of the bag*, svelare un segreto // *to fight like — and dog*, essere come cane e gatto; — *-and-dog life*, vita di continui litigi // *to rain cats and dogs*, piovere a catinelle // (*banca*) *cats and dogs*, (*sl.*) titoli di carattere speculativo (non accettati in garanzia) // *to see which way the — jumps*, vedere da che parte tira il vento // *to look like something the — brought* (o *dragged*) *in*, avere l'aria, l'aspetto malconcio // *to put the — among the pigeons*, lanciare un sasso nello stagno // *curiosity killed the* —, (*prov.*) la curiosità uccide // *when the —'s away the mice will play*, (*prov.*) via la gatta i topi ballano **2** (*spreg.*) donna dispettosa, malevola **3** (*mar.*) capone **4** (*sl.*) tipo, tale **5** musicista jazz **6** lippa **7** tripode doppio **8** → cat-o'-nine-tails **9** → cat burglar.

to **cat** *pass.p.p.* **catted** ['kætɪd / cat·ted] *v.tr.* (*mar.*) caponare (l'ancora) ◆ *v.intr.* **1** (*fam., non com.*) vomitare **2** (*sl. amer.*) andare a donne.

CAT [kæt] *s.* (*med.*) (*Computerized Axial Tomography*) tac (tomografia assiale computerizzata).

catabolic [,kætə'bɒlɪk / cata·bolic] *agg.* (*biol.*) catabolico.

catabolism [kə'tæbəlɪzəm / cata·bol·ism] *s.* (*biochim.*) catabolismo.

catabolite [kæ'tæbə,laɪt / cata·bol·ite] *s.* (*biochim.*) catabolito.

to **catabolize** [kə'tæbəlaɪz / cata·bol·ize] *v.tr.* e *intr.* (*chim.*) catabolizzare.

catachresis [,kætə'kri:sɪs / cata·chre·sis] *s.* (*ret.*) catacresi.

cataclasis [,kætə'kleɪsɪs / cata·clasis] *s.* (*geol.*) cataclasi.

cataclastic [,kætə'klɑ:stɪk / cata·clastic] *agg.* (*geol.*) cataclastico.

cataclysm ['kætəklɪzəm / cata·clysm] *s.* cataclisma, disastro, catastrofe (*anche fig.*).

cataclysmic ['kætə'klɪzmɪk / cata·clys·mic] *agg.* di cataclisma, cataclismico // (*astr.*) — *variable*, variabile cataclismica, variabile eruttiva (detto di stella che improvvisamente rivela una maggiore luminosità).

catacomb ['kætəku:m / cata·comb] *s.* catacomba.

catadioptric [,kætədaɪ'ɒptrɪk / cata·diop·tric] *agg.* (*fis.*) catadiottrico // (*astr.*) — *telescope*, telescopio catadiottrico.

catafalque ['kætəfælk / cata·falque] *s.* catafalco.

Catalan ['kætələn / Ca·ta·lan] *agg.* e *s.* catalano.

catalase ['kætəleɪs / cata·lase] *s.* (*biochim.*) catalasi.

catalectic [,kætə'lektɪk / cata·lectic] *agg.* (*metrica*) catalettico.

catalepsy ['kætəlepsɪ / cata·lepsy] *s.* (*med.*) catalessi.

cataleptic [,kætə'leptɪk / cata·leptic] *agg.* e *s.* (*med.*) catalettico.

catalog ['kætəlɒg *amer.* 'kætələ:g / cata·log] *s.* (*amer.*) **1** → catalogue **2** annuario (di università).

catalogue ['kætəlɒg *amer.* 'kætələ:g / cata·logue] *s.* catalogo: — *raisonné*, catalogo ragionato.

to **catalogue** *v.tr.* catalogare.

cataloguer ['kætə,lɒgə* *amer.* 'kætə,lɔ:gə* / cata·loguer] *s.* chi cataloga.

catalysis [kə'tælɪsɪs / cata·lysis] *s.* (*biochim.*) catalisi.

catalyst ['kætəlɪst / cata·lyst] *s.* (*chim.*) catalizzatore.

catalytic [,kætə'lɪtɪk / cata·lytic] *agg.* (*chim.*) catalitico.

to **catalyze** ['kætəlaɪz / cata·lyze] *v.tr.* (*chim.*) catalizzare.

catalyzer ['kætəlaɪzə* / cata·lyzer] *s.* (*chim.*) catalizzatore.

catamaran [,kætəmə'ræn / cata·ma·ran] *s.* **1** (*mar.*) catamarano **2** (*sl. antiq.*) donna litigiosa.

catamite ['kætə,maɪt / cata·mite] *s.* efebo.

catamount ['kætə,maʊnt / cat·amount] *s.* (*zool.*) **1** puma, coguaro → **cougar** **2** (*Lynx lynx*) lince.

catamountain [,kætə'maʊntɪn / cat·amoun·tain] *s.* (*zool.*) **1** (*Panthera pardus*) leopardo **2** (*Felis silvestris*) gatto selvatico.

catamountain *agg.* (*ant.*) feroce, selvaggio.

cat-and-mouse [,kætənd'maʊs] *agg.* (*fam.*) persecutorio, aggressivo (di comportamento) // *to play — with*, tormentare, perseguitare.

cataphoresis [,kætəfə'ri:sɪs / cata·phor·esis] *s.* (*chim.*) cataforesi.

cataplasm ['kætəplæzəm / cata·plasm] *s.* (*med.*) cataplasma.

cataplectic [,kætə'plektɪk / cata·plectic] *agg.* (*med.*) cataplettico.

cataplexia [,kætə'pleksɪə / cata·plexia]
cataplexy [,kætə'pleksɪ / cata·plexy] *s.* (*med.*) cataplessia.

catapult ['kætəpʌlt / cata·pult] *s.* **1** fionda (a forcella) AMER. **slingshot** **2** (*mil. aer.*) catapulta.

to **catapult** *v.tr.* catapultare (*anche fig.*).

cataract ['kætərækt / cat·ar·act] *s.* **1** (*geogr.*) cateratta **2** (*med.*) cateratta.

catarrh [kə'tɑ: / ca·tarrh] *s.* catarro.

catarrhal [kə'tɑ:rəl / ca·tar·rhal] *agg.* catarrale.

catar(r)hine ['kætəraɪn / ca·tar·(r)hine] *agg.* e *s.* (*zool.*) (scimmia) catarrina.

catarrhous [kə'tɑ:rəs / ca·tar·rhous] *agg.* catarroso.

catastrophe [kə'tæstrəfɪ / cata·strophe] *s.* **1** catastrofe, disastro, calamità **2** (*geol.*) cataclisma **3** (*mat.*) discontinuità: *— theory*, teoria delle catastrofi.

catastrophic(al) [,kætə'strɒfɪk(l) / cata·strophic, cata·stroph·ical] *agg.* catastrofico; catastrofistico // **-ally** *avv.*

catastrophism [kə'tæstrəfɪzəm / cata·stroph·ism] *s.* **1** (*geol.*) catastrofismo **2** l'essere catastrofico.

catastrophist [kə'tæstrəfɪst / cata·stroph·ist] *s.* (*geol.*) catastrofista.

catatonia [,kætə'təʊnɪə / cata·to·nia] *s.* (*psic.*) catatonia.

catatonic [,kætə'tɒnɪk / cata·tonic] *agg.* (*psic.*) catatonico.

catbird ['kætbɜ:d / cat·bird] *s.* (*zool.*) (*Dumetella carolinensis*) uccello gatto.

cat block ['kætblɒk] *s.* (*mar.*) bozzello di capone.

catboat ['kætbəʊt / cat·boat] *s.* (*mar.*) 'catboat' (battello a una sola vela con albero prodiero).

cat burglar [kætbɜ:glə*] *s.* ladro acrobata.

catcall ['kætkɔ:l / cat·call] *s.* fischio (di disapprovazione).

to **catcall** *v.intr.* fischiare (per esprimere disapprovazione).

catch [kætʃ] *s.* **1** presa, cattura; preda // *she is no great —*, (*fam.*) non è un buon partito **2** (*cricket, baseball*) presa: *he is a good —*, è bravo a prendere la palla **3** pesca, retata **4** paletto, gancio, fermo (di porta, finestra ecc.); fermaglio (di spilla, braccialetto ecc.) **5** (*fam.*) trappola, tranello; inganno; trucco: *there is a — in his offer*, nella sua offerta c'è un tranello **6** frammento, brano: *catches of conversation*, brani di conversazione **7** arresto, esitazione, sussulto (del respiro, della voce) **8** (*gioco*) prendersi, acchiapparello; anche gioco infantile consistente nel lanciarsi a vicenda la palla fra due o più persone **9** (*mus.*) ritornello a più voci **10** (*ant.*) gioco di parole.

to **catch** *pass.p.p.* **caught** [kɔ:t] *v.tr.* **1** afferrare, acchiappare, prendere, cogliere, sorprendere (*anche fig.*); catturare (un animale); pescare: *the dog caught the ball in his mouth*, il cane prese la palla in bocca; *the beaver was caught in a trap*, il castoro fu catturato con una trappola; *the murderer was caught after a long chase*, l'assassino fu catturato dopo un lungo inseguimento; *the boat was caught in the storm*, la nave fu sorpresa dalla tempesta; *this illness can be cured, provided it is caught in time*, questa malattia è curabile se presa in tempo; *did you — what he said?*, hai afferrato quel che ha detto?; *I didn't — the meaning of what you said*, non ho capito il significato di ciò che hai detto; *he caught himself thinking of his first wife*, si sorprese a pensare alla sua prima moglie; *I didn't — her allusion*, non colsi la sua allusione // *to — a train*, prendere un treno // *to — fire*, prender fuoco // *to — a glimpse of sthg.*, vedere di sfuggita qlco. // *to — sight of sthg.*, essere in vista di qlco. // *to — the light, the sunlight*, riflettere la luce, riflettere la luce solare // *he caught his foot*, inciampò // *to — the post*, impostare prima dell'orario di raccolta // *I caught him at it*, lo colsi sul fatto // *the thieves were caught red-handed*, i ladri furono presi con le mani nel sacco // *you won't — me doing that!*, (*fam.*) non credere che lo faccia! // *to — one's breath*, trattenere il respiro; riprendere fiato // *to — oneself in time*, fermarsi in tempo // *you are going to — it*, (*fam.*) ti prenderai una bella sgridata, passerai dei guai // *to — hell*, (*fam. amer.*) prendersi una lavata di capo **2** prendere, contrarre (una malattia); (*fig.*) condividere, essere influenzato da, lasciarsi prendere da: *to — a cold*, prendere un raffreddore; *he began to — her fear*, cominciò a condividere la sua paura **3** attrarre (attenzione, interesse); affascinare, prendere: *to — s.o.'s eye*, attrarre l'attenzione di qlcu.; *he was caught by her charm*, fu preso dal suo fascino **4** impigliare; chiudere; allacciare, agganciare: *I caught my finger in the door*, mi chiusi il dito nella porta; *he caught his coat on the door handle*, gli s'impigliò il cappotto nella maniglia della porta; *to — the clasp on a bracelet*, agganciare il fermaglio di un braccialetto **5** raggiungere; arrivare in tempo per; acchiappare al volo: *they caught him soon*, lo raggiunsero presto; *do you think we can — the doctor now?*, pensi che sia possibile trovare il dottore adesso?; *to — the last performance of a film*, arrivare in tempo per l'ultimo spettacolo di un film **6** colpire: *I caught him in his belly*, lo colpii al ventre; *a huge wave caught the boat head on*, un'enorme ondata colpì la nave frontalmente **7** notare; sentire: *he caught a smell of burning wood*, sentì un odore di legno bruciato **8** rappresentare, cogliere, rendere: *that novel catches the atmosphere of those years perfectly*, quel romanzo coglie perfettamente l'atmosfera di quegli anni **9** raccogliere (liquidi) **10** portar via (di vento e acqua): *the wind caught her scarf*, il vento le portò via la sciarpa **11** (*rad., tv*) prendere (un programma) **12** (*sport*) afferrare, (*baseball*) ricevere ◆ *v.intr.* **1** impigliarsi, restar preso, intrappolato (*anche fig.*); aggrovigliarsi; attaccarsi, restare appiccicato: *my sleeve caught on a nail*, mi s'impigliò la manica in un chiodo **2** prendere; far presa (*anche fig.*): *after few attempts the fire caught*, il fuoco prese dopo pochi tentativi; *the idea caught*, l'idea fece presa **3** essere contagioso (di malattia) **4** chiudere (di porte o finestre) **5** (*bot.*) attecchire, prendere **6** (*zootecnia*) essere fecondata, rimanere pregna **7** (*tecn.*) ingranarsi, innestarsi; mettersi in moto **8** (*baseball*) fare il ricevitore.

□ **catch at** *v.intr.* e *prep.* afferrarsi a, attaccarsi a SIN. to **grasp at** // *to — at a straw*, attaccarsi a un filo.

□ **catch on** *v.intr.* e *avv.* **1** (*fig.*) afferrare, capire: *did you — on?*, hai afferrato l'idea?; *he isn't really quick at catching on to new technologies*, non è molto pronto a capire le nuove tecnologie **2** diffondersi, prendere piede (di moda, uso ecc.).

□ **catch out** *v.tr.* e *avv.* **1** cogliere in fallo; fare il saltafosso a qlcu. **2** prendere; cogliere alla sprovvista, prendere in contropiede: *he was caught out by the sudden fall on the stockmarket*, l'improvviso crollo in borsa lo colse alla sprovvista **3** (*cricket, baseball*) *to be caught out*, essere messo fuori gioco.

□ **catch up** *v.intr.* e *tr.* e *avv.* **1** raggiungere; catturare, prendere (un malfattore): *I caught her up* (o *I caught up with her*) *at the end of the road*, la raggiunsi in fondo alla strada; *the police caught up with her in Liverpool*, la polizia la catturò a Liverpool // *he should know that the truth will — up with him sooner or later*, dovrebbe sapere che prima o poi la verità verrà a galla **2** recuperare, mettersi in pari: *at the moment he is a bit behind but he will — up fast*, attualmente è un po' indietro ma recupererà in fretta; *I've been away so I've to — up on my work*, sono stato via quindi devo recuperare col lavoro **3** *to be, to get caught up in sthg.*, essere, venire coinvolto in qlco.

catch-22 ['kætʃtwentɪ'tu:] *s.* circolo vizioso: *I can't get a job unless I belong to the union, and I can't join the union until I've got a job: it's a case of —*, non posso avere un lavoro senza far parte del sindacato, e non posso entrare a far parte del sindacato senza avere un lavoro: è un circolo vizioso • Dal titolo del romanzo di Jo Heller.

catchable ['kætʃəbl / catch·able] *agg.* afferrabile, prendibile; raggiungibile; catturabile.

catch-all ['kætʃɔ:l] *agg.* che va bene in tutte le situazioni, polivalente ◆ *s.* (*fam. amer.*) ripostiglio, sgabuzzino.

catch-as-catch-can ['kætʃəz'kætʃ'kæn] *s.* (*sport*) lotta libera ◆ *agg.* disorganizzato, disordinato; senza metodo, senza pianificazione; alla rinfusa.

catch basin [ˈkætʃ,beɪsn] *s.* **1** pozzetto di raccolta **2** bacino imbrifero.

catch-crop [ˈkætʃkrɒp] *s.* (*agr.*) coltura intercalare.

catcher [ˈkætʃə*] *s.* **1** chi afferra, chi prende **2** (*amer.*) (*baseball*) ricevitore **3** (*mecc.*) arresto (di serratura) **4** (*tecn.*) separatore **5** (*elettr.*) ricettore.

catchfly [ˈkætʃflaɪ / catch·fly] *s.* (*bot.*) silene.

catching [ˈkætʃɪŋ / catch·ing] *agg.* **1** contagioso, infettivo **2** attraente **3** orecchiabile (di melodia) **4** (*dir.*) — *bargain*, contratto vessatorio.

catchment [ˈkætʃmənt / catch·ment] *s.* presa d'acqua, captazione d'acqua // — *area*, bacino di utenza (di scuole, ospedali ecc.); (*geogr.*) bacino idrografico, bacino imbrifero.

catchpenny [ˈkætʃ,penɪ / catch·penny] *s.* cianfrusaglia, robetta ◆ *agg.* dozzinale, da quattro soldi: — *novellettes*, romanzetti di cassetta.

catchphrase [ˈkætʃfreɪz / catch·phrase] *s.* frase fatta; cliché; slogan: *Mike Bongiorno's — is 'Allegria!'*, lo slogan di Mike Bongiorno è 'Allegria!'

catchplate [ˈkætʃpleɪt / catch·plate] *s.* (*mecc.*) menabrida.

catchpole, **catchpoll** [ˈkætʃpəʊl / catch·pole, catch·poll] *s.* ufficiale giudiziario; (*dir.*) dipendente dello sceriffo che procede agli arresti e alle notifiche.

catchup [ˈkætʃəp] *s.* (*amer.*) → **ketchup**.

catchweed [ˈkætʃwi:d / catch·weed] *s.* (*bot.*) (*Galium aparine*) aparine; (*pop.*) attaccamani.

catchword [ˈkætʃwɜ:d / catch·word] *s.* **1** slogan, motto **2** (*tip.*) esponente, testatina (in testa di pagina in un dizionario ecc.) **3** (*teatr.*) ultima parola di una battuta.

catchy [ˈkætʃɪ] *agg.* **1** orecchiabile (di melodia) **2** attraente **3** insidioso: — *question*, domanda insidiosa **4** discontinuo, irregolare; spasmodico, intermittente.

catechesis [,kætɪˈki:sɪs / cat·ech·esis] *pl.* **catecheses** [,kætɪˈki:si:z] *s.* (*eccl.*) catechesi.

catechetic(al) [,kætɪˈketɪk(l) / cat·ech·etic, cat·ech·et·ical] *agg.* (*eccl.*) catechistico, catechetico // **-ally** *avv.*

catechin [ˈkætətʃɪn / cat·echin] *s.* (*chim.*) catechina.

catechism [ˈkætɪkɪzəm / cat·ech·ism] *s.* (*eccl.*) catechismo.

catechist [ˈkætɪkɪst / cat·ech·ist] *s.* (*eccl.*) catechista.

to **catechize** [ˈkætɪkaɪz / cat·ech·ize] *v.tr.* **1** (*eccl.*) catechizzare **2** interrogare, porre domande a **3** istruire per mezzo di domande e risposte.

catechizer [ˈkætɪkaɪzə* / cat·ech·izer] *s.* **1** (*eccl.*) catechista **2** chi interroga **3** chi istruisce per mezzo di domande e risposte.

catechol [ˈkætətʃəʊl / cat·echol] *s.* (*chim.*) pirocatechina, pirocatecolo.

catecholamine [,kætəˈtʃəʊləmaɪn / catechola·mine] *s.* (*biochim.*) catecolammina.

catechu [ˈkætɪtʃu: / cat·echu] *s.* **1** (*bot.*) (*Acacia catechu*) catecù SIN. cachou **2** (*chim.*, *med.*) catecù, caucciù.

catechumen [,kætɪˈkju:men / cat·echu·men] *s.* (*eccl.*) catecumeno.

categoric(al) [,kætɪˈgɒrɪk(l) *amer.* ,kætɪˈgɔ:rɪk(l) / cat·egor·ic(al)] *agg.* **1** categorico; (*fig.*) incondizionato, netto, esplicito **2** categoriale: (*mat.*) — *topology*, topologia categoriale // **-ally** *avv.*

category [ˈkætɪgərɪ *amer.* ˈkætɪgɔ:rɪ / cat·egory] *s.* categoria: (*mat.*) — *theory*, teoria delle categorie.

catenarian [,kætɪˈneərɪən / ca·ten·ar·ian] *agg.* → **catenary**.

catenary [kəˈti:nərɪ / ca·ten·ary] *agg.* **1** (*mat.*, *tecn.*) a catenaria: — *suspension*, sospensione a catenaria // — (*suspension*) *bridge*, ponte sospeso **2** di, relativo a una catena ◆ *s.* **1** (*mat.*) catenaria **2** (*ferr.*) (linea) catenaria.

to **catenate** [ˈkætɪneɪt / cat·en·ate] *v.tr.* concatenare.

catenation [,kætɪˈneɪʃən / cat·ena·tion] *s.* concatenamento.

cater[1] [ˈkeɪtə* / ca·ter] *s.* (*ant.*) il quattro (di carte da gioco, di dadi).

to **cater**[2] *v.intr.* e *tr.* **1** provvedere cibi, bevande (per feste, banchetti ecc.) **2** (*fig.*) considerare, venire incontro a, provvedere a; tener conto di; rivolgersi a: *young people are not catered for in this programme*, in questo programma non si tiene conto dei giovani; *you shouldn't always try to — to his every whim*, non dovresti sempre cercare di venire incontro a ogni suo capriccio; *to — for* (o *to*) *all tastes*, soddisfare tutti i gusti; *to — for s.o.'s needs*, provvedere alle necessità di qlcu.

cater-corner [ˈkeɪtə,kɔ:nə*] *agg.* (*amer.*) in posizione obliqua, diagonale.

cater-cousin [ˈkeɪtə,kʌzn] *s.* (*ant.*) amico intimo.

caterer [ˈkeɪtərə*] *s.* approvvigionatore, fornitore di cibo e bevande; organizzatore (di banchetti, di feste ecc.).

catering [ˈkeɪtərɪŋ / cater·ing] *s.* (*comm.*) catering, servizio di approvvigionamento, fornitura di cibi pronti e bevande a domicilio.

caterpillar [ˈkætəpɪlə* / cat·er·pil·lar] *s.* **1** bruco **2** (*mecc.*) caterpillar® **3** (*mecc.*): — (*track*), cingolo a piastre articolate; — *chain*, catena a cingolo // — (*tractor*), trattore a cingoli; mezzo cingolato.

caterwaul [ˈkætəwɔ:l / cat·er·waul] *s.* **1** miagolio (di gatto in amore) **2** lamento, lagna; suono sgradevole e strascicato.

to **caterwaul** *v.intr.* **1** miagolare (di gatto in amore) **2** emettere suoni spiacevoli e sconnessi; lamentarsi **3** comportarsi lascivamente **4** litigare, azzuffarsi (come gatti).

catfish [ˈkætfɪʃ / cat·fish] *s.* (*zool.*) pesce gatto.

catgut [ˈkætgʌt / cat·gut] *s.* **1** minugia **2** (*med.*) catgut, filo chirurgico (per suture interne).

catharsis [kəˈθɑ:sɪs / cath·ar·sis] *s.* **1** catarsi **2** (*med.*) evacuazione.

cathartic [kəˈθɑ:tɪk / cath·artic] *agg.* **1** catartico **2** purgativo ◆ *s.* (*med.*) purgante.

cathedral [kəˈθi:drəl / ca·thed·ral] *s.* cattedrale // — *town*, città sede episcopale.

catherine wheel [ˈkæθərɪn,wi:l / cath·er·inewheel] *s.* **1** (*arch.*) rosone **2** (*pirotecnica*) girandola **3** (*ginnastica*) ruota.

catheter [ˈkæθɪtə* / cath·eter] *s.* (*med.*) catetere.

catheterization [,kæθɪtəraɪˈzeɪʃn / cath·et·er·iza·tion] *s.* (*med.*) cateterismo.

to **catheterize** [ˈkæθɪtə,raɪz / cath·et·er·ize] *v.tr.* (*med.*) cateterizzare.

cathetometer [,kæθɪˈtɒmɪtə* / ca·the·to·meter] *s.* (*topografia*) catetometro.

cathetus [ˈkæθɪtəs / cath·etus] *pl.* **catheti** [ˈkæθɪtaɪ / cath·eti] *s.* (*mat.*) cateto.

cathode [ˈkæθəʊd / cath·ode] *s.* (*elettr.*) catodo.

cathode-ray [ˈkæθəʊdreɪ] *agg.* a raggi catodici: (*elettr.*) — *oscilloscope*, *oscillograph*, *tube*, oscilloscopio, oscillografo, tubo a raggi catodici.

cathode rays [ˈkæθəʊd,reɪz] *s.pl.* (*elettr.*) raggi catodici.

catholic [ˈkæθəlɪk / cath·olic] *agg.* **1** (*form.*) universale; eclettico: — *mind*, mente aperta; *he's got very — taste in painting*, ha un gusto eclettico in pittura **2** cattolico // *the Catholic Church*, la chiesa cattolica // *His Catholic Majesty*, Sua Maestà Cattolica ◆ *s.* cattolico // *Anglo-Catholic*, sostenitore della cattolicità della chiesa anglicana; *Roman Catholic*, cattolico romano // **-ally** *avv.*

Catholicism [kəˈθɒlɪsɪzəm / Cath·oli·cism] *s.* cattolicesimo.

catholicity [,kæθəʊˈlɪsətɪ / cath·oli·city] *s.* **1** (*form.*) universalità; tolleranza; eclettismo **2** cattolicità.

to **catholicize** [kəˈθɒlɪsaɪz / cath·oli·cize] *v.tr.* (*non com.*) cattolicizzare.

catholicon [kəˈθɒlɪkən / cath·ol·icon] *s.* (*ant.*) panacea.

cat-house [ˈkæthaʊs] *s.* (*sl. amer.*) bordello.

cation [ˈkætaɪən / cat·ion] *s.* (*fis.*) catione.

catkin [ˈkætkɪn / cat·kin] *s.* (*bot.*) amento, gattino.

catlike [ˈkætlaɪk / cat·like] *agg.* felino.

catling [ˈkætlɪŋ / cat·ling] *s.* **1** (*zool.*) gattino **2** (*rar.*) minugia sottile: *unless the fiddler Apollo get his sinews to make catlings on*, (SH. Troilus and Cressida) a meno che Apollo citaredo non si serva delle sue budella per minugia.

catmint [ˈkætmɪnt / cat·mint] → **cat's -foot** 1.

catnap [ˈkætnæp / cat·nap] *s.* (*fam.*) sonnellino.

cat-o'-mountain *s.* → **catamountain**.

cat-o'-nine-tails [,kætəˈnaɪnteɪlz] *s.* gatto a nove code.

catoptric [kæˈtɒptrɪk / cat·opt·ric] *agg.* (*fis.*) catottrico.

catoptrics [kæˈtɒptrɪks / cat·opt·rics] *s.* [U] (*fis.*) catottrica.

cat's-cradle [ˈkæts,kreɪdl] *s.* (*gioco*) ripiglino.

cat's-eye [ˈkætsaɪ] *s.* **1** (*min.*) occhio di gatto **2** catarinfrangente (stradale).

cat's-foot [ˈkætsfʊt] *s.* (*bot.*) **1** (*Nepeta gattaria*) gattaria; (*pop.*) erba dei gatti SIN. catmint 2 (*Antennaria dioica*) antennaria; (*pop.*) piè di gatto.

cat's-paw ['kætspɔ:] *s.* 1 (*meteor.*) bava di vento 2 (*mar.*) nodo di gancio a bocca di lupo 3 (*fig. fam.*) tirapiedi, burattino.

cat's-tail ['kætsteɪl] *s.* (*bot.*) (*Typha latifolia*) sala, stiancia, tifa; (*pop.*) mazza sorda, coda di gatto.

catsup ['kætsəp / cat·sup] *s.* (*amer.*) → **ketchup**.

cat's-whisker [,kæts'wɪskə*] *s.* (*rad.*) baffo di gatto.

cattish ['kætɪʃ / cat·tish] → **catty**.

cattle ['kætl] *s.pl.* 1 bestiame, armenti; (*non com.*) cavalli: *he has fifty* (*head of*) *— on his farm*, ha cinquanta capi di bestiame nella sua fattoria; *the — are in the fields*, il bestiame è nei campi; *— breeder*, allevatore di bestiame; *— dealer*, negoziante di bestiame; *— drover*, bovaro 2 (*fig. spreg.*) gentaglia.

cattle cake ['kætlkeɪk] *s.* pane, formella di mangime.

cattle-feeder ['kætl,fi:də*] *s.* alimentatore meccanico (per il bestiame).

cattle grid ['kætlgrɪd] amer. **cattle guard** ['kætlgɑ:d] *s.* griglia di ferro posta a copertura di una fossa della strada (per impedire il passaggio del bestiame ma non dei veicoli).

cattleman ['kætlmæn / cattle·man] *pl.* **cattlemen** ['kætlmən] *s.* 1 mandriano, bovaro 2 allevatore di bestiame.

cattle-shed ['kætlʃed] *s.* stalla (per bovini).

catty ['kætɪ] *agg.* 1 da felino 2 (*fam.*) dispettoso; malizioso; malevolo.

catwalk ['kætwɔ:k / cat·walk] *s.* passerella.

Caucasian [kɔ:'keɪzjən *amer.* kɔ:'keɪʒən / Cau·ca·sian] *agg.* e *s.* caucasico; indoeuropeo; (persona) di razza bianca.

Caucasic [kɔ:'kæsɪk / Cau·ca·sic] *agg.* caucasico.

caucus ['kɔ:kəs / cau·cus] *s.* comitato; piccolo gruppo politico; 'caucus', riunione ristretta dei membri di un partito (per scegliere i candidati o la linea del partito).

to **caucus** *v.intr.* (*spec. amer.*) partecipare a un vertice politico ristretto.

caudal ['kɔ:dl] *agg.* caudale.

caudate ['kɔ:deɪt / caud·ate] *agg.* caudato: *— nucleus*, nucleo caudato.

caught *pass.p.p.* di to **catch**.

caul [kɔ:l] *s.* (*biol.*) amnio // *to be born with a —*, (*fig. antiq.*) nascere con la camicia.

cauldron ['kɔ:ldrən / caul·dron] *s.* caldaia, calderone.

caulescent [kɔ:'lesənt / caul·escent] *agg.* (*bot.*) caulescente.

cauliflower ['kɒlɪ,flaʊə* *amer.* 'kɔ:lɪ,flaʊə* / cau·li·flower] *s.* (*bot.*) (*Brassica oleracea botrytis*) cavolfiore; (*pop.*) broccoli (*pl.*).

cauline ['kɔ:laɪn / caul·ine] *agg.* (*bot.*) caulinare.

to **caulk** [kɔ:k] *v.tr.* 1 (*mar.*) calafatare 2 (*mecc.*) cianfrinare, presellare.

caulker ['kɔ:kə*] *s.* 1 (*mar.*) calafato 2 (*mecc.*) presella, cianfrino.

caulking ['kɔ:kɪŋ / caulk·ing] *s.* 1 (*mar.*) calafataggio 2 (*mecc.*) presellatura, cianfrinatura.

causal ['kɔ:zl] *agg.* causale // **-ly** *avv.*

causality [kɔ:'zælɪtɪ / caus·al·ity] *s.* (*form.*) causalità; rapporto fra causa ed effetto.

causation [kɔ:'zeɪʃn / causa·tion] *s.* (*form.*) 1 il causare 2 causalità; rapporto fra causa ed effetto 3 (*dir.*) rapporto di causalità.

causationism [kɔ:'zeɪʃənɪzəm / causa·tion·ism] *s.* (*fil.*) causalismo.

causative ['kɔ:zətɪv / caus·at·ive] *agg.* 1 (*form.*) causativo 2 (*gramm.*) causativo // **-ly** *avv.*

cause [kɔ:z] *s.* 1 causa, ragione, motivo: *the police have discovered the — of the accident*, la polizia ha scoperto la causa dell'incidente; *her father's health is a — for worry*, la salute di suo padre è motivo di preoccupazioni; *to have good — for doing sthg.*, avere buone ragioni per fare qlco.; *to complain without a* (o *any*) *—*, lamentarsi senza motivo; *to give serious — for complaint*, dare un motivo serio per lamentarsi // *final —*, scopo, fine, causa ultima // *root* (o *underlying*) *—*, causa principale // (*teol.*) *the First Cause*, Causa Prima, Dio 2 causa, ideale: *to fight for a good —*, combattere per una buona causa; *to make common — with*, (*fam.*) far causa comune con; *to plead s.o.'s —*, perorare la causa di qlcu. 3 (*dir.*) causa, processo: *— of action*, diritto sostanziale // *a lost —*, (*anche fig.*) una causa persa.

to **cause** *v.tr.* (III, IV) causare; produrre, provocare; indurre a, fare sì che: *his leg caused him continual pain*, la gamba gli causava un dolore continuo; *what caused the accident?*, che cosa provocò l'incidente?; *he caused me to miss my train*, mi fece perdere il treno; *what caused him to change his mind?*, che cosa gli fece cambiare idea?; *to — s.o. to do sthg.*, far fare qlco. a qlcu.

cause celebre [,kəʊzse'lebrə / cause celebre] *pl.* **causes celebres** *s.* (*fr.*) caso famoso (*anche dir.*).

causeless ['kɔ:zlɪs / cause·less] *agg.* 1 casuale, fortuito 2 ingiustificato; infondato // **-ly** *avv.*

causerie ['kəʊzəri: / caus·erie] *s.* (*non com.*) 1 conversazione, chiacchierata 2 articolo di argomento leggero (specialmente letterario).

causeway ['kɔ:zweɪ / cause·way] meno com. **causey** ['kɔ:zeɪ] *s.* strada rialzata (specialmente su terreno acquitrinoso); strada selciata; strada lastricata: *the causey to Hell-gate*, (MILTON) il selciato per l'inferno.

to **causeway**, to **causey** *v.tr.* (*non com.*) 1 provvedere di strada rialzata 2 selciare; lastricare.

caustic ['kɔ:stɪk / caus·tic] *agg.* caustico; corrosivo: *— potash*, potassa caustica; *— soda*, soda caustica; (*fig.*) mordace, pungente, sarcastico ◆ *s.* 1 (*chim.*) caustico 2 (*fis.*) (superficie, curva) caustica.

caustically ['kɔ:stɪkəlɪ / caus·tic·ally] *avv.* causticamente; mordacemente.

causticity [kɔ:'stɪsətɪ / caus·ti·city] *s.* causticità; (*fig.*) mordacità.

cautel ['kɔ:təl] *s.* (*ant.*) inganno; furbizia, astuzia: *nor cautel doth besmirch / the virtue of his will*, (SH. Hamlet) nessun secondo fine macchi la purezza delle sue intenzioni.

cautelous ['kɔ:tələs / cautel·ous] *agg.* (*ant.*) astuto, ingannevole: *swear priests and cowards and men cautelous*, (SH. Julius Caesar) giurino i preti e i codardi, e gli uomini infidi.

cauterization [,kɔ:tərаɪ'zeɪʃn / caut·er·iza·tion] *s.* (*med.*) cauterizzazione.

to **cauterize** ['kɔ:təraɪz / caut·er·ize] *v.tr.* (*med.*) cauterizzare.

cautery ['kɔ:tərɪ / caut·ery] *s.* (*med.*) 1 cauterio 2 cauterizzazione.

cautery-knife ['kɔ:tərɪ,naɪf] *s.* (*med.*) termocauterio.

caution ['kɔ:ʃn / cau·tion] *s.* 1 prudenza, circospezione, cautela; previdenza, accortezza: *with due —*, con la dovuta precauzione; *treat his views with great —*, prendi le sue opinioni con molta cautela 2 cauzione, garanzia: (*comm.*) *— money*, cauzione, caparra 3 (*dir.*) diffida, avvertimento: *he was left off with a —*, fu rilasciato dietro diffida 4 (*sl. antiq.*) persona, cosa originale; avvenimento singolare.

to **caution** *v.tr.* 1 avvertire, premunire, mettere in guardia: *to — s.o. against sthg., s.o.*, mettere in guardia qlcu. contro qlco., qlcu. 2 rimproverare; minacciare; diffidare (*anche dir.*).

cautionary ['kɔ:ʃənərɪ *amer.* 'kɔ:ʃənerɪ / cau·tion·ary] *agg.* ammonitore, di avvertimento, di precauzione; *— signal*, segnale d'avviso; *my mother used to tell me — tales about what happened to little boys who didn't eat their dinner*, mia madre era solita raccontarmi storie che mi servissero d'ammonimento su ciò che accadeva ai bambini che non cenavano.

cautious ['kɔ:ʃəs / cau·tious] *agg.* cauto, prudente: *to be — in doing sthg.*, essere prudente nel fare qlco. // **-ly** *avv.*

cautiousness ['kɔ:ʃəsnɪs / cau·tious·ness] *s.* cautela, prudenza.

cavalcade [,kævl'keɪd / ca·val·cade] *s.* cavalcata, corteo (di persone a cavallo); sfilata.

cavalier [,kævə'lɪə* / ca·va·lier] *agg.* 1 (*spreg.*) superbo, altezzoso, sdegnoso 2 disinvolto 3 galante 4 (*st.*) realista; seguace di Carlo I ◆ *s.* 1 uomo a cavallo, cavaliere 2 cavalier servente (di una dama); gentiluomo 3 (*st.*) realista; seguace di Carlo I.

cavalierly [,kævə'lɪəlɪ / ca·va·lier·ly] *avv.* con arroganza, con alterigia.

cavalla [kə'vælə / ca·valla] *pl.* **cavalla(s)** *s.* (*zool.*) (*Caranx hippos*) sgombro cavallino.

cavalry ['kævəlrɪ / cav·alry] *s.* (*mil.*) 1 cavalleria: *light —*, cavalleria leggera 2 mezzi corazzati leggeri.

cavalryman ['kævlrɪmən / cav·al·ry·man] *pl.* **cavalrymen** *s.* soldato di cavalleria.

cavatina [,kævə'ti:nə / ca·va·tina] *s.* (*mus.*) cavatina.

cave[1] [keɪv] *s.* cava; grotta, caverna; sotterraneo.

to **cave**[1] *v.tr.* incavare; scavare ◆ *v.intr.* vivere in caverne.

□ **cave in** *v.intr.* e *avv.* 1 sprofondare, cedere, franare (di suolo ecc.): *the roof caved in*, il tetto sprofondò 2 (*fig.*) cadere, crollare: *under further questioning he caved in and confessed*, dopo un ulteriore interrogatorio egli cedette e confessò ◆ *v.tr.* e *avv.* schiacciare; sformare: *the second blow caved in his skull*, il secondo colpo gli fracassò il cranio.

cave[2] ['keɪvɪ] *inter.* (*sl. scolastico antiq.*) attenzione!

caveat ['kævɪæt / cav·eat] *s.* **1** (*dir.*) diffida, avviso, intimazione; procedimento per ottenere una sospensiva: *to enter a —*, chiedere una sospensiva **2** avviso di opposizione al rinnovo di un brevetto **3** (*form.*) ammonimento; diffida **4** (*amer.*) domanda di brevetto provvisorio.

cave-dweller ['keɪvdwelə*] *s.* abitante delle caverne.

cave-in ['keɪvɪn] *s.* (*ind. miner.*) cedimento del tetto; franamento.

caveman ['keɪvmæn / cave·man] *pl.* **cavemen** ['keɪvmen] *s.* uomo delle caverne, troglodita (*anche fig.*).

cavern ['kævən / cav·ern] *s.* caverna, grotta.

cavernous ['kævənəs / cav·ern·ous] *agg.* cavernoso (*anche fig.*) // (*geol.*) *— limestone*, calcare cavernoso // (*anat.*) *— sinus*, seno cavernoso.

caves(s)on ['kævɪsən / cav·e(s)·son] *s.* cavezzone.

caviar(e) ['kævɪɑ:* / cavi·ar(e)] *s.* caviale // *it is — to the general*, (*fig.*) è come gettare perle ai porci.

cavil ['kævɪl] *s.* cavillo.

to **cavil** *pass.p.p.* **cavilled** ['kævɪld / cav·illed] *v.intr.* cavillare: *to — about* (o *at*) *sthg.*, cavillare su qlco. // **-er** *s.*

cavilling ['kævɪlɪŋ / cav·il·ling] *agg.* cavilloso ◆ *s.* il cavillare.

cavillous ['kævɪləs / cav·il·lous] *agg.* (*rar.*) cavilloso.

caving ['keɪvɪŋ / cav·ing] *agg.* franoso: *— ground*, formazione franosa ◆ *s.* **1** speleologia **2** (*ind. miner.*) coltivazione con frana dal tetto; *pl.* materiale franato.

cavitation [,kævɪ'teɪʃn / ca·vit·a·tion] *s.* (*fis.*) cavitazione.

cavity ['kævɪtɪ / cav·ity] *s.* **1** cavità // (*anat.*) *the abdominal —*, la cavità addominale // *to have a — in a tooth*, avere una carie in un dente **2** (*mecc.*) intercapedine; cavità **3** (*elettr.*) *— resonator*, cavità risonante.

cavity wall ['kævətɪ,wɔ:l] *s.* muro a cassavuota, a intercapedine.

to **cavort** [kə'vɔ:t / ca·vort] *v.intr.* (*fam.*) **1** impennarsi (di cavallo) **2** salterellare.

cavy ['keɪvɪ] *s.* (*zool.*) cavia, porcellino d'India.

caw [kɔ:] *s.* gracchiamento (di corvo, cornacchia ecc.).

to **caw** *v.intr.* gracchiare (di corvo, cornacchia ecc.).

cay [keɪ] *s.* banco di corallo, di sabbia; isolotto pianeggiante (spec. in Florida).

cayenne [keɪ'en / cay·enne] **cayenne -pepper** [kaɪ'en'pepə*] *s.* (*bot.*) (*Capsicum annuum*) pepe di Caienna; (*pop.*) pepe rosso SIN. red pepper.

cayman ['keɪmən / cay·man] *s.* (*zool.*) caimano // *spectacled —*, (*Caiman crocodylus*) caimano dagli occhiali.

C-bomb ['si:bɒm] *s.* bomba al cobalto.

cease [si:s] *s.* (*ant.*) fine, estinzione; oggi nella locuz.: *without —*, (*form.*) incessantemente; *defect of judgement / is oft the cease of fear*, (SH. Cymbeline) spesso è la mancanza di giudizio a porre fine alla paura.

to **cease** *v.intr.* (I) cessare, finire; desistere; fermarsi: *he ceased reading*, cessò di leggere; *he has ceased to see anybody*, non vede più nessuno; *to — from work, from doing sthg.*, smettere di lavorare, di fare qlco.; *after an hour the rain ceased*, dopo un'ora la pioggia cessò; *you must — making unpleasant remarks to him*, devi smettere di fargli osservazioni spiacevoli ◆ *v.tr.* cessare, fermare, porre fine a: *the magazine ceased publication*, la rivista ha sospeso le pubblicazioni.

cease-fire [,si:s'faɪə*] *s.* cessate il fuoco; tregua.

ceaseless ['si:slɪs / cease·less] *agg.* incessante, continuo // **-ly** *avv.* // **-ness** *s.*

ceasing ['si:sɪŋ / ceas·ing] *s.* cessazione, fine.

cecum e *deriv.* → **caecum** e *deriv.*

cedar ['si:də* / ce·dar] *s.* (*bot.*) **1** cedro: *— of Lebanon*, (*Cedrus libani*) cedro del Libano **2** legno di cedro.

cedarn ['si:dən / ce·darn] *agg.* (*letter.*) di cedro, cedrino.

to **cede** [si:d] *v.tr.* (*anche dir.*) cedere (territorio, beni immobili ecc.); rinunciare a (diritti ecc.).

cedilla [sɪ'dɪlə / ce·dilla] *s.* cediglia.

to **ceil** [si:l] *v.tr.* (*rar.*) soffittare; ornare con rilievi il soffitto di (una stanza) ◆ *v.intr.* (*aer.*) volare alla quota di tangenza.

ceilidh ['keɪlɪ / cei·lidh] *s.* (*irl., scoz.*) festa con musica e danze.

ceiling ['si:lɪŋ / ceil·ing] *s.* **1** soffitto // *to hit the —*, arrabbiarsi molto **2** (*aer.*) quota di tangenza **3** (*mar.*) fasciame interno (di nave) **4** (*econ.*) plafond, tetto: *credit —*, massimale del credito; *— price*, prezzo massimo **5** (*meteor.*) base di un banco di nubi **6** punto più alto di traiettoria (di proiettile).

celadon ['selədɒn / ce·la·don] *agg.* e *s.* **1** verde pallido **2** 'celadon' (porcellana cinese di colore fra il verde erba e il verde mare).

celandine ['seləndaɪn / cel·an·dine] *s.* (*bot.*) (*Chelidonium majus*) celidonia; (*pop.*) erba da porri SIN. pilewort.

celeb [sə'leb / ce·leb] *s.* (*fam. amer.*) abbr. di → **celebrity**.

celebrant ['selɪbrənt / ce·leb·rant] *s.* (*eccl.*) celebrante.

to **celebrate** ['selɪbreɪt / cel·eb·rate] *v.tr.* e *intr.* **1** festeggiare, fare festa (a) **2** celebrare; solennizzare; commemorare; onorare **3** (*eccl.*) celebrare.

celebrated ['selɪbreɪtɪd / cel·eb·rated] *agg.* famoso, illustre.

celebration [,selɪ'breɪʃn / cel·eb·ra·tion] *s.* celebrazione, festeggiamento.

celebrator ['selɪbreɪtə* / cel·eb·rator] *s.* celebrante; celebratore.

celebrity [sɪ'lebrətɪ / ce·leb·rity] *s.* **1** celebrità, fama **2** persona famosa, celebrità.

celeriac [sɪ'lerɪæk / ce·leriac] *s.* (*bot.*) (*Apium graveolens rapaceum*) sedano rapa.

celerity [sɪ'lerətɪ / ce·ler·ity] *s.* (*form.*) celerità, velocità; sveltezza.

celery ['selərɪ / cel·ery] *s.* (*bot.*) (*Apium graveolens*) sedano.

celeste [sɪ'lest / ce·leste] *agg.* e *s.* azzurro cielo.

celestial [sɪ'lestjəl *amer.* sɪ'lestʃl / ce·les·tial] *agg.* **1** celeste: (*astr.*) *— equator, pole*, equatore, polo celeste; *— globe, sphere*, globo, sfera celeste; *— body*, corpo celeste; astro // (*mar.*) *— navigation*, navigazione astronomica // (*fis.*) *— mechanics*, meccanica celeste **2** celestiale, paradisiaco ◆ *s.* abitante del cielo.

celestine[1] ['selɪstaɪn / ce·les·tine] *s.* (*min.*) celestite.

Celestine[2] *s.* (*eccl.*) celestino.

celestite ['selɪstaɪt / cel·est·ite] *s.* (*min.*) celestite.

celiac ['si:lɪæk / cel·iac] *agg.* → **coeliac**.

celibacy ['selɪbəsɪ / cel·ib·acy] *s.* celibato.

celibatarian [,selɪbə'teərɪən / cel·ib·at·ar·ian] *s.* chi difende il celibato ◆ *agg.* che difende il celibato.

celibate ['selɪbət / cel·ib·ate] *agg.* e *s.* celibe, nubile.

cell [sel] *s.* **1** cella (di monastero, prigione, alveare e sim.) **2** (*biol.*) cellula: *the cells of the brain*, le cellule del cervello; *— membrane*, membrana cellulare; *— wall*, parete cellulare; *— division*, divisione cellulare; mitosi, meiosi // *B, T —*, linfocita B, T **3** (*pol.*) cellula **4** (*elettr.*) accumulatore, elemento, pila, cellula, cella: *solar —*, cella solare **5** (*miner.*) cella (di flottazione) **6** (*meteor.*) cella (di convezione) **7** (*aer.*) cellula **8** (*edil.*) intercapedine **9** (*letter.*) tomba **10** (*mat.*) cella: *— complex*, complesso di celle.

cellar ['selə* / cel·lar] *s.* cantina; scantinato; sottosuolo; sotterraneo // *the restaurant had a wonderful —*, la cantina del ristorante era ottimamente fornita.

to **cellar** *v.tr.* mettere in cantina (vino ecc.).

cellarage ['selərɪdʒ / cel·lar·age] *s.* Ⓤ **1** cantine, scantinati **2** spese di magazzinaggio.

cellarer ['selərə* / cel·larer] *s.* cantiniere; dispensiere (*anche eccl.*).

cellarist ['selərɪst / cel·lar·ist] *s.* (*non com.*) cantiniere; dispensiere (*anche eccl.*).

cellarman ['seləmən / cel·lar·man] *pl.* **cellarmen** *s.* cantiniere.

cellated ['seleɪtɪd / cel·lated] **celled** [seld] *agg.* **1** (*biol.*) cellulato **2** (*elettr.*) a pile, a elementi: *two- — battery*, batteria a due pile, a due elementi.

celliform ['selɪfɔ:m / cel·li·form] *agg.* celliforme.

'cellist ['tʃelɪst / cell·ist] abbr. di → **violoncellist**.

'cello ['tʃeləʊ] abbr. di → **violoncello**.

celloidin [sə'lɔɪdɪn / cell·oidin] *s.* (*chim.*) celloidina.

cellophane® ['seləʊfeɪn / cel·lo·phane] *s.* cellofan, cellophane.

cell-phone ['sel,fəʊn] *s.* (telefono) cellulare.

cellular ['seljʊlə* / cel·lu·lar] *agg.* **1** cellulare: (*biol.*) *— affinity*, affinità cellulare; *— tissue*, tessuto cellulare // (*meteor.*) *— convection*, convezione a celle **2** a forma di cellula, a nido d'ape: *— blanket*, coperta a nido d'ape // (*mecc.*) *— radiator*, radiatore a nido d'ape.

cellulase ['seljə,leɪs / cel·lu·lase] *s.* (*chim.*) cellulasi.

cellule ['selju:l / cel·lule] *s.* (*anat.*, *biol.*) microcellula.

cellulite ['seljʊlaɪt / cel·lu·lite] *s.* (*fam.*) cellulite.

cellulitis [,seljʊ'laɪtɪs / cel·lu·litis] *s.* (*med.*) cellulite.

celluloid ['seljʊlɔɪd / cel·lu·loid] *agg.* e *s.* (di) celluloide.

cellulose ['seljʊləʊz / cel·lu·lose] *agg.* celluloso ◆ *s.* (*chim.*) cellulosa: — *acetate*, acetato di cellulosa; — *nitrate*, nitrato di cellulosa.

cellulosic ['seljə,ləʊsɪk / cel·lu·losic] *agg.* (*chim.*) cellulosico.

Celt [kelt *amer.* selt] *s.* **1** (*estens.*) abitante di Scozia, Galles, Irlanda e Bretagna **2** (*st.*) celta.

celt [selt] *s.* (*archeol.*) ascia preistorica in pietra o bronzo.

Celtic ['keltɪk *amer.* 'seltɪk] *agg.* e *s.* celtico // **-ally** *avv.*

celticism ['keltɪsɪzəm *amer.* 'seltɪsɪzəm / cel·ti·cism] *s.* (*non com.*) costumi e usi dei celti.

to **celticize** ['keltɪsaɪz *amer.* 'seltɪsaɪz / cel·ti·cize] *v.tr.* e *intr.* rendere, diventare celtico.

cement [sɪ'ment / ce·ment] *s.* **1** cemento (*anche geol.*): — *plastering*, intonaco di cemento; *hydraulic* —, cemento idraulico **2** (*fig.*) legame, cemento **3** mastice, stucco **4** (*med.*) cemento dentario.

to **cement** *v.tr.* cementare (*anche fig.*).

cementation [,si:men'teɪʃn / ce·menta·tion] *s.* (*geol.*, *miner.*, *metall.*) cementazione.

cementite [sɪ'mentaɪt / ce·ment·ite] *s.* (*chim.*) cementite.

cement-rock [sɪ'mentrɒk] *s.* (*geol.*) calcare da cemento.

cemetery ['semɪtrɪ *amer.* 'semətərɪ / cem·et·ery] *s.* cimitero, camposanto.

cenesthesia, **cenesthesis** → **coenesthesia**, **coenesthesis**.

cenobite ['si:nəʊbaɪt / ce·no·bite] *s.* cenobita.

cenotaph ['senəʊtɑ:f *amer.* 'senəʊtæf / ceno·taph] *s.* cenotafio.

Cenozoic [si:nəʊ'zəʊɪk / Ceno·zoic] *agg.* e *s.* → **Cainozoic**.

to **cense** [sens] *v.tr.* (*rar.*) incensare, bruciare incenso a (una divinità).

censer ['sensə* / cen·ser] *s.* incensiere, turibolo // *man in a* —, la figura del santo riprodotta sul fondo dell'incensiere: *I'll tell thee what, thou thin man in a censer, I will have you as soundly swingled for this*, (SH. Henry IV) te ne dico una io, tisicuzzo: questa me la pagherai.

censer-bearer ['sensə,beərə*] *s.* (*eccl.*) turiferario.

censor ['sensə* / cen·sor] *s.* **1** censura **2** (*fig. antiq.*) censore, persona ipercritica **3** (*st. romana*) censore.

to **censor** *v.tr.* censurare.

censorial [sen'sɔ:rɪəl / cen·sor·ial] *agg.* **1** censorio **2** (*psic.*) censorio.

censorious [sen'sɔ:rɪəs / cen·sori·ous] *agg.* ipercritico // **-ly** *avv.* // **-ness** *s.*

censorship ['sensəʃɪp / cen·sor·ship] *s.* **1** censura: — *of the press*, censura sulla stampa **2** (*psic.*) censura **3** (*st.*) censorato.

censurable ['senʃərəbl / cen·sur·able] *agg.* censurabile.

censure ['senʃə* / cen·sure] *s.* **1** censura, biasimo: *vote of* —, voto di biasimo; *to pass — on the government*, censurare il governo **2** (*ant.*) opinione, giudizio: *how blest am I / in my just censure*, (SH. Winter's Tale) come sono beato nella mia giusta opinione.

to **censure** *v.tr.* censurare; criticare // **-er** *s.*

census ['sensəs / cen·sus] *s.* **1** censo, censimento: *to take a — of the population*, fare il censimento della popolazione **2** (*st. romana*) censo.

cent [sent] *s.* **1** (*amer.*) centesimo di dollaro; (*fam.*) soldo, monetina **2** (*comm.*) *per* —, per cento: *he has a 10% commission on all orders*, ha una provvigione del 10% su tutte le ordinazioni // *red* —, monetina di rame: *he hasn't a red* —, non ha il becco di un quattrino.

centaur ['sentɔ:* / cen·taur] *s.* (*mit.*) centauro.

centaury ['sentɔ:rɪ / cen·taury] *s.* (*bot.*) centaurea; (*Centaurium umbellatum*) centaurea minore; (*pop.*) cacciafebbre.

centenarian [,sentɪ'neərɪən / cen·ten·ar·ian] *agg.* e *s.* centenario (persona).

centenary [sen'ti:nərɪ *amer.* 'sentənerɪ / cen·ten·ary] *agg.* e *s.* centenario.

centennial [sen'tenjəl / cent·en·nial] *agg.* centennale ◆ *s.* centenario, centesimo anniversario.

center e *deriv.* (*amer.*) → **centre** e *deriv.*

centerfold ['sentəfəʊld / cen·ter·fold] *s.* (*amer.*) inserto centrale (di giornale o rivista).

centering *s.* (*amer.*) → **centreing**.

centesimal [sen'tesɪml / cen·tes·imal] *agg.* centesimale.

centi- ['sentɪ] *pref.* di origine latina che vale 'cento'; it. centi-.

centigrade ['sentɪgreɪd / cen·ti·grade] *agg.* centigrado: — *scale*, scala centigrada.

centigram(me) ['sentɪgræm / cen·ti·gram(me)] *s.* centigrammo.

centilitre ['sentɪ,li:tə* / cen·ti·litre] *s.* centilitro.

centimetre ['sentɪ,mi:tə* / cen·ti·metre] amer. **centimeter** *s.* centimetro.

centipede ['sentɪpi:d / cen·ti·pede] *s.* (*zool.*) centopiedi.

cento ['sentəʊ] *s.* (*lett.*, *mus.*) centone.

central ['sentrəl / cent·ral] *agg.* **1** centrale: — *heating*, riscaldamento centrale; — *government*, governo centrale // (*anat.*) — *nervous system*, sistema nervoso centrale // (*mat.*): — *symmetry*, simmetria centrale; — *angle*, angolo al centro; — *conic*, conica a centro // (*fis.*) — *force*, forza centrale // (*econ.*): — *planning*, pianificazione centralizzata; — (*exchange*) *rates*, tassi centrali (delle monete dello SME) // *the Central Powers*, (*st.*) le Potenze Centrali (Germania, Austria, Ungheria) **2** principale, fondamentale ◆ *s.* (*amer.*) centrale telefonica.

centralism ['sentrəlɪzəm / cent·ral·ism] *s.* (*pol.*) centralismo.

centralist ['sentrəlɪst / cent·ral·ist] *s.* (*pol.*) accentratore di poteri.

centrality [sen'trælətɪ / cent·ral·ity] *s.* centralità.

centralization [,sentrəlaɪ'zeɪʃn / cent·ral·iza·tion] *s.* accentramento, concentrazione di poteri.

to **centralize** ['sentrəlaɪz / cent·ral·ize] *v.tr.* centralizzare; accentrare, concentrare ◆ *v.intr.* centralizzarsi, accentrarsi.

centrally ['sentrəlɪ / cent·rally] *avv.* centralmente: (*econ.*) — *planned economy*, economia pianificata dal centro.

central time ['sentrəltaɪm] *s.* fuso orario della zona centrale degli Stati Uniti.

centre [,sentə*] *s.* **1** centro, punto centrale, parte centrale; interno, cuore: *in the* —, nel centro; *town* —, centro della città; *these chocolates have soft centres*, questi cioccolatini sono ripieni di crema morbida // (*fis.*): — *of curvature*, centro di curvatura; — *of gravity*, centro di gravità, baricentro // — *of attraction*, centro d'attrazione (*anche fig.*) // (*pol.*) — *party*, partito di centro **2** centro; complesso; aggregato urbano; città: *our town is an important cultural* —, la nostra città è un importante centro culturale; *Birmingham is a — for industry*, Birmingham è un centro industriale; *health* —, centro medico zonale; *arts* —, edificio dove si svolgono attività artistiche **3** (*sport*) persona che gioca per lo più al centro del campo; disco di centro campo; (*hockey*) centro **4** (*mecc.*) perno, asse; punta (di macchina utensile) **5** (*biol.*) nucleo **6** (*edil.*) centina.

to **centre** *v.tr.* **1** centrare, porre al centro; trovare il centro di: *he centred himself in the boat so that it no longer rocked*, si mise al centro della barca in modo che non dondolasse più **2** concentrare: *he centred his affections on his daughter*, concentrò tutto il suo affetto sulla figlia **3** (*sport*) passare al centro ◆ *v.intr.* **1** concentrarsi, convergere: *all his hopes centred on his son*, le sue speranze erano tutte riposte nel figlio **2** incentrarsi, basarsi, imperniarsi: *his last novel centred around workers' life in 19th century*, il suo ultimo romanzo era imperniato sulla vita degli operai nel XIX secolo.

centreboard ['sentəbɔ:d / centre·board] *s.* (*mar.*) deriva mobile.

centre-field ['sentə,fi:ld] *s.* (*sport*) centrocampo.

centre-fielder ['sentə,fi:ldə*] *s.* (*sport*) centrocampista.

centre forward ['sentə,fɔ:wəd] *s.* (*sport*) centravanti, centrattacco SIN. **striker**.

centre half ['sentə,hɑ:f] *s.* (*sport*) centromediano.

centreing ['sentərɪŋ / cen·tre·ing] *s.* **1** (*edil.*) centina **2** (*mecc.*) centraggio.

centre left ['sentə,left] *s.* (*pol.*) centrosinistra.

centrepiece ['sentəpi:s / centre·piece] *s.* **1** centrotavola **2** (*arch.*) rosone centrale.

centric(al) ['sentrɪk(l) / cent·ric(al)] *agg.* **1** (*non com.*) centrale **2** (*scient.*) centrale, centrico.

centricity [sen'trɪsɪtɪ / cent·ri·city] *s.* centralità.

centrifugal [sen'trɪfjʊgl / cen·tri·fu·gal] *agg.* (*fis.*) centrifugo: — *force*, forza centrifuga; — *pump*, pompa centrifuga.

centrifuge ['sentrɪ,fju:dʒ / cen·tri·fuge] *s.* (*tecn.*) centrifuga.

centrina shark [sentri:nəʃɑ:k] *s.* (*zool.*) (*Oxynotus centrina*) pesce porco (piccolo squalo).

centring ['sentrɪŋ / cen·tring] → **centreing**.

centriole ['sentrɪəʊl / cen·tri·ole] *s.* (*biol.*) centriolo.

centripetal [sen'trɪpɪtl / cent·ri·petal] *agg.* (*fis.*) centripeto: — *force*, forza centripeta.

centrist ['sentrɪst / cent·rist] *s.* (*pol.*) centrista.

centrosome ['sentrə,səʊm / cen·tro·some] *s.* (*biol.*) centrosoma.

centrosphere ['sentrə,sfɪə* / cen·tro·sphere] *s.* **1** (*biol.*) centrosfera **2** (*geol.*) → barysphere.

centuple ['sentjʊpl / cent·uple] *agg.* e *s.* centuplo.

to **centuple** *v.tr.* centuplicare.

centuplicate [sen'tju:plɪkɪt / cent·up·lic·ate] *agg.* e *s.* centuplicato.

to **centuplicate** [sent'tju:plɪkeɪt] *v.tr.* centuplicare.

centurion [sen'tjʊərɪən *amer.* sen'tʊərɪən / cen·tur·ion] *s.* (*st. romana*) centurione.

century ['sentjʊrɪ / cen·tury] *s.* **1** secolo: *in the twentieth* —, nel ventesimo secolo **2** (*st. romana*) centuria **3** centinaio **4** (*sport*) gara sui 100 m; (*cricket*) punteggio di cento corse **5** (*sl. amer.*) cento dollari.

cephalea [,sefə'lɪə / ceph·alea] **cephalalgia** [,sefə'lældʒɪə / ceph·al·algia] *s.* (*med.*) cefalgia, cefalea.

cephalic [se'fælɪk / ceph·alic] *agg.* cefalico: — *index*, indice cefalico.

cephalin ['sefəlɪn / ceph·alin] *s.* (*biochim.*) cefalina.

cephalitis [,sefə'laɪtɪs / ceph·al·itis] *s.* (*med.*) encefalite.

cephalopod ['sefələʊpɒd / ceph·alo·pod] *s.* (*zool.*) cefalopode.

cephalosporin [,sefələʊ'spɒrɪn / ceph·alo·sporin] *s.* (*biochim.*) cefalosporina.

cephalothorax [,sefələʊ'θɔ:ræks / ce·ph·alo·thorax] *s.* (*zool.*) cefalotorace.

ceramic [sɪ'ræmɪk / ce·ramic] *agg.* ceramico; della ceramica.

ceramics [sɪ'ræmɪks / cer·am·ics] *s.* **1** [U] (arte della) ceramica **2** *pl.* oggetti di ceramica.

ceramist ['serəmɪst / cer·am·ist] *s.* ceramista.

cerargyrite [sə'rɑ:rdʒəraɪt / ce·rar·gy·rite] *s.* (*min.*) cerargirite.

cerastes [sɪ'ræsti:z / ce·ras·tes] *s.* (*zool.*) (*Cerastes cornutus*) ceraste, vipera cornuta.

cerastium [sɪ'ræstɪəm / ce·rast·ium] *s.* (*bot.*) cerastio.

cere [sɪə*] *s.* cera (del becco degli uccelli).

cereal ['sɪərɪəl / cer·eal] *agg.* cereale ♦ *s.* **1** cereale: *cereals are good for your health*, i cereali ti fanno bene alla salute **2** fiocchi d'avena, di frumento ecc.: *he poured milk on his breakfast* —, versò il latte sui cereali della colazione.

cereal grower ['sɪərɪəl,grəʊə*] *s.* cerealicoltore.

cereal growing ['sɪərɪəl,grəʊɪŋ] *s.* (*agr.*) cerealicoltura.

cerebellar [,serə'belə* / ce·re·bel·lar] *agg.* (*anat.*) cerebellare.

cerebellum [,serɪ'beləm / ce·re·bel·lum] *pl.* **cerebella** [,ser'ɪbelə / ce·re·bella] **cerebellums** *s.* (*anat.*) cervelletto.

cerebral ['serɪbrəl *amer.* sə'ri:brəl / ce·reb·ral] *agg.* **1** (*anat.*) cerebrale: — *hemorrhage*, emorragia cerebrale; — *accident*, ictus; — *palsy*, paralisi cerebrale (spastica) infantile **2** (*fig. form.*) cerebrale; eccessivamente intellettuale: *the film was rather too — for my liking*, il film era eccessivamente intellettuale per i miei gusti.

cerebralism ['serɪbrəlɪzəm *amer.* sə'ri:b rəlɪzəm / ce·reb·ral·ism] *s.* cerebralismo.

cerebration [,serɪ'breɪʃn / ce·reb·ra·tion] *s.* (*form.*) lavorio, attività mentale.

cerebropathy [,serɪ'brəʊpəθɪ / ce·re·bro·pathy] *s.* (*med.*) cerebropatia.

cerebrosclerosis ['serɪbrəʊ,sklɪə'rəʊsɪs / ce·re·bro·scler·osis] *s.* (*med.*) sclerosi cerebrale.

cerebrospinal [,serɪbrəʊ'spaɪnl / ce·re·bro·spinal] *agg.* (*anat.*) cerebrospinale: — *fluid*, liquido cerebrospinale.

cerebrovascular ['serɪbrəʊ'væskjʊlə* / ce·re·bro·vas·cu·lar] *agg.* (*anat.*) cerebrovascolare: — *accident*, apoplessia.

cerebrum ['serɪbrəm / cer·eb·rum] *pl.* **cerebrums**, **cerebra** ['se rɪbrə / ce·rebra] *s.* (*anat.*) cervello.

cerecloth ['sɪəklɒθ / cere·cloth] *s.* **1** (*rar.*) tela cerata **2** (*ant.*) sudario di tela cerata.

cerement(s) ['sɪəmənt(s) / cere·ment(s)] *s.* (*ant.*) → **cerecloth** 2.

ceremonial [,serɪ'məʊnjəl / ce·re·mo·nial] *agg.* **1** da cerimonia **2** formale, solenne ♦ *s.* **1** cerimoniale, etichetta // *Court* —, etichetta di corte **2** (*eccl.*) rituale.

ceremonialism [,serɪ'məʊnjəlɪzəm / ce·re·mo·ni·al·ism] *s.* **1** (*eccl.*) ritualismo **2** (*spreg.*) formalismo.

ceremonialist [,serɪ'məʊnjəlɪst / ce·re·mo·ni·al·ist] *s.* (*eccl.*) ritualista.

ceremonially [,serɪ'məʊnjəlɪ / ce·re·mo·ni·ally] *avv.* **1** con molte cerimonie **2** secondo il cerimoniale.

ceremonious [,serɪ'məʊnjəs / ce·re·mo·ni·ous] *agg.* cerimonioso; che segue il cerimoniale // **-ly** *avv.* // **-ness** *s.*

ceremony ['serɪmənɪ *amer.* 'serɪməʊnɪ / ce·re·mony] *s.* cerimoniale; cerimonie: *with* —, solennemente; *without* —, senza cerimonie // *Master of Ceremonies*, maestro delle cerimonie // (*spec. amer.*) presentatore (radio o televisivo) // *don't stand on* (o *upon*) —, non far complimenti.

ceric ['sɪərɪk / ce·ric] *agg.* (*chim.*) cerico.

cerise [sə'ri:z *amer.* sə'ri:s / ce·rise] *agg.* e *s.* (colore) rosso ciliegia.

cerium ['sɪərɪəm] *s.* (*chim.*) cerio.

cermet ['sɜ:met / cer·met] *s.* (*metall.*) metallo-ceramica.

cerograph ['sɪərəgrɑ:f *amer.* 'sɪərəgræf / cero·graph] *s.* scrittura su tavolette spalmate di cera.

ceroplastic [,sɪərəʊ'plæstɪk / cero·plastic] *agg.* ceroplastico.

ceroplastics [,sɪərəʊ'plæstɪks / cero·plastics] *s.* [U] ceroplastica.

cerous ['sɪərəs / ce·rous] *agg.* (*chim.*) ceroso.

cert [sɜ:t] *s.* **1** (*fam.*) certezza: *it's a dead* —, è una certezza **2** abbr. di → certificate e certified.

certain ['sɜ:tn / cer·tain] *agg.* **1** certo, sicuro; indiscutibile: *for* —, di sicuro, sicuramente, certamente; *he is — to come*, è certo che verrà; *it is quite* —, è del tutto certo; *I know it for* —, lo so di sicuro; *to make — of sthg.*, assicurarsi di qlco., constatare qlco. // (*econ.*) — *annuity*, rendita certa **2** indeterminato, certo: *a — day*, un certo giorno; *a — Mr A.*, un certo signor A.; *his moustache gave him a — elegance*, i baffi gli conferivano una certa eleganza // *to a — extent* (o *degree*), fino a un certo punto ♦ *pron.* alcuni, alcune: — *of your friends haven't come*, alcuni tuoi amici non sono venuti.

certainly ['sɜ:tnlɪ / cer·tain·ly] *avv.* certamente, senza dubbio: — *not*, certamente no, per niente.

certainty ['sɜ:tntɪ / cer·tainty] *s.* **1** certezza; cosa certa // *for a* —, senza alcun dubbio, per certo: *I know it for a* —, lo so per certo **2** certezza morale; convinzione: (*dir.*) — *in law*, certezza del diritto.

certes ['sɜ:tɪz] *avv.* (*ant.*) certamente, in verità.

certifiable [,sɜ:tɪ'faɪəbl / cer·ti·fi·able] *agg.* **1** attestabile **2** che dovrebbe essere dichiarato pazzo.

certificate [sə'tɪfɪkət / cer·ti·fic·ate] *s.* **1** certificato, atto, attestato; diploma: *birth, marriage, death* —, certificato, atto di nascita, matrimonio, morte; *doctor's* —, certificato medico; *health* —, — *of health*, certificato di sana costituzione; (*aer.*, *dir.*) *registration* —, certificato di immatricolazione // (*mar.*): *master's* —, brevetto di capitano; — *of clearance inwards*, nullaosta per lo scarico di una nave; — *of clearance outwards*, nullaosta per la partenza di una nave; — *of registry*, atto di nazionalità; certificato di classificazione // (*dir.*): — *of charge*, certificato dei registri immobiliari; — *of fire arms*, porto d'armi // *gift* —, (*amer.*) buono acquisti dato come dono **2** (*comm.*) titolo; certificato: *share* —, certificato azionario; — *of protest*, atto di protesto; (*banca*) — *of deposit*, certificato di deposito **3** (*amer.*) certificato, documento di ammissione (a scuola ecc.).

to **certificate** [sə'tɪfɪkeɪt] *v.tr.* **1** consegnare un certificato, diploma, brevetto a **2** (*non com.*) riconoscere per mezzo di certificato, diploma, brevetto.

certification [,sɜ:tɪfɪ'keɪʃn / cer·ti·fica·tion] *s.* certificazione: (*comm.*) — *mark*, marchio d'origine.

certified ['sɜ:tɪfaɪd / cer·ti·fied] *agg.* **1** (*dir.*) legalizzato, autenticato // (*amm.*) — *financial statement*, rendiconto finanziario certificato // (*banca*) — *cheque*, assegno bancario a copertura garantita // — *milk*, (*amer.*) latte di qualità garantita // — *advertisements*, annunci economici, piccola pubblicità // (*comm.*) — *transfer*, cessione documentata **2** abilitato, iscritto all'albo.

certifier ['sɜ:tɪfaɪə* / cer·ti·fier] *s.* chi certifica, chi attesta.

to **certify** ['sɜ:tɪfaɪ / cer·ti·fy] *v.tr.* **1** certificare, attestare, dichiarare: *I — this* (*to be*) *a true copy*, per copia conforme; *to — a death*, constatare una morte; *to — to sthg.*, attestare qlco. **2** dichiarare pazzo **3** (*dir.*) autenticare, legalizzare **4** (*amer.*) garantire (un assegno) (da parte di una banca).

certiorari [,sɜ:ʃɪə'reərɪ / cer·ti·or·ari] *s.* (*dir.*) **1** procedimento di appello per errori di diritto // *writ of —*, (*amer.*) ricorso davanti alla Corte Suprema **2** (*ant.*) richiesta degli atti processuali da parte del giudice superiore che esamina l'appello.

certitude ['sɜ:tɪtju:d *amer.* 'sɜ:tɪtu:d / cer·ti·tude] *s.* certezza, sicurezza.

cerulean [sɪ'ru:ljən / ce·ru·lean] *agg.* ceruleo.

ceruleite [sə'ru:li:ɪt / ce·rule·ite] *s.* (*min.*) ceruleite.

cerumen [sɪ'ru:men / ce·ru·men] *s.* cerume.

ceruminous [sɪ'ru:mɪnəs / ce·ru·min·ous] *agg.* ceruminoso.

ceruse ['sɪəru:s / cer·use] *s.* (*chim.*) cerussa; biacca di piombo.

cerussite ['sɪrəsaɪt / ce·rus·site] *s.* (*min.*) cerussite.

cervical [sɜ:'vaɪkl *amer.* 'sɜ:vɪkl / cer·vical] *agg.* (*anat.*) cervicale.

cervicitis [,sɜ:vɪ'saɪtɪs / cer·vi·ci·tis] *s.* (*med.*) cervicite.

cervine ['sɜ:vaɪn / cer·vine] *agg.* (*rar.*) di cervo, cervino.

cervix ['sɜ:vɪks / cer·vix] *pl.* **cervices** ['sɜ:vɪsi:z / cer·vi·ces] **cervixes** ['sɜ:vɪksɪz / cer·vi·xes] *s.* (*anat.*) cervice: *— uteri*, collo dell'utero.

cesarean, **cesarian** *agg.* e *s.* → **caesarean**, **caesarian**.

cesium ['si:zɪəm / ce·sium] *s.* (*chim.*) cesio.

cess [ses] *s.* (*ant. irl.*) tassa, tributo, imposta // *bad — to him!*, che vada al diavolo.

cessation [se'seɪʃn / ces·sa·tion] *s.* (*form.*) cessazione, sospensione; pausa: *— of hostilities*, cessazione delle ostilità.

cesser ['sesə*] *s.* (*dir.*) cessazione, fine (di impegni ecc.).

cession ['seʃn / ces·sion] *s.* (*dir.*) cessione, rinuncia (di beni, diritti ecc.).

cessionary ['seʃənərɪ / ces·sion·ary] *s.* (*dir.*) cessionario.

cesspit ['sespɪt / cess·pit] **cesspool** ['ses pu:l / cess·pool] *s.* pozzo nero.

cestode ['sestəʊd / cest·ode] *s.* (*zool.*) cestode.

cestoid ['sestɔɪd / cest·oid] *s.* (*zool.*) cestode ◆ *agg.* (*zool.*) nastriforme (di verme).

cestus ['sestəs] *pl.* **cesti** ['sestaɪ] *s.* (*zool.*) cesto, cinto di Venere.

cetacean [sɪ'teɪʃjən / ce·ta·cean] *agg.* e *s.* cetaceo.

cetaceous [sɪ'teɪʃjəs / ce·ta·ceous] *agg.* di cetaceo.

cetane ['si:teɪn / cet·ane] *s.* (*chim.*) cetano: *— number*, numero di cetano.

ceterach ['setəræk / cet·er·ach] *s.* (*bot.*) (*Ceterach officinarum*) cedracca; (*pop.*) erba ruggine SIN. finger fern 1.

Ceylonese [,sɪlə'ni:z / Cey·lon·ese] *agg.* e *s.* singalese.

chabazite ['kæbəzaɪt / chaba·zite] *s.* (*min.*) cabazite.

chaconne [ʃə'kɒn / cha·conne] *s.* (*mus.*) ciaccona.

Chadian [tʃædɪən / Chad·ian] *agg.* e *s.* (nativo, abitante) del Ciad.

chaetognath ['ki:,tɒg,næθ / chae·to·gnath] *s.* (*zool.*) chetognato.

chafe [tʃeɪf] *s.* **1** (*mecc.*) strofinamento, sfregamento (con produzione di calore e usura) **2** frizione, massaggio; riscaldamento (in seguito a frizione) **3** (*non com.*) irritazione (di pelle) **4** (*fig. ant.*) malumore; collera, stizza: *to be in a —*, essere irritato.

to **chafe** *v.tr.* **1** fregare, fregarsi; massaggiare, massaggiarsi; irritare: *they had to — his feet to prevent frostbite*, dovettero massaggiargli i piedi per evitarne il congelamento **2** riscaldare (per sfregamento, per attrito) **3** consumare **4** (*fig.*) irritare; mandare in collera ◆ *v.intr.* **1** consumarsi (per logoramento) **2** irritarsi; andare in collera: *to — at* (o *under*) *sthg.*, irritarsi per qlco.; *journalists are already chafing at their new regulations*, i giornalisti si stanno già irritando per il nuovo regolamento.

chafer ['tʃeɪfə*] *s.* (*zool.*) **1** coleottero **2** → cockchafer.

chaff[1] [tʃɑ:f *amer.* tʃæf] *s.* **1** pula, lolla; paglia trinciata, fieno trinciato; mondiglia // *to scatter like —*, spargere al vento // *to separate the wheat from the —*, separare il grano dal loglio, separare il buono dal cattivo **2** (*fam.*) oggetti di nessun valore; scarti // *an old bird is not caught with —*, (*prov.*) la vecchia volpe non cade facilmente in trappola **3** (*aer.*) paglia antiradar.

to **chaff**[1] *v.tr.* trinciare (paglia ecc.).

chaff[2] *s.* (*fam. non com.*) beffa, burla, presa in giro.

to **chaff**[2] *v.tr.* (*fam.*) beffeggiare, schernire, prendersi gioco di: *they chaffed him about his frequent visits to the doctor*, lo schernivano per le sue visite frequenti dal medico.

chaff-cutter ['tʃɑ:f,kʌtə* *amer.* 'tʃæf,kʌtə*] *s.* trinciapaglia; trinciaforaggi.

chaffer[1] ['tʃɑ:fə* *amer.* 'tʃæfə* / chaf·fer] *s.* (*fam. non com.*) burlone; schernitore.

chaffer[2] ['tʃæfə*] *s.* (*antiq.*) il mercanteggiare, il contrattare.

to **chaffer**[2] *v.intr.* (*antiq.*) mercanteggiare, tirare sul prezzo: *to — with s.o. for sthg.*, mercanteggiare qlco. con qlcu.

chaffinch ['tʃæfɪntʃ / chaf·finch] *s.* (*zool.*) (*Fringilla coelebs*) fringuello.

chaffy ['tʃɑ:fɪ *amer.* 'tʃæfɪ] *agg.* **1** coperto di pula; simile a pula **2** (*non com.*) senza valore **3** (*fig. ant.*) arido, sterile.

chafing ['tʃeɪfɪŋ / chaf·ing] *s.* **1** frizione, massaggio; (*mecc.*) sfregamento **2** irritazione (di pelle) **3** (*fig. ant.*) collera, stizza.

chafing dish ['tʃeɪfɪŋdɪʃ] *s.* scaldavivande.

chagrin ['ʃægrɪn *amer.* ʃə'gri:n / chag·rin] *s.* (*form.*) dispiacere; contrarietà; delusione; mortificazione: *the hours pass away untold, without chagrin, without weariness*, (W. HAZLITT) le ore passano senza notarsi, senza inquietudini, senza stanchezza.

to **chagrin** *v.tr.* (*form.*) affliggere; contrariare; deludere; mortificare.

chain [tʃeɪn] *s.* **1** catena; ornamento a catena: *door —*, catena di sicurezza (della porta); *to put a dog on the —*, mettere un cane alla catena; *— of office*, catena di rappresentanza (indossata p.e. da sindaco) // *a — is as strong as its weakest link*, (*prov.*) una catena è forte quanto il suo anello più debole // (*mecc.*): *— drive*, trasmissione a catena; *— wheel*, puleggia per catena // (*mar.*): *— cable*, catena dell'ancora; *lashing* (o *mooring*) *—*, catena d'ormeggio // *— stitch*, punto catenella **2** *pl.* catene, ceppi: *in chains*, (*fig.*) in catene, in prigionia **3** catena; serie, concatenamento: *— of events*, serie di avvenimenti; *— of ideas*, concatenamento di idee; *supermarket —*, catena di supermercati // (*geogr.*) (*mountain*) *—*, catena (di montagne) **4** (*scient.*) *— reaction*, reazione a catena // (*chim.*) *open, closed —*, catena aperta, chiusa // (*mat.*): *ascending — condition*, condizione di catena ascendente; *— rule*, regola di composizione **5** (*inform.*) catena: *— code*, codice concatenante **6** (*metrol.*) 'chain' (misura di lunghezza = 20,12 m).

to **chain** *v.tr.* incatenare (*anche fig.*), assicurare, fermare con una catena (porta ecc.); mettere alla catena (cane ecc.): *to — s.o., sthg. to sthg.*, incatenare qlcu., qlco. a qlco.: *Philip can't come: he's chained to his desk in London*, Filippo non può venire: non può lasciare l'ufficio a Londra.

□ **chain up** *v.tr.* e *avv.* incatenare, legare: *the dog was chained up all day*, il cane era tenuto alla catena tutto il giorno.

chain armour [,tʃeɪn'ɑ:mə*] → **chain mail**.

chainbelt [,tʃeɪn'belt / chain·belt] *s.* cinghia a segmenti articolati.

chain bridge ['tʃeɪn'brɪdʒ] *s.* ponte sospeso a catene.

chainless ['tʃeɪnlɪs / chain·less] *agg.* senza catena, senza catene: *— bicycle*, bicicletta senza catena.

chainlet ['tʃeɪnlɪt / chain·let] *s.* catenina, catenella.

chain letter ['tʃeɪn,letə*] *s.* lettera di una catena di Sant'Antonio.

chain-lightning ['tʃeɪn,laɪtnɪŋ] *s.* saetta.

chain mail [,tʃeɪn'meɪl] *s.* cotta di maglia (nelle armature medievali).

to **chain-react** ['tʃeɪnrɪ'ækt] *v.intr.* (*chim.*) reagire a catena.

chain saw ['tʃeɪnsɔ:] *s.* motosega portatile.

to **chain-smoke** ['tʃeɪn'sməʊk] *v.intr.* fumare accanitamente, una sigaretta dietro l'altra.

chain-smoker ['tʃeɪn'sməʊkə*] *s.* fumatore accanito.

chain store ['tʃeɪnstɔ:*] *s.* negozio, supermercato appartenente a una catena.

chair [tʃeə*] *s.* **1** sedia: *take a —*, siediti; *— back*, schienale; *dentist's —*, poltrona odontoiatrica; *high —*, seggiolone // (*st. romana*) *curule —*, sedia curule // *Bath —*, sedia a rotelle (per invalidi) **2** seggio (di autorità); cattedra (universitaria) **3** *the —*, la presidenza, il presidente: *to address the —*, rivolgersi al presidente; *to be in the —*, occupare il seggio presidenziale, presiedere l'assemblea del consiglio (di una società); *to leave* (o *to vacate*) *the —*, toglier la seduta; *to take the —*, assumere la presidenza // *"—! —!"*, invito alla calma in un'assemblea **4** banco dei testimoni **5** (*amer.*) *the —*, sedia elettrica **6** portantina **7** (*mecc.*) supporto **8** (*ferr.*) ganascia, supporto laterale della rotaia.

to **chair** *v.tr.* **1** presiedere (riunione, assemblea ecc.) **2** portare in trionfo (vincitore di gare sportive) **3** insediare, portare alla presidenza **4** fare sedere.

chair-bed ['tʃeəbed] *s.* poltrona letto.

chair lift ['tʃeəlɪft] *s.* seggiovia.

chairman ['tʃeəmən / chair·man] *pl.* **chairmen** *s.* **1** presidente, presidentessa (di consiglio, assemblea): *Mr Chairman, Madam Chairman*, Signor Presidente, Signora Presidentessa; *to act as a —*, presiedere (un'assemblea ecc.) // *— (of the board)*, presidente del consiglio di amministrazione **2** direttore di un dipartimento universitario **3** (*antiq.*) chi conduce la carrozzella di un ammalato **4** portatore di portantina.

chairmanship ['tʃeəmənʃɪp / chair·man·ship] *s.* presidenza: *under the — of*, sotto la presidenza di.

chairperson ['tʃeə,pɜ:sn / chair·per·son] → **chairman** 1 e 2.

chair warmer ['tʃeəwɔ:mə*] *s.* (*fam. amer.*) scaldaseggiole, fannullone.

chairwoman ['tʃeəwʊmən / chair·woman] *pl.* **chairwomen** *s.* forma f. di → **chairman** 1 e 2.

chaise [ʃeɪz] *s.* calesse, biroccino; carrozza da nolo.

chaise longue [,ʃeɪz'lɒŋg] *s.* dormeuse.

chalaza [kə'leɪzə / cha·laza] *pl.* **chalazae** [kə'leɪzi: / cha·lazae] *s.* calaza.

chalazion [kə'leɪzɪɒn / cha·laz·ion] *s.* (*med.*) calazio.

chalcanthite [kæl'kænθaɪt / chal·can·thite] *s.* (*min.*) calcantite.

chalcedony [kæl'sedənɪ / chal·ced·ony] *s.* (*min.*) calcedonio.

chalcocite ['kælkə,saɪt / chal·co·cite] *s.* (*min.*) calcocite, calcosina.

chalcography [kæl'kɒgrəfɪ / chal·co·graphy] *s.* calcografia.

chalcopyrite [,kælkəʊ'paɪraɪt / chal·co·pyr·ite] *s.* (*min.*) calcopirite.

chalcostibite [kælkəʊ'stɪbaɪt / chal·co·sti·bite] *s.* (*min.*) calcostibite.

Chaldaic [kæl'deɪk / Chal·daic] *agg.* e *s.* caldeo.

Chaldean [kæl'di:ən / Chal·dean] **Chaldee** [kæl'di: / Chal·dee] *agg.* e *s.* caldeo.

chalet ['ʃæleɪ / cha·let] *s.* chalet.

chalice ['tʃælɪs / chal·ice] *s.* **1** calice, coppa **2** (*eccl.*) calice **3** (*bot. ant.*) → **calyx**.

chaliced ['tʃælɪst / chal·iced] *agg.* (*bot.*) che cresce in forma di calice.

chalicosis [kælɪ'kəʊsɪs / cha·li·cosis] *s.* (*med.*) calicosi.

chalk [tʃɔ:k] *s.* **1** gesso; pastello: *— drawing*, disegno a pastello // *not by a long —*, (*sl.*) per nulla, affatto // *he doesn't know — from cheese*, (*fam.*) non capisce niente, non sa niente di niente, prende lucciole per lanterne // *to be as different as — and cheese*, essere del tutto dissimili **2** (*geol.*) maiolica **3** (*amer.*) cavallo favorito (in una corsa).

to **chalk** *v.tr.* **1** segnare, scrivere con gesso **2** (*agr.*) fertilizzare con gesso; ammendare con gesso; gessare.

□ **chalk out** *v.tr.* e *avv.* progettare; abbozzare (un piano, un progetto).

□ **chalk up** *v.tr.* e *avv.* **1** guadagnare, mietere (punti, successi) **2** (*fam.*) (*to, against*) ascrivere a; segnare (a favore, contro): *whisky for everybody and — it up to me!*, whisky per tutti e pago io // *you'll have to — it up to experience*, ti servirà come esperienza.

chalkiness ['tʃɔ:kɪnɪs / chalki·ness] *s.* natura gessosa (di terreno).

chalkpit ['tʃɔ:kpɪt / chalk·pit] *s.* cava di calcare.

chalkstone ['tʃɔ:kstəʊn / chalk·stone] *s.* (*med.*) tofo; tartaro (dei denti).

chalky ['tʃɔ:kɪ] *agg.* **1** gessoso; calcareo **2** (*fig.*) pallido, terreo (di colorito).

challenge ['tʃælɪndʒ / chal·lenge] *s.* **1** sfida; provocazione: *to issue a —*, lanciare una sfida; *the conquest of space is an exciting —*, la conquista dello spazio è una sfida eccitante // *to send s.o. a —*, mandare a qlcu. i padrini **2** (*mil.*) intimazione, il chi va là (della sentinella) **3** (*dir.*) rigetto, ricusazione (di giurato); opposizione (a giurato) **4** (*amer.*) invalidazione di votazione.

to **challenge** *v.tr.* **1** (IV) sfidare (a duello, a gara sportiva ecc.); provocare: *to — s.o. to fight, to a duel*, sfidare qlcu. a combattere, a duello **2** (*fig.*) sfidare, costituire una sfida per: *the job challenged his abilities*, il lavoro costituiva una sfida alle sue capacità **3** mettere in dubbio; contestare: *to — the usefulness of a project*, contestare l'utilità di un progetto **4** (*dir.*) rifiutare, impugnare, ricusare, opporsi a (un giurato) **5** (*amer.*) invalidare (una votazione) **6** (*mil.*) intimare l'alt a (di sentinella) ♦ *v.intr.* **1** presentarsi come sfida **2** trovare una traccia (di cani da caccia).

challengeable ['tʃælɪndʒəbl / chal·lenge·able] *agg.* **1** che si può sfidare **2** criticabile **3** (*dir.*) ricusabile.

challenge-cup ['tʃælɪndʒ,kʌp] *s.* (*sport*) coppa, trofeo.

challenger ['tʃælɪndʒə* / chal·len·ger] *s.* **1** sfidante (*anche sport*): *the holder and the —*, il detentore (di primato, coppa ecc.) e lo sfidante **2** (*dir.*) chi ricusa (un giurato).

challenging ['tʃælɪndʒɪŋ / chal·len·ging] *agg.* **1** sfidante, che sfida **2** impegnativo; stimolante; provocatorio: *— idea*, idea stimolante, interessante; *— smile*, sorriso provocante; *— statement*, asserzione provocatoria; *I'm looking forward to the — task of running the company*, attendo con ansia l'eccitante compito di dirigere la compagnia // **-ly** *avv.*

chalybeate [kə'lɪbɪət / cha·lyb·eate] *agg.* ferruginoso.

chalybite ['kælɪ,baɪt / cha·lyb·ite] *s.* (*min.*) carbonato di ferro.

cham [kæm] *s.* (*ant.*) **1** can (dignità orientale) **2** (*fig.*) autocrate // *Great Cham*, (*fam.*) personalità, personaggio.

chamber ['tʃeɪmbə* / cham·ber] *s.* **1** sala, aula; (*antiq.*) camera, camera da letto: *audience —*, sala delle udienze; *council —*, sala del consiglio // *— music*, musica da camera; *— concert*, concerto di musica da camera // *— council*, consiglio segreto // *Chamber of Commerce*, Camera di commercio // *Lower Chamber, Upper Chamber*, Camera alta (dei Lord), Camera bassa (dei Comuni) nel Parlamento inglese **2** (*biol.*) cavità (di corpo, pianta): (*anat.*) *vitreous —*, corpo vitreo **3** camera di scoppio, di caricamento (in arma da fuoco); (*tecn.*) camera **4** conca idraulica **5** (*miner.*) caverna (artificiale) **6** *pl.* ufficio d'avvocato; gabinetto di giudice // (*dir.*) *— clerks*, ausiliari del giudice **7** *pl.* (*form.*) appartamento (generalmente da scapolo) **8** (*ant.*) piccolo cannone: *to serve bravely is to come halting off... to venture upon the charged chambers*, (SH. Henry IV) servire con valore significa uscirne zoppicanti... avventurarsi contro le culatte cariche.

chamber-counsel ['tʃeɪmbə,kaʊnsl] *s.* (*dir.*) avvocato consulente.

chambered ['tʃeɪmbəd / cham·bered] *agg.* (*non com.*) provvisto di camere; diviso in compartimenti // *six- — revolver*, rivoltella a sei colpi.

chamberlain ['tʃeɪmbəlɪn / cham·ber·lain] *s.* **1** ciambellano **2** camerlengo; tesoriere.

chambermaid ['tʃeɪmbəmeɪd / cham·ber·maid] *s.* cameriera d'albergo.

chamber pot ['tʃeɪmbəpɒt] *s.* vaso da notte, pitale.

chameleon [kə'mi:ljən / cha·meleon] *s.* **1** (*zool.*) camaleonte **2** (*fig.*) persona incostante.

chameleonic [kə,mi:lɪ'ɒnɪk / cha·mele·onic] *agg.* **1** camaleontico **2** (*fig.*) incostante.

chamfer ['tʃæmfə* / cham·fer] *s.* (*arch.*) smussatura, modanatura; (*mecc.*) smusso, bisello; smussatura, ugnatura.

to **chamfer** *v.tr.* (*arch., mecc.*) smussare, bisellare; scanalare; rastremare.

chammy (leather) ['ʃæmɪleðə*] *s.* pelle di daino.

chamois ['ʃæmwɑ: *amer.* 'ʃæmɪ / cham·ois] *s.* (*pl. invar.*) **1** (*zool.*) (*Rupicapra rupicapra*) camoscio **2** *— (leather)*, pelle scamosciata; pelle di camoscio.

champ[1] [tʃæmp] *s.* masticazione rumorosa.

to **champ**[1] *v.tr.* e *intr.* masticare rumorosamente; mordere // *to — the bit*, mordere il freno (*anche fig.*).

champ[2] *s.* (*sl.*) abbr. di → **champion**.

champagne [,ʃæm'peɪn / cham·pagne] *s.* champagne.

champaign ['tʃæmpeɪn / cham·paign] *s.* campagna aperta; pianura.

champers ['tʃæmpəz / cham·pers] *s.* (*fam.*) champagne.

champerty ['tʃæmpɜ:tɪ / cham·perty] *s.* (*dir.*) patto di quota.

champignon [tʃæm'pɪnjən / cham·pignon] *s.* (*bot.*) 'champignon', fungo coltivato.

champion ['tʃæmpjən / cham·pion] *agg.* **1** campione; vincitore **2** (*fam. antiq.*) magnifico // *that's —!*, benone!, bravo! ♦ *s.* **1** campione: *— tennis-player*, campione di tennis; *world —*, campione mondiale **2** difensore, protettore: *a — of the oppressed*, un difensore degli oppressi.

to **champion** *v.tr.* difendere, sostenere (una causa).

championship ['tʃæmpjənʃɪp / cham·pi·on·ship] *s.* **1** (*sport*) campionato **2** difesa (di una causa, di un'idea ecc.).

chance [tʃɑ:ns *amer.* tʃæns] *agg.* fortuito, casuale, accidentale: *a — acquaintance*, una conoscenza casuale; *— meeting*, incontro fortuito ♦ *s.* **1** caso, avvenimento fortuito, sorte, fortuna; probabilità: *by* (*mere* o *sheer*) *—*, per (puro) caso; *by a lucky* —, per un caso fortunato; *on the off* —, nell'eventualità; *to leave sthg. to* —, lasciare qlco. al caso; *the main* —, la grande occasione; *the chances are*..., le probabilità sono...; *he hasn't the least* (o *the ghost of a*) — *of succeeding*, non ha la minima probabilità di riuscita; *will you be there by any* —?, vi troverete là, per caso?; *to have an even* —, avere uguali possibilità di riuscire o di fallire; *to stand a good* —, avere buone probabilità **2** azzardo; rischio: *game of* —, gioco d'azzardo; *to take a* —, correre un rischio **3** occasione, opportunità: *it is your last* —, è l'ultima occasione che ti si presenta; *I've missed a* —, ho perso un'occasione.

to **chance** *v.tr.* arrischiare, rischiare: *I'll* — *it*, correrò il rischio; *to* — *the consequences*, rischiare le conseguenze ◆ *v.intr.* (*gener. costr. pers.*) accadere, capitare: *I chanced to meet him*, mi capitò di incontrarlo.

□ **chance on, upon** *v.tr.* e *avv.* imbattersi in, trovare per caso.

chancel ['tʃɑːnsl *amer.* 'tʃænsl / chan·cel] *s.* (*arch. eccl.*) presbiterio, coro.

chancellery ['tʃɑːnsələrɪ *amer.* 'tʃænsələrɪ / chan·cel·lery] *s.* **1** cancelleria **2** cancelleria d'ambasciata (o di consolato).

chancellor ['tʃɑːnsələ* *amer.* 'tʃænsələ* / chan·cel·lor] *s.* **1** cancelliere // *the Lord* (*High*) *Chancellor* (o *the Chancellor of England*), il Gran Cancelliere; *the Chancellor of the Exchequer*, il Cancelliere dello Scacchiere (Ministro delle Finanze, del Tesoro) **2** rettore (in alcune università) **3** primo segretario d'ambasciata.

chancellorship ['tʃɑːnsələʃɪp *amer.* 'tʃænsələʃɪp / chan·cel·lor·ship] *s.* **1** cancellierato **2** rettorato.

chancellory → **chancellery**.

chance-medley [,tʃɑːns'medlɪ *amer.* ,tʃæns'medlɪ] *s.* **1** (*dir.*) omicidio non intenzionale (in condizioni simili alla legittima difesa) **2** inavvertenza; azione avventata.

chancery ['tʃɑːnsərɪ *amer.* 'tʃænsərɪ / chan·cery] *s.* **1** (*dir.*) cancelleria (sezione dell'Alta Corte di Giustizia) // *in* —, in contestazione, in lite // *a ward in* —, un minorenne sotto tutela legale **2** cancelleria; archivio **3** → chancellery 2.

chancre ['ʃæŋkə* / chan·cre] *s.* (*med.*) ulcera venerea.

chancroid ['ʃæŋkrɔɪd / chan·croid] *s.* (*med.*) ulcera molle.

chancy ['tʃɑːnsɪ *amer.* 'tʃænsɪ] *agg.* (*fam.*) incerto, rischioso, arrischiato.

chandelier [,ʃændə'lɪə* / chan·de·lier] *s.* lampadario a bracci.

chandler ['tʃɑːndlə* *amer.* 'tʃændlə* / chand·ler] *s.* **1** commerciante, esercente; fornitore: *corn* —, commerciante di grano; *ship* —, fornitore navale **2** (*antiq.*) droghiere.

chandlery ['tʃɑːndlərɪ *amer.* 'tʃændlərɪ / chand·lery] *s.* (*antiq.*) **1** piccola spezieria, drogheria **2** *pl.* articoli di spezieria.

change [tʃeɪndʒ] *s.* **1** cambiamento, mutamento; cambio, variazione; sostituzione: — *for the better, for the worse*, cambiamento in meglio, in peggio; — *of direction, address*, cambiamento di direzione, di indirizzo; — *of clothes, of linen*, cambio di abiti, di biancheria; *an oil* —, un cambio dell'olio; *you need a* — *of air*, hai bisogno di un cambiamento d'aria; *to undergo a* —, subire un cambiamento // *it makes a* —, è, costituisce un miglioramento // *for a* —, tanto per cambiare // *a* — *of heart*, un mutamento di opinione, un ripensamento // — *in the moon*, luna nuova // — *of life*, (*fam.*) menopausa // *to ring the changes*, scampanare con variazioni; (*fig.*) fare tutte le variazioni possibili; *to ring the changes on a subject*, (*fig. fam.*) cantarla in tutti i toni // (*dir.*): — *of parties*, cambiamento di parti (nel processo); — *of venue*, rinvio di una causa (ad altra corte) per competenza // (*econ.*) *changes in demand, in supply*, variazioni della domanda, dell'offerta **2** Ⓤ cambio, moneta spicciola; resto: *small, loose* —, spiccioli; *have you got* — *for a fiver?*, hai da cambiare cinque sterline?; *have you got a pound in* —?, hai una sterlina in moneta spicciola? // *you'll get no* — *out of him*, (*fam.*) da lui non avrai il minimo aiuto **3** (*comm.* abbr. di *Exchange*) Borsa: *on* —, in Borsa **4** (*mecc.*) cambio: — *gear*, cambio di velocità; — *wheels* (o amer. — *gears*), ruote; ingranaggi del cambio.

to **change** *v.tr.* e *intr.* **1** cambiare; mutare; modificare; variare: *at Milan we must* — (*train*) *for Venice*, a Milano dobbiamo cambiare (treno) per Venezia; *can you* — *this ten pound note for me?*, potete cambiarmi questo biglietto da dieci sterline?; *I bought this record yesterday, can I* — *it for another one?*, ho comprato ieri questo disco, posso cambiarlo con un altro?; *summer changed to autumn*, l'estate si è mutata in autunno; *to* — (*one's clothes*), cambiarsi (d'abito); *to* — *colour*, cambiar colore (arrossire, impallidire); (*chim.*) virare; *to* — *one's mind*, cambiare idea; *to* — *places with s.o.*, cambiare di posto con qlcu.; *to* — *the subject*, cambiare argomento, parlare d'altro; *to* — *gear*, cambiare marcia // *to* — *hands*, cambiare di mano, cambiare di proprietario: *this house has changed hands many times*, questa casa ha cambiato spesso di proprietario; *a lot of money changed hands*, molto denaro è passato da una mano all'altra // *to* — *and* — *about*, cambiare di continuo opinione // *to* — *one's tune*, (*fam.*) cambiare musica; cambiar parere **2** (*mecc.*) cambiare; sostituire.

□ **change back** *v.intr.* e *avv.* (*into*) ritornare a essere: *the frog changed back into a prince*, il ranocchio ritornò a essere un principe.

□ **change down** *v.intr.* e *avv.* (*aut.*) scalare di marcia.

□ **change into** *v.intr.* e *prep.* **1** diventare, cambiarsi in, mutarsi, trasformarsi **2** cambiare (soldi) **3** cambiarsi (d'abito); mettersi addosso: — *into sthg. warmer*, mettiti qlco. di più caldo.

□ **change out of** *v.intr.* e *prep.* togliersi, cambiarsi (d'abito): *wait a minute! I must* — *out of these wet clothes*, aspetta un minuto! Devo togliermi di dosso questi vestiti bagnati.

□ **change over** *v.intr.* e *avv.* **1** passare a, adottare: *I used to drink coffee but now I've changed over to tea*, ero solito bere caffè, ma ora sono passato al tè **2** (*elettr.*) commutare **3** scambiarsi (ruoli, posti ecc.): *I'll drive till Florence then we'll* — *over*, guiderò fino a Firenze poi ci scambieremo alla guida SIN. to change round.

□ **change round** *v.intr.* e *avv.* **1** → to change over 3 **2** cambiare (di vento): *in the afternoon the wind changed round from northerly to southerly*, nel pomeriggio il vento è girato, ha cambiato direzione da nord a sud.

□ **change up** *v.intr.* e *avv.* (*aut.*) passare a una marcia più alta.

changeability [,tʃeɪndʒə'bɪlətɪ / change·ab·il·ity] *s.* mutabilità, incostanza; variabilità.

changeable ['tʃeɪndʒəbl / change·able] *agg.* **1** mutabile; variabile; mutevole; incostante **2** (*letter.*) cangiante: *the taylor make thy doublet of changeable taffeta*, (SH. Twelfth Night) il sarto ti cucia il tuo farsetto di cangiante taffetà.

changeableness ['tʃeɪndʒəblnɪs / change·able·ness] *s.* mutevolezza; volubilità; variabilità.

changed [tʃeɪndʒd] *agg.* cambiato, modificato; diverso; *he's a* — *man since he stopped drinking*, è un uomo diverso da quando ha smesso di bere.

change-down ['tʃeɪndʒ,daʊn] *s.* (*aut.*) l'innestare una marcia più bassa: *that was a rather abrupt* — *!*, sei sceso di marcia un po' bruscamente.

changeful ['tʃeɪndʒfʊl / change·ful] *agg.* (*non com.*) incostante, capriccioso, mutevole.

changeless ['tʃeɪndʒlɪs / change·less] *agg.* costante; inalterabile; immutabile.

changeling ['tʃeɪndʒlɪŋ / change·ling] *s.* bimbo sostituito: *she never had so sweet a changeling / and jealous Oberon would have the child*, (SH. Midsummer) ella non rapì mai un bimbo altrettanto bello e il geloso Oberon vorrebbe averlo • Secondo il folklore inglese le fate rapivano i bambini più belli e al loro posto lasciavano dei bambini brutti.

changeover ['tʃeɪndʒ,əʊvə* / change·over] *s.* **1** cambiamento radicale, profondo; trasformazione; conversione **2** (*sport*) sostituzione (di giocatore) **3** (*elettr.*) commutazione.

changer ['tʃeɪndʒə*] *s.* **1** (*antiq.*) cambiavalute **2** (*elettr.*) commutatore // *frequency* —, variatore di frequenza.

change-up ['tʃeɪndʒ,ʌp] *s.* (*aut.*) l'innestare una marcia più alta: *now a smooth* — *to third*, e adesso passa in terza dolcemente.

changing ['tʃeɪndʒɪŋ / chan·ging] *agg.* cangiante; mutevole, incostante, volubile ◆ *s.* cambio: *the* — *of the guard*, il cambio della guardia.

channel[1] ['tʃænl / cha·nnel] *s.* **1** canale; stretto // *the* (*English*) *Channel*, la Manica **2** alveo (di fiume) **3** canale, condotto (di materiali liquidi) **4** (*tv, rad.*) canale; banda di frequenza: *you can hear us on* — *15*, potete ascoltarci su canale 15 // *to change the* —, (*amer.*) cambiar discorso **5** (*inform.*) canale; pista (di nastro magnetico); collegamento tra due terminali: — *program*, programma di canale; — *pulse*, impulso di canale; — *unit address*, (IBM) indirizzo di unità **6** (*tel.*) via di trasmissione: — *pulse*, impulso di telemisure **7** (*arch.*) scanalatura (di colonna) **8** (*metall.*) profilato a C, a U; ferro a C, a U **9** *pl.* mezzi, vie di comunicazione; fonti (di notizie ecc.): *the channels of communication of a country*, le grandi vie di comunicazione di un paese; *the channels of diplomacy*, le vie diplomatiche; *to go through official channels*, seguire la trafila burocratica; (*econ.*) *channels of distribution*, canali di distribuzione **10** *pl.* sbocco: *to open up new channels for trade*, aprire nuovi sbocchi commerciali **11** (*sl. amer.*) vena dove ci si inietta la droga (gener. quella nell'incavo del gomito).

to **channel**[1] [chan·nel] *pass.p.p.* **channelled** ['tʃænld / chan·nelled] *v.tr.* **1** fare canali, solchi in; scavare: *the water channelled its way through the earth*, l'acqua scavava il proprio solco nella terra **2** incanalare; canalizzare (*anche fig.*) **3** (*tecn.*) scanalare **4** (*inform.*) inviare su canale.

channel[2] *s.* (*mar.*) parasartia.

chanson ['ʃɒnsɒn] *s.* (*ant.*) canzone: *the first row of the pious chanson will show you more*, (SH. Hamlet) la prima strofa della pia canzone ve ne dirà di più.

chant [tʃɑ:nt *amer.* tʃænt] *s.* **1** (*mus.*) canto (monotono), salmodia: *Gregorian* —, canto gregoriano **2** grido, slogan ripetitivo.

to **chant** *v.tr.* **1** (*eccl.*) salmodiare **2** cantare; scandire ad alta voce (parole, frasi ecc.) **3** (*sl. ant.*) vendere (cavalli) di frodo.

chantage ['tʃæntɪdʒ / chant·age] *s.* (*ant.*) ricatto.

chanter ['tʃɑ:ntə* *amer.* 'tʃæntə*] *s.* **1** (*eccl.*) cantore **2** (*sl. ant.*) venditore fraudolento di cavalli **3** (*mus.*) chanter, canna per la modulazione del suono (nelle zampogne).

chanterelle [,tʃæntə'rel / chan·ter·elle] *s.* (*bot.*) (*Cantharellus cibarius*) cantarello, gallinaccio.

chantey ['ʃæntɪ] → **shanty**[2].

chantry ['tʃɑ:ntrɪ *amer.* 'tʃæntrɪ] *s.* **1** dotazione per messe di suffragio **2** cappella dove si celebrano messe di suffragio.

chanty ['ʃæntɪ] → **shanty**[2].

chaos ['keɪɒs] *s.* caos.

chaotic [keɪ'ɒtɪk / cha·otic] *agg.* caotico // **-ally** *avv.*

chap[1] [tʃæp] *s.* **1** screpolatura (della pelle) **2** (*non com.*) fessura.

to **chap**[1] *pass.p.p.* **chapped** [tʃæpt] *v.tr.* screpolare: *the cold wind chapped my hands*, il vento freddo mi ha screpolato le mani ◆ *v.intr.* screpolarsi: *my skin chaps in cold weather*, la mia pelle si screpola quando fa freddo.

chap[2] *s.* (*gener. pl.*) guancia (di suino); mascella (di animali); fauci (*pl.*).

chap[3] *s.* **1** (*fam.*) ragazzo, individuo: *a nice young* —, un simpatico ragazzo // *old* —, vecchio mio **2** (*ant.*) cliente, compratore.

chaparral [,ʃæpə'ræl / cha·par·ral] *s.* (*geogr.*) macchia (dei deserti nordamericani).

chapat(t)i [tʃə'pætɪ / cha·pat(t)i] *s.* focaccetta sottile di pane non lievitato • Voce di origine indiana.

chape [tʃeɪp] *s.* (*ant.*) foglio, lamina di metallo (spec. quella che ricopre la punta del pugnale): *this is Monsieur Parolles... that had... the practice in the chape of his dagger*, (SH. All's Well) questi è Monsieur Parolles... che aveva... la pratica sulla punta del suo pugnale.

chapel ['tʃæpl] *s.* **1** cappella: — *of ease*, cappella sussidiaria // *Lady* —, cappella della Madonna **2** funzione religiosa **3** tempio (di dissidenti) // *is he Church or Chapel?*, è anglicano o dissidente? **4** consiglio di fabbrica (di alcune categorie di lavoratori, p.e. i tipografi).

chapel-master ['tʃæpl,mɑ:stə* *amer.* 'tʃæpl,mæstə*] *s.* maestro di cappella.

chaperon ['ʃæpərəʊn / chap·eron] *s.* **1** chaperon (accompagnatrice di signorine in società) **2** persona adulta che sorveglia una festa di giovani.

to **chaperon** *v.tr.* **1** fare da 'chaperon' a **2** (*estens.*) accompagnare; sorvegliare.

chaperonage ['ʃæpərəʊnɪdʒ / chap·er·on·age] *s.* sorveglianza, tutela; guida.

to **chaperone** → to **chaperon**.

chapfallen ['tʃæp,fɔ:lən / chap·fallen] *agg.* (*non com.*) depresso.

chapiter ['tʃæpɪtə* / chapit·er] *s.* (*arch.*) capitello.

chaplain ['tʃæplɪn / chap·lain] *s.* cappellano: *army* —, cappellano militare.

chaplaincy ['tʃæplɪnsɪ / chap·laincy] **chaplainship** ['tʃæplɪnʃɪp / chap·lain·ship] *s.* ufficio di cappellano.

chaplet ['tʃæplɪt / chap·let] *s.* **1** ghirlanda; corona di fiori; collana di perline **2** (*eccl.*) corona, rosario **3** (*arch.*) modanatura a grani, a perline **4** (*zool.*) fila di uova di rospo (e simili).

chapman ['tʃæpmən / chap·man] *pl.* **chapmen** *s.* (*ant.*) venditore ambulante.

chappie, **chappy**[1] ['tʃæpɪ] *s.* (*fam. antiq.*) ragazzo, individuo.

chappy[2] *agg.* screpolato; arido, riarso.

chaps [tʃæps] *s.pl* (*amer.*) gambali da mandriano.

chap-stick ['tʃæpstɪk] *s.* (*fam. amer.*) stick protettivo per labbra.

chapter ['tʃæptə* / chap·ter] *s.* **1** capitolo (di libro ecc.) // *it was a sad — in his life*, è stato un capitolo triste della sua vita // *to give — and verse*, citare capitolo e verso; (*fig.*) citare fonti precise, autorevoli // *a — of accidents*, (*fam.*) un susseguirsi di guai **2** (*eccl.*) capitolo **3** sede locale (di associazione ecc.).

chapter-house ['tʃæptəhaʊs] *s.* (*eccl.*) sala capitolare; sede del capitolo.

char[1] [tʃɑ:*] *s.* (*rar.*) **1** sostanza carbonizzata **2** carbone di legna **3** nero animale, nero d'ossa.

to **char**[1] *v.tr.* carbonizzare ◆ *v.intr.* carbonizzarsi.

char[2] *s.* **1** lavoro a giornata (generalmente in casa) **2** (abbr. di *charwoman*) domestica a ore.

to **char**[2] *pass.p.p.* **charred** [tʃɑ:d] *v.intr.* lavorare a giornata, a ore: *to go out charring*, andare a lavorare a giornata (di domestica).

char[3] *s.* (*zool.*) (*Salvelinus alpinus*) salmerino.

char-à-banc, **charabanc** ['ʃærəbæŋ / cha·ra·banc] *s.* **1** carrozza o automobile con sedili trasversali **2** torpedone; autopullman.

characin ['kærəsɪn / cha·ra·cin] *s.* (*zool.*) caracide.

character ['kærəktə* / char·ac·ter] *s.* **1** carattere (fisico, morale); indole; caratteristica, qualità: *it's in keeping with his* —, è coerente con il suo carattere; *it's out of — for him to be continually late*, non è nel suo carattere arrivare sempre in ritardo **2** reputazione: *of bad* —, di cattiva fama // — *assassination*, diffamazione **3** scrittura; (*tip.*) carattere: *printed in Roman characters*, stampato in caratteri romani; *you know the character to be your brother's?*, (SH. King Lear) riconosci nella calligrafia quella di tuo fratello? **4** (*inform.*) carattere: — *array*, insieme di caratteri; — *adjustment*, rettifica di caratteri; — *boundary*, delimitatore di caratteri; — *timing disc*, disco di codifica **5** stile, personalità: *work lacking* —, opera che manca di personalità **6** benservito; certificato di buona condotta // *to give s.o. a good* —, (*fam.*) parlare bene di qlcu. **7** personaggio, parte; *pl.* elenco dei personaggi: — *drawing*, caratterizzazione dei personaggi **8** ruolo, veste: *he was there in his — as mayor*, era presente nella sua veste di sindaco **9** individuo, soggetto; (*fam.*) tipo bizzarro: *a bad* —, un cattivo soggetto; *he's quite a —!*, è proprio un originale!

character actor ['kærəktər,æktə*] *s.* (*teatr.*) attore brillante, che interpreta parti brillanti.

characteristic [,kærəktə'rɪstɪk / char·ac·ter·istic] *agg.* caratteristico, tipico: (*mat.*) — *equation*, equazione caratteristica // **-ally** *avv.*

characteristic *s.* caratteristica.

characterization [,kærəktəraɪ'zeɪʃn / char·ac·ter·iza·tion] *s.* caratterizzazione.

to **characterize** ['kærəktəraɪz / char·ac·ter·ize] *v.tr.* **1** caratterizzare; essere caratteristico di **2** definire, descrivere: *I should — him as being perfectly honest*, lo potrei definire uomo di specchiata onestà.

characterless ['kærəktəlɪs / char·ac·ter·less] *agg.* senza carattere; ordinario.

characterological [,kærəktərəʊ'lɒdʒɪkl / char·ac·ter·o·logic·al] *agg.* (*psic.*) caratteriale.

charade [ʃə'rɑ:d *amer.* ʃə'reɪd / cha·rade] *s.* **1** sciarada **2** (*fig.*) farsa, finzione scoperta e assurda: *the trial was a* —, il processo fu una farsa.

charcoal ['tʃɑ:kəʊl / char·coal] *s.* **1** carbone di legna, carbonella // — *burner*, carbonaio **2** carboncino (da disegno): — *drawing*, disegno a carboncino **3** nero animale, nero d'ossa // *animal* —, carbone animale.

chard [tʃɑ:d] *s.* (*bot.*) (*Beta vulgaris cicla*) bietola SIN. Swiss chard.

chare [tʃeə*] *s.* (*ant.*) turno di lavoro: *when thou hast done this chare, I'll give thee leave / to play till doomsday*, (SH. Antony and Cleopatra) quando avrai fatto questo lavoro, ti darò il permesso di giocare fino al giorno del giudizio.

charge ['tʃɑ:dʒ] *s.* **1** addebito, prezzo (richiesto); *pl.* spese, oneri: *charges to be deducted* (o — *deducting*), spese in deduzione, meno le spese; *no — is made for parking*, imballo compreso; *what is the — for a room?*, qual è il costo di una camera?; *to make a — for sthg.*, far pagare qlco.; *all is at his own* —, (*antiq.*) tutto è a carico suo // (*comm.*) : *charges forward*, spese a carico del destinatario; *free of* —, esente da spese, franco di porto; *sundry charges*, spese varie // (*amm.*) *accrued charges*, spese maturate, ratei passivi; *deferred* —, risconto attivo; *capital charges*, costo figurativo del capitale; *decreasing charges*, quote (di ammortamento) decrescenti; *fixed* —, garanzia reale specifica, costo fisso; *handling* —, commissione **2** incarico, carica; sorveglianza, cura, guardia: *a child in the — of a nurse*, un bambino sotto la sorveglianza di una bambinaia; *official in* —, funzionario incaricato; *person in* —, incaricato, addetto; responsabile: *to put s.o. in — of*, incaricare qlcu. di; *to be in — of*, essere il responsabile di, dirigere; *to take — of*, assumere la direzione di, la responsabilità di; *he took — of the situation*, prese la situazione in mano // *to give s.o. in* —, fare arrestare qlcu.; *to take s.o. in* —, arrestare qlcu. **3** persona, cosa affidata alle cure di qlcu.: *a nurse with her young charges*, una balia con i bambini a lei affidati; *the priest and his —*, il sacerdote e i suoi parrocchiani **4** (*dir.*) accusa, imputazione: *what is the — against him?*, quale è l'accusa contro di lui?; *to bring* (o *to lay*) *a — against s.o.*, portare un'accusa contro qlcu.; *he was arrested on a — of murder*, fu arrestato sotto accusa di omicidio **5** (*dir.*) onere, privilegio speciale (su un bene) **6** attacco; (*mil.*) carica: *to return to the —*, (*anche fig.*) tornare alla carica **7** carica (d'arma da fuoco); (*fig.*) potenziale, carica: *bursting —*, carica di scoppio; *the emotional — of the book*, la carica emotiva del libro // (*mar.*): *depth —*, bomba di profondità; *impulse —*, carica di lancio (per siluri) **8** (*fis. elettr.*) carica: *positive, negative —*, carica positiva, negativa **9** (*form.*) ingiunzione; ordine; comando.

to **charge** *v.tr.* **1** far pagare; addebitare; conteggiare: *— it to my account*, addebitatelo al mio conto; *cases are charged extra*, le casse sono conteggiate in più; *to — an account with the expenses*, addebitare le spese a un conto; *to — for*, far pagare, addebitare per: *he charged me three pounds for taking my bag to the station*, mi fece pagare tre sterline per avermi portato la valigia alla stazione; *calls are charged for*, le chiamate (telefoniche) vengono addebitate **2** (*dir.*) accusare (*anche fig.*): *to — s.o. with a crime* (o *to — a crime on s.o.*), accusare qlcu. di un delitto; *to be charged with* (*stealing*), essere accusato di (furto) **3** caricare (arma da fuoco, accumulatore elettrico ecc.); (*form.*) riempire; saturare: *air is charged with vapour*, l'aria è satura di vapore; *to — a glass*, riempire un bicchiere **4** (*chim.*) saturare; addizionare con anidride carbonica; gassare **5** attaccare; (*mil.*) caricare: *the wild animal suddenly charged* (*at*) *us*, l'animale selvaggio ci attaccò all'improvviso **6** puntare: *to — a lance*, puntare una lancia **7** (*form.*) incaricare: *he was charged with the task of watching...*, gli fu affidato il compito di sorvegliare...; *to — oneself with*, assumersi l'incarico di; *to — s.o. with a commission*, incaricare qlcu. di una commissione **8** (*form.*) ordinare ◆ *v.intr.* **1** (*mil.*) andare alla carica **2** lanciarsi, precipitarsi: *to — into sthg.*, scontrarsi con qlco. **3** (*elettr.*) caricarsi (di batteria).

□ **charge off** *v.intr.* e *avv.* **1** andarsene via in gran fretta **2** (*amm.*) stornare dall'attivo.

chargeability [,tʃɑːdʒəˈbɪlɪtɪ / charge·ab·il·ity] *s.* **1** (*dir.*) imputabilità; responsabilità, obbligazione **2** l'essere addebitabile.

chargeable [ˈtʃɑːdʒəbl / charge·able] *agg.* **1** a carico di, da addebitarsi a: *repairs — on the owner*, riparazioni a carico del proprietario; *these expenses are — to him*, queste spese sono da addebitarsi a lui **2** (*dir.*) accusabile, imputabile; passibile; obbligato, responsabile.

charge account [ˈtʃɑːdʒə,kaʊnt] *s.* (*amer.*) → **credit account**.

charged [tʃɑːdʒd] *agg.* (*spec. nei composti*) carico di: *an emotionally — atmosphere*, un'atmosfera carica di emozione.

chargé d'affaires [,ʃɑːʒeɪdæˈfeə*] *pl.* **chargés d'affaires** *s.* (*fr.*) incaricato d'affari.

chargee [tʃɑːˈdʒiː / char·gee] *s.* (*dir.*) creditore privilegiato.

charge hand [ˈtʃɑːdʒhænd] *s.* (*brit.*) vice-caposquadra.

charger[1] [ˈtʃɑːdʒə* / char·ger] *s.* (*non com.*) piatto da portata.

charger[2] *s.* **1** caricatore (di arma da fuoco), calcatoio **2** accumulatore elettrico **3** (*elettr.*) caricabatterie **4** (*ant.*) destriero: *they reached the hall-door, and the charger stood near*, (W. SCOTT) raggiunsero l'ingresso e il destriero era vicino.

charge sheet [ˈtʃɑːdʒʃiːt] *s.* (*dir.*) elenco delle generalità e delle imputazioni dell'arrestato (redatto dalla polizia).

charging [ˈtʃɑːdʒɪŋ / char·ging] *s.* **1** (*trib.*) tassazione, prelievo fiscale **2** (*amm.*) addebito **3** (*dir.*) *— order*, vincolo sui beni del debitore.

charily [ˈtʃærɪlɪ / char·ily] *avv.* **1** cautamente, prudentemente; attentamente **2** frugalmente; parcamente; economicamente.

chariness [ˈtʃeərɪnɪs / chari·ness] *s.* **1** cautela, prudenza **2** frugalità; parsimonia; economicità.

chariot [ˈtʃærɪət / cha·riot] *s.* cocchio; carro (trionfale ecc.); biga: *war —*, carro da combattimento.

to **chariot** *v.tr.* (*letter.*) trasportare sul cocchio: *I will fly to thee / not charioted by Bacchus and his pards*, (KEATS) volerò da te, non trasportato da Bacco e dai suoi leopardi.

charioteer [,tʃærɪəˈtɪə* / cha·ri·ot·eer] *s.* auriga.

charisma [kəˈrɪzmə / cha·risma] *s.* carisma.

charismatic [,kærɪzˈmætɪk / cha·ris·matic] *agg.* e *s.* carismatico.

charitable [ˈtʃærətəbl / char·it·able] *agg.* caritatevole; comprensivo, generoso // **-ly** *avv.* // **-ness** *s.*

charity [ˈtʃærətɪ / char·ity] *s.* **1** elemosina: *to ask for —*, chiedere l'elemosina; *to live on —*, vivere di carità // *for —'s sake* (o *out of —*), per carità // *as cold as —*, (*fig.*) insensibile, freddo; poco socievole // *— ball*, ballo di beneficenza // *— begins at home*, (*prov.*) la carità comincia in casa propria **2** istituzione benefica: *she will leave all her money to charities*, lascerà tutto il suo denaro a istituti di carità // *— appeal*, appello (di un'istituzione benefica) per la raccolta di fondi // *— worker*, volontario (in o per un'istituzione benefica) **3** carità, pietà, benevolenza, equità // *Sister of Charity*, suora di carità **4** (*non com.*) chi beneficia della carità di qlcu.

charivari [,ʃɑːrɪˈvɑːrɪ *amer.* ,ʃɪvəˈriː / cha·ri·vari] *s.* (*non com.*) chiassata; serenata burlesca.

charlady [ˈtʃɑː,leɪdɪ / char·lady] *s.* domestica a ore, a giornata.

charlatan [ˈʃɑːlətən / char·latan] *s.* ciarlatano, imbroglione.

charlatanism [ˈʃɑːlətənɪzm / char·lat·an·ism] **charlatanry** [ˈʃɑːlətənrɪ / char·lat·anry] *s.* ciarlataneria.

Charles's Wain [ˈtʃɑːlzɪz,weɪn] *s.* (*astr.*) Orsa Maggiore, Grande Carro.

charleston [ˈtʃɑːlstən / charles·ton] *s.* charleston.

to **charleston** *v.intr.* ballare il charleston.

charley, **charlie** [ˈtʃɑːlɪ / char·ley, char·lie] *s.* **1** (*ant. fam.*) guardiano notturno **2** (*sl. amer.*) vietcong.

charley horse, **charlie horse** [ˈtʃɑːlɪ ,hɔːs] *s.* (*fam. amer.*) stiramento muscolare • *Charley* è il nome tipico dei vecchi cavalli un po' zoppicanti.

charlock [ˈtʃɑːlɒk / char·lock] *s.* (*bot.*) (*Sinapis arvensis*) senape dei campi SIN. **wheeler**.

charlotte [ˈʃɑːlət / char·lotte] *s.* (*cuc.*) charlotte.

charm [tʃɑːm] *s.* **1** fascino, incanto, attrattiva: *the — of youth*, il fascino della giovinezza; *she has —*, ha del fascino **2** incantesimo, malia // *to work like a —*, (*fam.*) andare a meraviglia, funzionare perfettamente **3** amuleto; ciondolo: *a — against bad luck*, un amuleto contro il malocchio; *good luck —*, portafortuna **4** (*fis. nucleare*) charm, incanto (numero quantico).

to **charm** *v.tr.* **1** affascinare; incantare; deliziare: *I was charmed by their kindness*, fui incantato dalla loro gentilezza; *to — s.o. into doing sthg.*, indurre qlcu. a fare qlco. usando il proprio fascino; *he charmed the snake with his flute*, incantò il serpente con il suo flauto // *to have* (o *to lead*) *a charmed life*, vivere una vita fortunata, aver sempre fortuna **2** colpire con un incantesimo; sottoporre a incantesimo.

charmer [ˈtʃɑːmə*] *s.* incantatore, ammaliatore.

charming [ˈtʃɑːmɪŋ / charm·ing] *agg.* incantevole, affascinante // *Prince Charming*, il Principe Azzurro // **-ly** *avv.*

charmless [ˈtʃɑːmlɪs / charm·less] *agg.* privo di fascino, di attrattiva.

charnel (house) [ˈtʃɑːnl(haʊs)] *s.* ossario.

chart [tʃɑːt] *s.* **1** grafico, diagramma (statistico); tabella: *pie —*, diagramma a torta; *bar —*, diagramma a colonne // (*amm.*): *organization —*, organigramma; *— of accounts*, piano dei conti **2** cartella clinica **3** (*cartografia*) carta: *nautical, aeronautical —*, carta nautica, aeronautica; (*meteor.*): *synoptic —*, carta sinottica; *wind —*, carta dei venti **4** *pl.* hit -parade, classifica delle canzoni di maggior successo.

to **chart** *v.tr.* **1** fare la carta (spec. nautica) di; fare il grafico, il diagramma di (temperatura ecc.) **2** registrare: *the investigators charted all his movements*, gli investigatori registrarono tutti i suoi movimenti **3** pianificare.

charter [ˈtʃɑːtə* / char·ter] *s.* **1** (*st. dir.*) carta, documento costitutivo (di città ecc.) // (*pol.*) *the Atlantic Charter*, la Carta Atlantica // (*st.*) *the Great Charter*, la Magna Carta **2** (*dir.*) patente **3** (*fig.*) privilegio, esenzione **4** (*comm.*) statuto, contratto; atto costitutivo **5** (*usato come agg.attr.*) a noleggio, charter: *— bus*, autobus a noleggio; *— flight*, volo charter; *— market*, mercato dei noli.

to **charter** *v.tr.* **1** (*comm.*) concedere statuto, privilegio a (società ecc.); istituire (società) per mezzo di documento ufficiale **2** noleggiare (nave, autobus ecc.) per uso privato // (*dir.*) *chartering agreement*, contratto di noleggio.

chartered accountant [ˈtʃɑːtədəˈkaʊnt ənt] *s.* ragioniere abilitato → **accountant**.

chartered company [ˈtʃɑːtədˈkʌmpənɪ] *s.* (*st. econ.*) compagnia privilegiata.

charterer [ˈtʃɑːtərə* / char·ter·er] *s.* (*comm.*) noleggiatore.

Charterhouse [ˈtʃɑːtəhaʊs / Charter·house] *s.* **1** certosa **2** Charterhouse (antico monastero di certosini in Londra, adibito in seguito a scuola e ospedale).

charter member ['tʃɑ:tə'membə*] *s.* socio fondatore.

charterparty ['tʃɑ:tə,pɑ:tɪ / char·ter·party] *s.* (*dir. mar.*) giustificativo del contratto di noleggio.

charthouse ['tʃɑ:thaʊs / chart·house] *s.* (*mar.*) sala nautica.

Chartism ['tʃɑ:tɪzəm / Chart·ism] *s.* (*st. inglese*) cartismo.

Chartist ['tʃɑ:tɪst / Chart·ist] *s.* (*st. inglese*) seguace del cartismo.

chartography e *deriv.* → **cartography** e *deriv.*

chartreuse [ʃɑ:'trɜ:z *amer.* ʃɑ:'tru:z / char·treuse] *s.* **1** chartreuse (liquore dei certosini) **2** color verde pallido.

chartroom ['tʃɑ:tru:m / chart·room] *s.* (*mar.*) sala nautica.

charwoman ['tʃɑ:,wʊmən / char·wo·man] *pl.* **charwomen** ['tʃɑ:,wɪmɪn] *s.* (*antiq.*) domestica a ore, a giornata.

chary ['tʃeərɪ] *agg.* **1** cauto, prudente: *to be — of doing sthg.*, esitare a fare qlco. **2** parco; parsimonioso: *he was very — with his praise*, fu parco di lodi **3** (*ant.*) afflitto **4** (*ant.*) caro: *this will I keepe as chary as my life*, (MARLOWE) l'avrò caro come la vita.

Charybdis [kə'rɪbdɪs / Cha·ryb·dis] *no.pr.* (*mit., geogr.*) Cariddi // *to be between Scylla and —*, essere tra Scilla e Cariddi, tra l'incudine e il martello.

chase[1] [tʃeɪs] *s.* **1** caccia; inseguimento: *to give — to*, dare la caccia a // *a wild goose —*, (*fam.*) ricerca inutile, vana **2** riserva di caccia **3** diritto di caccia **4** cacciagione.

to **chase**[1] *v.tr.* **1** cacciare; inseguire: *to — the enemy*, inseguire il nemico // *to — the dragon*, (*fam.*) prendere l'eroina **2** rincorrere (*anche fig.*): *the boys chased each other round the room*, i ragazzi si rincorrevano intorno alla stanza; *many men — success to the neglect of their families*, molti uomini rincorrono il successo trascurando le loro famiglie **3** (*amer.*) assillare **4** mandare via, cacciare ◆ *v.intr.* correre; precipitarsi.

□ **chase (a)round** (*after*) *v.tr.* e *avv.* (*fam. fig.*) cacciare, dare la caccia a.

□ **chase away** *v.tr.* e *avv.* scacciare, far scappar via.

□ **chase off** *v.tr.* e *avv.* scacciare, far andar via da (un luogo) ◆ *v.intr.* e *avv.* correre, precipitarsi.

□ **chase out** *v.tr.* e *avv.* cacciar fuori.

□ **chase up** *v.tr.* e *avv.* **1** stare alle costole; dare la caccia a **2** scovare (qlco.).

chase[2] *s.* castone (di una gemma).

to **chase**[2] *v.tr.* cesellare, incidere; intagliare; sbalzare (metalli); incastonare (una gemma).

chase[3] *s.* (*edil.*) traccia, incassatura.

to **chase**[3] *v.tr.* (*mecc.*) **1** filettare **2** scanalare.

chase[4] *s.* (*tip.*) telaio (per l'impaginazione).

chaser[1] ['tʃeɪsə*] *s.* **1** cacciatore; inseguitore **2** (*mar.*) caccia, cacciatorpediniere; (*aer.*) caccia, aeroplano da caccia **3** utensile per filettare **4** (*fam.*) bevanda non alcolica, o poco alcolica, consumata dopo un liquore forte; liquore forte bevuto dopo una bibita o una bevanda (tè, caffè), ammazzacaffè.

chaser[2] *s.* **1** cesellatore, incisore **2** cesello.

chasing ['tʃeɪsɪŋ / chas·ing] *s.* **1** cesellatura **2** (*mecc.*) filettatura: *— machine*, filettatrice **3** incastonatura.

chasm ['kæzəm] *s.* **1** voragine, abisso (*anche fig.*) **2** (*fig.*) lacuna, vuoto.

chasmogamous [kæz'mɒgəməs / chas·mo·gam·ous] *agg.* (*bot.*) casmogamo.

chassis ['ʃæsɪ / chas·sis] *pl.* **chassis** ['ʃæsɪz] *s.* chassis, telaio, intelaiatura.

chaste [tʃeɪst] *agg.* **1** casto, virtuoso, puro (di persona) **2** severo, semplice, puro (di stile, gusto) **3** (*antiq.*) decente, conveniente; pudico (di discorso) // **-ly** *avv.*

to **chasten** ['tʃeɪsn] *v.tr.* **1** castigare; correggere castigando **2** frenare; limitare; trattenere **3** (*non com.*) raffinare, purificare, castigare (stile, lingua).

chastened ['tʃeɪsnd] *agg.* **1** abbattuto, avvilito **2** raffinato; purificato.

chastener ['tʃeɪsnə* / chasten·er] *s.* castigatore.

chasteness ['tʃeɪstnɪs / chaste·ness] *s.* **1** castità, purezza **2** castigatezza, purezza, semplicità (di stile).

to **chastise** [tʃæs'taɪz / chas·tise] *v.tr.* **1** (*form.*) rimproverare severamente **2** castigare, punire; correggere (per mezzo di una punizione); (*ant.*) purificare, liberare di: *hie thee hither / that I may... chastise with the valour of my tongue / all that impedes thee from the golden round*, (SH. Macbeth) corri qui da me, perché io possa... disperdere col valore della mia lingua tutto ciò che t'impedisce di giungere al cerchio d'oro.

chastisement ['tʃæstɪzmənt / chas·tise·ment] *s.* (*antiq.*) castigo, punizione; correzione.

chastiser [tʃæs'taɪzə* / chas·tiser] *s.* punitore.

chastity ['tʃæstətɪ / chast·ity] *s.* **1** castità, verginità **2** (*rar.*) castigatezza, semplicità (di stile, gusto).

chasuble ['tʃæzjʊbl / chas·uble] *s.* (*eccl.*) casula, pianeta.

chat [tʃæt] *s.* ciarla, chiacchiera; cicaleccio; *a little —*, una chiacchieratina; *a long —*, una lunga chiacchierata.

to **chat** *pass.p.p.* **chatted** ['tʃætɪd] *v.intr.* chiacchierare, ciarlare: *to — with s.o. about sthg.*, chiacchierare con qlcu. di qlco.

□ **chat up** *v.tr.* e *avv.* chiacchierare in modo cordiale con; (*fam.*) agganciare: *while waiting for the plane he started chatting up the girl sitting by him*, mentre aspettava l'aereo si mise a chiacchierare con la ragazza che gli sedeva vicino.

chatelaine ['ʃætəleɪn / chat·el·aine] *s.* **1** castellana; padrona di casa **2** (*non com.*) catenella (per chiavi ecc. portata alla cintura dalla padrona di casa).

chat show ['tʃætʃəʊ] *s.* programma radiofonico, televisivo basato su interviste a ospiti celebri AMER. talk show.

chattel ['tʃætl / chat·tel] *s.* (*gener. pl.*) (*dir.*) bene mobile, beni mobili, valori mobiliari; diritti mobiliari e immobiliari: *real chattels*, beni immobili; *— mortgage*, (*amer.*) ipoteca su beni mobili // *goods and chattels*, (*fam.*) beni ed effetti, tutto quello che uno possiede, beni mobili.

chatter ['tʃætə* / chat·ter] *s.* **1** chiacchiera; ciancia; chiacchierio **2** cinguettio (di uccelli); cicaleccio (di scimmie) **3** il battere (dei denti) **4** (*rad.*) bisbiglio **5** (*mecc.*) vibrazione; battimento.

to **chatter** *v.intr.* **1** chiacchierare, ciarlare: *stop chattering!*, smettete di chiacchierare! **2** cinguettare (di uccelli); cicalare (di scimmie) **3** battere (di denti) **4** (*mecc.*) vibrare; battere, far rumore.

chatterbox ['tʃætəbɒks / chat·ter·box]
chatterer ['tʃætərə* / chat·ter·er] *s.* (*fam.*) chiacchierone, chiacchierona.

chattering ['tʃætərɪŋ / chat·ter·ing] *s.* **1** chiacchierio **2** il battere (dei denti) **3** crepitio **4** (*mecc.*) vibrazione; battimento.

chattiness ['tʃætɪnɪs / chat·ti·ness] *s.* loquacità.

chatty ['tʃætɪ] *agg.* **1** chiacchierone, ciarliero: *she's a — old lady*, è una vecchia signora chiacchierona **2** familiare, amichevole: *she writes in a nice — style*, scrive in uno stile simpatico e familiare // **-ily** *avv.*

Chaucerian [tʃɔ:'sɪərɪən / Chau·cer·ian] *agg.* di, relativo a Chaucer ◆ *s.* studioso, ammiratore di Chaucer.

chauffer ['tʃɔ:fə* / chauf·fer] *s.* (*antiq.*) caldano, scaldino.

chauffeur ['ʃəʊfə* *amer.* ʃəʊ'fɜ:* / chauf·feur] *s.* autista.

to **chauffeur** *v.tr.* fare da autista a; (*fig.*) scorrazzare.

chaunt [tʃɔ:nt] *s.* (*poet.*) canto: *chorus Hymenaeal, / or triumphal chaunt*, (P.B. SHELLEY) coro d'Imene, o canto trionfale.

to **chaunt** *v.intr.* (*poet.*) cantare: *no nightingale did ever chaunt / more welcome notes to weary bands*, (W. WORDSWORTH) nessun usignolo cantò mai note più gradite a carovane stanche.

chauvinism ['ʃəʊvɪnɪzəm / chau·vin·ism] *s.* sciovinismo.

chauvinist ['ʃəʊvɪnɪst / chau·vin·ist] *agg.* e *s.* sciovinista.

chauvinistic [,ʃəʊvɪ'nɪstɪk / chau·vin·istic] *agg.* sciovinistico, sciovinista.

chaw [tʃɔ:] *s.* (*dial.*) cicca (tabacco da masticare).

to **chaw** *v.tr.* **1** (*dial.*) ciccare, masticare tabacco **2** (*ant.*) borbottare.

chaw-bacon ['tʃɔ:beɪkən] *s.* campagnolo, zoticone.

chayote [tʃɑ:'jəʊteɪ / chay·ote] *s.* (*bot.*) (*Sechium edule*) zucchina centenaria.

cheap [tʃi:p] *agg.* **1** conveniente, economico: *— price*, prezzo basso; *— labour*, lavoro sottopagato // (*fin.*) *— money*, denaro a buon mercato (cioè mutuabile a basso tasso d'interesse) // *— and nasty*, di poco prezzo e di cattiva qualità // *dirt —*, (*fam.*) convenientissimo, a bassissimo prezzo // *to do sthg. on the —*, (*fam.*) fare qlco. con poca spesa **2** di poco valore; di scarsa qualità; dozzinale: *this is a — copy of her beautiful dress*, questa è un'imitazione di poco valore del suo bel vestito; *human life is — in that country*, la vita umana ha poco valore in quel paese // *to hold s.o., sthg. —*, tenere qlcu., qlco. in poco conto // *to make oneself —*, venir meno alla propria dignità **3** basso, meschino, volgare: *a — joke*, una barzelletta di cattivo gusto // *to feel —*, (*fam.*) sentirsi poco considerato; provare vergogna: *I felt — because I had lied to her*, provavo vergogna perché le avevo mentito // —

trick, (*amer.*) scherzo da prete **4** (*sl. amer.*) facile, di facili costumi **5** (*sl. amer.*) spilorcio ◆ *avv.* a buon mercato, a basso prezzo; di poco conto: *to buy sthg.* —, comprare qlco. a buon mercato // *to get off* —, (*fam.*) cavarsela a buon mercato.

to **cheapen** ['tʃi:pən] *v.tr.* **1** ridurre, calare il prezzo di **2** (*fig.*) screditare; deprezzare: *you mustn't — yourself*, non devi sottovalutarti ◆ *v.intr.* ridursi, calare di prezzo; svalutarsi.

cheapish ['tʃi:pɪʃ / cheap·ish] *agg.* **1** (abbastanza) a buon mercato, abbastanza conveniente **2** piuttosto scadente, dozzinale.

cheap-Jack ['tʃi:pdʒæk] *s.* (*ant.*) venditore ambulante • Con riferimento al nome proprio che è tra i più comuni.

cheap-jack *agg.* **1** poco costoso; dozzinale **2** che produce, vende merci dozzinali.

cheaply ['tʃi:plɪ] *avv.* **1** a buon prezzo, economicamente **2** mediocremente; in modo dozzinale **3** in modo basso, meschino; grossolanamente; volgarmente.

cheapness ['tʃi:pnɪs / cheap·ness] *s.* **1** convenienza, prezzo basso **2** scarso valore; mediocrità (di qlco.) **3** grossolanità, volgarità.

cheat[1] [tʃi:t] *s.* **1** imbroglione; truffatore; baro **2** frode, inganno; trucco.

to **cheat**[1] *v.tr.* ingannare; imbrogliare, truffare; frodare: *to — s.o. into doing sthg.*, usare degli inganni per far fare qlco. a qlcu. // *to feel cheated*, sentirsi deluso // *to — death*, sfuggire alla morte // *to — justice*, sfuggire alla giustizia ◆ *v.intr.* barare (*anche fig.*): *to — at cards*, barare alle carte; *he cheated in order to pass the exam*, fece degli imbrogli; copiò per passare l'esame.

□ **cheat on** *v.intr.* e *prep.* (*fam.*) ingannare, tradire (qlcu.); essere infedele: *he has been cheating on her for years*, sono anni che le è infedele, che la tradisce.

□ **cheat (out) of** *v.tr.* e *prep.* sottrarre a qlcu. con l'inganno: *the old woman was cheated out of her savings by her nephew*, il nipote sottrasse con l'inganno i risparmi alla povera vecchia.

cheat[2] *s.* (*bot.*) (*Bromus secalinus*) forasacco segalino.

cheater ['tʃi:tə*] *s.* truffatore, imbroglione; baro.

cheating ['tʃi:tɪŋ / cheat·ing] *s.* U inganno; truffa; imbroglio.

Chechen ['tʃetʃen / Che·chen] *agg.* e *s.* ceceno.

check[1] [tʃek] *s.* **1** controllo, verifica: *they gave the luggage a thorough* —, fecero un controllo completo del bagaglio; *to run a — on s.o., sthg.*, fare un controllo su qlcu., qlco.; *to keep a — on s.o., sthg.*, tenere continuamente sotto controllo qlcu., qlco. // *final* —, collaudo // — *sample*, campione di controllo **2** (*inform.*) verifica, controllo; (IBM) errore: — *bit, character*, bit, carattere di controllo; — *digit*, cifra chiave; *odd parity* —, controllo di disparità // — *window*, visore (di calcolatrice) **3** freno, ostacolo; impedimento: *to put a — on sthg., s.o.*, mettere freno a qlco., qlcu.; *to meet with a* —, incontrare un ostacolo; (*econ.*) — *on inflation*, freno all'inflazione // *to keep* (o *hold*) *in* —, tenere in scacco, a bada: *the police tried to hold the crowd in* —, la polizia tentò di frenare la folla **4** tagliando; scontrino; contromarca **5** (*amer.*) visto, segno di controllo BRIT. tick **6** (*amer.*) assegno BRIT. cheque: *flash, rubber* —, assegno scoperto // *to hand in one's checks*, (*fam.*) tirare le cuoia **7** (*amer., scoz.*) conto (al ristorante) **8** (*amer.*) gettone, fiche **9** (*scacchi*) scacco: *to give — to the king*, dare scacco al re **10** (*tecn.*) screpolatura; incrinatura **11** (*ant.*) rimbeccata, rimprovero: *perhaps I deserved this check*, (J. BOSWELL) forse meritai questa rimbeccata.

to **check**[1] *v.tr.* **1** controllare, verificare: *you can — his address in the telephone directory*, puoi controllare il suo indirizzo sull'elenco telefonico; *at the customs they checked all the bags*, alla dogana controllarono tutte le borse; *to — the accounts, the books*, controllare i conti, verificare la contabilità **2** frenare, impedire; ostacolare; arrestare (movimento); contenere (l'avanzata del nemico): *to — oneself*, trattenersi, contenersi **3** depositare; lasciare (qlco.) in custodia: *to — luggage*, depositare i bagagli **4** (*amer.*) spuntare, vistare BRIT. to tick[1] 1 **5** (*scacchi*) dare scacco a ◆ *v.intr.* **1** concordare, corrispondere; tornare: *his explanation checks with the other testimony*, la sua spiegazione concorda con l'altra deposizione **2** (*amer.*) emettere un assegno **3** (*poker*) ritirarsi; andarsene **4** (*tecn.*) screpolarsi; incrinarsi; retinarsi.

□ **check in** *v.intr.* e *avv.* (*at*) registrarsi (in albergo, aeroporto ecc.): *he checked in at the Bristol two days ago*, si è registrato al Bristol due giorni fa.

□ **check off** *v.tr.* e *avv.* spuntare; verificare spuntando: *to — off names on a list*, spuntare un elenco di nomi.

□ **check on** *v.intr.* e *prep.* controllare (qlco.): *did you — on that?*, l'hai controllato?

□ **check out** *v.tr.* e *avv.* (*spec. amer.*) verificare; controllare: *they checked the whole place out for bombs*, ispezionarono ovunque per controllare che non vi fossero bombe ◆ *v.intr.* e *avv.* **1** pagare il conto e andarsene (da albergo e sim.): *Mr Johnson checked out this morning*, il sig. Johnson ha pagato il conto stamattina **2** (*sl. amer.*) morire.

□ **check over** *v.tr.* e *avv.* controllare, far passare (per cercare eventuali errori): *there aren't any mistakes I hope, I checked it over twice*, spero che non ci siano errori, l'ho controllato due volte.

□ **check through** *v.intr.* e *prep.* ispezionare, controllare: *I checked through my books* (o *I checked my books through*) *but I couldn't find the one I was looking for*, ho controllato i miei libri, ma non ho trovato quello che cercavo; — *carefully through the manuscript before sending it to printer*, controlla attentamente il manoscritto prima di mandarlo al tipografo // *to — through customs*, passare la dogana.

□ **check up** *v.intr.* e *avv.* controllare, verificare; fare dei controlli: *I've checked up and found out, you are not a private eye*, ho fatto dei controlli e ho trovato che lei non è un poliziotto privato; *we must — up on his movements*, dobbiamo controllare i suoi movimenti.

check[2] *s.* scacco, quadrettino; tessuto, disegno a scacchi, a quadretti: *she was dressed in checks*, aveva un vestito a scacchi ◆ *agg.* a scacchi, a quadretti: *he was wearing a — jacket*, indossava una giacca a quadretti.

check[3] *inter.* (*fam. amer.*) okay!, ho capito!

checkbook *s.* (*amer.*) → **chequebook**.

check bouncer ['tʃek,baʊnsə*] *s.* (*amer.*) chi emette assegni a vuoto.

check-clerk ['tʃek,klɑ:k *amer.* 'tʃek,klɜ:k] *s.* (*comm.*) impiegato addetto alla verifica, al controllo.

checked [tʃekt] *agg.* quadrettato; a quadri, a scacchi.

checker[1] ['tʃekə*] *s.* **1** chi controlla, chi verifica: *shelf* —, addetto al controllo e rifornimento della merce (in un supermercato) **2** (*metall.*) camera di ricupero **3** (*ottica*) cercatore (di telescopio).

(to) **checker**[2] (*amer.*) → (to) **chequer**.

checkerboard ['tʃekəbɔ:d / check·er·board] *s.* (*amer.*) scacchiera.

checkerman ['tʃekəmən / check·er·man] *pl.* **checkermen** *s.* (*amer.*) (*gioco della dama*) pedina.

checkers ['tʃekəz / check·ers] *s.pl.* (*amer.*) dama → **draughts**.

check-in ['tʃekɪn] *pl.* **check-ins** *s.* check-in, registrazione.

checking-room ['tʃekɪŋru:m] *s.* (*amer.*) → **checkroom**.

check-key ['tʃek,ki:] *s.* chiave (della serratura).

checklist ['tʃek,lɪst / check·list] *s.* **1** lista di controllo **2** inventario.

checkmate ['tʃek'meɪt / check·mate] *s.* scacco matto.

to **checkmate** *v.tr.* dar scacco matto a (*anche fig.*).

checkoff ['tʃekɒf / check·off] *s.* (*amer.*) trattenuta sindacale.

checkout ['tʃekaʊt / check·out] *s.* **1** cassa di uscita (al supermercato): — *counter*, (*amer.*) cassa del supermercato; — *line*, fila di attesa, coda alla cassa (nei supermercati) **2** ora in cui una camera (d'albergo, d'ospedale) deve essere lasciata libera **3** (*tecn.*) controllo; verifica **4** (*mecc.*) addestramento; familiarizzazione (su macchine varie) **5** (*inform.*) messa a punto (di programmi); verifica.

checkpoint ['tʃekpɔɪnt / check·point] *s.* **1** posto di controllo // — *Charlie*, posto di controllo militare americano tra le due Berlino **2** (*inform.*) punto di ripresa; (IBM) punto di controllo: — *procedure*, procedura di rilevazione, di controllo.

check-rein ['tʃekreɪn] *s.* martingala, redine che impedisce al cavallo di abbassare la testa.

checkroom ['tʃekrʊm / check·room] *s.* (*amer.*) **1** deposito bagagli BRIT. left luggage office **2** guardaroba (di teatro, ristorante ecc.).

check sum ['tʃek,sʌm] *s.* (*inform.*) somma di controllo.

checkup ['tʃekʌp / check·up] *s.* **1** (*med.*) controllo, visita generale **2** controllo, verifica (dei conti ecc.) **3** (*mecc.*) controllo generale.

Cheddar ['tʃedə* / ched·dar] *s.* varietà di formaggio inglese.

cheddite ['tʃedaɪt / ched·dite] *s.* (*esplosivo*) cheddite.

cheek [tʃi:k] *s.* **1** guancia, gota // — *by jowl with s.o.*, molto vicino a qlcu., intimo di qlcu. // — *to* —, guancia a guancia // *tongue in* —, scherzosamente // *to turn the other* —, porgere l'altra guancia **2** (*fam.*) sfacciataggine, sfrontatezza: *what a —!*, che sfacciataggine!, che faccia tosta!; *to have the — to*, avere la sfrontatezza di **3** (*fam.*) natica, chiappa **4**

(*edil.*) montante laterale (di un infisso) **5** (*mecc.*) ganascia (di morsa).

to **cheek** *v.tr.* fare l'insolente con; parlare in modo insolente a.

cheekbone ['tʃi:kbəʊn / cheek·bone] *s.* (*anat.*) zigomo.

cheekily ['tʃi:kɪlɪ / cheek·ily] *avv.* sfacciatamente, sfrontatamente; in modo insolente, irriverente.

cheekiness ['tʃi:kɪnɪs / chee·ki·ness] *s.* sfacciataggine, sfrontatezza.

cheeky ['tʃi:kɪ] *agg.* impertinente, insolente; irriverente.

cheep [tʃi:p] *s.* pigolio.

to **cheep** *v.intr.* pigolare.

cheer [tʃɪə*] *s.* **1** grido di approvazione, di incoraggiamento; acclamazione; applauso, evviva: *three cheers for...*, tre urrà per... // *Bronx* —, (*fam. amer.*) pernacchia **2** (*non com.*) disposizione di spirito; buon umore, buona disposizione di spirito; felicità; allegrezza: *be of good — !*, (*antiq.*) su, coraggio! **3** (*antiq.*) cibo, vivande (*pl.*).

to **cheer** *v.tr.* rallegrare; confortare: *I was cheered by her presence*, fui confortato dalla sua presenza ◆ *v.intr.* applaudire; emettere grida di incoraggiamento, di approvazione; incoraggiare: *the sup porters cheered as the teams arrived*, i tifosi applaudirono all'arrivo delle squadre.

□ **cheer on** *v.tr.* e *avv.* incitare con grida.

□ **cheer up** *v.intr.* e *avv.* rallegrarsi, tirarsi su di morale: — *up! It's not so bad*, su con la vita, non è così grave! ◆ *v.tr.* e *avv.* tirar su di morale, infondere fiducia in: *they did their best to — me up*, fecero del loro meglio per tirarmi su di morale.

cheerer ['tʃɪərə*] *s.* **1** chi applaude, chi incita **2** (*non com.*) chi infonde buon umore.

cheerful ['tʃɪəfʊl / cheer·ful] *agg.* **1** di buon umore, allegro; sereno, ridente: *he always keeps* —, è sempre di buon umore; *to look* —, aver l'aria allegra **2** vivace, animato **3** cordiale, ben disposto // **-ly** *avv.* // **-ness** *s.*

cheerily ['tʃɪərɪlɪ / cheer·ily] *avv.* allegramente, gaiamente.

cheeriness ['tʃɪərɪnɪs / cheeri·ness] *s.* carattere allegro; buon umore; espansività.

cheering ['tʃɪərɪŋ / cheer·ing] *agg.* incoraggiante ◆ *s.* [U] acclamazioni (*pl.*), evviva.

cheerio [,tʃɪərɪ'əʊ] *inter.* (*sl.*) **1** ciao, arrivederci! **2** (*antiq.*) evviva! (nei brindisi).

cheerleader ['tʃɪə,li:də* / cheer·leader] *s.* (*amer.*) capo della tifoseria; ragazza 'pon-pon'.

cheerless ['tʃɪəlɪs / cheer·less] *agg.* triste, tetro, malinconico // **-ly** *avv.* // **-ness** *s.*

cheerly ['tʃɪəlɪ] *avv.* (*rar.*) spontaneamente, con trasporto.

cheers [tʃɪəz] *inter.* (*fam.*) **1** cin cin!, alla salute! **2** (*brit.*) ciao, ci vediamo!: *See you tomorrow, then. Cheers!*, A domani, allora. Ciao! **3** (*fam. brit.*) grazie.

cheery ['tʃɪərɪ] *agg.* allegro, di buon umore.

cheese[1] [tʃi:z] *s.* formaggio: *a* —, una forma di formaggio: *fresh* —, formaggio fresco; *toasted* —, toast al formaggio // — *biscuit*, cracker salato al formaggio; — *straws*, bastoncini al formaggio // *to believe the moon is made of green* —, prendere lucciole per lanterne // *"Say —!"*, "Sorridete!"

cheese[2] *s.* (*sl. ant.*) la cosa giusta; il meglio: *that's the* —, è la cosa corretta, adatta, va benissimo! // *he thinks he is quite the* —, (*sl.*) si crede elegantissimo // *a big* —, (*sl.*) un pezzo grosso, un personaggio importante.

to **cheese**[3] *v.tr.* (*sl. ant.*) — *it!*, smettila!, piantala!

cheese-board ['tʃi:zbɔ:d] *s.* piatto per il formaggio.

cheeseburger ['tʃi:zbɜ:gə* / cheese·burger] *s.* hamburger al formaggio.

cheesecake ['tʃi:zkeɪk / cheese·cake] *s.* **1** torta di formaggio **2** (*sl.*) foto piccante (di ragazza).

cheesecloth ['tʃi:zklɒθ / cheese·cloth] *s.* (*fam.*) mussolina.

cheesed off [,tʃi:zd'ɒf] *agg.* (*fam. brit.*) stufo, seccato: *I was — when he arrived late*, mi sono arrabbiato quando è arrivato in ritardo; *he was — with me*, era seccato con me.

cheese-hopper ['tʃi:z,hɒpə*] *s.* (*zool.*) verme del formaggio.

cheese-mite ['tʃi:maɪt] *s.* (*zool.*) (*Acarus siro*) acaro del formaggio.

cheese-monger ['tʃi:z,mʌŋgə*] *s.* formaggiaio.

cheeseparer ['tʃi:zpeərə* / cheese·parer] *s.* (*fam.*) avaro, taccagno.

cheeseparing ['tʃi:z,peərɪŋ / cheese·paring] *s.* **1** il levare con cura la crosta al formaggio **2** (*fig.*) lesineria, avarizia ◆ *agg.* parsimonioso, avaro // — *economy*, economie su cose da poco.

cheese-rennet ['tʃi:z,renɪt] *s.* **1** caglio **2** (*bot.*) (*Galium verum*) caglio; (*pop.*) erba zolfina.

cheesy[1] ['tʃi:zɪ] *agg.* **1** con formaggio; simile a, che sa di formaggio **2** (*sl. amer.*) scadente, dozzinale.

cheesy[2] *agg.* (*sl. ant.*) elegante.

cheetah ['tʃi:tə / chee·tah] *s.* (*zool.*) (*Acinonyx jubatus*) ghepardo.

chef [ʃef] *s.* chef, capocuoco.

chef-d'oeuvre [,ʃeɪ'dɜ:vrə] *pl.* **chefs -d'oeuvre** *s.* capolavoro.

cheiro- e *deriv.* → **chiro-** e *deriv.*

chela ['ki:lə] *pl.* **chelae** ['ki:li:] *s.* (*zool.*) chela.

chelate ['ki:,leɪt / che·late] *agg.* e *s.* (*chim.*) chelato.

cheliform ['ki:ləfɔ:m / che·li·form] *agg.* (*zool.*) cheliforme, a forma di chela.

cheloid ['ki:lɔɪd / che·loid] *s.* (*med.*) cheloide.

chelonian [kɪ'ləʊnɪən / chelo·nian] *s.* (*zool.*) chelone ◆ *agg.* chelonio.

Chelsea ['tʃelsɪ / Chel·sea] *no.pr.* Chelsea (quartiere di Londra) // — *pensioner*, ospite del 'Royal Hospital'; — *Royal Hospital*, ospizio per reduci e invalidi di guerra // — *ware*, terraglia fabbricata a Chelsea nel XVIII sec.

chem [kem] abbr. di → **chemical**, **chemicals**, **chemist**, **chemistry**.

chem- → **chem(o)-**.

chemic ['kemɪk] *agg.* (*chim. antiq.*) alchimistico.

chemical ['kemɪkl / chem·ical] *agg.* chimico: — *action*, azione chimica; — *analysis*, analisi chimica; — *engineering*, ingegneria chimica; — *equation*, reazione chimica (come scrittura); — *plant*, stabilimento chimico; — *reaction*, reazione chimica (come processo); — *warfare*, guerra chimica // **-ly** *avv.*

chemicals ['kemɪklz / chem·ic·als] *s.pl.* prodotti chimici: *industrial and agricultural* —, chimica per industria e agricoltura.

chemiluminescence [,kemɪlu:mɪ'nesəns / chemi·lu·min·es·cence] *s.* (*chim.*) chemiluminescenza.

chemise [ʃə'mi:z / che·mise] *s.* **1** camicia (da donna) **2** (*abbigl.*) chemisier.

chemisette [,ʃemi:'zet / che·mis·ette] *s.* **1** camicetta **2** davantino di pizzo (per donna).

chemism ['kemɪzəm / chem·ism] *s.* (*biol.*) chimismo.

to **chemisorb** ['kemɪ,sɔ:b / chemi·sorb] *v.tr.* (*chim.*) chemisorbire.

chemisorption [kemɪ'sɔ:pʃn / chemi·sorp·tion] *s.* (*chim.*) chemiadsorbimento, adsorbimento chimico; chemisorzione, chemisorbimento.

chemist ['kemɪst / chem·ist] *s.* **1** chimico **2** farmacista: —*'s* (*shop*), farmacia; *dispensing* —, farmacista diplomato.

chemistry ['kemɪstrɪ / chem·istry] *s.* **1** chimica: *inorganic*, *organic*, *applied* —, chimica inorganica, organica, applicata; *nuclear* —, chimica nucleare **2** struttura chimica: *the — of blood*, la struttura chimica del sangue.

chem(o)- [ki:m(ə)] *pref.* della terminologia chimica che indica relazione con la chimica; it. chemio-, chemo-, chem-: *chemotherapy*, chemioterapia; *chemosynthesis*, chemiosintesi, chemosintesi; *chemosmosis*, chemosmosi.

chemoprophylaxis [,ki:məprɒfɪ'læksɪs / chemo·pro·phy·laxis] *s.* (*chim.*) chemioprofilassi.

chemoreceptor [,keməʊrɪ'septə* / chemo·re·cep·tor] *s.* (*biochim.*) chemorecettore.

chemosphere ['keməsfɪə* / chemo·sphere] *s.* (*meteor.*) chemosfera.

chemosterilant [,ki:mə'sterɪlənt / chemo·ster·il·ant] *s.* (*chim.*) chemiosterilizzante.

chemosynthesis [,ki:mə'sɪnθəsɪs / chemo·syn·thesis] *s.* (*biochim.*) chemiosintesi, chemosintesi.

chemotaxis [,kemə'tæksɪs / chemo·taxis] *s.* (*biol.*) chemiotassi.

chemotherapeutics [,ki:məθerə'pju:tɪks / chemo·thera·peut·ics] *s.* [U] (*med.*) chemioterapia.

chemotherapist [,ki:mə'θerəpɪst / chemo·ther·ap·ist] *s.* (*med.*) chemioterapista.

chemotherapy [,ki:mə'θerəpɪ / chemo·ther·apy] *s.* chemioterapia.

chemotropism [,ki:mə'trəʊpɪzm / chemo·trop·ism] *s.* chemiotropismo.

chemurgy ['kemɜ:dʒɪ / chem·urgy] *s.* (*agr.*) chemiurgia.

chench [tʃentʃ] *s.* (*ant.*) motto, gioco di parole: *...his comic wit degenerating into chences, his serious swelling into bombast*, (J. DRYDEN) ...il suo genio comico degenera nel motto, quello serio si gonfia in frasi altisonanti.

chenille [ʃə'ni:l / che·nille] *s.* ciniglia.

cheque [tʃek] *s.* (*comm.*) assegno bancario: — *to bearer*, assegno al portatore, all'ordine; — *to order*, assegno all'ordine; *to cash a* —, cambiare un assegno; *payment by* —, pagamento mediante assegno; *blank* —, assegno in bianco; *crossed* —, assegno sbarrato; *open* —, assegno non sbarrato; *bad* —, assegno scoperto, a vuoto AMER. check.

chequebook ['tʃekbʊk / cheque·book] *s.* libretto d'assegni AMER. checkbook // — *journalism*, giornalismo basato su notizie, servizi sensazionali comprati a caro prezzo.

cheque card ['tʃekkɑ:d] *s.* (*comm.*) carta assegni.

chequer ['tʃekə*] *s.* **1** (*non com.*) scacchiera **2** (*gener. pl.*) tessuto a quadretti, a scacchi **3** *pl.* (*arch.*) pietre disposte a scacchiera.

to **chequer** *v.tr.* **1** quadrettare (stoffa ecc.); marcare con disegno a scacchi **2** striare; screziare; variegare **3** variare: *chequered career*, carriera movimentata, con alti e bassi.

Chequers ['tʃekəz / Che·quers] *s.* Chequers (residenza di campagna del primo ministro inglese).

chequer-work ['tʃekəwɜ:k] *s.* modello, disegno a quadretti, a scacchi.

to **cherish** ['tʃerɪʃ / cher·ish] *v.tr.* **1** nutrire, serbare (in cuore): *to — hopes*, nutrire speranze; *to — the memory of s.o., sthg.*, conservare il ricordo di qlcu., qlco.; *to — resentment*, nutrire risentimento **2** amare, curare teneramente: *to — one's children*, curare con amore i propri bambini **3** avere, tener caro: *we must — and protect our freedom of speech*, dobbiamo aver cara e proteggere la nostra libertà di parola.

Cherokee [,tʃerə'ki: / Che·ro·kee] *s.* **1** indiano cherokee **2** lingua cherokee.

cheroot [ʃə'ru:t / che·root] *s.* sigaro spuntato.

cherry ['tʃerɪ] *s.* **1** ciliegia // *another* (o *a second*) *bite of the* —, (*fam.*) una seconda opportunità **2** (*sl. volg.*) verginità ◆ *agg.* (di colore) ciliegia: — *lips*, labbra di color ciliegia.

cherry-bay ['tʃerɪbeɪ] *s.* (*bot.*) (*Prunus laurocerasus*) lauroceraso SIN. cherry-laurel.

cherry-bob ['tʃerɪbɒb] *s.* (*nel linguaggio infantile*) due ciliegie unite.

cherry brandy [,tʃerɪ'brændɪ] *s.* acquavite di ciliegie.

cherry-laurel ['tʃerɪlɒrəl] → **cherry-bay**.

cherry-pie [,tʃerɪ'paɪ] *s.* **1** torta di ciliegie **2** (*bot.*) (*Heliotropium arborescens*) eliotropio.

cherry-pit ['tʃerɪpɪt] *s.* gioco da bambini che consiste nel gettare noccioli di ciliegia in un buco: *to play at cherry-pit with Satan*, (SH. Twelfth Night) giocare a lanciare noccioli di ciliegia con Satana.

cherry-plum ['tʃerɪplʌm] *s.* (*bot.*) (*Prunus cerasifera*) mirabolano, amolo.

cherry red ['tʃerɪred] *agg.* rosso ciliegia.

cherry-tree ['tʃerɪtri:] *s.* (*bot.*) (*Prunus avium*) ciliegio.

cherry-wood ['tʃerɪwʊd] *s.* (legno di) ciliegio.

chert [tʃɜ:t] *s.* (*geol.*) selce.

cherub ['tʃerəb] *pl.* **cherubim** ['tʃerəbɪm / cher·ubim] *nel senso 2* **cherubs** [cher·ubs] *s.* **1** (*relig.*) cherubino **2** angioletto (*anche fam.*).

cherubic [tʃe'ru:bɪk / cher·ubic] *agg.* di, da cherubino.

chervil ['tʃɜ:vɪl / cher·vil] *s.* (*bot.*) (*Anthriscus cerefolium*) cerfoglio.

Cheshire ['tʃeʃə* / Chesh·ire] *no.pr.* (*geogr.*) Cheshire (contea in Inghilterra) // *to grin like a — cat*, fare un largo sorriso // — *cheese*, formaggio del Cheshire.

chess[1] [tʃes] *s.* (gioco degli) scacchi: *a game of* —, una partita a scacchi; *to play* —, giocare a scacchi.

chess[2] *s.* (*mil.*) asse, tavolone (di ponte di barche).

chess[3] *s.* (*bot.*) → **darnel**.

chessboard ['tʃesbɔ:d / chess·board] *s.* scacchiera.

chessel ['tʃesəl / ches·sel] *s.* stampo per formaggio.

chessman ['tʃesmæn / chess·man] *pl.* **chessmen** ['tʃesmen] *s.* pezzo (degli scacchi).

chesstree ['tʃestri: / chess·tree] *s.* (*mar.*) bozzello fissato all'opera morta.

chest [tʃest] *s.* **1** cassa; cassetta; scrigno; cassapanca **2** (*fig.*) tesoro, bottino: *war* —, bottino di guerra **3** scatola, recipiente **4** (*anat.*) petto, torace // *to get it off one's* —, (*fam.*) sfogarsi // *to throw out one's* —, camminare impettito, petto in fuori.

to **chest** *v.tr.* colpire con il petto, di petto: *he chested the ball*, colpì la palla di petto.

chesterfield ['tʃestəfi:ld / ches·ter·field] *s.* **1** divano imbottito **2** soprabito lungo a un petto solo.

chest-note ['tʃestnəʊt] *s.* (*mus.*) nota di petto.

chestnut ['tʃesnʌt / chest·nut] *agg.* (di colore) castano; di castagno; sauro (di cavallo) ◆ *s.* **1** castagna // *an old* —, (*fam.*) un aneddoto vecchio e risaputo // *to pull the chestnuts out of the fire*, (*fig. fam.*) togliere le castagne dal fuoco **2** (*bot.*) (*Castanea sativa*) castagno // — *grove, wood*, castagneto **3** (*bot.*) (*Aesculus hippocastanum*) ippocastano SIN. horse chestnut **4** (*zool.*) cavallo sauro **5** (*vet.*) castagna (callosità degli arti degli equini).

chest of drawers [,tʃestəv'drɔ:z] *s.* cassettone.

chesty ['tʃestɪ] *agg.* **1** (*sl. amer.*) con ampio torace **2** (*fig., fam.*) arrogante; vanitoso **3** delicato di bronchi.

cheval-de-frise [ʃə,vældə'fri:z] *pl.* **chevaux -de-frise** [ʃə'vɔ:də'fri:z] *s.* (*fr.*) (*mil.*) cavallo di Frisia.

chevalier [,ʃevə'lɪə* / che·va·lier] *s.* (*ant.*) cavaliere; membro di ordini cavallereschi.

chevet [ʃə've / che·vet] *s.* (*arch.*) abside (di chiesa).

cheviot ['tʃevɪət / chev·iot] *s.* cheviot (stoffa di lana).

chevron ['ʃevrən / chev·ron] *s.* **1** (*mil.*) gallone (dei graduati di truppa) **2** (*arch.*) puntone (del tetto); modanatura a zigzag **3** (*arald.*) scaglione.

chevron board ['ʃevrənbɔ:d] *s.* cartello segnaletico di direzione obbligata.

chevrotain ['ʃevrəteɪn / chev·ro·tain] **chevrotin** ['ʃevrətɪn / che·vro·tin] *s.* (*zool.*) tragulide; (*pop.*) gazzella d'acqua.

chevy ['tʃevɪ] *s.* (*ant.*) caccia, inseguimento.

to **chevy** *v.tr.* (*ant.*) cacciare, inseguire ◆ *v.intr.* (*ant.*) correre.

chew [tʃu:] *s.* **1** masticazione: *have a good — before you swallow it*, mastica bene prima di inghiottirlo **2** ciò che si è masticato; cicca (di tabacco).

to **chew** *v.tr.* masticare; rosicchiare: *don't — your fingers!*, non rosicchiarti le unghie!; *the rats chewed a hole in the fence*, i topi hanno fatto un buco nel recinto // *to bite off more than you can* —, (*fam.*) strafare, fare il passo più lungo della gamba // *to — the cud*, ruminare; (*fig.*) rimuginare ◆ *v.intr.* masticare tabacco, ciccare // *to — over* (o *on*) *sthg.*, (*fig.*) meditare, riflettere su qlco.

□ **chew up** *v.tr.* e *avv.* sgranocchiare.

chewed up [,tʃu:d'ʌp] *agg.* (*sl. amer.*) preoccupato; seccato.

chewer ['tʃu:ə* / chew·er] *s.* masticatore (di tabacco).

chewing gum ['tʃu:ɪŋgʌm] *s.* chewing-gum, gomma da masticare.

chianti [kɪ'æntɪ / chi·anti] *s.* chianti (vino toscano).

chiaroscuro [kɪ,ɑ:rə'skʊərəʊ / chiaro·scuro] *pl.* **chiaroscuros** *s.* (*pitt.*) chiaroscuro.

chiasm [kaɪ'æzm / chi·asm] **chiasma** [kaɪ'æzmə / chi·asma] *pl.* **chiasmata** [kaɪ'æzmətə / chi·asmata] *s.* (*anat.*) chiasmo, chiasma: *optic* —, chiasma ottico.

chiasmus [kaɪ'æzməs / chi·as·mus] *pl.* **chiasmi** [kaɪæzmɪ / chi·asmi] *s.* (*ret.*) chiasma, chiasmo.

chiastic [kaɪ'æstɪk / chi·astic] *agg.* (*ret.*) chiastico.

chibli ['kɪblɪ / chi·bli] *s.* (*meteor.*) → **ghibli**.

chic [ʃi:k] *agg.* elegante, alla moda ◆ *s.* stile, eleganza.

Chicagoan [ʃɪ'kɑgəʊən / Chi·cago·an] *agg.* e *s.* (nativo, abitante) di Chicago.

chicane [ʃɪ'keɪn / chi·cane] *s.* **1** (*sport*) chicane **2** (*rar.*) sotterfugio; stratagemma; artificio; cavillo.

to **chicane** *v.intr.* (*rar.*) usare sotterfugi, inganni, cavilli ◆ *v.tr.* (*rar.*) ingannare: *to — s.o. into, out of doing sthg.*, indurre qlcu. con l'inganno a fare qlco., dissuadere qlcu. con l'inganno dal fare qlco.

chicanery [ʃɪ'keɪnərɪ / chi·canery] *s.* cavillo legale; rigiro; sofisma.

chicano [tʃɪ'kɑ:nəʊ / chi·cano] *pl.* **chicanos** *s.* messicano emigrato negli Stati Uniti.

chi chi ['ʃi:ʃi:] *agg.* (*fam.*) pretenzioso; vistoso.

chick [tʃɪk] *s.* **1** pulcino; uccellino; (*fig.*) bambino **2** (*fam.*) ragazza.

chickabiddy ['tʃɪkə,bɪdɪ / chick·a·biddy] *s.* (*fam., antiq.*) coccolo.

chicken ['tʃɪkɪn] *s.* **1** pollo, pollastro; gallinella: *roast* —, pollo arrosto; *spring* —, pollo novello; — *à la king*, (*amer.*) pollo tagliato a pezzi e cucinato con pepe verde // *she's no* —, (*fam.*) non è più tanto giovane // *don't count your chickens before they are hatched*, (*prov.*) non dire quattro finché non l'hai nel sacco // — *and egg situation*, (*fam.*) situazione in cui è impossibile distinguere le cause dagli effetti; *what came first, the — or the egg?*, (*fam.*) che cosa è venuto prima, l'uovo o la gallina? **2** (*fig. fam.*) persona poco coraggiosa, codardo: *don't be so* —, non essere pauroso **3** pivello.

chicken farmer ['tʃɪkɪn'fɑ:mə*] *s.* pollicoltore.

chicken farming ['tʃɪkɪn'fɑ:mɪŋ] *s.* allevamento di polli.

chickenfeed ['tʃɪkɪnfi:d / chicken·feed] *s.* ⓤ (*sl.*) piccolissima somma di denaro, spiccioli; (*fam.*) bruscolini.

chickenhearted [,tʃɪkɪn'hɑ:tɪd / chicken·hearted] **chicken-livered** ['tʃɪkɪn'lɪvəd] *agg.* pauroso, pavido, codardo.

to **chicken out** [,tʃɪkɪn'aʊt] *v.intr.* (*sl.*) astenersi dal fare qlco. per paura: *he chickened out of stealing the car at the last moment*, all'ultimo momento per paura rinunciò a rubare l'auto.

chicken pox ['tʃɪkɪnpɒks] *s.* (*med.*) varicella.

chickling ['tʃɪklɪŋ / chick·ling] *s.* (*bot.*) (*Lathyrus sativus*) cicerchia SIN. grass-pea.

chickpea ['tʃɪkpi: / chick·pea] *s.* (*bot.*) (*Cicer arietinum*) cece.

chickweed ['tʃɪkwi:d / chick·weed] *s.* (*bot.*) (*Stellaria media*) centonchio; (*pop.*) erba gallina.

chicle ['tʃɪkəl] *s.* latice della sapota usato per la gomma da masticare.

chicory ['tʃɪkərɪ / chic·ory] *s.* (*bot.*) (*Cichorium intybus*) cicoria SIN. succory.

to **chide** [tʃaɪd] *pass.* **chided** ['tʃaɪdɪd] meno com. **chid** [tʃɪd] *p.p.* **chided** meno com. **chid**, **chidden** ['tʃɪdn / chid·den] *v.tr.* (*antiq.*) rimproverare, sgridare; rampognare ◆ *v.intr.* **1** brontolare, borbottare: *lest He returning chide*, (MILTON) perché al suo ritorno non mi rimproveri **2** (*ant.*) mugghiare (di vento, mare); mugolare.

chief [tʃi:f] *agg.* principale, primo, il più importante: — *clerk*, capoufficio; — *engineer*, ingegnere capo; — *surgeon*, primario chirurgo; — *town*, capoluogo; — *constable*, (*brit.*) capo della polizia (di zona, regione ecc.); — *inspector*, (*brit.*) ispettore capo; — *executive*, (*amm.*) direttore generale; *the chief(est) good*, (*ant.*) il bene supremo // (*dir. amer.*) — *justice*, presidente della Corte Suprema // *in* —, (*spec. amer.*) soprattutto ◆ *s.* **1** capo, comandante; condottiero // (*mil.*) — *of staff*, capo di stato maggiore **2** (*arald.*) la sommità dello scudo.

chiefdom ['tʃi:fdəm / chief·dom] *s.* dignità, rango di capo.

chiefly ['tʃi:flɪ / chief·ly] *agg.* (*non com.*) di, da capo.

chiefly *avv.* soprattutto, principalmente.

chiefship ['tʃi:fʃɪp / chief·ship] *s.* dignità di capo; autorità.

chieftain ['tʃi:ftən / chief·tain] *s.* capo (di tribù, clan ecc.); condottiero.

chieftainship ['tʃi:ftənʃɪp / chief·tain·ship] *s.* dignità, rango, autorità di capo (di tribù, clan ecc.).

chield [tʃi:ld] *s.* (*scoz.*) uomo; ragazzo.

chiffchaff ['tʃɪftʃæf / chiff·chaff] *s.* (*zool.*) (*Phylloscopus collybita*) luì piccolo.

chiffon ['ʃɪfɒn *amer.* ʃɪ'fɒn / chif·fon] *s.* **1** chiffon (tessuto) **2** (*amer.*) dolce spumoso e leggero, a base di albume d'uovo.

chiffonier [,ʃɪfə'nɪə* / chif·fon·ier] *s.* chiffonnier, stipo a cassettini.

chigger ['tʃɪgə* / chig·ger] *s.* (*amer.*) → **chigoe**.

chignon ['ʃi:njɒn / chi·gnon] *s.* chignon, crocchia.

chigoe ['tʃɪgəʊ / chi·goe] *s.* (*zool.*) (*Tunga penetrans*) pulce penetrante AMER. chigger.

chihuahua [tʃɪ'wɑ:wə / chi·hua·hua] *s.* (*zool.*) (cane) chihuahua.

chilblain ['tʃɪlbleɪn / chil·blain] *s.* (*med.*) gelone.

child [tʃaɪld] *pl.* **children** ['tʃɪldrən / chil·dren] *s.* **1** bambino, bambina; ragazzo, ragazza; figlio, figlia; discendente: *only* —, figlio unico; *still-born* —, bambino nato morto; *unborn* —, bambino non ancora nato; *problem* —, bambino difficile; *he has been delicate since he was a* —, è sempre stato delicato fin da bambino; *we have four children, two sons and two daughters*, abbiamo quattro figli, due maschi e due femmine // *a love* —, un figlio illegittimo // *to be with* —, (*antiq.*) essere incinta // —*'s play*, (*fig.*) lavoro da bambini **2** → childe.

to **child** *v.tr.* e *intr.* (*ant.*) partorire; produrre frutti: *the spring, the summer, / the childing autumn, angry winter, change / their wonted liveries*, (SH. Midsummer) la primavera, l'estate, il gravido autunno e lo stizzoso inverno, mutano le loro abituali livree.

childbearing ['tʃaɪld,beərɪŋ / child·bear·ing] *s.* (*med.*) gravidanza, gestazione.

childbed ['tʃaɪldbed / child·bed] **childbirth** ['tʃaɪldbɜ:θ / child·birth] *s.* (*med.*) parto, puerperio.

childe [tʃaɪld] *s.* (*ant. letter.*) titolo dato ai figli di famiglia nobile // *'Childe Harold's Pilgrimage'*, 'Il pellegrinaggio del giovane Aroldo'.

Childermas-day ['tʃɪldəmæsdeɪ / Chil·der·mas-day] **Childermas-tide** ['tʃɪldəmæstaɪd] *s.* (*eccl.*) festa degli Innocenti (28 dicembre).

childhood ['tʃaɪldhʊd / child·hood] *s.* infanzia, età puerile // *second* —, seconda infanzia, senilità.

childish ['tʃaɪldɪʃ / child·ish] *agg.* puerile, infantile // **-ly** *avv.* // **-ness** *s.*

childless ['tʃaɪldlɪs / child·less] *agg.* senza bambini, senza figli // **-ness** *s.*

childlike ['tʃaɪldlaɪk / child·like] *agg.* infantile, da bambino: — *simplicity*, semplicità infantile.

child-minder ['tʃaɪldmaɪndə*] → **baby -minder**.

child-proof ['tʃaɪldpru:f] *agg.* a prova di bambino.

children *pl.* di **child**.

child-resistant ['tʃaɪldrɪ'zɪstənt] *agg.* a prova di bambino.

child-study ['tʃaɪld,stʌdɪ] *s.* psicologia e fisiologia infantile.

chile → **chilli**.

Chilean ['tʃɪlɪən / Chi·lean] *agg.* e *s.* cileno.

chili → **chilli**.

chiliad ['kɪlɪæd / chil·iad] *s.* (*non com.*) mille (anni).

chiliasm ['kɪlɪæzəm / chili·asm] *s.* (*st. relig.*) chiliasmo.

chiliast ['kɪlɪæst / chili·ast] *s.* (*st. relig.*) chiliasta.

chill [tʃɪl] *agg.* freddo, gelido (*anche fig.*): — *wind*, vento gelido; *she gave me a — look*, mi gettò una gelida occhiata ◆ *s.* **1** colpo di freddo; (sensazione di) freddo (*anche fig.*): *a — came over me*, mi sono sentito rabbrividire; *the noise sent a — down my spine*, il rumore mi diede un brivido freddo alla schiena; *to catch a* —, prendere (un colpo di) freddo; *to take the — off sthg.*, intiepidire (acqua ecc.) **2** (*metall.*) conchiglia; raffreddatore; raffreddamento rapido: — *casting*, fusione in conchiglia.

to **chill** *v.tr.* e *intr.* **1** raffreddare, raffreddarsi; gelare, gelarsi; agghiacciare, agghiacciarsi (*anche fig.*); congelare, congelarsi; refrigerare: *he was chilled with fear at the news*, la notizia gli agghiacciò il sangue per la paura; *he was chilled to the bone* (o *to the marrow*), era gelato fino alle ossa **2** (*fig.*) deprimere, deprimersi **3** (*metall.*) fondere in conchiglia; temprare, temprarsi.

chilled [tʃɪld] *agg.* **1** congelato; refrigerato; freddo; ghiacciato: *serve this wine* —, servite questo vino freddo; — *meat*, carne congelata **2** (*metall.*) fuso in conchiglia; temprato.

chilli ['tʃɪlɪ] *pl.* **chillies** ['tʃɪlɪz] *s.* **1** (*bot.*) peperoncino rosso, chili **2** (*cuc.*) tipo di piatto messicano.

chilliness ['tʃɪlɪnɪs / chil·li·ness] *s.* **1** freddo **2** (*fig.*) freddezza.

chilling ['tʃɪlɪŋ / chil·ling] *agg.* **1** glaciale; agghiacciante, gelante **2** (*metall.*) raffreddante; temprante ◆ *s.* **1** refrigerazione; congelamento **2** (*metall.*) tempra.

chilly ['tʃɪlɪ] *agg.* **1** freddoloso; infreddolito (di persona); fresco; freddo; gelido (di tempo ecc.): *it's a bit — today*, fa freschino oggi; *to feel* —, aver freddo **2** (*fig.*) freddo, senza cordialità: *a — reception*, un'accoglienza fredda.

Chiltern Hundreds ['tʃɪltən'hʌndrədz / Chil·tern Hun·dreds] *no.pr.pl.* (*geogr.*) Chiltern Hundreds (distretto nel Buckinghamshire, Inghilterra, che appartiene alla Corona e il cui amministratore non può essere deputato al Parlamento) // *to apply for* (o *to accept*) *the* —, dare le dimissioni da deputato al Parlamento.

chimaera *s.* → **chimera** 3.

chime[1] [tʃaɪm] *s.* **1** suono di campane, scampanìo: *to ring the chimes*, scampanare, suonare a festa; *we have heard the chimes at midnight*, (SH. Henry IV) abbiamo udito il suono delle campane a mezzanotte // *door chimes*, campanello bitonale **2** melodia, ritmo; (*fig.*) accordo **3** *pl.* (*mus.*) campane tubolari.

to **chime**[1] *v.intr.* **1** (*anche tr.*) scampanare, suonare a festa; suonare: *to — the bells*, suonare le campane a festa; *to — (the hour)*, suonare le ore, rintoccare (di orologio, campana) **2** parlare, ripetere meccanicamente.

□ **chime in** *v.intr.* e *avv.* **1** intervenire in una conversazione: *he then chimed in with his account of the fact*, allora egli intervenne con il suo resoconto dei fatti **2** concordare, accordarsi con: *your request for a delay chimes in with my plans*, la tua richiesta di una proroga concorda con i miei piani.

chime[2] *s.* capruggine (di botte).

to **chime**[2] *v.tr.* caprugginare (botte).

chimera [kaɪ'mɪərə / chi·mera] *s.* **1** (*mit.*) chimera **2** illusione; chimera, sogno irrealizzabile **3** (*zool.*) (*Chimaera monstrosa*) chimera **4** (*biol.*) chimera.

chimer(e) [tʃɪ'mɪə* / chi·mer(e)] *s.* abito vescovile.

chimerical [kaɪ'merɪkl / chi·mer·ical] *agg.* chimerico; illusorio; impossibile // **-ly** *avv.*

chimerism ['kaɪmərɪzəm / chi·mer·ism] *s.* (*biol.*) chimerismo.

chimney ['tʃɪmnɪ / chim·ney] *s.* **1** camino; fumaiolo; ciminiera: — *cap*, comignolo; — *flue*, canna fumaria; — *glass*, tubo di vetro per lampada a fiamma **2** (*geol.*) camino vulcanico **3** (*alpinismo*) camino **4** (*sl. amer.*) testa.

chimney-corner ['tʃɪmnɪ,kɔ:nə*] *s.* angolo del focolare.

chimney-piece ['tʃɪmnɪpi:s] *s.* mensola del camino SIN. mantelpiece.

chimneypot ['tʃɪmnɪpɒt / chim·ney·pot] *s.* comignolo, fumaiolo.

chimney-shaft ['tʃɪmnɪʃɑ:ft *amer.* 'tʃɪmnɪ ʃæft] *s.* canna fumaria.

chimneystack ['tʃɪmnɪstæk / chim·ney·stack] *s.* (*brit.*) **1** torretta, fumaiolo; ciminiera AMER. smokestack **2** gruppo di comignoli.

chimneysweep(er) ['tʃɪmnɪ,swi:p(ə*) / chim·ney·sweep(er)] *s.* spazzacamino.

chimpanzee [,tʃɪmpən'zi: / chim·pan·zee] *s.* (*zool.*) (*Pan troglodytes*) scimpanzè.

chin [tʃɪn] *s.* mento // *double* —, doppio mento // *to be up to the* — (o *to be* — *-deep*) *in water*, trovarsi con l'acqua alla gola // *to take it on the* —, (*fam.*) affrontare le difficoltà con coraggio // — *up!*, coraggio!, su con il morale!

to **chin** *pass.p.p.* **chinned** [tʃɪnd] *v.tr. to* — *the bar*, (*ginnastica*) toccare la sbarra con il mento ◆ *v.intr.* (*sl. amer.*) chiacchierare.

china ['tʃaɪnə] *s.* [U] porcellana fine; (*fam.*) stoviglie di porcellana, ceramica.

chinabark ['tʃaɪnəbɑ:k / chi·na·bark] *s.* (*bot.*) corteccia di china, cincona.

china clay [,tʃaɪnə'kleɪ] *s.* (*min.*) caolino.

china closet ['tʃaɪnə,klɒzɪt] *s.* (*spec. amer.*) (mobile a) vetrina.

Chinaman ['tʃaɪnəmən / Chi·na·man] *pl.* **Chinamen** *s.* **1** (*fam.*) cinese **2** (*rar.*) commerciante in cineserie.

chinaroot ['tʃaɪnəru:t / chi·na·root] *s.* (*bot.*) **1** (*Smilax china*) china **2** radice di china.

Chinatown ['tʃaɪnətaʊn / Chi·na·town] *s.* Chinatown; quartiere cinese (in città occidentale).

chinaware ['tʃaɪnəweə* / chi·na·ware] *s.* [U] stoviglie di porcellana.

chinch [tʃɪntʃ] *s.* (*amer.*) → **bedbug**.

chinchilla [tʃɪn'tʃɪlə / chin·chilla] *s.* (*zool.*) (*Chinchilla laniger*) cincillà.

chin-chin ['tʃɪn'tʃɪn] *s.* e *inter.* **1** saluto cortese **2** cincin, salute! (nei brindisi) **3** (*rar.*) conversazione cerimoniosa.

chine[1] [tʃaɪn] *s.* burrone; (*geol.*) calanco, botro.

to **chine**[1] *v.intr.* (*ant.*) spaccarsi; fendersi.

chine[2] *s.* **1** (*anat. ant.*) spina dorsale **2** (*cuc.*) lombata **3** cresta (di montagna).

to **chine**[2] *v.tr.* spezzare la spina dorsale a; tagliare lungo la spina dorsale (maiale, pesce ecc.).

Chinee [tʃaɪ'ni:] *s.* (*sl. antiq.*) cinese.

Chinese [,tʃaɪ'ni:z / Chi·nese] *agg.* e *s.* cinese.

chink[1] [tʃɪŋk] *s.* interstizio; fessura; crepaccio; crepa // *a* — (*in the armour*), un punto debole: *we must find a — in his argument*, dobbiamo trovare un punto debole nella sua argomentazione.

chink[2] *s.* **1** tintinnio **2** (*sl.*, *antiq.*) denaro in contanti.

to **chink**[2] *v.tr.* e *intr.* tintinnare; far tintinnare.

Chink[3] *s.* (*sl. spreg.*) cinese.

chinless ['tʃɪnlɪs / chin·less] *agg.* dal mento sfuggente // — *wonder*, (*sl. brit.*) nobile sciocco.

chino ['tʃi:nəʊ] *s.* (*amer.*) stoffa cachi di cotone; *pl.* pantaloni di tale stoffa.

Chinook [tʃɪ'nʊk / Chi·nook] *s.* **1** chinook (indiano del Nord Ovest degli Stati Uniti) **2** gergo ibrido di parole francesi, inglesi e locali di taluni indiani **3** *chinook* (*wind*), vento caldo secco che soffia dal versante orientale delle Montagne rocciose.

chin rest ['tʃɪnrest] *s.* mentoniera (di violino).

chinstrap ['tʃɪnstræp / chin·strap] *s.* sottogola (di casco, elmo ecc.).

chintz [tʃɪnts] *s.* chintz (stoffa).

chinwag ['tʃɪnwæg / chin·wag] *s.* (*sl.*) chiacchierata.

chip[1] [tʃɪp] *s.* **1** scheggia; truciolo; frammento; scaglia (di materiale duro) // *a — off the old block*, (*fig.*) un figlio che assomiglia al padre, degno del padre // *to have a — on one's shoulder* (*about sthg.*), (*fig.*) essere pieno di risentimento, covare risentimento (per qlco.) **2** *pl.* (*cuc.*) patate fritte; (*amer.*) patatine: *fish and chips*, pesce fritto con patate fritte **3** gettone, fiche (nei giochi d'azzardo); (*sl. antiq.*) sovrana (moneta); *pl.* (*sl. antiq.*) quattrini // *when the chips are down*, (*fig.*) alla resa dei conti // (*econ.*) *blue chips*, azioni industriali di prim'ordine **4** scheggiatura, sbeccatura (in oggetti di ceramica, di vetro ecc.) **5** (*sport*) tiro corto e tagliato **6** (*inform.*) chip; microcircuito integrato; (*fam.*) coriandolo: — *card*, scheda di memoria; — *carrier*, supporto intermedio **7** (*agr.*) sterco bovino (usato come combustibile).

to **chip**[1] *pass.p.p.* **chipped** [tʃɪpt] *v.tr.* **1** scheggiare, scalpellare, modellare (vetro, smalto e sim.) **2** (*sport*) tirare corto e tagliato **3** tagliare a fettine // *chipped potatoes*, patatine fritte **4** rompere un (guscio d')uovo (spec. di pulcino) ◆ *v.intr.* **1** scheggiarsi **2** (*sport*) tirare corto e tagliato.

□ **chip at** *v.intr.*e *prep.* piluccare.

□ **chip away** *v.tr.* e *avv.* distruggere, far fuori un pezzetto dopo l'altro ◆ *v.intr.* e *avv.* (*fig.*) (*at*) sgretolare, mandare in frantumi: *little by little she chipped away at her husband's ambitions*, un po' per volta mandò in frantumi le ambizioni di suo marito.

□ **chip in** *v.intr.* e *avv.* (*fam.*) **1** interloquire, entrare in una conversazione; commentare: *John then chipped in that it was late*, a quel punto John interloquì dicendo che era tardi **2** contribuire, partecipare (a collette ecc.).

□ **chip off** *v.tr.* e *avv.* rimuovere ◆ *v.intr.* e *avv.* scheggiarsi (di smalto e sim.).

chip[2] *s.* (*rar.*) sgambetto, trucco per atterrare l'avversario (nella lotta).

to **chip**[2] *v.tr.* (*rar.*) fare lo sgambetto a (nella lotta).

chipboard ['tʃɪpbɔ:d / chip·board] *s.* **1** truciolato **2** cartone grigio.

chip-carving ['tʃɪpkɑ:vɪŋ] *s.* intaglio.

chipmunk ['tʃɪpmʌŋk / chip·munk] *s.* (*zool.*) **1** (*Tamias striatus*) tamia, cipmunk **2** (*Eutamias sibiricus*) borunduk.

Chippendale ['tʃɪpəndeɪl / Chip·pen·dale] *agg.* e *s.* (stile) Chippendale (di mobilio).

chipper ['tʃɪpə* / chip·per] *s.* (*tecn.*) **1** sminuzzatrice **2** scriccatore.

chipper *agg.* (*spec. amer.*) **1** allegro, vivace **2** robusto, vigoroso.

chipping ['tʃɪpɪŋ / chip·ping] *s.* **1** il tagliare (a schegge ecc.) **2** *pl.* trucioli; schegge (di pietra, marmo); ghiaietto.

chippy[1] ['tʃɪpɪ] *agg.* (*sl.*) **1** scipito, insipido **2** indisposto: *to feel* —, non sentirsi bene, essere indisposto.

chippy[2] *s.* (*sl. amer.*) ragazza di facili costumi.

chippy[3] *s.* (*brit. fam.*) negozio che vende patatine e pesce fritto.

chiro- ['kaɪrəʊ] *pref.* di origine greca che significa relazione, rapporto con 'mano' o 'ala'; it. chiro-: *chiromancy*, chiromanzia.

chirograph ['kaɪərəʊgrɑ:f / chiro·graph] *s.* (*dir.*) atto scritto.

chirographary [,kaɪə'rɒgrəfərɪ / chiro·graph·ary] *agg.* (*dir.*) che possiede un atto scritto (detto di creditore).

chiromancer ['kaɪərəʊmænsə* / chiro·mancer] *s.* chiromante.

chiromancy ['kaɪərəʊmænsɪ / chiro·mancy] *s.* chiromanzia.

chiropodist [kɪ'rɒpədɪst / chi·ro·pod·ist] *s.* callista, pedicure.

chiropody [kɪ'rɒpədɪ / chi·ro·pody] *s.* l'arte del pedicure.

chiropractic ['kaɪrəpræktɪk / chiro·practic] *s.* (*med.*) chiropratica, chiroterapia.

chiropractor ['kaɪrəpræktə* / chiro·practor] *s.* (*med.*) chiroterapeuta, chiropratico.

chiropteran [kaɪ'rɒptərən / chir·op·teran] *s.* (*zool.*) chirottero.

chiropterous [kaɪ'rɒptərəs / chir·opter·ous] *agg.* (*zool.*) dei chirotteri.

chirp [tʃɜ:p] *s.* cinguettio (di uccello); stridìo (di cicala ecc.) SIN. chirrup 1.

to **chirp** *v.intr.* e *tr.* cinguettare; frinire (di cicala ecc.) SIN. to chirrup 1.

chirpiness ['tʃɜ:pɪnɪs / chirpi·ness] *s.* umore gaio.

chirpy ['tʃɜ:pɪ] *agg.* d'umore gaio, allegro.

chirr [tʃɜ:*] *s.* canto, stridio (di cavalletta, grillo, cicala ecc.).

to **chirr** *v.intr.* stridere (di cavalletta, grillo, cicala).

chirrup ['tʃɪrəp / chir·rup] *s.* **1** → chirp **2** lo schioccare la lingua (per incitare un cavallo).

to **chirrup** *v.intr.* **1** → to chirp **2** schioccare la lingua (per incitare un cavallo).

chisel[1] ['tʃɪzl] *s.* **1** cesello; scalpello; bulino // *the* —, l'arte dello scultore **2** dissodatore **3** (*sl.*) inganno, fregatura.

to **chisel**[1] *pass.p.p.* **chiselled** ['tʃɪzld / chis·elled] *v.tr.* **1** cesellare; scalpellare; bulinare //

chiselled features, lineamenti finemente cesellati 2 (*sl.*) ingannare, fregare.

chisel[2] *s.* (*agr.*) crusca.

chit[1] [tʃɪt] *s.* (*fam.*) **1** marmocchio **2** ragazza impertinente: *a — of a girl*, una sfacciatella.

chit[2] *s.* (*fam.*) bigliettino, nota.

chitchat [ˈtʃɪttʃæt / chit·chat] *s.* (*fam.*) chiacchiera; cicaleccio.

chitin [ˈkaɪtɪn / chi·tin] *s.* (*biochim.*) chitina.

chiton [ˈkaɪtɒn] *s.* (*anche zool.*) chitone.

to **chitter** [ˈtʃɪtə* / chit·ter] *v.intr.* **1** pigolare (di uccello) **2** (*dial.*) rabbrividire (di freddo).

chitterlings [ˈtʃɪtəlɪŋz / chit·ter·lings] *s.* frattaglie.

chitty [ˈtʃɪtɪ] *s.* → **chit**[2].

chitty-faced [ˈtʃɪtɪfeɪst] *agg.* (*non com.*) impertinente, sfacciato.

chivalrich [ˈʃɪvəlrɪk / chiv·al·rich] → **chivalrous**.

chivalrous [ˈʃɪvlrəs / chi·val·rous] *agg.* (*letter.*) cavalleresco // **-ly** *avv.* // **-ness** *s.*

chivalry [ˈʃɪvlrɪ / chiv·alry] *s.* **1** condotta cavalleresca; cortesia **2** (*st. mil.*) cavalleria: *the flower of —*, il fior fiore dei cavalieri.

chive [tʃaɪv] *s.* (*bot.*) **1** (*Allium schoenoprasum*) erba cipollina **2** (*ant.*) piccolo bulbo.

chiv(v)y [ˈtʃɪvɪ] *s.* (*non com.*) caccia, inseguimento.

to **chiv(v)y** *v.tr.* **1** cacciare, inseguire **2** (*fam.*) far fretta a; incitare.

chlamydospore [kləˈmɪdəspɔ:* / chla·my·do·spore] *s.* (*bot.*) clamidospora.

chlamys [ˈklæmɪs / chla·mys] *pl.* **chlamydes** [ˈklæmɪdi:z / chla·mydes] *s.* clamide.

chlor- [klɔ:r] → **chloro-**.

chloracne [klɔ:ræknɪ / chlor·acne] *s.* (*med.*) cloracne.

chloral [ˈklɔ:rəl] *s.* (*chim.*) cloralio: — *hydrate*, idrato di cloralio.

chloramphenicol [ˌklɔ:ræmˈfenɪkɔ:l / chlor·am·pheni·col] *s.* (*chim.*) cloramfenicolo.

chlorate [ˈklɔ:reɪt / chlor·ate] *s.* (*chim.*) clorato.

chlorenchyma [klɔ:ˈreŋkɪmə / chlor·en·chyma] *s.* (*bot.*) clorenchima.

chloric [ˈklɔ:rɪk] *agg.* (*chim.*) clorico.

chloride [ˈklɔ:raɪd / chlor·ide] *s.* (*chim.*) cloruro: — *of lime*, cloruro di calce; *calcium —*, cloruro di calcio.

to **chlorinate** [ˈklɒrɪˌneɪt / chlor·in·ate] *v.tr.* (*chim.*) **1** clorurare **2** clorare, trattare con cloro.

chlorination [ˌklɔ:rɪˈneɪʃn / chlor·ina·tion] *s.* (*chim.*) **1** clorurazione **2** clorazione, trattamento con cloro.

chlorine [ˈklɔ:ri:n / chlor·ine] *s.* (*chim.*) cloro.

chlorite[1] [ˈklɔ:raɪt / chlor·ite] *s.* (*chim.*) clorito.

chlorite[2] *s.* (*min.*) clorite.

chlorite-schist [ˈklɔ:raɪtˌʃɪst] *s.* (*geol.*) cloritoscisto.

chloro- [ˈklɒrə] *pref.* della terminologia chimica che indica relazione con il cloro; it. clor-, cloro-: *chlorobenzene*, clorobenzene, *chlorosulphonic*, clorosolfonico.

chloroform [ˈklɒrəfɔ:m *amer.* ˈklɔ:rəfɔ:m / chlo·ro·form] *s.* (*chim.*) cloroformio.

to **chloroform** *v.tr.* (*med.*) cloroformizzare.

chloroformic [ˈklɒrəfɔ:mɪk *amer.* ˈklɔ:rəfɔ:mɪk / chlo·ro·formic] *agg.* (*chim.*) cloroformico.

chlorohydrin [ˌklɒrəˈhaɪdrɪn / chlo·ro·hy·drin] *s.* (*chim.*) cloridrina.

chlorophyl(l) [ˈklɒrəfɪl *amer.* ˈklɔ:rəfɪl / chloro·phyl(l)] *s.* (*bot.*) clorofilla.

chloroplast [klɔ:rəplæst / chlo·ro·plast] *s.* (*bot.*) cloroplasto.

chloroprene [ˈklɒrəʊˌpri:n / chlo·ro·prene] *s.* (*chim.*) cloroprene.

chlorosis [kləˈrəʊsɪs / chlor·osis] *pl.* **chloroses** [kləˈrəʊsi:z] *s.* (*bot.*, *med.*) clorosi.

chlorotic [kləˈrɒtɪk / chlor·otic] *agg.* (*bot.*, *med.*) clorotico.

chlorous [ˈklɔ:rəs / chlor·ous] *agg.* (*chim.*) cloroso.

chock [tʃɒk] *s.* **1** cuneo, zeppa, calzatoia; (*aer.*) tacco **2** (*mar.*) bocca di rancio, passacavo **3** (*miner.*) catasta d'armatura.

to **chock** *v.tr.* tenere fermo con zeppe; sostenere, calzare; impedire il rotolamento di: *to — (up) a wheel*, bloccare una ruota // (*aer.*) *to — the landing gear wheels*, mettere i tacchi alle ruote del carrello (d'atterraggio).

chock-a-block [ˌtʃɒkəˈblɒk] *agg.* e *avv.* (*fam.*) (*with*) pieno zeppo; affollato (di).

chock-full [ˌtʃɒkˈfʊl] *agg.* (*fam.*) pieno zeppo: *the bus was — of students*, l'autobus era pieno zeppo di studenti.

chocolate [ˈtʃɒkələt / choc·olate] *agg.* **1** di cioccolato: — *cake*, torta al cioccolato **2** colore cioccolata ◆ *s.* **1** cioccolato; cioccolata; *pl.* cioccolatini: *cake of —*, tavoletta di cioccolato **2** il color cioccolata.

chocolate-box [ˈtʃɒklɪtbɒks] *agg.* (*fam.*) ultrasentimentale, ultraromantico.

choice [tʃɔɪs] *agg.* scelto; di prima qualità, squisito: — *wine*, vino scelto; *first —*, *second —*, di prima, seconda scelta ◆ *s.* **1** scelta; alternativa; preferenza: *at —*, a volontà; *I did it by —*, è stata una mia scelta; *I had no —*, non ho avuto scelta, alternativa; *for —*, di preferenza; *to make* (o *to take*) *one's —*, fare la propria scelta // (*log.*) — *axiom*, assioma di scelta // *Hobson's —*, scelta forzata **2** la cosa, la persona scelta: *he was a good — as president*, è stata una buona scelta per il posto di presidente **3** scelta, assortimento: *wide — of*, largo assortimento di **4** fior fiore, élite.

choicely [ˈtʃɔɪslɪ / choice·ly] *avv.* con cura, con gusto.

choiceness [ˈtʃɔɪsnɪs / choice·ness] *s.* finezza; squisitezza; eccellenza: *the — of his language*, il suo linguaggio scelto.

choir [ˈkwaɪə*] *s.* **1** (*arch.*) coro (di chiesa) // *— screen*, grata del coro **2** coro (di cantori, angeli).

to **choir** *v.intr.* (*ant.*) cantare in coro.

choirboy [ˈkwaɪəbɔɪ / choir·boy] *s.* ragazzo cantore, corista; ragazzo del coro.

choirmaster [ˈkwaɪəmɑ:stə* / choir·master] *s.* maestro di cappella, maestro del coro.

choir-stall [ˈkwaɪəstɔ:l] *s.* stallo (del coro).

chokage [ˈtʃəʊkɪdʒ / chok·age] *s.* ingorgo; ostruzione.

choke[1] [tʃəʊk] *s.* **1** soffocamento, accesso di soffocazione (di respiro, voce): *he answered with a — in his voice*, rispose con voce strozzata **2** strozzamento, ingorgo (di conduttura) **3** diffusore (del carburatore) **4** valvola dell'aria: *to give the car some —*, tirare, chiudere l'aria; *full —*, aria tirata, chiusa al massimo **5** (*bot.*) cuore del carciofo.

to **choke**[1] *v.tr.* **1** togliere il respiro a, soffocare; strozzare **2** (anche — *up*) otturare; intasare; ostruire: *the motorway was — (up) with traffic*, l'autostrada era intasata dal traffico **3** (*aut.*) tirare, chiudere l'aria **4** far morire (una pianta) ◆ *v.intr.* soffocare; strozzarsi: *I almost choked to death on a fish bone*, mi sono quasi soffocato con una lisca di pesce.

□ **choke back** *v.tr.* e *avv.* trattenere, soffocare (parole, lacrime ecc.).

□ **choke down** *v.tr.* e *avv.* ingoiare (cibo).

□ **choke off** *v.tr.* e *avv.* **1** (*sl. spec. brit.*) scoraggiare (qlcu.), liberarsi (di qlcu.) scoraggiandolo: *I choked him off by telling him it was a very expensive trip*, me ne sono liberato dicendogli che era un viaggio molto caro **2** tagliar corto (con qlcu.); rimproverare (qlcu.) **3** → to choke back.

choke[2] *s.* (*dial.*) mandibole.

choke coil [ˈtʃəʊkkɔɪl] *s.* **1** (*elettr.*) reattanza **2** (*rad.*) bobina d'arresto.

choked [tʃəʊkt] *agg.* (*fam.*) turbato; sconvolto.

chokedamp [ˈtʃəʊkdæmp / choke·damp] *s.* atmosfera irrespirabile; gas (di miniera) SIN. black damp.

choker [ˈtʃəʊkə*] *s.* **1** persona, cosa che soffoca // *that's a real —*, (*fig.*) mi lascia senza parole, mi turba molto **2** colletto alto e rigido: *white —*, colletto bianco inamidato; (*eccl.*) collarino **3** collana girocollo.

chokey, **choky** [ˈtʃəʊkɪ] *s.* (*sl. brit. antiq.*) galera.

choky [ˈtʃəʊkɪ] *agg.* **1** soffocante **2** soffocato: *in a — voice*, (*fam.*) con voce soffocata.

cholagogue [ˈkɒləˌgɒg / cho·la·gogue] *agg.* e *s.* (*med.*) colagogo.

cholangiography [kəʊˌlændʒɪˈɒgrəfɪ / chol·an·gi·ography] *s.* (*med.*) colangiografia.

cholecyst [ˈkɒlɪsɪst / chole·cyst] *s.* (*anat.*) colecisti.

cholecystectomy [ˌkɒlɪsɪsˈtektəmɪ / chole·cys·tec·tomy] *s.* (*med.*) colecistectomia.

cholecystitis [ˌkɒlɪsɪsˈtaɪtɪs / chole·cyst·itis] *s.* (*med.*) colecistite.

cholecystography [ˌkɒlɪsɪsˈtɒgrəfɪ / chole·cys·to·graphy] *s.* (*med.*) colecistografia.

choledochus [kəˈledəkəs / chole·dochus] *s.* (*anat.*) coledoco.

choler [ˈkɒlə*] *s.* **1** (*med. ant.*) bile **2** (*letter.*) collera, irascibilità.

cholera [ˈkɒlərə / chol·era] *s.* (*med.*) colera: — *vibrio*, vibrione del colera.

choleraic [ˌkɒləˈreɪɪk / chol·er·aic] *agg.* (*med.*) coleroso, colerico.

choleretic [kɒləˈretɪk / chol·er·etic] *s.* (*med.*) coleretico.

choleric [ˈkɒlərɪk / chol·eric] *agg.* collerico, irascibile.

cholerine [ˈkɒləraɪn / chol·er·ine] *s.* (*med.*) colerina.

cholesterol [kə'lestərɒl / cho·les·terol] *s.* (*biochim.*) colesterolo.

choliamb ['kəʊlıæmb / cho·li·amb] *s.* (*metrica*) coliambo.

choliambic [,kəʊlı'æmbık / cho·li·ambic] *agg.* (*metrica*) coliambico.

cholic ['kɒlık] *agg.* (*chim.*) colico.

cholinergic [kɒlın'ɜ:dʒık / cho·lin·ergic] *agg.* (*med.*) colinergico: (*anat.*) — *nerve*, nervo colinergico.

to **chomp** [tʃɒmp] *v.intr.* e *tr.* (*fam.*) masticare rumorosamente.

chondral ['kɒndrıl / chon·dral] *agg.* (*anat.*) condrale, cartilagineo.

chondrite ['kɒndraıt / chon·drite] *s.* (*geol.*) condrite.

chondritis [kən'draıtıs / chon·dri·tis] *s.* (*med.*) condrite.

chondroma [kɒn'drəʊmə / chon·droma] *s.* (*med.*) condroma.

to **choose** [tʃu:z] *pass.* **chose** [tʃəʊz] *p.p.* **chosen** ['tʃəʊzn] *v.tr.* e *intr.* **1** scegliere, fare la scelta; optare per: *I didn't know what to* —, non sapevo che cosa scegliere; *to — a present for*, scegliere un regalo per; — *for yourself*, lascio a te la scelta; *he was chosen out of ten*, fu scelto fra dieci; *there isn't much to — from*, c'è poco da scegliere; *there is nothing to — between them*, non c'è scelta fra di loro, l'uno vale l'altro; *you have many friends to — from*, hai molti amici fra cui scegliere; *choosing was difficult*, la scelta era difficile // *many are called but few are chosen*, molti sono i chiamati, ma pochi gli eletti // *to pick and* —, (*fam.*) scegliere meticolosamente **2** volere; gradire; preferire: *as you* —, come volete; *he chose to ignore the interruption*, preferì ignorare l'interruzione; *I didn't* — (o *I chose not*) *to go*, non ho voluto andare, ho preferito non andare; *if I chose I could go too*, se volessi potrei andare anch'io; *if you* —, se vi garba.

chooser ['tʃu:zə*] *s.* persona che sceglie, che può scegliere.

choos(e)y ['tʃu:zı] *agg.* (*fam.*) pignolo; difficile da accontentare: *she is very — about food*, è molto difficile riguardo al cibo.

choosing ['tʃu:zıŋ / choos·ing] *s.* scelta, l'atto di scegliere: *the difficulty of* —, l'imbarazzo della scelta; — *was difficult*, la scelta era difficile.

chop[1] [tʃɔp] *s.* **1** colpo (di scure, d'ascia ecc.) **2** (*cuc.*) braciola **3** maretta **4** (*tennis*) taglio // *to get the* —, (*fam. fig.*) essere licenziato; venir chiuso (di negozio); fermare, bloccare d'autorità (di progetto ecc.).

to **chop**[1] *pass.p.p.* **chopped** [tʃɒpt] *v.tr.* **1** tagliare, fendere, spaccare (legna ecc.): *to — sthg. to pieces*, fare a pezzi qlco. **2** tritare (carne, verdura ecc.): *a finely chopped onion*, una cipolla tritata finemente **3** dare un colpo di taglio a (una palla) **4** (*fam.*) tagliare, ridurre: *the government has chopped funds for the research*, il governo ha tagliato i fondi per la ricerca **5** *to — in*, intervenire, interporsi.

□ **chop about** *v.intr.* e *avv.* (*fam.*) passare da una cosa all'altra; cambiare idea di frequente.

□ **chop away** *v.tr.* e *avv.* tagliar via, recidere ♦ *v.intr.* e *avv.* (*at*) dare ripetuti colpi a.

□ **chop down** *v.tr.* e *avv.* abbattere (alberi ecc.): *the old oak had to be chopped down*, la vecchia quercia ha dovuto essere abbattuta.

□ **chop in** *v.intr.* e *avv.* (*amer.*) interrompere SIN. to break in 2.

□ **chop off** *v.tr.* e *avv.* tagliar via, recidere.

□ **chop up** *v.tr.* e *avv.* fare a pezzetti; sminuzzare.

chop[2] *s.* mascella, mandibola // *to lick one's chops*, (*fam.*) leccarsi le labbra, i baffi.

chop[3] *s.* (*ant.*) baratto, scambio // *chops and changes*, (*fam.*) mutamenti, vicissitudini.

to **chop**[3] *v.tr.* (*ant.*) barattare, scambiare // *to — and change*, (*fam.*) vacillare, essere incostante // *to — logic*, (*fam.*) cavillare, sofisticare ♦ *v.intr.* **1** (*mar.*) mutare direzione (del vento) **2** (*fig.*) cambiare idea, opinione ecc.

chop[4] *s.* **1** sigillo ufficiale (in India, Cina) **2** licenza, permesso autenticato (in India, Cina) **3** (*comm.*) marchio di fabbrica (in India, Cina) **4** (*sl.*) qualità: *first, second* —, prima, seconda qualità; *no* —, cattiva qualità.

chop-chop [,tʃɒp'tʃɒp] *avv.* (*fam. brit.*) prontamente: —*!*, svelti!

chopfallen ['tʃɒpfɔ:ln / chop·fallen] *agg.* depresso.

chop-house ['tʃɒphaʊs] *s.* ristorante specializzato in bistecche e costolette alla griglia.

chopper[1] ['tʃɒpə* / chop·per] *s.* **1** (*fam.*) elicottero **2** motocicletta con forcella anteriore allungata **3** tagliatrice (macchina) **4** ascia, mannaia (del macellaio) **5** (*amer.*) controllore (di biglietti teatrali, tranviari, ferroviari) **6** chi taglia con l'ascia.

chopper[2] *s.* (*ant.*) trafficante (specialmente di benefici ecclesiastici).

choppiness ['tʃɒpınıs / choppi·ness] *s.* (*mar.*) maretta.

chopping ['tʃɒpıŋ / chop·ping] → **choppy** 1.

chopping-block ['tʃɒpıŋblɒk] **chopping-board** ['tʃɒpıŋbɔ:d] *s.* tagliere.

chopping-knife ['tʃɒpıŋ,naıf] *s.* mannarino.

choppy ['tʃɒpı] *agg.* **1** instabile, variabile; increspato (di mare) **2** (*ant.*) screpolato: *each at once the choppy finger laying / upon her skinny lips*, (SH. Macbeth) ciascuna si porta subito il dito screpolato sulle labbra incartapecorite.

chopsticks ['tʃɒpstıks / chop·sticks] *s.pl.* bastoncini cinesi (per mangiare).

chop suey [,tʃɒp'su:ı] *s.* (*cuc.*) piatto tipico della cucina cinese, a base di carne e di verdure.

choral ['kɔ:rəl] *agg.* (*mus.*) corale // — *society*, corale, coro.

choral(e) [kɒ'rɑ:l / chor·ale] *s.* (*mus.*) corale.

choralist ['kɔ:rəlıst / choral·ist] *s.* (*mus.*) corista.

chorally ['kɔ:rəlı / chor·ally] *avv.* in coro.

chord[1] [kɔ:d] *s.* **1** corda (di strumento musicale) // *to touch the right* —, (*fam.*) toccare il tasto giusto **2** (*anat.*, *biol.*) → cord **3** (*mat.*) corda.

chord[2] *s.* (*mus.*) accordo: *to strike a* —, suonare un accordo; *common* —, accordo perfetto.

chordate ['kɔ:deıt / chord·ate] *s.* (*zool.*) cordato.

chore [tʃɔ:*] *s.* **1** lavoro abituale, di routine, consueto: *the daily — of cleaning the house*, la routine quotidiana dei lavori di pulizia **2** (*estens.*) lavoro noioso, che si fa malvolentieri.

chorea [kɒ'rıə / cho·rea] *s.* (*med.*) corea.

choree [kɒ'ri: / cho·ree] *s.* (*metrica*) coreo, trocheo.

to **choreograph** ['kɒrıəgrɑ:f / cho·reo·graph] *v.tr.* fare la coreografia di.

choreographer [,kɒrı'ɒgrəfə* *amer.* ,kɔ:rı'ɒgrəfə* / cho·reo·grapher] *s.* coreografo.

choreographic [,kɒrıə'græfık *amer.* ,kɔ:rıə'græfık / cho·reo·graphic] *agg.* coreografico // **-ally** *avv.*

choreography [,kɒrı'ɒgrəfı *amer.* ,kɔ:rı'ɒgrəfı / cho·reo·graphy] *s.* coreografia.

choriamb ['kɒrıæmb / cho·ri·amb] *s.* (*metrica*) coriambo.

choriambic [,kɒrı'æmbık / cho·ri·am·bic] *agg.* (*metrica*) coriambico.

choriambus [,kɒrı'æmbəs / cho·ri·am·bus] *s.* (*metrica*) coriambo.

choric ['kɒrık] *agg.* del coro.

chorion ['kɔ:rıən / chor·ion] *s.* (*biol.*) corion.

chorionic [,kɔ:rı'ɒnık / cho·rionic] *agg.* (*biol.*) coriale: — *villi*, villi coriali; — *adenoma*, corioadenoma.

chorister ['kɒrıstə* *amer.* 'kɔ:rıstə* / chor·is·ter] *s.* **1** corista **2** (*amer.*) direttore del coro (in chiesa).

chorographer [kə'rɒgrəfə* / cho·ro·grapher] *s.* corografo.

chorographic(al) [,kəʊrə'græfık(l) / cho·ro·graphic·(al)] *agg.* corografico: — *map*, carta corografica // **-ally** *avv.*

chorography [kə'rɒgrəfı / cho·ro·graphy] *s.* corografia.

choroid ['kɔ:rɔıd / chor·oid] *agg.* (*anat.*) coroideo ♦ *s.* (*anat.*) coroide.

chorology [kə'rɒlədʒı / choro·logy] *s.* (*ecol.*) corologia.

chortle ['tʃɔ:tl] *s.* riso.

to **chortle** *v.intr.* ridacchiare.

chorus ['kɔ:rəs] *s.* **1** coro: *to sing in* —, cantare in coro // — *singer*, corista (in un'opera) **2** ritornello: *to join in the* —, cantare il ritornello in coro.

to **chorus** *v.tr.* cantare in coro: *to — sthg.*, ripetere qlco. in coro.

chorus girl ['kɔ:rəsgɜ:l] *s.* ballerina di fila.

chose[1] *pass.* di to **choose**.

chose[2] [tʃəʊz] *s.* (*dir.*) bene, diritto.

chosen *p.p.* di to **choose** ♦ *agg.* scelto // *the* —, gli eletti; *the — people*, il popolo eletto; *to speak to a — few*, parlare a un pubblico eletto.

chou [ʃu:] *s.* rosetta ornamentale di nastro.

chough [tʃʌf] *s.* (*zool.*) (*Pyrrhocorax pyrrhocorax*) gracchio corallino.

Chow [tʃaʊ] *agg.* e *s.* (*spreg.*) cinese.

chow *s.* (*sl.*) cibo.

chow(-chow) ['tʃaʊ('tʃaʊ)] *s.* (*zool.*) chow-chow (cane di razza cinese).

chowder ['tʃaʊdə* / chow·der] *s.* zuppa di pesce: *clam* —, zuppa di vongole; *Manhattan clam* —, zuppa di vongole al latte; *New England clam* —, zuppa di vongole al pomodoro.

chrematistic [,kri:mə'tıstık / chre·mat·istic] *agg.* (*econ.*) crematistico, relativo alla crematistica.

chrematistics [,kri:mə'tɪstɪks / chre·mat·ist·ics] *s.* U (*econ.*) crematistica (settore dell'economia che studia la produzione di ricchezza).

chrestomathy [kres'tɒməθɪ / chres·to·mathy] *s.* crestomazia.

chrism ['krɪzəm] *s.* (*eccl.*) crisma.

chrisom ['krɪzəm] *s.* candida veste apposta al bambino durante il battesimo // — *child*, bimbo che muore a meno di un mese dalla nascita.

Christ [kraɪst] *s.* Cristo: *Jesus* —, Gesù Cristo // — *Child*, Gesù Bambino.

to **christen** ['krɪsn / chris·ten] *v.tr.* **1** (*relig.*) battezzare **2** dare un nome a: *to — a child after s.o.*, dare a un bambino il nome di qlcu. **3** (*fam.*) inaugurare, usare per la prima volta: *let's — the new teapot*, inauguriamo la nuova teiera.

Christendom ['krɪsndəm / Chris·ten·dom] *s.* cristianità.

christening ['krɪsnɪŋ / chris·ten·ing] *s.* (*relig.*) battesimo.

Christian ['krɪstjən / Chris·tian] *agg.* e *s.* cristiano: *to become a* —, farsi cristiano; *to behave like a* —, comportarsi da cristiano, da uomo civile; — *era*, era cristiana; *early* —, paleocristiano.

christiania [,krɪstɪ'ɑ:njə / chris·ti·ania] *s.* (*sci*) cristiania.

Christianity [,krɪstɪ'ænətɪ / Chris·ti·an·ity] *s.* cristianesimo.

to **christianize** ['krɪstjənaɪz / chris·tian·ize] *v.tr.* e *intr.* convertire, convertirsi al cristianesimo.

christianlike ['krɪstjənlaɪk / chris·tian·like] *agg.* (da) cristiano.

christianly ['krɪstjənlɪ / chris·tian·ly] *agg.* cristiano ◆ *avv.* cristianamente.

christian name ['krɪstjənneɪm] *s.* nome di battesimo SIN. first name.

Christlike ['kraɪstlaɪk / Christ·like] *agg.* rassomigliante a Cristo // — *patience*, pazienza evangelica.

Christmas ['krɪsməs / Christ·mas] *s.* Natale: (*a*) *merry* —!, buon Natale!; *at* —, a Natale // — *carol*, canto di Natale; — *day*, (giorno di) Natale: *on — Day*, nel giorno di Natale; — *Eve*, vigilia di Natale; — *gift* (o *present*), regalo di Natale, strenna; — *pudding*, speciale dolce natalizio inglese; — *stocking*, calza dove Babbo Natale mette i doni.

Christmas berry ['krɪsməs,berɪ] *s.* (*bot.*) (*Heteromeles arbutifolia*) bacca di Natale.

Christmas box ['krɪsməsbɒks] *s.* (*solo brit.*) mancia di Natale (a postino, lattaio ecc.).

Christmas card ['krɪsməskɑ:d] *s.* biglietto d'auguri di Natale.

Christmas flower ['krɪsməs,flaʊə*] **Christmas rose** ['krɪsməs,rəʊz] *s.* (*bot.*) **1** (*Euphorbia pulcherrima*) poinsezia; (*pop.*) stella di Natale **2** (*Helleborus niger*) rosa di Natale.

Christmas(s)y ['krɪsməsɪ / Christ·mas(s)y] *agg.* (*fam.*) natalizio; festoso.

Christmastide ['krɪsməstaɪd / Christ·mas·tide] **Christmastime** ['krɪsməstaɪm / Christ·mas·time] *s.* tempo natalizio, stagione natalizia.

Christmas tree ['krɪsməstri:] *s.* **1** albero di Natale **2** (*ind. miner.*) albero di Natale; croce di eruzione.

Christologist [krɪs'tɒlədʒɪst / Christo·log·ist] *s.* cristologo.

Christology [krɪs'tɒlədʒɪ / Christo·logy] *s.* cristologia.

Christ's-thorn [,kraɪsts'θɔ:n] *s.* (*bot.*) (*Lycium europaeum*) spina Christi.

Christy minstrels ['krɪstɪ'mɪnstrəlz] *s.* gruppo di cantori e comici truccati da negri.

chromate ['krəʊmeɪt / chro·mate] *s.* (*chim.*) cromato // (*metall.*) — *treatment*, cromatazione.

chromatic [krəʊ'mætɪk / chro·matic] *agg.* cromatico: (*med.*) — *vision*, visione, senso cromatico // — *printing*, (*tip.*) stampa a colori // (*mus.*) — *scale*, scala cromatica // **-ally** *avv.*

chromatics [krəʊ'mætɪks / chro·mat·ics] *s.* U cromatologia.

chromatid ['krəʊmətɪd / chro·matid] *s.* (*biol.*) cromatidio.

chromatism ['krəʊmətɪzəm / chro·mat·ism] *s.* cromatismo.

chromato- ['krəʊmətəʊ] *pref.* di origine greca che indica relazione col 'colore'; it. cromato-: *chromatogram*, cromatogramma.

chromatograph [krəʊ'mætəgræf / chro·ma·to·graph] *s.* cromatografo.

to **chromatograph** *v.tr.* cromatografare.

chromatography [,krəʊmə'tɒgrəfɪ / chro·ma·to·graphy] *s.* cromatografia: *thin-layer* —, cromatografia su strato sottile.

chromatophore [krəʊ'mætəfɔ:* / chro·ma·to·phore] *s.* (*biol.*) cromatoforo, cellula pigmentale.

chrome [krəʊm] *s.* **1** (*chim.*) cromo: — *leather*, pelle, cuoio al cromo; — *steel*, acciaio al cromo; — *tanning*, concia al cuoio **2** (*metall.*) metallo cromato: *bumper made of* —, paraurti (d'acciaio) cromato ◆ *agg.* di, del cromo: — *alum*, allume di cromo; — *yellow*, crocoisite; giallo di cromo; giallo cromo; — *green*, *red*, verde, rosso di cromo.

to **chrome** *v.tr.* (*metall.*) cromare.

chromic ['krəʊmɪk / chro·mic] *agg.* (*chim.*) cromico // — *acid*, acido cromico; — *iron*, sidercromo, ferrocromato.

chromite ['krəʊmaɪt / chro·mite] *s.* (*min.*) cromite.

chromium ['krəʊmjəm / chro·mium] *s.* (*chim.*) cromo: — *steel*, acciaio al cromo.

to **chromium plate** ['krəʊmɪəm,pleɪt] *v.tr.* (*metall.*) cromare.

chromium plating ['krəʊmɪəm,pleɪtɪŋ] *s.* (*metall.*) cromatura.

chromo- ['krəʊməʊ] *pref.* di origine greca usato nella terminologia scientifica per indicare relazione col 'colore' o con la 'colorazione'; it. cromo-: *chromocyte*, cromocita; *chromoprotein*, cromoproteina; *chromophile*, cromofilo.

chromo ['krəʊməʊ] *s.* (*fam. tip.*) cromolitografia.

chromolithograph [,krəʊməʊ'lɪθəʊgrɑ:f / chro·mo·li·tho·graph] *s.* (*tip.*) cromolitografia.

chromolithography [,krəʊməʊlɪ'θɒgrəfɪ / chro·mo·li·tho·graphy] *s.* (*tip.*) cromolitografia (il processo).

chromophore ['krəʊmə,fɔ:* / chro·mo·phore] *s.* (*chim.*) cromoforo.

chromosomal [,krəʊmə'səʊməl / chro·mo·somal] *agg.* (*biol.*) cromosomico.

chromosome ['krəʊməsəʊm / chro·mo·some] *s.* (*biol.*) cromosoma: — *aberration*, aberrazione cromosomica; — *complement*, corredo cromosomico; — *map*, mappa genetica.

chromosphere ['krəʊmə,sfɪə* / chro·mo·sphere] *s.* (*astr.*) cromosfera.

chromotypography ['krəʊməʊtaɪ'pɒgrəfɪ / chro·mo·ty·po·graphy] *s.* (*tip.*) cromotipografia.

chromous ['krəʊməs / chrom·ous] *agg.* (*chim.*) cromoso.

chromyl ['krəʊmɪl / chro·myl] *s.* (*chim.*) cromile.

chronic ['krɒnɪk] *agg.* **1** cronico: *a — illness*, una malattia cronica **2** cronico, abituale: — *user*, consumatore abituale; — *lier*, bugiardo cronico **3** (*fam.*) insopportabile, terribile; grave, serio: *a — headache*, un terribile mal di testa; *a — water shortage*, una grave carenza d'acqua.

chronically ['krɒnɪkəlɪ / chron·ic·ally] *avv.* **1** cronicamente **2** (*fam.*) terribilmente: *he is — rude*, è molto villano.

chronicity [krə'nɪsɪtɪ / chron·icity] *s.* cronicità.

chronicle ['krɒnɪkl / chron·icle] *s.* cronaca // *'The Chronicles'*, (*Bibbia*) 'I Paralipomeni' // *'The Anglo-Saxon Chronicle'*, (*letter.*) 'La Cronaca Anglosassone'.

to **chronicle** *v.tr.* fare la cronaca di; mettere negli annali.

chronicler ['krɒnɪklə* / chron·ic·ler] *s.* cronista.

chrono- [krɒnəʊ] *pref.* di origine greca che significa 'del tempo', 'relativo al tempo'; it. crono-: *chronogram*, cronogramma; *chronobiology*, cronobiologia.

chronograph ['krɒnəʊgrɑ:f *amer.* 'krɒnəʊgræf / chro·no·graph] *s.* cronografo.

chronological [,krɒnə'lɒdʒɪkl / chro·no·lo·gical] *agg.* cronologico // **-ly** *avv.*

chronologist [krə'nɒlədʒɪst / chro·no·lo·gist] *s.* cronologista.

to **chronologize** [krə'nɒlədʒaɪz / chro·no·lo·gize] *v.tr.* fare la cronologia di; sistemare cronologicamente.

chronology [krə'nɒlədʒɪ / chro·no·logy] *s.* cronologia.

chronometer [krə'nɒmɪtə* / chro·no·meter] *s.* cronometro: *box* — (o *marine* —), cronometro da marina.

chronometric(al) [,krɒnəʊ'metrɪk(l) / chro·no·met·ric(al)] *agg.* cronometrico // **-ally** *avv.*

chronometry [krə'nɒmətrɪ / chro·no·metry] *s.* cronometria.

chronoscope ['krɒnəʊskəʊp / chro·no·scope] *s.* cronoscopio.

chrysalid ['krɪsəlɪd / chrys·alid] *pl.* **chrysalids**, **chrysalides** [krɪ'sælɪdi:z / chrys·al·ides] **chrysalis** ['krɪsəlɪs / chrys·alis] *pl.* **chrysalises** ['krɪsəlɪsɪz / chrys·al·ises] *s.* (*zool.*) crisalide, ninfa.

chrysanthemum [krɪ'sænθəməm / chrys·

an·themum] *s.* (*bot.*) crisantemo; (*Chrysanthemum segetum*) crisantemo delle messi.

chrysoberyl ['krɪsəʊ,berɪl / chryso·beryl] *s.* (*min.*) crisoberillo.

chrysolite ['krɪsəʊlaɪt / chryso·lite] *s.* (*min.*) crisolito.

chrysoprase ['krɪsəʊpreɪz / chryso·prase] *s.* (*min.*) crisopazio.

chrysotile ['krɪsətɪl / chryso·tile] *s.* (*min.*) crisotilo.

chthonic ['θɒnɪk] *agg.* degli inferi; infernale; spettrale.

chub [tʃʌb] *s.* (*zool.*) (*Leuciscus cephalus*) cavedano.

chubbiness ['tʃʌbɪnɪs / chub·bi·ness] *s.* aspetto paffuto (delle guance ecc.).

chubby ['tʃʌbɪ] *agg.* paffuto, pienotto, rotondo (di guance ecc.).

chubby-cheeked [,tʃʌbɪ'tʃi:kt] *agg.* dalle guance paffute.

chuck[1] [tʃʌk] *s.* **1** il chiocciare (di gallina) **2** verso di chi chiama i polli.

to **chuck**[1] *v.intr.* **1** chiocciare (di gallina) **2** (*fam.*) schioccare (di lingua).

chuck[2] *s.* **1** buffetto (sotto il mento) **2** (*fam.*) lancio // *to get the* —, (*fam.*) essere licenziato; *to give s.o. the* —, (*fam.*) congedare, licenziare.

to **chuck**[2] *v.tr.* **1** gettare, buttare, scaricare: *he chucked a stone at me*, mi ha tirato un sasso; *to — sthg. on the floor*, gettare qlco. a terra; *he was chucked off the bus*, fu buttato giù dall'autobus; *his girlfriend has just chucked him*, (*fam.*) la sua ragazza l'ha appena scaricato; *to — one's job*, (*fam.*) mollare, scaricare il proprio lavoro; — *it* (*in*)*!*, (*sl.*) piantala!, finiscila! **2** dare un buffetto a: *to — s.o. under the chin*, dare un buffetto sotto il mento a qlcu.

□ **chuck about** *v.tr.* e *avv.* sperperare (denaro ecc.).

□ **chuck away** *v.tr.* e *avv.* buttar via // *to — oneself away on*, (*fam.*) sprecarsi SIN. to chuck out.

□ **chuck out** *v.tr.* e *avv.* **1** (*fam.*) buttar fuori, sbatter fuori // *chucking-out time*, (*sl.*) ora di chiusura (dei pub) **2** → to chuck away.

□ **chuck up** *v.tr.* e *avv.* (*fam.*) abbandonare, lasciare (lavoro, posto).

chuck[3] *s.* **1** (*cuc.*) spalla **2** (*sl. amer.*) cibo **3** (*mecc.*) mandrino, morsetto autocentrante; portapunta.

to **chuck**[3] *v.tr.* (*mecc.*) serrare nel morsetto autocentrante, nel mandrino.

chuck[4] *s.* (*spec. dial.*) pulcino.

chucker ['tʃʌkə*] *s.* lanciatore (di un sasso ecc.).

chucker-out [,tʃʌkər'aʊt] *s.* (*fam. brit.*) buttafuori SIN. bouncer.

chuckle[1] ['tʃʌkl] *s.* **1** riso basso, soffocato **2** il chiocciare (della gallina).

to **chuckle**[1] *v.intr.* **1** ridere basso, soffocato **2** chiocciare (della gallina).

chuckle[2] *agg.* e *s.* stupido, sciocco.

chuckle-headed ['tʃʌkl,hedɪd] *agg.* **chuckle-head** ['tʃʌklhed] *s.* sciocco, stupido.

chuck-wagon [tʃʌkwægən] *s.* (*amer.*) carro dispensa dotato di fornello per cucinare (in uso tra i mandriani del West).

chuff[1] [tʃʌf] *onom.* ciuf! (della locomotiva a vapore).

chuff[2] *s.* (*ant.*) zoticone: *no, ye fat chuffs! I would your store were here!*, (SH. Henry IV) no, grassoni taccagni! magari tutta la vostra roba fosse qui!

chuffed [tʃʌft] *agg.* (*fam.*) arcicontento.

chug [tʃʌg] *s.* (*aut.*) scoppiettio; (*ferr.*) sbuffo.

to **chug** *pass.p.p.* **chugged** [tʃʌgd] *v.intr.* scoppiettare (di automobile), sbuffare (di locomotiva) // *to — off*, allontanarsi scoppiettando (di automobile) // *to — along*, avanzare scoppiettando.

to **chug-a-lug** [,tʃʌgə'lʌg] *v.tr.* (*sl. amer.*) trangugiare (una bevanda) in un solo sorso.

chum [tʃʌm] *s.* **1** amico, buon amico: *school chums*, amici di scuola **2** (*antiq.*) compagno di camera; camerata.

to **chum** *pass.p.p.* **chummed** [tʃʌmd] *v.intr.* (*fam. antiq.*) dividere la camera con.

□ **chum up** *v.intr.* e *avv.* (*with*) fare amicizia (con).

chummy[1] ['tʃʌmɪ] *agg.* e *s.* (*fam.*) (amico) intimo.

chummy[2] *s.* (*sl.*) **1** (*brit.*) tizio **2** (*ant.*) garzone di spazzacamino.

chump [tʃʌmp] *s.* **1** ceppo, ciocco **2** (*fam.*) sciocco, stupido, testa di legno **3** (*sl.*) testa: *to be off one's —*, aver perso la testa.

chump-chop ['tʃʌmptʃɒp] *s.* braciola.

to **chunder** ['tʃʌndə* / chun·der] *v.intr.* (*fam. spec. austr.*) vomitare.

chunk[1] [tʃʌŋk] *s.* grosso pezzo (di legno, pane, formaggio ecc.).

to **chunk**[2] *v.intr.* (*onom.*) avanzare con passo pesante.

chunky ['tʃʌŋkɪ] *agg.* **1** tozzo, squadrato **2** pesante (di stoffa) **3** con pezzi solidi (di marmellata e sim.).

chunky-knit ['tʃʌŋkɪ,nɪt] *agg.* lavorato con lana grossa (di maglione ecc.).

Chunnel ['tʃʌnl / Chun·nel] *s.* il progettato tunnel sotto la Manica • Contrazione di *Ch*(*annel*) e (*t*)*unnel*.

church [tʃɜ:tʃ] *s.* **1** chiesa: *to go to —*, andare in chiesa; *to be late for —*, essere in ritardo per la funzione religiosa // — *burial*, sepoltura religiosa **2** comunità dei fedeli; clero // *the Church of England* (o *the Anglican* o *English Church*), la chiesa anglicana; *the Church of Scotland*, la chiesa presbiteriana scozzese // *Church militant*, chiesa militante; *Church triumphant*, chiesa trionfante // *Established Church*, chiesa di stato; religione ufficiale; *Catholic Church*, chiesa cattolica // *to be received into the Church*, prendere il velo; diventare cristiano col battesimo; fare la prima comunione // *to go into the Church*, prendere gli ordini sacri.

to **church** *v.tr.* (*antiq.*) condurre in chiesa (specialmente una puerpera, una coppia di sposi) per ricevere benedizione e rendere grazie.

churchgoer ['tʃɜ:tʃ,gəʊə* / church·goer] *s.* praticante, chi regolarmente attende alle funzioni religiose.

churchman ['tʃɜ:tʃmən / church·man] *pl.* **churchmen** *s.* **1** uomo di chiesa, ecclesiastico; prete **2** chi prende parte attiva alla vita parrocchiale.

church-officer [,tʃɜ:tʃ'ɒfɪsə*] *s.* (*eccl.*) sagrestano; scaccino.

church-rate ['tʃɜ:tʃreɪt] *s.* contributo dei fedeli per il sostentamento della parrocchia.

church-register [,tʃɜ:tʃ'regɪstə*] *s.* registro parrocchiale.

church-service [,tʃɜ:tʃ'sɜ:vɪs] *s.* funzione religiosa.

church-text ['tʃɜ:tʃ,tekst] *s.* (*tip.*) (carattere) gotico nero.

churchwarden [,tʃɜ:tʃ'wɔ:dn / church·warden] *s.* **1** fabbriciere **2** pipa di argilla.

churchwoman ['tʃɜ:tʃ,wʊmən / church·woman] *pl.* **churchwomen** ['tʃɜ:tʃ,wɪmɪn / church·women] *s.* forma f. di **churchman** 2.

churchy ['tʃɜ:tʃɪ] *agg.* **1** di chiesa **2** bigotto.

churchyard [,tʃɜ:tʃ'jɑ:d / church·yard] *s.* cimitero (presso una chiesa).

churl [tʃɜ:l] *s.* **1** (*ant.*) contadino; villano; zotico **2** (*rar.*) spilorcio.

churlish ['tʃɜ:lɪʃ / churl·ish] *agg.* **1** incivile, zotico; volgare; intrattabile **2** (*rar.*) avaro // **-ly** *avv.* // **-ness** *s.*

churn [tʃɜ:n] *s.* **1** zangola **2** bidone per il latte.

to **churn** *v.tr.* **1** fare (il burro) nella zangola **2** agitare: *the wind churned the water into foam*, il vento faceva ribollire l'acqua ◆ *v.intr.* agitarsi; ribollire (di acqua, mare ecc.): *my stomach churned at the thought of climbing that rock face*, (*fam.*) le mie budella si torcevano al pensiero di scalare quella parete.

□ **churn out** *v.tr.* e *avv.* (*spesso spreg.*) produrre in grosse quantità.

□ **churn up** *v.tr.* e *avv.* sconvolgere, turbare; mettere sottosopra.

churn-drill ['tʃɜ:ndrɪl] *s.* (*ind. miner.*) sonda a percussione.

churning ['tʃɜ:nɪŋ / churn·ing] *s.* **1** il fare il burro **2** quantità di burro fatta in una volta **3** (*Borsa*) animazione fittizia del mercato **4** forte agitazione, il ribollire (*anche fig.*).

churn-milk ['tʃɜ:nmɪlk] *s.* siero (del latte); latticello SIN. buttermilk.

churr [tʃɜ:*] *s.* il vibrare di ali.

to **churr** *v.intr.* far vibrare l'aria (con le ali).

chut [tʃʌt] *inter.* uff!

chute [ʃu:t] *s.* **1** cascata; rapida **2** (*tecn.*) scivolo, piano inclinato; tramoggia; canale di scarico **3** (*geol.*) canale di scolo **4** (*sport*) pista inclinata **5** (tela a) scivolo (dei pompieri) **6** (*ind. miner.*) fornello di gettito **7** (*fam.*) paracadute.

chutney ['tʃʌtnɪ / chut·ney] *s.* (*cuc.*) salsa indiana a base di spezie e frutta.

chyle [kaɪl] *s.* (*biol.*) chilo.

chyliferous [kaɪ'lɪfərəs / chy·li·fer·ous] *agg.* (*anat.*) chilifero.

chylification [,kaɪlɪfɪ'keɪʃn / chy·li·fication] *s.* (*biol.*) chilificazione.

to **chylify** ['kaɪlɪfaɪ / chy·lify] *v.tr.* (*biol.*) chilificare.

chyme [kaɪm] *s.* (*biol.*) chimo.

chymification [,kaɪmɪfɪ'keɪʃn / chy·mi·fication] *s.* (*biol.*) chimificazione.

to **chymify** ['kaımıfaı / chy·mify] *v.tr.* (*biol.*) chimificare.

chymosin ['kaıməsın / chy·mo·sin] *s.* (*biochim.*) chimosina.

cicada [sı'kɑ:də / ci·cada] *pl.* **cicadas**, **cicadae** [sı'kɑ:di: / ci·ca·dae] poet. **cicala** [sı'kɑ:lə / ci·cala] *s.* (*zool.*) cicala SIN. balm-cricket.

cicatrice ['sıkətrıs / ci·ca·trice] *s.* (*med.*) cicatrice SIN. cicatrix.

cicatricial [,sıkə'trıʃəl / ci·ca·tri·cial] *agg.* (*med.*) cicatriziale.

cicatric(u)le [sı'kætrık(ju:)l / ci·ca·tri·c(u)le] *s.* **1** (*biol.*) cicatricola **2** (*bot.*) ilo.

cicatrix ['sıkətrıks / ci·ca·trix] *pl.* **cicatrices** [,sıkə'traısi:z / ci·ca·trices] **cicatrixes** ['sıkə trıksız] *s.* **1** cicatrice **2** (*bot.*) ilo **3** (*biol.*) cicatricola.

cicatrizant [,sıkə'traızınt / ci·ca·triz·ant] *agg.* (*med.*) cicatrizzante.

cicatrization [,sıkətraı'zeıʃn / ci·ca·triza·tion] *s.* (*med.*) cicatrizzazione.

to **cicatrize** ['sıkətraız / ci·ca·trize] *v.tr.* (*med.*) cicatrizzare ◆ *v.intr.* (*med.*) cicatrizzarsi.

cicely ['sısılı / ci·cely] *s.* (*bot.*) (*Myrrhis odorata*) finocchiella SIN. sweet cicely.

cicerone [,tʃıtʃə'rəunı / ci·cer·one] *s.* (*non com.*) cicerone, guida.

Ciceronian [,sısə'rəunjən / Ci·cero·nian] *agg.* ciceroniano, eloquente ◆ *s.* studioso di Cicerone.

cicisbeo [,tʃıtʃız'beıəu / ci·cis·beo] *pl.* **cicisbei** [,tʃıtʃız'beıi:] *s.* cicisbeo.

cider ['saıdə*] *s.* sidro: *soft, hard* —, (*amer.*) sidro non fermentato, fermentato.

cif, **CIF** ['si: 'aı 'ef] *s.* (*dir.*) spese di trasporto e assicurazione a carico del venditore • Da *C*(*ost*) *I*(*nsurance*) *F*(*reight*), costo assicurazione e trasporto.

cig [sıg] (*fam.*) abbr. di → **cigarette**.

cigar [sı'gɑ:* / ci·gar] *s.* sigaro // — *cutter*, tagliasigari; — *end*, mozzicone (di sigaro); — *maker*, sigaraio; *the boy gets a —!*, (*fig. amer.*) il ragazzo vince una bambolina!, un pupazzetto!

cigarette [,sıgə'ret *amer.* 'sıgəret / ci·gar·ette] *s.* sigaretta: *a packet of cigarettes*, un pacchetto di sigarette; *filter-tipped* —, sigaretta con filtro // — *butt* (o *end*), mozzicone // — *paper*, cartina per sigarette.

cigarette case [,sıgə'ret,keıs] *s.* portasigarette.

cigarette holder [,sıgə'ret,həuldə*] *s.* bocchino.

cigarette lighter [sıgə'ret,laıtə*] *s.* accendino.

cilia ['sılıə] *s.pl.* **1** (*anat.*) ciglia **2** (*biol.*) ciglia (vibratili).

ciliary ['sılıərı / cil·iary] *agg.* (*biol.*) ciliare.

ciliate ['sılııt / cili·ate] *agg.* e *s.* (*biol.*) ciliato.

ciliated ['sılıeıtıd / cili·ated] *agg.* (*biol.*) ciliato.

cilice ['sılıs / cil·ice] *s.* (*ant.*) cilicio.

ciliform ['sılıfɔ:m / cili·form] *agg.* (*biol.*) a forma di ciglia.

Cimbrian ['sımbrıən / Cim·brian] *agg.* e *s.* (*st.*) cimbro.

Cimmerian [sı'mıərıən / Cim·mer·ian] *agg.* **1** cimmerio **2** (*antiq.*) tenebroso; oscuro.

cinch [sıntʃ] *s.* **1** (*amer.*) straccale (di sella) // *to have a — on s.o.*, (*fig.*) aver presa su qlcu. **2** (*sl.*) cosa facile; cosa sicura: *it's a* —, è una cosa sicura.

to **cinch** *v.tr.* (*amer.*) **1** fissare lo straccale di (una sella) **2** (*sl.*) accertarsi, assicurarsi di **3** (*sl. antiq.*) dominare, tenere in pugno.

cinchona [sıŋ'kəunə / cin·chona] *s.* — (*bark*), corteccia di china.

cinchonidine [sıŋ'kɒnıdın / cin·chon·id·ine] *s.* (*chim.*) cinconidina.

cinchonine ['sıŋkəni:n / cin·chon·ine] *s.* (*chim.*) cinconina.

cincture ['sıŋktʃə* / cinc·ture] *s.* **1** (*rar.*) cintura; (*eccl.*) cingolo **2** (*rar.*) cinta (di città) **3** (*arch.*) listello, filetto.

to **cincture** *v.tr.* (*rar.*) cingere; attorniare.

cinder ['sındə* / cin·der] *s.* **1** brace, residuo di un fuoco; (*metall.*) scoria; *pl.* cenere: (*sport*) — *track*, pista di cenere // *burnt to a* —, carbonizzato **2** (*geol.*) cenere vulcanica: — *cone*, cono di ceneri.

to **cinder** *v.tr.* incenerire.

Cinderella [,sındə'relə / Cin·der·ella] *s.* Cenerentola.

cinecamera ['sını,kæmərə / ci·ne·cam·era] *s.* cinepresa, macchina da presa, cinecamera.

cinefilm ['sınəfılm / ci·ne·film] *s.* pellicola a passo ridotto.

cinema ['sınəmə / cin·ema] *s.* **1** cinematografo, cinema (industria, arte del cinematografo) SIN. (*brit.*) pictures; (*spec. amer.*) movies **2** cinematografo, cinema (sala cinematografica) SIN. (*amer.*) movie theater.

cinematic [,sını'mætık / cine·matic] *agg.* cinematografico.

cinematograph [,sınə'mætəgrɑ:f / cine·ma·to·graph] *s.* **1** (*antiq. spec. brit.*) proiettore cinematografico, apparecchio di proiezione **2** (*amer.*) cinepresa **3** (*antiq.*) cinematografo.

to **cinematograph** *v.tr.* (*antiq.*) filmare (una scena) ◆ *v.intr.* (*antiq.*) **1** fare riprese cinematografiche **2** proiettare una pellicola.

cinematographer [,sınəmə'tɒgrəfə* / cine·ma·to·grapher] *s.* **1** operatore cinematografico **2** cineasta.

cinematographic [,sınəmætə'græfık / cine·ma·to·graphic] *agg.* cinematografico // **-ally** *avv.*

cinematography [,sınəmə'tɒgrəfı / cine·ma·to·graphy] *s.* cinematografia.

cine-projector ['sınıprə,dʒektə*] *s.* (*cinem.*) cineproiettore, proiettore cinematografico.

cineraria [,sınə'reərıə / cin·er·aria] *s.* (*bot.*) (*Senecio cruentus*) cineraria rossa.

cinerarium [,sınə'reərıəm / cin·er·arium] *pl.* **cineraria** [,sınə'reərıə] *s.* urna cineraria.

cinerary ['sınərərı / cin·er·ary] *agg.* cinerario.

cineration [,sınə'reıʃn / cin·era·tion] *s.* (*rar.*) incenerimento.

cinereous [sı'nıərıəs / cin·er·eous] *agg.* (*non com.*) cinereo.

Cingalese [sıŋgə'li:z / Cing·al·ese] *agg.* e *s.* → **Sing(h)alese**.

cingulum ['sıŋgjuləm / cin·gu·lum] *pl.* **cingula** ['sıŋgjulə / cin·gula] *s.* (*anat.*) cingolo.

cinnabar ['sınəbɑ:* / cin·na·bar] *s.* **1** (*chim.*) cinabro **2** (*pitt.*) cinabrese; vermiglione.

cinnamic [sı'næmık / cin·na·mic] *agg.* (*chim.*) cinnamico: — *acid*, acido cinnamico.

cinnamon ['sınəmən / cin·na·mon] *agg.* di color cinnamomo, cannella ◆ *s.* **1** (*bot.*) cinnamomo **2** (*bot.*) (*Cinnamomum zeylanicum*) cannella: *a roll of* —, un bastoncino di cannella **3** color cannella.

cinnamon bear ['sınəmən'beə*] *s.* (*zool. pop.*) orso bruno.

cinque [sıŋk] *s.* (*non com.*) cinque (a carte, dadi).

cinquecentist [,tʃıŋkwı'tʃentıst / cin·que·cent·ist] *s.* (*rar.*) cinquecentista.

cinquecento [,tʃınkwı'tʃentəu / cin·que·cento] *s.* (*arte, letteratura italiana*) Cinquecento.

cinquefoil ['sıŋkfɔıl / cinque·foil] *s.* **1** (*bot.*) (*Potentilla reptans*) pentafillo, potentilla **2** (*arch.*) pentalobo.

Cinque Ports ['sıŋkpɔ:ts] *s.pl.* (*st.*) i Cinque Porti (Dover, Hastings, Hythe, Romney e Sandwich).

cipher ['saıfə* / ci·pher] *s.* **1** cifrario, messaggio cifrato; scrittura convenzionale: *to write in* —, scrivere in cifra, in codice; — *key*, chiave di un cifrario **2** zero **3** (*fig.*) nulla, nullità: *he's a mere* —, è una nullità **4** monogramma, cifra **5** cifra (araba).

to **cipher** *v.tr.* **1** cifrare (un messaggio ecc.), trasmettere in cifra **2** (*rar.*) calcolare, conteggiare ◆ *v.intr.* fare calcoli, (*amer.*) decifrare // *to — out a question*, approfondire una questione.

cipolin ['sıpəlın / cip·olin] *s.* marmo cipollino.

circa ['sɜ:kə] *prep.* (*form.*) circa.

circadian [sə'keıdıən / cir·ca·dian] *agg.* (*biol.*) circadiano: — *rhythm*, ritmo circadiano.

Circassian [sɜ:'kæsıən / Cir·cas·sian] *agg.* e *s.* circasso.

Circean [sɜ:'sıən / Cir·cean] *agg.* **1** (*mit.*) di Circe **2** incantatore.

circensian [sɜ:'sensıən / cir·cen·sian] *agg.* circense.

circinate ['sɜ:sınıt / cir·cin·ate] *agg.* (*bot.*) circinato; avvolto, ricurvo verso l'interno (detto di foglie).

circle ['sɜ:kl] *s.* **1** (*mat.*) cerchio: *great* —, cerchio massimo; *squaring the* —, quadratura del cerchio // *to square the* —, (*fig.*) tentare l'impossibile **2** circolo, anello; alone; orbita (di pianeta) // *Arctic*, *Antartic Circle*, Circolo polare artico, Circolo polare antartico // *vicious* —, circolo vizioso; *to argue in a* —, discutere senza concludere; *to come full* —, ritornare al punto di partenza; *he's always running round in circles*, si dà sempre un gran daffare senza concludere nulla **3** (*teatr.*) galleria: *dress* —, *upper* —, prima galleria, seconda galleria **4** (*anche pl.*) cerchia, ambiente; ambito: *family* —, ambiente familiare; *political circles*, circoli, ambienti politici; *high circles*, ambienti altolocati; *inner* —, cerchia ristretta (che detiene il potere), cuore del potere **5** periodo, ciclo: *the — of the seasons*, il ciclo delle stagioni.

to **circle** *v.tr.* **1** girare intorno a: *the moon circles the earth*, la luna gira intorno alla terra **2** circondare, cingere, accerchiare **3** (*amer.* — *out*) circolare: *the name was circled* (amer.

circled out) *in red*, il nome era cerchiato in rosso ◆ *v.intr.* muoversi in cerchio; volteggiare: *the aeroplane circled above us*, l'aeroplano volteggiò sopra di noi.

circlet ['sɜːklɪt / circ·let] *s.* cerchietto; anello.

circs [sɜːks] *s.pl.* (*fam.*) abbr. di *circumstances*.

circuit ['sɜːkɪt / cir·cuit] *s.* **1** circuito; giro completo: *the cars made a complete — before the start*, le automobili hanno percorso l'intero circuito prima della partenza; *we made a complete — of the old city on foot*, a piedi facemmo il giro completo della città vecchia // (*econ.*) — *velocity*, velocità di circolazione (della moneta) **2** (*elettr.*, *inform.*) circuito, schema: — *switching*, commutazione dei circuiti **3** rivoluzione; rotazione (degli astri) **4** (*dir.*) circoscrizione (di giudice ecc.): *to go on* —, spostarsi di città in città per amministrarvi la giustizia **5** giro, viaggio intorno (a regione ecc.): *he has just returned from a month on the American college lecture* —, è appena tornato da un giro di conferenze, durato un mese, nelle università americane **6** catena di cinema, teatri ecc. sotto un'unica amministrazione **7** (*fig.*) rigiro, ambage.

to **circuit** *v.tr.* (*non com.*) girar attorno a, fare il giro di ◆ *v.intr.* (*non com.*) muoversi in circolo.

circuit breaker ['sɜːkɪt,breɪkə*] *s.* (*elettr.*) interruttore automatico.

circuitous [sə'kjuːɪtəs / cir·cu·it·ous] *agg.* indiretto; tortuoso // **-ly** *avv.*

circuit-rider ['sɜːkɪt,raɪdə*] *s.* (*amer.*) predicatore itinerante.

circuitry ['sɜːkɪtrɪ / cir·cuitry] *s.* **1** (*elettr.*) insieme dei componenti di un circuito; schema di un circuito; circuiteria **2** (*fis.*) parte circuitale.

circular ['sɜːkjʊlə* / cir·cu·lar] *agg.* **1** circolare: — *motion*, movimento circolare // — *tour*, viaggio circolare // (*mat.*): — *cone*, cono circolare; — *helix*, elica circolare; — *function*, funzione circolare // (*mecc.*) — *saw*, sega circolare **2** indiretto, tortuoso; (*fig.*) vizioso: *a — argument*, un ragionamento vizioso ◆ *s.* (lettera) circolare: (*comm.*) — *note*, lettera circolare di credito // *the Court* —, l'effemeride di Corte // **-ly** *avv.*

circularity [,sɜːkjʊ'lærɪtɪ / cir·cu·lar·ity] *s.* forma circolare.

to **circularize** ['sɜːkjʊləraɪz / cir·cu·lar·ize] *v.tr.* (*comm.*) inviare circolari a (clienti ecc.).

to **circulate** ['sɜːkjʊleɪt / cir·cu·late] *v.intr.* **1** circolare **2** (*amer.*) inviare circolari **3** (*fam.*) andare in giro, girare: *our host circulated with the tray of drinks*, il nostro ospite girava con il vassoio delle bevande ◆ *v.tr.* far circolare; mettere in circolazione; diffondere.

circulating ['sɜːkjʊleɪtɪŋ / cir·cu·lat·ing] *agg.* circolante: — *library*, biblioteca circolante // (*econ.*): — *capital*, capitale circolante; capitale di esercizio; — *medium*, circolante.

circulation [,sɜːkjʊ'leɪʃn / cir·cu·la·tion] *s.* **1** circolazione (di traffico, di sangue, acqua, denaro ecc.): *road* —, circolazione stradale; (*anat.*): *fetal* —, circolazione sanguigna fetale; *coronary* —, circolazione coronarica // (*econ.*): *active* —, circolazione (monetaria) effettiva; *credit* —, moneta bancaria; *money* —, circolazione monetaria // *I see John is back in* —, (*fam.*) ho visto che John è tornato in circolazione // **2** (*fis.*, *aer.*) circuitazione **3** (*idrologia*) portata **4** trasmissione, diffusione (di libri, notizie ecc.): *a wide* —, una larga diffusione **5** tiratura (di giornale).

circulative ['sɜːkjʊleɪtɪv / cir·cu·lat·ive] *agg.* (*non com.*) che favorisce la circolazione; che è incline a circolare.

circulator ['sɜːkjʊleɪtə* / cir·cu·lator] *s.* (*non com.*) propagatore di notizie; maldicente.

circulatory [,sɜːkjʊ'leɪtərɪ / cir·cu·lat·ory] *agg.* circolatorio: (*med.*) — *failure*, collasso circolatorio.

circumambient [,sɜːkəm'æmbɪənt / cir·cum·am·bi·ent] *agg.* (*non com.*) circostante.

to **circumambulate** [,sɜːkəm'æmbjʊleɪt / cir·cum·am·bu·late] *v.tr.* (*antiq.*) girare intorno a ◆ *v.intr.* (*antiq.*) tergiversare, menare il can per l'aia.

circumcentre [,sɜːkəm'sentə* / cir·cum·centre] *s.* (*mat.*) circocentro.

circumcircle ['sɜːkəmsɜːkl / cir·cum·circle] *s.* (*mat.*) cerchio circoscritto.

to **circumcise** ['sɜːkəmsaɪz / cir·cum·cise] *v.tr.* circoncidere.

circumcision [,sɜːkəm'sɪʒn / cir·cum·cis·ion] *s.* circoncisione.

circumference [sə'kʌmfərəns / cir·cum·fer·ence] *s.* circonferenza.

circumferential [sə,kʌmfə'renʃl / cir·cum·fer·enti·al] *agg.* relativo a, della circonferenza.

to **circumflect** [,sɜːkəm'flekt / cir·cum·flect] → to **circumflex**.

circumflex ['sɜːkəmfleks / cir·cum·flex] *agg.* e *s.* — (*accent*), (accento) circonflesso; (*anat.*) — *nerve*, nervo circonflesso, ascellare.

to **circumflex** *v.tr.* porre l'accento circonflesso su.

circumfluous [sə'kʌmfluəs / cir·cum·flu·ous] *agg.* circonfluente; circondato dalle acque.

to **circumfuse** [,sɜːkəm'fjuːz / cir·cum·fuse] *v.tr.* (*non com.*) circonfondere; circondare: *circumfused with light*, circonfuso di luce; *circumfused with air, water*, circondato da aria, acqua.

circumlocution [,sɜːkəmlə'kjuːʃn / cir·cum·lo·cu·tion] *s.* circonlocuzione, perifrasi.

circumlocutional [,sɜːkəmlə'kjuːʃənl / cir·cum·lo·cu·tional] **circumlocutory** [,sɜːkəm'lɒkjʊtərɪ / cir·cum·lo·cu·tory] *agg.* perifrastico; involuto, pieno di circonlocuzioni.

to **circumnavigate** [,sɜːkəm'nævɪgeɪt / cir·cum·nav·ig·ate] *v.tr.* circumnavigare.

circumnavigation ['sɜːkəm,nævɪ'geɪʃn / cir·cum·nav·iga·tion] *s.* circumnavigazione.

circumnavigator [,sɜːkəm'nævɪgeɪtə* / cir·cum·nav·ig·ator] *s.* circumnavigatore.

circumpolar [,sɜːkəm'pəʊlə* / cir·cum·po·lar] *agg.* circumpolare: (*astr.*) — *star*, stella circumpolare.

to **circumscribe** ['sɜːkəmskraɪb / cir·cum·scribe] *v.tr.* **1** circoscrivere: *to — a polygon about a circle*, circoscrivere un poligono a un cerchio **2** (*form.*) limitare (*anche fig.*): *circumscribed intellect*, intelligenza limitata.

circumscription [,sɜːkəm'skrɪpʃn / cir·cum·scrip·tion] *s.* **1** circoscrizione **2** (*non com.*) limitazione (*anche fig.*).

circumspect ['sɜːkəmspekt / cir·cum·spect] *agg.* circospetto, cauto, guardingo // **-ly** *avv.*

circumspection [,sɜːkəm'spekʃn / cir·cum·spec·tion] *s.* circospezione.

circumspective [,sɜːkəm'spektɪv / cir·cum·spec·ti·ve] *agg.* (*non com.*) circospetto.

circumspectness ['sɜːkəmspektnɪs / cir·cum·spect·ness] *s.* circospezione.

circumstance ['sɜːkəmstəns / cir·cum·stance] *s.* **1** (*gener. pl.*) circostanza; condizione: *extenuating, aggravating circumstances*, circostanze attenuanti, aggravanti; *in* (o *under*) *the circumstances*, in queste circostanze, in questo caso; *under no circumstances*, in nessun caso, a nessuna condizione; *it depends on circumstances*, dipende dalle circostanze // *he is a victim of* —, è vittima delle circostanze **2** (*gener. sing.*) dettaglio, ragguaglio, particolare: *with much* —, con molti particolari; *don't omit a single* —, non omettere un solo dettaglio **3** fatto, avvenimento, circostanza: *I was ignorant of one important* —, ero all'oscuro di un fatto importante **4** cerimonia: *with pomp and* —, con gran pompa e cerimonia; *without* —, senza cerimonie **5** *pl.* condizioni finanziarie: *in good, bad circumstances*, in buone, cattive condizioni finanziarie; *in humble circumstances*, di condizioni modeste **6** (*ant.*) giro di parole, circonlocuzione: *and so without more circumstance at all / I hold it fit that we shake hands and part*, (SH. Hamlet) e perciò a farla corta, credo che sia meglio che ci diamo la mano e ci separiamo.

circumstanced ['sɜːkəmstənst / cir·cum·stanced] *agg.* (*antiq.*) in determinate condizioni, circostanze: *as I was* —, nelle condizioni in cui mi trovavo; *to be well* —, essere in buone condizioni finanziarie.

circumstantial [,sɜːkəm'stænʃl / cir·cum·stan·tial] *agg.* (*form.*) **1** che deriva dalle circostanze; accidentale: (*dir.*) — *evidence*, prova indiziaria, indiretta **2** circostanziato: *a — account*, un resoconto circostanziato // **-ly** *avv.*

circumstantiality ['sɜːkəm,stænʃɪ'ælətɪ / cir·cum·stan·tial·ity] *s.* (*form.*) abbondanza di particolari.

to **circumvallate** [,sɜːkəm'væleɪt / cir·cum·val·late] *v.tr.* (*non com.*) circonvallare.

circumvallation [,sɜːkəmvə'leɪʃn / cir·cum·val·la·tion] *s.* (*non com.*) circonvallazione (*anche mil.*).

to **circumvent** [,sɜːkəm'vent / cir·cum·vent] *v.tr.* (*form.*) **1** circuire, ingannare: *to — the enemy*, ingannare il nemico **2** evitare; eludere: *to — the law*, eludere la legge.

circumvention [,sɜːkəm'venʃn / cir·cum·ven·tion] *s.* circonvenzione, insidia, raggiro // (*dir.*) — *of an incapable*, circonvenzione di incapace.

circumvolution [,sɜːkəmvə'ljuːʃn / cir·cum·vo·lu·tion] *s.* circonvoluzione.

circus ['sɜːkəs / cir·cus] *pl.* **circuses** ['sɜːkəsɪz / cir·cu·ses] *s.* **1** circo, arena; circo (equestre) **2** la gente che lavora nel circo **3** crocicchio che forma una piazza rotonda, ellittica **4** anfiteatro di colline **5** (*sl. aer.*) carosello di aeroplani **6** (*spreg.*) trambusto, caos.

cirque [sɜːk] *s.* **1** (*geol.*) circo glaciale: — *lake, glacier*, lago, ghiacciaio di circo **2** (*letter.*) circo; arena; anfiteatro.

cirrhosis [sɪ'rəʊsɪs / cir·rho·sis] *s.* (*med.*) cirrosi: — *of the liver*, cirrosi epatica.

cirrhotic [sɪ'rəʊtɪk / cir·rho·tic] *agg.* (*med.*) cirrotico.

cirriferous [sɪ'rɪfərəs / cir·ri·fer·ous] *agg.* (*bot., zool.*) cirrifero.

cirriform ['sɪrɪfɔ:m / cir·ri·form] *agg.* cirriforme.

cirriped ['sɪrɪped / cir·ri·ped] *s.* (*zool.*) cirripede.

cirrocumulus [,sɪrəʊ'kju:mjʊləs / cir·ro·cu·mulus] *pl.* **cirrocumuli** [,sɪrəʊ'kju:mjʊlaɪ / cir·ro·cu·muli] *s.* (*meteor.*) cirrocumulo.

cirrose [sɪ'rəʊs / cir·rose] *agg.* (*bot., zool.*) di cirro; filamentoso.

cirrostratus [,sɪrəʊ'strɑ:təs / cir·ro·stratus] *pl.* **cirrostrati** [,sɪrəʊ'strɑ:taɪ] *s.* (*meteor.*) cirrostrato.

cirrous ['sɪrəs / cir·rous] → **cirrose**.

cirrus ['sɪrəs / cir·rus] *pl.* **cirri** ['sɪraɪ] *s.* **1** (*meteor.*) cirro **2** (*bot.*) viticcio **3** (*zool.*) filamento.

cisalpine [sɪs'ælpaɪn / cis·alp·ine] *agg.* cisalpino.

cismontane [sɪs'mɒnteɪn / cis·mont·ane] *agg.* cismontano.

cispadane ['sɪspədeɪn / cis·pad·ane] *agg.* (*non com.*) cispadano.

cissoid ['sɪsɔɪd / ciss·oid] *s.* (*mat.*) cissoide.

cissy ['sɪsɪ] *s.* (*sl.*) ragazzo effeminato; donnicciola.

cist [sɪst] *s.* (*archeol.*) **1** cista **2** pietra tombale preistorica.

Cistercian [sɪ'stɜ:ʃjən / Cis·ter·cian] *agg.* e *s.* (monaco) cistercense.

cistern ['sɪstən / cis·tern] *s.* **1** cisterna, serbatoio **2** vaschetta (di barometro ecc.).

cistus ['sɪstəs / cis·tus] *s.* (*bot.*) cisto.

cit [sɪt] *s.* (*ant. gener. spreg.*) abbr. di → **citizen**.

citable ['saɪtəbl / cit·able] *agg.* citabile.

citadel ['sɪtədəl / cit·adel] *s.* cittadella; fortezza, rocca, roccaforte (*anche fig.*).

citation [saɪ'teɪʃn / ci·ta·tion] *s.* **1** (*amer. mil.*) encomio, menzione d'onore **2** (*dir.*) citazione **3** citazione; enumerazione.

to **cite** [saɪt] *v.tr.* **1** (*form.*) citare (autore, fatti ecc.); addurre: *to — an instance*, addurre un esempio **2** (*dir.*) citare: *to — s.o. before a court*, citare qlcu. in tribunale; *to — a witness*, citare un testimone **3** encomiare: *he was cited for bravery*, ricevette un encomio per il suo coraggio.

cither ['sɪθə* / ci·ther] **cithern** ['sɪθən / ci·thern] *s.* (*mus.*) cetra.

citizen ['sɪtɪzn / cit·izen] *s.* **1** cittadino: *he was a British — resident in Italy*, era un cittadino britannico residente in Italia; *— by birth*, cittadino per nascita; *naturalized —*, cittadino naturalizzato; *senior —*, anziano // *fellow —*, concittadino; compatriota // (*dir.*) *—'s arrest*, arresto effettuato da un privato cittadino **2** (*amer.*) borghese, civile.

citizeness ['sɪtɪznɪs / cit·izen·ess] *s.* (*rar.*) cittadina.

citizenhood ['sɪtɪznhʊd / cit·izen·hood] **citizenry** ['sɪtəzənrɪ / ci·ti·zenry] *s.* (*letter.*) cittadinanza: *all the — of the town*, la cittadinanza.

citizen's band radio [,sɪtɪznz'bænd ,reɪdɪəʊ] (abbr. *CB radio*) *s.* (*rad.*) banda cittadina.

citizenship ['sɪtɪznʃɪp / cit·izen·ship] *s.* (diritti di) cittadinanza // *good —*, civismo.

citral ['sɪtræl / cit·ral] *s.* (*chim.*) citrale.

citrate ['sɪtreɪt / cit·rate] *s.* (*chim.*) citrato.

citric ['sɪtrɪk / cit·ric] *agg.* (*chim.*) citrico.

citrine [sɪ'tri:n / cit·rine] *agg.* **1** citrino **2** giallo limone.

citrine *s.* (*min.*) citrino.

citron ['sɪtrən / cit·ron] *s.* **1** (*bot.*) (*Citrus medica*) cedro **2** color giallo cedrino.

citronella [,sɪtrə'nelə / cit·ron·ella] *s.* (*bot.*) (*Cymbopogon nardus*) citronella, nardo.

citronellal [,sɪtrə'neləl / cit·ron·ellal] *s.* (*chim.*) citronellale.

citrous ['sɪtrəs / cit·rous] *agg.* (*bot.*) degli agrumi // *— tree*, pianta di agrumi; *— fruit*, agrume.

citrus ['sɪtrəs / cit·rus] *pl. invar.* o **citruses** ['sɪtrəsɪz] *s.* (*bot.*) agrume ◆ *agg.* → **citrous**.

cittern ['sɪtɜ:n / cit·tern] *s.* (*mus.*) cetra.

city ['sɪtɪ] *s.* **1** grande città: *Sheffield is a big — in northern Britain*, Sheffield è una grande città della Gran Bretagna del nord // *— plan*, piano regolatore // *— planning*, urbanistica // *open —*, città aperta // *— father*, (*form. spec. amer.*) notabile // *— hall*, (*spec. amer.*) municipio // *Celestial City* (o *Heavenly City* o *City of God*), la città celeste, il Paradiso // *the Eternal City* (o *City of the Seven Hills*), Roma // *the Holy City*, Gerusalemme // *Vatican City*, Città del Vaticano **2** *the City*, il centro commerciale e finanziario di Londra: *— man*, uomo d'affari nella City // *— article*, bollettino finanziario della City // *— editor*, redattore della cronaca finanziaria; (*amer.*) capocronista; redattore capo della cronaca cittadina.

city-owned ['sɪtɪ,əʊnd] *agg.* (*spec. amer.*) municipalizzato: *— enterprise*, azienda municipalizzata.

city-slicker [,sɪtɪ'slɪkə*] *s.* (*fam.*) uomo sofisticato, dai modi affettati.

city-state [,sɪtɪ'steɪt] *s.* (*st.*) città-stato.

cityward(s) ['sɪtɪwəd(z) / ci·ty·ward, cit·y·wards] *avv.* verso la città, in direzione della città.

civet ['sɪvɪt] *s.* (*zool.*) **1** (*Civettictis civetta*) civetta zibetto SIN. musk cat **2** — (*cat*), (*Bassariscus astutus*) bassarisco **3** zibetto (profumo).

civic ['sɪvɪk] *agg.* civico: *the — authorities*, le autorità municipali; *— guard*, guardia civica // *— centre*, sede delle attività amministrative e ricreative del comune // **-ally** *avv.*

civics ['sɪvɪks] *s.* U educazione civica.

civies ['sɪvɪz] → **civvies**.

civil ['sɪvl] *agg.* **1** civile: *— marriage*, matrimonio civile; *— rights*, diritti civili; *— disobedience*, disobbedienza civile; *— defense*, protezione civile; *— war*, guerra civile; *— engineering*, ingegneria civile; *— year*, anno civile; *— servant*, impiegato statale // (*dir.*): *— code*, codice civile; *— death*, morte civile; *— law*, diritto romano, diritto civile; *— jurisdiction*, ordinamento giurisdizionale civile; *— liability*, responsabilità civile; *— procedure*, procedura civile // *Civil Service*, pubblica amministrazione **2** civile, cortese, gentile: *he was very — to me*, fu molto gentile, educato con me // *keep a — tongue in your head*, parla come si deve.

civilian [sɪ'vɪljən / ci·vil·ian] *agg.* e *s.* **1** civile, borghese **2** (*dir.*) giurista di 'civil law', di diritto continentale (contrapposto al giurista di 'common law', di diritto anglosassone); civilista.

civility [sɪ'vɪlɪtɪ / ci·vil·ity] *s.* civiltà, cortesia, educazione; *pl.* cortesie.

civilizable ['sɪvɪlaɪzəbl] / ci·vil·iz·able] *agg.* civilizzabile.

civilization [,sɪvɪlaɪ'zeɪʃn / ci·vil·iza·tion] *s.* civiltà, civilizzazione.

to **civilize** ['sɪvɪlaɪz / ci·vil·ize] *v.tr.* **1** incivilire, civilizzare **2** rendere più confortevole (un luogo, città ecc.).

civilized ['sɪvɪlaɪzd / ci·vil·ized] *agg.* **1** civilizzato: *to become —*, incivilirsi **2** gentile, cortese (di persona) **3** di buon gusto; confortevole (di cosa, luogo).

civilizer ['sɪvɪlaɪzə* / ci·vil·izer] *s.* civilizzatore.

civilly ['sɪvəlɪ / civ·illy] *avv.* **1** civilmente; educatamente **2** secondo la legge civile.

civism ['sɪvɪzəm / civ·ism] *s.* civismo.

civvies ['sɪvɪz / civ·vies] *s.pl.* (*sl.*) **1** abiti civili: *in —*, in borghese; *when he was demobbed, he was given some —*, quando fu congedato, gli diedero degli abiti civili **2** cittadini.

civ(v)y ['sɪvɪ] *s.* (*fam.*) abbr. di → **civilian**.

Civ(v)y Street ['sɪvɪ'stri:t] *s.* (*sl.*) vita (da) civile.

clack [klæk] *s.* **1** suono secco, improvviso; schiocco di lingua **2** (*fam.*) ciarla, chiacchierio.

to **clack** *v.intr.* **1** fare un suono improvviso e secco; fare schioccare la lingua **2** (*fam.*) ciarlare, chiacchierare ◆ *v.tr.* suonare in modo secco (qlco.).

clack-valve ['klækvælv] *s.* (*mecc.*) valvola a cerniera.

to **clad** [klæd] *pass. p.p.* **clad** *v.tr.* rivestire, ricoprire.

clad[1] *agg.* **1** (*antiq., letter.*) vestito; ricoperto **2** (*amer.*) in lega metallica (di moneta).

clad[2] (*ant., letter.*) *p.p.* di to **clothe**.

cladding [klædɪŋ / clad·ding] *s.* rivestimento.

cladophyll ['klædəfɪl / cla·do·phyll] *s.* (*bot.*) cladodio, cladofillo.

claim [kleɪm] *s.* **1** richiesta; reclamo; (*dir.*) rivendicazione; diritto; (*assicurazioni*) richiesta di risarcimento; denuncia di sinistro: *to put in a —*, fare una richiesta; *to lodge a —*, inoltrare un reclamo; *to lay — to sthg.*, rivendicare qlco.; *to have a — on s.o.*, avere dei diritti da esigere da qlcu.; *to have a — on sthg.*, aver diritto a qlco.; *secondary —*, diritto accessorio; *— based upon a judgement*, credito fondato su una sentenza; *— for liability*, domanda di responsabilità extracontrattuale // *to have first —*, aver diritto di precedenza // *luggage —*, ritiro bagagli // (*comm.*) *enforceable —*, credito esecutivo // (*amm.*) *book —*, credito contabile // (*econ.*) *wage claims*, rivendicazioni salariali **2** asserzione, affermazione, pretesa: *his — to be the winner proved to be unfounded*, la sua pretesa di essere il vincitore si mostrò infondata **3** concessione mineraria: *to stake a —*, rivendicare una concessione; (*estens.*) rivendicare un diritto; porre un'ipoteca su; *to jump a —*, ignorare una concessione mineraria.

to **claim** *v.tr.* **1** chiedere; richiedere; pretendere; (*comm.*) reclamare: *to — sthg. back from s.o.*, chiedere a qlcu. la restituzione di qlco.; *to — one's attention*, richiedere l'attenzione di qlcu.; *to — acquaintance with s.o.*, pretendere di conoscere qlcu.; *to — a privilege*, pretendere un privilegio; *to — damages*, reclamare i danni // *to — one's luggage*, ritirare i bagagli **2** (*dir.*) rivendicare, pretendere, reclamare: *to — one's due*, rivendicare i propri diritti **3** asserire, affermare, sostenere: *she claims to be innocent*, sostiene, asserisce di essere innocente ◆ *v.intr.* (*rar.*) avanzare una richiesta.

claimable ['kleɪməbl / claim·able] *agg.* rivendicabile; esigibile; reclamabile.

claimant ['kleɪmənt / claim·ant] **claimer** ['kleɪmə* / claim·er] *s.* rivendicatore; richiedente: *rightful —*, l'avente diritto.

claim holder ['kleɪm,həʊldə*] *s.* chi ha una concessione mineraria.

claim jumper ['kleɪm,dʒʌmpə*] *s.* chi si appropria indebitamente di un terreno minerario.

clairvoyance [kleə'vɔɪəns / clair·voy·ance] *s.* chiaroveggenza.

clairvoyant [kleə'vɔɪənt / clair·voy·ant] *agg.* e *s.* chiaroveggente.

clam[1] [klæm] *s.* (*mecc.*) → **clamp**[1] 1.

clam[2] *s.* vongola.

clam[3] *agg.* (*rar.*) viscido; umido ◆ *s.* viscosità.

to **clam**[3] *pass.p.p.* **clammed** [klæmd] *v.tr.* e *intr.* (*rar.*) impiastricciare, rendere appiccicoso; essere appiccicoso.

□ **clam up** *v.intr.* e *avv.* (*fam.*) ammutolire, chiudersi in silenzio.

clamant ['kleɪmənt / clam·ant] *agg.* (*non com.*) **1** pressante, insistente **2** rumoroso.

clambake ['klæmbeɪk / clam·bake] *s.* (*amer.*) **1** picnic in riva al mare **2** modo di cuocere le vongole su una pietra.

clamber ['klæmbə* / clam·ber] *s.* arrampicata, salita difficoltosa.

to **clamber** *v.intr.* arrampicarsi con difficoltà (con mani e piedi): *to — over a wall*, scavalcare un muro; *to — up a ladder*, arrampicarsi su una scala.

clam-chowder ['klæm,tʃaʊdə*] *s.* (*cuc.*) zuppa a base di molluschi e latte.

clammy ['klæmɪ] *agg.* viscoso, viscido; freddo umido, umidiccio (di mani, pelle, aria ecc.) // **-ily** *avv.* // **-iness** *s.*

clamorous ['klæmərəs / clam·or·ous] *agg.* clamoroso, rumoroso // **-ly** *avv.*

clamour ['klæmə* / clam·our] *s.* **1** clamore, schiamazzo; vocio **2** rimostranza, protesta rumorosa.

to **clamour** *v.intr.* gridare a gran voce, vociferare; domandare a gran voce: *they clamoured for bread*, chiesero a gran voce del pane.

clamp[1] [klæmp] *s.* **1** (*mecc.*) morsetto; brida; pinza **2** (*mar.*) sotto-dormiente, serretta di baglio.

to **clamp**[1] *v.tr.* serrare; chiudere; bloccare.

□ **clamp down** *v.intr.* e *avv.* (*on*) diventare più rigorosi (con); porre un freno (a): *the government is trying to — down on football violence*, il governo sta cercando di porre un freno alla violenza negli stadi.

clamp[2] *s.* (*non com.*) cumulo (di patate sotto paglia, terra; di mattoni da cuocere ecc.).

to **clamp**[2] *v.tr.* (*non com.*) accumulare (patate, mattoni ecc.).

to **clamp**[3] *v.tr.* applicare alle auto in divieto di sosta gli appositi ceppi bloccaruote.

clampdown ['klæmpdaʊn / clamp·down] *s.* (*fam.*) misure repressive; provvedimenti restrittivi: *to decide on a — on the importation of foreign cars*, adottare misure restrittive contro l'importazione di auto straniere.

clamping zone ['klæmpɪŋ,zəʊn] *s.* (*brit.*) area con divieto di sosta dove le auto vengono bloccate con appositi ceppi applicati alle ruote (*wheelclampers*).

clan [klæn] *s.* **1** (*scoz.*) clan, tribù **2** (*fam.*) cricca.

to **clan** *v.intr.* (*together*) sostenersi a vicenda.

clandestine [klæn'destɪn / clan·des·tine] *agg.* clandestino // **-ly** *avv.* // **-ness** *s.*

clang [klæŋ] *s.* suono metallico; fragore, clangore (di campane, di armi).

to **clang** *v.tr.* far risuonare con fragore ◆ *v.intr.* produrre un suono metallico.

clanger ['klæŋə*] *s.* (*fam.*) gaffe: *to drop a —*, fare una gaffe.

clangorous ['klæŋgəres / clan·gor·ous] *agg.* fragoroso // **-ly** *avv.*

clangour ['klæŋgə* / clang·our] *s.* fragore, clangore.

clank [klæŋk] *s.* rumore secco, metallico (di catene, di ferri).

to **clank** *v.tr.* e *intr.* produrre un rumore secco, metallico; (far) risonare: *the prisoners — their chains*, i prigionieri fanno risonare le loro catene.

clannish ['klænɪʃ / clan·nish] *agg.* **1** relativo a, proprio di un clan, di una tribù **2** esclusivistico, esclusivista; poco aperto agli estranei // **-ness** *s.*

clanship ['klænʃɪp / clan·ship] *s.* sistema del clan.

clansman ['klænzmən / clans·man] *pl.* **clansmen** *s.* membro di un clan.

clap[1] [klæp] *s.* **1** battimano, applauso **2** colpo, colpetto (con la mano); sculacciata; pacca **3** colpo, rumore improvviso: *a — of thunder*, un tuono; *What! fifty of my followers at a clap, within a fortnight?*, (SH. King Lear) Che? il mio seguito ridotto di cinquanta uomini d'un colpo, in due settimane?

to **clap**[1] *pass.p.p.* **clapped** [klæpt] *v.tr.* **1** applaudire: *the audience clapped his entry enthusiastically*, al suo ingresso il pubblico lo applaudì con entusiasmo; *to — one's hands*, battere le mani **2** dare un colpetto con la mano: *to — s.o. on the back*, dare un colpetto sulle spalle a qlcu.; *he clapped his hands to his head as soon as he realized the facts*, non appena comprese i fatti si picchiò la testa con le mani **3** (*fam.*) mandare, spedire dritto filato: *to — s.o. in prison*, sbattere qlcu. in prigione **4** battere (le ali): *the cock clapped its wings*, il gallo batté le ali ◆ *v.intr.* battere le mani, applaudire: *the spectators clapped for five minutes*, gli spettatori applaudirono per cinque minuti. ◆ FRASEOLOGIA: *to — eyes on s.o.*, scorgere all'improvviso qlcu.; *to — hands on s.o.*, (*fam.*) cogliere qlcu. sul fatto, con le mani nel sacco; *to — hold of s.o., sthg.*, afferrare con violenza qlcu., qlco.

□ **clap on** *v.tr.* e *avv.* **1** (*fam.*) infilarsi, mettersi su: *to — on one's hat*, ficcarsi in testa il cappello **2** aggiungere, mettere in più: *to — on a new tax*, mettere una nuova tassa.

clap[2] *s.* (*med. volg.*) scolo, blenorragia, gonorrea.

clapboard ['klæpbɔ:d *amer.* 'klæbɔ:rd / clap·board] *s.* **1** doga **2** (*amer.*) assicella per rivestimento esterno (di edifici) BRIT. weatherboard.

clapnet ['klæpnet / clap·net] *s.* rete da uccellatore.

clapometer [klæp'ɒmɪtə* / clap·ometer] *s.* applausometro.

clapped-out [,klæpt'aʊt] *agg.* (*fam.*) **1** rovinato, sciupato; scassato **2** stanco morto.

clapper ['klæpə* / clap·per] *s.* **1** battaglio (di campana); pala (di mulino) // *to run like the clappers*, (*fam. brit.*) correre a più non posso **2** battente (di porta) **3** membro della claque **4** raganella **5** (*sl.*) lingua.

clapperboard ['klæpəbɔ:d / clap·per·board] *s.* (*cinem.*) ciac, ciak (la tavoletta).

to **clapperclaw** ['klæpəklɔ: / clap·per·claw] *v.tr.* (*ant.*) **1** graffiare **2** (*fig.*) criticare aspramente.

claptrap ['klæptræp / clap·trap] *s.* (*fam.*) **1** imbonimento **2** sproloquio.

claque [klæk] *s.* (*teatr.*) claque.

clare [kleə*] *s.* (*eccl.*) clarissa.

clarence ['klærəns / clar·ence] *s.* 'clarence' (carrozza chiusa a quattro posti) • Così chiamata in nome del duca di Clarence, poi re Guglielmo IV.

clarendon ['klærəndən / clar·en·don] *s.* (*tip.*) neretto.

claret ['klærət] *agg.* di colore rosso-violetto ◆ *s.* **1** chiaretto (vino rosso leggero della regione di Bordeaux) **2** colore rosso-violetto **3** (*sl. ant.*) sangue.

claret-cup ['klærətkʌp] *s.* bevanda ghiacciata a base di vino rosso, succo di limone e zucchero.

clarification [,klærɪfɪ'keɪʃn / cla·ri·fica·tion] *s.* chiarificazione, chiarimento.

clarifier ['klærɪfaɪə* / cla·ri·fier] *s.* chiarificatore.

to **clarify** ['klærɪfaɪ / cla·rify] *v.tr.* **1** (*form.*) chiarificare, chiarire (dichiarazione, punto di vista ecc.) **2** togliere le impurità a, raffinare (liquido ecc.) ◆ *v.intr.* schiarirsi; diventare limpido.

clarinet [,klærɪ'net / cla·ri·net] *s.* (*mus.*) clarinetto.

clarinettist [,klærɪ'netɪst / cla·ri·net·tist] *s.* (*mus.*) clarinettista.

clarion ['klærɪən / clar·ion] *s.* (*mus.*) **1** chiarina **2** suono, squillo di chiarina // *— call*, (*fig.*) richiamo, fervido appello.

to **clarion** *v.tr.* proclamare a suon di tromba.

clarity ['klærɪtɪ / clar·ity] *s.* chiarezza, chiarità.

clary ['kleərɪ] *s.* (*bot.*) (*Salvia sclarea*) sclarea; (*pop.*) erba moscatella.

clash [klæʃ] *s.* **1** cozzo; urto; rumore metallico; stridore; strepito; frastuono: *the — of swords*, il clangore delle spade; *the — of gears*, lo stridere delle marce (di un'auto) **2** (*fig.*) scontro; contrasto, conflitto: *a — between two gangs*, uno scontro fra due bande; *a — of personalities*, uno scontro di personalità; *a deep — of opinions*, un profondo contrasto di opinioni; *there is a — in our timetable*, c'è una sovrapposizione nei nostri orari.

to **clash** *v.intr.* **1** cozzare, urtarsi, sbattere; stridere (di ingranaggi): *the swords clashed together*, le spade cozzarono l'una contro l'altra; *at the climax of the symphony the cymbals clashed*, al punto culminante della sinfonia risuonarono i piatti **2** (*fig.*) scontrarsi; urtarsi (di opinioni ecc.); sovrapporsi (di impegni ecc.): *police and students clashed outside the university*, la polizia e gli studenti si scontrarono fuori dall'università; *our interests —*, i nostri interessi sono contrastanti; *to — with s.o.*, essere in contrasto, conflitto con qlcu.; *my aunt's visit clashed with our preparations for going abroad*, la visita di mia zia si accavallò ai preparativi della nostra partenza per l'estero; *her dress clashes with the colour of her hair*, il suo vestito fa a pugni col colore dei suoi capelli ◆ *v.tr.* battere, sbattere; far risuonare (oggetti metallici); far stridere (ingranaggi): *to — the door*, sbattere la porta.

clashing ['klæʃɪŋ / clash·ing] *agg.* contrario, opposto; stridente, contrastante: *— opinions*, opinioni contrastanti.

clasp [klɑ:sp *amer.* klæsp] *s.* **1** fermaglio; fibbia; gancio **2** abbraccio; stretta (di mano).

to **clasp** *v.tr.* **1** affibbiare; agganciare **2** afferrare; abbracciare; stringere: *she clasped the baby to her breast*, si stringeva il bambino al petto; *to — hands*, stringersi la mano // *with clasped hands*, a mani giunte ◆ *v.intr.* chiudersi; agganciarsi: *this bracelet won't —*, questo braccialetto non si chiude.

clasper ['klɑ:spə* *amer.* 'klæspə*] *s.* **1** che stringe, afferra, tiene fermo **2** (*bot.*) viticcio **3** *pl.* (*zool.*) appendici pensili (di pesci o insetti).

clasp knife ['klɑ:spnaɪf *amer.* 'klæspnaɪf] *s.* coltello a serramanico SIN. **jack knife**.

class [klɑ:s *amer.* klæs] *s.* **1** classe; categoria; ceto: *the middle —*, il ceto medio; *the lower* (o *working*) *—*, la classe lavoratrice // (*dir.*) *— action*, azione di categoria // *— struggle* (o *war*), lotta di classe // *the classes*, (*fam.*) la gente di mondo // *to be in a — of its own* (o *in a — by itself*) essere in un gruppo a parte, essere più unico che raro; *her cooking is in a — of its own*, la sua cucina è qualcosa di speciale // (*inform.*) *— test*, (COBOL) analisi di classe // (*mat.*) *— partition*, partizioni in classi **2** classe; corso; lezione; (*amer.*) gli studenti di un anno accademico: *evening —*, corso serale // *to take a —*, far lezione (di professore), (*amer.*) seguire un corso // *to give a —*, (*amer.*) tenere un corso **3** (*ferr., mar. ecc.*) classe, categoria: *second —*, seconda classe; *to travel second —*, viaggiare in seconda classe **4** (*mil.*) classe, soldati di una leva **5** classe; distinzione; eleganza: *she was no —*, era piuttosto volgare **6** (*bot., zool.*) classe.

to **class** *v.tr.* classificare.

classable ['klɑ:səbl / class·able] *agg.* classificabile.

class-book ['klɑ:sbʊk *amer.* 'klæsbʊk] *s.* libro, testo scolastico.

class-conscious ['klɑ:s,kɒnʃəs *amer.* 'klæs,kɒnʃəs] *agg.* che ha coscienza di classe.

class-consciousness ['klɑ:s,kɒnʃəsnɪs *amer.* 'klæs,kɒnʃəsnɪs] *s.* coscienza di classe.

classic ['klæsɪk / clas·sic] *agg.* classico: *a — ghost story*, un classico romanzo dell'orrore; *a — western movie*, un classico film western; *the 1979 Test Series produced three — cricket matches*, dalle 'Test Series' del 1979 sono venute fuori tre partite di cricket che fecero epoca; *a classic example, case*, un esempio, un caso tipico ◆ *s.* **1** classico: '*Intolerance*' *is one of the classics of silent cinema*, 'Intolerance' è un classico del cinema muto; '*War and Peace*' *is a — of Russian literature*, 'Guerra e pace' è un classico della letteratura russa **2** gara classica, evento sportivo che fa epoca **3** *pl.* studi classici, studi umanistici.

classical ['klæsɪkl / clas·sical] *agg.* classico: *— architecture*, architettura classica; *— music*, musica classica; *— languages*, le lingue classiche; *— authors*, autori classici (latini e greci); *— economy*, economia classica // **-ly** *avv.*

classicality [klæsɪ'kælɪtɪ / clas·sic·al·ity] *s.* classicità.

classicism ['klæsɪsɪzəm / clas·si·cism] *s.* classicismo.

classicist ['klæsɪsɪst / clas·si·cist] *s.* classicista.

to **classicize** ['klæsɪsaɪz / clas·si·cize] *v.tr.* render classico ◆ *v.intr.* imitare lo stile classico, classicheggiare.

classifiable ['klæsɪfaɪəbl / clas·si·fi·able] *agg.* classificabile.

classification [,klæsɪfɪ'keɪʃn / clas·si·fica·tion] *s.* classificazione.

classified ['klæsɪfaɪd / clas·si·fied] *agg.* **1** segreto: *this is a — document*, questo è un documento segreto **2** classificato, sistemato in classi.

classified advertisement ['klæsɪfaɪdəd 'vɜ:tɪsmənt *amer.* 'klæsɪfaɪd,ædvə'taɪzmənt] *s.* annuncio economico (in un giornale).

classifier ['klæsɪfaɪə* / clas·si·fier] *s.* classificatore.

to **classify** ['klæsɪfaɪ / clas·sify] *v.tr.* **1** classificare // *the classified service*, (*amer.*) i funzionari, gli impiegati dello Stato (divisi in classi) **2** (*dir.*) segretare.

classmate ['klɑ:s,meɪt *amer.* 'klæs,meɪt / class·mate] *s.* compagno di classe.

classroom ['klɑ:s,ru:m *amer.* 'klæs,ru:m / class·room] *s.* aula (scolastica) // (*inform.*) *— computer*, calcolatore per l'insegnamento.

classy ['klɑ:sɪ *amer.* 'klæsɪ] *agg.* (*fam.*) di buon gusto; di classe.

clastic ['klæstɪk] *agg.* (*geol.*) clastico: *— rock*, roccia clastica.

clathrate ['klæθreɪt / clath·rate] *agg.* (*chim.*) clatrato.

clatter ['klætə* / clat·ter] *s.* **1** acciottolio; successione di suoni secchi e forti: *the — of her typewriter filled the office*, il rumore della sua macchina da scrivere riempiva l'ufficio **2** (*fam.*) discorso animato, assordante; chiacchiere; vocio.

to **clatter** *v.intr.* **1** far fracasso; acciottolare (di stoviglie) **2** fare discorsi animati ma vuoti; vociare **3** camminare facendo rumore: *she clattered down the hall on her high heels*, il rumore dei suoi tacchi alti risuonava giù per le scale ◆ *v.tr.* far risuonare (stoviglie, piatti ecc.).

clattering ['klætərɪŋ / clat·ter·ing] *agg.* strepitoso, rumoroso ◆ *s.* → **clatter**.

Claudian ['klɔ:dɪən / Claud·ian] *agg.* claudiano.

clause [klɔ:z] *s.* **1** (*dir.*) clausola, articolo (di trattato, contratto ecc.): *— of a law*, disposizione, articolo, paragrafo di legge; *— of a will*, disposizione testamentaria; *over riding —*, clausola derogativa **2** (*gramm.*) proposizione: *main —*, proposizione principale.

claustral ['klɔ:strəl / claus·tral] *agg.* claustrale.

claustrophobe ['klɔ:strə,fəʊb / claus·tro·phobe] *s.* claustrofobico.

claustrophobia [,klɔ:strə'fəʊbjə / claus·tro·pho·bia] *s.* (*psic.*) claustrofobia.

claustrophobic [,klɒs'trə'fəʊbɪk / claus·tro·pho·bic] *agg.* (*psic.*) claustrofobico; claustrofobo.

clavate ['kleɪveɪt / clav·ate] *agg.* (*scient.*) claviforme; clavato.

clavichord ['klævɪkɔ:d / clavi·chord] *s.* (*mus.*) clavicordo.

clavicle ['klævɪkl / clav·icle] *s.* (*anat.*) clavicola.

clavicular [klə'vɪkjʊlə* / cla·vic·ular] *agg.* (*anat.*) clavicolare.

clavier [klə'vɪə* / cla·vier] *s.* **1** tastiera (anche muta) di uno strumento musicale **2** strumento a tastiera.

claviform ['klævɪfɔ:m / clavi·form] *agg.* (*scient.*) claviforme.

claw [klɔ:] *s.* **1** artiglio, unghia // *to have* (o *get*) *one's claws in*(*to*) *sthg.*, piantare gli artigli in qlco. **2** zampa (con artigli) **3** chela (di crostaceo) **4** (*tecn.*) granchio; coda di rondine: *— hammer*, martello a granchio, con penna a coda di rondine // *— bar*, piede di porco, palanchino **5** (*fot., cinem.*) griffa (per l'avanzamento della pellicola) **6** (*spreg.*) grinfia; sgrinfia, mano.

to **claw** *v.tr.* ghermire, artigliare, dilaniare (con gli artigli); graffiare // *to — one's way up*, (*fig.*) farsi strada a gomitate.

□ **claw at** *v.intr.* e *prep.* cercare di aggrapparsi, di afferrarsi a (qlco.).

□ **claw back** *v.tr.* e *avv.* (*spec. brit.*) **1** ricuperare (con tasse, imposte, quanto concesso con agevolazioni fiscali) **2** (*estens.*) ricuperare, riottenere, riguadagnare.

□ **claw off** *v.intr.* e *avv.* (*mar.*) prendere il largo.

clawback ['klɔ:,bæk / claw·back] *s.* (*trib.*) recupero (di gettito fiscale); drenaggio fiscale.

clawed [klɔ:d] *agg.* fornito di artigli: *sharp —*, dagli artigli affilati.

clawed toad ['klɔ:d,təʊd] *s.* (*zool.*) (*Xenopus laevis*) xenopo liscio.

clawfoot ['klɔ:,fʊt / claw·foot] *s.* (*med.*) piede cavo.

clay [kleɪ] *s.* **1** argilla: *— land*, terra argillosa; *baked —*, terracotta; *potter's —*, argilla da stoviglie // *quite soon he discovered his idol had feet of —*, ben presto scoprì che il suo idolo aveva i piedi d'argilla **2** (*fig.*) il corpo umano **3** natura; carattere; (*fam.*) pasta: *our forefathers were of a different —*, i nostri avi erano di una pasta diversa.

clay-court ['kleɪkɔ:t] *s.* campo da tennis in terra battuta.

clayey [ˈkleɪɪ] *agg.* argilloso.

claymore [ˈkleɪmɔ:* / clay·more] *s.* (*scoz.*) spadone.

clay-pipe [ˈkleɪpaɪp] *s.* pipa di terracotta.

clean [kli:n] *agg.* **1** pulito; nitido; puro; nuovo: *— linen*, biancheria di bucato; *the air is no-longer —*, l'aria non è più pura; *take a — piece of paper*, prendi un foglio di carta nuovo; *I want a — copy of these minutes*, voglio queste minute in bella copia; *a — shot*, un tiro pulito, preciso // *as — as a new pin*, (*fam.*) pulito come uno specchio // *the instruments showed that the area was — after the explosion*, gli strumenti indicavano che l'area non era contaminata dopo l'esplosione **2** (*fig.*) puro; pulito; innocente; mondo; onesto; schietto: *a — man*, un uomo onesto; *— player*, giocatore corretto; *a — joke*, una barzelletta pulita; *— tongue*, linguaggio pulito; *I want a — fight*, voglio un combattimento leale; *the police searched him for drugs but he was —*, la polizia lo perquisì per vedere se aveva droga ma era pulito // *to make a — breast of sthg.*, fare una completa confessione di qlco. // *to make a — sweep of sthg.*, far piazza pulita di qlco. // *to show a — pair of heels*, darsela a gambe // *to be —*, (*fam. amer.*) essere pulito, al verde // *to keep it —*, restare nei limiti della correttezza e decenza **3** liscio; netto; deciso: *a — surface*, una superficie liscia; *— outlines*, contorni netti; *a — cut*, un taglio netto; *— timber*, legno senza nodi; *she made a — break with her boyfriend*, (*fig.*) diede un taglio netto con il suo ragazzo.

to **clean** *v.tr.* **1** pulire: *to — thoroughly*, pulire a fondo; *to — one's teeth*, pulirsi, lavarsi i denti // *to — one's plate*, ripulire il piatto, mangiare tutto **2** pulire, mondare: *to — a fish, a chicken*, pulire un pesce, un pollo ♦ *v.intr.* pulire; pulirsi: *she comes in to cook and —*, viene a far da mangiare e a pulire; *this material cleans easily*, questa stoffa si pulisce facilmente.

□ **clean down** *v.tr.* e *avv.* pulire a fondo.

□ **clean out** *v.tr.* e *avv.* **1** vuotare e ripulire (armadi, cassetti ecc.): *this desk needs to be cleaned out*, questa scrivania ha bisogno di una bella ripulita **2** (*fam.*) ripulire (qlcu.) (dei soldi): *I got cleaned out at poker the other night*, mi hanno ripulito a poker l'altra sera.

□ **clean up** *v.tr.* e *avv.* **1** pulire, ripulire (*anche fig.*): *— up your room*, metti in ordine la tua stanza; *to — up the town*, ripulire la città **2** raccogliere, tirar su (qlco. che insudicia): *now that you have spilt the milk — it up*, hai versato il latte... raccoglilo ♦ *v.intr.* e *avv.* (*fam.*) fare grossi guadagni; vincere molto: *he cleaned up on the last race*, ha vinto molto nell'ultima corsa.

clean *s.* (*fam.*) pulita: *please, give your boots a —*, per favore, pulisci le tue scarpe.

clean *avv.* assolutamente; affatto; interamente, completamente: *I — forgot*, mi sono completamente dimenticato; *to cut — through*, tagliare da parte a parte; *to come —*, confessarsi.

cleanable [ˈkli:nəbl / clean·able] *agg.* che si può pulire.

clean-bred [ˈkli:nbred] *agg.* (*zool.*) di razza pura.

clean-cut [ˌkli:nˈkʌt *attr.* ˈkli:nkʌt] *agg.* **1** marcato; netto; ben definito **2** chiaro; netto, evidente **3** per bene (di persona).

cleaner [ˈkli:nə*] *s.* **1** pulitore; (macchina) pulitrice // *—'s*, tintoria: *to take to the —'s*, (*fam.*) rovinare (economicamente) **2** (*tecn.*) depuratore // *air —*, filtro dell'aria **3** → cleaning woman.

clean-handed [ˈkli:nˌhændɪd] *agg.* con le mani pulite (*fig.*).

cleaning [ˈkli:nɪŋ / clean·ing] *s.* **1** pulitura, pulizia **2** (*amer.*) sconfitta; batosta.

cleaning-machine [ˈkli:nɪŋˌməˈʃi:n] *s.* pulitrice.

cleaning woman [ˈkli:nɪŋˌwʊmən] *s.* donna delle pulizie.

cleanlily [ˈklenlɪlɪ / clean·lily] *avv.* in modo lindo, pulito (*anche fig.*): *he lived — all his life*, visse onestamente tutta la vita.

clean-limbed [ˈkli:nˌlɪmd] *agg.* ben proporzionato.

cleanliness [ˈklenlɪnɪs / clean·li·ness] *s.* pulizia.

cleanly [ˈklenlɪ] *agg.* pulito, lindo (per abitudine) (*anche fig.*).

cleanly [ˈkli:nlɪ] *avv.* **1** in modo pulito, lindo **2** con movimento netto: *he hit the ball —*, colpì la palla in modo pulito.

clean-minded [ˌkli:nˈmaɪndɪd] *agg.* puro d'animo.

cleanness [ˈkli:nnɪs / clean·ness] *s.* pulizia (*anche fig.*); nitidezza (di linee); purezza (dell'acqua, aria ecc.).

clean-out [ˈkli:naʊt] *s.* pulizia a fondo (di locali); sgombero.

to **cleanse** [klenz] *v.tr.* **1** pulire profondamente **2** purificare (dal peccato, colpa ecc.) **3** (*med.*) depurare (sangue ecc.); pulire (ferite ecc.); purgare **4** (*pol.*) epurare.

cleanser [ˈklenzə*] *s.* **1** detersivo; smacchiatore; detergente **2** (*mecc.*) pulitore; purificatore **3** depurativo, purgante.

clean-shaven [ˌkli:nˈʃeɪvn] *agg.* completamente sbarbato; accuratamente rasato.

cleansing [ˈklenzɪŋ / cleans·ing] *agg.* purificante; risanante ♦ *s.* **1** purificazione (dell'anima); depurazione (del sangue) **2** detersione.

cleansing-cream [ˈklenzɪŋˌkri:m] *s.* crema detergente (per la pelle).

cleanup [ˈkli:nʌp / clean·up] *s.* **1** pulizia a fondo **2** (*spec. amer.*) grande profitto.

clear [klɪə*] *agg.* **1** chiaro, definito, distinto, evidente, netto: *it is — that*, è chiaro che; *the meaning is —*, il significato è chiaro; *— handwriting*, scrittura chiara; *a — sound*, un suono chiaro, distinto; *a — case of fraud*, un caso evidente di frode; *as — as daylight*, (*fam.*) chiaro come il sole; *to be — about sthg.*, essere chiaro; capire completamente; *to get sthg. —*, essere chiaro su (qlco.); capire bene (qlco.); *to make oneself —*, spiegarsi bene, chiaramente // *— majority*, netta maggioranza // (*dir.*) *— title*, titolo incontestabile **2** puro; trasparente; luminoso; brillante: *a — day*, una giornata limpida; *the water was — and sparkling*, l'acqua era limpida e brillante; *my grandfather still has a — mind*, (*fig.*) mio nonno è ancora lucido di mente **3** libero, sgombro; sereno: *a — view of the sea*, vista aperta sul mare; *the sky was — of clouds*, il cielo era sereno; *a — conscience*, una coscienza pulita; *at this time of the year the town is — of tourists*, in questo periodo dell'anno la città è senza turisti; *I can see you next Monday because I'm — all day*, ti posso vedere lunedì prossimo perché non ho impegni per tutto il giorno // *keep —!*, lasciare libero il passaggio // *the coast is —*, (*fam.*) il campo è libero // *it's all — sailing*, (*fam.*) non ci sono ostacoli, difficoltà // *to be in the —*, (*fam.*) essere al sicuro // *all —*, cessato allarme **4** netto (di somme, guadagni ecc.): *I make 350 pounds a week —*, guadagno 350 sterline nette alla settimana **5** (*dir.*) prosciolto (da un'accusa) **6** (*ant.*) illustre, nobile, preclaro: *fame is the spur that the clear spirit doth raise*, (MILTON) la fama è lo sprone che innalza lo spirito nobile.

to **clear** *v.tr.* **1** chiarire, chiarificare (*anche fig.*); schiarire, schiarirsi: *to — the air*, rinfrescare l'aria (di temporale); (*fam.*) mettere in chiaro (una questione); *to — a doubt*, chiarire un dubbio; *to — one's throat*, schiarirsi la gola **2** dichiarare innocente; discolpare: *to — oneself*, discolparsi; *to — s.o. for secret defense work*, (*amer. pol.*) dichiarare qlcu. idoneo a lavoro segreto connesso con la difesa dello Stato; *to — s.o. of a charge*, dichiarare innocente un accusato **3** sgomberare, liberare; vuotare: (*dir.*) *to — the court*, fare sgomberare l'aula; (*mar.*) *to — the decks for action*, preparare il ponte al combattimento; (*fig.*) prepararsi alla lotta; *to — the ground*, sgomberare il terreno (*anche fig.*); *to — the land*, disboscare un terreno; *to — one's plate*, vuotare il piatto; (*mar.*) *to — a port*, lasciare un porto; *to — the table*, sparecchiare la tavola; *to — the way for s.o.*, aprire la strada a qlcu. // *coffee clears the head*, il caffè rischiara le idee **4** superare (un ostacolo): *he cleared the fence*, superò lo steccato con un salto **5** (*comm.*) liquidare, compensare (merci, debiti) // (*banca*) *to — a cheque*, liquidare, confermare un assegno (attraverso la stanza di compensazione) **6** (*comm.*) svincolare, sdoganare: *to — through the customs*, sdoganare **7** (*comm.*) guadagnare al netto: *to — a thousand pounds*, realizzare un guadagno netto di mille sterline **8** approvare; far approvare (da): *the government cleared the project after a bitter argument*, il governo approvò il progetto dopo un'accesa discussione; *I cleared it with the boss*, ho avuto l'OK del mio capo **9** (*comm.*) smaltire le scorte **10** (*econ.*) uguagliare domanda e offerta a un dato prezzo: *to — the market*, equilibrare il mercato **11** (*inform.*) azzerare (la memoria); correggere (errori); cancellare (uno schermo) ♦ *v.intr.* schiarirsi (*anche fig.*), diventare chiaro; limpido: *after a minute or two the water cleared and I was able to see everything*, dopo un paio di minuti l'acqua divenne limpida e potei vedere tutto; *his face cleared and we were all happy again*, il suo viso si rasserenò e fummo tutti felici.

□ **clear away** *v.tr.* e *avv.* **1** portar via; sparecchiare [cfr. *clear off*]: *let's — away the plates*, portiamo via i piatti **2** dissipare (nebbia) ♦ *v.intr.* e *avv.* **1** sparecchiare **2** dissiparsi (di nebbia).

□ **clear off** *v.intr.* e *avv.* (*sl.*) squagliarsela, filarsela ♦ *v.tr.* e *avv.* **1** liberarsi da (debiti ecc.) **2** *to — off* (*the table*), sparecchiare (la tavola).

□ **clear out** *v.intr.* e *avv.* (*of*) (*fam.*) andarsene (da): *— out!*, via!, vattene! ♦ *v.tr.* e *avv.* **1** → to clean out 1 **2** sbarazzarsi di, buttar via: *it's time to — out all these old boxes*, è tempo di buttar via queste vecchie scatole.

□ **clear up** *v.tr.* e *avv.* **1** chiarire, spiegare, mettere in chiaro, far luce su: *to — up a matter*, chiarire, mettere in chiaro una faccenda **2** → to clean up 1 **3** sbrigare, finire (un lavoro) ♦

v.intr. e *avv.* **1** schiarirsi, rasserenarsi (di tempo) **2** migliorare: *my cold cleared up in a matter of days*, il mio raffreddore migliorò in pochi giorni.

clear *avv.* **1** chiaramente, chiaro; distintamente: *the sun is shining —*, il sole splende; *to speak —*, parlare chiaro **2** completamente: *we went — round the globe*, abbiamo fatto il giro del mondo **3** discosto; al di sopra: *to get —*, togliersi da un impiccio; *to get — of*, allontanarsi da, liberarsi di; *to jump — of a hedge*, saltare al di sopra di una siepe; *to keep — of*, tenersi lontano da; *to stand —*, stare lontano (da pericoli ecc.); *to stay* (o *steer*) *— of s.o.* o *sthg.*, stare alla larga da qlcu. o qlco.

clearance ['klɪərəns / clear·ance] *s.* **1** sgombro (di sala, terreno ecc.) **2** (*med.*) eliminazione di liquidi (dai reni) **3** (*comm.*) sdoganamento, svincolo: *customs —*, sdoganamento; *to effect customs —*, sbrigare le pratiche doganali; *— sale*, liquidazione // *— account*, conto di giro **4** (*banca*) operazione di compensazione; clearing **5** (*mecc.*) gioco **6** approvazione; permesso, autorizzazione: (*mar.*) *— inwards, outwards*, permesso di entrata, di uscita // *security —*, autorizzazione speciale **7** luce, spazio di manovra; spazio libero, spazio franco // *head —*, altezza libera // (*ferr.*) *— car*, carro sagoma **8** (*inform.*) *— space*, area di servizio.

clear-cut [,klɪə'kʌt] *agg.* stagliato; (*fig.*) netto, nitido, chiaro.

clearer ['klɪərə*] *s.* chi rende chiaro, purifica.

clear-eyed [,klɪər'aɪd] *agg.* **1** dagli occhi luminosi; dalla vista buona; (*fig.*) perspicace **2** realistico.

clear-headed [,klɪə'hedɪd *attr.* 'klɪə,hedɪd] *agg.* intelligente; lucido.

clearing ['klɪərɪŋ / clear·ing] *s.* **1** schiarimento **2** terreno diboscato, dissodato; radura **3** rimozione; sgombro; levata (di posta); sdoganamento, svincolo // (*amm.*) *— entry*, partita di giro **4** (*banca*) compensazione: *out —*, compensazione in uscita **5** (*econ.*) regolamento degli scambi commerciali tra paesi senza scambio di valuta ma compensando importazioni ed esportazioni; clearing: *— agreement*, accordo di clearing.

clearing-bank ['klɪərɪŋ,bæŋk] *s.* banca affiliata alla stanza di compensazione.

clearing hospital ['klɪərɪŋ'hɒspɪtl] *s.* (*mil.*) ospedale da campo.

clearing house ['klɪərɪŋhaʊs] *s.* (*banca*) stanza di compensazione.

clearing-station ['klɪərɪŋ,steɪʃən] *s.* (*mil.*) ospedale di smistamento.

clearly ['klɪəlɪ] *avv.* chiaramente; distintamente.

clearness ['klɪənɪs / clear·ness] *s.* chiarezza; trasparenza; purezza; limpidezza (di stile, idee ecc.).

clearout ['klɪəraʊt / clear·out] *s.* (*fam. spec. brit.*) ripulita.

clear-sighted [,klɪə'saɪtɪd] *agg.* dalla vista buona; (*fig.*) perspicace // **-ly** *avv.* // **-ness** *s.*

clearway ['klɪəweɪ / clear·way] *s.* (*spec. brit.*) tratto di strada con divieto di sosta; superstrada.

cleat [kli:t] *s.* **1** bietta, cuneo **2** (*mecc.*) gancio; rampone **3** (*mar.*) galloccia, castagnola, tacchetto.

cleavability [,kli:və'bɪlɪtɪ / cleav·ab·il·ity] *s.* (*geol.*) fissilità.

cleavable ['kli:vəbl / cleav·able] *agg.* (*geol.*) fissile: *— rock*, roccia fissile.

cleavage ['kli:vɪdʒ / cleav·age] *s.* **1** (*form.*) divisione, disaccordo; spaccatura **2** incavo fra i seni **3** (*geol.*) clivaggio **4** (*biol.*) scissione, divisione.

to **cleave**[1] [kli:v] *pass.p.p.* **cleaved** [kli:vd] **cleft** [kleft] *pass. letter.* **clove** [kləʊv] **clave** [kleɪv] *p.p. letter.* **cloven** ['kləʊvn] **clove** *v.tr.* fendere; spaccare: *to — a tree in two*, fendere un albero in due ◆ *v.intr.* fendersi, spaccarsi.

to **cleave**[2] *pass.* **cleaved** (*letter.*) **cleave** *p.p.* **cleaved** *v.intr.* (*ant.*, *letter.*) rimanere fedele (a).

cleaver ['kli:və*] *s.* **1** chi fende, spacca **2** mannaia (del macellaio).

cleavers ['kli:vəz] *s.* (*bot.*) (*Galium aparine*) attaccavesti, attaccamani SIN. **goose-grass**.

cleaving ['kli:vɪŋ / cleav·ing] *s.* **1** il fendere; lo spaccare **2** spaccatura del legno secondo la venatura.

cleek [kli:k] *s.* (*non com.*) grosso uncino.

clef [klef] *s.* (*mus.*) chiave: *bass —*, chiave di basso, di fa; *treble —*, chiave di violino, di sol // *the Clef*, la chiave di do.

cleft [kleft] *s.* fenditura; spaccatura; fessura; (*geol.*) crepaccio (nella roccia) // *to be in a — stick*, (*fam.*) essere nei guai.

cleft *pass.p.p.* di to **cleave**[1].

cleg [kleg] *s.* (*zool.*) tafano.

cleistogamic [,klaɪstəʊ'gæmɪk / cleis·to·gamic] **cleistogamous** [klaɪ'stɒgəməs / cleis·to·gam·ous] *agg.* (*bot.*) cleistogamo.

cleistogamy [klaɪ'stɒgəmɪ / cleis·to·gamy] *s.* (*bot.*) cleistogamia.

clematis ['klemətɪs / cle·ma·tis] *s.* (*bot.*) (*Clematis vitalba*) clematide.

clemency ['klemənsɪ / clem·ency] *s.* **1** clemenza **2** dolcezza (di carattere) **3** mitezza (di clima).

clement ['klemənt / clem·ent] *agg.* **1** clemente **2** dolce, gentile (di carattere) **3** mite (di tempo).

clementine ['kleməntaɪn / clem·en·tine] *s.* (*bot.*) mandarancio, clementina.

clench [klentʃ] → **clinch**.

to **clench** *v.tr.* **1** stringere (mani, denti ecc.): *he clenched his fists*, chiuse rabbiosamente i pugni **2** → to clinch 2, 3, 4 ◆ *v.intr.* stringersi, serrarsi.

clencher ['klentʃə* / clench·er] → **clincher**.

to **clepe** [kli:p] *v.tr.* (*ant.*) chiamare: *they clepe us drunkards*, (SH. Hamlet) ci chiamano ubriaconi.

clepsydra ['klepsɪdrə / clep·sydra] *pl.* **clepsydras**, **clepsydrae** ['klepsɪdri:] *s.* clessidra.

cleptomania e *deriv.* → **kleptomania** e *deriv.*

clerestory ['klɪəstərɪ / clere·story] *s.* (*arch.*) parete di chiesa munita di finestre che danno sul tetto delle navate laterali.

clergy ['klɜ:dʒɪ] *s.pl.* il clero; gli ecclesiastici: *two hundred — were present*, duecento membri del clero erano presenti // *benefit of —*, (*st.*) privilegio ecclesiastico.

clergyman ['klɜ:dʒɪmən / cler·gy·man] *pl.* **clergymen** *s.* ecclesiastico; prete (cattolico, anglicano); pastore (protestante).

clergywoman ['klɜ:dʒɪ,wʊmən / cler·gy·wo·man] *pl.* **clergywomen** ['klɜ:dʒɪ,wɪmɪn] *s.* **1** donna sacerdote **2** (*ant.*) moglie, figlia di pastore protestante.

cleric ['klerɪk] *agg.* (*ant.*) clericale ◆ *s.* ecclesiastico.

clerical ['klerɪkl / cler·ical] *agg.* **1** clericale, del clero **2** di impiegato, di scrivano: *— error*, errore di trascrizione; *— work*, lavoro d'ufficio, mansioni impiegtizie ◆ *s.* (*pol.*) clericale.

clericalism ['klerɪkəlɪzəm / cler·ic·al·ism] *s.* (*pol.*) clericalismo.

clericalist ['klerɪkəlɪst / cler·ic·al·ist] *s.* (*pol.*) clericale.

to **clericalize** ['klerɪkəlaɪz / cler·ic·al·ize] *v.tr.* clericalizzare; sottoporre all'influenza del clero.

clerihew ['klerɪhju: / cleri·hew] *s.* quartina umoristica (su un personaggio noto) • Dal nome dello scrittore E. Clerihew Bentley.

clerisy ['klerɪsɪ / cler·isy] *s.* (*form.*) i letterati, gli intellettuali, l'intellighenzia.

clerk [klɑ:k *amer.* klɜ:k] *s.* **1** impiegato d'ufficio; commesso di studio: *bank —*, impiegato di banca; *junior —*, giovane impiegato; *chief* (o *head* o *senior*) *—*, capo ufficio; (*sport*) *— of the course*, commissario di pista; (*dir.*) *— of the court*, cancelliere del tribunale; *county —*, (*amer.*) poliziotto che riscuote le multe (in un apposito ufficio); *— of the works*, ispettore di lavori eseguiti da un appaltatore **2** (*sales*) *—*, (*amer.*) commesso di negozio **3** (*ant.*) chierico, ecclesiastico **4** (*ant.*) erudito, letterato.

to **clerk** *v.intr.* fare l'impiegato; (*amer.*) fare il commesso: *I clerked it for ten years*, feci l'impiegato per dieci anni.

clerkly ['klɑ:klɪ *amer.* 'klɜ:klɪ] *agg.* **1** (*non com.*) d'impiegato **2** (*ant.*) istruito, sapiente.

clerkship ['klɑ:kʃɪp *amer.* 'klɜ:kʃɪp / clerk·ship] *s.* **1** ufficio, posto di impiegato; ufficio di cancelliere (di tribunale) **2** (*ant.*) il sapere.

cleveite ['kli:vaɪt / cleve·ite] *s.* (*min.*) cleveite.

clever ['klevə*] *agg.* **1** intelligente; abile, capace, esperto; ingegnoso; furbo: *— at mathematics*, forte in matematica; *a — child*, un ragazzo sveglio; *a — device*, un dispositivo ingegnoso; *she has a — face*, ha un viso intelligente; *she's — with her fingers*, è abile manualmente; *he's — enough to get away with it*, è abbastanza furbo per cavarsi d'impiccio // *he was too — for me*, (*fam.*) me l'ha fatta // *too — by half*, (*fam.*) troppo furbo: *you can't trick him, he's too — by half*, non puoi imbrogliarlo, è troppo furbo **2** eseguito con abilità, intelligenza: *a — book*, un libro scritto con intelligenza **3** (*amer.*) amabile, cortese, gentile // **-ly** *avv.*

cleverness ['klevənɪs / clev·er·ness] *s.* intelligenza; abilità, capacità, maestria, destrezza; ingegnosità.

clevis ['klevɪs] *s.* uncino a forma di U.

clew [klu:] *s.* **1** gomitolo di filo **2** filo conduttore (di un romanzo ecc.) // *Ariadne's —*, il filo di Arianna **3** (*mar.*) bugna; angolo della vela; redancia.

to **clew** *v.tr.* (*mar.*): *to — down* (*a sail*), imbrogliare (una vela); *to — up* (*a sail*), alare, tirar su (una vela).

cliche, **cliché** [ˈkli:ʃeɪ *amer.* kli:ˈʃeɪ / cli·ché] *s.* **1** (*tip.*) cliché, zincotipia **2** (*fig.*) cliché, frase stereotipata.

clichéd [ˈkli:ʃeɪd / cli·chéd] *agg.* (*fig.*) stereotipato, convenzionale.

cliché-ridden [ˈkli:ʃeɪˈrɪdn] *agg.* (*fig.*) pieno di cliché, di stereotipi.

click [klɪk] *s.* **1** suono secco, metallico; scatto (di rivoltella, di ruota dentata ecc.); tintinnio (di armi ecc.); schiocco (di lingua) **2** paletto (di porta) **3** (*mecc.*) dente di arresto.

to **click** *v.tr.* e *intr.* **1** (fare) produrre un suono secco; (fare) tintinnare, (fare) suonare: *to — one's heels*, (*mil.*) battere i tacchi (nel salutare); *to — one's tongue*, fare schioccare la lingua; *to — one's fingers*, (fare) schioccare le dita **2** (*fam.*) riuscire, raggiungere lo scopo: *he read the passage over a couple of times and then it finally clicked*, lesse il passo un paio di volte e infine ne afferrò il significato **3** andare d'accordo; innamorarsi: *we were introduced at a party and clicked straight away*, fummo presentati a una festa e andammo subito d'accordo // *to — with s.o.*, andare a genio a qlcu **4** (*inform.*) cliccare.

click-beetle [ˈklɪkˈbi:tl] *s.* (*zool.*) elateride.

clickety-click [ˈklɪkətɪˈklɪk] *s.* clic clac.

client [ˈklaɪənt / cli·ent] *s.* **1** cliente (di professionista, commerciante) **2** assistito (da un servizio sociale) **3** (*st. romana*) cliente (di un patrizio) **4** (*inform.*) cliente.

clientage [ˈklaɪəntɪdʒ / client·age] **clientele** [ˌkli:ənˈtel *amer.* ˌklaɪənˈtel / cli·en·tele] *s.* clientela.

clientless [ˈklaɪəntlɪs / client·less] *agg.* senza clientela.

client state [ˈklaɪəntˈsteɪt] *s.* stato satellite.

cliff [klɪf] *s.* precipizio, strapiombo; scogliera; falesia: *the white cliffs of Dover*, le bianche scogliere di Dover.

cliffed [klɪft] *agg.* dirupato, scosceso, a picco.

cliffhanger [ˈklɪfˌhæŋə* / cliff·hang·er] *s.* (*fam.*) **1** suspence **2** (*estens.*) evento, situazione di incertezza sul risultato finale.

cliffhanging [ˈklɪfˌhæŋɪŋ / cliff·hang·ing] *agg.* (*fig.*) che fa trattenere il fiato, mozzafiato.

cliffy [ˈklɪfɪ] *agg.* dirupato, scosceso, a picco.

climacteric [klaɪˈmæktərɪk / cli·mac·teric] *agg.* climaterico ◆ *s.* climaterio, età critica.

climactic [klaɪˈmæktɪk / cli·mac·tic] *agg.* **1** (*ret.*) per gradazione ascendente (di uno scritto) **2** arrivato al suo apogeo.

climate [ˈklaɪmɪt / cli·mate] *s.* **1** clima **2** (*ant.*) paese, regione: *I believe, they are portentous things / unto the climate that they point upon*, (SH. Julius Caesar) io credo che siano eventi sinistri per il paese sul quale volgono il loro influsso.

climatic [klaɪˈmætɪk / cli·matic] *agg.* climatico // **-ally** *avv.*

climatological [ˌklaɪmətəˈlɒdʒɪkəl / cli·ma·to·lo·gical] *agg.* climatologico.

climatologist [ˌklaɪməˈtɒlədʒɪst / cli·ma·to·lo·gist] *s.* climatologo.

climatology [ˌklaɪməˈtɒlədʒɪ / cli·ma·to·logy] *s.* climatologia.

climatotherapy [ˌklaɪmətəʊˈθerəpɪ / cli·ma·to·ther·apy] *s.* (*med.*) climatoterapia.

climature [ˈklaɪmətʃə* / cli·ma·ture] *s.* (*ant.*) regione, zona determinata dalle condizioni meteorologiche: *have heaven and earth together demonstrated / unto our climatures and countrymen*, (SH. Hamlet) cielo e terra hanno inviato segnali alle nostre regioni e alla nostra gente.

climax [ˈklaɪmæks / cli·max] *s.* **1** apice, culmine, colmo, acme (di discorso, scena ecc.): *it was the — of a long career*, era il momento culminante di una lunga carriera; *this brings matters to a —*, (*fam.*) questo è il colmo **2** (*ret.*) climax (idee, espressioni disposte in gradazione ascendente): *to work up to a —*, procedere per gradazione ascendente; (*teatr.*) portare l'azione al culmine dell'intensità **3** orgasmo **4** (*ecol.*, *biol.*) climax.

to **climax** *v.tr.* portare al punto culminante ◆ *v.intr.* culminare, raggiungere il punto culminante.

climb [klaɪm] *s.* **1** rampa, salita **2** ascesa; ascensione: (*aer.*) *— of 1200 feet in the first minute*, ascensione di 1200 piedi nel primo minuto // (*alpinismo*) *aid —*, arrampicata artificiale // *a rapid — to power*, una rapida ascesa al potere.

to **climb** *pass.p.p.* **climbed** [klaɪmd] (*ant. dial.*) **clomb** [kləʊm] *v.intr.* **1** arrampicare, arrampicarsi, salire (con sforzo) (*anche fig.*), ascendere; fare una scalata: *the road climbs*, la strada sale; *he climbed to success through his own efforts*, con il proprio sforzo, con i propri mezzi fece la sua scalata al successo; *the dollar climbed yesterday*, ieri il dollaro è salito // *to — out of* (*a hole*), uscire arrampicandosi da (un buco); *to — over* (*a wall etc.*), scalare, scavalcare (un muro ecc.); *to — through*, arrampicarsi attraverso; *to — to power*, salire al potere; *to — up to the top of*, arrampicarsi in cima a **2** (*aer.*) prender quota ◆ *v.tr.* scalare; arrampicarsi su; valicare: *to — a tree*, arrampicarsi su un albero; *to — a mountain*, scalare una montagna.

□ **climb down** *v.intr.* e *prep.* scendere, venire giù (da) ◆ *v.intr.* e *avv.* (*fam. fig.*) arrendersi; abbassar le arie: *he had to — down and admit he was wrong*, dovette abbassare le arie e riconoscere che aveva torto.

climbable [ˈklaɪməbl / climb·able] *agg.* scalabile.

climb-down [ˈklaɪmdaʊn] *s.* (*fam.*) resa, rinuncia; marcia indietro.

climber [ˈklaɪmə*] *s.* **1** scalatore, arrampicatore **2** (*fig.*) arrivista, arrampicatore: *social —*, arrampicatore sociale **3** (*bot.*) pianta rampicante **4** uccello rampicante **5** *pl.* ramponi (per scarponi).

climb indicator [ˈklaɪmˈɪndɪkeɪtə*] *s.* (*aer.*) variometro, indicatore della velocità ascensionale.

climbing [ˈklaɪmɪŋ / climb·ing] *agg.* rampicante: *— bird*, *plant*, uccello, pianta rampicante ◆ *s.* **1** alpinismo **2** salita, arrampicata: *free —*, arrampicata libera // (*aer.*) *— flight*, volo in salita; *— speed*, velocità ascensionale; (*ferr.*, *aer.*, *aut.*) *— power*, potenza di salita **3** arrivismo.

climbing frame [ˈklaɪmɪŋˈfreɪm] *s.* struttura in legno o in metallo sulla quale i bambini possono arrampicarsi AMER. jungle gym.

climbing perch [ˈklaɪmɪŋˈpɜ:tʃ] *s.* (*zool. pop.*) → **anabas**.

clime [klaɪm] *s.* (*letter.*) clima; regione; paese: *Ah Sun-flower... / seeking after that sweet golden clime*, (W. BLAKE) Ah, girasole... che cerchi quel dolce paese dorato.

clinch [klɪntʃ] *s.* **1** ribaditura, chiodo ribadito **2** (*mar.*) ormeggio **3** presa, stretta **4** (*fam.*) abbraccio appassionato **5** (*sport*) corpo a corpo.

to **clinch** *v.tr.* **1** stringere; concludere: *to — a deal*, concludere un affare **2** confermare, dare la prova conclusiva: *the latest figures clinched the argument*, gli ultimi dati sono stati determinanti **3** (*mar.*) assicurare (una cima) **4** (*mecc.*) chiodare; ribadire: *to — a rivet*, ribadire un chiodo ◆ *v.intr.* **1** (*sport*) venire al corpo a corpo **2** (*sl.*) avvinghiarsi (in un abbraccio).

clincher [ˈklɪntʃə*] *s.* **1** (*mecc.*) graffatrice **2** (*fig.*) argomento decisivo.

to **cling** [klɪŋ] *pass.p.p.* **clung** [klʌŋ] *v.intr.* **1** aderire strettamente; stringersi; attaccarsi; aggrapparsi; avvinghiarsi: *a dress which clings to the figure*, un abito aderente; *she clung to him*, si strinse a lui; *to — together*, stringersi l'uno all'altro; *to — to a hope*, aggrapparsi a una speranza; *to — to an opinion*, rimanere radicato in un'opinione **2** rimanere addosso; impregnare (qlco.): *the smell of his cigar clung to his clothes*: l'odore del suo sigaro aveva impregnato i suoi vestiti ◆ *v.tr.* (*ant.*) essiccare, seccare: *upon the next tree shalt thou hang alive / till famine cling thee*, (SH. Macbeth) sarai appeso vivo al più vicino albero e ci resterai finché la fame non ti essiccherà.

clingfish [ˈklɪŋfɪʃ / cling·fish] *s.* (*zool.*) gobiesocide (pesce).

clinginess [ˈklɪŋɪnɪs / clingi·ness] *s.* adesione; aderenza (di abito).

clinging [ˈklɪŋɪŋ / cling·ing] *agg.* **1** aderente **2** (*fig.*) appiccicoso.

clingstone [ˈklɪŋstəʊn / cling·stone] *agg.* (*bot.*) duracino ◆ *s.* (*bot.*) duracina (pesca, ciliegia, susina).

clinic [ˈklɪnɪk] *agg.* (*ant.*) clinico.

clinic *s.* **1** clinica (privata) **2** istruzione clinica **3** (*ant.*) degente.

clinical [ˈklɪnɪkl / clin·ical] *agg.* clinico: *— trial*, sperimentazione clinica, test clinico; *— death*, morte clinica; *— thermometer*, termometro clinico; *— medicine*, clinica medica // **-ly** *avv.*

clinician [klɪˈnɪʃn / cli·ni·cian] *s.* clinico.

clink[1] [klɪŋk] *s.* tintinnio (di bicchieri, spade ecc.).

to **clink**[1] *v.tr.* far tintinnare: *to — glasses*, far tintinnare i bicchieri ◆ *v.intr.* tintinnare.

clink[2] *s.* (*sl.*) prigione, gattabuia.

to **clink**[3] *v.tr.* (*ant.*) chiodare; ribadire (chiodo, perno ecc.).

clinker[1] [ˈklɪŋkə*] *s.* **1** clinker, mattone ferriolo, mattone vetrificato **2** massa di lava indurita, scoria vulcanica **3** scoria (di forno): *basic*, *vitreous —*, scoria basica, vetrosa.

clinker[2] *s.* **1** bulletta da scarpe; chiodo **2** (*fam. amer.*) stecca **3** (*fam. amer.*) fallimento, fiasco.

clinker-built [ˈklɪŋkəˌbɪlt] *agg.* (*mar.*) a fasciame sovrapposto.

clinking ['klɪŋkɪŋ / clink·ing] *agg.* **1** tintinnante **2** (*sl. antiq.*) ottimo, straordinario: — *good*, ottimo, d'oro ◆ *s.* tintinnio.

clinkstone ['klɪŋk,stəʊn / clink·stone] *s.* (*min.*) fonolite.

clinometer [klaɪ'nɒmɪtə* / cli·no·meter] *s.* clinometro.

clinquant ['klɪŋkənt / clin·quant] *agg.* (*rar.*) scintillante.

clip[1] [klɪp] *s.* **1** molletta; clip, fermaglio (a molla, per tenere insieme carte): *hair* —, forcina per i capelli; *paper* —, graffetta, fermaglio per fogli; *bicycle* —, molletta per fermare i pantaloni (quando si va in bicicletta) **2** (*med.*) graffa (per ferite); pinza (per graffare ferite) **3** clip, spilla **4** (*tecn.*) morsetto; anello d'attacco (per tubi); chiodo a gancio **5** (*mil.*) nastro (per armi a ripetizione).

to **clip**[1] *pass.p.p.* **clipped** [klɪpt] *v.tr.* **1** unire, tenere insieme con un fermaglio **2** bucare (biglietto ferroviario, tranviario ecc.) **3** (*ant.*, *dial.*) abbracciare; avvolgere: *no grave upon the earth shall clip in it / a pair so famous*, (SH. Antony and Cleopatra) nessuna tomba in terra abbraccerà una coppia così famosa; *you elements that clip us round about...*, (SH. Othello) voi elementi che ci avvolgete tutt'intorno...

clip[2] *s.* **1** tosatura (di pecore); taglio (di capelli) **2** ritaglio **3** scappellotto **4** *pl.* tosatrice (macchinetta per tosare) **5** passo veloce: *to go at a fast* —, andare velocemente.

to **clip**[2] *pass.p.p.* **clipped** *v.tr.* **1** tosare (pecore, cavalli, cani); tagliare (una siepe); limare, tosare (una moneta per falsarne il peso) // *to — one's words*, mangiare le parole // *to — s.o.'s claws*, *wings*, (*fig.*) ridurre qlcu. a miti consigli; tarpare le ali a qlcu. **2** (*fam.*) dare uno scappellotto a.

clipboard ['klɪpbɔ:d / clip·board] *s.* **1** blocco a molla per appunti sostenuto da una tavoletta **2** (*inform.*) blocco appunti.

clip-fastener ['klɪp,fɑ:snə* *amer.* 'klɪp fæsnə*] *s.* (bottone) automatico.

clip joint ['klɪpdʒɔɪnt] *s.* (*fam.*) locale, bar ecc. che pratica prezzi esorbitanti.

clip-on ['klɪpɒn] *agg.* munito di clip: — *earrings*, orecchini a clips.

clipper ['klɪpə* / clip·per] *s.* **1** *pl.* macchinetta, forbici per tosare, tosatrice **2** (*mar.*) veliero veloce, clipper **3** (*aer.*) idrovolante transoceanico, clipper **4** tosatore **5** (*fam.*) cavallo veloce **6** (*ant.*) persona, cosa che desta ammirazione.

clipper-built ['klɪpə,bɪlt] *agg.* (*mar.*) con prua concava e affilata.

clipping ['klɪpɪŋ / clip·ping] *s.* **1** ritaglio (di giornale, di immagine) **2** tosatura (di pecore) **3** (*metall.*) sbavatura // — *press*, pressa per sbavare **4** (*econ.*) tosatura (della moneta) ◆ *agg.* **1** tagliente **2** veloce **3** (*ant.*) ottimo, eccellente.

clique [kli:k] *s.* cricca; combriccola.

cliquey ['kli:kɪ] **cliquish** ['kli:kɪʃ] *agg.* di cricca; ristretto, esclusivo.

cliquishness ['kli:kɪʃnɪs / cliquish·ness] *s.* cameratismo; spirito di gruppo.

clitoris ['klɪtərɪs / clit·oris] *s.* (*anat.*) clitoride.

cloaca [kləʊ'eɪkə / clo·aca] *pl.* **cloacae** [kləʊ'eɪki: / clo·acae] *s.* cloaca.

cloak [kləʊk] *s.* mantello; (*fig.*) manto, velo: — *of snow*, manto di neve // *under the — of*, sotto il pretesto, con il pretesto di.

to **cloak** *v.tr.* **1** coprire con un mantello **2** (*fig.*) dissimulare, mascherare, nascondere (pensieri, progetti ecc).

cloak-and-dagger [,kləʊkən'dægə*] *agg.* di avventura; avventuroso (di film, romanzo ecc.).

cloakroom ['kləʊkrʊm / cloak·room] *s.* **1** guardaroba (di teatro, locale pubblico ecc.) **2** bagno, gabinetto **3** (*ferr.*) deposito bagagli.

clobber ['klɒbə* / clob·ber] *s.* [U] (*sl.*) vestiti (*pl.*); roba.

to **clobber** *v.tr.* (*fam.*) **1** colpire (*anche fig.*) **2** sconfiggere pesantemente.

clock[1] [klɒk] *s.* orologio (da tavolo o da parete); pendola // *"What time is it?" "It is one, two o' —"*, "Che ora è?" "È l'una, sono le due" // *to sleep around the* —, dormire per ventiquattro ore // *to keep one's eyes on the* —, (*fam.*) sbirciare continuamente l'orologio // *to do sthg. by the* —, fare qlco. tenendo d'occhio l'orologio (per non perdere troppo tempo) // *to do sthg. against the* —, fare qlco. lottando contro il tempo // *to turn the — back*, *to put the — forward*, portare indietro, avanti l'orologio (per l'ora legale); (*fig.*) tornare indietro nel tempo, prefigurarsi una situazione futura // *to run out the* —, (*amer. sport*) trattenere la palla; *twenty-four-hour* —, modo di esprimere le ore alla continentale (cioè usando p.e. 13, 15, 21 ecc.) // (*inform.*): — *cycle*, ritmo; — *number*, numero di verifica; — *track*, traccia di sincronizzazione.

to **clock**[1] *v.tr.* cronometrare.

□ **clock in**, **on** *v.intr.* e *avv.* timbrare l'orologio in entrata (di lavoratore dipendente).

□ **clock off**, **out** *v.intr.* e *avv.* timbrare l'orologio in uscita (di lavoratore dipendente).

□ **clock up** *v.intr.* e *avv.* totalizzare, registrare.

to **clock**[2] *v.tr.* e *intr.* (*dial.*) covare (le uova).

clock[3] *pl.* **clocks**, **clox** [klɒks] *s.* freccia, baghetta (sottile ricamo su una calza o calzino).

clockmaker ['klɒk,meɪkə* / clock·maker] *s.* orologiaio.

clock-radio [,klɒk'reɪdɪəʊ] *s.* radiosveglia.

to **clock-watch** ['klɒk,wɒtʃ] *v.intr.* (*fam.*) lavorare svogliatamente.

clock-watcher ['klɒk,wɒtʃə*] *s.* (*fam.*) lavoratore svogliato, demotivato.

clockwise ['klɒkwaɪz / clock·wise] *agg.* e *avv.* in senso orario (delle lancette dell'orologio, da sinistra a destra).

clockwork ['klɒkwɜ:k / clock·work] *s.* **1** movimento, meccanismo dell'orologio: *everything is going like* —, tutto procede con la regolarità di un orologio **2** meccanismo a orologeria.

clod [klɒd] *s.* **1** zolla; terra, suolo; argilla: *to break* (*up*) *the clods*, rompere le zolle **2** (*sl.*) stupido **3** (*letter.*) corpo umano **4** forcella (parte bassa del collo nel bue macellato).

clod crusher ['klɒd,krʌʃə*] *s.* (*agr.*) frangizolle.

cloddish ['klɒdɪʃ / clod·dish] *agg.* **1** zolloso, terroso **2** stupido, maldestro, goffo.

cloddishness ['klɒdɪʃnɪs / clod·dish·ness] *s.* rozzezza; stupidità.

cloddy ['klɒdɪ] *s.* (*non com.*) zolloso, terroso.

clodhopper ['klɒd,hɒpə* / clod·hop·per] *s.* (*fam.*) persona maldestra; zoticone.

clog [klɒg] *s.* **1** zoccolo **2** ceppo, pastoia; impedimento, intoppo, impaccio (*anche fig.*) **3** intasamento.

to **clog** *pass.p.p.* **clogged** [klɒgd] *v.tr.* **1** ostruire, intasare: *the pipe was clogged with dirt*, il tubo era intasato **2** ingombrare, inceppare, impedire (*anche fig.*): *the cart could not advance as it was clogged with mud*, il carro non poteva avanzare perché impedito dal fango **3** legare (un animale) a un ceppo ◆ *v.intr.* ostruirsi, intasarsi.

cloggy ['klɒgɪ] *agg.* **1** nodoso **2** viscoso, adesivo, appiccicaticcio.

cloister ['klɔɪstə* / clois·ter] *s.* **1** chiostro; convento; monastero **2** (*arch.*) chiostro.

to **cloister** *v.tr.* rinchiudere (in un chiostro) (*anche fig.*).

cloistered ['klɔɪstəd / clois·tered] *agg.* **1** rinchiuso (in un chiostro) // — *nun*, suora di clausura // *the dictator spent the night — with his generals*, il dittatore passò la notte rinchiuso coi suoi generali **2** munito di chiostro.

cloisterer ['klɔɪstərə* / clois·terer] *s.* chi vive in un chiostro.

cloistral ['klɔɪstrəl / clois·tral] *agg.* claustrale.

clomb *pass.p.p.* (*ant. dial.*) di to **climb**.

clonal ['kləʊnl / clo·nal] *agg.* (*biol.*) clonale.

clone ['kləʊn] *s.* (*biol.*) clone.

to **clone** *v.tr.* (*biol.*) clonare.

clonic ['klɒnɪk] *agg.* (*med.*) clonico: — *spasms*, spasmi clonici.

cloning ['kləʊnɪŋ / clon·ing] *s.* (*biol.*) clonazione.

clonk [klɒnk] *s.* rumore sordo.

clonus ['kləʊnəs / clo·nus] *s.* (*med.*) clono, spasmo clonico.

clop [klɒp] *s.* (*onom.*) rumore fatto da un cavallo (con gli zoccoli).

close[1] [kləʊs] *agg.* **1** vicino (*anche fig.*): *his house is quite* —, la sua casa è abbastanza vicina; *they were — to victory*, erano vicini alla vittoria; *she was — to tears*, stava per piangere; *sources — to the government*, fonti vicine al governo; *my mother and I have always been very* —, mia madre e io siamo sempre stati molto vicini; *in — touch with s.o.*, in stretto contatto con qlcu. // — *by*, vicino: *a woman — by called him*, una donna vicina a lui lo chiamò // — *to hand* (o — *at hand*), a portata di mano // *it's too — for comfort*, (*fam.*) c'è poco da scherzare // *that was —!* (o *a — thing!*), (*fam.*) l'abbiamo scampata bella! **2** stretto, intimo: *a — friend*, un amico intimo; — *resemblance*, stretta somiglianza **3** attento, accurato: — *analysis*, analisi accurata; — *translation*, traduzione fedele, aderente (al testo); *you must give me your — attention*, dovete ascoltarmi attentamente **4** serrato; ravvicinato; compatto, solido, denso; conciso (di stile): — *combat*, combattimento corpo a corpo; — *contest*, lotta serrata (nelle elezioni politiche); (*sport*) — *finish*, arrivo serrato (in una corsa); (*mil.*) *in — order*, in file serrate; — *reasoning*, ragionamento serrato, stringente; — *texture*, tessuto fitto, compatto; — *print*, caratteri ravvicinati // *to come to — quarters*, (*fam.*) venire alle mani **5** afoso;

viziato (di aria): — *weather*, tempo afoso, soffocante; — *smell*, odore di stantio, di chiuso **6** chiuso; riservato, discreto: — *character*, carattere chiuso, riservato; — *corporation*, corporazione chiusa, limitata a un determinato ceto di persone; — *vowel*, vocale chiusa; *to be — about sthg.*, non dire niente in merito a qlco. **7** avaro, parsimonioso **8** nascosto, segreto: — *secret*, segreto ben custodito; *keep it* —, tienilo segreto.

close[1] *s.* **1** spazio cintato; recinto; chiuso; area circostante una cattedrale; campo da gioco (di scuole ecc.) **2** (*spec. unito al nome*) strada privata, strada senza uscita: *he lives in Stanley Close*, abita in Stanley Close.

close[1] *avv.* **1** vicino, da vicino, da presso; nei pressi di: *keep — to the wall*, tenetevi vicino al muro; *stay — by me*, state vicino a me; *to be — behind s.o.*, seguire qlcu. da presso; *to sit, to stand* —, tenersi vicino a; *to sit closer* (*together*), sedersi più vicino; *the closer we look into the question...*, più a fondo esaminiamo la questione...; (*mar.*) *to stand — in to the land*, tenersi vicino alla costa; *to cut prices* —, calcolare i prezzi al minimo // *you cut it* —, (*fam.*) ce l'hai fatta per un pelo // *from — to* (o *from — up*), da vicino: *you should examine the painting from — to*, dovresti esaminare il quadro da vicino; *she's quite unattractive from — to*, non è una bellezza vista da vicino **2** — *on*, quasi: *there were — on 200 people at the party*, c'erano quasi 200 persone alla festa **3** — *to*, quasi, vicino a: *he came — to losing his temper*, stava per perdere la pazienza; *it costs — to 300,000 pounds*, costa quasi 300.000 sterline // *his criticism was too — to home to be comfortable*, le sue critiche erano troppo vicine al vero per essere accolte serenamente.

close[2] [kləʊz] *s.* **1** fine, termine: *to come* (o *draw*) *to a* —, terminare; *at — of day*, al termine del giorno // (*Borsa*) *at the* —, (ordine) in chiusura, al listino **2** conclusione, chiusa (di un discorso) **3** (*mus.*) finale.

to **close**[2] *v.tr.* **1** chiudere; serrare: *he closed the door*, chiuse la porta; (*amm.*) *to — an account*, chiudere un conto; (*elettr.*) *to — a circuit*, chiudere un circuito; (*mar.*) *to — the wind*, serrare il vento **2** terminare, concludere, finire, porre fine a: *to — a discussion, a speech*, por fine a una discussione, a un discorso // *to — a deal*, concludere un affare **3** (*mar., mil.*) accostare, avvicinare: *to — ranks*, serrare le file // *to — a gap*, (*fig.*) colmare una distanza **4** *to — about, to — around*, avvolgere; circondare, accerchiare: *darkness closed about us*, l'oscurità ci avvolse; *to — about an army*, accerchiare un esercito ◆ *v.intr.* **1** chiudersi, serrarsi: *the door closed*, la porta si chiuse; *the bank closes at 3.30*, la banca chiude alle 15.30 **2** terminare, giungere a termine, concludersi, finire: *the meeting closed at eight o'clock*, la riunione terminò alle otto **3** rimarginarsi (di ferita) **4** (*Borsa*) chiudere: *the shares closed at $ 10*, le azioni chiusero a 10 $.

□ **close down** *v.intr.* e *tr.* e *avv.* chiudere, cessare l'attività (di) SIN. to shut down: *the firm closed down in 1986*, la ditta ha cessato l'attività nel 1986; *owing to the huge snowfall schools were closed down for a week*, a causa della forte nevicata le scuole furono chiuse per una settimana // *television programs — down at midnight*, le trasmissioni televisive cessano a mezzanotte.

□ **close in** *v.intr.* e *avv.* **1** accorciarsi (di giorno): *the days are beginning to — in*, le giornate incominciano ad accorciarsi **2** (*on, upon*) avvicinarsi sempre più (a): *the fugitive realized he had no escape when he saw the police closing in*, il fuggitivo si rese conto di non avere scampo quando vide i poliziotti farsi sempre più vicini **3** (*on, upon*) (*fig.*) avviluppare, avvolgere (qlcu., qlco.): *suddenly the darkness of night closed in on us*, di colpo il buio della notte ci avvolse.

□ **close off** *v.tr.* e *avv.* isolare, chiudere: *the accident caused the motorway to be closed off for the whole day*, l'incidente causò la chiusura dell'autostrada per tutto il giorno.

□ **close out** *v.tr.* e *intr.* e *avv.* (*comm.*) svendere.

□ **close up** *v.intr.* e *avv.* **1** chiudersi: *many flowers — up at night*, molti fiori si chiudono di notte **2** (*anche v.tr.*) chiudere: *the shop closes up at 7 p.m.*, il negozio chiude alle 19 **3** avvicinarsi l'un l'altro; (*mil.*) serrare i ranghi, serrare le file.

□ **close with** *v.intr.* e *prep.* **1** (*mil.*) impegnar battaglia (con) **2** concordare (con qlcu.), mettersi d'accordo (con qlcu.) (su un determinato prezzo): *eventually I closed with him at 50 pounds*, alla fine ci accordammo per 50 sterline; (*comm.*) *to — with an offer*, accettare un'offerta, accordarsi, combinare.

close-bodied ['kləʊs,bɒdɪd] *agg.* aderente.

close-cropped [,kləʊs'krɒpt] **close-cut** [,kləʊs'kʌt] *agg.* rasato, tagliato raso (di capelli, erba ecc.).

closed [kləʊzd] *agg.* chiuso (*anche fig.*): — *mind*, mentalità chiusa, ristretta; — *society*, società chiusa; — *road*, strada chiusa (al traffico); — *professions*, professioni chiuse; (*econ.*) — *economy*, economia chiusa; (*sport*) — *course*, circuito chiuso; (*chim.*) — *chain reaction*, reazione a catena chiusa; (*elettr.*) — *circuit*, circuito chiuso // (*mat.*): — *set*, insieme chiuso; — *curve, surface*, curva, superficie chiusa // (*dir.*): — *hearing*, dibattimento a porte chiuse; — *door sessions*, sedute a porte chiuse.

closed-end [,kləʊzd'end] *agg.* (*fin.*) closed-end: — (*investment*) *fund* (o — *trust*), fondo di investimento chiuso, fondo di investimento closed-end; società finanziaria.

closedown ['kləʊzdaʊn / close·down] *s.* **1** chiusura (di fabbrica ecc.) **2** (*spec. brit.*) (*rad., tv*) segnale di fine trasmissioni.

closed season [,kləʊzd'si:zən] *s.* (*amer.*) → **close season**.

closed shop [,kləʊzd'ʃɒp] *s.* impresa che assume solo lavoratori iscritti al sindacato.

closefisted [,kləʊs'fɪstɪd / close·fisted] *agg.* (*fam.*) spilorcio, taccagno.

close-fitting ['kləʊs,fɪtɪŋ] *agg.* aderente (di vestito).

close-grained [,kləʊs'greɪnd] *agg.* compatto, a grana fine (di legno).

close-hauled [,kləʊs'hɔ:ld] *agg.* (*mar.*) stretta di bolina.

close-knit [,kləʊs'nɪt] *agg.* (*fig.*) molto unito, compatto: *a — family*, una famiglia molto unita.

close-lipped [,kləʊs'lɪpt] **close-mouthed** [,kləʊs'maʊðd] *agg.* parco di parole, riservato.

closely ['kləʊslɪ / close·ly] *avv.* **1** strettamente, da vicino: — *contested*, vivamente contestato; — *related*, strettamente affine, parente; — *linked, connected*, strettamente collegati **2** attentamente: — *guarded*, guardato, custodito attentamente.

close-meshed [,kləʊs'meʃt] *agg.* a piccole maglie (di rete).

closeness ['kləʊsnɪs / close·ness] *s.* **1** prossimità, vicinanza **2** intimità (di contatto, amicizia ecc.); vincolo (di affetto, interesse) **3** compattezza; densità; concisione (di stile) **4** accuratezza, precisione, esattezza (di descrizione ecc.) **5** segretezza **6** riservatezza, discrezione **7** mancanza d'aria, aria viziata (di stanza ecc.); afa **8** avarizia, parsimonia.

close-out [,kləʊz'aʊt] *s.* (*amer. comm.*) saldo per liquidazione.

closer ['kləʊzə*] *s.* chi chiude; chi conclude, termina.

close season ['kləʊs,si:zən] *s.* (periodo di) chiusura della caccia, della pesca AMER. closed season.

close-set [,kləʊs'set] *agg.* molto accostati (di occhi, denti ecc.).

closet ['klɒzɪt] *s.* **1** armadio; stanzino, ripostiglio: *walk-in* —, cabina armadio // *out of the* —, allo scoperto; *to come out of the* —, (*fam.*) dichiararsi omosessuale **2** (*water*) —, gabinetto **3** gabinetto; salotto privato, studio ◆ *agg.* segreto, nascosto: — *habits*, vizi nascosti, abitudini segrete.

to **closet** *v.tr.* chiudere in una stanza // *to be closeted with s.o.*, tenere un colloquio privato con qlcu.

close-up ['kləʊsʌp] *s.* (*cinem., fot.*) primo piano.

closing ['kləʊzɪŋ / clos·ing] *agg.* di chiusura, ultimo: *the — days of March*, gli ultimi giorni di marzo ◆ *s.* chiusura (di fabbrica, teatro, seduta ecc.): (*Borsa*) — *prices*, prezzi di chiusura; — *speech*, discorso di chiusura // *early — day*, giorno di chiusura pomeridiana (di negozi).

closing down [,kləʊzɪŋ'daʊn] *s.* (*comm.*) cessazione di esercizio.

closing out ['kləʊzɪŋ'aʊt] *s.* (*amer. comm.*) liquidazione, svendita, saldo BRIT. sales (*pl.*).

closing time ['kləʊzɪŋtaɪm] *s.* orario di chiusura: —*!*, si chiude!

closure ['kləʊʃə* / clos·ure] *s.* **1** chiusura, fine; termine (di una seduta, di un dibattito parlamentare ecc.): *to move the* —, votare la mozione di chiusura AMER. cloture **2** (*mat.*) chiusura: — *operator*, operatore di chiusura.

clot [klɒt] *s.* **1** grumo; (*med.*) coagulo, embolo: *blood* —, coagulo di sangue **2** (*sl.*) sciocco, stupido.

to **clot** *pass.p.p.* **clotted** ['klɒtɪd / clot·ted] *v.tr.* **1** raggrumare **2** (*med.*) coagulare ◆ *v.intr.* **1** raggrumarsi: (*cuc.*) *clotted cream*, panna rappresa (di latte bollito) **2** (*med.*) coagularsi; produrre un embolo.

cloth [klɒθ *amer.* klɔ:θ] *pl.* **cloths** [klɒθs *amer.* klɔ:ðz] *s.* **1** panno, tessuto, stoffa, tela: *a piece of* —, un pezzo di stoffa; — *in the piece*, stoffa in pezza; *coarse* —, tela ordinaria; *cotton* —, tela di cotone; *linen* —, tela di lino; *woollen* —, panno di lana; *silk* —, tessuto di seta; *water-proof* —, tessuto impermeabile // (*mar.*) *duck* —, tela da vele // — *binding*, rilegatura in tela; — *bound*, rilegato in tela // *wire* —, paglietta di ferro // *cut your coat according to* *the* —, (*prov.*) non fare il passo più lungo della gamba **2** (*mar.*) sferzo, ferzo **3** cencio per spolverare **4** → tablecloth **5** abito (religioso): *respect for the* —, il rispetto dovuto all'abito // *the Cloth*, (*fig.*) il clero.

cloth cap [ˈklɒθ,kæp] *s.* coppola.

to **clothe** [kləʊð] *pass.p.p.* **clothed** [kləʊðd] (*ant., letter.*) **clad** [klæd] *v.tr.* (*form.*) vestire, abbigliare, rivestire (*anche fig.*): *clad in armour*, rivestito di armatura; *the building is clothed in red brick*, l'edificio è rivestito di mattoni rossi; *she was clothed in white*, era vestita di bianco; *to — the naked*, vestire gli ignudi; *to — thoughts in verse*, mettere in versi i pensieri.

clothes [kləʊðz *amer.* kləʊz] *s.pl.* **1** abiti, vestiti, indumenti: *cast-off* —, abiti smessi; *old* —, abiti vecchi; *to put one's — on*, vestirsi; *to sleep in one's* —, dormire vestito; *to take one's — off*, svestirsi **2** (*non com.*) biancheria da letto.

clothes-brush [ˈkləʊðzbrʌʃ] *s.* spazzola per abiti.

clothes-conscious [,kləʊðzˈkɒnʃəs] *agg.* attento al proprio vestire, attento alla moda.

clothes horse [ˈkləʊðzhɔːs] *s.* **1** cavalletto per stendere il bucato, stenditoio **2** (*fam. amer.*) damerino, elegantone.

clothesline [ˈkləʊðzlaɪn / clothes·line] *s.* corda per bucato.

clothes-moth [ˈkləʊðz,mɒθ] *s.* (*zool.*) tignola, tarma.

clothes peg [ˈkləʊðz,peg] amer. **clothes pin** [ˈkləʊðz,pɪn] *s.* molletta per la biancheria.

clothes-pole [ˈkləʊðz,pəʊl] *s.* (*amer.*) → **clothes-prop**.

clothes-press [ˈkləʊðz,pres] *s.* **1** armadio guardaroba **2** pressa per abiti.

clothes-prop [ˈkləʊðz,prɒp] *s.* palo di sostegno della corda del bucato AMER. clothes-pole.

clothes-sense [ˈkləʊðz,sens] *s.* buongusto nel vestire.

clothes tree [ˈkləʊðz,triː] *s.* attaccapanni a piantana.

clothier [ˈkləʊðɪə* / clo·thier] *s.* (*non com.*) **1** fabbricante di tessuti, di stoffe **2** commerciante in stoffe, abiti **3** sarto.

clothing [ˈkləʊðɪŋ / cloth·ing] *s.* Ⓤ **1** vestiario, abiti, indumenti (*pl.*): *articles of* —, capi di vestiario, abiti; biancheria; *soiled* —, biancheria sporca; *to supply food and — to the refugees*, fornire i profughi di cibo e vestiti **2** coperta, copertura ◆ *agg.* relativo all'abbigliamento, dell'abbigliamento: *the — trade*, l'industria dell'abbigliamento.

clotting [ˈklɒtɪŋ / clot·ting] *s.* coagulazione: (*med.*) — *time*, tempo di coagulazione.

clotty [ˈklɒtɪ] *agg.* (*non com.*) grumoso.

cloture [ˈkləʊtʃə* / clot·ure] *s.* (*amer.*) → **closure** 1.

cloud [klaʊd] *s.* **1** nube; nuvola: *a — of smoke, of dust*, una nube di fumo, di polvere; *there was a — over our happiness*, (*fig.*) una nube oscurava la nostra felicità // (*to be*) *on — nine*, (*fig.*) (essere) al settimo cielo // *in the clouds*, (*fig.*) nelle nuvole: *to be* (*up*) *in the clouds*, avere il capo tra le nuvole // *under a* —, in discredito, in sospetto // *every — has a silver lining*, (*prov.*) dopo il brutto viene il bello **2** nugolo (di insetti) **3** (*chim.*) intorbidamento **4** macchia, chiazza (su marmo, pietre preziose): *he has a cloud in his face*, (SH. Antony and Cleopatra) ha una macchia sul viso **5** foulard di lana.

to **cloud** *v.tr.* **1** annuvolare; oscurare; offuscare, appannare (*anche* fig.): *a look of unhappiness clouded his eyes*, un velo di tristezza gli offuscò gli occhi // *to — the issue*, ingarbugliare la questione **2** macchiare; screziare; intorbidare: *mud clouded the water*, il fango rendeva l'acqua torbida **3** (*fig.*) rattristare; rendere di cattivo umore **4** (*fig.*) macchiare (la reputazione), disonorare ◆ *v.intr.* **1** annuvolarsi; oscurarsi; offuscarsi; appannarsi (*anche fig.*) **2** macchiarsi; intorbidarsi **3** (*fig.*) rattristarsi, diventare di cattivo umore.

□ **cloud over** *v.intr.* e *avv.* rannuvolarsi (di cielo, di viso).

cloudbank [ˈklaʊdbæŋk / cloud·bank] *s.* (*meteor.*) banco di nubi.

cloudberry [ˈklaʊd,berɪ / cloud·berry] *s.* (*bot.*) (*Rubus chamaemorus*) rovo camemoro.

cloudburst [ˈklaʊdbɜːst / cloud·burst] *s.* (*meteor.*) nubifragio.

cloud-capped [ˈklaʊdkæpt] *agg.* incappucciato, coperto di nuvole.

cloud chamber [ˈklaʊd,tʃeɪmbə*] *s.* (*fis. nucleare*) camera a nebbia.

cloud-cuckoo-land [,klaʊdˈkʊkuː,lænd] *s.* (*fam.*) mondo delle nuvole; regno di utopia.

cloud drift [ˈklaʊdˈdrɪft] *s.* **1** Ⓤ nuvole fluttuanti, vapore fluttuante **2** aeroirrorazione.

clouded [ˈklaʊdɪd] *agg.* **1** annuvolato, coperto: — *sky*, cielo coperto; — *judgement*, (*fig.*) giudizio non sereno **2** torbido (*anche fig.*); screziato: — *gem*, pietra screziata; — *liquid*, liquido torbido; — *mind*, mente offuscata.

cloudily [ˈklaʊdɪlɪ / cloud·ily] *avv.* nebulosamente; in modo incerto.

cloudiness [ˈklaʊdɪnɪs / cloudi·ness] *s.* **1** nuvolosità (*anche meteor.*); nebulosità; oscurità **2** torbidezza (di liquidi) **3** venatura, striatura, screziatura (di marmi, pietre preziose) **4** (*fig.*) tristezza.

cloudless [ˈklaʊdlɪs / cloud·less] *agg.* senza nubi, sereno (*anche fig.*) // **-ly** *avv.*

cloudlet [ˈklaʊdlɪt / cloud·let] *s.* nuvoletta.

cloud-seeding [ˈklaʊd,siːdɪŋ] *s.* induzione artificiale di pioggia.

cloud-topped [ˈklaʊd,tɒpt] *agg.* ricoperto di nuvole: *a — mountain*, un monte con la cima avvolta dalle nuvole, incappucciata.

cloudy [ˈklaʊdɪ] *agg.* **1** nuvoloso; oscuro **2** (*fig.*) rannuvolato; turbato, triste; di cattivo umore **3** opaco, torbido (di liquidi); (*fig.*) confuso, incerto: *his ideas on art are fairly* —, le sue idee sull'arte sono piuttosto confuse **4** venato, striato, screziato (di marmi, pietre preziose).

clout [klaʊt] *s.* **1** (*fam.*) colpo secco; schiaffo **2** (*fam.*) potere; influenza, peso: *his opinion carries a lot of political* —, la sua opinione è carica di peso politico **3** (*ant.*) straccio, cencio **4** (*ant.*) rattoppo, toppa **5** (*ant.*) indumento; maglia; sottoveste // *ne'er cast a — till May is out*, (*prov.*) aprile non ti scoprire, maggio va adagio **6** placca di metallo (per scarpe, per proteggere l'asse di una ruota) **7** bersaglio (nel tiro dell'arco): *a' would have clapped i' the clout at twelve score*, (SH. Henry IV) ti centrava il bersaglio con la freccia a duecentoquaranta passi.

to **clout** *v.tr.* (*ant.*) **1** dare un forte schiaffo a; colpire **2** rattoppare, rappezzare: *I thought he slept, and put / my clouted brogues from off my feet*, (SH. Cymbeline) pensavo dormisse e mi tolsi le scarpe rattoppate **3** proteggere (con placca, chiodi di metallo).

clove[1] [kləʊv] *s.* (*bot.*) spicchio (d'aglio ecc.).

clove[2] *s.* **1** (*bot.*) (*Eugenia caryophyllata*) pepe garofanato **2** (*cuc.*) chiodo di garofano **3** (*non com.*) essenza di garofano.

to **clove**[2] *v.tr.* (*cuc.*) aromatizzare con chiodi di garofano.

clove[3] *pass.p.p.* di to **cleave**[1] ◆ *agg.* (*poet.*) diviso, spaccato.

clove hitch [ˈkləʊʌ,hɪtʃ] *s.* (*mar.*) nodo parlato.

cloven *p.p.* di to **cleave**[1].

clover [ˈkləʊvə*] *s.* (*bot.*) **1** trifoglio // *to be* (o *to live*) *in* —, (*fig.*) vivere comodamente, nell'abbondanza **2** leguminosa.

cloverleaf [ˈkləʊvəliːf / clover·leaf] *s.* **1** foglia di trifoglio **2** raccordo stradale a quadrifoglio.

clown [klaʊn] *s.* **1** clown, pagliaccio (*anche fig.*) // *to make a — of oneself*, rendersi ridicolo, fare la figura dello sciocco **2** (*ant., letter.*) servo; villano, zoticone: *the voice... was heard / in ancient days by emperor and clown*, (KEATS) la voce... nei tempi antichi era udita dall'imperatore e dal servo.

to **clown** *v.intr.* fare il pagliaccio; fare il buffone.

clownery [ˈklaʊnərɪ / clown·ery] *s.* Ⓤ (*non com.*) buffoneria; pagliacciata.

clowning [ˈklaʊnɪŋ / clown·ing] *s.* Ⓤ buffonerie, pagliacciate (*pl.*).

clownish [ˈklaʊnɪʃ / clown·ish] *agg.* **1** pagliaccesco, buffonesco **2** (*ant.*) zotico, rozzo; grossolano // **-ly** *avv.* // **-ness** *s.*

to **cloy** [klɔɪ] *v.tr.* saziare, satollare, rimpinzare; stuccare, nauseare: *cloyed with pleasure*, nauseato dal piacere; *to — the appetite*, saziare l'appetito; *to — the reader*, stancare il lettore; *honey taken excessively cloyeth the stomach though it be honey*, (J. LYLY) il miele preso a dosi eccessive nausea lo stomaco, sebbene sia miele ◆ *v.intr.* diventare stucchevole, nauseante: *sweets start to — if you eat too many*, i dolci diventano stucchevoli se se ne mangiano troppi.

cloying [klɔɪŋ / cloy·ing] *agg.* stucchevole, nauseante; sdolcinato: *a book of — sentimentality*, un libro di un sentimentalismo stucchevole // **-ly** *avv.*

cloze test [ˈkləʊztest] *s.* test linguistico a intarsio.

club [klʌb] *s.* **1** randello, clava; mazza; bastone: *golf* —, bastone da golf // — *law*, la legge del più forte // (*ginnastica*) *Indian clubs*, clave **2** club, circolo, associazione, gruppo, società; locali di un circolo, luogo di ritrovo: *football* —, società calcistica; *golf* —, circolo di golf; *the local press — has* (o *have*) *organized a meeting*, il circolo della stampa locale ha organizzato un incontro // *social* —, circolo ricreativo // *Join the — !*, Sei dei nostri!: *"I'm going to marry!" "Join the — !"*, "Sto per sposarmi!" "Sei dei nostri allora!" // *to be in the* —, (*fam.*

spec. brit.) essere incinta, essere nei guai **3** (*night*) —, locale notturno **4** (*carte*) (carta di) fiori: *ace of clubs*, asso di fiori; *I have only one — in my hand*, ho una sola carta di fiori in mano **5** (*aer.*) mulinello, elica di prova.

to **club** *pass.p.p.* **clubbed** [klʌbd] *v.tr.* colpire con una mazza; bastonare; picchiare con il calcio del fucile: *to — s.o. to death*, uccidere qlcu. a colpi di bastone ◆ *v.intr.* **1** riunirsi in società, formare un circolo; riunirsi (spec. per sottoscrizioni): *to — with others for sthg.*, *to do sthg.*, associarsi ad altri per qlco., per fare qlco. **2** (*mar.*) lasciarsi portare dalla corrente (di un fiume) con l'ancora calata.

□ **club together** *v.intr.* e *avv.* (*brit.*) pagare la propria parte, mettere soldi in comune, quotarsi: *we all clubbed together to buy him a present*, ci mettemmo tutti insieme per comprargli un regalo.

clubbable ['klʌbəbl / club·bable] *agg.* (*antiq.*) socievole.

clubbed [klʌbd] *agg.* (*bot.*) claviforme, a forma di mazza.

clubby ['klʌbɪ] *agg.* (*non com. fam.*) socievole.

clubfoot ['klʌbfʊt / club·foot] *pl.* **clubfeet** ['klʌbfi:t / club·feet] *s.* **1** (*med.*) piede equino, piede deforme **2** piede arrotondato di mobile.

to **clubhaul** ['klʌb'hɔ:l / club·haul] *v.tr.* (*mar.*) far virare di bordo (una nave) gettando l'ancora sottovento.

clubhouse ['klʌbhaus / club·house] *s.* clubhouse, sede, luogo di ritrovo di un circolo (gener. sportivo).

clubland ['klʌblænd / club·land] *s.* il quartiere dei circoli a Londra (St. James e Piccadilly).

clubman ['klʌbmən / club·man] *pl.* **clubmen** *s.* **1** frequentatore di circoli **2** (*amer.*) uomo di mondo.

club-moss [,klʌb'mɒs] *s.* (*bot.*) (*Lycopodium clavatum*) licopodio; (*pop.*) coda di topo SIN. wolf's foot.

clubroom ['klʌbrʊm / club·room] *s.* sala delle adunanze (nei circoli).

clubroot ['klʌbru:t / club·root] *s.* (*bot.*) ernia della rapa, del cavolo.

club sandwich [,klʌb'sænwɪdʒ] *s.* (*spec. amer.*) panino a più strati di vari ingredienti.

cluck [klʌk] *s.* **1** il chiocciare (della gallina) **2** schiocco (della lingua ecc.).

to **cluck** *v.intr.* **1** chiocciare (della gallina) **2** schioccare (con la lingua) ◆ *v.tr.* esprimere qlco. (piacere, disapprovazione ecc.) con dei suoni: *she clucked her disapproval*, borbottando espresse la sua disapprovazione; *"What a beautiful babe!", clucked the old lady*, "Ma che bel bambino!", disse piena di moine la vecchia signora.

□ **cluck over** *v.intr.* e *prep.* **1** brontolare, bofonchiare, esprimere disapprovazione: *they clucked over the shortness of her skirt*, brontolarono sul fatto che la sua gonna fosse troppo corta **2** coccolare, vezzeggiare, fare moine: *she clucked over him and kept giving him sweets*, lo coccolava continuando a dargli caramelle.

clue [klu:] *s.* **1** indizio, indicazione, traccia: *to get* (o *to find*) *the — to sthg.*, trovare, scoprire la chiave, il bandolo di qlco.; *his late music offers a — to his true feelings about life*, la sua produzione musicale più recente offre una chiave d'interpretazione dei suoi veri sentimenti nei confronti della vita; *the police found no clues*, la polizia non trovò alcun indizio // *not have a —* , (*fam.*) non avere la minima idea: *"Where's Leicester Square?" "I haven't a —"*, "Dov'è Leicester Square?" "Non ne ho la più pallida idea" **2** definizione (di un cruciverba) **3** → clew 2 **4** (*rar.*) → clew 3.

clued-up ['klu:dʌp] *agg.* (*fam.*) bene informato.

clueless ['klu:lɪs / clue·less] *agg.* **1** senza tracce; senza indicazioni; senza indizi **2** (*fam.*) stupido, sciocco, cretino; incompetente; incapace.

clump [klʌmp] *s.* **1** blocco; massa; pezzo (di legno ecc.) **2** (*bot.*) macchia, folto (d'alberi); ciuffo (d'erba) **3** gruppo, raggruppamento, insieme: *outside the town there was a little — of buildings*, fuori dalla città c'era un piccolo raggruppamento di edifici; *a — of people*, un gruppo di persone **4** passo pesante **5** (*biol.*) agglutinazione **6** (*tip.*) lingotto.

to **clump** *v.tr.* **1** ammucchiare; raggruppare **2** (*biol.*) agglutinare **3** (*bot.*) piantare fitto (alberi) **4** fare cadere pesantemente, con un rumore sordo ◆ *v.intr.* **1** raggrupparsi **2** (*biol.*) agglutinarsi **3** camminare con passo pesante **4** cadere pesantemente, con un rumore sordo.

clumsily ['klʌmzɪlɪ / clum·sily] *avv.* goffamente, rozzamente; maldestramente, sgraziatamente; senza tatto.

clumsiness ['klʌmzɪnɪs / clum·si·ness] *s.* goffaggine, rozzezza; mancanza di tatto.

clumsy ['klʌmzɪ] *agg.* **1** goffo, rozzo; maldestro; senza grazia, senza eleganza: *— apology*, scusa goffa; *— person*, persona goffa, maldestra **2** senza tatto; insensibile: *his — speech made her feel rather unhappy*, il suo discorso senza tatto la fece sentire piuttosto male **3** malfatto; mal costruito; scomodo: *the racket felt — in my hand*, mi sentivo la racchetta scomoda in mano; *the dress looked — after she tried it on*, quando lo provò vide che il vestito non le cadeva bene.

clunch [klʌntʃ] *s.* argilla, creta.

clung *pass.p.p.* di to **cling**.

clunk [klʌŋk] *s.* **1** gorgoglio (di liquidi) **2** rumore sordo.

clunker ['klʌŋkə* / clunk·er] *s.* (*fam. amer.*) vecchio macinino (detto di vecchio veicolo).

cluster ['klʌstə* / clus·ter] *s.* **1** grappolo (*anche bot.*); mazzo; ammasso; gruppo; mucchio, cumulo; capannello: *the runners came in clusters*, i corridori arrivarono a gruppi // *hair in thick clusters*, capelli a grossi ricci // *— candlestick*, candelabro **2** (*zool.*) sciame: *a — of bees*, uno sciame di api **3** (*fis.*, *astr.*) sciame: *star —*, ammasso stellare **4** (*inform.*) batteria (di avvolgitori); gruppo di terminali.

to **cluster** *v.intr.* crescere a grappoli, a mazzi; riunirsi; raggrupparsi; agglomerarsi, conglomerarsi: *to — round s.o.*, *sthg.*, raccogliersi intorno a qlcu., a qlco. ◆ *v.tr.* riunire; ammucchiare; raggruppare // (*arch.*) *clustered column*, colonna polistile, pilastro a fascio.

cluster-pine ['klʌstəpaɪn] *s.* (*bot.*) (*Pinus pinaster*) pino marittimo, pino selvatico, pinastro SIN. pinaster.

clutch[1] [klʌtʃ] *s.* **1** stretta, presa; artiglio, grinfia: *to be in s.o.'s clutches*, essere nelle grinfie di qlcu.; *to fall into s.o.'s clutches*, cadere nelle grinfie di qlcu.; *to make a — at sthg.*, cercare di afferrare qlco. **2** (*mecc.*) innesto: (*friction*) —, (innesto a) frizione; *— pedal*, pedale della frizione; *hydraulic —*, frizione idraulica; *single-plate —*, frizione monodisco.

to **clutch**[1] *v.tr.* afferrare; agguantare; stringere convulsamente: *to — sthg. with both hands*, afferrare qlco. con entrambe le mani // *to — hold of sthg.*, aggrapparsi, attaccarsi a qlco. ◆ *v.intr.* aggrapparsi, attaccarsi a (*anche fig.*) // *a drowning man will — at a straw*, (*prov.*) la speranza è l'ultima a morire.

clutch[2] *s.* **1** covata (di pulcini); nidiata **2** (*fig.*) famiglia, gruppo.

clutch bag ['klʌtʃbæg] *s.* pochette, borsetta senza manico.

clutter ['klʌtə* / clut·ter] *s.* U **1** confusione, disordine // *in a —*, (*fam.*) in disordine **2** accozzaglia, confusione di cose: *put away all your —*, metti via le tue cianfrusaglie **3** ingombro **4** (*ant.*) rumore; schiamazzo.

to **clutter** *v.tr.* ingombrare; mettere in disordine: *a room cluttered (up) with old furniture*, una stanza ingombra di vecchi mobili.

Clydebank ['klaɪdbæŋk / Clyde·bank] *s.* il bacino industriale di Glasgow.

clypeate ['klɪpɪeɪt / cly·pe·ate] *agg.* (*zool.*) clipeato.

clypeiform ['klɪpɪɪfɔ:m / cly·pei·form] *agg.* (*zool.*) clipeiforme.

clypeus ['klɪpɪəs / clyp·eus] *pl.* **clypei** ['klɪpɪaɪ] *s.* (*zool.*) clipeo.

clysma ['klɪzmə] *s.* (*med.*) clisma.

clyster ['klɪstə*] *s.* (*med.*) clistere.

cnidarian [naɪ'deərɪən / cnid·ar·ian] *agg.* e *s.* (*zool.*) cnidario.

co- [kəʊ] *pref.* di origine latina che indica **1** unione, compagnia; it. co-, com-, con-, col-: *coexistence*, coesistenza; *coeducation*, coeducazione **2** rapporto di lavoro, di attività a pari livello o subordinato; it. co-: *coeditor*, coeditore; *co-pilot*, co-pilota, vice-pilota.

coacervate [,kəʊə'sɜ:veɪt / co·acer·vate] *s.* (*bot.*) coacervato.

coach [kəʊtʃ] *s.* **1** pullman, autopullman; (*ferr.*) carrozza, vettura: *they went to Florence by —*, sono andati a Firenze in pullman // *— and four*, tiro a quattro // *— and pair*, tiro a due // *— class*, (*amer.*) seconda classe **2** (*aut.*) coupé **3** carrozzeria (di auto) **4** insegnante privato, ripetitore **5** (*sport*) allenatore.

to **coach** *v.tr.* **1** allenare (atleti) **2** dare (lezioni private) // (*dir.*) *to — a witness*, imbeccare un testimone ◆ *v.intr.* **1** allenarsi **2** dare lezioni private **3** (*non com.*) andare in pullman, in carrozza, in diligenza.

coach-box ['kəʊtʃbɒks] *s.* cassetta (del cocchiere).

coachbuilder ['kəʊtʃ,bɪldə* / coach·build·er] *s.* carrozziere.

coach-horse ['kəʊtʃhɔ:s] *s.* cavallo da tiro, da traino.

coach-house ['kəʊtʃhaʊs] *s.* rimessa (per pullman).

coaching ['kəʊtʃɪŋ / coach·ing] *s.* U **1** allenamento (di atleti) **2** ripetizioni, lezioni (*pl.*): *to give private —*, dare ripetizioni, lezioni private **3** l'andare in carrozza, in diligenza // *in the old — days*, al tempo delle diligenze.

coachload ['kəʊtʃləʊd / coach·load] *s.* passeggeri (di un pullman): *a — of football fans*, un pullman di tifosi.

coachman ['kəʊtʃmən / coach·man] *pl.* **coachmen** *s.* cocchiere.

coach park ['kəʊtʃpɑ:k] *s.* parcheggio per pullman.

coach station ['kəʊtʃ,steɪʃn] *s.* stazione dei pullman.

coachwork ['kəʊtʃwɜ:k / coach·work] *s.* carrozzeria (di un pullman).

to **coact** [kəʊ'ækt / co·act] *v.intr.* agire insieme ◆ *v.tr.* fare insieme.

coaction [kəʊ'ækʃn / co·act·ion] *s.* (*form.*) coazione, coercizione.

coactive [kəʊ'æktɪv / co·act·ive] *agg.* (*form.*) coercitivo.

coadjacent [,kəʊə'dʒeɪsnt / co·ad·ja·cent] *agg.* contiguo.

coadjutant [kəʊ'ædʒʊtənt / co·ad·ju·tant] *agg.* e *s.* (*non com.*) assistente, collaboratore.

coadjutor [kəʊ'ædʒʊtə* / co·ad·ju·tor] *s.* (*non com.*) **1** collaboratore **2** (*eccl.*) coadiutore.

coadunate [kəʊ'ædjʊnɪt / co·ad·un·ate] *agg.* (*bot.*, *med.*) connato, unito congenitamente.

coagulability [kəʊ,ægjʊlə'bɪlɪtɪ / co·agu·lab·il·ity] *s.* coagulabilità.

coagulable [kəʊ'ægjʊləbl / co·agu·lable] *agg.* coagulabile.

coagulant [kəʊ'ægjʊlənt / co·agu·lant] *s.* (sostanza) coagulante.

to **coagulate** [kəʊ'ægjʊleɪt / co·agu·late] *v.tr.* coagulare ◆ *v.intr.* coagularsi.

coagulation [kəʊ,ægjʊ'leɪʃn / co·agu·la·tion] *s.* coagulazione: *— time*, tempo di coagulazione; *— factor*, fattore coagulante.

coagulative [kəʊ'ægjʊlətɪv / co·agu·lat·ive] *agg.* coagulativo.

coagulator [kəʊ'ægjʊleɪtə* / co·agu·lator] *s.* coagulante.

coagulum [kəʊ'ægjʊləm / co·agu·lum] *pl.* **coagula** [kəʊ'ægjʊlə / co·agula] *s.* coagulo.

coal [kəʊl] *s.* carbone; (*spec.pl.*) pezzo di carbone: *living —*, brace, carbone ardente; *coking —*, carbone da coke; *white —*, carbone bianco; *blind —*, carbone a fiamma corta; *cannel —*, carbone a lunga fiamma; *hard —*, (*amer.*) antracite; *soft —*, carbone bitumoso; *— oil*, olio di carbone, cherosene, petrolio grezzo // (*geol.*): *— seam*, livello carbonifero; *— measures*, sequenza di strati carboniferi // *to blow* (o *to fan*) *the coals*, (*fig.*) soffiare sul fuoco // *to carry coals to Newcastle*, portar acqua al mare, portare vasi a Samo // *to haul* (o *to drag*) *s.o. over the coals*, (*fam.*) dare una lavata di capo a qlcu. // *to heap coals of fire on s.o.'s head*, suscitare rimorso restituendo bene per male.

to **coal** *v.intr.* far carbone; fornirsi di carbone: *we coaled at Aden*, ci rifornimmo di carbone ad Aden ◆ *v.tr.* rifornire di carbone (nave ecc.).

coalbed ['kəʊlbed / coal·bed] *s.* strato carbonifero.

coal-black ['kəʊl,blæk] *agg.* nero come il carbone.

coal-box ['kəʊlbɒks] *s.* secchio per il carbone SIN. coalscuttle.

coalbunker ['kəʊl,bʌŋkə* / coal·bun·ker] *s.* carbonile, carbonaia.

coal cellar ['kəʊlselə*] *s.* deposito sotterraneo di carbone SIN. coalhole.

coaler ['kəʊlə*] *s.* (*mar.*) carboniera (nave che trasporta carbone).

to **coalesce** [,kəʊə'les / co·alesce] *v.intr.* unirsi, fondersi; formare una coalizione.

coalescence [,kəʊə'lesns / co·ales·cence] *s.* **1** unione, fusione; coalizione **2** (*chim.*, *fis.*) coalescenza **3** (*med.*) coalescenza.

coalescing [,kəʊə'lesɪŋ / co·ales·cing] *s.* unione, fusione.

coalface ['kəʊl,feɪs / coal·face] *s.* (*ind. miner.*) fronte di abbattimento (in uno strato carbonifero).

coalfield ['kəʊlfi:ld / coal·field] *s.* bacino carbonifero.

coal-fired ['kəʊlfaɪəd] *agg.* alimentato a carbone: *— heating*, riscaldamento a carbone.

coal-fish ['kəʊlfɪʃ] *s.* (*zool.*) (*Pollachius virens*) merlano nero.

coal gas ['kəʊlgæs] *s.* gas illuminante.

coal-heaver ['kəʊl,hi:və*] *s.* scaricatore di carbone SIN. coal-lumper.

coalhole ['kəʊlhəʊl / coal·hole] → **coal cellar**.

coalification [,kəʊlɪfɪ'keɪʃn / coal·ifica·tion] *s.* (*chim.*) carbonizzazione.

coaling ['kəʊlɪŋ / coal·ing] *s.* (*mar.*) rifornimento di carbone // *— station* (o *— port*), porto dove si carica il carbone.

coalite® ['kəʊlaɪt / coal·ite] *s.* (*chim.*) semi -coke.

coalition [,kəʊə'lɪʃn / co·ali·tion] *s.* coalizione: *— government*, governo di coalizione.

coalitionist [,kəʊə'lɪʃənɪst / co·ali·tion·ist] *s.* fautore di coalizione.

coal-lumper ['kəʊl'lʌmpə*] → **coal -heaver**.

coalman ['kəʊlmæn / coal·man] *pl.* **coalmen** ['kəʊlmen] *s.* carbonaio.

coalmaster ['kəʊl,mɑ:stə* *amer.* 'kəʊl ,mæstə* / coal·mas·ter] *s.* (*antiq.*) proprietario di miniera di carbone SIN. coal-owner.

coalmine ['kəʊlmaɪn / coal·mine] *s.* miniera di carbone SIN. coal-pit.

coalminer ['kəʊlmaɪnə* / coal·miner] *s.* minatore (in miniera di carbone).

coal-mouse ['kəʊlmaʊs] *pl.* **coal-mice** ['kəʊlmaɪs] *s.* (*zool.*) (*Parus ater*) cincia mora SIN. coal-tit.

coal-owner ['kəʊl,əʊnə*] → **coalmaster**.

coal-pit ['kəʊlpɪt] → **coalmine**.

coalscuttle ['kəʊl,skʌtl / coal·scuttle] → **coal-box**.

coal tar [,kəʊl'tɑ:*] *s.* catrame minerale.

coal-tit ['kəʊltɪt] → **coal-mouse**.

coaly ['kəʊlɪ] *agg.* **1** ricco di carbone **2** color carbone.

coaming ['kəʊmɪŋ / coam·ing] *s.* **1** (*mar.*) mastra **2** (*arch.*) bordo rialzato.

coarctate [kəʊ'ɑ:kteɪt / co·arc·tate] *agg.* (*biol.*) coartato, costretto.

coarctation [,kəʊɑ:k'teɪʃn / co·arc·ta·tion] *s.* coartazione, costrizione: (*med.*) *— of aorta*, restringimento dell'aorta.

coarse [kɔ:s] *agg.* **1** grossolano, ordinario, rozzo; volgare **2** grosso, ruvido (di materiale): *— cloth*, stoffa ruvida; *— fibre*, fibra grossa; *— grain*, grana grossa (di marmo, legno) // *— cut*, trinciato grosso.

coarse-featured [,kɔ:s'fi:tʃəd] *agg.* di fattezze grossolane, di lineamenti grossolani.

coarse-grained ['kɔ:sgreɪnd] *agg.* **1** di grana grossa, di fibra grossa (di legno, marmo ecc.) **2** (*fig.*) inelegante; che manca di finezza, di sensibilità.

coarsely ['kɔ:slɪ / coarse·ly] *avv.* grossolanamente, volgarmente.

coarse-minded [,kɔ:s'maɪndɪd] *agg.* poco raffinato, grossolano.

to **coarsen** ['kɔ:sn / coar·sen] *v.tr.* rendere grossolano; rendere ruvido ◆ *v.intr.* diventare grossolano; diventare ruvido.

coarseness ['kɔ:snɪs / coar·se·ness] *s.* **1** grossolanità, volgarità, indelicatezza (di modi, linguaggio ecc.) **2** ruvidezza (di pelle, stoffa ecc.); grana grossa (di marmo, legno ecc.).

coast [kəʊst] *s.* **1** costa, riviera, litorale // *off the —*, al largo // *the — is clear*, non c'è pericolo // *the Coast*, la costa dell'oceano Pacifico (negli Stati Uniti); *from — to —*, da costa a costa, in tutti gli Stati Uniti: *he is famous from — to —*, è famoso in tutti gli Stati Uniti **2** (*ant.*) (*gener. pl.*) regione: *glad we returned up to the coasts of light*, (MILTON) ritornammo contenti alle regioni della luce **3** (*amer.*) pista per toboga, bicicletta, slittini.

to **coast** *v.intr.* **1** costeggiare, navigare lungo le coste; esercitare il commercio costiero: *to — along a shore*, navigare rasentando la costa **2** discendere (da una collina) in toboga; (*ciclismo*) scendere senza pedalare, a ruota libera; (*aut.*) discendere in folle **3** (*fig.*) avanzare senza fatica, senza sforzo: *he coasted through all his exams*, passò tranquillamente, senza sforzo, tutti i suoi esami.

coastal ['kəʊstəl] *agg.* costiero: *— dune*, *plane*, duna, pianura costiera; *— navigation*, navigazione costiera.

coaster ['kəʊstə*] *s.* **1** nave cabotiera **2** sottobicchiere, sottobottiglia.

coastguard ['kəʊstgɑ:d / coast·guard] *s.* **1** guardacoste (persona) **2** polizia costiera (corpo).

coastguard(s)man ['kəʊstgɑ:d(z),mən / coast·guard(s)·man] *pl.* **coastguard(s)men** → **coastguard** 1.

coasting ['kəʊstɪŋ / coast·ing] *agg.* cabotiero: *— trade*, commercio cabotiero; *— vessel*, nave cabotiera ◆ *s.* **1** navigazione costiera, cabotaggio **2** discesa (in bicicletta) a ruota libera; (*aut.*) discesa in folle; (*fig.*) avanzamento tranquillo, senza scosse **3** (*fis.*) inerzia: *— flight*, volo inerziale **4** (*ferr.*) movimento per inerzia.

coastline ['kəʊstlaɪn / coast·line] *s.* linea costiera, linea di costa.

coastward(s) ['kəʊstwəd(z) / coast·ward(s)] *avv.* verso la costa.

coat [kəʊt] *s.* **1** soprabito; cappotto; giacca: *a mink —*, una pelliccia di visone // (*mil. ant.*) *— of mail*, giaco // *to wear the king's —*, (*antiq.*) essere soldato // *it is not the — that makes the man*, (*prov.*) l'abito non fa il monaco // *to cut one's — according to one's cloth*, (*prov.*) non fare il passo più lungo della gamba **2** pelo, pelliccia (di animale) **3** manto (di neve ecc.) **4** rivestimento; intonaco; strato: *a — of paint*, una mano di vernice **5** (*anat.*) membrana, parete interna (di arterie ecc.) **6** (*bot.*) involucro (di frutti).

to **coat** *v.tr.* spalmare, rivestire, coprire: *he coated the door with paint*, verniciò la porta // *to — the pill*, (*fig.*) addolcire la pillola.

coated ['kəʊtɪd] *agg.* (*spec. nei composti*) **1** ricoperto, rivestito: *mud- —*, ricoperto di fango **2** che indossa giacca, abito.

coatee ['kəʊti:] *s.* (*non com.*) tunica; giacchetta corta.

coat hanger ['kəʊt,hæŋə*] *s.* attaccapanni, gruccia.

coati [kəʊ'ɑ:tɪ / co·ati] *s.* (*zool.*) coati; (*pop.*) orsetto d'America.

coating ['kəʊtɪŋ / coat·ing] *s.* **1** rivestimento, mano (di pittura, vernice ecc.) **2** stoffa per abiti.

coat of arms [,kəʊtəv'ɑ:mz] *pl.* **coats of arms** *s.* (*arald.*) stemma, blasone.

coat rack ['kəʊtræk] *s.* attaccapanni a muro.

coat-tails ['kəʊtteɪlz] *s.* abito a coda di rondine, frac // *to ride on s.o.'s —*, approfittare di qlcu., sfruttare il lavoro di qlcu.

to **coax** [kəʊks] *v.tr* e *intr.* persuadere con adulazione, blandire; usare blandizie: *I will — it out of him*, riuscirò a farmelo dare; *she coaxed her child to sleep*, coccolò il bambino fino a farlo addormentare; *she coaxed him into buying a fur for her*, lo persuase con moine ad acquistarle una pelliccia; *he gently coaxed the engine into life*, delicatamente avviava il motore.

coaxer ['kəʊksə* / coax·er] *s.* adulatore.

coaxial [,kəʊ'æksɪəl / co·axial] *agg.* (*mecc.*) coassiale // *— cable*, cavo coassiale.

coaxing ['kəʊksɪŋ / coax·ing] *agg.* persuasivo, adulatorio: *— manner*, modi persuasivi // **-ly** *avv.*

cob[1] [kɒb] *s.* **1** cigno maschio SIN. cob-swan **2** cavallo piccolo e robusto **3** pannocchia **4** grossa nocciola.

cob[2] *s.* (*edil.*) mistura di argilla, sassi e paglia per costruzioni; mattone crudo.

cobalt [kəʊ'bɔ:lt / co·balt] *s.* (*chim.*) cobalto // *— blue*, blu di cobalto // (*med.*) *— (-beam) therapy*, cobaltoterapia // *— bomb*, bomba al cobalto.

cobalt glance [kəʊ'bɔ:lt'glɑ:ns] *s.* (*min.*) cobalto grigio.

cobaltic [kəʊ'bɔ:ltɪk / co·baltic] *agg.* (*chim.*) cobaltico.

cobaltite ['kəʊbɔ:ltaɪt / co·balt·ite] *s.* (*min.*) cobaltite.

cobber ['kɒbə* / cob·ber] *s.* (*austr.*, *fam.*) amico, compagno.

cobble[1] ['kɒbl] *s.* **1** → cobblestone **2** (*geol.*) ciottolo **3** *pl.* (*non com.*) carbone in pezzatura media.

to **cobble**[1] *v.tr.* pavimentare con ciottoli.

cobble[2] *s.* rattoppo.

to **cobble**[2] *v.tr.* rattoppare; rappezzare (scarpe ecc.).

□ **cobble together** *v.tr.* e *avv.* (*fam.*) mettere insieme in modo approssimativo, alla meglio, rattoppare.

cobbler ['kɒblə* / cob·bler] *s.* **1** ciabattino **2** (*amer.*) bevanda ghiacciata (di vino, zucchero e limone); torta ripiena di frutta.

cobblestone ['kɒblstəʊn / cobble·stone] *s.* ciottolo (per pavimentare strade).

co-beneficiary [kəʊ,benɪ'fɪʃərɪ /] *agg.* e *s.* cointestatario.

Cobol ['kəʊbɔ:l / Co·bol] *s.* (*inform.*) Cobol (linguaggio di programmazione) • Da *Co*(*mmon*) *b*(*usiness*) *o*(*riented*) *l*(*anguage*), linguaggio specifico per la contabilità ordinaria.

Co-bomb ['kəʊ,bɒm] *s.* bomba al cobalto.

cob-pipe ['kɒbpaɪp] *s.* pipa di pannocchia.

cobra ['kəʊbrə / co·bra] *s.* (*zool.*) cobra.

cob-swan ['kɒbswɒn] → **cob**[1] 1.

cobweb ['kɒbweb / cob·web] *s.* ragnatela; filo di ragnatela; (*fig.*) rete // *to blow away the cobwebs*, (*fam.*) prendere una boccata d'aria, (*fig.*) rinfrescarsi le idee // (*econ.*) *— theorem*, teorema della ragnatela.

cobwebby ['kɒbwebɪ / cob·webby] *agg.* simile a una ragnatela; coperto di ragnatele.

coca ['kəʊkə] *s.* (*bot.*) **1** (*Erythroxylon coca*) coca **2** foglie di coca.

cocaine [kəʊ'keɪn / co·caine] *s.* cocaina // *— addict*, cocainomane.

cocainism [kəʊ'keɪnɪzəm / co·cain·ism] *s.* (*med.*) cocainismo.

cocainization [kəʊ,keɪnɪ'zeɪʃn / co·cain·iza·tion] *s.* (*med.*) anestesia da cocaina.

to **cocainize** [kəʊ'keɪnaɪz / co·cain·ize] *v.tr.* **1** somministrare cocaina a **2** anestetizzare con cocaina.

coccidiosis [,kɒksɪdɪ'əʊsɪs / coc·ci·di·osis] *s.* (*med.*) coccidiosi.

cocciferous [kɒk'sɪfərəs / coc·ci·fer·ous] *agg.* che porta bacche.

coccus ['kɒkəs / coc·cus] *pl.* **cocci** ['kɒkaɪ] *s.* **1** (*biol.*) cocco **2** (*bot.*) coccola.

coccygeal [kɒk'si:dʒɪəl / coc·cy·geal] *agg.* (*anat.*) coccigeo.

coccyx ['kɒksɪks / coc·cyx] *pl.* **coccyxes**, **coccyges** [kɒks'aɪdʒi:z / coc·cy·ges] *s.* (*anat.*) coccige.

cochin-china [,kɒtʃɪn'tʃaɪnə] *s.* (*zool.*) razza di polli della Cocincina.

cochineal ['kɒtʃɪni:l / coch·in·eal] *s.* (*zool.*) **1** cocciniglia **2** (*Coccus cacti*) cocciniglia dei cactus.

cochlea ['kɒklɪə / coch·lea] *pl.* **cochleas**, **cochleae** ['kɒklɪi: / coch·leae] *s.* (*anat.*) coclea, chiocciola.

cochlear ['kɒklɪə* / coch·lear] *agg.* (*anat.*) cocleare.

cock[1] [kɒk] *s.* **1** gallo; maschio di uccelli o altri animali: *— salmon*, salmone maschio; *— of the north*, fringuello; *— nest*, nido costruito dall'uccello maschio // *the — of the walk*, (*fig.*) il gallo della Checca // *to live like a fighting —*, (*fig.*) vivere nel lusso **2** (*volg.*) uccello, cazzo **3** (*fam.*) stupidaggine, sciocchezza **4** (*fam.*) amico: *hello —, how are you?*, ciao amico, come stai? **5** (*mecc.*) rubinetto; valvola // (*mar.*) *sea —*, valvola (di presa dell'acqua) di mare **6** (*antiq.*) capo; (*sport*) capitano **7** cane (di arma da fuoco): *a gun at full —*, un fucile armato **8** (*non com.*) ago (di bilancia); gnomone (di meridiana).

to **cock**[1] *v.tr.* **1** drizzare; alzare: *to — one's ears, eyes*, drizzare le orecchie, alzare gli occhi: *the horse cocked his ears*, il cavallo drizzò le orecchie; *with his head cocked to one side*, con la testa reclinata // *to — one's eyes at s.o.*, (*fig.*) lanciare un'occhiata a qlcu. // *to keep one's ears, eyes cocked*, (*fig.*) ascoltare, guardare attentamente // *to — one's hat*, mettersi il cappello sulle ventitré // *to — one's nose at s.o.*, (*fig.*) guardare qlcu. dall'alto in basso // *to — a snook at s.o.*, fare marameo a qlcu. **2** armare: *to — a gun*, armare un fucile ◆ *v.intr.* **1** drizzarsi **2** (*fig.*) fare il galletto **3** alzare il cane (di un'arma da fuoco) **4** (*ant.*) addestrare, usare galli da combattimento.

□ **cock up** *v.tr.* e *avv.* **1** (*di animale*) sollevare, drizzare (le orecchie, le zampe) **2** (*volg.*) rovinare: *if he comes I won't! he completely cocked up our last trip*, se viene lui non vengo io; ci ha completamente rovinato l'ultima gita!

cock[2] *s.* **1** piega (all'insù della falda di un cappello); falda: *he gave his hat a —*, si mise il cappello sulle ventitré **2** strizzatina d'occhio **3** posizione eretta del cane (di un'arma da fuoco).

cock[3] *s.* piccolo mucchio di fieno, covone.

to **cock**[3] *v.tr.* ammucchiare (fieno); fare (covoni).

cock[4] *s.* (*ant.*) → **cockboat**.

cockade [kɒ'keɪd / cock·ade] *s.* coccarda.

cockaded [kɒ'keɪdɪd / cock·aded] *agg.*: *— hat*, cappello con coccarda.

cock-a-doodle(-doo) [,kɒkə'du:dl('du:)] *s.* chicchirichì.

cock-a-hoop [,kɒkə'hu:p] *agg.* (*fam.*) **1** *— (about)*, compiaciuto (per), esultante (per) **2** (*amer.*) sfasato, sghembo; disordinato, in disordine ◆ *s.* (*ant.*) l'aprire il rubinetto e bere senza limite: *you'll make a mutiny among my guests! / you will set a cock-a-hoop*, (SH. Romeo and Juliet) tu vuoi creare una rivolta tra i miei ospiti! Vuoi dar la stura a un pandemonio senza fine.

Cockaigne [kɒ'keɪn / Cock·aigne] → **Cockayne**.

cockaleekie [,kɒkə'li:kɪ / cock·a·leekie] *s.* zuppa di pollo e porri.

cockalorum [,kɒkə'lɔ:rəm / cocka·lorum] *s.* (*fam.*) piccolo sciocco presuntuoso.

cock-and-bull story [,kɒkən'bʊlstɔ:rɪ] *s.* (*fam.*) storia, frottola incredibile, panzana: *he came out with this incredible — about his success in America*, venne fuori con questa storia incredibile circa il suo successo in America.

cockatoo [,kɒkə'tu: / cock·atoo] *s.* (*zool.*) cacatua.

cockatrice ['kɒkətraɪs / cocka·trice] *s.* (*mit.*) basilisco SIN. basilisk.

Cockayne [kɒ'keɪn / Cock·ayne] *s.* (il paese della) cuccagna.

cockboat ['kɒkbəʊt / cock·boat] *s.* (*mar.*) barchetta.

cockchafer ['kɒk,tʃeɪfə* / cock·chafer] *s.* (*zool.*) maggiolino → **may-beetle**.

cockcrow ['kɒkkrəʊ / cock·crow] *s.* canto del gallo // *to rise at —*, alzarsi all'alba.

cocked [kɒkt] *agg.* eretto, drizzato // *— hat*, tricorno: *to knock s.o. into a — hat*, (*fam.*) demolire gli argomenti di qlcu., polverizzare qlcu.

cocker[1] ['kɒkə*] *s.* (*zool.*) cocker (spaniel).

cocker[2] *s.* gambale.

cockerel ['kɒkərəl / cock·erel] *s.* galletto.

cocker spaniel [,kɒkə'spænjəl] *s.* cocker (spaniel).

cockeyed ['kɒkaɪd / cock·eyed] *agg.* **1** strabico **2** storto **3** (*fam.*) stupido; assurdo **4** (*sl.*) ubriaco.

cockfight ['kɒkfaɪt / cock·fight] **cockfighting** ['kɒkfaɪtɪŋ / cock·fight·ing] *s.* combattimento di galli.

cockhorse [,kɒk'hɔ:s / cock·horse] *s.* cavallo a dondolo ◆ *avv.* a cavalcioni.

cockiness ['kɒkɪnɪs / cocki·ness] *s.* (*fam.*) sfrontatezza, impudenza.

cockish ['kɒkɪʃ / cock·ish] *agg.* (*non com.*) sfrontato, impudente.

cockle[1] [kɒkl] *s.* **1** (*bot.*) (*Lolium temulentum*) loglio comune: *sow'd cockle reap'd no corn*, (SH. Love's Labour's Lost) chi seminò vento non raccolse grano **2** golpe (malattia del frumento).

cockle[2] *s.* (*zool.*) (*Cardium edule*) cardio // *cockles of the heart*, i sentimenti, il cuore: *it warms the cockles of your heart*, infonde calore al vostro cuore.

cockle[3] *s.* grinza, increspatura (nella carta, in un tessuto ecc.).

to **cockle**[3] *v.tr.* increspare; raggrinzare ◆ *v.intr.* incresparsi; raggrinzarsi; accartocciarsi (di carta, tessuto ecc.).

cockle[4] *s.* **1** volta (di fornace) **2** forno di essiccazione (per ceramiche).

cockleshell ['kɒklʃel / cockle·shell] *s.* conchiglia.

cockloft ['kɒklɒft / cock·loft] *s.* soffitta, piccionaia; abbaino.

cockney ['kɒknɪ / cock·ney] *agg.* caratteristico del 'cockney' ◆ *s.* **1** 'cockney' (dialetto londinese) **2** chi è nato nell'East End di Londra (più precisamente entro il raggio delle campane della chiesa di St. Mary-Le-Bow): *cry to it, nuncle, as the cockney did to the eels when she put'em i' the paste*, (SH. King Lear) sgridalo zio, come faceva la cittadinotta con le anguille che aveva buttato vive nella pastella.

to **cockneyfy** ['kɒknɪfaɪ / cock·neyfy] *v.tr.* rendere londinese, trasformare in londinese: *cockneyfied manners*, modi che riflettono quelli dei londinesi.

cockneyism ['kɒknɪɪzəm / cock·ney·ism] *s.* **1** locuzione, particolare pronunzia nel dialetto londinese **2** maniere da londinese.

cock of the wood ['kɒkəvðə'wʊd] *s.* (*zool.*) (*Tetrao urogallus*) gallo cedrone.

cockpit ['kɒkpɪt / cock·pit] *s.* **1** arena per combattimento di galli; (*fig.*) campo di battaglia, arena **2** (*aer.*) carlinga; abitacolo; cabina di pilotaggio **3** (*mar.*) infermeria di bordo; parte della nave verso poppa occupata dagli ufficiali inferiori; corridoio d'accesso alla cabina.

cockroach ['kɒkrəʊtʃ / cock·roach] *s.* (*zool.*) (*Blatta orientalis*) scarafaggio, blatta SIN. blackbeetle.

cockscomb ['kɒkskəʊm / cocks·comb] *s.* **1** cresta di gallo **2** (*bot.*) (*Celosia cristata*) amaranto; (*pop.*) cresta di gallo **3** (*fig. antiq.*) zerbinotto.

cocksfoot, **cock's foot** ['kɒksfʊt / cocks·foot] *s.* (*bot.*) (*Dactylis glomerata*) erba mazzolina.

cockshead, **cock's head** ['kɒkshed / cocks·head] *s.* (*bot.*) (*Onobrychis sativa*) lupinella; (*pop.*) fieno santo.

cockshy ['kɒkʃaɪ / cock·shy] *s.* **1** tiro al bersaglio **2** bersaglio.

cockspur ['kɒkspɜ:* / cock·spur] *s.* **1** sprone del gallo **2** — (*burner*), becco (del gas) a tre fori **3** (*bot.*) (*Crataegus crus-galli*) biancospino della Virginia.

cocksure ['kɒk'ʃʊə* / cock·sure] *agg.* **1** sicurissimo: *to be — about sthg.*, non avere alcun dubbio in merito a qlco. **2** sicuro di sé, presuntuoso.

cocksureness [,kɒk'ʃʊənɪs / cock·sure·ness] *s.* fiducia in se stesso; presunzione; atteggiamento presuntuoso.

cocktail ['kɒkteɪl / cock·tail] *s.* **1** cocktail: *— party*, ricevimento pomeridiano; *— lounge*, sala da cocktail; (*cuc.*) *shrimp —*, cocktail di gamberetti // *— cabinet*, mobile bar // *— shaker*, shaker // *— snacks*, salatini **2** miscela; combinazione, cocktail: *a — of music, poetry and dance*, una combinazione di musica, poesia e danza // *Molotov —*, bottiglia, bomba Molotov **3** cavallo con coda mozzata **4** (*non com.*) parvenu.

cocktailed ['kɒkteɪld / cock·tailed] *agg.* con la coda mozza (di cavallo).

cock-up ['kɒkʌp] *s.* **1** (*volg.*) fallimento, fiasco **2** (*tip.*) iniziale maiuscola di corpo maggiore.

cocky ['kɒkɪ] *agg.* (*fam.*) vanitoso, impertinente; arrogante.

coco ['kəʊkəʊ] → **coco(a)nut**.

cocoa ['kəʊkəʊ / co·coa] *s.* **1** (polvere di) cacao **2** cioccolata.

cocoa-butter ['kəʊkəʊ,bʌtə*] *s.* burro di cacao.

coco(a)nut ['kəʊkənʌt / co·co(a)·nut] *s.* **1** (noce di) cocco: *— butter*, crema di cocco; *— milk*, latte di cocco; *— oil*, olio di cocco; *— matting*, stuoia di fibra di noce di cocco // *that accounts for the milk in the —*, (*scherz.*) ora tutto è chiaro **2** (*bot.*) — (*palm*), (*Cocos nucifera*) (palma di) cocco **3** (*sl.*) testa, capoccia.

coconut shy ['kəʊkənʌt,ʃaɪ] *s.* tiro al bersaglio (con noci di cocco come premio).

cocoon [kə'ku:n / co·coon] *s.* **1** bozzolo (*anche fig.*) **2** ooteca.

to **cocoon** *v.intr.* filare il bozzolo; avvolgersi nel bozzolo ◆ *v.tr.* **1** avvolgere **2** (*estens.*) proteggere.

cocoonery [kə'ku:nərɪ / co·coon·ery] *s.* bigattiera.

cocosh ['kɒkɒʃ / co·cosh] *s.* (*bot.*) actea → **baneberry**.

cod[1] [kɒd] *s.* **1** guscio; buccia; baccello **2** (*volg.*) scroto; testicoli (*pl.*).

cod[2] *s.* (*zool.*) (*Gadus morrhua*) merluzzo: *dried —*, stoccafisso; *salted —*, baccalà SIN. codfish.

to **cod**[2] *v.intr.* (*non com.*) andar a pesca di merluzzi.

cod[3] *s.* (*sl.*) **1** assurdità, fandonia **2** stupidone.

to **cod**[3] *v.tr.* (*fam.*) ingannare; gabbare.

coda ['kəʊdə] *s.* (*mus.*) coda.

cod-bait ['kɒdbeɪt] → **caddis**.

to **coddle** ['kɒdl] *v.tr.* **1** far bollire, cuocere lentamente **2** (*fig.*) viziare, tenere nella bambagia.

code [kəʊd] *s.* **1** codice (*anche dir.*): *— of criminal procedure*, codice di diritto penale; *the — of honour*, il codice d'onore; *moral —*, codice morale **2** cifrario; linguaggio cifrato; codice: *to read a —*, decifrare un codice; *to write a dispatch in —*, cifrare un dispaccio // (*biol.*) *genetic —*, codice genetico; *building —*, regolamento edilizio // (*mat.*) *— theory*, teoria dei codici // *Morse —*, alfabeto Morse // *postal —*, (amer. *zip —*) codice di avviamento postale **3** (*dialling*) —, prefisso telefonico **4** (*inform.*) codice; codifica; programma: *absolute* (o *actual*) —, codice assoluto, linguaggio macchina; *— check*, verifica di programmazione; *— checking time*, tempo di messa a punto; *— conversion*, decodificazione; *— position*, posizione di perforazione; *— translation*, conversione dei codici; *— track*, via di informazione; *— value*, elemento (di un codice).

to **code** *v.tr.* **1** (*dir.*) codificare **2** cifrare, mettere in cifra; tradurre in cifra **3** (*fig.*) velare, nascondere; dire fra le righe: *his speech was full of coded criticisms of Stalinism*, il suo discorso era pieno di critiche velate allo stalinismo **4** (*inform.*) codificare; programmare // *coded in Cobol*, scritto in Cobol; *Fortran-coded*, scritto in Fortran.

code book ['kəʊdbʊk] *s.* cifrario.

code-breaker ['kəʊd,breɪkə*] *s.* decodificatore (di codici).

codebtor [kəʊ'detə* / co·debtor] *s.* (*dir.*) debitore in solido.

codeclination [,kəʊdeklɪ'neɪʃn / co·de·clina·tion] *s.* (*astr.*) distanza polare.

codefendant [,kəʊdɪ'fendənt / co·de·fend·ant] *s.* (*dir.*) coimputato.

codeine ['kəʊdi:n / cod·eine] *s.* (*chim.*) codeina.

code-name ['kəʊd,neɪm] *s.* nome in codice.

code-number ['kəʊd,nʌmbə*] *s.* numero di codice.

codex ['kəʊdeks / co·dex] *pl.* **codices** ['kəʊdɪsi:z / co·di·ces] *s.* codice, manoscritto antico.

codfish ['kɒd,fɪʃ / cod·fish] → **cod**[2].

codger ['kɒdʒə*] *s.* (*sl.*) tipo; vecchio.

codicil ['kɒdɪsɪl / co·di·cil] *s.* **1** (*dir.*) codicillo testamentario **2** poscritto.

codicillary [,kɒdɪ'sɪlərɪ / co·di·cil·lary] *agg.* codicillare.

codification [,kəʊdɪfɪ'keɪʃn *amer.* ,kɒdɪfɪ'keɪʃn / co·di·fica·tion] *s.* codificazione.

codifier ['kəʊdɪfaɪə* *amer.* 'kɒdɪfaɪə* / co·di·fier] *s.* **1** codificatore **2** compilatore di codici.

to **codify** ['kəʊdɪfaɪ *amer.* 'kɒdɪfaɪ / co·dify] *v.tr.* **1** codificare (leggi, norme ecc.) **2** cifrare (un dispaccio).

coding ['kəʊdɪŋ / cod·ing] *s.* **1** codificazione **2** il cifrare **3** (*inform.*) codifica; programmazione; sequenza di programmi, di istruzioni; (IBM) minutazione: *— check*, controllo di programmazione; *— form*, foglio di programmazione; *— line*, riga di programmazione; *out-of-line —*, codifica fuori linea; *hand*

—, programmazione eseguita (manualmente) dal programmatore.

codirector [,kəʊdɪ'rektə* / co·dir·ector] *s.* condirettore.

codling[1] ['kɒdlɪŋ / cod·ling] *s.* mela da cuocere (piccola e acerba): *not yet old enough for a man... a codling when 'tis almost an apple*, (SH. Twelfth Night) non abbastanza adulto per essere un uomo... un frutto acerbo che è quasi una mela.

codling[2] *s.* (*zool.*) merluzzetto.

cod-liver oil [,kɒdlɪvər'ɔɪl] *s.* olio di fegato di merluzzo.

codomain [,kəʊdə'meɪn / co·do·main] *s.* (*mat.*) codominio.

codon ['kəʊdɒn / co·don] *s.* (*biochim.*) codone.

cod-piece ['kɒdpi:s] *s.* bracchetta.

codswallop ['kɒdzwɒləp / cods·wal·lop] *s.* [U] (*sl.*) scemenze, sciocchezze (*pl.*).

co-ed, coed [,kəʊ'ed] *s.* (*amer. fam.*) studentessa di scuola, di università mista ◆ *agg.* → **coeducational**.

to **coeducate** [kəʊ'edju:keɪt / co·educ·ate] *v.tr.* istruire in scuola mista.

coeducation [,kəʊedju:'keɪʃn / co·edu·ca·tion] *s.* coeducazione; istruzione in scuola mista.

coeducational [,kəʊedju:'keɪʃənl / co·edu·ca·tional] *agg.* con istruzione in classe mista: — *school*, scuola mista.

coefficiency [,kəʊɪ'fɪʃənsɪ / co·ef·fi·ciency] *s.* coefficienza.

coefficient [,kəʊɪ'fɪʃnt / co·ef·fi·cient] *s.* coefficiente // (*mat.*): *direction* —, coefficiente angolare; *leading* —, coefficiente direttore // (*stat.*) *correlation* —, coefficiente di correlazione // (*fis.*): — *of friction*, coefficiente di attrito; — *of expansion*, coefficiente di espansione.

coelacanth ['si:ləkænθ / coel·ac·anth] *s.* (*zool.*) celacanto.

coelenterate [si:'lentəreɪt / coel·en·ter·ate] *s.* (*zool.*) celenterato.

coeliac ['si:lɪək / coel·iac] *agg.* (*med.*) celiaco: — *artery*, tronco celiaco; — *disease*, morbo celiaco, celiachia; — *plexus*, plesso solare.

coelostat ['si:ləstæt / coe·lo·stat] *s.* (*astr.*) celostato, celostata.

coemption [kəʊ'empʃn / co·emp·tion] *s.* 1 (*dir.*) accaparramento 2 (*dir. romano*) coenzione.

coenesthesia [,si:nɪs'θi:ʒə / coe·nes·the·sia]
coenesthesis [,si:nɪs'θi:sɪs] *s.* (*med.*) cenestesia, cenestesi.

coenobite ['si:nəʊbaɪt / coen·ob·ite] *s.* cenobita.

coenobitic(al) [,si:nə'bɪtɪk(l) / coen·ob·itic, coen·ob·it·ical] *agg.* cenobitico.

coenocyte ['si:nəsɪt / coen·o·cyte] *s.* (*biol.*) plasmodio.

coenosis ['si:nəʊsɪs / coen·osis] *s.* (*ecol.*) cenosi.

coenzyme [kəʊ'enzaɪm / co·en·zyme] *s.* (*biochim.*) coenzima.

coequal [kəʊ'i:kwəl / co·equal] *agg.* e *s.* coeguale, uguale // **-ly** *avv.*

coequality [,kəʊi:'kwɒlətɪ / co·equal·ity] *s.* coeguaglianza, uguaglianza.

to **coerce** [kəʊ'ɜ:s / co·erce] *v.tr.* 1 forzare, costringere: *to* — *s.o. into doing sthg.*, costringere qlcu. a fare qlco. 2 coartare; reprimere.

coercibility ['kəʊ,ɜ:sɪ'bɪlɪtɪ / co·er·cib·il·ity] *s.* coercibilità.

coercible [kəʊ'ɜ:sɪbl / co·er·cible] *agg.* coercibile.

coercion [kəʊ'ɜ:ʃn / co·er·cion] *s.* coercizione: *to employ means of* —, usare mezzi di coercizione.

coercive [kəʊ'ɜ:sɪv / co·er·cive] *agg.* 1 coercitivo 2 coatto // **-ly** *avv.*

coerciveness [kəʊ'ɜ:sɪvnɪs / co·er·cive·ness] *s.* coercizione.

coesite ['si:saɪt / coes·ite] *s.* (*min.*) coesite.

coessential [,kəʊɪ'senʃl / co·es·sen·tial] *agg.* coessenziale.

coetaneous [,kəʊɪ'teɪnɪəs / co·eta·ne·ous] *agg.* → **coeval**.

coeternal [,kəʊi:'tɜ:nl / co·eter·nal] *agg.* coeterno // **-ly** *avv.*

coeval [kəʊ'i:vl / co·eval] *agg.* e *s.* coevo, contemporaneo, coetaneo.

coexecutor [,kəʊɪg'zekjʊtə* / co·executor] *s.* coesecutore.

coexecutrix [,kəʊɪg'zekjʊtrɪks / co·exec·utrix] *s.* coesecutrice.

to **coexist** [,kəʊɪg'zɪst / co·ex·ist] *v.intr.* coesistere.

coexistence [,kəʊɪg'zɪstəns / co·ex·ist·ence] *s.* coesistenza: *peaceful* —, coesistenza pacifica.

cofactor [kəʊ'fæktə* / co·fac·tor] *s.* (*med.*) fattore concomitante.

coffee ['kɒfɪ *amer.* 'kɔ:fɪ / cof·fee] *s.* caffè; (*bot.*) (*Coffea arabica*) caffè: *black* —, caffè nero; *roasted* —, *ground* —, caffè tostato, macinato; *milk and* —, latte macchiato; *white* —, caffelatte; — *break*, pausa per il caffè.

coffee bar ['kɒfɪbɑ:* *amer.* 'kɔ:fɪbɑ:*] *s.* caffè (locale pubblico) SIN. coffee house.

coffee-bean ['kɒfɪbi:n *amer.* 'kɔ:fɪbi:n] *s.* grano di caffè.

coffee-grounds ['kɒfɪ,graʊndz *amer.* 'kɔ:fɪ,graʊndz] *s.pl.* fondi di caffè.

coffee house ['kɒfɪhaus *amer.* 'kɔ:fɪhaus] → **coffee bar**.

coffee mill ['kɒfɪmɪl *amer.* 'kɔ:fɪmɪl] *s.* macinino del caffè; macinacaffè.

coffee morning ['kɒfɪmɔ:nɪŋ *amer.* 'kɔ:fɪ,mɔ:nɪŋ] *s.* incontro di metà mattina a scopo benefico.

coffeepot ['kɒfɪpɒt *amer.* 'kɔ:fɪpɒt / cof·fee·pot] *s.* caffettiera.

coffee shop ['kɒfɪʃɒp *amer.* 'kɔ:fɪʃɒp] *s.* 1 (*amer.*) caffè (locale) 2 rivendita di caffè, negozio che vende caffè.

coffee table ['kɒfɪ,teɪbl *amer.* 'kɔ:fɪ,teɪbl] *s.* tavolino (da salotto) // — *book*, *edition*, libro, edizione di lusso.

coffer ['kɒfə* / cof·fer] *s.* 1 cassa; cofano; forziere; (*banca*) caveau 2 *pl.* fondi: *the coffers of State*, le casse dello Stato, i fondi pubblici 3 (*arch.*) cassettone (di soffitto) 4 (*edil.*) → cofferdam.

to **coffer** *v.tr.* 1 (*miner.*) rivestire (un pozzo) 2 (*arch.*) dividere (un soffitto) in cassettoni: *a coffered ceiling*, un soffitto a cassettoni.

cofferdam ['kɒfədæm / cof·fer·dam] *s.* 1 cassone pneumatico 2 cassone di fondazione 3 argine di contenimento 4 compartimento stagno.

coffin ['kɒfɪn / cof·fin] *s.* 1 cassa da morto, bara // *to drive a nail in one's* —, (*fig.*) scavarsi la fossa (abusando della propria salute) // — *nail*, (*sl. amer.*) sigaretta di infima qualità 2 (*vet.*) cavità dello zoccolo del cavallo.

to **coffin** *v.tr.* deporre nella bara.

coffle ['kɒfl] *s.* (*rar.*) convoglio (di schiavi, di animali legati uno all'altro).

cog[1] [kɒg] *s.* (*mecc.*) 1 dente (di ruota) // *he's just a* — *in the machine*, (*fam.*) è solo una rotella dell'ingranaggio, non è importante 2 dente, tenone (di collegamento a incastro); incastro a tenone 3 → cogwheel.

to **cog**[1] *pass.p.p.* **cogged** [kɒgd] *v.tr.* (*mecc.*) 1 dentare (una ruota) 2 collegare mediante incastro 3 (*metall.*) sbozzare al laminatoio ◆ *v.intr.* ingranare (di ruote dentate).

to **cog**[2] *v.intr.* (*ant.*) barare coi dadi: *I know them... / fashion-monging boys / that lie and cog and flout*, (SH. Much Ado) li conosco... bellimbusti che mentono, ingannano e beffeggiano ◆ *v.tr.* gettare (i dadi) in modo scorretto; truffare.

cogency ['kəʊdʒənsɪ / co·gency] *s.* (*form.*) forza di persuasione (di un argomento).

cogent ['kəʊdʒənt / co·gent] *agg.* (*form.*) persuasivo, convincente (di argomento, ragione) // **-ly** *avv.*

cogestion [kəʊ'dʒestʃən / co·gest·ion] *s.* cogestione.

to **cogitate** ['kɒdʒɪteɪt / co·git·ate] *v.intr.* riflettere, ponderare, meditare ◆ *v.tr.* escogitare, concepire; meditare.

cogitation [,kɒdʒɪ'teɪʃn / co·gita·tion] *s.* (*form.*) riflessione, meditazione.

cogitative ['kɒdʒɪtətɪv / co·git·at·ive] *agg.* (*form.*) meditabondo, meditativo // **-ly** *avv.*

cognac ['kɒnjæk] *s.* cognac.

cognate ['kɒgneɪt / cog·nate] *agg.* 1 consanguineo 2 (*filologia*) appartenente alla stessa famiglia linguistica: — *words*, parole affini per origine 3 affine, simile ◆ *s.* 1 consanguineo, congiunto 2 parola, cosa ecc. che ha la stessa origine o natura.

cognation [kɒg'neɪʃn / cog·nation] *s.* 1 consanguineità, parentela; (*dir.*) cognazione 2 (*filologia*) discendenza dalla stessa origine.

cognition [kɒg'nɪʃn / cog·ni·tion] *s.* 1 conoscenza, cognizione; giudizio (*anche fil.*) 2 (*antiq.*) percezione.

cognitive ['kɒgnɪtɪv / cog·nit·ive] *agg.* (*fil.*) cognitivo: — *theory*, teoria cognitiva; — *psychology*, psicologia cognitiva.

cognizable ['kɒgnɪzəbl / cog·niz·able] *agg.* 1 (*fil.*) conoscibile; percepibile 2 (*dir.*) entro la giurisdizione di una corte: — *by a court*, di competenza di un tribunale // — *offence*, delitto perseguibile dalla legge.

cognizably ['kɒgnɪzəblɪ / cog·niz·ably] *avv.* (*form.*) comprensibilmente.

cognizance ['kɒgnɪzəns *nel senso 2* 'kɒnɪzəns / cog·niz·ance] *s.* 1 (*form.*) conoscenza, percezione: *to take* — *of sthg.*, prendere conoscenza, atto di qlco. **2** (*dir.*) competenza: *within* (o *under*) *the — of a court*, di competenza di un tribunale **3** (*arald.*) pezza distintiva (di una famiglia).

cognizant ['kɒgnɪzənt *nel senso 2* 'kɒnɪzənt / cog·niz·ant] *agg.* (*form.*) **1** avente conoscenza: *to be — of a fact*, essere informato, essere al corrente di un fatto **2** (*dir.*) competente: *court — of an offence*, tribunale competente per giudicare un delitto.

to **cognize** [kɒg'naɪz / cog·nize] *v.tr.* (*fil.*) conoscere; avere, prendere cognizione di.

cognomen [kɒg'nəʊmen / cog·no·men] *s.* **1** (*st. romana*) cognome **2** (*form.*) soprannome.

cognoscente [,kɒnjəʊ'ʃentɪ / co·gnos·cente] *pl.* **cognoscenti** [,kɒnjəʊ'ʃənti: / cog·nos·centi] *s.* conoscitore (di arte, musica ecc.).

cognoscible [kɒg'nɒsɪbl / cog·nos·cible] *agg.* (*non com.*) conoscibile.

cognovit [kɒg'nəʊvɪt / cog·no·vit] *s.* (*dir.*) riconoscimento da parte del convenuto che le ragioni dell'attore sono giuste.

cograil ['kɒgreɪl / cog·rail] *s.* (*ferr.*) rotaia a cremagliera.

cogway ['kɒgweɪ / cog·way] *s.* ferrovia a cremagliera.

cogwheel ['kɒgwi:l / cog·wheel] *s.* (*mecc.*) ruota dentata.

to **cohabit** [kəʊ'hæbɪt / co·habit] *v.intr.* (*form.*) coabitare; convivere.

cohabitation [,kəʊhæbɪ'teɪʃn / co·hab·ita·tion] *s.* (*form.*) coabitazione; convivenza.

coheir [kəʊ'eə* / co·heir] *s.* (*dir.*) coerede (uomo).

coheiress [kəʊ'eərɪs / co·heir·ess] *s.* (*dir.*) coerede (donna).

to **cohere** [kəʊ'hɪə* / co·here] *v.intr.* (*form.*) **1** essere coerente, logico (di stile, idee ecc.) **2** aderire.

coherence [kəʊ'hɪərəns / co·her·ence] **coherency** [kəʊ'hɪərənsɪ] *s.* **1** coerenza (di stile, idee ecc. e *mat.*) **2** coesione; aderenza.

coherent [kəʊ'hɪərənt / co·her·ent] *agg.* **1** coerente // (*fis.*) *— radiation*, radiazione coerente **2** comprensibile: *he was incapable of — speech*, era incapace di esprimersi chiaramente **3** aderente.

coherently [kəʊ'hɪərəntlɪ / co·her·ent·ly] *avv.* **1** coerentemente **2** in modo comprensibile.

coherer [kəʊ'hɪərə* / co·herer] *s.* (*rad.*) rivelatore, coesore, 'coherer'.

cohesion [kəʊ'hi:ʒn / co·he·sion] *s.* coesione; aderenza.

cohesive [kəʊ'hi:sɪv / co·hes·ive] *agg.* coesivo; aderente // **-ly** *avv.*

cohesiveness [kəʊ'hi:sɪvnɪs / co·hes·ive·ness] *s.* coesione.

cohibition [,kəʊhɪ'bɪʃn / co·hibi·tion] *s.* (*fis.*) coibenza.

co-holder [kəʊ'həʊldə*] *agg.* e *s.* cointestatario.

cohomology [,kəʊhəʊ'mɒlədʒɪ / co·homo·logy] *s.* (*mat.*) coomologia: *— theory*, teoria della coomologia.

cohomotopy [,kəʊhəʊ'mɒtəpɪ / co·homo·topy] *s.* (*mat.*) coomotopia: *— theory*, teoria della coomotopia.

cohort ['kəʊhɔ:t / co·hort] *s.* **1** gruppo (di persone); schiera (di soldati) // (*stat.*) *age cohorts*, gruppi d'età **2** (*st. romana*) coorte.

coif [kɔɪf] *s.* **1** (*st.*) cappuccio aderente; cuffia **2** *a — of hair*, una pettinatura, acconciatura a caschetto.

coiffure [kwɑ:'fjʊə* / coif·fure] *s.* pettinatura, acconciatura.

coign [kɔɪn] *s.* (*ant.*) canto, angolo: *nor coign of vantage, but this bird / hath made his pendent bed or procreant cradle*, (SH. Macbeth) non c'è angolo favorevole, in cui questo uccello non abbia costruito il suo letto pensile o la sua culla feconda.

coil[1] [kɔɪl] *s.* (*ant.*) tumulto, confusione: *when we have shuffled off this mortal coil*, (SH. Hamlet) quando ci saremo liberati da questo trambusto mortale.

coil[2] *s.* **1** rotolo; spira, spirale **2** crocchia (di capelli) **3** (*mecc.*) serpentina **4** (*elettr.*, *mecc.*) bobina; avvolgimento **5** (*zool.*) spira (di serpente) **6** spirale (anticoncezionale).

to **coil**[2] *v.tr.* **1** avvolgere, attorcigliare: *he coiled the rope*, attorcigliò la corda **2** (*mar.*) adugliare, cogliere a ruota ◆ *v.intr.* **1** avvolgersi (a spirale); attorcigliarsi **2** serpeggiare, muoversi in spire.

□ **coil up** *v.tr.* e *avv.* **1** avvolgere a spirale **2** *to — (oneself) up*, avvolgersi a spirale: *the cat coiled up on the sofa*, il gatto si raggomitolò sul sofà.

coil[3] *s.* (*rar.*) mucchio di fieno.

coiled [kɔɪld] *agg.* avvolto, attorcigliato.

coin [kɔɪn] *s.* **1** moneta: *a false —*, una moneta falsa; *a gold —*, una moneta d'oro // *the other side of the —*, (*fig.*) l'altra faccia della medaglia **2** denaro; contanti, quattrini (*pl.*); (*econ.*) moneta metallica: *small —*, moneta spicciola // *to pay in — of the realm*, pagare in moneta sonante // *to pay s.o. in his own —*, (*fig.*) rendere pan per focaccia **3** cosa di valore, valida **4** (*arch.*) pietra d'angolo.

to **coin** *v.tr.* **1** coniare // *he is coining money* (o *it*), (*fam.*) fa denari a palate **2** inventare, creare, coniare (una parola ecc.): *to — a phrase*, coniare una frase **3** (*ind.*) punzonare, siglare **4** (*rar.*) fornire di pietre d'angolo.

coinable ['kɔɪnəbl / coin·able] *agg.* (*econ.*) monetabile.

coinage ['kɔɪnɪdʒ / coin·age] *s.* **1** coniatura, coniazione, monetazione, conio: *right of —*, diritto di coniatura // (*econ.*) *— debasement*, svilimento (riduzione di fino nelle monete d'oro e d'argento) **2** moneta metallica divisionaria; denaro contante **3** sistema monetario: *decimal —*, sistema monetario decimale **4** invenzione, creazione (di parola ecc.); parola coniata: *'yuppy' is a — of the eighties*, 'yuppy' è una parola coniata negli anni '80, un conio degli anni '80.

coin-box ['kɔɪnbɒks] *s.* telefono a gettone.

to **coincide** [,kəʊɪn'saɪd / co·in·cide] *v.intr.* coincidere: *I see our views —*, mi sembra che i nostri punti di vista coincidano.

coincidence [kəʊ'ɪnsɪdəns / co·in·cid·ence] *s.* coincidenza: *what a —!*, che coincidenza!; (*fis.*) *— circuit*, circuito di coincidenza.

coincident [kəʊ'ɪnsɪdənt / co·in·cid·ent] *agg.* coincidente.

coincidental [kəʊ,ɪnsɪ'dentl / co·in·cid·ental] *agg.* coincidente, che coincide: *entirely — occurrences*, fatti di pura coincidenza.

coincidentally [kəʊ,ɪnsɪ'dentəlɪ / co·in·cid·ent·ally] **coincidently** [kəʊ,ɪnsɪ'dentlɪ / co·in·cid·ent·ly] *avv.* per coincidenza.

coined [kɔɪnd] *agg.* monetato: *— gold*, oro monetato.

coiner ['kɔɪnə*] *s.* (*non com.*) **1** falsario **2** coniatore **3** inventore, creatore (di parole, bugie ecc.).

coin-operated [,kɔɪn'ɒpəreɪtɪd] fam. **coin-op** ['kɔɪnɒp] *agg.* che funziona a moneta, a gettone.

coinstantaneous [kəʊ,ɪnstən'teɪnjəs / co·in·stant·an·eous] *agg.* (*non com.*) simultaneo.

co-insurance [,kəʊɪn'ʃʊərəns] *s.* coassicurazione.

coir [kɔɪə*] *s.* fibra della noce di cocco: *— matting*, *rope*, stuoia, fune di fibra di cocco.

coition [kəʊ'ɪʃn / co·ition] **coitus** ['kɔɪtəs *med.* 'kəʊɪtəs / co·itus] *s.* coito.

coke[1] [kəʊk] *s.* coke, carbon fossile.

to **coke**[1] *v.tr.* convertire (carbon fossile) in coke ◆ *v.intr.* convertirsi in coke.

coke[2] *s.* (*fam.*) cocaina.

coke[3®] *s.* Coca-Cola®.

cokernel [kəʊ'kɜ:nl / co·ker·nel] *s.* (*mat.*) conucleo.

col [kɒl] *s.* **1** (*geogr.*) colle, sella, valico, passo (fra monti) **2** (*meteor.*) sella.

col- → **co-** 1.

cola ['kəʊlə] *s.* (*bot.*) (*Cola acuminata*) noce di cola.

colander ['kʌləndə* / col·an·der] *s.* colabrodo; colatoio; colino.

to **colander** *v.tr.* passare al colabrodo, al colino.

colatitude [kəʊ'lætɪtju:d / co·lati·tude] *s.* (*geogr.*) colatitudine.

colchicine ['kɒltʃəsi:n / col·chic·ine] *s.* (*chim.*) colchicina.

colchicum ['kɒltʃɪkəm / col·chicum] *s.* (*bot.*) colchico, zafferanone.

colcothar ['kɒlkəʊθə* / col·co·thar] *s.* (*chim.*) colcotar.

cold [kəʊld] *agg.* **1** freddo: *— drink*, bevanda fredda; *— food*, cibo freddo; *— room*, cella frigorifera; *— weather*, tempo freddo; *my hands are —*, ho le mani fredde; *to be —*, aver freddo; far freddo: *I'm —*, ho freddo; *it's — today*, oggi fa freddo; *to feel —*, avere, sentire freddo; *to get* (o *to grow*) *—*, raffreddarsi; diventar freddo // (*geogr.*) *— pole*, polo del freddo (il luogo più freddo della terra) // *to be out —*, (*fam.*) essere privo di sensi // *— hand, warm heart*, mani fredde, cuore caldo // *to have — feet*, (*fam.*) aver paura (di fare qlco.) // *after the river the trail went —*, dopo il fiume si persero le tracce **2** freddo, indifferente, apatico; riservato: *— reception*, accoglienza fredda; *that leaves me —*, (*fam.*) non mi fa né caldo né freddo // *to kill s.o. in — blood*, uccidere qlcu. a sangue freddo **3** freddo (di colore): *blue is a — colour*, il blu è un colore freddo **4** (*nei giochi di bambini*) acqua: *you're getting colder!*, acqua, acqua! (ti stai allontanando) **5** (*fam.*) (*teatr.*) *— performance*, rappresentazione senza musica **6** (*mecc.*) a freddo: *— drawing*, trafilatura a freddo; *— riveting*, chiodatura a freddo ◆ *avv.* completamente: *she stopped — when she heard the shots*, si fermò del tutto quando udì gli spari.

cold *s.* **1** freddo: *in the —*, al freddo; *I suffer from the —*, soffro per il freddo; *his hands were turning blue with —*, le sue mani stavano diventando livide dal freddo; *you will catch your death of —*, (*fam.*) morirai di freddo // *to leave s.o. out in the —*, (*fam.*) lasciare qlcu. in disparte **2** raffreddore, infreddatura; raffreddamento: *the common —*, il raffreddore comune; *to catch a —*, prendere un raffreddore; *to catch a — in the eye*, prendere un colpo d'aria agli occhi; *to have a — in the head, on the chest*, avere un raffreddore di testa, di petto; *to have a bad —*, avere un forte raffreddore.

cold-blooded [,kəʊld'blʌdɪd] *agg.* **1** a sangue freddo (di animale) **2** (*fig.*) freddo, spietato (di persona) **3** premeditato, a sangue freddo (di azione) **4** (*fam.*) freddoloso // **-ly** *avv.*

cold cream [,kəʊld'kri:m] *s.* crema detergente.

cold cuts ['kəʊldkʌts] *s. pl.* (*spec. amer.*) carne fredda affettata.

cold duck [,kəʊld'dʌk] *s.* (*fam. amer.*) bibita a base di vino rosso e spumante.

cold fish [,kəʊld'fɪʃ] *s.* (*fam.*) persona fredda e insensibile.

cold-hearted [,kəʊld'hɑ:tɪd] *agg.* insensibile; indifferente; freddo.

coldly ['kəʊldlɪ] *avv.* freddamente.

coldness ['kəʊldnɪs / cold·ness] *s.* freddezza (*anche fig.*).

cold-short ['kəʊld,ʃɔ:t] *agg.* (*metall.*) fragile a bassa temperatura.

cold shoulder [,kəʊld'ʃəʊldə*] *s.* (*fam.*) indifferenza ostentata, voluta; freddezza: *to give s.o. the —*, trattare freddamente qlcu.; *to get the —*, essere trattato freddamente.

to **cold-shoulder** *v.tr.* trattare freddamente; trattare con indifferenza.

cold snap ['kəʊld,snæp] *s.* improvvisa ondata di freddo.

cold sore ['kəʊldsɔ:] *s.* (*med.*) herpes simplex; (*fam.*) febbre (spec. sulle labbra).

cold steel ['kəʊld,sti:l] *s.* [U] arma bianca.

cold turkey [,kəʊld'tɜ:kɪ] *s.* (*sl. amer.*) crisi di astinenza (di tossicodipendente); 'scimmia'.

cole[1] [kəʊl] *s.* (*bot.*) (*Brassica napus oleifera*) ravizzone // *— seed*, seme di ravizzone.

cole[2] *s.* (*sl. ant.*) denaro.

colectomy [kə'lektəmɪ / co·lect·omy] *s.* (*med.*) colectomia.

colemanite ['kəʊlmənaɪt / cole·man·ite] *s.* (*min.*) colemanite.

coleopteron [,kɒlɪ'ɒptərɒn / co·le·op·teron] *pl.* **coleoptera** [,kɒlɪ'ɒptərə*] *s.* (*zool.*) coleottero.

coleoptile [kəʊlɪ'ɒptɪl / co·le·opt·ile] *s.* (*bot.*) coleottile.

coleslaw ['kəʊlslɔ: / cole·slaw] *s.* (*cuc.*) insalata di cavolo tritato, carote, cipolle e maionese.

colibacillosis ['kəʊlɪ,bæsɪ'ləʊsɪs / co·li·ba·cil·lo·sis] *pl.* **colibacilloses** ['kəʊlɪ,bæsɪ'ləʊ si:z] *s.* (*med.*) colibacillosi.

colibacillus [,kəʊlɪbə'sɪləs / co·li·ba·cil·lus] *pl.* **colibacilli** [,kəʊlɪbə'sɪlaɪ / co·li·ba·cilli] *s.* (*biol.*) colibacillo.

colibri ['kɒlɪbrɪ / col·ibri] *s.* (*zool.*) colibrì; (*pop.*) uccello mosca.

colic ['kɒlɪk] *agg.* (*med.*) colico: *— artery*, arteria colica ◆ *s.* (*med.*) colica.

colicky ['kɒlɪkɪ / col·icky] *agg.* **1** soggetto a coliche **2** che provoca coliche.

Coliseum ['kɒlɪ'sɪəm / Co·li·seum] *s.* (*archeol.*) Colosseo.

colitis [kɒ'laɪtɪs / col·itis] *s.* (*med.*) colite.

to **collaborate** [kə'læbəreɪt / col·lab·or·ate] *v.intr.* **1** collaborare, cooperare **2** (*pol.*) essere un collaborazionista.

collaboration [kə,læbə'reɪʃn / col·lab·ora·tion] *s.* **1** collaborazione, cooperazione **2** (*pol.*) collaborazionismo.

collaborationist [kə,læbə'reɪʃənɪst / col·lab·ora·tion·ist] *s.* (*pol.*) collaborazionista.

collaborative [kə'læbə,reɪtɪv / col·lab·or·at·ive] *agg.* d'équipe, d'insieme: *a — work*, un lavoro d'équipe.

collaborator [kə'læbəreɪtə* / col·lab·or·ator] *s.* **1** collaboratore **2** (*pol.*) collaborazionista.

collage [kɒ'lɑ:ʒ / col·lage] *s.* collage.

collagen ['kɒlədʒen / col·la·gen] *s.* (*biol.*) collagene: *— diseases*, malattie del tessuto connettivo.

collapsable → **collapsible**.

collapse [kə'læps / col·lapse] *s.* **1** crollo (di edificio, impero, speranze ecc.); sprofondamento **2** crollo, tracollo finanziario, borsistico **3** sgonfiamento (di pallone ecc.) **4** (*med.*) collasso.

to **collapse** *v.intr.* **1** crollare; cadere; rovinare; sprofondare, sprofondarsi: *he collapsed into an armchair*, si sprofondò, si abbandonò in una poltrona; *their hopes collapsed*, le loro speranze crollarono **2** afflosciarsi; sgonfiarsi; ripiegarsi **3** (*med.*) collassare, subire un collasso ◆ *v.tr.* **1** far crollare: *the snow collapsed the roof*, la neve fece crollare il tetto **2** ripiegare: *we tried to — the tent*, cercammo di ripiegare la tenda **3** condensare, ridurre (un messaggio, uno scritto) **4** (*med.*) collassare (un polmone).

collapsible [kə'læpsɪbl / col·laps·ible] *agg.* pieghevole, smontabile: *— chair*, sedia pieghevole // *— boat*, canotto pneumatico // (*aut.*) *— hood*, capote.

collar ['kɒlə* / col·lar] *s.* **1** colletto, bavero; fascia, nastro ornamentale portato intorno al collo // *to get hot under the —*, (*fam.*) arrabbiarsi, indignarsi **2** collare (per cani ecc.) **3** collare (distintivo di ordini equestri) **4** (*zool.*) collare **5** colletto (di pianta) **6** (*mecc.*) collare, anello, fascetta; flangia **7** rotolo (di carne, pesce ecc.) **8** colletto di schiuma (di birra) **9** (*miner.*) bocca del pozzo.

to **collar** *v.tr.* **1** afferrare per il colletto, per il collo **2** mettere un collare a (un cane ecc.) **3** (*fam.*) prendere, acchiappare, acciuffare, afferrare **4** (*sl.*) appropriarsi di, impadronirsi di; prendere **5** (*fam.*) attaccare un bottone a **6** (*cuc.*) arrotolare (carne ecc.).

collarbeam ['kɒləbi:m / col·lar·beam] *s.* (*edil.*) catena d'impluvio; controcatena.

collar bearing ['kɒlə,beərɪŋ] *s.* (*mecc.*) cuscinetto reggispinta.

collarbone ['kɒləbəʊn / col·lar·bone] *s.* (*anat.*) clavicola.

collared ['kɒləd / col·lared] *agg.* **1** con colletto **2** (*nei composti*) dal collare: *a crimson— bird*, un uccello dal collare cremisi.

collarette [,kɒlə'ret / col·lar·ette] *s.* **1** collettino (di pelliccia, pizzo ecc.) **2** collana.

collar stud ['kɒləstʌd] *s.* bottone del colletto; fermacolletto.

to **collate** [kɒ'leɪt / col·late] *v.tr.* **1** collazionare (testi, documenti); comparare, confrontare **2** (*tip.*) collazionare, raccogliere (le segnature) **3** (*inform.*) disporre in ordine; confrontare; (IBM) intercalare **4** (*eccl.*) conferire un beneficio a.

collateral [kɒ'lætərəl / col·lat·eral] *agg.* **1** collaterale, parallelo **2** collaterale (di parentela) **3** secondario; sussidiario, accessorio // (*dir.*): *— agreement*, clausola secondaria; *— security*, garanzia collaterale, garanzia reale ◆ *s.* **1** collaterale, parente collaterale **2** (*dir.*) garanzia collaterale, garanzia reale.

collaterally [kɒ'lætərəlɪ / col·lat·er·ally] *avv.* **1** parallelamente **2** indirettamente **3** (*dir.*) collateralmente.

collation [kɒ'leɪʃn / col·la·tion] *s.* **1** collazione (di testi); (*dir.*) collazione di un documento **2** (*eccl.*) collazione **3** pasto leggero in giorno di digiuno; (*form.*) merenda **4** (*tip.*) collazione, raccolta (delle segnature).

collator [kɒ'leɪtə* / col·lator] *s.* **1** chi collaziona (testi, documenti) **2** (*tip.*) raccoglitore (delle segnature) **3** (*eccl.*) collatore.

colleague ['kɒli:g / col·league] *s.* collega.

to **colleague** *v.intr.* (*rar.*) unirsi; cospirare, tramare.

collect ['kɒlekt] *s.* (*eccl.*) colletta, orazione.

to **collect** [kə'lekt / col·lect] *v.tr.* **1** riunire; raccogliere; mettere insieme, accumulare; radunare: *please, — your things!*, per favore, raccogli le tue cose!; *she collected her children from school*, andò a prendere i suoi bambini a scuola; *the children collected toys for charity*, i bambini raccolsero dei giocattoli da dare in beneficenza; *to — the letters*, raccogliere le lettere (dalle cassette postali); *to — clothes from the dry-cleaner's*, ritirare vestiti dalla tintoria // *to — one's courage*, farsi coraggio // *to — one's thoughts*, concentrarsi **2** riscuotere, incassare, esigere (tasse ecc.): *to — a cheque*, incassare un assegno; *to — a debt*, recuperare un debito **3** collezionare, fare una raccolta di **4** *to — oneself*, riprendersi **5** (*ant.*) dedurre ◆ *v.intr.* **1** riunirsi; raccogliersi; accumularsi, ammassarsi; radunarsi: *dust always collects on top of wardrobes*, la polvere si accumula sempre sopra gli armadi; *a large crowd collected outside the bank*, fuori dalla banca si ammassò una gran folla **2** raccogliere offerte: *he went collecting for the missions*, andò a raccogliere offerte per le missioni.

□ **collect up** *v.tr.* e *avv.* raccogliere, riunire: *they collected up their tools and left for lunch*, raccolsero i loro arnesi e andarono a mangiare.

collect *agg.* e *avv.* (*amer.*) con tassa a carico, pagato alla consegna: *— call*, telefonata a carico del ricevente; *you can send it —*, puoi spedirlo con tassa a carico.

collectable [kə'lektəbl / col·lect·able] *agg.* **1** raccoglibile; che si può collezionare **2** (*comm.*) riscotibile; ricuperabile.

collectanea [ˌkɒlek'tɑ:njə / col·lec·ta·nea] *s. pl.* (*letter.*) raccolta di brani, miscellanea.

collected [kə'lektɪd / col·lec·ted] *agg.* **1** raccolto, riunito: *the — poems of Robert Burns*, tutte le poesie di Robert Burns; — *works*, opera omnia **2** calmo, padrone di sé.

collectedly [kə'lektɪdlɪ / col·lec·ted·ly] *avv.* con calma, con padronanza di sé.

collectedness [kə'lektɪdnɪs / col·lec·ted·ness] *s.* calma, padronanza di sé.

collectible [kə'lektɪbl / col·lect·ible] → **collectable**.

collecting [kə'lektɪŋ / col·lect·ing] *s.* **1** il raccogliere; il collezionare: *stamp* —, il raccogliere francobolli **2** (*trib.*) aggio (dell'esattore) // (*banca*) — *commission*, commissione d'incasso // — *bank*, banca esattrice // — *agency*, agenzia di riscossione.

collecting-box [kə'lektɪŋˌbɒks] *s.* **1** cassetta delle elemosine **2** bacheca per naturalisti (dove si collezionano insetti ecc.).

collecting station [kə'lektɪŋ'steɪʃn] *s.* (*mil.*) centro di raccolta dei feriti.

collection [kə'lekʃn / col·lec·tion] *s.* **1** riunione, raccolta; ammassamento: *recyclable -waste* —, raccolta differenziata dei rifiuti // (*comm.*) — *of samples*, campionario **2** levata (della posta) **3** colletta, questua: *to take up a* —, fare una colletta (in chiesa) // — *box*, cassetta delle elemosine **4** (*comm.*) riscossione, incasso: — *expenses*, spese di incasso; — *voucher*, reversale d'incasso; — *of taxes*, riscossione, esazione delle imposte **5** collezione, raccolta: *he had a large coin* —, aveva una grossa collezione di monete **6** (*inform.*) acquisizione; raccolta **7** *pl.* esami trimestrali (a Oxford ecc.) **8** (*ant.*) significato, comprensione: *her speech is nothing, / yet the unshaped use of it doth move / the hearers to collection*, (SH. Hamlet) parla di niente, eppure il suo parlare sconnesso induce chi l'ascolta a trovarvi un senso.

collective [kə'lektɪv / col·lect·ive] *agg.* collettivo: — *farm*, fattoria collettiva; — *security*, sicurezza collettiva; (*gramm.*) — *noun*, nome collettivo; (*dir.*) — *ownership*, proprietà collettiva // (*econ.*): — *agreement*, contratto collettivo (di lavoro); — *bargaining*, trattative (tra sindacati e datori di lavoro); — *goods*, beni pubblici // **-ly** *avv.*

collectivism [kə'lektɪvɪzəm / col·lect·iv·ism] *s.* collettivismo.

collectivist [kə'lektɪvɪst / col·lect·iv·ist] *agg.* collettivistico: (*econ.*) — *economy*, economia collettivistica ◆ *s.* collettivista.

collectivity [ˌkɒlek'tɪvɪtɪ / col·lec·tiv·ity] *s.* **1** collettività **2** comunità sociale.

to **collectivize** [kə'lektɪvaɪz / col·lec·tiv·ize] *v.tr.* (*pol.*) collettivizzare.

collector [kə'lektə* / col·lector] *s.* **1** raccoglitore; collezionista **2** (*trib.*) esattore; (*amer.*) esattore doganale; (*nell'India coloniale*) funzionario amministrativo distrettuale: — *of taxes*, esattore delle imposte; *rent* —, esattore dell'affitto // (*ferr.*) (*ticket*) —, controllore **3** (*fis.*) collettore.

collectorship [kə'lektəʃɪp / col·lector·ship] *s.* **1** esattoria; distretto esattoriale **2** funzioni dell'esattore; (*nell'India coloniale*) carica di funzionario amministrativo.

colleen ['kɒli:n / col·leen] *s.* (*irl.*) ragazza.

collegatary [kɒlɪ'geɪtərɪ / col·leg·at·ary] *s.* (*dir.*) collegatario.

college ['kɒlɪdʒ / col·lege] *s.* **1** scuola secondaria con internato **2** istituto superiore annesso all'università (ad Oxford, Cambridge ecc.); (*amer.*) università con corsi di laurea quadriennali: — *student*, universitario; *military* —, *naval* —, scuola militare, navale; *missionary* —, seminario missionario; *he has been to* —, è andato all'università // — *try*, (*fam. amer.*) il tutto per tutto **3** collegio (edificio); (*sl. non com.*) prigione **4** collegio, organo consultivo: *the Sacred College of Cardinals*, il Collegio dei Cardinali.

colleger [kɒlɪdʒə* / col·leger] *s.* **1** borsista (a Eton) **2** (*antiq.*) studente universitario.

collegial [kə'li:dʒjəl / col·legial] *agg.* collegiale, di collegio.

collegian [kə'li:dʒjən / col·legian] *s.* **1** membro di un collegio universitario **2** (*sl. non com.*) carcerato.

collegiate [kə'li:dʒɪət / col·legi·ate] *agg.* **1** di collegio; collegiale **2** di studente del college.

collegiate church [kə'li:dʒɪət'tʃɜ:tʃ] *s.* chiesa collegiata.

collegiately [kə'li:dʒɪətlɪ / col·legi·ate·ly] *avv.* collegialmente.

collegium [kə'li:dʒɪəm / col·legium] *pl.* **collegiums**, **collegia** [kə'li:dʒɪə / col·legia] *s.* collegio (dei cardinali).

collet ['kɒlɪt / col·let] *s.* **1** (*mecc.*) anello, colletto; pinza a bussola **2** castone (di gemme).

to **collet** *v.tr.* incastonare (gemme).

to **collide** [kə'laɪd / col·lide] *v.intr.* scontrarsi, urtarsi, cozzare (*anche fig.*): *I collided with him*, ho urtato contro di lui; *the trains collided*, i treni si scontrarono; *we collided head-on over capital punishment*, abbiamo avuto un'accesa discussione sulla pena di morte.

collider [kə'laɪdə* / col·lider] *s.* (*fis. nucleare*) collisionatore.

collie ['kɒlɪ / col·lie] *s.* collie; (cane) pastore scozzese.

collier ['kɒlɪə* / col·lier] *s.* **1** (*non com.*) minatore (di carbone) SIN. miner **2** (nave) carboniera.

colliery ['kɒljərɪ / col·li·ery] *s.* miniera di carbone.

to **colligate** ['kɒlɪgeɪt / col·lig·ate] *v.tr.* collegare.

colligation [ˌkɒlɪ'geɪʃn / col·liga·tion] *s.* collegamento.

to **collimate** ['kɒlɪmeɪt / col·lim·ate] *v.tr.* (*ottica*) far collimare.

collimation [ˌkɒlɪ'meɪʃn] / col·lima·tion] *s.* (*ottica*) collimazione.

collimator ['kɒlɪmeɪtə* / col·lim·ator] *s.* (*ottica*) collimatore.

collinear [kɒ'lɪnjə* / col·lin·ear] *agg.* (*mat.*) collineare, sulla medesima retta.

collineation [ˌkəlɪni:'eɪʃn / col·lin·ea·tion] *s.* (*mat.*) collineazione.

collision [kə'lɪʒən / col·li·sion] *s.* **1** collisione, scontro, urto: *the ships had a* —, le navi ebbero una collisione; *to come into — with*, scontrarsi con // — *course*, rotta di collisione **2** conflitto (d'interessi), urto: *to come into — with s.o.'s interests*, venire a conflitto con gli interessi di qlcu.; *to be in — (with s.o.)*, essere in conflitto (con qlcu.).

collision mat [kə'lɪʒənmæt] *s.* (*mar.*) paglietto turafalle.

to **collocate** ['kɒləʊkeɪt / col·loc·ate] *v.tr.* collocare, sistemare ◆ *v.intr.* (*ling.*) accordarsi.

collocation [ˌkɒləʊ'keɪʃn / col·loca·tion] *s.* collocazione.

collocutor [kə'lɒkjʊtə* / col·loc·utor] *s.* (*non com.*) interlocutore.

collodion [kə'ləʊdjən / col·lo·dion] *s.* (*chim.*) collodio.

colloid ['kɒlɔɪd / col·loid] *s.* (*chim.*) colloide.

colloidal [kə'lɔɪdəl / col·loidal] *agg.* (*chim.*) colloidale.

collop ['kɒləp / col·lop] *s.* (*ant.*) fetta di carne.

colloquial [kə'ləʊkwɪəl / col·lo·quial] *agg.* familiare, d'uso corrente, colloquiale (di parole, frase, stile).

colloquialism [kə'ləʊkwɪəlɪzəm / col·lo·qui·al·ism] *s.* espressione familiare, colloquiale.

colloquially [kə'ləʊkwɪəlɪ / col·lo·qui·ally] *avv.* colloquialmente; nella lingua familiare, parlata; con espressioni familiari, colloquiali.

colloquist ['kɒləkwɪst / col·lo·quist] *s.* (*ant.*) interlocutore.

colloquium [kə'ləʊkwɪəm / col·loquium] *s.* (*rar.*) colloquio; riunione; incontro.

colloquy ['kɒləkwɪ / col·lo·quy] *s.* **1** (*form.*) colloquio, conversazione: *to engage in — with*, entrare in colloquio con **2** (*letter.*) dialogo // *the Colloquies of Erasmus*, i Dialoghi di Erasmo.

collotype ['kɒləʊtaɪp / col·lo·type] *s.* (*fot.*) collotipia.

to **collude** [kə'lu:de / col·lude] *v.intr.* colludere.

collusion [kə'lu:ʒn / col·lu·sion] *s.* collusione (*anche dir.*): *to act in, to enter into — with s.o.*, agire, mettersi in collusione con qlcu.

collusive [kə'lu:sɪv / col·lus·ive] *agg.* collusivo: (*econ.*) — *oligopoly*, oligopolio collusivo // **-ly** *avv.*

colluvium [kə'lu:vɪəm] / col·luvium] *pl.* **colluvia** [kə'lu:vɪə / col·luvia] **colluviums** *s.* (*geol.*) detrito di falda.

to **colly** ['kɒlɪ] *v.tr.* (*ant.*) annerire con fuliggine; (*fig.*) offuscare: *swift as a shadow, short as any dream, / brief as the lightning, in the collied night*, (SH. Midsummer's) fugace come un'ombra, breve come ogni sogno, fulmineo come il lampo nella notte nera; *passion, having my best judgment collied, / assays to lead the way*, (SH. Othello) la collera, offuscandomi la ragione, tenta di prendermi la mano.

collyrium [kə'lɪrɪəm / col·lyrium] *pl.* **collyria** ['kəlɪrɪə / col·lyria] **collyriums** *s.* (*med.*) collirio.

collywobbles ['kɒlɪˌwɒblz / col·ly·wobbles] *s.pl.* (*fam.*) brontolio dello stomaco (da paura, eccitazione ecc.); mal di pancia.

colocynth ['kɒləsɪnθ / co·lo·cynth] *s.* (*bot.*) (*Citrullus colocynthis*) coloquintide.

cologarithm [kəʊ'lɒgərɪðəm / co·log·ar·ithm] *s.* (*mat.*) cologaritmo.

cologne [kə'ləʊn / co·logne] *s.* acqua di colonia.

Colombian [kə'lʌmbɪən / Co·lom·bian] *agg.* e *s.* colombiano.

colon[1] ['kəʊlən / co·lon] *s.* (*anat.*) colon.

colon[2] *s.* (*gramm.*) due punti.

colon[3] *s.* (*rar.*) colono.

colonate [kə'ləʊneɪt / col·on·ate] *s.* (*st. romana*) colonato, servitù della gleba.

colonel ['kɜ:nl / col·on·el] *s.* (*mil.*) colonnello: *lieutenant* —, (GB e USA) tenente colonnello.

colonelcy ['kɜ:nlsɪ / col·on·elcy] **colonelship** ['kɜ:nlʃɪp / col·on·el·ship] *s.* grado di colonnello.

colonial [kə'ləʊnjəl / co·lo·nial] *agg.* coloniale; in particolare, appartenente al periodo coloniale americano ◆ *s.* (*antiq.*) → colonist.

colonialism [kə'ləʊnjəlɪzəm / co·lo·ni·al·ism] *s.* **1** sistema coloniale, colonialismo **2** vita coloniale **3** espressione linguistica coloniale.

colonialist [kə'ləʊnjəlɪst / co·lo·ni·al·ist] *s.* colonialista.

colonist ['kɒlənɪst / col·on·ist] *s.* **1** colono, abitante di colonia **2** colonizzatore.

colonization [,kɒlənaɪ'zeɪʃn *amer.* ,kɒlənɪ'zeɪʃn / col·on·iza·tion] *s.* colonizzazione.

to **colonize** ['kɒlənaɪz / col·on·ize] *v.tr.* e *intr.* colonizzare; fondare una colonia ◆ *v.intr.* **1** colonizzare **2** stabilirsi in una colonia.

colonizer ['kɒlənaɪzə* / col·on·izer] *s.* colonizzatore.

colonnade [,kɒlə'neɪd / col·on·nade] *s.* colonnato.

colonnaded [,kɒlə'neɪdɪd / col·on·naded] *agg.* munito di colonne.

colony ['kɒlənɪ / col·ony] *s.* colonia: *a — of ants*, una colonia di formiche; *a — of bacteria*, una colonia di batteri; *the English — in Florence*, la colonia, la comunità inglese di Firenze.

colophon ['kɒləfən / colo·phon] *s.* (*tip.*) colophon // *from title-page to* —, dalla prima all'ultima pagina.

colophony [kə'lɒfənɪ / co·lo·phony] *s.* colofonia, pece greca.

color e *deriv.* (*amer.*) → **colour** e *deriv.*

Colorado beetle [,kɒlə'rɑ:dəʊ'bi:tl / Col·or·ado beetle] *s.* (*zool.*) (*Doryphora decemlineata*) dorifora della patata SIN. potato beetle.

colorant ['kʌlərənt / col·or·ant] *s.* (*chim.*) colorante.

coloration [,kʌlə'reɪʃn / col·ora·tion] *s.* colorazione.

colorific [,kɒlə'rɪfɪk / col·or·ific] *agg.* **1** colorante **2** (*ant.*) fortemente colorito.

colorimeter [,kʌlə'rɪmɪtə* / col·ori·meter] *s.* (*fis.*) colorimetro.

colorimetric(al) [,kʌlərɪ'metrɪk(l) / col·ori·met·ric·(al)] *agg.* (*chim.*) colorimetrico.

colorimetry [,kʌlə'rɪmətrɪ / col·ori·metry] *s.* (*fis.*) colorimetria.

color line ['kʌlə,laɪn] *s.* (*amer.*) → **colour bar**.

colossal [kə'lɒsl / co·los·sal] *agg.* colossale // **-ly** *avv.*

Colosseum [,kɒlə'sɪəm / Co·los·seum] *s.* Colosseo.

colossus [kə'lɒsəs / co·los·sus] *pl.* **colossi** [kə'lɒsaɪ / co·lossi] **colossuses** [kə'lɒsəsɪz] *s.* colosso // (*archeol.*) *the Colossus of Rhodes*, il colosso di Rodi.

colostomy [kə'lɒstəmɪ / co·los·tomy] *s.* (*med.*) colostomia.

colostrum [kə'lɒstrəm / co·los·trum] *s.* (*med.*) colostro.

colotomy [kə'lɒtəmɪ / co·lo·tomy] *s.* (*med.*) colotomia.

colour ['kʌlə* / col·our] *s.* **1** colore: *fundamental* (o *primary* o *simple*) *colours*, colori fondamentali // *in* (*full*)—, a colori: *an expensive edition in full* —, una costosa edizione tutta a colori **2** colore, materia colorante **3** colorito; carnagione: *a good* —, un bel colorito; *to change* —, (*anche fig.*) mutar colore, diventare di tutti i colori; *to lose, to gain* —, diventar pallido, arrossire; *to have a high* —, avere la pelle molto arrossata; *he was discriminated against because of his* —, fu discriminato per il colore della sua pelle // *to be off* —, (*fam.*) non sentirsi bene; essere depresso **4** aspetto, apparenza: *under the — of legality*, sotto l'apparenza della legalità; *the political — of a newspaper*, il colore politico di un giornale; *to put a false — on things*, presentare le cose sotto una falsa luce; *to see sthg. in its true colours*, vedere qlco. nel suo vero aspetto; *to show one's true colours*, rivelare il proprio vero carattere // *under the — of*, sotto il pretesto di **5** *pl.* colori (di scuola, scuderia, squadra ecc.): *the national colours*, i colori nazionali, la bandiera nazionale; *regimental colours*, la bandiera del reggimento // *to join the colours*, arruolarsi; *to call s.o. to the colours*, chiamare qlcu. sotto le armi; *to come off with flying colours*, riuscire vittorioso (*anche fig.*) // *to desert one's colours*, (*fig. fam.*) abbandonare i propri principi, il proprio posto, il proprio dovere; *to nail one's colours to the mast*, (*fig. fam.*) prendere apertamente una posizione // *to sail under false colours*, navigare sotto falsa bandiera; (*fam.*) farsi passare per quello che non si è // *to stick to one's colours*, (*fig. fam.*) essere fedele ai propri principi // *to win one's colours*, (*sport*) essere scelto come membro di una squadra **6** (*letter.*) colore, atmosfera: *to lend — to a story*, rendere colorito un racconto; *local* —, colore, atmosfera locale **7** (*mar. amer.*) alzabandiera; ammainabandiera ◆ *agg.* **1** a colori; colorato: *a — picture, photo*, TV, un film, una fotografia, una TV a colori; — *printing*, stampa a colori, cromotipia; — *supplement*, supplemento a colori (di giornale) **2** di colore, nero; per gente di colore.

to **colour** *v.tr.* **1** colorare, colorire; tingere; dipingere; macchiare: *he coloured the drawing blue*, egli colorò il disegno di azzurro **2** (*fig.*) colorire; esagerare ◆ *v.intr.* **1** colorirsi (in volto), arrossire **2** mutar colore, colorarsi.
□ **colour up** *v.intr.* e *avv.* arrossire.

colourable ['kʌlərəbl / col·our·able] *agg.* (*non com.*) **1** plausibile, verosimile: — *imitation*, imitazione verosimile **2** ingannevole; specioso // **-ly** *avv.*

colouration [,kʌlə'reɪʃn / col·our·ation] *s.* colorazione.

colour bar ['kʌləbɑ:*] *s.* barriera del colore; segregazione razziale AMER. color line.

colour-blind ['kʌləblaɪnd] *agg.* **1** (*med.*) daltonico **2** (*fam. amer.*) antirazzista; neutrale (al tempo della guerra civile).

colour blindness ['kʌlə,blaɪndnɪs] *s.* (*med.*) acromatopsia; (*estens.*) daltonismo.

colour-coded ['kʌlə'kəʊdɪd] *agg.* codificato a colori.

colour-coding ['kʌlə,kəʊdɪŋ] *s.* codificazione a colori.

coloured ['kʌləd / col·oured] *agg.* **1** colorato; colorito (*anche fig.*); di colore: — *narrative*, (*fig.*) racconto colorito; — *shirt*, camicia colorata; *highly* —, a tinte vivaci; *light* —, di colore chiaro **2** di colore: — *workers*, operai, manodopera di colore ◆ *s.* (*spreg.*) persona di colore.

colourer ['kʌlərə* / col·our·er] *s.* coloritore.

colourfast ['kʌləfɑ:st *amer.* 'kʌləfæst / col·our·fast] *agg.* di colore indelebile; che non stinge.

colourful ['kʌləfʊl / col·our·ful] *agg.* pieno di colore; (*fig.*) pittoresco; vivace, eccitante: — *style*, stile colorito.

colouring ['kʌlərɪŋ / col·our·ing] *s.* **1** colorante, pigmento **2** coloramento; stile, arte di applicare i colori **3** colorito; arrossimento; rossore: *the sudden — of her face*, l'improvviso rossore del suo viso **4** (*fam.*) apparenza: *false* —, falsa apparenza **5** colore politico, tendenza politica.

colourist ['kʌlərɪst / col·our·ist] *s.* colorista.

colourless ['kʌləlɪs / col·our·less] *agg.* **1** senza colore, incolore; pallido **2** (*fig.*) insipido, senza vivacità, senza carattere, molle: — *story, person*, storia, persona insipida, senza vivacità // **-ly** *avv.* // **-ness** *s.*

colour-wash ['kʌləwɒʃ *amer.* 'kʌləwɔ:ʃ] *s.* colore a calce.

coloury ['kʌlərɪ / col·oury] *agg.* di giusto colore (di caffè ecc.).

colporteur ['kɒl,pɔ:tə* / col·por·teur] *s.* (*ant.*) chi vende o distribuisce libri religiosi (per conto di una società).

colposcopy [kɒl'pɒskəpɪ / col·po·scopy] *s.* (*med.*) colposcopia.

colt[1] [kəʊlt] *s.* **1** puledro **2** (*fam.*) persona inesperta, principiante; (*sport*) professionista alle prime armi, praticante (spec. nel cricket) **3** (*mar.*) corda a nodi.

to **colt**[1] *v.tr.* sferzare (con corda a nodi).

Colt[2] *s.* Colt (pistola a ripetizione, revolver).

colter ['kəʊltə*] *s.* (*amer.*) coltro, vomere.

coltish ['kəʊltɪʃ / colt·ish] *agg.* **1** di, da puledro **2** vivace; saltellante.

coltsfoot ['kəʊltsfʊt / colts·foot] *s.* (*bot.*) (*Tussilago farfara*) farfara; (*pop.*) piè d'asino.

coluber ['kɒljʊbə* / col·uber] *s.* (*zool.*) colubro.

columbarium [,kɒləm'beərɪəm / col·um·barium] *pl.* **columbaria** [,kɒləm'beərɪə / col·um·baria] *s.* (*arch.*) colombario.

Columbian [kə'lʌmbɪən / Col·um·bian] *agg.* **1** della Columbia **2** di Cristoforo Colombo.

columbine[1] ['kɒləmbaɪn / col·um·bine] *agg.* (*non com.*) di colomba; simile a colomba.

columbine[2] *s.* (*bot.*) → **aquilegia**.

columbite [kə'lʌmbaɪt / co·lumb·ite] *s.* (*min.*) columbite.

columbium [kə'lʌmbɪəm / co·lum·bium] *s.* (*chim.*) columbio, niobio.

column ['kɒləm / col·umn] *s.* **1** colonna

(*anche fig.*): — *of figures, mercury, smoke*, colonna di numeri, mercurio, fumo // (*mat.*) — *vector*, vettore colonna // (*inform.*) — *marker*, margine graduato // (*aer.*) (*control*) —, barra (di comando) a volante **2** (*arch.*) colonna: *Doric* —, colonna dorica **3** cronaca di giornale; rubrica; colonna: *sports* —, rubrica sportiva: *he writes the sports* —, tiene la rubrica sportiva; *the headline ran across six columns*, il titolo occupava sei colonne **4** (*mil.*) colonna: *to march, move in two columns*, marciare, muoversi su due colonne // *fifth* —, quinta colonna **5** (*anat.*) *spinal* —, colonna vertebrale.

columnar [kəˈlʌmnə* / co·lum·nar] *agg.* **1** a forma di colonna **2** colonnato, formato da colonne; (*tip.*) stampato in colonne.

columned [ˈkɒləmd / col·umned] *agg.* (*arch.*) a colonne; con colonne.

columniform [kəˈlʌmnɪfɔ:m / col·um·ni·form] *agg.* a forma di colonna, colonnare.

columnist [ˈkɒləmnɪst / col·um·nist] *s.* **1** giornalista che cura una rubrica; cronista mondano **2** (*pol.*) *fifth* —, collaborazionista.

colure [kəˈljʊə* / co·lure] *s.* (*astr.*) coluro.

colza [ˈkɒlzə] *s.* (*bot.*) (*Brassica napus arvensis*) colza.

com- → **co-** 1.

coma[1] [ˈkəʊmə] *s.* (*med.*) coma.

coma[2] *pl.* **comae** [ˈkəʊmi: / co·mae] *s.* **1** (*astr.*) chioma (di cometa) **2** (*bot.*) chioma; ciuffo di peli (sul seme); grappolo di brattee (nell'ananas ecc.).

Comanches [kəˈmæntʃi:z / Co·man·ches] *no.pr.pl.* comanci (tribù pellerossa).

comate [ˈkəʊmeɪt / com·ate] *agg.* (*bot.*) chiomato.

comatose [ˈkəʊmətəʊz / co·ma·tose] *agg.* comatoso.

comb [kəʊm] *s.* **1** pettine: *hair* —, pettine per capelli // *to go through sthg. with a fine-tooth* —, (*fig.*) esaminare, vagliare qlco. con attenzione, passare al pettine qlco. **2** pettinata: *to give one's hair a* —, darsi una pettinata **3** (*ind. tess.*) pettine; cardo **4** cresta (di gallo, collina, onda ecc.) **5** favo.

to **comb** *v.tr.* **1** pettinare; strigliare: *to* — (*down*) *a horse*, strigliare un cavallo; *to* — *one's hair*, pettinarsi **2** (*ind. tess.*) pettinare, cardare **3** (*fig.*) perlustrare; rastrellare; setacciare: *we have combed the house for that book*, abbiamo setacciato la casa in cerca di quel libro ◆ *v.intr.* frangersi (di onde).

□ **comb out** *v.tr.* e *avv.* **1** pettinare, rimuovere con il pettine (nodi ecc.) **2** (*fig.*) eliminare, rimuovere: *we must* — *out all shirkers from the workforce*, dobbiamo eliminare tutti gli scansafatiche dall'organico.

combat [ˈkɒmbæt / com·bat] *s.* combattimento; battaglia; lotta, conflitto // *single* —, duello.

to **combat** *v.tr.* combattere ◆ *v.intr.* **1** combattere **2** (*fig.*) lottare (contro malattia, pregiudizio ecc.).

combatable [ˈkɒmbətəbl / com·bat·able] *agg.* combattibile.

combatant [ˈkɒmbətənt / com·bat·ant] *agg.* e *s.* combattente.

combative [ˈkɒmbətɪv / com·bat·ive] *agg.* combattivo, battagliero // **-ly** *avv.*

combativeness [ˈkɒmbətɪvnɪs / com·bat·ive·ness] **combativity** [ˌkɒmbəˈtɪvɪtɪ / com·bat·iv·ity] *s.* combattività; aggressività.

combe [ku:m] → **coomb(e)**.

comber [ˈkəʊmə*] *s.* **1** (*tess.*) pettinatore **2** (*tess.*) (macchina) pettinatrice **3** frangente (onda lunga).

combination [ˌkɒmbɪˈneɪʃn / com·bina·tion] *s.* **1** combinazione (*anche chim., fis., mat.*): — *of sounds, atoms, circumstances*, combinazione di suoni, atomi, circostanze; *have you got the* — *for the safe?*, conosci la combinazione della cassaforte? // — *lock*, serratura a combinazione **2** associazione, federazione, lega: *right of* —, diritto di associazione // — *room*, sala di ritrovo (nei college a Cambridge) **3** (*econ.*) concentrazione, fusione di imprese: — *of producers*, concentrazione industriale **4** (*agr.*) associazione, consociazione **5** *pl.* (*abbigl.*) (*pair of*) *combinations*, combinazione (capo di biancheria femminile) **6** (*aut.*) sidecar.

combinative [ˈkɒmbɪnətɪv / com·bin·at·ive] *agg.* combinabile.

combinatorial [ˌkəmbɪnəˈtɔ:rɪəl / com·bin·at·or·ial] *agg.* (*mat.*) combinatorio: — *analysis*, analisi combinatoria, calcolo combinatorio.

combinatorics [ˌkəmbɪnəˈtɔ:rɪks / com·bin·at·or·ics] *s.* ⊡ (*mat.*) (topologia) combinatoria.

combinatory [ˈkɒmbɪnətərɪ / com·bin·at·ory] → **combinative**.

combine [ˈkɒmbaɪn / com·bine] *s.* **1** associazione (*anche comm.*) **2** (*econ.*) cartello, sindacato, concentrazione industriale **3** (*mecc.*) mietitrebbia.

to **combine** [kəmˈbaɪn] *v.tr.* **1** combinare, mettere insieme, unire: *she combined beauty with intelligence*, univa la bellezza all'intelligenza **2** (*chim.*) combinare (più elementi) **3** (*econ.*) concentrare ◆ *v.intr.* **1** combinarsi; unirsi **2** (*chim.*) combinarsi: *oxygen and hydrogen* — *to make water*, l'ossigeno e l'idrogeno si combinano per formare l'acqua **3** (*econ.*) concentrarsi (di aziende).

combined [kəmˈbaɪnd / com·bined] *agg.* **1** combinato, unito, messo insieme: — *efforts*, sforzi combinati; (*mil. mar.*) — *operations*, operazioni combinate // (*econ.*) — *capital account*, conto consolidato della formazione del capitale (nella contabilità nazionale) **2** (*chim.*) combinato: — *carbon*, carbonio combinato.

combine harvester [ˈkɒmbaɪnˈhɑ:vəstə*] → **combine** 3.

combing [ˈkəʊmɪŋ / comb·ing] *s.* **1** (*tess.*) pettinatura: — *waste*, cascame di pettinatura **2** *pl.* capelli strappati dal pettine.

combing machine [ˈkəʊmɪŋməˈʃi:n] *s.* (*tess.*) (macchina) pettinatrice.

comb jelly [ˈkəʊm,dʒelɪ] *s.* (*zool.*) ctenoforo → **ctenophore**.

combo [ˈkɒmbəʊ] *s.* (*fam. amer.*) (abbr. di *combination*) **1** combinazione di cose diverse (spec. cibi): — *plate*, piatto misto **2** piccolo complesso jazz.

to **combust** [kəmˈbʌst / com·bust] *v.tr.* (*chim.*) bruciare; sottoporre a combustione ◆ *v.intr.* (*chim.*) **1** bruciare; subire una combustione **2** (*tecn.*) entrare in combustione; bruciare, prendere fuoco.

combustibility [kəm,bʌstəˈbɪlətɪ / com·bust·ib·il·ity] *s.* (*form.*) combustibilità.

combustible [kəmˈbʌstəbl / com·bust·ible] *agg.* (*form.*) **1** combustibile; infiammabile **2** (*fig.*) irascibile ◆ *s.* combustibile.

combustion [kəmˈbʌstʃən / com·bus·tion] *s.* combustione: *spontaneous* —, autocombustione // — *chamber*, camera di combustione // *internal* — *engine*, motore a combustione interna.

combustive [kəmˈbʌstɪv / com·bust·ive] *agg.* (*chim.*) comburente.

to **come** [kʌm] *pass.* **came** [keɪm] *p.p.* **come** *v.intr.* **1** venire: — *here, please*, vieni qui, per piacere; *he said he would* — *tomorrow*, disse che sarebbe venuto domani; *would you like to* — *to the football match with me?*, ti va di venire alla partita (di calcio) con me?; *a woman comes twice a week to clean the house*, due volte alla settimana viene una donna a pulire la casa; *will you* — *for lunch or for dinner?*, vieni a pranzo o a cena? // *to take life as it comes*, prendere la vita come viene // — *and get it!*, (*fam.*) a tavola! **2** arrivare, giungere (*anche fig.*): *he came last night by the 11 p.m. train*, è arrivato la notte scorsa col treno delle 11; *I'll wait till he comes*, lo aspetterò finché arriva; *spring came late this year*, la primavera è arrivata tardi quest'anno; *the time has* — *for me to retire*, è giunto il tempo che io vada in pensione; *the news of his resignation came as a surprise to everybody*, la notizia delle sue dimissioni giunse a tutti inaspettata; *coming to the third point on the agenda...*, arrivando al terzo punto dell'ordine del giorno... // *to* — *first, last*, arrivar primo, ultimo // *to* — *to be*, diventare: *he came to be a famous artist*, è diventato un artista famoso // *at the end I came to believe him*, alla fine gli ho creduto; *in time you'll* — *to like your new job*, col tempo il tuo nuovo lavoro ti piacerà // *'no' is not the answer I've* — *to expect from him*, 'no' non è la risposta che mi aspetterei da lui // *she is coming on fifteen*, (*fam.*) va per i quindici anni **3** (*gener. con agg.*) divenire: *to* — *true*, realizzarsi (di desiderio ecc.); *to* — *right*, aggiustarsi, andare a posto; *to* — *untied, unstitched*, slegarsi, scucirsi **4** accadere, verificarsi: *how did you* — *to know that?*, come sei venuto a saperlo?; *how* — *you didn't go there too?*, (*fam.*) come mai non ci sei andato anche tu?; — *what may, I'll be away for the weekend*, qualunque cosa avvenga, andrò via per il weekend; *how did this* — *to pass?*, come è potuto accadere? **5** essere offerto sul mercato; essere posto in vendita: *this article only comes in two colours*, questo articolo c'è solo in due colori; *it's a nice house and it comes cheap*, è una bella casa e chiedono poco; *each camera comes with a leather case*, la macchina fotografica viene venduta completa di custodia di cuoio **6** trovarsi, figurare: *it comes under another heading*, figura sotto un'altra intestazione; *on what page does it* —*?*, a quale pagina si trova?

◆ FRASEOLOGIA: *to* — *natural*, venire naturale, spontaneo // *to* — *easy*, riuscir facile // — *tomorrow...*, domani... // *time to* —, nel futuro; *for three months to* —, ancora per tre mesi; *a week* — *Monday*, (*fam.*) lunedì sarà una settimana // — *to think of it*, — *to that*, (*fam.*) adesso che ci penso; per la verità: *I haven't seen him for ages... or his wife,* — *to that*, sono secoli che non lo vedo e, a pensarci bene, neanche sua moglie // *don't* — *the...*, (*fam.*) non fare..., non atteggiarti a...: *don't — the big boss with me!*, non fare il boss con me! // *I had it coming to me*, lo meritavo // *as pretty, as intelligent as they —*, (*fam.*) molto belle, molto intelligenti // *— on smile, look*, sorriso, sguardo ammiccante.

□ **come about** *v.intr.* e *avv.* **1** accadere, avvenire: *it came about in this way...*, è accaduto così...; *how did it — about?*, come è successo? **2** (*mar.*) cambiare direzione.

□ **come across** *v.intr.* e *prep.* imbattersi in: *fancy coming across you here!*, pensa un po', incontrarti qui! ◆ *v.intr.* e *avv.* **1** dare l'impressione di essere, risultare: *she wasn't coming across as the intelligent person I thought*, non dava l'impressione di essere intelligente come credevo **2** (*with*) (*fam.*) dare, tirar fuori: *a generous father who would — across with a few hundred pounds when needed*, un padre generoso che sapeva all'occorrenza tirar fuori qualche centinaio di sterline.

□ **come after** *v.intr.* e *prep.* **1** seguire, venire dopo: *what comes after the spaghetti?*, che cosa c'è dopo gli spaghetti? **2** (*fam.*) inseguire SIN. to be after.

□ **come again** *v.intr.* e *avv.* ritornare // *— again!*, (*fam.*) come?, ripeti!

□ **come along** *v.intr.* e *avv.* **1** presentarsi; offrirsi: *he came along unexpectedly*, è arrivato del tutto inaspettato; *when the opportunity came along he didn't miss it*, quando l'occasione si presentò non se la lasciò sfuggire **2** [*all'imper.*] fare in fretta, affrettarsi: *— along* (o *on*) *Mary, it's late*, affrettati Mary, è tardi // *— along* (o *on*)*! I'm sure you know the answer*, suvvia! sono sicuro che sai la risposta **3** progredire; fare progressi: *how is your German coming along* (o *on*)*?*, come va il tuo tedesco?; *she is beginning to — along in German*, incomincia a fare progressi in tedesco; *how is the tea coming along?*, a che punto è il tè? SIN. to come on **4** crescere, venire su (di piante): *tomatoes are coming along* (o *on*) *well*, i pomodori stanno venendo su bene **5** venire (per partecipare a qlco.): *tell your brother to — along to the party*, dì a tuo fratello di venire alla festa; *I'll — along with you, if I'm free*, verrò con te se non avrò impegni.

□ **come apart** *v.intr.* e *avv.* andare a pezzi // *to — apart at the seams*, (*fam.*) crollare a pezzi.

□ **come around** *v.intr.* e *avv.* **1** venire, far visita: *our agent will — around tomorrow*, il nostro agente verrà da lei domani **2** → to come round 2.

□ **come at** *v.intr.* e *prep.* **1** attaccare, assalire **2** arrivare a, raggiungere.

□ **come away** *v.intr.* e *avv.* **1** venir via, staccarsi **2** venir via, allontanarsi (da un luogo) **3** (*scoz.*) (*solo imper.*) entra! vieni dentro SIN. to come in.

□ **come back** *v.intr.* e *avv.* **1** ritornare (*anche fig.*) **2** ritornare di moda **3** rispondere.

□ **come before** *v.intr.* e *prep.* **1** precedere, venire prima di **2** (*dir.*) comparire.

□ **come between** *v.intr.* e *prep.* interferire con, intromettersi fra.

□ **come by** *v.intr.* e *prep.* **1** passare; avanzare **2** ottenere, procacciarsi: *it isn't easy to — by a job*, non è facile trovare un lavoro; *how did you — by that bruise?*, come ti sei fatto quel livido?

□ **come down** *v.intr.* e *avv.* **1** scendere, venir giù: *— down from that chair!*, scendi da quella sedia! // *to — down in the world*, scendere, peggiorare come tenore di vita // *to — down to earth*, tornare alla realtà **2** venire giù, crollare (di costruzione); venir giù (di acqua, neve ecc.); precipitare (di aereo); scendere, calare (di prezzi) **3** arrivare, venire (gener. da una località situata a nord di chi parla): *she came down from York last week*, è arrivata da York la settimana scorsa **4** finire l'università (spec. quella di Oxford e Cambridge); laurearsi: *so you came down from Oxford in 1964?*, allora ti sei laureato a Oxford nel 1964?; *he came down with a mediocre degree in science*, si è laureato mediocremente in scienze **5** (*on*) (*fam.*) essere severo con; rimproverare; criticare aspramente: *the judge came down hard* (*on him*), il giudice è stato severo (con lui) **6** (*on*) (*fam.*) chiedere del denaro (a), rivalersi (su): *you can — down on him for the damages*, puoi rivalerti dei danni su di lui **7** (*to*) ridursi (a): *it all comes down to a problem of money*, tutto si riduce a un problema di soldi // *when it comes down to...*, quando si tratta di... **8** (*with*) (*fam.*) prendere (una malattia): *he came down with a bad cold*, si è preso un brutto raffreddore.

□ **come forward** *v.intr.* e *avv.* **1** farsi avanti **2** (*with*) presentare; suggerire; portare in discussione (proposta, argomento, problema): *to — forward with an idea*, proporre un'idea.

□ **come from** *v.intr.* e *prep.* **1** provenire da: *where do you — from?*, di dove sei? **2** risultare (da), venir fuori (da): *I hope something good will — from* (o *of*) *it*, spero che ne verrà fuori qualcosa di buono.

□ **come in** *v.intr.* e *avv.* **1** entrare; arrivare, sopraggiungere: *— in, John*, entra, John; *news has just — in of an aircrash in South Africa*, ci è appena giunta notizia di una sciagura aerea in Sudafrica // *— in, Stevenson!*, (*nelle trasmissioni radio*) a te il microfono, Stevenson; (*nelle comunicazioni con ricetrasmittenti*) rispondi, Stevenson // *to — in handy* (o *useful*), tornar utile // *to — in pat*, rispondere senza esitazione e al momento giusto // *perhaps, when my ship comes in...*, forse quando sarò ricco... **2** diventare di moda **3** essere di stagione (di prodotto vegetale o animale): *peaches haven't — in yet*, le pesche non ci sono ancora **4** salire al potere (di governo, uomo politico) **5** (*sport*) piazzarsi, arrivare: *he came in third*, si è piazzato al terzo posto **6** arrivare (come rendita, entrata): *his wife has a few thousand a year coming in from bonds*, sua moglie ha una rendita annuale di alcune migliaia di sterline da titoli **7** entrarci, avere a che fare: *this is where you — in: you must find the money*, e qui entri in ballo tu, devi procurare il denaro **8** montare (di marea) **9** (*for*) andare incontro a; attrarre, attirare: *to — in for a great deal of criticism*, attirare molte critiche **10** unirsi a, prender parte (a un affare): *he asked me if I wanted to — in on the project*, mi chiese se volevo partecipare al progetto // *to — in on the ground floor*, (*fam.*) prender parte (a un affare) fin dall'inizio.

□ **come into** *v.intr.* e *prep.* **1** entrare [cfr. to come in]: *John came into the kitchen*, John entrò in cucina // *money doesn't — into it*, il denaro non c'entra **2** ereditare.

◆ FRASEOLOGIA: *to — into action, blossom, contact, sight ecc.* → action, blossom, contact, sight ecc.

□ **come of** *v.intr.* e *prep.* **1** provenire: *he comes of a good family*, è di buona famiglia **2** → to come from 2.

□ **come off** *v.intr.* e *avv.* **1** [anche *v.intr.* e *prep.*] staccarsi, venir via; cadere: *she came off her horse*, cadde da cavallo // *— off it!*, (*fam.*) smettila!, piantala! **2** (*fam.*) aver luogo, verificarsi: *the meeting came off as planned*, l'incontro ebbe luogo come stabilito **3** (*fam.*) riuscire, aver successo: *it was a good idea but it didn't — off*, l'idea era buona ma non ha funzionato **4** (*fam.*) uscirne (bene, male o simili): *I didn't — off badly in the end*, non ne sono uscito male alla fine **5** cessare di essere in programma (di film, opera teatrale) ◆ *v.intr.* e *prep.* **1** venir fuori (da); lasciare: *it was very late when he came off the job*, era molto tardi quando ha lasciato l'ufficio; *he has just — off a very difficult case*, è appena uscito da un caso molto difficile **2** smettere (di bere, drogarsi ecc.): *to — off the bottle*, diventare astemio **3** essere tolto, essere abolito da.

□ **come on** *v.intr.* e *avv.* **1** → to come along 2, 3, 4, 5 **2** sopraggiungere: *a storm, a cold is coming on*, c'è in arrivo un temporale, un raffreddore; *then snow came on*, poi sopraggiunse la neve **3** (*sport*) entrare in campo; (*cricket*) entrare in azione come lanciatore **4** (*teatr.*) entrare in scena **5** andare in scena (di opera teatrale); apparire sullo schermo, venir proiettato **6** accendersi: *the gas came on*, il gas si accese **7** (*dir.*) comparire in giudizio: *to — on for trial*, comparire davanti alla corte **8** (*to*) passare a discutere: *let's — on to the other point*, passiamo a discutere il punto seguente **9** *— on in, out, round, up*, forme rafforzative di → come in, come out ecc. // *come on in, the water's fine!*, (*fig.*) unisciti a noi! ◆ *v.intr.* e *prep.* **1** imbattersi (in): *to — (up)on s.o., sthg.*, imbattersi in qlcu., in qlco. **2** capitare a: *many misfortunes came (up)on the party during that journey*, molti contrattempi capitarono al gruppo durante il viaggio.

□ **come out** *v.intr.* e *avv.* **1** uscire: *he didn't want to — out with me for a walk*, non volle uscire con me per una passeggiata; *I saw him coming out of the cinema*, l'ho visto uscire dal cinema; *when do the results — out?*, quando usciranno i risultati? // *to — out well, badly, of sthg.*, (*fam.*) uscirne bene, male // *to — out in the wash*, (*fam.*) aggiustarsi alla fine (di situazione ecc.) // *to — out on the right, wrong side*, uscirne bene, male **2** uscire (di prigione) **3** uscire, apparire; essere pubblicato (di libro) **4** essere rivelato, reso pubblico (di fatto, notizia) **5** (*form.*) debuttare (in società) **6** apparire, sorgere (di astro) **7** essere evidenziato, messo in evidenza (di particolare, dettaglio) **8** originare, avere origine; derivare **9** riuscire, risultare: *the photo didn't — out well*, la fotografia non è riuscita (bene) **10** classificarsi, piazzarsi: *my brother came out second in the exam*, mio fratello è risultato secondo all'esame **11** (*brit.*) scioperare, scendere in sciopero **12** andar via, scomparire (di macchia) **13** schierarsi, prendere posizione: *he came out clearly against the new law*, manifestò chiaramente la sua opposizione alla nuova legge; *the paper came out for the Conservatives*, il giornale si schierò dalla parte dei Conservatori **14** (*at*) ammontare a: *the cost comes out at 50 pounds*, il costo ammonta a, è di 50 sterline **15** (*in*) ricoprirsi (di): *I can't eat chocolate, I — out in a rash*, non posso mangiare cioccolato, mi esce uno sfogo **16** (*bot.*) sbocciare.

□ **come over** *v.intr.* e *prep.* **1** succedere, capitare: *I've never seen you like that! What's — over you?*, non ti ho mai visto così. Che cosa ti è preso? **2** (*fam.*) cercare di impressionare:

his coming the big manager over me, makes me laugh!, mi fa proprio ridere quando cerca di impressionarmi con le sue arie da grande manager! ◆ *v.intr.* e *avv.* **1** venire a trovare: *he said he will — over for Easter*, disse che verrà a trovarci per Pasqua **2** giungere, arrivare (in un paese) **3** (*fam.*) (*seguito da agg.*) diventare: *I thought of what I'd done and came over quite depressed*, pensai a quello che avevo fatto e mi sentii alquanto depresso **4** cambiare bandiera; passare dall'altra parte **5** → to come across 2.

□ **come round** *v.intr.* e *avv.* **1** verificarsi, cadere (di festività): *Christmas comes round next week*, Natale è la prossima settimana **2** rinvenire, ritornare in sé (dopo uno svenimento), riprendere conoscenza SIN. to come to, to come around **3** (*fam.*) tornare di buon umore **4** cambiare opinione; adattarsi a un altro punto di vista: *he'll — round to our way of thinking in the end*, alla fine si adatterà al nostro punto di vista **5** (*fam.*) decidersi (a fare qlco.): *when he eventually came round to writing the letter he found out he didn't have her new address*, quando alla fine si decise a scriverle si rese conto di non avere il suo nuovo indirizzo **6** venire a casa di qlcu.; venire a trovare.

□ **come through** *v.intr.* e *avv.* o *prep.* superare (una malattia, una crisi e simili) ◆ *v.intr.* e *avv.* **1** arrivare: *a message came through from London*, arrivò un messaggio da Londra // *I was about to go home when the boss came through on the phone*, stavo per andare a casa quando è arrivata una telefonata dal capo **2** rivelarsi, apparire (attraverso qlco.).

□ **come to** *v.intr.* e *avv.* **1** rinvenire SIN. to come (a)round **2** (*mar.*) fermarsi (di imbarcazione) ◆ *v.intr.* e *prep.* **1** ammontare a SIN. to come out 4: *it comes to 5 pounds*, fanno 5 sterline **2** affrontare: *he came to the problem with a new approach*, affrontò il problema da un nuovo punto di vista.

□ **come together** *v.intr.* e *avv.* riconciliarsi.

□ **come under** *v.intr.* e *prep.* **1** essere sotto; dipendere: *our office will — under the new department*, il nostro ufficio dipenderà dal nuovo dipartimento **2** trovarsi sotto; finire sotto: *suddenly we came under the enemy fire*, all'improvviso ci trovammo sotto il fuoco del nemico // *to — under the knife*, finire sotto i ferri (subire un intervento chirurgico) // *to — under the hammer*, finire all'asta **3** essere trattato sotto; essere catalogato sotto: *this information will — under the heading 'card games'*, troverai questa informazione nella voce 'giochi di carte'.

□ **come up** *v.intr.* e *avv.* **1** salire: *tell him to — up, please*, ditegli di salire, per favore **2** arrivare, giungere (*anche fig.*): *water came up to the first floor*, l'acqua arrivò al primo piano; *to — up to retirement age*, raggiungere l'età della pensione; *he didn't — up to expectations*, non ha risposto alle aspettative **3** venire (nel luogo dove è chi parla): *he came up to Milan last month*, è venuto a Milano il mese scorso **4** sorgere (di astro) **5** spuntare (di pianticella, germoglio) **6** essere sollevato, menzionato (di argomento): *the question of pollution will probably — up at the next meeting*, il problema dell'inquinamento sarà probabilmente sollevato al prossimo incontro; *his name came up for the job*, è stato fatto il suo nome per quel lavoro **7** comparire in giudizio; essere dibattuto: *to — up at the assizes*, comparire in assise **8** presentarsi (di opportunità ecc.) **9** essere estratto, essere sorteggiato **10** imbattersi (in), scontrarsi (con): *he came up against strong opposition*, si è imbattuto in una forte opposizione **11** presentarsi: *to — up for auction*, andare all'asta; *to — up for sale*, essere posto in vendita **12** avvicinarsi (a): *the young man came up (to me) with a smile on his face*, il giovanotto (mi) si avvicinò con un sorriso **13** (*fam.*) venir fuori, saltar fuori (con un'idea ecc.): *he came up with the right answer*, saltò su con la risposta giusta **14** aumentare, crescere: *the light came up*, la luce aumentò.

□ **come upon** *v.intr.* e *prep.* → to come on.

comeback ['kʌmbæk / come·back] *s.* **1** ritorno **2** recupero (di salute, successo ecc.); rimonta **3** risposta pronta, arguta **4** (*austr.*) pecora nata dall'incrocio di un mezzo merino con un'altra razza.

comedian [kə'mi:djən / co·median] *s.* (*teatr.*) autore, attore di commedie; comico (di rivista).

comedienne [kə,meɪdɪ'en / co·medi·enne] *s.* (*teatr.*) attrice di commedia; attrice comica.

comedo ['kɒmədəʊ / com·edo] *pl.* **comedos, comedones** [,kɒmə'dəʊni:z / com·edones] *s.* (*med.*) comedone.

comedown ['kʌmdaʊn / come·down] *s.* **1** passo indietro; crollo, rovescio finanziario, rovina **2** (*fam.*) delusione: *the last concert they did was a real —!*, l'ultimo concerto è stato una vera delusione.

comedy ['kɒmɪdɪ / com·edy] *s.* **1** commedia: *— of manners*, commedia di costume // *musical —*, commedia musicale **2** umorismo: *there's plenty of — in 'Catch 22', but it's all black*, c'è molto umorismo in 'Comma 22', ma è umorismo nero // *'The Divine Comedy'*, 'La Divina Commedia' // *the human —*, la commedia umana.

come-hither [,kʌm'hɪðə*] *agg.* (*fam.*) invitante, allettante.

comeliness ['kʌmlɪnɪs / come·li·ness] *s.* **1** (*antiq.*) avvenenza, grazia, bellezza **2** (*rar.*) decenza, convenienza.

comely ['kʌmlɪ] *agg.* (*antiq.*) **1** avvenente, grazioso (di persona), bello **2** decoroso, conveniente (di comportamento).

come-on ['kʌmɒn] *s.* (*fam.*) **1** offerta allettante, invitante // *to give s.o. the —*, adescare qlcu. **2** truffa.

come-outer [kʌm'aʊtə*] *s.* (*fam. amer.*) secessionista, dimissionario da partito ecc.

comer ['kʌmə*] *s.* **1** chi viene // *open to all comers*, (gara) aperta a tutti **2** sfidante **3** (*sl. amer.*) persona promettente; persona emergente.

comestible [kə'mestɪbl / com·est·ible] *agg.* commestibile ◆ *s. gener. pl.* commestibili.

comet ['kɒmɪt] *s.* cometa.

cometary ['kɒmɪtərɪ / comet·ary] **cometic** [kə'metɪk] *agg.* di cometa, simile a cometa.

come-uppance [kʌm'ʌpəns] *s.* (*sl.*) punizione meritata.

comfit ['kʌmfɪt / com·fit] *s.* (*antiq.*) candito; confetto.

comfort ['kʌmfət / com·fort] *s.* **1** conforto, consolazione: *that's at least one —*, questa almeno è una consolazione; *to be a great — to s.o.*, essere di grande conforto per qlcu. // *that is cold —*, è una magra consolazione; *be of good —!*, fatevi coraggio! // *it is too close for —*, c'è poco da scherzare **2** comfort, agio, comodità, benessere; agiatezza: *to live in —*, vivere nell'agiatezza // *creature comforts*, comodità // *— station*, (*amer.*) gabinetto pubblico **3** (*amer.*) → comforter 3.

to **comfort** *v.tr.* **1** confortare, consolare; ridare coraggio, speranza a: *to — s.o. for a loss*, consolare qlcu. per una perdita **2** (*ant.*) ristorare, ricreare (di bevande ecc.).

comfortable ['kʌmfətəbl / com·fort·able] *agg.* **1** comodo, confortevole: *it is so — here*, si sta tanto bene qui; *this is a — house*, questa è una casa comoda; *to be* (o *to feel*) *—*, sentirsi a proprio agio; *to make oneself —*, mettersi a proprio agio **2** agiato, benestante **3** stazionario (di salute) **4** facile, comodo: *a — job*, un lavoro facile.

comfortably ['kʌmfətəblɪ / com·fort·ably] *avv.* comodamente, confortevolmente // *to be — off*, essere in buone condizioni finanziarie.

comforter ['kʌmfətə* / com·forter] *s.* **1** consolatore, confortatore // *the Comforter*, lo Spirito Santo **2** lunga sciarpa di lana **3** (*amer.*) trapunta **4** tettarella, succhiotto.

comforting ['kʌmfətɪŋ / com·fort·ing] *agg.* confortante, consolante: *— words*, parole confortanti.

comfortless ['kʌmfətlɪs / com·fort·less] *agg.* **1** scomodo: *a — room*, una stanza poco accogliente **2** sconsolato.

comfrey ['kʌmfrɪ / com·frey] *s.* (*bot.*) (*Symphytum officinale*) consolida maggiore SIN. lark-heel, larkspur.

comfy ['kʌmfɪ] *agg.* (*fam.*) abbr. di → **comfortable**.

comic ['kɒmɪk] *agg.* comico; appartenente a commedia; umoristico; buffo: *— scene*, scena comica; *to see the — side of sthg.*, vedere il lato comico di qlco.; *— opera*, opera buffa ◆ *s.* **1** il ridicolo, il comico **2** attore comico; comico (in un cabaret) **3** giornaletto a fumetti; *pl.* pagina dei fumetti: *— strip*, striscia (di fumetti).

comical ['kɒmɪkəl / com·ical] *agg.* comico, ridicolo; buffo; (*iron.*) assurdo // **-ly** *avv.*

comicality [,kɒmɪ'kælɪtɪ / com·ic·al·ity] *s.* comicità.

comic book ['kɒmɪkbʊk] *s.* giornaletto, libro di fumetti.

Cominform ['kɒmɪnfɔ:m / Com·in·form] *s.* (*pol.*) Cominform.

coming ['kʌmɪŋ / com·ing] *agg.* **1** prossimo, futuro: *the — storm*, la tempesta imminente; *the — year*, l'anno prossimo **2** promettente: *he is a — man*, è un uomo promettente ◆ *s.* **1** venuta, arrivo: *the — to the throne*, l'ascesa al trono; *I remember his — home*, mi ricordo del suo arrivo a casa // *— and going*, andirivieni: *what do these comings and goings mean?*, che cosa significa questo andirivieni? // *— of age*, il diventar maggiorenne **2** (*relig.*) avvento.

coming in [,kʌmɪŋ'ɪn] *pl.* **comings in** *s.* arrivo; entrata.

coming out [,kʌmɪŋ'aʊt] *pl.* **comings out** *s.* **1** debutto in società **2** (*fam.*) il rivelarsi, dichiararsi omosessuale **3** lo schiudersi (dei fiori) **4** (*Borsa*) emissione di titoli.

Comintern ['kɒmɪntɜ:n / Com·in·tern] *s.* (*pol.*) Comintern.

comity ['kɒmɪtɪ / com·ity] *s.* (*form.*) cortesia, gentilezza: *his — of manner*, il suo modo gentile // *— of nations*, rispetto reciproco di leggi e costumi; (*fam.*) le nazioni amiche.

comma ['kɒmə] *s.* **1** virgola: *inverted commas*, virgolette: *in* (o *between*) *inverted commas*, tra virgolette // (*med.*) *— bacillus*, vibrione (del colera), bacillo virgola **2** (*mus.*) comma **3** (*ant.*) piccola interruzione: *as peace should still her wheaten garland wear / and stand a comma 'tween their amities*, (SH. Hamlet) perché la pace porti ancora la sua ghirlanda di grano e nella loro amicizia non vi sia alcuna pausa.

command [kə'mɑ:nd *amer.* kə'mænd / com·mand] *s.* **1** comando, ordine, istruzione: *to be at s.o.'s —*, essere agli ordini di qlcu.; *to do sthg. at* (o *by*) *s.o.'s —*, fare qlco. per ordine di qlcu. // (*econ.*) *— economy*, economia dirigistica // *at —*, a disposizione, disponibile **2** (*mil.*) comando: *under* (*the*) *— of*, sotto il comando di; *to be in — of an army*, avere il comando di un esercito; *to get a —*, ricevere un comando // *the Higher Command*, il Comando Supremo **3** truppe; zona militare al comando di qlcu.: *he was loved by his —*, era amato dalle sue truppe **4** padronanza, dominio (*anche fig.*): *— of language*, facilità d'espressione; *his — of French*, la sua padronanza del francese; *— of the seas*, dominio dei mari; (*econ.*) *— of the market*, controllo del mercato; *to have — over* (o *to be in — of*) *oneself*, avere padronanza di sé; *to have sthg. at one's —*, avere la padronanza di qlco.

to **command** *v.tr.* **1** (IV) comandare, ordinare; esercitare un potere, un'autorità: *to — s.o. to do sthg.*, ordinare a qlcu. di fare qlco.: *I commanded him to go*, gli ordinai di andare // *yours to —*, ai vostri servigi **2** (*mil.*) comandare (un reggimento, una nave ecc.) **3** (*fig.*) dominare, controllare: *castle that commands a view over the valley*, castello che domina la vallata; *to — the market*, avere il controllo del mercato; *to — one's passions, oneself*, dominare le proprie passioni, se stesso **4** ispirare, accattivarsi: *to — admiration, respect, sympathy etc.*, suscitare ammirazione, rispetto, comprensione ecc. **5** avere (qlco.) a propria disposizione: *he commands as much money as he wants*, ha a sua disposizione quanto denaro vuole ◆ *v.intr.* comandare, esercitare il comando: *he commands with impartiality*, comanda con imparzialità.

commandant [,kɒmən'dænt / com·mand·ant] *s.* comandante (spec. di fortezza).

commandantship [,kɒmən'dæntʃɪp / com·mand·ant·ship] *s.* funzioni, ufficio di comandante.

to **commandeer** [,kɒmən'dɪə* / com·man·deer] *v.tr.* (*mil.*) **1** requisire **2** arruolare forzatamente.

commandeering [,kɒmən'dɪərɪŋ / com·man·deer·ing] *s.* (*mil.*) **1** requisizione **2** reclutamento forzato.

commander [kə'mɑ:ndə* *amer.* kə'mændə* / com·mander] *s.* **1** comandante; (*mar. mil.*) appellativo di chi ha il comando di una unità (qualunque sia il grado); capitano di fregata; (*aer. mil.*, GB) *wing —*, tenente colonnello, comandante di stormo; (*mar. mil.*, GB e USA) *lieutenant —*, capitano di corvetta **2** comandante (di ordine equestre).

commander in chief [kə,mɑ:ndərɪn'tʃi:f] *pl.* **commanders in chief** *s.* (*mil.*) comandante in capo, comandante supremo.

commandership [kə'mɑ:ndəʃɪp *amer.* kə'mændəʃɪp / com·mander·ship] *s.* funzioni, ufficio di comandante.

commanding [kə'mɑ:ndɪŋ *amer.* kə'mændɪŋ / com·mand·ing] *agg.* **1** che comanda **2** imponente, maestoso; dominante; prominente: *— beauty*, bellezza maestosa; *— position*, posizione dominante; *— presence*, aspetto imponente; *— spot*, luogo prominente; *— view*, vista imponente.

commanding officer [kə'mɑ:ndɪŋ'ɒfɪsə* *amer.* kə'mændɪŋ'ɒfɪsə*] *s.* (*mil.*) ufficiale comandante.

commandment [kə'mɑ:ndmənt *amer.* kə'mændmənt / com·mand·ment] *s.* (*teol.*) comandamento // *the Ten Commandments*, i dieci comandamenti; *to break, to keep the Commandments*, violare, osservare i comandamenti.

commando [kə'mɑ:ndəʊ *amer.* kə'mændəʊ / com·mando] *pl.* **commandos** *s.* **1** commando, reparto di truppe d'assalto, da sbarco ecc. **2** membro di un commando.

comme il faut [,kɒmi:l'fəʊ] *avv.* e *agg.* (*fr.*) come si deve, per bene: *it's not — to be continuously borrowing money*, non è cosa per bene il chiedere sempre denaro in prestito.

to **commemorate** [kə'meməreɪt / com·mem·or·ate] *v.tr.* commemorare; onorare; ricordare.

commemoration [kə,memə'reɪʃən / com·mem·ora·tion] *s.* commemorazione.

commemorative [kə'memərətɪv / com·mem·ora·tive] *agg.* commemorativo.

to **commence** [kə'mens / com·mence] *v.tr.* (*form.*) **1** (II) cominciare, incominciare, iniziare: *to — to do sthg.* (o *doing sthg.*), cominciare a fare qlco.; *Blake commenced work at eight o' clock each morning*, Blake cominciava a lavorare ogni giorno alle otto **2** (*dir.*) intentare: *to — an action against s.o.*, intentare un processo contro qlcu. ◆ *v.intr.* (*form.*) cominciare, incominciare, iniziare: *the play commences at nine o' clock*, la commedia inizia alle nove.

commencement [kə'mensmənt / com·mence·ment] *s.* (*form.*) **1** principio, inizio **2** (*spec. amer.*) cerimonia annuale per il conferimento delle lauree.

to **commend** [kə'mend / com·mend] *v.tr.* (*form.*) **1** lodare; encomiare: *he was commended for his bravery*, si lodò il suo coraggio; *to — s.o. for doing sthg.*, lodare qlcu. per aver fatto qlco. **2** (*antiq.*) affidare, raccomandare: *to — one's soul to God*, raccomandare l'anima a Dio; *I — my son to your care*, affido alle tue cure mio figlio **3** ottenere, riscuotere l'approvazione di: *the new taxation policy commended itself to the public*, la nuova politica fiscale riscosse l'approvazione del pubblico **4** *— me to him*, (*ant.*) salutatelo da parte mia.

commendable [kə'mendəbl / com·mend·able] *agg.* lodevole // **-ness** *s.* // **-bly** *avv.*

commendam [kə'mendæm / com·mendam] *s.* (*eccl. ant.*) commenda.

commendation [,kɒmen'deɪʃn / com·menda·tion] *s.* **1** lode, elogio **2** raccomandazione // *letters of —*, lettere di presentazione.

commendatory [kɒ'mendətərɪ / com·mend·at·ory] *agg.* **1** elogiativo **2** (abate) commendatario.

commensal [kə'mensəl / com·mensal] *agg.* **1** di commensale **2** (*scient.*) commensale ◆ *s.* commensale.

commensalism [kə'mensəlɪzəm / com·mens·al·ism] *s.* (*biol., ecol.*) commensalismo.

commensurability [kə'menʃərə'bɪlətɪ / com·men·sur·ab·il·ity] *s.* **1** commensurabilità **2** proporzionalità.

commensurable [kə'menʃərəbl / com·men·sur·able] *agg.* **1** commensurabile **2** proporzionale.

commensurableness [kə'menʃərəblnɪs / com·men·sur·able·ness] → **commensurability**.

commensurate [kə'menʃərɪt / com·men·sur·ate] *agg.* proporzionato, commisurato, commensurato: *— to* (o *with*), della stessa misura di // **-ly** *avv.*

commensurateness [kə'menʃərətnɪs / com·men·sur·ate·ness] *s.* commensurabilità.

commensuration [kə,menʃə'reɪʃn / com·men·sur·ation] *s.* proporzionalità, commisurazione.

comment ['kɒmənt / com·ment] *s.* **1** commento, chiosa: *his comments about Eliot were apt*, i suoi commenti su Eliot erano pertinenti **2** critica, osservazione, commento; discussione: *there has been a lot of — on the prison reforms*, ci sono state molte discussioni sulle riforme carcerarie; *to call for —*, richiedere, provocare commenti; *to make* (o *to pass*) *a — on sthg.*, fare un commento su qlco. // (*dir.*) *the judge's —*, l'apprezzamento, i rilievi del giudice // *no —*, niente da dire **3** nota: *the riots in Brixton are a sad — on the social fabric of our country*, i tumulti di Brixton sono una triste nota sul tessuto sociale del nostro paese.

to **comment** *v.intr.* e *tr.* **1** fare un commento; commentare: *to — on a text*, commentare un testo **2** fare una critica; criticare; far notare, esprimere un'opinione: *to — on s.o.'s behaviour*, criticare la condotta di qlcu.; *he commented that I was always late*, fece notare che ero sempre in ritardo.

commentary ['kɒməntərɪ *amer.* 'kɒmənterɪ / com·ment·ary] *s.* **1** (*letter.*) commentario: *'Caesar's Commentaries'*, 'I Commentari' di Cesare **2** commento **3** radiocronaca, telecronaca: *running —*, cronaca in diretta.

to **commentate** ['kɒmenteɪt / com·ment·ate] *v.tr.* commentare; fare la radiocronaca, telecronaca di ◆ *v.intr.* fare il commentatore.

commentation [,kɒmən'teɪʃn / com·menta·tion] *s.* annotazione, commento.

commentator ['kɒmenteɪtə* / com·ment·ator] *s.* **1** commentatore; chiosatore **2** radiocronista; telecronista.

commerce ['kɒmɜ:s / com·merce] *s.* U **1** commercio; traffico; affari (*pl.*): *— and industry*, il commercio e l'industria // *Chamber of Commerce*, Camera di Commercio **2** scambio; relazione; contatto (culturale, spirituale) **3** (*rar.*) rapporti sessuali.

commercial [kə'mɜ:ʃl / com·mer·cial] *agg.* **1** commerciale: *— activity*, attività commerciale; *— distribution*, distribuzione (commerciale); *— school, bank, law, value*, scuola, banca, diritto, valore commerciale; *— treaty*, trattato commerciale // *— vehicles*, veicoli commerciali // (*dir. comm.*): *— causes*, controversie in materia commerciale; — *agent*, concessionario, agente di commercio; — *Court*, magistratura che decide le controversie in materia commerciale // (*inform.*): — *computer*, elaboratore per la gestione; — *data processing*, applicazione commerciale **2** commerciale, che ha fini di lucro: *a — success*, un successo dal punto di vista economico // — *radio*, *tv*, radio, televisione privata ◆ *s.* (*rad.*, *tv*) spot, comunicato pubblicitario // **-ly** *avv.*

commercial art [kə'mɜ:ʃl'ɑ:t] *s.* (arte) grafica.

commercial artist [kə'mɜ:ʃl'ɑ:tɪst] *s.* cartellonista, disegnatore pubblicitario; grafico.

commercialism [kə'mɜ:ʃəlɪzəm / com·mer·cial·ism] *s.* spirito commerciale; mercantilismo // *it's not art, it's just —*, non è arte, è un puro prodotto commerciale.

commercialist [kə'mɜ:ʃəlɪst / com·mer·cial·ist] *s.* (*spreg.*) affarista, bottegaio.

commerciality [kə,mɜ:ʃɪ'ælɪtɪ / com·mer·cial·ity] *s.* commercialità.

to **commercialize** [kə'mɜ:ʃəlaɪz / com·mer·cial·ize] *v.tr.* **1** rendere commerciabile **2** (*spreg.*) commercializzare.

commie ['kɒmɪ / com·mie] *s.* (*sl.*) comunista.

to **comminate** ['kɒmɪneɪt / com·min·ate] *v.tr.* (*dir.*) comminare.

commination [,kɒmɪ'neɪʃn / com·mina·tion] *s.* **1** (*dir.*) comminazione **2** U minacce (*pl.*).

comminatory ['kɒmɪnətərɪ *amer.* 'kɒmɪnətɔ:rɪ / com·min·at·ory] *agg.* (*dir.*) comminatorio.

to **commingle** [kɒ'mɪŋgl / com·mingle] *v.tr.* (*form.*) mescolare ◆ *v.intr.* (*form.*) mescolarsi.

to **comminute** ['kɒmɪnju:t / com·min·ute] *v.tr.* polverizzare, triturare, ridurre in frammenti.

comminution [,kɒmɪ'nju:ʃn / com·minu·tion] *s.* **1** polverizzazione; triturazione **2** (*med.*) comminuzione.

commiserable [kə'mɪzərəbl / com·mis·er·able] *agg.* (*non com.*) commiserabile.

to **commiserate** [kə'mɪzəreɪt / com·mis·er·ate] *v.tr.* commiserare ◆ *v.intr.* dolersi: *he commiserated with me for my mother's death*, si dolse con me per la morte di mia madre.

commiseration [kə,mɪzə'reɪʃn / com·mis·era·tion] *s.* **1** commiserazione; compassione (*with*, per) **2** *pl.* condoglianze.

commiserative [kə'mɪzərətɪv / com·mis·era·tive] *agg.* (*non com.*) compassionevole // **-ly** *avv.*

commissar [,kɒmɪ'sɑ:* / com·mis·sar] *s.* commissario del popolo (in Russia).

commissarial [,kɒmɪ'seərɪəl / com·mis·sarial] *agg.* di commissario, commissariale.

commissariat [,kɒmɪ'seərɪət / com·mis·sariat] *s.* **1** (*mil.*) commissariato, intendenza // — *department*, ufficio di commissariato **2** ministero (in Russia).

commissary ['kɒmɪsərɪ *amer.* 'kɒmɪserɪ / com·mis·sary] *s.* **1** commissario; delegato **2** (*mil.*) ufficiale del commissariato, dell'intendenza **3** (*amer.*) spaccio aziendale o militare; ditta che ha in gestione i servizi di ristorazione in occasione di talune manifestazioni (musicali, sportive) **4** (*eccl.*) vicario (delegato dal vescovo) **5** commissario di polizia (in Francia, Italia ecc.).

commissaryship ['kɒmɪsərɪʃɪp *amer.* 'kɒmɪserɪʃɪp / com·mis·sary·ship] *s.* **1** funzioni e carica di commissario **2** (*eccl.*) vicariato **3** (*mil.*) commissariato.

commission [kə'mɪʃn / com·mis·sion] *s.* **1** commissione; comitato; delegazione: *parliamentary —*, commissione parlamentare // *high —*, alta commissione (rappresentanza diplomatica a Londra di un paese del Commonwealth) **2** (*mil.*) brevetto da ufficiale: *to get one's —*, essere nominato ufficiale; *to resign* (o *throw up*) *one's —*, dare le dimissioni da ufficiale // — *rank*, brevetto di ufficiale **3** commissione; incarico; mandato; missione: *work done on —*, lavoro fatto su commissione; *to carry out a —*, eseguire una commissione // (*mar.*) *to have a roving —*, aver libertà di manovra; (*fig.*) avere la possibilità di agire liberamente // (*dir.*) — *of the peace*, autorità che spetta ai giudici di pace **4** (*mar.*) l'armare (una nave da guerra): *ship in —*, nave armata, pronta per salpare; *ship out of —*, nave fuori servizio, guasta **5** (*comm.*) commissione; provvigione: *to buy*, *to sell on —*, comprare, vendere a provvigione; *to charge 5%* (*five per cent*) —, assegnare il 5% di provvigione // — *account*, conto provvigioni // — *house*, casa commissionaria **6** (*dir.*) perpetrazione (di un crimine).

to **commission** *v.tr.* **1** (IV) incaricare: *to — s.o. to do sthg.*, incaricare qlcu. di fare qlco.; *to be commissioned to do sthg.*, essere incaricato di fare qlco. **2** ordinare, commissionare (a un artista): *work commissioned by the publisher*, opera commissionata dall'editore **3** delegare a una funzione, investire di una autorità **4** (*mar.*) nominare comandante di una nave; assumere il comando (di una nave, da parte di ufficiale) **5** (*mar.*) armare (una nave da guerra) **6** (*mil.*) dare il brevetto di ufficiale a.

commission-agent [kə'mɪʃn,eɪdʒənt] *s.* (*comm.*) commissionario SIN. **commission-merchant**.

commissionaire [kə,mɪʃə'neə* / com·mis·sion·aire] *s.* fattorino d'albergo.

commission broker [kə'mɪʃn'brəʊkə*] *s.* (*comm. amer.*) commissionario di Borsa.

commission-day [kə'mɪʃn,deɪ] *s.* (*dir.*) giorno di apertura delle assise.

commissioned [kə'mɪʃnd / com·mis·sioned] *agg.* **1** munito di autorità, delegato **2** (nave) armata ed equipaggiata.

commissioned officer [kə'mɪʃnd'ɒfɪsə*] *s.* (*mil.*, GB) ufficiale (nominato da autorità regia o statale).

commissioner [kə'mɪʃnə* / com·mis·sioner] *s.* commissario, membro di commissione: — *for oaths*, commissario di dichiarazioni sotto giuramento; — *of police*, questore // (*comm. amer.*) — *of customs*, sovrintendente alla dogana // *the Civil Service Commissioners*, il corpo incaricato della nomina dei funzionari dello Stato // *high —*, alto commissario (rappresentante diplomatico a Londra di un paese del Commonwealth) // *Lord High Commissioner*, Delegato della Corona all'Assemblea generale della Chiesa di Scozia.

commissionership [kə'mɪʃnəʃɪp / com·mis·sioner·ship] *s.* funzione, ufficio di commissario.

commission-merchant [kə'mɪʃn,mɜ:tʃənt] → **commission-agent**.

commissural [kə'mɪsjʊərəl / com·mis·sural] *agg.* **1** (*tecn.*) di commettitura **2** (*anat.*) commessurale.

commissure ['kɒmɪ,sjʊə* / com·mis·sure] *s.* **1** (*tecn.*) commettitura **2** (*anat.*) commessura.

to **commit** [kə'mɪt / com·mit] *pass.p.p.* **committed** [kə'mɪtɪd / com·mit·ted] *v.tr.* **1** commettere; perpetrare: *to — a crime*, *a blunder*, commettere un delitto, un errore **2** affidare; rimettere; mandare: *to — one's soul to God*, rimettere la propria anima a Dio; *to — s.o., sthg. to s.o.'s care*, affidare qlcu., qlco. alla custodia di qlcu.; *to — sthg. to memory*, imparare qlco. a memoria; *to — sthg. to paper*, mettere qlco. per iscritto; *to — s.o. to prison*, mandare qlcu. in prigione; *to — to the flames*, mandare al rogo, bruciare; (*dir.*) *to — s.o. for trial*, rinviare qlcu. a giudizio; (*pol.*) *to — a bill*, rimettere un progetto di legge a una commissione per esame // *to — a body to the earth*, *to the waves*, seppellire un cadavere nella terra, in mare **3** impegnare (parola d'onore ecc.): *she committed herself to staying until Friday*, si impegnò a restare fino a venerdì; *he doesn't want to — himself*, non vuole impegnarsi.

commitment [kə'mɪtmənt / com·mit·ment] *s.* **1** impegno: *political —*, impegno politico; *there was a lot of — in his acting*, c'era molto impegno nel suo modo di recitare; *the American military — to Europe may be reduced*, l'impegno militare americano in Europa può essere ridotto // (*banca*) *bank-lending commitments*, linee di credito accordate **2** impegno; obbligo; responsabilità: *business commitments*, impegni di lavoro **3** rinvio (di proroga, progetto di legge, a una commissione) **4** mandato di incarcerazione.

committable [kə'mɪtəbl / com·mit·table] *agg.* **1** che si può affidare, rimettere **2** che si può rinviare a giudizio (di imputato) **3** che si può commettere (di errore, delitto).

committal [kə'mɪtl / com·mit·tal] *s.* **1** mandato, incarico: (*dir.*) — *proceedings*, inchiesta preliminare **2** rinvio (di un progetto di legge a una commissione) **3** (*dir.*) incarcerazione: — *for trial*, detenzione preventiva **4** perpetrazione (di delitto ecc.) **5** impegno (su parola) **6** (*form.*) sepoltura.

committed [kə'mɪtɪd / com·mit·ted] *agg.* impegnato: *politically —*, politicamente impegnato.

committee [kə'mɪtɪ *nel sign.* 2 kɒmɪ'ti: / com·mit·tee] *s.* **1** comitato; commissione; consiglio: — *meeting*, seduta, riunione di comitato; *executive —*, comitato esecutivo; *joint —*, commissione mista; *standing —*, commissione permanente; *hanging —*, comitato, giuria che seleziona le opere per una mostra; *to appoint* (o *to set up*) *a —*, nominare una commissione; *to be on a —*, far parte di un comitato; *the House resolves itself into a* (o *goes into*) —, la Camera si costituisce in commissione **2** (*dir. antiq.*) tutore, chi ha in custodia qlcu.

committeeman [kə'mɪtɪmæn / com·mit·tee·man] *pl.* **committeemen** [kə'mɪtɪmen] *s.* membro di una commissione, di un comitato.

committeewoman [kə'mɪtɪ,wʊmən /

com·mit·tee·wo·man] *pl.* **committeewomen** [kə'mɪtɪ,wɪmɪn] *s.* membro femminile di una commissione, di un comitato.

commixture [kɒ'mɪkstʃə* / com·mix·ture] *s.* (*non com.*) mescolanza, miscuglio.

commodatum [,kɒmə'deɪtəm / com·mo·da·tum] *pl.* **commodata** [,kɒmə'deɪtə / com·mo·data] *s.* (*dir.*) comodato.

commode [kə'məʊd / com·mode] *s.* **1** comoda **2** cassettone, canterano.

commodious [kə'məʊdjəs / com·modi·ous] *agg.* **1** (*form.*) ampio, spazioso **2** (*ant.*) utile, comodo // **-ly** *avv.* // **-ness** *s.*

commodity [kə'mɒdɪtɪ / com·mod·ity] *s.* **1** (*econ.*) merce; *pl.* materie prime: *primary, basic* —, prodotto base; — *market*, mercato delle materie prime // *free commodities*, merci esenti da dogana; *staple commodities*, prodotti fondamentali (di un paese); — *bonds*, obbligazioni indicizzate al prezzo di materie prime; — *exchange*, borsa merci; — *price index*, indice dei prezzi all'ingrosso // — *economics*, (*amer.*) merceologia **2** oggetto di prima necessità, d'uso giornaliero **3** *pl.* (*nelle offerte di case*) comfort, comodità.

commodore ['kɒmədɔ:* / com·mo·dore] *s.* **1** (*mar. mil.*) commodoro // (*aer. mil.*, GB) *air* —, commodoro dell'aviazione **2** presidente di uno yacht-club **3** nave del commodoro.

common ['kɒmən / com·mon] *agg.* **1** comune, solito, abituale; corrente: — *occurrence*, fatto comune, frequente; *in — use*, d'uso corrente // (*mus.*) — *time* (o *measure*), misura in quattro battute // (*eccl.*) *Common Prayer*, la liturgia anglicana // (*comm.*) — *stock, shares*, azioni ordinarie **2** comune, in comune; di tutti: *a — friend*, un amico comune; *the — good*, il bene comune; (*gramm.*) — *noun, gender*, nome, genere comune; — *property*, proprietà comune; *our — humanity*, la nostra comune umanità; *to share a — interest*, avere un interesse in comune; *to make — cause with*, far causa comune con; *it's — knowledge that he was in prison*, tutti sanno che è stato in prigione // (*dir.*) — *interest*, comproprietà, comunione **3** comune, ordinario, di poco valore; non raffinato: — *people*, la gente comune; — *accent*, accento, pronuncia dialettale; — *cloth*, stoffa ordinaria; — *manners*, modi grossolani ◆ *s.* **1** comune, ciò che è comune; normalità, regola generale: *out of the* —, fuori del comune, insolito; *he is a man out of the* —, è un uomo straordinario // *to have sthg. in* —, avere qlco. in comune **2** terreno, pascolo demaniale // (*dir.*): — *of pasture*, diritto di pascolo; *right of* — (o — *right*), diritto di servitù attiva **3** (*amer.*) piazza centrale nei paesi del New England // *Boston* —, parco nel centro di Boston **4** (*ant.*) il popolo.

commonable ['kɒmənəbl / com·mon·able] *agg.* **1** che usano i pascoli comunali (di animali) **2** di proprietà comune (di terre).

commonage ['kɒmənɪdʒ / com·mon·age] *s.* (*dir.*) **1** diritto di pascolo **2** comunanza (di terreni).

commonalty ['kɒmənltɪ / com·mon·alty] *s.* (*non com.*) popolo; volgo; comunità.

commoner ['kɒmənə* / com·moner] *s.* **1** cittadino (non nobile) **2** (*rar.*) membro della Camera dei Comuni: *the First Commoner*, lo Speaker (Presidente della Camera) **3** (*antiq.*) studente che paga per il suo mantenimento (a Oxford).

common law ['kɒmənlɔ:] *s.* (*dir.*) diritto comune // — *presumption*, presunzione.

commonly ['kɒmənlɪ / com·mon·ly] *avv.* comunemente, frequentemente.

common market [,kɒmən'mɑ:kɪt] *s.* (*econ.*) mercato comune // (*European*) *Common Market*, Mercato Comune (Europeo).

commonness ['kɒmənnɪs / com·mon·ness] *s.* **1** l'essere comune, abituale; frequenza **2** banalità; mediocrità; volgarità.

common-or-garden ['kɒmənɔ:'gɑ:dn] *agg.* (*fam.*) comune, banale.

commonplace ['kɒmənpleɪs / com·mon·place] *agg.* banale, trito, privo di originalità: *he is a very — kind of man*, è proprio un uomo qualunque ◆ *s.* banalità, luogo comune // *conversational commonplaces*, frasi d'uso.

commonplaceness ['kɒmənpleɪsnɪs / com·mon·place·ness] *s.* banalità.

commons ['kɒmənz / com·mons] *s.pl.* **1** il popolo; il Terzo Stato // *the House of Commons*, la Camera dei Comuni: *to sit in the Commons*, appartenere alla Camera dei Comuni **2** (*form.*) mensa comune (di scuola) // *to be on short* —, stare a stecchetto, mangiare poco.

common sense ['kɒmən'sens] *s.* buon senso.

commonsense ['kɒmən,sens / com·mon·sense] *agg.* di buon senso.

commonweal ['kɒmənwi:l / com·mon·weal] *s.* (*ant.*) benessere.

commonwealth ['kɒmənwelθ / com·mon·wealth] *s.* **1** confederazione, comunità indipendente: *the Commonwealth of Australia*, la Federazione Australiana; *the British Commonwealth of Nations*, il Commonwealth Britannico **2** repubblica (*anche fig.*): *the — of England*, (*st.*) la repubblica inglese (1649-60); *the — of learning*, la repubblica delle lettere **3** negli Stati Uniti, denominazione di alcuni stati dell'Unione **4** (*ant.*) benessere pubblico.

commotion [kə'məʊʃn / com·mo·tion] *s.* **1** confusione; agitazione; scompiglio: *...mid the steep sky's commotion*, (SHELLEY) ...in mezzo al tumulto dell'alto cielo **2** (*non com.*) tumulto; insurrezione; agitazione popolare: *the — in the streets*, il tumulto per le strade.

communal ['kɒmjʊnl / com·munal] *agg.* **1** della comunità; (*amm.*) comunale **2** (*st.*) comunardo.

communalism ['kɒmjʊnəlɪzəm / com·mun·al·ism] *s.* **1** sistema di decentramento amministrativo **2** principio della comunanza dei beni.

communalist ['kɒmjʊnəlɪst / com·mun·al·ist] *s.* **1** fautore del decentramento amministrativo **2** chi vive mettendo in comune e dividendo con gli altri i propri beni **3** (*st.*) comunardo.

commune ['kɒmju:n / com·mune] *s.* (*amm.*) comune.

to **commune** [kə'mju:n] *v.intr.* **1** comunicare (con lo spirito, con la mente): *the chief of the tribe entered a trance and communed with his ancestors*, il capo della tribù entrò in trance e comunicò con lo spirito dei suoi antenati **2** (*eccl.*) comunicarsi **3** (*letter., poet.*) avere stretti rapporti spirituali.

communicability [kə,mju:nɪkə'bɪlətɪ / com·mun·ic·ab·il·ity] *s.* **1** comunicabilità **2** (*med.*) trasmissibilità (di una malattia).

communicable [kə'mju:nɪkəbl / com·mun·ic·able] *agg.* **1** comunicabile **2** (*med.*) contagioso, trasmissibile // **-ness** *s.*

communicant [kə'mju:nɪkənt / com·mun·ic·ant] *s.* (*eccl.*) comunicando.

to **communicate** [kə'mju:nɪkeɪt / com·mun·ic·ate] *v.tr.* **1** comunicare, trasmettere (movimento, calore, malattia ecc.); far conoscere: *to — a discovery to s.o.*, far conoscere una scoperta a qlcu. **2** (*eccl.*) comunicare ◆ *v.intr.* **1** comunicare, essere in comunicazione; mettersi in comunicazione: *rooms that — with one another*, stanze comunicanti **2** (*eccl.*) comunicarsi.

communicating [kə'mju:nɪkeɪtɪŋ / com·mun·ic·at·ing] *agg.* comunicante: — *rooms*, stanze comunicanti; (*fis.*) — *vessels*, vasi comunicanti.

communication [kə,mju:nɪ'keɪʃn / com·mun·ica·tion] *s.* **1** comunicazione; relazione, rapporto: *means of* —, mezzi di comunicazione; *we are in radio — with the pilot*, siamo in comunicazione via radio con il pilota; *to get into — with s.o.*, mettersi in comunicazione con qlcu.; — *between parents and children is difficult during adolescence*, i rapporti tra genitori e figli durante l'adolescenza sono difficili; *to break all — with s.o.*, rompere ogni rapporto con qlcu. // (*tel.*): — *line*, linea di trasmissione; — *network*, rete di trasmissione; — *link*, collegamento (in trasmissione) **2** *pl.* comunicazioni, collegamenti: *the new telephone link has improved communications with the island*, la nuova linea telefonica ha migliorato le comunicazioni con l'isola; *in the last few years there has been a revolution in communications*, negli ultimi anni c'è stata una rivoluzione nei sistemi di comunicazione // *communications satellite*, satellite per telecomunicazioni **3** (*form.*) comunicazione; comunicato: *a confidential* —, una comunicazione confidenziale **4** (*inform.*) comunicazione; trasmissione; dialogo: — *terminal*, terminale di rete.

communication cord [kə,mju:nɪkeɪʃn 'kɔ:d] *s.* (*ferr.*) segnale d'allarme.

communicative [kə'mju:nɪkətɪv *amer.* kə'mju:nɪkeɪtɪv / com·mun·ic·at·ive] *agg.* comunicativo, affabile, espansivo // **-ly** *avv.*

communicativeness [kə'mju:nɪkətɪvnɪs *amer.* kə'mju:nɪkeɪtɪvnɪs / com·mun·ic·at·ive·ness] *s.* comunicativa, comunicatività.

communicator [kə'mju:nɪkeɪtə* / com·mun·ic·ator] *s.* (*mecc.*) comunicatore (di movimento).

communion [kə'mju:njən / com·mu·nion] *s.* **1** comunione, comunanza; rapporti stretti; intima relazione spirituale: *to hold — with s.o.*, comunicare spiritualmente con qlcu. **2** (*eccl.*) comunità: *the Anglican* —, la comunità anglicana **3** comunione, eucarestia: *to administer, to take Holy Communion*, amministrare, ricevere la santa comunione, l'eucarestia.

communion-cloth [kə'mju:njən'klɒθ] *s.* (*eccl.*) corporale.

communion-cup [kə'mju:njən'kʌp] *s.* (*eccl.*) calice (per la comunione).

communion-table [kə'mju:njən'teɪbl] *s.* (*eccl.*) altare (dove si celebra l'eucarestia).

communiqué [kə'mju:nɪkeɪ / com·mu·ni·qué] *s.* comunicato ufficiale.

communism ['kɒmjʊnɪzəm / com·mun·ism] *s.* (*pol.*) comunismo.

communist ['kɒmjʊnɪst / com·mun·ist] *s.* e *agg.* (*pol.*) comunista.

communistic [,kɒmjʊ'nɪstɪk / com·mun·istic] *agg.* (*antiq.*) **1** (*pol.*) comunista **2** comunitario.

community [kə'mju:nɪtɪ / com·mun·ity] *s.* **1** comunità; società; collettività; organizzazione sociale: *the members of the local* —, i membri della comunità locale; *the Jewish* —, la comunità ebraica // — *centre*, centro ricreativo // — *policing*, polizia di quartiere; poliziotto di quartiere // — *service*, servizio civile (per volontari e in sostituzione della pena per i reati minori) // (*econ.*): — *budget*, bilancio comunitario; — *preference*, preferenza comunitaria // — *chest*, (*amer.*) fondo di beneficenza // — *church*, (*amer.*) chiesa comunitaria (generalmente in un centro rurale, frequentata da membri di diversi culti) // — *singing*, canto a cui partecipano tutti i presenti **2** comunanza (di beni, interessi ecc.).

to **communize** ['kɒmju:naɪz / com·mun·ize] *v.tr.* **1** rendere, far diventare di proprietà comune **2** nazionalizzare.

commutability [kə,mju:tə'bɪlətɪ / com·mut·ab·il·ity] *s.* permutabilità; (*dir.*) commutabilità (di pena).

commutable [kə'mju:təbl / com·mut·able] *agg.* permutabile; (*dir.*) commutabile (di pena).

to **commutate** ['kɒmju:teɪt / com·mut·ate] *v.tr.* (*elettr.*) commutare.

commutation [,kɒmju:'teɪʃn / com·muta·tion] *s.* commutazione: (*dir.*) — *of a punishment*, commutazione di una pena // (*comm.*) — *right*, diritto di riscatto (nelle assicurazioni).

commutation ticket [,kɒmju:teɪʃn'tɪkɪt] *s.* (*amer. ferr.*) biglietto valido per un determinato numero di viaggi su un percorso fisso.

commutative [kə'mju:tətɪv / com·mut·ative] *agg.* commutativo: (*mat.*) — *property*, proprietà commutativa; — *law*, commutatività.

commutativity [kə'mju:tətɪvɪtɪ / com·mut·at·iv·ity] *s.* (*mat.*) commutatività.

commutator ['kɒmju:teɪtə* / com·mut·ator] *s.* (*elettr.*) commutatore.

to **commute** [kə'mju:t / com·mute] *v.tr.* commutare (*anche elettr.*) ◆ *v.intr.* fare il pendolare: *he commutes to work, to London*, va avanti e indietro dal lavoro, da Londra con i mezzi pubblici.

commuter [kə'mju:tə* / com·muter] *s.* pendolare.

comose ['kəʊməʊs / co·mose] *agg.* (*bot.*, *zool.*) chiomato; peloso, ricoperto di peluria.

comp [kɒmp] *s.* (*fam. amer.*) biglietto omaggio • Abbr. di *complimentary*.

compact[1] ['kɒmpækt / com·pact] *s.* (*antiq.*) patto, convenzione; contratto: *by general* —, di comune accordo.

compact[2] [kəm'pækt *come s.* 'kəmpækt] *agg.* **1** compatto; unito // — *disc*, compact disc (disco fonografico letto mediante raggio laser) // — *car*, (*amer.*) automobile di piccole dimensioni // (*mat.*) — *set*, insieme compatto **2** serrato, conciso (di stile) **3** (*ant.*) fatto, composto di: *the lunatic, the lover, and the poet, / are of imagination all compact*, (SH. Midsummer) il pazzo, l'amante e il poeta, tutti son fatti d'immaginazione ◆ *s.* **1** portacipria **2** cipria compatta // **-ly** *avv.*

to **compact**[2] [kəm'pækt] *v.tr.* **1** rendere compatto, consolidare **2** (*non com.*) comporre: *to be compacted of*, essere composto di.

compaction [kəm'pækʃn / com·pac·tion] *s.* **1** compattazione **2** (*inform.*) assemblaggio **3** (*geol.*) costipamento.

compactness [kəm'pæktnɪs / com·pact·ness] *s.* **1** compattezza **2** concisione (di stile).

compactor [kəm'pæktə* / com·pactor] *s.* (*agr.*) compattatore // *trash* —, (*amer.*) pressarifiuti (per uso domestico).

to **compaginate** [kəm'pædʒɪneɪt / com·pa·gin·ate] *v.tr.* (*ant.*) compaginare.

compagination [kəm,pædʒɪ'neɪʃn / com·pa·gina·tion] *s.* (*ant.*) compaginazione.

companion[1] [kəm'pænjən / com·pan·ion] *s.* **1** compagno; socio: *travelling* —, compagno di viaggio **2** dama di compagnia **3** guida; vademecum; manuale **4** pendant, riscontro.

to **companion**[1] *v.tr.* (*non com.*) accompagnare.

companion[2] *s.* (*mar.*) boccaporto: — *ladder*, scaletta di boccaporto // — *hatch*, cappa di boccaporto, osteriggio.

companionable [kəm'pænjənəbl / com·pan·ion·able] *agg.* socievole // **-ly** *avv.* // **-ness** *s.*

companion-in-arms [kəm'pænjənɪn 'ɑ:mz] *pl.* **companions-in-arms** *s.* commilitone.

companionship [kəm'pænjənʃɪp / com·pan·ion·ship] *s.* **1** compagnia; amicizia: *he kept a dog for* —, teneva un cane per compagnia **2** (*tip.*) squadra; gruppo di compositori che lavorano insieme.

companionway [kəm'pænjənweɪ / com·pan·ion·way] *s.* (*mar.*) scala di boccaporto.

company ['kʌmpənɪ / com·pany] *s.* **1** compagnia: *to be good, bad* —, essere di buona, cattiva compagnia; *to keep s.o.* —, tener compagnia a qlcu.; *to keep one's own* —, starsene da solo, essere un po' orso; *to part — with s.o.*, separarsi da qlcu.; non andar più d'accordo con qlcu. // *to keep — with s.o.*, (*fam.*) corteggiare qlcu.; lasciarsi corteggiare da qlcu. // *in — with*, insieme a // *two's —, three's a crowd*, se si è in tre uno è di troppo, poca brigata vita beata **2** compagnia, comitiva, riunione di persone, brigata; ospiti, visitatori (*pl.*): *select* —, compagnia scelta; *to expect — to dinner*, aspettare ospiti a pranzo; *to keep low* —, frequentare cattive compagnie; *to do sthg. in* —, fare qlco. in pubblico; *to fall into bad* —, fare cattive amicizie; *to keep bad, good* —, avere buone, cattive amicizie // *present — excepted*, esclusi i presenti // *a man is known by his* —, (*prov.*) dimmi con chi vai e ti dirò chi sei **3** (*comm.*) società: — *limited by shares*, società per azioni; *limited* — (o *limited liability* — o *private limited* —), società a responsabilità limitata; *investment trust* — (o *securities* —), società finanziaria; *government controlled* —, società a partecipazione statale; *utility* —, impresa di servizi pubblici; *real estate* —, società immobiliare; *public* —, società con pubblica sottoscrizione di capitale; — *bargaining*, contrattazione aziendale; *holding* —, società finanziaria di controllo; *joint-stock* —, società per azioni; *carrying* —, società di trasporti; *railway* —, compagnia ferroviaria; — *title*, ragione sociale; — *act*, atto costitutivo // *Brown and Company*, Brown e Compagni, Brown e Soci // *city* —, corporazione della città di Londra **4** (*teatr.*) compagnia: *touring* —, compagnia di giro; *stock* —, (*amer.*) compagnia di repertorio **5** (*mil.*) compagnia: — *officer*, comandante di compagnia **6** (*mar.*) equipaggio, ciurma: *ship's* —, equipaggio di una nave.

to **company** (*ant.*) *v.intr.* associarsi; tener compagnia, stare insieme ◆ *v.tr.* accompagnare.

comparability [,kɒmpərə'bɪlətɪ / com·par·ab·il·ity] *s.* (*econ.*) confrontabilità.

comparable ['kɒmpərəbl / com·par·able] *agg.* paragonabile, comparabile // **-bly** *avv.*

comparative [kəm'pærətɪv / com·par·at·ive] *agg.* **1** relativo: *in — comfort*, in relativo benessere; *a — stranger*, una persona relativamente sconosciuta **2** (*gramm.*) comparativo: — *adverb*, avverbio comparativo; — *method*, metodo comparativo **3** comparato: — *grammar, anatomy, philology*, grammatica, anatomia, filologia comparata; — *law*, diritto comparato; (*fis.*) — *dynamics, statics*, dinamica, statica comparata; (*econ.*) — *advantage*, vantaggio comparato ◆ *s.* (*gramm.*) comparativo: *adjective in the* —, aggettivo al comparativo.

comparatively [kəm'pærətɪvlɪ / com·par·at·ive·ly] *avv.* **1** comparativamente **2** relativamente: — *speaking*, relativamente parlando.

comparator ['kɒmpəreɪtə* / com·par·ator] *s.* **1** (*astr.*) comparatore **2** (*mecc.*) comparatore // *shadow* —, proiettore di profili.

compare [kəm'peə* / com·pare] *s.* (*ant.*, *letter.*) paragone, confronto: *beyond* —, senza paragone.

to **compare** *v.tr.* **1** paragonare; confrontare; collazionare: *compared with* (o *to*), in confronto a; *not to be compared to* (o *with*), non paragonabile a; *to — s.o. with s.o.*, paragonare qlcu. a qlcu.; *to — sthg. to* (o *with*) *sthg.*, paragonare qlco. a qlco., confrontare qlco. con qlco. // *to — notes* (*with s.o.*), scambiare impressioni, opinioni, idee (con qlcu.) **2** (*gramm.*) formare il comparativo di: *to — an adjective, an adverb*, formare il comparativo di un aggettivo, di un avverbio ◆ *v.intr.* reggere il confronto; essere paragonabile: *this model compares favourably, unfavourably with the old one*, questo modello regge, non regge il confronto con quello vecchio; *no one can — with you*, nessuno è paragonabile a te; *her intelligence doesn't — to the rest of the family*, la sua intelligenza non regge il confronto con il resto della famiglia; *how does Moscow — with Leningrad?*, com'è Mosca rispetto a Leningrado?

comparison [kəm'pærɪsn / com·par·ison] *s.* **1** paragone, confronto: *in — to* (o *with*), in confronto a; *in* (o *by*) —, in confronto a, a paragone di; *without* (o *beyond all*) —, senza paragone, confronto; *to make a — between sthg. and sthg.*, paragonare qlco. con qlco.; *to stand* —, reggere il confronto **2** (*gramm.*) comparazione: *degrees of* —, gradi di comparazione **3** (*elettr.*) confronto, comparazione: — *bridge*, ponte di confronto, di misura.

to **compart** [kəm'pɑ:t / com·part] *v.tr.* (*rar.*) dividere in compartimenti; ripartire.

compartment [kəm'pɑ:tmənt / com·part·ment] *s.* compartimento, scompartimento; suddivisione // (*ferr.*) *smoking* —, compartimento per fumatori // (*mar.*) *watertight* —, paratia stagna, compartimento stagno // *glove* —, cassetto del cruscotto; guantiera (in un'auto).

to **compartmentalize** [ˌkɒmpɑːt'mentlaɪz / com·part·ment·al·ize] *v.tr.* dividere in compartimenti.

compass ['kʌmpəs / com·pass] *s.* **1** bussola: *to take a — bearing*, fare un rilevamento con la bussola; *from all points of the* —, da tutte le parti; — *needle*, ago della bussola; *mariner's* —, bussola nautica; — *corrector*, compensatore della bussola; — *course* (o — *heading*), prua bussola; — *deviation*, deviazione magnetica; — *track*, rotta, bussola; *the points of the* —, i rombi, le quarte della bussola **2** (*pair of*) *compasses*, compasso: *proportional compasses*, compasso di riduzione **3** estensione; spazio; portata (*anche fig.*): *beyond the — of the human mind*, oltre il limite della mente umana; *in narrow, small* —, in volume, spazio ristretto, piccolo; *within, beyond my* —, entro, fuori della mia portata; *within the — of a day*, nello spazio di un giorno **4** circonferenza; cerchio **5** (*mus.*) estensione: *voice of great* —, voce di ampio registro.

to **compass** *v.tr.* **1** (*non com.*) girare attorno a **2** (*non com.*) circondare, cingere; accerchiare: *compassed about by* (o *with*) *enemies*, accerchiato dai nemici **3** (*ant.*) comprendere, capire **4** (*dir.*) complottare, tramare: *to — s.o.'s death*, tramare la morte di qlcu. **5** (*form.*) raggiungere (uno scopo).

compassable ['kʌmpəsəbl / com·pass·able] *agg.* (*non com.*) **1** circondabile **2** raggiungibile: *within — distance of the sea*, relativamente vicino al mare.

compass-card ['kʌmpəs'kɑːd] *s.* rosa dei venti.

compassed ['kʌmpəst / com·passed] *agg.* (*ant.*) ad arco, arrotondato: *a gown, / ... with a small compassed cape*, (SH. Taming of the Shrew) un vestito... con una piccola cappa arrotondata.

compassion [kəm'pæʃn / com·pas·sion] *s.* compassione: *out of* —, per compassione; *to have — on*, aver compassione di.

compassionate [kəm'pæʃənət / com·pas·sion·ate] *agg.* compassionevole; pietoso // — *leave*, permesso per gravi motivi (di famiglia o personali) // **-ly** *avv.*

to **compassionate** [kəm'pæʃəneɪt] *v.tr.* (*ant.*) compassionare, compatire.

compass-saw ['kʌmpəs'sɔː] *s.* (*tecn.*) gattuccio.

compass-window ['kʌmpəs'wɪndəʊ] *s.* (*arch.*) bovindo SIN. bow window.

compatibility [kəmˌpætə'bɪlətɪ / com·pat·ib·il·ity] *s.* compatibilità.

compatible [kəm'pætəbl / com·pat·ible] *agg.* compatibile: (*inform.*): *computer* —, compatibile, utilizzabile su elaboratori di case diverse; *plug-to-plug* —, compatibile, collegabile direttamente, intercambiabile // **-bly** *avv.*

compatriot [kəm'pætrɪət *amer.* kəm'peɪt rɪət / com·pat·riot] *s.* compatriota.

compatriotic [kəmˌpætrɪ'ɒtɪk *amer.* kəm ˌpeɪtrɪ'ɒtɪk / com·pat·ri·otic] *agg.* (*non com.*) di compatriota.

compeer [kɒm'pɪə* / com·peer] *s.* (*ant.*) **1** eguale, pari: *with their compeers*, con i loro pari **2** compagno, socio.

to **compel** [kəm'pel / com·pel] *pass.p.p.* **compelled** [kəm'peld / com·pelled] *v.tr.* (IV) costringere, obbligare, forzare: *I compelled him to pay*, lo costrinsi a pagare; *to — respect, attention, submission, admiration etc. from s.o.*, esigere da qlcu. rispetto, attenzione, sottomissione, ammirazione ecc., farsi rispettare, ammirare ecc. da qlcu.; *his efforts — our respect*, i suoi sforzi esigono il nostro rispetto; *to — s.o. to obedience*, costringere qlcu. all'ubbidienza; *to be compelled to do sthg.*, essere obbligato a fare qlco.; *to — s.o. to do sthg.*, costringere qlcu. a fare qlco.

compellable [kəm'peləbl / com·pell·able] *agg.* (*non com.*) coercibile.

compelling [kəm'pelɪŋ / com·pel·ling] *agg.* **1** irresistibile (di sguardo, discorso ecc.); avvincente (di libro, film ecc.): (*dir.*) — *evidence*, prova convincente **2** impellente (di necessità ecc.): (*dir. amer.*) — *state interest*, interesse primario dello stato.

compendious [kəm'pendɪəs / com·pen·di·ous] *agg.* compendioso, succinto, conciso // **-ly** *avv.* // **-ness** *s.*

compendium [kəm'pendɪəm / com·pen·dium] *pl.* **compendiums**, **compendia** [kəm'pendɪə / com·pen·dia] *s.* compendio, sunto.

to **compensate** ['kɒmpenseɪt / com·pens·ate] *v.tr.* **1** ricompensare; indennizzare; fare ammenda per; risarcire; ripagare: *to — s.o. for sthg.*, compensare, indennizzare qlcu. per qlco.; *we can — for the low salary by giving you a company car*, possiamo compensare il basso salario concedendovi l'uso di un'auto della ditta // (*econ.*): *compensated demand*, domanda compensata; *compensated dollar*, dollaro compensato **2** sostituire; ricomprare **3** (*mecc.*) compensare ◆ *v.intr.* **1** compensare; supplire: *money won't — for the humiliation I suffered*, il denaro non compenserà le umiliazioni che ho sofferto **2** (*psic.*) compensare.

compensating ['kɒmpenseɪtɪŋ / com·pens·at·ing] *agg.* **1** che compensa: — *errors*, errori che si compensano **2** (*tecn.*) compensatore // (*mecc.*) — *gear*, ingranaggio differenziale // (*elettr.*) — *coil, winding*, bobina, avvolgimento di compensazione // (*ferr.*) — *device*, apparecchio compensatore.

compensation [ˌkɒmpen'seɪʃn / com·pensa·tion] *s.* [U] **1** compenso, retribuzione // — *time*, riposo compensativo; (*econ. amer.*) — *for employees*, reddito da lavoro dipendente **2** indennità: — *for permanent disability*, indennità per invalidità permanente; (*amm.*) — *for loss of office*, buonuscita (a un dirigente) **3** (*dir.*) indennizzo: *by way of* —, per compenso (di danni ecc.) **4** (*mecc.*) compensazione // — *balance, pendulum*, bilanciere, pendolo compensato **5** (*psic.*) (meccanismo di) compensazione.

compensative [kəm'pensətɪv / com·pens·at·ive] *agg.* compensativo.

compensator [ˌkɒmpen'seɪtə* / com·pen·sator] *s.* (*tecn.*) compensatore.

compensatory [kəm'pensətərɪ *amer.* kəm 'pensətɔːrɪ / com·pens·at·ory] *agg.* compensativo // (*econ.*): — *amount*, montante compensativo; — *finance*, finanza compensatrice (*o* stabilizzatrice).

compere ['kɒmpeə*] *s.* (*tv*) presentatore.

to **compere** *v.tr.* e *intr.* (*tv*) presentare (un programma).

to **compete** [kəm'piːt / com·pete] *v.intr.* competere, gareggiare: *we'll be competing against the French in the tournament*, gareggeremo contro i francesi nel torneo; *he and his brother are always competing for their mother's attention*, egli e il fratello si contendono sempre l'attenzione della madre; *I can't — with him: he's too good*, non posso competere con lui: è troppo bravo; *the Americans and the Japanese are competing to open hotels in China*, gli americani e i giapponesi sono in competizione per aprire alberghi in Cina.

competence ['kɒmpɪtəns / com·pet·ence]
competency ['kɒmpɪtənsɪ / com·pet·ency] *s.* **1** competenza; abilità, capacità: — *for sthg., to do sthg.*, competenza in qlco., nel fare qlco. **2** (*solo sing.*) (*non com.*) mezzi sufficienti per vivere: *he has a bare* —, ha appena di che vivere **3** (*dir.*) competenza, pertinenza; ammissibilità (di una prova).

competent ['kɒmpɪtənt / com·pet·ent] *agg.* **1** competente; abile, capace: *a — manager*, un direttore capace; *a — skier*, uno sciatore provetto **2** (*dir.*) competente; idoneo: — *court*, tribunale competente; — *to inherit*, idoneo a ereditare **3** adeguato: *a — knowledge of English*, una discreta, adeguata conoscenza dell'inglese.

competently ['kɒmpɪtəntlɪ / com·pet·ent·ly] *avv.* con competenza; abilmente.

competition [ˌkɒmpɪ'tɪʃn / com·peti·tion] *s.* **1** competizione; gara: *open* (o *public*) —, concorso pubblico; *to enter into — with s.o.*, competere, mettersi in gara con qlcu.; *to go in for a* —, concorrere **2** rivalità **3** (*econ.*) concorrenza: *fair, unfair* —, concorrenza leale, sleale; *perfect, imperfect, monopolistic* —, concorrenza perfetta, imperfetta, monopolistica; *cut-throat* —, concorrenza spietata; *to cope with the* —, far fronte alla concorrenza.

competitive [kəm'petɪtɪv / com·pet·it·ive] *agg.* **1** competitivo, di competizione: — *spirit*, spirito competitivo; — *sports*, sport competitivi; *he is very* —, è molto competitivo **2** (*econ.*) concorrenziale, competitivo: — *market*, mercato concorrenziale; — *prices*, prezzi competitivi **3** di concorso, relativo a concorso: — *examination*, esame di concorso // **-ly** *avv.*

competitiveness [kəm'petɪtɪvnɪs / com·pet·it·ive·ness] *s.* competitività.

competitor [kəm'petɪtə* / com·pet·itor] *s.* **1** concorrente; competitore; emulo, rivale **2** (*ant.*) socio: *but yet let me lament, / ... / that thou, my brother, my competitor*, (SH. Antony and Cleopatra) pure mi sia concesso di lamentare... che tu, mio fratello, mio socio...

compilation [ˌkɒmpɪ'leɪʃn / com·pila·tion] *s.* compilazione.

to **compile** [kəm'paɪl / com·pile] *v.tr.* compilare.

compiler [kəm'paɪlə* / com·piler] *s.* compilatore.

complacence [kəm'pleɪsns / com·pla·cence]
complacency [kəm'pleɪsnsɪ / com·pla·cency] *s.* **1** compiacimento di sé, autocompiacimento: *there was too much — in the team after the victory*, c'era troppo autocompiacimento nella squadra dopo la vittoria **2** (*ant.*) compiacenza.

complacent [kəm'pleɪsnt / com·pla·cent] *agg.* **1** soddisfatto di sé, contento di sé, compiaciuto: — *air*, aria compiaciuta **2** (*ant.*) compiacente // **-ly** *avv.*

to **complain** [kəm'pleɪn / com·plain] *v.intr.* **1** dolersi, lagnarsi, lamentarsi: *he's always complaining*, si lamenta sempre; *what has he to — of?*, di che cosa si lamenta? **2** reclamare, protestare: *he complained to the police about the noise*, reclamò per il rumore presso la polizia **3** (*dir.*) citare in giudizio **4** (*letter.*) gemere (di vento); scricchiolare (di legno).

□ **complain about** *v.intr.* e *prep.* lamentarsi circa, aver da ridire su: *he is always complaining about something*, ha da ridire su tutto.

□ **complain of** *v.intr.* e *prep.* **1** lamentarsi di, accusare (dolori ecc.): *the day before she complained of acute headache*, il giorno prima aveva accusato forti dolori alla testa **2** lamentarsi [cfr. to complain about]: *she is always complaining of having a lot to do*, si lamenta sempre d'aver troppo da fare.

complainant [kəm'pleɪnənt / com·plain·ant] *s.* (*dir.*) querelante; attore.

complainer [kəm'pleɪnə* / com·plain·er] *s.* **1** chi si lamenta; chi fa reclami, rimostranze **2** (*dir.*) chi cita in giudizio.

complaint [kəm'pleɪnt / com·plaint] *s.* **1** rimostranza, protesta, reclamo: *the main — was about the quality of the food*, le principali rimostranze riguardavano la qualità del cibo; *to make* (o *to lodge*) *a — against s.o., sthg.*, presentare un reclamo su qlcu., qlco. **2** lamento; lagnanza: *I have no cause for —*, non ho alcuna ragione di lamentarmi; **3** (*dir.*) citazione in giudizio (nel processo civile), denuncia (nel processo penale); (*amer.*) querela **4** disturbo, malattia.

complaisance [kəm'pleɪzəns / com·plais·ance] *s.* (*non com.*) compiacenza, condiscendenza; cortesia, deferenza.

complaisant [kəm'pleɪzənt / com·plais·ant] *agg.* (*non com.*) compiacente, cortese // **-ly** *avv.*

complement ['kɒmplɪmənt / com·ple·ment] *s.* **1** complemento; completamento; il necessario per completare: *vitamin tablets are a useful — to my diet*, le vitamine sono un buon complemento alla mia dieta; *tram with its full — of passengers*, tram al completo **2** *pl.* (*econ.*) beni complementari **3** (*gramm.*) complemento predicativo: *in 'he seems good', 'good' is the —*, in 'sembra buono', 'buono' è il complemento predicativo **4** (*mat., log.*) complemento: *— to ten*, complemento a dieci; *— set*, insieme complementare **5** (*biol.*) complemento: *— fixation*, fissazione del complemento **6** (*mil. mar.*) effettivo, effettivi.

to **complement** ['kɒmplɪment] *v.tr.* completare; integrare; essere, fare da complemento a.

complementarity [,kɒmplɪmen'tærɪtɪ / com·ple·ment·ar·ity] *s.* complementarità; (*econ.*) rapporto di complementarità.

complementary [,kɒmplɪ'mentərɪ / com·ple·ment·ary] *agg.* complementare: *— angles, colours*, angoli, colori complementari; (*econ.*) *— goods*, beni complementari.

complementation [,kɒmplɪmen'teɪʃn / com·ple·menta·tion] *s.* (*mat.*) complementazione.

complete [kəm'pli:t / com·plete] *agg.* **1** completo, intero, totale: *a — turn*, un giro completo; *— knowledge, success*, conoscenza assoluta, successo completo; *the staff is —*, il personale è al completo; *to give a — account*, dare un ragguaglio completo; (*mat.*) *— space*, spazio completo **2** finito, compiuto; concluso: *the houses were —, but unoccupied*, le case erano completate, ma libere // *the blender comes — with instructions*, il frullatore è accompagnato da istruzioni **3** perfetto: *a — scoundrel*, un perfetto furfante **4** (*ant.*) compìto; colto, istruito.

to **complete** *v.tr.* **1** completare; finire, terminare; perfezionare: *to — some work*, terminare del lavoro; *a silk scarf completed her outfit*, una sciarpa di seta completava il suo abbigliamento // *to — the misfortune*, per colmo di sfortuna **2** riempire: *to — a form, a questionnaire*, riempire un modulo, un questionario.

completely [kəm'pli:tlɪ / com·plete·ly] *avv.* completamente, totalmente.

completeness [kəm'pli:tnɪs / com·plete·ness] *s.* completezza, totalità, pienezza.

completion [kəm'pli:ʃn / com·ple·tion] *s.* compimento; adempimento; completamento // (*mat.*) *— of a metric space, of a module*, completamento di uno spazio metrico, di un modulo.

complex ['kɒmpleks *amer.* kɒm'pleks / com·plex] *agg.* **1** complicato, intricato; complesso; involuto **2** (*gramm., mat.*) complesso; composto: *— number*, numero complesso // **-ly** *avv.*

complex *s.* **1** complesso, l'insieme di più parti: *we must deal with a — of problems*, dobbiamo trattare un complesso di problemi; (*mat.*) *cell —*, complesso di celle **2** complesso di edifici: *industrial —*, complesso industriale; *university —*, complesso universitario **3** (*psic.*) complesso: *castration —*, complesso di castrazione; *Oedipus —*, complesso di Edipo.

complexion [kəm'plekʃn / com·plex·ion] *s.* **1** carnagione, colorito: *to have a fine —*, avere una bella carnagione **2** (*fig.*) aspetto, carattere: *to put a good — on sthg.*, presentare qlco. sotto un aspetto favorevole.

complexioned [kəm'plekʃnd / com·plex·ioned] *agg.* (*usato spec. nei composti*) di carnagione: *dark- —*, di carnagione scura; *fair- —*, di carnagione chiara.

complexity [kəm'pleksətɪ / com·plex·ity] *s.* complessità.

compliance [kəm'plaɪəns / com·pli·ance] *s.* **1** (*form.*) condiscendenza; conformità; acquiescenza: *in — with your wishes*, in conformità ai vostri desideri; *to refuse — with an order*, rifiutare di ubbidire a un ordine **2** servilismo.

compliant [kəm'plaɪənt / com·pli·ant] *agg.* (*form.*) **1** compiacente, condiscendente **2** servile // **-ly** *avv.*

complicacy ['kɒmplɪkəsɪ / com·plic·acy] *s.* complessità.

to **complicate** ['kɒmplɪkeɪt / com·plic·ate] *v.tr.* complicare: *that complicates matters*, ciò complica la faccenda ♦ *v.intr.* complicarsi.

complicated ['kɒmplɪkeɪtɪd / com·plic·ated] *agg.* complicato, complesso; intricato: *a — machine*, una macchina complicata; *a — business*, un affare intricato; *to become —*, complicarsi, diventare complicato.

complication [,kɒmplɪ'keɪʃn / com·plica·tion] *s.* complicazione (*anche med.*).

complicity [kəm'plɪsɪtɪ / com·pli·city] *s.* complicità.

compliment ['kɒmplɪmənt / com·pli·ment] *s.* **1** complimento: *to pay* (o *to make*) *s.o. a —*, fare un complimento a qlcu.; *to return the —*, ricambiare il complimento; *my compliments to the chef*, i miei complimenti allo chef // *left-handed —*, complimento ambiguo **2** onore, cortesia; ossequio: *with the author's, publisher's compliments*, con gli omaggi dell'autore, dell'editore // (*mil. mar.*) *to pay compliments*, rendere gli onori // *to pay one's compliments to s.o.*, fare una visita di cortesia a qlcu.

to **compliment** *v.tr.* complimentarsi con, congratularsi con: *may I — you on your success?*, posso congratularmi con te per il tuo successo?

complimentary [,kɒmplɪ'mentərɪ / com·pli·ment·ary] *agg.* **1** complimentoso // *— close*, chiusa (di lettera) **2** di omaggio, di favore: *— tickets*, biglietti (di) omaggio; *— copy*, copia omaggio.

compline ['kɒmplɪn / com·pline] *s.* (*eccl.*) compieta.

to **comply** [kəm'plaɪ / com·ply] *v.intr.* accondiscendere; conformarsi; soddisfare: *we have complied with your request*, abbiamo soddisfatto la vostra richiesta; *to — with the law*, osservare la legge; *to — with the public taste*, conformarsi al gusto del pubblico, della maggioranza; *to — with s.o.'s wishes*, adattarsi ai desideri di qlcu.

component [kəm'pəʊnənt / com·pon·ent] *agg.* componente ♦ *s.* **1** componente // (*mat.*) *— of a vector*, componente di un vettore **2** *pl.* (*mecc.*) componentistica, componenti: *automotive components*, componentistica per mezzi di trasporto; *structural, nonstructural components*, componenti strutturali, non strutturali.

to **comport** [kəm'pɔ:t / com·port] *v.intr.* addirsi, accordarsi ♦ *v.tr.* *to — oneself with*, (*form.*) comportarsi con: *to — oneself with dignity*, comportarsi con dignità.

comportment [kəm'pɔ:tmənt / com·port·ment] *s.* (*form.*) comportamento, condotta.

to **compose** [kəm'pəʊz / com·pose] *v.tr.* **1** comporre, costituire: *the parts that — the whole*, le parti che compongono l'insieme **2** (*mus., letter., tip.*) comporre: *he composed a song*, compose una canzone **3** disporre, collocare: *to — the figures in a picture*, disporre le figure in un quadro **4** comporre (vertenze) **5** atteggiare; comporre: *to — one's countenance*, ricomporre il viso; *to — one's thoughts*, raccogliere i propri pensieri **6** calmare (lo spirito, le passioni): *to — oneself*, placarsi, tranquillizzarsi.

composed [kəm'pəʊzd / com·posed] *agg.* **1** composto: *to be — of*, comporsi di, essere composto di **2** composto, calmo, tranquillo: *— countenance*, espressione, atteggiamento composto // **-ly** *avv.*

composedness [kəm'pəʊsɪdnɪs / com·posed·ness] *s.* compostezza; calma.

composer [kəm'pəʊzə* / com·poser] *s.* compositore.

composing [kəm'pəʊzɪŋ / com·pos·ing] *agg.* (*non com.*) calmante ♦ *s.* **1** l'atto del comporre **2** (*tip.*) composizione: *— frame*, telaio marginatore; — *machine*, compositrice; — *rule*, filetto; — *stick*, compositoio.

composite ['kɒmpəzɪt / com·pos·ite] *agg.* composito; composto; a struttura mista: (*bot.*) *a — plant*, una (pianta) composita; (*arch.*) — *style*, stile composito // (*cinem.*) — *print*, copia sonora ◆ *s.* **1** composto, corpo composto **2** (*bot.*) pianta delle composite.

composition [,kɒmpə'zɪʃn / com·posi·tion] *s.* **1** composizione: *the — of the human body*, la composizione del corpo umano; *his drawings showed a strong sense of —*, i suoi disegni mostravano un forte senso compositivo; *a floral —*, una composizione floreale; *a musical —*, una composizione musicale; *he did an English —*, fece un tema in inglese; *he read a poem of his own —*, lesse una poesia di sua composizione // (*mus.*) *he studies —*, studia composizione // (*tip.*) *hand —*, composizione a mano // (*mat.*) — *law*, legge di composizione **2** (*non com.*) costituzione mentale: *there is a touch of madness in his —*, c'è un pizzico di pazzia nella sua costituzione mentale **3** composto; mescolanza **4** concordato, intesa; (*comm.*) concordato, transazione: *to come to a — with s.o. over sthg.*, venire a un'intesa con qlcu. su qlco.; *to make a — with one's creditors*, fare un concordato con i propri creditori.

compositive [kəm'pɒzɪtɪv / com·pos·it·ive] *agg.* compositivo.

compositor [kəm'pɒzɪtə* / com·pos·itor] *s.* (*tip.*) compositore.

compos mentis [kɒmpəs'mentɪs / com·pos ment·is] *agg.* (*dir.*) sano di mente: *non —*, non sano di mente, alienato.

compost ['kɒmpɒst / com·post] *s.* **1** (*agr.*) concime **2** composto.

to **compost** *v.tr.* concimare.

composure [kəm'pəʊʒə* / com·pos·ure] *s.* calma, posatezza, sangue freddo.

compotation [,kɒmpəʊ'teɪʃn / com·pota·tion] *s.* (*ant.*) bevuta in compagnia.

compote ['kɒmpɒt / com·pote] *s.* composta, conserva di frutta.

compound[1] ['kɒmpaʊnd / com·pound] *agg.* composto; composito: *an insect's — eye*, l'occhio composto di un insetto; — *flower*, fiore composto; (*econ.*) — *interest*, interesse composto; (*arch.*) — *order*, ordine composito; (*mecc.*): — *screw*, prigioniero a filettatura destra e sinistra; — *engine*, motore composito, compound ◆ *s.* **1** miscela, mescolanza **2** (*chim., fis.*) composto **3** (*gramm.*) composto, parola composta.

to **compound**[1] [kəm'paʊnd] *v.tr.* **1** comporre, mescolare, combinare (elementi, ingredienti); preparare (medicine ecc.) **2** aggravare, aumentare: *he compounded his initial mistake by not staying silent*, peggiorò il suo errore iniziale non tacendo **3** comporre (una vertenza) // *to — a crime*, non denunciare un reato (dietro compenso) **4** regolare (un debito) **5** transigere, transare ◆ *v.intr.* **1** (*econ.*) capitalizzare a interesse composto **2** (*comm.*) transare, pervenire a una transazione.

compound[2] ['kɒmpaʊnd] *s.* recinto, area cintata: *the prison —*, recinto carcerario.

compoundable [kəm'paʊndəbl / com·pound·able] *agg.* conciliabile.

compounder [kəm'paʊndə* / com·pound·er] *s.* **1** conciliatore, paciere **2** chi prepara miscele, composti.

comprador [,kɒmprə'dɔ:* / com·pra·dor] *s.* (*non com.*) mediatore indigeno di ditte europee (in Cina).

to **comprehend** [,kɒmprɪ'hend / com·pre·hend] *v.tr.* (*form.*) **1** comprendere, capire **2** contenere; includere.

comprehensibility ['kɒmprɪ,hensə'bɪlətɪ / com·pre·hens·ib·il·ity] *s.* comprensibilità, intelligibilità.

comprehensible [,kɒmprɪ'hensəbl / com·pre·hens·ible] *agg.* (*form.*) comprensibile, intelligibile // **-bly** *avv.*

comprehension [,kɒmprɪ'henʃn / com·pre·hen·sion] *s.* (*form.*) **1** comprensione: *it's beyond my —*, è al di là della mia comprensione **2** portata, estensione: *a term of wide —*, una parola pregnante.

comprehensive [,kɒmprɪ'hensɪv / com·pre·hens·ive] *agg.* **1** comprensivo, globale **2** di vasta portata; esauriente; pregnante ◆ *s.* → comprehensive school.

comprehensiveness [,kɒmprɪ'hensɪvnɪs / com·pre·hens·ive·ness] *s.* **1** facoltà di comprendere; intelligenza **2** portata, ampiezza: — *of a system*, vasta applicabilità di un sistema.

comprehensive school [,kɒmprɪhensɪv 'sku:l] *s.* scuola media o superiore unificata (in Gran Bretagna).

compress ['kɒmpres / com·press] *s.* **1** compressa di garza **2** (*tess.*) pressaballe.

to **compress** [kəm'pres] *v.tr.* **1** (*tecn.*) comprimere **2** (*fig.*) condensare (idee, discorso ecc.) ◆ *v.intr.* comprimersi (di aria, gas ecc.).

compressed [kəm'prest / com·pressed] *agg.* compresso; premuto; stretto: — *air*, aria compressa; *with — lips*, con le labbra serrate.

compressibility [kəm,presə'bɪlətɪ / com·press·ib·il·ity] *s.* compressibilità; (*fis.*) comprimibilità.

compressible [kəm'presəbl / com·press·ible] *agg.* compressibile, comprimibile.

compression [kəm'preʃn / com·pres·sion] *s.* **1** compressione (di aria, gas ecc.) **2** (*fig.*) concentrazione (di pensieri, stile ecc.); soffocamento **3** (*inform.*) compressione.

compressive [kəm'presɪv / com·press·ive] *agg.* compressivo.

compressor [kəm'presə* / com·press·or] *s.* **1** (*tecn.*) compressore **2** (*anat.*) muscolo compressore.

comprisable [kəm'praɪzəbl / com·pris·able] *agg.* (*non com.*) che si può comprendere, includere, raggruppare.

to **comprise** [kəm'praɪz / com·prise] *v.tr.* **1** comprendere, contenere, includere: *the USA comprises among its states Hawaii and Alaska*, gli Stati Uniti includono le Hawaii e l'Alaska **2** costituire, comporre: *the flat is comprised of four rooms*, l'appartamento è composto da quattro locali; *miners — an important section of the national work force*, i minatori costituiscono un'importante sezione della forza lavorativa nazionale.

compromise ['kɒmprəmaɪz / com·prom·ise] *s.* compromesso, transazione, accomodamento: *a — between the government and the opposition*, un compromesso fra governo e opposizione; — *with one's conscience*, compromesso con la propria coscienza; *to arrive at a — with s.o.*, venire a un compromesso con qlcu. // *policy of —*, politica del compromesso.

to **compromise** *v.tr.* **1** (*dir.*) transigere **2** compromettere: *to — one's own or another's reputation*, compromettere la propria o l'altrui reputazione ◆ *v.intr.* (*dir.*) venire a un compromesso; transigere.

compromising ['kɒmprəmaɪzɪŋ / com·prom·ising] *agg.* compromettente ◆ *s.* **1** accomodamento; compromesso **2** il compromettere.

comptroller → **controller** 3.

compulsion [kəm'pʌlʃn / com·pul·sion] *s.* **1** costrizione, obbligo: *under* (o *on*) —, per costrizione **2** (*psic.*) compulsione.

compulsive [kəm'pʌlsɪv / com·puls·ive] *agg.* **1** coercitivo **2** (*psic.*) compulsivo: — *reaction*, reazione compulsiva **3** incontrollabile: *a — drinker, gambler*, un bevitore, un giocatore incontrollabile // *the book was — reading*, il libro si faceva leggere tutto d'un fiato.

compulsively [kəm'pʌlsɪvlɪ / com·puls·ive·ly] *avv.* coercitivamente // *he steals —*, ruba spinto da un impulso irresistibile.

compulsorily [kəm'pʌlsərəlɪ / com·puls·or·ily] *avv.* obbligatoriamente.

compulsoriness [kəm'pʌlsərɪnɪs / com·puls·ori·ness] *s.* obbligatorietà.

compulsory [kəm'pʌlsərɪ / com·puls·ory] *agg.* obbligatorio, forzato; forzoso // (*econ.*): — *loan*, prestito forzoso; — *saving*, risparmio forzoso; — *winding up*, liquidazione coatta (di società) // (*comm.*) — *sale*, esecuzione coattiva.

compunction [kəm'pʌŋkʃn / com·punc·tion] *s.* (*form.*) pentimento, rimorso, senso di colpa: *without —*, senza rimorsi.

compunctious [kəm'pʌŋkʃəs / com·punc·tious] *agg.* (*non com.*) compunto; pentito // **-ly** *avv.*

compunications [,kɒmpju:nɪ'keɪʃnz / com·pun·ica·tions] *s.* [U] (*tel.*) telematica • Contr. di *computer* e *telecommunications*.

compurgation [,kɒmpɜ:'geɪʃn / com·pur·ga·tion] *s.* (*dir. ant.*) testimonianza a discarico.

compurgator ['kɒmpɜ:geɪtə* / com·pur·gator] *s.* (*dir. ant.*) testimone a discarico.

computability [kəm'pju:təbɪlɪtɪ / com·put·ab·il·ity] *s.* (*log.*) computabilità.

computable [kəm'pju:təbl / com·put·able] *agg.* computabile, calcolabile.

computation [,kɒmpju:'teɪʃn / com·pu·ta·tion] *s.* calcolo; stima: *beyond —*, incalcolabile; *according to my computation(s)*, secondo i miei calcoli.

computational [,kɒmpju:'teɪʃnl / com·pu·ta·tional] *agg.* computazionale: — *linguistics*, linguistica informatica, linguistica computazionale.

computative [kəm'pju:tətɪv / com·put·at·ive] *agg.* di computo; di stima.

to **compute** [kəm'pju:t / com·pute] *v.tr.* computare, calcolare; stimare, valutare: *to — the losses*, valutare le perdite.

computer [kəm'pju:tə* / com·puter] *s.* **1** (*inform.*) computer, elaboratore; calcolatore; unità di calcolo: *slave —*, elaboratore, computer asservito; memoria secondaria; — *centre*, centro di calcolo; — *consultant*, consulente di informatica; — *age*, l'era dei computer; — *science*, informatica, scienza dei calcolatori; — *world*, (il settore dell') informatica; — *scientist*, informatico; — *application*, applicazione su elaboratore; — *graphics*, grafica al computer; *education* —, calcolatore per l'insegnamento // — *shy*, (*fam.*) intimidito di fronte a un elaboratore; — *widow* (o *widower*), persona trascurata dal partner appassionato di informatica **2** (macchina) calcolatrice.

computer-assisted [kəm'pju:tərə'sɪstɪd] *agg.* (*inform.*) con l'ausilio del computer: — *design*, progettazione attraverso il computer.

computerese [kəm'pju:təri:z / com·pu·ter·ese] *s.* gergo degli elaboratori, computerese; (*fam.*) informatichese.

computerizable [kəm'pju:təraɪzəbl / com·pu·ter·iz·able] *agg.* computerizzabile.

computerization [kəm,pju:təraɪ'zeɪʃn / com·pu·ter·iza·tion] *s.* computerizzazione.

to **computerize** [kəm'pju:təraɪz / com·pu·ter·ize] *v.tr.* computerizzare, informatizzare.

comrade ['kɒmreɪd *amer.* 'kɒmræd / com·rade] *s.* camerata; compagno: — *in arms*, commilitone.

comradely ['kɒmreɪdlɪ / com·rade·ly] *agg.* amichevole, cameratesco.

comradeship ['kɒmreɪdʃɪp *amer.* 'kɒmræd ʃɪp / com·rade·ship] *s.* cameratismo.

comsat ['kɒmsæt / com·sat] *s.* satellite per telecomunicazioni: *a* — *link*, un collegamento via satellite • Contr. di *com(munications) sat(ellite)*.

con[1] [kɒn] *s.* (*mar.*) governo (di nave).

to **con**[1] *pass.p.p.* **conned** [kɒnd] *v.tr.* (*mar.*) governare (una nave).

con[2] *s.* (*rar.*) colpo, bussata.

to **con**[3] *pass.p.p.* **conned** *v.tr.* **1** (*ant.*) conoscere, sapere, essere in grado di: *precepts that would make invincible / the heart that conn'd them*, (SH. Coriolanus) precetti che rendevano invincibile il cuore che li conosceva // *to* — *thanks*, ringraziare: *yet thanks I must you con / that you are thieves professed*, (SH. Timon of Athens) pure debbo esservi grato perché confessate di essere ladri **2** (*non com.*) studiare a memoria (lezione, parte d'attore) // *to* — *over*, ripassare, ripetere (la lezione).

con[4] *s.* (abbr. di *contra*) argomento contrario: *pros and cons*, i pro e i contro ◆ *avv.* contro: *pro and* —, pro e contro.

con[5] *s.* (*sl.*) abbr. di → **convict**.

con[6] *s.* (*sl.*) raggiro: — *artist*, truffatore.

to **con**[6] *v.tr.* imbrogliare, truffare.

con- → **co-** 1.

conation [kəʊ'neɪʃn / co·na·tion] *s.* (*fil.*) conazione.

conative ['kəʊnətɪv / con·at·ive] *agg.* (*ling.*) conativo.

to **concatenate** [kɒn'kætɪneɪt / con·cat·en·ate] *v.tr.* (*fig.*, *non com.*) concatenare.

concatenation [kɒn,kætɪ'neɪʃn / con·cat·ena·tion] *s.* concatenazione.

concave [,kɒn'keɪv / con·cave] *agg.* concavo; incavato: (*fis.*) — *lens*, lente concava ◆ *s.* superficie concava // **-ly** *avv.*

concavity [kɒn'kævɪtɪ / con·cav·ity] *s.* concavità.

concavo-concave ['kɒnkeɪvəʊ'kɒnkeɪv] *agg.* biconcavo.

concavo-convex ['kɒnkeɪvəʊ'kɒnveks] *agg.* concavo-convesso: *a* — *lens*, una lente concavo-convessa.

to **conceal** [kən'si:l / con·ceal] *v.tr.* **1** nascondere, celare, dissimulare, tener segreto: *to* — *sthg. from s.o.*, nascondere qlco. a qlcu. **2** (*dir.*) omettere di denunciare (un reato) dietro compenso; essere reticenti (su).

concealable [kən'si:ləbl / con·ceal·able] *agg.* che si può nascondere; dissimulabile.

concealment [kən'si:lmənt / con·ceal·ment] *s.* **1** occultamento; dissimulazione: *to keep s.o. in* —, tenere qlcu. nascosto **2** nascondiglio **3** (*dir.*) reticenza, riserva mentale.

to **concede** [kən'si:d / con·cede] *v.tr.* **1** ammettere, riconoscere: *I* — *that I am wrong*, ammetto di aver torto; *to* — *defeat*, ammettere la sconfitta **2** concedere (privilegi, possessi) **3** (*sport*) perdere (punti); rinunciare a, cedere: *he conceded the game after the 35th move*, si diede per vinto dopo la trentacinquesima mossa ◆ *v.intr.* **1** fare una concessione **2** cedere, darsi per vinto.

conceit [kən'si:t / con·ceit] *s.* **1** vanità, presunzione: *he had muscle, a brave demeanour, and no conceit*, (E.A. BENNET) aveva muscoli, un comportamento coraggioso e nessuna vanità **2** concettismo; immagine ricercata **3** (*ant.*) pensiero segreto; idea: *he now began to entertain a conceit*, (H. FIELDING) cominciò ora a nutrire un pensiero segreto.

to **conceit** *v.tr.* (*ant.*) immaginare; concepire, pensare // *to* — *oneself*, considerarsi, stimarsi.

conceited [kən'si:tɪd / con·ceited] *agg.* **1** vanitoso; presuntuoso **2** (*ant.*) concettoso, immaginoso // **-ly** *avv.*

conceitedness [kən'si:tɪdnɪs / con·ceit·ed·ness] *s.* vanità; presunzione.

conceivability [kən,si:və'bɪlətɪ / con·ceiv·ab·il·ity] *s.* concepibilità.

conceivable [kən'si:vəbl / con·ceiv·able] *agg.* plausibile; concepibile, immaginabile // **-ness** *s.*

conceivably [kən'si:vəblɪ / con·ceiv·ably] *avv.* plausibilmente.

to **conceive** [kən'si:v / con·ceive] *v.tr.* **1** concepire, generare **2** (*fig.*) concepire, ideare, immaginare: *he conceived the world as an unending struggle*, concepiva il mondo come una battaglia senza fine; *document conceived as follows*, documento steso, redatto come segue ◆ *v.intr.* immaginare, concepire: *I can't* — *of it happening*, non posso immaginare che accada.

to **concelebrate** [kən'selɪbreɪt / con·cel·eb·rate] *v.tr.* (*eccl.*) concelebrare.

concentrate ['kɒnsəntreɪt / con·cen·trate] *s.* concentrato.

to **concentrate** *v.tr.* **1** concentrare, far convergere: *industry is concentrated in the north of the country*, l'industria è concentrata nel nord del paese; (*mil.*) *to* — *the fire of a battery*, far convergere il fuoco di una batteria **2** (*fig.*) concentrare: *to* — *one's attention on* (o *upon*) *sthg.*, concentrare la propria attenzione su qlco. // *the prospect of death concentrates the mind*, la prospettiva della morte fa riflettere **3** (*chim.*) concentrare, aumentare la concentrazione di; condensare: *concentrated milk*, latte condensato ◆ *v.intr.* **1** concentrarsi, radunarsi: *people concentrated in the square*, la gente si radunò nella piazza **2** concentrarsi; riflettere: *you have to* — *more*, devi concentrarti di più.

concentrating table ['kɒnsəntreɪtɪŋ'teɪbl] *s.* (*miner.*) tavola a scosse.

concentration [,kɒnsən'treɪʃn / con·cen·tra·tion] *s.* **1** concentrazione **2** ammassamento, concentramento **3** (*econ.*) concentrazione (industriale): — *ratio*, indice di concentrazione industriale.

concentrative ['kɒnsəntreɪtɪv / con·cen·trat·ive] *agg.* tendente a concentrarsi.

concentrativeness ['kɒnsəntreɪtɪvnɪs / con·cen·trat·ive·ness] *s.* concentrazione.

concentrator ['kɒnsəntreɪtə* / con·cen·trator] *s.* (*tecn.*) **1** concentratore **2** impianto di concentrazione.

concentric [kɒn'sentrɪk / con·cent·ric] *agg.* concentrico // (*mil.*) — *fire*, fuoco concentrato in un solo punto // **-ally** *avv.*

concentricity [,kɒnsən'trɪsɪtɪ / con·cent·ri·city] *s.* l'essere concentrico, concentricità.

concept ['kɒnsept / con·cept] *s.* concetto.

conception [kən'sepʃn / con·cep·tion] *s.* **1** concezione, concepimento // (*teol.*) *the Immaculate Conception*, l'Immacolata Concezione **2** (*fig.*) concetto, idea: *you've no* — *what it's like to live in the country*, non hai idea di cosa sia vivere in campagna.

conceptional [kən'sepʃənl / con·cep·tional] *agg.* concezionale.

conceptive [kən'septɪv / con·cept·ive] *agg.* concettivo.

conceptual [kən'septjʊəl / con·cep·tual] *agg.* concettuale.

conceptualism [kən'septjʊəlɪzəm / con·cep·tu·al·ism] *s.* (*fil.*) concettualismo.

conceptualist [kən'septjʊəlɪst / con·cep·tu·al·ist] *s.* (*fil.*) concettualista.

conceptualistic [kən,septjʊə'lɪstɪk / con·cep·tu·al·istic] *agg.* (*fil.*) concettualistico.

to **conceptualize** [kən'septjʊəlaɪz / con·cep·tu·al·ize] *v.tr.* (*fil.*) concettualizzare, interpretare secondo concetti.

concern [kən'sɜ:n / con·cern] *s.* **1** interesse; rapporto, relazione: *he has a large* — *in the company*, ha dei forti interessi nella ditta; *to have no* — *with sthg.*, non aver nulla a che fare con qlco., non aver interesse in qlco. **2** preoccupazione; sollecitudine, ansietà: *there is no cause for* —, non c'è motivo di preoccuparsi; *he showed his* — *about you*, mostrò la sua inquietudine per te; *it is no* — *of mine*, questo non mi riguarda; *it's your* —, è affare tuo **3** (*comm.*) ditta, azienda, impresa: *individual* —, impresa individuale; *shipping* —, società di navigazione **4** (*fam.*) arnese, congegno, cosa: *what's that* — *for?*, a che serve quell'arnese?

to **concern** *v.tr.* **1** trattare di, avere per argomento **2** concernere, riguardare; toccare, interessare: *the problem concerns all of us*, il problema riguarda tutti noi; *that does not* — *me*, ciò non mi riguarda; *to whomsoever it may* —, a chiunque possa interessare, chiunque riguardi // *as far as I am concerned*, per quanto mi riguarda, quanto a me **3** preoccupare; turbare: *to* — *oneself with*, preoccuparsi per.

concerned [kən'sɜ:nd / con·cerned] *agg.* **1** interessato; implicato: *the bank* —, la banca in questione; *the parties* (o *persons*) —, le parti interessate, gli interessati // *the* —, gli interessati; *I've spoken to the man* —, ho parlato con l'interessato // *to be* — *with* (o *in*) *sthg.*, interessarsi di qlco., occuparsi di qlco., partecipare a qlco.; *he was* — *in the scandal*, fu implicato, coinvolto nello scandalo **2** ansioso, preoccupato: *he has a very* — *look*, ha un'aria molto preoccupata // *to be* — *about*, essere preoccupato per: *I am very* — *about his health*, sono molto preoccupato per la sua salute.

concerning [kən'sɜ:nɪŋ / con·cern·ing] *prep.* circa, riguardo a, in merito a: *they wrote to us* — *our visit to France*, ci hanno scritto riguardo al nostro viaggio in Francia.

concernment [kən'sɜ:nmənt / con·cern·ment] *s.* (*non com.*) **1** affare, faccenda **2** importanza: *of vital* —, d'importanza vitale, capitale **3** interesse; preoccupazione, sollecitudine.

concert ['kɒnsət / con·cert] *s.* **1** (*mus.*) concerto: *Mozart* —, concerto di musica di Mozart; *piano* —, concerto per pianoforte; *pop* —, concerto pop // *in* —, in concerto: *I'm going to see Miles Davis in* —, andrò a vedere Miles Davis in concerto // — *hall*, sala da concerti; — *performer*, concertista **2** concerto, accordo: *to act in* —, agire di comune accordo, di concerto.

to **concert** [kən'sɜ:t] *v.tr.* concertare ◆ *v.intr.* concertarsi.

concerted [kən'sɜ:tɪd / con·cer·ted] *agg.* **1** concertato, convenuto: — *plan*, progetto convenuto **2** (*mus.*) concertato: — *piece*, pezzo concertato, d'insieme.

concertgoer ['kɒnsətgəʊə* / con·cert·goer] *s.* frequentatore di concerti.

concert grand [,kɒnsət'grænd] *s.* pianoforte a coda, da concerto.

concertina [,kɒnsə'ti:nə / con·cer·tina] *s.* concertina, piccola fisarmonica esagonale ◆ *agg.* piegato come una concertina, a fisarmonica // — *wire*, filo spinato in rotoli.

to **concertina** *v.intr.* (*fam.*) accartocciarsi a fisarmonica (p.e. in seguito a un incidente frontale).

concertina vestibule [,kɒnsɜ:'tɪnə 'vestɪbju:l] *s.* (*ferr.*) passaggio a soffietto (fra due carrozze).

concertmaster ['kɒnsət,mɑ:stə* / con·cert·mas·ter] *s.* (*mus. amer.*) primo violino BRIT. leader.

concerto [kən'tʃeətəʊ / con·certo] *pl.* **concertos** *s.* (*mus.*) concerto: *piano* —, concerto per pianoforte.

concert pitch ['kɒnsət,pɪtʃ] *s.* diapason da concerto // *at* —, (*fig.*) pronto all'azione.

concessible [kən'sesɪbl / con·cess·ible] *agg.* concedibile.

concession [kən'seʃn / con·ces·sion] *s.* concessione (*anche dir.*).

concessionaire [kən,seʃə'neə* / con·ces·sion·aire] *s.* concessionario.

concessionary [kən'seʃnərɪ / con·ces·sion·ary] *agg.* concessionario: — *company*, società concessionaria.

concessive [kən'sesɪv / con·cess·ive] *agg.* concessivo: (*gramm.*) — *clause*, proposizione concessiva.

concessor [kən'sesə* / con·cessor] *s.* (*dir.*) concedente.

concettism [kən'tʃetɪzəm / con·cett·ism] *s.* (*lett.*) concettismo; preziosità.

conch [kɒŋtʃ] *s.* **1** (*zool.*) (*Strombus gigas*) strombo SIN. wing-shell **2** conchiglia **3** (*arch.*) conca, catino; abside **4** (*sl. mar.*) indigeno delle Bahama.

concha ['kɒŋkə / con·cha] *pl.* **conchae** ['kɒŋki:] *s.* (*anat.*) conca, concha.

conchie → **conchy**.

conchiferous [kɒŋ'kɪfərəs / con·chi·fer·ous] *agg.* (*zool.*, *geol.*) conchifero.

conchoid ['kɒŋkɔɪd / conch·oid] *s.* (*mat.*) concoide.

conchoidal [kɒŋ'kɔɪdl / conch·oidal] *agg.* **1** (*mat.*) concoidale **2** (*min.*) concoide: — *fracture*, frattura concoide.

conchology [kɒŋ'kɒlədʒɪ / concho·logy] *s.* conchiliologia.

conchy ['kɒnʃɪ / con·chy] *s.* (*fam.*) obiettore di coscienza • Abbr. di *conscientious objector*.

concierge [,kɒnsɪ'eəʒ *amer.* ,kɒnsɪ'eərʒ / con·ci·erge] *s.* portinaio.

conciliar [kən'sɪlɪə* / con·cil·iar] **conciliary** [kən'sɪlɪərɪ] *agg.* conciliare: (*eccl.*) — *records*, atti conciliari.

to **conciliate** [kən'sɪlɪeɪt / con·ci·li·ate] *v.tr.* **1** guadagnarsi, accattivarsi (stima, simpatia ecc.): *to* — *s.o.'s goodwill*, cattivarsi la stima di qlcu. **2** conciliare, mettere d'accordo **3** placare, blandire: *he tried to* — *her anger*, cercò di placare la sua collera.

conciliation [kən,sɪlɪ'eɪʃn / con·ci·li·ation] *s.* conciliazione // (*dir.*) *Court of Conciliation*, corte di conciliazione.

conciliative [kən'sɪlɪətɪv / con·ci·li·at·ive] *agg.* conciliativo.

conciliator [kən'sɪlɪeɪtə* / con·ci·li·ator] *s.* conciliatore.

conciliatory [kən'sɪlɪətərɪ *amer.* kən'sɪlɪətɔ:rɪ / con·ci·li·at·ory] *agg.* conciliante // **-ily** *avv.*

concise [kən'saɪs / con·cise] *agg.* conciso, breve, sintetico // **-ly** *avv.* // **-ness** *s.*

concision [kən'sɪʒn / con·cis·ion] *s.* **1** concisione, brevità **2** (*rar.*) mutilazione **3** (*amer.*) divisione, scisma; fazione.

conclave ['kɒnkleɪv / con·clave] *s.* (*eccl.*) conclave; (*fam.*) riunione segreta // *to be in* — *with s.o.*, consigliarsi a quattr'occhi con qlcu.

to **conclude** [kən'klu:d / con·clude] *v.tr.* **1** terminare, finire; concludere: *... and to* — *my speech...*, ... e per terminare il mio discorso...; *to be concluded in our next number*, la fine al prossimo numero **2** concludere (pace, trattato, affare ecc.) **3** dedurre ◆ *v.intr.* **1** concludersi; giungere a una conclusione **2** decidere: *to* — *in favour of*, decidere a favore di.

concluding [kən'klu:dɪŋ / con·clud·ing] *agg.* finale, ultimo, conclusivo: — *chapter*, ultimo capitolo.

conclusion [kən'klu:ʒn / con·clu·sion] *s.* **1** conclusione (*anche fil.*); fine: *in* —, in conclusione; in fine, in sostanza; *to come to a* —, venire a una conclusione; *to draw conclusions*, tirare le conclusioni; *a foregone* —, una conclusione scontata; *to jump to a* — (o *to conclusions*), arrivare a una conclusione affrettata // *to try conclusions with s.o.*, misurarsi con qlcu., fare a gara con qlcu. **2** risultato finale **3** (*dir.*) presunzione.

conclusive [kən'klu:sɪv / con·clus·ive] *agg.* **1** conclusivo; decisivo **2** (*dir.*) inimpugnabile.

conclusively [kən'klu:sɪvlɪ / con·clus·ive·ly] *avv.* conclusivamente; in modo decisivo.

conclusiveness [kən'klu:sɪvnɪs / con·clus·ive·ness] *s.* carattere conclusivo; prova decisiva.

to **concoct** [kən'kɒkt / con·coct] *v.tr.* **1** mettere insieme; mescolare (ingredienti) **2** inventare, architettare; tramare.

concocter [kən'kɒktə* / con·cocter] *s.* **1** chi prepara misture, intrugli **2** chi elabora (piani, inganni).

concoction [kən'kɒkʃn / con·coc·tion] *s.* **1** mistura; preparato; intruglio **2** macchinazione (di complotto); elaborazione (di piano): *a* — *of lies*, un tessuto di menzogne.

concoctor → **concocter**.

concomitance [kən'kɒmɪtəns / con·com·it·ance] **concomitancy** [kən'kɒmɪtənsɪ / con·com·it·ancy] *s.* (*form.*) concomitanza.

concomitant [kən'kɒmɪtənt / con·com·it·ant] *agg.* (*form.*) concomitante ◆ *s.* causa, fatto concomitante // **-ly** *avv.*

concord ['kɒŋkɔ:d / con·cord] *s.* **1** (*form.*) concordia, armonia **2** accordo, trattato **3** (*mus.*) accordo **4** (*gramm.*) concordanza.

to **concord** [kən'kɔ:d] *v.intr.* (*form.*) concordare, essere d'accordo.

concordance [kən'kɔ:dəns / con·cord·ance] *s.* **1** (*form.*) accordo; armonia **2** indice analitico.

concordant [kən'kɔ:dənt / con·cord·ant] *agg.* (*form.*) **1** concorde, concordante **2** (*mus.*) armonioso // **-ly** *avv.*

concordat [kɒn'kɔ:dæt / con·cordat] *s.* (*st.*) concordato.

concourse ['kɒŋkɔ:s / con·course] *s.* **1** concorso, affluenza **2** (*amer.*) sala, atrio: *station* —, atrio di stazione **3** crocicchio **4** ampio viale; arteria.

concrescence [kən'kresns / con·cres·cence] *s.* (*biol.*) concrescenza.

concrete ['kɒnkri:t / con·crete] *agg.* **1** concreto, reale; tangibile: *let's see some* — *evidence*, vediamo qualche prova tangibile; (*gramm.*) — *case*, caso concreto // *in the* —, nella realtà, all'atto pratico **2** di calcestruzzo ◆ *s.* (*edil.*) calcestruzzo; conglomerato: *armoured* — (o *reinforced* —), cemento armato.

to **concrete** [kɒn'kri:t *nel senso 1* 'kɒnkri:t] *v.tr.* **1** (*edil.*) costruire in calcestruzzo **2** solidificare **3** concretare (sogno, idea) ◆ *v.intr.* solidificarsi.

concretely ['kɒnkri:tlɪ / con·crete·ly] *avv.* concretamente.

concrete mixer ['kɒnkri:t,mɪksə*] *s.* betoniera.

concreteness ['kɒnkri:tnɪs / con·crete·ness] *s.* concretezza.

concretion [kən'kri:ʃn / con·cre·tion] *s.* **1** il concretarsi (*anche fig.*); il solidificarsi: *the* — *of a project*, il concretarsi di un progetto **2** (*geol.*) concrezione **3** (*med.*) concrezione; calcolo.

concretionary [kən'kri:ʃənrɪ / con·cre·tion·ary] *agg.* (*geol.*) concrezionale; concrezionato.

concubinage [kɒn'kju:bɪnɪdʒ / con·cu·bin·age] *s.* concubinato.

concubinary [kən'kju:bɪnərɪ / con·cu·bin·ary] *agg.* che vive in concubinato ◆ *s.* (*non com.*) concubino.

concubine ['kɒŋkjʊbaɪn / con·cu·bine] *s.* concubina.

concupiscence [kən'kju:pɪsəns / con·cu·pis·cence] *s.* concupiscenza.

concupiscent [kən'kju:pɪsənt / con·cu·pis·cent] *agg.* concupiscente.

to **concur** [kən'kɜ:* / con·cur] *pass.p.p.* **concurred** [kən'kɜ:d / con·curred] *v.intr.* **1** (*form.*) essere d'accordo: *I — with you*, sono della vostra opinione; *to — with a person in an opinion*, condividere l'opinione di una persona **2** (*form.*) concorrere; contribuire: *causes that — to an effect*, cause che concorrono a un effetto; *events that — in a result*, avvenimenti che concorrono a un risultato; *both parties concurred to prevent a crisis*, i due partiti concorsero a evitare la crisi **3** (*dir.*) essere in conflitto.

concurrence [kən'kʌrəns / con·cur·rence] *s.* **1** (*form.*) accordo, consenso **2** concorso, incontro (di circostanze) // (*dir.*): *— of crime*, concorso di reati; *— of sentence*, condanna a pena concorrente **3** cooperazione (di persone) **4** (*mat.*) convergenza **5** (*dir.*) conflitto (di diritti).

concurrent [kən'kʌrənt / con·cur·rent] *agg.* **1** concorrente; simultaneo; coesistente; convergente: (*mat.*) *— lines*, rette convergenti; (*dir.*) *— cause*, causa concorrente, cooperante // (*inform.*): *— processor*, elaboratore parallelo; *— procedure*, procedura simultanea **2** concordante, concorde, unanime **3** (*dir.*) in conflitto: *— rights*, diritti opposti, in conflitto ◆ *s.* **1** causa, circostanza concomitante **2** (*ant.*) concorrente.

concurrently [kən'kʌrəntlɪ / con·cur·rent·ly] *avv.* **1** simultaneamente **2** (*dir.*) in collisione.

to **concuss** [kən'kʌs / con·cuss] *v.tr.* **1** squassare, scuotere con violenza **2** (*dir.*) intimidire; estorcere: *to — s.o. into doing sthg.*, obbligare qlcu. a fare qlco.

concussion [kən'kʌʃn / con·cus·sion] *s.* **1** (*med.*) commozione: *— (of brain)*, commozione cerebrale **2** scossa, urto (*anche fig.*) // *— fuse*, spoletta a percussione **3** (*dir.*) estorsione; concussione.

concyclic [kən'saɪklɪk / con·cyc·lic] *agg.* (*mat.*) conciclico: *— points*, punti conciclici.

to **condemn** [kən'dem / con·demn] *v.tr.* **1** condannare: *he was condemned to death, to pay a fine*, fu condannato a morte, a pagare una multa; *he was condemned to spend the rest of his life in a wheelchair*, era condannato a passare il resto della sua vita su una sedia a rotelle // *condemned cell*, cella dei condannati a morte **2** (*fig.*) condannare, censurare, biasimare: *his behaviour was condemned as antisocial*, il suo comportamento fu condannato come antisociale **3** dichiarare inservibile, inagibile, inutilizzabile.

condemnable [kən'dem*n*əbl / con·dem·nable] *agg.* **1** condannabile **2** colpevole **3** censurabile, biasimevole.

condemnation [,kɒndem'neɪʃn / con·dem·na·tion] *s.* **1** condanna **2** censura; biasimo **3** espropriazione per pubblica utilità **4** (*amer.*) messa al bando di un prodotto.

condemnatory [kən'demnətərɪ / con·dem·nat·ory] *agg.* condannatorio.

condensability [kən,densə'bɪlɪtɪ / con·dens·ab·il·ity] *s.* condensabilità.

condensable [kən'densəbl / con·dens·able] *agg.* condensabile.

condensate [kən'densɪt / con·dens·ate] *s.* **1** (*fis.*, *chim.*) condensato **2** condensa.

to **condensate** ['kɒndenseɪt] *v.tr.* condensare ◆ *v.intr.* condensarsi.

condensation [,kɒnden'seɪʃn / con·densa·tion] *s.* **1** condensazione: (*meteor.*) *— trail*, scia di condensazione (di aereo) **2** liquido condensato, condensa **3** condensato, compendio, riassunto.

to **condense** [kən'dens / con·dense] *v.tr.* **1** condensare: *condensed milk*, latte condensato **2** concentrare **3** (*fig.*) abbreviare, compendiare ◆ *v.intr.* condensarsi.

condenser [kən'densə* / con·denser] *s.* condensatore; (*chim.*) refrigerante, condensatore.

condensing [kən'densɪŋ / con·dens·ing] *agg.* che condensa // *— unit*, complesso frigorifero ◆ *s.* condensazione.

to **condescend** [,kɒndɪ'send / con·des·cend] *v.intr.* accondiscendere, condiscendere; mostrarsi condiscendente: *— to do sthg. for s.o.*, accondiscendere a fare qlco. per qlcu.

condescendence [,kɒndɪ'sendəns / con·des·cend·ence] *s.* (*non com.*) condiscendenza.

condescending [,kɒndɪ'sendɪŋ / con·des·cend·ing] *agg.* condiscendente.

condescendingly [,kɒndɪ'sendɪŋlɪ / con·des·cend·ing·ly] *avv.* con condiscendenza: *to treat s.o. —*, trattare qlcu. dall'alto in basso.

condescension [,kɒndɪ'senʃn / con·des·cen·sion] *s.* **1** condiscendenza, compiacenza **2** (*non com.*) affabilità, cortesia // *out of — to s.o.*, per degnazione verso qlcu.

condign [kən'daɪn / con·dign] *agg.* (*form.*) meritato, adeguato: *— punishment*, punizione giusta.

condiment [,kɒndɪmənt / con·di·ment] *s.* sostanza usata per insaporire i cibi.

condition [kən'dɪʃn / con·di·tion] *s.* **1** condizione; clausola; (*dir.*) clausola condizionale: *conditions of a contract*, clausole di un contratto; *conditions to be arranged*, clausole da convenirsi; (*comm.*) *— of payment*, condizione di pagamento; *to agree to a* (o *to accept a*) —, accettare una condizione; *to impose conditions on s.o.* (o *to lay down conditions to s.o.*), imporre condizioni a qlcu.; *to make a —*, porre una condizione // *on — that*, a condizione che // *on no —*, a nessuna condizione // *terms and conditions*, condizioni, modalità (di vendita, emissioni) // (*dir.*) *— precedent*, condizione sospensiva **2** condizione, stato: *the — of the workers*, le condizioni dei lavoratori; *goods in (good) —*, merci in buone condizioni; *the human —*, la condizione umana; *weather conditions*, le condizioni meteorologiche // *to be in no — to*, non essere nelle condizioni di // *to be in an interesting —*, essere in stato interessante // *he has a bad heart —*, ha una grave malattia di cuore // *to keep oneself in —*, mantenersi in forma // *to be out of —*, non essere in forma // *to change one's —*, cambiare stato civile; sposarsi **3** *pl.* condizioni, situazioni, circostanze: *under existing conditions*, nelle presenti condizioni **4** *pl.* (*amer.*) obbligo per uno studente di colmare le sue lacune in una data materia **5** (*gramm.*) periodo ipotetico.

to **condition** *v.tr.* **1** pattuire, stipulare, negoziare **2** condizionare; influenzare; limitare: *his behaviour has been conditioned by his years in the army*, il suo comportamento è stato condizionato dagli anni trascorsi nell'esercito **3** condizionare (seta, lana ecc.); verificare (l'umidità) **4** condizionare (l'aria) **5** (*amer.*) richiedere (a uno studente) che colmi le sue lacune in una materia **6** allenare **7** mettere in buone condizioni fisiche (spec. animali) ◆ *v.intr.* (*ant.*) imporre condizioni.

conditional [kən'dɪʃənl / con·di·tional] *agg.* condizionale; condizionato: (*comm.*) *— acceptance*, accettazione condizionata; *the offer is — upon acceptance within three days*, l'offerta è condizionata all'accettazione entro tre giorni; (*dir.*) *— agreement*, contratto sottoposto a condizione; *— discharge*, libertà condizionale ◆ *s.* (*gramm.*) modo, proposizione condizionale.

conditionality [kən,dɪʃə'nælɪtɪ / con·di·tion·al·ity] *s.* stato, carattere condizionale.

conditionally [kən'dɪʃnəlɪ / con·di·tion·ally] *avv.* condizionatamente.

conditioned [kən'dɪʃnd / con·di·ti·oned] *agg.* condizionato.

conditioner [kən'dɪʃnə* / con·di·tioner] *s.* **1** verificatore (di tessili) **2** balsamo per i capelli **3** condizionatore d'aria **4** (*fabric*) —, ammorbidente (per tessuti).

conditioning [kən'dɪʃnɪŋ / con·di·tion·ing] *s.* **1** condizionatura (di tessili) **2** condizionamento (dell'aria) **3** condizionamento.

condo ['kɒndəʊ] *s.* (*fam. amer.*) abbr. di → **condominium** 2.

condolatory [kən'dəʊlətərɪ / con·do·lat·ory] *agg.* (*form.*) di condoglianza: *— letter*, lettera di condoglianza.

to **condole** [kən'dəʊl / con·dole] *v.intr.* (*form.*) condolersi: *to — with s.o. about sthg.*, condolersi con qlcu. di qlco.

condolence [kən'dəʊləns / con·dol·ence] *s.* condoglianza: *to offer s.o. one's condolences*, fare a qlcu. le proprie condoglianze.

condom ['kɒndəm / con·dom] *s.* condom, preservativo, profilattico.

condominium [,kɒndə'mɪnɪəm / con·do·min·ium] *s.* **1** condominio **2** (*amer.*) appartamento in un condominio.

condonable [kən'dəʊnəbl / con·don·able] *agg.* condonabile.

condonation [,kɒndəʊ'neɪʃn / con·dona·tion] *s.* condono, perdono.

to **condone** [kən'dəʊn / con·done] *v.tr.* condonare; perdonare, passar sopra a: *I don't mean to — terrorism*, non voglio giustificare il terrorismo.

condor ['kɒndɔ:* / con·dor] *s.* (*zool.*) (*Vultur gryphus*) condor.

condottiere [,kɒndɒ'tjeərə / con·dot·ti·ere] *pl.* **condottieri** [,kɒndɒ'tjeərɪ / con·dot·ti·eri] *s.* condottiero (di truppe mercenarie).

to **conduce** [kən'dju:s *amer.* kən'du:s / con·duce] *v.intr.* (*form.*) contribuire, tendere (a) (gener. di avvenimenti); condurre (a un risultato).

conducive [kən'dju:sɪv *amer.* kən'du:sɪv / con·du·cive] *agg.* (*form.*) contribuente, tendente.

conduct ['kɒndʌkt / con·duct] *s.* **1** condotta, comportamento: *good, bad* —, buona, cattiva condotta; *his — leaves a lot to be desired*, il suo comportamento lascia molto a desiderare; *to lay down a line of — to s.o.*, tracciare una linea di condotta a qlcu. // (*mil.*) *regimental — sheet*, foglio disciplinare **2** condotta; gestione: *— of affairs*, gestione degli affari; *the Government has announced an inquiry into the — of the war*, il governo ha annunciato un'inchiesta sulla conduzione della guerra **3** (*ant.*) il condurre, guida.

to **conduct** [kən'dʌkt] *v.tr.* **1** condurre, guidare; dirigere: *to — the operations*, condurre, dirigere le operazioni; *to — an orchestra*, dirigere un'orchestra; *to — an experiment*, condurre un esperimento; *we are conducting a survey on the eating habits of teenagers*, stiamo conducendo un'indagine sulle abitudini alimentari dei teen-ager **2** (*amm.*) gestire, amministrare (azienda ecc.) **3** (*fis.*) condurre (calore, elettricità ecc.) **4** comportarsi: *to — oneself well, badly*, comportarsi bene, male ◆ *v.intr.* **1** fare il direttore d'orchestra **2** (*fis.*) essere conduttore **3** fare, agire da capo.

conductance [kən'dʌktəns / con·duct·ance] *s.* (*elettr.*) conduttanza.

conductibility [kən,dʌktɪ'bɪlətɪ / con·duct·ib·il·ity] *s.* conducibilità.

conduction [kən'dʌkʃn / con·duc·tion] *s.* **1** (*fis.*) conduzione **2** convogliamento (di liquido in un condotto).

conductive [kən'dʌktɪv / con·duct·ive] *agg.* (*fis.*) conduttivo.

conductivity [,kɒndʌk'tɪvətɪ / con·duct·iv·ity] *s.* (*fis.*) conducibilità, conduttività.

conduct-money ['kɒndʌkt'mʌnɪ] *s.* (*dir.*) indennità di viaggio pagata a un testimone.

conductor [kən'dʌktə* / con·ductor] *s.* **1** (*mus.*) direttore (d'orchestra, coro ecc.) **2** bigliettaio (di tram, autobus); (*amer.*) capotreno, controllore **3** guida (di persone); accompagnatore (di turisti) **4** direttore (di un'impresa) **5** (*fis.*) conduttore // *lightning* —, parafulmine.

conductor rail ['kɒndʌktə'reɪl] *s.* (*ferr.*) terza rotaia.

conductorship [kən'dʌktəʃɪp / con·duct·or·ship] *s.* direzione (di orchestra).

conductress [kən'dʌktrɪs / con·duc·tress] *s.* bigliettaia (di tram, autobus).

conduit ['kɒndɪt *amer.* 'kɒndu:ɪt / con·duit] *s.* **1** condotto, conduttura, canale sotterraneo // *water* —, acquedotto **2** passaggio segreto **3** (*geol.*) condotto vulcanico **4** (*ant.*) fontana (con getto).

conduit system ['kɒndɪt'sɪstəm] *s.* (*ferr.*) alimentazione a terza rotaia.

condyle ['kɒndɪl / con·dyle] *s.* (*anat.*) condilo.

condyloid ['kɒndɪlɔɪd / con·dyl·oid] *agg.* (*anat.*) condiloide.

condyloma [kɒndə'ləʊmə / con·dyl·oma] *pl.* **condylomata** [,kɒndə'ləʊmətə / con·dyl·om·ata] *s.* (*med.*) condiloma: *— acuminatum*, condiloma acuminato, cresta di gallo.

cone [kəʊn] *s.* **1** cono; oggetto conico: *ice-cream* —, cono di gelato; (*mat.*) *right circular* —, cono circolare retto; (*geol.*) *volcanic* —, cono vulcanico; (*mecc.*) *step* —, cono di puleggе, puleggia a gradini **2** (*bot.*) pigna, cono, strobilo **3** (*anat., zool.*) cono **4** (*tess.*) bobina conica; rocca conica.

to **cone** *v.tr.* **1** dare forma di cono a **2** (*tess.*) avvolgere su bobina conica, su rocca conica **3** (*aer.*) *to be coned*, essere intercettato dalla luce di un riflettore ◆ *v.intr.* (*bot.*) produrre pigne.

coney ['kəʊnɪ / co·ney] *pl.* **coneys** ['kəʊnɪz / co·neys] **conies** ['kəʊnɪz / co·nies] *s.* **1** (*non com.*) coniglio, pelle di coniglio SIN. **rabbit** **2** pelliccia di coniglio **3** (*ant. fig.*) pollo, sempliciotto.

confab ['kɒnfæb / con·fab] (*fam.*) abbr. di → **confabulation** e di → to **confabulate**.

to **confabulate** [kən'fæbjʊleɪt / con·fabu·late] *v.intr.* confabulare, discorrere.

confabulation [kən,fæbjʊ'leɪʃn / con·fabu·la·tion] *s.* (*form.*) confabulazione, conversazione familiare.

confabulatory [kən'fæbjʊlətərɪ / con·fabu·lat·ory] *agg.* confabulatorio.

confection [kən'fekʃn / con·fec·tion] *s.* **1** dolce, pasticcino **2** composizione (di ingredienti ecc.) **3** confezione, indumento già confezionato (gener. per donna).

to **confection** *v.tr.* **1** preparare (confetture, dolci ecc.) **2** confezionare (abiti).

confectionary [kən'fekʃnərɪ *amer.* kən'fekʃənerɪ / con·fec·tion·ary] *agg.* di pasticceria; dolce.

confectioner [kən'fekʃnə* / con·fec·tioner] *s.* confettiere, pasticciere: *— 's sugar*, zucchero a velo.

confectionery [kən'fekʃnərɪ *amer.* kən'fekʃənerɪ / con·fec·tion·ery] *s.* **1** ⓤ dolci; caramelle (*pl.*); prodotti di pasticceria o confetteria **2** pasticceria, negozio di pasticceria **3** ⓤ industria dolciaria.

confederacy [kən'fedərəsɪ / con·fed·er·acy] *s.* **1** confederazione, lega // *the Confederacy*, Confederazione degli Stati Uniti d'America (1776) **2** (*non com.*) cospirazione; complotto.

confederate [kən'fedərət / con·fed·er·ate] *agg.* (*form.*) confederato, alleato ◆ *s.* **1** confederato **2** (*st. amer.*) confederato, sudista **3** complice; (*fam.*) compare.

to **confederate** [kən'fedəreɪt] *v.tr.* e *intr.* **1** confederare, confederarsi: *to — (oneself) with s.o.*, allearsi, formare una lega con qlcu. **2** (*ant.*) cospirare.

confederation [kən,fedə'reɪʃn / con·fed·era·tion] *s.* confederazione // *Swiss Confederation*, Confederazione Elvetica.

to **confer** [kən'fɜ:* / con·fer] *pass.p.p.* **conferred** [kən'fɜ:d] *v.tr.* conferire, dare, accordare: *to — an honour, a title etc. on s.o.*, conferire un onore, un titolo ecc. a qlcu. ◆ *v.intr.* conferire, consultarsi: *to — with s.o. on sthg.*, consultarsi con qlcu. su qlco.

conference ['kɒnfərəns / con·fer·ence] *s.* **1** conferenza; consultazione; abboccamento: *European* —, conferenza europea; *to be in — with s.o.*, avere un colloquio con qlcu., conferire con qlcu. // *press* (o *news*) —, conferenza stampa // *he is in* —, (*amer.*) è occupato **2** congresso, convegno: *industrial* —, congresso industriale **3** (*amer. sport*) lega **4** (*ant.*) conversazione; discussione, confronto: *reading maketh a full man, conference a ready man*, (F. BACON) la lettura fa un uomo completo, la conversazione un uomo pronto di spirito.

conferential [,kɒnfə'renʃl / con·fer·en·tial] *agg.* (*non com.*) di conferenza.

conferment [kən'fɜ:mənt / con·fer·ment] *s.* conferimento (di titolo ecc.).

conferrable [kən'fɜ:rəbl / con·fer·rable] *agg.* conferibile.

to **confess** [kən'fes / con·fess] *v.tr.* **1** confessare, ammettere: *he confessed his crime*, confessò il suo delitto; *I — (that) I am guilty*, confesso di essere colpevole // *a fault confessed is half redressed*, (*prov.*) peccato confessato è mezzo perdonato **2** (*eccl.*) confessare: *to — one's sins*, confessare i propri peccati; *to — oneself to a priest*, confessarsi a un prete **3** professare: *to — the Christian faith*, professar la fede cristiana ◆ *v.intr.* **1** confessare, ammettere: *he confessed to the theft*, confessò il furto; *I — to admiring her*, devo ammettere che la ammiro **2** (*eccl.*) confessare; confessarsi: *to — to a priest*, confessarsi a un prete.

confessant [kən'fesənt / con·fess·ant] *s.* chi si confessa, penitente.

confessedly [kən'fesɪdlɪ / con·fessed·ly] *avv.* per confessione propria; apertamente.

confession [kən'feʃn / con·fes·sion] *s.* **1** confessione (*anche eccl.*): *to make a full* —, fare completa confessione; *to go to* —, andare a confessarsi; *he signed his* —, firmò la sua confessione; *under the seal of* —, sotto il segreto della confessione **2** dichiarazione, professione: *— of faith*, professione di fede // *by general* —, per professione di tutti.

confessional [kən'feʃənl / con·fes·sional] *agg.* confessionale ◆ *s.* (*eccl.*) confessionale.

confessionary [kən'feʃənrɪ / con·fes·sion·ary] → **confessional**.

confessionist [kən'feʃənɪst / con·fes·sion·ist] *s.* (*st. relig.*) luterano confessionista.

confessor [kən'fesə* / con·fessor] *s.* **1** confessore **2** chi si confessa; chi confessa (un delitto) **3** chi professa (una fede) // (*st.*) *Edward the Confessor*, Edoardo il Confessore.

confessorship [kən'fesəʃɪp / con·fes·sor·ship] *s.* (*eccl.*) confessorato.

confetti [kən'fetɪ / con·fetti] *s.* ⓤ coriandoli (*pl.*).

confidant [,kɒnfɪ'dænt / con·fid·ant] *s.* confidente (uomo).

confidante [,kɒnfɪ'dænt / con·fid·ante] *s.* confidente (donna).

to **confide** [kən'faɪd / con·fide] *v.tr.* **1** confidare: *to — a secret to s.o.*, confidare un segreto a qlcu. **2** affidare: *to — sthg. to s.o.'s care*, affidare qlco. alla cura di qlcu.

□ **confide in** *v.tr.* e *prep.* confidare, confidarsi: *I — in God*, confido in Dio; *to — in s.o. about sthg.*, confidarsi con qlcu. circa qlco.

confidence ['kɒnfɪdəns / con·fid·ence] *s.* **1** fiducia: *to have — in s.o.*, aver fiducia in qlcu.; *to abuse s.o.'s* —, abusare della fiducia di qlcu.; *you have no — in people*, non hai fiducia nella gente // *motion of no* —, mozione di sfiducia; *vote of* —, voto di fiducia **2** confidenza: *to be in s.o.'s* —, godere della confidenza di qlcu.; *to make a — to s.o.*, fare una confidenza a qlcu.; *to take s.o. into one's* —, confidarsi con qlcu.; *to tell s.o. sthg. in* —, dire qlco. a qlcu. in confidenza // *in strict* —, con la massima riservatezza **3** sicurezza, fiducia in se stesso: *he was brimming with* —, traboccava di fiducia in se stesso **4** (*stat.*) confidenza: *— interval*, ambito di confidenza.

confidence game ['kɒnfɪdəns'geɪm] *s.* (*amer.*) → **confidence trick**.

confidence man ['kɒnfɪdəns'mæn] *s.* truffatore.

confidence trick ['kɒnfɪdəns'trɪk] *s.* truffa all'americana AMER. confidence game.

confident [kɒn'fɪdənt / con·fid·ent] *agg.* **1** fiducioso: *to be — of the future*, avere fiducia nell'avvenire; *to be — that*, essere fiducioso che; *to feel — that*, sentirsi sicuro che **2** sicuro di sé: *he was — of what he was doing*, si sentiva sicuro di ciò che stava facendo // **-ly** *avv.*

confident *s.* confidente.

confidential [,kɒnfɪ'denʃl / con·fid·en·tial] *agg.* confidenziale, riservato, segreto: *a — letter*, una lettera riservata; *to be — with s.o.*, fare delle confidenze a qlcu. // *— secretary*, segretario, segretaria particolare // *— agent*, (*antiq.*) agente segreto // **-ly** *avv.* // **-ness** *s.*

confidentiality [,kɒnfɪ,denʃɪ'ælɪtɪ / con·fid·en·ti·al·ity] *s.* **1** carattere confidenziale, riservato, segreto (di qlco.) **2** riservatezza (di persona).

confider [kən'faɪdə* / con·fider] *s.* chi confida; chi affida.

confiding [kən'faɪdɪŋ / con·fid·ing] *agg.* fiducioso; senza sospetti: *to be of a — nature*, non essere diffidente, sospettoso per carattere // **-ly** *avv.*

configuration [kən,fɪgjʊ'reɪʃn / con·fig·ura·tion] *s.* **1** configurazione, conformazione; profilo **2** (*astr.*) configurazione **3** (*inform.*) configurazione, composizione di un elaboratore; combinazione **4** (*fis.*, *chim.*) configurazione.

to **configure** [kən'fɪgə* / con·fig·ure] *v.tr.* (*non com.*) configurare (*spec. fig.*).

confinable [kən'faɪnəbl / con·fin·able] *agg.* che si può confinare.

confine ['kɒnfaɪn / con·fine] *s.* (*gener. pl.*) confine; limite; frontiera: *at the extreme confines of the earth*, agli estremi confini della terra; *within the confines of the university*, entro i confini dell'università; *within the confines of normal expenditure*, (*fig.*) entro i limiti di una spesa normale.

to **confine** [kən'faɪn] *v.tr.* **1** relegare, tenere entro certi limiti; imprigionare: *he was confined in a mental hospital for twenty years*, fu rinchiuso per vent'anni in un ospedale psichiatrico **2** limitare: *to — the use of a word*, limitare l'uso di una parola; *he was trying to — the use of drugs*, cercava di limitare l'uso di droga **3** (*form.*) *to be confined*, partorire (di donna) ◆ *v.intr.* (*rar.*) essere limitrofo, confinare: *to — with a country*, confinare con un paese.

□ **confine to** *v.tr.* e *prep.* **1** limitare a; concentrare su: *to — oneself to sthg.*, *to doing sthg.*, limitarsi a qlco., a fare qlco.; *the witness was instructed to — himself to the facts*, il testimone fu invitato ad attenersi ai fatti **2** confinare, trattenere in: *to be confined to bed*, *to one's room*, *to the house*, essere costretto a letto, a rimanere nella propria camera, in casa; *the soldier was confined to barracks*, il soldato fu trattenuto in caserma.

confined [kən'faɪnd / con·fined] *agg.* **1** limitato, ristretto: *they lived in extremely — quarters*, vivevano in uno spazio molto ristretto; *his ideas are rather —*, le sue idee sono piuttosto limitate **2** (*med.*) in travaglio.

confineless [kən'faɪnlɪs / con·fine·less] *agg.* (*letter.*) illimitato; sconfinato.

confinement [kən'faɪnmənt / con·fine·ment] *s.* **1** imprigionamento, reclusione; confino // *solitary —*, segregazione cellulare **2** limitazione, restrizione **3** parto: *her — was expected from day to day*, di giorno in giorno si aspettava che partorisse **4** (*fis.*) confinamento.

to **confirm** [kən'fɜːm / con·firm] *v.tr.* **1** confermare: *to — an appointment, an order, a statement*, confermare un appuntamento, un'ordinazione, una dichiarazione; *the letter confirmed my doubts*, la lettera confermò i miei dubbi **2** ratificare (trattato ecc.) **3** (*dir.*) confermare, omologare (sentenza ecc.) **4** corroborare (notizia ecc.) **5** (*eccl.*) cresimare.

confirmand [,kɑːnfə'mænd / con·firm·and] *s.* (*relig.*) cresimando.

confirmation [,kɒnfə'meɪʃən / con·firma·tion] *s.* **1** conferma **2** ratifica, conferma (di trattato ecc.) **3** (*dir.*) omologazione: *— of a judgment*, conferma di una sentenza **4** corroborazione, avvaloramento (di teoria ecc.) **5** (*relig.*) cresima.

confirmative [kən'fɜːmətɪv / con·firm·at·ive] *agg.* (*non com.*) confermativo; affermativo; che tende a confermare // **-ly** *avv.*

confirmatory [kən'fɜːmətərɪ / con·firm·at·ory] *agg.* (*non com.*) **1** confermativo; che serve a confermare **2** (*relig.*) relativo alla cresima.

confirmed [kən'fɜːmd / con·firmed] *agg.* **1** inveterato; impenitente; convinto; cronico; *— bachelor, drunkard*, scapolo impenitente, ubriacone inveterato **2** (*relig.*) cresimato.

confirmee [,kɒnfə'miː / con·firmee] *s.* (*relig.*) cresimato.

confiscable [kɒn'fɪskəbl / con·fis·cable] *agg.* confiscabile.

to **confiscate** ['kɒnfɪskeɪt / con·fis·cate] *v.tr.* confiscare: *to — sthg. from s.o.*, confiscare ql.co. a qlcu.

confiscation [,kɒnfɪs'keɪʃn / con·fis·ca·tion] *s.* confisca: *— of property*, confisca di beni.

confiscator ['kɒnfɪskeɪtə* / con·fis·cator] *s.* confiscatore.

confiscatory [kən'fɪskətərɪ / con·fis·cat·ory] *agg.* di confisca: *— measures*, misure di confisca.

confiteus reus [kən'fɪtɪuːs'riːuːs / con·fit·eus reus] *s.* (*dir.*) reo confesso.

conflagration [,kɒflə'greɪʃn / con·flag·ra·tion] *s.* (*form.*) conflagrazione (*anche fig.*).

to **conflate** [kən'fleɪt / con·flate] *v.tr.* fondere; combinare, mettere insieme (due o più testi).

conflation [kən'fleɪʃn / con·fla·tion] *s.* fusione (*spec. fig.*).

conflict ['kɒnflɪkt / con·flict] *s.* conflitto; lotta; contrasto, disaccordo: *to be in — with*, essere, trovarsi in conflitto con; *to come into — with*, venire a conflitto con; *to bring into — with*, mettere in conflitto con; (*dir.*) *— of jurisdiction*, conflitto di giurisdizione.

to **conflict** [kən'flɪkt] *v.intr.* **1** (*fig.*) essere in conflitto, in disaccordo: *their accounts conflicted at many points*, le loro relazioni erano in disaccordo su parecchi punti **2** contendere, lottare.

conflicting [kən'flɪktɪŋ / con·flict·ing] *agg.* posto in conflitto; contraddittorio: (*dir.*) *— evidence*, prove contraddittorie.

confliction [kən'flɪkʃn / con·flic·tion] *s.* (*non com.*) antagonismo, urto.

confluence ['kɒnflʊəns / con·flu·ence] *s.* **1** confluenza (di fiumi ecc.) **2** (*fig. form.*) convergenza (di idee ecc.) **3** (*ant.*) affluenza (di persone).

confluent ['kɒnflʊənt / con·flu·ent] *agg.* e *s.* confluente.

conflux ['kɒnflʌks / con·flux] *s.* (*letter.*) confluenza, affluenza.

to **conform** [kən'fɔːm / con·form] *v.intr.* **1** conformarsi; uniformarsi, obbedire; essere conforme a; concordare con: *to — to* (o *with*) *sthg.*, conformarsi a qlco.; *she likes to — with fashion*, ama seguire la moda; *your flat doesn't — to building regulations*, il tuo appartamento non è conforme al regolamento del palazzo; *his story doesn't — to the facts*, la sua versione non è conforme ai fatti **2** (*relig.*, *st.*) fare atto di sottomissione ◆ *v.tr.* conformare; uniformare.

conformability [kən,fɔːmə'bɪlətɪ / con·form·ab·il·ity] *s.* conformità.

conformable [kən'fɔːməbl / con·form·able] *agg.* **1** conforme, che si adatta, che si accorda **2** compiacente, docile, accomodante (di persona) **3** (*relig.*) conformista **4** (*geol.*) concordante.

conformably [kən'fɔːməblɪ / con·form·ably] *avv.* conformemente.

conformal [kən'fɔːml / con·formal] *agg.* (*cartografia*) conforme, isogonico: *— map projection*, proiezione conforme, isogonica.

conformance [kən'fɔːməns / con·form·ance] *s.* conformità; sottomissione: *in — with your wishes*, (*form.*) in conformità alle vostre richieste.

conformation [,kɒnfɔː'meɪʃn / con·forma·tion] *s.* **1** conformazione; struttura; forma; configurazione **2** adattamento: *the — of our lives to the duties of morality*, l'adattamento della nostra vita ai doveri della morale.

conformational [,kɒnfɔː'meɪʃnl / con·forma·tional] *agg.* (*chim.*, *fis.*) conformazionale: *— analysis*, analisi conformazionale.

conformist [kən'fɔːmɪst / con·form·ist] *agg.* e *s.* conformista.

conformity [kən'fɔːmɪtɪ / con·form·ity] *s.* **1** conformità, l'essere conforme: *in — with*, in conformità a, conformemente a **2** (*relig.*) conformismo; ortodossia.

to **confound** [kən'faʊnd / con·found] *v.tr.* **1** confondere; sconcertare; disorientare; turbare: *to be confounded*, essere confuso **2** (*fam.*) mandare al diavolo: *— it!*, al diavolo!; *— you!*, va' al diavolo! **3** (*ant.*) sconvolgere (piani, idee ecc.) **4** (*ant.*) mettere in disordine; mescolare.

confounded [kən'faʊndɪd / con·foun·ded] *agg.* **1** confuso, attonito: *to be — by the sight of*, confondersi, essere sorpreso, alla vista di **2** (*fam.*) insopportabile: *a — bore*, un seccatore insopportabile; *what a — nuisance, business!*, che noia maledetta, che maledetto affare!

confoundedly [kən'faʊndɪdlɪ / con·foun·ded·ly] *avv.* (*fam.*) maledettamente; terribilmente.

confraternity [,kɒnfrə'tɜːnɪtɪ / con·fra·

tern·ity] *s.* **1** confraternita **2** (*estens.*) associazione.

confrère ['kɒnfreə* / con·frère] *s.* (*non com.*) confratello, collega.

to **confront** [kən'frʌnt / con·front] *v.tr.* **1** affrontare (persone, difficoltà ecc.) **2** incontrare, trovarsi di fronte a **3** mettere a confronto: *he was confronted with his accusers*, fu messo a confronto con i suoi accusatori **4** collazionare, confrontare.

confrontation [,kɒnfrʌn'teɪʃn / con·fronta·tion] *s.* **1** confronto (di testimoni ecc.) // *we can't avoid — of the reality*, non possiamo evitare di confrontarci con la realtà **2** (*fig.*) braccio di ferro: *the — between Kennedy and Kruschev over the Cuban missiles*, il braccio di ferro fra Kennedy e Chruščëv per i missili cubani; *the union has decided to end its long — with management*, i sindacati hanno deciso di porre fine al braccio di ferro con la direzione.

Confucian [kən'fju:ʃjən / Con·fu·cian] *agg.* e *s.* (*relig.*) confuciano.

Confucianism [kən'fju:ʃjənɪzəm / Con·fu·cian·ism] *s.* (*relig.*) confucianesimo.

Confucianist [kən'fju:ʃjənɪst / Con·fu·cian·ist] *s.* (*relig.*) seguace del confucianesimo.

to **confuse** [kən'fju:z / con·fuse] *v.tr.* **1** disorientare, sconcertare; turbare **2** confondere (*anche fig.*); mescolare; mettere in disordine: *I always — him with his brother*, lo prendo sempre per suo fratello // *to — the issue*, ingarbugliare la questione **3** mettere in imbarazzo **4** (*ant.*) mandare in rovina.

confused [kən'fju:zd / con·fused] *agg.* **1** confuso; disorientato; imbarazzato: *— mind*, mente turbata; *to get —*, confondersi, turbarsi **2** confuso; in disordine; ingarbugliato: *— voices*, voci confuse // **-ly** *avv.*

confusedness [kən'fju:zɪdnɪs / con·fused·ness] *s.* disordine, confusione.

confusing [kən'fju:zɪŋ / con·fus·ing] *agg.* che confonde, che fa sbagliare; sviante // **-ly** *avv.*

confusion [kən'fju:ʒn / con·fu·sion] *s.* **1** confusione, caos, disordine: *the other team was thrown into —*, l'altra squadra fu gettata nel caos; *we lost each other in the — after the explosion*, ci perdemmo nella confusione seguita all'esplosione **2** turbamento, vergogna: *to put s.o. to —*, confondere, turbare qlcu.; *he was thrown into — by her proposition*, fu turbato dalla sua proposta **3** (*dir.*) acquisto della proprietà mobile per confusione **4** (*ant.*) sconfitta.

confutable [kən'fjutəbl / con·fut·able] *agg.* confutabile.

confutation [,kɒnfju:'teɪʃn / con·fu·ta·tion] *s.* confutazione.

confutative [kən'fju:tətɪv / con·fu·tat·ive] *agg.* confutativo.

to **confute** [kən'fju:t / con·fute] *v.tr.* **1** confutare (opinione ecc.) **2** dimostrare, provare l'errore di.

confutement [kən'fju:tmənt / con·fute·ment] *s.* (*ant.*) confutazione.

conga ['kɒŋgə] *s.* conga (musica, danza cubana).

congé ['kɒnʒeɪ] *s.* **1** (*antiq.*) congedo, licenziamento: *to give s.o. his —*, congedare qlcu.; *to take one's —*, congedarsi **2** (*ant.*) inchino (di commiato).

to **congeal** [kən'dʒi:l / con·geal] *v.tr.* **1** congelare, far congelare **2** coagulare, far coagulare; cagliare, far cagliare ◆ *v.intr.* **1** congelarsi **2** coagularsi; cagliarsi.

congealable [kən'dʒi:ləbl / con·geal·able] *agg.* coagulabile; congelabile // **-ness** *s.*

congealment [kən'dʒi:lmənt / con·geal·ment] *s.* **1** congelamento **2** coagulazione.

congelation [,kɒndʒɪ'leɪʃn / con·gela·tion] *s.* **1** congelamento **2** coagulazione.

congener ['kɒndʒɪnə* / con·gener] *agg.* (*biol.*) consimile ◆ *s.* (*biol.*) individuo, oggetto consimile.

congeneric [,kɒndʒɪ'nerɪk / con·gen·eric]
congenerous [kən'dʒenərəs / con·gen·er·ous] *agg.* (*biol.*) congenere.

congenial [kən'dʒi:njəl / con·gen·ial] *agg.* **1** analogo, affine; congeniale: *— tastes*, gusti affini; *— with sthg.*, affine a qlco. **2** simpatico, amabile: *— spirit*, persona di carattere amabile; *— surroundings*, ambiente simpatico **3** congeniale, adatto, consono: *employment — to me*, impiego adatto a me // **-ly** *avv.*

congeniality [kən,dʒi:nɪ'ælɪtɪ / con·geni·al·ity] *s.* **1** congenialità, accordo, affinità (di gusti, d'indole ecc.) **2** carattere simpatico, gradevole.

congenital [kən'dʒenɪtl / con·gen·ital] *agg.* congenito: *he had a — dislike of Americans*, aveva un'antipatia congenita per gli americani; *— pathology*, patologia delle malattie congenite.

conger ['kɒŋgə* / con·ger] *s.* (*zool.*) — (*-eel*), (*Conger conger*) grongo, anguilla di mare.

congeries [kɒn'dʒɪəri:z / con·ger·ies] *s.* (*invar. al pl.*) (*form.*) congerie, ammasso.

to **congest** [kən'dʒest / con·gest] *v.tr.* **1** congestionare; ingorgare (traffico ecc.) **2** (*med.*) congestionare.

congested [kən'dʒestɪd / con·gested] *agg.* **1** congestionato; sovrappopolato: *— traffic*, traffico congestionato; *— area*, zona sovrappopolata **2** (*med.*) congestionato.

congestion [kən'dʒestʃən / con·ges·tion] *s.* congestione (*anche fig.*).

congestive [kən'dʒestɪv / con·gest·ive] *agg.* (*med.*) congestizio: *— heart failure*, insufficienza cardiaca congestizia.

to **conglobate** [kən'gləʊ,beɪt / con·glob·ate] *v.tr.* e *intr.* (*ant.*) conglobare, conglobarsi.

conglobation [,kɒngləʊ'beɪʃn / con·globa·tion] *s.* conglobamento, conglobazione.

to **conglobe** [kən'gləʊb / con·globe] *v.tr.* e *intr.* (*non com.*) conglobare, conglobarsi.

conglomerate [kən'glɒmərət / con·glom·er·ate] *agg.* e *s.* **1** (*geol.*) conglomerato **2** (*econ.*) conglomerato, (società) conglomerata: *— financial statement*, rendiconto finanziario consolidato.

to **conglomerate** [kən'glɒməreɪt] *v.tr.* e *intr.* conglomerare, conglomerarsi.

conglomeration [kən,glɒmə'reɪʃn / con·glom·era·tion] *s.* conglomerazione.

conglutinant [kən'glu:tɪnənt / con·glu·tin·ant] *agg.* (*med.*) conglutinante; agglutinante.

conglutinate [kən'glu:tɪneɪt / con·glu·tin·ate] *agg.* agglutinato; conglutinato.

to **conglutinate** *v.tr.* agglutinare, conglutinare ◆ *v.intr.* agglutinarsi; conglutinarsi.

conglutination [kən,glu:tɪ'neɪʃn / con·glu·tina·tion] *s.* agglutinazione; conglutinazione.

conglutinative [kən'glu:tɪnətɪv / con·glu·tin·at·ive] *agg.* agglutinativo.

conglutinator [kən'glu:tɪneɪtə* / con·glu·tina·tor] *s.* (*med.*) conglutinante; agglutinante.

congo dye ['kɒngəʊ'daɪ] *s.* (*chim.*) colorante congo.

congo eel ['kɒngəʊ'i:l] *s.* (*zool. pop.*) anfiuma → **amphiuma**.

Congolese [,kɒŋgəʊ'li:z / Con·gol·ese] *agg.* e *s.* congolese.

congrats [kən'græts / con·grats] *s.pl.* (*fam.*) congratulazioni.

to **congratulate** [kən'grætjʊleɪt / con·gratu·late] *v.tr.* congratularsi con, complimentarsi con; rallegrarsi con: *I — you*, mi congratulo con te, ti faccio i miei complimenti; *to — oneself on sthg.*, felicitarsi con se stesso per qlco.; *to — s.o. on sthg., on having done sthg.*, congratularsi con qlcu. per qlco., per aver fatto qlco.

congratulation [kən,grætjʊ'leɪʃn / con·gratu·la·tion] *s.* congratulazione, felicitazione: *his speech struck just the right note of —*, le congratulazioni erano espresse al giusto tono, nel suo discorso; *to offer s.o. one's congratulations on sthg.*, congratularsi con qlcu. per qlco. ◆ *pl. inter.* complimenti.

congratulative [kən'grætjʊlətɪv / con·gratu·lat·ive] *agg.* congratulatorio.

congratulator [kən'grætjʊleɪtə* / con·gratu·lator] *s.* chi si congratula.

congratulatory [kən'grætjʊlətərɪ *amer.* kən'grætjʊlətɔ:rɪ / con·gratu·lat·ory] *agg.* gratulatorio, di congratulazione: *— letter*, lettera gratulatoria, di felicitazione.

to **congregate** ['kɒŋgrɪgeɪt / con·greg·ate] *v.tr.* (*form.*) raccogliere; adunare ◆ *v.intr.* raccogliersi; adunarsi.

congregation [,kɒŋgrɪ'geɪʃn / con·grega·tion] *s.* **1** (*eccl.*) congregazione; l'insieme dei fedeli (di una chiesa, diocesi, parrocchia) // *Concistorial Congregation*, Congregazione concistoriale, Concistoro **2** riunione; adunata, raduno; assemblea.

congregational [,kɒŋgrɪ'geɪʃənl / con·grega·tional] *agg.* (*eccl.*) della congregazione: *— worship*, culto pubblico // *the Congregational Church*, la Chiesa congregazionalista.

Congregationalism [,kɒŋgrɪ'geɪʃnəlɪzəm / Con·grega·tion·al·ism] *s.* (*relig.*) congregazionalismo.

Congregationalist [,kɒŋgrɪ'geɪʃnəlɪst / Con·grega·tion·al·ist] *s.* (*relig.*) congregazionalista.

congress ['kɒŋgres *amer.* 'kɒŋgrəs / con·gress] *s.* **1** congresso, riunione: *to hold a —*, tenere un congresso // *Congress*, il Congresso (il Parlamento negli Stati Uniti) **2** (*form.*) rapporto, unione: *sexual —*, rapporto sessuale; *intellectual —*, rapporto intellettuale.

congressional [kəŋ'greʃənl / con·gres·sional] *agg.* congressuale, del congresso // *— district*, (*amer.*) collegio elettorale.

Congressman ['kɒŋgresmən *amer.* 'kɒŋgrəsmən / Con·gress·man] *pl.* **Congressmen**

s. (*negli Stati Uniti*) membro del Congresso.

Congresswoman ['kɒŋgreswʊmən / Con·gress·wo·man] *pl.* **Congresswomen** ['kɒŋgreswɪmɪn] *s.* (*negli Stati Uniti*) membro femminile del Congresso.

congruence ['kɒŋgrʊəns / con·gru·ence] **congruency** ['kɒŋgrʊənsɪ / con·gru·ency] *s.* (*form.*) congruenza, conformità: (*mat.*) — *relation*, relazione di congruenza.

congruent ['kɒŋgrʊənt / con·gru·ent] *agg.* (*form.*) congruente, conforme: — *with*, conforme a // (*mat.*) — *numbers*, numeri congruenti.

congruity [kɒn'gru:ətɪ / con·gru·ity] *s.* (*form.*) conformità.

congruous ['kɒŋgrʊəs / con·gru·ous] *agg.* (*form.*) (*to*, *with*) conforme (a); adatto, adeguato // **-ly** *avv.*

conic ['kɒnɪk] *agg.* (*mat.*) conico: — *section*, sezione conica ◆ *s.* (*mat.*) conica: *central* —, conica a centro.

conical ['kɒnɪkl / con·ical] *agg.* conico, a forma di cono // **-ly** *avv.*

conicalness ['kɒnɪklnɪs / con·ical·ness] **conicity** [kə'nɪsɪtɪ / con·ic·ity] *s.* conicità.

conidiospore [kə'nɪdɪəʊspɔ:* / con·idio·spore] *s.* (*bot.*) conidiospora.

conidium [kəʊ'nɪdɪəm / co·nid·ium] *pl.* **conidia** [kəʊ'nɪdɪə / co·nidia] *s.* (*bot.*) conidio.

conifer ['kɒnɪfə* / con·ifer] *s.* (*bot.*) conifera.

coniferous [kəʊ'nɪfərəs / con·ifer·ous] *agg.* (*bot.*) **1** delle conifere **2** che porta pigne.

coniform ['kəʊnɪfɔ:m / coni·form] *agg.* coniforme.

coni(i)ne ['kəʊn(ɪ)aɪn / coni·(i)ne] *s.* (*chim.*) coniina, cicutina.

conjecturable [kən'dʒektʃərəbl / con·jec·tur·able] *agg.* congetturabile.

conjectural [kən'dʒektʃərəl / con·jec·tural] *agg.* ipotetico, teorico, congetturale // **-ly** *avv.*

conjecture [kən'dʒektʃə* / con·jec·ture] *s.* congettura, supposizione, ipotesi.

to **conjecture** *v.tr.* e *intr.* congetturare, fare una congettura, ipotizzare; supporre.

to **conjoin** [kən'dʒɔɪn / con·join] *v.tr.* (*non com.*) congiungere; combinare ◆ *v.intr.* congiungersi; combinarsi.

conjoint ['kɒndʒɔɪnt / con·joint] *agg.* (*non com.*) congiunto, unito // **-ly** *avv.*

conjugal ['kɒndʒʊgl / con·jugal] *agg.* (*form.*) coniugale: — *rights*, diritti coniugali // **-ly** *avv.*

conjugality [,kɒndʒʊ'gælɪtɪ / con·jug·al·ity] *s.* (*form.*) stato coniugale.

conjugate ['kɒndʒʊgɪt / con·jug·ate] *agg.* (*non com.*) **1** congiunto, unito **2** (*gramm.*) derivato dalla stessa radice **3** (*scient.*) coniugato // (*mat.*): — *numbers*, numeri coniugati; — *angles*, angoli coniugati // (*fis.*) — *impedences*, impedenze coniugate // (*chim.*) — *double bond*, doppio legame coniugato **4** (*biol.*) fuso ◆ *s.* **1** (*gramm.*) parola derivata dalla stessa radice di un'altra **2** (*mat.*) (angolo, numero) coniugato **3** (*biol.*) fusione.

to **conjugate** ['kɒndʒʊgeɪt] *v.tr.* **1** coniugare **2** (*biol.*) accoppiare ◆ *v.intr.* **1** coniugarsi **2** (*biol.*) accoppiarsi.

conjugated ['kɒndʒʊgeɪtɪd / con·jug·ated] *agg.* (*chim.*) coniugato: — *protein*, proteina coniugata.

conjugation [,kɒndʒʊ'geɪʃn / con·juga·tion] *s.* **1** coniugazione **2** (*biol.*) fusione (di cellule riproduttive).

conjugational [,kɒndʒʊ'geɪʃənl / con·juga·tional] *agg.* di coniugazione.

conjunct [kən'dʒʌŋkt / con·junct] *agg.* (*non com.*) congiunto, associato, unito ◆ *s.* socio // **-ly** *avv.*

conjunction [kən'dʒʌŋkʃn / con·junc·tion] *s.* **1** congiunzione, unione: *in* — (*with s.o.*), insieme (con qlcu.): *we worked in* —, abbiamo lavorato insieme **2** (*gramm.*, *astr.*) congiunzione.

conjunctional [kən'dʒʌŋkʃənl / con·junc·tional] *agg.* di congiunzione // **-ly** *avv.*

conjunctiva [,kɒn'dʒʌnk'taɪvə / con·junc·tiva] *pl.* **conjunctivas**, **conjunctivae** [,kɒndʒʌŋk'taɪvi: / con·junc·ti·vae] *s.* (*anat.*) congiuntiva.

conjunctive [kən'dʒʌŋktɪv / con·junct·ive] *agg.* **1** che congiunge, che unisce; connettivo: — *tissue*, tessuto connettivo **2** (*gramm.*) congiuntivo ◆ *s.* (*gramm.*) **1** congiuntivo **2** congiunzione.

conjunctively [kən'dʒʌŋktɪvlɪ / con·junct·ive·ly] *avv.* unitamente, insieme // *words used* —, (*gramm.*) locuzione congiuntiva.

conjunctivitis [kən,dʒʌŋktɪ'vaɪtɪs / con·junc·tiv·itis] *s.* (*med.*) congiuntivite.

conjuncture [kən'dʒʌŋktʃə* / con·junc·ture] *s.* congiuntura (*anche econ.*); occasione, circostanza: *in this* —, in questa circostanza.

conjuration [,kɒndʒʊə'reɪʃn / con·jura·tion] *s.* (*form.*) **1** evocazione solenne **2** incantesimo **3** (*ant.*) congiura **4** (*ant.*) supplica, preghiera.

to **conjure** ['kʌndʒə* *nel senso 2* kən'dʒʊə* / con·jure] *v.tr.* **1** far apparire (come per magia): *he conjured a white dove out of the top hat*, dal cilindro fece comparire una colomba bianca // *to* — *sthg. away*, far scomparire qlco. (per incanto) **2** (*antiq.*) scongiurare: *to* — *s.o. to do sthg.*, scongiurare qlcu. di fare qlco. ◆ *v.intr.* fare giochi di prestigio // *a name to* — *with*, (*fam.*) un nome di gran prestigio.

□ **conjure up** *v.tr.* e *avv.* **1** evocare (spiriti, demoni) **2** (*fig.*) evocare, immaginare **3** (*fam.*) far comparire (come per magia), preparare in fretta: *to* — *up a quick snack*, preparare uno spuntino.

conjurer ['kʌndʒərə* / con·jur·er] *s.* **1** prestigiatore **2** (*ant.*) evocatore (di spiriti).

conjuring ['kʌndʒərɪŋ / con·jur·ing] *s.* ⓤ **1** prestidigitazione, giochi di prestigio **2** (*ant.*) evocazione (di spiriti).

conjuring trick [kən'dʒʊərɪŋ'trɪk] *s.* gioco di prestigio.

conjuror ['kʌndʒərə* / con·juror] *s.* **1** prestigiatore **2** (*ant.*) evocatore (di spiriti).

conk [kɒŋk] *s.* (*sl.*) **1** naso **2** testa; colpo in testa.

to **conk** *v.tr.* (*sl.*) dare un colpo in testa a: *he conked him with a bottle*, lo colpì alla testa con una bottiglia.

□ **conk out** *v.intr.* e *avv.* rompersi, incepparsi, bloccarsi.

conker ['kɒŋkə*] *s.* **1** (*fam. spec. brit.*) castagna d'India **2** *pl.* conkers (gioco di bambini fatto con le castagne secche).

conman ['kɒn,mæn / con·man] *pl.* **conmen** ['kɒnmen] *s.* (abbr. di *confidence man*) truffatore.

connate ['kɒneɪt / con·nate] *agg.* **1** (*non com.*) innato **2** (*bot.*, *zool.*) unito congenitamente.

connatural [kə'nætʃrəl / con·nat·ural] *agg.* connaturale.

to **connect** [kə'nekt / con·nect] *v.tr.* **1** collegare; unire; connettere: *a motorway connects London and Birmingham*, un'autostrada collega Londra a Birmingham **2** collegare; mettere in relazione: *scientists* — *the increase of mental illness with the stress of urban living*, gli scienziati mettono in relazione l'aumento delle malattie mentali con lo stress della vita cittadina; *the two events are closely connected*, i due fatti sono strettamente collegati; *we* — *orange blossoms with weddings*, noi associamo i fiori d'arancio al matrimonio **3** (*inform.*, *elettr.*, *tel.*) collegare, allacciare, mettere in collegamento; mettersi in contatto con: *last year the farm was connected to the electricity supply*, l'anno scorso la fattoria fu collegata alla rete elettrica; *I'm trying to* — *you with the switchboard*, sto cercando di metterti in contatto col centralino **4** (*mecc.*) collegare, accoppiare **5** (*gener. passivo*) avere relazione, aver rapporti con; essere imparentato, imparentarsi con; (*comm.*) fare parte di (una ditta): *to be connected with a family*, essere imparentato con una famiglia; *he was connected to the family of Cecily by marriage*, con il matrimonio si era imparentato con la famiglia di Cecily ◆ *v. intr.* **1** connettersi; unirsi **2** fare coincidenza: *the two trains* — *at Milan*, i due treni fanno coincidenza a Milano; *the 8.30 train connects with the bus to St. John at...*, il treno delle 8.30 fa coincidenza con l'autobus per St. John a... **3** colpire: *the blow failed to* —, il colpo non andò a segno.

□ **connect up** *v.tr.* e *avv.* collegare: *don't forget to* — *the battery up*, non dimenticare di collegare la batteria.

connectable [kə'nektəbl / con·nect·able] → **connectible**.

connected [kə'nektɪd / con·nected] *agg.* **1** connesso, coerente, logico: — *speech*, discorso coerente; (*mat.*) — *space*, spazio connesso **2** collegato, unito **3** imparentato **4** introdotto, che ha molte conoscenze: *he is well* —, ha conoscenze importanti.

connectedly [kə'nektɪdlɪ / con·nect·ed·ly] *avv.* coerentemente, logicamente: *to think* —, pensare logicamente.

connectedness [kə'nektɪdnɪs / con·nect·ed·ness] *s.* concatenazione, associazione (di idee).

connecter [kə'nektə* / con·necter] *s.* **1** (*mecc.*) raccordo **2** (*elettr.*) morsetto serrafili; connettore.

connectible [kə'nektəbl / con·nect·ible] *agg.* che si può connettere, unire, collegare.

connecting [kə'nektɪŋ / con·nect·ing] *agg.* che connette; che unisce: — *door*, porta di comunicazione.

connecting rod [kə'nektɪŋ'rɒd] *s.* (*mecc.*) biella.

connection [kə'nekʃn / con·nec·tion] *s.* **1** connessione, collegamento; relazione: *a close* —, uno stretto legame; *the concert was held in* — *with the opening of the Fair*, il concerto fu tenuto in occasione dell'apertura della Fiera; *what is the — between the two ideas?*, che relazione c'è fra le due idee?; *there's a Mafia —*, c'è un legame mafioso // *in — with*, in relazione, a proposito di; *in this —*, a questo proposito **2** relazione, rapporto personale: *to break off, to form, to have a — with s.o.*, rompere, stabilire, avere rapporti con qlcu. **3** parentela, parente: *he is no — of mine*, non è mio parente; *the whole —*, tutta la famiglia **4** (*spec. pl.*) conoscenze: *he's got a lot of connections*, ha molte conoscenze **5** rapporto sessuale **6** coincidenza (di treni ecc.): *there's a train — at 8.30*, c'è una coincidenza ferroviaria alle 8.30; *I missed my — at Milan*, ho perduto la coincidenza a Milano; *this train runs in — with the boat*, questo treno fa coincidenza con il battello **7** (*comm.*) clientela **8** (*amer.*) spacciatore **9** (*mecc.*) accoppiamento, collegamento; (*elettr.*) connessione, contatto **10** (*mat.*) connessione: *affine —*, connessione affine **11** associazione, gruppo; setta religiosa.

connective [kə'nektɪv / con·nect·ive] *agg.* (*med.*) connettivo: *— tissue*, tessuto connettivo ◆ *s.* **1** (*med.*) connettivo **2** (*gramm.*) congiunzione **3** (*log.*) connettivo.

connector → **connecter**.

connexion → **connection**.

conning tower ['kɒnɪŋ,taʊə*] *s.* (*mar.*) **1** torre comando, plancia protetta (di nave) **2** torretta (di sommergibile).

conniption [kə'nɪpʃn / con·nip·tion] *s.* (*fam. amer.*) accesso di rabbia, attacco di bile.

connivance [kə'naɪvəns / con·niv·ance] *s.* connivenza: *— at* (o *in*) *a crime*, complicità in un delitto.

to **connive** [kə'naɪv / con·nive] *v.intr.* **1** essere connivente: *to — at an abuse*, tollerare un abuso; *to — at* (o *in*) *a crime*, essere complice in un delitto // *I suffer them to enter and possess / a place so heavenly, and conniving seem to gratify my scornful enemies*, (MILTON) permetto loro di entrare e prender possesso di un luogo così celestiale, e con la mia compiacenza sembro gratificare i miei sprezzanti nemici **2** (*non com.*) cospirare, tramare.

connivent [kə'naɪvənt / con·ni·vent] *agg.* (*non com.*) convergente.

conniver [kə'naɪvə* / con·niver] *s.* connivente (*anche dir.*).

connoisseur [,kɒnə'sɜ:* / con·nois·seur] *s.* conoscitore, intenditore.

to **connotate** ['kɒnəʊteɪt / con·not·ate] *v.tr.* (*non com.*) → to **connote**.

connotation [,kɒnəʊ'teɪʃn / con·no·ta·tion] *s.* (*fil., ling.*) connotazione.

connotative ['kɒnəʊteɪtɪv / con·not·at·ive] *agg.* connotativo.

to **connote** [kɒ'nəʊt / con·note] *v.tr.* (*fil., ling.*) connotare.

connubial [kə'nju:bjəl *amer.* kə'nu:bjəl / con·nu·bial] *agg.* (*form.*) coniugale, matrimoniale // **-ly** *avv.*

conoid ['kəʊnɔɪd / con·oid] *agg.* (*mat.*) conoidale ◆ *s.* (*mat.*) conoide.

conoidal [kəʊ'nɔɪdl / con·oid·al] *agg.* (*mat.*) → **conoid**.

to **conquer** ['kɒŋkə* / con·quer] *v.tr.* **1** conquistare (*anche fig.*) **2** soggiogare, vincere (nemico, passioni ecc.); sormontare (ostacoli, difficoltà) ◆ *v.intr.* essere vincitore, vincere: *I came, I saw, I conquered*, venni, vidi, vinsi.

conquerable ['kɒŋkərəbl / con·quer·able] *agg.* conquistabile; domabile; vincibile (*anche fig.*).

conquering ['kɒŋkərɪŋ / con·quer·ing] *agg.* vincente; vittorioso.

conqueror ['kɒŋkərə* / con·queror] *s.* conquistatore (*anche fig.*) // *William the Conqueror*, (*st. inglese*) Guglielmo il Conquistatore.

conquest ['kɒŋkwest / con·quest] *s.* conquista (*anche fig.*) // *the* (*Norman*) *Conquest*, (*st.*) la conquista dell'Inghilterra da parte dei Normanni (1066).

consanguineous [,kɒnsæŋ'gwɪnɪəs / con·san·guin·eous] *agg.* consanguineo.

consanguinity [,kɒnsæŋ'gwɪnətɪ / con·san·guin·ity] *s.* consanguineità; (*dir.*) parentela tra persone aventi un capostipite comune.

conscience ['kɒnʃəns / con·science] *s.* coscienza: *in all* (o *in good*) *—*, in (tutta) coscienza; *point of —*, caso di coscienza; *I would not have the — to do it*, la mia coscienza non mi permetterebbe di farlo; *it is a matter of —*, è una questione di coscienza; *to have a clean* (o *an easy*) *—*, avere la coscienza pulita; *to have a guilty* (o *bad*) *—*, avere la coscienza sporca; *to have sthg. on* (o *upon*) *one's —*, avere qlco. sulla coscienza; *to make it a matter of —*, farne un caso di coscienza // *for —'s sake*, per scrupolo di coscienza // (*dir.*) *— clause*, clausola di riserva morale (in un atto) // *— money*, restituzione (anonima) di somma dovuta al fisco.

conscienceless ['kɒnʃənslɪs / con·science·less] *agg.* senza coscienza; senza scrupoli.

conscience-smitten ['kɒnʃəns,smɪtn]
conscience-stricken ['kɒnʃəns'strɪkn] *agg.* preso dal rimorso: *to be —*, sentirsi rimordere la coscienza.

conscientious [,kɒnʃɪ'enʃəs / con·scien·tious] *agg.* coscienzioso, scrupoloso: *— scruple*, scrupolo di coscienza // **-ly** *avv.* // **-ness** *s.*

conscientious objector [,kɒnʃɪ'enʃəs əb'dʒektə*] *s.* obiettore di coscienza.

conscious ['kɒnʃəs / con·scious] *agg.* **1** consapevole, conscio: *politically —*, consapevole dei, attento ai problemi politici; *he spoke with — superiority*, (*form.*) parlava consapevole della sua superiorità; *I was — of someone* (o *that someone was*) *looking at me*, sentivo che qlcu. mi guardava; *to become — of sthg.*, accorgersi di qlco. **2** cosciente: *— movement*, movimento cosciente; *the old man was — to the last*, il vecchio fu cosciente fino all'ultimo; *to become —*, tornare in sé, riprendere conoscenza **3** deliberato, consapevole: *— choice*, scelta deliberata ◆ *s.* (*psic.*) conscio // **-ly** *avv.*

consciousness ['kɒnʃəsnɪs / con·scious·ness] *s.* **1** coscienza, consapevolezza: *political, social —*, consapevolezza, coscienza politica, sociale; *moral —*, coscienza morale; *stream of —*, (*letter., psic.*) flusso di coscienza **2** conoscenza; coscienza: *to lose, to regain —*, perdere, riprendere conoscenza, i sensi.

consciousness-raising ['kɒnʃəsnɪs ,reɪzɪŋ] *s.* (*amer.*) il prendere coscienza (della propria identità, capacità ecc.).

conscript [,kɒnskrɪpt / con·script] *agg.* e *s.* coscritto // *— fathers*, (*st. romana*) padri coscritti.

to **conscript** [kən'skrɪpt] *v.tr.* **1** coscrivere, chiamare sotto le armi **2** precettare (lavoratori).

conscription [kən'skrɪpʃn / con·scrip·tion] *s.* **1** coscrizione **2** precettazione.

to **consecrate** ['kɒnsɪkreɪt / con·sec·rate] *v.tr.* **1** (*eccl.*) consacrare; benedire: *he was consecrated archbishop of Milan*, fu consacrato arcivescovo di Milano **2** (*fig.*) consacrare, dedicare: *to — one's life to one's career*, consacrare, dedicare la propria vita alla carriera; *the statue was consecrated to the memory of the victims of oppression*, la statua fu dedicata alla memoria delle vittime dell'oppressione.

consecrated ['kɒnsɪkreɪtɪd / con·sec·rated] *agg.* **1** (*eccl.*) consacrato, benedetto: *— ground*, terra consacrata **2** consacrato, dedito.

consecration [,kɒnsɪ'kreɪʃn / con·sec·ra·tion] *s.* **1** consacrazione; benedizione **2** dedizione.

consecrator ['kɒnsɪkreɪtə* / con·sec·rator] *s.* consacratore, consacrante.

consecution [,kɒnsɪ'kju:ʃn / con·secu·tion] *s.* **1** deduzione; conclusione (di un argomento) **2** successione **3** (*gramm.*) consecuzione.

consecutive [kən'sekjʊtɪv / con·sec·ut·ive] *agg.* consecutivo // **-ly** *avv.* // **-ness** *s.*

consensual [kən'senʃjʊəl / con·sen·sual] *agg.* consensuale: (*med.*) *— reflex*, riflesso indiretto.

consensus [kən'sensəs / con·sensus] *s.* **1** consenso unanime; accordo: *have we got a — on this question?*, siamo tutti d'accordo su questo punto?; *— politics*, politica del consenso; (*dir.*) *— of minds*, incontro delle volontà **2** opinione generale, prevalente.

consent [kən'sent / con·sent] *s.* consenso; accordo; benestare: *by common —*, per comune consenso; *by mutual —*, amichevolmente; *with one —*, di comune accordo // (*dir.*): *age of —*, età necessaria per il consenso al matrimonio, ai rapporti sessuali; *— of the Court*, omologazione del tribunale.

to **consent** *v.intr.* acconsentire: *to — to do sthg.*, acconsentire a fare qlco.; *to — to sthg.*, accettare qlco.; *consenting adults*, adulti consenzienti; *to — to sthg. being done*, acconsentire che qlco. sia fatta.

consentaneity [kən,sentə'ni:ɪtɪ / con·sent·an·eity] *s.* consentaneità.

consentaneous [,kɒnsen'teɪnɪəs / con·sent·an·eous] *agg.* (*rar.*) consentaneo // **-ly** *avv.*

consentient [kən'senʃənt / con·sen·tient] *agg.* (*non com.*) consenziente, d'accordo.

consequence ['kɒnsɪkwəns *amer.* 'kɒnsɪkwens / con·sequence] *s.* **1** conseguenza, effetto: *in —*, per conseguenza; *in — of*, a causa di; *to take* (o *to suffer*) *the consequences*, sopportare le conseguenze // *as a — of above*, (*form.*) in seguito a quanto sopra **2** importanza, rilievo: *he is of no —*, egli non conta nulla; *he is a person of —*, è una persona di rilievo; *it is of no —*, non ha importanza alcuna.

consequent ['kɒnsɪkwənt / con·sequent] *agg.* **1** conseguente, risultante **2** (*log.*) conseguente ◆ *s.* **1** conseguenza **2** (*log.*) fatto conseguente, conclusione **3** (*gramm.*) apodosi.

consequential [,kɒnsɪ'kwenʃl / con·

sequen·tial] *agg.* **1** consequenziale; conseguente **2** importante **3** pieno di sé, presuntuoso **4** (*dir.*) indiretto: — *damage*, danno indiretto, extracontrattuale; — *loss*, lucro cessante.

consequentiality [ˌkɒnsɪˌkwenʃɪˈælɪtɪ / con·sequen·ti·al·ity] *s.* **1** logica (di ragionamento) **2** (*non com.*) presunzione, boria.

consequentially [ˌkɒnsɪˈkwenʃəlɪ / con·sequen·tially] *avv.* **1** indirettamente, secondariamente **2** con importanza; presuntuosamente.

consequently [ˈkɒnsɪkwəntlɪ / con·sequent·ly] *avv.* logicamente; di conseguenza ◆ *cong.* di conseguenza; dunque.

conservable [kənˈsɜːvəbl / con·serv·able] *agg.* conservabile.

conservancy [kənˈsɜːvənsɪ / con·ser·vancy] *s.* **1** commissione di controllo (di porto, fiume ecc.) **2** conservazione, protezione (di foreste ecc.).

conservation [ˌkɒnsəˈveɪʃn / con·ser·va·tion] *s.* **1** conservazione: (*fis.*) — *of energy*, *of charge*, conservazione dell'energia, di carica **2** (*ecol.*) difesa ambientale, tutela, conservazione (dell'ambiente).

conservationist [ˌkɒnsəˈveɪʃənɪst / con·ser·va·tion·ist] *s.* (*ecol.*) chi è fautore della conservazione dell'ambiente naturale; ambientalista, ecologista.

conservatism [kənˈsɜːvətɪzəm / con·ser·vat·ism] *s.* **1** (*pol.*) conservatorismo **2** spirito conservatore.

conservative [kənˈsɜːvətɪv / con·ser·vat·ive] *agg.* **1** conservativo; conservatore: *on — lines*, secondo il metodo tradizionale // *he is very — in his dress*, è molto tradizionale nel suo modo di vestire // (*fis.*) — *field*, campo conservativo **2** prudente, cauto: — *estimate*, stima, valutazione prudente **3** (*pol.*) conservatore // (*pol.*) *Conservative Party*, partito conservatore ◆ *s.* (*pol.*) conservatore.

conservatively [kənˈsɜːvətɪvlɪ / con·ser·vat·ive·ly] *avv.* in modo tradizionale: *he dresses —*, si veste in modo tradizionale, formale.

conservatoire [kənˈsɜːvətwɑː* / con·ser·va·toire] *s.* (*mus.*) **1** conservatorio (riferito a quelli stranieri) **2** scuola di musica o recitazione (in Inghilterra).

conservator [ˈkɒnsəveɪtə* *nei sign. 2, 3* kənˈsɜːvətə* / con·ser·vator] *s.* **1** conservatore **2** sovrintendente (di museo ecc.) **3** (*dir.*) tutore, protettore.

conservatory [kənˈsɜːvətrɪ *amer.* kənˈsɜːvətɔːrɪ / con·ser·vat·ory] *agg.* conservatore; conservativo // — *principle*, principio di conservazione ◆ *s.* **1** serra **2** (*mus.*) (*amer.*) → conservatoire 2.

conserve [kənˈsɜːv / con·serve] *s.* (*spec. pl.*) conserva di frutta.

to **conserve** *v.tr.* **1** conservare, preservare (monumenti ecc.) **2** (*amer.*) risparmiare energia elettrica.

conshy *s.* → **conchy**.

to **consider** [kənˈsɪdə* / con·sider] *v.tr.* **1** (I) considerare, prendere in considerazione; esaminare; discutere: *to — a proposal, a problem*, prendere in considerazione una proposta, esaminare un problema; *there is a meeting this afternoon to — the situation*, c'è una riunione questo pomeriggio per discutere la situazione; *to — doing sthg.*, pensare di fare qlco.; *to — what to do, where to go, how to act*, riflettere sul da farsi, dove andare, come agire // *all things considered*, tutto considerato // *considered opinion*, opinione ben ponderata **2** considerare, giudicare, stimare: — *it done*, consideralo bello e fatto; *I — Shakespeare the greatest playwright who has ever lived*, considero Shakespeare il più grande drammaturgo che sia mai vissuto **3** tener conto di; aver riguardo per **4** (*ant.*) guardare, contemplare: *she considered him a moment*, ella lo guardò un momento ◆ *v.intr.* riflettere, pensare.

considerable [kənˈsɪdərəbl / con·sid·er·able] *agg.* **1** considerevole, notevole; importante: *a — section of the country*, una buona parte del paese; *I have given — thought to the matter*, ho pensato molto alla questione **2** (*ant.*) degno di riguardo: *these bones became considerable*, (TH. BROWNE) queste ossa divennero degne di considerazione.

considerably [kənˈsɪdərəblɪ / con·sid·er·ably] *avv.* considerevolmente, notevolmente: *the bad weather added — to our problems*, il cattivo tempo aumentò notevolmente i nostri problemi.

considerate [kənˈsɪdərət / con·sid·er·ate] *agg.* **1** rispettoso dei sentimenti altrui; premuroso, sollecito **2** (*antiq.*) cauto, prudente // **-ly** *avv.*

considerateness [kənˈsɪdərətnɪs / con·sid·er·ate·ness] *s.* **1** riguardo, delicatezza **2** (*ant.*) consideratezza, prudenza.

consideration [kənˌsɪdəˈreɪʃn / con·sid·era·tion] *s.* **1** considerazione, esame; riflessione: *an important — is the amount of money the project is going to cost*, un'importante considerazione è la quantità di denaro che il progetto verrà a costare; *after due, much —*, dopo dovuta, profonda riflessione; *in — of*, in considerazione di: *he was let off in — of his youth*, gli si fece grazia in considerazione della sua giovinezza; *on no —*, per nulla al mondo; *under —*, in esame; *to take sthg. into —*, prendere qlco. in considerazione **2** riguardo, premura, rispetto: *to show — for s.o.*, mostrare della considerazione per qlcu.; *out of — for s.o.*, per riguardo verso qlcu. **3** ricompensa, rimunerazione: *to do sthg. for a —*, fare qlco. dietro compenso; *without —*, a titolo gratuito **4** (*comm.*) interesse; provvigione; corrispettivo; pagamento: — *given for a bill of exchange*, interesse dato per una cambiale **5** (*rar.*) importanza: *of great, no —*, di grande, nessuna importanza.

considering [kənˈsɪdərɪŋ / con·sid·er·ing] *prep.* tenuto conto di, visto, considerando: — *the circumstances*, viste le circostanze; — *his youth, he is an excellent violinist*, tenuto conto della sua giovane età, è un eccellente violinista; *he's a fine athlete — (the circumstances)*, tutto considerato, nonostante tutto è un buon atleta.

to **consign** [kənˈsaɪn / con·sign] *v.tr.* **1** (*comm.*) consegnare, inviare, spedire **2** affidare, rimettere: *to — sthg. to a person's care*, affidare qlco. alle cure di una persona **3** depositare, dare in deposito **4** relegare: *throughout the 19th century, Russian serfdom had been consigned to poverty and hardship*, per tutto il diciannovesimo secolo la classe contadina russa è stata relegata in uno stato di povertà e di miseria.

consignation [ˌkɒnsaɪˈneɪʃn / con·sign·ation] *s.* (*comm.*) **1** pagamento a persona incaricata della riscossione **2** consegna (di merce): *to ship goods to the — of s.o.*, spedire merce all'indirizzo di qlcu. **3** (*rar.*) deposito in banca.

consignee [ˌkɒnsaɪˈniː / con·signee] *s.* (*comm.*) **1** consegnatario; destinatario **2** depositario.

consigner [kənˈsaɪnə* / con·sign·er] *s.* (*comm.*) mittente.

consignment [kənˈsaɪnmənt / con·sign·ment] *s.* (*comm.*) **1** invio, spedizione: *I am expecting a heavy — of...*, attendo un forte invio di...; *to send a —*, fare una spedizione // — *note*, nota di spedizione // — *sale*, vendita su commissione; *on —*, con diritto di resa (di merce) **2** deposito; conto a deposito; consegna: *goods on —*, merce in deposito **3** partita di merce.

consignor [kənˈsaɪnə* / con·signor] *s.* (*comm.*) **1** mittente, speditore **2** depositante, mittente di merce in conto deposito.

consilient [kənˈsɪlɪent / con·si·li·ent] *agg.* concordante.

to **consist** [kənˈsɪst / con·sist] *v.intr.* **1** consistere, essere composto da: *his family consists of father, mother and three younger brothers*, la sua famiglia è composta dal padre, dalla madre e da tre fratelli minori **2** (*form.*) consistere: *wealth doesn't — only in having a lot of money*, la ricchezza non consiste esclusivamente nell'avere molti soldi.

consistence [kənˈsɪstəns / con·sist·ence] → **consistency** 1 e 2.

consistency [kənˈsɪstənsɪ / con·sist·ency] *s.* **1** coerenza; costanza: *the government brought inflation down through the — of its economic policy*, il governo fece scendere l'inflazione grazie alla coerenza della sua politica economica **2** consistenza, densità, compattezza **3** (*econ.*) concordanza.

consistent [kənˈsɪstənt / con·sist·ent] *agg.* **1** coerente; conforme: *action not — with the law*, azione non conforme alla legge; *to be — with*, essere d'accordo con **2** costante, regolare: *a — improvement*, un miglioramento costante // **-ly** *avv.*

consistorial [ˌkɒnsɪˈstɔːrɪəl / con·sist·or·ial] *agg.* (*eccl.*) concistoriale.

consistory [kənˈsɪstərɪ / con·sist·ory] *s.* (*eccl.*) concistoro.

consociate [kənˈsəʊʃɪeɪt / con·so·ci·ate] *agg.* (*form.*) **1** associato, consociato **2** (*fig. non com.*) molto unito ◆ *s.* (*rar.*) consocio.

to **consociate** *v.tr.* (*form.*) associare; consociare ◆ *v.intr.* (*fam.*) associarsi; consociarsi.

consociation [kənˌsəʊʃɪˈeɪʃn / con·so·ci·ation] *s.* (*form.*) **1** associazione, consociazione **2** (*ant.*) alleanza, lega.

consolable [kənˈsəʊləbl / con·sol·able] *agg.* consolabile.

consolation [ˌkɒnsəˈleɪʃn / con·sola·tion] *s.* consolazione: *words of —*, parole consolatrici // — *prize*, (*sport*) premio di consolazione.

consolatory [kənˈsɒlətərɪ *amer.* kənˈsɒlətɔːrɪ / con·sol·at·ory] *agg.* consolatorio.

console[1] [ˈkɒnsəʊl / con·sole] *s.* **1** (*arch.*) mensola **2** console, quadro di comando **3** (*inform.*) consolle; (IBM) console; unità periferica: — *operating log*, giornale macchina; — *printer*, consolle di stampa **4** mobiletto (per la tv, impianto hi-fi ecc.) **5** (*mus.*) console (d'organo).

to **console**[2] [kən'səʊl] *v.tr.* consolare: *she consoled me on my father's death*, mi consolò della morte di mio padre.

consoler [kən'səʊlə* / con·soler] *s.* consolatore.

console-table ['kɒnsəʊl'teɪbl] *s.* console, mensola.

to **consolidate** [kən'sɒlɪdeɪt / con·sol·id·ate] *v.tr.* **1** consolidare: *to — a position*, consolidare una posizione (*anche mil.*) **2** unire (proprietà, imprese); consolidare; unificare (un debito pubblico) // (*amm., comm.*): *consolidated balance sheet*, bilancio consolidato; *consolidated debt*, debito consolidato // (*econ.*) *consolidated annuities*, consolidato **3** solidificare, comprimere in una massa compatta: *consolidated ice*, ghiaccio compatto ◆ *v.intr.* **1** consolidarsi **2** solidificarsi.

consolidation [kən,sɒlɪ'deɪʃn / con·sol·ida·tion] *s.* **1** consolidazione, consolidamento; (*comm.*) consolidamento (del debito pubblico) **2** (*amer. comm.*) fusione di società **3** (*dir.*) unificazione di leggi: — *of action*, riunione di procedimenti.

consolidator [kən'sɒlɪdeɪtə* / con·sol·id·ator] *s.* consolidatore; unificatore.

consolidatory [kən'sɒlɪdətərɪ / con·sol·id·at·ory] *agg.* consolidante.

consoling [kən'səʊlɪŋ / con·sol·ing] *agg.* consolante.

consols ['kɒnsəlz / con·sols] *s.pl.* (*fin.*) (abbr. di *consolidated annuities*) titoli del debito irredimibile dello stato; consolidato.

consommé [kən'sɒmeɪ / con·sommé] *s.* (*cuc.*) consommé.

consonance ['kɒnsənəns / con·son·ance] *s.* **1** consonanza, armonia; (*mus.*) accordo **2** accordo, conformità (di sentimenti ecc.): *this action is not in — with his character*, questa azione non s'accorda col suo carattere.

consonant ['kɒnsənənt / con·son·ant] *agg.* **1** consono, conforme **2** consonante; (*mus.*) armonioso ◆ *s.* consonante.

consonantal [,kɒnsə'næntl / con·son·antal] *agg.* (*ling.*) consonantico, di consonante.

consonantly ['kɒnsənəntlɪ / con·son·ant·ly] *avv.* d'accordo, in conformità.

consort ['kɒnsɔ:t / con·sort] *s.* **1** consorte: *prince —*, principe consorte **2** (*form.*) compagno; socio; collega **3** (*mar.*) nave che viaggia di conserva con altra: *to sail in —*, navigare di conserva **4** accordo, intesa; concerto: *to act in — with s.o.*, agire di concerto con qlcu.

to **consort** [kən'sɔ:t] *v.intr.* **1** associarsi, unirsi: *to — with s.o.*, frequentare qlcu. **2** accordarsi (di cose).

consortium [kən'sɔ:tjəm *amer.* kən'sɔ:rʃɪəm / con·sor·tium] *pl.* **consortia** [kən'sɔ:tjə / con·sor·tia] **consortiums** *s.* consorzio; associazione.

conspecific [,kɒnspɪ'sɪfɪk / con·spe·cific] *agg.* (*bot., zool.*) della stessa specie.

conspectus [kən'spektəs / con·spectus] *s.* (*form.*) **1** visione d'insieme **2** compendio, prospetto; tabella sinottica.

conspicuity [,kɒnspɪ'kju:ɪtɪ / con·spicu·ity] *s.* (*non com.*) → **conspicuousness**.

conspicuous [kən'spɪkjʊəs / con·spicu·ous] *agg.* **1** cospicuo, notevole, eminente: *to play a — part*, recitare una parte importante **2** manifesto, visibile, in vista: *to make oneself —*, farsi notare, mettersi in vista; *he felt —*, sentiva di dare nell'occhio // (*econ.*) — *consumption*, consumo ostentatorio // *to be — by one's absence*, (*fam.*) brillare per la propria assenza // (*dir.*) — *clause*, clausola di diligenza (redatta in modo tale da non poter sfuggire a una persona di media diligenza) **3** vistoso, che non passa inosservato.

conspicuously [kən'spɪkjʊəslɪ / con·spicu·ous·ly] *avv.* in modo cospicuo, con evidenza, bene in vista: *he stood — in the front row*, era bene in vista in prima fila.

conspicuousness [kən'spɪkjʊəsnɪs / con·spicu·ous·ness] *s.* evidenza, vistosità.

conspiracy [kən'spɪrəsɪ / con·spir·acy] *s.* **1** cospirazione, congiura, complotto // — *of silence*, omertà **2** (*non com.*) intesa, coalizione **3** (*dir.*) accordo diretto al compimento di un illecito.

conspirator [kən'spɪrətə* / con·spir·ator] *s.* **1** cospiratore **2** (*dir.*) chi prende accordi per commettere un illecito.

conspiratorial [kən,spɪrə'tɔ:rɪəl / con·spir·at·or·ial] *agg.* cospirativo // **-ly** *avv.*

conspiratress [kən'spɪrətrɪs / con·spir·atress] *s.* (*non com.*) cospiratrice.

to **conspire** [kən'spaɪə* / con·spire] *v.intr.* **1** cospirare, complottare; (*dir.*) accordarsi per commettere un illecito: *to — to do sthg.*, complottare di fare qlco.; *to — together*, cospirare insieme **2** contribuire, concorrere: *everything conspired to ruin him*, tutto contribuì alla sua rovina ◆ *v.tr.* (*ant.*) meditare, tramare (la rovina di qlcu.).

constable ['kʌnstəbl *amer.* 'kɒnstəbl / con·stable] *s.* **1** (*st.*) conestabile; governatore; alto dignitario di corte // *Constable of England* (o *Lord High Constable*), Gran Conestabile d'Inghilterra; *Constable of France*, Conestabile di Francia; *Constable of the Tower of London*, Governatore della Torre di Londra **2** (*police*) —, poliziotto, agente di polizia // *Chief Constable*, capo della polizia di una contea, commissario centrale; *special —*, cittadino giurato facente funzione di poliziotto.

constabulary [kən'stæbjʊlərɪ *amer.* kən'stæbjʊlerɪ / con·stabu·lary] *agg.* che riguarda la polizia ◆ *s.* la polizia // *the mounted —*, la polizia a cavallo.

constancy ['kɒnstənsɪ / con·stancy] *s.* **1** costanza, fedeltà; perseveranza **2** costanza, regolarità (di temperatura, vento ecc.).

constant ['kɒnstənt / con·stant] *agg.* **1** costante, fedele, perseverante: (*comm., econ.*) — *prices*, prezzi costanti; — *return to scale*, rendimenti di scala costanti **2** invariabile ◆ *s.* (*mat., fis.*) costante: *integration —*, costante di integrazione; *solar —*, costante solare.

constantan ['kɒnstən,tæn / con·stantan] *s.* (*metall.*) costantana.

constantly ['kɒnstəntlɪ / con·stant·ly] *avv.* costantemente.

to **constellate** ['kɒnstəleɪt / con·stel·late] *v.tr.* costellare (*anche fig.*): *the hillside was constellated with flowers*, il versante della collina era costellato di fiori ◆ *v.intr.* (*non com.*) formare una costellazione.

constellation [,kɒnstə'leɪʃn / con·stel·la·tion] *s.* **1** costellazione **2** (*fig.*) insieme, gruppo: *he gave me a whole — of reasons*, mi diede tutta una serie di ragioni.

to **consternate** ['kɒnstəneɪt / con·stern·ate] *v.tr.* costernare, affliggere.

consternation [,kɒnstə'neɪʃn / con·sterna·tion] *s.* **1** costernazione: *look of —*, aria costernata **2** terrore: *they looked at each other in —*, si guardarono atterriti.

to **constipate** ['kɒnstɪpeɪt / con·stip·ate] *v.tr.* rendere stitico; costipare.

constipation [,kɒnstɪ'peɪʃn / con·stipa·tion] *s.* stitichezza, stipsi; costipazione.

constituency [kən'stɪtjʊənsɪ / con·stitu·ency] *s.* (*pol.*) **1** circoscrizione elettorale **2** gli elettori: *the representative member and his —*, il deputato e i suoi elettori.

constituent [kən'stɪtjʊənt / con·stitu·ent] *agg.* costituente, componente: *the — elements of air*, gli elementi costituenti dell'aria; (*pol.*) *the — assembly*, la costituente ◆ *s.* **1** elemento costitutivo, costituente **2** (*pol.*) elettore, membro di un collegio elettorale.

to **constitute** ['kɒnstɪtju:t *amer.* 'kɒnstɪtu:t / con·sti·tute] *v.tr.* **1** costituire, fondare; formare: *his activities — a threat to the authorities*, le sue attività costituiscono una minaccia alle autorità // *he is strongly constituted*, ha una salute di ferro **2** nominare, eleggere // *constituted authority*, l'autorità costituita.

constitution [,kɒnstɪ'tju:ʃn *amer.* ,kɒnstɪ'tu:ʃn / con·sti·tu·tion] *s.* **1** costituzione, statuto: *monarchic —*, costituzione monarchica; *a written —*, una costituzione scritta; *the socialists proposed an amendment to the —*, i socialisti proposero un emendamento alla costituzione **2** costituzione, composizione (dell'aria, del corpo ecc.) // *to have an iron —*, avere una salute di ferro **3** carattere, indole, temperamento.

constitutional [,kɒnstɪ'tju:ʃənl *amer.* ,kɒnstɪ'tu:ʃənl / con·sti·tu·tional] *agg.* costituzionale: — *disease*, malattia congenita, costituzionale; — *monarchy*, monarchia costituzionale.

constitutional *s.* (*fam. antiq.*) passeggiata igienica: *to take one's —*, fare la propria passeggiatina igienica.

constitutionalism [,kɒnstɪ'tju:ʃnəlɪzəm *amer.* ,kɒnstɪ'tu:ʃnəlɪzəm / con·sti·tu·tion·al·ism] *s.* **1** costituzionalismo **2** governo costituzionale.

constitutionalist [,kɒnstɪ'tju:ʃnəlɪst *amer.* ,kɒnstɪ'tu:ʃnəlɪst / con·sti·tu·tion·al·ist] *s.* **1** costituzionalista **2** (*st. inglese*) conservatore.

constitutionality [,kɒnstɪ,tju:ʃə'nælɪtɪ *amer.* ,kɒnstɪ,tu:ʃə'nælɪtɪ / con·sti·tu·tion·al·ity] *s.* costituzionalità; legittimità (di decreto ecc.).

to **constitutionalize** [,kɒnstɪ'tju:ʃnəlaɪz *amer.* ,kɒnstɪtu:ʃnəlaɪz / con·sti·tu·tion·al·ize] *v.tr.* rendere costituzionale, legittimo (un decreto ecc.).

constitutionally [,kɒnstɪ'tju:ʃnəlɪ *amer.* ,kɒnstɪ'tu:ʃnəlɪ / con·sti·tu·tion·ally] *avv.* costituzionalmente: *to act —*, agire secondo la costituzione.

constitutive ['kɒnstɪtju:tɪv / con·stitu·tive] *agg.* costitutivo; essenziale.

constitutor ['kɒnstɪtju:tə* / con·sti·tutor] *s.* costitutore; fondatore; (*dir.*) fideiussore.

to **constrain** [kən'streɪn / con·strain] *v.tr.*

1 costringere, forzare: *duty constrains me to resign*, il dovere mi impone di dimettermi; *I find myself constrained to do...*, mi vedo costretto a fare... **2** stringere, comprimere; trattenere: *he constrained a laugh*, trattenne una risata **3** (*ant.*) confinare; imprigionare (*anche fig.*).

constrainable [kən'streɪnəbl / con·strain·able] *agg.* costringibile; vincolabile.

constrained [kən'streɪnd / con·strained] *agg.* **1** costretto, forzato: *a — smile, silence*, un sorriso, un silenzio forzato **2** vincolato: (*econ.*) *— optimization*, ottimizzazione vincolata.

constrainedly [kən'streɪnɪdlɪ / con·strained·ly] *avv.* forzatamente, con aria forzata: *to smile —*, sorridere con aria forzata, imbarazzata.

constraint [kən'streɪnt / con·straint] *s.* **1** vincolo, limite: *there are many constraints on our freedom as individuals*, ci sono molti limiti alla nostra libertà in quanto individui // (*econ.*) *budget —*, vincolo di bilancio // (*fis.*) *mechanical —*, vincolo meccanico **2** costrizione; coazione; confino: *to put s.o. under —*, mettere qlcu. in stato di coazione, internare qlcu. **3** soggezione; imbarazzo **4** (*ant.*) oppressione, afflizione, necessità: *bitter constraint, and sad occasion dear, / compels me to disturb*, (MILTON) amara necessità e un'occasione triste, seppur gradita, mi costringono a disturbare.

to **constrict** [kən'strɪkt / con·strict] *v.tr.* **1** costringere; restringere; comprimere: *collar that constricts the neck*, colletto che stringe il collo **2** (*med.*) contrarre (tessuti).

constriction [kən'strɪkʃn / con·stric·tion] *s.* **1** costrizione; restringimento **2** (*med.*) contrazione (di vene).

constrictive [kən'strɪktɪv / con·strict·ive] *agg.* costrittivo; restrittivo.

constrictor [kən'strɪktə* / con·strictor] *s.* **1** (*anat.*) costrittore (muscolo) **2** (*zool.*) → **boa**.

to **constringe** [kən'strɪndʒ / con·stringe] *v.tr.* (*fisiologia*) costringere; comprimere, contrarre ♦ *v.intr.* costringersi; comprimersi; contrarsi.

constringent [kən'strɪndʒənt / con·string·ent] *agg.* **1** costringente, costrittore **2** (*med.*) astringente.

construct ['kɒnstrʌkt / con·struct] *s.* (*form.*) costrutto, concetto complesso, idea complessa ♦ *agg.* costruito.

to **construct** [kən'strʌkt] *v.tr.* costruire (*anche fig.*): *to — a dam*, costruire una diga; *to — a theory*, costruire una teoria; *well constructed play*, commedia ben costruita.

constructible [kən'strʌktəbl / con·struct·ible] *agg.* costruibile; componibile.

construction [kən'strʌkʃn / con·struc·tion] *s.* **1** costruzione (*anche gramm.*): *a solid —*, una costruzione solida; *all-steel —*, costruzione interamente d'acciaio; *the — of the Suez canal took a long time*, la costruzione del canale di Suez richiese molto tempo; *under —*, in via di costruzione // *public and private —*, settore delle imprese di costruzioni // *— industry*, industria edilizia // *— worker*, (*amer.*) edile; *— labourer*, (*ferr. amer.*) sterratore **2** interpretazione: *to put a good, bad — on s.o.'s words*, interpretare in bene, in male le parole di qlcu.; *he put the worst — possible on her silence*, interpretò nel peggior modo possibile il suo silenzio.

constructional [kən'strʌkʃənl / con·struc·tional] *agg.* di costruzione: *— engineering*, costruzione meccanica.

constructive [kən'strʌktɪv / con·struct·ive] *agg.* **1** costruttivo: *— criticism*, critica costruttiva **2** dedotto; implicito: (*amm.*) *— value*, valore presunto **3** (*dir.*) presunto dalla legge; indiziario // **-ly** *avv.*

constructor [kən'strʌktə* / con·structor] *s.* costruttore.

construe [kən'stru: / con·strue] *s.* **1** (*gramm.*) analisi di una proposizione **2** traduzione letterale.

to **construe** *v.tr.* **1** costruire grammaticalmente **2** fare l'analisi grammaticale di (una proposizione) **3** (*form.*) interpretare, spiegare **4** tradurre letteralmente.

construing [kən'stru:ɪŋ / con·stru·ing] *s.* → **construe**.

consubstantial [,kɒnsəb'stænʃl / con·sub·stan·tial] *agg.* (*teol.*) consustanziale: *the Son is — with the Father*, il Figlio è consustanziale al Padre.

consubstantiality ['kɒnsəb,stænʃɪ'ælɪtɪ / con·sub·stan·ti·al·ity] *s.* (*teol.*) consustanzialità.

to **consubstantiate** [,kɒnsəb'stænʃɪeɪt / con·sub·stan·ti·ate] *v.tr.* e *intr.* (*teol.*) unire, unirsi in una sola stessa sostanza.

consubstantiation ['kɒnsəb,stænʃɪ'eɪʃn / con·sub·stan·ti·ation] *s.* (*teol.*) consustanziazione.

consuetude ['kɒnswɪ:tju:d / con·su·et·ude] *s.* (*antiq.*) consuetudine.

consuetudinary [,kɒnswɪ'tju:dɪnərɪ / con·su·etud·in·ary] *agg.* consuetudinario: *— law*, diritto consuetudinario ♦ *s.* manuale del regolamento interno (di un convento ecc.).

consul ['kɒnsəl / con·sul] *s.* **1** console: *— general*, console generale **2** (*ant.*) consigliere, membro di un consiglio: *the toged consuls can propose / as masterly as he*, (SH. Othello) i consiglieri togati possono discettare con la sua stessa maestria.

consulage ['kɒnsəlɪdʒ / con·sul·age] *s.* [U] diritti consolari (*pl.*).

consular ['kɒnsjʊlə* *amer.* 'kɒnsələ* / con·su·lar] *agg.* consolare: *— certificate*, certificato consolare.

consulate ['kɒnsjʊlət *amer.* 'kɒnsələt / con·sul·ate] *s.* **1** (sede di) consolato **2** consolato, carica di console.

consulship ['kɔnsəlʃɪp / con·sul·ship] *s.* consolato (carica).

to **consult** [kən'sʌlt / con·sult] *v.tr.* consultare: *to — a dictionary, history*, consultare un dizionario, la storia; *to — s.o. on* (o *about*) *sthg.*, consultare qlcu. in merito a qlco. // *to — one's interests*, tener conto dei propri interessi ♦ *v.intr.* consultarsi: *I consulted with my friends*, mi consultai con gli amici; *they consulted together*, si consultarono.

consultancy [kən'sʌltənsɪ / con·sult·ancy] *s.* **1** consulente; società consulente **2** posto di medico specialista ospedaliero.

consultant [kən'sʌltənt / con·sult·ant] *s.* **1** chi consulta (un oracolo ecc.) **2** consulente; esperto **3** (*editoria*) collaboratore esterno, consulente **4** medico specialista ospedaliero.

consultation [,kɒnsəl'teɪʃn / con·sul·ta·tion] *s.* **1** consultazione; riunione: *any change in procedure will require — with workers*, ogni cambiamento della procedura richiederà un incontro con i lavoratori **2** consulto: *to hold a —*, tenere un consulto.

consultative [kən'sʌltətɪv / con·sult·at·ive] *agg.* consultativo.

consultee [,kɒnsʌl'ti: / con·sultee] *s.* consulente.

consulter [kən'sʌltə* / con·sult·er] *s.* consultatore.

consulting [kən'sʌltɪŋ / con·sult·ing] *agg.* consulente // (*amm.*) *— firm*, società di consulenza // *— hours*, orario di visita.

consulting room [kən'sʌltɪŋ'ru:m] *s.* ambulatorio.

consumable [kən'sju:məbl *amer.* kən'su:məbl / con·sum·able] *agg.* consumabile, di consumo ♦ *s.* (*gener. pl.*) derrate alimentari, commestibili; (*econ.*) beni di consumo.

to **consume** [kən'sju:m *amer.* kən'su:m / con·sume] *v.tr.* **1** consumare; distruggere: *consumed by fire*, consumato dal fuoco **2** sprecare: *a whole week was consumed by useless discussions*, si sprecò una settimana intera in discussioni inutili **3** (*form.*) mangiare o bere (in grande quantità): *he consumed three bottles of champagne and a turkey*, bevve tre bottiglie di champagne e si mangiò un tacchino intero **4** (*fig.*) rodere, corrodere, consumare: *to be consumed with desire, envy, thirst*, essere consumato dal desiderio, dall'invidia, dalla sete.

consumer [kən'sju:mə* *amer.* kən'su:mə* / con·sumer] *s.* consumatore; utente: *the steel industry is a massive — of electricity*, l'industria dell'acciaio utilizza una grandissima quantità di energia elettrica; *producers and consumers*, produttori e consumatori; *— goods*, beni di consumo; *— durable*, bene di consumo durevole; *— expenditure, spending*, spesa per consumi; *— credit*, credito al consumo; *— law*, legge a tutela del consumatore; *— electronics*, elettronica distribuita, destinata a una vasta utenza // *— society*, società dei consumi, consumistica // *— mentality*, mentalità consumistica.

consumerism [kən'sju:mərɪzəm / con·sumer·ism] *s.* **1** consumismo **2** protezione, tutela degli interessi del consumatore.

consumerist [kən'sju:mərɪst / con·sumer·ist] *s.* consumista.

consumeristic [kən'sju:mərɪstɪk *amer.* kən'su:mərɪstɪk / con·sumer·istic] *agg.* consumistico.

consummate [kən'sʌmɪt / con·sum·mate] *agg.* (*form.*) consumato; perfetto, completo: *— artist*, artista consumato; *— ass*, perfetto asino; *— liar*, abile mentitore // **-ly** *avv.*

to **consummate** ['kɒnsəmeɪt] *v.tr.* (*form.*) **1** consumare (matrimonio, sacrificio, delitto ecc.) **2** completare; coronare: *her happiness was consummated when she saw her father again after such a long time*, incontrare suo padre dopo così tanto tempo rese completa la sua felicità.

consummation [,kɒnsə'meɪʃn / con·sum·ma·tion] *s.* **1** consumazione (di matrimonio ecc.) **2** compimento; conclusione, fine: *the — of the world* (o *the final —*), la fine del mondo;

the treaty was the — of years of negotiation, il trattato fu la conclusione di anni di negoziati.

consummator ['kɒnsəmeɪtə* / con·sum·mator] *s.* (*non com.*) consumatore; esecutore, chi compie; chi completa.

consumption [kən'sʌmpʃən / con·sump·tion] *s.* **1** consumo: (*econ.*) *national —*, consumi nazionali; *domestic —*, consumo interno; *final, intermediate —*, consumo finale, intermedio; *— propensity*, propensione al consumo; *— tax*, imposta sui consumi; *capital —*, ammortamento fisico **2** sciupio, perdita (di tempo, calore) **3** distruzione, fine **4** (*med.*) consunzione, grave deperimento fisico; tubercolosi: *to go into —*, diventar tisico; *pulmonary —*, tubercolosi polmonare, tisi.

consumptive [kən'sʌmptɪv / con·sump·tive] *agg.* **1** che consuma, che sciupa; che distrugge **2** (*med.*) tisico, tubercolotico ◆ *s.* tisico, tubercolotico: *hospital for consumptives*, sanatorio.

consumptively [kən'sʌmptɪvlɪ / con·sump·tive·ly] *avv.* da tisico: *he coughed —*, aveva una tosse da tisico.

contact ['kɒntækt / con·tact] *s.* **1** contatto; relazione: *to be in — with s.o.*, essere in contatto con qlcu.; *to come into — with s.o.*, mettersi in contatto con qlcu.; *to establish, to lose — with s.o., sthg.*, prendere, perdere contatto con qlcu., qlco.; *I tried to established eye —*, cercai di stabilire un'intesa con lo sguardo **2** (*fam.*) relazione, contatto, amicizia, conoscenza: *he's got good business contacts in America*, ha dei buoni contatti di lavoro in America **3** (*elettr., fis.*) contatto: *— to earth*, contatto terra; *to make, to break —*, stabilire, interrompere il contatto; *— breaker*, ruttore // *— electricity*, elettricità di contatto **4** (*geol.*) contatto: *— metamorphism*, metamorfismo di contatto **5** (*mat.*) punto di incontro (di linee ecc.) **6** (*med.*) persona venuta a contatto con una malattia e che potrebbe essere stata contagiata.

contact *agg.* di contatto; a contatto: (*aer.*) *— flying*, volo a vista; *— lens*, lente a contatto: *hard, semi-hard, soft —*, lenti a contatto rigide, semirigide, morbide.

to **contact** *v.tr.* mettere, mettersi in contatto, in relazione con; essere in contatto con; contattare.

contactor [kən'tæktə* / con·tactor] *s.* (*elettr.*) contattore.

contagion [kən'teɪdʒən / con·ta·gion] *s.* (*form.*) **1** contagio; malattia contagiosa **2** (*fig.*) contagio; corruzione morale.

contagious [kən'teɪdʒəs / con·ta·gious] *agg.* contagioso // **-ly** *avv.* // **-ness** *s.*

to **contain** [kən'teɪn / con·tain] *v.tr.* **1** contenere (*anche fig.*); includere; comprendere: *the atlas contains fifty maps*, l'atlante contiene cinquanta carte; *each pill contains some caffeine*, ciascuna pillola contiene un po' di caffeina; *the hall contains two thousands people*, la hall contiene duemila persone; *this book contains many truths*, questo libro contiene molte verità; *this box contains books*, questa cassa contiene libri **2** contenere, trattenere; reprimere, frenare (sentimenti): *the firemen tried to — the damage*, i pompieri cercarono di limitare il danno; *to — oneself*, contenersi, controllarsi.

containable [kən'teɪnəbl / con·tain·able] *agg.* contenibile, che si può contenere, trattenere, frenare.

contained [kən'teɪnd / con·tained] *agg.* contenuto, controllato, frenato, trattenuto (di sentimento).

container [kən'teɪnə* / con·tainer] *s.* **1** recipiente, contenitore; scatola **2** container // *— ship*, nave portacontainers.

containment [kən'teɪnmənt / con·tain·ment] *s.* **1** contenimento, il contenere: *crowd — proved difficult for the police*, alla polizia risultò difficile contenere la folla **2** ritenutezza, riserbo, ritegno **3** (*pol.*) tattica di arginamento; contenimento **4** (*fis. nucleare*) contenimento.

contaminable [kən'tæmɪnəbl / con·tam·in·able] *agg.* contaminabile.

contaminant [kən'tæmɪnənt / con·tam·in·ant] *agg.* e *s.* (*chim.*) inquinante.

to **contaminate** [kən'tæmɪneɪt / con·tam·in·ate] *v.tr.* contaminare; infettare; corrompere; inquinare: *nuclear testing contaminated large parts of the desert with radioactive fallout*, il fall out degli esperimenti nucleari ha contaminato vaste zone del deserto.

contamination [kən,tæmɪ'neɪʃn / con·tam·ina·tion] *s.* contaminazione.

contango [kən'tæŋgəʊ / con·tango] *pl.* **contango(e)s** *s.* (*Borsa*) contratto di riporto: *— day*, giorno dei riporti (da parte del compratore); *— rate*, prezzo del riporto; *— broker*, riportatore.

to **contango** *v.tr.* e *intr.* (*Borsa*) riportare (titoli).

to **contemn** [kən'tem / con·temn] *v.tr.* (*ant.*) sprezzare.

contemner [kən'temnə* / con·tem·ner] *s.* **1** (*non com.*) sprezzatore **2** (*dir.*) chi commette il reato di inosservanza di provvedimenti dell'autorità.

to **contemplate** ['kɒntempleɪt / con·tem·plate] *v.tr.* **1** meditare su, pensare a; contemplare, prendere in considerazione: *he contemplated the difficulties he had to overcome*, meditò sulle difficoltà che doveva superare; *she refused to — any change*, si rifiutò di prendere in considerazione qualunque cambiamento **2** prevedere, aspettarsi: *we don't — any difficulty*, non ci aspettiamo nessuna difficoltà **3** (*fam.*) (I) meditare, progettare, proporsi: *we are contemplating emigrating to New Zealand*, stiamo meditando di emigrare in Nuova Zelanda; *to — suicide*, meditare il suicidio ◆ *v.intr.* meditare; raccogliersi.

contemplation [,kɒntem'pleɪʃn / con·tem·pla·tion] *s.* **1** contemplazione; meditazione, raccoglimento **2** progetto, proposito; previsione.

contemplative ['kɒntempleɪtɪv *nel senso 2* kən'templətɪv / con·tem·plat·ive] *agg.* **1** contemplativo; meditativo; pensieroso **2** (*relig.*) contemplativo ◆ *s.* contemplativo // **-ly** *avv.*

contemplativeness ['kɒntempleɪtɪvnɪs / con·tem·plat·ive·ness] *s.* contemplazione; meditazione.

contemplator ['kɒntempleɪtə* / con·tem·pla·tor] *s.* contemplatore.

contemporaneity [kən,tempərə'ni:ətɪ / con·tem·por·an·eity] *s.* contemporaneità.

contemporaneous [kən,tempə'reɪnjəs / con·tem·por·an·eous] *agg.* contemporaneo // **-ly** *avv.*

contemporary [kən'tempərərɪ *amer.* kən'tempərerɪ / con·tem·por·ary] *agg.* **1** contemporaneo, della stessa epoca, coetaneo: *he read a — account of the battle of Lepanto*, lesse un resoconto d'epoca sulla battaglia di Lepanto **2** contemporaneo, attuale: *— music*, musica contemporanea; *— events*, avvenimenti attuali ◆ *s.* **1** contemporaneo; coetaneo **2** contemporaneo, chi vive nell'epoca attuale: *our contemporaries*, i nostri contemporanei.

contempt [kən'tempt / con·tempt] *s.* **1** disprezzo, sprezzo; noncuranza: *to hold s.o. in —*, provar disprezzo per qlcu.; *in — of the rules*, noncurante dei regolamenti; *to be beneath —*, non essere degno di considerazione; *to fall into —*, cadere in disprezzo; *to hold s.o. in —*, provar disprezzo per qlcu. **2** (*dir.*) disobbedienza alla legge; inosservanza di provvedimenti dell'autorità: *— of court*, inosservanza di un provvedimento del giudice.

contemptibility [kən,temptə'bɪlətɪ / con·tempt·ib·il·ity] *s.* spregevolezza.

contemptible [kən'temptəbl / con·tempt·ible] *agg.* **1** spregevole, disprezzabile **2** (*ant.*) sprezzante // **-bly** *avv.*

contemptibleness [kən'temptəblnɪs / con·tempt·ible·ness] *s.* → **contemptibility**.

contemptuous [kən'temptjʊəs / con·temp·tu·ous] *agg.* sprezzante; insolente // **-ly** *avv.* // **-ness** *s.*

to **contend** [kən'tend / con·tend] *v.intr.* **1** contendere, combattere; lottare: *to — with s.o. for sthg.*, lottare con qlcu. per qlco.: *she had to — with the suspicion of the villagers*, dovette combattere contro la diffidenza degli abitanti del villaggio **2** (*ant.*) disputare: *histories make men wise... logic and rhetoric able to contend*, (F. BACON) la storia rende gli uomini saggi... la logica e la retorica capaci di disputare ◆ *v.tr.* (*form.*) sostenere, affermare, asserire: *I — that poverty does not imply unhappiness*, sostengo che la povertà non implica infelicità.

contender [kən'tendə* / con·tender] *s.* contendente, concorrente.

contending [kən'tendɪŋ / con·tend·ing] *agg.* contendente, contrastante, rivale: *the — parties*, le parti in lotta, i contendenti.

content[1] ['kɒntent / con·tent] *s.* **1** (*solo sing.*) contenuto, concetto: *the film had a high political —*, l'argomento del film era fortemente politico; *his books lack —*, i suoi libri sono privi di contenuti // (*inform.*) *— provider*, fornitore di contenuti in rete **2** *pl.* contenuto (di vaso, libro ecc.): *he opened a small bottle and swallowed the contents*, aprì una bottiglietta e ne inghiottì il contenuto // (*table of*) *contents*, indice (di libro) **3** (*chim., min.*) contenuto; titolo; dose: *liver is high in iron —*, il fegato ha un alto contenuto di ferro **4** volume (di solido); capacità (di vaso ecc.).

content[2] [kən'tent] *agg.* contento, soddisfatto: *not — with winning one race, he tried his luck again*, non soddisfatto d'aver vinto una corsa, ritentò la sorte; *to be — to do sthg.*, essere soddisfatto di, acconsentire a fare qlco. // *—, not —*, per, contro (una mozione alla Camera dei Lords) ◆ *s.* **1** contentezza, soddisfazione: *to one's heart's —*, fino a completa soddisfazione **2** (*dir.*) voto favorevole // *the contents*, i votanti in favore.

to **content**[2] *v.tr.* contentare, soddisfare: *to — oneself with sthg., with doing sthg.*, accontentarsi di qlco., di fare qlco.

contented [kən'tentɪd / con·tent·ed] *agg.* contento; pago: *he seems — with his life*, sembra contento, soddisfatto della sua vita // **-ly** *avv.* // **-ness** *s.*

contention [kən'tenʃn / con·ten·tion] *s.* **1** contesa; disputa; rivalità **2** (*form.*) opinione: *my — is that...*, io sostengo che...

contentious [kən'tenʃəs / con·ten·tious] *agg.* **1** litigioso **2** controverso **3** (*dir.*) contenzioso: *— proceedings*, procedimento contenzioso // **-ly** *avv.* // **-ness** *s.*

contentment [kən'tentmənt / con·tent·ment] *s.* appagamento, l'esser pago, soddisfatto // *— is better than riches*, (*prov.*) chi s'accontenta gode.

conterminal [kɒn'tɜ:mɪnl / con·ter·minal] **conterminous** [kɒn'tɜ:mɪnəs / con·ter·min·ous] *agg.* (*non com.*) contiguo, limitrofo.

contest ['kɒntest / con·test] *s.* **1** competizione, gara, concorso: *beauty —*, concorso di bellezza **2** lotta, combattimento: *the leadership —*, la lotta per il comando.

to **contest** [kən'test] *v.tr.* e *intr.* **1** (*form.*) contestare; contrastare; contendere, disputare; lottare (per): *to — a seat in Parliament*, disputarsi un seggio in Parlamento; *contested election*, elezione contestata (per la validità), contesa (fra vari candidati) **2** (*dir.*) impugnare.

contestable [kən'testəbl / con·test·able] *agg.* contestabile // (*econ.*) *— markets*, mercati contestabili, contendibili (quelli in cui nuove imprese possono liberamente entrare e uscire senza sostenere costi).

contestant [kən'testənt / con·test·ant] *s.* concorrente; competitore.

contestation [,kɒntes'teɪʃn / con·testa·tion] *s.* **1** contestazione; contrasto; disputa **2** asserzione.

context ['kɒntekst / con·text] *s.* contesto.

contextual [kɒn'tekstjʊəl / con·tex·tual] *agg.* contestuale.

to **contextualize** [kɒn'tekstjʊəlaɪz / con·tex·tu·al·ize] *v.tr.* contestualizzare, inserire in un contesto, riferire a un contesto.

contiguity [,kɒntɪ'gju:ətɪ / con·ti·gu·ity] *s.* (*form.*) contiguità, vicinanza.

contiguous [kən'tɪgjuəs / con·tigu·ous] *agg.* (*form.*) contiguo // **-ly** *avv.*

continence ['kɒntɪnəns / con·tin·ence] *s.* (*form.*) continenza; castità.

continent ['kɒntɪnənt / con·tin·ent] *agg.* **1** continente, casto **2** (*med.*) continente // **-ly** *avv.*

continent *s.* (*geogr.*) continente: *the five continents*, i cinque continenti // *the Continent*, il Continente, l'Europa continentale.

continental [,kɒntɪ'nentl / con·tin·ental] *agg.* continentale: *— breakfast*, prima colazione (secondo il modo, l'abitudine continentale) // (*geogr.*): *— shelf*, piattaforma continentale; *— slope*, scarpata continentale; *— divide*, spartiacque continentale // (*geol.*) *— drift*, deriva dei continenti // **-ly** *avv.*

continental *s.* **1** continentale, chi vive sul continente **2** (*fam. amer.*) moneta di poco valore **3** (*st. amer.*) soldato dell'esercito coloniale.

contingence [kən'tɪndʒəns / con·tin·gence] *s.* (*non com.*) contingenza; eventualità.

contingency [kən'tɪndʒənsɪ / con·tin·gency] *s.* **1** contingenza; eventualità, caso: *prepared for all contingencies*, preparato a ogni eventualità; *should a — arise* (o *in case of a —*), in un caso imprevisto // *— plan*, piano di emergenza **2** (*amm.*) sopravvenienze passive: *— fund*, fondo sopravvenienze passive **3** (*fil.*) contingenza.

contingent [kən'tɪndʒənt / con·tin·gent] *agg.* (*form.*) **1** contingente; accidentale; imprevisto: *— expenses*, spese impreviste // (*amm.*): *— markets*, mercati contingenti; *— assets*, sopravvenienze attive; *— liabilities*, sopravvenienze passive // (*fin.*) *— profit*, profitto aleatorio // (*Borsa*) *— order*, ordine condizionato // *to be — on sthg.*, dipendere da qlco. (di avvenimento) **2** (*dir.*) sottoposto a condizione e a termine **3** (*fil.*) contingente ♦ *s.* **1** contingenza, caso fortuito **2** (*mil.*) contingente (di soldati) **3** folto gruppo di rappresentanza // **-ly** *avv.*

continuable [kən'tɪnjʊəbl / con·tinu·able] *agg.* **1** continuabile **2** (*Borsa*) riportabile.

continual [kən'tɪnjʊəl / con·tinual] *agg.* continuo; ripetuto; ininterrotto: *— complaints*, lamenti continui // **-ly** *avv.*

continuance [kən'tɪnjʊəns / con·tinu·ance] *s.* (*form.*) **1** il continuare, il perdurare **2** continuità; durata **3** (*dir.*) rinvio, proroga.

continuation [kən,tɪnjʊ'eɪʃn / con·tinua·tion] *s.* **1** continuazione, seguito; prolungamento **2** (*Borsa*) riporto: *— day*, giorno dei riporti (dal lato del venditore); *— rate*, prezzo di riporto.

continuative [kən'tɪnjʊətɪv / con·tinu·at·ive] *agg.* (*non com.*) continuativo.

continuator [kən'tɪnjʊeɪtə* / con·tinu·ator] *s.* (*rar.*) continuatore.

to **continue** [kən'tɪnju: / con·tinue] *v.intr.* **1** (II) continuare; seguitare; proseguire; durare: *he continued to work* (o *working*) *as if nothing had happened*, continuò a lavorare come se nulla fosse accaduto; *the road continues to the factory*, la strada continua fino alla fabbrica; *the meeting continued for an hour*, l'incontro durò per un'ora **2** *to — (on) one's way*, proseguire il, nel proprio cammino // *to be continued in our next number*, continua al prossimo numero; *continued on page 30*, continua a pagina 30 **3** permanere; restare: *to — in* (o *at*) *a place*, continuare a soggiornare in un luogo ♦ *v.tr.* **1** continuare; proseguire: *he continued his research at Cambridge*, proseguì la sua ricerca a Cambridge **2** mantenere **3** (*dir.*) aggiornare; prorogare, rinviare **4** (*Borsa*) riportare.

continued [kən'tɪnju:d / con·tinued] *agg.* ininterrotto, continuo, ripetuto.

continuity [,kɒntɪ'nju:ətɪ *amer.* ,kɒntɪ'nu:ətɪ / con·tinu·ity] *s.* **1** continuità **2** (*cinem.*) sceneggiatura; (*rad.*) copione // *— writer*, sceneggiatore // *— girl*, segretaria di produzione.

continuous [kən'tɪnjʊəs / con·tinu·ous] *agg.* continuo; ininterrotto // (*mat.*): *— function*, funzione continua; *— at a point*, continuo in un punto // (*fis.*): *— spectrum*, spettro continuo; *— wave*, onda continua // **-ly** *avv.*

continuum [kən'tɪnjʊəm / con·tinuum] *pl.* **continua** [kən'tɪnjʊə / con·tinua] **continuums** *s.* **1** continuo: (*log.*) *— hypothesis*, ipotesi del continuo; (*fis.*) *space-time —*, continuo spazio-tempo **2** (*fis., astr.*) spettro continuo.

contorniate [kən'tɔ:nɪɪt / con·torn·iate] *agg.* e *s.* (*numismatica*) contorniato.

to **contort** [kən'tɔ:t / con·tort] *v.tr.* contorcere: *face contorted with pain*, faccia contorta dal dolore.

contortion [kən'tɔ:ʃn / con·tor·tion] *s.* contorsione.

contortionist [kən'tɔ:ʃnɪst / con·tor·tion·ist] *s.* contorsionista.

contour ['kɒn,tʊə* / con·tour] *s.* **1** contorno; profilo **2** (*scient.*) linea isometrica // (*geogr.*) *— lines*, curve di livello.

to **contour** *v.tr.* **1** rilevare; segnare con linee isometriche (carta geografica) **2** costruire (strada ecc.) lungo una costa, una collina ♦ *v.intr.* disegnare un contorno.

contra ['kɒntrə / con·tra] *prep.* contro: *pro and —*, pro e contro ♦ *s.* contro // (*amm.*): (*as*) *per —*, in contropartita; (*per*) *— entry*, registrazione in contropartita; *— account*, conto di contropartita.

contraband ['kɒntrəbænd / con·tra·band] *agg.* proibito, illecito ♦ *s.* **1** contrabbando: *— goods*, merci di contrabbando SIN. smuggling **2** (*amer.*) schiavo rifugiato al nord (durante la guerra civile).

contrabandist ['kɒntrəbændɪst / con·tra·band·ist] *s.* (*non com.*) contrabbandiere.

contrabass [,kɒntrə'beɪs / con·tra·bass] *s.* (*mus.*) contrabbasso.

contrabassoon ['kɒntrəbəsu:n / con·tra·bas·soon] *s.* (*mus.*) controfagotto.

contrabass tuba [,kɒntrə'beɪs'tju:bə *amer.* ,kɒntrə'beɪs'tu:bə] *s.* (*mus.*) bombardone.

contraception [,kɒntrə'sepʃən / con·tra·cep·tion] *s.* contraccezione.

contraceptive [,kɒntrə'septɪv / con·tra·cept·ive] *agg.* e *s.* contraccettivo, anticoncezionale.

contract ['kɒntrækt / con·tract] *s.* **1** contratto, patto; convenzione; appalto: *under —*, sotto contratto; *as per —*, come da contratto; *to enter into a — with*, fare un contratto con; (*comm.*): *forward —*, contratto a termine; *futures —*, contratto a termine su merci o su prodotti finanziari stipulato per garantirsi da future oscillazioni dei prezzi; (*Borsa*) *— note*, fissato bollato; (*econ.*) *— wage* (*system*), (sistema di) retribuzione a cottimo; *by private —*, in via amichevole; *work on —* (o *— work*), lavoro in appalto; *to secure a —*, ottenere un appalto; *to tender for a —*, fare offerta per ottenere un appalto; *to put sthg. out to —*, dare qlco. in appalto // *to put out a —* (*on s.o.*), commissionare un omicidio (a un killer) **2** (*ferr.*) tessera d'abbonamento **3** (*gioco del bridge*) gioco; impegno.

to **contract** [kən'trækt] *v.intr.* **1** contrarsi; restringersi: *the pupil contracts in the sunlight*, la pupilla si contrae alla luce del sole **2** (*comm.*) contrattare, impegnarsi: *to — to do sthg.*, impegnarsi a fare qlco. **3** appaltare, prendere in appalto: *to — for a supply of sthg.*, prendere in appalto il rifornimento di qlco. ♦ *v.tr.* **1** contrarre; restringere: *to — the brow*, corrugare la fronte **2** (*gramm.*) contrarre: *to — 'do not' into 'don't'*, contrarre 'do not' in 'don't' **3** (*form.*) contrarre (obbligazione, matrimonio, malattia ecc.): *to — a friendship with s.o.*, contrarre amicizia con qlcu.

□ **contract in** *v.intr.* e *avv.* associarsi (a), scegliere di far parte (di un sistema ecc.).

□ **contract out** *v.intr.* e *avv.* (*form.*) dissociarsi, uscire (da associazione, alleanza ecc.) // *to — out of an obligation*, liberarsi per mezzo di contratto da obbligazioni precedentemente assunte.

□ **contract with** *v.intr.* e *prep.* **1** (*form.*) stringere (amicizia, patto ecc.); legarsi con **2** firmare un contratto con, impegnarsi con: *I contracted with a local man for repairing the roof*, ho affidato a un operaio del luogo le riparazioni al tetto.

contractable [kən'træktəbl / con·tract·able] *agg.* **1** contrattabile **2** (*dir.*, *med.*) contraibile.

contractarian [kən,træk'teərıən / con·tract·ar·ian] *agg.* (*econ.*) contrattualistico.

contracted [kən'træktıd / con·tracted] *agg.* **1** contrattato **2** limitato (di idee); meschino; conciso (di stile) **3** contratto.

contractibility [kən,træktə'bılətı / con·tract·ib·il·ity] *s.* contrattilità.

contractible [kən'træktəbl / con·tract·ible]
contractile [kən'træktaıl / con·tract·ile] *agg.* contrattile.

contractility [,kəntræk'tılətı / con·tract·il·ity] *s.* contrattilità.

contracting [kən'træktıŋ / con·tract·ing] *agg.* contraente, che contrae: *the — parties*, le parti contraenti.

contraction [kən'trækʃn / con·trac·tion] *s.* accorciamento, abbreviazione; contrazione (*anche gramm.*) // (*econ.*) *— of production, of demand*, contrazione della produzione, della domanda.

contractive [kən'træktıv / con·tract·ive] *agg.* che tende a contrarsi.

contractor [kən'træktə* / con·tractor] *s.* **1** contraente; appaltatore; imprenditore; fornitore: *— to the government*, fornitore del governo // *army —*, fornitore dell'esercito; *building —*, imprenditore edile // *contractors and engineering companies*, società di engineering e impiantistica **2** (*anat.*) muscolo contrattile.

contractual [kən'træktʃʊəl / con·trac·tual] *agg.* contrattuale: (*dir.*) *— liability*, responsabilità contrattuale.

contracture [kən'træktʃʊə* / con·tract·ure] *s.* (*med.*) contrattura.

contracyclic [,kɒntrə'saıklık / con·tra·cyc·lic] *agg.* (*econ.*) anticiclico: *— policy*, politica economica anticiclica.

to **contradict** [,kɒntrə'dıkt / con·tra·dict] *v.tr.* contraddire; negare: *to — each other*, contraddirsi (reciprocamente); *to — oneself*, contraddirsi; *to — a statement*, contraddire una dichiarazione ◆ *v.intr.* affermare il contrario, contraddire // **-or** *s.*

contradictable [,kɒntrə'dıktəbl / con·tra·dict·able] *agg.* che si può contraddire.

contradiction [,kɒntrə'dıkʃn / con·tra·dic·tion] *s.* contraddizione; smentita: *— in terms*, contraddizione in termini; *to give a flat —*, smentire formalmente.

contradictious [,kɒntrə'dıkʃəs / con·tra·dic·tious] *agg.* (*ant.*) contraddittorio: *— spirit*, spirito di contraddizione.

contradictory [,kɒntrə'dıktərı / con·tra·dict·ory] *agg.* contraddittorio // **-ily** *avv.*

contradistinction [,kɒntrədı'stıŋkʃn / con·tra·dis·tinc·tion] *s.* distinzione per contrasto: *in — to*, opposto a, in contrasto con.

to **contradistinguish** [,kɒntrədı'stıŋgwıʃ / con·tra·dis·tin·guish] *v.tr.* contraddistinguere.

contrail ['kɒntreıl / con·trail] *s.* (*meteor.*) scia di condensazione (di un aereo) • Abbr. di *condensation trail*.

to **contraindicate** [,kɒntrə'ındıkeıt / con·tra·in·dic·ate] *v.tr.* (*med.*) controindicare.

contraindication [,kɒntrə,ındı'keıʃn / con·tra·in·dica·tion] *s.* (*med.*) controindicazione.

contralto [kən'træltəʊ / con·tralto] *s.* (*mus.*) contralto.

contraposition [,kɒntrəpə'zıʃn / con·tra·posi·tion] *s.* opposizione; contrasto; antitesi.

contrapositive [,kɒntrə'pɒzətıv / con·tra·pos·it·ive] *s.* (*log.*) contronominale.

contraption [kən'træpʃn / con·trap·tion] *s.* (*fam.*) aggeggio; congegno strano.

contrapuntal [,kɒntrə'pʌntl / con·tra·puntal] *agg.* (*mus.*) contrappuntistico.

contrapuntist ['kɒntrəpʌntıst / con·tra·punt·ist] *s.* (*mus.*) contrappuntista.

contrariety [,kɒntrə'raıətı / con·tra·ri·ety] *s.* (*form.*) **1** opposizione, antagonismo **2** discrepanza, discordanza.

contrarily ['kɒntrərəlı *amer.* 'kɒntrerəlı / con·trar·ily] *avv.* contrariamente; viceversa.

contrariness ['kɒntrərınıs / con·trari·ness] *s.* (*fam.*) spirito di contraddizione.

contrarious [kən'treərıəs / con·trari·ous] *agg.* **1** (*ant.*) avverso, contrario **2** (*non com.*) ostinato; indocile.

contrariwise ['kɒntrərıwaız / con·trari·wise] *avv.* **1** al contrario, da un altro punto di vista; in senso contrario, opposto **2** ostinatamente.

contrary ['kɒntrərı *amer.* 'kɒntrerı *nel sign. 2* kən'treərı / con·trary] *agg.* **1** contrario, opposto: *— to one's principles*, contrario ai propri principi; *— winds*, venti contrari; *in a — direction to*, in direzione contraria a; *to look the — way*, guardare dalla parte sbagliata // (*log.*) *— propositions*, proposizioni contrarie **2** (*fam.*) ostinato, scontroso: *— child*, bambino scontroso ◆ *s.* (il) contrario: *on the —*, al contrario; *quite the —*, proprio il contrario; *I have nothing to say to the —*, non ho nulla da dire in contrario // *unless we hear to the —*, salvo contrordini // *to proceed by contraries*, procedere per contrari.

to **contrary** *v.tr.* (*amer.*) contrariare; contrastare.

contrary *avv.* contrariamente, al contrario: *— to accepted opinions*, in contrasto con opinioni riconosciute; *— to what I thought*, all'opposto di quanto pensavo; *to act — to orders*, agire contrariamente agli ordini.

contrast ['kɒntrɑ:st *amer.* 'kɒntræst / con·trast] *s.* contrasto; opposizione: *the — between light and shade*, il contrasto fra luce ed ombra; *in — with*, in contrasto con; *to form a — to*, formare un contrasto con.

to **contrast** [kən'trɑ:st *amer.* kən'træst] *v.tr.* mettere in contrasto ◆ *v.intr.* far contrasto, contrastare: *his actions — sharply with his principles*, il suo modo di agire contrasta nettamente con i suoi principi.

contrasty [kən'træstı / con·trasty] *agg.* (*spec. fot.*) contrastato.

contravariance [,kɒntrə'veərıəns / con·tra·vari·ance] *s.* (*mat.*, *stat.*) controvarianza.

contravariant [,kɒntrə'veərıənt / con·tra·vari·ant] *s.* (*mat.*) controvariante: *— tensor*, tensore controvariante.

to **contravene** [,kɒntrə'vi:n / con·tra·vene] *v.tr.* **1** contravvenire a, trasgredire: *to — the law*, *the regulations*, contravvenire alla legge, ai regolamenti **2** contraddire, opporsi a.

contravener [,kɒntrə'vi:nə* / con·tra·vener] *s.* contravventore, trasgressore.

contravention [,kɒntrə'venʃn / con·tra·ven·tion] *s.* contravvenzione, infrazione, trasgressione: *to act in — of a regulation*, trasgredire un regolamento.

contretemps ['kɒntrətɒŋ / con·tre·temps] *s.* (*pl. invar.*) (*form.*) contrattempo.

to **contribute** [kən'trıbju:t / con·trib·ute] *v.tr.* **1** contribuire con; dare il proprio contributo a: *to — money*, contribuire con denaro, dare sovvenzioni in denaro a **2** scrivere (un articolo ecc.): *he has contributed several articles to our review*, ha scritto parecchi articoli per la nostra rivista ◆ *v.intr.* **1** contribuire, concorrere: *poverty contributed to his problems*, la povertà contribuiva ad accrescere i suoi problemi; *to — to the success of*, contribuire al successo di; *to — to a work of charity*, contribuire a un'opera di carità; *to — voluntarily*, autotassarsi // (*Borsa*) *contributed surplus*, sovrapprezzo azioni **2** collaborare (a un giornale, rivista ecc.).

contributing [kən'trıbjʊtıŋ / con·trib·ut·ing] *agg.* **1** che contribuisce **2** che collabora: *— editor*, collaboratore (di un giornale, rivista ecc.).

contribution [,kɒntrı'bju:ʃn / con·tri·bu·tion] *s.* **1** contributo: *to pay one's —*, pagare la propria quota, il proprio contributo; *all contributions thankfully received*, qualsiasi contributo è ben accetto; *the — of £ 5000 to charity was my idea*, il contributo di cinquemila sterline per beneficenza fu una mia idea **2** (*comm.*) contributo, contribuzione: *— of capital*, apporto, conferimento di capitale; (*amm.*) *— margin*, margine di contribuzione; (*trib.*) *actual, imputed social security contributions*, contributi sociali effettivi, figurativi **3** (*dir.*) obbligazione del condebitore **4** collaborazione (a un giornale): *— to a review*, articolo scritto per una rivista.

contributor [kən'trıbjʊtə* / con·trib·utor] *s.* **1** contributore; chi elargisce contributi: (*comm.*) *— of capital*, apportatore di capitale **2** collaboratore (di giornale ecc.) **3** (*dir.*) contribuente.

contributory [kən'trıbjʊtərı *amer.* kən'trıbjʊtɔ:rı / con·trib·ut·ory] *agg.* contribuente, che contribuisce, contributivo: *a — cause of the disaster*, una causa che ha contribuito al disastro; (*dir.*) *— negligence*, concorso di colpa; (*amm.*) *— pension plan*, fondo pensione; (*dir. mar.*) *— mass*, (nelle assicurazioni marittime) massa debitoria ◆ *s.* (*dir.*) contributario.

contrite ['kɒntraıt / con·trite] *agg.* contrito; pentito // **-ly** *avv.*

contrition [kən'trıʃn / con·tri·tion] *s.* contrizione, pentimento.

contrivable [kən'traıvəbl / con·triv·able] *agg.* (*non com.*) **1** escogitabile, che si può inventare **2** fattibile, realizzabile.

contrivance [kən'traıvns / con·triv·ance] *s.*

1 apparato, congegno: *he had fixed up a — to open the door from his bed*, aveva inventato un congegno per aprire la porta dal letto **2** (*form.*) invenzione; progetto // *beyond human —*, che supera le possibilità inventive dell'uomo **3** espediente; ritrovato; artifizio: *the — by which orchids are fertilized*, il ritrovato adottato per la fertilizzazione delle orchidee.

to **contrive** [kən'traɪv / con·trive] *v.tr.* **1** progettare; inventare, escogitare: *to — a method, means of doing sthg.*, escogitare un metodo, un mezzo per fare qlco. **2** fare in modo di, riuscire a: *can't you — to get here earlier?*, non puoi fare in modo di arrivare prima?; *he contrived to get himself into trouble* (o *into hot water*), tanto fece che si cacciò nei guai; *he contrived to live on a small salary*, riuscì a vivere con un piccolo stipendio; *she contrived to make matters worse*, riuscì a rendere la faccenda ancora peggiore **3** macchinare, ordire ◆ *v.intr.* fare piani; fare progetti.

contriver [kən'traɪvə* / con·triver] *s.* **1** chi fa piani, progetti **2** chi sa trarsi d'impiccio, cavarsela.

control [kən'trəʊl / con·trol] *s.* **1** controllo; autorità: *under military —*, sotto autorità militare; *she has no — over the children*, non ha nessuna autorità sui bambini **2** controllo; padronanza: *he had no — over the car*, non aveva il controllo della macchina; *she has complete — over the violin*, ha la completa padronanza del violino; *to be in — of the situation*, avere il controllo della situazione; *he got the situation under —*, prese il controllo della situazione; *the situation has got beyond his —*, la situazione è sfuggita al suo controllo; *the situation is under, out of —*, la situazione è sotto controllo, fuori controllo; *to keep — of oneself, of one's nerves*, mantenere il controllo di sé, dei propri nervi; *to gain — of*, acquistare il controllo di; *he gained* (o *got*) *— of the firm*, acquistò il controllo della ditta **3** (*estens.*) controllo, verifica; sorveglianza: *— experiment*, esperimento di controllo, di verifica; *— commission*, commissione di controllo; *traffic —*, controllo del traffico; *— tower*, torre di controllo; *passport —*, controllo passaporti; *birth —*, controllo delle nascite; (*comm.*) *— of exchanges*, controllo dei cambi; (*amm.*): *quality —*, collaudo, controllo di qualità; *— account*, mastrino; (*econ.*): *— of liquidity*, controllo della liquidità; *— stock*, partecipazione di controllo; (*mat.*) *— theory*, teoria del controllo; (*fis. nucleare*) *— rod*, barra di controllo **4** comando; manovra; controllo: *to be at the controls*, essere ai posti di comando (*anche fig.*) // (*mar.*) *— room*, camera di manovra (di un sommergibile) // (*aer.*): *— car*, navicella di pilotaggio (di un dirigibile); *— column* (o *— stick*), cloche, barra di comando // (*mecc.*): *— device*, dispositivo di comando; *remote —*, telecomando; *intermediate —*, rimando, rinvio // (*elettr.*) *— board*, quadro di controllo // (*rad.*) *selectivity —*, regolatore di tono // (*tv*): *brilliance —*, regolatore di luminosità; *contrast —*, regolatore di contrasto **5** (*inform.*) controllo; comando; direzione; svolgimento, esecuzione; trattamento: *to assume —*, intervenire; *to be in —*, essere in corso di esecuzione (di programma); *— character*, carattere di comando, di servizio, (*tel.*) carattere per il controllo di linea; *— ball*, pallina rotante; *— circuit*, circuito di comando; *— computer*, *processor*, elaboratore pilota; *— information*, istruzioni; *— record*, ordine di gestione; *— register*, contatore istruzione; *— specification*, specifica di controllo.

to **control** *pass p.p.* **controlled** [kən'trəʊld / con·trolled] *v.tr.* **1** controllare; dirigere: *to — the traffic*, dirigere il traffico; *to — an undertaking*, dirigere un'impresa; (*mil.*) *to — the fire*, dirigere il fuoco **2** controllare; dominare; frenare, trattenere; regolare: *he cannot — his pupils*, non sa tenere sotto controllo i suoi allievi; *to — one's fate*, dominare, essere padrone del proprio destino; *to — the seas*, dominare i mari; *I can't — this horse*, non riesco a controllare questo cavallo; *to — one's rage, one's tears*, dominare l'ira, trattenere le lacrime; *to — oneself*, frenarsi: *try to — yourself*, cerca di frenarti, di dominarti; *to — the rise in the cost of living*, frenare il rialzo dei prezzi; *controlled prices*, prezzi controllati; *controlled rents*, affitti bloccati // *American-controlled area*, zona sotto il controllo americano // (*fis. nucleare*) *controlled thermonuclear reaction*, reazione termonucleare controllata // *controlled economy*, economia controllata (dallo stato), dirigismo **3** (*aer.*, *mar.*) pilotare, governare.

controllability [kən,trəʊlə'bɪlətɪ / con·trol·lab·il·ity] *s.* manovrabilità; docilità (di cavallo ecc.).

controllable [kən'trəʊləbl / con·trol·lable] *agg.* controllabile; dominabile; frenabile; manovrabile.

controller [kən'trəʊlə* / con·trol·ler] *s.* **1** controllore; verificatore; sovrintendente; (*amer.*) direttore amministrativo: (*air*) *traffic —*, controllore di volo // (*inform.*) *automatic —*, regolatore, controllore automatico **2** (*elettr.*) combinatore **3** (*amm.*) controllore (della gestione), controller; revisore dei conti SIN. comptroller.

controllership [kən'trəʊləʃɪp / con·trol·ler·ship] *s.* (*amer.*) carica di direttore amministrativo.

controlling [kən'trəʊlɪŋ / con·trol·ling] *agg.* che controlla; che dirige, domina: (*mecc.*) *— gauge*, manometro di controllo // (*fin.*): *— company*, società controllante, holding; *— interest*, partecipazione di maggioranza.

controversial [,kɒntrə'vɜːʃl / con·tro·ver·sial] *agg.* controverso; polemico // **-ly** *avv.*

controversialist [,kɒntrə'vɜːʃəlɪst / con·tro·ver·sial·ist] *s.* persona abile nel discutere, che ama la discussione; persona polemica.

controversy ['kɒntrəvɜːsɪ / con·tro·versy] *s.* controversia, discussione; polemica; (*dir.*) vertenza: *the question is beyond —, has given rise to much —*, la questione è fuori discussione, ha suscitato molte controversie; *to hold* (o *to carry on*) *a — with* (o *against*) *s.o. on sthg.*, sostenere una polemica contro qlcu. su qlco.

to **controvert** ['kɒntrəvɜːt / con·tro·vert] *v.tr.* (*rar.*) disputare su, obiettare.

controvertible [,kɒntrə'vɜːtəbl / con·tro·vert·ible] *agg.* controvertibile.

contumacious [,kɒntjuː'meɪʃəs / con·tu·ma·cious] *agg.* **1** (*dir.*) contumace **2** (*non com.*) ostinatamente ribelle, indocile, insubordinato // **-ly** *avv.*

contumaciousness [,kɒntjuː'meɪʃəsnɪs / con·tu·ma·cious·ness] **contumacy** ['kɒntjʊməsɪ *amer.* kən'tuːməsɪ / con·tu·macy] *s.* **1** (*dir.*) contumacia **2** ribellione, indocilità, insubordinazione ostinata.

contumelious [,kɒntjuː'miːljəs *amer.* ,kɒntə'miːljəs / con·tu·me·li·ous] *agg.* (*rar.*) ingiurioso; insolente // **-ly** *avv.*

contumely ['kɒntjuːmlɪ *amer.* kən'tuːməlɪ / con·tumely] *s.* [U] (*non com.*) **1** contumelia, ingiuria; insolenza **2** onta: *to cast — on s.o.*, coprire qlcu. d'onta.

to **contuse** [kən'tjuːz *amer.* kən'tuːz / con·tuse] *v.tr.* ammaccare; contundere; produrre una contusione a.

contusion [kən'tjuːʒn *amer.* kən'tuːʒn / con·tu·sion] *s.* contusione.

contusive [kən'tjuːsɪv *amer.* kən'tuːsɪv / con·tus·ive] *agg.* contundente.

conundrum [kə'nʌndrəm / con·un·drum] *s.* enigma; indovinello: *to speak in conundrums*, parlare per enigmi.

conurbation [,kɒnɜː'beɪʃn / con·ur·ba·tion] *s.* conurbazione.

conusance [kɒn'juːzns / con·us·ance] *s.* (*dir.*) competenza.

to **convalesce** [,kɒnvə'les / con·valesce] *v.intr.* entrare in convalescenza; rimettersi in salute: *she is convalescing at home after the operation*, è a casa in convalescenza dopo l'operazione.

convalescence [,kɒnvə'lesns / con·val·es·cence] *s.* convalescenza.

convalescent [,kɒnvə'lesnt / con·val·es·cent] *agg.* convalescente ◆ *s.* persona convalescente // *— home*, convalescenziario // *— diet*, dieta leggera.

convection [kən'vekʃn / con·vec·tion] *s.* (*fis.*, *meteor.*) convezione: *— cell*, cella di convezione; *— current*, corrente di convezione.

convective [kən'vektɪv / con·vect·ive] *agg.* (*fis.*, *meteor.*) convettivo: *— current*, corrente convettiva, di convezione.

convector [kən'vektə* / con·vector] *s.* convettore, termoconvettore.

convenable [kən'viːnəbl / con·ven·able] *agg.* convocabile; (*dir.*) citabile.

to **convene** [kən'viːn / con·vene] *v.tr.* **1** convocare, adunare, riunire (assemblea, conferenza) **2** (*dir.*) citare, convenire: *to — s.o. before a court*, citare, convenire qlcu. in giudizio ◆ *v.intr.* **1** riunirsi; incontrarsi: *the committee convened to discuss the management's offer*, il comitato si riunì per discutere l'offerta della direzione **2** (*ant.*) accordarsi.

convener [kən'viːnə* / con·vener] → **convenor**.

convenience [kən'viːnjəns / con·veni·ence] *s.* **1** comodo; convenienza, vantaggio: *a marriage of —*, un matrimonio di convenienza; *at your —*, con vostro comodo; *does that meet your —?*, vi fa comodo?; *for the sake of —*, per comodità, per vantaggio; *it is a great — to be able to phone*, è una grande comodità poter telefonare; *it will be a great — to me*, mi farà molto comodo // *at your earliest —*, (*form.*) alla prima occasione, il più presto possibile // *to make a — of s.o.*, abusare della bontà di qlcu. // *— food*, cibi quasi pronti, facili da approntare (in scatola, surgelati ecc.) // *flag of —*, bandiera ombra // (*econ.*) *— goods*, generi di largo consumo **2** (*public*) *—*, gabinetto pubblico **3** (*spec. pl.*) comodità: *house fitted with modern conveniences*, casa fornita di comodità moderne; *the computer is a* *modern* —, il computer è una delle comodità di oggi.

convenient [kən'vi:njənt / con·veni·ent] *agg.* **1** conveniente; comodo; opportuno; adatto: *is it — for you to come today?*, ti fa comodo venire oggi?; *this is a very — tool for opening cans*, questo è un arnese molto pratico per aprire le scatole di latta; *to be — to s.o. to do sthg.*, convenire a qlcu. di fare qlco.; *to find a — opportunity to do sthg.*, trovare l'occasione giusta per fare qlco. **2** vicino, facile da raggiungere: *— for the shops*, vicino ai negozi; *— to the hand*, (*fam.*) a portata di mano // **-ly** *avv.*

convenor [kən'vi:nə* / con·venor] *s.* chi convoca, convocatore (di assemblee ecc.).

convent ['kɒnvənt *amer.* 'kɒnvent / con·vent] *s.* convento: *to enter a —*, entrare in convento.

conventicle [kən'ventɪkl / con·ven·ticle] *s.* conventicola.

convention [kən'venʃn / con·ven·tion] *s.* **1** patto, accordo, convenzione **2** assemblea; convenzione; congresso // (*st.*) *the Convention*, la Convenzione, riunione congiunta dei due rami del parlamento senza l'approvazione del re **3** consuetudine; convenzione (sociale): *Victorians were slaves to conventions*, i vittoriani erano schiavi delle convenzioni **4** *pl.* regole (di giuoco): *the conventions of bridge*, le regole del bridge.

conventional [kən'venʃənl / con·ven·tional] *agg.* **1** tradizionale; convenzionale: *— weapons*, armi convenzionali; *— art*, arte convenzionale; *'good morning' and 'good evening' are — greetings*, 'buon giorno' e 'buona sera' sono formule di saluto convenzionali **2** corrente, comune, ordinario // (*econ.*) *— unit of money*, numerario // **-ly** *avv.*

conventionalism [kən'venʃnəlɪzəm / con·ven·tion·al·ism] *s.* convenzionalismo; formalismo.

conventionalist [kən'venʃnəlɪst / con·ven·tion·(al)·ist] *s.* **1** (*non com.*) formalista **2** membro di convenzione.

conventionality [kən,venʃə'nælətɪ / con·ven·tion·al·ity] *s.* **1** convenzionalismo; conformismo **2** convenzionalità.

to **conventionalize** [kən'venʃnəlaɪz / con·ven·tion·al·ize] *v.tr.* **1** rendere convenzionale **2** (*arte*) stilizzare.

convent school ['kɒnvəntsku:l] *s.* scuola religiosa (spec. femminile).

conventual [kən'ventjʊəl / con·ven·tual] *agg.* conventuale ◆ *s.* membro di convento.

to **converge** [kən'vɜ:dʒ / con·verge] *v.intr.* convergere: *three armies were converging on Paris*, tre armate convergevano su Parigi ◆ *v.tr.* far convergere (raggi luminosi ecc.).

convergence [kən'vɜ:dʒəns / con·ver·gence] **convergency** [kən'vɜ:dʒənsɪ / con·ver·gency] *s.* convergenza // (*anat.*) *visual —*, convergenza visiva // (*mat.*) *— radius*, raggio di convergenza.

convergent [kən'vɜ:dʒənt / con·ver·gent] *agg.* convergente // (*econ.*) *— cycle*, ciclo convergente; (*mat.*) *— series, sequence*, serie, sequenza convergente.

conversable [kən'vɜ:səbl / con·vers·able] *agg.* (*ant.*) socievole; di piacevole conversazione.

conversance [kən'vɜ:səns / con·vers·ance] **conversancy** [kən'vɜ:sənsɪ / con·vers·ancy] *s.* (*form.*) familiarità; conoscenza; dimestichezza.

conversant [kən'vɜ:sənt / con·vers·ant] *agg.* (*form.*) **1** versato, pratico, che ha dimestichezza con; a conoscenza di, al corrente di: *— with sthg.*, pratico di qlco.; *are you — with the new rules?*, sei al corrente delle nuove regole? **2** familiare, intimo: *— with s.o.*, intimo di qlcu.

conversation [,kɒnvə'seɪʃn / con·ver·sa·tion] *s.* **1** conversazione, discorso: *private —*, discorso a quattr'occhi; *to carry on the —*, continuare la conversazione; *to change the —*, cambiare argomento, discorso; *to enter* (o *to fall*) *into — with s.o.*, entrare in conversazione con qlcu.; *to make —*, tenere una conversazione formale; *to hold a — with s.o.*, tenere una conversazione con qlcu.; *she has no —*, non sa sostenere un discorso **2** (*ant.*) rapporti sessuali; tresca // (*dir. antiq.*) *criminal —*, adulterio **3** (*ant.*) conoscenza, familiarità.

conversational [,kɒnvə'seɪʃənl / con·ver·sa·tional] *agg.* **1** di conversazione; amante della conversazione; abile nel conversare; loquace **2** (*inform.*) interattivo, conversazionale.

conversation(al)ist [,kɒnvə'seɪʃn(ə)lɪst / con·ver·sa·tion·(al)·ist] *s.* abile parlatore.

conversation piece [,kɒnvə'seɪʃn'pi:s] *s.* **1** oggetto di conversazione **2** passo teatrale o letterario che si regge sul dialogo **3** (*pitt.*) quadro di conversazione.

conversazione [,kɒnvəsætsɪ'əʊnɪ / con·ver·sa·zione] *pl.* **conversaziones**, **conversazioni** [,kɒnvəsæ'tsɪəʊnɪ / con·ver·sa·zioni] *s.* (*it.*) (*non com.*) riunione letteraria, artistica.

converse[1] ['kɒnvɜ:s / con·verse] *s.* (*letter.*) **1** conversazione **2** comunione intellettuale, spirituale.

to **converse**[1] [kən'vɜ:s] *v.intr.* (*letter.*) conversare: *to — with s.o. on* (o *about*) *sthg.*, parlare con qlcu. di qlco.

converse[2] ['kɒnvɜ:s] *agg.* (*form.*) inverso; contrario ◆ *s.* (*fil.*) proposizione inversa.

conversely ['kɒnvɜ:slɪ / con·verse·ly] *avv.* viceversa.

conversion [kən'vɜ:ʃn / con·ver·sion] *s.* **1** conversione; trasformazione; cambiamento: *house —*, ristrutturazione di una casa; *his — to Marxism came as a complete surprise to us*, la sua conversione al marxismo ci colse del tutto di sorpresa **2** (*fin.*) conversione; cambio: *— rate*, tasso di cambio; *debt —*, conversione del debito; *— of bonds into shares*, conversione di obbligazioni in azioni **3** (*metall.*) affinazione: *— of pig iron*, affinazione della ghisa **4** (*fis. nucleare*) conversione: *— coefficient*, coefficiente di conversione interna **5** (*dir.*) appropriazione indebita: *— of public funds*, peculato **6** (*inform.*) conversione, variazione di trattamento.

convert ['kɒnvɜ:t / con·vert] *s.* convertito; converso: *to become a — to sthg.*, convertirsi a qlco.; *to make a — of s.o.*, convertire qlcu.

to **convert** [kən'vɜ:t] *v.tr.* **1** convertire; trasformare, cambiare: *to become converted*, convertirsi; *he was converted to Christianity*, fu convertito al Cristianesimo; *to — rags into paper*, trasformare stracci in carta **2** (*metall.*) affinare **3** (*rugby*) trasformare (una meta) **4** (*dir.*) appropriarsi indebitamente (di qlco.) ◆ *v.intr.* convertirsi; trasformarsi.

converter [kən'vɜ:tə* / con·verter] *s.* **1** convertitore, chi converte **2** (*amer.*) chi lavora un prodotto per conto terzi **3** (*elettr.*) gruppo convertitore; convertitrice; commutatore, trasformatore **4** (*tecn.*) convertitore // (*chim.*) *— reactor*, reattore di conversione.

convertibility [kən,vɜ:tə'bɪlɪtɪ / con·vert·ib·il·ity] *s.* convertibilità.

convertible [kən'vɜ:təbl / con·vert·ible] *agg.* convertibile: *— divan bed*, divano letto; (*fin.*): *— bonds* (o *debentures*), obbligazioni convertibili; *— currency*, valuta convertibile; *— loan stock*, prestito obbligazionario convertibile; *— (car)*, (automobile) decappottabile; convertibile; (*agr.*) *— husbandry*, coltura a rotazione; *— terms*, termini sinonimi.

convertibly [kən'vɜ:təblɪ / con·vert·ibly] *avv.* convertibilmente.

convertor → **converter**.

convex [kɒn'veks / con·vex] *agg.* convesso.

convexity [kɒn'veksɪtɪ / con·vex·ity] *s.* convessità.

convexly [kɒn'vekslɪ / con·vex·ly] *avv.* con forma convessa.

convexo-concave ['kɒnveksəʊ'kɒnkeɪv] *agg.* convesso-concavo.

to **convey** [kən'veɪ / con·vey] *v.tr.* **1** trasportare, portare, convogliare: *a pipe-line conveys the oil to the port*, un oleodotto convoglia il petrolio al porto; *some trains — both passengers and goods*, alcuni treni trasportano sia passeggeri che merci; *they were conveyed to the station in a bus*, un autobus li portò alla stazione **2** trasmettere (suono, odore, malattia): *to — a disease to s.o.*, contagiare qlcu. **3** rendere noto, comunicare; dare l'idea di: *does this — anything to you?*, questo non ti suggerisce nulla?; *the name conveys nothing to me*, quel nome non mi dice niente; *these words — nothing to me*, queste parole non hanno alcun senso per me; *please — this information, my congratulations to him*, ti prego, comunicagli questa notizia, le mie congratulazioni **4** (*dir.*) trasferire, fare il trapasso di (proprietà).

conveyable [kən'veɪəbl / con·vey·able] *agg.* trasportabile; portabile; trasmissibile.

conveyance [kən'veɪəns / con·vey·ance] *s.* **1** (*antiq.*) trasporto, mezzo di trasporto: *public —*, mezzo di trasporto pubblico; *we have no means of —*, non disponiamo di alcun mezzo di trasporto **2** trasmissione; comunicazione; (*ind.*) convogliamento: (*fis.*) *— of heat, of sound*, trasmissione di calore, di suono **3** (*dir.*) trasferimento, cessione (di proprietà); atto di cessione.

conveyancer [kən'veɪənsə* / con·vey·an·cer] *s.* (*antiq.*) notaio.

conveyancing [kən'veɪənsɪŋ / con·vey·an·cing] *s.* (*dir.*) il complesso di procedure legali per trasferire la proprietà.

conveyer [kən'veɪə* / con·veyer] *s.* **1** portatore; latore; trasmettitore **2** (*tecn.*) trasportatore, convogliatore: *— belt*, nastro trasportatore; *— chain*, catena di convogliamento; *belt —*, trasportatore a cinghia, a nastro; *chain —*, trasportatore a catena **3** (*dir.*) cedente.

conveying [kən'veɪɪŋ / con·vey·ing] *s.* trasporto: *— plant*, impianto di trasporto.

conveyor → **conveyer**.

convict ['kɒnvɪkt / con·vict] *s.* (*dir.*) forzato; condannato; imputato riconosciuto colpevole // — *colony*, colonia penale.

to **convict** [kən'vɪkt] *v.tr.* (*dir.*) dichiarare colpevole, condannare; convincere (di delitto): *he was convicted*, fu dichiarato colpevole; fu condannato; *to stand convicted of a crime*, essere ritenuto responsabile di un reato; *you stand convicted by your own words*, le tue stesse parole ti condannano; *to — s.o. of a crime*, dichiarare qlcu. colpevole di un delitto; convincere qlcu. di un delitto.

conviction [kən'vɪkʃn / con·vic·tion] *s.* **1** (*dir.*) dichiarazione, verdetto di colpevolezza; condanna: *a previous* —, una condanna precedente; *summary* —, giudizio sommario **2** persuasione; convinzione: *it's my — that men will travel to Jupiter in this century*, sono convinto che l'uomo raggiungerà Giove in questo secolo; *to be open to* —, essere pronto a ricredersi, a lasciarsi convincere; *to carry* —, essere convincente.

convictive [kən'vɪktɪv / con·vict·ive] *agg.* (*non com.*) convincente.

to **convince** [kən'vɪns / con·vince] *v.tr.* **1** convincere, persuadere: *I am convinced that*, sono convinto che; *to allow oneself to be convinced*, lasciarsi convincere; *he is a convinced ecologist*, è un ecologista convinto **2** (*ant.*) vincere, rendere inoffensivo: *his two chamberlains / will I with wine and wassail so convince / that memory ... shall be a fume*, (SH. Macbeth) io vincerò i suoi due ciambellani con vino e altre bevande così che la memoria ... andrà in fumo.

convincement [kən'vɪnsmənt / con·vince·ment] *s.* **1** convincimento, convinzione **2** (*rar.*) conversione.

convincible [kən'vɪnsəbl / con·vin·cible] *agg.* convincibile.

convincing [kən'vɪnsɪŋ / con·vin·cing] *agg.* convincente, persuasivo // **-ly** *avv.*

convivial [kən'vɪvɪəl / con·viv·ial] *agg.* (*form.*) conviviale; gioviale, festoso, allegro: — *evening*, serata allegra con un buon pranzo; — *songs*, canti conviviali; — *verses*, versi conviviali // **-ly** *avv.*

convivialist [kən'vɪvɪəlɪst / con·viv·ial·ist] *s.* (*antiq.*) persona gioviale, allegra, socievole.

conviviality [kən,vɪvɪ'ælɪtɪ / con·vi·vi·al·ity] *s.* giovialità; socievolezza.

to **convocate** ['kɒnvəkeɪt / con·voc·ate] *v.tr.* (*ant.*) convocare.

convocation [,kɒnvəʊ'keɪʃn / con·voca·tion] *s.* **1** convocazione (di assemblea, concilio ecclesiastico ecc.) **2** (*Chiesa Anglicana*) sinodo **3** assemblea (di alcune università).

convocational [,kɒnvəʊ'keɪʃənl / con·voca·tional] *agg.* di convocazione.

convocator ['kɒnvəkeɪtə* / con·voca·tor] *s.* convocatore.

to **convoke** [kən'vəʊk / con·voke] *v.tr.* convocare.

convolute ['kɒnvəlu:t / con·volute] *agg.* (*bot.*) convoluto.

convoluted ['kɒnvəlu:tɪd / con·vo·luted] *agg.* **1** contorto, involuto: *a — argument*, un argomento contorto **2** (*anat.*) ritorto, a spirale.

convolution [,kɒnvə'lu:ʃn / con·vo·lu·tion] *s.* **1** circonvoluzione; sinuosità; spira: *the convolutions of a coiled rope*, le spire di una fune arrotolata; *it was difficult to follow his thinking in all its convolutions*, era difficile seguire le tortuosità del suo pensiero // (*anat.*) *cerebral convolutions*, circonvoluzioni cerebrali **2** (*mat.*) convoluzione: — *integral*, integrale di convoluzione.

to **convolve** [kən'vɒlv / con·volve] *v.tr.* (*non com.*) arrotolare; avvolgere; attorcigliare ♦ *v.intr.* arrotolarsi, avvolgersi, attorcigliarsi.

convolvulus [kən'vɒlvjʊləs / con·vol·vu·lus] *pl.* **convolvuluses** [kən'vɒlvjʊləsɪz] **convolvuli** [kən'vɒlvjʊlaɪ / con·vol·vuli] *s.* (*bot.*) convolvolo.

convoy ['kɒnvɔɪ / con·voy] *s.* (*mar., ferr.*) **1** convoglio: *in* —, in convoglio **2** scorta: *under* —, sotto scorta.

to **convoy** *v.tr.* (*mar.*) scortare.

to **convulse** [kən'vʌls / con·vulse] *v.tr.* **1** sconvolgere: *convulsed by an earthquake*, scosso da un terremoto **2** dare, far venire le convulsioni a: *to be convulsed with pain, laughter, anger*, contorcersi dal dolore, dalle risa, dalla rabbia; *Chaplin convulsed audiences with his films*, Chaplin con i suoi film faceva contorcere il pubblico dalle risa.

convulsion [kən'vʌlʃn / con·vul·sion] *s.* **1** (*gener. pl.*) (*med.*) convulsione **2** *pl.* accesso di risa **3** agitazione (sociale, politica).

convulsionary [kən'vʌlʃnərɪ / con·vul·sion·ary] *agg.* (*med.*) convulsionario.

convulsive [kən'vʌlsɪv / con·vuls·ive] *agg.* convulso, convulsivo (*anche med.*).

cony ['kəʊnɪ] *pl.* **conies** ['kəʊnɪz / co·nies] *s.* → **coney**.

coo [ku:] *s.* il tubare.

to **coo** *v.intr.* tubare (*anche fig.*) // *to bill and* —, (*fam.*) tubare.

coo-coo ['ku:ku:] *agg.* (*sl. amer.*) pazzo; eccentrico.

cook [kʊk] *s.* cuoco, cuoca: *head* —, capocuoco // *too many cooks spoil the broth*, (*prov.*) troppi cuochi rovinano il brodo.

to **cook** *v.tr.* **1** cuocere; cucinare; far cuocere: *to — meat, vegetables etc.*, cucinare, far cuocere carne, verdure ecc. **2** (*fam.*) falsificare: *to — accounts* (o *the books*), falsificare i conti ♦ *v.intr.* **1** cuocere; cuocersi; cucinare: *everyone should learn to* —, ognuno dovrebbe imparare a cucinare; *this meat cooks well*, questa carne si cuoce bene // *what is cooking?*, che cosa bolle in pentola? **2** (*sl. amer.*) eccellere, essere eccezionale: *the band is really cooking tonight*, il gruppo è davvero eccezionale, va forte stanotte.

□ **cook up** *v.tr.* e *avv.* inventare (scuse, storie, frottole).

cookbook ['kʊkbʊk / cook·book] *s.* **1** (*amer.*) libro di cucina **2** (*inform.*) documento di riferimento.

cooker ['kʊkə*] *s.* **1** fornello; cucina; cucina economica: *electric* —, fornello, cucina elettrica **2** frutta da cuocere: *these apples are good cookers*, queste mele sono buone da cuocere **3** tegame, pentola.

cookery ['kʊkərɪ / cook·ery] *s.* arte culinaria; cucina // — *book*, libro di cucina.

cookhouse ['kʊkhaʊs / cook·house] *s.* cucina all'aperto; (*mil.*) cucina da campo.

cookie ['kʊkɪ] *s.* **1** (*amer.*) biscotto: *fortune* —, biscotto cinese (che contiene una massima o un proverbio) // *that's the way the — crumbles!*, (*fam.*) così va il mondo!; *tough —!*, (*fam.*) è dura la vita!, mi spiace! **2** (*amer.*) individuo, tizio, tipo: *tough* —, (*fam.*) osso duro; persona dura a morire **3** (*scoz.*) focaccina **4** (*inform.*) cookie, file di riconoscimento.

cooking ['kʊkɪŋ / cook·ing] *s.* **1** cottura **2** arte culinaria; cucina: *to do the* —, fare la cucina // *plain* —, cucina casalinga **3** falsificazione (di conti ecc.).

cooking-range ['kʊkɪŋ'reɪndʒ] *s.* cucina per cuocere tante cose contemporaneamente (di albergo, ristorante).

cookout ['kʊkaʊt / cook·out] *s.* (*amer.*) pasto cucinato all'aperto.

cookroom ['kʊkrʊm / cook·room] *s.* (*amer.*) cucina; (*mar.*) cucina di bordo.

cool [ku:l] *agg.* **1** fresco: *a — evening after a hot day*, una serata fresca dopo una giornata calda; *it is difficult to keep — on a hot summer day*, è difficile mantenersi freschi in una calda giornata d'estate; *let's sit in the shade and get* —, sediamo all'ombra per rinfrescarci **2** fresco, leggero (di vestito): *she was wearing a — dress*, indossava un abito leggero **3** calmo, imperturbabile; tranquillo: *keep* —, conserva la calma; *he has a very — head*, ha molto sangue freddo // *as — as a cucumber*, (*fam.*) imperturbabile; fresco come una rosa **4** freddo, senza entusiasmo: *his manner was very* —, il suo modo di fare era molto freddo; *they gave him a — reception*, lo accolsero molto freddamente **5** disinvolto; impudente, sfacciato // *a — hand*, una persona disinvolta // *what — cheek!*, (*fam.*) che sfacciataggine! // *my new car cost a — thousand*, la mia nuova automobile mi è costata la bellezza di mille sterline **6** (*fam.*) molto bello, fantastico: *it's really —!*, è una figata! ♦ *s.* **1** fresco, frescura; freschezza: *in the — of the evening*, nella frescura della sera; *to keep food in the* —, tenere il cibo in fresco **2** calma, sangue freddo, imperturbabilità: *to keep, to lose one's* —, (*fam.*) mantenere, perdere la calma.

to **cool** *v.tr.* **1** rinfrescare; raffreddare (*anche fig.*): *blow on it, that will soon — it*, soffiaci sopra, si raffredderà subito; *the rain cooled the air*, la pioggia rinfrescò l'aria; *what can we do to — his enthusiasm?*, cosa possiamo fare per raffreddare il suo entusiasmo? // *to — one's heels*, essere obbligato ad aspettare **2** (*fam.*) calmare // *to — it*, (*fam.*) calmarsi, rilassarsi ♦ *v.intr.* rinfrescarsi; raffreddarsi (*anche fig.*): *the weather has cooled*, il tempo si è rinfrescato.

□ **cool down** *v.intr.* e *tr.* e *avv.* **1** rinfrescare (temperatura ecc.): *after the storm it cooled down a little*, dopo il temporale ha rinfrescato un po' **2** calmarsi, sbollire: *a few hours later the atmosphere had cooled down*, poche ore dopo l'atmosfera era più calma; *this will — him down!*, questo gli farà passare i bollori!

□ **cool off** *v.intr.* e *avv.* **1** raffreddarsi (*anche fig.*) **2** (*econ.*) diminuire, ridursi.

coolant ['ku:lənt / cool·ant] *s.* (*chim.*) (liquido) refrigerante.

cooler ['ku:lə*] *s.* **1** (*anche ind. chim.*) refrigerante, refrigeratore // (*aer.*) *oil* —, radiatore dell'olio **2** bibita **3** (*sl.*) gattabuia.

cool-headed [,ku:l'hedɪd] *agg.* (*fig.*) calmo, imperturbabile.

cool-headedness [,ku:l'hedɪdnɪs] *s.* sangue freddo, imperturbabilità.

cool-house ['ku:lhaʊs] *s.* serra fredda.

coolie ['ku:lɪ] *s.* coolie, facchino, portatore, servo (in India ed Estremo Oriente).

cooling ['ku:lɪŋ / cool·ing] *agg.* rinfrescante; (*tecn.*) refrigerante, raffreddante ◆ *s.* abbassamento (di temperatura); (*fis.*) raffreddamento: — *curve*, curva di raffreddamento.

cooling-off [,ku:lɪ'ŋɒf] *agg.* che riduce, che si riduce; che attenua, che si attenua: — *period*, fase di raffreddamento (nelle controversie); — *agreement*, accordo che riduce le tensioni.

cooling tower ['ku:lɪŋ,taʊə*] *s.* (*tecn.*) torre di raffreddamento.

coolish ['ku:lɪʃ / cool·ish] *agg.* fresco.

coolly ['ku:llɪ] *avv.* **1** freddamente **2** con calma, a sangue freddo **3** con disinvoltura.

coolness ['ku:lnɪs / cool·ness] *s.* **1** fresco, frescura **2** sangue freddo, calma; freddezza **3** disinvoltura.

coolth [ku:lθ] *s.* (*non com.*) freddezza; calma.

cooly → **coolie**.

coom [ku:m] *s.* morchia; sudiciume; polvere di carbone.

coomb(e) [ku:m] *s.* (*geogr.*) circo glaciale; valletta scoscesa.

coon [ku:n] *s.* (*amer.*) **1** (*zool.*) procione → raccoon // — *'s age*, (*fam.*) un sacco di tempo **2** (*fam.*) tizio, individuo **3** (*spreg.*) negro // — *song*, canto dei negri.

coop[1] [ku:p] *s.* **1** stia per polli **2** nassa **3** (*fig.*) gattabuia: *to fly the* —, scappare (di prigione).

to **coop**[1] *v.tr.* **1** mettere nella stia (polli) **2** rinchiudere, confinare in uno spazio limitato (persone): *one feels cooped* (*up*) *in a ship's cabin*, nella cabina di una nave uno si sente imprigionato; *we are cooped* (*up* o *in*) *all day*, siamo rinchiusi tutto il giorno.

coop[2] *s.* mucchietto (di letame ecc.).

coop[3] *s.* (*cinem.*) lampada a mercurio.

co-op ['kəʊɒp] *s.* (*fam.*) **1** cooperativa **2** (*amer.*) condominio • Abbr. di *co-operative*.

cooper ['ku:pə*] *s.* **1** bottaio // *dry* —, *wet* —, fabbricante di barili, botti ecc. per solidi, per liquidi **2** assaggiatore di vini **3** mistura di birre.

to **cooper** *v.tr.* **1** riparare (botti, barili) **2** imbottare, imbarilare ◆ *v.intr.* fare il bottaio.

cooperage ['ku:pərɪdʒ / coop·er·age] *s.* **1** mestiere del bottaio **2** negozio del bottaio SIN. coopery.

cooperant [kəʊ'ɒpərənt / co·op·er·ant] *agg.* (*non com.*) cooperante.

to **cooperate** [kəʊ'ɒpəreɪt / co·op·er·ate] *v.intr.* cooperare: *to — with s.o. in sthg.*, cooperare con qlcu. in qlco.; *to — to the success of sthg.*, cooperare al successo di qlco.; *the two men cooperated in ending the strike*, i due uomini cooperarono per porre fine allo sciopero.

cooperation [kəʊ,ɒpə'reɪʃn / co·op·era·tion] *s.* cooperazione.

cooperative [kəʊ'ɒpərətɪv / co·op·er·at·ive] *agg.* cooperativo; collaborativo: — *society*, società cooperativa; *the — movement*, il movimento cooperativo ◆ *s.* cooperativa: *workers'* —, cooperativa di lavoratori.

cooperatively [kəʊ'ɒpərətɪvlɪ / co·op·er·at·ive·ly] *avv.* in cooperazione.

cooperator [kəʊ'ɒpəreɪtə* / co·op·er·ator] *s.* cooperatore; socio di una cooperativa.

coopery ['ku:pərɪ / coop·ery] → **cooperage**.

to **co-opt** [kəʊ'ɒpt] *v.tr.* scegliere, eleggere a membro di un comitato (con voti di membri già eletti).

co-optation [,kəʊɒp'teɪʃn] **co-option** [kəʊ'ɒpʃn] *s.* scelta, elezione di un membro di un comitato (da parte dei membri eletti).

coordinate [kəʊ'ɔ:dɪnət / co·ord·in·ate] *agg.* **1** uguale, dello stesso rango **2** (*gramm.*) coordinato: — *clauses*, proposizioni coordinate **3** coordinato (di abito ecc.) ◆ *s.* **1** (*st.*) uguale, pari (per rango, importanza) **2** (*scient.*, *gramm.*) coordinata: *astronomical, geographical coordinates*, coordinate astronomiche, geografiche; — *system*, sistema di coordinate; (*mat.*) *Cartesian, polar* —, coordinata cartesiana, polare // (*chim.*): — *bond*, *valence*, legame, valenza di coordinazione; — *compound*, composto di coordinazione **3** (*abbigl.*) coordinato // **-ly** *avv.*

to **coordinate** [kəʊ'ɔ:dɪneɪt] *v.tr.* coordinare.

coordination [kəʊ,ɔ:dɪ'neɪʃn / co·ord·ina·tion] *s.* coordinazione // (*chim.*) — *compound*, composto di coordinazione.

coordinative [kəʊ'ɔ:dɪnətɪv / co·ord·in·at·ive] *agg.* coordinativo: (*gramm.*) — *conjunction*, congiunzione coordinativa.

coordinator [kəʊ'ɔ:dɪneɪtə* / co·ord·ina·tor] *s.* coordinatore.

coot [ku:t] *s.* **1** (*zool.*) (*Fulica atra*) folaga // *to be as bald as a* —, essere stempiato **2** (*fam. antiq.*) persona sciocca.

cootie, **cooty** ['ku:tɪ] *s.* **1** (*zool. pop.*) pidocchio SIN. louse, pediculus **2** (*estens. fam.*) pidocchio, avaro.

coowner [,kəʊ'əʊnə* / co·own·er] *s.* comproprietario.

coownership [,kəʊ'əʊnəʃɪp / co·own·er·ship] *s.* comproprietà.

cop[1] [kɒp] *s.* **1** cima (di collina ecc.) **2** cresta (di uccello) **3** (*tess.*) bobina, spola.

to **cop**[1] *pass.p.p.* **copped** [kɒpt] *v.tr.* (*tess.*) incannare, bobinare.

cop[2] *s.* (*sl.*) poliziotto // *good — bad* —, (*fam. amer.*) ci sono gli onesti e i disonesti, i buoni e i cattivi.

to **cop**[2] *pass.p.p.* **copped** *v.tr.* (*sl.*) acchiappare // *to — it*, (*sl.*) prenderle; essere punito; morire.

copaiba [kɒ'paɪbə / co·paiba] **copaiva** [kɒ'paɪvə / co·paiva] *s.* **1** (*bot.*) (*Copaifera officinalis*) copaive **2** — (*balsam*), balsamo di copaive.

copal ['kəʊpəl / co·pal] *s.* cop(p)ale.

coparcener [,kəʊ'pɑ:sənə* / co·par·cener] *s.* (*dir. ant.*) coerede.

copartner [,kəʊ'pɑ:tnə* / co·part·ner] *s.* (*comm.*) consocio.

copartnership [,kəʊ'pɑ:tnəʃɪp / co·part·ner·ship] *s.* associazione; società; società in nome collettivo // (*comm.*) *industrial* — (o *labour* —), compartecipazione dei dipendenti agli utili dell'azienda.

copartnery [,kəʊ'pɑ:tnərɪ / co·part·nery] *s.* (*antiq.*) → **copartnership**.

cope[1] [kəʊp] *s.* **1** (*eccl.*) cappa; piviale **2** cappa, copertura esterna **3** (*ant.*) cappa, volta (del cielo) **4** (*arch.*) cimasa.

to **cope**[1] *v.tr.* **1** imporre la cappa a (un vescovo) **2** coprire con cappa **3** (*arch.*) fornire di cimasa.

to **cope**[2] *v.intr.* **1** far fronte, tener testa; lottare con successo: *I can't — with everything*, non posso arrivare a far tutto; *I just can't — anymore*, non ce la faccio più; *she found it hard to — when her husband left her*, fece fatica a tirare avanti quando il marito la lasciò; *she is good at coping with children*, sa come trattare i bambini; *jeeps can — with the roughest terrain*, le jeep possono affrontare i terreni più impervi **2** (*ant.*) avere a che fare, imbattersi: *Horatio, thou art e'en as just a man / as e'er my conversation cop'd withal*, (SH. Hamlet) Orazio, tu sei davvero l'uomo più giusto nel quale io mi sia mai imbattuto ◆ *v.tr.* (*ant.*) **1** incontrare, venire a contatto con **2** contraccambiare: *three thousand ducats, due unto the Jew / we freely cope your courteous pains withal*, (SH. Merchant of Venice) noi spontaneamente contraccambiamo la vostra cortese opera con i tremila ducati dovuti all'ebreo.

to **cope**[3] *v.tr.* (*ant.*) barattare.

copeck ['kəʊpek / co·peck] *s.* copeco (moneta russa).

Copernican [kəʊ'pɜ:nɪkən / Co·per·nican] *agg.* copernicano: — *system*, sistema copernicano.

cope stone ['kəʊpstəʊn] *s.* **1** pietra per cimasa SIN. coping stone **2** (*fig.*) coronamento, colmo, tocco finale.

copier ['kɒpɪə*] *s.* **1** copista, trascrittore **2** imitatore **3** fotocopiatrice.

copilot [kəʊ'paɪlət / co·pilot] *s.* (*aer.*, *aut.*) copilota, secondo pilota.

coping ['kəʊpɪŋ] *s.* (*arch.*) cimasa, sporgenza protettiva di muro.

coping-saw ['kəʊpɪŋ,sɔ:] *s.* seghetto da traforo.

coping stone ['kəʊpɪŋ,stəʊn] → **cope stone** 1.

copious ['kəʊpjəs / co·pi·ous] *agg.* copioso, abbondante; prolisso: — *style*, stile prolisso // **-ly** *avv.* // **-ness** *s.*

coplanar ['kəʊ'pleɪnə* / co·pla·nar] *agg.* (*mat.*) complanare.

copolymer ['kəʊ'pɒlɪmə* / co·poly·mer] *s.* (*chim.*) copolimero.

copolymerization ['kəʊ'pɒlɪməraɪ'zeɪʃn / co·poly·mer·iza·tion] *s.* (*chim.*) copolimerizzazione.

cop-out ['kɒpaʊt] *s.* (*fam.*) scappatoia.

to **cop-out** *v.intr.* (*spec. amer.*) trovare una scappatoia; eludere una responsabilità.

copper[1] ['kɒpə* / cop·per] *agg.* di rame; di color rame ◆ *s.* **1** rame: — *sulphate*, solfato di rame; — *mine*, miniera di rame; — *smith*, ramaio // (*metall.*) *pig* —, rame in salmoni, in lingotti **2** colore rame **3** moneta di rame // *coppers*, (*fam. antiq.*) spiccioli **4** caldaia, paiolo (di rame).

to **copper**[1] *v.tr.* ricoprire, rivestire di rame.

copper[2] *s.* (*sl.*) poliziotto.

copperas ['kɒpərəs / cop·peras] *s.* (*chim.*) solfato ferroso; copparosa verde.

copper-beech [ˌkɒpəˈbi:tʃ] *s.* (*bot.*) (*Fagus sylvatica atropunicea*) faggio rosso.

copper-bottomed [ˌkɒpəˈbɒtəmd *attr.* ˈkɒpəˌbɒtəmd] *agg.* **1** che ha il fondo ricoperto di rame **2** (*fam. fig.*) sicuro, senza rischi.

copper-captain [ˈkɒpəˈkæptɪn] *s.* (*fam.*) sedicente capitano.

copper glance [ˈkɒpəˌglɑ:ns] *s.* (*min.*) calcocite.

copperhead [ˈkɒpəhed / cop·per·head] *s.* (*zool.*) (*Agkistrodon contortrix mokasen*) mocassino, testa di rame.

coppering [ˈkɒpərɪŋ / cop·per·ing] *s.* **1** (*metall.*) ramatura **2** (*tecn.*) rivestimento in rame.

copperplate [ˈkɒpəpleɪt / cop·per·plate] *s.* **1** lastra di rame (per incisione) **2** incisione in rame // — *engraving*, calcografia (incisione su rame) **3** scrittura corsiva chiara e regolare: *she wrote it out in her best — handwriting*, lo scrisse con la sua calligrafia migliore.

copper pyrites [ˌkɒpəpaɪˈraɪti:z *amer.* kɒpəpɪˈraɪti:z] *s.* (*min.*) calcopirite.

coppery [ˈkɒpərɪ / cop·pery] *agg.* color rame; contenente rame.

coppice [ˈkɒpɪs / cop·pice] *s.* boschetto, bosco ceduo // — *wood*, sottobosco.

copra [ˈkɒprə] *s.* copra (polpa di noce di cocco essiccata).

coprocessor [ˌkəʊprəˈsesə* / co·pro·cessor] *s.* (*inform.*) coprocessore.

coproduct [ˈkəʊˌprɒdʌkt / co·prod·uct] *s.* (*econ.*) prodotto congiunto.

coprolite [ˈkɒprəˌlaɪt / cop·rol·ite] *s.* (*geol.*) coprolito.

coprology [kɒˈprɒlədʒɪ / cop·ro·logy] *s.* coprologia.

coprophagy [kɒˈprɒfədʒɪ / cop·ro·phagy] *s.* (*psic.*) coprofagia.

coprophilia [ˌkɒprəˈfɪlɪə / cop·ro·philia] *s.* (*psic.*) coprofilia.

copse [ˈkɒps] *s.* **1** (bosco) ceduo **2** macchia.

to **copse** *v.tr.* piantare a bosco ceduo.

cop-shop [ˈkɒpʃɒp] *s.* (*sl.*) stazione di polizia.

Copt [ˈkɒpt] *s.* (*relig.*) copto.

Coptic [ˈkɒptɪk] *agg.* (*relig.*) copto ◆ *s.* lingua copta.

copula [ˈkɒpjʊlə / cop·ula] *pl.* **copulas**, **copulae** [ˈkɒpjʊli: / cop·ulae] *s.* (*gramm.*) copula.

to **copulate** [ˈkɒpjʊleɪt / cop·ulate] *v.intr.* accoppiarsi, copularsi.

copulation [ˌkɒpjʊˈleɪʃn / cop·ula·tion] *s.* accoppiamento, copulazione.

copulative [ˈkɒpjʊlətɪv / copu·lat·ive] *agg.* copulativo.

cop winder [ˈkɒpˌwaɪndə*] *s.* (*tess.*) incannatoio, bobinatrice.

copy [ˈkɒpɪ] *s.* **1** copia, trascrizione: *typewritten* —, copia a macchina; *carbon* —, copia carbone, (*fig.*) copia perfetta; *fair* —, bella copia; *rough* —, minuta, brutta copia; *duplicate* —, duplicato; *certified* —, copia autenticata; (*certified*) *true* —, copia conforme; (*dir.*) *to make a — of a deed*, fare copia autentica di un documento **2** copia, riproduzione: *a — from Raphael*, una copia da Raffaello **3** (*ant.*) modello; stampo: *but in them nature's copy's not eterne*, (SH. Macbeth) ma in loro lo stampo della natura non è eterno **4** copia, esemplare: *I have two copies of the same book*, ho due copie dello stesso libro; *review* —, copia per recensione (di libro ecc.); — *reader*, (*amer.*) lettore di manoscritti; redattore (di casa editrice) **5** (*tip.*, *giornalismo*) materiale: *the printers want more* —, i tipografi hanno bisogno di altro materiale; *this revolution will make good* —, questa rivoluzione sarà sfruttata dalla stampa **6** testo pubblicitario.

to **copy** *v.tr.* **1** copiare **2** imitare; seguire l'esempio di **3** (*inform.*) duplicare.

□ **copy down** *v.tr.* e *avv.* **1** mettere per iscritto, trascrivere: *to — down s.o.'s exact words*, trascrivere parola per parola quanto qlcu. ha detto **2** trascrivere, ricopiare: — *down the poem on the blackboard*, ricopiate la poesia che è sulla lavagna.

□ **copy out** *v.tr.* e *avv.* ricopiare: *I'll — out this recipe and I'll give you back the book*, ricopio questa ricetta e poi ti rendo il libro.

copybook [ˈkɒpɪbʊk / copy·book] *s.* quaderno.

copycat [ˈkɒpɪkæt / copy·cat] *s.* (*fam.*) imitatore pedissequo; copione.

copyhold [ˈkɒpɪhəʊld / copy·hold] *s.* (*dir. ant.*) **1** proprietà di terre soggette a speciali diritti **2** terre soggette a tali diritti.

copyholder [ˈkɒpɪhəʊldə* / copy·holder] *s.* (*dir. ant.*) proprietario di terre soggette a speciali diritti.

copyist [ˈkɒpɪɪst / copy·ist] *s.* copista.

copyright [ˈkɒpɪraɪt / copy·right] *agg.* protetto dai diritti d'autore ◆ *s.* copyright, diritto d'autore.

to **copyright** *v.tr.* proteggere con i diritti d'autore.

copy-typist [ˈkɒpɪˌtaɪpɪst] *s.* dattilografa che copia testi scritti (non stenografati).

copywriter [ˈkɒpɪraɪtə* / copy·writer] *s.* redattore di testi pubblicitari, copywriter.

coquetry [ˈkɒkɪtrɪ] *s.* (*letter.*) civetteria.

coquette [kɒˈket] *s.* (donna) civetta.

to **coquet(te)** *v.intr.* civettare, fare la civetta.

coquettish [kɒˈketɪʃ / coquet·tish] *agg.* civettuolo // **-ly** *avv.*

cor- → **co-** 1.

coracle [ˈkɒrəkl / cor·acle] *s.* imbarcazione di vimini coperta di materiale impermeabile.

coracoid [ˈkɒrəˌkɔɪd / cor·ac·oid] *agg.* coracoideo ◆ *s.* coracoide.

coral [ˈkɒrəl *amer.* kɔ:rəl] *s.* corallo: — *fisher*, pescatore di coralli // *the Coral sea*, il mar dei Coralli ◆ *agg.* corallino, di corallo; — *island*, isola corallina; — *reef*, barriera corallina; (*geol.*) — *limestone*, calcare corallino.

coralliferous [ˌkɒrəˈlɪfərəs / coral·li·fer·ous] *agg.* corallifero.

coralliform [kəˈrælɪfɔ:m / coral·li·form] *agg.* coralliforme.

coralline [ˈkɒrəlaɪn / cor·al·line] *agg.* corallino, simile a corallo ◆ *s.* (*bot.*) (*Corallina officinalis*) corallina.

coralloid [ˈkɒrəlɔɪd / cor·al·loid] *agg.* simile a corallo.

coral snake [ˈkɒrəlˌsneɪk] *s.* (*zool.*) serpente corallo.

cor anglais [ˌkɔ:rˈɑ̃:ŋgleɪ] *s.* corno inglese.

corbel [ˈkɔ:bəl / cor·bel] *s.* (*arch.*) mensolone, modiglione.

corbelled [ˈkɔ:bəld / cor·belled] *agg.* a mensolone, a modiglione.

corbie [ˈkɔ:bɪ / cor·bie] *s.* (*scoz.*) corvo, cornacchia // (*arch.*) — *-step*, ornamento a scalini (di frontone).

cord [kɔ:d] *s.* **1** corda, spago; piccola fune // (*anat.*): *umbilical* —, cordone ombelicale; *vocal cords*, corde vocali; *spinal* —, midollo spinale; (*zool.*) notocorda, corda spinale **2** (*elettr.*) cordone, filo elettrico **3** (*fig.*) legame **4** *pl.* pantaloni di velluto a coste **5** catasta di legna (misura di volume = 3,625 m^3).

to **cord** *v.tr.* legare con corde.

cordage [ˈkɔ:dɪdʒ / cord·age] *s.* cordame; (*mar.*) sartiame.

cordate [ˈkɔ:deɪt / cord·ate] *agg.* **1** (*bot.*) cordato, cuoriforme (di foglia) **2** (*zool.*) cordato (dotato di corda dorsale).

corded [ˈkɔ:dɪd] *agg.* **1** munito di corde **2** a coste (di tessuti).

cordelier [ˌkɔ:dɪˈlɪə* / cor·del·ier] *s.* (*non com.*) frate francescano.

cordial[1] [ˈkɔ:djəl *amer.* ˈkɔ:rdʒəl / cor·dial] *agg.* cordiale // **-ly** *avv.*

cordial[2] *s.* (bevanda) cordiale.

cordiality [ˌkɔ:dɪˈælətɪ *amer.* ˌkɔ:rdʒɪˈælətɪ / cor·di·al·ity] *s.* cordialità.

cordierite [ˈkɔ:dɪəˌraɪt / cor·dier·ite] *s.* (*min.*) cordierite.

cordillera [ˌkɔ:dɪˈljeərə / cor·dil·lera] *s.* (*geogr.*) cordigliera.

cordite [ˈkɔ:daɪt / cord·ite] *s.* cordite.

cordless (phone) [ˈkɔ:dlɪsˌfəʊn / cord·less (phone)] *s.* (telefono) cordless.

cordon [ˈkɔ:dn / cor·don] *s.* cordone.

to **cordon** *v.tr.* (*off*) isolare (un'area) mediante un cordone (di poliziotti, militari ecc.).

cordovan [ˈkɔ:dəvən / cor·do·van] *s.* cordovano, pelle di capra ◆ *agg.* di cordovano, di pelle di capra.

corduroy [ˈkɔ:dərɔɪ / cor·du·roy] *s.* **1** velluto a coste // — *road*, (*amer.*) sentiero (su terreno paludoso) costruito con tronchi **2** *pl.* calzoni di velluto a coste.

cordwain [ˈkɔ:dweɪn / cord·wain] *s.* (*ant.*) cordovano (tipo di cuoio decorato).

cordwainer [ˈkɔ:dˌweɪnə* / cord·wain·er] *s.* (*ant.*) chi lavora il cuoio; calzolaio.

core [kɔ:*] *s.* **1** torsolo (di frutto) **2** centro, anima; nucleo; cuore (*anche fig.*): *the — of the problem*, il nucleo del problema; *the — of a theory, of a party*, il nocciolo (*o* lo zoccolo) duro di una teoria, di un partito; *in my heart's* —, nel profondo del mio cuore; *he is English to the* —, è inglese fino in fondo all'anima **3** (*scient.*) nucleo; (*geol.*) nucleo terrestre: (*fis. nucleare*) — *meltdown*, fusione del nocciolo (di un reattore) **4** (*econ.*) 'core', nocciolo, insieme delle allocazioni di equilibrio in un'economia di scambio: — *inflation*, inflazione inerziale **5** (*inform.*) nucleo; (IBM) anello magnetico (toroidale solenoide); supporto del rullo del nastro perforato; (*estens.*) memoria centrale: — *storage*, *morage*, memoria a nuclei magnetici; — *map*, mappa della memoria; — *usage*, occupazione di memoria **6** (*miner.*) carota; — *barrel*, (tubo) carotiere.

to **core** *v.tr.* **1** estrarre il torsolo da (un frutto) **2** estrarre la parte centrale da **3** (*miner.*) carotare.

co-religionist [,kəʊrɪ'lɪdʒənɪst] *s.* correligionario.

corer [kɔ:rə*] *s.* **1** cavatorsoli **2** (*miner.*) carotatore.

corespondent [,kəʊrɪ'spɒndənt / co·res·pond·ent] *s.* (*dir.*) correo (in adulterio).

corf [kɔ:f] *pl.* **corves** [kɔ:vz] *s.* **1** carrello (da miniera) **2** cesto per conservare il pesce vivo nell'acqua.

coriaceous [,kɒrɪ'eɪʃəs / co·ri·aceous] *agg.* coriaceo.

coriander [,kɒrɪ'ændə* / co·ri·an·der] *s.* (*bot.*) (*Coriandrum sativum*) coriandolo.

Corinthian [kə'rɪnθɪən / Co·rin·thian] *agg.* di Corinto, corinzio: — *temple*, tempio corinzio // (*arch.*) — *order*, ordine corinzio ◆ *s.* **1** corinzio; abitante, nativo di Corinto **2** (*ant.*) uomo dissoluto, libertino: *I am no proud Jack, like Falstaff, but a Corinthian, a lad of mettle*, (SH. Henry IV) non sono un presuntuoso come Falstaff, ma un libertino, un ragazzo ardente.

corium ['kəʊrɪəm / cor·ium] *pl.* **coria** ['kəʊrɪə] *s.* (*anat.*) corion, derma.

corival [kə'raɪvəl / cor·ival] *agg.* (*ant.*) emulo ◆ *s.* rivale.

cork [kɔ:k] *s.* **1** sughero; pezzo di sughero **2** tappo, turacciolo: *we heard the popping of corks*, sentimmo lo schiocco dei tappi; *to draw — of a bottle*, levare il tappo a, stappare una bottiglia **3** (*amer.*) pessimo attore, cane.

to **cork** *v.tr.* **1** turare: *to — (up) a bottle*, turare una bottiglia **2** munire di sughero (galleggianti ecc.) **3** annerire con un turacciolo bruciato.

□ **cork up** *v.tr.* e *avv.* (*fam.*) soffocare, reprimere (sentimenti ecc.).

corkage ['kɔ:kɪdʒ / cork·age] *s.* **1** il tappare; lo stappare **2** (*brit.*) compenso dovuto a un ristorante per stappare bottiglie acquistate altrove.

corked [kɔ:kt] *agg.* **1** tappato **2** munito di sughero **3** annerito con turacciolo bruciato **4** che sa di tappo: — *wine*, vino che sa di tappo **5** (*sl.*) ubriaco, sbronzo.

corker ['kɔ:kə*] *s.* (*fam.*) **1** menzogna; vanto // *that's a —!*, è un po' troppo! **2** (*antiq.*) cosa, persona meravigliosa, strabiliante: *he's a —*, è un tipo strabiliante; *it's a —*, è una cosa meravigliosa **3** (*antiq.*) argomento conclusivo, decisivo.

corking ['kɔ:kɪŋ / cork·ing] *s.* **1** tappatura // *bottle- — machine*, macchina per tappare le bottiglie **2** sapore di turacciolo ◆ *agg.* (*fam.*) eccezionale, fantastico.

cork-leg ['kɔ:k,leg] *s.* (*fam.*) gamba di legno.

cork-oak ['kɔ:k,əʊk] *s.* (*bot.*) (*Quercus suber*) quercia da sughero SIN. cork-tree.

corkscrew ['kɔ:kskru: / cork·screw] *s.* cavaturaccioli, cavatappi ◆ *agg.* a spirale: — *staircase*, scala a chiocciola; (*aer.*) — *dive*, picchiata a spirale, caduta a vite.

to **corkscrew** *v.tr.* **1** tracciare (una linea) a spirale **2** far muovere a spirale **3** (*fam.*) estorcere, cavare di bocca (informazioni, parole ecc.): *every word had to be corkscrewed out of him*, gli si doveva cavare ogni parola di bocca ◆ *v.intr.* **1** procedere, muoversi a spirale **2** (*aer.*) avvitarsi, cadere a vite.

cork-tree ['kɔ:ktri:] → **cork-oak**.

corky ['kɔ:kɪ] *agg.* **1** sugheroso **2** frivolo; vivace **3** (*ant.*) avvizzito, aggrinzito: *bind fast his corky arms*, (SH. King Lear) legategli strette le braccia avvizzite.

corm [kɔ:m] *s.* (*bot.*) **1** cormo, fusto **2** bulbo.

cormophyte ['kɔ:mə,faɪt / cor·mo·phyte] *s.* (*bot.*) (pianta) cormofita.

cormorant ['kɔ:mərənt / cor·mor·ant] *s.* (*zool.*) (*Phalacrocorax carbo*) cormorano, marangone SIN. sea crow, scarf.

corn[1] [kɔ:n] *s.* **1** chicco (di cereali); grano, granello **2** [U] granaglie (*pl.*); cereali (*pl.*); (*brit.*) frumento, orzo, avena, granturco; (*scoz.*) avena; (*amer.*) mais, granturco: *an ear of —*, una spiga di grano; *a field of —*, un campo di grano; *a sheaf of —*, un covone; *full-eared —*, grano dalle spighe piene // *Corn Belt*, zona cerealicola al centro degli Stati Uniti // (*amer.*) — *on the cob*, pannocchia arrostita o bollita // — *exchange*, mercato, borsa dei cereali.

to **corn**[1] *v.tr.* **1** salare (carne), conservare (carne) sotto sale: *corned beef*, manzo conservato sotto sale **2** (*scoz.*) nutrire (cavalli) con avena **3** (*non com.*) coltivare (un terreno) a grano.

corn[2] *s.* callo; durone // *soft —*, occhio di pernice // — *plaster*, (cerotto) callifugo // *to tread on s.o.'s corns*, (*fam.*) pestare i calli a qlcu.

corn bread ['kɔ:nbred] *s.* (*spec. amer.*) focaccia di granturco.

corncob ['kɔ:nkɒb / corn·cob] *s.* tutolo // — *pipe*, pipa fatta con il tutolo del granoturco.

corncockle ['kɔ:nkɒkl / corn·cockle] *s.* (*bot.*) (*Agrostemma githago*) gittaione.

corncrake ['kɔ:nkreɪk / corn·crake] *s.* (*zool.*) (*Crex crex*) re di quaglie.

cornea ['kɔ:nɪə / cor·nea] *s.* (*anat.*) cornea.

corneal ['kɔ:nɪəl / cor·neal] *agg.* (*anat.*) corneale.

cornel ['kɔ:nl / cor·nel] *s.* (*bot.*) **1** (*Cornus mas*) corniolo **2** corniola **3** (*Cornus sanguinea*) sanguinello SIN. dogwood.

cornelian [kɔ:'ni:ljən / cor·ne·lian] *s.* (*min.*) corniola.

corneous ['kɔ:nɪəs / corn·eous] *agg.* (*zool.*) corneo.

corner ['kɔ:nə* / cor·ner] *s.* **1** angolo: *in every — of the earth*, in tutti gli angoli del mondo; *people came from all four corners of the world to see the Olympic Games*, venne gente da tutto il mondo per vedere le Olimpiadi; *at* (o *on*) *the — of the street*, all'angolo della strada; (*just*) *round the —*, dietro l'angolo; *odd —*, angolo fuori mano; *to cut the —*, tagliare una curva (con l'auto); prendere una scorciatoia; *to cut corners*, (*fig.*) prendere una scorciatoia, aggirare un ostacolo; *to turn the —*, voltare l'angolo; (*fig.*) superare una crisi (fisica o morale) // — *seat*, posto d'angolo // — *house*, casa d'angolo (spec. sede di ristorante) // (*mecc.*) — *radius*, raggio d'angolo (della piegatura di una lamiera) // *done in a —*, fatto di nascosto // *a tight —*, una situazione difficile, pericolosa // *to drive* (o *pull* o *force*) *s.o. into a —*, mettere qlcu. con le spalle al muro **2** (*calcio*) — (*kick*), corner, calcio d'angolo **3** (*econ.*) accaparramento (di merce); temporaneo controllo dell'offerta di un prodotto: *to make a — in wheat*, fare incetta di frumento.

to **corner** *v.tr.* **1** mettere, spingere in un angolo; (*fig.*) mettere con le spalle al muro, mettere alle strette: *that question cornered him*, quella domanda l'ha messo con le spalle al muro; *a cornered animal*, un animale intrappolato // (*Borsa*) *to — a bear*, mettere alle corde un ribassista **2** (*econ.*) accaparrare merce per controllarne il prezzo ◆ *v.intr.* **1** fare angolo **2** curvare, fare una curva, svoltare (di veicoli).

corner-boy ['kɔ:nə,bɔɪ] *s.* (*sl.*) perdigiorno.

cornerstone ['kɔ:nəstəʊn / cor·ner·stone] *s.* pietra angolare (*anche fig.*): *the reduction of inflation is the — of the government's policy*, la riduzione dell'inflazione è la pietra angolare della politica governativa.

cornet ['kɔ:nɪt / cor·net] *s.* **1** (*mus.*) cornetta **2** cartoccio a forma di cono **3** cono (di gelato) **4** cornetta (cuffia delle suore di Carità) **5** (*ant. mil.*) cornetta, alfiere.

cornfield ['kɔ:nfi:ld / corn·field] *s.* campo di granoturco.

cornflag gladiolus ['kɔ:nflæg,glædɪ'əʊləs] → **gladiolus**.

cornflakes ['kɔ:nfleɪks / corn·flakes] *s. pl.* fiocchi di granturco.

cornflour ['kɔ:nflaʊə* / corn·flour] *s.* farina finissima di granturco AMER. cornstarch.

cornflower ['kɔ:nflaʊə* / corn·flower] *s.* (*bot.*) (*Centaurea cyanus*) fiordaliso SIN. fleur-de-lis.

cornhusk ['kɔ:nhʌsk / corn·husk] *s.* (*bot. amer.*) cartoccio (della pannocchia).

cornice ['kɔ:nɪs / cor·nice] *s.* (*arch.*) cornicione; cornice.

cornification [,kɔ:nɪfɪ'keɪʃn / cor·ni·fica·tion] *s.* corneificazione; (*med.*) cheratinizzazione.

Cornish ['kɔ:nɪʃ / Corn·ish] *agg.* (lingua, abitante) della Cornovaglia.

corn-laws ['kɔ:nlɔ:z] *s. pl.* (*st.*) leggi sulla importazione del grano.

corn popper ['kɔ:npɒpə*] *s.* padella per fare i popcorn, per soffiare il granoturco.

corn poppy ['kɔ:n,pɒpɪ] *s.* (*bot.*) (*Papaver rhoeas*) papavero selvatico.

cornstarch ['kɔ:nstɑ:ʃ / corn·starch] *s.* (*amer.*) → **cornflour**.

cornu ['kɔ:nu:] *pl.* **cornua** ['kɔ:nʊə / cor·nua] *s.* (*anat.*) corno.

cornucopia [,kɔ:njʊ'kəʊpjə / cor·nu·co·pia] *s.* cornucopia; (*fig.*) abbondanza.

cornute [kɔ:'nju:t / cor·nute] *agg.* (*zool.*) fornito di corna, cornuto.

corn whisky ['kɔ:n'wɪskɪ] *s.* whisky americano di mais.

corny[1] ['kɔ:nɪ] *agg.* calloso.

corny[2] *agg.* **1** di grano; ricco di grano **2** (*fam.*) banale, trito; sdolcinato, sentimentale **3** (*sl. ant.*) brillo.

corolla [kə'rɒlə / co·rolla] *pl.* **corollas** [co·rol·las] *s.* (*bot.*) corolla.

corollaceous [,kɒrə'leɪʃəs / co·rol·la·ce·ous] *agg.* con corolla; simile a corolla.

corollary [kə'rɒlərɪ *amer.* 'kɒrəlerɪ / co·rol·lary] *s.* (*form.*) **1** corollario; conseguenza **2**

(*ant.*) abbondanza, surplus: *now come my Ariel! bring a corollary / rather than want a spirit*, (SH. The Tempest) ora vieni mio Ariel! Porta abbondanza di spiriti piuttosto che una penuria.

corollate(d) [ˌkəˈrɒleɪt(ɪd) / co·rol·late(d)] *agg.* (*bot.*) corollato.

corona [kəˈrəʊnə / co·rona] *pl.* **coronae** [kəˈrəʊniː / co·ro·nae] **coronas** *s.* **1** (*scient.*) corona: (*elettr.*) — *discharge*, effetto corona; (*astr.*) (*solar*) —, corona (solare) **2** tipo di sigaro americano.

coronach [ˈkɒrənək / co·ro·nach] *s.* (*irl.*, *scoz.*) canto funebre; nenia.

coronal[1] [kəˈrəʊnl / cor·onal] *agg.* coronale, di corona // (*anat.*) — *suture*, sutura coronale.

coronal[2] [ˈkɒrənl] *s.* (*ant.*) piccola corona; ghirlanda.

coronary [ˈkɒrənərɪ *amer.* ˈkɔːrənerɪ / cor·on·ary] *agg.* (*anat.*) coronarico; coronario: — *arteries*, (arterie) coronarie; — *failure*, crisi coronarica; — (*thrombosis* o *occlusion*), trombosi, occlusione coronarica; — *bypass*, deviazione coronarica, by-pass coronarico; — *care unit*, unità coronarica (di un ospedale) ◆ *s.* (*med.*) trombosi coronarica.

coronate [ˈkɒrənɪt / cor·on·ate] *agg.* (*bot.*, *zool.*) coronato.

coronated [ˈkɒrəneɪtɪd / cor·on·ated] *agg.* (*bot.*, *zool.*) coronato.

coronation [ˌkɒrəˈneɪʃn *amer.* ˌkɔːrəˈneɪʃn / cor·ona·tion] *s.* incoronazione.

coroner [ˈkɒrənə* *amer.* ˈkɔːrənə* / cor·oner] *s.* **1** (in Gran Bretagna) coroner (pubblico ufficiale incaricato dell'inchiesta nei casi di morte violenta sospetta) **2** (negli Stati Uniti) medico legale; perito settore.

coronet [ˈkɒrənɪt *amer.* ˈkɔːrənɪt / cor·onet] *s.* **1** corona (gentilizia) **2** diadema.

coroneted [ˈkɒrənetɪd *amer.* ˈkɔːrənetɪd / cor·oneted] *agg.* chi porta corona nobiliare.

coronograph [kəˈrəʊnəˌgrɑːf / co·rono·graph] *s.* (*astr.*) coronografo.

coronoid [ˈkɒrəˌnɔɪd / co·ron·oid] *agg.* (*anat.*) coronoideo: — *fossa*, fossetta, cavità coronoidea; — *process*, apofisi coronoide.

coroutine [ˌkəʊruːˈtiːn / co·rou·tine] *s.* (*inform.*) programma collaterale.

corozo [kəˈrəʊzəʊ / co·rozo] *pl.* **corozos** [co·ro·zos] *s.* (*bot.*) (*Phytelephas carpa*) corozo.

corporal[1] [ˈkɔːpərəl / cor·poral] *agg.* corporale, corporeo: — *punishment*, pena corporale ◆ *s.* (*eccl.*) corporale.

corporal[2] *s.* (*mil.*) caporale: — *specialist*, (USA) caporale specializzato; *lance* —, (GB, USA) appuntato di cavalleria; soldato scelto; marine scelto // *the little* —, (*fam.*) Napoleone.

corporality [ˌkɔːpəˈrælətɪ / cor·por·al·ity] *s.* **1** corporalità **2** *pl.* bisogni materiali.

corporate [ˈkɔːpərət / cor·por·ate] *agg.* **1** corporativo: — *state*, stato corporativo; — *action*, *responsibility*, azione, responsabilità di ciascun membro di un ente corporativo; — *property*, proprietà corporativa; (*dir.*) — *person*, ente fornito di personalità giuridica; — *body*, ente morale; — *town*, municipio **2** (*comm.*) aziendale, sociale, societario; relativo a corporation: — *name*, ragione sociale; — *goal*, obiettivo (o immagine) aziendale; — *image*, immagine aziendale; — *finance*, finanza aziendale; — *body*, organi sociali; — *stock*, capitale azionario; — *books*, libri sociali.

corporately [ˈkɔːpərətlɪ / cor·por·ate·ly] *avv.* corporativamente.

corporation [ˌkɔːpəˈreɪʃn / cor·pora·tion] *s.* **1** corporazione; ente morale **2** (*amer. comm.*) società a responsabilità limitata; società per azioni; (*estens.*) grande impresa, corporation: *non-stock* —, società di persone; *public* —, azienda autonoma // (*trib.*) — *tax*, imposta sul reddito delle società **3** azienda municipale **4** (*dir.*) persona giuridica **5** (*scherz.*) pancione.

corporative [ˈkɔːpərətɪv / cor·por·at·ive] *agg.* corporativo.

corporati(vi)sm [ˈkɔːpərətɪ(ˌvɪ)zm / cor·por·at·(iv)·ism] *s.* corporativismo.

corporeal [kɔːˈpɔːrɪəl / cor·por·eal] *agg.* corporeo // (*dir.*) — *hereditament*, eredità di beni materiali.

corporeality [kɔːpɔːrɪˈælətɪ / cor·por·eal·ity] *s.* (*fil.*) corporalità.

corporeity [ˌkɔːpəˈriːɪtɪ / cor·por·eity] *s.* corporeità.

corposant [ˈkɔːpəzænt / cor·po·sant] *s.* (*mar.*) fuoco di Sant'Elmo.

corps [kɔː*] *pl.* **corps** [kɔːz] *s.* **1** (*mil.*) corpo; corpo d'armata; reparto: *army medical* —, corpo sanitario dell'esercito **2** gruppo (di persone): — *de ballet*, corpo di ballo; *esprit de* —, spirito di parte, di corpo // *diplomatic* —, corpo diplomatico.

corpse [kɔːps] *s.* salma, cadavere.

corpsman [ˈkɔːmən / corps·man] *pl.* **corpsmen** *s.* (*mil. amer.*) soldato di sanità; portaferiti.

corpulence [ˈkɔːpjʊləns / cor·pu·lence] **corpulency** [ˈkɔːpjʊlənsɪ / cor·pu·lency] *s.* **1** obesità **2** corpulenza.

corpulent [ˈkɔːpjʊlənt / cor·pu·lent] *agg.* **1** obeso **2** corpulento.

corpus [ˈkɔːpəs / cor·pus] *pl.* **corpuses**, **corpora** [ˈkɔːpərə / cor·pora] *s.* **1** (*non com.*) corpo, cadavere // (*eccl.*) *Corpus Christi*, Corpus-domini // (*dir.*) — *delicti*, corpo del reato, elementi costitutivi di un reato **2** corpus, raccolta di leggi o scritti // — *juris*, corpus juris **3** (*anat.*) corpo: — *cavernosum*, corpo cavernoso; — *luteum*, corpo luteo; — *callosum*, *striatum*, corpo calloso, striato.

corpuscle [kɔːˈpʌsl / cor·puscle] *s.* corpuscolo: (*anat.*) *red, white corpuscles*, globuli rossi (eritrociti), bianchi (leucociti).

corpuscular [kɔːˈpʌskjuːlə* / cor·pus·cu·lar] *agg.* corpuscolare: (*fis.*) — *theory*, teoria corpuscolare.

corral [kɔːˈrɑːl *amer.* kəˈræl / cor·ral] *s.* **1** recinto per il bestiame **2** cerchio di carri (per proteggere un accampamento).

to **corral** *v.tr.* **1** chiudere (bestiame) in un recinto **2** (*fig.*) prendere, impadronirsi di **3** disporre (i carri) in cerchio (per difesa).

corrasion [kɒˈreɪʒn / cor·ra·sion] *s.* (*geol.*) corrasione.

correct [kəˈrekt / cor·rect] *agg.* **1** corretto; giusto; esatto, preciso: — *answer*, risposta esatta; — *calculation*, calcolo preciso; — *time*, ora esatta // *he is* —, *we must change our policy*, ha ragione, dobbiamo cambiare la nostra politica **2** corretto, adatto, opportuno: — *behaviour*, comportamento corretto; *is this the* — *dress for a dinner?*, è questo il vestito adatto per un pranzo?; *to do*, *to say the* — *thing*, fare, dire ciò che è opportuno.

to **correct** *v.tr.* **1** correggere; regolare: *you must* — *your pronunciation*, devi correggere la tua pronuncia; — *your watch by the radio*, regola l'orologio con la radio; *these glasses will* — *your eyesight*, questi occhiali ti correggeranno la vista // *I stand corrected*, (*form.*) ho torto **2** (*antiq.*) correggere; rimproverare: *to* — *a child*, rimproverare un bambino.

correctable [kəˈrektəbl / cor·rect·able] *agg.* correggibile.

correcting fluid [kəˈrektɪŋˌfluːɪd] *s.* correttore (liquido).

correction [kəˈrekʃn / cor·rec·tion] *s.* correzione; rettifica // *house of* —, casa di correzione; (*ant.*) prigione // *under* —, salvo errore.

correctional [kəˈrekʃənl / cor·rec·tional] *agg.* correzionale, correttivo // (*dir.*): — *house*, prigione, carcere; riformatorio; — *court*, tribunale dei minorenni.

correctitude [kəˈrektɪtjuːd *amer.* kəˈrektɪtuːd / cor·rec·ti·tude] *s.* (*non com.*) correttezza.

corrective [kəˈrektɪv / cor·rect·ive] *agg.* e *s.* correttivo.

correctly [kəˈrektlɪ / cor·rect·ly] *avv.* **1** correttamente, esattamente; giustamente **2** in modo adatto, opportunamente.

correctness [kəˈrektnɪs / cor·rect·ness] *s.* correttezza; giustezza; precisione.

corrector [kəˈrektə* / cor·rector] *s.* correttore: (*tip.*) — *of the press*, correttore di bozze.

correlate [ˈkɒrəleɪt *amer.* ˈkɔːrəleɪt / cor·rel·ate] *s.* termine di correlazione ◆ *agg.* (*non com.*) correlato.

to **correlate** *v.tr.* mettere in correlazione, correlare ◆ *v.intr.* essere in correlazione.

correlation [ˌkɒrəˈleɪʃn *amer.* ˌkɔːrəˈleɪʃn / cor·rela·tion] *s.* correlazione: (*stat.*) — *coefficient*, coefficiente di correlazione.

correlative [kɒˈrelətɪv / cor·rel·at·ive] *agg.* correlativo ◆ *s.* chi, cosa che è in correlazione // **-ly** *avv.*

to **correspond** [ˌkɒrɪˈspɒnd *amer.* ˌkɔːrɪˈspɒnd / cor·res·pond] *v.intr.* **1** corrispondere, essere in relazione epistolare: *I should like to* — *with an English boy*, mi piacerebbe mettermi in corrispondenza con un ragazzo inglese; *we have corresponded for many years*, siamo in corrispondenza da molti anni **2** rispondere, accordarsi, essere in accordo: *this road does not* — *to the needs of modern traffic*, questa strada non risponde all'esigenza del traffico moderno; *what he says corresponds with what I think*, ciò che egli dice corrisponde a ciò che io penso **3** corrispondere, equivalere, essere simile: *the American Congress corresponds to the British Parliament*, il Congresso americano corrisponde al Parlamento inglese.

correspondence [ˌkɒrɪˈspɒndəns *amer.* ˌkɔːrɪˈspɒndəns / cor·res·pond·ence] *s.* **1** corrispondenza, carteggio; epistolario: *business* —, corrispondenza d'affari; *foreign* —, corrispondenza con, per, dall'estero; *all* — *to be addressed to the manager*, tutta la corrispondenza deve essere indirizzata al direttore; *have you looked through all your* —?, avete esaminato tutta la vostra corrispondenza?; *to clear*

—, sbrigare la corrispondenza **2** accordo, armonia; correlazione, corrispondenza, rispondenza: *there's a close — between the two methods*, c'è una stretta correlazione tra i due metodi.

correspondent [,kɒrɪ'spɒndənt *amer.* ,kɔːrɪ'spɒndənt / cor·res·pond·ent] *agg.* corrispondente ◆ *s.* **1** corrispondente, inviato (di giornale, tv ecc.): *our — in New York*, il nostro corrispondente a New York; *special —*, inviato speciale; *political —*, redattore politico **2** corrispondente, chi sbriga la corrispondenza: *foreign —*, corrispondente estero // *she is a bad —*, non scrive mai **3** (*comm.*) corrispondente: *Barclays Bank is our — in London*, la Barclays è la nostra banca corrispondente a Londra.

correspondently [,kɒrɪ'spɒndəntlɪ *amer.* ,kɔːrɪ'spɒndəntlɪ / cor·res·pond·ent·ly] *avv.* corrispondentemente.

corresponding [,kɒrɪ'spɒndɪŋ *amer.* ,kɔːrɪ'spɒndɪŋ / cor·res·pond·ing] *agg.* **1** corrispondente; simile; in relazione: (*mat.*) *— angles*, angoli corrispondenti **2** che è in relazione epistolare con qlcu.; che sbriga la corrispondenza per qlcu.: *— clerk*, corrispondente; *— member*, socio corrispondente.

correspondingly [,kɒrɪ'spɒndɪŋlɪ *amer.* ,kɔːrɪ'spɒndɪŋlɪ / cor·res·pond·ing·ly] *avv.* **1** corrispondentemente **2** in proporzione, proporzionalmente.

corridor ['kɒrɪdɔː* *amer.* 'kɔːrɪdɔː* / cor·ridor] *s.* corridoio (*anche geogr.*): *the Polish —*, il corridoio di Danzica.

corridor-train ['kɒrɪdɔːtreɪn] *s.* treno con vetture intercomunicanti.

corrie ['kɒrɪ *amer.* 'kɔːrɪ / cor·rie] *s.* (*scoz.*) circo glaciale.

corrigendum [,kɒrɪ'dʒendəm *amer.* ,kɔːrɪ'dʒendəm / cor·ri·gendum] *pl.* **corrigenda** [,kɒrɪ'dʒendə *amer.* ,kɔːrɪ'dʒendə / cor·ri·genda] *s.* errata corrige.

corrigible ['kɒrɪdʒəbl *amer.* 'kɔːrɪdʒəbl / cor·rigible] *agg.* correggibile.

corroborant [kə'rɒbərənt / cor·rob·or·ant] *agg.* **1** avvalorante **2** rinvigorente, corroborante ◆ *s.* (*med.*) ricostituente, corroborante.

to **corroborate** [kə'rɒbəreɪt / cor·rob·or·ate] *v.tr.* **1** avvalorare, corroborare: *the evidence corroborates his statement*, l'evidenza conferma la sua dichiarazione **2** (*non com.*) rinvigorire, corroborare.

corroboration [kə'rɒbəreɪʃn / cor·rob·ora·tion] *s.* **1** avvaloramento **2** (*dir.*) avvaloramento di una prova processuale.

corroborative [kə'rɒbərətɪv *amer.* kə'rɒbəreɪtɪv / cor·rob·or·at·ive] *agg.* **1** avvalorante **2** rinvigorente, corroborante.

corroborator [kə'rɒbəreɪtə* / cor·rob·or·ator] *s.* **1** chi avvalora, conferma **2** corroborante.

corroboratory [kə'rɒbərətərɪ *amer.* kə'rɒbərətɔːrɪ / cor·rob·or·at·ory] → **corroborative**.

corroboree [kə'rɒbərɪ / cor·rob·oree] *s.* corroboree (danza degli aborigeni australiani).

to **corrode** [kə'rəʊd / cor·rode] *v.tr.* corrodere; (*fig.*) rodere: *corroding hatred*, un odio che rode ◆ *v.intr.* corrodersi; (*fig.*) rodersi.

corrodible [kə'rəʊdəbl / cor·rod·ible] **corrosible** [kə'rəʊsɪbl / cor·ros·ible] *agg.* (*chim.*) corrodibile.

corrosion [kə'rəʊʒn / cor·ro·sion] *s.* corrosione // *— inhibitor*, anticorrosivo, inibitore di corrosione.

corrosive [kə'rəʊsɪv / cor·ros·ive] *agg.* e *s.* corrosivo (*anche fig.*): *care is no cure, but rather corrosive / for things that are not to be remedied*, (SH. Henry IV) la preoccupazione non è una cura, ma piuttosto un acido per le cose per le quali non c'è rimedio // (*chim.*) *— sublimate*, sublimato corrosivo // **-ly** *avv.*

corrosiveness [kə'rəʊsɪvnɪs / cor·ros·ive·ness] *s.* corrosività.

to **corrugate** ['kɒrʊgeɪt *amer.* 'kɔːrʊgeɪt / cor·rug·ate] *v.tr.* e *intr.* (*non com.*) corrugare, corrugarsi; increspare, incresparsi: *to — one's forehead*, corrugare la fronte.

corrugated [kɒrʊ'geɪtɪd / cor·rug·ated] *agg.* corrugato; increspato: *— paper, cardboard*, carta, cartone increspati // *— iron*, lamiera (di ferro) ondulata.

corrugation [,kɒrʊ'geɪʃn *amer.* ,kɔːrʊ'geɪʃn / cor·ruga·tion] *s.* corrugamento.

corrugator ['kɒrʊgeɪtə* *amer.* 'kɔːrʊgeɪtə* / cor·rug·ator] *s.* (*anat.*) muscolo corrugatore.

corrupt [kə'rʌpt / cor·rupt] *agg.* **1** alterato; non attendibile (di testo ecc.) **2** corrotto; depravato; disonesto: *— practices*, metodi disonesti (specialmente alle elezioni) **3** (*ant.*) corrotto, guasto, marcio // **-ly** *avv.* // **-ness** *s.*

to **corrupt** *v.tr.* (*fig.*) **1** corrompere; depravare; guastare: *to — oneself*, diventare corrotto **2** alterare (testi ecc.) ◆ *v.intr.* diventare corrotto.

corrupter [kə'rʌptə* / cor·rupt·er] *s.* corruttore.

corruptibility [kə,rʌptə'bɪlətɪ / cor·rupt·ib·il·ity] *s.* corruttibilità.

corruptible [kə'rʌptəbl / cor·rupt·ible] *agg.* corruttibile.

corruption [kə'rʌpʃn / cor·rup·tion] *s.* corruzione: (*dir.*) *— of a witness*, subornazione di un testimone.

corruptive [kə'rʌptɪv / cor·rupt·ive] *agg.* corruttivo.

corruptor [kə'rʌptə* / cor·ruptor] *s.* corruttore.

corsage [kɔː'sɑːʒ / cors·age] *s.* **1** corpetto (di abito da donna) **2** mazzolino di fiori da portare sul corpetto.

corsair ['kɔːseə* / cor·sair] *s.* **1** corsaro **2** nave corsara.

corse [kɔːs] *s.* (*poet.*) cadavere.

corselet ['kɔːslɪt / cor·se·let] *s.* **1** corsaletto (leggera corazza) **2** corsetto **3** busto intero (da donna) **4** (*zool.*) corsaletto.

corset ['kɔːsɪt / cor·set] *s.* **1** corsetto **2** (*med.*) busto ortopedico, corsetto **3** (*brit. banca*) obbligo di deposito suppletivo, imposto per limitare lo sviluppo dei depositi bancari.

Corsican ['kɔːsɪkən / Cor·sican] *agg.* e *s.* corso.

corslet → **corselet**.

cortege, **cortège** [kɔː'teɪʒ / cor·tège] *s.* **1** corteo, processione **2** corteggio.

cortex ['kɔːteks / cor·tex] *pl.* **cortices** ['kɔːtɪsiːz / cor·ti·ces] *s.* (*bot., anat.*) corteccia: *adrenal* (o *suprarenal*) *—*, corteccia surrenale; *cerebral —*, corteccia cerebrale.

cortical ['kɔːtɪkl / cor·tical] *agg.* (*anat., bot.*) corticale.

corticate ['kɔːtɪkɪt / cor·tic·ate] **corticated** ['kɔːtɪkeɪtɪd / cor·tic·ated] *agg.* provvisto di corteccia; simile a corteccia.

corticoid ['kɔːtɪkɔɪd / cor·tic·oid] *s.* (*biochim.*) corticoide.

corticosteroid ['kɔːtɪkəʊ'stiːrɔɪd / cor·ti·co·ster·oid] *s.* (*biochim.*) corticosteroide.

corticosterone ['kɔːtɪ'kɒstərəʊn / cor·ti·co·ster·one] *s.* (*biochim.*) corticosterone.

corticotrophin [kɔːtɪ'kɒtrəfɪn / cor·ti·co·trophin] **corticotropin** [kɔːtɪ'kɒtrəpɪn / cor·ti·co·tropin] *s.* (*biochim.*) corticotropina.

cortisol ['kɔːtɪ,sɒl / cor·ti·sol] *s.* (*biochim.*) cortisolo.

cortisone ['kɔːtɪzəʊn / cor·tis·one] *s.* (*biochim.*) cortisone.

corundum [kə'rʌndəm / co·run·dum] *s.* (*min.*) corindone.

coruscant [kə'rʌskənt / co·rus·cant] *agg.* (*non com.*) scintillante; corruscante.

to **coruscate** ['kɒrəskeɪt *amer.* 'kɔːrəskeɪt / co·rus·cate] *v.intr.* scintillare, lampeggiare, corruscare (*anche fig.*).

coruscation ['kɒrəskeɪʃn *amer.* 'kɔːrəskeɪʃn / co·rus·ca·tion] *s.* scintillio, balenio, corruscazione (*anche fig.*).

corvée ['kɔːveɪ / cor·vée] *s.* **1** (*dir. feudale*) corvée **2** (*antiq.*) corvée, sfacchinata.

corvette [kɔː'vet / cor·vette] *s.* (*mar.*) corvetta.

corvine ['kɔːvaɪn / cor·vine] *agg.* (*non com.*) corvino.

Corybant ['kɒrɪbænt / Cory·bant] *pl.* **Corybants**, **Corybantes** [,kɒrɪ'bæntiːz / Cory·ban·tes] *s.* coribante.

Corybantian [,kɒrɪ'bænʃn / Cory·bant·ian] **Corybantic** [,kɒrɪ'bæntɪk / Cory·bantic] **Corybantine** [,kɒrɪ'bæntaɪn / Cory·bant·ine] *agg.* coribantico.

corymb ['kɒrɪmb / cor·ymb] *s.* (*bot.*) corimbo.

corymbiferous [,kɒrɪm'bɪfərəs / cor·ymb·ifer·ous] *agg.* (*bot.*) che cresce in corimbi.

corymbose ['kɒrɪmbəʊs / cor·ymb·ose] *agg.* (*bot.*) **1** simile a un corimbo **2** che cresce in corimbi.

coryphaeus [,kɒrɪ'fiːəs / cory·phaeus] *pl.* **coryphaei** [,kɒrɪ'fiːaɪ / cory·phaei] *s.* **1** (*teatr. greco*) corifeo, capo del coro **2** (*fig. ant.*) corifeo, capo (di un partito, di un movimento ecc.).

coryphée ['kɒrɪfeɪ / cory·phée] *s.* (*teatr.*) prima ballerina.

coryza [kə'raɪzə / co·ryza] *s.* (*med.*) coriza, rinite acuta, raffreddore.

cos[1] [kɒs] *s.* (*bot.*) (*Lactuca sativa longifolia*) lattuga romana.

cos[2] abbr. di → **cosine**.

to **cose** [kəʊz] *v.intr.* (*fam. rar.*) mettersi a proprio agio.

cosec ['kəʊsek / co·sec] *s.* (*mat.*) abbr. di → **cosecant**.

cosecant [,kəʊ'siːkənt / co·sec·ant] *s.* (*mat.*) cosecante.

coseismal [kəʊ'saɪzml / co·seis·mal] *agg.* che subisce una scossa sismica simultanea ◆ *s.* linea, curva che unisce i punti soggetti alla stessa scossa sismica.

cosh [kɒʃ] *s.* manganello, randello.

to **cosh** *v.tr.* randellare.

to **cosher**[1] ['kɒʃə*] *v.intr.* (*irl.*) **1** vivere a carico di qlcu. **2** fare una chiacchierata fra amici.

to **cosher**[2] *v.tr.* (*rar.*) coccolare, vezzeggiare.

cosily ['kəʊzɪlɪ / co·sily] *avv.* comodamente, agiatamente; in modo confortevole, intimo.

cosine ['kəʊsaɪn / co·sine] *s.* (*mat.*) coseno: *direction* —, coseno direttore.

cosiness ['kəʊzɪnɪs / co·si·ness] *s.* agio; tepore confortevole; intimità.

to **coslettize** [kɒzlɪtaɪz / cos·let·tize] *v.tr.* (*metall.*) coslettizzare.

cosmetic [kɒz'metɪk / cos·metic] *agg.* **1** cosmetico // (*med.*) — *surgery*, chirurgia estetica **2** apparente: *the changes in the electoral system were purely* —, i mutamenti all'interno del sistema elettorale furono solo superficiali ◆ *s.* cosmetico.

cosmetician [,kɒzmɪ'tɪʃn / cos·met·ician] *s.* truccatore.

cosmic ['kɒzmɪk / cos·mic] *agg.* cosmico: — *radiation*, radiazione cosmica; (*astr.*) — *dust*, polvere interstellare; — *year*, anno cosmico // **-ally** *avv.*

cosmic rays ['kɒzmɪk,reɪz] *s.pl.* (*fis.*) raggi cosmici.

cosmo ['kɒzməʊ] *s.* (*sl. amer.*) studente straniero.

cosmochemistry ['kɒsməʊ'kemɪstrɪ / cos·mo·chem·istry] *s.* cosmochimica.

cosmodrome ['kɒzmədrəʊm / cos·mo·drome] *s.* cosmodromo.

cosmogeny [kɒz'mɒdʒənɪ / cos·mo·geny] → **cosmogony**.

cosmogonic(al) [,kɒzməʊ'gɒnɪk(l) / cos·mo·gonic, cos·mo·gon·ical] *agg.* cosmogonico.

cosmogony [kɒz'mɒgənɪ / cos·mog·ony] *s.* cosmogonia SIN. cosmogeny.

cosmographer [kɒz'mɒgrəfə* / cos·mo·grapher] *s.* cosmografo.

cosmographic(al) [,kɒzməʊ'græfɪk(l) / cos·mo·graphic, cos·mo·graph·ical] *agg.* cosmografico.

cosmography [kɒz'mɒgrəfɪ / cos·mo·graphy] *s.* cosmografia.

cosmological [,kɒzməʊ'lɒdʒɪkl / cos·mo·log·ical] *agg.* cosmologico: (*astr.*) — *principle*, principio cosmologico; (*fis.*) — *constant*, costante cosmologica.

cosmologist [kɒz'mɒlədʒɪst / cos·mo·lo·gist] *s.* cosmologo.

cosmology [kɒz'mɒlədʒɪ / cos·mo·logy] *s.* cosmologia.

cosmonaut ['kɒzmənɔ:t / cos·mo·naut] *s.* cosmonauta.

cosmopolis [kɒz'mɒpəlɪs / cos·mo·polis] *s.* città cosmopolita.

cosmopolitan [,kɒzmə'pɒlɪtən / cos·mo·pol·itan] *agg.* e *s.* cosmopolita.

cosmopolitanism [,kɒzmə'pɒlɪtənɪzəm / cos·mo·pol·it·an·ism] *s.* cosmopolitismo.

cosmopolite [kɒz'məpəlaɪt *amer.* kɒz 'mɒpəlaɪt / cos·mo·pol·ite] *agg.* e *s.* (*ant.*) cosmopolita.

cosmopolitical [,kɒzməpə'lɪtɪkl / cos·mo·po·lit·ical] *agg.* cosmopolitico.

cosmopolitism [kɒzmə'pɒlaɪtɪzəm / cos·mo·pol·it·ism] *s.* cosmopolitismo.

cosmorama [,kɒzmə'rɑ:mə / cos·mo·rama] *s.* cosmorama.

cosmos ['kɒzmɒz / cos·mos] *pl.* **cosmos**, **cosmoses** ['kɒzməsɪz] *s.* **1** cosmo, universo **2** (*bot.*) cosmea.

cosmotron ['kɒzmətrɒn / cos·mo·tron] *s.* (*fis. nucleare*) cosmotrone.

Cossack ['kɒsæk / Cos·sack] *s.* cosacco.

cosset ['kɒsɪt / cos·set] *s.* agnellino allevato come un animale di casa.

to **cosset** *v.tr.* vezzeggiare, coccolare, viziare (*anche fig.*).

cost [kɒst *amer.* kɔ:st] *s.* **1** costo; spesa: — *of money*, costo del denaro; — *of production*, costo di produzione; *prime* — (o *first* —), costo di produzione, costo primo; *carrying costs*, costi di mantenimento, di trasporto; *fixed*, *variable costs*, prezzi fissi, fluttuanti; *involuntary* —, costi rigidi; *historic* —, (valutazione ai) costi storici; *opportunity* —, costo opportunità, costo alternativo; — *price*, prezzo di costo; *running* —, costi di esercizio; *sunk* —, costo non recuperabile; costo pregresso; — *and freight* (abbr. *c.a.f.*), costo e nolo; — *insurance*, *freight* (abbr. *c.i.f.*), costo assicurazione e nolo; — *insurance, freight and exchange* (abbr. *c.i.f.e.*), costo assicurazione, nolo e cambio; — *of living*, carovita, costo della vita; — *of living bonus*, indennità di carovita // *at all costs* (o *at any* —), a qualsiasi prezzo; (*fig.*) a tutti i costi; *at great* —, a caro prezzo // *to one's* —, (*fig.*) a proprie spese: *I learnt, know it to my* —, l'ho imparato, lo so a mie spese; *to count the* —, calcolare il rischio **2** *pl.* (*dir.*) spese processuali, giudiziali: *she was awarded costs*, le furono aggiudicate le spese giudiziali.

to **cost** *pass.p.p.* **cost** *v.intr.* e *tr.* **1** costare: *how much does it —?*, quanto costa?; *this costs ten pounds*, questo costa dieci sterline **2** (*sl.*) costare caro: *we can deliver to Taranto, but it will — you*, possiamo consegnarlo a Taranto, ma le costerà una fortuna; *be careful with your clothes, they — money*, (*fam.*) fa attenzione ai tuoi abiti, costano — *what it may*, costi quel che costi; *his folly — him his life*, la sua follia gli costò la vita; *it — him dearly*, gli costò caro ◆ *v.tr.*, *pass.p.p.* **costed**, valutare, stabilire i prezzi di: *the government costed the operation at half a million pounds*, il governo valutò il prezzo dell'operazione mezzo milione di sterline; *to — an article*, stabilire il prezzo di un articolo.

cost-accountant ['kɒstə'kaʊntənt *amer.* 'kɔ:stə'kaʊntənt] *s.* (*amm.*) analista dei costi.

costal ['kɒstl] *agg.* (*anat.*) costale: — *cartilage*, cartilagine costale.

costard ['kʌstəd / cost·ard] *s.* **1** grossa mela **2** (*ant. spreg.*) testa, cucuzza: *I will knock his urinals about his knave's costard*, (SH. Merry Wives) gli sbatterò gli urinali sulla sua zucca di furfante.

to **costean** [kɒs'ti:n / cos·tean] to **costeen** *v.intr.* (*tecn. miner.*) scavare pozzi alla ricerca di un filone.

cost-effective ['kɒstɪ,fektɪv] *agg.* (*econ.*) efficiente; efficace: *a — method of production*, un metodo di produzione economicamente efficiente.

cost-effectiveness ['kɒstɪ,fektɪvnɪs] *s.* efficacia, efficienza economica: — *analysis*, analisi costi-efficacia.

coster ['kɒstə*] *s.* venditore ambulante (di frutta, pesce ecc.): —*'s cart*, carretta del venditore ambulante.

costermonger ['kɒstəmʌŋgə* / cost·er·mon·ger] *s.* venditore ambulante di frutta: *he looks as like a conjurer as the Pope to a costermonger*, (MARLOWE) assomiglia a un mago come il Papa a un venditore ambulante.

costing ['kɒstɪŋ *amer.* 'kɔ:stɪŋ / cost·ing] *s.* determinazione dei costi di produzione; contabilità industriale.

costive ['kɒstɪv / cost·ive] *agg.* **1** stitico **2** (*fig.*) taccagno.

costiveness ['kɒstɪvnɪs / cost·ive·ness] *s.* **1** stitichezza **2** taccagneria.

costliness ['kɒstlɪnɪs *amer.* 'kɔ:stlɪnɪs / cost·li·ness] *s.* **1** prezzo eccessivo **2** ricchezza, sontuosità (di mobili, arredamento).

costly ['kɒstlɪ *amer.* 'kɔ:stlɪ] *agg.* **1** costoso, caro **2** ricco, sontuoso.

costmary ['kɒstmeərɪ / cost·mary] *s.* (*bot.*) **1** (*Chrysanthemum balsamita*) erba amara **2** (*Tanacetum vulgare*) tanaceto; (*pop.*) solfina.

costume ['kɒstju:m *amer.* 'kɒstu:m / cos·tume] *s.* **1** costume: — *ball*, ballo in costume // — *play* (o — *piece*), commedia (storica) in costume **2** (*swimming*) —, costume (da bagno) **3** (*antiq.*) tailleur, abito a due pezzi (per donna).

to **costume** *v.tr.* vestire in costume; fornire di costumi.

costume jewellery ['kɒstju:m'dʒu:əlrɪ] *s.* [U] bigiotteria.

costum(i)er [kɒ'stju:m(ɪ)ə* *amer.* kɒ'stu:m(ɪ)ə* / cos·tu·m(i)er] *s.* venditore, fabbricante, noleggiatore di costumi: *theatrical* —, fornitore di costumi teatrali.

cosy ['kəʊzɪ] *agg.* comodo, gradevole, intimo (di luogo, cosa): *the room with the log fire was warm and* —, la stanza col camino era calda e accogliente; *we had a — chat*, abbiamo fatto quattro chiacchiere nell'intimità.

cosy *s.* copriteiera.

cot[1] [kɒt] *s.* **1** (*antiq.*) casetta: *the sinking moon to Lucy's cot / came near and nearer still*, (WORDSWORTH) la calante luna s'avvicinava sempre di più alla casetta di Lucy **2** capanna, riparo (per pecore).

to **cot**[1] *pass.p.p.* **cotted** [kɒtɪd] *v.tr.* mettere (le pecore) in una capanna.

cot[2] *s.* **1** aggrovigliamento (di lana) **2** garbuglio.

cot[3] *s.* (*irl.*) barchetta.

cot[4] *s.* **1** lettino per bambini; culla // — *death*, morte in culla (di neonato) **2** (*mar.*) amaca, cuccetta **3** lettiga; lettino a ruote **4** (*amer.*) → camp bed.

cot[5] abbr. di → **cotangent**.

cotangent [,kəʊ'tændʒənt / co·tan·gent] *s.* (*mat.*) cotangente.

cote [kəʊt] *s.* capannuccia, riparo (spec. per animali): *from their shadowy cote the white breasts peep / of doves in a silver-feathered sleep*, (WALTER DE LA MARE) dai loro ombrosi rifugi occhieggiano i bianchi petti delle colombe nel sonno piumato d'argento.

to **cote** *v.tr.* (*ant.*) incrociare (qlcu. per la strada): *we coted them on the way*, (SH. Hamlet) li abbiamo incrociati per la strada.

cotemporary [kə'tempərərɪ *amer.* kə'tem pərerɪ / co·tem·por·ary] *agg.* e *s.* contemporaneo.

co-tenant [,kəʊ'tenənt] *s.* coaffittuario.

coterie ['kəʊtərɪ / co·terie] *s.* cricca, brigata, congrega; gruppo ristretto.

cothurnus [kəʊ'θɜ:nəs / co·thur·nus] *pl.* **cothurni** [kəʊ'θɜ:naɪ / co·thurni] *s.* **1** coturno **2** (*fig.*) tragedia; stile tragico.

cotidal [kəʊ'taɪdl / co·tidal] *agg.* (*geogr.*) cotidale: — *line*, linea cotidale.

cotill(i)on [kə'tɪljən / co·til·l(i)on] *s.* cotillon (danza).

cotta ['kɒtə] *s.* (*eccl.*) cotta.

cottage ['kɒtɪdʒ / cot·tage] *s.* cottage, villino; casetta di campagna // *Swiss* —, châlet.

cottage cheese ['kɒtɪdʒtʃi:s] *s.* formaggio molle fresco.

cottage hospital [,kɒtɪdʒ'hɒspɪtl] *s.* piccolo ospedale (gener. in aree rurali).

cottage industry [,kɒtɪdʒ'ɪndəstrɪ] *s.* (*econ.*) sistema di lavoro a domicilio.

cottage loaf [,kɒtɪdʒ'ləʊf] *s.* grossa pagnotta casalinga.

cottage piano [,kɒtɪdʒpɪ'ænəʊ] *s.* piccolo pianoforte verticale.

cottage pie [,kɒtɪdʒ'paɪ] *s.* (*cuc.*) pasticcio di carne e patate.

cottager ['kɒtɪdʒə* / cot·tager] *s.* (*rar.*) chi abita in un cottage.

cottage software [,kɒtɪdʒ'sɒftweə*] *s.* (*inform.*) software creato da un programmatore autonomo.

cottar, **cotter**[1] ['kɒtə* / cot·tar] *s.* (*scoz.*) contadino; bracciante.

cotter[2] *s.* (*mecc.*) chiavetta, bietta trasversale // (*mecc.*) — *pin*, copiglia.

cottier ['kɒtɪə* / cot·tier] → **cottager**.

cotton ['kɒtn / cot·ton] *s.* **1** cotone; (*bot.*) (*Gossypium arvense*) cotone: — *wool*, (*brit.*) cotone idrofilo, ovatta; — *cloth*, tela di cotone; *sewing* —, filo da cucire // *Cotton Belt*, zona di coltivazione del cotone nel sud degli Stati Uniti // *Cotton Club*, famoso night club di Harlem degli anni '20 **2** (*amer.*) cotone idrofilo, ovatta.

to **cotton** *v.intr.* (*non com.*) fraternizzare: *to — together*, andare d'accordo, accordarsi.

□ **cotton on (to)** *v.intr.* e *avv.* (*fam.*) iniziare a comprendere; capire: *when he saw the diagram he finally cottoned on*, quando vide il grafico finalmente capì.

□ **cotton up** *v.intr.* e *avv.* fare degli approcci, cercare di fare amicizia.

cotton-boll ['kɒtnbəʊl] *s.* baccello del cotone.

cotton candy [,kɒtn'kændɪ] *s.* (*amer.*) → **candyfloss**.

cotton gin ['kɒtndʒɪn] *s.* (*tess.*) sgranatrice (di cotone).

cottongrass ['kɒtngrɑ:s / cot·ton·grass] *s.* (*bot.*) erioforo.

cotton-mill ['kɒtnmɪl] *s.* cotonificio.

cottonmouth ['kɒtn,maʊθ / cot·ton·mouth] *s.* (*zool.*) (*Agkistrodon piscivorus*) mocassino acquatico (serpente velenoso americano).

cottonocracy [,kɒtn'ɒkrəsɪ / cot·ton·o·cracy] *s.* plutocrazia del cotone.

cotton-picker ['kɒtn,pɪkə*] *s.* **1** raccoglitore (di cotone) **2** (macchina) raccoglitrice (di cotone).

cotton-picking ['kɒtn,pɪkɪŋ] *agg.* (*fam. amer.*) maledetto, stramaledetto.

cotton-press ['kɒtnpres] *s.* (*tess.*) pressaballe (di cotone).

cotton-print ['kɒtnprɪnt] *s.* cotone stampato.

cottonseed ['kɒtnsi:d / cot·ton·seed] *s.* seme, semi di cotone // (*chim.*) — *oil*, olio di cotone.

cotton-spinner ['kɒtn,spɪnə*] *s.* padrone, operaio di filatura.

cottontail ['kɒtnteɪl / cot·ton·tail] *s.* (*zool.*) (*Sylvilagus floridanus*) silvilago, coniglio coda di cotone.

cotton-waste ['kɒtnweɪst] *s.* cascame di cotone.

cotton-wood ['kɒtnwʊd] *s.* (*bot.*) (*Populus deltoides*) pioppo nero americano.

cottony ['kɒtnɪ / cot·tony] *agg.* di cotone.

cotyledon [,kɒtɪ'li:dən / coty·le·don] *s.* (*bot.*) cotiledone.

cotyledonous [,kɒtɪ'li:dənəs / coty·le·don·ous] *agg.* (*bot.*) cotiledonare.

cotyloid ['kɒtɪlɔɪd / coty·loid] *agg.* a forma di coppa; (*anat.*) cotiloide; (*anat.*) — *cavity*, acetabolo.

couch[1] [kaʊtʃ] *s.* **1** divano, canapè // — *doctor*, (*sl. amer.*) psicanalista, strizzacervelli **2** (*antiq.*) letto, giaciglio **3** (*rar.*) giaciglio, tana di animali **4** (*pitt.*) fondo **5** (*ind. birra*) strato di orzo in germinazione.

to **couch**[1] *v.tr.* **1** esprimere, stendere per iscritto; esprimere velatamente (il proprio pensiero): *the announcement was couched in legal terms*, l'annuncio era espresso in termini legali **2** adagiare, essere adagiato: *to be couched on the ground*, essere steso a terra // *couched in gold*, a fondo oro (di ricamo) // *couched in slumber*, (*fig.*) immerso nel sonno **3** mettere (la lancia) in resta **4** (*med. antiq.*) abbassare il cristallino per curare una cataratta **5** (*ind. birra*) stendere (orzo) a germinare **6** (*ind. carta*) posare (fogli) sui feltri ◆ *v.intr.* **1** (*letter.*) appiattirsi; abbassarsi: *the jaguar couched low before leaping onto its victim*, il giaguaro si accucciò a terra prima di balzare sulla vittima **2** nascondersi, imboscarsi; rintanarsi.

couch[2] [ku:tʃ] *s.* — (*grass*), (*bot.*) (*Agropyron repens*) gramigna officinale; (*pop.*) gramigna dei medici SIN. dog's-grass, quitch (grass), shear-grass, twitch.

couchant ['kaʊtʃənt / couch·ant] *agg.* **1** (*arald.*) coricato **2** giacente (di animale).

couchette [ku:'ʃet / couch·ette] *s.* (*ferr.*) cuccetta.

cougar ['ku:gə* / cou·gar] *pl.* **cougar(s)** *s.* (*zool.*) (*Felis concolor*) puma, coguaro SIN. catamount, mountain lion, puma AMER. panther.

cough [kɒf *amer.* kɔ:f] *s.* tosse: *hacking* (o *dry*) —, tosse secca; *loose* —, tosse catarrosa; *to give a* (*slight*) —, dare un leggero colpo di tosse (come avvertimento); *to have a bad* —, avere una forte tosse.

to **cough** *v.intr.* **1** tossire **2** perdere colpi (di motore).

□ **cough down** *v.tr.* e *avv.* far tacere (qlcu.) con un colpetto di tosse.

□ **cough out** *v.tr.* e *avv.* → to cough up 1.

□ **cough up** *v.tr.* e *avv.* **1** espettorare tossendo: *to — up blood*, sputare sangue **2** (*fam.*) sputare, tirar fuori; sganciare (spec. soldi).

cough-drop ['kɒfdrɒp *amer.* 'kɔ:fdrɒp] *s.* pasticca per la tosse SIN. cough-lozenge.

could [kʊd *forma forte* kəd *forma debole*] *modal verb* → **can**.

couldn't ['kʊdnt] contr. di *could not*.

couldst [kʊdst *forma forte* kədst *forma debole*] (*ant. poet.*) *seconda pers.sing.indic. cong.pass.* e *condiz.* di *can*: nell'inglese moderno, *could*.

coulisse [ku:'li:s / cou·lisse] *s.* **1** (*teatr.*) quinta **2** coulisse **3** (*Borsa*) coulisse, mercato non ufficiale.

couloir ['ku:lwɑ:* / coul·oir] *s.* (*geogr.*) canalone (di montagna).

coulomb ['ku:lɒm / cou·lomb] *s.* (*elettr.*) coulomb.

coulombmeter [ku:'lɒm,mi:tə* / cou·lomb·meter] *s.* (*elettr.*) coulombometro.

coulter ['kəʊltə* / coul·ter] *s.* coltro.

coumarin ['ku:mərɪn / cou·ma·rin] *s.* (*chim.*) cumarina.

council ['kaʊnsl / coun·cil] *s.* **1** consiglio (adunanza di persone): *Council of State*, Consiglio di Stato; *Council of War*, Consiglio di Guerra; — *board* (o — *table*), tavolo del consiglio, il consiglio stesso radunato per deliberare; — *chamber* (o *house*), camera, sala di consiglio // *Privy Council*, Consiglio privato della Corona (inglese) // *Cabinet* —, consiglio dei ministri, consiglio di gabinetto **2** Comune; amministrazione comunale; consiglio comunale; *city* (o *town* o *municipal* o *borough*) —, consiglio comunale; *district* —, consiglio di zona, di quartiere (nelle città); *county* —, consiglio di contea // — *house*, casa del comune, casa popolare // — *estate*, quartiere popolare // — *worker*, dipendente comunale **3** (*eccl.*) concilio: (*st.*) *the Council of Trent*, il concilio di Trento.

councillor ['kaʊnsələ* / coun·cil·lor] *s.* consigliere // *city* (o *town*) —, consigliere comunale.

councilman ['kaʊnsɪlmən / coun·cil·man] *pl.* **councilmen** *s.* (*amer.*) consigliere comunale.

counsel ['kaʊnsl / coun·sel] *s.* (*form.*) **1** deliberazione; consultazione: *to take* — (*together*), consigliarsi, deliberare (insieme); *to take — with s.o.*, consultarsi con qlcu. **2** consiglio, avvertimento: *to give good* —, consigliare bene // (*teol.*) — *of perfection*, consigli evangelici; (*fam.*) consiglio difficile da seguire **3** intenzione, opinione segreta; segreto, confidenza: *to keep one's own* —, tenere per sé la propria opinione **4** (*dir.*) avvocato; consulente legale: *to hear — on both sides*, sentire gli avvocati delle due parti; — *for the defence, the prosecution*, avvocato della difesa, dell'accusa // *King's Counsel*, *Queen's Counsel*, 'Avvocato del re, della regina' (massima qualifica professionale degli avvocati inglesi); collegio (di avvocati):

the Kings Counsel, the Queen's Counsel, il Consiglio della Corona.

to **counsel** *pass.p.p.* **counselled** ['kaʊnsld / coun·selled] *v.tr.* (IV) raccomandare; consigliare: *to — s.o. to do sthg.*, consigliare a qlcu. di fare qlco. ◆ *v.intr.* **1** dare consigli **2** (*ant.*) consultarsi; deliberare.

counselling ['kaʊnslɪŋ / coun·sel·ling] *s.* [U] terapia: *psychiatric —*, terapia psichiatrica; *marriage —*, terapia di coppia.

counsellor ['kaʊnslə* / coun·sel·lor] amer. **counselor** [coun·selor] *s.* **1** consigliere // *marriage —*, consulente matrimoniale **2** (*amer.*) avvocato **3** (*amer.*) capogruppo (in un campeggio per ragazzi).

count[1] [kaʊnt] *s.* **1** conto, calcolo, conteggio: *to keep, to lose —*, tenere, perdere il conto; *to be down for a — of seven seconds*, (*boxe*) andare al tappeto per sette secondi; *to be out for the —*, (*boxe*) essere sconfitto per k.o. **2** (*pol.*) scrutinio: *to ask for a —*, chiedere lo scrutinio **3** (*antiq.*) considerazione: *I take no — of what he says*, non tengo in nessuna considerazione quanto egli dice **4** (*dir.*) capo d'accusa **5** (*tess.*) titolo **6** (*fis. nucleare*) impulso, segnale.

to **count**[1] *v.tr.* **1** contare; calcolare; numerare: *to — the cost*, calcolare il costo; (*fig.*) calcolare le perdite; *to — heads*, contare un gruppo di persone; *counting from tomorrow*, a cominciare da domani; *without counting*, senza contare // *don't — your chickens before they are hatched*, (*prov.*) non dir quattro se non è nel sacco **2** contare; considerare; annoverare: *I — him among my friends*, lo annovero fra i miei amici; *I — it folly to accept*, (*form.*) considero una follia accettare; *after their first album they were already counted an enormous success*, dopo il loro primo album erano già considerati un grande successo ◆ *v.intr.* **1** contare: *to — up to ten*, contare fino a dieci **2** contare; aver importanza: *that doesn't —*, questo non conta; *Goldsmith is a man who counts in the world of high finance*, Goldsmith è un uomo che conta nel mondo dell'alta finanza // *to — for much, for little*, valere molto, valere poco.

□ **count down** *v.intr.* e *avv.* fare un conto alla rovescia, contare alla rovescia.

□ **count in** *v.tr.* e *avv.* (*fam.*) includere, mettere dentro: *if we — the teachers in there'll be more than fifty of us*, se includiamo gli insegnanti saremo più di cinquanta.

□ **count on**, **upon** *v.tr.* e *prep.* **1** contare su; fare assegnamento su: *you can — on her for help*, puoi contare sul suo aiuto; *they counted on arriving in time*, contavano di arrivare in tempo; *they counted on him* (o *his*) *arriving in time*, contavano che arrivasse in tempo; *they counted on him to arrive in time*, contavano su di lui per arrivare in tempo; contavano che sarebbe arrivato in tempo **2** aspettarsi: *I didn't — on seeing you so soon*, non mi aspettavo di vederti così presto.

□ **count out** *v.tr.* e *avv.* **1** contare uno per uno: *he counted out five pounds and handed them over to me*, contò cinque banconote da una sterlina e me le diede **2** (*boxe*) dichiarare sconfitto (un pugile) dopo averlo contato **3** (*fam.*) lasciar fuori, escludere: *I don't want to play next week, please — me out*, non voglio giocare la prossima settimana, per piacere lasciami fuori.

count[2] *s.* (*arald.*) conte // (*st.*) *the Counts Palatine*, i Conti palatini // (*st.*) *— bishop*, vescovo conte.

countability [,kaʊntə'bɪlətɪ / count·ab·il·ity] *s.* (*mat.*) l'essere numerabile.

countable ['kaʊntəbl / count·able] *agg.* numerabile: (*mat.*) *— set*, insieme numerabile.

countdown ['kaʊntdaʊn / count·down] *s.* conteggio alla rovescia.

countenance ['kaʊntənəns / coun·ten·ance] *s.* **1** (*letter.*) volto, espressione del volto; aria: *to change —*, cambiare volto, espressione; *to keep* (*one's*) *—*, mantenersi calmo, non mutare espressione; *to lose —*, perdere il controllo, mostrare i propri sentimenti; *to put out of —*, sconcertare; *to stare s.o. out of —*, fissare qlcu. fino a confonderlo **2** (*non com.*) appoggio, incoraggiamento, favore: *to find — in s.o.*, essere incoraggiato da qlcu.; *to give* (o *to lend*) *— to s.o., to sthg.*, dare il proprio appoggio a qlcu., a qlco.

to **countenance** *v.tr.* (*form.*) **1** autorizzare, approvare, sanzionare **2** incoraggiare, favorire.

counter[1] ['kaʊntə* / coun·ter] *s.* chi conta, contatore; calcolatore; misuratore; numeratore: (*inform.*) *control —*, contatore di istruzione; *revolution* (o *rev*) *—*, contagiri.

counter[2] *s.* **1** (*giochi*) gettone, fiche **2** sportello; cassa (di banca ecc.); banco, cassa (di negozio): *payable at the —*, pagabile alla cassa; *— check*, (*amer.*) assegno di sportello; *— clerk*, impiegato addetto allo sportello, sportellista; *— terminal*, terminale di sportello // *I bought it under the —*, lo comprai sottobanco // *over the —*, senza prescrizione del medico; (*Borsa*) sul mercato ristretto.

counter[3] *agg.* contrario; opposto; avverso // (*log. mat.*) *— example*, controesempio ◆ *s.* **1** l'opposto, il contrario **2** (*mar.*) volta di poppa **3** petto di cavallo **4** (*mecc.*) abbr. di *countershaft*, contralbero **5** (*scherma*) parata di contro **6** contrafforte, sperone (di scarpa).

counter[3] *avv.* in senso inverso; contrariamente: *to act — to s.o.'s wishes*, agire contro i desideri di qlcu.; *to run — to s.o.*, opporsi a, andare contro qlcu.; *How cheerfully on the false trail they cry. / O, this is counter, you false Danish dogs!*, (SH. Hamlet) Con quale gioia abbaiano sulla pista sbagliata. Correte all'incontrario, falsi cani danesi!

to **counter**[3] *v.tr.* e *intr.* **1** agire, parlare, muoversi contro **2** opporsi a, contrastare; parare, bloccare, sventare, mandare a vuoto: *the Labour Party countered a move* (o *an attempt*) *by the police to ban their rally*, il partito laburista sventò il tentativo della polizia di proibire la loro riunione pubblica **3** controbattere, replicare: *the rebels countered a government offensive by bombarding the towns*, i ribelli replicarono all'offensiva governativa bombardando le città; *"You have no right to be here", he said. "As much right as you", she countered*, "Non hai il diritto di essere qui", le disse. "Ne ho quanto te", replicò lei **4** (*sport, bridge*) contrare **5** (*mecc.*) invertire (un moto).

counter- *pref.* di origine latina, it. contro-, contra-; può assumere varie sfumature di significato: opposizione (*counterproductive*, controproducente), contrapposizione o risposta (*counterproposal*, controproposta; *counterpart*, controparte), riscontro (*countersign*, contrassegno).

to **counteract** [,kaʊntə'rækt / coun·ter·act] *v.tr.* e *intr.* → to **counter**[3] 1 e 2.

counteraction [,kaʊntə'rækʃn / coun·ter·ac·tion] *s.* **1** azione contraria, opposizione; replica **2** neutralizzazione.

counteractive [,kaʊntə'ræktɪv / coun·ter·act·ive] *agg.* opposto; antagonistico; che agisce in opposizione; neutralizzante ◆ *s.* azione contraria.

counterattack ['kaʊntərə,tæk / coun·ter·attack] *s.* (*mil.*) contrattacco.

to **counterattack** [,kaʊntərə'tæk] *v.tr.* e *intr.* (*mil.*) contrattaccare.

counterattraction ['kaʊntərə'trækʃn / coun·ter·at·trac·tion] *s.* attrazione, offerta in concorrenza.

counterbalance ['kaʊntə,bæləns / coun·ter·bal·ance] *s.* **1** contrappeso **2** (*mecc.*) controbilanciere; contrappeso.

to **counterbalance** [,kaʊntə'bæləns] *v.tr.* **1** fare da contrappeso a **2** (*mecc.*) controbilanciare; contrappesare.

counter-bid ['kaʊntəbɪd] *s.* (*comm.*) controfferta.

counterblast ['kaʊntəblɑ:st *amer.* 'kaʊn təblæst / coun·ter·blast] *s.* risposta energica.

counterbond ['kaʊntəbɒnd / coun·ter·bond] *s.* controgaranzia.

counterbore [,kaʊntə'bɔ:* / coun·ter·bore] *s.* (*mecc.*) **1** accecatoio **2** svasatura (di un foro).

to **counterbore** *v.tr.* (*mecc.*) **1** accecare **2** allargare l'estremità di (un foro).

counterbuff ['kaʊntəbʌf / coun·ter·buff] *s.* (*fig. ant.*) colpo, botta di ritorno: *I will stand forth for another counterbuff*, (W. SCOTT) mi farò avanti per un altro colpo di rimando.

to **counterchange** [,kaʊntə'tʃeɪndʒ / coun·ter·change] *v.tr.* scambiare; scambiarsi (le parti).

countercharge ['kaʊntətʃɑ:dʒ / coun·ter·charge] *s.* (*dir.*) controaccusa; controquerela.

countercharm ['kaʊntə'tʃɑ:m / coun·ter·charm] *s.* contro-incantesimo.

to **countercharm** [,kaʊntə'tʃɑ:m] *v.tr.* disincantare, sciogliere da un incantesimo.

countercheck ['kaʊntə,tʃek / coun·ter·check] *s.* **1** contrappeso **2** verifica, riscontro **3** (*fig.*) freno, difesa: *a — to inflation*, un freno all'inflazione.

to **countercheck** [,kaʊntə'tʃek] *v.tr.* **1** contrapporsi a; frenare **2** verificare, riscontrare.

counterclaim ['kaʊntəkleɪm / coun·ter·claim] *s.* controreclamo; (*dir.*) domanda riconvenzionale; controricorso.

to **counterclaim** *v.intr.* **1** fare un controreclamo **2** (*dir.*) riconvenire ◆ *v.tr.* (*dir.*) riconvenire.

counterclockwise [,kaʊntə'klɒkwaɪz / coun·ter·clock·wise] *agg.* e *avv.* (*amer.*) in senso antiorario.

counter-current ['kaʊntə'kʌrənt] *s.* controcorrente, corrente contraria.

counter-cyclical ['kaʊntə'saɪklɪkl] *agg.* (*econ.*) anticiclico: *— action*, intervento anticiclico; *— fiscal policy*, politica fiscale anticiclica.

counterespionage [,kɒntər'espjənɑ:ʒ / coun·ter·es·pi·on·age] *s.* controspionaggio.

counter-evidence [ˈkaʊntərˈevɪdəns] *s.* controprova, controtestimonianza.

counterfeit [ˈkaʊntəfɪt / coun·ter·feit] *agg.* **1** contraffatto; falsificato: — *money*, moneta falsa **2** simulato: — *emotions*, emozioni simulate ◆ *s.* **1** contraffazione; falsificazione **2** simulazione **3** (*ant.*) ritratto: *fair Portia's counterfeit!*, (SH. Merchant of Venice) il ritratto della bella Porzia!

to **counterfeit** *v.tr.* **1** contraffare; falsificare: *to — money*, falsificare denaro **2** simulare: *to — grief*, simulare dolore.

counterfeiter [ˈkaʊntəfɪtə* / coun·ter·feiter] *s.* **1** falsario; contraffattore **2** simulatore.

counterfeiting [ˈkaʊntəfɪtɪŋ / coun·ter·feit·ing] *s.* **1** contraffazione; falsificazione **2** (*non com.*) simulazione.

counterfoil [ˈkaʊntəfɔɪl / coun·ter·foil] *s.* (*comm.*) matrice.

counterfort [ˈkaʊntəfɔːt / coun·ter·fort] *s.* (*arch.*) contrafforte.

counterguarantee [ˈkaʊntəˌgærənˈtiː / coun·ter·guar·an·tee] *s.* (*comm.*) controgaranzia, fideiussione del fideiussore.

counterinsurgency [ˌkaʊntərɪnˈsɜːdʒənsɪ / coun·ter·in·sur·gency] *s.* controinsurrezione; controrivolta.

counterintelligence [ˈkaʊntərɪnˌtelɪdʒəns / coun·ter·in·tel·li·gence] *s.* controspionaggio.

counterirritant [ˈkaʊntərˈɪrɪtənt / coun·ter·ir·rit·ant] *s.* (*med.*) revulsivo.

counter-jumper [ˈkaʊntəˈdʒʌmpə*] *s.* (*fam.*, *spreg.*) bottegaio.

counterman [ˈkaʊntəmæn / coun·ter·man] *pl.* **countermen** [ˈkaʊntəmen] *s.* (*amer.*) chi sta dietro il banco di un bar, barista.

countermand [ˌkaʊntəˈmɑːnd *amer.* ˌkaʊntəˈmænd / coun·ter·mand] *s.* revoca, contrordine.

to **countermand** *v.tr.* revocare; annullare (un ordine ecc.).

countermarch [ˌkaʊntəˈmɑːtʃ / coun·ter·march] *s.* (*mil.*) contromarcia.

to **countermarch** *v.intr.* **1** (*mil.*) fare una contromarcia **2** (*non com.*) fare marcia indietro ◆ *v.tr.* far fare marcia indietro a.

countermark [ˈkaʊntəmɑːk / coun·ter·mark] *s.* (*comm.*) contrassegno; contromarca.

to **countermark** [ˌkaʊntəˈmɑːk] *v.tr.* contrassegnare; contromarcare.

countermeasure [ˈkaʊntəmeʒə* / coun·ter·meas·ure] *s.* contromisura.

countermine [ˈkaʊntəmaɪn / coun·ter·mine] *s.* **1** (*mil.*) contromina **2** (*fig.*) stratagemma per sventarne un altro.

to **countermine** [ˌkaʊntəˈmaɪn] *v.tr.* controminare (*anche fig.*).

counter-motion [ˈkaʊntəˈməʊʃn] *s.* controproposta.

countermove [ˈkaʊntəmuːv / coun·ter·move] *s.* contromossa.

to **countermure** [ˌkaʊntəˈmjʊə* / coun·ter·mure] *v.tr.* (*mil.*) rafforzare (un muro) con un altro muro.

counteroffensive [ˌkaʊntərəˈfensɪv / coun·ter·offens·ive] *s.* (*mil.*) controffensiva.

counteroffer [ˈkaʊntərɒfə* / coun·ter·offer] *s.* (*comm.*) controfferta.

counterpane [ˈkaʊntəpeɪn / coun·ter·pane] *s.* copriletto.

counterpart [ˈkaʊntəpɑːt / coun·ter·part] *s.* **1** equivalente (nella forma, nella funzione); controparte: *the minister of defence is having talks with his Chinese —*, il ministro della Difesa sta avendo un colloquio con il collega cinese **2** complemento **3** duplicato, copia: *to be the — of*, essere la copia di **4** (*antiq.*) sostituto; (*fam.*) sosia.

counterplot [ˈkaʊntəplɒt / coun·ter·plot] *s.* complotto, stratagemma che ne neutralizza un altro.

counterpoint[1] [ˈkaʊntəpɔɪnt / coun·ter·point] *s.* (*mus.*) contrappunto.

counterpoint[2] *s.* (*ant.*) trapunta: *in ivory coffers I have stuffed my crowns; / in cypress chests my arras counterpoints*, (SH. Taming of the Shrew) in scrigni d'avorio ho stipato i miei scudi; nelle cassapanche di cipresso le trapunte d'Arras.

counterpoise [ˈkaʊntəpɔɪz / coun·ter·poise] *s.* **1** contrappeso **2** (*elettr.*) conduttore di terra.

to **counterpoise** *v.tr.* controbilanciare; bilanciare, equilibrare; contrappesare.

counter-pressure [ˈkaʊntəˈpreʃə*] *s.* contropressione.

counterproductive [ˌkaʊntəprəˈdʌktɪv / coun·ter·pro·duct·ive] *agg.* controproducente.

counter-proposal [ˈkaʊntəˌprəˈpəʊzl] *s.* controproposta.

Counter-Reformation [ˈkaʊntəˌrefəˈmeɪʃn] *s.* (*st.*) controriforma.

counter-revolution [ˈkaʊntərevəˌluːʃn] *s.* controrivoluzione.

counterscarp [ˈkaʊntəskɑːp / coun·ter·scarp] *s.* (*mil.*) controscarpa.

countershaft [ˈkaʊntəʃɑːft / coun·ter·shaft] *s.* (*mecc.*) contralbero.

countersign [ˈkaʊntəsaɪn / coun·ter·sign] *s.* **1** contrassegno; controfirma; (*dir.*) autenticazione **2** (*mil.*) parola d'ordine.

to **countersign** *v.tr.* contrassegnare; controfirmare; ratificare (un ordine); autenticare.

countersink [ˈkaʊntəsɪŋk / coun·ter·sink] *s.* (*mecc.*) **1** accecatoio **2** coltello (della trivella) **3** accecatura; svasatura.

to **countersink** *pass.* **countersank** [ˈkaʊntəsæŋk / coun·ter·sank] *p.p.* **countersunk** [ˈkaʊntəsʌŋk] *v.tr.* (*mecc.*) **1** accecare (una vite) **2** svasare (un foro).

counterstain [ˈkaʊntəˈsteɪn / coun·ter·stain] *s.* (*biochim.*) colorante di contrasto.

counterstroke [ˈkaʊntəstrəʊk / coun·ter·stroke] *s.* contraccolpo.

counter-subject [ˈkaʊntəˈsʌbdʒɪkt] *s.* (*mus.*) controsoggetto.

countertenor [ˌkaʊntəˈtenə* / coun·ter·tenor] *s.* (*mus.*) controtenore.

countertrade [ˈkaʊntəˈtreɪd / coun·ter·trade] *s.* (*econ.*) commercio in compensazione (negli scambi internazionali).

to **countervail** [ˈkaʊntəveɪl / coun·ter·vail] *v.tr.* **1** (*letter.*) controbilanciare: *...but come what sorrow can, / it cannot countervail the exchange of joy / that one short minute gives me in her sight*, (SH. Romeo and Juliet) ...ma venga qualunque dolore, esso non potrà controbilanciare la gioia che mi dà il vederla un sol breve attimo **2** (*non com.*) prevalere.

countervailing [ˌkaʊntəˈveɪlɪŋ / coun·ter·vail·ing] *agg.* compensativo: (*comm.*) — *duty*, dazio compensativo (sull'importazione di beni sovvenzionati dal paese esportatore con premi all'esportazione); — *excise duty*, dazio compensativo (sui beni importati per controbilanciare un'imposta interna sui beni nazionali).

to **counterweigh** [ˌkaʊntəˈweɪ / coun·ter·weigh] *v.tr.* contrappesare; controbilanciare ◆ *v.intr.* agire da contrappeso.

counterweight [ˈkaʊntəˌweɪt / coun·ter·weight] *s.* **1** contrappeso **2** (*amer.*) (*tecn. miner.*) → balance 6.

counter-work [ˈkaʊntəwɜːk] *s.* (*mil.*) fortificazione.

countess [ˈkaʊntɪs / count·ess] *s.* contessa.

counting [ˈkaʊntɪŋ / count·ing] *s.* il contare, il calcolare.

counting house [ˈkaʊntɪŋhaʊs] amer. **counting room** [ˈkaʊntɪŋruːm] *s.* (*antiq.*) ufficio (commerciale).

countless [ˈkaʊntlɪs / count·less] *agg.* innumerevole.

count out [ˈkaʊntaʊt] *s.* aggiornamento (alla Camera dei Comuni).

countrified [ˈkʌntrɪfaɪd / coun·tri·fied] *agg.* campagnolo; rurale.

country [ˈkʌntrɪ / coun·try] *s.* **1** paese, nazione: *the European countries*, i paesi europei; *does the — want war?*, il paese vuole la guerra? // *to appeal* (o *go*) *to the —*, indire elezioni // (*econ.*): *developed*, *undeveloped countries*, paesi sviluppati, sottosviluppati; *developing countries*, paesi in via di sviluppo, paesi emergenti; *less developed countries*, paesi poveri // (*econ.*) — *risk*, rischio paese // *God's* (*own*) —, Paradiso terrestre; (*amer.*) gli Stati Uniti **2** patria: — *of origin*, paese d'origine; *Italy is my —*, l'Italia è la mia patria; *Shakespeare —*, la terra di Shakespeare **3** paese, regione: *fertile —*, un paese fertile; *the West —*, la regione occidentale; *to the north is the hill —*, verso il nord è la regione collinosa // *line of —*, (*fig.*) campo, specializzazione **4** campagna: *to go into the —*, andare in campagna; *to live in the —*, vivere in campagna // — *cousin*, persona di campagna (aliena dalla vita cittadina), parente che abita in campagna // — *house*, casa di campagna // — *folk*, gente di campagna // — *gentleman*, proprietario terriero, signorotto di campagna // — *life*, vita di provincia o di campagna // — *people*, villici, campagnoli, gente di campagna.

country-and-western [ˈkʌntrɪənˈwestən] *s.* musica country.

country club [ˈkʌntrɪklʌb] *s.* circolo d'élite (in campagna).

country dance [ˈkʌntrɪdɑːns *amer.* ˈkʌntrɪdæns] *s.* danza folcloristica, contraddanza.

countryfied → **countrified**.

countryman [ˈkʌntrɪmən / coun·try·man] *pl.* **countrymen** *s.* **1** compaesano; compatriota **2** contadino; campagnolo.

country party [ˈkʌntrɪˈpɑːtɪ] *s.* (*pol.*) partito agrario.

country-seat [ˈkʌntrɪsiːt] *s.* residenza di campagna.

countryside [ˈkʌntrɪsaɪd / coun·try·side] *s.* campagna, regione rurale.

countrywide ['kʌntrɪwaɪd / coun·try·wide] *agg.* esteso a tutto il territorio nazionale.

countrywoman ['kʌntrɪwʊmən / coun·try·wo·man] *pl.* **countrywomen** ['kʌntrɪwɪmɪn] *s.* **1** compaesana, compatriota **2** contadina, campagnola.

county ['kaʊntɪ] *s.* contea; provincia // *the Counties Palatine*, le Contee Palatine (Cheshire, Lancashire) // *Home Counties*, le contee intorno a Londra; *all the — was at the ball*, tutta la contea era al ballo // *— council*, consiglio di contea; *— court*, tribunale di contea; *— town* (amer. *— seat*), capoluogo di contea // *— family*, famiglia nobile (con antica residenza in provincia) // *— set*, alta società provinciale.

coup [ku:] *s.* colpo (audace); impressione: *to bring off* (o *to pull off*) *a —*, fare un bel colpo // *— d'état*, colpo di Stato; *— de grâce*, colpo di grazia; *— de main*, colpo di mano.

coupé ['ku:peɪ] *s.* **1** coupé, carrozza chiusa a quattro ruote **2** coupé, auto sportiva **3** (*ferr.*) mezzo scompartimento all'estremità di un vagone.

couple ['kʌpl] *s.* **1** coppia; paio: *a — of minutes*, un paio di minuti; *a — of books*, un paio di libri; *in a — of days*; tra un paio di giorni; *a married —*, una coppia di sposi; *a young —*, una giovane coppia; *they make a lovely —*, sono proprio una bella coppia; *to go, to hunt, to run in couples*, andare, cacciare, correre in coppia; *to work in couples*, lavorare a coppia **2** legame, aggancio **3** *pl.* accoppiatoio (guinzaglio per due cani da caccia) **4** (*fis.*) coppia (di forze).

to **couple** *v.tr.* **1** accoppiare; appaiare **2** unire insieme, agganciare: *to — two railway carriages*, agganciare due carrozze ferroviarie **3** (*mecc.*) calettare; accoppiare ◆ *v.intr.* accoppiarsi; appaiarsi.

coupler ['kʌplə* / coup·ler] *s.* **1** (*mus.*) tirante, pedale d'accoppiamento (dell'organo) **2** (*aut.*) gancio di traino **3** (*ferr.*) gancio di trazione **4** (*elettr.*) accoppiatore.

couplet ['kʌplɪt / coup·let] *s.* (*metrica*) distico: *we'll whisper o'er a couplet or two of most sage saws*, (SH. Twelfth Night) sussurreremo un distico o due di sagge massime.

coupling ['kʌplɪŋ / coup·ling] *s.* **1** accoppiamento **2** associazione (d'idee) **3** (*mecc.*) accoppiamento, calettamento; innesto, giunto: *— box*, manicotto d'accoppiamento; *— gear*, accoppiatore **4** (*ferr.*) agganciamento, accoppiamento; attacco: *— screw*, tenditore a vite **5** (*elettr.*) accoppiamento: *— coefficient*, coefficiente d'accoppiamento.

coupon ['ku:pɒn / cou·pon] *s.* **1** buono, tagliando, scontrino; cedola: *international reply —*, scontrino internazionale per risposta; *— system*, sistema di razionamento, tesseramento // *football —*, schedina (del totocalcio) // (*fin.*): *— rate of interest*, tasso di interesse nominale; *— (sheet) renewal*, affogliamento; *— stripping*, il negoziare separatamente la quota capitale e le cedole di un prestito in essere // (*comm.*) *free-gift —*, buono premio // *— clipper*, (*amer.*) chi toglie cedole, (*estens.*) chi vive di rendita **2** (*sl. antiq., pol.*) riconoscimento da parte del capo di un partito dei meriti di un candidato: *— candidate*, candidato raccomandato.

courage ['kʌrɪdʒ / cour·age] *s.* coraggio, ardire, audacia: *to have the — of one's convictions*, avere il coraggio delle proprie convinzioni; *to keep up one's —*, non perdersi di coraggio; *to keep up s.o.'s —*, tenere alto il morale di qlcu.; *to lose —*, perdersi di coraggio; *to pluck* (o *to screw*) *up —*, farsi coraggio; *to take —*, prendere coraggio // *Dutch —*, (*fam.*) coraggio effimero (dato dall'alcool) // *to take one's — in both hands*, prendere il coraggio a due mani.

courageous [kə'reɪdʒəs / cour·age·ous] *agg.* coraggioso, audace // **-ly** *avv.*

courageousness [kə'reɪdʒəsnɪs / cour·age·ous·ness] *s.* coraggio.

courgette [,kʊə'ʒet] *s.* (*bot.*) zucchina, zucchino AMER. zucchini, marrow squash.

courier ['kʊrɪə* / cour·ier] *s.* **1** corriere, messaggero **2** guida, accompagnatore (per turisti) **3** domestico che organizza i viaggi del padrone (specialmente all'estero) **4** (*ant.*) corriere (giornale).

course [kɔ:s] *s.* **1** corso: *the — of a river*, il corso di un fiume; *in the — of life, nature, time, a year, the discussion*, nel corso della vita, della natura, del tempo, di un anno, della discussione; *the fever ran its —*, la febbre ha fatto il suo corso; *to stay* (o *to stick*) *the —*, tirare dritto, finire ciò che si è intrapreso // *a matter of —*, una cosa naturale, scontata // (*dir.*) *by — of law*, secondo la legge // *in — of*, in via di: *the bridge is in — of construction*, il ponte è in costruzione // *in full —*, velocemente; in pieno svolgimento // *in due —*, a tempo debito // *of —*, naturalmente, già, senza dubbio, beninteso; *of — not*, per niente **2** corso (di lezioni, conferenze); serie, seguito (di cure ecc.): *a — of injections*, una cura di iniezioni; *a — of public lectures*, un corso di conferenze pubbliche **3** linea, direzione, strada, via: *our best — is to say nothing*, la migliore linea da seguire per noi è di non dire niente; *several possible courses are open to him*, gli si aprono parecchie vie; *to hold* (*on*) *one's —*, mantenere la direzione scelta; *to select a — of conduct*, scegliere una linea di condotta **4** portata (di pasti): *a three — lunch*, una colazione di tre portate **5** (*comm.*) corso: *— of exchange*, corso dei cambi **6** (*inform.*) svolgimento (di un programma) **7** (*sport*) circuito; percorso; pista; estensione di terreno: *golf —*, campo da golf **8** (*aer., mar.*) rotta: *our — was due south*, la nostra rotta puntava verso il sud // *off —*, fuori rotta (*anche fig.*) **9** (*mar. ant.*) vela: *...set her two / courses; off to sea again*, (SH. The Tempest) ...abbassate le due vele; andiamo al largo **10** (*arch.*) corso di mattoni o pietre // *damp —*, strato impermeabile all'umidità (in una costruzione) **11** (*miner.*) galleria **12** *pl.* (*med.*) mestruazioni SIN. menses **13** (*ant.*) assalto dei cani: *I am tied to the stake, and I must stand the course*, (SH. King Lear) sono legato al palo e debbo far fronte ai cani.

to **course** *v.tr.* **1** cacciare (con i cani) **2** (*non com.*) inseguire, rincorrere ◆ *v.intr.* **1** essere all'inseguimento **2** scorrere (di liquidi); colare: *the blood courses through the veins*, il sangue circola nelle vene **3** (*non com.*) correre, fare gare di corsa.

courser[1] ['kɔ:sə*] *s.* **1** (*ant.*) corridore **2** cane da corsa.

courser[2] *s.* (*poet.*) corsiero, destriero.

courseware ['kɔ:sweə* / course·ware] *s.* (*inform.*) software destinato alla didattica.

coursing ['kɔ:sɪŋ / cours·ing] *s.* **1** caccia (con levrieri) **2** (*sport*) corsa di levrieri.

coursing-joint ['kɔ:sɪŋdʒɔɪnt] *s.* strato di malta (fra due file di mattoni, di pietre).

court [kɔ:t] *s.* **1** corte, cortile **2** (gener. unito a un nome) casa d'abitazioni di lusso: *they lived in Lincoln Court*, vivevano in Lincoln Court **3** (*amer.*) quartiere; cortile interno (di motel) **4** (*dir.*) corte, tribunale: *— of law, — of justice, law —*, tribunale; *to be ruled* (o *put*) *out of —*, essere allontanato dall'aula; *to bring s.o. before the —*, portare qlcu. in tribunale; *to come before the —*, comparire innanzi alla Corte; *out of —*, extragiudiziale; *to settle a case out of —*, comporre una controversia in via amichevole; *to take a case to —*, portare una controversia in tribunale // *— of appeal*, (amer. *— of appeals*) corte d'appello; *— of first instance*, organo giudiziario di primo grado; *— sitting in panel*, organo giudiziario collegiale // *small claims —*, tribunale per cause di minimo valore, giudice conciliatore // *— district*, distretto giudiziario // *the Law Courts*, il Palazzo di Giustizia // *Court crier*, usciere (di tribunale) // *to laugh s.o. out of —*, (*fig.*) rendere ridicolo qlcu., ridicolizzare qlcu. **5** corte (palazzo, famiglia, seguito di reali): *the Court of St. James*, la corte di San Giacomo; *— circular*, circolare di corte; *to hold —*, tenere un ricevimento a corte; (*fig.*) tener corte, salotto, circondarsi di molte persone **6** (*ant.*) castello, magione: *Hampton Court*, il castello di Hampton **7** campo (da gioco); zona di campo; (*basket*) parquet: *off —*, fuori campo; *tennis —*, campo da tennis; *grass —*, campo (da tennis) in erba **8** corte, corteggiamento: *to make* (o *pay*) *— to s.o.*, fare la corte a qlcu. **9** (*rar.*) vicolo cieco **10** (*mil. mar.*) assemblea, consiglio: (*mil.*) *— of inquiry*, commissione d'inchiesta.

to **court** *v.tr.* **1** corteggiare, far la corte a // *to be courting*, essere fidanzati // *a courting couple*, una coppia di fidanzati **2** cercare, sollecitare (amicizia, favori, popolarità) **3** andare incontro a; andare in cerca di: *to — danger, defeat, disaster*, andare in cerca di un pericolo, una sconfitta, un disastro.

courtage ['kɔ:tɪdʒ / court·age] *s.* (*comm.*) mediazione.

court card ['kɔ:tkɑ:d] *s.* figura (nel gioco delle carte) AMER. face card.

court-dress ['kɔ:t'dres] *s.* abito di corte.

courteous ['kɜ:tjəs / cour·te·ous] *agg.* cortese // **-ly** *avv.*

courteousness ['kɜ:tjəsnɪs / cour·te·ous·ness] *s.* cortesia.

courtesan [,kɔ:tɪ'zæn *amer.* 'kɔ:tɪzən / cour·tesan] *s.* cortigiana, prostituta.

courtesy ['kɜ:tɪsɪ / cour·tesy] *s.* **1** cortesia, gentilezza: *exchange of courtesies*, scambio di gentilezze; *he did me the — to ask my permission*, mi fece la cortesia di chiedere il mio permesso; *the flowers are — of your uncle*, i fiori sono un atto di cortesia di tuo zio // *by — of*, per gentile concessione di // *— title*, titolo di cortesia **2** (*ant.*) (*dir. brit.* e *scoz.*) diritto del marito di usufruire di certi beni della moglie **3** inchino, riverenza.

courthouse ['kɔ:thaʊs / court·house] *s.* (palazzo del) tribunale, palazzo di giustizia.

courtier ['kɔ:tjə* / court·ier] *s.* cortigiano.

courting ['kɔ:tɪŋ / court·ing] *s.* corteggiamento // *to go —*, corteggiare.

courtliness ['kɔ:tlınıs / court·li·ness] *s.* cortesia, eleganza, urbanità.

courtly ['kɔ:tlı] *agg.* **1** cortese; raffinato **2** cortigianesco; cerimonioso.

court-martial [,kɔ:t'mɑ:ʃl] *pl.* **courts -martial**, **court-martials** *s.* (*mil.*) corte marziale: *to be tried by* —, comparire davanti alla corte marziale.

to **court-martial** *pass.p.p.* **court-martialled** [,kɔ:t'mɑ:ʃld] *v.tr.* portare davanti alla corte marziale.

court of inquiry ['kɔ:təvın'kwaıərı] *s.* commissione d'inchiesta.

court-rolls ['kɔ:trəʊlz] *s.pl.* (*st. dir.*) documenti in cui venivano trascritte le decisioni delle corti feudali.

courtroom ['kɔ:tru:m / court·room] *s.* corte, sala d'udienza, aula (in tribunale).

courtship ['kɔ:tʃıp / court·ship] *s.* corte, corteggiamento.

courtyard ['kɔ:t'jɑ:d / court·yard] *s.* corte, cortile.

couscous ['kʊskʊs / cous·cous] *s.* cuscus (piatto dell'Africa mediterranea).

cousin ['kʌzn] *s.* **1** cugino, cugina: *first* — (o — *german*), primo cugino; *second* — (o — *once removed*), cugino di secondo grado; — *twice removed*, cugino di terzo grado // *our American cousins do things differently*, (*fig.*) i nostri cugini americani si comportano diversamente **2** cugino (titolo usato da sovrani ecc.).

cousinhood ['kʌznhʊd / cousin·hood] *s.* **1** l'insieme dei cugini **2** cuginanza.

cousinship ['kʌznʃıp / cousin·ship] *s.* cuginanza.

couture [ku:'tjʊə* / cou·ture] *s.* (*fr.*) alta moda.

couturier [ku:'tjʊərıə* / cou·tur·ier] *s.* (*fr.*) sarto d'alta moda.

covalence [kəʊ'veıləns / co·va·lence] *s.* (*chim.*) covalenza.

covalent [kəʊ'veılənt / co·va·lent] *agg.* (*chim.*) covalente: — *bond*, legame covalente.

covariance [kəʊ'veərıəns / co·vari·ance] *s.* (*stat.*) covarianza.

covariant [kəʊ'veərıənt / co·vari·ant] *s.* (*mat.*) covariante: — *tensor*, tensore covariante.

cove[1] [kəʊv] *s.* **1** piccola baia, insenatura **2** grotta, nicchia (di parete rocciosa) **3** (*amer.*) depressione di terreno, avvallamento **4** (*arch.*) guscio, modanatura concava.

to **cove**[1] *v.tr.* (*arch.*) piegare ad arco: *coved ceiling*, soffitto ad arco.

cove[2] *s.* (*sl.*, *antiq.*) uomo, individuo: *a queer* —, un tipo strano.

coven ['kʌvn] *s.* congrega di streghe.

covenant ['kʌvənənt / cov·en·ant] *s.* (*dir.*, *pol.*, *eccl.*) accordo solenne; convenzione, patto, contratto; alleanza // *the Covenant of the League of Nations*, il Patto sociale della Società delle Nazioni (1919) // *National Covenant*, Convenzione Nazionale in Scozia (1638); *Solemn League and Covenant*, accordo fra i Parlamenti di Scozia e Inghilterra (1643).

to **covenant** *v.tr.* stipulare, convenire; impegnarsi a: *to — to do sthg.*, convenire di fare qlco.

covenantee [,kʌvınən'ti: / co·ven·antee] *s.* (*dir.*) creditore.

covenanter ['kʌvınəntə* / cov·en·anter] *s.* **1** (parte) contraente **2** *Covenanter*, (*st.*) aderente al 'National Covenant' (1638) e al 'Solemn League and Covenant' (1643).

Covent Garden ['kɒvənt'gɑ:dn / Cov·ent Gar·den] *no.pr.* **1** Covent Garden (antico mercato della frutta e verdura a Londra) **2** Covent Garden (teatro dell'opera a Londra).

Coventry ['kɒvəntrı / Cov·en·try] *no.pr.* (*geogr.*) Coventry // *to send s.o. to* —, (*fig. fam.*) ostracizzare, mettere al bando qlcu.

cover ['kʌvə*] *s.* **1** coperta; fodera; copertura: *we should put a — on the sofa to keep it clean*, dovremmo mettere una fodera sul divano per tenerlo pulito; *it was cold, so she wrapped herself in the* —, faceva freddo, così si avvolse nella coperta; *the — of a tennis court*, il telone di protezione, di copertura di un campo da tennis // *loose* — (*of a chair etc.*), fodera (di sedia ecc.) staccabile, rimovibile **2** cappuccio; coperchio; (*elettr.*, *mecc.*) calotta (di protezione) **3** copertina (di libro): *to read a book from — to* —, leggere un libro dal principio alla fine; — *price*, prezzo di copertina **4** busta, plico: *under the same* —, nella stessa busta; *under separate* —, in plico a parte **5** riparo, rifugio, ricovero: (*mil.*) — *from fire*, riparo dal fuoco; *under — of a tree*, al riparo di un albero; *the land offers no — for our troops*, il terreno non offre alcun riparo per le nostre truppe; *to break* —, uscire dal riparo (di selvaggina); *to give s.o.* —, offrire un ricovero a qlcu.; *to seek* (o *to take*) —, mettersi al coperto, al riparo; *to take* —, nascondersi (di selvaggina, nei boschi ecc.) **6** (*fig.*) velo, mantello: *under* (*the*) — *of darkness* (o *under — of the night*), col favore della notte **7** (*fig.*) pretesto, apparenza: *under — of friendship*, col pretesto dell'amicizia **8** (*fin.*, *dir.*) copertura; garanzia: *full* —, garanzia piena; *dividend* —, rapporto tra utili e dividendi; *insurance* —, copertura assicurativa **9** coperto: *a dinner of ten covers*, un pranzo per dieci; — *charge*, (prezzo del) coperto: *the — charge was 2500 liras*, il prezzo del coperto era di 2500 lire.

to **cover** *v.tr.* **1** coprire; ricoprire; rivestire (*anche fig.*): *covered with snow*, coperto di neve; *the snow covered the mountains*, la neve coprì le montagne; *to — a book*, ricoprire un libro; *to — oneself with* (*glory etc.*), coprirsi di (gloria ecc.); *to — s.o. with ridicule*, coprire qlcu. di ridicolo; *to be well covered*, essere ben coperto **2** proteggere, coprire; tenere a bada: *to — s.o.'s retreat*, coprire la ritirata di qlcu; *to — s.o. with a gun*, tenere a bada qlcu. con una pistola **3** percorrere: *to — a distance*, percorrere una distanza **4** nascondere, dissimulare: *he laughed to — his confusion*, rideva per nascondere il suo imbarazzo **5** comprendere, includere: *in order to — all eventualities*, per coprire, per prepararsi a ogni eventualità **6** coprire, trattare esaurientemente (un argomento); (*giornalismo*) seguire, fare la cronaca di: *last year he covered the Paris Conference*, l'anno scorso ha seguito la conferenza di Parigi come inviato **7** (*fin.*, *dir.*) garantire, coprire: *to — a deficit*, colmare un deficit **8** (*comm.*) evadere (un ordine) **9** (*sport*) sostenere, star dietro a (un giocatore) **10** coprire, accoppiarsi.

□ **cover in** *v.tr.* e *avv.* ricoprire, riempire (fossa ecc.).

□ **cover over** *v.tr.* e *avv.* ricoprire, chiudere: *to — over a hole in the roof*, coprire, chiudere un buco nel tetto.

□ **cover up** *v.tr.* e *avv.* coprire interamente; nascondere, dissimulare: *the government is trying to — up the scandal*, il governo sta cercando di soffocare, di insabbiare lo scandalo ♦ *v.intr.* e *avv.* nascondersi, celarsi.

coverage ['kʌvərıdʒ / cov·er·age] *s.* **1** (*amer. fin.*) riserva; copertura; (*assicurazioni*) copertura di rischi: *a 40% gold — of paper currency*, 40% di copertura aurea della carta moneta **2** (*radar*) copertura **3** (*rad.*, *tv*) zona di ricezione **4** (*giornalismo*) esteso servizio d'informazioni, copertura // *media* —, copertura dei media (spazio riservato a notizia o annuncio nei mezzi di comunicazione di massa) **5** (*stat.*) campo di rilevazione.

cover girl ['kʌvəgɜ:l] *s.* ragazza copertina.

covering ['kʌvərıŋ / cov·er·ing] *agg.* che copre; di copertura // (*mil.*): — *forces*, truppe di copertura; — *fire*, fuoco di copertura ♦ *s.* **1** copertura // (*Borsa*): *bear* —, acquisti di copertura dei ribassisti; *spot* —, copertura a pronti **2** coperta **3** rivestimento, strato coprente **4** (*aer.*) rivestimento **5** (*tess.*) guarnitura, guarnizione (dei cilindri) **6** (*mat.*) copertura, ricoprimento **7** monta (di animali).

covering letter [,kʌvərıŋ'letə*] **covering note** [,kʌvərıŋ'nəʊt] *s.* lettera di accompagnamento.

coverlet ['kʌvəlıt / cov·er·let] *s.* copriletto.

cover letter ['kʌvə,letə*] *s.* (*amer.*) → **covering letter**.

covert ['kʌvət / cov·ert] *agg.* **1** coperto, nascosto; (*fig.*) celato, velato, finto: — *threats*, velate minacce; — *action*, azione segreta **2** (*dir.*) sotto tutela maritale ♦ *s.* **1** ricovero, rifugio, nascondiglio (di animali selvatici): *to draw a* —, battere un terreno coperto (a caccia) **2** (*poet.*) boschetto, luogo ombroso: *I would go to a covert / where the birds sing*, (C. G. ROSSETTI) vorrei andare in un boschetto dove cantano gli uccelli // **-ly** *avv.*

coverture ['kʌvə,tjʊə* / cov·er·ture] *s.* (*ant.*) **1** rifugio (*anche fig.*) **2** copertura; coperta **3** travestimento, velo (*anche fig.*) **4** (*dir.*) tutela maritale.

cover-up ['kʌvərʌp] *pl.* **covers-up** *s.* insabbiamento, occultamento (di scandalo, verità ecc.).

to **covet** ['kʌvıt] *v.tr.* (*form.*) agognare, desiderare ardentemente (specialmente roba altrui).

covetable ['kʌvıtəbl / cov·et·able] *agg.* (*form.*) desiderabile.

coveted ['kʌvıtıd / cov·eted] *agg.* (*form.*) ambito; desiderato.

covetous ['kʌvıtəs / cov·et·ous] *agg.* (*form.*) desideroso; cupido; avido; avaro: — *glance*, sguardo di cupidigia; *by Jove, I am not covetous for gold*, (SH. Henry V) per Giove, non son bramoso d'oro // **-ly** *avv.* // **-ness** *s.*

covey ['kʌvı] *pl.* **coveys** *s.* **1** covata; stormo (di quaglie o pernici) **2** (*fam.*) comitiva; gruppo.

covin ['kʌvın] *s.* (*dir.*) collusione; inganno.

coving ['kəʊvıŋ / cov·ing] *s.* **1** parte di edificio a volta, arcata **2** *pl.* lati inclinati di un focolare.

covinous ['kʌvɪnəs / covin·ous] *agg.* (*dir.*) collusivo.

covolume [kəʊ'vɒlju:m *amer.* kəʊ'vɒljəm / co·vol·ume] *s.* (*fis.*) covolume.

cow [kaʊ] *pl.* **cows** [kaʊz] *ant.* **kine** [kaɪn] *s.* **1** vacca, mucca // *you can wait till the cows come home*, (*fam.*) puoi aspettare fino alle calende greche // (*Bibbia*) *the time of the lean kine*, il tempo delle vacche magre // *it's a fair —!*, è un lavoraccio! **2** (*in composti*) femmina (di grossi mammiferi): — *-elephant*, elefantessa **3** (*spreg.*) donnaccia, vacca, vaccona.

to **cow** *v.tr.* intimidire, intimorire: *to — a person into doing sthg.*, costringere una persona a fare qlco. intimorendola; *to be cowed in s.o.'s presence*, essere intimidito dalla presenza di qlcu.; *to look cowed*, avere l'aria sottomessa.

coward ['kaʊəd / cow·ard] *s.* codardo, vile, vigliacco, pusillanime.

cowardice ['kaʊədɪs / cow·ard·ice] **cowardliness** ['kaʊədlɪnɪs / cow·ard·li·ness] *s.* codardia, viltà, vigliaccheria.

cowardly ['kaʊədlɪ / cow·ard·ly] *agg.* codardo, vile, vigliacco ◆ *avv.* vilmente.

cowbane ['kaʊbeɪn / cow·bane] *s.* (*bot.*) (*Cicuta virosa*) cicuta acquatica.

cowbell ['kaʊbel / cow·bell] *s.* campanaccio (delle mucche).

cowboy ['kaʊbɔɪ / cow·boy] *s.* **1** cowboy, mandriano **2** (*fam.*) persona senza scrupoli, filibustiere.

cowcatcher ['kaʊ,kætʃə* / cow·catch·er] *s.* (*amer. ferr.*) cacciabufali; cacciapietre.

cow college ['kaʊ'kɒlɪdʒ] *s.* (*sl. amer.*) università di città rurale.

to **cower** ['kaʊə*] *v.intr.* acquattarsi, ritrarsi, farsi piccino: *to — before s.o.*, tremare, farsi piccolo davanti a qlcu.

cowfish ['kaʊfɪʃ / cow·fish] *s.* (*zool.*) **1** (*Grampus griseus*) grampo grigio **2** tricheco **3** dugongo **4** pesce con specie di corna sopra gli occhi.

cow-grass ['kaʊgrɑ:s *amer.* 'kaʊgræs] *s.* (*bot.*) trifoglio di campo.

cowhand ['kaʊhænd / cow·hand] *s.* (*sl. amer.*) mandriano.

cowheel ['kaʊhi:l / cow·heel] *s.* (*cuc.*) piedino di manzo.

cowherd ['kaʊhɜ:d / cow·herd] *s.* vaccaro, mandriano.

cowhide ['kaʊhaɪd / cow·hide] *s.* **1** pelle di vacca; vacchetta; cuoio **2** frusta di vacchetta **3** (*amer.*) stivale di cuoio; pantaloni di pelle (di vacca).

to **cowhide** *v.tr.* fustigare con una frusta di vacchetta.

cowhouse ['kaʊhaʊs / cow·house] → **cowshed**.

cowl[1] [kaʊl] *s.* **1** cappuccio **2** mitra (fumaiolo) **3** tonaca (da frate) // *to take the —*, vestire la tonaca, farsi monaco // *the — does not make the monk*, (*prov.*) l'abito non fa il monaco **4** (*aut.*) (cappottatura del) cruscotto // *radiator —*, mascherina, cuffia del radiatore **5** (*aer.*) cappottatura.

to **cowl**[1] *v.tr.* **1** incappucciare, munire di mitra (un fumaiolo) **2** mettere la tonaca **3** munire di cappottatura, di cofano.

cowl[2] *s.* (*antiq.*) recipiente a due manici (per liquidi) // — *-staff*, bastone a cui è sospeso un recipiente, un cesto (portato a spalla da due uomini).

cowlick ['kaʊlɪk / cow·lick] *s.* (*fam. amer.*) ciuffo di capelli ribelli; rosa.

cowling ['kaʊlɪŋ / cow·ling] *s.* **1** (*aut.*) cofano **2** (*aer.*) cappottatura **3** (*mecc.*) cappottatura, involucro esterno, cofano (di un motore).

cowman ['kaʊmən / cow·man] *pl.* **cowmen** *s.* mandriano; (*amer.*) proprietario di fattorie.

co-worker [kəʊ'wɜ:kə*] *s.* compagno di lavoro; collega.

cow-parsnip ['kaʊ'pɑ:snɪp] *s.* (*bot.*) (*Heracleum sphondylium*) panace; (*pop.*) sedano dei prati.

cowpat ['kaʊpæt / cow·pat] *s.* mucchietto di sterco (di vacca).

cow-pea ['kaʊpi:] *s.* (*bot.*) (*Vicia sinensis*) fagiolo dall'occhio.

cowpoke ['kaʊpəʊk / cow·poke] *s.* (*sl. amer.*) mandriano.

cowpox ['kaʊpɒks / cow·pox] *s.* (*vet., med.*) vaiolo vaccino.

cow puncher ['kaʊ,pʌntʃə*] *s.* (*amer.*) mandriano.

cowrie ['kaʊrɪ / cow·rie] **cowry** *s.* **1** (*zool.*) ciprea **2** conchiglia di ciprea.

cows-and-calves ['kaʊzən'kɑ:vz *amer.* 'kaʊzən'kævz] *s.* (*bot.*) (*Arum maculatum*) gigaro, aro SIN. lords and ladies, cuckoo-pint.

cowshed ['kaʊʃed / cow·shed] *s.* stalla (per bovini) SIN. cowhouse.

cowslip ['kaʊslɪp / cow·slip] *s.* (*bot.*) **1** (*Primula veris*) primula odorosa, primula gialla **2** (*Caltha palustris*) calta palustre, farferugine SIN. kingcup, marsh marigold.

cow-tree ['kaʊtri:] *s.* (*bot.*) (*Brosimum galactodendron*) albero del latte.

cow-wheat ['kaʊwi:t *amer.* 'kaʊhwi:t] *s.* (*bot.*) (*Melampyrum arvense*) melampiro; (*pop.*) coda di volpe.

(to) **cox** [kɒks] abbr. di → (to) **coxswain**.

coxa ['kɒksə] *pl.* **coxae** ['kɒksi:] *s.* **1** (*anat.*) anca **2** (*zool.*) zampa (di insetto).

coxal ['kɒksəl] *agg.* (*anat.*) dell'anca.

coxalgia [kɒk'sældʒɪə / cox·algia] **coxalgy** ['kɒksəldʒɪ / cox·algy] *s.* (*med.*) **1** coxalgia **2** coxite.

coxcomb ['kɒkskəʊm / cox·comb] *s.* **1** (*antiq.*) bellimbusto; zerbinotto: *and before I had been three days in Paris with him / he seemed to be no coxcomb at all*, (STERNE) ma bastarono meno di tre giorni a Parigi in sua compagnia, per non farmelo ritenere affatto uno zerbinotto **2** (*st.*) berretto da buffone.

coxcombical [kɒks'kɒmɪkəl / cox·comb·ical] *agg.* (*non com.*) presuntuoso; vanitoso // **-ly** *avv.*

coxcombry ['kɒkskəʊmrɪ / cox·combry] *s.* fatuità; vanità; affettazione.

coxitis [kɒk'saɪtɪs / cox·itis] *pl.* **coxitides** [kɔks'aɪtɪdi:z / cox·itides] *s.* (*med.*) coxite.

coxswain ['kɒksweɪn / cox·swain] *s.* (*mar.*) **1** timoniere (spec. di imbarcazioni da regata) **2** capobarca **3** sottufficiale comandante (in assenza di ufficiale).

to **coxswain** *v.tr.* (*mar.*) governare (un'imbarcazione) ◆ *v.intr.* (*mar.*) fare da timoniere.

coxswainless ['kɒksweɪnlɪs / cox·swain·less] *agg.* (*mar.*) senza timoniere // — *pair*, due senza (timoniere).

coy [kɔɪ] *agg.* **1** timido; riservato; modesto; evasivo, reticente, sfuggente; diffidente; ritroso; riluttante: *she is a — girl*, è una ragazza riservata; — *of speech*, riservato nel parlare; *the politician was — about his views*, il politico fu evasivo riguardo ai suoi progetti; *the stallion was — about being approached*, lo stallone era restio a farsi avvicinare **2** falsamente modesto; esageratamente dolce o timido; lezioso, civettuolo: *she gave him a — smile*, gli sorrise con civetteria **3** (*rar.*) appartato (di luogo) // **-ly** *avv.* // **-ness** *s.*

coyote ['kɔɪəʊt *amer.* 'kaɪəʊt / coy·ote] *pl. invar.* o **coyotes** *s.* (*zool.*) (*Canis latrans*) coyote, lupo delle praterie SIN. prairie wolf.

coypu ['kɔɪpu:] *pl. invar.* o **coypus** *s.* (*zool.*) (*Myocastor coypus*) nutria.

coz [kʌz] *s.* (*ant. fam.*) cugino.

coze [kəʊz] *s.* (*ant. fam.*) chiacchierata intima.

to **coze** *v.intr.* (*ant. fam.*) chiacchierare.

to **cozen** ['kʌzn] *v.tr.* (*antiq.*) ingannare, gabbare; frodare: *to — s.o. into doing sthg.*, indurre qlcu. con l'inganno a fare qlco.; *to — s.o. out of sthg.*, frodare qlcu. di qlco.

cozenage ['kʌznɪdʒ / coz·en·age] *s.* (*antiq.*) inganno.

cozier ['kəʊzɪə* / coz·ier] *s.* (*ant.*) ciabattino: *ye squeak out your coziers' catches without any mitigation*, (SH. Twelfth Night) voi urlate i vostri canti da scarpai senza regolare la voce.

cozy → **cosy**.

crab[1] [kræb] *s.* **1** granchio (di mare) // *to catch a —*, affondare il remo, dare una palata a vuoto (con remo) **2** (*zool.*) — (*louse*), (*Phtirus pubis*) piattola **3** (*mecc.*) verricello mobile; gru a benna: — *bucket*, benna **4** (*mar.*) piccolo argano; verricello **5** (*aer., mar.*) deriva.

to **crab**[1] *pass.p.p.* **crabbed** ['kræbɪd / crab·bed] *v.intr.* **1** artigliarsi, lottare (di falchi) **2** andare a pesca di granchi **3** spostarsi, camminare lateralmente ◆ *v.tr.* **1** (*fam.*) criticare; punzecchiare; screditare **2** (*aer.*) compensare la deriva **3** (*mar.*) scarrocciare **4** (*tess.*) fissare (il tessuto) per impedirne l'arricciatura.

crab[2] *s.* **1** (*bot.*) (*Malus sylvestris*) melo selvatico; mela selvatica // — *faced*, dall'espressione acida, bisbetica **2** (*fam.*) guastafeste; persona brontolona.

to **crab**[2] *v.intr.* (*fam.*) lamentarsi, brontolare: *she's always crabbing about sthg.*, si lamenta sempre di qlco.

crab apple ['kræb,æpl] *s.* (*bot.*) → **crab**[2].

crabbed ['kræbɪd / crab·bed] *agg.* **1** (*antiq.*) → crabby **2** contorto, illeggibile (di stile, calligrafia) **3** contorto; nodoso (di ramo, bastone) // **-ly** *avv.* // **-ness** *s.*

crabbing[1] ['kræbɪŋ / crab·bing] *s.* **1** pesca dei granchi **2** (*mar.*) deriva; scarroccio **3** (*tess.*) fissatura (del tessuto): — *machine*, fissatrice.

crabbing[2] *s.* raccolta di mele selvatiche.

crabby ['kræbɪ] *agg.* (*fam.*) irritabile, aspro, acido.

crab-grass ['kræbgrɑ:s *amer.* 'kræbgræs] *s.* (*bot.*) (*Digitaria sanguinalis*) sanguinella.

crabwise ['kræbwaɪz / crab·wise] *avv.* come un granchio; lateralmente; obliquamente (*anche fig.*): *to walk* —, camminare come un granchio, diagonalmente.

crack [kræk] *agg.* (*fam.*) scelto; di prim'ordine: — *regiment*, reggimento scelto; — *shot*, tiratore scelto ♦ *s.* **1** rottura; incrinatura, fessura; crepaccio; screpolatura; (*metall.*) cricca: *there was a — in the wall*, c'era una fenditura nel muro; *this cup has a bad* —, questa tazza ha una profonda incrinatura // *to paper over the cracks*, nascondere difficoltà, mascherare difetti **2** schianto; esplosione, detonazione; schiocco (di frusta) // — *on the head*, (*fam.*) scappellotto // *in a* —, in un batter d'occhio // *the — of doom*, (le trombe del) Giudizio Universale // *to give s.o. a fair — of the whip*, (*fam.*) dare a qlcu. la possibilità di fare bene qlco. **3** crollo (di Borsa); tracollo finanziario (di una banca, di un'impresa) **4** (*fam.*) tentativo: *I had a — at learning Latin once, but I gave up*, feci una volta il tentativo di imparare il latino, ma poi rinunciai **5** battuta, osservazione scherzosa **6** voce fessa (nella pubertà) **7** (*chim.*) crack (miscela di stupefacenti particolarmente efficace) **8** (*scoz.*) chiacchierata: *to have a — with s.o.*, far quattro chiacchiere con qlcu. **9** (*scoz.*) notizia **10** (*sl.*) scassinatore; furto con scasso **11** (*sl. ant.*) vanteria; bugia **12** crack (cavallo di prim'ordine) **13** (*ant.*) monello: *I saw him break Skogan's head..., when a' was a crack not thus high*, (SH. Henry IV) gli ho visto rompere la testa a Skogan..., quando era un monello non più alto di così.

to **crack** *v.tr.* **1** rompere; incrinare, far incrinare; screpolare: *boiling water will — a glass*, l'acqua bollente fa incrinare i bicchieri; *he cracked his skull*, si ruppe la testa; *to — nuts*, schiacciare le noci // *to — a bottle of wine with s.o.*, vuotare una bottiglia di vino con qlcu. // *to — a smile*, (*fam. amer.*) accennare a un sorriso // *without cracking a book, the books*, senza aprire un libro (di studente) **2** schioccare, far schioccare: *to — the whip*, schioccare la frusta; *to — the joints of the fingers*, far schioccare le dita // *to — a joke*, raccontare una barzelletta, fare una battuta **3** (*fam.*) decifrare (un codice); risolvere (un problema, un rompicapo) **4** (*fam.*) scassinare, forzare; entrare forzando in // *to — the best sellers list*, (*amer.*) riuscire a entrare nella lista dei best seller **5** (*chim.*) sottoporre a piroscissione ♦ *v.intr.* **1** rompersi, andare in pezzi (*anche fig.*); incrinarsi: *his nerves cracked under the strain*, i suoi nervi andarono in pezzi per la tensione **2** crepitare; schioccare; scricchiolare; schiantarsi: *a rifle cracked*, un fucile crepitò **3** fendersi, mutare (di voce) **4** (*fam. amer.*) parlare; cantare, dare informazioni segrete **5** (*ant.*) dire fandonie, vanterie; vantarsi **6** (*scoz.*) discorrere, chiacchierare.

□ **crack down** *v.intr.* e *avv.* (*fam.*) dare un giro di vite, usare la mano pesante (con): *it's time to — down on vandals*, è tempo di usare la mano pesante coi vandali.

□ **crack on** *v.intr.* e *avv.* (*fam.*) darci sotto, darci dentro: *we have to — on* (*with this work*), dobbiamo darci dentro (con questo lavoro).

□ **crack up** *v.tr.* e *avv.* **1** fare a pezzi, rompere **2** (*fam.*) lodare, elogiare: *he's not all he's cracked up to be*, non è proprio come si era detto che fosse // *to — s.o., sthg. up to the nines*, portare qlcu., qlco. alle stelle ♦ *v.intr.* e *avv.* **1** (*fam.*) disintegrarsi, andare in mille pezzi **2** fallire: *their marriage cracked up*, il loro matrimonio è fallito **3** (*fam.*) avere un collasso (nervoso); (*estens.*) crollare, collassare **4** (*fam.*) spanciarsi dalle risate.

crack *inter.* crac!, pum!

crackajack → **crackerjack**.

crack brained ['krækbreɪnd] *agg.* scervellato, tocco, stupido.

crackdown ['krækdaʊn / crack·down] *s.* (serie di) misure restrittive, divieti.

cracked [krækt] *agg.* **1** fesso (anche di voce): *a — cup*, una tazza incrinata **2** (*fam.*) matto, pazzo, strambo.

cracker ['krækə*] *s.* **1** cracker (galletta croccante) **2** petardo // *Christmas* —, confezione natalizia a sorpresa (all'apertura della quale si produce uno scoppio) **3** (*fam. brit.*) schianto, cosa eccezionale: *that girl's a —!*, quella ragazza è uno schianto! **4** *pl.* (*amer.*) bigodini (per capelli) **5** (*sl.*) menzogna, fanfaronata **6** (*sl. amer. spreg.*) bianco povero (soprannome dei nativi della Georgia e della Florida) **7** → **safecracker** **8** — *of jokes*, burlone **9** (*sl. inform.*) pirata **10** (*ant.*) bugiardo, fanfarone: *what cracker is this same that deafs our ears / with this abundance of superfluous breath?*, (SH. King John) che fanfarone è mai codesto che assorda le nostre orecchie con l'abbondanza di fiato superfluo?

crackerjack ['krækə,dʒæk / cracker·jack] *agg.* (*sl. amer.*) eccellente; abilissimo ♦ *s.* personaggio in gamba (in un determinato lavoro).

crackers ['krækəz] *agg.* (*fam.*) pazzo: *you'd have to be — to accept an offer like that*, bisognava essere pazzi per accettare quell'offerta.

cracking ['krækɪŋ / crack·ing] *agg.* **1** crepitante, scoppiettante **2** veloce: *we walked home at a — pace*, andammo a casa con passo veloce // *get —!*, spicciati! ♦ *s.* **1** crepitio, scoppiettio; scricchiolio **2** fessura, fenditura; screpolatura **3** (*chim.*) piroscissione **4** (*mecc.*) incrinatura, criccatura.

crackjaw ['krækdʒɔ: / crack·jaw] *agg.* difficile da pronunciare (di parola).

crackle ['krækl] *s.* **1** scoppiettio; crepitio **2** screpolatura; incrinatura; cavillatura (di ceramica).

to **crackle** *v.intr.* e *tr.* **1** scoppiettare; scricchiolare, far scricchiolare; crepitare: *the fire crackled*, il fuoco crepitava **2** screpolare, screpolarsi **3** cavillare, cavillarsi (di ceramica).

cracklechina ['krækl,tʃaɪnə / crack·le·china]
crackleware ['kræklweə* / crack·le·ware] *s.* [U] porcellana, ceramica cavillata.

crackling ['kræklɪŋ / crack·ling] *s.* [U] **1** scoppiettio, crepitio **2** (*cuc.*) ciccioli (*pl.*).

cracknel ['krækn l / crack·nel] *s.* biscotto croccante.

crackpot ['krækpɒt / crack·pot] *agg.* e *s.* (*sl.*) pazzo, picchiatello.

cracksman ['kræksmən / cracks·man] *pl.* **cracksmen** *s.* (*fam.*) scassinatore.

crack-up ['krækʌp] *s.* (*fam.*) collasso nervoso.

crack-voiced ['kræk,vɔɪst] *agg.* dalla voce fessa.

cracky ['krækɪ] *agg.* **1** screpolato, pieno di crepe **2** (*fam.*) picchiatello, suonato **3** fragile.

cradle ['kreɪdl] *s.* **1** culla (*anche fig.*): *from, in the* —, dall'infanzia, nell'infanzia; *Greece was the — of western culture*, la Grecia fu la culla della civiltà occidentale // — *song*, ninna nanna **2** (*mecc., aer., mar.*) culla, intelaiatura di sostegno: *starting* —, culla di lancio (da una portaerei) **3** (*aut.*) sdraio, carrellino **4** (*edil.*) centina **5** gabbia, alzacoperte (su un letto d'ammalato) **6** (*agr.*) falce a rastrello **7** (*miner.*) crivello, vaglio (specialmente per sabbie aurifere) **8** (*tel.*) forcella.

to **cradle** *v.tr.* **1** mettere nella culla; cullare (*anche fig.*): *to — a child in one's arms*, cullare un bambino tra le braccia; *Athens cradled western philosophy*, Atene fu la culla della filosofia occidentale // *he cradled his head on his folded arms*, (*fig.*) reclinò il capo sulle braccia piegate **2** (*mecc.*) sostenere, sollevare mediante intelaiatura (di sostegno) **3** (*edil.*) centinare **4** (*agr.*) falciare con falce a rastrello **5** (*miner.*) vagliare (specialmente sabbie aurifere).

cradle cup ['kreɪdl,kʌp] *s.* (*med.*) crosta lattea.

cradling ['kreɪdlɪŋ / cra·dling] *s.* (*edil.*) centinatura per soffitti curvi.

craft [krɑ:ft *amer.* kræft] *s.* **1** arte; mestiere, professione: *the — of the wood-carver*, l'arte dell'intagliatore; *arts and crafts*, arti e mestieri; *the shoemaker's* —, l'arte, il mestiere del calzolaio // *every man to his* —, (*prov.*) a ciascuno il suo mestiere **2** corporazione, categoria: — *union*, sindacato di categoria, di mestiere // *the Craft*, corporazione di artigiani; i membri di una corporazione **3** abilità, arte, destrezza **4** astuzia, furberia; arti (*pl.*): *he is full of* —, è pieno di astuzia, di arti **5** (*invar. al pl.*) imbarcazione; barca di piccole dimensioni: — *of all kinds are in the harbour*, imbarcazioni di ogni genere sono nel porto // *landing* —, mezzi, naviglio da sbarco **6** (*invar. al pl.*) aeromobile; aereo; veicolo spaziale.

craft-guild ['krɑ:ftgɪld *amer.* 'kræftgɪld] *s.* corporazione di arti e mestieri.

craftiness ['krɑ:ftɪnɪs *amer.* 'kræftɪnɪs / crafti·ness] *s.* astuzia.

craftsman ['krɑ:ftsmən *amer.* 'kræftsmən / crafts·man] *pl.* **craftsmen** *s.* **1** artigiano; operaio specializzato **2** (*fig.*) artista, chi è padrone del suo mestiere.

craftsmanship ['krɑ:ftsmənʃɪp *amer.* 'kræftsmənʃɪp / crafts·man·ship] *s.* **1** abilità, perizia d'artigiano: *of wonderful* —, di meravigliosa esecuzione, fattura **2** padronanza del mestiere (di scrittore ecc.).

crafty ['krɑ:ftɪ *amer.* 'kræftɪ] *agg.* astuto, scaltro; abile // **-ily** *avv.*

crag[1] [kræg] *s.* dirupo, balza.

crag[2] *s.* (*scoz. dial.*) collo.

cragged ['krægɪd / crag·ged] *agg.* roccioso; dirupato, scosceso // **-ness** *s.*

craggy ['krægɪ] *agg.* dirupato, scosceso // **-iness** *s.*

cragsman ['krægzmən / crags·man] *pl.* **cragsmen** *s.* rocciatore.

crake [kreɪk] *s.* (*zool.*) **1** → **corncrake** **2** (*rar.*) → **craw** **3** gracchiamento (del re di quaglie).

to **crake** *v.intr.* gracchiare.

cram [kræm] *s.* **1** scorpacciata **2** (*sl. scolastico*) l'imbottirsi di nozioni (in vista di un esame) **3** (*sl. amer.*) corso molto pesante, che richiede molta applicazione **4** (*fam.*) calca, folla **5** (*sl., antiq.*) bugia.

to **cram** *pass.p.p.* **crammed** [kræmd] *v.tr.* **1** riempire al massimo; rimpinzare, ingozzare (di cibo): *he crammed himself with sweets*, si rimpinzò di dolci // *a book crammed with quotations*, un libro zeppo di citazioni **2** ammassare, stipare: *he crammed the papers into his pocket*, si cacciò i documenti in tasca ◆ *v.intr.* **1** accalcarsi, ammassarsi: *we all crammed into a baggage van*, ci stipammo tutti in un bagagliaio **2** imbottirsi di nozioni: *to — for an examination*, fare una sgobbata in vista di un esame.

crambo [ˈkræmbəʊ] *s.* giuoco delle rime obbligate: *dumb —*, (*ant.*) sciarada mimata.

crammed [kræmd / cram·med] fam. **cram-full** [ˈkræmfʊl] *agg.* pieno zeppo.

crammer [ˈkræmə* / cram·mer] *s.* **1** studente che sgobba (per un esame) **2** ripetitore (per la preparazione di un esame) **3** (*sl. ant.*) bugia.

cramp[1] [kræmp] *s.* crampo; spasmo: *writer's, swimmer's —*, crampo dello scrivano, del nuotatore; *to be seized with —*, essere colto da un crampo; *a stomach —*, un crampo allo stomaco.

to **cramp**[1] *v.tr.* **1** (*fig.*) paralizzare, bloccare; impacciare, limitare: *shyness cramped his style*, la timidezza rendeva goffe le sue maniere **2** (*med.*) causare crampi.

cramp[2] *s.* **1** (*mecc.*) morsetto **2** (*edil.*) — (*iron*), grappa **3** forma da calzolaio.

to **cramp**[2] *v.tr.* **1** stringere con un morsetto **2** bloccare con una grappa; aggrappare **3** (*fig. ant.*) mettere alle strette; torturare **4** fare (una scarpa) sulla forma.

cramped [kræmpt / cram·ped] *agg.* **1** limitato, ristretto, costretto (di spazio): *she lived in a — flat with her three children*, viveva in un appartamento molto piccolo con i suoi tre bambini; *the car has lots of room in the front, but leg-room in the back is —*, la macchina è molto spaziosa davanti, ma lo spazio per le gambe, dietro, è ristretto **2** rattrappito; contratto: *— style*, (*fig.*) stile impacciato, troppo conciso // *— handwriting*, scrittura indecifrabile.

cramp-fish [ˈkræmpfɪʃ] *s.* (*zool.*) torpedine.

crampon [ˈkræmpən / cram·pon] *s.* **1** rampone **2** braga a gancio, pinza per massi.

cran [kræn] *s.* cran (misura di capacità per la vendita di aringhe fresche = 170,3 litri).

cranage [ˈkreɪnɪdʒ / cran·age] *s.* (*comm.*) uso di gru; spese per uso di gru.

cranberry [ˈkrænbərɪ *amer.* ˈkrænberɪ / cran·berry] *s.* (*bot.*) (*Vaccinium oxycoccus*) mirtillo palustre.

crane [kreɪn] *s.* **1** (*zool.*) gru **2** (*mecc.*) gru: *— truck*, autogru; *bridge —*, carroponte **3** (*mar.*) sifone di scarico **4** (*ferr.*) (*water*) —, tubo per rifornire d'acqua la locomotiva.

to **crane** *v.tr.* **1** (*mecc.*) sollevare, abbassare mediante una gru **2** allungare (il collo, la testa) ◆ *v.intr.* **1** sporgersi: *to — out, over, down*, sporgersi in fuori, in su, in giù **2** fermarsi (di cavallo); esitare (davanti a un ostacolo) (*anche fig.*): *to — at a hedge*, rifiutarsi di saltare una siepe (di cavallo); *to — at a difficulty*, esitare dinanzi a una difficoltà.

crane fly [ˈkreɪnflaɪ] *s.* (*zool.*) tipula; (*pop.*) zanzarone degli orti SIN. **daddy-longlegs**.

cranesbill, **crane's bill** [ˈkreɪnzbɪl / cranes·bill] *s.* (*bot.*) (*Geranium robertianum*) cicuta rossa, (*pop.*) erba cimicina; (*Geranium sanguineum*) geranio dei boschi.

cranial [ˈkreɪnjəl / cra·nial] *agg.* (*anat.*) cranico.

craniectomy [ˌkrænɪˈektəmɪ / cra·ni·ec·tomy] *s.* (*med.*) craniectomia.

craniography [ˌkrænɪˈɒgrəfɪ / cra·ni·ography] *s.* (*med.*) craniografia.

craniologist [ˌkreɪnɪˈɒlədʒɪst / cra·ni·olo·gist] *s.* (*med.*) craniologo.

craniology [ˌkreɪnɪˈɒlədʒɪ / cra·ni·ology] *s.* (*med.*) craniologia.

craniometry [ˌkreɪnɪˈɒmɪtrɪ / cra·ni·ometry] *s.* craniometria.

cranioscopy [krænɪˈɒskəpɪ / cra·ni·oscopy] *s.* (*med.*) cranioscopia.

craniotomy [ˌkrænɪˈɒtəmɪ / cra·ni·otomy] *s.* (*med.*) craniotomia.

cranium [ˈkreɪnjəm / cra·nium] *pl.* **crania** [ˈkreɪnjə / cra·nia] **craniums** *s.* cranio.

crank[1] [kræŋk] *s.* **1** (*mecc.*) manovella: *hand —*, manovella (a mano), manubrio; *pedal —*, pedivella **2** (*amer.*) persona bisbetica **3** (*fam.*) persona eccentrica, originale **4** (*antiq.*) mania **5** (*antiq.*) arzigogolo; bisticcio, giro di parole // *quips and cranks*, giochi di parole.

to **crank**[1] *v.tr.* **1** (*mecc.*) piegare a gomito **2** fornire di manovella **3** (*aut.*) mettere in moto con la manovella: *to — (up) an engine, a car*, avviare un motore, un'automobile a mano (con la manovella) **4** (*cinem.*) girare, riprendere: *to — a camera*, girare la manovella della macchina da presa.

crank[2] *agg.* **1** inclinato; storto; instabile **2** (*mecc.*) piegato; disinnescato; che funziona male **3** tortuoso; difficile; poco comprensibile.

to **crank**[3] *v.intr.* stridere (di meccanismo).

crank case [ˈkræŋkˈkeɪs] *s.* (*mecc.*) basamento (del motore).

crank gear [ˈkræŋkgɪə*] *s.* (*mecc.*) manovellismo.

crankiness [ˈkræŋkɪnɪs / cranki·ness] *s.* **1** carattere difficile **2** eccentricità **3** (*mecc.*) cattivo funzionamento **4** inclinazione; instabilità.

crankle [ˈkræŋkl] *s.* (*rar.*) curva; curvatura; prominenza ad angolo.

to **crankle** *v.tr.* e *intr.* (*ant.*) curvare, curvarsi; avvolgere, avvolgersi.

crank pin [ˈkræŋkpɪn] *s.* (*mecc.*) bottone di manovella; perno di biella.

crankshaft [ˈkræŋkʃɑːft *amer.* ˈkræŋkʃæft / crank·shaft] *s.* (*mecc.*) albero a gomiti, a gomito; albero a manovella; albero a collo d'oca.

crankshaft bearing [ˈkræŋkʃɑːftˈbeərɪŋ *amer.* ˈkræŋkʃæftˈbeərɪŋ] *s.* (*mecc.*) perno di banco.

crank-sided [ˈkræŋksaɪdɪd] *agg.* che tende a capovolgersi: *a — ship*, una nave che ha tendenza a capovolgersi.

cranky [ˈkræŋkɪ] *agg.* **1** irritabile; capriccioso **2** ipocondriaco, sofferente **3** eccentrico **4** non funzionante; instabile, malfermo.

crannied [ˈkrænɪd / cran·nied] *agg.* screpolato, con fessure.

crannog [ˈkrænəg / cran·nog] *s.* abitazione lacustre (in Scozia, Irlanda).

cranny [ˈkrænɪ] *s.* **1** screpolatura, fessura **2** buco; nicchia.

to **cranny** *v.intr.* (*non com.*) screpolarsi; fendersi (di legno).

crap[1] [kræp] *s.* [U] (*volg.*) **1** merda **2** schifezza; stronzata.

to **crap**[1] *pass.* e *p.p.* **crapped** [krapt] *v.intr.* (*volg.*) defecare ◆ *v.tr.* (*volg. fig.*) incasinare.

crap[2] *s.* (*spec. pl.*) (*amer.*) gioco d'azzardo con dadi: *to shoot craps*, giocare ai dadi.

crape [kreɪp] *s.* crespo // *— band*, fascia nera portata in segno di lutto.

to **crape** *v.tr.* **1** coprire, vestire con crespo (in segno di lutto) **2** arricciare (i capelli).

craped [kreɪpt] *agg.* crespo; arricciato.

crapehanger → **crepehanger**.

crappy [ˈkræpɪ] *agg.* (*volg.*) schifoso, di merda.

crapulence [ˈkræpjʊləns / crapu·lence] *s.* crapula, intemperanza; dissolutezza.

crapulent [ˈkræpjʊlənt / crapu·lent] **crapulous** [ˈkræpjʊləs / crapu·lous] *agg.* intemperante; vizioso, dissoluto.

crash[1] [kræʃ] *s.* **1** fragore, fracasso; scroscio, scoppio: *a — of thunder*, il fragore di un tuono; *to fall with a —*, cadere con fracasso **2** (*comm., inform.*) crollo **3** caduta; schiacciamento; urto **4** (*aut., ferr.*) scontro, incidente: *head-on —*, scontro frontale; *car, plane, rail —*, incidente stradale, aereo, ferroviario.

to **crash**[1] *v.intr.* **1** abbattersi con fracasso; schiantarsi; precipitare: *the plane crashed into a mountain*, l'aereo si schiantò contro una montagna; *to — to the ground*, schiantarsi al suolo; *he crashed into a shop window*, andò a fracassarsi contro una vetrina; *the work-man fell off the ladder and crashed down into the bushes below*, l'operaio cadde dalla scala e precipitò nei cespugli sottostanti // *the firemen crashed through the door*, i pompieri sfondarono la porta // *the roof crashed in*, il tetto sprofondò **2** scontrarsi (di veicoli): *the two cars crashed head on*, le due auto si scontrarono frontalmente **3** fare un rumore forte e improvviso: *thunder crashed all round us*, i tuoni crepitavano intorno a noi **4** (*comm.*) crollare (di titoli ecc.) **5** (*fam.*) sistemarsi (presso qlcu.) per la notte: *is it all right if we — at your place tonight?*, va bene se dormiamo da te stanotte?; *we crashed down in Suzie's flat*, ci siamo sistemati nell'appartamento di Suzie ◆ *v.tr.* **1** avere un incidente con: *he crashed his father's car*, ha avuto un incidente con l'auto del padre **2** (*fam.*) autoinvitarsi: *to — a party*, autoinvitarsi a una festa.

crash[2] *s.* **1** tela grezza da asciugamani **2** colore giallo-grigio.

crash barrier [ˈkræʃˈbærɪə*] *s.* barriera di protezione (per evitare l'uscita di strada di autoveicoli); guardrail.

crash course [ˈkræʃkɔːs] *s.* corso intensivo.

crash-dive [ˈkræʃdaɪv] *s.* immersione rapida di un sommergibile.

crash helmet [ˈkræʃˈhelmɪt] *s.* casco di protezione (da guidatore o motociclista).

crashing [ˈkræʃɪŋ / crash·ing] *agg.* (*fam.*) tremendo: *he's a — bore*, è una noia totale.

to **crash-land** [ˈkræʃlænd] *v.intr.* fare un atterraggio di fortuna.

crash landing [ˈkræʃlændɪŋ] *s.* atterraggio di fortuna.

crash-proof [ˈkræʃpru:f] *agg.* a prova d'urto.

crasis [ˈkreɪsɪs] *pl.* **crases** [ˈkreɪsi:z] *s.* (*gramm.*) crasi.

crass [kræs] *agg.* **1** stupido **2** grossolano, crasso: — *ignorance*, ignoranza crassa // **-ly** *avv.*

crassitude [ˈkræsɪtju:d / cras·sit·ude] non com. **crassness** [ˈkræsnɪs / crass·ness] *s.* **1** stupidità **2** grossolanità.

cratch [krætʃ] *s.* rastrelliera, mangiatoia all'aperto.

crate [kreɪt] *s.* **1** cassa, cesta da imballaggio **2** (*fam.*) vecchia carretta.

crater [ˈkreɪtə*] *s.* **1** cratere: (*geol.*) *volcanic* —, cratere vulcanico; *meteor* (o *impact*) —, cratere meteorico, cratere d'impatto; (*astr.*) *lunar* —, cratere lunare **2** cratere, vaso, anfora **3** cratere, cavità (generalmente prodotta da bomba).

craton [ˈkrɔɪtɒn] *s.* (*geol.*) cratone.

cravat [krəˈvæt / cra·vat] *s.* cravatta; fazzoletto da collo // *hempen* —, (*iron. antiq.*) corda per impiccagione.

cravatted [krəˈvætɪd / cra·vat·ted] *agg.* che indossa cravatta, fazzoletto da collo.

to **crave** [kreɪv] *v.intr.* desiderare ardentemente (qlco.), bramare (qlco.): *he was craving for a whisky*, moriva dalla voglia di un whisky ◆ *v.tr.* (*form.*) chiedere con insistenza: *to — leave, permission*, chiedere licenza d'andarsene, permesso; *to — s.o.'s pardon*, chiedere perdono a qlcu.; *to — sthg. from* (o *of*) *s.o.*, implorare qlco. da qlcu.

craven [ˈkreɪvən] *agg.* e *s.* vile, pusillanime, vigliacco, codardo // **-ly** *avv.* // **-ness** *s.*

to **craven** *v.tr.* (*ant.*) rendere vile, pusillanime: *there is a prohibition so divine / that cravens my weak hand*, (SH. Cymbeline) c'è una proibizione così divina che rende codarda la mia debole mano.

craving [ˈkreɪvɪŋ / crav·ing] *agg.* ardente: — *desire*, desiderio ardente ◆ *s.* forte desiderio; brama, voglia: *he has a — for pickled onions*, ha un forte desiderio di cipolline sottaceto.

craw [krɔ:] *s.* **1** gozzo (di uccelli) **2** stomaco (di animali inferiori).

crawfish [ˈkrɔ:fɪʃ / craw·fish] *s.* (*zool.*) gambero d'acqua dolce.

to **crawfish** *v.intr.* (*amer.*) indietreggiare.

crawl[1] [krɔ:l] *s.* **1** movimento strisciante: *to go at a* —, avanzare molto lentamente; *the bus slowed to a* —, l'autobus avanzava a passo d'uomo **2** (*nuoto*) crawl.

to **crawl**[1] *v.intr.* **1** strisciare; trascinarsi: *the lizard crawled into a hole*, la lucertola si infilò strisciando in un buco // *to — in, out*, entrare, uscire strisciando **2** andar carponi: *the child was at the crawling stage*, il bimbo era nell'età in cui si va carponi **3** avanzare lentamente **4** brulicare: *to — with vermin*, brulicare di insetti **5** aver la pelle d'oca: *the sight of those snakes made my flesh* —, la vista di quei serpenti mi fece accapponare la pelle **6** (*fam.*) strisciare, fare il leccapiedi.

crawl[2] *s.* vivaio subacqueo (per crostacei, tartarughe di mare ecc.).

crawler [ˈkrɔ:lə*] *s.* **1** chi striscia (*anche fig.*) **2** chi si muove lentamente **3** (*fam.*) rettile **4** (*fam.*) pidocchio **5** (*fam.*) taxi che circola lentamente in attesa di clienti **6** cingolato; trattore a cingoli **7** *pl.* tuta per bambini piccoli.

crawly [ˈkrɔ:lɪ] *agg.* (*fam.*) che si sente la pelle d'oca; che ha i brividi.

crayfish [ˈkreɪfɪʃ / cray·fish] *s.* (*zool.*) **1** gambero (d'acqua dolce) **2** (*Palinurus vulgaris*) aragosta.

crayon [ˈkreɪən] *s.* **1** pastello: *drawn in* —, disegnato a pastello **2** disegno a pastello; pastello.

to **crayon** *v.tr.* **1** disegnare a pastello **2** abbozzare (un ritratto, un progetto).

craze [kreɪz] *s.* **1** mania; moda: *she had a — for sports cars*, aveva la mania delle auto sportive; *it's the latest* —, è l'ultima moda **2** screpolatura; crepa; imperfezione (di ceramiche ecc.).

to **craze** *v.tr.* **1** fare ammattire, fare impazzire **2** screpolare; crepare ◆ *v.intr.* **1** impazzire **2** screpolarsi; creparsi.

crazed [kreɪzd] *agg.* **1** pazzo, folle: — *with fear*, in preda al panico **2** dalla superficie screpolata (di ceramica, tela cerata).

craziness [ˈkreɪzɪnɪs / cra·zi·ness] *s.* **1** pazzia, follia **2** (*non com.*) fragilità; instabilità; decrepitezza (di edifici, mobili).

crazy [ˈkreɪzɪ] *agg.* **1** folle, pazzo: — *with fear, grief*, pazzo di terrore, dolore; *to drive* (o *send*) *s.o.* —, fare impazzire qlcu.; *to go* —, perdere la testa, impazzire // *it was really a — idea*, era proprio un'idea pazzesca **2** entusiasta, maniaco: *to be — over* (o *about*) *s.o., sthg.*, essere entusiasta di qlcu., qlco.: *he is — about music*, è pazzo per la musica; *to be — to do sthg.*, avere una voglia pazza di fare qlco. // Anche nei composti: *car-* —, fanatico dell'auto; *jazz-* —, patito del jazz **3** (*sl. amer.*) meraviglioso, fantastico **4** che minaccia di crollare, instabile; fragile **5** composto di pezzi irregolari: — *paving*, selciato a mosaico irregolare // **-ily** *avv.*

crazy *s.* (*amer.*) eccentrico, pazzo: *to work like* —, lavorare come un pazzo.

creak [kri:k] *s.* cigolio; stridio, scricchiolio.

to **creak** *v.intr.* **1** cigolare; stridere: *the door creaks*, la porta cigola sui cardini **2** frinire ◆ *v.tr.* far cigolare; far stridere.

creaky [ˈkri:kɪ] *agg.* stridente; cigolante.

cream [kri:m] *s.* **1** panna; crema: *butter is made from* —, il burro è fatto dalla panna; *whipped* —, panna montata **2** prodotto denso e untuoso: *furniture* —, crema per mobili; *face* —, crema per il viso **3** color crema **4** (*fig.*) crema; fior fiore: *the — of society*, il fior fiore della società.

to **cream** *v.tr.* **1** scremare (*anche fig.*) **2** aggiungere crema a **3** amalgamare **4** (*ind. gomma*) cremare **5** (*sl. amer.*) sconfiggere completamente ◆ *v.intr.* **1** coprirsi di crema (del latte) **2** fare la spuma, spumeggiare (p.e. di birra).

□ **cream off** *v.tr.* e *avv.* **1** selezionare **2** (*fam.*) mettere in tasca, intascare: *he creamed off ten percent of the profits*, intascò il dieci per cento dei profitti.

cream bun [ˈkri:mbʌn] *s.* pasticcino alla crema, alla panna.

cream cake [ˈkri:mkeɪk] *s.* torta alla crema.

cream cheese [ˌkri:mˈtʃi:z] *s.* formaggio fresco e grasso.

creamer [ˈkri:mə*] *s.* **1** bricchetto per la panna **2** (*mecc.*) scrematrice.

creamery [ˈkri:mərɪ / cream·ery] *s.* **1** caseificio // — *butter*, burro industriale **2** latteria.

creaminess [ˈkri:mɪnɪs / creami·ness] *s.* **1** cremosità **2** morbidezza vellutata.

cream of tartar [ˈkri:məvˈtɑ:tə*] *s.* (*chim.*) cremore di tartaro, cremortartaro.

cream puff [ˈkri:mpʌf] *s.* grosso bigné alla panna.

cream separator [ˈkri:mˈsepəreɪtə*] *s.* (*mecc.*) scrematrice.

creamy [ˈkri:mɪ] *agg.* **1** ricco di crema, di panna; cremoso **2** morbido, vellutato.

crease [kri:s] *s.* **1** piega, piegatura; grinza: *to remove the creases from a piece of material*, togliere le pieghe a un pezzo di stoffa // — *resistant*, ingualcibile **2** (*cricket*) linea bianca (sul terreno, per regolare la posizione dei giocatori).

to **crease** *v.tr.* **1** fare la piega a: *well-creased trousers*, calzoni con la piega impeccabile **2** sgualcire, spiegazzare **3** (*fam.*) far ridere: *the joke really creased him* (*up*), la barzelletta lo fece morire dal ridere ◆ *v.intr.* spiegazzarsi, sgualcirsi, raggrinzarsi: *this silk creases easily*, questa seta si sgualcisce facilmente.

creasy [ˈkri:sɪ] *agg.* **1** a pieghe **2** spiegazzato, sgualcito.

to **create** [kri:ˈeɪt / cre·ate] *v.tr.* **1** creare: *the council created a new sports centre*, il comune realizzò un nuovo centro sportivo; *to — a fashion*, lanciare una moda; (*teatr.*) *to — a part*, creare una parte, un personaggio // (*dir.*) *to — a mortgage*, accendere un'ipoteca **2** nominare: *he was created a knight*, fu nominato cavaliere **3** produrre, suscitare, provocare: *to — a disturbance*, disturbare l'ordine pubblico; *to — a scandal*, creare, suscitare uno scandalo; *to — a vacuum*, produrre un vuoto ◆ *v.intr.* (*sl.*) arrabbiarsi.

creatine [ˈkri:ətɪn / cre·at·ine] *s.* (*biochim.*) creatina.

creatinine [kri:ˈætɪni:n / cre·at·in·ine] *s.* (*biochim.*) creatinina.

creation [kri:ˈeɪʃn / cre·ation] *s.* **1** creazione, atto creativo: *the — of the world*, la creazione del mondo **2** natura, universo; gli esseri creati: *the brute* —, gli animali **3** creazione, prodotto, opera: *the — of a ring road*, la realizzazione di una circonvallazione; *the latest creations*, le ultimissime creazioni della moda **4** nomina **5** (*fis. nucleare*) creazione.

creational [kri:ˈeɪʃənl / cre·at·ion·al] *agg.* (*non com.*) di creazione.

creationism [kri:ˈeɪʃnɪzəm / cre·at·ion·ism] *s.* (*fil.*) creazionismo.

creationist [kri:ˈeɪʃnɪst / cre·at·ion·ist] *s.* (*fil.*) seguace della teoria del creazionismo.

creative [kri:ˈeɪtɪv / cre·at·ive] *agg.* creativo; produttivo // — *writing*, scrittura creativa (poesia, narrativa ecc.) // **-ly** *avv.*

creativeness [kri:ˈeɪtɪvnɪs / cre·at·ive·ness]

creativity [ˌkri:eɪ'tɪvətɪ / cre·a·tiv·ity] *s.* facoltà creatrice, creatività.

creator [kri:'eɪtə* / cre·ator] *s.* creatore.

creatress [kri:'eɪtrɪs / cre·atress] *s.* (*non com.*) creatrice.

creature ['kri:tʃə* / crea·ture] *s.* **1** creatura, essere vivente: *dumb creatures*, gli animali; *God's creatures*, le creature di Dio // *poor —*, poveretto // *— of habit*, abitudinario **2** (*fig.*) creatura, strumento: *a — of the dictator*, una creatura del dittatore.

creature comforts ['kri:tʃə'kʌmfəts] *s.* (*pl.*) materiali: *to make provision for s.o.'s —*, provvedere alla sicurezza materiale di qlcu.

creaturely ['kri:tʃəlɪ / crea·ture·ly] *agg.* (*non com.*) di cosa creata; umano.

crèche [kreɪʃ *amer.* kreʃ] *s.* **1** nido, asilo infantile; brefotrofio **2** (*amer.*) presepio BRIT. crib.

credence ['kri:dəns / cre·dence] *s.* **1** credenza, fede; credito: *letter of —*, (*antiq.*) credenziale; *worthy of —*, degno di fede; *to give* (o *attach*) *— to sthg.*, prestare fede a qlco. **2** *— (table)*, credenza (anche per arredi sacri).

credentials [krɪ'denʃlz / cre·den·tials] *s.pl.* credenziali.

credibility [ˌkredɪ'bɪlətɪ / cred·ib·il·ity] *s.* credibilità // *— gap*, gap di credibilità.

credible ['kredəbl / cred·ible] *agg.* credibile: *the president is no longer —*, il presidente non è più credibile; *it is hardly —*, è difficile da credersi.

credibleness ['kredəblnɪs / cred·ible·ness] *s.* credibilità.

credibly ['kredəblɪ / cred·ibly] *avv.* credibilmente: *to be — informed of sthg.*, venire a conoscenza di qlco. da una fonte sicura.

credit ['kredɪt] *s.* **1** fiducia, fede, credito: *a man of —*, un uomo di fiducia; *to give — to a report*, prestare fede a una voce; *to place* (o *to put*) *— in*, aver fiducia in **2** credito, autorità, influenza, reputazione; stima: *he has lost — with the public*, la sua reputazione presso il pubblico è diminuita; *to add to one's —*, aumentare la propria reputazione; *to gain —*, acquistar credito; *to use one's — in s.o.'s favour*, usare la propria autorità a favore di qlcu. **3** merito, onore: *it's to your —*, è merito tuo; *it does you —*, ti fà onore; *he is a — to his parents*, fa onore ai suoi genitori; *he passed his examinations with —*, superò gli esami con onore; *it must be said, to his — that*, si deve dire, a suo onore che; *to get — for another's work*, vedersi attribuire il merito del lavoro altrui; *to give (s.o.) — for*, attribuire merito (a qlcu.) per; *to take — for sthg.*, attribuirsi il merito di qlco. // *on the — side*, a favore **4** (*comm.*, *banca*) credito, fido: *bank —*, credito bancario; *short-term*, *long-term —*, credito a breve, a lunga scadenza; *secured —*, credito garantito; *subsidised —*, credito agevolato; *documentary —*, credito documentario; *irrevocable —*, credito irrevocabile; *consumer —*, credito al consumo; *buyer —*, credito all'esportazione; *opening of —*, apertura di credito; *outstanding —*, utilizzo (delle linee di credito); *to open a line of —* (o *to open a — line*), aprire una linea di credito; *to give s.o. —*, far credito a qlcu.; *to sell*, *to buy on —*, vendere, comprare a credito; *his — is good for a large sum*, gode di un grosso fido; *— sale*, vendita a credito; *— rating*, solvibilità; *— multiplier*, moltiplicatore bancario; *— tightness* (o *squeeze* o *freeze*), stretta creditizia; *— money*, moneta bancaria // *letter of —*, lettera di credito // *tax —*, credito di imposta // *— institution*, istituto di credito // (*amm.*) *— footing*, totale dell'avere **5** (*banca*) accreditamento: *— note*, nota di accredito; *— slip* (o *voucher*), distinta di versamento; *— interest*, interessi attivi; *— balance*, saldo attivo **6** (*amer. scuola*) documentazione che attesta il completamento di un corso in modo soddisfacente **7** *pl.* titoli di testa o di coda (di un film).

to **credit** *v.tr.* **1** credere, prestare fede a: *to — everything he says*, prestare fede a tutto quello che egli dice **2** attribuire: *to — s.o. with a quality*, attribuire una qualità a qlcu.; *he has not the talents you — him with*, egli non ha le doti che gli attribuisci; *I credited you with more sense*, pensavo che tu avessi più buonsenso; *John Baird is generally credited with the invention of the television*, l'invenzione della televisione è comunemente attribuita a John Baird **3** (*comm.*, *banca*) accreditare: *to — a firm with the amount of...*, accreditare la somma di... a una ditta; *to — a sum to s.o.*, accreditare una somma a qlcu. // (*amm.*) registrare nella colonna dell'avere di un conto (nella partita doppia).

creditable ['kredɪtəbl / cred·it·able] *agg.* stimabile; degno di elogio: *a — performance*, uno spettacolo degno di elogio // **-ly** *avv.*

credit account ['kredɪtə'kaʊnt] *s.* conto aperto (presso un negozio) AMER. charge account.

credit card ['kredɪt'kɑ:d] *s.* carta di credito.

credit line ['kredɪt'laɪn] *s.* **1** (*banca*) linea di credito; castelletto **2** indicazione della fonte (di articolo, notizie ecc.).

creditor ['kredɪtə* / cred·itor] *s.* (*comm.*) creditore: *ordinary —* (o *book —*), creditore chirografario; *preferential*, *secured —*, creditore privilegiato; *sundry creditors*, creditori diversi; *unsecured —*, creditore non garantito // *— side* (*of an account*), l'attivo (di un conto).

credit-taker ['kredɪt'teɪkə*] *s.* (*comm.*) mutuatario.

creditworthiness ['kredɪt'wɜ:ðɪnɪs / cred·it·worthi·ness] *s.* (*comm.*) capacità di credito.

credo ['kri:dəʊ] *s.* credo.

credulity [krɪ'dju:lətɪ *amer.* krɪ'du:lətɪ / cre·du·lity] *s.* credulità.

credulous ['kredjʊləs *amer.* 'kredʒʊləs / credu·lous] *agg.* credulo // **-ly** *avv.* // **-ness** *s.*

creed [kri:d] *s.* **1** (*teol.*) credo, simbolo, confessione di fede // *The Apostles' Creed*, Credo, Simbolo apostolico **2** credenza religiosa, fede; credo: *political —*, credo politico.

creedless ['kri:dlɪs / creed·less] *agg.* senza fede, miscredente.

creek [kri:k] *s.* **1** insenatura lunga e stretta // *to be up the —*, (*fam.*) essere nei guai **2** (*brit.*) affluente, immissario **3** (*amer.*) ruscello; fiumicello; torrente **4** (*ant.* o *amer.*) valletta fra monti.

creel[1] [kri:l] *s.* cesta per la pesca; nassa.

creel[2] *s.* (*tess.*) rastrelliera.

creep [kri:p] *s.* **1** strisciamento **2** (*fam.*) leccapiedi **3** (*fam.*) *pl.* brividi, pelle d'oca: *to give s.o. the creeps*, far accapponare la pelle, far venire la pelle d'oca a qlcu. **4** (*mecc.*) scorrimento plastico, deformazione viscosa **5** (*elettr.*) deriva, spostamento.

to **creep** *pass.p.p.* **crept** [krept] *v.tr.* **1** strisciare; arrampicarsi (di piante) **2** scorrere, spargersi; salire (di liquidi) **3** avanzare lentamente, furtivamente; insinuarsi: *the cat crept towards the mouse*, il gatto avanzò lentamente verso il topo; *fear crept over him*, (*letter.*) la paura si insinuò in lui; *he crept into the room*, entrò furtivamente nella stanza; *to — into bed*, scivolare, infilarsi a letto; *to — into s.o.'s favour*, (*fig.*) insinuarsi nelle grazie di qualcuno **4** (*fam.*) essere, avere un atteggiamento servile **5** rabbrividire; avere la pelle d'oca: *that horror film made my flesh —*, quel film dell'orrore mi fece venire la pelle d'oca **6** (*mecc.*) deformarsi permanentemente **7** (*mar.*) dragare il fondo con ancorotto.

□ **creep along** *v.intr.* e *prep.* avanzare strisciando, furtivamente: *the ivy crept along the wall*, l'edera si arrampicava lungo il muro.

□ **creep away** *v.intr.* e *avv.* allontanarsi strisciando, furtivamente: *he crept away from the sleeping child*, si allontanò in punta di piedi dal bimbo addormentato.

□ **creep down** *v.intr.* e *avv.* scendere lentamente, furtivamente: *prices began to — down*, i prezzi cominciarono lentamente a calare.

□ **creep in** *v.intr.* e *avv.* avanzare, prendere piede (di idee, costumi, sensazioni ecc.): *the influence of Italian design is creeping in more and more*, l'influenza del design italiano si sta estendendo sempre più.

□ **creep on** *v.intr.* e *avv.* avanzare lentamente: *old age is creeping on*, la vecchiaia avanza lentamente; *time creeps on*, il tempo scorre lento.

□ **creep up** *v.intr.* e *avv.* **1** salire lentamente: *the speedometer needle crept up to 80*, l'ago del tachimetro salì lentamente fino a 80 **2** *to — up on*, muoversi, avvicinarsi lentamente e furtivamente; (*fig.*) insinuarsi, impossessarsi lentamente: *he crept up on the sentry*, avanzò furtivamente verso la sentinella; *a feeling of remorse slowly crept up on him*, sentì che il rimorso si stava lentamente insinuando in lui.

creepage ['kri:pɪdʒ / creep·age] *s.* (*elettr.*) dispersione.

creeper ['kri:pə*] *s.* **1** rettile; verme; (*fig. ant.*) persona strisciante, servile **2** (*bot.*) pianta rampicante; stolone; liana **3** (*mar.*) grappino **4** *pl.* ramponi da ghiaccio **5** *pl.* (*amer.*) tutina per bambini.

creep-hole ['kri:phəʊl] *s.* **1** rifugio sotterraneo **2** sotterfugio, stratagemma.

creeping [kri:pɪŋ / creep·ing] *agg.* strisciante; (*bot.*) rampicante // (*econ.*) *— inflation*, inflazione strisciante.

creepy ['kri:pɪ] *agg.* **1** strisciante: *I could feel — things on my leg*, sentivo qualcosa strisciare sulla gamba **2** che dà i brividi, che fa rabbrividire: *to feel —*, sentirsi la pelle d'oca.

creepy-crawly ['kri:pɪ'krɔ:lɪ] *s.* (*fam. spec. brit.*) piccolo insetto strisciante, verme ◆ *agg.* **1** strisciante **2** raccapricciante, che dà i brividi.

to **cremate** [krɪ'meɪt / cre·mate] *v.tr.* cremare.

cremation [krɪ'meɪʃn / cre·ma·tion] *s.* cremazione.

cremator [krɪ'meɪtə* / crem·ator] *s.* **1** chi eseguisce la cremazione **2** forno crematorio.

crematorium [ˌkremə'tɔ:rɪəm / crem·at·or·ium] *pl.* **crematoria** [ˌkremə'tɔ:rɪə / crem·at·oria] **crematoriums** *s.* forno crematorio.

crematory ['kremətən *amer.* 'kremətɔ:rɪ / crem·at·ory] *s.* **1** crematoio, forno crematorio **2** inceneritore ◆ *agg.* crematorio, relativo a cremazione.

cremona[1] [krɪ'məʊnə / crem·ona] *s.* violino fabbricato a Cremona.

cremona[2] *s.* (*mus.*) cromorno.

crenate(d) ['kri:neɪt(ɪd) / cren·ate(d)] *agg.* (*scient.*) crenato.

crenation [kri:'neɪʃn / cren·ation] **crenature** ['krenətʃə* / crena·ture] *s.* (*scient.*) crenatura.

crenel ['krenl] *s.* (*arch.*) feritoia, spazio tra due merli.

crenel(l)ate ['krenɪleɪt / cren·el·(l)ate] *agg.* (*arch.*) merlato.

to **crenel(l)ate** *v.tr.* (*arch.*) merlare, fornire di merli.

crenel(l)ation [ˌkrenɪ'leɪʃn / cren·el·(l)a·tion] *s.* (*arch.*) merlatura.

crenelle [krɪ'nel / cren·elle] → **crenel**.

creole ['kri:əʊl / cre·ole] *agg.* **1** creolo **2** (*cuc.*) alla creola: — *lobster*, aragosta alla creola ◆ *s.* **1** creolo; discendente dei coloni francesi della Louisiana **2** creolo (linguaggio); il dialetto francese parlato dai creoli (specialmente a New Orleans).

creolin ['kri:əlɪn / creo·lin] *s.* (*chim.*) creolina.

creosol ['krɪəsəʊl / creo·sol] *s.* (*chim.*) creosolo.

creosote ['krɪəsəʊt / creo·sote] *s.* (*chim.*) creosoto.

crepe, **crêpe** [kreɪp] *s.* **1** crespo; tessuto di seta: — *de Chine*, crespo di Cina // — *paper*, carta crespata // — *rubber*, gomma crespata (per suole) // — *band*, fascia nera portata in segno di lutto **2** (*cuc.*) crêpe; (*amer.*) frittella BRIT. pancake.

crepehanger ['kreɪphæŋgə* / crepe·hanger] *s.* (*sl. amer.*) pessimista.

crepitant ['krepɪtənt / crep·it·ant] *agg.* crepitante.

to **crepitate** ['krepɪteɪt / crep·it·ate] *v.intr.* crepitare.

crepitation [ˌkrepɪ'teɪʃn / crep·ita·tion] *s.* **1** crepitio **2** (*med.*) crepitazione (respiratoria).

crept *pass.p.p.* di to **creep**.

crepuscular [krɪ'pʌskjʊlə* / cre·pus·cu·lar] *agg.* **1** (*letter.*) crepuscolare **2** attivo al crepuscolo (di animale, insetto).

crepuscule ['krepəskju:l / cre·pus·cule] *s.* (*letter.*) crepuscolo.

crescendo [krɪ'ʃendəʊ / cres·cendo] *pl.* **crescendos** [cres·cen·dos] **crescendi** [kre'ʃendɪ / cres·cendi] *s.* **1** (*mus.*) crescendo **2** apice, punto massimo: *protest reached a* —, la protesta ha raggiunto un punto massimo.

crescent ['kresnt / cres·cent] *agg.* **1** crescente **2** a mezzaluna; a semicerchio // *the Crescent City*, New Orleans ◆ *s.* **1** luna crescente; falce (di luna) **2** mezzaluna, figura di mezzaluna; emblema dell'islamismo // *the Crescent*, l'Impero turco // *the Cross and the Crescent*, la Croce e la Mezzaluna, il Cristianesimo e l'Islamismo **3** strada, lato di strada a semicerchio; fila di case disposte a semicerchio // *a — of fertile land*, una mezzaluna di terra fertile.

cresol ['kri:səʊl / cre·sol] *s.* (*chim.*) cresolo.

cress [kres] *s.* (*bot.*) crescione: *garden* —, (*Lepidium sativum*) crescione degli orti.

cresset ['kresɪt] *s.* **1** (*ant.*) torcia; lampione: *...at my nativity / the front of heavens was full of fiery shapes, / of burning cressets*, (SH. Henry IV) ...alla mia nascita la fronte del cielo si riempì di forme fiammeggianti, di lampioni ardenti **2** lanterna a gabbia metallica.

crest [krest] *s.* **1** cresta (di gallo) **2** ciuffo, ciuffetto (di piume); criniera (di cavallo) **3** pennacchio; criniera; cimiero **4** cresta, cima, picco (*anche fig.*) // *to ride the — of the wave*, essere sulla cresta dell'onda **5** (*arald.*) cimiero **6** (*arch.*) corona; linea di displuvio **7** (*elettr., mecc.*) cresta.

to **crest** *v.tr.* **1** ornare di pennacchio, cresta **2** servire da pennacchio, cresta a **3** giungere alla sommità di (colle ecc.) ◆ *v.intr.* formare cresta (di onde).

crested ['krestɪd] *agg.* fornito di cresta, di criniera; ornato di pennacchio, cimiero // — *paper*, carta da scrivere con stemma gentilizio.

crestfallen ['krest,fɔ:lən / crest·fal·len] *agg.* mortificato, umiliato; con la testa bassa; abbattuto.

cresylic [krɪ'sɪlɪk / cre·sylic] *agg.* (*chim.*) cresilico.

cretaceous [krɪ'teɪʃəs / cre·ta·ceous] *agg.* (*geol.*) cretaceo; cretacico // (*geol.*) *the Cretaceous (period)*, il cretaceo.

Cretan ['kri:tn] *agg.* e *s.* cretese.

cretic ['kri:tɪk] *agg* e *s.* (*metrica*) cretico.

to **cretify** ['kri:tɪfaɪ / cret·ify] *v.tr.* spalmare, imbrattare di creta.

cretin ['kretɪn] *s.* cretino.

cretinism ['kretɪnɪzəm / cret·in·ism] *s.* (*med.*) cretinismo.

to **cretinize** ['kretɪnaɪz / cret·in·ize] *v.tr.* e *intr.* incretinire.

cretinoid ['kretɪnɔɪd / cret·in·oid] *agg.* (*med.*) cretinoide.

cretinous ['kretɪnəs / cret·in·ous] *agg.* cretino.

cretonne ['kretɒn / cre·tonne] *s.* cretonne.

crevasse [krɪ'væs / cre·vasse] *s.* crepaccio (di ghiacciaio).

to **crevasse** *v.intr.* fendersi, spaccarsi (di ghiaccio).

crevice ['krevɪs / crev·ice] *s.* **1** (*geol.*) crepa, fenditura (di roccia) **2** fessura; interstizio **3** sottile vena mineralizzata (spec. aurifera).

crew [kru:] *s.* **1** (*mar., aer.*) equipaggio **2** squadra, gruppo (di operai): *the* TV —, la troupe televisiva // *train* —, personale del treno **3** banda, gruppo, combriccola; (*spreg.*) ciurma.

to **crew** *v.intr.* fare da equipaggio, formare un equipaggio.

crew *pass.* di to **crow**[2].

crew cut ['kru:kʌt] *pl.* **crew cuts** *s.* taglio (di capelli) a spazzola.

crewel ['kru:əl] *s.* lana da ricamo // — *needle*, ago da ricamo; — *stitch*, punt'erba.

crewelwork ['kru:əlwɜ:k / crewel·work] *s.* ricamo in lana.

crewman ['kru:mən / crew·man] *pl.* **crewmen**, **crewmember** ['kru:,membə* / crew·mem·ber] *s.* membro dell'equipaggio (di navi, aerei, astronavi ecc.).

crew-neck ['kru:nek] *agg.* a girocollo: — *sweater*, maglione a girocollo.

crib [krɪb] *s.* **1** rastrelliera, greppia **2** presepio **3** stalla; capanna **4** lettino a sbarre (per bambini); (*amer.*) culla // (*med.*) — *death*, morte in culla (di neonato) **5** (*arch.*) puntellatura di sostegno; (*ind. miner.*) catasta di puntellamento **6** (*fam.*) piccolo furto; plagio **7** (*sl. scolastico*) bigino, traduttore **8** (*fam.*) → cribbage **9** trappola di vimini (per salmoni).

to **crib** *pass.p.p.* **cribbed** [krɪbd] *v.tr.* **1** fornire di rastrelliera, di greppia **2** (*miner.*) puntellare (con cataste di legno) **3** (*fam.*) rubacchiare; plagiare: *to — sthg. from s.o.*, rubacchiare qlco. a qlcu. **4** (*sl. scolastico*) copiare: *to — an exercise from another boy*, copiare un compito da un compagno **5** (*ant.*) serrare, rinchiudere (in spazio limitato).

cribbage ['krɪbɪdʒ / crib·bage] *s.* cribbage (gioco a carte).

cribriform ['krɪbrɪfɔ:m / crib·ri·form] **cribrose** ['krɪbrəʊz / crib·rose] *agg.* (*anat., bot.*) cribriforme, cribroso.

crick[1] [krɪk] *s.* crampo: *a — in the neck*, torcicollo.

to **crick**[1] *v.tr.* far venire un crampo a: *to — one's neck*, prendere il torcicollo.

to **crick**[2] *v.intr.* frinire (di grilli).

cricket[1] ['krɪkɪt] *s.* grillo: *house* —, grillo domestico.

cricket[2] *s.* (*sport*) cricket // *that's not* —, (*fam.*) non è leale, non è sportivo.

to **cricket**[2] *v.intr.* (*non com.*) giocare a cricket.

cricketer ['krɪkɪtə* / crick·eter] *s.* giocatore di cricket.

cricoid ['kraɪkɔɪd / cric·oid] *agg.* (*anat.*) cricoideo ◆ *s.* (*anat.*) cricoide.

crier ['kraɪə*] *s.* **1** banditore **2** chi piange molto.

crikey ['kraɪkɪ / cri·key] *inter.* (*sl. antiq.*) capita!

crime [kraɪm] *s.* **1** delitto; reato, crimine: *to charge with a* —, incolpare di un delitto // (*mil.*) — *sheet*, foglio delle punizioni **2** azione sconsiderata, peccato.

to **crime** *v.tr.* (*mil.*) **1** incriminare **2** condannare.

Crimean [kraɪ'mɪən / Crim·ean] *agg.* di Crimea.

crimeless ['kraɪmlɪs / crime·less] *agg.* (*non com.*) innocente.

criminal [krɪmɪnl / crim·inal] *agg.* **1** criminale: — *association*, associazione per delinquere; — *assault*, aggressione; — *contempt*, oltraggio alla corte **2** penale: — *action* (o *prosecution*), azione penale; *to take — proceedings against s.o.*, intraprendere azione penale contro qlcu.; — *evidence*, prova nel processo penale; — *intent*, dolo; — *procedure*, procedura penale; — *records*, precedenti penali; — *law*, diritto penale; — *lawyer*, (avvocato) penalista // *The Criminal Investigation Department*, (*fam.* CID) la polizia giudiziaria ◆

s. criminale, delinquente: *habitual* —, recidivo; pregiudicato.

criminalist ['krɪmɪnəlɪst / cri·min·al·ist] *s.* penalista.

criminality [,krɪmɪ'nælɪtɪ / cri·min·al·ity] *s.* criminalità.

to **criminalize** ['krɪmɪnəl,aɪz / cri·min·al·ize] *v.tr.* criminalizzare.

criminally ['krɪmɪnəlɪ / crim·in·ally] *avv.* criminalmente.

to **criminate** ['krɪmɪneɪt / crim·in·ate] *v.tr.* **1** (*dir.*) incriminare, accusare **2** (*dir.*) convincere di delitto: *to — oneself*, fornire delle prove contro se stesso **3** (*rar.*) biasimare; censurare.

crimination [,krɪmɪ'neɪʃn / cri·mina·tion] *s.* (*dir.*) incriminazione, accusa.

criminative ['krɪmɪnətɪv / crim·in·at·ive] **criminatory** ['krɪmɪnətərɪ / cri·min·at·ory] *agg.* (*rar.*) incriminante, accusatorio.

crimine ['krɪmɪnɪ / crim·ine] *inter.* (*ant.*) diamine!

criminologist [,krɪmɪ'nɒlədʒɪst / crim·ino·lo·gist] *s.* criminologo.

criminology [,krɪmɪ'nɒlədʒɪ / crim·ino·logy] *s.* criminologia.

criminous ['krɪmɪnəs / crim·in·ous] *agg.* (*dir.*) colpevole di delitto.

criminy ['krɪmɪnɪ / crim·iny] → **crimine**.

crimp[1] [krɪmp] *s.* **1** (*ant.*) chi arruola con l'inganno (soldati, marinai) **2** (*amer.*) persona squallida.

to **crimp**[1] *v.tr.* (*ant.*) arruolare; far arruolare (con inganno).

crimp[2] *agg.* **1** (*rar.*) arricciato **2** (*ant.*) friabile; fragile.

crimp[2] *s.* **1** piega; pieghettatura (di stoffa) **2** arricciatura (di capelli).

to **crimp**[2] *v.tr.* **1** piegare; pieghettare **2** arricciare; increspare (capelli) **3** (*cuc.*) sventrare (pesce appena pescato perché si indurisca) **4** comprimere; stringere; ridurre **5** modellare (cuoio per tomaia) ◆ *v.intr.* sgualcirsi (di stoffe).

crimping-iron ['krɪmpɪŋ,aɪən *amer.* 'krɪmpɪŋ,aɪərn] *s.* arricciacapelli.

crimping-machine ['krɪmpɪŋmə,ʃi:n] *s.* (*tess.*) arricciatrice.

crimpy ['krɪmpɪ] *agg.* arricciato, increspato: — *hair*, capelli crespi.

crimson ['krɪmzn / crim·son] *agg.* cremisino, cremisi ◆ *s.* **1** cremisi **2** (*fig.*) rossore.

to **crimson** *v.tr.* tingere di cremisi, di rosso ◆ *v.intr.* arrossire, farsi rosso.

cringe [krɪndʒ] *s.* atteggiamento ossequente, servile.

to **cringe** *v.intr.* **1** farsi piccolo (per timore), acquattarsi, rannicchiarsi **2** (*fig.*) umiliarsi, piegare la schiena servilmente.

cringle ['krɪŋgl] *s.* (*mar.*) brancarella; bosa.

crinite ['kraɪnaɪt / crin·ite] *agg.* (*zool.*, *bot.*) peloso.

crinkle ['krɪŋkl] *s.* **1** crespa, ruga, grinza **2** (*bot.*) arricciamento delle patate (virosi).

to **crinkle** *v.tr.* increspare; pieghettare; spiegazzare; arricciare: *crinkled paper*, carta crespata ◆ *v.intr.* **1** incresparsi; arricciarsi **2** frusciare; scricchiolare.

crinkly ['krɪŋklɪ] *agg.* **1** pieno di pieghe, spiegazzato **2** frusciante **3** riccio; ondulato (di capelli).

crinkum-crankum ['krɪŋkəm'kræŋkəm] *s.* (*ant.*) cosa ingarbugliata (*anche fig.*).

crinoid ['kraɪnɔɪd / crin·oid] *s.* (*zool.*) crinoide SIN. **sea lily** ◆ *agg.* dei crinoidi.

crinoidal ['krɪnɔɪdl / crin·oidal] *agg.* (*geol.*) a crinoidi: — *limestone*, calcare a crinoidi.

crinoline ['krɪnəli:n / crin·ol·ine] *s.* crinolina.

cripes [kraɪps] *inter.* caspita!

cripple ['krɪpl] *s.* **1** zoppo; storpio; sciancato **2** (*fig.*) persona incapace; persona limitata: *a mental* —, una persona limitata mentalmente; *a social* —, persona asociale, incapace di comunicare **3** impalcatura (per pulire, dipingere finestre).

to **cripple** *v.tr.* **1** storpiare; azzoppare **2** (*fig.*) danneggiare, rendere inefficiente; menomare ◆ *v.intr.* zoppicare.

crippled [krɪpld] *agg.* **1** handicappato, inabile, disabile **2** (*fig.*) danneggiato, rovinato.

crippling ['krɪplɪŋ / crip·pling] *agg.* **1** che rende incapace, inabile: — *disease*, malattia invalidante **2** (*fig.*) severo; rovinoso: — *tax*, tassa rovinosa.

crisis ['kraɪsɪs / cri·sis] *pl.* **crises** ['kraɪsi:z] *s.* crisi: — *of confidence*, momento di sfiducia // (*pol.*) *cabinet* —, crisi ministeriale.

crisp [krɪsp] *agg.* **1** croccante, friabile **2** fresco, appena raccolto (di frutta, verdura) **3** nuovo, mai usato: *a — new shirt*, una camicia nuova, mai messa **4** fresco, frizzante; tonificante (di aria) **5** vivo, incisivo (di stile, maniere) **6** crespo, ricciuto **7** (*ant.*) increspato (di acque) ◆ *s.* (*spec. pl.*) patatine fritte: *a packet of crisps*, un pacchetto di chips // *burnt to a* —, (*fam.*) bruciato completamente, carbonizzato.

to **crisp** *v.tr.* **1** rendere croccante **2** increspare (capelli) ◆ *v.intr.* **1** incresparsi (di capelli) **2** disseccarsi (di foglie).

crispate ['krɪspɪt / crisp·ate] *agg.* **1** (*non com.*) increspato **2** (*bot.*, *zool.*) crespato, a margini ondulati.

crispation [krɪs'peɪʃn / crispa·tion] *s.* (*non com.*) **1** arricciamento; ondulazione **2** contrazione, tic.

crisper ['krɪspə*] *s.* scomparto per frutta e verdura (nel frigorifero).

crispin ['krɪspɪn] *s.* (*ant.*) calzolaio.

crispness ['krɪspnɪs / crisp·ness] *s.* **1** friabilità (di biscotto ecc.) **2** freschezza (di un prodotto) **3** freddo intenso (di aria) **4** chiarezza, nitidezza (di stile, maniere) **5** cresposità (di capelli).

crispy ['krɪspɪ] *agg.* (*fam.*) **1** croccante (di biscotti) **2** fresco, appena colto (di frutta, verdura) **3** nuovo, mai usato.

crisscross ['krɪskrɒs *amer.* 'krɪskrɔ:s / criss·cross] *agg.* incrociato; intersecato ◆ *s.* **1** segno di croce (in luogo della firma) **2** incrocio, rete: — *of wires*, incrocio di fili (p.e. elettrici).

to **crisscross** *v.tr.* **1** formare, tracciare delle croci su **2** incrociare; intersecare: *brow crisscrossed with wrinkles*, fronte solcata di rughe ◆ *v.intr.* incrociarsi; intersecarsi.

crisscross *avv.* a rovescio, di traverso, all'inverso.

cristate ['krɪstɪt / crist·ate] **cristated** [krɪs'teɪtɪd / crist·ated] *agg.* (*bot.*, *zool.*) crestato.

criterion [kraɪ'tɪərɪən / cri·terion] *pl.* **criteria** [kraɪ'tɪərɪə / cri·teria] **criterions** *s.* criterio, principio.

critic ['krɪtɪk] *s.* critico: *do not give advantage / to stubborn critics*, (SH. Troilus and Cressida) non offriamo il fianco ai critici ostinati.

critical ['krɪtɪkl / crit·ical] *agg.* critico: — *situation*, situazione critica; *at a — moment of his life*, in un momento critico della sua vita // — *age*, età critica // — *eye*, occhio critico // (*fis.*, *chim.*) — *mass*, *temperature*, massa, temperatura critica // (*fis. nucleare*) — *reactor*, reattore critico // (*econ.*) — *materials*, materiali critici (materie prime essenziali per la difesa) // **-ly** *avv.*

criticality [,krɪtɪ'kælətɪ / crit·ic·al·ity] *s.* (*fis. nucleare*) criticità.

criticaster ['krɪtɪ'kæstə* / crit·ic·as·ter] *s.* (*non com.*) critico da strapazzo.

criticism ['krɪtɪsɪzəm / cri·ti·cism] *s.* **1** critica **2** esegesi **3** (*fil.*) criticismo.

criticizable ['krɪtɪsaɪzəbl / cri·ti·ciz·able] *agg.* criticabile.

to **criticize** ['krɪtɪsaɪz / cri·ti·cize] *v.tr.* **1** criticare, fare la critica di **2** censurare.

critique [krɪ'ti:k / cri·tique] *s.* **1** critica **2** recensione; saggio critico // (*fil.*) *Critique of Pure Reason*, Critica della Ragion Pura.

critter ['krɪtə* / crit·ter] *s.* (*sl. amer.*) creatura.

croak [krəʊk] *s.* **1** gracidamento; gracchiamento; gracidio **2** (*sl.*) l'ultimo respiro **3** (*sl. amer.*) ubriacone.

to **croak** *v.intr.* **1** gracidare; gracchiare **2** (*fig.*) brontolare; predire malanni **3** (*sl.*) morire ◆ *v.tr.* **1** brontolare **2** (*amer.*) uccidere.

croaker [krəʊkə*] *s.* **1** animale che gracchia, gracida **2** (*fig.*) brontolone; uccello di malaugurio.

croaky ['krəʊkɪ] *agg.* **1** rauco **2** gracidante.

Croat ['krəʊæt] *agg.* e *s.* croato.

Croatian [krəʊ'eɪʃjən / Cro·atian] *agg.* e *s.* **1** croato **2** (lingua) croata, croato.

crochet ['krəʊʃeɪ *amer.* krəʊ'ʃeɪ / cro·chet] *s.* lavoro all'uncinetto.

to **crochet** *v.tr.* lavorare all'uncinetto.

crochet-hook ['krəʊʃɪhʊk *amer.* krəʊ'ʃeɪhʊk] **crochet-pin** ['krəʊʃɪpɪn *amer.* krəʊ'ʃeɪpɪn] *s.* uncinetto.

crocidolite [krəʊ'sɪdəlaɪt / cro·cid·ol·ite] *s.* (*min.*) crocidolite.

crock[1] [krɒk] *s.* **1** pentola, vaso (di terracotta); (*fam.*) pentola (di metallo) **2** coccio di terracotta.

crock[2] *s.* (*fam.*) **1** persona vecchia, malandata **2** automobile vecchia, rottame **3** ronzino **4** pecora vecchia.

to **crock**[2] *v.tr.* (*fam.*) rendere inabile ◆ *v.intr. to — (up)*, (*sl.*) ammalarsi.

crock[3] *s.* (*fam.*) sporcizia; fuliggine.

to **crock**[3] *v.tr.* (*fam.*) sporcare, insudiciare (con fuliggine).

crockery ['krɒkərɪ / crock·ery] *s.* [U] terraglie (*pl.*).

crocket ['krɒkɪt] *s.* (*arch.*) ornamento floreale agli angoli del frontone.

crocodile [ˈkrɒkədaɪl / cro·co·dile] *s.* **1** coccodrillo // *— tears*, (*fig.*) lacrime di coccodrillo **2** fila doppia (di scolaretti).

crocodilian [ˌkrɒkəˈdɪljən / cro·co·dil·ian] *agg.* (*non com.*) di, da coccodrillo.

crocoite [ˈkrɒkəwaɪt *amer.* ˈkrɔːkəwaɪt / cro·co·ite] *s.* (*min.*) crocoite.

crocus [ˈkrəʊkəs / cro·cus] *pl.* **crocuses** [ˈkrəʊkəsɪz] **croci** [ˈkraʊkəɪ] *s.* (*bot.*) croco.

croesus [ˈkriːsus / croe·sus] *s.* creso, persona ricchissima.

croft[1] [krɒft *amer.* krɔːft] *s.* campicello; piccolo podere.

croft[2] *s.* (*rar.*) cripta, volta, caverna.

crofter [ˈkrɒftə*] *s.* (*spec. scoz.*) affittuario di un piccolo podere; contadino.

croissant [ˈkrwɑːsɒŋ / crois·sant] *s.* (*fr.*) croissant, cornetto.

cromorne [krəʊˈmɔːn / crom·orne] *s.* (*mus.*) cromorno.

crone [krəʊn] *s.* **1** (*spreg.*) vecchia donna rugosa **2** pecora vecchia.

cronk [krɒŋk] *agg.* (*sl. austr.*) **1** sospetto, disonesto (di affare) **2** malfermo; in cattiva forma (di cavallo).

crony [ˈkrəʊnɪ] *s.* (*fam.*) amico intimo: *an old —*, un vecchio amico.

crook [krʊk] *s.* **1** curva; curvatura; flessione: *— of the knee*, genuflessione **2** gancio, uncino, raffio **3** bastone da pastore; (*eccl.*) pastorale **4** (*sl.*) criminale, ladro, imbroglione // *by hook or by —*, (*fam.*) con qualunque mezzo, di riffa o di raffa // *to get sthg. on the —*, (*sl.*) ottener qlco. disonestamente.

to **crook** *v.tr.* curvare; piegare: *to — one's finger, arm*, piegare il dito, il braccio ♦ *v.intr.* curvarsi; piegarsi.

crookback [ˈkrʊkbæk / crook·back] *s.* (*non com.*) gobba.

crookbacked [ˈkrʊkbækt / crook·backed] *agg.* gobbo, curvo.

crooked [krʊkt *nel senso 4* krʊkɪd] *agg.* **1** storto; curvo, curvato; contorto; deforme; (*bot.*, *zool.*) adunco, ricurvo: *— legs*, gambe storte; *— smile*, sorriso storto, a metà; *to wear one's hat —*, portare il cappello di traverso **2** (*fig.*) tortuoso: *— reasoning*, ragionamento tortuoso **3** (*fig.*) sleale, disonesto: *— lawyer*, avvocato disonesto **4** a forma di gruccia (di bastone) // **-ly** *avv.*

crookedness [ˈkrʊkɪdnɪs / crook·ed·ness] *s.* **1** tortuosità (*anche fig.*) **2** deformità fisica **3** disonestà, slealtà.

croon [kruːn] *s.* canto sommesso, monotono; cantilena.

to **croon** *v.tr.* e *intr.* cantare in tono basso, sommesso, canticchiare.

crooner [ˈkruːnə*] *s.* cantante di canzoni lente e sentimentali.

crop [krɒp] *s.* **1** gozzo (di uccello) // *neck and —*, completamente, del tutto **2** manico di frustino // *hunting —*, frustino da caccia **3** raccolto, messe; coltura; pianta coltivata: *rice —*, raccolto del riso // (*econ.*) *single-crop economy*, economia a monocoltura; *land out of —*, terra a maggese; *land under* (o *in*) *—*, terra coltivata // *a good, bad — of foals*, una buona, scarsa quantità di puledri **4** (*fig.*) raccolta, gruppo: *a — of lies*, (*fam.*) un sacco di bugie **5** rapata (di capelli): *close —*, rapata a zero // *Eaton —*, taglio alla maschietta **6** marchio (di animali) **7** (*metall.*) spuntatura **8** (*cuc.*) spalla (di animale) **9** pelle intera conciata.

to **crop** *pass.p.p.* **cropped** [krɒpt] *v.tr.* **1** tagliar via; spuntare; mozzare (orecchie, coda ecc. ad animali); tosare; cimare (tessuti): *hair cropped close*, capelli tagliati a zero **2** brucare: *the sheeps were cropping the grass*, le pecore brucavano l'erba **3** coltivare, seminare; produrre, raccogliere: *to — ten acres with wheat*, seminare dieci acri a grano ♦ *v.intr.* dare un raccolto: *the tomatoes cropped well last year*, abbiamo fatto un buon raccolto di pomodori l'anno scorso.

□ **crop out** *v.intr.* e *avv.* (*geol.*) affiorare (di roccia).

□ **crop up** *v.intr.* e *avv.* **1** → to crop out **2** (*fam.*) capitare, presentarsi, saltar fuori: *a problem has cropped up at work*, sul lavoro è saltato fuori un problema.

crop dusting [ˈkrɒpdʌstɪŋ] *s.* (*aer.*) irrorazione delle colture (con antiparassitari ecc.).

crop-eared [ˈkrɒpɪəd] *agg.* dalle orecchie mozze.

cropper[1] [ˈkrɒpə* / crop·per] *s.* **1** potatore; tosatore; cimatore (di tessuti) **2** coltivatore, mezzadro **3** pianta che produce: *good, bad —*, pianta che dà un buono, un cattivo raccolto.

cropper[2] *s.* (*fam.*) caduta, tombola: *to come a —*, fare una caduta; *to come a — in an examination*, cadere, far fiasco a un esame.

cropper[3] *s.* piccione gozzuto.

croppy [ˈkrɒpɪ] *s.* **1** (*st.*) ribelle irlandese del 1798 (coi capelli corti secondo la moda rivoluzionaria) **2** (*non com.*) persona con i capelli corti.

croquet [ˈkrəʊkeɪ *amer.* krəʊˈkeɪ / cro·quet] *s.* (*sport*) croquet, pallamaglio.

to **croquet** *v.intr.* giocare a croquet.

croquette [krɒˈket / cro·quette] *s.* (*cuc.*) croquette, crocchetta.

crosier [ˈkrəʊʒə* / cro·sier] *s.* (*eccl.*) pastorale.

cross [krɒs *amer.* krɔːs] *agg.* **1** trasversale, obliquo; intersecante: *— traffic*, traffico trasversale; *— stroke*, frego, riga trasversale (a penna ecc.); colpo trasversale (tennis ecc.); (*rugby*) *— kick*, calcio laterale // (*dir.*) *— appeal*, appello incidentale // (*inform.*) *— software*, software incrociato // (*econ.*) *— elasticity*, elasticità incrociata // (*comm.*) *— holding*, partecipazione incrociata // *— rate*, tasso di cambio indiretto **2** imbronciato, seccato, bisbetico, di cattivo umore: *why are you so — with me?*, perché sei così arrabbiato con me? // *to be as — as two sticks* (o *as a bear with a sore head*), essere di pessimo umore **3** opposto, avverso, contrario: *— wind*, vento contrario // (*edil.*) *— bracing*, controvento **4** (*sport*) angolato: *— shot*, tiro angolato **5** (*biol.*) incrociato (di animale, di pianta).

cross *s.* **1** croce: *the stations of the Cross*, la via crucis; *to make the sign of the —*, fare il segno della croce; *to sign with a —*, firmare con una croce // *the George Cross*, la Croce di San Giorgio // *Greek —*, Croce Greca // *Maltese —*, Croce di Malta // *The Red Cross*, la Croce Rossa // (*astr.*) *Southern Cross*, Croce del Sud // *The Victoria Cross*, la Croce della Regina Vittoria (onorificenza) // *fiery —*, (*scoz.*) croce con le estremità bruciate, bagnate di sangue (emblema di sommossa); (*amer.*) croce di fuoco (simbolo del Ku-klux-klan) // *on the —*, diagonalmente **2** (*fig.*) pena, tribolazione; contrarietà: *to bear one's —*, (*fam.*) portare la propria croce **3** segno a croce **4** taglio (sulla lettera 't') **5** sbieco: *on the —*, di sbieco: *the dress was cut on the —*, il vestito era tagliato di sbieco **6** (*bot.*) incrocio, ibrido; ibridazione // *her house is a — between a gymnasium and a bar*, (*fig.*) la sua casa è una via di mezzo fra una palestra e un bar **7** (*sport*) traversone **8** (*tecn.*) crociera; raccordo a croce; raccordo a quattro vie **9** (*ant.*) crocicchio, quadrivio.

to **cross** *v.tr.* **1** fare il segno della croce: *to — oneself*, farsi il segno della croce // *— your heart and hope to die*, giura, prometti di dire la verità sul segno della croce **2** incrociare: *my letter crossed yours*, le nostre lettere s'incrociarono; *to — one's legs*, accavallare le gambe; *to — one's arms*, incrociare le braccia; *to — one's fingers*, incrociare le dita (per scaramanzia) // *to — swords with s.o.*, incrociare le spade, battersi a duello con qlcu.; (*fig.*) entrare in conflitto **3** attraversare, tagliare, intersecare: *King Rd. crosses Dean St.*, King Road interseca Dean Street; *to — the border*, attraversare il confine; *a frown crossed her face*, un'espressione di disapprovazione le attraversò il viso // *he crossed the barrier between humour and bad taste*, valicò la barriera fra l'umorismo e il cattivo gusto // *we'll — that bridge when we come to it*, (*fig.*) ci occuperemo di quella questione quando sarà il momento // *to — one's mind*, (*fig.*) venire in mente // *to — s.o.'s path*, trovarsi sulla strada di qlcu.; sbarrare il passo a qlcu. // (*pol. brit.*) *to — the floor*, passare a un altro partito // *to — s.o.'s palm with silver*, dare del denaro a qlcu. (spec. a una zingara o chiromante) **4** opporsi a, ostacolare: *he crossed me in everything*, mi ostacolò in tutto; *he has been crossed in love*, ha avuto amori contrastati; *to — s.o.'s plans*, contrariare qlcu., contrastare i piani di qlcu. **5** (*biol.*) incrociare, ibridare; incrociarsi: *to — breeds*, fare incroci di razze **6** sbarrare: *a crossed cheque*, un assegno sbarrato; *to — one's t's*, fare il taglio alle t // *to — one's t's and dot one's i's*, (*fig.*) mettere i puntini sulle i **7** trasportare, spostare, trasferire (truppe ecc.) **8** cavalcare, stare a cavalcioni (di una sella) **9** (*sport*) crossare: *to — the ball*, fare un cross ♦ *v.intr.* **1** incrociarsi: *the two roads — near the factory*, le due strade s'incrociano vicino alla fabbrica **2** compiere una traversata: *to — over from Boulogne to Folkestone*, fare la traversata da Boulogne a Folkestone.

□ **cross off** *v.tr.* e *avv.* depennare, cancellare: *we don't want him, — him off our list*, non lo vogliamo, depennalo dalla lista; *to — items off a list*, spuntare, cancellare voci da una lista.

□ **cross out** *v.tr.* e *avv.* cancellare (per correggere): *the teacher crossed out my mistakes*, l'insegnante tirò un frego sui miei errori.

crossbar [ˈkrɒsbɑː* *amer.* ˈkrɔːsbɑː* / cross·bar] *s.* **1** (*sport*) traversa; asticella (di salto in alto); sbarra **2** canna (di bicicletta) **3** (*mar.*) ceppo (dell'ancora).

crossbeam [ˈkrɒsbiːm *amer.* ˈkrɔːsbiːm / cross·beam] *s.* (*edil.*) trave trasversale.

cross-bedding [ˈkrɒsˈbedɪŋ *amer.* ˈkrɔːs ˈbedɪŋ] *s.* (*geol.*) stratificazione incrociata SIN. cross-stratification.

crossbelt [ˈkrɒsbelt *amer.* ˈkrɔːsbelt / cross·belt] *s.* cartucciera a tracolla.

crossbench ['krɒsbentʃ *amer.* 'krɔ:sbentʃ / cross·bench] *s.* banco trasversale (di deputato indipendente).

crossbencher ['krɒsbentʃə* *amer.* 'krɔ:s bentʃə* / cross·bencher] *s.* membro indipendente (alla Camera dei Comuni).

crossbill ['krɒsbɪl *amer.* 'krɔ:sbɪl / cross·bill] *s.* (*zool.*) crociere.

crossbones ['krɒsbəʊnz *amer.* 'krɔ:sbəʊnz / cross·bones] *s.pl.* ossa incrociate: *skull and* —, teschio e ossa incrociate (emblema della morte, bandiera dei pirati).

crossbow ['krɒsbəʊ *amer.* 'krɔ:sbəʊ / cross·bow] *s.* balestra.

crossbred ['krɒsbred *amer.* 'krɔ:sbred / cross·bred] *agg.* (*biol.*) incrociato (di razze).

crossbreed ['krɒsbri:d *amer.* 'krɔ:sbri:d / cross·breed] *s.* (*biol.*) incrocio (di razze).

to **crossbreed** *v.tr.* (*biol.*) ibridare, incrociare ◆ *v.intr.* (*biol.*) produrre ibridi.

crosscheck ['krɒstʃek *amer.* 'krɔ:stʃek / cross·check] *s.* controllo incrociato, riscontro, controllo accurato.

to **crosscheck** ['krɒs'tʃek *amer.* 'krɔ:s 'tʃek] *v.tr.* e *intr.* fare un controllo incrociato (su), fare un riscontro, un controllo accurato (su).

cross-claim ['krɒs'kleɪm *amer.* 'krɔ:s'kleɪm] *s.* (*dir.*) domanda riconvenzionale.

cross-country [,krɒs'kʌntrɪ *amer.* ,krɔ:s 'kʌntrɪ] *s.* corsa campestre: *a* — (*race*), una corsa campestre ◆ *avv.* attraverso la campagna: *to walk* —, camminare attraverso la campagna.

crosscurrent ['krɒs,kʌrənt *amer.* 'krɔ:s kʌrənt / cross·cur·rent] *s.* **1** corrente trasversale **2** (*fig.*) corrente, tendenza contraria.

crosscut ['krɒskʌt *amer.* 'krɔ:skʌt / cross·cut] *s.* **1** taglio trasversale // — *saw*, sega da boscaiolo **2** scorciatoia, sentiero trasversale **3** (*miner.*) traversobanco, traversa (galleria perpendicolare agli strati rocciosi).

crosse [krɒs *amer.* krɔ:s] *s.* (*amer. sport*) racchetta da lacrosse.

cross-examination ['krɒsɪg,zæmɪ'neɪʃn *amer.* 'krɔ:sɪg,zæmɪ'neɪʃn] *s.* (*dir.*) interrogatorio con contraddittorio.

to **cross-examine** [,krɒsɪg'zæmɪn *amer.* ,krɔ:sɪg'zæmɪn] *v.tr.* (*dir.*) interrogare in contraddittorio; sottoporre a controinterrogatorio.

cross-eye ['krɒsaɪ *amer.* 'krɔ:saɪ] *s.* (*med.*) strabismo.

cross-eyed ['krɒsaɪd *amer.* 'krɔ:saɪd] *agg.* (*med.*) strabico.

cross-fertilization ['krɒs,fɜ:tɪlaɪ'zeɪʃn *amer.* 'krɔ:sfɜ:tɪlaɪ'zeɪʃn] *s.* (*bot.*) fecondazione incrociata, allogamia.

crossfire ['krɒs,faɪə* *amer.* krɔ:sfaɪə* / cross·fire] *s.* (*mil.*) fuoco incrociato.

cross-grained ['krɒsgreɪnd *amer.* 'krɔ:s greɪnd] *agg.* **1** a venatura trasversale, irregolare (di legno) **2** (*fig.*) perverso, intrattabile (di persona).

to **cross-hatch** ['krɒshætʃ *amer.* 'krɔ:shætʃ] *v.tr.* tratteggiare, ombreggiare.

cross-hatch(ing) ['krɒshætʃ(ɪŋ) *amer.* 'krɔ:shætʃ(ɪŋ)] *s.* **1** tratteggio incrociato; ombreggiatura a tratteggio incrociato **2** (*tess.*) trama incrociata.

cross-head ['krɒshed *amer.* 'krɔ:shed] *s.* (*mecc.*) **1** cappello (di pressa) **2** testa a croce (di macchina a vapore).

cross-head(ing) ['krɒshed(ɪŋ) *amer.* 'krɔ:shed(ɪŋ)] *s.* (*tip.*) titoletto; sottotitolo.

crossing ['krɒsɪŋ *amer.* 'krɔ:sɪŋ / cross·ing] *s.* **1** traversata: *my first Channel — was rough*, la mia prima traversata della Manica fu tempestosa **2** attraversamento; incrocio: *zebra* —, attraversamento pedonale a strisce; *level* (o amer. *grade*) —, passaggio a livello **3** (*biol.*) incrocio di razze.

crossing-over ['krɒsɪŋ'əʊvə* *amer.* 'krɔ:s ɪŋ'əʊvə*] *s.* (*biol.*) ricombinazione meiotica SIN. crossover.

cross-legged ['krɒslegd *amer.* 'krɔ:slegd] *agg.* e *avv.* con le gambe incrociate (di chi sta seduto).

crosslet ['krɒslɪt *amer.* 'krɔ:slɪt / cross·let] *s.* crocetta, piccola croce.

crossly ['krɒslɪ *amer.* 'krɔ:slɪ / cross·ly] *avv.* di malumore, bruscamente.

to **crossmatch** ['krɒs'mætʃ *amer.* 'krɔ:s 'mætʃ / cross·match] *v.tr.* (*biol.*) fare un test di compatibilità.

crossness ['krɒsnɪs *amer.* 'krɔ:snɪs / cross·ness] *s.* malumore, irritabilità.

crossover ['krɒsəʊvə* *amer.* 'krɔ:səʊvə* / cross·over] *s.* **1** incrocio con strada sopraelevata **2** (*biol.*) → crossing-over.

cross-party ['krɒs,pɑ:tɪ] *agg.* trasversale, comune a più partiti: — *grouping, coalition*, partito trasversale.

crosspatch ['krɒspætʃ *amer.* 'krɔ:spætʃ / cross·patch] *s.* (*fam.*) borbottone, individuo irritabile, di cattivo carattere.

crosspiece ['krɒspi:s *amer.* 'krɔ:spi:s / cross·piece] *s.* traversa.

crossply tyre ['krɒsplaɪ'taɪə* *amer.* 'krɔ:s plaɪ'taɪə*] *s.* pneumatico a tele incrociate.

cross-pollination [,krɒspɒlɪ'neɪʃn *amer.* ,krɔ:spɒlɪ'neɪʃn] *s.* (*bot.*) impollinazione incrociata.

cross-purposes [,krɒs'pɜ:pəsɪz *amer.* ,krɔ:s'pɜ:pəsɪz] *s.* **1** nella locuz. *at* —, fraintendendosi: *to talk, to be at* —, fraintendersi **2** gioco delle domande incrociate.

to **cross-question** [,krɒs'kwestʃən *amer.* ,krɔ:s'kwestʃən] *v.tr.* (*dir.*) interrogare in contraddittorio; sottoporre a controinterrogatorio.

cross-reaction [,krɒsrɪ'ækʃn *amer.* ,krɔ:s rɪ'ækʃn] *s.* (*biol.*) reazione crociata.

to **cross-refer** [,krɒsrɪ'fɜ:* *amer.* ,krɔ:s rɪ'fɜ:*] *v.tr.* rimandare a (nei dizionari ecc.).

cross-reference [,krɒs'refərəns *amer.* ,krɔ:s'refərəns] *s.* rinvio (da una parte di un libro ad altra), rimando; riferimento incrociato.

to **cross-reference** *v.tr.* fare un rimando a; fornire di rimandi: *this dictionary is fully cross-referenced*, questo dizionario ha molti rimandi; *compound words are cross-referenced to stem-words*, le parole composte sono rimandate alle parole base ◆ *v.intr.* rimandare a.

crossroads ['krɒsrəʊdz *amer.* 'krɔ:srəʊdz / cross·roads] *s.* incrocio // *to be at the* (o *at a*) —, essere a un bivio, a un punto cruciale.

cross-section [,krɒs'sekʃn *amer.* ,krɔ:s 'sekʃn] *s.* **1** sezione trasversale: *a — of a column*, una sezione trasversale di una colonna **2** (*fig.*) campione, gruppo rappresentativo: *the committee represents a broad — of the local population*, il comitato rappresenta la popolazione locale in modo ampiamente differenziato **3** (*geol.*) sezione, sezione trasversale **4** (*fis. nucleare*) sezione d'urto.

cross-stitch ['krɒsstɪtʃ *amer.* 'krɔ:sstɪtʃ] *s.* (*cucito*) punto a croce.

cross-stratification [,krɒsstrætɪfɪ'keɪʃn *amer.* ,krɔ:sstrætɪfɪ'keɪʃn] *s.* (*geol.*) → **cross -bedding**.

cross talk ['krɒstɔ:k *amer.* 'krɔ:stɔ:k] *s.* **1** rapido scambio di battute **2** (*tel.*, *rad.*) interferenza; diafonia.

crosstrees ['krɒstri:z *amer.* 'krɔ:stri:z / cross·trees] *s.pl.* (*mar.*) crocette, barre: *main* —, barre di maestra; *mizzen* —, barre di mezzana.

crosswalk ['krɒswɔ:k *amer.* 'krɔ:swɔ:k / cross·walk] *s.* (*amer.*) attraversamento pedonale BRIT. pedestrian crossing.

crosswind ['krɒswɪnd *amer.* krɔ:swɪnd / cross·wind] *s.* vento di traverso.

crosswise ['krɒswaɪz *amer.* 'krɔ:swaɪz / cross·wise] *agg.* trasversale ◆ *avv.* **1** per traverso; di traverso **2** a forma di croce.

crossword ['krɒswɜ:d *amer.* 'krɔ:swɜ:d / cross·word] *s.* — (*puzzle*), parole crociate, cruciverba.

crotch [krɒtʃ] *s.* **1** (*bot.*) forca, biforcazione (di ramo) **2** (*anat.*) inforcatura (del corpo) **3** cavallo (dei pantaloni).

crotchet ['krɒtʃɪt / crot·chet] *s.* **1** gancio, uncino **2** (*fig.*) ghiribizzo, mania, capriccio **3** (*tip.*) parentesi uncinata **4** (*mus.*) semiminima **5** lavoro all'uncinetto: — *hook*, uncinetto.

crotchety ['krɒtʃɪtɪ / crot·chety] *agg.* (*fam.*) capriccioso; collerico.

croton ['krəʊtən / cro·ton] *s.* **1** (*bot.*) croton **2** crotontiglio.

crotonic [krəʊ'tɒnɪk *amer.* krəʊ'tɔ:nɪk / crot·onic] *s.* (*chim.*) crotonico: — *acid*, acido crotonico.

crouch [kraʊtʃ] *s.* l'accovacciarsi, il rannicchiarsi.

to **crouch** *v.intr.* accovacciarsi, accucciarsi; rannicchiarsi; accoccolarsi: *the cat crouched on my lap*, il gatto mi si accoccolò in grembo; *the tiger crouched before springing*, la tigre si accucciò prima di saltare; *he was crouched over her dead body*, era piegato sul suo cadavere.

croup[1] [kru:p] *s.* groppa (del cavallo).

croup[2] *s.* (*med.*) laringite difterica, crup.

croupier ['kru:pɪə* / crou·pier] *s.* **1** croupier **2** vicepresidente a un pubblico banchetto.

crow[1] [krəʊ] *s.* (*zool.*) corvo; corvide; cornacchia // *as the — flies*, in linea retta, in linea d'aria // *a white* —, una mosca bianca // *to eat* —, mandar giù un rospo, subire un'umiliazione // *to have a — to pluck with s.o.*, aver qualcosa da ridire su qlcu. // *stone the crows!*, (*fam.*) cielo! // *carrion* —, (*Corvus corone*) cornacchia nera; *hooded* —, (*Corvus cornix*) cornacchia grigia.

crow[2] *s.* **1** canto del gallo **2** grido di gioia (di bimbo).

to **crow**[2] *pass.* **crowed** [krəʊd] **crew** [kru:] *p.p.* **crowed** *v.intr.* **1** cantare (del gallo) **2** (*fig.*) esprimere il proprio compiacimento per, vantarsi, gloriarsi: *he crowed over his victory*, si vantava della propria vittoria **3** far gridolini di gioia (spec. di bambini).

crowbar [krəʊbɑ:* / crow·bar] *s.* (*tecn.*) palanchino.

crowberry ['krəʊbərɪ / crow·berry] *s.* (*bot.*) (*Arctostaphylos uva-ursi*) uva ursina.

crowd [kraʊd] *s.* **1** folla, moltitudine: *in crowds*, in gran folla; *to draw a* —, attirare una moltitudine, molta gente // *to follow the* —, seguire la massa, le masse, il popolo; *to follow* (o *to go with*) *the* —, fare quello che fanno gli altri // *to rise above the* —, (*fig.*) innalzarsi al disopra della folla // (*cinem.*) — *scene*, scena di massa **2** massa, quantità, gran numero di cose: *a — of books and papers*, una massa di libri e carte **3** (*fam. spreg.*) cricca, combriccola: *I don't like any of that* —, non mi piace nessuno di quella combriccola.

to **crowd** *v.intr.* **1** affollarsi; ammassarsi, accalcarsi: *the pupils crowded round* (o *about*) *the teacher*, gli allievi si affollarono intorno all'insegnante; *to — to a place*, affluire in massa in un luogo; *to — down the steps*, ammassarsi giù per le scale **2** (*sl. amer.*) sollecitare il pagamento di un debito ◆ *v.tr.* **1** affollare; ammassare, riempire (di persone, cose): *a huge mob crowded the square*, un'enorme folla riempiva la piazza; *to — people into a building*, ammassare gente in un edificio **2** (*fig. fam.*) mettere sotto pressione; incalzare: *don't — me: it's a difficult job*, non farmi fretta: è un lavoro difficile.

□ **crowd out** *v.tr.* e *avv.* lasciar fuori per troppa ressa, per mancanza di capienza: *many people were crowded out*, a causa della ressa molte persone dovettero rimanere fuori // *matter crowded out*, materiale giornalistico non pubblicato per mancanza di spazio.

□ **crowd up** *v.tr.* e *avv.* **1** affollare, montare, salire in massa su (tram ecc.) **2** (*amer.*) far salire (i prezzi).

crowded ['kraʊdɪd] *agg.* **1** affollato; popoloso: *a — bus*, un autobus affollato; — *city*, città popolosa **2** stretti, accalcati, pigiati: *we'll be a bit — in that tiny car*, staremo un po' stretti in quell'auto così piccola **3** (*fig.*) pieno, affollato: *his mind was — with thoughts*, i pensieri affollavano la sua mente; *a — life*, una vita piena, movimentata.

crowding ['kraʊdɪŋ / crowd·ing] *s.* [U] affollamento; sovraffollamento.

crowding out ['kraʊdɪŋ'aʊt] *s.* (*econ.*) spiazzamento (della domanda privata di credito da parte del deficit pubblico).

crowfoot ['krəʊfʊt / crow·foot] *pl.* **crowfeet** ['krəʊfi:t] *nel sign. 1 anche* **crowfoots** *s.* **1** (*bot.*) (*Ranunculus acer*) ranuncolo comune SIN. bachelor's button **2** (*mar.*) patta d'oca **3** (*mil.*) tribolo.

crown [kraʊn] *s.* **1** corona; ghirlanda, serto: *the martyr's* —, la corona del martirio; *royal* —, corona reale; *to succeed to the* —, salire al trono; *to wear the* —, regnare **2** *the Crown*, la Corona, il potere sovrano // — *colony*, colonia della Corona (britannica); — *liability*, responsabilità dello stato; — *land*, proprietà terriera della corona; — *property*, bene di proprietà dello stato; — *jewels*, gioielli della corona // (*dir.*) — *proceedings*, processo in cui una parte è rappresentata dalla pubblica amministrazione **3** (*st.*) corona (moneta): *half a* —, mezza corona **4** cocuzzolo, calotta: *the — of a hat*, il cocuzzolo di un cappello **5** (*fig.*) coronamento, successo, raggiungimento: *the — of one's labours*, il coronamento delle proprie fatiche **6** corona, capsula (di dente) **7** (*arch.*) chiave (di arco, di volta): — *bar*, trave a corona armata **8** (*mar.*) diamante (di ancora) **9** colmo di strada **10** corona (di paracadute) **11** (*mecc.*) corona: — *wheel*, corona dentata; ruota a corona **12** volta (di fornace) **13** (*bot.*) corona // — *grafting*, innesto a corona **14** (*zool.*) cresta.

to **crown** *v.tr.* **1** incoronare: *to — s.o. king*, incoronare qlcu. re **2** (*estens., fig.*) incoronare, coronare: *the mountain was crowned with snow*, la montagna era coronata di neve; *to be crowned with glory*, essere incoronato di gloria // *that crowns it all!*, (*fam.*) per colmo (di fortuna, di disgrazia): *we lost the tickets and, to — it all, we missed the train*, perdemmo i biglietti e, per colmo di sfortuna, anche il treno // *the copper crowned him as he came out of the window*, (*fam.*) il poliziotto lo colpì alla testa mentre usciva dalla finestra **3** coronare, ricompensare: *his work was crowned with success*, la sua opera fu coronata da successo **4** mettere una corona a, incapsulare (un dente) **5** colmare (una strada) **6** far dama, damare.

crown cap ['kraʊnkæp] *s.* tappo a corona (per bottiglia); capsula.

crown court ['kraʊn'kɔ:t] *s.* (*dir. brit.*) corte penale (di cui fa parte una giuria).

crowned [kraʊnd] *agg.* **1** (in)coronato: — *heads*, teste coronate **2** (*nei composti*) dal cocuzzolo, dalla cima: *high-, low- — hat*, cappello a cocuzzolo alto, basso.

crowning ['kraʊnɪŋ / crown·ing] *agg.* ultimo, finale; supremo: — *happiness, folly*, felicità, follia suprema ◆ *s.* **1** incoronazione **2** (*fig.*) coronamento **3** (*tecn.*) bombatura.

crown law ['kraʊn'lɔ:] *s.* (*dir. brit.*) diritto penale.

crown-lawyer ['kraʊn'lɔ:jə*] *s.* (*dir.*) Pubblico Ministero.

crown-stopper ['kraʊn'stɒpə*] → **crown cap**.

crown witness ['kraʊn'wɪtnɪs] *s.* (*dir. brit.*) testimone d'accusa.

crow's foot ['krəʊzfʊt] *pl.* **crow's feet** ['krəʊzfi:t] *s.* **1** zampa di gallina, ruga **2** (*mil.*) tribolo.

crow's nest ['krəʊznest] *s.* (*mar.*) coffa, gabbia.

crozier ['krəʊʒə* / cro·zier] → **crosier**.

crucial ['kru:ʃl / cru·cial] *agg.* **1** cruciale, decisivo; critico **2** (*anat., zool.*) crociato (di legamento) // (*med.*) *a — incision*, una incisione a forma di croce.

crucian ['kru:ʃn / cru·cian] *s.* (*zool.*) (*Carassius vulgaris*) carassio.

cruciate ['kru:ʃɪt / cru·ci·ate] *agg.* (*bot., zool.*) cruciforme.

crucible ['kru:sɪbl / cru·cible] *s.* **1** crogiuolo: — *steel*, acciaio al crogiuolo **2** (*fig.*) dura prova: *in the* —, a dura prova.

crucifer ['kru:sɪfə* / cru·ci·fer] *s.* **1** (*eccl.*) crocifero **2** (*bot.*) crocifera.

cruciferous [kru:'sɪfərəs / cru·ci·fer·ous] *agg.* **1** crocifero **2** (*bot.*) appartenente alle crocifere.

crucifier ['kru:sɪfaɪə* / cru·ci·fier] *s.* crocifissore.

crucifix ['kru:sɪfɪks / cru·ci·fix] *s.* crocifisso.

crucifixion [,kru:sɪ'fɪkʃn / cru·ci·fix·ion] *s.* crocifissione // *the Crucifixion*, la Crocifissione.

cruciform ['kru:sɪfɔ:m / cru·ci·form] *agg.* crociforme.

to **crucify** ['kru:sɪfaɪ / cru·cify] *v.tr.* **1** crocifiggere **2** (*fig.*) mortificare, tormentare; mettere in croce.

crud [krʌd] *s.* (*sl.*) **1** deposito di sudiciume **2** persona spregevole.

crude [kru:d] *agg.* **1** greggio, grezzo: — *oil*, petrolio greggio; — *ore*, minerale grezzo // (*gramm.*) — *form of a word*, radice tematica di una parola **2** rudimentale, semplice: *they had constructed a — hut in the jungle*, avevano costruito una capanna rudimentale nella giungla **3** (*fig.*) informe; sommario: — *ideas*, idee appena abbozzate; — *method*, metodo sommario **4** (*fig.*) rozzo, volgare; primitivo; brutale: — *manners*, modi rudi; — *statement of the facts*, esposizione brutale dei fatti **5** (*fisiologia*) non digerito (di alimenti) ◆ *s.* (petrolio) grezzo.

crudely ['kru:dlɪ / crude·ly] *avv.* **1** crudamente, rozzamente; volgarmente **2** sommariamente.

crudity ['kru:dɪtɪ / cru·dity] meno com. **crudeness** ['kru:dnɪs / crude·ness] *s.* rudezza; asprezza, mancanza di forma: *a book full of crudities*, un libro pieno di crudezze.

cruel [krʊəl] *agg.* **1** crudele: *a — death*, una morte crudele; *a — master*, un padrone crudele // *she carried on something* —, (*sl. antiq.*) ci ha fatto una scena terribile // *to be — to be kind*, essere crudele per fare del bene **2** doloroso: *it was a — wound*, era una ferita dolorosa // **-ly** *avv.*

cruelty ['krʊəltɪ] *s.* **1** crudeltà // *society for the prevention of — to animals*, società protettrice degli animali; *an act of* —, una crudeltà **2** (*dir.*) maltrattamenti verso il coniuge; crudeltà mentale.

cruet ['kru:ɪt] *s.* **1** → cruet-stand **2** ampolla.

cruet-stand ['kru:ɪtstænd] *s.* oliera.

cruise [kru:z] *s.* crociera: *on a* —, in crociera; *to go on a* —, fare una crociera.

to **cruise** *v.intr.* **1** andare in crociera **2** (*di nave, auto ecc.*) andare, circolare a velocità moderata **3** (*sl.*) andare a donne; battere il marciapiede.

cruiser ['kru:zə*] *s.* **1** (*mar. mil.*) incrociatore **2** (*mar.*) cruiser, cabinato **3** (*amer.*) radiomobile della polizia **4** (*amer. fam.*) *high school* —, ragazzo fresco di patente che scorrazza in auto.

cruiser-weight ['kru:zə,weɪt] *s.* e *agg.* (*pugilato*) mediomassimo; categoria dei mediomassimi.

cruising ['kru:zɪŋ / cruis·ing] *s.* crociera: — *speed*, velocità di crociera.

crumb [krʌm] *s.* **1** briciola (*anche fig.*) **2** mollica.

to **crumb** *v.tr.* **1** sbriciolare **2** (*cuc.*) impanare (costolette ecc.).

crumb-brush ['krʌmbrʌʃ] *s.* spazzola per le briciole.

crumble ['krʌmbl] *s.* (*rar.*) briciola.

to **crumble** *v.intr.* **1** sbriciolarsi; sgretolarsi: *the paint had crumbled off in places*, la vernice si è sgretolata in diversi punti **2** (*fig.*) crollare; ridursi in polvere: *great empires have crumbled*, grandi imperi sono crollati ◆ *v.tr.* sbriciolare.

crumbling [ˈkrʌmblɪŋ / crum·bling] *agg.* fatiscente.

crumbly [ˈkrʌmblɪ / crum·bly] *agg.* friabile.

crumbs [ˈkrʌmz] *inter.* (*antiq.*) perdinci!, perbacco!

crumb-tray [ˈkrʌmtreɪ] *s.* paletta per le briciole.

crumby [ˈkrʌmɪ] *agg.* con molta mollica (di pane); soffice.

crummie, **crummy**[1] [ˈkrʌmɪ] *s.* (*scoz.*) mucca con corna ricurve.

crummy[2] *agg.* **1** (*sl.*) scadente; di cattiva qualità **2** malaticcio **3** (*ant.*) paffutella, avvenente (di donna) **4** (*ant.*) agiato **5** (*amer.*) meschino, disprezzabile.

crump[1] [krʌmp] *agg.* (*scoz.*) fragile; friabile ◆ *s.* (*scoz.*) fragilità; friabilità.

to **crump**[1] *v.tr.* masticare rumorosamente (spec. di cavalli, maiali).

crump[2] *s.* **1** scoppio; detonazione **2** (*sl. mil.*) proiettile esplosivo **3** (*non com.*) colpo violento.

to **crump**[2] *v.intr.* esplodere.

crumpet [ˈkrʌmpɪt / crum·pet] *s.* **1** focaccina da tè **2** (*sl. volg.*) pupa, bambola **3** (*sl. antiq.*) testa.

crumple [ˈkrʌmpl] *s.* (*rar.*) grinza; ruga.

to **crumple** *v.tr.* spiegazzare, raggrinzire: *to — a dress*, spiegazzare un vestito ◆ *v.intr.* **1** spiegazzarsi; raggrinzirsi **2** accartocciarsi: *the front of the lorry crumpled under the impact*, la parte anteriore del camion si accartocciò per l'urto violento.

□ **crumple up** *v.tr.* e *avv.* **1** spiegazzare; appallottolare: *to — up paper*, appallottolare un pezzo di carta **2** abbattere, sopraffare ◆ *v.intr.* e *avv.* **1** accartocciarsi, sfasciarsi **2** (*fig.*) crollare; abbattersi; accasciarsi: *he crumpled up under the awful news*, si accasciò sotto il colpo della terribile notizia; *the opposition crumpled up*, l'opposizione crollò.

crumpled [ˈkrʌmpld] *agg.* **1** spiegazzato; raggrinzito **2** (*ant.*) ricurvo: *cow with — horns*, mucca con corna ricurve.

crunch [krʌntʃ] *s.* **1** lo sgranocchiare rumorosamente **2** sgretolio, scricchiolio (di ruote ecc.) // (*econ.*) *credit —*, strozzatura creditizia, rarefazione del credito **3** (*fam.*) momento decisivo // *when it comes to the —*, quando si viene al dunque.

to **crunch** *v.tr.* **1** sgranocchiare rumorosamente **2** far scricchiolare: *we crunched* (*our way*) *through the snow to the station*, abbiamo raggiunto la stazione in mezzo alla neve che scricchiolava sotto i nostri passi ◆ *v.intr.* scricchiolare.

crunchy [ˈkrʌntʃɪ] *agg.* **1** croccante (di cibo) **2** che scricchiola (di neve, ghiaia ecc.).

crunode [ˈkru:nəʊd / cru·node] *s.* (*mat.*) nodo.

crupper [ˈkrʌpə* / crup·per] *s.* **1** groppiera, sottocoda **2** groppa (di cavallo).

crural [ˈkrʊərəl] *agg.* (*anat.*) crurale.

crusade [kru:ˈseɪd / cru·sade] *s.* crociata (*anche fig.*): *to go on a —*, (*fig.*) fare una crociata.

to **crusade** *v.intr.* fare una crociata; prendere parte a una crociata // *a young crusading journalist*, un giovane giornalista pronto a battersi per i suoi ideali (*anche fig.*).

crusader [kru:ˈseɪdə* / cru·sader] *s.* **1** crociato **2** (*fig.*) persona pronta a battersi per i suoi ideali; missionario.

cruse [kru:z] *s.* (*ant.*, *biblico*) tazza; vaso di terracotta // *it is like the widow's — of oil*, (*fam.*) è il pozzo di San Patrizio.

crush [krʌʃ] *s.* **1** frantumazione **2** calca, affollamento; riunione affollata **3** (*fam.*) infatuazione, cotta: *to have a — on s.o.*, avere una cotta per qlcu.

to **crush** *v.tr.* **1** schiacciare; premere; frantumare (*anche fig.*) // *to — sthg. to pieces*, stritolare qlco. **2** torchiare (olive); pigiare (uva) **3** sgualcire **4** (*fig.*) annientare; sconfiggere; schiantare: *crushed with grief*, schiantato dal dolore; *she crushed him with a glance*, lo annientò con uno sguardo; *to — the enemy*, annientare il nemico ◆ *v.intr.* **1** schiacciarsi; accalcarsi // *please, — up a little!*, per favore, fatemi un po' di posto! **2** sgualcirsi.

□ **crush down** *v.tr.* e *avv.* schiacciare; sbriciolare; (*fig.*) annientare, sottomettere: *the enemy was crushed down by our victory*, il nemico fu annientato dalla nostra vittoria; *to make cement by crushing down stone*, fare il cemento triturando la pietra.

□ **crush in** *v.intr.* e *avv.* entrare a forza ◆ *v.tr.* e *avv.* far entrare a forza.

□ **crush out** *v.tr.* e *avv.* spremere (succo da un frutto); soffocare, sedare (un tumulto) ◆ *v.intr.* e *avv.* aprirsi un varco, uscire a stento.

crush barrier [ˈkrʌʃ,bærɪə*] *s.* transenna.

crusher [ˈkrʌʃə* / crush·er] *s.* **1** (*tecn.*) frantoio **2** (*sl.*) disgrazia, fulmine a ciel sereno: *what a —!*, che tegola!

crush-hat [,krʌʃˈhæt] *s.* (*abbigl.*) gibus.

crushing [ˈkrʌʃɪŋ / crush·ing] *agg.* schiacciante (*anche fig.*): *— defeat*, sconfitta schiacciante ◆ *s.* (*tecn.*) frantumazione // *— mill*, frantoio // *— plant*, impianto di frantumazione // *— test*, prova di compressione.

crush-room [ˈkrʌʃrʊm] *s.* (*sl. teatr.*) ridotto.

crust [krʌst] *s.* **1** crosta: *a — of bread*, una crosta di pane; *the — of a burn*, la crosta di una scottatura // *he's got a —!*, (*sl. amer.*) ha una bella faccia tosta! // *the upper —*, (*fam.*) il fior fiore della società **2** (*geol.*) crosta terrestre; crostone desertico; incrostazione: *a — of ice*, una incrostazione di ghiaccio.

to **crust** *v.tr.* incrostare; coprire di croste ◆ *v.intr.* incrostarsi; fare la crosta; coprirsi di croste: *the ice crusted over during the night*, si è formata una incrostazione di ghiaccio durante la notte.

crustacean [krʌsˈteɪʃjən / crus·ta·cean] *agg.* e *s.* (*zool.*) crostaceo.

crustaceous [krʌsˈteɪʃjəs / crus·ta·ceous] *agg.* (*zool.*) di crostaceo.

crustal [krʌstl] *agg.* (*geol.*) crostale: *— plate*, placca crostale.

crusta lactea [ˈkrʌstəˈlæktɪə] *s.* (*med.*) crosta lattea SIN. **cradle cup**.

crustation [krʌˈsteɪʃn / crus·ta·tion] *s.* incrostazione.

crusted [ˈkrʌstɪd] *agg.* **1** crostoso: *— over*, coperto di croste **2** grommato (di vino) **3** (*fig.*) antiquato: *a — theory*, una teoria antiquata, superata.

crustily [ˈkrʌstɪlɪ / crust·ily] *avv.* duramente; in tono irritato, bruscamente.

crustiness [ˈkrʌstɪnɪs / crus·ti·ness] *s.* **1** durezza (della crosta) **2** (*fig.*) irascibilità, irritabilità.

crusty [ˈkrʌstɪ] *agg.* **1** crostoso (di pane) **2** grommoso, vecchio (di vino) **3** (*fig.*) burbero, irritabile, scontroso: *a — old man*, un vecchio scontroso.

crutch [krʌtʃ] *s.* **1** gruccia, stampella: *to go about* (o *to walk*) *on crutches*, camminare con le grucce **2** (*fig.*) appoggio, sostegno **3** forca, forcella (di due rami) **4** cavallo (dei calzoni) **5** (*mar.*) candeliere a forca, forcaccio; forcola.

to **crutch** *v.tr.* (*non com.*) sostenere, reggere (con grucce); puntellare (*anche fig.*).

crutched[1] [krʌtʃt] *agg.* che ha una gruccia.

crutched[2] *agg.* che porta una croce // *Crutchedfriars*, frati della Santa Croce.

crux [krʌks] *s.* punto cruciale, difficoltà: *that is the — of the matter*, qui sta il nodo della questione.

cry [kraɪ] *s.* **1** grido: *— of rage*, *of pain*, *of delight*, grido di rabbia, di dolore, di gioia; *a — for help*, grido d'aiuto; *to give* (o *to utter*) *a —*, emettere un grido // *battle —*, grido di battaglia; *war —*, grido di guerra; *rallying —*, grido d'incitamento; slogan, motto // *hue and —*, inseguimento rumoroso; gli inseguitori; clamore, protesta pubblica // *within — (of)*, a portata di voce (di) // *shooting people in the streets is a far* (o *a long*) *— from keeping public order*, c'è una bella differenza fra lo sparare alla gente per la strada e il mantenere l'ordine pubblico **2** verso, richiamo (di animali); guaito (di cane) // *to be in full —*, abbaiare forte (dei cani da caccia); *the pack is in full —*, tutta la muta abbaia (*anche fig.*) **3** lamento; pianto // *to have a good —*, sfogarsi col pianto **4** (*ant.*) annuncio, proclama **5** (*ant.*) (*spreg.*) compagnia, banda: *you common cry of curs!*, (SH. Coriolanus) ignobile banda di cani!

to **cry** *v.intr.* **1** gridare: *to — aloud*, gridare a gran voce; *to — for help*, implorare aiuto; *to — for mercy*, implorare grazia, misericordia **2** piangere: *to — for joy*, piangere per la gioia; *I'll give you something to — for*, ti darò io una ragione per piangere; *to — over one's lost opportunities*, piangere sulle occasioni mancate // *to — for the moon*, volere la luna, l'impossibile // *no use crying over spilt milk*, (*prov.*) è inutile piangere sul latte versato **3** fare il verso (di animali); guaire (di cane) ◆ *v.tr.* **1** gridare // *to — wolf*, gridare al lupo al lupo // *to — quits*, dichiararsi reciprocamente soddisfatti **2** piangere // *to — bitter tears*, piangere amaramente // *to — one's eyes out*, piangere tutte le proprie lacrime // *to — oneself to sleep*, piangere tanto da addormentarsi.

□ **cry down** *v.tr.* e *avv.* (*fam.*) denigrare; minimizzare: *don't — down the importance of what he has done*, non minimizzare l'importanza di ciò che ha fatto.

□ **cry off** *v.intr.* e *avv.* o *prep.* tirarsi indietro (da qlco. di stabilito): *he had promised to take me to the cinema, but when he saw there was a football match on TV he tried to — off*, aveva promesso di portarmi al cinema, ma quando ha visto che c'era una partita alla TV ha tentato di tirarsi indietro.

□ **cry out** *v.intr.* e *avv.* **1** gridare: *he cried out to me to be careful*, mi gridò di stare attento **2** (*for*), chiedere a gran voce: *she was crying out for help*, gridava aiuto **3** (*against*) gridare contro, disapprovare a gran voce.

crybaby ['kraɪ,beɪbɪ / cry·baby] *s.* (*fam.*) piagnucolone.

crying ['kraɪɪŋ / cry·ing] *agg.* **1** evidente, palese: *a — injustice*, una palese ingiustizia; *a — shame*, un vero peccato **2** urgente, impellente: *a — need*, un bisogno urgente.

cryo- ['kraɪəʊ] *pref.* di origine greca che indica rapporto, relazione col freddo; it. crio-: *cryometer*, criometro; *cryomagnetic*, criomagnetico; *cryophysics*, criofisica.

cryobiology ['kraɪəʊbaɪ'ɒlədʒɪ / cryo·biology] *s.* criobiologia.

cryoelectronics [,kraɪəʊelek'trɒnɪks / cryo·elec·tron·ics] *s.* Ⓤ crioelettronica.

cryogen ['kraɪədʒen / cryo·gen] *s.* (*chim.*) criogeno.

cryogenic [,kraɪə'dʒenɪk / cryo·genic] *agg.* criogenico: *— pump*, pompa criogenica.

cryogenics [,kraɪə'dʒenɪks / cryo·gen·ics] *s.* Ⓤ (*fis.*) criogenia.

cryohydrate [,kraɪəʊ'haɪdreɪt / cryo·hydrate] *s.* (*chim.*) crioidrato.

cryolite ['kraɪəʊlaɪt / cryo·lite] *s.* (*min.*) criolite.

cryology [kraɪ'ɒlədʒɪ / cryo·logy] *s.* (*fis.*) criologia.

cryometer [kraɪɒmətə* / cryo·meter] *s.* (*fis., chim.*) criometro.

cryonics [kraɪ'ɒnɪks / cry·on·ics] *s.* Ⓤ (*med.*) ibernazione (dei cadaveri).

cryoprobe ['kraɪəʊ,prəʊb / cryo·probe] *s.* (*med.*) criosonda.

cryostat ['kraɪəʊ,stæt / cryo·stat] *s.* (*fis.*) criostato.

cryosurgery [,kraɪəʊ'sɜːdʒərɪ / cryo·surgery] *s.* criochirurgia.

cryotherapy [,kraɪəʊ'θerəpɪ / cryo·therapy] *s.* crioterapia.

crypt [krɪpt] *s.* (*arch., anat.*) cripta.

cryptaesthesia [,krɪptes'θiːzɪə / crypt·aesthe·sia] *s.* criptestesia.

cryptanalysis [,krɪptə'næləsɪs / crypt·ana·lysis] *s.* decifrazione; decrittazione.

cryptic ['krɪptɪk] *agg.* **1** segreto, nascosto **2** ermetico; enigmatico: *a — remark*, un'osservazione enigmatica **3** (*zool.*) mimetico.

cryptically ['krɪptɪkəlɪ / cript·ic·ally] *avv.* in modo misterioso, enigmatico.

crypto- ['krɪptəʊ] *pref.* di origine greca che indica relazione con ciò che è nascosto, oscuro; it. cripto-, critto-: *cryptogram*, crittogramma; *cryptography*, crittografia; *cryptology*, crittologia.

cryptogam ['krɪptəʊgæm / cryp·to·gam] *s.* (*bot.*) crittogama.

cryptogamic [,krɪptəʊ'gæmɪk / cryp·to·gamic] **cryptogamous** [krɪp'tɒgəməs / cryp·to·gam·ous] *agg.* (*bot.*) crittogamico.

cryptogamy [krɪp'tɒgəmɪ / cryp·to·gamy] *s.* (*bot.*) crittogamia.

cryptogram ['krɪptəʊgræm / cryp·to·gram] **cryptograph** ['krɪptəʊgrɑːf *amer.* 'krɪptəʊgræf / crip·to·graph] *s.* crittogramma.

cryptographer [krɪp'tɒgrəfə* / cryp·to·grapher] *s.* crittografo.

cryptographic [krɪptəʊ'græfɪk / cryp·to·graphic] *agg.* crittografico.

cryptography [krɪp'tɒgrəfɪ / cryp·to·graphy] *s.* crittografia.

cryptophyte ['krɪptəʊ,faɪt / cryp·to·phyte] *s.* (*bot.*) criptofita.

crystal ['krɪstl / crys·tal] *agg.* cristallino; di cristallo: *— ball*, sfera di cristallo; *— glass*, (vetro di) cristallo // (*min.*) *— lattice*, reticolo cristallino ◆ *s.* **1** cristallo: *a necklace of crystals*, una collana di cristalli // (*chim.*) *— violet*, cristal violetto, violetto di metile // (*min.*) *rock —*, cristallo di rocca // *liquid — display*, visualizzazione a cristalli liquidi **2** Ⓤ oggetti di cristallo (*pl.*): *silver and — shone on the dining table*, l'argenteria e la cristalleria splendevano sulla tavola da pranzo **3** (*amer.*) vetro d'orologio.

crystal clear ['krɪstl,klɪə*] *agg.* cristallino, limpido; che non lascia dubbi.

crystal gazing ['krɪstl,geɪzɪŋ] *s.* divinazione per mezzo di un globo di cristallo.

crystalliferous [,krɪstə'lɪfərəs / crys·tal·li·fer·ous] *agg.* (*min.*) cristallifero.

crystalline ['krɪstəlaɪn / crys·tal·line] *agg.* cristallino (*anche fig.*): (*anat.*) *— lens*, cristallino; (*geol.*) *— rock*, roccia cristallina; (*min.*) *— system*, sistema cristallino ◆ *s.* (*anat.*) cristallino.

crystallite ['krɪstə,laɪt / crys·tal·lite] *s.* (*min.*) cristallite.

crystallizable ['krɪstəlaɪzəbl / crys·tal·liz·able] *agg.* cristallizzabile.

crystallization [,krɪstəlaɪ'zeɪʃn / crys·tal·liza·tion] *s.* cristallizzazione.

to **crystallize** ['krɪstəlaɪz / crys·tal·lize] *v.tr.* **1** cristallizzare; (*fig.*) fossilizzare **2** chiarire; definire, concretizzare: *the course helped to — my ideas on the role of lasers in surgery*, il corso mi chiarì le idee sull'utilizzo del laser in chirurgia **3** (*cuc.*) candire: *crystallized fruits, sugar*, frutta candita, zucchero candito ◆ *v.intr.* **1** cristallizzarsi **2** chiarirsi; definirsi, concretizzarsi.

crystallographic(al) [,krɪstələ'græfɪk(l) / crys·tal·lo·graphic·(al)] *agg.* cristallografico.

crystallography [,krɪstə'lɒgrəfɪ / crys·tal·lo·graphy] *s.* cristallografia.

crystalloid ['krɪstəlɔɪd / crys·tal·loid] *agg.* cristallino ◆ *s.* (*fis., chim., anat.*) cristalloide.

crystal set ['krɪstl,set] *s.* radio a galena.

crystal work ['krɪstl,wɜːk] *s.* cristalleria.

ctenoid ['tiːnɔɪd / cten·oid] *agg.* (*zool.*) ctenoide.

ctenophore ['tenəfɔː* / cteno·phore] *s.* (*zool.*) ctenoforo SIN. comb jelly.

cub[1] [kʌb] *s.* **1** cucciolo (di animali selvaggi): *bear —*, orsacchiotto; *fox —*, volpacchiotto; *lion —*, leoncino; *wolf —*, lupacchiotto **2** lupetto (giovane esploratore al disotto dei dieci anni) **3** (*fam.*) ragazzaccio: *an unlicked —*, un ragazzaccio ineducato **4** persona giovane, inesperta // *— reporter*, cronista principiante.

to **cub**[1] *pass.p.p.* **cubbed** [kʌbd] *v.tr.* e *intr.* partorire, figliare (di animali selvatici).

cub[2] *s.* recinto per bestiame; stalla.

cubage ['kjuːbɪdʒ / cub·age] *s.* cubatura.

Cuban ['kjuːbən / Cu·ban] *agg.* e *s.* cubano.

cubature ['kjuːbətʃə* / cu·ba·ture] *s.* cubatura: (*mat.*) *— formula*, formula di cubatura.

cubbish ['kʌbɪʃ / cub·bish] *agg.* **1** da cucciolo **2** (*fig.*) maleducato; goffo; inesperto.

cubbyhole ['kʌbɪhəʊl / cubby·hole] *s.* **1** angolo intimo, confortevole nascondiglio **2** (*miner.*) nicchia, riparo.

cube [kjuːb] *s.* cubo (*mat.*): *duplication of the —*, duplicazione del cubo; *— root*, radice cubica.

to **cube** *v.tr.* **1** (*mat.*) elevare al cubo; calcolare il volume (di) **2** tagliare a cubetti: *— the vegetables for the soup*, taglia la verdura a cubetti per la minestra.

cubic ['kjuːbɪk / cu·bic] *agg.* **1** (*mat.*) cubico: *— equation*, equazione cubica (o di terzo grado) // *— foot*, piede cubo // *— measures*, misure di capacità // *— measurement*, cubatura **2** (*min.*) isometrico.

cubical ['kjuːbɪkl / cu·bical] *agg.* cubico, a forma di cubo.

cubicle ['kjuːbɪkl / cu·bicle] *s.* cubicolo; piccola stanza.

cubiform ['kjuːbɪfɔːm / cu·bi·form] *agg.* cubiforme.

cubism ['kjuːbɪzəm / cu·bism] *s.* (*arte*) cubismo.

cubist ['kjuːbɪst / cu·bist] *agg.* e *s.* (*arte*) cubista.

cubit ['kjuːbɪt / cu·bit] *s.* (*st.*) cubito (misura di lunghezza = 44,4 cm).

cubital ['kjuːbɪtl / cu·bital] *agg.* (*anat.*) cubitale, dell'ulna.

cubitus ['kjuːbɪtəs / cu·bitus] *s.* (*anat.*) cubito, ulna.

cuboid ['kjuːbɔɪd / cu·boid] *agg.* cuboide: (*anat.*) *— (bone)*, cuboide.

cucking-stool ['kʌkɪŋstuːl] *s.* sedia su cui i colpevoli venivano posti alla berlina.

cuckold ['kʌkəʊld / cuck·old] *s.* becco, cornuto.

to **cuckold** *v.tr.* tradire, far becco (il marito).

cuckoo ['kʊkuː] *s.* **1** (*zool.*) (*Cuculus canorus*) cuculo SIN. gowk // *—'s nest*, (*fam. amer.*) manicomio **2** semplicione, persona sciocca ◆ *agg.* (*fam.*) stupido, tonto; pazzo: *— ideas*, idee folli.

to **cuckoo** *v.intr.* fare il verso del cuculo ◆ *v.tr.* ripetere monotonamente (qlco.).

cuckoo clock ['kʊkuː,klɒk] *s.* orologio a cucù.

cuckoo-flower ['kʊkuː,flaʊə*] *s.* (*bot.*) **1** (*Cardamine pratensis*) cardamine dei prati, crescione dei prati; (*pop.*) viola dei pesci, bilieri SIN. lady-smock **2** (*Lychnis flos-cuculi*) fior di cuculo **3** (*Oxalis acetosella*) acetosella.

cuckoo-pint ['kʊkuː,paɪnt] → **cows-and-calves**.

cuckoo-spit ['kʊkuː,spɪt] *s.* (*zool.*) sputacchina → **frog-hopper**.

cucullate(d) ['kjuːkʌlɪt(ɪd) / cu·cul·late(d)] *agg.* (*bot., zool.*) a forma di cappuccio; incappucciato.

cucumber ['kjuːkʌmbə* / cu·cum·ber] *s.* (*bot.*) (*Cucumis sativus*) cetriolo // *as cool as a —*, imperturbabile; fresco come una rosa.

cucumber tree ['kjuːkʌmbə,triː] *s.* (*amer.*

bot.) (*Magnolia acuminata*) magnolia acuminata.

cucurbit [kjʊ'kɜ:bɪt / cu·cur·bit] *s.* **1** (*bot.*) cucurbita, zucca **2** (*ant.*) cucurbita, caldaia dell'alambicco.

cucurbitaceous [kjʊ,kɜ:bɪ'teɪʃəs / cu·cur·bit·aceous] **cucurbital** [kjʊ'kɜ:bɪtl / cu·curb·ital] *agg.* (*bot.*) cucurbitaceo.

cud [kʌd] *s.* bolo alimentare (di ruminante): *to chew the* —, ruminare, (*fig.*) ruminare, meditare.

cudbear ['kʌdbeə* / cud·bear] *s.* (*bot.*) oricello (sostanza colorante).

cuddle ['kʌdl] *s.* (*fam.*) abbraccio affettuoso.

to **cuddle** *v.tr.* stringere al seno; abbracciare con affetto: *to — a child in one's arms*, stringere fra le braccia, coccolare un bambino.
□ **cuddle up** *v.intr.* e *avv.* rannicchiarsi, raggomitolarsi: *to — up to s.o.*, rannicchiarsi vicino a qlcu.

cuddlesome ['kʌdlsəm / cud·dle·some] **cuddly** ['kʌdlɪ / cud·dly] *agg.* che invita agli abbracci.

cuddy[1] ['kʌdɪ] *s.* (*st.*) regalia (dovuta dal contadino al signore).

cuddy[2] *s.* **1** (*mar.*) cambusa, cucina **2** (*mar.*) cabina di poppa **3** (*rar.*) armadio; ripostiglio; stanzino.

cuddy[3] *s.* **1** (*scoz.*) asino, ciuco, somaro (*anche fig.*) **2** (*mecc.*) leva con fulcro su treppiede.

cudgel ['kʌdʒəl / cud·gel] *s.* randello; bastone // *to take up* (o *to carry*) *the cudgels for s.o.*, assumere le difese di qlcu.

to **cudgel** *pass.p.p.* **cudgelled** ['kʌdʒəld / cud·gelled] *v.tr.* randellare, battere: *to — s.o. to death*, bastonare qlcu. a morte // *to — one's brains*, (*fig.*, *fam.*) spremersi le meningi.

cudweed ['kʌdwi:d / cud·weed] *s.* (*bot.*) (*Gnaphalium sylvaticum*) gnafalio.

cue[1] [kju:] *s.* cu (la lettera *q*).

cue[2] *s.* **1** (*teatr.*, *mus.*) battuta d'entrata // *on* —, (*fig.*) al momento, al punto giusto **2** suggerimento, imbeccata: *to give s.o. the* —, dare a qlcu. l'imbeccata; *to take one's — from s.o.*, prendere l'imbeccata da qlcu. **3** (*ant.*) umore, vena.

cue[3] *s.* **1** stecca (da biliardo) **2** codino, treccia (di capelli) **3** (*amer.*) → queue.

cue-ball ['kju:,bɔ:l] *s.* (*biliardo*) pallino.

cue-rack ['kju:ræk] *s.* (*biliardo*) porta-stecche, rastrelliera.

cuff[1] [kʌf] *s.* **1** polsino (di camicia); polso (di giacca); (*amer.*) risvolto dei pantaloni // *to speak off the* —, improvvisare un discorso **2** *pl.* manette.

to **cuff**[1] *v.tr.* (*fam.*) ammanettare.

cuff[2] *s.* pugno; schiaffo.

to **cuff**[2] *v.tr.* schiaffeggiare ◆ *v.intr.* (*rar.*) fare a pugni.

cufflink ['kʌflɪŋk / cuff·link] *s.* (*gener. pl.*) gemello da camicia AMER. sleeve link.

Cufic ['kju:fɪk] *agg.* (*st.*) cufico ◆ *s.* (*st.*) alfabeto, carattere cufico.

cuirass [kwɪ'ræs / cuir·ass] *s.* corazza.

cuirassier [,kwɪrə'sɪə* / cuir·ass·ier] *s.* corazziere.

cuish [kwɪʃ] *s.* (*st.*) cosciale.

cuisine [kwi:'zi:n / cuis·ine] *s.* cucina, modo di cucinare.

cuisse [kwɪs] *s.* (*st.*) cosciale.

cul-de-sac [,kʊldə'sæk] *s.* **1** vicolo cieco (*anche fig.*) **2** posto tranquillo e isolato **3** (*anat.*) cavità, sacca cieca; culdisacco.

culinary ['kʌlɪnərɪ *amer.* 'kʌlɪnerɪ / cu·lin·ary] *agg.* culinario.

cull [kʌl] *s.* **1** animale vecchio eliminato da un armento **2** *pl.* (*amer.*) residuati, scarti.

to **cull** *v.tr.* **1** raccogliere; scegliere; spigolare: *to — ideas from a cookbook*, spigolare idee da un libro di cucina **2** cogliere (fiori) **3** scegliere, selezionare (gli animali più deboli per eliminarli).

cullender ['kʌlɪndə* / cul·len·der] *s.* colino.

cully ['kʌlɪ] *s.* **1** (*rar.*) semplicione, minchione **2** (*dial.*) amico, compagno.

culm[1] [kʌlm] *s.* **1** residui di carbon fossile **2** (*geol.*) roccia scistosa contenente antracite impura.

culm[2] *s.* (*bot.*) culmo.

culminant ['kʌlmɪnənt / cul·min·ant] *agg.* culminante: *the — point*, il punto culminante.

to **culminate** ['kʌlmɪneɪt / cul·min·ate] *v.intr.* **1** (*astr.*) culminare **2** giungere al culmine; culminare, concludersi.

culmination [,kʌlmɪ'neɪʃn / cul·mina·tion] *s.* **1** (*astr.*, *geol.*) culminazione **2** culmine, apogeo: *the — of glory*, l'apice della gloria; *the — of one's hopes*, il culmine delle proprie speranze.

culottes [kju:'lɒts / cu·lottes] *s.pl.* gonna-pantalone (*sing.*).

culpability [,kʌlpə'bɪlətɪ / culp·ab·il·ity] *s.* colpevolezza.

culpable ['kʌlpəbl / culp·able] *agg.* (*form.*) colpevole; colposo: — *negligence*, negligenza colpevole; *I hold you* —, ti ritengo colpevole // **-ly** *avv.* // **-ness** *s.*

culprit ['kʌlprɪt / cul·prit] *s.* **1** colpevole: *the government promised to find the culprits and punish them severely*, il governo si impegnò a trovare i colpevoli e a punirli con severità; *the forests are dying and acid rain is the* —, le foreste stanno morendo e la colpa è delle piogge acide **2** (*dir.*) accusato, imputato.

cult [kʌlt] *s.* culto; venerazione: *to make a — of sthg.*, aver un culto per qlco.; *a — figure*, una figura carismatica // *a — book, record, film*, un libro, un disco, un film per amatori; *his films aren't real successes but they have a certain — following*, i suoi film non sono dei veri successi ma hanno un loro pubblico.

cultivability [,kʌltɪvə'bɪlɪtɪ / cul·tiv·ab·il·ity] *s.* (*agr.*) coltivabilità.

cultivable ['kʌltɪvəbl / cul·tiv·able] *agg.* coltivabile.

cultivar ['kʌltɪvɑ: / cul·ti·var] *s.* (*agr.*) specie coltivata, cultivar • Da *culti*(*vated*) *var*(*iety*).

to **cultivate** ['kʌltɪveɪt / cul·tiv·ate] *v.tr.* coltivare (*anche fig.*): *to — a field with wheat*, coltivare un campo a grano; *to — the mind, a friendship*, coltivare la mente, un'amicizia; *try to — a sense of humour*, cerca di sviluppare, di coltivare il senso dell'umorismo; *he cultivates people who can be useful to him*, coltiva, si tiene buone le persone che possono essergli utili.

cultivated ['kʌltɪveɪtɪd / cul·tiv·ated] *agg.* **1** coltivato: — *land*, terra coltivata; — *pearl*, perla coltivata **2** colto, fine, educato: *a — man*, un uomo fine, colto; *a — accent*, una pronuncia colta, da persona raffinata.

cultivation [,kʌltɪ'veɪʃn / cul·tiva·tion] *s.* **1** coltivazione **2** (*fig.*) cultura; raffinatezza.

cultivator ['kʌltɪveɪtə* / cul·tiv·ator] *s.* **1** coltivatore **2** cultore (delle arti ecc.).

cultural ['kʌltʃərəl / cul·tural] *agg.* **1** culturale: — *interests*, interessi culturali; — *level*, livello culturale **2** (*biol.*) ottenuto con liquido di coltura.

culturally ['kʌltʃərəlɪ / cul·tur·ally] *avv.* **1** culturalmente, sotto l'aspetto culturale, dal punto di vista culturale: — *deprived areas*, aree culturalmente povere **2** per mezzo della cultura, attraverso la cultura, l'educazione: *differences that are — determined*, differenze determinate dalla cultura, dall'educazione.

culture ['kʌltʃə* / cul·ture] *s.* **1** cultura; istruzione: *the range of his — was immense*, era dotato di una vastissima cultura // *physical* —, culturismo **2** cultura, civiltà: *archeologists found signs of an ancient* —, gli archeologi trovarono tracce di un'antica civiltà **3** coltura, coltivazione (del suolo) **4** allevamento, coltura (di api, bacilli, bachi, perle, pesci).

to **culture** *v.tr.* **1** coltivare **2** produrre una coltura di (bacilli ecc.).

cultured ['kʌltʃəd / cul·tured] *agg.* **1** colto, istruito, educato: *highly — man*, uomo assai colto **2** ottenuto per mezzo di coltivazione: — *pearl*, perla coltivata.

culturist ['kʌltʃərɪst / cul·tur·ist] *s.* **1** (*physical*) —, culturista **2** chi coltiva piante; chi alleva animali.

cultus ['kʌltəs] *s.* (*form.*) culto; venerazione.

culver ['kʌlvə* / cul·ver] *s.* piccione selvatico, colombo selvatico.

culverin ['kʌlvərɪn / cul·verin] *s.* (*st. mil.*) colubrina: *...and thou hast talk'd / of... cannon, culverin*, (SH. Henry IV) ...e tu parlavi di ...cannoni e colubrine.

culvert ['kʌlvət / cul·vert] *s.* chiavica; fognolo.

cum [kʌm] *prep.* (*lat.*) con: (*comm.*) — *dividend*, con dividendo; — *laude*, con lode: *to graduate — laude*, laurearsi con lode // *a lunch-cum-business meeting*, una colazione di lavoro // *kitchen-cum-dining-room*, cucina-tinello.

Cumaean [kjʊ'mi:ən / Cum·aean] *agg.* e *s.* cumano.

cumarone ['kju:mərəʊn / cu·mar·one] *s.* (*chim.*) cumarone.

cumber ['kʌmbə* / cum·ber] *s.* (*ant.*) **1** ostacolo **2** imbarazzo.

to **cumber** *v.tr.* (*antiq.*) ingombrare; ostacolare: *to — s.o. with parcels*, caricare qlcu. di pacchi.

cumbersome ['kʌmbəsəm / cum·ber·some] *agg.* ingombrante, incomodo // **-ness** *s.*

Cumbrian ['kʌmbrɪən / Cum·brian] *agg.* e *s.* (abitante) del Cumberland // *the — Mountains*, i monti Cambrici.

cumbrous ['kʌmbrəs / cum·brous] *agg.* (*form.*) ingombrante, incomodo // **-ly** *avv.* // **-ness** *s.*

cumin ['kʌmɪn] *s.* (*bot.*) (*Cuminum cyminum*) cumino, comino.

cummer ['kʌmə* / cum·mer] *s.* (*scoz.*) comare.

cummerbund ['kʌməbʌnd / cum·mer·bund] *s.* fascia dello smoking.

cumulate ['kju:mjʊlət / cu·mu·late] *agg.* accumulato, ammassato.

to **cumulate** ['kju:mjʊleɪt] *v.tr.* accumulare; ammassare ◆ *v.intr.* accumularsi, ammassarsi.

cumulative ['kju:mjʊlətɪv *amer.* 'kju:mjʊleɪtɪv / cu·mu·lat·ive] *agg.* cumulativo // **-ly** *avv.*

cumuliform ['kju:mjʊlə,fɔ:m / cu·mu·li·form] *agg.* (*meteor.*) cumuliforme.

cumulonimbus [,kju:mjʊlə'nɪmbəs / cum·ulo·nim·bus] *pl.* **cumulonimbuses** [,kju:mjʊlə'nɪmbəsɪz] **cumulonimbi** [,kju:mjʊlə 'nɪmbaɪ / cum·ulo·nimbi] *s.* (*meteor.*) cumulonembo.

cumulus ['kju:mjʊləs / cu·mulus] *pl.* **cumuli** ['kju:mjʊlaɪ / cu·muli] *s.* cumulo (*anche meteor.*).

cuneate(d) ['kju:nɪɪt(ɪd) / cu·ne·ate(d)] *agg.* cuneato.

cuneiform ['kju:nɪfɔ:m *amer.* 'kju:nɪəfɔ:m / cu·nei·form] *agg.* cuneiforme: (*anat.*) — *bone, cartilage*, osso, cartilagine cuneiforme.

cunette [kjʊ'net / cun·ette] *s.* cunetta.

cunnilingus [kʌnɪ'lɪŋgəs / cun·ni·lin·gus] *s.* cunnilinguo.

cunning ['kʌnɪŋ / cun·ning] *agg.* **1** astuto, furbo, scaltro; (*non com.*) abile, capace **2** (*amer.*) grazioso, delicato (di bambino, cagnolino) ◆ *s.* **1** astuzia, furberia, accortezza; (*non com.*) abilità, capacità, destrezza **2** (*ant.*) conoscenza di come fare una cosa; scienza: *I gave them my soul for my cunning*, (MARLOWE) diedi loro la mia anima per la mia scienza.

cunningly ['kʌnɪŋlɪ / cun·ning·ly] *avv.* astutamente; abilmente.

cunt [kʌnt] *s.* (*volg.*) **1** figa, fica **2** (*sl. spec. brit.*) pirla, scemo.

cup [kʌp] *s.* **1** tazza, tazzina: — *and saucer*, tazza con piattino; *a paper* —, un bicchierino di carta; *tea* —, *coffee* —, tazza da tè, da caffè **2** contenuto di una tazza (0,3 di pinta; 0,28 di litro): — *of tea*, una tazza di tè // *that is another — of tea*, (*fam.*) questo è un altro paio di maniche // *this is just my — of tea*, (*fam.*) questo è proprio quello che fa per me, che mi ci vuole // *to be in one's cups*, essere un po' brillo **3** (bicchiere a) calice, coppa (*anche fig.*); (*eccl.*) calice: *the bitter — of life*, l'amaro calice della vita **4** bevanda alcolica con aggiunta di succhi di frutta: *cider* —, bevanda calda o ghiacciata a base di sidro **5** coppa (di reggiseno) **6** (*sport*) coppa, trofeo: — *tie*, partita di coppa; — *final*, finale di coppa **7** (*bot.*) calice **8** (*mecc.*) coppa, scodellino // — *wheel*, mola a tazza **9** (*med.*) coppetta **10** (*golf amer.*) buca BRIT. hole.

to **cup** *pass.p.p.* **cupped** [kʌpt] *v.tr.* **1** far conca (con le mani) a: *she cupped her hands round the glass*, tenne il bicchiere con le due mani; *with his chin cupped in his hand*, col mento appoggiato al cavo della mano; *to — one's hand round one's mouth, behind one's ear*, tenere la mano a coppa intorno alla bocca, dietro l'orecchio **2** (*med.*) applicare coppette (per richiamare sangue) **3** (*mecc.*) imbutire.

cupbearer ['kʌp,beərə* / cup·bearer] *s.* coppiere.

cupboard ['kʌbəd / cup·board] *s.* credenza, armadio // *skeleton in the* —, (*fig.*) scheletro nell'armadio, onta segreta di famiglia // — *love*, amore interessato.

cupel ['kju:pəl / cu·pel] *s.* (*metall.*) coppella.

to **cupel** *v.tr.* (*metall.*) coppellare.

cupellation [,kju:pə'leɪʃn / cu·pel·la·tion] *s.* (*metall.*) coppellazione.

cupful ['kʌpfʊl / cup·ful] *s.* il contenuto di una tazza; tazza piena: *a — of sugar*, una tazza di zucchero.

cupidity [kju:'pɪdətɪ / cu·pid·ity] *s.*(*form.*) cupidità, cupidigia.

cup-moss ['kʌpmɒs] *s.* (*bot.*) (*Cladonia pyxidata*) lichene pissidato.

cupola ['kju:pələ / cu·pola] *s.* **1** (*arch.*) cupola **2** (*mil.*) torretta **3** (*metall.*) cubilotto.

cuppa ['kʌpə] *s.* (*fam. brit.*) una tazza di tè: *what about a —?*, che ne direste di una tazza di tè?

cupping ['kʌpɪŋ / cup·ping] *s.* (*med.*) applicazione delle coppette (per richiamare sangue in superficie) // — *glass*, coppetta di vetro.

cuprammonium [,kju:prə'məʊnɪəm / cupr·am·mo·nium] *s.* (*chim.*) cuproammonio.

cupreous ['kju:prɪəs / cup·reous] *agg.* cupreo.

cupric ['kju:prɪk / cup·ric] *agg.* (*chim.*) cuprico, rameico.

cupriferous [kju:'prɪfərəs / cup·ri·fer·ous] *agg.* cuprifero.

cuprite ['kju:praɪt / cup·rite] *s.* (*min.*) cuprite.

cuprous ['kju:prəs / cup·rous] *agg.* (*chim.*) rameoso.

cuproxide [kjʊ'prɒksaɪd / cuprox·ide] *s.* (*chim.*) ossido di rame.

cuprum ['kju:prəm / cup·rum] *s.* (*chim.*) rame.

cupule ['kju:pju:l / cu·pule] *s.* **1** (*bot.*) cupola **2** (*zool.*) cupula.

cur [kɜ:*] *s.* **1** cagnaccio **2** mascalzone, screanzato; codardo, vigliacco.

curability [,kjʊərə'bɪlɪtɪ / cur·ab·il·ity] *s.* curabilità.

curable ['kjʊərəbl / cur·able] *agg.* curabile.

curacy ['kjʊərəsɪ / cur·acy] *s.* (*eccl.*) **1** vicariato, cura **2** benefici inerenti a un vicariato.

curare [kjʊ'rɑ:rɪ / cur·are] *s.* (*chim.*) curaro.

curarine [kjʊ'rɑ:rɪn / cur·ar·ine] *s.* (*chim.*) curarina.

to **curarize** ['kju:rəraɪz / cur·ar·ize] *v.tr.* curarizzare, somministrare curaro a.

curassow [,kjʊərə'səʊ / cur·as·sow] *s.* (*zool.*) (*Crax globulosa*) crace della caruncola.

curate ['kjʊərət / cur·ate] *s.* (*eccl.*) curato, coadiutore.

curative ['kjʊərətɪv / cur·at·ive] *agg.* curativo.

curator [kjʊə'reɪtə* / cur·ator] *s.* **1** curatore, amministratore, sovrintendente (di museo, biblioteca ecc.) **2** membro del consiglio di amministrazione (di università).

curatorship [kjʊə'reɪtəʃɪp / cur·at·or·ship] *s.* **1** carica di curatore, amministratore, sovrintendente (di museo, biblioteca ecc.) **2** carica di membro del consiglio di amministrazione (di università).

curatrix [kjʊə'reɪtrɪks / cur·atrix] *s.* (*non com.*) curatrice, amministratrice (di musei, biblioteche ecc.).

curb [kɜ:b] *s.* **1** — (*chain*), barbazzale // — *bit*, morso della briglia **2** (*fig.*) freno: *they decided to put a — on college expenditure*, decisero di mettere un freno alle spese universitarie; *try to keep a — on your anger*, cerca di tenere a freno la tua rabbia **3** (*amer.*) cordone di marciapiede, di strada BRIT. kerb **4** (*vet.*) corba **5** (*arch.*) spiovente inferiore (di tetto a mansarda): — *roof*, tetto a mansarda.

to **curb** *v.tr.* **1** mettere il morso a, frenare (un cavallo) **2** (*fig.*) frenare; porre un freno, limitare; dominare; reprimere ◆ *v.intr.* (*ant.*) piegarsi, incurvarsi: *virtue itself of vice must pardon beg, / yea, curb and woo for leave to do him good*, (SH. Hamlet) la virtù stessa deve chiedere scusa al vizio e anzi piegarsi e implorare il permesso di aiutarlo.

curb exchange ['kɜ:bɪks,tʃeɪndʒ] **curb market** ['kɜ:b,mɑ:kɪt] *s.* (*Borsa amer.*) mercato non ufficiale dei titoli, dopoborsa, terzo mercato • Letteralmente, mercato di strada, così detto perché un tempo le contrattazioni avvenivano lungo la strada; da qui derivò il suo primo nome all'American Stock Exchange, la seconda borsa valori di New York.

curbstone ['kɜ:bstəʊn / curb·stone] *s.* (*amer.*) **1** ciascuna delle pietre che formano il cordone del marciapiede **2** (*sl.*) mozzicone (raccattato per la strada).

curcuma ['kɜ:kju:mə / cur·cuma] *s.* (*bot.*) (*Curcuma longa*) curcuma SIN. turmeric.

curd [kɜ:d] *s.* giuncata, quagliata // *soap curds*, grumi di sapone.

to **curdle** ['kɜ:dl] *v.tr.* **1** cagliare; coagulare **2** (*fig.*) agghiacciare, far agghiacciare ◆ *v.intr.* **1** coagularsi **2** (*fig.*) agghiacciarsi: *my blood curdled at the sight*, a quella vista mi si agghiacciò il sangue.

curdy ['kɜ:dɪ] *agg.* cagliato; coagulato.

cure[1] [kjʊə*] *s.* **1** cura (*anche fig.*); rimedio (*anche fig.*): *to take a* —, fare una cura; *he's gone to a clinic to take a — for alcoholism*, è andato in una clinica per fare una cura contro l'alcolismo; *there's no — for the common cold*, non c'è alcun rimedio contro il raffreddore comune; *the only — for his sadness was to change town*, l'unico rimedio per la sua tristezza era cambiare città; *to take the* —, (*fam. amer.*) rinunciare a un'abitudine piacevole // *cold-water* —, cura dell'acqua fredda // *rest* —, cura del sonno **2** guarigione: *to effect a* —, operare una guarigione **3** (*eccl.*) cura: — *of souls*, cura di anime **4** salatura o affumicatura di carne o pesce (per la conservazione) **5** concia (del tabacco) **6** trattamento di indurimento (di un polimero); vulcanizzazione (della gomma) **7** (*edil.*) maturazione (del cemento).

to **cure**[1] *v.tr.* **1** curare, guarire (*anche fig.*); sanare: *to — a headache*, guarire un mal di testa; *to — s.o. of an illness*, guarire qlcu. di una malattia; *after a week of rest I was completely cured*, dopo una settimana di riposo ero completamente ristabilito; *losing my bag has cured me of all my absent-mindedness*, perdere la borsa mi ha guarito del tutto dalla mia distrazione **2** risolvere; rimediare a: *the government has done nothing to — the problem of unemployment*, il governo non ha fatto nulla per risolvere il problema della disoccupazione //

what cannot be cured must be endured, ciò che non può essere cambiato va sopportato **3** salare; affumicare (carne o pesce) **4** conciare (tabacco) **5** trattare (un polimero) per indurirlo; vulcanizzare (gomma) **6** far maturare (cemento) ◆ *v.intr.* **1** conservarsi (di cibi) **2** vulcanizzarsi.

cure[2] *s.* (*sl. ant.*) persona strana, buffa.

cure-all ['kjʊər,ɔ:l] *s.* panacea.

curer ['kjʊərə*] *s.* **1** guaritore **2** salatore di cibi **3** conciatore di tabacco.

curettage [kjʊə'retɪdʒ *amer.* ,kjʊərə'tɑ:ʒ / cur·et·tage] *s.* (*med.*) raschiamento.

curet(te) [kjʊə'ret / cur·et(te)] *s.* (*med.*) cucchiaio chirurgico, curetta.

to **curette** *v.tr.* e *intr.* (*med.*) eseguire un raschiamento (a).

curfew ['k3:fju: / cur·few] *s.* (segnale del) coprifuoco: *to ring the* —, dare il segnale del coprifuoco.

curfew-bell ['k3:fju:,bel] *s.* (*st.*) campana della sera.

curia ['kjʊərɪə] *pl.* **curiae** [kjʊərii:] *s.* **1** curia, corte papale **2** (*st. romana*) curia, senato **3** (*st.*) corte di giustizia.

curial ['kjʊərɪəl] *agg.* curiale.

curialism ['kjʊərɪəlɪzəm / curial·ism] *s.* curialismo.

curie ['kjʊərɪ] *s.* (*fis.*) curie.

curietherapy [kjʊərɪ'θerəpɪ / curie·ther·apy] *s.* (*med.*) radioterapia.

curing ['kjʊərɪŋ / cur·ing] *s.* **1** guarigione **2** conservazione di cibi **3** vulcanizzazione.

curio ['kjʊərɪəʊ] *pl.* **curios** *s.* curiosità; rarità; oggetto da collezione: — *dealer*, commerciante in oggetti rari; — *hunter*, collezionista di oggetti rari.

curiosity [,kjʊərɪ'ɒsətɪ / curi·os·ity] *s.* **1** curiosità; desiderio di sapere: *from* (o *out of*) —, per curiosità; *to burn with* (o *to die of*) —, ardere, morire dalla curiosità; *to satisfy one's* —, soddisfare la propria curiosità **2** curiosità; oggetto raro, antico **3** persona strana, bizzarra: *after six months with the natives I was still a* —, dopo sei mesi passati con gli indigeni ero ancora una curiosità per loro **4** (*ant.*) scrupolosità, ricercatezza: *...equalities are so weighed that curiosity in neither can make choice of either's moiety*, (SH. King Lear) ...le divisioni sono fatte così equamente che neanche la più scrupolosa valutazione può far preferire una parte all'altra.

curious ['kjʊərɪəs / curi·ous] *agg.* **1** curioso; desideroso di sapere: *I am — to know him*, sono curioso di conoscerlo **2** indiscreto, curioso: *stop being so — about other people's business*, smettila di immischiarti negli affari altrui **3** curioso, strano, singolare: *a — object*, un oggetto singolare; *it is a — thing that*, è strano che **4** (*rar.*) accurato; elegante; minuzioso, scrupoloso: *he, sir, was lapp'd / in a most curious mantle*, (SH. Cymbeline) egli, signore, era agghindato in un elegantissimo mantello **5** (*non com.*) erotico, pornografico **6** (*ant.*) ansioso: *and I am something curious... / to have them in safe stowage*, (SH. Cymbeline) e son alquanto ansioso... di trovar loro un nascondiglio sicuro.

curiously ['kjʊərɪəslɪ / curi·ous·ly] *avv.* **1** curiosamente **2** stranamente, singolarmente: — *enough*, strano a dirsi **3** in modo indiscreto.

curiousness ['kjʊərɪəsnɪs / curi·ous·ness] *s.* **1** singolarità, stranezza **2** → curiosity 1.

curium ['kjʊərɪəm] *s.* (*chim.*) curio.

curl [k3:l] *s.* **1** riccio, ricciolo: *how do you keep your hair in —?*, come fai a tenerti arricciati i capelli?; *to wear* (*one's hair in*) *curls*, portare, avere i riccioli **2** curva; voluta, spirale: — *of the lips*, smorfia di sdegno; — *of smoke from a cigarette*, spirale di fumo da una sigaretta **3** (*fis.*) rotore; rotazione **4** (*bot.*) accartocciamento patologico (delle foglie).

to **curl** *v.tr.* **1** arricciare: *to have one's hair curled*, farsi arricciare i capelli **2** torcere; increspare: *to — one's lips*, storcere la bocca ◆ *v.intr.* **1** arricciarsi // *it makes your hair* —, (*fig.*) ti fa rizzare i capelli **2** accartocciarsi; torcersi; piegarsi; curvarsi: *the leaves curled*, le foglie si accartocciarono; *the cat curled into a ball*, il gatto si raggomitolò **3** giocare a curling.

□ **curl up** *v.intr.* e *avv.* **1** raggomitolarsi **2** accartocciarsi; incresparsi **3** sollevarsi in spire: *the smoke curled up from the chimneys*, il fumo si sollevò in spire dai camini.

curler ['k3:lə*] *s.* **1** bigodino; ferro per arricciare i capelli **2** giocatore di curling.

curlew ['k3:lju: / cur·lew] *s.* (*zool.*) (*Numenius arquata*) chiurlo SIN. whaup.

curlicue ['k3:lɪkju: / cur·li·cue] *s.* **1** fregio; svolazzo (calligrafico) **2** voluta **3** (*pattinaggio*) figura.

curliness ['k3:lɪnɪs / cur·li·ness] *s.* arricciatura; ondulazione.

curling ['k3:lɪŋ / curl·ing] *s.* **1** curling (gioco di bocce sul ghiaccio) **2** arricciatura (specialmente di capelli): — *iron* (o — *tongs*), ferro per arricciare (i capelli).

curling stone ['k3:lɪŋstəʊn] *s.* dischetto con cui si gioca a curling.

curly ['k3:lɪ] *agg.* **1** ricciuto, riccio **2** a spirale; sinuoso.

curly-headed ['k3:lɪ,hedɪd] *agg.* dalla testa ricciuta.

curmudgeon [k3:'mʌdʒən / cur·mud·geon] *s.* **1** bisbetico **2** spilorcio.

currach ['kʌrə / cur·rach] **curragh**[1] → **coracle**.

curragh[2] *s.* (*irl.*) terreno paludoso // *the Curragh*, grande pianura del Kildare con piste per le corse dei cavalli.

currant ['kʌrənt / cur·rant] *s.* **1** ribes: *red — jelly*, gelatina di ribes rosso SIN. gooseberry, ribes **2** (*spec. pl.*) uva passa di Corinto, sultanina.

currant-bread ['kʌrənt'bred] *s.* pane con l'uva.

currency ['kʌrənsɪ / cur·rency] *s.* [U] **1** (*econ.*) moneta; moneta legale, circolante; valuta, divisa: — *appreciation, depreciation*, apprezzamento, deprezzamento della moneta; — *devaluation*, svalutazione ufficiale della moneta; *payable in* —, pagabile in moneta circolante; *legal* (*tender*) —, moneta legale corrente; *deposit* —, moneta bancaria; *fractional, subsidiary* —, moneta divisionaria; *partner* —, moneta partecipante; — *unit*, unità monetaria; — *note*, biglietto di banca, banconota; *paper* —, carta moneta; *foreign* —, valuta estera; *hard, soft* —, valuta forte, debole; *reserve* —, valuta di riserva; — *clause*, clausola valutaria; — *convertibility*, convertibilità valutaria; — *swap*, scambio di debiti o crediti espressi in due valute diverse // — *of a bill*, durata di una cambiale // — *dealer*, cambista **2** circolazione, diffusione; corso; voga; credito: *to gain* —, affermarsi, acquistar credito (di un'idea); *to give — to a rumour*, mettere in circolazione una voce.

current ['kʌrənt / cur·rent] *agg.* **1** corrente; attuale: — *opinions*, opinioni correnti; — *word*, parola corrente; *the — year, reign, issue* (*of a periodical*), l'anno corrente, il regno attuale, il numero più recente (di periodico); *to be* —, aver corso, essere generalmente ammesso come valido // — *affairs*, attualità // (*econ.*): — *income*, reddito corrente; — *assets, liabilities*, attività, passività correnti; — *loan*, finanziamento a breve termine // (*fin.*) — *ratio*, quoziente di liquidità (rapporto tra le attività correnti e i debiti a breve) **2** (*inform.*) in corso di lettura (di schede); in corso di esecuzione (di programma).

current *s.* **1** corrente: *he was swept away by the* —, fu travolto dalla corrente; *to drift with the* —, lasciarsi portare dalla corrente; *to go against the* —, andare contro corrente; *a strong — of air*, una forte corrente d'aria // (*elettr.*): *electric* —, corrente elettrica; *alternating* —, corrente alternata; *direct* —, corrente continua **2** (*fig.*) corrente, corso: *the — of events*, il corso degli avvenimenti; *there was a strong — of opinion in favour of having an election*, c'era una forte corrente di opinione in favore di un'elezione; *and thou hast talk'd / of... all the currents of a heady fight*, (SH. Henry IV) e parlavi di... tutte le correnti di battaglie impetuose.

currently ['kʌrəntlɪ / cur·rent·ly] *avv.* **1** attualmente, al presente: — *he is working with...*, al presente lavora con... **2** comunemente, generalmente.

curricle ['kʌrɪkl / cur·ricle] *s.* calessino.

curriculum [kə'rɪkjʊləm / cur·ric·ulum] *pl.* **curricula** [kə'rɪkjʊlə / cur·ric·ula] *s.* curriculum; corso, programma (di studi).

curried ['kʌrɪd / cur·ried] *agg.* (*cuc.*) al curry: — *eggs*, uova alla curcuma, all'indiana.

currier ['kʌrɪə* / cur·rier] *s.* conciatore.

currish ['k3:rɪʃ / cur·rish] *agg.* **1** ringhioso; irascibile **2** basso, ignobile, volgare **3** vile // **-ly** *avv.*

currishness ['k3:rɪʃnɪs / cur·rish·ness] *s.* spregevolezza; bassezza, volgarità.

curry[1] ['kʌrɪ] *s.* (*cuc.*) curry (piatto di origine indiana).

to **curry**[1] *v.tr.* insaporire con la polvere di curcuma, col curry.

to **curry**[2] *v.tr.* **1** strigliare **2** conciare (pelli) **3** (*ant.*) adulare interessatamente: *to — favour with s.o.*, cercare di accattivarsi il favore di qlcu. con lusinghe.

curry-comb ['kʌrɪkəʊm] *s.* striglia.

curry powder ['kʌrɪ,paʊdə*] *s.* (*cuc.*) curry (mistura di spezie varie).

curse [k3:s] *s.* **1** maledizione, anatema: *to be under a* —, essere sotto il peso di una maledizione; *to call down curses upon s.o.*, lanciare, far ricadere maledizioni su qlcu. // *a — upon him!*, (*ant.*) sia maledetto!, maledizione a lui **2** imprecazione; bestemmia; parolaccia: *to utter a* —, bestemmiare; *a string of curses*, una serie di parolacce **3** disgrazia, sventura, calamità: *gambling is a —*, il gioco d'azzardo è una sventura; *he is a — to his family*, è una disgrazia per la sua famiglia; *rabbits are a — in that country*, i conigli sono una calamità in quel paese **4** (*sl. antiq.*) mestruazioni (*pl.*) **5** (*eccl.*) scomunica **6** (*carte*) *— of Scotland*, nove di quadri.

to **curse** *pass.p.p.* **cursed** ['kɜ:st] *v.tr.* **1** maledire: *he cursed the day he was born*, malediva il giorno della sua nascita; *cursed be he*, (*ant.*) che egli sia maledetto **2** scomunicare **3** affliggere: *he is cursed with a violent temper*, è afflitto da un carattere violento ◆ *v.intr.* bestemmiare; imprecare: *he cursed loudly*, imprecò ad alta voce // *— (it)!*, maledizione!

cursed ['kɜ:sɪd] *agg.* maledetto: *a — nuisance*, (*fam. antiq.*) una maledetta seccatura; *this — weather*, (*fam. antiq.*) questo tempo maledetto // **-ly** *avv.*

cursive ['kɜ:sɪv / curs·ive] *agg.* corsivo (di calligrafia).

cursor ['kɜ:sə*] *s.* cursore.

cursorial [kɜ:'sɔ:rɪəl / curs·or·ial] *agg.* (*zool.*) atto a correre (di cavallo).

cursory ['kɜ:sərɪ / curs·ory] *agg.* rapido, affrettato; superficiale // *at a — glance*, a prima vista // **-ily** *avv.* // **-iness** *s.*

curst [kɜ:st] *pass. p.p.* (*antiq.*) di to **curse** ◆ *agg.* (*ant.*) bizzoso, collerico: *in faith, she's too curst*, (SH. Much Ado) in fede mia, è troppo bizzosa.

curt [kɜ:t] *agg.* brusco; secco; conciso: *a — answer*, una risposta secca; *to give s.o. a — reception*, accogliere qlcu. con freddezza // **-ly** *avv.*

to **curtail** [kɜ:'teɪl / cur·tail] *v.tr.* **1** accorciare, abbreviare, tagliare (scritto, discorso) **2** diminuire, limitare (autorità); privare: *to — s.o. of his privileges*, privare qlcu. dei suoi privilegi **3** tagliare, ridurre, limitare (le spese).

curtailment [kɜ:'teɪlmənt / cur·tail·ment] *s.* **1** raccorciamento, abbreviazione, riduzione (di libro ecc.) **2** diminuzione, limitazione (d'autorità); riduzione, restrizione (di spese); contingentamento.

curtail step [kɜ:'teɪlstep] *s.* (*arch.*) gradino d'invito.

curtain ['kɜ:tn / cur·tain] *s.* **1** tenda; tendina; cortina; (*teatr.*) sipario: *draw the curtains, please*, tira le tende, per favore; *to raise, to drop the —*, alzare, calare il sipario; *behind the —*, dietro le quinte (*anche fig.*) // *to draw a — over sthg.*, (*fig.*) stendere un velo su qlco. // *to lift the —*, (*fig.*) far venire, portare alla luce; *to lift a — on events in China*, aprire una finestra su quanto avviene in Cina // *it's curtains for him!*, (*fig.*) per lui cala il sipario! // *— lecture*, ramanzina a quattr'occhi **2** (*estens.*) cortina: *— of fire, of smoke, of mist*, cortina di fuoco, di fumo, di nebbia // (*pol.*) *iron —*, cortina di ferro **3** (*arch.*) parete divisoria **4** (*fis. nucleare*) cortina, striscia.

to **curtain** *v.tr.* **1** coprire, ornare con tende **2** (*fig.*) nascondere, velare.

□ **curtain off** *v.tr.* e *avv.* separare con tende: *one corner of the room was curtained off*, un angolo della stanza era isolato, separato con delle tende.

curtain call ['kɜ:tn,kɔ:l] *s.* (*teatr.*) chiamata alla ribalta: *to take three curtain calls*, essere chiamato tre volte alla ribalta.

curtain raiser ['kɜ:tn,reɪzə*] *s.* farsa, commediola d'apertura.

curtesy ['kɜ:tɪsɪ / cur·tesy] *s.* (*dir. st.*) usufrutto a vita (di vedovo sui beni della moglie).

curtilage ['kɜ:tɪlɪdʒ / cur·til·age] *s.* (*rar.*) cortile.

curtness ['kɜ:tnɪs / curt·ness] *s.* tono perentorio; tono brusco; modi scortesi.

curts(e)y ['kɜ:tsɪ] *s.* riverenza, inchino (di donna): *to make* (o *to drop*) *a —*, fare un inchino, una riverenza.

to **curts(e)y** *v.intr.* inchinarsi, fare una riverenza, un inchino: *she curtsied to the queen*, fece la riverenza, si inchinò alla regina.

curule ['kjʊəru:l] *agg.* (*st. romana*) curule: *— chair*, sedia curule.

curvaceous [kɜ:'veɪʃəs / cur·va·ceous] *agg.* (*fam.*) formoso: *a — woman*, una donna tutta curve.

curvature ['kɜ:vətjə* *amer.* 'kɜ:vətjʊə* / cur·va·ture] *s.* curvatura; incurvamento: *— of the spine*, curvatura della spina dorsale.

curve [kɜ:v] *s.* **1** curva, svolta: *banked —*, curva sopraelevata; *blind —*, curva cieca; *dangerous —*, curva pericolosa **2** diagramma, curva: *learning —*, curva di apprendimento; (*econ.*) *indifference —*, curva di indifferenza **3** (*scient.*) curva: (*mat.*) *plane, space —*, curva piana, curva spaziale **4** *— (ball)*, tiro deviato (al baseball); (*fig.*) saltafosso, domanda trabocchetto.

to **curve** *v.tr.* curvare; piegare ◆ *v.intr.* curvarsi; piegarsi; descrivere una curva; svoltare (di strada): *the street curved toward the hotel*, la strada piegava verso l'albergo.

curvet [kɜ:'vet / cur·vet] *s.* (*equitazione*) corvetta.

to **curvet** *pass.p.p.* **curvetted** [kɜ:'vetɪd / cur·vet·ted] *v.intr.* (*equitazione*) corvettare, fare corvette.

curvilinear [,kɜ:vɪ'lɪnɪə* / cur·vi·lin·ear] *agg.* curvilineo.

curving ['kɜ:vɪŋ / cur·ving] *agg.* incurvato; curvo: *the missile followed a — path*, il missile seguì una traiettoria curva.

cuscus ['kʌskʌs / cus·cus] *s.* (*zool.*) cusco.

cushat ['kʌʃət] *s.* (*zool.*) (*Columba palumbus*) colombaccio.

cushion ['kʊʃn / cush·ion] *s.* **1** cuscino: *— of air*, cuscino d'aria **2** cuscinetto; imbottitura (di sponda di biliardo) // (*mecc.*) *— space*, cuscino d'aria **3** (*fig.*) protezione, ancora di salvezza: *his savings provided a — against unemployment*, i suoi risparmi costituivano un'ancora di salvezza in caso di disoccupazione.

to **cushion** *v.tr.* **1** munire di cuscini, imbottire: *cushioned seat*, sedile imbottito **2** (*biliardo*) mettere (la palla) vicino alla sponda **3** (*fig.*) attutire, attenuare, smorzare: *a tax-reduction cushioned the impact of higher prices*, una riduzione delle tasse attenuò l'impatto del rialzo dei prezzi **4** (*fig.*) soffocare, mettere a tacere (proteste ecc.) **5** (*mecc.*) ammortizzare.

cushion gear ['kʊʃn,gɪə*] *s.* (*mecc.*) ammortizzatore.

cushiony ['kʊʃənɪ / cush·iony] *agg.* (*fam.*) morbido; comodo.

cushy ['kʊʃɪ] *agg.* (*sl.*) facile; comodo; piacevole: *a — job*, un impiego non impegnativo, facile, di tutto riposo.

cusp [kʌsp] *s.* **1** (*mat.*) cuspide, punto cuspidale **2** (*anat., arch.*) cuspide: *the — of a tooth, of a heart valve*, la cuspide di un dente, di una valvola cardiaca **3** (*astr.*) corno di luna, di astro crescente // *to be born on the —*, essere nato a cavallo fra due segni zodiacali.

cuspid ['kʌspɪd] *s.* (*anat.*) dente canino.

cuspidal ['kʌspɪdəl / cusp·idal] *agg.* cuspidale: (*mat.*) *— point*, cuspide, punto cuspidale.

cuspidate ['kʌspɪdɪt / cusp·id·ate] **cuspidated** ['kʌspɪdeɪtɪd / cusp·id·ated] *agg.* (*bot., anat.*) cuspidato.

cuspidor(e) ['kʌspɪdɔ:* / cusp·idor(e)] *s.* (*amer.*) sputacchiera.

cuss [kʌs] *s.* **1** (*sl.*) maledizione; bestemmia; parolaccia // *I don't give a tinker's — for it*, non vale niente, non vale un fico secco **2** (*sl.*) tipo, individuo: *a queer old —*, uno strano tipo.

to **cuss** *v.tr.* e *intr.* (*sl.*) imprecare; dire parolacce (contro).

cussed ['kʌsɪd / cus·sed] *agg.* **1** (*fam.*) ostinato **2** (*ant.*) maledetto // **-ly** *avv.*

cussedness ['kʌsɪdnɪs / cus·sed·ness] *s.* (*sl.*) perversità: *out of sheer —*, per pura malvagità.

custard ['kʌstəd / cus·tard] *s.* (*cuc.*) crema pasticciera: *— pie*, torta di crema; *— -pie comedy*, farsa, comica da torte in faccia; *why, thou sayst true: it is a paltry cap, / a custard coffin, ..., a silken pie*, (SH. Taming of the Shrew) per Bacco, dici il vero: è un cappello che fa pena, uno stampo da budino, ..., un tortino di seta!

custard-apple ['kʌstəd,æpl] *s.* (*bot.*) (*Anona cherimolia*) anona.

custodial [kʌ'stəʊdjəl / cus·to·dial] *agg.* di custode, di guardiano.

custodian [kʌ'stəʊdjən / cus·to·dian] **custodier** [kʌs'təʊdɪə* / cus·tod·ier] *s.* custode; guardiano; depositario (*anche fig.*).

custody ['kʌstədɪ / cus·tody] *s.* **1** custodia, vigilanza, cura: *in safe —*, sotto buona guardia, in luogo sicuro; *to grant — of a child to the mother*, affidare alla madre la custodia del figlio **2** imprigionamento, arresto, detenzione: *to take s.o. into —*, arrestare qlcu.

custom ['kʌstəm / cus·tom] *s.* **1** costume, consuetudine, abitudine, usanza: *the customs of a country*, le usanze di un paese; *according to —*, secondo le usanze; *it is a — with him to go*, è sua abitudine andare **2** (*dir.*) diritto consuetudinario // *customs of merchands*, diritto commerciale **3** *pl.* dogana: *customs house*, (edificio, ufficio della) dogana; *to clear one's luggage through the customs*, far passare la dogana ai propri bagagli; *to pass through the customs*, passare la dogana // *customs guard*, doganiere; *customs agent, officer, surveyor*, spedizioniere, funzionario, ispettore doganale // *customs duty*, diritto, dazio doganale; *customs entry*, dichiarazione doganale // *customs clearance*, sdoganamento // *customs free*, franco dogana, in franchigia // *Customs and Excise*, (*brit.*) organismo dell'apparato fiscale preposto alla riscossione dei dazi doganali e di alcune imposte indirette // *International Customs Pass*, (*aut.*) trittico doganale **4** [U] (*comm.*) clientela (abituale): *we shall lose all our —*, perderemo tutta la nostra clientela // *I shall take my — elsewhere*, andrò a servirmi altrove.

customable ['kʌstəməbl / cus·tom·able] *agg.* (*ant.*) soggetto a dogana.

customarily ['kʌstəmərılı *amer.* ˌkʌs tə'merılı / cus·tom·ar·ily] *avv.* abitualmente; solitamente; secondo le usanze.

customariness ['kʌstəmərınıs *amer.* ˌkʌstə'merınıs / cus·tom·ari·ness] *s.* (*non com.*) abitudine.

customary ['kʌstəmərı *amer.* ˌkʌstə'merı / cus·tom·ary] *agg.* abituale, d'uso comune, solito: *as is* —, come è d'uso; *it's — to wear black at funerals*, è d'uso vestirsi di nero ai funerali; *splendour — to such occasions*, splendore abituale in tali occasioni // (*dir.*): — *law*, diritto consuetudinario; — *clause*, clausola d'uso (in un contratto) ♦ *s.* raccolta delle consuetudini (di un luogo).

custom-built ['kʌstəm'bılt] *agg.* fuori serie, speciale; fatto su ordinazione: (*aut.*) — *body*, carrozzeria fuori serie.

customer ['kʌstəmə* / cus·tomer] *s.* **1** (*comm.*) cliente; utente, utilizzatore (di un servizio): — *service*, assistenza clienti; — *market*, mercato del compratore **2** *pl.* (*amm.*) (conto) clienti, crediti commerciali **3** (*sl.*) individuo, tipo: *queer, rum* —, tipo strano, curioso: *awkward* —, tipo difficile **4** (*ant.*) prostituta: *I marry her! what? a customer?*, (SH. Othello) Io sposarla! Cosa? Una prostituta?

customer-driven ['kʌstəmə'drıvn] *agg.* orientato alla clientela, all'utenza.

to **customize** ['kʌstəmaız / cus·tom·ize] *v.tr.* modificare, fare (un articolo) secondo le esigenze specifiche del cliente // *customized items*, articoli su misura.

custom-made ['kʌstəm'meıd] *agg.* fatto su ordinazione, su misura.

custom-tailored ['kʌstəm'teıləd] *agg.* fatto su misura: — *suit*, abito su misura.

cut[1] [kʌt] *s.* **1** taglio, ferita; (*med.*) incisione: *a — in one's finger*, un taglio al dito; *the surgeon made a small — in the finger*, il chirurgo fece una piccola incisione nel dito; — *across the cheek*, un taglio, uno sfregio che attraversa la guancia // *that was a — at me*, quello fu un attacco contro di me // — *and thrust*, schermaglia; *the — and thrust between the debaters*, la schermaglia tra i partecipanti al dibattito **2** riduzione, taglio: *a — in prices*, una riduzione dei prezzi; *several cuts were made in the play*, furono fatti parecchi tagli alla commedia **3** (*fam.*) parte; quota, fetta: *his — was ten thousand pounds*, la sua parte era di diecimila sterline **4** taglio (di carne, stoffa): *a nice — of meat*, un bel pezzo di carne; *prime* —, pezzo (di carne) di prima scelta, primo taglio **5** taglio (di abito, capelli, pietra preziosa); modello; foggia; confezione; — *and set*, taglio e messa in piega // *the — of s.o.'s jib*, (*fam.*) l'aspetto esteriore // *a man of different* —, un uomo di stampo diverso **6** interruzione (nell'erogazione di elettricità) **7** (*sport*) colpo tagliato (a tennis, cricket) **8** (*chim.*) frazione **9** taglio, alzata (di mazzo di carte) **10** (*mecc.*) taglio; *rough* —, sgrossatura // *keys* —, si fanno chiavi **11** (*cinem.*) montaggio: *rough* —, montaggio provvisorio **12** (*tip.*) illustrazione, vignetta; incisione **13** (*danza*) sforbiciata **14** (*fam.*) assenza ingiustificata **15** *to be a — above s.o.*, essere superiore a qlcu.: *she was a — above the other girls*, era superiore alle altre ragazze.

to **cut**[1] *pass.p.p.* **cut** *v.tr.* **1** tagliare: *to — the hay*, tagliare il fieno; *to — a wedding cake*, tagliare la torta nuziale; *to — one's finger*, tagliarsi un dito; *to — one's nails*, tagliarsi le unghie; *to have one's hair* —, farsi tagliare i capelli; *the wind — his face*, (*fig.*) il vento gli tagliava la faccia // *to — in half, two, three pieces*, tagliare a metà, in due, tre pezzi; *to — in(to) pieces*, tagliare a pezzi, fare a pezzi // *to — a play to pieces*, (*fig.*) demolire un lavoro teatrale; *to — an army to pieces*, (*fig.*) decimare un esercito // *to — to the heart*, ferire al cuore // *— it!*, piantala! // *— your kidding!*, basta con queste sciocchezze! // *that cuts both ways*, (*fam.*) è un'arma a doppio taglio // *this remark — him to the quick*, questa osservazione lo punse sul vivo // *to — a connection* (*with s.o.*), rompere i rapporti (con qlcu.) // *to — a dash* (o *a figure*), fare un figurone; *to — a poor figure*, fare una brutta figura, una magra figura; *he — a strange figure with his old fashioned clothes and long grey hair*, faceva una strana impressione con quei vestiti fuori moda e i lunghi capelli grigi // *to — s.o., sthg. free*, liberare qlcu., qlco. // *to — the Gordian knot*, (*fig.*) tagliare il nodo gordiano // *to — it fine* (o *close*), riuscire, farcela per un pelo (a fare qlco.) // *to — loose*, (*amer.*) emanciparsi: *to — oneself loose from sthg.*, liberarsi da qlco.; *to — sthg. loose*, liberare qlco. (tagliando fune ecc.) // *to — no ice*, (*fam.*) fare poco effetto: *his offer — no ice with me*, la sua proposta mi ha lasciato indifferente // *to — sthg. open*, aprire qlco. (con un coltello o le forbici) // *to — a person dead*, fingere di non vedere una persona // *to — s.o. short*, interrompere qlcu.; *to —* (*sthg.*) *short*, tagliare corto, accorciare (discorso ecc.) // *to — a tooth*, mettere un dente: *the baby is cutting its teeth*, il bambino sta mettendo i denti // *to — the whole concern*, rinunciare all'affare // *to — one's coat according to one's cloth*, (*prov.*) fare il passo secondo la gamba **2** intersecare: *line AB cuts line CD at a right angle*, la retta AB interseca la retta CD ad angolo retto **3** tagliare, abbreviare; censurare: *to — a novel*, tagliare un romanzo **4** tagliare, diluire: *the cocaine was — with talcum powder*, la cocaina era tagliata con talco in polvere **5** (*comm.*) ridurre: *to — losses*, ridurre le perdite; *to — prices close*, ridurre i prezzi al minimo **6** tagliare, molare (vetro); scolpire (caratteri su metallo, pietra); tagliare, filettare (una vite); (*amer.*) incidere (su disco, nastro) **7** (*cinem.*) montare (un film ecc.); cambiare inquadratura: *the scene cuts to the bedroom*, la scena si spostò sulla camera da letto // *—!*, stop!, fermate la ripresa ! **8** praticare (un'apertura); scavare (un canale); (*miner.*) perforare: *to — an opening in a wall*, praticare un'apertura in un muro **9** tagliare (il mazzo di carte) **10** (*sport*) tagliare (la palla) **11** castrare (un animale) **12** (*fam.*) saltare, bigiare (le lezioni): *he's cutting French today*, salta francese oggi ♦ *v.intr.* **1** tagliare; tagliarsi: *knife that cuts like a razor*, coltello che taglia come un rasoio; *cloth that cuts easily*, stoffa che si taglia facilmente; *to — into a tumor*, incidere un tumore // *to — and come again*, (*fam.*) servirsi a sazietà // *to — and run*, (*fam.*) darsela a gambe // *to — through sthg.*, fendere qlco., passare attraverso qlco. // *to — both ways*, essere a doppio taglio: *that argument cuts both ways*, questo modo di ragionare è a doppio taglio; *he has to do overtime but he gets an occasional day off, so it cuts both ways*, deve fare degli straordinari ma ogni tanto ha un giorno libero, così uno compensa l'altro **2** intersecarsi **3** tagliare il mazzo di carte **4** (*sport*) dare un colpo di taglio **5** urtarsi (di zampe di cavallo) **6** (*danza*) fare una sforbiciata **7** cambiare bruscamente direzione (di auto, corridore ecc.).

□ **cut across** *v.intr.* e *prep.* **1** tagliare per: *let's — across the fields*, tagliamo per i campi **2** (*fig.*) andar contro, contraddire: *the new movement cuts across the traditional party lines*, il nuovo movimento va contro le linee tradizionali del partito.

□ **cut at** *v.intr.* e *prep.* **1** tentare di tagliare (corda, involucro ecc.) **2** ferire con una lama: *one of the men — at his arm with a knife*, uno degli uomini lo ferì al braccio con un coltello.

□ **cut away** *v.tr.* e *avv.* tagliar via.

□ **cut back** *v.tr.* e *avv.* **1** potare **2** ridurre: *the management decided to — back the aircraft production starting from next year*, la direzione ha deciso di ridurre la produzione di velivoli a partire dal prossimo anno; (*econ.*) *to — back costs*, ridurre i costi.

□ **cut down** *v.tr.* e *avv.* **1** abbattere (alberi ecc.); (*fig.*) abbattere, uccidere: *they've — down most of the trees*, avevano abbattuto la maggior parte degli alberi **2** (*fig.*) tagliare, ridurre: *to — down* (*on*) *expenses*, ridurre le spese; *to — down* (*on*) *alcohol*, ridurre l'alcol // *they wanted £ 100 for that clock but I managed to — them down to £ 76*, volevano cento sterline per quell'orologio ma sono riuscito a dargliene 76 **3** accorciare (abiti).

□ **cut in** *v.intr.* e *avv.* **1** interloquire, intervenire in una conversazione **2** tagliare la strada (di auto dopo un sorpasso) ♦ *v.tr.* e *avv.* (*fam.*) includere (in un'attività redditizia), dare una fetta della torta a: *we shall have to — him in if only to keep his mouth shut*, dovremo dargli una fetta della torta per fargli tenere la bocca chiusa.

□ **cut off** *v.tr.* e *avv.* **1** tagliar via // *to — off one's nose to spite one's face*, darsi la zappa sui piedi **2** sospendere l'erogazione, la fornitura di (acqua, elettricità, petrolio ecc.) **3** isolare: *last Christmas we were — off by an avalanche for a week*, l'inverno scorso rimanemmo isolati per più di una settimana a causa di una valanga // *to — oneself off*, isolarsi; rompere i rapporti (con) **4** bloccare, impedire (via d'uscita): *soon after the robbery the police succeeded in cutting off all escape routes*, subito dopo la rapina la polizia riuscì a bloccare tutte le vie di fuga **5** interrompere (una telefonata, qlcu. che parla): *I was — off*, è caduta la linea.

□ **cut out** *v.tr.* e *avv.* **1** ritagliare da: *to — out an article, a picture from a newspaper*, ritagliare un articolo, una fotografia da un giornale // *to be — out for sthg.*, essere adatto, idoneo per fare qlco.; essere tagliato per qlco. **2** togliere, tirar via // *to — out dead wood*, (*anche fig.*) tagliare i rami secchi // *— it* (o *— that*) *out!*, basta, finiscila! **3** (*fam.*) escludere; eliminare; togliere di mezzo: *he won't agree to be — out of the whole operation*, non accetterà di essere lasciato fuori dall'intera operazione **4** rinunciare a, eliminare: *I'm afraid you'll have to — out alcohol*, temo che dovrà rinunciare all'alcol ♦ *v.intr.* e *avv.* smettere di funzionare, fermarsi: *the car engine — out suddenly*, il motore dell'auto si fermò di colpo.

□ **cut up** *v.tr.* e *avv.* **1** fare, tagliare a pezzetti: *to — up meat, carrots*, fare a pezzetti la carne, le carote **2** (*fig. fam.*) conciar male: *he was badly — up in the accident*, è uscito malconcio dall'incidente **3** sradicare (alberi) ♦ *v.intr.* e *avv.* **1** *to — up rough*, reagire violentemente **2** (*sl. amer.*) far baldoria.

cut[1] *agg.* **1** tagliato; ritagliato // — *glass*, vetro molato **2** (*fig.*) ridotto, tagliato **3** trinciato (di tabacco) **4** (*bot.*) lobato **5** castrato (di animale) **6** (*fam.*) ubriaco.

cut[2] *s. to draw cuts*, tirare a sorte.

cut-and-dried [ˈkʌtəndˈdraɪd] *agg.* prestabilito; fuori discussione: *Mr Smith's victory is* —, la vittoria di Mr Smith è fuori discussione.

cutaneous [kju:ˈteɪnjəs / cu·ta·ne·ous] *agg.* cutaneo: (*med.*) — *anaphylaxis*, anafilassi cutanea; — *reaction*, reazione cutanea.

cutaway [ˈkʌtəweɪ / cut·away] *agg.* sezionato: — *drawing*, disegno a sezione verticale, spaccato ♦ *s.* — (*coat*), tight.

cutback [ˈkʌtbæk / cut·back] *s.* **1** (*econ.*) riduzione, taglio (di spese, personale ecc.); cessazione (di attività) **2** (*cinem.*) ritorno a una inquadratura precedente.

cute [kju:t] *agg.* (*fam.*) **1** abile, svelto, ingegnoso **2** (*spec. amer.*) attraente; carino, grazioso; (*spreg.*) insopportabilmente lezioso // **-ly** *avv.* // **-ness** *s.*

cuticle [ˈkju:tɪkl / cut·icle] *s.* (*anat.*, *bot.*) cuticola.

cuticular [kju:ˈtɪkjʊlə* / cu·tic·ular] *agg.* cuticolare.

cutie [ˈkju:tɪ] *s.* (*sl. amer.*) **1** ragazza elegante, attraente **2** (*spreg.*) persona di cui non ci si può fidare.

cutie-pie [ˈkju:tɪpaɪ] *s.* → **cutie** 1.

cut-in [ˈkʌt,ɪn] *s.* **1** (*cinem.*) scena di collegamento **2** (*elettr.*) connessione.

cutireaction [ˈkju:tɪrɪ,ækʃn / cuti·re·ac·tion] *s.* (*med.*) cutireazione.

cutis [ˈkju:tɪs / cu·tis] *pl.* **cutes** [ˈkju:ti:z] **cutises** [ˈkju:tɪsi:z] *s.* (*anat.*) corion, derma.

cutlass [ˈkʌtləs / cut·lass] *s.* corta sciabola.

cutler [ˈkʌtlə* / cut·ler] *s.* coltellinaio.

cutlery [ˈkʌtlərɪ / cut·lery] *s.* **1** Ⓤ posateria, posate (*pl.*) **2** mestiere del coltellinaio.

cutlet [ˈkʌtlɪt / cut·let] *s.* costoletta.

cutoff [ˈkʌtɒ:f / cut·off] *s.* **1** limite estremo; (punto di) interruzione; (*comm.*) scadenza: — *date*, data di chiusura delle operazioni contabili **2** (*amer.*) scorciatoia **3** (*mecc.*) otturatore, (dispositivo di) chiusura dell'ammissione (di una conduttura): — *lever*, *valve*, leva, valvola d'arresto **4** (*elettr.*) interruzione, apertura (di un circuito); taglio, interdizione: — *frequency*, frequenza di interdizione **5** (*cinem.*) paravento di sicurezza (di proiettore) **6** (*miner.*) tenore minimo coltivabile (di un giacimento).

cut out [ˈkʌtaʊt / cut·out] *s.* **1** ritaglio (di giornale, cartone ecc.) **2** figura, immagine di cartone **3** (*elettr.*) interruttore; fusibile.

cutover [ˈkʌt,əʊvə* / cut·over] *s.* **1** bosco su cui è stato fatto il taglio del legname **2** (*tecn.*) conversione, cambio (da un'operazione a un'altra sulla stessa macchina) // (*inform.*) — *date*, data di entrata in servizio di una nuova installazione.

cut-price [ˈkʌtpraɪs] *agg.attr.* a prezzo ribassato.

cutpurse [ˈkʌtpɜ:s / cut·purse] *s.* (*ant.*) tagliaborse, borsaiolo.

cutter [ˈkʌtə* / cut·ter] *s.* **1** (*mecc.*) fresa; coltello; tagliolo; taglierina **2** tagliatore (di abiti, gemme ecc.) **3** (*mar.*) cutter (canotto a vela, con un albero e chiglia a coltello) **4** (*amer. mar.*) lancia armata **5** (*amer.*) slitta leggera trascinata da un cavallo.

cutthroat [ˈkʌtθrəʊt / cut·throat] *agg.* accanito, spietato: — *competition*, concorrenza accanita ♦ *s.* (*antiq.*) assassino; tagliagole.

cutting [ˈkʌtɪŋ / cut·ting] *agg.* **1** tagliente; sferzante **2** (*fig.*) sferzante; pungente, mordace: — *irony*, ironia pungente; — *word*, parola mordace ♦ *s.* **1** taglio; incisione **2** ritaglio (di carta, giornale); truciolo **3** trincea (di strada, ferrovia) **4** (*tess.*) cimatura **5** (*agr.*) talea (di geranio ecc.) **6** (*cinem.*) montaggio.

cutting edge [ˈkʌtɪŋ,edʒ] *s.* **1** incisività (di discorso ecc.) **2** (*fig.*) avanguardia: *our new product is at the — of software technology*, il nostro nuovo prodotto è all'avanguardia nella tecnologia del software.

cutting room [ˈkʌtɪŋ,ru:m] *s.* (*cinem.*) sala di montaggio.

cuttle [ˈkʌtl] *s.* (*zool.*) **1** → cuttlefish **2** → cuttlebone.

cuttlebone [ˈkʌtlbəʊn / cuttle·bone] *s.* osso di seppia.

cuttlefish [ˈkʌtl,fɪʃ / cuttle·fish] *s.* (*zool.*) seppia SIN. sea sleeve, ink-fish, sepia.

cutty [ˈkʌtɪ] *agg.* (*dial.*) corto; accorciato ♦ *s.* **1** corta pipa di terracotta **2** (*scherz. dial.*) ragazza capricciosa.

cutwater [ˈkʌt,wɔ:tə* / cut·water] *s.* **1** sprone (di ponte) **2** (*mar.*) tagliamare.

cutworm [ˈkʌtwɜ:m / cut·worm] *s.* (*zool.*) agrotide.

cuvette [kju:ˈvet / cu·vette] *s.* (*chim.*) cuvette.

cwm [ku:m] *s.* (*gallese*) → **coomb(e)**.

cyan [ˈsaɪən] *agg.* grigio-azzurro; cyan.

cyan-, **cyano-** [ˈsaɪən, ˈsaɪənəʊ] *pref.* della terminologia chimica che indica la presenza del radicale nitrile; it. cian-, ciano-: *cyanic*, cianico; *cyanogen*, cianogeno.

cyanamide [ˈsaɪənəmaɪd / cy·an·am·ide] *s.* (*chim.*) cianammide.

cyanate [ˈsaɪəneɪt / cy·an·ate] *s.* (*chim.*) cianato.

cyanic [saɪˈænɪk / cy·anic] *agg.* (*chim.*) cianico: — *acid*, acido cianico.

cyanide [ˈsaɪənaɪd / cy·an·ide] *s.* (*chim.*) cianuro: — *process*, processo al cianuro.

to **cyanide** *v.tr.* (*chim.*) trattare con cianuro.

cyanine [ˈsaɪənaɪn / cy·an·ine] *s.* (*chim.*) cianina.

cyanite [ˈsaɪənaɪt / cy·an·ite] *s.* (*min.*) cianite.

cyanogen [saɪˈænədʒɪn / cy·ano·gen] *s.* (*chim.*) cianogeno.

cyanohydrin [,saɪənəʊˈhaɪdrɪn / cy·ano·hy·drin] *s.* (*chim.*) cianidrina.

cyanosis [,saɪəˈnəʊsɪs / cy·an·osis] *pl.* **cyanoses** [,saɪəˈnəʊsi:z / cy·an·oses] *s.* (*med.*) cianosi.

cyanotic [,saɪəˈnɒtɪk / cy·an·otic] *agg.* (*med.*) cianotico.

cyanurate [,saɪəˈnjʊəreɪt / cy·anur·ate] *s.* (*chim.*) cianurato.

cyanuric [,saɪəˈnju:rɪk / cy·anuric] *agg.* (*chim.*) cianurico: — *acid*, acido cianurico.

cybernaut [ˈsaɪbə,nɔ:t / cy·ber·naut] *s.* cibernauta.

cybernetics [,saɪbɜ:ˈnetɪks / cy·ber·net·ics] *s.* Ⓤ cibernetica.

cyberspace [ˈsaɪbə,speɪs / cy·ber·space] *s.* ciberspazio.

cycad [ˈsaɪkəd] *s.* (*bot.*) (pianta) cicadea.

cyclamate [ˈsɪkləmeɪt / cyc·la·mate] *s.* (*chim.*) ciclammato.

cyclamen [ˈsɪkləmən *amer.* ˈsaɪkləmən / cyc·la·men] *s.* (*bot.*) (*Cyclamen europaeum*) ciclamino SIN. sowbread.

cycle [ˈsaɪkl] *s.* **1** ciclo: *the — of the seasons*, il ciclo delle stagioni; (*econ.*) *business* (o *trade*) —, ciclo economico // (*inform.*) — *criterion*, numero di iterazioni **2** ciclo (di poemi): *the Arthurian* —, il ciclo Arturiano **3** (*fig.*) era, periodo **4** (abbr. di *bicycle*) bicicletta: — *track*, — *lane*, pista ciclabile **5** (abbr. di *tricycle*) triciclo **6** (*med.*) ciclo.

to **cycle** *v.tr.* **1** (*chim.*) ciclizzare; sottoporre a ciclizzazione **2** (*inform.*) mettere progressivamente fuori tensione (una macchina) ♦ *v.intr.* **1** svolgersi per cicli; avere andamento ciclico **2** (*chim.*) ciclizzarsi **3** andare in bicicletta.

cycle-car [ˈsaɪkəl,kɑ:*] *s.* cycle-car (autovettura molto piccola, a 3 o 4 ruote, per 1 o 2 persone).

cycled [ˈsaɪkld / cyc·led] *agg.* (*chim.*) ciclizzato.

cycler [ˈsaɪklə* / cyc·ler] *s.* (*amer.*) ciclista.

cycli [ˈsaɪ,klaɪ] *s.pl.* (*chim.*) operazioni cicliche.

cyclic [ˈsaɪklɪk / cyc·lic] *agg.* ciclico (*anche mat.*).

cyclical [ˈsaɪklɪkl / cyc·lical] *agg.* ciclico // (*econ.*): — *fluctuations*, fluttuazioni cicliche; — *unemployment*, disoccupazione ciclica.

cycling [ˈsaɪklɪŋ / cyc·ling] *s.* **1** ciclismo **2** iterazione.

cyclist [ˈsaɪklɪst / cyc·list] *s.* ciclista.

cyclization [,saɪklɪˈzeɪʃn / cyc·li·za·tion] *s.* (*chim.*) ciclizzazione.

cyclo- [ˈsaɪkləʊ] *pref.* della terminologia chimica indicante la struttura ciclica del composto; it. ciclo-: *cycloexane*, cicloesano; *cyclopentane*, ciclopentano.

cyclo-cross [,saɪkləʊˈkrɒs] *s.* (*sport*) ciclocross.

cycloid [ˈsaɪklɔɪd / cyc·loid] *s.* (*mat.*) cicloide.

cycloidal [saɪˈklɔɪdl / cyc·loidal] *agg.* (*mat.*) cicloidale.

cyclometer [saɪˈklɒmɪtə* / cyc·lo·meter] *s.* **1** ciclometro (strumento per misurare archi di cerchio) **2** odometro **3** contachilometri per bicicletta.

cyclone [ˈsaɪkləʊn / cyc·lone] *s.* ciclone.

cyclonic [saɪˈklɒnɪk / cyc·lonic] *agg.* ciclonico.

cyclonite [ˈsaɪkləʊnaɪt / cy·clon·ite] *s.* (*chim.*) ciclonite.

cyclop(a)edia [,saɪkləʊˈpi:djə / cyc·lo·p(a)e·dia] *s.* (abbr. di *encyclop(a)edia*) enciclopedia.

cycloparaffin [ˈsaɪkləʊˈpærəfɪn / cyc·lo·pa·raf·fin] *s.* (*chim.*) cicloparaffina.

Cyclopean, **Cyclopian** [saɪˈkləʊpjən / Cyc·lo·pean] *agg.* ciclopico.

cyclops [ˈsaɪklɒps / cyc·lops] *pl.* **cyclopes** [saɪˈkləʊpi:z / cyc·lo·pes] *s.* (*mit.*) ciclope.

cyclostyle ['saɪkləʊstaɪl / cyc·lo·style] *s.* ciclostile.

to **cyclostyle** *v.tr.* ciclostilare.

cyclotomy [saɪ'klɒtəmɪ / cy·clo·to·my] *s.* (*mat.*) ciclotomia.

cyclotron ['saɪklətrɒn / cy·clo·tron] *s.* (*fis. nucleare*) ciclotrone.

cygnet ['sɪgnɪt / cyg·net] *s.* cigno giovane.

cylinder ['sɪlɪndə* / cy·lin·der] *s.* **1** (*mat.*) cilindro **2** (*tecn.*) cilindro; rullo; tamburo // (*mecc.*): — *barrel*, canna del cilindro; *brake* —, cilindretto del freno (idraulico) // (*aut.*) *a six — car*, una sei cilindri // (*tip.*): *inker* —, rullo inchiostratore; — *press*, rotativa // *the — of the revolver*, il tamburo della rivoltella **3** bombola (di gas).

cylinder block ['sɪlɪndə,blɒk] *s.* (*mecc.*) blocco cilindri, monoblocco.

cylindrical [sɪ'lɪndrɪkəl / cy·lin·drical] *agg.* cilindrico.

cylindriform [sɪ'lɪndrɪfɔ:m / cy·lin·dri·form] *agg.* cilindriforme.

cylindroid ['sɪlɪndrɔɪd / cy·lin·droid] *agg.* e *s.* (*mat.*) cilindroide.

cyma ['saɪmə] *pl.* **cymae** ['sɑmi:] *s.* (*arch.*) gola, cimasa.

cymbal ['sɪmbl / cym·bal] *s.* (*mus.*) piatto; cembalo.

cymbalist ['sɪmbəlɪst / cym·bal·ist] *s.* suonatore di piatti.

cymbalo ['sɪmbələʊ / cym·balo] *pl.* **cymbalos** *s.* (*mus.*) cembalo, clavicembalo, spinetta.

cymbiform ['sɪmbɪfɔ:m / cym·bi·form] *agg.* (*anat., bot.*) a forma di navicella, carenato.

cyme [saɪm] *s.* (*bot.*) cima.

cymene ['saɪmi:n / cym·ene] *s.* (*chim.*) cimene.

cymophane ['saɪməfeɪn / cym·oph·ane] *s.* (*min.*) cimofane.

cymose ['saɪməʊs / cym·ose] *agg.* (*bot.*) cimoso.

Cymric ['kɪmrɪk / Cym·ric] *agg.* gallese.

cynic ['sɪnɪk] *agg.* e *s.* cinico (*anche fil.*).

cynical ['sɪnɪkl / cyn·ical] *agg.* cinico // **-ly** *avv.*

cynicism ['sɪnɪsɪzəm / cyn·icism] *s.* cinismo (*anche fil.*).

cynocephalus [,saɪnəʊ'sefələs / cyno·ceph·alus] *s.* (*zool.*) cinocefalo.

cynosure ['sɪnə,zjʊə* *amer.* 'saɪnəʃʊə* / cy·nos·ure] *s.* **1** (*astr.*) *Cynosure*, Orsa minore **2** (*form.*) centro, punto di mira: *the — of every eye*, il centro di tutti gli sguardi.

(to) **cypher** → (to) **cipher**.

cypress ['saɪprəs / cy·press] *s.* (*bot.*) (*Cupressus sempervirens*) cipresso.

Cyprian ['sɪprɪən / Cyp·rian] *agg.* cipriota ◆ *s.* **1** (*non com.*) cipriota **2** (*antiq.*) persona licenziosa; prostituta, cortigiana.

Cypriot ['sɪprɪət / Cyp·riot] **Cypriote** ['sɪprɪəʊt / Cyp·riote] *agg.* e *s.* cipriota.

cypripedium [,sɪprə'pi:dɪəm / cyp·ri·pe·dium] *pl.* **cypripedia** [,sɪprə'pi:dɪə / cyp·ri·pe·dia] **cypripediums** *s.* (*bot.*) (*Cypripedium calceolus*) cipripedio; (*pop.*) pianella della Madonna SIN. lady-slipper.

Cyrenaic [,saɪərə'neɪɪk / Cy·re·naic] *agg.* e *s.* cirenaico (*anche fil.*).

Cyrillic [sɪ'rɪlɪk / Cyr·il·lic] *agg.* cirillico.

cyst [sɪst] *s.* (*biol., med.*) cisti, ciste.

cystectomy [sɪs'tektəmɪ / cys·tec·tomy] *s.* (*med.*) cistectomia.

cysteine ['sɪstɪi:n / cyst·eine] *s.* (*biochim.*) cisteina.

cystic ['sɪstɪk] *agg.* (*biol., med.*) cistico: — *duct*, dotto cistico; — *fibrosis*, fibrosi cistica.

cysticercus [,sɪstə'sɜ:kəs / cys·ti·cer·cus] *pl.* **cysticerci** [,sɪstə'sɜ:saɪ / cys·ti·cerci] *s.* (*biol.*) cisticerco.

cystine ['sɪsti:n / cyst·ine] *s.* (*biochim.*) cistina.

cystitis [sɪs'taɪtɪs / cyst·itis] *s.* (*med.*) cistite.

cystocarp ['sɪstəkɑ:p / cys·to·carp] *s.* (*bot.*) cistocarpo.

cystocele ['sɪstəsi:l / cys·to·cele] *s.* (*med.*) cistocele.

cystopyelitis [,sɪstəʊpaɪ'laɪtɪs / cys·to·py·el·itis] *s.* (*med.*) cistopielite.

cystoscope ['sɪstəskəʊp / cys·to·scope] *s.* (*med.*) cistoscopio.

cystotomy [sɪs'tɒtəmɪ / cys·to·tomy] *s.* (*med.*) cistotomia.

Cytherean [,sɪθə'ri:ən / Cy·ther·ean] *agg.* **1** di Citera **2** (*astr.*) di Venere, venusiano.

cyto- ['saɪtəʊ] *pref.* di origine greca che indica una relazione con 'cavità, cellula'; it. cito-: *cytoscopy*, citoscopia; *cytokinesis*, citocinesi; *cytotoxic*, citotossico; *cytochemistry*, citochimica.

cytochrome ['saɪtəʊkrəʊm / cy·to·chrome] *s.* (*biol.*) citocromo.

cytogenetic [,saɪtəʊdʒə'netɪk / cy·to·gen·etic] *agg.* (*biol.*) citogenetico.

cytogenetics [,saɪtəʊdʒə'netɪks / cy·to·gen·et·ics] *s.* U (*biol.*) citogenetica.

cytologic(al) [,saɪtəʊ'lɒdʒɪk(l) / cy·to·logic(al)] *agg.* (*biol.*) citologico.

cytology [saɪ'tɒlədʒɪ / cyto·logy] *s.* (*biol.*) citologia.

cytolysis [saɪ'tɒlɪsɪs / cy·to·lysis] *s.* (*biol.*) citolisi.

cytoplasm ['saɪtəplæzəm / cy·to·plasm] *s.* (*biol.*) citoplasma.

cytoplasmic [,saɪtəʊ'plæzmɪk / cy·to·plasmic] *agg.* (*biol.*) citoplasmatico: — *inheritance*, eredità extracromosomica.

cytosine ['saɪtəsaɪn / cy·to·sine] *s.* (*biochim.*) citosina.

cytosome ['saɪtəsəʊm / cy·to·some] *s.* (*biol.*) citosoma.

cytostome ['saɪtəstəʊm / cy·to·stome] *s.* (*biol.*) citostoma.

cytotoxic [,saɪtəʊ'tɒksɪk / cy·to·toxic] *agg.* (*biol.*) citotossico.

czar [zɑ:*] *s.* zar.

czardas ['tʃɑ:dɑ:ʃ] *s.* (*mus.*) ciarda (danza popolare ungherese).

czardom ['zɑ:dəm / czar·dom] *s.* **1** autorità dello zar **2** regno, impero dello zar.

czarevitch ['zɑ:rəvɪtʃ / czar·evitch] *s.* zarevic, figlio dello zar.

czarevna [zɑ:'revnə / czar·evna] *s.* figlia dello zar.

czarina [zɑ:'ri:nə / czar·ina] *s.* zarina.

czarism ['zɑ:rɪzəm / czar·ism] *s.* zarismo.

Czech [tʃek] *agg.* e *s.* ceco.

Czechoslovak ['tʃekəʊ'sləʊvæk / Czecho·slo·vak] *agg.* e *s.* cecoslovacco.

Dd

d [di:] *pl.* **d's, ds** [di:z] *s.* **1** (*quarta lettera dell'alfabeto inglese*) d // (*tel.*) — *for David* (amer. — *for Dog*), d come Domodossola **2** (*mus.*) *D*, re **3** *d.* (abbr. per *lat. denarius*), 'penny', soldo (prima del 1971) **4** *d.* (abbr. di *died*) morto: *d. 1800*, morto nel 1800 **5** *D* (cifra romana), 500 **6** *D* (votazione scolastica); appena sufficiente; scarso **7** *D and D*, (*fam. amer.*) abbr. di *drunk and disorderly*, ubriaco molesto **8** *D and D*, (*fam. amer.*) abbr. di *deaf and dumb*, sordomuto ◆ *agg. attr.* a forma di D: (*mecc.*) *D joint*, giunto a D.

d' (*fam.*) abbr. di *do*: *d'you know?*, sapete?

'd abbr. di *had*, *should*, *would*: *I'd write*, scriverei; *I'd written*, avevo scritto.

dab[1] [dæb] *s.* **1** tocco, colpo, colpettino; pugno **2** (*fam.*) macchia, schizzo; velo, leggero strato (di vernice, burro, crema ecc.): *a — of butter*, una spalmatina di burro; *a — of rouge*, un velo, tocco di rossetto; *a — of paint*, un leggero strato di vernice **3** *pl.* (*fam.*) impronte digitali.

to **dab**[1] *pass.p.p.* **dabbed** [dæbd] *v.tr.* **1** picchiettare; sfiorare, toccare leggermente; tamponare: *she dabbed (at) the wound with some cotton wool*, tamponò la ferita con un po' di ovatta **2** applicare; spalmare: *she dabbed some cream on her legs*, si spalmò un po' di crema sulle gambe.

dab[2] *s.* (*zool.*) **1** (*Pleuronectes platessa*) passera di mare **2** nome generico di analoghi pesci piatti (p.e. limanda, platessa).

dab[3] → **dab hand**.

dabber ['dæbə* / dab·ber] *s.* **1** (*tip.*) tampone **2** spalmatore; chi picchietta; chi sfiora.

to **dabble** ['dæbl] *v.tr.* bagnare, schizzare; inumidire; agitare (parti del corpo nell'acqua): *to — one's hands in the water*, agitare le mani nell'acqua; *to — one's face with water*, spruzzarsi il viso d'acqua ◆ *v.intr.* **1** sguazzare **2** *to — in* (o *at*), occuparsi a tempo perso di, dilettarsi di: *to — in* (o *at*) *law*, *politics*, *medicine*, dilettarsi di legge, politica, medicina.

dabbler ['dæblə* / dab·bler] *s.* dilettante, chi si occupa di qlco. come passatempo, a tempo perso: *a — in painting*, un dilettante in pittura.

dabchick ['dæbtʃɪk / dab·chick] *s.* (*zool.*) (*Podiceps ruficollis*) tuffetto; (*Podylimbus podiceps*) podilimbo.

dab hand [,dæb'hænd] *s.* (*fam. brit.*) esperto: *he's a — at maths*, è un cannone in matematica.

dace [deɪs] *pl.* **dace, daces** ['deɪsɪz] *s.* (*zool.*) (*Chondrostoma genei*) lasca SIN. beaked-carp, roach.

dachshund ['dækshʊnd / dachs·hund] *pl.* **dachshunds, dachshunde** ['dækshʊndə] *s.* (*zool.*) bassotto tedesco, dachshund SIN. sausage dog.

dacite ['deɪsaɪt / dac·ite] *s.* (*geol.*) dacite.

dacoit [də'kɔɪt / da·coit] *s.* brigante (dell'India, della Birmania).

dacry(o)- [,dækrɪ(əʊ)] *pref.* della terminologia scientifica di origine greca che indica relazione con le 'lacrime' o 'l'apparato lacrimale'; it. dacrio-: *dacryocystitis*, dacriocistite; *dacryoma*, dacrioma.

dacryocist ['dækrɪəʊ,sɪst / dac·ryo·cist] *s.* (*anat.*) dacriocisti.

dactyl ['dæktɪl / dac·tyl] *s.* (*metrica*) dattilo.

dactylic [dæk'tɪlɪk / dac·tylic] *agg.* (*metrica*) dattilico ◆ *s.* dattilo.

dad [dæd] *s.* (*fam.*) babbo, papà.

Dada ['dɑ:də] **Dadaism** ['dɑ:dəɪzəm / Da·da·ism] *s.* (*arte*) dada, dadaismo.

daddy ['dædɪ] *s.* (*fam.*) papà, babbo // *Disneyland —*, (*amer.*) padre separato.

daddy-longlegs [,dædɪ'lɒŋlegz] *s.* (*zool.*) **1** opilione dei muri **2** → crane fly **3** falangio.

dado ['deɪdəʊ] *pl.* **dadoes** *s.* (*arch.*) dado, plinto; zoccolo decorato (di parete).

dadoed ['deɪdəʊd / da·doed] *agg.* con zoccolo decorato (di stanza).

daedal ['di:dl / dae·dal] **Daedalean, Daedalian** [di:'deɪlɪən / Dae·da·lian] *agg.* dedaleo, ingegnoso, abile; intricato, complicato.

daemon e *deriv.* → **demon** e *deriv.*

to **daff** [dɑ:f] *v.tr.* (*ant.*) **1** mettere, gettare da parte: *I would have daffed all other respects and made her half myself*, (SH. Much Ado) avrei messo da parte ogni altra considerazione e l'avrei resa la mia metà **2** togliersi (indumenti ecc.): *there my white stole of chastity I daff'd*, (SH. A Lover's Complaint) là mi tolsi il velo di castità.

daffodil ['dæfədɪl / daf·fo·dil] *s.* (*bot.*) (*Narcissus pseudonarcissus*) giunchiglia grande; (*pop.*) trombone, tromboncino; (*ant.*) asfodelo SIN. lent-lily.

daft [dɑ:ft] *agg.* (*fam. brit.*) **1** sciocco, stupido, scemo **2** squilibrato, matto; scervellato; pazzo (*anche fig.*): *she was — about that actor*, andava pazza per quell'attore.

dagger ['dægə* / dag·ger] *s.* **1** stiletto, pugnale // *to be at daggers drawn with s.o.*, essere ai ferri corti con qlcu. // *to look daggers at s.o.*, guardare qlcu. con ostilità, lanciare uno sguardo furibondo a qlcu. **2** (*tip.*) croce latina.

dago ['deɪgəʊ] *pl.* **dago(e)s** *s.* (*sl. spreg.*) individuo di razza latina (specialmente spagnolo, portoghese, italiano) // *— red*, (*fam. amer.*) vino rosso di qualità scadente.

daguerreotype [də'gerəʊtaɪp / da·guerre·otype] *s.* (*fot.*) dagherrotipo.

daguerreotypy [də'gerəʊtaɪpɪ / da·guerre·otypy] *s.* (*fot.*) dagherrotipia.

dahlia ['deɪljə *amer.* 'dælɪə / dah·lia] *s.* (*bot.*) dalia.

Dáil Éireann [,daɪl'eərən / Dáil Éire·ann] *s.* Camera dei Deputati dell'Eire (Stato libero d'Irlanda).

daily ['deɪlɪ] *agg.* del giorno, giornaliero, quotidiano: *— collections*, incassi giornalieri; *— newspaper*, quotidiano; *our — bread*, il nostro pane quotidiano // *— help*, domestica a giornata ◆ *s.* **1** (giornale) quotidiano **2** (*fam.*) domestica a giornata.

daily *avv.* ogni giorno, giornalmente: *it happens —*, avviene tutti i giorni.

daintily ['deɪntɪlɪ / dain·tily] *avv.* delicatamente; con raffinatezza, con grazia; con ricercatezza.

daintiness ['deɪntɪnɪs / dain·ti·ness] *s.* **1** delicatezza; raffinatezza; squisitezza **2** ricercatezza di gusti, l'essere esigente.

dainty ['deɪntɪ] *agg.* **1** raffinato; squisito; delicato; fragile; grazioso **2** esigente; schizzinoso **3** delizioso, squisito (di cibo) ◆ *s.* leccornia, squisitezza.

dairy ['deərɪ] *s.* **1** — (*farm*), fattoria per la produzione di latte e latticini; latteria, piccolo caseificio; *— butter*, burro di fattoria; *— products*, latticini; *— farming*, produzione, industria dei latticini **2** latteria (negozio).

dairy cattle ['deərɪ,kætl] *s.* mucche da latte (*pl.*).

dairying ['deərɪɪŋ / dairy·ing] *s.* l'industria dei latticini.

dairymaid ['deərɪmeɪd / dairy·maid] *s.* (*antiq.*) mungitrice; ragazza che lavora in una latteria SIN. milkmaid.

dairyman ['deərɪmən / dairy·man] *pl.* **dairymen** *s.* **1** uomo che lavora in un caseificio **2** lattaio.

dais ['deɪɪs] *s.* **1** predella; palco; pedana **2** (*rar.*) baldacchino.

daisied ['deɪzɪd] *agg.* (*letter.*) cosparso di margherite.

daisy [ˈdeɪzɪ] *s.* **1** (*bot.*) (*Bellis perennis*) margheritina, pratolina; (*Chrysanthemum leucanthemum*) margherita dei prati // — *chain*, ghirlanda di margheritine // *to be pushing up daisies*, (*scherz.*) essere morto e sepolto **2** (*fam. amer.* , *brit. antiq.*) persona, cosa stupenda, straordinaria: *she is a* —, è una perla **3** (*fam. amer.*) uomo debole, effeminato; omosessuale // — *chain*, sesso di gruppo.

daks® [dæks] *s.pl.* calzoni sportivi di flanella.

dale [deɪl] *s.* (*poet.*) valletta; (*geogr.*) vallata: *the Yorkshire Dales*, le valli dello Yorkshire // *to go up hill and down* —, percorrere una strada lunga e tortuosa.

dalesman [ˈdeɪlzmən / dales·man] *pl.* **dalesmen** *s.* valligiano.

dalliance [ˈdælɪəns / dal·li·ance] *s.* (*letter.*) **1** amoreggiamento; armeggio amoroso **2** indugio, esitazione.

to **dally** [ˈdælɪ] *v.intr.* (*letter.*) **1** scherzare, gingillarsi, trastullarsi: *he dallied with the idea of betting five pounds on the favourite*, si trastullava con l'idea di scommettere 5 sterline sul favorito; *to — with a woman's affections*, scherzare con i sentimenti di una donna **2** sprecare tempo, indugiare, esitare.

Dalmatian [dælˈmeɪʃjən / Dal·ma·tian] *agg.* dalmata ◆ *s.* **1** dalmata **2** (*zool.*) (cane) dalmata.

dalmatic [dælˈmætɪk / dal·matic] *s.* (*eccl.*) dalmatica.

daltonian [dɔːlˈtəʊnɪən / dal·ton·ian] *agg.* e *s.* (*med.*) daltonico.

Daltonism [ˈdɔːltənɪzəm / Dal·ton·ism] *s.* (*med.*) daltonismo.

dam[1] [dæm] *s.* **1** diga; argine; sbarramento **2** il contenuto di un serbatoio idrico **3** (*metall.*) dama; piastra.

to **dam**[1] *pass.p.p.* **dammed** [dæmd] *v.tr.* sbarrare (*anche fig.*); arginare; chiudere (con dighe).

dam[2] *s.* madre (specialmente di quadrupedi).

damage [ˈdæmɪdʒ / dam·age] *s.* **1** U danno, guasto: *his part in the scandal caused great — to his reputation*, la sua parte nello scandalo arrecò un grave danno alla sua reputazione; *to pay for the — done*, pagare per i danni fatti; (*dir.*) — *in law*, danno non patrimoniale **2** *pl.* (*dir.*) indennizzo, risarcimento; danni: *to be liable for damages*, essere ritenuto responsabile per i danni e gli interessi; *to sue s.o. for damages*, intentare un processo a qlcu. per risarcimento (di danni) **3** (*fam.*) prezzo, costo: *what's the —?*, quanto costa?; quant'è?

to **damage** *v.tr.* **1** danneggiare; avariare (merce); far subire dei danni a: *the fire damaged the pictures*, l'incendio danneggiò i quadri **2** (*fig.*) pregiudicare; nuocere a, danneggiare.

damageable [ˈdæmɪdʒəbl / dam·age·able] *agg.* danneggiabile; guastabile; avariabile.

damaged [ˈdæmɪdʒd / dam·aged] *agg.* **1** avariato; guastato; danneggiato // (*dir.*) *the — party*, la parte lesa **2** (*sl. amer.*) ubriaco.

damaging [ˈdæmɪdʒɪŋ / dam·aging] *agg.* dannoso, nocivo; pregiudizievole.

Damascene [ˈdæməsiːn / Dam·as·cene] *agg.* **1** damasceno, di Damasco **2** damaschino ◆ *s.* **1** abitante di Damasco **2** damaschinatura.

to **damascene** *v.tr.* (*metall.*) damaschinare; intarsiare.

damask [ˈdæməsk / dam·ask] *agg.* damaschino, damaschinato ◆ *s.* **1** (*tess.*) damasco **2** (*metall.*) oggetto (metallico) damaschinato **3** — (*colour*), color rosa carico e cupo.

to **damask** *v.tr.* **1** (*tess.*) damascare **2** (*metall.*) damaschinare **3** colorare di rosa carico (guance ecc.).

to **damaskeen** [ˌdæməˈskiːn / dam·as·keen] → to **damascene**.

damask-prune [ˈdæməskˌpruːn] *s.* (*bot.*) → **damson** 1.

damask-rose [ˈdæməskˌrəʊz] *s.* (*bot.*) rosa damascena.

dame [deɪm] *s.* **1** titolo di moglie di cavaliere o di baronetto, di donna insignita di un ordine cavalleresco **2** (*ant.*) dama, signora, gentildonna: *an old* —, (*fam.*) una vecchia signora // *Dame Nature, Fortune*, (*fig.*) la Natura, la Fortuna **3** (*fam. amer.*) donna **4** (*ant.*) maestra di scuola // — *school*, scuola elementare (del tipo un tempo tenuto da signore).

damfool [dæmˈfuːl / dam·fool] *agg.* e *s.* (*sl. antiq.*) cretino, sciocco.

dammar [ˈdæmə* / dam·mar] *s.* dammara (resina naturale).

damn [dæm] *s.* **1** maledizione **2** (*sl.*) un bel niente, nulla: *I don't give a* —, non mi importa un bel niente; *it's not worth a* —, non vale un fico secco.

to **damn** *v.tr.* **1** dannare (*anche teol.*); condannare; censurare; stroncare **2** maledire; mandare all'inferno; imprecare: *—!*, maledizione!; — *it all!*, (*sl.*) maledizione!; — *the rain!*, maledetta la pioggia!; — *you!*, vai all'inferno!; *I'll be damned if I go!*, (*sl.*) non ci andrò nemmeno per sogno!; *well, I'm damned!*, (*sl.*) ci vuol tutta! **3** rovinare; (*fig.*) disapprovare; (*teatr.*) fischiare: *that is enough to — him*, basta questo per rovinarlo.

damnable [ˈdæmnəbl / damn·able] *agg.* (*antiq.*) **1** dannabile; condannabile **2** (*sl.*) maledetto; odioso; detestabile // **-bly** *avv.*

damnation [dæmˈneɪʃn / dam·na·tion] *s.* **1** dannazione **2** disapprovazione ◆ *inter.* (*sl.*) dannazione!, diavolo!

damnatory [ˈdæmnətərɪ *amer.* ˈdæmnətɔːrɪ / dam·nat·ory] *agg.* condannatorio.

damned [dæmd] *agg.* **1** dannato // *the* —, i dannati **2** (*sl.*) maledetto: *you — fool!*, maledetto cretino! // *to do one's damnedest*, fare tutto il possibile **3** disapprovato.

damned *avv.* eccessivamente: *it was — hot*, faceva maledettamente caldo.

damn-fool → **damfool**.

damnification [ˌdæmnɪfɪˈkeɪʃn / dam·ni·fica·tion] *s.* (*dir.*) causa del danno.

to **damnify** [ˈdæmnɪfaɪ / dam·nify] *v.tr.* (*dir. ant.*) danneggiare.

damning [ˈdæmɪŋ / damn·ing] *agg.* **1** che porta alla condanna, schiacciante: — *evidence*, prove schiaccianti **2** che maledice ◆ *s.* **1** condanna; dannazione **2** maledizione.

Damoclean [ˌdæməˈkliːən / Damo·clean] *agg.* **1** imminentemente pericoloso **2** della corte di Dionisio il Vecchio di Siracusa.

damp [dæmp] *agg.* umido; bagnato; molle; madido: — *climate*, clima umido; *a — forehead*, una fronte madida // — *rag*, (*fam. amer.*) disappunto, delusione ◆ *s.* **1** umidità (dell'aria ecc.): *the evening* —, l'umidità della sera **2** nube di tristezza; depressione; scoraggiamento: *to cast a — over* (*s.o.*), deprimere, scoraggiare (qlcu.).

to **damp** *v.tr.* **1** inumidire; bagnare **2** soffocare, estinguere; smorzare (fuoco, suono): *to — the appetite*, smorzare l'appetito; *this... had damped the glory of Italian wits*, (MILTON) ciò... aveva soffocato la gloria dei geni italiani // (*fis.*) *damped vibrations*, vibrazioni smorzate // (*econ.*) *damped cycle*, ciclo (economico) smorzato **3** deprimere; scoraggiare: *nothing could — (down) his spirits*, nulla poteva scoraggiarlo; *to — one's ardour*, raffreddare gli ardori ◆ *v.intr.* (*mus.*) cessare (delle vibrazioni di una corda).

□ **damp off** *v.intr.* e *avv.* marcire (per troppa umidità).

to **dampen** [ˈdæmpən] *v.tr.* → to **damp**.

dampener [ˈdæmpənə* / damp·ener] *s.* **1** (*amer.*) aggeggio per inumidire la biancheria **2** (*fam. fig.*) doccia fredda.

damper [ˈdæmpə*] *s.* **1** (*fam.*) guastafeste **2** (*fig.*) freno: *to put a — on inflation*, porre un freno all'inflazione // *to cast a — on a party*, raggelare la festa, la compagnia **3** pane senza lievito cotto nella cenere **4** (*mus.*) smorzatoio (di pianoforte ecc.) **5** (*mecc.*) valvola di tiraggio (di camino); (*elettr.*) smorzatore; (*aut.*) bloccasterzo **6** spugnetta per francobolli.

damping [ˈdæmpɪŋ / damp·ing] *s.* **1** inumidimento **2** (*elettr.*, *fis.*) smorzamento: — *factor*, fattore di attrito, rallentamento.

dampish [ˈdæmpɪʃ / damp·ish] *agg.* umidiccio // **-ness** *s.*

damply [ˈdæmplɪ / damp·ly] *avv.* (*fig.*) apaticamente, in modo apatico.

dampness [ˈdæmpnɪs / damp·ness] *s.* umidità.

damp-proof [ˈdæmppruːf] *s.* a prova d'umidità.

damsel [ˈdæmzl / dam·sel] *s.* (*letter.*) fanciulla, damigella, donzella.

damson [ˈdæmzən / dam·son] *s.* **1** (*bot.*) (*Prunus domestica insititia*) susino selvatico SIN. damask-prune **2** susina selvatica **3** color prugna.

dance [dɑːns *amer.* dæns] *s.* **1** danza, ballo: *may I have the next — with you?*, mi concede il prossimo ballo? // — *band*, orchestra da ballo; — *music*, musica da ballo // *the Dance of Death*, danza macabra // *to lead s.o. a merry* —, (*fam.*) mettere il bastone fra le ruote a qlcu.; dare del filo da torcere a qlcu. **2** (festa da) ballo: *to give a* —, dare un ballo.

to **dance** *v.intr.* **1** danzare, ballare: *will you — with me?*, vuole ballare con me?; *to — in a circle*, ballare in tondo // *to — along, in, out*, avanzare, entrare, uscire ballando // *to — attendance on s.o.*, (*fig.*) stare alle costole di qlcu., far da cavalier servente (a una signora) // *to — on nothing*, (*sl.*) essere impiccato; *to — on air*, (*sl. amer.*) morire per impiccagione // *to — to s.o.'s pipe* (o *tune*), (*fam. amer.*) piegarsi ai desideri di qlcu.; *to — to another tune*, (*fam. amer.*) mettersi in riga, cambiar musica **2** saltare; saltellare; agitarsi: *the leaves are dancing in the wind*, le foglie si agitano al vento; *to — for joy*, saltare dalla gioia **3** (*di animali*) danzare, eseguire movimenti ritmici per il corteggiamento ecc. ◆ *v.tr.* **1** ballare: *they danced a polka*, danzarono una polka **2** saltare, far saltare: *to — a baby up and down*, far saltare un bambino tra le braccia.

□ **dance about** *v.intr.* e *prep.* saltellare, sgambettare.
□ **dance away** *v.tr.* e *intr.* e *avv.* continuare a ballare // *to — away the time*, buttare via il proprio tempo in canti e danze.
□ **dance off** *v.intr.* e *avv.* (*sl. amer.*) essere giustiziato.

danceable ['dɑ:nsəbl *amer.* dænsəbl / dance·able] *agg.* ballabile.

dance floor ['dɑ:ns,flɔ:*] *s.* pista da ballo.

dance hall ['dɑ:ns,hɔ:l *amer.* dænshɔ:l] *s.* **1** sala da ballo **2** (*sl. amer.*) braccio della morte.

dancer ['dɑ:nsə* *amer.* 'dænsə* / dan·cer] *s.* danzatore, danzatrice; ballerino, ballerina: *my girlfriend is a good —*, la mia ragazza balla bene // *merry dancers*, l'aurora boreale.

dancing ['dɑ:nsɪŋ *amer.* 'dænsɪŋ / dan·cing] *agg.* danzante, ballante // *— eyes*, (*fig.*) occhi vivaci ◆ *s.* il ballo, la danza, l'arte della danza.

dancing-girl ['dɑ:nsɪŋgɜ:l] *s.* (*antiq.*) danzatrice di professione.

dancing-master ['dɑ:nsɪŋ,mɑ:stə* *amer.* 'dænsɪŋ,mæstə*] *s.* maestro di ballo.

dancing-mistress ['dɑ:nsɪŋ,mɪstrɪs *amer.* 'dænsɪŋ,mɪstrɪs] *s.* maestra di ballo.

dandelion ['dændɪlaɪən / dan·delion] *s.* (*bot.*) (*Taraxacum officinale*) tarassaco, dente di leone; (*pop.*) soffione SIN. taraxacum.

dander ['dændə* / dan·der] *s.* (*sl. non com.*) rabbia; spirito bellicoso: *to get s.o.'s — up*, fare arrabbiare qlcu.; *to get one's — up*, andare in collera.

dandiacal [dæn'daɪəkl / dan·dia·cal] *agg.* (*ant.*) da, di damerino.

dandified ['dændɪfaɪd / dan·di·fied] *agg.* (*antiq.*) vestito con eleganza, azzimato (di persona); ricercato, affettato (di stile).

to **dandify** ['dændɪfaɪ / dan·dify] *v.tr.* (*antiq.*) rendere ricercato (stile, maniere, vestiti ecc.).

to **dandle** ['dændl] *v.tr.* far saltare (un bimbo) sulle ginocchia o tra le braccia.

dandruff ['dændrʌf / dan·druff] *s.* forfora; seborrea secca.

dandy ['dændɪ] *agg.* **1** elegante, affettato **2** (*fam. amer.*) eccellente, molto buono ◆ *s.* **1** zerbinotto, elegantone **2** (*amer. fam.*) qualcosa di magnifico,splendido.

dandy-brush ['dændɪ,brʌʃ] *s.* spazzola di osso di balena (per cavalli).

dandy-fever ['dændɪ,fi:və*] → **dengue**.

dandyish ['dændɪɪʃ / dan·dy·ish] *agg.* vanesio, ricercato.

dandyism ['dændɪɪzəm / dan·dy·ism] *s.* maniere da zerbinotto, da damerino; ricercatezza ed eleganza nel vestire.

dandy roll ['dændɪrəʊl] *s.* (*tip.*) (tamburo) ballerino.

Dane [deɪn] *s.* **1** danese **2** (*zool.*) (*Great*) —, alano.

danegeld ['deɪngeld / dane·geld) *s.* (*st. brit.*) tassa sui terreni (per comprare il ritiro degli invasori danesi).

danewort ['deɪnwɜ:t / dane·wort] *s.* (*bot.*) (*Sambucus ebulus*) ebbio; sambuco selvatico SIN. dwarf elder.

to **dang** [dæŋ] (*eufemismo*) → to **damn** 2.

danger ['deɪndʒə* / dan·ger] *s.* **1** pericolo: *a — to navigation*, un pericolo per la navigazione; *the dangers of smoking are well known*, i pericoli del fumo sono ben noti; *in — of*, in pericolo di; *in — of losing one's life*, in pericolo di (perdere la) vita; *there is no — of his losing the way*, non c'è pericolo che perda la strada; *out of —*, fuori pericolo; *to be on the — list*, essere molto grave (di malato) // *— signal*, segnale di pericolo // *— money*, indennità di rischio, denaro dato come premio per un lavoro pericoloso **2** (*ant.*) potere, autorità: *you stand within his danger*, (SH. Merchant of Venice) voi siete alla sua mercè.

dangerous ['deɪndʒərəs / dan·ger·ous] *agg.* pericoloso: *you are on — ground*, siete su un terreno pericoloso // *to go to — lengths*, (*fam.*) passare la misura.

dangerously ['deɪndʒərəslɪ / dan·ger·ous·ly] *avv.* **1** pericolosamente, in modo pericoloso **2** gravemente: *— ill*, gravemente ammalato.

dangerousness ['deɪndʒərəsnɪs / dan·ger·ous·ness] *s.* pericolosità.

to **dangle** ['dæŋgl] *v.tr.* **1** far ciondolare, far penzolare, dondolare: *to — one's arms*, far ciondolare le braccia **2** (*fig.*) far balenare (idee, progetti): *he dangled the prospect of a holiday in Kenya before them*, fece loro balenare la prospettiva di un viaggio in Kenia ◆ *v.intr.* dondolare, ciondolare, penzolare: *huge earrings dangled from her ears*, dalle sue orecchie pendevano degli enormi orecchini; *to — after s.o.*, ronzare intorno a qlcu. (come seguace o corteggiatore) // *to keep s.o. dangling*, (*fam.*) tenere qlcu. in sospeso.

dangler ['dæŋglə*] *s.* (*fam. amer.*) trapezista.

Danish ['deɪnɪʃ / Dan·ish] *agg.* danese ◆ *s.* (lingua) danese.

dank [dæŋk] *agg.* umido; malsano; fradicio: *— weather*, tempo umido.

dankish ['dæŋkɪʃ / dank·ish] *agg.* umidiccio.

Dantean ['dæntɪən / Dan·tean] **Dantesque** [dæn'tesk / Dant·esque] *agg.* dantesco.

to **dap** [dæp] *pass.p.p.* **dapped** [dæpt] *v.intr.* **1** pescare facendo saltare l'esca sull'acqua; immergere leggermente l'esca **2** tuffarsi, immergersi **3** rimbalzare; saltare (di palla) ◆ *v.tr.* far rimbalzare; far saltare (una palla): *to — a stone on the surface of water*, far rimbalzare una pietra sulla superficie dell'acqua.

daphne ['dæfnɪ] *s.* (*bot.*) dafne.

dapper ['dæpə* / dap·per] *agg.* azzimato e vivace: *a — little man*, un omino azzimato e vivace.

dapple ['dæpl] *agg.* maculato (di animale); pezzato, pomellato (di cavallo) ◆ *s.* **1** chiazza, screziatura (di animale); macchia **2** animale maculato; cavallo pezzato, pomellato.

to **dapple** *v.tr.* chiazzare; macchiettare ◆ *v.intr.* chiazzarsi; macchiettarsi.

dappled ['dæpld] *agg.* → **dapple**.

darbies ['dɑ:bɪz] *s.pl.* (*sl.*) manette.

Darby and Joan [,dɑ:bɪən'dʒəʊn] *s.* (*fam. brit.*) coppia di una certa età felicemente sposata // *— club*, club per la terza età.

dard [dɑ:d] *s.* (*bot.*) dardo, ramo delle rosacee.

dare [deə*] *s.* baldanza, spavalderia; sfida: *he did it for a —*, l'ha fatto per sfida.

to **dare** *pass.* **dared** [deəd] (*ant.*) **durst** [dɜ:st] *p.p.* **dared** *v.intr.* (al pres. anche *modal verb*) osare: *I'm surprised he dares* (*to*) *ask us* (o *he — ask us*), mi sorprende che osi chiedercelo; *does she —* (*to*) *tell him the truth?* (o *— she tell him the truth?*), osa dirgli la verità?; *we daren't phone him again, we don't —* (*to*) *phone him again*, non osiamo telefonargli ancora; *I didn't —* (*to*) *speak* (o *I dared not speak*), non osavo parlare; *did they —* (o *dared they*) *ask another favour?*, hanno osato chiedere un altro favore?; *she dared* (*to*) *wear that old coat at the wedding*, ha osato mettere quel vecchio cappotto al matrimonio; *who would have dared* (*to*) *lend him any money?*, chi avrebbe osato prestargli del denaro? // *I — say* (o *I daresay*) *it's too late to ring them now*, suppongo che sia troppo tardi ora per chiamarli al telefono // *it might have cost millions of dollars but the film was, — I say it, badly -made and boring*, avrebbe potuto costare milioni di dollari ma il film era, posso dirlo?, mal fatto e noioso // Nelle 'tail questions': *he doesn't —* (*to*) *go, does he?* (o *he daren't go, — he?*), non osa andare, vero?; *she dares* (*to*) *try again, doesn't she?*, (o *she — try again, daren't she?*), ha il coraggio di riprovare, non è vero?; *they didn't —* (*to*) *open the letter, did they?*, non hanno osato aprire la lettera, vero?; *he dared* (*to*) *risk his reputation, didn't he?*, ha osato mettere a repentaglio la sua reputazione, non è vero? // Con l'imp. e nelle esclamazioni: *don't —* (*to*) *speak to me ever again!*, non osare parlarmi mai più così!; *how — you treat her like that!*, come osi trattarla in quel modo!; *don't you — touch me!* non osare toccarmi! ◆ *v.tr.* **1** sfidare: *they dared me to climb up to the window*, mi hanno sfidato a scalare la finestra; *I dared him to race me to the bridge*, l'ho sfidato a fare a chi arriva prima al ponte // *he used to — any situation, however dangerous*, era solito affrontare qualsiasi situazione, per quanto pericolosa **2** (*ant.*) spaventare, atterrire: *our approach shall so much dare the field, / that England shall couch down in fear*, (SH. Henry V) il nostro arrivo atterrirà tanto il campo che l'Inghilterra s'acquatterà dalla paura.

daredevil ['deə,devl / dare·devil] *s.* scavezzacollo; temerario ◆ *agg.* audace, temerario.

daren't [deənt] contr. di *dare not*.

daresay [,deə'seɪ / dare·say] lo stesso che *dare say* → to **dare**.

daring ['deərɪŋ / dar·ing] *agg.* audace; temerario ◆ *s.* audacia; temerarietà // **-ly** *avv.*

dark [dɑ:k] *agg.* **1** scuro, buio; tenebroso: *— night*, notte fonda; *it is too — to read*, è troppo buio per leggere; *to get —*, farsi notte, annottare // *— glasses*, occhiali scuri, da sole // *the Dark Continent*, (*antiq.*) il Continente Nero, l'Africa **2** cupo, scuro (di colore): *— blue*, azzurro cupo **3** bruno, scuro: *— eyes, hair*, occhi, capelli bruni; *— complexion*, carnagione scura // *— meat*, (*sl. amer.*) uomo, donna di colore **4** (*fig.*) nero; triste, tetro: *— days*, giorni tristi; *to see the — side of things*, vedere tutto nero **5** (*fig.*) misterioso, segreto, sconosciuto; sinistro; difficile da capire, oscuro, confuso: *to keep sthg. —*, tenere celato qlco.; *the — side of his character*, il lato oscuro del suo carattere; *he gave her a — look*, le diede uno sguardo sinistro **6** (*fig.*) ignorante, ottuso; oscurantista: *to live in the darkest ignorance*, vivere nella più crassa ignoranza; *I'm afraid a second — age is coming*, temo che stia per giungere una seconda era oscurantista // *the Dark Ages*, l'alto Medioevo **7** segreto, nascosto: *to keep sthg. —*, tener segreto qlco. **8**

(*fam. amer.*) chiuso, senza via d'uscita (*anche fig.*).

dark *s.* **1** buio, oscurità, tenebre: *children are afraid of the* —, i bambini hanno paura del buio; *after* —, dopo il calar della notte; *before* —, prima che annotti; *in the* —, nell'oscurità, all'oscuro: *a leap in the* —, (*fig.*) un salto nel buio **2** (*fig.*) ignoranza: *he is entirely in the — about that matter*, egli è completamente all'oscuro di quella faccenda; *to keep* (*s.o.*) *in the* —, tenere (qlcu.) all'oscuro.

to **darken** ['dɑ:kən] *v.tr.* oscurare (stanza ecc.) // *never — my door again!*, (*antiq.*) non rimettere mai più piede in casa mia! ♦ *v.intr.* oscurarsi (del cielo, dell'avvenire ecc.); imbrunire (di colori ecc.).

darkening ['dɑ:kənɪŋ / dark·en·ing] *s.* oscuramento; (*non com.*) crepuscolo; imbrunire.

darkey *s.* (*spreg.*) → **darky**.

dark-haired [,dɑ:k'heəd *attr.* 'dɑ:kheəd] *agg.* dai capelli scuri.

dark horse [,dɑ:k'hɔ:s] *s.* (*fig.*) incognita; outsider: *Brown should win the election unless some — causes an upset*, Brown dovrebbe vincere le elezioni a meno che un outsider capovolga la situazione; *he's a bit of a* —, è un'incognita.

darkie ['dɑ:rkɪ] *s.* (*spreg.*) → **darky**.

darkish ['dɑ:kɪʃ / dark·ish] *agg.* scuretto, piuttosto scuro; piuttosto buio: — *hair*, capelli piuttosto scuri.

dark-lantern ['dɑ:k,læntən] *s.* lanterna cieca.

to **darkle** ['dɑ:kl] *v.intr.* (*ant.*) **1** oscurarsi **2** stare nascosto.

darkling ['dɑ:klɪŋ / dark·ling] *agg.* (*ant., letter.*) oscuro; cupo ♦ *avv.* (*ant., letter.*) nell'oscurità, al buio: *darkling I listen*, (KEATS) nel buio io ascolto.

darkly ['dɑ:klɪ / dark·ly] *avv.* oscuramente.

darkness ['dɑ:knɪs / dark·ness] *s.* **1** oscurità (*anche fig.*); tenebre: *because of the* —, a causa dell'oscurità; *complete* —, buio completo; *they live in — and superstition*, vivono nell'ignoranza e nella superstizione // *the Prince of Darkness*, il principe delle tenebre, il diavolo **2** l'essere scuro: — *of complexion*, colorito bruno.

darkroom ['dɑ:krʊm / dark·room] *s.* (*fot.*) camera oscura.

darksome ['dɑ:ksəm / dark·some] *agg.* (*ant., letter.*) fosco; cupo; tetro.

darky ['dɑ:kɪ] *s.* (*spreg.*) negro, negra.

darling ['dɑ:lɪŋ / dar·ling] *agg.* **1** caro, diletto, amato: *my — husband*, il mio amato marito **2** (*fam.*) carino, delizioso: *what a — little flat!*, che appartamentino delizioso! ♦ *s.* **1** prediletto, beniamino: *he is the — of the family*, è il beniamino della famiglia **2** (*fam.*) tesoro, angelo: *your baby is a* —, il tuo bambino è un amore; *don't worry, —, I'll think about it*, non ti preoccupare, tesoro, ci penserò io; *what can I get you today, —?*, che cosa le do oggi, cara? (usato in tono familiare da un negoziante con una cliente o da un cameriere al ristorante).

darn[1] [dɑ:n] *s.* rammendatura; rammendo.

to **darn**[1] *v.tr.* rammendare.

darn[2] → **damn** 1.

to **darn**[2] (*eufemismo*) → to **damn** 2.

darnel ['dɑ:nl / dar·nel] *s.* (*bot.*) (*Lolium temulentum*) loglio comune, zizzania SIN. **chess**.

darner ['dɑ:nə*] *s.* rammendatore.

darning ['dɑ:nɪŋ / darn·ing] *s.* **1** rammendo; l'arte del rammendare // — *ball*, palla, uovo per rammendare; — *cotton, wool*, cotone, lana da rammendo; — *needle*, ago da rammendo; — *stitch*, punto rammendo **2** [U] rammendo, indumenti da rammendare (*pl.*).

to **darraign** [dæ'reɪn / dar·raign] *v.tr.* (*ant.*) approntare, mettere in ordine: *darraign your battle*, (SH. Henry VI) approntate la vostra battaglia.

dart [dɑ:t] *s.* **1** freccetta **2** *pl.* gioco delle freccette **3** (*letter.*) dardo, strale **4** pungiglione (di insetto) **5** slancio, movimento improvviso in avanti: *he made a sudden — towards the door*, si precipitò verso la porta **6** (*sartoria*) pince, ripresa, pieghina che finisce in nulla.

to **dart** *v.tr.* **1** dardeggiare (raggi ecc.); scagliare, lanciare (*anche fig.*): *the lizard darted out its tongue and caught the insect*, la lucertola scagliò fuori la lingua e catturò l'insetto; *the woman darted an angry glance at me*, la donna mi lanciò uno sguardo irato **2** fare una pince, una pieghina, pieghine su (un indumento) ♦ *v.intr.* **1** dardeggiare, saettare (di raggi ecc.): *his eyes darted all over the room*, lanciava occhiate veloci per tutta la stanza **2** lanciarsi (in avanti); volare (come una freccia).

darter ['dɑ:tə*] *s.* **1** (*rar.*) scagliatore, arciere **2** (*zool.*) (*Perca flavescens*) perca dorata **3** (*zool.*) aninga.

darting ['dɑ:tɪŋ / dart·ing] *agg.* veloce, rapido: *a — glance*, una rapida occhiata.

to **dartle** ['dɑ:tl] *v.tr.* (*rar.*) continuare a scagliare, a lanciare ♦ *v.intr.* (*rar.*) continuare a scagliarsi, a lanciarsi.

dart-moth ['dɑ:tmɒθ] *s.* (*zool.*) nottua delle messi.

dartre ['dɑ:tə*] *s.* (*med.*) herpes, erpete.

dartrous ['dɑ:trəs / dart·rous] *agg.* (*med.*) erpetico.

Darwinian [dɑ:'wɪnɪən / Dar·win·ian] *agg.* e *s.* darwiniano.

Darwinism ['dɑ:wɪnɪzəm / Dar·win·ism] *s.* darwinismo.

Darwinist ['dɑ:wɪnɪst / Dar·win·ist] *s.* darwinista.

dash[1] [dæʃ] *s.* **1** balzo, salto, scatto; corsa: *to make a — for sthg.*, fare un balzo verso qlco.; correre per prendere qlco. (gener. autobus e sim.); *he made a — for the door*, fece un balzo, balzò verso la porta // *to make a — at the enemy*, attaccare il nemico con impeto // *to make a — for it*, darsela a gambe, scappare **2** (*fig.*) slancio, impeto, foga; brio; entusiasmo: *he's full of* —, è pieno di brio **3** tonfo (sull'acqua); sciabordio; colpo violento (*anche fig.*): *we could hear the — of oars*, potevamo udire il tonfo dei remi; *my hopes received a* —, le mie speranze ricevettero un colpo // *to cut a* —, (*fig.*) far colpo, fare bella figura **4** una piccola quantità; uno spruzzo; un goccio: *a — of colour*, una macchia di colore; *coffee with a — of cognac*, caffè con un goccio di cognac; *a — of irony*, (*fig.*) una punta, un pizzico d'ironia; *now, had I not the dash of my former life in me*, (SH. Winter's Tale) se non portassi il segno della mia precedente vita **5** tratto di penna; (*tip.*) lineetta; linea (nell'alfabeto Morse) **6** (*sport*) corsa veloce: *100 metres* —, gara di velocità sui 100 m **7** (*spec. amer.*) → **dashboard**.

to **dash**[1] *v.tr.* **1** gettare, sbattere, scagliare, far urtare violentemente; far cozzare: *the ship was dashed against a rock*, la nave fu sbattuta contro una roccia; *to — sthg. to pieces*, fracassare qlco.; *she dashed a plate to the floor, against the wall*, scagliò un piatto per terra, contro il muro; *he dashed the glass from her hand*, le fece volare il bicchiere di mano // *to — aside*, spingere violentemente da parte // *to — away*, mandar via, allontanare; *he dashed away a tear*, si asciugò una lacrima // *to — down*, abbattere, scaraventare per terra // *to — in*, sbattere dentro, introdurre frettolosamente (p.e. dati, dettagli, note) // *to — out*, far schizzare fuori: *to — out one's brain*, fracassarsi la testa **2** frantumare; infrangere (*anche fig.*): *his hopes were dashed by this*, le sue speranze furono infrante, rese vane da ciò **3** macchiare; spruzzare; inzaccherare: *he dashed his face with water*, si spruzzò la faccia d'acqua; *dashed with pink*, screziato di rosa; **4** (*non com.*) mescolare; adulterare: *to — wine with water*, mescolare il vino all'acqua **5** (*fam.* per *to damn*) maledire: — *it!*, maledizione! ♦ *v.intr.* **1** correre; precipitarsi; scappare; muoversi con violenza: *I must* (o *I have to*) —, devo proprio scappare, correr via // *to — against*, scagliarsi contro // *to — along*, lanciarsi in avanti, procedere a gran velocità // *to — aside*, spostarsi, spingersi violentemente da parte // *to — away*, scappare via, darsela a gambe // *to — down the stairs*, scendere le scale a precipizio, precipitarsi (giù) per le scale // *to — in*, entrare precipitosamente // *to — out*, precipitarsi fuori **2** cozzare, urtare violentemente; frantumarsi, infrangersi: *the horse dashed against the fence*, il cavallo urtò violentemente contro la staccionata // *to — over*, abbattersi su.

□ **dash off** *v.tr.* e *avv.* buttar giù (uno scritto, un articolo ecc.) ♦ *v.intr.* e *avv.* scappar via.

dash[2] *s.* **1** (*angloafricano*) bustarella **2** (*non com.*) omaggio dato al cliente alla conclusione di un affare.

dashboard ['dæʃbɔ:d / dash·board] *s.* (*aut.*) cruscotto.

dashed [dæʃt] *agg.* (*antiq.*) (eufemismo per *damned*) maledetto.

dasher ['dæʃə*] *s.* **1** (*sl., antiq.*) individuo energico, brillante, elegante **2** pestello (di zangola) **3** (*amer. aut.*) cruscotto.

dashing ['dæʃɪŋ / dash·ing] *agg.* **1** impetuoso; pieno di slancio; focoso (di cavallo) **2** affascinante; pieno di brio // **-ly** *avv.*

dastard ['dæstəd / dast·ard] *s.* (*ant.*) vile, codardo; persona ignobile.

dastardly ['dæstədlɪ / dast·ardly] *agg.* (*ant.*) vile, codardo; ignobile.

dasymeter [dæ'sɪmɪtə* / dasy·meter] *s.* (*fis.*) dasimetro.

dasyure ['dæsɪjʊə* / dasy·ure] *s.* (*zool.*) (*Dasyurus maculatus*) dasiuro.

data ['deɪtə, 'dɑ:tə] *s.pl.* (*usato anche al sing.*) dati: *the new — about AIDS are* (o *is*) *alarming*, i nuovi dati sull'AIDS sono allarmanti // — *book*, dossier, catalogo // (*inform.*): — *acquisition, collection*, raccolta dati; — *centre*, centro di calcolo; — *management*, gestione (di) dati; — *field, flow*, campo, circolazione di dati; — *item*, dato; — *bit*, bit utile, bit di informazione; — *in*, entrata di dati; — *input*, (IBM) *entry*, introduzione, immissione dei dati; — *communication*, trasmissione (di) dati, telematica; — *rate*, velocità di trasmissione dati; — *security*, *integrity*, protezione dei dati; — *set*, set di dati, (*tel.*) data set; — *adapter*, adattatore di linea // (*dir.*) — *protection*, tutela della riservatezza del singolo nell'utilizzo di banche dati personali // (*tel.*): — *in voice*, (trasmissione di) dati vocali; — *under voice*, (trasmissione di) dati a frequenza infravocale.

data bank ['deɪtəbæŋk] *s.* (*inform.*) banca dati.

database ['deɪtə,beɪs / data·base] *s.* (*inform.*) base di dati; (IBM) dati base.

datable ['deɪtəbl / dat·able] *agg.* databile.

data processing [,deɪtə'prəʊsesɪŋ] *s.* (*inform.*) elaborazione di dati; trattamento, elaborazione dell'informazione; servizio informatico: *industrial* —, informatica industriale; trattamento dei dati per uso industriale; *office* —, burotica // — *task*, lavoro meccanografico.

date[1] [deɪt] *s.* (*bot.*) **1** dattero **2** — (*palm*), (*Phoenix dactylifera*) palma da datteri.

date[2] *s.* **1** data: — *of birth*, data di nascita; *to bear the* — *of*, portare la data del; *the closing* — *for the competition is the 31st of August*, la data ultima per l'iscrizione alla gara è il 31 agosto; *what's the* — *today?*, quanti ne abbiamo oggi?; *up to this* —, fino a questa data; *at a later* (o *at a future*) —, in data futura, in un tempo successivo; *of early* —, di antica data // (*Borsa*) *settlement dates*, giorni di liquidazione // *to* —, (fino) a oggi: *interest to* —, interessi fino a oggi **2** epoca, periodo di tempo: *its style belongs to a later* —, il suo stile appartiene a un'epoca successiva, posteriore **3** (*comm.*) scadenza (di cambiale ecc.): *at long*, *at short* —, a lunga, a breve scadenza; *due* —, data di scadenza, data stabilita; *three months after* (o *at three month's*) —, tre mesi dopo la scadenza **4** (*fam.*) appuntamento; invito; impegno: *to fix a* — *with s.o.*, fissare un appuntamento con qlcu.; *to have* (o *to make*) *a* — *with s.o.*, avere un appuntamento (gener. amoroso) con qlcu.; *blind* —, appuntamento al buio, con persona sconosciuta; *double* —, appuntamento a quattro **5** (*amer.*) persona con cui si ha un appuntamento; innamorato, innamorata.

to **date**[2] *v.tr.* **1** datare, mettere la data a: *the letter is dated June 10th*, la lettera è in data, porta la data 10 giugno // *to* — *back* (o *to backdate*), retrodatare; *to* — *forward* (o *to forward* —), postdatare **2** datare a, far risalire a: *they dated the statue to around 5000 B.C.*, datarono la statua intorno al 5000 a.C. **3** (*amer.*) frequentare, uscire con: *she's dating him*, esce con lui ◆ *v.intr.* **1** datare (da), risalire (a): *this church dates from* (o *back to*) *the 14th century*, questa chiesa risale al 14º secolo; *our friendship dates from university*, la nostra amicizia risale ai tempi dell'università **2** mostrare la propria età; essere invecchiato; essere fuori moda: *this dress is beginning to* —, questo vestito è un po' fuori moda.

datebook ['deɪtbʊk / date·book] *s.* (*amer.*) agenda da tavolo.

date-coding ['deɪt,kəʊdɪŋ] *s.* segnatura in codice della data di scadenza di un prodotto.

dated [deɪtɪd] *agg.* datato, sorpassato, superato: *a* — *film*, un film datato.

dateless ['deɪtlɪs / date·less] *agg.* **1** senza data **2** eterno.

date line ['deɪtlaɪn] *s.* (*geogr.*): (*International*) —, linea del cambiamento di data.

dater ['deɪtə*] *s.* datario, timbro della data.

dating ['deɪtɪŋ / dat·ing] *s.* **1** datazione: (*amm.*) *forward* —, postdatazione // (*fis.*): *radiometric* —, datazione con radioisotopi; (*radio*)*carbon* —, datazione con carbonio 14 **2** (*amer.*) corteggiamento.

dation ['deɪʃn / dat·ion] *s.* (*dir.*) dazione.

dative ['deɪtɪv / dat·ive] *agg.* dativo // (*dir.*) *tutory* —, tutela dativa, per nomina ◆ *s.* (*gramm.*) dativo: *in the* —, al dativo.

datum ['deɪtəm / da·tum] *pl.* **data** ['deɪtə] *s.* **1** dato; elemento d'informazione; premessa; fatto, notizia **2** (*scient.*) riferimento: (*topografia*) — *level* (o *plane*), piano di riferimento; — *line*, linea di riferimento; — *point*, punto di riferimento, caposaldo trigonometrico.

datura [də'tjʊərə / da·tura] *s.* (*bot.*) datura.

daub [dɔ:b] *s.* **1** intonaco **2** imbrattamento; sgorbio; (*fam.*) pittura mal fatta, crosta.

to **daub** *v.tr.* **1** intonacare (muri) **2** imbrattare (tele); impiastrare, impiastricciare: *the children daubed their faces with mud*, i bambini si imbrattarono la faccia di fango ◆ *v.intr.* (*spreg.*) essere un imbrattatele, dipingere mediocremente.

dauber ['dɔ:bə*] **daubster** ['dɔ:bstə* / daub·ster] *s.* **1** imbrattatele **2** (*non com.*) imbrattatore, impiastratore.

dauby ['dɔ:bɪ] *agg.* (*non com.*) **1** vischioso **2** imbrattato, dipinto male (di dipinti).

daughter ['dɔ:tə* / daugh·ter] *s.* **1** figlia, figliola: *only* —, figlia unica **2** (*fis. nucleare*) prodotto di decadimento.

daughterboard ['dɔ:təbɔ:d / daughter·board] *s.* (*inform.*) scheda figlia.

daughter-in-law ['dɔ:tərɪnlɔ:] *pl.* **daughters-in-law** *s.* nuora.

daughterly ['dɔ:təlɪ / daugh·ter·ly] *agg.* filiale, di figlia.

to **daunt** [dɔ:nt] *v.tr.* **1** intimidire: *he is never daunted*, non si scoraggia mai; *it was a daunting prospect*, era una prospettiva scoraggiante **2** (*non com.*) stipare (aringhe) in un barile.

dauntless ['dɔ:ntlɪs / daunt·less] *agg.* intrepido // **-ly** *avv.* // **-ness** *s.*

Dauphin ['dɔ:fɪn] *s.* (*st. francese*) delfino.

Dauphiness ['dɔ:fɪnɪs / Dauphin·ess] *s.* (*st. francese*) delfina.

davenport ['dævnpɔ:t / da·ven·port] *s.* **1** piccola scrivania (da salotto) **2** (*amer.*) canapè; divano letto.

davit ['dævɪt] *s.* (*mar.*) gru di imbarcazione: *boat* —, gru d'imbarcazione; *cat* —, gru di capone; *fish* —, gru del traversino; *paravane* —, gru paramine.

davy ['deɪvɪ] *s.* (*sl. ant.*) (abbr. di *affidavit*) dichiarazione giurata: *to take one's* — *that*, giurare che.

Davy Jones ['deɪvɪ'dʒəʊnz] *s.* (*sl. mar.*) spirito maligno del mare: *Davy Jones' locker*, il fondo del mare, la tomba dei marinai.

Davy lamp [,deɪvɪ'læmp] *s.* (*miner.*) lampada di Davy, lampada di sicurezza.

to **dawdle** ['dɔ:dl] *v.intr.* perdere tempo; oziare; gironzolare; bighellonare; ciondolare ◆ *v.tr.* sprecare (il proprio tempo): *to* — (*away*) *the time*, sciupare il tempo bighellonando.

dawdler ['dɔ:dlə*] *s.* perdigiorno.

dawk [dɔ:k] *s.* (*pol. amer.*) (contr. di *dove* e *hawk*), mezzo colomba e mezzo falco.

dawn [dɔ:n] *s.* **1** alba; aurora: *at* —, all'alba; *from* — *till dark*, dall'alba al tramonto **2** (*fig.*) alba; inizio, principio (della civiltà ecc.): *the* — *of a new age*, l'inizio di una nuova epoca.

to **dawn** *v.intr.* **1** albeggiare; spuntare (dell'alba): *the day is dawning*, si fa giorno **2** apparire (*anche fig.*): *a sense of hope dawned after the settlement*, un senso di fiducia si creò dopo l'accordo.

□ **dawn (up) on** *v.intr.* e *prep.* apparire con evidenza, venire in mente, rendersi conto di: *it suddenly dawned on her that it might be too late*, e all'improvviso si rese conto che avrebbe potuto essere troppo tardi.

dawning ['dɔ:nɪŋ / dawn·ing] *agg.* nascente.

day [deɪ] *s.* **1** giorno, giornata; momento: *a fine* —, un bel giorno, una bella giornata; *in the course of the* —, nel corso della giornata // — *after* —, un giorno dopo l'altro; — *and night* (o *night and* —), giorno e notte, sempre; — *by* —, di giorno in giorno; — *in* — *out*, ogni giorno, senza tregua; *all* — *long* (o *all the* —), tutto il giorno; *by* —, di giorno // *some* —, *one of these days*, *one* —, un bel giorno, un giorno o l'altro // *it's one of those days*, (*fam.*) è una giornataccia // *that'll be the* —*!*, (*fam.*) magari accadesse! // *his days are numbered*, ha i giorni contati; *my* — *has come*, è venuta la mia ora // *to end one's days*, (*fam.*) morire // *to have one's* —, (*fam.*) avere un periodo di potere, di successo: *every dog has his* —, ognuno ha il suo raggio di sole **2** giorno, luce del giorno: *before* —, prima dell'alba; *in broad* —, alla luce del giorno, in pieno giorno **3** (*astr.*) giorno: *civil* —, giorno civile; *sidereal* —, giorno sidereo; *solar* —, giorno solare **4** periodo di 24 ore; data: *"What* — *is the fifth?" "It's a Friday"*, "Che giorno è il cinque?" "È venerdì" // *the* — *after tomorrow*, dopodomani; *the* — *before yesterday*, avant'ieri; *every* —, ogni giorno, giornalmente; *every other* (o *second*) —, un giorno sì e uno no, a giorni alterni; *from* — *to* —, di giorno in giorno; *in three days* (o *in three days' time*), fra tre giorni; *next* —, il giorno dopo; *one of these days*, uno di questi giorni, fra breve; *the other* —, l'altro giorno, alcuni giorni fa; *this* —, oggi stesso; *this* — *week*, *fortnight*, *month*, oggi a otto, quindici, un mese; *to the* —, al giorno preciso: *two years ago to the* —, esattamente due anni oggi; *twice a* —, due volte al giorno // *Easter Day*, il giorno di Pasqua // *Mother's* —, la festa della mamma; (*sl. amer.*) il giorno in cui si riscuote il sussidio di disoccupazione // *red letter* —, (*amer.*) giorno decisivo, cruciale // *let's make a* — *of it!*, (*fam.*) spassiamocela! // *to make s.o.'s* —, (*fam.*) far felice qlcu. // *to name the* —, fissare il giorno del matrimonio // *to pass the time of* — *with s.o.*, salutare, dare il buongiorno a qlcu. **5** giorno lavorativo: *an eight-hour* —, una giornata di otto ore; *a five* — *week*, una settimana di cinque giorni; *to work by the* —, lavorare a giornata // — *off*, giorno libero; — *out*, giorno di vacanza (fuori casa): *a* — *out at the seaside*, un giorno di vacanza al mare; *it's all in the* —*'s work*, (*fam.*) è una cosa abituale, capita a tutti // — *labour*, *work*, lavoro a giornata; — *labourer*, *worker*, lavoratore a giornata // *the fish aren't biting, let's call it a* —, i pesci non abboccano, per oggi lasciamo perdere **6** età, tempo: *the good old days*, i bei tempi del passato; *in the days of old*, nei giorni andati, nel passato; *in the days to come*, nei giorni futuri, nel futuro; *in this — and age*, di questi tempi; *in all my born days*, in vita mia **7** (*mil.*) giornata, battaglia, lotta: *to win* (o *to carry*), *to lose the —*, vincere, perdere una battaglia.

day-bed [ˈdeɪbed] *s.* **1** posto letto per ricoveri giornalieri **2** (*amer.* , *brit. ant.*) divano, sofà: *he is not lolling on a lewd day-bed*, (SH. Richard III) non si sta adagiando pigramente su un lascivo sofà.

day-blindness [ˈdeɪ,blaɪndnɪs] *s.* (*med.*) emeralopia.

day-boarder [ˈdeɪbɔːdə*] *s.* (alunno) semiconvittore.

day-book [ˈdeɪbʊk] *s.* **1** diario **2** (*amm.*) brogliaccio.

dayboy [ˈdeɪbɔɪ / day·boy] *s.* allievo esterno.

daybreak [ˈdeɪbreɪk / day·break] *s.* lo spuntar del giorno, alba: *at —*, allo spuntar del giorno.

day-care [ˈdeɪkeə*] *agg.* che si occupa dei bambini durante il giorno: — *centre*, asilo nido; scuola materna.

daydream [ˈdeɪdriːm / day·dream] *s.* sogno a occhi aperti, castelli in aria.

to **daydream** *v.intr.* sognare a occhi aperti, fare castelli in aria.

daydreamer [ˈdeɪdriːmə* / day·dream·er] *s.* chi fa sogni a occhi aperti.

daydreaming [ˈdeɪdrɪmɪŋ / day·dream·ing] *s.* il sognare a occhi aperti, il fare castelli in aria.

day-fly [ˈdeɪflaɪ] *s.* (*zool.*) effimera → **drake**[1].

daygirl [ˈdeɪgɜːl / day·girl] *s.* allieva esterna.

daylight [ˈdeɪlaɪt / day·light] *s.* **1** luce del giorno, giorno; alba: *before —*, prima del giorno; *by —*, di giorno; *in broad —*, in pieno giorno; *he was up at —*, era alzato all'alba // *to burn —*, sprecare il tempo // *I begin to see —*, (*fam.*) comincio a vederci chiaro; *this explanation threw some — on the problem*, questa spiegazione ha fatto luce sul problema **2** apertura, spazio libero // *to let — into s.o.*, (*sl.*) pugnalare o fucilare qlcu. **3** *pl.* coscienza, sensi // *to knock* (o *to beat*) *the living daylights out of s.o.*, (*fam.*) dar botte da orbi a qlcu. // *to scare the living daylights out of s.o.*, (*fam.*) spaventare qlcu. a morte.

daylight saving time [ˈdeɪlaɪt,seɪvɪŋ ˈtaɪm] *s.* (*amer.*) ora legale BRIT. summer time.

day-lily [ˈdeɪ,lɪlɪ] *s.* (*bot.*) (*Hemerocallis fulva*) emerocallide.

daylong [ˈdeɪlɒŋ / day·long] *agg.* che dura tutta la giornata ◆ *avv.* per tutta la giornata.

day nurse [ˈdeɪ,nɜːs] *s.* bambinaia; infermiera (di giorno).

day release [,deɪrɪˈliːs] *s.* permesso accordato al lavoratore per seguire corsi di aggiornamento, di studio // — *course*, corso di aggiornamento, di studio per lavoratori.

day return [,deɪrɪˈtɜːn] *s.* biglietto di andata e ritorno in giornata.

dayroom [ˈdeɪruːm / day·room] *s.* sala di ricreazione.

days [deɪz] *avv.* (*spec. amer.*) di giorno: *I prefer to work —*, preferisco lavorare di giorno.

day school [ˈdeɪskuːl] *s.* scuola diurna.

day-shift [ˈdeɪʃɪft] *s.* **1** turno di giorno **2** squadra di lavoratori che partecipano al turno di giorno.

daytime [ˈdeɪtaɪm / day·time] *s.* il giorno, la giornata: *in the —*, di giorno, durante la giornata.

day-to-day [,deɪtəˈdeɪ] *agg.* quotidiano, di tutti i giorni.

day-trip [ˈdeɪtrɪp] *s.* escursione, gita (in giornata).

day-tripper [ˈdeɪtrɪpə*] *s.* escursionista.

daze [deɪz] *s.* sbalordimento; intontimento; stupore: *to be in a —*, essere istupidito, stupefatto, inebetito.

to **daze** *v.tr.* sbalordire, intontire; stupefare.

dazed [deɪzd] *agg.* stupefatto; inebetito (da un narcotico); intontito (da un colpo).

dazedly [ˈdeɪzɪdlɪ / dazed·ly] *avv.* con aria intontita, sbalordita.

dazzle [ˈdæzl] *s.* **1** abbagliamento, accecamento **2** bagliore: *he was blinded by the — of headlights*, fu accecato dai fari **3** (*mar.*) verniciatura mimetica.

to **dazzle** *v.tr.* **1** abbagliare (*anche fig.*): *dazzled with* (o *by*) *the light*, abbagliato dalla luce; *dazzled by her beauty*, *success*, abbagliato dalla sua bellezza, dal suo successo **2** (*mar.*) mimetizzare mediante verniciatura.

dazzle light [ˈdæzlˈlaɪt] *s.* (*aut.*) (luce) abbagliante; luce di profondità.

dazzlement [ˈdæzlmənt / dazzle·ment] *s.* (*non com.*) abbagliamento.

dazzler [ˈdæzlə*] *s.* (*sl.*) **1** cosa, persona che abbaglia **2** colpo che stordisce.

dazzling [ˈdæzlɪŋ / dazz·ling] *agg.* abbagliante: — *sky*, cielo radioso // **-ly** *avv.*

D-day [ˈdiːdeɪ] *s.* **1** giorno predisposto per una operazione tattica (in particolare il 6 giugno 1944, data dello sbarco alleato in Normandia) **2** (*fig.*) giorno importante, speciale.

DDT [ˈdiːˈdiːˈtiː] *s.* (*chim.*) DDT (diclorodifeniltricloroetano).

de- [də *o* diː] *pref.* che indica un processo inverso, un movimento o un'azione contraria; it. de-, dis-: *to decelerate*, decelerare; *to decerebrate*, decerebrare; *to decivilize*, decivilizzare; *to declass*, declassare; *to de-invest*, disinvestire; *to devalue*, svalutare.

deacon [ˈdiːkən / dea·con] *s.* **1** (*eccl.*) diacono // — *'s bench*, (*amer.*) una panchina per due (in stile coloniale) **2** (*chiesa presbiteriana*) fabbriciere; anziano.

deaconess [ˈdiːkənɪs / dea·con·ess] *s.* diaconessa.

deaconry [ˈdiːkənrɪ / dea·conry] *s.* diaconato.

deaconship [ˈdiːkənʃɪp / dea·con·ship] *s.* diaconato, ufficio di diacono.

to **deactivate** [dɪˈæktɪveɪt / de·ac·tiv·ate] *v.tr.* **1** disattivare (una bomba ecc.) **2** (*amer. mil.*) smobilitare.

deactivation [dɪ,æktɪˈveɪʃn / de·act·iva·tion] *s.* disattivazione: — *of a plant*, disattivazione di un impianto.

dead [ded] *agg.* **1** morto, senza vita (*anche fig.*): — *bodies littered the street*, corpi senza vita erano sparsi nella strada; — *with fright*, morto di paura; — *to the world*, (*fam.*) profondamente addormentato, (*amer.*) ubriaco fradicio; *his hands were — with the cold*, le sue mani erano insensibili per il freddo; *the town is really — tonight*, la città è davvero morta stasera; *the — hours*, le ore morte; — *language*, lingua morta; — *season*, stagione morta // — *and gone* (o — *and buried*), morto e sepolto // *as — as a doornail*, (*fam.*) morto stecchito // *he is — and done for*, (*fam.*) è bell'e spacciato // *to drop down —*, cadere a terra morto; *to fall —*, cadere morto; *to strike s.o. —*, colpire qlcu. a morte // *over my — body!*, passerai sul mio cadavere! // *this project is a — duck*, (*fam.*) questo progetto è destinato a fallire // — *men tell no tales*, (*prov.*) i morti non parlano // *the Dead Sea*, il Mar Morto **2** non funzionante, fuori uso: — *matches*, fiammiferi usati; — *battery*, batteria scarica; *the telephone went —*, il telefono è diventato muto // — *glasses*, bicchieri sporchi, già usati // (*banca*) — *account*, conto fermo, non più usato // (*comm.*) — *money*, denaro inattivo **3** completo, assoluto; perfetto: — *calm*, calma assoluta; — *certainty*, certezza assoluta; — *loss*, perdita completa; — *secret*, segreto assoluto; — *silence*, silenzio di tomba; — *sleep*, sonno profondo // *to be — on time*, essere in perfetto orario // *to be in — earnest*, fare proprio sul serio // *to come to a — stop*, fermarsi di colpo, completamente **4** spento, smorzato (di colore, suono).

dead *s.* **1** *the —*, i morti (*pl.*): *the Office for the —*, ufficio funebre; *to rise from the —*, risuscitare // — *wagon*, (*amer.*) carro funebre **2** (*fig.*) cuore, profondità: *in the — of night*, nel cuore della notte **3** (*amer. fam.*) portoghese, chi entra senza pagare **4** (*sl. amer.*) noioso.

dead *avv.* assolutamente; completamente; profondamente: — *asleep*, profondamente addormentato; — *broke*, (*fam.*) completamente senza soldi, squattrinato; *he was — against our plans to go to Scotland*, era assolutamente contrario al nostro progetto di andare in Scozia; *you are — right*, (*fam.*) hai proprio ragione // *to go — slow*, procedere il più lentamente possibile // *to stop —*, arrestarsi di colpo.

dead-and-alive [,dedəndəˈlaɪv] *agg.* monotono, poco interessante (di luogo, occupazione ecc.).

dead beat [ˈdedˈbiːt] *agg.* **1** (*fam.*) esausto, distrutto dalla stanchezza; stanco morto **2** (*elettr.*) aperiodico: — *ammeter*, amperometro aperiodico.

deadbeat [ˈdedbiːt / dead·beat] *s.* (*sl. amer.*) **1** scroccone; fannullone **2** persona che vuol rimanere al di fuori della società.

dead centre [ˈded,sentə*] *s.* **1** (*mecc.*) punto morto (di un manovellismo) **2** (*fig.*) punto morto **3** (*mecc.*) contropunta fissa.

dead-colouring [dedˈkʌlərɪŋ] *s.* primo abbozzo di un disegno, di un quadro.

dead-drunk [dedˈdrʌŋk] *agg.* ubriaco fradicio.

to **deaden** [ˈdedn] *v.tr.* **1** attutire; affievolire; indebolire; calmare; rendere insensibile **2** isolare acusticamente, insonorizzare ◆ *v.intr.* affievolirsi; indebolirsi; calmarsi.

dead end [dedˈend] *s.* vicolo cieco (*anche fig.*).

dead-end [ˈdedˈend] *agg.* **1** senza uscita **2** (*fig.*) senza via d'uscita, senza prospettive: *a — job*, un lavoro senza prospettive.

deadener ['dednə* / dead·ener] *s.* materiale isolante, insonorizzante // *sound* —, isolante acustico; (*aut.*) antirombo.

deadening ['dednıŋ / dead·en·ing] *agg.* ammortizzante, smorzante (*anche fig.*): *it is impossible to imagine the — effects of boring work*, è impossibile immaginare gli effetti distruttivi di un lavoro noioso ♦ *s.* **1** ammortizzamento; isolamento acustico, insonorizzazione **2** materiale insonorizzante; isolante acustico; (*aut.*) antirombo.

dead eye ['dedaı] *s.* (*mar.*) bigotta.

dead-fire ['dedfaıə*] *s.* fuoco di Sant'Elmo.

dead-freight ['dedfreıt] *s.* (*comm.*) vuoto per pieno.

dead-hand ['dedhænd] *s.* (*dir.*) manomorta.

deadhead ['dedhed / dead·head] *s.* chi viaggia, chi assiste a uno spettacolo con biglietto omaggio.

dead heat [,ded'hi:t] *s.* arrivo alla pari (in una competizione); gara che si conclude alla pari.

dead hole ['dedhəʊl] *s.* (*mecc.*) foro cieco.

deadhouse ['dedhaʊs / dead·house] *s.* obitorio.

dead letter ['ded,letə*] *s.* **1** lettera non recapitata **2** (*fig.*) lettera morta: *to become a* —, cadere in disuso (di leggi, regole ecc.), diventare lettera morta.

dead-light ['dedlaıt] *s.* (*mar.*) oblò fisso.

deadline ['dedlaın / dead·line] *s.* **1** linea non superabile **2** scadenza, termine ultimo: *to be working to a* —, fare un lavoro con una scadenza fissa, precisa; *to meet the* —, finire in tempo (un lavoro ecc.).

deadliness ['dedlınıs / dead·li·ness] *s.* l'essere letale, mortale.

dead load ['dedləʊd] *s.* (*edil.*) carico fisso.

deadlock ['dedlɒk / dead·lock] *s.* **1** situazione insolubile, punto morto // (*dir.*) — *jury*, punto morto della camera di consiglio **2** serratura a scatto **3** (*inform.*) stallo, blocco.

deadlocked ['dedlɒkt / dead·locked] *agg.* a un punto morto: *negotiations are* —, i negoziati sono a un punto morto.

deadly ['dedlı] *agg.* **1** mortale: *strychnine is a — poison*, la stricnina è un veleno mortale; — *paleness*, pallore mortale // — *sin*, peccato mortale **2** implacabile: — *hatred*, odio implacabile **3** completo, totale: *a — silence*, un silenzio totale **4** (*fam.*) insopportabile, noioso: *a — party*, una festa noiosissima.

deadly *avv.* **1** come la morte; mortalmente: — *pale*, pallido come un morto // *it was — cold*, faceva un freddo da morire **2** estremamente; totalmente: *in — earnest*, (*fam.*) proprio sul serio.

deadly nightshade ['dedlı'naıtʃeıd] *s.* (*bot.*) **1** → **belladonna** **2** (*Solanum nigrum*) morella; (*pop.*) ballerina.

dead man's finger ['dedmænz'fıŋgə*] *s.* (*bot.*) (*Orchis morio*) pan di cuculo; (*Orchis maculata*) manine.

dead-men ['dedmen] *s.pl.* (*fam.*) bottiglie vuote (dopo una festa).

deadness ['dednıs / dead·ness] *s.* **1** torpore (di membra ecc.); stasi (negli affari) **2** indifferenza, insensibilità.

dead-nettle ['dednetl] *s.* (*bot.*) ortica bianca, lamio.

deadpan ['dedpæn / dead·pan] *agg.* (*fam.*) inespressivo, impassibile ♦ *avv.* (*fam.*) in modo inespressivo, impassibile.

dead reckoning [ded'rekənıŋ] *s.* (*mar.*) determinazione del punto stimato.

dead ringer ['dedrıŋə*] *s.* (*fam.*) sosia, copia esatta: *she is a — for my sister*, è la copia esatta di mia sorella.

dead-set ['dedset] *s.* **1** punta, atteggiamento del cane che punta la selvaggina **2** (*fig.*) attacco risoluto, deciso.

dead-shot ['dedʃɒt] *s.* tiratore infallibile.

dead-weight ['dedweıt] *s.* **1** peso morto (*anche fig.*) // (*fin.*) — *debt*, debito dello stato senza garanzia reale **2** (*mar.*) portata lorda.

dead wire [,ded'waıə*] *s.* (*elettr.*) filo neutro; filo di terra.

dead wood ['dedwʊd] *s.* ramo secco (*anche fig.*): *to cut away the* —, (*fig.*) tagliare i rami secchi, eliminare ciò che è improduttivo.

deaf [def] *agg.* sordo (*anche fig.*): — *in one ear*, sordo da un orecchio; *to be — to s.o.'s complaints*, essere sordo alle lamentele di qlcu. // *as — as a (door-) post*, sordo come una talpa // *to turn a — ear*, fare orecchi da mercante // *there are none so — as those that will not hear*, (*prov.*) non c'è peggior sordo di chi non vuol udire.

deaf-aid ['defeıd] *s.* (*fam.*) apparecchio acustico SIN. **hearing aid**.

deaf-and-dumb ['defən'dʌm] *agg.attr.* sordomuto // — *alphabet, language*, alfabeto, linguaggio dei sordomuti.

to **deafen** ['defn] *v.tr.* assordare, rendere sordo: *a deafening noise*, un rumore assordante.

deaf-mute ['def'mju:t] *agg.* e *s.* sordomuto.

deafness ['defnıs / deaf·ness] *s.* sordità.

deal[1] [di:l] *s.* quantità: *a great —, a good — (of time, money etc.)*, (*fam.*) moltissimo, un bel po' di (tempo, denaro ecc.); *he is a good — better*, sta molto meglio; *I have a good — of work to do*, ho molto lavoro da fare // *that's saying a good —!*, e dico poco!

deal[2] *s.* **1** affare; operazione commerciale; accordo: *to do a — with s.o.*, fare un affare con qlcu.; *to make a* —, venire a un accordo // *it's a* —, siamo d'accordo, affare fatto! // *to give s.o. a fair* (o *square*) —, agire lealmente verso qlcu. // *big —!*, (*iron.*) bella roba! **2** trattamento: *he had a hard — out of life*, la vita è stata dura con lui // *New Deal*, New Deal, riforma di politica economica e sociale attuata dal presidente degli Stati Uniti Roosevelt per fronteggiare la depressione (1933-38) **3** (*carte*) il dare le carte; mano: *whose — is it? your —!*, a chi tocca dare le carte? tocca a te!; *to pass the* —, passare la mano.

to **deal**[2] *pass.p.p.* **dealt** [delt] *v.tr.* **1** distribuire, ripartire, dispensare, dare: *he was dealt four aces*, (a carte) gli son toccati quattro assi; *whose turn is it to —?*, (a carte) a chi tocca dare le carte?; *mother dealt a sweet to each child*, la madre diede una caramella a ciascun bambino **2** assestare (un colpo): *to — a blow to s.o.* (o *to — s.o. a blow*), assestare un colpo a qlcu.

□ **deal in** *v.tr.* e *avv.* far partecipare, far entrare nel gioco ♦ *v.intr.* e *prep.* trattare, vendere: *what does he — in?*, che articoli tratta? // *to — in coal*, (*sl. amer.*) mischiarsi con persone di colore.

□ **deal out** *v.tr.* e *avv.* **1** amministrare (giustizia); somministrare (punizioni) **2** distribuire (carte, doni ecc.) **3** escludere: *he had lost all his money, so he asked the others to — him out of the game*, aveva perso tutto il denaro, così chiese agli altri di escluderlo dal gioco.

□ **deal with** *v.intr.* e *prep.* **1** fare affari con; trattare con: *we don't intend to go on dealing with that firm; they are not reliable*, non abbiamo intenzione di continuare a fare affari con quella ditta; non sono affidabili; *he is a difficult man to — with*, non è facile trattare con lui; *I shall — with you later!*, poi facciamo i conti!, ti sistemo poi! **2** trattare, avere come argomento: *his new book deals with apple -growing*, il suo nuovo libro tratta della coltivazione delle mele **3** affrontare: *the special services are so highly trained they can — with any terrorist action*, i reparti speciali erano così bene addestrati da poter affrontare ogni azione terroristica.

deal[3] *s.* legno d'abete o di pino: *red, white* —, (*pop.*) abete rosso, bianco // *he can see through a — board*, (*fam.*) ha occhi di lince.

dealer ['di:lə*] *s.* **1** commerciante, negoziante; operatore commerciale: — *in wool*, negoziante di lana // *retail* —, dettagliante // *wholesale* —, grossista // *antique* —, antiquario // — *in stolen goods*, ricettatore **2** (*fin.*) operatore in titoli, operatore in borsa; intermediario finanziario: *foreign currency* — (o *foreign exchange* —), cambiavalute, intermediario sul mercato dei cambi **3** chi distribuisce le carte (da gioco), mazziere **4** (*sl. amer.*) spacciatore.

dealing ['di:lıŋ] *s.* **1** *pl.* relazioni, rapporti: *to have dealings with s.o.*, avere rapporti con qlcu. **2** commercio: — *in wool*, commercio della lana **3** (*Borsa*) operazione di compravendita; negoziazione (di titoli): — *for cash*, negoziazione per contanti; *forward* —, operazione a termine **4** (*dir.*) trattativa **5** distribuzione: — (*out*), distribuzione (di doni, di carte da gioco) **6** condotta, modo di agire: *underhand* —, condotta disonesta.

dealt *pass.p.p.* di to **deal**.

deambulation [dı,æmbjʊ'leıʃn / de·am·bu·la·tion] *s.* deambulazione.

deambulatory [dı'æmbjʊlətərı / de·am·bu·lat·ory] *agg.* deambulatorio.

to **deaminate** [dı'æmineıt / de·amin·ate] *v.tr.* (*chim.*) deamminare.

dean[1] [di:n] *s.* **1** preside (di facoltà universitaria o di collegio universitario) **2** (*eccl.*) decano; diacono; arciprete.

dean[2] *s.* (*non com.*) valletta boscosa.

deanery ['di:nərı / dean·ery] *s.* decanato.

deanship ['di:nʃıp / dean·ship] *s.* funzione di decano.

dear [dıə*] *agg.* **1** caro, amato, diletto: *my — children*, i miei cari bambini; *my — fellow*, caro amico; *his garden is very — to him*, il suo giardino gli sta molto a cuore; *to hold s.o.* —, voler bene a qlcu. // *Dear Sir, Madam*, Egregio Signore, Gentile Signora; *My dearest Mary*, Mia carissima Maria (introduzione nelle lettere) // *to run for — life*, correre a gambe levate **2** caro, costoso: *to get —, dearer*, diventare caro, rincarare; (*econ.*) — *money*, denaro caro (ad alto tasso d'interesse) **3** (*ant.*) strenuo, forte: *why, Harry, do I tell thee of my foes, / which art my near'st and dearest* *enemy?*, (SH. Henry IV) perché, Harry, parlo dei miei nemici a te, che sei il mio più vicino e maggiore nemico? ◆ *s.* caro: *what a —!*, che cara persona!; *he's a real* —, è un carissimo uomo // *help me out, there's a* —, (*fam.*) aiutami, su, da bravo.

dear *avv.* a caro prezzo; caro: *he sold his life* —, vendette la vita a caro prezzo.

dear *inter.*: — —*!*, mio Dio!; — *me!*, ohimè!; *oh — me!*, o povero me!; *oh — no!*, certamente no!

dearie [ˈdɪərɪ] *s.* (*fam.*) mio caro, mia cara.

dearly [ˈdɪəlɪ / dear·ly] *avv.* **1** caramente, teneramente: *I love him* —, lo amo teneramente // — *beloved brethren*, miei cari fratelli **2** ardentemente, intensamente: *I — wish I had a car*, vorrei tanto avere un'automobile **3** caro, a caro prezzo (*anche fig.*): *he paid — for his mistake*, ha pagato a caro prezzo il suo errore.

dearness [ˈdɪənɪs / dear·ness] *s.* **1** tenerezza, affetto (per persone) **2** caro prezzo, l'essere caro (di viveri).

dearth [dɜ:θ] *s.* **1** (*fig.*) mancanza, scarsità **2** (*antiq.*) carestia; povertà estrema.

deary *s.* → **dearie**.

death [deθ] *s.* **1** morte, fine; (*fig.*) rovina, perdita: *to be at —'s door*, essere in punto di morte; *to be burnt, frozen, starved to* —, morire bruciato, assiderato, di fame; *to bleed to* —, morire dissanguato; *to die a violent* —, morire di morte violenta; *to do s.o. to* —, (*ant.*) uccidere qlcu.; *to put s.o. to* —, condannare qlcu. a morte; *the — of one's hopes, plans, ambitions*, la morte, il crollo delle proprie speranze, dei propri progetti, delle proprie ambizioni; *you 'll be the — of me!*, (*fam.*) sarai la mia rovina!; *your curiosity will be the — of you*, la curiosità sarà la tua rovina // — *certificate*, certificato di morte // — *wish*, desiderio di morte // — *mask*, maschera mortuaria // *the Black Death*, la Peste (del XIV sec.) // *as sure as* —, sicuro come due più due fa quattro // *a fight to the* —, un combattimento all'ultimo sangue; *to fight to the* —, (*fig.*) battersi fino alla morte// *bored to* —, (*fam.*) stufo marcio // *to be in at the* —, (*caccia*) essere presenti all'uccisione della preda; (*fam.*) assistere al coronamento di un'impresa // *to catch one's — of cold*, prendersi un malanno // *to drink oneself to* —, accorciarsi la vita per il troppo bere // *to snatch s.o. from the jaws of* —, strappare qlcu. alla morte // *to look like — warmed up*, (*fam.*) avere un'aria distrutta **2** (*dir.*) decesso: *proof of* —, constatazione di morte; *to notify a* —, notificare un decesso **3** morto, persona morta, morte: *deaths caused by cholera amount by now to forty cases*, le morti, i morti per colera ammontano a tutt'oggi a 40 casi **4** *pl.* necrologie, necrologi (sui giornali).

death-adder [ˈdeθ,ædə*] *s.* (*zool.*) (*Acanthophis antarcticus*) vipera della morte.

deathbed [ˈdeθbed / death·bed] *s.* letto di morte.

deathblow [ˈdeθbləʊ / death·blow] *s.* colpo mortale (*anche fig.*).

death cell [ˈdeθsel] *s.* cella della morte, del condannato a morte.

death duty [ˈdeθ,dju:tɪ] *s.* (*spec. pl.*) (*dir., trib.*) tassa di successione AMER. **death tax**.

death-knell [ˈdeθnel] *s.* rintocco funebre (*anche fig.*).

deathless [ˈdeθlɪs / death·less] *agg.* immortale; eterno, imperituro // **-ly** *avv.* // **-ness** *s.*

deathlike [ˈdeθlaɪk / death·like] *agg.* simile alla morte, cadaverico: — *pallor*, pallore cadaverico.

deathly [ˈdeθlɪ / death·ly] *agg.* mortale; simile alla morte: *a — silence lay over the town*, un silenzio di morte avvolgeva la città ◆ *avv.* come la morte: — *pale*, pallido come la morte.

death rate [ˈdeθreɪt] *s.* (*stat.*) indice di mortalità.

death rattle [ˈdeθ,rætl] *s.* rantolo.

death row [ˈdeθrəʊ] *s.* (*amer.*) braccio della morte (in una prigione).

death's-head [ˈdeθshed] *s.* teschio (come simbolo).

death's-head moth [ˈdeθshedˈmɒθ] *s.* (*zool.*) (*Acherontia atropos*) sfinge testa di morto, atropo.

death squad [ˈdeθ,skwɒd] *s.* (*pol.*) squadrone della morte.

death-stricken [ˈdeθ,strɪkən] *agg.* colpito a morte.

death tax [ˈdeθ,tæks] *s.* (*amer.*) → **death duty**.

death-throes [ˈdeθ,θrəʊz] *s.pl.* agonia.

death-token [ˈdeθ,təʊkən] *s.* (*ant.*) preannuncio di morte; bubbone, sintomo della peste: *he is so plaguy proud, that the death-token of it / cry 'No recovery'*, (SH. Troilus and Cressida) è così appestato dall'orgoglio, che i sintomi letali del contagio gridano forte 'guarigione impossibile'.

death toll [ˈdeθtəʊl] *s.* [U] perdite umane, vittime (*pl.*).

death trap [ˈdeθtræp] *s.* (*fam.*) trappola mortale: *this car is a* —, questa macchina è una trappola mortale.

death warrant [ˈdeθ,wɒrənt] *s.* (*dir.*) ordine di esecuzione di una sentenza di morte.

deathwatch (beetle) [ˈdeθwɒtʃ(ˈbi:tl) / death·watch (beetle)] *s.* (*zool.*) (*Atropos pulsatorium*) orologio della morte.

deb [deb] (*fam.*) abbr. di → **débutante**.

débâcle [deɪˈbɑ:kl / dé·bâcle] *s.* (*fr.*) **1** (*fig.*) disastro, sfacelo, crollo **2** rottura improvvisa del ghiaccio di un fiume (per disgelo); piena violenta (di fiume).

to **debag** [dɪˈbæg] *v.tr.* togliere i pantaloni a (per scherzo o per punizione).

to **debar** [dɪˈbɑ:*] *pass.p.p.* **debarred** [dɪˈbɑ:d / de·barred] *v.tr.* **1** escludere, privare: *to — s.o. a right*, privare qlcu. di un diritto; *to — s.o. from sthg.*, escludere qlcu. da qlco., privare qlcu. di qlco. **2** impedire, vietare; (*dir.*) precludere: *to — by time*, mandare in prescrizione; *to — s.o. from doing sthg.*, impedire a qlcu. di fare qlco.

to **debark** [dɪˈbɑ:k / de·bark] *v.tr.* e *intr.* (*rar.*) sbarcare, fare uno sbarco.

debarkation [,di:bɑ:ˈkeɪʃn / de·barka·tion] *s.* sbarco.

debarment [dɪˈbɑ:mənt / de·bar·ment] *s.* **1** esclusione, privazione **2** (*dir.*) preclusione; prescrizione.

to **debase** [dɪˈbeɪs / de·base] *v.tr.* **1** svalutare, deprezzare (il valore del denaro ecc.); falsificare (monete, usando leghe di basso valore) **2** svilire, avvilire; abbassare, degradare: *to — oneself*, degradarsi.

debasement [dɪˈbeɪsmənt / de·base·ment] *s.* **1** svalutazione; svilimento, falsificazione (di monete) **2** avvilimento; degradazione; abiezione.

debaser [dɪˈbeɪsə* / de·baser] *s.* falsificatore (di monete).

debasing [dɪˈbeɪsɪŋ / de·bas·ing] *agg.* degradante, avvilente ◆ *s.* → **debasement**.

debatable [dɪˈbeɪtəbl / de·bat·able] *agg.* discutibile; contestabile.

debate [dɪˈbeɪt / de·bate] *s.* dibattimento; dibattito (politico); discussione; contraddittorio, disputa: *the question is in* — (o *under* —), si sta discutendo la questione; *to open the* —, aprire il dibattito // *open to* —, discutibile, incerto.

to **debate** *v.tr.* **1** discutere; dibattere; disputare; contestare: *a much debated question*, una questione molto dibattuta; *strange! quoth I, debating the matter with myself*, (STERNE) ohibò! diss'io, dibattendo fra me la questione **2** considerare, ponderare, pensare **3** (*ant.*) riportare, conseguire (una vittoria) ◆ *v.intr.* **1** discutere, sostenere una discussione; disputare: *to — with s.o. on sthg.*, discutere con qlcu. su qlco. **2** pensare, riflettere, ponderare: *I was debating whether to go to the seaside or to the mountains*, ero in dubbio se andare al mare o in montagna.

debater [dɪˈbeɪtə* / de·bater] *s.* argomentatore; oratore.

debating [dɪˈbeɪtɪŋ / de·bat·ing] *s.* dibattito; discussione; l'arte del dibattere // — *point*, argomento di discussione.

debauch [dɪˈbɔ:tʃ / de·bauch] *s.* stravizio, bagordo; dissolutezza, sregolatezza: *to have a* —, fare un'orgia.

to **debauch** *v.tr.* (*antiq.*) **1** pervertire, depravare; corrompere (*anche dir.*); traviare, sedurre (una donna) **2** (*fig.*) corrompere, viziare (gusto ecc.) ◆ *v.intr.* darsi alla dissolutezza.

debauchable [dɪˈbɔ:tʃəbl / de·bauch·able] *agg.* (*rar.*) corruttibile (*anche dir.*).

debauched [dɪˈbɔ:tʃt / de·bauched] *agg.* corrotto.

debauchee [,debɔ:ˈtʃi: / de·bauch·ee] *s.* (*antiq.*) persona pervertita, corrotta.

debaucher [dɪˈbɔ:tʃə* / de·baucher] *s.* (*rar.*) corruttore; seduttore.

debauchery [dɪˈbɔ:tʃərɪ / de·bauch·ery] *s.* dissolutezza; scostumatezza; pervertimento, corruzione: (*dir.*) — *of youth*, corruzione di minorenni.

debenture [dɪˈbentʃə* / de·ben·ture] *s.* (*fin.*) obbligazione: *mortgage* —, obbligazione garantita da ipoteca; *floating debentures*, obbligazioni a garanzia generica; *redeemable* —, obbligazione redimibile; *sinking fund debentures*, obbligazioni rimborsate secondo un piano d'ammortamento; — *capital* (o — *stock*), capitale obbligazionario; — *bond*, obbligazione non garantita; — *holder*, obbligazionista.

debilitant [dɪˈbɪlɪtənt / de·bil·it·ant] *agg.* e *s.* debilitante.

to **debilitate** [dɪˈbɪlɪteɪt / de·bil·it·ate] *v.tr.* debilitare (*anche fig.*).

debilitation [dɪ,bɪlɪˈteɪʃn / de·bil·it·ation] *s.* debilitazione.

debility [dɪˈbɪlətɪ / de·bil·ity] *s.* debolezza; astenia // — *of purpose*, irresolutezza.

debit [ˈdebɪt] *s.* (*amm.*) debito, dare: *to enter*

sthg. to the — (side) of an account, registrare qlco. nel(la sezione) dare di un conto; *— note*, nota di addebito; *— balance*, saldo a debito; *— footing*, totale dare; *— item*, partita passiva.

to **debit** *v.tr.* addebitare: *to — a firm with a sum*, addebitare una somma a una ditta; *to be debited to*, essere addebitato a, a carico di.

debitable ['debɪtəbl / debit·able] *agg.* da addebitarsi a: *charge — to s.o.'s account*, spesa da addebitarsi a conto di qlcu.

debonair [,debə'neə* / de·bon·air] *agg.* affascinante; gaio; gioviale; disinvolto.

to **debouch** [dɪ'baʊtʃ / de·bouch] *v.intr.* sfociare (di fiume), sboccare: *the army debouched into the plain*, l'esercito uscì allo scoperto nella pianura.

debouchment [dɪ'baʊtʃmənt / de·bouch·ment] *s.* sbocco.

to **debrief** [,di:'bri:f / de·brief] *v.tr.* interrogare a fondo (per ottenere informazioni); farsi fare un rapporto (su una recente missione): *our agent was debriefed as soon as he came back from his mission abroad*, appena rientrato dalla sua missione all'estero, il nostro agente fu subito sottoposto a un incalzante interrogatorio.

debris ['deɪbri: / deb·ris] *s.* ⓤ **1** detriti; rottami; avanzi; macerie (*pl.*) **2** (*geol.*) detrito: *— cone*, cono di detrito.

debt [det] *s.* **1** debito (*anche comm.*): *— of honour*, debito di gioco; *to be in — to*, essere indebitato a, con; *to be out of —*, non avere più debiti; *to make debts, to get into —*, far dei debiti; *— payable* (o *due*), *receivable* (o *outstanding*) —, credito in essere, esigibile; *— accruing*, debito non ancora esigibile; *— owing*, debito esigibile; *bad —*, insolvenza; *bonded —*, debito obbligazionario; *— service*, servizio del debito; (*dir.*) *barred —*, debito caduto in prescrizione; (*fin.*) *funded —*, debito irredimibile // *book debts*, debiti chirografari // *— collection agency*, impresa specializzata nella riscossione dei crediti (per conto di altre imprese) **2** (*econ.*) debito pubblico: *— conversion*, conversione del debito pubblico; *— management*, gestione del debito pubblico **3** (*fig.*) debito, obbligazione; riconoscenza: *to owe s.o. a — of gratitude*, avere un debito di riconoscenza verso qlcu.; *to acknowledge one's — to s.o.*, riconoscere il proprio debito verso qlcu.; *we're in your —, Mr Boggs*, le siamo obbligati, Mr Boggs.

debtor ['detə*] *s.* debitore: *— account*, conto debitori; *— side*, colonna del dare // *— to sales ratio*, rapporto tra vendite nette e ammontare dei crediti verso i clienti.

to **debug** [dɪ'bʌg / de·bug] *v.tr.* **1** approntare, mettere a punto **2** (*inform.*) cercare e correggere errori (in un programma); eliminare difetti (in un computer).

debugging [dɪ'bʌgɪŋ / de·bug·ging] *s.* (*inform.*) messa a punto (di programma); ricerca e correzione degli errori: *— package*, programmi di messa a punto.

to **debunk** ['di:'bʌŋk / de·bunk] *v.tr.* (*fam. fig.*) smontare, riportare alle giuste proporzioni.

to **debus** ['di:'bʌs / de·bus] *v.tr.* (*sl. mil.*) scaricare; far scendere ◆ *v.intr.* (*sl. mil.*) scendere (da autocarro, autobus).

début ['deɪbu: *amer.* dɪ'bju: / dé·but] *s.* debutto (di un artista); ingresso in società (di fanciulla): *to make one's —*, esordire; *they made their — album in 1983*, incisero il loro primo album nel 1983.

to **debut** [dɪ'bju:t] *v.intr.* debuttare, esordire.

débutant ['debju:tɑ:ŋ / début·ant] *s.* esordiente.

débutante ['debju:tɑ:nt / dé·but·ante] *s.* debuttante (fanciulla che fa il suo ingresso in società; fanciulla presentata alla corte inglese).

Debye [də'baɪ] *s.* (*metrol.*) debye (unità di misura).

dec(a)- ['dekə] *pref.* della terminologia scientifica, di origine greca che significa 'dieci'; it. deca-: *decade*, decade; *decagon*, decagono.

decachord ['dekə,kɔ:d / deca·chord] *s.* (*mus.*) decacordo.

decade ['dekeɪd / dec·ade] *s.* decade; decennio.

decadence ['dekədəns / dec·ad·ence] *s.* decadenza.

decadent ['dekədənt / dec·ad·ent] *agg.* decadente ◆ *s.* (*letter.*) decadente.

to **decaffeinate** [dɪ'kæfɪneɪt / de·caf·fein·ate] *v.tr.* decaffeinare.

decagon ['dekəgən / deca·gon] *s.* (*mat.*) decagono.

decagonal [de'kægənl / deca·gonal] *agg.* (*mat.*) decagonale.

decagram(me) ['dekəgræm / deca·gram(me)] *s.* decagrammo (misura di peso = 0.352 oz.).

decahedron [,dekə'hi:drən / deca·hed·ron] *pl.* **decahedrons, decahedra** [,dekə'hi:drə / deca·hedra] *s.* (*mat.*) decaedro.

decal ['di:kæl / de·cal] *s.* (*amer.*) decalcomania BRIT. transfer.

decalcification ['di:,kælsɪfɪ'keɪʃn / de·cal·ci·fica·tion] *s.* (*med.*, *geol.*) decalcificazione.

to **decalcify** [di:'kælsɪfaɪ / de·cal·cify] *v.tr.* (*med.*) decalcificare.

decalescence [,di:kə'lesəns / de·ca·les·cence] *s.* (*metall.*) decalescenza.

decalitre ['dekə,li:tə* / deca·litre] *s.* decalitro (misura di capacità = 10 l = 610.25 cu. in.).

decalogue ['dekəlɒg *amer.* 'dekəlɔ:g / deca·logue] *s.* decalogo // *Decalogue*, i Dieci Comandamenti, il Decalogo.

decametre ['dekə,mi:tə* / deca·metre] *s.* decametro (misura di lunghezza = 10 m = 32.80 ft.).

to **decamp** [dɪ'kæmp / de·camp] *v.intr.* **1** (*mil.*) levar le tende **2** (*fam.*) svignarsela, levar le tende, squagliarsela.

decampment [dɪ'kæmpmənt / de·camp·ment] *s.* **1** (*mil.*) il levar le tende **2** (*fam.*) l'andarsene furtivamente.

decane ['dekeɪn / dec·ane] *s.* (*chim.*) decano.

to **decant** [dɪ'kænt / de·cant] *v.tr.* **1** decantare (liquidi), travasare **2** (*fig. fam.*) trapiantare da un luogo, posto di lavoro ecc.

decantation [,di:kæn'teɪʃn / de·canta·tion] *s.* decantazione, travasamento.

decanter [dɪ'kæntə* / de·canter] *s.* **1** caraffa **2** (*chim.*) decantatore.

to **decapitate** [dɪ'kæpɪteɪt / de·cap·it·ate] *v.tr.* (*form.*) decapitare.

decapitation [dɪ,kæpɪ'teɪʃn / de·cap·ita·tion] *s.* (*form.*) decapitazione.

decapod ['dekəpɒd / deca·pod] *agg.* e *s.* (*zool.*) decapode.

to **decarbonate** [dɪ'kɑ:bəneɪt / de·car·bon·ate] *v.tr.* (*chim.*) decarbonare.

decarbonization [di:,kɑ:bənaɪ'zeɪʃn / de·car·bon·iza·tion] *s.* (*chim.*, *metall.*) decarburazione.

to **decarbonize** [,di:'kɑ:bənaɪz / de·car·bon·ize] *v.tr.* (*chim.*, *metall.*) decarburare; decarbonizzare.

to **decarboxylate** [,dɪkɑ:'bɒksɪleɪt / de·carb·oxyl·ate] *v.tr.* (*chim.*) decarbossilare.

decarboxylation [,dɪkɑ:bɒksɪ'leɪʃn / de·carb·oxyl·a·tion] *s.* (*chim.*) decarbossilazione.

decarburization [di:,kɑ:bjʊəraɪ'zeɪʃn / de·car·bur·iza·tion] *s.* (*chim.*, *metall.*) decarburazione.

to **decarburize** [,di:'kɑ:bjʊəraɪz / de·car·bur·ize] *v.tr.* (*chim.*, *metall.*) decarburare.

decasualization [di:,kæʒjʊəlaɪ'zeɪʃn / de·casu·al·iza·tion] *s.* (*econ.*) sostituzione di lavoro avventizio con lavoro stabile.

to **decasualize** [di:'kæʒjʊəlaɪz / de·casu·al·ize] *v.tr.* (*econ.*) eliminare la provvisorietà di (lavoro).

decasyllabic [,dekəsɪ'læbɪk / deca·syl·labic] *agg.* (*metrica*) decasillabo.

decasyllable ['dekəsɪləbl / deca·syl·lable] *agg.* e *s.* (*metrica*) decasillabo.

decathlon [dɪ'kæθlɒn / dec·ath·lon] *s.* (*sport*) decathlon.

decay [dɪ'keɪ / de·cay] *s.* **1** rovina (*anche fig.*), deteriorazione, deterioramento; decadimento, decadenza (di paese, famiglia, arte, commercio); deperimento; indebolimento: *to fall into —*, cadere in rovina; *senile —*, deperimento senile **2** putrefazione, decomposizione, imputridimento; marciume; carie (di denti) **3** (*chim.*, *fis. nucleare*) decadimento, disintegrazione: *— constant*, costante di decadimento; *beta —*, decadimento beta; *radioactive —*, decadimento radioattivo **4** (*geol.*) alterazione chimica (di rocce).

to **decay** *v.intr.* **1** andare in rovina, rovinare, crollare: *old decaying walls*, vecchie mura cadenti, in rovina **2** putrefarsi, decomporsi, imputridirsi, marcire; cariarsi (di denti) **3** (*fig.*) decadere (di nazione, famiglia, arte, commercio); declinare; deperire; indebolirsi: *decaying cities*, città in declino **4** (*chim.*, *fis. nucleare*) decadere, disintegrarsi **5** (*geol.*) alterarsi (di rocce) ◆ *v.tr.* **1** fare imputridire, far marcire; (far) cariare: *too much sugar can — the teeth*, troppo zucchero può far cariare i denti **2** mandare in rovina (*anche fig.*) // *decayed gentlewoman*, signora decaduta.

Decca® ['dekə] *s.* (*aer.*) decca (sistema di radionavigazione iperbolica).

decease [dɪ'si:s / de·cease] *s.* (*dir.*) decesso, morte.

to **decease** *v.intr.* (*dir.*) decedere, morire.

deceased [dɪ'si:st / de·ceased] *agg.* **1** (*dir.*) deceduto, defunto **2** appartenente a, di un defunto: *the — estate*, il patrimonio del defunto ◆ *s.* defunto: *the — were both killed with the same gun*, entrambe le vittime furono uccise con la stessa pistola.

decedent [dɪ'si:dənt / de·ced·ent] *agg.* e *s.* (*amer. dir.*) defunto, morto.

deceit [dɪ'si:t / de·ceit] *s.* **1** falsità, disonestà

2 inganno; raggiro, sotterfugio **3** (*dir.*) frode, truffa, dolo.

deceitful [dɪ'si:tfʊl / de·ceit·ful] *agg.* ingannevole, illusorio; fallace; falso; disonesto // **-ly** *avv.* // **-ness** *s.*

deceivable [dɪ'si:vəbl / de·ceiv·able] *agg.* ingannabile, facile a essere ingannato.

to **deceive** [dɪ'si:v / de·ceive] *v.tr.* **1** ingannare; imbrogliare; frodare; illudere: *to — s.o. into doing sthg.*, convincere con l'inganno qlcu. a fare qlco.; *to — oneself*, ingannarsi; illudersi **2** deludere ◆ *v.intr.* usare l'inganno, imbrogliare, agire disonestamente.

deceiver [dɪ'si:və* / de·ceiver] *s.* ingannatore, imbroglione.

to **decelerate** [di:'seləreɪt / de·cel·er·ate] *v.intr.* rallentare, decelerare; moderare la propria velocità ◆ *v.tr.* rallentare, ridurre la velocità di.

deceleration ['di:,selə'reɪʃn / de·cel·era·tion] *s.* decelerazione, rallentamento.

decelerator [di:'seləreɪtə* / de·cel·er·ator] *s.* (*mecc.*) rallentatore.

December [dɪ'sembə* / De·cem·ber] *s.* dicembre.

decemvir [dɪ'semvə* / decem·vir] *pl.* **decemvirs**, **decemviri** [dɪ'semvəraɪ] *s.* (*st.*) decemviro.

decemvirate [dɪ'semvɪrət / decem·vir·ate] *s.* (*st.*) decemvirato.

decency ['di:snsɪ / de·cency] *s.* **1** decenza; pudore; creanza; modestia: *sense of —*, pudore **2** *pl.* convenienze, norme del vivere civile; decoro (*sing.*) // *common decencies*, le convenienze sociali.

decennial [dɪ'senjəl / decen·nial] *agg.* e *s.* decennale.

decennially [dɪ'senjəlɪ / decen·ni·ally] *avv.* ogni dieci anni.

decennium [dɪ'senjəm / decen·nium] *pl.* **decenniums**, **decennia** [dɪ'senjə / decen·nia] *s.* (*non com.*) decennio.

decent ['di:snt / de·cent] *agg.* **1** decente; modesto; conveniente; corretto; onesto; decoroso, rispettabile: *— clothes*, abiti decenti; *— language*, linguaggio corretto; *a — family*, una famiglia rispettabile, onesta; *— poverty*, povertà decorosa; *to do the — thing*, fare quello che si deve, che è giusto fare; *there is not one... / but will deserve... / for honesty and decent carriage, / a right good husband*, (SH. Henry VIII) non ce n'è una... che non meriti... per onestà e comportamento adeguato, un ottimo marito **2** discreto; accettabile; adeguato, soddisfacente: *— conditions*, condizioni discrete; *— food*, cibo accettabile; *a — salary*, uno stipendio adeguato **3** (*fam.*) buono, simpatico; gentile, carino: *he's a — sort* (o *fellow* o *chap*), è una persona per bene, un buon diavolo; *it was very — of him to do that*, è stato molto gentile, carino da parte sua fare questo // **-ly** *avv.*

decentralization [di:,sentrəlaɪ'zeɪʃn *amer.* di:,sentrəlɪ'zeɪʃn / de·cen·tral·iza·tion] *s.* decentramento, decentralizzazione.

to **decentralize** [di:'sentrəlaɪz / de·cen·tral·ize] *v.tr.* decentrare, decentralizzare.

deception [dɪ'sepʃn / de·cep·tion] *s.* inganno, frode (*anche dir.*); insidia; raggiro, sotterfugio.

deceptive [dɪ'septɪv / de·cept·ive] *agg.* ingannevole; illusorio; falso; fallace; menzognero: *appearances are —*, le apparenze ingannano // **-ly** *avv.* // **-ness** *s.*

deci- ['desɪ:] *pref.* di origine latina che significa 'diviso dieci'; it. deci-: *decigram*, decigrammo.

decibel ['desɪbel / deci·bel] *s.* (*metrol.*) decibel // *— meter*, indicatore di decibel.

decidability [,dɪsaɪdə'bɪlɪtɪ / de·cid·ab·il·ity] *s.* (*log.*) decidibilità.

decidable [dɪ'saɪdəbl / de·cid·able] *agg.* che si può decidere.

to **decide** [dɪ'saɪd / de·cide] *v.tr.* **1** decidere, stabilire; risolvere (questione, querela ecc.): *nothing has been decided yet*, non c'è ancora nulla di deciso; *I decided that the car was stolen*, sono giunto alla conclusione che l'auto è stata rubata; *to — s.o.'s fate*, decidere il destino di qlcu.; *to — to do sthg.*, decidere di fare qlco.: *I have decided to leave*, ho deciso di partire // *to — for oneself*, decidere da sé **2** indurre: *to — s.o. to do sthg.*, indurre qlcu. a fare qlco.: *what decided you to stop smoking?*, che cosa ti ha spinto a smettere di fumare? ◆ *v.intr.* decidere, prendere una decisione.

□ **decide against** *v.intr.* e *prep.* pronunciarsi contro: *to — against doing sthg.*, decidere, risolvere di non fare qlco.

□ **decide for** *v.intr.* e *prep.* pronunciarsi in favore di.

□ **decide on** *v.intr.* e *prep.* decidere su, stabilire (qlco.): *to — on doing sthg.*, decidere di fare qlco.; *have you decided on the price?*, hai stabilito il prezzo?; *the matter was soon decided on*, la questione fu rapidamente risolta.

decided [dɪ'saɪdɪd / de·cided] *agg.* **1** deciso; risoluto: *they are —*, sono decisi **2** incontestabile, innegabile, indubbio: *a — advantage*, un vantaggio netto // **-ly** *avv.*

decider [dɪ'saɪdə* / de·cider] *s.* **1** arbitro, giudice **2** partita decisiva.

deciding [dɪ'saɪdɪŋ / de·cid·ing] *agg.* decisivo: *the — game*, la partita decisiva.

decidua [dɪ'sɪdju:ə / de·cidua] *s.* (*anat.*) decidua.

decidual [dɪ'sɪdju:əl / de·cidual] *agg.* (*anat.*) deciduale.

deciduous [dɪ'sɪdjʊəs / de·cidu·ous] *agg.* deciduo; caduco: *— teeth*, denti decidui, di latte.

decigram(me) ['desɪgræm / deci·gram(me)] *s.* decigrammo (misura di peso = 1.543 gr.).

decilitre ['desɪ,li:tə* / deci·litre] *s.* decilitro (misura di capacità = 0,10 l = 6.102 cu. in.).

decimal ['desɪml] *agg.* decimale: *— point*, punto che divide le unità dai decimali; *— digit*, cifra decimale; *— system*, sistema decimale ◆ *s.* decimale // (*mat.*) *recurring —*, cifra decimale periodica.

to **decimalize** ['desɪməlaɪz / decim·al·ize] *v.tr.* decimalizzare; convertire al sistema decimale.

to **decimate** ['desɪmeɪt / decim·ate] *v.tr.* decimare.

decimation [,desɪ'meɪʃn / decima·tion] *s.* decimazione.

decimetre ['desɪ,mi:tə* / deci·metre] *s.* decimetro (misura di lunghezza = 0,10 m = 3.937 in.).

decipher [dɪ'saɪfə* / de·cipher] *s.* decifrazione (di iscrizioni, codici segreti, geroglifici ecc.).

to **decipher** *v.tr.* decifrare.

decipherability [dɪ'saɪfrəbɪlətɪ / de·cipher·abil·ity] *s.* decifrabilità.

decipherable [dɪ'saɪfərəbl / de·cipher·able] *agg.* decifrabile.

deciphering [dɪ'saɪfərɪŋ / de·cipher·ing]
decipherment [dɪ'saɪfəmənt / de·cipher·ment] *s.* decifrazione (di iscrizioni, codici segreti, geroglifici ecc.).

decision [dɪ'sɪʒn / de·cision] *s.* **1** decisione; deliberazione; giudizio (*anche dir.*); risoluzione: *to make a —*, prendere una decisione; *to make known a —*, far conoscere una decisione; *to come to* (o *to arrive at* o *to reach a*) *—* (*as to*), giungere a una decisione (in merito a); *final —*, giudizio inappellabile // *— making*, processo decisorio, decisionale; *— maker*, decisore, responsabile delle decisioni // (*mat.*, *econ.*): *— theory*, teoria delle decisioni; *— function*, *tree*, funzione, albero di decisione // (*inform.*) *— element*, circuito logico, di decisione **2** (*fig.*) decisione, risolutezza, fermezza: *he acted with —*, agì con fermezza.

decisional [dɪ'sɪʒənl / de·cision·al] *agg.* decisionale // (*dir.*) *— law*, diritto basato sui precedenti giurisprudenziali.

decisive [dɪ'saɪsɪv / de·cisive] *agg.* **1** decisivo: *— battle*, battaglia decisiva **2** fermo, deciso: *— manner*, *tone*, modo, tono deciso // **-ly** *avv.*

decisiveness [dɪ'saɪsɪvnɪs / de·cisive·ness] *s.* **1** carattere decisivo (di un'esperienza ecc.) **2** decisione, risolutezza; perentorietà.

deck [dek] *s.* **1** (*mar.*) ponte, coperta: *to come* (o *to go*) *on —*, montare sul ponte; *all hands on —!*, tutti in coperta!; *main —*, ponte di coperta; *aft —*, coperta, ponte di poppa; *fore —*, coperta, ponte di prua; *forecastle —*, ponte del castello (di prua); *middle —*, ponte di mezzo, corridoio; *quarter —*, cassero di poppa; *flight —*, ponte di volo (di una portaerei); *— passenger*, passeggero che viaggia sul ponte // *to clear the decks* (*for action*), sgombrare i ponti per entrare in azione (in guerra) // *on —*, (*spec. amer.*) pronto (a prendere servizio) **2** (*aer.*) piano, ponte: *flight —*, ponte di pilotaggio, cabina piloti **3** piano (di autobus): *top —*, imperiale **4** piatto di giradischi **5** (*amer.*) pedana d'ingresso (sul retro o ai lati di una casa) **6** (*fam. amer.*) pavimento; suolo, terreno: *hit the —!*, a terra! // *green —*, erba **7** (*fam. amer.*) mazzo di carte da gioco // *cold —*, (*sl.*) mazzo di carte truccato **8** (*fam. amer.*) pacchetto di sigarette **9** (*sl. amer.*) dose di droga **10** (*inform.*) pacco di schede; supporto.

to **deck** *v.tr.* **1** ornare, adornare; coprire, rivestire: *to — with flags*, imbandierare; *to — with flowers*, infiorare; *I have deck'd the sea with drops full salt*, (SH. The Tempest) ho adornato il mare di gocce molto salmastre **2** (*mar.*) pontare: *to — (over, in) a ship*, mettere il ponte a una nave **3** (*sl. amer.*) gettare a terra, picchiare.

□ **deck out** *v.tr.* e *avv.* adornare, abbellire: *the hall was decked out with flags of every nation*, il salone era addobbato con bandiere di tutte le nazioni // *to — oneself out*, mettersi in ghingheri.

deck-cabin ['dek,kæbɪn] *s.* (*mar.*) cabina di ponte.

deck-cargo ['dek,kɑ:gəʊ] *s.* (*dir. mar.*) carico di coperta.

deckchair ['dektʃeə* / deck·chair] *s.* sedia a sdraio AMER. beachchair.

decked [dekt] *agg.* **1** ornato **2** (*mar.*) pontato: *three- — ship*, nave a tre ponti.

decker ['dekə*] *s.* mezzo di trasporto a piani // *three- —*, nave a tre ponti; (*fam. fig.*) romanzo in tre volumi.

deckhand ['dekhænd / deck·hand] *s.* marinaio.

deck-house ['dekhaʊs] *s.* (*mar.*) tuga.

decking ['dekɪŋ / deck·ing] *s.* **1** rivestimento del ponte (di una nave) **2** (*edil.*) impermeabilizzazione (di una terrazza).

deckle ['dekl] *s.* (*tecn.*) cascio, casso (cornice di legno per la fabbricazione della carta a mano).

deckle-edge [,dekl'edʒ] *s.* zazzera, sbavatura, riccio (di carta a mano).

to **declaim** [dɪ'kleɪm / de·claim] *v.tr.* declamare; arringare; recitare (versi) // *to — against* (*s.o., sthg.*), protestare, inveire contro (qlcu., qlco.).

declaimer [dɪ'kleɪmə* / de·claimer] *s.* declamatore.

declamation [,deklə'meɪʃn / de·clama·tion] *s.* declamazione; arringa; esercizio retorico.

declamatory [dɪ'klæmətərɪ *amer.* dɪ'klæmətɔ:rɪ / de·clam·at·ory] *agg.* declamatorio.

declarant [dɪ'kleərənt / de·clar·ant] *s.* (*dir.*) dichiaratore.

declaration [,deklə'reɪʃn / de·clara·tion] *s.* dichiarazione (*anche dir.*): *— of income*, dichiarazione del reddito; *— of war*, dichiarazione di guerra; *customs —*, dichiarazione doganale // *Declaration of Independence*, (*st. amer.*) Dichiarazione d'Indipendenza (4 luglio 1776) // *Declaration of Rights*, Dichiarazione dei Diritti.

declaratory [dɪ'klærətərɪ / de·clar·at·ory] *agg.* dichiarativo (*anche dir.*): *— judgment*, sentenza dichiarativa; *— legislation*, interpretazione autentica.

to **declare** [dɪ'kleə* / de·clare] *v.tr.* **1** dichiarare; proclamare; render noto: *he was declared the winner*, fu proclamato vincitore; *when will the results of the race be declared?*, quando saranno resi noti i risultati della corsa?; *to — a strike*, proclamare uno sciopero; *to — war* (*on, against s.o.*), dichiarare guerra (a qlcu.); *to — (a contract) off*, (*fam.*) rescindere, disdire (un contratto) **2** (IV) dichiarare, dichiararsi; affermare, assicurare: *he declared he had seen you*, assicurò di averti visto; *to — oneself* (*to be*), dichiararsi: *I — myself* (*to be*) *innocent*, mi dichiaro innocente; *to — s.o.* (*to be*), dichiarare che qlcu. è: *I — him* (*to be*) *a traitor*, lo dichiaro traditore; *to — oneself*, dichiararsi (innamorato) // *well, I —!*, (*antiq.*) oh, questa poi! **3** (*dogana*) dichiarare: *have you anything to —?*, avete niente da dichiarare? **4** (*carte*) dichiarare ◆ *v.intr.* **1** fare una dichiarazione **2** dichiararsi: *to — for, against* (*s.o., sthg.*), dichiararsi in favore di, contro (qlcu., qlco.).

declared [dɪ'kleəd / de·clared] *agg.* dichiarato: *a — enemy*, un nemico dichiarato.

declaredly [dɪ'kleərɪdlɪ / de·clared·ly] *avv.* dichiaratamente, apertamente; formalmente.

declarer [dɪ'kleərə* / de·clarer] *s.* dichiaratore; (*gioco del bridge*) dichiarante.

to **declassify** [,di:'klæsɪfaɪ / de·clas·sify] *v.tr.* togliere la qualifica di 'segreto' a (informazioni e simili), desegretare.

declension [dɪ'klenʃn / de·clen·sion] *s.* **1** (*gramm.*) declinazione **2** (*non com.*) declività, pendenza **3** (*non com.*) decadenza, declino (di un impero); alterazione; deviazione (del carattere).

declinable [dɪ'klaɪnəbl / de·clin·able] *agg.* (*gramm.*) declinabile.

declination [,deklɪ'neɪʃn / de·clina·tion] *s.* **1** (*form.*) inclinazione, pendio, pendenza **2** (*astr., geofisica.*) declinazione: *magnetic —*, declinazione magnetica // *— compass*, declinometro **3** (*fig. non com.*) declino **4** (*amer.*) rifiuto.

declinatory [dɪ'klaɪnətərɪ *amer.* dɪ'klaɪnətɔ:rɪ / de·clin·at·ory] *agg.* (*dir.*) che rifiuta: *— plea*, eccezione d'incompetenza.

decline [dɪ'klaɪn / de·cline] *s.* **1** declino; decadenza; diminuzione, calo: *the population is in —*, la popolazione sta diminuendo; *— of* (o *in*) *prices*, calo nei prezzi; *to be on the —*, essere in ribasso (di prezzi); essere in declino (di persone); *— of business*, diminuzione degli affari; *in the '70s the textile industry fell into —*, negli anni '70 l'industria tessile subì un calo **2** (*med.*) indebolimento, spossatezza; abbassamento della pressione del sangue; consunzione: *to fall* (o *to go*) *into a —*, perdere le forze, la salute **3** declivio, pendio.

to **decline** *v.tr.* **1** (II) (*form.*) declinare; rifiutare cortesemente (invito, onore, offerta); schivare, evitare, esimersi da: *he declined* (*the invitation*) *with thanks*, egli ringraziò ma declinò l'invito; (*mil.*) *to — battle*, non accettare il combattimento; *to — to do* (o *— doing*) *sthg.*, rifiutarsi di fare qlco. **2** (*gramm.*) declinare (un nome) **3** (*non com.*) chinare (lo sguardo, la testa) ◆ *v.intr.* **1** declinare; diminuire; calare; tramontare; venir meno, deperire: *his strength was slowly declining*, le sue forze andavano diminuendo lentamente; *business is declining daily*, gli affari diminuiscono di giorno in giorno; *to — in price*, diminuire di prezzo **2** inchinarsi, curvarsi verso il basso; essere in pendenza (di terreno) **3** (*ant.*) deviare: *to — from virtue*, deviare dalla virtù, dalla retta via.

declining [dɪ'klaɪnɪŋ / de·clin·ing] *agg.* declinante, nel (suo) declino: *— sun*, sole al tramonto; *in one's — years*, nel declinare della vita.

declinometer [,deklɪ'nɒmɪtə* / de·clino·meter] *s.* (*fis.*) declinometro, bussola di declinazione.

declivitous [dɪ'klɪvɪtəs / de·cliv·it·ous] *agg.* (*non com.*) in pendio, scosceso.

declivity [dɪ'klɪvɪtɪ / de·cliv·ity] *s.* pendio, declivio.

to **declutch** ['di:'klʌtʃ / de·clutch] *v.tr.* (*aut.*) staccare la frizione ◆ *v.intr.* (*aut.*) disinnestarsi (di frizione).

decoction [dɪ'kɒkʃn / de·coc·tion] *s.* **1** decozione, preparazione di un decotto **2** decotto.

to **decode** [,di:'kəʊd / de·code] *v.tr.* decifrare; decodificare.

decoder [,di:'kəʊdə* / de·coder] *s.* **1** decodificatore, crittografo **2** (*elettr.*) (circuito) decodificatore.

decoding [,di:'kəʊdɪŋ / de·cod·ing] *s.* (*inform.*) decodifica.

to **decoke** [,di:'kəʊk / de·coke] *v.tr.* (*fam.*) decarburare; disincrostare (togliendo le scorie carboniose).

to **decollate** [dɪ'kɒleɪt / de·col·late] *v.tr.* (*non com.*) decapitare.

decollation [,di:kɒ'leɪʃn / de·col·la·tion] *s.* (*non com.*) decapitazione, decollazione.

decollement [deɪ'kɒlmənt / de·colle·ment] *s.* (*geol.*) scollamento.

decolletage [,deɪkɒl'tɑ:ʒ / de·col·let·age] *s.* scollatura (d'abito).

décolléte [deɪ'kɒlteɪ *amer.* deɪkɒl'teɪ / dé·col·leté] *agg.* (*fr.*) scollato (d'abito da donna) ◆ *s.* scollatura.

to **decolonize** [,di:'kɒlənaɪz / de·col·on·ize] *v.tr.* decolonizzare.

decolo(u)rant [di:'kʌlərənt / de·col·o(u)r·ant] *agg.* e *s.* decolorante.

decolo(u)ring [,di:'kʌlərɪŋ / de·col·o(u)r·ing] *agg.* (*chim.*) decolorante.

decolo(u)rization [di:,kʌləraɪ'zeɪʃn / de·col·o(u)r·iza·tion] *s.* decolorazione.

to **decolo(u)rize** [di:'kʌləraɪz / de·col·o(u)r·ize] *v.tr.* decolorare.

decolo(u)rizer [di:'kʌləraɪzə* / de·col·o(u)r·izer] *s.* decolorante.

decompilation [,di:kɒmpɪ'leɪʃn / de·comp·ila·tion] *s.* (*inform.*) decompilazione (trascrizione di un programma da un linguaggio di basso livello in uno di livello più evoluto).

decomposable [di:kəm'pəʊzəble / de·com·pos·able] *agg.* decomponibile, scomponibile.

to **decompose** [,di:kəm'pəʊz / de·com·pose] *v.intr.* **1** decomporsi, putrefarsi **2** (*chim.*) decomporsi **3** scomporsi ◆ *v.tr.* decomporre, scomporre.

decomposer [,di:kəm'pəʊzə* / de·com·poser] *s.* forza, agente che decompone.

decomposing [,di:kəm'pəʊzɪŋ / de·com·pos·ing] *agg.* **1** che decompone **2** in decomposizione, in putrefazione.

decomposite [di:'kɒmpəzɪt / de·com·pos·ite] *agg.* doppiamente composto ◆ *s.* (*gramm.*) parola doppiamente composta.

decomposition [,di:kɒmpə'zɪʃn / de·com·posi·tion] *s.* **1** decomposizione: (*chim.*) *double —*, doppia decomposizione **2** alterazione, disintegrazione, putrefazione **3** (*fig.*) dissolvimento, disfacimento.

decompound [,di:kəm'paʊnd / de·com·pound] *agg.* doppiamente composto.

to **decompound** *v.tr.* scomporre; decomporre ◆ *v.intr.* (*chim.*) decomporsi.

to **decompress** [,di:kəm'pres / de·com·press] *v.tr.* decomprimere.

decompression [,di:kəm'preʃn / de·com·pres·sion] *s.* decompressione // (*med.*) *— illness* (amer. *— sickness*), embolia gassosa.

deconcentrator [di:'kɒnsen,treɪtə* / de·con·cen·tra·tor] *s.* (*tecn.*) addolcitore, depuratore (di acqua per impianti termici).

to **decongest** [,di:kən'dʒest / de·con·gest] *v.tr.* (*med.*) decongestionare.

decongestant [,di:kən'dʒestənt / de·con·gest·ant] *s.* (*med.*) decongestionante.

decongestion [ˌdi:kən'dʒestʃn / de·con·ges·tion] *s.* decongestione, decongestionamento.

decongestive [ˌdi:kən'dʒestɪv / de·con·gest·ive] *agg.* decongestionante.

to **deconsecrate** [ˌdi:'kɒnsɪkreɪt / de·con·sec·rate] *v.tr.* sconsacrare.

deconsecration ['di:ˌkɒnsɪ'kreɪʃn / de·con·sec·ra·tion] *s.* sconsacrazione.

to **deconstruct** [ˌdi:kən'strʌkt / de·con·struct] *v.tr.* (*fil.*) decostruire.

deconstruction [ˌdi:kən'strʌkʃn / de·con·struc·tion] *s.* (*fil.*) decostruzione.

deconstructionism [ˌdi:kən'strʌkʃənɪzm / de·con·struct·ion·ism] *s.* decostruttivismo.

deconstructionist [ˌdi:kən'strʌksʃənɪst / de·con·struc·tion·ist] *s.* (*fil.*) decostruzionista, decostruttivista.

to **decontaminate** [ˌdi:kən'tæmɪneɪt / de·con·tam·in·ate] *v.tr.* decontaminare.

decontamination ['di:kənˌtæmɪ'neɪʃn / de·con·tam·ina·tion] *s.* decontaminazione.

decontextualization [ˌdi:kənˌtekstjʊəl aɪ'zeɪʃn / de·con·text·ual·iza·tion] *s.* decontestualizzazione.

to **decontextualize** [ˌdi:kən'tekstjʊəlaɪz / de·con·text·ual·ize] *v.tr.* decontestualizzare.

decontrol [ˌdi:kən'trəʊl / de·con·trol] *s.* (*econ.*) liberalizzazione, sblocco (di prezzi, affitti, salari ecc.).

to **decontrol** *pass.p.p.* **decontrolled** [ˌdi:kən'trəʊld] *v.tr.* (*econ.*) liberalizzare, sbloccare (prezzi, affitti, salari ecc., spec. dal controllo governativo).

décor ['deɪkɔ:* *amer.* deɪ'kɔ:* / dé·cor] *s.* **1** arredamento, arredo **2** abbellimento, decorazione (di stanza, palcoscenico ecc.).

to **decorate** ['dekəreɪt / dec·or·ate] *v.tr.* **1** decorare, ornare **2** imbiancare, tappezzare (un appartamento ecc.) **3** arredare: *he has decorated his flat in contemporary style*, ha arredato il suo appartamento in stile moderno **4** decorare (un militare ecc.): *he was decorated with the George Cross*, ricevette la Croce di S. Giorgio.

decoration [ˌdekə'reɪʃn / dec·ora·tion] *s.* **1** decorazione, ornamento; addobbo // (*amer.*) *Decoration Day*, il 30 maggio (giorno in cui si depongono fiori sulle tombe dei caduti nella Guerra Civile) **2** decorazione, onorificenza // *war* —, decorazione di guerra.

decorative ['dekərətɪv *amer.* 'dekəreɪtɪv / dec·or·at·ive] *agg.* decorativo.

decorator ['dekəreɪtə* / dec·or·ator] *s.* **1** decoratore; pittore decoratore (di appartamenti) **2** (*interior*) —, arredatore.

decorous ['dekərəs / dec·or·ous] *agg.* decoroso // **-ly** *avv.*

to **decorticate** [dɪ'kɔ:tɪkeɪt / de·cor·tic·ate] *v.tr.* **1** (*bot.*) scortecciare **2** (*med.*) decorticare.

decortication [dɪˌkɔ:tɪ'keɪʃn / de·cor·tica·tion] *s.* **1** (*bot.*) scortecciamento **2** (*med.*) decorticazione: *renal* —, decorticazione renale.

decorum [dɪ'kɔ:rəm / de·corum] *s.* buona creanza; senso della dignità, decoro: *with due* —, con il dovuto decoro; *a breach of* —, una sconvenienza.

decoy ['di:kɔɪ / de·coy] *s.* **1** esca; richiamo: — (*bird*), (uccello da) richiamo **2** (*fig.*) chi fa da esca; compare (di un truffatore) **3** — (*pond*), capannuccia o reti preparate in una palude per la caccia delle anitre selvatiche.

to **decoy** [dɪ'kɔɪ] *v.tr.* **1** attirare (uccelli ecc.) con richiami **2** (*fig.*) adescare; allettare; abbindolare; attirare: *to — s.o. into doing sthg.*, trascinare (con l'inganno) qlcu. a fare qlco.; *to — s.o. into a trap*, attirare qlcu. in una trappola.

decoy-duck ['di:kɔɪˌdʌk] *s.* **1** anatra da richiamo **2** (*fig.*) chi fa da esca; compare (di un truffatore).

decrease ['di:kri:s / de·crease] *s.* diminuzione; decremento; decrescenza, il decrescere: — *in value*, *in population*, diminuzione di valore, della popolazione; *to be on the* —, essere in diminuzione: *exports are on the* —, le esportazioni sono in diminuzione.

to **decrease** [dɪ'kri:s] *v.tr.* diminuire; far diminuire ◆ *v.intr.* diminuire, decrescere: *age decreases strength*, le forze diminuiscono con l'età; *my appetite has decreased*, il mio appetito è diminuito.

decreasing [di:'kri:sɪŋ / de·creas·ing] *agg.* decrescente: (*mat.*) — *function*, funzione decrescente; (*econ.*) — *costs*, *returns*, costi, rendimenti decrescenti.

decreasingly [di:'kri:sɪŋlɪ / de·creas·ing·ly] *avv.* sempre meno, in modo decrescente.

decree [dɪ'kri: / de·cree] *s.* (*dir.*) decreto; editto; sentenza; ordinanza: *to issue a* —, promulgare un decreto; *to pass a* —, decretare // — *nisi*, sentenza provvisoria (di divorzio) // — *absolute*, sentenza definitiva (di divorzio).

to **decree** *v.tr.* (*dir.*) decretare; ordinare; emettere un decreto.

decrement ['dekrɪmənt / decre·ment] *s.* **1** diminuzione **2** (*mat.*, *fis.*) decremento.

to **decrement** *v.tr.* (*inform.*) decrementare; diminuire, far diminuire.

decrepit [dɪ'krepɪt / de·crepit] *agg.* decrepito.

to **decrepitate** [dɪ'krepɪteɪt / de·crep·it·ate] *v.intr.* (*chim.*) decrepitare.

decrepitation [dɪˌkrepɪ'teɪʃn / de·crep·ita·tion] *s.* (*chim.*) decrepitazione.

decrepitude [dɪ'kre'pɪtju:d *amer.* dɪ'krep ɪtu:d / de·crep·it·ude] *s.* (*form.*) decrepitezza.

decrescent [dɪ'kresnt / de·cres·cent] *agg.* decrescente: — *moon*, luna calante.

decretal [dɪ'kri:tl / de·cretal] *agg.* decretale ◆ *s.* decretale, decreto papale // *the Gregorian Decretals*, le Decretali di Gregorio.

decriminalization [ˌdi:krɪmɪnəlaɪ'zeɪʃn / de·crim·in·al·iza·tion] *s.* (*dir.*) depenalizzazione.

to **decriminalize** [di:'krɪmɪnəlaɪz / de·crim·in·al·ize] *v.tr.* (*dir.*) depenalizzare.

to **decry** [dɪ'kraɪ / de·cry] *v.tr.* **1** (*ant.*) denigrare; screditare **2** (*econ. amer.*) svalutare (la moneta).

decubitus [dɪ'kju:bɪtəs / de·cub·itus] *pl.* **decubiti** [dɪ'kju:bɪtaɪ] *s.* (*med.*) decubito: — *ulcer*, piaga da decubito.

decuman ['dekjʊmən / decu·man] *agg.* **1** decumano, immenso: — *wave*, flutto decumano **2** (*st. romana*) decumano: — *gate*, porta decumana.

decumbent [dɪ'kʌmbənt / de·cum·bent] *agg.* **1** disteso **2** (*bot.*) reclinato.

decuple ['dekjʊpl / dec·uple] *agg.* e *s.* decuplo.

to **decuple** *v.tr.* decuplicare ◆ *v.intr.* decuplicarsi.

decurion [dɪ'kjʊərɪən / dec·ur·ion] *s.* (*st.*) decurione.

decury ['dekjʊrɪ / dec·ury] *s.* (*st.*) decuria.

decussate [dɪ'kʌsɪt / de·cus·sate] *agg.* decussato, disposto a X.

to **decussate** [dɪ'kʌseɪt] *v.tr.* incrociare (a forma di X); disporre trasversalmente ◆ *v.intr.* incrociarsi a forma di X.

decussation [ˌdekə'seɪʃn / de·cus·sa·tion] *s.* (*bot.*, *anat.*) decussazione: (*anat.*) *optic* —, chiasma ottico.

dedendum [dɪ'dendəm / deden·dum] *s.* (*mecc.*) dedendum.

to **dedicate** ['dedɪkeɪt / ded·ic·ate] *v.tr.* **1** dedicare; consacrare: *to — oneself to s.o.*, *to sthg.*, *doing*, dedicarsi a qlcu., a qlco., a fare **2** fare una dedica su (un libro ecc.), dedicare **3** inaugurare (un edificio).

dedicated ['dedɪkeɪtɪd / ded·ic·ated] *agg.* **1** zelante, scrupoloso; che si dedica con impegno: — *to his work*, zelante nel suo lavoro; *the* WWF *is — to saving wildlife*, il WWF è impegnato nella salvaguardia della natura **2** (*inform.*) specializzato: — *uses*, applicazioni speciali; — *computer*, elaboratore specializzato; — *line*, linea dedicata.

dedicatee [ˌdedɪkə'ti: / ded·ic·atee] *s.* persona alla quale qlco. è dedicata, consacrata.

dedication [ˌdedɪ'keɪʃn / ded·ica·tion] *s.* **1** consacrazione **2** dedizione, impegno **3** dedica (su libro ecc.) **4** (*dir.*) destinazione di un bene privato a uso pubblico.

dedicative ['dedɪkətɪv / ded·ic·at·ive] *agg.* (*non com.*) dedicatorio.

dedicator ['dedɪkeɪtə* / ded·ic·ator] *s.* dedicatore.

dedicatory ['dedɪkətərɪ *amer.* 'dedɪkətɔ:rɪ / ded·ic·at·ory] *agg.* dedicatorio.

to **deduce** [dɪ'dju:s *amer.* dɪ'du:s / de·duce] *v.tr.* **1** dedurre, desumere: *to — sthg. from a fact*, dedurre qlco. da un fatto **2** derivare, far discendere.

deducible [dɪ'dju:səbl / de·du·cible] *agg.* deducibile.

to **deduct** [dɪ'dʌkt / de·duct] *v.tr.* dedurre, detrarre, sottrarre, defalcare; togliere: *after deducting 10%*, dopo aver detratto il 10%; *to — a number*, *a sum*, detrarre, togliere un numero, una somma; *to — sthg. from the price*, defalcare qlco. dal prezzo.

deductibility [dɪˌdʌktə'bɪlətɪ / de·duct·ibil·ity] *s.* deducibilità.

deduction [dɪ'dʌkʃn / de·duc·tion] *s.* **1** detrazione, sottrazione, trattenuta, defalco, ribasso // (*trib.*): *deductions for taxes*, ritenute fiscali; *deductions record*, ritenute previdenziali; — *at source*, ritenuta alla fonte **2** deduzione, ragionamento deduttivo.

deductive [dɪ'dʌktɪv / de·duct·ive] *agg.* deduttivo: (*log.*) — *theory*, teoria deduttiva // **-ly** *avv.*

dee[1] [di:] *s.* **1** di (la lettera *d*) **2** anello a forma di D (nei finimenti del cavallo) **3** (*fis. nucleare*) elettrodo a D (di ciclotrone).

to **dee**[2] *v.intr.* (*scoz.*) morire.

deed [di:d] *s.* **1** azione, atto, fatto: *good*

deeds, buone azioni; *a brave* —, un'azione coraggiosa; *the maniac's evil deeds frightened the population*, le azioni criminose del maniaco terrorizzavano la popolazione; *the heroic deeds of a knight*, le gesta eroiche di un antico cavaliere; *deeds not words*, azioni non parole // *to do one's good — for the day*, fare la propria buona azione quotidiana **2** (*dir.*) strumento, atto (notarile), scrittura legale: — *of gift*, atto di donazione; — *of partnership*, atto costitutivo (di società commerciale); *private* —, atto privato; *signature of a* —, sottoscrizione di un atto; *to draw a* —, redigere un atto; — *of composition*, atto di transazione; — *of release*, atto di rinuncia a esercitare un diritto; — *of indemnity*, sanatoria; — *attested by a notary*, rogito notarile.

to **deed** *v.tr.* (*dir.*) trasferire con atto legale.

deed-box ['di:dbɒks] *s.* cofanetto (per conservare documenti legali).

deed poll ['di:dpəʊl] *pl.* **deed polls**, **deeds poll** *s.* (*dir.*) atto unilaterale; contratto a titolo gratuito: *he changed his name by* —, cambiò il suo nome con un atto unilaterale.

deejay ['di:dʒeɪ / dee·jay] *s.* disc-jockey, dj.

to **deem** [di:m] *v.tr.* (*form.*) giudicare, stimare, credere, considerare, pensare: *I — it an honour to serve you*, considero un onore il servirvi; *I do not — it necessary to go*, non credo sia necessario andare; *his work was deemed worth publishing*, il suo lavoro fu ritenuto degno di pubblicazione; *thou of death must deem / things more true and deep*, (P.B. SHELLEY) tu della morte devi pensare cose più vere e profonde.

deep [di:p] *agg.* **1** profondo, alto: — *lake*, lago profondo; *a — wound*, una ferita profonda; *snow three feet* —, neve alta tre piedi; *he fell into a — hole*, cadde in una buca profonda // *to go off the — end*, (*sl.*) arrabbiarsi, perdere il controllo di sé // *to jump in at the — end*, (*fam.*) cominciare dalla parte più difficile // *to be thrown in at the — end*, (*fam.*) essere gettato allo sbaraglio **2** largo, esteso: *this shelf is 40 cm* —, questo scaffale è largo 40 cm; *this land is 100 feet* —, questo terreno è largo 100 piedi; *the tennis player's serve was* —, il tennista servì in profondità **3** (*fig.*) profondo; serio; *a — sigh*, un profondo sospiro; — *gaze*, sguardo profondo; — *sleep*, sonno profondo; *a — argument*, un argomento difficile, profondo; *a — mystery*, un mistero profondo; — *sorrow*, dolore profondo; — *thinker*, pensatore profondo; *she thought it was a matter of — concern*, pensò che fosse una questione di cui preoccuparsi seriamente // — *mourning*, lutto stretto // *in — water*, in cattive acque // *a — one*, (*fam.*) un dritto, uno che la sa lunga **4** sprofondato, immerso: *the nest was — in the bushes*, il nido era immerso fra i cespugli; *he was — in a book*, era immerso nella lettura **5** cupo, intenso (di colore); grave, profondo (di suono): — *red*, rosso cupo; *a — voice*, una voce profonda.

deep *s.* **1** (*poet.*) *the* —, il mare, l'oceano; *a monster from the* —, un mostro marino **2** (*antiq.*) abissi (*pl.*); profondità: *the ocean* —, gli abissi dell'oceano **3** *pl.* (*antiq.*) viscere (della terra).

deep *avv.* profondamente; nel profondo: *with his hands — in his pockets*, con le mani affondate nelle tasche; *he forced the dagger in deeper*, spinse il pugnale sempre più in profondità; *he kicked the ball — into his opponents' half*, lanciò la palla in profondità nella metà campo avversaria; *she went on dancing — into the night*, continuò a ballare fino a notte inoltrata; — *in my heart I knew I still loved him*, nel profondo del mio cuore sapevo di amarlo ancora // *the crowd was three — on either side of the street*, la folla si accalcava in tre file su entrambi i lati della strada // *to breathe* —, respirare profondamente // *to drink* —, bere abbondantemente // — *in love*, profondamente innamorato // — *in thought, in debt*, immerso nei pensieri, nei debiti // — *down*, in profondità; in fondo in fondo: *they dug — down*, scavarono in profondità; — *down he is not so bad*, in fondo in fondo non è poi così male // *to go, run — (in, into sthg.)*, andare al fondo (di qlco.), intaccare (qlco.) in profondità: *this situation goes, runs — in society*, questa situazione colpisce la società nel profondo; *to go — into a problem*, andare al fondo di un problema.

to **deep-draw** [,di:p'drɔ:] *v.tr.* (*mecc.*) imbutire.

deep-drawing [,di:p'drɔ:ɪŋ] *s.* (*mecc.*) imbutitura.

deep-drawn [,di:p'drɔ:n] *agg.* profondo; estremo: *a — sigh*, un sospiro profondo.

deep-dyed [,di:p'daɪd] *agg.* (*fig.*) completo; in tutto e per tutto, da cima a fondo: *a — villain*, un perfetto farabutto.

to **deepen** ['di:pən] *v.tr.* **1** approfondire; scavare: *to — the river bed*, scavare, rendere più profondo il letto del fiume **2** incupire, rendere più intenso (un colore); abbassare, rendere più grave (un suono) **3** (*fig.*) approfondire: *reading 'Madame Bovary' deepened my understanding of human nature*, la lettura di 'Madame Bovary' ha approfondito la mia conoscenza della natura umana ◆ *v.intr.* **1** approfondirsi, farsi più profondo (*anche fig.*): *the river deepens gradually*, il fiume si abbassa gradualmente; *the silence deepened*, il silenzio si fece più profondo **2** incupirsi, diventare più intenso (di colore); abbassarsi, farsi più grave (di suono): *the colour of her face deepened when she saw him*, il rossore del suo viso si fece più intenso quando lo vide; *the thunder deepened as the storm approached*, il rombo del tuono si fece più grave man mano che la tempesta si avvicinava.

deep freeze [,di:p'fri:z] *s.* **1** surgelazione, surgelamento **2** congelatore, freezer.

to **deep-freeze** *v.tr.* congelare.

to **deep-fry** [,di:p'fraɪ] *v.tr.* friggere in molto olio, grasso.

deep-laid [,di:p'leɪd *attr.* 'di:pleɪd] *agg.* (*fig.*) segreto; complesso, ben elaborato: *a — plan*, un piano ben studiato e tenuto segreto.

deeply ['di:plɪ / deep·ly] *avv.* profondamente: *his face was — wrinkled*, il suo viso era profondamente segnato dalle rughe; *she was sleeping* —, stava dormendo profondamente; *he breathed* —, respirò profondamente; — *interesting*, straordinariamente interessante; *I am — indebted to you*, ti sono profondamente obbligato; *he looked — into her eyes*, la guardò profondamente negli occhi // *to go — into sthg.*, andare al fondo di qlco., approfondire qlco. // *a — laid plot*, un piano ben congegnato, preparato astutamente.

deepness ['di:pnɪs / deep·ness] *s.* **1** profondità **2** (*fig.*) astuzia.

deep pocket ['di:p,pɒkɪt] *s.* (*fam. amer.*) **1** ricchezza, sicurezza finanziaria **2** *pl.* fonte di ricchezza.

deep-rooted [di:p'ru:tɪd *attr.* 'di:p,ru:tɪd] *agg.* **1** dalle radici profonde **2** (*fig.*) radicato: *his drinking had become a — habit*, bere era diventata per lui un'abitudine radicata.

deep-sea [,di:p'si: *attr.* 'di:psi:] *agg.* abissale; d'altura: — *plain*, piana abissale; — *trench*, fossa oceanica; — *fishing*, pesca d'alto mare, d'altura // — *turkey*, (*fam. amer.*) salmone.

deep-seated [,di:p'si:tɪd *attr.* 'di:p,si:tɪd] *agg.* straordinariamente stabilito, radicato; inveterato: *a — feeling*, un sentimento (che risiede nel) profondo.

deep-set [,di:p'set] *agg.* incavato, infossato: — *eyes*, occhi infossati.

deep six ['di:p'sɪks] *s.* (*sl. amer.*) tomba.

deep space [,di:p'speɪs] *s.* (*astr.*) spazio profondo.

deer [dɪə*] *s.* (*pl. invar.*) cervo; daino, capriolo; qualsiasi cervide.

deer-bot-fly ['dɪə,bɒtflaɪ] *s.* (*zool.*) cefenomia.

deer-hound ['dɪə,haʊnd] *s.* (*zool.*) levriero scozzese.

deer-lick ['dɪəlɪk] *s.* rocce coperte di sale (per attirare i cervi).

deer-neck ['dɪənek] *s.* collo di cervo, sottile (del cavallo).

deer-park ['dɪəpɑ:k] *s.* riserva di cervi.

deerskin ['dɪəskɪn / deer·skin] *s.* **1** pelle di daino **2** indumento di pelle di daino ◆ *agg.* di pelle di daino, di daino.

deerstalker ['dɪə,stɔ:kə* / deer·stalker] *s.* **1** cacciatore di cervi (con fucile) **2** berretto da Sherlock Holmes.

to **de-escalate** [di:'eskəleɪt] *v.tr.* e *intr.* (far) diventare meno grave, serio, pericoloso: *they are trying to — the problem*, stanno cercando di ridurre la gravità del problema; *the situation de-escalated rapidly*, la situazione si fece rapidamente meno seria.

to **deface** [dɪ'feɪs / de·face] *v.tr.* **1** sfigurare, sfregiare, deturpare (monumento, muro, cartello, manifesto ecc.); mutilare, guastare (un'opera d'arte); rendere illeggibile **2** cancellare, annullare (un francobollo).

defacement [dɪ'feɪsmənt / de·face·ment] *s.* **1** sfregio, deturpazione; mutilazione **2** cancellazione; annullamento.

defacer [dɪ'feɪsə* / de·facer] *s.* sfregiatore, deturpatore; mutilatore.

de facto [di:'fæktəʊ] *agg.* e *avv.* (*dir.*) de facto, di fatto.

to **defalcate** ['di:fælkeɪt / de·falc·ate] *v.intr.* sottrarre beni; defalcare indebitamente.

defalcation [,di:fæl'keɪʃn / de·falca·tion] *s.* defalco; appropriazione indebita (di beni dati in custodia); (*dir.*) concussione.

defalcator ['di:fælkeɪtə* / de·falc·ator] *s.* chi commette appropriazione indebita; (*dir.*) concussionario.

defamation [,defə'meɪʃn / de·fama·tion] *s.* (*form.*) diffamazione, calunnia.

defamatory [dɪ'fæmətərɪ *amer.* dɪ'fæmətɔ:rɪ / de·fam·at·ory] *agg.* (*form.*) diffamatorio, calunnioso.

to **defame** [dɪ'feɪm / de·fame] *v.tr.* (*form.*) diffamare, parlar male di.

defamer [dɪ'feɪmə* / de·famer] *s.* (*form.*) diffamatore.

default [dɪ'fɔ:lt / de·fault] *s.* **1** mancanza, difetto, omissione: *in — of*, in difetto di **2** (*dir.*) mancata comparizione (in tribunale); contumacia: *judgement by —*, giudizio in contumacia; — *judgement*, sentenza contumaciale; — *action*, procedimento monitorio **3** (*comm.*) inadempienza: — *in paying*, inadempienza nei pagamenti; — *interests*, interessi moratori, di mora; *not considered in —*, non considerato come inadempiente; (*Borsa*) — *price*, prezzo di storno **4** (*sport*) abbandono: *they won by —*, vinsero per abbandono **5** (*inform.*) difetto, errore; (IBM) assunzione per difetto: — *device*, *value*, *option*, unità, valore, opzione implicita; *by —*, implicitamente (cioè senza intervento dell'operatore).

to **default** *v.intr.* **1** (*dir.*) essere contumace, rendersi contumace **2** venire meno agli obblighi; essere inadempiente **3** (*sport*) abbandonare, ritirarsi, non presentarsi a una competizione ◆ *v.tr.* (*dir.*) **1** condannare in contumacia **2** (*inform.*) prendere per difetto (un dato, un programma).

defaulter [dɪ'fɔ:ltə* / de·faulter] *s.* **1** (*dir.*) contumace **2** debitore moroso **3** (*mil.*) soldato punito, consegnato **4** (*sport*) chi abbandona, giocatore che si ritira da una competizione.

defeasance [dɪ'fi:zns / de·feas·ance] *s.* (*dir.*) annullamento, risoluzione: — *clause*, clausola risolutiva (di un contratto).

defeasible [dɪ'fi:zəbl / de·feas·ible] *agg.* (*dir.*) annullabile, risolubile.

defeat [dɪ'fi:t / de·feat] *s.* **1** sconfitta, disfatta: *to suffer a —*, subire una sconfitta **2** fallimento (di un progetto); insuccesso (di un'impresa).

to **defeat** *v.tr.* **1** sconfiggere (*anche fig.*); sbaragliare; rovesciare: *the problem defeats me*, il problema è troppo grave, difficile per me **2** far fallire (un progetto ecc.); frustrare: *to — s.o.'s plans*, far fallire i piani di qlcu. **3** (*dir.*) annullare.

defeatism [dɪ'fi:tɪzəm / de·feat·ism] *s.* disfattismo.

defeatist [dɪ'fi:tɪst / de·feat·ist] *agg.* e *s.* disfattista.

to **defecate** ['di:fɪkeɪt / de·fec·ate] *v.tr.* (*chim.*) defecare; chiarificare; purificare ◆ *v.intr.* (*form.*) defecare, espellere feci.

defecation [,di:fɪ'keɪʃn / de·feca·tion] *s.* **1** (*form.*) defecazione **2** (*chim.*) defecazione; chiarificazione.

defect ['di:fekt / de·fect] *s.* **1** difetto; imperfezione; mancanza; inconveniente: *bodily defects*, imperfezioni fisiche; *congenital —*, anomalia congenita; *everyone has his defects*, ognuno ha i suoi difetti **2** insufficienza; fallo **3** (*dir.*) vizio **4** (*fis.*) difetto: *mass —*, difetto di massa; *point —*, difetto puntuale (nel reticolo di un cristallo); — *conduction*, conduzione per difetti.

to **defect** ['dɪ'fekt] *v.intr.* defezionare, disertare.

defection [dɪ'fekʃn / de·fec·tion] *s.* defezione; abbandono; diserzione; (*relig.*) apostasia: — *from a party*, defezione da un partito.

defective [dɪ'fektɪv / de·fect·ive] *agg.* **1** difettoso; imperfetto: *a — machine*, una macchina difettosa; *his — knowledge of English caused him great problems*, la sua conoscenza imperfetta dell'inglese gli causò grossi problemi **2** anormale, subnormale **3** (*gramm.*) difettivo ◆ *s.* anormale, deficiente, subnormale; sciocco: *a mental —*, un debole di mente.

defectively [dɪ'fektɪvlɪ / de·fect·ive·ly] *avv.* difettosamente, imperfettamente, manchevolmente.

defectiveness [dɪ'fektɪvnɪs / de·fect·ive·ness] *s.* difettosità, imperfezione, manchevolezza.

defence [dɪ'fens / de·fence] *s.* **1** difesa, protezione: *line of —*, linea di difesa; *to fight in — of one's country*, combattere per la difesa del proprio paese; — *expenditure*, spesa per la difesa // (*psic.*) — *mechanism*, meccanismo di difesa **2** (*dir.*) arringa, difesa legale: *counsel for the —*, avvocato difensore (nelle cause civili e penali); *in — of*, a difesa di; *to make a — against*, sostenere una difesa contro **3** *pl.* (*mil.*) difese, fortificazioni, opere di difesa.

defenceless [dɪ'fenslɪs / de·fence·less] *agg.* senza difesa, indifeso // **-ly** *avv.* // **-ness** *s.*

to **defend** [dɪ'fend / de·fend] *v.tr.* **1** difendere (*anche dir.*), proteggere: *they defended the town against the enemy*, difesero la città contro il nemico; *we had a stick to — us from the dog*, avevamo un bastone per difenderci dal cane; *he defended his title five times that year*, difese il suo titolo per cinque volte quell'anno // *God —!*, (*ant.*) Dio non voglia!, Dio ci scampi! // *speak truly, on thy knighthood and thine oath; / as so defend thee heaven and thy valour!*, (SH. Richard II) giura di dire la verità, da leale cavaliere, e che il cielo protegga te e il tuo valore! **2** (*fig.*) difendere, sostenere, giustificare: *it's impossible to — such ideas*, è impossibile sostenere tali idee ◆ *v.intr.* **1** (*sport*) giocare in difesa **2** (*dir.*) essere il difensore; pronunciare la difesa **3** difendersi.

defendant [dɪ'fendənt / de·fend·ant] *agg.* e *s.* (*dir.*) convenuto, imputato: — *in default*, contumace.

defender [dɪ'fendə* / de·fender] *s.* difensore; (*sport*) campione che difende il titolo // (*dir.*) *public —*, organo pubblico per la difesa in giudizio dei non abbienti // *Defender of the Faith*, Difensore della Fede (titolo dei sovrani inglesi).

defenestration [dɪ,fenɪs'treɪʃn / de·fen·es·tra·tion] *s.* defenestrazione.

defense *s.* (*amer.*) → **defence**.

defensibility [dɪ,fensɪ'bɪlətɪ / de·fens·ib·il·ity] *s.* difendibilità.

defensible [dɪ'fensəbl / de·fens·ible] *agg.* difendibile; giustificabile.

defensibly [dɪ'fensəblɪ / de·fens·ibly] *avv.* in modo da essere giustificato, da essere difeso.

defensive [dɪ'fensɪv / de·fens·ive] *agg.* **1** difensivo // (*Borsa*) — *securities*, *stocks*, titoli, azioni di sicurezza **2** chiuso, che sta sulle sue; diffidente: *she got — when I asked her about her new boyfriend*, si è messa sulla difensiva quando le ho chiesto del suo nuovo ragazzo ◆ *s.* difensiva: *to be* (o *to stand*) *on the —*, stare sulla difensiva.

defensively [dɪ'fensɪvlɪ / de·fens·ive·ly] *avv.* **1** in modo difensivo **2** sulla difensiva.

defensiveness [dɪ'fensɪvnɪs / de·fens·ive·ness] *s.* difensiva.

to **defer**[1] [dɪ'fɜ*: / de·fer] *pass.p.p.* **deferred** [dɪ'fɜ:d / de·ferred] *v.tr.* differire, rimandare, prorogare, procrastinare: *to — sthg. to a later date*, rimandare qlco. a più tardi ◆ *v.intr.* indugiare, temporeggiare, procrastinare.

to **defer**[2] *v.intr.* essere deferente; rimettersi, sottomettersi (all'opinione, al giudizio altrui): *to — to s.o.'s opinions*, rimettersi alle opinioni di qlcu.

deference ['defərəns / de·fer·ence] *s.* deferenza, rispetto: *in* (o *out of*) *— to*, per deferenza verso; *with all due — to you*, con tutto il rispetto che vi devo; *to show — to*, mostrare della deferenza verso.

deferent ['defərənt / def·er·ent] *agg.* **1** deferente // (*anat.*) — *duct*, canale deferente **2** (*rar.*) deferente, rispettoso ◆ *s.* **1** (*anat.*) canale deferente **2** (*astr.*) circolo deferente (nel sistema tolemaico).

deferential [,defə'renʃl / de·fer·en·tial] *agg.* deferente, rispettoso // **-ly** *avv.*

deferment [dɪ'fɜ:mənt / de·fer·ment] *s.* **1** differimento; dilazione // (*trib.*) *duty —*, dilazione di pagamento dell'imposta **2** (*amm.*) risconto **3** (*mil.*) rinvio della chiamata di leva.

deferral [dɪ'fɜ:rəl / de·fer·ral] *s.* (*amm.*) → **deferment**.

deferred [dɪ'fɜ:d / de·ferred] *agg.* differito, prorogato, rimandato: — *telegram*, telegramma differito, consegnato in ritardo // (*dir.*) — *sentence*, sospensione condizionale della pena // (*amm.*): — *asset*, *charge*, *debit*, *expense*, risconto attivo; — *credit*, *income*, risconto passivo; — *payment*, pagamento differito, a rate; — *annuity*, rendita differita; — *share* (o — *stock*), azione postergata.

deferring [dɪ'fɜ:rɪŋ / de·fer·ring] *s.* (*amm.*) operazione di risconto: — *adjustments*, rettifiche di storno.

defiance [dɪ'faɪəns / de·fi·ance] *s.* sfida: *he shouted — at the enemy*, lanciò una sfida al nemico: *to bid — to s.o.*, lanciare una sfida a qlcu.; trattare qlcu. con disprezzo // *in — of*, in barba a, senza tener conto di, a dispetto di: *they held the pop festival, in — of the law*, tennero il festival pop in barba alla legge.

defiant [dɪ'faɪənt / de·fi·ant] *agg.* ardito; provocante, insolente // **-ly** *avv.*

defibrillation [,di:fɪbrɪ'leɪʃn / de·fib·ril·la·tion] *s.* (*med.*) defibrillazione.

defibrillator [,di:'fɪbrɪ'leɪtə* / de·fib·ril·la·tor] *s.* (*med.*) defibrillatore.

deficiency [dɪ'fɪʃnsɪ / de·fi·ciency] *s.* **1** deficienza, difetto, insufficienza; mancanza, lacuna **2** (*comm.*) calo, mancanza: — *in weight*, calo di peso **3** (*amm.*) scoperto, disavanzo; deficit: *to make up a —*, colmare un disavanzo // (*amm.*) — *account*, scritture contabili del fallito **4** (*med.*) carenza: *vitamin —*, carenza di vitamine; — *disease*, anemia, malattia da carenza.

deficient [dɪ'fɪʃnt / de·fi·cient] *agg.* deficiente; difettoso; incompleto; insufficiente: *the service in this hotel is —*, il servizio in questo albergo è insufficiente, inadeguato; *a mentally — person*, una persona mentalmente deficiente ◆ *s.* (persona) deficiente // **-ly** *avv.*

deficit ['defɪsɪt / de·fi·cit] *s.* **1** (*amm.*, *econ.*) disavanzo, deficit, sbilancio: *to make up*, *to make good the —*, colmare il disavanzo; *current-account —*, disavanzo delle partite correnti; — *spending*, spesa (pubblica) in disavanzo; *balance* —, saldo negativo; *operating* —, perdita di gestione **2** (*comm.*) ammanco.

defier [dɪ'faɪə* / de·fier] *s.* sfidante; provocatore.

to **defilade** [,defɪ'leɪd / de·fil·ade] *v.tr.* (*mil.*) riparare (una fortificazione) dalla vista, dal tiro del nemico.

defile[1] ['di:faɪl / de·file] *s.* (*geogr.*) canalone, gola.

to **defile**[1] [dɪ'faɪl] *v.intr.* (*mil.*) procedere, marciare in fila; sfilare.

to **defile**[2] *v.tr.* **1** insozzare, lordare, contaminare **2** profanare, violare **3** (*ant.*) violentare.

defilement [dɪ'faɪlmənt / de·file·ment] *s.* profanazione; contaminazione.

defiler [dɪ'faɪlə* / de·filer] *s.* profanatore; contaminatore.

definable [dɪ'faɪnəbl / de·fin·able] *agg.* definibile, determinabile.

to **define** [dɪ'faɪn / de·fine] *v.tr.* **1** definire; determinare; delineare; delimitare: *to — a word*, definire una parola; *to — one's position*, precisare la propria posizione (politica ecc.); *the peaks were clearly defined against the sky*, le cime si stagliavano chiaramente contro il cielo **2** vedere con chiarezza, nitidezza.

definite ['defɪnɪt / def·in·ite] *agg.* **1** definito; ben determinato, preciso, chiaro: — *answer*, risposta precisa **2** (*gramm.*) definito: — *article*, articolo definito, determinativo; *past* —, passato remoto **3** sicuro, deciso, determinato (nel carattere, nelle intenzioni).

definitely ['defɪnɪtlɪ / def·in·ite·ly] *avv.* **1** in modo preciso, ben determinato **2** certamente, senza alcun dubbio: *"Are you coming tonight?" "Oh, —!"*, "Vieni stasera?" "Sì, senz'altro!".

definiteness ['defɪnɪtnɪs / def·in·ite·ness] *s.* **1** natura precisa, definita; precisione **2** determinatezza.

definition [,defɪ'nɪʃn / def·ini·tion] *s.* **1** definizione: *by* —, per definizione // (*dir.*) — *statutory*, interpretazione autentica della legge **2** fedeltà (nella riproduzione); (*fot.*, *tv*) nitidezza (dell'immagine): *high* —, alta definizione, alta qualità **3** (*eccl.*) decisione.

definitive [dɪ'fɪnɪtɪv / de·fin·it·ive] *agg.* definitivo; decisivo, finale: *Crick's is the — study of Orwell's life and times*, lo studio di Crick è l'opera definitiva sulla vita e i tempi di Orwell // **-ly** *avv.*

to **deflagrate** ['defləgreɪt / de·flag·rate] *v.intr.* (*chim.*) deflagrare ◆ *v.tr.* (*chim.*) far deflagrare.

deflagration [,deflə'greɪʃn / de·flag·ra·tion] *s.* (*chim.*) deflagrazione.

deflagrator ['defləgreɪtə* / de·flag·rator] *s.* (*tecn.*) deflagratore.

to **deflate** [dɪ'fleɪt / de·flate] *v.tr.* **1** sgonfiare (pneumatico e simili) **2** (*fig.*) sgonfiare, ridimensionare, ridurre: *his performance during the recent crisis has deflated his public image somewhat*, la sua prestazione durante la recente crisi ha un po' ridimensionato la sua immagine pubblica **3** (*econ.*) deflazionare ◆ *v.intr.* **1** sgonfiarsi (di pneumatico e simili) **2** (*econ.*) adottare una politica deflazionistica.

deflation [dɪ'fleɪʃn / de·fla·tion] *s.* **1** sgonfiamento (di pallone, pneumatico) **2** (*fig.*) delusione, calo d'entusiasmo: *there was an air of — in the room after the general's speech*, c'era un'aria di delusione nella stanza dopo il discorso del generale **3** (*econ.*) deflazione, disinflazione; recessione **4** (*geol.*) deflazione, erosione dovuta ai venti.

deflationary [dɪ'fleɪʃnərɪ *amer.* dɪ'fleɪʃnerɪ / de·fla·tion·ary] *agg.* (*econ.*) deflazionistico: — *gap*, gap deflazionistico (scostamento del prodotto effettivo da quello potenziale).

deflationist [dɪ'fleɪʃnɪst / de·fla·tion·ist] *s.* (*econ.*) fautore della deflazione.

deflator [dɪ'fleɪtə* / de·fla·tor] *s.* (*econ.*) deflatore: *implicit price* —, deflatore implicito.

to **deflect** [dɪ'flekt / de·flect] *v.intr.* deflettere; deviare (*anche fig.*) ◆ *v.tr.* far deviare, sviare: *to — s.o. from their purpose*, sviare qlcu. dai suoi propositi.

deflection [dɪ'flekʃn / de·flect·ion] *s.* **1** deviazione (*anche fig.*) **2** deformazione; flessione; incurvatura **3** (*fis.*, *tecn.*) deflessione.

deflectometer [,dɪflek'tɒmɪtə* / de·flecto·meter] *s.* (*tecn.*) flessimetro.

deflector [dɪ'flektə* / de·flector] *s.* **1** (*mecc.*) apparato deviatore; deflettore **2** (*elettr.*) deflettore // — *coil*, *plate*, bobina, placca di deflessione.

deflexion → **deflection**.

defloration [,di:flɔ:'reɪʃn / de·flora·tion] *s.* **1** deflorazione **2** (*ant.*) florilegio letterario.

to **deflower** [,di:'flaʊə* / de·flower] *v.tr.* **1** deflorare **2** spogliare (una pianta ecc.) dei fiori **3** devastare, sciupare.

defluent ['deflʊənt / de·fluent] *agg.* defluente.

defluxion [dɪ'flʌkʃn / de·flux·ion] *s.* deflusso.

defoliant [di:'fəʊlɪənt / de·fo·li·ant] *s.* (*chim.*, *agr.*) defogliante.

to **defoliate** [,di:'fəʊlɪeɪt / de·fo·li·ate] *v.tr.* spogliare; sfrondare (una pianta); defogliare.

defoliation [,di:fəʊlɪ'eɪʃn / de·fo·li·ation] *s.* il cadere delle foglie; defogliazione.

to **deforest** [,di:'fɒrɪst *amer.* ,di:'fɔ:rɪst / de·for·est] *v.tr.* disboscare, diboscare.

deforestation [di:,fɒrɪ'steɪʃn *amer.* di:,fɔ:rɪ'steɪʃn / de·for·esta·tion] *s.* disboscamento, diboscamento.

to **deform** [dɪ'fɔ:m / de·form] *v.tr.* deformare; sfigurare; deturpare.

deformation [,di:fɔ:'meɪʃn / de·forma·tion] *s.* **1** deformazione; alterazione: (*fis.*) *elastic* —, deformazione elastica // (*elettr.*) *field* —, torsione di campo **2** (*med.*) deformità; malformazione.

deformed [dɪ'fɔ:md / de·formed] *agg.* deforme // (*rad.*) — *waves*, onde sfasate.

deformity [dɪ'fɔ:mɪtɪ / de·form·ity] *s.* **1** deformità **2** bruttezza.

to **defraud** [dɪ'frɔ:d / de·fraud] *v.tr.* (*dir.*) defraudare, frodare: *to — s.o. of sthg.*, defraudare qlcu. di qlco.

defraudation [,di:frɔ:'deɪʃn / de·frauda·tion] *s.* (*dir.*) defraudazione.

defrauder [dɪ'frɔ:də* / de·fraud·er] *s.* (*dir.*) frodatore, defraudatore.

defrauding [dɪ'frɔ:dɪŋ / de·fraud·ing] *s.* (*dir.*) frode.

to **defray** [dɪ'freɪ / de·fray] *v.tr.* pagare; rimborsare: *to — the cost of sthg.*, coprire il costo di qlco.; *to — s.o.'s expenses*, rimborsare le spese a qlcu.

defrayable [dɪ'freɪəbl / de·fray·able] *agg.* rimborsabile; a carico: *drinks in the hotel bar are not — (by the company)*, le bevande nel bar dell'albergo non sono rimborsabili, non vengono rimborsate (dalla ditta).

defrayal [dɪ'freɪəl / de·frayal] **defrayment** [dɪ'freɪmənt / de·fray·ment] *s.* rimborso (spese).

to **defreeze** [di:'fri:z / de·freeze] *v.tr.* scongelare.

to **defrock** [,di:'frɒk / de·frock] *v.tr.* spretare.

to **defrost** [,di:'frɒst *amer.* ,di:'frɔ:st / de·frost] *v.tr.* **1** sgelare, scongelare **2** sbrinare **3** (*comm.*) sgelare (crediti, titoli ecc.) ◆ *v.intr.* **1** sgelare **2** sbrinarsi.

defroster [,di:'frɒstə* *amer.* ,di:'frɔ:stə* / de·frost·er] *s.* **1** sbrinatore; sghiacciatore **2** (*aut.*) riscaldatore, visiera termica.

deft [deft] *agg.* lesto; destro; agile; abile (specialmente di mani) // **-ly** *avv.* // **-ness** *s.*

defunct [dɪ'fʌŋkt / de·funct] *agg.* (*form.*) **1** defunto, morto **2** liquidato; sciolto: *in 1984 the company was already* —, nel 1984 la società era già liquidata.

to **defuse** [,di:'fju:z / de·fuse] *v.tr.* disinnescare (*anche fig.*).

to **defy** [dɪ'faɪ] *v.tr.* **1** sfidare; disobbedire a: *I — you to do so*, vi sfido a farlo; *you must not — the law*, non dovete sfidare la legge; *the boy defied his father and climbed over the fence*, il ragazzo disobbedì al padre e scavalcò la staccionata **2** offrire difficoltà insuperabili a, resistere a: *the fortress defied all attacks*, la fortezza resistette a tutti gli attacchi; *the problem defied solution*, il problema non offriva nessuna soluzione; *to — description*, essere impossibile a descriversi.

dégagé [,deɪgɑ:'ʒeɪ / dé·gagé] *agg.* (*fr.*) disinvolto.

to **degas** [,di:'gæs / de·gas] *v.tr.* (*chim.*) degassificare.

degassing ['di:'gæsɪŋ / de·gass·ing] *s.* degassificazione.

to **degauss** [di:'gaʊs / de·gauss] *v.tr.* (*fis.*) smagnetizzare, demagnetizzare.

degaussing [,di:'gaʊsɪŋ / de·gauss·ing] *s.* (*elettr.*) smagnetizzazione: — *cable*, cavo di demagnetizzazione.

degeneracy [dɪ'dʒenərəsɪ / de·gen·er·acy] *s.* **1** degenerazione **2** depravazione, perversione **3** (*rad.*) controreazione.

degenerate [dɪ'dʒenərət / de·gen·er·ate] *agg.* degenerato; degenere // (*mat.*) — *conic*, conica degenere // (*fis.*) — *level*, *state*, livello, stato degenere ◆ *s.* degenerato.

to **degenerate** [dɪ'dʒenəreɪt] *v.intr.* **1** degenerare: *the country's system of morals is degenerating rapidly*, la moralità del paese sta degenerando rapidamente **2** (*biol.*) degenerare, alterarsi ◆ *v.tr.* (*ant.*) far degenerare.

degeneration [dɪ,dʒenə'reɪʃn / de·gen·era·tion] *s.* **1** degenerazione **2** (*rad.*) controreazione **3** (*biol.*) degenerazione, alterazione // (*med.*) *fatty* —, degenerazione adiposa.

degenerative [dɪ'dʒenərɪtɪv / de·gen·er·at·ive] *agg.* (*biol.*) degenerativo: (*med.*) — *joint disease*, artrite degenerativa.

to **deglutinate** [ˌdi:ˈglu:tɪneɪt / de·glut·in·ate] *v.tr.* **1** scollare, staccare **2** estrarre il glutine da.

deglutition [ˌdi:glu:ˈtɪʃn / de·glut·ition] *s.* deglutizione.

degradable [dɪˈgreɪdəbl / de·grad·able] *agg.* (*chim.*) degradabile.

degradation [ˌdegrəˈdeɪʃn / de·grada·tion] *s.* **1** degradazione; abbrutimento: *to live a life of* —, vivere una vita di degradazione **2** deterioramento **3** (*fis.*, *geol.*) degradazione **4** (*chim.*) degradazione, decomposizione.

to **degrade** [dɪˈgreɪd / de·grade] *v.tr.* **1** degradare; avvilire: *the typical American soap opera degrades women to the level of dummies*, la tipica soap opera americana degrada la donna a livello di manichino **2** (*chim.*) degradare, abbassare il peso molecolare di (un composto).

degrading [dɪˈgreɪdɪŋ / de·grad·ing] *agg.* degradante, avvilente.

degree [dɪˈgri: / de·gree] *s.* **1** livello; grado: *he was subjected to a — of pain unknown before*, era a un livello di sofferenza mai conosciuto prima; *as a result of the accident the workman was suffering from third — burns*, in seguito all'incidente l'operaio riportò ustioni di terzo grado; (*econ.*) — *of monopoly*, grado di monopolio // *by degrees*, a gradi, gradatamente; *in some* —, in una certa misura; *to a* —, *to a certain* (o *some*) —, fino a un certo grado, punto; *to a large* —, molto, in grande misura; *to such a* — (*that*), a tal punto (che); *to a very large* —, con moltissima probabilità; *to what* —, quanto, fino a che punto **2** (*mat.*, *fis.*, *geogr.*) grado: *a high — of humidity*, un alto grado di umidità; *the thermometer registers 15 degrees centigrade*, il termometro segna 15 gradi centigradi; *we were 30 degrees North*, ci trovavamo a 30 gradi latitudine Nord; (*fis.*) — *of saturation*, grado di saturazione // (*mat.*): *equation of the second* —, equazione di secondo grado; — *of a polynomial*, grado di un polinomio **3** rango, condizione: *he was a man of low* —, era un uomo di bassa condizione sociale **4** laurea, titolo: *a doctor's* —, dottorato; *honorary* —, laurea ad honorem; *a first-class honours* —, una laurea a pieni voti; *to take one's* —, laurearsi **5** (*gramm.*) grado: — *of comparison*, grado di comparazione; *comparative* —, grado comparativo **6** (*dir.*) grado: — *of relationship*, grado di parentela.

degression [dɪˈgreʃn / de·gress·ion] *s.* (*trib.*) aumento decrescente dell'aliquota al crescere dell'imponibile.

degressive [dɪˈgresɪv / de·gres·sive] *agg.* (*trib.*) — *taxation*, imposizione progressiva decrescente.

to **dehisce** [dɪˈhɪs / de·hisce] *v.intr.* schiudersi (di semi, capsule, baccelli).

dehiscence [dɪˈhɪsns / de·his·cence] *s.* (*bot.*) deiscenza.

dehiscent [dɪˈhɪsnt / de·his·cent] *agg.* (*bot.*) deiscente.

to **dehorn** [ˌdi:ˈhɔ:n / de·horn] *v.tr.* **1** tagliare le corna (a) **2** (*fam.*) potare.

dehortative [dɪˈhɔ:tətɪv / de·hort·at·ive] *agg.* (*rar.*) dissuasivo ◆ *s.* (*rar.*) consiglio che tende a dissuadere.

to **dehumanize** [ˌdi:ˈhju:mənaɪz / de·hu·man·ize] *v.tr.* disumanizzare.

dehumidification [ˈdi:ˌhju:mɪdɪfɪˈkeɪʃn / de·hu·midi·fica·tion] *s.* deumidificazione.

to **dehumidify** [ˌdi:hju:ˈmɪdɪfaɪ / de·hu·mid·ify] *v.tr.* deumidificare.

to **dehydrate** [ˌdi:ˈhaɪdreɪt / de·hyd·rate] *v.tr.* disidratare ◆ *v.intr.* disidratarsi.

dehydration [ˌdi:haɪˈdreɪʃn / de·hyd·ra·tion] *s.* disidratazione.

dehydrator [ˌdi:ˈhaɪdreɪtə* / de·hyd·ra·tor] *s.* (*chim.*) disidratante.

dehydrogenase [ˌdɪhaɪˈdrɒdʒəneɪs / de·hy·dro·gen·ase] *s.* (*chim.*) deidrogenasi.

to **dehydrogenate** [ˌdi:haɪˈdrɒgɪneɪt / de·hy·dro·gen·ate] *v.tr.* (*chim.*) deidrogenare.

dehydrogenation [ˌdi:haɪdrədʒəˈneɪʃn / de·hy·dro·gena·tion] *s.* (*chim.*) deidrogenazione.

to **dehydrogenize** [di:ˈhaɪdrədʒənaɪz / de·hy·dro·gen·ize] *v.tr.* (*chim.*) deidrogenare.

to **de-ice** [ˌdi:ˈaɪs] *v.tr.* (*aer.*) sghiacciare; liberare del ghiaccio ◆ *v.intr.* azionare un dispositivo antighiaccio.

deicer [ˌdi:ˈaɪsə* / de·icer] *s.* **1** (*aer.*) dispositivo antighiaccio **2** prodotto antighiaccio; antigelo.

deicide [ˈdi:ɪsaɪd / dei·cide] *s.* **1** deicida **2** deicidio.

deification [ˌdi:ɪfɪˈkeɪʃn / dei·fica·tion] *s.* deificazione.

to **deify** [ˈdi:ɪfaɪ] *v.tr.* deificare; divinizzare (*anche fig.*).

to **deign** [deɪn] *v.intr.* degnarsi; accondiscendere: *to — to do sthg.*, accondiscendere a fare qlco. ◆ *v.tr.* degnarsi di dare, concedere: *will you — an answer?*, ti degnerai di darmi una risposta?

deil [di:l] *s.* (*scoz.*) diavolo.

deindustrialization [ˈdi:ɪnˌdʌstrɪəlaɪˈzeɪʃn / de·in·dus·tri·al·iza·tion] *s.* (*econ.*) deindustrializzazione.

to **deindustrialize** [ˌdiɪnˈdʌstrɪəlaɪz / de·in·dus·tri·al·ize] *v.tr.* deindustrializzare.

deionization [ˈdi:ˌaɪənaɪˈzeɪʃn / de·ion·iza·tion] *s.* (*chim.*) deionizzazione.

to **deionize** [di:ˈaɪənaɪz / de·ion·ize] *v.tr.* (*chim.*) deionizzare.

deism [ˈdi:ɪzəm / de·ism] *s.* deismo.

deist [ˈdi:ɪst / de·ist] *s.* deista.

deistic [di:ˈɪstɪk / de·istic] *agg.* deistico.

deity [ˈdi:ɪtɪ / de·ity] *s.* **1** divinità **2** divinità, essenza divina.

deixis [ˈdaɪksɪs / de·ixis] *s.* (*fil.*, *ling.*) deissi.

déjà vu [ˌdeɪʒɑ:ˈvju:] *s.* (*fr.*) déjà vu.

to **deject** [dɪˈdʒekt / de·ject] *v.tr.* abbattere; scoraggiare, avvilire.

dejected [dɪˈdʒektɪd / de·jected] *agg.* abbattuto; scoraggiato, avvilito // **-ness** *s.*

dejectedly [dɪˈdʒektɪdlɪ / de·jected·ly] *avv.* con aria scoraggiata; tristemente.

dejection [dɪˈdʒekʃn / de·jec·tion] *s.* **1** abbattimento, depressione; tristezza **2** (*fisiologia*) deiezione, defecazione; escremento.

de jure [ˌdi:ˈdʒʊərɪ] *agg.* e *avv.* (*dir.*) de iure, di diritto.

dekko [ˈdekəʊ] *s.* (*sl.*) sguardo, colpo d'occhio: *let's have a* —, fammi vedere.

delaine [dəˈleɪn / de·laine] *s.* mussola di lana.

to **delate** [dɪˈleɪt / de·late] *v.tr.* denunciare (una persona, un misfatto).

delation [dɪˈleɪʃn / de·lation] *s.* delazione.

delator [dɪˈleɪtə* / de·lator] *s.* delatore.

delay [dɪˈleɪ / de·lay] *s.* **1** ritardo; indugio: *an hour's* —, un ritardo di un'ora; *without* (*further*) —, senza (ulteriore) ritardo, indugio; *to cause* —, causare ritardo; *there were delays all along the line when the locomotive broke down*, ci furono ritardi su tutta la linea quando la locomotiva si guastò **2** (*comm.*) proroga, dilazione; (*dir.*) mora, ritardo nel pagamento: *to obtain a — in payment*, ottenere una proroga nel pagamento.

to **delay** *v.tr.* ritardare, ostacolare, rinviare, differire: *the train was delayed by the snow*, il treno subì ritardo a causa della neve ◆ *v.intr.* indugiare, indugiarsi; tardare, esitare, fermarsi: *to — in doing sthg.*, tardare, indugiare a far qlco.

delayed [dɪˈleɪd / de·layed] *agg.* ritardato: (*mecc.*) — *action*, (ad) azione ritardata // (*comm.*) — *interests*, interessi di mora // (*fis. nucleare*) — *neutron*, neutrone ritardato.

delaying [dɪˈleɪɪŋ / de·lay·ing] *agg.* che ritarda, che causa ritardo: — *action*, azione ritardatrice, di disturbo ◆ *s.* ritardo.

to **dele** [ˈdi:li:] *v.tr.* (*tip.*) cancellare: —*!*, cancella!

delectable [dɪˈlektəbl / de·lect·able] *agg.* dilettevole; delizioso; piacevole // **-ness** *s.* // **-bly** *avv.*

delectation [ˌdi:lekˈteɪʃn / de·lecta·tion] *s.* (*form.*) diletto.

delegacy [ˈdelɪgəsɪ / del·eg·acy] *s.* **1** delega, atto del delegare **2** poteri del delegato **3** commissione di delegati, delegazione.

delegate [ˈdelɪgət / del·eg·ate] *s.* delegato.

to **delegate** [ˈdelɪgeɪt] *v.tr.* delegare; incaricare: *to — s.o. to do sthg.*, delegare qlcu. a fare qlco.

delegatee [ˌdelɪgəˈti: / del·eg·atee] *s.* (*dir.*) delegatario.

delegation [ˌdelɪˈgeɪʃn / del·ega·tion] *s.* **1** delegazione; delega **2** delegazione, commissione: *there were delegations from all over Europe*, erano presenti delegazioni da tutta Europa.

to **delete** [dɪˈli:t / de·lete] *v.tr.* **1** cancellare (qlco. di scritto, di stampato) **2** annullare, sopprimere (parola ecc.).

delete *s.* (*inform.*) cancella, comando di cancellazione.

deleterious [ˌdelɪˈtɪərɪəs / de·le·teri·ous] *agg.* deleterio.

deletion [dɪˈli:ʃn / de·le·tion] *s.* **1** cancellazione (spec. di parole) **2** soppressione (p.e. di un paragrafo) **3** (*biol.*) delezione.

deliberate [dɪˈlɪbərət / de·lib·er·ate] *agg.* **1** deliberato, intenzionale; premeditato: — *insult*, insulto voluto; — *lie*, menzogna premeditata **2** ponderato, cauto, prudente: — *movement*, movimento, gesto cauto // **-ly** *avv.*

to **deliberate** [dɪˈlɪbəreɪt] *v.tr.* deliberare ◆ *v.intr.* **1** deliberare **2** ponderare, riflettere; agire senza fretta.

deliberateness [dɪˈlɪbərətnɪs / de·lib·er·ate·ness] *s.* **1** ponderatezza; misura (nelle azioni) **2** intenzione premeditata (di un insulto ecc.).

deliberation [dɪˌlɪbəˈreɪʃn / de·lib·era·tion]

s. **1** decisione meditata: *after due —*, dopo la dovuta deliberazione, riflessione; *to act with —*, agire con riflessione, con ponderatezza **2** deliberazione, dibattito (di un'assemblea) **3** (*dir.*) decisione **4** cautela, calma.

deliberative [dɪ'lɪbərətɪv *amer.* dɪ'lɪbəreɪtɪv / de·lib·er·at·ive] *agg.* **1** deliberativo: *in a — moment*, in un momento di riflessione **2** deliberante (assemblea, corpo ecc.): *— assembly*, assemblea deliberante // **-ly** *avv.*

delicacy ['delɪkəsɪ / del·ic·acy] *s.* **1** delicatezza, finezza (di qualità): *the — of her features*, la delicatezza dei suoi tratti; *the — of this design*, la delicatezza di questo disegno **2** delicatezza, difficoltà (di una situazione) **3** sensibilità (di sensi, sentimenti) **4** debolezza, gracilità (di salute) **5** cibo prelibato, raffinato // *table delicacies*, ghiottonerie.

delicate ['delɪkɪt / del·ic·ate] *agg.* **1** delicato, fine (di qualità): *a — silk*, una seta fine; *she had fine — hands*, aveva mani fini e delicate **2** sensibile: *she has a — sense of smell*, ha un odorato fine; *this is an extremely — instrument*, questo è uno strumento estremamente sensibile **3** delicato, fragile; debole, gracile (di salute) // *to be in a — condition*, (*fam.*) essere in stato interessante **4** delicato, che agisce con tatto; diplomatico **5** delicato, difficile (di problema, situazione) // *to tread on — ground*, (*fam.*) toccare argomenti delicati **6** gustoso, raffinato (di cibo) // **-ly** *avv.*

delicateness ['delɪkɪtnɪs / del·ic·ate·ness] → **delicacy** 1.

delicatessen [,delɪkə'tesn / de·li·ca·tes·sen] *s.* **1** ghiottonerie (*pl.*) **2** (negozio di) gastronomia.

delicious [dɪ'lɪʃəs / de·li·cious] *agg.* **1** delizioso; squisito: *what a — cake!*, che dolce delizioso!; *it smells —*, ha un profumo delizioso **2** bello (spec. di donna) **3** piacevole; divertente: *a — idea*, un'idea divertente // **-ly** *avv.*

deliciousness [dɪ'lɪʃəsnɪs / de·li·cious·ness] *s.* delizia.

delict ['di:lɪkt / de·lict] *s.* (*dir.*) delitto: *in flagrant —*, in flagrante delitto.

delictual liability [dɪ'lɪktʃʊəl,laɪə'bɪlɪtɪ / de·lictual li·ab·il·ity] *s.* (*dir.*) obbligazione che nasce da delitto; responsabilità extracontrattuale.

delight [dɪ'laɪt / de·light] *s.* **1** delizia; diletto, piacere: *to be s.o.'s —*, essere la delizia di qlcu. **2** gioia, contentezza: *to the great — of*, con grande gioia di; *to take — in doing* (o *to do*) *sthg.*, provare gioia, piacere nel fare qlco.

to **delight** *v.tr.* deliziare; allettare, dilettare, incantare: *they were delighted by the display given by the African dancers*, erano incantati dall'esibizione data dai danzatori africani ◆ *v.intr.* provar piacere, compiacersi: *to — in sthg.*, dilettarsi di qlco.; *to — in doing* (o *to do*) *sthg.*, provare gioia, piacere nel fare qlco.; *he delighted at the idea of seeing her again*, si rallegrò al pensiero di rivederla.

delighted [dɪ'laɪtɪd / de·lighted] *agg.* **1** incantato, ammirato: *to be — with s.o.*, *with* (o *at*) *sthg.*, rallegrarsi alla vista di qlcu., per qlco. **2** lietissimo, felicissimo: *— to do sthg.*, lietissimo di fare qlco. **3** (*ant.*) piacente: *if virtue no delighted beauty lack*, (SH. Othello) se il valore non manca di bellezza piacente // **-ly** *avv.*

delightful [dɪ'laɪtfʊl / de·light·ful] *agg.* delizioso, dilettevole, molto piacevole: *— music, view*, musica, panorama che incanta // **-ly** *avv.*

delightsome [dɪ'laɪtsəm / de·light·some] *agg.* (*antiq. letter.*) piacevolissimo.

to **delimit** [di:'lɪmɪt / de·limit] to **delimitate** [di:'lɪmɪteɪt / de·lim·it·ate] *v.tr.* delimitare.

delimitation [dɪ,lɪmɪ'teɪʃn / de·lim·ita·tion] *s.* delimitazione.

to **delineate** [dɪ'lɪnɪeɪt / de·lin·eate] *v.tr.* (*form.*) delineare; tracciare; descrivere: *Dahrendorf delineated the way in which revolutions came about more violently in suppressed populations*, Dahrendorf delineò il modo in cui le rivoluzioni sono scoppiate più violentemente tra le popolazioni oppresse.

delineation [dɪ,lɪnɪ'eɪʃn / de·lin·eation] *s.* (*form.*) delineazione; abbozzo; traccia, tracciato; disegno: *— of a character*, delineazione di un carattere.

delineator [dɪ'lɪnɪeɪtə* / de·lin·eator] *s.* delineatore; disegnatore.

delinquency [,delɪŋ'kwensɪ / de·lin·quency] *s.* **1** delinquenza: *juvenile —*, delinquenza minorile **2** (*dir.*) colpabilità, colpevolezza **3** (*amm.*) inadempienza; insolvenza: *— ratio*, indice di insolvenza.

delinquent [dɪ'lɪŋkwənt / de·lin·quent] *agg.* **1** (*dir.*) colpevole; che manca ai propri doveri **2** (*amm.*) inadempiente, insolvente: *— account*, conto insoluto; *— taxes*, (*amer.*) imposte non pagate ◆ *s.* (*juvenile*) —, delinquente minorenne.

to **deliquesce** [,delɪ'kwes / de·li·quesce] *v.intr.* **1** (*chim.*, *fis.*) liquefarsi, divenire liquido **2** (*bot.*) diventare deliquescente (di spore).

deliquescence [,delɪ'kwesns / de·li·ques·cence] *s.* (*chim.*, *fis.*, *bot.*) deliquescenza.

deliquescent [,delɪ'kwesnt / de·li·ques·cent] *agg.* (*chim.*, *fis.*, *bot.*) deliquescente.

delirious [dɪ'lɪrɪəs / de·li·ri·ous] *agg.* delirante, affetto da delirio; farneticante: *to be —*, delirare; *to become —*, essere preso da delirio; *— with joy*, (*fam.*) pazzo di gioia // **-ly** *avv.*

delirium [dɪ'lɪrɪəm / de·li·rium] *s.* delirio (*anche med.*); frenesia.

delirium tremens [dɪ'lɪrɪəm'tri:menz / de·li·rium tre·mens] *s.* (*med.*) delirium tremens.

delitescence [,delə'tesəns / de·lit·es·cence] *s.* (*antiq.*) delitescenza; (*med.*) latenza (di malattia ecc.).

to **deliver** [dɪ'lɪvə* / de·liver] *v.tr.* **1** consegnare (*anche fig.*), recapitare (lettere, pacchi ecc.); trasmettere, consegnare (un messaggio); rilasciare (certificati ecc.): *goods are delivered free to any address*, la merce viene consegnata gratis a qualsiasi indirizzo; *to — s.o. into the hands of the enemy*, consegnare qlcu. in mano al nemico; *before going away she delivered her jewels over to her sister*, prima di partire ha consegnato i gioielli a sua sorella // *delivered on board, on rail*, reso a bordo, reso vagone // *to — oneself up* (*to s.o.*), arrendersi (a qlcu.), (*dir.*) costituirsi (a qlcu.) // *the company promised to finish the work by August but failed to — (the goods)*, (*fam. fig.*) la ditta aveva promesso di finire il lavoro entro agosto ma non ha mantenuto l'impegno // *stand and —!*, (*ant.* o *scherz.*) o la borsa o la vita! **2** (*dir.*) trasferire, girare (un titolo di credito) **3** (*med.*) far partorire: *to — a woman* (*of a child*), assistere una donna nel parto; *to — a child*, far nascere un bambino (di dottore); *to be delivered of a child*, partorire **4** erogare, fornire (elettricità, acqua ecc.) **5** liberare, salvare: *to — s.o. from death, captivity*, salvare qlcu. dalla morte, dalla prigionia; *to — oneself*, liberarsi // *to — oneself of an opinion*, (*form.*) esprimere un'opinione **6** dare, vibrare (un colpo); effettuare, fare (un attacco); (*cricket*) lanciare (la palla) **7** tenere, pronunciare (un discorso): *who will — the speech?*, chi terrà il discorso? **8** (*spec. amer.*) dare (voto, appoggio) ◆ *v.intr.* fare le consegne: *this shop doesn't —*, questo negozio non fa consegne a domicilio.

deliverable [dɪ'lɪvərəbl / de·liv·er·able] *agg.* **1** (*comm.*) consegnabile **2** (*dir.*) girabile, trasferibile.

deliverance [dɪ'lɪvərəns / de·liv·er·ance] *s.* (*antiq.*) **1** liberazione **2** (*med.*) parto **3** consegna **4** dichiarazione, espressione enfatica (di opinione) **5** (*dir.*) girata **6** (*dir. scoz.*) verdetto (della giuria).

deliveree [,dɪlɪvə'ri: / de·liv·eree] *s.* (*dir.*) giratario (di un titolo di credito).

deliverer [dɪ'lɪvərə* / de·liver·er] *s.* **1** liberatore; salvatore **2** (*comm.*) chi consegna (merce ecc.) **3** (*dir.*) girante **4** chi esprime una data opinione.

delivery [dɪ'lɪvərɪ / de·liv·ery] *s.* **1** consegna (di lettere, pacchi, merci ecc.); distribuzione (di posta): *home —*, consegna a domicilio; *due —*, consegna regolare; *express* (o *special*) —, (consegna per) espresso; *prompt* (o *ready*) —, pronta consegna; *— charges*, spese di consegna; *— note*, bolla di consegna; *— warrant*, ordine di consegna; *to effect* (o *to perform*) —, effettuare la consegna // *on —*, alla consegna: *to pay on —*, pagare alla consegna; *check on —*, controllo alla consegna; *cash on —* (*COD*), contro assegno // (*comm.*): *— in bond*, consegna in deposito franco; *— on rail*, consegna su vagone; *— to bearer*, consegna al latore; *ex quay —*, consegna sulla banchina // (*dir.*): *— clause, terms*, clausole, condizioni di consegna; *forward —*, consegna a termine; *free —*, franco di consegna // *general —*, (*amer.*) (ufficio di) fermo posta **2** (*inform.*) consegna; uscita: *— hopper*, magazzino di alimentazione; *— spool*, bobina svolgitrice **3** distribuzione, erogazione (di corrente elettrica, di acqua ecc.); materiale erogato; portata: (*idraulica*) *— pressure* (o *head*), pressione di mandata **4** (*cricket*) lancio (della palla) **5** (*med.*) parto **6** il pronunciare (discorso ecc.); dizione: *he has a good —*, sa parlare, sa tenere un discorso **7** (*mil.*) resa (di città ecc.) **8** (*letter.*) liberazione.

deliveryman [dɪ'lɪvərɪmən / de·liv·ery·man] *pl.* **deliverymen** *s.* (*spec. amer.*) fattorino.

delivery order [dɪ'lɪvərɪ,ɔ:də*] *s.* (*dir.*) titolo rappresentativo di merci.

delivery room [dɪ'lɪvərɪ,ru:m] *s.* sala parto.

delivery van [dɪ'lɪvərɪ,væn] *s.* furgoncino per consegne.

dell [del] *s.* (*letter.*) valletta.

to **delouse** [,di:'laʊs / de·louse] *v.tr.* spidocchiare.

Delphian ['delfɪən / Del·phian] **Delphic** ['delfɪk / Del·phic] *agg.* **1** delfico, di Delfo **2** (*fig.*) sibillino; ambiguo.

delphinium [del'fɪnɪəm / del·phi·nium] *s.* (*bot.*) delfinio.

delta ['deltə] *s.* **1** delta (quarta lettera dell'alfabeto greco) // (*elettr.*) *— connection*, (collegamento a) triangolo // (*fis.*) — *rays*, raggi delta // (*metall.*) — *iron*, ferro delta // (*aer.*) — *wing*, ala a delta **2** (*geogr.*) delta **3** (*Borsa*) delta (rapporto tra la variazione del prezzo dell'opzione e la variazione del prezzo del titolo sottostante).

deltaic [del'teɪk / del·taic] *agg.* (*geogr.*) deltizio.

deltaite ['deltə,aɪt / del·ta·ite] *s.* (*min.*) crandallite.

deltiology [,deltɪ'ɒlədʒɪ / del·ti·ology] *s.* il collezionare cartoline come passatempo, collezione di cartoline.

deltoid ['deltɔɪd / delt·oid] *agg.* **1** a forma di delta **2** (*anat.*) deltoide, deltoideo: — *legament*, legamento deltoideo ◆ *s.* (*anat.*) deltoide.

to **delude** [dɪ'lu:d / de·lude] *v.tr.* ingannare; illudere; indurre in errore: *to — oneself* (*with false hopes*), illudersi (con false speranze); *I was deluded into thinking she cared for me*, mi illusi che ella tenesse a me.

deluded [dɪ'lu:dɪd / de·luded] *agg.* illuso: *poor — wretch!*, povero illuso!

deluge ['delju:dʒ / de·luge] *s.* diluvio (*anche fig.*): *a — of words*, un diluvio di parole // *the Deluge*, il diluvio universale.

to **deluge** *v.tr.* inondare (*anche fig.*): *to be deluged with letters, questions etc.*, essere sommerso da lettere, assalito da domande ecc.

delusion [dɪ'lu:ʒn / de·lu·sion] *s.* **1** illusione, convinzione errata: *she clings to the delusions of her youth*, si aggrappa alle illusioni della sua giovinezza; *he's under the — that I'll vote for him*, è illuso, si illude che voterò per lui **2** (*spec. pl.*) allucinazione: *to suffer from delusions*, soffrire di allucinazioni; *he suffers from delusions of grandeur*, soffre di manie di grandezza • Attenzione a non confondere *delusion* con *illusion*. *Illusion* indica una convinzione errata cui si perviene tramite i sensi e che può essere condivisa da più persone (per es. un'illusione ottica o che il sole si muova). *Delusion* indica una convinzione errata più personale e soggettiva, nel cui processo di elaborazione i sensi non giocano alcun ruolo, o ne giocano uno minimo (p.e. credere di essere Napoleone o che qualcuno ci ami ecc.).

delusive [dɪ'lu:sɪv / de·lus·ive] *agg.* illusorio, fallace; ingannevole // **-ly** *avv.* // **-ness** *s.*

delusory [dɪ'lu:sərɪ / de·lus·ory] *agg.* illusorio, fallace; ingannevole.

de luxe [də'lʌks] *agg.* di lusso: *a — model*, modello di lusso.

delve [delv] *s.* (*ant., poet.*) cavità (nel suolo); antro.

to **delve** *v.intr.* **1** (*fig.*) scavare, fare ricerche: *to — into s.o.'s past*, scavare nel passato di qlcu. **2** (*ant., poet.*) scavare ◆ *v.tr.* (*ant., poet.*) scavare // *to — up*, disseppellire.

demagnetization ['di:,mægnɪtaɪ'zeɪʃn *amer.* 'di:mægnɪtɪ'zeɪʃn / de·mag·net·iza·tion] *s.* demagnetizzazione.

to **demagnetize** [,di:'mægnɪtaɪz / de·mag·net·ize] *v.tr.* demagnetizzare.

demagogic [,demə'gɒgɪk *amer.* 'deməgɔ:gɪk / dem·agogic] *agg.* demagogico.

demagogism [,demə'gɒgɪzəm / dem·agog·ism] *s.* demagogismo.

demagogue ['deməgɒg / dem·agogue] *s.* demagogo.

demagogy ['deməgɒgɪ / dem·agogy] **demagoguery** ['deməgɒgərɪ / dem·agoguery] *s.* demagogia.

demand [dɪ'mɑ:nd / de·mand] *s.* **1** domanda, richiesta (*anche comm.*): *to be in great, little —*, essere molto, poco richiesto; *to satisfy all demands*, soddisfare tutte le richieste; *on —*, a richiesta; *payable on —*, pagabile a presentazione, a vista **2** (*econ.*) domanda: — *price*, prezzo di domanda; *sluggish —*, domanda stagnante; *effective —*, domanda effettiva; *the law of supply and —*, la legge della domanda e dell'offerta **3** *pl.* (*fig.*) esigenze: *the demands of the case*, le esigenze del caso; *to make great demands on s.o.'s patience, time etc.*, esigere da qlcu. molta pazienza, molto tempo ecc. **4** (*dir.*) domanda fatta valere in giudizio; rivendicazione sindacale **5** (*inform.*) richiesta: — *processing*, elaborazione immediata; — *deposit*, (IBM) conti correnti.

to **demand** *v.tr.* **1** domandare, chiedere: *the policeman demanded his name*, il poliziotto chiese il suo nome; *this work demands patience*, questo lavoro richiede pazienza **2** esigere, pretendere: *he demanded that I should go with him*, pretese che io andassi con lui; *he demands immediate payment*, esige pagamento immediato; *to — sthg. from* (o *of*) *s.o.*, esigere qlco. da qlcu. **3** (*dir.*) far valere una domanda in giudizio.

demandable [dɪ'mɑ:ndəbl / de·mand·able] *agg.* esigibile; che si può richiedere.

demandant [dɪmɑ:ndənt / de·mand·ant] *s.* (*dir.*) attore.

demander [dɪ'mɑ:ndə* / de·mand·er] *s.* **1** richiedente; compratore **2** (*dir.*) attore.

demanding [dɪ'mɑ:ndɪŋ / de·mand·ing] *agg.* **1** arduo, impegnativo (di cosa, lavoro) **2** esigente, severo (di persona).

demantoid [dɪ'mæntɔɪd / de·mant·oid] *s.* (*min.*) demantoide.

to **demarcate** ['di:mɑ:keɪt / de·marc·ate] *v.tr.* (*form.*) **1** demarcare, tracciare la linea di demarcazione di, delimitare (terreni, confini) **2** (*fig.*) fare una distinzione (fra argomenti).

demarcation [,di:mɑ:'keɪʃn / de·marca·tion] *s.* demarcazione, delimitazione: — *line*, linea di delimitazione // — *dispute*, conflitto di competenze.

demarche ['deɪmɑ:ʃ / de·marche] *s.* (*pol.*) **1** istanza diplomatica **2** manovra diplomatica.

to **dematerialize** [,di:mə'tɪərɪəlaɪz / de·ma·teri·al·ize] *v.tr.* **1** spiritualizzare **2** smaterializzare ◆ *v.intr.* **1** spiritualizzarsi **2** smaterializzarsi.

deme [di:m] *s.* (*biol.*) unità tassonomica.

to **demean**[1] [dɪ'mi:n / de·mean] *v.tr.* (*non com.*): *to — oneself*, comportarsi, condursi: *to — oneself honourably*, comportarsi onorevolmente.

to **demean**[2] *v.tr.* abbassare, avvilire: *to — oneself*, abbassarsi, avvilirsi; *it is very demeaning to have to ask my husband's permission to work*, è molto avvilente dover chiedere a mio marito il permesso di lavorare.

demeanour [dɪ'mi:nə* / de·mean·our] *s.* (*form.*) contegno, modo di comportarsi.

to **dement** [dɪ'ment / de·ment] *v.tr.* ridurre alla demenza; far impazzire ◆ *v.intr.* impazzire.

demented [dɪ'mentɪd / de·men·ted] *agg.* demente // **-ly** *avv.*

dementia [dɪ'menʃɪə / de·men·tia] *s.* (*psic.*) demenza: — *simplex*, schizofrenia semplice.

demerara (sugar) [,demə'rɑ:rə('ʃugə*) / dem·er·ara (sugar)] *s.* zucchero bruno • Dal nome di un distretto della Guyana.

demerit [di:'merɪt / de·merit] *s.* **1** demerito: *not for their own demerits, but for mine, / fell slaughter on their souls*, (SH. Macbeth) non per le loro colpe, ma per le mie, l'assassinio si abbatté sulle loro vite **2** (*ant.*) merito: *opinion, that so sticks on Marcius, shall / of his demerits rob Cominius*, (SH. Coriolanus) la reputazione ch'è già tanto in favore di Marzio, spoglierà Cominio dei suoi meriti.

demesne [dɪ'meɪn / de·mesne] *s.* **1** dominio; possesso: — *of the Crown*, dominio della Corona **2** proprietà terriera: *state —*, proprietà terriera demaniale.

demi- ['demɪ] *pref.* di origine latina che indica 'per metà', 'mezzo'; it. semi-, mezzo-: *demisang*, mezzosangue; *demitone*, semitono.

demigod ['demɪgɒd / demi·god] *s.* semidio (*anche fig.*).

demijohn ['demɪdʒɒn / demi·john] *s.* damigiana.

demilitarization ['di:,mɪlɪtəraɪ'zeɪʃn / de·mil·it·ar·iza·tion] *s.* smilitarizzazione.

to **demilitarize** [,di:'mɪlɪtəraɪz / de·mil·it·ar·ize] *v.tr.* smilitarizzare.

demi-monde [,demɪ'mɔ:nd] *s.* (*fr.*) mondo ai margini della buona società, mondo delle attrici, cantanti ecc.

demirep ['demɪrep / demi·rep] *s.* (*ant.*) donna di dubbia onestà.

demisable [dɪ'maɪzəbl / de·mis·able] *agg.* (*dir.*) trasferibile, cedibile (terra, titoli).

demise [dɪ'maɪz / de·mise] *s.* **1** (*form.*) morte, decesso **2** (*fig.*) fine, crollo: *we are witnessing the — of the student movement*, stiamo assistendo alla fine del movimento studentesco **3** (*dir.*) cessazione; trasferimento (di valori, terre ecc.); trasmissione (di titolo, corona nobiliare).

to **demise** *v.tr.* (*dir.*) trasferire, trasmettere; cedere.

demisemiquaver ['demɪsemɪ,kweɪvə* / demi·semi·quaver] *s.* (*mus.*) biscroma.

demission [dɪ'mɪʃn / de·mis·sion] *s.* **1** abdicazione **2** dimissione, rinuncia.

to **demist** [,di:'mɪst / de·mist] *v.tr.* disappannare (i finestrini di un'automobile).

demister [,di:'mɪstə* / de·mister] *s.* (*aut.*) dispositivo antiappannante.

to **demit** [dɪ'mɪt / de·mit] *pass.p.p.* **demitted** [dɪ'mɪtɪd / de·mit·ted] *v.tr.* **1** (*form.*) lasciare, dimettersi da (un incarico) **2** (*ant.*) licenziare ◆ *v.intr.* (*form.*) dimettersi, dare le dimissioni.

demitasse® ['demɪtæs / demi·tasse] *s.* tazzina da caffè.

demiurge ['di:mɪɜ:dʒ / demi·urge] *s.* demiurgo.

demo ['deməʊ] *s.* (*fam.*) **1** abbr. di → demonstration 3 **2** (*inform.*) demo, prototipo di un software).

to **demob** [,di:'mɒb / de·mob] *pass.p.p.* **de-**

mobbed [,di:'mɒbd / de·mobbed] *v.tr.* (*mil.*) smobilitare.

demobilization ['di:,məʊbɪlaɪ'zeɪʃn *amer.* 'di:,məʊbɪlɪ'zeɪʃn / de·mo·bil·iza·tion] *fam.* **demob** *s.* (*mil.*) smobilitazione.

to **demobilize** [di:'məʊbɪlaɪz / de·mo·bil·ize] *v.tr.* (*mil.*) smobilitare; congedare ◆ *v.intr.* smobilitarsi.

democracy [dɪ'mɒkrəsɪ / demo·cracy] *s.* democrazia.

democrat ['deməkræt / demo·crat] *s.* democratico // *a Democrat*, un membro del partito Democratico (degli Stati Uniti).

democratic [,demə'krætɪk / demo·cratic] *agg.* democratico // *Democratic*, relativo al Partito democratico (degli Stati Uniti): *the — Party*, il Partito democratico.

democratically [,demə'krætɪkəlɪ / demo·crat·ic·ally] *avv.* democraticamente: *— elected*, eletto democraticamente.

democratism [dɪ'mɒkrətɪzəm / demo·crat·ism] *s.* teoria, sistema democratico.

democratization [dɪ,mɒkrətaɪ'zeɪʃn *amer.* dɪ,mɒkrətɪ'zeɪʃn / demo·crat·iza·tion] *s.* democratizzazione.

to **democratize** [dɪ'mɒkrətaɪz / demo·crat·ize] *v.tr.* democratizzare ◆ *v.intr.* democratizzarsi.

to **demodulate** [dɪ'mɒdjʊleɪt / de·modu·late] *v.tr.* (*rad.*) demodulare, rivelare.

demodulation [,dɪmɒdjʊ'leɪʃn / de·modu·la·tion] *s.* (*rad.*) demodulazione, rivelazione.

demographer [di:'mɒgrəfə* / demo·grapher] *s.* demografo.

demographic [,di:mə'græfɪk / demo·graphic] *agg.* demografico.

demography [di:'mɒgrəfɪ / demo·graphy] *s.* demografia.

to **demolish** [dɪ'mɒlɪʃ / de·mol·ish] *v.tr.* **1** demolire, abbattere, distruggere (*anche fig.*) **2** (*fam.*) divorare (cibo).

demolisher [dɪ'mɒlɪʃə* / de·mol·ish·er] *s.* demolitore.

demolition [,demə'lɪʃn / de·moli·tion] *s.* demolizione (*anche fig.*).

demon ['di:mən / de·mon] *s.* **1** demone; demonio, diavolo (*anche fig.*): *her son is a —*, suo figlio è un demonio // *the Demon*, lo spirito maligno **2** (*fam.*) genio, demonio (di persona abile): *he's a — at tennis*, è un mago del tennis; *he is a — for work*, lavora come un matto.

demonetization [di:,mʌnɪtaɪ'zeɪʃn *amer.* di:,mʌnɪtɪ'zeɪʃn / de·mon·et·iza·tion] *s.* (*econ.*) demonetizzazione.

to **demonetize** [di:'mʌnɪtaɪz / de·mon·et·ize] *v.tr.* (*econ.*) demonetizzare.

demoniac [dɪ'məʊnɪæk / de·mo·niac] *agg.* (*non com.*) demoniaco; indemoniato ◆ *s.* (*non com.*) indemoniato.

demoniacal [,di:məʊ'naɪəkl / de·moni·acal] *agg.* demoniaco // **-ly** *avv.*

demonic [di:'mɒnɪk / de·monic] *agg.* demonico, demoniaco.

demonism ['di:mənɪzəm / de·mon·ism] *s.* demonismo.

demonist ['di:mənɪst / de·mon·ist] *s.* demonista.

demonology [,di:mə'nɒlədʒɪ / de·mono·logy] *s.* demonologia.

demonry ['di:mənrɪ / de·monry] *s.* pratiche demoniache; influsso del demonio; stregoneria.

demonstrability [dɪ'mɒnstrə'bɪlətɪ / dem·on·strab·il·ity] *s.* dimostrabilità.

demonstrable [dɪ'mɒnstrəbl / dem·on·strable] *agg.* dimostrabile // **-bly** *avv.*

to **demonstrate** ['demənstreɪt / dem·on·strate] *v.tr.* **1** dimostrare, provare; descrivere, spiegare: *he demonstrated his theory with the help of a graph*, spiegò la sua teoria con l'ausilio di un grafico **2** mostrare, rivelare: *his singing demonstrates great ability*, il suo canto rivela una grande abilità **3** (*comm.*) mostrare il funzionamento di (un prodotto ecc.) ◆ *v.intr.* **1** fare una dimostrazione (politica), prendere parte a una manifestazione: *the students demonstrated against the new government's policy*, gli studenti dimostrarono contro la politica del nuovo governo **2** (*mil.*) fare una azione dimostrativa (per ingannare il nemico).

demonstration [,demən'streɪʃn / de·mon·stra·tion] *s.* **1** dimostrazione, prova: *practical —*, dimostrazione pratica // *to teach by —*, insegnare con il metodo dimostrativo // (*econ.*) *— effect*, effetto di dimostrazione **2** dimostrazione, manifestazione (di sentimenti): *demonstrations of affection*, dimostrazioni d'affetto **3** dimostrazione, manifestazione (politica) **4** (*mil.*) azione dimostrativa.

demonstrative [dɪ'mɒnstrətɪv / de·mon·strat·ive] *agg.* **1** (*form.*) dimostrativo; rivelatore **2** espansivo **3** (*gramm.*) dimostrativo ◆ *s.* (*gramm.*) aggettivo, pronome dimostrativo.

demonstratively [dɪ'mɒnstrətɪvlɪ / de·mon·strat·ive·ly] *avv.* **1** (*form.*) dimostrativamente; in modo rivelatore **2** con dimostrazioni d'affetto, gioia; espansività.

demonstrativeness [dɪ'mɒnstrətɪvnɪs / de·mon·strat·ive·ness] *s.* **1** (*form.*) l'essere dimostrativo, rivelatore **2** dimostrazione (d'affetto, gioia ecc.) **3** carattere espansivo.

demonstrator ['demənstreɪtə* / dem·on·strator] *s.* **1** dimostratore (*anche comm.*) **2** assistente (di laboratorio scientifico) **3** dimostrante, manifestante.

demoralization [dɪ,mɒrəlaɪ'zeɪʃn *amer.* dɪ,mɔ:rəlɪ'zeɪʃn / de·mor·al·iza·tion] *s.* **1** demoralizzazione, scoramento **2** (*non com.*) depravazione, corruzione.

to **demoralize** [dɪ'mɒrəlaɪz *amer.* dɪ'mɔ:rəlaɪz / de·mor·al·ize] *v.tr.* **1** demoralizzare; scoraggiare **2** (*non com.*) depravare, corrompere.

demos ['di:məs] *s.* **1** (*ant.*) il popolo, la gente comune **2** (*st.*) demo.

to **demote** [,di:'məʊt / de·mote] *v.tr.* (*mil.*, *amm.*) ridurre, far retrocedere a un grado, a una classe inferiore.

demotic [di:'mɒtɪk / dem·otic] *agg.* **1** (*form.*) popolare **2** (*ling.*) demotico.

demotion [,di:'məʊʃn / de·mo·tion] *s.* (*mil.*, *amm.*) retrocessione a un grado, a una classe inferiore.

to **demount** [dɪ'maʊnt / de·mount] *v.tr.* (*mecc.*) smontare.

demulcent [dɪ'mʌlsənt / de·mul·cent] *agg.* e *s.* (*med.*) (sostanza) emolliente.

demulsification [,dɪmʌlsɪfɪ'keɪʃn / de·mul·si·fica·tion] *s.* (*chim.*) demulsificazione.

demur [dɪ'mɜ:* / de·mur] *s.* **1** (*form.*) esitazione; obiezione; difficoltà: *without —*, senza esitazione; *to make no —*, non opporre alcuna difficoltà **2** (*dir.*) il sollevare eccezioni.

to **demur** *pass.p.p.* **demurred** [dɪ'mɜ:d / de·murred] *v.intr.* **1** (*form.*) fare delle difficoltà, sollevare obiezioni: *he demurred at working on Sundays*, sollevò delle difficoltà a lavorare la domenica **2** (*dir.*) sollevare una eccezione.

demure [dɪ'mjʊə* / de·mure] *agg.* modesto, contegnoso, riservato; pudico: *— look*, (*fam.*) aria schiva, riservata // **-ly** *avv.* // **-ness** *s.*

demurrable [dɪ'mjʊərəbl / de·mur·rable] *agg.* (*dir.*) confutabile; che si può infirmare.

demurrage [dɪ'mʌrɪdʒ / de·mur·rage] *s.* **1** (*mar. comm.*) controstallia, soprastallia; indennità per controstallia // (*mar. comm.*) *— days*, giorni di controstallia **2** (*ant.*) ritardo, sosta **3** ritenuta dedotta dalla Banca d'Inghilterra nel cambiare in valuta oro in barre.

demurrer [dɪ'mɜ:rə* / de·mur·rer] *s.* **1** (*dir.*) eccezione (perentoria) **2** obiezione **3** chi solleva obiezioni.

demy [dɪ'maɪ] *pl.* **demies** [dɪ'maɪz] *s.* formato di carta (pollici 17½ × 22½ per carta da stampa; pollici 15½ × 20 per carta da scrivere).

to **demyelinate** [,di:'maɪəlɪneɪt / de·my·elin·ate] *v.tr.* (*med.*) demielinizzare.

demystification [di:,mɪstɪfɪ'keɪʃn / de·mys·ti·fica·tion] *s.* demistificazione.

to **demystify** [di:'mɪstɪfaɪ / de·mys·tify] *v.tr.* demistificare.

to **demythologise** [,di:mɪ'θɒlədʒaɪz / de·mytho·lo·gise] *v.tr.* demitizzare, smitizzare.

den [den] *s.* **1** tana (di animali) **2** antro, caverna, covo; rifugio: *— of thieves*, covo di ladri; *opium —*, covo dei fumatori d'oppio **3** (*fam.*) stanzetta, studiolo, tana: *this is my husband's —*, questa è la tana, il rifugio di mio marito.

denarius [dɪ'neərɪəs / den·arius] *pl.* **denarii** [dɪ'neərɪaɪ] *s.* **1** (*st. romana*) denaro **2** → d 3.

denary ['di:nərɪ / den·ary] *agg.* (*mat.*) decimale.

denationalization ['di:,næʃnəlaɪ'zeɪʃn *amer.* 'di:,næʃnəlɪ'zeɪʃn / de·na·tional·iza·tion] *s.* **1** (*econ.*) denazionalizzazione, snazionalizzazione **2** (*dir.*) perdita, privazione della nazionalità.

to **denationalize** [,di:'næʃnəlaɪz / de·na·tion·al·ize] *v.tr.* **1** (*econ.*) denazionalizzare, snazionalizzare **2** (*dir.*) privare della nazionalità.

denaturalization ['di:,nætʃrəlaɪ'zeɪʃn / de·natur·al·iza·tion] *s.* **1** snaturamento **2** privazione del diritto di cittadino.

to **denaturalize** [,di:'nætʃrəlaɪz / de·natur·al·ize] *v.tr.* **1** snaturare **2** privare del diritto di cittadino, della naturalizzazione.

denaturant [di:'neɪtʃrənt / de·na·tur·ant] *s.* (*chim.*) denaturante.

to **denaturate** [di:'neɪtʃreɪt / de·na·tur·ate] → to **denature**.

denaturation ['di:,neɪtʃə'reɪʃn / de·na·tura·tion] *s.* (*chim.*) denaturazione.

to **denature** [di:'neɪtʃə* / de·na·ture] *v.tr.* **1** (*chim.*) denaturare: *denatured alcohol*, alcol denaturato **2** (*fig.*) snaturare.

to **denaturize** [di:'neɪtʃəraɪz / de·nat·ur·ize] → to **denature** 1.

to **denazify** [di:'nɑ:tsɪfaɪ / de·na·zify] *v.tr.* (*pol.*) denazificare.

dendrite ['dendraɪt / dend·rite] *s.* **1** (*min.*) dendrite **2** (*anat.*) dendrite.

dendritic [den'drɪtɪk / dend·ritic] *agg.* (*min., anat.*) dendritico.

dendrochronology [,dendrəkrə'nɒlədʒɪ / den·dro·chrono·logy] *s.* dendrocronologia.

dendrology [den'drɒlədʒɪ / dend·ro·logy] *s.* (*bot.*) dendrologia.

dene[1] [di:n] *s.* duna (specialmente vicino al mare).

dene[2] *s.* valletta boscosa.

to **denervate** [,di:'nɜ:veɪt / de·nerv·ate] *v.tr.* (*med.*) enervare; denervare.

dengue ['deŋgɪ] *s.*: (*med.*) — (*fever*), dengue.

deniable [dɪ'naɪəbl / deni·able] *agg.* negabile.

denial [dɪ'naɪəl / de·nial] *s.* **1** diniego; rifiuto: *he met every question with a flat* —, a ogni domanda rispose con un rifiuto netto **2** smentita **3** rinnegamento.

denier[1] [dɪ'naɪə* / den·ier] *s.* **1** negatore **2** rinnegatore.

denier[2] [dɪ'nɪə* *nel senso 2* 'denɪə*] *s.* **1** (*ant.*) moneta francese (di pochissimo valore): *you will not pay for the glasses you have burst? / no, not a denier*, (SH. Taming of the Shrew) non pagherai per i bicchieri che hai rotto? no, neppure un soldo bucato **2** (*tess.*) denaro (unità di peso per filati in fibra continua = 0,05 g).

to **denigrate** ['denɪgreɪt / den·ig·rate] *v.tr.* denigrare.

denigration [,denɪ'greɪʃn / den·ig·ra·tion] *s.* denigrazione.

denigrator ['denɪgreɪtə* / den·ig·rator] *s.* denigratore.

denim ['denɪm] *s.* **1** (*amer.*) denim, tessuto di cotone ritorto **2** *pl.* indumenti (spec. pantaloni) di tale tessuto.

to **denitrate** [di:'ni:treɪt / de·ni·trate] *v.tr.* (*chim.*) denitrare; togliere acido nitrico da.

denitration [,di:ni:'treɪʃn / de·ni·tra·tion] *s.* (*chim.*) denitrazione.

denitrification [,di:ni:trɪfɪ'keɪʃn / de·nit·ri·fica·tion] *s.* (*chim.*) denitrificazione.

to **denitrify** [di:'ni:trɪfaɪ / de·nit·rify] *v.tr.* (*chim.*) denitrificare; togliere azoto da.

denizen ['denɪzn / den·izen] *s.* **1** (*letter.*) cittadino; abitante: *denizens of the forest*, abitanti, ospiti della foresta; *"Pray for me" the denizens of that Mount of Pain all say to him*, (CARLYLE) "Pregate per me" i cittadini di quel Monte di Sofferenza gli dicono tutti **2** (*ant.*) straniero naturalizzato **3** animale, pianta acclimatati **4** parola (straniera) naturalizzata.

to **denominate** [dɪ'nɒmɪneɪt / de·nom·in·ate] *v.tr.* **1** (*form.*) denominare; chiamare **2** (*econ.*) esprimere in una data unità monetaria.

denomination [dɪ,nɒmɪ'neɪʃn / de·nom·ina·tion] *s.* **1** (*form.*) denominazione; nome, definizione: *traitor is the right — for him*, traditore è il nome che gli spetta **2** culto; setta; confessione **3** (*econ.*) taglio (di banconote); valore nominale (di obbligazioni, di titoli del debito pubblico).

denominational [dɪ,nɒmɪ'neɪʃənl / de·nom·ina·tional] *agg.* **1** confessionale; settario **2** (*econ.*) nominale: — *value*, valore facciale, nominale.

denominative [dɪ'nɒmɪnətɪv / de·nom·in·at·ive] *agg.* denominativo.

denominator [dɪ'nɒmɪneɪtə* / de·nom·in·ator] *s.* (*mat.*) denominatore: *the greatest common* —, il massimo comune denominatore.

denotation [,di:nəʊ'teɪʃn / de·no·ta·tion] *s.* **1** denotazione, indicazione **2** significato (di una parola); (*log.*) estensione (di un termine).

denotative [di:'nəʊtətɪv / de·not·at·ive] *agg.* indicativo.

to **denote** [dɪ'nəʊt / de·note] *v.tr.* denotare; significare; indicare: *the sign '+' denotes plus*, il segno '+' indica più; *a cry can often — pleasure*, un grido può spesso significare gioia.

denouement [deɪ'nu:mɑ:ŋ / de·noue·ment] *s.* (*fr.*) scioglimento (di un intreccio), epilogo; finale.

to **denounce** [dɪ'naʊns / de·nounce] *v.tr.* **1** denunciare (un criminale); smascherare (un impostore): *to — s.o. as a coward*, denunciare qlcu. come codardo; *to — s.o. to the authorities*, denunciare qlcu. alle autorità **2** (*fig.*) denunciare, inveire contro, condannare pubblicamente: *in his speech he denounced the corruption of the government*, nel suo discorso denunciò la corruzione del governo **3** (*pol.*) denunciare: *to — a treaty*, denunciare un trattato.

denouncement [dɪ'naʊnsmənt / de·nounce·ment] → **denunciation**.

denouncer [dɪ'naʊnsə* / de·nouncer] *s.* denunciatore, accusatore.

dense [dens] *agg.* **1** denso, spesso, fitto; compatto: *a — fog*, una nebbia fitta; *a — crowd*, una folla compatta; *a — novel*, un romanzo carico di contenuti **2** (*fam.*) ottuso, stupido **3** (*fot.*) scuro, forte, opaco.

densely ['denslɪ / dense·ly] *avv.* **1** densamente: — *populated*, densamente popolato **2** (*fam.*) ottusamente: — *ignorant*, ottuso e ignorante.

denseness ['densnɪs / dense·ness] *s.* **1** densità, compattezza **2** (*fam.*) stupidità, ottusità.

densimeter [den'sɪmɪtə* / densi·meter] *s.* (*chim., fis.*) densimetro.

densitometer [,densɪ'tɒmɪtə* / dens·ito·meter] *s.* (*fis.*) densitometro.

density ['densətɪ / dens·ity] *s.* **1** densità (di popolazione ecc.) // (*stat.*) — *function*, funzione di densità **2** (*fis.*) densità (di gas ecc.) **3** (*elettr.*) intensità **4** (*non com.*) stupidità; ottusità **5** (*fot.*) oscurità, opacità.

dent[1] [dent] *s.* **1** ammaccatura, segno di un colpo: *his car was covered in dents*, la sua automobile era piena di ammaccature // *to make a — in sthg.*, (*fig.*) intaccare qlco. **2** (*fig.*) impressione, effetto.

to **dent**[1] *v.tr.* intaccare; ammaccare ◆ *v.intr.* ammaccarsi.

dent[2] *s.* (*tecn.*) tacca, dente.

dental ['dentl] *agg.* **1** (*anat.*) dentale, dentario: — *arch*, arcata dentaria; — *plaque*, placca dentaria; — *prothesis*, protesi, dentiera; — *plate*, dentiera; — *technician*, odontotecnico **2** (*fon.*) dentale ◆ *s.* (consonante) dentale.

dentary ['dentərɪ / dent·ary] *agg.* (*anat.*) dentario.

dentate ['denteɪt / dent·ate] *agg.* (*biol.*) dentato, dentellato.

dentation [den'teɪʃn / dent·a·tion] *s.* dentellatura.

denterated ['dentə,raɪtɪd / den·ter·ated] *agg.* (*chim.*) denterato.

denteride ['dentə,raɪd / den·ter·ide] *s.* (*chim.*) denteruro.

dentex ['dentɪks / den·tex] *s.* (*zool.*) dentice.

denticle ['dentɪkl / dent·icle] *s.* **1** dentino **2** (*arch.*) dentello.

denticular [den'tɪkjʊlə* / dent·ic·ular]
denticulate [den'tɪkjʊlɪt / dent·ic·ulate]
denticulated [den'tɪkjʊleɪtɪd / dent·ic·ulated] *agg.* dentellato; fornito di dentelli.

denticulation [den,tɪkjʊ'leɪʃn / dent·ic·ula·tion] *s.* (*arch.*) dentellatura.

dentiform ['dentɪfɔ:m / denti·form] *agg.* a forma di dente.

dentifrice ['dentɪfrɪs / den·ti·frice] *s.* (*form.*) dentifricio.

dentil ['dentɪl] *s.* (*arch.*) dentello.

dentin(e) ['denti:n / dent·in(e)] *s.* (*anat.*) dentina.

dentist ['dentɪst / dent·ist] *s.* dentista.

dentistry ['dentɪstrɪ / dent·istry] *s.* odontoiatria.

dentition [den'tɪʃn / den·ti·tion] *s.* (*anat.*) **1** dentizione: *primary, secondary* —, dentizione primaria (da latte), secondaria (permanente) **2** dentatura, denti (*pl.*).

denture ['denʧə* / den·ture] *s.* **1** (*pl.*) dentiera **2** (*rar.*) dentatura.

denudation [,di:nju:'deɪʃn *amer.* ,di:nu:'deɪʃn / de·nuda·tion] *s.* **1** denudazione **2** (*geol.*) denudazione, erosione superficiale.

to **denude** [dɪ'nju:d *amer.* dɪ'nu:d / de·nude] *v.tr.* denudare.

denunciation [dɪ,nʌnsɪ'eɪʃn / de·nun·ci·ation] *s.* **1** denuncia, delazione (di complice, di abuso) **2** (*ant.*) condanna; accusa **3** (*pol.*) denuncia (di tregua, trattato).

denunciator [dɪ'nʌnsɪeɪtə* / de·nun·ci·ator] *s.* (*rar.*) denunciatore.

to **de-nut** ['di:,nʌt] *v.tr.* (*sl.amer.*) castrare.

denutrition [,dɪnju:'trɪʃn *amer.* ,dɪnu:'trɪʃn / de·nu·tri·tion] *s.* denutrizione, malnutrizione.

to **deny** [dɪ'naɪ] *v.tr.* **1** negare; smentire: *I cannot — it*, non posso negarlo; *he denied that he had done it*, negò di averlo fatto; *he denied all knowledge of the robbery*, negò del tutto di essere a conoscenza del furto; *there's no denying that she's very talented*, è innegabile che abbia molto talento **2** non riconoscere; rinnegare: *Peter denied Jesus*, Pietro rinnegò Gesù; *I cannot — my signature*, non posso non riconoscere la mia firma **3** rifiutare, ricusare: *to — sthg. to s.o.* (o *s.o. sthg.*), rifiutare qlco. a qlcu.: *he denied me the opportunity to play in public*, egli mi negò l'opportunità di suonare in pubblico // *to — oneself*, sacrificarsi; *to — oneself sthg.*, privarsi di qlco. // (*dir.*) *to — jurisdiction*, chiedere il regolamento di giurisdizione, di competenza.

deodar ['dɪəʊdɑ:* / de·odar] *s.* (*bot.*) (*Cedrus deodara*) deodara.

deodorant [di:'əʊdərənt / de·odor·ant] *s.* deodorante.

deodorization [di:,əʊdəraɪ'zeɪʃn / de·odor·iza·tion] *s.* deodorazione; deodorizzazione.

to **deodorize** [di:'əʊdəraɪz / de·odor·ize] *v.tr.* **1** privare di odore, deodorare **2** (*chim.*) deodorare, deodorizzare; raffinare: *deodorized cherosene*, cherosene raffinato.

deodorizer [di:'əʊdəraɪzə* / de·odor·izer] *s.* **1** deodorizzatore **2** deodorante.

deodorizing [di:'əʊdəraɪzɪŋ / de·odor·iz·ing] *s.* deodorizzazione.

deontology [,di:ɒn'tɒlədʒɪ / de·onto·logy] *s.* (*fil.*) deontologia.

deoxidation [di:,ɒksɪ'deɪʃn / de·oxid·a·tion] **deoxidization** [di:,ɒksɪdaɪ'zeɪʃn / de·oxid·iza·tion] *s.* disossidazione.

deoxider ['di:ɒk'saɪdə* / de·oxider] *s.* (*chim.*) disossidante.

to **deoxidize** [di:'ɒksɪdaɪz / de·oxid·ize] *v.tr.* disossidare.

to **deoxygenate** [di:'ɒksɪdʒəneɪt / de·oxy·gen·ate] *v.tr.* (*chim.*) deossigenare.

deoxyribonucleic acid [di:'ɒksɪ,raɪbəʊ ŋju:'kli:ɪk'æsɪd / de·oxy·ribo·nucleic acid] *s.* (*biochim.*) acido desossiribonucleico (DNA).

to **depart** [dɪ'pɑ:t / de·part] *v.intr.* **1** partire; andarsene; allontanarsi: *she departs from Victoria Station at ten o'clock*, parte alle dieci dalla Victoria Station; *the river departs from its normal course just before the coast*, il fiume devia dal suo corso normale poco prima della costa **2** (*fig.*) derogare: *to — from a custom*, venir meno a un'abitudine; *to — from one's word, promise*, non mantenere la propria parola, promessa; *to — from one's duty, principles*, venir meno al proprio dovere, ai propri principi **3** (*form.*) dipartire, morire, trapassare: *to — (from) this life*, morire.

departed [dɪ'pɑ:tɪd / de·par·ted] *agg.* **1** passato, svanito: *— glory*, la gloria passata **2** (*form.*) morto ◆ *s.* (*pl.invar.*) defunto: *the —*, il defunto, i defunti.

department [dɪ'pɑ:tmənt / de·part·ment] *s.* **1** reparto; ufficio; sezione, dipartimento // *foreign language —*, dipartimento, facoltà di lingue straniere // (*dir.*) *— of the law*, branca del diritto **2** ministero, dicastero // *— of labor*, (*amer.*) ministero del lavoro // *the War Department*, il Ministero della Guerra **3** (*fig.*) sfera, campo, ambito **4** dipartimento.

departmental [,di:pɑ:t'mentl / de·part·mental] *agg.* dipartimentale; a sezione, a reparti // *— head*, caporeparto.

departmentalism [,dɪpɑ:t'mentəlɪzəm / de·part·ment·al·ism] *s.* settorialismo.

to **departmentalize** [,dɪpɑ:t'mentəlaɪz / de·part·ment·al·ize] *v.tr.* dividere in reparti, dipartimenti.

department store [dɪ'pɑ:tməntstɔ:*] *s.* grande magazzino.

departure [dɪ'pɑ:tʃə* / de·par·ture] *s.* **1** partenza: *— time*, orario di partenza; *to take one's —*, andarsene, congedarsi **2** (*form.*) trapasso, morte **3** scostamento, deviazione; allontanamento (*anche fig.*): *— from a principle*, allontanamento da un principio **4** tendenza, direzione: *a new —*, un nuovo orientamento // (*balistica*) *angle of —*, angolo di proiezione, di tiro **5** (*dir.*) eccezione.

departure point [dɪ'pɑ:tʃə'pɔɪnt] *s.* **1** (*mar.*) posizione di partenza **2** (*aer.*) punto di origine.

to **depasture** [di:'pɑ:stʃə* / de·pas·ture] *v.tr.* brucare (tutta l'erba di un pascolo) ◆ *v.intr.* pascolare.

to **depauperate** [dɪ'pɔ:pəreɪt / de·pauper·ate] *v.tr.* (*rar.*) depauperare, impoverire.

depauperation [dɪ,pɔ:pə'reɪʃn / de·pau·pera·tion] *s.* (*rar.*) impoverimento (di una regione ecc.).

to **depauperize** [,di:'pɔ:pəraɪz / de·pauper·ize] *v.tr.* (*rar.*) **1** trarre dall'indigenza; sollevare (una regione) dall'indigenza **2** depauperare, impoverire.

to **depend** [dɪ'pend / de·pend] *v.intr.* **1** dipendere; essere subordinato: *health depends on good food*, la salute dipende dalla genuinità del cibo; *it all depends* (o *that depends*) *on the circumstances*, dipende dalle circostanze; *it depends on the weather*, dipende dal tempo // *depending on*, secondo, in base a **2** essere a carico (di), dipendere (da): *he depends economically on his father*, dipende economicamente da suo padre; *his problem is that he depends on his mother emotionally*, il suo problema consiste nella sua dipendenza emotiva dalla madre **3** contare, fare assegnamento: *he can never be depended on*, non si può mai far assegnamento su di lui; *I cannot — on his arriving today*, non posso essere sicuro che egli arrivi oggi; *we can no longer — on the police for protection*, non possiamo più far affidamento sulla protezione della polizia // *— (up)on it*, puoi contarci, non c'è dubbio **4** (*gramm.*) dipendere da **5** (*letter.*) *to — from*, pendere da, scendere da.

dependability [dɪ,pendə'bɪlətɪ / de·pend·ab·il·ity] *s.* affidabilità; fiducia: *— of a machine*, affidabilità di una macchina.

dependable [dɪ'pendəbl / de·pend·able] *agg.* fidato, sicuro; affidabile // **-bly** *avv.*

dependableness [dɪ'pendəblnɪs / de·pend·able·ness] *s.* → **dependability**.

dependant [dɪ'pendənt / de·pend·ant] *agg.* e *s.* → **dependent**.

dependence [dɪ'pendəns / de·pend·ence] *s.* **1** dipendenza (*anche dir.*): *— on s.o., sthg.*, dipendenza da qlcu., qlco. **2** fiducia.

dependency [dɪ'pendənsɪ / de·pend·ency] *s.* **1** dipendenza // (*econ.*): *— burden*, familiari a carico; *— benefits*, assegni familiari **2** dipendenza (zona, regione sotto controllo straniero) **3** annessi, dipendenze (di podere, villa) (*pl.*).

dependent [dɪ'pendənt / de·pend·ent] *agg.* dipendente; a carico di: *he is economically — on his father*, è a carico di suo padre; *to be heavily — on*, dipendere in larga misura da // (*mat.*) *— variable*, variabile dipendente // (*gramm.*) *— clause*, proposizione dipendente ◆ *s.* persona a carico.

to **depeople** [dɪ'pi:pl / de·people] *v.tr.* → to **depopulate**.

depersonalization [dɪ,pɜ:sənəlaɪ'zeɪʃn / de·per·son·al·iza·tion] *s.* (*psic.*) depersonalizzazione.

to **depersonalize** [dɪ'pɜ:sənəlaɪz / de·per·son·al·ize] *v.tr.* (*psic.*) spersonalizzare, rendere impersonale.

to **dephase** [di:'feɪz / de·phase] *v.tr.* (*elettr.*) sfasare (la corrente).

to **depict** [dɪ'pɪkt / de·pict] *v.tr.* dipingere (*anche fig.*); descrivere, rappresentare: *his novel depicts Cambridge in the thirties with great accuracy*, il suo romanzo descrive con grande precisione Cambridge negli anni trenta.

depicter [dɪ'pɪktə* / de·pict·er] *s.* pittore; chi descrive; chi rappresenta.

depiction [dɪ'pɪkʃn / de·pic·tion] *s.* pittura; rappresentazione; descrizione.

depictor → **depicter**.

depigmentation [dɪ,pɪgmən'teɪʃn / de·pig·menta·tion] *s.* (*biol.*) depigmentazione.

to **depilate** ['depɪleɪt / de·pil·ate] *v.tr.* depilare.

depilation [,depɪ'leɪʃn / de·pila·tion] *s.* depilazione.

depilatory [dɪpɪlətərɪ *amer.* dɪ'pɪlətɔ:rɪ / de·pil·at·ory] *agg.* e *s.* depilatorio.

to **deplane** [di:'pleɪn / de·plane] *v.intr.* scendere da un aeroplano.

to **deplenish** [dɪ'plenɪʃ / de·plen·ish] *v.tr.* vuotare; sgombrare.

depletable [dɪ'pli:təbl / de·plet·able] *agg.* (*econ.*) esauribile, soggetto a esaurimento; non rinnovabile.

to **deplete** [dɪ'pli:t / de·plete] *v.tr.* **1** vuotare; esaurire (riserve, forze) **2** (*med.*) decongestionare, svuotare **3** (*fis. nucleare*) impoverire.

depletion [dɪ'pli:ʃn / de·ple·tion] *s.* **1** esaurimento; sfruttamento // (*fis. nucleare*) *— of nuclear fuel*, impoverimento del combustibile nucleare **2** (*med.*) deplezione; svuotamento **3** (*econ.*) diminuzione di valore (del capitale ecc.).

deplorable [dɪ'plɔ:rəbl / de·plor·able] *agg.* deplorabile // **-bly** *avv.*

to **deplore** [dɪ'plɔ:* / de·plore] *v.tr.* deplorare; lamentarsi di: *he deplored his fate*, si lamentava della sua sorte.

to **deploy** [dɪ'plɔɪ / de·ploy] *v.tr.* (*mil.*) spiegare; schierare ◆ *v.intr.* spiegarsi, schierarsi.

deployment [dɪ'plɔɪmənt / de·ploy·ment] *s.* (*mil.*) spiegamento; schieramento.

deplumation [,di:plu:'meɪʃn / de·pluma·tion] *s.* (*non com.*) **1** perdita delle penne **2** perdita delle ciglia (per malattia).

to **deplume** [dɪ'plu:m / de·plume] *v.tr.* spennare, spiumare.

depolarization ['di:,pəʊləraɪ'zeɪʃn / de·pol·ar·iza·tion] *s.* (*elettr.*) depolarizzazione.

to **depolarize** [,di:'pəʊləraɪz / de·pol·ar·ize] *v.tr.* (*elettr.*) depolarizzare.

depolarizer [,di:'pəʊləraɪzə* / de·pol·ar·izer] *s.* (*elettr.*) depolarizzatore.

to **depoliticize** [,di:pə'lɪtɪsaɪz / de·pol·iti·cize] *v.tr.* depoliticizzare, spoliticizzare.

to **depollute** [,di:pə'lu:t / de·pol·lute] *v.tr.* disinquinare.

depollution [,di:pə'lu:ʃn / de·pol·lu·tion] *s.* disinquinamento.

to **depone** [dɪ'pəʊn / de·pone] → to **depose**.

deponent [dɪ'pəʊnənt / de·pon·ent] *agg.* (*gramm.*) deponente ◆ *s.* **1** (*gramm.*) verbo deponente **2** (*dir.*) teste, testimone.

to **depopulate** [,di:'pɒpjʊleɪt / de·popu·late] *v.tr.* spopolare ◆ *v.intr.* spopolarsi.

depopulation [di:ˌpɒpjʊ'leɪʃn / de·popu·la·tion] *s.* spopolamento.

to **deport** [dɪ'pɔ:t / de·port] *v.tr.* **1** deportare; esiliare **2** (*form.*) *to — oneself*, comportarsi.

deportation [ˌdi:pɔ:'teɪʃn / de·porta·tion] *s.* deportazione; espulsione.

deportee [ˌdi:pɔ:'ti: / de·portee] *s.* deportato.

deportment [dɪ'pɔ:tmənt / de·port·ment] *s.* **1** portamento **2** (*amer.*) contegno, condotta.

to **depose** [dɪ'pəʊz / de·pose] *v.tr.* e *intr.* **1** deporre, destituire: *to — from the throne, an office*, deporre dal trono, destituire da una carica **2** (*dir.*) deporre, testimoniare, fare una testimonianza (a favore di, contro).

deposit [dɪ'pɒzɪt / de·posit] *s.* **1** (*econ.*, *banca*) deposito, deposito bancario; versamento: *current — account* (amer. *checking —*), deposito in conto corrente; *demand* (o *sight*) —, deposito a vista; *fixed-term* — (o *time* —), deposito vincolato; *saving* —, deposito a risparmio // — *bank*, banca di deposito // — *fund*, fondo (cassa) depositi **2** pegno; cauzione; acconto (di denaro), caparra: *to leave a — on sthg.*, versare una somma in acconto per qlco.; *to leave a sum as* —, lasciare una somma come deposito; *to pay a* —, pagare un acconto, una cauzione // *guarantee* —, deposito cauzionale, cauzione **3** sedimento, deposito: *ore* —, giacimento minerario **4** magazzino, deposito.

to **deposit** *v.tr.* **1** depositare: *you can — your money in the hotel safe*, puoi depositare il denaro nella cassaforte dell'albergo; *to — money in a bank*, depositare, versare denaro in una banca **2** versare come acconto, come cauzione **3** depositare (un sedimento) **4** posare, deporre: *the bus deposited him at the corner*, l'autobus lo depositò all'angolo.

depositary [dɪ'pɒzɪtərɪ / de·pos·it·ary] *s.* depositario.

deposition [ˌdepə'zɪʃn / de·pos·ition] *s.* **1** deposizione (di re) **2** (*arte*) deposizione: *the Deposition from the Cross*, la deposizione dalla Croce **3** (*dir.*) deposizione, testimonianza **4** (*geol.*) sedimentazione.

depositor [dɪ'pɒzɪtə* / de·pos·itor] *s.* depositante (di una banca): *depositor's book*, libretto nominativo (del depositante).

depository [dɪ'pɒzɪtərɪ *amer.* dɪ'pɒzɪtɔ:rɪ / de·pos·it·ory] *s.* **1** (*amer.*) deposito, magazzino **2** depositario.

depot ['depəʊ *amer.* 'di:pəʊ / de·pot] *s.* **1** (*anche mil.*) deposito, magazzino; spaccio **2** (*mil.*) luogo, sede di reclutamento **3** (*amer.*) stazione ferroviaria; stazione degli autobus; rimessa (di autobus).

depravation [ˌdeprə'veɪʃn / de·prava·tion] *s.* depravazione, corruzione (dell'anima, del gusto ecc.).

to **deprave** [dɪ'preɪv / de·prave] *v.tr.* depravare, corrompere.

depraved [dɪ'preɪvd / de·praved] *agg.* depravato, corrotto.

depravity [dɪ'prævətɪ / de·prav·ity] *s.* **1** (stato di) depravazione, pervertimento morale **2** azione depravata.

to **deprecate** ['deprɪkeɪt / de·prec·ate] *v.tr.* **1** (*form.*) disapprovare **2** (*ant.*) deprecare, scongiurare.

deprecating ['deprɪkeɪtɪŋ / de·prec·at·ing] *agg.* disapprovante.

deprecatingly ['deprɪkeɪtɪŋlɪ / de·prec·at·ing·ly] *avv.* con aria, tono di disapprovazione.

deprecation [ˌdeprɪ'keɪʃn / de·pre·ca·tion] *s.* **1** disapprovazione **2** (*ant.*) deprecazione.

deprecative ['deprɪkeɪtɪv / de·prec·at·ive]
deprecatory ['deprɪkətərɪ / de·prec·at·ory] *agg.* **1** che ha aria, tono di disapprovazione **2** di scusa **3** (*ant.*) deprecativo, deprecatorio.

depreciable [dɪ'pri:ʃɪəbl / de·pre·ci·able] *agg.* (*econ.*) deprezzabile; svalutabile; ammortizzabile: — *assets*, costi ammortizzabili.

to **depreciate** [dɪ'pri:ʃɪeɪt / de·pre·ci·ate] *v.tr.* **1** svalutare; deprezzare: *to — in value through usage*, diminuire di valore per effetto dell'uso **2** (*fig.*) deprezzare, sminuire **3** ammortizzare ◆ *v.intr.* svalutarsi; deprezzarsi.

depreciatingly [dɪ'pri:ʃɪeɪtɪŋlɪ / de·pre·ci·at·ing·ly] *avv.* con aria, tono sprezzante.

depreciation [dɪˌpri:ʃɪ'eɪʃn / de·pre·ci·ation] *s.* **1** svalutazione; deprezzamento: *to suffer* (o *to undergo*) *a heavy* —, subire un forte deprezzamento; (*trib.*) — *allowance*, detrazione per deprezzamento **2** ammortamento: *accelerated* —, ammortamento anticipato; — *charge* (o *expense*), quota di ammortamento; *accumulated* —, fondo ammortamento; — *rate*, tasso di ammortamento; *straight-line* —, ammortamento a quote costanti **3** (*fig.*) denigrazione, disprezzo.

depreciative [dɪ'pri:ʃɪeɪtɪv / de·pre·ci·at·ive] *agg.* spregiativo; sprezzante.

depreciator [dɪ'pri:ʃɪeɪtə* / de·pre·ci·ator] *s.* spregiatore; sprezzatore.

depreciatory [dɪ'pri:ʃjətərɪ *amer.* dɪ'pri:ʃjətɔ:rɪ / de·pre·ci·at·ory] *agg.* spregiativo; sprezzante // (*gramm.*) — *suffix*, suffisso peggiorativo.

to **depredate** ['deprɪdeɪt / de·pred·ate] *v.tr.* (*rar.*) depredare.

depredation [ˌdeprɪ'deɪʃn / de·preda·tion] *s.* (*antiq.*) **1** saccheggio, rapina **2** (*mar.*) atto di pirateria.

depredator ['deprɪdeɪtə* / de·pred·ator] *s.* (*antiq.*) rapinatore, predone.

depredatory [dɪ'predətərɪ / dep·red·at·ory] *agg.* caratterizzato da saccheggio, rapina: — *expedition*, spedizione a scopo di rapina.

to **depress** [dɪ'pres / de·press] *v.tr.* **1** deprimere; avvilire; scoraggiare **2** (*comm.*) indebolire, far languire (affari, mercato); far abbassare (i prezzi) **3** premere, schiacciare, comprimere (tasto, pulsante).

depressant [dɪ'presənt / de·press·ant] *agg.* e *s.* (*med.*) sedativo; inibitore.

depressed [dɪ'prest / de·pressed] *agg.* **1** depresso, triste, abbattuto: *he is easily* —, si abbatte facilmente **2** (*econ.*) depresso (di mercato, affari) **3** premuto; schiacciato; abbassato.

depressing [dɪ'presɪŋ / de·press·ing] *agg.* sconfortante, deprimente, triste.

depression [dɪ'preʃn / de·pres·sion] *s.* **1** scoraggiamento, abbattimento **2** (*econ.*) crisi, depressione, slump **3** depressione, abbassamento: *angle of* —, angolo di depressione **4** (*geogr.*, *meteor.*) depressione.

depressive [dɪ'presɪv / de·press·ive] *agg.* **1** deprimente, che deprime **2** depressivo, di, relativo a depressione.

depressor [dɪ'presə* / de·pressor] *s.* **1** (*anat.*) depressore (muscolo, nervo) **2** (*med.*) *tongue* —, abbassalingua **3** (*chim.*) inibitore; catalizzatore negativo.

deprivable [dɪ'praɪvəbl / de·priv·able] *agg.* revocabile.

deprival [dɪ'praɪvəl / de·prival] *s.* privazione.

deprivation [ˌdeprɪ'veɪʃn / de·priva·tion] *s.* **1** privazione; perdita (di diritti ecc.); revoca **2** (*eccl.*) deposizione **3** (*psic.*) deprivazione (affettiva, sensoriale).

to **deprive** [dɪ'praɪv / de·prive] *v.tr.* **1** privare, spogliare: *to — oneself*, imporsi delle privazioni; *to — s.o. of sthg.*, privare qlcu. di qlco. **2** (*eccl.*) sospendere (un sacerdote).

deprived [dɪ'praɪvd / de·prived] *agg.* (socialmente) svantaggiato: — *children*, bambini (socialmente) svantaggiati; *a child from a — home*, un bambino di ambiente familiare socialmente svantaggiato // *the* —, gli svantaggiati; gli emarginati.

depth [depθ] *s.* **1** profondità: *the well is ten feet in* —, il pozzo ha dieci piedi di profondità; *he is a man of great* —, è un uomo assai profondo; *she showed a — of feeling that surprised everyone*, dimostrava una profondità di sentimenti che stupiva tutti // *in* —, (*fig.*) in profondità: *he went into the events of that night in* —, analizzò nei dettagli gli eventi di quella sera // — *interview*, intervista in profondità // (*psic.*) — *psychology*, psicologia del profondo **2** fondo: *to be out of one's* —, non toccare più il fondo (in acqua); (*fig.*) non esser all'altezza; *to be within one's* —, toccare il fondo (in acqua): *to go* (o *get*) *beyond* (o *out of*) *one's* —, arrivare in un punto dove non si tocca più il fondo (in acqua); (*fig.*) uscire dalla propria sfera (di competenza ecc.) **3** altezza (di acqua, neve ecc.): *the snow is two feet in* —, la neve è alta due piedi **4** intensità (di colore) **5** altezza (di suono) **6** (*mar.*) fondale **7** (*gener. pl.*) profondità, abisso (*anche fig.*): *in the depths of despair*, nella disperazione più profonda; *in the depths of one's heart*, nel più profondo del cuore; *in the depth(s) of winter*, nel cuore dell'inverno, in pieno inverno.

depth bomb ['depθˌbɒm] *s.* (*mar.*) bomba di profondità.

depth charge ['depθˌtʃɑ:dʒ] *s.* (*mar.*) carica, bomba di profondità.

depth gauge ['depθˌgeɪdʒ] *s.* (*mecc.*) calibro di profondità.

depthless ['depθlɪs / depth·less] *agg.* insondabile.

depthometer [dep'θɒmɪtə* / depth·o·meter] *s.* misuratore di profondità.

depurant ['depjʊrənt / de·pur·ant] *agg.* e *s.* depurativo.

to **depurate** ['depjʊreɪt / de·pur·ate] *v.tr.* depurare (p.e. il sangue) ◆ *v.intr.* depurarsi.

depuration [ˌdepjʊ'reɪʃn / de·pura·tion] *s.* depurazione.

depurative ['depjʊreɪtɪv / de·pur·at·ive] *agg.* depurativo.

deputation [ˌdepjʊ'teɪʃn / de·pu·ta·tion] *s.* **1** deputazione, il deputare **2** deputazione, delegazione.

to **depute** [dɪ'pju:t / de·pute] *v.tr.* (*form.*) deputare, delegare.

to **deputize** ['depjʊtaɪz / depu·tize] *v.intr.*

sostituire, fare le veci di, fungere da delegato: *the Home Secretary, deputizing for the Prime Minister, replied...*, il Ministro degli Interni, facente le veci del Primo Ministro, rispose ....

deputy ['depjʊtɪ / dep·uty] *s.* **1** deputato, rappresentante **2** delegato, sostituto, supplente, aggiunto // (*dir.*) *by* —, per procura.

deputyship ['depjʊtɪʃɪp / dep·uty·ship] *s.* supplenza; delegazione.

to **deracinate** [dɪ'ræsɪneɪt / de·raci·nate] *v.tr.* sradicare, estirpare (*anche fig.*): *the planets... / divert and crack, rend and deracinate / the unity and married calm of states*, (SH. Troilus and Cressida) i pianeti ... divergono e infrangono, lacerano e sradicano l'unità e il sereno connubio degli stati.

to **derail** [dɪ'reɪl / de·rail] *v.tr.* **1** far deragliare **2** (*fig.*) portare fuori strada, sviare ◆ *v.intr.* deragliare.

derailment [dɪ'reɪlmənt / de·rail·ment] *s.* deragliamento (*anche fig.*).

to **derange** [dɪ'reɪndʒ / de·range] *v.tr.* **1** sconcertare; scompigliare; sconvolgere (salute, spirito, mente ecc.): *to become, to be (mentally) deranged*, diventare, essere pazzo **2** (*non com.*) guastare (una macchina).

derangement [dɪ'reɪndʒmənt / de·range·ment] *s.* **1** scompiglio; sconvolgimento, confusione **2** disordine, alienazione mentale **3** (*non com.*) guasto (a una macchina).

to **derate** [,di:'reɪt / de·rate] *v.tr.* (*trib.*) **1** detassare **2** ridurre, o abolire, le imposte locali sugli immobili.

to **deration** [,di:'ræʃn / de·ra·tion] *v.tr.* togliere il razionamento.

deratization [di:,rætaɪ'zeɪʃn / de·rat·iza·tion] *s.* derattizzazione.

derby ['dɑ:bɪ *amer.* 'dɜ:bɪ] *s.* **1** (*sport*) derby **2** — (*hat*), (*amer.*) bombetta, cappello duro.

deregistration [,dɪredʒɪ'streɪʃn / de·re·gis·tra·tion] *s.* (*dir.*) cancellazione, radiazione da un albo.

to **deregulate** [dɪ'regjʊleɪt / de·reg·ul·ate] *v.tr.* (*econ.*) deregolare, deregolamentare.

deregulation [dɪ,regjʊ'leɪʃn / de·reg·ula·tion] *s.* (*econ.*) deregolamentazione.

derelict ['derɪlɪkt / der·el·ict] *agg.* **1** abbandonato: *a — building*, un edificio abbandonato **2** negligente: *to be — in one's duty*, trascurare il proprio dovere ◆ *s.* **1** persona abbandonata; cosa abbandonata (*anche dir.*) **2** (*mar.*) relitto **3** (*amer.*) persona negligente.

dereliction [,derɪ'lɪkʃn / de·rel·ic·tion] *s.* **1** abbandono // (*dir.*) — *of duty*, abbandono ingiustificato di servizio (da parte di un pubblico ufficiale) **2** il ritirarsi del mare; terra così depositatasi **3** trascuratezza, negligenza.

to **derequisition** ['di:,rekwɪ'zɪʃn / de·re·quis·ition] *v.tr.* (*dir.*) restituire al proprietario (dopo la requisizione), derequisire.

to **derestrict** [,dɪrɪ'strɪkt / de·res·trict] *v.tr.* (*econ.*) liberalizzare.

derestriction-sign [,dɪrɪ'strɪkʃn'saɪn / de·res·tric·tion-sign] *s.* cartello stradale che indica la fine dei limiti di velocità.

to **deride** [dɪ'raɪd / de·ride] *v.tr.* deridere, schernire.

derider [dɪ'raɪdə* / de·rider] *s.* schernitore.

deridingly [dɪ'raɪdɪŋlɪ / de·rid·ing·ly] → **derisively**.

de rigueur [dərɪ'gɜ:*] *agg.* (*fr.*) di rigore: *evening dress is* —, è di rigore l'abito scuro.

derision [dɪ'rɪʒn / de·ri·sion] *s.* **1** derisione: *object of* —, oggetto di scherno **2** (*antiq.*) oggetto di derisione, zimbello.

derisive [dɪ'raɪsɪv / de·ris·ive] *agg.* **1** derisorio: — *laughter*, riso ironico **2** irrisorio: — *offer*, offerta irrisoria.

derisively [dɪ'raɪsɪvlɪ / de·ris·ive·ly] *avv.* derisoriamente, ironicamente.

derisory [dɪ'raɪsərɪ / de·ris·ory] → **derisive** 2.

derivable [dɪ'raɪvəbl / de·riv·able] *agg.* derivabile.

derivate ['derɪveɪt / de·riv·ate] *agg.* derivato: (*econ.*) — *demand*, domanda derivata ◆ *s.* derivato.

derivation [,derɪ'veɪʃn / de·riva·tion] *s.* **1** derivazione, deduzione (di una teoria); etimologia, origine (di una parola) **2** (*mat.*) derivazione.

derivative [dɪ'rɪvətɪv / de·riv·at·ive] *agg.* derivato // **-ly** *avv.*

derivative *s.* **1** derivato (*anche gramm.*) **2** (*chim.*) derivato **3** (*mat.*) derivata: *first* —, derivata prima // (*aer.*): *rotary* —, derivata di rotazione; *stability* —, derivata di stabilità.

to **derive** [dɪ'raɪv / de·rive] *v.tr.* e *intr.* derivare (*anche mat.*): *he derives great pleasure from music*, egli trae molto piacere dalla musica; *the word 'derrick' derives from Derrick, the name of an English hangman*, la parola 'derrick' deriva da Derrick, il nome di un boia inglese.

derived [dɪ'raɪvd / de·rived] *agg.* derivato // (*elettr.*): — *circuit*, circuito derivato; — *current*, corrente derivata.

derm [dɜ:m] **derma** ['dɜ:mə] *s.* (*anat.*) derma SIN. **dermis**.

dermabrasion [,dɜ:mə'breɪʃn / derm·ab·ra·sion] *s.* (*med.*) dermoabrasione.

dermal ['dɜ:məl] *agg.* (*anat.*) cutaneo, dermico: — *bone*, osso dermico, cutaneo SIN. **dermic**.

dermatitis [,dɜ:mə'taɪtɪs / der·ma·titis] *s.* (*med.*) dermatite.

dermato- ['dɜ:mətəʊ] *pref.* di origine greca che indica relazione con la pelle; it. dermato-, dermo-: *dermatopathy*, dermopatia; *dermatophytosis*, dermatomicosi; *dermographia*, dermografia.

dermatologist ['dɜ:mə'tɒlədʒɪst / der·ma·to·logist] *s.* dermatologo.

dermatology [,dɜ:mə'tɒlədʒɪ / der·ma·to·logy] *s.* dermatologia.

dermatome ['dɜ:mətəʊm / der·ma·tome] *s.* **1** (*med., biol.*) dermatomo **2** (*anat.*) dermatoma, dermatomero.

dermatoplasty ['dɜ:mətəʊ,plæstɪ / der·ma·to·plasty] *s.* (*med.*) dermatoplastica.

dermatosclerosis ['dɜ:mətəʊsklɪə'rəʊsɪs / der·ma·to·scler·osis] *s.* (*med.*) sclerodermia.

dermatosis [,dɜ:mə'təʊsɪs / der·ma·to·sis] *s.* (*med.*) dermatosi.

dermic ['dɜ:mɪk] *agg.* (*anat.*) → **dermal**.

dermis ['dɜ:mɪs] *s.* (*anat.*) → **derm**, **derma**.

dermo- ['dɜ:məʊ] → **dermato-**.

dermographia [,dɜ:mə'græfjə / der·mo·graphia] *s.* (*med.*) dermografia.

dermographism [də'mɒgrəfɪzəm / der·mo·graph·ism] *s.* (*med.*) dermografismo.

dermoid [dɜ:mɔɪd / derm·oid] *agg.* (*med.*) dermoide: — *cyst*, cisti dermoide.

dermopteran [dɜ:'mɒptərən / der·mop·teran] *agg.* e *s.* (*zool.*) dermottero.

dern [dɜ:n] *agg.* (*ant.*) scuro, tetro: *if wolves had at thy gate howl'd that dern time...*, (SH. King Lear) se i lupi avessero latrato alla tua porta in quella tetra notte...

to **dern** (*sl. amer.*) → to **damn** 2.

to **derogate** ['derəʊgeɪt / der·og·ate] *v.intr.* (*form.*) **1** derogare: *to — from one's position, dignity*, derogare al proprio rango, alla propria dignità **2** (*ant.*) deprezzare, screditare; sminuire: *to — from a right*, sminuire un diritto ◆ *v.tr.* (*form.*) ridurre l'influenza di; ridimensionare il valore di: *his work has derogated the influence of the structuralist school in criticism*, il suo lavoro ha ridimensionato l'influenza della scuola strutturalista sulla critica letteraria.

derogation [,derəʊ'geɪʃn / de·roga·tion] *s.* **1** derogazione, deroga: — *of a law*, deroga a una legge; (*dir.*) — *of jurisdiction*, deroga della giurisdizione **2** (*ant.*) detrimento; scredito, deprezzamento: *without* — (*from dignity etc.*), senza detrimento (alla dignità ecc.).

derogatory [dɪ'rɒgətərɪ *amer.* dɪ'rɒgətɔ:rɪ / de·rog·at·ory] *agg.* **1** derogatorio **2** sprezzante; spregiativo: *he continued to make — remarks about her family*, continuava a fare commenti sprezzanti sulla sua famiglia; *'frog' is a — word for Frenchman*, 'rana' è un termine spregiativo per indicare i francesi.

derrick ['derɪk / der·rick] *s.* **1** (*edil.*) gru derrick **2** (*ind. miner.*) derrick; torre di sondaggio, di trivellazione **3** (*mar.*) albero da carico, picco da carico: *derricks and rigging*, picchi da carico e attrezzatura **4** (*sl. amer.*) ladro • Dal nome *Derrick* di un noto boia inglese del XVII secolo.

derring-do [,derɪŋ'du:] *s.* audacia, temerarietà.

derringer ['derɪndʒə* / der·rin·ger] *s.* derringer (pistola a canna corta e di grosso calibro).

derv [dɜ:v] *s.* gasolio (per autotrazione) • Da *d(iesel) e(ngined) r(oad) v(ehicle)*, veicolo stradale a motore diesel.

dervish ['dɜ:vɪʃ / der·vish] *s.* derviscio.

desalination [,di:sælɪ'neɪʃn / de·sal·ina·tion] *s.* dissalazione, desalinazione.

to **desalt** [di:'sɒlt / de·salt] *v.tr.* desalificare, dissalare.

to **descale** [,di:'skeɪl / de·scale] *v.tr.* (*tecn.*) disincrostare.

descant ['deskænt / des·cant] *s.* **1** (*mus.*) discanto **2** armonia; melodia; preludio **3** disquisizione; commento.

to **descant** [dɪ'skænt] *v.tr.* **1** (*mus.*) discantare **2** discorrere, dissertare; commentare.

to **descend** [dɪ'send / des·cend] *v.intr.* **1** scendere, discendere: *the lift descended to the ground floor*, l'ascensore è sceso al piano terra; *the path descends to the sea*, il sentiero scende al mare // *to — on s.o.*, calare su, attaccare, assalire qlcu. // *to — to s.o.'s level to doing sthg.*, (*fig.*) abbassarsi al livello di qlcu. a fare qlco. **2** discendere, trarre origine: *to — from s.o.*, discendere da qlcu., trarre origine da qlcu. **3** (*dir.*) passare, trasmettersi (di proprietà, privilegio): *the land had always belonged to the family, descending from father to son*, la proprietà appartenne sempre alla famiglia, passando di padre in figlio ♦ *v.tr.* **1** scendere, discendere: *he descended the stairs, the hill*, scese le scale, la collina **2** discendere da, trarre origine da: *he is descended from a noble family*, discende da una famiglia nobile.

descendable [dɪ'sendəbl / des·cend·able] → **descendible**.

descendance [dɪ'sendəns / des·cend·ance] **descendence** *s.* **1** discendenza, discendenti, posteri **2** discendenza, origine, stirpe.

descendant [dɪ'sendənt / des·cend·ant] **descendent** *s.* discendente: *the descendants*, la discendenza, i posteri.

descendible [dɪ'sendɪbl / des·cend·ible] *agg.* **1** (*dir.*) trasmissibile (di proprietà) **2** (*rar.*) che può discendere.

descending [dɪ'sendɪŋ / des·cend·ing] *agg.* discendente // (*mus.*) — *scale*, scala discendente.

descent [dɪ'sent / des·cent] *s.* **1** discesa, scesa // *the Descent from the Cross*, la Deposizione dalla Croce **2** china, pendio: *a sharp* —, un pendio ripido **3** caduta, abbassamento; rovina **4** incursione; irruzione **5** lignaggio, nascita: *he is a man of noble* —, è un uomo di alto lignaggio, discendenza **6** (*dir.*) trasmissione (di beni) a causa di morte; successione.

describable [dɪ'skraɪbəbl / de·scrib·able] *agg.* descrivibile.

to **describe** [dɪ'skraɪb / de·scribe] *v.tr.* **1** descrivere, raccontare: *can you — it to me?*, potete descrivermelo?; *to — s.o., sthg. as*, rappresentare, descrivere qlcu., qlco. come **2** descrivere, tracciare (cerchio ecc.).

describer [dɪ'skraɪbə* / de·scriber] *s.* descrittore.

description [dɪ'skrɪpʃn / de·scrip·tion] *s.* **1** descrizione: *beyond* —, indescrivibile; (*fig.*) al di là di ogni limite **2** connotati: *to answer to the* —, rispondere ai connotati **3** (*fam.*) genere, specie, tipo: *of any, of this* —, di qualsiasi, di questo genere **4** (*comm.*) causale.

descriptive [dɪ'skrɪptɪv / de·script·ive] *agg.* descrittivo: — *catalogue*, catalogo ragionato; — *geometry, astronomy, linguistics*, geometria, astronomia, linguistica descrittiva // **-ly** *avv.*

to **descry** [dɪ'skraɪ / des·cry] *v.tr.* (*form.*) scorgere; distinguere; riuscire a vedere (specialmente da lontano).

deseasonalization [dɪ'si:zənəlaɪ'zeɪʃn / de·sea·son·al·iza·tion] *s.* (*stat.*) destagionalizzazione.

to **desecrate** ['desɪkreɪt / de·sec·rate] *v.tr.* **1** profanare (*anche fig.*) **2** sconsacrare.

desecration [,desɪ'kreɪʃn / de·sec·ra·tion] *s.* **1** profanazione (*anche fig.*) **2** sconsacrazione.

desecrator ['desɪkreɪtə* / de·sec·rator] *s.* profanatore.

to **desegregate** [,di:'segrɪgeɪt / de·seg·reg·ate] *v.tr.* porre fine alla segregazione razziale in (p.e. una scuola).

desensitization [di:'sensɪtaɪ'zeɪʃn / de·sens·it·iza·tion] *s.* desensibilizzazione.

to **desensitize** [,di:'sensɪtaɪz / de·sens·it·ize] *v.tr.* desensibilizzare.

desensitizer [,di:'sensɪtaɪzə* / de·sens·it·izer] *s.* desensibilizzatore.

desensitizing [,di:'sensɪtaɪzɪŋ / de·sens·it·iz·ing] *agg.* desensibilizzante ♦ *s.* desensibilizzazione.

desert ['dezət / de·sert] *agg.* **1** deserto; desolato: *a — island*, un'isola deserta **2** desertico; arido, sterile: — *climate*, clima desertico.

desert ['dezət / des·ert] *s.* deserto (*anche fig.*) // *the Sahara Desert*, il deserto del Sahara.

to **desert** [dɪ'zɜ:t] *v.tr.* **1** abbandonare (un luogo, un posto, una persona ecc.): *he deserted his wife*, abbandonò sua moglie; *his courage deserted him*, il coraggio l'abbandonò; *the crisis made him — the party*, la crisi gli fece abbandonare il partito **2** (*mil.*) disertare, abbandonare ♦ *v.intr.* (*mil.*) disertare.

deserted [dɪ'zɜ:tɪd / de·serted] *agg.* **1** deserto **2** disertato, abbandonato.

deserter [dɪ'zɜ:tə* / de·serter] *s.* **1** (*mil.*) disertore **2** fedifrago.

deserticolous [,dezə'tɪkələs / de·sert·ic·olous] *agg.* deserticolo.

desertification [dɪ'zɜ:tɪfɪ'keɪʃən / des·ert·ifica·tion] *s.* desertificazione SIN. **desertization**.

desertion [dɪ'zɜ:ʃn / de·ser·tion] *s.* **1** diserzione; defezione **2** abbandono: (*dir.*) — *of child*, abbandono di minore.

desertization [,dezɜ:taɪ'zeɪʃn / de·sert·iza·tion] → **desertification**.

deserts [dɪ'zɜ:ts] *s.pl.* meriti: *to get* (o *to obtain* o *to meet with*) *one's just* —, aver ciò che si merita, essere ricompensato secondo i propri meriti: *he will only get his just* —, ne riceverà solo la giusta ricompensa.

to **deserve** [dɪ'zɜ:v / de·serve] *v.tr.* meritare, essere degno di: *he deserves to be praised*, merita di essere lodato; *he richly deserves it!*, ben gli sta!; *she deserves hanging, to be hanged*, merita l'impiccagione, di essere impiccata ♦ *v.intr.* meritare (di): *he deserves well, ill of them*, merita di essere trattato bene, male da parte loro.

deservedly [dɪ'zɜ:vɪdlɪ / de·ser·ved·ly] *avv.* meritatamente; giustamente; degnamente.

deservedness [dɪ'zɜ:vɪdnɪs / de·ser·ved·ness] *s.* giustizia (di una punizione).

deserving [dɪ'zɜ:vɪŋ / de·ser·ving] *agg.* meritevole, degno: *a — case*, un caso degno di interesse // **-ly** *avv.*

to **desiccate** ['desɪkeɪt / de·sic·cate] *v.tr.* **1** (*form.*) essiccare; seccare **2** (*fam.*) stagionare (legname).

desiccation [,desɪ'keɪʃn / de·sic·ca·tion] *s.* (*form.*) **1** essiccazione **2** (*geogr.*) inaridimento.

desiccative [de'sɪkətɪv / de·sic·cat·ive] *agg.* (*form.*) essiccativo ♦ *s.* (*form.*) disseccante, essiccante.

desiccator ['desɪkeɪtə* / de·sic·cator] *s.* essiccatore.

to **desiderate** [dɪ'zɪdəreɪt / de·sid·er·ate] *v.tr.* (*rar.*) **1** sentire la mancanza di **2** desiderare, considerare come desiderabile.

desiderative [dɪ'zɪdərətɪv / de·sid·er·at·ive] *agg.* che esprime desiderio, desiderativo; (*gramm.*) ottativo.

desideratum [dɪ,zɪdə'reɪtəm / de·sid·er·atum] *pl.* **desiderata** [dɪ,zɪdə'reɪtə / de·sid·er·ata] *s.* desiderata (*pl.*); richiesta, cosa desiderata.

design [dɪ'zaɪn / de·sign] *s.* **1** piano, progetto: *have you brought with you the designs of the new factory?*, avete con voi i progetti del nuovo stabilimento? **2** [U] design, progettazione; forma; costruzione; tipo: *motor of faulty* —, motore di costruzione difettosa; *a ship of outstanding* —, una nave dalla linea eccezionale // *interior* —, arredamento, progettazione d'interni; *machine* —, progetto di macchine // — *engineer*, tecnico progettista **3** (*comm.*) modello: *have you seen our latest designs?*, avete visto i nostri ultimi modelli? **4** disegno; motivo: *decorative* —, ornato; *machine* —, disegno meccanico **5** (*fig.*) intenzione, scopo, proposito, intento; *pl.* mire: *by accident or* —, per caso o di proposito; *with this* —, con questo scopo; *I was unable to carry out my* —, fui incapace di realizzare il mio progetto; *to have designs on s.o., sthg.*, avere delle mire su qlcu., qlco. **6** (*dir.*) dolo **7** (*inform.*) configurazione; struttura; (IBM) strutturazione: — *automation*, automazione dei progetti; — *file*, file di strutturazione.

to **design** *v.tr.* **1** progettare, pensare, studiare (per un determinato scopo): *a book especially designed for schools*, un libro appositamente studiato per le scuole; *he designed a series of experiments to test the gorilla's intelligence*, ha messo a punto una serie di esperimenti per verificare l'intelligenza del gorilla **2** progettare, ideare, fare il progetto, il disegno di: *who designed the new Town Hall?*, chi ha progettato il nuovo municipio?; *she designs all her own dresses*, disegna i modelli di tutti i suoi abiti **3** (*fig.*) progettare; escogitare, proporsi di **4** (*ant.*) designare: *since we cannot atone you, we shall see / justice design the victor's chivalry*, (SH. Richard II) poiché non possiamo riconciliarvi, provvederemo a che il giudizio divino designi con la vittoria il vero cavaliere ♦ *v.intr.* **1** fare progetti, disegni **2** (*ant.*) intrigare.

designate ['dezɪgneɪt / des·ig·nate] *agg.* designato: *bishop* —, vescovo designato.

to **designate** *v.tr.* **1** designare, nominare: *to — s.o. as* (o *for*) *one's successor*, nominare qlcu. proprio successore; *to — s.o. to an office*, designare qlcu. a un ufficio **2** (*form.*) indicare, mostrare: *the dotted line designates the country's border*, la linea tratteggiata indica il confine di stato.

designation [,dezɪg'neɪʃn / des·ig·na·tion] *s.* designazione.

designedly [dɪ'zaɪnɪdlɪ / de·sign·edly] *avv.* apposta, con intenzione, deliberatamente.

designer [dɪ'zaɪnə* / de·signer] *s.* **1** progettista, designer; modellista **2** (*dress*) —, stilista; costumista **3** disegnatore grafico **4** (*ant.*) intrigante ♦ *agg. attr.* firmato, di marca, d'autore: — *jeans*, jeans firmati, d'autore.

desilverization [,dɪsɪlvəraɪ'zeɪʃn / de·sil·ver·iza·tion] *s.* (*chim.*) disargentazione.

to **desilverize** [,di:'sɪlvəraɪz / de·sil·ver·ize] *v.tr.* (*metall.*) disargentare (specialmente il piombo).

desipience [dɪ'sɪpɪəns / de·sip·ience] *s.* (*form.*) insipienza; fatuità.

desirability [dɪ,zaɪərə'bɪlətɪ / de·sir·ab·il·ity] *s.* **1** l'essere desiderabile **2** attrattiva (di donna).

desirable [dɪ'zaɪərəbl / de·sir·able] *agg.* **1** desiderabile; attraente; piacevole: *a — residence*, una casa desiderabile **2** desiderabile, consigliabile: *a degree in economics is —*, la laurea in economia è titolo preferenziale ◆ *s.* cosa, persona desiderabile // **-bly** *avv.*

desirableness [dɪ'zaɪərəblnɪs / de·sir·able·ness] → **desirability**.

desire [dɪ'zaɪə* / de·sire] *s.* desiderio; brama; passione; voglia: *consumed with —*, consumato dal desiderio; *to have a — to do sthg.*, aver desiderio di fare qlco. // *at* (o *by*) *s.o.'s —*, secondo il desiderio di qlcu. // *you are my heart's —*, sei la persona che desidero.

to **desire** *v.tr.* **1** desiderare fortemente; volere, aver voglia di: *he desired happiness above all things*, desiderava la felicità più di ogni altra cosa; *to — to do sthg.*, desiderare di fare qlco. // *it leaves much* (o *a lot* o *a great deal*) *to be desidered*, lascia molto a desiderare **2** (*antiq.*) domandare, chiedere: *to — s.o. to do sthg.*, pregare qlcu. di fare qlco.; *to — sthg. of s.o.*, chiedere qlco. a qlcu.

desirous [dɪ'zaɪərəs / de·sir·ous] *agg.* (*form.*) desideroso: *to be — of sthg., of doing sthg.*, desiderare qlco., di fare qlco.

to **desist** [dɪ'zɪst / de·sist] *v.intr.* desistere, cessare: *the judge informed them that they should — from demonstrating outside the embassy*, il giudice li informò che dovevano cessare di manifestare davanti all'ambasciata; *to — from sthg.*, rinunciare a qlco.

desistance [dɪ'zɪstəns / de·sist·ance] *s.* (*dir.*) *— from a suit*, remissione di causa.

desk [desk] *s.* **1** scrivania, scrittoio: *— lamp*, lampada da tavolino; *teacher's —*, cattedra (di insegnante) // *— research*, ricerca a tavolino // (*amm.*) *— audit*, verifica delle mansioni esecutive // *— jockey*, (*amer.*) impiegato d'ufficio // (*inform.*): *— checking*, controllo del programma; *— management*, gestione di ufficio; *— set*, posto di prenotazione **2** banco; (*comm.*) cassa: *information —*, banco informazioni; *reception —*, reception; *pay at the —*, pagate alla cassa **3** (*amer.*) redazione (di un giornale): *city —*, redazione della cronaca **4** (*amer.*) podio, pulpito.

deskbound ['desk,baʊnd / desk·bound] *agg.* relegato a un lavoro sedentario.

desk clerk ['desk'klɑ:k *amer.* 'desk'klɜ:k] *s.* (*amer.*) addetto alla ricezione SIN. **receptionist**.

desktop ['desktɒp / desk·top] *s.* piano della scrivania // *— computer*, computer da tavolo; personal computer ◆ *agg. attr.* che utilizza un personal computer, fatto col personal computer: *— publishing*, editoria da tavolo, videoimpaginazione.

desktopper ['desk,tɒpə* / desk·top·per] *s.* (*inform.*) unità da ufficio, da tavolo.

deskwork ['deskwɜ:k / desk·work] *s.* (*spec. spreg.*) lavoro di ufficio.

desman ['desmən / des·man] *s.* (*zool.*) (*Desmana moschata*) desman, miogale; (*Galemys pyrenaicus*) galemide dei Pirenei.

desolate ['desələt / des·ol·ate] *agg.* **1** desolato; sconsolato **2** solitario, abbandonato; deserto, devastato (di luogo).

to **desolate** ['desəleɪt] *v.tr.* **1** rendere triste, affliggere (una persona): *she was desolated by the news of his death*, era afflitta dalla notizia della sua morte **2** devastare, spopolare, rendere un luogo inabitabile **3** (*rar.*) abbandonare, lasciar solo.

desolately ['desələtlɪ / des·ol·ate·ly] *avv.* desolatamente.

desolation [,desə'leɪʃn / des·ola·tion] *meno com.* **desolateness** ['desələtnɪs / des·ol·ate·ness] *s.* **1** desolazione; devastazione (di un paese vinto ecc.): *the fighting brought — to millions of homes*, la guerra portò la desolazione in milioni di case **2** miseria; disperazione: *the — of the times*, la miseria dei tempi.

desolator ['desəleɪtə* / des·ol·ator] *s.* desolatore.

to **desorb** [di:'sɔ:b / de·sorb] *v.tr.* (*chim.*, *fis.*) desorbire.

desorption [di:'sɔ:pʃn / de·sorp·tion] *s.* (*chim.*, *fis.*) desorbimento, disassorbimento; deadsorbimento.

despair [dɪ'speə* / des·pair] *s.* disperazione: *he is the — of his parents*, è la disperazione dei suoi genitori; *to be in —*, essere disperato; *to drive s.o. to —*, spingere qlcu. alla disperazione; *to give way to —*, abbandonarsi alla disperazione.

to **despair** *v.intr.* disperare: *to — of doing sthg.*, disperare di fare qlco.; *the doctors — of saving his life*, i dottori disperano di salvargli la vita; *his life is despaired of*, si dispera della sua vita.

despairing [dɪ'speərɪŋ / des·pair·ing] *agg.* disperato; che fa disperare: *a — tone*, un tono disperato.

despairingly [dɪ'speərɪŋlɪ / des·pair·ing·ly] *avv.* disperatamente, senza speranza.

(to) **despatch** → (to) **dispatch**.

desperado [,despə'rɑ:dəʊ / des·per·ado] *pl.* **desperado(e)s** *s.* **1** uomo capace di tutto; disperato; bandito; furfante; fuorilegge **2** (*sl. amer.*) chi scommette al di sopra delle proprie possibilità.

desperate ['despərət / des·per·ate] *agg.* **1** disperato; senza speranza; disperante: *a — case*, un caso disperato; *a — illness*, una malattia inguaribile; *the situation has became —*, la situazione è senza speranza **2** disperato, in preda alla disperazione: *he was — over his exam failure*, era disperato per l'insuccesso del suo esame; *to become* (o *grow*) *—*, cadere in preda alla disperazione **3** disperato; estremo; accanito: *a — struggle*, una lotta disperata; *they put up a — resistance*, opposero un'accanita resistenza; *— energy*, la forza della disperazione; *I'm — for a drink*, (*fam.*) ho un bisogno estremo, disperato di bere qualcosa // *— cases require — remedies*, a mali estremi, estremi rimedi.

desperately ['despərətlɪ / des·per·ate·ly] *avv.* **1** disperatamente, con disperazione **2** terribilmente **3** furiosamente; accanitamente; a oltranza.

desperateness ['despərətnɪs / des·per·ate·ness] *s.* disperazione; stato disperato; accanimento.

desperation [,despə'reɪʃn / des·pera·tion] *s.* disperazione: *to drive s.o. to —*, spingere qlcu. alla disperazione.

despicability [,despɪkə'bɪlɪtɪ / de·spic·ab·il·ity] *s.* spregevolezza.

despicable [dɪ'spɪkəbl / de·spic·able] *agg.* disprezzabile; spregevole, meschino // **-ness** *s.* // **-bly** *avv.*

despisable [dɪ'spaɪzəbl / des·pis·able] → **despicable**.

despisal [dɪ'spaɪzəl / des·pisal] *s.* disprezzo.

to **despise** [dɪ'spaɪz / des·pise] *v.tr.* disprezzare.

despiser [dɪspaɪzə* / des·piser] *s.* sprezzatore, chi disprezza.

despisingly [dɪ'spaɪzɪŋlɪ / des·pis·ing·ly] *avv.* con disprezzo.

despite [dɪ'spaɪt / des·pite] *prep.* a dispetto di; malgrado; nonostante: *they were good friends — the difference of their views*, erano buoni amici nonostante avessero opinioni diverse; *in — of*, a dispetto di; *in his own —*, (*ant.*) suo malgrado; *then, — himself he stood up and objected*, allora, suo malgrado si alzò ed espresse la sua obiezione.

despite *s.* **1** (*ant.*) dispetto; ripicca **2** (*letter.*) avversione; rancore.

despiteful [dɪ'spaɪtfʊl / des·pite·ful] *agg.* (*ant.*) dispettoso; perfido; maligno // **-ly** *avv.*

despitefulness [dɪ'spaɪtfʊlnɪs / des·pite·ful·ness] *s.* (*ant.*) dispetto; odio; malignità; perfidia.

to **despoil** [dɪ'spɔɪl / de·spoil] *v.tr.* (*form.*) spogliare; saccheggiare: *to — s.o. of sthg.*, spogliare qlcu. di qlco.; *to — a tomb*, saccheggiare una tomba.

despoiler [dɪ'spɔɪlə* / de·spoil·er] *s.* saccheggiatore; spogliatore.

despoilment [dɪ'spɔɪlmənt / de·spoil·ment] **despoliation** [dɪ,spəʊlɪ'eɪʃn / de·spo·li·ation] *s.* (*form.*) spoliazione; depredazione, saccheggio.

despond [dɪs'pɒnd / des·pond] *s.* (*ant.*) disperazione; abbattimento; scoraggiamento.

to **despond** *v.intr.* scoraggiarsi; lasciarsi abbattere.

despondency [dɪ'spɒndənsɪ / des·pond·ency] *s.* scoraggiamento; sconforto; abbattimento.

despondent [dɪ'spɒndənt / des·pond·ent] *agg.* scoraggiato; abbattuto; depresso.

despondently [dɪ'spɒndəntlɪ / des·pond·ent·ly] **despondingly** [dɪ'spɒndɪŋlɪ / des·pond·ing·ly] *avv.* con aria scoraggiata, abbattuta.

despot ['despɒt / des·pot] *s.* tiranno; despota (*anche fig.*).

despotic [de'spɒtɪk / des·potic] *agg.* dispotico; arbitrario // **-ally** *avv.*

despotism ['despɒtɪzəm / des·pot·ism] *s.* dispotismo.

despumation [,despjʊ'meɪʃn / de·spuma·tion] *s.* (*antiq.*) **1** schiumatura **2** rimozione delle impurità (da un liquido).

to **desquamate** ['deskwəmeɪt / de·squam·ate] *v.intr.* squamarsi.

desquamation [,deskwə'meɪʃn / de·squama·tion] *s.* desquamazione.

dessert [dɪ'zɜ:t / des·sert] *s.* dessert, frutta, dolce (a fine pasto); (*amer.*) torte, budini: *at —*, alla frutta // *— wine*, vino dolce, da dessert.

dessertspoon [dɪ'zɜ:tspu:n / des·sert·spoon] *s.* cucchiaio da dessert.

to **destabilize** [di:'steɪbɪlaɪz / de·sta·bil·ize] *v.tr.* destabilizzare.

destabilizing [di:ˈsteɪbɪlaɪzɪŋ / de·stab·il·iz·ing] *agg.* destabilizzante.

desterilization [ˌdɪsterəlaɪˈzeɪʃn / de·ster·il·iza·tion] *s.* desterilizzazione: (*econ.*) — *of gold*, desterilizzazione dell'oro.

destination [ˌdestɪˈneɪʃn / des·tina·tion] *s.* destinazione: *to reach one's* —, arrivare a destinazione // (*dir.*) — *contract*, contratto di compravendita con passaggio del rischio al momento della consegna.

to **destine** [ˈdestɪn / des·tine] *v.tr.* **1** (*antiq.*) destinare, indirizzare: *he destined his son for the law*, destinò suo figlio allo studio della legge **2** essere destinato; avere come destinazione: *he was destined to the navy*, era destinato a entrare in marina; *the plane was destined for Nairobi*, l'aereo aveva come destinazione Nairobi; *we were destined never to meet again*, eravamo destinati a non incontrarci più // *to be destined for a place*, (*letter.*) essere diretto a un luogo.

destiny [ˈdestɪnɪ / des·tiny] *s.* **1** destino; sorte; fato **2** (*mit.*): *Destiny*, il Destino; *the Destinies*, le Parche.

destitute [ˈdestɪtju:t *amer.* ˈdestɪtu:t / des·ti·tute] *agg.* (*form.*) **1** destituito, privo: — *of common sense*, privo di senso comune **2** indigente; povero // *the* —, gli indigenti.

destitution [ˌdestɪˈtju:ʃn *amer.* ˌdestɪˈtu:ʃn / des·ti·tu·tion] *s.* **1** povertà; miseria; privazione **2** (*ant.*) destituzione; sospensione dall'impiego.

destocking [dɪˈstɒkɪŋ / de·stock·ing] *s.* (*amm.*) alleggerimento delle scorte.

to **destroy** [dɪˈstrɔɪ / des·troy] *v.tr.* **1** distruggere; sterminare; demolire **2** uccidere; abbattere (un animale) **3** rendere inutile, annullare l'effetto di.

destroyable [dɪˈstrɔɪəbl / des·troy·able] *agg.* distruggibile.

destroyer [dɪstrɔɪə* / des·troyer] *s.* **1** distruttore **2** (*mar.*) cacciatorpediniere // — *tender*, nave appoggio per cacciatorpediniere.

destructible [dɪˈstrʌktəbl / de·struct·ible] *agg.* distruttibile.

destruction [dɪˈstrʌkʃn / de·struc·tion] *s.* **1** distruzione; sterminio // (*dir. brit.*) *child* —, aborto illegale **2** rovina: *gambling was his* —, il gioco fu la sua rovina.

destructive [dɪˈstrʌktɪv / de·struct·ive] *agg.* distruttivo; rovinoso ♦ *s.* (*non com.*) persona o cosa che mira alla distruzione // **-ly** *avv.*

destructiveness [dɪˈstrʌktɪvnɪs / de·struct·ive·ness] *s.* **1** potenza distruttiva **2** mania distruttiva.

destructor [dɪˈstrʌktə* / de·structor] *s.* **1** distruttore **2** (*tecn.*) inceneritore (di rifiuti) **3** (*mil.*) dispositivo di autodistruzione (p.e., di un missile che non segue la traiettoria prevista).

desuetude [dɪˈsju:ɪtju:d *amer.* dɪˈsju:ɪtu:d / de·suet·ude] *s.* **1** (*form.*) disuso: *to fall into* —, cadere in disuso **2** (*dir.*) desuetudine.

desulphurization [di:ˌsʌlfəraɪˈzeɪʃn / de·sul·phur·iza·tion] *s.* (*chim.*) desolforazione.

to **desulphurize** [di:ˈsʌlfəraɪz / de·sul·phur·ize] *v.tr.* (*chim.*) desolforare, togliere lo zolfo a.

desultorily [ˈdesəltərɪlɪ *amer.* ˈdesəltɔ:rɪlɪ / des·ul·tor·ily] *avv.* saltuariamente; sconnessamente; senza ordine, senza metodo.

desultoriness [ˈdesəltərɪnɪs / des·ul·tori·ness] *s.* discontinuità; sconnessione; mancanza di metodo.

desultory [ˈdesəltərɪ *amer.* ˈdesəltɔ:rɪ / des·ul·tory] *agg.* saltuario; irregolare; sconnesso: — *reading*, letture saltuarie.

to **detach** [dɪˈtætʃ / de·tach] *v.tr.* **1** staccare, distaccare, separare (*anche fig.*): *you can* — *the handle from the knife*, è possibile staccare il manico del coltello; *slowly he detached himself from the crowd of reporters*, lentamente riuscì ad allontanarsi dalla folla di reporter **2** (*mil.*) distaccare (truppe, navi ecc.).

detachability [dɪˌtætʃəˈbɪlɪtɪ / de·tach·ab·il·ity] *s.* possibilità di separare, di smontare (le parti di una macchina ecc.).

detachable [dɪˈtætʃəbl / de·tach·able] *agg.* staccabile; smontabile.

detachableness [dɪˈtætʃəblnɪs / de·tach·able·ness] → **detachability**.

detached [dɪˈtætʃt / de·tached] *agg.* **1** disinteressato; distaccato; libero, senza pregiudizi: *a* — *mind*, una mente libera da pregiudizi; *a* — *opinion*, un'opinione disinteressata, imparziale; *a* — *view*, un punto di vista obiettivo **2** (*non com.*) distaccato, separato; isolato: *a* — *group of buildings*, un gruppo isolato di edifici // (*mil.*) — *post*, posto distaccato // *to live* — *from the world*, vivere lontano dal mondo.

detached house [dɪˈtætʃthaʊs] *s.* casa, villetta unifamiliare.

detachedly [dɪˈtætʃtlɪ / de·tached·ly] *avv.* **1** con aria distaccata; in modo imparziale **2** separatamente; isolatamente.

detachedness [dɪˈtætʃtnɪs / de·tached·ness] *s.* **1** distacco; imparzialità **2** separazione; isolamento.

detachment [dɪˈtætʃmənt / de·tach·ment] *s.* **1** distacco; separazione // (*med.*) *retinal* —, distacco della retina **2** (*fig.*) distacco; disinteressamento; indifferenza **3** libertà (dello spirito, della mente); imparzialità **4** (*mil.*) distaccamento: *on* —, distaccato.

detail [ˈdi:teɪl *amer.* dɪˈteɪl / de·tail] *s.* **1** particolare; dettaglio: *in* —, dettagliatamente; *but that's a* —*!*, ma è una minuzia!; *to go* (o *to enter*) *into details*, entrare nei particolari; *his pictures show great attention to* —, i suoi quadri mostrano una grande cura del particolare, dei particolari; *he had prepared everything down to the last* —, aveva preparato ogni cosa fino all'ultimo dettaglio // (*inform.*): — *file*, archivio movimenti; — *record*, registrazione di movimenti **2** (*mil.*) distaccamento; piccola azione; *pl.* ordine del giorno: *war of* —, guerriglia **3** (*amer.*) piccolo gruppo **4** (*mecc.*) pezzo componente.

to **detail** *v.tr.* **1** esporre minuziosamente, raccontare punto per punto: *to* — *the facts*, descrivere minutamente i fatti **2** (*mil.*) distaccare: *to* — *s.o. for a duty*, distaccare qlcu. per un servizio.

detailed [ˈdi:teɪld *amer.* dɪˈteɪld / de·tailed] *agg.* particolareggiato, dettagliato: — *account*, un rapporto particolareggiato.

to **detain** [dɪˈteɪn / de·tain] *v.tr.* **1** trattenere; detenere; custodire **2** far ritardare: *the bad weather detained him*, è stato trattenuto, ritardato dal cattivo tempo.

detainee [ˌdi:teɪˈni: / de·tainee] *s.* confinato; detenuto; fermato.

detainer [dɪˈteɪnə* / de·tainer] *s.* (*dir.*) **1** detenzione (di persona o cosa); detenzione illegale di cose **2** ordine di detenzione; ordine di incarcerazione.

detainment [dɪˈteɪnmənt / de·tain·ment] *s.* detenzione; (*dir.*) arresto.

to **detect** [dɪˈtekt / de·tect] *v.tr.* **1** scoprire; scovare: *to* — *s.o. in the act*, sorprendere qlcu. sul fatto **2** intravvedere; percepire, discernere **3** (*rad.*) rivelare.

detectable [dɪˈtektəbl / de·tect·able] **detectible** [dɪˈtektɪbl / de·tect·ible] *agg.* scopribile; discernibile, distinguibile.

detection [dɪˈtekʃn / de·tec·tion] *s.* **1** scoperta; *to escape* —, sfuggire alla ricerca **2** investigazione (criminale) **3** (*rad.*, *fis.*) rivelazione: *particles* —, rivelazione di particelle.

detective [dɪˈtektɪv / de·tect·ive] *agg.* rivelatore (di apparecchio) ♦ *s.* investigatore; detective, agente investigativo (della polizia): *private* —, investigatore privato // — *novel*, romanzo poliziesco.

detector [dɪˈtektə* / de·tector] *s.* **1** chi scopre; inventore **2** (*fis.*, *rad.*) detector, rivelatore // *lie* —, rivelatore di bugie, macchina della verità // *metal* —, cercametalli // *mine* —, cercamine **3** (*elettr.*) galvanometro direzionale.

detent [dɪˈtent / de·tent] *s.* (*mecc.*) **1** dente d'arresto, fermo **2** cricchetto.

detente [deɪˈtɑ:nt / de·tente] *s.* (*pol.*) distensione.

detention [dɪˈtenʃn / de·ten·tion] *s.* **1** detenzione, prigionia; (*dir.*) arresto, fermo // — *camp*, campo di internamento; — *centre*, casa di correzione; (*mil.*) — *barracks*, prigione militare **2** punizione scolastica (che consiste nell'essere trattenuti a scuola dopo la fine delle lezioni) **3** ritardo inevitabile **4** detenzione, possesso; (*dir.*) detenzione (di una somma dovuta): *the* — *of alcohol is not allowed*, non è consentito il possesso di bevande alcoliche.

to **deter** [dɪˈtɜ:* / de·ter] *pass.p.p.* **deterred** [dɪˈtɜ:d / de·terred] *v.tr.* trattenere; scoraggiare; fermare, impedire: *nothing will* — *him*, nulla lo tratterrà; *to* — *s.o. from doing sthg.*, trattenere con la paura qlcu. dal fare qlco.

to **deterge** [dɪˈtɜ:dʒ / de·terge] *v.tr.* (*antiq.*) detergere (ferita ecc.).

detergent [dɪˈtɜ:dʒənt / de·ter·gent] *agg.* e *s.* detergente.

to **deteriorate** [dɪˈtɪərɪəreɪt / de·teri·or·ate] *v.tr.* deteriorare, guastare; deprezzare ♦ *v.intr.* deteriorarsi, peggiorare; deprezzarsi.

deterioration [dɪˌtɪərɪəˈreɪʃn / de·teri·ora·tion] *s.* deterioramento.

deteriorative [dɪˈtɪərɪəˌreɪtɪv / de·teri·or·at·ive] *agg.* (*non com.*) deteriorante.

determent [dɪˈtɜ:mənt / de·ter·ment] *s.* impedimento, freno.

determinable [dɪˈtɜ:mɪnəbl / de·ter·min·able] *agg.* **1** determinabile **2** (*dir.*) risolvibile (di contratto) // — *interest*, diritto condizionato.

determinant [dɪˈtɜ:mɪnənt / de·ter·min·ant] *agg.* determinante ♦ *s.* **1** causa determinante **2** (*mat.*) determinante: — *of a matrix*, determinante di una matrice.

determinate [dɪˈtɜ:mɪnət / de·ter·min·ate] *agg.* (*non com.*) **1** determinato; preciso; definito; definitivo **2** determinato, risoluto (*anche dir.*) // **-ly** *avv.*

to **determinate** [dɪ'tɜːmɪneɪt] → to **determine**.

determinateness [dɪ'tɜːmɪnətnɪs / de·ter·min·ate·ness] *s.* determinatezza, risolutezza.

determination [dɪ,tɜːmɪ'neɪʃn / de·ter·mina·tion] *s.* **1** decisione, determinazione, risoluzione, deliberazione: *to come to a —*, arrivare a una decisione **2** decisione, determinazione, risolutezza: *air of —*, aria risoluta **3** determinazione (di data ecc.); delimitazione (di frontiera) // *quantity —*, dosaggio (di ingredienti) // (*fis.*) *specific gravity —*, determinazione del peso specifico **4** (*dir.*) — *of a contract*, annullamento di un contratto.

determinative [dɪ'tɜːmɪnətɪv *amer.* dɪ'tɜːmɪneɪtɪv / de·ter·min·at·ive] *agg.* **1** determinativo, che determina **2** (*ling.*) determinativo ◆ *s.* (*ling.*) determinante.

to **determine** [dɪ'tɜːmɪn / de·ter·mine] *v.tr.* **1** determinare, fissare: *circumstances may — a man's character*, le circostanze determinano talvolta il carattere dell'uomo **2** (IV) far decidere, spingere a: *his attitude determined me to change my job*, il suo atteggiamento mi ha spinto a cambiar lavoro **3** stabilire esattamente: *to — the meaning of a word*, stabilire il significato di una parola **4** (*dir.*) sciogliere, porre termine a (contratto, accordo ecc.) ◆ *v.intr.* **1** decidere: *to — to do* (o *on doing*) *sthg.*, decidere di fare qlco.; *he determined to become managing director before he was forty*, ha deciso di diventare amministratore delegato prima di aver compiuto quarant'anni **2** (*dir.*) risolversi, giungere a risoluzione (di contratto, accordo ecc.).

determined [dɪ'tɜːmɪnd / de·ter·mined] *agg.* **1** fermo, deciso, risoluto: *to be — to do sthg.*, essere deciso a fare qlco.; *to be — on sthg.*, volere assolutamente qlco. **2** stabilito, fissato.

determinedly [dɪ'tɜːmɪndlɪ / de·ter·mined·ly] *avv.* risolutamente.

determiner [dɪ'tɜːmɪnə* / de·ter·miner] *s.* (*ling.*) determinante.

determinism [dɪ'tɜːmɪnɪzəm / de·ter·min·ism] *s.* (*fil.*) determinismo.

determinist [dɪ'tɜːmɪnɪst / de·ter·min·ist] *s.* (*fil.*) determinista.

deterrence [dɪ'terəns / de·ter·rence] *s.* deterrenza; il distogliere col timore.

deterrent [dɪ'terənt / de·ter·rent] *agg.* deterrente, che trattiene, che dissuade ◆ *s.* deterrente; azione, fatto che trattiene, dissuade: *to act as a — to a crime*, agire da deterrente contro il crimine; *the nuclear —*, il deterrente nucleare.

detersion [dɪ'tɜːʃn / de·ter·sion] *s.* (*rar.*) detersione.

detersive [dɪ'tɜːsɪv / de·ters·ive] *agg.* e *s.* detersivo.

to **detest** [dɪ'test / de·test] *v.tr.* (II) detestare, odiare: *she detests him*, lo detesta; *I — being interrupted*, non sopporto di essere interrotto.

detestable [dɪ'testəbl / de·test·able] *agg.* detestabile, odioso // **-ness** *s.* // **-bly** *avv.*

detestation [,diːte'steɪʃn / de·testa·tion] *s.* **1** odio: *to hold sthg. in —*, detestare qlco. **2** (*non com.*) cosa, persona odiosa; orrore, abominio.

detester [dɪ'testə* / de·test·er] *s.* chi detesta; chi aborrisce.

to **dethrone** [dɪ'θrəʊn / de·throne] *v.tr.* detronizzare (*anche fig.*).

dethronement [dɪ'θrəʊnmənt / de·throne·ment] *s.* deposizione (dal trono).

detinue ['detɪnjuː / det·inue] *s.* (*dir.*) detenzione illegale: *action of —*, azione di rivendicazione.

to **detonate** ['detəneɪt / det·on·ate] *v.intr.* detonare ◆ *v.tr.* fare detonare.

detonating ['detəneɪtɪŋ / det·on·at·ing] *agg.* e *s.* detonante: *— mixture*, miscela detonante.

detonation [,detə'neɪʃn / det·ona·tion] *s.* detonazione.

detonator ['detəneɪtə* / det·on·ator] *s.* **1** detonatore **2** esplosivo da innesco **3** (*ferr.*) petardo, detonatore.

to **detort** [dɪ'tɔːt / de·tort] *v.tr.* (*ant.*) detorcere.

detour, **détour** ['diː,tʊə* *amer.* dɪ'tʊə* / de·tour] *s.* giro, via tortuosa; deviazione (d'itinerario): *to make a —*, fare una deviazione.

to **detour** *v.tr.* e *intr.* (*amer.*) (far) deviare (circolazione).

to **detoxicate** [diː'tɒksɪkeɪt / de·tox·ic·ate] *v.tr.* (*med.*) disintossicare.

detoxification [dɪ'tɒksɪfɪ'keɪʃn / de·toxi·fica·tion] *s.* (*med.*) disintossicazione.

detoxifier [dɪ'tɒksɪfaɪə* / de·tox·ifier] *s.* (*med.*) disintossicante.

to **detoxify** [dɪ'tɒksɪfaɪ / de·tox·ify] *v.tr.* (*med.*) disintossicare.

to **detract** [dɪ'trækt / de·tract] *v.intr.* diminuire, limitare (qlco.): *to — from s.o.'s merits*, diminuire i meriti di qlcu.; *the poor acoustics did not — from his pleasure in playing before an audience again*, la cattiva acustica non limitava il suo piacere di suonare ancora davanti al pubblico ◆ *v.tr.* detrarre: *to — expenses*, detrarre le spese.

detraction [dɪ'trækʃn / de·trac·tion] *s.* **1** denigrazione; diffamazione **2** (*ant.*) detrazione.

detractive [dɪ'træktɪv / de·tract·ive] *agg.* (*non com.*) diffamatorio; che toglie, che diminuisce, che detrae.

detractor [dɪ'træktə* / de·tractor] *s.* detrattore; denigratore.

to **detrain** [diː'treɪn / de·train] *v.tr.* e *intr.* (far) scendere dal treno (p.e. truppe).

detriment ['detrɪmənt / det·ri·ment] *s.* detrimento; danno: *to the — of*, a detrimento, danno di; *without — to*, senza pregiudizio, danno per.

detrimental [,detrɪ'mentl / det·ri·mental] *agg.* dannoso, nocivo; pregiudizievole (*anche dir.*) // **-ly** *avv.*

detrital [dɪ'traɪtl / de·trital] *agg.* (*geol.*) detritico: *— sediment*, sedimento detritico.

detritus [dɪ'traɪtəs / de·tritus] *s.* ⓤ (*geol.*) detrito, detriti.

to **detrude** [dɪ'truːd / de·trude] *v.tr.* (*letter.*) detrudere, cacciar giù con forza.

detumescence [,diːtjuː'mesns / de·tumes·cence] *s.* (*med.*) detumescenza.

to **detune** [diː'tjuːn / de·tune] *v.tr.* (*rad.*) disintonizzare.

deuce[1] [djuːs *amer.* duːs] *s.* **1** due (di dadi, carte, domino); paio di carte **2** (*tennis*) 40 pari **3** (*sl. amer.*) condanna a due anni di carcere.

deuce[2] *s.* (*sl. antiq.*) diavolo: *go to the —!*, va' al diavolo!; *what the — does he mean?*, che diavolo vuol dire? // *he is the — of a liar*, è un bugiardo matricolato // *it's snowing like the —*, nevica che Dio la manda // *to play the — with s.o., sthg.*, rovinare qlcu., guastare qlco. ◆ *inter.* (*antiq.*) diavolo!, diamine!

deuced [djuːst *amer.* duːst] *agg.* (*sl. antiq.*) maledetto; diabolico; tremendo: *— hurry*, fretta dannata; *what — weather!*, che tempo da lupi! ◆ *avv.* (*sl. antiq.*) diabolicamente; tremendamente // **-ly** *avv.*

to **deurbanize** [,diː'ɜːbənaɪz / de·urban·ize] *v.tr.* deurbanizzare.

deuterium [djuː'tɪərɪəm / deu·ter·ium] *s.* (*chim.*) deuterio // *— oxide*, ossido di deuterio, acqua pesante.

deuterogamist [,djuːtə'rɒgəmɪst / deu·tero·gam·ist] *s.* (*dir.*) chi contrae un secondo matrimonio dopo la morte del primo coniuge.

deuterogamy [,djuːtə'rɒgəmɪ / deu·tero·gamy] *s.* (*dir.*) il contrarre un secondo matrimonio dopo la morte del primo coniuge.

deuteron ['djuːtərən / deu·teron] *s.* (*fis.*) deuterone, deutone.

Deuteronomy [,djuːtə'rɒnəmɪ / Deu·tero·nomy] *s.* (*Bibbia*) Deuteronomio.

to **devaluate** [,diː'væljʊeɪt / de·valu·ate] *v.tr.* (*econ.*) → to **devalue**.

devaluation [,diːvæljʊ'eɪʃn / de·valu·ation] *s.* (*econ.*) svalutazione: *competitive —*, svalutazione competitiva; *— of inventory*, svalutazione del magazzino.

to **devalue** ['diː'væljuː / de·value] *v.tr.* **1** (*econ.*) svalutare (la moneta) **2** sottovalutare.

to **devastate** ['devəsteɪt / dev·ast·ate] *v.tr.* devastare, distruggere; rovinare (*anche fig.*): *the war had devastated the whole country*, la guerra aveva devastato l'intero paese; *she was devastated by the news of her father's death*, la notizia della morte del padre la distrusse.

devastating ['devəsteɪtɪŋ / dev·ast·at·ing] *agg.* **1** rovinoso; devastante: *she destroyed their explanation with one — remark*, con una osservazione demolì la loro spiegazione **2** (*fam.*) grave, sconvolgente; fatale.

devastatingly ['devəsteɪtɪŋlɪ / dev·ast·at·ing·ly] *avv.* da morire: *— funny*, (*fam.*) maledettamente spassoso.

devastation [,devə'steɪʃn / dev·asta·tion] *s.* **1** devastazione; rovina **2** (*dir.*) dilapidazione.

devastator ['devəsteɪtə* / dev·ast·ator] *s.* devastatore.

to **develop** [dɪ'veləp / de·velop] *v.intr.* svilupparsi; evolversi; trasformarsi; ampliarsi: *plants — from seeds*, le piante si sviluppano dai semi; *the story developed in the author's mind*, il racconto si sviluppò, prese forma nella mente dell'autore; *our friendship developed over the months*, la nostra amicizia si sviluppò, crebbe nel corso dei mesi; *his character is developing*, il suo carattere si sta formando; *seeds — into plants*, i semi diventano piante; *his cold has developed into bronchitis*, il suo raffreddore si è trasformato in bronchite; *the government's difficulties developed into a full -blown political crisis*, le difficoltà del governo si trasformarono, degenerarono in una vera e propria crisi politica ◆ *v.tr.* **1** sviluppare, ampliare (*anche fig.*); (*inform.*) creare, elaborare (un programma): *to — a business*, far crescere un'azienda; *to — an idea*, sviluppare un'idea; *to — a project*, elaborare un progetto **2** valorizzare; dare sviluppo a: *to — a district, a site*, valorizzare un distretto, un'area (con costruzioni ecc.) **3** sviluppare, generare: *to — heat*, generare calore **4** acquisire; sviluppare (gusto, simpatia ecc.): *he developed a taste for Chinese food only recently*, solo di recente ha cominciato a gustare la cucina cinese; *he developed a dislike for the Democrats*, non gli piacciono più, gli sono diventati antipatici i Democratici; *to — a tendency to*, sviluppare, rivelare una tendenza verso **5** contrarre (una malattia) **6** (*fot., mat.*) sviluppare.

developable [dɪ'veləpəbl / de·vel·op·able] *agg.* sviluppabile: (*mat.*) *a — surface*, una superficie sviluppabile.

developed [dɪ'veləpt / de·vel·oped] *agg.* sviluppato: *highly* (o *fully*) —, molto sviluppato; — *economy*, economia sviluppata // (*ind. miner.*) — *reserves*, riserve a vista, misurate.

developer [dɪ'veləpə* / de·vel·oper] *s.* **1** (*fot., chim.*) sviluppatore, rivelatore **2** chi sviluppa (idee, progetti ecc.); chi fa gli esecutivi, esecutivista (di bozzetti ecc.) **3** operatore immobiliare; società immobiliare **4** *late* —, individuo (spec. bambino) in ritardo con lo sviluppo fisico o mentale.

developing [dɪ'veləpɪŋ / de·vel·op·ing] *s.* **1** sviluppo; valorizzazione; sfruttamento **2** (*fot.*) sviluppo.

development [dɪ'veləpmənt / de·vel·op·ment] *s.* **1** sviluppo, evoluzione; accrescimento (del corpo, delle facoltà ecc.): *the latest developments of the situation*, gli ultimi sviluppi della situazione; *to await further developments*, aspettare gli ulteriori sviluppi (della situazione) **2** sviluppo, valorizzazione, messa in valore (di una regione ecc.) // (*econ.*): — *area*, area di sviluppo (economico); — *planning*, pianificazione per lo sviluppo; — *policy*, politica di sviluppo **3** area di sviluppo urbano **4** (*fot., mus.*) sviluppo **5** (*miner.*) preparazione; spiegamento // — *drift*, galleria di tracciamento **6** apertura (di paracadute).

developmental [dɪ,veləp'mentl / de·vel·op·mental] *agg.* inerente allo sviluppo: — *crisis*, crisi evolutiva; — *psychology*, psicologia dell'età evolutiva.

to **devest** [dɪ'vest] → to **divest**.

deviance ['di:vjəns / de·vi·ance] **deviancy** ['di:vjənsɪ / de·vi·ancy] *s.* devianza.

deviant ['di:vjənt / de·vi·ant] amer. **deviate** ['di:vɪɪt / de·vi·ate] *agg.* (*psic.*) anormale; deviante: — *behaviour*, comportamento deviante ◆ *s.* (*psic.*) **1** individuo anormale **2** pervertito sessuale.

to **deviate** ['di:vɪeɪt] *v.intr.* deviare ◆ *v.tr.* far deviare, deviare.

deviation [,di:vɪ'eɪʃn / de·vi·ation] *s.* **1** deviazione, scarto: — *of the compass*, deviazione della bussola **2** **11**(*fig.*) traviamento **3** (*mecc.*) scostamento (dalle dimensioni nominali) **4** (*mar.*) dirottamento (di nave).

deviationism [,di:vɪ'eɪʃənɪzəm / de·vi·ation·ism] *s.* (*pol.*) deviazionismo.

deviationist [,di:vɪ'eɪʃənɪst / de·vi·ation·ist] *s.* (*pol.*) deviazionista.

deviator ['di:vɪeɪtə* / de·vi·ator] *s.* deviatore.

device [dɪ'vaɪs / de·vice] *s.* **1** mezzo, espediente; stratagemma, trovata **2** (*spec. pl.*) inclinazione: *to leave s.o. to his own devices*, lasciare qlcu. a se stesso, libero di agire come vuole **3** (*tecn.*) dispositivo, congegno; (*fam.*) aggeggio **4** (*inform.*) dispositivo; (attrezzatura) periferica: — *control unit*, controllore di periferiche; *dumb* —, apparecchiatura periferica **5** (*arald.*) divisa, emblema, stemma.

devil ['devl] *s.* diavolo, demonio: *she-* —, diavolessa; *to cast out a* —, esorcizzare un demonio; — *worship*, demonolatria // — *'s bones*, dadi; — *'s book*, carte da gioco; — *'s tattoo*, il tamburellare (con dita o piedi); *printer's* —, apprendista di tipografia, fattorino // *to renounce the Devil and all his works*, (Bibbia) rinunciare a Satana e a tutte le sue pompe // *to paint the — blacker than he is*, dipingere il diavolo più brutto di quello che è // *to send s.o. to the* —, mandare qlcu. al diavolo; *go to the —!*, (*fam.*) vai al diavolo! // *the — take him!*, (*antiq.*) il diavolo se lo porti! // *talk of the — and he's sure to appear*, parli del diavolo e spuntano le corna; lupus in fabula // *to be between the — and the deep* (*blue*) *sea*, essere fra l'incudine e il martello // *better the — you know than the — you don't*, chi lascia la strada vecchia per quella nuova...; è meglio sapere di che morte si deve morire // *there is the — to pay*, (*fam.*) guai in vista; saranno guai!; *to have the luck of the* —, (*fam.*) avere molta fortuna // *to play the* —, fare il diavolo a quattro; *to play the* (*very*) — *with s.o., sthg.*, fare molto male a qlcu., rovinare qlco. // *you little* —, *you've broken my window*, tu, piccola peste, mi hai rotto la finestra; *a poor* —, *a silly* —, *a lucky* —, un povero diavolo, uno sciocco, un tipo fortunato // *he is a — of a man*, è un furbacchione, è uno che la sa lunga // *what the — are you doing?*, che diavolo stai facendo? // *to give the — his due...*, per rendergli giustizia..., a onor del vero... // *to work like the* —, lavorare come un dannato // *the — of a mess*, un pasticcio infernale // *go on, be a —!*, (*fam.*) suvvia, fai uno strappo! // *getting him to work it's the very* —, farlo lavorare è un'impresa quasi impossibile.

to **devil** *pass.p.p.* **devilled** ['devld / dev·illed] *v.tr.* **1** cuocere alla graticola con spezie **2** tormentare, importunare ◆ *v.intr.* (*fam.*) far pratica (nello studio di un avvocato).

devil-dodger ['devl,dɒdʒə*] *s.* (*sl.*) prete.

devil fish ['devlfɪʃ] *s.* (*zool.*) **1** (*Manta birostris*) manta, diavolo di mare, razza cornuta **2** polpo.

devilish ['devlɪʃ / dev·il·ish] *agg.* diabolico; infernale: *a — plan*, un piano diabolico; *it's — cold*, (*fam.*) fa un freddo del diavolo.

devilishly ['devlɪʃlɪ / dev·il·ish·ly] *avv.* diabolicamente; maledettamente.

devilishness ['devlɪʃnɪs / dev·il·ish·ness] *s.* natura diabolica.

devilism ['devɪlɪzəm / dev·il·ism] *s.* (*rar.*) satanismo.

devil-may-care [,devlmeɪ'keə*] *agg.* strafottente.

devilment ['devlmənt / dev·il·ment] **devilry** ['devlrɪ / dev·ilry] *s.* diavoleria: *to be full of* —, avere il diavolo in corpo.

devil's bit ['devlzbɪt] *s.* (*bot.*) (*Scabiosa succisa*) morso del diavolo.

devil's coach-horse [,devlz'kəʊtʃ,hɔ:s] *s.* (*zool.*) (*Staphylinus olens*) stafilino odoroso.

devil's milk ['devlz,mɪlk] *s.* (*bot. pop.*) euforbia → **spurge**.

devil's walking stick [,devlz'wɔ:kɪŋ,stɪk] *s.* (*bot. pop.*) aralia spinosa → **angelica**.

devious ['di:vjəs / de·vi·ous] *agg.* **1** tortuoso, serpeggiante **2** (*fig.*) indiretto, tortuoso; ambiguo, equivoco: *he came up with a very — explanation*, se ne venne fuori con una spiegazione molto ambigua, poco chiara **3** (*non com.*) remoto, fuori mano.

deviously ['di:vjəslɪ / de·vi·ous·ly] *avv.* in modo tortuoso, indiretto; ambiguamente; in modo equivoco.

deviousness ['di:vjəsnɪs / de·vi·ous·ness] *s.* **1** tortuosità (*anche fig.*) **2** ambiguità, modi subdoli (*pl.*).

devisable [dɪ'vaɪzəbl / de·vis·able] *agg.* **1** immaginabile **2** (*dir.*) (bene immobile) trasmissibile (per testamento).

devise [dɪ'vaɪz / de·vise] *s.* (*dir.*) **1** disposizione testamentaria circa beni immobili **2** legati di immobili.

to **devise** *v.tr.* **1** escogitare; progettare, combinare (un progetto); inventare (un piano, un mezzo) **2** (*dir.*) disporre per testamento (beni immobili); legare.

devisee [,devɪ'zi: / de·visee] *s.* (*dir.*) legatario, erede.

deviser [dɪ'vaɪzə* / de·viser] *s.* inventore; ideatore.

devisor [dɪ'vaɪzə* / de·visor] *s.* (*dir.*) testatore.

devitalization [di:,vaɪtəlaɪ'zeɪʃn *amer.* di:,vaɪtəlɪ'zeɪʃn / de·vi·tal·iza·tion] *s.* (*med.*) devitalizzazione.

to **devitalize** [di:'vaɪtəlaɪz / de·vi·tal·ize] *v.tr.* **1** (*med.*) devitalizzare **2** indebolire.

to **devitrify** [,di:'vɪtrɪfaɪ / de·vit·rify] *v.tr.* (*chim.*) devetrificare.

devoid [dɪ'vɔɪd / de·void] *agg.* privo, sprovvisto.

devoir [də'vwɑ:*] *s.* (*ant.*) **1** dovere **2** *pl.* ossequi: *to pay one's devoirs to s.o.*, porgere i propri ossequi a qlcu.

to **devolute** ['devəlju:t / de·vol·ute] *v.tr.* (*rar.*) devolvere.

devolution [,di:və'lu:ʃn *amer.* ,devə'lu:ʃn / de·volu·tion] *s.* **1** (*pol.*) delegazione del potere; trasmissione (di carica); decentramento amministrativo **2** (*dir.*) devoluzione, trasmissione (di beni) **3** (*biol.*) degenerazione; degradazione; involuzione.

to **devolve** [dɪ'vɒlv / de·volve] *v.tr.* trasmettere; trasferire: *to — authority, power to* (o *upon*) *s.o., sthg.*, trasferire l'autorità, il potere a qlcu., qlco. ◆ *v.intr.* **1** trasferirsi; cadere; incombere: *the decision whether to investigate or not devolved on the Attorney General*, la decisione di aprire o no un'inchiesta cadde sul Procuratore Generale **2** (*dir.*) passare di proprietà: *the house will — upon him*, erediterà lui la casa.

Devonian [de'vəʊnjən / Dev·on·ian] *agg.* **1** devoniano, del Devon **2** (*geol.*) devoniano ◆ *s.* **1** abitante del Devon **2** (*geol.*) (periodo) devoniano.

to **devote** [dɪ'vəʊt / de·vote] *v.tr.* **1** dedicare, consacrare: *he devoted his life to music, to helping the poor*, dedicò la vita alla musica, ad aiutare i poveri; *she devoted herself to study*, si dedicò allo studio; *to — one's time to sthg.*, dedicare il proprio tempo a qlco. **2** (*non com.*) votare, condannare alla rovina.

devote *agg.* (*ant.*) destinato: *a world devote to universal wrack*, (MILTON) un mondo destinato alla rovina universale.

devoted [dɪ'vəʊtɪd / de·voted] *agg.* **1** devoto: *— friend*, amico devoto; *she is — to research*, si dedica completamente alla ricerca **2** (*non com.*) votato (a morte, rovina).

devotedly [dɪ'vəʊtɪdlɪ / de·voted·ly] *avv.* devotamente.

devotee [,devəʊ'ti: / de·votee] *s.* **1** devoto; fedele **2** fanatico, appassionato.

devotion [dɪ'vəʊʃn / de·vo·tion] *s.* **1** devozione; dedizione: *— to science*, dedizione alla scienza **2** (*gener. pl.*) devozione, preghiera: *to be at one's devotions*, stare pregando, stare dicendo le proprie preghiere.

devotional [dɪ'vəʊʃənl / de·vo·tional] *agg.* devoto, religioso, pio: *— exercises*, pratiche religiose.

devotionally [dɪ'vəʊʃnəlɪ / de·vo·tional·ly] *avv.* con devozione.

to **devour** [dɪ'vaʊə* / de·vour] *v.tr.* **1** divorare (*anche fig.*): *the lion devoured the deer*, il leone divorò il cervo; *to — a book*, divorare un libro; *devoured by terror*, in preda al terrore; *he devoured her with his eyes*, se la mangiava con gli occhi **2** dilapidare, mandare in rovina: *to — a fortune*, dilapidare una fortuna **3** distruggere: *the fire devoured ten square miles of forest*, il fuoco distrusse dieci miglia quadrate di foresta.

devourer [dɪ'vaʊərə* / de·vour·er] *s.* chi divora.

devouring [dɪ'vaʊərɪŋ / de·vour·ing] *agg.* **1** vorace **2** (*fig.*) divorante: *a — passion*, una passione divorante.

devouringly [dɪ'vaʊərɪŋlɪ / de·vour·ing·ly] *avv.* voracemente.

devout [dɪ'vaʊt / de·vout] *agg.* **1** devoto, pio **2** fervente, sincero: *a — supporter of the cause*, un fervente sostenitore della causa // **-ly** *avv.*

devoutness [dɪ'vaʊtnɪs / de·vout·ness] *s.* devozione, pietà.

dew [dju: *amer.* du:] *s.* **1** rugiada: *grass wet with —*, erba bagnata di rugiada // *mountain —*, (*fam.*) whiskey distillato illegalmente in montagna **2** (*fig.*) freschezza.

to **dew** *v.tr.* **1** bagnare di rugiada **2** imperlare; ingemmare, cospargere: *eyes dewed with tears*, occhi bagnati di lacrime ◆ *v.intr.* formarsi (di rugiada).

dewan [dɪ'wɑ:n / de·wan] *s.* alto funzionario ministeriale (in India).

dewberry ['dju:berɪ / dew·berry] *s.* (*bot.*) mora selvatica.

dew-claw ['dju:klɔ:] *s.* sperone, nodello (di cane, gallo ecc.).

dewdrop ['dju:drɒp / dew·drop] *s.* goccia di rugiada.

dewfall ['dju:fɔ:l *amer.* 'du:fɔ:l / dew·fall] *s.* il formarsi della rugiada.

dewiness ['dju:ɪnɪs / dewi·ness] *s.* **1** l'essere rugiadoso **2** (*estens.*) freschezza.

dewlap ['dju:læp *amer.* 'du:læp / dew·lap] *s.* **1** giogaia (di buoi e altri animali) **2** (*fam.*) doppio mento.

dewlapped ['dju:læpt *amer.* 'du:læpt / dew·lap·ped] *agg.* **1** fornito di giogale **2** con il doppio mento.

dew-point ['dju:pɔɪnt *amer.* 'du:pɔɪnt] *s.* (*fis.*) punto di rugiada, temperatura di condensazione.

dew-worm ['dju:wɜ:m *amer.* 'du:wɜ:m] *s.* (*zool.*) lombrico → **earthworm**.

dewy ['dju:ɪ *amer.* 'du:ɪ] *agg.* rugiadoso.

dewy-eyed ['dju:ɪ,aɪd *amer.* 'du:ɪ,aɪd] *agg.* **1** dagli occhi luccicanti **2** (*estens.*) ingenuo, innocente.

dexter ['dekstə* / dex·ter] *agg.* **1** (*non com.*) destro **2** (*arald.*) destro (di scudo).

dexterity [dek'sterətɪ / dex·ter·ity] *s.* destrezza.

dexterous ['dekstərəs / dex·ter·ous] *agg.* destro; abile // **-ly** *avv.*

dexterousness ['dekstərəsnɪs / dex·ter·ous·ness] *s.* destrezza.

dextral ['dekstrəl / dex·tral] *agg.* destro; (*zool.*) destrorso.

dextrality [dek'strælɪtɪ / dex·tral·ity] *s.* (*fisiologia*) destrismo.

dextran ['dekstræn / dex·tran] *s.* (*chim.*) destrano.

dextrin ['dekstrɪn / dex·trin] *s.* (*biochim.*) destrina.

dextrocardia [,dekstrəʊ'kɑ:dɪə / dex·tro·car·dia] *s.* (*anat.*) destrocardia.

dextrorotatory ['dekstrəʊ,rəʊtə'tɔ:rɪ / dex·tro·ro·tat·ory] *agg.* destrogiro.

dextrorsal [dek'strɔ:səl / dex·trors·al]
dextrorse [dek'strɔ:s / dex·trorse] *agg.* (*bot.*) destrorso.

dextrose ['dekstrəʊz *amer.* 'dekstrəʊs / dex·trose] *s.* (*chim.*) destrosio.

dextrotropic [,dekstrəʊ'trɒpɪk / dex·tro·tropic] *agg.* (*biol.*) destrorso.

dextrous ['dekstrəs / dex·trous] *agg.* destro; abile // **-ly** *avv.*

dextrousness ['dekstrəsnɪs / dex·trous·ness] *s.* destrezza.

dhobi ['dəʊbɪ] *s.* (*angloindiano*) lavandaio.

dhoti ['dəʊtɪ] *s.* sorta di perizoma portato dagli indiani.

d(h)ow [daʊ] *s.* (*mar.*) sambuco.

di- [daɪ, dɪ] *pref.* di origine greca che significa 'due', 'doppio'; it. di-, bi-: *dibasic*, dibasico; *diatomic*, biatomico.

diabase ['daɪəbeɪs / dia·base] *s.* (*geol.*) diabase.

diabetes [,daɪə'bi:ti:z / dia·betes] *s.* (*med.*) diabete: *— insipidus, mellitus*, diabete insipido, mellito.

diabetic [,daɪə'betɪk / dia·betic] *agg.* (*med.*) diabetico: *— coma*, coma diabetico; *— acidosis*, acidosi diabetica ◆ *s.* (*med.*) diabetico.

diablerie [dɪ'ɑ:blərɪ / di·ab·lerie] *s.* (*antiq.*) **1** diavoleria **2** negromanzia.

diabolic(al) [,daɪə'bɒlɪk(l) / dia·bol·ic(al)] *agg.* diabolico // **-ally** *avv.*

diabolism [daɪ'æbəlɪzəm / di·ab·ol·ism] *s.* **1** arte diabolica, magia nera **2** culto del diavolo.

diachronic [,daɪə'krɒnɪk / dia·chronic] *agg.* (*ling.*) diacronico.

diacid [daɪ'æsɪd / di·acid] *s.* (*chim.*) acido diprotico.

diaconal [daɪ'ækənl / di·ac·onal] *agg.* (*eccl.*) diaconale.

diaconate [daɪ'ækənɪt / di·ac·on·ate] *s.* (*eccl.*) diaconato.

diacritic(al) [,daɪə'krɪtɪk(l) / dia·critic, dia·crit·ical] *agg.* diacritico: *— marks*, segni diacritici.

diadelphous [,daɪə'delfəs / di·adelph·ous] *agg.* (*bot.*) diadelfo.

diadem ['daɪədem / dia·dem] *s.* diadema.

diademed ['daɪədemd / dia·demed] *agg.* cinto di diadema.

diadem spider ['daɪədem'spaɪdə*] *s.* ragno crociato.

diaeresis [daɪ'ɪərɪsɪs / di·aer·esis] *pl.* **diaereses** [daɪ'ɪərɪsi:z] *s.* dieresi.

diagenesis [daɪə'dʒenɪsɪs / dia·gen·esis] *s.* (*geol.*) diagenesi.

to **diagnose** ['daɪəgnəʊz *amer.* 'daɪəgnəʊs / dia·gnose] *v.tr.* diagnosticare ◆ *v.intr.* fare una diagnosi.

diagnosis [,daɪəg'nəʊsɪs / dia·gnosis] *pl.* **diagnoses** [,daɪəg'nəʊsi:z] *s.* diagnosi: *antenatal, clinical —*, diagnosi prenatale, clinica.

diagnostic [,daɪəg'nɒstɪk / dia·gnostic] *agg.* diagnostico: (*med.*) *— test, check*, esame, controllo diagnostico; (*inform.*) *— program*, programma di diagnosi // **-ally** *avv.*

to **diagnosticate** [,daɪəg'nɒstɪkeɪt / dia·gnost·ic·ate] *v.tr.* (*med.*) diagnosticare ◆ *v.intr.* (*med.*) fare una diagnosi.

diagnostician [,daɪəgnɒ'stɪʃn / dia·gnos·ti·cian] *s.* diagnostico.

diagnostics [,daɪəg'nɒstɪks / dia·gnost·ics] *s.* [U] (*med.*) diagnostica.

diagonal [daɪ'ægənl / di·ag·onal] *agg.* e *s.* diagonale: (*mat.*) *— of a matrix*, diagonale di una matrice // **-ly** *avv.*

diagram ['daɪəgræm / dia·gram] *s.* diagramma, schema; grafico: *scattered —*, diagramma a dispersione; *block —*, diagramma a blocchi, schema funzionale; (*metall.*) *constitution —*, diagramma di stato.

diagrammatic [,daɪəgrə'mætɪk / dia·gram·matic] *agg.* diagrammatico; (*stat.*) *— map*, cartogramma // **-ally** *avv.*

diagraph ['daɪə,græf / dia·graph] *s.* rapportatore.

dial ['daɪəl] *s.* **1** quadrante (di strumento di misura) **2** (*rad.*) scala parlante **3** (*tel.*) disco combinatore: *— telephone*, telefono automatico **4** (*compass*) *—*, rosa dei venti **5** (*sun-*) *—*, meridiana **6** (*inform.*) tasto, scala graduata, quadrante **7** (*sl.*) faccia, muso.

to **dial** *pass.p.p.* **dialled** ['daɪəld / di·alled] *v.tr.* **1** comporre, fare il numero telefonico di; chiamare al telefono: *to — the police*, telefonare alla polizia **2** (*rad.*) sintonizzarsi su (una stazione) **3** misurare (con uno strumento munito di quadrante).

dialect ['daɪəlekt / dia·lect] *s.* dialetto.

dialectal [,daɪə'lektl / dia·lectal] *agg.* dialettale // **-ly** *avv.*

dialectic [,daɪə'lektɪk / dia·lec·tic] *agg.* (*fil.*) dialettico ◆ *s.* (*fil.*) dialettica.

dialectical [,daɪə'lektɪkl / dia·lect·ical] *agg.* (*fil.*) dialettico // **-ly** *avv.*

dialectician [,daɪəlek'tɪʃn / dia·lec·ti·cian] *s.* **1** (*fil.*) dialettico **2** dialettologo, studioso di dialetti.

dialectics [,daɪə'lektɪks / dia·lec·tics] *s.* U (*fil.*) dialettica.

dialectologist [,daɪəlek'tɒlədʒɪst / dia·lecto·lo·gist] *s.* dialettologo, studioso di dialetti.

dialectology [,daɪəlek'tɒlədʒɪ / dia·lecto·logy] *s.* dialettologia, studio dei dialetti.

dial gauge ['daɪəl,geɪdʒ] *s.* (*mecc.*) comparatore.

diallage [daɪ'æləgɪ / dial·lage] *s.* (*min.*) diallagio.

dialling code ['daɪəlɪŋ,kəʊd] *s.* codice, prefisso telefonico.

dialling tone ['daɪəlɪŋ,təʊn] *s.* (*tel.*) segnale (acustico) di linea libera.

to **dialog** (*amer.*) → to **dialogue**.

dialog box ['daɪəlɒg,bɒks] *s.* (*inform.*) finestra di dialogo.

dialogic [,daɪə'lɒdʒɪk / dia·lo·gic] *agg.* dialogico.

dialogism [daɪ'ælədʒɪzəm / dia·log·ism] *s.* dialogismo.

dialogist [daɪ'ælədʒɪst / dia·lo·gist] *s.* dialogista.

dialogistic [,daɪələ'dʒɪstɪk / dia·log·istic] *agg.* dialogistico.

dialogue ['daɪəlɒg *amer.* 'daɪəlɔ:g / dia·logue] *s.* dialogo.

to **dialogue** *v.intr.* dialogare, sostenere un dialogo ◆ *v.tr.* dialogare di.

dial tone ['daɪəl,təʊn] *s.* (*amer.*) → **dialling tone**.

to **dial up** [,daɪəl'ʌp] *pass.p.p.* **dialled up** [,daɪəld'ʌp] *v.tr.* (*inform.*) connettersi via telefono (a una rete, a Internet).

dialypetalous [,daɪəlɪ'petələs / dialy·petal·ous] *agg.* (*bot.*) dialipetalo.

dialysepalous [,daɪəlɪ'sepələs / dialy·sepal·ous] *agg.* (*bot.*) dialisepalo.

dialysis [daɪ'ælɪsɪs / dia·lysis] *pl.* **dialyses** [daɪ'ælɪsi:z] *s.* (*fis.*, *med.*) dialisi.

dialytic [daɪə'lɪtɪk / dia·lytic] *agg.* (*med.*) dialitico.

to **dialyze** ['daɪəlaɪz / dia·lyze] *v.tr.* (*med.*) dializzare.

diamagnetic [,daɪəmæg'netɪk / dia·mag·netic] *agg.* (*fis.*) diamagnetico.

diamagnetism [,daɪə'mægnɪtɪzəm / dia·mag·net·ism] *s.* diamagnetismo.

diamanté [daɪə'mæntɪ / di·amanté] *agg.* ornato di brillanti artificiali.

diamantiferous [,daɪəmən'tɪfərəs / di·aman·ti·fer·ous] *agg.* diamantifero.

diameter [daɪ'æmɪtə* / dia·meter] *s.* diametro.

diametral [daɪ'æmɪtrəl / dia·met·ral] **diametrical** [,daɪə'metrɪkl / dia·met·rical] *agg.* diametrale: (*mat.*) — *plane*, piano diametrale // **-ly** *avv.*

diamine [daɪ'æmɪn / di·am·ine] *s.* (*chim.*) diammina.

diamond ['daɪəmənd / dia·mond] *s.* **1** diamante: *a — ring*, un anello di diamanti; *cut* —, brillante; *rough* —, diamante grezzo; (*fam.*) uomo rozzo in apparenza, ma buono, sincero; (*ind. miner.*) — *crown*, corona diamantata // *glazier's* — (o *cutting* —), diamante (da vetraio); tagliavetro **2** ornamento, gioiello di diamanti // — *cut* —, astuzia per astuzia **3** losanga; rombo; (*inform.*) losanga (di uno schema a blocchi) // — *panes*, vetri romboidali **4** *pl.* quadri (seme di carte) **5** (*amer.*) diamante, campo da baseball **6** (*tip.*) corpo 4½, diamante ◆ *agg.* (*fig.*) di diamante: — *wedding*, nozze di diamante.

to **diamond** *v.tr.* ornare con diamanti.

diamond-bearing ['daɪəmənd,beərɪŋ] *agg.* diamantifero.

diamond cutter ['daɪəmənd,kʌtə*] *s.* tagliatore di diamanti.

diamond-drill ['daɪəmənd,drɪl] *s.* (*ind. miner.*) sonda a diamanti.

diamondiferous [,daɪəmən'dɪfərəs / dia·mondi·fer·ous] *agg.* diamantifero.

diamond point ['daɪəmənd,pɔɪnt] *s.* punta di diamante; attrezzo con la punta di diamante.

dianthus [daɪ'ænθəs / di·anthus] *pl.* **dianthi** [daɪ'ænθaɪ] *s.* (*bot.*) dianto.

diapason [,daɪə'peɪsn / dia·pason] *s.* diapason.

diaper ['daɪəpə* / di·aper] *s.* **1** tela damascata **2** tovagliolo damascato **3** (*amer.*) pannolino (specialmente per bambino) BRIT. nappy **4** (*arch.*) pannello arabescato, a rombi.

to **diaper** *v.tr.* **1** damascare **2** suddividere in rombi (una superficie) **3** (*amer.*) mettere un pannolino a (un bambino).

diaphanous [daɪ'æfənəs / dia·phan·ous] *agg.* trasparente; diafano.

diaphoresis [,daɪəfə'ri:sɪs / dia·phor·esis] *s.* diaforesi, sudorazione.

diaphoretic [,daɪəfə'retɪk / dia·phor·etic] *agg.* e *s.* sudorifero, diaforetico.

diaphragm ['daɪəfræm / dia·phragm] *s.* **1** diaframma // (*fot.*) — *shutter*, otturatore a diaframma **2** membrana (di un microfono, di un altoparlante, di una pompa idraulica).

diaphragmatic [,daɪəfræg'mætɪk / dia·phrag·matic] *agg.* diaframmatico: — *respiration*, respirazione diaframmatica.

diarchy ['daɪɑ:kɪ / di·archy] *s.* diarchia.

diarist ['daɪərɪst / di·ar·ist] *s.* diarista, scrittore di diari.

to **diarize** ['daɪəraɪz / di·ar·ize] *v.tr.* (*non com.*) fare il diario di ◆ *v.intr.* (*non com.*) tenere un diario.

diarrhoea [,daɪə'rɪə / dia·rrhoea] amer. **diarrhea** *s.* (*med.*) diarrea.

diarthrosis [,daɪɑ:'θrəʊsɪs / di·arth·rosis] *s.* (*anat.*) diartrosi.

diary ['daɪərɪ / di·ary] *s.* **1** diario: *to keep a* —, tenere un diario **2** agenda AMER. calendar.

diascope [,daɪə'skəʊp / dia·scope] *s.* (*med.*) diascopio.

Diaspora [daɪ'æspərə / Dia·spora] *s.* (*st. ebraica*) diaspora.

diaspore [daɪə'spɔ:* / dia·spore] *s.* (*min.*) diasporo.

diastase ['daɪəsteɪs / dia·stase] *s.* (*biochim.*) diastasi.

diastasis [daɪ'æstəsɪs / dia·stasis] *s.* (*med.*) diastasi.

diastem ['daɪəstem / dia·stem] *s.* (*geol.*) diastema.

diastema [,daɪə'sti:mə / dia·stema] *pl.* **diastemata** [,daɪə'sti:mətə / dia·stem·ata] *s.* (*med.*) diastema.

diastole [daɪ'æstəlɪ / dia·stole] *s.* (*med.*) diastole.

diastolic [daɪə'stɒlɪk / dia·stolic] *agg.* (*med.*) diastolico.

diastrophism ['daɪəstrəʊ,fɪzəm / dia·stroph·ism] *s.* (*geol.*) diastrofismo.

diathermal [,daɪə'θɜ:ml / dia·ther·mal] **diathermanous** [,daɪə'θɜ:mənəs / dia·therm·an·ous] *agg.* (*fis.*) diatermano.

diathermic [,daɪə'θɜ:mɪk / dia·thermic] *agg.* **1** (*med.*) diatermico **2** (*fis.*) diatermano.

diathermy ['daɪə,θɜ:mɪ / dia·thermy] *s.* (*med.*, *fis.*) diatermia.

diathesis [daɪ'æθɪsɪs / dia·thesis] *pl.* **diatheses** [daɪ'æθɪsi:z / dia·theses] *s.* (*med.*) diatesi.

diatom ['daɪətəm / di·atom] *s.* (*bot.*) diatomea.

diatomaceous [,daɪətə'meɪʃəs / di·at·oma·ceous] *agg.* diatomaceo // (*geol.*) — *earth*, farina fossile, tripoli.

diatomic [,daɪə'tɒmɪk / di·at·omic] *agg.* (*chim.*) biatomico.

diatomite [daɪ'ætəmaɪt / di·at·om·ite] *s.* (*geol.*) diatomite.

diatonic [,daɪə'tɒnɪk / dia·tonic] *agg.* (*mus.*) diatonico.

diatreme ['daɪətri:m / dia·treme] *s.* (*geol.*) diatrema, camino vulcanico.

diatribe ['daɪətraɪb / dia·tribe] *s.* diatriba.

diazo [daɪ'æzəʊ / di·azo] *agg.* (*chim.*) diazo: — *dye*, colorante diazo.

diazonium [,daɪə'zəʊnɪəm / di·azon·ium] *s.* (*chim.*) diazonio: — *salts*, sali di diazonio, diazosali.

to **dib** [dɪb] *pass.p.p.* **dibbed** [dɪbd] → to **dap** 1.

dibasic [daɪ'beɪsɪk / di·basic] *agg.* (*chim.*) dibasico, diprotico.

dibber ['dɪbə* / dib·ber] **dibble** ['dɪbl] *s.* piantatoio.

to **dibble** *v.tr.* seminare, piantare (in buchi fatti con un piantatoio): *to — in potatoes*, piantare patate ◆ *v.intr.* fare buchi nel terreno (per seminare o per piantare).

dibs [dɪbz] *s.pl.* **1** ossetti (della zampa di pecora) // *to play at* —, giocare agli ossetti (gioco di bimbi) **2** gettone (alle carte ecc.) **3** (*fam. amer.*) privilegio, diritto **4** (*sl. amer.*) denaro, spiccioli; grana.

dice [daɪs] *s.* (*pl. invar.*) dado; gioco dei dadi: *to play* —, giocare a dadi // *no* —, (*fam. spec. amer.*) no, niente da fare.

to **dice** *v.tr.* **1** tagliare a dadini (p.e. legumi) **2** disegnare a scacchi ◆ *v.intr.* giocare a dadi: *they spent the night dicing*, passarono la notte giocando a dadi // *to — with death*, rischiare la vita; scherzare col fuoco.

□ **dice away** *v.tr.* e *avv.* perdere (soldi ecc.) ai dadi: *to — away a fortune*, perdere una fortuna ai dadi.

dice-box ['daɪsbɒks] *s.* bossolo, bussolotto per dadi.

dicer ['daɪsə*] *s.* giocatore di dadi // *—'s oath*, (*fam.*) promessa da marinaio.

dicey ['daɪsɪ] *agg.* (*fam.*) rischioso, pericoloso.

dichloride [daɪ'klɔ:raɪd / di·chlor·ide] *s.* (*chim.*) dicloruro.

dichord ['daɪkɔ:d / di·chord] *s.* (*mus.*) dicordo.

dichotomous [daɪ'kɒtəməs / di·cho·tom·ous] *agg.* dicotomo, dicotomico.

dichotomy [daɪ'kɒtəmɪ / di·cho·tomy] *s.* dicotomia (*anche scient.*).

dichroism ['daɪkrəʊ,ɪzəm / di·chro·ism] *s.* (*fis.*) dicroismo.

dichromatic [,daɪkrəʊ'mætɪk / di·chro·matic] *agg.* 1 bicromatico, a due colori 2 (*scient.*) dicromatico.

dichromatism [daɪ'krəʊmətɪzəm / di·chro·mat·ism] *s.* 1 bicromatismo 2 (*med.*) dicromatismo.

dick [dɪk] *s.* 1 (*amer.*) agente investigativo, investigatore • Per abbreviazione e alterazione di *detective* 2 (*sl. spreg.*) stupido, cretino 3 (*sl. volg.*) pirla, cazzo 4 (*sl. ant.*) tipo, individuo, uomo 5 (*sl. antiq.*) frustino da cavallo.

dickens ['dɪkɪnz / dick·ens] *s.* (*sl. antiq.*) diamine: *what the — are you doing?*, che diamine state facendo?

Dickensian [dɪ'kenzɪən / Dick·ens·ian] *agg.* di Dickens, dickensiano ◆ *s.* ammiratore di Charles Dickens.

dicker[1] ['dɪkə*] *s.* (*comm.*) decina.

to **dicker**[1] *v.intr.* 1 (*sl. amer.*) commerciare, trafficare (in) 2 (*fam.*) contrattare, mercanteggiare.

dicker[2] *s.* (*amer.*) affare di poco conto.

dickey, **dicky** ['dɪkɪ] *s.* 1 finto sparato di camicia; davantino; bavaglino 2 grembiule di cuoio 3 sedile per cocchiere o autista; sedile posteriore per servitori (di carrozza); strapuntino 4 (*sl.*) asino, somarello.

dicky *agg.* (*fam.*) male in arnese; malandato.

dickybird ['dɪkɪbɜ:d / dicky·bird] *s.* 1 uccellino (nel linguaggio infantile) 2 (*sl.*) niente; non una parola: *we won't say a — about it*, non diremo neanche una parola su ciò.

dicotyledon [,daɪkɒtɪ'li:dən / di·co·ty·le·don] *s.* (*bot.*) dicotiledone.

dicotyledonous [,daɪkɒtɪ'li:dənəs / di·co·ty·le·don·ous] *agg.* (*bot.*) dicotiledone.

dictagraph ['dɪktəgrɑ:f / dic·ta·graph] *s.* dittografo.

dictaphone® ['dɪktəfəʊn / dic·ta·phone] *s.* dittafono.

dictate ['dɪkteɪt / dic·tate] *s.* (*gener. pl.*) dettame; comando (specialmente di ragione, coscienza): *the dictates of conscience*, i dettami della coscienza.

to **dictate** [dɪk'teɪt *amer.* 'dɪkteɪt] *v.tr.* e *intr.* 1 dettare (*anche fig.*): *business men — their letters*, gli uomini d'affari dettano la loro corrispondenza 2 dettar legge; imporre: *our finances will — what sort of house we buy*, le nostre finanze determineranno il tipo di casa che compreremo; *I will not be dictated to*, non voglio imposizioni; *to — terms to a defeated enemy*, dettare, imporre condizioni a un nemico sconfitto; *if you can type I can —*, se tu sai battere a macchina io posso dettare.

dictation [dɪk'teɪʃn / dic·ta·tion] *s.* 1 dettatura; dettato: *to do —*, fare il dettato; *to take —*, scrivere sotto dettatura 2 ordine, comando, atto d'autorità.

dictator [dɪk'teɪtə* *amer.* 'dɪkteɪtə* / dic·tator] *s.* 1 chi detta 2 dittatore (*anche fig.*): *the — of fashion*, l'arbitro della moda.

dictatorial [,dɪktə'tɔ:rɪəl / dic·tat·or·ial] *agg.* dittatorio, dittatoriale // **-ly** *avv.*

dictatorship [dɪk'teɪtəʃɪp / dic·tat·or·ship] *s.* dittatura.

diction ['dɪkʃn / dic·tion] *s.* 1 stile (di oratore) 2 dizione.

dictionary ['dɪkʃənrɪ *amer.* 'dɪkʃənerɪ / dic·tion·ary] *s.* dizionario; vocabolario; lessico.

dictionary maker ['dɪkʃənrɪ,meɪkə*] *s.* lessicografo.

dictograph ['dɪktəgrɑ:f / dic·to·graph] *s.* dittografo.

dictum ['dɪktəm] *pl.* **dictums**, **dicta** ['dɪktə] *s.* 1 detto, massima, proverbio 2 (*dir.*) affermazione in una sentenza che non costituisce fondamento della decisione 3 pronunciamento; affermazione.

dicty ['dɪktɪ] *agg.* e *s.* (*sl. amer.*) altezzoso.

did [dɪd] *pass.* di to **do**.

didactic [dɪ'dæktɪk *amer.* daɪ'dæktɪk / di·dactic] *agg.* didattico // **-ally** *avv.*

didactics [dɪ'dæktɪks *amer.* daɪ'dæktɪks / di·dact·ics] *s.* U didattica.

to **diddle** ['dɪdl] *v.tr.* (*sl.*) gabbare, imbrogliare: *he diddled me out of £ 100*, mi ha soffiato cento sterline ◆ *v.intr.* 1 sprecare, sciupare il tempo; (*amer.*) giocherellare, trastullarsi 2 (*fam. amer.*) imbrogliare: *diddling considered as one of the exact sciences*, (E.A. POE) l'imbroglio considerato come una scienza esatta.

diddly ['dɪdlɪ] *agg.* (*fam. amer.*) banale, insignificante ◆ *s.* niente di niente: *I don't know a — about theatre*, non so niente di teatro.

didn't ['dɪdnt] contr. di *did not*.

didst [dɪdst] (*ant. poet.*) 2ª *pers.sing.indic.pass.* di *to do*; nell'inglese moderno, *did*.

didymium [dɪ'dɪmɪəm / di·dy·mium] *s.* (*chim.*) didimio.

didymous ['dɪdəməs / di·dym·ous] *agg.* (*bot.*, *zool.*) didimo.

didymus ['dɪdɪməs / di·dy·mus] *s.* 1 (*biol.*) didimo 2 (*anat.*) testicolo.

die[1] [daɪ] *pl.* **dies** [daɪz] *s.* 1 (*form.*) dado // *the — is cast*, il dado è tratto 2 (*arch.*) dado, plinto 3 (*tecn.*) stampo, matrice; filiera, trafila.

to **die**[2] *v.intr.* 1 morire, perire: *his name will never —*, il suo nome non morirà mai; *his secret died with him*, si è portato il suo segreto nella tomba; *to — before one's time*, morire prematuramente; *to — a beggar, a martyr, a hero*, morire in miseria, da martire, da eroe; *to — by one's own hand*, morire di propria mano; *to — a dog's death*, morire come un cane; *to — from* (o *of*) *a wound*, morire in seguito a ferita; *to — a glorious death*, fare una morte gloriosa; *to — happy, poor*, morire felice, povero; *to — hard*, morire lottando; *to — a natural death, in one's bed*, morire di morte naturale, nel proprio letto; *to — of*, morire di (malattia, fame, dolore) // *never say —*, non disperare, non cedere mai // *to — with one's boots on*, morire sulla breccia // *to — on one's feet*, (*fam. amer.*) morire in piedi, non reggersi in piedi (dalla fatica) 2 (*fam. fig.*) morire: *to — with laughter* (o *of* o *with laughing*), morire dal ridere; *I'm dying to see his latest film*, muoio dalla voglia di vedere il suo ultimo film; *to be dying with curiosity*, morire dalla curiosità 3 spegnersi: *the engine coughed, then died*, il motore perse colpi, poi si spense.

□ **die away** *v.intr.* e *avv.* smorzarsi, spegnersi (di suono).

□ **die back** *v.intr.* e *avv.* (*bot.*) seccarsi (dalla cima alla radice).

□ **die down** *v.intr.* e *avv.* 1 affievolirsi, placarsi, calare 2 (*bot.*) avvizzire, appassire (di fiori).

□ **die for** *v.intr.* e *prep.* desiderare ardentemente; avere assolutamente bisogno di: *I'm dying for a cigarette*, muoio dalla voglia di fumare una sigaretta.

□ **die off** *v.intr.* e *avv.* 1 morire uno dopo l'altro 2 morire (di foglie).

□ **die on** *v.intr.* e *prep.* (*fam. amer.*) smettere di funzionare: *the car died on me*, l'auto mi ha mollato.

□ **die out** *v.intr.* e *avv.* estinguersi (di specie, animali, piante ecc.); scomparire (di tradizioni ecc.).

die-block ['daɪ,blɒk] *s.* (*tecn.*) blocco stampo.

to **die-cast** ['daɪkɑ:st] *pass.p.p.* **die-cast** *v.tr.* (*metall.*) pressofondere, colare sotto pressione.

die-casting ['daɪ,kɑ:stɪŋ] *s.* (*metall.*) pressofusione.

die-hard ['daɪhɑ:d] *agg.* che non si dà mai per vinto ◆ *s.* un intransigente; un duro.

dielectric [,daɪɪ'lektrɪk / di·elec·tric] *agg.* e *s.* dielettrico: *— constant*, costante dielettrica.

diesel ['di:zl] *agg.* diesel: *— motor* (o *— engine*), motore diesel; *— rail car*, automotrice diesel ◆ *s.* 1 veicolo con motore diesel 2 motore diesel 3 *—* (*oil*, *fuel*), gasolio (per motori diesel).

die-sinker ['daɪ,sɪŋkə*] *s.* 1 stampista, costruttore di stampi 2 incisore di medaglie 3 (macchina) fresatrice per stampi.

diet[1] ['daɪət] *s.* alimentazione; dieta: *balanced —*, dieta, alimentazione bilanciata; *high calorie, low calorie —*, dieta ipercalorica, ipocalorica; *low salt —*, dieta povera di sale; *reduction —*, dieta dimagrante; *to be, to go on a —*, essere, mettersi a dieta; *to come off a —*, smettere, interrompere una dieta ◆ *agg.* dietetico: *— foods*, cibi dietetici; *— bread*, pane dietetico // *— pill*, (*amer.*) pillola dimagrante.

to **diet**[1] *v.tr.* mettere a regime, a dieta; prescrivere una dieta a ◆ *v.intr.* essere a dieta, seguire una dieta.

diet[2] *s.* (*pol. st.*) dieta, assemblea.

dietarian [,daɪə'teərɪən / di·et·arian] *s.* (*form.*) chi sta a dieta.

dietary ['daɪətərɪ *amer.* 'daɪəterɪ / di·et·ary] *agg.* dietetico ◆ *s.* regime, dieta (alimentare).

dieter ['daɪətə* / di·eter] *s.* persona a dieta.

dietetic [,daɪə'tetɪk / di·et·etic] *agg.* dietetico // **-ally** *avv.*

dietetics [,daɪə'tetɪks / di·et·et·ics] *s.* U (*med.*) 1 dietetica 2 dietologia.

dietician [,daɪə'tɪʃn / di·eti·cian] *s.* dietologo.

dieting ['daɪətɪŋ / diet·ing] *s.* U il fare diete; le diete (*pl.*): *— can be dangerous*, le diete possono essere pericolose.

dietitian [ˌdaɪəˈtɪʃn] *s.* (*spec. amer.*) → **dietician**.

diff [dɪf] *s.* (*fam. amer.*) abbr. di → **difference**.

to **differ** [ˈdɪfə* / dif·fer] *v.intr.* **1** essere diverso, dissimile, differente: *I — from him in age*, sono di età diversa dalla sua; *she differed from her brother*, non assomigliava a suo fratello **2** dissentire, non essere d'accordo: *I beg to —*, mi permetto di essere d'opinione diversa; *to — about sthg.*, non essere d'accordo in merito a qlco.; *to — from* (o *with*) *s.o.*, dissentire da qlcu. // *to agree to —*, rimanere ciascuno della propria opinione.

difference [ˈdɪfrəns / dif·fer·ence] *s.* **1** differenza: *the — between black and white*, la differenza fra bianco e nero; *what a — from...*, che differenza da...; *with the — that...*, con la differenza che...; *a — in size*, una differenza di misura; *it makes a great —*, c'è una bella differenza; *that makes all the —*, questo cambia tutto; *a first-rate striker would have made all the — to the team's performance*, con un buon battitore le prestazioni della squadra sarebbero state tutta un'altra cosa; *to make no —*, non fare nessuna differenza // *a television with a —*, (*fam.*) una televisione con qualcosa in più **2** (*mat.*) differenza: *— equation*, equazione alle differenze; *the — between two and ten is eight*, la differenza fra due e dieci è otto; *to split the —*, dividere a metà la differenza **3** divario; divergenza; controversia: *a — of opinion*, una divergenza di opinioni; *to have a — with s.o. about sthg.*, avere una divergenza con qlcu. in merito a qlco.; *to settle a —*, appianare una divergenza, mettersi d'accordo **4** (*sl. amer.*) arma: *if you are going to fool around with that guy, maybe you should carry the —*, se hai intenzione di immischiarti con quel tipo, forse dovresti girare armato.

to **difference** *v.tr.* (*ant.*) differenziare.

different [ˈdɪfrənt / dif·fer·ent] *agg.* **1** differente, diverso; dissimile: *his ideas are — from* (o *to*) *mine*, le sue idee sono diverse dalle mie; *that is quite a — matter*, è tutt'altra cosa; *they are — in race*, sono di razza diversa; *things are now — from before*, le cose ora sono diverse da prima; *this colour is — from* (o *to*) *that one*, questo colore è differente da quello; *you can do this in a — way*, potete far questo in modo diverso // *— strokes for — folks*, (*amer.*) il mondo è bello perché è vario **2** vario: *at — times*, in varie epoche, in momenti diversi **3** (*fam.*) speciale, originale: *if you want sthg. of a — quality*, se vuoi qlco. di qualità speciale.

differential [ˌdɪfəˈrenʃl / dif·fer·en·tial] *agg.* differenziale: *— tarif*, tariffa differenziale // (*mat.*): *— equation*, equazione differenziale; *— calculus*, calcolo differenziale // (*mecc., aut.*) *— gear*, differenziale // (*med.*): *— blood count*, formula leucocitaria; *— diagnosis*, diagnosi differenziale ◆ *s.* differenziale // (*econ.*): *wage differentials*, differenziali salariali; *price differentials*, differenze di prezzo.

to **differentiate** [ˌdɪfəˈrenʃɪeɪt / dif·fer·en·ti·ate] *v.tr.* **1** differenziare, rendere differente; distinguere; caratterizzare: *what differentiates a walrus from a seal?*, che cosa differenzia, rende diverso, un tricheco da una foca?; *a larger engine differentiates this model from its predecessor*, un motore più grande distingue, differenzia questo modello dai precedenti **2** distinguere, separare: *I don't see how you can — politics from ethics*, non capisco come si possa separare la politica dall'etica **3** (*mat.*) differenziare ◆ *v.intr.* **1** differenziarsi; essere, diventare differente **2** distinguere, fare una distinzione.

differentiation [ˌdɪfəˌrenʃɪeʃn / dif·fer·en·ti·ation] *s.* differenziazione: (*econ.*) *product —*, diversificazione dei prodotti.

differently [ˈdɪfrəntlɪ / dif·fer·ent·ly] *avv.* **1** differentemente, diversamente: *— from usual*, diversamente dal solito **2** in modo vario.

difficult [ˈdɪfɪkəlt / dif·fi·cult] *agg.* difficile (di lavoro, sforzo, strada, carriera, carattere ecc.): *a — matter*, una questione, una faccenda difficile; *— to translate*, difficile da tradurre; *a — question to answer*, una domanda a cui è difficile rispondere; *he is a — person to get on with*, è una persona con cui è difficile andar d'accordo; *it is — for me, I find it — to understand him*, mi è difficile capirlo, lo trovo difficile da capire; *the house is — of access*, la casa è di difficile accesso.

difficulty [ˈdɪfɪkəltɪ / dif·fi·culty] *s.* **1** difficoltà: *to have some — (in) doing sthg.*, aver qualche difficoltà a fare qlco.; *I have* (o *find*) *great — (in) understanding spoken English*, mi è molto difficile capire l'inglese parlato **2** (*fig.*) ostacolo: *many difficulties*, molte difficoltà, molti ostacoli; *to get over* (o *to overcome*) *a —*, sormontare un ostacolo; *to make* (o *to raise*) *difficulties*, fare difficoltà, frapporre ostacoli; *to make no — about doing sthg.*, non fare nessuna difficoltà, non frapporre ostacoli a fare qlco. **3** situazione difficile, imbarazzo: *to get out of a —*, cavarsi da una situazione difficile // *to be in difficulties*, essere in difficoltà (finanziarie).

diffidence [ˈdɪfɪdəns / dif·fid·ence] *s.* timidezza; modestia eccessiva; mancanza di fiducia in se stesso.

diffident [ˈdɪfɪdənt / dif·fid·ent] *agg.* timido; esitante; che manca di fiducia in se stesso: *I was — about writing to him*, esitavo a scrivergli; *to be —*, dubitare di se stesso.

diffidently [ˈdɪfɪdəntlɪ / dif·fid·ent·ly] *avv.* timidamente; con qualche esitazione.

to **diffract** [dɪˈfrækt / dif·fract] *v.tr.* (*fis.*) diffrangere.

diffraction [dɪˈfrækʃn / dif·frac·tion] *s.* (*fis.*) diffrazione: *— grating*, reticolo di diffrazione.

diffractometer [ˌdɪfrækˈtɒmɪtə* / dif·fracto·meter] *s.* (*fis.*) diffrattometro.

diffuse [dɪˈfjuːs / dif·fuse] *agg.* **1** diffuso (di luce ecc.) **2** prolisso (di stile ecc.) **3** vago, indefinito.

to **diffuse** [dɪˈfjuːz] *v.tr.* **1** diffondere; spargere; propagare **2** (*ant.*) alterare, confondere: *if but as well I other accents borrow, /* that can my speech diffuse, my good intent */ may carry through itself to that full issue / for which I raz'd my likeness*, (SH. King Lear) se riesco però a prendere tanto di accento forestiero da alterare la mia parlata, potrò portare la mia buona intenzione a quel pieno compimento per il quale ho cancellato le mie sembianze ◆ *v.intr.* diffondersi; spargersi; propagarsi.

diffused [dɪˈfjuːzd / dif·fused] *agg.* **1** diffuso // *— lighting*, illuminazione a luce diffusa **2** (*ant., poet.*) disordinato; sfrenato: *let them from forth a sawpit rush at once / with some diffused song*, (SH. Merry Wives) lasciamoli sbucar fuori da un fosso da taglialegna con un canto sfrenato.

diffusedly [dɪˈfjuːzɪdlɪ / dif·fused·ly] *avv.* ovunque, in ogni dove.

diffusely [dɪˈfjuːslɪ / dif·fuse·ly] *avv.* **1** ovunque **2** diffusamente; in modo prolisso.

diffuseness [dɪˈfjuːsnɪs / dif·fuse·ness] *s.* **1** l'essere diffuso **2** prolissità (di stile).

diffuser [dɪˈfjuːzə* / dif·fuser] *s.* (*tecn.*) diffusore.

diffusibility [dɪˌfjuːzəˈbɪlətɪ / dif·fus·ib·il·ity] *s.* diffusibilità.

diffusible [dɪˈfjuːzəbl / dif·fus·ible] *agg.* diffusibile.

diffusiometer [ˌdɪfjuːˈʒɒmɪtə* / dif·fus·io·meter] *s.* (*fis.*) diffusiometro.

diffusion [dɪˈfjuːʒn / dif·fusion] *s.* **1** propagazione; (*fis., meteor.*) diffusione (di fluido, calore, luce ecc.) **2** prolissità (di stile).

diffusive [dɪˈfjuːsɪv / dif·fus·ive] *agg.* **1** diffusivo **2** prolisso; diffuso (di stile) // **-ly** *avv.*

dig [dɪg] *s.* **1** vangata; sterro **2** (*archeol.*) scavo **3** (*sl.*) urto; botta; spintone: *to give s.o. a — in the ribs*, dare una gomitata nelle costole a qlcu. **4** (*fam.*) osservazione maligna: *to have* (o *take*) *a — at s.o.*, dare una frecciata a qlcu. **5** (*sl. scolastico amer.*) secchione, sgobbone **6** *pl.* (*sl.*) camera ammobiliata: *to live in digs*, vivere in una camera ammobiliata.

to **dig** *pass.p.p.* **dug** [dʌg] (*ant.*) **digged** [dɪgd] *v.tr.* **1** scavare: *to — a hole*, scavare una buca // *to — dirt*, (*amer.*) spettegolare; *the more it is digged at the deeper it groweth*, (J. LYLY) più si scalza e più profondo cresce **2** (*fam.*) dare un colpo a, uno spintone a: *to — s.o. in the ribs*, dare un colpo nelle costole a qlcu. **3** (*sl. amer.*) capire; apprezzare: *I really — African music*, apprezzo veramente la musica africana; *you — it, brother?*, capito, amico? **4** (*sl. amer.*) preferire ◆ *v.intr.* **1** lavorare con la zappa o con la vanga; fare uno scavo: *he is digging in the garden*, sta zappando in giardino // *to — for*, scavare per trovare: *to — for gold*, scavare in cerca d'oro **2** (*sl. antiq.*) alloggiare in camera ammobiliata **3** (*sl. scolastico amer.*) sgobbare sui libri.

□ **dig at** *v.intr.* e *prep.* (*sl. amer.*) fare commenti sgradevoli su: *why are you always digging at me about my clothes?*, perché hai sempre da ridire sui miei abiti?

□ **dig in, into** *v.intr.* e *avv.* o *prep.* buttarsi sul cibo ◆ *v.tr.* e *avv.* o *prep.* far penetrare scavando, affondare: *to — one's nails in(to)*, affondare le unghie (in) // *to — one's heels in*, (*fam.*) impuntarsi, rifiutarsi di fare qlco., di cambiare opinione // (*mil.*) *to — (oneself) in*, trincerarsi.

□ **dig out** *v.tr.* e *avv.* **1** scavare; tirar fuori scavando: *the ore is dug out of the hillside and taken to the station*, il minerale viene estratto dal fianco della collina e trasportato alla ferrovia **2** scovare (fatti, informazioni) ◆ *v.intr.* e *avv.* (*sl. amer.*) andarsene, tagliare la corda.

□ **dig up** *v.tr.* e *avv.* **1** vangare, zappare **2** cavare (piante) dal suolo **3** trovare, riportare alla luce scavando; scovare: *police have dug up the bodies of two young women*, la polizia ha riportato alla luce i corpi di due giovani donne // *see what you can — up about him*, vedi che cosa puoi scovare su di lui.

digamous [ˈdɪgəməs / di·gam·ous] *agg.* (*dir.*) passato a seconde nozze.

digamy [ˈdɪgəmɪ / di·gamy] *s.* (*dir.*) seconde nozze.

digastric [daɪˈgæstrɪk / di·gast·ric] *agg.* (*anat.*) digastrico (di muscolo).

digest [ˈdaɪdʒest / di·gest] *s.* **1** sommario, riassunto **2** (*dir.*) digesto.

to **digest** [dɪˈdʒest] *v.tr.* **1** digerire, far digerire **2** (*fig.*) assimilare: *have you digested everything that is important in that book?*, hai assimilato tutto quello che è importante in quel libro? **3** tollerare: *to — an insult*, tollerare un insulto **4** (*ant.*) riassumere; riordinare; codificare ◆ *v.intr.* essere digerito: *some foods — more easily than others*, alcuni cibi si digeriscono meglio di altri // *easy*, *hard to —*, facilmente, difficilmente digeribile.

digestant [daɪˈdʒestənt / di·gest·ant] *agg.* e *s.* (*med.*) digestivo.

digestedly [daɪˈdʒestɪdlɪ / di·gested·ly] *avv.* (*rar.*) metodicamente, regolarmente.

digester [dɪˈdʒestə* / di·gest·er] *s.* **1** chi redige sommari; redattore di sommari **2** colui che digerisce: *to be a bad —*, avere una cattiva digestione **3** (*med.*) digestivo **4** (*chim.*) digestore // *Papin's —*, pentola di Papin.

digestibility [dɪˌdʒestəˈbɪlətɪ / di·gest·ib·il·ity] *s.* digeribilità.

digestible [dɪˈdʒestəbl / di·gest·ible] *agg.* digeribile.

digestion [dɪˈdʒestʃən / di·ges·tion] *s.* **1** digestione: *to have a poor —*, avere una cattiva digestione; *to spoil one's —*, rovinarsi la digestione; *to have the — of an ostrich*, (*fam.*) avere uno stomaco di ferro **2** (*chim.*) digestione.

digestive [dɪˈdʒestɪv / di·gest·ive] *agg.* digestivo; digerente: *— system*, apparato digerente; *— tract*, canale alimentare; *— gland*, ghiandola digestiva ◆ *s.* digestivo.

digger [ˈdɪgə* / dig·ger] *s.* **1** zappatore; sterratore, terrazziere // *(gold) —*, cercatore d'oro; (*sl.*) donna che si sposa per interesse **2** (*sl.*) australiano **3** (*sl. austr.*) amico **4** (*mecc.*) scavatrice, escavatrice; (*agr.*) scavapatate.

digger-wasp [ˈdɪgəwɒsp] *s.* (*zool.*) sfecide, sfegide.

digging [ˈdɪgɪŋ / dig·ging] *s.* **1** sterro; scavo // *easy —*, (*fam. amer.*) cosa da niente, lavoro facile **2** *pl.* luogo di piccoli scavi archeologici o di ridotta estrazione mineraria **3** *pl.* (*sl. antiq.*) camera ammobiliata; (*fam. amer.*) alloggio.

dight [daɪt] *agg.* (*ant.*) ornato.

to **dight** *v.tr.* (*ant.*) ornare, decorare: *who shall dight your bowers?*, (SPENSER) chi decorerà i tuoi recessi?

digit [ˈdɪdʒɪt / di·git] *s.* **1** (*mat.*) numero (semplice), cifra: *a number of eight digits*, un numero di otto cifre // (*inform.*): *— key*, tasto di cifra; *— pulse*, impulso di informazioni; *— row*, linea con numeri; *— time*, tempi elementari **2** dito (misura di lunghezza = 1,905 cm) **3** (*anat.*, *zool.*) dito.

digital [ˈdɪdʒɪtl / di·gital] *agg.* **1** digitale; delle dita **2** digitale, numerico: *— recording*, registrazione digitale // (*inform.*): *— computer*, elaboratore digitale; *— plotter*, tracciatore numerico // (*tel.*): *— (data) subset*, modem; *— data service* (abbr. DDS), servizio di trasmissione dati.

digitalin [ˌdɪdʒɪˈteɪlɪn / di·gi·talin] *s.* (*chim.*) digitalina.

digitalis [ˌdɪdʒɪˈteɪlɪs / di·gi·talis] *s.* (*bot.*, *chim.*) digitale.

digitalization [ˌdɪdʒɪtəlaɪˈzeɪʃn / di·gi·tal·iza·tion] *s.* (*med.*) digitalizzazione.

digitate [ˈdɪdʒɪtɪt / di·git·ate] **digitated** [ˈdɪdʒɪteɪtɪd / di·git·ated] *agg.* (*zool.*, *bot.*) digitato.

digitation [ˌdɪdʒɪˈteɪʃn / di·gita·tion] *s.* (*bot.*, *zool.*) digitazione.

digitigrade [ˈdɪdʒɪtɪˌgreɪd / di·giti·grade] *agg.* e *s.* (*zool.*) digitigrado.

to **digitize** [ˈdɪdʒɪtaɪz / dig·it·ize] *v.tr.* (*inform.*) digitalizzare.

digitizer [ˈdɪdʒɪtaɪzə* / di·git·izer] *s.* (*inform.*) convertitore analogico-digitale.

digitoxin [ˌdɪdʒɪˈtɒksɪn / di·gi·toxin] *s.* (*chim.*) digitossina.

diglyph [ˈdaɪglɪf / di·glyph] *s.* (*arch.*) diglifo.

dignified [ˈdɪgnɪfaɪd / dig·ni·fied] *agg.* dignitoso; nobile; austero.

to **dignify** [ˈdɪgnɪfaɪ / dig·nify] *v.tr.* **1** conferire dignità a; nobilitare: *we can't — that pathetic group of adventures with the name 'expedition'*, non possiamo nobilitare quel patetico insieme di avventure con il nome di 'spedizione' **2** onorare, esaltare.

dignitary [ˈdɪgnɪtərɪ *amer.* ˈdɪgnɪterɪ / dig·nit·ary] *s.* dignitario; (*eccl.*) prelato.

dignity [ˈdɪgnətɪ / dig·nity] *s.* **1** dignità: *the — of labour*, la dignità del lavoro; *air of —*, portamento dignitoso; *to be beneath one's — (to accept)*, essere al disotto della propria dignità, non abbassarsi (ad accettare); *to preserve one's —*, conservare la propria dignità; *to stand (up) on one's — (with s.o.)*, mantenere la propria dignità (nei confronti di qlcu.) **2** rango, ufficio elevato **3** dignitario: *the dignities of the state*, i dignitari dello stato.

digraph [ˈdaɪgrɑːf *amer.* ˈdaɪgræf / di·graph] *s.* (*gramm.*) digramma.

to **digress** [daɪˈgres / di·gress] *v.intr.* fare una digressione; perdersi in digressioni; deviare: *to — from*, allontanarsi da.

digression [daɪˈgreʃn / di·gres·sion] *s.* digressione: *this by way of —*, questo per inciso.

digressive [daɪˈgresɪv / di·gress·ive] *agg.* digressivo.

dihedral [daɪˈhiːdrəl / di·hed·ral] *agg.* (*mat.*) diedrale: *— (angle)*, (angolo) diedro.

dihedron [daɪˈhiːdrən / di·hed·ron] *s.* (*mat.*) diedro.

dik-dik [ˈdɪkdɪk] *s.* (*zool.*) dig-dig, madoqua (piccola antilope africana).

dike [daɪk] *s.* **1** diga, argine **2** (*ant.*) fosso, canale **3** (*geol.*) dicco, filone eruttivo **4** (*sl. spec. amer.*) lesbica.

to **dike** *v.tr.* arginare; proteggere con dighe.

to **dilacerate** [dɪˈlæsəreɪt / di·la·cer·ate] *v.tr.* (*rar.*) lacerare.

dilaceration [dɪˌlæsəˈreɪʃn / di·la·cera·tion] *s.* (*rar.*) lacerazione.

to **dilapidate** [dɪˈlæpɪdeɪt / di·lap·id·ate] *v.tr.* (*non com.*) dilapidare; mandare in rovina ◆ *v.intr.* (*non com.*) cadere in rovina.

dilapidated [dɪˈlæpɪdeɪtɪd / di·lap·id·ated] *agg.* decrepito; in rovina; a pezzi: *a — car*, un'automobile sgangherata.

dilapidation [dɪˌlæpɪˈdeɪʃn / di·lap·ida·tion] *s.* **1** dilapidazione (di una sostanza); sperpero **2** sfacelo; sconquassamento **3** *pl.* (*dir.*) somma che si addebita a un affittuario per aver deteriorato l'immobile.

dilatability [daɪˌleɪtəˈbɪlətɪ / di·lat·ab·il·ity] *s.* dilatabilità.

dilatable [daɪˈleɪtəbl / di·lat·able] *agg.* dilatabile.

dilatation [ˌdaɪleɪˈteɪʃn / di·lata·tion] *s.* dilatazione.

dilatator [ˈdaɪləteɪtə* / di·lata·tor] → **dilator**.

to **dilate** [daɪˈleɪt / di·late] *v.tr.* dilatare ◆ *v.intr.* **1** dilatarsi **2** dilungarsi: *to — on a subject*, dilungarsi su un argomento.

dilation [daɪˈleɪʃn / di·la·tion] *s.* dilatazione: (*med.*) *— and curettage*, dilatazione e raschiamento.

dilatometer [ˌdɪləˈtɒmɪtə* / di·lato·meter] *s.* (*fis.*) dilatometro.

dilatometry [ˌdɪləˈtɒmɪtrɪ / di·lato·metry] *s.* (*fis.*) dilatometria.

dilator [daɪˈleɪtə* / di·lator] *s.* **1** (*anat.*) muscolo dilatatore **2** (*med.*) dilatatore.

dilatorily [ˈdɪlətərəlɪ *amer.* ˈdɪlətɔːrɪlɪ / dil·at·or·ily] *avv.* lentamente, tardamente.

dilatoriness [ˈdɪlətərɪnɪs *amer.* ˈdɪlətɔːrɪnɪs / dil·at·ori·ness] *s.* lentezza, dilazione, ritardo.

dilatory [ˈdɪlətərɪ *amer.* ˈdɪlətɔːrɪ / dil·at·ory] *agg.* **1** tardivo, lento (nell'agire) **2** (*dir.*) dilatorio.

dildo [ˈdɪldəʊ] *s.* pene artificiale.

dilemma [dɪˈlemə / di·lemma] *s.* **1** dilemma **2** (*fam.*) imbarazzo, incertezza: *to be in a —*, *to be on the horns of a —*, essere tra l'incudine e il martello.

dilettante [ˌdɪlɪˈtæntɪ / di·let·tante] *pl.* **dilettanti** [ˌdɪlɪˈtæntiː / di·let·tanti] **dilettantes** *s.* dilettante.

dilettante, **dilettantish** [ˌdɪlɪˈtæntɪʃ / di·let·tant·ish] *agg.* da dilettante, dilettantesco.

dilettantism [ˌdɪlɪˈtæntɪzəm / di·let·tant·ism] *s.* dilettantismo.

dilettantist [ˌdɪlɪˈtæntɪst / di·let·tant·ist] *agg.* (*non com.*) da dilettante.

diligence[1] [ˈdɪlɪdʒəns / di·li·gence] *s.* diligenza (*anche dir.*); assiduità; cura.

diligence[2] [ˈdɪlɪʒɑːns] *s.* diligenza, carrozza pubblica a cavalli.

diligent [ˈdɪlɪdʒənt / di·li·gent] *agg.* diligente, assiduo; attivo; accurato // **-ly** *avv.*

dill [dɪl] *s.* (*bot.*) (*Anethum graveolens*) aneto; (*pop.*) finocchio fetido.

dilly [ˈdɪlɪ] *s.* (*sl. amer.*) persona, cosa eccezionale, fuori dal comune.

to **dillydally** [ˈdɪlɪdælɪ / dilly·dally] *v.intr.* (*fam.*) tentennare, titubare; gingillarsi, sciupare tempo.

diluent [ˈdɪljʊənt / dilu·ent] *agg.* e *s.* (*chim.*) diluente.

dilute [daɪˈljuːt *amer.* daɪˈluːt / di·lute] *agg.* **1** diluito; annacquato **2** (*fig.*) attenuato; smorzato **3** (*non com.*) debole; meschino.

to **dilute** *v.tr.* **1** diluire; annacquare **2** (*fig.*) attenuare, indebolire; smorzare.

dilution [daɪˈluːʃn / di·lu·tion] *s.* **1** diluizione, diluzione // (*econ.*) *— of labour*, sostituzione di manodopera qualificata con personale non specializzato **2** (*fig.*) indebolimento: *the — of moral principles*, l'indebolimento dei principi morali.

diluvial [daɪ'lu:vjəl / di·lu·vial] **diluvian** [daɪ'lu:vjən / di·lu·vian] *agg.* (*antiq.*) diluviale; diluviano.

diluvium [daɪ'lu:vjəm / di·lu·vium] *pl.* **diluviums**, **diluvia** [daɪ'lu:vjə / di·lu·via] *s.* diluvio, diluvium.

dim [dɪm] *agg.* **1** pallido; fioco, debole: *the — light of a candle*, la debole luce di una candela; *the colours of the picture had become — with age*, i colori del quadro si erano smorzati col tempo; *her eyesight is —*, la sua vista è debole // *he's a — bulb*, (*fam. amer.*) è un idiota **2** vago, indistinto; oscuro (*anche fig.*): *his prospects are —*, le sue prospettive sono scarse; *eyes — with tears*, occhi velati di lacrime; *to grow —*, oscurarsi, appannarsi // *to take a — view of sthg.*, disapprovare qlco. **3** (*fam.*) ottuso (di intelligenza).

to **dim** *pass.p.p.* **dimmed** [dɪmd] *v.tr.* **1** oscurare; offuscare (*anche fig.*): *her eyes were dimmed with tears*, le si offuscarono gli occhi per le lacrime; *the revelations about his private life have dimmed his political reputation*, le rivelazioni sulla sua vita privata hanno gettato un'ombra sulla sua reputazione di uomo politico; (*aut.*) *to — the headlights*, commutare la luce abbagliante con quella antiabbagliante **2** affievolire; indebolire ◆ *v.intr.* **1** oscurarsi (di luce ecc.); offuscarsi **2** affievolirsi, indebolirsi.

dime [daɪm] *s.* (*amer.*) moneta del valore di un decimo di dollaro; (*sl.*) 1000 dollari (nel gioco d'azzardo) // *a — a dozen*, dozzinale, da due soldi; *— novel*, romanzo da quattro soldi; *— store*, grande magazzino economico // *to get off the —*, (*fam.*) smettere di perdere tempo // *— dropper*, (*sl.*) informatore (della polizia).

to **dime** *v.intr.* (*sl. amer.*): *to — on s.o.*, fare una soffiata su qlcu.

dimension [dɪ'menʃn / di·men·sion] *s.* **1** (*gener. pl.*) dimensione, estensione; grandezza, misura: *the dimensions of a room*, la grandezza di una stanza; *of large dimensions*, di grandi dimensioni **2** (*fig.*) importanza, portata; dimensione: *we must analyse the political — of the crisis*, dobbiamo analizzare la dimensione politica della crisi **3** (*disegno tecnico*) quota **4** (*mat.*) dimensione: *finite — space*, spazio a dimensione finita // *the fourth —*, la quarta dimensione.

dimensional [dɪ'menʃənl / di·men·sional] *agg.* **1** di dimensione, dimensioni; che ha uno specificato numero di dimensioni **2** (*fis.*) dimensionale: *— analysis*, analisi dimensionale.

dimensioned [dɪ'menʃənd / di·men·sioned] *agg.* **1** a dimensioni **2** quotato (di disegno).

dimensionless [dɪ'menʃənlɪs / di·men·sion·less] *agg.* **1** senza dimensioni **2** illimitato, infinito.

dimer ['daɪmə*] *s.* (*chim.*) dimero.

dimerous ['dɪmərəs / di·mer·ous] *agg.* (*bot.*, *zool.*) dimero.

dimeter ['dɪmɪtə* / di·meter] *s.* (*metrica*) dimetro.

dimidiate [dɪ'mɪdɪeɪt / di·mid·iate] *agg.* (*non com.*) dimezzato, diviso a metà.

to **diminish** [dɪ'mɪnɪʃ / di·min·ish] *v.tr.* **1** diminuire; ridurre; rimpicciolire **2** (*fig.*) degradare, umiliare; sminuire **3** (*arch.*) rastremare ◆ *v.intr.* diminuire, scemare; ridursi; rimpicciolirsi.

diminishable [dɪ'mɪnɪʃəbl / di·min·ish·able] *agg.* diminuibile, riducibile.

diminished [dɪ'mɪnɪʃt / di·min·ished] *agg.* diminuito; ridotto: (*mus.*) *— interval*, *fifth*, intervallo diminuito, quinta diminuita; (*dir.*) *— responsibility*, semi-imputabilità, diminuita capacità di intendere e volere.

diminishing [dɪ'mɪnɪʃɪŋ / di·min·ish·ing] *agg.* **1** diminuente; decrescente; calante; che fa diminuire, calare // (*econ.*): *— marginal utility*, utilità marginale decrescente; *— returns*, rendimenti decrescenti **2** che è sfavorevole // **-ly** *avv.*

diminution [,dɪmɪ'nju:ʃn *amer.* ,dɪmɪ'nu:ʃn / di·mi·nu·tion] *s.* **1** diminuzione; riduzione **2** (*arch.*) rastremazione.

diminutival [dɪ,mɪnjʊ'taɪvəl / di·min·ut·ival] *agg.* (*gramm.*) diminutivo.

diminutive [dɪ'mɪnjʊtɪv / di·min·ut·ive] *agg.* (*fam.*) minuscolo; minuto; piccolo piccolo: *the doll's house was a faithful copy, but on a — scale*, la casa della bambola era una copia fedele ma in miniatura ◆ *s.* **1** (*gramm.*) diminutivo **2** (*non com.*) persona piccola // **-ly** *avv.*

diminutiveness [dɪ'mɪnjʊtɪvnɪs / di·min·ut·ive·ness] *s.* piccolezza; esiguità.

dimissory ['dɪmɪsərɪ / di·mis·sory] *agg.* (*eccl.*) dimissorio: *— letter*, lettera dimissoria.

dimity ['dɪmɪtɪ / dim·ity] *s.* tessuto di cotone (rigato o con rilievi per tendaggi ecc.).

dimly ['dɪmlɪ] *avv.* debolmente; indistintamente; oscuramente; imperfettamente.

dimmer ['dɪmə* / dim·mer] *s.* **1** (*elettr.*) variatore di luminosità; oscuratore graduale **2** (*aut.*) commutatore (delle luci) **3** opacizzante (di vernici).

dimmer switch ['dɪmə*,swɪtʃ] *s.* **1** (*elettr.*) interruttore a reostato **2** (*elettr.*) variatore di luminosità **3** (*aut.*) commutatore (delle luci).

dimmish ['dɪmɪʃ / dim·mish] *agg.* piuttosto oscuro, piuttosto debole (di luce); piuttosto indistinto.

dimness ['dɪmnɪs / dim·ness] *s.* **1** debolezza (d'illuminazione, di vista); oscurità (in una sala) **2** offuscamento (d'intelligenza) **3** (*fig.*) imprecisione di contorni (di un ricordo ecc.).

dimorphism [daɪ'mɔ:fɪzəm / di·morph·ism] *s.* (*biol.*, *fis.*) dimorfismo.

dimple ['dɪmpl] *s.* **1** fossetta (di guancia, mento, braccio) **2** increspamento, increspatura, piccola ondulazione (di acqua, terra).

to **dimple** *v.intr.* **1** formarsi, crearsi (di fossette sorridendo) **2** incresparsi (dell'acqua) ◆ *v.tr.* increspare.

dimpling ['dɪmplɪŋ / dim·pling] *s.* (*med.*) retrazione (di tessuto sottocutaneo); buccia d'arancia.

dimwit ['dɪmwɪt / dim·wit] *s.* (*fam.*) stupidotto.

din [dɪn] *s.* baccano, strepito, fracasso; tumulto: *the — of battle*, lo strepito della battaglia; *what a terrible —!*, che baccano terribile! // *to kick up a —*, fare baccano.

to **din** *pass.p.p.* **dinned** [dɪnd] *v.tr.* assordare: *I had my ears dinned by hooters*, ero assordato dai clacson ◆ *v.intr.* risuonare (di voce): *to — in s.o.'s ears*, rintronare, risuonare nelle orecchie di qlcu.

□ **din into** *v.tr.* e *prep.* ripetere in continuazione; ribadire.

to **dine** [daɪn] *v.intr.* pranzare; cenare // *to — with Duke Humphrey*, (*fam. ant.*) saltare il pranzo ◆ *v.tr.* far pranzare, offrire un pranzo, una cena a: *we shall have to — them*, dovremo offrire loro un pranzo // *the table dines twenty*, si può pranzare in venti intorno a questa tavola.

□ **dine in** *v.intr.* e *avv.* pranzare, cenare a casa.

□ **dine on**, **off** *v.intr.* e *prep.* pranzare, cenare con, a base di: *to — on* (o *off*) *fish*, pranzare a base di pesce.

□ **dine out** *v.intr.* e *avv.* **1** pranzare, cenare fuori: *are you dining out tonight?*, ceni fuori stasera? **2** (*on*) raccontare storie e particolari su (un fatto capitato ecc.): *ever since he met Robert de Niro he's been dining out on the story*, da quando ha incontrato Robert de Niro ne parla sempre, ne parla a pranzo e a cena.

diner ['daɪnə*] *s.* **1** commensale; cliente (di ristorante) **2** (*ferr. amer.*) vagone ristorante **3** (*amer.*) ristorante economico.

dinette [daɪ'net / din·ette] *s.* (*amer.*) saletta da pranzo; angolo del pranzo in una stanza; angolo cottura (in un monolocale).

to **ding** [dɪŋ] *v.intr.* **1** risuonare **2** (*fam.*) parlare con veemenza ◆ *v.tr.* **1** ripetere in continuazione **2** colpire, picchiare.

ding-a-ling ['dɪŋə,lɪŋ] *s.* **1** drindrin **2** (*sl. amer.*) persona stramba, eccentrica.

dingbat ['dɪŋbæt / ding·bat] *s.* **1** (*tip.*) segno grafico di richiamo o di stacco (p.e. pallino o asterisco) **2** (*amer.*) aggeggio, coso **3** (*fam. amer.*) sciocco, stupido; persona buffa.

dingdong [,dɪŋ'dɒŋ / ding·dong] *agg.* **1** di scampanio **2** (*fam.*) di esito incerto: *a — race*, *fight*, corsa, lotta combattuta ◆ *s.* **1** dindon (di campane), scampanio **2** (*fam.*) rissa; discussione violenta.

dinghy ['dɪŋgɪ] *s.* (*mar.*) dinghy; lancia al traino; canotto al traino.

dinginess ['dɪndʒɪnɪs / din·gi·ness] *s.* **1** aspetto scuro, triste, trasandato **2** sudiciume **3** trascuratezza.

dingle ['dɪŋgl] *s.* (*letter.*) valletta ombrosa; (*ant.*) gola, abisso: *but still the dingle's hollow throat / prolonged the swelling bugle-note*, (W. SCOTT) ma ancora la vuota gola dell'abisso prolunga la nota del corno da caccia.

dingle-dangle ['dɪŋgl'dæŋgl] *agg.* penzolante ◆ *avv.* penzoloni.

dingo ['dɪŋgəʊ] *pl.* **dingoes** ['dɪŋgəʊz / din·goes] *s.* **1** (*zool.*) (*Canis dingo*) dingo **2** (*sl. amer.*) vagabondo, barbone.

dingus ['dɪŋgəs / din·gus] *s.* (*sl.*) coso (oggetto di cui non si conosce, o non si vuole dire, il nome), aggeggio.

dingy ['dɪndʒɪ] *agg.* **1** sporco; scuro: *— white*, bianco sporco **2** sbiadito, offuscato **3** povero; squallido; triste; lugubre: *— hotel*, albergo squallido.

dining car ['daɪnɪŋkɑ:*] *s.* (*ferr.*) vagone ristorante.

dining hall ['daɪnɪŋ,hɔ:l] *s.* sala da pranzo, refettorio.

dining room [ˈdaɪnɪŋrʊm] *s.* sala da pranzo.

dining table [ˈdaɪnɪŋ,teɪbl] *s.* tavolo da pranzo.

dink [dɪŋk] *s.* (*sl. amer.*) niente: *he knows — about racing cars*, non sa niente di auto da corsa.

dinkum [ˈdɪŋkəm] *agg.* (*sl. austr.*) sincero; genuino; onesto: *it is fair —*, è proprio vero ◆ *avv.* sinceramente; genuinamente; onestamente.

dinky [ˈdɪŋkɪ] *agg.* **1** (*fam.*) carino, grazioso: *a — little hat*, un cappellino civettuolo **2** (*amer. spreg.*) piccolo e insignificante.

dinna [ˈdɪnə] (*scoz.*) per *do not*: *— forget*, non dimenticare.

dinner [ˈdɪnə* / din·ner] *s.* pasto principale; cena, pranzo: *it is time for —*, è ora di andare a tavola; *we get steak for —*, abbiamo bistecche per pranzo; *to have —*, pranzare; *to ask s.o. to —*, invitare qlcu. a cena, a pranzo; *to be at —*, essere a tavola; *to come for —*, arrivare per pranzo, cena; *to come to —*, venire a cena; *to do — duty*, occuparsi della refezione scolastica; *to give a — (in honour of s.o., for s.o.)*, dare un pranzo (in onore di qlcu.); *to go out to —*, pranzare fuori di casa.

dinner-dance [ˈdɪnə,dɑːns *amer.* ˈdɪnə,dæns] *s.* pranzo seguito da ballo.

dinner jacket [ˈdɪnə,dʒækɪt] *s.* smoking AMER. **tuxedo**, **tux**.

dinner-party [ˈdɪnə,pɑːtɪ] *s.* **1** pranzo con invitati **2** convitati.

dinner service [ˈdɪnə,sɜːvɪs] *s.* servizio da tavola.

dinner set [ˈdɪnəset] *s.* servizio da tavola.

dinner table [ˈdɪnə,teɪbl] *s.* tavolo da pranzo.

dino [diːnəʊ] *s.* (*sl. amer.*) italiano; (*estens.*) persona originaria dell'Europa meridionale. • Probabilmente dal nome proprio *Dino*, molto diffuso fra gli emigranti italiani.

dinosaur [ˈdaɪnəʊsɔː* / di·no·saur] *s.* (*paleont.*) dinosauro.

dint [dɪnt] *s.* **1** tacca; impronta; segno **2** (*antiq.*) violenza; forza; colpo: *by — of*, a forza di; *for that mortal dint / ...none can resist*, (T.B. MACAULAY) perché a quel colpo mortale... nessuno può resistere.

to **dint** *v.tr.* (*antiq.*) fare una tacca su; lasciare un segno, un'impronta su.

diocesan [daɪˈɒsɪsn / dio·cesan] *agg.* diocesano ◆ *s.* **1** (vescovo) diocesano **2** membro di una diocesi.

diocese [ˈdaɪəsɪs / dio·cese] *s.* diocesi.

diode [ˈdaɪəʊd / di·ode] *s.* diodo.

dioecious [daɪˈiːʃəs / di·oecious] *agg.* (*bot.*) dioico.

dionaea [,daɪəˈniːə / di·onaea] *s.* (*bot.*) dionea → **flytrap**.

Dionysia [,daɪəˈnɪzɪə / Di·onysia] *s.pl.* (*st.*) feste dionisiache.

Dionysiac [,daɪəˈnɪzɪæk / Di·onys·iac] **Dionysian** [,daɪəˈnɪzɪən / Di·onys·ian] *agg.* dionisiaco.

diopside [daɪˈɒpsaɪd / di·op·side] *s.* (*min.*) diopside; malacolite.

dioptase [daɪˈɒpteɪz / di·opt·ase] *s.* (*min.*) dioptasio.

diopter [daɪˈɒptə* / di·op·ter] **dioptre** [di·optre] *s.* (*fis.*) diottria.

dioptric [daɪˈɒptrɪk / di·op·tric] *agg.* (*fis.*) diottrico.

dioptrics [daɪˈɒptrɪks / di·op·trics] *s.* [U] (*fis.*) diottrica.

diorama [,daɪəˈrɑːmə / di·or·ama] *s.* diorama.

diorite [ˈdaɪəraɪt / di·or·ite] *s.* (*geol.*) diorite; granito nero.

diosmosis [,daɪɒˈsməʊsɪs / di·os·mosis] *s.* diosmosi.

dioxane [daɪˈɒkseɪn / di·ox·ane] *s.* (*chim.*) diossano.

dioxide [daɪˈɒksaɪd / di·ox·ide] *s.* (*chim.*) diossido.

dioxin [daɪˈɒksɪn / di·oxin] *s.* (*chim.*) diossina.

dip [dɪp] *s.* **1** immersione, bagno, tuffo: *— in the sea*, bagno nel mare; *to have* (o *to take*) *a —*, (*fam.*) fare un bagno, una nuotata // *to have a — into a book*, (*fam.*) scorrere un libro rapidamente, dare una rapida occhiata a un libro // *lucky —*, pesca, sorteggio di fortuna **2** inclinazione; avvallamento (di terreno); (*geol.*) inclinazione, pendenza (di strati): (*angle of*) *—*, inclinazione (di strati) **3** (*econ.*) lieve calo, flessione (di prezzi, profitti ecc.) **4** (*cuc.*) salsa cremosa: *cheese —*, crema di formaggio **5** bagno per la disinfezione di animali (gener. pecore) **6** (*tecn.*) bagno; immersione: *hot —*, immersione a caldo **7** (*ginnastica*) flessione (sulle braccia) **8** (*aer.*) picchiata, tuffo **9** (*mar.*) posizione a mezz'asta (di bandiera): *flag at the —*, bandiera a mezz'asta **10** candela (di sego) **11** (*sl.*) borsaiolo.

to **dip** *pass.p.p.* **dipped** [dɪpt] *v.tr.* **1** immergere; bagnare; tuffare; intingere: *he dips his pen in the ink*, intinge la penna nell'inchiostro; *to — one's hand into sthg.*, immergere la mano in qlco. // *to — one's hand into one's purse*, spendere liberamente // *to — one's pen in gall*, intingere la propria penna nel fiele **2** abbassare: (*mil.*) *to — a flag*, abbassare la bandiera (in segno di saluto); (*aut.*) *to — the headlights*, abbassare le luci **3** disinfettare, immergere in bagno disinfettante (pecore) **4** (*sl.*) borseggiare ◆ *v.intr.* **1** immergersi; bagnarsi; tuffarsi **2** abbassarsi (di sole, luce, proiettori ecc.) **3** (*aer.*) perdere improvvisamente quota **4** scendere, discendere: *the road dips towards the town*, la strada scende verso il paese // (*econ.*) *shares dipped sharply*, le quotazioni azionarie caddero bruscamente **5** (*geol.*) immergere, essere inclinato (di strato).
□ **dip in** *v.intr.* e *avv.* (*fam.*) servirsi di cibo, farsi avanti (a una tavola apparecchiata).
□ **dip into** *v.intr.* e *prep.* attingere: *to — into one's capital*, attingere al proprio capitale // *to — into a book, a subject*, sfogliare un libro, studiare superficialmente un argomento.

diphase [ˈdaɪfeɪz / di·phase] *agg.* (*chim.*, *fis.*) bifasico.

diphasic [daɪˈfeɪzɪk / di·phasic] *agg.* (*elettr.*) bifase.

diphenyl [daɪˈfenɪl / di·phenyl] *s.* (*chim.*) difenile.

diphtheria [dɪfˈθɪərɪə / diph·theria] *s.* (*med.*) difterite.

diphtherial [dɪfˈθɪərɪəl / diph·ther·ial] **diphtheric** [dɪfˈθerɪk / diph·theric] **diphtheritic** [,dɪfθəˈrɪtɪk / diph·ther·itic] *agg.* (*med.*) difterico.

diphtheroid [ˈdɪfθərɔɪd / diph·ther·oid] *agg.* (*med.*) difteroide.

diphthong [ˈdɪfθɒŋ *amer.* ˈdɪfθɔːŋ / diph·thong] *s.* (*fon.*) dittongo.

diphthongal [dɪfˈθɒŋgl *amer.* dɪfˈθɔːŋgl / diph·thongal] *agg.* (*fon.*) di dittongo.

diphyodont [ˈdɪfɪəʊ,dɒnt *amer.* ˈdaɪfɪə,dɔːnt / di·phyo·dont] *agg.* (*med.*) difiodonte.

diplegia [,daɪˈpliːdʒə / di·plegia] *s.* (*med.*) diplegia.

diploe [ˈdɪpləʊiː / dip·loe] *s.* (*anat.*) diploe.

diploid [ˈdɪplɔɪd / dip·loid] *agg.* e *s.* (*biol.*) diploide.

diploma [dɪˈpləʊmə / dip·loma] *s.* diploma.

diplomacy [dɪˈpləʊməsɪ / dip·lo·macy] *s.* **1** diplomazia **2** (*fig.*) tatto; accortezza.

diploma'd, **diplomaed** [dɪˈpləʊməd / dip·lo·ma'd, dip·lo·maed] *agg.* diplomato, fornito di diploma.

diplomat [ˈdɪpləmæt / dip·lo·mat] *s.* **1** diplomatico **2** (*fig.*) persona diplomatica, accorta e riservata.

diplomatic [,dɪpləˈmætɪk / dip·lo·matic] *agg.* **1** diplomatico: *for — reasons*, per ragioni diplomatiche; *to enter the — service*, entrare in diplomazia, nella carriera diplomatica; *— relations*, relazioni diplomatiche; *— body* (o *corps*), corpo diplomatico; (*dir.*) *— privileges and immunities*, guarentigie a favore dei diplomatici **2** (*fig.*) diplomatico, accorto, dotato di tatto **3** (*paleografia*) diplomatico.

diplomatically [,dɪpləˈmætɪkəlɪ / dip·lo·mat·ic·ally] *avv.* diplomaticamente; (*fig.*) con diplomazia, con tatto.

diplomatics [,dɪpləˈmætɪks / dip·lo·mat·ics] *s.* [U] **1** diplomazia **2** (*paleografia*) diplomatica.

diplomatist [dɪˈpləʊmətɪst / dip·lo·mat·ist] *s.* diplomatico (*anche fig.*).

to **diplomatize** [dɪˈpləʊmətaɪz / dip·lo·mat·ize] *v.intr.* (*non com.*) fare della diplomazia; agire diplomaticamente (*anche fig.*).

diplopia [dɪpˈləʊpjə / di·plo·pia] *s.* (*med.*) diplopia.

dipnoan [ˈdɪp,nəʊən / dip·noan] *agg.* e *s.* (*zool.*) dipnoo.

dipole [ˈdaɪpəʊl / di·pole] *s.* **1** (*fis.*) dipolo: *— moment*, momento di dipolo **2** (*tel.*) dipolo, antenna a dipolo.

dipper [ˈdɪpə* / dip·per] *s.* **1** mestolone **2** benna a cucchiaia **3** escavatrice **4** chi immerge, chi si immerge; tuffatore **5** (*amer. astr.*): *the Big Dipper*, l'Orsa Maggiore; *the Little Dipper*, l'Orsa Minore **6** (*zool.*) (*Cinclus cinclus*) merlo acquaiolo **7** (*relig.*) anabattista.

dipping [ˈdɪpɪŋ / dip·ping] *s.* **1** immersione **2** abbassamento; avvallamento; inclinazione.

dippy [ˈdɪpɪ] *agg.* (*sl. amer.*) pazzo.

dipshit [ˈdɪpʃɪt / dip·shit] *s.* (*amer. volg.*) stronzo, persona stupida e odiosa.

dipsomania [,dɪpsəʊˈmeɪnjə / dip·so·ma·nia] *s.* (*med.*) dipsomania.

dipsomaniac [,dɪpsəʊˈmeɪnɪæk / dip·so·ma·niac] *agg.* e *s.* (*med.*) dipsomane.

dipstick [ˈdɪpstɪk / dip·stick] *s.* (*tecn.*) asta di livello // (*aut.*) *oil —*, astina dell'olio.

dipswitch [ˈdɪpswɪtʃ / dip·switch] *s.* (*aut.*) commutatore delle luci.

dipsy ['dɪpsɪ] *agg.* (*fam. amer.*) **1** ubriaco **2** stupido ◆ *s.* (*fam. amer.*) pupattola.

dipsy-doodle ['dɪpsɪ'du:dəl] *s.* (*sl. amer.*) **1** frode, inganno; trucco **2** imbroglione, truffatore.

dipteral ['dɪptərəl / dip·teral] *s.* (*arch.*) dittero.

dipteran ['dɪptərən / dip·teran] *s.* (*zool.*) dittero.

dipterous ['dɪptərəs / dip·ter·ous] *agg.* (*zool.*) dei ditteri.

diptych ['dɪptɪk / dip·tych] *s.* dittico.

dire ['daɪə*] *agg.* terribile, orrendo; disastroso: — *poverty*, miseria nera; *to be in — need of help*, avere urgente, disperato bisogno di aiuto; *the company was in — straits*, la compagnia versava nella crisi più profonda.

direct [dɪ'rekt / dir·ect] *agg.* **1** diretto; immediato: — *consequence*, conseguenza immediata; — *descendant*, discendente diretto // (*pol.*) — *action*, azione diretta // (*pedagogia*) — *method*, metodo diretto // (*gramm.*) — *object*, *speech*, complemento, discorso diretto // (*dir.*): — *damages*, danni diretti e immediati; — *evidence*, prova diretta // (*amm.*): — *cost*, costi diretti; — *costing*, contabilità industriale a costi diretti // (*Borsa*) — *underwriting*, assunzione a fermo // (*trib.*) — *taxes*, imposte dirette // (*mecc.*): — *drive*, presa diretta; — *control*, comando diretto // (*inform.*): — *access*, accesso diretto; — *address*, indirizzo assoluto **2** schietto, franco, sincero: *a — answer*, una risposta franca; *a — way of doing things*, un modo di agire sincero.

direct *avv.* diretto, direttamente: *I shall write to you —*, ti scriverò direttamente; *the train goes — to Rome*, il treno va diretto a Roma.

to **direct** *v.tr.* **1** indirizzare, inviare: *can you — all my mail to my new address?*, puoi inviare tutta la mia posta al mio nuovo indirizzo? **2** rivolgere, dirigere: *after this he directed his attention towards African culture*, dopo ciò egli rivolse la sua attenzione alla cultura africana; *he directed a stern gaze to his nephew*, rivolse a suo nipote uno sguardo severo **3** indicare (via, direzione): *can you — me to the post office?*, può indicarmi la strada per andare alla posta? **4** dirigere; dare ordini a: *Jack was directing the work*, Jack dirigeva il lavoro // (*dir.*) *to — the jury*, istruire la giuria **5** (IV) ordinare: *he directed me to sit down*, mi ordinò di sedermi // *as directed*, secondo le istruzioni ricevute **6** (*mus.*) dirigere **7** (*cinem.*, *teatr.*, *tv*) curare la regia di.

direct current ['daɪrekt,kʌrənt] *s.* (*fis.*) corrente continua.

direct dialling [dɪ'rekt,daɪəlɪŋ] *s.* (*tel.*) teleselezione SIN. subscriber trunk dialling.

directed [dɪ'rektɪd / di·rec·ted] *agg.* diretto // — *by*, regia di // (*mat.*): — *system*, sistema diretto; — *line*, linea orientata.

direct-grant school [daɪ'rekt'grɑ:nt sku:l] *s.* fino al 1979, scuola privata con sussidio statale a favore di un ristretto numero di alunni non paganti.

direction [dɪ'rekʃn / dir·ec·tion] *s.* **1** senso, direzione, verso: *in the — of*, in direzione di; *in the opposite —*, nella direzione opposta; *to lose one's sense of —*, disorientarsi, perdere l'orientamento // (*mat.*) — *cosine*, coseno direttore // (*fis.*) — *angles*, angoli di direzione **2** istruzione, indicazione, direttiva: *full directions as to how to use*, indicazioni complete per l'uso; *to comply with the detailed directions given*, conformarsi alle istruzioni particolareggiate fornite **3** direzione; (*mus.*) direzione; (*cinem.*, *teatr.*, *tv*) regia: *the work went ahead under the — of the architect*, il lavoro procedette sotto la direzione dell'architetto; *under Blake Edwards' astute — his comic talent was given full flow*, sotto l'intelligente regia di Blake Edwards il suo talento comico fu lasciato libero d'esprimersi **4** (*gener. pl.*) (*ant.*) indirizzo di lettera.

directional [dɪ'rekʃənl / dir·ec·tional] *agg.* **1** (*rad.*) direzionale: — *aerial*, antenna direzionale; — *wireless*, radiogoniometria **2** direttivo, dirigente.

direction-board [dɪ'rekʃn,bɔ:d] **direction-plate** [dɪ'rekʃnpleɪt] *s.* indicatore stradale.

direction finder [dɪ'rekʃnfaɪndə*] *s.* (*rad.*) radiogoniometro.

direction-indicator [dɪ'rekʃn'ɪndɪkeɪtə*] *s.* (*aut.*) indicatore di direzione.

directive [dɪ'rektɪv / dir·ect·ive] *agg.* direttivo: — *function*, funzione direttiva ◆ *s.* direttiva; istruzione, ordine.

directly [dɪ'rektlɪ / dir·ect·ly] *avv.* **1** direttamente: — *concerned*, direttamente interessato; *a — opposite effect*, un effetto esattamente contrario; *he was coming — towards us*, veniva direttamente verso di noi **2** subito, immediatamente: *I shall see him —*, lo vedrò subito.

directly *cong.* (*fam.*) appena: *I shall see him — he comes*, lo vedrò appena verrà.

directness [dɪ'rektnɪs / dir·ect·ness] *s.* **1** franchezza, sincerità **2** sorgente diretta (di informazione).

director [dɪ'rektə* / dir·ector] *s.* **1** direttore; (*amm.*) amministratore, direttore, dirigente; membro del consiglio di amministrazione: *board of directors*, consiglio di amministrazione; *directors' meeting*, riunione del consiglio di amministrazione (di una società) // (*dir.*) — *of public prosecution*, procuratore capo // (*amm.*): *managing —*, amministratore delegato; direttore generale (del Fondo monetario internazionale); *executive —*, direttore esecutivo (del Fondo monetario internazionale); consigliere esecutivo (della Banca d'Inghilterra) **2** (*eccl.*) direttore spirituale **3** (*cinem.*, *teatr. amer.*) regista; (*cinem. inglese*) produttore // *art —*, scenografo **4** (*elettr.*) direttore; selettore **5** (*mar.*) centrale di tiro.

directorate [dɪ'rektərət / dir·ect·or·ate] *s.* **1** consiglio d'amministrazione **2** ufficio di direttore.

director-general [dɪ'rektə'dʒenərəl] *s.* direttore generale: *the — of the BBC*, il direttore generale della BBC.

directorial [,dɪrek'tɔ:rɪəl / dir·ect·or·ial] *agg.* direttivo; del consiglio di amministrazione.

directorship [dɪ'rektəʃɪp / dir·ect·or·ship] *s.* **1** carica; funzioni di direttore, di amministratore **2** direttorato, amministrazione: *during his —*, nel corso della sua amministrazione.

directory [dɪ'rektərɪ / dir·ect·ory] *agg.* direttivo // (*dir.*) — *statute*, legge derogabile, legge dispositiva ◆ *s.* **1** guida, elenco, annuario: (*telephone*) —, elenco telefonico // — *enquiries*, servizio d'informazioni telefoniche **2** (*eccl.*) direttorio **3** consiglio d'amministrazione **4** (*st. francese*) direttorio **5** (*inform.*) direttorio, cartella.

directress [dɪ'rektrɪs / dir·ect·ress] *s.* direttrice.

directrix [dɪ'rektrɪks / dir·ect·rix] *pl.* **directrices** [,daɪrek'traɪsi:z / dir·ect·rices] *nel sign. 2 anche* **directrixes** [dɪ'rektrɪksɪz] *s.* **1** (*ant.*) direttrice **2** (*mat.*) direttrice.

direful ['daɪəfʊl / dire·ful] *agg.* (*letter.*) orrendo, terribile; funesto: *we heard the — wail of wolves in the wood*, udimmo il terribile ululato dei lupi nella foresta // **-ly** *avv.* // **-ness** *s.*

dirge [dɜ:dʒ] *s.* (*letter.*) canto, lamento funebre: *whose dirge is whispered by the warbling lute*, (DRYDEN) il cui lamento funebre è sussurrato dal trillante liuto • Dalla prima parola dell'antifona 'Dirige, Domine, Deus meus, in conspectu tuo viam meam' (guida, o Signore, Dio mio, i miei passi al tuo cospetto) cantata nella messa dei defunti.

to **dirge** *v.intr.* (*ant.*) intonare un canto funebre.

dirigibility [,dɪrɪdʒɪ'bɪlətɪ / di·ri·gib·il·ity] *s.* dirigibilità.

dirigible ['dɪrɪdʒəbl / di·ri·gible] *agg.* dirigibile ◆ *s.* (*aer.*) dirigibile.

diriment ['dɪrɪmənt / di·ri·ment] *agg.* (*dir.*) dirimente.

dirk [dɜ:k] *s.* pugnale (degli scozzesi e degli aspiranti di marina).

to **dirk** *v.tr.* (*ant.*) pugnalare.

dirndl ['dɜ:ndl] *s.* **1** dirndl, vestito alla tirolese **2** gonna ampia con vita alta e stretta.

dirt [dɜ:t] *s.* **1** sporcizia, sudiciume; immondizia; (*sl. amer.*) pettegolezzo // *as cheap as —*, a prezzo stracciato // *to eat —*, incassare (insulti ecc.), (*fam.*) ingoiare un rospo // *to fling* (o *to throw*) — *at s.o.*, calunniare qlcu., parlar male di qlcu., gettar fango su qlcu. // *to treat s.o. like —*, trattare qlcu. con disprezzo // *to dig up the —*, (*sl.*) portare alla luce il marciume // — *waggon*, (*amer.*) furgone delle immondizie // *to dish the —*, (*sl. amer.*) spettegolare **2** (*fig.*) sozzura, bruttura: *to talk —*, usare un linguaggio sboccato **3** terra: — *road*, strada in terra battuta; — *bike*, (*amer.*) moto da fuoristrada // (*sport*) — *track*, pista di cenere.

dirtily ['dɜ:tɪlɪ / dirt·ily] *avv.* **1** sporcamente, sudiciamente **2** (*fig.*) bassamente; vilmente.

dirtiness ['dɜ:tɪnɪs / dirti·ness] *s.* **1** sporcizia, sozzura; l'essere sporco **2** (*fig.*) bassezza, viltà.

dirt-repellent [,dɜ:trɪ'pelənt] **dirt-resistant** [,dɜ:trɪ'zɪstənt] *agg.* antimacchia.

dirty ['dɜ:tɪ] *agg.* **1** sporco, sudicio; infangato: — *hands*, mani sporche; — *shoes*, scarpe infangate; *the walls were a — white*, i muri erano grigiastri // (*fis. nucleare*) — *bomb*, bomba sporca (che emette molti isotopi) **2** brutto; piovoso, tempestoso: *what — weather!*, che tempaccio! **3** brutto; disonesto; sleale: — *business*, affare losco; — *pool*, (*fam. amer.*) operazione sporca, illecita, (*fig.*) colpo basso; — *trick*, (*sl.*) brutto scherzo: *to play s.o. a — trick*, giocare un brutto tiro a qlcu.; — *work*, azione disonesta, losca; *to do s.o.'s — work*, (*fig.*) fare il lavoro sporco, ingrato per conto di qlcu. // *to do the — on s.o.*, (*fam. brit.*) tirare un colpo gobbo a qlcu. // — *weekend*, un weekend di follie (extraconiugali) // (*econ.*): — *floating*, fluttuazione sporca (dei cambi); — *money*, denaro sporco **4** grossolano; sboccato; osceno; sconcio: *a — story*, una storiella sconcia; — *film*, film a luce rossa; — *word*, parolaccia, espressione sconveniente **5** (*fam.*) arrabbiato (di sguardo): *he gave me a — look*, mi diede un'occhiataccia **6** (*inform.*) modificato.

to **dirty** *v.tr.* sporcare; insudiciare (*anche fig.*): *he dirtied his reputation in the recent scandal*, il recente scandalo rovinò la sua reputazione ◆ *v.intr.* sporcarsi, insudiciarsi (*anche fig.*).

dirty-neck ['dɜ:tɪ,nek] *s.* (*sl. amer.*) **1** contadino; bracciante **2** immigrato.

dis- [dɪs] *pref.* di origine latina; it. dis-, s-; può indicare **1** negazione, o anche, privazione, mancanza: *dishonest*, disonesto; *dishonesty*, disonestà; *discontented*, scontento; *disabled*, disabile; *to disadapt*, disadattare **2** separazione, allontanamento: *to dismiss*, mandar via; *to disperse*, disperdere; *to disjoin*, disgiungere.

disability [,dɪsə'bɪlətɪ / dis·ab·il·ity] *s.* **1** incapacità; impotenza; invalidità: *physical* —, infermità // — *pension*, *benefit*, pensione, sussidio di invalidità **2** (*dir.*) incapacità: — *to enter a contract*, incapacità contrattuale.

to **disable** [dɪs'eɪbl / dis·able] *v.tr.* **1** rendere incapace, inabile; storpiare; mutilare: *to — s.o. from doing sthg.*, mettere qlcu. nell'impossibilità di fare qlco. **2** (*dir.*) dichiarare qlcu. incapace di fare qlco. **3** (*inform.*) rendere inutilizzabile, mettere fuori servizio, invalidare (un circuito); (IBM) disabilitare.

disabled [dɪs'eɪbld / dis·abled] *agg.* e *s.* disabile, invalido: — *soldier*, invalido (di guerra).

disablement [dɪs'eɪblmənt / dis·able·ment] *s.* **1** il rendere incapace, inabile (al lavoro) **2** handicap (fisico) **3** (*dir.*) → **disability**.

to **disabuse** [,dɪsə'bju:z / dis·ab·use] *v.tr.* (*form.*) disingannare: *to — s.o. of sthg.*, disingannare qlcu. circa, su qlco.

disaccharide [daɪ'sækəraɪd / di·sac·char·ide] *s.* (*chim.*) disaccaride.

disaccord [,dɪsə'kɔ:d / dis·ac·cord] *s.* (*form.*) disaccordo.

to **disaccord** *v.intr.* (*form.*) essere in disaccordo.

to **disaccustom** [,dɪsə'kʌstəm / dis·ac·cus·tom] *v.tr.* (*form.*) disabituare: *to — s.o. to doing sthg.*, disabituare qlcu. dal fare qlco.

disadvantage [,dɪsəd'vɑ:ntɪdʒ *amer.* ,dɪs əd'væntɪdʒ / dis·ad·vant·age] *s.* svantaggio; perdita: *to be* (*work*) *to s.o.'s* —, essere a detrimento, svantaggio di qlcu.; *to be at a* —, essere svantaggiato; *to put s.o. at a* —, mettere qlcu. in condizione di svantaggio; *to be seen at a* —, essere visto in condizioni sfavorevoli; *to take s.o. at a* —, cogliere qlcu. alla sprovvista, in un momento sfavorevole.

disadvantaged [,dɪsəd'vɑ:ntɪdʒd / dis·ad·vant·aged] → **deprived**.

disadvantageous [,dɪsædvɑ:n'teɪdʒəs *amer.* ,dɪsædvæn'teɪdʒəs / dis·ad·vant·age·ous] *agg.* svantaggioso; sfavorevole // **-ly** *avv.*

to **disaffect** [,dɪsə'fekt / dis·af·fect] *v.tr.* (*ant.*) disamorare; alienare; rendere maldisposto.

disaffected [,dɪsə'fektɪd / dis·af·fec·ted] *agg.* maldisposto; ostile; disamorato.

disaffectedness [,dɪsə'fektɪdnɪs / dis·af·fec·ted·ness] **disaffection** [,dɪsə'fekʃn / dis·af·fec·tion] *s.* **1** disamore; disaffezione **2** scontentezza.

to **disaffirm** [,dɪsə'fɜ:m / dis·af·firm] *v.tr.* **1** rinnegare, negare; contraddire **2** (*dir.*) revocare, annullare, cassare.

disaffirmation [dɪs,æfɜ:'meɪʃn / dis·af·firma·tion] *s.* (*dir.*) revocazione, annullamento.

to **disafforest** [,dɪsə'fɒrɪst *amer.* dɪsə'fɔ:rɪst / dis·af·for·est] *v.tr.* (*dir. ant.*) privare un terreno della qualifica di 'forest', privando così il proprietario dei diritti esclusivi di caccia e sulla fauna.

disafforestation [,dɪsə,fɒrɪ'steɪʃn *amer.* ,dɪsə,fɔ:rɪs'teɪʃn / dis·af·for·esta·tion] *s.* (*dir. ant.*) soppressione della qualifica di 'forest' a un terreno.

disagio [dɪs'ɑ:dʒəʊ / dis·agio] *s.* (*econ.*) disaggio.

to **disagree** [,dɪsə'gri: / dis·ag·ree] *v.intr.* **1** essere in disaccordo, non andar d'accordo: *we — on this subject*, su questo argomento non siamo d'accordo; *we — with you*, non siamo del vostro avviso **2** non coincidere, essere diverso: *the total disagrees from the amounts of the individual entries*, il totale non coincide con gli importi delle singole entrate **3** non essere confacente, adatto: *onions — with me*, le cipolle mi restano sullo stomaco, mi sono indigeste; *sea air disagrees with her*, l'aria di mare non le si confà.

disagreeable [,dɪsə'grɪəbl / dis·ag·ree·able] *agg.* sgradevole; spiacevole; antipatico: *he is one of the most — people I know*, è una delle persone più antipatiche che io conosca ◆ *s.* (*gener. pl.*) noia, fastidio // **-bly** *avv.*

disagreeableness [,dɪsə'grɪəblnɪs / dis·ag·ree·able·ness] *s.* sgradevolezza; spiacevolezza.

disagreement [,dɪsə'gri:mənt / dis·ag·ree·ment] *s.* **1** dissenso, dissapore, disaccordo; litigio: — *with s.o. on* (o *about*) *sthg.*, disaccordo con qlcu. per qlco. **2** differenza, discordanza: *everybody was in — about how to get there*, ciascuno aveva opinioni discordi sul come arrivarci.

to **disallow** [,dɪsə'laʊ / dis·al·low] *v.tr.* **1** non permettere, rifiutare, respingere **2** non ammettere; non riconoscere (privilegio, ipotesi ecc.).

disallowance [,dɪsə'laʊəns / dis·al·low·ance] *s.* (*form.*) rifiuto; rifiuto di ammettere; divieto.

to **disally** [,dɪsə'laɪ / dis·ally] *v.tr.* (*ant.*) rompere, sciogliere (un'alleanza); separare.

to **disanchor** [dɪs'æŋkə* / dis·an·chor] *v.tr.* e *intr.* (*ant.*) disancorare, disancorarsi.

to **disanimate** [dɪs'ænɪmeɪt / dis·an·im·ate] *v.tr.* (*ant.*) disanimare.

to **disannul** [,dɪsə'nʌl / dis·an·nul] *pass.p.p.* **disannulled** [,dɪsə'nʌld / dis·an·nulled] *v.tr.* annullare completamente.

to **disanoint** [,dɪsə'nɔɪnt / dis·anoint] *v.tr.* sconsacrare.

to **disappear** [,dɪsə'pɪə* / dis·ap·pear] *v.intr.* scomparire, svanire: *he disappeared from our sight*, scomparve alla nostra vista; *to — in the darkness*, svanire nell'oscurità; *to — into the crowd*, sparire, perdersi nella folla; *his letters have mysteriously disappeared*, le sue lettere sono scomparse misteriosamente.

disappearance [,dɪsə'pɪərəns / dis·ap·pear·ance] *s.* sparizione, scomparsa.

to **disappoint** [,dɪsə'pɔɪnt / dis·ap·point] *v.tr.* deludere; frustrare (speranze); mancare a (una promessa): *don't — me*, non deludermi; *to be disappointed in* (o *with*) *s.o.*, *in sthg.*, rimanere deluso di qlcu., qlco.; *I am sorry I have disappointed you*, mi spiace di averti addolorato.

disappointed [,dɪsə'pɔɪntɪd / dis·ap·pointed] *agg.* **1** deluso; insoddisfatto, scontento: — *ambition*, ambizione delusa; *a — man*, un uomo scontento; *I was — at not being able to see him*, rimasi deluso di non averlo potuto vedere **2** (*ant.*) impreparato: *thus was I... / cut off even in the blossom of my sin, / unhousel'd, disappointed*, (SH. Hamlet) così... fui falciato nel fiore dei miei peccati, senza viatico, impreparato.

disappointedly [,dɪsə'pɔɪntɪdlɪ / dis·ap·point·ed·ly] *avv.* con aria delusa; con tono triste.

disappointing [,dɪsə'pɔɪntɪŋ / dis·ap·point·ing] *agg.* deludente; scoraggiante; spiacevole; ingannevole: — *weather*, tempo brutto; *how —!*, che contrattempo! // **-ly** *avv.*

disappointment [,dɪsə'pɔɪntmənt / dis·ap·point·ment] *s.* **1** delusione; disappunto: — *in love*, delusione d'amore; *to my* —, con mio disappunto; *the show was a* —, lo spettacolo è stato una delusione **2** contrattempo.

disappreciation [,dɪsə,pri:ʃɪ'eɪʃn / dis·ap·pre·cia·tion] *s.* (*econ.*) deprezzamento.

disapprobation [,dɪsæprəʊ'beɪʃn / dis·ap·proba·tion] *s.* (*form.*) disapprovazione.

disapprobative [dɪs'æprəʊbeɪtɪv / dis·ap·prob·at·ive] **disapprobatory** [dɪs'æprəʊbeɪtərɪ / dis·ap·prob·at·ory] *agg.* (*form.*) disapprovante, riprensivo; di disapprovazione, di rimprovero.

disapproval [,dɪsə'pru:vəl / dis·ap·proval] *s.* disapprovazione.

to **disapprove** ['dɪsə'pru:v / dis·ap·prove] *v.tr.* disapprovare; respingere, non concedere l'approvazione a: *we are sorry we must — your action*, ci dispiace di dover disapprovare la vostra azione; *Parliament disapproved the bill*, il parlamento non approvò la proposta di legge ◆ *v.intr.* trovare da ridire: *to — of sthg., s.o.*, trovare da ridire su qlco., qlcu.

disapprovingly ['dɪsə'pru:vɪŋlɪ / dis·ap·prov·ing·ly] *avv.* con disapprovazione.

to **disarm** [dɪs'ɑ:m / dis·arm] *v.tr.* **1** disarmare: *the police disarmed the thief*, la polizia disarmò il ladro **2** (*fig.*) disarmare, calmare: *a disarming smile*, un sorriso disarmante ◆ *v.intr.* disarmarsi; ridurre gli armamenti.

disarmament [dɪs'ɑ:məmənt / dis·arma·ment] *s.* disarmo.

disarmer [dɪs'ɑ:mə* / dis·arm·er] *s.* (*pol.*) fautore del disarmo.

to **disarrange** ['dɪsə'reɪndʒ / dis·ar·range] *v.tr.* scomporre, scompigliare, mettere in disordine: *disarranged hair*, capelli arruffati.

disarrangement [,dɪsə'reɪndʒmənt / dis·ar·range·ment] *s.* (*non com.*) disordine, scompiglio.

disarray [,dɪsə'reɪ / dis·ar·ray] *s.* disordine,

scompiglio: *her clothes were in* —, era semisvestita, con i vestiti in disordine; *her hair was in* —, i suoi capelli erano tutti arruffati, in disordine; *after the crisis the government was in complete* —, dopo la crisi il governo era nel caos più completo.

to **disarray** *v.tr.* (*non com.*) disorganizzare; scompigliare.

to **disarticulate** [,dɪsɑ:'tɪkjʊleɪt / dis·ar·ticu·late] *v.tr.* **1** disarticolare; smembrare (pollo ecc.) **2** (*med.*) disarticolare; amputare.

disarticulation ['dɪsɑ:,tɪkjʊ'leɪʃn / dis·ar·ticu·la·tion] *s.* **1** disarticolazione **2** (*med.*) disarticolazione; amputazione di una articolazione.

to **disassemble** [,dɪsə'sembl / dis·as·semble] *v.tr.* smontare (una macchina ecc.); (*inform.*) disassemblare.

disassembly [,dɪsə'semblɪ / dis·as·sem·bly] *s.* smontaggio (di macchina ecc.).

disassimilation [,dɪsə,sɪmɪ'leɪʃn / dis·as·sim·ila·tion] *s.* disassimilazione.

to **disassociate** [,dɪsə'səʊʃɪeɪt / dis·as·so·ci·ate] → to **dissociate**.

disassociation [,dɪsə,səʊsɪ'eɪʃn / dis·as·so·ci·ation] → **dissociation**.

disaster [dɪ'zɑ:stə* *amer.* dɪ'zæstə* / dis·as·ter] *s.* disastro; calamità; sinistro; (*fam.*) guaio: *a public* —, una pubblica calamità; — *area*, zona sinistrata; *his singing is a* —, canta in modo disastroso.

disastrous [dɪ'zɑ:strəs *amer.* dɪ'zæstrəs / dis·ast·rous] *agg.* disastroso // **-ly** *avv.*

to **disavow** [,dɪsə'vaʊ / dis·avow] *v.tr.* (*form.*) sconfessare, rinnegare (la propria fede, un'azione); ripudiare (la moglie, una dottrina).

disavowal ['dɪsə'vaʊəl / dis·avowal] *s.* sconfessione; rinnegamento; disconoscimento (*anche dir.*).

to **disband** [dɪs'bænd / dis·band] *v.tr.* disperdere; sciogliere; accomiatare, congedare, licenziare: *the commission was disbanded*, la commissione fu sciolta ◆ *v.intr.* **1** disperdersi; sciogliersi **2** (*mil.*) sbandarsi; essere congedato.

disbandment [dɪs'bændmənt / dis·band·ment] *s.* dispersione; scioglimento; (*mil.*) congedo.

to **disbar** [dɪs'bɑ:* / dis·bar] *v.tr.* (*dir.*) radiare dall'albo (un avvocato).

disbarment [dɪs'bɑ:mənt / dis·bar·ment] *s.* (*dir.*) radiazione dall'albo (degli avvocati).

disbelief ['dɪsbɪ'li:f / dis·be·lief] *s.* **1** incredulità, scetticismo **2** miscredenza (religiosa).

to **disbelieve** ['dɪsbɪ'li:v / dis·be·lieve] *v.tr.* e *intr.* non (poter) credere, rifiutare di credere, non prestar fede a: *I — his words*, rifiuto di credere alle sue parole; *to — in s.o., sthg.*, non credere a qlcu., in qlco.

disbeliever ['dɪsbɪ'li:və* / dis·be·liever] *s.* incredulo, scettico; miscredente.

to **disbranch** [dɪs'brɑ:ntʃ / dis·branch] *v.tr.* (*non com.*) spogliare (un albero) dei rami.

to **disbud** [dɪs'bʌd / dis·bud] *v.tr.* (*agr.*) mondare (una pianta) dei germogli.

to **disburden** [dɪs'bɜ:dn / dis·bur·den] *v.tr.* scaricare; togliere un peso a; liberare da un peso (*anche fig.*): *to — one's heart to s.o.*, aprire il proprio cuore a qlcu.; *to — one's mind of (a secret)*, alleggerirsi l'animo di (un segreto); *to — one's wrath upon s.o.*, riversare la propria ira su qlcu. ◆ *v.intr.* scaricarsi; alleggerirsi, liberarsi da un peso (*anche fig.*).

to **disburse** [dɪs'bɜ:s / dis·burse] *v.tr.* (*form.*) sborsare, erogare (denaro).

disbursement [dɪs'bɜ:smənt / dis·burse·ment] *s.* (*form.*) **1** esborso, sborso, pagamento **2** spese.

disc [dɪsk] *s.* **1** disco musicale **2** disco, oggetto a forma di disco: *the — of the sun*, il disco solare; — *signal*, (*ferr.*) segnale a disco **3** (*anat.*) disco: *slipped* —, ernia al disco **4** → disk 1 e 2.

discalced [dɪs'kælst / dis·calced] *agg.* (*non com.*) scalzo: *Discalced Carmelites*, Carmelitani Scalzi.

discard ['dɪskɑ:d / dis·card] *s.* **1** (*carte*) scarto **2** (*amer.*) scarto, rifiuto (di materiale, personale).

to **discard** [dɪs'kɑ:d] *v.tr.* **1** (*carte*) scartare **2** mettere, lasciare da parte; rinunciare a, abbandonare; smettere (indumenti) ◆ *v.intr.* (*carte*) fare uno scarto, scartare.

discarnate [dɪ'skɑ:nɪt / dis·carn·ate] *agg.* (*ant.*) scarnito: — *bones*, ossa scarnite; — *soul*, anima liberata dal corpo.

disc brake ['dɪskbreɪk] *s.* (*mecc.*) freno a disco.

to **discern** [dɪ'sɜ:n / dis·cern] *v.tr.* percepire, comprendere, discernere, distinguere, scorgere: *to — s.o., sthg., in the distance*, scorgere qlcu., qlco. in lontananza; *to — difference between*, vedere la differenza fra ◆ *v.intr.* distinguere: *to — between light and dark*, distinguere tra il giorno e la notte.

discernible [dɪ'sɜ:nəbl / dis·cern·ible] *agg.* visibile; discernibile, percepibile // **-bly** *avv.*

discerning [dɪ'sɜ:nɪŋ / dis·cern·ing] *agg.* giudizioso; perspicace; penetrante, sottile (di mente); sicuro (di gusto).

discernment [dɪ'sɜ:nmənt / dis·cern·ment] *s.* discernimento; acume; oculatezza; sagacia; giudizio.

disc-flower ['dɪsk,flaʊə*] *s.* (*bot.*) fiore del disco.

discharge [dɪs'tʃɑ:dʒ / dis·charge] *s.* **1** scarico, lo scaricare: *the — of a ship*, lo scarico di una nave; — *note*, ordine di sbarco **2** scarica (di armi da fuoco), sparo **3** (*geogr.*) portata di fiume **4** (*fis.*) liberazione (di vapore, gas ecc.): — *pipe*, tubo di scarico; (*elettr.*) scarica: — *lamp*, lampada a scarica; — *pressure*, tensione di scarica **5** (*med.*) suppurazione; spurgo (di suppurazione) **6** congedo; licenza; esonero; licenziamento (di operaio ecc.): — *from the army*, congedo dall'esercito (p.e. dopo servizio attivo o perché riformato); — *from hospital*, il dimettere dall'ospedale, deospedalizzazione // (*dir.*) — *for cause*, licenziamento per giusta causa **7** (*dir.*) liberazione; assoluzione (di un accusato); (*comm.*, *non com.*) riabilitazione (di un fallito): — *from prison*, scarcerazione; — *of a warrant of arrest*, revoca di un provvedimento restrittivo della libertà personale; *conditional* —, libertà condizionale **8** adempimento (di un dovere): *he was perfect in the — of his duties*, fu perfetto nell'adempimento, nell'esercizio delle sue funzioni; — *from liability*, esonero da responsabilità; — *of an obligation*, adempimento di un'obbligazione **9** pagamento (di un debito); quietanza: — *of all debts*, pagamento di tutti i debiti; *in full* —, a saldo di ogni avere // (*dir.*): — *of a bond*, pagamento di una cauzione; — *of land from an encumbrance*, purgazione di una ipoteca **10** (*chim.*) eliminazione: — *agent*, agente di corrosione, di decolorazione di tessuti // — *liquor*, effluente.

to **discharge** *v.tr.* **1** scaricare (nave, cisterna, serbatoio ecc.) **2** scaricare (fucile ecc.) **3** (*elettr.*) scaricare (accumulatore ecc.) **4** far uscire (vapore, gas, fumo ecc.) **5** (*med.*) secernere, emettere: *to — pus*, secernere pus **6** congedare; licenziare; esonerare; (*mil.*) riformare; dimettere (dall'ospedale), deospedalizzare: *he was discharged for dishonesty*, fu licenziato per disonestà; *the jury was discharged*, la giuria fu congedata **7** liberare (prigionieri); riabilitare (un fallito); assolvere (un accusato): *discharged bankrupt*, fallito riabilitato **8** (*form.*) adempiere a; compiere (un dovere): *he discharged his duties with great ability*, adempì ai suoi doveri con grande abilità **9** (*comm.*) saldare (debiti): *to — a bill*, estinguere una cambiale **10** eliminare: *to — the dye from a fabric*, decolorare un tessuto ◆ *v.intr.* **1** (*elettr.*) scaricarsi (di pila, accumulatore ecc.) **2** (*med.*) suppurare **3** scaricarsi, sboccare, uscire (di vapore, gas, fumo, corso d'acqua ecc.).

dischargeable [dɪs'tʃɑ:dʒəbl / dis·charge·able] *agg.* **1** scaricabile **2** congedabile, riformabile (di soldato) **3** che si può riabilitare (di persona fallita) **4** pagabile (di debito).

dischargee [,dɪstʃɑ:'dʒi: / dis·chargee] *s.* soldato congedato, riformato.

discharger [dɪs'tʃɑ:dʒə* / dis·charger] *s.* scaricatore.

disc harrow ['dɪskhærəʊ] *s.* (*agr.*) erpice a dischi.

disciple [dɪ'saɪpl / dis·ciple] *s.* discepolo // *the Disciples*, i discepoli (di Gesù).

discipleship [dɪ'saɪplʃɪp / dis·ciple·ship] *s.* stato, qualità di discepolo.

disciplinable ['dɪsɪplɪnəbl / dis·cip·lin·able] *agg.* **1** disciplinabile **2** docile **3** punibile: — *offence*, offesa punibile.

disciplinal ['dɪsɪplnl / dis·cip·linal] *agg.* (*non com.*) disciplinare.

disciplinarian [,dɪsɪplɪ'neərɪən / dis·cip·lin·ar·ian] *s.* disciplinatore; chi crede nella disciplina, la sa imporre.

disciplinary ['dɪsɪplɪnərɪ *amer.* 'dɪsɪplɪnerɪ / dis·cip·lin·ary] *agg.* disciplinare: — *punishment*, punizione disciplinare.

discipline ['dɪsɪplɪn / dis·cip·line] *s.* **1** disciplina: *military* —, disciplina militare; *to enforce strict* —, imporre una disciplina rigorosa; *a breach of* —, una violazione della disciplina **2** disciplina; autodisciplina; controllo; mortificazione **3** disciplina, allenamento mentale: *copying is a good — when learning to draw*, copiare è un buon allenamento quando si impara a disegnare **4** (*form.*) disciplina, insegnamento, materia di studio: *the candidates came from different academic disciplines*, i candidati provenivano da diverse discipline accademiche.

to **discipline** *v.tr.* **1** disciplinare; formare (carattere) **2** punire, castigare **3** (*eccl.*) mortificare.

disciplined ['dɪsɪplɪnd / dis·cip·lined] *agg.* disciplinato.

disc jockey ['dɪskdʒɒkɪ] *s.* disc-jockey.

to **disclaim** [dɪs'kleɪm / dis·claim] *v.tr.* (*form.*) **1** rifiutare di ammettere; non riconoscere, disconoscere: *I — your authority*, non riconosco la tua autorità **2** ripudiare, negare: *to — all responsibility*, declinare ogni responsabilità **3** (*dir.*) rinunciare a un diritto su.

disclaimer [dɪs'kleɪmə* / dis·claimer] *s.* **1** diniego, rifiuto **2** (*dir.*) rinuncia: — *clause*, clausola esonero della responsabilità; — *of contract*, recesso unilaterale, denuncia di un contratto; — *of responsibility*, rinuncia di responsabilità **3** chi nega; chi rinuncia (*anche dir.*).

to **disclose** [dɪs'kləʊz / dis·close] *v.tr.* **1** svelare, scoprire: *to — a hidden treasure*, scoprire un tesoro nascosto **2** divulgare, propagare (un segreto ecc.) **3** (*ant.*) dischiudere: *as patient as the female dove / when her golden couplets are disclosed*, (SH. Hamlet) paziente come la colomba quando esce dall'uovo la sua covata d'oro.

disclosure [dɪs'kləʊʒə* / dis·clos·ure] *s.* **1** rivelazione (di un pensiero ecc.); scoperta (di un tesoro ecc.) **2** divulgazione, propagazione (d'un segreto ecc.).

disco ['dɪskəʊ] *pl.* **discos** *s.* (*fam.*) discoteca.

discobolus [dɪs'kɒbələs / dis·co·bolus] *pl.* **discoboli** [dɪs'kɒbəlaɪ / dis·co·boli] *s.* discobolo.

discography [dɪs'kɒgrəfɪ / dis·co·graphy] *s.* discografia.

discoid ['dɪskɔɪd / dis·coid] *agg.* e *s.* discoide.

discoidal [dɪs'kɔɪdəl / dis·coid·al] *agg.* discoide, discoidale: (*biol.*) — *cleavage*, segmentazione discoidale.

to **discolour** [dɪs'kʌlə* / dis·col·our] amer. to **discolor** *v.tr.* **1** decolorare; scolorire; scolorare **2** appannare; offuscare **3** macchiare ◆ *v.intr.* **1** scolorirsi **2** appannarsi; offuscarsi.

discolouration [dɪs,kʌlə'reɪʃn / dis·col·our·ation] *s.* **1** scoloramento, scolorimento **2** appannamento, offuscamento **3** macchia (sbiadita, scolorita).

discolourment [dɪs'kʌləmənt / dis·col·our·ment] *s.* scoloramento, scolorimento.

to **discombobulate** [,dɪskəm'bɒbjəleɪt / dis·com·bob·ul·ate] *v.tr.* (*sl. amer.*) scombussolare, sconcertare.

to **discomfit** [dɪs'kʌmfɪt / dis·comfit] *v.tr.* **1** (*letter.*) sconfiggere, mettere in rotta: *I remain upon the field not wholly discomfited*, (J. BOSWELL) rimasi sul campo non del tutto vinto **2** sconcertare, contrariare; frustrare.

discomfiture [dɪs'kʌmfɪtʃə* / dis·com·fit·ure] *s.* **1** (*letter.*) sconfitta **2** sconcerto; turbamento.

discomfort [dɪs'kʌmfət / dis·com·fort] *s.* **1** disagio: *to cause* —, causare del disagio **2** disagio, imbarazzo.

to **discomfort** *v.tr.* mettere a disagio; incomodare: *he was discomforted by her frankness*, fu messo a disagio dalla sua franchezza.

to **discommode** [,dɪskə'məʊd / dis·com·mode] *v.tr.* **1** scomodare; disturbare **2** importunare.

discommodious [,dɪskə'məʊdjəs / dis·com·modi·ous] *agg.* (*form.*) scomodo.

to **discompose** [,dɪskəm'pəʊz / dis·com·pose] *v.tr.* **1** agitare; turbare, scomporre **2** scompigliare, disordinare.

discomposedly [,dɪskəm'pəʊzdlɪ / dis·com·posed·ly] *avv.* **1** scompostamente, in modo agitato **2** disordinatamente.

discomposure [,dɪskəm'pəʊʒə* / dis·com·pos·ure] *s.* scompostezza; agitazione; turbamento; alterazione (dei lineamenti).

to **disconcert** [,dɪskən'sɜ:t / dis·con·cert] *v.tr.* **1** sconcertare; turbare; imbarazzare **2** sconvolgere (piani, idee ecc.).

disconcertedness [,dɪskən'sɜ:tɪdnɪs / dis·con·cert·ed·ness] *s.* **1** sconcerto; turbamento; imbarazzo **2** confusione.

disconcerting [,dɪskən'sɜ:tɪŋ / dis·con·cert·ing] *agg.* sconcertante // **-ly** *avv.*

disconcertment [,dɪskən'sɜ:tmənt / dis·con·cert·ment] *s.* **1** sconcerto; turbamento **2** confusione.

disconformity [dɪskən'fɔ:mɪtɪ / dis·con·form·ity] *s.* (*geol.*) lacuna stratigrafica.

to **disconnect** ['dɪskə'nekt / dis·con·nect] *v.tr.* **1** sconnettere; disunire, separare; distaccare: *to — sthg. from sthg.*, separare qlco. da qlco. **2** interrompere un collegamento con: *I think I've been disconnected*, penso sia caduta la linea; *the gas company disconnected me because I didn't pay the bill*, la società del gas mi ha sospeso l'erogazione perché non ho pagato la bolletta **3** (*elettr.*) disinserire (un apparecchio); interrompere, disalimentare (un circuito); staccare (un contatto); (*mecc.*) disinnestare: *to — the clutch*, (*aut.*) staccare la frizione **4** (*inform.*) disinserire; disconnettere.

disconnected ['dɪskə'nektɪd / dis·con·nected] *agg.* **1** sconnesso: — *speech*, *style*, discorso, stile sconnesso **2** (*elettr.*) disinserito, interrotto, staccato; (*mecc.*) disinnestato, staccato // **-ly** *avv.*

disconnectedness [,dɪskə'nektɪdnɪs / dis·con·nec·ted·ness] *s.* incoerenza; sconnessione, mancanza di nesso (di idee ecc.).

disconnection, **disconnexion** [,dɪskə'nekʃn / dis·con·nec·tion, dis·con·nex·ion] *s.* **1** disgiunzione, separazione; sconnessione **2** (*mecc.*, *elettr.*) disinnesto; disinserimento; interruzione.

disconsolate [dɪs'kɒnsələt / dis·con·sol·ate] *agg.* sconsolato, afflitto, desolato, affranto; inconsolabile // **-ly** *avv.*

discontent ['dɪskən'tent / dis·con·tent] *agg.* (*rar.*) scontento, malcontento, insoddisfatto ◆ *s.* scontento, malcontento.

to **discontent** *v.tr.* scontentare.

discontented ['dɪskən'tentɪd / dis·con·tented] *agg.* malcontento, insoddisfatto: *to be — with one's lot*, essere insoddisfatto della propria sorte // *the* —, i malcontenti // **-ly** *avv.*

discontentedness [,dɪskən'tentɪdnɪs / dis·con·ten·ted·ness] *s.* insoddisfazione; scontento, malcontento.

discontinuance [,dɪskən'tɪnjʊəns / dis·con·tinu·ance] *s.* **1** cessazione (di lavori, studi ecc.); interruzione; rinuncia **2** (*dir.*) desistenza: — *of action*, rinuncia all'azione.

to **discontinue** [,dɪskən'tɪnju: / dis·con·tinue] *v.tr.* e *intr.* (I) cessare; interrompere, interrompersi: *to — sthg.*, interrompere qlco.; *to — hostilities*, cessare le ostilità; *the publication of this review will — at the end of...*, la pubblicazione di questa rivista cesserà alla fine di...; *to — doing sthg.*, cessare di fare qlco.

discontinuity [,dɪskɒntɪ'nju:ətɪ / dis·con·tinu·ity] *s.* **1** (*form.*) discontinuità, soluzione di continuità **2** interruzione **3** (*mat.*) discontinuità: — *of first type*, discontinuità di primo tipo.

discontinuous [,dɪskən'tɪnjʊəs / dis·con·tinu·ous] *agg.* **1** discontinuo, interrotto; intermittente **2** (*mat.*) discontinuo: — *function*, funzione discontinua; — *at a point*, discontinuo in un punto // **-ly** *avv.*

discophile ['dɪskəfɪl / disco·phile] *s.* discofilo, collezionista, appassionato di dischi.

discord ['dɪskɔ:d / dis·cord] *s.* **1** discordia; contrasto; dissenso **2** frastuono **3** (*mus.*) dissonanza; disarmonia.

to **discord** [dɪs'kɔ:d] *v.intr.* **1** dissentire, essere in disaccordo: *to — with* (o *from*) *s.o.*, essere in disaccordo con qlcu. **2** discordare (di suoni) **3** (*mus.*) dissonare, produrre una dissonanza.

discordance [dɪ'skɔ:dəns / dis·cord·ance]
discordancy [dɪ'skɔ:dənsɪ / dis·cord·ancy] *s.* **1** dissenso, discordia **2** discordanza (di suoni, colori ecc.).

discordant [dɪ'skɔ:dənt / dis·cord·ant] *agg.* **1** discorde, dissenziente; discordante **2** (*mus.*) dissonante // **-ly** *avv.*

discotheque ['dɪskəʊtek / dis·co·theque] *s.* discoteca.

discount ['dɪskaʊnt / dis·count] *s.* **1** (*comm.*) sconto; ribasso, riduzione: *to give*, *to make*, *to grant*, *to accord a — to s.o. on sthg.*, dare, fare, concedere, accordare uno sconto a qlcu. su qlco. // *at a* —, sottoprezzo; (*form.*) non ricercato, poco richiesto: *to sell at a* —, vendere in perdita // — *bank*, banca di sconto; — *rate*, tasso di sconto; tasso di attualizzazione // (*Borsa*): *at a* —, sotto la pari; — *bond*, obbligazione sotto la pari // (*amm.*): *bank* —, sconto di banca; *cash* —, sconto cassa; *trade* —, sconto per i rivenditori **2** (*fig.*) tara (a notizia esagerata).

to **discount** *v.tr.* **1** (*comm.*) scontare **2** (*fig.*) non dar credito a (notizia ecc.); tenere in poco conto; far la tara a: — *half of what he says*, fa una tara della metà su quel che dice, devi credere solo la metà di quel che dice.

discountable [dɪ'skaʊntəbl / dis·count·able] *agg.* **1** (*comm.*) scontabile: — *bills*, cambiali scontabili **2** (*fig.*) poco attendibile (di notizia ecc.).

discountenance [dɪ'skaʊntɪnəns / dis·coun·ten·ance] *s.* (*rar.*) **1** disapprovazione, critica **2** opposizione, impedimento.

to **discountenance** *v.tr.* (*form.*) **1** sconcertare; mettere in imbarazzo; svergognare **2** opporsi a, scoraggiare, sconsigliare (un progetto ecc.).

discounter ['dɪskaʊntə* / dis·count·er] *s.* (*comm.*) scontista.

discount house ['dɪskaʊnthaʊs] *s.* **1** (*econ.*) istituto di sconto **2** (*comm.*) → **discount store**.

discounting ['dɪskaʊntɪŋ / dis·count·ing] *s.* (*fin.*) sconto; lo scontare: — *transaction*, operazione di sconto.

discount store ['dɪskaʊntstɔ:*] *s.* (*comm.*) grande magazzino che pratica prezzi bassi.

to **discourage** [dɪ'skʌrɪdʒ / dis·cour·age]

v.tr. **1** scoraggiare: *don't be discouraged*, non ti scoraggiare; *don't let one failure — you*, non scoraggiatevi per un insuccesso; *to become discouraged*, scoraggiarsi **2** dissuadere: *I discouraged him from leaving today*, lo dissuasi dal partire oggi.

discouragement [dɪ'skʌrɪdʒmənt / dis·cour·age·ment] *s.* **1** scoraggiamento: *to meet with —*, non incontrare incoraggiamento, provare disillusioni **2** disapprovazione.

discouraging [dɪ'skʌrɪdʒɪŋ / dis·cour·aging] *agg.* scoraggiante: *— reports*, notizie scoraggianti // **-ly** *avv.*

discourse ['dɪskɔ:s / dis·course] *s.* **1** discorso, orazione; dissertazione **2** (*ling.*) discorso **3** (*antiq.*) conversazione: *to hold — with s.o. on sthg.*, conferire con qlcu. in merito a qlco.

to **discourse** [dɪs'kɔ:s] *v.intr.* dissertare: *to — on a subject*, dissertare su un argomento ♦ *v.tr.* (*non com.*) eseguire (musica).

discourteous [dɪs'kɜ:tjəs / dis·cour·teous] *agg.* scortese // **-ly** *avv.*

discourtesy [dɪs'kɜ:tɪsɪ / dis·cour·tesy] *s.* scortesia.

to **discover** [dɪs'kʌvə* / dis·cover] *v.tr.* **1** scoprire; trovare: *we have discovered a good restaurant*, abbiamo scoperto un buon ristorante; *to — an island, gold, a new element*, scoprire un'isola, oro, un nuovo elemento // (*teatr.*) *to be discovered at the rise of the curtain*, essere in scena all'alzarsi del sipario **2** scoprire, accorgersi, rendersi conto di: *I discovered how it was done*, mi resi conto di come era fatto; *I discovered that it was late*, mi accorsi che era tardi **3** (*ant.*) rivelare; far conoscere, divulgare: *to — oneself*, rivelarsi (p.e. un buon pianista) **4** (*ant.*) scoprire, togliere la copertura // (*scacchi*) *to — check*, dare scacco muovendo una pedina intermedia.

discoverable [dɪ'skʌvərəbl / dis·cov·er·able] *agg.* **1** scopribile **2** evidente.

discoverer [dɪ'skʌvərə* / dis·cov·erer] *s.* **1** scopritore **2** (*ant.*) rivelatore (di segreto, complotto).

discovert [dɪs'kʌvət / dis·covert] *agg.* (*dir.*) senza tutela maritale (di nubile, vedova).

discovery [dɪ'skʌvərɪ / dis·cov·ery] *s.* **1** scoperta: *the — of America, of a new gas*, la scoperta dell'America, di un gas sconosciuto; *a voyage of —*, un viaggio di scoperta; *the — of a new talent is always difficult*, la scoperta di un nuovo talento è sempre difficile **2** (*ant.*) rivelazione (di segreto ecc.) **3** (*dir.*) presentazione (di documenti); (*amer.*) scambio di documenti e informazioni attinenti alle prove tra le parti nel processo.

discredit [dɪs'kredɪt / dis·credit] *s.* (*form.*) **1** dubbio: *to cast — on a statement*, mettere in dubbio un'affermazione **2** scredito, discredito; disonore; disistima: *to bring — on s.o.*, screditare qlcu.; *to fall into —*, cadere in discredito; *it was to his — that he failed to support them*, andava a suo discredito non essere riuscito a sostenerli; *you are a — to your family*, disonori la tua famiglia.

to **discredit** *v.tr.* (*form.*) **1** screditare, dimostrare l'infondatezza di, non credere a, mettere in dubbio: *his theories were discredited by the scientists*, gli scienziati screditarono le sue teorie; (*dir.*) *to — a witness*, screditare un testimone **2** screditare, tornare a discredito di; gettare discredito su: *actions which — a banker*, azioni che screditano un banchiere.

discreditable [dɪs'kredɪtəbl / dis·cred·it·able] *agg.* indegno; disonorevole: *— conduct*, condotta indegna // **-bly** *avv.*

discredited [dɪs'kredɪtɪd / dis·cred·ited] *agg.* screditato: *a — theory*, una teoria screditata; *a — politician*, un politico screditato, che non ha più credito.

discreet [dɪs'kri:t / dis·creet] *agg.* prudente, discreto, riservato; cauto, circospetto: *— silence*, silenzio prudente; *— smile*, sorriso contenuto; *he is a very — person*, è una persona molto discreta, riservata // **-ly** *avv.*

discrepancy [dɪ'skrepənsɪ / dis·crep·ancy] *s.* disaccordo; divario, differenza: *— between two accounts*, contraddizione fra due resoconti.

discrepant [dɪ'skrepənt / dis·crep·ant] *agg.* discrepante, discorde; diverso, differente.

discrete [dɪ'skri:t / dis·crete] *agg.* **1** separato, distinto, diviso **2** (*mat.*) discreto: *— set*, insieme discreto **3** (*fil.*) astratto **4** (*inform.*) discontinuo, discreto: *— components*, componenti discrete, non integrate **5** (*gramm.*) disgiuntivo.

discreteness [dɪ'skri:tnɪs / dis·crete·ness] *s.* **1** separazione, distinzione **2** (*fil.*) astrazione.

discretion [dɪ'skreʃn / dis·cre·tion] *s.* **1** discrezione, discernimento; giudizio, prudenza: *at the — of*, a discrezione di, a giudizio di; *I leave it to your —*, ti lascio fare come meglio credi; *use your own —*, fai come meglio ti sembra; *to use —*, agire con giudizio, prudenza; *the age of —*, l'età della ragione, della discrezione // *— is the better part of valour*, (*prov.*) la prudenza è la parte migliore del coraggio **2** discrezione, riservatezza: *to rely on the — of s.o.*, contare sulla discrezione di qlcu. **3** (*dir.*) discrezionalità (del giudice); prudente apprezzamento (del giudice).

discretionary [dɪ'skre,ʃnərɪ *amer.* dɪ's kreʃənerɪ / dis·cre·tion·ary] *agg.* (*dir.*) discrezionale: *— power*, potere discrezionale // (*econ.*) *— income*, reddito disponibile.

discriminant [dɪ'skrɪmɪnənt / dis·crim·in·ant] *agg.* e *s.* (*mat.*) discriminante.

discriminate [dɪ'skrɪmɪnət / dis·crim·in·ate] *agg.* **1** discriminato, distinto **2** giudizioso (di azione, condotta).

to **discriminate** [dɪ'skrɪmɪneɪt] *v.tr.* discriminare, discernere, distinguere: *to — right from wrong*, distinguere il bene dal male ♦ *v.intr.* fare delle distinzioni; fare discriminazioni; avere delle preferenze: *to — between right and wrong*, distinguere tra il bene e il male; *to — in favour of s.o.*, fare delle distinzioni in favore di qlcu.; *to — against s.o.*, fare delle discriminazioni contro qlcu.

discriminating [dɪ'skrɪmɪneɪtɪŋ / dis·crim·in·at·ing] *agg.* **1** giudizioso, perspicace; sagace // *— ear*, orecchio fine **2** distintivo, diverso **3** discriminante // *— tariff*, tariffa differenziale.

discriminatingly [dɪ'skrɪmɪneɪtɪŋlɪ / dis·crim·in·at·ing·ly] *avv.* con discernimento.

discrimination [dɪ,skrɪmɪ'neɪʃn / dis·crim·ina·tion] *s.* **1** discernimento, giudizio **2** discriminazione, distinzione, differenziazione: *black people in South Africa suffer from racial —*, i negri in Sudafrica subiscono una discriminazione razziale; *positive —*, discriminazione positiva (a favore di chi è stato in precedenza discriminato) // (*econ.*) *price —*, discriminazione dei prezzi.

discriminative [dɪ'skrɪmɪnətɪv / dis·crim·in·at·ive] → **discriminating**.

discriminatory [dɪ'skrɪmɪnətərɪ *amer.* dɪ'skrɪmɪnə,tɔ:rɪ / dis·crim·in·at·ory] *agg.* discriminatorio // (*econ.*) *— pricing*, discriminazione dei prezzi.

to **discrown** [dɪ'skraʊn / dis·crown] *v.tr.* (*rar.*) detronizzare, deporre.

to **disculpate** [dɪ'skʌlpeɪt / dis·culp·ate] *v.tr.* (*form.*) discolpare.

discursive [dɪ'skɜ:sɪv / dis·curs·ive] *agg.* **1** che divaga, digressivo; saltuario, sconnesso **2** (*fil.*) raziocinativo, deduttivo.

discursively [dɪ'skɜ:sɪvlɪ / dis·curs·ive·ly] *avv.* **1** in modo digressivo; saltuariamente, sconnessamente **2** per deduzione.

discursiveness [dɪ'skɜ:sɪvnɪs / dis·curs·ive·ness] *s.* **1** tendenza alla divagazione; incoerenza; prolissità **2** (*fil.*) carattere raziocinativo, carattere deduttivo.

discus ['dɪskəs / dis·cus] *s.* (*sport*) disco.

to **discuss** [dɪ'skʌs / dis·cuss] *v.tr.* discutere, dibattere (una questione); trattare, studiare (un problema ecc.): *to — a subject extensively*, discutere un argomento a fondo.

discussible [dɪ'skʌsəbl / dis·cuss·ible] *agg.* discutibile.

discussion [dɪ'skʌʃn / dis·cus·sion] *s.* **1** discussione, dibattito; *beyond —*, fuori discussione, indiscutibile; *hot —*, discussione vivace; *question under —*, argomento in discussione; *the matter will soon come up for —*, il problema verrà presto discusso; *to enter into a — upon sthg.*, entrare in discussione circa qlco.; *to give up a —*, rinunziare a una discussione; *after much —*, dopo aver lungamente discusso, dopo lunghe discussioni **2** analisi, disamina: *there is an interesting — of the later Freud in the book*, nel libro c'è un'interessante analisi dell'ultimo Freud **3** (*dir.*) escussione **4** (*antiq. scherz.*) assaporamento, centellino: *— of a bottle of wine*, il gustare una bottiglia di vino.

disdain [dɪs'deɪn / dis·dain] *s.* sdegno, disprezzo.

to **disdain** *v.tr.* sdegnare, disdegnare, disprezzare: *to — to do* (o *to — doing*) *sthg.*, disdegnare di fare qlco.

disdainful [dɪs'deɪnfʊl / dis·dain·ful] *agg.* sdegnoso; altero // **-ly** *avv.*

disease [dɪ'zi:z / dis·ease] *s.* malattia, morbo, affezione, infermità: *congenital, hereditary —*, malattia congenita, ereditaria; *— of the mind*, malattia mentale; *to die of —*, morire di malattia // *blue —*, (*fam.*) cianosi, morbo blu // *occupational —*, malattia professionale // *you've got the policeman's —: cynicism*, (*fig.*) ti è venuta la malattia del poliziotto: il cinismo.

diseased [dɪ'zi:zd / dis·eased] *agg.* **1** malato: *— in body and mind*, malato di mente e di corpo // *— meat*, carne contaminata **2** (*fig.*) morboso: *— imagination*, fantasia morbosa.

diseconomy [dɪsə'kɒnəmɪ / dis·econ·omy] *s.* (*econ.*) diseconomia: *diseconomies of scale*, diseconomie di scala.

to **disembark** [,dɪsɪm'bɑ:k / dis·em·bark] *v.tr.* e *intr.* sbarcare.

disembarkation [ˌdɪsembɑːˈkeɪʃn / dis·em·barka·tion] *s.* sbarco.

to **disembarrass** [ˌdɪsɪmˈbærəs / dis·em·bar·rass] *v.tr.* (*form.*) sbarazzare, liberare (da un peso); (*fig.*) liberare (da pregiudizio, responsabilità ecc.).

disembodiment [ˌdɪsɪmˈbɒdɪmənt / dis·em·bodi·ment] *s.* liberazione (dell'anima) dal corpo.

to **disembody** [ˌdɪsɪmˈbɒdɪ / dis·embody] *v.tr.* liberare dal corpo, disincarnare.

to **disembogue** [ˌdɪsɪmˈbəʊg / dis·em·bogue] *v.intr.* (*form.*) **1** sboccare, sfociare (di fiume) **2** (*ant.*) riversarsi, versarsi (di folla) **3** scaricare, scaricarsi ◆ *v.tr.* versare, riversare, scaricare (gener. acqua).

to **disembosom** [ˌdɪsɪmˈbʊzəm / dis·em·bosom] *v.tr.* (*ant.*) rivelare: *to — (oneself)*, aprire il proprio cuore.

to **disembowel** [ˌdɪsɪmˈbaʊəl / dis·em·bowel] *pass.p.p.* **disembowelled** [ˌdɪsɪmˈbaʊəld / dis·em·bowelled] *v.tr.* sventrare, sbudellare.

to **disembroil** [ˌdɪsɪmˈbrɔɪl / dis·em·broil] *v.tr.* districare, chiarire, sbrogliare (un argomento, una questione).

to **disenchant** [ˌdɪsɪnˈtʃɑːnt *amer.* ˌdɪsɪnˈtʃænt / dis·en·chant] *v.tr.* disincantare; disilludere: *events disenchanted him with the project*, quanto accadde lo disilluse nei confronti del progetto.

disenchanted [dɪsɪnˈtʃɑːntɪd *amer.* dɪsɪnˈtʃæntɪd / dis·en·chanted] *s.* disincantato, disilluso.

disenchantment [ˌdɪsɪnˈtʃɑːntmənt *amer.* ˌdɪsɪnˈtʃæntmənt / dis·en·chant·ment] *s.* disincanto; disillusione, delusione.

to **disencumber** [ˌdɪsɪnˈkʌmbə* / dis·en·cum·ber] *v.tr.* **1** sgombrare, sbarazzare: *to — sthg. of, from sthg.*, sbarazzare qlco. di, da qlco. **2** (*dir.*) togliere, sgravare da un'ipoteca.

disencumbrance [ˌdɪsɪnˈkʌmbrəns / dis·en·cum·brance] *s.* **1** liberazione; sgombero **2** (*dir.*) sgravio.

to **disendow** [ˌdɪsɪnˈdaʊ / dis·en·dow] *v.tr.* espropriare (specialmente di beni della Chiesa).

disendowment [ˌdɪsɪnˈdaʊmənt / dis·en·dow·ment] *s.* espropriazione (specialmente di beni della Chiesa).

to **disengage** [ˌdɪsɪnˈgeɪdʒ / dis·en·gage] *v.tr.* **1** sbarazzare; svincolare, liberare; disimpegnare: *she disengaged her arm from his*, liberò il braccio dal suo; *to — oneself*, disimpegnarsi, liberarsi; rompere un fidanzamento; *to — s.o. from sthg.*, liberare qlcu. da qlco. **2** (*mecc.*) disinnestare; disingranare; sbloccare ◆ *v.intr.* **1** svincolarsi **2** (*mil.*) sganciarsi **3** (*scherma*) eseguire una cavazione.

disengaged [ˌdɪsɪnˈgeɪdʒd / dis·en·gaged] *agg.* **1** (*form.*) libero; disimpegnato; disponibile: *will you be — tomorrow?*, sarai libero, non avrai impegni domani? **2** (*mil.*) sganciato **3** (*mecc.*) disinnestato; disingranato; non in funzione.

disengagement [ˌdɪsɪnˈgeɪdʒmənt / dis·en·gage·ment] *s.* **1** liberazione, svincolamento **2** (*mil.*) sganciamento **3** disimpegno (spec. politico, sociale) **4** (*mecc.*) disinnesto; sblocco **5** rottura (di fidanzamento) **6** (*scherma*) cavazione.

disengaging [ˌdɪsɪnˈgeɪdʒɪŋ / dis·en·ga·ging] *agg.* **1** (*mecc.*) disinnestabile, di disinnesto: *— gear*, meccanismo di disinnesto **2** (*mil.*) di sganciamento: *— movement*, manovra di sganciamento.

to **disentail** [ˌdɪsɪnˈteɪl / dis·en·tail] *v.tr.* (*dir.*) svincolare.

to **disentangle** [ˌdɪsɪnˈtæŋgl / dis·en·tangle] *v.tr.* districare; sbrogliare (*anche fig.*) ◆ *v.intr.* districarsi; sbrogliarsi (*anche fig.*): *this skein won't —*, questa matassa non vuol sbrogliarsi.

disentanglement [ˌdɪsɪnˈtæŋglmənt / dis·en·tangle·ment] *s.* districamento, sbrogliamento (*anche fig.*).

to **disentomb** [ˌdɪsɪnˈtuːm / dis·en·tomb] *v.tr.* dissotterrare, esumare.

disentombment [ˌdɪsɪnˈtuːmmənt / dis·en·tomb·ment] *s.* esumazione.

disequilibrium [ˌdɪsekwɪˈlɪbrɪəm / dis·equi·lib·rium] *s.* (*form.*) squilibrio; instabilità; (*econ.*) disequilibrio.

to **disestablish** [ˌdɪsɪˈstæblɪʃ / dis·es·tab·lish] *v.tr.* privare (la Chiesa) del carattere di pubblica istituzione (da parte dello Stato).

disestablishment [ˌdɪsɪˈstæblɪʃmənt / dis·es·tab·lish·ment] *s.* separazione tra Stato e Chiesa (ad opera dello Stato).

disfavour [ˌdɪsˈfeɪvə* / dis·fa·vour] amer. **disfavor** *s.* **1** sfavore, disapprovazione: *that has brought me into their —*, ciò mi ha procurato la loro disapprovazione **2** disgrazia, disfavore: *to be in — with s.o.*, non godere la simpatia di qlcu.; *to incur s.o.'s —*, incorrere nelle antipatie di qlcu., attirarsi l'antipatia di qlcu.; *to fall into —*, cadere in disgrazia **3** danno: *you've just done us a great —*, ci hai recato proprio ora un grave danno.

to **disfavour** amer. to **disfavor** *v.tr.* disapprovare.

to **disfeature** [dɪsˈfiːtʃə* / dis·fea·ture] → to **disfigure**.

disfiguration [dɪsˌfɪgjʊəˈreɪʃn / dis·fig·ura·tion] → **disfigurement**.

to **disfigure** [dɪsˈfɪgə* *amer.* dɪsˈfɪgjə* / dis·fig·ure] *v.tr.* sfigurare; deturpare; deformare.

disfigured [dɪsˈfɪgəd *amer.* dɪsˈfɪgjəd / dis·fig·ured] *agg.* sfigurato; deturpato; deforme: *— face*, viso sfigurato.

disfigurement [dɪsˈfɪgəmənt *amer.* dɪsˈfɪgjəmənt / dis·fig·ure·ment] *s.* deturpazione; deformazione; sfregio.

to **disforest** [dɪsˈfɒrɪst *amer.* dɪsˈfɔːrɪst / dis·for·est] → to **disafforest**.

to **disfranchise** [ˌdɪsˈfrænʧaɪz / dis·fran·chise] *v.tr.* (*dir.*) privare di diritti (spec. civili, elettorali) o privilegi.

disfranchisement [dɪsˈfrænʧɪzmənt / dis·fran·chise·ment] *s.* (*dir.*) privazione di diritti (spec. civili, elettorali) o privilegi.

to **disfrock** [dɪsˈfrɒk / dis·frock] *v.tr.* (*eccl.*) privare dell'uffizio, dell'abito sacerdotale.

to **disgorge** [dɪsˈgɔːdʒ / dis·gorge] *v.tr.* vomitare, rigettare, rigurgitare; (*estens.*) scaricare, vuotare: *the volcano disgorged great streams of lava*, il vulcano vomitava torrenti di lava; *the train disgorged its passengers*, il treno scaricava frotte di passeggeri ◆ *v.intr.* (*sl.*) restituire il mal tolto.

disgrace [dɪsˈgreɪs / dis·grace] *s.* **1** vergogna; disonore; obbrobrio, ignominia: *he is a — to his family*, egli è il disonore della sua famiglia; *he brought — on his family*, ha coperto la sua famiglia d'infamia, di vergogna; *there is no — in doing so*, non è un disonore fare così **2** disgrazia, sfavore: *the child is in —*, il bambino è in castigo; *to be in —*, essere in disgrazia, sfavore; *to fall into —*, cadere in disgrazia.

to **disgrace** *v.tr.* **1** disonorare: *he has disgraced his family*, ha disonorato la sua famiglia **2** (*gener. al passivo*) discreditare; far cadere in disgrazia: *the general was disgraced after the revolution*, il generale cadde in disgrazia dopo la rivoluzione.

disgraceful [dɪsˈgreɪsfʊl / dis·grace·ful] *agg.* vergognoso, disonorevole, ignobile; scandaloso: *— behaviour*, comportamento vergognoso // **-ly** *avv.*

disgracefulness [dɪsˈgreɪsfʊlnɪs / dis·grace·ful·ness] *s.* vergogna; infamia, obbrobrio.

to **disgregate** [ˈdɪsgrɪgeɪt / dis·greg·ate] *v.tr.* disgregare.

disgregation [dɪsgrɪˈgeɪʃn / dis·grega·tion] *s.* disgregazione.

disgruntled [dɪsˈgrʌntld / dis·gruntled] *agg.* malcontento, scontento; di cattivo umore: *to be — with* (o *over*) *sthg.*, essere scontento a causa di, per qlco.

disgruntlement [dɪsˈgrʌntlmənt / dis·gruntle·ment] *s.* scontento, malumore (*with, over*, per).

disguise [dɪsˈgaɪz / dis·guise] *s.* **1** travestimento: *in —*, travestito; *in the — of a policeman*, travestito da poliziotto **2** finzione; maschera: *under the — of charity*, sotto la maschera della carità; *to throw off a —*, togliersi la maschera.

to **disguise** *v.tr.* **1** travestire; camuffare; mascherare: *she disguised herself as a gipsy*, si è travestita da zingara **2** contraffare; dissimulare: *to — one's sorrow*, dissimulare il proprio dolore; *to — one's voice*, contraffare la propria voce.

disguisement [dɪsˈgaɪzmənt / dis·guise·ment] → **disguise**.

disgust [dɪsˈgʌst / dis·gust] *s.* disgusto; schifo, nausea; ripugnanza, avversione: *— at s.o.'s behaviour*, disgusto per il comportamento di qlcu.; *much to my —*, con mia grande delusione, disappunto: *to hold sthg. in —*, avere ripugnanza per qlco.; *to turn away in —*, voltare le spalle disgustato.

to **disgust** *v.tr.* **1** disgustare, nauseare: *he disgusted everyone by repeatedly spitting*, disgustò tutti sputando ripetutamente **2** disgustare, indignare, spiacere a, offendere: *he was disgusted at his friend's words*, rimase disgustato dalle parole del suo amico; *his language disgusts me*, il suo modo di parlare mi disgusta; *to be disgusted at* (o *by* o *with*) *sthg.*, essere indignato per qlco.; *to be disgusted with s.o.*, essere sdegnato con qlcu.

disgustedly [dɪsˈgʌstɪdlɪ / dis·gust·ed·ly] *avv.* con disgusto.

disgustful [dɪsˈgʌstfʊl / dis·gust·ful] **disgusting** [dɪsˈgʌstɪŋ / dis·gust·ing] *agg.* disgustoso, ripugnante; nauseante.

disgustingly [dɪsˈgʌstɪŋlɪ / dis·gust·ing·ly] *avv.* disgustosamente; in modo nauseante.

dish[1] [dɪʃ] *s.* **1** piatto (di portata): *vegetable —*, legumiera // *to wash the dishes*, lavare i piatti **2** pietanza, piatto: *dainty —*, pietanza gustosa, succulenta; *standing —*, piatto consueto; (*fig.*) il solito argomento **3** piatto (il contenuto): *a — of boiled beef*, un piatto di manzo bollito **4** (*amer.*) → plate **5** recipiente; (*fot.*) bacinella **6** (*antiq.*) tazza (di tè ecc.) **7** (*sl. fig.*) bocconcino: *she's a real —*, quella ragazza è un bocconcino **8** (*chim.*) capsula **9** cunetta (di campo, strada) **10** (*radar*) riflettore parabolico.

to **dish**[1] *v.tr.* **1** scodellare, mettere (il cibo) nei piatti; servire (*anche fig.*): *what the hell is he dishing us now?*, (*fam.*) che cosa diavolo ci propina adesso? **2** (*sl. antiq.*) battere, sconfiggere: *to — one's adversaries*, battere i propri avversari // *well, I'm dished!*, sono spacciato! **3** incavare, dare forma di piatto **4** (*mecc.*) imbutire; incavare ◆ *v.intr.* incavarsi (come un piatto).

□ **dish out** *v.tr.* e *avv.* **1** (*fam.*) servire (cibo): *to — out the soup*, servire la minestra **2** (*fam.*) distribuire: *the boss has been around dishing out smiles to everybody*, il capo se ne andava in giro distribuendo sorrisi a tutti // *to — it out*, (*fam.*) darle (le botte).

□ **dish up** *v.tr.* e *avv.* **1** servire (cibo) SIN. to dish out **2** (*fig.*) servire, offrire: *in his new book Mr Green dishes up the usual mixture of love, sex and adventure*, nel suo ultimo libro il signor Green ci ammannisce il solito cocktail di amore, sesso e avventura.

to **dish**[2] *v.tr.* (*scoz.*) spingere violentemente.

dishabille [ˌdɪsæ'bi:l / dis·ha·bille] *s.* (*antiq.*) vestaglia: *in —*, in vesti succinte; in veste da casa.

to **dishabituate** [ˌdɪshə'bɪtjʊeɪt / dis·ha·bitu·ate] *v.tr.* disabituare; disassuefare.

disharmonious [ˌdɪshɑ:'məʊnjəs / dis·har·mo·ni·ous] *agg.* dissonante, discordante, disarmonico.

to **disharmonize** [dɪs'hɑ:mənaɪs / dis·har·mon·ize] *v.tr.* disarmonizzare.

disharmony [dɪs'hɑ:mənɪ / dis·har·mony] *s.* disarmonia, dissonanza.

dishcloth ['dɪʃklɒθ / dish·cloth] *s.* strofinaccio (da cucina).

dishcover ['dɪʃˌkʌvə* / dish·cover] *s.* copripiatto.

to **dishearten** [dɪs'hɑ:tn / dis·hearten] *v.tr.* scoraggiare; demoralizzare; *to become* (o *to get*) *disheartened*, scoraggiarsi.

disheartening [dɪs'hɑ:tnɪŋ / dis·heart·en·ing] *agg.* scoraggiante: *— work*, lavoro ingrato.

disheartenment [dɪs'hɑ:tnmənt / dis·heart·en·ment] *s.* scoraggiamento.

dished [dɪʃd] *agg.* **1** concavo **2** (*fam.*) rovinato, spacciato.

to **dishevel** [dɪ'ʃevl / dish·evel] *v.tr.* scapigliare, scarmigliare, arruffare (i capelli); mettere in disordine (gli abiti).

dishevelled [dɪ'ʃevld / dish·ev·elled] *agg.* arruffato, scapigliato, scarmigliato (di capelli); disordinato (di abiti).

dishevelment [dɪ'ʃevlmənt / dish·ev·el·ment] *s.* disordine (di abiti, capelli).

dishful ['dɪʃfʊl / dish·ful] *s.* il contenuto di un piatto: *a — of vegetables*, un piatto pieno di verdure.

dishonest [dɪs'ɒnɪst / dis·hon·est] *agg.* disonesto; sleale // **-ly** *avv.*

dishonesty [dɪs'ɒnɪstɪ / dis·hon·esty] *s.* disonestà; slealtà; (*dir.*) malafede.

dishonour [dɪs'ɒnə* / dis·hon·our] amer. **dishonor** *s.* **1** disonore; vergogna; infamia: *to bring — to one one's family*, disonorare la propria famiglia **2** (*comm.*) mancato pagamento (di cambiale, assegno); mancata accettazione (di una cambiale).

to **dishonour** amer. to **dishonor** *v.tr.* **1** disonorare; sedurre (una donna) **2** venir meno a, mancare a: *to — one's word*, venir meno alla propria parola **3** (*comm.*) rifiutare di pagare; non accettare, lasciar cadere in protesto (un effetto) // *dishonoured bill*, cambiale non pagata, non onorata; *dishonoured check*, assegno a vuoto.

dishonourable [dɪs'ɒnərəbl / dis·hon·our·able] amer. **dishonorable** *agg.* disonorevole; disonorante // **-ness** *s.* // **-bly** *avv.*

to **dishorn** [dɪs'hɔ:n / dis·horn] *v.tr.* privare delle corna.

to **dishorse** [dɪs'hɔ:s / dis·horse] *v.tr.* disarcionare.

to **dishouse** [dɪs'haʊz / dis·house] *v.tr.* sfrattare; privare della casa.

dishpan ['dɪʃpæn / dish·pan] *s.* (*amer.*) bacinella per lavare i piatti.

dishrag ['dɪʃræg / dish·rag] *s.* strofinaccio (da cucina).

dishtowel ['dɪʃtaʊəl / dish·towel] *s.* strofinaccio per asciugare i piatti.

dishwarmer ['dɪʃˌwɔ:mə* / dish·warmer] *s.* scaldavivande.

dishwasher ['dɪʃˌwɒʃə* / dish·washer] *s.* **1** lavapiatti (macchina) **2** sguattero, sguattera.

dishwater ['dɪʃˌwɔ:tə* / dish·water] *s.* acqua di rigovernatura, acqua dei piatti // *dull as —*, (*amer.*) noioso da morire.

dishy ['dɪʃɪ] *agg.* (*fam.*) attraente (di persona), sexy.

disillusion [ˌdɪsɪ'lu:ʒn / dis·il·lu·sion] *s.* disinganno, disillusione.

to **disillusion**, to **disillusionize** [ˌdɪsɪ'lu:ʒənaɪz / dis·il·lu·sion·ize] *v.tr.* disingannare, disilludere.

disillusioned [ˌdɪsɪ'lu:ʒənd / dis·il·lu·sioned] *agg.* disilluso; deluso.

disillusionment [ˌdɪsɪ'lu:ʒnmənt / dis·il·lu·sion·ment] *s.* disinganno, disillusione.

disincentive [ˌdɪsɪn'sentɪv / dis·in·cent·ive] *s.* freno; fattore che scoraggia; disincentivo (*anche econ.*): *to act as a —*, agire come disincentivo, come freno // (*econ.*) *tax —*, disincentivo fiscale.

disinclination [ˌdɪsɪnklɪ'neɪʃn / dis·in·clina·tion] *s.* (*form.*) antipatia, riluttanza; avversione: *a — for work*, avversione al lavoro; *to have a — to do sthg.*, avere riluttanza a fare qlco.

to **disincline** [ˌdɪsɪn'klaɪn / dis·in·cline] *v.tr.* distogliere da, allontanare da: *to — s.o. to do* (o *from doing*) *sthg.*, distogliere qlcu. dal fare qlco.

disinclined [ˌdɪsɪn'klaɪnd / dis·in·clined] *agg.* restio, riluttante.

to **disincorporate** [ˌdɪsɪn'kɔ:pəreɪt / dis·in·cor·por·ate] *v.tr.* sciogliere (un ente); staccare da un ente; privare dei diritti propri di un ente.

to **disinfect** [ˌdɪsɪn'fekt / dis·in·fect] *v.tr.* (*med.*) disinfettare.

disinfectant [ˌdɪsɪn'fektənt / dis·in·fect·ant] *agg.* e *s.* (*med.*) disinfettante.

disinfection [ˌdɪsɪn'fekʃn / dis·in·fec·tion] *s.* disinfezione.

to **disinfest** [ˌdɪsɪn'fest / dis·in·fest] *v.tr.* disinfestare.

disinfestation [ˌdɪsɪnfe'steɪʃn / dis·in·festa·tion] *s.* disinfestazione.

to **disinflate** [ˌdɪsɪn'fleɪt / dis·in·flate] *v.tr.* (*econ.*) disinflazionare.

disinflation [ˌdɪsɪn'fleɪʃn / dis·in·fla·tion] *s.* (*econ.*) disinflazione.

disinflationary [ˌdɪsɪn'fleɪʃnərɪ / dis·in·fla·tion·ary] *agg.* (*econ.*) disinflazionistico.

disingenuous [ˌdɪsɪn'dʒenjʊəs / dis·in·genu·ous] *agg.* falso, finto, insincero; disonesto // **-ly** *avv.*

disingenuousness [ˌdɪsɪn'dʒenjʊəsnɪs / dis·in·genu·ous·ness] *s.* insincerità; slealtà.

to **disinherit** ['dɪsɪn'herɪt / dis·in·herit] *v.tr.* diseredare.

disinheritance [ˌdɪsɪn'herɪtəns / dis·in·her·it·ance] *s.* il diseredare, diseredazione.

to **disinhibit** [ˌdɪsɪn'hɪbɪt / dis·in·hibit] *v.tr.* disinibire.

disinhibition [dɪsɪnhɪ'bɪʃn / dis·in·hibi·tion] *s.* disinibizione.

disinhibitory [dɪsɪn'hɪbɪtərɪ *amer.* dɪsɪn 'hɪbɪtɔ:rɪ / dis·in·hib·it·ory] *agg.* disinibitorio.

to **disintegrate** [dɪs'ɪntɪgreɪt / dis·in·teg·rate] *v.tr.* disintegrare; disgregare (*anche fig.*) ◆ *v.intr.* disintegrarsi; disgregarsi (*anche fig.*).

disintegration [dɪsˌɪntɪ'greɪʃn / dis·in·teg·ra·tion] *s.* disintegrazione; disgregazione.

disintegrator [dɪs'ɪntɪgreɪtə* / dis·in·teg·rator] *s.* disintegratore // *garbage —*, tritarifiuti.

to **disinter** [ˌdɪsɪn'tɜ:* / dis·in·ter] *pass.p.p.* **disinterred** [ˌdɪsɪn'tɜ:d / dis·in·terred] *v.tr.* dissotterrare; esumare.

to **disinterest** [dɪs'ɪntrəst / dis·in·ter·est] *v.tr.* disinteressare: *to — oneself in a matter*, disinteressarsi di una questione.

disinterested [dɪs'ɪntrəstɪd / dis·in·ter·es·ted] *agg.* **1** disinteressato, imparziale **2** indifferente // **-ly** *avv.*

disinterestedness [dɪs'ɪntrəstɪdnɪs / dis·in·ter·es·ted·ness] *s.* **1** disinteresse **2** indifferenza.

disintermediation [dɪsˌɪntəˌmi:dɪ'eɪʃn / dis·in·ter·med·ia·tion] *s.* (*fin.*) disintermediazione.

disinterment [ˌdɪsɪn'tɜ:mənt / dis·in·ter·ment] *s.* dissotterramento; esumazione.

to **disinvest** [dɪsɪn'vest / dis·in·vest] *v.tr.* (*econ.*) disinvestire, smobilizzare.

disinvestment [dɪsɪn'vestmənt / dis·in·vest·ment] *s.* (*econ.*) disinvestimento, smobilizzo.

to **disjoin** [dɪs'dʒɔɪn / dis·join] *v.tr.* (*form.*) disgiungere; disunire; distaccare ◆ *v.intr.* (*form.*) disgiungersi; disunirsi; distaccarsi.

disjoint ['dɪsdʒɔɪnt / dis·joint] *agg.* (*mat.*) disgiunto: *— sets*, insiemi disgiunti.

to **disjoint** [dɪs'dʒɔɪnt] *v.tr.* **1** disgiungere; disgregare; smembrare (*anche fig.*) **2** (*med.*) disarticolare, separare.

disjointed [dɪs'dʒɔɪntɪd / dis·jointed] *agg.* **1** disgiunto; disarticolato; disgregato; smembrato **2** sconnesso, incoerente (di stile, discorso ecc.).

disjointedly [dɪs'dʒɔɪntɪdlɪ / dis·joint·ed·ly] *avv.* sconnessamente: *he writes —*, scrive in modo sconnesso.

disjointedness [dɪs'dʒɔɪntɪdnɪs / dis·joint·ed·ness] *s.* sconnessione, incoerenza (di stile, discorso ecc.).

disjointing [dɪs'dʒɔɪntɪŋ / dis·joint·ing] *s.* **1** separazione; smembramento; disgregamento **2** (*med.*) disarticolazione.

disjunct [dɪs'dʒʌŋkt / dis·junct] *agg.* **1** (*form.*) disgiunto, separato **2** (*mus.*) disgiunto **3** (*zool.*) disarticolato.

disjunction [dɪs'dʒʌŋkʃn / dis·junc·tion] *s.* disgiunzione (*anche log.*); separazione.

disjunctive [dɪs'dʒʌŋktɪv / dis·junct·ive] *agg.* **1** che separa **2** (*gramm.*) disgiuntivo ◆ *s.* (*gramm.*) congiunzione, particella; frase disgiuntiva // **-ly** *avv.*

disk [dɪsk] *s.* **1** disco: (*tecn.*) — *sanding*, smerigliatura a dischi; — *saw*, sega circolare; — *wheel*, ruota a disco // *clutch* —, disco della frizione // *sucking* —, ventosa, coppetta **2** (*inform.*) (IBM) disco; dischetto, disco flessibile; *hard* —, disco rigido; *floppy* —, dischetto, disco flessibile; — (*storage*) *unit*, unità disco; — (*pack*) *drive*, unità disco; — *master*, archivio originale su disco; — *file*, archivio su dischi; unità disco **3** (*amer.*) → **disc**.

diskette [dɪs'ket / disk·ette] *s.* (*inform.*) floppy disk; (IBM) minidisco, dischetto.

dislike [dɪs'laɪk / dis·like] *s.* avversione; antipatia; ripugnanza: *to take a — to*, prendere in antipatia; *to conceive a — for*, avere antipatia per; *likes and dislikes*, simpatie e antipatie.

to **dislike** *v.tr.* (II) **1** non piacere, non amare: *I — going to bed early*, non mi piace andare a dormire presto **2** provare avversione, antipatia per; detestare: *he dislikes me and I — him*, io non gli piaccio ed egli non piace a me; *I — onions*, non mi piacciono le cipolle; *she doesn't — jazz*, non le dispiace il jazz; *to be disliked*, essere mal visto // *to get oneself disliked*, rendersi antipatico.

to **dislimn** [dɪs'lɪm / dis·limn] *v.tr.* (*ant.*) cancellare: *that which is now a horse, even with a thought / the rack dislimns, and makes it indistinct, / as water is water*, (SH. Antony and Cleopatra) quello che è ora un cavallo, la nuvolaglia fuggente lo cancella con la rapidità del pensiero e lo rende indistinto come acqua nell'acqua.

to **dislocate** ['dɪsləʊkeɪt / dis·lo·cate] *v.tr.* **1** mettere fuori posto; spostare **2** slogare, lussare: *dislocated shoulder*, spalla lussata; *he dislocated his foot*, si slogò un piede **3** disturbare, intralciare; ostacolare (circolazione, traffico ecc.); disorganizzare (piani, affari ecc.) **4** (*fis.*, *geol.*) dislocare.

dislocation [,dɪsləʊ'keɪʃn / dis·loca·tion] *s.* **1** dislocazione, dislocamento **2** disturbo; disorganizzazione (degli affari); intralcio (del traffico) **3** (*med.*) slogatura, lussazione: *closed, congenital* —, lussazione semplice, congenita **4** (*fis.*, *geol.*) dislocazione.

to **dislodge** [dɪs'lɒdʒ / dis·lodge] *v.tr.* **1** sloggiare; scacciare; stanare (un animale) **2** rimuovere, distaccare.

dislodgement [dɪs'lɒdʒmənt / dis·lodge·ment] *s.* **1** lo sloggiare; lo scacciare **2** rimozione; il distaccarsi (p.e. di una pietra da un muro).

disloyal [,dɪs'lɔɪəl / dis·loyal] *agg.* sleale; infedele; perfido // **-ly** *avv.*

disloyalty [,dɪs'lɔɪəltɪ / dis·loy·alty] *s.* slealtà; infedeltà; perfidia.

dismal ['dɪzməl / dis·mal] *agg.* tetro, triste, fosco, lugubre (*anche fig.*): — *weather, face, outlook*, tempo, viso, prospettiva triste // **-ly** *avv.*

dismalness ['dɪzməlnɪs / dis·mal·ness] *s.* tristezza, malinconia; aspetto fosco, lugubre.

to **dismantle** [dɪs'mæntl / dis·mantle] *v.tr.* **1** smontare **2** smantellare; demolire (*anche fig.*) **3** spogliare **4** (*mil.*, *mar.*) disarmare ◆ *v.intr.* smontarsi.

dismantlement [dɪs'mæntlmənt / dis·mantle·ment] *s.* **1** smantellamento; demolizione **2** (*mil.*, *mar.*) disarmo.

to **dismast** [,dɪs'mɑːst / dis·mast] *v.tr.* disalberare (una nave).

dismay [dɪs'meɪ / dis·may] *s.* costernazione; spavento; sgomento: *in* (*blank*) —, costernato; *to be filled with — at sthg., s.o.*, essere costernato da qlco., qlcu.; *to their* —, con loro sgomento.

to **dismay** *v.tr.* costernare; spaventare; sgomentare: *I was dismayed at the news*, fui costernato dalla notizia; *nothing dismayed him*, nulla lo sgomentava.

to **dismember** [dɪs'membə* / dis·mem·ber] *v.tr.* smembrare.

dismemberment [dɪs'membəmənt / dis·mem·ber·ment] *s.* smembramento.

dismiss [dɪs'mɪs / dis·miss] *s.* e *inter.* (*mil.*) rompete le righe, le file.

to **dismiss** *v.tr.* **1** congedare; licenziare; destituire, dimettere: *the master dismissed the class*, il maestro congedò la classe; *the prince dismissed us with a few gracious words*, il principe ci congedò con amabili parole; *to — the meeting*, sciogliere la riunione; *to — an employee wrongfully*, licenziare un impiegato per motivi ingiustificati; *he was dismissed for theft*, fu licenziato per furto // (*mil.*): *to — s.o. from the service*, radiare qlcu. dai ranghi; *to — troops*, mandare in congedo le truppe; (*mar.*, *mil.*) *to be* (o *to get*) *dismissed the service*, essere esonerato dal servizio militare **2** (*fig.*) bandire, scacciare, allontanare: *to — sthg. from one's thoughts* (o *one's mind*), bandire, scacciare qlco. dai propri pensieri, dalla propria mente **3** mettere da parte, abbandonare; scartare (una proposta); liquidare (un argomento): *let's — the subject*, non parliamo più di questo argomento **4** (*dir.*) rigettare, respingere (una domanda, un appello), non accogliere; prosciogliere: *to — the accused*, prosciogliere l'imputato; *to — a case*, sollevare eccezione di inammissibilità; *to — a charge*, emettere ordinanza di non luogo a procedere **5** (*cricket*) mandare fuori gioco (da parte del battitore).

dismissal [dɪs'mɪsl / dis·missal] *s.* **1** congedo; licenziamento, dimissionamento; destituzione, radiazione (da ruolo) // — *pay* (o amer. — *wage*), indennità di licenziamento; (*dir.*) rinvio, rigetto: — *of a petition*, rigetto di una istanza; — *of a claim*, mancato riconoscimento di un credito; — *on the merits*, mancato accoglimento delle ragioni di merito **2** (*fig.*) scarsa considerazione **3** (*dir.*) assoluzione.

dismissible [dɪs'mɪsɪbl / dis·miss·ible] *agg.* **1** congedabile; licenziabile; che si può destituire **2** (*dir.*) revocabile; rinviabile.

dismissive [dɪs'mɪsɪv / dis·miss·ive] *agg.* che pone fine alla questione; conclusivo // **-ly** *avv.*

dismount [,dɪs'maʊnt / dis·mount] *s.* discesa (da cavallo, bicicletta ecc.).

to **dismount** *v.intr.* scendere, smontare: *to — from a horse, a carriage, a bicycle*, scendere da cavallo, da una carrozza, da una bicicletta ◆ *v.tr.* **1** far scendere; buttare a terra: *the horse dismounted its rider*, il cavallo disarcionò il cavaliere **2** (*mil.*) appiedare: *to — the cavalry*, appiedare la cavalleria **3** (*mecc.*) smontare.

dismountable [,dɪs'maʊntəbl / dis·mount·able] *agg.* smontabile.

dismounted [,dɪs'maʊntɪd / dis·mounted] *agg.* appiedato: — *cavalry*, cavalleria appiedata.

disnatured [,dɪs'neɪtʃəd / dis·natured] *agg.* (*rar.*) snaturato.

disobedience [,dɪsə'biːdjəns / dis·obedi·ence] *s.* disubbidienza.

disobedient [,dɪsə'biːdjənt / dis·obedi·ent] *agg.* disubbidiente: *to be — to s.o.*, disubbidire a qlcu.

disobediently [,dɪsə'biːdjəntlɪ / dis·obedi·ent·ly] *avv.* disubbidientemente, da disubbidiente, con disubbidienza.

to **disobey** [,dɪsə'beɪ / dis·obey] *v.tr.* disubbidire a; trasgredire a: *don't — your mother*, non disubbidire alla mamma; *to — the law*, trasgredire la legge; *she wouldn't be disobeyed*, non permetteva le si disubbidisse ◆ *v.intr.* disubbidire.

to **disoblige** [,dɪsə'blaɪdʒ / dis·ob·lige] *v.tr.* **1** non aderire a; non soddisfare le richieste di: *I am sorry to — you*, mi dispiace di non potere aderire alla vostra richiesta **2** essere scortese verso, non essere compiacente verso; recare offesa a.

disobliging [,dɪsə'blaɪdʒɪŋ / dis·ob·li·ging] *agg.* scortese, sgarbato // **-ly** *avv.* // **-ness** *s.*

disorder [dɪs'ɔːdə* / dis·order] *s.* **1** disordine; confusione: *in* —, in disordine; *all his clothes were in* —, tutti i suoi abiti erano in disordine; *the enemy fled in* —, il nemico fuggì disordinatamente **2** tumulto; disordine: *there was — in the capital*, ci furono disordini nella capitale **3** (*med.*) indisposizione, disturbo, malattia: *mental disorders*, disturbi mentali; *stomach* —, mal di stomaco.

to **disorder** *v.tr.* **1** mettere in disordine **2** turbare; scompigliare **3** (*med.*) disturbare.

disordered [dɪs'ɔːdəd / dis·ordered] *agg.* **1** disordinato, in disordine **2** turbato, in scompiglio **3** disturbato, malato (di mente).

disorderliness [dɪs'ɔːdəlɪnɪs / dis·or·der·li·ness] *s.* **1** mancanza d'ordine, disordine, confusione **2** sregolatezza **3** tumulto, turbolenza.

disorderly [dɪs'ɔːdəlɪ / dis·or·derly] *agg.* **1** disordinato, in disordine **2** turbolento: — *crowd*, folla turbolenta **3** disordinato, sregolato: — *conduct*, contegno sregolato; (*dir.*) turbamento della quiete pubblica.

disorderly house [dɪs'ɔːdəlɪ'haʊs] *s.* (*dir.*) **1** casa chiusa **2** bisca clandestina.

disordinate [dɪs'ɔːdɪnɪt / dis·ord·in·ate] *agg.* (*ant.*) disordinato (*anche fig.*).

disorganic [,dɪsɔː'gænɪk / dis·or·ganic] *agg.* disorganico.

disorganization [dɪs,ɔːgənaɪ'zeɪʃn / dis·or·gan·iza·tion] *s.* disorganizzazione.

to **disorganize** [dɪs'ɔːgənaɪz / dis·or·gan·ize]

v.tr. disorganizzare: *to become disorganized*, disorganizzarsi.

to **disorient** [dɪs'ɔ:rɪənt / dis·ori·ent] *v.tr.* (*amer.*) → to **disorientate** 1.

to **disorientate** [dɪs'ɔ:rɪenteɪt / dis·ori·ent·ate] *v.tr.* **1** disorientare (*anche fig.*) **2** orientare male; non orientare verso levante (una chiesa).

disorientation [dɪs'ɔ:rɪenteɪʃn / dis·ori·enta·tion] *s.* disorientamento.

to **disown** [dɪs'əʊn / dis·own] *v.tr.* **1** sconfessare; rinnegare; ripudiare; non riconoscere per proprio, disconoscere **2** (*ant.*) negare (un fatto).

disownment [dɪs'əʊnmənt / dis·own·ment] *s.* (*dir.*) disconoscimento: — *of paternity*, disconoscimento di paternità.

to **disparage** [dɪs'pærɪdʒ / dis·par·age] *v.tr.* (*form.*) **1** screditare, denigrare **2** deprezzare, sottovalutare, svilire.

disparagement [dɪs'pærɪdʒmənt / dis·par·age·ment] *s.* (*form.*) **1** scredito; denigrazione **2** deprezzamento.

disparager [dɪ'spærɪdʒə* / dis·par·ager] *s.* (*form.*) spregiatore; detrattore.

disparaging [dɪ'spærɪdʒɪŋ / dis·par·aging] *agg.* sprezzante; spregiativo; denigratorio.

disparagingly [dɪ'spærɪdʒɪŋlɪ / dis·par·aging·ly] *avv.* in modo spregiativo, denigratorio: *to speak — of s.o., sthg.*, parlare in modo denigratorio di qlcu., con disprezzo di qlco.

disparate ['dɪspərət / dis·par·ate] *agg.* (*form.*) disparato ◆ *s.* (*gener. pl.*) cose disparate (che non ammettono confronti tra loro) // **-ly** *avv.*

disparity [dɪ'spærətɪ / dis·par·ity] *s.* (*form.*) disparità; disuguaglianza, differenza: — *in age, rank, years, position*, differenza di età, rango, anni, posizione.

to **dispark** [dɪ'spɑ:k / dis·park] *v.tr.* (*rar.*) **1** aprire (un parco) al pubblico **2** adibire (un parco) ad altri usi.

to **dispart** [dɪ'spɑ:t / dis·part] *v.tr.* (*ant.*) **1** fendere; dividere; separare **2** distribuire ◆ *v.intr.* dividersi; separarsi.

dispassionate [dɪ'spæʃnət / dis·pas·sion·ate] *agg.* **1** sereno; calmo **2** spassionato; imparziale: *to take a — view of things*, giudicare le cose imparzialmente // **-ly** *avv.*

dispassionateness [dɪ'spæʃnətnɪs / dis·pas·sion·ate·ness] *s.* **1** spassionatezza; calma **2** imparzialità.

dispatch [dɪ'spætʃ / dis·patch] *s.* **1** (*form.*) invio, spedizione: *the — of telegrams*, la spedizione dei telegrammi; (*comm.*) — *note*, bolletta di spedizione; (*comm.*) — *service*, servizio spedizioni **2** dispaccio (diplomatico, telegrafico ecc.); articolo (spedito da un inviato speciale) **3** (*antiq.*) rapido disbrigo (di un affare); prontezza; celerità; sollecitudine: *with —*, prontamente; *with the utmost —*, con la massima celerità, sollecitudine **4** (*ant.*) esecuzione capitale (di un criminale).

to **dispatch** *v.tr.* **1** (*form.*) spedire, inviare; far partire (un corriere, un telegramma ecc.) **2** (*antiq.*) sbrigare (affari ecc.) **3** ingoiare (un pasto): *he soon dispatched his dinner*, trangugiò in fretta il pranzo **4** (*antiq.*) uccidere, mandare all'altro mondo: *to — a wounded animal*, dare il colpo di grazia a un animale ferito.

dispatch box [dɪ'spætʃbɒks] **dispatch case** [dɪ'spætʃkeɪs] *s.* valigia diplomatica.

dispatcher [dɪ'spætʃə* / dis·patch·er] *s.* (*antiq.*) mittente.

dispatch-rider [dɪ'spætʃ,raɪdə*] *s.* (*mil.*) portaordini.

to **dispel** [dɪ'spel / dis·pel] *pass.p.p.* **dispelled** [dɪ'speld / dis·pelled] *v.tr.* dissipare; disperdere, cacciar via (nebbia, nubi; dubbi, timori ecc.).

dispensable [dɪ'spensəbl / dis·pens·able] *agg.* **1** non necessario; superfluo **2** (*eccl.*) che può ottenere dispensa **3** condonabile (di peccati ecc.).

dispensary [dɪ'spensərɪ / dis·pens·ary] *s.* (*med.*) dispensario.

dispensation [,dɪspen'seɪʃn / dis·pensa·tion] *s.* **1** dispensa, distribuzione (di ricompense, elemosine) **2** (*form.*) amministrazione, governo (di cose umane) **3** decreto, legge (della Provvidenza); legge religiosa: *the Mosaic —*, la legge mosaica **4** (*dir. eccl.*) dispensa.

dispensatory [dɪ'spensətərɪ / dis·pens·at·ory] *agg.* che concede esenzione ◆ *s.* ricettario; farmacopea.

to **dispense** [dɪ'spens / dis·pense] *v.tr.* **1** dispensare, distribuire (carità, favori ecc.) **2** amministrare (sacramenti, giustizia) **3** preparare e distribuire (medicinali) **4** (*dir. eccl.*) esimere, dispensare: *to — s.o. from sthg., from doing sthg.*, dispensare, esimere qlcu. da qlco., dal fare qlco.

□ **dispense with** *v.intr.* e *prep.* fare a meno di: *we can — with your help*, possiamo fare a meno del tuo aiuto.

dispenser [dɪ'spensə* / dis·penser] *s.* **1** dispensiere **2** dispenser, dosatore; distributore automatico: *soap —*, dispenser, dosatore di sapone; *drinks —*, distributore di bevande; *change —*, distributore di spiccioli **3** farmacista **4** dispensatore; amministratore (della legge ecc.).

dispensing [dɪ'spensɪŋ / dis·pens·ing] *agg.* che dispensa // — *chemist*, farmacista autorizzato a preparare le ricette // (*dir.*) — *power*, potere (della Corona) di concedere immunità, esenzione di fronte alla legge.

to **dispeople** [,dɪs'pi:pl / dis·people] *v.tr.* (*rar.*) spopolare.

dispermous [daɪ'spɜ:məs / dis·perm·ous] *agg.* (*bot.*) dispermo.

dispersal [dɪ'spɜ:sl / dis·persal] → **dispersion**.

to **disperse** [dɪ'spɜ:s / dis·perse] *v.tr.* **1** disperdere; spargere; sparpagliare; disseminare: *widely dispersed*, sparpagliato in lungo e in largo **2** (*fis.*) decomporre (luce) ◆ *v.intr.* disperdersi; disseminarsi, sparpagliarsi.

dispersedly [dɪ'spɜ:stlɪ / dis·persed·ly] *avv.* sparsamente; qua e là.

dispersion [dɪ'spɜ:ʃn / dis·per·sion] *s.* **1** dispersione (*anche scient.*) // (*mil.*) — *pattern*, rosa di tiro // *the Dispersion*, (*st. ebraica*) la Diaspora **2** diffusione (di calore ecc.) **3** (*bot.*) disseminazione.

dispersive [dɪ'spɜ:sɪv / dis·pers·ive] *agg.* dispersivo: (*fis.*) — *power*, potere dispersivo // **-ly** *avv.*

dispersoid [dɪ'spɜ:sɔɪd / dis·pers·oid] *s.* (*chim.*) dispersoide.

to **dispirit** [dɪ'spɪrɪt / dis·pirit] *v.tr.* scoraggiare.

dispirited [dɪ'spɪrɪtɪd / dis·pir·ited] *agg.* scoraggiato; depresso; abbattuto // **-ly** *avv.*

dispiriting [dɪ'spɪrɪtɪŋ / dis·pir·it·ing] *agg.* scoraggiante; deprimente.

dispiteous [dɪ'spɪtɪəs / dis·pit·eous] *agg.* (*ant.*) spietato, crudele.

to **displace** [dɪs'pleɪs / dis·place] *v.tr.* **1** spostare, rimuovere; (*mar.*) dislocare // *displaced person* (abbr. *DP*), profugo, rifugiato politico; deportato **2** rimpiazzare, sostituire: *to — s.o. with s.o. else*, sostituire qlcu. con qlcu. altro; *nuclear power will — coal as our prime energy source*, l'energia nucleare sostituirà il carbone come nostra prima fonte energetica **3** soppiantare; togliere slealmente il posto a.

displaceable [dɪs'pleɪsəbl / dis·place·able] *agg.* spostabile.

displacement [dɪs'pleɪsmənt / dis·place·ment] *s.* **1** spostamento; (*mar.*) dislocamento: *a ship of 8000 tons' —*, una nave di 8000 tonnellate di dislocamento; (*fis.*) — *current*, corrente di spostamento // (*mecc.*) *piston —*, cilindrata **2** (*non com.*) destituzione; sostituzione **3** (*geol.*) dislocazione **4** (*med.*) lussazione **5** (*psic.*) transfert.

display [dɪ'spleɪ / dis·play] *s.* **1** mostra; esibizione; esposizione: *on —*, in mostra; — *stand*, banco di esposizione; *window —*, vetrina; *air —*, esibizione aeronautica; *fashion —*, sfilata di moda **2** ostentazione (di ricchezza, erudizione ecc.): *to be fond of —*, amare mettersi in mostra; *to have a horror of —*, detestare ogni ostentazione **3** (*tip.*) risalto dei caratteri: — *advertisement*, annuncio a caratteri ben visibili **4** (*tecn.*) visualizzatore; quadrante; schermo // (*inform.*): — *unit*, unità video; *graphic — unit*, visualizzazione grafica; — *station*, terminale video; — *light*, segnale luminoso; — *screen*, schermo di visualizzazione; contenuto (mostrato sullo schermo).

to **display** *v.tr.* **1** mostrare; mettere in mostra; esporre (in vendita): *to — the flag*, esporre la bandiera; *to — a notice*, esporre un avviso **2** mostrare, manifestare, rivelare **3** ostentare, far mostra di **4** (*tip.*) stampare a caratteri ben visibili ◆ *v.intr.* (*zool.*) spiegare, dispiegare le penne, la coda ecc. per il corteggiamento: *the male bird displays before the hen*, l'uccello maschio spiega le penne davanti alla femmina.

to **displease** [dɪs'pli:z / dis·please] *v.tr.* dispiacere a, recar dispiacere a; scontentare, seccare: *these things — my father*, queste cose dispiacciono a mio padre; *your behaviour displeases me*, il vostro contegno mi reca dispiacere, mi dispiace; *to be displeased with s.o., sthg.*, essere scontento di qlcu., qlco.

displeasing [dɪs'pli:zɪŋ / dis·pleas·ing] *agg.* (*form.*) spiacevole; sgradevole // **-ly** *avv.*

displeasure [dɪs'pleʒə* / dis·pleas·ure] *s.* **1** malcontento, scontento; disappunto, disapprovazione: *to incur s.o.'s —*, suscitare il disappunto, la disapprovazione di qlcu. **2** (*ant.*) disgrazia; offesa, torto: ... *the worst / is your displeasure with the king*, (SH. Henry VIII)... la peggiore è la tua caduta in disgrazia presso il re.

to **displode** [dɪs'pləʊd / dis·plode] *v.intr.* (*ant.*) esplodere ◆ *v.tr.* (*ant.*) fare esplodere.

displosion [dɪs'pləʊʒn / dis·plos·ion] *s.* (*ant.*) esplosione.

disponee [dɪs,pəʊ'ni: / dis·ponee] *s.* cessionario.

to **disponge** [dɪs'pʌndʒ / di·sponge] *v.tr.* (*ant.*) spremere come da una spugna: *o sovereign mistress of true melancholy, / the poisonous damp of night disponge upon me*, (SH. Antony and Cleopatra) o sovrana della vera malinconia, distilla su di me il velenoso umidore della notte.

disport [dɪ'spɔ:t / dis·port] *s.* (*ant.*) diporto, divertimento.

to **disport** *v.tr.* (*antiq.*) **1** *to — oneself*, spassarsela, divertirsi **2** fare mostra di, sfoggio di.

disportment [dɪ'spɔ:tmənt / dis·port·ment] *s.* (*ant.*) divertimento.

disposability [dɪ,spəʊzə'bɪlətɪ / dis·pos·ab·il·ity] *s.* **1** disponibilità **2** (*dir.*) godibilità.

disposable [dɪ'spəʊzəbl / dis·pos·able] *agg.* **1** disponibile // (*dir.*) *— portion of property*, beni disponibili (per testamento) **2** a perdere, usa e getta, monouso, da buttar via (dopo l'uso): *— paper cups*, bicchieri di carta (da buttar via dopo l'uso); *a — bottle*, una bottiglia con vuoto a perdere.

disposal [dɪ'spəʊzl / dis·posal] *s.* **1** (*form.*) disposizione: *I am at your —*, sono ai vostri ordini; *to put* (o *to place*) *sthg. at s.o.'s —*, mettere qlco. a disposizione di qlcu. **2** sistemazione: *the — of some business*, la sistemazione di qualche faccenda **3** eliminazione, smaltimento: *the — of household refuse*, la eliminazione dei rifiuti domestici; *radioactive waste —*, smaltimento delle scorie radioattive; *the greatest difficulty was the — of the corpse*, la maggior difficoltà consisteva nello sbarazzarsi del cadavere **4** (*comm.*) vendita; cessione: *— of fixed assets*, liquidazione delle immobilizzazioni **5** (*dir.*) trasferimento; assegnazione (di proprietà per disposizione testamentaria) **6** (*mil.*) disposizione, collocamento (di truppe).

dispose [dɪ'spəʊz / dis·pose] *s.* (*ant.*) disposizione; umore: *he doth rely on none, / but carries on the stream of his dispose / without observance or respect of any*, (SH. Troilus and Cressida) non si attacca a nessun pretesto, ma si abbandona all'onda del suo umore senza considerazione o riguardo per alcuno.

to **dispose** *v.tr.* **1** (*form.*) disporre; sistemare, preparare; distribuire: *the general disposed his troops very well*, il generale distribuì molto bene le truppe; *to — oneself to sleep*, disporsi a dormire // *man proposes, God disposes*, (*prov.*) l'uomo propone e Dio dispone **2** (*form.*) disporre, rendere propenso: *the low salary did not — him to accept*, il misero stipendio lo rendeva poco propenso ad accettare.

□ **dispose of** *v.tr.* **1** risolvere; sistemare: *the problem was quickly disposed of*, si trovò subito una soluzione al problema **2** eliminare, liberarsi di: *he was quite clever in disposing of all opposition*, fu molto abile a liberarsi di ogni oppositore **3** liquidare, vendere: *all the goods were easily disposed of*, tutta la merce fu venduta facilmente; *in recent years they've had to — of the family silver*, in questi ultimi anni hanno dovuto vendere l'argenteria di famiglia **4** disporre di: *the rebels — of anti-tank missiles*, i ribelli dispongono di missili anticarro **5** mangiare in fretta e furia, divorare: *he quickly disposed of a chicken*, divorò velocemente il pollo.

disposed [dɪ'spəʊzd / dis·posed] *agg.* disposto, intenzionato; incline: *do you feel — to go?*, vi sentite di andare?; *to be — to*, essere portato a, incline a, aver tendenza a (pietà, obesità ecc.); *to be — to do sthg.*, essere disposto a fare qlco. // (*spesso nei composti*): *well- —*, ben disposto; *ill- —*, mal disposto.

disposedly [dɪ'spəʊzɪdlɪ / dis·posed·ly] *avv.* **1** ordinatamente **2** a passi misurati.

disposer [dɪ'spəʊzə* / dis·poser] *s.* **1** chi dispone, chi ordina **2** dispensatore.

disposition [,dɪspə'zɪʃn / dis·posi·tion] *s.* **1** disposizione, assestamento, ordine; (*mil.*) disposizione, schieramento (di truppe) **2** tendenza, inclinazione; indole, temperamento: *he has a jealous —*, è di temperamento geloso; *she is of a kindly —*, è di indole gentile; *— to sorethroats, to catch cold*, tendenza al mal di gola, a raffreddarsi **3** disposizione; prescrizione, norma: (*dir.*) *— by will*, disposizione testamentaria // *to be at s.o.'s —*, essere a disposizione di qlcu. **4** (*comm.*) destinazione: *— of net profit*, destinazione del profitto netto **5** *pl.* disposizioni, preparativi: *to make one's dispositions to do sthg.*, predisporsi a fare qlco., prendere le proprie misure per fare qlco.

to **dispossess** [,dɪspə'zes / dis·pos·sess] *v.tr.* **1** spogliare; spodestare; (*dir.*) espropriare; sfrattare **2** (*ant.*) liberare: *to — s.o.* (*of an evil spirit*), liberare qlcu. da uno spirito maligno.

dispossession [,dɪspə'zeʃn / dis·pos·ses·sion] *s.* spogliazione; (*dir.*) esproprio, espropriazione, spossessamento; sfratto.

dispossessor [,dɪspə'zesə* / dis·pos·ses·sor] *s.* espropriatore, spossessatore.

dispraise [dɪs'preɪz / dis·praise] *s.* [U] denigrazione, critica, biasimo.

to **dispraise** *v.tr.* denigrare, criticare, biasimare.

dispraisingly [dɪs'preɪzɪŋlɪ / dis·prais·ing·ly] *avv.* con tono di denigrazione, di critica, di biasimo.

disproof [,dɪs'pru:f / dis·proof] *s.* (*ret.*) confutazione.

disproportion [,dɪsprə'pɔ:ʃn / dis·pro·por·tion] *s.* sproporzione; disparità: *— in age*, divario di età.

disproportionate [,dɪsprə'pɔ:ʃnət / dis·pro·por·tion·ate] *agg.* sproporzionato // **-ly** *avv.*

disproportionateness [,dɪsprə'pɔ:ʃnətnɪs / dis·pro·por·tion·ate·ness] *s.* sproporzione.

disproportioned [,dɪsprə'pɔ:ʃnd / dis·pro·por·tioned] *agg.* sproporzionato.

to **disprove** [,dɪs'pru:v / dis·prove] *p.p.* **disproved** [,dɪs'pru:vd / dis·proved] **dis-proven** [,dɪs'pru:vən / dis·proven] *v.tr.* confutare; invalidare; contraddire; dimostrare la falsità di (una dichiarazione).

disputable [dɪ'spju:təbl / dis·put·able] *agg.* disputabile, discutibile; contestabile // **-bly** *avv.*

disputant [dɪ'spju:tənt / dis·put·ant] *agg.* (*form.*) che disputa, che discute ◆ *s.* (*form.*) disputatore.

disputation [dɪ'spju:teɪʃn / dis·pu·ta·tion] *s.* disputa, discussione; controversia.

disputatious [,dɪspju:'teɪʃəs / dis·pu·ta·tious] *agg.* litigioso; cavilloso; contenzioso // **-ness** *s.*

dispute [dɪ'spju:t / dis·pute] *s.* **1** disputa, controversia, vertenza; (*dir.*) lite: *— at law*, vertenza giudiziaria; *case under —*, causa in giudizio; *labour —*, vertenza sindacale; *the matter in —*, l'argomento in discussione; *to avoid any further —*, evitare qualsiasi altra contestazione; *to be in — with*, essere in lotta, avere una vertenza aperta con; *to bring into —*, mettere in discussione; *to settle a —*, appianare una controversia // *... it's open to —*, ... è tutto da vedere, la questione è ancora aperta // *beyond* (o *past* o *without*) *—*, indiscutibilmente, incontestabilmente **2** lite, diverbio, alterco.

to **dispute** *v.intr.* disputare, discutere; entrare in contrasto: *to — with* (o *against*) *s.o. on* (o *about*) *sthg.*, discutere con qlcu. su qlco. ◆ *v.tr.* **1** discutere, prendere in esame; contrastare **2** contestare; contendere, contendersi: *to — a decision*, contestare una decisione; *to — (the possession of) sthg. with s.o.*, disputarsi qlco. con qlcu. // (*dir.*) *disputed claims office*, ufficio addetto al contenzioso.

disputer [dɪ'spju:tə* / dis·puter] *s.* disputatore.

disqualification [dɪs,kwɒlɪfɪ'keɪʃn / dis·quali·fica·tion] *s.* **1** incapacità, inabilità; (*dir.*) interdizione: *— from holding any public office*, interdizione dai pubblici uffici **2** esclusione; (*sport*) squalifica.

to **disqualify** [dɪs'kwɒlɪfaɪ / dis·qual·ify] *v.tr.* **1** rendere incapace; (*dir.*) interdire **2** escludere; (*sport*) squalificare: *to be disqualified from a competition*, essere escluso da un concorso, squalificato da una gara.

disqualifying [dɪs'kwɒlɪfaɪɪŋ / dis·quali·fy·ing] *agg.* **1** che rende incapace, inabile (*anche dir.*) **2** esclusivo; (*sport*) che squalifica // (*boxe*) *— blow*, colpo da squalifica.

disquiet [dɪs'kwaɪət / dis·quiet] *agg.* (*rar.*) inquieto, agitato ◆ *s.* inquietudine, ansietà, affanno.

to **disquiet(en)** [dɪs'kwaɪət(n) / dis·qui·et(en)] *v.tr.* inquietare, turbare.

disquieting [dɪs'kwaɪətɪŋ / dis·quiet·ing] *agg.* inquietante, poco rassicurante // **-ly** *avv.*

disquietude [dɪs'kwaɪətju:d / dis·quiet·ude] *s.* (*form.*) inquietudine, ansia; agitazione.

disquisition [,dɪskwɪ'zɪʃn / dis·quisi·tion] *s.* (*form.*) **1** disquisizione **2** investigazione, inchiesta.

to **disrate** [dɪs'reɪt / dis·rate] *v.tr.* degradare (*anche fig.*).

disregard [,dɪsrɪ'gɑ:d / dis·reg·ard] *s.* noncuranza, disprezzo; inosservanza: *— of the law*, inosservanza della legge.

to **disregard** *v.tr.* ignorare; trascurare, non badare a, fare poco caso a, non curarsi di: *he disregarded my warning*, non si curò del mio avvertimento.

disregardful [,dɪsrɪ'gɑ:dfʊl / dis·reg·ard·ful] *agg.* (*form.*) noncurante, inosservante.

disrelish [dɪs'relɪʃ / dis·rel·ish] *s.* disgusto, ripugnanza, avversione.

to **disrelish** *v.tr.* (*form.*) aver in uggia; provare disgusto, ripugnanza, avversione per.

to **disremember** [dɪs'rɪmembə* / dis·re·mem·ber] *v.tr.* (*dial.*) dimenticare, non ricordare.

disrepair [,dɪsrɪ'peə* / dis·repair] *s.* cattivo stato, sfacelo, rovina: *to fall into —*, cadere in rovina.

disreputable [dɪs'repjʊtəbl / dis·rep·ut·able] amer. **dishonorable** [dɪs'ɒnərəbl / dis·hon·or·able] *agg.* **1** disonorevole, sconveniente (di azione) **2** screditato, di cattiva fama, reputazione **3** sciupato, logoro, stracciato: *a — old hat*, un vecchio cappellaccio // **-ness** *s.* // **-bly** *avv.*

disrepute [ˌdɪsrɪ'pjuːt / dis·rep·ute] *s.* discredito, disistima; cattiva reputazione: *the hotel has fallen into —*, l'albergo si è acquistato una cattiva fama; *to bring s.o., sthg. into —*, rovinare la reputazione di qlcu., screditare qlco.

disrespect [ˌdɪsrɪ'spekt / dis·res·pect] *s.* mancanza di rispetto, irriverenza: *to treat s.o., sthg. with —*, mancare di rispetto a qlcu., a qlco.

disrespectful [ˌdɪsrɪ'spektfʊl / dis·res·pect·ful] *agg.* non rispettoso, sfacciato, irriverente: *to be — to s.o.*, mancare di rispetto a qlcu. // **-ly** *avv.* // **-ness** *s.*

to **disrobe** [ˌdɪs'rəʊb / dis·robe] *v.tr.* svestire; svestirsi (*anche fig.*) ◆ *v.intr.* svestirsi.

to **disroot** [dɪs'ruːt / dis·root] *v.tr.* **1** sradicare (*anche fig.*) **2** (*fig.*) mandar via, sloggiare.

to **disrupt** [dɪs'rʌpt / dis·rupt] *v.tr.* **1** smembrare; far crollare (*anche fig.*) **2** (*fig.*) disturbare, interrompere: *air raids disrupted the lines of communication*, le incursioni aeree crearono gravi disagi nelle comunicazioni **3** rompere; spezzare, infrangere; spaccare.

disrupter [dɪs'rʌptə* / dis·rupter] *s.* **1** (*form.*) chi provoca rottura o crollo **2** disturbatore.

disruption [dɪs'rʌpʃn / dis·rup·tion] *s.* **1** rottura; spaccatura **2** (*fig.*) disturbo; sconvolgimento **3** smembramento; scisma; separazione // *the Disruption*, scisma nella Chiesa Scozzese (1843).

disruptive [dɪs'rʌptɪv / dis·rupt·ive] *agg.* **1** dirompente **2** (*elettr.*) disruptivo: *— discharge*, scarica disruptiva **3** (*fig.*) che smembra, disorganizza, disturba.

disruptor → **disrupter**.

dissatisfaction ['dɪsˌsætɪs'fækʃn / dis·sat·is·fac·tion] *s.* insoddisfazione, malcontento.

dissatisfied [ˌdɪs'sætɪsfaɪd / dis·sat·is·fied] *agg.* insoddisfatto, non soddisfatto, scontento: *I'm — with your work*, sono insoddisfatto del vostro lavoro; *to feel —*, sentirsi insoddisfatto; *he is a — man*, è un uomo scontento.

to **dissatisfy** [ˌdɪs'sætɪsfaɪ / dis·sat·isfy] *v.tr.* (*non com.*) non soddisfare; scontentare: *the new plan dissatisfied everyone*, il nuovo progetto ha scontentato tutti.

dissaving [dɪ'seɪvɪŋ / dis·sav·ing] *s.* (*econ.*) risparmio negativo.

to **disseat** [dɪs'siːt / dis·seat] *v.tr.* (*ant.*) privare del seggio; rimuovere da un posto.

to **dissect** [dɪs'sekt / dis·sect] *v.tr.* **1** sezionare, dissezionare (cadavere, pianta) **2** (*fig., form.*) analizzare, sviscerare, trattare a fondo (un argomento ecc.).
□ **dissect out** *v.tr.* e *avv.* (*med.*) recidere.

dissecting [dɪs'sektɪŋ / dis·sect·ing] *s.* **1** sezionamento **2** (*med.*) recisione // *— room*, sala anatomica.

dissection [dɪ'sekʃn / dis·sec·tion] *s.* **1** sezionamento; dissezione **2** la parte sezionata.

dissector [dɪ'sektə* / dis·sector] *s.* (*med.*) **1** dissettore, sezionatore **2** scalpello (chirurgico).

to **disseise**, to **disseize** [ˌdɪs'siːz / disseise] *v.tr.* (*dir.*) spogliare del possesso di un bene immobile.

disseisin, **disseizin** [ˌdɪs'siːzɪn / dis·seisin] *s.* (*dir.*) spoglio, turbativa del possesso di un immobile.

to **dissemble** [dɪ'sembl / dis·semble] (*form.*) *v.tr.* **1** nascondere, mascherare: *it was clear to everyone present that he was dissembling his real emotions*, era chiaro a tutti i presenti che egli mascherava le sue vere emozioni **2** fingere: *to — innocence*, fingersi innocente ◆ *v.intr.* fare l'ipocrita **1** nascondere le proprie intenzioni, idee, sentimenti **2** comportarsi da ipocrita, non avere un comportamento sincero.

dissembler [dɪ'semblə* / dis·sem·bler] *s.* (*form.*) simulatore; ipocrita.

dissembling [dɪ'semblɪŋ / dis·sem·bling] *s.* (*form.*) dissimulazione; ipocrisia.

to **disseminate** [dɪ'semɪneɪt / dis·sem·in·ate] *v.tr.* **1** disseminare, seminare (grano ecc.) **2** (*fig.*) diffondere, divulgare (opinioni, informazioni ecc.).

dissemination [dɪˌsemɪ'neɪʃn / dis·sem·ina·tion] *s.* **1** disseminazione **2** (*fig.*) divulgazione (della verità, della scienza ecc.).

disseminator [dɪ'semɪneɪtə* / dis·sem·in·ator] *s.* disseminatore; (*fig.*) divulgatore.

dissension [dɪ'senʃn / dis·sen·sion] *s.* divergenza; discordia // *to sow —*, seminare zizzania.

dissent [dɪ'sent / dis·sent] *s.* **1** dissenso, dissentimento: *to express one's —*, esprimere il proprio dissenso **2** (*eccl.*) separazione, scisma.

to **dissent** *v.intr.* **1** dissentire: *to — from s.o. about sthg.*, dissentire da qlcu. su qlco. **2** (*eccl.*) essere dissidente.

dissenter [dɪ'sentə* / dis·sent·er] *s.* **1** dissidente; dissenziente **2** (*eccl.*) dissidente.

dissentient [dɪ'senʃɪənt / dis·sentient] *agg.* e *s.* (*non com.*) dissidente.

dissenting [dɪ'sentɪŋ / dis·sent·ing] *agg.* dissidente // *— opinion*, (*amer.*) parere di minoranza.

to **dissequester** [ˌdɪsɪ'kwestə* / dis·se·ques·ter] *v.tr.* (*dir.*) dissequestrare, togliere il sequestro a.

dissequester, **dissequestration** [dɪˌsiːkwe'streɪʃn / dis·se·quest·ra·tion] *s.* (*dir.*) dissequestro.

to **dissert** [dɪ'sɜːt / dis·sert] to **dissertate** ['dɪsəteɪt / dis·sert·ate] *v.intr.* (*non com.*) dissertare.

dissertation [ˌdɪsə'teɪʃn / dis·ser·ta·tion] *s.* dissertazione.

dissertationist [ˌdɪsə'teɪʃnɪst / dis·sert·ation·ist] **dissertator** ['dɪsəːteɪtə* / dis·sert·ator] *s.* (*non com.*) dissertatore.

to **disserve** [dɪs'sɜːv / dis·serve] *v.tr.* (*rar.*) rendere cattivo servizio a, recare danno a; disservire.

disservice [ˌdɪs'sɜːvɪs / dis·ser·vice] *s.* danno, cattivo servizio: *to do a — to s.o.* (o *to do s.o. a —*), rendere un cattivo servizio a qlcu.

to **dissever** [dɪs'evə* / dis·sever] *v.tr.* separare; disunire; dividere, distaccare ◆ *v.intr.* separarsi; disunirsi; dividersi; staccarsi.

disseverance [dɪs'sevərəns / dis·sev·er·ance] *s.* separazione, divisione.

dissidence ['dɪsɪdəns / dis·sid·ence] *s.* dissidio; divergenza (di opinioni); disaccordo; dissidenza.

dissident ['dɪsɪdənt / dis·sid·ent] *agg.* contrario, discorde; dissidente ◆ *s.* dissidente; dissenziente.

dissimilar [ˌdɪ'sɪmɪlə* / dis·sim·ilar] *agg.* dissimile, diverso: *— in style*, diverso per stile, nello stile.

dissimilarity [ˌdɪsɪmɪ'lærətɪ / dis·sim·il·arity] *s.* dissomiglianza, diversità, differenza, dissimilitudine.

to **dissimilate** [dɪ'sɪmɪleɪt / dis·sim·il·ate] *v.tr.* rendere dissimile, diversificare, differenziare; (*ling.*) dissimilare ◆ *v.intr.* diversificarsi, differenziarsi; (*ling.*) dissimilarsi.

dissimilation [ˌdɪsɪmɪ'leɪʃn / dis·sim·ila·tion] *s.* diversificazione, differenziazione; (*ling.*) dissimilazione.

dissimilitude [ˌdɪsɪ'mɪlɪtjuːd *amer.* ˌdɪsɪ'mɪlɪtuːd / dis·sim·il·it·ude] → **dissimilarity**.

to **dissimulate** [dɪ'sɪmjʊleɪt / dis·simu·late] *v.tr.* e *intr.* (*form.*) dissimulare; fingere.

dissimulation [dɪˌsɪmjʊ'leɪʃn / dis·simu·la·tion] *s.* dissimulazione; finzione.

dissimulator [dɪ'sɪmjʊleɪtə* / dis·simu·lator] *s.* (*form.*) dissimulatore.

to **dissipate** ['dɪsɪpeɪt / dis·sip·ate] *v.tr.* (*form.*) **1** dissipare; dissolvere; disperdere **2** sciupare, sprecare: *he dissipated his time and money*, egli dissipò il suo tempo e il suo denaro ◆ *v.intr.* (*form.*) **1** dissiparsi; dissolversi; disperdersi: *the mist dissipated as the sun rose*, la foschia si diradò al sorgere del sole **2** condurre vita sregolata.

dissipated ['dɪsɪpeɪtɪd / dis·sip·ated] *agg.* dissipato; dissoluto: *— life*, vita dissipata; *— person*, persona dissoluta.

dissipation [ˌdɪsɪ'peɪʃn / dis·sipa·tion] *s.* **1** (*form.*) dissipazione (di energia, denaro); disintegrazione; dissolvimento, dissoluzione **2** (*fis.*) dispersione (di calore, elettricità) **3** divertimento; distrazione **4** dissipazione; dissolutezza; vita sregolata.

dissipative ['dɪsɪpeɪtɪv / dis·sip·at·ive] *agg.* **1** (*form.*) che tende a dissipare, a dissiparsi **2** dispersivo; (*fis.*) dissipativo (di energia, di calore): *— system*, sistema dissipativo.

dissipator ['dɪsɪpeɪtə* / dis·sip·ator] *s.* **1** (*form.*) dissipatore, dissipato **2** (*fis.*) dispersore, dissipatore.

dissociable [dɪ'səʊʃjəbl / dis·so·ci·able] *agg.* **1** asociale, scontroso, poco socievole **2** (*rar.*) dissociabile, separabile **3** (*chim.*) dissociabile.

to **dissocialize** [dɪ'səʊʃəlaɪz / dis·so·cial·ize] *v.tr.* rendere poco socievole, asociale, scontroso.

to **dissociate** [dɪ'səʊʃɪeɪt / dis·so·ci·ate] *v.tr.* **1** dissociare; disgiungere, separare: *to — oneself from*, dissociarsi da, separarsi (in pensiero, atto) da **2** (*chim., fis.*) decomporre, dissociare (specialmente con calore, elettricità) ◆ *v.intr.* **1** (*chim., fis.*) dissociarsi **2** (*psic.*) sdoppiarsi; dissociarsi.

dissociation [dɪˌsəʊsɪ'eɪʃn / dis·so·ci·ation] *s.* **1** dissociazione, separazione **2** (*chim., fis.*) dissociazione: *— coefficient*, grado di dissociazione; *— energy*, energia di dissociazione **3** (*psic.*) dissociazione; sdoppiamento: *— of personality*, sdoppiamento di personalità; *psychological —*, dissociazione psichica.

dissociative [dɪ'səʊʃɪətɪv / dis·so·ci·at·ive] *agg.* dissociativo // (*fis. nucleare*) — *recombination*, ricombinazione dissociativa.

dissolubility [dɪ,sɒljʊ'bɪlətɪ / dis·sol·ub·il·ity] *s.* solubilità; dissolubilità.

dissoluble [dɪ'sɒljʊbl / dis·sol·uble] *agg.* solubile; dissolubile.

dissolute ['dɪsəlu:t / dis·sol·ute] *agg.* dissoluto, licenzioso // **-ly** *avv.*

dissoluteness ['dɪsəlu:tnɪs / dis·sol·ute·ness] *s.* dissolutezza.

dissolution [,dɪsə'lu:ʃn / dis·solu·tion] *s.* **1** dissoluzione, liquefazione (di corpi, neve ecc.) **2** (*dir.*) scioglimento, cessazione; risoluzione (di contratto): — *of Parliament*, scioglimento del Parlamento, delle Camere; — *of marriage*, scioglimento di matrimonio; — *of a company*, scioglimento di una società **3** decomposizione; disintegrazione; morte **4** dissolutezza **5** (*chim.*) dissoluzione.

dissolvability [dɪ,zɒlvə'bɪlətɪ / dis·solv·ab·il·ity] *s.* solubilità; dissolubilità.

dissolvable [dɪ'zɒlvəbl / dis·solv·able] *agg.* solubile; dissolubile.

dissolve [dɪ'zɒlv / dis·solve] *s.* (*cinem.*) dissolvenza // *lap* —, dissolvenza incrociata.

to **dissolve** *v.tr.* **1** dissolvere; disciogliere **2** sciogliere (matrimonio, parlamento, società) **3** (*comm.*) annullare, rescindere; sciogliere (una società) **4** disperdere (folla ecc.) ◆ *v.intr.* **1** dissolversi; disciogliersi; disfarsi: *sugar dissolves in water*, lo zucchero si scioglie nell'acqua // *to — in tears*, sciogliersi in lacrime // *to — into laughter*, scoppiare a ridere **2** sciogliersi (di matrimonio, parlamento, società) **3** disperdersi (di folla) **4** (*fig.*) dileguarsi, svanire, scomparire gradatamente // *to — into thin air*, andare in fumo.

dissolvent [dɪ'zɒlvənt / dis·solv·ent] *agg.* **1** (*chim.*) solvente, dissolvente **2** (*fig.*) che dissipa, dissolve, distrugge ◆ *s.* (*chim.*) solvente, dissolvente.

dissonance ['dɪsənəns / dis·son·ance] *s.* **1** (*fis., mus.*) dissonanza **2** (*fig.*) dissonanza, discordanza, contrasto.

dissonant ['dɪsənənt / dis·son·ant] *agg.* **1** (*mus.*) dissonante **2** (*fig.*) dissonante, discordante // **-ly** *avv.*

to **dissuade** [dɪ'sweɪd / dis·suade] *v.tr.* dissuadere, distogliere: *we dissuaded her from going there*, la dissuademmo dall'andarci.

dissuasion [dɪ'sweɪʒn / dis·sua·sion] *s.* dissuasione.

dissuasive [dɪ'sweɪsɪv / dis·suas·ive] *agg.* dissuasivo.

dissyllabic [,dɪsɪ'læbɪk / dis·syl·labic] *agg.* bisillabico, disillabo.

dissyllable [dɪ'sɪləbl / dis·syl·lable] *s.* bisillabo, disillabo.

dissymmetric [,dɪsɪ'metrɪk / dis·sym·met·ric] *agg.* asimmetrico.

dissymmetry [,dɪ'sɪmɪtrɪ / dis·sym·metry] *s.* asimmetria.

distaff ['dɪstɑ:f *amer.* 'dɪstæf / dis·taff] *s.* conocchia; rocca (per filare a mano) // *the — side*, il ramo femminile (di una famiglia).

distal ['dɪstəl] *agg.* (*anat.*) distale.

distance ['dɪstəns / dis·tance] *s.* **1** distanza; lontananza: *the — between Milan and Pavia*, la distanza fra Milano e Pavia; *a — of ten miles*, una distanza di dieci miglia; (*at*) *a short* —, (a) breve distanza; *the station is within twenty minutes walking* —, la stazione è a venti minuti di cammino // *within striking* —, a portata di mano // (*sport*) *to go the* —, compiere l'intero percorso, (*fam., fig.*) reggere fino in fondo // *from* (o *at*) *a* —, da lontano; *in the* —, in lontananza **2** (*fig.*) riservatezza, distacco: — *of manner*, riserbo; *to keep one's* —, tenersi a distanza, mantenere le distanze; *to keep s.o. at a* —, tenere qlcu. a debita distanza **3** distanza, intervallo di tempo: *at this — of time*, dopo tanto tempo; *to look back over a — of ten years*, riandare col pensiero agli ultimi dieci anni **4** orizzonte, distanza visiva: *the countryside with its ample distances*, la campagna coi suoi vasti orizzonti **5** (*ant.*) ostilità: *so is mine [enemy]; and in such bloody distance / that every minute of his being thrusts / against my near'st of life*, (SH. Macbeth) e così è anche il mio [nemico]; e con una tale sanguinosa ostilità che ogni minuto della sua esistenza è una stoccata al mio cuore.

to **distance** *v.tr.* **1** distanziare **2** allontanare: *his dedication to work distanced his family from him*, la sua dedizione al lavoro lo allontanò dalla famiglia // *to — oneself*, prendere le distanze, tenersi fuori.

distance piece ['dɪstəns,pi:s] *s.* (*mecc.*) distanziatore.

distance ring ['dɪstəns,rɪŋ] *s.* (*mecc.*) anello distanziatore.

distance tube ['dɪstəns,tju:b *amer.* 'dɪstəns,tu:b] *s.* (*mecc.*) distanziatore tubolare.

distant ['dɪstənt / dis·tant] *agg.* **1** distante, lontano: *a — town*, una città lontana; *a — journey*, un viaggio lontano; *a — view of Mont Blanc*, una veduta lontana del Monte Bianco; *ten miles — (from)*, a dieci miglia (da) // (*ferr.*) — *signal*, segnale a distanza; segnale di preavviso di blocco **2** discosto, remoto, vago: — *ages*, epoche remote; *a — relation*, un parente lontano; *a — resemblance between*, una vaga rassomiglianza tra; *in the — future*, in un lontano avvenire **3** riservato, freddo; altero: *a — manner*, modi poco cordiali; *a — nod*, un freddo cenno di saluto **4** distratto, assente: *a — gaze*, uno sguardo distratto.

distantly ['dɪstəntlɪ / dis·tant·ly] *avv.* **1** in distanza; da lontano: *we are — related*, siamo lontani parenti **2** freddamente, con poca cordialità.

distaste [,dɪs'teɪst / dis·taste] *s.* avversione; antipatia: *a — for hard work*, un'avversione per il lavoro duro.

distasteful [dɪs'teɪstfʊl / dis·taste·ful] *agg.* repellente; disgustoso; spiacevole // **-ness** *s.*

distemper[1] [dɪ'stempə* / dis·tem·per] *s.* **1** (*vet.*) cimurro **2** (*non com.*) tumulto, disordine civile **3** (*ant.*) turbamento fisico, mentale; indisposizione; malattia: *people in the rage of the distemper...*, (DEFOE) la gente nell'infuriare della malattia...

to **distemper**[1] *v.tr.* (*ant.*) far ammalare (fisicamente, mentalmente): *a distempered mind*, una mente perturbata.

distemper[2] *s.* **1** (*pitt.*) tempera **2** intonaco, tinteggiatura a tempera.

to **distemper**[2] *v.tr.* **1** (*pitt.*) dipingere a tempera **2** intonacare.

to **distend** [dɪ'stend / dis·tend] *v.tr.* (*form.*) gonfiare, (*anche fig.*); allargare; dilatare ◆ *v.intr.* (*form.*) gonfiarsi (*anche fig.*); allargarsi; dilatarsi.

distensible [dɪ'stensəbl / dis·tens·ible] *agg.* (*form.*) dilatabile.

distension [dɪ'stenʃn / dis·ten·sion] **distention** *s.* **1** gonfiamento **2** (*med.*) gonfiore, dilatazione.

distich ['dɪstɪk / dis·tich] *s.* (*metrica*) distico.

distichous ['dɪstɪkəs / di·stich·ous] *agg.* (*bot.*) distico.

to **distil(l)** [dɪ'stɪl / dis·til(l)] *pass.p.p.* **distilled** [dɪ'stɪld / dis·tilled] *v.tr.* **1** stillare **2** distillare **3** (*fig.*) estrarre, ricavare, raccogliere ◆ *v.intr.* stillare, essudare.

distillable [dɪ'stɪləbl / dis·til·lable] *agg.* distillabile.

distillate ['dɪstɪlət / dis·til·late] *s.* distillato.

distillation [,dɪstɪ'leɪʃn / dis·til·la·tion] *s.* **1** distillazione **2** (*fig.*) distillato, concentrato, quintessenza.

distiller [dɪ'stɪlə* / dis·til·ler] *s.* distillatore.

distillery [dɪ'stɪlərɪ / dis·til·lery] *s.* distilleria.

distinct [dɪ'stɪŋkt / dis·tinct] *agg.* **1** distinto, chiaro, definito: — *advantage*, netto vantaggio; *a — improvement*, un miglioramento notevole; — *sound*, suono chiaro **2** distinto, separato, diverso: *two ideas quite — one from the other*, due idee del tutto diverse l'una dall'altra; *he works with young children as — from adolescents*, lavora con i bambini piccoli, non con gli adolescenti // **-ly** *avv.*

distinction [dɪ'stɪŋkʃn / dis·tinc·tion] *s.* **1** distinzione, diversità, differenza: *without* —, senza distinzione, indifferentemente; *to make* (o *draw*) *a* —, fare una distinzione; *the — between prose and poetry*, la diversità fra prosa e poesia **2** particolarità, caratteristica distintiva: *the chief — of his prose is naturalness*, la caratteristica principale della sua prosa è la spontaneità **3** distinzione, eminenza: *to gain* —, distinguersi; *a sculptor of* —, un illustre scultore // *with* —, distinto, ottimo (giudizio scolastico) **4** elevatezza; raffinatezza: *people of* —, gente distinta **5** distinzione, benemerenza; onorificenza.

distinctive [dɪ'stɪŋktɪv / dis·tinct·ive] *agg.* distintivo, atto a distinguere; caratteristico // — *number*, numero di identificazione.

distinctively [dɪ'stɪŋktɪvlɪ / dis·tinct·ive·ly] *avv.* in modo caratteristico.

distinctiveness [dɪ'stɪŋktɪvnɪs / dis·tinct·ive·ness] *s.* distinzione, caratteristica.

distinctness [dɪ'stɪŋktnɪs / dis·tinct·ness] *s.* chiarezza, precisione.

to **distinguish** [dɪ'stɪŋgwɪʃ / dis·tin·guish] *v.tr.* **1** distinguere; discernere: *to — one thing from another*, distinguere una cosa da un'altra; *I cannot — him among the crowd*, non posso vederlo tra la folla **2** distinguere, caratterizzare: *great warmth distinguished his performance*, una grande intensità caratterizzò la sua interpretazione // *to — oneself*, distinguersi, rendersi famoso: *he distinguished himself by his bravery*, si distinse per il suo coraggio ◆ *v.intr.* distinguere, fare una distinzione: *to — between good and evil*, distinguere fra il bene e il male; *to — between two persons*, fare una distinzione fra due persone.

distinguishable [dɪ'stɪŋgwɪʃəbl / dis·tin·guish·able] *agg.* distinguibile: *the house was* *hardly — in the darkness*, la casa si distingueva appena nell'oscurità.

distinguished [dɪ'stɪŋgwɪʃt / dis·tin·guished] *agg.* **1** distinto, raffinato: *to look —*, avere un'aria distinta **2** insigne, illustre: *a — writer, career*, uno scrittore illustre, una carriera brillante **3** (*ant.*) differenziato dagli altri, preferito: *to be so distinguished is an honour*, (S. JOHNSON) essere così preso in considerazione è un onore.

distinguishing [dɪ'stɪŋgwɪʃɪŋ / dis·tin·guish·ing] *agg.* distinto, caratteristico, peculiare // *— marks*, segni particolari // *— trait*, caratteristica.

to **distort** [dɪ'stɔ:t / dis·tort] *v.tr.* **1** distorcere, storcere: *face distorted with* (o *by*) *rage*, viso alterato dall'ira; *to — one's eyes*, storcere gli occhi **2** (*fig.*) svisare, alterare, falsare **3** (*fis.*) distorcere; (*mecc.*) deformare.

distortedly [dɪ'stɔ:tɪdlɪ / dis·tort·ed·ly] *avv.* **1** distortamente **2** alteratamente.

distortion [dɪ'stɔ:ʃn / dis·tor·tion] *s.* **1** contorcimento; torsione; distorsione **2** (*fig.*) stortura; deformazione; alterazione **3** (*fis.*) distorsione; (*mecc.*) deformazione.

distortional [dɪ'stɔ:ʃənl / dis·tor·tional] *agg.* **1** di distorsione **2** di deformazione.

distortionist [dɪ'stɔ:ʃnɪst / dis·tort·ion·ist] *s.* (*antiq.*) contorsionista.

to **distract** [dɪ'strækt / dis·tract] *v.tr.* **1** distrarre, distogliere: *don't — me from my work*, non distogliermi dal mio lavoro; *he is easily distracted*, si distrae facilmente **2** stordire; turbare, sconvolgere; far inquietare; far impazzire: *a distracted look*, uno sguardo turbato, confuso.

distracted [dɪ'stræktɪd / dis·tracted] *agg.* **1** distratto, disattento **2** confuso, turbato; fuori di sé: *to drive s.o. —*, confondere, far impazzire qlcu.; *children run screaming about the rooms distracted*, (D. DEFOE) bambini sconvolti corrono urlando per le stanze.

distractedly [dɪ'stræktɪdlɪ / dis·tract·ed·ly] *avv.* **1** distrattamente **2** follemente, perdutamente.

distracting [dɪ'stræktɪŋ / dis·tract·ing] *agg.* **1** che distrae, svaga; divertente **2** che fa perdere la concentrazione, che distrae // **-ly** *avv.*

distraction [dɪ'strækʃn / dis·trac·tion] *s.* **1** distrazione, disattenzione **2** distrazione, svago, divertimento **3** confusione, follia, turbamento: *to drive* (*s.o.*) *to —*, (*fig.*) far impazzire qlcu.; *to love* (*s.o.*) *to —*, amare (qlcu.) alla follia.

to **distrain** [dɪ'streɪn / dis·train] *v.intr.* (*dir.*) fare un sequestro: *to — upon s.o.'s belongings for rent*, sequestrare i beni di qlcu. per mancato pagamento dell'affitto ♦ *v.tr.* (*dir.*) sequestrare, pignorare.

distrainable [dɪ'streɪnəbl / dis·train·able] *agg.* (*dir.*) sequestrabile.

to **distraine** [dɪs'treɪn / dis·traine] *v.tr.* (*ant.*) rompere, forzare: *for that same net so cunningly was wound, / that neither guile nor force might it distraine*, (E. SPENSER) perché quella rete era intrecciata con tanta maestria che né astuzia né forza poteva romperla.

distrainee [ˌdɪstreɪ'ni: / dis·trainee] *s.* (*dir.*) chi subisce un sequestro.

distrainer [dɪ'streɪnə* / dis·trainer] *s.* (*dir.*) sequestrante.

distrainment [dɪ'streɪnmənt / dis·train·ment] *s.* (*dir.*) sequestro.

distrainor [ˌdɪstreɪ'nɔ:* / dis·trainor] *s.* (*dir.*) sequestrante.

distraint [dɪ'streɪnt / dis·traint] *s.* (*dir.*) sequestro: *furniture under —*, mobilio sotto sequestro.

distrait [dɪ'streɪ / dis·trait] *agg.* (*fr.*) distratto.

distraught [dɪ'strɔ:t / dis·traught] *agg.* turbato, sconvolto; *— with grief*, sconvolto dal dolore.

distress [dɪ'stres / dis·tress] *s.* **1** angoscia, angustia; preoccupazione, pena **2** miseria, strettezza **3** (*mar.*) pericolo; difficoltà: *ship in —*, nave in pericolo // *— call* (o *— signal*), SOS, segnale di soccorso, di pericolo; *— rocket*, razzo per chiamare soccorso **4** (*dir.*) diritto di ritenzione // *— sale*, asta dei beni sequestrati.

to **distress** *v.tr* **1** affliggere, angustiare; preoccupare; tormentare: *don't — yourself*, non ti tormentare, non ti angustiare **2** (*dir.*) ritenere, trattenere in garanzia.

distressed [dɪ'strest / dis·tressed] *agg.* **1** angustiato, afflitto **2** indigente // (*econ.*) *— area*, area depressa.

distressful [dɪ'stresfʊl / dis·tress·ful] *agg.* **1** penoso, doloroso **2** (*ant.*) → **distressed**.

distressing [dɪ'stresɪŋ / dis·tress·ing] *agg.* penoso, doloroso, angosciante // **-ly** *avv.*

distributable [dɪ'strɪbjʊtəbl / dis·trib·ut·able] *agg.* divisibile // (*comm.*) *— profits*, utili distribuibili.

distributary [dɪ'strɪbjʊtərɪ / dis·tribu·tary] *s.* **1** canale (di distribuzione) **2** braccio, diramazione (di un fiume).

to **distribute** [dɪ'strɪbju:t / dis·trib·ute] *v.tr.* **1** distribuire; assegnare; ripartire; suddividere: *to — gifts to the children*, distribuire i doni ai bambini; *the population is equally distributed over the area*, la popolazione è uniformemente ripartita sul territorio; *a new machine to — seeds*, una nuova macchina per spargere le sementi // (*inform.*) *distributed network*, rete distribuita **2** (*tip.*) scomporre.

distribution [ˌdɪstrɪ'bju:ʃn / dis·tri·bu·tion] *s.* **1** distribuzione; ripartizione; diffusione: (*tip.*) scomposizione // (*econ.*): *— of incomes*, distribuzione dei redditi; *— of profits*, riparto degli utili; *— organization*, organizzazione di distribuzione // (*stat.*) *— function*, funzione di distribuzione, di ripartizione // (*fis.*) *— of velocities*, distribuzione delle velocità **2** (*comm.*) distribuzione (commerciale): *— cost*, costo di distribuzione **3** distribuzione, diffusione (di pianta, di animale): *the magazine has a wide — among scientists*, la rivista ha un'ampia diffusione fra gli scienziati **4** (*dir.*) distribuzione, divisione **5** (*tip.*) scomposizione.

distributional [ˌdɪstrɪ'bju:ʃnəl / dis·tri·bu·tional] *agg.* distributivo // (*ling.*) *— analysis*, analisi distribuzionale.

distributive [dɪ'strɪbjʊtɪv / dis·tribu·tive] *agg.* distributivo // (*mat.*): *— law*, distributività; *— property*, proprietà distributiva // (*econ.*): *— cost*, costo di distribuzione; *— trades*, attività di distribuzione; *— justice*, giustizia distributiva, giustizia economica // (*dir.*) *— share*, legittima.

distributivity [dɪˌstrɪbju:'tɪvɪtɪ / dis·tri·bu·tiv·ity] *s.* (*mat.*) distributività.

distributor [dɪ'strɪbju:tə* / dis·trib·utor] *s.* **1** distributore // *exclusive —*, concessionario **2** (*aut.*) distributore; (*fam.*) spinterogeno // *— rotor arm*, spazzola del distributore **3** (*tip.*) scompositore.

district ['dɪstrɪkt / dis·trict] *s.* **1** distretto; quartiere, circondario; (*amer.*) circoscrizione (geografica, politica): *postal —*, distretto postale; *— nurse*, assistente sanitaria di quartiere; *red-light —*, quartiere a luci rosse; *urban — council*, consiglio municipale, di quartiere; *rural — council*, consiglio distrettuale di una zona rurale // (*comm.*) *— manager*, direttore di zona // (*dir. amer.*): (*judicial*) *—*, circoscrizione (giudiziaria); *— court*, corte distrettuale federale // *Metropolitan District Line*, linea della metropolitana londinese **2** (*mil.*) distretto; (*mar.*) dipartimento **3** regione, territorio // *the Lake District*, la regione dei laghi del Cumberland.

to **district** *v.tr.* **1** dividere in distretti **2** (*amer.*) dividere in circoscrizioni elettorali.

district attorney [ˌdɪstrɪktə'tɜ:nɪ] *s.* (*dir. amer.*) procuratore distrettuale.

distrust [dɪs'trʌst / dis·trust] *s.* diffidenza, sospetto, dubbio.

to **distrust** *v.tr.* diffidare di, non aver fiducia in: *I — him*, non ho fiducia in lui; *to — one's own eyes*, non credere ai propri occhi.

distrustful [dɪs'trʌstfʊl / dis·trust·ful] *agg.* diffidente, sospettoso // **-ly** *avv.*

to **disturb** [dɪ'stɜ:b / dis·turb] *v.tr.* **1** disturbare, incomodare: *I'm afraid of disturbing you*, temo d'importunarvi; *don't — yourself*, non si disturbi **2** turbare, agitare **3** (*dir.*) molestare: *to — the peace*, turbare l'ordine pubblico, la quiete pubblica.

disturbance [dɪ'stɜ:bəns / dis·turb·ance] *s.* **1** disordine, tumulto, confusione: *to make* (o *to create* o *to raise*) *a —*, provocare disordini **2** [U] disturbi, problemi (*pl.*): *a violent father may cause emotional — in a child*, un padre violento può causare disturbi emozionali in un bambino **3** (*meteor.*) perturbazione (atmosferica) **4** (*dir.*) molestia; turbativa: *to cause a —*, turbare l'ordine, la quiete pubblica.

disturbed [dɪs'tɜ:bd / dis·turbed] *agg.* disturbato, turbato (*anche psic.*): *mentally —*, mentalmente disturbato.

disturber [dɪstɜ:bə* / dis·turb·er] *s.* disturbatore: (*dir.*) *— of the peace*, disturbatore della quiete pubblica.

distyle ['dɪstaɪl / di·style] *s.* (*arch.*) distilo.

disulfate → **disulphate**.

disulfide → **disulphide**.

disulphate [daɪ'sʌlfeɪt / di·sulph·ate] *s.* (*chim.*) disolfato.

disulphide [daɪ'sʌlfaɪd / di·sulph·ide] *s.* (*chim.*) disolfuro.

disunion [ˌdɪs'ju:njən / dis·union] *s.* disunione, separazione; discordia.

to **disunite** [ˌdɪsju:'naɪt / dis·unite] *v.tr.* separare, disunire ♦ *v.intr.* separarsi, disunirsi.

disuse [ˌdɪs'ju:s / dis·use] *s.* disuso: *to fall into —*, cadere in disuso.

to **disuse** [ˌdɪs'ju:z] *v.tr.* non usare più, cessare di usare.

disused [ˌdɪs'ju:zd / dis·used] *agg.* non più in uso.

disutility [dɪsju:'tɪlɪtɪ / dis·util·ity] *s.* (*econ.*) disutilità.

to **disvouch** [dɪs'vaʊtʃ / dis·vouch] *v.tr.* (*ant.*) smentire, contraddire: *every letter he hath writ hath disvouched other*, (SH. Measure for Measure) ogni lettera che ha scritto ha smentito la precedente.

disyllabic [,dɪsɪ'læbɪk / disyl·labic] *agg.* bisillabico.

disyllable [dɪ'sɪləbl / disyl·lable] *s.* bisillabo, disillabo.

ditch [dɪtʃ] *s.* fosso, fossato; canale di scolo; trincea: — *machine*, scavafossi; (*mil.*) *antitank* —, fosso anticarro // *to die in the last* —, difendersi fino all'ultimo sangue // *the Ditch*, (*sl. aer.*) la Manica; il Mare del Nord; (*sl. amer.*) il Canale di Panama.

to **ditch** *v.tr.* **1** scavare (fossi, canali); prosciugare (scavando fossi) **2** buttare in un fosso **3** (*fam.*) mollare; piantare in asso; abbandonare: *he ditched the car after the robbery*, abbandonò la macchina dopo la rapina **4** (*amer.*) far deragliare (un treno) **5** (*sl. aer.*) far compiere un ammaraggio di fortuna ◆ *v.intr.* **1** scavare fossi, canali (in un terreno, in un campo) **2** (*antiq.*) pulire, prosciugare un fosso **3** (*sl. aer.*) compiere un ammaraggio di fortuna.

ditcher ['dɪtʃə*] *s.* **1** sterratore **2** (*mecc.*) affossatore, scavafossi, aratro per fossi.

ditch-moss ['dɪtʃ,mɒs] *s.* (*bot.*) (*Elodea canadensis*) elodea; (*pop.*) peste d'acqua.

ditchwater ['dɪtʃ,wɔ:tə* / ditch·water] *s.* acqua stagnante // *as dull as* —, (*fam.*) noiosissimo, noioso da morire.

diterpene [,daɪ'tɜ:pi:n / di·terp·ene] *s.* (*chim.*) diterpene.

ditheism ['daɪθi:ɪzəm / di·theism] *s.* (*st.*) diteismo.

dither ['dɪðə*] *s.* (*fam.*) sovreccitazione: *to be in a* — (o *to be all of a* —), essere in uno stato di sovreccitazione // *to have the dithers*, tremare come una foglia.

to **dither** *v.intr.* **1** tremare **2** (*fig.*) essere incerto, oscillare, vacillare: *he dithers between the two alternatives*, oscilla fra le due alternative **3** (*fam.*) essere sovreccitato.

dithionic [,daɪ,θaɪ'jɒnɪk / di·thionic] *agg.* (*chim.*) ditionico.

dithyramb ['dɪθɪræm*b* / di·thy·ramb] *s.* (*poesia*) ditirambo.

dithyrambic [,dɪθɪ'ræmbɪk / di·thy·rambic] *agg.* ditirambico.

ditsy ['dɪtsɪ] *agg.* (*fam. amer.*) sciocco, stupido.

dittany ['dɪtənɪ / dit·tany] *s.* (*bot.*) **1** (*Origamum dictamus*) dittamo cretico **2** (*Dictamus albus*) dittamo; (*pop.*) frassinella.

ditto ['dɪtəʊ] (abbr. *do.* o *d°*) *s.* idem, lo stesso, il medesimo // *to say* —, (*fam.*) approvare, dire la stessa cosa: *I say — to that*, sono d'accordo su ciò // — *marks*, virgolette ("), segno di ripetizione.

dittography [dɪ'tɒgrəfɪ / dit·to·graphy] *s.* (*filol.*) dittografia.

dittology [dɪ'tɒlədʒɪ / dit·to·logy] *s.* (*ling.*) dittologia.

ditty ['dɪtɪ] *s.* (*ant.*) breve canto; canzone rustica: *meanwhile the rural ditties were not mute*, (MILTON) frattanto i canti dei pastori non eran muti.

to **dittybop** ['dɪtɪ,bɒp / ditty·bop] *v.intr.* (*sl. amer.*) muoversi, dondolarsi a suon di musica.

diuresis [,daɪjʊə'ri:sɪs / di·ur·esis] *pl.* **diureses** [,daɪjʊəri:si:z] *s.* (*med.*) diuresi.

diuretic [,daɪjuə'retɪk / di·ur·etic] *agg.* e *s.* (*med.*) diuretico.

diurnal [daɪ'ɜ:nl / di·urnal] *agg.* diurno; quotidiano // (*astr.*): — *arc*, *motion*, arco, moto diurno; — *parallax*, parallasse diurna // **-ly** *avv.*

to **divagate** ['daɪvəgeɪt / di·vag·ate] *v.intr.* (*non com.*) **1** divagare **2** vagare.

divagation [,daɪvə'geɪʃən / di·vaga·tion] *s.* (*non com.*) divagazione.

divalent ['daɪ,veɪlənt / di·val·ent] *agg.* (*chim.*) bivalente.

divan [dɪ'væn / di·van] *s.* **1** divano, ottomana **2** → **divan bed** **3** (*st.*) divano, (sala del) consiglio di stato (in Turchia); (*estens. ant.*) consiglio di stato, corte di giustizia: *raised from their dark divan*, (MILTON) si alzarono dal loro tenebroso consiglio **4** divano (raccolta di poesie) **5** (*ant.*) tabaccheria.

divan bed [dɪ'væn,bed] *s.* divano letto.

divaricate [daɪ'værɪkeɪt / di·var·ic·ate] *agg.* (*bot.*, *zool.*) divaricato, divergente.

to **divaricate** *v.intr.* divergere, biforcarsi.

divarication [daɪ,værɪ'keɪʃən / di·var·ica·tion] *s.* **1** (*form.*) divergenza (di opinioni ecc.) **2** biforcazione.

dive [daɪv] *s.* **1** tuffo: *what a fine* —!, che bel tuffo! **2** (*mar.*) immersione: *crash* —, immersione rapida **3** (*aer.*) tuffo, picchiata: — *brakes*, deflettori di picchiata; *nose* —, affondata, candela **4** (*fam.*) taverna, bettola **5** (*sl. sport*) k.o. simulato: *to take a* —, simulare un k.o.

to **dive** *v.intr.* **1** tuffarsi, immergersi (*anche fig.*): *to — into a lake*, tuffarsi in un lago; *when he saw the crash, the photographer dived for his camera*, appena vide l'incidente, il fotografo si precipitò sulla macchina fotografica // *to — into a conversation*, buttarsi, intromettersi in una conversazione // *to — into one's pocket*, pescare nelle proprie tasche **2** (*mar.*) immergersi; (*aer.*) lanciarsi in picchiata **3** dileguarsi, sparire: *the pickpocket dived into a dark street*, il borsaiolo sparì in una strada buia.

□ **dive in** *v.intr.* e *avv.* (*fam.*, *fig.*) farsi avanti: *we all dived in and started to eat*, tutti ci facemmo avanti e iniziammo a mangiare.

to **dive-bomb** ['daɪv,bɒm] *v.intr.* (*mil.*) abbassarsi in picchiata per bombardare.

dive-bomber ['daɪv,bɒmə*] *s.* (*mil.*) bombardiere in picchiata.

diver ['daɪvə*] *s.* **1** tuffatore **2** palombaro // *skin* —, subacqueo **3** (*aer.*) tuffatore **4** (*zool.*) strolaga // *deep-sea* —, (*Gavia immer*) strolaga maggiore.

to **diverge** [daɪ'vɜ:dʒ / di·verge] *v.intr.* divergere; dividersi.

divergence [daɪ'vɜ:dʒəns / di·ver·gence]
divergency [daɪ'vɜ:dʒənsɪ / di·ver·gency] *s.* divergenza // (*econ.*) *divergence indicator*, indicatore di divergenza (nei cambi).

divergent [daɪ'vɜ:dʒənt / di·ver·gent] *agg.* divergente: (*econ.*) — *cycle*, ciclo divergente.

divers ['daɪvəz / di·vers] *agg.* (*antiq.*) **1** più di uno, parecchi **2** diverso, differente.

diverse [daɪ'vɜ:s / di·verse] *agg.* **1** vario, mutevole **2** diverso, differente // **-ly** *avv.*

diversification [daɪ,vɜ:sɪfɪ'keɪʃn / di·ver·si·fica·tion] *s.* diversificazione // (*Borsa*) *product* —, giardinetto.

to **diversify** [daɪ'vɜ:sɪfaɪ / di·ver·sify] *v.tr.* diversificare, rendere diverso, differenziare.

diversion [daɪ'vɜ:ʃn *amer.* daɪ'vɜ:ʒn / di·ver·sion] *s.* **1** diversione; deviazione // (*econ.*) *trade* —, diversione degli scambi // (*dir.*) — *of profits*, *of public funds*, distrazione degli utili, di fondi pubblici **2** (*fig.*) digressione **3** (*antiq.*) divertimento, passatempo; diversivo **4** diversione, azione diversiva.

diversionary [daɪ'vɜ:ʃnərɪ / di·ver·sion·ary] *agg.* diversivo; di, per diversione.

diversity [daɪ'vɜ:sɪtɪ / di·vers·ity] *s.* diversità: — *of opinion*, diversità d'opinione.

to **divert** [daɪ'vɜ:t / di·vert] *v.tr.* **1** deviare, cambiare la direzione di: *to — water from a river into ricefields*, deviare l'acqua da un fiume nelle risaie **2** (*fig.*) sviare; distrarre **3** (*antiq.*) distrarre, divertire: *she has nothing to — herself*, non ha nulla con cui distrarsi; *a diverting book*, un libro divertente **4** (*inform.*) trasferire (chiamata).

diverticulitis [,daɪvə,tɪkju:'laɪtɪs / di·ver·ticu·litis] *s.* (*med.*) diverticolite.

diverticulosis [,daɪvə,tɪkju:'ləʊsɪs / di·ver·ticu·losis] *s.* (*med.*) diverticolosi.

diverticulum [,daɪvə'tɪkju:ləm / di·ver·tic·ulum] *pl.* **diverticula** [,daɪvə'tɪkju:lə / di·ver·tic·ula] *s.* (*anat.*) diverticolo.

Dives ['daɪvi:z] *s.* **1** il ricco Epulone **2** (*fig.*) ricco buontempone.

to **divest** [daɪ'vest / di·vest] *v.tr.* (*form.*) **1** svestire, spogliare (*anche fig.*): *to — oneself of*, spogliarsi di; liberarsi di (idee, ricchezza ecc.) **2** privare (*anche dir.*): *he was divested of his authority*, egli fu privato della sua autorità **3** (*econ.*) dismettere: *the company divested itself of its shares*, la società ha dismesso, svenduto le proprie azioni.

divesting [daɪ'vestɪŋ / di·vest·ing] *s.* (*dir.*) privazione di diritti.

divestiture [daɪ'vestɪtʃə* / di·vest·it·ure] *s.* il privare; lo spogliare (*anche fig.*); spoliazione.

divestment [daɪ'vestmənt / di·vest·ment] *s.* **1** (*econ.*) dismissione (di titoli, azioni ecc.) **2** → **divestiture**.

divide [dɪ'vaɪd / di·vide] *s.* **1** (*amer.*) spartiacque, linea di displuvio BRIT. **watershed** // *the Great Divide*, le Montagne Rocciose **2** (*fig.*) linea di demarcazione.

to **divide** *v.tr.* **1** dividere, separare: *the river divides his land from mine*, il fiume separa la sua terra dalla mia // — *and rule*, divide et impera (governare creando contrasti tra le frazioni) **2** dividere, distribuire, ripartire: *I shall — the profits with you*, dividerò i profitti con te; *the money was divided equally among the workers*, il denaro fu diviso in parti uguali fra i lavoratori; *the old books were divided from the new ones*, i libri vecchi furono divisi da quelli nuovi **3** causare divisione, divergenza: *the choice of the new candidate divided the party*, la scelta del nuovo candidato divideva il partito; *opinions are divided on the matter*, le opinioni sull'argomento divergono **4** (*mat.*) dividere: *if you — 50 by 5 you get 10*, se dividi 50 per 5 ottieni 10 ◆ *v.intr.* **1** dividersi, separarsi: *the river divides at its mouth forming a delta*, il fiume si divide alla foce formando un delta; *the poem divides into three parts*, il poema si divide in tre parti **2** dividersi in due gruppi per procedere allo scrutinio dei voti (nel parlamento britannico) **3** essere divergente (di opinioni) **4** (*mat.*) essere divisibile: *9 divides by 3*, 9 è divisibile per 3.

□ **divide off** *v.tr.* e *avv.* separare.

□ **divide up** *v.tr.* e *avv.* dividere; distribuire, ripartire.

divided [dɪ'vaɪdɪd / di·vided] *agg.* **1** diviso: (*dir.*) — *risk*, rischio diviso **2** biforcuto.

divided highway [dɪ'vaɪdɪd'haɪweɪ] *s.* (*amer.*) → **dual carriageway**.

dividend ['dɪvɪdend / di·vi·dend] *s.* **1** (*fin.*) dividendo: — *yield*, tasso di rendimento (dell'azione); *interim* —, acconto dividendo; *stock* —, (*amer.*) (assegnazione di) azioni gratuite; — *payant ratio* (o — *cover*), rapporto utili-dividendi; — *price ratio*, rapporto prezzo-dividendi; — *off* (o *ex* —), ex dividendo, ex cedola, secco, scuponato; *cum* —, con dividendo; — *tax*, cedolare // *to pay dividends*, (*fig.*) procurare vantaggi **2** (*mat.*) dividendo.

divider [dɪ'vaɪdə* / di·vider] *s.* **1** chi divide; distributore **2** (*mecc.*) divisore; distributore: *universal* —, divisore universale; *power* —, distributore di coppia **3** (*elettr.*) divisore; partitore: *potential* —, partitore di tensione **4** (*amer.*) spartitraffico.

dividers [dɪ'vaɪdəz / di·viders] *s.pl.* compasso a punte fisse // *spring-bow* —, balaustrino a punte fisse.

dividing line [dɪ'vaɪdɪŋ,laɪn] *s.* linea divisoria.

dividual [dɪ'vɪdjʊəl / di·vid·ual] *agg.* (*rar.*) separato; separabile.

divination [,dɪvɪ'neɪʃn / div·ina·tion] *s.* **1** divinazione, profezia **2** intuizione.

divine [dɪ'vaɪn / di·vine] *agg.* **1** divino: — *service*, funzione sacra // *by — right*, per diritto divino // *the Divine Comedy*, la Divina Commedia **2** (*fig.*) mirabile, perfetto ◆ *s.* (*ant.*) ecclesiastico; teologo: *why did not Faust tell us of this before, that divines / might have prayed for thee?*, (MARLOWE) perché Faust non ce lo hai detto prima cosicché i sacerdoti avrebbero potuto pregare per te?

to **divine** *v.tr.* (*non com.*) **1** divinare; presagire; profetare **2** indovinare, intuire **3** cercare (acqua ecc., di rabdomante) ◆ *v.intr.* **1** fare l'indovino; aver presagi **2** fare il rabdomante.

divinely [dɪ'vaɪnlɪ / di·vine·ly] *avv.* divinamente.

diviner [dɪ'vaɪnə* / di·viner] *s.* **1** indovino, mago; divinatore **2** (*water*) —, rabdomante.

diving ['daɪvɪŋ] *s.* **1** il tuffarsi; tuffo **2** (*mar.*) immersione **3** (*aer.*) picchiata.

diving bell ['daɪvɪŋbel] *s.* campana subacquea.

divingboard ['daɪvɪŋ,bɔ:d / div·ing·board] *s.* trampolino.

diving compartment ['daɪvɪŋkəm'pɑ:tmənt] *s.* (*mar.*) cassa di compenso (di un sommergibile).

diving suit ['daɪvɪŋsu:t] *s.* scafandro.

divining [dɪ'vaɪnɪŋ / di·vin·ing] *s.* **1** divinazione **2** rabdomanzia.

divining rod [dɪ'vaɪnɪŋrɒd] *s.* bacchetta del rabdomante.

divinity [dɪ'vɪnətɪ / di·vin·ity] *s.* **1** divinità (natura divina) **2** divinità, dio **3** teologia: *Doctor of Divinity*, (abbr. *DD*) dottore in teologia.

divinization [,dɪvɪnɪ'zeɪʃn / di·vin·iza·tion] *s.* (*non com.*) divinizzazione.

to **divinize** ['dɪvɪnaɪz / di·vin·ize] *v.tr.* (*non com.*) divinizzare.

divisibility [dɪ,vɪzɪ'bɪlətɪ / di·vis·ib·il·ity] *s.* divisibilità (*anche mat.*).

divisible [dɪ'vɪzəbl / di·vis·ible] *agg.* divisibile: (*mat.*) *9 is — by 3*, 9 è divisibile per 3 // (*dir.*) — *severable*, contratto a esecuzione periodica.

division [dɪ'vɪʒn / di·vi·sion] *s.* **1** divisione, confine, ciò che divide, separa: *the — between my land and his*, il confine tra la mia terra e la sua **2** (*mat.*) divisione **3** divisione, suddivisione, ripartizione, distribuzione: *the — of classes*, la divisione delle classi; (*comm.*) — *of labour*, divisione del lavoro; *a fair* —, una divisione equa // (*dir.*) — *of loss*, ripartizione della colpa e dei danni **4** discordia, disaccordo **5** (*amm.*, *mil.*) divisione, reparto, sezione: — *manager*, direttore di divisione **6** separazione dei membri in due gruppi per procedere allo scrutinio dei voti (nel parlamento inglese); la votazione stessa: *the bill was passed without a* —, la legge fu approvata senza passare ai voti; *to force a* —, far andare alle votazioni; — *bell*, campanello che annuncia una votazione **7** (*ant.*) (*mus.*) melisma; (*estens.*) gorgheggio.

divisional [dɪ'vɪʒənl / di·vi·sional] *agg.* (*mil.*) di divisione: — *rest*, turno di riposo nelle retrovie di una divisione // (*dir.*) *Divisional Courts*, organi collegiali d'appello (in Gran Bretagna).

divisionary [dɪ'vɪʒənərɪ / di·vi·sion·ary] *agg.* (*rar.*) di divisione.

division lobby [dɪ'vɪʒn,lɒbɪ] *s.* luogo, vestibolo ove i membri del parlamento inglese si dividono in due gruppi per esprimere il voto.

divisive [dɪ'vaɪsɪv / di·vis·ive] *agg.* che divide, crea divisione.

divisor [dɪ'vaɪzə* / di·visor] *s.* (*mat.*) divisore: *the greatest common* —, il massimo comun divisore.

divorce [dɪ'vɔ:s / di·vorce] *s.* **1** divorzio: *to take* (o *to start*) — *proceedings*, iniziare le pratiche di divorzio **2** (*fig.*) separazione.

to **divorce** *v.tr.* e *intr.* divorziare; (*dir.*) sciogliere il matrimonio (di), far divorziare: *they were divorced in Las Vegas*, divorziarono a Las Vegas; *she divorced him last year*, divorziò da lui lo scorso anno; *she was divorced from her second husband*, divorziò dal suo secondo marito; *they're getting divorced*, stanno divorziando ◆ *v.tr.* (*fig.*) separare, tener separato: *he tried to — his work from his private life*, tentò di separare il lavoro dalla sua vita privata.

divorcee [dɪ,vɔ:'si: / di·vor·cee] *s.* divorziato, divorziata.

divorcement [dɪ'vɔ:smənt / di·vorce·ment] *s.* **1** (*rar.*) divorzio **2** (*form.*) separazione; divario: *the — of the written from the spoken language*, il divario fra la lingua scritta e quella parlata.

divorcer [dɪ'vɔ:sə* / di·vorcer] *s.* chi divorzia, divorziante.

divot ['dɪvət] *s.* **1** (*scoz.*) piota, zolla di terra erbosa **2** (*golf*) piota sollevata tirando.

to **divulgate** ['daɪvʌlgeɪt / di·vul·gate] *v.tr.* (*form.*) divulgare, rendere noto.

divulgation [,daɪvʌl'geɪʃn / di·vul·ga·tion] *s.* (*form.*) divulgazione.

to **divulge** [daɪ'vʌldʒ / di·vulge] *v.tr.* divulgare, diffondere; palesare; far conoscere.

divulgement [daɪ'vʌldʒmənt / di·vulge·ment] **divulgence** [daɪ'vʌldʒəns / di·vul·gence] *s.* (*form.*) divulgazione.

divulsion [daɪ'vʌlʃn / di·vul·sion] *s.* **1** (*non com.*) strappo, separazione violenta **2** (*med.*) divulsione.

divulsor [dɪ'vʌlʃə* / di·vul·sor] *s.* (*med.*) divulsore.

to **divvy** ['dɪvɪ] (*sl. amer.*) → to **divide**.

Dixie ['dɪksɪ] *s.* (*amer.*) **1** gli Stati del Sud **2** (*mus.*) → dixieland **3** canzone dei Confederati nella guerra civile americana.

dixie *s.* (*sl. mil.*) pentola di ferro.

dixieland ['dɪksɪ,lænd / dixie·land] *s.* (*mus.*) dixieland, forma tradizionale di jazz originario del sud degli Stati Uniti.

dixy ['dɪksɪ] *s.* (*sl. mil.*) pentola di ferro.

D-I-Y [,di:aɪ'waɪ, ,du:ɪtjɔ:'self] *s.* (abbr. di *do-it-yourself*) fai da te, bricolage.

to **dizen** ['daɪzn] *v.tr.* (*ant.*): *to — out* (o *up*), vestire sfarzosamente.

dizygotic [,daɪzaɪ'gɒtɪk / di·zy·gotic] *agg.* (*biol.*) dizigotico.

dizzily ['dɪzɪlɪ / diz·zily] *avv.* vertiginosamente; da far venire il capogiro.

dizziness ['dɪzɪnɪs / diz·zi·ness] *s.* vertigine; capogiro; stordimento.

dizzy ['dɪzɪ] *agg.* **1** vertiginoso // *a — height*, un'altezza vertiginosa (*anche fig.*): *he climbed to the — height of general manager*, raggiunse la carica da capogiro di direttore generale **2** preso da vertigine; stordito; confuso: *to feel* —, sentirsi girar la testa // *a — spell*, un giramento di testa; *a — feeling*, un senso di vertigine **3** (*spec. amer.*) sventato, sbadato.

to **dizzy** *v.tr.* dare le vertigini a; far venire il capogiro a; stordire.

DJ ['di:dʒeɪ] *s.* **1** (abbr. di *disc jockey*) disc -jockey **2** (abbr. di *dinner jacket*) smoking.

Djiboutian [dʒɪ'bu:ʃən / Dji·bou·tian] *agg.* e *s.* (nativo, abitante) di Gibuti.

DNA [,di:,en'eɪ] *s.* (*biol.*) DNA (acido desossiribonucleico) • Da *deoxyribonucleic acid*.

D-notice ['di:,nəʊtɪs] *s.* (abbr. di *Defence -notice*) censura (per motivi di sicurezza nazionale).

do. ['dɪtəʊ] abbr. di → **ditto**.

do[1] [dəʊ] *pl.* **dos, do's** *s.* (*mus.*) do (nota musicale).

do[2] [du:] *s.* **1** ciò che si deve fare: *the do's and don'ts of driving in town*, ciò che si deve e non si deve fare guidando in città // *to give s.o. a fair* —, trattare qlcu. equamente, in modo giusto; *it's not a fair* —, non è una cosa giusta; non è questo il modo di fare **2** (*fam.*) trattenimento, festa: *they're having a — at the pub* *tonight*, stasera c'è una festa al pub **3** (*fam.*) truffa, imbroglio; inganno.

to **do** [du: (*forma forte*) dʊ, də, d (*forme deboli*)] *pass.* **did** [dɪd] *p.p.* **done** [dʌn] *3ª persona sing. pres. indic.* **does** [dʌz (*forma forte*) dəz, dz (*forme deboli*)] *v.ausiliare* **1** (*nella forma interr.*): *— you speak English?*, parli inglese?; *— I need a ticket?*, (mi) occorre il biglietto?; *— we have to leave now?*, dobbiamo partire adesso?; *— they go there every summer?*, ci vanno ogni estate?; *does she remember the number?*, si ricorda il numero?; *does it matter?*, ha importanza?; *— you do the tango?*, balli il tango?; *what — you do at weekends?*, che cosa fate per il fine settimana?; *when — you have dinner?*, a che ora cenate?; *when does the train get in?*, quando arriva il treno?; *how — you open this suitcase?*, come si apre questa valigia?; *who does he think he is?*, chi crede di essere?; *did you tell him?*, glielʼhai detto?; *did he remember?*, si ricordava, si è ricordato?; *when did they get here?*, quando sono arrivati qui?; *how did she know?*, come faceva a saperlo?; *did he — the work?*, ha fatto il lavoro? **2** (*nella forma negativa*): *I don't* (o *do not*) *like cats*, non mi piacciono i gatti; *we don't see them very often*, non li vediamo molto spesso; *they don't phone every day*, non telefonano tutti i giorni; *you don't realise how difficult it is*, non ti rendi conto di quanto sia difficile; *she doesn't* (o *does not*) *drink wine*, non beve vino; *he doesn't recognize us*, non ci riconosce; *we don't do much work on Fridays*, non lavoriamo molto il venerdì; *I didn't* (o *did not*) *ask his name*, non gli ho chiesto il nome; *she didn't want to go*, non volle andare; *they didn't let anybody know*, non lo fecero sapere a nessuno; *we didn't have to wait in the queue*, non abbiamo dovuto fare la fila; *we didn't do what he asked*, non abbiamo fatto quello che ci ha chiesto // (*nell'imp. negativo*): *don't talk* (o *do not talk*), non parlare, non parlate; *don't worry*, non preoccuparti; *don't wait for me*, non aspettarmi; *don't let them see the present*, che non vedano il regalo; *don't spoil the surprise*, non rovinare la sorpresa; *don't let her know that...*, che ella non sappia che... // (*form.*) (*in frasi introdotte da alcuni avv. con sign. limitativo*): *not only did the rebels attack the palace, they also killed the president*, non solo i ribelli attaccarono il palazzo, ma uccisero anche il presidente; *rarely does he think of the consequences of his actions*, raramente pensa alle conseguenze delle sue azioni; *never did she imagine how expensive it would be*, mai si poteva figurare quanto sarebbe costato caro; *at no time did he neglect to keep us informed*, non tralasciò mai di tenerci informati **3** (*nella forma interr. negativa*): *doesn't she remember?*, non se ne ricorda?; *don't you like tomatoes?*, non vi piacciono i pomodori?; *don't they take too many risks?*, non corrono troppi rischi?; *doesn't she play chess?*, non gioca lei a scacchi?; *didn't he take an umbrella?*, non si è preso un ombrello?; *didn't we meet them last year?*, non li abbiamo incontrati l'anno scorso?; *didn't you send her some flowers?*, non le hai mandato dei fiori?; *didn't you do everything possible?*, non avete fatto tutto il possibile? **4** (*nelle 'tag questions'*): vero, non è vero?: *she works too much, doesn't she?* (form. *does she not?*), lavora troppo, vero?; *he doesn't want any help, does he?*, non vuole nessun aiuto, vero?; *we want some lunch, don't we?* (form. *do we not?*), vogliamo pranzare, non è vero?; *they don't want any trouble, do they?*, non vogliono fastidi, vero?; *he sent a cheque, didn't he?* (form. *did he not?*), ha mandato un assegno, vero?; *she didn't call him, did she?*, non gli ha telefonato, vero?; *they built the house, didn't they?*, hanno costruito loro la casa, vero?; *we didn't ask them to the party, did we?*, non li abbiamo invitati alla festa, vero? **5** (*uso enfatico*): *he does make a lot of mistakes*, fa proprio tanti errori; *we — appreciate your kindness*, apprezziamo molto la vostra gentilezza; *I did see him, I tell you!*, l'ho visto davvero, ti dico!; *oh, — shut up!*, ma taci una buona volta!; *don't you start!*, non cominciare anche tu! // (*con valore esortativo*): *— let me know how you are*, fammi sapere come stai; *— write to me when you're in California*, mi raccomando, scrivimi quando sarai in California; *— take care of yourself*, ti raccomando, abbi cura di te; *— sit down*, la prego, si accomodi; *— help yourself*, su, serviti! **6** (*in sostituzione di un altro v.*): *he works as much as I —*, lui lavora (tanto) quanto me; *he likes jogging more than I —*, a lui piace fare jogging più che a me; *they get more money than we —*, guadagnano più di noi; *he said he would pay and he did*, disse che avrebbe pagato e pagò; *who saw him? I did*, chi l'ha visto? Io; *you know her as well as I —*, la conosci né più né meno come la conosco io // (preceduto da *so*, con inversione del sogg.) anch'io, anche noi, ecc: *He goes to a football match every Saturday. So — I*, Tutti i sabati va alla partita. Anch'io; *She likes opera. So does he*, A lei piace l'opera lirica. E anche a lui; *They spend a lot on clothes. So — we*, Spendono un sacco di soldi in vestiti. Anche noi; *He saw them at the disco. So did I*, Li ha visti in discoteca. Anch'io; *He liked the last song best. So did she*, A lui è piaciuta di più l'ultima canzone. Anche a lei; *We refused to sign the contract. So did they*, Rifiutammo di firmare il contratto. E (si rifiutarono) anche loro // (preceduto da *nor*, *neither*, con inversione del sogg.) neanch'io, neanche noi ecc.: *They never go to the theatre. Nor* (o *neither*) *— we*, Non vanno mai a teatro. Neanche noi; *I don't like swimming. Nor* (o *neither*) *does he*, Non mi piace il nuoto. E neanche a lui (piace); *She didn't have any money. Nor did I*, Lei non aveva soldi. E neppure io (ne avevo); *John didn't hear what I said. Nor did she*, John non udì quello che dicevo. E neanche lei; *I didn't think it was necessary. Nor did they*, Non pensavo che fosse necessario. Non lo pensavano neanche loro.

◆ *v.tr.* **1** fare, eseguire: *we did quite a lot of work yesterday*, abbiamo fatto un bel po' di lavoro ieri; *he was doing a translation from German*, stava facendo una traduzione dal tedesco; *he did everything he could*, fece tutto ciò che gli era possibile; *the pop concert was done in the square*, il concerto pop fu eseguito nella piazza; *she's got too much to —*, ha troppo da fare; *they did the sums with the pocket calculator*, fecero i conti con la calcolatrice tascabile **2** fare, compiere, occuparsi di: *he did as much as he could*, ha fatto quanto ha potuto; *I could — anything I liked*, potevo fare tutto quello che volevo; *what's he doing now?*, cosa sta facendo adesso?; *she does nothing all day long!*, non fa niente tutto il giorno! // *it's easier said than done*, è più facile a dirsi che a farsi // *no sooner said than done*, detto fatto // *nothing doing*, niente da fare // *to be done* → done *agg.* **3** fare, agire: *he promised to — what he could about the problem*, promise di fare ciò che gli era possibile riguardo al problema; *I can't — anything about it*, non posso farci nulla; *— something to help him*, fate qualcosa per aiutarlo; *they're doing everything they can*, stanno facendo tutto quello che possono; *what's to be done?*, che fare? // *to — one's best*, fare del proprio meglio: *he did his best to get the job but...*, fece del suo meglio per ottenere il lavoro, ma... // *to — one's worst*, agire nel modo peggiore: *— your worst, I'm not scared of you!*, faccia pure quello che vuole, non ho paura di lei!; *the best thing to —*, la cosa migliore da fare; *the best thing to — is to phone them at once*, la cosa migliore da fare è telefonare loro immediatamente **4** fare, causare; procurare: *the scandal has done a lot of harm to the bank's image*, lo scandalo ha causato un grave danno all'immagine della banca; *I'm frightened of what this pollution might — to my health*, sono terrorizzato per ciò che questo inquinamento potrebbe causare alla mia salute; *just think what this slimming cream will — for your waistline*, pensa solo all'effetto che avrà questa crema dimagrante sulla tua linea; *what will his new film — for his career?*, quanto gioverà alla sua carriera il suo nuovo film? **5** fare, esercitare (una professione ecc.): *what do you intend to — when you finish university?*, che cosa farai quando avrai finito l'università?; *what does your father —?*, cosa fa, che mestiere fa tuo padre? **6** fare; emettere (di servizio pubblico, e sim.): *do you — rail tickets, too?*, vendete anche biglietti per teatri?; *do they — bookings for holidays in Turkey?*, fanno prenotazioni per vacanze in Turchia? **7** fare, visitare, fare il giro (turistico di): *on our tour, we did the British Museum in an hour*, nel nostro giro turistico, abbiamo visto il British Museum in un'ora; *they did Brussels in an afternoon*, hanno visitato Bruxelles in un pomeriggio **8** fare, studiare: *they — English and Russian on their course*, nel loro corso, fanno inglese e russo **9** fare; eseguire; recitare; imitare; mimare: *to — a waltz*, ballare un valzer; *he did Hamlet very well*, ha recitato benissimo la parte di Amleto; *he does a splendid Reagan and a very good Thatcher*, fa, imita perfettamente Reagan e benissimo la Thatcher **10** (*fam.*) aggiustare, conciare, sistemare (per le feste): *I'll — you if you don't stop bothering me!*, se non la smetti di infastidirmi, ti concio per le feste! **11** fare, percorrere (di veicolo): *the new model does 100 m.p.h.*, il nuovo modello fa 100 miglia all'ora **12** ripulire, riassettare, mettere in ordine: *she did the beds before going to work*, rifece i letti prima di andare al lavoro; *she was doing her hair*, si stava aggiustando i capelli; *I must — my teeth*, devo lavarmi i denti; *could you — the flowers, please?*, potresti sistemare i fiori, per favore?; *she swept the floors while I did the windows*, lei ha pulito i pavimenti, mentre io ho lavato i vetri **13** ingannare, imbrogliare, truffare: *they did me!*, mi hanno imbrogliato! **14** (*seguito da un v. al gerundio*) fare: *Mrs Jones does the cleaning for us*, la signora Jones ci fa le pulizie; *just relax and let me — the worrying*, rilassati e lascia che sia io a preoccuparmi; *if you — the washing up, I'll — the drying*, se tu lavi i piatti, io li asciugo; *we did all the planning for the new organization*, ci siamo occupati noi di tutta la programmazione per la nuova organizzazione; *he's done so much reading on the subject that he's a world authority*, si è talmente documentato sull'argomento da essere un'autorità a livello mondiale **15** (*in unione con s.*): *to — justice, a favour, honour, right, wrong* ecc. vedere sotto i rispettivi sostantivi.

◆ *v.intr.* **1** fare; riuscire, fare progressi: *he didn't — very well in the exams*, non è andato molto bene agli esami; *he's doing well at his new job*, sta andando bene, sta facendo progressi nel nuovo lavoro; *roses — well here*, le rose crescono bene qui // *they did us well at that hotel*, ci hanno trattato bene in quell'albergo **2** andare bene; bastare: *these shoes will —, they fit me perfectly*, queste scarpe vanno bene, mi calzano perfettamente; *will two pounds —?*, basteranno due sterline?; *this elastic will —*, questo elastico andrà bene; *we'll have to make it —*, dovremo farlo bastare; *his answer won't —*, la sua risposta non va, non è accettabile; *that will —!*, basta, smettila!; *it doesn't — to eat too much*, mangiare troppo non va bene; *his behaviour will never —*, il suo comportamento non va assolutamente, è inqualificabile // *how do you —?*, piacere, lieto di conoscerla (nelle presentazioni) // *how are you doing?*, (*fam.*) come va la vita? // *done!*, accettato, fatto! // *you would — well to remember that...*, faresti bene a ricordarti che... // *I shall — or die*, o la va o la spacca // *what are your slippers doing on the stairs?*, cosa fanno le tue pantofole sulle scale? // *we can't afford new clothes, we must make — and mend*, non possiamo permetterci di comprare abiti nuovi, dobbiamo arrangiarci con quelli vecchi.

□ **do away with** *v.tr.* e *avv.* e *prep.* (*fam.*) **1** abolire; sbarazzarsi di: *the government did away with the tax on salt*, il governo ha abolito la tassa sul sale; *you can — away with your old clothes by giving them to a charity*, puoi sbarazzarti dei tuoi vestiti vecchi regalandoli a un istituto di beneficenza **2** uccidere: *Lady Macbeth did away with herself*, Lady Macbeth si tolse la vita; *the dog was so old it had to be done away with*, il cane era così vecchio che si dovette sopprimerlo.

□ **do by** *v.tr.* e *avv.* e *prep.* agire (verso), trattare: *the firm did very well by him when he retired*, la ditta lo trattò bene quando andò in pensione; *he was hard done by*, fu trattato molto male // *— unto others as you would be done by*, fate agli altri ciò che vorreste fosse fatto a voi.

□ **do down** *v.tr.* e *avv.* sparlare di: *he's a bit of a prima donna and always does down all his colleagues*, si dà le arie di prima donna e sparla sempre dei colleghi.

□ **do for** *v.intr.* e *prep.* **1** servire da, sostituire: *the sofa will have to — for a bed*, il divano dovrà servire da letto **2** fare le pulizie, sbrigare le faccende domestiche: *while I'm at work, Mrs Taylor does for me every morning*, mentre sono al lavoro, la signora Taylor mi fa le pulizie **3** cavarsela senza, fare a meno di: *what shall we — for fresh milk if it's all radioactive?*, come ce la caveremo senza latte fresco se è tutto radioattivo? **4** rovinare; far morire; distruggere: *the stupidity of the generals did for many troops in the first world war*, la stoltezza dei generali fece morire molte truppe nella prima guerra mondiale **5** arrangiarsi: *he can — for himself*, si arrangia da solo; *he did well for himself in Australia*, ha fatto fortuna in Australia // *the waiters — well for tips in this restaurant*, i camerieri stanno bene a mance in questo ristorante // *the company hasn't done badly for exports this year*, la ditta è andata abbastanza forte con le esportazioni quest'anno // *as a lawyer, he did very well for himself out of the family dispute*, come avvocato, ha tratto un gran profitto dalla lite familiare.

□ **do in** *v.tr.* e *avv.* uccidere: *the mafia did two people in yesterday*, la mafia ha fatto fuori due persone ieri.

□ **do out** *v.tr.* e *avv.* **1** pulire, ripulire, riordinare: *it took her a whole day to — out the kitchen*, le ci è voluto un giorno intero per ripulire la cucina; *I did all the drawers out and got rid of masses of old letters and papers*, ho riordinato i cassetti sbarazzandomi di pacchi di lettere e di carte vecchie **2** — *out* (*of*), portare via, privare di: *the tax people have done me out of all the profit I made last year*, il fisco mi ha portato via tutto quello che avevo guadagnato l'anno scorso.

□ **do over** *v.tr.* e *avv.* **1** ripulire; riverniciare, rifare: *this bookcase needs doing over; look at the varnish flaking off*, questo scaffale ha bisogno di essere riverniciato; guarda come si scrosta la vernice **2** pestare, malmenare: *he was done over by hooligans at a football match*, fu malmenato da teppisti durante una partita di calcio **3** scassinare, svaligiare: *the house was done over while we were on holiday*, mentre eravamo in vacanza, ci svaligiarono la casa.

□ **do up** *v.tr.* e *avv.* **1** rinnovare, rimodernare: *we bought an old cottage and did it up*, abbiamo acquistato un vecchio villino e l'abbiamo ristrutturato **2** avvolgere, incartare (un pacco): *we did the children's presents up in shiny paper*, abbiamo avvolto i regali dei bambini in carta lucida; *she did all the magazines up in a bundle*, fece un fascio di tutte le riviste **3** allacciare, abbottonare: *he did his shirt buttons up*, si allacciò i bottoni della camicia ◆ *v.intr.* e *avv.* allacciarsi, abbottonarsi, chiudersi: *her skirt did up at the back*, la sua gonna si chiudeva (aveva la chiusura) sul dietro.

□ **do with** *v.intr.* e *prep.* **1** *to have to — with*, avere a che fare con: *this programme has to — with handicapped children*, questo programma si occupa dei bambini handicappati // *it's nothing to — with you*, non sono affari tuoi // *he is something to — with the Ministry of Defence*, ha a che fare con, lavora per il Ministero della Difesa **2** aver bisogno di, volere: *I could — with a drink after carrying these suitcases*, dopo aver portato quelle valigie, avrei bisogno di bere qualcosa; *these windows could — with a good clean*, queste finestre avrebbero bisogno di una bella pulita **3** andare bene, andare a genio a: *can you — with cold meat for supper?*, ti andrebbe della carne fredda per cena? **4** sopportare: *I can't — with his insolence any more*, non posso più sopportare la sua insolenza **5** *to have done with*, aver chiuso con: *after that scene he made, I've done with him for good*, dopo la scenata che ha fatto, non voglio più saperne di lui // *have you done with the typewriter?*, hai finito di usare la macchina per scrivere?

□ **do without** *v.intr.* e *prep.* fare a meno di: *they've done without a car for many years*, hanno fatto a meno della macchina per tanti anni; *the bakers were closed and we had no bread left: we had to — without*, i fornai erano chiusi e non avevamo più pane: ci toccò farne a meno; *we can — without your interfering, thank you very much!*, possiamo fare a meno del vostro intervento, grazie tante!; *I can't — without her*, non posso fare a meno di lei.

doable ['du:əbəl / do·able] *agg.* (*fam.*) attuabile, fattibile, realizzabile.

to **doat** → to **dote**.

dobbin ['dɒbɪn / dob·bin] *s.* (*zool.*) cavallo da tiro.

doc [dɒk] *s.* (*fam.*) abbr. di → **doctor**.

docile ['dəʊsaɪl *amer.* 'dɒsl / do·cile] *agg.* docile; trattabile // **-ly** *avv.*

docility [dəʊ'sɪlɪtɪ / do·cil·ity] *s.* docilità; mansuetudine.

dock[1] [dɒk] *s.* **1** (*mar.*) dock, bacino: *to be in —*, essere in bacino per riparazione; (*estens. fam.*) essere in riparazione; *to go into —*, entrare in bacino // *— gate*, chiusa // *dry —* (o *graving —*), bacino di carenaggio; *floating —*, bacino galleggiante // *loading —*, imbarcadero; *wet —*, darsena // (*comm.*) *price ex —*, prezzo sdoganato // (*dir.*): *— dues*, diritti di banchina; *— warrant*, titoli rappresentativi di merci o fedi di deposito **2** *pl.* docks, zona portuale **3** (*ferr.*) piano caricatore; marciapiede terminale.

to **dock**[1] *v.intr.* **1** (*mar.*) entrare in bacino, in porto; attraccare: *the ship docked yesterday in New York*, la nave ha attraccato ieri a New York **2** agganciarsi, fare una manovra di agganciamento (nello spazio): *the two spaceships docked*, le due astronavi si agganciarono ◆ *v.tr.* **1** (*mar.*) fare attraccare **2** (*mar.*) fornire di bacini **3** agganciare (un'astronave ecc.).

dock[2] *s.* banco degli imputati // (*dir.*) — *brief*, patrocinio gratuito.

dock[3] *s.* **1** coda mozza (di cavallo, di cane) **2** sottocoda.

to **dock**[3] *v.tr.* **1** mozzare (la coda di un animale) **2** ridurre, diminuire: *5 pounds a week was docked from his wages*, il suo stipendio fu ridotto di 5 sterline alla settimana.

dock[4] *s.* (*bot.*) romice, acetosa.

dockage ['dɒkɪdʒ / dock·age] *s.* diritti di porto, di banchina.

docker ['dɒkə*] *s.* scaricatore; stivatore.

docket ['dɒkɪt] *s.* **1** (*dir. antiq.*) ruolo (di cause), registro di sentenze **2** sommario (di incartamenti, documenti) **3** ricevuta di pagamento di dogana **4** etichetta, cartellino.

to **docket** *v.tr.* **1** (*dir. antiq.*) iscrivere nel registro delle sentenze **2** scrivere per sommi capi il contenuto di (incartamenti, documenti) **3** classificare (carte).

docking ['dɒkɪŋ / dock·ing] *s.* **1** aggancio (di due veicoli spaziali) **2** (*amer.*) attracco, ormeggio.

to **dockize** ['dɒkaɪz / dock· ize] *v.tr.* (*non com.*) fornire di bacino, di banchine (un fiume).

dockland ['dɒklænd / dock·land] *s.* zona portuale.

dock-master ['dɒk,mɑ:stə*] *s.* capitano di porto; direttore dei docks.

dock-sawfly ['dɒk'sɔ:flaɪ] *s.* (*zool.*) (*Ametastegia glabrata*) tentredine delle olive.

dock-worker ['dɒk,wɜ:kə*] *s.* scaricatore di porto.

dockyard ['dɒkjɑ:d / dock·yard] *s.* (*mar.*) arsenale, cantiere // *naval —*, porto militare.

doctor ['dɒktə* / doc·tor] *s.* **1** medico, dottore: *ship's —*, medico di bordo; *to see a —*, consultare un medico; *to send for a —*, chiamare un dottore // *woman —*, dottoressa, donna medico // *Doctor Feelgood*, (*sl. amer.*)

medico che fa ricette per anfetamine o altri farmaci del genere **2** (*sl. amer.*) chi droga un cavallo da corsa (per migliorarne le prestazioni) **3** dottore (laureato); chi ha preso un dottorato: *Doctor of Law, Divinity, Literature*, dottore in legge, teologia, letteratura // *Dr Johnson*, il dott. Johnson // (*dir. ant.*) *doctor's commons*, tribunale competente in materia ecclesiastica e marittima **4** (*fam.*) chi aggiusta, chi ripara: *guitar* —, chi aggiusta chitarre **5** (*sl. amer.*) cuoco **6** (*mecc.*) strumento d'emergenza **7** (*pesca*) mosca artificiale.

to **doctor** *v.tr.* (*fam.*) **1** curare; medicare; castrare (gatto) **2** aggiustare **3** adulterare (cibo); fatturare (bevande); falsificare (documenti, testimonianze ecc.) **4** addottorare, conferire una laurea a.

doctoral ['dɒktərəl / doc·toral] *agg.* dottorale.

doctorate ['dɒktərɪt / doc·tor·ate] *s.* dottorato.

doctorial [dɒk'tɔ:rɪəl / doc·tor·ial] *agg.* dottorale.

doctoring ['dɒktərɪŋ / doc·tor·ing] *s.* **1** cura **2** (*fam.*) professione di medico.

doctorship ['dɒktəʃɪp / doc·tor·ship] *s.* dottorato.

doctrinaire [,dɒktrɪ'neə* / doc·trin·aire] *agg.* dottrinario.

doctrinal [dɒk'traɪnl *amer.* 'dɒktrɪnl / doc·trinal] *agg.* dottrinale // **-ly** *avv.*

doctrinarian [,dɒktrɪ'neərɪən / doc·trin·ar·ian] *s.* dottrinario.

doctrinarianism [,dɒktrɪ'neərɪənɪzəm / doc·trin·ar·ian·ism] *s.* dottrinarismo.

doctrine ['dɒktrɪn / doc·trine] *s.* dottrina.

docudrama ['dɒkju:,drɑ:mə / docu·drama] *s.* (*fam. amer.*) ricostruzione filmata di avvenimenti storici.

document ['dɒkjʊmənt / docu·ment] *s.* **1** documento; certificato; attestato: (*dir.*) *legal* —, atto autentico; *to draw up a* —, redigere un atto; (*comm.*) *cash against documents*, pagamento in contanti contro documenti; — *of title*, titolo idoneo a legittimare l'esercizio di un diritto **2** (*ant.*) insegnamento, lezione: *a document in madness*, (SH. Hamlet) una lezione dalla pazzia **3** (*inform.*) documento.

to **document** ['dɒkjʊment] *v.tr.* documentare.

documentalist [,dɒkjʊ'mentəlɪst / docu·ment·al·ist] *s.* documentalista.

documentary [,dɒkjʊ'mentərɪ / docu·ment·ary] *agg.* documentario: (*comm.*) — *credit*, credito documentario; (*dir.*) — *evidence*, prova documentale ◆ *s.* (*cinem.*) — (*film*), documentario.

documentation [,dɒkjʊmen'teɪʃn / docu·menta·tion] *s.* documentazione // — *office*, ufficio di documentazione.

document case ['dɒkjʊmənt'keɪs] → **briefcase**.

dodder[1] ['dɒdə* / dod·der] *s.* (*bot.*) (*Cuscuta epithymum*) cuscuta.

to **dodder**[2] *v.intr.* tremare (per paralisi); vacillare, barcollare (per senilità) // *to — along*, avanzare a tentoni.

doddered ['dɒdəd / dod·dered] *agg.* cimato, con i rami superiori caduti (di alberi).

dodderer ['dɒdərə* / dod·derer] *s.* (*fam.*) vecchio cadente, debole, infermo.

doddering ['dɒdərɪŋ / dod·der·ing] **doddery** ['dɒdərɪ / dod·dery] *agg.* (*fam.*) tremante, barcollante.

doddle ['dɒdl / dod·dle] *s.* (*fam.*) lavoro facile.

dodecagon [dəʊ'dekəgən / do·deca·gon] *s.* (*mat.*) dodecagono.

dodecahedron [,dəʊdekə'hedrən / do·deca·hed·ron] *pl.* **dodecahedrons**, **dodecahedra** [,dəʊdekə'hedrə / do·deca·hedra] *s.* (*mat.*) dodecaedro.

dodge [dɒdʒ] *s.* **1** balzo, scarto improvviso; deviamento brusco **2** (*fam.*) stratagemma; accorgimento; (*fam.*) astuzia; inganno: *his dodges would not deceive the dullest*, (E.A. BENNETT) i suoi espedienti non avrebbero ingannato il più ottuso.

to **dodge** *v.tr.* **1** schivare; scansare: *to — a punch*, schivare un pugno; *to — the traffic*, scansare il traffico **2** (*fig.*) schivare; eludere: *to — the law*, eludere la legge; *to — military service*, farsi riformare // (*trib.*) *tax dodging*, evasione fiscale **3** ingannare, abbindolare; giocare **4** (*fot.*) schermare parzialmente (in fase di stampa) ◆ *v.intr.* scansarsi; deviare bruscamente; scartare, fare uno scarto // *to — about, in and out*, saltellare, saltare in qua e in là (per evitare qlco.) // *to — aside*, balzare di fianco // *to — behind*, rimpiattarsi dietro.

dodgem(s) ['dɒdʒəm(z)] *s.* autoscontro // *dodgem car*, vetturetta a motore elettrico usata sulla pista dell'autoscontro.

dodger ['dɒdʒə*] *s.* **1** (*fam.*) furbacchione; sornione // (*trib.*) *tax* —, evasore fiscale **2** (*amer.*) volantino, opuscolo pubblicitario **3** (*amer.*) focaccia di farina di granoturco **4** (*mar.*) paraspruzzi.

dodgy ['dɒdʒɪ] *agg.* (*fam.*) **1** incerto, dubbio; rischioso **2** elusivo; evasivo; ingannevole.

dodo ['dəʊdəʊ] *pl.* **dodo(e)s** *s.* **1** (*zool.*) (*Raphus cucullatus*) dodo, dronte **2** (*fig.*) persona antiquata, vecchio fossile: *as old as the* —, vecchio come il cucco; *as dead as a* —, morto e sepolto.

doe [dəʊ] *s.* (*zool.*) femmina di alcuni animali; spec. daina, cerva, volpe femmina, coniglia.

doer ['du:ə*] *s.* chi agisce, chi fa: *he is a —, not a talker*, non è uno che parla, ma che agisce.

does → to **do**.

doeskin ['dəʊskɪn / doe·skin] *s.* pelle di daino.

doesn't ['dʌznt] contr. di *does not*.

doest ['du:ɪst] (*ant., poet.*) *2a pers. sing. pres. indic.* di *to do*: nell'inglese moderno *do*.

doeth ['du:ɪθ] (*ant., poet.*) *3a pers. sing. pres. indic.* di *to do*: nell'inglese moderno *does*.

to **doff** [dɒf *amer.* dɔ:f] *v.tr.* **1** (*antiq.*) cavare, togliersi (cappello, giacca) **2** (*ant.*) dar via: *Romeo, doff this name; / and for thy name...: / take all myself*, (SH. Romeo and Juliet) Romeo, dà via il tuo nome e in cambio del tuo nome... prendi tutta me stessa **3** (*rar.*) abbandonare (abitudine, condizione) ◆ *v.intr.* (*tess.*) fare la levata.

doffer ['dɒfə*] *s.* (*tess.*) cilindro scaricatore.

dog [dɒg *amer.* dɔ:g] *s.* **1** cane; (*zool.*) (*Canis familiaris*) cane, canide: *she* —, cagna; *guard* —, cane da guardia // (*astr.*) *the Great, Little Dog*, il Cane Maggiore, Minore // *the dogs of war*, (*poet.*) sterminio // *the dog's letter*, la lettera 'r'; *a — in the manger*, uno che impedisce agli altri di godere ciò che a lui non serve // *a —'s chance*, (*fam.*) pochissima probabilità // *love me, love my* —, mi si deve prendere come sono // *to die a —'s death*, morire come un cane, una bestia // *to give, to throw to the dogs*, gettare via // *to go to the dogs*, (*fam.*) andare in malora // *to help a lame — over a stile*, aiutare qlcu. che si trova in difficoltà // *to lead, to live a —'s life*, fare una vita da cani // *to lead s.o. a —'s life*, perseguitare, tormentare qlcu., far fare a qlcu. una vita da cani // *to put on (the)* —, (*sl. amer.*) darsi delle arie // *dressed like a —'s dinner*, (*fam.*) con il vestito della festa // *— and pony act*, (*fam. amer.*) spettacolo, manifestazione predisposta in tutti i dettagli // *to rain cats and dogs*, (*fam.*) piovere a dirotto // *it's — eat* —, mors tua vita mea // *every — has his day*, (*prov.*) ognuno ha il suo raggio di sole // *let sleeping dogs lie*, (*prov.*) non svegliare il cane che dorme // *a living — is better than a dead lion*, (*prov.*) meglio un asino vivo che un dottore morto **2** maschio di certi animali: — *fox*, volpe maschio **3** (*sl.*) tipo, individuo, uomo: *sly, lucky* —, tipo furbo, fortunato; *top* —, pezzo grosso, persona autorevole // *you dirty —!*, tu lurido bastardo! **4** (*mecc.*) grappa; dente d'arresto; brida **5** *pl.* (*fam.*) corse dei cani **6** (*sl. amer.*) piede: *barking dogs*, piedi doloranti **7** (*sl. amer.*) uomo, donna poco attraente.

to **dog** *pass.p.p.* **dogged** [dɒgd *amer.* dɔ:gd] *v.tr.* **1** seguire; pedinare, spiare: *to — s.o.'s footsteps*, pedinare qlcu. **2** (*fig.*) perseguitare: *my grandfather was dogged by misfortune his entire life*, durante tutta la sua vita mio nonno fu perseguitato dalla sfortuna.

dog-ape ['dɒgeɪp] *s.* (*zool.*) babbuino → **baboon**.

dogate ['dəʊgeɪt / do·gate] *s.* (*st.*) dogato.

dogberry ['dɒgberɪ / dog·berry] *s.* (*bot.*) frutto della sanguinella.

dogcart ['dɒgkɑ:t *amer.* dɔ:gkɑ:t / dog·cart] *s.* **1** carrettino tirato da un cane **2** calesse, baroccino.

dogcatcher ['dɒg,kætʃə* *amer.* 'dɔ:g,kætʃə* / dog·catch·er] *s.* accalappiacani.

dog-cheap ['dɒg'tʃi:p] *agg.* molto a buon mercato.

dog collar ['dɒg,kɒlə* *amer.* 'dɔ:g,kɒlə*] *s.* **1** collare da cane **2** (*fam.*) collare da prete.

dog days ['dɒgdeɪz *amer.* 'dɔ:gdeɪz] *s.pl.* canicola.

doge [dəʊdʒ] *s.* (*st.*) doge: *—'s wife*, dogaressa.

dog-ear ['dɒgɪə* *amer.* 'dɔ:gɪə*] *s.* orecchia (alle pagine di un libro).

to **dog-ear** *v.tr.* fare le orecchie a (pagine di un libro ecc.).

dog-eared ['dɒg,ɪəd *amer.* 'dɔ:g,ɪəd] *agg.* con le orecchie (di pagine di un libro ecc.).

dogface ['dɒgfeɪs *amer.* 'dɔ:gfeɪs / dog·face] *s.* (*sl. amer.*) fantaccino.

dog-faced ['dɒgfeɪst *amer.* 'dɔ:gfeɪst] *agg.* dal muso di cane.

dog-faced baboon ['dɒgfeɪstbə'bu:n *amer.* 'dɔ:gfeɪstbə'bu:n] *s.* (*zool.*) babbuino → **baboon**.

dog-fancier [ˈdɒg,fænsɪə* *amer.* ˈdɔ:g,fænsɪə*] *s.* allevatore di cani; cinofilo.

dog-fennel [ˈdɒgfenl *amer.* ˈdɔ:gfenl] *s.* (*bot.*) (*Anthemis cotula*) camomilla mezzana.

dogfight [ˈdɒgfaɪt *amer.* ˈdɔ:gfaɪt / dog·fight] *s.* **1** lotta fra cani **2** zuffa, mischia, lotta accanita **3** (*mil.*) combattimento ravvicinato (fra aerei o carri armati).

dogfish [ˈdɒgfɪʃ *amer.* ˈdɔ:gfɪʃ / dog·fish] *s.* (*zool.*) **1** pescecane; gattuccio SIN. huss **2** (*Galeorhinus galeus*) canesca.

dogged [ˈdɒgɪd *amer.* ˈdɔ:gɪd / dog·ged] *agg.* ostinato; risoluto; tenace: — *resistance*, tenace resistenza // **-ly** *avv.* // **-ness** *s.*

dogger [ˈdɒgə* / dog·ger] *s.* (*mar.*) dogre.

doggerel [ˈdɒgrəl *amer.* ˈdɔ:grəl / dog·gerel] *agg.* mediocre, scadente; zoppicante, irregolare (di versi, poesia) ♦ *s.* versi scadenti e irregolari (propri della poesia burlesca).

doggie [ˈdɒgɪ *amer.* ˈdɔ:gɪ / dog·gie] *agg.* **1** canino, cagnesco, di cane **2** (*fam.*) amante di cani **3** (*fam. amer.*) pretenzioso, azzimato ♦ *s.* cane, cagnolino (nel linguaggio infantile).

doggish [ˈdɒgɪʃ *amer.* ˈdɔ:gɪʃ / dog·gish] *agg.* **1** da cane, canino, cagnesco; ringhioso; brutale; ostile **2** (*fam. amer.*) sgargiante, vistoso // **-ly** *avv.* // **-ness** *s.*

doggo [ˈdɒgəʊ *amer.* ˈdɔ:gəʊ] *avv.* (*sl. amer.*) tranquillo, in disparte (ma con un secondo fine) // *to lie* —, fare il morto.

doggone [ˈdɒgɒn / dog·gone] *agg.* e *avv.* (*sl. amer.*) maledetto, dannato • Forma eufemistica per *God damn*.

doggy → **doggie**.

doggy bag [ˈdɒgɪ,bæg *amer.* ˈdɔ:gɪ,bæg] *s.* (*spec. amer.*) sacchetto fornito dai ristoranti per riporvi gli avanzi da portar via (per il cane).

doggy paddle [ˈdɒgɪpædl *amer.* ˈdɔ:gɪpædl] → **dog paddle**.

dog-headed [ˈdɒg,hedɪd *amer.* ˈdɔ:g,hedɪd] *agg.* cinocefalo.

dog-hip [ˈdɒg,hɪp *amer.* ˈdɔ:g,hɪp] *s.* (*bot.*) frutto della rosa canina.

doghouse [ˈdɒghaʊs *amer.* ˈdɔ:ghaʊs / dog·house] *s.* **1** (*amer.*) canile BRIT. kennel // *in the* —, (*fam.*) in disgrazia **2** (*mar.*) casotte delle imbarcazioni.

dogie [ˈdəʊgɪ] *s.* (*amer.*) vitellino senza madre (in una mandria).

dog-kennel [ˈdɒg,kenl *amer.* ˈdɔ:g,kenl] *s.* canile.

dog-Latin [,dɒgˈlætɪn] *s.* latino maccheronico.

dog leg [ˈdɒgleg *amer.* ˈdɔ:gleg] *s.* strada, tracciato sportivo (da golf, per corse ecc.) a zigzag.

dog leg(ged) [ˈdɒgleg(d) *amer.* ˈdɔ:gleg(ɪd)] *agg.* a zigzag; a chiocciola (di scala).

dog-like [ˈdɒg,laɪk *amer.* ˈdɔ:g,laɪk] *agg.* simile a un cane; canino: — *devotion*, fedeltà simile a quella di un cane.

dogma [ˈdɒgmə *amer.* ˈdɔ:gmə] *s.* dogma.

dogmatic [dɒgˈmætɪk *amer.* dɔ:gˈmætɪk / dog·matic] *agg.* dogmatico // **-ally** *avv.*

dogmatics [dɒgˈmætɪks *amer.* dɔ:gˈmætɪks / dog·mat·ics] *s.* [U] dogmatica.

dogmatism [ˈdɒgmətɪzəm *amer.* ˈdɔ:gmətɪzəm / dog·mat·ism] *s.* dogmatismo.

dogmatist [ˈdɒgmətɪst *amer.* ˈdɔ:gmətɪst / dog·mat·ist] *s.* dogmatista.

to **dogmatize** [ˈdɒgmətaɪz *amer.* ˈdɔ:gmətaɪz / dog·mat·ize] *v.intr.* dogmatizzare.

do-gooder [,du:ˈgʊdə*] *s.* (*iron. spreg.*) benefattore.

do-goodery [,du:ˈgʊdərɪ] **do-goodism** [,du:ˈgʊdɪzm] *s.* (*iron. spreg.*) carità troppo zelante.

dog paddle [ˈdɒgpædl *amer.* ˈdɔ:gpædl] *s.* (*fam.*) il nuotare come un cagnolino (soprattutto di bambini che stanno imparando a nuotare).

dog-rose [ˈdɒgrəʊz *amer.* ˈdɔ:grəʊz / dog·rose] *s.* (*bot.*) (*Rosa canina*) rosa canina.

dogs body [ˈdɒgzbɒdɪ *amer.* ˈdɔ:gzbɔ:dɪ] *s.* (*fam. brit.*) chi lavora come un cane, bestia da soma; tirapiedi.

dog's-grass [ˈdɒgzgrɑ:s *amer.* ˈdɔ:gzgrɑ:s] *s.* (*bot.*) **1** (*Agrostis canina*) agrostide canina **2** → couch[2].

dog's-nose [ˈdɒgznəʊz *amer.* ˈdɔ:gznəʊz] *s.* (*fam.*) bevanda di birra e gin.

dog's-tail [ˈdɒgzteɪl *amer.* ˈdɔ:gzteɪl] *s.* (*bot.*) (*Cynosaurus cristatus*) ventolana; (*pop.*) coda di cane.

Dog star [ˈdɒgstɑ:* *amer.* ˈdɔ:gstɑ:*] *n.pr.* (*astr.*) **1** Sirio **2** Procione.

dog's-tongue [ˈdɒgztʌŋ *amer.* ˈdɔ:gztʌŋ] *s.* (*bot.*) (*Cynoglossum officinale*) cinoglossa; (*pop.*) erba vellutina.

dog's-tooth [ˈdɒgztu:θ *amer.* ˈdɔ:gztu:θ] *s.* (*bot.*) (*Erythronium denscanis*) dente di cane, viola canina.

dog tag [ˈdɒgtæg *amer.* ˈdɔ:gtæg] *s.* **1** piastrina di riconoscimento dei cani **2** (*sl. amer.*) piastrina di riconoscimento dei militari.

dog-tired [,dɒgˈtaɪəd *amer.* ,dɔ:gˈtaɪəd] *s.* (*fam.*) stanco morto.

dogtooth [ˈdɒgtu:θ *amer.* ˈdɔ:gtu:θ / dog·tooth] *pl.* **dogteeth** [ˈdɒgti:θ *amer.* ˈdɔ:gti:θ / dog·teeth] *s.* **1** dente canino **2** (*arch.*) dentello.

dog-violet [ˈdɒgˈvaɪələt *amer.* ˈdɔ:gˈvaɪələt] *s.* (*bot.*) viola riviniana.

dog-watch [ˈdɒgwɒtʃ *amer.* ˈdɔ:gwɒtʃ] *s.* (*mar.*) gaettone (turno di guardia di due ore anziché di quattro).

dogwood [ˈdɒgwʊd *amer.* ˈdɔ:gwʊd / dog·wood] *s.* (*bot.*) (*Cornus sanguinea*) sanguinello SIN. cornel.

doily [ˈdɔɪlɪ] *s.* tovagliolino; sottocoppa; centrino.

doing [ˈdu:ɪŋ / do·ing] *s.* **1** il fare; il prodotto del fare: *it is his* —, è opera, colpa sua; *that wants some* —, ce ne vuole per (riuscire a) fare ciò // *there is a great difference between — and saying*, c'è una bella differenza tra il dire e il fare **2** *pl.* azioni, fatti, occupazioni; attività: *the day's doings*, i fatti, gli avvenimenti della giornata; *tell me about your doings in America*, dimmi che cosa hai fatto in America.

doit [dɔɪt] *s.* **1** (*ant.*) piccola moneta olandese **2** (*fig.*) nonnulla: *I don't care a* —, non m'importa un bel niente.

do-it-yourself [,du:ɪtjɔ:ˈself] *s.* fai da te, bricolage.

Dolby® [ˈdɒlbɪ] *s.* (*elettr.*) dolby.

doldrums [ˈdɒldrəmz / dol·drums] *s.pl.* (*mar.*) zona delle calme equatoriali; (*fig.*) abbattimento, depressione: *to be in the* —, essere nella zona delle calme (di nave); (*fig.*) essere di umor nero, depresso.

dole[1] [dəʊl] *s.* **1** (*econ.*) sussidio di disoccupazione: *to be on the* —, ricevere il sussidio di disoccupazione; *to go on the* —, passare a ricevere il sussidio di disoccupazione **2** (*dir.*) quota **3** (*non com.*) sussidio, elemosina, dono caritatevole **4** (*ant.*) parte; sorte.

to **dole**[1] *v.tr.* distribuire; dare in elemosina. □ **dole out** *v.tr.* e *avv.* ripartire in piccole quantità, distribuire con parsimonia.

dole[2] *s.* (*ant.*) duolo, dolore: *to make* —, lamentarsi.

doleful [ˈdəʊlfʊl / dole·ful] *agg.* triste; doloroso; afflitto // **-ly** *avv.*

dolefulness [ˈdəʊlfʊlnɪs / dole·ful·ness] *s.* **1** tristezza; dolore **2** aspetto misero; carattere melanconico, deprimente.

dolerite [ˈdɒləraɪt / do·ler·ite] *s.* (*geol.*) dolerite.

dolichocephalic [,dɒlɪkəʊseˈfælɪk / do·li·cho·ceph·alic] *agg.* (*anat.*) dolicocefalo.

dolina [dɒˈli:nɑ: / do·lina] **doline** [dɒˈli:nə / do·line] *s.* (*geol.*) dolina.

doll [dɒl] *s.* **1** bambola: *rag* —, bambola di pezza; *she has a face like a* —, ha un viso da bambola // *Russian* —, matriosca // —*'s house*, casa di bambola **2** (*sl. amer.*) pupa, bambola.

dollar [ˈdɒlə* / dol·lar] *s.* **1** dollaro: *half* —, mezzo dollaro; — *mark* ($), simbolo del dollaro; *the almighty* —, la potenza del dollaro // — *king*, riccone, finanziere americano; — *store*, magazzino al prezzo unico di un dollaro // (*econ.*): — *area*, area del dollaro; — *glut*, — *gap*, eccedenza, scarsità di dollari (sul mercato valutario) **2** (*sl. st.*) corona inglese.

dollop [ˈdɒləp / dol·lop] *s.* (*fam.*) pezzetto informe di cibo; cucchiaiata: *she put a — of butter on my bread*, mise un pezzo di burro sulla mia fetta di pane.

to **doll up** [ˈdɒlʌp] *v.intr.* e *tr.* e *avv.* (*fam.*) vestirsi, vestire con eleganza vistosa, in modo lezioso: *to — oneself up*, agghindarsi.

dolly [ˈdɒlɪ] *s.* **1** bambola (nel linguaggio infantile) **2** (*sl. brit.*) pupa, bambola **3** (*mecc.*) mescolatore, controstampo **4** (*tecn.*) piattaforma a rulli; (*ferr.*) locomotore, locomotiva a scartamento ridotto **5** (*cinem.*, *tv*) carrello, piattaforma mobile: — *pusher*, carrellista; — *shot*, carrellata **6** pala da bucato // — *tub*, tinozza (da bucato, per lavaggio di minerali) **7** (*cricket*) colpo, lancio facile.

to **dolly** *v.intr.* (*cinem.*, *tv*) carrellare, fare una carrellata ♦ *v.tr.* (*cinem.*, *tv*) trasportare con il carrello (la cinepresa).

dollyman [ˈdɒlɪmæn / dolly·man] *pl.* **dollymen** [ˈdɒlɪmən] *s.* (*cinem.*, *tv*) carrellista.

dolly-shop [ˈdɒlɪʃɒp] *s.* (*aer.*) carrello di sostegno della coda (durante la costruzione dell'aeromobile).

dolman [ˈdɒlmən / dol·man] *s.* **1** dolman (lunga tunica usata dai turchi) **2** dolman (cappa da signora, da ufficiale).

dolmen [ˈdɒlmen / dol·men] *s.* (*archeol.*) dolmen.

dolomite [ˈdɒləmaɪt / do·lo·mite] *s.* **1** (*min.*) dolomite **2** (*geol.*) dolomia // (*geogr.*) *the Dolomites*, le Dolomiti.

dolomitic [,dɒləˈmɪtɪk / do·lo·mitic] *agg.*

dolomitico: (*geol.*) — *limestone*, calcare dolomitico.

dolor (*amer.*) → **dolour**.

dolorific [dɒlə'rɪfɪk / dol·or·ific] *agg.* dolorifico.

dolorous ['dɒlərəs *amer.* 'dəʊlərəs / dol·or·ous] *agg.* (*poet.*) doloroso // **-ly** *avv.*

dolose [dəʊ'ləʊs / dol·ose] *agg.* (*dir.*) doloso.

dolostone ['dɒlə,stəʊn / do·lo·stone] *s.* (*geol.*) dolomia, dolomite.

dolour ['dɒlə* *amer.* 'dəʊlə* / dol·our] *s.* dolore, sofferenza; tristezza; angoscia.

dolphin ['dɒlfɪn / dol·phin] *s.* **1** (*zool.*) (*Delphinus delphis*) delfino SIN. porpoise **2** (*zool. pop.*) → dorado **3** (*mar.*) boa di ormeggio; colonna d'alaggio // — *striker*, pennaccino.

dolphinarium [,dɒlfɪ'neərɪəm / dol·phin·ar·ium] *s.* delfinario.

dolt [dəʊlt] *s.* balordo; stupido; stolto.

doltish ['dəʊltɪʃ / dolt·ish] *agg.* balordo; stupido; ottuso // **-ness** *s.*

Dom [dɒm] *s.* (*titolo*) don.

domain [dəʊ'meɪn / do·main] *s.* **1** dominio; proprietà terriera // (*dir.*): *eminent* —, diritto che ha lo Stato di espropriare per pubblica utilità; *public* —, demanio // (*inform.*) *Internet* —, dominio Internet **2** (*fig.*) dominio; sfera; campo; settore: *in the — of science*, nel campo della scienza **3** (*fis., mat.*) dominio: *integral* —, dominio d'integrità.

domanial [dəʊ'meɪnɪəl / do·man·ial] *agg.* (*dir.*) demaniale.

dome [dəʊm] *s.* **1** cupola; volta (*anche fig.*): *the — of heaven*, la volta celeste **2** (*poet.*) palazzo; casa padronale: *the shadow of the dome of pleasure / floated midway on the waves*, (COLERIDGE) l'ombra del palazzo dei piaceri fluttuava in mezzo alle onde **3** (*geol.*) cupola tettonica, duomo: *salt* —, duomo salino **4** (*mecc., metall.*) duomo.

domed [dəʊmd] *agg.* a cupola.

Domesday (Book) ['du:mzdeɪ (bʊk) / Domes·day (Book)] *s.* (*st.*) il grande Libro del Catasto d'Inghilterra (fatto compilare da Guglielmo il Conquistatore, 1086).

domestic [dəʊ'mestɪk / do·mestic] *agg.* **1** domestico, della casa, di famiglia: — *animal*, animale domestico; — *life*, vita di famiglia, di casa // — *science*, economia domestica // — *help*, collaboratore, collaboratrice familiare, colf // (*dir.*) — *agreement*, accordo familiare **2** interno, nazionale: — *news*, notizie dall'interno; — *war*, guerra intestina // (*econ.*): — *output*, prodotto nazionale; — *industry*, industria nazionale; — *trade*, commercio interno // (*dir.*): — *law*, legge dell'ordinamento interno; — *tribunal*, giurisdizione interna (degli organi associativi) ◆ *s.* (*antiq.*) domestico, domestica.

domesticable [dəʊ'mestɪkəbl / do·mest·ic·able] *agg.* addomesticabile.

domestically [dəʊ'mestɪkəlɪ / do·mest·ic·ally] *avv.* domesticamente.

to **domesticate** [dəʊ'mestɪkeɪt / do·mest·ic·ate] *v.tr.* **1** addomesticare; acclimatare: *animal that can be domesticated*, animale che può essere addomesticato **2** abituare alla vita di casa **3** civilizzare.

domesticated [dəʊ'mestɪkeɪtɪd / do·mest·ic·ated] *agg.* **1** addomesticato **2** che ama la vita domestica, casalingo **3** civilizzato.

domestication [dəʊ,mestɪ'keɪʃn / do·mest·ica·tion] *s.* **1** addomesticamento; acclimatazione **2** attaccamento alla vita familiare **3** civilizzazione.

domesticity [,dəʊme'stɪsətɪ / do·mest·icity] *s.* **1** vita familiare, domestica **2** (*gener. pl.*) (*rar.*) lavori, doveri riguardanti la casa.

domett [dəʊ'met] *s.* tessuto di cotone, o di lana e cotone, simile alla flanella.

domicile ['dɒmɪsaɪl / domi·cile] *s.* (*dir.*) domicilio: *to elect — at a place*, eleggere il proprio domicilio in un luogo.

to **domicile** *v.intr.* stabilirsi, fissare domicilio, domiciliarsi; risiedere: *domiciled at Chester*, domiciliato a Chester ◆ *v.tr.* (*comm.*) domiciliare (un effetto): *bills domiciled in London*, effetti pagabili a Londra.

domiciliary [,dɒmɪ'sɪljərɪ *amer.* ,dɒmɪ'sɪlɪerɪ / domi·cili·ary] *agg.* (*form.*) domiciliare (visita ecc.).

to **domiciliate** [,dɒmɪ'sɪljeɪt / domi·cili·ate] → to **domicile**.

dominance ['dɒmɪnəns / dom·in·ance]
dominancy ['dɒmɪnənsɪ / dom·in·ancy] *s.* **1** ascendente; predominio **2** (*biol.*) dominanza.

dominant ['dɒmɪnənt / dom·in·ant] *agg.* dominante (*anche biol.*): (*dir.*) — *tenement*, fondo dominante ◆ *s.* **1** (*biol.*) (carattere) dominante **2** (*mus.*) sol, quinta nota della scala diatonica di do // **-ly** *avv.*

to **dominate** ['dɒmɪneɪt / dom·in·ate] *v.tr.* **1** dominare; imporsi su; avvincere: *to — a people*, dominare un popolo; *he was dominated by his father*, era dominato dal padre; *the local team dominated the match*, la squadra locale si impose per tutta la partita; *the speaker dominated the audience*, il conferenziere avvinse il pubblico **2** dominare, sovrastare: *the Alps — the plain*, le Alpi sovrastano la pianura ◆ *v.intr.* dominare, prevalere.

domination [,dɒmɪ'neɪʃn / dom·ina·tion] *s.* **1** dominazione, dominio **2** *pl.* (*relig.*) Dominazioni.

dominative ['dɒmɪneɪtɪv / dom·in·at·ive] *agg.* dominante; prevalente.

dominator ['dɒmɪneɪtə* / dom·in·ator] *s.* dominatore.

to **domineer** [,dɒmɪ'nɪə* / dom·in·eer] *v.intr.* tiranneggiare; fare il tiranno // *to — over s.o.*, tiranneggiare qlcu.

domineering [,dɒmɪ'nɪərɪŋ / dom·in·eer·ing] *agg.* dispotico; autoritario; imperioso; prepotente // **-ly** *avv.*

dominical [də'mɪnɪkl / dom·in·ical] *agg.* domenicale; del Signore // *the Dominical year*, il primo anno di Nostro Signore.

Dominican[1] [də'mɪnɪkən / Do·min·ican] *agg.* e *s.* (*eccl.*) domenicano.

Dominican[2] *agg.* e *s.* dominicano: *the — Republic*, la Repubblica Dominicana.

dominie ['dɒmɪnɪ / dom·inie] *s.* **1** (*scoz.*) pedagogo, maestro di scuola **2** (*amer.*) pastore della chiesa riformista olandese **3** (*fam. amer.*) pastore; prete.

dominion [də'mɪnjən / do·min·ion] *s.* **1** dominio; impero; ascendente; autorità: *to be under s.o.'s* —, essere sottomesso a qlcu.; *to hold — over s.o.*, dominare qlcu. **2** dominion (paese autonomo membro del Commonwealth Britannico) // *the Old Dominion*, (*amer.*) la Virginia **3** *pl.* (*relig.*) Dominazioni **4** (*dir.*) dominio.

domino ['dɒmɪnəʊ / dom·ino] *pl.* **dominoes** ['dɒmɪnəʊz / dom·in·oes] *s.* **1** *pl.* (gioco del) domino **2** domino **3** persona che indossa il domino **4** *pl.* (*sl.*) denti.

dominoed ['dɒmɪnəʊd / do·min·oed] *agg.* in domino (costume).

domino theory ['dɒmɪnəʊ'θɪərɪ] *s.* teoria politica secondo la quale se un paese del terzo mondo diventa comunista anche altri paesi vicini lo seguono.

domsat ['dɒm,sæt / dom·sat] *s.* satellite per telecomunicazioni • Contr. di *dom(estic) sat(ellite)*.

don[1] [dɒn] *s.* **1** membro di un collegio universitario; docente universitario **2** don (titolo dato a nobiluomo spagnolo) **3** (*fam. antiq.*) asso, campione: *he is a great — at tennis*, è un asso del tennis **4** (*amer.*) boss della mafia.

to **don**[2] *pass.p.p.* **donned** [dɒnd] *v.tr.* (*form.*) indossare (vestiti ecc.).

dona(h) ['dəʊnə] *s.* (*sl. antiq.*) donna; innamorata.

to **donate** [dəʊ'neɪt *amer.* 'dəʊneɪt / do·nate] *v.tr.* donare (*anche dir.*); elargire: *he donated £ 5000 to charity*, donò 5000 sterline in beneficenza ◆ *v.intr.* fare una donazione.

donation [dəʊ'neɪʃn / do·na·tion] *s.* donazione (*anche dir.*); elargizione.

donative ['dəʊnətɪv / don·at·ive] *s.* dono, donazione; donativo.

donator [dəʊ'neɪtə* / don·ator] *s.* (*form.*) donatore (*anche dir.*).

donatory ['dəʊnətərɪ / don·at·ory] *s.* (*dir.*) donatario.

donatress [dəʊ'neɪtrɪs / don·at·ress] *s.* donatrice (*anche dir.*).

done [dʌn] *pp.* di to **do** ◆ *agg.* **1** fatto, finito: *tell me when you are* —, dimmi quando hai finito // —!, accettato! // *over and — with*, tutto finito // *he is — with politics*, ha chiuso con la politica // *unless we get this contract we'll really — for*, saremo davvero nei guai se non otterremo questo contratto **2** giusto, corretto: *it is not — to sing at table*, non è corretto cantare a tavola; *the — thing*, la cosa giusta da fare **3** cotto (spec. nei composti): *the turkey was — in just under three hours*, il tacchino fu cotto in meno di tre ore; *well-* —, ben cotto **4** — *in, for*, stanco: *after the match they were really — in* (o *for*), dopo la partita erano stanchi morti.

donee [dəʊ'ni:] *s.* (*dir.*) donatario.

donga ['dɒŋgə] *s.* corso d'acqua asciutto (in Sudafrica).

donjon ['dɒndʒən / don·jon] *s.* (*archeol.*) dongione.

donkey ['dɒŋkɪ / don·key] *s.* **1** asino, somaro; (*zool.*) (*Equus asinus*) asino: — *race*, corsa degli asini // *to talk the hindlegs off a* —, (*fam.*) parlare tanto da far diventar scemi **2** (*fig. fam.*) asino, imbecille.

donkey boiler ['dɒŋkɪ,bɔɪlə*] *s.* (*mar.*) calderina.

donkey-engine ['dɒŋkɪ,endʒɪn] *s.* **1** (*tecn.*) motore ausiliario **2** (*ferr.*) locomotiva di manovra.

donkey jacket ['dɒŋkɪ,dʒækɪt] *s.* giacca pesante (usata spec. da muratori e addetti stradali).

donkey-pump ['dɒŋkɪ,pʌmp] *s.* (*mecc.*) pompa ausiliaria; cavallino.

donkey's years ['dɒŋkɪzjɜ:z] *s.* (*fam.*) molto tempo.

donkeywork ['dɒŋkɪwɜ:k / don·key·work] *s.* (*fam.*) la parte peggiore e meno interessante di un lavoro.

donnish ['dɒnɪʃ / don·nish] *agg.* da studioso; accademico.

donor ['dəʊnə*] *s.* **1** (*dir.*) donatore **2** (*med.*) donatore: — *card*, documento che autorizza la donazione di organi **3** (*fis.*): — (*impurity*), impurità donatrice; *electron* —, donatore di elettroni.

don't [dəʊnt] contr. di *do not*.

doodab ['du:,dæb / doo·dab] **doodad** ['du:dæd / doo·dad] **doodah** ['du:dɑ: / doo·dah] *s.* (*fam.*) **1** ciondolo, gingillo **2** aggeggio, arnese, coso.

doodie ['du:dɪ] *s.* (*fam. amer.*) stronzo.

doodle[1] ['du:dl] *s.* ghirigoro, scarabocchio.

to **doodle**[1] *v.intr.* fare ghirigori, fare scarabocchi.

to **doodle**[2] *v.intr.* (*scoz.*) suonare la cornamusa.

doodlebug ['du:dlbʌg / doodle·bug] *s.* **1** (*zool. amer.*) larva di formicaleone **2** (*fam.*) bomba volante, V1 **3** (*fam.*) pendolo, pendolino (da radioestesista), bacchetta da rabdomante.

doom [du:m] *s.* destino (funesto), sorte (triste): *his — is sealed*, il suo destino è segnato; morte: *he met his* —, ha trovato la morte // *Cragg's report on the future of the educational system is full of — and gloom*, il servizio di Cragg sul futuro del sistema scolastico è completamente pessimista // *the crack of* —, l'ultimo giudizio; *the day of* —, il giorno del Giudizio.

to **doom** *v.tr.* condannare; predestinare a: *doomed town, man*, città votata alla distruzione, uomo condannato; *the plan was doomed to failure*, il progetto era destinato a fallire.

doomsday ['du:mzdeɪ / dooms·day] *s.* **1** (il giorno del) Giudizio Universale: *from now till* —, per sempre **2** *Doomsday book* → Domesday (Book).

doomsters ['du:mstəz / doom·sters] *s.pl.* catastrofisti (ambientalisti che prevedono il rapido crollo delle disponibilità di risorse).

door [dɔ:*] *s.* **1** porta, uscio: *back* —, porta posteriore; *front* —, porta principale; *revolving* —, porta girevole; *side* —, porta laterale; *sliding* —, porta scorrevole; *swinging* —, porta a ventola; *folding* —, porta a (due) battenti // *trap* —, botola // (*ind. miner.*) *ventilation* — (o amer. *air* —), porta di ventilazione; *the — opened, was opened*, la porta si aprì, venne aperta; *to close the — upon s.o.*, chiudere la porta in faccia a qlcu.; *to open, to close, to shut a* —, aprire, chiudere una porta // *at death's* —, sulla soglia della morte // *out of doors*, all'aperto // *two, three doors off*, a due, tre porte di distanza // *next* —, la casa accanto // *behind closed doors*, in segreto // *within doors*, in casa // *to lay sthg. at s.o.'s* —, incolpare qlcu. di qlco. // *to open the — to*, (*fig.*) lasciare la porta aperta a // *to show s.o. the* — (o *turn s.o. out of doors*), mettere qlcu. alla porta // *to show s.o. to the* —, accompagnare qlcu. alla porta // *to shut the — upon*, (*fig.*) rendere impossibile // *to be on the* —, fare il controllo dei biglietti ecc. **2** sportello, portiera (di vettura ecc.).

doorbell ['dɔ:bel / door·bell] *s.* campanello (della porta).

door-handle ['dɔ:hændl] *s.* maniglia della porta.

doorkeeper ['dɔ:,ki:pə* / door·keeper] → **doorman**.

doorknob ['dɔ:nɒb / door·knob] *s.* pomello della porta.

doorknocker ['dɔ:,nɒkə* / door·knocker] *s.* battente, battiporta.

doorman ['dɔ:mæn / door·man] *pl.* **doormen** ['dɔ:men] *s.* portinaio; portiere SIN. doorkeeper; door porter.

doormat ['dɔ:mæt / door·mat] *s.* **1** zerbino **2** (*fig.*) pezza da piedi: *to treat s.o. like a* —, (*fam.*) trattare qlcu. come una pezza da piedi.

doornail ['dɔ:neɪl / door·nail] *s.* borchia su porta // (*as*) *dead as a* —, (*fam.*) morto stecchito.

doorplate ['dɔ:pleɪt / door·plate] *s.* targa, targhetta sulla porta.

door porter ['dɔ:,pɔ:tə*] → **doorman**.

door-post ['dɔ:pəʊst] *s.* stipite.

door-scraper ['dɔ:,skreɪpə*] *s.* raschietto per togliere il fango (un tempo di fianco all'uscio).

doorstep ['dɔ:step / door·step] *s.* **1** gradino della porta // *on one's* —, molto vicino a dove si abita, sottocasa **2** (*sl.*) grossa fetta di pane.

doorstop ['dɔ:stɒp / door·stop] *s.* fermaporta.

door-to-door [,dɔ:tə'dɔ:] *agg.* porta a porta: (*comm.*) — *selling*, vendita porta a porta.

doorway ['dɔ:weɪ / door·way] *s.* vano della porta; entrata: *to be in the* —, stare sull'uscio.

doo-wop ['du:,wɒp] *s.* (*mus.*) (*amer.*) jazz cantato in strada da un gruppo di negri.

dopamine ['dəʊpəmi:n / dop·am·ine] *s.* (*biochim.*) dopamina.

dopant ['dəʊpənt / dop·ant] *s.* (*chim.*) dopante; agente di drogaggio.

dope [dəʊp] *s.* **1** (*fam.*) narcotico, stupefacente; stimolante (somministrato per migliorare le prestazioni di atleti o animali): *to take* —, doparsi; — *pusher* (o — *peddler*), spacciatore // — *fiend*, (*sl. amer.*) tossicomane // — *head*, (*sl. amer.*) oppiomane **2** (*fam.*) sciocco, stupido **3** (*sl.*) informazione segreta, soffiata (generalmente sull'andamento probabile delle corse): *to hand out the* —, far circolare notizie **4** lubrificante **5** lacca, vernice (per aerei, veicoli) **6** materiale assorbente per esplosivi.

to **dope** *v.tr.* **1** (*fam.*) drogare, narcotizzare; mescolare narcotici a (bevande); somministrare stimolanti a (atleti o animali): *they were doped* (*up*) *to the eyeballs*, erano pieni di droga fino ai capelli **2** indurire con sostanza viscosa; laccare; verniciare **3** (*chim.*, *fis.*) dopare.

□ **dope off** *v.intr.* e *avv.* (*sl. amer.*) addormentarsi.

□ **dope out** *v.tr.* e *avv.* (*sl. amer.*) **1** indovinare (il risultato di una corsa ecc.): *he knew how to — out the winning horse*, sapeva indovinare il cavallo vincitore **2** trovare una spiegazione per, capire.

dopey → **dopy**.

doping ['dəʊpɪŋ / dop·ing] *s.* **1** verniciatura **2** (*sport*) doping **3** (*chim.*, *fis.*) drogaggio: — *agent*, agente di drogaggio; dopante; *semiconductor* —, drogaggio di un semiconduttore.

doppelganger ['dɒpl,gæŋə* / dop·pel·ganger] *s.* doppio, sosia.

dopy ['dəʊpɪ] *agg.* (*fam.*) **1** inebetito (da narcotici, alcolici ecc.) **2** torpido, assonnato **3** (*sl.*) stupido.

dor [dɔ:*] *s.* (*zool.*) **1** (*Vespa crabro*) calabrone SIN. grint hornet **2** → dorbeetle.

dorado [də'rɑ:dəʊ / dor·ado] *s.* (*zool.*) (*Coryphaena hippurus*) corifena cavallina SIN. dolphin.

dorbeetle ['dɔ:,bi:tl / dor·beetle] *s.* (*zool.*) (*Geotrupes stercorarius*) stercorario, geotrupe SIN. dor, dung-beetle.

Dorian ['dɔ:rɪən / Dor·ian] *agg.* dorico ◆ *s.* abitante della Doride.

Doric ['dɒrɪk *amer.* 'dɔ:rɪk] *agg.* e *s.* (dialetto) dorico.

dorm [dɔ:m] *s.* abbr. di → **dormitory**.

dormancy ['dɔ:mənsɪ / dorm·ancy] *s.* **1** (*zool.*) letargo **2** (*bot.*) dormienza **3** (*geol.*) inattività (di vulcano).

dormant ['dɔ:mənt / dorm·ant] *agg.* **1** addormentato; assopito (di passione ecc.); in letargo (di animale); dormiente (di pianta ecc.): *to lie* —, rimanere latente; (*comm.*) restare inattivo (di conto); — *volcano*, vulcano inattivo, spento // (*comm.*) — *partner*, socio occulto **2** (*dir.*) in attesa di essere eseguito: — *judgment*, sentenza sospesa, non eseguita.

dormer (window) ['dɔ:mə* ('wɪndəʊ)] *s.* (*ant.*) finestra dell'abbaino.

dormitory ['dɔ:mɪtrɪ *amer.* 'dɔ:mɪtɔ:rɪ / dorm·it·ory] *s.* **1** dormitorio **2** (*amer.*) casa, alloggio per studenti.

dormitory car ['dɔ:mɪtrɪ,kɑ:] *s.* (*amer.*) vagone letto.

dormitory town ['dɔ:mɪtrɪ,taʊn] *s.* città dormitorio.

dormouse ['dɔ:maʊs / dor·mouse] *pl.* **dormice** ['dɔ:maɪs / dor·mice] *s.* (*zool.*) (*Glis glis*) ghiro.

dorsal ['dɔ:sl / dor·sal] *agg.* dorsale, del dorso: (*anat.*) — *nerves*, *vertebrae*, nervi, vertebre dorsali.

dorsosacral [,dɔ:səʊ'seɪkrəl / dorso·sacral] *agg.* (*anat.*) dorsosacrale.

dory[1] ['dɔ:rɪ] *s.* (*zool.*) (*Zeus faber*) pesce San Pietro SIN. John dory.

dory[2] *s.* (*spec. amer.*) piccola barca da pesca a remi, a fondo piatto.

dosage ['dəʊsɪdʒ / dos·age] *s.* dosaggio, dosatura; (*med.*) posologia.

dose [dəʊs] *s.* **1** dose: *to strengthen the* —, (*fig.*) rincarare la dose // *like a — of salts*, (*fam.*) velocemente e facilmente **2** (*econ.*) dose, variazione unitaria **3** (*sl.*) scolo, gonorrea.

to **dose** *v.tr.* **1** somministrare a dosi: *to — s.o. with a medicine*, somministrare una medicina a qlcu.; *to — oneself with sthg.*, somministrarsi, prendere qlco. (come cura) **2** adulterare (bevande); mescolare.

□ **dose up** *v.tr.* e *avv.* dare un grosso quantitativo di una medicina o droga.

dosimeter [dəʊ'sɪmɪtə* / dosi·meter] *s.* (*metrol.*) dosimetro.

dosimetry [dəʊ'sɪmɪtrɪ / do·si·metry] *s.* (*fis.*) dosimetria.

doss [dɒs] *s.* (*sl.*) **1** letto (in dormitorio pubblico) **2** (*fam.*) pisolino: *to have a* —, fare un pisolino.

to **doss** *v.intr.* (*sl.*) dormire in un dormitorio pubblico.

□ **doss down** *v.intr.* e *avv.* (*fam.*) dormire (in un luogo di fortuna).

dossal ['dɒsl / dos·sal] *s.* dossale.

dosser ['dɒsə*] *s.* (*sl.*) vagabondo.

dosshouse ['dɒshaus / doss·house] *s.* (*sl.*) dormitorio pubblico.

dossier ['dɒsɪeɪ *amer.* 'dɔːsɪeɪ / dos·sier] *s.* dossier, incartamento, pratica.

dost [dʌst] (*ant., poet.*) *seconda pers. sing. pres. indic.* di to *do*; nell'inglese moderno *do*: *here thou, great Anna! whom three Realms obey, / dost sometimes counsel take ... and sometimes tea*, (A. POPE) qui tu, grande Anna, alla quale obbediscono tre regni, talvolta prendi consigli e talvolta... prendi il tè.

dot[1] [dɒt] *s.* **1** punto; puntino (di sospensione, sulla lettera i): *dots*, puntini puntini; (*tel.*) *dots and dashes*, punti e linee // *he got there on the* —, (*fam.*) arrivò proprio in orario // *in the year* —, (*fam.*) tanto tempo fa **2** (*mus.*) punto **3** (*fam.*) bambinello, pupo.

to **dot**[1] *pass.p.p.* **dotted** ['dɒtɪd / dot·ted] *v.tr.* **1** mettere un punto sopra (la lettera i) // *to — one's i's and cross one's t's*, mettere i puntini sulle i (*anche fig.*) **2** (*spec. passivo*) punteggiare, cospargere: *the beach was dotted with coloured umbrellas* (o *coloured umbrellas were dotted about the beach*), la spiaggia era punteggiata di ombrelloni colorati **3** (*mus.*) punteggiare.

dot[2] *s.* (*rar.*) dote.

dotage ['dəʊtɪdʒ / dot·age] *s.* **1** rimbambimento: *he is in his* —, è un vecchio rimbambito **2** infatuazione.

dotal ['dəʊtl] *agg.* (*rar.*) dotale, della dote.

dotard ['dəʊtəd / dot·ard] *s.* (*letter.*) vecchio rimbambito.

to **dote** [dəʊt] *v.intr.* **1** essere rimbambito; essere stupido **2** *to* — (*up*)*on s.o.*, amare qlcu. alla follia, adorare qlcu.; avere una mania per qlcu.: *a doting mother*, una madre che adora i suoi figli (e li vizia); *wert thou as young as I, Juliet thy love / ... / doting like me*, (SH. Romeo and Juliet) se tu fossi giovane come me, se Giulietta fosse il tuo amore... se fossi pazzo d'amore come me...

doth [dʌθ (*forma forte*) dəθ (*forma debole*)] (*ant., poet.*) *terza pers. sing. pres. indic.* di to *do*: nell'inglese moderno *does*.

dotted ['dɒtɪd / dot·ted] *agg.* **1** tratteggiato: *sign on the — line*, firmate sulla linea tratteggiata **2** a pallini, a pois, a puntini: *a — tie*, una cravatta a pois **3** cosparso, seminato.

dotterel ['dɒtrəl / dot·terel] (*pl. invar.*) *s.* (*zool.*) (*Charadrius morinellus*) piviere tortolino SIN. **dottrel**.

dottle ['dɒtl] *s.* residuo di tabacco non fumato rimasto nella pipa.

dottrel ['dɒtrəl] *s.* (*zool.*) piviere tortolino → **dotterel**.

dotty ['dɒtɪ] *agg.* **1** (*sl.*) tocco; rimbambito **2** (*fam.*) entusiasta: *he's — about football*, va matto per il calcio **3** (*fam.*) malfermo, traballante: *to be — on one's legs*, traballare, essere malsicuro sulle gambe **4** punteggiato.

double ['dʌbl] *agg.* **1** doppio: — *knock*, due colpi (alla porta); — *whisky*, doppio whisky // (*med.*): — *vision*, diplopia; — *circulation*, doppia circolazione del sangue // (*fis.*) — *refraction*, doppia rifrazione // (*econ.*) — *standard*, sistema (monetario) bimetallico // (*trib.*) — *taxation*, doppia tassazione // *to run in — harness*, (*fam. antiq.*) essere sposato **2** doppio, messo a doppio **3** doppio, due volte tanto: *I am — your age*, ho il doppio della tua età **4** matrimoniale; per due: *a — bed*, un letto matrimoniale; *a — sheet*, un lenzuolo matrimoniale; — *room*, stanza per due **5** doppio, duplice: *a — purpose*, un duplice scopo **6** (*antiq., tranne nei composti*) doppio, falso, ambiguo: *to play a — game*, fare il doppio gioco **7** (*tel.*) doppio: *dial seven-six- — seven*, chiamare il 7677.

double *s.* **1** doppio: *twenty is the — of ten*, venti è il doppio di dieci // — *or quits*, lascia o raddoppia // *at* (o *on*) *the* —, correndo; di corsa; in fretta **2** sosia; (*cinem.*) controfigura **3** (*ippica*) duplice.

double *avv.* **1** doppio, doppiamente, due volte tanto: *these items cost — if you buy them abroad*, questi articoli costano il doppio se li compri all'estero; *to see* —, vedere doppio **2** in doppio; in due: *to fold* —, piegare in due; *he was bent — with age*, era piegato (in due) per l'età **3** in due, a coppia: *to sleep, to ride* —, dormire in due, montare un cavallo in due.

to **double** *v.tr.* **1** raddoppiare, moltiplicare per due: *to — the offer*, raddoppiare l'offerta // *to — parts*, sostenere due ruoli (in un lavoro teatrale) **2** piegare in due: *that paper is thin, you'd better — it*, quella carta è sottile, farai meglio a metterla doppia // *to — down*, fare le orecchie (a una pagina) // *to — one's fist*, stringere con forza il pugno (per combattere) **3** (*mar.*) doppiare (capo ecc.) **4** (*cinem.*) doppiare ◆ *v.intr.* **1** raddoppiare: *rents have doubled in the last year*, gli affitti sono raddoppiati nell'ultimo anno; *the property will — in value*, la proprietà raddoppierà di valore // *to — as*, avere un doppio ruolo; avere un doppio uso: *in the new film Elizabeth is playing the mother but also doubles as the youngest daughter*, nel nuovo film Elizabeth interpreta la madre ma anche il ruolo della figlia minore; *it's a very useful divan; it doubles as a bed*, è un divano molto pratico, fa anche da letto **2** (*mil.*) marciare a passo di carica **3** (*bridge*) raddoppiare.

□ **double back** *v.intr.* e *avv.* ritornare sui propri passi; fare dietrofront.

□ **double up** *v.intr.* e *avv.* **1** dividere la stanza (con): *he doubles up with his youngest brother*, divide la stanza col fratello minore **2** (*anche tr.*) piegarsi in due: *he doubled up* (o *he was doubled up*) *with pain*, si piegava, era piegato in due dal dolore.

double-acting ['dʌbl,æktɪŋ] **double -action** ['dʌbl,ækʃn] *agg.* (*mecc.*) a doppia azione, a doppio effetto: *double-acting pump*, pompa a doppio effetto.

double agent [dʌbl'eɪdʒənt] *s.* agente segreto che lavora per più di un paese, agente che fa il doppio gioco.

double-banked [dʌbl'bæŋkt] *s.* (*mar.*) a doppio ordine di remi.

double-bar [dʌbl'bɑː*] *s.* (*mus.*) doppia barra.

double-barrelled ['dʌbl,bærəld] *agg.* **1** a due canne: — *gun*, fucile a due canne; doppietta **2** (*fam.*) doppio: *Seymour-Smith is a — name*, Seymour-Smith è un doppio cognome.

double bass [,dʌbl'beɪs] *s.* (*mus.*) contrabbasso.

double bassoon [,dʌblbə'suːn] *s.* (*mus.*) controfagotto.

double bind [,dʌbl'baɪnd] *s.* dilemma.

double-blind [,dʌbl'blaɪnd] *agg.* doppio cieco (di test clinico o esperimento scientifico).

double boiler [,dʌbl'bɔɪlə*] *s.* (*amer.*) pentola per cuocere a bagnomaria.

double-breasted [,dʌbl'brestɪd] *agg.* a doppio petto: *a — coat*, un cappotto a doppio petto.

to **double-check** [,dʌbl'tʃek] *v.tr.* e *intr.* ricontrollare, controllare una seconda volta.

double chin [,dʌbl'tʃɪn] *s.* doppio mento, pappagorgia.

double-concave [,dʌblkɒn'keɪv] *agg.* biconcavo.

double cream [,dʌbl'kriːm] *s.* (*cuc.*) panna molto densa, doppia panna.

double cross [,dʌbl'krɒs] *s.* doppio gioco.

to **double cross** *v.tr.* (*sl.*) ingannare (i propri compagni); fare il doppio gioco con.

double crosser [,dʌbl'krɒsə*] *s.* doppiogiochista; simulatore; imbroglione.

double-dealer [,dʌbl'diːlə*] *s.* persona sleale; doppiogiochista.

double-dealing [,dʌbl'diːlɪŋ] *s.* doppiezza; slealtà.

double-decker [,dʌbl'dekə*] *s.* **1** (*fam.*) autobus ecc. a due piani **2** (*aer.*) biplano **3** (*mar.*) nave a due ponti **4** doppio sandwich.

to **double-declutch** [,dʌbldiː'klʌtʃ] *v.intr.* (*aut.*) fare la doppietta.

double-dipper ['dʌbl,dɪpə*] *s.* (*fam. amer.*) che ha due fonti di reddito l'una incompatibile con l'altra (p.e. pensione e lavoro governativo).

double-dutch [,dʌbl'dʌtʃ] *s.* (*fig.*) linguaggio incomprensibile: *it's — to me*, è turco, è greco per me.

double-dyed [,dʌbl'daɪd *attr.* 'dʌbldaɪd] *agg.* **1** tinto due volte **2** (*fig.*) matricolato: — *scoundrel*, furfante matricolato.

double-eagle [,dʌbl'iːgl] *s.* (*amer.*) pezzo da venti dollari.

double-edged [,dʌbl'edʒd] *agg.* a doppio taglio (*anche fig.*).

double entendre [,duːblɑːn'tɑːndr] *s.* doppio senso.

double entry [,dʌbl'entrɪ] *s.* (*amm.*) partita doppia: — *bookkeeping*, contabilità sistematica, su due parti // (*Borsa*) — *option*, stellage.

double feature [,dʌbl'fiːtʃə*] *s.* (*cinem.*) proiezione nello stesso spettacolo di due films diversi, doppio spettacolo.

double figures [,dʌbl'fɪgəz] *s.pl.* numero di due cifre.

double-first [,dʌbl'fɜ:st] *s.* massimo dei voti nelle due parti dell'esame di laurea.

double-flat [,dʌbl'flæt] *s.* (*mus.*) doppio bemolle.

double-glazing [,dʌbl'gleɪzɪŋ] *s.* ⓤ doppi vetri (*pl.*).

to **double-head** ['dʌbl'hed] *v.tr.* (*ferr.*) trainare con due motrici.

double-headed ['dʌbl,hedɪd] *agg.* **1** a due teste; bicipite // (*ferr.*) — *rail*, rotaia a doppio fungo **2** (*fig.*) ipocrita.

double helix [,dʌbl'hi:lɪks] *s.* (*biol.*) doppia elica (del DNA).

double-jointed [,dʌbl'dʒɔɪntɪd] *agg.* snodato.

double-lock [,dʌbl'lɒk] *s.* **1** serratura doppia **2** doppia mandata.

to **double-lock** *v.tr.* chiudere a doppia mandata.

double march [,dʌbl'mɑ:tʃ] *s.* (*mil.*) passo di corsa: — *march!*, di corsa!

doubleness ['dʌblnɪs / double·ness] *s.* doppiezza; duplicità.

double-o [,dʌbl'əʊ] *s.* (*fam. amer.*) esame accurato.

to **double-park** [,dʌbl'pɑ:k] *v.tr.* e *intr.* parcheggiare in doppia fila.

double-plane [,dʌbl'pleɪn] *s.* (*mecc.*) pialla a doppio ferro.

double-quick [,dʌbl'kwɪk] *agg.* (*fam.*) molto veloce ◆ *avv.* (*fam.*) molto velocemente.

doubler ['dʌblə* / doub·ler] *s.* **1** (*tess.*) binatrice **2** (*elettr.*, *rad.*) duplicatore.

doubles ['dʌblz] *s.* (*pl. invar.*) (*tennis ecc.*) doppio: *to play* —, giocare il doppio.

double-sharp [,dʌbl'ʃɑ:p] *s.* (*mus.*) doppio diesis.

to **double-space** [,dʌbl'speɪs] *v.tr.* e *intr.* battere a macchina con spaziatura doppia, con interlinea 2.

doublet ['dʌblɪt / doub·let] *s.* **1** giubba, farsetto **2** (*ling.*) allotropo **3** *pl.* (*ant.*) (*dadi*) doppione **4** (*fis.*) doppietto; obiettivo doppio; sistema di due lenti **5** (*rad.*) dipolo.

double take [,dʌbl'teɪk] *s.* (*fam.*) reazione a scoppio ritardato: *to do a* —, reagire a scoppio ritardato, rendersi conto in ritardo (di qlco.).

double-talk [,dʌbl'tɔ:k] *s.* ⓤ (*fam.*) acrobazie verbali (*pl.*): *your — will get you nowhere*, non te la caverai con delle belle parole.

doublethink ['dʌbl,θɪŋk / double·think] *s.* (*spreg.*) incoerenza ideologica • Dal romanzo di Orwell *1984*.

doubloon [dʌ'blu:n / doub·loon] *s.* doblone (antica moneta spagnola).

doubly ['dʌblɪ] *avv.* doppiamente // — *so as*, tanto più che.

doubt [daʊt] *s.* dubbio, incertezza: *there is no — about it*, non c'è dubbio quanto a questo; *there is no room for* —, non c'è ragione di mettere in dubbio; *to have one's doubts about* (o *as to*) *sthg.*, avere, nutrire dubbi in merito a qlco.; *to raise doubts*, sollevare dei dubbi // *beyond* (*any*) —, al di là di ogni dubbio, certamente; *no* —, senza dubbio; *without* (*a* o *any*) —, senza (alcun) dubbio; *in* — (o *open to* —), incerto // *the benefit of the* —, il beneficio del dubbio.

to **doubt** *v.tr.* dubitare di, mettere in dubbio; esitare a credere; sospettare: *I — it*, ne dubito; *I don't — your sincerity*, non metto in dubbio la tua sincerità; *to — one's eyes*, non credere ai propri occhi; *to — s.o., s.o.'s word*, dubitare di qlcu., della parola di qlcu.; *to — the truth of*, dubitare della verità di ◆ *v.intr.* dubitare: *I — if he'll be back*, dubito che torni; *I — whether they were aware of his existence*, dubito che fossero a conoscenza della sua esistenza // *he's a doubting Thomas*, (*fam.*) è un san Tommaso.

doubtable ['daʊtəbl / doubt·able] *agg.* dubitabile.

doubter ['daʊtə* / doubt·er] *s.* persona dubbiosa; scettico.

doubtful ['daʊtfʊl / doubt·ful] *agg.* **1** incerto, dubbio; poco probabile: — *result*, esito incerto; *her future is* —, il suo avvenire è incerto; *it is — that we can find all the money before the end of the month*, è improbabile che riusciremo a trovare il denaro prima della fine del mese; *to clear up a — point*, chiarire un punto dubbio; *he told us a rather — story*, ci raccontò una storia alquanto dubbia; *in — taste*, di dubbio gusto; *he has a — reputation*, ha una dubbia reputazione // (*comm.*) — *credit*, credito dubbio **2** dubbioso; esitante, irresoluto: *I am* — (*as to*) *what to do*, sono in dubbio, incerto sul da farsi **3** (*ant.*) apprensivo, spaventato.

doubtfulness ['daʊtfʊlnɪs / doubt·ful·ness] *s.* **1** dubbiosità **2** irresolutezza.

doubtless, **doubtlessly** ['daʊtlɪs(lɪ) / doubt·less·(ly)] *avv.* indubbiamente, sicuramente, senza alcun dubbio, molto probabilmente.

douceur [,du:sɜ:*] *s.* **1** (*non com.*) regalia, mancia **2** (*fig. spreg.*) esca, bustarella **3** (*ant.*) gentilezza, cortesia, amabilità.

douche [du:ʃ] *s.* **1** (*med.*) irrigazione, lavaggio **2** doccia.

dough [dəʊ] *s.* **1** pasta (di pane, non ancora cotta) **2** (*sl.*) quattrini (*pl.*), grana.

doughboy ['dəʊbɔɪ / dough·boy] *s.* **1** (*non com.*) pallottola di pasta (di pane) bollita **2** (*sl. amer.*) fantaccino.

doughnut ['dəʊnʌt / dough·nut] *s.* **1** 'krapfen', bombolone dolce; ciambella **2** (*fam. amer.*): — *tyre*, pneumatico a bassa pressione **3** (*fis. nucleare*) ciambella (del ciclotrone).

doughtiness ['daʊtɪnɪs / doughti·ness] *s.* (*antiq.*) prodezza.

doughty ['daʊtɪ] *agg.* (*antiq.*) prode, valoroso.

doughy ['dəʊɪ] *agg.* **1** pastoso; molle, soffice **2** (*fam.*) bianchiccio, terreo; flaccido (di epidermide).

Douglas fir ['dʌgləsfɜ:*] *s.* (*bot.*) (*Pseudotsuga taxifolia*) abete di Douglas, abete odoroso.

doum [du:m] *s.* (*bot.*) — (*palm*), (*Hyphaene thebaica*) palma dum.

dour ['dʊə*] *agg.* **1** austero, severo **2** triste, cupo, accigliato **3** ostinato // **-ly** *avv.* // **-ness** *s.*

dourine [dʊ'ri:n / dour·ine] *s.* (*vet.*) durina (di cavalli, asini).

to **douse**[1] [daʊs] *v.tr.* **1** gettare acqua su; bagnare **2** tuffare, immergere (in acqua) **3** (*fam.*) spegnere (luce, fuoco): *she doused the candle*, spense la candela ◆ *v.intr.* **1** stare, cadere (in acqua) **2** tuffarsi, immergersi (in acqua).

to **douse**[2] *v.tr.* (*mar.*) ammainare.

douser ['daʊsə*] *s.* (*cinem.*) schermo paraluce SIN. dowser.

dove[1] [dʌv] *s.* **1** (*zool.*) colomba; colombo, piccione // *the Dove*, lo Spirito Santo // *my* —, (*fam.*) mia colomba, amor mio **2** (*pol.*) colomba; pacifista, che segue una linea politica conciliante.

dove[2] [dəʊv] (*amer.*) *pass.* di → to **dive**.

dove-colour ['dʌv,kʌlə*] *s.* color tortora.

dove-coloured ['dʌv,kʌləd] *agg.* color tortora.

dovecot ['dʌvkɒt / dove·cot] **dovecote** ['dʌvkəʊt / dove·cote] *s.* piccionaia // *to flutter the dovecotes*, gettare scompiglio.

dovetail ['dʌvteɪl / dove·tail] *s.* (*tecn.*) coda di rondine: — *joint*, incastro a coda di rondine.

to **dovetail** *v.tr.* **1** (*tecn.*) unire, collegare mediante incastro a coda di rondine **2** (*fig.*) incastrare, inserire perfettamente; far combaciare; combinare, connettere: *to — two schemes together*, (*fam.*) collegare due iniziative ◆ *v.intr.* **1** (*tecn.*) fare un incastro a coda di rondine **2** (*fig.*) incastrarsi, inserirsi perfettamente; combaciare; combinarsi; connettersi.

dowager ['daʊədʒə* / dow·ager] *s.* **1** vedova (che gode di titolo o proprietà ereditati dal marito): *the queen and the queen* —, la regina e la regina madre **2** (*fam.*) vecchia signora dall'aspetto austero.

dowdy ['daʊdɪ] *agg.* **1** sciatto, trasandato **2** demodé, vecchio stile; inelegante ◆ *s.* (*non com.*) donna trasandata, sciatta, mal vestita.

dowel ['daʊəl] *s.* (*tecn.*) grano di riferimento; spina, caviglia.

to **dowel** *v.tr.* (*tecn.*) **1** munire di grani di riferimento **2** spinare; collegare mediante caviglie.

dower ['daʊə*] *s.* **1** (*dir.*) legittima (di vedova) // — *house*, residenza che costituisce parte dell'appannaggio della vedova di un nobile **2** dote **3** (*fig.*) dote, talento, dono naturale.

to **dower** *v.tr.* **1** assegnare una dote a (una sposa); (*dir.*) assegnare una quota del patrimonio del marito a una vedova **2** (*fig.*) dotare: *to be dowered with*, essere dotato di.

dowerless ['daʊəlɪs / dower·less] *agg.* senza dote.

dowlas ['daʊləs / dow·las] *s.* tela ruvida, robusta: *dowlas, filthy dowlas: I have given them away to bakers' wives, / and they have made bolters of them*, (SH. Henry IV) telacce, ruvide telacce: le ho date via a mogli di panettieri e ne hanno fatto setacci.

dowle ['daʊəl] *s.* (*ant.*) lanugine: ... *diminish / one dowle that's in my plume*, (SH. The Tempest) ... strappare un fiocco di lanugine ch'è nelle mie piume.

down[1] [daʊn] *s.* **1** duna (costiera) **2** *pl.* colline (specialmente nel Sud dell'Inghilterra) // *the Surrey Downs*, le Colline del Surrey // *the Downs*, la rada di Deal (nel Canale della Manica).

down[2] *s.* **1** piumino, piuma **2** lanugine; peluria.

down[3] *avv.* **1** (*per indicare direzione*) giù,

in giù; in basso; di sotto: *hand me — that bottle from the top shelf*, tirami giù quella bottiglia dall'ultimo ripiano; *they took the aerial — from the roof*, tirarono giù l'antenna dal tetto; *she had her head — checking the figures in the printout*, aveva la testa china mentre controllava le cifre sul tabulato; *she pulled — the blinds*, abbassò le tende; *he slammed — the phone angrily*, buttò giù rabbiosamente il telefono; *she knelt — at the altar*, s'inginocchiò davanti all'altare; *the rain poured — in torrents*, la pioggia veniva giù a fiumi // *we told them we'd go — by car*, dicemmo loro che saremmo andati giù in macchina // *he came — from Oxford in 1978*, ha lasciato l'università di Oxford, si è laureato a Oxford nel 1978 // *up and —*, su e giù: *the little girl was jumping up and — with excitement*, la bambina saltava su e giù per l'emozione; *the band marched up and —*, la banda marciava su e giù **2** (*per indicare posizione*) giù, dabbasso; di sotto: *on the third shelf — you'll find the French dictionary*, troverai il dizionario di francese nel terzo scaffale dall'alto; *he was driving his new sportscar with the roof —*, guidava la sua nuova macchina sportiva col tettuccio abbassato; *the body lay face — on the landing*, il corpo giaceva bocconi sul pianerottolo; *she saw the shop she wanted — at the end of the street*, vide il negozio che cercava giù in fondo alla strada; *Look — there, said the helicopter pilot*, Guardate laggiù, disse il pilota dell'elicottero **3** (*fig.*) giù, in basso, inferiormente (anche in senso metaforico): *this rule applies from top management —*, questa norma si applica dai massimi dirigenti in giù; *she looked — on her poor relatives*, disprezzava i suoi parenti poveri; *I'm trying to get my weight —*, sto cercando di calare di peso; *he was so ill he couldn't get any food —*, stava così male che non riusciva a mandar giù niente // *after all his promises, he's let me —*, dopo tutte le promesse, mi ha mancato di parola **4** si usa per formare 'phrasal verbs' (p.e. *to come —*, *to get —* ecc.); cfr. tali verbi.
◆ FRASEOLOGIA: *—!*, (a un cane) cuccia!, giù! // *never hit a man when he's —*, mai colpire un uomo quando è già a terra // *— under*, in Australia // *— here*, qui, nelle vicinanze // *— there*, laggiù // *— to the ground*, fino in fondo, completamente; *it suits me — to the ground*, mi va a genio, eccome! // *further —*, più in basso // *upside —*, sottosopra, alla rovescia // *— to*, fino a: *he remembered the names of the kings — to Charles II*, ricordava i nomi dei re fino a Carlo II; *she described everything in detail — to the rings Charlotte was wearing*, descrisse ogni cosa nei particolari, fino agli anelli che Charlotte portava // *— with...!*, abbasso...!, a morte...!: *— with the rebels!*, abbasso i ribelli! // (*comm.*) *cash* (o *money*) *—*, in contanti.

down[3] *agg.* **1** diretto verso il basso, in discesa; inferiore: *our firm's exports are — this year*, le esportazioni della nostra ditta sono in ribasso quest'anno; *the number of tourists last summer was — by 10%*, l'estate scorsa il numero dei turisti era inferiore del 10%; *she's not — yet*, non è ancora scesa (dalla sua camera, dal piano di sopra) // *his address is — in my notebook*, il suo indirizzo è scritto sul mio taccuino // *after fifteen minutes they were two goals —*, dopo quindici minuti erano sotto di due gol // *two —, three to go*, due finiti, tre da fare // *the sun is —*, il sole è tramontato **2** abbattuto, depresso: *she's feeling rather — this week*, si sente piuttosto depressa questa settimana **3** fuori uso, in panne: *the computer's — today*, il calcolatore è fuori uso oggi **4** (*comm.*) in acconto: *— payment*, versamento iniziale, acconto ◆ *s.* rovescio (di fortuna): *the ups and downs of life*, gli alti e bassi della vita // *the manager has a — on him*, il direttore ce l'ha con lui.

down[3] *prep.* giù per; verso (il basso); in fondo a: *she ran — the stairs to answer the phone*, corse giù per le scale per rispondere al telefono; *she had long hair hanging — her back*, aveva lunghi capelli che le scendevano giù per la schiena; *the train vanished — the tunnel*, il treno scomparve in fondo alla galleria; *we rowed — the river*, scendemmo a valle (del fiume); *the tears ran — her face*, le lacrime scorrevano sul suo viso; *you'll find the shop half way — the street*, troverai il negozio a metà strada; *they came marching — the street*, procedevano marciando lungo la strada // *— south*, a sud // *— the ages*, attraverso i secoli // *he's gone — the pub*, (*fam.*) è andato al pub.

to **down**[3] *v.tr.* **1** abbattere; buttare a terra: *to — s.o.*, abbattere qlcu. // *to — tools*, cessare il lavoro; mettersi in sciopero **2** (*fam.*) tracannare; ingurgitare: *to — a drink*, tracannare un bicchiere **3** (*amer.*) sconfiggere.

down-and-out [,daʊnənd'aʊt] *agg.* **1** squattrinato, al verde, in bolletta; (*fig.*) malmesso; malandato: *when you are down-and-out remember what did it*, (A. MILLER) quando avrai toccato il fondo cerca di capire il perché **2** suonato (di pugile).

down-and-out(er) [,daʊnənd'aʊt(ə*)] *s.* **1** spiantato, squattrinato **2** persona malmessa, malandata; barbone.

down-at-heel [,daʊnət'hi:l] *agg.* scalcagnato, male in arnese; scalcinato: *he looked very —*, aveva un aspetto scalcinato.

downbeat ['daʊnbi:t / down·beat] *agg.* (*fam.*) **1** pessimistico, triste, deprimente **2** indifferente, distaccato ◆ *s.* (*mus.*) attacco (del direttore d'orchestra); prima battuta.

downcast ['daʊnkɑ:st *amer.* 'daʊnkæst / down·cast] *agg.* **1** scoraggiato, depresso, abbattuto: *to look —*, avere l'aria abbattuta **2** rivolto verso il basso (di sguardo).

downcome ['daʊnkʌm / down·come] *s.* (*ant.*) **1** sfacelo; disastro **2** acquazzone.

downcomer ['daʊnkʌmə* / down·comer] *s.* (*tecn.*) condotto di scarico.

downdraught ['daʊndrɑ:ft / down·draught] *s.* corrente d'aria discendente.

downer ['daʊnə*] *s.* (*sl.*) **1** tranquillante, sedativo // *to be on a —*, essere depresso **2** persona, situazione noiosa, scoraggiante, deprimente; barba, lagna.

downfall ['daʊnfɔ:l / down·fall] *s.* **1** caduta, crollo: *the — of the government*, la caduta del governo; *the — of all my hopes*, il crollo di tutte le mie speranze; *his — was caused by drink*, la causa della sua rovina fu il bere **2** caduta, rovescio (di pioggia ecc.).

downgrade ['daʊngreɪd / down·grade] *s.* **1** discesa (di linea ferroviaria, strada ecc.) **2** (*fig.*) declino: *to be on the —*, essere in declino, andare declinando **3** (*inform.*) dimensionamento verso il basso (di programmi, funzioni, impianti); versione ridotta.

to **downgrade** *v.tr.* **1** retrocedere; abbassare di grado, rango **2** attribuire minor importanza a **3** (*inform.*) ridimensionare (impianti, programmi ecc.).

downhearted [,daʊn'hɑ:tɪd / down·hearted] *agg.* scoraggiato, depresso, abbattuto // **-ly** *avv.* // **-ness** *s.*

downhill [,daʊn'hɪl / down·hill] *agg.* **1** discendente, declinante, in discesa // (*sport*) *— skiing*, discesa libera **2** (*fam.*) facile: *it is all — from now on*, è tutto facile da adesso in poi.

downhill *s.* **1** (*ant.*) discesa; declivio; pendio **2** (*fig.*) declino **3** (*sport*) discesa.

downhill *avv.* in pendio, in discesa: *to run —*, correre in discesa // *to go —*, (*fig.*) andare declinando, essere in declino: *his health went — after the operation*, la sua salute andò peggiorando dopo l'operazione.

downiness ['daʊnɪnɪs / downi·ness] *s.* **1** l'essere lanuginoso, coperto di peluria; l'essere vellutato **2** morbidezza.

Downing Street ['daʊnɪŋ'stri:t / Down·ing Street] *s.* il governo inglese • Dal nome della via dove si trova la residenza ufficiale del Primo Ministro.

downland ['daʊnlænd / down·land] *s.* regione collinosa.

downline ['daʊnlaɪn / down·line] *s.* ferrovia che collega una città importante con i centri minori.

to **download** ['daʊnləʊd / down·load] *v.tr.* (*inform.*) scaricare (archivi, file ecc.) dal sistema centrale alle unità locali o periferiche.

down-market ['daʊn,mɑ:kɪt] *agg.* destinato a una clientela medio-bassa.

downmost ['daʊnməʊst / down·most] *agg.* il più basso ◆ *avv.* in giù: *head —*, a testa in giù.

downpour ['daʊnpɔ:* / down·pour] *s.* acquazzone; diluvio, pioggia torrenziale.

downright ['daʊnraɪt / down·right] *agg.* **1** franco, schietto, sincero **2** vero e proprio, assoluto: *a — lie*, una vera e propria bugia ◆ *avv.* completamente; nettamente; categoricamente: *he refused —*, rifiutò categoricamente; *he is — rude*, è di un'assoluta scortesia.

downrightness ['daʊnraɪtnɪs / down·right·ness] *s.* (*rar.*) rettitudine, sincerità.

to **downsize** ['daʊn,saɪz / down·size] *v.tr.* (*inform.*) fare la versione ridotta (di programmi o sistemi hardware).

downspout ['daʊnspaʊt / down·spout] *s.* (*amer.*) grondaia, tubo di scolo.

Down's syndrome [,daʊnz'sɪndrəʊm] *s.* (*med.*) sindrome di Down, mongolismo, trisomia 21.

downstage ['daʊnsteɪdʒ / down·stage] *agg.* e *avv.* (*teatr.*) verso la ribalta.

downstairs ['daʊn'steəz / down·stairs] *agg.* di sotto, dabbasso ◆ *s.* **1** pianterreno **2** *pl.* (*fam.*) i domestici (che, un tempo, vivevano al pianterreno).

downstairs *avv.* al piano inferiore, giù: *to go —*, discendere le scale; *to wait —*, aspettare giù, da basso.

downstream [,daʊn'stri:m / down·stream] *avv.* seguendo la corrente; a valle.

downtime ['daʊntaɪm / down·time] *s.* **1** (*mecc.*, *ind.*) tempo passivo; (*inform.*) tempo di fermo (per guasto, manutenzione) **2** (*fam. amer.*) tempo libero.

down-to-earth [,daʊntə'ɜ:θ] *agg.* realistico, concreto (di atteggiamento); realista, coi piedi per terra (di persona): *he's got a — attitude towards problems*, ha un atteggiamento concreto, realistico verso i problemi.

downtown [ˌdaʊnˈtaʊn / down·town] *s.* centro (di una città) ◆ *agg.* del centro: *a — shop*, un negozio del centro ◆ *avv.* in centro.

downtrain [ˈdaʊntreɪn / down·train] *s.* treno che collega una città importante con i centri minori.

downtrend [ˈdaʊntrend / down·trend] *s.* (*econ.*) tendenza al ribasso.

downtrodden [ˈdaʊnˌtrɒdn / down·trodden] *agg.* calpestato; oppresso.

downturn [ˈdaʊntɜːn / down·turn] *s.* (*spec. econ.*) ribasso, calo, flessione.

downward [ˈdaʊnwəd / down·ward] *agg.* giù, verso il basso: — *tendency*, *movement*, tendenza, movimento verso il basso // (*econ.*) — *inflexibility of prices*, *of wages*, rigidità verso il basso di prezzi, di salari.

downward(s) [ˈdaʊnwəd(z) / down·ward(s)] *avv.* **1** (*direzione*) in giù, verso il basso: *he lay face — in the grass*, giaceva a faccia in giù nell'erba **2** (*tempo*) in poi, in avanti: *he remembered all the English Kings — to Henry* VIII, ricordava tutti i re inglesi fino a Enrico VIII.

downwash [ˈdaʊnwɒʃ / down·wash] *s.* (*aer.*) deflessione.

down wind [ˈdaʊnwɪnd] *avv.* sottovento.

downy[1] [ˈdaʊnɪ] *agg.* ondulato (come le dune).

downy[2] *agg.* **1** lanuginoso, coperto di peluria; vellutato **2** molle, morbido **3** (*sl. antiq.*) ben sveglio; conscio.

dowry [ˈdaʊərɪ] *s.* **1** (*dir.*) dote **2** (*fig.*) dote, qualità.

to **dowse**[1] [daʊz] *v.intr.* cercare acqua, minerali con la bacchetta da rabdomante.

to **dowse**[2] → to **douse**[1].

dowser [ˈdaʊzə*] *s.* **1** rabdomante **2** bacchetta divinatoria **3** (*cinem.*) → douser.

dowsing [ˈdaʊzɪŋ / dows·ing] *s.* rabdomanzia // — *rod*, bacchetta da rabdomante.

doxological [ˌdɒksəˈlɒdʒɪkl / doxo·log·ical] *agg.* (*eccl.*) di, relativo a dossologia.

doxology [dɒkˈsɒlədʒɪ / doxo·logy] *s.* (*eccl.*) dossologia.

doxy[1] [ˈdɒksɪ] *s.* (*sl. ant.*) **1** amante (donna) **2** prostituta.

doxy[2] *s.* opinione (gener. teologica).

doyen [ˈdɔɪən] *s.* decano.

doz [dʌz] abbr. di → **dozen**.

doze [dəʊz] *s.* sonnellino: *to fall into a* —, assopirsi; *to have a* —, fare un sonnellino.

to **doze** *v.intr.* sonnecchiare.

□ **doze off** *v.intr.* e *avv.* assopirsi.

dozed [dəʊzd] *agg.* **1** marcio; tarlato (di legno) **2** (*non com.*) sonnolento; assopito.

dozen [ˈdʌzn] *s.* dozzina: *one, two, several — eggs*, una, due, parecchie dozzine di uova; *six — bottles of wine*, sei dozzine di bottiglie di vino; *pack them in dozens*, imballatene dodici per volta; *to sell articles in dozens*, vendere articoli a dozzine; *dozens of people think as I do*, decine e decine di persone la pensano come me // *a baker's* —, una dozzina abbondante, tredici // *to talk nineteen to the* —, (*fam.*) parlare a tutto spiano.

dozenth [ˈdʌznθ / doz·enth] *agg.* dodicesimo; (*fam.*) ennesimo: *I tell you for the — time*, te lo dico per la ennesima volta.

drab[1] [dræb] *s.* **1** donna sudicia, trasandata **2** (*non com.*) sgualdrina, prostituta.

to **drab**[1] *pass.p.p.* **drabbed** [dræbd] *v.intr.* (*ant.*) frequentare prostitute.

drab[2] *agg.* **1** grigio, grigiastro, bruno grigiastro; beige **2** scialbo; monotono ◆ *s.* monotonia, grigiore // **-ly** *avv.* // **-ness** *s.*

drabbet [ˈdræbɪt / drab·bet] *s.* tessuto di lino grezzo.

to **drabble** [ˈdræbl] *v.tr.* infangare ◆ *v.intr.* infangarsi.

dracaena [drəˈsiːnə / dra·caena] *s.* (*bot.*) dracena.

drachm → **dram** 1.

drachma [ˈdrækmə] *pl.* **drachmas** [ˈdrækməz / drach·mas] **drachmae** [ˈdrækmiː / drach·mae] *s.* dracma, dramma (moneta greca).

Draconian [drəˈkəʊnjən / Dra·con·ian] **Draconic** [dreɪˈkɒnɪk / Dra·conic] *agg.* draconiano.

draff [dræf] *s.* feccia del vino; scorie del malto (nella produzione della birra): *'tis old, but true: 'still swine eats all the draff'*, (SH. Merry Wives) è un vecchio detto, ma vero: 'il porco mangia tutti i rifiuti'.

draft, **draught** [drɑːft *amer.* dræft] *s.* **1** tiro, trazione: *beasts of* —, bestie da tiro **2** retata; gettata di reti **3** dose (di medicina liquida); sorso; quantità di liquido: *beer on* — (o — *beer*), birra alla spina; *to drink at a* (o *one*) —, bere in un solo sorso **4** abbozzo; brutta copia; prima stesura di manoscritto; progetto (di legge, di contratto); (*arch. mecc.*) disegno schematico; — *of an agreement*, schema di un contratto; *first — of a novel*, prima stesura di un romanzo // — *scheme*, progetto **5** (*tip.*) prima bozza **6** corrente d'aria: *you are sitting in a* —, sei seduto in mezzo a una corrente d'aria **7** (*comm.*) tratta; effetto; cambiale; assegno: — *at sight* (o *sight* —), tratta a vista; *to make a — on s.o.*, spiccare tratta su qlcu. // — *contract*, progetto, bozza di contratto // — *budget*, progetto di bilancio **8** (*comm.*) abbuono per calo del peso o perdite **9** (*mil.*) distaccamento; contingente; membro di un distaccamento o di un contingente **10** (*mil. amer.*) coscrizione, leva: — *board*, commissione di leva; — *registration*, iscrizione nelle liste di leva **11** (*mar.*) pescaggio; profondità di immersione di nave: — *mark*, marca di pescaggio **12** (*metall.*) spoglia, sformo // *back* —, controspoglia, sottosquadro **13** (*tess.*) stiro **14** (*tecn.*) tiraggio: *natural*, *forced* —, tiraggio naturale, forzato • La grafia *draft*, un tempo usata soprattutto nell'inglese degli Stati Uniti, si va diffondendo sempre più anche in Gran Bretagna.

to **draft** *v.tr.* **1** tirare **2** disegnare; abbozzare; stendere la prima copia di; redigere (un processo verbale, un progetto di legge ecc.): *to — a bill*, stendere un progetto di legge **3** (*mil.*) distaccare (truppe ecc.) **4** (*amer.*) arruolare **5** (*amer.*) selezionare, scegliere (un candidato per le elezioni).

draft-dodger [ˈdrɑːftˌdɒdʒə* *amer.* ˈdræft ˌdɒdʒə*] *s.* (*sl. amer.*) imboscato; renitente alla leva.

draftee [ˌdrɑːfˈtiː *amer.* ˌdræfˈtiː] *s.* (*amer.*) coscritto.

drafter [ˈdrɑːftə* *amer.* ˈdræftə*] *s.* chi stende (documento), estensore; chi abbozza (progetti); redattore.

draft-horse [ˈdrɑːftˌhɔːs *amer.* ˈdræftˌhɔːs] *s.* cavallo da tiro.

drafting [ˈdrɑːftɪŋ *amer.* ˈdræftɪŋ / draft·ing] *s.* stesura; redazione (di un progetto, di una legge ecc.).

draftsman [ˈdrɑːftsmən *amer.* ˈdræftsmən / drafts·man] *pl.* **draftsmen** *s.* **1** disegnatore industriale; grafico **2** → drafter.

draftsmanship [ˈdrɑːftsmənʃɪp *amer.* ˈdræftsmənʃɪp / drafts·man·ship] *s.* l'arte del disegno industriale.

drafty *agg.* (*spec. amer.*) → **draughty**.

drag [dræg] *s.* **1** (*agr.*) erpice pesante; frangizolle **2** (*tecn.*) draga **3** (*mar.*) rete a strascico **4** (*trib., econ.*) *fiscal* —, drenaggio fiscale **5** (*mecc.*) freno a ceppi, martinicca **6** (*aer.*) resistenza aerodinamica **7** (*fis.*) trascinamento, resistenza: — *coefficient*, coefficiente di trascinamento **8** (*fig.*) ostacolo, impedimento, peso: *his family has always been a — on him*, la sua famiglia gli è sempre stata di gran peso **9** (*fam. amer.*) autorità, influenza **10** (*sl.*) noia, barba: *homework is a real* —, i compiti a casa sono una vera scocciatura **11** (*sl.*) travestimento femminile: *a man in* —, un travestito // — (*queen*), (*sl. amer.*) travestito **12** (*sl. amer.*) strada, via **13** carrozza pesante a quattro cavalli; diligenza **14** odore di selvaggina (artificialmente sparso sul terreno per addestrare i cani alla caccia); caccia fatta in questo modo (p.e. trascinando una volpe morta).

to **drag** *pass.p.p.* **dragged** [drægd] *v.tr.* **1** trascinare, tirare (con sforzo): *to — a heavy load*, trascinare un carico pesante; *to — one's feet*, trascinare i piedi; *he could scarcely — himself along*, si trascinava avanti a mala pena // *to — away*, trascinare via; separare con forza: *to — s.o. away from*, separare qlcu. da // *to — ass*, (*sl. amer.*) andarsene in gran fretta **2** (*agr.*) erpicare **3** pescare a strascico **4** dragare, rastrellare; nettare (un fiume, un porto) **5** (*mar.*) arare: *the ship dragged her anchor*, la nave arava ◆ *v.intr.* **1** trascinarsi; strascicare, strascicarsi; procedere pesantemente, con stanchezza (*anche fig.*): *her coat dragged behind her*, il suo cappotto strascicava per terra, *the conversation dragged*, la conversazione si trascinava // *to — about*, andare a zonzo, strascicarsi di qua e di là **2** (*mar.*) arare; dragare **3** pescare a strascico **4** erpicare.

□ **drag down** *v.tr.* e *avv.* tirare, trascinare verso il basso: *he has dragged his family down with him*, ha trascinato la sua famiglia con sé nella rovina.

□ **drag in** *v.tr.* e *avv.* **1** trascinare dentro con forza: *he wanted to come into the house and he dragged me in as well*, voleva entrare nella casa e spinse dentro pure me **2** menzionare, fare accenno a (qlco. di spiacevole o irrilevante): *to — a subject in*, portare la conversazione su un dato argomento.

□ **drag into** *v.tr.* e *prep.* **1** → to drag in 1 **2** (*fig.*) coinvolgere con la forza: *don't — my mother into this!*, non coinvolgere mia madre in questo!

□ **drag on** *v.intr.* e *avv.* prolungarsi; andare avanti: *time drags on*, il tempo scorre lentamente; *talks dragged on for weeks*, i negoziati andarono avanti per settimane.

□ **drag out** *v.tr.* e *avv.* **1** far uscire a forza: *to — s.o. out of bed*, tirar qlcu. giù dal letto; *to — the truth out of s.o.*, strappare la verità a qlcu. **2** prolungare: *they dragged out the argument for hours*, fecero andare avanti la discussione ore ed ore.

□ **drag up** *v.tr.* e *avv.* **1** tirare verso l'alto // *to — up a child*, (*fam.*) allevare un bambino senza molte cure **2** (*fam.*) tirar fuori, rivangare (una vecchia storia).

drag-boat ['drægbəʊt] *s.* peschereccio a strascico.

drag-chain ['drægtʃeɪn] *s.* (*ferr.*) catena d'aggancio.

dragée [drɑ:'ʒeɪ / dra·gée] *s.* cioccolatino; confetto.

to **draggle** ['drægl] *v.tr.* e *intr.* trascinare, trascinarsi per terra; infangare, infangarsi; inzaccherare, inzaccherarsi.

draggle-tail ['drægltel] *s.* (*fam. antiq.*) donna sudicia e trascurata nel vestire.

dragline ['dræglaɪn / drag·line] *s.* **1** (*mecc.*) escavatrice a benna trascinata **2** (*mar.*) rete a strascico.

drag-man ['drægmæn] *s.* pescatore a strascico.

drag-net ['drægnet] *s.* rete a strascico.

dragoman ['drægəʊmən / drago·man] *pl.* **dragomen**, **dragomans** *s.* dragomanno.

dragon ['drægən] *s.* **1** drago, dragone **2** (*fig. fam.*) caporale; strega (di donna) **3** (*mil.*) (*soldato*) dragone.

dragonfly ['drægənflaɪ / dragon·fly] *s.* (*zool.*) libellula SIN. adder-fly.

dragon(n)ade [,drægə'neɪd / dragon·(n)ade] *s.* (*gener. pl.*) persecuzione (dei protestanti francesi sotto Luigi XIV).

dragon's blood ['drægənzblʌd]
dragon-tree ['drægəntri:] *s.* (*bot.*) (*Dracaena draco*) dracena; (*pop.*) sangue di drago.

dragon wagon ['drægən,wægən] *s.* (*fam. amer.*) carro attrezzi.

dragoon [drə'gu:n / dra·goon] *s.* (*mil.*) dragone.

to **dragoon** *v.tr.* costringere con la forza: *to — s.o. into doing sthg.*, costringere qlcu. a fare qlco.

drain [dreɪn] *s.* **1** tombino; canale di scolo; fogna, tubo di scarico // *years of work gone down the —*, anni di lavoro buttati via **2** (*med.*) (tubo per) drenaggio **3** (*fig.*) salasso; perdita, fuga (d'energia, di denaro); esaurimento, impoverimento: *it was a real — on my savings*, fu un vero salasso per i miei risparmi; (*econ.*) *— of funds*, drenaggio di fondi, di capitali; *gold —*, depauperamento delle riserve auree (di una banca centrale); (*ecol.*) *— on the resources*, esaurimento delle risorse **4** (*fam.*) piccola quantità, goccia, goccio (di bevanda alcolica) **5** *pl.* (*ant.*) feccia: *or emptied some dull opiate to the drains*, (KEATS) o avessi trangugiato qualche greve sonnifero fino alla feccia.

to **drain** *v.tr.* **1** far scolare, far defluire **2** prosciugare **3** (*fig.*) esaurire, dissanguare, prosciugare: *he had drained the family's financial resources*, aveva esaurito le risorse economiche della famiglia **4** svuotare (bicchiere ecc.), scolarsi: *she drained her glass of milk*, svuotò il suo bicchiere di latte // *to — sthg. dry* (o *to the dregs*), bere qlco. fino all'ultima goccia **5** (*med.*) drenare ◆ *v.intr.* **1** defluire **2** prosciugarsi.

□ **drain away** *v.intr.* e *avv.* **1** scorrere via **2** scomparire, scemare ◆ *v.tr.* e *avv.* far scorrere via.

□ **drain off** *v.tr.* e *avv.* prosciugare.

drainable ['dreɪnəbl / drain·able] *agg.* prosciugabile.

drainage ['dreɪnɪdʒ / drain·age] *s.* **1** fognatura; scolo; spurgo; scarico: *— channels*, canali di scolo; *— system*, rete fognaria **2** drenaggio // (*geogr.*): *— basin*, bacino imbrifero, idrografico; *— system* (o *— pattern*), rete idrografica.

drainer ['dreɪnə*] *s.* **1** sterratore **2** utensile per drenaggio **3** colino; scolatoio; scolapiatti.

draining board ['dreɪnɪŋbɔ:d] *s.* piano, ripiano di scolo (del lavello).

drainpipe ['dreɪnpaɪp / drain·pipe] *s.* **1** canale di scolo, di scarico **2** tubo di scolo, grondaia.

drake[1] [dreɪk] *s.* (*zool.*) **1** nome di varie specie di insetti usati come esca **2** (*Ephemera vulgata*) efemera, effimera SIN. day-fly.

drake[2] *s.* (*zool.*) maschio dell'anatra.

dram [dræm] *s.* **1** dramma (unità di peso greca) SIN. drachm **2** (*fam.*) goccia, bicchierino (di liquore).

drama ['drɑ:mə] *s.* **1** (*teatr.*) dramma; arte drammatica; letteratura drammatica // *a — student*, chi frequenta la scuola d'arte drammatica **2** situazione drammatica; aspetto drammatico, drammaticità.

dramatic [drə'mætɪk / dra·matic] *agg.* drammatico (*anche fig.*); teatrale: *a — entrance*, (*fig.*) ingresso teatrale, d'effetto // *— critic*, critico teatrale // **-ally** *avv.*

dramatics [drə'mætɪks / dra·matics] *s.* **1** Ⓤ drammatica **2** Ⓤ filodrammatica **3** comportamento, atteggiamento teatrale: *the speaker's — angered the crowd*, l'atteggiamento teatrale dell'oratore irritò la folla.

dramatis personae [,drɑ:mətɪspɜ:'səʊnaɪ] *s.pl.* (*form.*) (*teatr.*) personaggi.

dramatist ['dræmətɪst / dram·at·ist] *s.* drammaturgo.

dramatization [,dræmətaɪ'zeɪʃn *amer.* ,dræmətɪ'zeɪʃn / dram·at·iza·tion] *s.* drammatizzazione.

to **dramatize** ['dræmətaɪz / dram·at·ize] *v.tr.* **1** drammatizzare; rendere adatto alla rappresentazione **2** (*fig.*) (*anche intr.*) drammatizzare: *don't —!*, non drammatizzare!

dramaturgic [,dræmə'tɜ:dʒɪk / dram·at·urgic] *agg.* drammaturgico, di drammaturgo; di drammaturgia.

dramaturgist [,dræmə'tɜ:dʒɪst / dram·at·ur·gist] *s.* drammaturgo.

dramaturgy ['dræmə,tɜ:dʒɪ / dram·at·urgy] *s.* drammaturgia.

drank *pass.* di to **drink**.

drape [dreɪp] *s.* (*sl. amer.*) abito completo (da uomo).

to **drape** [dreɪp] *v.tr.* **1** drappeggiare; ornare con drappo: *draped in mourning*, parato a lutto **2** (*over*, *around*) far ciondolare: *he draped one leg over the arm of the chair*, aveva una gamba a ciondoloni dal bracciolo della sedia.

draper ['dreɪpə*] *s.* merciaio; negoziante di tessuti.

draperied ['dreɪpərɪd / draper·ied] *agg.* coperto, fornito di drappi.

drapery ['dreɪpərɪ] *s.* **1** tessuti AMER. dry goods: *— store*, negozio di tessuti **2** drappeggi, tendaggi **3** commercio di tessuti **4** *pl.* (*amer.*) → drapes.

drapes [dreɪps] *s.pl.* (*amer.*) tende, tendaggi.

drappy ['drɑ:pɪ] *s.* (*scoz.*) goccia (di liquore) // *wee —*, goccino (di whisky).

drastic ['dræstɪk / dras·tic] *agg.* drastico: *we were forced to make — changes in our lifestyle*, fummo obbligati ad apportare dei drastici cambiamenti al nostro stile di vita // **-ally** *avv.*

drat [dræt] *s.* (*inter. antiq.*) maledizione!

draught → **draft**.

draughtboard ['drɑ:ftbɔ:d / draught·board] *s.* scacchiera AMER. checkerboard.

draught-horse ['drɑ:fthɔ:s] *s.* cavallo da tiro.

draughts [drɑ:fts] *s.pl.* gioco della dama AMER. checkers.

draughtsman ['drɑ:ftsmən *amer.* 'dræfts mən / draughts·man] *pl.* **draughtsmen** *s.* **1** → draftsman **2** (*dama*) pedina.

draughtsmanship → **draftsmanship**.

draughty ['drɑ:ftɪ *amer.* 'dræftɪ] *agg.* pieno di correnti d'aria.

draw [drɔ:] *s.* **1** tiro, strattone, tirata; l'estrarre: *to be quick on the —*, essere veloce nell'estrarre (un'arma); (*fig.*) essere pronto, svelto (nel rispondere, nel reagire) // *to take a — on a cigarette*, dare un tiro a una sigaretta **2** estrazione (di lotteria); sorteggio // *that's luck of the —!*, così ha voluto il caso! **3** (*fig.*) vantaggio: *his war record gave him the — on the other candidates*, il suo stato di servizio durante la guerra gli diede un vantaggio sugli altri candidati **4** (*fig.*) attrazione: *this actress was a great —*, questa attrice costituiva una grande attrazione; *the new Ferrari was a great —*, la nuova Ferrari era la grande attrazione **5** (*sport*) pareggio: *the game ended in a —*, la partita si concluse con un pareggio **6** (*arch.*) ala di ponte levatoio **7** (*amer.*) piccolo canale naturale **8** carte servite (nel poker) **9** tensione (di un arco).

to **draw** *pass.* **drew** [dru:] *p.p.* **drawn** [drɔ:n] *v.tr.* **1** tirare, tendere: *to — rein*, tirare le redini; *to — a bow*, tendere un arco; *to — a breath*, tirare il fiato, inspirare; *tiredness drew his features*, (*fig.*) la stanchezza contrasse il suo volto; *to — one's first, last breath*, (*fig.*) nascere, morire // *to — the long bow*, esagerare; dirle grosse // *to — a bead on s.o.*, prendere di mira qlcu. // (*sport*) *to — a game with s.o.*, far pari con qlcu. **2** tirare, trascinare; attirare: *drawn by a locomotive*, trainato da una locomotiva; *he drew her to one side*, la tirò da parte; *to — crowds*, attirare la folla; *to — one's hat over one's eyes*, tirarsi il cappello sugli occhi; *a pretty girl drew his eye*, una bella ragazza attirò il suo sguardo; *to — s.o. into conversation*, far parlare qlcu.; *to — s.o. into doing sthg.*, indurre qlcu. a fare qlco.; *to — vengeance upon oneself*, attirarsi una vendetta // *to feel drawn to s.o.*, sentirsi attratto verso qlcu. **3** estrarre, cavar fuori; trarre; prelevare (da conto ecc.); spillare (vino, birra): *to — a cork from a bottle*, stappare una bottiglia; *to — one's sword*, sguainare la spada; *to — a card*, estrarre una carta; *to — a confession from s.o.*, estorcere una confessione a qlcu.; *to — a smile, to — tears from s.o.*, strappare un sorriso, strappare le lacrime a qlcu.; *to — profit from sthg.*, trarre profitto da qlco.; *to — a conclusion*, trarre una conclusione // *to — lots* (o *to — straws*), tirare a sorte; *to — a blank*, non avere successo; (*amer.*) avere un vuoto di memoria; *to — a prize at a lottery*, vincere un premio alla lotteria // *to — s.o.'s teeth*, spuntare gli artigli a qlcu., rendere innocuo qlcu. // *to — blood*, ferire // *to — a salary*, ricevere uno stipendio // (*comm.*) *to — an interest of 10 per cent* (o *to — 10 per cent interest*), fruttare un interesse del 10 per cento // (*caccia*) *to — a fox*, stanare la volpe; *to — a covert*, battere il terreno per far alzare la selvaggina **4** tirare, chiudere o aprire (tende, persiane ecc.): *he drew the curtains to stop the sunlight entering the room*, tirò le tende per evitare che la luce del sole entrasse nella stanza; *to — the blinds*, chiudere, aprire le imposte **5** svuotare, sventrare: *sentenced to be hanged, drawn and quartered*, (*st.*) condannato a essere impiccato, sventrato e squartato **6** disegnare; tracciare (*anche fig.*): *to — a dotted line*, punteggiare; *to — a full-length portrait*, disegnare un ritratto a figura intera; *to — a picture of s.o.*, fare il ritratto di qlcu.; *to — sthg. in ink, pencil*, disegnare qlco. in inchiostro, a matita; *to — a distinction between two things*, fare una distinzione fra due cose // *to — it fine*, (*sl.*) essere molto preciso nel fare distinzioni // *I — the line at working on a Sunday*, tutto ma non lavorare di domenica; *we have to — the line somewhere*, a un certo punto bisogna porre un limite **7** allungare, stendere; (*tess.*) stirare **8** (*mecc.*) imbutire; trafilare **9** (*metall.*) rinvenire **10** (*chim.*) estrarre; (*ind. miner.*) spillare (minerale) **11** (*comm.*) spiccare, emettere (tratta ecc.): *to — a bill* (o *draft*) *on*, emettere tratta su; *to — a cheque on a bank*, emettere un assegno su una banca **12** (*di imbarcazione*) pescare: *the boat draws 40 feet of water*, la barca pesca 40 piedi ◆ *v.intr.* **1** (*near, towards, to*) avanzare, avvicinarsi: *we drew towards the town*, ci avvicinammo alla città; *night draws near*, la notte si avvicina; *to — to an end* (o *to a close*), avvicinarsi alla fine **2** tirare; produrre una corrente d'aria: *the chimney doesn't — well*, il camino non tira bene; *the fire draws easily*, il fuoco prende bene **3** (*fig.*) attirare l'attenzione, l'interesse: *the show is drawing well*, lo spettacolo sta avendo successo **4** disegnare **5** (*sport*) pareggiare, fare un pareggio **6** essere in infusione: *the tea is drawing*, il tè è in infusione **7** tirare (della pelle) **8** (*caccia*) battere un terreno (per far alzare la selvaggina).

□ **draw ahead** *v.intr.* e *avv.* andare avanti; (*fig.*) superare, sopravanzare: *in the last few months we have drawn ahead of all our competitors*, negli ultimi mesi abbiamo sopravanzato tutti i nostri concorrenti.

□ **draw apart** *v.intr.* e *avv.* staccarsi, allontanarsi (*anche fig.*): *I saw him — apart from the group and go back to his car*, l'ho visto staccarsi dal gruppo e ritornare alla sua auto.

□ **draw aside** *v.tr.* e *avv.* **1** tirare da parte, tirare indietro; scostare: *to — the curtain aside*, scostare la tenda **2** prendere da parte (qlcu.): *Joan drew me aside at the party last night and said she didn't approve of my drinking so much*, Joan mi prese da parte ieri sera alla festa e mi disse che non approvava che io bevessi così.

□ **draw away**, **draw back** *v.intr.* e *avv.* tirarsi indietro, rifuggire (da), allontanarsi: *I drew away from them with alarm, frightened by their expressions*, mi allontanai da loro con spavento impaurito dalle loro espressioni; *the boat drew away from the harbour*, il battello si allontanò dal porto.

□ **draw down** *v.tr.* e *avv.* abbassare.

□ **draw forth** *v.tr.* e *avv.* tirar fuori, provocare (risa, elogi ecc.).

□ **draw in** *v.intr.* e *avv.* **1** accorciarsi (di giorno): *the days are beginning to — in*, le giornate si stanno accorciando **2** arrivare; entrare in stazione (di treno ecc.): *hurry up! our train is just drawing in* (o *into the station*), affrettati, il nostro treno sta arrivando ◆ *v.tr.* e *avv.* tirar dentro, coinvolgere (qlcu.): *eventually I was drawn in, I was drawn into the quarrel*, alla fine fui coinvolto anch'io (nella disputa).

□ **draw into** *v.intr.* e *tr.* e *prep.* → to **draw in**.

□ **draw off** *v.intr.* e *avv.* ritirarsi ◆ *v.tr.* e *avv.* **1** aspirare, togliere (liquidi) **2** togliersi, levarsi, sfilarsi: *to — off one's gloves*, togliersi i guanti.

□ **draw on** *v.tr.* e *avv.* **1** infilarsi (guanti, calze ecc.) **2** (*fig.*) incitare, spronare: *he was drawn on by the idea of getting a lot of money*, lo spronava l'idea di guadagnare molto denaro ◆ *v.intr.* e *avv.* **1** avvicinarsi: *spring was drawing on*, la primavera si avvicinava **2** [anche *upon*] attingere a: *he drew (up)on his boyhood experience when he wrote his novel*, attinse alle sue esperienze giovanili quando scrisse il romanzo.

□ **draw out** *v.tr.* e *avv.* **1** mettere a proprio agio, far sentire a proprio agio **2** estrarre, tirar fuori: *he drew out a knife*, tirò fuori un coltello; *she drew a thorn out of my finger*, estrasse una spina dal mio dito **3** prelevare (in banca) **4** estorcere; cavar fuori: *they drew the whole story out of him* (o *from him*), gli cavarono fuori l'intera storia ◆ *v.intr.* e *avv.* **1** allungarsi (di giorno) **2** partire, uscire da: *when I arrived the train was drawing out* (*of the station*), quando arrivai il treno stava lasciando la stazione.

□ **draw over** *v.intr.* e *avv.* accostare (di auto).

□ **draw round** *v.intr.* e *avv.* avvicinarsi.

□ **draw to, towards** *v.tr.* e *prep.* attirare, attrarre (verso).

□ **draw together** *v.tr.* e *avv.* riunire, far riunire; riavvicinare: *the child's illness had drawn them together*, la malattia del bambino li aveva riuniti ◆ *v.intr.* e *avv.* riunirsi.

□ **draw up** *v.intr.* e *avv.* avvicinarsi e fermarsi: *a car drew up in front of the church*, un'auto si fermò di fronte alla chiesa ◆ *v.tr.* e *avv.* **1** avvicinare, accostare: *she drew the chair up against the wall*, accostò la sedia alla parete; *on the ferry the cars were drawn up close together*, sul traghetto i veicoli furono sistemati vicini gli uni agli altri **2** compilare, redigere (un rapporto, una lista ecc.) **3** *to — s.o. up sharp*, far fermare qlcu. bruscamente **4** *to — oneself up*, raddrizzarsi: *he drew himself up and walked out gravely*, raddrizzò le spalle e uscì con dignità.

drawback ['drɔ:bæk / draw·back] *s.* **1** inconveniente, lato negativo; svantaggio, ostacolo: *the only — of* (o *to*) *the plan is it's expensive*, l'unico lato negativo del progetto è che è costoso; *he's a — to the team*, è d'ostacolo alla squadra **2** (*comm.*) drawback (restituzione di diritti o dazi doganali, premio di esportazione) **3** (*amm.*) ristorno.

drawbridge ['drɔ:brɪdʒ / draw·bridge] *s.* ponte levatoio.

drawdown ['drɔ:daʊn / draw·down] *s.* **1** (*geol.*) abbassamento della falda freatica, abbassamento piezometrico **2** (*amer.*) riduzione, taglio.

drawee [drɔ:'i:] *s.* (*comm.*) trattario, trassato // *— bank*, banca trassata.

drawer [drɔ:ə* *nel sign. 5* drɔ:*] *s.* **1** chi tira, chi attinge (acqua); chi spilla (birra, vino): *give us leave, drawer*, (SH. Merry Wives) lasciateci soli, taverniere **2** disegnatore, disegnatrice **3** chi redige (documenti) **4** (*comm.*) traente **5** cassetto: *— pull*, maniglia di cassetto **6** *pl.* (*chest of*) *drawers*, cassettone.

drawers [drɔ:z] *s.pl.* mutandoni; (*amer.*) mutande (da uomo).

drawing ['drɔ:ɪŋ / draw·ing] *s.* **1** disegno: *ink, pen —*, disegno a inchiostro, a penna // *rough —*, schizzo; *figure —* (o *— from life*), disegno di figura **2** il tirare; tiraggio, estrazione; (*fig.*) attrazione **3** (*tess.*) stiro **4** (*mecc.*) imbutitura; trafilatura **5** (*metall.*) rinvenimento **6** (*comm.*) prelevamento, prelievo di fondi: *special — rights*, diritti speciali di prelievo (presso il Fondo Monetario Internazionale) **7** (*fin.*) estrazione (di obbligazioni) **8** (*amer.*) → drawing room 3.

drawing-block ['drɔ:ɪŋ,blɒk] *s.* blocco di carta da disegno.

drawing board ['drɔ:ɪŋbɔ:d] *s.* tavolo da disegno // *to go back to the —*, (*fam.*) ricominciare daccapo.

drawing master ['drɔ:ɪŋ,mɑ:stə*] *s.* professore di disegno.

drawing paper ['drɔ:ɪŋ,peɪpə*] *s.* carta da disegno.

drawing-pen ['drɔ:ɪŋpen] *s.* tiralinee.

drawing pencil ['drɔ:ɪŋ,pensl] *s.* matita da disegno.

drawing pin ['drɔ:ɪŋpɪn] *s.* puntina da disegno AMER. thumbtack.

drawing room ['drɔ:ɪŋrʊm *amer.* 'drɔ:ɪŋ ru:m] *s.* **1** salotto **2** ricevimento **3** (*amer.*) (*ferr.*) vettura salone.

drawing table ['drɔ:ɪŋ,teɪbl] *s.* tavolo da disegno SIN. drawing board.

drawl [drɔ:l] *s.* pronuncia strascicata.

to **drawl** *v.intr.* strascicare la voce, le parole: *drawling voice*, voce strascicata ◆ *v.tr.*: *to — (out) sthg.*, dire qlco. con voce strascicata.

drawn *p.p.* di to **draw** ◆ *agg.* **1** tirato, teso (*anche fig.*): *a — blind*, una tendina tirata; *a — face*, un viso tirato, teso **2** (*sport*) in pareggio, pari **3** (*metall.*) trafilato **4** estratto: *a — sword*, una spada sguainata; (*fin.*) *— bond*, obbligazione estratta.

drawn-out [drɔ:n'aʊt] *agg.* prolungato, che si protrae (da tempo): *a long — agony*, un'agonia prolungata.

draw-sheet ['drɔ:ʃi:t] *s.* traversa (igienica per letto).

draw-top table ['drɔ:tɒp,teɪbl] *s.* tavolo allungabile.

dray [dreɪ] *s.* **1** carro per trasporti pesanti; barroccio **2** (*amer.*) slitta per trasportare legname.

dray-horse ['dreɪhɔ:s] *s.* cavallo da tiro.

drayman ['dreɪmən / dray·man] *pl.* **draymen** *s.* carrettiere; barrocciaio.

dread [dred] *agg.* **1** (*poet., letter.*) temibile, spaventoso; paventato: *what dread hand?*, (W. BLAKE) quale mano spaventosa? **2** venerabile, augusto ◆ *s.* timore, spavento, terrore; (*fam.*) fobia: *holy —*, sacro terrore; *to be, to live in — of s.o., of doing sthg.*, aver paura, vivere nel terrore di qlcu., di fare qlco.; (*fam.*) aver una fobia per qlco.

to **dread** *v.tr.* temere, aver paura di: *he dreads doing wrong* (o *to do wrong*), teme di far del male; *I — that he may fall ill*, temo che possa ammalarsi; *I — to think what might happen*, tremo all'idea di quello che può succedere.

dreadful ['dredfʊl / dread·ful] *agg.* terribile, spaventoso; terrificante; atroce: *a — storm*, una tempesta terribile; *it was sthg. —*, fu qlco. di spaventoso.

dreadfully ['dredfʊlɪ / dread·fully] *avv.* terribilmente, spaventosamente: *— tired*, (*fam.*) stanco morto; *he was — pale*, era pallidissimo; *I am — sorry*, mi spiace moltissimo.

dreadfulness ['dredfʊlnɪs / dread·ful·ness] *s.* spaventosità; orrore.

dreadlocks ['dredlɒks / dread·locks] *s.pl.* (*fam.*) capelli acconciati secondo lo stile dei musicisti di reggae • Forse perché in origine destinati a incutere timore.

dreadnought ['dredno:t / dread·nought] *s.* **1** (*mar.*) dreadnought, corazzata monocalibro **2** (*antiq.*) giaccone di pesante lana impermeabilizzata.

dream [dri:m] *s.* **1** sogno: *sweet dreams*, sogni d'oro; *waking —*, sogno ad occhi aperti; *to awake from a bad —*, svegliarsi da un brutto sogno; *to have a —*, fare un sogno // *beyond one's wildest dreams*, oltre ogni speranza, oltre ogni aspettativa **2** (*fam.*) sogno, meraviglia: *she was wearing a — of a dress!*, indossava un abito che era un sogno! // *like a —*, perfettamente, a meraviglia: *it went like a —*, è andato tutto a meraviglia ◆ *agg.* da sogno, di sogno: *a — house, a — holiday*, una casa, una vacanza di sogno.

to **dream** *pass.p.p.* **dreamed** [dri:md] **dreamt** [dremt] *v.tr.* e *intr.* **1** sognare: *I — a lot at night*, sogno molto la notte; *he dreamed that he was winning the race*, sognò che stava vincendo la gara; *what did you — about?*, che cosa hai sognato? // *to — empty dreams*, fantasticare **2** sognare, sognarsi; immaginare, immaginarsi: *she must have dreamt it*, deve esserselo sognato; *I would never have dreamt that he would give up his job*, mai avrei immaginato che avrebbe rinunciato al suo lavoro; *I wouldn't — of doing such a thing*, non mi sognerei mai di fare una cosa simile.

□ **dream away** *v.tr.* e *avv.* trascorrere in fantasticherie: *to — away one's time, the hours*, trascorrere il proprio tempo, passare le ore in fantasticherie.

□ **dream up** *v.tr.* e *avv.* (*fig.*) sognare, immaginare: *he's always dreaming up ways of making money fast*, sta sempre sognando un sistema per fare soldi velocemente.

dreamboat ['dri:mbəʊt / dream·boat] *s.* (*fam.*) l'uomo, la donna dei propri sogni.

dreamer ['dri:mə*] *s.* sognatore; visionario.

dreamily ['dri:mɪlɪ / dream·ily] *avv.* con gli occhi sognanti; in stato di sogno.

dreaminess ['dri:mɪnɪs / dreami·ness] *s.* stato di sogno.

dreamland ['dri:mlænd / dream·land] *s.* terra dei sogni.

dreamless ['dri:mlɪs / dream·less] *agg.* senza sogni.

dreamt *pass.p.p.* di to **dream**.

dreamy ['dri:mɪ] *agg.* **1** sognante, languido: *— eyes*, occhi sognanti **2** vago: *— recollections*, ricordi vaghi **3** (*fam.*) di sogno.

drear [drɪə*] → **dreary**.

drearily ['drɪərɪlɪ / drear·ily] *avv.* tristemente; tetramente.

dreariness ['drɪərɪnɪs / dreari·ness] *s.* tristezza; monotonia; desolazione.

dreary ['drɪərɪ] *agg.* triste; tetro; monotono: *— day*, giorno tetro; *— food*, alimentazione monotona; *— outlook*, previsione triste; *— speech*, discorso monotono, noioso.

dredge[1] [dredʒ] *s.* (*mecc.*) draga: *floating —*, draga galleggiante // *— boat*, battello-draga // *— net*, draga (rete) per la pesca; draga (cono di tela).

to **dredge**[1] *v.tr.* dragare, scavare con la draga.

□ **dredge up** *v.tr.* e *avv.* **1** riportare alla superficie usando la draga **2** (*fig.*) riportare alla memoria; rivangare.

to **dredge**[2] *v.tr.* (*cuc.*) cospargere, spargere, spolverizzare (di zucchero ecc.): *to — meat with flour*, infarinare la carne.

dredger[1] [dredʒə*] *s.* **1** draga: *bucket —*, draga a secchie **2** battello-draga **3** chi lavora su un battello-draga o usa una draga.

dredger[2] *s.* (*cuc.*) spargisale; spargizucchero.

to **dree** [dri:] *v.tr.* (*ant., scoz.*) sopportare: *to — one's weird*, rassegnarsi alla propria sorte, subire il proprio destino.

dreggy ['dregɪ] *agg.* torbido, impuro.

dregs [dregz] *s.pl.* **1** feccia, fondo (*anche fig.*): *the — of society*, la feccia, i bassifondi della società; *to drink the cup to the —*, bere il calice fino all'ultima feccia; (*fig.*) soffrire tutto il soffribile **2** (*chim.*) feccia, sedimento **3** scorie.

drench [drentʃ] *s.* **1** (*ant.*) pozione; veleno; medicina (somministrata per forza) **2** (*vet.*) purga **3** inzuppamento **4** forte rovescio di pioggia.

to **drench** *v.tr.* **1** bagnare, inzuppare: *rain had drenched the grass*, la pioggia aveva inzuppato il prato **2** (*ant.*) far bere abbondantemente **3** (*vet.*) somministrare una purga, una medicina a (un animale).

drenched [drentʃt] *agg.* bagnato fradicio, inzuppato: *— in* (o *with*) *sweat*, bagnato, fradicio di sudore; *— to the skin*, bagnato fino alle ossa.

drencher ['drentʃə* / drench·er] *s.* (*fam.*) acquazzone.

drenching ['drentʃɪŋ / drench·ing] *agg.* che inzuppa: *— rain*, una pioggia che bagna fino alle ossa, penetrante ◆ *s.* **1** inzuppamento; (*fam.*) bagnata: *I got a good — waiting for the bus in the rain*, mi sono preso una bella bagnata aspettando l'autobus sotto la pioggia **2** rovescio di pioggia.

dress [dres] *s.* **1** abito, vestito (da donna); abito (di un certo tipo, per occasioni particolari): *she likes silk dresses*, le piacciono gli abiti di seta; *evening — must be worn*, è d'obbligo l'abito da sera; *my wife has got a lot of evening dresses*, mia moglie ha molti abiti da sera // *morning —*, tight; *national —*, costume nazionale; *fancy —*, costume di carnevale // *in full —*, in alta tenuta; in pompa magna **2** abbigliamento: *articles of —*, articoli di abbigliamento **3** (*antiq.*) veste, aspetto, forma • Questo vocabolo prende il plurale solo quando indica un abito da donna, altrimenti è 'uncountable'.

to **dress** *v.tr.* **1** vestire, abbigliare: *he is too little to — himself*, è troppo piccolo per vestirsi da solo; *she dressed herself quickly*, si vestì in fretta; *to be dressed in white, in silk*, esser vestito di bianco, di seta // *she is dressed by Valentino*, indossa abiti di Valentino **2** decorare, allestire; preparare: *to — one's hair*, pettinarsi, acconciarsi i capelli; *to — a ship*, pavesare una nave; *to — a shop window*, decorare, allestire una vetrina **3** (*mil.*) allineare (le file) **4** (*med.*) curare; bendare: *to — a wound*, medicare una ferita **5** (*cuc.*) preparare, guarnire (un piatto); condire: *to — a salad*, condire un'insalata **6** (*tecn.*) preparare; rifinire; conciare (pelli) **7** (*mecc.*) ravvivare (una mola); affilare (un utensile) **8** (*tess.*) apprettare **9** (*metall.*) scriccare **10** (*edil.*) intonacare, levigare; squadrare (pietre) **11** (*agr.*) concimare (campi); potare (piante) **12** (*ind. miner.*) arricchire, concentrare (il minerale) ◆ *v.intr.* **1** vestirsi, abbigliarsi: *must we — for dinner in that hotel?*, dobbiamo cambiarci per la cena in quell'albergo?; *well dressed*, ben vestito; *you take too long to —*, ti ci vuole troppo tempo a vestirti **2** (*mil.*) allinearsi.

□ **dress down** *v.tr.* e *avv.* **1** (*fam.*) rimproverare, dare una lavata di capo a: *the sergeant dressed down his men*, il sergente sgridò i suoi uomini **2** strigliare (un cavallo) ◆ *v.intr.* e *avv.* vestirsi in modo meno elegante del solito.

□ **dress up** *v.intr.* e *avv.* vestirsi elegantemente ◆ *v.tr.* e *avv.* (*fig.*) abbellire; condire: *it sounds untrue no matter how you dress it up*, suona falso in qualunque modo tu lo condisca.

dressage ['dresɑ:ʒ / dress·age] *s.* (*fr.*) dressage, dressaggio.

dress circle [,dres'sɜ:kl] *s.* (*teatr.*) prima galleria.

dress-coat [,dres'kəʊt] *s.* marsina.

dress-designer ['dresdɪ'zaɪnə*] *s.* stilista; figurinista.

dresser ['dresə*] *s.* **1** (*spec. brit.*) credenza **2** (*amer.*) cassettone **3** (*teatr., cinem., tv*) costumista **4** persona che si veste in un certo modo: *she was a careless —*, vestiva in modo trasandato **5** (*mecc.*) affilatrice **6** (*antiq.*) assistente (di chirurgo).

dressing ['dresɪŋ / dress·ing] *s.* **1** abbigliamento; il vestire, l'atto di vestire **2** allestimento: *window —*, allestimento delle vetrine **3** (*mil.*) allineamento **4** (*med.*) medicazione, fasciatura, bendaggio; l'occorrente per una medicazione **5** (*cuc.*) condimento: *salad —*, condimento per l'insalata **6** (*tecn.*) preparazione; finitura **7** (*mecc.*) ravvivatura; affilatura **8** (*tess.*) appretto; apprettatura **9** (*metall.*) scriccatura **10** (*edil.*) intonaco; intonacatura; levigatura.

dressing case ['dresɪŋkeɪs] *s.* borsa da toletta.

dressing-down ['dresɪŋ,daʊn] *s.* (*fam.*) sgridata: *to give s.o. a good —*, dare una bella lavata di capo a qlcu.

dressing gown ['dresɪŋgaʊn] *s.* vestaglia.

dressing room ['dresɪŋrʊm] *s.* spogliatoio; (*teatr., cinem., tv*) camerino.

dressing station ['dresɪŋ,steɪʃn] *s.* posto di medicazione, di pronto soccorso (per feriti in guerra).

dressing table ['dresɪŋ,teɪbl] *s.* toletta, toilette (mobile).

dressing-up [,dresɪŋ'ʌp] *s.* il travestirsi, mascherarsi; travestimento.

dressmaker ['dres,meɪkə* / dress·maker] *s.* sarta (da donna).

dressmaking ['dres,meɪkɪŋ / dress·making] *s.* **1** sartoria (per donna) **2** [U] confezioni (*pl.*) (per donna).

dress-protector ['dresprə'tektə*] → **dress-shield**.

dress rehearsal ['dresrɪ,hɜ:sl] *s.* (*teatr.*) prova generale (in costume).

dress-shield ['dresʃi:ld] *s.* sottoascella.

dress-shirt ['dresʃɜ:t] *s.* (*abbigl.*) sparato.

dress-suit [,dres'su:t] *s.* abito da sera, da cerimonia.

dressy ['dresɪ] *agg.* (*fam.*) **1** ricercato nel vestire; elegante nell'abbigliamento **2** elegante, raffinato (di abito).

drew *pass.* di to **draw**.

dribble ['drɪbl] *s.* **1** gocciolamento; sbavamento **2** (*calcio*) dribbling, scarto.

to **dribble** *v.intr.* **1** sbavare, emettere bava **2** gocciolare ◆ *v.tr.* **1** far gocciolare **2** (*calcio*) dribblare.

dribbler ['drɪblə* / drib·bler] *s.* **1** sbavone **2** (*calcio*) dribblatore.

dribblet ['drɪblɪt / drib·blet] → **driblet**.

dribbling ['drɪblɪŋ / drib·bling] → **dribble**.

driblet ['drɪblɪt / drib·let] *s.* piccola quantità; gocciolina (*anche fig.*): *in* (o *by*) *driblets*, poco alla volta, col contagocce.

dribs and drabs [,drɪbzən'dræbz] *s.pl.* (*fam.*): *in* —, poco alla volta, alla spicciolata.

dried [draɪd] *agg.* secco, essiccato: — *fruit*, frutta secca; — *milk*, latte in polvere; — *river bed*, letto di fiume in secca // — *up*, rinsecchito, magro; inaridito (*anche fig.*).

drier → **dryer**.

drift [drɪft] *s.* **1** spinta, impulso (*anche fig.*): *the — of the current*, la spinta della corrente **2** moto; flusso; corso (di affari, eventi): *the — of labour into towns*, il fluire progressivo della mano d'opera nelle città // (*econ.*) *wage* (o *earnings*) —, slittamento salariale **3** cumulo, ammasso; mucchietto (di detriti): — *of snow*, cumulo di neve **4** nuvola, nuvoletta; turbine, raffica: *a — of smoke*, una nuvola di fumo; *a — of rain*, una raffica di pioggia **5** punteruolo, punzone **6** deviazione (di un proiettile) **7** (*mar., aer., geogr.*) deriva: — *current*, corrente di deriva; — *angle*, angolo di deriva **8** (*fig.*) il lasciare fare, il lasciarsi trasportare: *policy of* —, la politica del lasciar fare; *he was in a state of* —, non aveva idea sul da farsi **9** (*fig.*) significato generale; tenore, succo (di discorso ecc.): *I got the — of what he said* (o *I got his* —), ho capito il succo del suo discorso **10** (*geol.*) detrito; materiale, terreno alluvionale **11** (*ling.*) alterazione diacronica della struttura della lingua **12** (*elettr.*) deviazione, scostamento **13** (*ind. miner.*) galleria in direzione.

to **drift** *v.intr.* **1** esser trasportato, andare alla deriva, lasciarsi trasportare; galleggiare; *drifting clouds*, nubi vaganti; *the ship had lost her rudder and was drifting*, la nave aveva perso il timone e andava alla deriva; *to — with the current*, esser trascinato dalla corrente; *to — down the river*, essere trasportato a valle dal fiume; *to — out to sea*, lasciarsi trasportare al largo; *he drifted into crime*, scivolò nel crimine // *to let things* —, (*anche fig.*) lasciar correre **2** ammucchiarsi, accumularsi **3** (*ind. miner.*) scavare gallerie in direzione **4** (*aer.*) derivare ◆ *v.tr.* **1** trasportare; sospingere, cacciare **2** ammucchiare, accumulare: *the wind drifted the snow in front of the door*, il vento ammucchiò la neve davanti alla porta **3** punzonare.

□ **drift along** *v.intr.* e *avv.* andare avanti; vivere senza preoccupazioni.

□ **drift apart** *v.intr.* e *avv.* allontanarsi (l'un l'altro).

□ **drift away, off** *v.intr.* e *avv.* allontanarsi; disperdersi lentamente (di folla, fumo, nubi ecc.) // *his attention drifted away*, si distrasse, perse la concentrazione.

driftage ['drɪftɪdʒ / drift·age] *s.* **1** l'andare alla deriva **2** *pl.* detriti **3** (*mar., aer.*) deriva, deviazione (dalla rotta).

drift-anchor ['drɪft,æŋkə*] *s.* (*mar.*) ancora galleggiante; ancora di deriva.

drifter ['drɪftə*] *s.* **1** (*mar.*) peschereccio con tramaglio **2** (*mar.*) dragamine **3** pescatore con tramaglio **4** (*ind. miner.*) perforatrice pneumatica; addetto allo scavo di gallerie **5** persona, cosa che va alla deriva **6** vagabondo; persona incostante **7** (*amer.*) violenta tempesta di neve.

driftless ['drɪftlɪs / drift·less] *agg.* senza direzione; senza scopo.

driftnet ['drɪftnet / drift·net] *s.* rete a deriva, tramaglio.

driftwood ['drɪftwʊd / drift·wood] *s.* legname trasportato dalla corrente.

drill[1] [drɪl] *s.* **1** trapano; punta da trapano; trivella: — *press*, trapano a colonna; *pneumatic* —, martello pneumatico **2** (*med.*) trapano **3** (*ind. miner.*) sonda, perforatrice: *bar* —, sonda su barra; — *hole*, fornello da mina, foro di trivellazione // — *rod*, asta di sondaggio **4** esercitazione (*anche mil.*): *verb* —, esercitazione sui verbi; *pronunciation* —, esercizio di pronuncia **5** (*fam.*) modo, maniera: *what's the — for getting the ticket?*, come si fa ad avere il biglietto?

to **drill**[1] *v.tr.* **1** forare, trapanare (*anche med.*); perforare; sondare (*anche med.*) **2** (*mil.*) esercitare, addestrare **3** far fare ginnastica a; istruire ◆ *v.intr.* **1** fare, eseguire perforazioni: *they drilled for oil*, eseguirono delle trivellazioni per trovare il petrolio **2** fare esercitazioni, esercitarsi.

□ **drill in** *v.tr.* e *avv.* **drill into** *v.tr.* e *prep.* inculcare.

drill[2] *s.* **1** (*agr.*) seminatrice **2** solco della seminatrice **3** (*agr.*) fila di semi o di piantine.

to **drill**[2] *v.tr.* (*agr.*) **1** seminare (con la seminatrice) **2** coltivare (un campo) seminando a righe.

drill[3] *s.* (*non com.*) ruscelletto.

drill[4] *s.* traliccio di lino, di cotone.

drill[5] *s.* (*zool.*) (*Mandrillus leucophaeus*) drillo.

to **drill**[6] *v.tr.* (*ant.*) irretire ◆ *v.intr.* svanire, scomparire per gradi.

drill-bit ['drɪlbɪt] *s.* punta da trapano.

driller ['drɪlə*] *s.* **1** (macchina) perforatrice **2** trapanista, perforatore; sondatore.

drilling ['drɪlɪŋ / drill·ing] *s.* **1** perforazione, trapanazione; trivellazione, sondaggio (per petrolio) // (*ind. miner.*): — *mud*, fango di perforazione; — *machine*, sonda; — *rig*, sonda; *machine* —, perforazione a macchina **2** esercitazione (*anche mil.*) **3** *pl.* trucioli di trapanatura.

drill-sergeant ['drɪl,sɑ:dʒənt] *s.* (*mil.*) sergente istruttore.

drily ['draɪlɪ] *avv.* **1** seccamente; con freddezza **2** ironicamente, sarcasticamente.

drink [drɪŋk] *s.* **1** bibita; bevanda: *food and* —, cibo e bevande; *soft* —, bibita (analcolica); *strong* —, bevanda alcolica; *do you want a —?*, volete bere qlco.?; *would you like another —?*, vuoi un altro drink?; *there was plenty of — at the party*, c'era parecchio da bere alla festa; *to have a — with s.o.*, bere con qlcu.; *to stand s.o. a* —, pagare da bere a qlcu. **2** bevuta, sorso: *he took a — from his glass*, bevve un sorso dal suo bicchiere **3** il bere alcol: *the — problem*, il problema dell'alcolismo; *to drive s.o. to* —, spingere qlcu. al bere; *to take to* —, darsi al bere // *on the* —, che beve molto // *to be the worse for* —, essere ubriaco // *to smell of* —, puzzare d'alcol // *in* —, (*antiq.*) ubriaco **4** *the* —, (*fam.*) il mare.

to **drink** *pass.* **drank** [dræŋk] *p.p.* **drunk** [drʌŋk] (*ant.*) **drunken** ['drʌŋkən] *v.tr.* **1** bere: *to — coffee*, bere caffè; *your glass is empty, what are you drinking?*, hai il bicchiere vuoto, che cosa vuoi da bere?; *to — a toast to s.o.* (o *to — s.o.'s health*), bere alla salute di qlcu.; — *your soup*, mangia la minestra // *fit to* —, potabile // *to — the waters*, (*antiq.*) fare una cura di acque **2** far bere; ubriacare: *to — oneself to death*, rovinarsi la salute a forza di bere; *he drank himself into a stupor*, bevve fino a non capire più niente // *to — s.o. under the table*, (*fam.*) battere qlcu. nel bere ◆ *v.intr.* bere; ubriacarsi; essere dedito al bere: *to — hard* (o *heavily*), bere moltissimo; *I don't* —, non bevo (alcolici); *to — like a fish*, bere come una spugna.

□ **drink in** *v.tr.* e *avv.* (*fam. fig.*) bersi (le parole di qlcu., l'atmosfera, la pace di un luogo ecc.).

□ **drink off** *v.tr.* e *avv.* bere per intero: *he drank off his medicine in one gulp*, bevve la medicina in un sorso solo.

□ **drink up** *v.tr.* e *avv.* **1** → to drink off **2** finire di bere.

drinkable ['drɪŋkəbl / drink·able] *agg.* bevibile, potabile ◆ *s.* (*spec. pl.*) bevanda.

drinker ['drɪŋkə*] *s.* bevitore: *heavy* (o *hard*) —, forte bevitore.

drinking ['drɪŋkɪŋ / drink·ing] *s.* il bere: *there was a lot of heavy — at the party*, si bevvero parecchi alcolici al party; — *and driving don't go together*, il bere e la guida non vanno d'accordo ◆ *agg.* relativo al bere: — *companion*, compagno di bevute; *the — laws*, le leggi sulla vendita e il consumo di alcolici; *I'm not a — man*, non sono uno che beve, un bevitore.

drinking bout ['drɪŋkɪŋbaʊt] *s.* bevuta prolungata e abbondante.

drinking fountain ['drɪŋkɪŋ,faʊntɪn] *s.* fontanella pubblica.

drinking song ['drɪŋkɪŋsɒŋ] *s.* canto bacchico.

drinking water ['drɪŋkɪŋ,wɔ:tə*] *s.* acqua potabile.

drip [drɪp] *s.* **1** gocciolamento, stillicidio **2** goccia **3** (*sl.*) persona insignificante, impiastro **4** (*med.*) fleboclisi **5** (*arch.*) gocciolatoio.

to **drip** *pass.p.p.* **dripped** [drɪpt] *v.tr.* e *intr.* gocciolare: *the wound was dripping blood*, la ferita gocciolava sangue; *he was dripping (with) sweat*, grondava (di) sudore; *he dripped water over the floor*, gocciolò acqua sul pavimento; *the tap was dripping*, il rubinetto gocciolava // *the doctor dripped an analgesic into a glass*, il dottore mise alcune gocce di analgesico in un bicchiere.

drip-dry [,drɪp'draɪ] *agg.* non-stiro (di tessuto che si asciuga rapidamente e non necessita di stiratura).

to **drip-dry** *v.tr.* e *intr.* asciugare, asciugarsi rapidamente.

drip-feed ['drɪpfi:d] *s.* (*mecc.*) alimentazione a goccia.

to **drip-feed** *v.tr.* **1** (*mecc.*) alimentare a goccia **2** (*med.*) alimentare per fleboclisi.

dripping ['drɪpɪŋ / drip·ping] *agg.* gocciolante: — *with perspiration*, grondante di sudore // *to be — wet*, essere inzuppato ◆ *s.* **1** gocciolio; stillicidio // (*med.*) *intravenous* —, fleboclisi **2** sgocciolatura (di carne alla griglia ecc.).

dripping-pan ['drɪpɪŋpæn] *s.* leccarda.

drippy ['drɪpɪ] *agg.* (*fam. amer.*) **1** noioso, privo di fantasia **2** sentimentale, strappalacrime.

dripstone ['drɪpstəʊn / drip·stone] *s.* **1** (*chim.*) carbonato di calcio in forma di stalattite o stalagmite **2** (*arch.*) gocciolatoio (in pietra).

drive [draɪv] *s.* **1** passeggiata, gita (in automobile ecc.): *an hour's* —, un viaggio di un'ora in auto; *we had a very pleasant* —, abbiamo fatto una bella gita in auto; *to go for a* —, fare una gita in auto **2** viale, strada carrozzabile (gener. attraverso parco o giardino privato); strada d'accesso (ad abitazione) **3** (*caccia*) battuta, inseguimento **4** spinta, impulso; (*psic.*) pulsione: *sex* —, impulso sessuale **5** (*fig.*) spinta, grinta; iniziativa; energia: *he provides the — behind the business*, è lui che dà impulso all'azienda; *he lacks the necessary* —, gli manca la grinta necessaria **6** campagna, sforzo speciale: *a fund-raising* —, una campagna per raccogliere fondi **7** (*sport*) lancio lungo e forte; (*tennis*) dritto; (*golf*) drive **8** (*mecc.*) movimento di propulsione; trasmissione; presa di moto; (*aut.*) guida: *front wheel, back wheel* —, trazione anteriore, posteriore; *four-wheel* —, quattro ruote motrici; *left-hand, right-hand* —, guida a sinistra, a destra **9** (*ind. miner.*) galleria in direzione **10** (*inform.*) trascinamento; unità, drive: *disk* —, unità disco; — *pulse*, impulso di comando.

to **drive** *pass.* **drove** [drəʊv] *p.p.* **driven** ['drɪvn] *v.tr.* **1** guidare (automobile e simili): *he drives the company car*, guida l'automobile della ditta **2** portare (con un veicolo): *can you — me to town?*, puoi portarmi in città in macchina?; *he drove me back*, mi ha riportato indietro in macchina **3** far funzionare, azionare: *the machinery is driven by steam*, il macchinario è azionato dal vapore **4** spingere: *they were driven out of the building by the police*, furono spinti fuori dal palazzo dalla polizia; *the wind drove the snow against the wall*, il vento spinse la neve contro il muro; *he drove his fist into the man's face*, colpì il volto dell'uomo // *to — a pen*, maneggiare una penna, scribacchiare // *to — s.o. up the wall*, (*amer.*) far impazzire qlcu. **5** spingere, condurre, portare (animali): *the sheeps were driven into the fold*, le pecore furono condotte nell'ovile **6** conficcare, far entrare: *to — a nail into the wall*, conficcare un chiodo nel muro; *to — home a nail*, conficcare fino in fondo un chiodo; *to — home a point*, enfatizzare un argomento; *he drove his knife through the snake*, trafisse il serpente con il coltello **7** (*fig.*) spingere, condurre, portare a: *to — s.o. mad, to despair*, portare qlcu. alla pazzia, alla disperazione; *to — a firm into debts*, indebitare un'azienda; *he was driven by ambition*, era spinto dall'ambizione; *he drove his students hard*, faceva lavorare sodo i suoi studenti **8** lanciare, colpire con energia (la palla); (*golf*) tirare (la palla) col drive; (*tennis*) tirare di dritto (la palla) **9** esercitare con abilità (un commercio): *to — a bargain*, concludere un buon affare **10** (*ind. miner.*) scavare (una galleria): *to — a tunnel through the hill*, scavare una galleria in una collina **11** (*caccia*) battere (un terreno) ◆ *v.intr.* **1** guidare: *to — well, badly*, guidare bene, male **2** andare (con un veicolo): *they drove to the station*, sono andati alla stazione in auto; *shall we — home or walk?*, andiamo a casa in auto o a piedi?; *shall we — back?*, torniamo in auto? **3** avanzare; spingersi: *the clouds drove across the sky*, le nubi avanzavano nel cielo **4** (*ind. miner.*) avanzare **5** *to — at*, (*fig.*) mirare a: *what are you driving at?*, dove vuoi arrivare?, a cosa miri?, quali sono le tue intenzioni?

□ **drive back** *v.tr.* e *avv.* **1** respingere **2** (*on*) costringere a ricorrere a: *lack of money drove him back on his own resources*, la mancanza di denaro lo costrinse a ricorrere alle proprie risorse.

□ **drive in** *v.tr.* e *avv.* **1** (*mil.*) spingere indietro **2** piantare, conficcare.

□ **drive off** *v.intr.* e *avv.* andar via, partire: *the taxi drove off under the rain*, il taxi partì sotto la pioggia ◆ *v.tr.* e *avv.* **1** condurre via, portar via (a bordo di un veicolo): *the kidnappers drove him off in a black Mercedes*, i rapitori lo portarono via in una Mercedes nera **2** (*mil.*) respingere.

□ **drive out** *v.tr.* e *avv.* scacciare, mandar via: *to — out of one's mind*, scacciare dalla propria mente (qlco.); *to — s.o. out of his mind*, far impazzire (qlcu.).

□ **drive up** *v.intr.* e *avv.* avvicinarsi, accostarsi (di veicolo); sopraggiungere.

drive-belt ['draɪvbelt] → **driving-belt**.

drive-gear ['draɪvgɪə*] → **driving-gear**.

drive-in ['draɪv,ɪn] *agg. attr.* (*spec. amer.*) di luogo in cui si entra in automobile: — *cinema*, cinema all'aperto, in cui si può assistere allo spettacolo dalla propria automobile; — *restaurant*, ristorante in cui si è serviti senza scendere dall'automobile ◆ *s.* (*amer.*) drive-in (cinema, banca, negozio in cui i clienti vengono serviti senza scendere dall'automobile).

drivel ['drɪvl] *s.* **1** bava **2** ciancia; ciarla; (*fig.*) stupidaggine: *to talk* —, dire sciocchezze.

to **drivel** *pass.p.p.* **drivelled** ['drɪvld] *v.intr.* **1** sbavare, emettere bava **2** cianciare, ciarlare; dire sciocchezze: *he drivelled on*, continuava a dir sciocchezze.

driveller ['drɪvlə* / driv·el·ler] *s.* **1** sbavone **2** rimbecillito.

drivelling ['drɪvlɪŋ / driv·el·ling] *agg.* imbecille: — *idiot*, idiota.

driven ['drɪvn] *p.p.* di to **drive** ◆ *agg.* (spec. nei composti) **1** sbattuto, spinto: *tempest- — ship*, nave sbattuta dalla tempesta **2** (*mecc.*) azionato; comandato; condotto: *steam* —, a vapore, azionato dal vapore.

drive-pulley ['draɪvpʊlɪ] → **driving-pulley**.

driver ['draɪvə*] *s.* **1** conducente, guidatore, autista; cocchiere; carrettiere: *he is a good, bad* —, guida bene, male; *drivers are less careful than they used to be*, gli automobilisti sono meno prudenti di una volta **2** (*ferr.*) (*engine*) —, macchinista **3** (*mecc.*) elemento motore, elemento conduttore; menabrida **4** (*rad.*) valvola pilota **5** mazza da golf di legno.

driver's license ['draɪvəz,laɪsəns] *s.* (*amer.*) patente di guida BRIT. **driving licence**.

drive shaft [draɪvʃɑ:ft *amer.* 'draɪvʃæft] *s.* (*mecc.*) albero motore.

driveteria [,draɪvɪ'tɪərɪə / driv·et·eria] *s.* (*amer.*) drive-in con tavola calda.

drive time ['draɪvtaɪm] *s.* (*amer. rad.*) fascia di massimo ascolto (di trasmissione).

driveway ['draɪv,weɪ / drive·way] *s.* viale carrozzabile.

drive-wheel ['draɪvwi:l] → **driving-wheel**.

driving ['draɪvɪŋ / driv·ing] *agg.* **1** (*mecc.*) che spinge; di comando; che fa funzionare **2** che sbatte; che sferza, sferzante: — *rain*, pioggia sferzante ◆ *s.* **1** (*aut.*) il guidare, guida: — *school*, scuola guida **2** (*mecc.*) comando, trasmissione; attacco.

driving-belt ['draɪvɪŋbelt] *s.* cinghia di trasmissione.

driving-gear ['draɪvɪŋgɪə*] *s.* (*mecc.*) ingranaggio conduttore.

driving licence ['draɪvɪŋ,laɪsns] *s.* patente di guida AMER. **driver's license**.

driving-mirror ['draɪvɪŋ,mɪrə*] *s.* (*aut.*) specchietto retrovisore.

driving-power ['draɪvɪŋ,paʊə*] *s.* forza motrice (*anche fig.*).

driving-pulley ['draɪvɪŋ,pʊlɪ] *s.* (*mecc.*) puleggia di trasmissione.

driving-shaft ['draɪvɪŋʃɑ:ft *amer.* 'draɪvɪŋ ʃæft] *s.* (*mecc.*) albero motore.

driving-wheel ['draɪvɪŋwi:l] *s.* ruota motrice.

drizzle ['drɪzl] *s.* pioggerella, pioggia fine e fitta.

to **drizzle** *v.intr.* piovigginare.

drizzly ['drɪzlɪ] *agg.* piovigginoso.

drogue [drəʊg] *s.* (*mar.*, *aer.*) ancora galleggiante.

droit [drɔɪt] *s.* (*dir. ant.*) diritto, diritto soggettivo; equità.

droll [drəʊl] *agg.* buffo, comico; ameno; strano ◆ *s.* (*ant.*) buffone.

drollery ['drəʊlərɪ / droll·ery] *s.* **1** buffoneria; scherzo; facezia **2** (*ant.*) spettacolo di marionette: *a living drollery!*, (SH. The Tempest) uno spettacolo di marionette viventi!

drollness ['drəʊlnɪs / droll·ness] *s.* carattere scherzoso; comicità.

drolly ['drəʊlı] *avv.* scherzosamente ◆ *agg.* (*fam. amer.*) attraente.

drome [drəʊm] *s.* (*fam.*) aeroporto.

dromedary ['drɒmədərı *amer.* 'drɒmədeη / drom·ed·ary] *s.* (*zool.*) (*Camelus dromedarius*) dromedario.

dromond ['drɒmənd] *s.* (*st.*) dromone (veloce nave da guerra).

drone [drəʊn] *s.* **1** (*zool.*) fuco; pecchione **2** (*fam.*) fannullone **3** (*aer., mar.*) aeromobile, nave bersaglio; aereo telecomandato, nave teleguidata **4** ronzio; suono ronzante (di motore); (*fig.*) tono monotono (di discorso, predica) **5** (*mus.*) bordone **6** (*mus.*) canna della cornamusa che emette i toni più bassi.

to **drone** *v.intr.* **1** ronzare; emettere suono monotono **2** parlare, recitare in tono monotono: *the teacher's voice* (o *the teacher*) *droned on* (o *away*), la voce dell'insegnante risuonava monotona; *to* — (*out*) *a prayer*, biascicare una preghiera **3** (*rar.*) oziare.

droning ['drəʊnıŋ / dron·ing] *agg.* ronzante ◆ *s.* **1** ronzio; suono monotono **2** l'oziare.

droningly [drəʊnıŋlı / dron·ing·ly] *avv.* con tono monotono.

to **drool** [dru:l] *v.intr.* (*spreg.*) **1** sbavare **2** (*fig.*) sbavare, andare pazzi per: *the critics drooled over his performance*, i critici erano entusiasti della sua interpretazione **3** (*sl. amer.*) dire sciocchezze.

drool *s.* (*sl. amer.*) sciocchezza, idiozia.

droop [dru:p] *s.* **1** accasciamento **2** (*fig.*) accasciamento, abbattimento **3** (*inform.*) abbassamento, abbattimento.

to **droop** *v.intr.* **1** ripiegarsi; ricadere; afflosciarsi: *his head drooped*, la sua testa ricadde; *the flowers drooped in the heat*, i fiori si afflosciarono, si ripiegarono per il caldo; *his eyes began to* —, i suoi occhi cominciavano a chiudersi; *the dog's tail drooped*, il cane abbassò la coda; *age makes the flesh* —, l'invecchiamento fa afflosciare la pelle **2** (*fig.*) abbattersi (di spirito ecc.) ◆ *v.tr.* piegare, ripiegare; afflosciare: *the roses began to — their heads*, le rose cominciavano a piegare la corolla.

drooping ['dru:pıŋ / droop·ing] *agg.* **1** pendente, piegato in giù; abbassato (di occhi) **2** floscio, cascante: — *cheeks*, guance cascanti **3** languente, abbattuto (di spirito) ◆ *s.* → droop // **-ly** *avv.*

drop [drɒp] *s.* **1** goccia: — *by* —, a goccia a goccia; *to drink to the last* —, bere fino all'ultima goccia; *it's only a — in the ocean*, (*fig.*) è solo una goccia nell'oceano // (*fis.*) *liquid — model*, modello (nucleare) a goccia **2** *pl.* (*med.*) medicina, preparato in gocce **3** *pl.* (*arch.*) gocce **4** *pl.* pastiglie, caramelline **5** sorso, bicchiere (di liquido) **6** discesa, caduta; diminuzione, abbassamento (di prezzi, temperatura, livello sociale ecc.): *it was a — of 50 metres*, fu una caduta di 50 metri; — *in prices*, caduta dei prezzi, drop // *at the — of a hat*, subito, senza indugio **7** (*aer. mil.*) lancio col paracadute **8** dislivello, salto: *there's a — of about 500 metres from the top of the cliffs*, c'è un salto di circa 500 metri dalla cima degli scogli **9** trabocchetto della forca **10** franatura, caduta di terra **11** (*inform.*) caduta; ramificazione: — *in*, informazione parassita; — *out*, perdita di informazione **12** (*spec. amer.*) consegna, posto di consegna (di posta clandestina) **13** (*sl. amer.*) ragazzo senza famiglia, di strada **14** (*sl. amer.*) tariffa minima (di taxi).

to **drop** *pass.p.p.* **dropped** [drɒpt] *v.intr.* **1** cadere (a gocce) **2** cadere; lasciarsi cadere: *she dropped into an armchair*, si abbandonò in una poltrona // *I am ready to* —, non sto in piedi dalla stanchezza // *to — asleep*, addormentarsi // *to — dead*, morire improvvisamente; *she told him to — dead*, (*sl.*) lo mandò al diavolo // *you could have heard a pin* —, non si sentiva volare una mosca **3** diminuire, cadere (di vento, temperatura, prezzi ecc.) **4** abbassarsi; piegarsi **5** digradare (di terreno) ◆ *v.tr.* **1** far cadere, lasciar cadere: *don't — that vase*, non lasciar cadere quel vaso; *she dropped her purse*, le è caduta la borsa; *to — anchor*, gettare l'ancora; *to — the curtain*, calare il sipario; *to — a stitch*, far cadere un punto (nei lavori a maglia) // *to — a hint*, fare un'allusione; accennare // *to — s.o. a postcard, a line*, mandare a qlcu. una cartolina, due righe // (*rugby*) *to — a goal*, fare un drop // (*sport*) *to — a point*, perdere un punto **2** abbandonare; rinunciare a (idea, abitudine ecc.) // *to — a friend*, mollare un amico // (*dir.*): *to — a charge*, ritirare un'accusa; *to — a party*, far estromettere una parte dalla causa // — *it!*, smettila!, lascia perdere! **3** deporre (passeggeri, pacchi): *the taxi dropped him at the corner*, il taxi lo lasciò all'angolo **4** (*aer. mil.*) sganciare (bombe, provviste ecc.); lanciare **5** omettere, sopprimere: *to — one's h's*, non pronunciare l'h **6** (*sport*) escludere (da una squadra) **7** abbassare (occhi, voce) // *to — a curtsy*, fare un inchino **8** partorire (di animali) **9** (*sl.*) perdere (denaro al gioco) **10** (*mecc.*) abbassare; calare **11** (*fam.*) stendere, atterrare (con un pugno, colpo di rivoltella) **12** (*sl. amer.*) arrestare.

□ **drop away** *v.intr.* e *avv.* **1** diminuire (come affluenza) **2** andarsene alla spicciolata, uno dopo l'altro.

□ **drop back** *v.intr.* e *avv.* rimanere indietro; essere lasciato indietro.

□ **drop behind** *v.intr.* e *avv.* o *prep.* rimanere indietro; finire dietro a (qlcu.).

□ **drop by** *v.intr.* e *avv.* → to drop in 1.

□ **drop in** *v.intr.* e *avv.* **1** (*fam.*) far visita: — *in* (*on us*) *at any time*, vieni a trovarci in qualunque momento **2** entrare, fare una visitina: *let's find a pub and — in* (*at it*) *for a beer*, cerchiamo un pub e entriamo a berci una birra.

□ **drop off** *v.intr.* e *avv.* (*fam.*) **1** calare, diminuire: *attendance at the course began to — off towards the end of the year*, la frequenza al corso incominciò a diminuire verso la fine dell'anno **2** addormentarsi: *I was so tired that I dropped off just after the* TV *news*, ero così stanco che mi addormentai subito dopo il telegiornale ◆ *v.tr.* e *avv.* (*fam.*) far scendere: *tell John to — you off at Piccadilly Circus*, di' a John di farti scendere in Piccadilly Circus.

□ **drop out** *v.intr.* e *avv.* abbandonare (qlco.), ritirarsi: *to — out of politics*, abbandonare la politica // *he dropped out at the beginning of the second year of high school*, ha abbandonato gli studi al secondo anno delle superiori.

□ **drop round** *v.intr.* e *avv.* (*fam.*) → to drop in 1 ◆ *v.tr.* e *avv.* portare, consegnare a domicilio.

drop-curtain ['drop,kɜ:tn] *s.* (*teatr.*) (il calare del) sipario SIN. drop-scene.

drop-dead ['drɒpded] *agg. attr.* (*fam. amer.*) sensazionale; da lasciar stecchito // — *list*, lista delle persone indesiderate // (*inform.*) — *halt*, arresto immediato.

drop-goal ['drɒpgəʊl] *s.* (*rugby*) goal segnato in seguito a un calcio di rimbalzo, drop.

drop-in [drɒp'ın] *s.* (*inform.*) introduzione di bit parassiti; informazione parassita.

drop-kick ['drɒpkık] *s.* (*rugby*) calcio di rimbalzo, drop.

dropleaf ['drɒpli:f / drop·leaf] *agg.* a ribalta ◆ *s.* ribalta; aletta ribaltabile (di mobile).

droplet ['drɒplıt / drop·let] *s.* gocciolina.

dropout ['drɒpaʊt / drop·out] *s.* **1** chi rinuncia o si ritira (da un corso, una competizione ecc.) **2** chi abbandona la società, chi si emargina **3** (*inform.*) perdita di bit, perdita di informazione.

dropper [drɒpə* / drop·per] *s.* **1** (*chim., med.*) (tubo) contagocce **2** (*tess.*) ponilamelle; guardiaordito **3** (*elettr.*) pendino **4** — *in*, (*fam.*) ospite inatteso.

droppings ['drɒpıŋz / drop·pings] *s.pl.* escrementi (di animali).

drop-scene ['drɒpsi:n] → **drop-curtain**.

dropsical ['drɒpsıkl / drop·sical] *agg.* (*med. antiq.*) idropico, edematoso.

dropsy ['drɒpsı] *s.* (*med. antiq.*) edema.

dropwort ['drɒpwɜ:t / drop·wort] *s.* (*bot.*) (*Filipendula hexapetala*) filipendula; (*pop.*) erba peperina.

drosera ['drɒsərə / dros·era] *s.* (*bot.*) drosera.

droshky ['drɒʃkı] **drosky** ['drɒskı] *s.* leggera carrozza russa, aperta, a quattro ruote.

drosometer [drɒ'sɒmıtə* / droso·meter] *s.* (*fis.*) drosometro.

drosophila [drɒ'sɒfılə / droso·phila] *s.* (*zool.*) (*Drosophila melanogaster*) drosofila, moscerino dell'aceto SIN. vinegar-fly.

dross [drɒs *amer.* drɔ:s] *s.* [U] **1** scorie di metalli **2** materiali di scarto **3** (*fig.*) scarti, rifiuti.

drossy ['drɒsı *amer.* 'drɔ:sı] *agg.* **1** pieno di scorie **2** senza valore.

drought [draʊt] *s.* **1** siccità **2** (*ant.*) sete.

droughty ['draʊtı] *agg.* (*non com.*) **1** secco; arido **2** sitibondo, assetato.

drouth [draʊθ] (*ant.* o *amer.*) → **drought**.

drove[1] [drəʊv] *s.* **1** branco; gregge, mandria (in movimento) **2** (*fig.*) turba, folla: *there were people arriving in droves*, c'era una folla di gente che arrivava **3** (*ant.*) pista (per persone o animali) **4** (*ant.*) piccolo canale d'irrigazione.

to **drove**[1] *v.intr.* fare il bovaro, il mandriano.

drove[2] *pass.* di to **drive**.

drover ['drəʊvə*] *s.* mandriano, bovaro; mercante di bestiame.

drove-way ['drəʊv,weı] *s.* pista (percorsa dal bestiame).

to **drown** [draʊn] *v.tr.* **1** annegare; affogare: *he drowned himself*, egli si annegò (volutamente); *he was drowned by his enemy*, egli fu fatto annegare dal suo nemico; *to — one's sorrow in drink*, (*fam.*) annegare il dolore nel vino // *to — the shamrock*, (*amer. irl.*) celebrare la festa di S. Patrizio bevendo **2** sommergere; allagare // *to be drowned out*, essere cacciato di casa dalla piena **3** coprire, smorzare, soffocare (suoni); offuscare (lo splendore ecc.): *his voice was drowned (out) by the noise of the traffic*, la sua voce veniva soffocata dal rumore del traffico ◆ *v.intr.* affogare, annegare: *he fell into the river and drowned*, cadde nel fiume e annegò; *to — in debts*, affogare nei debiti.

drowned ['draʊnd] *agg.* **1** annegato: *a — man*, un annegato **2** allagato, inondato, sommerso.

drowning ['draʊnɪŋ / drown·ing] *s.* **1** annegamento: *death by —*, morte per annegamento **2** allagamento, inondazione.

drowse [draʊz] *s.* **1** assopimento, sonnolenza **2** sonnellino.

to **drowse** *v.intr.* sonnecchiare ◆ *v.tr.* (*rar.*) rendere sonnolento; fare assopire.

drowsily ['draʊzɪlɪ / drows·ily] *avv.* **1** con aria sonnolenta **2** in modo da indurre al sonno.

drowsiness [draʊzɪnɪs / drow·si·ness] *s.* sonnolenza, assopimento.

drowsy ['draʊzɪ] *agg.* **1** sonnolento; assopito **2** che induce al sonno.

to **drub** [drʌb] *pass.p.p.* **drubbed** [drʌbd] *v.tr.* **1** picchiare, bastonare, dare una buona dose di legnate a // *to — sthg. into s.o., out of s.o.*, far entrare qlco. nella testa di qlcu., cavare qlco. dalla testa di qlcu. a forza di legnate **2** (*fam.*) vincere pesantemente, stracciare **3** (*fam.*) stroncare: *the film was drubbed by all the major critics*, il film fu stroncato da tutti i critici più importanti.

drubbing ['drʌbɪŋ / drub·bing] *s.* **1** bastonatura **2** (*fam.*) pesante sconfitta **3** (*fam.*) stroncatura.

drudge [drʌdʒ] *s.* sgobbone.

to **drudge** *v.intr.* sfacchinare, sgobbare.

drudgery ['drʌdʒərɪ] *s.* lavoro faticoso, ingrato.

drug [drʌg] *s.* **1** medicina, farmaco: *— abuse*, abuso di farmaci; *— rashes*, sfogo cutaneo, allergia da farmaci // *— company*, ditta farmaceutica **2** droga, narcotico, stupefacente: *hard drugs*, droghe pesanti; *to take* (o *to be on*) *drugs*, drogarsi; *— addiction*, tossicodipendenza; *— traffic*, traffico degli stupefacenti // *truth —*, siero della verità **3** (*fig.*) droga, ossessione **4** merce invendibile, passata di moda: *it's a — on the market*, non ha mercato.

to **drug** *pass.p.p.* **drugged** [drʌgd] *v.tr.* **1** adulterare con sostanze medicinali, ipnotiche, venefiche: *drugged cigarettes*, sigarette drogate **2** drogare, somministrare narcotici a, narcotizzare ◆ *v.intr.* drogarsi, prendere narcotici.

drug addict [,drʌg'ædɪkt] → **addict** 1.

drug-fiend ['drʌgfi:nd] *s.* (*fam.*) tossicomane.

drugget ['drʌgɪt / drug·get] *s.* **1** bigello **2** sottotappeto.

druggist ['drʌgɪst / drug·gist] *s.* (*amer.*) farmacista; proprietario di un drugstore.

druggy ['drʌgɪ] *s.* e *agg.* (*fam. amer.*) drogato.

drug-peddler ['drʌg,pedlə*] **drug -pusher** ['drʌg,pʊʃə*] *s.* (*fam.*) spacciatore (di droga).

drugstore ['drʌgstɔ:* / drug·store] *s.* (*amer.*) negozio dove si vendono medicinali, bevande analcoliche, cosmetici, giornali ecc. // *— cowboy*, chi in un locale pubblico cerca di attirare l'attenzione delle donne.

Druid ['dru:ɪd] *s.* (*relig.*) druido.

Druidess ['dru:ɪdɪs / Dru·id·ess] *s.* (*relig.*) druidessa.

Druidical [dru:'ɪdɪkl / Dru·id·ical] *agg.* (*relig.*) druidico.

Druidism ['dru:ɪdɪzəm / Dru·id·ism] *s.* (*relig.*) druidismo.

drum [drʌm] *s.* **1** (*mus.*) tamburo; *pl.* batteria (*sing.*): *to play the —*, suonare il tamburo; *— roll*, rullio del tamburo // *snare —*, tamburo militare // *bass —*, grancassa // *kettle —*, timpano // *to beat the big —*, (*fig.*) battere la grancassa **2** (*anat.*) orecchio medio; timpano, membrana timpanica **3** oggetto a forma di tamburo, rullo, cilindro, bidone // *— mixer*, betoniera a tamburo // *transport —*, fusto da trasporto **4** (*arch.*) tamburo **5** (*mecc.*) tamburo collettore (di caldaia) **6** (*inform.*) tamburo: *— memory*, memoria a tamburo **7** bottale (per la concia delle pelli).

to **drum** *pass.p.p.* **drummed** [drʌmd] *v.intr.* **1** suonare, battere il tamburo **2** tamburellare (di pioggia, di dita): *he was drumming with his fingers on the table*, tamburellava con le dita sul tavolo; *to — one's feet on the floor*, battere i piedi sul pavimento **3** frullare, sbattere fortemente le ali (di uccelli) ◆ *v.tr.* tamburellare (le dita).

□ **drum in** *v.tr.* e *avv.*, **drum into** *v.tr.* e *prep.* inculcare (qlco.): *Latin was once drummed in from early childhood*, una volta il latino veniva inculcato fin dall'infanzia; *they drummed Latin into him from the age of five*, gli inculcarono il latino fin da quando aveva cinque anni.

□ **drum out** *v.tr.* e *avv.* espellere: *he was drummed out of the university*, fu espulso dall'università.

□ **drum up** *v.tr.* e *avv.* **1** cercare (consensi); (*amer.*) procurarsi (clienti): *to — up support, customers*, cercare appoggi, clienti **2** raccogliere (reclute, partigiani).

drumfire ['drʌm,faɪə* / drum·fire] *s.* (*mil.*) fuoco tambureggiante (di sbarramento).

drumfish ['drʌmfɪʃ / drum·fish] *s.* (*zool.*) (*Capros aper*) pesce tamburo, pesce cinghiale.

drumhead ['drʌmhed / drum·head] *s.* **1** pelle di tamburo // (*mil.*) *— court-martial*, corte marziale straordinaria • In origine si riuniva all'aperto intorno a un tamburo rovesciato // *— service*, funzione religiosa all'aperto **2** (*mar.*) testa d'argano.

drumlin ['drʌmlɪn / drum·lin] *s.* (*geol.*) collinetta (costituita da detrito glaciale).

drum major [,drʌm'meɪdʒə*] *s.* (*mus.*) tamburo maggiore.

drum majorette ['drʌm,meɪdʒə'ret] *s.* majorette.

drummer ['drʌmə* / drum·mer] *s.* **1** (*mil.*) tamburino **2** batterista **3** (*amer.*) viaggiatore di commercio; propagandista.

drumstick ['drʌmstɪk / drum·stick] *s.* **1** bacchetta del tamburo **2** (*cuc.*) coscia di pollo ecc.

drunk [drʌŋk] *p.p.* di to **drink** ◆ *agg. pred.* **1** ubriaco: *to be —*, essere ubriaco; *to get —*, ubriacarsi // *as — as a lord* (o *blind —*), ubriaco fradicio // (*dir.*) *— and disorderly*, in stato di ubriachezza molesta **2** (*fig.*) ebbro: *— with joy*, ebbro, pazzo di gioia ◆ *s.* (*sl.*) ubriaco, ubriacone.

drunkard ['drʌŋkəd / drunk·ard] *s.* ubriacone.

drunken ['drʌŋkən] *p.p.* (*ant.*) di to **drink** ◆ *agg.* **1** ebbro, ubriaco; da ubriaco // (*dir.*) *— driving*, guida in stato di ebbrezza **2** (*ant.*) inzuppato (p.e. dalla pioggia) // **-ly** *avv.*

drunkenness ['drʌŋkənnɪs / drunk·en·ness] *s.* ubriachezza; ebbrezza.

drupaceous [dru:'peɪʃəs / drup·aceous] *agg.* (*bot.*) drupaceo.

drupe [dru:p] *s.* (*bot.*) drupa.

Drury Lane ['drʊərɪ'leɪn] *s.* **1** Drury Lane (strada di Londra famosa per i suoi teatri) **2** (abbr. di *Drury Lane Theatre*) teatro Drury Lane.

druse [dru:z] *s.* (*min.*) drusa.

dry [draɪ] *agg.* **1** secco; asciutto; arido: *— wood*, legna secca; *— well*, pozzo asciutto; *— weather*, tempo asciutto; *— nurse*, balia asciutta; *— white wine*, vino bianco secco; *— facts*, (*fig.*) i fatti puri e semplici; *— bread*, pane asciutto; pane senza companatico // *as — as a bone*, completamente secco // *to go —*, asciugarsi, esaurirsi // *to feel —*, aver sete // *to rub* (o *to wipe*) *sthg. —*, asciugare qlco. // *by the end of the play there wasn't a — eye in the house*, alla fine dello spettacolo avevano tutti gli occhi umidi // *home and —*, sano e salvo // *high and —*, in panne; (*fig.*) nei pasticci // (*econ.*) *— loss*, perdita secca **2** a secco: (*elettr.*) *— battery* (o *cell*), batteria a secco // (*edil.*) *— wall*, muro a secco **3** (*di luogo*) con leggi contro l'uso e il commercio di bevande alcoliche; proibizionista; (*estens. amer.*) astemio: *— country*, paese in cui vige il proibizionismo **4** monotono; arido; privo di interesse: *it's the driest novel I've ever read*, è il romanzo più noioso che abbia mai letto // *as — as dust*, noioso da morire **5** caustico, ironico **6** (*metall.*) fragile; a grana grossa **7** (*mil. amer.*) a salve, senza munizioni **8** (*comm.*) solido: *— provisions*, provviste solide.

to **dry** *v.tr.* **1** seccare, far seccare **2** asciugare **3** (*tecn.*) essiccare, asciugare, seccare ◆ *v.intr.* **1** seccare **2** asciugare, asciugarsi: *to put sthg. out to —*, mettere fuori qlco. ad asciugare.

□ **dry out** *v.tr.* e *avv.* asciugare; seccare ◆ *v.intr.* e *avv.* **1** asciugarsi, seccarsi **2** (*fam.*) disintossicarsi dall'alcool.

□ **dry up** *v.intr.* e *avv.* **1** asciugarsi; prosciugarsi (di corso d'acqua) **2** (*fig.*) finire, esaurirsi: *after a few months her savings dried up*, dopo qualche mese i suoi risparmi finirono **3** (*fam.*) rimanere senza parole, ammutolire // *— up!*, stai zitto! ◆ *v.tr.* e *intr.* e *avv.* asciugare: *I'll — up (the glasses)*, asciugo io (i bicchieri).

dryad ['draɪəd] *s.* (*mit.*) driade.

Dryasdust ['draɪəzdʌst / Dry·as·dust] *agg.* e *s.* pedante; autore prolisso, pedante • Da un personaggio di alcuni romanzi di W. Scott.

to **dry-clean** [,draɪ'kli:n] *v.tr.* lavare a secco.

dry-cleaner's [,draɪ'kli:nəz] *s.* tintore.

dry-cleaning [,draɪ'kli:nɪŋ] *s.* lavaggio a secco, lavatura a secco.

dry dock [,draɪ'dɒk] *s.* (*mar.*) bacino di carenaggio.

dryer ['draɪə*] *s.* **1** essiccatore; (*tecn.*) essiccatoio **2** → **hairdryer** **3** (*chim.*) essiccativo.

dry-eyed [draɪ'aɪd] *agg.* con gli occhi asciutti, senza lacrime.

dry farming [draɪ'fɑ:mɪŋ] *s.* (*agr.*) aridocoltura.

dry goods [draɪ'gʊdz] *s.pl.* **1** merci secche; aridi **2** (*amer.*) tessuti.

drying ['draɪɪŋ / dry·ing] *agg.* essiccante; (*chim.*) essiccativo // (*tecn.*) — *room*, essiccatoio ◆ *s.* l'asciugare, l'asciugarsi; (*ind.*) essiccamento, essiccazione.

dry land [draɪ'lænd] *s.* (*geogr.*) terraferma.

dryly ['draɪlɪ] *avv.* seccamente: *to answer* —, rispondere seccamente.

dry measure ['draɪ,meʒə*] *s.* (*metrol.*) misura di capacità per aridi.

dryness ['draɪnɪs / dry·ness] *s.* **1** siccità, aridità (di suolo, tempo) **2** severità; causticità; aridità (di discorso ecc.).

drypoint ['draɪpɔɪnt / dry·point] *s.* (*tecn.*) puntasecca.

dry rot [,draɪ'rɒt] *s.* (*bot.*) carie del legno.

dry run [draɪ'rʌn] *s.* **1** prova: *to give sthg. a* —, sottoporre qlco. a una prova, a una verifica ultima **2** (*di giornale*) numero zero **3** (*inform.*) ciclo di verifica del programma.

to **dry-salt** ['draɪ,sɔ:lt] *v.tr.* metter sotto sale, salare (carne ecc. per conservarla).

drysalter ['draɪ,sɔ:ltə* / dry·salter] *s.* **1** droghiere **2** chi vende colori, colle ecc.

drysaltery ['draɪ,sɔ:ltərɪ / dry·salt·ery] *s.* **1** drogheria **2** colorificio (negozio).

dry-shod [,draɪ'ʃɒd] *agg.* e *avv.* (*antiq.*) a piedi asciutti.

dual ['dju:əl *amer.* 'du:əl] *agg.* **1** doppio; duplice // (*psic.*) — *personality*, sdoppiamento della personalità // (*inform.*): — *operation*, funzionamento in parallelo; — *programming*, (IBM) programmazione tandem; — *purpose card*, scheda documento // (*econ.*): — *problem*, problema duale; — *currency bonds*, titoli denominati in due valute **2** (*mat.*) duale ◆ *s.* (*gramm. greca*) duale, accoppiato.

dual carriageway ['dju:əl'kærɪdʒweɪ *amer.* 'du:əl'kærɪdʒweɪ] *s.* strada a doppia carreggiata a due corsie (per ogni senso di marcia) AMER. divided highway.

dual-control ['dju:əl,kən'trəʊl *amer.* 'du:əl ,kən'trəʊl] *agg.* a doppio comando: — *airplane*, *car*, aeroplano, automobile a doppi comandi.

dualism ['dju:əlɪzəm *amer.* 'du:əlɪzəm / du·al·ism] *s.* **1** (*fil.*) dualismo **2** dualità.

dualist ['dju:əlɪst *amer.* 'du:əlɪst / du·al·ist] *s.* (*fil.*) dualista.

dualistic [,dju:ə'lɪstɪk *amer.* ,du:ə'lɪstɪk / du·al·istic] *agg.* dualistico.

duality [dju:'ælətɪ *amer.* du:'ælətɪ / du·al·ity] *s.* dualità (*anche mat.*).

dual-purpose ['dju:əl'pɜ:pəs *amer.* 'du:əl 'pɜ:pəs] *agg.* a doppio uso, a duplice scopo, bivalente.

to **dub**[1] [dʌb] *pass.p.p.* **dubbed** [dʌbd] *v.tr.* (*ant.*) **1** nominare, creare (cavaliere): *to* — *s.o. a knight*, creare qlcu. cavaliere **2** qualificare; soprannominare **3** (*tecn.*) addobbare, ammorbidire (il cuoio) con una miscela di olio e sego **4** sgrossare con l'ascia; asciare **5** potare una siepe.

to **dub**[2] *v.tr.* (*cinem.*) doppiare: *a film dubbed in French*, un film doppiato in francese; *to* — *the English dialogue*, fare il doppiaggio del dialogo inglese.

dubbin ['dʌbɪn / dub·bin] **dubbing**[1] ['dʌbɪŋ / dub·bing] *s.* patina (miscela di olio e sego) per ammorbidire il cuoio.

dubbing[2] *s.* (*cinem.*) doppiaggio.

dubiety [dju:'baɪətɪ *amer.* du:'baɪətɪ / du·bi·ety] *s.* (*form.*) dubbiosità; incertezza.

dubious ['dju:bjəs *amer.* 'du:bjəs / du·bi·ous] *agg.* **1** dubbio; equivoco: — *character*, carattere poco chiaro; *he has the rather — distinction of being born on Friday the 13th*, ha il privilegio alquanto discutibile di essere nato di venerdì 13 **2** esitante; incerto: *to be — of s.o.'s honesty*, aver dei dubbi sulla onestà di qlcu.; *to feel — as to what to do*, sentirsi incerto in merito a, riguardo a cosa fare // **-ly** *avv.* // **-ness** *s.*

dubitable ['dju:bɪtəbl *amer.* 'du:bɪtəbl / du·bit·able] *agg.* (*non com.*) dubitabile.

dubitation ['dju:bɪteɪʃn *amer.* 'du:bɪteɪʃn / du·bita·tion] *s.* (*ant.*) dubbio; esitazione.

dubitative ['dju:bɪtətɪv *amer.* 'du:bɪtətɪv / du·bit·at·ive] *agg.* (*non com.*) **1** dubitativo; esitante **2** (*gramm.*) dubitativo // **-ly** *avv.*

ducal ['dju:kl *amer.* 'du:kl / du·cal] *agg.* ducale.

ducat ['dʌkət] *s.* ducato (moneta).

duchess ['dʌtʃɪs / duch·ess] *s.* duchessa.

duchy ['dʌtʃɪ] *s.* ducato (territorio).

duck[1] [dʌk] *pl.* **duck, ducks** *s.* **1** anatra // *ducks and drakes*, rimbalzello: *to play ducks and drakes with one's money, life*, sperperare i propri denari, la propria vita // *a fine day for young ducks*, giorno piovoso // *in two shakes of a —'s tail*, in un batter d'occhio // *that's like water off a —'s back*, (*fam.*) è tutta fatica sprecata // *to take to sthg. like a — to water*, (*fam.*) darsi a qlco. senza esitazione, naturalmente, senza difficoltà // — *soup*, (*fam.*) cosa facile e talvolta remunerativa **2** (*fam.*) caro; cocco: *you are a —!*, sei proprio cara! **3** (punteggio) zero (spec. al cricket): *to break one's* —, segnare il primo punto (al cricket) // *—'s egg*, (*sl.*) zero // *out for a* —, essere messi fuori gioco senza aver segnato alcun punto.

duck[2] *s.* **1** tuffo **2** scarto; piegamento improvviso (della testa, del corpo ecc.); schivata.

to **duck**[2] *v.tr.* **1** tuffare, immergere nell'acqua per un momento **2** muovere, piegare velocemente (la testa, il corpo per evitare di ricevere un colpo, di essere visto ecc.); schivare, evitare (*anche fig.*): *to — one's head*, abbassare improvvisamente la testa; *he always tries to — responsibility*, cerca sempre di evitare le responsabilità ◆ *v.intr.* **1** tuffare la testa nell'acqua; tuffarsi nell'acqua e venire subito a galla **2** chinare la testa, piegarsi velocemente (per evitare di ricevere un colpo, di essere visto ecc.): *he ducked to avoid the blow*, si piegò all'improvviso per scansare il colpo; *the rabbit ducked into its hole when it saw the fox*, il coniglio si infilò, scomparve nella sua tana quando vide la volpe **3** inchinarsi (per salutare).

□ **duck out** *v.intr.* e *avv.* (*fam.*) **1** uscire per un momento; andar via un attimo: *I'm just ducking out for a coffee*, esco un attimo a prendere un caffè **2** tirarsi indietro, venir meno a (impegno, appuntamento ecc.): *he tried to — out of the engagement*, cercò di liberarsi dall'impegno.

duck[3] *s.* **1** tela olona, tela da vele **2** *pl.* calzoni di tela olona.

duck[4] *s.* (veicolo) anfibio.

duckbill ['dʌkbɪl / duck·bill] *s.* (*zool.*) **1** ornitorinco → platypus **2** (*Polyodon spathula*) pesce spatola.

duckboards ['dʌkbɔ:ds / duck·boards] *s.* passerella, ponte di tavole.

ducker ['dʌkə*] *s.* (*zool.*) (*Podylimbus podiceps*) podilimbo; (*Podiceps ruficollis*) tuffetto.

duck-hawk ['dʌkhɔ:k] *s.* (*zool.*) (*Circus aeruginosa*) falco di palude.

ducking[1] ['dʌkɪŋ / duck·ing] *s.* (*non com.*) caccia alle anatre selvatiche.

ducking[2] *s.* **1** tuffo; rapida immersione (anche involontaria); infradiciatura: *to give s.o. a* —, bagnare qlcu. completamente (spingendolo in acqua o sott'acqua) **2** inchino.

duckling ['dʌklɪŋ / duck·ling] *s.* anatroccolo // *the ugly* —, il brutto anatroccolo.

ducks [dʌks] *s.* → **ducky**.

duckweed ['dʌkwi:d / duck·weed] *s.* (*bot.*) (*Lemna minor*) lente d'acqua comune, lenticchia d'acqua.

ducky ['dʌkɪ] *agg.* (*fam. amer.*) **1** perfetto, a posto, OK: *everything is just* —, tutto è semplicemente perfetto, OK **2** carino, simpatico, grazioso: *a — little house*, una casetta simpatica, carina ◆ *s.* (*fam. spec. brit.*) piccino mio, piccina mia; caro, cara; amore, tesoro SIN. ducks.

duct [dʌkt] *s.* **1** condotto; conduttura; canale **2** (*anat.*) dotto, canale **3** (*bot.*) vaso, canale **4** (*tip.*) calamaio.

ductile ['dʌktaɪl *amer.* 'dʌktɪl / duct·ile] *agg.* duttile; (*fig.*) docile.

ductility [dʌk'tɪlətɪ / duct·il·ity] *s.* duttilità; (*fig.*) docilità.

dud[1] [dʌd] *s.* **1** cosa che non vale nulla; cosa che non funziona; (*fam.*) bidone **2** bomba, proiettile inesploso **3** zuccone; persona incapace ◆ *agg.* **1** falso, fasullo; inutile; che non funziona // — *cheque*, assegno a vuoto **2** (*di proiettile, bomba*) inesploso, che ha fatto cilecca **3** (*di persona*) incapace, incompetente.

dud[2] *s.* (*gener. pl.*) cenci; stracci; indumenti, vestiti logori.

dude [dju:d *amer.* du:d] *s.* (*sl. amer.*) **1** dandy, zerbinotto, elegantone **2** persona di colore che veste in modo vistoso **3** uomo (di città); tizio // — *ranch*, ranch per turisti.

duded up [,dju:dɪd'ʌp *amer.* ,du:dɪd'ʌp] *agg.* (*fam. amer.*) azzimato, tutto elegante.

dudeen [du:'di:n / dud·een] *s.* (*irl.*) pipa corta di terracotta.

dudgeon ['dʌdʒən] *s.* (*form.*) **1** collera, sdegno: *in high* —, indignatissimo **2** (*ant.*) legno usato per le impugnature (di coltelli, pugnali ecc.); (*estens.*) impugnatura: *I see thee still; / and on thy blade and dudgeon gouts of blood*, (SH. Macbeth) ti vedo ancora; e sulla tua lama e sull'impugnatura grumi di sangue.

dudish ['dju:dɪʃ *amer.* 'du:dɪʃ / dud·ish] *agg.* (*fam. amer.*) lezioso, ricercato.

duds [dʌdz] *s.pl.* (*fam. amer.*) effetti personali.

due [dju: *amer.* du:] *agg.* **1** dovuto, da pagarsi; (*comm.*) esigibile; scaduto: — *bill*, cambiale scaduta; — *date*, scadenza; *to fall* (o *to be*) —, scadere, maturarsi (degli effetti); *the rent is — tomorrow*, l'affitto scade domani // — *register*, scadenziario // *interest* —, interesse maturato **2** dovuto, doveroso; adatto, conveniente: *thanks are — to the Hutton Picture Library for the photographs*, si ringrazia la Hutton Picture Library per le fotografie; *after — consideration*, dopo la dovuta considerazione; *with all — respect*, con il dovuto rispetto; *in — course*, a suo tempo, regolarmente; *in — time*, a tempo debito; *he has had his — reward*, ha avuto la ricompensa che gli spettava // *I am — for a shave*, (*fam.*) è ora che mi faccia la barba // (*dir.*): *— diligence*, diligenza del buon padre di famiglia; *— notice*, avviso dato nei termini di legge; (*amer.*) *— process clauses*, diritti fondamentali del cittadino previsti dalla costituzione federale **3** *to be — to*, essere dovuto a, causato da: *the accident was — to*, l'incidente fu dovuto a; *the road was closed, — to an accident*, la strada fu chiusa per un incidente • L'uso esemplificato in quest'ultima frase è frequente ma da qualcuno è considerato scorretto **4** *to be —*, essere atteso; dovere: *the ship is — tomorrow*, la nave è attesa per domani; *they are — to speak this evening*, devono parlare questa sera.

due *s.* **1** il dovuto, il debito, il giusto: *to give a man his —*, dare a un uomo ciò che gli è giustamente dovuto // *to give the devil his —*, dare a ciascuno quel che gli è dovuto **2** *pl.* quota sociale (di un circolo); (*dir. comm.*) tasse, tributi: *union dues*, quote sindacali; *annual dues*, quote annuali; *dock dues*, diritti di magazzinaggio; *harbour dues*, diritti di porto; *town dues*, dazio.

due *avv.* (*con punti cardinali*) in direzione: *— east*, in direzione est.

duel ['dju:əl *amer.* 'du:əl] *s.* **1** duello: *to fight a —*, battersi in duello **2** (*fig.*) lotta, contesa.

to **duel** *pass.p.p.* **duelled** ['dju:əld *amer.* 'du:əld] *v.intr.* duellare, battersi in duello.

dueller ['dju:ələ* *amer.* 'du:ələ* / du·el·ler] *s.* duellante.

duelling ['dju:əlɪŋ *amer.* 'du:əlɪŋ / du·el·ling] *s.* il duellare.

duellist ['dju:əlɪst *amer.* 'du:əlɪst / du·el·list] *s.* duellante.

duenna [dju:'enə *amer.* du:'enə / du·enna] *s.* vecchia governante; dama di compagnia accompagnatrice di una ragazza (generalmente in Spagna).

duet [dju:'et *amer.* du:'et] *s.* (*mus.*) duetto.

duff[1] [dʌf] *s.* (*fam.*) **1** pasta di pane **2** budino di farina.

to **duff**[2] *v.tr.* **1** (*sl.*) mettere a nuovo (abiti vecchi) **2** (*austr.*) falsificare: *to — cattle*, cambiare il marchio al bestiame rubato; (*estens.*) rubare il bestiame **3** (*sport*) sbagliare (il colpo) (*anche fig.*).

□ **duff up** *v.tr.* e *avv.* (*sl.*) malmenare.

duff[3] *agg.* (*fam.*) rotto; inutilizzabile, che non funziona.

duffel ['dʌfl] *s.* **1** (*fam.*) stoffa pesante; mollettone **2** (*amer.*) equipaggiamento (per campeggio).

duffel bag ['dʌflbæg] *s.* sacca da viaggio.

duffel coat ['dʌflkəʊt] *s.* (*abbigl.*) montgomery.

duffer ['dʌfə*] *s.* **1** (*fam.*) inetto, incapace; stupido **2** venditore ambulante di merce di contrabbando **3** (*austr.*) ladro di bestiame **4** (*sl.*) cosa da poco, inutile.

duffle e *deriv.* → **duffel** e *deriv.*

dug[1] [dʌg] *s.* **1** capezzolo, mammella (di animale) **2** *pl.* (*spreg.*) seno.

dug[2] *pass. p.p.* di to **dig**.

dugong ['du:gɒŋ / du·gong] *s.* (*zool.*) (*Dugong dugong*) dugongo.

dugout ['dʌgaʊt / dug·out] *s.* **1** canoa (ricavata da un tronco d'albero) **2** rifugio; (*mil.*) ricovero sotterraneo, trincea **3** (*sport*) panchina (ai bordi del campo).

duiker ['daɪkə*] *pl.* **duiker(s)** *s.* (*zool.*) cefalofo.

duke[1] [dju:k *amer.* du:k] *s.* duca.

duke[2] *s.* (*fam. amer.*) mano; pugno.

to **duke**[2] *v.tr.* (*fam. amer.*) dare, allungare: *— the child a five*, allunga al bambino cinque dollari ◆ *v.intr.* (*fam. amer.*) fare a pugni.

dukedom ['dju:kdəm *amer.* 'du:kdəm / duke·dom] *s.* **1** ducato (territorio governato da un duca) **2** titolo, dignità di duca.

dulcamara [,dʌlkə'mɑ:rə / dulc·am·ara] *s.* (*bot.*) dulcamara.

dulcet ['dʌlsɪt / dul·cet] *agg.* dolce, gradevole, soave (di suoni).

dulcification [,dʌlsɪfɪ'keɪʃn / dul·ci·fica·tion] *s.* dolcificazione.

to **dulcify** ['dʌlsɪfaɪ / dul·cify] *v.tr.* (*non com.*) dolcificare.

dulcimer ['dʌlsɪmə* / dul·ci·mer] *s.* (*mus.*) salterio.

dulia [dju:'laɪə / du·lia] *s.* (*teol.*) dulia.

dull [dʌl] *agg.* **1** tardo; lento; poco intelligente: *a — mind*, una mente tarda; *a — pupil*, un allievo ottuso; *to be — of hearing, of sight*, essere debole d'udito, di vista **2** sordo; soffocato: *a — ache*, un dolore sordo; *a — sound*, un suono sordo, soffocato **3** fiacco: *the — season*, la stagione morta; *the market is —*, il mercato è fiacco **4** depresso; apatico: *to feel —*, sentirsi depresso, annoiato **5** monotono, noioso, non interessante: *a — book, speech*, un libro tedioso, un discorso noioso; *— weather*, tempo uggioso // *as — as ditchwater*, (*fam.*) noioso da morire **6** ottuso; smussato; non tagliente, spuntato: *a — knife*, un coltello che non taglia **7** (*di colore*) opaco, appannato, offuscato: *— light*, luce debole.

to **dull** *v.tr.* **1** istupidire; intorpidire (i sensi) **2** spuntare; rendere non tagliente; smussare **3** offuscare; rendere meno intenso, attenuare; smorzare, indebolire: *to — pain by narcotics*, alleviare, calmare il dolore con narcotici ◆ *v.intr.* **1** offuscarsi; smorzarsi **2** spuntarsi; perdere il filo; smussarsi.

dullard ['dʌləd / dull·ard] *s.* (*antiq.*) persona stupida, ottusa.

dullish ['dʌlɪʃ / dull·ish] *agg.* piuttosto noioso; un po' tetro.

dullness ['dʌlnɪs / dull·ness] *s.* **1** lentezza, torpore **2** (*comm.*) fiacchezza, calma (del mercato) **3** opacità (di suono) **4** noia; monotonia; uggiosità **5** mancanza di luce, colore, vivacità, attrattiva.

dull-witted [dʌl'wɪtɪd] *agg.* d'intelligenza ottusa, tardo.

dully ['dʌlɪ] *avv.* **1** ottusamente; lentamente **2** debolmente; senza energia **3** in modo noioso, monotono.

dulness → **dullness**.

duly ['dju:lɪ *amer.* 'du:lɪ] *avv.* **1** debitamente: *members — appointed*, membri debitamente nominati; *I have — received...*, ho debitamente ricevuto... **2** a tempo debito, puntualmente; in tempo utile: *the article — appeared in the newspaper the following day*, l'articolo apparve puntualmente sul giornale il giorno seguente.

duma ['du:mə] *s.* (*st.*) duma.

dumb [dʌm] *agg.* **1** muto: *— from birth* (o *born —*), muto dalla nascita; *deaf and —*, sordomuto // *— as a fish* (o *as an oyster*), (*fam.*) muto come un pesce **2** ammutolito; reticente: *to be struck — with astonishment, fear*, ammutolire per la sorpresa, il timore; *to strike s.o. —*, far ammutolire qlcu., ridurre qlcu. al silenzio **3** mancante di suono **4** (*fam.*) stupido, ottuso // *— Dora*, (*sl. amer.*) ragazza stupida, insulsa; oca: *what's the percentage of dumb Doras at Radcliffe?*, (S. BELLOW) quale è la percentuale di oche al Radcliffe College?

to **dumb** *v.tr.* attutire, render sordo (un suono).

□ **dumb down** *v.tr.* e *avv.* (*fam. amer.*) modificare (un testo) per renderlo più comprensibile.

dumbbell ['dʌmbel / dumb·bell] *s.* **1** (*gener. pl.*) (*sport*) manubrio **2** (*sl. amer.*) sciocco, imbecille.

to **dumbfound** [dʌm'faʊnd / dumb·found] *v.tr.* sbalordire, rendere stupefatto, stupire; confondere, stordire: *dumbfounding news*, notizia stupefacente; *I was dumbfounded at the news*, rimasi attonito alla notizia; *the news dumbfounded me*, la notizia mi stupì.

dumbly ['dʌmlɪ / dumb·ly] *avv.* senza pronunciare parola; in silenzio: *he — accepted the verdict*, accettò il verdetto in silenzio.

dumbness ['dʌmnɪs / dumb·ness] *s.* **1** mutismo **2** silenzio.

dumbo ['dʌmbəʊ] *s.* (*fam.*) sciocco, scemo.

dumb-piano [,dʌmpɪ'ænəʊ] *s.* pianoforte senza corde (usato per studio).

dumb show ['dʌmʃəʊ] *s.* (*teatr.*) pantomima, scena muta; gesto muto.

dumbstruck ['dʌmstrʌk / dumb·struck] *agg.* esterrefatto, senza parole.

dumbwaiter [,dʌm'weɪtə* / dumb·waiter] *s.* **1** montavivande **2** servo muto, tavolino portavivande a più ripiani; carrello.

dumdum ['dʌmdʌm / dum·dum] *s.* (*mil.*) *— (bullet)*, pallottola dumdum.

to **dumfound** → to **dumbfound**.

dummy ['dʌmɪ] *agg.* **1** muto, silenzioso **2** falso, posticcio // *— gun*, pistola giocattolo // (*dir.*) *— company*, società fittizia, società di comodo // (*mil.*) *— cartridge*, cartuccia a salve **3** (*carte*) giocato con il morto: *— bridge*, bridge col morto **4** (*inform.*) fittizio, falso: *— activity*, (PERT) attività di collegamento logico ◆ *s.* **1** (*fam.*) persona muta, silenziosa; (*letter.*) personaggio muto (nei drammi) **2** manichino (da sarto, vetrina) **3** uomo di paglia; prestanome **4** (*stat.*) variabile di comodo **5** (*carte*) morto **6** (*tip.*) menabò **7** (*baby's*) —, succhiotto, tettarella AMER. **pacifier** **8** (*ferr.*) locomotiva con condensatore **9** (*tecn.*) sagoma; simulacro **10** (*metall.*) impronta **11** (*sl.*) persona scema, ottusa.

dummy run ['dʌmɪrʌn] *s.* prova (di funzionamento, di verifica).

to **dummy up** ['dʌmɪʌp] *v.intr.* e *avv.* (*fam. amer.*) tacere, stare zitti.

dump[1] [dʌmp] *s.* (*rar.*) **1** pallina di piombo

(per gioco di ragazzi) **2** pasticca, caramella **3** (*sl.*) soldo, centesimo; quattrini (*pl.*): *it's not worth a* —, non vale un soldo **4** individuo tozzo **5** (*mar.*) chiodo, bullone per lamiere.

dump[2] *s.* buca profonda nel letto di un fiume.

dump[3] *s.* **1** luogo di scarico (di detriti, spazzatura ecc.); (*ind. miner.*) discarica: *rubbish* —, discarica di rifiuti **2** mucchio; ammasso (di detriti, spazzatura ecc.) **3** (*fam.*) posto sudicio, squallido; topaia **4** (*sl. amer.*) ricovero notturno; taverna; prigione; casa **5** (*comm.*) vendita sottocosto **6** (*ammunition*) —, deposito di munizioni **7** colpo sordo (di qlco. che cade pesantemente) **8** (*inform.*) stampa del contenuto della memoria, svuotamento: *disk* —, copia del contenuto di un disco; — *check*, controllo mediante copiatura; *to take a* —, eseguire una copiatura **9** *pl.* (*fam.*) umor nero, depressione: *to be* (*down*) *in the dumps*, essere di cattivo umore; essere depresso.

to **dump**[3] *v.tr.* **1** scaricare: *to — a load*, scaricare (un carico); *you can — your suitcases in the hall*, (*fam.*) puoi scaricare, mollare le tue valige in anticamera // *to — oneself on s.o.*, (*fam.*) piazzarsi a casa di qlcu. (non invitato) // *to — down*, rovesciare con rumore sordo; sbarcare (indesiderabili) **2** (*fam.*) liberarsi di; abbandonare (*anche fig.*): *she dumped her boyfriend*, ha piantato il suo ragazzo **3** formare una riserva, un deposito di (viveri, munizioni) **4** (*comm.*) vendere sottocosto (a paese straniero) **5** (*inform.*) disalimentare, scaricare **6** (*austr.*) pressare (lana) con pressa idraulica ♦ *v.intr.* **1** cadere **2** scaricare rifiuti **3** (*comm.*) vendere sottocosto.

□ **dump on** *v.intr.* e *prep.* (*fam. amer.*) criticare aspramente e a torto.

dumper ['dʌmpə*] *s.* **1** chi rovescia (alla rinfusa detriti ecc.) **2** (*aut.*) → dump(er) truck **3** (*comm.*) esportatore di merce sottocosto.

dump(er) truck ['dʌmp(ə),trʌk] *s.* autocarro con cassone ribaltabile.

dumpiness ['dʌmpɪnɪs / dumpi·ness] *s.* aspetto tozzo, tarchiato.

dumping ['dʌmpɪŋ / dump·ing] *s.* **1** il rovesciare, lo scaricare (rifiuti) **2** (*econ.*) dumping, esportazione sottocosto.

dumping ground ['dʌmpɪŋ,graʊnd] *s.* luogo di scarico; discarica.

dumpish ['dʌmpɪʃ / dump·ish] *agg.* triste; abbattuto, depresso // **-ly** *avv.* // **-ness** *s.*

dumpling ['dʌmplɪŋ / dump·ling] *s.* **1** gnocchetto di pasta bollita (servita con carne, verdura) // *apple* —, fagottino di mele, mela avvolta in uno strato di pasta e cotta al forno **2** (*sl.*) persona, animale piccolo e rotondetto.

dumpy[1] ['dʌmpɪ] *agg.* (*non com.*) triste, abbattuto.

dumpy[2] *agg.* tozzo, tarchiato ♦ *s.* persona tarchiata; animale dalle zampe corte.

dumpy-level ['dʌmpɪ'levl] *s.* (*tecn.*) livello a cannocchiale.

dun[1] [dʌn] *agg.* bruno grigiastro opaco: *tut, dun's the mouse, the constable's / own word*, (SH. Romeo and Juliet) taci! bigio è il topo, è la parola d'ordine della ronda ♦ *s.* **1** colore bruno grigiastro **2** cavallo di colore bruno grigiastro: *if thou art Dun, we'll draw thee from the mire*, (SH. The Tempest) se tu sei il Bigio, ti tireremo fuori dal pantano **3** esca artificiale; pupa.

to **dun**[1] *pass.p.p.* **dunned** [dʌnd] *v.tr.* **1** render bruno, grigiastro **2** salare (specialmente merluzzo).

dun[2] *s.* (*antiq.*) **1** creditore importuno; esattore (di un debito) **2** sollecitazione di pagamento.

to **dun**[2] *v.tr.* (*antiq.*) sollecitare con insistenza (un debitore): *dunning letter*, lettera che sollecita il pagamento di un debito // *to be dunned on all sides*, essere carico di debiti.

dun-bird ['dʌnbɜ:d] *s.* (*zool.*) (*Aythya ferina*) moriglione, moretta.

dunce [dʌns] *s.* (*fam.*) ignorante;(*sl. scolastico*) somaro, asino // *—'s cap*, berretto d'asino.

dunder ['dʌndə* / dun·der] *s.* feccia (della canna da zucchero).

dunderhead ['dʌndəhed / dun·der·head] *s.* (*fam.*) stupido.

dun-diver ['dʌndaɪvə*] *s.* (*zool.*) femmina dello smergo.

dundreary [dʌn'drɪərɪ / dun·dreary] *s.* (*fam. antiq.*) fedina, basetta.

dune [dju:n *amer.* du:n] *s.* duna.

dune buggy ['dju:n,bʌgɪ *amer.* 'du:nbʌgɪ] → **beach buggy**.

dun-fly ['dʌnflaɪ] *s.* (*zool.*) (*Haematopota pluvialis*) tafano.

dung [dʌŋ] *s.* [U] **1** sterco, escrementi (*pl.*) (spec. di animali) **2** letame // — *cart*, carretto per letame.

to **dung** *v.tr.* concimare.

dungaree [,dʌŋgə'ri: / dun·garee] *s.* grossolana cotonina indiana.

dungarees [,dʌŋgə'ri:z / dun·gar·ees] *s.pl.* **1** (*brit.*) pantaloni da lavoro con pettorina AMER. overalls **2** (*amer.*) pantaloni da lavoro.

dung-beetle ['dʌŋ,bi:tl] *s.* (*zool.*) stercorario → **dorbeetle**.

dungeon ['dʌndʒən / dun·geon] *s.* **1** dongione **2** cella, prigione sotterranea.

dung-fork ['dʌŋfɔ:k] *s.* forca per letame.

dung-heap ['dʌŋhi:p] **dung-hill** ['dʌŋhɪl] *s.* **1** letamaio **2** (*fig.*) fango.

to **dunk** [dʌŋk] *v.tr.* inzuppare (pane, biscotti) nel tè, latte, brodo.

dunlin ['dʌnlɪn / dun·lin] *s.* (*zool.*) (*Erolia alpina*) piovanello pancianera SIN. stint, ox-bird.

dunnage ['dʌnɪdʒ / dunn·age] *s.* **1** (*mar.*) pagliolo **2** (*fam.*) bagagli (di marinaio).

dunno [də'nəʊ] (*sl.*) contr. di *I don't know*, non so.

dunnock ['dʌnək / dun·nock] *s.* (*zool.*) (*Prunella modularis*) passera scopaiola.

dunny ['dʌnɪ] *s.* (*sl. austr.*) gabinetto.

duo ['dju:əʊ] *pl.* **duos** *s.* duo; duetto.

duodecennial [,dju:əʊdɪ'senjəl *amer.* ,du:ə dɪ'senjəl / duo·decen·nial] *agg.* duodecennale.

duodecimal [,dju:əʊ'desɪml *amer.* ,du:ə 'desɪml / duo·decimal] *agg.* **1** dodicesimo **2** (*mat.*) — (*system*), sistema duodecimale.

duodecimo [,dju:əʊ'desɪməʊ *amer.* ,du:ə 'desɪməʊ / duo·decimo] *s.* (*tip.*) duodecimo, dodicesimo (formato di libro).

duodenal [,dju:əʊ'di:nl *amer.* ,du:ə'di:nl / duo·denal] *agg.* (*anat.*) duodenale: — *glands*, ghiandole duodenali, di Brumer; — *ulcer*, ulcera duodenale.

duodenary [,dju:əʊ'di:nərɪ *amer.* ,du:ə 'di:nərɪ / duo·den·ary] *agg.* (*mat.*) duodecimale: — *digit*, cifra duodecimale.

duodenitis [,dju:əʊdɪ:'naɪtɪs / duo·den·itis] *s.* (*med.*) duodenite.

duodenum [,dju:əʊ'di:nəm *amer.* ,du:ə 'di:nəm / duo·denum] *pl.* **duodenums**, **duodena** [,dju:əʊ'di:nə / duo·dena] *s.* (*anat.*) duodeno.

duologue ['djʊəlɒg *amer.* 'du:əlɔ:g / duo·logue] *s.* **1** dialogo (tra due persone) **2** (*teatr.*) scena a due.

duopoly [dju:'ɒpəlɪ *amer.* du:'ɒpəlɪ / duo·poly] *s.* (*econ.*) duopolio.

duopsony [dju:'ɒpsənɪ *amer.* du:'ɒpsənɪ / duo·psony] *s.* (*econ.*) duopsonio.

to **dup** [dʌp] *v.tr.* (*ant.*) aprire: *then up he rose, and donn'd his clo'es, / and dupp'd the chamber door*, (SH. Hamlet) e lui si levò, si vestì e aprì la porta della camera.

dupable ['dju:pəbl *amer.* 'du:pəbl / dup·able] *agg.* ingannabile; mistificabile.

dupe [dju:p *amer.* du:p] *s.* gonzo; sempliciotto // *to be the ready — of s.o.*, lasciarsi facilmente gabbare da qlcu.

to **dupe** *v.tr.* ingannare; gabbare; abbindolare.

dupery ['dju:pərɪ] *s.* inganno, truffa.

duple ['dju:pl *amer.* 'du:pl] *agg.* (*mus.*) doppio: — *time*, misura a due tempi.

duplex ['dju:pleks *amer.* 'du:pleks / du·plex] *agg.* doppio; duplex // (*metall.*) — *process*, processo duplex ♦ *s.* (*amer.*) **1** casa, villa bifamiliare BRIT. semidetached **2** appartamento su due piani.

duplicable ['dju:plɪkəbl / du·plic·able] *agg.* duplicabile.

duplicate ['dju:plɪkət *amer.* 'du:plɪkət / du·plic·ate] *agg.* doppio; di ricambio // (*inform.*) — *record*, registrazione doppia ♦ *s.* **1** duplicato: *a letter in* —, una lettera in duplicato, doppia copia // — (*key*), duplicato (di chiave) **2** pezzo di ricambio **3** (*gramm.*, *inform.*) sinonimo **4** (*cinem.*) controtipo.

to **duplicate** ['dju:plɪkeɪt *amer.* 'du:plɪkeɪt] *v.tr.* **1** duplicare (documenti ecc.) **2** (*cinem.*) stampare un controtipo di.

duplicating machine ['dju:plɪkeɪtɪŋ ,mə'ʃi:n *amer.* 'du:plɪkeɪtɪŋ,mə'ʃi:n] → **duplicator**.

duplication [,dju:plɪ'keɪʃn *amer.* ,du: plɪ'keɪʃn / du·plica·tion] *s.* raddoppiamento; riproduzione; duplicazione: (*mat.*) — *of the cube*, duplicazione del cubo.

duplicator ['dju:plɪkeɪtə* *amer.* 'du:plɪkeɪtə* / du·plic·ator] *s.* duplicatore.

duplicity [dju:'plɪsətɪ *amer.* du:'plɪsətɪ / du·pli·city] *s.* malafede; doppiezza.

durability [,djʊərə'bɪlɪtɪ *amer.* ,dʊərə'bɪlɪtɪ / dur·ab·il·ity] *s.* durabilità; durata: *of prolonged* —, di grande durata.

durable ['djʊərəbl *amer.* 'dʊərəbl / dur·able] *agg.* durevole; resistente // **-bly** *avv.* // **-ness** *s.*

duralumin® [djʊə'ræljʊmɪn / dur·alu·min] *s.* duralluminio®.

dura mater ['dʊrə'meɪtə*] *s.* (*anat.*) duramadre.

duramen [djʊə'reɪmen / dur·amen] *s.* (*bot.*) durame.

durance ['djʊərəns *amer.* 'dʊərəns / dur·ance] *s.* (*ant.*) **1** (*dir.*) carcerazione **2** durata: *he, sir, that takes pity on decayed men and gives them / suits of durance*, (SH. Comedy of Errors) colui, o signore, che prova compassione per i suoi simili decaduti e regala loro vesti di lunga durata.

duration [djʊ'reɪʃn *amer.* dʊ'reɪʃn / dura·tion] *s.* **1** durata: — *of copyright*, durata dei diritti d'autore // (*gramm.*) — *form*, forma di durata **2** (*fin.*) durata, duration (vita media di un titolo a reddito fisso).

durative ['djʊərətɪv *amer.* 'dʊərətɪv / dur·at·ive] *agg.* (*gramm.*) durativo.

durbar ['dɜ:bɑ:* / dur·bar] *s.* **1** ricevimento; luogo di ricevimento; sala delle udienze (in India) **2** corpo degli ufficiali in una corte indiana.

duress [djʊə'res *amer.* dʊ'res / dur·ess] *s.* costrizione; violenza: *to act under* —, cedere alla forza; (*dir.*) *defense of* —, discriminante operante nel caso di costringimento altrui (a commettere il reato).

Durex® ['djʊəreks *amer.* 'dʊəreks] *s.* profilattico.

durian ['dʊrɪən / dur·ian] *s.* (*bot.*) (*Durio zibethinus*) durio.

duricrust ['djʊərə,krʌst *amer.* 'dʊərə,krʌst / duri·crust] *s.* (*geol.*) crostone desertico.

during ['djʊərɪŋ *amer.* 'dʊərɪŋ / dur·ing] *prep.* durante, nel corso di: — *his life*, durante la sua vita; — *the winter*, nel corso dell'inverno; *killed — a brawl*, ucciso in una rissa.

durion ['dʊərɪən / dur·ion] → **durian**.

durmast ['dɜ:mɑ:st *amer.* 'dɜ:mæst / dur·mast] *s.* (*bot.*) (*Quercus sessiliflora*) rovere, quercia.

durra ['dʊrə] *s.* (*bot.*) (*Andropogon sorghum*) durra.

durst [dɜ:st] (*ant.*) *pass.* di to **dare**; nell'inglese moderno *dared*: *and seemed as they would ask me, if they durst*, (R. BROWNING) e sembrava volessero chiedermi, se [solo] avessero osato; *he was so fierce I durst not go into the pit to him*, (D. DEFOE) era così feroce che non osai entrare nella fossa per andare da lui.

dusk [dʌsk] *agg.* (*letter.*) → **dusky**.

dusk *s.* crepuscolo: *at* —, all'imbrunire **2** oscurità, tenebre (*pl.*).

to **dusk** *v.tr.* (*rar.*) oscurare; offuscare ◆ *v.intr.* (*rar.*) oscurarsi; offuscarsi; imbrunire.

duskiness ['dʌskɪnɪs / duski·ness] *s.* oscurità; colore scuro.

dusky ['dʌskɪ] *agg.* **1** oscuro, fosco; (*fig.*) tetro, cupo **2** scuro (di carnagione).

dust [dʌst] *s.* **1** polvere: *to raise a cloud of* —, sollevare una nube di polvere; *to reduce sthg. to* —, ridurre qlco. in polvere // *to bite* —, mordere la polvere; cadere ferito, morto, vinto // *to humble oneself in the* —, umiliarsi profondamente // *to raise* (o *kick up*) *a — about*, sollevare un pandemonio per // *to throw — in a person's eyes*, gettar la polvere negli occhi a qlcu. // *dry as* —, noioso da morire // *when the — has settled*, quando la confusione sarà finita **2** spolverata **3** (*bot.*) (*flower*) —, polline **4** [U] ceneri (dei morti) *pl.*: *ashes to ashes, — to* —, cenere alla cenere, polvere alla polvere.

to **dust** *v.tr.* **1** spolverare, togliere la polvere da: *to — the books*, spolverare i libri // *to — s.o.'s coat*, (*fig.*) spolverare la schiena a qlcu., bastonarlo **2** spargere sostanze in polvere su, cospargere di: *to — a cake with icing sugar*, spolverare un dolce di zucchero a velo; *to — a pesticide on the roses*, spargere pesticida in polvere sulle rose ◆ *v.intr.* spolverare, tirar via la polvere.

□ **dust down** *v.tr.* e *avv.* togliere la polvere da.

□ **dust off** *v.tr.* e *avv.* rispolverare (*anche fig.*).

dust-bath ['dʌst,bɑ:θ *amer.* 'dʌstbæθ] *s.* lo strofinarsi degli uccelli nella polvere (per pulizia).

dustbin ['dʌsᵗbɪn / dust·bin] *s.* pattumiera; bidone della spazzatura.

dustbowl ['dʌstbəʊl / dust·bowl] *s.* **1** (*ecol.*) desertificazione causata dalla distruzione dell'ambiente naturale; regione che ha subito questo tipo di desertificazione **2** zona soggetta a devastanti tempeste di vento (in particolare nell'Oklahoma).

dustcart ['dʌsᵗkɑ:t / dust·cart] *s.* camion delle immondizie AMER. garbage truck.

dustcoat ['dʌsᵗkəʊt / dust·coat] *s.* spolverino.

dust cover ['dʌst,kʌvə*] *s.* **1** sopraccoperta (di libro ecc.) SIN. dust jacket **2** fodera (di poltrona ecc.).

dust-devil ['dʌst,devl] *s.* turbine di polvere (in una zona arida o desertica).

duster ['dʌstə*] *s.* **1** chi spolvera **2** strofinaccio, spolverino **3** cancellino **4** (*amer.*) spolverino, soprabito leggero BRIT. dustcoat **5** (*agr.*) polverizzatore.

dustiness ['dʌstɪnɪs / dusti·ness] *s.* l'essere polveroso.

dusting ['dʌstɪŋ / dust·ing] *s.* **1** spolverata **2** (*aer.*) irrorazione **3** (*fig.*) bastonatura.

dust jacket ['dʌsᵗ,dʒækɪt] → **dust cover** 1.

dustman ['dʌsᵗmən / dust·man] *pl.* **dustmen** *s.* spazzino AMER. garbage collector, garbage man.

dustpan ['dʌsᵗpæn / dust·pan] *s.* paletta per la spazzatura.

dustsheet ['dʌst,ʃi:t / dust·sheet] *s.* telo (per proteggere mobili ecc. dalla polvere).

dust storm ['dʌst,stɔ:m] *s.* (*meteor.*) tempesta di polvere.

dustup [dʌst'ʌp / dust·up] *s.* (*sl.*) rissa.

dust wrapper ['dʌst,ræpə*] → **dust cover** 2.

dusty ['dʌstɪ] *agg.* **1** polveroso, coperto di polvere: *to get* —, impolverarsi **2** non brillante, polveroso (di colore) **3** (*fig.*) vago, indefinito, nebuloso: *he gave a — answer*, diede una risposta vaga **4** arido, privo d'interesse // *it's not so* —, (*sl.*) non c'è male, è discreto, abbastanza buono.

Dutch [dʌtʃ] *agg.* **1** olandese // *to talk to s.o. like a — uncle*, ammonire qlcu. paternamente // *to go* —, pagare alla romana // *to get in* —, (*fam. amer.*) mettersi nei pasticci **2** (*ant.*) tedesco ◆ *s.pl. the Dutch*, gli olandesi; (*ant.*) i tedeschi.

Dutch cap ['dʌtʃ'kæp] *s.* **1** cuffietta olandese **2** diaframma (contraccettivo).

Dutchman ['dʌtʃmən / Dutch·man] *pl.* **Dutchmen** *s.* (uomo) olandese // *well I'm a —!*, è assurdo!

Dutch metal [,dʌtʃ'metl] *s.* (*metall.*) tombacco.

Dutch treat ['dʌtʃ,tri:t] *s.* (*fam.*) festa, pranzo al ristorante ecc. per il quale ciascuno paga per sé.

Dutchwoman ['dʌtʃ,wʊmən / Dutch·wo·man] *pl.* **Dutchwomen** ['dʌtʃ,wɪmɪn / Dutch·wo·men] *s.* (donna) olandese.

duteous ['dju:tjəs *amer.* 'du:tjəs / du·teous] e *deriv.* → **dutiful** e *deriv.*

dutiable ['dju:tjəbl *amer.* 'du:tjəbl / du·ti·able] *agg.* gravato di dazio; soggetto a dazio doganale.

dutiful ['dju:tɪfʊl *amer.* 'du:tɪfʊl / du·ti·ful] *agg.* rispettoso, deferente; ubbidiente: *a — husband*, un marito premuroso // **-ly** *avv.* // **-ness** *s.*

duty ['dju:tɪ *amer.* 'du:tɪ] *s.* **1** dovere: *to do one's* —, fare il proprio dovere: *do your — come what may*, fa il tuo dovere qualsiasi cosa accada; *to do one's — by* (o *to*) *s.o.*, fare il proprio dovere verso qlcu.; *to act out of* —, agire per dovere morale // *as in — bound*, come si deve **2** (*gener. pl.*) funzioni; mansioni; compito, incarico: *the manager told me what my duties would be*, il direttore mi disse quali sarebbero state le mie incombenze // *to do — for s.o.*, sostituire qlcu. // *to do — for sthg.*, servire da, funzionare come **3** servizio: *to be on, off* —, essere, non essere di servizio **4** ubbidienza, rispetto; ossequi (*pl.*): *to pay one's — to s.o.*, presentare i propri ossequi a qlcu. **5** (*econ.*, *trib.*) dazio, diritto doganale, dogana; tassa, imposta: *excise* —, imposta di consumo; *capital* —, imposta di bollo sull'emissione di azioni **6** (*mecc.*) rendimento di lavoro; funzionamento: *continuous — machine*, macchina a funzionamento continuo.

duty-free [,dju:tɪ'fri:] *agg.* e *avv.* esente da dazio, da dogana: — *shop*, negozio in cui si vendono merci esenti da dazio ◆ *s.* (*fam.*) merce, articolo esente da dazio.

duty-paid ['dju:tɪ,peɪd *amer.* 'du:tɪ,peɪd] *agg.* franco dogana.

duumvir [dju:'ʌmvə* / du·um·vir] *pl.* **duumvirs**, **duumviri** [du:'ʊmvɪri: / du·um·viri] *s.* (*st. romana*) duumviro.

duumvirate [dju:'ʌmvɪrət / du·um·vir·ate] *s.* (*st. romana*) duumvirato.

duvet ['dju:veɪ / du·vet] *s.* **1** piumino d'oca; piumino sintetico **2** piumone®.

dux [dʌks] *s.* **1** (*non com.*) capo **2** (*spec. scoz.*) capoclasse.

dwale [dweɪl] *s.* (*bot.*) (*Atropa belladonna*) belladonna.

dwarf [dwɔ:f] *pl.* **dwarfs** [dwɔ:fs] **dwarves** [dwɔ:vz] *s.* **1** nano; gnomo // — *disease*, nanismo, rachitismo **2** (*astr.*) — (*star*), (stella) nana: *red* —, nana rossa ◆ *agg.* nano; di gnomo.

to **dwarf** *v.tr.* **1** far sembrare piccolo; far scomparire; schiacciare: *skyscrapers — the church*, i grattacieli tolgono imponenza, schiacciano la chiesa **2** arrestare lo sviluppo di.

dwarf elder [,dwɔ:f'eldə*] *s.* (*bot.*) sambuco selvatico → **danewort**.

dwarfish ['dwɔ:fɪʃ / dwarf·ish] *agg.* nano, di nano, da nano // **-ly** *avv.*

dwarfishness ['dwɔ:fɪʃnɪs / dwarf·ish·ness]

dwarfism ['dwɔ:fɪzəm / dwarf·ism] *s.* (*med.*) nanismo.

dwell [dwel] *s.* **1** (*ant.*) sosta, pausa **2** (*mecc.*) rotazione (della mola) sul pezzo ad avanzamento fermo.

to **dwell** *pass.p.p.* **dwelt** [dwelt] anche **dwelled** [dweld] *v.intr.* (*form.*) **1** dimorare, abitare: *to — in the country*, abitare in campagna **2** restare; fissarsi; rimanere: *her memory dwells with me*, il suo ricordo rimane in me; *don't let your mind — on the past*, non lasciare che la tua mente si soffermi sul passato **3** arrestarsi, esitare (di cavallo) **4** (*mecc.*) ruotare sul pezzo ad avanzamento fermo.

dweller ['dwelə*] *s.* abitante, abitatore: *town —*, cittadino; *cave —*, cavernicolo, uomo delle caverne.

dwelling ['dwelɪŋ / dwell·ing] *s.* (*form.*) abitazione, residenza, dimora.

dwelling house ['dwelɪŋhaʊs] *s.* (*form.*) casa d'abitazione.

dwelling place ['dwelɪŋpleɪs] *s.* (*form.*) dimora.

to **dwindle** ['dwɪndl] *v.intr.* **1** scemare, diminuire; deperire; restringersi // *to — away*, diminuire poco alla volta (sino a scomparire) **2** (*fig.*) degenerare: *to — nothing*, ridursi in nulla.

dwindling ['dwɪndlɪŋ / dwind·ling] *agg.* che diminuisce.

dyad ['daɪəd] *s.* **1** (*mat. non com.*) coppia **2** (*chim.*) bivalente; diade, coppia di elementi.

dye [daɪ] *s.* **1** tinta, colore: *fast —*, tinta solida // *a scoundrel of the deepest —*, (*antiq.*) un furfante della peggior specie **2** (*chim.*) colorante, tintura: *hair —*, tintura per capelli; *food dyes*, coloranti alimentari **3** — (*solution*), bagno di colore.

to **dye** *pass.p.p.* **dyed** [daɪd] *p.pr.* **dyeing** [daɪɪŋ / dye·ing] *v.tr.* tingere: *he dyes any kind of cloth*, tinge ogni genere di stoffa; *she dyes her hair brown*, si tinge i capelli color castano; *to — the wool in the yarn*, tingere la lana in filato; *to have a dress dyed*, farsi tingere un vestito ◆ *v.intr.* tingersi: *this cloth dyes well*, questa stoffa si tinge bene, tiene bene la tintura.

dyed-in-the-wool ['daɪdɪnðə'wʊl] *agg.* **1** lana tinta in fibra (prima della filatura) **2** (*fig.*) irriducibile, irrecuperabile **3** (*fam. amer.*) permanente, indelebile; (*fig.*) testardo.

dyeing ['daɪɪŋ / dye·ing] *s.* il tingere; tintura.

dyer ['daɪə*] *s.* tintore // *dyers and cleaners*, tintoria e lavanderia (negozio).

dyer's broom ['daɪəz,bru:m] *s.* (*bot.*) (*Genista tinctoria*) ginestrella, baccellina.

dyestuff ['daɪstʌf / dye·stuff] *s.* colorante.

dye-works ['daɪwɜ:ks] *s.pl.* tintoria, impianto industriale dove si tingono i tessuti.

dying [daɪɪŋ / dy·ing] *agg.* **1** morente, moribondo, agonizzante: *the — day*, il giorno che muore; *— fire*, fuoco languente; *the — tradition*, la tradizione che scompare **2** di morte, relativo alla morte: *— day*, giorno della morte; *to one's — day*, fino al giorno della morte // *— wish*, l'ultimo desiderio // *— words*, le ultime parole // *— breath*, l'ultimo respiro // (*dir.*) *— declaration*, dichiarazione in articulo mortis, in punto di morte ◆ *s.* agonia, morte // *the —*, i morenti.

dyke → **dike**.

dynameter [daɪ'næmɪtə* / dy·na·meter] *s.* (*fis.*) dinametro.

dynamic [daɪ'næmɪk / dy·namic] *agg.* **1** dinamico, energico **2** dinamico: (*fis.*) *— equilibrium*, equilibrio dinamico; (*econ.*) *— economics*, teoria economica dinamica; (*mecc.*) *— balancing*, equilibratura dinamica **3** (*inform.*) dinamico, evolutivo **4** (*gramm.*) di moto ◆ *s.* dinamica.

dynamical [daɪ'næmɪkl / dy·nam·ical] *agg.* dinamico: (*fis.*) *— stability*, stabilità dinamica.

dynamically [daɪ'næmɪkəlɪ / dy·nam·ic·ally] *avv.* dinamicamente.

dynamics [daɪ'næmɪks / dy·namics] *s.* [U] dinamica.

dynamism ['daɪnəmɪzəm / dy·nam·ism] *s.* dinamismo.

dynamitard ['daɪnəmɪtɑ:d / dy·nam·itard] *s.* (*rar.*) dinamitardo.

dynamite ['daɪnəmaɪt / dy·nam·ite] *s.* dinamite // *the report was political —*, il rapporto sotto l'aspetto politico era dinamite ◆ *agg.* (*fam. amer.*) squisito, eccellente; ottimo.

to **dynamite** *v.tr.* far saltare con la dinamite.

dynamiter ['daɪnəmaɪtə* / dy·nam·iter] *s.* dinamitardo.

dynamo ['daɪnəməʊ / dy·namo] *pl.* **dynamos** *s.* (*elettr.*) dinamo.

dynamometer [,daɪnə'mɒmɪtə* / dy·namo·meter] *s.* dinamometro, misuratore di forza.

dynast ['dɪnəst *amer.* 'daɪnəst / dyn·ast] *s.* dinasta.

dynastic [dɪ'næstɪk *amer.* daɪ'næstɪk / dyn·astic] *agg.* dinastico.

dynasty ['dɪnəstɪ *amer.* 'daɪnəstɪ / dyn·asty] *s.* dinastia.

dyne [daɪn] *s.* (*fis.*) dina.

dys- [dɪs] *pref.* di origine greca, usato per lo più nella terminologia medica che indica alterazione, cattivo funzionamento; it. dis-: *dysplasia*, displasia; *dyspnea*, dispnea.

dyscrasia [dɪs'kreɪzjə / dys·crasia] *s.* (*med.*) discrasia.

dysenteric [,dɪsn'terɪk / dys·en·teric] *agg.* (*med.*) dissenterico.

dysentery ['dɪsntrɪ *amer.* 'dɪsnterɪ / dys·en·tery] *s.* (*med.*) dissenteria.

dysfunction [dɪs'fʌŋkʃn / dys·func·tion] *s.* (*med.*) disfunzione.

dysgenesis [dɪs'dʒenəsɪs / dys·gen·esis] *s.* (*biol.*) disgenesi.

dysgenic [dɪs'dʒenɪk / dys·genic] *agg.* (*biol.*) disgenico.

dyskinesia [dɪskaɪni:zjə *amer.* dɪskɪ'ni:ʒə / dys·kin·esia] *s.* (*med.*) discinesia.

dyslexia [dɪs'leksɪə / dys·lexia] *s.* (*med.*) dislessia.

dyslexic [dɪs'leksɪk / dys·lexic] *agg.* (*med.*) dislessico.

dysmenorrh(o)ea [,dɪsmenə'ri:ə / dys·men·or·rh(o)ea] *s.* (*med.*) dismenorrea.

dysmetria [dɪs'metrɪə / dys·metria] *s.* (*med.*) dismetria.

dyspepsia [dɪs'pepsɪə / dys·pep·sia] *s.* (*med.*) dispepsia.

dyspeptic [dɪs'peptɪk / dys·peptic] *agg.* e *s.* (*med.*) dispeptico.

dysphagia [dɪs'feɪdʒə / dys·phagia] *s.* (*med.*) disfagia.

dysphasia [dɪs'feɪʒə / dys·phasia] *s.* (*med.*) disfasia.

dysphemia [dɪs'fi:mɪə / dys·phemia] *s.* (*med.*) disfemia.

dysphonia [dɪs'fəʊnɪə / dys·phonia] *s.* (*med.*) disfonia.

dysplasia [dɪs'pleɪzjə *amer.* dɪs'pleɪʒə / dys·pla·sia] *s.* (*med.*) displasia.

dyspn(o)ea [dɪs'pni:ə / dys·pn(o)ea] *s.* (*med.*) dispnea.

dysprosium [dɪs'prəʊsɪəm / dys·pro·sium] *s.* (*chim.*) disprosio.

dystonia [dɪs'təʊnjə / dys·tonia] *s.* (*med.*) distonia.

dystonic [dɪs'tɒnɪk / dys·tonic] *agg.* (*med.*) distonico.

dystrophic [dɪs'trɒfɪk / dys·trophic] *agg.* (*med.*) distrofico.

dystrophy ['dɪstrəfɪ / dys·trophy] *s.* (*med.*) distrofia: *muscular —*, distrofia muscolare.

dysuria [dɪs'jʊərɪə / dys·uria] **dysury** ['dɪsjʊərɪ / dys·ury] *s.* (*med.*) disuria.

Ee

e [i:] *pl.* **es**, **e's** [i:z] *s.* **1** (*quinta lettera dell'alfabeto inglese*) e // (*tel.*) — *for Edward* (amer. — *for Easy*), e come Empoli **2** (*mus.*) *E*, mi: *E flat major*, mi bemolle maggiore **3** *e* o *E* abbr. di *east(ern)*, *Earth*, *English* **4** (*mar.*) nave commerciale di seconda categoria (secondo il registro dei Lloyds di Londra).

'e *pron.* (*sl. ant.*) per *he*.

each [i:tʃ] *agg.* ogni, ciascuno, ciascuna [cfr. *every*]: — *player has his role in the team*, ogni giocatore ha il suo ruolo nella squadra; — *book on that shelf costs two pounds*, ogni libro su quello scaffale costa due sterline; *there were large windows on — side of the hotel*, c'erano grandi finestre su ciascun lato dell'albergo; *you can attend Summer English courses: — course lasts three weeks*, potete frequentare i corsi estivi di inglese: ogni corso dura tre settimane; — *state in the* USA *has its own constitution*, ogni stato americano ha una propria costituzione; — *student will be given a certificate*, ogni studente riceverà un diploma; — *road leads to the town centre*, ogni strada porta in centro; *he phoned — day to ask about her health*, telefonava tutti i giorni per informarsi sul suo stato di salute; *he turned the key — way but it didn't open*, girò la chiave nei due sensi ma non apriva; — *one of the athletes got a prize*, ciascuno degli atleti ottenne un premio.

each *pron.* ognuno, ciascuno; cadauno: — *of them wants to speak*, ognuno di loro vuole parlare; *he interviewed — of the candidates in turn*, interrogò a turno ciascuno dei candidati; *there were all sorts of cakes, I tried a little of* —, c'era ogni tipo di dolce, ne assaggiai un po' di tutti; *they sell scarves at a pound* —, vendono sciarpe a una sterlina l'una; *they'll give you two forms* —, vi daranno due moduli (per) ciascuno; *we earn two hundred pounds* — (o *we — earn two hundred pounds*), guadagniamo duecento sterline ciascuno // — *and all of us*, noi tutti.

each other [,i:tʃ'ʌðə*] *pron.rec.* l'un l'altro (fra due): *to love* —, amarsi; *they helped* —, si aiutavano (l'un l'altro); *we are very fond of* —, ci vogliamo molto bene; *they don't speak to — any longer*, non si rivolgono più la parola; *they looked into —'s eyes*, si guardarono negli occhi; *they've known — for twenty years*, si conoscono da vent'anni; *they'd been working together for years and knew —'s minds*, lavoravano insieme da anni e si conoscevano a fondo.

each way [i:tʃweɪ] *avv.* piazzato (alle corse): *I bet £ 10 — on Blue Sky*, ho puntato 10 sterline su Blue Sky piazzato.

eager ['i:gə*] *agg.* **1** entusiasta; appassionato; zelante, diligente: *he sounded — about the plan*, sembrava entusiasta del progetto; *an — student of*, uno studioso appassionato di; *the audience was composed of — fans*, il pubblico era composto di fans entusiasti **2** avido; desideroso; bramoso; ansioso; impaziente: — *for gain*, avido di guadagno; — *for knowledge*, desideroso di sapere; — *glance*, occhiata avida; *to be — to help*, essere desideroso, impaziente d'aiutare; *I'm — to go to America*, sono desideroso, ansioso di andare in America **3** (*ant.*) acido: *and with a sudden vigour it doth posset and curd, like eager droppings into milk*, (SH. Hamlet) e con improvvisa gagliardia fa rapprendere e caglia, come le gocce di acido nel latte // **-ly** *avv.*

eagerness ['i:gənɪs / eager·ness] *s.* **1** ardore; premura; impazienza: *to show — in doing sthg.*, mostrare premura nel fare qlco.; *her — to go*, la sua ansia di andare **2** brama, sete: — *for praise*, brama, sete di lode.

eagle ['i:gl] *s.* **1** aquila // *to have an — eye*, avere occhi d'aquila, avere una vista acutissima; — *eye*, (*amer.*) macchinista, ferroviere; detective // — *beak*, (*fam. amer.*) ebreo // — *freak*, (*sl. amer.*) ambientalista, ecologista **2** (*arald.*) aquila: *double-headed* —, aquila bicipite; *imperial* —, aquila imperiale **3** (*eccl.*) leggio a forma d'aquila **4** (*amer.*) moneta da 10 dollari: *double* —, moneta da 20 dollari // — *day*, (*fam.*) giorno di paga (nell'esercito).

eagle-eyed [,i:gl'aɪd] *agg.* dagli occhi di aquila, dalla vista acutissima; che osserva con molta attenzione e nota i minimi dettagli.

eagle-owl [,i:gl'aʊl] *s.* (*zool.*) (*Bubo bubo*) gufo reale.

eagle-ray ['i:glreɪ] *s.* (*zool.*) (*Myliobatis aquila*) aquila di mare.

eaglet ['i:glɪt / eag·let] *s.* (*zool.*) aquilotto.

eagre ['eɪgə*] *s.* (*mar.*) ondata di marea (che risale un fiume).

ear[1] [ɪə*] *s.* **1** orecchio; orecchia: (*anat.*) *outer* (o *external*), *middle*, *inner* —, orecchio esterno, medio, interno; — *specialist*, otoiatra; *to have sharp ears*, avere l'udito fine // *to pull s.o.'s ears*, dare una tiratina d'orecchi a qlcu. // *to speak a word in s.o.'s* —, dire qlco. all'orecchio di qlcu. // *his ears were burning*, (*fam.*) gli fischiavano le orecchie // *his ears were flapping*, (*fam.*) aguzzava le orecchie // *to be all ears*, (*fam. fig.*) essere tutto orecchi; *to cock*, *to prick up one's ears*, tendere l'orecchio, drizzare le orecchie; *to give* — (o *to lend an* —) *to s.o.*, prestare orecchio a qlcu., ascoltare qlcu. // *to be* (*still*) *wet behind the ears*, (*fam.*) avere ancora il latte alla bocca // *to bend s.o.'s* —, parlare incessantemente, senza sosta a qlcu. // *up to one's ears in sthg.*, (*fam.*) immerso in qlco. fin sopra i capelli // *the walls have ears*, anche i muri hanno orecchi // *to drag s.o. in by the head and ears*, trascinare qlcu. con la forza // *to go in* (*at*) *one — and out* (*at*) *the other*, entrare da un orecchio e uscire dall'altro // *his words fell on deaf ears*, ha parlato al muro; *to turn a deaf* —, fare il sordo, fare orecchi da mercante // *to have s.o.'s* —, avere l'attenzione di qlcu.: *to gain* (o *to win*) *s.o.'s* —, attirare l'attenzione di qlcu. // *to get a thick* —, *to give s.o. a thick* —, ricevere uno scapaccione, dare a qlcu. uno scapaccione // *to give one's ears for sthg.*, dare qualsiasi cosa, fare qualsiasi sacrificio per qlco. // *to listen to s.o., sthg. with only half an* —, (*fam.*) ascoltare distrattamente qlcu., qlco. // *to have*, *to keep an* (o *one's*) — *to the ground*, stare all'erta; *to keep one's ears open*, tenere le orecchie aperte // *to have a good, a poor — for music*, avere, non avere orecchio per la musica; *to play by* —, suonare a orecchio // *to set people by the ears*, seminare zizzania // *to bring a storm* (o *a hornet's nest*) *about one's ears*, tirarsi addosso un'infinità di critiche // *to be* (*thrown*) *out on one's* —, (*sl.*) essere buttato fuori (da un luogo, locale ecc.) **2** ansa (di vaso ecc.) **3** (*amer.*) manico di una tazza **4** (*elettr.*) attacco: *anchor* —, attacco d'ancoraggio; *feed* —, attacco d'alimentazione.

ear[2] *s.* spiga; pannocchia.

to **ear**[2] *v.intr.* (*agr.*) spigare, mettere la spiga (di cereale).

to **ear**[3] *v.tr.* (*ant.*) arare: *and our ills told us / is as our earing*, (SH. Antony and Cleopatra) e rimproverarci i nostri vizi è come arare un campo.

earache ['ɪəreɪk / ear·ache] *s.* (*med.*) mal d'orecchio.

ear banger ['ɪəbæŋə*] *s.* (*fam. amer.*) chi tenta di far carriera adulando i superiori (nell'esercito).

eardrop ['ɪədrɒp / ear·drop] *s.* (orecchino) pendente.

eardrum ['ɪədrʌm / ear·drum] *s.* (*anat.*) timpano (dell'orecchio).

ear-duster ['ɪədʌstə*] *s.* (*fam. amer.*) chiacchiera, pettegolezzo.

eared[1] [ɪəd] *agg.* (*spec. nei composti*) fornito di orecchie: *to listen open-* —, essere tutto orecchi; *long-* —, dalle orecchie lunghe; *sharp-*

—, dall'udito fine; *short-* —, dalle orecchie corte.

eared[2] *agg.* (*bot.*) con spiga, auricolato.

eared seal [,ɪəd'si:l] *s.* (*zool.*) otaria → **sea lion** 2.

earflap ['ɪəflæp / ear·flap] *s.* paraorecchie (di berretto).

earful ['ɪəfʊl / ear·ful] *s.* (*fam.*) sgridata, tirata d'orecchi.

ear-hole ['ɪəhəʊl] *s.* atrio auricolare, ingresso dell'orecchio.

earing[1] ['ɪərɪŋ / ear·ing] *s.* spigatura.

earing[2] *s.* (*mar.*) matafione.

earl [ɜ:l] *s.* titolo nobiliare inglese corrispondente a conte // (*arald.*) *Earl Marshal*, presidente del Collegio Araldico inglese.

earldom ['ɜ:ldəm / earl·dom] *s.* **1** contea **2** dignità, titolo di conte.

earless[1] ['ɪəlɪs / ear·less] *agg.* senza orecchie.

earless[2] *agg.* senza spiga.

earliness ['ɜ:lɪnɪs / earli·ness] *s.* **1** le prime ore (del giorno, della notte) **2** l'avvenire, il verificarsi (troppo) presto; precocità (di morte, frutta, stagione); tempestività: *the — of the meeting made it difficult for people to attend*, l'orario troppo anticipato della riunione creò delle difficoltà ai partecipanti; *the — of the warning is fundamental*, la tempestività dell'allarme è fondamentale.

earlobe ['ɪələʊb / ear·lobe] *s.* (*anat.*) lobo dell'orecchio.

early ['ɜ:lɪ] *agg.* **1** primo, della prima parte, del principio (di giorno, anno, vita, di qualsiasi tempo); iniziale: *— childhood*, prima infanzia; *in — life*, in gioventù; *at an — age*, giovanissimo, molto giovane; *he started reading at an — age*, incominciò a leggere giovanissimo; *the — part of the film*, la prima parte, la parte iniziale del film; *the — XV century*, i primi anni del XV secolo; *— memories*, ricordi d'infanzia; *in the — afternoon*, nel primo pomeriggio; *in the — evening*, nel tardo pomeriggio; *in the — morning*, di buon mattino; *in — summer*, all'inizio dell'estate; *in the — twenties*, nei primi anni '20 // *it's — days (yet)*, (*fam.*) è ancora presto: *the new car hasn't given us any problems so far, but it's — days yet*, la nuova auto non ci ha dato finora alcun problema, ma è presto per dirlo **2** mattiniero, mattutino: *— hours*, le prime ore del mattino // *to keep — hours*, alzarsi e coricarsi presto; *an — riser*, una persona mattiniera; *the — train*, il treno della mattina // (*amm.*) *— shift*, turno di mattina // (*Borsa*) *— bargains*, operazioni in apertura **3** primaticcio; prematuro: *— beans*, fagioli primaticci; *— death*, morte prematura; *an — spring*, primavera precoce **4** remoto, antico: *— times*, tempi remoti; *the — writers*, gli antichi scrittori; *in the earliest times*, nei tempi più antichi; *the — Church*, la Chiesa primitiva // (*arch.*) *— English style*, stile primitivo inglese, gotico inglese del primo periodo **5** prossimo: *at an — date*, a una data prossima, prossimamente; *at an earlier date*, precedentemente; *to take — opportunity to do sthg.*, fare qlco. alla prima occasione, al più presto // *at the earliest*, il più presto possibile; al più presto // (*comm.*) *at your earliest convenience*, al più presto possibile.

early *avv.* **1** presto, di buon'ora, per tempo: *— in his career*, agli inizi della sua carriera; *— in life*, nei primi anni di vita; *— in the month, in the year*, ai primi del mese, dell'anno; *— this morning*, nelle prime ore di questa mattina; *as — as the twelfth century*, fin dal dodicesimo secolo; *as — as you can*, appena puoi; *come — to lunch*, vieni presto a colazione; *to arrive five minutes too —*, arrivare con cinque minuti d'anticipo; *to die —*, morir giovane, prematuramente; *to rise —*, alzarsi presto, essere mattiniero; *we ran into difficulties very — on*, ci trovammo molto presto in difficoltà // *— to bed, — to rise makes a man healthy, wealthy and wise*, (*prov.*) il mattino ha l'oro in bocca **2** al principio: *— in the list*, al principio della lista.

early bird [,ɜ:lɪ'bɜ:d] *s.* persona mattiniera // *— special*, (*fam. amer.*) prima colazione a prezzo ridotto (servita soltanto nelle prime ore del mattino) // *it's the — that catches the worm*, (*prov.*) chi dorme non piglia pesci.

early warning system [,ɜ:lɪ'wɔ:nɪŋ ,sɪstəm] *s.* (*mil.*) sistema d'allarme avanzato.

earmark ['ɪəmɑ:k / ear·mark] *s.* **1** marchio di proprietà, sull'orecchio (di animali) **2** (*fig.*) caratteristica: *his work has all the earmarks of an amateur*, il suo lavoro mostra tutte le caratteristiche del dilettante **3** (*comm.*) contrassegno **4** (*dir.*) marchio (di proprietà), marchio di identificazione (su cose fungibili).

to **earmark** *v.tr.* **1** apporre il marchio di proprietà sull'orecchio di (animali) **2** (*dir.*) apporre il marchio (di proprietà, di identificazione); (*comm.*) contrassegnare **3** (*econ.*) mettere da parte, accantonare; destinare, stanziare, assegnare (fondi) a scopo speciale // *earmarked grant*, sovvenzione (pubblica) per fini specifici.

earmarking ['ɪəmɑ:kɪŋ / ear·mark·ing] *s.* (*econ.*) assegnazione; allocazione, destinazione, stanziamento; accantonamento (di fondi per fini specifici) // (*trib.*) *— of taxes*, destinazione del gettito di un tributo alla copertura di una data spesa.

earmuff ['ɪəmʌf / ear·muff] *s.* paraorecchie.

to **earn** [ɜ:n] *v.tr.* **1** guadagnare (denaro): *he earns a lot of money*, guadagna molto denaro; *to — one's living by writing*, guadagnarsi da vivere scrivendo **2** guadagnarsi, meritare, meritarsi (elogi, affetto ecc.).

earner ['ɜ:nə*] *s.* chi guadagna: (*econ.*) *wage —*, salariato, lavoratore dipendente, percettore di reddito di lavoro dipendente.

earnest[1] ['ɜ:nɪst / earn·est] *agg.* **1** serio, zelante: *— worker*, lavoratore coscienzioso **2** ardente, caloroso, fervido: *an — Christian*, un cristiano fervente; *— prayer*, fervida preghiera; *— request*, richiesta pressante // *in —*, sul serio, con perfetta convinzione: *are you in —?*, parli sul serio?, dici davvero?; *he is in real —*, è in buona fede; *he was very much in —*, ne era oltremodo convinto, se la prendeva a cuore // **-ly** *avv.* // **-ness** *s.*

earnest[2] *s.* **1** (*dir. comm.*) garanzia, pegno; caparra, anticipo di pagamento: *he gave an — to bind the bargain*, diede una caparra per vincolare il contratto // *— money*, caparra **2** (*form. fig.*) pegno, prova, garanzia: *an — of what is to follow*, un pegno di quel che seguirà **3** (*fig. antiq.*) anticipo, assaggio.

earning ['ɜ:nɪŋ / earn·ing] *s.* **1** *pl.* (*econ.*) guadagno, guadagni; stipendio, salario; reddito; utili: *hourly earnings*, guadagno orario; *taxes on professional earnings*, imposte sui redditi professionali; *gross earnings*, utile lordo; *retained earnings*, utili non distribuiti; *earnings report*, conto profitti e perdite; *earnings yield*, rendimento azionario // *— performance*, redditività // *invisible earnings*, entrate delle partite invisibili (nella bilancia dei pagamenti) **2** (*dir. comm.*) fattore di produzione di reddito: *— assets*, poste dell'attivo patrimoniale produttrici di reddito; *— capacity* (o *— power*), capacità di produrre reddito, redditività // (*trib.*) *— income*, reddito di lavoro.

earphone ['ɪəfəʊn / ear·phone] *s.* **1** auricolare **2** *pl.* cuffia d'ascolto.

earpiece ['ɪəpi:s / ear·piece] *s.* **1** paraorecchi **2** stanghetta (degli occhiali) **3** auricolare (del telefono, della cuffia d'ascolto ecc.).

ear-piercing ['ɪəpɪəsɪŋ] *agg.* penetrante, acuto (di suono).

earplug ['ɪəplʌg / ear·plug] *s.* tappo per le orecchie.

earring ['ɪərɪŋ / ear·ring] *s.* orecchino.

ear-shell ['ɪəʃel] *s.* (*zool.*) orecchia di mare → **abalone**.

earshot ['ɪəʃɒt / ear·shot] *s.* portata d'orecchio, di voce: *within —*, a portata d'orecchio, di voce.

ear-splitting ['ɪəsplɪtɪŋ] *agg.* assordante.

ear-stroking ['ɪəstrəʊkɪŋ] *s.* (*econ.*) raccomandazione (delle autorità economiche alle imprese).

earth [ɜ:θ] *s.* **1** terra, mondo, globo terrestre: *the — 's crust*, la crosta terrestre; *on —*, sulla terra; *the Earth goes round the Sun*, la Terra gira intorno al Sole // *how, why, where on —...?*, come, perché, dove mai...?; *what on — shall I do?*, cosa mai debbo fare?; *who on — said that?*, chi mai disse ciò? // *come back to —*, (*fam.*) scendi dalle nuvole // *to cost the —*, costare un occhio della testa // *nothing on — will make me believe it*, nulla al mondo mi potrà convincere che è vero // *to promise s.o. the —*, promettere a qlcu. mari e monti // *as in heaven so in —*, come in cielo così in terra // *to move heaven and —*, muovere cielo e terra, mari e monti **2** terreno, suolo, terra: *— and sea, and sky*, terra, mare, cielo; *fill the hole with —*, riempi il buco di terra **3** (*chim.*) terra: *alkaline earths*, terre alcaline; *rare earths*, terre rare // *fire —*, terra refrattaria **4** tana (di volpe ecc.): *to go to —*, rifugiarsi nella tana; (*fig.*) rintanarsi, nascondersi; *to run a fox to —*, inseguire, cacciare una volpe fino alla sua tana // *to run sthg., s.o. to —*, scovare qlco., qlcu. **5** (*elettr.*) massa, terra: *to put to —*, mettere a terra.

to **earth** *v.tr.* **1** (*agr.*) interrare, coprire di terra: *to — (up) the roots*, interrare le radici **2** (*elettr.*) collegare, mettere a terra: *earthed system*, sistema collegato a terra **3** (*caccia*) inseguire (una volpe) sino alla tana ◆ *v.intr.* (*caccia*) rintanarsi (di volpe).

earth-bath ['ɜ:θbɑ:θ] *s.* (*med.*) fanghi (*pl.*).

earthborn ['ɜ:θbɔ:n / earth·born] *s.* nato dalla terra; umano, mortale.

earthbound ['ɜ:θbaʊnd / earth·bound] *agg.* **1** incapace di lasciare la superficie della terra (di insetti ecc.) **2** (*fig.*) privo di immaginazione.

earth-dam ['ɜ:θdæm] *s.* diga in terra.

earthen ['ɜ:θn] *agg.* fatto di terra; di terracotta.

earthenware ['ɜ:θnweə* / earth·en·ware]

s. U terracotta, terraglia ◆ *agg.* di terracotta, di terraglia.

earthfall ['ɜ:θfɔ:l / earth·fall] *s.* smottamento.

earthflow ['ɜ:θfləʊ / earth·flow] *s.* (*geol.*) frana di ammollimento, colata di fango.

earthiness ['ɜ:θɪnɪs / earthi·ness] *s.* **1** l'essere terroso **2** (*fig.*) grossolanità **3** (*fig.*) realismo; atteggiamento realistico.

earthing ['ɜ:θɪŋ / earth·ing] *s.* (*elettr.*, *rad.*) messa a terra.

earthlight ['ɜ:θlaɪt / earth·light] *s.* (*astr.*) luce cinerea SIN. **earthshine**.

earthliness ['ɜ:θlɪnɪs / earth·li·ness] *s.* attaccamento ai beni terreni, mondanità.

earthling ['ɜ:θlɪŋ / earth·ling] *s.* **1** abitante della terra, mortale **2** terrestre (nei romanzi di fantascienza).

earthly ['ɜ:θlɪ] *agg.* **1** terrestre, della terra: *an — paradise*, un paradiso in terra **2** (*fam.*) possibile; concepibile: *it has no — use*, non serve assolutamente a nulla: *there is no — hope, reason*, non v'è affatto speranza, ragione // *he hasn't an — idea, chance*, non ha la più pallida idea, non ha la minima chance.

earthman [ɜ:θmən / earth·man] *pl.* **earthmen** *s.* → **earthling** 2.

earthmover ['ɜ:θmu:və* / earth·mover] *s.* (*mecc.*) macchina per movimenti di terra.

earthmoving equipment ['ɜ:θ,mu:vɪŋɪ'kwɪpmənt] *s.* macchine per movimenti di terra.

earth-nut ['ɜ:θnʌt] *s.* (*bot.*) **1** (*Bunium bulbocastanum*) bulbocastano; (*pop.*) castagna di terra SIN. **pig-nut** **2** tartufo **3** (*Arachis hypogaea*) arachide.

earth-pig ['ɜ:θpɪg] *s.* (*zool.*) oritteropo → **aardvark**.

earth-plate ['ɜ:θpleɪt] *s.* (*elettr.*) piastra di terra.

earthquake ['ɜ:θkweɪk / earth·quake] *s.* **1** terremoto, sisma: *— zone*, zona sismica; *— shock*, scossa sismica **2** (*fig.*) terremoto, sconquasso; rovesciamento (politico ecc.).

earthshine ['ɜ:θʃaɪn / earth·shine] *s.* (*astr.*) → **earthlight**.

earthslide ['ɜ:θslaɪd / earth·slide] *s.* (*geol.*) smottamento.

earth-tremor ['ɜ:θ,tremə*] *s.* (*geol.*) scossa di terremoto.

earthward ['ɜ:θwəd / earth·ward] *agg.* verso terra.

earthward(s) ['ɜ:θwəd(z) / earth·ward(s)] *avv.* verso terra.

earthwork ['ɜ:θwɜ:k / earth·work] *s.* **1** terrapieno; fortificazione **2** sterramento.

earthworm ['ɜ:θwɜ:m / earth·worm] *s.* (*zool.*) lombrico, verme di terra SIN. **dew-worm, rain-worm** AMER. **night crawler**.

earthy ['ɜ:θɪ] *agg.* **1** terroso, di terra: *— taste*, sapore di terra **2** (*antiq.*) terrestre **3** (*fam.*) rozzo, grossolano.

ear trumpet ['ɪə,trʌmpɪt] *s.* cornetto acustico.

earwax ['ɪəwæks / ear·wax] *s.* cerume.

earwig ['ɪəwɪg / ear·wig] *s.* (*zool.*) (*Forficula auricularia*) forfecchia, forbicina.

earwitness [,ɪə'wɪtnɪs / ear·wit·ness] *s.* (*dir.*) testimone di un evento percepito con l'udito.

ease [i:z] *s.* **1** tranquillità (di spirito); riposo, benessere: *a life of —*, una vita comoda; *a moment's —*, un momento di calma; *set your mind at —*, rassicurati, mettiti tranquillo; *to be at —*, aver l'animo tranquillo; *to be at one's —*, sentirsi a proprio agio; *to be ill at —*, essere ansioso, a disagio; *to take one's —*, mettersi a proprio agio, rilassarsi; *to put s.o. at their —*, mettere qlcu. a proprio agio // *to take one's —*, riposarsi (dopo uno sforzo) // (*mil.*) *stand at —!*, riposo! **2** comodità, facilità, agevolezza; naturalezza, disinvoltura: *— of access*, comodità di accesso; *he did that hard work with the greatest of —*, fece con un'estrema facilità quel lavoro difficile; *to give — to one's style*, dare scioltezza al proprio stile **3** sollievo, alleviamento // (*econ.*): *credit —*, allentamento delle restrizioni creditizie; *— of prices*, flessione dei prezzi, delle quotazioni **4** (*sartoria*) morbidezza, ampiezza.

to **ease** *v.tr.* **1** sollevare, alleviare; calmare; tranquillizzare; attenuare: *he eased his back-strain by wearing a corset*, alleviò il mal di schiena indossando un busto; *his phone call eased her mind*, la sua telefonata la tranquillizzò; *his speech eased the situation*, il suo discorso allentò la tensione **2** liberare, alleggerire: *to — oneself of a burden*, liberarsi da un peso; *to — s.o. of his purse*, alleggerire qlcu. del portafogli **3** (*econ.*) attenuare (misure restrittive ecc.) **4** fare, muovere con cautela: *they eased the piano through the window*, fecero passare con cautela il pianoforte attraverso la finestra; *don't force it —, open it with a knife*, non forzarlo, aiutati con un coltello **5** (*mar.*) mollare, allentare; mettere sottovento: *— her!*, riducete la velocità! // *to — away*, filare, mollare, calumare **6** (*sartoria*) dare morbidezza, ampiezza a: *to — a sleeve*, dare ampiezza al giro di una manica ◆ *v.intr.* **1** calmarsi, tranquillizzarsi; attenuarsi: *the pain has eased*, il dolore si è attenuato; *tension has eased in the capital*, la tensione nella capitale si è allentata **2** (*econ.*) diminuire leggermente (di prezzi, quotazioni ecc.) **3** (*mar.*) mettersi sottovento.

□ **ease back** *v.intr.* e *avv.* **1** tirare dolcemente verso di sé (leva, comandi ecc.) **2** allentare la pressione (su).

□ **ease down** *v.intr.* e *avv.* rallentare.

□ **ease off** *v.intr.* e *avv.* (*fam.*) allentarsi; rallentare, diminuire di ritmo: *you look a bit stressed; you'd better — off*, hai l'aria un po' stressata; faresti meglio a mollare un po'; *towards the end of the day traffic begins to — off*, verso la fine della giornata il traffico incomincia a diminuire; *the tension between the two feuding factions hasn't eased off yet*, la tensione fra le due fazioni in lotta non si è ancora allentata.

□ **ease up** *v.intr.* e *avv.* **1** restringersi (per far posto a qlcu.): *could you — up a little, please?*, può farmi un po' di posto, per favore? **2** (*fam.*) → to ease off.

easeful ['i:zfʊl / ease·ful] *agg.* (*non com.*) confortante; calmante, riposante.

easel ['i:zl] *s.* cavalletto (da pittore).

easeless ['i:zlɪs / ease·less] *agg.* (*non com.*) **1** senza conforto **2** senza tranquillità.

easement ['i:zmənt / ease·ment] *s.* **1** (*dir.*) servitù prediale **2** (*tecn.*) raccordo: *— curve*, curva di raccordo **3** (*ant.*) sollievo, conforto.

easily ['i:zɪlɪ / eas·ily] *avv.* **1** facilmente: *— moved*, facile a commuoversi; *he is not — satisfied*, non si accontenta facilmente; *you can — imagine how...*, potete facilmente figurarvi come...; *to take life —*, prendere la vita come viene **2** comodamente, agevolmente, senza difficoltà: *the car holds six people —*, l'auto porta comodamente sei persone; *to live —*, vivere agiatamente; *he — got in first*, è arrivato primo senza difficoltà; *he is — forty*, ha i suoi bravi quarant'anni **3** (*con i superl.*) di gran lunga: *it was — the most interesting film*, era di gran lunga il film più interessante.

easiness ['i:zɪnɪs / easi·ness] *s.* **1** facilità **2** comodità, benessere **3** grazia, agilità (di stile ecc.) **4** disinvoltura, indifferenza **5** bonarietà; arrendevolezza **6** (*Borsa*) ristagno.

east [i:st] *agg.* orientale: *the — coast*, la costa orientale; *the East End*, un quartiere di Londra; *the East Indies*, le Indie Orientali ◆ *s.* est, oriente, levante: *house facing (the) —*, casa esposta a est; *on the —* (o *to the —*), all'est // *the East*, l'Oriente, il Levante; (*amer.*) stati della costa atlantica; *the Far, the Middle, the Near East*, l'Estremo, il Medio, il Vicino Oriente // *down East*, (*fam. amer.*) nella Nuova Inghilterra.

east *avv.* a est, verso est, a oriente: *the ship sailed—*, la nave si diresse verso est // *to go back —*, (*amer.*) andare negli stati americani dell'est (partendo da uno stato dell'ovest) // *too far — is west*, gli estremi si toccano.

East Anglia ['i:st'æŋglɪə] *no.pr.* (*geogr.*) East Anglia (storicamente uno dei regni della eptarchia anglosassone).

Easter ['i:stə*] *s.* Pasqua: *Thursday before —*, Giovedì santo // *to do one's — duty*, fare la Pasqua (assolvere il precetto pasquale) // *— Day*, domenica di Pasqua; *— egg*, uovo pasquale, uovo di Pasqua; *— week*, la Settimana santa.

Easter lily [,i:stə'lɪlɪ] *s.* (*bot.*) giglio bianco → **white lily**.

easterly ['i:stəlɪ / east·erly] *agg.* d'est, dall'est, orientale: *— wind*, vento dell'est; *in an — direction*, in direzione est ◆ *s.* (*spec.pl.*) vento dell'est ◆ *avv.* a est, verso est.

eastern ['i:stən / east·ern] *agg.* dell'est, orientale: *— countries*, paesi orientali; *— religions*, religioni orientali ◆ *s.* **1** (*non com.*) orientale **2** ortodosso, (persona) appartenente alla Chiesa ortodossa // *the Eastern Church*, la Chiesa orientale ortodossa.

Eastertide ['i:stətaɪd / East·er·tide] *s.* tempo pasquale.

easting ['i:stɪŋ / east·ing] *s.* (*mar.*) rotta percorsa verso est; distanza coperta sulla rotta in direzione est.

eastward ['i:stwəd / east·ward] *agg.* est, verso est: *— position, motion*, posizione, movimento verso est ◆ *s.* est: *to the —*, verso l'est, verso l'oriente.

eastward(s) ['i:stwəd(z) / east·ward(s)] *avv.* verso est, verso oriente: *to advance —*, avanzare verso est.

easy ['i:zɪ] *agg.* **1** facile: *an — book*, un libro facile; *— method*, metodo semplice; *— to use*, facile da usarsi; *— of access* (o *— to enter*), di facile accesso; *within — reach* (o *distance*), facile a raggiungersi; *it's — to speak!*, è facile parlare!; *far from —* (o *none too — o no — task*), non facile // *as — as ABC* (o *as falling* *off a log* o *as shelling peas* o *as pie*), (*fam.*) facilissimo, elementare **2** agiato, comodo; tranquillo: — *life*, vita agiata; *with an — conscience*, con la coscienza tranquilla; *to make oneself* (o *one's mind*) — *about sthg.*, tranquillizzarsi, rassicurarsi su qlco.; *I never felt — about her choice of career*, non mi sono mai sentita tranquilla a proposito della sua scelta di carriera; *to travel by — stages*, viaggiare a piccole tappe // *to be in — street*, (*fam.*) essere nell'agiatezza // *I'm —*, (*fam.*) non m'importa, per me fa lo stesso **3** ampio, morbido (di abito ecc.) **4** piacevole, disinvolto: — *gait*, andatura sciolta, disinvolta; — *manners*, modi disinvolti; — *style*, stile scorrevole; — *on the ear, eye*, piacevole da ascoltare, da vedere; *an — person to get on with*, una persona con cui è facile andare d'accordo // *a woman of — virtue*, (*antiq.*) una donna di facili costumi // — *make* (o *lay*), (*sl. amer.*) ragazza che si lascia conquistare facilmente, facile preda **5** (*comm.*): *by — payments* (o *on — terms*), con facilitazioni di pagamento; *cotton is —*, il cotone non è molto richiesto; *the market is in —*, il mercato è tranquillo; *prices are getting easier*, i prezzi diventano accessibili // (*econ.*): — *money*, denaro facile, a buon mercato; — *money policy*, politica mirante ad abbassare il costo del denaro.

easy *avv.* **1** facilmente: *I can do it easier than you*, lo posso fare più facilmente di te // *easier* (o *more easily*) *said than done*, più facile da dire che da fare // — *does it!*, attento!, fa' adagio! // *to go — on s.o., sthg.*, non essere troppo duro, severo con qlcu.; stare attento, andare piano con qlco.: *go — on the drink!*, va' piano con l'alcol! // — *come — go*, tanti presi tanti spesi **2** comodamente // *to take things —*, (*fam.*) prendere le cose come vengono; *take it —!*, non prendertela! calma!; non correre! // (*mil.*) *stand —!*, riposo!

easy chair [ˌiːzɪ'tʃeə*] *s.* sedia con braccioli; poltroncina.

easygoing ['iːzɪˌgəʊɪŋ / easy·going] *agg.* **1** compiacente, accomodante; bonaccione: *an — man*, un uomo che se la prende comoda; un uomo con cui è facile andare d'accordo **2** sciolto nell'andatura (di cavalli).

to **eat** [iːt] *pass.* **ate** [et *amer.* ejt] *ant.* **eat** *p.p.* **eaten** ['iːtn] *v.tr.* **1** mangiare: *to — bread*, mangiar pane; *to — oneself sick*, mangiare tanto da star male; *Trulliber eat heartily*, (FIELDING) Trulliber mangiava di gusto // *I could — a horse*, (*fam.*) ho una fame da lupo // *I'll — my hat!*, (*fam.*) non ci posso credere! // *to — s.o. out of house and home*, mangiare tantissimo; (*fig.*) rovinare economicamente qlcu. // *to — one's words*, rimangiarsi la parola, ritrattare una precedente dichiarazione // *to — next to nothing*, mangiare come un uccellino **2** rodere, corrodere: *the acid ate through the seal*, l'acido ha corroso la guarnizione **3** (*fig.*) rodere, preoccupare: *what's eating you?*, (*fam.*) che cosa ti preoccupa? // *to — crow*, (*sl. amer.*) ingoiare il rospo **4** (*fam. amer.*) dar da mangiare a: *boardinghouse that eats twenty*, pensione che dà da mangiare a venti persone ◆ *v.intr.* mangiare, consumare i pasti: *we usually — in the garden*, di solito mangiamo in giardino; *he lives to —*, vive per mangiare; *to — like a horse, a pig*, mangiare come un lupo, un maiale // *she had him eating out of her hand*, faceva di lui quello che voleva // *to — high on the hog*, (*fam. amer.*) viver bene, spassarsela.

□ **eat away** *v.tr.* e *intr.* e *avv.* erodere; corrodere, attaccare (di acido): *water is eating away at the river banks*, l'acqua sta erodendo le rive del fiume.

□ **eat in** *v.intr.* e *avv.* mangiare a casa.

□ **eat into** *v.intr.* e *prep.* **1** corrodere: *rust eats into iron*, la ruggine corrode il ferro **2** (*fig.*) intaccare, portar via parte (di): *he has been eating into his savings for months*, sono mesi che attinge ai suoi risparmi.

□ **eat out** *v.intr.* e *avv.* mangiar fuori ◆ *v.tr.* e *avv.*: *to — one's heart out*, struggersi dal dolore.

□ **eat up** *v.tr.* e *avv.* **1** [*anche intr.*] mangiare completamente (qlco.), ripulire il piatto; — *up your potatoes*, finisci le tue patate; *I was so hungry that I ate everything up*, ero così affamato che ho ripulito il piatto; *you said you were hungry, — up then*, dicevi di aver fame, dunque finisci quello che hai nel piatto // *it's fantastic to have a cruiser but it eats up a lot of money*, è bellissimo avere un cabinato... ma i soldi che mangia! **2** (*fig.*) rodere, consumare: *eaten up with envy*, roso dall'invidia; *I wonder what's eating her up*, mi domando che cosa la rode // *to — up all s.o.'s time*, far perdere tempo a qlcu.

eatable ['iːtəbl / eat·able] *agg.* commestibile, mangereccio.

eatables ['iːtəblz / eat·ables] *s.pl.* vivande, viveri, commestibili.

eaten *p.p.* di to **eat**.

eater ['iːtə*] *s.* **1** mangiatore; divoratore: *a good —*, un mangiatore, una buona forchetta **2** (*fam. brit.*) frutta (specialmente mele e pere) da mangiarsi cruda.

eating ['iːtɪŋ / eat·ing] *agg.* **1** che consuma, divora **2** — *apple, pear*, mela, pera da tavola, da mangiarsi crude **3** (*fig.*) che corrode, rode ◆ *s.* il mangiare; cibo: *roast chicken is good —*, il pollo arrosto è una buona pietanza.

eating-hall ['iːtɪŋhɔːl] *s.* (*amer.*) refettorio.

eating-house ['iːtɪŋhaʊs] *s.* trattoria.

eats [iːts] *s.pl.* (*sl.*) cibo.

eau [əʊ] *s.* (*nei composti*): — *de Cologne*, acqua di Colonia; — *-de-vie*, acquavite.

eaves [iːvz] *s.pl.* (*arch.*) gronda, cornicione.

eavesdrop ['iːvzdrɒp / eaves·drop] *s.* **1** acqua di grondaia **2** punto del suolo in cui cade l'acqua di grondaia **3** (*dir. ant.*) servitù di scolo (delle acque).

to **eavesdrop** *pass.p.p.* **eavesdropped** ['iːvzdrɒpt / eaves·dropped] *v.intr.* **1** origliare: *I caught him eavesdropping on them*, l'ho scoperto che ascoltava quello che dicevano **2** intercettare comunicazioni.

eavesdropper ['iːvzdrɒpə* / eaves·dropper] *s.* chi origlia.

eavesdropping ['iːvzdrɒpɪŋ / eaves·dropping] *s.* **1** intercettazione di comunicazioni: *electronic —*, intercettazione elettronica, sorveglianza elettronica **2** l'origliare.

ebb [eb] *s.* **1** riflusso della marea: *the — and flow of the tide*, il flusso e il riflusso della marea; *the tide is on the —*, la marea è discendente // — *current*, corrente di riflusso della marea **2** (*fig.*) declino, decadenza: *at a low —*, assai in basso, molto basso.

to **ebb** *v.intr.* **1** rifluire (della marea) **2** (*fig.*) declinare; scemare; abbassarsi.

□ **ebb away** *v.intr.* e *avv.* declinare, venir meno.

ebbing ['ebɪŋ / ebb·ing] *agg.* **1** rifluente **2** (*fig.*) in declino ◆ *s.* **1** riflusso **2** declino.

ebb tide [ˌeb'taɪd] *s.* bassa marea, riflusso, marea decrescente.

E-boat ['iːbəʊt] *s.* (*mar.*) motosilurante nemica • Abbr. di *enemy boat*, che nella seconda guerra mondiale per gli inglesi si riferiva generalmente a una motosilurante tedesca.

ebon ['ebən] *agg.* (*poet.*) d'ebano ◆ *s.* (*poet.*) ebano.

ebonist ['ebənɪst / eb·on·ist] *s.* ebanista.

ebonite ['ebənaɪt / eb·on·ite] *s.* ebanite.

to **ebonize** ['ebənaɪz / eb·on·ize] *v.tr.* rendere nero come ebano.

ebony ['ebənɪ / eb·ony] *agg.* ebano nero: *the — keys on a piano*, i tasti neri di un pianoforte ◆ *s.* **1** (legno) ebano **2** (*bot.*) — (*tree*), (*Diospyros ebenum*) ebano **3** colore ebano, nerissimo **4** (*amer.*) negro.

ebracteate [iː'bræktiːˌeɪt / ebract·eate] *agg.* (*bot.*) ebratteato, senza brattee.

ebracteolate [iː'bræktiəʊleɪt / ebract·eol·ate] *agg.* (*bot.*) ebratteolato, senza bratteole.

ebriety [iː'braɪətɪ / eb·ri·ety] *s.* ubriachezza, ebbrezza (*anche fig.*).

ebrious ['iːbrɪəs / eb·ri·ous] *agg.* ubriaco, ebbro (*anche fig.*).

ebullience [ɪ'bʌljəns / ebul·li·ence] **ebulliency** [ɪ'bʌljənsɪ / ebul·li·ency] *s.* **1** ebollizione **2** (*fig.*) vitalità, entusiasmo, esuberanza.

ebullient [ɪ'bʌljənt / ebul·li·ent] *agg.* **1** in ebollizione **2** (*fig.*) esuberante, entusiasta, pieno di vita.

ebulliometer [ɪˌbʌlɪ'ɒmɪtə* / ebul·lio·meter] *s.* (*chim., fis.*) ebulliometro.

ebulliometry [ɪˌbʌlɪ'ɒmɪtrɪ / ebul·lio·metry] *s.* (*chim., fis.*) ebulliometria.

ebullioscope [ɪ'bʌljəˌskəʊp / ebul·lio·scope] *s.* (*chim., fis.*) ebullioscopio.

ebullioscopy [ɪˌbʌlɪ'ɒskəpɪ / ebul·lio·scopy] *s.* (*chim., fis.*) ebullioscopia.

ebullition [ˌebə'lɪʃn / ebul·li·tion] *s.* **1** (*fis.*) ebollizione **2** (*fig.*) accesso; scoppio improvviso.

eburnean [ɪ'bɜːnɪən / ebur·nean] *agg.* eburneo.

eccentric [ɪk'sentrɪk / ec·cent·ric] *agg.* e *s.* **1** (*mat., mecc.*) eccentrico **2** (*fig.*) eccentrico, stravagante, originale // **-ally** *avv.*

eccentricity [ˌeksen'trɪsətɪ / ec·cent·ri·city] *s.* **1** (*mat., fis.*) eccentricità **2** eccentricità, originalità, stravaganza: *to bear with s.o.'s eccentricities*, sopportare le eccentricità di qlcu.

ecchymosis [ˌekɪ'məʊsɪs / ecchy·mo·sis] *pl.* **ecchymoses** [ˌekɪ 'məʊsiːz] *s.* ecchimosi.

ecclesia [ɪ'kliːzjə / ec·cle·sia] *s.* ecclesia, assemblea, adunanza.

ecclesiast [ɪ'kliːzɪæst / ec·cle·si·ast] *s.* ecclesiaste, predicatore.

Ecclesiastes [ɪˌkliːzɪ'æstiːz / Ec·cle·si·as·tes] *s.* (*Bibbia*) Ecclesiaste.

ecclesiastic [ɪˌkliːzɪ'æstɪk / ec·cle·si·astic] *agg.* e *s.* (*form.*) ecclesiastico.

ecclesiastical [ɪˌkliːzɪ'æstɪkl / ec·cle·si·ast·ical] *agg.* ecclesiastico: (*dir.*) — *courts*, tribunali ecclesiastici; — *law*, diritto ecclesiastico // **-ly** *avv.*

ecclesiasticism [ɪ,kli:zɪ'æstɪsɪzəm / ec·cle·si·asti·cism] *s.* clericalismo.

ecdysis ['ekdəsɪs / ec·dysis] *pl.* **ecdyses** ['ekdəsi:z] *s.* (*zool.*) ecdisi, muta (della pelle).

echelon ['eʃəlɒn / ech·elon] *s.* **1** (*mil.*) scaglione **2** (*mar., aer.*) formazione in linea di rilevamento **3** ogni gruppo consistente di unità singole non allineate: *an — of geese*, uno stormo d'oche **4** (*fig.*) grado, gradino: *he worked his way up through the lower echelons of the French army*, si è fatto strada partendo dai gradi più bassi dell'esercito francese **5** (*fis.*) *— grating*, reticolo a gradinata.

to **echelon** *v.tr.* (*mil.*) scaglionare ◆ *v.intr.* avanzare, muoversi a scaglioni.

echidna [e'kɪdnə / ech·idna] *pl.* **echidnas**, **echidnae** [e'kɪdni: / ech·id·nae] *s.* (*zool.*) (*Tachyglossus aculeatus*) echidna SIN. **porcupine ant-eater**.

echinate ['ekɪneɪt / ech·in·ate] *agg.* **1** (*zool.*) echinato **2** (*bot.*) coperto di spine; echinato.

echinococcosis [e'kaɪnəʊkɒ'kəʊsɪs / ech·in·o·coc·co·sis] *pl.* **echinococcoses** [e'kaɪnəʊkɒ'kəʊsi:z] *s.* (*vet.*) echinococcosi.

echinoderm [ɪ'kaɪnəʊdɜ:m / ech·ino·derm] *s.* (*zool.*) echinoderma.

echinus [e'kaɪnəs / ech·inus] *pl.* **echini** [ə'kaɪnaɪ] *s.* **1** (*zool.*) riccio di mare, echino **2** (*arch.*) echino.

echo ['ekəʊ] *pl.* **echoes** [ech·oes] *s.* **1** eco (*anche fig.*): *there are echoes of post-Romanticism in his approach to philosophical problems*, nel suo approccio a problemi di tipo filosofico si sentono echi di post-romanticismo // *to cheer to the —*, applaudire fragorosamente **2** (*zool.*) ecolocazione (caratteristica capacità di orientamento dei delfini, dotati di una sorta di sistema sonar).

to **echo** *v.intr.* echeggiare, risuonare: *the room echoed with* (o *to*) *the sound of their music*, la stanza riecheggiava del suono della loro musica ◆ *v.tr.* far eco a.

echocardiographer [,ekəʊ,kɑ:dɪ'ɒgrəfə* / echo·car·dio·graph·er] *s.* ecocardiografo.

echocardiography ['ekəʊkɑ:dɪ'ɒgrəfɪ / echo·car·dio·graphy] *s.* (*med.*) ecocardiografia.

echoencephalograph [,ekəʊen'sefələʊgrɑ:f *amer.* ,ekəʊen'sefələʊgræf / echo·en·ceph·alo·graph] *s.* (*med.*) ecoencefalografo.

echograph ['ekəʊgrɑ:f *amer.* 'ekəʊgræf / echo·graph] *s.* (*med.*) ecografo.

echography [i:'kɒgrəfɪ / echo·graphy] *s.* (*med.*) ecografia.

echolalia [,ekəʊ'læliə / echo·la·lia] *s.* (*psic.*) ecolalia.

echoless ['ekəʊlɪs / echo·less] *agg.* senza eco // (*cinem.*) *— studio*, studio sordo, senza echi.

echomail ['ekəʊmeɪl / echo·mail] *s.* (*inform.*) echomail (protocollo di raccolta e invio messaggi di posta elettronica).

echo-sounding ['ekəʊ,saʊndɪŋ] *s.* (*mar.*) sondaggio acustico, ecoscandaglio, scandaglio ultrasonico.

éclair [eɪ'kleə*] *s.* (*fr.*) bigné.

eclampsia [ɪ'klæmpsɪə / ec·lamp·sia] *s.* (*med.*) eclampsia.

éclat ['eɪklɑ: *amer.* eɪ'klɑ:] *s.* (*fr.*) splendore, sfarzo; gloria, celebrità, gran successo.

eclectic [ek'lektɪk / ec·lectic] *agg.* e *s.* eclettico (*anche fig.*) // **-ally** *avv.*

eclecticism [e'klektɪsɪzəm / ec·lect·icism] *s.* (*form.*) eclettismo (*anche fig.*).

eclipse [ɪ'klɪps / ec·lipse] *s.* **1** (*astr.*) eclissi: *solar —*, eclissi di sole; *lunar —*, eclissi di luna; *total, partial —*, eclissi totale, parziale **2** (*fig.*) periodo di oscurità, declino: *his name is now suffering an —*, il suo nome subisce ora un periodo di oscurità **3** (*zool.*) assunzione della livrea invernale: *bird in —*, uccello in livrea invernale; *to be in —*, aver perso la livrea nuziale.

to **eclipse** *v.tr.* eclissare (*anche fig.*).

ecliptic [ɪ'klɪptɪk / ec·liptic] *agg.* eclittico ◆ *s.* (*astr.*) eclittica.

eclogue ['eklɒg / ec·logue] *s.* (*poesia*) egloga.

ecocidal [,i:kəʊ'saɪdl / eco·cidal] *agg.* (*ecol.*) che distrugge l'ambiente naturale: *— weapons*, armi ecologicamente distruttive.

ecocide ['i:kəʊ,saɪd / eco·cide] *s.* (*ecol.*) ecocidio, distruzione ecologica.

ecofreak ['ekəʊfri:k / eco·freak] *s.* (*fam. amer.*) ambientalista, ecologista.

ecologic(al) [,i:kə'lɒdʒɪk(l) / eco·lo·gic(al)] *agg.* ecologico, ecologistico: *ecological niche*, nicchia ecologica; *ecological balance*, equilibrio ecologico.

ecologist [i:'kɒlədʒɪst / eco·lo·gist] *s.* ecologista, ecologo.

ecology [i:'kɒlədʒɪ / eco·logy] *s.* ecologia.

econometric [,i:kɒnə'metrɪk / eco·no·met·ric] *agg.* (*econ.*) econometrico: *— model*, modello econometrico.

econometrician [,i:kɒnəmɪ'trɪʃn / eco·no·met·ri·cian] *s.* (*econ.*) econometrista, econometrico.

econometrics [,i:kɒnə'metrɪks / eco·no·met·rics] *s.* [U] (*econ.*) econometria, econometrica.

economic [,i:kə'nɒmɪk *amer.* ,ekə'nɒmɪk / eco·nomic] *agg.* **1** economico: *the government's — policy*, la politica economica del governo; *— growth*, crescita economica; *— planning*, pianificazione economica; *— trend*, evoluzione congiunturale; *— theory*, teoria economica; (*dir.*) *— crime*, reato economico; (*geol.*) *— mineral*, minerale di interesse economico **2** (*non com.*) economico, redditizio, conveniente: *— order quantity*, lotto economico // **-ally** *avv.*

economical [,i:kə'nɒmɪkl *amer.* ,ekə'nɒmɪkl / eco·nom·ical] *agg.* **1** economico; economo, parsimonioso; che fa risparmiare: *an — woman*, una donna economa; *it's an — heating system*, è un sistema di riscaldamento vantaggioso; *an — production process*, un processo produttivo economico; *to be — with one's time*, non sciupare il proprio tempo **2** (*non com.*) economico, relativo all'economia // **-ly** *avv.*

economics [,i:kə'nɒmɪks *amer.* ,ekə'nɒmɪks / eco·nom·ics] *s.* [U] **1** scienze economiche; economia **2** sistema economico (di un paese); teoria economica: *Keynesian —*, economia keynesiana; *welfare —*, economia del benessere // *business —*, economia aziendale **3** aspetto economico; sistema economico (di un paese): *the — of the situation did not allow for further expenditure*, l'aspetto economico della situazione non permetteva spese ulteriori.

economism [ɪ'kɒnəmɪzəm / eco·nom·ism] *s.* economicismo.

economist [ɪ'kɒnəmɪst / eco·nom·ist] *s.* **1** economista **2** (*non com.*) persona economa **3** (*ant. amm.*) economo.

economization [ɪ,kɒnəmɪ'zeɪʃn / eco·nom·iza·tion] *s.* economizzazione.

to **economize** [ɪ'kɒnəmaɪz / eco·nom·ize] *v.tr.* economizzare, risparmiare (tempo, denaro ecc.) ◆ *v.intr.* fare economia: *to — on sthg.*, fare economia su qlco.

economizer [ɪ'kɒnəmaɪzə* / eco·nom·izer] *s.* **1** chi economizza **2** (*mecc.*) economizzatore: *steam —*, economizzatore di vapore.

economy [ɪ'kɒnəmɪ / eco·nomy] *s.* **1** economia; sistema economico; attività economica: *national —*, economia nazionale; (*centrally*) *planned —*, economia pianificata (dal centro); *free market —*, economia di mercato; *single -crop —*, regime a monocultura // *economies of scale*, economie di scala // *domestic —*, economia domestica **2** economia, risparmio: *to practise —*, economizzare; *little economies*, piccole economie, risparmi; *to make economies on sthg.*, risparmiare su qlco.; *— drive*, campagna di risparmio // *— size*, formato economico, confezione famiglia.

econut ['i:kənʌt / eco·nut] → **ecofreak**.

ecosphere ['i:kəsfɪə* / eco·sphere] *s.* (*astr.*) ecosfera.

ecosystem ['i:kə,sɪstəm / eco·sys·tem] *s.* (*ecol.*) ecosistema.

ecotype ['i:kətaɪp / eco·type] *s.* (*ecol.*) ecotipo.

ecru ['eɪkru:] *agg.* e *s.* (*rar.*) (colore) greggio.

to **ecstasize** ['ekstəsaɪz / ec·stas·ize] *v.tr.* mandare in estasi, estasiare ◆ *v.intr.* andare in estasi.

ecstasy ['ekstəsɪ / ec·stasy] *s.* **1** estasi, rapimento, trasporto: *to be in an — of joy*, impazzire di gioia; *to be in ecstasies* (o *to go into —*) *over sthg.*, andare in estasi, estasiarsi per qlco. **2** (*med.*) estasi **3** (*ant.*) pazzia: *and I... now see... / that unmatch'd form and feature of blown youth / blasted with ecstasy*, (SH. Hamlet) ed io ora vedo... quella forma senza pari, quell'immagine di giovinezza in fiore devastata dalla follia.

ecstatic [ɪk'stætɪk / ec·static] *agg.* estatico // **-ally** *avv.*

ecto- ['ektəʊ] *pref.* di origine greca che significa 'fuori, esterno'; it. ecto-, eso-: *ectoenzyme*, ectoenzima, esoenzima.

ectocyst ['ektəʊsɪst / ec·to·cyst] *s.* (*zool.*) ectocisti.

ectoderm ['ektəʊdɜ:m / ec·to·derm] *s.* (*biol.*) ectoderma.

ectodermal [,ektə'dɜ:ml / ec·to·dermal] *agg.* (*biol.*) ectodermico.

ectoenzyme [,ektəʊ'enzaɪm / ec·to·en·zyme] *s.* (*biochim.*) ectoenzima, esoenzima.

ectopia [ek'təʊpɪə / ec·topia] *s.* (*med.*) ectopia.

ectopic [ek'tɒpɪk / ec·topic] *agg.* (*med.*) ectopico: *— pregnancy*, gravidanza extrauterina, ectopica.

ectoplasm ['ektəʊplæzəm / ec·to·plasm] *s.* ectoplasma.

ectoplasmic [ˌektəˈplæzmɪk / ec·to·plas·mic] **ectoplastic** [ˌektəˈplæstɪk / ec·to·plas·tic] *agg.* (*biol.*) ectoplasmatico.

ectothermic [ˌektəˈθɜːmɪk / ec·to·thermic] *agg.* (*zool.*) eterotermo.

ecu [eɪˈkjuː] *s.* ecu, scudo (moneta europea) • È la sigla di *European currency unit*, Unità monetaria europea.

Ecuadorian [ˌekwɑːˈdɔːrɪən / Ecua·dor·ian] *agg.* e *s.* ecuadoriano.

ecumenic(al) [ˌiːkjuːˈmenɪk(l) / ecu·menic, ecu·men·ical] *agg.* (*eccl.*) ecumenico; universale.

ecumenicism [ˌiːkjuːˈmenɪsɪzəm / ecu·men·icism] *s.* ecumenicità, ecumenismo.

ecumenicity [ˌiːkjuːmɪˈnɪsɪtɪ / ecu·men·icity] *s.* (*non com.*) ecumenicità; universalità.

ecumenism [iːˈkjuːmənɪzəm / ecu·men·ism] → **ecumenicism**.

eczema [ˈeksɪmə / ec·zema] *s.* (*med.*) eczema.

eczematous [ekˈsemətəs / ec·ze·mat·ous] *agg.* (*med.*) eczematoso.

-ed [əd, ɪd, d] *suff.* usato per formare **1** il *pass.* e il *pp.* dei verbi regolari: *to want* (volere) → *wanted* (voleva, volle, voluto); *to walk* (camminare) → *walked* (camminava, camminò, camminato) **2** aggettivi derivati da pp.: *experienced*, esperto; *excited*, eccitato, su di giri; *bored*, annoiato **3** aggettivi, con il significato di 'fornito di': *bearded*, barbuto; *iced*, ghiacciato; *gloved*, guantato.

edacious [ɪˈdeɪʃəs / eda·cious] *agg.* (*letter.*) vorace.

edacity [ɪˈdæsɪtɪ / eda·city] *s.* (*letter.*) voracità.

edaphic [ɪˈdæfɪk / eda·phic] *agg.* (*ecol.*, *chim.*) edafico.

edaphology [ɪˌdæˈfɒlədʒɪ / eda·pho·logy] *s.* (*ecol.*) edafologia.

E-day [ˈiːdeɪ] *s.* giorno di ingresso nel Mercato Comune • Abbr. di *Entry-day*.

eddy [ˈedɪ] *s.* gorgo, turbine, vortice (d'aria); gorgo, mulinello, risucchio, vortice (d'acqua): — *flow*, moto turbolento (di un flusso liquido o gassoso) // (*elettr.*) — *current*, corrente parassita.

to **eddy** *v.tr.* e *intr.* turbinare, muovere, muoversi vorticosamente.

eddy current [ˈedɪˌkʌrənt] *s.* **1** corrente vorticosa, flusso turbolento **2** (*elettr.*) corrente parassita: — *brake*, freno elettromagnetico.

eddying [ˈedɪɪŋ / ed·dy·ing] *agg.* turbinoso; vorticoso: *shall not thus time's eddying flight / ...our love restore*, (D.G. ROSSETTI) il volo vorticoso del tempo non ci restituirà così il nostro amore ◆ *s.* turbinio.

edelweiss [ˈeɪdlvaɪs / edel·weiss] *s.* (*bot.*) (*Leontopodium alpinum*) stella alpina, edelweiss.

edema [ɪˈdiːmə] *pl.* **edemas**, **edemata** [ɪˈdiːmətə / edem·ata] *s.* (*med.*) edema.

edematous [ɪˈdemətəs / edema·tous] *agg.* (*med.*) edematoso.

Eden [ˈiːdn] *s.* Eden: *the Garden of* —, l'Eden.

edentate [ɪˈdenteɪt / edent·ate] *agg.* (*zool.*) sdentato, degli sdentati ◆ *s.* (*zool.*) sdentato.

edge [edʒ] *s.* **1** bordo, orlo, orlatura; margine, limitare; ciglio; sponda; labbro (di ferita): *rounded* —, orlo arrotondato; *to sit on the — of a chair*, sedere sull'orlo della sedia; *the — of a precipice*, l'orlo di un precipizio; *the — of the road*, il ciglio della strada; *a hut on the — of a forest*, una capanna al limitare della foresta // (*aer.*): *leading* —, bordo d'attacco; *trailing* —, bordo d'uscita // (*tv*) — *definition*, nitidezza dei contorni // *to be* (o *to have one's nerves*) *on* —, avere i nervi a fior di pelle // *to set on* —, irritare, urtare (i nervi); *to set one's teeth on* —, far allegare i denti; dare ai nervi; far rabbrividire // *on the — of...*, sul punto di... // *to have the — on* (o *over*), essere in vantaggio su **2** (*inform.*) margine, bordo, spigolo **3** taglio, tagliente; filo; spigolo (di utensile, di lama); taglio della legatura (di libro); cresta (di montagna): *cutting* —, taglio, tagliente, spigolo tagliente; *blunted* —, filo smussato; *gilt* —, taglio dorato (di libro); *a knife with a sharp* —, un coltello molto affilato; *to put an — to a tool, on a blade*, affilare un utensile, una lama // *words with an* —, (*fig.*) parole caustiche, taglienti; *there was an — of envy to his words*, c'era una punta d'invidia nelle sue parole // *to give an — to one's style*, (*fig.*) rendere tagliente il proprio stile // *to give s.o. the — of one's tongue*, (*fig.*) dare una lavata di capo a qlcu. // *to put to the — of a sword*, passare a fil di spada // *to take the — off sthg.*, smussare, spuntare qlco.; togliere il gusto a qlco.; *to take the — off one's appetite*, (*fig.*) calmare la fame, fare uno spuntino; *to take the — off the pleasure*, (*fig.*) guastare, rovinare il piacere **4** *pl.* lamine (degli sci).

to **edge** *v.tr.* **1** bordare, fare un bordo a, orlare: *to — a handkerchief*, orlare un fazzoletto; *to — a road with poplars*, fiancheggiare una strada di pioppi **2** affilare, arrotare; aguzzare (*anche fig.*): *to — the appetite*, (*fam.*) aguzzare l'appetito; *to — (off) a knife*, affilare un coltello; *his words were edged with malice*, le sue parole avevano una punta di cattiveria **3** muovere (a poco a poco): *to — one's chair nearer*, accostare pian piano la propria sedia // *to — oneself into a conversation*, intrufolarsi in una conversazione; *to — one's way into, out of a room*: entrare furtivamente in, uscire furtivamente da (una stanza) // *to — one's way through the crowd*, farsi strada tra la folla ◆ *v.intr.* **1** (*Borsa*) avanzare lievemente, registrare un leggero rialzo delle quotazioni: *prices edged up a quarter of point*, i prezzi sono avanzati di un quarto di punto **2** muoversi lentamente // *the dinghy edged away from the ship*, il canotto si allontanò lentamente dalla nave // *they edged down from the hill to the road*, scesero lentamente dalla collina verso la strada // *to — off*, allontanarsi // (*mar.*) *to — to the north*, volgere al nord **3** (*sport*) spigolare (con gli sci).

edged [edʒd] *agg.* (*spec. nei composti*) affilato, tagliente: *sharp* —, aguzzo, tagliente; *double-* —, a doppio taglio; — *-tool*, oggetto tagliente.

edgeless [ˈedʒlɪs / edge·less] *agg.* **1** senza bordo, orlo **2** che non taglia; che ha perso il filo; smussato.

edger [ˈedʒə*] *s.* (*mecc.*) tagliolo.

edgeways [ˈedʒweɪz / edge·ways] **edgewise** [ˈedʒwaɪz / edge·wise] *avv.* **1** di taglio, dalla parte del taglio, secondo il taglio; di fianco: *to set* (o *to lay*) *the bricks* —, mettere, disporre i mattoni di taglio // *not to be able to get a word in* —, (*fam.*) non riuscire a infilare una parola (in un discorso) **2** costa a costa.

edginess [ˈedʒɪnɪs / edgi·ness] *s.* (*fam.*) nervosismo.

edging [ˈedʒɪŋ] *s.* **1** orlatura, bordo; sbieco, cordoncino, fettuccia (per orlatura); frangia // — *shears*, cesoie per rifilare l'erba dei bordi di un prato all'inglese **2** (*non com.*) l'orlare, il bordare **3** (*tecn.*) bordatura; rifinitura dei bordi.

edgy [ˈedʒɪ] *agg.* **1** affilato, tagliente **2** (*fig.*) nervoso, irritabile **3** stagliato (di roccia) **4** dalle linee dure (di quadro); spigoloso.

edibility [ˌedɪˈbɪlətɪ / ed·ib·il·ity] *s.* commestibilità.

edible [ˈedɪbl / ed·ible] *agg.* commestibile, mangereccio.

edibles [ˈedɪblz / ed·ibles] *s.pl.* commestibili.

edict [ˈiːdɪkt] *s.* editto.

edification [ˌedɪfɪˈkeɪʃn / edi·fica·tion] *s.* (*spec. fig.*) edificazione.

edificatory [ˈedɪfɪkeɪtərɪ / edi·fic·at·ory] *agg.* edificatorio.

edifice [ˈedɪfɪs / edi·fice] *s.* edificio di notevoli dimensioni (*anche fig.*): *the whole — of her hopes collapsed*, tutte le sue speranze crollarono.

edifier [ˈedɪfaɪə* / edi·fier] *s.* (*form.*) edificatore.

to **edify** [ˈedɪfaɪ] *v.tr.* **1** (*form.*) edificare, dar buon esempio a **2** (*ant.*) costruire.

edifying [ˈedɪfaɪɪŋ / edi·fy·ing] *agg.* (*form.*) edificante.

to **edit** [ˈedɪt] *v.tr.* **1** curare, preparare (un testo per la stampa; un programma radiofonico o televisivo): *edited by*, a cura di **2** (*inform.*) redigere, editare **3** dirigere (giornale, rivista ecc.); curare (una rubrica): *edited by*, sotto la direzione di.

□ **edit out** *v.tr.* e *avv.* tagliare (parti di un testo, film ecc).

edit *agg.* (abbr. di *editing*) (*inform.*): — *code*, comando di stampa, codice di stampa; — *character*, controllo formale dei dati, (IBM) inserimento della punteggiatura; — *key*, tasto di correzione.

editing [ˈedɪtɪŋ / ed·it·ing] *s.* **1** redazione (di un testo) **2** direzione (di giornale ecc.): — *the newspaper took him the whole time*, la direzione del giornale occupava tutto il suo tempo.

edition [ɪˈdɪʃn / edi·tion] *s.* **1** edizione: *cheap* —, edizione economica; *final* —, ultima edizione (di giornale); *first*, *latest* —, prima, ultima edizione (di libri); *limited* —, tiratura limitata; *revised* —, edizione riveduta; *unabridged* —, edizione integrale; *pocket* —, edizione tascabile // *he is a second — of his father*, è la copia di suo padre **2** versione (di auto ecc.) **3** (*tv*, *rad.*) edizione, trasmissione: *today's — of 'Around the World'*, l'edizione di oggi di 'Intorno al mondo'.

editor [ˈedɪtə* / ed·itor] *s.* **1** curatore (di testi) **2** (*giornalismo*) direttore; redattore: direttore (di rivista ecc.); — *in chief*, redattore capo; *associate* —, condirettore; *deputy* — (o amer. *managing* —), caporedattore; *senior* —, caposervizio; *city* —, redattore finanziario, (*amer.*) cronista; *economic* —, redattore economico; *financial* —, (*amer.*) redattore finanziario; *managing* —, direttore responsabile; *sports* —, redattore sportivo **3** (*inform.*) editor, programma che modifica il contenuto di un file **4** (*cinem.*) tecnico del montaggio.

editorial [ˌedɪ'tɔ:rɪəl / ed·it·or·ial] *agg.* editoriale // — *staff*, redazione (l'insieme dei redattori); — *office*, (ufficio di) redazione ◆ *s.* editoriale, articolo di fondo.

to **editorialize** [ˌedɪ'tɔ:rɪəlaɪz / ed·it·o·ri·al·ize] *v.intr.* commentare; scrivere un articolo di commento, d'opinione.

editorially [ˌedɪ'tɔ:rɪəlɪ / ed·it·ori·ally] *avv.* in qualità di direttore, di redattore.

editorship ['edɪtəʃɪp / ed·it·or·ship] *s.* **1** direzione, redazione (di giornali, periodici ecc.) **2** funzione del direttore, del redattore.

editress ['edɪtrɪs / ed·it·ress] *s.* (*non com.*) **1** commentatrice (di un testo) **2** (*giornalismo*) direttrice; redattrice.

educable ['edjʊkəbl / edu·cable] *agg.* (*form.*) che può essere educato, educabile.

to **educate** ['edju:keɪt / edu·cate] *v.tr.* **1** istruire; educare: *she was educated in Italy*, ha compiuto i suoi studi in Italia; *to — one's son to a profession*, (*antiq.*) indirizzare il proprio figlio a una professione; *the public should be educated to stop smoking*, si dovrebbe educare la gente a smettere di fumare **2** ingentilire, affinare: *to — s.o.'s taste*, affinare il gusto di qlcu.

educated ['edju:keɪtɪd / edu·cated] *agg.* colto; istruito // *an — guess*, un'ipotesi plausibile.

education [ˌedju:'keɪʃn / edu·ca·tion] *s.* **1** cultura, educazione: *he received a good —*, ha ricevuto una buona educazione **2** istruzione; insegnamento: *elementary* (o *primary*), *secondary, private, university —*, istruzione elementare, secondaria, privata, universitaria; *further —*, istruzione superiore; *free, compulsory —*, istruzione gratuita, obbligatoria // *Minister of Education*, Ministro della Pubblica Istruzione; — *act* (o amer. *educational act*), legge sull'istruzione **3** addestramento **4** pedagogia.

educational [ˌedju:'keɪʃənl / edu·ca·tional] *agg.* educativo: — *film*, film educativo // (*amer.*) — *act*, legge sull'istruzione.

educationalist [ˌedju:'keɪʃnəlɪst / edu·ca·tion·al·ist] *s.* **1** educatore; pedagogo **2** pedagogista.

educationally [ˌedju:'keɪʃnəlɪ / edu·ca·tion·ally] *avv.* educativamente; didatticamente.

educationist [ˌedju:'keɪʃnɪst / edu·ca·tion·ist] → **educationalist**.

educative ['edju:kətɪv / edu·cat·ive] *agg.* istruttivo, educativo.

educator ['edju(:)keɪtə* / edu·cator] *s.* educatore.

educatress ['edju:keɪtrɪs / edu·cat·ress] *s.* (*rar.*) educatrice.

to **educe** [i:'dju:s *amer.* i:'du:s] *v.tr.* (*rar.*) **1** trarre, estrarre **2** dedurre.

educible [i:'dju:sɪbl *amer.* i:'du:sɪbl / edu·cible] *agg.* (*form.*) **1** che si può estrarre **2** deducibile.

educt ['i:dʌkt] *s.* **1** (*chim.*) sostanza estratta (invariata) da un'altra **2** deduzione, inferenza.

eduction [i:'dʌkʃn / educ·tion] *s.* (*form.*) **1** estrazione **2** deduzione, inferenza **3** (*mecc.*) emissione, scarico: — *of steam*, sprigionamento, esalazione di vapore.

to **edulcorate** [i:'dʌlkəreɪt / edul·cor·ate] *v.tr.* **1** (*ant.*) edulcorare, dolcificare; addolcire (*anche fig.*) **2** (*chim.*) purificare, pulire.

edulcoration [i:ˌdʌlkə'reɪʃn / edul·cora·tion] *s.* (*ant.*) edulcorazione, dolcificazione.

Edwardian [ed'wɔ:djən / Ed·ward·ian] *agg.* edoardiano: — *period*, l'epoca di Edoardo VII; — *literature*, letteratura edoardiana // *the — Prayer-Book*, il libro di preghiere anglicano autorizzato da Edoardo VI.

ee [i:] *pl.* **een** [i:n] *s.* (*ant., poet., scoz.*) → **eye**.

'ee *pron.* (*dial.*) (abbr. di *thee*) te: *thank'ee*, grazie a te.

eel [i:l] *s.* anguilla // *he is as slippery as an —*, (*fam.*) sguscia, sfugge di mano come un'anguilla.

eelgrass ['i:lgrɑ:s *amer.* 'i:lgræs / eel·grass] *s.* (*bot.*) vallisneria → **tape grass**.

eelpout ['i:lˌpaʊt / eel·pout] *s.* (*zool.*) **1** (*Zoarces viviparus*) blennio viviparo **2** (*Zoarces anguillaris*) blennio anguillare.

eelworm ['i:lwɜ:m / eel·worm] *s.* (*zool.*) anguillula.

e'en [i:n] *avv.* (*poet.*) → **even**.

e'er [eə*] (*poet.*) → **ever**.

eerie ['ɪərɪ] *agg.* **1** strano, fantastico; misterioso; soprannaturale **2** che ispira paura, lugubre; che fa rabbrividire.

eerily ['ɪərɪlɪ / eer·ily] *avv.* **1** stranamente, fantasticamente; misteriosamente **2** paurosamente.

eeriness ['ɪərɪnɪs / eeri·ness] *s.* **1** aspetto strano, misterioso **2** paura superstiziosa, vago senso di timore, di mistero.

eery → **eerie**.

to **efface** [ɪ'feɪs / ef·face] *v.tr.* **1** cancellare, obliterare (*anche fig.*): *inscriptions that are becoming effaced*, scritte che si stanno cancellando; *he tried to — the traces of his past*, cercò di cancellare le tracce del suo passato **2** eclissare, tenere in disparte: *to — oneself*, tenersi in disparte.

effaceable [ɪ'feɪsəbl / ef·face·able] *agg.* cancellabile.

effacement [ɪ'feɪsmənt / ef·face·ment] *s.* cancellazione, cancellamento, obliterazione.

effect [ɪ'fekt / ef·fect] *s.* **1** effetto; risultato, conseguenza: *the desired —*, il risultato voluto; *of no —*, senza risultato, di nessun effetto; *he is suffering from the effects of the heat*, soffre degli effetti del caldo; *to good —*, con risultato positivo; *the medicine will have a good — on him*, la medicina gli sarà di giovamento; *to have no —*, non fare effetto; *to bring* (o *to carry* o *to put*) *a plan into —, to give — to a plan*, attuare, realizzare, effettuare un progetto; *to take* (o *to come into* o *to go into*) —, entrare in vigore: *law that takes* (o *comes into* o *goes into*) — *from today*, legge che entra in vigore a partire da oggi // (*econ.*) *income —*, effetto di reddito // (*comm.*) *no effects*, scoperto (di assegno) // *in —*, in realtà **2** senso, significato; tenore (di lettera, documento ecc.): *that is what he said, or words used to that —*, ecco ciò che ha detto, o qlco. del genere; *we have made provisions to this —*, abbiamo preso disposizioni in questo senso **3** effetto, impressione // *to do sthg. for —*, fare qlco. per fare impressione, per farsi notare; *the lights were lowered for —*, le luci furono abbassate per creare un effetto // *sound effects*, effetti acustici; *stage effects*, effetti scenici // (*cinem.*) *stop motion —*, effetto Chaplin, effetto (comico) dovuto all'accelerazione **4** *pl.* indumenti, effetti personali, beni: *the dead man's personal effects were returned to the family*, gli oggetti personali del morto furono restituiti alla famiglia.

to **effect** *v.tr.* (*form.*) **1** effettuare, eseguire, compiere; realizzare, ottenere: *to — a cure*, ottenere una guarigione; *to — an insurance*, fare un'assicurazione; *to — one's purpose*, raggiungere il proprio scopo; *to — payments*, effettuare pagamenti; (*mil.*) *to — a retreat*, effettuare una ritirata // *to — an entrance*, forzare la porta, entrare di forza **2** causare; determinare: *the oil crisis effected great changes in the British economy*, la crisi petrolifera determinò profondi mutamenti nell'economia britannica.

effectible [ɪ'fektɪbl / ef·fect·ible] *agg.* (*form.*) effettuabile.

effective [ɪ'fektɪv / ef·fect·ive] *agg.* **1** efficace: — *method*, metodo efficace; (*fis.*) — *current*, corrente efficace **2** effettivo, reale // (*comm.*, *econ.*): — *demand*, domanda effettiva; — *yield*, rendimento effettivo; — *power*, potenza effettiva // (*inform.*): — *address*, indirizzo reale; — *instruction*, istruzione operativa; — *time*, tempi utili **3** a effetto, che colpisce: — *picture*, quadro a effetto **4** (*mil.*) effettivo: *we are below the — strength of the company*, siamo al di sotto della forza effettiva della compagnia **5** (*amer.*) in vigore, operante: — *date*, data di entrata in vigore; *the law becomes — today*, la legge entra in vigore oggi ◆ *s.* (*spec. pl.*) (*mil.*) effettivi.

effectively [ɪ'fektɪvlɪ / ef·fect·ive·ly] *avv.* **1** efficacemente, utilmente; con effetto **2** effettivamente, in realtà.

effectiveness [ɪ'fektɪvnɪs / ef·fect·ive·ness] *s.* efficacia.

effector [ɪ'fektə* / ef·fector] *s.* (*med.*) effettore: — (*organ*), organo effettore.

effectual [ɪ'fektjʊəl / ef·fec·tual] *agg.* **1** (*form.*) efficace **2** (*dir.*) valido (di contratto, regolamento ecc.).

effectuality [ɪˌfektjʊ'ælɪtɪ / ef·fec·tu·al·ity] *s.* (*non com.*) efficacia; validità.

effectually [ɪ'fektʃʊəlɪ / ef·fec·tu·ally] *avv.* (*form.*) efficacemente.

effectualness [ɪ'fektʃʊəlnɪs / ef·fec·tu·al·ness] *s.* (*non com.*) efficacia.

to **effectuate** [ɪ'fektjʊeɪt / ef·fec·tu·ate] *v.tr.* (*form.*) effettuare, realizzare.

effectuation [ɪˌfektjʊ'eɪʃn / ef·fec·tu·ation] *s.* (*form.*) effettuazione, realizzazione.

effeminacy [ɪ'femɪnəsɪ / ef·fem·in·acy] *s.* effeminatezza.

effeminate [ɪ'femɪnət / ef·fem·in·ate] *agg.* effeminato ◆ *s.* individuo effeminato // **-ly** *avv.* // **-ness** *s.*

to **effeminate** [ɪ'femɪneɪt] *v.tr.* (*rar.*) rendere effeminato; infiacchire, snervare.

efferent ['efərənt / ef·fer·ent] *agg.* e *s.* (*anat.*) efferente: — *nerves*, nervi efferenti.

to **effervesce** [ˌefə'ves / ef·fer·vesce] *v.intr.* **1** essere effervescente, entrare in effervescenza, spumare **2** (*fig.*) spumeggiare, essere allegro, vivace.

effervescence [ˌefə'vesns / ef·fer·ves·cence]

s. **1** effervescenza **2** (*fig.*) effervescenza, agitazione, fermento.

effervescent [ˌefə'vesnt / ef·fer·ves·cent] *agg.* **1** effervescente: — *beverages*, bibite effervescenti **2** (*fig.*) vivace, spumeggiante (di persona).

effete [ɪ'fi:t / ef·fete] *agg.* **1** logoro; esaurito; indebolito; sterile: *an — civilization*, una civiltà che ha fatto il suo tempo **2** effeminato // **-ness** *s.*

efficacious [efɪ'keɪʃəs / ef·fi·ca·cious] *agg.* efficace // **-ly** *avv.*

efficaciousness [efɪ'keɪʃəsnɪs / ef·fi·ca·cious·ness] (*form.*) **efficacity** [ˌefɪ'kæsətɪ / ef·fi·ca·city] **efficacy** ['efɪkəsɪ / ef·fi·cacy] *s.* **1** efficacia (di un rimedio) **2** (*teol.*) efficacia (della grazia) **3** rendimento (di una macchina).

efficiency [ɪ'fɪʃənsɪ / ef·fi·ci·ency] *s.* **1** efficienza, rendimento: *energy* —, rendimento energetico; *mechanical, thermal* —, rendimento meccanico, termico; *overall* —, rendimento totale; *peak* —, massimo rendimento; *unit* —, rendimento unitario; *yearly mean* —, rendimento medio annuale; *economic, technical* —, efficienza economica, tecnica; — *pay* (o *wage*), salario a cottimo, retribuzione a rendimento; *commercial* —, rendimento economico **2** efficienza (di persona): — *of the workmen*, capacità professionale degli operai **3** efficacia (di rimedio ecc.) **4** (*amer.*) piccolo appartamento, monolocale.

efficient [ɪ'fɪʃənt / ef·fi·ci·ent] *agg.* **1** efficiente, di buono, alto rendimento: — *machine*, macchina ad alto rendimento; *he is very* —, è molto efficiente **2** (*non com.*) effettivo: (*econ.*) — *demand*, domanda effettiva **3** (*fil.*) efficiente: — *cause*, causa efficiente.

efficiently [ɪ'fɪʃəntlɪ / ef·fi·ci·ent·ly] *avv.* **1** efficientemente **2** abilmente, con competenza **3** efficacemente.

effigy ['efɪdʒɪ / ef·figy] *s.* effigie: *to burn, to hang s.o. in* —, bruciare, impiccare qlcu. in effigie.

to **effloresce** [ˌeflɔ:'res / ef·flor·esce] *v.intr.* **1** (*form.*) sbocciare, fiorire, schiudersi (*anche fig.*) **2** (*chim.*) fare efflorescenza.

efflorescence [ˌeflɔ:'resns / ef·flor·es·cence] *s.* **1** (*bot.*) fioritura **2** (*chim.*) efflorescenza **3** (*med.*) eruzione cutanea, esantema.

efflorescent [ˌeflɔ:'resnt / ef·flor·es·cent] *agg.* **1** (*bot.*) fiorito, in fiore **2** (*chim.*) efflorescente.

effluence ['efluəns / ef·flu·ence] *s.* efflusso; emanazione.

effluent ['efluənt / ef·flu·ent] *agg.* (*form.*) defluente; di scarico // (*trib.*) — *tax* (o *charge*), tassa di scarico ◆ *s.* **1** (*form.*) scarico **2** (*geogr.*) emissario.

effluvium [ɪ'flu:vjəm / ef·flu·vium] *pl.* **effluvia** [ɪ'flu:vjə / ef·flu·via] *s.* effluvio; esalazione.

efflux ['eflʌks / ef·flux] *s.* (*non com.*) **1** efflusso; scolo; emanazione **2** decorso (del tempo).

effort ['efət / ef·fort] *s.* **1** sforzo, fatica (*anche fig.*): — *of will*, sforzo di volontà; *make an —!*, (*fam.*) sforzati!; *it wasn't worth the* —, non ne valeva la pena **2** (*fam.*) lavoro, opera: *has he seen your last —?*, ha visto il tuo ultimo lavoro?; *that's quite a good* —, non è per niente male, mi pare riuscito **3** (*mecc.*) sforzo: (*ferr.*) *tractive* —, sforzo di trazione.

effortful ['efətfʊl / ef·fort·ful] *agg.* (*rar.*) che costa sforzo, faticoso.

effortless ['efətlɪs / ef·fort·less] *agg.* **1** che non fa sforzi, naturale, spontaneo: *she graced all and sundry with her — smile*, incantava tutti con il suo sorriso spontaneo **2** senza sforzo, facile // **-ly** *avv.*

effrontery [ɪ'frʌntərɪ / ef·front·ery] *s.* sfrontatezza; sfacciataggine.

to **effulge** [ɪ'fʌldʒ / ef·fulge] *v.intr.* (*non com.*) risplendere, brillare ◆ *v.tr.* far risplendere.

effulgence [ɪ'fʌldʒəns / ef·ful·gence] *s.* (*letter.*) splendore, fulgore (*anche fig.*).

effulgent [ɪ'fʌldʒənt / ef·ful·gent] *agg.* (*non com.*) risplendente.

effuse [ɪ'fju:s / ef·fuse] *agg.* (*bot.*) effuso; sparso.

to **effuse** [ɪ'fju:z] *v.tr.* (*non com.*) **1** effondere; spargere; versare **2** emanare, irradiare ◆ *v.intr.* effondersi; spargersi; versarsi.

effusion [ɪ'fju:ʒn / ef·fu·sion] *s.* **1** effusione, versamento (di sangue ecc.) **2** (*chim., fis.*) effusione, espansione (di gas, liquidi ecc.) **3** (*fig.*) effusione; abbondanza; mancanza di freno.

effusive [ɪ'fju:sɪv / ef·fus·ive] *agg.* **1** espansivo, esuberante: — *thanks*, ringraziamenti calorosi **2** (*geol.*) effusivo: — *rocks*, rocce effusive.

effusively [ɪ'fju:sɪvlɪ / ef·fus·ive·ly] *avv.* con effusione.

effusiveness [ɪ'fju:sɪvnɪs / ef·fus·ive·ness] *s.* (*form.*) effusione, espansività.

eft[1] [eft] *agg.* (*ant. rar.*) pronto; adatto.

eft[2] *s.* (*zool.*) tritone, salamandra acquaiola → **swift** 3.

eftsoon(s) [eft'su:n(z) / eft·soon(s)] *avv.* (*ant., poet.*) subito: *eftsoons the nymphs... / ran all in haste to see that silver brood*, (E. SPENSER) subito le ninfe... corsero in fretta a vedere quella nidiata d'argento.

egad [i:'gæd] *inter.* (*ant.*) perdio! • Eufemismo per *by God*.

egalitarian [ɪˌgælɪ'teərɪən / egal·it·ar·ian] *agg.* e *s.* egualitario.

egalitarianism [ɪˌgælɪ'teərɪənɪzəm / egal·it·ar·ian·ism] *s.* egualitarismo.

egg [eg] *s.* **1** uovo: *fried* —, uovo fritto; *hard-boiled* —, uovo sodo; *soft-boiled* —, uova alla coque; *new-laid* —, uovo fresco; *poached* —, uovo in camicia; *scrambled eggs*, uova strapazzate; *a bad* —, un uovo marcio; (*fig.*) mela marcia, persona disonesta // *good* —, (*sl.*) buon diavolo // *the goose with the golden eggs*, la gallina dalle uova d'oro // *as sure as eggs is eggs*, (*fam.*) sicuro come due più due fanno quattro // *to kill a plot in the* —, soffocare un complotto sul nascere // *to put all one's eggs in one basket*, rischiare il tutto per tutto // *to teach one's grandmother to suck eggs*, (*fam.*) dare consigli a chi ne sa di più // *to tread upon eggs*, (*fig.*) camminare sulle uova // *to lay an* —, deporre un uovo, (*fig.*) fare fiasco // *with — on one's face*, (*fam.*) con un palmo di naso **2** (*biol.*) uovo, ovulo **3** (*arch.*) ovolo **4** (*sl.*) bomba **5** (*fam. amer.*) testa; persona **6** (*fam. amer.*) → egg-beater 2.

to **egg** *v.tr. to — on*, istigare, incitare.

egg beater ['eg,bi:tə*] *s.* **1** frusta (per montare le uova) SIN. egg-whisk **2** (*sl.*) elicottero.

egg-case ['egkeɪs] *s.* (*zool.*) ooteca.

egg-cell ['egsel] *s.* (*biol.*) cellula uovo, ovulo, macrogamete.

egg-cleavage ['eg,kli:vɪdʒ] *s.* (*biol.*) lo schiudersi dell'uovo.

egg-cosy ['egkəʊzɪ] *s.* copriuovo.

eggcup ['egkʌp / egg·cup] *s.* portauovo.

egger ['egə*] *s.* (*zool.*) (*Lasiocampa quercus*) bombice delle querce, lasiocampa.

egg-flip ['egflɪp] *s.* bevanda preparata con liquore e uova sbattute SIN. egg-nog.

egghead ['eghed / egg·head] *s.* **1** (*spreg.*) testa d'uovo, intellettuale **2** (*fam. amer.*) uomo calvo.

egg-nog ['egnɒg] → **egg-flip**.

eggplant ['egplɑ:nt / egg·plant] *s.* (*bot.*) (*spec. amer.*) melanzana → **aubergine**.

egg-sac ['egsæk] *s.* (*zool.*) sacco ovigero.

egg-shaped ['egʃeɪpt] *agg.* ovale, a (forma di) uovo.

eggshell ['egʃel / egg·shell] *s.* guscio d'uovo.

egg-spoon ['egspu:n] *s.* cucchiaio da uovo.

egg-tooth ['egtu:θ] *s.* (*zool.*) dente del guscio (negli uccelli).

egg-whisk ['egwɪsk] → **egg-beater** 1.

eglantine ['egləntaɪn / eg·lan·tine] *s.* (*bot.*) **1** (*Rosa eglanteria*) eglantina **2** (*Rosa canina*) rosa canina, rosa di macchia.

ego ['egəʊ *amer.* 'i:gəʊ] *s.* (*psic.*) ego.

egocentric [ˌegəʊ'sentrɪk *amer.* ˌi:gəʊ'sentrɪk / ego·cent·ric] *agg.* egocentrico.

egocentrism [ˌegəʊ'sentrɪzəm *amer.* ˌi:gəʊ'sentrɪzəm / ego·cent·rism] *s.* egocentrismo.

egoism ['egəʊɪzəm *amer.* 'i:gəʊɪzəm / ego·ism] *s.* **1** egoismo (*anche fil.*) **2** egotismo.

egoist ['egəʊɪst *amer.* 'i:gəʊɪst / ego·ist] *s.* egoista.

egoistic(al) [ˌegəʊ'ɪstɪk(l) *amer.* ˌi:gəʊ'ɪstɪk(l) / ego·istic, ego·ist·ical] *agg.* egoistico // **-ally** *avv.*

egotism ['egəʊtɪzəm *amer.* 'i:gəʊtɪzəm / egot·ism] *s.* egotismo.

egotist ['egəʊtɪst *amer.* 'i:gəʊtɪst / egot·ist] *s.* egotista.

egotistic(al) [ˌegəʊ'tɪstɪk(l) *amer.* ˌi:gəʊ't ɪstɪk(l) / egot·istic, egot·ist·ical] *agg.* egotistico // **-ally** *avv.*

to **egotize** ['egəʊtaɪz *amer.* 'i:gəʊtaɪz / egot·ize] *v.intr.* egotizzare.

ego trip ['egəʊ,trɪp *amer.* 'i:gəʊ,trɪp] *s.* (*fam.*) comportamento da egoista, atteggiamento di chi vuol mettersi in mostra: *he is always on an* —, ha sempre bisogno di gratificare il suo ego.

egregious [ɪ'gri:dʒəs / egre·gious] *agg.* **1** (*spreg. form.*) grossolano: — *blunder*, errore marchiano **2** (*ant.*) egregio, notevole, singolare.

egregiously [ɪ'gri:dʒəslɪ / egre·gious·ly] *avv.* (*form.*) grossolanamente.

egregiousness [ɪ'gri:dʒəsnɪs / egre·gious·ness] *s.* (*form.*) grossolanità, enormità.

egress ['i:gres] *s.* **1** (*form.*) uscita: (*dir.*) (*right* *of)* —, diritto di uscita **2** (*form.*) via d'uscita (*anche fig.*) **3** (*astr.*) emersione da un'eclissi.

egression [i:'greʃn / egres·sion] *s.* (*form.*) uscita.

egret ['i:gret / eg·ret] *s.* **1** (*zool.*) (*Casmerodius albus*) airone bianco, egretta, garzetta **2** 'aigrette', ciuffo **3** (*bot.*) lanugine.

Egyptian [ɪ'dʒɪpʃn / Egyp·tian] *agg.* e *s.* egiziano.

Egyptologist [,i:dʒɪp'tɒlədʒɪst / Egypto·lo·gist] *s.* egittologo.

Egyptology [,i:dʒɪp'tɒlədʒɪ / Egypto·logy] *s.* egittologia.

eh [eɪ] *inter.* eh!, eh?, che cosa?

eider ['aɪdə* / ei·der] *s.* (*zool.*) — *duck*, (*Somateria mollissima*) edredone; (*pop.*) anatra dal piumino.

eiderdown ['aɪdədaʊn / ei·der·down] *s.* **1** piumino d'oca **2** piumino; trapunta.

eidetic [i:'detɪk / ei·detic] *agg.* (*fil.*) eidetico // (*psic.*) — *imagery*, immaginazione eidetica.

eidograph ['aɪdəʊgrɑ:f / ei·do·graph] *s.* (*non com.*) pantografo.

eidolon [aɪ'dəʊlɒn / ei·dolon] *pl.* **eidolons**, **eidola** [aɪ'dəʊlə / ei·dola] *s.* (*non com.*) fantasma, spettro, immagine.

eigenfunction ['aɪgən,fʌŋkʃn / ei·gen·func·tion] *s.* (*mat.*) autofunzione.

eigenvalue ['aɪgən,vælju: / ei·gen·value] *s.* (*mat.*) autovalore.

eigenvector ['aɪgən,vektə* / ei·gen·vec·tor] *s.* (*mat.*) autovettore.

eight [eɪt] *agg.num.card.* e *s.* otto: *a girl of* —, una bimba di otto anni // *to have one over the* —, (*sl.*) prendere una sbornia ◆ *s.* **1** (*aer.*, *sport*) otto (evoluzione): *horizontal* —, otto orizzontale; *to cut figures of eight*, fare degli otto sul ghiaccio **2** (*canottaggio*) otto: *coxed* —, otto con // *the Eights*, le regate a Oxford e Cambridge.

eight-ball ['eɪtbɔ:l] *s.* (*amer.*) **1** (*biliardo*) la palla nera (n. 8) che va mandata in buca per ultima // *to be behind the* —, (*fam.*) trovarsi in una situazione difficile **2** (*sl.*) afroamericano, negro.

eighteen [,eɪ'ti:n / eight·een] *agg. num.card.* e *s.* diciotto.

eighteenmo [,eɪ'ti:nməʊ / eight·eenmo] *agg.* e *s.* (*tip.*) diciottesimo.

eighteenth [,eɪ'ti:nθ / eight·eenth] *agg. num.ord.* e *s.* diciottesimo, decimottavo.

eightfold ['eɪtfəʊld / eight·fold] *agg.* (*non com.*) ottuplo ◆ *avv.* per otto volte.

eighth [eɪtθ] *agg.num.ord.* e *s.* ottavo: *the* — (o *8th*) *of May*, l'otto maggio // — *note*, (*amer. mus.*) → quaver 3.

eighthly ['eɪtθlɪ / eighth·ly] *avv.* (*non com.*) in ottavo luogo.

eightieth ['eɪtɪɪθ / eigh·ti·eth] *agg. num.ord.* e *s.* ottantesimo.

eight-oar ['eɪtɔ:*] *s.* (*canottaggio*) otto, imbarcazione a otto remi con otto vogatori.

eightsome ['eɪtsəm / eight·some] *s.* vivace danza scozzese eseguita da otto persone.

eighty ['eɪtɪ] *agg.num.card.* e *s.* ottanta: *during the eighties*, negli anni '80; *she is in her eighties*, ella ha superato gli ottant'anni // (*pol.*) *the Eighty Club*, associazione liberale fondata nel 1880.

eighty-eight ['eɪtɪeɪt] *s.* (*sl. amer.*) pianoforte.

eighty-six ['eɪtɪ'sɪks] *s.* (*sl. amer.*) ubriaco (cui non si dà più da bere).

to **eighty-six** *v.tr.* (*sl. amer.*) **1** espellere, scacciare: *I'll have you eighty-sixed out of this bar*, ti farò sbattere fuori da questo bar **2** uccidere; distruggere.

einkorn ['i:nkɔ:n / ein·korn] *s.* (*bot.*) (*Triticum monococcum*) farro piccolo.

einsteinium [i:n'sti:nɪəm / ein·stein·ium] *s.* (*chim.*) einsteinio.

eirenicon [aɪ'ri:nɪkɒn / ei·ren·icon] *s.* irenica (dottrina che tratta della pace).

eisteddfod [aɪs'teðvɒd / ei·stedd·fod] *s.* 'eisteddfod' (concorso di canto e di poesia tra gallesi o nel Galles).

either ['aɪðə* *amer.* 'i:ðə* / ei·ther] *agg.* (*riferito a due persone o cose*) **1** l'uno o l'altro; l'uno e l'altro; ciascuno, ciascuna (dei due); entrambi: *there are trees on — side of the street*, ci sono alberi su ciascun lato della strada; *in — case, I'll be there*, in entrambi i casi, ci sarò; — *one of the opinions can be accepted*, ciascuna delle due opinioni è accettabile // — *way*, in un modo o nell'altro; in entrambi i modi: *there is no evidence — way*, non ci sono prove né in un senso né nell'altro **2** (*in frasi negative*) né l'uno né l'altro; nessuno, nessuna dei due [cfr. *neither*]: *I can't see — car*, non riesco a vedere né l'una né l'altra macchina; *without taking — sides*, senza prendere le parti né dell'uno né dell'altro.

either *pron.* (*riferito a due persone o cose*) **1** l'uno o l'altro; l'uno e l'altro; tutt'e due; entrambi: *there are two solutions to the problem: — is correct*, ci sono due soluzioni del problema: entrambe sono esatte; — *of you can come*, può venire l'uno o l'altro di voi; *choose — of them*, scegline uno, scegli l'uno o l'altro; "*Which of these two books do you want?*" "—", "Quale di questi due libri vuoi?" "O l'uno o l'altro" **2** (*in frasi negative*) né l'uno né l'altro; nessuno, nessuna dei due [cfr. *neither*]: *I know both brothers, but I don't like* — (o *I like neither*) *very much*, conosco entrambi i fratelli, ma non ho molta simpatia né per l'uno né per l'altro.

either *avv.* (*in frasi negative o interr.-negative*) neanche, nemmeno, neppure [cfr. *neither*]: *haven't you seen him —?*, neanche tu l'hai visto?; *if you don't go I won't go* —, se non vai tu non andrò nemmeno io; *The lecture was very long. It wasn't very interesting* —, La conferenza era molto lunga. E non era neppure interessante; *He can't swim. I can't* —, Non sa nuotare. E neppure io; *I haven't seen him or heard from him* —, non l'ho visto e non l'ho neppure sentito.

either *cong.*: — ...*or*, (o)... o; (*in frasi negative*) né... né [cfr. *neither*]: *he is — in Rome or* (*in*) *Milan*, è a Roma o a Milano; *I'll see him — today or tomorrow*, lo vedrò oggi o domani; *you can — watch TV or go to the cinema tonight*, stasera puoi guardare la TV o andare al cinema; *to go to England from the continent you can — fly or take the ferry*, per andare in Inghilterra dal continente si può prendere l'aereo o il traghetto; — *you decide to study or you get yourself a job*, o decidi di studiare o ti trovi un lavoro.

to **ejaculate** [ɪ'dʒækjʊleɪt / ejacu·late] *v.tr.* **1** eiaculare **2** esclamare; dire all'improvviso ◆ *v.intr.* eiaculare.

ejaculation [ɪ,dʒækjʊ'leɪʃn / ejacu·la·tion] *s.* **1** eiaculazione **2** esclamazione **3** (*eccl.*) giaculatoria.

ejaculatory [ɪ'dʒækjulətərɪ / ejacu·lat·ory] *agg.* **1** eiaculatorio, eiaculatore: (*anat.*) — *duct*, dotto eiaculatore **2** esclamativo **3** giaculatorio.

to **eject** [ɪ'dʒekt] *v.tr.* **1** gettare fuori; emettere, espellere **2** (*mecc.*) eiettare **3** (*dir.*) spogliare; sfrattare.

ejecta [ɪ'dʒektə] *s.pl.* **1** escrementi **2** (*geol.*) materiali piroclastici.

ejection [ɪ'dʒekʃn / ejec·tion] *s.* **1** espulsione, eiezione, deiezione **2** (*fig.*) destituzione **3** (*dir.*) spoglio; sfratto **4** (*geol.*) emissione di materiali solidi (lapilli ecc.) da un vulcano **5** *pl.* materiale scaricato, eiettato.

ejectment [ɪ'dʒektmənt / eject·ment] *s.* (*dir.*) spoglio; sfratto.

ejector [ɪ'dʒektə*] *s.* **1** espulsore **2** (*dir.*) colui che effettua uno spoglio; colui che sfratta **3** (*mecc.*) estrattore; eiettore.

ejector seat [ɪ'dʒektə'si:t] *s.* (*aer.*) sedile eiettabile.

eke [i:k] *avv.* (*ant.*) anche, pure: *and eke her lover strove; but all in vain*, (E. SPENSER) e anche il suo amante lottava; ma del tutto invano.

to **eke out** [,i:k'aʊt] *v.tr.* far durare, economizzare su; arrotondare: *she eked out her pension by babysitting*, arrotondava la pensione occupandosi di bambini // *to — a living*, sbarcare il lunario.

el[1] [el] *s.* elle, lettera 'l'.

el[2] *s.* (*fam. amer.*) (abbr. di *elevated*) ferrovia sopraelevata.

elaborate [ɪ'læbərət / elab·or·ate] *agg.* elaborato; accurato; minuzioso // **-ly** *avv.*

to **elaborate** [ɪ'læbəreɪt] *v.tr.* **1** elaborare; studiare **2** sviluppare ◆ *v.intr.* sviluppare un concetto; aggiungere particolari: *he was asked to explain but he refused to — (on his earlier remarks)*, gli fu chiesto di spiegarsi ma si rifiutò di aggiungere particolari (alle sue osservazioni precedenti).

elaborateness [ɪ'læbərətnɪs / elab·or·ate·ness] *s.* minuziosità; cura.

elaboration [ɪ,læbə'reɪʃn / elab·ora·tion] *s.* elaborazione.

élan [eɪ'lɑ:n] *s.* (*letter.*) slancio, impeto.

eland ['i:lənd] *s.* (*zool.*) (*Taurotragus oryx*) taurotrago orice, antilope alcina.

to **elapse** [ɪ'læps] *v.intr.* trascorrere, passare (del tempo): *years have elapsed since we met*, sono passati degli anni da quando ci incontrammo.

elastance [ɪ'læstəns / elast·ance] *s.* (*fis.*) elastanza.

elastic [ɪ'læstɪk] *agg.* elastico (*anche fig.*): (*anat.*) — *tissue*, tessuto elastico; (*fis.*): — *constant*, *deformation*, costante, deformazione elastica; — *collision*, urto elastico; (*econ.*) — *demand*, *supply*, domanda, offerta elastica; *to be* —, avere della elasticità; avere capacità di ricupero ◆ *s.* elastico; fettuccia elastica.

elastic band [ɪ'læstɪk'bænd] *s.* elastico SIN. rubber band.

elasticity [,elæ'stɪsətɪ / elasti·city] *s.* elasticità: (*tecn.*) — *to the torsion stress*, elasticità allo sforzo di torsione // (*econ.*): — *of demand*, elasticità della domanda; — *of commodity substitution*, elasticità di sostituzione di un bene.

elastin [ɪ'læstɪn] *s.* (*biochim.*) elastina.

elastomer [ɪ,læ'stɒmə* / elasto·mer] *s.* (*chim.*) elastomero.

elastomeric [ɪ,læstə'merɪk / elasto·meric] *agg.* (*chim.*) elastomerico.

to **elate** [ɪ'leɪt] *v.tr.* inebriare, esaltare; trasportare: *he was elated to hear the good news*, esultò per le buone notizie.

elate(d) [ɪ'leɪt(ɪd)] *agg.* (*rar.*) esaltato; esultante; euforico: *elated with victory*, esultante per la vittoria.

elater [ɪ'leɪtə*] *s.* (*bot.*, *zool.*) elaterio, elatere.

elaterite [ɪ'lætəraɪt / ela·ter·ite] *s.* (*min.*) elaterite, caucciù minerale.

elation [ɪ'leɪʃn / ela·tion] *s.* esaltazione, euforia, ebbrezza (per un successo); esultanza; gioia, gaiezza.

elbow ['elbəʊ / el·bow] *s.* **1** gomito: *at one's* —, accanto, vicino: *to be at s.o.'s elbows*, stare gomito a gomito con qlcu.; *to be worn out at the elbows*, essere logoro (di abito) // — *grease*, (*fam.*) olio di gomito// *to be up to one's elbows in work*, (*fam.*) avere lavoro fin sopra i capelli // *to crook the* — (o *to lift one's* —), (*fam.*) alzare il gomito // *to give s.o. the* —, (*sl.*) sbarazzarsi di qlcu. // *to rub elbows with s.o.*, essere intimo di qlcu. **2** (*mecc.*) curva, gomito **3** bracciolo (di poltrona) **4** (*sl. amer.*) poliziotto.

to **elbow** *v.tr.* e *intr.* **1** spingere con il gomito; dare gomitate, andare avanti a gomitate (*anche fig.*): *to — one's way through a crowd*, avanzare a gomitate in mezzo a una folla; *to — a person out (of the way)*, allontanare, mandar via una persona a gomitate (*anche fig.*) **2** formare gomito.

elbow bender ['elbəʊ,bendə*] *s.* (*fam. amer.*) bevitore, persona che alza il gomito.

elbow-chair ['elbəʊ,tʃeə*] *s.* seggiola a braccioli.

elbowroom ['elbəʊrʊm / el·bow·room] *s.* spazio (dove muoversi liberamente): *there is no — here!*, qui non c'è neanche spazio per muoversi!

eld [eld] *s.* (*ant.*) **1** vecchiaia: *well you know / the superstitious idle-headed eld*, (SH. Merry Wives of Windsor) tu ben conosci la vecchiaia superstiziosa dalla testa vuota **2** antichità; il tempo che fu.

elder[1] ['eldə*] *agg.* (*compar.* di *old*) maggiore; più vecchio (tra due persone): *which is the — brother?*, quale è il maggiore dei due fratelli? ♦ *s.* **1** maggiore (tra due), più vecchio, anziano: *the village elders*, gli anziani del villaggio // *Pliny the Elder*, Plinio il Vecchio **2** *pl.* antenati: *our elders*, i nostri antenati **3** pastore, dignitario (specialmente presbiteriano).

elder[2] *s.* (*bot.*) (*Sambucus nigra*) sambuco // — *wood*, legno di sambuco.

elderberry ['eldə,berɪ / el·der·berry] *s.* (*bot.*) bacca di sambuco: — *wine*, vino di sambuco.

elderly ['eldəlɪ / eld·erly] *agg.* **1** attempato; anziano **2** antiquato; superato (di metodo, modello ecc.).

eldership ['eldəʃɪp / eld·er·ship] *s.* **1** anzianità **2** (*eccl.*) stato, dignità di anziano; gli anziani (*pl.*).

eldest ['eldɪst / eld·est] *agg.* (*superl.* di *old*) maggiore (tra fratelli); primogenito ♦ *s.* maggiore, figlio primogenito.

Eldorado [,eldə'rɑːdəʊ / El·dor·ado] *s.* Eldorado (mitico paese sede d'ogni ricchezza e felicità).

eldritch ['eldrɪtʃ / el·dritch] *agg.* (*scoz.*) soprannaturale; spaventoso.

elecampane [,elɪkæm'peɪn / ele·cam·pane] *s.* (*bot.*) (*Inula helenium*) enula; (*pop.*) erba dei dolori.

elect [ɪ'lekt] *agg.* eletto, designato: *bishop* —, vescovo nominato, ma non ancora in funzione // *the* —, *God's* —, gli eletti, gli eletti di Dio.

to **elect** *v.tr.* **1** eleggere: *to — s.o. to the presidency*, eleggere qlcu. alla presidenza **2** (*form.*) scegliere; decidere: *he elected to be a doctor*, scelse la professione di medico // (*dir.*): *to — domicile*, eleggere domicilio; *to — a remedy*, scegliere un mezzo di tutela.

election [ɪ'lekʃn / elec·tion] *s.* **1** elezione: *general* —, elezioni generali; *snap* —, (*fam.*) elezioni a sorpresa // — *campaign*, campagna elettorale // (*dir.*) — *offense*, *petition*, reato, ricorso elettorale **2** scelta; (*dir.*) facoltà di scelta, opzione: *estoppel by* —, preclusione derivante da una facoltà di scelta già effettuata; — *of remedies*, scelta tra più mezzi di tutela **3** (*teol.*) elezione.

electioneer [ɪ,lekʃə'nɪə* / elec·tion·eer] *s.* galoppino elettorale.

to **electioneer** *v.tr.* fare una campagna elettorale, fare propaganda elettorale.

electioneering [ɪ,lekʃə'nɪərɪŋ / elec·tion·eer·ing] *s.* propaganda elettorale.

elective [ɪ'lektɪv / elect·ive] *agg.* **1** elettivo **2** (*amer.*) (di materia scolastica) facoltativo **3** (*scient.*) elettivo: (*med.*) — *therapy*, terapia elettiva; (*biochim.*) — *culture*, coltura elettiva.

electively [ɪ'lektɪvlɪ / elect·ive·ly] *avv.* elettivamente; per scelta.

electivity [ɪ'lektɪvɪtɪ / elect·iv·ity] *s.* eleggibilità.

elector [ɪ'lektə*] *s.* elettore // *the Elector of Hanover*, (*st.*) l'Elettore di Hannover.

electoral [ɪ'lektərəl / elect·oral] *agg.* elettorale: — *roll* (o *register*), registro elettorale; — *college*, collegio elettorale; (*dir.*) — *franchise*, diritto di voto, diritto elettorale (attivo e passivo) // **-ly** *avv.*

electorate [ɪ'lektərət / elect·or·ate] *s.* **1** (*st.*) elettorato **2** elettori (*pl.*), elettorato.

electress [ɪ'lektrɪs / elect·ress] *s.* **1** (*st.*) consorte o vedova di un Elettore **2** (*rar.*) elettrice.

electret [ɪ'lektrɪt / elec·tret] *s.* (*fis.*) elettrete.

electric [ɪ'lektrɪk / elec·tric] *agg.* **1** elettrico: — *light*, luce elettrica; — *current*, *charge*, *power*, corrente, carica, energia elettrica; — *shock*, scossa (elettrica), (*med.*) shock da folgorazione; — *field*, campo elettrico; — *induction*, *polarization*, induzione, polarizzazione dielettrica // — *blanket*, coperta elettrica // — *chair*, sedia elettrica // — *eye*, (*fam.*) cellula fotoelettrica // — *blue*, blu elettrico **2** (*fig.*) elettrico, carico di elettricità.

electrical [ɪ'lektrɪkl / elec·trical] *agg.* elettrico: — *energy*, *discharge*, energia, scarica elettrica; — *attraction*, attrazione elettrica; (*meteor.*) — *storm*, temporale; (*miner.*) — *log*, carotaggio elettrico.

electrically [ɪ'lektrɪkəlɪ / elec·tric·ally] *avv.* elettricamente, per mezzo dell'elettricità: — *controlled*, a comando elettrico.

electric eel [ɪ'lektrɪk'iːl] *s.* (*zool.*) (*Electrophorus electricus*) gimnoto; (*pop.*) anguilla elettrica.

electrician [,ɪlek'trɪʃn / elec·tri·cian] *s.* elettricista.

electricity [,ɪlek'trɪsɪtɪ / elec·tri·city] *s.* **1** elettricità: *magnetic* —, elettricità magnetica **2** (*fig.*) tensione, nervosismo.

electrifiable [ɪ'lektrɪfaɪəbl / elec·tri·fi·able] *agg.* **1** elettrizzabile (*anche fig.*) **2** elettrificabile.

electrification [ɪ,lektrɪfɪ'keɪʃn / elec·tri·fica·tion] *s.* **1** elettrificazione **2** elettrizzazione.

electrified [ɪ'lektrɪfaɪd / elec·tri·fied] *agg.* **1** elettrificato: — *railroad*, ferrovia elettrificata **2** elettrizzato (*anche fig.*).

to **electrify** [ɪ'lektrɪfaɪ / elec·trify] *v.tr.* **1** elettrizzare (*anche fig.*) **2** elettrificare.

electrifying [ɪ'lektrɪfaɪɪŋ / elec·tri·fy·ing] *agg.* elettrizzante (*anche fig.*) ♦ *s.* (*non com.*) **1** elettrificazione **2** elettrizzazione (*anche fig.*).

electrization [ɪ,lektrɪ'zeɪʃn / elec·tri·za·tion] *s.* elettrizzazione.

to **electrize** *v.tr.* [ɪ'lektraɪz / elec·trize] elettrizzare.

electro- [ɪ'lektrəʊ] *pref.* di origine greca che significa 'elettrico, fatto per mezzo della corrente elettrica'; it. elettro-: *electrocardiography*, elettrocardiografia; *electrocauterization*, elettrocauterizzazione; *electrocoagulation*, elettrocoagulazione; *electrodialysis*, elettrodialisi.

electroacoustics [ɪ'lektrəʊə'kuːstɪks / elec·tro·acous·tics] *s.* [U] elettroacustica.

electrocardiogram [ɪ,lektrəʊ'kɑːdɪəʊgræm / elec·tro·car·dio·gram] *s.* (*med.*) elettrocardiogramma.

electrocardiograph [ɪ,lektrəʊ'kɑːdɪəʊgrɑːf *amer.* ɪ,lektrəʊ'kɑː dɪəʊgræf / elec·tro·car·dio·graph] (*s.*) (*med.*) elettrocardiografo.

electrocatalysis [ɪ'lektrəʊ,kə'tælɪsɪs / elec·tro·cata·lysis] *s.* (*chim.*) elettrocatalisi.

electrochemical [ɪ,lektrəʊ'kemɪkl / elec·tro·chem·ical] *agg.* elettrochimico: — *equivalent*, equivalente elettrochimico.

electrochemistry [ɪ,lektrəʊ'kemɪstrɪ / elec·tro·chem·istry] *s.* elettrochimica.

to **electrocute** [ɪ'lektrəkjuːt / elec·tro·cute] *v.tr.* fulminare mediante elettricità; far morire sulla sedia elettrica.

electrocution [ɪ'lektrə'kjuːʃn / elec·tro·cu·tion] *s.* **1** elettrocuzione **2** (*dir.*) elettrocuzione, elettroesecuzione.

electrode [ɪ'lektrəʊd / elec·trode] *s.* (*elettr.*) elettrodo: *control* —, elettrodo regolatore; *passive* —, elettrodo indifferente // (*tv*) *modulator* —, elettrodo regolatore // (*rad.*) *starting* —, anodo di accensione // (*elettr.*) — *holder*, portaelettrodo.

electrodynamics [ɪ,lektrəʊdaɪ'næmɪks / elec·tro·dy·namics] *s.* [U] elettrodinamica.

electroencephalogram [ɪ'lektrəʊen

'sefələgræm / elec·tro·en·ceph·alo·gram] *s.* (*med.*) elettroencefalogramma.

electroencephalograph [ɪ'lektrəʊen 'sefələgræf / elec·tro·en·ceph·alo·graph] *s.* (*med.*) elettroencefalografo.

electrofishing [ɪ'lektrəʊ'fɪʃɪŋ / elec·tro·fish·ing] *s.* pesca fatta con la corrente elettrica.

electrokinetics [ɪ'lektrəʊkaɪ'netɪks / elec·tro·kin·et·ics] *s.* Ⓤ elettrocinetica.

electrolier [ɪ,lektrəʊ'lɪə* / elec·tro·lier] *s.* attacco, supporto per lampada elettrica.

electrology [,ɪlek'trɒlədʒɪ / elec·tro·logy] *s.* (*fis.*) elettrologia.

to **electrolyse** [ɪ'lektrəʊlaɪz / elec·tro·lyse] *v.tr.* (*elettr.*, *chim.*) elettrolizzare.

electrolysis [,ɪlek'trɒlɪsɪs / elec·tro·lysis] *s.* **1** (*chim.*) elettrolisi **2** (*med.*) distruzione diatermica di peli ecc.

electrolyte [ɪ'lektrəʊlaɪt / elec·tro·lyte] *s.* (*fis.*, *chim.*) elettrolita.

electrolytic [ɪ,lektrəʊ'lɪtɪk / elec·tro·lytic] *agg.* elettrolitico: — *cell*, cella elettrolitica; — *conduction*, *dissociation*, conduzione, dissociazione elettrolitica.

electromagnet [ɪ,lektrəʊ'mægnɪt / elec·tro·mag·net] *s.* (*elettr.*) elettromagnete, elettrocalamita.

electromagnetic [ɪ,lektrəʊmæg'netɪk / elec·tro·mag·netic] *agg.* (*elettr.*) elettromagnetico: — *induction*, *interaction*, *radiation*, induzione, interazione, radiazione elettromagnetica; — *units*, unità (di misura) elettromagnetiche; — *wave*, onda elettromagnetica.

electromagnetism [ɪ,lektrəʊ'mægnɪt ɪzəm / elec·tro·mag·net·ism] *s.* (*fis.*) elettromagnetismo.

electrometallurgy [ɪ'lektrəʊme'tæledʒɪ / elec·tro·me·tal·lurgy] *s.* elettrometallurgia.

electrometer [,ɪlek'trɒmɪtə* / elec·tro·meter] *s.* (*elettr.*) elettrometro.

electromotive [ɪ,lektrəʊ'məʊtɪv / elec·tro·mot·ive] *agg.* (*elettr.*) elettromotore: — *force* (*emf*), forza elettromotrice (f. e. m.).

electromotor [ɪ,lektrəʊ'məʊtə* / elec·tro·motor] *s.* **1** motore elettrico **2** generatore di energia elettrica.

electromyograph [ɪ,lektrəʊ'maɪəgræf / elec·tro·myo·graph] *s.* (*med.*) elettromiografo.

electromyography [ɪ'lektrəʊmaɪ'ɒgrafɪ / elec·tro·myo·graphy] *s.* (*med.*) elettromiografia.

electron [ɪ'lektrɒn / elec·tron] *s.* elettrone: — *beam*, fascio di elettroni; — *diffraction*, diffrazione di elettroni; — *flow*, flusso elettronico; — *tube*, tubo elettronico, valvola elettronica; — *microscope*, microscopio elettronico; (*fis. nucleare*) — *cloud*, nube elettronica, atmosfera elettronica.

electron camera [ɪ'lektrɒn'kæmərə] *s.* (*tv*) telecamera.

electronegative [ɪ,lektrəʊ'negətɪv / elec·tro·neg·at·ive] *agg.* (*elettr.*) elettronegativo.

electronegativity [ɪ'lektrəʊ,negə'tɪvɪtɪ / elec·tro·neg·at·iv·ity] *s.* (*elettr.*) elettricità negativa, elettronegatività.

electroneutrality [ɪ'lektrəʊnjuː'trælɪtɪ / elec·tro·neut·ral·ity] *s.* (*chim.*) elettroneutralità.

electronic [,ɪlek'trɒnɪk / elec·tronic] *agg.* elettronico: — *component*, componente elettronico; — *circuitry*, circuiti elettronici; — *datebook* (o — *diary*), agenda elettronica; — *device*, dispositivo elettronico; (*fot.*) — *flash*, lampo elettronico; (*rad.*) — *switch*, commutatore elettronico.

electronics [,ɪlek'trɒnɪks / elec·tron·ics] *s.* Ⓤ elettronica // — *engineer*, *technician*, ingegnere, perito elettronico.

electron-volt [ɪ'lektrɒn,vɒlt] *s.* (*fis.*) elettronvolt.

electro-optics [ɪ,lektrəʊ'ɒptɪks] *s.* Ⓤ elettroottica.

electro-osmosis [ɪ'lektrəʊɒz'məʊsɪs] *s.* (*chim.*, *fis.*) elettroosmosi.

electropainting [ɪ'lektrəʊ,peɪntɪŋ / elec·tro·paint·ing] *s.* (*chim.*, *tecn.*) verniciatura elettrolitica.

electrophilic [ɪ,lektrəʊ'fɪlɪk / elec·tro·philic] *agg.* (*chim.*) elettrofilo: — *reagent*, reagente elettrofilo.

electrophoresis [ɪ,lektrəʊfə'riːsɪs / elec·tro·phor·esis] *s.* elettroforesi.

electrophoretic [ɪ,lektrəʊfə'retɪk / elec·tro·phor·etic] *agg.* (*med.*) elettroforetico.

electrophorus [,ɪlek'trɒfərəs / elec·tro·phorus] *pl.* **electrophori** [,elek'trɒfəraɪ / elec·tro·phori] *s.* (*fis.*) elettroforo.

electrophysics [ɪ,lektrəʊ'fɪzɪks / elec·tro·phys·ics] Ⓤ *s.* elettrofisica.

electrophysiology [ɪ'lektrəʊ,fɪzɪ'ɒlədʒɪ / elec·tro·physi·ology] *s.* elettrofisiologia.

electroplate [ɪ'lektrəʊpleɪt / elec·tro·plate] *s.* **1** oggetti metallizzati (spec. argentati) elettroliticamente **2** oggetti metallici prodotti mediante galvanoplastica.

to **electroplate** *v.tr.* **1** metallizzare (spec. argentare) elettroliticamente **2** produrre mediante galvanoplastica.

electroplating [ɪ,lektrəʊ'pleɪtɪŋ / elec·tro·plat·ing] *s.* (*chim.*) galvanoplastica; galvanostegia.

electropolishing [ɪ,lektrəʊ'pɒlɪʃɪŋ / elec·tro·pol·ish·ing] *s.* (*chim.*, *tecn.*) lucidatura elettrolitica.

electropositive [ɪ,lektrəʊ'pɒzətɪv / elec·tro·posit·ive] *agg.* (*elettr.*, *chim.*) elettropositivo.

electrorefining [ɪ,lektrəʊrɪ'faɪnɪŋ / elec·tro·refin·ing] *s.* (*chim.*) elettroraffinazione.

electroscope [ɪ'lektrəskəʊp / elec·tro·scope] *s.* (*elettr.*) elettroscopio.

electroshock [ɪ,lektrəʊ'ʃɒk / elec·tro·shock] *s.* (*med.*) elettroshock: — *therapy*, elettroshockterapia.

electrostatic [ɪ,lektrəʊ'stætɪk / elec·tro·static] *agg.* elettrostatico: — *field*, campo elettrostatico; — *generator*, generatore elettrostatico; — *unit*, unità elettrostatica; — *induction*, induzione elettrostatica.

electrostatics [ɪ,lektrəʊ'stætɪks / elec·tro·statics] *s.* Ⓤ elettrostatica.

electrostriction [ɪ,lektrəʊ'strɪkʃn / elec·tro·stric·tion] *s.* (*fis.*) elettrostrizione.

electrosynchrotron [ɪ,lektrəʊ'sɪŋkrəʊ trɒn / elec·tro·syn·chro·tron] *s.* (*fis. nucleare*) elettrosincrotrone.

electrosynthesis [ɪ,lektrəʊ'sɪnθɪsɪs / elec·tro·syn·the·sis] *s.* (*chim.*) elettrosintesi, sintesi per via elettrochimica.

electrotechnics [ɪ'lektrəʊ'teknɪks / elec·tro·tech·nics] *s.* Ⓤ elettrotecnica.

electrotherapeutics [ɪ,lektrəʊθerə'p juːtɪks / elec·tro·ther·ap·eut·ics] *s.* Ⓤ (*med.*) elettroterapia.

electrotherapist [ɪ,lektrəʊ'θerəpɪst / elec·tro·ther·ap·ist] *s.* (*med.*) elettroterapeuta.

electrotherapy [ɪ,lektrəʊ'θerəpɪ / elec·tro·ther·apy] → **electrotherapeutics**.

electrothermal [ɪ,lektrəʊθɜːml / elec·tro·thermal] *agg.* (*elettr.*) elettrotermico.

electrothermancy [ɪ,lektrəʊ'θɜːmənsɪ / elec·tro·therm·ancy] *s.* (*elettr.*) elettrotermia.

electrothermic [ɪ,lektrəʊ'θɜːmɪk / elec·tro·ther·mic] → **electrothermal**.

electrotropism [ɪ,lektrəʊ'trəʊpɪzəm / elec·tro·trop·ism] *s.* (*biol.*) elettrotropismo.

electrotype [ɪ'lektrəʊtaɪp / elec·tro·type] *s.* (*tip.*) galvanotipo.

electrotyping [ɪ'lektrəʊtaɪpɪŋ / elec·tro·typ·ing] *s.* galvanotipia, elettrotipia (esecuzione di un galvanotipo).

electrotypy [ɪ'lektrəʊtaɪpɪ / elec·tro·typy] *s.* (*tip.*) galvanotipia, elettrotipia (stampa mediante galvanotipo).

electrovalence [ɪ,lektrəʊ'veɪləns / elec·tro·va·lence] *s.* (*chim.*) elettrovalenza; valenza ionica.

electrovalent [ɪ,lektrəʊ'veɪlənt / elec·tro·va·lent] *agg.* (*chim.*) elettrovalente: — *bond*, legame ionico.

electrum [ɪ'lektrəm / elec·trum] *s.* lega naturale di oro e argento, elettro.

electuary [ɪ'lektjʊərɪ / elec·tu·ary] *s.* (*med.*) elettuario.

eleemosynary [,elɪiː'mɒsɪnərɪ *amer.* ,elɪ iː'mɒsɪnerɪ / ele·emo·syn·ary] *agg.* **1** (*form.*) di carità; di beneficenza // (*dir.*) — *corporation*, società avente fini di beneficenza **2** che vive di elemosina.

elegance ['elɪgəns / el·eg·ance] **elegancy** ['elgənsɪ / el·eg·ancy] *s.* eleganza.

elegant ['elɪgənt / el·eg·ant] *agg.* **1** elegante, raffinato, di buon gusto **2** (*sl.*) eccellente, di prim'ordine ◆ *s.* elegantone // **-ly** *avv.*

elegiac [,elɪ'dʒaɪək / ele·giac] *agg.* (*poesia*) elegiaco.

elegiacs [,elɪ'dʒaɪəks / ele·giacs] *s.pl.* (*poesia*) versi elegiaci.

elegiast [e'liːdʒɪæst / ele·gi·ast] **elegist** ['elɪdʒɪst / ele·gist] *s.* poeta elegiaco.

elegy ['elɪdʒɪ] *s.* elegia.

elektron [ɪ'lektrɒn / elek·tron] *s.* (*metall.*) elektron.

element ['elɪmənt / ele·ment] *s.* **1** (*chim.*) elemento: *Periodic Table of Elements*, Tavola periodica degli elementi **2** elemento: *the four elements*, i quattro elementi; *the elements*, gli elementi atmosferici // *to be in*, *out of one's* —, essere nel, fuori del proprio elemento **3** principio costitutivo; parte di un tutto; componente: *an — of truth*, un elemento di verità; *the personal* —, il fattore umano; *to reduce sthg. to its elements*, ridurre qlco. ai suoi elementi **4** elemento, individuo **5** (*mecc.*, *elettr.*) elemento costitutivo, particolare: *the elements of the battery*, gli elementi della batteria **6** *pl.* rudimenti: *elements of English grammar*, elementi di grammatica inglese.

elemental [ˌelɪ'mentl / ele·mental] *agg.* **1** elementare **2** fondamentale, essenziale **3** relativo ai quattro elementi, alle forze naturali.

elementary [ˌelɪ'mentərɪ / ele·ment·ary] *agg.* elementare, rudimentale: — *particle*, particella elementare; — *diagram*, diagramma schematico; — *school*, scuola elementare; — *analysis*, analisi elementare.

elenchus [ɪ'leŋkəs / el·en·chus] *pl.* **elenchi** [ɪ'leŋkaɪ / el·en·chi] *s.* (*fil.*) confutazione // (*fil.*) *Socratic* —, maieutica.

elephant ['elɪfənt / ele·phant] *s.* elefante: *bull* —, elefante maschio; *calf* — (o fam. *baby* —), elefantino; *cow* —, elefantessa // *a white* —, un elefante bianco; (*fam.*) cosa, oggetto costoso ma inutile.

elephant fish ['elɪfəntˌfɪʃ] *s.* (*zool.*) (*Callorhynchus callorhynchus*) pesce elefante.

elephantiasis [ˌelɪfən'taɪəsɪs / ele·phanti·asis] *s.* (*med.*) elefantiasi.

elephantine [ˌelɪ'fæntaɪn / ele·phant·ine] *agg.* di elefante, degli elefanti; elefantesco, elefantino.

elephant seal ['elɪfəntˌsi:l] *s.* (*zool.*) (*Mirounga leonina*) elefante marino, foca elefantina SIN. sea elephant.

elephant's-ear ['elɪfəntsɪə*] *s.* (*bot.*) begonia.

Eleusinian [ˌelju:'sɪnɪən / Eleu·sin·ian] *agg.* eleusino, di Eleusi: (*relig.*) — *mysteries*, misteri eleusini.

to **elevate** ['elɪveɪt / el·ev·ate] *v.tr.* **1** innalzare, elevare (*anche fig.*); alzare **2** esaltare **3** aumentare l'angolo di elevazione (di un'arma da fuoco, di uno strumento ottico ecc.).

elevated ['elɪveɪtɪd / el·ev·ated] *agg.* **1** elevato (*anche fig.*): — *position*, posizione di prestigio, elevata **2** sopraelevato: — *railway* (o amer. *railroad*), ferrovia sopraelevata.

elevating ['elɪveɪtɪŋ / el·ev·at·ing] *agg.* **1** che eleva (lo spirito) **2** (*tecn.*) elevatore // — *arc*, settore di elevazione; alzo (di armi da fuoco); — *gear*, dispositivo di elevazione; (*aer.*) — *power*, forza ascensionale ◆ *s.* elevamento.

elevation [ˌelɪ'veɪʃn / el·eva·tion] *s.* **1** elevazione, l'elevare (a un rango più alto) **2** elevatezza (di pensiero ecc.) **3** (*eccl.*) *the Elevation of the Host*, l'Elevazione dell'Ostia **4** elevazione, angolo di elevazione (di un'arma da fuoco, di uno strumento ottico ecc.) **5** altitudine, quota, altezza; (*astr.*) altezza, altitudine **6** altura, luogo elevato **7** prospetto; disegno in prospetto, in proiezione verticale **8** (*mecc.*) spostamento verticale.

elevator ['elɪveɪtə* / el·ev·ator] *s.* **1** (*amer.*) ascensore BRIT. lift: — *boy*, lift, inserviente addetto all'ascensore // — *music*, musica di sottofondo (nei supermercati, negli ascensori ecc.) **2** montacarichi, elevatore // — *bucket*, tazza per elevatore; — *easing*, colonna montante dell'elevatore; — *shaft*, pozzo dell'ascensore // *belt* —, elevatore a nastro; *chain* —, elevatore a catena; *compressed-air* —, elevatore ad aria compressa; *pneumatic* —, elevatore pneumatico **3** (*anat.*) muscolo elevatore **4** (*calzoleria*) alzatacco interno **5** (*aer.*) equilibratore, timone di quota: — *angle*, angolo di barra dell'equilibratore **6** silos.

elevatory ['elɪveɪtərɪ / el·ev·at·ory] *agg.* elevatore.

eleven [ɪ'levn / el·even] *agg.num.card.* undici ◆ *s.* **1** undici **2** (*sport*) squadra di undici giocatori.

eleven-plus (examination) [ɪ'levn ˌplʌs (ˌɪgzæmɪ'neɪʃn)] *s.* esame che consentiva l'accesso alla 'grammar school'.

elevenses [ɪ'levnzɪz / el·ev·enses] *s.pl.* (*fam.*) spuntino (*sing.*) a metà mattina.

eleventh [ɪ'levnθ / el·ev·enth] *agg.* e *s. num.ord.* undicesimo: *he was the — of his class*, era l'undicesimo della sua classe // *at the — hour*, appena in tempo, all'ultimo momento // *an eleventh-hour change*, un cambiamento dell'ultimo momento.

elevon ['elɪvɒn / el·evon] *s.* (*aer.*) elevone.

elf [elf] *pl.* **elves** [elvz] *s.* **1** (*mit.*) elfo, folletto **2** (*fam.*) bimbo vivacissimo, folletto.

to **elf** *v.tr.* (*ant.*) arruffare i capelli: *I'll... elf all my hair in knots*, (SH. King Lear) mi arrufferò tutti i capelli in nodi.

elfin ['elfɪn] *agg.* di, da, simile a elfo, folletto; incantato: — *landscape*, paesaggio incantato, da fiaba ◆ *s.* (*mit.*) elfo, folletto.

elfish ['elfɪʃ / elf·ish] *agg.* **1** da elfo **2** vivace, birichino (di bimbo).

elflock ['elflɒk / elf·lock] *s.* (*ant.*) ciocca di capelli arruffati.

to **elicit** [ɪ'lɪsɪt / eli·cit] *v.tr.* (*form.*) **1** suscitare, provocare: *to — admiration*, provocare l'ammirazione; *to — an angry reply*, provocare una secca risposta **2** scoprire; trarre fuori; dedurre.

elicitation [ɪˌlɪsɪ'teɪʃn / eli·ci·ta·tion] *s.* deduzione; scoperta.

to **elide** [ɪ'laɪd] *v.tr.* elidere.

eligibility [ˌelɪdʒə'bɪlətɪ / eli·gib·il·ity] *s.* (*dir.*) eleggibilità.

eligible ['elɪdʒəbl / eli·gible] *agg.* **1** eleggibile; avente i requisiti per, capace di, idoneo // — *for parole*, avente i requisiti per la (liberazione) condizionale **2** desiderabile; vantaggioso: — *investment*, investimento vantaggioso; *an — young man*, un buon partito **3** (*comm.*) stanziabile: — *bill* (o *paper*), titolo stanziabile.

eligibleness ['elɪdʒəblnɪs / eli·gible·ness] *s.* eleggibilità.

eliminable [ɪ'lɪmɪnəbl / elim·in·able] *agg.* eliminabile.

to **eliminate** [ɪ'lɪmɪneɪt / elim·in·ate] *v.tr.* **1** eliminare, togliere, scartare: (*sport*) *eliminating heats*, (prove) eliminatorie; *to — a possibility*, scartare una possibilità **2** (*fam.*) uccidere, assassinare.

elimination [ɪˌlɪmɪ'neɪʃn / elim·ina·tion] *s.* **1** eliminazione // (*med.*) — *diet*, dieta per eliminazione **2** (*fam.*) uccisione.

eliminative [ɪ'lɪmɪnətɪv / elim·in·at·ive] *agg.* eliminatorio.

eliminator [ɪ'lɪmɪneɪtə* / elim·in·ator] *s.* chi, ciò che elimina.

eliminatory [ɪ'lɪmɪnətərɪ / elim·in·at·ory] *agg.* che elimina, eliminatorio.

elision [ɪ'lɪʒn / eli·sion] *s.* elisione.

élite [eɪ'li:t] *s.* élite, il fior fiore.

elitism [eɪ'li:tɪzəm / elit·ism] *s.* elitarismo.

elitist [eɪ'li:tɪst / elit·ist] *agg.* e *s.* elitista.

elixir [ɪ'lɪksə*] *s.* elisir.

Elizabethan [ɪˌlɪzə'bi:θn / Eliza·bethan] *agg.* elisabettiano: *the — Age*, l'età elisabettiana ◆ *s.* elisabettiano.

elk [elk] *pl.* **elk(s)** *s.* **1** (*zool.*) (*Alces alces*) alce SIN. moose **2** (*zool.*) (*Cervus canadensis*) vapiti, wapiti **3** (*sl. amer.*) conformista // *Elks*, confraternita diffusa in tutti gli Stati Uniti (i cui soci appartengono alla borghesia dei piccoli centri urbani).

ell[1] [el] *s.* 'ell' (misura di lunghezza = 1,143 m) // *give him an inch and he'll take an —*, dagli un dito e ti prenderà il braccio.

ell[2] *s.* **1** elle (la lettera *l*) **2** (*amer.*) ala di un edificio che forma con esso una L.

ellinguation ['i:lɪŋ'gweɪʃn / el·lin·gua·tion] *s.* (*dir.*) (pena consistente nel) taglio della lingua.

ellipse [ɪ'lɪps / el·lipse] *s.* (*mat.*) ellisse.

ellipsis [ɪ'lɪpsɪs / el·lip·sis] *pl.* **ellipses** [ɪ'lɪpsi:z] *s.* (*gramm.*) ellissi.

ellipsoid [ɪ'lɪpsɔɪd / el·lips·oid] *agg.* ellissoidale ◆ *s.* (*mat.*) ellissoide: — *of rotation*, ellissoide di rotazione // (*geogr.*) — *of reference*, ellissoide di riferimento.

ellipsoidal [ˌelɪp'sɔɪdl / el·lips·oidal] *agg.* ellissoidale.

elliptic(al) [ɪ'lɪptɪk(l) / el·liptic, el·lipt·ical] *agg.* (*mat.*, *gramm.*) ellittico: (*arch.*) — *arch*, arco ellittico // — *compass*, ellissografo // (*cartografia*) — *map projection*, proiezione ellittica; (*fis.*) — *polarization*, polarizzazione ellittica.

elliptically [ɪ'lɪptɪkəlɪ / el·lipt·ic·ally] *avv.* (*mat.*, *gramm.*) ellitticamente.

ellipticity [ˌelɪp'tɪsətɪ / el·lipti·city] *s.* (*fis.*) ellitticità; rapporto assiale.

elm [elm] *s.* (*bot.*) olmo: *row of elms*, filare di olmi; *gray* —, olmo bianco; *Dutch — disease*, malattia degli olmi.

elm-grove ['elmgrəʊv] **elmwood** ['elmwʊd / elm·wood] *s.* olmeto, olmaia.

elocution [ˌelə'kju:ʃn / elocu·tion] *s.* elocuzione; dizione.

elocutionary [ˌelə'kju:ʃnərɪ / elocu·tion·ary] *agg.* di elocuzione, di dizione; oratorio.

elocutionist [ˌelə'kju:ʃnɪst / elocu·tion·ist] *s.* **1** dicitore, declamatore **2** maestro di dizione.

elongate ['i:lɒŋgɪt *amer.* ɪ'lɔ:ŋgɪt / elong·ate] *agg.* (*bot.*, *zool.*) allungato, oblungo.

to **elongate** ['i:lɒŋgeɪt *amer.* ɪ'lɔ:ŋgeɪt] *v.tr.* allungare, prolungare ◆ *v.intr.* **1** allungarsi **2** (*bot.*) allungarsi, estendersi.

elongation [ˌi:lɒŋ'geɪʃn *amer.* ˌɪlɔ:ŋ'geɪʃn / elonga·tion] *s.* **1** allungamento; prolungamento (di linea) **2** (*astr.*, *fis.*) elongazione **3** (*tecn.*) allungamento: — *due to pull*, allungamento (dovuto) alla trazione; — *test*, prova di stiramento.

to **elope** [ɪ'ləʊp] *v.intr.* fuggire (con un amante).

elopement [ɪ'ləʊpmənt / elope·ment] *s.* fuga (d'amore).

eloquence ['eləkwəns / elo·quence] *s.* **1** eloquenza **2** (*ant.*) retorica.

eloquent ['eləkwənt / elo·quent] *agg.* eloquente (*anche fig.*): — *look*, sguardo eloquente; *the facts are —*, i fatti parlano; *to be naturally —*, essere un oratore nato; *to have an — tongue*, essere buon parlatore // **-ly** *avv.*

else [els] *agg. pred.* e *avv.* **1** (*in unione con*

pron. interr. e *indef.*) altro: *everybody* —, tutti gli altri; *everything* —, tutto il resto; *somebody* (o *someone* —), qualcun altro; *this is somebody —'s book*, questo è il libro di qualcun altro; *give me something* —, datemi qualcos'altro; *"Do you want anything —?" "Nothing —, thank you"*, "Vuole qualcos'altro?" "Nient'altro, grazie"; *nothing — was said*, non è stato detto nient'altro; *nobody* — (o *no one* —) *spoke to him*, nessun altro gli parlò; *was anybody* — (o *anyone* —) *there?*, c'era qualcun altro?; *anything — would be too much*, qualsiasi altra cosa sarebbe troppo; *whatever — did he say?*, che cosa altro ha mai detto?; *who ever — was at the party?*, chi altro mai c'era alla festa? // *the food was cheap, if nothing* —, se non altro, il cibo costava poco **2** (*in unione con avv.*) altro: *it must be somewhere* —, dev'essere da qualche altra parte; *it can't be anywhere* —, non può essere da nessun'altra parte; *where — shall I look for it?*, in quale altro posto devo cercarlo?; *how — can I do it?*, in quale altro modo posso farlo?; *when — can I come?*, in quale altro momento posso venire?; *if I can't see you this week, whenever — can I see you?*, se non posso vederti questa settimana, quando mai posso vederti?; *why — should I have phoned you if not to...*, per quale altra ragione avrei dovuto telefonarti, se non per... ◆ *cong.* (*or*) —, altrimenti, oppure: *hurry up, (or) — we'll be late*, spicciati, altrimenti faremo tardi.

elsewhere [ˌelsˈweə* *amer.* ˌelsˈhweə* / else·where] *avv.* altrove.

eluate [ˈeljʊeɪt / elu·ate] *s.* (*chim.*) eluato, eluito.

to **elucidate** [ɪˈlu:sɪdeɪt / elu·cid·ate] *v.tr.* (*form.*) delucidare, spiegare.

elucidation [ɪˌlu:sɪˈdeɪʃn / elu·cida·tion] *s.* (*form.*) delucidazione, spiegazione.

elucidative [ɪˈlu:sɪdeɪtɪv / elu·cid·at·ive] *agg.* (*form.*) delucidatorio.

elucidator [ɪˈlu:sɪdeɪtə* / elu·cid·ator] *s.* (*form.*) delucidatore; esplicatore.

elucidatory [ɪˈlu:sɪdeɪtərɪ / elu·cid·at·ory] *agg.* (*form.*) delucidatorio.

elucubration [ɪˌlu:kjʊˈbreɪʃn / eluc·ub·ra·tion] *s.* (*rar.*) elucubrazione.

to **elude** [ɪˈlu:d] *v.tr.* eludere, schivare, evitare; sfuggire (*anche fig.*); sottrarsi a: *to — one's enemies*, sfuggire ai propri nemici; *his address eludes me for the moment*, il suo indirizzo mi sfugge al momento.

elusion [ɪˈlu:ʒn / elu·sion] *s.* (*rar.*) elusione; l'evitare.

elusive [ɪˈlu:sɪv / elu·sive] *agg.* **1** evasivo, elusivo, vago, sfuggente: *— reply*, risposta evasiva **2** sfuggevole, inafferrabile: *an — criminal*, un criminale inafferrabile; *happiness remained — for her*, la felicità per lei restava qualcosa d'inafferrabile, d'irraggiungibile // **-ly** *avv.* // **-ness** *s.*

to **elute** [ɪˈlu:t] *v.tr.* (*chim.*) eluire.

elution [ɪˈlu:ʃn / elu·tion] *s.* (*chim.*) eluizione.

to **elutriate** [ɪˈlu:tri:eɪt / elutri·ate] *v.tr.* (*chim.*) elutriare.

elutriation [ɪˌlu:tri:ˈeɪʃn / elut·ri·ation] *s.* (*chim.*) elutriazione.

elutriator [ɪˈlu:tri:eɪtə* / elut·ri·ator] *s.* (*chim.*) elutriatore.

eluvial [ɪˈlu:vɪəl / eluv·ial] *agg.* (*geol.*) eluviale.

eluvium [ɪˈlu:vɪəm / eluv·ium] *pl.* **eluvia** [ɪˈlu:vɪə] *s.* (*geol.*) eluvio.

elver [ˈelvə*] *s.* (*zool.*) ceca, anguilla giovane.

Elysian [ɪˈlɪzɪən / Elys·ian] *agg.* (*letter.*) elisio; (*fig.*) felice, beato // (*mit.*) *the — Fields*, i Campi Elisi.

Elysium [ɪˈlɪzɪəm / Elys·ium] *s.* (*mit.*) gli Elisi; (*fig.*) luogo, condizione di completa felicità, paradiso.

elytron [ˈelɪtrɒn / elyt·ron] **elytrum** [ˈelətrəm / elyt·rum] *pl. per entrambi* **elytra** [ˈelɪtrə] *s.* (*zool.*) elitra.

Elzevir [ˈelzɪvɪə* / El·ze·vir] *agg.* e *s.* (*tip.*) elzeviro.

em [em] *s.* **1** emme, lettera 'm' **2** (*tip.*) quadratone (quadrato di 12 punti).

'em [əm] abbr. di → **them**.

em- [em, ɪm] *pref.* → **en-** 2.

to **emaciate** [ɪˈmeɪʃɪeɪt / ema·ci·ate] *v.tr.* far dimagrire; emaciare ◆ *v.intr.* dimagrire, emaciarsi.

emaciated [ɪˈmeɪʃɪeɪtɪd / ema·ci·ated] *agg.* emaciato, scarno.

emaciation [ɪˌmeɪsɪˈeɪʃn / ema·ci·ation] *s.* dimagramento, emaciazione.

e-mail [ˈi:meɪl] *s.* (*inform.*) posta elettronica, e-mail.

to **emanate** [ˈeməneɪt / em·an·ate] *v.intr.* (*form.*) emanare, provenire, scaturire (*anche fig.*): *an intense spiritual feeling emanated from him*, un'intensa sensazione di spiritualità emanava da lui ◆ *v.tr.* (*form.*) emanare, diffondere.

emanation [ˌeməˈneɪʃn / em·ana·tion] *s.* **1** emanazione; effluvio // (*fis. nucleare*) *radioactive* —, emanazione radioattiva **2** (*chim.*) emanazione, radon.

to **emancipate** [ɪˈmænsɪpeɪt / eman·cip·ate] *v.tr.* emancipare, liberare: *an emancipated slave, woman*, uno schiavo emancipato, una donna emancipata, liberata.

emancipation [ɪˌmænsɪˈpeɪʃn / eman·cipa·tion] *s.* **1** emancipazione **2** (*dir. amer.*) rinuncia dei genitori agli utili del figlio minore.

emancipationist [ɪˌmænsɪˈpeɪʃnɪst / eman·cipa·tion·ist] *s.* (*antiq.*) **1** antischiavista **2** fautore dell'emancipazione (intellettuale, morale).

emancipator [ɪˈmænsɪpeɪtə* / eman·cip·ator] *s.* emancipatore.

emasculate [ɪˈmæskjʊlɪt / emas·cu·late] *agg.* (*form.*) → **emasculated**.

to **emasculate** [ɪˈmæskjʊleɪt] *v.tr.* **1** evirare, castrare **2** (*fig.*) snervare, indebolire; impoverire (una lingua); togliere mordente a (uno stile); mutilare (un'opera letteraria).

emasculated [ɪˈmæskjʊleɪtɪd / emas·cu·lated] *agg.* **1** evirato, castrato **2** (*fig.*) effeminato; debole, fiacco **3** (*fig.*) senza mordente (di stile).

emasculation [ɪˌmæskjʊˈleɪʃn / emas·cu·la·tion] *s.* **1** evirazione **2** (*fig.*) indebolimento; mutilazione (di opera letteraria).

to **embale** [ɪmˈbeɪl / em·bale] *v.tr.* (*ant.*) imballare.

to **embalm** [ɪmˈbɑ:m / em·balm] *v.tr.* **1** imbalsamare // *embalming fluid*, (*sl. amer.*) caffè o liquore forte **2** (*fig.*) conservare (la memoria di qlcu. ecc.) **3** profumare, rendere balsamica (aria).

embalmed [ɪmˈbɑ:md / em·balmed] *agg.* (*fam. amer.*) ubriaco.

embalmer [ɪmˈbɑ:mə* / em·balm·er] *s.* imbalsamatore.

embalmment [ɪmˈbɑ:mənt / em·balm·ment] *s.* imbalsamazione.

to **embank** [ɪmˈbæŋk / em·bank] *v.tr.* arginare (fiumi ecc.).

embankment [ɪmˈbæŋkmənt / em·bank·ment] *s.* **1** l'arginare, arginamento **2** argine, diga; terrapieno; alzaia, strada lungo un fiume // *Thames Embankment*, Lungo Tamigi.

embarcation [ˌembɑ:ˈkeɪʃn / em·barca·tion] *s.* imbarco.

embargo [emˈbɑ:gəʊ / em·bargo] *pl.* **embargoes** *s.* **1** (*mar.*) embargo, fermo: *to be under* —, essere sotto sequestro; *to impose* (o *to lay*) *an — on a ship*, mettere l'embargo su una nave; *to lift* (o *to take off*) *the — on a ship*, togliere l'embargo a una nave **2** (*econ.*) embargo, sanzione economica.

to **embargo** *v.tr.* mettere l'embargo a, imporre il fermo a; mettere sotto sequestro (navi, merci).

to **embark** [ɪmˈbɑ:k / em·bark] *v.tr.* imbarcare (truppe, merci) ◆ *v.intr.* imbarcarsi: *to — for a voyage*, imbarcarsi per un viaggio.
□ **embark (up)on** *v.intr.* e *prep.* imbarcarsi, intraprendere, iniziare: *to — on* (o *upon*) *a career*, intraprendere una carriera.

embarkation [ˌembɑ:ˈkeɪʃn / em·barka·tion] *s.* imbarco.

to **embarrass** [ɪmˈbærəs / em·bar·rass] *v.tr.* **1** mettere in imbarazzo, mettere a disagio; sconcertare: *to — s.o. with indiscreet questions*, mettere in imbarazzo qlcu. con domande indiscrete; *to be embarrassed*, essere in imbarazzo **2** (*antiq.*) ostacolare, intralciare **3** (*form.*) creare difficoltà economiche a: *to be embarrassed for money* (o *to be in embarrassed circumstances*), essere in difficoltà economiche, trovarsi in cattive acque **4** (*non com.*) complicare, rendere difficile.

embarrassing [ɪmˈbærəsɪŋ / em·bar·rass·ing] *agg.* imbarazzante: *an — situation*, una situazione imbarazzante // **-ly** *avv.*

embarrassment [ɪmˈbærəsmənt / em·bar·rass·ment] *s.* **1** imbarazzo, disagio; motivo di disagio: *the scandal became a political — for the government*, lo scandalo divenne motivo di disagio politico per il governo **2** (*antiq.*) impedimento **3** difficoltà: *financial* —, difficoltà finanziarie **4** sovrabbondanza: *an — of riches*, sovrabbondanza di ricchezza.

to **embase** [ɪmˈbeɪs / em·base] *v.tr.* **1** (*ant.*) abbassare; (*fig.*) umiliare, degradare: *nuptial love maketh mankind, friendly love perfecteth it; but wanton love corrupteth and embaseth it*, (F. BACON) l'amore nuziale genera l'umanità, l'amicizia la perfeziona, ma l'amore lascivo la corrompe e la degrada **2** (*econ.*) svilire; ridurre il contenuto di fino di una moneta aurea.

embassy [ˈembəsɪ / em·bassy] *s.* **1** ambasciata // *the Italian Embassy in London*, l'ambasciata italiana a Londra **2** ambasceria, missione diplomatica: *to be sent on an — to Moscow*, essere mandato a Mosca in missione diplomatica // *special* —, missione speciale **3** ambasciata, messaggio.

to **embattle**[1] [ım'bætl / em·battle] *v.tr.* (*ant.*) **1** schierare in ordine di battaglia **2** fortificare (un castello) ◆ *v.intr.* (*ant.*) prepararsi per una battaglia.

to **embattle**[2] *v.tr.* munire di merli, di bastioni merlati.

embattled[1] [ım'bætld / em·battled] *agg.* **1** schierato in ordine di battaglia **2** circondato da truppe nemiche; (*estens.*) in stato di guerra: *Beirut is increasingly an — city*, Beirut è sempre più una città in stato di guerra **3** (*fig.*) circondato da difficoltà **4** fortificato.

embattled[2] *agg.* (*arch.*) merlato.

embattlement [ım'bætlmənt / em·battle·ment] *s.* (*arch.*) merlatura.

to **embay**[1] [ım'beı / em·bay] *v.tr.* **1** portare (una nave) in baia; costringere (una nave) a riparare in baia, trattenere (una nave) in baia **2** imprigionare, circondare: *embayed by the ice*, circondato dal ghiaccio.

to **embay**[2] *v.tr.* (*poet., ant.*) bagnare.

embayed [ım'beıd / em·bayed] *agg.* (*geogr.*) rientrante (di costa, riva).

embayment [ım'beımənt / em·bay·ment] *s.* **1** insenatura, baia **2** parte rientrante (di baia, sala ecc.).

to **embed** [ım'bed / em·bed] *pass.p.p.* **embedded** [ım'bedıd / em·bed·ded] *v.tr.* **1** (*gener. al passivo*) incassare; incastrare; conficcare (chiodo ecc.): *stones embedded in concrete*, pietre cementate; *a deeply embedded prejudice*, un pregiudizio profondamente radicato // (*inform.*) *embedded blank*, spazio intercalare; *embedded command*, comando integrato **2** (*mat.*) immergere: *embedded component*, componente immersa.

embedding [ım'bedıŋ / em·bed·ding] *s.* **1** incassatura, incassamento **2** (*mat.*) immersione: — *functor*, funtore di immersione.

to **embellish** [ım'belıʃ / em·bel·lish] *v.tr.* **1** abbellire, ornare: *it was embellished with flowers*, era ornato di fiori **2** infiorare, colorire: *to — a story*, abbellire, colorire un racconto.

embellishment [ım'belıʃmənt / em·bel·lish·ment] *s.* **1** abbellimento // *to tell a story with embellishments*, infiorare un racconto **2** *pl.* miglioramenti, migliorie (a edifici ecc.).

ember ['embə* / em·ber] *s.* **1** tizzone **2** (*gener. pl.*) brace; cenere ardente.

Ember-days ['embədeız] *s.pl.* (*eccl.*) Quattro Tempora.

ember-goose ['embəgu:s] *s.* (*zool.*) (*Gavia immer*) strolaga maggiore.

Ember-weeks ['embəwi:ks] *s. pl.* (*eccl.*) settimane delle Quattro Tempora.

to **embezzle** [ım'bezl / em·bezzle] *v.tr.* appropriarsi indebitamente di (denaro ecc.).

embezzlement [ım'bezlmənt / em·bez·zle·ment] *s.* appropriazione indebita; malversazione.

embezzler [ım'bezlə* / em·bezzler] *s.* malversatore; prevaricatore; chi si appropria indebitamente.

to **embitter** [ım'bıtə* / em·bit·ter] *v.tr.* **1** (*rar.*) rendere amaro (un liquido) **2** (*fig.*) amareggiare, avvelenare; inasprire, esacerbare: *he was embittered by her refusal*, fu amareggiato dal suo rifiuto.

embitterment [ım'bıtəmənt / em·bit·ter·ment] *s.* amarezza; inasprimento.

to **emblaze** [ım'bleız / em·blaze] *v.tr.* (*ant.*) illuminare; accendere.

to **emblazon** [ım'bleızn / em·bla·zon] *v.tr.* **1** (*arald.*) blasonare, ornare con pezze araldiche **2** (*estens.*) ornare, decorare **3** celebrare, esaltare, portare alle stelle.

emblazonry [ım'bleıznrı / em·bla·zonry] *s.* **1** blasone **2** pezze araldiche.

emblem ['embləm / em·blem] *s.* **1** emblema, simbolo: *the crown and sceptre are emblems of royalty*, la corona e lo scettro sono gli emblemi della regalità **2** stemma.

emblematic(al) [,emblı'mætık(l) / em·blem·atic, em·blem·at·ical] *agg.* emblematico, simbolico: *the lion is — of strength*, il leone è l'emblema della forza // **-ally** *avv.*

to **emblematize** [em'blemətaız / em·blem·at·ize] *v.tr.* (*non com.*) simboleggiare, rappresentare.

emblements ['emblmənts / em·ble·ment] *s.pl.* (*dir.*) frutti naturali del suolo: *doctrine of* —, regola per la quale l'affittuario ha diritto ai frutti da lui coltivati.

embodiment [ım'bɒdımənt / em·bodi·ment] *s.* incarnazione; personificazione: *he was the — of honesty*, era la personificazione dell'onestà.

to **embody** [ım'bɒdı / em·body] *v.tr.* **1** incarnare, dar corpo a; personificare **2** realizzare, concretizzare (un'idea, un progetto) **3** incorporare, includere: *article that embodies the following regulations*, articolo che comprende le seguenti disposizioni // (*econ.*) *embodied technical progress*, progresso tecnico incorporato **4** riunire, organizzare (truppe).

to **embolden** [ım'bəʊldən / em·bolden] *v.tr.* incoraggiare, incitare.

embolic [em'bɒlık / em·bolic] *agg.* (*med.*) embolico.

embolism ['embəlızəm / em·bol·ism] *s.* **1** (*med.*) embolia **2** interpolazione di un giorno, un mese ecc. in un calendario (p.e. in un anno bisestile).

embolus ['embələs / em·bolus] *pl.* **emboli** ['embəlaı] *s.* (*med.*) embolo.

to **embosom** [ım'bʊzəm / em·bosom] *v.tr.* (*letter.*) **1** stringere al seno **2** (*fig.*) rinchiudere, circondare.

to **emboss** [ım'bɒs *amer.* ım'bɔ:s / em·boss] *v.tr.* **1** stampare in rilievo; goffrare **2** sbalzare, lavorare a sbalzo **3** coniare.

embossed[1] [ım'bɒst *amer.* ım'bɔ:st / em·bossed] *agg.* **1** stampato in rilievo, goffrato: — *work*, lavoro in rilievo; — *rubber*, gomma goffrata **2** sbalzato, lavorato a sbalzo **3** coniato.

embossed[2] *agg.* (*ant.*) con la schiuma alla bocca, allo stremo, sfinito: *the boar of Thessaly / was never so emboss'd*, (SH. Antony and Cleopatra) il cinghiale di Tessaglia non ebbe mai tanta schiuma alla bocca.

embosser [ım'bɒsə* *amer.* ım'bɔ:sə* / em·boss·er] *s.* **1** goffratore **2** (*mecc.*) goffratrice.

embossing [ım'bɒsıŋ *amer.* ım'bɔ:sıŋ / em·boss·ing] *s.* **1** stampaggio in rilievo, goffratura **2** sbalzo, lavoro di sbalzo **3** (*tip.*) impressione a secco **4** timbratura a secco **5** coniatura.

embossing machine [ım'bɒsıŋmə'ʃi:n] *s.* (*mecc.*) goffratrice.

embossment [ım'bɒsmənt *amer.* ım'bɔ:smənt / em·boss·ment] *s.* **1** rilievo, sbalzo: — *map*, mappa in rilievo **2** protuberanza.

embouchure [,ɒmbʊ'ʃʊə* / em·bouch·ure] *s.* **1** imboccatura (di strumento a fiato) **2** foce (di fiume).

to **embow** [ım'bəʊ / em·bow] *v.tr.* **1** (*rar.*) piegare, curvare ad arco **2** (*arch.*) coprire con un arco, una volta **3** (*ant.*) inglobare; inscrivere (*anche fig.*).

to **embowel** [ım'baʊəl / em·bowel] *pass. p.p.* **embowelled** [ım'baʊəld] *v.tr.* **1** (*non com.*) sbudellare (*anche fig.*) **2** (*ant.*) riempire le budella: *...the schools, / embowell'd of their doctrine, have left off / the danger to itself*, (SH. All's Well)...le facoltà accademiche, infarcite della loro dottrina, hanno abbandonato il pericolo a se stesso.

embowelment [ım'baʊəlmənt / em·bowel·ment] *s.* **1** (*non com.*) sbudellamento **2** (*rar.*) parte interna di una cosa.

to **embower** [ım'baʊə* / em·bower] *v.tr.* (*letter.*) rinchiudere, riparare (come in un pergolato).

embrace[1] [ım'breıs / em·brace] *s.* **1** abbraccio, amplesso **2** (*ant.*) rapporto sessuale.

to **embrace**[1] *v.tr.* **1** abbracciare, stringere in un abbraccio **2** (*fig.*) abbracciare; comprendere, contenere: *from the terrace the eye embraces the whole valley*, dalla terrazza l'occhio abbraccia tutta la valle; *the local religion embraces elements of animism and Christianity*, la religione locale comprende elementi di animismo e di cristianesimo **3** abbracciare, dedicarsi a: *to — a career*, dedicarsi a una carriera; *to — a cause*, abbracciare una causa **4** cogliere: *to — an opportunity*, cogliere un'opportunità; *his intellect quickly embraced the problem*, la sua intelligenza afferrò subito il problema **5** (*ant.*) avere rapporti sessuali con ◆ *v.intr.* abbracciarsi: *they embraced*, si abbracciarono.

to **embrace**[2] *v.tr.* (*dir.*) subornare (giurati).

embracement [ım'breısmənt / em·brace·ment] *s.* (*non com.*) **1** abbraccio, stretta **2** adozione, accettazione (di opinione, causa ecc.).

embracer[1] [ım'breısə* / em·bracer] *s.* chi abbraccia (*anche fig.*).

embracer[2] *s.* (*dir.*) subornatore.

embracery [ım'breısərı / em·bracery] *s.* (*dir.*) subornazione.

embranchment [ım'brɑ:ntʃmənt / em·branch·ment] *s.* biforcazione; diramazione.

to **embrangle** [ım'bræŋgl / em·brangle] *v.tr.* (*rar.*) confondere, rendere perplesso.

embranglement [ım'bræŋglmənt / em·brangle·ment] *s.* (*rar.*) confusione; perplessità.

embrasure [ım'breıʒə* / em·bras·ure] *s.* **1** (*arch.*) strombatura, strombo **2** (*mil.*) cannoniera; feritoia: *direct, oblique* —, cannoniera diretta, obliqua.

to **embreathe** [ım'bri:ð/ em·breathe] *v.tr.* (*non com.*) inspirare; inalare.

to **embrocate** ['embrəʊkeıt / em·broc·ate] *v.tr.* (*med.*) embrocare.

embrocation [,embrəʊ'keıʃn / em·broca·tion] *s.* (*med.*) embrocazione, linimento; fomento.

to **embroider** [ɪm'brɔɪdə* / em·broider] *v.tr.* **1** ricamare **2** (*fig.*) ampliare, abbellire; infiorare (un racconto ecc.): *he gave us a highly embroidered version of his trip to Moscow*, ci ha dato una versione molto infiorata del suo viaggio a Mosca.

embroiderer [ɪm'brɔɪdərə* / em·broid·erer] *s.* ricamatore.

embroidery [ɪm'brɔɪdərɪ / em·broid·ery] *s.* **1** ricamo // — *frame*, telaio da ricamo // — *scissors*, forbici da ricamo **2** (*fig.*) ornamento, abbellimento.

to **embroil** [ɪm'brɔɪl / em·broil] *v.tr.* **1** coinvolgere, immischiare: *she got embroiled with a married man*, s'impegolò con un uomo sposato; *to — a nation in a war*, coinvolgere una nazione in una guerra **2** imbrogliare, ingarbugliare // *to — s.o. with s.o.*, (*fig.*) fomentare la discordia, seminare zizzania tra due persone.

embroilment [ɪm'brɔɪlmənt / em·broil·ment] *s.* **1** imbroglio, garbuglio: *fearing new embroilments*, nel timore di nuove complicazioni **2** coinvolgimento (in una situazione difficile) **3** discordia.

to **embrown** [ɪm'braʊn / em·brown] *v.tr.* (*poet.*) oscurare, imbrunire.

embryo ['embrɪəʊ / em·bryo] *pl.* **embryos** *s.* embrione: *in* —, in embrione; *plan still in* —, (*fig.*) progetto ancora allo stato embrionale; *an — politician*, (*fig.*) un politico in erba, inesperto.

embryo- ['embrɪəʊ] *pref.* di formazione moderna che significa 'di embrione, del feto', it. embrio-: *embryogeny*, embriogenia; *embryopathy*, embriopatia; *embryotomy*, embriotomia.

embryogenesis [,embrɪəʊ'dʒenɪsɪs / em·bryo·gen·esis] *s.* (*biol.*) embriogenesi.

embryogenetic [,embrɪəʊdʒɪ'netɪk / em·bryo·gen·etic] **embryogenic** [,embrɪəʊ'dʒɪnɪk / em·bryo·genic] *agg.* (*biol.*) embriogenetico.

embryology [,embrɪ'ɒlədʒɪ / em·bry·ology] *s.* (*biol.*) embriologia.

embryonal ['embrɪɒnəl / em·bry·onal] *agg.* (*biol.*) embrionale.

embryonic [,embrɪ'ɒnɪk / em·bry·onic] *agg.* **1** (*biol.*) embrionale **2** (*fig.*) embrionale, rudimentale, non definito.

embryo-sac ['embrɪəʊ'sæk] *s.* (*bot.*) sacco embrionale.

to **embus** [ɪm'bʌs / em·bus] *pass.p.p.* **embussed** [ɪm'bʌst / em·bussed] *v.tr.* e *intr.* (far) salire su un automezzo (specialmente truppe).

to **emend** [i:'mend] *v.tr.* emendare, correggere (un testo ecc.).

emendable [i:'mendəbl / emend·able] *agg.* emendabile.

to **emendate** ['i:mendeɪt / emend·ate] → to **emend**.

emendation [,i:men'deɪʃn / emenda·tion] *s.* **1** emendazione, correzione **2** variante proposta.

emendator ['i:mendeɪtə* / emend·ator] *s.* emendatore, correttore.

emendatory [i:'mendətərɪ / emend·at·ory] *agg.* emendativo, correttivo.

emerald ['emərəld / em·er·ald] *s.* **1** smeraldo; (colore) smeraldo: — *green*, verde smeraldo // *the Emerald Isle*, (*poet.*) l'Irlanda **2** (*tip.*) corpo 6½.

emeraldine ['emərəldaɪn / em·er·ald·ine] *agg.* smeraldino.

to **emerge** [ɪ'mɜ:dʒ] *v.intr.* **1** emergere, affiorare, apparire, sorgere; uscire, venir fuori: *the moon emerges from behind the clouds*, la luna appare fra le nuvole; *she emerged from her daydream*, emerse dai suoi sogni a occhi aperti; *he emerged from his room late in the morning*, (*form.*) uscì dalla sua stanza nella tarda mattinata **2** (*fig.*) risultare, apparire; essere chiaro: *from these facts it emerges that*, da questi fatti appare chiaro, emerge che.

emergence [ɪ'mɜ:dʒəns / emer·gence] *s.* **1** emersione **2** apparizione (di raggio luminoso, di teoria ecc.) **3** (*bot.*) primo sviluppo della pianta.

emergency [ɪ'mɜ:dʒənsɪ / emer·gency] *s.* **1** emergenza; caso imprevisto; contingenza: *state of* —, stato d'emergenza; — *procedure*, procedura d'urgenza; *in case of* —, in caso di bisogno, di necessità; *to meet an* —, far fronte a un caso urgente, a una emergenza; *to rise to the* —, essere, mostrarsi all'altezza della situazione // — *measures*, provvedimenti di emergenza; — *services*, servizi d'emergenza; — *intervention*, intervento emergenziale; — *door*, uscita di sicurezza; — *brake*, freno di sicurezza; — *stop*, arresto, blocco d'emergenza // — *transport*, mezzi di fortuna; — *bridge*, ponte provvisorio; — *camp*, campo di fortuna; (*aer.*) — *landing field*, campo di fortuna; (*ind.*) — *machine*, macchina di riserva // (*comm.*): — *clause*, clausola di riserva; — *amortization*, ammortamento accelerato **2** (*med.*) — (*ward*), pronto soccorso (di ospedale).

emergent [i:'mɜ:dʒənt / emer·gent] *agg.* **1** emergente; che affiora **2** imprevisto, inaspettato.

emerging [ɪ'mɜ:dʒɪŋ / emer·ging] *agg.* emergente: — *country*, paese emergente.

emeritus [i:'merɪtəs / emer·itus] *agg.* emerito (di professore).

emersion [i:'mɜ:ʃn / emer·sion] *s.* emersione (*anche astr.*).

emery ['emərɪ / em·ery] *s.* smeriglio // — *board*, limetta (di cartoncino smerigliato) per unghie; — *cloth*, tela smeriglio; — *dust*, — *flour*, — *powder*, polvere di smeriglio; — *paper*, carta smerigliata; — *stick*, *wheel*, lima, mola a smeriglio; — *stone*, pietra a smeriglio.

emery paste ['emərɪ'peɪst] *s.* (*mecc.*) spoltiglio.

emery rubbing ['emərɪ'rʌbɪŋ] *s.* (*mecc.*) smerigliatura.

emesis ['eməsɪs / em·esis] *s.* (*med.*) emesi, vomito.

emetic [ɪ'metɪk / em·etic] *agg.* e *s.* (*med.*) emetico.

emetine ['emɪtɪn / em·et·ine] *s.* (*chim.*) emetina.

emicant ['emɪkənt / emi·cant] *agg.* (*rar.*) dardeggiante, lampeggiante.

emiction [ɪ'mɪkʃn / emic·tion] *s.* (*med.*) minzione.

emigrant ['emɪgrənt / emig·rant] *agg.* e *s.* emigrante.

to **emigrate** ['emɪgreɪt / emig·rate] *v.intr.* emigrare; (*amer.*) trasferirsi (in un altro Stato dell'Unione) ◆ *v.tr.* costringere a emigrare; aiutare a emigrare.

emigration [,emɪ'greɪʃn / emig·ra·tion] *s.* **1** emigrazione **2** [U] (*non com.*) gli emigranti.

emigré ['emɪgreɪ / emi·gré] *s.* rifugiato politico.

Emilian [ɪ'mi:lɪən / Emil·ian] *agg.* e *s.* emiliano.

eminence ['emɪnəns / em·in·ence] *s.* **1** luogo, parte eminente; altura **2** (*anat.*) protuberanza, sporgenza **3** (*fig.*) eminenza, eccellenza (d'ingegno, di grado); persona illustre: *grey* —, eminenza grigia **4** (*eccl.*) *Eminence*, Eminenza: *His*, *Your Eminence*, Sua, Vostra Eminenza.

eminent ['emɪnənt / em·in·ent] *agg.* eminente (*anche fig.*): *to reach an — position*, pervenire a una posizione eminente // (*dir.*) — *domain*, dominio eminente, potere di espropriazione per pubblica utilità // **-ly** *avv.*

emir [e'mɪə*] *s.* emiro.

emirate [e'mɪərət / emir·ate] *s.* emirato.

emissary ['emɪsərɪ / emis·sary] *agg.* (*anat.*) escretorio, emissario: — *veins*, vene emissarie ◆ *s.* **1** emissario; agente segreto; spia **2** (*dir.*) agente, mandatario **3** (*st. romana*) canale di scarico.

emission [ɪ'mɪʃn / emis·sion] *s.* **1** (*scient.*) emissione; emanazione // (*fis.*): — *spectrum*, spettro di emissione; *electron* —, emissione elettronica // (*rad.*) *beam* —, emissione direzionale **2** (*med.*) emissione: *nocturnal* —, eiaculazione notturna **3** (*banca*) emissione: — *of bank notes*, emissione di banconote.

emissive [ɪ'mɪsɪv / emis·sive] *agg.* emissivo.

emissivity [,emɪ'sɪvɪtɪ / emis·siv·ity] *s.* (*fis.*) emissività, coefficiente di emissione.

to **emit** [ɪ'mɪt] *pass.p.p.* **emitted** [ɪ'mɪtɪd / emit·ted] *v.tr.* **1** emettere, emanare; esalare (odori); lanciare (grido) **2** emettere (banconote, prestiti ecc.) **3** esprimere (opinioni, sentimenti) **4** (*rad.*) trasmettere.

emittance [ɪ'mɪtəns / emit·tance] *s.* (*fis.*) emittanza, potere emissivo.

emitter [ɪ'mɪtə* / emit·ter] *s.* **1** trasmettitore **2** (*fis.*) emettitore.

to **emmarble** [e'mɑ:bl / em·marble] *v.tr.* (*non com.*) **1** trasformare in marmo, pietrificare **2** rappresentare in marmo; ornare con marmo.

emmenagogue [e'mi:nəgɒg / em·men·ag·ogue] *s.* (*med.*) emmenagogo.

emmetropia [emə'trəʊpɪə / em·me·tropia] *s.* (*med.*) emmetropia.

emmetropic [emə'trɒpɪk / em·me·tropic] *agg.* (*med.*) emmetrope, emmetropico.

Emmy ['emɪ] *s.* (*amer.*) Emmy (Oscar televisivo) • Nome proposto da un tecnico televisivo americano in contrapposizione all'Oscar; è una corruzione di *Immy* che nel gergo televisivo indica una particolare telecamera, l'orticonoscopio.

emollient [ɪ'mɒlɪənt / emol·li·ent] *agg.* e *s.* emolliente.

emolument [ɪ'mɒljʊmənt / emolu·ment] *s.* (*form.*) emolumento, remunerazione, salario: *emoluments of a Member of Parliament*, indennità parlamentare.

to **emote** [ɪ'məʊt] *v.intr.* (*amer.*) reagire in modo eccessivamente emotivo.

emoticon [ɪ'məʊtɪkən / emo·ti·con] *s.* (*inform.*) faccina (realizzata con caratteri ASCII).

emotion [ɪ'məʊʃn / emo·tion] *s.* **1** emozione; commozione; turbamento: *without showing the least* —, senza mostrare la minima emozione **2** sensibilità, sentimento: *to appeal to the emotions*, fare appello ai sentimenti.

emotional [ɪ'məʊʃənl / emo·tional] *agg.* **1** emotivo, impressionabile: *to be too* —, essere troppo emotivo; *to get* —, agitarsi **2** carico di emotività; commosso, che rivela emozione: *an — speech*, un discorso commosso **3** commovente, emozionante: *an — moment, circumstance*, un momento, una circostanza commovente **4** (*psic.*) emozionale: — *disturbances*, disturbi emozionali.

emotionalism [ɪ'məʊʃnəlɪzəm / emo·tion·al·ism] **emotionality** [ɪ,məʊʃə'nælɪtɪ / emo·tion·al·ity] *s.* impressionabilità, emotività.

emotionally [ɪ'məʊʃnəlɪ / emo·tion·ally] *avv.* **1** emotivamente; dal punto di vista emotivo: — *I sympathize with him*, emotivamente parteggio per lui **2** con emozione, in modo commosso **3** (*psic.*) emozionalmente.

emotive [ɪ'məʊtɪv / emo·tive] → **emotional**.

emotively [ɪ'məʊtɪvlɪ / emo·tive·ly] → **emotionally**.

emotiveness [ɪ'məʊtɪvnɪs / emo·tive·ness] *s.* emotività.

to **empanel** [ɪm'pænl / em·panel] *pass.p.p.* **empanelled** [ɪm'pænld / em·pan·elled] *v.tr.* iscrivere in una lista, nell'albo di una professione: (*dir.*) *to — a jury*, formare la lista dei giurati, (*amer.*) selezionare la giuria.

empanelment [ɪm'pænlmənt / em·panel·ment] *s.* iscrizione in una lista, nell'albo di una professione.

to **empathise** ['empə,θaɪz / em·path·ise] *v.intr.* identificarsi con, capire (qlcu.): *since I had myself a similar problem, I find it easy to — with her*, poiché ho avuto io stessa un problema simile mi è facile capirla.

empathy ['empəθɪ / em·pathy] *s.* (*fil.*, *psic.*) empatia.

emperor ['empərə* / em·peror] *s.* imperatore.

emperor butterfly ['empərə'bʌtəflaɪ] *s.* (*zool.*) (*Saturnia pavonia*) pavonia maggiore.

emphasis ['emfəsɪs / em·phasis] *pl.* **emphases** ['emfəsi:z] *s.* **1** accentuazione, rilievo, importanza, evidenza: *to put* (o *lay*) — *on*, mettere in evidenza; *too much — was placed on technique*, fu data troppa importanza alla tecnica **2** enfasi, vigore (di espressione): *oratorical* —, enfasi oratoria.

to **emphasize** ['emfəsaɪz / em·phas·ize] *v.tr.* accentuare; dare rilievo a, mettere in evidenza; attirare l'attenzione su.

emphatic(al) [ɪm'fætɪk(l) / em·phatic·(al)] *agg.* **1** accentuato; espressivo; enfatico: — *gesture*, gesto vigoroso; — *speaker*, oratore enfatico **2** chiaro, netto: *an — victory*, una netta vittoria **3** (*fon.*) tonico: — *syllable*, sillaba tonica.

emphatically [ɪm'fætɪkəlɪ / em·phat·ic·ally] *avv.* **1** enfaticamente; vigorosamente **2** chiaramente, nettamente: *I am — not going to resign*, non ho assolutamente intenzione di dimettermi.

emphysema [,emfɪ'si:mə / em·phys·ema] *s.* (*med.*) enfisema.

emphysematous [,emfɪ'si:mətəs / em·phys·ema·tous] *agg.* (*med.*) enfisematoso.

emphyteusis [,emfɪ'tju:sɪs / em·phy·teusis] *pl.* **emphyteuses** [,emfɪ'tju:si:z] *s.* (*dir.*) enfiteusi.

emphyteuta [,emfə'tju:tə / em·phy·teuta] *pl.* **emphyteutae** [,emfə'tju:ti:] *s.m.* (*dir.*) enfiteuta.

emphyteutic [,emfɪ'tju:tɪk / em·phy·teutic] *agg.* (*dir.*) enfiteutico.

empire ['empaɪə* / em·pire] *s.* **1** impero (*anche fig.*): *Roman, British* —, impero romano, britannico; *business* —, impero economico // *Empire City*, New York // *the Empire State*, lo stato di New York **2** (*form.*) autorità.

empiric [em'pɪrɪk / em·piric] *agg.* empirico ◆ *s.* **1** empirista **2** (*ant.*) ciarlatano.

empirical [em'pɪrɪkl / em·pir·ical] *agg.* empirico (*anche fil.*) // **-ly** *avv.*

empiricism [em'pɪrɪsɪzəm / em·piri·cism] *s.* (*fil.*) empirismo.

empiricist [em'pɪrɪsɪst / em·piri·cist] *s.* (*fil.*) empirista.

emplacement [ɪm'pleɪsmənt / em·place·ment] *s.* **1** (*non com.*) ubicazione **2** (*mil.*) piazzuola **3** (*geol.*) messa in posto (di rocce intrusive).

employ [ɪm'plɔɪ / em·ploy] *s.* (*form.*) lavoro dipendente: *to be in the — of*, lavorare presso.

to **employ** *v.tr.* **1** impiegare, occupare, assumere al proprio servizio, dare lavoro a: *to — s.o. as secretary*, assumere qlcu. come segretario; *he was employed in a bank*, lavorava in banca **2** impiegare, occupare; adoperare, servirsi di: *he employed his spare time in fishing*, impiegava il suo tempo libero pescando; *to be employed in doing sthg.*, essere occupato a fare qlco. **3** occuparsi di: *to — oneself in doing sthg.*, occuparsi di qlco.

employable [ɪm'plɔɪəbl / em·ploy·able] *agg.* **1** impiegabile **2** che ha i requisiti per, adatto a (svolgere un lavoro).

employee [,emplɔɪ'i: / em·ployee] meno com. **employe** [em'plɔɪi: / em·ploye] *s.* lavoratore dipendente: (*econ.*) — *recruitment, training*, reclutamento, addestramento del personale; (*dir.*) *employees' rights*, i diritti dei lavoratori dipendenti // — *benefits*, benefici collaterali.

employer [ɪm'plɔɪə* / em·ployer] *s.* datore di lavoro; padrone, principale: — *'s association*, associazione imprenditoriale // (*dir.*) — *'s liability*, responsabilità del datore di lavoro.

employment [ɪm'plɔɪmənt / em·ploy·ment] *s.* **1** impiego, lavoro, occupazione; l'essere occupato: *full* —, pieno impiego, piena occupazione; *to be in* —, essere impiegato; *to be out of* —, essere senza impiego; *to give s.o.* —, dare un impiego a qlcu.; — *bureau* (o — *agency*), agenzia di collocamento; — *exchange*, ufficio di collocamento; — *card*, libretto di lavoro; (*dir.*) *contract of* —, contratto di lavoro (dipendente) **2** impiego, uso // (*econ.*) — *of funds*, impiego di fondi **3** attività, occupazione.

to **empoison** [em'pɔɪzn / em·poison] *v.tr.* **1** (*fig.*) amareggiare, avvelenare **2** (*ant.*) avvelenare, somministrare veleno a.

emporium [em'pɔ:rɪəm / em·por·ium] *s.* **1** centro commerciale **2** (*antiq.*) emporio, negozio.

to **empoverish** → to **impoverish**.

to **empower** [ɪm'paʊə* / em·power] *v.tr.* **1** (*form.*) autorizzare; dare pieni poteri a: *the police are not empowered to make a search without a warrant*, la polizia non è autorizzata a effettuare una perquisizione senza un mandato **2** (*dir.*) dare la procura a.

empress ['emprɪs / emp·ress] *s.* imperatrice.

emptier ['em*p*tɪə* / emp·tier] *s.* chi vuota.

emptily ['em*p*tɪlɪ / emp·tily] *avv.* in modo vuoto, vacuo (*anche fig.*): *he stared — at the corpse*, fissò il cadavere con uno sguardo vacuo.

emptiness ['em*p*tɪnɪs / empti·ness] *s.* vuoto; vacuità, vuotezza; futilità; vanità: *a feeling of* —, un senso di vuoto.

emption ['em*p*ʃn / emp·tion] *s.* (*dir.*) acquisto: *right of* —, diritto di acquisto.

emptor ['em*p*tə* / emp·tor] *s.* (*dir.*) acquirente, compratore.

empty ['em*p*tɪ] *agg.* **1** vuoto; deserto, disabitato: — *bottle*, bottiglia vuota; *an — building*, uno stabile disabitato; — *street*, strada deserta **2** (*fig.*) vuoto; vacuo, vano; privo di: *words — of meaning*, parole prive di significato, senza senso // *to feel* —, sentirsi vuoto, svuotato **3** vacante; libero (di posto): *an — chair*, cattedra vacante **4** (*fam.*) vuoto, a digiuno: — *stomach*, stomaco vuoto: *to be taken on an — stomach*, da prendersi a digiuno; *to feel* —, avere fame ◆ *s.* **1** furgone vuoto; vagone merci vuoto; taxi libero; casa, appartamento vuoto **2** *pl.* i vuoti: *to return the empties*, restituire i vuoti.

to **empty** *v.tr.* vuotare; svuotare; evacuare, sgombrare; versare; scaricare: *he emptied the ashtray into the bin*, svuotò il portacenere nella spazzatura; *her performance emptied the theatre*, la sua interpretazione fece svuotare il teatro // *they have emptied my flat*, (*fam.*) mi hanno svuotato, svaligiato l'appartamento ◆ *v.intr.* **1** vuotarsi; svuotarsi: *at eleven thirty the pubs* —, alle undici e trenta i pub si svuotano **2** sfociare, sboccare (di fiume).

empty-handed [,em*p*tɪ'hændɪd] *agg.* a mani vuote (*anche fig.*).

empty-headed [,em*p*tɪ'hedɪd] *agg.* scervellato.

empty nester ['em*p*tɪ,nestə*] *s.* (*sl. amer.*) genitore i cui figli ormai cresciuti sono usciti di casa.

emptysis ['em*p*tɪsɪs / emp·tysis] *s.* (*med.*) emottisi.

to **empurple** [em'pɜ:pl / em·purple] *v.tr.* imporporare.

empyema [,empaɪ'i:mə / em·py·ema] *s.* (*med.*) empiema.

empyreal [,empaɪ'ri:əl / em·pyr·eal] *agg.* empireo; celeste.

empyrean [,empaɪ'ri:ən / em·pyr·ean] *agg.* (*letter.*) empireo; celeste ◆ *s.* empireo; cielo.

emu ['i:mju:] *s.* (*zool.*) (*Dromaius novae -hollandiae*) emù.

to **emulate** ['emjʊleɪt / emu·late] *v.tr.* emulare; rivaleggiare con.

emulation [,emjʊ'leɪʃn / emu·la·tion] *s.* emulazione, rivalità // (*inform.*) *terminal* —, emulazione di terminale.

emulative ['emjʊlətɪv / emu·lat·ive] *agg.* emulativo.

emulator ['emjʊleɪtə* / emu·lator] *s.* emulatore (*anche inform.*), emulo.

emulous ['emjʊləs / emu·lous] *agg.* **1** emulo **2** (*antiq.*) bramoso, desideroso.

emulously ['emjʊləslɪ / emu·lous·ly] *avv.* (*antiq.*) con emulazione.

emulousness ['emjʊləsnɪs / emu·lous·ness] *s.* (*antiq.*) emulazione.

emulsification [ɪ,mʌlsɪfɪ'keɪʃn / emul·si·fica·tion] *s.* (*chim.*) emulsificazione // — *test*, prova di emulsione.

emulsifier [ɪ'mʌlsɪfaɪə* / emul·si·fier] *s.* (*chim.*) emulsionante.

to **emulsify** [ɪ'mʌlsɪfaɪ / emul·sify] *v.tr.* emulsionare ◆ *v.intr.* (*chim.*) emulsionarsi.

emulsion [ɪ'mʌlʃn / emul·sion] *s.* **1** (*chim.*) emulsione: — *paint*, pittura a emulsione **2** (*fot.*) emulsione: — *speed*, sensibilità dell'emulsione.

to **emulsionize** [ɪ'mʌlʃənaɪz / emul·sion·ize] *v.tr.* emulsionare.

emulsive [ɪ'mʌlsɪv / emuls·ive] *agg.* emulsionante, emulsivo.

emunctory [ɪ'mʌŋktərɪ / emunc·tory] *agg.* e *s.* (*anat.*) (organo) emuntorio.

en- [en, ɪn] *pref.* di origine latina che indica **1** dentro, in; it. in-: *to enclose*, includere; *to encage*, ingabbiare; *to encapsulate*, incapsulare **2** passaggio a un determinato stato; it. in-, ar-, ac-, al-: *to enrich*, arricchire; *to enlarge*, allargare; *to enfeeble*, indebolire; *embitter*, amareggiare.

to **enable** [ɪ'neɪbl / en·able] *v.tr.* permettere; mettere in grado di; rendere capace di; (*dir.*) abilitare a: *this legacy enabled him to retire*, questa eredità gli permise di ritirarsi; *to — s.o. to do sthg.*, mettere qlcu. in grado di far qlco. // (*dir.*): *enabling act* (o *statute*), legge delega; *enabling legislation*, leggi attributive di specifici poteri a persone o enti; (*amer.*) leggi che disciplinano l'adesione di un territorio agli Stati Uniti.

to **enact** [ɪ'nækt / en·act] *v.tr.* **1** (*dir.*) decretare, emanare (una legge); mettere in esecuzione: *as by law enacted*, a termini di legge; *be it further enacted that...*, si ordina inoltre che... **2** recitare (una parte); rappresentare (un lavoro teatrale).

enactive [ɪ'næktɪv / en·act·ive] *agg.* decretante.

enactment [ɪ'næktmənt / en·act·ment] *s.* **1** promulgazione (di legge, decreto) **2** legge, decreto.

enactor [ɪ'næktə* / en·actor] *s.* promulgatore (d'una legge).

enamel [ɪ'næml / en·amel] *s.* **1** smalto: — *paint*, vernice a smalto // — *factory*, smalteria // — *ware*, vasellame smaltato // — *work*, smaltatura **2** (*anat.*) smalto (dei denti) **3** pittura a smalto, lacca **4** superficie smaltata; decorazione a smalto **5** smalto; oggetto smaltato, decorato a smalto.

to **enamel** *pass.p.p.* **enamelled** [ɪ'næmld / en·am·elled] *v.tr.* **1** smaltare **2** (*poet.*) adornare, dipingere con vari colori.

enamel(l)er [ɪ'næmlə* / en·am·el·(l)er] **enamellist** [ɪ'næmlɪst / en·am·el·list] *s.* smaltatore, verniciatore.

to **enamour** [ɪ'næmə* / en·am·our] (*gener. usato al p.p.*) fare innamorare; affascinare: *to be enamoured of s.o.*, essere innamorato di qlcu.; *he became enamoured of Indian music*, si è innamorato della musica indiana.

enantiomer [ɪ'næntɪ,əʊmə* / en·an·tio·mer] *s.* (*fis.*) enantiomero; isomero ottico.

enantiomorphism [e,næntɪə'mɔːfɪzəm / en·an·tio·morph·ism] *s.* (*min.*) enantiomorfismo.

enantiopathy [e,næntɪ'ɒpəθɪ / en·an·tio·pathy] *s.* (*med.*) allopatia.

enantiotropy [e,næntɪ'ɒtrəpɪ / en·an·tio·tropy] *s.* (*min.*) enantiotropia.

enarthrosis [,enɑː'θrəʊsɪs / en·arth·rosis] *s.* (*anat.*) enartrosi.

to **encage** [ɪn'keɪdʒ / en·cage] *v.tr.* (*non com.*) chiudere in gabbia.

to **encamp** [ɪn'kæmp / en·camp] *v.tr.* accampare ◆ *v.intr.* accamparsi.

encampment [ɪn'kæmpmənt / en·camp·ment] *s.* campeggio; accampamento.

encapsulate [ɪn'kæpsjʊleɪt / en·cap·sul·ate] *v.tr.* **1** incapsulare **2** (*fig.*) contenere, racchiudere: *the folk tales — the wisdom of a people*, i racconti popolari racchiudono la saggezza di un popolo ◆ *v.intr.* incapsularsi.

to **encase** [ɪn'keɪs / en·case] *v.tr.* **1** rinchiudere (in un astuccio ecc.); custodire **2** rivestire.

encasement [ɪn'keɪsmənt / en·case·ment] *s.* rivestimento, custodia.

to **encash** [ɪn'kæʃ / en·cash] *v.tr.* **1** (*form.*) incassare (assegno ecc.) **2** realizzare, convertire in denaro.

encashment [ɪn'kæʃmənt / en·cash·ment] *s.* (*banca*) incasso.

encaustic [en'kɔːstɪk / en·caustic] *agg.* (*arte*) a encausto: — *tile*, piastrella decorata a fuoco ◆ *s.* (*arte*) encausto.

enceinte [ɑːn'sænt / en·ceinte] *agg.* (*rar.*) incinta, gravida ◆ *s.* (*mil.*) cinta (di mura, bastioni ecc.).

encephalic [,enke'fælɪk / en·ceph·alic] *agg.* (*anat.*) encefalico.

encephalitis [,enkəfə'laɪtɪs / en·ceph·al·itis] *pl.* **encephalitides** [,enkefə'lɪtədiːz / en·ceph·al·iti·des] *s.* (*med.*) encefalite: *haemorrhagic* —, encefalite emorragica; *pyogenic* —, encefalite purulenta.

encephalogram [en'sefələʊgræm / en·ceph·alo·gram] *s.* (*med.*) encefalogramma.

encephalography [,ensefə'lɒgrəfɪ / en·ceph·alo·graphy] *s.* (*med.*) encefalografia.

encephalon [en'sefəlɒn / en·ceph·alon] *pl.* **encephalia** [ensə'feɪlɪə / en·ceph·alia] *s.* (*anat.*) encefalo.

encephalopathy [,ensefə'lɒpəθɪ / en·ceph·alo·pathy] *s.* (*med.*) encefalopatia.

to **enchain** [ɪn'tʃeɪn / en·chain] *v.tr.* incatenare.

to **enchant** [ɪn'tʃɑːnt *amer.* ɪn'tʃænt / en·chant] *v.tr.* incantare, affascinare, ammaliare: *I'm enchanted with* (o *by*) *your singing*, il tuo canto mi affascina.

enchanter [ɪn'tʃɑːntə* *amer.* ɪn'tʃæntə* / en·chanter] *s.* incantatore, mago.

enchanting [ɪn'tʃɑːntɪŋ *amer.* ɪn'tʃæntɪŋ / en·chant·ing] *agg.* incantevole, affascinante.

enchantment [ɪn'tʃɑːntmənt *amer.* ɪn'tʃæntmənt / en·chant·ment] *s.* incanto; incantesimo; fascino.

enchantress [ɪn'tʃɑːntrɪs *amer.* ɪn'tʃæntrɪs / en·chant·ress] *s.* incantatrice, ammaliatrice.

to **enchase** [ɪn'tʃeɪs / en·chase] *v.tr.* **1** incassare; incastonare; (*fig.*) inserire **2** cesellare; ornare con incisioni o a rilievo.

enchiridion [,enkaɪə'rɪdɪən / en·chir·idion] *s.* (*ant.*) manuale.

enchylema [,enkɪ'liːmə / en·chyl·ema] *s.* (*biol.*) enchilema.

to **encipher** [en'saɪfə* / en·ci·pher] *v.tr.* **1** cifrare (messaggio, dispaccio) **2** cifrare, ricamare monogrammi su.

to **encircle** [ɪn'sɜːkl / en·circle] *v.tr.* **1** circondare **2** cingere.

encirclement [ɪn'sɜːklmənt / en·cir·cle·ment] *s.* accerchiamento.

to **enclasp** [ɪn'klɑːsp / en·clasp] *v.tr.* (*antiq.*) abbracciare; stringere; afferrare.

enclave ['enkleɪv / en·clave] *s.* enclave, zona circondata da territori stranieri.

enclitic [ɪn'klɪtɪk / en·clitic] *agg.* (*gramm.*) enclitico ◆ *s.* enclitica.

to **enclose** [ɪn'kləʊz / en·close] *v.tr.* **1** chiudere, racchiudere; cingere, cintare; circondare, avvolgere: *to — a garden with a wall*, circondare un giardino con un muro **2** accludere, includere, allegare, unire: *I'll — a cheque*, accluderò un assegno **3** incassare: *they enclosed the wires in the wall*, incassarono i fili nel muro **4** chiudere in clausura.

enclosed [ɪn'kləʊzd / en·closed] *agg.* **1** racchiuso; cinto, circondato; avvolto **2** accluso, allegato: *the — letter*, la lettera acclusa; (*comm.*) *please find* —, qui allegato troverete **3** appartato, ritirato, separato: *an — existence, community*, un'esistenza, una comunità appartata.

enclosure [ɪn'kləʊʒə* / en·clos·ure] *s.* **1** recinto, luogo cintato **2** recinto; staccionata: — *wall*, muro di cinta; *barbed wire* —, recinto di filo spinato **3** (*comm.*) allegato: *three enclosures*, tre allegati **4** clausura **5** *spec.pl.* (*st. brit.*) recinzioni (il processo di appropriazione privata delle terre comuni) **6** (*inform.*) involucro.

to **enclothe** [en'kləʊð / en·clothe] *v.tr.* (*letter.*) rivestire.

to **encode** [en'kəʊd / en·code] *v.tr.* mettere in codice; codificare.

encodement [en'kəʊdmənt / en·code·ment] *s.* codifica.

encoder [en'kəʊdə* / en·coder] *s.* codificatore.

encomiast [en'kəʊmɪæst / en·comi·ast] *s.* (*form.*) **1** encomiasta, encomiatore **2** adulatore.

encomiastic(al) [en,kəʊmɪ'æstɪk(l) / en·comi·astic·(al)] *agg.* (*form.*) **1** encomiastico **2** adulatorio // **-ally** *avv.*

encomium [en'kəʊmjəm / en·co·mium] *s.* encomio, lode solenne.

to **encompass** [ɪn'kʌmpəs / en·com·pass] *v.tr.* **1** circondare, cingere; racchiudere // *behold, now, this vast city,... encompassed and surrounded with God's protection*, (MILTON) osservate, ora, questa grande città... contornata e circondata dalla protezione di Dio **2** avvolgere **3** compiere, portare a termine **4** (*ant.*) ingannare.

encore [ɒŋ'kɔ:* / en·core] *s.* (*teatr.*) bis: *he got an* —, ebbe un bis; *she gave three encores*, ella concesse tre bis ◆ *inter.* (*teatr.*) bis.

to **encore** *v.tr.* (*teatr.*) volere un bis di, chiedere un bis a.

encounter [ɪn'kaʊntə* / en·coun·ter] *s.* **1** incontro (casuale o pericoloso) **2** scontro; lotta; duello.

to **encounter** *v.tr.* **1** incontrare; imbattersi in (*anche fig.*) **2** affrontare.

to **encourage** [ɪn'kʌrɪdʒ / en·cour·age] *v.tr.* (IV) **1** incoraggiare, incitare, spingere, animare **2** appoggiare, favorire.

encouragement [ɪn'kʌrɪdʒmənt / en·cour·age·ment] *s.* incoraggiamento.

encourager [ɪn'kʌrɪdʒə* / en·cour·ager] *s.* incoraggiatore; sostenitore; promotore.

encouraging [ɪn'kʌrɪdʒɪŋ / en·cour·aging] *agg.* incoraggiante // **-ly** *avv.*

to **encrimson** [ɪn'krɪmzn / en·crim·son] *v.tr.* (*ant.*) imporporare, arrossare.

to **encroach** [ɪn'krəʊtʃ / en·croach] *v.intr.*: *to* — (*up*)*on* (*sthg.*), invadere; intaccare; (*dir.*) ledere, usurpare; abusare: *the former law on abortion encroached upon a woman's right to control her body*, la legge precedente sull'aborto ledeva il diritto della donna di disporre liberamente del proprio corpo; *the sea is encroaching upon the land*, il mare guadagna terreno; *to* — (*up*)*on s.o.'s land*, usurpare la terra di qlcu.; *to* — *upon s.o.'s time*, abusare del tempo di qlcu.

encroacher [ɪn'krəʊtʃə* / en·croach·er] *s.* **1** usurpatore **2** intruso; persona importuna.

encroachingly [ɪn'krəʊtʃɪŋlɪ / en·croach·ing·ly] *avv.* abusivamente.

encroachment [ɪn'krəʊtʃmənt / en·croach·ment] *s.* **1** usurpazione; invasione **2** (*dir.*) usurpazione di diritti altrui **3** abuso.

to **encrust** [ɪn'krʌst / en·crust] *v.tr.* **1** incrostare: *boiler encrusted with rust*, caldaia incrostata di ruggine **2** incrostare, decorare con materiale prezioso: *to* — *ebony with mother of pearl*, incrostare ebano con madreperla ◆ *v.intr.* incrostarsi.

encrustation [,ɪnkrʌs'teɪʃn / en·crusta·tion] *s.* incrostazione.

encryption [ɪn'krɪpʃn / en·cryp·tion] *s.* crittografia.

to **encumber** [ɪn'kʌmbə* / en·cum·ber] *v.tr.* **1** ingombrare, imbarazzare, impacciare, ostacolare, impedire: *his movements were encumbered by a heavy coat*, un pesante cappotto gli impacciava i movimenti; *the regulations soon encumbered any fresh initiative*, la regolamentazione ostacolò, bloccò in breve tempo ogni nuova iniziativa; *my table was encumbered with books*, il mio tavolo era ingombro di libri; *she is encumbered with parcels*, ella è carica di pacchi // *a patron... encumbers him with help*, (S. JOHNSON) un protettore... lo soffoca di offerte d'aiuto **2** (*dir.*) gravare: *encumbered estate*, proprietà gravata da ipoteche.

encumberment [ɪn'kʌmbəmənt / en·cum·ber·ment] *s.* (*rar.*) ingombro, impedimento.

encumbrance [ɪn'kʌmbrəns / en·cum·brance] *s.* **1** ingombro, impedimento, impaccio; carico **2** (*dir.*) debito; gravame; ipoteca: *free from* —, libero da pesi, da ipoteche **3** (*econ.*) impegno (di spesa).

encumbrancer [ɪn'kʌmbrənsə* / en·cum·brancer] *s.* (*dir.*) ipotecario.

to **encurtain** [ɪn'kɜ:tn / en·cur·tain] *v.tr.* (*ant.*) velare, coprire.

-ency, **-ence** *suff.* → **-ancy**, **-ance**.

encyclic(al) [en'sɪklɪk(l) / en·cyc·lic(al)] *agg.* (*eccl.*) enciclico ◆ *s.* (*eccl.*) enciclica.

encyclop(a)edia [en,saɪkləʊ'pi:djə / en·cyc·lo·p(a)e·dia] *s.* enciclopedia: *a walking* —, un'enciclopedia ambulante.

encyclop(a)edic(al) [en,saɪkləʊ'pi:dɪk(l) / en·cyc·lo·p(a)edic·(al)] *agg.* enciclopedico.

encyclop(a)edism [en,saɪkləʊ'pi:dɪzəm / en·cyc·lo·p(a)ed·ism] *s.* enciclopedismo.

encyclop(a)edist [en,saɪkləʊ'pi:dɪst / en·cyc·lo·p(a)ed·ist] *s.* enciclopedista.

to **encyst** [en'sɪst / en·cyst] *v.tr.* (*biol.*) incistare ◆ *v.intr.* (*biol.*) incistarsi.

encystment [en'sɪstmənt / en·cyst·ment] *s.* (*biol.*) incistamento.

end [end] *s.* **1** fine, termine; estremità; capo; confine; limite: *the* — *of a road*, la fine di una strada; *they live at the* — *of the street*, abitano in fondo alla strada; *we sat at the opposite ends of the table*, sedevamo ai due lati opposti, alle due estremità del tavolo; *I could hear them whispering at the other* — *of the room*, li potevo sentire bisbigliare dall'altra parte della stanza; *he sharpened the* — *of a stick*, affilava la punta di un bastone; *the east* —, *the west* — *of a town*, la parte orientale, occidentale di una città; *the ends of the earth*, i confini della terra; *the sea extends without* —, il mare si estende sconfinato, senza limite // *the rear* —, il fondo, il retro; (*fam.*) il sedere // *from one* — *to the other*, da cima a fondo, da un estremo all'altro // *no* —, senza limite; *no* — *of money, trouble*, moltissimo denaro, fastidio; *to think no* — *of s.o.*, avere un'altissima opinione di qlcu. // *on* —, di seguito, consecutivamente; in piedi, diritto (di oggetto): *three hours on* —, tre ore di fila; *his hair stood on* —, gli si rizzarono i capelli; *to stand sthg. on* (*its*) —, mettere qlco. ritto (in piedi) // *to be at a loose* — (o amer. *at hands*), non avere niente da fare; non sapere che cosa fare // *to come to, to be at a dead* —, arrivare, essere a un punto morto // *to be at one's wits'* —, non sapere come cavarsela // *to get hold of the wrong* — (*of a stick*), (*fam.*) capire Roma per toma (fraintendere) // *to go off* (*at*) *the deep* —, (*fam.*) uscire dai gangheri // *to keep one's* — *up*, (*fam.*) resistere, tener duro, difendersi: *in the doubles John kept his end up well*, nel doppio John si difendeva bene // *to make both ends meet*, (*fam.*) sbarcare il lunario **2** fine (del mese, del lavoro ecc.), termine, conclusione: *the* — *of a story*, la fine, la conclusione di una storia // *if I don't go to the cinema tonight, I'll never hear the* — *of it*, se non vado al cinema stasera, me lo rinfacceranno in continuazione // *at the* —, alla fine, infine; *at the* — *of the year*, alla fine dell'anno; *in the* —, alla fine; in fondo; *without* —, senza fine // *to come to an* —, finire, concludersi; *to make an* — *of sthg.* (o *to put an* — *to sthg.* o *to bring sthg. to an* —), porre fine a, far cessare qlco. // *at the* — *of the day*, (*fam.*) alla fine, tutto considerato // *to the very* (o *bitter*) —, fino alla fine: *they fought to the bitter* —, lottarono fino in fondo, fino all'ultimo sangue **3** (*fig.*) morte, fine, distruzione: *near one's* —, morente; *a tragic* —, una fine tragica; *to make a good* —, fare una buona morte **4** fine, scopo, mira, intento: *they wanted to exploit his popularity for political ends*, volevano sfruttare la sua popolarità per fini politici; *the* — *justifies the means*, il fine giustifica i mezzi; *to gain one's* —, raggiungere il proprio scopo; *to the* — *that*, affinché; *to this* —, a questo scopo // *you should concentrate on the organisational* —, dovresti concentrarti sull'aspetto organizzativo **5** avanzo, residuo: *cigarette* —, mozzicone di sigaretta; *the* — *of a cheese*, un avanzo di formaggio // *odds and ends*, cianfrusaglie **6** (*fam.*) colmo, limite; massimo: *he's the* (*absolute*) —, è il massimo; il colmo (del disordine, della distrazione ecc.) **7** (*inform.*) fine; estremità: — *mark*, segnale di terminazione **8** *pl.* (*sl. amer.*) scarpe.

to **end** *v.intr.* finire; concludersi; giungere a termine: *the play ended at 11*, lo spettacolo finiva alle 11; *the second World War ended in 1945*, la seconda guerra mondiale finì nel 1945; *the story ended on a sad note*, la storia finì con una nota di tristezza; *the concert ends with a trumpet solo*, il concerto termina con un a solo di tromba; *he will* — (*by*) *doing it*, finirà per farlo; *this state of things must* —, questa situazione deve finire ◆ *v.tr.* finire; concludere; porre fine a: *to* — *a discussion*, por fine a una discussione; *he ended his speech with a patriotic appeal*, concluse il suo discorso con un appello patriottico // *to* — *it all*, por fine ai propri giorni, suicidarsi // *the show that ends all shows*, lo spettacolo per eccellenza.

□ **end in** *v.intr.* e *prep.* **1** terminare: *adverbs in English* — *in 'ly'*, in inglese gli avverbi terminano in 'ly' **2** andare a finire, sfociare: *his business ended in bankruptcy*, la sua attività commerciale finì in una bancarotta; *another marriage which ends in a divorce*, un altro matrimonio finito in un divorzio; *this lane ends in Edward Street*, questa stradina sfocia sulla Edward Street // *to* — *in smoke*, (*fig.*) finire in fumo.

□ **end up** *v.intr.* e *avv.* finire, concludersi: *to* — *up in jail*, finire in prigione; *all his parties* — *up with a general booze*, tutte le sue feste si concludono con una sbronza generale; *he ended up as a clerk in the City*, finì a fare il contabile nella City; *he ended up doing the work himself*, finì per fare lui il lavoro; *they took the wrong plane and ended up in Beirut*, presero l'aereo sbagliato e finirono a Beirut.

to **endanger** [ɪn'deɪndʒə* / en·dan·ger] *v.tr.* **1** mettere in pericolo; rischiare; compromettere; esporre (la vita ecc.): *to* — *a country*, attentare alla sicurezza di un paese; *to* — *one's chances of success*, compromettere le proprie possibilità di successo // (*ecol.*) *endangered species*, specie in via di estinzione **2** ledere, danneggiare (interessi ecc.).

end-bud ['endbʌd] **end-bulb** ['endbʌlb] *s.* (*anat.*) placchetta terminale.

end-consumer ['endkən'sju:mə* *amer.* 'endkən'su:mə*] *s.* (*econ.*) consumatore finale.

to **endear** [ɪn'dɪə* / en·dear] *v.tr.* affezionare, render caro; accattivarsi la simpatia, la benevolenza di: *to* — *oneself to one's friends*, rendersi caro ai propri amici.

endearing [ɪn'dɪərɪŋ / en·dear·ing] *agg.* tenero, affettuoso; che conquista, irresistibile, avvincente: *he found her smile* —, trovava il suo sorriso irresistibile.

endearment [ɪn'dɪəmənt / en·dear·ment] *s.* **1** (*term of*) —, espressione, parola affettuosa; vezzeggiativo **2** (*ant.*) vezzo, carezza.

endeavor e *deriv.* (*amer.*) → **endeavour** e *deriv.*

endeavour [ɪn'devə* / en·deav·our] *s.* sforzo, tentativo: *to make* (o *to use*) *every* —, fare ogni sforzo; *they failed despite their best endeavours*, nonostante tutti i loro sforzi fallirono.

to **endeavour** *v.tr.* cercare, procurare, sforzarsi, tentare: *to — to do sthg.*, sforzarsi di fare qlco. ◆ *v.intr.* fare uno sforzo, sforzarsi.

endemic [en'demɪk / en·demic] *agg.* endemico: (*ecol.*) — *species*, specie endemica; (*med.*) — *disease*, malattia endemica.

endemicity [,endɪ'mɪsɪtɪ / en·dem·icity] *s.* endemicità.

endemism ['endɪmɪzəm / en·dem·ism] *s.* (*med.*, *biol.*) endemismo.

endermic [en'dɜ:mɪk / en·dermic] *agg.* (*med.*) endermico, transcutaneo.

end game ['endgeɪm] *s.* (*scacchi*) fine partita.

ending ['endɪŋ / end·ing] *s.* **1** fine, conclusione, termine; finale: *a happy* —, una felice conclusione, un lieto fine, un happy end // (*amm.*) — *balance*, saldo di chiusura **2** (*gramm.*) desinenza.

to **endite** [ɪn'daɪt / en·dite] *v.tr.* (*ant.*) scrivere; esprimere: *all my words thy beauty doth endite, / and love doth hold my hand, and makes me write*, (P. SIDNEY) la tua beltà tutti i miei accenti detta, ed Amor mi fa scrivere tenendomi per mano.

endive ['endɪv *amer.* 'endaɪv / en·dive] *s.* (*bot.*) (*Cichorium endivia*) indivia belga.

endless ['endlɪs / end·less] *agg.* **1** senza fine, infinito, eterno; sconfinato **2** interminabile, continuo: (*mecc.*) — *band* (o — *belt*), nastro continuo, cinghia ad anello; (*inform.*) — *form*, modulo in carta continua // **-ly** *avv.* // **-ness** *s.*

endlong ['endlɒŋ / end·long] *agg.* (*rar.*) perpendicolare.

endlong *avv.* (*ant.*) **1** longitudinalmente **2** continuamente **3** diritto ◆ *prep.* lungo.

end mill ['endmɪl] *s.* (*mecc.*) fresa a codolo.

endmost ['endməʊst / end·most] *agg.* (*non com.*) il più remoto.

endo- ['endəʊ] *pref.* di origine greca che significa 'dentro, (posto nell') interno'; it. endo-: *endocyst*, endocisti; *endogeny*, endogenia, endogenesi; *endoparasite*, endoparassita.

endocardial [,endəʊ'kɑ:dɪəl / en·do·card·ial] *agg.* (*anat.*) endocardico.

endocarditis [,endəʊ'kɑ:daɪtɪs / en·do·card·itis] *s.* (*med.*) endocardite.

endocardium [,endəʊ'kɑ:dɪəm / en·do·car·dium] *pl.* **endocardia** [,endəʊ'kɑ:dɪə / en·do·car·dia] *s.* (*anat.*) endocardio.

endocarp ['endəʊkɑ:p / en·do·carp] *s.* (*bot.*) endocarpo.

endocranial [,endəʊ'kreɪnjəl / en·do·cran·ial] *agg.* (*anat.*) endocranico.

endocranium [,endəʊ'kreɪnjəm / en·do·cra·nium] *pl.* **endocrania** [,endəʊ'kreɪnjə / en·do·cra·nia] *s.* (*anat.*) endocranio.

endocrine ['endəʊkraɪn / en·do·crine] *agg.* endocrino: (*anat.*) — *gland*, ghiandola endocrina ◆ *s.* (*biol.*) secrezione endocrina.

endocrinologist [,endəʊkrə'nɒlədʒɪst / en·do·crin·olo·gist] *s.* (*med.*) endocrinologo.

endocrinology [,endəʊkrə'nɒlədʒɪ / en·do·crin·ology] *s.* (*med.*) endocrinologia.

endoderm ['endəʊ,dɜ:m / en·do·derm] *s.* (*biol.*) endoderma, entoderma.

endodermis [,endəʊ'dɜ:mɪs / en·do·dermis] *s.* (*bot.*) endoderma.

endoergic [,endəʊ'ɜ:dʒɪk / en·do·ergic] *agg.* (*fis.*) endoenergetico: — *reaction*, reazione endoenergetica.

endogamic [,endəʊ'gæmɪk / en·do·gamic] **endogamous** [en'dɒgəməs / en·do·gam·ous] *agg.* (*biol.*, *etnologia*) endogamico.

endogamy [en'dɒgəmɪ / en·do·gamy] *s.* (*biol.*, *etnologia*) endogamia.

endogenetic [,endəʊdʒɪ'netɪk / en·do·gen·etic] **endogenic** [,endəʊ'dʒenɪk / en·do·genic] *agg.* → **endogenous**.

endogenous [en'dɒdʒənəs / en·do·gen·ous] *agg.* (*scient.*) endogeno: (*med.*) — *diseases*, malattie endogene; (*geol.*) — *rocks*, rocce endogene.

endometrium [,endəʊ'metrɪəm / en·do·met·rium] *s.* (*anat.*) endometrio.

endoplasm ['endəʊplæzəm / en·do·plasm] *s.* (*biol.*) endoplasma.

endoplasmic [,endəʊ'plæzmɪk / en·do·plasmic] *agg.* (*biol.*) endoplasmatico.

endopleura [,endəʊ'plʊərə / en·do·pleura] *s.* (*bot.*) endopleura.

endor(h)eic [,endəʊ'ri:ɪk / en·do·r(h)eic] *agg.* (*geogr.*) endoreico, chiuso: — *basin*, bacino endoreico.

endorphin [en'dɔ:fɪn / en·dor·phin] *s.* (*biochim.*) endorfina.

to **endorse** [ɪn'dɔ:s / en·dorse] *v.tr.* **1** (*comm.*) girare; vistare; firmare: *to — a bill*, girare una cambiale; *to — a cheque*, girare un assegno; *to — a document*, vistare un documento: *to — in blank*, girare in bianco **2** approvare, confermare; appoggiare; (*dir.*) approvare (ricorso ecc.): *his candidacy was endorsed by two former presidents*, la sua candidatura era appoggiata da due presidenti precedenti **3** trascrivere un'annotazione per una infrazione grave (sulla patente).

endorsee [,endɔ:'si: / en·dorsee] *s.* (*comm.*) giratario.

endorsement [ɪn'dɔ:smənt / en·dorse·ment] *s.* **1** (*comm.*) girata: *wording of the* —, dicitura della girata; *to transfer a bill by* —, trasferire una cambiale a mezzo girata; *blank* —, girata in bianco: *qualified* —, girata condizionata // (*assicurazioni*) — *on the policy*, modificazione consensuale delle condizioni di assicurazione mediante annotazioni a tergo **2** approvazione; adesione, appoggio: *blank* —, completa approvazione; *qualified* —, approvazione con qualche riserva **3** annotazione per infrazione grave (su patente).

endorser [ɪn'dɔ:sə* / en·dorser] *s.* (*comm.*) girante: *next*, *prior* —, girante successivo, precedente.

endoscope ['endəʊskəʊp / en·do·scope] *s.* (*med.*) endoscopio.

endoscopy [en'dɒskəpɪ / en·do·scopy] *s.* (*med.*) endoscopia.

endosmometer [,endəz'mɒmɪtə* / end·osmo·meter] *s.* (*chim.*, *fis.*) endosmometro.

endosmosis [,endəz'məʊsɪz / end·os·mosis] *s.* (*chim.*, *med.*) endosmosi.

endosperm ['endəʊspɜ:m / en·do·sperm] *s.* (*bot.*) endosperma.

endospore ['endəʊspɔ:* / en·do·spore] *s.* (*bot.*) endospora.

endothelium [,endəʊ'θi:lɪəm / en·do·the·lium] *pl.* **endothelia** [,endəʊθi:lɪə / en·do·thelia] *s.* (*anat.*) endotelio.

endothermic [,endəʊ'θɜ:mɪk / en·do·thermic] *agg.* (*chim.*, *fis.*) endotermico.

endotoxin [,endəʊ'tɒksɪn / en·do·toxin] *s.* (*biol.*) endotossina.

to **endow** [ɪn'daʊ / en·dow] *v.tr.* **1** dotare; sussidiare (scuola, ospedale ecc.) **2** (*fig.*) dotare, provvedere, fornire: *to — a person with powers*, conferire poteri a una persona; *to be endowed by nature with beauty*, essere belli di natura **3** (*ant.*) dare in dote.

endowed [ɪn'daʊd / en·dowed] *agg.* **1** (*dir.*) dotato; sussidiato **2** (*fig.*) dotato, provvisto, fornito: — *with a keen intelligence*, dotato di pronta intelligenza.

endowment [ɪn'daʊmənt / en·dow·ment] *s.* **1** (*dir.*) dotazione; assegnazione, costituzione di dote; donazione // — *contract*, contratto di capitalizzazione // — *fund*, fondo di dotazione; fondo previdenziale a beneficio dei dipendenti // (*assicurazioni*): — *insurance*, assicurazione nel caso di sopravvivenza; — *policy*, polizza mista **2** (*fig.*) talento; dono naturale, dote **3** (*spec. pl.*) sussidio, finanziamento.

end-paper ['end,peɪpə*] *s.* risguardo.

end-product ['end,prɒdʌkt] *s.* **1** (*econ.*) prodotto finale; prodotto finito **2** (*fig.*) risultato finale, prodotto finale.

end-stopped ['end,stɒpt] *agg.* che ha una pausa alla fine (di verso).

end-to-end [,endtə'end] *agg.* e *avv.* **1** con gli estremi a contatto: *the two tables were joined* —, i due tavoli furono uniti nel senso della lunghezza (per lungo) **2** (*inform.*) da utente a utente: — *control*, *protocol*, controllo, protocollo da utente a utente.

to **endue** [ɪn'dju: *amer.* ɪn'du: / en·due] *v.tr.* (*ant.*) **1** conferire, dotare, investire: *to — s.o. with powers*, conferire poteri a qlcu.; *you were endued / with your former privilege, how did you show your gratitude?*, (T.S. ELIOT) ti si conferì il tuo precedente privilegio, come dimostrasti la tua gratitudine? **2** vestire.

endurable [ɪn'djʊərəbl *amer.* ɪn'dʊərəbl / en·dur·able] *agg.* **1** sopportabile, tollerabile **2** (*ant.*) duraturo.

endurableness [ɪn'djʊərəblnɪs *amer.* ɪn'dʊərəblnɪs / en·dur·able·ness] *s.* sopportabilità.

endurably [ɪn'djʊərəblɪ *amer.* ɪn'dʊərəblɪ / en·dur·ably] *avv.* sopportabilmente.

endurance [ɪn'djʊərəns *amer.* ɪn'dʊərəns / en·dur·ance] *s.* **1** resistenza, tolleranza, pazienza, sopportazione: *past* (o *beyond*) —, al di là di ogni sopportazione **2** resistenza, durata; (*aer.*, *mar.*) autonomia di durata: — *flight*, volo di durata // (*mecc.*): — *limit*, limite di fatica; — *strength*, resistenza alla fatica; — *test*, prova di durata **3** (*non com.*) avversità, sofferenza.

to **endure** [ɪn'djʊə* *amer.* ɪn'dʊə* / en·dure] *v.tr.* **1** (II) tollerare, sopportare: *he won't be able to — that kind of life*, non potrà sopportare quel genere di vita **2** (*ant.*) consentire, permettere ◆ *v.intr.* resistere; durare, restare, continuare: *his work will —*, la sua opera sopravviverà.

enduring [ɪn'djʊərɪŋ *amer.* ɪn'dʊərɪŋ / en·dur·ing] *agg.* **1** tollerante, paziente **2** durevole, permanente, stabile.

enduringly [ɪn'djʊərɪŋlɪ *amer.* ɪn'dʊerɪŋlɪ / en·dur·ing·ly] *avv.* durevolmente.

end-user ['endju:zə*] *s.* **1** (*econ.*) utilizzatore finale **2** (*inform.*) utente finale.

endways ['endweɪz / end·ways] **endwise** ['endwaɪz / end·wise] *avv.* **1** in posizione eretta **2** capo contro capo, testa contro testa **3** longitudinalmente.

Eneid ['i:nɪɪd] → **Aeneid**.

enema ['enɪmə / en·ema] *pl.* **enemas**, **enemata** [,enə'mɑ:tə / en·emata] *s.* (*med.*) clistere, enteroclisma.

enemy ['enɪmɪ / en·emy] *agg.* nemico: — *aircraft*, aviazione nemica; — *alien*, straniero nemico ◆ *s.* nemico; oppositore, avversario: *they were deadly enemies*, erano nemici mortali; *the —*, il nemico, le forze nemiche: *the — were forced to retreat*, il nemico fu costretto a ritirarsi // *to make enemies*, farsi dei nemici // *public — number one*, nemico pubblico numero uno // *to be one's own worst —*, essere il peggior nemico di se stesso // (*teol.*) *the Enemy*, il maligno, il demonio // *how goes the —?*, (*sl. amer.*) che ora è?

energetic(al) [,enə'dʒetɪk(l) / en·er·getic·(al)] *agg.* **1** energico: *he was an — man*, era un uomo energico, di polso **2** energetico // **-ally** *avv.*

energetics [,enə'dʒetɪks / en·er·get·ics] *s.* U energetica.

to **energize** ['enədʒaɪz / en·er·gize] *v.tr.* **1** infondere energia a; stimolare **2** (*elettr.*) eccitare; mettere sotto tensione ◆ *v.intr.* **1** (*non com.*) agire con vigore **2** (*elettr.*) eccitarsi; essere sotto tensione.

energumen [,enɜ:'gju:men / en·er·gu·men] *s.* **1** energumeno, invasato **2** (*non com.*) fanatico; entusiasta.

energy ['enədʒɪ / en·ergy] *s.* **1** energia, forza, vigore: *of no —*, senza energia; *to apply* (o *to devote*) *one's energies to a task*, dedicare le proprie energie a un compito; *to restore* (o *to recover*) *one's energies*, ricuperare le proprie energie // *to have no —*, (*fam.*) non aver sangue nelle vene **2** energia, risorsa naturale // (*econ.*): — *conservation*, risparmio energetico; — *source*, fonte energetica, di energia; — *crisis*, crisi energetica **3** (*fis.*) energia: — *level*, livello di energia; — *saving principle*, principio della conservazione dell'energia; — *of friction*, lavoro di attrito; *atomic —*, energia atomica; *electrical —*, energia elettrica; *kinetic —*, energia cinetica; *solar —*, energia solare; — *loss*, perdita di energia // (*chim.*) *binding —*, energia di legame // *strain —*, lavoro di deformazione.

energy-saving meter ['enədʒɪ,seɪvɪŋ' mi:tə*] *s.* (*aut.*) econometro.

enervate [ɪ'nɜ:vɪt / en·er·vate] *agg.* **1** senza forza, senza vigore, snervato **2** (*bot.*) senza nervatura.

to **enervate** ['enɜ:veɪt] *v.tr.* snervare, indebolire, render fiacco.

enervated ['enɜ:veɪtɪd / en·er·vated] *agg.* senza forza, indebolito.

enervating ['enɜ:veɪtɪŋ / en·er·vat·ing] *agg.* snervante, che indebolisce.

enervation [,enɜ:'veɪʃn / en·erva·tion] *s.* **1** infiacchimento, indebolimento **2** mollezza.

to **enface** [ɪn'feɪs / en·face] *v.tr.* **1** scrivere, stampare in alto (nella prima pagina) **2** (*comm.*) scrivere (qlco.) su assegno o cambiale // *enfaced bonds*, titoli detenuti a condizioni diverse da quelle di emissione (in particolare emessi da paesi esteri non più in grado di far fronte ai propri impegni).

to **enfeeble** [ɪn'fi:bl / en·feeble] *v.tr.* indebolire, debilitare, esaurire.

enfeeblement [ɪn'fi:blmənt / en·fee·ble·ment] *s.* indebolimento.

to **enfeoff** [ɪn'fef / en·feoff] *v.tr.* (*st.*) infeudare.

enfeoffment [in'fefmənt / en·feoff·ment] *s.* (*st.*) infeudazione, infeudamento, investitura di un feudo.

to **enfetter** [ɪn'fetə* / en·fet·ter] *v.tr.* (*non com.*) mettere in ceppi, incatenare (*anche fig.*).

enfilade [,enfɪ'leɪd / en·fil·ade] *s.* (*mil.*) infilata.

to **enfilade** *v.tr.* (*mil.*) colpire con fuoco di fila, colpire d'infilata.

to **enfold** [ɪn'fəʊld / en·fold] *v.tr.* **1** avvolgere **2** cingere, abbracciare (*anche fig.*).

enfoldment [ɪn'fəʊldmənt / en·fold·ment] *s.* (*non com.*) avvolgimento.

to **enforce** [ɪn'fɔ:s / en·force] *v.tr.* **1** imporre, far rispettare: *to — obedience*, farsi obbedire; *to — one's rights*, far valere i propri diritti; *to — one's will on s.o.*, imporre a qlcu. la propria volontà; *to — payment*, costringere (il debitore) al pagamento (del debito) **2** far osservare, mettere in vigore (una legge ecc.); applicare, dare esecuzione: (*dir.*) *to — a law*, applicare, rendere esecutiva, far rispettare una legge **3** appoggiare, far valere (domanda, argomento ecc.).

enforceable [ɪn'fɔ:səbl / en·force·able] *agg.* **1** applicabile, che può essere fatto valere **2** (*dir.*) esecutorio: — *agreement*, contratto azionabile; — *judgment*, sentenza esecutiva.

enforced [ɪn'fɔ:st / en·forced] *agg.* imposto, forzato // **-ly** *avv.*

enforcement [ɪn'fɔ:smənt / en·force·ment] *s.* **1** costrizione, imposizione **2** (*dir.*) esecuzione, applicazione.

to **enframe** [ɪn'freɪm / en·frame] *v.tr.* (*non com.*) incorniciare.

to **enfranchise** [ɪn'frænʧaɪz / en·franch·ise] *v.tr.* **1** affrancare (uno schiavo, un fondo) **2** (*pol.*) accordare il diritto di suffragio a **3** conferire un privilegio a.

enfranchisement [ɪn'frænʧɪzmənt / en·franch·ise·ment] *s.* **1** affrancamento (di schiavo ecc.) **2** diritto di suffragio.

to **engage** [ɪn'geɪdʒ / en·gage] *v.tr.* **1** assumere, prendere a servizio; ingaggiare: *to — staff*, assumere personale; *to — a servant*, assumere un domestico; *I engaged him to paint the house*, gli ho dato l'incarico di dipingere la casa **2** (*form.*) riservare, fissare (posto a teatro, camera ecc.) **3** impegnare, impegnarsi (moralmente): *to — oneself for dinner*, impegnarsi per il pranzo; *to — (oneself) to do sthg.*, impegnarsi a far qlco.; *he engaged himself to find some investors for the company*, si impegnò a trovare qualcuno disposto a fare degli investimenti nella società; *it is more than I can — for*, è più di quel che posso garantire // *to be engaged (to s.o.)*, essere fidanzato (con qlcu.) **4** attrarre, affascinare; catturare (l'attenzione); guadagnare, cattivarsi (l'affetto ecc.) **5** (*mil.*) ingaggiare, impegnare battaglia **6** occupare, impegnare: *to — s.o. in conversation*, impegnare qlcu. in una conversazione; *to be engaged on a novel*, essere occupato a scrivere un romanzo **7** (*arch.*) incastrare; (*mecc.*) ingranare; innestare; impegnare ◆ *v.intr.* **1** (*mil.*) attaccare, attaccare battaglia: *we engaged (with the enemy) at dawn*, attaccammo (il nemico) all'alba **2** (*tecn.*) innestarsi; ingranare.

□ **engage in** *v.intr.* e *prep.* (*form.*) impegnarsi in, dedicarsi a: *to — in battle*, ingaggiar battaglia; *to — in business*, mettersi negli affari; *to — in conversation, in discussion with s.o.*, prendere parte a una conversazione, a una discussione con qlcu.; *to — in a dangerous speculation*, imbarcarsi in una speculazione pericolosa.

engagé [,ɒŋgæ'ʒeɪ / en·gagé] *avv.* (*fr.*) impegnato (spec. politicamente).

engaged [ɪn'geɪdʒd / en·gaged] *agg.* **1** impegnato: *he is — in a difficult task*, è impegnato in un compito difficile; *he was — in some business with his brother*, era impegnato in qualche affare con suo fratello; *I am — all day*, sono occupato tutto il giorno; *are you —?*, sei impegnato, hai da fare? // *an — poet*, un poeta impegnato **2** fidanzato: *the — couple*, i fidanzati **3** preso, riservato, fissato, occupato (di posto, tavolo, auto, telefono ecc.): *this seat is —*, questo posto è occupato; *the telephone line was —*, la linea (telefonica) era occupata **4** (*mil.*) impegnato in combattimento **5** (*mecc.*) ingranato; innestato; impegnato.

engagement [ɪn'geɪdʒmənt / en·gage·ment] *s.* **1** (*form.*) impegno; promessa; appuntamento; contratto: *owing to a previous —*, a causa di un impegno precedente; *to enter into an —*, prendere, assumere un impegno; *to have an —*, avere un impegno, un appuntamento; *to meet, to break an —*, fare onore, venir meno a un impegno // — *book*, agenda **2** fidanzamento // — *ring*, anello di fidanzamento **3** assunzione, impiego; arruolamento; reclutamento; *pl.* (*econ.*) nuove assunzioni annue **4** (*mil.*) scontro, azione, combattimento **5** (*mecc.*) impegno; contatto.

engaging [ɪn'geɪdʒɪŋ / en·ga·ging] *agg.* attraente, affascinante, seducente; accattivante; simpatico: *the little girl gave me an — smile*, la ragazzina mi sorrise con simpatia; *to have an — manner*, avere dei modi seducenti // **-ly** *avv.*

to **engarland** [ɪn'gɑ:lənd / en·gar·land] *v.tr.* (*non com.*) inghirlandare.

to **engender** [ɪn'dʒendə* / en·gen·der] *v.tr.* **1** (*ant.*) generare, concepire **2** (*form.*) produrre, causare (sentimenti, malattie ecc.).

to **engild** [ɪn'gɪld / en·gild] *v.tr.* (*letter.*) indorare (*anche fig.*).

engine ['endʒɪn / en·gine] *s.* **1** motore; macchina motrice: — *room*, sala macchine; —

speed indicator, contagiri motore // *air-cooled* —, motore raffreddato ad aria; *explosion* —, motore a scoppio; *four-stroke* —, motore a quattro tempi; *gas* —, motore a gas; *hot-air* —, motore ad aria calda; *internal-combustion* —, motore a combustione interna; *petrol* —, motore a benzina **2** (*ferr.*) locomotiva; locomotore: *to sit with one's face to the* —, sedersi nel senso di marcia **3** (*ant.*) strumento, mezzo: *to employ every — at one's disposal*, usare tutti i mezzi a propria disposizione **4** (*ant. mil.*) macchina bellica: *O you mortal engines whose rude throats / the immortal Jove's dread clamours counterfeit, / farewell!*, (SH. Othello) E voi, mortali macchine di guerra, le cui rudi gole imitano i tremendi clamori di Giove immortale, addio!

engineer [,endʒɪ'nɪə* / en·gin·eer] *s.* **1** ingegnere; tecnico: *chemical* —, ingegnere chimico; *electrical* —, ingegnere elettrotecnico; *civil* —, ingegnere civile; *mechanical* —, ingegnere meccanico; *mining* —, ingegnere minerario; *naval* —, ingegnere navale // *consulting* —, consulente tecnico // (*cinem.*) *sound* —, tecnico del suono; *telephone* —, tecnico dei telefoni **2** (*mar.*) meccanico **3** (*amer. ferr.*) macchinista **4** (*mil.*) soldato del genio // *the Engineers*, il genio **5** (*ant.*) orditore, promotore: *the chief — of the scheme*, il principale promotore del progetto.

to **engineer** *v.tr.* **1** costruire, progettare (ponti, strade ecc.) **2** (*fig.*) architettare; macchinare; progettare: *to — s.o.'s downfall*, architettare la rovina di qlcu.

engineering [,endʒɪ'nɪərɪŋ / en·gin·eer·ing] *s.* **1** ingegneria: *chemical* —, ingegneria chimica; *civil* —, ingegneria civile; *military* —, genio militare; *naval* —, genio navale; *road* —, ingegneria stradale; *radio* —, radiotecnica // (*inform.*) *control* —, automazione **2** costruzione meccanica // (*comm.*) — *insurance*, assicurazione contro i rischi del montaggio industriale **3** [U] (*fig.*) macchinazioni, manovre (*pl.*) **4** (*dir. amer.*) contratto di appalto per consulenze in materia scientifica e tecnologica.

enginery ['endʒɪnərɪ / en·gin·ery] *s.* [U] **1** (*non com.*) macchine, macchinario **2** (*ant.*) macchinazioni **3** (*non com.*) funzionamento (di impresa).

to **engird** [ɪn'gɜ:d / en·gird] *v.tr.* (*letter.*) circondare, cingere.

Englander ['ɪŋgləndə* / Eng·lander] *s.* (*rar.*) inglese.

English ['ɪŋglɪʃ / Eng·lish] *agg.* inglese: — *born*, inglese di nascita; — *history*, storia inglese // *the* —, gli inglesi // *the — Channel*, la Manica ◆ *s.* (lingua) inglese // *American* —, l'inglese come si parla in America; *British* —, l'inglese come si parla in Inghilterra; *Middle* —, inglese medievale; *Modern* —, inglese moderno; *Old* —, inglese antico, anglosassone; *Queen's* — (o *King's* —), l'inglese delle classi colte; *standard* —, l'inglese standard // *what's the — for...?*, come si dice in inglese...? // *to speak in plain* —, parlare chiaro, senza ambiguità.

to **english** *v.tr.* **1** (*ant.*) tradurre in inglese **2** anglicizzare.

Englisher ['ɪŋglɪʃə* / En·glish·er] *s.* (*rar.*) **1** inglese **2** chi traduce in inglese.

Englishism ['ɪŋglɪʃɪzəm / Eng·lish·ism] *s.* **1** caratteristiche inglesi; modo di vita inglese **2** (*antiq.*) anglofilia.

English ivy [,ɪŋglɪʃ'aɪvɪ] *s.* (*bot.*) edera → **ivy**.

Englishman ['ɪŋglɪʃmən / Eng·lish·man] *pl.* **Englishmen** *s.* (uomo) inglese.

Englishry ['ɪŋglɪʃrɪ / Eng·lishry] *s.* **1** (*non com.*) la condizione di essere inglese **2** quella parte della popolazione in Irlanda che è di origine inglese **3** (*rar.*) gli inglesi.

English-speaking ['ɪŋglɪʃ'spi:kɪŋ] *agg.* di lingua inglese: — *nations*, nazioni di lingua inglese.

English spliff [,ɪŋglɪʃ'splɪf] *s.* (*sl. amer.*) sigaretta drogata.

Englishwoman ['ɪŋglɪʃ,wʊmən / Eng·lish·woman] *pl.* **Englishwomen** ['ɪŋglɪʃ,wɪmɪn] *s.* (donna) inglese.

to **englobe** [ɪn'gləʊb / en·globe] *v.tr.* inglobare.

to **englut** [ɪn'glʌt / en·glut] *v.tr.* **1** (*non com.*) inghiottire; ingoiare **2** (*ant.*) ingozzare; saziare: *my particular grief / ... engluts and swallows other sorrows / and is still itself*, (SH. Othello) il mio privato dolore ...sazia e inghiotte ogni altro affanno e rimane sempre uguale.

to **engorge** [ɪn'gɔ:dʒ / en·gorge] *v.tr.* **1** ingurgitare, ingollare, mangiare avidamente **2** *to be engorged*, essere ingorgato; (*med.*) essere congestionato (di vena) ◆ *v.intr.* mangiare avidamente, ingozzarsi.

engorgement [ɪn'gɔ:dʒmənt / en·gorge·ment] *s.* **1** ingurgitamento **2** (*med.*) congestione vascolare.

to **engraft** [ɪn'grɑ:ft *amer.* ɪn'græft / en·graft] *v.tr.* **1** (*bot.*) innestare **2** (*fig.*) inserire; incorporare; inculcare (nella mente).

engraftation [,ɪngrɑ:f'teɪʃn *amer.* ,ɪn græf'teɪʃn / en·grafta·tion] *s.* (*bot.*) innesto.

to **engrail** [ɪn'greɪl / en·grail] *v.tr.* **1** (*arald.*) dentellare **2** ornare (una moneta) di granitura.

engrailment [ɪn'greɪlmənt / en·grail·ment] *s.* granitura (di una moneta).

to **engrain** [ɪn'greɪn / en·grain] *v.tr.* **1** tingere a tinta forte **2** tingere allo stato grezzo **3** (*fig.*) penetrare profondamente in.

engram ['en,græm / en·gram] *s.* (*med.*) engramma; (*psic.*) traccia mnemonica.

to **engrave** [ɪn'greɪv / en·grave] *v.tr.* intagliare; cesellare; incidere (*anche fig.*): *it's engraved on my memory*, è stampato, impresso nella mia memoria.

engraver [ɪn'greɪvə* / en·graver] *s.* incisore; intagliatore; cesellatore // (*tip.*) *copperplate* —, calcografo.

engraving [ɪn'greɪvɪŋ / en·grav·ing] *s.* **1** arte dell'incisione, l'incidere **2** incisione; stampa: *dealer of engravings*, mercante di stampe.

to **engross** [ɪn'grəʊs / en·gross] *v.tr.* **1** monopolizzare (l'attenzione); assorbire, tenere occupato: *it will — your attention*, assorbirà la tua attenzione; *to — the conversation*, monopolizzare la conversazione // *to be engrossed in sthg.*, essere occupato, assorbito in qlco.; *to become engrossed*, astrarsi **2** copiare (un atto legale); redigere (un documento) a grandi caratteri **3** (*ant.*) incettare, fare incetta di, accaparrare.

engrosser [ɪn'grəʊsə* / en·gross·er] *s.* **1** monopolizzatore, chi monopolizza (l'attenzione) **2** (*ant.*) amanuense.

engrossing [ɪn'grəʊsɪŋ / en·gross·ing] *agg.* avvincente: *an — film, book*, un film, un libro avvincente ◆ *s.* (*econ.*) accaparramento, incetta.

engrossment [ɪn'grəʊsmənt / en·gross·ment] *s.* **1** (*dir.*) copiatura di documento **2** assorbimento; accaparramento.

to **engulf** [ɪn'gʌlf / en·gulf] *v.tr.* ingolfare, inghiottire; inabissare: *the country was engulfed by war*, il paese era travolto dalla guerra; *he was engulfed by panic*, era travolto dal panico.

to **enhance** [ɪn'hɑ:ns *amer.* ɪn'hæns / en·hance] *v.tr.* accrescere, aumentare; intensificare: *his success enhanced his reputation*, il successo ha accresciuto la sua reputazione; *to — the value of land*, valorizzare un terreno.

enhancement [ɪn'hɑ:nsmənt *amer.* ɪn'hænsmənt / en·hance·ment] *s.* **1** rialzo **2** aumento, accrescimento, rinforzo; miglioramento: *image* —, miglioramento dell'immagine (su schermo) **3** (*inform.*) miglioramento, perfezionamento; messa in evidenza (su schermo); completamento.

enharmonic [,enhɑ:'mɒnɪk / en·har·monic] *agg.* (*mus.*) enarmonico.

enigma [ɪ'nɪgmə / en·igma] *s.* **1** enigma **2** persona misteriosa.

enigmatic(al) [,enɪg'mætɪk(l) / en·ig·matic, en·ig·mat·ical] *agg.* enigmatico // **-ally** *avv.*

to **enigmatize** [ɪ'nɪgmətaɪz / en·ig·mat·ize] *v.tr.* simbolizzare, rendere enigmatico ◆ *v.intr.* (*non com.*) esprimersi per mezzo di enigmi.

to **enisle** [ɪn'aɪl / en·isle] *v.tr.* (*rar.*) isolare; segregare.

enjambment [ɪn'dʒæmmənt / en·jamb·ment] *s.* (*poesia*) enjambement.

to **enjoin** [ɪn'dʒɔɪn / en·join] *v.tr.* **1** (*form.*) comandare; ingiungere, intimare: *to — prudence on s.o.*, raccomandare prudenza a qlcu.; *to — (on) s.o. to do sthg.*, ingiungere a qlcu. di fare qlco. **2** (*dir. amer.*) proibire, interdire.

enjoined [ɪn'dʒɔɪnd / en·joined] *s.* (*dir. amer.*) persona alla quale è stata notificata una ingiunzione.

enjoinment [ɪn'dʒɔɪnmənt / en·join·ment] *s.* (*dir. amer.*) ingiunzione, prescrizione, divieto.

to **enjoy** [ɪn'dʒɔɪ / en·joy] *v.tr.* (I) **1** godere, gioire, esser felice di; assaporare, gustare, provar piacere in: *I enjoyed the concert*, ho gustato il concerto; *to — a meal*, gustarsi un pasto; *to — doing sthg.*, provar piacere nel fare qlco.: *I — reading*, mi piace leggere **2** *to — oneself doing sthg.*, divertirsi a fare qlco. **3** godere del possesso, dell'uso di; possedere: *he enjoys the patronage of important people*, gode del favore di persone importanti; *they — a high standard of living*, hanno un alto tenore di vita; *to — good, poor health*, avere una salute florida, malferma.

enjoyability [,ɪndʒɔɪə'bɪlətɪ / en·joy·abil·ity] *s.* godibilità.

enjoyable [ɪn'dʒɔɪəbl / en·joy·able] *agg.* gradevole, piacevole, divertente: *we had a most — evening*, abbiamo trascorso una serata piacevolissima // **-bly** *avv.* // **-ness** *s.*

enjoyment [ɪn'dʒɔɪmənt / en·joy·ment] *s.*

1 gioia, godimento, piacere 2 (*dir.*) godimento (di un diritto).

to **enkindle** [ɪn'kɪndl / en·kindle] *v.tr.* 1 (*fig., non com.*) infiammare; eccitare; stimolare 2 (*letter.*) accendere.

to **enlace** [ɪn'leɪs / en·lace] *v.tr.* 1 intrecciare; allacciare (con nastri ecc.) 2 (*fig.*) stringere; abbracciare: *lovers enlaced in each other's arms*, amanti abbracciati.

to **enlarge** [ɪn'lɑ:dʒ / en·large] *v.tr.* 1 allargare, ampliare; espandere, dilatare: *enlarged heart*, cuore dilatato; *enlarged pores*, pori dilatati; *to — one's premises*, ingrandire il proprio negozio; *he has enlarged his garden*, ha ampliato il suo giardino 2 (*fot.*) ingrandire: *I'll get this photo enlarged*, farò ingrandire questa fotografia ◆ *v.intr.* allargarsi, ampliarsi; espandersi, dilatarsi.

□ **enlarge (up)on** *v.tr.* e *prep.* dilungarsi su, sviluppare (un argomento).

enlargement [ɪn'lɑ:dʒmənt / en·large·ment] *s.* 1 allargamento, ampliamento 2 (*fot.*) ingrandimento.

enlarger [ɪn'lɑ:dʒə* / en·lar·ger] *s.* (*fot.*) ingranditore.

to **enlighten** [ɪn'laɪtn / en·lighten] *v.tr.* 1 (*non com.*) rischiarare, illuminare 2 (*fig.*) illuminare, chiarire; dare chiarimenti a: *to — s.o. on a subject*, illuminare qlcu. su un argomento; *the experience enlightened him*, l'esperienza gli ha aperto gli occhi.

enlightening [en'laɪtnɪŋ / en·light·en·ing] *agg.* illuminante; istruttivo.

enlightenment [ɪn'laɪtnmənt / en·light·en·ment] *s.* spiegazione; schiarimento // *the Age of Enlightenment*, (*fil.*) l'età dell'Illuminismo.

to **enlist** [ɪn'lɪst / en·list] *v.tr.* 1 (*mil.*) arruolare; ingaggiare: *to — recruits*, arruolare reclute // *enlisted man*, (*amer.*) militare di leva 2 (*fig.*) ottenere l'appoggio di: *to — the services of s.o.*, assicurarsi i servigi, l'aiuto di qlcu. ◆ *v.intr.* 1 arruolarsi 2 dare il proprio appoggio; aderire: *to — in a good cause*, dare il proprio appoggio a una giusta causa.

enlistment [ɪn'lɪstmənt / en·list·ment] *s.* (*mil.*) arruolamento, ingaggio.

to **enliven** [ɪn'laɪvn / en·liven] *v.tr.* rianimare, rallegrare, ravvivare: *to — a discussion*, animare una discussione.

en masse [ɑ:ŋ'mæs] *avv.* (*fr.*) in massa, numerosi.

to **enmesh** [ɪn'meʃ / en·mesh] *v.tr.* irretire, inviluppare; intrappolare: *he found himself enmeshed in her problems*, si trovò intrappolato nei suoi problemi; *so will I... / out of her own goodness make the net / that shall enmesh them all*, (SH. Othello) così... della sua stessa bontà farò una rete che li intrappolerà tutti.

enmeshment [ɪn'meʃmənt / en·mesh·ment] *s.* irretimento.

enmity ['enmətɪ / en·mity] *s.* ostilità, inimicizia: *to be at — with s.o.*, essere in cattivi rapporti con qlcu.

to **ennoble** [ɪ'nəʊbl / en·noble] *v.tr.* nobilitare, rendere nobile (*anche fig.*).

ennoblement [ɪ'nəʊblmənt / en·no·ble·ment] *s.* il nobilitare (*anche fig.*).

ennui [ɒn'wi: / en·nui] *s.* noia.

enol ['i:nəʊl] *s.* (*chim.*) enolo.

enolic [ɪ'nɒlɪk] *agg.* (*chim.*) enolico.

enophthalmos [,enɒp'θælməs / en·oph·thal·mos] *s.* (*med.*) enoftalmo.

enormity [ɪ'nɔ:mətɪ / enorm·ity] *s.* 1 mostruosità, malvagità 2 enormità, immensità, vastità.

enormous [ɪ'nɔ:məs / enorm·ous] *agg.* enorme, immenso // **-ly** *avv.* // **-ness** *s.*

enough [ɪ'nʌf] *agg.* (*può seguire il s.*) sufficiente, bastante; abbastanza: *have you got — wine for the party?*, hai abbastanza vino per la festa?; *we had time — to see the exhibition*, avevamo tempo a sufficienza per visitare la mostra; *there was noise — to wake the dead*, c'era rumore abbastanza da svegliare un morto.

enough *avv.* (*segue avv. e agg.*) abbastanza, sufficientemente: *is it hot —?*, è abbastanza caldo?; *she sings well —*, canta discretamente bene; *he's old — to know better*, è sufficientemente grande per sapersi comportare // *he didn't speak clearly —*, non parlava sufficientemente chiaro // *funnily, oddly, strangely, interestingly —*, strano a dirsi, abbastanza stranamente... // *sure —*, certamente.

enough *s.* il necessario; sufficienza: *he had — of everything*, era sufficientemente fornito di tutto; *he has — to live on*, ha abbastanza di che vivere; *I've had — of this*, ne ho avuto abbastanza; *have you had — to eat?*, hai mangiato abbastanza?; *she's got — to worry about*, ha abbastanza problemi; *to have — and to spare*, avere più che abbastanza // *— of this!*, basta!, finitela! // *more than —*, più che sufficiente // *— is —!*, basta e basta! // *— said*, (ho, hai) detto abbastanza, è sufficientemente chiaro // *that's —!*, basta! // *— is as good as a feast*, (*prov.*) chi si contenta gode.

enow [ɪ'naʊ] *agg.* e *avv.* (*ant., poet.*) abbastanza, in numero sufficiente: *we are enow / to do our country loss*, (SH. Henry V) siamo sufficienti per decretare la rovina del nostro paese.

to **enquire** e *deriv.* → to **inquire** e *deriv.*

to **enrage** [ɪn'reɪdʒ / en·rage] *v.tr.* rendere furioso, far arrabbiare: *to be enraged at sthg.*, essere arrabbiato per qlco.

to **enrapture** [ɪn'ræptʃə* / en·rap·ture] *v.tr.* rapire; estasiare; incantare: *to be enraptured with sthg.*, essere incantato da qlco.

to **enrich** [ɪn'rɪtʃ / en·rich] *v.tr.* 1 arricchire 2 (*fig.*) arricchire; abbellire, adornare: *the gallery was enriched with new pictures*, la galleria venne arricchita di nuovi quadri 3 (*agr.*) arricchire, fertilizzare (un terreno).

enrichment [ɪn'rɪtʃmənt / en·rich·ment] *s.* 1 arricchimento // (*dir.*) *unjust —*, indebito arricchimento // (*fis. nucleare*) *uranium —*, arricchimento dell'uranio 2 abbellimento 3 (*agr.*) arricchimento, fertilizzazione (del terreno).

to **enrobe** [ɪn'rəʊb / en·robe] *v.tr.* (*non com.*) vestire, ornare.

to **enrol(l)** [ɪn'rəʊl / en·rol(l)] *pass.p.p.* **enrolled** [ɪn'rəʊld / en·rolled] *v.tr.* 1 arruolare (soldati), ingaggiare (operai); immatricolare; iscrivere: *to — s.o. as a member of a club*, iscrivere qlcu. a un club 2 (*dir.*) registrare ◆ *v.intr.* arruolarsi; immatricolarsi; iscriversi: *to — in a club, a course*, iscriversi a un club, a un corso; *to — at a university*, iscriversi a un'università.

enrolment [ɪn'rəʊlmənt / en·rol·ment] *s.* 1 arruolamento; iscrizione 2 numero degli iscritti, arruolati 3 (*dir.*) registrazione.

en route [,ɒn'ru:t] *avv.* in viaggio; in cammino.

ens [enz] *pl.* **entia** ['enʃɪə] *s.* (*fil.*) entità.

to **ensanguine** [ɪn'sæŋgwɪn / en·san·guine] *v.tr.* (*ant.*) insanguinare (*anche fig.*); rinsanguare.

to **ensconce** [ɪn'skɒns / en·sconce] *v.tr.* (*form.*) nascondere, rannicchiare; mettere al sicuro: *to — oneself behind the door*, nascondersi dietro la porta; *I will ensconce me behind the arras*, (SH. Merry Wives of Windsor) mi nasconderò dietro quell'arazzo.

ensemble [ɒn'sɒmbl / en·semble] *s.* (*fr.*) 1 insieme, complesso; effetto d'insieme 2 (*abbigl.*) completo 3 (*mus.*) ensemble; complesso vocale o strumentale 4 (*teatr.*) compagnia di attori ecc.

to **enshield** [ɪn'ʃi:ld / en·shield] *v.tr.* difendere, riparare, proteggere; nascondere: *these black masks / proclaim an enshield beauty ten times louder / than beauty could, display'd*, (SH. Measure for Measure) le maschere nere proclamano la bellezza nascosta dieci volte più forte di quanto la bellezza ostentata non potrebbe.

to **enshrine** [ɪn'ʃraɪn / en·shrine] *v.tr.* rinchiudere (in un reliquiario); (*fig.*) conservare, serbare (come cosa sacra): *freedom is enshrined in the Constitution*, la libertà è gelosamente conservata nella Costituzione.

to **enshroud** [ɪn'ʃraʊd / en·shroud] *v.tr.* (*form.*) avvolgere; coprire completamente; nascondere.

ensiform ['ensɪfɔ:m / en·si·form] *agg.* (*biol.*) ensiforme.

ensign ['ensaɪn / en·sign] *s.* 1 stendardo, bandiera; insegna, distintivo 2 (*st. mil.*) insegna, unità della cavalleria feudale; lo stendardo, il portastendardo di tale unità: *this giddy girl has somehow contrived to fix her affections on a beggarly, strolling, eaves -dropping ensign*, (R.B. SHERIDAN) questa scervellata fanciulla ha pensato bene di scegliersi come innamorato questo pezzente alfiere vagabondo, abituato a origliare dietro le porte 3 (*mar. mil.*, USA) guardiamarina.

ensigncy ['ensaɪnsɪ / en·signcy] **ensignship** ['ensaɪnʃɪp / en·sign·ship] *s.* ufficio, grado d'alfiere, di portastendardo, di guardiamarina.

ensilage ['ensɪlɪdʒ / en·sil·age] *s.* (*agr.*) 1 insilamento 2 foraggio insilato; mangime raccolto in silos.

to **ensilage**, to **ensile** [ɪn'saɪl / en·sile] *v.tr.* (*agr.*) insilare.

to **enslave** [ɪn'sleɪv / en·slave] *v.tr.* assoggettare, far schiavo (*anche fig.*).

enslavement [ɪn'sleɪvmənt / en·slave·ment] *s.* servaggio, asservimento, schiavitù (*anche fig.*).

to **ensnare** [ɪn'sneə* / en·snare] *v.tr.* adescare; irretire; intrappolare (*anche fig.*).

to **ensorcel(l)** [ɪn'sɔ:səl / en·sorcel(l)] *v.tr.* (*ant.*) stregare.

to **ensphere** [ɪn'sfɪə* / en·sphere] *v.tr.* (*non com.*) racchiudere; circondare.

to **ensue** [ɪn'sju: *amer.* ɪn'su: / en·sue] *v.intr.* risultare, seguire, derivare; capitare, succedere (come conseguenza) ◆ *v.tr.* (*ant.*) cercare di ottenere.

to **ensure** [ɪn'ʃʊə* / en·sure] *v.tr.* assicurare, garantire: *I cannot — her doing that*, non posso assicurare che lo faccia; *to — a prize*, garantire un premio.

to **enswathe** [ɪn'sweɪð/ en·swathe] *v.tr.* (*non com.*) fasciare.

-ent [ent, ənt] *suff.* → **-ant**.

entablature [en'tæblətʃə* / en·tab·la·ture] *s.* (*arch.*) trabeazione.

entablement [ɪn'teɪblmənt / en·ta·ble·ment] *s.* basamento di statua.

entail [ɪn'teɪl / en·tail] *s.* **1** (*dir.*) assegnazione; lascito **2** (*fig.*) eredità inalienabile.

to **entail** *v.tr.* (I) **1** (*dir.*) assegnare in eredità con delle limitazioni **2** imporre, comportare, implicare: *this will — you in great expense*, questo comporterà una grossa spesa per voi; *this entails changing our plans*, questo comporta un cambiamento nei nostri progetti.

entailer [ɪn'teɪlə* / en·tailer] *s.* **1** (*dir.*) chi lascia un'eredità inalienabile **2** chi impone.

entailment [ɪn'teɪlmənt / en·tail·ment] *s.* **1** (*dir.*) assegnazione (in eredità) **2** imposizione **3** (*log.*) implicazione.

to **entangle** [ɪn'tæŋgl / en·tangle] *v.tr.* impigliare, aggrovigliare; intralciare; intrappolare (*anche fig.*): *the rabbit got entangled in a snare*, il coniglio rimase impigliato in una trappola; *he got emotionally entangled with his secretary*, rimase coinvolto sentimentalmente con la sua segretaria.

entanglement [ɪn'tæŋglmənt / en·tan·gle·ment] *s.* **1** groviglio, garbuglio; ingarbugliamento; confusione **2** coinvolgimento (sentimentale) **3** *pl.* (*mil.*) reticolato.

entasis ['entəsɪs / en·tasis] *s.* (*arch.*) entasi.

entelechy [en'teləki / en·tel·echy] *s.* (*fil.*) entelechia.

entellus [ɪn'telɪs / en·tel·lus] *pl.* **entelluses** [ɪn'telɪsi:z / en·tel·lu·ses] *s.* (*zool.*) (*Presbytis entellus*) entello.

entente [ɒn'tɒnt / en·tente] *s.* (*pol.*) intesa, alleanza.

to **enter** ['entə* / en·ter] *v.tr.* **1** entrare; penetrare: *the bullet entered his body*, la pallottola gli entrò nel corpo; *he entered the room*, entrò nella stanza **2** entrare a far parte di, diventare membro di: *to — a college, the Army*, entrare in un collegio, nell'esercito; *to — the Church*, prendere gli ordini religiosi // *to — politics*, entrare nella politica **3** iscrivere, far partecipare; partecipare a: *I want to — myself for the examinations*, voglio iscrivermi agli esami; *everybody wants to — the race*, tutti vogliono partecipare alla gara **4** scrivere, inserire; (*comm.*) registrare; prendere nota di; (*dir.*) trascrivere, annotare (in un ruolo di causa), mettere a verbale: *to — a name on a list*, scrivere un nome in una lista; *has this word been entered in the dictionary?*, questa parola è stata inserita nel dizionario?; *I'll — the engagement in my diary*, prenderò nota dell'impegno nella mia agenda // (*dir.*): *to — a plea of guilty*, dichiararsi colpevole; *to — evidence*, presentare prove; *to — an appearance*, costituirsi in giudizio (del convenuto) **5** iniziare, intraprendere: *agriculture entered a period of rapid decline*, l'agricoltura ha iniziato un periodo di rapido declino // (*dir.*) *to — a claim*, avanzare un reclamo **6** domare (un cavallo); istruire (un cane ecc.) ♦ *v.intr.* **1** entrare, andare dentro: (*teatr.*) — *Iago*, entra Iago **2** iscriversi: *to — for a race*, iscriversi a una corsa.

□ **enter in, into** *v.tr.* e *prep.* registrare, annotare.

□ **enter into** *v.intr.* e *prep.* **1** entrare in, iniziare, avviare: *to — into conversation with s.o.*, iniziare, allacciare una conversazione con qlcu. // (*dir.*) *to — into a contract*, concludere un contratto **2** entrare in, fornire: *he entered into a long account of the fact*, si buttò in un lungo resoconto dei fatti; *to — into details*, entrare in particolari **3** entrare, rientrare, far parte di: *the possibility of a failure didn't — into his calculations*, la possibilità di un insuccesso non rientrava nelle sue previsioni // *my opinion doesn't — into it* (o *the question*), la mia opinione non c'entra // *to — into the spirit of*, (*fig.*) entrare nello spirito di.

□ **enter up** *v.tr.* e *avv.* registrare, prendere nota di SIN. to enter in, into.

□ **enter upon** *v.intr.* e *prep.* (*form.*) iniziare: *he's entering upon his second term at Oxford*, sta iniziando il suo secondo trimestre a Oxford.

enter *s.* (*inform.*) invio.

enterable ['entərəbl / en·ter·able] *agg.* (*non com.*) penetrabile; accessibile.

enteric [en'terɪk / en·teric] *agg.* (*med.*) enterico, intestinale.

enteritis [,entə'raɪtɪs / en·ter·itis] *s.* (*med.*) enterite.

enterocolitis [,entərəʊkɒ'laɪtɪs / en·tero·col·itis] *s.* (*med.*) enterocolite.

enterogastritis [,entərəʊgæs'traɪtɪs / en·tero·gast·ritis] *s.* (*med.*) gastroenterite.

enterolith ['entərəʊlɪθ / en·tero·lith] *s.* (*med.*) enterolito.

enteron ['entərɒn / en·teron] *s.* (*anat.*) intestino, tubo digerente.

enterorrhagia [,entərəʊ'reɪdʒɪə / en·ter·or·rhagia] *s.* (*med.*) enterorragia, emorragia intestinale.

enterprise ['entəpraɪz / en·ter·prise] *s.* **1** impresa; avventura **2** iniziativa, spirito intraprendente: *to show —*, mostrarsi pieno d'iniziativa, intraprendente **3** (*econ.*) azienda, impresa: *private, public —*, impresa privata, pubblica; *free —*, libera impresa, libera iniziativa privata; *freedom of —*, libertà di impresa // (*dir.*) *criminal —*, associazione per delinquere **4** (*econ.*) imprenditorialità.

to **enterprise** *v.tr.* (*ant.*) intraprendere.

enterprising ['entəpraɪzɪŋ / en·ter·pris·ing] *agg.* intraprendente // **-ly** *avv.*

entertain [,entə'teɪn / en·ter·tain] *s.* (*ant.*) **1** trattamento: *and untill then your entertain shall be / as doth befit our honour and your worth*, (SH. Pericles) e fino ad allora riceverete quel trattamento che si conviene al nostro onore e al vostro grado **2** festa, ricevimento.

to **entertain** *v.tr.* **1** ricevere; ospitare: *to — s.o. at* (o *to*) *lunch*, avere qlcu. a colazione **2** intrattenere, divertire, deliziare: *he entertained his guests with witty stories*, intratteneva i suoi ospiti con aneddoti spiritosi; *he looked entertained*, aveva un'aria divertita **3** carezzare (un'idea); avere, nutrire, concepire (dubbi, speranze ecc.): *to — a hope*, accarezzare una speranza **4** prendere in considerazione, accettare: *he wouldn't — the proposal*, non poté prendere in considerazione la proposta **5** (*ant.*) tenere, mantenere (corrispondenza) **6** (*ant.*) assoldare: *you, sir, I entertain you for one of my hundred*, (SH. King Lear) voi, signore, vi assoldo con i miei cento ♦ *v.intr.* dare ricevimenti, ricevere: *they — a great deal*, danno molti ricevimenti, ricevono molto.

entertainer [,entə'teɪnə* / en·ter·tainer] *s.* **1** chi intrattiene, chi diverte (comico, canzonettista), showman **2** chi ospita.

entertaining [,entə'teɪnɪŋ / en·ter·tain·ing] *agg.* divertente; piacevole // **-ly** *avv.*

entertaining *s.* ricevimento, festa: *they do a lot of —*, ricevono molto, danno molte feste; *business —*, ricevimento d'affari.

entertainment [,entə'teɪnmənt / en·ter·tain·ment] *s.* **1** trattenimento, divertimento; spettacolo // *— industry*, industria dello spettacolo // *— tax*, tassa sugli spettacoli **2** ricevimento, festa **3** divertimento, ilarità: *much to the — of his friends*, con gran divertimento degli amici **4** trattamento: *this hotel is famous for its —*, questo albergo è famoso per il suo trattamento // (*amm.*): *— expenses*, spese di rappresentanza; *— allowance*, indennità, fondo per spese di rappresentanza **5** (*rar.*) valutazione, il considerare.

enthalpy ['enθəlpɪ, en'θælpɪ / en·thalpy] *s.* (*fis., chim.*) entalpia.

to **enthral(l)** [ɪn'θrɔ:l / en·thral(l)] *v.tr.* **1** (*fig.*) affascinare, incantare, ammaliare: *an enthralling book*, un libro avvincente **2** (*letter.*) asservire, assoggettare.

enthralment [ɪn'θrɔ:lmənt / en·thral·ment] *s.* **1** incanto, malia **2** (*letter.*) cattività, schiavitù.

to **enthrone** [ɪn'θrəʊn / en·throne] *v.tr.* **1** metter sul trono, incoronare **2** (*eccl.*) investire, insediare, intronizzare **3** (*fig.*) mettere al primo posto, incoronare.

enthronement [ɪn'θrəʊnmənt / en·throne·ment] *s.* investitura, intronizzazione.

to **enthuse** [ɪn'θju:z *amer.* ɪn'θu:z / en·thuse] *v.tr.* entusiasmare ♦ *v.intr.* entusiasmarsi; mostrare entusiasmo: *he enthused over the paintings*, i dipinti lo entusiasmarono.

enthusiasm [ɪn'θju:zɪæzəm *amer.* ɪn'θu:zɪæzəm / en·thu·si·asm] *s.* entusiasmo: *he is easily moved to —*, si entusiasma facilmente.

enthusiast [ɪn'θju:zɪæst *amer.* ɪn'θu:zɪæst / en·thu·si·ast] *s.* entusiasta; appassionato: *music —*, appassionato di musica.

enthusiastic [ɪn'θju:zɪæstɪk *amer.* ɪn'θu:zɪæstɪk / en·thu·si·astic] *agg.* entusiastico: *to become — about* (o *over*) *sthg.*, entusiasmarsi per qlco. // **-ally** *avv.*

enthymeme ['enθə,mi:m / en·thym·eme] *s.* (*fil.*) entimema.

to **entice** [ɪn'taɪs / en·tice] *v.tr.* sedurre; attirare; allettare; adescare: *to — s.o. into doing sthg.*, indurre con lusinghe qlcu. a fare qlco.

enticement [ɪn'taɪsmənt / en·tice·ment] *s.* **1** attrattiva; seduzione **2** adescamento; istigazione // (*dir.*) *— of servants*, storno di dipendenti.

enticer [ɪn'taɪsə* / en·ticer] *s.* (*non com.*) seduttore; adescatore.

enticing [ɪn'taɪsɪŋ / en·ti·cing] *agg.* seducente, attraente // **-ly** *avv.*

entire [ɪn'taɪə* / en·tire] *agg.* **1** intero, completo; indiviso, non frazionato: *he spent his —*

life in the same small town, passò l'intera vita nella stessa cittadina **2** non castrato **3** (*ant.*) semplice, puro; sincero ◆ *s.* **1** (*rar.*) l'intero, il tutto **2** stallone.

entirely [ɪn'taɪəlɪ / en·tirely] *avv.* interamente; completamente // — *without foundation*, destituito di ogni fondamento.

entirety [ɪn'taɪətɪ / en·tir·ety] *s.* **1** interezza, totalità, globalità; integrità: *to relate a story in its* —, raccontare una storia per intero **2** (*dir.*) indivisibilità: *possession by entireties*, proprietà indivisibile.

to **entitle** [ɪn'taɪtl / en·title] *v.tr.* **1** intitolare (un libro) **2** dare un titolo a: *to — s.o. prince*, dare il titolo di principe a qlcu. **3** concedere un diritto a, qualificare: (*dir.*) *to be entitled to*, aver diritto a; (*comm.*) *entitled to a dividend*, avente diritto al dividendo.

entitlement [ɪn'taɪtlmənt / en·ti·tle·ment] *s.* titolo, diritto // (*econ.*) — *principle*, principio del titolo valido.

entity ['entətɪ / en·tity] *s.* entità // (*dir.*) *legal* —, persona giuridica.

to **entomb** [ɪn'tu:m / en·tomb] *v.tr.* seppellire.

entombment [ɪn'tu:mmənt / en·tomb·ment] *s.* inumazione, sepoltura.

entomic [en'tɒmɪk / en·tomic] *agg.* (*zool.*) entomologico, relativo agli insetti.

entomo- ['entəməʊ, ,entəʊ'mɒ] *pref.* di origine greca che significa 'insetto'; it. entomo-: *entomophily*, entomofilia; *entomophobia*, entomofobia.

entomologic(al) [,entəmə'lɒdʒɪk(l) / en·to·mo·lo·gic(al)] *agg.* entomologico.

entomologist [,entəʊ'mɒlədʒɪst / en·to·mo·lo·gist] *s.* entomologo.

entomology [,entəʊ'mɒlədʒɪ / en·to·mo·logy] *s.* entomologia.

entomophagous [,entəʊ'mɒfəgəs / en·to·mo·phag·ous] *agg.* (*zool.*) entomofago.

entomophilous [,entəʊ'mɒfɪlɪs / en·to·mo·phil·ous] *agg.* (*bot.*) entomofilo.

entourage [,ɒntʊ'rɑ:ʒ / en·tour·age] *s.* (*fr.*) **1** ambiente **2** seguito, circolo.

entozoon [,entə'zəʊɒn / en·to·zoon] *pl.* **entozoa** [,entə'zəʊə / en·to·zoa] *s.* (*zool.*) entozoo.

entr'acte ['ɒntrækt] *s.* (*fr.*) intervallo, intermezzo.

entrails ['entreɪlz / en·trails] *s.pl.* intestini, visceri: *the — of the earth*, le viscere della terra.

to **entrain** [ɪn'treɪn / en·train] *v.tr.* **1** caricare sul treno; far salire in treno (spec. di truppe) **2** (*chim.*) sospendere (un liquido) in un vapore ◆ *v.intr.* salire in treno (spec. di truppe).

entrainment [ɪn'treɪnmənt / en·train·ment] *s.* **1** il caricare sul treno; il salire sul treno **2** (*geol.*) trasporto (di sedimenti a opera di correnti d'acqua).

entrance[1] ['entrəns / en·trance] *s.* **1** accesso; entrata (l'atto di entrare): *the thieves gained — by the window*, i ladri entrarono dalla finestra; *actors must learn their exits and entrances carefully*, gli attori devono imparare attentamente le loro uscite ed entrate; *to make one's — into a room*, entrare in una stanza **2** ammissione: — *examination*, esame di ammissione; — *fee*, tassa di ammissione; biglietto di ingresso **3** ingresso, porta, entrata: *back* —, ingresso posteriore; *front* —, ingresso anteriore; *main* —, ingresso principale; *side* —, ingresso laterale // — *hall*, vestibolo.

to **entrance**[2] [ɪn'trɑ:ns *amer.* ɪn'træns] *v.tr.* **1** ipnotizzare, mandare in trance **2** (*fig.*) mandare in estasi; estasiare.

entrancement [ɪn'trɑ:nsmənt *amer.* ɪn'trænsmənt / en·trance·ment] *s.* estasi, rapimento; trance.

entrancing [ɪn'trɑ:nsɪŋ *amer.* ɪn'trænsɪŋ / en·tran·cing] *agg.* incantevole; che manda in estasi.

entrant ['entrənt / ent·rant] *s.* **1** chi entra (in una stanza) **2** chi inizia, abbraccia (una professione); debuttante **3** (*sport*) iscritto; concorrente, competitore: — *for the championship*, iscritto per il campionato.

to **entrap** [ɪn'træp / en·trap] *pass.p.p.* **entrapped** [ɪn'træpt / en·trapped] *v.tr.* **1** intrappolare, prendere in trappola, truffare: *to — s.o. into doing sthg.*, raggirare qlcu. per fargli fare qlco. **2** (*dir.*) indurre a compiere un reato.

entrapment [ɪn'træpmənt / en·trap·ment] *s.* **1** intrappolamento (*anche fig.*) **2** (*dir.*) induzione al reato (a opera di agente provocatore).

to **entreasure** [ɪn'treʒə* / en·treas·ure] *v.tr.* (*rar.*) custodire come un tesoro.

to **entreat** [ɪn'tri:t / en·treat] *v.tr.* (*form.*) (IV) **1** pregare, supplicare, chiedere insistentemente a: *to — a favour of s.o.*, chiedere un favore a qlcu. **2** (*ant.*) negoziare: *they came to entreat of great and weighty matters*, (T. MORE) vennero per negoziare grandi e importanti faccende.

entreatful [ɪn'tri:tfʊl / en·treat·ful] **entreating** [ɪn'tri:tɪŋ / en·treat·ing] *agg.* supplichevole, supplicante // **-ly** *avv.*

entreaty [ɪn'tri:tɪ / en·treaty] *s.* supplica, preghiera; istanza, petizione.

entrecôte ['ɒntrəkəʊt / en·tre·côte] *s.* (*cuc.*) entrecôte, costata cotta per lo più sulla griglia.

entrée ['ɒntreɪ / en·trée] *s.* **1** entrata, diritto di ammissione **2** (*cuc.*) prima portata, entrée **3** esordio, entrée.

entremets ['ɒntrəmeɪ / entre·mets] *s.* piatto di mezzo, entremets.

to **entrench** [ɪn'trenʃ / en·trench] *v.tr.* trincerare, munire di trincee; fortificare (*anche fig.*): *to — oneself behind* (*sthg.*), trincerarsi dietro (qlco.): *his supporters entrenched themselves in the local branches of the party*, i suoi seguaci si erano asserragliati nella sezione locale del partito // (*geol.*) *entrenched meander*, meandro incassato ◆ *v.intr.* **1** fare una trincea; mettersi in una trincea **2** *to* — (*upon*), usurpare; fare un'intrusione.

entrenched [ɪn'trentʃt / en·trenched] *agg.* **1** trincerato **2** (*fig.*) arroccato; trincerato.

entrenchment [ɪn'trenʃmənt / en·trench·ment] *s.* trincea, riparo; trinceramento.

entrepôt ['ɒntrəpəʊ / en·tre·pôt] *s.* (*comm.*) **1** magazzino; deposito **2** punto franco.

entrepreneur [,ɒntrəprə'nɜ:* / en·tre·pren·eur] *s.* **1** (*teatr.*) impresario **2** (*econ.*) imprenditore.

entrepreneurial [,ɒntrəprə'nɜ:rɪəl / en·tre·pren·eur·ial] *agg.* (*econ.*) imprenditoriale.

entrepreneurship [,ɒntrəprə'nɜ:ʃɪp / en·tre·pren·eur·ship] *s.* (*econ.*) imprenditorialità, capacità imprenditoriale.

entresol ['ɒntrəsɒl / en·tre·sol] *s.* ammezzato, mezzanino.

entropion [en'trəʊpɪən / en·trop·ion] *s.* (*med.*) entropion, entropio.

entropy ['entrəpɪ / en·tropy] *s.* (*fis.*) entropia (*anche fig.*).

to **entrust** [ɪn'trʌst / en·trust] *v.tr.* (*form.*) affidare; commettere, consegnare: *to — s.o. with a task*, affidare un compito a qlcu.; *to — sthg. to s.o.*, affidare, dare in custodia qlco. a qlcu.

entrustment [ɪn'trʌstmənt / en·trust·ment] *s.* affidamento; confidamento; consegna.

entry ['entrɪ] *s.* **1** entrata, ingresso: *Spain's — into the Common Market changed its economy*, l'entrata della Spagna nel MEC ne ha cambiato l'economia; *to make one's* —, entrare (di attore ecc.) // — *visa*, visto d'ingresso (in un paese straniero) **2** ingresso, passaggio (stretto); entrata (di miniera, caverna) **3** annotazione, registrazione: *he forgot to make an — in his notebook, so he missed the meeting*, si dimenticò di fare un'annotazione sul taccuino, così perse la riunione **4** lista degli iscritti, dei concorrenti; iscrizione; opera, lavoro (con cui si partecipa a un concorso) **5** voce, lemma (di dizionario, enciclopedia ecc.) **6** (*comm.*) articolo, voce **7** (*amm.*) registrazione (contabile), scrittura (contabile), posta, dichiarazione, partita: *single, double* —, partita semplice, doppia; *prime* —, prima nota; *adjusting* —, scrittura rettificata; *book* —, scrittura, registrazione contabile // (*trib.*): *customs* —, dichiarazione doganale; *prime* —, dichiarazione di entrata (doganale) **8** (*inform.*) introduzione (da tastiera), entrata, immissione; raccolta; dato, parametro, valore, voce; nuovo materiale: — *address*, indirizzo di lancio; — *marker*, cursore; — *description*, descrizione movimento; — *line*, linea per inserimento **9** (*dir.*) presa di possesso, insediamento **10** sbocco (di fiume).

entryism [entrɪɪzm / en·try·ism] *s.* (*pol.*) entrismo (pratica politica che consiste nell'iscrizione a un partito per modificarlo dall'interno).

Entryphone® ['entrɪ,fəʊn / En·try·phone] *s.* citofono.

entryway ['entrɪ,weɪ / en·try·way] *s.* passaggio d'ingresso; ingresso, entrata.

to **entwine** [ɪn'twaɪn / en·twine] *v.tr.* e *intr.* intrecciare, intrecciarsi; intessere, stringere, abbracciare: *to — with* (o *about* o *round*), intrecciare con, attorcigliarsi a.

to **entwist** [ɪn'twɪst / en·twist] *v.tr.* (*non com.*) avvincere; intrecciare; allacciare.

to **enucleate** [ɪ'nju:klɪeɪt *amer.* ɪ'nu:klɪeɪt / enuc·leate] *v.tr.* **1** (*form.*) enucleare; spiegare; chiarire **2** (*med.*) enucleare (un tumore, un organo ecc.) **3** (*biol.*) distruggere, o togliere, il nucleo (da una cellula).

enucleation [ɪ,nju:klɪ'eɪʃn *amer.* ɪ,nu:klɪ'eɪʃn / enuc·le·ation] *s.* **1** (*form.*) enucleazione; spiegazione; chiarimento **2** (*med.*) enucleazione, escissione (di tumore, di organo ecc).

to **enumerate** [ɪ'nju:məreɪt *amer.* ɪ'nu:məreɪt / enu·mer·ate] *v.tr.* enumerare, elencare, contare.

enumeration [ɪ,nju:mə'reɪʃn *amer.* ɪ,nu:mə'reɪʃn / enu·mera·tion] *s.* enumerazione.

enumerative [ɪ'nju:mərətɪv *amer.* ɪ'nu:mərətɪv / enu·mer·at·ive] *agg.* enumerativo.

enumerator [ɪ'nju:məreɪtə* *amer.* ɪ'nu:məreɪtə* / enu·mer·ator] *s.* numeratore, chi numera.

enunciable [ɪ'nʌnʃɪəbl / enun·ci·able] *agg.* enunciabile.

to **enunciate** [ɪ'nʌnsɪeɪt / enun·ci·ate] *v.tr.* **1** (*form.*) enunciare, proclamare: *to — a new theory*, enunciare una nuova teoria **2** pronunciare, articolare (parole, suoni).

enunciation [ɪ,nʌnsɪ'eɪʃn / enun·ci·ation] *s.* **1** (*form.*) enunciazione **2** pronuncia, articolazione.

enunciative [ɪ'nʌnʃɪətɪv / enun·ci·at·ive] *agg.* (*form.*) enunciativo.

enunciator [ɪ'nʌnsɪeɪtə* / enun·ci·ator] *s.* (*form.*) enunciatore.

to **enure** → to **inure**.

enuresis [,enjʊ'ri:sɪs / en·ur·esis] *s.* (*med.*) enuresi.

to **envault** [ɪn'vɔ:lt / en·vault] *v.tr.* (*non com.*) coprire con una volta.

to **envelop** [ɪn'veləp / en·velop] *v.tr.* **1** avviluppare, avvolgere (*anche fig.*): *the flames enveloped them*, le fiamme li avvolsero **2** (*mil.*) circondare, accerchiare (il nemico).

envelope ['envələʊp / en·vel·ope] *s.* **1** busta: *stamped —*, busta affrancata // *pay —*, (*amer.*) busta paga **2** involucro; copertura (*anche fig.*): *an — of plastic*, un involucro di plastica; *an — of smoke*, una coltre di fumo **3** (*aer.*) involucro (di aerostato) **4** (*biol.*, *bot.*) involucro **5** (*mat.*) inviluppo.

envelopment [ɪn'veləpmənt / en·velop·ment] *s.* **1** (*form.*) avvolgimento **2** (*bot.*) involucro.

to **envenom** [ɪn'venəm / en·venom] *v.tr.* **1** avvelenare **2** (*fig.*) avvelenare, amareggiare; corrompere.

enviable ['envɪəbl / en·vi·able] *agg.* invidiabile // **-ness** *s.* // **-bly** *avv.*

envier ['envɪə*] *s.* (*antiq.*) invidioso.

envious ['envɪəs / en·vi·ous] *agg.* invidioso: *— looks*, occhiate d'invidia // **-ly** *avv.* // **-ness** *s.*

to **environ** [ɪn'vaɪərən / en·viron] *v.tr.* circondare; accerchiare, attorniare: *environed by* (o *with*) *enemies*, accerchiato da nemici; *that village was environed by* (o *with*) *forests*, quel villaggio era circondato di foreste.

environment [ɪn'vaɪərənmənt / en·vir·on·ment] *s.* **1** ambiente; condizioni ambientali (*pl.*) **2** (*inform.*) ambiente; contesto di utilizzo.

environmental [ɪn,vaɪərən'mentl / en·vir·on·mental] *agg.* ambientale: *— change*, cambiamento delle condizioni ambientali (riferito soprattutto ad animali); *— protection*, difesa ambientale, tutela dell'ambiente; *— damages*, danni ambientali; (*dir.*) *— offense*, reato contro l'ambiente.

environmentalist [ɪn,vaɪərən'mentəlɪst / en·vir·on·ment·al·ist] *s.* ambientalista, ecologista.

environmentalistic [ɪn'vaɪrən,mentə'lɪstɪk / en·vir·on·ment·al·istic] *agg.* ambientalistico.

environs [ɪn'vaɪərənz / en·vir·ons] *s.pl.* dintorni, sobborghi; vicinato.

to **envisage** [ɪn'vɪzɪdʒ / en·vis·age] *v.tr.* **1** considerare; immaginare, prevedere: *I had not envisaged a major breakdown at the factory*, non avevo previsto, non avevo preso in considerazione la possibilità di un grosso guasto alla fabbrica **2** (*ant.*) guardare in faccia, affrontare (pericolo ecc.).

envisagement [ɪn'vɪzɪdʒmənt / en·vis·age·ment] *s.* **1** il considerare, il prevedere; previsione **2** (*ant.*) l'affrontare (pericolo ecc.).

to **envision** [ɪn'vɪʒn / en·vi·sion] *v.tr.* (*amer.*) → to **envisage**.

envoi ['envɔɪ / en·voi] **envoy**[1] *s.* (*poesia*) congedo, commiato.

envoy[2] *s.* inviato, messo (diplomatico); ministro plenipotenziario.

envoyship ['envɔɪʃɪp / en·voy·ship] *s.* ufficio, carica di inviato.

envy ['envɪ] *s.* **1** invidia, gelosia: *out of —*, per invidia; *to be green with —*, essere verde d'invidia; *to excite* (o *to raise*) *—*, suscitare l'invidia; *to feel — at sthg.*, provare invidia per qlco.; *his — of her, of her success*, la sua invidia per lei, per il suo successo **2** invidia, oggetto d'invidia: *she is the — of the town*, è l'invidia di tutta la città.

to **envy** *v.tr.* (III) invidiare: *he envies their riches*, egli invidia la loro ricchezza; *to — s.o.* (*for*) *sthg.*, invidiare qlco. a qlcu.: *do not — anybody anything*, non invidiare nulla a nessuno // *it is better to be envied than pitied*, (*prov.*) meglio fare invidia che compassione.

to **enwind** [ɪn'waɪnd / en·wind] *pass.p.p.* **enwound** [ɪn'waʊnd / en·wound] *v.tr.* (*non com.*) avviluppare, avvinghiare, avvolgere: *to — oneself*, avvilupparsi, avvinghiarsi.

to **enwomb** [ɪn'wu:m / en·womb] *v.tr.* **1** (*rar.*) chiudere in seno; racchiudere (in petto, in cuore) **2** (*ant.*) rendere pregna **3** (*ant.*) portare in grembo (un figlio).

to **enwrap** [ɪn'ræp / en·wrap] *pass.p.p.* **enwrapped** [ɪn'ræpt / en·wrapped] *v.tr.* avvolgere, avviluppare (*anche fig.*): *to be enwrapped in thought*, essere immerso in pensieri.

to **enwreathe** [ɪn'ri:ð / en·wreathe] *v.tr.* **1** (*form.*) incoronare, inghirlandare (*anche fig.*) **2** intrecciare.

enzootic [,enzəʊ'ɒtɪk / en·zo·otic] *agg.* (*vet.*) enzootico ◆ *s.* (*vet.*) enzoozia.

enzooty [en'zəʊətɪ / en·zo·oty] *s.* (*vet.*) enzoozia.

enzyme ['enzaɪm / en·zyme] *s.* (*biochim.*) enzima.

eocene ['i:əʊsi:n / eo·cene] *agg.* (*geol.*) eocenico.

Eocene *s.* (*geol.*) eocene.

Eolian → **Aeolian**.

Eolic → **Aeolic**.

eon → **aeon**.

eosin(e) ['i:əsɪn] *s.* (*chim.*) eosina.

eosinophil(e) [,i:əʊ'sɪnəfaɪl / eos·ino·phil(e)] *s.* (*biol.*) eosinofilo.

eosinophilia [,i:əʊ,sɪnə'fɪlɪə / eos·ino·philia] *s.* (*biol.*) eosinofilia.

eosinophilic [,i:əʊ,sɪnə'fɪlɪk / eos·ino·philic] *agg.* (*biol.*) eosinofilo.

eozoic [,i:əʊ'zəʊɪk / eo·zoic] *agg.* (*geol.*) eozoico.

epact ['i:pækt / ep·act] *s.* (*astr.*) epatta.

eparch ['epɑ:k / ep·arch] *s.* **1** eparco (prefetto dell'eparchia) **2** metropolita, vescovo (della chiesa orientale ortodossa).

eparchy ['epɑ:kɪ / ep·ar·chy] *s.* **1** eparchia (provincia dell'impero bizantino) **2** eparchia, diocesi (nella chiesa orientale ortodossa).

epaule [e'pɔ:l] *s.* (*mil.*) spalla (di baluardo).

epaulement [e'pɔ:lmənt / epaule·ment] *s.* (*mil.*) spalliera di fortificazione (di fianco a una batteria).

epaulet(te) ['epəʊlet / epaul·et(te)] *s.* spallina // (*mil.*) *to win one's epaulettes*, guadagnarsi le spalline, essere promosso ufficiale.

epaxial [e'pæksɪəl / ep·ax·ial] *agg.* (*biol.*) epiassiale: (*anat.*) *— muscle*, muscolo epiassiale.

epeirogenesis [e,paɪrəʊ'dʒenɪsɪs / epeiro·gen·esis] *s.* (*geol.*) epirogenesi, epeirogenesi.

epeirogenetic [e,paɪrəʊdʒɪ'netɪk / epeiro·gen·etic] **epeirogenic** [e,paɪrəʊdʒenɪk / epeiro·genic] *agg.* (*geol.*) epirogenetico, epeirogenetico.

epeirogeny [epaɪ'rɒdʒɪnɪ / epeiro·geny] *s.* (*geol.*) → **epeirogenesis**.

epergne [ɪ'pɜ:n] *s.* (*non com.*) centro ornamentale da tavola (con frutta, dolci ecc.).

ephebe [e'fi:b / eph·ebe] *s.* efebo.

ephedrine [e'fedrɪn / eph·ed·rine] *s.* (*chim.*) efedrina.

ephemera [ɪ'femərə / eph·em·era] *pl.* **ephemeras**, **ephemerae** [ɪ'femәri: / eph·em·erae] *s.* **1** cosa effimera, di breve durata **2** (*zool.*) (*Ephemera vulgata*) effimera, efemera SIN. green-drake, mayfly.

ephemeral [ɪ'femərəl / eph·em·eral] *agg.* effimero, passeggero ◆ *s.* pianta effimera.

ephemerality [ɪ,femə'rælɪtɪ / eph·em·er·al·ity] *s.* qualità di effimero.

ephemeris [ɪ'femərɪs / eph·em·eris] *pl.* **ephemerides** [,efɪ'merɪdi:z / eph·em·er·ides] *s.* **1** (*astr.*) effemeride **2** (*rar.*) diario **3** (*rar.*) almanacco, calendario.

Ephesian [ɪ'fi:zjən / Ephe·sian] *agg.* efesino, efesio ◆ *s.* abitante di Efeso.

ephod ['i:fɒd] *s.* efod (paramento di sacerdote ebreo).

ephor ['efə*] *s.* (*st.*) eforo.

epiblast ['epɪblæst / epi·blast] *s.* (*biol.*) ectoblasto, ectoderma.

epibranchial [epɪ'bræŋkɪəl / epi·branch·ial] *agg.* (*anat.*) epibranchiale.

epic ['epɪk] *agg.* epico (*anche fig.*) ◆ *s.* poema epico, epopea.

epical ['epɪkl / ep·ical] *agg.* (*non com.*) epico // **-ly** *avv.*

epicardium [epɪ'kɑ:djəm / epi·car·dium] *pl.* **epicardia** [epɪ'kɑ:dɪə / epi·car·dia] *s.* (*anat.*) epicardio.

epicarp ['epɪkɑ:p / epi·carp] *s.* (*bot.*) epicarpo.

epicedium [,epɪ'si:djəm / epi·ce·dium] *pl.* **epicedia** [,epɪ'si:djə / epi·ce·dia] *s.* (*poesia*) epicedio.

epicene ['epɪsi:n / epi·cene] **1** *agg.* (*gramm.*) epiceno **2** asessuato; effeminato ◆ *s.* ermafrodito.

epicentre ['epɪsentə* / epi·centre] amer. **epicenter** *s.* (*geol.*) epicentro.

epicentrum [epɪ'sentrəm / epi·cen·trum] *pl.* **epicentra** [epɪ'sentrə / epi·centra] *s.* (*geol.*) → **epicentre**.

epichordal brain [,epɪ,kɔ:dl'breɪn] *s.* (*anat.*) deutencefalo.

epicondyle [epɪ'kɒndaɪl / epi·con·dyle] *s.* (*anat.*) epicondilo.

epicotyl ['epɪkɒtl / epi·cotyl] *s.* (*bot.*) epicotile.

epicure ['epɪ,kjʊə* / epi·cure] *s.* **1** buongustaio, intenditore **2** (*rar.*) epicureo.

epicurean [,epɪkjʊə'ri:ən / epi·cur·ean] *agg.* e *s.* (*st. fil.*) epicureo (*anche fig.*).

epicureanism [,epɪkjʊə'ri:ənɪzəm / epi·cur·ean·ism] **epicurism** ['epɪkjʊərɪzəm / epi·cur·ism] *s.* (*st., fil.*) epicureismo.

epicycle ['epɪsaɪkl / epi·cycle] *s.* (*astr.*) epiciclo.

epicycloid [,epɪ'saɪklɔɪd / epi·cyc·loid] *s.* (*mat.*) epicicloide.

epideictic [,epɪ'daɪktɪk / epi·deictic] *agg.* epidittico.

epidemic [,epɪ'demɪk / epi·demic] *agg.* epidemico, contagioso ♦ *s.* epidemia (*anche fig.*).

epidemical [,epɪ'demɪkl / epi·dem·ical] *agg.* epidemico.

epidemically [,epɪ'demɪkəlɪ / epi·dem·ic·ally] *avv.* epidemicamente, in modo contagioso.

epidemiologist [,epɪ,di:mɪ'ɒlədʒɪst / epi·demi·ologist] *s.* epidemiologo.

epidemiology [,epɪ,di:mɪ'ɒlədʒɪ / epi·demi·ology] *s.* epidemiologia.

epidermal [,epɪ'dɜ:ml / epi·dermal] **epidermic** [,epɪ'dɜ:mɪk / epi·dermic] *agg.* (*anat.*) epidermico.

epidermis [,epɪ'dɜ:mɪs / epi·dermis] *s.* (*anat.*) epidermide.

epidiascope [,epɪ'daɪəskəʊp / epi·dia·scope] *s.* (*cinem.*) epidiascopio.

epididymis [epɪ'dɪdəmɪs / epi·di·dy·mis] *s.* (*anat.*) epididimo.

epidote ['epɪdəʊt / epi·dote] *s.* (*min.*) epidoto.

epidural [epɪ'djʊərəl / epi·dural] *agg.* (*anat.*) epidurale.

epifragma [,epɪ'frægmə / ,epi·fragma] *s.* (*bot., zool.*) epifragma.

epigastric [,epɪ'gæstrɪk / epi·gast·ric] *agg.* (*anat.*) epigastrico.

epigastrium [,epɪ'gæstrɪəm / epi·gast·rium] *pl.* **epigastria** [epɪ'gæstrɪə / epi·gast·ria] *s.* (*anat.*) epigastrio.

epigeal [,epɪ'dʒi:əl / epi·geal] *agg.* (*bot.*) epigeo.

epigenesis [,epɪ'dʒenəsɪs / epi·gen·esis] *s.* (*biol.*) epigenesi.

epigenetic [,epɪdʒɪ'netɪk / epi·gen·etic] *agg.* (*biol., geol.*) epigenetico.

epiglottic [,epɪ'glɒtɪk / epi·glot·tic] *agg.* (*anat.*) epiglottico.

epiglottis [,epɪ'glɒtɪs / epi·glot·tis] *s.* (*anat.*) epiglottide.

epigone ['epɪgəʊn / epi·gone] *s.* epigono.

epigram ['epɪgræm / epi·gram] *s.* epigramma.

epigrammatic [,epɪgrə'mætɪk / epi·gram·matic] *agg.* epigrammatico // **-ally** *avv.*

epigrammatist [,epɪ'græmətɪst / epi·gram·mat·ist] *s.* epigrammista.

to **epigrammatize** [,epɪ'græmətaɪz / epi·gram·mat·ize] *v.intr.* (*non com.*) fare, scrivere epigrammi.

epigraph ['epɪgrɑ:f *amer.* 'epɪgræf / epi·graph] *s.* epigrafe.

epigrapher [e'pɪgrəfə* / epi·grapher] *s.* (*non com.*) epigrafista.

epigraphic [,epɪ'græfɪk / epi·graphic] *agg.* (*non com.*) epigrafico.

epigraphist [e'pɪgrəfɪst / epi·graph·ist] *s.* epigrafista.

epigraphy [e'pɪgrəfɪ / epi·graphy] *s.* epigrafia.

epilepsy ['epɪlepsɪ / epi·lepsy] *s.* (*med.*) epilessia.

epileptic [,epɪ'leptɪk / epi·leptic] *agg.* e *s.* (*med.*) epilettico.

epileptical [,epɪ'leptɪkl / epi·leptic·al] *agg.* (*med.*) → **epileptic**.

epilogist [ɪ'pɪlədʒɪst / epi·lo·gist] *s.* scrittore di epiloghi.

epilogue ['epɪlɒg *amer.* 'epɪlɔ:g / epi·logue] *s.* epilogo.

epimerase ['epɪmə,reɪz / epi·mer·ase] *s.* (*biochim.*) epimerasi.

epimere ['epɪmɪə* / epi·mere] *s.* (*anat., chim.*) epimero.

epimerization [,epɪmərɪ'zeɪʃn / epi·mer·iza·tion] *s.* (*chim.*) epimerizzazione.

epimorphic [,epɪ'mɔ:fɪk / epi·morphic] *agg.* epimorfo.

epimorphism [epɪ'mɔ:fɪzm / epi·morph·ism] *s.* epimorfismo.

epinephrine [,epə'nefrɪn / epi·neph·rine] *s.* (*chim.*) epinefrina, adrenalina.

epineurium [epɪ'njʊərjəm / epi·neur·ium] *s.* (*anat.*) epinervio.

Epiphany [ɪ'pɪfənɪ / Epi·phany] *s.* Epifania.

epiphenomenon [,epɪfɪ'nɒmɪnən / epiphen·om·enon] *pl.* **epiphenomenons**, **epiphenomena** [,epɪfɪ'nɒmɪnə / epi·phen·om·ena] *s.* (*med.*) epifenomeno, sintomo secondario.

epiphyllum [,epɪ'fɪlɪm / epi·phyl·lum] *s.* (*bot.*) epifillo.

epiphyseal [,epɪ'fɪzɪəl / epi·phys·eal] *agg.* (*anat.*) epifisario.

epiphysis [e'pɪfɪsɪs / epi·physis] *pl.* **epiphyses** [e'pɪfɪsi:z] *s.* (*anat.*) epifisi.

epiphyte ['epɪfaɪt / epi·phyte] *s.* (*bot.*) epifita SIN. air-plant.

epiphytic [,epɪ'fɪtɪk / epi·phytic] *agg.* (*bot.*) epifitico.

Epirot [ɪ'paɪərəʊt] *agg.* e *s.* epirota.

episcopacy [ɪ'pɪskəpəsɪ / epis·cop·acy] *s.* **1** episcopato, ufficio, funzione di vescovo; durata di tale ufficio **2** episcopato, insieme dei vescovi: *the — of Belgium*, l'episcopato belga.

episcopal [ɪ'pɪskəpəl / epis·copal] *agg.* episcopale, vescovile // *the Episcopal Church*, la Chiesa Episcopale // **-ally** *avv.*

episcopalian [ɪ,pɪskəʊ'peɪljən / epis·co·pa·lian] *agg.* episcopale ♦ *s.* membro della Chiesa Episcopale.

episcopalianism [ɪ,pɪskəʊ'peɪljənɪzəm / epis·co·pa·li·an·ism] *s.* governo, dottrina episcopale.

episcopate [ɪ'pɪskəʊpət / epis·cop·ate] *s.* **1** episcopato (carica) **2** vescovado (sede).

episiotomy [e,pɪzɪ'ɒtəmɪ / epi·sio·tomy] *s.* (*med.*) episiotomia.

episode ['epɪsəʊd / epis·ode] *s.* **1** episodio, avvenimento **2** episodio, puntata.

episodic(al) [,epɪ'sɒdɪk(l) / epis·odic·(al)] *agg.* episodico // **-ally** *avv.*

epispadias [,epɪ'speɪdɪəs / epi·spad·ias] *s.* (*med.*) epispadia.

epispastic [,epɪ'spæstɪk / epi·spas·tic] *agg.* (*med.*) epispastico.

episperm ['epɪspɜ:m / epi·sperm] *s.* (*bot.*) episperma.

epistaxis [,epɪ'stæksɪs / epi·staxis] *s.* (*med.*) epistassi.

epistemological [epɪsti:mɒ'lɒdʒɪkəl / epi·stemo·lo·gical] *agg.* (*fil.*) epistemologico.

epistemology [e,pɪsti:'mɒlədʒɪ / epi·stemo·logy] *s.* (*fil.*) epistemologia.

epistle [ɪ'pɪsl] *s.* **1** (*eccl.*) epistola **2** (*scherz.*) lettera.

epistolary [ɪ'pɪstələrɪ / epis·tol·ary] *agg.* (*form.*) epistolare (di stile, corrispondenza).

epistrophe [e'pɪstrəfɪ / epi·strophe] *s.* **1** epistrofe **2** (*mus.*) ritornello.

epistyle ['epɪstaɪl / epi·style] *s.* (*arch.*) epistilio, architrave.

epitaph ['epɪtɑ:f *amer.* 'epɪtæf / epi·taph] *s.* epitaffio.

epitasis [e'pɪtəsɪs / epi·tasis] *s.* (*teatr.*) epitasi.

epitaxial [,epɪ'tæksjəl / epi·taxial] *agg.* (*fis.*) epitassiale: — *layer*, *growth*, strato, crescita epitassiale.

epitaxy ['epɪ,tæksɪ / epi·taxy] *s.* (*fis.*) epitassia.

epithalamium [,epɪθə'leɪmjəm / epi·tha·la·mium] *s.* (*letter.*) epitalamio.

epithalamus [,epɪ'θæləməs / epi·tha·la·mus] *pl.* **epithalami** [,epɪ'θæləmaɪ / epi·tha·lami] *s.* (*anat.*) epitalamo.

epithelial [,epɪ'θi:ljəl / epi·the·lial] *agg.* (*anat.*) epiteliale.

epithelioma [,epɪθi:lɪ'əʊmə / epi·the·lioma] *pl.* **epitheliomas**, **epitheliomata** [,epɪθi:lɪəʊ'mɑ:tə / epi·the·lio·mata] *s.* (*med.*) epitelioma.

epithelium [,epɪ'θi:ljəm / epi·the·lium] *pl.* **epitheliums**, **epithelia** [,epɪ'θi:ljə / epi·the·lia] *s.* (*anat.*) epitelio.

epithet ['epɪθet / epi·thet] *s.* epiteto.

epithetic(al) [,epɪ'θetɪk(l) / epi·thetic, epi·thet·ical] *agg.* qualificativo.

epitome [ɪ'pɪtəmɪ / epi·tome] *s.* **1** epitome, riassunto, sommario; compendio **2** personificazione; tipico esempio.

epitomist [ɪ'pɪtəmɪst / epi·tom·ist] *s.* (*non com.*) compendiatore, epitomatore.

to **epitomize** [ɪ'pɪtəmaɪz / epi·tom·ize] *v.tr.* **1** compendiare, ridurre, riassumere **2** personificare; esemplificare.

epizoon [,epɪ'zəʊn / epi·zoon] *pl.* **epizoa** [,epɪ'zəʊə / epi·zoa] *s.* (*zool.*) epizoo.

epizootic [ˌepɪzəʊ'ɒtɪk / epi·zo·otic] *agg.* (*vet.*) epizootico ◆ *s.* (*vet.*) epizoozia.

epizooty [ˌepɪ'zəʊətɪ / epi·zo·oty] *s.* (*vet.*) malattia epizootica, epizoozia.

epoch ['i:pɒk *amer.* 'epɒk] *s.* epoca, età: *to make* (o *to mark*) *an* —, fare epoca.

epochal ['epɒkl] *agg.* di un'epoca; che fa epoca.

epoch-marking ['i:pɒk,mɑ:kɪŋ *amer.* 'epək,mɑ:kɪŋ] **epoch-making** ['i:pɒk ,meɪkɪŋ *amer.* 'epək,meɪkɪŋ] *agg.* che fa epoca (di scoperta, avvenimento).

epode ['epəʊd / ep·ode] *s.* (*letter.*) epodo.

eponym ['epəʊnɪm / ep·onym] *s.* eponimo.

eponymous [ɪ'pɒnɪməs / ep·onym·ous] *agg.* eponimo.

epopee ['epəʊpi: / ep·opee] *s.* (*non com.*) epopea.

epos ['epɒs] *s.* (*letter.*) epos; epopea.

epoxide [ɪ'pɒksaɪd / ep·ox·ide] *s.* (*chim.*) epossido.

to **epoxidize** [ɪ'pɒksɪdaɪz / ep·oxi·dize] *v.tr.* (*chim.*) epossidare.

epoxies [ɪ'pɒksi:z / ep·ox·ies] *s.pl.* (*chim.*) resine epossidiche.

epoxy [ɪ'pɒksɪ] *agg.* (*chim.*) epossidico: — *resin*, resina epossidica; — *adhesive*, adesivo epossidico.

epoxy- *pref.* della terminologia chimica indicante la presenza di un gruppo epossido nella molecola; it. epossi-: *epoxyethane*, ossido di etilene.

epsilon [ep'saɪlən / ep·si·lon] *s.* epsilon (lettera dell'alfabeto greco).

Epsom salts ['epsəm'sɔ:lts] *s.pl.* (*med.*) epsomite, sale amaro, sale inglese (*sing.*).

equability [ˌekwə'bɪlətɪ / equ·ab·il·ity] *s.* **1** uguaglianza, uniformità **2** equilibrio, senso della misura, calma.

equable ['ekwəbl / equ·able] *agg.* **1** uniforme, costante (di clima ecc.) **2** equilibrato, sereno (di carattere, umore).

equableness ['ekwəblnɪs / equ·able·ness] *s.* (*form.*) **1** uguaglianza, uniformità **2** equilibrio, serenità.

equably ['ekwəblɪ / equ·ably] *avv.* **1** uniformemente **2** con equilibrio, con serenità.

equal ['i:kwəl] *agg.* **1** uguale (*anche mat.*); simile; stesso; pari: *things of — value*, cose dello stesso valore; *on — terms*, a pari condizioni; *with — ease*, con la stessa facilità; *three times four is — to twelve*, tre per quattro fa dodici // (*dir.*): — *protection clause*, principio di uguaglianza; — *treatment*; (*amer.*) — *time rule*, par condicio // (*econ.*): — *pay*, parità salariale; — *product curve*, isoquanto // *we are an — opportunity employer*, siamo un'azienda che non fa discriminazioni (di sesso, razza) // *to be — to doing sthg.*, avere la velleità, la capacità, la forza di far qlco.; *to be — to the occasion*, essere all'altezza della situazione; *to be — to*, essere pari a, equivalere a: *he is — to his brother in business ability*, per il senso degli affari è pari a suo fratello; *to feel — to doing sthg.*, sentirsi (capace) di fare qlco.; *to get — with s.o.*, (*fam.*) rendere pan per focaccia // *other* (o *all*) *things being* —, se non cambia niente; a meno di imprevisti **2** calmo; fermo; costante: *to keep an — mind*, mantenere la calma ◆ *s.* **1** pari, simile: *your equals*, i tuoi pari; *he treated me as an* —, mi trattò da pari a pari; *to find one's* —, trovare il proprio simile **2** (*mat.*) — (*sign*), segno di uguaglianza, uguale.

to **equal** *pass.p.p.* **equalled** ['i:kwəld] *v.tr.* (I) uguagliare; equivalere a; (*mat.*) essere uguale a: *there is nothing to — it*, non c'è nulla che lo possa eguagliare.

equal-area [ˌi:kwəl'eərɪə] *agg.* (*cartografia*) equivalente: — (*map*) *projection*, proiezione equivalente.

equalitarian [i:ˌkwɒlɪ'teərɪən / equal·it·ar·ian] *agg.* e *s.* egualitario.

equality [i:'kwɒlətɪ / equal·ity] *s.* uguaglianza (*anche mat.*); parità: *an — between two persons*, un'uguaglianza fra due persone // (*trib.*) — *of sacrifice*, (principio del) sacrificio uguale.

equalization [ˌi:kwəlaɪ'zeɪʃn / equal·iza·tion] *s.* **1** eguagliamento **2** (*econ.*) compensazione, conguaglio, perequazione: — *of wages*, livellamento dei salari; — *of taxes*, perequazione fiscale; — *grants*, sussidi statali perequativi; (*fin.*) *dividend* —, conguaglio dividendi **3** (*elettr.*) equalizzazione **4** (*tecn.*) livellamento.

to **equalize** ['i:kwəlaɪz / equal·ize] *v.tr.* **1** uguagliare; compensare; equiparare; uniformare, distribuire uniformemente: (*amm.*) *to — accounts*, far tornare i conti **2** (*elettr.*) equalizzare **3** (*tecn.*) livellare; pareggiare ◆ *v.intr.* **1** uguagliarsi; compensarsi **2** (*sport*) pareggiare.

equalizer ['i:kwə,laɪzə* / equal·izer] *s.* **1** (*spec. brit.*) il punto del pareggio **2** (*sl. amer.*) pistola o altra arma da fuoco **3** (*mat.*) equalizzatore **4** (*elettr.*, *tv*) equalizzatore: *graphic* —, equalizzatore **5** (*mecc.*) bilanciere; equilibratore.

equally ['i:kwəlɪ] *avv.* **1** ugualmente; uniformemente: *your friends are — clever*, i tuoi amici sono ugualmente intelligenti **2** allo stesso modo; allo stesso tempo: *we must be as accommodating as possible but — we must not compromise principles*, dobbiamo essere quanto più possibile accomodanti ma al tempo stesso dobbiamo salvaguardare i principi.

equanimity [ˌekwə'nɪmɪtɪ / equan·im·ity] *s.* (*form.*) equanimità; serenità; tranquillità (d'animo).

equanimous [i:'kwænɪməs / equan·im·ous] *agg.* (*non com.*) equanime.

to **equate** [ɪ'kweɪt] *v.tr.* **1** considerare allo stesso modo; mettere sullo stesso piano: *you can't — the presence of a 'peace-keeping force' with military presence*, non puoi considerare allo stesso modo la presenza di una 'forza militare di pace' e un'effettiva presenza militare **2** rendere uguale; (*mat.*) uguagliare: *to — an expression to* (o *with*) *zero*, uguagliare un'espressione a zero.

equation [ɪ'kweɪʒn / equa·tion] *s.* **1** (*mat.*) equazione: — *of first, second, third degree*, equazione di primo, secondo, terzo grado; *first order differential* —, equazione differenziale del primo ordine // (*fis.*) — *of motion, of state*, equazione di moto, di stato // (*econ.*) — *of exchange*, equazione degli scambi // (*chim.*) *chemical* —, equazione, reazione chimica // *the other side of the* —, (*fig.*) l'altro piatto della bilancia **2** perequazione, pareggio **3** (*amm.*) adeguato: *simple, compound* —, adeguato semplice, composto.

equational [ɪ'kweɪʒnʌl / equa·tional] *agg.* (*mat.*) equazionale.

equator [ɪ'kweɪtə*] *s.* (*geogr.*, *astr.*) equatore.

equatorial [ˌekwə'tɔ:rɪəl / equat·or·ial] *agg.* equatoriale: (*geogr.*) — *axis*, asse equatoriale; (*fis.*) — *plane*, piano equatoriale; (*astr.*) — *system*, coordinate equatoriali; (*meteor.*) — *calms*, (zona delle) calme equatoriali.

equerry [ɪ'kwerɪ] *s.* scudiero; funzionario di corte.

equestrian [ɪ'kwestrɪən / eques·trian] *agg.* equestre ◆ *s.* cavallerizzo.

equestrienne [ɪˌkwestrɪ'en / eques·tri·enne] *s.* amazzone.

equi- [ˌekwɪ] *pref.* di origine latina che indica 'uguaglianza', it. equi-: *equidistance*, equidistanza; *equidifferent*, equidifferente.

equiangular [ˌi:kwɪ'æŋgjʊlə* / equi·an·gu·lar] *agg.* (*mat.*) equiangolo.

equidistant ['i:kwɪ'dɪstənt / equi·dist·ant] *agg.* equidistante: — *map projection*, proiezione equidistante.

equilateral ['i:kwɪ'lætərəl / equi·lat·eral] *agg.* (*mat.*) equilatero: — *triangle*, triangolo equilatero.

to **equilibrate** [ˌi:kwɪ'laɪbreɪt / equi·lib·rate] *v.tr.* (*form.*) equilibrare; far da contrappeso a; bilanciare ◆ *v.intr.* (*form.*) equilibrarsi; bilanciarsi.

equilibration [ˌi:kwɪ'laɪbreɪʃn / equi·lib·ra·tion] *s.* (*form.*) il mettere in equilibrio.

equilibrist [i:'kwɪlɪbrɪst / equi·lib·rist] *s.* (*non com.*) equilibrista.

equilibrium [ˌi:kwɪ'lɪbrɪəm / equi·lib·rium] *s.* equilibrio (*anche fig.*): *stable* —, equilibrio stabile; *chemical* —, equilibrio chimico; *to keep* (o *to maintain*) *one's* —, mantenersi in equilibrio // (*econ.*): — *price*, prezzo di equilibrio; *competitive* —, equilibrio concorrenziale.

equimolal [ˌi:kwɪ'məʊləl / equi·molal] *agg.* (*chim.*) equimolale.

equimolar [ˌi:kwɪ'məʊlə* / equi·molar] *agg.* (*chim.*) equimolare.

equimolecular [ˌi:kwɪmə'lekjʊlə* / equi·mo·lecu·lar] *agg.* (*chim.*) equimolecolare.

equine ['ekwaɪn] *agg.* equino, cavallino, da cavallo ◆ *s.* equino.

equinoctial [ˌi:kwɪ'nɒkʃl / equi·noc·tial] *agg.* equinoziale // (*meteor.*) — *rains*, piogge equinoziali ◆ *s.* **1** (*astr.*) equatore celeste **2** *pl.* tempesta equinoziale.

equinox ['i:kwɪnɒks / equi·nox] *s.* (*astr.*) equinozio: *the precession of the equinoxes*, la precessione degli equinozi; *the vernal, the autumnal* —, l'equinozio di primavera, d'autunno.

to **equip** [ɪ'kwɪp] *pass.p.p.* **equipped** [ɪ'kwɪpt] *v.tr.* **1** equipaggiare, allestire; (*mar. mil.*) armare: *to — oneself for a long journey*, equipaggiarsi per un lungo viaggio **2** (*fig.*) preparare; dotare **3** fornire, ammobiliare, arredare (una casa); attrezzare (un'officina): *to be equipped with*, essere fornito di.

equipage ['ekwɪpɪdʒ / equip·age] *s.* (*form.*) **1** equipaggiamento; attrezzatura (per un viaggio) **2** seguito (di un nobile); equipaggio (di carrozza).

equipartition [ˌi:kwɪpɑ:'tɪʃn / equi·par·ti·

tion] *s.* equipartizione: (*fis.*) — *of energy*, equipartizione dell'energia.

equipment [ɪ'kwɪpmənt / equip·ment] *s.* [U] **1** equipaggiamento; (*mar. mil.*) armamento **2** attrezzatura (di stabilimento); impianto; (*elettr.*) apparecchiatura // (*amm.*) *office* —, arredo per l'ufficio // (*inform.*) — *unit*, unità (per l'elaborazione di informazioni) **3** (*ferr.*) materiale mobile.

equipoise ['ekwɪpɔɪz / equi·poise] *s.* **1** equilibrio (uguaglianza di peso e di forze) **2** contrappeso.

to **equipoise** *v.tr.* (*non com.*) bilanciare, equilibrare.

equipollence [,i:kwɪ'pɒləns / equi·pol·lence] **equipollency** [,i:kwɪ'pɒlənsɪ / equi·pol·lency] *s.* (*form.*) equipollenza, equivalenza.

equipollent [,i:kwɪ'pɒlənt / equi·pol·lent] *agg.* (*form.*) equipollente.

equiponderance [,i:kwɪ'pɒndərəns / equi·pon·der·ance] *s.* l'essere di egual peso.

equiponderant [,i:kwɪ'pɒndərənt / equi·pon·der·ant] **equiponderate** [,i:kwɪ'pɒn dəreɪt / equi·pon·der·ate] *agg.* (*non com.*) di egual peso; ben bilanciato.

to **equiponderate** *v.tr.* (*non com.*) controbilanciare, bilanciare ◆ *v.intr.* (*non com.*) controbilanciarsi, bilanciarsi.

equipotential [,i:kwɪpə'tenʃl / equi·po·ten·tial] *agg.* equipotenziale (*anche fis.*).

equisetum [,ekwɪs'i:təm / equi·setum] *pl.* **equisetums**, **equiseta** [,ekwi'sɪ:tə / equi·seta] *s.* (*bot.*) equiseto; (*pop.*) coda di cavallo.

equitable ['ekwɪtəbl / equit·able] *agg.* **1** equo, giusto **2** (*dir.*) conforme alle regole di equità.

equitableness ['ekwɪtəblnɪs / equit·able·ness] *s.* (*form.*) equità.

equitably ['ekwɪtəblɪ / equit·ably] *avv.* equamente.

equitation [,ekwɪ'teɪʃn / equita·tion] *s.* equitazione.

equity ['ekwətɪ] *s.* **1** giustizia, equità **2** (*dir.*) equità: — *of a statute*, spirito di una legge // — *proprietorship*, quota sociale // — *of redemption*, diritto di riscatto dell'ipoteca **3** (*dir.*) insieme di norme, di origine giurisprudenziale, fondate sul principio di equità **4** (*fin.*) capitale netto: — *capital*, capitale di rischio; *owner's* —, capitale proprio, capitale di rischio; — *turnover*, indice di rotazione del capitale netto **5** (*fin.*) azione ordinaria: — *shares*, azioni; — *shares capital*, capitale azionario; — *issues*, partecipazioni azionarie **6** *Equity*, sindacato degli attori.

equivalence [ɪ'kwɪvələns / equi·val·ence] *s.* equivalenza: (*mat.*) — *relation*, relazione d'equivalenza.

equivalent [ɪ'kwɪvələnt / equi·val·ent] *agg.* e *s.* equivalente: *it's — to doing*, equivale a fare // **-ly** *avv.*

equivocal [ɪ'kwɪvəkl / equi·vocal] *agg.* (*form.*) **1** ambiguo, equivoco, dubbio: *she gave me an — answer*, mi diede una risposta ambigua **2** sospetto, losco: *an — transaction*, un losco affare // **-ly** *avv.*

equivocalness [ɪ'kwɪvəklnɪs / equi·voc·al·ness] meno com. **equivocality** [ɪ,kwɪvə'k ælɪtɪ / equi·voc·al·ity] *s.* (*form.*) **1** equivocità, ambiguità **2** equivoco.

to **equivocate** [ɪ'kwɪvəkeɪt / equi·voc·ate] *v.intr.* equivocare; giocare sull'equivoco.

equivocation [ɪ,kwɪvə'keɪʃn / equi·voca·tion] *s.* (*form.*) **1** l'equivocare, il giocare sulle parole **2** equivoco.

equivocator [ɪ'kwɪvəkeɪtə* / equi·voca·tor] *s.* chi gioca sull'equivoco.

equivoke, **equivoque** ['ekwɪvəʊk / equi·voque] *s.* (*non com.*) **1** gioco di parole **2** ambiguità (d'espressione), doppio senso.

er [ʌ:, ɜ:] *inter.* èhm (suono indicante esitazione).

'er [ɜ:] (*fam.*) per **her**.

-er[1] [ə*] *suff.* di origine anglosassone usato per formare il comparativo di agg. e avv.: *cleaner*, più pulito; *faster*, più velocemente.

-er[2] *suff.* di origine anglosassone; è usato **1** per formare sostantivi da verbi; it. -tore, -trice: *to play* (giocare) → *player*, giocatore, giocatrice; *to swim* (nuotare) → *swimmer*, nuotatore, nuotatrice **2** per formare sostantivi che indicano 'professione, provenienza, stato': *Londoner*, londinese; *philosopher*, filosofo; *commoner*, plebeo.

era ['ɪərə] *s.* **1** era (*anche geol.*); epoca: *to mark an* —, caratterizzare un'epoca **2** data memorabile.

to **eradiate** [ɪ'reɪdɪeɪt / era·di·ate] *v.tr.* e *intr.* (*non com.*) **1** irraggiare, raggiare **2** irradiare.

eradiation [ɪ,reɪdɪ'eɪʃn / era·di·ation] *s.* (*non com.*) irradiazione, radiazione, irraggiamento.

eradicable [ɪ'rædɪkəbl / erad·ic·able] *agg.* (*form.*) estirpabile, sradicabile.

to **eradicate** [ɪ'rædɪkeɪt / erad·ic·ate] *v.tr.* (*form.*) sradicare, estirpare, svellere (*anche fig.*).

eradication [ɪ,rædɪ'keɪʃn / erad·ica·tion] *s.* sradicamento, estirpazione (*anche fig.*).

eradicator [ɪ'rædɪ,keɪtə* / erad·ic·ator] *s.* **1** sradicatore **2** scolorina.

erasable [ɪ'reɪzəbl *amer.* ɪ'reɪsəbl / eras·able] *agg.* cancellabile (*anche fig.*); raschiabile.

to **erase** [ɪ'reɪz *amer.* ɪ'reɪs] *v.tr.* **1** cancellare (*anche fig.*); raschiare **2** (*sl. amer.*) uccidere.

erasement [ɪ'reɪzmənt *amer.* ɪ'reɪsmənt / erase·ment] *s.* (*form.*) → **erasion**.

eraser [ɪ'reɪzə* *amer.* ɪ'reɪsə*] *s.* **1** chi cancella **2** gomma (per cancellare); raschietto // *blackboard* —, cancellino (della lavagna).

erasion [ɪ'reɪʒn / eras·ion] *s.* **1** (*non com.*) cancellatura, obliterazione, raschiatura (*anche fig.*) **2** (*med.*) raschiamento; raschiatura.

Erasmian [ɪ'ræzmɪən / Eras·mian] *agg.* erasmiano.

Erastian [ɪ'ræstɪən / Eras·tian] *agg.* e *s.* (*st. teol.*) (sostenitore) di Erasto.

erasure [ɪ'reɪʒə* / eras·ure] *s.* cancellatura, obliterazione; raschiatura (*anche fig.*).

erbium ['ɜ:bɪəm / er·bium] *s.* (*chim.*) erbio.

ere [eə*] *prep.* (*poet.*, *ant.*) prima di: — *this*, — *now*, prima d'ora, in precedenza ◆ *cong.* (*poet.*, *ant.*) **1** prima che: *a time there was, ere England's grief began*, (GOLDSMITH) ci fu un tempo, prima che iniziassero le afflizioni dell'Inghilterra **2** piuttosto che: — *I will leave her I die*, piuttosto che lasciarla muoio.

erect [ɪ'rekt] *agg.* **1** eretto; diritto, ritto; in piedi (di persona); verticale; irto (di capelli): *with head* —, a testa alta; *to stand* —, stare dritto, raddrizzarsi **2** (*fig.*) fermo; saldo // **-ly** *avv.*

to **erect** *v.tr.* **1** erigere, costruire; fondare (*anche fig.*) **2** montare (*anche mecc.*) **3** raddrizzare, rizzare **4** (*med.*) ergere.

erecter → **erector**.

erectile [ɪ'rektaɪl *amer.* ɪ'rektl / erect·ile] *agg.* erettile.

erection [ɪ'rekʃn / erec·tion] *s.* **1** costruzione, erezione; fondazione (*anche fig.*) **2** (*med.*) erezione **3** (*mecc.*) montaggio **4** raddrizzamento.

erectness [ɪ'rektnɪs / erect·ness] *s.* (*form.*) posizione eretta.

erector [ɪ'rektə*] *s.* **1** chi erige, sostiene (*anche fig.*) **2** (*mecc.*) montatore **3** (*anat.*) (muscolo) erettore.

erelong [eə'lɒŋ / ere·long] *avv.* (*poet.*, *ant.*) fra poco, quanto prima.

eremite ['erɪmaɪt / er·em·ite] *s.* (*letter.*) eremita.

eremitic(al) [,erɪ'mɪtɪk(l) / er·em·itic, er·em·it·ical] *agg.* (*non com.*) eremitico.

erenow [eə'naʊ / ere·now] *avv.* (*poet.*, *ant.*) già; prima d'ora.

erepsin [e'repsɪn / erep·sin] *s.* (*biochim.*) erepsina.

erethism ['erɪθɪzəm / ereth·ism] *s.* (*med.*) eretismo.

erewhile [eə'waɪl / ere·while] *avv.* (*poet.*, *ant.*) poco tempo fa; poco tempo prima.

erg[1] [ɜ:g] *s.* (*fis.*) erg.

erg[2] *s.* (*geogr.*) erg, deserto con dune di sabbia.

ergo ['ɜ:gəʊ] *avv.* e *cong.* ergo, quindi, dunque.

ergodic [ɜ:'gɒdɪk / er·go·dic] *agg.* (*fis.*, *mat.*) ergodico: — *process*, processo ergodico.

ergonomic [,ɜ:gəʊ'nɒmɪk / er·go·nomic] *agg.* ergonomico.

ergonomics [,ɜ:gə'nɒmɪks / er·go·nom·ics] *s.* [U] ergonomia.

ergonomist [ɜ:'gɒnəmɪst / er·go·nom·ist] *s.* ergonomista.

ergosterol [ɜ:'gɒstərəʊl / er·go·sterol] *s.* (*chim.*) ergosterolo, ergosterina.

ergot ['ɜ:gət / er·got] *s.* (*bot.*) (fungo della) segale cornuta.

ergotherapy [,ɜ:gəʊ'θerəpɪ / er·go·ther·apy] *s.* (*med.*) ergoterapia.

ergotine ['ɜ:gətɪn / er·got·ine] *s.* (*chim.*) ergotina.

ergotinine [ɜ:'gɒtəni:n / ergo·tin·ine] *s.* (*chim.*) ergotinina.

ergotism[1] ['ɜ:gətɪzəm / er·got·ism] *s.* (*med.*) ergotismo.

ergotism[2] *s.* (*ant.*) argomentazione, discussione.

eristic [e'rɪstɪk] *agg.* (*non com.*) polemico ◆ *s.* **1** polemista **2** (*fil.*) eristica.

Eritrean [,erɪ'treɪən / Eritr·ean] *agg.* e *s.* eritreo.

erk [ɜ:k] *s.* (*sl. mil.*) recluta.

erl-king ['ɜ:lkɪŋ] *s.* (*mit.*) il re degli elfi.

ermelin ['ɜ:mɪlɪn / er·me·lin] *s.* (*ant.*) → **ermine** 1, 2.

ermine ['ɜ:mɪn / er·mine] *s.* **1** (*zool.*)

(*Mustela erminea*) ermellino 2 pelliccia di ermellino 3 (*fig.*) carica di giudice; dignità di pari: *to rise to the* —, (*fam.*) essere nominato giudice, diventare pari 4 (*arald.*) ermellino.

ermined ['ɜ:mɪnd / er·mined] *agg.* 1 rivestito, guarnito di ermellino 2 (*arald.*) ermellinato.

ern(e) [ɜ:n] *s.* (*zool.*) (*Haliaeëtus albicilla*) aquila di mare SIN. **sea eagle**.

to **erode** [ɪ'rəʊd] *v.tr.* erodere, corrodere, rodere; consumare; distruggere: *cliffs eroded by the sea*, scogliere erose dal mare.

erogenous [ɪ'rɒdʒənəs / ero·gen·ous] *agg.* erogeno: — *zones*, zone erogene.

erosion [ɪ'rəʊʒn / ero·sion] *s.* erosione (*anche fig.*): (*geol.*) *headward* —, erosione regressiva; *wind* —, erosione eolica.

erosional [ɪ'rəʊʒnl / ero·sional] *agg.* (*geol.*) dell'erosione, erosivo.

erosive [ɪ'rəʊsɪv / ero·sive] *agg.* erosivo, che causa erosione.

erotic [ɪ'rɒtɪk] *agg.* erotico, amoroso ◆ *s.* 1 teoria sull'erotismo 2 persona con forti pulsioni erotiche // **-ally** *avv.*

erotica [ɪ'rɒtɪkə / erot·ica] *s.pl.* pubblicazioni, illustrazioni erotiche; oggetti erotici.

eroticism [ɪ'rɒtɪsɪzəm / eroti·cism] *s.* erotismo; desiderio sessuale; eroticità.

erotization [,erətɪ'zeɪʃn / erot·iza·tion] *s.* (*psic.*) erotizzazione.

to **erotize** ['erə,taɪz / erot·ize] *v.tr.* (*psic.*) erotizzare.

erotogenic [ɪ'rɒtədʒenɪk / eroto·genic] → **erogenous**.

erotomania [e,rəʊtəʊ'meɪnjə / eroto·mania] *s.* (*med.*) erotomania.

erotomaniac [ɪ,rɒtɪ'meɪnɪæk / eroto·maniac] *s.* erotomane.

to **err** [ɜ:* *amer.* eə*] *v.intr.* 1 errare, commettere errori, sbagliare; peccare: *to — is human*, errare è umano // *to — on the side of*, eccedere in: *he erred on the side of caution*, eccedeva in prudenza 2 errare, vagabondare: *to — from the straight path*, (*fig.*) allontanarsi dalla retta via.

errable ['erəbl / err·able] *agg.* (*ant.*) soggetto a errore.

errancy ['erənsɪ / er·rancy] *s.* (*non com.*) l'errare; l'essere nell'errore.

errand ['erənd / er·rand] *s.* 1 commissione: *I must go on an* —, devo fare una commissione; *to go on errands for s.o.*, andare a far commissioni per qlcu. 2 scopo: *what's his —?*, che scopo lo porta qui? // (*to go on*) *a fool's* —, (imbarcarsi in) un'impresa inutile.

errand boy ['erəndbɔɪ] *s.* fattorino.

errant ['erənt / er·rant] *agg.* 1 errante: *knight* —, cavaliere errante 2 che sbaglia.

errantly ['erəntlɪ / er·rant·ly] *avv.* (*non com.*) a casaccio.

errantry ['erəntrɪ / er·rantry] *s.* (*knight*) —, vita avventurosa e romantica dei cavalieri erranti.

erratic [ɪ'rætɪk / er·ratic] *agg.* 1 (*geol.*) erratico: — *boulder*, masso erratico 2 irregolare; intermittente: — *working of a machine*, rendimento ineguale di una macchina 3 eccentrico, stravagante, capriccioso, bizzarro: — *way of life*, modo di vita eccentrico ◆ *s.* (*geol.*) masso erratico // **-ally** *avv.*

erratum [e'rɑ:təm / er·ratum] *pl.* **errata** [e'rɑ:tə / er·rata] *s.* errore di stampa.

erring ['ɜ:rɪŋ *amer.* 'eərɪŋ / err·ing] *agg.* 1 traviato; che si allontana dalla retta via 2 (*ant.*) vagante, errante: *th'extravagant and erring spirit hies / to his confine*, (SH. Hamlet) lo spirito vagabondo ed errante si affretta al suo confine.

erroneous [ɪ'rəʊnjəs / er·ro·ne·ous] *agg.* erroneo: — *spelling*, ortografia sbagliata // **-ly** *avv.* // **-ness** *s.*

error ['erə*] *s.* 1 errore, sbaglio: — *of judgement*, errore di valutazione; *clerical* —, errore di trascrizione; *typing* —, errore di battitura; *in* —, per sbaglio; *errors and omissions excepted* (*E. & O. E.*), salvo errori e omissioni; *you're a fool and no* —, (*sl.*) non ci sono dubbi, sei uno sciocco; *to make, to commit an* —, fare, commettere uno sbaglio 2 errore, torto: *to be in* —, essere in errore, aver torto; *to run* (o *to fall*) *into* —, cadere in errore, incorrere in un errore // *to show s.o. the — of his ways*, mostrare a qlcu. dove sbaglia 3 peccato, colpa.

error-free ['erəfri:] *agg.* (*inform.*) senza guasto, senza errori.

ersatz ['eəzæts *amer.* eərzɑ:ts / er·satz] *agg.* sostituto, surrogato.

Erse [ɜ:s] *agg.* e *s.* Erse (gaelico della Scozia, o dell'Irlanda).

erstwhile ['ɜ:stwaɪl / erst·while] *agg.* (*form.*) precedente, di un tempo; del passato ◆ *avv.* (*antiq.*) tempo fa; prima.

erubescence [,eru:'besns / eru·bes·cence] *s.* erubescenza, rossore.

erubescent [,eru:'besnt / eru·bes·cent] *agg.* erubescente, arrossato.

to **eruct** [ɪ'rʌkt] to **eructate** [ɪ'rʌkteɪt / eruct·ate] *v.tr.* e *intr.* (*non com.*) eruttare, ruttare.

eructation [,i:rʌk'teɪʃn / eruc·ta·tion] *s.* 1 (*non com.*) eruttazione, rutto; (*fig.*) eruzione 2 (*geol.*) emissione vulcanica.

erudite ['eru:daɪt / eru·dite] *agg.* erudito, dotto // **-ly** *avv.*

erudition [,eru:'dɪʃn / eru·di·tion] *s.* erudizione.

to **erupt** [ɪ'rʌpt] *v.intr.* 1 eruttare (di vulcano); entrare in eruzione 2 scoppiare (di guerra, rivoluzione ecc.) // *to — into*, sfociare in 3 (*med.*) spuntare (di denti, foruncoli) ◆ *v.tr.* espellere; eruttare.

eruption [ɪ'rʌpʃn / erup·tion] *s.* 1 (*geol.*) eruzione (vulcanica) 2 scoppio (di guerra, passioni ecc.) 3 (*med.*) eruzione, rash cutaneo 4 (*anat.*) dentizione.

eruptive [ɪ'rʌptɪv / erupt·ive] *agg.* eruttivo (*anche med.*): (*geol.*) — (*rock*), roccia eruttiva; (*astr.*) — *star*, stella eruttiva, variabile eruttiva // **-ly** *avv.*

erysipelas [,erɪ'sɪpɪləs / ery·sip·elas] *s.* (*med.*) erisipela.

erythema [,erɪ'θi:mə / erith·ema] *s.* (*med.*) eritema.

erythrite [ɪ'rɪθraɪt / eryth·rite] *s.* (*chim.*, *min.*) eritrite.

erythritol [ɪ'rɪθrətəʊl / eryth·ri·tol] **erythrol** ['erɪθrəʊl / eryth·rol] *s.* (*chim.*) eritritolo.

erythroblast [e'rɪθrəʊ,blɑ:st / eryth·ro·blast] *s.* (*biol.*) eritroblasto.

erythrocyte [e'rɪθrəʊ,saɪt / eryth·ro·cyte] *s.* (*anat.*) eritrocita.

erythrocytosis [e'rɪθrəʊsaɪ'təʊsɪs / eryth·ro·cy·to·sis] *s.* (*med.*) eritrocitosi.

erythromycin ['erɪθrəʊ'maɪsɪn / eryth·ro·my·cin] *s.* (*chim.*) eritromicina.

erythrosin [,erɪθrəʊsɪn / eryth·ro·sin] *s.* (*chim.*) eritrosina.

escalade [,eskə'leɪd / es·cal·ade] *s.* (*mil. ant.*) scalata.

to **escalade** *v.tr.* (*mil. ant.*) scalare.

to **escalate** ['eskəleɪt / es·cal·ate] *v.intr.* 1 intensificarsi, aggravarsi, subire un'escalation 2 (*econ.*) salire automaticamente (di prezzi ecc.) ◆ *v.tr.* intensificare, aumentare, provocare un'escalation.

escalation [,eskə'leɪʃn / es·cala·tion] *s.* 1 escalation (*anche fig.*); intensificazione: *1968 saw an — in the fighting in Vietnam*, il 1968 vide l'intensificarsi della lotta in Vietnam 2 (*econ.*) adeguamento automatico (di valori al variare di determinati indici) // (*comm.*) — *clause*, clausola di indicizzazione.

escalator ['eskəleɪtə* / es·cal·ator] *s.* scala mobile (*anche econ.*) // (*econ.*) — *clause*, clausola di indicizzazione (p.e. del valore di un credito).

escallop [ɪ'skɒləp / es·cal·lop] → **scallop**.

escapade [,eskə'peɪd / es·cap·ade] *s.* 1 scappata, scappatella, avventura 2 (*ant.*) fuga.

escape[1] [ɪ'skeɪp / es·cape] *s.* 1 fuga, evasione (dal carcere, dai propri pensieri): *the prisoner's* —, la fuga del prigioniero; *to make one's* —, evadere // *gas* —, fuga di gas // (*fis.*) — *velocity*, velocità di fuga // (*dir.*) — *clause*, clausola contrattuale di esonero 2 scampo, salvezza // *to have a narrow* —, cavarsela per miracolo; scamparla per un pelo // — *door*, uscita di sicurezza; — *chamber*, garitta di salvataggio (di un sottomarino) // (*psic.*) — *mechanism*, meccanismo di difesa 3 (*ind.*) scappamento: — *gas*, gas di scappamento; — *pipe*, tubo di scappamento; — *valve*, valvola di scarico, di sicurezza; — *wheel*, ruota di scappamento 4 (*bot.*) pianta incolta.

to **escape**[1] *v.intr.* 1 fuggire, evadere; scappare; svignarsela: *they escaped from prison*, evasero dalla prigione 2 scamparla, cavarsela // *to — by the skin of one's teeth*, farcela per un pelo 3 fuoriuscire, sgorgare; traboccare; svanire: *I heard the gas escaping from the pipe*, ho sentito il gas che fuoriusciva dal tubo ◆ *v.tr.* (I) sfuggire a; scampare a; scansare, schivare, evitare: *his name escapes me*, mi sfugge il suo nome; *nothing escapes him!*, non gli sfugge nulla!; *a sigh escaped him*, gli sfuggì un sospiro; *I must — visiting my aunt and her family*, devo riuscire a non andare a far visita a mia zia e alla sua famiglia.

escape[2] *s.* (*arch.*) fusto di colonna.

escape artist [ɪ'skeɪp,ɑ:tɪst] → **escapologist**.

escapee [,eskə'pi: / es·capee] *s.* evaso.

escapement [ɪ'skeɪpmənt / es·cape·ment] *s.* (*mecc.*) scappamento (specialmente di orologio): *anchor*, *cylinder* —, scappamento ad ancora, a cilindro.

escapism [ɪ'skeɪpɪzəm / es·cap·ism] *s.* evasione, fuga (dalla realtà).

escapist [ɪ'skeɪpɪst / es·cap·ist] *agg.* di evasione: — *literature*, letteratura di evasione ◆ *s.* chi cerca di sfuggire alla realtà.

escapologist [,eskeɪ'pɒlədʒɪst / es·capo·lo·gist] *s.* illusionista (abile nello sciogliersi da ogni legame o legaccio).

escarp [ɪ'skɑ:p / es·carp] → **escarpment**.

to **escarp** *v.tr.* (*mil.*) rendere erto; ridurre a scarpata; munire di scarpata.

escarpment [ɪ'skɑ:pmənt / es·carp·ment] *s.* scarpata (*anche mil.*).

eschalot ['eʃəlɒt / escha·lot] *s.* (*bot.*) scalogno → **scallion** 1.

eschar ['eskɑ:* / es·char] *s.* (*med.*) escara, crosta (di bruciatura, cauterizzazione).

eschatological [,eskətə'lɒdʒɪkl / eschato·lo·gical] *agg.* (*teol., fil.*) escatologico.

eschatology [,eskə'tɒlədʒɪ / eschato·logy] *s.* (*teol., fil.*) escatologia.

escheat [ɪs'tʃi:t / es·cheat] *s.* (*dir.*) proprietà caduca (che per mancanza di eredi diretti passa allo stato); proprietà incamerata; incameramento.

to **escheat** *v.tr.* (*dir.*) confiscare (una proprietà) ◆ *v.intr.* (*dir.*) passare allo stato (di proprietà).

to **eschew** [ɪs'tʃu: / es·chew] *v.tr.* (*form.*) evitare; astenersi da, rifuggire da: *you must — wine*, dovete evitare (di bere) il vino.

escort ['eskɔ:t / es·cort] *s.* **1** scorta: *armed —*, scorta armata; *to conduct a prisoner under —*, scortare un prigioniero; *— planes*, aeroplani di scorta; (*mar.*) *— vessel*, avviso scorta **2** cavaliere, chi accompagna (per compagnia, protezione ecc.).

to **escort** [ɪ'skɔ:t] *v.tr.* scortare; accompagnare: *I will — you home*, ti accompagnerò fino a casa; *to — a lady*, accompagnare una signora in pubblico, fare da cavaliere a una donna.

to **escribe** [i:'skraɪb / es·cribe] *v.tr.* (*mat.*) exinscrivere: *escribed circle*, cerchio exinscritto, excerchio.

escritoire [,eskri:'twɑ: / es·crit·oire] *s.* scrittoio, scrivania.

escrow [e'skrəʊ / es·crow] *s.* (*dir.*) atto depositato presso terzi // (*banca*) *— account*, conto destinato a garanzia.

escudo [e'sku:dəʊ / es·cudo] *pl.* **escudos** *s.* scudo (moneta portoghese).

esculent ['eskjʊlənt / es·cu·lent] *agg.* commestibile ◆ *s.pl.* generi alimentari.

escutcheon [ɪ'skʌtʃən / es·cut·cheon] *s.* **1** (*arald.*) scudo, stemma, blasone: *a blot on one's —*, (*fig.*) una macchia sulla propria reputazione // *— of pretence*, scudo sul quale un uomo porta le armi di sua moglie se erede o coerede **2** borchia; ghiera; targhetta **3** bocchetta (della serratura) **4** (*mar.*) scudo di poppa.

-ese [i:z] *suff.* derivato dall'antico fr. usato per formare **1** agg. e s. di nazionalità; it. -ese: *Chinese*, cinese; *Portughese*, portoghese **2** s. di tono spregiativo, che indicano il linguaggio di un particolare gruppo o ambiente; it. -ese: *officialese*, burocratese.

Eskimo ['eskɪməʊ / Es·kimo] *pl.* **Eskimoes** ['eskɪməʊz / Eski·moes] *agg.* e *s.* esquimese.

eso- [esəʊ, ɪsɒ] *pref.* di origine greca usato nella terminologia scientifica che significa 'dentro', 'all'interno'; it. eso-: *esoteric*, esoterico; (*med.*) *esotropia*, esotropia.

esophageal [i:,sɒfə'dʒi:əl / eso·pha·geal] *agg.* (*anat.*) esofageo.

esophagus [i:'sɒfəgəs / eso·phagus] *pl.* **esophagi** [i:'sɒfəgaɪ / eso·phagi] *s.* (*anat.*) esofago.

esoteric [,esəʊ'terɪk / eso·teric] *agg.* **1** (*fil.*) esoterico **2** segreto, misterioso // **-ally** *avv.*

esotropia [,esəʊ'trəʊpjə / eso·tropia] *s.* (*med.*) strabismo convergente, esotropia.

espagnolette [,espɑ:njə'let / es·pagno·lette] *s.* spagnoletta (di finestra).

espalier [ɪ'spæljə* / es·pal·ier] *s.* **1** spalliera (per piante) **2** albero o fila di alberi a spalliera.

to **espalier** *v.tr.* disporre a spalliera, proteggere con spalliera, fornire di spalliera (alberi).

esparto [e'spɑ:təʊ / es·parto] *pl.* **espartos** *s.* (*bot.*) (*Stipa tenacissima*) alfa; (*Lygeum spartum*) sparto SIN. Spanish grass.

especial [ɪ'speʃl / es·pe·cial] *agg.* (*form.*) eccezionale, speciale.

especially [ɪ'speʃəlɪ / es·pe·cially] *avv.* specialmente, particolarmente, soprattutto.

Esperantist [,espə'ræntɪst / Es·per·ant·ist] *s.* esperantista.

Esperanto [,espə'ræntəʊ / Es·per·anto] *s.* esperanto.

espial [ɪ'spaɪəl / es·pial] *s.* (*non com.*) spiata (attraverso il buco della serratura ecc.).

espionage [,espɪə'nɑ:ʒ / es·pi·on·age] *s.* spionaggio.

esplanade [,esplə'neɪd / es·plan·ade] *s.* **1** spianata; passeggiata **2** (*mil.*) spianata.

espousal [ɪ'spaʊzl / es·pousal] *s.* **1** (*form.*) adozione (di causa, idea) **2** *pl.* (*ant.*) sponsali, nozze.

to **espouse** [ɪ'spaʊz / es·pouse] *v.tr.* **1** (*form.*) sposare, abbracciare (una causa, un'idea ecc.) **2** (*ant.*) sposare (generalmente detto di uomo) **3** (*ant.*) maritare (una figlia).

espresso [e'spresəʊ / es·presso] *pl.* **espressos** *s.* macchina per caffè espresso // *— bar*, bar dove si beve caffè espresso.

esprit ['espri: / es·prit] *s.* (*fr.*) spirito // *— de corps*, spirito di corpo.

to **espy** [ɪs'paɪ] *v.tr.* (*antiq.*) **1** scorgere, intravvedere; spiare **2** scoprire, notare.

Esquimau ['eskɪməʊ / Es·quimau] *pl.* **Esquimaux** ['eskɪməʊz] *s.* (*antiq.*) esquimese.

Esquire [ɪ'skwaɪə* *amer.* 'eskwaɪə* / Es·quire] *s.* **1** titolo di cortesia usato negli indirizzi: *John W. Brown, Esq.*, Egregio Signor John W. Brown **2** (*ant.*) scudiero.

ess [es] *s.* **1** esse (la lettera *s*) **2** ogni oggetto a forma di S.

-ess [es, ɪs] *suff.* di origine anglosassone usato per formare il femminile di alcuni sostantivi; it. -essa, -trice: *lion* → *lioness*, leonessa; *poet* → *poetress*, poetessa; *actor* → *actress*, attrice.

essay ['eseɪ / es·say] *s.* **1** prova, saggio, esperimento; sforzo; tentativo **2** saggio; (*scuola*) componimento, tema.

to **essay** [e'seɪ] *v.tr.* (*form.*) provare; mettere alla prova: *to — sthg.*, esperimentare qlco., tentare qlco.

essayist ['eseɪɪst / es·say·ist] *s.* saggista.

essence ['esns / es·sence] *s.* **1** essenza, elemento costitutivo: *the — of the matter*, il nocciolo della questione // *in —*, in sostanza // *of the —*, (*form.*) essenziale, di estrema importanza **2** (*chim.*) essenza, estratto.

Essene ['esi:n / Es·sene] *s.* (*relig. ebraica*) esseno, membro della setta degli esseni.

essential [ɪ'senʃl / es·sen·tial] *agg.* **1** essenziale, sostanziale, fondamentale, principale; indispensabile // (*med.*) *— hypertension*, ipertensione essenziale **2** (*chim.*) essenziale, puro: *— oil*, olio essenziale ◆ *s.* (*gener. pl.*) elemento essenziale.

essentially [ɪ'senʃəlɪ / es·sen·tially] *avv.* **1** essenzialmente, fondamentalmente **2** necessariamente.

-est[1] [est, əst] *suff.* di origine anglosassone usato per formare il superlativo relativo di agg. e avv.: *the cleanest*, il più pulito; *the wisest*, il più saggio; *to wash whitest*, lavare più bianco.

-est[2] antica desinenza della seconda persona singolare dell'indic. pres.: *thou goest*, tu vai; *thou walkest*, tu cammini.

to **establish** [ɪs'tæblɪʃ / es·tab·lish] *v.tr.* **1** instaurare, istituire (governo, sistema ecc.): *the custom has been* (o *become*) *established to...*, si è introdotto l'uso di...; *to — close relations with s.o.*, stringere rapporti di amicizia con qlcu. // *to — a price*, fissare un prezzo **2** (*comm.*) fondare, costituire, istituire: *the company was established in 1913*, la compagnia fu fondata nel 1913 **3** far riconoscere; stabilire, constatare, dimostrare; provare: *to — one's reputation*, confermare la propria reputazione; *he has established himself as our leading novelist*, si è confermato il nostro maggior romanziere; *the law of gravity was established by Newton*, la legge di gravità fu enunciata da Newton; *they established his innocence*, dimostrarono la sua innocenza **4** *to — oneself*, stabilirsi, installarsi (in campagna, casa) **5** affermare (diritto, potere ecc.); (*dir.*) confermare, ratificare (testamento ecc.) **6** istituire come religione di stato.

established [ɪ'stæblɪʃt / es·tab·lished] *agg.* **1** fondato, istituito, costituito: *— in 1885*, fondato nel 1885 // *the Established Church*, la religione di Stato **2** dimostrato, provato: *a scientifically — fact*, un fatto provato scientificamente **3** stabilito; affermato.

establisher [ɪ'stæblɪʃə* / es·tab·lish·er] *s.* fondatore; consolidatore.

establishment [ɪ'stæblɪʃmənt / es·tab·lish·ment] *s.* **1** instaurazione, creazione, fondazione, costituzione // (*amm.*) *— balance sheet*, bilancio di costituzione **2** azienda, impresa **3** affermazione; conferma; (*dir.*) ratifica **4** personale (di una casa); (*mil. mar.*) personale effettivo **5** *the* (*Church*) *Establishment*, l'alto clero **6** establishment, classe dirigente.

establishmentarian [ɪ,stæblɪʃmən'teərɪən / es·tab·lish·ment·arian] *agg.* e *s.* (persona) che sostiene il principio di una Chiesa regolata dalle leggi dello Stato.

estaminet [e'stæmi:neɪ *amer.* e,stæmi:'neɪ / es·tam·inet] *s.* (*non com.*) piccolo caffè, piccolo bar.

estate [ɪ'steɪt / es·tate] *s.* **1** terra, proprietà, tenuta // *industrial —*, zona industriale // *housing —*, quartiere, complesso abitativo, complesso residenziale // *council —*, quartiere, blocco di case del comune **2** (*dir.*) beni, patrimonio, fortuna: *— and property*, situazione patrimoniale; *— income*, reddito patrimoniale; *life —*, usufrutto a vita // (*trib.*) *— duty* (o amer. *— tax*), imposta di successione **3** stato, ordine, gruppo politico // *the Fourth Estate*, il Quarto Potere (la stampa) // *The Third Estate*, (*st.*) il

Terzo Stato // *the Three Estates of the Realm*, i tre poteri del regno (in Inghilterra) **4** stato, condizione: *man's* —, la condizione umana **5** rango, condizione, classe sociale: *of high, low* —, di alta, bassa condizione (sociale).

estate agent [ɪ'steɪt,eɪdʒənt] *s.* **1** agente immobiliare **2** fattore.

estate car [ɪ'steɪtkɑ:*] *s.* auto modello familiare.

esteem [ɪ'sti:m / es·teem] *s.* (*form.*) stima, considerazione; deferenza: *to hold s.o. in high* —, aver grande stima di qlcu.; *to rise, to fall in s.o.'s* —, salire, scadere nella stima di qlcu.

to **esteem** *v.tr.* (*form.*) **1** stimare, tenere in gran conto: *much as I — him*, per quanto lo stimi; *your father is greatly esteemed*, tuo padre è molto stimato **2** considerare, ritenere: *I — it (as) an honour*, (*antiq.*) lo considero un onore.

ester ['estə* / es·ter] *s.* (*chim.*) estere.

esterase ['estəreɪs / es·ter·ase] *s.* (*biochim.*) esterasi.

esterification [,esterɪfɪ'keɪʃn / es·teri·fica·tion] *s.* (*chim.*) esterificazione.

to **esterify** [e'sterɪfaɪ / es·ter·ify] *v.tr.* (*chim.*) esterificare ◆ *v.intr.* (*chim.*) trasformarsi in estere.

esthesiophysiology [i:s'θi:zɪəʊfɪzɪ'ɒlədʒɪ / es·thesio·physi·ology] *s.* (*med.*) → **aesthophysiology**.

esthete e *deriv.* (*amer.*) → **aesthete** e *deriv.*

Est(h)onian [e'stəʊnjən / Es·t(h)o·nian] *agg.* e *s.* estone.

estimable ['estɪməbl / es·tim·able] *agg.* (*form.*) stimabile, degno di stima: *he is not a very — person*, è una persona degna di poca stima.

estimably ['estɪməblɪ / es·tim·ably] *avv.* stimabilmente.

estimate ['estɪmət / es·tim·ate] *s.* **1** stima, giudizio, valutazione, calcolo: *he is fallen in my* —, è scaduto nella mia stima **2** (*comm.*) preventivo, stima: *rough* —, valutazione approssimativa; *to make an* —, preventivare, fare un preventivo; (*amm.*) — *of expenditure, revenue*, preventivo di spesa, di entrata **3** *pl.* (*amm.*) valutazione di bilancio; estimo // *the Estimates*, previsioni di spesa (presentate dal governo al parlamento) **4** (*stat.*) stima.

to **estimate** ['estɪmeɪt] *v.tr.* **1** stimare, valutare; fare la stima di: *to — damages*, fare la stima dei danni: *to — damages at £ 100,000*, stimare i danni a 100.000 sterline // (*amm.*) *estimated value*, valore approssimativo // (*trib.*) *estimated assessment*, determinazione di ufficio dell'imponibile **2** (*amm.*) preventivare: *estimated figure*, cifra preventivata; *estimated price*, prezzo di preventivo; *estimated cost*, costo previsto; *estimated cost(s)*, costi figurativi ◆ *v.intr.* (*comm.*) fare un preventivo.

estimation [,estɪ'meɪʃn / es·tima·tion] *s.* (*form.*) **1** stima, apprezzamento, valutazione, considerazione: *the — of the public*, la stima del pubblico; *to hold s.o. in* —, tenere qlcu. in grande considerazione **2** opinione, giudizio: *in my* —, secondo me, a mio avviso **3** stima, calcolo approssimativo: *he made a quick — of the number of cars*, fece un veloce calcolo del numero delle macchine.

estimative ['estɪmətɪv / es·tim·at·ive] *agg.* estimativo.

estimator ['estɪmeɪtə* / es·tim·ator] *s.* (*comm.*) perito, estimatore.

estival ['estəvəl / es·tival] *agg.* (*amer.*) → **aestival**.

to **estivate** e *deriv.* (*amer.*) → to **aestivate** e *deriv.*

Estonian [e'stəʊnɪən / Est·onian] *agg.* e *s.* estone.

to **estop** [ɪ'stɒp / es·top] *pass.p.p.* **estopped** [ɪ'stɒpt / es·topped] *v.tr.* (*dir.*) ostacolare, sospendere, precludere.

estoppage [ɪ'stɒpɪdʒ / es·top·page] *s.* (*dir.*) esclusione, impedimento.

estoppel [ɪ'stɒpl / es·top·pel] *s.* (*dir.*) preclusione, inammissibilità, eccezione.

estovers [ɪ'stəʊvəz / est·overs] *s.pl.* (*dir.*) servitù di legnatico // *common of* —, diritto dell'affittuario a utilizzare in quantità ragionevole e per i bisogni essenziali il legname ricavato dal fondo.

estrade [e'strɑ:d / es·trade] *s.* piattaforma, palco.

estradiol [,estrə'daɪɔ:l / es·tra·diol] *s.* (*chim.*) estradiolo.

to **estrange** [ɪ'streɪndʒ / es·trange] *v.tr.* alienare; allontanare: *his conduct has estranged all his friends*, la sua condotta gli ha alienato la stima di tutti i suoi amici; *to become estranged from s.o., sthg.*, staccarsi, allontanarsi da qlcu., qlco.

estrangement [ɪ'streɪndʒmənt / es·trange·ment] *s.* alienazione, allontanamento; distacco; discordia.

estray [ɪ'streɪ] *s.* (*ant.*) animale randagio.

estreat [ɪ'stri:t / es·treat] *s.* (*dir.*) estratto, copia autentica (di documento per procedimento penale).

to **estreat** *v.tr.* (*dir.*) fare un estratto, una copia autenticata di (documento).

estrich ['estrɪtʃ / es·trich] **estridge** ['estrɪdʒ / es·tridge] *s.* (*ant.*) struzzo.

estriol ['estrɪəʊl / es·triol] *s.* (*chim.*) estriolo.

estrogen ['i:strəʊdʒən / es·tro·gen] *s.* (*biochim.*) estrogeno.

estrogenic [,estrə'dʒenɪk / es·tro·genic] *agg.* (*biochim.*) estrogeno: — *hormone*, ormone estrogeno.

estrone ['estrəʊn / es·trone] *s.* (*biochim.*) estrone.

estrous ['i:strəs / es·trous] *agg.* (*biol.*) estrale: — *cycle*, ciclo estrale.

estrus ['i:strəs / es·trus] **estrum** ['i:strəm / es·trum] *s.* (*biol.*) estro.

estuarine ['estjʊəri:n / es·tu·ar·ine] *agg.* di, da estuario: — *environment*, ambiente di estuario.

estuary ['estjʊərɪ *amer.* 'estjʊerɪ / es·tu·ary] *s.* estuario.

esurience [ɪ'sjʊərɪəns / esuri·ence] **esuriency** [ɪ'sjʊərɪənsɪ / esuri·ency] *s.* fame, cupidigia, voracità.

esurient [ɪ'sjʊərɪənt / esuri·ent] *agg.* famelico, affamato, vorace.

etacism ['eɪtəsɪzəm / etac·ism] *s.* (*ling.*) etacismo.

et al ['et'æl] *avv.* e altri • Abbr. della locuz. lat. *et alia, alii*.

etc. [ɪt'setərə] (abbr. di *et coetera*; letto anche '*and so on*' o '*and so forth*') eccetera.

etceteras [ɪt'setərəz *amer.* et'setərəz / et·cet·eras] *s.pl.* annessi e connessi.

to **etch** [etʃ] *v.tr.* **1** incidere all'acquaforte **2** (*fig.*) imprimere, incidere: *his face was etched in my memory*, il suo viso era impresso nella mia memoria // *the frost etched a pattern on the windowpane*, la brina impresse, formò un disegno sul vetro **3** (*mecc.*) incidere, imprimere **4** attaccare (chimicamente), corrodere ◆ *v.intr.* fare l'incisore.

etch cleaning ['etʃ'kli:nɪŋ] *s.* (*chim.*) pulitura elettrolitica.

etcher ['etʃə*] *s.* acquafortista (incisore).

etching ['etʃɪŋ / etch·ing] *s.* **1** incisione all'acquaforte, acquaforte **2** arte dell'incisione all'acquaforte **3** lastra incisa all'acquaforte **4** (*mecc.*) incisione **5** (*chim.*, *metall.*) attacco chimico // — *figures*, disegni di attacco, figure di corrosione **6** (*tip.*) morsura // — *machine*, macchina per incidere.

etching ground ['etʃɪŋ,graʊnd] *s.* (*tip.*) vernice all'asfalto.

etching needle ['etʃɪŋ,ni:dl] *s.* bulino.

etching varnish ['etʃɪŋ,vɑ:nɪʃ] → **etching ground**.

eternal [i:'tɜ:nl] *agg.* **1** eterno; immutabile // *the Eternal City*, la Città Eterna, Roma **2** (*fam.*) incessante, continuo ◆ *s. the Eternal*, l'Eterno, Dio // **-ly** *avv.*

to **eternalize** [i:'tɜ:nəlaɪz / etern·al·ize] *v.tr.* (*non com.*) immortalare, rendere eterno, eternare.

eternity [i:'tɜ:nətɪ / etern·ity] *s.* eternità (*anche fig.*): *she kept me waiting for an* —, mi fece attendere un'eternità // *the eternities*, le verità eterne, immutabili.

to **eternize** [i:'tɜ:naɪz / etern·ize] *v.tr.* (*non com.*) immortalare, rendere eterno, eternare.

Etesian [ɪ'ti:ʒjən / Et·es·ian] *agg.* etesio (di vento): — *winds*, etesi (venti del Mediterraneo).

ethane ['eθeɪn / eth·ane] *s.* (*chim.*) etano.

ethanol ['eθənəʊl / eth·anol] *s.* (*chim.*) etanolo, alcol etilico.

ethene ['eθi:n / eth·ene] *s.* (*chim.*) etilene.

ether ['i:θə*] *s.* **1** (*chim.*) etere **2** (*cosmic*) —, etere cosmico **3** (*letter.*) *the* —, l'etere, l'aria; la volta celeste.

ethereal [i:'θɪərɪəl / eth·er·eal] *agg.* **1** etereo, inconsistente, leggero, impalpabile **2** (*chim.*) etereo, volatile.

ethereality [i:,θɪərɪ'ælɪtɪ / eth·er·eal·ity] *s.* l'essere etereo.

etherealization [i:,θɪərɪəlaɪ'zeɪʃn / eth·er·eal·iza·tion] *s.* **1** spiritualizzazione **2** (*chim.*) eterizzazione.

to **etherealize** [i:'θɪərɪəlaɪz / eth·er·eal·ize] *v.tr.* **1** (*chim.*) eterizzare **2** rendere etereo, immateriale.

etherification [,i:θərɪfɪ'keɪʃn / eth·eri·fica·tion] *s.* (*chim.*) eterificazione.

etheriform ['i:θərɪfɔ:m / eth·eri·form] *agg.* eteriforme.

to **etherify** ['i:θərɪfaɪ / eth·er·ify] *v.tr.* (*chim.*) eterificare ◆ *v.intr.* (*chim.*) eterificarsi.

etherism ['i:θərɪzəm / eth·er·ism] *s.* (*med.*) eterismo.

etherization [,i:θəraɪ'zeɪʃn / eth·er·iza·tion] *s.* (*med.*) eterizzazione.

to **etherize** ['i:θəraɪz / eth·er·ize] *v.tr.* **1** (*med.*) eterizzare, anestetizzare **2** (*fig.*) rendere insensibile, inerte (di fronte a sensazioni fisiche o sentimenti): *he was etherized by his grief*, era reso insensibile dal dolore.

etheromania [,i:θərə'meɪnjə / eth·ero·mania] *s.* (*med.*) eteromania.

ethic ['eθɪk] *s.* principio morale; etica, morale: *his personal ethics, his professional ethics don't allow him to perform the operation*, i suoi principi morali non gli consentono, la sua etica professionale non gli consente di eseguire l'operazione ◆ *agg.* (*non com.*) → ethical.

ethical ['eθɪkl / eth·ical] *agg.* etico, morale // (*med.*) — *drug*, medicina con prescrizione medica obbligatoria // — *goods*, prodotti etici (prodotti medici reclamizzati su riviste specializzate) // — *committee*, comitato che si esprime sulle questioni morali (nell'ambito della medicina) // **-ly** *avv.*

ethics ['eθɪks] *s.* ⓤ (*fil.*) etica.

Ethiop ['i:θɪɒp] *s.* (*ant.*) etiope.

Ethiopian [,i:θɪ'əʊpjən / Ethi·op·ian] *agg.* etiopico // (*teatr.*) — *paradise*, (*sl. amer.*) piccionaia ◆ *s.* **1** etiope **2** (*ant.*) negro.

Ethiopic [,i:θɪ'ɒpɪk / Ethi·opic] *agg.* etiopico ◆ *s.* lingua etiopica.

ethmoid ['eθmɔɪd / eth·moid] *agg.* e *s.* (*anat.*) (osso) etmoide.

ethnic(al) ['eθnɪk(l) / eth·nic(al)] *agg.* etnico: — *minority*, minoranza etnica // — *food, restaurants*, cucina tipica, ristoranti tipici // **-ally** *avv.*

ethnics [eθnɪks / eth·nics] *s.pl.* (*amer.*) cittadini americani che appartengono a una minoranza.

ethnographer [eθ'nɒgrəfə* / eth·no·grapher] *s.* etnografo.

ethnographic(al) [,eθnəʊ'græfɪk(l) / eth·no·graphic, eth·no·graph·ical] *agg.* etnografico.

ethnography [eθ'nɒgrəfɪ / eth·no·graphy] *s.* etnografia.

ethnologic(al) [,eθnəʊ'lɒdʒɪk(l) / eth·no·lo·gic(al)] *agg.* etnologico // **-ly** *avv.*

ethnologist [eθ'nɒlədʒɪst / eth·no·lo·gist] *s.* etnologo.

ethnology [eθ'nɒlədʒɪ / eth·no·logy] *s.* etnologia.

ethological [,i:θəʊ'lɒdʒɪkl / etho·lo·gical] meno com. **ethologic** [,i:θəʊ'lɒdʒɪk / etho·lo·gic] *agg.* etologico.

ethologist [i:'θɒlədʒɪst / etho·lo·gist] *s.* etologo.

ethology [i:'θɒlədʒɪ / etho·logy] *s.* etologia.

ethos ['i:θɒs] *s.* ethos, carattere particolare (di popolo, sistema ecc.).

ethyl ['eθɪl] *s.* (*chim.*) etile, radicale etilico: — *acetate*, acetato di etile; — *alcohol*, alcol etilico; — *oxide*, ossido di etilene.

ethylene ['eθɪli:n / ethyl·ene] *s.* (*chim.*) etilene // — *glycol*, glicol etilenico; — *ether*, etere etilenico.

ethylic [ɪ'θɪlɪk] *agg.* (*chim.*) etilico.

to **etiolate** ['i:tɪəʊleɪt / eti·ol·ate] *v.tr.* **1** (*form.*) far scolorire, far sbiadire (una pianta) **2** (*fig.*) fare intristire.

etiolation [,i:tɪəʊ'leɪʃn / eti·ola·tion] *s.* **1** (*bot.*) eziolamento, scolorimento (di pianta) **2** (*fig.*) intristimento.

etiology e *deriv.* (*amer.*) → **aetiology** e *deriv.*

etiquette ['etɪket / eti·quette] *s.* **1** etichetta, cerimoniale, protocollo: *court* —, cerimoniale di corte; *it's not* —, non è educato, il galateo non insegna così **2** regole, usi convenzionali.

etna ['etnə] *s.* fornellino a spirito.

Eton coat ['i:tn,kəʊt] → **Eton jacket**.

Eton collar ['i:tn,kɒlə*] *s.* ampio colletto inamidato.

Etonian [i:'təʊnjən / Eton·ian] *s.* allievo del collegio di Eton.

Eton jacket ['i:tn,dʒækət] *s.* giacchetta nera a vita.

Etrurian [ɪ'trʊərɪən / Et·rur·ian] **Etruscan** [ɪ'trʌskən / Et·rus·can] *agg.* e *s.* etrusco.

-ette [et] *suff.* di origine francese che indica **1** un diminutivo; it. -etta: *kitchenette*, cucinetta **2** un femminile: *usher* → *usherette*, maschera di cinema **3** somiglianza con: *leather* (cuoio) → *leatherette*, materiale uso cuoio.

etui, **etwee** [e'twi:] *s.* astuccio (per aghi ecc.).

etymologer [,etɪ'mɒlədʒə* / ety·mo·loger] *s.* (*ant.*) etimologo.

etymologic(al) [,etɪmə'lɒdʒɪk(l) / ety·mo·lo·gic(al)] *agg.* etimologico // **-ly** *avv.*

etymologist [,etɪ'mɒlədʒɪst / ety·mo·lo·gist] *s.* etimologista.

to **etymologize** [,etɪ'mɒlədʒaɪz / ety·mo·lo·gize] *v.tr.* dare, cercare l'etimologia di (una parola) ◆ *v.intr.* occuparsi di etimologia.

etymology [,etɪ'mɒlədʒɪ / ety·mo·logy] *s.* etimologia.

etymon ['etɪmɒn / ety·mon] *s.* etimo, radice (di una parola).

eucalyptol(e) [,ju:kə'lɪptəʊl / eu·ca·lypt·ol(e)] *s.* (*chim.*) eucaliptolo.

eucalyptus [,ju:kə'lɪptəs / eu·ca·lyptus] *s.* (*bot.*) eucalipto.

eucaryote → **eukaryote**.

Eucharist ['ju:kərɪst / Eu·char·ist] *s.* (*eccl.*) Eucarestia: *to receive the* —, ricevere l'Eucarestia.

Eucharistic(al) [,ju:kə'rɪstɪk(l) / Eu·char·istic, Eu·char·ist·ical] *agg.* eucaristico.

euchologion [,ju:kəʊ'ləʊdʒɪən / eu·cho·logion] *s.* (*relig. ortodossa*) eucologio (libro di preghiere rituali).

euchre ['ju:kə* / eu·chre] *s.* gioco di carte americano.

to **euchre** *v.tr.* superare (l'avversario) alle carte (*anche fig.*): *to — s.o.*, (*fig.*) mettere qlcu. in imbarazzo.

Euclidean, **Euclidian** [ju:'klɪdɪən / Euc·lid·ean] *agg.* di Euclide, euclideo: (*mat.*) — *space*, spazio euclideo; — *geometry*, geometria euclidea.

eud(a)emonism [ju:'di:mənɪzəm / eu·da(e)·mon·ism] *s.* (*fil.*) eudemonismo.

eudiometer [,ju:dɪ'ɒmɪtə* / eu·dio·meter] *s.* (*fis.*) eudiometro.

eudiometric(al) [,ju:dɪə'metrɪk(l) / eu·dio·met·ric(al)] *agg.* (*fis.*) eudiometrico.

eudiometry [,ju:dɪ'ɒmɪtrɪ / eu·dio·metry] *s.* (*fis.*) eudiometria.

eugenic [ju:'dʒenɪk / eu·genic] *agg.* eugenico // **-ally** *avv.*

eugenics [ju:'dʒenɪks / eu·gen·ics] *s.* ⓤ eugenetica.

eugenol ['ju:dʒənəʊl / eu·ge·nol] *s.* (*chim.*) eugenolo.

euhemerism [ju:'hi:mərɪzəm / eu·hem·er·ism] *s.* (*fil.*) evemerismo.

eukaryote [ju:'kærɪ,əʊt / eu·kary·ote] *s.* (*biol.*) eucariote.

eulogic [ju:'lɒdʒɪk / eu·logic] *agg.* (*form.*) elogiativo // **-ally** *avv.*

eulogist ['ju:lədʒɪst / eu·lo·gist] *s.* (*form.*) elogiatore, panegirista.

eulogistic(al) [,ju:lə'dʒɪstɪk(l) / eu·lo·gistic·(al)] *agg.* (*form.*) laudativo // **-ally** *avv.*

eulogium [ju:'ləʊdʒjəm / eu·lo·gium] *s.* (*form.*) elogio, panegirico: *to pronounce an — on s.o.*, fare il panegirico, le lodi di qlcu.

to **eulogize** ['ju:lədʒaɪz / eu·lo·gize] *v.tr.* (*form.*) elogiare, lodare; fare il panegirico di.

eulogy ['ju:lədʒɪ / eu·logy] *s.* (*form.*) elogio, panegirico.

eunuch ['ju:nək / eu·nuch] *s.* eunuco.

euonymus [ju:'ɒnɪməs / eu·onymus] *s.* (*bot.*) evonimo.

eupepsia [ju:'pepsɪə / eu·pep·sia] **eupepsy** [ju:'pepsɪ / eu·pepsy] *s.* (*med.*) eupepsia.

eupeptic [ju:'peptɪk / eu·peptic] *agg.* (*med.*) eupeptico.

euphemism ['ju:fɪmɪzəm / eu·phem·ism] *s.* eufemismo.

euphemistic [,ju:fɪ'mɪstɪk / eu·phem·istic] *agg.* eufemistico // **-ally** *avv.*

to **euphemize** ['ju:fɪmaɪz / eu·phem·ize] *v.tr.* esprimere per mezzo di eufemismi ◆ *v.intr.* usare eufemismi.

euphonic [ju:'fɒnɪk / eu·phonic] *agg.* eufonico, armonioso // **-ally** *avv.*

euphonious [ju:'fəʊnjəs / eu·pho·ni·ous] *agg.* (*form.*) eufonico, armonioso // **-ly** *avv.*

euphonium [ju:'fəʊnjəm / eu·pho·nium] *s.* (*mus.*) eufonio; bombardino.

to **euphonize** ['ju:fənaɪz / eu·phon·ize] *v.tr.* rendere eufonico.

euphony ['ju:fənɪ / eu·phony] *s.* eufonia.

euphorbia [ju:'fɔ:bɪə / eu·phor·bia] *s.* (*bot.*) euforbia.

euphorbium [ju:'fɔ:bɪəm / eu·phor·bium] *s.* (*bot.*) euforbio.

euphoria [ju:'fɔ:rɪə / eu·phoria] *s.* euforia.

euphoric [ju:'fɒrɪk / eu·phoric] *agg.* euforico.

euphory ['ju:fərɪ / eu·phory] *s.* (*rar.*) euforia.

euphrasy ['ju:frəsɪ / eu·phrasy] *s.* (*bot.*) (*Euphrasia officinalis*) eufrasia.

euphuism ['ju:fju:ɪzəm / eu·phu·ism] *s.* **1** (*lett.*) eufuismo **2** (*fam.*) preziosità, affettazione (dello stile).

euphuist ['ju:fju:ɪst / eu·phu·ist] *s.* eufuista; chi scrive in modo affettato, ricercato.

euphuistic [,ju:fju:'ɪstɪk / eu·phu·istic] *agg.* **1** (*lett.*) eufuistico **2** (*fam.*) prezioso, affettato // **-ally** *avv.*

euploid ['ju:plɔɪd / eu·ploid] *s.* (*biol.*) euploide.

Eur- [jʊər] *pref.* → **Euro-**.

Eurafrican [jʊə'ræfrɪkən / Eur·af·rican] *s.* euroafricano.

Eurasian [jʊə'reɪʒjən / Eur·asian] *agg.* e *s.* eurasiano, eurasiatico.

eureka [jʊə'ri:kə / eur·eka] *inter.* eureka.

eurhythmic [ju:'rɪðmɪk / eu·rhythmic] *agg.* euritmico.

eurhythmics [ju:'rɪðmɪks / eu·rhythmics] *s.* ☐U euritmia.

Euro [jʊərəʊ] *s.* (*moneta*) euro.

Euro- ['jʊərəʊ] *pref.* di formazione moderna che significa 'europeo, dell'Europa, del mercato comune europeo'; it. eur(o)-: *Eurobond*, eurobbligazione; *Eurocurrency*, eurovaluta, eurodivisa; *Eurodollars*, eurodollari; *Euroequities*, azioni emesse sull'euromercato.

Eurobond ['jʊərəʊ,bɒnd / Euro·bond] *s.* (*fin.*) eurobond, eurobbligazione.

Eurocentric [,jʊərə'sentrɪk / Euro·cen·tric] *agg.* eurocentrico.

eurocommercial paper ['jʊərəkə'mɜ:ʃl 'peɪpə*] *s.* (*fin.*) titoli a breve, emessi sull'euromercato grazie a speciali accordi (*facilities*) con le banche SIN. **euronote**.

Eurocommunism [,jʊərə'kɒmjʊ,nɪzəm / Euro·com·mu·nism] *s.* eurocomunismo.

Eurocrat ['jʊərə,kræt / Euro·crat] *s.* burocrate del Consiglio d'Europa.

Euromarket ['jʊərə,mɑ:kət / Euro·mar·ket] *s.* (*econ.*) **1** euromercato (sul quale si negoziano eurodivise ed eurobbligazioni) **2** (*fam.*) mercato comune europeo.

euronote ['jʊərə,nəʊt / euro·note] → **eurocommercial paper**.

European [,jʊərə'pi:ən / Euro·pean] *agg.* e *s.* europeo // — *plan*, (*amer.*) tariffa di solo pernottamento (in albergo).

Europeanism [,jʊərə'pi:ənɪzəm / Euro·pean·ism] *s.* europeismo.

to **Europeanize** [,jʊərə'pi:ənaɪz / Euro·pean·ize] *v.tr.* europeizzare: *to become Europeanized*, europeizzarsi.

europium [ju:'rəʊpɪəm / euro·pium] *s.* (*chim.*) europio.

Eurovision ['jʊərəʊ,vɪʒn / Euro·vis·ion] *s.* (*tv*) eurovisione.

Eurus ['jʊərəs] *s.* euro (vento).

eurythmic e *deriv.* → **eurhythmic** e *deriv.*

Eustachian [ju:'steɪʃjən / Eus·ta·chian] *agg.* d'Eustachio // (*anat.*): — *tube*, tromba d'Eustachio; — *valve*, valvola d'Eustachio.

eustasy ['ju:stəsɪ / eu·stasy] *s.* (*geogr.*) eustatismo.

eustatic [ju:'stætɪk / eu·static] *agg.* (*geogr.*) eustatico.

eustatism ['ju:stətɪzm / eu·statism] *s.* (*geogr.*) → **eustasy**.

eutectic [ju:'tektɪk / eu·tectic] *agg.* (*chim.*, *fis.*, *metall.*) eutettico: — *point*, punto eutettico; — *alloy*, lega eutettica.

eutectoid [ju:'tektɔɪd / eu·tec·toid] *agg.* (*chim.*, *fis.*, *metall.*) eutettoide.

euthanasia [,ju:θə'neɪzjə *amer.* ,ju:θə'neɪʒə / eu·tha·nasia] *s.* eutanasia.

eutrophic [ju:'trɒfɪk / eu·trophic] *agg.* eutrofico.

eutrophication [,ju:trəfɪ'keɪʃn / eu·troph·ic·ation] *s.* eutrofizzazione.

evacuant [ɪ'vækjʊənt / evacu·ant] *agg.* e *s.* (*med.*) purgante, lassativo.

to **evacuate** [ɪ'vækjʊeɪt / evacu·ate] *v.tr.* **1** evacuare, sfollare; (*mil.*) evacuare, ritirare (truppe) **2** (*med.*) espellere, evacuare (feci) ◆ *v.intr.* **1** evacuare, andarsene **2** (*med.*) evacuare.

evacuation [ɪ,vækjʊ'eɪʃn / evacu·ation] *s.* **1** evacuazione, sfollamento; (*mil.*) ritiro **2** (*med.*) evacuazione.

evacuative [ɪ'vækjʊeɪtɪv / evacu·at·ive] *agg.* (*med.*) evacuante, lassativo.

evacuee [ɪ,vækju:'i:] *s.* sfollato.

evadable [ɪ'veɪdəbl / evad·able] *agg.* (*rar.*) evitabile.

to **evade** [ɪ'veɪd] *v.tr.* evitare, schivare, eludere, sottrarsi a: *he evaded the question*, eluse la domanda; (*trib.*) *to — paying taxes*, evadere le imposte // (*dir.*) *evading service of process*, rifiuto di ricevere notifica.

to **evaluate** [ɪ'væljʊeɪt / evalu·ate] *v.tr.* valutare; determinare il valore (di).

evaluation [ɪ,væljʊ'eɪʃn / evalu·ation] *s.* valutazione, apprezzamento.

to **evanesce** [,i:və'nes / evan·esce] *v.intr.* (*form. spec. fig.*) svanire, sparire.

evanescence [,i:və'nesns *amer.* ,evə'nesns / evan·es·cence] *s.* (*form.*) evanescenza, sparizione graduale.

evanescent [,i:və'nesnt *amer.* ,evə'nesnt / evan·es·cent] *agg.* (*form.*) evanescente // **-ly** *avv.*

evangel [ɪ'vændʒel / evan·gel] *s.* (*ant.*) **1** Vangelo **2** dottrina, principio.

evangelic(al) [,i:væn'dʒelɪk(l) / evan·gelic, evan·gel·ical] *agg.* **1** evangelico, conforme al Vangelo **2** appartenente alla Chiesa Evangelica, Protestante ◆ *s.* evangelico, protestante.

Evangelicalism [,i:væn'dʒelɪkəlɪzəm / Evan·gel·ical·ism] *s.* Evangelicalismo, dottrina della Chiesa Evangelica.

evangelically [,i:væn'dʒelɪkəlɪ / evan·gel·ic·ally] *avv.* evangelicamente.

evangelism [ɪ'vændʒəlɪzəm / evan·gel·ism] *s.* predicazione del Vangelo.

evangelist [ɪ'vændʒəlɪst / evan·gel·ist] *s.* persona che predica il Vangelo; evangelizzatore // *Evangelist*, evangelista, ciascuno degli autori dei quattro Vangeli canonici.

evangelistic [ɪ,vændʒə'lɪstɪk / evan·gel·istic] *agg.* di evangelista.

evangelization [ɪ,vændʒəlaɪ'zeɪʃn / evan·gel·iza·tion] *s.* evangelizzazione.

to **evangelize** [ɪ'vændʒəlaɪz / evan·gel·ize] *v.tr.* evangelizzare ◆ *v.intr.* predicare il Vangelo.

evaporable [ɪ'væpərəbl / evap·or·able] *agg.* evaporabile.

to **evaporate** [ɪ'væpəreɪt / evap·or·ate] *v.intr.* **1** (*fis.*) evaporare **2** volatilizzarsi, evaporare (di profumi ecc.) **3** (*fam. fig.*) svanire, sparire, volatilizzarsi; morire ◆ *v.tr.* far evaporare (*anche fis.*) // *evaporated milk*, latte condensato.

evaporation [ɪ,væpə'reɪʃn / evap·ora·tion] *s.* evaporazione // — *tank*, vasca di evaporazione.

evaporative [ɪ'væpəreɪtɪv / evap·or·at·ive] *agg.* evaporativo.

evaporator [ɪ'væpəreɪtə* / evap·or·ator] *s.* evaporatore // *vacuum* —, evaporatore a vuoto.

evaporimeter [ɪ'væpərɪ,mi:tə* / evap·ori·meter] *s.* (*meteor.*) evaporimetro.

evapotranspiration [ɪ,væpə,trænspə'reɪʃn / evap·o·trans·pir·ation] *s.* (*geogr.*) evapotraspirazione (evaporazione dell'umidità dal terreno e dalle foglie).

evasion [ɪ'veɪʒn / eva·sion] *s.* **1** evasione // (*trib.*) *tax* —, evasione fiscale **2** sotterfugio, scusa, pretesto, scappatoia: *without evasions*, senza pretesti.

evasive [ɪ'veɪsɪv / evas·ive] *agg.* evasivo, sfuggente: *an — answer*, una risposta evasiva // **-ly** *avv.*

evasiveness [ɪ'veɪsɪvnɪs / evas·ive·ness] *s.* evasività, ambiguità, incertezza.

eve [i:v] *s.* **1** vigilia (di una festa ecc.): *on the — of peace*, alla vigilia della pace; *Christmas* —, la vigilia di Natale; *New Year's Eve*, l'ultimo dell'anno **2** (*ant.*, *poet.*) sera, vigilia: *the murmurous haunt of flies on summer eves*, (J. KEATS) il mormorante assedio delle mosche nelle sere estive.

evection [ɪ'vekʃn / evec·tion] *s.* (*astr.*) evezione.

even[1] ['i:vn] *agg.* **1** uguale, uniforme, piano, piatto; regolare (di superficie): *the road is* —, la strada è piana; *to make* —, appianare (una superficie) **2** uguale, uniforme, costante, regolare: — *breathing*, respiro regolare; *an — temper*, un umore costante; *he spoke in an — voice*, parlò con voce controllata **3** uguale, stesso, pari (di distanza, altezza, quantità ecc.): *the odds are* —, le probabilità sono pari; *he has* (o *stands*) *an — chance of being elected*, ha il 50% di probabilità di essere eletto // — *with*, a livello di **4** pari, uguale, equo: *an — bargain*, un affare giusto; *an — contest*, una contesa ad armi pari; — *chance*, uguali probabilità; *to be — with s.o.*, essere alla pari con qlcu.; *to get — with s.o.*, prendere la rivincita su qlcu.; *now we are* —, adesso siamo pari; *the sharing out of money was perfectly* —, la divisione dei soldi fu del tutto equa **5** (*mat.*) pari (di numero): — *and odd*, pari e dispari.

even[1] *avv.* **1** (*con compar.*) ancora: *the film is — more interesting than I thought*, il film è ancora più interessante di quanto pensassi; *that would be — worse*, quello sarebbe ancor peggio **2** perfino, anche, addirittura: — *a child could do it*, anche un bambino potrebbe farlo; *the house — has two garages*, la casa ha addirittura due garage; *he was angry, — furious*, era arrabbiato, addirittura furibondo; — *now there is time*, c'è ancora tempo; *he never — spoke*, non ha neppure parlato // — *if*, anche se: *I was very successful — if I say it myself*, sono andato molto bene, anche se sono proprio io a dirlo; — *if he makes many mistakes, I still think he's very clever*, anche se fa molti errori, penso tuttavia che sia molto intelligente // — *though*, sebbene: — *though he knew he was wrong, he insisted on changing the figures*, sebbene sapesse di sbagliare, insisteva nel voler cambiare le cifre // — *then*, anche allora; anche dopo: — *then, before the war, it cost a fortune*, anche allora, prima della guerra, costava un occhio della testa; *you'll reach the village by midnight and — then your problems* *aren't over*, arriverete al paese per mezzanotte, e anche dopo i vostri problemi non saranno finiti // *— so*, anche se è così: *he may be a friend of yours, but — so...*, può darsi che sia tuo amico, ma anche se è così... // *not —*, neppure: *I won't tell anybody, not — my brother*, non lo dirò a nessuno, neppure a mio fratello **3** proprio: *— as he spoke she yawned*, proprio mentre lui parlava, lei sbadigliava.

to **even**[1] *v.tr.* **1** appianare, livellare **2** uguagliare, rendere uguale **3** (*amm.*) pareggiare.
□ **even out** *v.tr.* e *avv.* distribuire, suddividere, frazionare: *could I have the payment evened out on a monthly basis?*, il pagamento potrebbe essere suddiviso in rate mensili di uguale importo? ◆ *v.intr.* e *avv.* (*amer.*) ritrovare l'equilibrio: *did you — out?*, ti è passata?
□ **even up** *v.tr.* e *avv.* pareggiare; portare (una situazione) in stato di parità: *I'll supply the car, you will pay for the petrol and that will — things up*, io metto l'auto, tu paghi la benzina e siamo a posto ◆ *v.intr.* prendere la rivincita; pareggiare i conti: *I'll — up with him*, mi prenderò la rivincita (con lui).

even[2] *s.* (*poet.*) sera: *the pale purple even / melts around thy flight*, (P.B. SHELLEY) la pallida sera porporina si stempera intorno al tuo volo.

evenfall ['i:vnfɔ:l / even·fall] *s.* (*letter.*) crepuscolo.

even-handed [,i:vn'hændɪd] *agg.* imparziale.

evening ['i:vnɪŋ / even·ing] *s.* **1** sera: *in the —*, di sera; *to spend the — with s.o.*, passare la sera con qlcu. // *last —*, ieri sera; *Sunday —*, domenica sera; *tomorrow —*, domani sera; *this —*, stasera // *good —!*, buona sera ! **2** serata (festa): *musical —*, serata musicale // *let's make an — of it!*, festeggiamo! **3** (*fig.*) fine, declino (della vita) ◆ *agg.* serale, della sera; da sera: *— class*, corso serale (per adulti); *— paper*, giornale della sera; *— dress*, abito da sera.

evening up ['i:vnɪŋʌp] *s.* (*amm.*) compensazione di saldi.

evenly ['i:vnlɪ / even·ly] *avv.* **1** in modo uguale **2** regolarmente, uniformemente **3** imparzialmente, equamente **4** pacatamente, tranquillamente: *to speak —*, parlare pacatamente.

even-minded [,i:vn'maɪndɪd] *agg.* equilibrato.

evenness ['i:vnnɪs / even·ness] *s.* **1** uguaglianza; regolarità (di movimento, ritmo); uniformità **2** serenità, calma **3** imparzialità.

evens ['i:vnz] *agg.* (*ippica*) dato alla pari.

evensong ['i:vnsɒŋ *amer.* 'i:vnsɔ:ŋ / even·song] *s.* (*eccl.*) vespro: *at —*, al vespro.

event [ɪ'vent] *s.* **1** caso, eventualità: *at all events*, in ogni caso; *in any —* (o *at all events*), in qualsiasi caso; *in either —*, in entrambi i casi; *in the —*, di fatto; *fortuitous —*, caso fortuito; *in the — of his death, of his refusing*, nell'eventualità della sua morte, di un suo rifiuto; *in that —*, in tal caso **2** avvenimento; evento: *an ordinary —*, un fatto di tutti i giorni; *in the natural course of events*, nel corso naturale degli eventi; *it was quite an —*, fu un grande avvenimento // *current events*, attualità **3** (*sport*) prova: *I have entered for all the events*, mi sono iscritto a tutte le prove **4** (*ant.*) risultato, conclusione: *I would not be driven quite away till I saw the event*, (C. BRONTË) non volli allontanarmi finché non vidi la conclusione **5** (*stat.*) evento **6** (*fis.*) evento: *— horizon*, orizzonte degli eventi.

even-tempered [,i:vn'tempəd] *agg.* calmo, placido; equilibrato.

eventful [ɪ'ventfʊl / event·ful] *agg.* ricco di avvenimenti; memorabile; movimentato // **-ly** *avv.* // **-ness** *s.*

eventide ['i:vntaɪd / even·tide] *s.* (*letter.*) sera.

eventless [ɪ'ventlɪs / event·less] *agg.* (*rar.*) privo di eventi, di avvenimenti.

eventration [,i:ven'treɪʃn / event·ra·tion] *s.* (*med.*) sventramento, ernia ventrale.

eventual [ɪ'ventʃʊəl / even·tual] *agg.* **1** finale; futuro; conclusivo: *he is a very clever young man and his — success won't be a surprise*, è un giovane di talento e il suo successo non coglierà nessuno di sorpresa; *the rearrangement of the department aimed at — savings in expenses*, la ristrutturazione del reparto mirava a futuri risparmi nei costi di gestione **2** (*ant.*) eventuale.

eventuality [ɪ,ventʃʊ'ælətɪ / even·tu·ality] *s.* (*form.*) eventualità, evenienza.

eventually [ɪ'ventʃʊəlɪ / even·tu·ally] *avv.* alla fine, infine; col tempo: *he will — marry her*, alla fine la sposerà; *I have no doubt that he will — accept our offer*, sono sicuro che finirà per accettare la nostra offerta.

to **eventuate** [ɪ'ventʃʊeɪt / even·tu·ate] *v.intr.* **1** (*form.*) risultare, risolversi: *the talks eventuated in an agreement on disarmament*, la conferenza portò a un accordo sul disarmo **2** (*amer.*) accadere, succedere.

ever ['evə*] *avv.* **1** (*in frasi interr., negative o dubitative*) mai [cfr. *never*]: *do you — think of your future?*, ti capita mai di pensare al tuo futuro?; *"Have you — been to Tokyo?" "No, never"*, "Sei mai stato a Tokio?" "No, mai"; *nothing — happens here*, qui non succede mai niente; *did you — see anything like it?*, hai mai visto niente di simile?; *I don't think I'll — forget that day*, non credo che dimenticherò mai quel giorno // *if —*, se mai; ammesso che, se pure: *if you should — meet him..*, se mai dovessi incontrarlo...; *we rarely, if —, go to the theatre*, andiamo raramente a teatro, se pure ci andiamo // *hardly —*, quasi mai **2** (*uso enfatico*) mai: *I couldn't — do that*, (*fam.*) non potrei mai farlo; *wherever can he be?*, (*fam.*) dove mai può essere?; *whoever chose this wall paper?*, chi mai ha scelto questa tappezzeria?; *however did you manage to do that?*, come diavolo sei riuscito a farlo?; *whatever shall we do?*, che mai dobbiamo fare?; *whyever not?*, perché mai no?; *thank you — so much*, (*fam.*) grazie infinite; *it was — so much easier*, (*fam.*) è stato infinitamente più facile; *come as soon as — you can*, (*fam.*) vieni più presto che puoi // *she never — apologises*, non si sogna mai di scusarsi // *I'll never see him again. Ever.*, Non lo rivedrò più. Mai più. // *he was foolish — to marry her*, è stato un vero sciocco a sposarla // *— so, — such*, (così) tanto, tale: *they've been — so kind to me*, (*fam.*) sono stati gentilissimi con me; *it was — such a nice day*, (*fam.*) è stata una bellissima giornata **3** (*con un compar. o superl.*) mai: *more, less than —*, più, meno che mai; *it's the most exciting film I've — seen*, è il film più emozionante che abbia mai visto; *she's healthier than she's — been*, è più in salute che mai; *they listened with more attention than — before*, ascoltavano più attentamente che mai // *she's as pretty as —*, è carina come sempre // *it's the most dreadful song —*, è la peggiore canzone che si possa immaginare // (*nelle risposte enfatiche*): *"You'd like a drink, wouldn't you?" "Would I —!"*, "Ti andrebbe una bibita, vero?" "Eccome!"; *"She loves the new flat, doesn't she?" "Does she —!"*, "Le piace il nuovo appartamento, vero?" "Altro che!" **4** (*spec. nei composti*) sempre, costantemente: *pollution is an — -present danger*, l'inquinamento è un pericolo onnipresente; *India suffers from an — -increasing population*, l'India risente di una popolazione in continuo aumento // *for — and —*, per sempre // *— since*, da allora (in poi); sin da quando: *they went to Australia in 1970 and have lived there — since*, sono andati in Australia nel 1970 e da allora in poi sono sempre vissuti là; *he's been a brilliant chessplayer — since he was a boy*, è sempre stato un bravissimo giocatore di scacchi fin da quando era ragazzo // *— after*, sempre, da allora in poi: *...and Cinderella and the prince lived happily — after*, ...e da allora in poi Cenerentola e il principe vissero felici e contenti // *yours —*, sempre tuo, tua, vostro, vostra (nelle lettere) // *all they — do is talk about cars*, tutto quello che sanno fare è parlare di macchine // *as —*, come sempre: *as —, John was drunk at the party*, alla festa John era ubriaco, come sempre.

everglade ['evəgleɪd / ever·glade] *s.* (*amer.*) vasto terreno paludoso (tipico degli stati del sud, spec. della Florida).

evergreen ['evəgri:n / ever·green] *agg.* (*bot.*) sempreverde // *— topic*, argomento sempre d'attualità ◆ *s.* (*bot.*) (pianta) sempreverde.

everlasting [,evə'lɑ:stɪŋ *amer.* ,evə'læstɪŋ / ever·last·ing] *agg.* **1** eterno; immortale; continuo; incessante; perenne **2** (*bot.*) semprevivo ◆ *s.* eternità // *the Everlasting*, l'Eterno, Dio.

everlastingly [,evə'lɑ:stɪŋlɪ *amer.* ,evə'læstɪŋlɪ / ever·last·ing·ly] *avv.* eternamente; incessantemente.

everlastingness [,evə'lɑ:stɪŋnɪs *amer.* ,evə'læstɪŋnɪs / ever·last·ing·ness] *s.* (*rar.*) eternità, perpetuità.

everliving [,evə'lɪvɪŋ / ever·living] *agg.* (*non com.*) immortale, eterno.

evermore [,evə'mɔ:* / ever·more] *avv.* sempre, perpetuamente: *for —*, per sempre.

eversion [ɪ'vɜ:ʃn / ever·sion] *s.* (*med.*) rovesciamento // *— of the foot*, piede all'infuori.

to **evert** [ɪ'vɜ:t] *v.tr.* (*med.*) rovesciare.

every ['evrɪ] *agg.* **1** ogni, ciascuno; tutti (*pl.*) [cfr. *each, any*]: *— day*, ogni giorno, tutti i giorni; *he gets it wrong — time*, lo sbaglia ogni volta, tutte le volte; *she's read — single word that Dickens wrote*, ha letto ogni singola parola scritta da Dickens; *the baby drank — drop of the milk*, il bambino ha bevuto fino all'ultima goccia di latte; *he can name — one of the pop singers of the last ten years*, ti sa dire il nome di tutti i cantanti pop degli ultimi dieci anni; *she enjoyed — minute of the dance*, ha gustato ogni minuto della danza; *— one of the critics praised his novel*, ognuno dei critici ha elogiato il suo romanzo; *there were people of — creed and colour*, c'era gente di ogni fede e di ogni razza; *they attacked the conservatives at — opportunity*, non perdevano occasione per dare contro ai conservatori // *— man for himself*, ciascuno per sé, si salvi chi può // — *bit*, (*fam.*) tutto, del tutto: *they ate — bit of the cake*, (*fam.*) mangiarono tutta la torta fino all'ultima briciola // — *bit as much...*, (*fam.*) proprio tanto quanto...; in tutto e per tutto: *he liked the concert — bit as much as I did*, (*fam.*) il concerto gli è piaciuto proprio esattamente come a me **2** (*in espressioni numeriche o di tempo*) ogni: *he comes and sees us — week*, viene a trovarci ogni settimana; *we repay the mortgage in instalments — quarter*, paghiamo l'ipoteca in rate ogni trimestre; — *now and then*, — *now and again*, — *so often*, ogni tanto // — *other candidate*, tutti gli altri candidati; ogni due candidati // *she phones her mother — other day* (o — *second day*), telefona a sua madre un giorno sì e un giorno no // *they have a presidential election — fourth years*, eleggono il presidente ogni quattro anni // — *once in a while, he sends them some money*, una volta ogni tanto manda loro del denaro // *six out of — ten acres are sown with corn*, sei acri su dieci sono seminati a grano **3** (*per esprimere certezza assoluta*) ogni; tutti, tutte: *he has — hope of passing the exam*, ha ogni motivo per sperare di superare l'esame; *we have — reason to be satisfied*, abbiamo tutte le ragioni per essere soddisfatti; *she has — right to marry him*, ha tutto il diritto di sposarlo // *my old car performs — bit as well as his new one*, la mia vecchia auto funziona altrettanto bene quanto la sua nuova.

everybody ['evrɪ,bɒdɪ / every·body] *pron. indef.* ognuno, ciascuno; tutti: — *thinks so*, tutti la pensano così; — *is coming*, vengono tutti; — *in the village had heard about him*, tutti in paese avevano sentito parlare di lui; *they said goodbye to — before they left*, prima di partire salutarono tutti; — *thinks their dreams are interesting*, ognuno pensa che i propri sogni siano interessanti; *at the party — knew — else*, alla festa ciascuno conosceva tutti gli altri; — *is here, aren't they?*, sono tutti qui, vero?

everyday ['evrɪdeɪ / every·day] *agg.* quotidiano, di tutti i giorni: — *clothes*, gli abiti di tutti i giorni; — *life*, la vita quotidiana.

everyhow ['evrɪhaʊ / every·how] *avv.* (*fam. amer.*) in tutti i modi.

everyman ['evrɪmæn / every·man] *pl.* **everymen** ['evrɪmen] *s.* ogni uomo; ognuno.

everyone ['evrɪwʌn / every·one] → **everybody**.

everyplace ['evrɪ,pleɪs / every·place] *avv.* (*fam. amer.*) → **everywhere**.

everything ['evrɪθɪŋ / every·thing] *pron. indef.* **1** ogni cosa, tutto: *he knows* —, sa tutto; *they don't agree with — I do*, loro non sono d'accordo su tutto quello che faccio io; *it was a wonderful holiday. He'd thought of* —, è stata una magnifica vacanza. Aveva pensato a tutto; *there's nothing to worry about, everything's under control*, non c'è da preoccuparsi, è tutto sotto controllo; *she said — was fine*, disse che tutto andava bene; *the thieves took — he had*, i ladri si presero tutto quello che aveva // *and* —, ecc. ecc. **2** tutto, cosa della massima importanza: *success isn't —, you know*, sai, il successo non è tutto; *she means — to me*, ella è tutto per me.

everywhere ['evrɪweə* *amer.* 'evrɪhweə* / every·where] *avv.* dappertutto, ovunque, in ogni luogo: *at carnival time there are people dancing* —, a carnevale dappertutto c'è gente che balla; — *he goes people recognize him*, ovunque vada, la gente lo riconosce; *I've looked — for my glasses*, ho cercato gli occhiali dappertutto; *fast food is the same* —, il 'fast food' è uguale dappertutto.

to **evict** [ɪ'vɪkt] *v.tr.* (*dir.*) effettuare uno spoglio, spossessare; sfrattare.

evictee [,i:vɪk'ti:] *s.* (*dir.*) sfrattato.

eviction [ɪ'vɪkʃn / evic·tion] *s.* (*dir.*) spossessamento, spoglio; sfratto.

evictor [ɪ'vɪktə*] *s.* (*dir.*) chi sfratta.

evidence ['evɪdəns / evid·ence] *s.* **1** [U] prova, segno, dimostrazione, attestazione: *a piece of* —, una prova; *external* —, prova estrinseca; *internal* —, prova intrinseca; *there was some — to support his version*, c'erano alcune prove a sostegno della sua versione; *there's no — of his having lied to her*, non c'è alcuna prova che lui le abbia mentito; *there was — of increasing poverty everywhere we went*, c'erano segni di povertà crescente ovunque andassimo; *he was waiting for some — of interest on her part*, aspettava una dimostrazione d'interesse da parte sua **2** (*dir.*) prova, mezzo di prova: — *for the prosecution, for the defendant*, prova a carico, a discarico; — *of guilt*, prova di colpevolezza; *admissible* —, prova ammissibile in giudizio; *circumstantial* —, prova indiziaria; *illegally obtained* —, prova illecita; *tangible, testimonial* —, prova reale, testimoniale; *weight of* —, valore persuasivo della prova; *there was no real — against him*, non c'era alcuna vera prova contro di lui; *the knife was produced in — at his trial*, il coltello fu prodotto come prova al suo processo // *to be held in* —, essere ammesso in giudizio come valida prova (di testimonianza, prova reale ecc.) // *to be called in* —, essere chiamato a testimoniare; *to bear* (o *to give*) —, testimoniare, deporre // *to turn State's* (o *King's* o *Queen's*) —, deporre contro, denunciare i propri complici; diventare testimone dell'accusa **3** evidenza: *the police are always in — at football matches*, la polizia è sempre in evidenza, bene in vista, alle partite di calcio; *T.S. Eliot's influence is very much in — in the poetry of the 1920's*, l'influenza di T.S. Eliot è molto chiara nella poesia degli anni '20.

to **evidence** *v.tr.* (*form.*) provare, dimostrare, manifestare: *they evidenced no interest in the geography course*, non mostrarono alcun interesse per il corso di geografia ◆ *v.intr.* (*dir.*) testimoniare, deporre: *her cousin will — against her*, suo cugino testimonierà contro di lei.

evident ['evɪdənt / evid·ent] *agg.* evidente, chiaro, manifesto.

evidential [,evɪ'denʃl / evid·en·tial] *agg.* **1** (*non com.*) probativo, indicativo, probante **2** (*dir.*) probatorio.

evidently ['evɪdəntlɪ / evid·ent·ly] *avv.* evidentemente; ovviamente; chiaramente.

evil ['i:vl] *agg.* **1** cattivo, malvagio, perverso, peccaminoso: *an — tongue*, una malalingua; *of — repute*, di cattiva reputazione // *the Evil One*, il maligno, il demonio **2** cattivo, spiacevole, fastidioso (di odori, suoni ecc.): *his old socks gave off an — smell*, le sue calze vecchie emanavano un pessimo odore **3** sfortunato, disgraziato: — *days*, tempi brutti: *to fall on — days*, trovarsi in cattive acque, essere in difficoltà // **-ly** *avv.* // **-ness** *s.*

evil *s.* **1** male; malvagità; peccato: *the conflict between good and* —, la lotta fra il bene e il male; *to return good for* —, rendere bene per male; *to do* —, fare del male, peccare; *to speak — of*, parlar male di **2** male, disgrazia; danno: *the evils of contemporary society*, i mali della società moderna; *taxation is a necessary* —, le tasse sono un male necessario // *of two evils one must choose the less*, (*prov.*) tra due mali scegli il minore.

evil *avv.* (*ant.*) male, malamente; malvagiamente.

evildoer [,i:vl'du:ə* / evil·doer] *s.* malfattore.

evil eye [,i:vl'aɪ] *s.* malocchio.

evil-looking [,i:vl'lʊkɪŋ] *agg.* losco.

evil-minded [,i:vl'maɪndɪd] *agg.* malintenzionato; maligno.

evil-tempered [,i:vl'tempəd] *agg.* irascibile; che ha un brutto carattere.

to **evince** [ɪ'vɪns] *v.tr.* **1** (*form.*) mostrare, manifestare, rivelare: *his sister evinced clear interest in my American friend*, sua sorella manifestò un chiaro interesse verso il mio amico americano **2** (*antiq.*) dimostrare, provare **3** (*antiq., letter.*) sopraffare, superare, vincere: *using every means in your power to evince / the King's faithful servants*, (T.S. ELIOT) usando tutti i mezzi in tuo potere per sopraffare i fedeli servitori del re.

evincible [ɪ'vɪnsəbl / evinc·ible] *agg.* (*antiq.*) dimostrabile, provabile.

evincive [ɪ'vɪnsɪv / evin·cive] *agg.* (*antiq.*) dimostrativo, probativo.

to **evirate** ['i:vɪreɪt / evi·rate] *v.tr.* (*non com.*) evirare, castrare; (*fig.*) effeminare.

eviration ['i:vɪreɪʃn / evi·ration] *s.* (*non com.*) evirazione, castrazione.

to **eviscerate** [ɪ'vɪsəreɪt / evis·cer·ate] *v.tr.* (*form.*) **1** sventrare; (*med.*) protrudere (visceri) **2** (*fig.*) svuotare di contenuto; indebolire, smidollare: *to — a law*, privare una legge del suo contenuto ◆ *v.intr.* (*med.*) protrudere (di visceri).

evisceration [ɪ'vɪsəreɪʃn / evis·cera·tion] *s.* **1** sventramento **2** (*med.*) protrusione (chirurgica) di visceri.

to **evite** [ɪ'vaɪt] *v.tr.* (*ant.*) evitare; sfuggire; scansare.

to **evocate** ['evəʊkeɪt / evoc·ate] *v.tr.* (*ant.*) evocare.

evocation [,evəʊ'keɪʃn / evoca·tion] *s.* (*form.*) evocazione.

evocative [ɪ'vɒkətɪv / evoc·at·ive] *agg.* evocativo; suggestivo; evocatore // **-ly** *avv.*

evocator ['evəʊkeɪtə* / evoc·ator] *s.* evocatore.

evocatory [ɪ'vɒkətərɪ / evoc·at·ory] *agg.* (*non com.*) evocativo, evocatore.

to **evoke** [ɪ'vəʊk] *v.tr.* **1** evocare, rievocare: *the photos evoked pleasant memories of our holiday*, le foto evocarono piacevoli ricordi della nostra vacanza // *to — a spirit*, evocare uno spirito **2** suscitare, provocare: *to — a response*, provocare una reazione **3** (*dir.*) impugnare.

evolute ['i:vəlu:t / evol·ute] *agg.* (*bot.*) sviluppato ◆ *s.* (*mat.*) evoluta.

evolution [,i:və'lu:ʃn *amer.* ,evə'lu:ʃn / evolu·tion] *s.* **1** evoluzione, sviluppo: *the — of*

Eastern countries, l'evoluzione dei paesi orientali **2** (*scient.*) evoluzione // *Theory of Evolution*, teoria dell'Evoluzione **3** (*mar. mil.*) evoluzione, manovra **4** (*chim.*) sviluppo (di gas).

evolutionary [ˌiːvəˈluːʃnərɪ *amer.* ˌevəˈluːʃənerɪ / evolu·tion·ary] meno com. **evolutional** [ˌiːvəˈluːʃənl *amer.* ˌevəˈluːʃənl / evolu·tional] *agg.* di evoluzione, evolutivo.

evolutionism [ˌiːvəˈluːʃənɪzəm *amer.* ˌevəˈluːʃənɪzəm / evolu·tion·ism] *s.* evoluzionismo.

evolutionist [ˌiːvəˈluːʃənɪst *amer.* ˌevəˈluːʃənɪst / evolu·tion·ist] *s.* evoluzionista.

evolutionistic [ˌiːvəˈluːʃənɪstɪk *amer.* ˌevəˈluːʃənɪstɪk / evolu·tion·istic] *agg.* (*non com.*) evoluzionistico.

evolutive [ˈevəluːtɪv / evol·ut·ive] *agg.* (*non com.*) evolutivo.

to **evolve** [ɪˈvɒlv] *v.tr.* **1** evolvere, svolgere, sviluppare **2** (*chim.*, *fis.*) sprigionare, sviluppare (gas, calore ecc.) ◆ *v.intr.* evolversi, svilupparsi: *this epic evolved from Tolstoj's fertile mind*, questa epopea si sviluppò nella fertile mente di Tolstoj.

evolvement [ɪˈvɒlvmənt / evolve·ment] *s.* (*rar.*) → **evolution**.

evolvent [ɪˈvɒlvənt / evolv·ent] *agg.* (*mat.*) evolvente.

to **evulgate** [ɪˈvʌlgeɪt / evul·gate] *v.tr.* (*ant.*) divulgare.

evulsion [ɪˈvʌlʃn / evul·sion] *s.* (*non com.*) evulsione, estirpazione, estrazione.

ewe [juː] *s.* pecora femmina // — *milk*, latte di pecora; — *cheese*, formaggio di pecora.

ewe-lamb [ˈjuːlæm] *s.* agnella.

ewe-neck [ˈjuːnek] *s.* collo sottile e incavato (di cavallo o cane).

ewer [ˈjuːə*] *s.* (*antiq.*) brocca.

ex [eks] *prep.* da, fuori da // (*Borsa*): — *all*, escluso tutto; — *bonus*, senza azioni gratuite; — *coupon*, ex cedola, ex coupon; — *rights*, ex opzione; — *interest*, secco; — *dividend*, senza dividendo // (*comm.*): — *dock* (o *quay* o *wharf*), franco banchina; — *factory* (o *mill* o *works*), franco fabbrica; — *ship* (o *steamer*), franco bordo nave a destino; — *store* (o *warehouse*), franco deposito, franco magazzino // (*trib.*) — *bond*, sdoganato.

ex *s.* (*fam.*) ex; ex marito, ex moglie; ex fidanzato, ex fidanzata.

ex- *pref.* di origine latina che indica una determinata condizione in cui non si è più; it. ex: — *-emperor*, ex imperatore; — *-minister*, ex ministro; — *-serviceman*, ex combattente.

to **exacerbate** [ekˈsæsəbeɪt / ex·acer·bate] *v.tr.* esacerbare, inasprire, aggravare.

exacerbation [ekˌsæsəˈbeɪʃn / ex·acer·ba·tion] *s.* (*non com.*) **1** esacerbamento; inasprimento; esasperazione **2** (*med.*) aggravamento, peggioramento.

exact [ɪgˈzækt / ex·act] *agg.* **1** esatto, giusto, preciso: *the — word*, la parola giusta // *the — sciences*, le scienze esatte // *to be —*, per essere preciso, in realtà // *to be — in one's payments*, essere puntuale nei propri pagamenti **2** rigoroso; minuzioso.

to **exact** *v.tr.* **1** esigere; estorcere: *to — fees*, esigere un onorario; *to — obedience from* (o *of*) *one's children*, esigere l'obbedienza dai propri figli **2** richiedere, rendere necessario: *work that exacts very careful attention*, lavoro che richiede una grande attenzione.

exacta [ɪgˈzæktə / ex·acta] *s.* (*sport amer.*) accoppiata (nelle scommesse sui cavalli).

exactable [ɪgˈzæktəbl / ex·act·able] *agg.* (*rar.*) esigibile.

exacting [ɪgˈzæktɪŋ / exact·ing] *agg.* **1** esigente: *he is an — teacher*, è un insegnante esigente **2** impegnativo: *this is an — job*, questo è un lavoro impegnativo.

exaction [ɪgˈzækʃn / ex·ac·tion] *s.* **1** esazione; estorsione **2** (*dir.*) concussione.

exactitude [ɪgˈzæktɪtjuːd *amer.* ɪgˈzæktɪtuːd / ex·ac·ti·tude] *s.* (*form.*) esattezza, precisione: — *in doing sthg.*, precisione nel fare qlco.

exactly [ɪgˈzæktlɪ / ex·act·ly] *avv.* esattamente, precisamente; giustamente; proprio così, esatto // *not —*, non esattamente, non proprio.

exactness [ɪgˈzæktnɪs / ex·act·ness] *s.* esattezza, precisione: *to aim at —*, aspirare all'esattezza.

exactor [ɪgˈzæktə* / ex·actor] *s.* **1** (*non com.*) chi esige, estorce **2** esattore.

to **exaggerate** [ɪgˈzædʒəreɪt / ex·ag·ger·ate] *v.tr.* e *intr.* esagerare; ingrandire.

exaggerated [ɪgˈzædʒəreɪtɪd / ex·ag·ger·ated] *agg.* esagerato: *to have an — opinion of oneself*, presumere di sé // **-ly** *avv.*

exaggeration [ɪgˌzædʒəˈreɪʃn / ex·ag·gera·tion] *s.* esagerazione, enfatizzazione: *he does indulge in —*, è senz'altro incline a esagerare.

exaggerative [ɪgˈzædʒərətɪv / ex·ag·ger·at·ive] *agg.* (*non com.*) tendente all'esagerazione.

exaggerator [ɪgˈzædʒəreɪtə* / ex·ag·ger·ator] *s.* persona che esagera.

exaggeratory [ɪgˈzædʒərətərɪ / ex·ag·ger·at·ory] → **exaggerative**.

to **exalt** [ɪgˈzɔːlt / ex·alt] *v.tr.* **1** innalzare, elevare (di grado): *she exalted all her former supporters to positions of authority*, elevò tutti i suoi precedenti sostenitori a posizioni di potere **2** esaltare, lodare, vantare // *to — s.o. to the skies*, portare qlcu. ai sette cieli **3** intensificare (colori ecc.).

exaltation [ˌegzɔːlˈteɪʃn / ex·al·ta·tion] *s.* (*form.*) **1** innalzamento, elevazione (di grado) **2** esaltazione, eccitazione.

exalted [ɪgˈzɔːltɪd / ex·alted] *agg.* (*form.*) **1** elevato (di grado, posizione ecc.) **2** esaltato, eccitato.

exam [ɪgˈzæm] abbr. di → **examination** 1.

examinable [ɪgˈzæmɪnəbl / ex·am·in·able] *agg.* esaminabile.

examinant [ɪgˈzæmɪnənt / ex·am·in·ant] *s.* esaminatore.

examination [ɪgˌzæmɪˈneɪʃn / ex·am·ina·tion] *s.* **1** esame: *oral*, *written —*, esame orale, scritto; — *paper*, elaborato, scritto d'esame; *competitive —*, (esame di) concorso; *entrance —*, esame di ammissione; *State —*, esame di Stato; *an — in history* (o *a history —*), esame di storia; *to enter for an —*, iscriversi a un esame; *to fail in an —*, esser rimandato a un esame; *to pass* (o *to get through*) *one's examinations*, superare gli esami; *to sit for an —* (o *to do*, o *to take an —*), dare, sostenere un esame **2** esame, ispezione, verifica: *the matter is under —*, si sta esaminando la questione; *on closer — the signature was found to be false*, a un più attento esame si scoprì che la firma era falsa **3** (*dir.*) interrogatorio, esame (di testimoni); istruzione (di un processo) **4** (*med.*) visita, esame: *obstetrical —*, visita ginecologica; *oral —*, esame della bocca; *laboratory examinations*, esami di laboratorio, analisi.

examinator [ɪgˈzæmɪˌneɪtə* / ex·am·in·ator] *s.* (*rar.*) esaminatore.

examinatorial [ɪgˌzæmɪnəˈtɔːrɪəl / ex·am·in·at·or·ial] **examinatory** [ɪgˈzæmɪnətərɪ / ex·am·in·at·ory] *agg.* (*form.*) esaminativo.

to **examine** [ɪgˈzæmɪn / ex·am·ine] *v.tr.* **1** esaminare, controllare; ispezionare, verificare **2** esaminare: *to — a candidate in French*, esaminare un candidato in francese **3** (*dir.*) istruire (un processo); interrogare, escutere (un teste) // *examining magistrate*, giudice istruttore **4** (*med.*) visitare, esaminare.

examinee [ɪgˌzæmɪˈniː / ex·am·inee] *s.* candidato, esaminando.

examiner [ɪgˈzæmɪnə* / ex·am·iner] *s.* esaminatore; ispettore; verificatore: *board of examiners*, commissione d'esame.

example [ɪgˈzɑːmpl *amer.* ɪgˈzæmpl / ex·ample] *s.* esempio; esemplare; tipo; modello: *for —*, per esempio; *there are a lot of good examples in this grammar*, questa grammatica contiene molti validi esempi; *this is a good — of Milton's dramatic poetry*, questo è un bell'esempio della poesia drammatica di Milton; *his courage was an — to us all*, il suo coraggio fu un esempio per tutti noi; *to follow s.o.'s —*, seguire l'esempio di qlcu.; *to set* (o *to give*) *a good — to*, dare il buon esempio a, essere d'esempio a // *to make an — of s.o.*, dare una punizione esemplare a qlcu.

exanimate [ɪgˈzænɪmɪt / ex·an·im·ate] *agg.* (*form.*) esanime.

exanthem(a) [egˈzænθəm,ˌegˌzænˈθiːmə / ex·an·them(a)] *pl.* **exanthemata** [ˌegˌzænˈθemətə / ex·an·them·ata] *s.* (*med.*) esantema.

exaration [ˌeksəˈreɪʃn / ex·ara·tion] *s.* (*geol.*) esarazione.

exarch [ˈeksɑːk / ex·arch] *s.* (*st.*) esarca.

exarchate [ˈeksɑːkeɪt / ex·arch·ate] *s.* (*st.*) esarcato.

to **exasperate** [ɪgˈzæspəreɪt / ex·as·per·ate] *v.tr.* **1** esasperare, irritare: *he was exasperated at* (o *by*) *the children's noise*, era irritato dal baccano dei bambini **2** peggiorare; aggravare, inasprire: *to — a situation*, aggravare una situazione **3** (*ant.*) provocare; spingere, indurre: *to — s.o. to ill*, spingere qlcu. al male.

exasperated [ɪgˈzæspəreɪtɪd / ex·as·per·ated] *agg.* esasperato, molto irritato; furibondo.

exasperatingly [ɪgˈzæspəreɪtɪŋlɪ / ex·as·per·at·ing·ly] *avv.* in modo esasperante, irritante.

exasperation [ɪgˌzæspəˈreɪʃn / ex·as·pera·tion] *s.* **1** esasperazione, irritazione (di persona) **2** peggioramento, inasprimento, aggravamento (di una situazione ecc.).

to **excavate** [ˈekskəveɪt / ex·cav·ate] *v.intr.* e *tr.* scavare; fare scavi (*anche archeol.*).

excavation [ˌekskəˈveɪʃn / ex·cava·tion] *s.* **1** scavo, lo scavare **2** fossa, buca.

excavator [ˈekskəveɪtə* / ex·cav·ator] *s.* **1** (*mecc.*) escavatore, escavatrice; pala meccanica: *shovel —*, escavatore a cucchiaia; *steam*

—, escavatore a vapore AMER. steam shovel **2** (operaio) scavatore.

to **exceed** [ɪk'si:d / ex·ceed] *v.tr.* **1** eccedere; oltrepassare; superare: *this exceeds all limits*, questo passa tutti i limiti **2** superare, essere superiore a: *the outcome exceeded all our hopes*, il risultato fu superiore a tutte le nostre speranze ◆ *v.intr.* **1** eccedere, esagerare **2** eccedere nel mangiare.

exceeding [ɪk'si:dɪŋ / ex·ceed·ing] *agg.* (*ant.*) esagerato, eccessivo.

exceedingly [ɪk'si:dɪŋlɪ / ex·ceed·ingly] *avv.* (*form.*) estremamente; troppo: *I am — grateful to you*, ti sono estremamente grato; *he makes — good cakes*, fa dei dolci eccellenti.

to **excel** [ɪk'sel / ex·cel] *pass.p.p.* **excelled** [ɪk'seld / ex·celled] *v.intr.* primeggiare, essere eccellente, eccellere: *to — as a writer*, eccellere come scrittore; *to — in an art, at a game*, eccellere in un'arte, in un gioco; *to — in* (o *at*) *doing sthg.*, eccellere nel fare qlco. ◆ *v.tr.* superare, essere superiore a: *to — s.o. at* (o *in*) *tennis*, (*form.*) essere superiore a qlcu. nel tennis // *to — oneself*, superare se stesso.

excellence ['eksələns / ex·cel·lence] *s.* **1** eccellenza, perfezione; superiorità **2** pregio, merito.

excellency ['eksələnsɪ / ex·cel·lency] *s.* **1** (*titolo*) eccellenza: *Your, His Excellency*, Vostra, Sua Eccellenza **2** → excellence.

excellent ['eksələnt / ex·cel·lent] *agg.* eccellente, ottimo ◆ *inter.* ottimo: *"We can meet you tomorrow morning at eleven" "Excellent !, It suits me fine"*, "Possiamo incontrarla domani mattina alle undici" "Ottimo!, mi va benissimo".

excellently ['eksələntlɪ / ex·cel·lent·ly] *avv.* in modo eccellente.

excelsior® [ek'selsɪɔ:* / ex·cel·sior] *s.* (*amer.*) trucioli per imballaggio.

excentre ['eks,sentə* / ex·centre] *s.* (*mat.*) excentro.

except [ɪk'sept / ex·cept] *prep.* eccetto, tranne, ad eccezione di; salvo, all'infuori di: *everybody failed — him*, tutti furono bocciati salvo lui; *everyone — the centre-forward played badly*, tutti, salvo il centravanti, hanno giocato male; *I've had nothing to eat — a cheese sandwich*, non ho mangiato nulla all'infuori di un tramezzino al formaggio; *there was nothing I could do — wait*, non potevo fare nulla tranne che aspettare // *— for*, tranne che, fatta eccezione per: *— for the porters there was nobody on the platform*, non c'era nessuno sul marciapiede, tranne i facchini; *the street was deserted — for an old man and his dog*, la strada era deserta, fatta eccezione per, se si escludono un vecchio e il suo cane // *— that*, eccetto che, salvo che: *he didn't tell me anything — that he was leaving the company*, non mi disse nulla, salvo che stava per lasciare la ditta; *I would have told you before — that I knew it would worry you*, te l'avrei detto prima, solo che sapevo che ti avrebbe preoccupato // *— what*, tranne, all'infuori di ciò che: *he knew nothing about physics — what he had learned at school*, di fisica non sapeva nulla all'infuori di quello che aveva imparato a scuola // *— when*, tranne quando: *they never phone me — when they want a favour*, non mi telefonano mai tranne quando hanno bisogno di un favore ◆ *cong.* (*ant.*) se non → unless.

to **except** *v.tr.* eccettuare, escludere: *present company excepted*, esclusi i presenti ◆ *v.intr.* (*antiq.*) fare obiezioni: *to — against s.o., sthg.*, fare obiezioni a qlcu., qlco.

excepting [ɪk'septɪŋ / ex·cept·ing] *prep.* eccetto, tranne: *you were the only musician there, — Roger*, eri l'unico musicista presente, eccetto Roger.

exception [ɪk'sepʃn / ex·cep·tion] *s.* **1** eccezione: *with the — of*, a eccezione di; *without —*, senza alcuna eccezione; *the — proves the rule*, l'eccezione conferma la regola; *to be an — to a rule*, essere l'eccezione a una regola; *to make an — to a rule*, fare un'eccezione a una regola // (*inform.*) *— report*, rapporto di segnalazione anomalie **2** obiezione: *to take — to sthg.*, trovare da ridire su qlco., obiettare a qlco.; offendersi, irritarsi per qlco. **3** (*dir.*) opposizione: *— clause*, clausola esonerativa, di esonero.

exceptionable [ɪk'sepʃnəbl / ex·cep·tion·able] *agg.* **1** criticabile **2** (*dir.*) opponibile, impugnabile.

exceptional [ɪk'sepʃənl / ex·cep·tional] *agg.* eccezionale, straordinario, d'eccezione; insolito.

exceptionality [ɪk'sepʃə'nælɪtɪ / ex·cep·tion·al·ity] *s.* (*non com.*) eccezionalità.

exceptionally [ɪk'sepʃnəlɪ / ex·cep·tion·ally] *avv.* eccezionalmente, in via eccezionale; straordinariamente.

excerpt ['eksɜ:pt / ex·cerpt] *s.* brano scelto; citazione.

to **excerpt** [ek'sɜ:pt] *v.tr.* scegliere (brani); citare.

excerption [ek'sɜ:pʃn / ex·cerp·tion] *s.* (*non com.*) scelta; citazione di passi.

excess [ɪk'ses / ex·cess] *s.* **1** eccesso, intemperanza; abuso: *in —*, in eccesso; *he drinks to —*, beve troppo; *to carry to —*, portare all'eccesso; *to commit excesses*, commettere degli eccessi, gozzovigliare **2** eccedenza, sovrappiù; (*econ.*) surplus; soprattassa: *the president's salary was in — of a million pounds*, lo stipendio del presidente superava il milione di sterline // *— fare*, differenza (per cambio di classe ecc.), supplemento di tariffa // *— baggage*, bagaglio eccedente; (*fig.*) persona, cosa che è di peso // *— manpower*, eccedenza di manodopera // (*assicurazioni*): *— clause*, franchigia assicurativa; *— liability*, responsabilità non coperta dall'assicurazione // (*trib.*) *— profits duty* (o *— profits levy*), imposta sui profitti straordinari // (*econ.*): *— capacity*, capacità (produttiva) inutilizzata; *— demand*, domanda in eccesso; *— profit*, sovraprofitto.

excessive [ɪk'sesɪv / ex·cess·ive] *agg.* eccessivo, esagerato; smodato; estremo: *— rain*, pioggia torrenziale; *— smoker*, fumatore smodato; *I found his enthusiasm —*, trovai eccessivo il suo entusiasmo // **-ly** *avv.*

excessiveness [ɪk'sesɪvnɪs / ex·cess·ive·ness] *s.* eccessività, smoderatezza.

exchange [ɪks'tʃeɪndʒ / ex·change] *s.* **1** scambio; baratto: *to give in — for*, dare in cambio di; *— economy*, economia di scambio // *corn —*, mercato del grano // *labour —*, ufficio (di) collocamento // (*fis.*) *— force*, forza di scambio // *— is no robbery*, (*prov.*) uno scambio non è furto **2** scambio di opinioni; lotta, scontro **3** (*dir.*) permuta: *— of land*, permuta di immobili **4** (*fin.*) cambio; cambio estero: *— on London*, cambio su Londra; *foreign —*, cambio estero; *fluctuations of —*, oscillazioni del cambio; *— rate*, tasso di cambio; *— reserves*, riserve valutarie; (*foreign*) *— market*, mercato valutario, mercato dei cambi **5** Borsa, mercato: *on —*, in Borsa; *Stock Exchange*, borsa valori; *— list*, listino di Borsa **6** (*tel.*) centrale, centralino: *private —*, centralino telefonico privato; *telephone —*, centrale telefonica, centralino telefonico.

to **exchange** *v.tr.* **1** cambiare; scambiare; barattare, permutare: *the two men exchanged seats*, i due uomini si scambiarono di posto; *to — compliments*, farsi dei complimenti; *to — greetings*, scambiare saluti // *to — blows*, venire alle mani // (*dir.*) *to — contracts*, fare un rogito **2** cambiare (denaro).

exchangeability [ɪks,tʃeɪndʒə'bɪlətɪ / ex·change·ab·il·ity] *s.* possibilità di cambio, di scambio.

exchangeable [ɪks'tʃeɪndʒəbl / ex·change·able] *agg.* scambiabile.

exchanger [ɪks'tʃeɪndʒə* / ex·changer] *s.* **1** chi cambia **2** (*fin.*) cambiavalute.

Exchequer [ɪks'tʃekə* / Ex·chequer] *s.* **1** ministero del Tesoro britannico // *Chancellor of the —*, Cancelliere dello Scacchiere, Ministro del Tesoro (in Inghilterra) // *— bonds*, titoli di stato; *— bill* (o *bill of —*), (*antiq.*) buono del tesoro **2** *pl.* (*fam.*) fondi, finanze, risorse, entrate (di uno stato, di un privato).

excipient [ɪk'sɪpɪənt / ex·cipi·ent] *s.* (*med.*) eccipiente.

excisable [ek'saɪzəbl / ex·cis·able] *agg.* soggetto a dazio interno; soggetto a tributi indiretti.

excise[1] ['eksaɪz / ex·cise] *s.* (*trib.*) imposta di consumo // *— duty* (o *tax*), imposta di consumo; *— law*, (*amer.*) legge sulla vendita delle bevande alcoliche // *Excise department*, amministrazione preposta alla riscossione dei dazi doganali e delle imposte di consumo.

to **excise**[1] [ek'saɪz] *v.tr.* (*trib.*) tassare, imporre un'imposta su (un prodotto).

to **excise**[2] *v.tr.* (*med.*) tagliar via, recidere; estirpare.

exciseman ['eksaɪzmæn / ex·cise·man] *pl.* **excisemen** ['eksaɪzmen] *s.* funzionario dell'Excise department; daziere.

excision [ek'sɪʒn / ex·cision] *s.* (*med.*) taglio, recisione; escissione; estirpazione // *— enzyme*, enzima della riparazione per escissione.

excitability [ɪk,saɪtə'bɪlətɪ / ex·cit·ab·il·ity] *s.* eccitabilità.

excitable [ɪk'saɪtəbl / ex·cit·able] *agg.* eccitabile, emozionabile; emotivo.

excitant ['eksɪtənt / ex·cit·ant] *agg.* e *s.* (*med.*) eccitante, stimolante.

excitation [,eksɪ'teɪʃn / ex·cita·tion] *s.* eccitazione: (*fis.*) *— energy*, energia di eccitazione // (*elettr.*): *— coil*, avvolgimento di eccitazione; *impulse —*, eccitazione a impulsi; *shunt —*, eccitazione in derivazione.

excitative [ek'saɪtətɪv / ex·cit·at·ive] *agg.* (*non com.*) eccitativo.

excitatory [ek'saɪtətərɪ / ex·cit·at·ory] *agg.* eccitativo, stimolante.

to **excite** [ɪk'saɪt / ex·cite] *v.tr.* **1** eccitare; animare; stimolare; infiammare: *everybody was excited by the news of his arrival*, tutti erano eccitati dalla notizia del suo arrivo; *to*

— *s.o. to* (*do*) *sthg.*, (*antiq.*) stimolare, spingere qlcu. a (fare) qlco. **2** suscitare, provocare, far nascere (rivolta, sentimento): *to — s.o.'s curiosity*, provocare la curiosità di qlcu. **3** (*elettr.*) eccitare.

excited [ɪk'saɪtɪd / ex·cited] *agg.* eccitato; emozionato, commosso, turbato: *to get* —, eccitarsi, emozionarsi, animarsi // (*fis.*) — *state*, stato eccitato // **-ly** *avv.*

excitement [ɪk'saɪtmənt / ex·cite·ment] *s.* agitazione, eccitazione; esaltazione: *the — of departure*, l'eccitazione della partenza; *to cause great* —, provocare grande agitazione.

exciter [ɪk'saɪtə* / ex·citer] *s.* **1** eccitatore, istigatore (di rivolta ecc.) **2** (*elettr.*) eccitatore, dinamo eccitatrice **3** (*med.*) eccitante, stimolante.

exciting [ɪk'saɪtɪŋ / ex·cit·ing] *agg.* eccitante, emozionante: *an — competition*, una gara emozionante // **-ly** *avv.*

exciton ['eksə,tɒn / ex·citon] *s.* (*fis.*) eccitone.

excitor → **exciter**.

to **exclaim** [ɪk'skleɪm / ex·claim] *v.tr.* e *intr.* esclamare, gridare // *to — against s.o., sthg.*, (*antiq.*) inveire contro qlcu., qlco.; *to — at sthg.*, rimanere sorpreso per qlco., mostrarsi sorpreso per qlco.

exclamation [,ekskləˈmeɪʃn / ex·clama·tion] *s.* esclamazione // — *mark* (o — *point*), punto esclamativo.

exclamative [eks'klæmətɪv / ex·clam·at·ive] *agg.* esclamativo // **-ly** *avv.*

exclamatory [eks'klæmətərɪ *amer.* eks 'klæmətɔ:rɪ / ex·clam·at·ory] *agg.* esclamativo // **-ily** *avv.*

to **exclude** [ɪk'sklu:d / ex·clude] *v.tr.* escludere; interdire, bandire: *to — all possibility of doubt*, scartare, escludere ogni possibilità di dubbio; *to — a person from a country*, vietare ad una persona l'ingresso in un paese; *people under 18 are excluded from voting*, le persone minori di 18 anni sono escluse dal voto.

excluding [ɪk'sklu:dɪŋ / ex·clud·ing] *prep.* tranne, eccetto: *the shop is open all week, — Monday morning and Sunday afternoon*, il negozio è aperto tutta la settimana, tranne il lunedì mattina e la domenica pomeriggio.

exclusion [ɪk'sklu:ʒn / ex·clu·sion] *s.* esclusione: *his life is centred around his work, to the — of everything else*, la sua vita è concentrata sul lavoro, il resto passa in secondo piano // (*fis.*) — *principle*, principio di esclusione // (*dir.*): — *clauses*, clausole esonerative; — *order*, ordine di espulsione di uno straniero; — *law*, (*amer.*) legge che vieta l'accesso agli immigranti.

exclusionary [ɪk'sklu:ʒn,erɪ / ex·clu·sion·ary] *agg.* che favorisce, che causa l'esclusione // (*dir. amer.*) — *rule*, regola di esclusione delle prove illecite dal processo penale.

exclusive [ɪk'sklu:sɪv / ex·clus·ive] *agg.* **1** chiuso, scelto, esclusivo (di circolo, scuola ecc.): — *social circle*, ambiente sociale chiuso; *he belongs to the most — club in London*, egli appartiene al club più esclusivo di Londra **2** esclusivo: — *models*, modelli esclusivi; — *rights*, diritti esclusivi; *to have the — rights of* (o *in*) *sthg.*, avere l'esclusiva di qlco. // — *interview*, intervista in esclusiva; — *film*, film in esclusiva // (*comm.*): — *sales agreement*, (contratto di) esclusiva; — *agency selling*, vendita in esclusiva **3** che mantiene le distanze: *that man is — in his manner*, quell'uomo tiene le distanze con il suo modo di fare **4** — *of*, escluso, eccettuato, senza contare: *the price is — of tax*, il prezzo non comprende le tasse **5** incompatibile: *politics and morality are mutually* —, politica e morale sono incompatibili fra loro **6** solo, unico: *it has been his — occupation for two years*, è la sua sola occupazione da due anni ♦ *s.* **1** intransigente, esclusivista **2** (*giornalismo*) esclusiva.

exclusively [ɪk'sklu:sɪvlɪ / ex·clus·ive·ly] *avv.* esclusivamente.

exclusiveness [ɪk'sklu:sɪvnɪs / ex·clus·ive·ness] *s.* esclusività.

exclusivism [ɪk'sklu:sɪvɪzəm / ex·clus·iv·ism] *s.* esclusivismo.

exclusivist [ɪk'sklu:sɪvɪst / ex·clus·iv·ist] *s.* esclusivista.

exclusory [ɪk'sklu:sərɪ / ex·clus·ory] → **exclusive**.

to **excogitate** [eks'kɒdʒɪteɪt / ex·co·git·ate] *v.tr.* (*form.*) pensare, architettare, escogitare.

excogitation [eks,kɒdʒɪ'teɪʃn / ex·co·gita·tion] *s.* (*form.*) escogitazione.

excogitative [eks'kɒdʒɪteɪtɪv / ex·co·git·at·ive] *agg.* (*form.*) che denota riflessione.

excommunicable [,ekskə'mju:nɪkəbl / ex·com·mu·nic·able] *agg.* scomunicabile.

excommunicate [,ekskə'mju:nɪkeɪt / ex·com·mu·nic·ate] *agg.* e *s.* scomunicato.

to **excommunicate** [,ekskə'mju:nɪkeɪt] *v.tr.* scomunicare.

excommunication ['ekskə,mju:nɪ'keɪʃn / ex·com·mu·nica·tion] *s.* scomunica.

excommunicative [,ekskə'mju:nɪkeɪtɪv / ex·com·mu·nic·at·ive] *agg.* di scomunica.

excommunicator [,ekskə'mju:nɪkeɪtə* / ex·com·mu·nic·ator] *s.* scomunicatore.

excommunicatory [,ekskə'mju:nɪkətərɪ / ex·com·mu·nic·at·ory] *agg.* di scomunica.

to **excoriate** [eks'kɔ:rɪeɪt / ex·cori·ate] *v.tr.* escoriare, scorticare.

excoriation [eks,kɔ:rɪ'eɪʃn / ex·cori·ation] *s.* (*med.*) escoriazione.

excrement ['ekskrɪmənt / ex·cre·ment] *s.* [U] escremento.

excremental [,ekskrɪ'mentl / ex·cre·ment·al] **excrementitial** [,ekskrɪmen'tɪʃl / ex·cre·ment·itial] **excrementitious** [,ekskrɪ men'tɪʃəs / ex·cre·ment·itious] *agg.* escrementizio, fecale.

excrescence [ɪk'skresns / ex·cres·cence] *s.* protuberanza; escrescenza (*anche med.*).

excrescent [ɪk'skresnt / ex·cres·cent] *agg.* **1** escrescente **2** (*gramm.*) epentetico.

excreta [ɪk'skri:tə / ex·creta] *s.pl.* **1** escrementi **2** (*biol.*) escrezioni.

to **excrete** [ek'skri:t / ex·crete] *v.tr.* espellere, secernere, eliminare.

excretion [ek'skri:ʃn / ex·cre·tion] *s.* (*biol.*) escrezione, secrezione.

excretive [ek'skri:tɪv / ex·cret·ive] **excretory** [ek'skri:tərɪ / ex·cret·ory] *agg.* escretivo, escretorio, escretore: (*anat.*) *excretory system*, apparato escretore.

to **excruciate** [ɪk'skru:ʃɪeɪt / ex·cru·ci·ate] *v.tr.* (*ant.*) torturare, tormentare.

excruciating [ɪk'skru:ʃɪeɪtɪŋ / ex·cru·ci·at·ing] *agg.* tormentoso, lancinante, atroce, straziante // **-ly** *avv.*

excruciation [ɪk,skru:ʃɪ'eɪʃn / ex·cru·ci·ation] *s.* (*non com.*) tortura, supplizio, tormento.

excubant ['ekskjʊbənt / ex·cub·ant] *agg.* (*rar.*) in guardia.

to **exculpate** ['ekskʌlpeɪt / ex·culp·ate] *v.tr.* (*form.*) giustificare, discolpare, scolpare, assolvere.

exculpation [,ekskʌl'peɪʃn / ex·culpa·tion] *s.* (*form.*) giustificazione, discolpa.

exculpatory [eks'kʌlpətərɪ / ex·culp·at·ory] *agg.* (*form.*) giustificativo, che discolpa.

excurrent [eks'kʌrənt / ex·cur·rent] *agg.* **1** defluente **2** arterioso (di sangue).

to **excurse** [ɪk'skɜ:s / ex·curse] *v.intr.* (*ant.*) **1** (*fig.*) divagare, far digressioni **2** fare un'escursione.

excursion [ɪk'skɜ:ʃn *amer.* ɪk'skɜ:ʒn / ex·cur·sion] *s.* **1** escursione, gita: *to make* (o *to go on*) *an* —, fare una gita // — *ticket*, biglietto festivo // — *train*, treno speciale per escursionisti, treno festivo **2** (*scient.*) escursione **3** (*fig.*) esplorazione, viaggio esplorativo (per conoscere, approfondire un argomento, una materia poco nota): *a brief — into contemporary music*, una breve esplorazione nel mondo della musica contemporanea **4** (*mil. ant.*) sortita.

excursionist [ɪk'skɜ:ʃnɪst / ex·cur·sion·ist] *s.* escursionista, gitante.

excursive [ek'skɜ:sɪv / ex·curs·ive] *agg.* **1** vago, digressivo **2** sconnesso, discontinuo: *an — style*, uno stile discontinuo // **-ly** *avv.*

excursiveness [ek'skɜ:sɪvnɪs / ex·curs·ive·ness] *s.* **1** divagazione; sconnessione **2** (*ant.*) vagabondaggio.

excursus [ek'skɜ:səs / ex·cursus] *pl.* **excursuses** [ek'skɜ:səsɪz] *s.* (*non com.*) **1** excursus, dissertazione **2** digressione.

excusability [ɪk,skju:zə'bɪlɪtɪ / ex·cus·ab·il·ity] *s.* scusabilità.

excusable [ɪk'skju:zəbl / ex·cus·able] *agg.* scusabile, perdonabile // **-ness** *s.* // **-bly** *avv.*

excusatory [ɪk'skju:zətərɪ / ex·cus·at·ory] *agg.* (*non com.*) scusante, di scusa, giustificativo.

excuse [ɪk'skju:s / ex·cuse] *s.* **1** scusa, giustificazione: *there is no possible — for his behaviour*, il suo contegno non ammette scuse; *there's no — for not coming*, non ci sono scuse al fatto di non essere venuto; *to make one's excuses*, (*form.*) fare, presentare le proprie scuse // *without* —, senza scusa // *ignorance of the law is no* —, l'ignoranza della legge non scusa **2** scusa, pretesto: *to find an* —, trovare una scusa, un pretesto; *to look for an* —, cercare un pretesto // *by way of* —, *in* —, per scusa, come scusa **3** (*dir.*) causa di giustificazione scriminante.

to **excuse** [ɪk'skju:z] *v.tr.* **1** scusare, perdonare: *please — us for arriving early* (o *our arriving early*), prego, perdonate se siamo arrivati così presto; — *my saying so* (o *me for saying so*), scusa, scusi se dico questo; *may I be excused?*, posso uscire?; *nothing can — you*, niente può scusarti; *to — oneself for*, scusarsi per // — *me*, scusi; permesso; (*amer.*) prego... (per far ripetere una frase) **2** giustificare: *nothing can — his behaviour during the meeting*, niente può giustificare il suo comportamento durante la riunione **3** esentare, dispensare dal fare: (*mar. mil.*) *excused from duty*, esente dal servizio.

excussion [ɪks'kʌʃn / ex·cus·sion] *s.* (*dir.*) preventiva escussione del debitore (rispetto al fideiussore).

ex-directory [,eksdɪ'rektərɪ] *agg.* che non compare nell'elenco telefonico.

exeat ['eksɪæt / ex·eat] *s.* permesso di assentarsi (alle università di Oxford e Cambridge, nei collegi ecc.).

execrable ['eksɪkrəbl / ex·ec·rable] *agg.* esecrabile, abominevole, detestabile // **-bly** *avv.*

to **execrate** ['eksɪkreɪt / ex·ec·rate] *v.tr.* (*form.*) **1** esecrare, detestare **2** maledire ◆ *v.intr.* (*form.*) lanciare imprecazioni.

execration [,eksɪ'kreɪʃn / ex·ec·ra·tion] *s.* **1** esecrazione **2** maledizione.

execrative ['eksɪkreɪtɪv / ex·ec·rat·ive] *agg.* esecratorio // **-ly** *avv.*

execratory ['eksɪkreɪtərɪ / ex·ec·rat·ory] *agg.* esecratorio.

executable ['eksɪkju:təbl / ex·ecut·able] *agg.* **1** eseguibile // (*inform.*) — *program*, programma eseguibile **2** (*dir.*) giustiziabile.

executant [ɪg'zekjʊtənt / ex·ecu·tant] *s.* esecutore (spec. di musica).

to **execute** ['eksɪkju:t / ex·ecute] *v.tr.* **1** giustiziare (un condannato) **2** (*form.*) eseguire, realizzare; mettere in atto: *to — a plan, a project*, eseguire un piano, un progetto; *he executed a statue in marble*, realizzò una statua in marmo **3** (*form.*) eseguire (ordine, comando); mettere in esecuzione: *he executed the captain's orders*, eseguì gli ordini del capitano; (*mil.*) *to — a change of front*, eseguire un cambiamento di fronte **4** (*form.*) interpretare; recitare; suonare: *the part of Hamlet was badly executed*, la parte di Amleto fu interpretata male **5** (*dir.*) eseguire; convalidare, rendere valido: *to — a judgment*, mettere in esecuzione una sentenza; *to — a deed*, sottoscrivere, sigillare e consegnare un atto formale; *to — a will*, dare esecuzione a un testamento // *executed estate*, patrimonio trasferito a un soggetto **6** (*comm.*) adempiere, eseguire, mandare a effetto; evadere: *to — an order readily*, dare pronta esecuzione a un ordine.

executer ['eksɪkju:tə* / ex·ecu·ter] *s.* (*rar.*) esecutore.

execution [,eksɪ'kju:ʃn / exe·cu·tion] *s.* **1** esecuzione capitale **2** (*form.*) esecuzione; realizzazione, attuazione: *the — of his plan was a failure*, l'attuazione del suo progetto fu un insuccesso; *a wonderful — of Beethoven's Ninth Symphony*, una meravigliosa esecuzione della Nona Sinfonia di Beethoven; *to put sthg. in —*, dar corso a qlco. // (*Borsa*) — *by outcry*, esecuzione alle grida **3** (*antiq.*) distruzione, effetto distruttivo (*anche fig.*): *the bomb did great — among the invaders*, la bomba portò la distruzione tra gli invasori **4** (*dir.*) convalidazione **5** (*dir.*) sequestro **6** (*inform.*) esecuzione, svolgimento: — *cycle*, ciclo di esecuzione; — *time*, durata di esecuzione (di un'istruzione), momento in cui viene effettuata un'esecuzione.

executioner [,eksɪ'kju:ʃnə* / exe·cu·tioner] *s.* boia, carnefice.

executive [ɪg'zekjʊtɪv / ex·ec·ut·ive] *agg.* **1** esecutivo: *the — arm* (o *branch*), il potere esecutivo, l'esecutivo; — *committee*, comitato esecutivo; — *powers*, poteri esecutivi // — *order*, decreto legge // — *president*, presidente esecutivo **2** direttivo, che ha potere decisionale: — *ability*, capacità direttiva; — *personnel*, personale direttivo // *Executive Mansion*, residenza ufficiale del Presidente degli Stati Uniti (o del governatore di uno dei 50 stati) **3** (*estens., fam.*) lussuoso, adatto a una persona importante: — *chair*, poltrona di gran lusso ◆ *s.* **1** potere esecutivo (di governo); direzione (di associazione) **2** dirigente (d'azienda); funzionario: *chief —*, direttore generale; *senior —*, dirigente di alto livello; *sales —*, direttore delle vendite.

executor [ɪg'zekjʊtə* / ex·ec·utor] *s.* **1** esecutore // *literary —*, chi cura la pubblicazione di opere postume **2** (*dir.*) esecutore testamentario.

executorship [ɪg'zekjʊtəʃɪp / ex·ec·utor·ship] *s.* **1** (*dir.*) esecuzione testamentaria **2** compito, funzione di esecutore.

executory [ɪg'zekjʊtərɪ / ex·ec·ut·ory] *agg.* **1** (*non com.*) esecutivo **2** (*dir.*) sottoposto a condizione, incompleto // — *interests*, diritti futuri.

executrix [eg'zekjʊtrɪks / ex·ec·ut·rix] *pl.* **executrices** [ɪg'zekjʊtrɪksi:z / ex·ec·ut·rices] *s.* **1** esecutrice **2** (*dir.*) esecutrice testamentaria.

exedra ['eksɪdrə / ex·edra] *pl.* **exedrae** ['eksɪdri: / ex·edrae] *s.* (*arch.*) esedra.

exegesis [,eksɪ'dʒi:sɪs / ex·egesis] *pl.* **exegeses** [,eksɪ'dʒi:si:z] *s.* esegesi.

exegete ['eksɪdʒi:t / ex·egete] *s.* esegeta.

exegetic(al) [,eksɪ'dʒetɪk(l) / ex·egetic, ex·eget·ical] *agg.* esegetico // **-ally** *avv.*

exegetics [,eksɪ'dʒetɪks / ex·eget·ics] *s.* [U] esegetica.

exemplar [ɪg'zemplə* / ex·em·plar] *s.* (*form.*) esemplare, modello.

exemplarily [ɪg'zemplərɪlɪ / ex·em·plar·ily] *avv.* esemplarmente, in modo esemplare.

exemplariness [ɪg'zemplərɪnɪs / ex·em·plari·ness] **exemplarity** [,egzem'plærətɪ / ex·em·plar·ity] *s.* esemplarità, l'essere esemplare.

exemplary [ɪg'zemplərɪ / ex·em·plary] *agg.* esemplare; che serve da modello; che serve da ammonimento: — *conduct*, condotta esemplare; — *punishment*, castigo che serve da ammonimento // (*dir.*) — *damages*, danni punitivi.

exemplifiable [ɪg'zemplɪfaɪəbl / ex·em·pli·fi·able] *agg.* esemplificabile.

exemplification [ɪg,zemplɪfɪ'keɪʃn / ex·em·pli·fica·tion] *s.* **1** esemplificazione **2** (*dir.*) copia autentica (di atto).

to **exemplify** [ɪg'zemplɪfaɪ / ex·em·plify] *v.tr.* **1** esemplificare, illustrare con esempi **2** servire d'esempio a **3** (*dir.*) fare una copia autentica di: *exemplified copy*, copia autentica.

exempt [ɪg'zempt / ex·empt] *agg.* esente, dispensato, esonerato: (*trib.*) — *from tax*, esente da imposta ◆ *s.* persona esente (*p.e.* da tasse).

to **exempt** *v.tr.* esentare, esonerare: *to — s.o. from doing sthg.*, dispensare qlcu. dal fare qlco.

exemption [ɪg'zempʃn / ex·emp·tion] *s.* **1** esenzione, esonero, dispensa: (*dir.*) — *from liability*, esonero da responsabilità **2** (*amer. trib.*) detrazione d'imposta.

to **exenterate** [eg'zentəreɪt / ex·en·ter·ate] *v.tr.* **1** (*fig., rar.*) sviscerare **2** (*med.*) eviscerare.

exenteration [eg,zentə'reɪʃn / ex·en·tera·tion] *s.* **1** (*fig.*) svisceramento **2** (*med.*) eviscerazione.

exequies ['eksɪkwɪz / ex·equies] *s.pl.* esequie, funerale, funerali.

exercisable ['eksəsaɪzəbl / ex·er·cis·able] *agg.* esercitabile (di diritto, autorità).

exercise ['eksəsaɪz / ex·er·cise] *s.* **1** esercizio, pratica; prova: *I've got to do my piano exercises*, devo fare i miei esercizi al pianoforte; *the march was designed as an — in solidarity*, la marcia era prevista come una prova di solidarietà // *religious exercises*, esercizi spirituali **2** esercizio fisico, moto: *outdoor —*, esercizio all'aria aperta; *to take —*, fare del moto **3** (*form.*) esercizio; uso (di facoltà, privilegio ecc.): *the — of patience, of memory*, l'esercizio della pazienza, della memoria; *a legitimate — of authority*, un uso legittimo di autorità // (*Borsa*): — *price*, prezzo di esecuzione dell'opzione; — *notice*, avviso di esecuzione **4** (*scuola*) esercizio, esercitazione, compito **5** (*mil.*) esercitazione: *military exercises*, esercitazioni militari, manovre **6** *pl.* (*amer.*) cerimonie: *opening exercises*, cerimonie d'apertura.

to **exercise** *v.tr.* **1** esercitare, usare; mettere in pratica, praticare: *to — one's rights, patience*, esercitare i propri diritti, la pazienza **2** esercitare; allenare: *this movement exercises the arm muscles*, questo movimento esercita, mette in esercizio i muscoli del braccio; *to — oneself*, esercitarsi, fare del moto; *to — s.o. in doing sthg.*, esercitare qlcu. a fare qlco. **3** preoccupare, tormentare: *to be exercised over sthg.*, essere preoccupato per qlco. ◆ *v.intr.* esercitarsi; allenarsi: *after lunch the team exercised*, dopo pranzo la squadra si allenò.

exercise book ['eksəsaɪz,bʊk] *s.* quaderno (degli esercizi).

exerciser ['eksəsaɪzə* / ex·er·ciser] *s.* **1** colui che esercita (un diritto ecc.) **2** chi fa dell'esercizio fisico **3** attrezzo ginnico.

exercitation [eg,zɜ:sɪ'teɪʃn / ex·er·cita·tion] *s.* (*ant.*) **1** esercizio, uso (di una facoltà ecc.) **2** dissertazione critica, esercizio oratorio.

exergue [ek'sɜ:g / ex·ergue] *s.* esergo.

to **exert** [ɪg'zɜ:t / ex·ert] *v.tr.* esercitare, fare uso di, impiegare: *to — a powerful influence on s.o.*, esercitare una forte pressione su qlcu. // *to — oneself* (*to do sthg.*), sforzarsi, tentare (di fare qlco.).

exertion [ɪg'zɜ:ʃn / ex·er·tion] *s.* **1** esercizio (di autorità); uso, impiego **2** sforzo.

exertive [ɪg'zɜ:tɪv / ex·er·tive] *agg.* che tende, incita allo sforzo, all'azione.

exes ['eksɪz] *s.pl.* (*fam.*) (abbr. di *expenses*) spese; indennità, rimborso.

exeunt ['eksɪʌnt / ex·eunt] *3ª persona pl. pres. indic. del v. lat.* exire, (*teatr.*) escono (di scena): — *omnes*, escono tutti.

to **exfoliate** [eks'fəʊlɪeɪt / ex·fo·li·ate] *v.tr.* sfogliare; sfaldare; squamare (pelle, vernice, corteccia ecc.) ◆ *v.intr.* sfogliarsi; sfaldarsi; squamarsi (di pelle, vernice, corteccia ecc.).

exfoliation [eks'fəʊlɪeɪʃn / ex·fo·li·ation] *s.* **1** sfogliamento, sfaldatura (di corteccia ecc.) **2** (*med.*) desquamazione, esfoliazione (di pelle) **3** (*geol.*) esfoliazione, desquamazione **4** (*metall.*) sfogliatura: — *corrosion*, corrosione a sfogliatura.

ex gratia [ˌeks'greɪʃə] *agg.* (*lat.*) (*form.*) ex gratia, a titolo di favore.

exhalant [eks'heɪlənt / ex·hal·ant] *agg.* esalante.

exhalation [ˌeks*h*ə'leɪʃn / ex·hala·tion] *s.* esalazione; evaporazione; effluvio.

to **exhale** [eks'heɪl / ex·hale] *v.tr.* **1** esalare; emettere; emanare **2** (*chim.*) liberare (gas, vapori) ♦ *v.intr.* **1** espirare; evaporare **2** (*chim.*) evaporare.

exhaust [ɪg'zɔːst / ex·haust] *s.* **1** (*mecc.*) scarico, scappamento; condotto di scarico: — *gas*, gas di scarico, di scappamento; — *nozzle*, *pipe*, *port*, *valve*, ugello, tubo, luce, valvola di scarico; — *silencer*, marmitta di scarico, silenziatore **2** vapore esausto, vapore di scarico **3** (apparato) aspiratore // — *fan*, aspiratore.

to **exhaust** *v.tr.* **1** esaurire (*anche fig.*): *his continual rudeness soon exhausted our goodwill*, la sua costante maleducazione ha esaurito presto la nostra buona volontà; *to — a subject*, esaurire un argomento; *to — oneself*, esaurirsi; logorarsi **2** stancare, sfinire **3** vuotare, fare il vuoto in: *to — a well*, vuotare un pozzo **4** aspirare (aria, gas ecc.) **5** (*tecn.*) scaricare ♦ *v.intr.* scaricarsi (di gas ecc.).

exhausted [ɪg'zɔːstɪd / ex·hausted] *agg.* **1** esaurito; esausto; spossato: *I'm completely —*, sono esausto **2** vuotato d'aria **3** aspirato.

exhauster [ɪg'zɔːstə* / ex·hauster] *s.* aspiratore; ventilatore di scarico.

exhaustibility [ɪg'zɔːstə'bɪlətɪ / ex·haust·ib·il·ity] *s.* esauribilità; aspirabilità.

exhaustible [ɪg'zɔːstəbl / ex·haust·ible] *agg.* esauribile; aspirabile.

exhausting [ɪg'zɔːstɪŋ / ex·haust·ing] **1** che esaurisce, che stanca, faticoso **2** che aspira // — *power*, tiraggio.

exhaustion [ɪg'zɔːstʃən / ex·haus·tion] *s.* **1** esaurimento: *the — of the fuel, of a battery*, l'esaurimento del combustibile, di una pila // (*state of*) —, spossatezza **2** (*dir.*) escussione.

exhaustive [ɪg'zɔːstɪv / ex·haust·ive] *agg.* **1** esauriente; completo: — *enquiry*, ricerca approfondita **2** (*non com.*) spossante.

exhaustively [ɪg'zɔːstɪvlɪ / ex·haust·ive·ly] *avv.* in modo esauriente: *to study a subject —*, studiare a fondo un argomento.

exhaustiveness [ɪg'zɔːstɪvnɪs / ex·haust·ive·ness] *s.* capacità di esaurire, l'essere esauriente; completezza.

exhedra → **exedra**.

to **exheredate** [eks'herɪdeɪt / ex·hered·ate] *v.tr.* (*rar.*) diseredare.

exhibit [ɪg'zɪbɪt / ex·hibit] *s.* **1** oggetto, raccolta di oggetti esposti in una mostra **2** (*dir.*) documento, oggetto, reperto (prodotto in giudizio) **3** (*amer.*) mostra.

to **exhibit** *v.tr.* **1** esibire, mostrare, mettere in mostra; esporre **2** rivelare (qualità ecc.) **3** (*dir.*) esibire, produrre (documenti ecc.) ♦ *v.intr.* esporre: *Italy is exhibiting at the Trade Fair this year*, quest'anno l'Italia espone, è presente alla Fiera Mercato.

exhibition [ˌekzɪ'bɪʃn / ex·hibi·tion] *s.* **1** esposizione, mostra: *international —*, mostra, esposizione internazionale; *French paintings are on — at the national museum*, quadri della scuola francese sono esposti al museo nazionale // — *hall*, salone d'esposizione **2** esibizione; dimostrazione: *he gave an — of virtuoso piano playing*, diede una dimostrazione di grande virtuosismo al pianoforte // *to make an — of oneself*, (*fam.*) dare spettacolo di sé; **3** presentazione (di documenti ecc.) **4** borsa di studio; sussidio; (*ant.*) rendita: *a student holding an —*, uno studente che gode di una borsa di studio; *I crave fit disposition for my wife, / due reference of place and exhibition ..., as levels with her breeding*, (SH. Othello) io desidero che si disponga per mia moglie, una rendita adeguata e una residenza..., quali si convengono al suo rango.

exhibitioner [ˌeksɪ'bɪʃnə* / ex·hi·bi·tioner] *s.* borsista, chi usufruisce di una borsa di studio.

exhibitionism [ˌeksɪ'bɪʃnɪzəm / ex·hibi·tion·ism] *s.* esibizionismo.

exhibitionist [ˌeksɪ'bɪʃnɪst / ex·hibi·tion·ist] *s.* esibizionista.

exhibitor [ɪg'zɪbɪtə* / ex·hib·itor] *s.* **1** espositore **2** esibitore.

exhibitory [ɪg'zɪbɪtərɪ / ex·hib·it·ory] *agg.* (*comm.*) da esposizione, per mostra.

exhilarant [ɪg'zɪlərənt / ex·hil·ar·ant] *agg.* (*non com.*) esilarante, ameno ♦ *s.* (*non com.*) eccitante.

to **exhilarate** [ɪg'zɪləreɪt / ex·hi·lar·ate] *v.tr.* rendere euforico, euforizzare.

exhilarating [ɪg'zɪləreɪtɪŋ / ex·hil·ar·at·ing] *agg.* che rende euforico.

exhilaration [ɪgˌzɪlə'reɪʃn / ex·hil·ara·tion] *s.* euforia.

exhilarative [ɪg'zɪlərətɪv / ex·hil·ar·at·ive] *agg.* (*non com.*) esilarante.

to **exhort** [ɪg'zɔːt / ex·hort] *v.tr.* (IV) esortare, ammonire; raccomandare vivamente a: *to — s.o. to do sthg.*, esortare qlcu. a fare qlco.

exhortation [ˌegzɔː'teɪʃn / ex·horta·tion] *s.* esortazione.

exhortative [ɪg'zɔːtətɪv / ex·hort·at·ive] **exhortatory** [ɪg'zɔːtətərɪ / ex·hort·at·ory] *agg.* esortativo.

exhumation [ˌeks*h*juː'meɪʃn / ex·hu·ma·tion] *s.* esumazione.

to **exhume** [eks'hjuːm *amer.* ɪg'zuːm / ex·hume] *v.tr.* esumare.

exigence ['eksɪdʒəns / exi·gence] **exigency** ['eksɪdʒənsɪ / exi·gency] *s.* (*form.*) **1** esigenza, necessità, bisogno: *we are compelled by military exigencies to put the town under curfew*, le esigenze militari ci obbligano a imporre il coprifuoco alla città **2** situazione critica, crisi, emergenza.

exigent ['eksɪdʒənt / exi·gent] *agg.* (*form.*) **1** pressante, urgente **2** esigente ♦ *s.* (*ant.*) necessità estrema: *thou art sworn Eros / that, when the exigent should come...*, (SH. Antony and Cleopatra) tu giurasti Eros che, quando fosse giunto il momento d'estrema necessità...

exigible ['eksɪdʒɪbl / exi·gible] *agg.* (*form.*) esigibile.

exiguity [ˌeksɪ'gjuːətɪ / exi·gu·ity] *s.* (*form.*) esiguità; scarsità.

exiguous [eg'zɪgjʊəs / ex·igu·ous] *agg.* (*form.*) esiguo; scarso // **-ness** *s.*

exile ['eksaɪl / ex·ile] *s.* **1** esilio; bando (*anche fig.*): *to condemn s.o. to —*, condannare qlcu. all'esilio; *to go into —*, andare in esilio, esiliarsi; *to live in —*, vivere in esilio; *to send s.o. into —*, mandare qlcu. in esilio, esiliare qlcu. // *internal —*, confino **2** esiliato, esule.

to **exile** *v.tr.* esiliare; mettere al bando; scacciare: *exiled from his country*, esiliato, scacciato dalla patria; *he was exiled for life*, fu esiliato a vita.

exilic [eg'zɪlɪk / ex·ilic] *agg.* relativo all'esilio (spec. degli ebrei a Babilonia).

exility [eg'zɪlətɪ / ex·il·ity] *s.* (*ant.*) **1** tenuità; esilità **2** (*fig.*) sottigliezza.

to **exist** [ɪg'zɪst / ex·ist] *v.intr.* esistere; vivere; mantenersi in vita; sussistere: *to — on vegetables*, vivere di verdura.

existence [ɪg'zɪstəns / ex·ist·ence] *s.* **1** esistenza, qualità di essere, di esistere: *to believe in the — of God*, credere nell'esistenza di Dio **2** esistenza, vita: *to lead a happy —*, condurre un'esistenza felice; *in —*, esistente, in vita; *to call* (*sthg.*) *into —*, far nascere (qlco.); *to come into —*, nascere **3** (*fil.*) entità.

existent [ɪg'zɪstənt / ex·ist·ent] *agg.* **1** esistente **2** attuale.

existential [ˌegzɪ'stenʃl / ex·ist·en·tial] *agg.* esistenziale // (*log.*) — *quantifier*, quantificatore esistenziale.

existentialism [ˌegzɪ'stenʃəlɪzəm / ex·ist·en·tial·ism] *s.* (*fil.*) esistenzialismo.

existentialist [ˌegzɪ'stenʃəlɪst / ex·ist·en·tial·ist] *agg.* (*fil.*) esistenzialistico, esistenzialista ♦ *s.* (*fil.*) esistenzialista.

existing [ɪg'zɪstɪŋ / ex·ist·ing] *agg.* esistente, attuale: *under* (o *in*) *the — circumstances*, nelle circostanze attuali.

exit ['eksɪt] *s.* uscita: *he made his —, slamming the door behind him*, uscì sbattendo la porta // *emergency —*, uscita di sicurezza // — *visa*, visto d'uscita // *to make one's —*, morire.

to **exit** *v.intr.* uscire, andare fuori.

exit 3ª *persona sing. pres. indic. del v. lat.* exire, (*teatr.*) esce (di scena): — *Hamlet*, Amleto esce.

exitus ['eksɪtɪs / ex·itus] *s.* (*dir.*) **1** discendenza, prole **2** rendita fondiaria.

ex-libris [eks'laɪbrɪs] *s.* (*lat.*) ex libris.

exo- [eksəʊ, eksɒ] *pref.* di origine greca, usato nella terminologia scientifica, che significa 'fuori, esterno'; it. eso-: *exobiology*, esobiologia, biologia spaziale; *exoenzyme*, esoenzima; *exosphere*, esosfera.

exocrine ['eksəkrɪn / exo·crine] *agg.* (*biol.*) esocrino ♦ *s.* (*anat.*) ghiandola esocrina.

exoderm ['eksəʊˌdɜːm / exo·derm] *s.* (*bot.*) esoderma.

exodus ['eksədəs / ex·odus] *s.* esodo.

exoergic [ˌeksəʊ'ɜːdʒɪk / exo·ergic] *agg.* (*fis.*) esotermico.

ex officio [ˌeksə'fɪʃɪəʊ] *agg.* e *avv.* (*lat.*) d'ufficio, di diritto.

exogamous [ek'sɒgəməs / exo·gam·ous] *agg.* (*etnologia*) esogamo.

exogamy [ek'sɒgəmɪ / exo·gamy] *s.* (*biol.*, *etnologia*) esogamia.

exogenetic [ˌeksəʊdʒə'netɪk / exo·gen·etic] **exogenic** [ˌeksəʊ'dʒenɪk / exo·genic] *agg.* (*geol.*) esogeno.

exogenous [ek'sɒdʒənəs / exo·gen·ous] *agg.* (*biol.*, *geol.*) esogeno.

exon ['eksɒn] *s.* (*st. inglese*) ufficiale della Guardia del Re.

to **exonerate** [ɪg'zɒnəreɪt / ex·on·er·ate] *v.tr.* (*form.*) **1** esonerare, dispensare **2** giustificare; discolpare; assolvere: *they exonerated him from blame*, lo assolsero da ogni biasimo.

exoneration [ɪg,zɒnə'reɪʃn / ex·on·era·tion] *s.* (*form.*) **1** dispensa, esonero **2** giustificazione; assoluzione.

exonerative [ɪg'zɒnərətɪv / ex·on·er·at·ive] *agg.* (*form.*) **1** che esonera **2** che assolve.

exophthalmic [,ek,sɒf'θælmɪk / ex·oph·thalmic] *agg.* (*med.*) esoftalmico.

exophthalmos [,eksɒf'θælmɒs / exo·pthal·mos] **exophthalmus** [,eksɒf'θælməs / exo·pthal·mus] *s.* (*med.*) esoftalmo.

exorable ['eksərəbl / ex·or·able] *agg.* (*rar.*) esorabile.

exorableness ['eksərəblnɪs / ex·or·able·ness] *s.* (*rar.*) arrendevolezza alle preghiere.

exorbitance [ɪg'zɔ:bɪtəns / ex·or·bit·ance] *s.* esorbitanza, esagerazione, eccesso.

exorbitant [ɪg'zɔ:bɪtənt / ex·or·bit·ant] *agg.* esorbitante, eccessivo, esagerato // **-ly** *avv.*

to **exorbitate** [ɪg'zɔ:bɪteɪt / ex·or·bit·ate] *v.intr.* (*ant.*) esorbitare.

exorciser ['eksɔ:saɪzə* / ex·or·ciser] *s.* esorcista.

exorcism ['eksɔ:sɪzəm / ex·or·cism] *s.* esorcismo.

exorcist ['eksɔ:sɪst / ex·or·cist] *s.* esorcista.

to **exorcize** ['eksɔ:saɪz / ex·or·cize] *v.tr.* esorcizzare (*anche fig.*).

exordial [ek'sɔ:djəl / ex·or·dial] *agg.* (*non com.*) introduttivo, d'esordio.

exordium [ek'sɔ:djəm / ex·or·dium] *pl.* **exordiums**, **exordia** [ek'sɔ:djə / ex·or·dia] *s.* (*form.*) esordio, prologo.

exorheic [eksɔ:'reɪɪk / ex·orheic] *agg.* (*geogr.*) esoreico.

exoskeleton [,eksəʊ'skelɪtn / exo·skel·eton] *s.* (*zool.*) esoscheletro.

exosmose ['eksɒzməʊs / ex·os·mose] **exosmosis** [,eksɒz'məʊsɪz / ex·os·mo·sis] *s.* esosmosi.

exostosis [,eksɒs'təʊsɪs / ex·os·to·sis] *s.* (*med.*) esostosi.

exoteric [,eksəʊ'terɪk / exo·teric] *agg.* **1** (*fil.*) essoterico **2** (*non com.*) popolare; comune.

exothermic [,eksəʊ'θɜ:mɪk / exo·thermic] *agg.* (*fis.*) esotermico.

exotic [ɪg'zɒtɪk / ex·otic] *agg.* esotico ◆ *s.* **1** pianta esotica **2** cosa esotica.

exotica [ɪg'zɒtɪkə / ex·ot·ica] *s.pl.* esotismi, stravaganze.

exoticism [ɪg'zɒtɪsɪzəm / ex·otic·ism] *s.* esotismo.

exotoxin ['eksəʊ'tɒksɪn / exo·toxin] *s.* (*biochim.*) esotossina.

to **expand** [ɪk'spænd / ex·pand] *v.tr.* **1** espandere, dilatare (metalli ecc.); gonfiare, allargare; estendere: *he expanded his chest*, gonfiò il petto; *the hawk expanded its wings*, il falco spiegò le ali **2** (*mat.*) sviluppare: *to — a function*, sviluppare una funzione **3** (*fig.*) espandere, allargare, ingrandire, ampliare, sviluppare: *can you — your argument?*, puoi sviluppare le tue argomentazioni?; *to — the minds of people*, allargare la mente delle persone; *the company has expanded its business in Italy*, la società ha allargato il suo giro d'affari in Italia ◆ *v.intr.* **1** gonfiarsi; allargarsi; estendersi; espandersi (di gas ecc.); dilatarsi (di metalli): *at this point the lake expands*, in questo punto il lago si allarga **2** (*fig.*) espandersi, allargarsi, ingrandirsi, ampliarsi: *the firm has expanded greatly in the last ten years*, l'azienda si è molto ingrandita negli ultimi dieci anni; *I'm afraid I haven't quite understood what you said: would you mind expanding* (*on it*) *a little bit more?*, temo di non aver capito bene ciò che hai detto: ti spiacerebbe dilungarti ancora un po' sull'argomento? **3** spiegarsi, distendersi, aprirsi; schiudersi: *the flower expanded*, il fiore si schiuse **4** (*fam.*) divenire espansivo.

expander [ɪk'spændə* / ex·pander] *s.* **1** (*mecc.*) espansore // *tube —*, allargatubi **2** (*tess.*) tenditore.

expanse [ɪk'spæns / ex·panse] *s.* **1** spazio; distesa, estensione: *the — of his brow*, la spaziosità della sua fronte; *the broad — of the ocean*, l'ampia distesa dell'oceano // *the —*, il firmamento **2** espansione, allargamento; apertura (delle ali).

expansibility [ɪk'spænsəbɪlətɪ / ex·pans·ib·il·ity] *s.* espansibilità; dilatabilità.

expansible [ɪk'spænsəbl / ex·pans·ible] *agg.* estensibile; dilatabile; allargabile.

expansion [ɪk'spænʃn / ex·pan·sion] *s.* **1** espansione (di gas); allargamento; estensione; dilatazione (di metalli ecc.) // *— joint*, giunto di dilatazione **2** espansione, sviluppo, crescita; ampliamento // (*econ.*): *— of the economy, of the firm*, espansione dell'economia, dell'impresa; *— rate*, ritmo di espansione; *— in money supply*, crescita dell'offerta di moneta; *currency —*, aumento della circolazione monetaria **3** (*mat.*) sviluppo (di equazione, espressione, funzione) **4** (*bot.*) fioritura, sboccio.

expansionary [ɪk'spænʃnərɪ / ex·pan·sion·ary] *agg.* espansionistico // (*econ.*): *— phase*, fase espansionistica (di ciclo economico); *— measures*, misure (di politica economica) favorevoli all'espansione.

expansionism [ɪk'spænʃənɪzəm / ex·pan·sion·ism] *s.* espansionismo.

expansionist [ɪk'spænʃənɪst / ex·pan·sion·ist] *s.* espansionista.

expansive [ɪk'spænsɪv / ex·pans·ive] *agg.* **1** espansivo; dilatabile, espansibile; allargabile **2** espansivo; esuberante (di persona) **3** esteso, ampio // **-ly** *avv.* // **-ness** *s.*

expansivity [,ek,spæn'sɪvɪtɪ / ex·pans·iv·ity] *s.* (*fis.*) coefficiente di espansione cubica.

ex parte ['eks'pɑ:tɪ] *agg.* (*lat.*) (*dir.*) unilaterale.

to **expatiate** [ek'speɪʃɪeɪt / ex·pa·ti·ate] *v.intr.* **1** (*non com.*) spaziare, errare, vagabondare **2** (*form.*) parlare, scrivere diffusamente: *he expatiated at length about the company's golden future*, parlò a lungo del futuro roseo della ditta.

expatiation [ek,speɪʃɪ'eɪʃn / ex·pa·ti·ation] *s.* (*form.*) **1** dissertazione, lungo discorso **2** prolissità.

expatiative [ek'speɪʃjətɪv / ex·pa·ti·at·ive] (*rar.*) → **expansive**.

expatiatory [ek'speɪʃjətərɪ / ex·pa·ti·at·ory] *agg.* **1** (*non com.*) diffuso **2** prolisso.

expatriate [eks'pætrɪət / ex·pat·ri·ate] *agg.* e *s.* (persona) residente all'estero; espatriato.

to **expatriate** [eks'pætrɪeɪt *amer.* eks'peɪtrɪeɪt] *v.tr.* bandire, esiliare: *to — oneself*, espatriare; (*dir.*) rinunciare alla propria cittadinanza.

expatriation [eks,pætrɪ'eɪʃn *amer.* eks ,peɪtrɪ'eɪʃn / ex·pat·ri·ation] *s.* **1** lo scacciare dalla patria **2** espatrio **3** (*dir.*) perdita della cittadinanza (in seguito a opzione di altra cittadinanza).

to **expect** [ɪk'spekt / ex·pect] *v.tr.* **1** aspettare, aspettarsi; attendere: *I'm expecting a letter from my husband*, attendo una lettera da mio marito; *to — a lot of* (o *from*) *s.o.*, aspettarsi molto da qlcu.; *I — he will write*, mi aspetto, penso che scriverà; *I expected he would write*, mi aspettavo che scrivesse; *I wasn't expecting so many people to answer my letter*, non mi aspettavo che così tante persone rispondessero alla mia lettera; *I half expected to see you*, un po' me l'aspettavo di vederti; *I fully expected to meet her at the party*, ero certo d'incontrarla alla festa; *at his age a slowness of reaction is only to be expected*, alla sua età una certa lentezza a reagire è del tutto normale; *I expected you to lunch yesterday*, ti aspettavo ieri a colazione; *she is expecting a baby*, attende un bambino; *you are expected*, sei atteso // *to — the worst*, aspettarsi il peggio **2** (IV) aspettarsi, esigere, pretendere: *I — him to pay his debts at once*, esigo che egli paghi subito i suoi debiti; *I — them to do their duty*, esigo che essi facciano il loro dovere; *what do you — me to do?*, cosa pretendi che io faccia? **3** pensare, credere, supporre; sperare: *he is expected to come soon*, si pensa venga presto; *I —* (*so*), lo credo bene; *I — he has paid*, suppongo abbia pagato; *"Who has eaten all the cake?" "Oh, I — it was Tom"*, "Chi ha mangiato tutta la torta?" "Oh, penso sia stato Tom".

expectable [ɪk'spektəbl / ex·pect·able] *agg.* prevedibile.

expectance [ɪk'spektəns / ex·pect·ance] **expectancy** [ɪk'spektənsɪ / ex·pect·ancy] *s.* aspettativa, attesa, speranza; aspettazione; (*stat.*) probabilità.

expectant [ɪk'spektənt / ex·pect·ant] *agg.* in attesa; speranzoso, in grande aspettativa // *— mother*, mamma in attesa, in stato interessante // (*dir.*) *— heir*, chi nutre aspettative su una futura successione ◆ *s.* **1** chi attende **2** candidato.

expectantly [ɪk'spektəntlɪ / ex·pect·ant·ly] *avv.* in attesa; con grande aspettativa.

expectation [,ekspek'teɪʃn / ex·pecta·tion] *s.* **1** attesa, aspettativa; prospettiva; *pl.* aspettative, speranze: *beyond —*, al di là di ogni aspettativa; *in — of*, in attesa di; *against* (o *contrary to*) *—, all expectations*, contro tutte le aspettative; *to come up to* (o *to meet*) *one's expectations*, rispondere all'aspettativa; *to fall short of one's expectations*, non corrispondere all'aspettativa; *he disappointed her expectations*, egli deluse le sue speranze // (*econ.*) *rational expectations*, aspettative razionali **2** (*dir.*) prospettiva di eredità: *he has great expectations from his uncle*, ha grandi probabilità di ereditare dallo zio **3** (*stat.*) speranza: *mathematical —*, speranza matematica; *— of life*, speranza di vita.

expectative [ɪk'spektətɪv / ex·pect·at·ive]

agg. 1 che forma oggetto di attesa, di aspettazione 2 (*dir.*) riversibile.

expecter [ɪk'spektə* / ex·pecter] *s.* chi aspetta.

expectorant [ek'spektərənt / ex·pect·or·ant] *agg.* e *s.* (*med.*) espettorante.

to **expectorate** [ek'spektəreɪt / ex·pect·or·ate] *v.tr.* e *intr.* (*med.*) espettorare.

expectoration [ek,spektə'reɪʃn / ex·pect·ora·tion] *s.* (*med.*) espettorazione; espettorato, escreato.

expedience [ɪk'spi:djəns / ex·pe·di·ence] **expediency** [ɪk'spi:djənsɪ / ex·pe·di·ency] *s.* (*form.*) 1 convenienza; opportunità; vantaggio; utilità 2 opportunismo 3 (*ant.*) rapidità, fretta: *all these well furnished... / are making hither with all due expedience*, (SH. Richard II) tutti ben forniti... navigano con la rapidità necessaria alla volta dell'Inghilterra 4 (*ant.*) impresa: *let me hear... / what yesternight our council did decree / in forwarding this dear expedience*, (SH. Henry IV) sentiamo dunque... che cosa il nostro consiglio decretò ieri sera per accelerare questa impresa suprema.

expedient [ɪk'spi:djənt / ex·pe·di·ent] *agg.* 1 conveniente, vantaggioso, utile, opportuno 2 (*ant.*) veloce: *his marches are expedient to this town*, (SH. King John) marcia velocemente contro questa città ◆ *s.* espediente, ripiego; accorgimento, mezzo, invenzione: *to resort to expedients*, ricorrere ad espedienti // **-ly** *avv.*

to **expedite** ['ekspɪdaɪt / ex·ped·ite] *v.tr.* (*form.*) 1 accelerare; sbrigare; facilitare 2 (*rar.*) compiere con sollecitudine.

expedition [,ekspɪ'dɪʃn / ex·pedi·tion] *s.* 1 spedizione, impresa (*anche mil.*): *that year he organized an — to the South Pole*, quell'anno egli organizzò una spedizione al Polo Sud; *the — set out at dawn*, la spedizione partì all'alba 2 escursione, gita: *we went on an — to the tower*, siamo andati in gita alla torre 3 (*non com.*) prontezza, celerità; diligenza, sollecitudine: *to use — in doing sthg.*, fare qlco. con prontezza, diligentemente.

expeditionary force [,ekspɪ'dɪʃənərɪfɔ:s *amer.* ,ekspɪ'dɪʃənerɪfɔ:s] *s.* (*mil.*) forza di spedizione // *British Expeditionary Force* (B.E.F.), Corpo di Spedizione Britannico.

expeditionist [,ekspɪ'dɪʃənɪst / ex·pedi·tion·ist] *s.* (*non com.*) chi partecipa a una spedizione.

expeditious [,ekspɪ'dɪʃəs / ex·pedi·tious] *agg.* (*form.*) rapido, svelto, pronto, sollecito // **-ly** *avv.* // **-ness** *s.*

to **expel** [ɪk'spel / ex·pel] *pass.p.p.* **expelled** [ɪk'speld / ex·pelled] *v.tr.* 1 espellere, cacciare, bandire: *they were expelled from the school*, furono espulsi dalla scuola 2 (*med.*) espellere.

expellent [ɪk'spelənt / ex·pel·lent] *agg.* e *s.* (*med.*) espellente, espettorante.

expeller [ɪk'spelə* / ex·pel·ler] *s.* (*mecc.*) espulsore, estrattore.

to **expend** [ɪk'spend / ex·pend] *v.tr.* 1 spendere, impiegare, usare: *to — care in doing sthg.*, far qlco. con la massima cura; *to — money on sthg., on doing sthg.*, (*form.*) spendere denaro per qlco., per fare qlco. 2 consumare, esaurire: *to — energy on a job*, consumare le proprie energie, impegnarsi in un lavoro.

expendable [ɪk'spendəbl / ex·pend·able] *agg.* 1 sacrificabile: *in his mind the infantry were regarded as —*, nella sua mente la fanteria poteva essere sacrificata // *everyone is —*, nessuno è indispensabile 2 spendibile, usabile, consumabile; d'uso (di scorte ecc.): (*amm.*) *— funds*, fondo disponibile.

expendables [ɪk'spendəblz / ex·pend·ables] *s.pl.* (*mil.*) materiale da abbandonare se necessario.

expenditure [ɪk'spendɪtʃə* / ex·pend·it·ure] *s.* 1 dispendio, consumo 2 spesa, uscite (*pl.*): (*econ.*) *public —*, spesa pubblica; *capital —*, spesa in conto capitale; *— on armaments*, spese per gli armamenti.

expense [ɪk'spens / ex·pense] *s.* 1 spesa, esborso; costo; uscita: *I published it at my own —*, lo pubblicai a mie spese; *to put s.o. to —*, far sostenere spese a qlcu.; *free of —*, gratis; *— account*, conto spese, nota spese; *— account per diem*, diaria // *they all laugh at his —*, ridono tutti alle sue spalle 2 (*fig.*) sacrificio, prezzo: *at the — of his life*, a prezzo della vita 3 *pl.* spese; indennità, rimborso; (*amm.*) spese di gestione: *entertainment expenses*, spese di rappresentanza; *incidental expenses*, piccole spese; *overhead expenses*, spese generali; *travelling expenses*, indennità di viaggio; *to clear one's expenses*, rifarsi delle spese; *out-of -pocket expenses*, spese vive; piccole spese.

expensive [ɪk'spensɪv / ex·pens·ive] *agg.* costoso, caro, dispendioso: *travelling is —*, i viaggi costano // **-ly** *avv.*

expensiveness [ɪk'spensɪvnɪs / ex·pens·ive·ness] *s.* prezzo elevato, alto costo.

experience [ɪk'spɪərɪəns / ex·peri·ence] *s.* 1 esperienza; pratica: *from —*, per esperienza; *practical —*, pratica; *has he had any previous —?*, ha mai lavorato in questo campo?; *to profit by —*, trarre profitto dall'esperienza 2 esperienza, avvenimento, avventura: *an unpleasant —*, una esperienza spiacevole; *he had interesting experiences in Africa*, ha avuto delle avventure interessanti in Africa 3 (*assicurazioni*) sinistrosità.

to **experience** *v.tr.* esperimentare, fare l'esperienza di; provare: *to — hard times*, attraversare tempi difficili; *he experienced a strange numbness in his left leg*, sentì uno strano torpore alla gamba sinistra.

experienced [ɪk'spɪərɪənst / ex·peri·enced] *agg.* pratico, esperto, abile: *to be — in* (o *at*) *sthg.*, essere esperto di, in qlco.

experienceless [ɪk'spɪərɪənslɪs / ex·peri·ence·less] *agg.* (*rar.*) inesperto.

experiential [ɪk,spɪərɪ'enʃl / ex·peri·en·tial] *agg.* (*form.*) basato sull'esperienza, empirico.

experientialism [ɪk,spɪərɪ'enʃəlɪzəm / ex·peri·en·tial·ism] *s.* (*non com.*) sperimentalismo.

experientialist [ɪk,spɪərɪ'enʃəlɪst / ex·peri·en·tial·ist] *s.* (*non com.*) esperimentatore.

experiment [ɪk'sperɪmənt / ex·peri·ment] *s.* esperimento, prova: *by way of —*, a titolo di prova; *to make* (o *carry out*) *an — in chemistry*, fare un esperimento chimico.

to **experiment** *v.intr.* fare un esperimento, fare esperimenti: *to — on dogs*, far prove, esperimenti sui cani; *to — with new methods of teaching*, sperimentare nuovi metodi di insegnamento.

experimental [ek,sperɪ'mentl / ex·peri·mental] *agg.* sperimentale: *— farm*, fattoria sperimentale; *— psychology*, psicologia sperimentale.

experimentalism [ek,sperɪ'mentəlɪzəm / ex·peri·men·tal·ism] *s.* (*non com.*) sperimentalismo.

experimentalist [ek,sperɪ'mentəlɪst / ex·peri·men·tal·ist] *s.* (*non com.*) sperimentalista.

to **experimentalize** [ek,sperɪ'mentəlaɪz / ex·peri·ment·al·ize] *v.intr.* (*non com.*) → to **experiment**.

experimentally [ek,sperɪ'mentəlɪ / ex·peri·ment·ally] *avv.* sperimentalmente; per esperienza: *it was proved —*, è stato sperimentato, sottoposto a prove sperimentali.

experimentation [ek,sperɪmen'teɪʃn / ex·peri·menta·tion] *s.* lo sperimentare; sperimentazione.

experimenter [ɪk'sperɪmentə* / ex·peri·ment·er] *s.* sperimentatore.

expert ['ekspɜ:t / ex·pert] *agg.* esperto, abile, competente: *to be — at doing sthg.*, essere esperto nel fare qlco. // (*inform.*) *— system*, sistema esperto ◆ *s.* esperto, perito, competente, tecnico, specialista: *he is an — on* (o *in*) *Marxism*, è un esperto di marxismo; *to pose as an —*, farsi passare per esperto; *industrial —*, perito industriale // (*dir.*): *— evidence*, testimonianza di perito; *— opinion*, perizia; *— in commercial law*, commercialista.

expertise [,ekspɜ:'ti:z / ex·pert·ise] *s.* 1 abilità; conoscenza di esperti; perizia: *to develop — in*, impratichirsi in 2 (*arte*) expertise, perizia, autenticazione.

expertly ['ekspɜ:tlɪ / ex·pert·ly] *avv.* abilmente, con perizia.

expertness ['ekspɜ:tnɪs / ex·pert·ness] *s.* perizia, abilità, destrezza.

expiable ['ekspɪəbl / ex·pi·able] *agg.* espiabile.

to **expiate** ['ekspɪeɪt / ex·pi·ate] *v.tr.* espiare.

expiation [,eks'pɪeɪʃn / ex·pi·ation] *s.* espiazione.

expiator ['ekspɪeɪtə* / ex·pi·ator] *s.* espiatore.

expiatory ['ekspɪətərɪ / ex·pi·at·ory] *agg.* espiatorio.

expiration [,ekspɪ'reɪʃn / ex·pira·tion] *s.* 1 fine, scadenza, termine: *— (date)*, scadenza 2 (*biol.*) espirazione.

expiratory [ɪk'spaɪərətərɪ / ex·pir·at·ory] *agg.* espiratorio: (*anat.*) *— muscles*, muscoli espiratori.

to **expire** [ɪk'spaɪə* / ex·pire] *v.intr.* 1 finire, scadere: *the validity of this passport expires on the 15th of December*, questo passaporto scade il 15 dicembre; (*comm.*) *expired bill*, cambiale scaduta 2 (*letter.*) spirare, morire; (*fam.*) svanire (della speranza): *he expired during the night*, è spirato durante la notte ◆ *v.tr.* (*biol.*) esalare, espirare: *we — the air from our lungs*, noi espiriamo l'aria dai polmoni.

expirer [ɪk'spaɪərə* / ex·pirer] *s.* 1 chi espira 2 chi spira.

expiring [ɪk'spaɪərɪŋ / ex·pir·ing] *agg.* 1 che scade, che cessa 2 spirante, morente.

expiry [ɪk'spaɪərɪ / ex·piry] *s.* fine, cessazione, termine, scadenza: (*comm.*) *— notice*, avviso di scadenza.

to **expiscate** [ek'spɪskeɪt / ex·pis·cate] *v.tr.*

(*scoz.*) **1** ripescare **2** (*fig.*) scoprire mediante esami minuziosi.

to **explain** [ɪk'spleɪn / ex·plain] *v.tr.* **1** spiegare, chiarire: *will you please — this rule to me?*, mi spieghi, per piacere, questa regola?; *the instructions — how to use the copier*, le istruzioni spiegano come si usa la copiatrice **2** giustificarsi, spiegarsi: *please — yourself*, ti prego di giustificarti, spiegarti ◆ *v.intr.* dare una spiegazione.

□ **explain away** *v.tr.* e *avv.* giustificare, dar ragione di: *he had to — away the team's poor performance*, dovette giustificare la misera prestazione della squadra.

explainable [ɪk'spleɪnəbl / ex·plain·able] *agg.* spiegabile, giustificabile.

explainer [ɪk'spleɪnə* / ex·plain·er] *s.* chi spiega.

explanation [,eksplə'neɪʃn / ex·plana·tion] *s.* spiegazione, schiarimento, delucidazione; giustificazione: *to give an — of* (o *for*) *sthg.*, fornire una spiegazione, giustificazione di qlco.; *by way of —* (o *in —*) *of*, come spiegazione di.

explanatory [ɪk'splænət'ərɪ *amer.* ɪk's plænətɔ:rɪ / ex·plan·at·ory] *agg.* esplicativo, chiarificatore // **-ily** *avv.*

explant ['eks,plɑ:nt *amer.* 'eks,plænt / ex·plant] *s.* (*med.*) espianto.

to **explant** [eks'plɑ:nt *amer.* eks'plænt] *v.tr.* (*med.*) espiantare.

explantation [eksplɑ:n'teɪʃn *amer.* eks plæn'teɪʃn / ex·planta·tion] *s.* (*med.*) espiantazione.

expletive [ek'spli:tɪv *amer.* 'eksplətɪv / ex·plet·ive] *agg.* (*gramm.*) espletivo, pleonastico ◆ *s.* **1** (*gramm.*) particella espletiva **2** (*fam.*) bestemmia.

expletory ['eksplɪtərɪ / ex·plet·ory] *agg.* (*gramm.*) espletivo.

explicable [ɪk'splɪkəbl / ex·plic·able] *agg.* spiegabile; giustificabile.

to **explicate** ['eksplɪkeɪt / ex·plic·ate] *v.tr.* **1** sviluppare (principio, idea ecc.) **2** (*form.*) spiegare in dettaglio; chiarire.

explication [,ekspl'keɪʃn / ex·plica·tion] *s.* spiegazione, sviluppo, interpretazione (di principio, idea ecc.); esplicazione.

explicative [ek'splɪkətɪv / ex·plic·at·ive] **explicatory** [ek'splɪkətərɪ / ex·plic·at·ory] *agg.* esplicativo.

explicit [ɪk'splɪsɪt / ex·pli·cit] *agg.* **1** esplicito, chiaro; preciso: *to be more — in one's statements*, essere più chiaro, preciso nelle proprie affermazioni // (*mat.*) *— function*, funzione esplicita **2** (*estens.*) esplicito, netto, categorico: *an — refusal*, un netto rifiuto // **-ly** *avv.*

explicitness [ɪk'splɪsɪtnɪs / ex·pli·cit·ness] *s.* chiarezza; precisione.

to **explode** [ɪk'spləʊd / ex·plode] *v.tr.* **1** far esplodere; far scoppiare (*anche fig.*) **2** screditare; smontare, demolire: *to — a superstition*, demolire una superstizione **3** (*ant.*) fischiare (a teatro); (*estens.*) rifiutare con disprezzo **4** (*ant.*) scoprire, portare allo scoperto: *I am sure I have done everything in my power since I exploded the affair*, (SHERIDAN) sono sicura di aver fatto ogni cosa in mio potere da quando ho scoperto l'intrigo ◆ *v.intr.* esplodere; scoppiare (*anche fig.*): *his anger exploded suddenly*, la sua collera esplose all'improvviso; *to — with laughter*, scoppiare dalle risa; *to — into action*, entrare in azione violentemente; *the tension exploded into violence*, la tensione esplose in atti di violenza.

exploded [ɪk'spləʊdɪd / ex·ploded] *agg.* **1** (*di disegno*) esploso: *— view*, vista esplosa, (disegno) esploso **2** demolito: *an — theory*, una teoria demolita.

exploit ['eksplɔɪt / ex·ploit] *s.* gesta; impresa; azione eroica.

to **exploit** [ɪk'splɔɪt] *v.tr.* **1** utilizzare; sfruttare (*anche econ.*): *to — a mine*, sfruttare una miniera; *to — an ability*, sfruttare una capacità **2** approfittare di, sfruttare (una persona): *to — the working class*, sfruttare i lavoratori.

exploitable [ɪk'splɔɪtəbl / ex·ploit·able] *agg.* sfruttabile; utilizzabile.

exploitation [,eksplɔɪ'teɪʃn / ex·ploita·tion] *s.* **1** sfruttamento; utilizzazione; valorizzazione **2** (*miner.*) sfruttamento, coltivazione.

exploiter [ɪk'splɔɪtə* / ex·ploiter] *s.* **1** chi sfrutta, valorizza (invenzione, idea ecc.) **2** sfruttatore (di persone ecc.).

exploration [,eksplə'reɪʃn / ex·plora·tion] *s.* esplorazione.

explorative [ek'splɒrətɪv / ex·plor·at·ive] *agg.* esplorativo.

exploratory [ek'splɒrətərɪ *amer.* ek'splɒr ətɔ:rɪ / ex·plor·at·ory] *agg.* esploratorio; esplorativo: *— talks*, colloqui esplorativi; (*miner.*) *— well*, pozzo esplorativo.

to **explore** [ɪk'splɔ:* / ex·plore] *v.tr.* **1** esplorare, visitare **2** analizzare; investigare: *he explored the records for mentions of Shakespeare*, analizzò i documenti per trovare citazioni di Shakespeare.

explorer [ɪk'splɔ:rə* / ex·plorer] *s.* **1** esploratore **2** strumento di ricerca; (*med.*) specillo.

explosion [ɪk'spləʊʒn / ex·plo·sion] *s.* esplosione, scoppio (*anche fig.*): *an — of laughter*, uno scoppio di risa; *population —*, esplosione demografica // *— bomb*, bomba calorimetrica.

explosive [ɪk'spləʊsɪv / ex·plos·ive] *agg.* **1** esplosivo (*anche fig.*): *— laughter*, risata esplosiva; *— growth*, crescita esplosiva // (*econ.*) *— cycle*, ciclo esplosivo, divergente **2** (*fon.*) esplosivo (di consonante) ◆ *s.* **1** (*mil.*) esplosivo: *high —*, esplosivo ad alto potenziale **2** (*fon.*) (consonante) esplosiva.

explosively [ɪk'spləʊsɪvlɪ / ex·plos·ive·ly] *avv.* in modo esplosivo.

explosiveness [ɪk'spləʊsɪvnɪs / ex·plos·ive·ness] *s.* esplosività; carattere esplosivo.

exponent [ek'spəʊnənt / ex·po·nent] *agg.* che divulga; che spiega ◆ *s.* (*form.*) **1** esponente: *leading —*, principale esponente; *every theory has its exponents*, ogni teoria ha i suoi esponenti **2** interprete (*anche mus.*) **3** (*mat.*) esponente.

exponential [,ekspəʊ'nenʃl / ex·po·nen·tial] *agg.* (*mat.*) esponenziale: *— function, curve*, funzione, curva esponenziale // (*fis.*) *— growth, decay*, crescita, decadimento esponenziale // **-ly** *avv.*

export ['ekspɔ:t / ex·port] *s.* **1** esportazione: *— trade*, commercio di esportazione; *— house*, casa di esportazione **2** prodotto esportato, merce di esportazione.

to **export** [ek'spɔ:t] *v.tr.* **1** esportare **2** (*fig.*) esportare, diffondere **3** (*inform.*) trasferire (dati).

exportable [ek'spɔ:təbl / ex·port·able] *agg.* esportabile.

exportation [,ekspɔ:'teɪʃn / ex·porta·tion] *s.* esportazione.

exporter [ek'spɔ:tə* / ex·port·er] *s.* esportatore.

to **expose** [ɪk'spəʊz / ex·pose] *v.tr.* **1** esporre, abbandonare (ai pericoli); lasciare (all'aria): *not to be exposed to the air*, non esporre all'aria **2** esporre, presentare, esibire (merci, quadri ecc.): *to — the Blessed Sacrament*, esporre il Santissimo; *to be exposed to view*, essere esposto alla vista di tutti; *to — oneself*, esporsi, esibirsi, mostrare gli organi genitali // *in Germany we were exposed to new ideas about conservation*, in Germania venimmo a contatto con le nuove idee sulla conservazione dell'ambiente **3** svelare, palesare, smascherare; denunciare: *to — a secret, a fraud*, svelare un segreto, smascherare un'impostura **4** (*fot.*) esporre, impressionare.

exposé [ek'spəʊzeɪ *amer.* ,ekspə'zeɪ / ex·posé] *s.* servizio, resoconto giornalistico esplosivo.

exposed [ɪk'spəʊzd / ex·posed] *agg.* **1** esposto, abbandonato; a nudo, allo scoperto: *— to the weather*, esposto alle intemperie; *not — to the wind*, al riparo dal vento; *the mouth of the cave is — at low tide*, l'entrata della caverna è allo scoperto durante la bassa marea; (*mil.*) *to be —*, essere allo scoperto **2** smascherato **3** (*fot.*) impressionato: *— plate*, lastra impressionata.

exposer [ɪk'spəʊzə* / ex·poser] *s.* espositore.

exposition [,ekspəʊ'zɪʃn / ex·posi·tion] *s.* **1** spiegazione, esposizione; interpretazione, commento (di opera letteraria ecc.) **2** mostra, esposizione **3** esposizione, abbandono (di fanciullo) **4** esposizione (ai pericoli) **5** (*dir.*) narrativa, esposizione dei fatti.

expositive [ek'spɒzɪtɪv / ex·pos·it·ive] *agg.* espositivo; descrittivo.

expositor [ek'spɒzɪtə* / ex·pos·itor] *s.* commentatore, espositore.

to **expostulate** [ɪk'spɒstjʊleɪt / ex·pos·tu·late] *v.intr.* (*form.*) fare rimostranze; protestare: *to — with s.o. about sthg., for doing sthg.*, far rimostranze a qlcu. in merito a qlco., per aver fatto qlco.

expostulation [ɪk,spɒstjʊ'leɪʃn / ex·pos·tu·la·tion] *s.* (*form.*) rimostranza, rimprovero; protesta.

expostulative [ɪk'spɒstjʊlətɪv / ex·pos·tu·lat·ive] **expostulatory** [ɪk'spɒstjʊlətərɪ / ex·pos·tu·lat·ory] *agg.* (*form.*) contenente rimostranze, lagnanze (di lettera, discorso); di rimostranza.

exposure [ɪk'spəʊʒə* / ex·pos·ure] *s.* **1** esposizione (al freddo, al caldo, ai pericoli, a radiazioni ecc.): *her face was tanned from — to the sun*, aveva il viso abbronzato dal sole; *to die of —*, morire per assideramento; *he denounced the — of children to the corrupting influence of horror films*, denunciò il pericolo di esporre i bambini all'influenza negativa dei film dell'orrore **2** abbandono (di neonato) **3** mostra, esposizione (di merci ecc.) // *they got lots of — on* TV *for their latest film*, hanno avuto molta pubblicità alla TV per il loro ultimo film // (*dir.*) *indecent —*, atti osceni in luogo pubblico, oltraggio al pudore **4** smascheramento, denuncia, rivelazione (di delitto, menzogna ecc.): *to threaten s.o. with* —, minacciare qlcu. di scandalo **5** orientamento, esposizione: *house with southerly* —, casa esposta a sud **6** (*fot.*) esposizione; tempo di esposizione, di posa: *brief* —, posa breve.

exposure meter [ɪk'spəʊʒə*,mi:tə*] *s.* (*fot.*) esposimetro.

to **expound** [ɪk'spaʊnd / ex·pound] *v.tr.* **1** esporre, spiegare (teoria, idea ecc.) **2** interpretare (le Sacre Scritture).

expounder [ɪk'spaʊndə* / ex·pound·er] *s.* (*form.*) espositore, commentatore.

express [ɪk'spres / ex·press] *agg.* **1** (*form.*) chiaro, preciso, esplicito: *it was his — wish*, era suo espresso desiderio; *— purpose*, scopo preciso **2** espresso, rapido, diretto // *— rifle*, fucile a tiro rapido **3** esatto, identico, fedele: *to be the — image of*, essere l'esatta immagine di ◆ *s.* **1** espresso; (*amer.*) corriere: *to send sthg. by* —, mandare qlco. per espresso // *— agency* (o *— company*), (*amer.*) servizio corriere espresso // *— delivery*, servizio postale espresso // *— wagon*, (*amer.*) furgone dei corrieri **2** — (*train*), (treno) espresso, direttissimo.

express *avv.* **1** per espresso: *to send* —, mandare per espresso **2** espressamente.

to **express** *v.tr.* **1** esprimere, manifestare: *her smile expressed her joy*, il suo sorriso manifestò la sua gioia; *I cannot — myself in Italian*, non riesco a esprimermi in italiano; *to — one's heart-felt thanks to s.o.*, esprimere a qlcu. i propri sentiti ringraziamenti; *to — one's meaning in words*, esprimere a parole il proprio pensiero; *to — an opinion, a wish, surprise*, esprimere una opinione, un desiderio, sorpresa // *the total is expressed as a percentage*, il totale è espresso in percentuale **2** mandare per espresso (lettera ecc.); (*amer.*) mandare per corriere **3** (*non com.*) spremere: *to — juice out of a fruit*, spremere succo da un frutto.

express highway ['ekspres'haɪweɪ] *s.* (*amer.*) autostrada.

expressible [ɪk'spresəbl / ex·press·ible] *agg.* esprimibile.

expression [ɪk'spreʃn / ex·pres·sion] *s.* **1** espressione, manifestazione: *beyond* (o *past*) —, inesprimibile; *freedom of* —, libertà di espressione; *his sense of grief found — in his later poetry*, il suo dolore trovò espressione nelle ultime poesie; *to give — to one's feelings, will*, esprimere, manifestare i propri sentimenti, la propria volontà **2** espressione (del viso, voce ecc.): *a strange — on his face*, una strana espressione sul suo viso; *to read with* —, leggere con sentimento; *to sing with* —, cantare con espressione **3** espressione, locuzione: *this — is not used in good English*, un buon uso della lingua inglese non ammette questa locuzione; *a slang* —, una espressione slang **4** (*mat.*) espressione: *algebraic, rational* —, espressione algebrica, razionale **5** (*non com.*) lo spremere il succo (da frutta).

expressional [ɪk'spreʃənl / ex·pres·sional] *agg.* (*non com.*) relativo all'espressione.

expressionism [ɪk'spreʃnɪzəm / ex·pres·sion·ism] *s.* (*st. arte*) espressionismo.

expressionist [ɪk'spreʃnɪst / ex·pres·sion·ist] *s.* (*arte*) espressionista.

expressionless [ɪk'spreʃnlɪs / ex·pres·sion·less] *agg.* senza espressione, inespressivo; impassibile (di viso).

expressive [ɪk'spresɪv / ex·press·ive] *agg.* espressivo, significativo: *to give s.o. an — look*, rivolgere uno sguardo significativo a qlcu. // **-ly** *avv.* // **-ness** *s.*

express letter [ɪk'spres,letə*] *s.* espresso.

expressly [ɪk'spreslɪ / ex·press·ly] *avv.* **1** esplicitamente, chiaramente **2** apposta, a bella posta, espressamente.

expressman [ɪk'spresmæn / ex·press·man] *pl.* **expressmen** [ɪk'spresmen] *s.* (*spec. amer.*) corriere.

expressway [ɪk'spresweɪ / ex·press·way] *s.* (*amer.*) autostrada.

expromissor [,eksprəʊ'mɪsə* / ex·prom·is·sor] *s.* (*dir.*) espromissore.

to **expropriate** [eks'prəʊprɪeɪt / ex·propri·ate] *v.tr.* espropriare: *to — sthg. from s.o.*, privare qlcu. di qlco.

expropriation [eks,prəʊprɪ'eɪʃn / ex·pro·pri·ation] *s.* espropriazione.

to **expugn** [eks'pju:n / ex·pugn] *v.tr.* (*ant.*) espugnare.

expugnable [eks'pʌgnəbl / ex·pugn·able] *agg.* (*ant.*) espugnabile.

to **expulse** [ɪk'spʌls / ex·pulse] *v.tr.* (*rar.*) espellere.

expulsion [ɪk'spʌlʃn / ex·pul·sion] *s.* espulsione.

expulsive [ɪk'spʌlsɪv / ex·pul·sive] *agg.* espulsivo (*anche med.*).

expunction [ɪk'spʌŋkʃn / ex·punc·tion] *s.* espunzione; cancellatura.

to **expunge** [ek'spʌndʒ / ex·punge] *v.tr.* (*form.*) espungere (passi da scritti ecc.); togliere, cancellare, omettere.

to **expurgate** ['ekspɜ:geɪt / ex·purg·ate] *v.tr.* (*form.*) espurgare (uno scritto): *expurgated edition*, edizione espurgata.

expurgation [,ekspɜ:'geɪʃn / ex·purga·tion] *s.* (*form.*) espurgazione (di uno scritto).

expurgator ['ekspɜ:geɪtə* / ex·purg·ator] *s.* espurgatore (di scritti).

expurgatorial [ek,spɜ:gə'tɔ:rɪəl / ex·purg·at·or·ial] **expurgatory** [ek'spɜ:gətərɪ / ex·purg·at·ory] *agg.* (*form.*) espurgatorio.

exquisite ['ekskwɪzɪt *amer.* ek'skwɪzɪt / ex·quis·ite] *agg.* **1** squisito, mirabile; ricercato: *— elegance*, eleganza squisita, raffinata; *— courtesy*, squisita cortesia; *— beauty*, mirabile bellezza **2** acuto, vivo: *an — pain*, un dolore assai acuto; *— pleasure*, piacere vivo **3** fine, sensibile: *to have an — ear for music*, avere un orecchio sensibile per la musica ◆ *s.* (*antiq.*) elegantone, bellimbusto // **-ly** *avv.* // **-ness** *s.*

exsanguine [eks'sæŋgwɪn / ex·san·guine] **exsanguinous** [eks'sæŋgwɪnəs / ex·san·guin·ous] *agg.* (*non com.*) esangue; anemico.

to **exscind** [ek'sɪnd / ex·scind] *v.tr.* (*rar.*) recidere, tagliar via (*anche fig.*).

to **exsect** [ek'sekt / ex·sect] *v.tr.* estirpare; recidere (*anche fig.*); (*med.*) asportare chirurgicamente.

exsection [ek'sekʃn / ex·sec·tion] *s.* (*non com.*) estirpazione; recisione (*anche fig.*); (*med.*) escissione, ablazione.

to **exsert** [ek'sɜ:t / ex·sert] *v.tr.* emettere, tirar fuori, protrudere: *to — one's lips*, sporgere in fuori le labbra.

ex-serviceman [,eks'sɜ:vɪsmən] *pl.* **ex -servicemen** *s.* ex-combattente.

to **exsiccate** ['eksɪkeɪt / ex·sic·cate] *v.tr.* essiccare; prosciugare; fare evaporare (una soluzione).

exstrophy ['ekstrəfɪ / ex·strophy] *s.* (*med.*) estrofia.

exsufflicate [ek'sʌflɪkət / ex·suf·flic·ate] *agg.* (*ant.*) gonfiato, pieno di nulla; spregevole: *exchange me for a goat / when I shall turn the business of my soul / to such exsufflicate and blown surmises*, (SH. Othello) prendimi pure per una capra se indurrò l'animo mio a concepire tali vani sospetti, gonfi di nulla.

extant [ek'stænt *amer.* 'ekstənt / ex·tant] *agg.* (*form.*) ancora esistente (di documenti, libri).

extemporaneous [ek,stempə'reɪnjəs / ex·tem·por·an·eous] *agg.* improvvisato, estemporaneo // **-ly** *avv.* // **-ness** *s.*

extemporarily [ɪk'stempərərɪlɪ *amer.* ɪk'stempərerɪlɪ / ex·tem·por·ar·ily] *avv.* in modo improvviso; estemporaneamente.

extemporary [ɪk'stempərərɪ *amer.* ɪk'stempərerɪ / ex·tem·por·ary] → **extemporaneous**.

extempore [ek'stempərɪ / ex·tem·pore] *agg.* improvvisato, estemporaneo: *to make an — speech*, improvvisare un discorso // (*dir.*) *— judgement*, decisione emanata immediatamente al termine del dibattimento ◆ *avv.* senza preparazione, improvvisando.

extemporization [ek,stempəraɪ'zeɪʃn / ex·tem·por·iza·tion] *s.* (*form.*) improvvisazione; l'improvvisare.

to **extemporize** [ɪk'stempəraɪz / ex·tem·por·ize] *v.tr.* (*form.*) improvvisare ◆ *v.intr.* improvvisare; parlare estemporaneamente: *to — on the piano*, improvvisare al pianoforte.

extemporizer [ɪk'stempəraɪzə* / ex·tem·por·izer] *s.* improvvisatore.

to **extend** [ɪk'stend / ex·tend] *v.tr.* **1** estendere; tendere; allungare; allargare, ampliare: *that country has extended its frontiers*, quel paese ha esteso, allargato le sue frontiere; *to — one's arm*, stendere il braccio; *to — a house*, ampliare, allargare una casa; *to — one's business*, ampliare il proprio giro d'affari; *to — one's activities*, allargare le proprie attività; *to — a road*, prolungare una strada; *he extended himself on the bed*, si sdraiò, si distese sul letto **2** prolungare; prorogare; protrarre; (*comm.*) dilazionare: *his holidays were extended*, le sue vacanze furono prolungate; *research extending over many years*, ricerca protrattasi per molti anni; *to — the time of payment*, dilazionare il pagamento; *to — the currency of a policy*, estendere, prolungare la validità di una polizza di assicurazione **3** (*amm.*) riportare **4** impegnare al massimo: *Milan were fully extended by Tottenham*, il Milan fu impegnato al massimo dal Tottenham **5** manifestare; offrire; accordare: *to — one's kindness to s.o.*, mostrarsi cortese verso qlcu.; *to — a welcome to s.o.*, dare il benvenuto a qlcu. **6** (*dir.*) valutare; sequestrare (terreni) ◆ *v.intr.* **1** estendersi, allungarsi: *an estate that extends over the hills to the sea*, una proprietà che si estende oltre le colline, fino al mare **2** protrarsi (*anche comm.*); prolungarsi.

extendable [ɪk'stendəbl / ex·tend·able] *agg.* (*comm., fin.*) prorogabile.

extended [ɪk'stendɪd / ex·tended] *agg.* **1** esteso, steso; allungato, ingrandito, ampliato // (*comm.*): — *coverage*, estensione di copertura; — *credit*, estensione del credito // (*inform.*) — *memory*, memoria estesa **2** prolungato **3** impegnato al massimo (in una competizione, esame ecc.) **4** (*mil.*) schierato, spiegato: — *order*, ordine spiegato **5** (*dir.*) valutato; sequestrato (di terreno).

extendedly [ɪk'stendɪdlɪ / ex·tend·ed·ly] *avv.* estesamente.

extender [ɪk'stendə* / ex·tender] *s.* (*pitt.*) sostanza inerte, riempitivo.

extendible [ɪk'stendəbl / ex·tend·ible] *agg.* estendibile, estensibile.

extensibility [ɪk,stensɪ'bɪlətɪ / ex·tens·ib·il·ity] *s.* estensibilità.

extensible [ɪk'stensəbl / ex·tens·ible] *agg.* estensibile, allungabile.

extension [ɪk'stenʃn / ex·ten·sion] *s.* **1** estensione, allungamento; prolungamento, allargamento, ampliamento // *University Extension*, organizzazione che sotto l'egida di una università si occupa di istruzione popolare mediante corsi, conferenze ecc. **2** (telefono) interno **3** (*comm.*) proroga, dilazione (di pagamento) **4** (*log.*) estensione (di un termine) **5** parte aggiunta; ampliamento (di ferrovia, casa ecc.) **6** prolunga **7** estensione, prolungamento dell'orario di apertura di un pub **8** (*med.*) trazione di un arto **9** (*gramm.*) apposizione **10** (*inform.*) estensione, aumento; valorizzazione, calcolo dell'ammontare (di fattura ecc.).

extensive [ɪk'stensɪv / ex·tens·ive] *agg.* **1** esteso, ampio, vasto: — *knowledge*, vasta, ampia conoscenza; *the earthquake caused — damage to the city*, il terremoto ha causato vasti danni alla città **2** estensivo: — *cultivation* (o — *farming*), coltivazione, coltura estensiva // **-ly** *avv.*

extensiveness [ɪk'stensɪvnɪs / ex·tens·ive·ness] *s.* larghezza, ampiezza.

extensometer [,ek,sten'sɒmɪtə* / ex·tenso·meter] *s.* (*fis.*) estensimetro.

extensor [ɪk'stensə* / ex·tensor] *s.* (*anat.*) muscolo estensore.

extent [ɪk'stent / ex·tent] *s.* **1** estensione; volume; limite; grado; lunghezza; dimensione: *we don't yet know the full — of the damage*, non conosciamo ancora l'entità, le dimensioni del danno; *to a certain* (o *to some*) —, fino a un certo grado; *to a great* (o *to a large*) —, in larga misura; *to what —?*, fino a che limite?, fin dove?; *to that* —, fino a quel punto; *to the — that* (o *to such an — that*), fino al punto che **2** (*dir.*) estimo; sequestro: *writ of* —, ordine di sequestro (da parte dello stato per mancato pagamento di un debito); *and let my officers of such a nature / make an extent upon his house and lands*, (SH. As You Like It) e quelli dei miei servitori a cui spetta, facciano il sequestro della sua casa e delle sue terre **3** (*ant.*) estensione di cortesie, accoglienza: *lest my extent to the players... should more appear / like entertainment than yours*, (SH. Hamlet) se no l'accoglienza che farò agli attori... potrebbe apparire migliore di quella che faccio a voi.

to **extenuate** [ek'stenjʊeɪt / ex·tenu·ate] *v.tr.* **1** attenuare: *nothing can — his guilt*, nulla può attenuare la sua colpevolezza **2** (*ant.*) estenuare, indebolire: *extenuated by fasting*, estenuato dal digiuno.

extenuating [ek'stenjʊeɪtɪŋ / ex·tenu·at·ing] *agg.* **1** attenuante: — *circumstances*, circostanze attenuanti **2** estenuante.

extenuation [ek,stenjʊ'eɪʃn / ex·tenu·ation] *s.* **1** attenuazione **2** (*ant.*) indebolimento.

extenuative [ek'stenjʊətɪv / ex·tenu·ative] *agg.* **1** attenuante **2** (*ant.*) estenuante, deprimente ◆ *s.* (*dir.*) attenuante.

extenuatory [eks'tenjʊətərɪ / ex·tenu·at·ory] *agg.* → **extenuative**.

exterior [ek'stɪərɪə* / ex·ter·ior] *agg.* **1** esterno, esteriore // (*mat.*) — *angle*, angolo esterno **2** (*rar.*) straniero ◆ *s.* **1** l'esterno **2** esteriorità, apparenza, aspetto: *his rough — concealed a generous nature*, il suo aspetto rude nascondeva una natura generosa.

exteriority [ek,stɪərɪ'ɒrɪtɪ / ex·teri·or·ity] *s.* esteriorità, apparenza, parvenza.

exteriorization [ek,stɪərɪəraɪ'zeɪʃn / ex·teri·or·iza·tion] *s.* **1** esteriorizzazione **2** (*psic.*) manifestazione, estrinsecazione.

to **exteriorize** [ek'stɪərɪəraɪz / ex·teri·or·ize] *v.tr.* esteriorare; esternare, manifestare, estrinsecare.

exteriorly [ek'stɪərɪəlɪ / ex·ter·ior·ly] *avv.* esteriormente; esternamente.

exterminable [ek'stɜ:mɪnəbl / ex·term·in·able] *agg.* sterminabile.

to **exterminate** [ɪk'stɜ:mɪneɪt / ex·term·in·ate] *v.tr.* sradicare, estirpare; distruggere, sterminare: *the heresy was violently exterminated*, l'eresia fu estirpata in modo violento.

extermination [ɪk,stɜ:mɪ'neɪʃn / ex·term·ina·tion] *s.* distruzione, sterminio.

exterminative [ɪk'stɜ:mɪnətɪv / ex·term·in·at·ive] *agg.* distruttivo; funesto.

exterminator [ɪk'stɜ:mɪneɪtə* / ex·term·in·ator] *s.* **1** sterminatore **2** disinfestatore: *rodent* —, disinfestatore di topi **3** insetticida.

exterminatory [ɪk'stɜ:mɪnətərɪ / ex·term·in·at·ory] *agg.* sterminatore.

extern [ek'stɜ:n / ex·tern] *s.* esterno (allievo, medico).

external [ek'stɜ:nl / ex·ternal] *agg.* **1** esteriore; esterno: *the — world*, il mondo esterno; *for — use*, per uso esterno; — *circumstances*, circostanze esterne, accidentali // (*fis.*) — *work*, lavoro esterno **2** estero, straniero // (*econ.*): — *account*, conto estero; — *accounts*, conti con l'estero; — *deficit*, deficit estero, disavanzo della bilancia dei pagamenti; — *trade*, commercio estero; — *economies*, *diseconomies*, economie, diseconomie esterne; — *effects*, esternalità **3** esteriore, superficiale: *his friendliness was only* —, il suo comportamento amichevole era soltanto superficiale ◆ *s.* **1** l'esterno **2** *pl.* le circostanze esterne; aspetto esteriore; elementi non essenziali: *to judge by externals*, giudicare dall'apparenza.

externality [,ekstɜ:'nælətɪ / ex·tern·al·ity] *s.* **1** superficialità; esteriorità **2** *pl.* (*econ.*) esternalità.

externalization [ek,stɜ:nəlaɪ'zeɪʃn / ex·tern·al·iza·tion] *s.* l'esternare, il dare forma; (*psic.*) proiezione, estrinsecazione.

to **externalize** [ek'stɜ:nəlaɪz / ex·tern·al·ize] *v.tr.* esternare, dare forma a; (*psic.*) proiettare, estrinsecare, razionalizzare.

externally [ek'stɜ:nəlɪ / ex·tern·ally] *avv.* esternamente, secondo l'apparenza; esteriormente.

exteroception [,eksterəʊ'sepʃn / ex·tero·cep·tion] *s.* percezione extrasensoriale.

exterritorial ['eks,terɪ'tɔ:rɪəl / ex·ter·ri·tor·ial] *agg.* extraterritoriale.

exterritoriality [eks,terɪ,tɔ:rɪ'ælɪtɪ / ex·ter·ri·tori·al·ity] *s.* extraterritorialità.

extinct [ɪk'stɪŋkt / ex·tinct] *agg.* **1** estinto, morto, scomparso: *an — species*, un specie estinta; *to become* —, estinguersi (di razza ecc.) **2** spento (di fuoco, speranza ecc.): — *volcano*, vulcano spento **3** abolito, caduto in disuso: *an — office*, una carica abolita.

extinction [ɪk'stɪŋkʃn / ex·tinc·tion] *s.* estinzione; annientamento // (*comm.*) — *of a debt*, estinzione di un debito; ammortamento finanziario.

extinctive [ɪk'stɪŋktɪv / ex·tinct·ive] *agg.* che estingue.

to **extinguish** [ɪk'stɪŋgwɪʃ / ex·tin·guish] *v.tr.* **1** estinguere, spegnere: *to — a fire*, spegnere un incendio **2** pagare, ammortizzare: *to — a debt*, pagare un debito **3** (*fig.*) soffocare; oscurare; eclissare; annientare: *all his ambitions were extinguished*, ogni sua ambizione fu soffocata.

extinguishable [ɪk'stɪŋgwɪʃəbl / ex·tin·guish·able] *agg.* estinguibile.

extinguisher [ɪk'stɪŋgwɪʃə* / ex·tin·guisher] *s.* **1** spegnitore **2** estintore **3** spegnitoio; spegnimoccolo.

extinguishment [ɪk'stɪŋgwɪʃmənt / ex·tin·guish·ment] *s.* estinzione; soppressione; abolizione.

to **extirpate** ['ekstɜ:peɪt / ex·tirp·ate] *v.tr.* estirpare, sradicare; distruggere (*anche fig.*).

extirpation [,ekstɜ:'peɪʃn / ex·tirpa·tion] *s.* estirpazione, sradicamento; sterminio.

extirpator ['ekstɜ:peɪtə* / ex·tirp·ator] *s.* estirpatore.

to **extol** [ɪk'stəʊl / ex·tol] *pass.p.p.* **extolled** [ɪk'stəʊld / ex·tolled] *v.tr.* (*form.*) lodare, magnificare, esaltare: *to — s.o. to the skies*, innalzare qlcu. alle stelle.

extoller [ɪk'stəʊlə* / ex·tol·ler] *s.* celebratore, lodatore.

extolment [ɪk'stəʊlmənt / ex·tol·ment] *s.* lode esagerata, panegirico.

to **extort** [ɪk'stɔ:t / ex·tort] *v.tr.* estorcere, strappare; estrarre: *to — money from s.o.*, estorcere denaro a qlcu.; *to — a promise from s.o.*, strappare una promessa a qlcu.

extorter [ɪk'stɔ:tə* / ex·torter] *s.* chi estorce.

extortion [ɪk'stɔ:ʃn / ex·tor·tion] *s.* estorsione.

extortionate [ɪk'stɔ:ʃnət / ex·tor·tion·ate] *agg.* **1** eccessivo, esorbitante (di prezzi) **2** oppressivo.

extortioner [ɪk'stɔ:ʃnə* / ex·tor·tion·er]
extortionist [ɪk'stɔ:ʃnɪst / ex·tor·tion·ist] *s.* chi estorce danaro, concussore.

extra ['ekstrə / ex·tra] *s.* **1** extra; cosa insolita: *with extras, the camera costs £ 350*, con gli accessori la macchina fotografica costa £ 350 **2** edizione straordinaria (di giornale) **3** (*teatr., cinem.*) comparsa.

extra *avv.* extra; in più; a parte: *lunch* —, il pranzo è extra, non è incluso (nel prezzo); *packing* —, imballaggio a parte ◆ *agg.* in più, supplementare [cfr. *additional*, *further*]: — *costs*, spese supplementari; — *train*, treno supplementare; *why don't you put an — pullover in your suitcase?*, perché non ti metti in valigia un pullover in più? // — *fare*, supplemento (al biglietto); — *luggage*, eccedenza di bagaglio; — *postage*, soprattassa (di una lettera); — *pay for — work*, compenso supplementare per lavoro straordinario // (*comm.*): — *charge*, spese addizionali; — *profit*, extraprofitto; — *benefit*, prestazione supplementare; (*trib.*) — *tax*, sovrimposta // — *binding*, rilegatura di lusso // (*elettr.*) — *current*, extracorrente.

extra- *pref.* di origine latina che entra nella composizione di alcuni aggettivi **1** con il significato di 'straordinariamente', 'eccessivamente'; it. extra-: *extra-large*, *extra-fine*, ultra, extra largo, fine **2** con il significato di 'al di fuori di'; it. extra-, ultra: *extraparliamentary*, extraparlamentare; *extra-territorial*, extraterritoriale; *extracorporeal*, extracorporeo.

extracellular [ˌekstrəˈseljʊlə* / ex·tra·cel·lu·lar] *agg.* (*biol.*) extracellulare.

extract [ˈekstrækt / ex·tract] *s.* **1** estratto // *meat* —, estratto di carne **2** citazione, passo (da libro, giornale): *to give an — from an author*, citare un passo di un autore **3** (*comm.*) stralcio, riproduzione parziale **4** (*dir. scoz.*) estratto, copia (da documento); copia autentica.

to **extract** [ɪkˈstrækt] *v.tr.* **1** estrarre, togliere, levare; (*fig.*) trarre: *to — coal*, estrarre carbone; *to — a bullet from a wound*, estrarre una pallottola da una ferita; *to — sthg. from s.o., from sthg.*, togliere qlco. a qlcu., a qlco.; *to — a tooth*, estrarre un dente; *the newspapers will try to — the maximum advantage from our problems*, i giornali cercheranno di trarre il massimo vantaggio dai nostri problemi **2** estorcere: *to — money from s.o.*, estorcere denaro a qlcu.; *to — a confession*, strappare una confessione **3** citare, scegliere: *to — a passage from a book*, scegliere, citare un passo da un libro **4** (*mat.*) estrarre: *to — the square root*, estrarre la radice quadrata.

extractable [ɪkˈstræktəbl / ex·tract·able] *agg.* estraibile.

extraction [ɪkˈstrækʃn / ex·trac·tion] *s.* **1** estrazione **2** origine, estrazione, stirpe: *she is of German* —, ella è di origine tedesca.

extractive [ɪkˈstræktɪv / ex·tract·ive] *agg.* estrattivo: — *industries*, industrie estrattive.

extractor [ɪkˈstræktə* / ex·tractor] *s.* **1** estrattore **2** (*med.*) tenaglia, pinza **3** — (*fan*), ventilatore; cappa aspirante (di cucina).

extra-curricular [ˌekstrəkəˈrɪkjələ*] *agg.* extracurricolare.

extraditable [ˈekstrədaɪtəbl / ex·tra·dit·able] *agg.* (*dir.*) passibile di estradizione.

to **extradite** [ˈekstrədaɪt / ex·tra·dite] *v.tr.* (*dir.*) estradare; ottenere l'estradizione di.

extradition [ˌekstrəˈdɪʃn / ex·tra·di·tion] *s.* (*dir.*) estradizione.

extrados [eksˈtreɪdɒs / ex·tra·dos] *s.* (*arch.*) estradosso.

extra-European [ˌekstrəˌjʊərəˈpi:ən] *agg.* extraeuropeo.

extragalactic [ˌekstrəgəˈlæktɪk / ex·tra·ga·lactic] *agg.* (*astr.*) extragalattico.

extrajudicial [ˌekstrədʒu:ˈdɪʃl / ex·tra·ju·di·cial] *agg.* (*dir.*) extragiudiziale // (*dir.*) — *avoidance*, risoluzione extragiudiziale del contratto // **-ly** *avv.*

extramarital [ˌekstrəˈmærɪtl / ex·tra·mar·ital] *agg.* (*form.*) extraconiugale: *an — affair*, una relazione extraconiugale.

extramural [ˌekstrəˈmjʊərəl / ex·tra·mural] *agg.* **1** fuori (del)le mura // (*med.*) — *hospital care and treatment*, terapia e assistenza ospedaliera domiciliare **2** fuori dell'università: — *studies*, corsi organizzati dall'università ma non finalizzati alla laurea; — *department*, il dipartimento (universitario) che si occupa di tali corsi **3** (*sport amer.*) contro la squadra di un'altra scuola (di partita o competizione).

extraneous [ekˈstreɪnjəs / ex·trane·ous] *agg.* (*form.*) estraneo; non essenziale; estrinseco: *to be — to the matter in hand*, non aver nulla a che fare con il problema in discussione // **-ly** *avv.* // **-ness** *s.*

extranet [ˈekstrəˌnet / extra·net] *s.* (*inform.*) extranet.

extraordinaries [ɪkˈstrɔ:dɪnərɪs / ex·tra·ord·in·aries] *s.pl.* (*mil. ant.*) soprassoldo.

extraordinarily [ɪkˈstrɔ:dɪnərəlɪ / ex·tra·ord·in·ar·ily] *avv.* straordinariamente; eccezionalmente.

extraordinariness [ɪkˈstrɔ:dɪnərɪnɪs / ex·tra·ord·in·ari·ness] *s.* natura, cosa eccezionale, straordinaria; singolarità.

extraordinary [ɪkˈstrɔ:dɪnrɪ / ex·tra·ord·in·ary] *agg.* straordinario; eccezionale, raro; strano; (*fam.*) fenomenale: — *beauty*, rara bellezza; — *event*, avvenimento straordinario; — *genius*, genio eccezionale // *ambassador* —, ambasciatore straordinario // (*fis.*) — *ray*, raggio straordinario (in ottica) // (*amm.*): — *receipts*, entrate non ricorrenti; — *reserves*, riserve straordinarie // — *general meeting*, assemblea straordinaria.

extraparliamentary [ˌekstrəˌpa:ləˈmentərɪ / ex·tra·par·lia·ment·ary] *agg.* extraparlamentare.

to **extrapolate** [ekˈstræpəʊleɪt / ex·tra·pol·ate] *v.tr.* **1** (*mat.*) estrapolare **2** dedurre, arguire ◆ *v.intr.* fare una proiezione, una previsione.

extrapolation [ˌekstrəpəʊˈleɪʃn / ex·tra·pola·tion] *s.* (*mat.*) estrapolazione.

extrasensory [ˌekstrəˈsensərɪ / ex·tra·sens·ory] *agg.* extrasensoriale: — *perception* (ESP), percezione extrasensoriale.

extrasystole [ˌekstrəˈsɪstəlɪ / ex·tra·sys·tole] *s.* (*med.*) extrasistole.

extraterrestrial [ˌekstrətɪˈrestrɪəl / ex·tra·ter·res·trial] *agg.* extraterrestre.

extraterritorial [ˌekstrəˌterɪˈtɔ:rɪəl / ex·tra·ter·rit·or·ial] *agg.* extraterritoriale, che gode dei privilegi dell'extraterritorialità (di ambasciatore ecc.).

extraterritoriality [ˌekstrəˌterɪˌtɔ:rɪˈælətɪ / ex·tra·ter·rit·or·ial·ity] *s.* (*dir.*) extraterritorialità.

extrauterine [ˌekstrəˈju:tərɪn / ex·tra·uter·ine] *agg.* (*med.*) extrauterino: — *pregnancy*, gravidanza extrauterina.

extravagance [ɪkˈstrævəgəns / ex·tra·vag·ance] *s.* **1** prodigalità; dispendio esagerato: *a piece of* —, una spesa inutile **2** stravaganza, bizzarria.

extravagant [ɪkˈstrævəgənt / ex·tra·vag·ant] *agg.* **1** prodigo: *he is* —, spende molto, ama spendere, è uno spendaccione **2** stravagante, fuori del normale: *he has — tastes*, egli ha gusti stravaganti **3** eccessivo, esorbitante: *hats at — prices*, cappelli a prezzi eccessivi **4** smodato: — *laughter*, risata smodata **5** (*ant.*) errante, vagante, errabondo: *tying her duty, beauty, wit and fortunes / in an extravagant and wheeling stranger*, (SH. Othello) legando la sua devozione, bellezza, intelligenza e le sue fortune a un forestiero errabondo e irrequieto.

extravagantly [ɪkˈstrævəgəntlɪ / ex·tra·vag·ant·ly] *avv.* **1** prodigalmente **2** in modo stravagante **3** eccessivamente.

extravaganza [ekˌstrævəˈgænzə / ex·tra·vag·anza] *s.* **1** (*letter.*, *mus.*) composizione bizzarra, fantasiosa **2** produzione, rappresentazione spettacolare **3** linguaggio, comportamento stravagante.

to **extravagate** [ekˈstrævəgeɪt / ex·tra·vag·ate] *v.intr.* (*ant.*) sviarsi; vagare.

extravasation [ekˌstrævəˈseɪʃn / ex·tra·vasa·tion] *s.* (*med.*) travaso (di sangue); fuoriuscita (di siero, linfa).

extravascular [ˌekstrəˈvæskjʊlə* / ex·tra·vas·cu·lar] *agg.* (*anat.*) extravascolare.

extreme [ɪkˈstri:m / ex·treme] *agg.* **1** estremo; ultimo: — *old age*, vecchiaia avanzata; *they lived in the — North*, vivevano all'estremo Nord // (*eccl.*) — *unction*, estrema unzione **2** grave: — *danger*, estremo pericolo **3** estremistico; severo, draconiano: *she holds very — opinions*, ha idee assai estremistiche; *to take — measures*, ricorrere a misure estreme **4** eccezionale: *an — case*, un caso eccezionale; — *patience*, pazienza eccezionale.

extreme *s.* **1** estremo, estremità, fine: *in the* —, (*form.*) all'estremo, eccessivamente // *extremes meet*, gli estremi si toccano // *to go to extremes*, andare, giungere agli estremi, ricorrere a rimedi estremi // *to take* (o *carry*) *sthg. to extremes*, portare qlco. agli estremi **2** (*log.*, *mat.*) estremo.

extremely [ɪkˈstri:mlɪ / ex·treme·ly] *avv.* estremamente; sommamente.

extremism [ɪkˈstri:mɪzəm / ex·trem·ism] *s.* estremismo.

extremist [ɪkˈstri:mɪst / ex·trem·ist] *s.* estremista.

extremity [ɪkˈstremətɪ / ex·trem·ity] *s.* **1** estremità, punto estremo **2** estremo, eccesso, colmo; rigore: *the — of his opinions caused concern to the authorities*, il carattere estremo delle sue idee causò preoccupazioni alle autorità **3** situazione, necessità estrema; calamità: *you were used / to say extremity was trie of spirits*, (SH. Coriolanus) eri solita dire che il male estremo era la prova degli spiriti **4** (*anat.*) estremità, arto.

extricable [ˈekstrɪkəbl / ex·tric·able] *agg.* che si può districare.

to **extricate** [ˈekstrɪkeɪt / ex·tric·ate] *v.tr.* districare; liberare; sbrogliare (*anche fig.*): *to — oneself from sthg.*, districarsi da qlco., liberarsi di qlco.; cavarsela da qlco.

extrication [ˌekstrɪˈkeɪʃn / ex·trica·tion] *s.* il togliere d'imbarazzo; il trarre d'impaccio.

extricator [ˈekstrɪkeɪtə* / ex·trica·tor] *s.* chi trae d'impaccio.

extrinsic [ekˈstrɪnsɪk / ex·trinsic] *agg.* (*form.*) estrinseco; esterno; non essenziale // (*fis.*) —

semiconductor, semiconduttore estrinseco // (*dir.*) — *fraud*, frode processuale // **-ally** *avv.*

extrorse [ek'strɔ:s / ex·trorse] *agg.* (*bot.*) estrorso.

extroversion [,ekstrəʊ'vɜ:ʃn / ex·tro·ver·sion] *s.* (*med., psic.*) estroversione.

extrovert ['ekstrəʊvɜ:t / ex·tro·vert] *agg.* e *s.* estroverso.

to **extrovert** *v.tr.* (*non com.*) estrovertere.

extroverted ['ekstrəʊvɜ:tɪd / ex·tro·verted] *agg.* estroverso.

to **extrude** [ek'stru:d / ex·trude] *v.tr.* **1** (*form.*) spingere fuori, espellere; estrudere **2** (*mecc.*) estrudere ◆ *v.intr.* sporgersi, sporgere.

extruder [ek'stru:də* / ex·truder] *s.* (*mecc.*) estrusore.

extrusion [ek'stru:ʒn / ex·tru·sion] *s.* **1** espulsione, lo spingere fuori **2** (*geol., mecc.*) estrusione.

extrusive [ek'stru:sɪv / ex·trus·ive] *agg.* (*geol.*) estrusivo.

exuberance [ɪg'zju:bərəns *amer.* ɪg'zu:bərəns / ex·uber·ance] **exuberancy** [ɪg'zju:bərənsɪ *amer.* ɪg'zu:bərənsɪ / ex·uber·ancy] *s.* esuberanza.

exuberant [ɪg'zju:bərənt *amer.* ɪg'zu:bərənt / ex·uber·ant] *agg.* **1** esuberante, pieno di vita: *an — person*, una persona piena di vita **2** fertile (di mente ecc.): *an — imagination*, un'immaginazione fertile **3** copioso, abbondante; lussureggiante: *plants with — foliage*, piante ricche di fogliame **4** pomposo (di stile).

exuberantly [ɪg'zju:bərəntlɪ *amer.* ɪg'zu:bərəntlɪ / ex·uber·ant·ly] *avv.* **1** in modo esuberante: *— healthy*, che scoppia di salute **2** copiosamente, abbondantemente.

to **exuberate** [ɪg'zju:bəreɪt *amer.* ɪg'zu:bəreɪt / ex·uber·ate] *v.intr.* essere esuberante; abbondare.

exudate ['eksədeɪt / ex·ud·ate] *s.* (*med.*) essudato.

exudation [,eksju:'deɪʃn *amer.* ,eksu:'deɪʃn / ex·uda·tion] *s.* (*med.*) essudazione.

exudative [ek'sju:dətɪv *amer.* ek'su:dətɪv / ex·ud·at·ive] *agg.* (*med.*) essudativo.

to **exude** [ɪg'zju:d *amer.* ɪg'zu:d / ex·ude] *v.intr.* (*form.*) essudare; trasudare (*anche fig.*) ◆ *v.tr.* trasudare, far trasudare; lasciar filtrare (*anche fig.*).

to **exult** [ɪg'zʌlt / ex·ult] *v.intr.* **1** gioire, esultare **2** cantar vittoria; trionfare: *to — over s.o.*, trionfare su qlcu.

exultance [ɪg'zʌltəns / ex·ult·ance] **exultancy** [ɪg'zʌltənsɪ / ex·ult·ancy] *s.* gioia, esultanza.

exultant [ɪg'zʌltənt / ex·ult·ant] *agg.* esultante; trionfante // **-ly** *avv.*

exultation [,ɪgzʌl'teɪʃn / ex·ulta·tion] *s.* esultanza.

exultingly [ɪg'zʌltɪŋlɪ / ex·ult·ing·ly] *avv.* con esultanza.

exuviae [ɪg'zju:vɪi: / ex·uviae] *s.pl.* (*zool.*) esuvie, spoglie (di animali).

exuvial [ɪg'zju:vjəl / ex·uvial] *agg.* (*zool.*) esuviale, di esuvie.

to **exuviate** [ɪg'zju:vɪeɪt / ex·uvi·ate] *v.intr.* **1** cambiare pelle (di animali, rettili) **2** gettar le spoglie (*anche fig.*).

exuviation [ɪg,zju:vɪ'eɪʃn / ex·uvi·ation] *s.* **1** (*zool.*) cambiamento di pelle **2** il gettar le spoglie.

ex voto [,eks'vəʊtəʊ] *s.* (*lat.*) ex voto.

ex-works [,eks'wɜ:ks] *agg.* e *avv.* **1** nuovo di zecca **2** (*comm.*) franco officina.

eye [aɪ] *s.* **1** occhio; vista; sguardo: *she has big blue, black eyes*, ha grandi occhi celesti, neri; *black —*, occhio nero, pesto; (*fam. amer.*) vergogna, disonore; *bulging eyes*, occhi sporgenti; *glass —*, occhio finto, di vetro; (*fam.*) monocolo, caramella; *blind in one —*, cieco da un occhio; *don't strain your eyes*, non affaticarti gli occhi; *it was so interesting that I couldn't take my eyes off it*, era così interessante che non potevo distoglierne lo sguardo; *my eyes smart*, mi bruciano gli occhi; *with eyes staring out of one's head*, con gli occhi fuori dalle orbite; *to have keen eyes*, avere la vista acuta (*anche fig.*); *to keep one's eyes open*, tenere gli occhi aperti (*anche fig.*); *to keep an — out for*, (*fig.*) tenere gli occhi aperti per; *to screw up one's eyes*, strizzare gli occhi; *the — of the day*, (*poet.*) il sole // *an — for an —*, occhio per occhio // *in the eyes of*, a parere di, secondo: *in my eyes*, a parer mio, secondo me; *in the eyes of the law*, secondo la legge // *in the public —*, sotto gli occhi di tutti // *with an — to*, tenendo conto di; con l'idea di // *to have an — for sthg.*, aver occhio per qlco.; *to have an — for business*, aver occhio per gli affari; *he has an — for* (o *to*) *the main chance*, sa cogliere le occasioni favorevoli // *with half an —* (o *with one's eyes closed*), a occhi chiusi, facilmente; *to see sthg. with half an —*, capire qlco. al volo // *to be all eyes*, essere tutt'occhi, fissare attentamente // *to be up to one's eyes in debt, work*, (*fam.*) avere debiti, lavoro fin sopra i capelli // *to catch* (o *to draw*) *s.o.'s —*, attirare l'attenzione di qlcu. // *to close one's eyes to sthg.*, chiudere gli occhi di fronte a qlco., rifiutarsi di constatare qlco. // *to cry one's eyes out*, struggersi in lacrime // *to give a person the —*, (*sl. amer.*) guardare qlcu. con ammirazione // *to keep an — on s.o., sthg.*, tenere d'occhio qlcu., qlco. // *keep your eyes peeled* (o *skinned*)*!*, (*fam.*) aguzza gli occhi! // *to have eyes in the back of one's head*, (*fam.*) avere occhi dappertutto // *to look out of the corner of one's —*, guardare con la coda dell'occhio // *to make* (o *to cast*) *sheep's eyes at s.o.*, *to make goo-goo eyes at s.o.*, fare gli occhi dolci a qlcu. // *to cast* (o *run* o *pass*) *an —, one's eyes over sthg.*, dare un'occhiata a qlco. // *to open s.o.'s eyes to sthg.*, aprire gli occhi a qlcu. di fronte a qlco., togliere le illusioni a qlcu. su qlco. // *to turn a blind — on sthg.*, chiudere un occhio su qlco., far finta di non vedere qlco. // *to see — to — with s.o.*, avere la stessa opinione di, andare d'accordo con qlcu. // *to set* (o *to clap*) *eyes on sthg.*, mettere gli occhi su qlco. // *to see in the mind's —*, vedere con gli occhi della mente, con l'immaginazione // *there's more to it than meets the —*, non è così semplice // *that's one in the — for him!*, (*fam.*) è ciò che si merita! // *in the wind's —*, controvento // *in a pig's —*, (*sl.*) mai // *mind your —!*, sta' attento! // *my —!*, (*sl. antiq.*) storie! // *that's all my —* (*and Betty Martin*) sono tutte storie // (*mil.*) *eyes right, left, front!*, attenti a destra!, attenti a sinistra!, fissi! // *eyes only*, (*amer.*) personale, strettamente confidenziale // *what the — doesn't see, the heart doesn't grieve over*, (*prov.*) occhio non vede, cuore non duole **2** (*bot.*) gemma, bottone **3** occhio, macchia (di pelo, piumaggio) **4** occhio (di ciclone) **5** (*tecn.*) occhio, occhiello; cruna (dell'ago); maglietta (di gancio); foro (di manico): *in the — of the camera*, nell'occhio dell'obiettivo; inquadrato // (*mecc.*) *screw —*, occhiello a vite // (*elettr.*) *electric —*, cellula fotoelettrica **6** (*mar.*) gassa **7** (*ant.*) piccola quantità, sfumatura (di colore): *with an eye of green in't*, (SH. The Tempest) con una punta di verde.

to **eye** *pass.p.p.* **eyed** [aɪd] *p.pres.* **eyeing** ['aɪɪŋ / eye·ing] *v.tr.* guardare, osservare; sbirciare: *he eyed the money with greed*, lanciò uno sguardo rapace sul denaro; *to — s.o. up and down* (o *from head to foot*), squadrare qlcu. dall'alto in basso; *to — s.o. with suspicion*, guardare qlcu. con sospetto.

□ **eye up** *v.tr.* e *avv.* (*form.*) guardare con desiderio.

eyeball ['aɪbɔ:l / eye·ball] *s.* (*anat.*) bulbo oculare.

eye-bath ['aɪba:θ] *s.* (*med.*) bagno oculare.

eyebright ['aɪbraɪt / eye·bright] *s.* (*bot.*) (*Euphrasia officinalis*) eufrasia.

eyebrow ['aɪbraʊ / eye·brow] *s.* (*anat.*) sopracciglio: *to knit one's eyebrows*, aggrottare le sopracciglia; *she is up to her eyebrows in work*, (*fam.*) ha lavoro fin sopra ai capelli.

eye-catching ['aɪ,kætʃɪŋ] *agg.* vistoso, appariscente.

eyed [aɪd] *agg.* **1** (*nei composti*) dagli occhi: *blue- —*, dagli occhi azzurri; *one- —*, guercio, monocolo; *squint- —*, dagli occhi strabici **2** occhiuto.

eyeful ['aɪfʊl / eye·ful] *s.* (*fam.*) **1** sguardo // *get an — of this car!*, guarda questa macchina! **2** persona, cosa che vale la pena di guardare.

eyeglass ['aɪglɑ:s *amer.* 'aɪglæs / eye·glass] *s.* lente; monocolo: *a pair of eyeglasses*, (*antiq.*); un paio di occhiali // *rimless eyeglasses*, pince-nez; occhialino; binocolo.

eyeground ['aɪgraʊnd / eye·ground] *s.* (*anat.*) fondo dell'occhio.

eyehole ['aɪhəʊl / eye·hole] *s.* **1** (*anat.*) orbita **2** buco, spiraglio **3** → **eyelet 1**.

eyelash ['aɪlæʃ / eye·lash] *s.* (*anat.*) ciglio: *she has long eyelashes*, ella ha le ciglia lunghe.

eyeless ['aɪles / eye·less] *agg.* **1** senza occhi **2** cieco.

eyelet ['aɪlɪt / eye·let] *s.* **1** occhiello, asola; foro (per stringhe ecc.) **2** feritoia.

eyelid ['aɪlɪd / eye·lid] *s.* (*anat.*) palpebra // *without batting an —*, (*fam.*) senza battere ciglio.

eyeliner ['aɪ,laɪnə* / eye·liner] *s.* (*cosmesi*) eye-liner.

eye-opener ['aɪ,əʊpnə*] *s.* **1** fatto sorprendente, rivelatore **2** (*sl. amer.*) bevanda alcolica (presa di primo mattino).

eyepiece ['aɪpi:s / eye·piece] *s.* oculare (di strumento ottico).

eye-rhyme ['aɪraɪm] *s.* (*metrica*) rima all'occhio.

eye shadow ['aɪ,ʃædəʊ] *s.* (*cosmesi*) ombretto.

eye-shot ['aɪʃɒt] *s.* visuale, vista: *within —*, a portata di vista.

eyesight ['aɪsaɪt / eye·sight] *s.* vista, capacità visiva.

eye socket ['aɪ,sɒkɪt] *s.* (*anat.*) orbita.

eyesore ['aɪsɔ:* / eye·sore] *s.* cosa brutta o

spiacevole; cosa che offende la vista; (*fam.*) pugno nell'occhio.

eyespot ['aɪspɒt / eye·spot] *s.* **1** (*bot.*) occhio **2** (*zool.*) ocello.

eyestrain ['aɪstreɪn / eye·strain] *s.* (*med.*) affaticamento degli occhi.

eyestring ['aɪstrɪŋ / eye·string] *s.* (*anat.*) muscolo, tendine dell'occhio.

eyetooth ['aɪtu:θ / eye·tooth] *pl.* **eyeteeth** ['aɪti:θ] *s.* (*anat.*) dente canino // *to give one's eyeteeth for sthg.*, (*fam.*) dare un occhio della testa per qlco.

eyewash ['aɪwɒʃ / eye·wash] *s.* **1** (*med.*) collirio **2** [U] (*sl.*) sciocchezze, fandonie (*pl.*).

eyewitness [,aɪ'wɪtnɪs / eye·wit·ness] *s.* (*dir.*) testimone oculare.

to **eyewitness** *v.tr.* essere testimone oculare di (qlco.).

eyot ['eɪət] *s.* isolotto.

eyre [eə*] *s.* (*st. inglese*) **1** corte ambulante **2** sessione e itinerario di una corte ambulante.

eyrie, **eyry** ['aɪərɪ] *s.* **1** nido di uccelli da preda **2** nidiata di uccelli da preda **3** casa, castello sorgente su di un picco; (*fig.*) luogo inaccessibile.

e-zine ['i:zaɪn] *s.* (*inform.*) rivista elettronica.

Ff

f [ef] *pl.* **fs**, **f's** [efs] **1** (*sesta lettera dell'alfabeto inglese*) f // (*tel.*) — *for Frederick* (o amer. — *for Fox*), f come Firenze **2** (*mus.*) *F*, fa.

fa [fɑ:] *s.* (*mus.*) fa.

fab [fæb] *agg.* (*fam.*) (abbr. di *fabulous*) favoloso, straordinario // *the — four*, i Beatles.

Fabian ['feɪbjən / Fa·bian] *agg.* temporeggiatore: — *policy*, politica temporeggiatrice // — *Society*, Fabian Society (associazione fautrice di un socialismo non rivoluzionario, fondata a Londra nel 1884) ◆ *s.* membro della Fabian Society.

fable ['feɪbl] *s.* **1** fiaba; favola, apologo **2** mito, leggenda **3** fola, ciancia; frottola, fandonia; pura invenzione.

to **fable** *v.intr.* (*non com.*) **1** favoleggiare **2** raccontare frottole.

fabled ['feɪbld] *agg.* **1** favoloso, mitico, leggendario **2** inventato, irreale.

fabler ['feɪblə* / fa·bler] *s.* **1** favolista; favoleggiatore **2** (*ant.*) bugiardo: *you will say I am no fabler*, (T. NASHE) dirai che non sono bugiardo.

fabliau ['fæblɪəʊ / fab·liau] **fabliaux** ['fæblɪəʊz / fab·li·aux] *s.* (*lett.*) fabliau, favolello.

fabric ['fæbrɪk / fab·ric] *s.* **1** tessuto **2** (*edil.*) intelaiatura **3** edificio, struttura (*anche fig.*): *the whole — of society*, l'intera struttura della società; *urban* —, tessuto edilizio **4** (*geol.*) struttura (di una roccia).

to **fabricate** ['fæbrɪkeɪt / fab·ric·ate] *v.tr.* **1** inventare, architettare; falsificare: *the boy had fabricated the whole story*, il ragazzo aveva inventato tutta la storia; *to — evidence*, falsificare le prove **2** fabbricare, costruire.

fabrication [,fæbrɪ'keɪʃn / fab·rica·tion] *s.* **1** invenzione: *it is pure* —, è pura invenzione **2** contraffazione, falsificazione; (*dir.*) sostituzione di persona: *the — of a passport*, la falsificazione di un passaporto **3** fabbricazione, costruzione.

fabricator ['fæbrɪkeɪtə* / fab·ric·ator] *s.* **1** contraffattore; mentitore **2** (*non com.*) costruttore.

fabulist ['fæbjʊlɪst / fab·ulist] *s.* **1** favolista; narratore di favole **2** bugiardo.

fabulosity [fæbjʊ'lɒsɪtɪ / fabu·los·ity] → **fabulousness**.

fabulous ['fæbjʊləs / fab·ulous] *agg.* **1** favoloso, leggendario, mitico: — *beasts like the Chimera*, animali leggendari come la Chimera **2** (*fig.*) incredibile, favoloso: *a — price*, un prezzo favoloso.

fabulously ['fæbjʊləslɪ / fab·ulous·ly] *avv.* favolosamente.

fabulousness ['fæbjʊləsnɪs / fab·ulous·ness] *s.* favolosità.

façade [fə'sɑ:d / fa·çade] *s.* **1** (*arch.*) facciata **2** (*fig.*) facciata, apparenza.

face [feɪs] *s.* **1** faccia, viso, volto: — *to — with*, a faccia a faccia con; *to s.o.'s* —, in faccia, in presenza di qlcu.; *they shut the door in my* —, mi chiusero la porta in faccia; *to strike s.o. in the* —, colpire qlcu. in viso; *to show one's* —, farsi vedere (in giro); farsi vivo; *to be unable to look s.o. in the* —, non riuscire a guardare in faccia qlcu. (*anche fig.*) // — *down*, a faccia in giù, capovolto // *in the — of*, di fronte a, davanti a; (*fig.*) a dispetto di // *to fly in the — of*, resistere a, sfidare // *to look the facts in the* —, guardare in faccia la realtà // *to set one's — against sthg.*, opporsi a qlco. // *to blow up* (o *to explode*) *in one's* —, (*fam.*) esplodere tra le mani, andare storto inaspettatamente // (*med.*) — *ache*, nevralgia facciale // *to put one's — on*, farsi il viso, truccarsi **2** apparenza, aspetto esteriore: *the — of things has changed*, l'aspetto delle cose è mutato // *on the — of it*, giudicando dalle apparenze // *to put a good* (o *brave*) — *on a bad business*, far buon viso a cattivo gioco // (*dir.*) — *of the record*, atti di un procedimento giudiziario o amministrativo // (*comm.*) — *value*, valore commerciale; (*fig.*) valore apparente **3** espressione del viso; smorfia: *to make* (o *to pull*) *a* —, fare una smorfia; *to pull faces*, fare le boccacce; *to pull* (o *to make* o *to wear*) *a long* —, fare il broncio, essere serio, triste // *to keep a straight* —, rimanere serio, impassibile **4** dignità, prestigio: *to lose* —, perdere la faccia; *to save* —, salvare la faccia **5** (*fam.*) sfrontatezza, impudenza, faccia tosta: *she had the — to tell me everything*, ha avuto la sfacciataggine di raccontarmi tutto **6** facciata; faccia (di moneta ecc.): *the — of a building*, la facciata di un edificio; *the — of a coin*, il diritto di una moneta; *a cube has six faces*, un cubo ha sei facce **7** (*alpinismo*) parete a monte **8** (*ind. miner.*) fronte di avanzamento **9** mostra, quadrante (di un orologio) **10** faccia, superficie (della terra ecc.) **11** (*fam. amer.*) personaggio famoso (specialmente nel mondo dello spettacolo) **12** (*sl. amer.*) bianco, persona appartenente alla razza bianca (detto da un nero) **13** (*tip.*) occhio **14** (*mecc.*) faccia, fronte: — *lathe*, tornio frontale.

to **face** *v.tr.* **1** fronteggiare, essere di fronte a, dirimpetto a; essere esposto a: *he was facing me*, mi stava di fronte; *to be faced by*, trovarsi di fronte a // *faced with*, di fronte a: *faced with opposition the government backed down*, di fronte all'opposizione il governo fece marcia indietro // *to be faced with danger*, essere minacciato da un pericolo, trovarsi faccia a faccia con un pericolo **2** affrontare; far fronte a; (*ant.*) sfidare: *to — danger*, affrontare il pericolo; *to — facts*, affrontare la realtà: *he faced a life sentence*, affrontò l'ergastolo; *I can't — the idea of moving away from here*, non posso sopportare l'idea di andarmene; *I will neither be faced nor braved*, (SH. Taming of the Shrew) non voglio essere né sfidato né affrontato // *to — the music*, (*fam.*) affrontare una situazione difficile: *I had stolen my brother's bike and now I had to — the music in front of my father*, ho perso la bicicletta di mio fratello e ora devo fare i conti con mio padre // *let's — it...*, diciamo la verità... **3** ricoprire, rivestire (una superficie): *to — a wall with tapestry*, ricoprire una parete di arazzi **4** (*carte*) voltare, scoprire (le carte) **5** (*mecc.*) sfacciare; tornire in piano, spianare **6** (*sartoria*) guarnire, mettere guarnizioni a ◆ *v.intr.* (*mil. amer.*) girare (nella direzione comandata): *about- —!*, dietro front!; *left, right —!*, fronte sinist! dest!

□ **face away** *v.intr.* e *avv.* guardare dall'altra parte.

□ **face down** *v.tr.* e *avv.* dominare, sopraffare, sottomettere (con uno sguardo ecc.).

□ **face out** *v.tr.* e *avv.* → to face 2.

□ **face up to** *v.tr.* e *avv.* e *prep.* affrontare: *the truth has to be faced up to*, la verità deve essere affrontata.

face card ['feɪskɑ:d] *s.* (*amer.*) **1** (*a carte*) figura BRIT. court card **2** (*fam.*) persona importante.

facecloth ['feɪs,klɒθ / face·cloth] *s.* pezza, guanto di spugna per lavarsi SIN. face flannel AMER. washcloth.

face cream ['feɪs,kri:m] *s.* crema per il viso.

faced [feɪst] *agg.* (*nei composti*) dalla faccia, dal viso: *sad-* —, dalla faccia triste; *bold-* —, dal viso sprezzante; *ugly-* —, brutto di viso.

face flannel ['feɪs,flænl] → **facecloth**.

face-lift ['feɪs,lɪft] *s.* **1** lifting (per eliminare le rughe) **2** (*estens.*) abbellimento; rinnovamento.

faceman ['feɪsmən / face·man] *pl.* **facemen** *s.* (*ind. miner.*) minatore (che lavora al fronte di avanzamento).

face-off [ˈfeɪsɒf] *s.* **1** (*sport*) rimessa **2** (*fam. amer.*) confronto.

face pack [ˈfeɪs,pæk] *s.* maschera di bellezza.

face plate [ˈfeɪspleɪt] *s.* (*amer.*) menabrida (del tornio).

faceplate [ˈfeɪspleɪt / face·plate] *s.* (*mecc.*) piattaforma, disco portapezzo (del tornio).

face powder [ˈfeɪs,paʊdə*] *s.* cipria per il viso.

facer [ˈfeɪsə* / fa·cer] *s.* **1** (*antiq.*) schiaffo (*anche fig.*) **2** (*fam.*) difficoltà, ostacolo **3** (*mecc.*) utensile per sfacciare, per tornire in piano.

face-saver [ˈfeɪs,seɪvə*] *s.* azione fatta all'ultimo momento per salvare la propria credibilità, la propria reputazione.

face-saving [ˈfeɪs,seɪvɪŋ] *agg.* che salva la faccia, la reputazione.

facet [ˈfæsɪt / fa·cet] *s.* **1** sfaccettatura, faccetta (d'una gemma) **2** (*fig.*) aspetto, faccia (di un problema, una questione ecc.) **3** (*anat.*) faccetta (articolare).

to **facet** *v.tr.* sfaccettare (una gemma).

facetiae [fəˈsiːʃiː / fa·cetiae] *s.pl.* (*form.*) **1** facezie, piacevolezze **2** libri di carattere umoristico o piccante.

facetious [fəˈsiːʃəs / fa·cetious] *agg.* **1** faceto, gaio, scherzoso **2** (*spreg.*) spiritoso (in maniera inopportuna) // **-ly** *avv.* // **-ness** *s.*

face-to-face [ˈfeɪstəˈfeɪs] *agg.* a quattr'occhi, faccia a faccia.

facia [ˈfeɪʃə / fa·cia] *s.* → **fascia**.

facial [ˈfeɪʃəl / fa·cial] *agg.* facciale: — *angle*, angolo facciale ◆ *s.* (*fam.*) massaggio al viso.

facies [ˈfeɪʃɪz / fa·cies] *s.* (*pl. invar.*) (*scient.*) facies.

facile [ˈfæsaɪl *amer.* ˈfæsl / fa·cile] *agg.* **1** facile, ottenuto facilmente **2** (*estens.*) superficiale, semplicistico **3** svelto, pronto: — *tongue*, lingua pronta **4** (*ant.*) accomodante; compiacente; arrendevole, remissivo: — *disposition*, indole remissiva.

to **facilitate** [fəˈsɪlɪteɪt / fa·cil·it·ate] *v.tr.* agevolare, facilitare.

facilitation [fə,sɪlɪˈteɪʃn / fa·cil·ita·tion] *s.* facilitazione.

facility [fəˈsɪlɪtɪ / fa·cil·ity] *s.* **1** facilità; capacità, destrezza, abilità: — *in speaking*, facilità di parola; *a — for languages*, facilità per (l'apprendimento del)le lingue **2** impianto, installazione, struttura; *pl.* mezzi, servizi, risorse // *tourist facilities*, strutture, attrezzature turistiche // *prison facilities*, complesso penitenziario **3** *pl.* occasioni, possibilità; facilitazioni: *facilities for travel*, facilitazioni di viaggio; *there were no cooking facilities in the flat*, nell'appartamento non c'è possibilità di cucinare **4** (*non com.*) arrendevolezza **5** (*amer. mil.*) base missilistica **6** (*fin.*) schema di finanziamento, accordo finanziario particolare (anche internazionale) **7** (*inform.*) software, programma di utilità; (IBM) funzioni; (IBM) modulo: — *request*, richiesta di servizio **8** (*tel.*) vie di trasmissione.

facing [ˈfeɪsɪŋ / fa·cing] *agg.* **1** che sta di fronte **2** (*mecc.*) usato, impiegato per sfacciare, per tornire in piano ◆ *s.* **1** rivestimento: — *of concrete*, rivestimento in calcestruzzo **2** (*sartoria*) risvolto; paramontura; *pl.* (*mil.*) risvolti; mostrine **3** *pl.* (*mil.*) cambiamento di direzione (nelle esercitazioni) // *to go through one's facings*, (*rar.*) essere messo alla prova **4** (*mecc.*) sfacciatura; tornitura in piano, spianatura.

facinorous [fəˈsɪnərəs / faci·nor·ous] *agg.* (*ant.*) facinoroso, scellerato.

facsimile [fækˈsɪmɪlɪ / fac·sim·ile] *s.* **1** facsimile, copia esatta **2** teleriproduzione; telefoto // — *device* (o — *machine* o — *unit*), telecopiatrice.

to **facsimile** *v.tr.* fare un facsimile di.

fact [fækt] *s.* **1** fatto; avvenimento; vicenda: *an accomplished* —, un fatto compiuto; *caught in the* —, colto in flagrante // — *sheet*, scheda informativa // *to tell a child the facts of life*, (*fam.*) raccontare a un bambino i fatti della vita (con riferimento alla vita sessuale) // (*dir.*) — *finders*, i membri della giuria (organo competente all'accertamento del fatto) **2** fatto, realtà, verità; cosa provata, concreta: *I want facts, not opinions*, voglio fatti, non pareri; *it's a* —, è un dato di fatto: *it's a — that women on average outlive men*, è un fatto provato che in media le donne vivono più degli uomini; *the — of the matter is that...*, la verità, la realtà è che...; *to distinguish — from fiction*, distinguere la realtà dalla fantasia; *tell* (o *give*) *me the facts*, dimmi come stanno veramente le cose, dimmi la verità // *as a matter of* —, in verità, in effetti; *in* (*actual*) —, infatti, di fatto; in realtà; *in point of* —, in realtà // *to know sthg. for a* —, sapere qlco. per certo // *hard facts*, verità nuda e cruda.

fact-finding [ˈfækt,faɪndɪŋ] *agg.* di inchiesta, inquirente: — *board*, commissione di inchiesta, inquirente.

faction[1] [ˈfækʃn / fac·tion] *s.* **1** fazione: — *leader*, capocorrente **2** spirito di parte, faziosità **3** discordia, dissenso.

faction[2] *s.* romanzo-verità • Contr. di *fact* e *fiction*.

factional [ˈfækʃənl / fac·tional] *agg.* **1** di una fazione **2** (*non com.*) fazioso **3** dissenziente.

factious [ˈfækʃəs / fac·tious] *agg.* fazioso, settario // **-ly** *avv.*

factiousness [ˈfækʃəsnɪs / fac·tious·ness] *s.* spirito di parte, faziosità.

factitious [fækˈtɪʃəs / fac·ti·tious] *agg.* (*form.*) fittizio; artificiale, falso // **-ly** *avv.* // **-ness** *s.*

factitive [ˈfæktɪtɪv / fac·tit·ive] *agg.* (*gramm.*) causale, causativo.

factor [ˈfæktə* / fac·tor] *s.* **1** fattore; agente; coefficiente; elemento: *it is the most important — in such circumstances*, è il fattore più importante in tali circostanze // (*biol.*): *Rh* —, fattore Rh; *hereditary* —, fattore ereditario // (*econ.*): *factors of production*, fattori di produzione; *at — cost*, al costo dei fattori // (*elettr.*) *power* —, fattore di potenza // (*fot.*) *exposure multiplying* —, fattore di posa // (*mecc.*) *safety* —, coefficiente di sicurezza // (*rad.*) *resonance* —, coefficiente di risonanza **2** (*mat.*) fattore: *prime, common* —, fattore primo, comune // *direction* —, coefficiente angolare // — *analysis*, analisi fattoriale **3** (*comm.*) agente, commissionario; (*dir. scoz.*) amministratore (di terre), intendente **4** (*comm.*) società di factoring.

to **factor** *v.tr.* (*mat.*) fattorizzare, scomporre in fattori ◆ *v.intr.* (*comm.*) esercitare il factoring.

factorage [ˈfæktərɪdʒ / fac·tor·age] *s.* provvigione, commissione (di un agente).

factorial [fækˈtɔːrɪəl / fac·tor·ial] *agg.* **1** (*mat.*) fattoriale **2** relativo a un agente, a un commissionario ◆ *s.* (*mat.*) fattoriale.

factoring [ˈfæktərɪŋ / fac·tor·ing] *s.* (*dir. comm.*) factoring; contratto di cessione di crediti da recuperare: — *company*, società di factoring; — *commission*, commissione di factor.

factory [ˈfæktərɪ / fact·ory] *s.* fabbrica; stabilimento; officina: — *costs*, costi di produzione, di fabbricazione; — *price*, prezzo di fabbrica // — *board*, consiglio di fabbrica // — *hand* (o — *worker*), operaio // — *shop*, spaccio aziendale // — *farming*, allevamento industriale // — *ship*, peschereccio d'alto mare // — *automation*, automazione industriale // *Factory Acts*, leggi sul lavoro industriale.

factotum [fækˈtəʊtəm / fac·totum] *s.* (*form.*) factotum.

factual [ˈfæktʃʊəl / fac·tual] *agg.* **1** reale; che si basa sui fatti **2** che si limita ai fatti.

factum [ˈfæktəm] *pl.* **facta** [ˈfæktə] *s.* **1** esposizione di fatti (*anche dir.*) **2** memoriale.

facula [ˈfækjʊlə / fac·ula] *pl.* **faculae** [ˈfækjʊliː / fac·ulae] *s.* (*astr.*) facola (solare).

facultative [ˈfækəltətɪv / fac·ul·tat·ive] *agg.* **1** facoltativo **2** relativo a una facoltà **3** possibile, eventuale.

faculty [ˈfækltɪ / fac·ulty] *s.* **1** facoltà (intellettuale); attitudine; capacità: *a — for music*, attitudine alla musica; *the — of hearing, seeing*, la facoltà di udire, di vedere; *he has the — of making friends easily*, ha la capacità di fare amicizie facilmente // (*trib.*) *taxable* —, capacità contributiva **2** facoltà universitaria: *the Faculty of Law*, la facoltà di giurisprudenza // *the Faculty*, il corpo insegnante **3** (*dir.*) facoltà; diritto, privilegio.

fad [fæd] *s.* **1** mania; moda (bizzarra); entusiasmo (passeggero): *the yo-yo — comes round every ten years*, la moda dello yo-yo torna ogni dieci anni; *a passing* —, una moda passeggera; *a — for diet foods*, la moda dei cibi dietetici **2** capriccio: *he is full of fads*, è pieno di capricci.

faddish [ˈfædɪʃ / fad·dish] *agg.* **1** bizzarro **2** capriccioso, fissato.

faddishness [ˈfædɪʃnɪs / fad·dish·ness] meno com. **faddiness** [ˈfædɪnɪs / fad·di·ness] **faddism** [ˈfædɪzəm / fad·dism] *s.* tendenza a seguire le proprie manie.

faddist [ˈfædɪst / fad·dist] *s.* persona capricciosa, fissato, maniaco: *a health-food* —, un fissato per i cibi dietetici.

faddy [ˈfædɪ] *agg.* capriccioso; maniaco.

fade [feɪd] *s.* (*cinem.*, *tv*) dissolvenza; (*rad.*) variazione graduale, fluttuazione (di suono).

to **fade** *v.intr.* **1** scolorirsi, sbiadire **2** languire; venir meno; morire **3** appassire (di fiore) **4** affievolirsi; attenuarsi; scemare; svanire: *adieu, adieu! my native shore / fades o'er the water blue*, (BYRON) addio, addio! la sponda natia svanisce nel mare blu // *to — into the background*, passare in secondo piano **5** (*sport*) perdere velocità (di un atleta); descrivere una parabola (di una palla); perdere mordente (di una squadra) **6** (*fam. amer.*) andarsene ◆ *v.tr.* **1** sbiadire, scolorire **2** far appassire; far perdere freschezza, vitalità a **3** affievolire; attenuare.

□ **fade away** *v.intr.* e *avv.* svanire, smorzarsi (di suono); scomparire in lontananza.
□ **fade in** *v.intr.* e *avv.* comparire lentamente (di suono, immagine).
□ **fade out** *v.intr.* e *avv.* smorzarsi, spegnersi (di suono); scomparire lentamente, dissolversi (di immagine) ◆ *v.tr.* e *avv.* smorzare lentamente (suono); fare una dissolvenza (di immagine).
□ **fade up** *v.tr.* e *avv.* alzare gradualmente (suono, musica ecc.).

faded ['feɪdɪd] *agg.* **1** appassito **2** scolorito, sbiadito.

to **fadge** [fædʒ] *v. intr.* (*ant.*) accadere: *how will this fadge?*, (SH. Twelfth Night) che accadrà di tutto questo?

fading ['feɪdɪŋ / fad·ing] *agg.* **1** che appassisce: — *flowers*, fiori che appassiscono **2** che si scolora **3** che si affievolisce (di luce) ◆ *s.* **1** appassimento; (*fig.*) deperimento **2** scolorimento **3** (*rad.*) fading, affievolimento, evanescenza; fluttuazione **4** (*cinem.*, *tv*) dissolvenza.

fadingly ['feɪdɪŋlɪ / fad·ing·ly] *avv.* (*ant.*) languidamente; (*fig.*) fuggevolmente.

faecal ['fi:kəl] *agg.* (*form.*) fecale.

faeces ['fi:si:z / fae·ces] *s.pl.* (*form.*) feci, escrementi.

faerie, **faery** ['feɪərɪ] *agg.* (*ant.*) fatato; immaginario ◆ *s.* (*letter.*) **1** paese, regno delle fate **2** (*rar.*) fata.

to **faff** [fæf] *v.intr.* (*fam.*) perdere tempo; agitarsi senza concludere nulla: *stop faffing about*, smettila di perder tempo.

fag[1] [fæg] *s.* **1** (*sl.*) fatica, lavoro pesante: *what a —!*, che fatica!, che sfacchinata! **2** (*nelle scuole inglesi*) studente giovane che deve fare servizi umili per uno studente anziano.

to **fag**[1] *pass.p.p.* **fagged** [fægd] *v.tr.* **1** far sfacchinare; esaurire, stancare: *to — oneself* (*out*), logorarsi (col lavoro), affaticarsi, stancarsi **2** (*nelle scuole inglesi*) far fare servizi umili a (uno studente giovane) ◆ *v.intr.* sfacchinare; stancarsi, esaurirsi // *to —* (*away*) *at* (*doing*) *sthg.*, affaticarsi, sfacchinare per (far) qlco.; *to — for a senior*, far servizi per uno studente anziano.

fag[2] *s.* (*sl.*) cicca, mozzicone (di sigaretta).

fag[3] *s.* **1** (*vet.*) zecca (delle pecore) **2** (*ant.*) falla, imperfezione (in un tessuto).

fag[4] *s.* (*sl. amer.*) omosessuale // — *bag*, donna sposata a un omosessuale // — *hag*, donna che preferisce la compagnia di omosessuali.

fag end [,fæg'end] *s.* **1** → fag[2] **2** estremità **3** (*fig.*) parte finale, ultima parte: *we're at the — of the holidays*, siamo alla fine delle vacanze; *the — of the conversation*, le ultime battute della conversazione.

fagging ['fægɪŋ / fag·ging] *s.* **1** lavoro faticoso **2** (*nelle scuole inglesi*) servizi fatti da studenti giovani per gli anziani.

faggot ['fægət / fag·got] *s.* **1** pietanza di interiora di maiale al forno **2** (*sl.*) persona spregevole **3** (*sl. amer.*) omosessuale **4** fascina, fastello **5** (*metall.*) pacchetto (di materiali ferrosi da trattare insieme).

to **faggot** *v.tr.* **1** legare in fascina **2** (*metall.*) legare a pacchetto ◆ *v.intr.* **1** far fascine **2** (*metall.*) preparare un pacchetto.

faggot-vote ['fægət,vəʊt] *s.* (*st.*) voto manipolato (dato a elettore che non ne avrebbe diritto).

fagottist [fə'gɒtɪst / fagot·tist] *s.* (*mus.*) suonatore di fagotto.

fagotto [fə'gɒtəʊ / fa·gotto] *s.* (*mus.*) fagotto.

Fahrenheit ['færənhaɪt / Fahr·en·heit] *agg.* (di) Fahrenheit: (*fis.*) — *degree, temperature*, grado, temperatura Fahrenheit.

faience [faɪ'ɑ:ns / fai·ence] *s.* faenza, ceramica di Faenza.

fail [feɪl] *s.* fallo: *without —*, senza fallo, sicuramente.

to **fail** *v.intr.* **1** fallire (di piani, affari ecc.); non riuscire: *all our plans failed*, tutti i nostri piani fallirono; *we — to understand him*, non riusciamo a capirlo; *I — to see your point of view*, non riesco a capire il tuo punto di vista **2** mancare, venire a mancare, venir meno (*anche fig.*): *I shan't — to do all I can*, non mancherò di fare tutto ciò che mi sarà possibile; *he failed to keep his promise*, venne meno alla promessa; *he was fined for failing to stop at a red light*, fu multato per non essersi fermato a un semaforo rosso; *water often fails in the dry season*, nella stagione asciutta manca spesso l'acqua; *to — in one's duty*, mancare al proprio dovere **3** diminuire, affievolirsi: *his sight begins to —*, la sua vista comincia a indebolirsi; *his memory was failing*, la sua memoria stava indebolendosi **4** trascurare, dimenticare: *he never fails to write to his mother*, non manca mai di scrivere a sua madre; *he never fails to annoy me*, mi dà sempre delle seccature **5** (*comm.*) fallire: *several banks failed*, parecchie banche fallirono **6** (*mecc.*) fermarsi; guastarsi; smettere di funzionare: *the engine failed*, il motore si fermò ◆ *v.tr.* **1** bocciare: *I failed him twice in grammar*, lo rimandai, bocciai due volte in grammatica **2** fallire, non passare (un esame): *he failed the exam*, non superò l'esame **3** mancare a, venire meno a, venire a mancare a; tradire; abbandonare: *my memory failed me*, la memoria mi ha tradito; *words — me*, mi mancano le parole; *to — s.o.*, mancare ai propri impegni verso qlcu.; deludere qlcu.; *his courage failed him*, il coraggio lo abbandonò.

failing ['feɪlɪŋ / fail·ing] *agg.* debole, scarso (di vista, salute ecc.): — *health*, salute cagionevole ◆ *s.* **1** difetto, debolezza: *with all his failings*, con tutti i suoi difetti **2** mancanza, errore, fallo: *his — in respect towards her*, la sua mancanza di rispetto verso di lei.

failing *prep.* in mancanza di: — *your direction to the contrary*, salvo vostra istruzione contraria; *come on Tuesday evening or — that Wednesday morning*, vieni martedì sera o, se non puoi, mercoledì mattina.

faille [feɪl] *s.* (*tess.*) faille; faglia.

fail-safe ['feɪlseɪf] *agg.* (*tecn.*) fail-safe; di sicurezza (contro le conseguenze esterne di guasti): — *system*, sistema fail-safe (dotato di dispositivi di sicurezza a garanzia degli operatori o degli utenti).

failure ['feɪljə* / fail·ure] *s.* **1** insuccesso, fallimento; (*teatr.*) fiasco: — *in an examination did not discourage him*, la bocciatura in un esame non lo scoraggiò; *the plan was a —*, il piano fu un fallimento; *the whole project ended in —*, l'intero progetto si concluse con un fallimento **2** (*fig.*) disastro, fallimento: *he is a — as a lawyer*, come avvocato è un fallimento **3** incapacità: *his — to answer their questions*, la sua incapacità di rispondere alle loro domande **4** mancanza, insufficienza **5** mancanza, omissione: — *to obey rules*, la mancanza di obbedienza alle leggi // (*dir.*): — *to appear*, mancata comparizione; — *to perform*, mancata esecuzione **6** (*med.*) mancamento, collasso: *heart —*, collasso cardiaco; arresto cardiaco **7** indebolimento; cedimento (di terreno, strutture portanti ecc.) **8** (*comm.*) stato di insolvenza **9** (*mecc.*) guasto, avaria, cedimento, funzionamento difettoso: *engine —*, guasto, cedimento del motore; *power —*, caduta di potenza.

fain [feɪn] *agg.* (*ant.*) **1** contento, allegro **2** pronto, ben disposto: *I was impatient to hear some news of the loss; and would fain know how it was*, (DEFOE) ero impaziente di avere notizie della perdita e desiderosa di sapere di che si trattava **3** costretto.

fain *avv.* (*ant.*) volentieri.

fainéant ['feɪnɪənt / fai·néant] *agg.* e *s.* (*rar.*) pigro, ozioso, fannullone.

faint [feɪnt] *agg.* **1** debole; fiacco; appena percettibile (di luce, suono ecc.): *a — effort*, un debole sforzo; *a — hope*, una debole speranza; *a — sound in the distance*, un debole suono in lontananza; *there's a — resemblance*, c'è una leggera somiglianza **2** languido, debole, esangue: *she was — with hunger*, era debole per la fame; *to feel quite —*, sentirsi venir meno **3** timido, pauroso **4** vago, incerto: *I have not the faintest idea how to do it*, non ho la più pallida idea di come farlo **5** (*ant.*) soffocante, opprimente (di aria, profumo ecc.): — *atmosphere*, atmosfera pesante, soffocante **6** (*sl. amer.*) ubriaco.

faint *s.* mancamento, svenimento; sincope: *in a dead —*, assolutamente insensibile.

to **faint** *v.intr.* **1** svenire, sentirsi mancare, sentirsi male: *the girl fainted*, la ragazza svenne; *to — from hunger*, venir meno dalla fame **2** (*rar.*) indebolirsi; impallidire **3** (*ant.*) perdersi di coraggio.

faint action ['feɪnt,ækʃn] *s.* (*dir.*) causa promossa fittiziamente (per danneggiare un terzo).

faint-heart ['feɪnthɑ:t] *s.* pusillanime; codardo; timido: — *ne'er won fair lady*, (*prov.*) amante non sia chi coraggio non ha.

faint-hearted [,feɪnt'hɑ:tɪd] *agg.* codardo; timido // **-ly** *avv.* // **-ness** *s.*

fainting ['feɪntɪŋ / faint·ing] *agg.* che langue, che viene meno (di coraggio, voce ecc.) ◆ *s.* **1** lo svenire **2** il venir meno, l'affievolirsi (di luce, suono, coraggio ecc.) **3** scoraggiamento.

faintly ['feɪntlɪ / faint·ly] *avv.* **1** debolmente; vagamente **2** languidamente **3** timidamente.

faintness ['feɪntnɪs / faint·ness] *s.* **1** debolezza; languore, svenimento **2** timidezza.

fair[1] [feə*] *agg.* **1** giusto, onesto, leale, imparziale: *a — share*, una giusta parte, porzione; *it isn't — of you*, non è leale da parte tua; *it's not —*, non è giusto; *it's only — to say that we were warned*, bisogna riconoscere che eravamo stati avvertiti // *come on, — 's —!*, dai, sii ragionevole! // *by — means*, con mezzi onesti // *all's — in love and war*, in amore e in guerra tutto è lecito // (*dir.*): *right to a — trial*, diritto a un equo processo; — *comment*, critica lecita (non integrante la diffamazione) // (*comm.*): — *tra-*

ding, correttezza commerciale; *Fair Trading Act*, legge per la tutela del consumatore // — *shake*, (*fam. amer.*) trattamento equanime // — *hell*, (*sl. amer.*) persona energica, di successo **2** ampio; sufficiente; discreto; passabile: *a — size garden*, un giardino di una certa grandezza; *a — chance*, una buona probabilità; *the business is in a — way to succeed*, è molto probabile che l'affare riesca; *I had a — idea of what was going on*, avevo un'idea abbastanza chiara di cosa stesse succedendo; *it gave us a — amount of trouble*, ci ha procurato un sacco di guai; *"How are you?" "Fair to middling"*, "Come stai?" "Discretamente" // *"So we'll meet tomorrow at ten o'clock" "Fair enough, see you then"*, "Allora ci vediamo domani alle dieci" "D'accordo, a domani" // *his analysis of the situation is — enough but it doesn't take into account personal problems*, la sua analisi della situazione va abbastanza bene ma non tiene conto dei problemi personali // (*comm.*): — *average quality*, buona qualità media; — *value*, valore normale **3** chiaro (di pelle); biondo (di capelli): *a — complexion*, una carnagione chiara **4** (*meteor.*) sereno, bello, buono (di tempo); propizio, favorevole (di vento) **5** gentile, amabile, affabile **6** pulito, nitido: *to make a — copy of* (*an essay etc.*), fare una bella copia di (un saggio ecc.) **7** (*antiq. poet.*) bello, amabile.

fair[1] *avv.* **1** lealmente, giustamente, onestamente: *to fight — (and square)*, combattere secondo le regole; *to play — (and square)*, giocare lealmente; (*fig.*) agire con lealtà **2** con precisione: *I hit him — (and square) on the chin*, lo colpii dritto al mento **3** (*ant.*) gentilmente: *to speak a person —*, parlare cortesemente, in modo persuasivo con una persona.

fair[2] *s.* **1** fiera, mercato: *cattle —*, fiera del bestiame; *trade —*, fiera campionaria; *book —*, fiera del libro; *world —*, esposizione universale // *a day after the —*, troppo tardi **2** sagra, festa **3** → funfair.

fair-dealing [,feə'di:lɪŋ] *s.* condotta leale.

fair game [,feə'geɪm] *s.* [U] giustificato bersaglio di critiche: *a public figure is —*, non è scorretto criticare, sottoporre a censura le persone pubbliche.

fairground ['feəgraʊnd / fair·ground] *s.* spiazzo per il luna park; luna park.

fair-haired [,feə'heəd] **fair-headed** [,feə'hedɪd] *agg.* biondo // — *boy*, (*fam. amer.*) beniamino, prediletto.

fairing[1] ['feərɪŋ / fair·ing] *s.* (*mar., aer.*) carenatura.

fairing[2] *s.* (*antiq.*) oggetto acquistato alla fiera.

fairish ['feərɪʃ / fair·ish] *agg.* **1** biondiccio (di capelli) **2** passabile, mediocre.

fairly ['feəlɪ / fair·ly] *avv.* **1** lealmente, onestamente; imparzialmente: *he treated me quite —*, mi trattò in modo del tutto leale **2** abbastanza: — *well*, abbastanza bene: *I am feeling — well*, mi sento benino; *I know him — well*, lo conosco abbastanza bene; *the play was — good*, la commedia era abbastanza buona **3** completamente: *we were — caught in the trap*, fummo completamente presi in trappola // *his face was — glowing with shame*, il suo viso era alquanto rosso di vergogna.

fair-minded [,feə'maɪndɪd] *agg.* equanime; imparziale // **-ly** *avv.* // **-ness** *s.*

fairness ['feənɪs / fair·ness] *s.* **1** bellezza **2** color biondo; bianchezza, freschezza di carnagione **3** imparzialità; onestà; lealtà; (*dir.*) equità, giustizia: *in all — I must say...*, in tutta franchezza devo dire...

fair play [,feə'pleɪ] *s.* fair play, comportamento leale; correttezza; giustizia, condizioni uguali: *to see —*, per garantire un comportamento leale.

fair rent [,feə'rent] *s.* (*dir.*) equo canone: — *act*, (legge sull') equo canone.

fair sex ['feə,seks] *s.* gentil sesso.

fair-trade ['feə'treɪd] *agg. attr.* (*comm.*) che tutela la concorrenza (di accordo commerciale) // — *agreement*, accordo di reciprocità commerciale (nel commercio internazionale).

fairway ['feəweɪ / fair·way] *s.* **1** canale navigabile **2** (*golf*) fairway.

fair-weather ['feə,weðə*] *agg. attr.* (*fig.*) di circostanze favorevoli: — *friend*, amico nel tempo felice, di quando tutto va bene.

fairy ['feərɪ] *agg.* **1** di fata, delle fate; fatato, magico: — *forest*, foresta fatata; — *key*, chiave magica **2** irreale, fantastico ◆ *s.* **1** fata, maga; (*fig.*) ammaliatrice, incantatrice: *to this great fairy I'll commend thy acts*, (SH. Antony and Cleopatra) a questa grande fata raccomanderò le tue azioni **2** (*sl. spreg.*) omosessuale.

fairydom ['feərɪdəm / fairy·dom] *s.* regno delle fate.

fairy godmother [,feərɪ'gɒdmʌðə*] *s.* (*fam.*) fata buona (delle fiabe).

fairy-lamp ['feərɪ,læmp] *s.* lampioncino alla veneziana.

fairyland ['feərɪlænd / fairy·land] *s.* **1** paese delle fate **2** (*fig.*) paese incantato, di rara bellezza.

fairy-ring [,feərɪ'rɪŋ] *s.* circolo magico (fenomeno naturale causato dal fungo *Marasmius oreades* nell'erba).

fairy tale ['feərɪteɪl] *s.* **1** fiaba, favola **2** (*fig.*) storia, frottola.

fait accompli [,feɪtə'kɒmpli:] *pl.* **faits accomplis** *s. fr.* (*form.*) fatto compiuto.

faith [feɪθ] *s.* **1** fede; fiducia: *I haven't much — in politicians*, non ho molta fiducia nei politici; *to put one's — in*, fidarsi di, porre fiducia in **2** (*teol.*) fede, credo religioso: *the Christian —*, la fede cristiana; *they were raised in the Catholic —*, furono educati secondo la fede cattolica **3** lealtà, fedeltà // *in bad, good —*, in malafede, in buona fede; *in —*, in fede; *upon* (o *by*) *my —!*, (*antiq.*) in fede mia! **4** promessa, garanzia: *to keep, to break —*, tener fede, venir meno alle proprie promesse.

faith cure ['feɪθkjʊə*] → **faith healing**.

faithful ['feɪθfʊl / faith·ful] *agg.* **1** fedele, leale: *a — friend*, un amico fedele **2** degno di fiducia **3** fedele, esatto, accurato, conforme a verità: *a — copy of the letter*, una copia fedele della lettera; *a — account of events*, un resoconto fedele degli avvenimenti ◆ *s. the —*, *the faithfuls*, i fedeli, i seguaci: *one of the —*, un fedele, un seguace.

faithfully ['feɪθfʊlɪ / faith·fully] *avv.* **1** fedelmente, lealmente // *Yours —*, distinti saluti **2** esattamente, accuratamente; letteralmente **3** formalmente.

faithfulness ['feɪθfʊlnɪs / faith·ful·ness] *s.* **1** fedeltà, lealtà **2** esattezza, precisione, accuratezza.

faith healer ['feɪθ,hi:lə*] *s.* guaritore; santone.

faith healing ['feɪθ,hi:lɪŋ] *s.* guarigione (con preghiere e suggestioni) SIN. faith cure.

faithless ['feɪθlɪs / faith·less] *agg.* **1** che non ha fede, senza fede; miscredente **2** sleale, perfido // **-ly** *avv.* // **-ness** *s.*

faitour ['feɪtə*] *s.* (*ant.*) impostore.

fake[1] [feɪk] *s.* (*mar.*) duglia, giro di cavo.

to **fake**[1] *v.tr.* (*mar.*) girare di cavo.

fake[2] *s.* **1** impostore, imbroglione **2** falso (opera d'arte, documento ecc.) **3** inganno, truffa ◆ *agg.* falso, simulato; truccato: — *smile*, un falso sorriso; — *passport*, passaporto falso.

to **fake**[2] *v.tr.* **1** contraffare, falsificare: *to — a painting, a signature*, falsificare un dipinto, una firma; *I managed to — it*, sono riuscito a bluffare // *to — it*, (*amer. mus.*) improvvisare un assolo nel jazz **2** simulare, fingere: *the child faked stomachache to stay at home*, il bambino finse di avere mal di stomaco per rimanere a casa ◆ *v.intr.* simulare, fingere.

fakement ['feɪkmənt / fake·ment] *s.* (*sl. antiq.*) **1** truffa; inganno **2** prodotto manipolato.

faker ['feɪkə*] *s.* truffatore; falsificatore.

fakir ['feɪ,kə* *amer.* fə'kɪə*] *s.* fachiro.

falaise [fə'leɪz / fa·laise] *s.* (*geogr.*) falesia, dirupo.

falbala ['fælbələ / fal·bala] *s.* falpalà.

falcade [fəl'kɑ:d / fal·cade] *s.* falcata.

falcate ['fælkeɪt / falc·ate] *agg.* (*scient.*) falcato.

falchion ['fɔ:ltʃən / fal·chion] *s.* scimitarra.

falciform ['fælsɪfɔ:m / fal·ci·form] *agg.* (*scient.*) falciforme: (*anat.*) — *ligament*, legamento falciforme.

falcon ['fɔ:lkən *amer.* 'fælkən / fal·con] *s.* falco, falcone // — *house*, falconara.

falconer ['fɔ:lkənə* *amer.* 'fælkənə* / fal·coner] *s.* falconiere.

falconet ['fɔ:lkənɪt / fal·conet] *s.* **1** (*zool.*) microierace **2** (*mil.*) falconetto.

falconry ['fɔ:lkənrɪ *amer.* 'fælkənrɪ / fal·conry] *s.* falconeria.

falderal [,fældə'ræl / fal·deral] **falderol** [,fældə'rɒl / fal·derol] *s.* (*ant.*) ritornello.

faldstool ['fɔ:ldstu:l / fald·stool] *s.* **1** (*eccl.*) faldistorio, panchettino episcopale **2** inginocchiatoio.

Falernian [fə'lɜ:njən / Fa·ler·nian] *s.* Falerno (vino della Campania).

fall[1] [fɔ:l] *s.* **1** caduta (*anche fig.*): — *in prices*, ribasso, diminuzione, calo di prezzi; *a — in temperature*, un abbassamento di temperatura; — *from favour*, caduta in disgrazia; *a — of snow*, una nevicata // *the — of night*, al calar della notte // *to ride for a —*, (*fam.*) andare a rompicollo; agire inconsultamente // (*inform.*) — *back*, — *forward*, diminuzione, aumento di velocità di trasmissione // *the Fall* (*of Man*), la caduta dell'uomo **2** (*amer.*) autunno **3** (*gener. pl.*) cascata, cateratta: *the Niagara Falls*, le cascate del Niagara **4** decadenza, rovina (di regno ecc.): *the — of Troy*, la caduta di Troia **5** declivio, discesa del terreno **6** (*zool.*) nascita, parto, figliata (di animali) **7** (*mecc.*) catena, cavo di comando, di manovra **8** (*sport*) caduta; incontro (di lotta libera) **9** (*mar.*) tirante; vento **10** (*sl. amer.*) arresto // — *money*, denaro messo da parte per pagare un'eventuale cauzione.

to **fall**[1] *pass.* **fell** [fel] *p.p.* **fallen** ['fɔ:lən] *v.intr.* **1** cadere; abbattersi; crollare, precipitare: *a big tree fell in the storm*, un grosso albero crollò durante la tempesta; *the book fell from* (o *off*) *the table to the floor* (o *to the ground*), il libro cadde dal tavolo sul pavimento; *he fell at my feet*, cadde ai miei piedi; *he fell into the well*, cadde nel pozzo; *he fell off the chair*, cadde dalla sedia, (*fig.*) è caduto dalle nuvole; *he fell on* (o *to*) *his knees*, cadde in ginocchio; *he fell out of the window*, cadde dalla finestra; *a brick fell on his head*, gli cadde un mattone in testa; *her hair fell over her eyes, her shoulders*, i capelli le cadevano sugli occhi, sulle spalle; *tears fell from his eyes*, gli scesero le lacrime dagli occhi; *rain started to* —, iniziò a piovere; *after a long day I fell into bed exhausted*, dopo una lunga giornata crollai a letto esausto; *mind you don't* —, bada di non cadere; *to — full length*, cadere lungo disteso; *to — to pieces*, cadere in pezzi // *the government's policy of compromise fell between two stools and left both unsatisfied*, la politica compromissoria del governo non seguì una linea determinata e lasciò insoddisfatte entrambe le parti // *to — between the cracks*, (*fam. amer.*) cadere nell'oblio // *to — by the wayside*, rinunciare (a fare qlco.), tirarsi indietro // *to — on one's feet*, cadere in piedi (*anche fig.*) // *to — flat*, cadere di piatto; (*fig.*) fallire totalmente, ottenere un insuccesso completo **2** (*fig.*) cadere; ricadere: *the stress falls on the last syllable*, l'accento cade sull'ultima sillaba; *not a word fell from his lips*, non pronunciò nemmeno una parola; *his eye, his gaze fell on the telephone*, il suo occhio, il suo sguardo cadde sul telefono; *the blame falls entirely on him*, la colpa ricade interamente su di lui; *the expenses — on me*, le spese sono a mio carico; *it fell upon* (o *to*) *me to tell him*, (*form.*) toccò a me dirglielo; *Easter falls late this year*, quest'anno la Pasqua è alta; *night is falling*, cade la sera; *after a long siege the city fell*, dopo un lungo assedio la città si arrese; *the government fell*, è caduto il governo; *this year London fell to the Conservatives*, quest'anno Londra è caduta in mano ai conservatori // *we must stand or — by our record*, dobbiamo farci giudicare da ciò che abbiamo fatto // *her face fell*, fece la faccia lunga (per la delusione) // *to — short*, arrivare corto (di proiettile ecc.), (*fig.*) essere insufficiente; *to — short of*, mancare, non riuscire a ottenere // *to — into the hands* (o *clutches*) *of s.o.*, cadere nelle mani di qlcu. // *to — in s.o.'s esteem*, perdere la stima di qlcu. // *to — asleep*, addormentarsi; *to — in love*, innamorarsi; *to — ill*, ammalarsi; *to — silent*, tacere; *to — into debt*, indebitarsi; (*comm.*) *to — due*, giungere a scadenza // (*mar.*) *to — astern*, restare indietro // *to — into temptation*, cadere in tentazione **3** (*fig.*) soccombere; morire: *he fell in battle*, cadde combattendo **4** (*fig.*) diminuire, calare, cadere (di vento, temperatura, prezzi ecc.); *prices have fallen*, i prezzi sono diminuiti, sono ribassati; *the wind fell*, il vento cadde **5** inclinarsi (di terreno); scendere a valle (di fiume): *the Po falls into the Adriatic sea*, il Po sfocia nel mare Adriatico **6** (*zool.*) nascere (di animali) **7** (*sl. amer.*) essere arrestato.

□ **fall about** *v.intr.* e *avv.* (*fam.*) divertirsi molto: *when I did my imitation of the president they fell about laughing*, quando feci l'imitazione del presidente risero a crepapelle.

□ **fall apart** *v.intr.* e *avv.* andare a pezzi, disintegrarsi (*anche fig.*): *my car is practically falling apart*, in pratica la mia auto sta andando a pezzi; *when his wife left he just fell apart emotionally*, quando sua moglie se ne andò ebbe un crollo nervoso.

□ **fall away** *v.intr.* e *avv.* **1** (*to*) digradare (di terreno) **2** diminuire, scendere: *the volume of business fell away in June*, il volume d'affari è diminuito in giugno.

□ **fall back** *v.intr.* e *prep.* **1** (*mil.*) ritirarsi **2** ricadere: *he raised himself painfully and then fell back on the bed*, si alzò con fatica e poi ricadde sul letto **3** (*on*) ricorrere a, fare ricorso a: *he has his own savings to — back on*, può sempre ricorrere ai suoi risparmi; *there are other methods we could — back on*, ci sono altri metodi cui far ricorso **4** (*comm.*) calare, ribassare di nuovo (di prezzi).

□ **fall behind** *v.intr.* e *avv.* e *prep.* **1** rimanere indietro, essere superato SIN. to drop behind **2** (*with*) rimanere indietro con (pagamenti ecc.): *to — behind with the rent*, rimanere indietro col pagamento dell'affitto.

□ **fall below** *v.intr.* e *prep.* scendere al di sotto di: *I'm afraid production in the next six months will — below the annual average*, temo che la produzione dei prossimi sei mesi scenderà al di sotto della media annuale.

□ **fall down** *v.intr.* e *avv.* **1** cadere a terra, cadere al suolo; crollare: *he fell down and broke his leg*, è caduto e si è rotto una gamba; *during the earthquake the chandelier fell down*, durante il terremoto cadde il lampadario; *the picture fell down off the wall*, il quadro cadde dalla parete **2** (*fig.*) crollare; dimostrarsi falso o inadeguato: *there where his plan falls down*, è qui che il suo piano non regge // *to — down on it* (o *on the job*), (*fam.*) non far bene il proprio lavoro.

□ **fall for** *v.intr.* e *prep* (*fam.*) **1** innamorarsi di: *he fell for my sister in a big way*, si è innamorato pazzamente di mia sorella **2** (*fig.*) abboccare; cascarci: *he said it was a bargain and I fell for it* (*hook line and sinker*), disse che era un affare e io ci sono cascato (in pieno).

□ **fall in** *v.intr.* e *avv.* **1** cadere, crollare: *they said it was the floor which fell in*, dicono che è stato il pavimento a cedere **2** (*anche tr.*) (*mil.*) (dare l'ordine di) formare le file; — *in!*, nei ranghi! **3** (*dir.*) scadere, maturare (di debito, contratto); diventare dovuto; diventare disponibile (di terreno) **4** (*alongside* / beside) unirsi a qlcu. che sta camminando o marciando: *I fell in alongside the group marching towards the town hall*, mi unii al gruppo che marciava verso il municipio **5** (*with*) imbattersi (in); riunirsi a: *on the boat I fell in with two missionaries going to China*, sulla nave ho incontrato due missionari diretti in Cina; *we fell in with our fellow-travellers near York*, ci riunimmo ai nostri compagni di viaggio vicino a York **6** (*with*) appoggiare, dare il proprio consenso: *he fell in with Alec's scheme*, approvò il piano di Alec.

□ **fall into** *v.intr.* e *prep.* **1** (anche *in*) cadere accidentalmente dentro: *to — in(to) the water*, cadere nell'acqua; *to — into a deep sleep*, cadere in un sonno profondo **2** acquisire, contrarre (un'abitudine): *he fell into the habit of getting up late*, ha preso l'abitudine di alzarsi tardi **3** suddividersi in, comporsi di: *his article falls into two parts*, il suo articolo si compone di due parti.

□ **fall off** *v.intr.* e *avv.* **1** cadere (da qlco.): *it fell off* (*the shelf*), è caduto (dallo scaffale) **2** diminuire; decrescere: *subscriptions have fallen off this season*, gli abbonamenti per questa stagione sono diminuiti **3** peggiorare; scadere: *his work has fallen off badly this term*, il suo rendimento è peggiorato molto questo trimestre **4** (*mar.*) deviare sottovento.

□ **fall on** *v.intr.* e *prep.* **1** cadere (di date ecc.): *Christmas falls on a Tuesday next year*, Natale cade di martedì il prossimo anno **2** → to fall 2.

□ **fall on, upon** *v.intr.* e *prep.* **1** attaccare, assalire; buttarsi su, avventarsi su: *the dog fell on the postman and bit his leg*, il cane assalì il postino e gli morse una gamba; *the hungry men fell greedily on the food we offered them*, gli uomini affamati si gettarono con avidità sul cibo che offrimmo loro **2** cadere, ricadere su **3** → to fall 2.

□ **fall out** *v.intr.* e *avv.* **1** verificarsi; accadere: *he didn't like the way things had fallen out*, non gli piaceva come erano andate le cose; *so it fell out that...*, così accadde che... **2** (*mil.*) rompere le file, le righe **3** cadere da: *to — out of bed*, cadere dal letto; *be careful! you'll — out!*, attento che cadi! **4** (*with*) litigare (con), bisticciare (con): *did the two of you — out?*, avete bisticciato voi due? **5** (*amer.*) lasciarsi sopraffare da un'emozione.

□ **fall outside** *v.intr.* e *prep.* uscire da; non far parte di, non rientrare in: *chemistry falls outside my competence*, la chimica non rientra nelle mie competenze.

□ **fall over** *v.intr.* e *avv.* cadere: *the vase fell over and broke into pieces*, il vaso cadde e andò in pezzi; *he missed the step and fell over*, non ha visto il gradino ed è caduto // *to — over oneself* (o *to — over backwards*) *to do sthg.*, darsi gran pena per, fare del proprio meglio per: *everybody was falling over themselves* (o *backwards*) *to be nice to him*, tutti cercavano in ogni modo di essere gentili con lui // *they were falling over each other to get the contract*, facevano a pugni per ottenere quel contratto.

□ **fall through** *v.intr.* e *avv.* fallire; andare a monte.

□ **fall to** *v.intr.* e *prep.* **1** incominciare: *he fell to drinking again*, ricominciò a bere, ricadde nel bere **2** capitare, toccare in sorte: *to — to s.o.'s lot*, capitare in sorte a qlcu.

□ **fall under** *v.intr.* e *prep.* **1** rientrare in (categoria, gruppo) **2** cadere sotto; finire sotto: *he fell under a lorry*, è finito sotto un camion; *to — under s.o.'s shots*, cadere sotto i colpi di qlcu.; *to — under s.o.'s charm*, cadere sotto, subire il fascino di qlcu.

□ **fall upon** → to fall on.

□ **fall within** *v.intr.* e *prep.* rientrare: *this doesn't — within my competence*, questo non rientra nelle mie competenze.

fall[2] *s.* botola; trappola.

fall[3] *s.* **1** grido dei balenieri quando la balena è avvistata o colpita dal ramponiere **2** caccia alla balena.

fallacious [fə'leɪʃəs / fal·la·cious] *agg.* (*form.*) fallace, erroneo // **-ly** *avv.*

fallaciousness [fə'leɪʃəsnɪs / fal·la·cious·ness] *s.* (*form.*) fallacia, inganno.

fallacy ['fæləsɪ / fal·lacy] *s.* **1** credenza erronea, errore: *a current* —, un errore comune; *it's a complete — that vitamin C cures colds*, è una convinzione del tutto sbagliata che la vitamina C curi il raffreddore **2** fallacia, sofisma.

fallal [,fæ'læl / fal·lal] *s.* (*gener. pl.*) falpalà, balza pieghettata, fronzolo.

fall-back ['fɔ:lbæk] *agg.* di riserva, di alternativa: *a — position*, una via di scampo, un'alternativa // (*comm.*) — *price*, prezzo di riserva.

fallen *p.p.* di to **fall**.

fall guy ['fɔ:lgaɪ] *s.* (*fam.*) **1** capro espiatorio **2** persona ingenua, che si fa facilmente abbindolare.

fallibility [,fælə'bɪlətɪ / fall·ib·il·ity] *s.* fallibilità.

fallible ['fæləbl / fall·ible] *agg.* (*form.*) fallibile // **-bly** *avv.*

falling-off [,fɔ:lɪŋ'ɒf] *s.* calo (di quantità o qualità); declino; diminuzione.

falling-out [,fɔ:lɪŋ'aʊt] *s.* dissidio.

Fallopian tube [fə,ləʊpɪən'tju:b / Fal·lo·pian·tube] *s.* (*anat.*) tuba di Falloppio, salpinge; tuba, tromba uterina.

fallout ['fɔ:laʊt / fall·out] *s.* fallout; ricaduta; pioggia, precipitazione radioattiva.

fallow[1] ['fæləʊ / fal·low] *agg.* fulvo.

fallow[2] *agg.* (*agr.*) incolto: *to lie* —, rimanere incolto ◆ *s.* (*agr.*) maggese.

to **fallow**[2] *v.tr.* (*agr.*) **1** maggesare, tenere (un terreno) a maggese **2** arare.

fallow deer ['fæləʊ,dɪə*] *s.* (*zool.*) (*Dama dama*) daino.

fallowness ['fæləʊnɪs / fal·low·ness] *s.* **1** (*agr.*) l'essere incolto (di terreno) **2** (*fig. non com.*) ozio.

false [fɔ:ls] *agg.* **1** falso, erroneo, sbagliato: *to be in a — position*, essere in una posizione falsa; *to take a — step*, fare un passo falso; — *alarm*, falso allarme; — *pride*, falso orgoglio; (*sport*) *to make a — start*, fare una falsa partenza // (*dir.*): — *imprisonment*, sequestro di persona; arresto illegale; — *arrest*, arresto illegale **2** (*log.*) falso **3** (*inform.*) falso, a torto, non tempestivo **4** ingannevole, falso; infedele; apparente: — *friend*, amico falso, infedele; — *indifference*, indifferenza apparente **5** falso, contraffatto, falsificato; artificiale, finto; *a — coin*, una moneta falsa; — *passport*, passaporto falso; *a — Picasso*, un falso Picasso; — *pearls*, perle finte, false; — *beard*, barba posticcia; — *teeth*, dentiera // *to sail under — colours*, navigare sotto falsa bandiera; (*fig.*) nascondere la propria natura // (*dir.*) — *character*, reato consistente nel fornire false referenze di un dipendente **6** (*mus.*) stonato: *he struck a — note*, fece una stecca; (*fig.*) toccò un tasto falso ◆ *avv.* falsamente: *to play s.o.* —, ingannare qlcu.

to **false** *v.tr.* (*ant.*) **1** ingannare **2** falsificare.

false acacia ['fɔ:lsə'keɪʃə] *s.* (*bot.*) (*Robinia pseudoacacia*) robinia.

false bottom [,fɔ:ls'bɒtəm] *s.* doppio fondo.

false ceiling [,fɔ:ls'si:lɪŋ] *s.* controsoffitto.

false-hearted [,fɔ:ls'hɑ:tɪd] *agg.* perfido, sleale.

falsehood ['fɔ:lshʊd / false·hood] *s.* (*form.*) **1** falsità: *to distinguish truth from* —, distinguere il vero dal falso **2** menzogna; frode.

false keel ['fɔ:ls,ki:l] *s.* (*mar.*) falsa chiglia, controchiglia.

falsely ['fɔ:lslɪ / false·ly] *avv.* falsamente.

falseness ['fɔ:lsnɪs / false·ness] *s.* falsità; doppiezza; infedeltà.

falsetto [fɔ:l'setəʊ / fal·setto] *pl.* **falsettos** *s.* (*mus.*) falsetto.

falsies ['fɔ:lsɪz / fals·ies] *s.pl.* (*fam.*) reggiseno imbottito (sing.).

falsifiable ['fɔ:lsɪfaɪəbl / falsi·fi·able] *agg.* falsificabile.

falsification [,fɔ:lsɪfɪ'keɪʃn / falsi·fica·tion] *s.* contraffazione; falsificazione.

falsifier ['fɔ:lsɪfaɪə* / falsi·fier] *s.* falsificatore; falsario.

to **falsify** ['fɔ:lsɪfaɪ / fals·ify] *v.tr.* **1** falsificare, alterare, contraffare **2** falsificare, provare la falsità di (una teoria ecc.) **3** smentire (timori); deludere (speranze).

falsity ['fɔ:lsətɪ / fals·ity] *s.* **1** menzogna; falsità **2** scorrettezza, disonestà.

to **falter** ['fɔ:ltə* / fal·ter] *v.intr.* **1** barcollare, vacillare; essere irresoluto; tremare, esitare (di animo): *he never falters*, egli non esita mai // *the engine faltered once or twice*, il motore ha perso qualche colpo **2** balbettare, parlare con esitazione ◆ *v.tr.* esitare, dire con esitazione, balbettando: *he faltered (out) an excuse*, balbettò una scusa.

faltering ['fɔ:ltərɪŋ / fal·ter·ing] *agg.* **1** vacillante, barcollante (di persona): *a weak, — old woman*, una vecchia debole e tremante **2** tremante, incerto (di voce) **3** titubante, esitante, tentennante (di animo) // **-ly** *avv.*

famble ['fæmbl] *s.* (*sl. ant.*) mano.

fame [feɪm] *s.* fama, rinomanza, celebrità: *ill* —, cattiva fama; *to win* —, diventare famoso; *widespread* —, ampia, larga fama.

to **fame** *v.tr.* (*rar.*) rendere famoso.

famed [feɪmd] *agg.* **1** rinomato, celebre: *to be — for sthg.*, essere famoso per qlco. **2** (*nei composti*): *ill-* —, malfamato, famigerato; *world-* —, di fama mondiale.

familial [fə'mɪljəl / fa·mil·ial] *agg.* (*form.*) familiare, della famiglia: — *disease*, malattia ereditaria.

familiar [fə'mɪljə* / fa·mil·iar] *agg.* **1** familiare; intimo: — *tone*, tono intimo; *to be* — (o *on — terms*) *with s.o.*, essere in rapporti familiari con qlcu. // *to appear (quite) — with a subject*, apparire (molto) ferrato in un argomento; *to be — with French*, conoscere bene il francese; *to make oneself — with sthg.*, imparare qlco. **2** conosciuto, usuale: *a — face*, un viso conosciuto; *she looks — to me*, è un viso noto, conosciuto; *to be on — ground*, (*fig.*) trovarsi nel proprio elemento **3** sfacciato, impudente ◆ *s.* **1** (*spec. pl.*) amico intimo **2** demone familiare.

familiarity [fə,mɪlɪ'ærɪtɪ / fa·mili·ar·ity] *s.* **1** familiarità, intimità: *to treat s.o. with great* —, trattare qlcu. molto familiarmente **2** conoscenza: — *with other countries*, conoscenza di altri paesi **3** impudenza, sfacciataggine, familiarità esagerata.

familiarization [fə,mɪljəraɪ'zeɪʃn / fa·mili·ar·iza·tion] *s.* familiarità; il familiarizzare.

to **familiarize** [fə'mɪljəraɪz / fa·mili·ar·ize] *v.tr.* **1** familiarizzare: *to — s.o. with sthg*, far conoscere qlco. a qlcu.; *to — oneself with sthg.*, prendere familiarità con qlco. **2** addestrare (un animale).

familiarly [fə'mɪljəlɪ / fa·mil·iar·ly] *avv.* familiarmente: *to treat s.o.* —, trattare qlcu. con familiarità.

family ['fæməlɪ / fam·ily] *s.* **1** famiglia, nucleo familiare: *the Brown* —, la famiglia Brown; *she lives in a very large* —, vive in una famiglia molto numerosa; *my — are* (o *is*) *very close*, la mia famiglia è molto unita; *her — are all Scorpios*, nella sua famiglia sono tutti dello Scorpione // *the Holy Family*, la Sacra Famiglia // (*dir.*) — *of nations*, comunità internazionale **2** stirpe, discendenza **3** famiglia, raggruppamento (di lingue, animali, piante ecc.): *English belongs to the German — of languages*, l'inglese appartiene al gruppo delle lingue germaniche **4** figli, prole: *he has no* —, non ha figli // *to start a* —, iniziare ad avere figli // *to be in the — way*, (*fam.*) essere incinta ◆ *agg.* familiare; di famiglia: — *Bible*, Bibbia di famiglia; — *likeness*, somiglianza di famiglia; — *vault*, tomba di famiglia; — *butcher*, macellaio di famiglia; — *hotel*, albergo familiare; — *-size (pack)*, (confezione) formato famiglia; — *(-run) business*, attività a conduzione familiare // (*econ.*): — *company*, società familiare; — *concern* (o *business*), azienda familiare; — *expenditure survey*, indagine sulla spesa delle famiglie // (*dir.*): — *arrangement*, convenzioni familiari; — *law*, diritto di famiglia.

family name ['fæməlɪ,neɪm] *s.* cognome.

family planning [,fæməlɪ'plænɪŋ] *s.* pianificazione familiare (delle nascite).

family tree [,fæməlɪ'tri:] *s.* albero genealogico.

famine ['fæmɪn / fam·ine] *s.* carestia: *to die of* —, morire di fame.

to **famish** ['fæmɪʃ / fam·ish] *v.tr.* affamare, far morire di fame ◆ *v.intr.* essere affamato; morire di fame // *to be famishing*, (*fam.*) avere una fame da lupo.

famished ['fæmɪʃt / fam·ished] *agg.* affamato, famelico.

famous ['feɪməs / fam·ous] *s.* **1** celebre, famoso: *town — for its monuments*, città famosa per i suoi monumenti **2** (*fam.*) straordinario; ottimo: *he has a — appetite*, ha un appetito formidabile **3** (*ant.*) famigerato.

famously ['feɪməslɪ / fam·ous·ly] *avv.* (*fam.*) splendidamente; a meraviglia.

famousness ['feɪməsnɪs / fam·ous·ness] *s.* celebrità, rinomanza.

famulus ['fæmjʊləs / famu·lus] *pl.* **famuli** [fæmjʊlaɪ / fam·uli] *s.* **1** famulo **2** (*non com.*) apprendista presso un mago.

fan[1] [fæn] *s.* **1** ventaglio **2** (*mecc.*) ventola; ventilatore (girante a pale, a palette): *electric* —, ventilatore elettrico; — *turbine*, turboventilatore; — *belt*, cinghia della ventola; — *blower*, soffiante, ventola centrifuga **3** (*agr.*) vaglio (per il grano) **4** coda (di pavone); pinna caudale (di balena) **5** (*geol.*) conoide: *alluvial* —, conoide di deiezione **6** (*poet.*) ala.

to **fan**[1] *pass.p.p.* **fanned** [fænd] *v.tr.* **1** far vento a, sventolare; ventilare: *to — oneself*, farsi vento; *to — the fire*, ravvivare il fuoco (*anche fig.*); *to — the flames*, soffiare sul fuoco (anche *fig.*); *his speeches continued to — public resentment*, i suoi discorsi continuavano a ravvivare il pubblico sdegno **2** (*agr.*) vagliare (il grano) **3** (*fam. amer.*) tastare (di ladro che cerca un portafoglio); perquisire.

□ **fan out** *v.intr.* e *avv.* aprirsi, allargarsi a ventaglio.

fan[2] *s.* tifoso; appassionato (di sport ecc.); ammiratore: *opera, sports* —, appassionato d'opera, di sport; — *club*, club degli ammiratori; — *magazine*, rivista per amatori; — *mail*, posta degli ammiratori (ad attore ecc.).

fanatic [fə'nætɪk / fan·atic] *agg.* e *s.* fanatico.

fanatical [fə'nætɪkl / fan·at·ical] *agg.* fanatico // **-ly** *avv.*

fanaticism [fə'nætɪsɪzəm / fan·at·icism] *s.* fanatismo.

to **fanaticize** [fə'nætɪsaɪz / fan·at·icize] *v.tr.* (*non com.*) rendere fanatico ♦ *v.intr.* (*non com.*) agire da fanatico.

fancied ['fænsɪd / fan·cied] *agg.* **1** immaginario, fantastico **2** (*sport*) favorito.

fancier ['fænsɪə* / fan·cier] *s.* amatore; conoscitore; allevatore: *bird* —, avicoltore; *rose* —, conoscitore di rose.

fanciful ['fænsɪfʊl / fan·ci·ful] *agg.* **1** fantasioso, immaginoso **2** immaginario, fantastico // **-ly** *avv.*

fancifulness ['fænsɪfʊlnɪs / fan·ci·ful·ness] *s.* **1** fantasia; immaginazione **2** fantasticheria, capriccio, ghiribizzo.

fancy ['fænsɪ] *s.* **1** fantasia, fantasticheria, immaginazione: *idle fancies*, fantasie; *strange fancies*, strane fantasie, bizzarrie; *to catch, strike, tickle s.o.'s* —, catturare, colpire, solleticare la fantasia di qlcu. **2** capriccio, ghiribizzo **3** inclinazione, gusto; simpatia: *a passing* —, una simpatia passeggera; *it took* (o *caught*) *my — and I bought it*, mi è piaciuto e l'ho comprato; *to take a — to s.o., sthg.*, incapricciarsi per qlcu., qlco. // — *free*, non innamorato **4** idea, supposizione arbitraria; illusione: *to have a — that...*, avere una vaga idea che...; *he has a — that he can succeed in singing*, si illude di riuscire nel canto **5** (*ant.*) *the* —, gli appassionati dello sport (specialmente di pugilato) **6** *pl.* pasticcini elaborati ♦ *agg.* **1** di fantasia, immaginario, fantastico; capriccioso, stravagante **2** decorato, elaborato, ricercato: — *pants*, (*fam. amer.*) persona vestita in modo elegante ma vistoso **3** esorbitante, eccessivo: — *price*, prezzo esorbitante **4** (*fam.*) di lusso, di qualità superiore: — *food*, cibo di qualità superiore; — *dog*, cane di lusso **5** di razza scelta (di animale); selezionato (di pianta).

to **fancy** *v.tr.* **1** (I) pensare, immaginare // — *meeting you!*, chi avrebbe pensato di incontrarti!; — *now!* (o *just —!* o — *that!*), (*fam.*) chi l'avrebbe creduto!, che strano!, figurarsi!; *I — not*, non credo **2** sentirsi attirato verso, aver desiderio di, gradire: *what do you — for dinner?*, cosa ti piacerebbe per cena?; *I — a cup of tea*, ho una gran voglia di una tazza di tè; *I — a bet on the next race*, ho voglia di, mi va di scommettere sulla prossima corsa; *he rather fancies her*, si sente attratto da lei, lei gli piace **3** credere, supporre; illudersi di; avere l'impressione di: *he fancies that he can convince her*, s'illude di riuscire a convincerla; *I — I can go*, credo di poter andare; *I rather — that he won't come*, ho l'impressione che non verrà // *I don't — her chances of convincing her husband*, non credo abbia buone probabilità di convincere suo marito // *to — oneself*, avere un'alta opinione di sé; *to — oneself as a singer*, credersi un cantante **4** allevare animali di razza; coltivare (piante rare) ♦ *v.intr.* fantasticare.

fancy Dan [,fænsɪ'dæn] *s.* (*amer.*) pugile abile, ma debole nel colpire.

fancy-Dan *agg. attr.* (*fam. amer.*) pretenzioso.

fancy dress [,fænsɪ'dres *attrib.* 'fænsɪ 'dres] *s.* costume.

fancy man ['fænsɪ,mæn] *s.* (*fam.*) amante.

fancywork ['fænsɪwɜːk / fancy·work] *s.* ricamo.

fandangle [fæn'dæŋgl / fan·dangle] *s.* **1** (*antiq.*) ornamento fantasioso **2** (*fam. amer.*) accozzaglia (di cose, di persone).

fandango [fæn'dæŋgəʊ / fan·dango] *s.* (*mus.*) fandango.

fane [feɪn] *s.* (*poet.*) fano, tempio: *a feeling more accordant with his strain / than if a pyramid formed his monumental fane*, (BYRON) un sentimento più consono al suo canto di quanto una piramide lo sia come suo tempio monumentale.

fanfare ['fænfeə* / fan·fare] *s.* fanfara.

fanfaronade [,fænfærə'nɑːd / fan·far·on·ade] *s.* **1** fanfaronata, millanteria **2** fanfara.

fang [fæŋ] *s.* **1** (*zool.*) zanna; dente canino; dente velenifero (di serpente) **2** *pl.* estremità velenifere dei cheliceri (del ragno) **3** (*anat.*) dente appuntito, canino; radice dentaria **4** (*mecc.*) dente: — *bolt*, bullone con dado a becco.

to **fang** *v.tr.* **1** (*rar.*) azzannare: *destruction fang mankind!*, (SH. Timon of Athens) la distruzione azzanni l'umanità! **2** mettere in azione (una pompa).

fanged [fæŋd] *agg.* fornito di zanne.

fangle ['fæŋgl] *s.* (*rar.*) nuova moda, novità.

fangled ['fæŋgəld] *agg.* (*ant.*) frivolo, amante dell'eleganza ostentata: *be not, as is our fangled world, a garnment / nobler than that it covers*, (SH. Cymbeline) non sia come il nostro mondo alla moda, dove il vestito è più nobile della persona che lo indossa.

fanion ['fænjən / fan·ion] *s.* bandierina per segnalazioni.

fanlight ['fænlaɪt / fan·light] *s.* (*arch.*) lunetta a ventaglio.

fanner ['fænə* / fan·ner] *s.* **1** ventilatore **2** macchina vagliatrice **3** (*fam. amer.*) chi manipola apparecchi telefonici pubblici per sottrarre denaro.

fanning ['fænɪŋ / fan·ning] *s.* **1** ventilazione **2** lo sventolare.

fanny ['fænɪ] *s.* **1** (*volg.*) fica **2** (*volg. amer.*) culo, sedere.

fanon ['fænən] *s.* (*eccl.*) fanone.

fantail ['fænteɪl / fan·tail] *s.* **1** coda a ventaglio **2** (*zool.*) piccione con coda a ventaglio **3** becco a gas con fiamma a ventaglio **4** (*arch.*) struttura a ventaglio.

fantasia [fæn'teɪzjə / fan·tasia] *s.* (*mus.*) fantasia.

to **fantasize** ['fæntəsaɪz / fan·tas·ize] *v.intr.* fantasticare; perdersi in fantasticherie: *he fantasizes too much*, fantastica troppo; *they like to — about winning the pools*, amano fantasticare di una vincita alla lotteria.

fantasm → **phantasm**.

fantast ['fæntæst / fant·ast] *s.* (*non com.*) visionario, sognatore.

fantastic [fæn'tæstɪk / fant·astic] *agg.* **1** (*fam.*) eccellente, straordinario; molto bello: *a — shirt*, una camicia bellissima; *a — car*, una macchina fantastica **2** molto grande: *she spent a — amount of money*, spese un sacco di soldi **3** (*non com.*) bizzarro, strano: *to be fantastic may become a youth*, (SH. Two Gentlemen of Verona) acconciarsi in modo bizzarro si addice ai giovani ♦ *s.* (*ant.*) → fantastico.

fantastical [fæn'tæstɪkl / fant·ast·ical] *agg.* **1** bizzarro, capriccioso, strano **2** fantastico, immaginario, irreale ♦ *s.* (*ant.*) creatura dell'immaginazione: *I' the name of truth, / are ye fantastical...?*, (SH. Macbeth) in nome della verità siete voi creature della fantasia...?

fantastically [fæn'tæstɪkəlɪ / fant·ast·ic·ally] *avv.* **1** fantasticamente; eccezionalmente: *a — good memory*, una memoria eccezionale, eccezionalmente buona **2** capricciosamente.

fantasticalness [fæn'tæstɪklnɪs / fant·ast·ical·ness] *s.* (*non com.*) bizzarria, eccentricità.

to **fantasticate** [fæn'tæstɪkeɪt / fant·ast·ic·ate] *v.intr.* fantasticare.

fantastico [fæn'tæstɪkəʊ / fant·ast·ico] *s.* (*ant.*) vagheggino, ganimede: *the pox on such antic, lisping, affecting fantasticoes*, (SH. The Tempest) che la peste se li porti questi vanesi, bizzarri, farfuglianti ganimedi.

fantasy ['fæntəsɪ / fant·asy] *s.* **1** fantasia, immaginazione: *...my own fantasy...ruminates on necromantic skill*, (MARLOWE) ...la mia immaginazione...medita sulle possibilità negromantiche **2** capriccio **3** prodotto della fantasia, visione: *to engage, indulge in fantasies*, perdersi in fantasie, accarezzare delle fantasie // *he has fantasies about winning the world cup*, si illude di vincere la coppa del mondo **4** (*mus.*) fantasia.

fanzine ['fænziːn / fan·zine] *s.* rivista per appassionati (spec. di musica pop o fantascienza) • Contr. di *fan magazine*.

faquir ['fɑːkɪə*] → **fakir**.

far [fɑː*] *compar.* **farther** ['fɑːðə* / far·ther] **further** ['fɜːðə* / fur·ther] *superl.* **farthest** [fɑːðɪst / far·thest] **furthest** ['fɜːðɪst / fur·thest] *agg.* **1** lontano, distante, discosto, remoto: *a — country*, un paese lontano; *the — past*, il lontano passato; — *places*, luoghi remoti // *the Far East*, l'Estremo Oriente // *the Far West*, il Far West // *his presents are few and — between*, i suoi regali sono assai rari // *it's a — cry from here to...*, c'è una bella distanza da qui a... **2** (*pol.*) estremo: *the — left, right*, l'estrema sinistra, destra **3** (= *farther, further*) più distante; opposto: *the — bank of the river*, la riva opposta del fiume; *the — wall of the room*, la parete più distante della stanza ♦ *s.* luogo lontano: *do you come from —?*, vieni da un luogo lontano?

far *avv.* **1** lontano, distante: *the house isn't — from here*, la casa non è distante da qui; *"How — did you go?" "As — as Glasgow"*, "Fin dove sei andato?" "Fino a Glasgow"; *how — is it from San Diego to San Francisco?*, quanto c'è da San Diego a San Francisco?; *this young man will go —*, questo giovane andrà lontano, farà strada; *their family goes as — back as the Normans*, la loro famiglia risale addirittura ai Normanni; *how — will the new taxes affect me?*, in che misura mi colpiranno le nuove tasse?; *his new schemes didn't get us very —*, i suoi nuovi progetti non ci hanno portato molto lontano; *his criticism went too — and offended everybody*, le sue critiche andarono troppo oltre e offesero tutti; *his guess wasn't — wrong* (o *— out* o *— off*), ci è andato vicino, ci ha quasi azzeccato; *if you take the first on your left, you won't go — wrong*, se prendete la prima a sinistra, l'azzeccherete quasi certamente // *— and near* (o *— and wide*), dappertutto // *— away* (o *off*), lontano // *so — and no further*, fin qui e non oltre // *so — so good*, sin qui va bene **2** (anche *cong.*) *as — as, so — as*, per quanto; in quanto: *as — as I know, he's lived here for twenty years*, per quanto io sappia, vive qui da vent'anni; *as — as I'm concerned, the proposal has never been made*, per quanto mi riguarda, la proposta non è mai stata fatta; *as — as I remember, I got here at half past eight*, per quanto mi ricordo, arrivai qui alle otto e mezza; *we cooperated with them as — as possible*, abbiamo collaborato con loro nei limiti del possibile // *he even went as* (o *so*) *— as to suggest the accident was my fault*, è arrivato al punto di insinuare che la colpa dell'incidente era mia // *I wouldn't go as — as to say that, but...*, non arriverei al punto di dire ciò, ma... // *this plan is fine as — as it goes*, questo progetto va bene fin dove arriva // *(in) so — as she could she wrote down all the details*, per quanto poté, annotò tutti i particolari // *so —*, (form. *thus —*) finora; fino ad ora; fino a un certo punto: *so — he hasn't made any mistakes*, finora non ha commesso errori // *as — as the eye can see*, a perdita d'occhio **3** *— from*, lungi da: *the table was — from clean*, il tavolo era lungi dall'essere pulito; *he was — from being rich*, era lungi dall'essere ricco; *— from remembering her name he couldn't even remember her face*, lungi dal ricordarne il nome, egli non riusciva neppure a ricordare il viso di lei; *I don't dislike them, — from it, but they sometimes annoy me*, non mi dispiacciono, al contrario, ma talvolta mi danno fastidio // *— be it from me*, lungi da me: *— be it from me to interfere but I must say...*, lungi da me intromettermi, ma devo dire... **4** (*con un compar.*) di gran lunga, molto, assai: *— better, worse, larger*, assai migliore, peggiore, più grande; *they paid me — more than I expected*, mi hanno pagato molto di più di quanto mi aspettassi // *she spends — too much on clothes*, spende decisamente troppo in vestiti // *there were — too many people at the party*, c'era veramente troppa gente alla festa // *by —* (o *— and away*), moltissimo, di gran lunga: *it was by — the best choice*, è stata di gran lunga la scelta migliore; *he is by — the most original thinker of his age*, è di gran lunga il più originale pensatore del suo tempo.

farad ['færəd] *s.* (*fis.*) farad.

faradaic [,færə'deɪk / farad·aic] *agg.* (*fis.*) faradico: *— current*, corrente faradica.

faraday ['færədɪ / fa·ra·day] *s.* (*chim. fis.*) costante di Faraday.

faraway ['fɑ:rəweɪ / far·away] *agg.* **1** distante **2** (*fig.*) assente, lontano, distratto.

farce [fɑ:s] *s.* **1** (*teatr.*) farsa **2** (*fig.*) situazione farsesca, buffonata: *the discussions were a mere —*, i dibattiti furono una pura farsa **3** umorismo farsesco.

to **farce** *v.tr.* (*ant. cuc.*) farcire.

farcical ['fɑ:sɪkl / far·cical] *agg.* (*teatr.*) farsesco; burlesco, buffo, comico // **-ly** *avv.*

farcicality [,fɑ:sɪ'kælɪtɪ / far·cic·al·ity] *s.* l'essere farsesco.

farcy ['fɑ:sɪ] *s.* (*vet.*) farcino, scabbia (spec. del cavallo).

farcy-bud [,fɑ:sɪ'bʌd] **farcy-button** [,fɑ:sɪ'bʌtn] *s.* (*vet.*) nodulo della morva.

fardel ['fɑ:dl / far·del] *s.* (*ant.*) **1** fardello, fagotto: *who would fardels bear?*, (SH. Hamlet) chi vorrebbe portare dei fardelli? **2** (*fig.*) peso; sventura.

fardel-bag ['fɑ:dlbæg] *s.* (*zool.*) omaso (dei ruminanti).

fare [feə*] *s.* **1** prezzo di una corsa (in treno, tram, autobus ecc.); prezzo di trasporto; tariffa: *fares will be raised next month*, le tariffe subiranno un aumento il mese prossimo; *adult —* (o *full —*), tariffa intera; *excess —*, supplemento (di tariffa); *return —*, prezzo del biglietto di andata e ritorno; *single —*, prezzo del biglietto semplice // *— dodgers*, passeggeri abusivi, senza biglietto **2** passeggero, cliente: *the taximan took his — to the station*, il tassista condusse il suo cliente alla stazione **3** (*antiq.*) vitto, cibo; viveri (*pl.*): *bill of —*, lista delle vivande; *good, bad —*, vitto buono, cattivo // *bachelors' —: bread and cheese, and kisses*, (*prov.*) la dieta dello scapolo: pane, formaggio e baci.

to **fare** *v.intr.* **1** andare (bene, male): *he fared well in his business*, ebbe successo negli affari; *how fares it?*, (*fam.*) come vanno le cose?; *it has fared well, ill with him*, (*antiq.*) le cose gli sono andate bene, male **2** (*antiq.*) andare; vagare; viaggiare // *— thee well*, (*poet.*) addio!; *to — forth*, partire **3** (*antiq.*) nutrirsi, essere nutriti: *to — well*, trattarsi bene (a tavola).

farewell [,feə'wel / fare·well] *s.* congedo, commiato benaugurante: *to take one's — of s.o.*, prendere congedo da qlcu.; *— party*, festa d'addio.

farewell *inter.* addio!: *— for ever*, addio per sempre.

farfetched [,fɑ:'fetʃt / far·fetched] *agg.* **1** inverosimile; incredibile **2** stiracchiato, forzato (di conclusione ecc.).

far-flung [,fɑ:,flʌŋ] *agg.* **1** esteso, ampio; disseminato in tutto il mondo: *— supporters*, sostenitori disseminati in tutto il mondo **2** distante, remoto: *— countries*, paesi remoti.

farina [fə'raɪnə / fa·rina] *s.* **1** farina **2** (*bot.*) polline **3** (*chim.*) amido di patate.

farinaceous [,færɪ'neɪʃəs / far·in·aceous] *agg.* **1** farinaceo **2** amidaceo.

farinose ['færɪnəʊs / far·in·ose] *agg.* farinoso; infarinato.

farl [fɑ:l] *s.* (*scoz.*) focaccina di farina d'avena o di frumento.

farm[1] [fɑ:m] *s.* **1** fattoria; azienda agricola; tenuta, podere: *— equipment*, materiale agricolo // *health —*, clinica della salute // (*econ.*): *— prices*, prezzi agricoli; *— surplus*, eccedenze agricole; *— subsidies*, sovvenzioni all'agricoltura **2** allevamento, vivaio: *chicken, stud —*, allevamento di polli, di cavalli; *oyster —*, vivaio di ostriche **3** (*st.*) canone d'affitto (di terreni ecc.).

to **farm**[1] *v.tr.* **1** coltivare: *he farms 200 acres*, egli coltiva 200 acri **2** allevare ♦ *v.intr.* fare l'agricoltore; fare l'allevatore: *he is farming in Australia*, fa l'agricoltore in Australia.

□ **farm out** *v.tr.* e *avv.* **1** dare in appalto; dar fuori (lavoro ecc.): *to — out taxes*, appaltare la riscossione delle imposte **2** far allevare (un bambino) da altri.

to **farm**[2] *v.tr.* (*rar.*) vuotare, pulire.

farmable ['fɑ:məbl / farm·able] *agg.* coltivabile.

farmer ['fɑ:mə*] *s.* **1** coltivatore (diretto), colono, agricoltore // *—'s year*, anno agricolo **2** allevatore: *stock —*, allevatore di bestiame **3** esattore **4** (*antiq.*) zoticone.

farmhand ['fɑ:m,hænd / farm·hand] *s.* bracciante agricolo SIN. **farm labourer**.

farmhouse ['fɑ:mhaʊs / farm·house] *s.* casa colonica.

farming ['fɑ:mɪŋ / farm·ing] *s.* **1** il lavorare la terra; agricoltura; coltivazione: *he likes —*, gli piace fare l'agricoltore **2** il possedere, il dirigere una fattoria **3** allevamento **4** il dare, prendere in affitto (terre ecc.) **5** appalto.

farm labourer ['fɑ:m,leɪbərə*] → **farmhand**.

farmstead ['fɑ:msted / farm·stead] *s.* (*spec. amer.*) fattoria.

farmyard ['fɑ:mjɑ:d / farm·yard] *s.* aia; cortile SIN. **barnyard**.

faro ['feərəʊ] *s.* (*carte*) faraone.

far-off [,fɑ:r'ɒf] *agg.* lontano (nello spazio e nel tempo).

farouche [fə'ru:ʃ / fa·rouche] *agg.* **1** timido, ritroso **2** scontroso.

far-out [,fɑ:r'aʊt] *agg.* (*sl.*) **1** strano, insolito; originale **2** molto bello; molto buono; eccezionale.

farraginous [fə'reɪdʒɪnəs / far·ra·gin·ous] *agg.* farraginoso.

farrago [fə'rɑ:gəʊ / far·rago] *s.* miscuglio, farragine.

far-reaching [,fɑ:'ri:tʃɪŋ] *agg.* di lunga, vasta portata.

farrier ['færɪə* / far·rier] *s.* **1** maniscalco **2** (*ant.*) veterinario; (*mil.*) ufficiale veterinario.

farriery ['færɪərɪ / far·ri·ery] *s.* **1** lavoro del maniscalco **2** (*ant.*) veterinaria.

farrow ['færəʊ / far·row] *s.* figliata (di scrofa): *pour in sow's blood, that hath eaten / her nine farrow*, (SH. Macbeth) gettate dentro il sangue di una scrofa / che si è mangiata i nove della sua figliata.

to **farrow** *v.tr.* e *intr.* figliare (di scrofa).

farsighted [,fɑ:'saɪtɪd / far·sighted] *agg.* **1** (*med. spec. amer.*) ipermetrope **2** (*fig.*) prudente, previdente // **-ly** *avv.*

farsightedness [,fɑ:'saɪtɪdnɪs / far·sight·ed·ness] *s.* (*med. spec. amer.*) ipermetropia.

fart [fɑ:t] *s.* **1** (*volg.*) peto, scoreggia // *I don't give a —*, non me ne frega niente **2** (*sl.*) persona sgradevole; (*sl. amer.*) persona stupida.

to **fart** *v.intr.* (*volg.*) emettere peti, scoreggiare; *to — about, around*, (*volg.*) ciondolare in giro, andare in giro oziosamente.

farther ['fɑ:ðə* / far·ther] *agg.* (*compar.* di **far**) **1** più lontano, più distante; opposto: *the — wall of the room*, la parete più lontana della stanza; *on the — bank of the river*, sulla riva opposta del fiume **2** ulteriore, in più; addizionale ♦ *avv.* **1** di più, inoltre **2** oltre, più lontano: *— back*, più indietro; *— off*, più distante; *— on*, più avanti; *we couldn't go any —*, non potevamo andare oltre.

to **farther** *v.tr.* (*rar.*) facilitare, far progredire.

farthermost ['fɑ:ðəməʊst / far·ther·most] *agg.* il più lontano (di luogo).

farthest ['fɑ:ðɪst / far·thest] (*superl.* di **far**) *agg.* e *avv.* il più lontano: *at the* —, al più tardi; al più lontano; al massimo.

farthing ['fɑ:ðɪŋ / farth·ing] *s.* quarto di penny (nel vecchio sistema monetario inglese): *he left the town, without laying out so much as one farthing upon these vanities*, (J. BUNYAN) lasciò la città senza spendere nemmeno un soldo in queste vanità // *it does not matter a* —, non importa nulla; *it is not worth a (brass)* —, non vale un centesimo.

farthingale ['fɑ:ðɪŋgeɪl / far·thin·gale] *s.* crinolina; guardinfante.

fasces ['fæsi:z / fas·ces] *s.pl.* (*st. romana*) fasci.

fascia ['fæʃɪə *nel senso 3* 'feɪʃə / fas·cia] *pl.* **fascias** meno com. **fasciae** ['feɪʃɪi:] *s.* **1** cruscotto (dell'automobile) **2** insegna (di negozio) **3** (*arch.*) fascia **4** (*anat.*) aponeurosi **5** (*non com.*) benda, fascia.

fasciate ['fæʃɪeɪt / fas·ci·ate] **fasciated** ['fæʃɪeɪtɪd / fas·ci·ated] *agg.* **1** (*bot.*) affastellato, fascicolato **2** (*zool.*) striato.

fasciation [,fæʃɪ'eɪʃn / fas·cia·tion] *s.* **1** fasciatura **2** (*bot.*) fasciazione.

fascicle ['fæsɪkl / fas·cicle] *s.* **1** (*bot.*) mazzetto, ciuffo, fascetto **2** (*anat.*) fascicolo: *muscle* —, fascicolo muscolare **3** fascicolo, dispensa.

fasciculate [fə'sɪkjʊlɪt / fas·cic·ul·ate] **fasciculated** [fə'sɪkjʊ,leɪtɪd / fas·cic·ul·ated] *agg.* (*bot.*) fascicolato.

fasciculation [fə,sɪkjʊ'leɪʃn / fas·cic·ula·tion] *s.* (*biol.*) formazione di fascicoli.

fascicule ['fæsɪkju:l / fas·cic·ule] → **fascicle**.

fasciculus [fə'sɪkjʊləs / fas·cic·ulus] *pl.* **fasciculi** [fə'sɪkjʊlaɪ / fas·cic·uli] *s.* **1** (*anat.*) fasciculus (muscolare) **2** → fascicle 2.

to **fascinate** ['fæsɪneɪt / fas·cin·ate] *v.tr.* affascinare, ammaliare, incantare.

fascinating ['fæsɪneɪtɪŋ / fas·cin·at·ing] *agg.* avvincente, affascinante, incantevole // **-ly** *avv.*

fascination [,fæsɪ'neɪʃn / fas·cina·tion] *s.* fascino, attrattiva, malia, incanto: *we stared in — at the intricate structure of the nest*, guardavamo affascinati la complicata struttura del nido.

fascinator ['fæsɪneɪtə* / fas·cin·ator] *s.* **1** ammaliatore, persona che affascina **2** (*amer.*) fisciù, scialletto.

fascine [fæ'si:n / fas·cine] *s.* (*mil.*) fascina // (*etnologia*) — *dwelling*, palafitta.

fascism ['fæʃɪzəm / fas·cism] *s.* fascismo.

fascist ['fæʃɪst / fas·cist] *agg.* e *s.* fascista.

to **fash** [fæʃ] *v.tr.* (*scoz.*) annoiare, seccare: *to — oneself*, annoiarsi ♦ *v.intr.* (*scoz.*) preoccuparsi, tormentarsi.

fashion ['fæʃn / fash·ion] *s.* **1** modo, maniera: *in a* —, in un certo modo; *after the — of*, alla maniera di, a imitazione di: *they behaved in a strange* —, si comportarono in modo strano; *to speak in a rude* —, parlare in modo villano // *I've built a table for myself after a* —, mi sono costruita un tavolo in un modo o nell'altro, alla buona **2** abitudine, uso, usanza: *she got up at eight o' clock, as was her* —, si alzò alle otto, come d'abitudine **3** moda, foggia, stile, voga: *in, out of* —, alla moda, fuori moda; *in the latest* —, all'ultima moda; — *changes every year*, la moda cambia ogni anno; *to be all the* —, essere alla moda; *to come into —, to go out of* —, venire, passare di moda; *to bring sthg. into* —, lanciare la moda di qlco.; *to follow* (o *to be in*) *the* —, seguire la moda; *short skirts are in* (o *the*) — *this year*, quest'anno sono di moda le gonne corte; *to set the* —, lanciare, creare la moda; — *wear*, abbigliamento di moda; — *magazine*, rivista di moda; — *industry*, l'industria della moda; *fashions from Milan*, moda, articoli di moda da Milano **4** usi convenzionali dell'alta società.

to **fashion** *v.tr.* foggiare, forgiare, formare, modellare (*anche fig.*): *to — a boat out of a trunk*, fare una barca da un tronco d'albero; *to — clay into a jug*, foggiare una brocca dall'argilla; *to — a way of life (for oneself)*, crearsi, formarsi uno stile di vita.

fashionable ['fæʃnəbl / fash·ion·able] *agg.* **1** alla moda, di moda: *green is very — this year*, il verde è molto di moda quest'anno **2** elegante, distinto: — *gentleman*, uomo elegante, della buona società // — *circles*, gli ambienti, i circoli alla moda; *the — world*, il bel mondo, il gran mondo ♦ *s.* persona elegante, alla moda.

fashionableness ['fæʃnəblnɪs / fash·ion·able·ness] *s.* eleganza, distinzione.

fashionably ['fæʃnəblɪ / fash·ion·ably] *avv.* alla moda, elegantemente.

fashion designer ['fæʃndɪ,zaɪnə*] *s.* stilista; figurinista.

fashion-plate ['fæʃnpleɪt] *s.* **1** figurino (di moda) **2** (*fig.*) persona vestita con eleganza, con cura, figurino.

fast[1] [fɑ:st *amer.* fæst] *agg.* **1** rapido, veloce, celere; in anticipo (di orologio): *a — train*, un treno diretto; *a — trip*, un viaggio rapido; *the horse went at a — trot*, il cavallo andava a trotto serrato; *my watch is ten minutes* —, il mio orologio è avanti di dieci minuti; — *lane*, corsia di sorpasso // *to live on the — lane*, vivere una vita spericolata // *by the end of his performance laughs were coming — and furious*, alla fine della sua esibizione le risate giungevano fitte e fragorose // *to be on the — track*, (*fam.*) avere ampie possibilità di carriera // *to pull a — one*, (*fam.*) giocare un brutto tiro (a qlcu.) // (*fot.*) — *film*, pellicola sensibile // (*fis. nucleare*) — *neutron*, neutrone veloce; — *breeder (reactor)*, reattore autofertilizzante a neutroni veloci **2** fermo, saldo, fisso; attaccato; solido, inalterabile: — *colours*, colori solidi; *a — knot*, un nodo stretto, saldo; *make the boat* —, legate bene la barca; *the post is — in the ground*, il palo è fisso nel terreno; *to make the doors* —, chiudere per bene a chiave le porte // (*geogr.*) — *ice*, ghiaccio costiero // *hard and — rules*, regolamenti di servizio // *to take (a) — hold of*, afferrare saldamente **3** (*fig.*) fedele, leale; provato: *a — friend*, un amico fedele **4** (*fig.*) dissoluto, libertino, amante dei piaceri: *the — set*, quelli che fanno la bella vita, i gaudenti; *a — woman*, (*antiq.*) una donna di dubbia reputazione; *he lives a — life*, conduce una vita dissoluta.

fast[1] *avv.* **1** presto, velocemente, rapidamente: *he needs a doctor, — !*, ha bisogno di un medico, presto!; *he ran as — as he could*, corse più velocemente possibile; *her tears fell* —, pianse a calde lacrime; *it is raining* —, piove a dirotto; *to talk* —, parlare in fretta; *to walk* —, camminare veloce // *not so* —, adagio, con calma **2** fermamente; saldamente; fortemente; strettamente: — *asleep*, profondamente addormentato; — *beside* (o — *by*), (*ant.*) vicinissimo; *hold — to the branch*, tienti saldo al ramo; *stand* —, sta fermo; *they bound him* —, lo legarono stretto // *to play — and loose (with)*, giocare a tiremmolla (con); (*fig.*) fare il doppio gioco **3** in modo dissoluto: *to live* —, condurre una vita dissoluta.

fast[2] *s.* astinenza, digiuno: *to break one's* —, rompere il digiuno.

to **fast**[2] *v.intr.* digiunare; osservare il digiuno (*anche eccl.*).

fast[3] *s.* (*mar.*) trozza.

fastback ['fɑ:stbæk *amer.* 'fæstbæk / fast·back] *s.* (*zool.*) razza di maiali magri.

fast-day ['fɑ:stdeɪ *amer.* 'fæstdeɪ] *s.* (*eccl.*) giorno di digiuno.

to **fasten** ['fɑ:sn *amer.* 'fæsn] *v.tr.* **1** attaccare, legare, stringere (un nodo); allacciare: *to — a dress*, allacciare un vestito; *to — buttons*, allacciare i bottoni; *to — the seatbelt*, allacciare la cintura di sicurezza; *to — (up) a parcel*, legare un pacco **2** chiudere; sbarrare: *the lid will not* —, non si riesce a chiudere il coperchio; *to — a bolt*, chiudere un chiavistello // *the dog fastened its teeth on the stick*, il cane serrò i denti sul bastone // *to — off*, assicurare con un nodo **3** fissare, bloccare: *they fastened down the lid of the coffin with eight screws*, fissarono il coperchio della bara con otto viti; *to — with screws*, fissare con viti, avvitare; *to — with pegs*, fissare con caviglie, incavigliare; *to — with wedges*, bloccare con biette, imbiettare ♦ *v.intr.* **1** allacciarsi: *the dress fastens at the back*, il vestito si allaccia sulla schiena **2** chiudersi, serrarsi.

□ **fasten (up)on** *v.tr.* e *prep.* concentrare, fissare (l'attenzione): *to — one's attention on a subject*, concentrare l'attenzione su un argomento // *to — a nickname on s.o.*, affibbiare un soprannome a qlcu. // *to — one's eyes on s.o.*, fissare qlcu. con insistenza // *to — a crime on s.o.*, incolpare qlcu. di un delitto ♦ *v.intr.* e *prep.* **1** concentrarsi, fissarsi (su qlco.) **2** attaccarsi: *she fastened (up)on* (o *on to*) *our guide and kept him for herself throughout the trip*, si attaccò alla nostra guida e la tenne per sé per tutto il viaggio.

□ **fasten up** *v.tr.* e *avv.* allacciare; chiudere; serrare.

fastener ['fɑ:snə* *amer.* 'fæsnə* / fast·ener] *s.* chi, ciò che lega insieme; legaccio, laccio; chiusura, fermaglio; dispositivo di fissaggio: *door* —, chiavistello; *paper, sample* —, fermaglio per carta, per campioni; *self-locking* —, fermaglio automatico; *snap* —, bottoncino a pressione, automatico; *zip* —, chiusura lampo.

fastening ['fɑ:snɪŋ *amer.* 'fæsnɪŋ / fast·en·ing] *s.* **1** legatura, fissaggio // (*mecc.*) — *screw*, vite di fissaggio **2** gancio; chiavistello.

faster ['fɑ:stə* *amer.* 'fæstə*] *s.* digiunatore.

fast food ['fɑ:st'fu:d] *s.* [U] pasto rapido (anche da asporto): — *restaurant*, locale dove si consumano pasti rapidi, fast food.

fastidious [fə'stɪdɪəs / fas·ti·di·ous] *agg.* (*form.*) **1** meticoloso, esigente, difficile da accontentare; (*fam.*) pignolo: *she'very — about her dresses*, è molto esigente in fatto di abiti **2** schizzinoso, schifiltoso // **-ly** *avv.* // **-ness** *s.*

fastigiate [fəˈstɪdʒɪt / fas·ti·gi·ate] *agg.* (*arch., bot.*) fastigiato.

fasting [ˈfɑːstɪŋ *amer.* ˈfæstɪŋ / fast·ing] *s.* (*med.*) digiuno.

fastness [ˈfɑːstnɪs *amer.* ˈfæstnɪs / fast·ness] *s.* **1** velocità, celerità **2** fermezza, saldezza, forza (*anche fig.*); solidità, inalterabilità (di colori) **3** (*letter.*) luogo inespugnabile (gener. in montagna, di banditi).

fat[1] [fæt] *agg.* **1** grasso; untuoso; oleoso: — *meat*, carne grassa // *to cut up* —, (*sl.*) morire lasciando un patrimonio // — *coal*, carbone grasso **2** composto di grasso, adiposo: — *cell*, cellula adiposa **3** grasso, grosso, corpulento, pingue: *to get* (o *to grow*) —, ingrassare // — *book*, (*fig.*) libro voluminoso // — *wallet*, (*fam.*) portafogli ben fornito // *Dallas grew — on the oil trade*, Dallas si è ingrassata, arricchita col commercio del petrolio // *that's a — lot of help!*, (*iron.*) questo sì che è un grosso aiuto! // — *chance!*, impossibile! **4** fertile, ricco, proficuo: *a — job*, un lavoro ben rimunerato; — *lands*, terreni fertili **5** (*ant.*) spiacevole: *it is as fat and fulsome to my ear / as howling after music*, (SH. Twelfth Night) è gradevole al mio orecchio come il latrare d'un cane dopo la musica.

fat[1] *s.* **1** grasso: *animal, vegetable* —, grasso animale, vegetale // *the — is in the fire*, (*fam.*) ormai il male è fatto **2** grasso, adiposità, corpulenza: *to put on* —, ingrassare; *she's running to* —, si sta appesantendo, sta ingrassando **3** (*fig.*) lusso, vita comoda: *to live on the — of the land*, vivere nella bambagia, nel lusso **4** (*teatr.*) parte di rilievo **5** (*biochim.*) gliceride; grasso saturo // *wool* —, lanolina.

to **fat**[1] *pass.p.p.* **fatted** [ˈfætɪd / fat·ted] → to **fatten**.

fat[2] *s.* (*ant.*) tino: *in thy fats our cares be drown'd*, (SH. Antony and Cleopatra) nei tuoi tini affogheremo i nostri affanni.

fatal [ˈfeɪtl / fa·tal] *agg.* **1** fatale, mortale: — *accident, injury*, incidente, infortunio mortale // (*inform.*) — *error*, errore irrimediabile **2** determinante; decisivo **3** fatale, ineluttabile, inevitabile; necessario; destinato, voluto dal destino // (*mit.*) *the — sisters*, le Parche.

fatalism [ˈfeɪtəlɪzəm / fa·tal·ism] *s.* fatalismo.

fatalist [ˈfeɪtəlɪst / fa·tal·ist] *s.* fatalista.

fatalistic [ˌfeɪtəˈlɪstɪk / fa·tal·istic] *agg.* fatalistico.

fatality [fəˈtælɪtɪ / fat·al·ity] *s.* **1** morte accidentale; vittima, morto **2** esito mortale, mortalità **3** fatalità; sottomissione al destino **4** sfortuna, calamità.

fatally [ˈfeɪtəlɪ / fa·tally] *avv.* **1** mortalmente **2** fatalmente; inevitabilmente.

fata Morgana [ˈfɑːtəmɔːˈgɑːnə / fata Mor·gana] *s.* (*meteor.*) fata morgana, miraggio.

fat cat [ˌfætˈkæt] *s.* (*fam. amer.*, *spreg.*) riccone.

fate [feɪt] *s.* **1** fato, destino: *they wished to go to America but — decided where they should go*, desideravano andare in America ma il fato decise dove dovevano andare // *as sure as* —, certissimo **2** sorte: *to leave s.o. to his* —, abbandonare qlcu. al suo destino // *a — worse than death*, un destino peggiore della morte **3** morte; distruzione: *to meet one's* —, essere uccisi.

fated [ˈfeɪtɪd] *agg.* destinato: *it was — (that)...*, fu stabilito (che)...; *to be — to...*, essere destinato a...

fateful [ˈfeɪtfʊl / fate·ful] *agg.* **1** importante; decisivo; fatale **2** profetico **3** mortale.

fatefulness [ˈfeɪtfʊlnɪs / fate·ful·ness] *s.* fatalità.

Fates [feɪts] *s.pl.* (*mit.*) le Parche.

fathead [ˈfæthed / fat·head] *s.* (*fam.*) persona sciocca, stupida.

fat-headed [ˌfætˈhedɪd] *agg.* (*fam.*) stupido, sciocco.

fat-hen [ˈfætˈhen] *s.* (*bot.*) (*Chenopodium bonus-henricus*) chenopodio; (*pop.*) spinacio selvatico.

father [ˈfɑːðə*] *s.* **1** padre: *he was a — to her*, le fece da padre; *Shaw is the — of modern British theatre*, Shaw è il padre del teatro moderno inglese // *adoptive* —, padre adottivo // — *confessor*, padre spirituale // — *figure*, figura paterna // *like — like son*, tale il padre tale il figlio // *Old Father Time*, il tempo **2** *Father*, Padre; *the Father*, il Padre; *God the Father*, Dio Padre; *the Holy Father*, il Santo Padre, il Papa; *the most Reverend Father O'Brien*, il molto Reverendo Padre O'Brien // *the Fathers of the Church*, i Padri della Chiesa **3** *pl.* gli anziani: *our fathers*, i nostri antenati // *the Pilgrim Fathers*, (*st. amer.*) i Padri Pellegrini.

to **father** *v.tr.* **1** procreare **2** adottare (un bimbo) **3** riconoscere la paternità di **4** (*fig.*) attribuire, addossare la paternità di (libro, progetto ecc.): *they tried to — the quotation on me*, cercarono di attribuirmi, affibbiarmi la paternità di quelle parole.

Father Christmas [ˌfɑːðəˈkrɪsməs] *s.* Babbo Natale.

fatherhood [ˈfɑːðəhʊd / fath·er·hood] *s.* paternità.

father-in-law [ˈfɑːðərɪnlɔː] *pl.* **fathers -in-law** *s.* suocero.

fatherland [ˈfɑːðəlænd / fath·er·land] *s.* (madre) patria.

fatherless [ˈfɑːðəlɪs / fath·er·less] *agg.* **1** orfano di padre **2** figlio di padre sconosciuto, figlio illegittimo.

fatherlike [ˈfɑːðəlaɪk / fath·er·like] *agg.* (*non com.*) paterno ◆ *avv.* (*non com.*) paternamente.

fatherliness [fɑːðəlɪnɪs / fath·er·li·ness] *s.* amore, affetto paterno.

fatherly [ˈfɑːðəlɪ / fath·erly] *agg.* paterno ◆ *avv.* paternamente.

fathom [ˈfæðəm] *s.* (*metrol.*) fathom (misura di profondità = 1,829 m): *ten fathoms deep*, a dieci fathom di profondità, profondo dieci fathom.

to **fathom** *v.tr.* **1** (*mar.*) scandagliare, sondare, misurare la profondità di **2** (*fig.*) approfondire, penetrare, spiegare (questione ecc.) **3** (*ant.*) abbracciare.

□ **fathom out** *v.tr.* e *avv.* riuscire a capire, spiegare, penetrare: *I couldn't — out her behaviour*, non riuscivo a capire il suo comportamento.

fathomable [ˈfæðəməbl / fathom·able] *agg.* (*non com.*) **1** misurabile **2** (*fig.*) spiegabile, comprensibile.

fathomless [ˈfæðəmlɪs / fathom·less] *agg.* **1** incommensurabile **2** (*fig.*) incomprensibile, impenetrabile.

fatidic(al) [feɪˈtɪdɪk(l) / fa·ti·dic(al)] *agg.* (*non com.*) fatidico // **-ally** *avv.*

fatigue [fəˈtiːg / fa·tigue] *s.* **1** stanchezza, affaticamento: *muscular* —, affaticamento muscolare; *he had dropped with* —, era caduto per la stanchezza **2** fatica; lavoro faticoso, pesante **3** (*mil.*) corvée **4** *pl.* (*mil.*) → **fatigue uniform** **5** (*fis., tecn.*) fatica; usura: — *of materials, of metals*, fatica dei materiali, dei metalli.

to **fatigue** *v.tr.* **1** (*fam.*) affaticare, stancare **2** (*fis., tecn.*) affaticare, sottoporre a fatica; usurare.

fatigue duty [fəˈtiːgˌdjuːtɪ] → **fatigue** 3.

fatigueless [fəˈtiːglɪs / fa·tigue·less] *agg.* instancabile.

fatigue-party [fəˈtiːgˌpɑːtɪ] *s.* (*mil.*) squadra di corvée.

fatigue uniform [fəˈtiːgˌjuːnɪfɔːm] *s.* (*mil.*) uniforme da corvée, da fatica.

fatiguing [fəˈtiːgɪŋ / fa·tiguing] *agg.* stancante, snervante, sfibrante // **-ly** *avv.*

fatless [ˈfætləs / fat·less] *agg.* senza grassi (di cibo).

fatling [ˈfætlɪŋ / fat·ling] *s.* animale giovane da ingrasso (vitello, maiale ecc.).

fatly [ˈfætlɪ] *avv.* **1** largamente, lautamente; lussuosamente **2** pesantemente, grevemente **3** (*non com.*) con aria di sufficienza.

fatness [ˈfætnɪs / fat·ness] *s.* grassezza, pinguedine; corpulenza.

fatted [ˈfætɪd / fat·ted] *agg.*: *to kill the — calf*, (*fig.*) uccidere il vitello grasso; far festa a chi ritorna.

to **fatten** [ˈfætn / fat·ten] *v.tr.* **1** ingrassare, far ingrassare **2** (*fig.*) aumentare, arricchire ◆ *v.intr.* **1** ingrassare, diventare grasso **2** (*fig.*) diventare ricco.

□ **fatten up** *v.tr.* e *intr.* e *avv.* (fare) ingrassare: *the turkeys were fattening up nicely for the Christmas season*, i tacchini ingrassavano bene per il Natale.

fattener [ˈfætnə* / fat·ten·er] *s.* **1** ingrassatore **2** ciò che fa ingrassare.

fattening [ˈfætnɪŋ / fat·ten·ing] *agg.* ingrassante, che fa ingrassare, che ingrassa ◆ *s.* ingrassamento.

fattiness [ˈfætɪnɪs / fat·ti·ness] *s.* untuosità.

fattish [ˈfætɪʃ / fat·tish] *agg.* grassoccio.

fatty [ˈfætɪ] *agg.* untuoso, oleoso: — *oil*, olio grasso // (*biochim.*) — *acids*, acidi grassi, gliceridi // (*anat.*) — *tissue*, tessuto adiposo ◆ *s.* (*fam. spreg.*) persona grassa, grassone.

fatuitous [fəˈtjuːətəs / fa·tu·it·ous] *agg.* (*non com.*) fatuo.

fatuity [fəˈtjuːətɪ / fa·tu·ity] *s.* fatuità.

fatuous [ˈfætjʊəs / fat·uous] *agg.* fatuo // — *fire*, fuoco fatuo // **-ly** *avv.* // **-ness** *s.*

fatwitted [ˈfætˌwɪtɪd / fat·witted] *agg.* ottuso, stupido.

faucal [ˈfɔːkl] *agg.* (*fam.*) gutturale.

fauces [ˈfɔːsiːz / fau·ces] *s.pl.* (*anat.*) fauci.

faucet [ˈfɔːsɪt / fau·cet] *s.* (*amer.*) rubinetto BRIT. tap.

faugh [fɔː] *inter.* puh!, eh, via!

fault [fɔːlt] *s.* **1** fallo, errore; colpa, pecca: *at* —, colpevole: *to be at* —, essere colpevole; *to a* —, all'eccesso; *he is discreet to a* —, è fin troppo discreto; *it is not my* —, non è colpa mia; *through no — of her own she missed the train*, non per colpa sua perse il treno; *he said it was my —*, ha dato la colpa a me; *whose — is it?*, di chi è la colpa? // (*dir.*): *— liability*, responsabilità colpevole; *— principle*, principio della responsabilità colpevole; *no — liability*, responsabilità oggettiva // (*inform.*) *— tolerance*, tolleranza ai guasti **2** mancanza, difetto, imperfezione: *to find — with s.o., sthg.*, trovare a ridire sul conto di qlcu., qlco.; *for all his faults I still admire him*, nonostante tutti i suoi difetti lo ammiro ancora **3** (*geol.*) faglia: *transformer —*, faglia trasforme **4** (*elettr.*) difetto d'impianto **5** (*tennis*) fallo (nel servire): *foot —*, servizio con il piede sulla linea **6** *pl.* (*dir.*) vizi dichiarati della cosa negoziata **7** (*inform.*) guasto, errore, anomalia, incidente.

to **fault** *v.tr.* **1** biasimare: *her speech couldn't be faulted*, nel suo discorso non c'era niente che non andasse, era perfetto **2** (*geol.*) provocare una faglia in: *faulted rock stratum*, strato roccioso fagliato ♦ *v.intr.* **1** (*ant.*) commettere una colpa **2** (*geol.*) fagliare, frangersi in faglia.

fault-finder ['fɔ:lt,faɪndə*] *s.* **1** ipercritico, chi trova sempre da ridire **2** (*tecn.*) cercaguasti.

fault-finding ['fɔ:lt,faɪndɪŋ] *s.* **1** critica pedante **2** (*tecn.*) ricerca di guasti.

faultily ['fɔ:ltɪlɪ / fault·ily] *avv.* difettosamente, imperfettamente; in modo censurabile.

faultiness ['fɔ:ltɪnɪs / faulti·ness] *s.* imperfezione; manchevolezza; imprecisione.

faulting [fɔ:ltɪŋ / faul·ting] *s.* (*geol.*) fagliamento, fagliatura.

faultless ['fɔ:ltlɪs / fault·less] *agg.* senza difetto, impeccabile, irreprensibile; perfetto // **-ly** *avv.* // **-ness** *s.*

faulty ['fɔ:ltɪ] *agg.* difettoso, imperfetto; censurabile: *— articulation*, pronuncia difettosa; *— reasoning*, ragionamento scorretto; *— mechanism*, meccanismo difettoso.

faun [fɔ:n] *s.* (*mit.*) fauno.

fauna ['fɔ:nə] *pl.* **faunae** ['fɔ:ni:] **faunas** *s.* fauna.

faunal ['fɔ:nəl] *agg.* faunistico, della fauna: *— region, province*, regione, provincia faunistica.

faunist ['fɔ:nɪst / faun·ist] *s.* studioso della fauna.

fauteuil ['fəʊtɜ:ɪ] *s.* poltrona; poltrona di teatro.

faux pas [,fəʊ'pɑ:] *pl.* **faux pas** [,fəʊ'pɑ:z] *s.* passo falso; imprudenza; errore.

favism ['feɪ,vɪzm / fav·ism] *s.* (*med.*) favismo.

Favonian [fə'vəʊnjən / Fa·vo·nian] *agg.* (*meteor.*) di favonio; (*fig.*) propizio, favorevole.

favor e *deriv.* (*amer.*) → **favour** e *deriv.*

favour ['feɪvə* / fa·vour] *s.* **1** favore; piacere; beneficio; dono: *this is a very great —*, questo è un grandissimo favore; *to ask a — of s.o.*, chiedere un favore a qlcu.: *may I ask a — of you?*, posso chiederti un favore?; *to do s.o. a —*, fare un favore a qlcu.; *to receive a — from s.o.*, ricevere un favore da qlcu. // *do me a —!*, (*fam.*) ma fammi il piacere! **2** grazia, buone grazie; approvazione: *by* (o *with*) *your —*, con il vostro permesso; *in — of*, in favore di; *to find — in s.o.'s eyes*, venir apprezzato da qlcu.; *to stand* (o *to be*) *high in s.o.'s —*, essere nelle buone grazie di qlcu.; *to win s.o.'s —*, conquistarsi i favori, la benevolenza di qlcu.; *to be out of —*, essere in disgrazia; (*fig.*) non incontrare il favore di: *his theories are now out of —*, le sue teorie non incontrano più il favore di nessuno **3** aiuto, vantaggio: *under the — of night*, col favore della notte **4** parzialità, indulgenza **5** (*non com.*) distintivo; coccarda **6** (*amer.*) regalino (distribuito alle feste) **7** (*antiq.*) favori: *she granted her favour to a young man from New England*, concesse i suoi favori a un giovane del New England **8** (*ant.*) lineamenti, fattezze, volto: *pray, sir, by your good favour — for / surely, sir, a good favour you have*, (SH. Measure for Measure) prego, signore, per la vostra bella faccia — perché certamente avete una bella faccia.

to **favour** *v.tr.* **1** preferire, accordare preferenza a; sostenere (una teoria); confermare (un fatto): *I don't — sending troops in*, non appoggio l'invio di truppe **2** favorire: *to — s.o. with sthg.*, favorire qlcu. in qlco.; *to be favoured by circumstances*, essere favorito dalle circostanze // (*comm.*) *please — me with a prompt reply*, abbiate la cortesia di rispondermi al più presto **3** favoreggiare, avvantaggiare: *fortune favours the bold*, la fortuna premia gli audaci **4** (*fam. antiq.*) rassomigliare a: *she favours her father*, rassomiglia a suo padre.

favourable ['feɪvərəbl / fa·vour·able] *agg.* **1** favorevole, propizio (di tempo, circostanze ecc.): *the singer received a — reception*, il cantante ebbe un buon successo, fu ben accolto dal pubblico; *to look at s.o. with a — eye*, guardare qlcu. con occhio favorevole, benevolmente **2** (*econ.*) favorevole, in attivo: *— balance of payments*, bilancia dei pagamenti in attivo; *— exchange*, cambio favorevole; *— price*, prezzo vantaggioso // **-ness** *s.* // **-bly** *avv.*

favoured ['feɪvəd / fa·voured] *agg.* favorito, privilegiato: *the — few*, i pochi privilegiati; *the most — nation*, la nazione più favorita.

favourer ['feɪvərə* / fa·vour·er] *s.* **1** chi favorisce; favoreggiatore **2** protettore.

favourite ['feɪvərɪt / fa·vour·ite] *agg.* preferito: *his — son, poet, book etc.*, il figlio, poeta, libro ecc., da lui preferito // *— son*, (*fam. amer.*) persona famosa, che dà lustro al suo paese d'origine; (*amer. pol.*) candidato presidenziale proposto dal suo stato, nonostante le scarse possibilità di una sua elezione ♦ *s.* favorito, favorita: *the king's —*, la favorita del re; *I bet on the —*, ho scommesso sul (cavallo) favorito.

favouritism ['feɪvərɪtɪzəm / fa·vour·it·ism] *s.* favoritismo.

favus ['feɪvəs] *s.* (*med.*) favo.

fawn[1] [fɔ:n] *s.* **1** (*zool.*) cerbiatto; daino **2** colore fulvo ♦ *agg.* fulvo (di colore).

to **fawn**[1] *v.tr.* e *intr.* figliare (di daini).

to **fawn**[2] *v.intr.* **1** dimostrare affetto, far festa: *my dog fawns (up)on me when I come home*, quando torno a casa il mio cane mi fa le feste **2** adulare, corteggiare servilmente: *to — on s.o.*, adulare qlcu.

fawner ['fɔ:nə*] *s.* adulatore; persona strisciante, servile.

fawning ['fɔ:nɪŋ / fawn·ing] *agg.* strisciante ♦ *s.* servilismo, adulazione // **-ly** *avv.*

fawnlike ['fɔ:n,laɪk / fawn·like] *agg.* di, da cerbiatto.

to **fax** [fæks] *v.tr.* mandare per telefax; trasmettere per telefoto, in facsimile, spedire via fax; (*fam.*) faxare.

fax (machine) ['fæks(mə,ʃi:n)] *s.* (apparecchio per) fax.

fay[1] [feɪ] *s.* (*ant.*) fede: *by my —!*, affè mia!

fay[2] *s.* (*poet.*) fata: *clustered around by all her starry fays*, (J. KEATS) circondata da tutte le sue fate stellate.

to **fay**[3] *v.tr.* unire a stretto contatto.

fealty ['fi:əltɪ] *s.* **1** (*dir. ant.*) giuramento del vassallo: *to take oath of —*, fare giuramento di fedeltà **2** (*poet.*) fedeltà, sudditanza: *round many western islands have I been / which bards in fealty to Apollo hold*, (J. KEATS) ho circumnavigato molte isole occidentali che i bardi tengono in sudditanza ad Apollo.

fear [fɪə*] *s.* **1** paura, timore; apprensione; terrore: *the — of death*, il terrore della morte; *for — that*, per tema che; *wild with —*, pazzo di terrore; *there is no — of his escaping* (o *that he will escape*), non c'è pericolo che fugga; *to go in — of one's life*, temere per la propria vita; *to have fears for s.o.*, essere in apprensione per qlcu.; *to stand* (o *to be*) *in — of s.o., sthg.*, temere, tremare davanti a qlcu., per qlco. // *no — of my going*, (*fam.*) non c'è pericolo che ci vada; *"Are you going to take all the exams on the same day?" "No —!"*, "Farai tutti gli esami in un solo giorno?" "Figurati! Scherzi?" // *without — or favour*, (*letter.*) in modo imparziale **2** rispetto, timore (della legge, di Dio ecc.) // *to put the — of God into s.o.*, (*fam.*) dare una solenne lavata di capo a qlcu.

to **fear** *v.tr.* e *intr.* temere, aver paura: *he fears he is going to be discovered*, teme di essere scoperto; *I — I am late*, temo di essere in ritardo; *I — I have offended him*, temo di averlo offeso; *I — I shall be late*, temo che sarò in ritardo; *she fears to speak in his presence*, ha paura di parlare in sua presenza; *to — death*, temere la morte; *to — for s.o., sthg.*, essere in pensiero per qlcu., qlco. // *I — so*, temo di sì; *never —!* (o *— not*), non temere!, niente paura! ♦ *v.tr.* **1** rispettare (le leggi); temere (Dio) **2** (*ant.*) spaventare: *they do not only fear their people from doing evil by punishment, but also allure them into virtue with rewards of honour*, (T. MORE) essi non solo impediscono alla loro gente di commettere il male con la paura della punizione, ma anche la trascinano alla virtù con la ricompensa dell'onore.

fearful ['fɪəfʊl / fear·ful] *agg.* **1** pavido; timoroso, timido: *a — man*, un uomo pauroso **2** terribile, spaventoso: *a — cry*, un grido spaventoso; *there was a — mess*, (*fam.*) c'era un disordine da non credersi // **-ness** *s.*

fearfully ['fɪəfəlɪ / fear·fully] *avv.* **1** timidamente, timorosamente **2** spaventosamente, paurosamente: *it's — difficult!*, (*fam.*) è tremendamente difficile.

fearless ['fɪəlɪs / fear·less] *agg.* senza paura, intrepido, coraggioso: *she is — of the future*, non ha paura dell'avvenire // **-ly** *avv.* // **-ness** *s.*

fearnought ['fɪənɔ:t / fear·nought] *s.* tessuto pesante di lana grezza.

fearsome ['fɪəsəm / fear·some] *agg.* (*form.*) **1** spaventoso, terrificante **2** (*dial.*) timoroso, timido // **-ly** *avv.*

fearsomeness ['fɪəsəmnɪs / fear·some·ness] → **fearfulness**.

feasibility [,fi:zə'bɪlɪtɪ / feas·ib·il·ity] *s.* **1** fattibilità, praticabilità; possibilità di realizzazione // (*econ.*) — *study*, studio di fattibilità **2** verosimiglianza, probabilità.

feasible ['fi:zəbl / feas·ible] *agg.* **1** fattibile, possibile, realizzabile **2** verosimile; probabile.

feasibleness ['fi:zəblnɪs / feas·ible·ness] → **feasibility**.

feasibly ['fi:zəblɪ / feas·ibly] *avv.* **1** fattibilmente **2** verosimilmente.

feast [fi:st] *s.* **1** banchetto, convito, festino, pranzo // *enough is as good as a* —, (*prov.*) il troppo stroppia **2** gran quantità di: *a — of entertainment*, un gran bel divertimento **3** (*eccl.*) festa, solennità: — *day*, giorno di festa; *movable* —, festa mobile **4** (*fig.*) festa, gioia, gaudio; piacere: *a — for the eyes*, un piacere per gli occhi.

to **feast** *v. intr.* **1** banchettare, fare un banchetto // *to — the night away*, passare la notte banchettando **2** (*fig.*) pascersi; rallegrarsi; appagarsi: *to — one's eyes up* (*on*) *sthg.*, rallegrarsi gli occhi alla vista di qlco. ♦ *v.tr.* **1** festeggiare, far festa a; banchettare in favore di **2** (*fig.*) rallegrare, appagare, deliziare **3** trattare in modo principesco, lussuoso.

feaster ['fi:stə*] *s.* **1** convitato **2** anfitrione **3** (*fig.*) epicureo.

feastful ['fi:stfʊl / feast·ful] *agg.* (*ant.*) gioioso, festoso.

feat [fi:t] *agg.* (*dial. brit.*) destro, abile; adatto ♦ *s.* azione eroica, impresa, prodezza; fatto insigne, gesta: *getting him up was quite a* —, farlo alzare non è stata un'impresa da poco; *a — of strength*, una dimostrazione, prova di forza; *a — of arms*, un fatto d'arme; *a — of engineering*, un trionfo dell'ingegneria.

feather ['feðə*] *s.* **1** penna, piuma // *to show the white* —, (*fig.*) mostrarsi codardo // *a — in one's cap*, (*fam.*) un motivo d'orgoglio **2** piumaggio, penne // *to be in full* —, essere in ghingheri // *to be in high* (o *fine* o *good*) —, essere di ottimo umore **3** (*mil.*) pennacchio // — *merchant*, (*fam. amer.*) marinaio della Marina Militare con mansioni d'ufficio **4** (*fig.*) nonnulla, inezia **5** specie, genere: *to be birds of a* —, (*fam.*) essere gente della stessa risma // *birds of a — flock together*, (*prov.*) ogni simile ama il suo simile **6** (*mar.*) scia (di periscopio) **7** (*mecc.*) flangia in aggetto, aletta; nervatura: — *key*, chiavetta.

to **feather** *v.tr.* **1** ornare, vestire, coprire di penne, piume; mettere penne a (una freccia): *to tar and — s.o.*, coprire qlcu. di catrame e piume (per scherzo o punizione) // *to — one's nest*, (*fig.*) arricchirsi disonestamente **2** (*mar.*) spalare: *to — one's oars*, spalare i remi **3** (*caccia*) colpire le piume di (un uccello, senza ucciderlo) ♦ *v.intr.* **1** mettere le penne (di uccelli) **2** coprirsi di penne **3** (*fig.*) sembrare una piuma.

feather bed [,feðə'bed] *s.* letto di piume (*anche fig.*).

to **featherbed** ['feðəbed / feather·bed] *pass. p.p.* **featherbedded** ['feðəbedɪd / feather·bedded] *v.tr.* **1** viziare, proteggere eccessivamente **2** sovvenzionare superfluamente ♦ *v.intr.* **1** impiegare mano d'opera non necessaria **2** (*fam. amer.*) lavorare stancamente, senza impegno.

featherbedding [,feðə'bedɪŋ / feather·bed·ding] *s.* (*econ.*) pratica sindacale che consiste nel tenere artificialmente alto il livello di occupazione (in un'impresa, un'industria ecc.).

feather boa [,feðə'bəʊə] *s.* boa (di piume).

feather-brain ['feðəbreɪn] *s.* cervello di gallina.

feather brained ['feðəbreɪnd] *agg.* leggero, sventato; sciocco, fatuo.

feather duster [,feðə'dʌstə*] *s.* piumino (per spolverare).

feathered ['feðəd] *agg.* **1** pennuto; piumato, ornato, coperto di piume **2** (*metall.*) granulare.

feather-edge ['feðəredʒ] *s.* **1** (*mecc.*) filo tagliente (di utensile); spigolo vivo **2** (*metall.*) bava, sbavatura **3** manto stradale.

featheriness ['feðərɪnɪs / feath·eri·ness] *s.* leggerezza; piumosità; l'essere pennuto, piumato.

feathering ['feðərɪŋ / feather·ing] *s.* **1** piumaggio, le piume **2** (*arch.*) ornamento a fogliami.

feather-legs ['feðəlegz] *s.* (*fam. amer.*) persona scorretta, che inganna.

featherless ['fəðəlɪs / feather·less] *agg.* implume.

feather-star ['feðə*'stɑ:*] *s.* (*zool.*) comatula.

feather-stitch ['feðəstɪtʃ] *s.* (*ricamo*) punto a lisca, punto spiga.

featherweight ['feðəweɪt / feather·weight] *s.* (*boxe*) peso piuma.

feathery ['feðərɪ / feath·ery] *agg.* **1** piumato, pennuto **2** soffice, leggero: *a — cloud*, una nube soffice.

featly ['fi:tlɪ] *avv.* (*letter.*) destramente, abilmente.

feature ['fi:tʃə* / fea·ture] *s.* **1** caratteristica, configurazione; aspetto tipico: *geographical features*, configurazione geografica; *a plan with no redeeming features*, un piano con niente di buono, di positivo // (*comm.*) *optional* —, dispositivo a richiesta **2** fattezza, lineamento; *pl.* fisionomia: *to have regular, irregular features*, avere lineamenti regolari, irregolari; *her eyes are her best* —, gli occhi sono il suo punto forte; *doth my simple feature content you?*, (SH. As You Like it) ti accontenti delle mie fattezze ordinarie? **3** attrattiva, numero (di spettacolo ecc.) **4** (*giornalismo*) servizio speciale: *there's a — on terrorism in this week's issue*, c'è uno speciale sul terrorismo nel numero di questa settimana **5** film (in proiezione al cinema) // — *film*, lungometraggio.

to **feature** *v.tr.* **1** mettere in evidenza, dare risalto a; reclamizzare; fare vendite promozionali di: *the supermarket is featuring Norwegian salmon*, c'è una vendita promozionale di salmone norvegese al supermercato // *the exhibition features paintings from French museums*, la mostra presenta dipinti da musei francesi **2** caratterizzare, distinguere; rivelare **3** (*cinem.*, *teatr.*) dare una parte importante a: *a film featuring Chaplin*, un film con Chaplin come protagonista // *featuring* ..., con, interpreti (seguono i nomi degli attori) **4** (*fam. amer.*) prendere nota, osservare ♦ *v.intr.* avere, giocare un ruolo importante.

featured ['fi:tʃəd / fea·tured] *agg.* (*ant.*) formato, modellato; fornito di particolari lineamenti.

featureless ['fi:tʃəlɪs / fea·ture·less] *agg.* privo di caratteristiche, di tratti distinti; poco interessante.

featurely ['fi:tʃəlɪ / fea·ture·ly] *agg.* (*ant.*) di bell'aspetto.

febrifugal [fɪ'brɪfjʊgəl / feb·ri·fugal] *agg.* (*med.*) febbrifugo, antipiretico.

febrifuge ['febrɪfju:dʒ / feb·ri·fuge] *s.* (*med.*) febbrifugo, antipiretico.

febrile ['fi:braɪl / feb·rile] *agg.* febbrile: — *state*, *disease*, stato, malattia febbrile; — *convulsions*, convulsioni febbrili.

February ['febrʊərɪ / Feb·ru·ary] *s.* febbraio: *in* —, in febbraio.

fecal ['fi:kəl] (*amer.*) → **faecal**.

feces ['fi:si:z] (*amer.*) → **faeces**.

feckless ['feklɪs / feck·less] *agg.* **1** incosciente, irresponsabile; inetto, incapace **2** (*ant.*) debole, gracile // **-ly** *avv.* // **-ness** *s.*

fecula ['fekjʊlə / fec·ula] *pl.* **feculae** ['fekjʊli: / fec·ulae] *s.* (*zool.*) escrementi di insetti.

feculence ['fekjʊləns / fecu·lence] *s.* **1** sedimento; feccia **2** fetidume; sporcizia.

feculent ['fekjʊlənt / fecu·lent] *agg.* **1** fetido; sporco; ripugnante **2** torbido; limaccioso.

fecund ['fi:kənd / fec·und] *agg.* (*letter.*) fecondo, prolifico; produttivo, fertile.

to **fecundate** ['fi:kəndeɪt / fec·und·ate] *v.tr.* (*non com.*) fecondare.

fecundation [,fi:kən'deɪʃn / fec·unda·tion] *s.* (*biol.*) fecondazione; fertilizzazione: *artificial* —, fecondazione artificiale.

fecundity [fɪ'kʌndətɪ / fe·cund·ity] *s.* (*form.*) fecondità; fertilità.

fed *pass.p.p.* di to **feed**.

Fed [fed] *s.* (*fam. amer.*) (abbr. di *Federal*) **1** governo federale **2** impiegato del governo federale **3** agente dell'FBI: *Washington is lousy with Feds*, (T. PYNCHON) Washington pullula di agenti federali.

federacy ['fedərəsɪ / fed·er·acy] *s.* **1** federazione; alleanza **2** (*ant.*) complice: ... *she's a traitor, and Camillo is / a federacy with her*, (SH. Winter's Tale) ...ell'è una traditrice e Camillo è suo complice.

federal ['fedərəl / fed·eral] *agg.* federale // *the Federal City*, la Capitale Federale (Washington) // *Federal Bureau of Investigation* (FBI), Ufficio Investigativo Federale // (*banca amer.*): *Federal Reserve System*, Sistema della Riserva Federale; *Federal Reserve Board*, Consiglio della Riserva Federale; *Federal Reserve Bank*, Banca della Riserva Federale ♦ *s.* → federalist.

federalism ['fedərəlɪzəm / fed·eral·ism] *s.* federalismo.

federalist ['fedərəlɪst / fed·eral·ist] *s.* **1** federalista **2** (*st. amer.*) nordista.

to **federalize** ['fedərəlaɪz / fed·er·al·ize] *v.tr.* unire (stati) in una confederazione.

federate ['fedərət / fed·er·ate] *agg.* confederato (di stati ecc.).

to **federate** ['fedəreɪt] *v.tr.* confederare ♦ *v.intr.* confederarsi.

federation [,fedə'reɪʃn / fed·era·tion] *s.* federazione, confederazione.

federative ['fedərətɪv / fed·er·at·ive] *agg.* federativo // **-ly** *avv.*

fedora [fɪ'dəʊrə / fe·dora] *s.* (*amer.*) cappello floscio di feltro.

fed up [,fed'ʌp] *agg.* (*fam.*) stufo, seccato: *I'm — with his moaning*, non ne posso più delle sue lamentele.

fedwire ['fed,waɪə* / fed·wire] *s.* (*amer.*) (*banca*) rete per il trasferimento elettronico di fondi della Riserva Federale.

fee [fi:] *s.* **1** emolumento; onorario, parcella; competenze (*pl.*): *a doctor's —*, l'onorario di un medico // (*dir.*) *determinable —*, retribuzione sottoposta a condizione o termine **2** tassa (di iscrizione, frequenza): *registration —*, tassa di raccomandazione (di lettera ecc.); tassa d'iscrizione; *tuition fees*, tasse di frequenza // (*dir.*): *— licence*, tassa di concessione; *reproduction —*, diritti di riproduzione // (*comm.*) *front and fees*, spese iniziali (a carico dei sottoscrittori di fondi di investimento) **3** (*dir.*) proprietà ereditaria: (*property held in*) *— simple*, proprietà assoluta; (*property held in*) *— tail*, (proprietà trasmessa) solo a una particolare categoria di eredi **4** (*st.*) feudo; beneficio feudale.

to **fee** *v.tr.* **1** pagare la parcella, l'onorario a: *to — a doctor*, pagare un dottore **2** dare la mancia a **3** (*antiq.*) assicurarsi i servigi di.

Feebie ['fi:,bi: / Fee·bie] *s.* (*sl. amer.*) agente dell'FBI.

feeble ['fi:bl] *agg.* debole, fiacco (di salute, polso, argomento ecc.); infermo; vago, confuso (di luce, colore, suono): *a — person*, un infermo // **-ness** *s.*

feebleminded [,fi:bl'maɪndɪd / feeble·minded] *agg.* debole di mente, ritardato mentale, deficiente; stupido // **-ness** *s.*

feebles [fi:blz] *s.pl.* (*fam. amer.*) postumi di sbornia.

feebly ['fi:blɪ] *avv.* debolmente, senza forza.

feed [fi:d] *s.* **1** alimentazione, nutrimento, pasto (per bambini, animali) **2** (*fam.*) mangiata, scorpacciata // *to be off one's —*, (*sl.*) non aver appetito; *to have a good —*, (*sl.*) fare una bella mangiata **3** pastura, pascolo; foraggio: *to be out at —*, pascolare **4** (*teatr.*) battuta; spalla (di un comico) **5** (*tecn.*) avanzamento, alimentazione, rifornimento // (*inform.*): *— forward control*, (IBM) controllo predittivo; *— hole*, foro di trascinamento // (*mecc.*) *— pipe*, *pump*, tubo, pompa di alimentazione.

to **feed** *pass.p.p.* **fed** [fed] *v.tr.* **1** nutrire, dare da mangiare a; imboccare; imbeccare: *he's got a family to —*, ha una famiglia da sfamare; *she is still a baby, she has to be fed*, è ancora piccola, deve essere imboccata; *I saw a swallow feeding its young*, ho visto una rondine imbeccare i suoi piccoli // *to — oneself*, nutrirsi **2** (*fig.*) nutrire, alimentare: *the news fed his hopes*, la notizia alimentò le sue speranze **3** fornire, rifornire; alimentare: *to — the fire with logs*, alimentare il fuoco con della legna; *this cable feeds electricity to the machine*, questo cavo fornisce elettricità al meccanismo; *we should — them some information about plans for next year*, dovremmo fornire loro delle informazioni sui nostri piani per il prossimo anno // *to — a parking meter*, inserire molte monete in un parchimetro (perché continui a funzionare oltre il tempo consentito) // (*inform.*): *to — in*, introdurre; *to — past*, far scorrere le schede in un dispositivo di lettura **4** (*teatr.*) dare la battuta a ◆ *v.intr.* mangiare (di animali, bambini): *the sheep were feeding in the fields*, le pecore pascolavano nei prati.

□ **feed back** *v.tr.* e *avv.* (*inform.*) eseguire una retroazione di (programmi, procedure ecc.) ◆ *v.intr.* e *avv.* ritornare; avere un riscontro.

□ **feed off** *v.intr.* e *prep.* alimentarsi da; prendere il cibo da: *young mammals — off their mothers*, i giovani mammiferi si nutrono dalla madre.

□ **feed on** *v.tr.* e *prep.* nutrire con: *to — s.o. on meat, fish*, nutrire con carne, pesce ◆ *v.intr.* e *prep.* nutrirsi di.

□ **feed up** *v.tr.* e *avv.* (far) ingrassare (persona denutrita), far prendere peso a.

feedback ['fi:dbæk / feed·back] *s.* ⓤ **1** feedback, retroazione; (*med.*) controreazione **2** (*inform.*) ritorno di informazione, retroazione; (HONEYWELL) reazione; (IBM) riciclo (di dati): *— system*, sistema di raccolta di informazioni di ritorno.

feed bag ['fi:dbæg] *s.* (*amer.*) musetta, sacchetto per la biada BRIT. **nosebag** // *to put on the —*, (*sl.*) consumare un pasto, mangiare.

feeder ['fi:də*] *s.* **1** mangiatore: *fussy —*, schizzinoso (nel mangiare) **2** chi, ciò che alimenta, nutre; allevatore (di bestiame) **3** poppatoio; bavaglino **4** affluente **5** serbatoio; (*min.*) filone **6** (*elettr.*) cavo di alimentazione **7** (*mecc.*) alimentatore **8** raccordo; linea secondaria (aerea, ferroviaria ecc.) **9** (*tip.*) mettifoglio **10** (*ant.*) servo; dispensiere: *have I my pillow left unpress'd in Rome ... / ... to be abus'd / by one that looks on feeders?*, (SH. Antony and Cleopatra) ho forse lasciato intatto il guanciale del mio letto a Roma... per essere ingannato da una che fa l'occhiolino ai servi?

feeding ['fi:dɪŋ / feed·ing] *agg.* **1** nutriente, che alimenta **2** d'alimentazione // *— cup*, bicchiere con beccuccio (per ammalati) ◆ *s.* **1** nutrizione, alimentazione: *breast, artificial —*, allattamento al seno, artificiale; *intravenous —*, alimentazione per fleboclisi // *— time*, ora del pasto **2** (*ant.*) pascolo: *they call him Doricles, and boasts himself / to have a worthy feeding*, (SH. Winter's Tale) lo chiamano Doricle e si vanta di avere fertili pascoli.

feeding bottle ['fi:dɪŋ,bɒtl] *s.* poppatoio, biberon.

feedroll ['fi:d,rəʊl / feed·roll] *s.* (*inform.* IBM) rullo (di alimentazione).

feedstuff ['fi:d,stʌf / feed·stuff] *s.* mangime (di animali).

fee fi fo fum ['fi:'faɪ'fəʊ'fʌm] *inter.* (esclamazione dell'orco della favola): *— I smell the blood of an Englishman ...*, ucci ucci ucci sento odor di cristianucci.

fee fi fo fum *s.* spauracchio; storie, inezie: *it's all —*, sono tutte sciocchezze.

feel [fi:l] *s.* **1** tatto, tocco; sensazione tattile: *it is cold to the —*, è freddo al tatto; *to judge by the — of sthg.*, giudicare qlco. toccandola; *the coat had a rough —*, il cappotto era ruvido al tatto **2** sensibilità, facilità (nel fare qlco.): *he had a real — for jazz*, aveva una profonda sensibilità per il jazz // *operating the machine was hard at first, but he soon got the — of it*, all'inizio era difficile far funzionare la macchina, ma poi ci ha preso la mano **3** aria, atmosfera: *this place has a cosy — to it*, c'è un'aria di casa in questo posto.

to **feel** *pass.p.p.* **felt** [felt] *v.tr.* **1** (I, V, VI) sentire col tatto, toccare, tastare, palpare: *he felt my pulse*, mi tastò il polso; *I felt her hand trembling in mine*, sentivo la sua mano tremare nella mia; *I felt his hand grip mine*, sentii la sua mano afferrare la mia; *he felt himself all over to see if any bones were broken*, si tastò dappertutto per vedere se c'erano ossa rotte // *to — one's way*, andare a tastoni; (*fig.*) procedere per tentativi **2** sentire, provare (sensazioni, sentimenti): *do you — any pain?*, senti dolore?; *he feels the heat very much*; risente molto del caldo; *I don't — much pity for them*, non provo molta pietà per loro; *I felt her eyes upon me*, avvertii il suo sguardo su di me; *I could — myself getting angry*, sentivo che stavo per arrabbiarmi; *she felt his absence very much*, sentiva molto la sua mancanza // *to — sthg. in one's bones*, intuire, sentire istintivamente: *I felt in my bones that she was lying to me*, sentivo istintivamente che mi stava mentendo // *not to — (quite) oneself*, non sentirsi bene; *he isn't feeling quite himself*, non si sente per niente bene **3** avere l'impressione che, pensare, ritenere, sentire: *I — I am right*, sento di avere ragione; *I don't — he will win the race*, non penso che vincerà la corsa; *I felt what they said was right*, avevo l'impressione che ciò che dicevano era giusto; *I — that sthg. dreadful will happen*, ho l'impressione che succederà qlco. di tremendo ◆ *v.intr.* **1** sentire, provare; sentirsi: *to — hot, cold*, aver caldo, freddo; *to — hungry, thirsty*, aver fame, sete; *to — certain, well, ill, tired, sad*, sentirsi sicuro, bene, male, stanco, triste; *to — giddy*, sentirsi girare la testa; *I — angry*, sono arrabbiato; *she felt a fool*, si sentì una stupida; *I felt called upon to help him*, pensai che fosse mio dovere aiutarlo; *— free to ask any questions*, sentitevi liberi di fare qualsiasi domanda; *how do you — this morning?*, come ti senti stamane? // *to — (all) at sea*, sentirsi sperduto, non sapersi orientare // *to — like*, (I) sentirsi disposto (a fare qlco.), aver voglia (di): *I don't — like doing this work*, non mi sento di fare questo lavoro; *I don't — like it*, non me la sento; *I — like a drink*, ho voglia di bere qualcosa // *to — out of sorts*, sentirsi alquanto indisposto, non sentirsi del solito umore **2** sembrare (al tatto); dare al tatto l'impressione (di): *this feels like iron*, al tatto questo sembra ferro; *velvet feels soft*, il velluto è morbido al tatto; *— how soft this wool is*, senti quanto è soffice questa lana; *— whether the water is cold*, senti se l'acqua è fredda **3** (*impers.*) sembrare: *it feels like rain*, sembra che stia per piovere; *it feels as though* (o *as if*) *sooner or later it will happen*, sembra che prima o poi succederà.

□ **feel for** *v.intr.* e *prep.* **1** cercare a tastoni: *he felt for the doorknob*, cercò a tastoni il pomello della porta **2** provare, sentire pietà per (qlcu.): *he felt for her in her grief*, partecipava al suo dolore.

□ **feel up to** *v.intr.* e *avv.* e *prep.* **1** (*fam.*) sentirsi all'altezza di; sentirsi di: *of course you can do it if you — up to it*, certo che puoi farlo se te la senti **2** (*sl.*) toccare (eroticamente).

feeler ['fi:lə*] *s.* **1** chi, che sente **2** (*zool.*) antenna (di insetti); vibrisse, baffi (di gatto) **3** sonda (*anche fig.*): *— gauge*, spessimetro; calibro a spessori // *peace feelers*, (*fam.*) sondaggi di pace // *to throw* (o *put*) *out a —* (o *feelers*), (*fam.*) tastare il terreno **4** (*mil.*) esploratore.

feeling ['fi:lɪŋ / feel·ing] *s.* **1** sensazione; impressione; senso, sentimento: *a — of happiness*, un senso di felicità; *— of guilt*, senso di colpa; *I had the — that all was not well*, ebbi l'impressione che c'era qlco. che non andava; *I know the —*, so quello che provi; *there's a lot of bad — about his decision to leave*, c'è molto malumore suscitato dalla sua decisione di andarsene **2** sensazione fisica; sensibilità: *a — of cold*, una sensazione di freddo; *there is no — in my arm*, il mio braccio ha perduto la sensibilità **3** (*spec. pl.*) sentimenti, emozioni; suscettibilità: *to hurt s.o.'s feelings*, urtare la suscettibilità di qlcu.; *to have mixed feelings*, avere sentimenti contrastanti; *he can't put his feelings into words*, non riesce a esprimere a parole le sue emozioni; *ill —, hard feelings*, rancore; *no hard feelings!*, senza rancore! **4** comprensione, simpatia: *to show — for the suffering of others,* mostrare comprensione per le sofferenze altrui **5** opinione: *the general — is against him*, l'opinione pubblica gli è contraria **6** (*gener. con art. indef.*) sensibilità; comprensione intuitiva; capacità di apprezzare: *his work shows a strong — for geometrical forms*, il suo lavoro mostra una profonda sensibilità per le forme geometriche **7** atmosfera: *the house gives off a strange — of sadness*, la casa emana una strana atmosfera di tristezza ◆ *agg.* sensibile, che si commuove facilmente: *he's a very — person*, è una persona molto sensibile.

feelingly ['fi:lɪŋlɪ / feel·ing·ly] *avv.* con sentimento, con commozione.

fee-paying ['fi:,peɪɪŋ] *agg.* **1** che paga le tasse **2** che richiede il pagamento di tasse, a pagamento: *— school*, scuola privata.

feet *pl.* di **foot**.

fegelah ['feɪgələ] *s.* (*sl. amer.*) omosessuale.

to **feign** [feɪn] *v.tr.* **1** fingere: *to — illness*, fingersi ammalato **2** inventare (scuse ecc.); falsificare (documenti ecc.) ◆ *v.intr.* fingere, mentire: *he doesn't — well*, non sa mentire.

feigned [feɪnd] *agg.* **1** finto, simulato **2** inventato; contraffatto // *— hand*, scrittura contraffatta // **-ly** *avv.*

feigner ['feɪnə*] *s.* simulatore.

feint [feɪnt] *s.* **1** (*mil.*) attacco simulato **2** simulazione; (*sport*) finta **3** carta rigata; falsariga ◆ *agg. paper with — lines*, carta rigata; falsariga.

to **feint** *v.intr.* **1** (*mil.*) fare un finto attacco **2** (*sport*) fare una finta.

feisty ['fi:stɪ] *agg.* (*fam. amer.*) **1** irascibile; petulante; aggressivo **2** esuberante, vivace; pieno di vita.

feldspar ['feldspɑ:* / feld·spar] *s.* (*min.*) feldspato.

feldspathic [felz'pæθɪk / feld·spathic] *agg.* (*geol.*, *min.*) feldspatico.

to **felicitate** [fə'lɪsɪteɪt / fe·licit·ate] *v.tr.* **1** felicitarsi con, congratularsi con: *to — s.o. on sthg.*, felicitarsi con qlcu. di qlco. **2** (*rar.*) rendere felice.

felicitation [fə,lɪsɪ'teɪʃn / fe·licita·tion] *s.* felicitazione, congratulazione: *to offer s.o. one's felicitations*, fare le proprie felicitazioni a qlcu.

felicitous [fə'lɪsɪtəs / fe·licit·ous] *agg.* **1** adatto, appropriato, ben scelto: *a — quotation*, una citazione appropriata **2** (*rar.*) felice, beato // **-ly** *avv.*

felicity [fə'lɪsətɪ / fe·licity] *s.* (*form.*) **1** felicità **2** l'essere appropriato, proprietà; espressione appropriata.

felid ['fi:lɪd / fe·lid] *s.* felide, felino.

feline ['fi:laɪn / fe·line] *agg.* e *s.* felino.

felinity [fɪ'lɪnətɪ / fe·lin·ity] *s.* comportamento, atteggiamento da felino.

fell[1] [fel] *agg.* **1** (*poet.*) feroce, terribile, *...and they that hate thee proud and fell / exalt their heads full hie*, (MILTON) ...e coloro che ti odiano arroganti e feroci sollevano la testa **2** funesto.

fell[2] *s.* **1** pelle d'animale; vello **2** pellame.

fell[3] *s.* falda montuosa con scarsa vegetazione; alto pascolo montano.

fell[4] *s.* **1** (*amer.*) legname abbattuto in una stagione; taglio **2** (*cucito*) ribattitura.

to **fell**[4] *v.tr.* **1** abbattere (albero, persona) **2** (*cucito*) ribattere.

fell[5] *s.* (*min.*) piombo allo stato grezzo.

fell[6] *pass.* di to **fall**.

fellah ['felə / fel·lah] *pl.* **fellaheen** ['feləhi:n / fel·la·heen] *s.* fellah, contadino egiziano.

fellatio [fə'leɪʃɪəʊ / fel·la·tio] *s.* coito orale.

feller[1] ['felə*] *s.* **1** taglialegna, tagliaboschi **2** (*cucito*) macchina per ribattiture.

feller[2] *s.* (*sl.*) individuo, tipo.

felling ['felɪŋ / fell·ing] *s.* taglio d'un bosco; area diboscata.

fellness ['felnɪs / fell·ness] *s.* (*poet.*) crudeltà, ferocia.

felloe ['feləʊ / fel·loe] *s.* gavello (settore di ruota); cerchione SIN. **felly**.

fellow ['feləʊ / fel·low] *s.* **1** (*fam.*) persona, individuo; soggetto: *a decent —*, una persona a modo; *a good —*, un buon diavolo // *my dear —!*, caro mio! // *poor —!*, povero diavolo! **2** (*spec. pl.*) compagno, camerata **3** collega, membro, socio (di società culturali) **4** *Fellow*, membro di un college a Oxford ecc.; laureato che gode di una borsa di studio (a durata limitata) **5** (*fam.*) ragazzo, fidanzato **6** compagno (di un paio): *I have lost the — of this glove*, ho perso il compagno di questo guanto.

fellow *agg.* simile, uguale: *— student*, compagno di corso; *— prisoner*, compagno di prigionia; *you must trust your — men*, devi fidarti dei tuoi simili.

fellow-being [,feləʊ'bi:ɪŋ] *s.* il proprio simile.

fellow-citizen [,feləʊ'sɪtɪzn] *s.* concittadino.

fellow-countryman [,feləʊ'kʌntrɪmən] *s.* compatriota.

fellow feeling [,feləʊ'fi:lɪŋ] *s.* comprensione, simpatia, intesa.

fellow heir [,feləʊ'eə*] *s.* (*dir.*) coerede.

fellowship ['feləʊʃɪp / fel·low·ship] *s.* **1** compagnia, socievolezza; amicizia **2** associazione, corporazione **3** (*università*) carica di fellow **4** (*università*) emolumento di un fellow; borsa di studio post-universitaria (generalmente per ricerche).

fellow traveller [,feləʊ'trævələ*] *s.* **1** compagno di viaggio **2** (*gener. spreg.*) simpatizzante di un partito politico (di solito filo comunista); compagno di strada.

felly ['felɪ] → **felloe**.

felo-de-se [fi:ləʊdi:'si:] *pl.* **felos-de-se**, **felones-de-se** [fi:'ləʊni:zdi:'si:] *s.* (*dir.*) suicida.

felon[1] ['felən] *agg.* **1** (*dir.*) criminale **2** (*ant.*) crudele, malvagio ◆ *s.* (*dir.*) criminale.

felon[2] *s.* (*med.*) patereccio, giradito.

felonious [fə'ləʊnjəs / fe·loni·ous] *agg.* **1** (*dir.*) criminoso **2** (*non com.*) perfido, malvagio // **-ly** *avv.*

feloniousness [fə'ləʊnjəsnɪs / fe·loni·ous·ness] *s.* (*dir.*) criminosità.

felonry ['felənrɪ / fel·onry] *s.* la criminalità; i criminali.

felony ['felənɪ / fel·ony] *s.* **1** (*dir.*) reato grave, delitto **2** (*st.*) fellonia.

felsite ['fel,saɪt / fel·site] *s.* (*geol.*) felsite.

felspar ['felspɑ:* / fel·spar] *s.* (*min.*) → **feldspar**.

felspathic [,felz'pæθɪk / fel·spathic] → **feldspathic**.

felt[1] [felt] *s.* **1** feltro: *— hat*, cappello di feltro; *— packing*, guarnizione di feltro; *— washer*, rondella di feltro // *tarred —*, feltro catramato **2** (*edil.*) materiale fonoassorbente.

to **felt**[1] *v.tr.* feltrare; infeltrire; foderare di feltro ◆ *v.intr.* infeltrirsi.

felt[2] *pass.p.p.* di to **feel**.

felting ['feltɪŋ / felt·ing] *s.* feltratura.

felt pen [,felt'pen] **felt-tip(ped) pen** ['felt,tɪp(t)'pen] *s.* pennarello.

felucca [fe'lʌkə / fe·lucca] *s.* (*mar.*) feluca.

female ['fi:meɪl / fe·male] *agg.* **1** femminile, di sesso femminile; (*zool.*, *bot.*) femmina: *— child*, bambina; *— companion*, compagna; *the — sex*, il sesso femminile **2** (*fig. ant.*) debole; di qualità inferiore **3** (*mecc.*) femmina: *— friction cone*, controcono della frizione; *— screw*, vite femmina; madrevite ◆ *s.* **1** femmina **2** (*spreg.*) donna, ragazza.

female fern ['fi:meɪl'fɜ:n] *s.* (*bot.*) **1** (*Athyrium filix foemina*) felce femmina **2** (*Pteridium aquilinum*) felce aquilina.

feme [fem] *s.* **1** (*non com.*) donna **2** (*dir.*) moglie: *— covert*, donna coniugata; *— sole*, donna indipendente (nei rapporti giuridici patrimoniali).

femineity [,femɪ'ni:ɪtɪ / fem·in·eity] *s.* (*non com.*) femminilità.

feminine ['femɪnɪn / fem·in·ine] *agg.* **1** femminile, femminino; delicato, fine: *— curiosity*, curiosità femminile // *the eternal —*, l'eterno femminino **2** (*gramm.*) femminile: *— gender*, genere femminile **3** (*poesia*) debole, femminile: *— caesura*, cesura debole; *— rhyme*, rima femminile ◆ *s.* **1** (*gramm.*) femminile: *the — of actor is actress*, il femminile di attore è attrice **2** (*fam.*) femmina.

femininely ['femɪnɪnlɪ / fem·in·ine·ly] *avv.* femminilmente.

feminineness ['femɪnɪnɪs / fem·ini·ness] *s.* femminilità.

femininity [,femɪ'nɪnətɪ / fem·in·in·ity] *s.* **1** femminilità **2** (*rar.*) le donne.

feminism ['femɪnɪzəm / fem·in·ism] *s.* femminismo.

feminist ['femɪnɪst / fem·in·ist] *agg.* e *s.* femminista: *the — movement*, il movimento femminista.

to **feminize** ['femɪnaɪz / fem·in·ize] *v.tr.* femminilizzare, effeminare; rendere femminile // *low salaries have feminized the teaching profession*, i bassi stipendi hanno determinato una maggiore presenza femminile nell'insegnamento ◆ *v.intr.* acquisire i caratteri femminili; diventare effeminato.

femoral ['femərəl / fem·oral] *agg.* (*anat.*) femorale: — *artery, vein*, arteria, vena femorale.

femur ['fi:mə* / fe·mur] *pl.* **femora** ['femərə / fem·ora] **femurs** *s.* (*anat.*) femore.

fen [fen] *s.* palude, acquitrino // *the Fens*, zona bassa e paludosa (del Cambridgeshire e del Lincolnshire).

fen-berry ['fen,berı] *s.* (*bot.*) mortella di palude.

fence [fens] *s.* **1** recinto; recinzione; steccato, stecconato, palizzata; siepe; barriera; riparo // *to come down on the right side of the* —, (*fig.*) mettersi dalla parte del vincitore // *to sit on the* —, (*fig.*) essere neutrale; essere indeciso // *lattice* —, recinzione a elementi incrociati **2** scherma; (*fig.*) schermaglia **3** (*sl.*) ricettatore **4** (*mecc.*) guidapezzo, guida di appoggio.

to **fence** *v.tr.* cintare; fortificare; circondare con steccato: *to* — (*in*) *a piece of ground*, cintare un terreno; ricettare: *to* — *stolen goods*, ricettare merci rubate ◆ *v.intr.* **1** tirar di scherma; (*fig.*) schermirsi **2** rispondere in modo evasivo: *to* — *with a question*, eludere una domanda **3** (*sl.*) fare il ricettatore **4** (*equitazione*) saltare ostacoli.

□ **fence in** *v.tr.* e *prep.* **1** recintare **2** (*fig.*) imprigionare: *she felt fenced in by daily routine*, si sentiva imprigionata dalla routine quotidiana.

□ **fence off** *v.tr.* e *avv.* tagliar fuori, separare per mezzo di una recinzione.

fence month ['fens,mʌnθ] *s.* stagione in cui la caccia o la pesca sono chiuse.

fencer ['fensə*] *s.* **1** schermidore **2** cavallo saltatore di ostacoli.

to **fence-straddle** ['fens,strædl] *v.intr.* (*fam. amer.*) mantenersi neutrali, non prendere posizione.

fencing ['fensıŋ / fen·cing] *s.* **1** materiale per cintare; cinta **2** (*sport*) scherma; (*fig.*) schermaglia: — *gloves*, guanti da scherma; — *master*, maestro di scherma **3** (*sl.*) ricettazione.

fen-cricket ['fen,krıkıt] *s.* (*zool.*) grillotalpa → **mole-cricket**.

to **fend** [fend] *v.intr.* **1** provvedere, badare: *she can — for herself*, sa badare a se stessa **2** (*ant.*) difendersi.

□ **fend off** *v.tr.* e *avv.* **1** parare: *to — off a blow*, parare un colpo **2** evitare, eludere: *he fended off every question*, evitò, parò tutte le domande.

fender ['fendə*] *s.* **1** riparo, difesa **2** paraurti; (*amer.*) parafango **3** (*ferr.*) cacciapietre **4** (*mar.*) parabordo **5** parafuoco.

feneration [,fenə'reıʃn / fen·er·ation] *s.* (*dir.*) usura.

fenestra [fı'nestrə / fen·es·tra] *pl.* **fenestrae** [fı'nestri: / fen·es·trae] *s.* (*anat.*) apertura chiusa da membrana; membrana timpanica.

fenestrate [fı'nestrıt / fen·es·trate] *agg.* (*bot., zool.*) fenestrato.

fenestration [,fenı'streıʃn / fen·es·tra·tion] *s.* **1** (*arch.*) disposizione e dimensionamento delle finestre, delle porte **2** (*med.*) fenestrazione.

fen-fire ['fen,faıə*] *s.* fuoco fatuo.

Fenian ['fi:njən / Fe·nian] *agg.* e *s.* (*st.*) feniano (membro di una associazione politica per l'emancipazione dell'Irlanda dal governo inglese).

fenland ['fenlənd / fen·land] *s.* (*geogr.*) zona paludosa (spec. nella parte orientale dell'Inghilterra).

fennel ['fenl / fen·nel] *s.* (*bot.*) (*Foeniculum vulgare*) finocchio.

fennel flower ['fenl,flaʊə*] *s.* (*bot.*) (*Nigella sativa*) nigella SIN. black-cumin.

fenny ['fenı] *agg.* **1** paludoso **2** palustre.

fenster ['fenstə* / fen·ster] *s.* (*geol.*) finestra tettonica.

fenugreek ['fenə,gri:k / fenu·greek] *s.* (*bot.*) (*Trigonella phoenum-graecum*) fieno greco, trigonella.

feoff [fef] *s.* feudo.

to **feoff** *v.tr.* (*dir.*) dare in feudo, in donazione a.

feoffee [fe'fi: / feof·fee] *s.* (*dir.*) donatario // — *in* (o *of*) *trust*, fidecommissario.

feoffer ['fefə* / feof·fer] *s.* (*dir.*) donatore.

feoffment ['fefmənt / feoff·ment] *s.* **1** investitura d'un feudo, infeudamento **2** (*dir.*) donazione.

feoffor [fe'fɔ:* / feof·for] *s.* (*dir.*) donatore.

feracious [fə'reıʃəs / fe·ra·cious] *agg.* (*rar.*) ferace, fertile.

feracity [fə'ræsıtı / fe·ra·city] *s.* (*rar.*) feracità, fecondità.

feral[1] ['fıərəl] *agg.* (*rar.*) **1** ferale, mortale **2** cupo, funereo.

feral[2] *agg.* **1** ferino; selvaggio; bestiale **2** inselvatichito (di animale domestico).

feretory ['ferıtərı / fe·re·tory] *s.* **1** (*eccl.*) reliquiario; cappella con reliquiario **2** (*rar.*) feretro.

ferial ['fıərıəl / fer·ial] *agg.* (*rar.*) feriale.

ferine ['fıəraın / fer·ine] *agg.* (*non com.*) ferino; selvaggio; brutale.

ferity ['ferıtı / fer·ity] *s.* (*ant.*) selvatichezza.

ferly ['fɜ:lı] *agg.* (*non com.*) singolare; straordinario ◆ *s.* (*ant., dial.*) meraviglia: *abide and rest a little space / and I will show you ferlies three*, (Thomas the Rhymer) fermatevi e riposatevi un poco e io vi mostrerò tre meraviglie.

ferment ['fɜ:ment / fer·ment] *s.* **1** fermento; lievito **2** fermentazione, effervescenza **3** (*fig.*) fermento, agitazione, eccitazione, tumulto.

to **ferment** [fə'ment] *v.tr.* **1** far fermentare **2** (*fig.*) eccitare, fomentare ◆ *v.intr.* **1** fermentare, lievitare **2** agitarsi; essere in fermento.

fermentable [fə'mentəbl / fer·ment·able] *agg.* fermentabile.

fermentation [,fɜ:men'teıʃn / fer·menta·tion] *s.* **1** fermentazione **2** (*fig.*) fermento, agitazione.

fermentative [fə'mentətıv / fer·ment·at·ive] *agg.* fermentativo.

fermi ['fɜ:mı] *s.* (*fis. nucleare*) fermi (unità di misura).

fermion ['fɜ:mı,ɒn / fer·mion] *s.* (*fis. nucleare*) fermione.

fermium ['fɜ:mıəm / fer·mium] *s.* (*chim.*) fermio.

fern [fɜ:n] *s.* (*bot.*) felce.

fernery ['fɜ:nərı / fern·ery] *s.* (*bot.*) **1** felceto, vivaio di felci **2** le felci (*pl.*).

fern-owl ['fɜ:naʊl] *s.* (*zool.*) caprimulgo, succiacapre → **goatsucker**.

ferny ['fɜ:nı] *agg.* coperto di felci.

ferocious [fə'rəʊʃəs / fe·ro·cious] *agg.* **1** feroce; crudele **2** (*estens.*) terribile, atroce // **-ly** *avv.*

ferocity [fə'rɒsətı / fe·ro·city] *s.* ferocia; crudeltà.

ferox ['ferɒks / fe·rox] *s.* (*zool.*) trota di lago.

ferrate ['fereıt / fer·rate] *s.* (*chim.*) ferrato.

ferreous ['ferəs / fer·reous] *agg.* ferroso; ferreo.

ferret[1] ['ferıt / fer·ret] *s.* (*zool.*) (*Mustela furo*) furetto SIN. hob.

to **ferret**[1] *v.tr.* cacciare, stanare (p.e. i conigli) con il furetto // *to go ferreting*, andare a caccia con il furetto ◆ *v.intr.* (*fig.*) frugare.

□ **ferret out** *v.tr.* e *avv.* (*fam.*) scovare; scoprire.

ferret[2] *s.* nastro, fettuccia.

ferreter ['ferıtə* / fer·ret·er] *s.* **1** cacciatore col furetto **2** (*fig.*) investigatore; ficcanaso.

ferrety ['ferıtı / fer·rety] *agg.* di furetto.

ferriage ['ferıdʒ / fer·ri·age] *s.* (prezzo di) trasporto in barca, traghetto.

ferric ['ferık / fer·ric] *agg.* (*chim.*) ferrico: — *oxide*, ossido ferrico.

ferricyanic [,ferəsi:'ænık / fer·ri·cy·anic] *agg.* (*chim.*) ferricianidrico: — *acid*, acido ferricianidrico.

ferricyanide [,ferı'saıənaıd / fer·ri·cy·an·ide] *s.* (*chim.*) ferricianuro.

ferriferous [fe'rıfərəs / fer·ri·fer·ous] *agg.* ferrifero.

ferrimagnetic [,ferımæg'netık / fer·ri·mag·netic] *agg.* (*fis.*) ferrimagnetico: — *material*, materiale ferrimagnetico.

ferrimagnetism [,ferı'mægnıtızm / fer·ri·mag·net·ism] *s.* (*fis.*) ferrimagnetismo.

ferris wheel ['ferıs,wi:l] *s.* (*spec. amer.*) ruota panoramica • Dal nome del suo inventore, che la costruì per la Fiera Mondiale di Chicago del 1893.

ferrite ['feraıt / fer·rite] *s.* **1** (*chim.*) ferrito; diossoferrato **2** (*metall., elettr.*) ferrite.

ferrocene ['ferəʊsi:n / fer·ro·cene] *s.* (*chim.*) ferrocene.

ferrochromium [,ferəʊ'krəʊmıəm / fer·ro·chrom·ium] *s.* (*metall.*) ferrocromo.

ferroconcrete [,ferəʊ'kɒŋkri:t / fer·ro·con·crete] *s.* cemento armato.

ferrocyanic [,ferəʊsi:'ænık / fer·ro·cy·anic] *agg.* (*chim.*) ferrocianidrico: — *acid*, acido ferrocianidrico.

ferrocyanide [,ferəʊ'saıənaıd / fer·ro·cy·an·ide] *s.* (*chim.*) ferrocianuro.

ferroelectrical [,ferəʊı'lektrıkl / fer·ro·elec·trical] *agg.* ferroelettrico: — *material*, materiale ferroelettrico.

ferromagnetic [,ferəʊmæg'netık / fer·ro·mag·netic] *agg.* (*fis.*) ferromagnetico.

ferromagnetism [ˌferəʊ'mægnətɪzm / fer·ro·mag·net·ism] *s.* (*fis.*) ferromagnetismo.

ferromanganese [ˌferəʊˌmæŋgə'ni:s / fer·ro·man·gan·ese] *s.* (*metall.*) ferromanganese.

ferronickel [ˌferəʊ'nɪkəl / fer·ro·nickel] *s.* (*metall.*) ferronichel.

ferroporphyrin [ˌferəʊ'pɔ:fɪrɪn / fer·ro·por·phy·rin] *s.* (*chim.*) ferroporfirina.

ferrosilicon [ˌferəʊ'sɪlɪkən / fer·ro·sil·icon] *s.* (*chim.*) ferrosilicio.

ferrotype ['ferəʊtaɪp / fer·ro·type] *s.* (*fot.*) **1** ferrotipia **2** ferrotipo.

ferrous ['ferəs / fer·rous] *agg.* (*chim.*) ferroso: — *oxide*, ossido ferroso.

ferruginous [fe'ru:dʒɪnəs / fer·ru·gin·ous] *agg.* ferruginoso.

ferrule ['feru:l *amer.* 'ferəl / fer·rule] *s.* (*tecn.*) ghiera, boccola; bussola; virola; puntale.

ferry ['ferɪ] *s.* **1** traghetto // — *bridge*, ponte trasbordatore // (*dir.*) — *franchise*, concessione di traghetto **2** tassa dovuta per il traghetto.

to **ferry** *v.tr.* **1** traghettare: *to — s.o., sthg. across, over a river*, traghettare, far passare qlcu., qlco. oltre un fiume **2** (*aer.*) trasportare per via aerea, aerotrasportare; portare dalla fabbrica (un aeromobile) all'acquirente **3** (*fam.*) trasportare; portare: *the baby-sitter ferries my children to and from school every other day*, la baby-sitter porta e riprende i bambini a scuola un giorno sì e uno no ◆ *v.intr.* (*across, over*) attraversare, traghettare.

ferryboat ['ferɪbəʊt / ferry·boat] *s.* traghetto, nave traghetto.

ferryman ['ferɪmən / ferry·man] *pl.* **ferrymen** *s.* traghettatore // *the Ferryman of the Styx*, (*poet.*) il Nocchiero dello Stige.

fertile ['fɜ:taɪl *amer.* 'fɜ:tl / fer·tile] *agg.* **1** fertile, fecondo (*anche fig.*): *a — mind*, una mente fertile; *a — situation*, una situazione promettente, ricca di possibilità // (*fis. nucleare*) — *material*, materiale fertile **2** (*agr.*) fertilizzante **3** (*biol.*) fecondato.

fertility [fə'tɪlətɪ / fer·til·ity] *s.* fertilità.

fertilization [ˌfɜ:təlaɪ'zeɪʃn / fert·il·iza·tion] *s.* fertilizzazione; (*biol.*) fecondazione.

to **fertilize** ['fɜ:tɪlaɪz / fert·il·ize] *v.tr.* fertilizzare; (*biol.*) fecondare.

fertilizer ['fɜ:tɪlaɪzə* / fert·il·izer] *s.* concime, fertilizzante: *high grade* —, fertilizzante ad alto rendimento // (*agr.*): — *distributor*, spandiconcime; — *drill*, seminatrice con spandiconcime.

ferula ['ferju:lə / fer·ula] *pl.* **ferulae** ['ferju:li: / fer·ulae] **ferulas** *s.* (*bot.*) ferula.

ferule ['feru:l *amer.* 'ferəl / fer·ule] *s.* ferula, bacchetta.

fervency ['fɜ:vənsɪ / fer·vency] *s.* fervore, ardore.

fervent ['fɜ:vənt / fer·vent] *agg.* fervente, ardente // **-ly** *avv.* // **-ness** *s.*

fervid ['fɜ:vɪd / fer·vid] *agg.* (*form.*) ardente, fervido // **-ly** *avv.* // **-ness** *s.*

fervour ['fɜ:və* / fer·vour] amer. **fervor** *s.* **1** fervore, zelo **2** (*non com.*) ardore, calore intenso.

Fescennine ['fesənaɪn / Fes·cen·nine] *agg.* fescennino; licenzioso; scherzoso (di versi).

fescue ['feskju: / fes·cue] *s.* **1** (*ant.*) bacchetta (per indicare sulla lavagna ecc.) **2** (*bot.*) festuca **3** fuscello.

fesse [fes] *s.* (*arald.*) fascia.

festal ['festl] *agg.* festivo; gaio; festoso ◆ *s.* (*non com.*) festa // **-ly** *avv.*

fester ['festə* / fes·ter] *s.* (*med.*) piaga ulcerosa, ferita suppurata, fistola.

to **fester** *v.tr.* **1** (*med.*) far suppurare **2** (*fig.*) amareggiare, avvelenare ◆ *v.intr.* **1** (*med.*) suppurare (di ferita), ulcerarsi **2** (*fig.*) corrompersi: *deep in our hidden heart / festers the dull remembrance of a change*, (M. ARNOLD) profonda nell'intimo del nostro cuore si esulcera l'inerte reminiscenza d'un cambiamento.

festival ['festəvl / fest·ival] *s.* **1** giorno di festa; festa **2** anniversario; celebrazione **3** (*mus., cinem. ecc.*) festival.

festive ['festɪv / fest·ive] *agg.* **1** festivo **2** gioioso, festoso.

festively ['festɪvlɪ / fest·ive·ly] *avv.* festosamente.

festiveness ['festɪvnɪs / fest·ive·ness] *s.* allegria; festosità.

festivity [fe'stɪvətɪ / fest·iv·ity] *s.* **1** festività; festa **2** *pl.* festeggiamenti.

festoon [fe'stu:n / fes·toon] *s.* festone (di fiori, foglie, frutta).

to **festoon** *v.tr.* disporre a festoni; ornare di festoni // *his hat was festooned with cobwebs when he emerged from the hut*, quando uscì dalla capanna il suo cappello era ricoperto di ragnatele.

fetal ['fi:tl] *agg.* (*biol.*) fetale: — *membranes*, membrane fetali.

fetch [fetʃ] *s.* **1** l'andare a prendere; sforzo (per arrivare a): *a — of imagination*, uno sforzo di immaginazione **2** gioco; stratagemma; sofisma: *and I believe it is a fetch of warrant*, (SH. Hamlet) e credo sia uno stratagemma che ci darà delle garanzie **3** (*mar.*) tratto di mare; distanza da percorrere; estensione, apertura (di golfo).

to **fetch** *v.tr.* **1** andare a cercare, andare a prendere: — *me a chair, please*, vammi a prendere una sedia, ti prego; *to — water from a well*, attingere acqua a un pozzo // *to — and carry for s.o.*, scovare e riportare la selvaggina per qlcu. (di cani); sfacchinare per qlcu. // *can you — the ball back?*, puoi riportare la palla? // *he fetched the tin down from the shelf*, tirò giù la lattina dallo scaffale **2** (*non com.*) far venire, tirare: *to — one's breath*, prendere fiato; *to — a sigh*, emettere un sospiro; *to — blood*, far uscire sangue // *to — s.o. a blow, a box on the ear*, (*fam.*) dare uno schiaffo, uno scappellotto a qlcu. **3** (*comm.*) fruttare; essere venduto, quotato a; spuntare (un prezzo): *English silver fetches high prices nowadays*, l'argenteria inglese è ora valutata molto **4** (*fam.*) interessare; attirare, conquistare (lodi, ammirazione) **5** (*mar.*) raggiungere (il porto, il molo): *to — a ship to the quay*, attraccare una nave al molo ◆ *v.intr.* (*mar.*) tenere la rotta; virare.

□ **fetch away** *v.intr.* e *avv.* staccarsi; rotolare sul ponte (durante una tempesta).

□ **fetch off** *v.tr.* e *avv.* (*ant.*) far fuori, spacciare: *I must believe you sir: / I do; and will fetch off Bohemia for't*, (SH. Winter's Tale) devo credervi, certo, e farò fuori [il re di] Boemia per questo.

□ **fetch up** *v.intr.* e *avv.* **1** (*fam.*) capitare, trovarsi per caso **2** vomitare **3** (*mar.*) giungere in porto.

fetcher ['fetʃə* / fetch·er] *s.* chi, che va a prendere.

fetching [fetʃɪŋ / fetch·ing] *agg.* attraente, seducente: — *smile*, sorriso seducente, avvincente; *a — dress*, un abito carino.

fête [feɪt] *s.* **1** festa; festa di beneficenza **2** (*non com.*) onomastico: — *day*, onomastico.

to **fête** *v.tr.* festeggiare.

feticide ['fi:tɪsaɪd / fet·icide] *s.* feticidio, uccisione di feto.

fetid ['fetɪd] *agg.* fetido // **-ly** *avv.* // **-ness** *s.*

fetidity [fe'tɪdɪtɪ / fetid·ity] *s.* fetore.

fetish ['fi:tɪʃ / fet·ish] *s.* **1** feticcio **2** (*fig.*) idolo // *he has a — about* (o *makes a — of*) *cleanliness*, è fanatico della pulizia.

fetishism ['fi:tɪʃɪzəm / fet·ish·ism] *s.* feticismo; idolatria.

fetishist ['fi:tɪʃɪst / fet·ish·ist] *s.* feticista; idolatra.

fetishistic [ˌfi:tɪ'ʃɪstɪk / fet·ish·istic] *agg.* feticistico.

fetlock ['fetlɒk / fet·lock] *s.* nodello (del cavallo); barbetta, peli del garretto (di cavallo).

fetor ['fi:tə*] *s.* fetore.

fetter ['fetə* / fet·ter] *s.* (*gener. pl.*) **1** ceppi, catene **2** (*fig.*) legame; vincolo **3** (*fig.*) schiavitù.

to **fetter** *v.tr.* **1** incatenare **2** intralciare, ostacolare.

fetterlock ['fetəlɒk / fet·ter·lock] *s.* pastoia.

fettle ['fetl] *s.* (*fam.*) condizione, stato: *to be in fine* (o *good* o *high*) —, essere in buone condizioni (fisiche, morali).

to **fettle** *v.tr.* **1** (*rar.*) preparare, sistemare: *fettle your fine joints 'gainst Thursday next*, (SH. Romeo and Juliet) prepara i tuoi bei garretti per giovedì prossimo **2** (*metall.*) sbavare; scriccare; ricoprire (con materiale di protezione).

fetus ['fi:təs] *pl.* **fetuses** ['fi:təsɪz / fet·uses] **feti** ['fi:taɪ] *s.* (*biol.*) feto.

feu [fju:] *s.* (*dir. scoz.*) **1** enfiteusi **2** proprietà a enfiteusi.

feud[1] [fju:d] *s.* faida, antagonismo, ostilità (tra famiglie, clan).

to **feud**[1] *v.intr.* portare avanti una faida; essere in lotta, in antagonismo.

feud[2] *s.* (*st.*) feudo.

feudal ['fju:dl] *agg.* feudale // **-ly** *avv.*

feudalism ['fju:dəlɪzəm / feud·al·ism] *s.* feudalismo; feudalità.

feudalist ['fju:dəlɪst / feud·al·ist] *s.* rappresentante, fautore del feudalesimo.

feudality [fju:'dælətɪ / feud·al·ity] *s.* **1** feudalesimo **2** feudo.

to **feudalize** ['fju:dəlaɪz / feud·al·ize] *v.tr.* ridurre al sistema feudale.

feudatory ['fju:dətərɪ *amer.* 'fju:dətɔ:rɪ / feud·at·ory] *agg.* e *s.* feudatario.

feuilleton ['fɜ:ɪtɒŋ / feuille·ton] *s.* **1** (*non com.*) appendice di giornale (dedicata a critica, letteratura ecc.) **2** romanzo d'appendice; romanzo popolare patetico e lacrimoso.

fever ['fi:və*] *s.* febbre: *to have a high* —,

avere la febbre alta // — *heat*, temperatura sopra il livello normale; (*fig.*) sovraeccitazione // *child* —, febbre puerperale // *to be in a — of impatience*, avere un'impazienza febbrile; *to do sthg. at — pitch*, fare qlco. febbrilmente.

to **fever** *v.tr.* dar la febbre a, far venire la febbre a.

fever blister ['fi:və,blɪstə*] *s.* (*med.*) → **fever sore**.

feverfew ['fi:vəfju: / fever·few] *s.* (*bot.*) (*Chrysanthemum parthenium*) partenio; (*pop.*) amarella.

feverish ['fi:vərɪʃ / fe·ver·ish] *agg.* **1** febbricitante: *to be* —, avere la febbre **2** causato dalla febbre: *he gave a — shiver*, ebbe un brivido di febbre **3** (*fig.*) eccitato, febbrile: — *activity*, attività febbrile // **-ly** *avv.*

feverishness ['fi:vərɪʃnɪs / fe·ver·ish·ness] *s.* stato febbrile.

fever sore ['fi:vəsɔ:*] *s.* (*med.*) herpes simplex; (*fam.*) febbre SIN. **cold sore**, **fever blister**.

few [fju:] *compar.* **fewer** ['fju:ə*] *superl.* **fewest** ['fju:ɪst] *agg. pl.* **1** pochi: *a man of — words*, un uomo di poche parole; *he has — friends*, ha pochi amici; *I've read the first — pages of his new book*, ho letto poche pagine del suo nuovo libro; *he has fewer responsibilities than I have*, egli ha meno responsabilità di me; *on Sundays there are fewer buses or none at all*, la domenica ci sono meno autobus o non ce ne sono affatto; *there were no fewer than 80,000 people at the stadium*, non c'erano meno di 80.000 persone allo stadio // *every — days*, a intervalli di pochi giorni **2** *a* —, alcuni; qualche [cfr. *some*]: *he spoke a — words*, pronunciò alcune parole; *you can stay a — days if you like*, puoi rimanere qualche giorno se vuoi; *there were only a — people*, c'erano pochissime persone ◆ *pron. s.* **1** pochi: — *can understand it*, pochi possono capirlo; *very — of our troops survived the attack*, pochissime delle nostre truppe sopravvissero all'assalto; *there were as — as three successful candidates in the election*, alle elezioni risultarono vincitori solo tre candidati // *job opportunities are — and far between*, le occasioni di lavoro sono assai rare // *the* —, la minoranza, gli eletti // *some* —, alcuni **2** *a* —, alcuni: *a — of them came*, alcuni di loro vennero; *send me a* —, mandamene alcuni // *a good* —, un bel numero // *not a* —, non pochi, alcuni // *quite a* —, un buon numero // *he's had a* — (o *too many*), è un po' sbronzo; è un po' andato.

fewness ['fju:nɪs / few·ness] *s.* scarsità, scarsezza (di numero); numero ristretto (di persone, cose): *fewness and truth, 'tis thus*, (SH. Measure for Measure) poche parole e la verità; le cose stanno così.

fey [feɪ] *agg.* **1** affettato, lezioso **2** stravagante, strambo **3** condannato a morire; moribondo.

fez [fez] *s.* fez.

fiacre [fɪ'ɑ:kə* / fi·acre] *s.* fiacre, carrozza a quattro ruote.

fiancé [fɪ'ɑ:nseɪ / fi·ancé] *s.* (*fr.*) fidanzato.

fiancée [fɪ'ɑ:nseɪ / fi·an·cée] *s.* (*fr.*) fidanzata.

Fianna Fáil [fɪ'ænə'fɔɪl] *s.* (nome del) partito repubblicano irlandese.

fiasco [fɪ'æskəʊ / fi·asco] *s.* fallimento, insuccesso, fiasco.

fiat ['faɪæt *amer.* 'fi:ət] *s.* (*form.*) autorizzazione; decreto: *to give one's — to sthg.*, dare il proprio consenso per qualche cosa // (*econ. amer.*) — *money*, moneta a corso forzoso.

to **fiat** *v.tr.* (*form.*) autorizzare.

fib [fɪb] *s.* (*fam.*) fandonia, frottola, bugia.

to **fib** *pass.p.p.* **fibbed** [fɪbd] *v.intr.* (*fam.*) raccontare frottole.

fibber ['fɪbə* / fib·ber] *s.* (*form.*) contafrottole.

fiber e *deriv.* (*amer.*) → **fibre** e *deriv.*

fiber optics [,fɪbər'ɒptɪks] *s.* (*inform.*) fibra ottica.

fibre ['faɪbə*] *s.* **1** (*anat.*, *bot.*) fibra **2** (*tecn.*): *textile* —, fibra tessile; *cross-grain* —, fibra trasversale // *staple* —, filato di rayon, fiocco **3** (*fig.*) fibra, natura, costituzione: *a man of coarse* —, un uomo grossolano, volgare; *moral* —, forza interiore, morale **4** (*mat.*) fibra: — *bundle*, spazio fibrato.

fibreboard ['faɪbə,bɔ:d / fibre·board] *s.* fibra; pannello di fibre: *a — suitcase*, una valigia di fibra.

fibreglass ['faɪbəglɑ:s *amer.* 'faɪbəglæs / fibre·glass] *s.* (*tecn.*) lana di vetro.

fibreless ['faɪbəlɪs / fibre·less] *agg.* senza fibra, senza forza.

fibre-optics [,faɪbər'ɒptɪks] *s.* U (*fis.*) ottica delle fibre ottiche.

fibrescope ['faɪbə,skəʊp / fibre·scope] *s.* (*med.*) fibroscopio.

fibre-tip(ped) pen ['faɪbətɪp(t)'pen] *s.* pennarello.

fibriform ['faɪbrɪfɔ:m / fib·ri·form] *agg.* fibriforme.

fibril ['faɪbrɪl / fib·ril] *s.* (*biol.*) fibrilla.

fibrillation [,fɪbrə'leɪʃn / fib·ril·la·tion] *s.* (*med.*) fibrillazione: *atrial, ventricular* —, fibrillazione atriale, ventricolare.

fibrillose ['fɪbrə,ləʊs / fib·ril·lose] *agg.* (*biol.*) fibrillare.

fibrin ['faɪbrɪn / fib·rin] *s.* (*biochim.*) fibrina.

fibrinogen [faɪ'brɪnədʒən / fib·rino·gen] *s.* (*biol.*) fibrinogeno.

fibrinogenic ['faɪbrɪnəʊ,dʒenɪk / fib·rino·genic] *agg.* (*biol.*) fibrinogeno.

fibrinoid ['faɪbrɪnɔɪd / fib·rin·oid] *s.* (*biochim.*) fibrinoide.

fibrinolysin [,faɪbrənəʊ'laɪsɪn / fib·rin·olysin] *s.* (*biochim.*) fibrinolisina.

fibrinous ['faɪbrɪnɪs / fib·rin·ous] *agg.* (*biol.*) fibrinoso.

fibroblast ['faɪbrə,blɑ:st / fib·ro·blast] *s.* (*biol.*) fibroblasto.

fibrocystic [,faɪbrəʊ'sɪstɪk / fib·ro·cystic] *agg.* (*biol.*) fibrocistico: — *disease*, fibrosi cistica.

fibrocyte ['faɪbrəʊ,saɪt / fib·ro·cyte] *s.* (*biol.*) fibrocita.

fibroid ['faɪbrɔɪd / fib·roid] *agg.* (*biol.*) fibroso ◆ *s.* (*med.*) fibroma.

fibroin ['faɪbrəʊɪn / fib·roin] *s.* fibroina.

fibroma [faɪ'brəʊmə / fib·roma] *pl.* **fibromas**, **fibromata** [faɪ'brəʊmətə / fib·rom·ata] *s.* (*med.*) fibroma.

fibromatous [faɪ'brɒmətəs / fib·roma·tous] *agg.* (*med.*) fibromatoso.

fibrosarcoma ['faɪbrəʊsɑ:'kəʊmə / fi·bro·sar·coma] *s.* (*med.*) fibrosarcoma.

fibrosis [faɪ'brəʊsɪs / fib·rosis] *pl.* **fibroses** [faɪ'brəʊsi:z] *s.* (*med.*) fibrosi.

fibrous ['faɪbrəs / fib·rous] *agg.* (*biol.*) fibroso.

fibula ['fɪbjʊlə / fib·ula] *s.* **1** (*anat.*) fibula, perone **2** (*non com.*) fibbia, fermaglio.

fichu ['fi:ʃu: / fi·chu] *s.* scialletto, fazzoletto da collo.

fickle ['fɪkl] *agg.* incostante, volubile, variabile // — *finger of fate*, (*fam. amer.*) imprevisti, scherzi del destino.

fickleness ['fɪklnɪs / fickle·ness] *s.* volubilità, incostanza.

fictile ['fɪktɪl / fic·tile] *agg.* **1** fittile, d'argilla **2** (*rar.*) malleabile.

fiction ['fɪkʃn / fic·tion] *s.* **1** prosa narrativa, novellistica: *works of* —, romanzi, novelle; *science* —, fantascienza; *she prefers history to* —, preferisce la storia alla narrativa **2** finzione, invenzione: *truth is stranger than* —, le cose vere sono più strane di quelle inventate // (*dir.*) *legal* —, finzione legale.

fictional ['fɪkʃənl / fic·tional] *agg.* **1** inventato, immaginario; romanzesco **2** da romanzo; proprio del romanzo, del genere narrativo.

to **fictionalize** ['fɪkʃənəlaɪz / fic·tion·al·ize] *v.tr.* **1** romanzare **2** fare (di qlco.) materia, soggetto di romanzo.

fictionist ['fɪkʃənɪst / fic·tion·ist] *s.* (*non com.*) narratore.

fictitious [fɪk'tɪʃəs / fic·ti·tious] *agg.* **1** falso, contraffatto, simulato, fittizio: — *name*, nome falso; — *purchase*, acquisto simulato; — *sale*, vendita simulata // (*dir.*) — *payee*, beneficiario, giratario fittizio (di cambiale) **2** irreale, immaginario, fittizio: — *character*, personaggio fittizio, immaginario.

fictitiously [fɪk'tɪʃəslɪ / fic·ti·tious·ly] *avv.* in modo fittizio.

fictitiousness [fɪk'tɪʃəsnɪs / fic·ti·tious·ness] *s.* finzione.

fictive ['fɪktɪv / fict·ive] *agg.* (*non com.*) **1** fittizio, finto, immaginario **2** dotato di inventiva, di immaginazione.

ficus ['fi:kəs] *s. pl. invar.* (*bot.*) ficus.

fid [fɪd] *s.* (*mar.*) **1** caviglia per impiombare **2** chiave d'albero.

fiddle ['fɪdl] *s.* **1** (*fam.*) violino // *to be as fit as a* —, essere in ottime condizioni di salute e di spirito // *to play second — to*, avere una parte secondaria in confronto a // *to have a face as long as a* —, (*fig.*) avere una faccia da funerale **2** (*fam.*) truffa, imbroglio: *to be on the* —, guadagnare con una truffa **3** (*mar.*) tavola di rollio.

fiddle *inter.* sciocchezze!

to **fiddle** *v.intr.* **1** (*fam.*) suonare il violino **2** (*fig.*) divertirsi con sciocchezze; fare cose inutili; baloccarsi, giocherellare: *to — with one's watch-chain*, giocherellare con la catena dell'orologio // *to — about*, trastullarsi, gingillarsi // *to — away one's time*, perdere il tempo in sciocchezze // *she is fiddling while Rome burns*, sta accadendo il peggio e lei perde tempo in cose inutili **3** armeggiare, trafficare con: *he fiddled with the engine until he got it to work*, ha armeggiato un po' col motore finché è partito **4** rovistare, curiosare: *have you been fiddling in my desk?*, hai curiosato nella mia scrivania? ◆ *v.tr.* **1** suonare (qlco.) sul violino

2 falsificare; truffare: *to — one's expenses*, gonfiare le spese a proprio vantaggio.

fiddle-bow ['fɪdlbəʊ] *s.* archetto di violino.

fiddle-de-dee [,fɪdldɪ'di:] *inter.* sciocchezze!

to **fiddle-faddle** ['fɪdl,fædl] *v.intr.* dire sciocchezze, gingillarsi, perdere il tempo.

fiddlefucking ['fɪdl,fʌkɪŋ / fiddle·fuck·ing] *agg.* (*sl. amer.*) stramaledetto: *I can't stand that — place*, non sopporto quel maledetto posto.

fiddlehead ['fɪdlhed / fiddle·head] *s.* (*mar.*) violino di bompresso.

fiddler ['fɪdlə* / fid·dler] *s.* **1** (*fam.*) violinista **2** imbroglione // *Fiddler's Green*, (*fam.*) paese di cuccagna (per marinai e vagabondi).

fiddler crab ['fɪdlə*,kræb] *s.* (*zool.*) granchio violinista.

fiddlerfish ['fɪdlə*,fɪʃ / fid·dler·fish] *s.* (*zool.*) pesce chitarra.

fiddlestick ['fɪdlstɪk / fiddle·stick] *s.* archetto (di violino) // *fiddlesticks!*, sciocchezze!

fiddley ['fɪdlɪ] *s.* (*mar.*) passaggio di ventilazione (della sala caldaie).

fiddling ['fɪdlɪŋ / fid·dling] *agg.* sciocco, fatuo, futile, insignificante.

fidei-commissum [,faɪdi:kə'mɪsəm] *s.* (*dir. non com.*) fedecommesso.

fide-jussor [,faɪdi:'jʌsə*] *s.* (*dir. non com.*) fideiussore, garante.

fidelity [fɪ'delətɪ / fi·del·ity] *s.* **1** fedeltà, lealtà // (*dir.*) *— bond*, cauzione contro gli atti illeciti del dipendente **2** accuratezza, esattezza, fedeltà: *the — of a translation*, la fedeltà di una traduzione; *high —*, alta fedeltà.

fidget ['fɪdʒɪt / fid·get] *s.* **1** (*gener. pl.*) agitazione; irrequietezza; nervosismo // *to have the fidgets*, essere irrequieto, stare sulle spine **2** persona nervosa, eccitabile.

to **fidget** *v.intr.* agitarsi; muoversi con irrequietezza: *stop fidgeting with your watch*, smettila di giocherellare con l'orologio ♦ *v.tr.* annoiare, dar fastidio a, irritare.

□ **fidget about** *v.intr.* e *avv.* muoversi con irrequietezza.

fidgetily ['fɪdʒɪtɪlɪ / fid·get·ily] *avv.* nervosamente, con irrequietezza.

fidgetiness ['fɪdʒɪtɪnɪs / fid·geti·ness] *s.* irrequietezza, agitazione nervosa.

fidgety ['fɪdʒɪtɪ / fid·gety] *agg.* irrequieto; nervoso.

Fido ['faɪdəʊ] *s.* (*aer.*) 'Fido' (impianto antinebbia) • Abbr. di *Fog Investigation Dispersal Operation*.

fiducial [fɪ'dju:ʃjəl / fi·du·cial] *agg.* **1** (*teol.*) pertinente alla fede **2** (*astr., mat. ecc.*) fiduciale: *— line*, linea fiduciale; (*stat.*) *— probability*, probabilità fiduciale.

fiduciary [fɪ'dju:ʃjərɪ / fi·du·ciary] *agg.* (*dir.*) fiduciario: *— circulation*, circolazione fiduciaria; *— loan*, prestito non garantito ♦ *s.* (*dir.*) fiduciario.

fie [faɪ] *inter.* (*antiq.*) oibò!: *— for shame!*, vergogna!; *— upon you!*, vergogna!

fief [fi:f] *s.* (*st.*) feudo.

field [fi:ld] *s.* **1** campo; campagna: *— of wheat*, campo di frumento; *in the open —*, in aperta campagna // *pasture —*, pascolo // *strawberry —*, fragoleto // *in the —*, sul campo (*anche fig.*): *he got all his experience in the —*, ha fatto tutta la sua esperienza sul campo **2** campo, terreno sportivo: *cricket —*, campo da cricket // *the —*, i cavalli iscritti a una corsa (tranne il favorito) // *to lead the —*, essere in testa, essere il primo (*anche fig.*) // *to play the —*, (*fam.*) correre la cavallina, avere molte avventure amorose **3** (*mil.*) campo di battaglia; campagna: *— of fire*, campo di tiro; *to hold the —*, tenere il campo; *to keep the —*, continuare una campagna; *to take the — against s.o.*, iniziare una campagna contro qlcu. // *— allowance*, indennità di campagna, di guerra // *— hospital*, ospedale da campo // *— telephone*, telefono da campo // *— battery*, batteria da campagna // *— gun*, cannone da campagna **4** campo, teatro d'azione; settore; (*comm.*) mercato: *the — of art, politics*, il campo, il settore dell'arte, della politica; *the — of conjecture*, il campo delle ipotesi; *in this —*, in questo settore; *— of operation*, settore, sfera di competenza; *to be first in one's —*, essere il numero uno nel proprio campo; *that's outside my —*, non è il mio campo, non è il mio settore // (*amm.*): *— staff* (o *— personnel*), personale (dell'impresa) operante fuori sede; *— sales manager*, ispettore di zona; *— area*, zona di clientela; *salesman*, commesso viaggiatore; *— force*, intervistatori (per ricerche di mercato) **5** (*arald.*) campo; (*arte*) sfondo **6** (*scient.*) campo // (*fis.*): *— emission*, emissione di campo; *force —*, campo di forza; *gravitational —*, campo gravitazionale // (*mat.*): *vector —*, campo vettoriale; *skew —*, corpo // (*med.*): *— of vision*, campo visivo; *auditory —*, campo uditivo // (*fot.*): *depth of —*, profondità di campo; *visual —*, campo visivo **7** (*geol.*) bacino: *gold —*, bacino aurifero; *gas —*, bacino gassifero **8** (*inform.*) campo (di memoria, istruzione ecc.); settore: *in the —*, nel settore, sul posto; *— area*, area di memoria disponibile per la programmazione (disponibile dell'utente); *— engineering*, servizio di assistenza tecnica alla clientela; *— erasable*, utilizzabile dall'utente (detto di area di memoria); *— programmable*, disponibile per la programmazione da parte dell'utente (detto di area di memoria); *— service* (o *— maintenance*), servizio di manutenzione macchine dei clienti; *— updegradable*, incrementabile dopo l'installazione (detto di macchina, di sistema).

to **field** *v.tr.* **1** (*cricket, baseball*) prendere e rilanciare (la palla) **2** mettere in campo: *they are fielding three foreign players*, metteranno in campo tre giocatori stranieri **3** rispondere abilmente (a una domanda) ♦ *v.intr.* (*cricket, baseball*) giocare in difesa.

fieldbus ['fi:ld,bʌs / field·bus] *s.* (*inform.*) bus di campo.

field day ['fi:lddeɪ] *s.* **1** (*mil.*) giorno di grandi manovre // *to have a —*, (*fam.*) avere un'occasione (di successo, di divertimento) **2** giornata all'aperto (di studio, attività fisica ecc.).

fielder ['fi:ldə*] *s.* (*cricket, baseball*) esterno.

field event ['fi:ldɪ,vent] *s.* gara di atletica leggera (escluse le gare su pista).

fieldfare ['fi:ldfeə* / field·fare] *s.* (*zool.*) (*Turdus pilaris*) cesena, viscaccia SIN. **storm-cock**.

field glasses ['fi:ld,glɑ:sɪz *amer.* 'fi:ld ,glæsɪz] *s. pl.* binocolo (*sing.*) da campagna.

field grey [,fi:ld'greɪ] *s.* color grigio scuro • Dal colore delle uniformi dell'esercito tedesco durante la prima guerra mondiale.

field hand ['fi:ld,hænd] *s.* (*amer.*) bracciante agricolo.

field ice ['fi:ldaɪs] *s.* banchisa, ghiacci galleggianti.

field marshal ['fi:ld,mɑ:ʃl] *s.* (*mil.* GB) feldmaresciallo.

fieldmouse ['fi:ldmaʊs / field·mouse] *pl.* **fieldmice** ['fi:ldmaɪs / field·mice] *s.* (*zool.*) arvicola → **vole**[2].

field officer ['fi:ld,ɒfɪsə*] *s.* (*mil.*) ufficiale superiore.

fieldpiece ['fi:ld,pi:s / field·piece] *s.* (*mil.*) pezzo di artiglieria da campagna.

fieldsman ['fi:ldsmən / fields·man] *pl.* **fieldsmen** → **fielder**.

field sports ['fi:ld,spɔ:ts] *s.pl.* caccia e pesca.

field study ['fi:ld,stʌdɪ] *s.* ricerca sul campo.

field test ['fi:ld,test] *s.* collaudo in condizioni reali di utilizzo.

to **field-test** *v.tr.* collaudare in condizioni reali di utilizzo.

field trip ['fi:ldtrɪp] *s.* gita di studio.

fieldwork ['fi:ldwɜ:k / field·work] *s.* **1** (*mil.*) fortificazione provvisoria **2** ricerca sul campo (per motivi di studio, osservazioni scientifiche ecc.).

fiend [fi:nd] *s.* **1** demonio, diavolo (*anche fig.*): *he's a chess —*, è un diavolo nel gioco degli scacchi **2** (*fam.*) entusiasta, fanatico: *a car —*, un fanatico dell'automobile.

fiendish ['fi:ndɪʃ / fiend·ish] *agg.* **1** diabolico, malvagio **2** (*estens.*) astuto // **-ness** *s.*

fiendishly ['fi:ndɪʃlɪ / fiend·ish·ly] *avv.* **1** diabolicamente, malvagiamente **2** maledettamente, terribilmente: *growing orchids is — difficult*, coltivare orchidee è terribilmente difficile.

fierce [fɪəs] *agg.* **1** fiero; feroce; crudele; selvaggio: *— cat*, gatto selvatico; *a — cry*, un grido selvaggio **2** tenace, accanito: *there was — resistance to the plan*, ci fu una accanita opposizione al progetto **3** ardente, eccessivo (*anche fig.*); intenso: *— heat*, calore ardente; *— colour*, colore intenso // **-ly** *avv.* // **-ness** *s.*

fierily ['faɪərəlɪ / fier·ily] *avv.* **1** di fuoco **2** (*fig.*) focosamente, ardentemente, impetuosamente.

fieriness ['faɪərɪnɪs / fier·iness] *s.* **1** calore **2** (*fig.*) ardore, foga; irascibilità.

fiery ['faɪərɪ] *agg.* **1** di fuoco, igneo, infiammato: *a — sunset*, un tramonto di fuoco; *a — taste*, (*fig.*) un sapore piccante **2** (*fig.*) focoso, ardente, impetuoso: *he looked at them with — eyes*, li guardò con occhi fiammeggianti **3** infiammabile (di gas).

fife [faɪf] *s.* (*mus.*) piffero.

to **fife** *v.intr.* (*non com.*) suonare il piffero ♦ *v.tr.* (*non com.*) suonare col piffero.

fifer ['faɪfə*] *s.* **1** piffero **2** suonatore di piffero.

fifteen [,fɪf'ti:n / fif·teen] *agg.num.card.* quindici: *he is —*, ha quindici anni ♦ *s.* **1** il numero quindici **2** squadra di rugby: *the first —*, la prima squadra.

fifteenth [ˌfɪf'ti:nθ / fif·teenth] *agg.num.ord.* e *s.* quindicesimo: *Louis the Fifteenth*, Luigi XV.

fifth [fɪfθ] *agg.num.ord.* quinto: *the — part*, la quinta parte; *Charles the Fifth*, Carlo V // (*pol.*) *— column*, la quinta colonna // (*Bibbia*) *Fifth Monarchy*, il quinto impero: *Fifth Monarchy Men*, gruppo di puritani fanatici // *to be the — wheel of a coach*, essere l'ultima ruota del carro // (*dir. amer.*) *to take the — (amendment)*, appellarsi al quinto emendamento (esercitare il diritto di non rispondere, di tacere in giudizio per non incriminarsi) ♦ *s.* **1** quinto; quinta parte **2** il quinto giorno del mese: *my birthday is on the — of October*, il mio compleanno è il 5 di Ottobre **3** (*mus.*) quinta **4** *pl.* materiale scadente **5** (*amer.*) un quinto di gallone.

fifth columnist [ˌfɪfθ'cɒləmnɪst] *s.* (*pol.*) collaborazionista.

fiftieth ['fɪftɪɪθ / fif·tieth] *agg.num.ord.* e *s.* cinquantesimo.

fifty ['fɪftɪ] *agg.num.card.* e *s.* cinquanta: *in the fifties*, negli anni che vanno dal '50 al '60; *she is still in her fifties*, ella non ha ancora 60 anni.

fifty-fifty [ˌfɪftɪ'fɪftɪ] *agg.* e *avv.* **1** a metà, diviso equamente: *to go — with s.o.*, fare a metà con qlcu.; fare alla romana, pagare ciascuno la propria parte **2** (*comm.*) al cinquanta per cento.

fig[1] [fɪg] *s.* **1** fico **2** (*bot.*) — (*tree*), (*Ficus carica*) fico; — *leaf*, foglia di fico **3** (*fig.*) cosa di nessun valore: *I don't care* (o *give*) *a — for*, non me ne importa un fico di.

fig[2] *s.* (*brit. antiq., fam. amer.*) **1** vestito: *in full —*, in pompa magna; *he was in poor —*, era malvestito **2** condizione, forma.

fig-eater ['fɪgi:tə*] *s.* (*zool. pop.*) → **beccafico**.

fight [faɪt] *s.* **1** combattimento, lotta; scontro: *to put up a —*, opporre resistenza, lottare **2** (*fig.*) lotta, battaglia: *the — for life*, la lotta per la vita **3** rissa, zuffa; mischia: *in the middle of the —*, nel bel mezzo della mischia (*anche fig.*) **4** combattività, spirito combattivo: *there is no — left in her*, non vi è più spirito combattivo in lei; *to show —*, mostrare spirito combattivo, offrire resistenza **5** incontro (di boxe) **6** (*ant.*) difesa, schermo di protezione (per chi combatteva su una nave): *clap on more sails, pursue; up with your fights*, (SH. Merry Wives of Windsor) issiamo altre vele, all'inseguimento; drizziamo le difese.

to **fight** *pass.p.p.* **fought** [fɔ:t] (*ant.*) **foughten** ['fɔ:tn] *v.tr.* **1** combattere: *to — s.o.*, battersi con qlcu.; *to — a good fight*, battersi bene; *to — a duel*, duellare, fare un duello; *to — an election*, contrastare un'elezione // *to — one's way (out)*, aprirsi un varco con la forza // *to — fire with fire*, combattere (qlco. o qlcu.) con le sue stesse armi **2** (*fig.*) lottare per, battersi per: *to — the good fight*, battersi per una buona causa; *to — a losing battle*, condurre una battaglia persa in partenza // *to — shy of*, evitare, stare lontano da **3** (*non com.*) eccitare, spingere alla lotta: *to — cocks, dogs*, incitare galli, cani al combattimento **4** manovrare (truppe, navi, in battaglia): *to — one's ships*, manovrare le proprie navi ♦ *v.intr.* combattere, battersi; dar battaglia; azzuffarsi, venire alle mani: *he fought in the First World War*, combatté nella prima guerra mondiale; *to — fair*, combattere lealmente; *to — to the bitter end*, lottare a oltranza; *to — against* (o *with*), combattere contro; *to — for sthg.*, combattere per (ottenere) qlco.; *to — for one's life*, battersi, lottare per la propria vita // *to — for breath*, stentare a respirare // *he has waited long and foughten well / that Peace should smile and Plenty reign*, (R. BRIDGES) ha aspettato a lungo e combattuto bene perché la Pace sorridesse e l'Abbondanza regnasse.

□ **fight back** *v.tr.* e *avv.* reprimere, contrastare: *he tried unsuccessfully to — back his tears*, cercò senza riuscirci di ricacciare indietro le lacrime ♦ *v.intr. avv.* e *prep.* reagire lottando; controbattere (qlco.): *blacks are fighting back against discrimination*, i negri reagiscono alla discriminazione con la violenza.

□ **fight down** *v.tr.* e *avv.* sopprimere, reprimere, combattere: *to — down one's anger, one's disappointment*, reprimere la propria ira, delusione; *he fought down a feeling of nausea*, represse un senso di nausea.

□ **fight off** *v.tr.* e *avv.* respingere: *to — off the reporters*, respingere l'assalto dei giornalisti.

□ **fight out** *v.tr.* e *avv.* (*fam.*) nella locuz: *— it out*, farla fuori (risolvere qlco.); *don't interfere, they have to — it out between themselves!*, non intrometterti, devono vedersela fra loro.

fighter ['faɪtə*] *s.* **1** combattente; lottatore **2** (*aer.*) caccia.

fighter-bomber ['faɪtəbɒmə*] *s.* (*aer.*) cacciabombardiere.

fighting ['faɪtɪŋ / fight·ing] *agg.* combattente; combattivo, battagliero // *— cock*, gallo da combattimento; (*fig.*) galletto // *a — chance*, una possibilità (di riuscita di successo) ♦ *s.* combattimento; lotta; rissa: *— fit*, atto al combattimento; *hand-to-hand —*, combattimento corpo a corpo // *street —*, tafferuglio // *— men*, combattenti // (*mil.*) *— line*, linea del fuoco, prima linea.

figment ['fɪgmənt / fig·ment] *s.* finzione, invenzione: *figments of the mind*, invenzioni, costruzioni mentali; *the whole thing was just a — of his imagination*, tutta la faccenda era frutto della sua immaginazione.

figpecker ['fɪgpekə* / fig·pecker] *s.* (*zool. pop.*) → **beccafico**.

figuline ['fɪgjʊlɪn / fig·uline] *agg.* (*non com.*) figulino ♦ *s.* vaso di terracotta.

figurability [ˌfɪgjʊrə'bɪlətɪ / fig·ur·ab·il·ity] *s.* figurabilità.

figurable ['fɪgjʊrəbl / fig·ur·able] *agg.* figurabile; immaginabile.

figural ['fɪgjʊrəl / fig·ural] *agg.* di figura.

figurant ['fɪgjʊrənt / fig·ur·ant] *s.* (*teatr.*) **1** comparsa **2** danzatore di balletto.

figurante [ˌfɪgjʊ'ræntɪ / fig·ur·ante] *pl.* **figuranti** [ˌfɪgjʊ'rænti: / fig·ur·anti] *s.* (*teatr.*) **1** comparsa **2** danzatrice di balletto.

figuration [ˌfɪgjʊ'reɪʃn / fig·ura·tion] *s.* **1** figurazione, rappresentazione; configurazione **2** allegoria **3** (*mus.*) figurazione.

figurative ['fɪgjʊrətɪv / fig·ur·at·ive] *agg.* **1** figurativo **2** figurato; allegorico; simbolico; metaforico **3** ornato, fiorito (di stile).

figuratively ['fɪgjʊrətɪvlɪ / fig·ur·at·ive·ly] *avv.* **1** figurativamente **2** figuratamente, in senso figurato.

figurativeness ['fɪgjʊrətɪvnɪs / fig·ur·at·ive·ness] *s.* carattere figurato, metaforico.

figure ['fɪgə* / fig·ure] *s.* **1** figura; forma: *I could see her — advancing toward us*, potevo vedere la sua figura che avanzava verso di noi; *the ceiling was covered with figures of trees and birds*, il soffitto era ricoperto di figure di alberi e uccelli // *— drawing*, disegno di figura // *to cut a —*, fare un figurone; *to cut a poor, brilliant —*, fare brutta, bella figura // (*mat.*) *plane, solid —*, figura piana, solida **2** immagine, aspetto: *a fine — of a man*, un uomo di bell'aspetto // *to keep one's —*, tenersi in forma; mantenere la linea **3** personaggio, figura: *an interesting historical —*, un'interessante figura storica; *an authority —*, il simbolo dell'autorità; *a — of fun*, lo zimbello, un personaggio oggetto di scherno **4** (*mat.*) cifra, numero; dati (*pl.*): *single —*, numero a una cifra; *double figures*, numeri di due cifre; *official figures show unemployment has fallen by 1%*, dati ufficiali mostrano che la disoccupazione è scesa dell'1% // *to be good at figures*, essere bravo in aritmetica, nei conti // (*comm.*) *US trade figures*, dati relativi al commercio statunitense **5** (*comm.*) ammontare, somma; prezzo: *cheaper figures*, prezzi più bassi; *a high —*, un prezzo elevato; *round —*, cifra tonda; *sales —*, ammontare delle vendite; *to put a — on sthg.*, indicare il costo di qlco. // *ballpark —*, (*fam. amer.*) cifra approssimativa: *I'd say forty, but that's a ballpark —*, direi quaranta ma è una cifra approssimativa **6** illustrazione; diagramma; rappresentazione figurata dei segni zodiacali **7** (*pattinaggio, danza*) figura **8** (*gramm., log., ret.*) figura // *— of speech*, figura retorica // *why, she wooes you by a figure*, (SH. Two Gentlemen of Verona) ebbene, ella vi corteggia con metafore **9** (*mus.*) leitmotiv **10** (*ant.*) fantasma: *thou hast no figures nor no fantasies / which busy care draws in the brains of men*, (SH. Julius Caesar) tu non hai i fantasmi e le allucinazioni che la cura infaticabile disegna nel cervello degli uomini.

to **figure** *v.tr.* **1** raffigurare, rappresentare; foggiare; adornare con figure, disegni: *white figured in red*, bianco con disegni stampati in rosso **2** immaginare, immaginarsi; figurarsi, credere, pensare: *she figured he would give her a ride in his car*, si immaginava che egli le avrebbe fatto fare un giro nella sua automobile **3** (*fam. amer.*) concludere, decidere **4** (*amer.*) calcolare **5** simboleggiare; rappresentare con metafore, simboli, cifre ecc. ♦ *v.intr.* **1** figurare, apparire: *he figures as an honest man*, passa per un uomo onesto; *your name doesn't — on my list*, il suo nome non appare nella mia lista // *that figures*, (*fam.*) la cosa quadra, i conti tornano **2** (*amer.*) calcolare, fare di conto **3** eseguire una figura di danza.

□ **figure in** *v.tr.* e *avv.* o *prep.* (*fam. amer.*) includere in un prezzo.

□ **figure on** *v.intr.* e *prep.* (*spec. amer.*) contare su, contare di, prevedere di: *I — on having two weeks' holiday in July*, faccio conto di prendermi due settimane di vacanza in luglio.

□ **figure out** *v.tr.* e *avv.* riuscire a capire; immaginarsi come; prevedere: *can you — out how the situation will develop?*, riesci a immaginare che sviluppo avrà la situazione?; *I can't — out that boy*, non riesco a capire quel ragazzo, quel ragazzo per me è un mistero.

figure-caster ['fɪgəˌkɑ:stə*] *s.* (*ant.*) astrologo.

figured ['fɪgəd / fig·ured] *agg.* **1** decorato; figurato **2** stampato (di tessuto) **3** (*antiq.*) figurato, simbolico.

figure-dance ['fɪgədɑ:ns *amer.* 'fɪgədæns] *s.* ballo figurato.

figured bass ['fɪgəd,beɪs] *s.* (*mus.*) basso cifrato.

figure eight [fɪgər'eɪt] *s.* (*amer.*) → **figure of eight**.

figurehead ['fɪgəhed / fig·ure·head] *s.* **1** (*mar.*) polena **2** (*fig.*) prestanome, uomo di paglia.

figure of eight ['fɪgərəv'eɪt] *s.* **1** nodo a forma di otto **2** (*pattinaggio*) otto.

figure skating ['fɪgəskeɪtɪŋ] *s.* pattinaggio artistico.

figurine ['fɪgjʊri:n / fig·ur·ine] *s.* figurina, statuetta.

figwort ['fɪgwɜ:t / fig·wort] *s.* (*bot.*) **1** (*Scrophularia nodosa*) scrofularia maggiore **2** (*Ranunculus ficaria*) favagello.

Fijian [fɪ'dʒi:ən] *agg.* e *s.* (nativo, abitante) delle Figi.

filament ['fɪləmənt / fila·ment] *s.* **1** filo, filamento; fibrilla // *silk* —, filo di seta **2** (*elettr.*, *bot.*) filamento: — *circuit*, circuito di filamento; — *lamp*, lampada a filamento.

filamentary [,fɪlə'mentərɪ / fila·ment·ary]
filamentous [,fɪlə'mentəs / fila·ment·ous] *agg.* filamentoso.

filatory ['fɪlətərɪ / filat·ory] *s.* filatoio.

filature ['fɪlətʃə* / fila·ture] *s.* **1** filatura **2** filanda.

filbert ['fɪlbət / fil·bert] *s.* (*bot.*) **1** nocciola **2** (*Corylus avellanus*) avellano, nocciolo.

filch [fɪltʃ] *s.* (*non com.*) refurtiva.

to **filch** *v.tr.* rubacchiare; sgraffignare.

filcher ['fɪltʃə*] *s.* ladruncolo.

filching ['fɪltʃɪŋ / filch·ing] *s.* rubacchiamento.

file¹ [faɪl] *s.* **1** lima: *knife* —, lima a coltello; *machine* —, lima a macchina, per limatrice; *rasping* —, lima da legno; *rotary* —, lima rotante, limola **2** (*sl. ant.*) persona astuta, volpone **3** (*fam. amer.*) borseggiatore.

to **file**¹ *v.tr.* **1** limare: *to — sthg. smooth*, levigare qlco. con la lima // *to — down*, levigare **2** (*fig.*) limare, perfezionare, correggere.

file² *s.* **1** raccoglitore, schedario // *correspondence* —, raccoglitore di corrispondenza // *paper* — (o *box* —), raccoglitore (di documenti) **2** archivio; raccolta di documenti; dossier: *the 'Times'* —, la raccolta del 'Times'; *our, your* — (*number*), il nostro, il vostro numero di riferimento (in archivio); *to be on* —, trovarsi in archivio // *personal* —, scheda personale // — *copy*, copia da archiviare // (*inform.*): — *allocation table*, tabella di memorizzazione dei file; — *system*, gestore dei file; *kill* —, file di filtro automatico **3** (*ant.*) elenco, lista: *the valu'd file / distinguishes the swift, the slow, the subtle*, (SH. Macbeth) la lista dei valori distingue i veloci, i lenti, quelli dal fiuto sottile **4** (*sl. amer.*) cestino della carta straccia **5** (*inform.*) archivio, (IBM) file; (HONEYWELL) unità dischi, *data* —, file di dati, archivio di dati; — *compression*, riduzione dell'entità di un archivio; — *contention*, (HONEYWELL) conflitto fra più richieste di accesso a un archivio; — (*tape*) *reel* (o — *design*), bobina svolgitrice; *flat* —, archivio bidimensionale; *locked* —, file protetto **6** (*arald.*) lambello.

to **file**² *v.tr.* ordinare, schedare; registrare (documenti ecc.); archiviare // (*dir.*) *to — a bankruptcy petition*, presentare istanza di fallimento; *to — a lawsuit*, intentar causa, promuovere un'azione giudiziaria // (*inform.*) *filing an order*, evasione di un ordine.

□ **file for** *v.tr.* e *avv.* (*dir.*) richiedere ufficialmente, presentare istanza di: *to — for a divorce*, presentare istanza di divorzio.

file³ *s.* fila (di persone, di oggetti ecc.): *in single* (o *Indian*) —, in fila indiana // — *leader*, capofila // (*mil.*): *in* —, in fila per due; *the rank and* —, soldati semplici e caporali.

to **file**³ *v.intr.* marciare, camminare in fila; sfilare: *the crowds filed past Lenin's tomb*, un gran numero di persone sfilava davanti alla tomba di Lenin; *to — out of school*, uscire dalla scuola in fila // *to — off*, allontanarsi in fila.

to **file**⁴ *v.tr.* (*ant.*) **1** sporcare, macchiare, insozzare **2** (*fig.*) contaminare, disonorare: *for Banquo's issue have I fil'd my mind*, (SH. Macbeth) mi sono macchiato l'anima per i figli di Banquo.

file card ['faɪlkɑ:d] *s.* cartellino, scheda.

file dust ['faɪldʌst] *s.* limatura: *iron* —, limatura di ferro.

file folder ['faɪl,fəʊldə*] *s.* raccoglitore.

filemot ['fɪlɪmɒt / file·mot] *agg.* e *s.* color foglia morta.

filename ['faɪl,neɪm / file·name] *s.* (*inform.*) nome di file.

filer ['faɪlə*] *s.* limatore.

filial ['fɪljəl / fi·lial] *agg.* filiale // **-ly** *avv.*

filiation [,fɪlɪ'eɪʃn / fi·li·ation] *s.* filiazione.

filibuster ['fɪlɪbʌstə* / fili·bus·ter] *s.* **1** filibustiere **2** (*pol. amer.*) ostruzionista (in parlamento).

to **filibuster** *v.intr.* **1** agire da filibustiere **2** (*pol. amer.*) fare ostruzionismo in parlamento.

filibusterer ['fɪlɪbʌstərə* / fili·bus·ter·er] *s.* (*pol. amer.*) ostruzionista.

filibustering ['fɪlɪbʌstərɪŋ / fili·bus·ter·ing] *s.* (*pol. amer.*) ostruzionismo parlamentare.

filiform ['faɪlɪfɔ:m / fili·form] *agg.* filiforme.

filigrane ['fɪlɪgreɪn / fili·grane] *s.* filigrana.

filigree ['fɪlɪgri: / fili·gree] *s.* filigrana: — *work*, lavoro in filigrana.

filigreed ['fɪlɪgri:d / fili·greed] *agg.* a filigrana, filigranato.

filing¹ ['faɪlɪŋ / fil·ing] *s.* **1** limatura, il limare **2** *pl.* limatura (*sing.*) (di ferro ecc.).

filing² *agg.* da archivio ◆ *s.* **1** archiviazione, raccolta a schede: — *system*, sistema di raccolta a schede; (*inform.*) registrazione, classificazione, archiviazione **2** (*mil.*) sfilata.

filing cabinet ['faɪlɪŋ,kæbɪnɪt] *s.* casellario.

filing clerk ['faɪlɪŋ,klɑ:k *amer.* 'faɪlɪŋ,klɜ:k] *s.* archivista.

Filipino [fɪlɪ'pi:nəʊ / Fi·li·pino] *agg.* e *s.* filippino.

fill [fɪl] *s.* **1** sazietà, sufficienza: *to one's* —, a sazietà; *eat your* —, mangia a sazietà; *to cry one's* —, piangere tutte le proprie lacrime; *to drink one's* —, bere a sazietà // *to have one's — of sthg.*, averne a sazietà, averne abbastanza di qlco., essere stufo di qlco. **2** quanto basta per riempire qlco.; pieno: *he helped himself to a — of tobacco*, si riempì la sala di tabacco **3** (*ind. miner.*) ripiena **4** (*fam. amer.*) riassunto (di informazioni o notizie).

to **fill** *v.tr.* **1** riempire; colmare; occupare; completare (*anche fig.*): *he filled his glass to the brim*, si riempì il bicchiere sino all'orlo; *the applause filled the hall*, l'applauso riempì la sala; *sunlight filled the room*, il sole riempiva la camera; *in retirement he filled his life with reading*, occupava la sua vita di pensionato con la lettura; *he was filled with anger*, era molto arrabbiato // *to — a tooth*, otturare un dente **2** satollare; accontentare; soddisfare: *to — a need*, soddisfare una necessità **3** occupare, ricoprire, tenere (carica, impiego ecc.): *we need s.o. to — the position of sales manager*, ci occorre qlcu. per ricoprire la carica di direttore alle vendite; (*teatr.*) *to — a part*, interpretare una parte // *to — s.o.'s shoes*, (*fam.*) succedere a qlcu., prendere il posto di qlcu. **4** eseguire (ordine, compito ecc.) **5** (*amm.*) eseguire, evadere (un ordine) ◆ *v.intr.* **1** riempirsi, colmarsi: *the stadium filled with people*, lo stadio si riempì di gente **2** satollarsi, accontentarsi **3** (*mar.*) gonfiarsi (di vele); imbarcare acqua.

□ **fill in** *v.tr.* e *avv.* **1** riempire; compilare; inserire: *have you already filled in the application form?*, hai già compilato la domanda?; *to — in a form*, riempire un modulo **2** (*on*) mettere al corrente (su, circa), aggiornare: *would you — me in on the actual situation?*, vuoi mettermi al corrente della situazione? **3** riempire (tempo libero): *I have a few hours between trains that I don't know how to — in*, ho qualche ora a disposizione fra i due treni che non so come riempire **4** (*sl.*) pestare, picchiare: *I'm going to — you in*, ti farò a pezzi ◆ *v.intr.* e *avv.* sostituire, rimpiazzare: *can you — in for me next weekend?*, puoi rimpiazzarmi il prossimo fine settimana?

□ **fill out** *v.tr.* e *avv.* **1** (*spec. amer.*) → to fill in 1 **2** rimpolpare, rendere più sostanzioso (spec. racconto, scritto e simili) ◆ *v.intr.* e *avv.* ingrassare, mettere su peso.

□ **fill up** *v.tr.* e *avv.* **1** (*spec. brit.*) → to fill in 1 **2** riempire (con liquido): — *it up!*, lo riempia (richiesta a un barista, di riempire il bicchiere); — *her up!*, faccia il pieno (richiesta a una stazione di servizio) ◆ *v.intr.* e *avv.* riempirsi: *the hall was quickly filling up*, la sala andava riempiendosi velocemente.

filler ['fɪlə*] *s.* **1** addetto al carico, al riempimento di qlco. **2** riempitivo (*anche fig.*): *this job is just a — till I can get something better*, questo lavoro è solo un riempitivo finché non troverò di meglio **3** pompetta (di stilografica) **4** (*aut.*) riporto, bocchettone di riempimento, dispositivo di riempimento **5** (*tecn.*) stucco; riempitivo; (*pitt.*) fondo.

filler cap ['fɪlə,kæp] *s.* tappo del serbatoio.

fillet ['fɪlɪt / fil·let] *s.* **1** nastro, fascia **2** (*cuc.*) filetto; fetta (di carne, pesce): — *steak*, bistecca di filetto **3** (*arch.*) listello **4** (*mecc.*) raccordo concavo **5** (*arald.*) partizione orizzontale (di uno scudo).

to **fillet** *v.tr.* **1** (*non com.*) ornare di nastri **2** (*cuc.*) disossare (carne); sfilettare (pesce) **3** (*mecc.*) raccordare.

fill-in ['fɪlɪn] *s.* (*fam.*) tappabuchi.

filling ['fɪlɪŋ / fill·ing] *s.* **1** riempitura; caricamento; otturazione **2** (*odontoiatria*) amalgama (per otturazioni) **3** (*cuc.*) ripieno **4** (*tess.*) trama **5** (*edil.*) materiale di riporto **6** (*amm.*) esecuzione, evasione.

filling station ['fɪlɪŋ,steɪʃn] *s.* **1** stazione di servizio, autofficina con distributore di carburante SIN. petrol station AMER. gas station **2** (*fam. amer.*) paesino.

fillip ['fɪlɪp / fil·lip] *s.* **1** (*non com.*) lo schioccare delle dita // *not to be worth a* —, non valere nulla **2** (*non com.*) buffetto, colpetto **3** (*fig.*) scossa, stimolo.

to **fillip** *v.tr.* **1** schioccare (le dita) **2** (*fig.*) stimolare, eccitare.

fillister ['fɪlɪstə* / fil·lis·ter] *s.* (*tecn.*) incorsatoio.

filly ['fɪlɪ] *s.* **1** puledra **2** (*fam.*) ragazza vispa e allegra.

film [fɪlm] *s.* **1** (*cinem., fot.*) film, pellicola: *colour* —, pellicola a colori; *exposed* —, pellicola esposta, impressionata; *news* —, cinegiornale; *serial* —, film a episodi; *silent* —, film muto; *slow motion* —, film al rallentatore; *sound* —, film sonoro; *talking* —, film parlato; *to make* (o *to shoot*) *a* —, girare un film // — *actor*, attore del cinema; — *fan*, patito del cinema; — *lover*, amante del cinema; — *industry*, industria cinematografica; — *test*, provino cinematografico **2** pellicola, strato sottile **3** (*fig.*) velo: *a — of mist*, un velo di nebbia **4** (*anat.*) membrana, pellicola.

to **film** *v.tr.* **1** filmare; riprodurre cinematograficamente: *this novel has been filmed*, questo romanzo è stato filmato **2** coprire con una pellicola o velo ◆ *v.intr.* prestarsi a essere filmato, a essere portato sullo schermo (di soggetto, luogo ecc.).

□ **film over** *v.intr.* e *avv.* velarsi: *her eyes filmed over*, i suoi occhi si velarono.

filmgoer ['fɪlm,gəʊə* / film·goer] *s.* frequentatore di cinema.

filmily ['fɪlmɪlɪ / film·ily] *avv.* **1** in modo trasparente **2** in modo incerto, appannato.

filminess ['fɪlmɪnɪs / filmi·ness] *s.* **1** trasparenza, leggerezza **2** opacità, nebbiosità.

filmland ['fɪlmlænd / film·land] *s.* il mondo del cinema; l'industria cinematografica.

film-script ['fɪlm,skrɪpt] *s.* copione cinematografico.

film star ['fɪlmstɑ:*] *s.* divo, diva del cinema AMER. movie star.

film stock ['fɪlmstɒk] *s.* materiale cinematografico non ancora utilizzato.

filmstrip ['fɪlm,strɪp / film·strip] *s.* filmina.

filmy ['fɪlmɪ] *agg.* **1** sottile, delicato; trasparente, diafano **2** nebbioso; appannato: *a — look*, uno sguardo annebbiato.

filoselle ['fɪləsel / fi·lo·selle] *s.* (*tess.*) filaticcio.

filter ['fɪltə* / fil·ter] *s.* **1** filtro (*anche inform*): — *bed*, strato filtrante; — *paper*, carta da filtro // *traffic* —, freccia di direzione (nei semafori) **2** (*fot.*) filtro.

to **filter** *v.tr.* **1** filtrare; depurare: *the screen filters out impurities*, lo schermo fa da filtro alle impurità **2** (*fig.*) purificare ◆ *v.intr.* **1** filtrare: *light filtered into the room*, la luce filtrava nella stanza **2** (*fig.*) trapelare, diffondersi: *the news soon filtered out* (o *through*), la notizia si diffuse presto **3** seguire le frecce di direzione del semaforo: *the traffic filters left, right*, il traffico gira a sinistra, destra.

filter tip ['fɪltətɪp] *s.* filtro (di sigaretta).

filth [fɪlθ] *s.* **1** sozzura, sudiciume, immondizia **2** corruzione morale **3** linguaggio osceno, lettura oscena.

filthily ['fɪlθɪlɪ / filth·ily] *avv.* in modo sudicio, sozzo, osceno.

filthiness ['fɪlθɪnɪs / filthi·ness] *s.* **1** sporcizia, sozzura **2** corruzione morale; oscenità.

filthy ['fɪlθɪ] *agg.* **1** sporco, sudicio, sordido, sozzo // *he is — rich*, (*fam.*) è ricco sfondato **2** (*fig.*) impuro, corrotto; ripugnante **3** (*fam.*) brutto e freddo (di tempo atmosferico).

filtrate ['fɪltreɪt / fil·trate] *s.* (*chim.*) filtrato; liquido filtrato.

to **filtrate** → to **filter**.

filtration [fɪl'treɪʃn / fil·tra·tion] *s.* filtrazione.

fimbriate(d) ['fɪmbrɪeɪt(ɪd) / fim·bri·ate(d)] *agg.* (*bot., zool.*) sfrangiato, fimbriato.

fin[1] [fɪn] *s.* **1** pinna (di pesce); natatoia (di mammifero acquatico): *caudal, dorsal* —, pinna caudale, dorsale **2** (*aer.*) deriva **3** (*mecc.*) aletta; pinna **4** (*sl. antiq.*) mano, zampa: *tip us your* —, stringiamoci la mano **5** (*spec. pl.*) (*amer.*) pinne (per nuotare) BRIT. flipper.

fin[2] *s.* (*fam. amer.*) banconota da cinque dollari.

finable ['faɪnəbl / fin·able] *agg.* multabile.

to **finagle** [fə'neɪgl / fin·agle] *v.tr.* (*amer.*) imbrogliare; ottenere (qlco.) con mezzi disonesti ◆ *v.intr.* (*amer.*) intrallazzare, brigare.

finagler [fə'neɪglə* / fin·agler] *s.* (*amer.*) intrallazzatore, imbroglione.

final ['faɪnl / fi·nal] *agg.* **1** finale, ultimo: — *chapter*, ultimo capitolo // (*econ.*): — *goods*, beni finali; — *products*, prodotti finiti; — *footing*, totale complessivo **2** conclusivo, decisivo: *the — battle*, la battaglia decisiva // (*dir.*): — *argument*, conclusioni della parte (nel processo), arringa finale; — *judgement* (o — *recovery*), sentenza definitiva ◆ *s.* **1** (*sport*) gara finale **2** (*anche pl.*) esami finali **3** (*fam.*) ultima edizione (di quotidiano).

finalist ['faɪnəlɪst / fi·nal·ist] *s.* (*sport*) finalista.

finality [faɪ'nælətɪ / fi·nal·ity] *s.* **1** finalità **2** carattere definitivo.

to **finalize** ['faɪnəlaɪz / fi·nal·ize] *v.tr.* **1** completare, concludere, finire **2** definire: *to — an agreement*, definire un accordo.

finally ['faɪnəlɪ / fi·nally] *avv.* **1** alla fine, infine; finalmente // *firstly... secondly... finally...*, in primo luogo... quindi... infine... **2** definitivamente, in modo definitivo.

finance ['faɪnæns *amer.* 'fɪnæns / fin·ance] *s.* **1** (*fin.*) finanza, fondi, finanziamento: — *market*, mercato finanziario; — *house* (o — *company*), società finanziaria; — *lease*, locazione finanziaria; (*dir.*) — *act*, legge finanziaria // *public* —, finanza pubblica; scienza delle finanze **2** *pl.* finanze; denaro a disposizione.

to **finance** *v.tr.* finanziare.

financial [faɪ'nænʃl *amer.* fɪ'nænʃl / fin·an·cial] *agg.* finanziario // (*fin.*): — *broker, advisor*, intermediario, consulente finanziario; — *trust*, fondo comune di investimento chiuso; società finanziaria // (*amm.*): — *accounting*, contabilità generale finanziaria; — *statement*, rendiconto finanziario; — *ratios*, quozienti finanziari; — *charges* (o — *outlays*), oneri finanziari; — *year*, esercizio (finanziario).

financially [faɪ'nænʃəlɪ *amer.* fɪ'nænʃəlɪ / fin·an·ci·ally] *avv.* finanziariamente.

financier [faɪ'nænsɪə* *amer.* ,fɪnən'sɪə* / fin·an·cier] *s.* **1** finanziere **2** finanziatore.

to **financier** *v.intr.* **1** (*spreg.*) fare l'aggiotaggio **2** (*sl. amer.*) ingannare, truffare ◆ *v.tr.* (*sl. amer.*) sottrarre (denaro): *to — money out of s.o.*, sottrarre denaro a qlcu. con l'inganno.

financing ['faɪnænsɪŋ / fin·an·cing] *s.* (*econ.*) finanziamento: — *by corporate saving*, autofinanziamento ◆ *agg.* (*comm.*) che finanzia; finanziario: — *charges* (o *expenses* o *outlays*), oneri finanziari // — *note*, pagherò diretto, cambiale finanziaria.

finch [fɪntʃ] *s.* (*zool.*) **1** fringuello **2** passero (della famiglia dei fringillidi).

find [faɪnd] *s.* **1** scoperta, ritrovamento: *this old book is a great* —, questo vecchio libro è una bella scoperta; *the new star was a great — for the record company*, la nuova star è stata una grande scoperta per la casa discografica **2** (*caccia*) scoperta (della preda).

to **find** *pass.p.p.* **found** [faʊnd] *v.tr.* **1** trovare, ritrovare, rintracciare (*anche fig.*): *at last the thirsty men found water*, alla fine gli assetati trovarono dell'acqua; *the dog found his way home*, il cane ritrovò la strada di casa; *has he found his books yet?*, ha già ritrovato i suoi libri?; *his works are to be found in every library*, le sue opere sono reperibili in tutte le biblioteche; *after much hard work we found the solution to the equation*, dopo molta fatica trovammo la soluzione dell'equazione; *to — one's bearings*, orientarsi (*anche fig.*); *to — one's way*, trovare la propria strada (*anche fig.*); *unsold papers found their way to the pulping plant*, i giornali non venduti finivano al macero; *to — time to do sthg.*, trovare il tempo per fare qlco. // *about forty-five species of wild orchids are found in this country*, in questo paese si trovano circa quarantacinque specie di orchidee selvatiche // *to — oneself*, scoprire la propria vocazione // *to — one's feet*, conquistarsi un posto nel mondo // *to be found mentioned*, essere citato **2** scoprire per caso, sorprendere: *she was found listening at the door*, la trovarono che origliava alla porta **3** trovare, pensare, considerare, constatare: *as I have found to my sorrow*, come ho constatato con dolore; *to — it difficult, easy, impossible*, trovare difficile, facile, impossibile: *I — this book difficult to understand*, trovo questo libro difficile da capire // *to — fault with sthg., s.o.*, lamentarsi di, criticare qlco., qlcu. **4** provare: *to — pleasure in doing sthg.*, provare piacere nel fare qlco.; *I — great pleasure in stamp-collecting*, provo un grande piacere nel collezionare francobolli **5** (*antiq.*) fornire, provvedere: *you may be sure I won't — you money for your whims*, puoi star sicuro che non ti darò denari per i tuoi capricci; *to — in* (o *with*), fornire, provvedere di // *all found*, tutto compreso: *the trip came to £ 335 all found*, il viaggio costò £ 335 tutto compreso **6** (*fig.*) ottenere, incontrare: *he didn't — favour with her*, non incontrò il suo gradimento **7** (*dir.*) dichiarare, giudicare: *any jury would — him guilty*, qualsiasi giuria lo dichiarerebbe colpevole.

□ **find against** *v.intr.* e *prep.* (*dir.*) pronunziarsi contro.

□ **find for** *v.intr.* e *prep.* (*dir.*) pronunziarsi a favore di (detto della giuria).

□ **find out** *v.tr.* e *intr.* e *avv.* trovare, scoprire: *I found out by chance where she lives*, ho scoperto per caso dove sta; *if you won't tell me I'll — it out by myself*, se non vuoi dirmelo lo scoprirò da me // *his sins will — him out*, (*form.*, *scherz.*) le sue colpe verranno a galla.

findable ['faɪndəbl / find·able] *agg.* trovabile.

finder ['faɪndə*] *s.* **1** chi trova // *finders keepers*, chi lo trova se lo tiene **2** (*ottica*) mirino, traguardo **3** (*astr.*) (telescopio) cercatore **4** (*inform.*) finder.

finding ['faɪndɪŋ / find·ing] *s.* **1** (*gener. pl.*) scoperta; (*dir.*) accertamento: *their findings led them eventually to a different conclusion*, le loro scoperte li portarono alla fine a una diversa conclusione **2** *pl.* (*amer. antiq.*) forniture, accessori (di un artigiano) **3** (*dir.*) sentenza.

fine[1] [faɪn] *agg.* **1** bello; eccellente, meraviglioso: *a — day*, una bella giornata; *— weather*, bel tempo; *a — view*, una bella vista; *— arts*, belle arti // *he left her with three children and no income. A — way to carry on!*, L'ha lasciata con tre bambini e nessuna entrata. Un bel modo di comportarsi! // *he'll be punished one of these — days*, sarà punito un bel giorno // *"How's your son?" "He's —!"*, "Come sta tuo figlio?" "Bene!" // *that's —!*, (ciò va) benissimo! **2** buono; di qualità superiore; elevato (di sentimenti): *— feelings*, sentimenti elevati **3** fine, minuto, sottile, appuntito: *— pencil*, matita appuntita; *— sand*, sabbia fine **4** a maglie fitte (di rete) **5** puro; raffinato; pregiato: *— workmanship*, lavorazione raffinata; *— gold*, oro zecchino; *— china*, porcellana pregiata **6** elegante, distinto, raffinato: *you are looking —!*, sei molto elegante! // *not to put too — a point on it*, (*fig.*) per dirla senza mezzi termini **7** sottile, acuto: *a — distinction*, una distinzione sottile; *a — intellect*, un'intelligenza sottile, un bell'ingegno; *he has a — sense of the ridiculous*, ha uno spiccato senso del ridicolo.

to **fine**[1] *v.tr.* schiarire (birra, vino) ◆ *v.intr.* diventare chiaro (di birra, vino).

□ **fine away** *v.tr.* e *avv.* assottigliare; smussare (angoli); lisciare (superficie).

□ **fine down** *v.tr.* e *avv.* **1** → fine away **2** (*fig.*) affinare: *he needs to — down his ideas somewhat*, ha bisogno di affinare un poco le sue idee.

□ **fine off** → fine away.

fine[1] *avv.* **1** bene; elegantemente: *that will suit me —*, (*fam.*) ciò mi va benone; *to talk —*, parlare con eleganza **2** (*fam.*) con margine minimo, di stretta misura // *to cut it* (o *things*) *—*, farcela per un pelo; *you'd better leave early, so as not to cut things too —*, faresti bene a partire per tempo, in modo da fare le cose con comodo **3** a piccoli pezzi: *cut the apples — for the fruit salad*, taglia le mele a pezzetti per la macedonia.

fine[2] *s.* **1** multa, ammenda: *a heavy —*, una forte multa; *on-the-spot —*, multa a conciliazione immediata **2** (*dir.*) transazione tra le parti **3** (*dir.*) indennità; buonuscita (dell'inquilino che subentra); (*dir. feudale*) somma pagata dal locatario o dal vassallo al padrone per ottenere concessioni **4** (*rar.*) fine, conclusione: *in —*, finalmente, in conclusione.

to **fine**[2] *v.tr.* multare, elevare una contravvenzione a.

to **fine-draw** [,faɪn'drɔ:] *pass.* **fine-drew** [,faɪn'dru:] *p.p.* **fine-drawn** [,faɪn'drɔ:n] *v.tr.* rammendare.

fine-grained ['faɪn,greɪnd] *agg.* a grana fine.

fineless ['faɪnlɪs / fine·less] *agg.* (*ant.*) sconfinato: *but riches fineless is as poor as winter*, (SH. Othello) ma la ricchezza sconfinata è misera come l'inverno.

finely ['faɪnlɪ / fine·ly] *avv.* **1** bene; magnificamente, elegantemente **2** finemente, sottilmente; distintamente.

fineness ['faɪnnɪs / fine·ness] *s.* **1** bellezza, magnificenza **2** eleganza, distinzione **3** finezza, sottigliezza (*anche fig.*) **4** titolo (di metalli preziosi).

finery[1] ['faɪnərɪ] *s.* **1** eleganza un po' vistosa: *she was decked out in all her —*, era ornata di tutti i suoi fronzoli **2** *pl.* fronzoli.

finery[2] *s.* (*metall.*) forno di puddellaggio.

fine-spoken ['faɪn,spəʊkn] *agg.* che parla bene.

finespun [,faɪn'spʌn / fine·spun] *agg.* **1** sottile **2** (*fig.*) sottile, un po' forzato: *a — distinction*, una distinzione un po' stiracchiata.

finesse [fɪ'nes / fin·esse] *s.* **1** finezza, delicatezza **2** (*ant.*) malizia, astuzia **3** (*carte*) astensione dall'uso della carta più alta e uso di quella più bassa.

to **finesse** *v.intr.* **1** usare astuzie **2** sottilizzare **3** (*carte*) giocare la carta bassa e tenere in mano quella più alta.

fine-tooth comb [,faɪn'tu:θkəʊm] *s.* pettine a denti fitti, pettinina // *to go through sthg. with a —*, (*fig.*) esaminare, vagliare qlco. con attenzione minuziosa.

to **fine-tune** [,faɪn'tju:n *amer.* ,faɪn'tu:n] *v.tr.* (*fam. amer.*) mettere a punto.

finger ['fɪŋgə* / fin·ger] *s.* **1** dito: *there are five fingers on each hand: thumb, index —* (o *forefinger*), *middle —, — ring, little —*, in ciascuna mano vi sono cinque dita: pollice, indice, medio, anulare, mignolo; *to eat sthg. with one's fingers*, mangiare qlco. con le mani; *to lay* (o *to put*) *a — on sthg.*, toccare qlco.; *he never lifts a — in the kitchen*, in cucina non muove mai un dito // *itchy fingers*, (*fig.*) mani lunghe // *with a wet —*, con facilità // *to have a — in the pie*, (*fig.*) aver le mani in pasta // *to keep one's fingers crossed*, toccar ferro (per scongiuro) // *to put one's — on sthg.*, indicare il punto debole, mettere il dito sulla piaga // *to put the — on s.o.*, (*sl.*) denunciare qlcu. (alla polizia) // *to point the — at s.o.*, incolpare qlcu. // *to let sthg. slip through one's fingers*, lasciarsi sfuggire un'opportunità // *to work one's fingers to the bone*, lavorare sodo // *to turn* (o *to twist*) *s.o. round one's little —*, fare ciò che si vuole di qlcu. // *pull your — out!*, (*volg.*) datti da fare! // *he got his fingers burnt over his last deal*, si è scottato col suo ultimo affare // *he's all fingers and thumbs*, è molto goffo // *to give s.o. the —*, (*amer. volg.*) mandare qlcu. a farsi fottere **2** ogni oggetto a forma di dito: *the — of a glove*, il dito di un guanto **3** quantità equivalente alla larghezza di un dito: *a — of whisky*, un dito di whisky **4** (*fam. amer.*) informatore della polizia // *— mob*, banda di criminali che la polizia copre in cambio di informazioni **5** (*mecc.*) dito; lancetta; nottolino; pistone **6** (*inform.*) dito (software).

to **finger** *v.tr.* **1** toccare con le dita, palpare **2** (*fam.*) rubacchiare **3** toccare (tasti, corde) con le dita **4** (*mus.*) scrivere la diteggiatura di (un pezzo) **5** (*sl.*) denunciare, indicare (un colpevole).

finger-alphabet ['fɪŋgər,ælfəbɪt] *s.* alfabeto dei muti, dattilologia.

finger-biscuit ['fɪŋgə,bɪskɪt] *s.* (*cuc.*) lingua di gatto.

fingerboard ['fɪŋgəbɔ:d / fin·ger·board] *s.* **1** manico di strumento ad arco **2** tastiera (di pianoforte ecc.).

finger bowl ['fɪŋgəbəʊl] *s.* vaschetta lavadita.

fingerbreadth ['fɪŋgəbredθ / fin·ger·breadth] *s.* tre quarti di pollice (= 1,905 cm).

finger cot ['fɪŋgəkɒt] *s.* (*med.*) salvadito (medicazione) SIN. fingerstall AMER. fingertip.

fingered ['fɪŋgəd] *agg.* **1** (*gener. nei composti*) dalle dita: *light- —*, dalle mani lunghe, svelto di mano, ladro **2** (*biol.*) digitato **3** (*mus.*) diteggiato.

finger fern ['fɪŋgə,fɜ:n] *s.* (*bot.*) **1** cedracca → ceterach **2** asplenio.

fingerhole ['fɪŋgəhəʊl / fin·ger·hole] *s.* foro (di strumento musicale a fiato).

fingering ['fɪŋgərɪŋ / fin·ger·ing] *s.* **1** (*mus.*) diteggiatura **2** lana grossa da calze.

fingerling ['fɪŋgəlɪŋ / fin·ger·ling] *s.* **1** essere minuscolo **2** (*zool.*) pesciolino; piccolo salmone.

fingernail ['fɪŋgəneɪl / fin·ger·nail] *s.* unghia (della mano).

fingerplate ['fɪŋgəpleɪt / fin·ger·plate] *s.* placca di vetro, di metallo (applicata alle porte per non insudiciarle).

finger-post ['fɪŋgəpəʊst] *s.* palo segnavia.

fingerprint ['fɪŋgəprɪnt / fin·ger·print] *s.* impronta digitale.

to **fingerprint** *v.tr.* prendere le impronte digitali a.

fingerstall ['fɪŋgəstɔ:l / fin·ger·stall] *s.* (*med.*) salvadito SIN. finger cot.

fingertip ['fɪŋgətɪp / fin·ger·tip] *s.* **1** punta del dito // *to have sthg. at one's fingertips*, (*fig.*) avere qlco. sulla punta delle dita, sapere qlco. alla perfezione // *to one's* (o *to the*) *fingertips*, completamente: *he is English to his fingertips*, è inglese dalla testa ai piedi **2** (*med. amer.*) salvadito BRIT. finger cot.

finial ['faɪnɪəl / fin·ial] *s.* (*arch.*) ornamento di pinnacolo (gener. fiore crociforme).

finical ['fɪnɪkl / fin·ical] *agg.* **1** pignolo; meticoloso; schizzinoso **2** affettato; ricercato **3** (*ant.*) svenevole: *what dost thou know me for? / a knave... finical rogue*, (SH. King Lear) per che cosa mi prendi? per un briccone... un furfante svenevole? // **-ly** *avv.* // **-ness** *s.*

finickin ['fɪnɪkɪn / fin·ickin] **finicking** ['fɪnɪkɪŋ / fin·ick·ing] **finicky** ['fɪnɪkɪ / fin·icky] *agg.* **1** pignolo; meticoloso; schizzinoso **2** affettato; ricercato.

fining ['faɪnɪŋ / fin·ing] *s.* (*chim.*) raffinazione, purificazione.

finis ['fɪnɪs] *s.* (*solo sing.*) fine, finis.

finish ['fɪnɪʃ / fin·ish] *s.* **1** (*solo sing.*) fine, compimento, conclusione: *from start to —*, dall'inizio alla fine; *to fight* (*it out*) *to a* —, combattere fino all'ultimo (*anche fig.*) **2** ultima tappa, volata finale (di corsa, caccia ecc.): *to be in at the* —, (*caccia*) essere presente all'uccisione (della preda) **3** finitura, rifinitura: *metallic* —, mano di vernice metallizzata **4** (*fig.*) finezza, eleganza: *his style lacks* —, non ha stile **5** (*fig.*) completezza, perfezione **6** appretto (di tessuto).

to **finish** *v.tr.* **1** (I) finire; terminare, portare a termine; completare: *have you finished reading the newspaper?*, hai finito di leggere il giornale?; *he finishes work at 5*, smette di lavorare alle 5; *the bridge was finished ten years ago*, il ponte fu terminato dieci anni fa **2** distruggere; porre fine a; uccidere **3** rifinire, perfezionare; completare: *the bathroom was finished in light-green tiles*, il bagno fu rifinito con piastrelle verde chiaro **4** apprettare (tessuti) ◆ *v.intr.* **1** finire, terminare: *the film finishes at 10*, il film finisce alle dieci **2** finire, classificarsi: *she finished third in the race*, finì terza nella gara.

□ **finish off** *v.tr* e *avv.* **1** troncare, porre fine a: *to* — *off a dispute*, troncare, porre fine a una discussione **2** (*fam.*) finire: *I'm just finishing off some work*, sto finendo del lavoro **3** finire (cibo o bevanda): *who wants to* — *off the potatoes?*, chi vuol finire le patate? **4** uccidere: *he was finished off with a shot*, fu finito con un colpo di pistola // *getting the sack really finished him off*, il licenziamento fu il colpo di grazia ◆ *v.intr.* e *avv.* (*with*) terminare (con): *the party finished off* (o *up*) *with a toast to our host*, la festa finì con un brindisi al padrone di casa.

□ **finish up** *v.tr.* e *avv.* → to finish off 3 ◆ *v.intr.* e *avv.* **1** finire, andare a finire: *he finished up in prison* (o *going to prison*), finì in prigione // *he finished up as Prime Minister*, alla fine divenne primo ministro **2** (*with*) → to finish off.

□ **finish with** *v.intr.*e *prep.* **1** troncare con, farla finita con: *I've finished with him*, con lui ho finito; *he says he's finished with gambling*, dice che l'ha fatta finita col gioco **2** non usare più: *if you have finished with the telephone I'll call Peter*, se hai finito col telefono, chiamo Peter // *don't go, I haven't finished with you yet!*, non andartene, non ho ancora finito con te!

finished ['fɪnɪʃt / fin·ished] *agg.* **1** finito, concluso: *she was* — *with him*, aveva chiuso con lui **2** finito, perfetto, raffinato: *a* — *gentleman*, un perfetto gentiluomo; *a* — *performance of the Ninth Symphony*, una esecuzione perfetta della Nona Sinfonia; (*econ.*) — *goods*, prodotti finiti **3** rovinato, finito: *after ten rounds with the world champion he was completely* —, dopo dieci round col campione mondiale era completamente finito.

finisher ['fɪnɪʃə* / fin·isher] *s.* **1** chi finisce; rifinitore; perfezionatore **2** (*mecc.*) finitore; finitrice: — *card*, carda finitrice // *belt* —, smerigliatrice a nastro **3** (*amer.*) colpo di grazia (nella boxe) (*anche fig.*).

finishing ['fɪnɪʃɪŋ / fin·ish·ing] *agg.* ultimo, che finisce: — *touch*, ultimo tocco; *to put the* — *touch to sthg.*, dare l'ultimo tocco a qlco. (*anche fig.*) // (*mecc.*) — *machine*, finitrice ◆ *s.* **1** finitura, rifinitura: — *coat*, mano di finitura (nella verniciatura) // (*mecc.*) *precision* —, finitura di precisione, microfinitura **2** (*tess.*) apparecchiatura, finissaggio.

finite ['faɪnaɪt / fi·nite] *agg.* **1** circoscritto; limitato **2** (*gramm., mat.*) finito: — *verb*, verbo di modo finito; — *dimension space*, spazio a dimensione finita ◆ *s.* il finito, ciò che ha termine: *the* — *and the infinite*, il finito e l'infinito.

finitely ['faɪnaɪtlɪ / fi·nite·ly] *avv.* limitatamente, definitivamente.

finiteness ['faɪnaɪtnɪs / fi·nite·ness] **finitude** ['faɪnɪtju:d / fi·nit·ude] *s.* stato circoscritto, limitato.

fink [fɪŋk] *s.* (*sl. amer.*) **1** delatore **2** crumiro.

to **fink** *v.intr.* (*sl. amer.*) **1** fare la spia **2** fare il crumiro.

Finlander ['fɪnləndə* / Fin·lander] *s.* finlandese.

Finn [fɪn] *s.* finlandese.

finnan ['fɪnən / fin·nan] *s.* merluzzo affumicato.

finned [fɪnd / fin·ned] *agg.* dotato di pinne.

finner ['fɪnə* / fin·ner] *s.* (*zool.*) (*Balaenoptera physalus*) balenottera comune.

Finnic ['fɪnɪk] *agg.* finlandese, finnico.

Finnish ['fɪnɪʃ / Finn·ish] *agg.* finnico ◆ *s.* finnico (lingua).

finny ['fɪnɪ] *agg.* **1** fornito di pinne; pinniforme **2** (*poet.*) relativo al pesce; pieno di pesci: *slight lines of hair surprise the finny prey*, (POPE) lenze sottili come capelli ingannano le prede acquatiche.

fiord [fjɔ:d] *s.* fiordo.

fiorin ['faɪərɪn] *s.* (*bot.*) (*Agrostis alba*) agrostide, capellini; (*pop.*) pennacchini.

fir [fɜ:*] *s.* (*bot.*) abete.

fircone ['fɜ:kəʊn / fir·cone] *s.* pigna di abete.

fire ['faɪə*] *s.* **1** fuoco (*anche fig.*): *to light a* —, accendere il fuoco; *to poke the* —, attizzare il fuoco; *to catch* (o *to take*) —, prendere fuoco; *to set sthg. on* — (o *to set* — *to sthg.*), appiccare il fuoco a qlco.; *I like a wood* — *in the winter*, mi piace il fuoco a legna d'inverno; *on* —, in fiamme // *to fall out of the frying pan into the* —, cadere dalla padella nella brace // *to play with* —, (*fig.*) giocare col fuoco // *to set the Thames on* —, (*fig.*) fare qualcosa di eccezionale // *to go through* — *and water for s.o.*, (*fig.*) buttarsi nel fuoco per qlcu. // *to hold* (o *hang*) —, (*fam.*) fermarsi // (*med.*) *St. Anthony's* —, herpes zoster, fuoco di sant'Antonio // (*mar.*) *St. Elmo's* —, fuoco di sant'Elmo // *there's no smoke without* —, (*prov.*) non c'è fumo senza arrosto **2** incendio: *he has insured his car against* —, ha assicurato l'automobile contro gli incendi; — *regulation*, regolamento antincendio; — *service*, servizio antincendio **3** stufa: *electric* —, stufa elettrica; *gas* —, stufa a gas **4** (*mil.*) tiro, fuoco: *under the enemy's* —, sotto il tiro del nemico; *to be between two fires*, essere tra due fuochi (*anche fig.*); *to cease, to open* —, cessare, aprire il fuoco; *to draw s.o.'s* —, attirare gli spari; *hold your* —*!*, cessate il fuoco! **5** (*fig.*) fuoco; ardore; entusiasmo; vigore: *on* —, eccitato **6** (*fig.*) splendore, fulgore.

to **fire** *v.tr.* **1** (*mil.*) sparare; scaricare (un'arma); tirare (frecce); lanciare (missile, razzo): *he fired his rifle*, fece fuoco col fucile; *to* — *a salute*, sparare a salve // *they fired out a rocket*, lanciarono un razzo // *to* — *questions at s.o.*, sottoporre qlcu. a un fuoco di fila di domande **2** dar fuoco a, incendiare **3** (*fam.*) licenziare; silurare **4** cuocere (mattoni, ceramica); scaldare; seccare (col calore): *to* — *tea*, seccare il tè **5** (*fig.*) infiammare; eccitare: *the book fired his enthusiasm for fishing*, il libro gli accese la passione per la pesca **6** (*vet.*) cauterizzare ◆ *v.intr.* **1** sparare, far fuoco: *to* — *at s.o.*, sparare contro qlcu. // — *away!*, sputa l'osso! // *to* — *away at s.o.*, (*fig. amer.*) attaccare verbalmente qlcu. **2** incendiarsi **3** (*fig.*) infiammarsi; eccitarsi; incollerirsi **4** (*bot.*) seccarsi (di pianta) **5** (*mecc.*) accendersi (di motore a combustione).

fire alarm ['faɪərə,lɑ:m] *s.* allarme antincendio.

firearm ['faɪərɑ:m / fire·arm] *s.* arma da fuoco: — *certificate*, porto d'armi; (*dir.*) — *offence* (amer. — *offense*), reato in materia di armi.

fireball ['faɪəbɔ:l / fire·ball] *s.* (*astr.*) bolide, stella cadente.

fire-bird ['faɪəbɜ:d] *s.* (*zool.*) (*Icterus galbula*) ittero di Baltimora.

fire-blight ['faɪəblaɪt] *s.* (*bot.*) malattia del luppolo.

firebomb ['faɪəbɒm / fire·bomb] *s.* bomba incendiaria SIN. incendiary (bomb).

firebox ['faɪəbɒks / fire·box] *s.* (*ant.*) focolaio, focolare (specialmente di caldaia).

firebrand ['faɪəbrænd / fire·brand] *s.* tizzone; (*fig.*) agitatore, chi crea discordie.

firebrick ['faɪəbrɪk / fire·brick] *s.* mattone refrattario.

fire brigade ['faɪəbrɪ,geɪd] *s.* vigili del fuoco, (corpo dei) pompieri AMER. fire department.

firebug ['faɪəbʌg / fire·bug] *s.* (*fam.*) incendiario, piromane.

fireclay ['faɪəkleɪ / fire·clay] *s.* (*geol.*) argilla refrattaria.

fire cracker ['faɪə,krækə*] *s.* petardo.

firecrest ['faɪəkrest / fire·crest] *s.* (*zool.*) (*Regulus ignicapillus*) fiorrancino.

firedamp ['faɪədæmp / fire·damp] *s.* (*miner.*) grisou, gas delle miniere // — *detector*, grisumetro, metanometro.

fire department ['faɪədɪ,pɑ:tmənt] *s.* (*amer.*) → **fire brigade**.

firedog ['faɪədɒg / fire·dog] *s.* alare.

fire drill ['faɪədrɪl] *s.* esercitazione antincendio.

fire-eater ['faɪər,i:tə*] *s.* **1** mangiafuoco **2** (*fam.*) attaccabrighe.

fire engine ['faɪər,endʒɪn] *s.* autopompa.

fire escape ['faɪərɪ,skeɪp] *s.* **1** uscita di sicurezza **2** scala antincendio.

fire extinguisher [,faɪərɪk'stɪŋgwɪʃə*] *s.* estintore, pompa antincendio.

fire fighter ['faɪə,faɪtə*] *s.* pompiere; chi aiuta a spegnere un incendio.

fire-flair ['faɪə,fleə*] *s.* (*zool.*) (*Tryon pastinaca*) pastinaca comune.

firefly ['faɪəflaɪ / fire·fly] *s.* (*zool.*) (*Lamprys noctiluca*) lucciola SIN. glow-worm, lightning bug.

fireguard ['faɪəgɑ:d / fire·guard] *s.* parafuoco SIN. fire screen.

fire hose ['faɪəhəʊz] *s.* manichetta, naspo (negli impianti antincendio).

fire hydrant ['faɪə,haɪdrənt] *s.* idrante antincendio AMER. fire-plug.

firelight ['faɪəlaɪt / fire·light] *s.* luce del fuoco, bagliori del fuoco.

firelighter ['faɪəlaɪtə* / fire·lighter] *s.* esca per il fuoco.

firelock ['faɪəlɒk / fire·lock] *s.* fucile a pietra focaia.

fireman ['faɪəmən / fire·man] *pl.* **firemen** *s.* **1** vigile del fuoco, pompiere // *visiting* —, (*fam. amer.*) persona che giunge ospite in una città e deve essere portata a visitare i luoghi più interessanti **2** fochista.

fire opal ['faɪərəʊpl] *s.* (*min.*) opale di fuoco.

fireplace ['faɪəpleɪs / fire·place] *s.* focolare, caminetto.

fire-plug ['faɪəplʌg] *s.* (*amer.*) → **fire hydrant**.

fire-policy ['faɪə,pɒlɪsɪ] *s.* polizza di assicurazione contro gli incendi.

firepower ['faɪə,paʊə* / fire·power] *s.* (*mil.*) potenza di fuoco.

fireproof ['faɪəpru:f / fire·proof] *agg.* incombustibile, resistente al fuoco, a prova di fuoco.

to **fireproof** *v.tr.* rendere incombustibile.

fire-raising ['faɪə,reɪzɪŋ] *s.* (*dir.*) incendio doloso.

fire-resistant ['faɪərə,zɪstənt] *agg.* resistente al fuoco.

fire sale ['faɪəseɪl] *s.* svendita di merce danneggiata da un incendio // — *prices*, prezzi molto ridotti.

fire screen ['faɪəskri:n] → **fireguard**.

fireship ['faɪəʃɪp / fire·ship] *s.* (*mar.*) brulotto.

fireside ['faɪəsaɪd / fire·side] *s.* **1** angolo del focolare **2** (*fig.*) focolare domestico.

fire station ['faɪə,steɪʃn] *s.* caserma dei pompieri.

fire-step ['faɪəstep] *s.* (*mil.*) banchina di tiro SIN. firing step.

fire-stick ['faɪəstɪk] *s.* legnetto per accendere il fuoco.

firestone ['faɪəstəʊn / fire·stone] *s.* (*geol.*) pietra focaia, selce.

firetrap ['faɪətræp / fire·trap] *s.* edificio che può incendiarsi facilmente; edificio senza uscita di sicurezza.

firewall ['faɪə,wɔ:l / fire·wall] *s.* (*inform.*) muro di fiamme (sistema di sicurezza frapposto fra una serie di computer collegati in una rete locale e Internet).

firewarden ['faɪəwɔ:dn / fire·warden] *s.* (*amer.*) ufficiale addetto alla sorveglianza contro gli incendi (in boschi, edifici ecc.).

firewater ['faɪə,wɔ:tə* / fire·water] *s.* (*fam.*) superalcolico.

firewood ['faɪəwʊd / fire·wood] *s.* legna da ardere.

firework ['faɪəwɜ:k / fire·work] *s.* fuoco d'artificio.

fire-worship ['faɪə,wɜ:ʃɪp] *s.* adorazione del fuoco.

firing ['faɪərɪŋ / fir·ing] *s.* **1** l'appiccare il fuoco; il bruciare **2** il fare fuoco; tiro, sparo, scarica; fucilata; cannonata **3** (*vet.*) cauterizzazione **4** cottura (di mattoni, ceramiche) **5** alimentazione, caricamento (di locomotiva, fornace ecc.).

firing line ['faɪrɪŋlaɪn] *s.* (*mil.*) linea di fuoco; (*fig.*) prima linea.

firing party ['faɪrɪŋ,pɑ:tɪ] **firing platoon** ['faɪrɪŋplə,tu:n] → **firing squad**.

firing point ['faɪrɪŋ,pɔɪnt] *s.* (*chim.*, *fis.*) punto, temperatura di combustione.

firing squad ['faɪrɪŋ,skwɒd] *s.* plotone di esecuzione SIN. firing party, firing platoon.

firing step ['faɪrɪŋ,step] *s.* (*mil.*) → **fire-step**.

firkin ['fɜ:kɪn / fir·kin] *s.* **1** firkin (misura di capacità = 40,91 litri) **2** barilotto (per burro, pesce, liquidi).

firm[1] [fɜ:m] *agg.* **1** solido; compatto; sodo: — *ground*, un terreno compatto // *to be on — ground*, (*fig.*) andare sul sicuro **2** fisso, stabile: — *prices*, prezzi fissi; — *principles*, principi saldi; *hold — to your principles*, resta fedele ai tuoi principi; — *friends*, amici fedeli // (*sport*) — *favourite*, gran favorito // (*Borsa*): — *contract*, contratto a fermo; — *market*, mercato stabile con tendenza al rialzo **3** deciso, risoluto, forte: — *character*, carattere deciso; *to stand* —, non cedere; *you have to be — with children*, bisogna aver polso con i bambini **4** fermo, sicuro: *a — handshake*, una energica stretta di mano **5** sicuro, certo: — *evidence*, cosa certa ◆ *avv.* fermamente.

to **firm**[1] *v.tr.* **1** consolidare; stabilizzare, fissare **2** (*agr.*) rassodare, calcare (il terreno dopo avervi piantato piante) ◆ *v.intr.* consolidarsi; stabilizzarsi.

□ **firm up** *v.tr.* e *avv.* **1** rassodare (muscoli, corpo) **2** stabilizzare; consolidare (un accordo).

firm[2] *s.* ditta; società; casa commerciale // (*dir. comm.*) — *name*, ragione sociale // *law* —, studio legale // *publishing* —, casa editrice.

firmament ['fɜ:məmənt / firma·ment] *s.* (*antiq.*) firmamento, cielo.

firmamental [,fɜ:mə'mentl / firma·mental] *agg.* (*antiq.*) del cielo, celeste.

firman [fɜ:'mɑ:n / fir·man] *s.* (*st. turca*) firmano.

firmly ['fɜ:mlɪ / firm·ly] *avv.* **1** con fermezza: *to deal — with terrorists*, comportarsi con fermezza con i terroristi **2** fermamente: *I — believe that*, credo fermamente che **3** solidamente, saldamente: *he built his house* —, costruì solidamente la sua casa.

firmness ['fɜ:mnɪs / firm·ness] *s.* **1** fermezza, risolutezza **2** stabilità **3** solidità, compattezza.

firmware ['fɜ:mweə* / firm·ware] *s.* (*inform.*) firmware, microprogrammazione.

firn [fɜ:n] *s.* gramolato, neve granulosa dei ghiacciai: — *field*, nevato.

first [fɜ:st] *agg.num.ord.* primo: *June 1st, 1st June*, (letto *the first of June* o *June the first*) il primo di giugno; *he's my — son*, è il mio primogenito; *the — two or three days*, i primi due o tre giorni; *it's my — ever visit to Japan*, è il mio primo viaggio in assoluto in Giappone // — *draft*, stesura preliminare // (*gramm.*) — *person*, prima persona // *the — men in the country*, gli uomini più importanti del paese // — *principles*, principi fondamentali // *of the — water*, (*form.*) eccellente // *at — sight*, a prima vista // *in the — place*, in primo luogo // *to do sthg. — thing* (*in the morning*), fare qlco. presto, come prima cosa // *they don't know the — thing about cricket*, non hanno la più pallida idea del cricket // *First Lord of Admiralty*, ministro della Marina // *Charles the First*, Carlo I ◆ *avv.* **1** per primo, prima di tutto, innanzitutto: *she arrived* —, è arrivata per prima; — *he went to the butcher's then to the baker's*, per prima cosa andò dal macellaio e poi dal panettiere; — *of all*, prima di tutto; *ladies —!*, prima le signore // — *and last*, in tutto e per tutto // — *off*, come prima cosa // *to fall head* —, cadere a capofitto **2** per la prima volta: *I saw him — in London*, lo vidi per la prima volta a Londra **3** piuttosto: *when asked to betray his country, he said he would die* —, quando gli si chiese di tradire il suo paese, disse che piuttosto sarebbe morto.

first *s.* **1** il primo, la prima (persona, cosa): *the — in*, la prima persona a entrare; *he was the — to speak*, fu il primo a parlare // — *come — served*, (*prov.*) chi tardi arriva male alloggia **2** principio, inizio: *at* —, al principio, dapprima; *from the* —, dal principio; *from — to last*, dal principio alla fine **3** (*scuola*) votazione di ottimo negli esami; chi riceve tale votazione; (*università*) massimo dei voti: *he's got a — in Economics*, ha ottenuto il massimo dei voti in economia **4** primato; record **5** prima marcia (di veicolo).

first aid [,fɜ:st'eɪd] *s.* (*med.*) pronto soccorso // *first-aid kit*, cassetta del pronto soccorso.

firstborn ['fɜ:sbɔ:n / first·born] *agg.* e *s.* primogenito.

first class [,fɜ:s'klɑ:s] *s.* **1** (*ferr.*) prima classe **2** servizio postale celere ◆ *avv.* **1** in prima classe: *I always travel* —, viaggio sempre in prima classe **2** in modo ottimo.

first-class ['fɜ:sklɑ:s] *agg.* di prima qualità, ottimo.

first-comer [,fɜ:st'kʌmə*] *s.* il primo venuto.

first-degree [,fɜ:stdə'gri:] *agg.attr.* **1** di primo grado (di ustione) **2** (*dir.*) premeditato.

first floor [,fɜ:st'flɔ:*] *s.* **1** primo piano (di edificio) **2** (*amer.*) pianterreno BRIT. ground floor.

first-footer [,fɜ:st'fʊtə*] *s.* (*scoz.*) prima persona che entra in casa il giorno di capodanno.

first fruits ['fɜ:stfru:ts] *s.pl.* **1** primizie **2** (*fig.*) i primi frutti (di un lavoro ecc.).

firsthand [,fɜ:s'hænd *attr.* 'fɜ:shænd / first·hand] *agg.* e *avv.* di prima mano: *I heard that* —, l'ho sentito da fonte diretta; — *information*, informazioni di prima mano.

First Lady [,fɜ:s'leɪdɪ] *s.* first-lady, la moglie del presidente di uno stato (spec. degli Stati Uniti).

firstling ['fɜ:stlɪŋ / first·ling] *s.* **1** (*bot.*) primizia **2** (*zool.*) primo nato (di animali).

firstly ['fɜ:stlɪ] *avv.* in primo luogo.

first name ['fɜ:sneɪm] *s.* nome (di battesimo) // *to be on first-name terms with*, essere in stretti rapporti di amicizia con SIN. forename AMER. given name.

first night [,fɜ:s'naɪt] *s.* (*cinem.*, *teatr.*) prima.

first-nighter [,fɜ:s'naɪtə*] *s.* (*cinem.*, *teatr.*) frequentatore delle prime.

first offender [ˌfɜ:stəˈfendə*] *s.* (*dir.*) delinquente primario, non recidivo.

first-rate [ˌfɜ:stˈreɪt *attr.* ˈfɜ:streɪt] *agg.* ottimo, di prim'ordine, di prima qualità.

first-rater [ˌfɜ:stˈreɪtə*] *s.* (*fam.*) asso, campione.

first refusal [ˈfɜ:strɪˈfju:zl] *s.* prima opzione: *when he decided to sell the boat he let me have — on it*, quando ha deciso di vendere la barca l'ha offerta a me per primo.

first-string [ˌfɜ:stˈstrɪŋ] *agg. attr.* **1** (*sport*) titolare **2** importante.

firth [fɜ:θ] *s.* (*geogr.*) estuario, stretto.

firtree [ˈfɜ:tri: / fir·tree] *s.* (*bot.*) (albero di) abete.

fir-wood [ˈfɜ:wʊd] *s.* abetaia.

fisc [fɪsk] *s.* (*ant.*) fisco.

fiscal [ˈfɪskl] *agg.* fiscale: *the — cases*, il contenzioso tributario // (*trib.*): *— code number*, (numero di) codice fiscale; *— system*, sistema tributario; *— policy*, politica fiscale; *— illusion*, illusione finanziaria ◆ *s.* (*scoz.*) (procuratore) fiscale.

fiscally [ˈfɪskəlɪ / fisc·ally] *avv.* fiscalmente.

fish[1] [fɪʃ] *pl.* **fishes** [ˈfɪʃɪz] *coll.* **fish** *s.* **1** pesce: *fish(es) swim*, i pesci nuotano; *I caught a —, several —*, presi un pesce, parecchi pesci // *he is like a — out of water*, (*fam.*) è come un pesce fuor d'acqua // *he is neither —, flesh nor fowl*, non è né carne né pesce // *he is a queer —*, (*sl.*) è un tipo strano, un originale // *I've got other — to fry*, ho altri affari cui badare // *to drink like a —*, bere come una spugna // *to feed the fishes*, annegare; soffrire il mal di mare // *there are other — in the sea*, (*fam.*) morto un papa se ne fa un altro **2** carne di pesce: *canned —*, pesce in scatola **3** il pescare **4** (*fam. amer.*) dollaro **5** (*fam. amer.*) nuovo detenuto // *— tank*, sezione del carcere riservata ai nuovi detenuti.

to **fish**[1] *v.intr.* **1** pescare: *to — for trout*, pescare trote // *to — in troubled waters*, (*fig.*) pescar nel torbido // *— or cut bait*, (*fam. amer.*) datti da fare o lascia perdere **2** cercare di ottenere (informazioni ecc.) senza averne l'aria: *to — for compliments*, cercare di farsi fare dei complimenti **3** cercare, frugare: *he fished about in his pocket for the key*, frugò nella tasca cercando la chiave ◆ *v.tr.* pescare in: *they fished the river all day*, pescarono al, nel fiume tutto il giorno.

□ **fish out** *v.tr.* e *avv.* **1** tirar fuori (dall'acqua), ripescare: *they fished him out of the water before he drowned*, l'hanno ripescato prima che annegasse **2** (*estens.*) pescare, tirar fuori: *she fished a few coins out of her pocket*, tirò fuori due o tre monete dalla tasca.

□ **fish up** *v.tr.* e *avv.* pescare; tirar su; (*fig.*) tirar fuori: *he fished up a poor excuse*, ha tirato fuori una scusa inconsistente.

fish[2] *s.* (*mar.*) lapazza.

to **fish**[2] *v.tr.* **1** (*mar.*) lapazzare **2** (*mecc., ferr.*) unire con giunto a ganasce; steccare.

fish[3] *s.* (*ant.*) gettone, fiche.

fish and chip shop [ˌfɪʃnˈtʃɪp,ʃɒp] *s.* friggitoria, locale in cui si compra, si mangia pesce fritto con patate fritte, pollo fritto ecc.

fishball [ˈfɪʃbɔ:l / fish·ball] *s.* (*cuc.*) polpetta di pesce.

fishbolt [ˈfɪʃbəʊlt / fish·bolt] *s.* (*mecc., ferr.*) chiavarda; bullone per giunto a ganasce.

fishbone [ˈfɪʃbəʊn / fish·bone] *s.* spina, lisca (di pesce).

fishbowl [ˈfɪʃbəʊl / fish·bowl] *s.* boccia di vetro per i pesci // *to live in a —*, (*fig.*) vivere sotto gli sguardi di tutti, al centro dell'attenzione.

fishcake [ˈfɪʃkeɪk / fish·cake] *s.* (*cuc.*) tortino, pasticcio di pesce.

fish eater [ˈfɪʃ,i:tə*] *s.* (*fam. amer.*) cattolico • Dal precetto cattolico che imponeva di mangiar di magro al venerdì.

fisher [ˈfɪʃə*] *s.* **1** pescatore **2** (*zool.*) animale che si ciba di pesce; (*amer.*) (*Martes pennanti*) martora di Pennant, martora canadese, pekan **3** (*mar.*) — (*boat*), peschereccio.

fisherman [ˈfɪʃəmən / fish·er·man] *pl.* **fishermen** *s.* pescatore.

fishery [ˈfɪʃərɪ / fish·ery] *s.* **1** la pesca (l'industria) **2** luogo dove si pesca; riserva di pesca **3** (*dir.*) diritto di pesca **4** vivaio **5** (*fam. amer.*) missione religiosa in un quartiere proletario • Dall'apostolato di S. Pietro come pescatore di anime.

fisheye [ˈfɪʃaɪ / fish·eye] *s.* **1** (*sl.*) sguardo diffidente, sospettoso: *to give s.o. the —*, guardare sospettosamente qlcu. **2** (*fot.*) grandangolare a 180°; fisheye ◆ *agg.* (*fot.*) grandangolare a 180°: *— lens*, obiettivo grandangolare a 180°; fisheye.

fish farm [ˈfɪʃ,fɑ:m] *s.* vivaio per pesci.

fish finger [ˈfɪʃ,fɪŋgə*] *s.* (*cuc.*) bastoncino di pesce AMER. fish stick.

fish-glue [ˈfɪʃglu:] *s.* colla di pesce.

fishhook [ˈfɪʃhʊk / fish·hook] *s.* amo da pesca.

fishily [ˈfɪʃɪlɪ / fish·ily] *avv.* **1** da pesce **2** (*fam.*) in modo equivoco.

fishiness [ˈfɪʃɪnɪs / fishi·ness] *s.* **1** pescosità; il gusto, l'odore di pesce **2** (*fam.*) carattere sospetto (di una cosa).

fishing [ˈfɪʃɪŋ / fish·ing] *agg.* della pesca, usato per la pesca: *— rod*, canna da pesca; *— gear* (o *tackle*), attrezzi da pesca; *— line*, lenza // (*dir. sl.*) *— trip* (o *expedition*), acquisizione arbitraria di informazioni ◆ *s.* **1** pesca: *deep-sea —*, pesca d'alto mare; *underwater —*, pesca subacquea **2** (*ind. miner.*) pescaggio.

fish-kettle [ˈfɪʃketl] *s.* pesciera.

fishline [ˈfɪʃlaɪn / fish·line] *s.* (*amer.*) lenza BRIT. fishing line.

fishmonger [ˈfɪʃ,mʌŋgə* / fish·mon·ger] *s.* pescivendolo.

fishnet [ˈfɪʃnet / fish·net] *s.* **1** rete da pesca **2** tessuto a rete // *— stockings*, calze a rete.

fishplate [ˈfɪʃpleɪt / fish·plate] *s.* (*mecc., ferr.*) stecca, ganascia; coprigiunto a ganascia.

fishpot [ˈfɪʃpɒt / fish·pot] *s.* nassa.

fish slice [ˈfɪʃslaɪs] *s.* (*cuc.*) paletta per il pesce.

fish-sound [ˈfɪʃsaʊnd] *s.* vescica natatoria.

fish stick [ˈfɪʃstɪk] *s.* (*amer.*) → **fish finger**.

fish story [ˈfɪʃ,stɔ:rɪ] *s.* (*fam. amer.*) storia, racconto gonfiato.

fish-tail [ˈfɪʃteɪl] *agg. attr.* a coda di pesce.

fishwife [ˈfɪʃwaɪf / fish·wife] *pl.* **fishwives** [ˈfɪʃwaɪvz / fish·wives] *s.* pescivendola.

fishy [ˈfɪʃɪ] *agg.* **1** ricco di pesce, pescoso **2** di pesce, che sa, odora di pesce: *— smell*, odore di pesce **3** (*fam.*) equivoco, dubbio, sospetto: *it's a — business*, è una faccenda poco pulita.

fissile [ˈfɪsaɪl / fis·sile] *agg.* fissile: *— material*, materiale fissile.

fissility [fɪˈsɪlɪtɪ / fis·sil·ity] *s.* fissilità.

fission [ˈfɪʃn / fis·sion] *s.* **1** (*biol.*) scissione **2** (*fis. nucleare*) fissione: *— product*, prodotto di fissione; *nuclear —*, fissione nucleare; *— chamber*, camera di fissione.

fissionable [ˈfɪʃnəbl / fis·sion·able] *agg.* (*fis.*) fissile, fissionabile ◆ *s.* (*biol.*) materiale fissile.

fissiparous [fɪˈsɪpərəs / fis·si·par·ous] *agg.* (*biol.*) fissiparo, che si riproduce per scissione.

fissiped(al) [ˈfɪsɪped(l) / fis·si·ped(al)] *agg.* (*zool.*) fissipede.

fissure [ˈfɪʃə* / fis·sure] *s.* **1** fessura; (*anat.*) solco, fessura **2** screpolatura **3** (*bot.*) fenditura **4** (*geol.*) fenditura; (*spec. in Sud Africa*) vena diamantifera // *— eruption*, eruzione (vulcanica) lineare.

fist [fɪst] *s.* **1** pugno: *his — was clenched in pain*, il suo pugno era serrato per il dolore; *to shake one's — at s.o.*, agitare il pugno davanti a qlcu. // *mailed —*, pugno di ferro **2** (*fam.*) mano: *to give s.o. one's —*, porgere la mano a qlcu. // *to make a good — of a job*, (*fam. antiq.*) fare bene un lavoro **3** (*fam.*) calligrafia.

to **fist** *v.tr.* (*ant.*) agguantare, afferrare: *we have been down together in my sleep, / unbuckling helms, fisting each other's throat*, (SH. Coriolanus) ci siamo rotolati insieme nei miei sogni, sfibbiandoci gli elmi e prendendoci per la gola.

fistic(al) [ˈfɪstɪk(l) / fist·ical] *agg.* (*scherz. antiq.*) pugilistico.

to **fisticuff** [ˈfɪstɪkʌf / fisti·cuff] *v.tr.* (*antiq.*) prendere a pugni ◆ *v.intr.* (*antiq.*) prendersi a pugni, battersi a pugni.

fisticuffs [ˈfɪstɪkʌfs / fisti·cuffs] *s.pl.* (*antiq.*) pugilato; cazzottatura (*sing.*).

fistula [ˈfɪstjʊlə / fis·tula] *pl.* **fistulas**, **fistulae** [ˈfɪstjʊli: / fis·tu·lae] *s.* **1** (*med.*) fistola **2** (*zool.*) sfiatatoio (di balena ecc.).

fistular [ˈfɪstjʊlə* / fis·tu·lar] **fistulous** [ˈfɪstjʊləs / fis·tu·lous] *agg.* fistoloso.

fistulization [ˌfɪstjʊlaɪˈzeɪʃn / fis·tu·liza·tion] *s.* (*med.*) fistolizzazione.

fit[1] [fɪt] *comp.* **fitter** [ˈfɪtə* / fit·ter] *superl.* **fittest** [ˈfɪtɪst / fit·test] *agg.* **1** adatto, idoneo; capace, in grado; conveniente, opportuno, giusto: *I am not — to be seen*, non sono presentabile; *that food is only — for a dog*, quello è cibo da cani; *your work is not — for publication*, il tuo lavoro non è pubblicabile; *he's not in a — state to drive*, non è in condizione di guidare // *to see* (o *think*) *— to do sthg.*, pensare che sia opportuno fare qlco.; *do as you see —*, fai quello che pensi sia il caso di fare, fai come meglio credi **2** pronto: *— for use*, pronto per l'uso; *to be — to do sthg.*, essere pronto a fare qlco.; *they were — for action*, erano pronti all'azione // *I was — to drop*, ero stanco morto // *they laughed — to burst*, risero a crepapelle // *— to be tied*, (*amer.*) molto arrabbiato, furente **3** in forma, forte, in buona salute: *— for military service*, abile al servizio militare; *you're looking —*, (*fam.*) ti trovo bene, in forma: *to feel —*, sentirsi in forma, in efficienza // *to be as — as a fiddle* (o *as a flea*), (*fam.*) essere sano come un pesce // *fighting —*, in forma.

fit[1] *s.* **1** aderenza; misura, taglia (di indumento): *it was a tight —*, era una misura stretta; *six of us in the car was a tight —*, in sei in auto eravamo un po' stretti; *those shoes are a perfect —*, quelle scarpe calzano perfettamente **2** corrispondenza, il combaciare **3** (*mecc.*) accoppiamento.

to **fit**[1] *pass.p.p.* **fitted** ['fɪtɪd / fit·ted] *v.tr.* **1** adattarsi a, addirsi a, andar bene a: *this dress fits you really well*, questo vestito ti sta veramente bene // *if the cap fits wear it*, a buon intenditore poche parole **2** adattare, adeguare; concordare, far corrispondere: *to make the punishment — the crime*, adeguare la pena al delitto; *his explanation doesn't — the facts*, la sua spiegazione non s'accorda ai fatti **3** rendere idoneo; preparare: *to — oneself for sthg.*, prepararsi per qlco. **4** fornire, provvedere, dotare, munire: *the boat is fitted with radar*, la barca è munita di radar **5** mettere in prova, provare (abiti): *the tailor fitted my trousers*, il sarto mi provò i pantaloni **6** installare, montare; incastrare, far combaciare ◆ *v.intr.* **1** andar bene, calzare (scarpe, guanti) // *to — like a glove*, calzare come un guanto, stare a pennello **2** adattarsi, combaciare: *the two parts — (together) perfectly*, le due parti combaciano perfettamente.

□ **fit in** *v.tr.* e *avv.* **1** far entrare, infilare: *I don't see how I could — in anything else in this suitcase*, non vedo come potrei fare entrare altro in questa valigia; *I'm sorry, my diary is full up today, I can — you in tomorrow at 3 p.m.*, mi dispiace, ma la mia agenda è completa oggi, posso metterla domani pomeriggio alle 3; *try to — in a trip to York*, cerca di farci entrare una gita a York **2** far coincidere; conciliare; *he said he would try to — in his holidays with mine*, disse che avrebbe cercato di far coincidere le sue vacanze con le mie ◆ *v.intr.* e *avv.* **1** inserirsi: *she fitted in well with the new family*, si è inserita bene nella nuova famiglia **2** (*with*) andare d'accordo: *she doesn't — in well with her colleagues*, non va d'accordo coi colleghi; *I'm afraid your scheme doesn't seem to — in with our budget*, temo che il suo progetto non vada d'accordo con le nostre disponibilità economiche.

□ **fit out** *v.tr.* e *avv.* equipaggiare con; fornire di (tutto ciò che serve): *the army was fitted out with new rifles*, l'esercito fu equipaggiato con nuovi fucili.

□ **fit up** *v.tr.* e *avv.* **1** montare; installare: *can you — up a lamp near the bookshelves?*, puoi mettere una lampada vicino agli scaffali dei libri?; *a field hospital was fitted up in the old church*, un ospedale da campo fu installato nella vecchia chiesa **2** (*spec. brit.*) trasformare: *we fitted up the nursery as a spare bedroom*, abbiamo trasformato la stanza dei bambini in stanza da letto per ospiti **3** (*sl. brit.*) incastrare (qlcu.), montare delle false prove (contro qlcu.) [cfr. to frame]: *he was fitted up for the murder of his boss*, sono state montate delle false prove contro di lui per l'assassinio del suo principale **4** → to fit out.

fit[2] *s.* **1** (*med.*) attacco, accesso; convulsione; crisi: *a — of convulsions*, un attacco convulsivo; *a — of coughing*, un accesso di tosse **2** (*estens.*) attacco, accesso; impulso violento; scoppio: *in a — of rage*, in un accesso di rabbia; *to be in fits of laughter*, avere un convulso di riso, scoppiare dalle risa; *he had us in fits with his jokes*, ci fece ridere come pazzi con le sue barzellette // *by fits and starts*, a sbalzi, spasmodicamente // *to give s.o. a —*, far venire un colpo a qlcu.: *she will have a — when you tell her*, quando glielo dirai, le verrà un accidente // *to throw a —*, (*fam.*) uscire dai gangheri **3** (*fam.*) capriccio, grillo: *when the — is on him*, quando ne ha voglia, quando è dell'umore adatto.

fit[3] *s.* (*ant.*) canto; divisione di ballata o poema.

fitch [fɪtʃ] **fitchew** ['fɪtʃu: / fit·chew] *s.* **1** (*zool.*) (*Mustela putorius*) puzzola **2** pelle di puzzola **3** pennello.

fitful ['fɪtfʊl / fit·ful] *agg.* irregolare; incostante; spasmodico; agitato // **-ly** *avv.* // **-ness** *s.*

fitly ['fɪtlɪ / fit·ly] *avv.* appropriatamente, giustamente; convenientemente.

fitment ['fɪtmənt / fit·ment] *s.* **1** mobile, pezzo d'arredamento, arredo **2** *pl.* accessori.

fitness ['fɪtnɪs / fit·ness] *s.* **1** idoneità; appropriatezza; convenienza **2** forma (fisica), buona salute.

fit-out ['fɪtaʊt] *s.* equipaggiamento.

fitted ['fɪtɪd / fit·ted] *agg.* **1** adatto, idoneo: *she was — to be a teacher*, era adatta a fare l'insegnante **2** aderente; attillato (d'abiti): *a — shirt*, una camicia attillata **3** su misura (di mobili e simili): *— kitchen*, cucina su misura; *— carpet*, moquette **4** dotato, attrezzato: *his car was — with a very sophisticated thief-proof device*, la sua macchina era dotata di un antifurto molto sofisticato.

fitter ['fɪtə* / fit·ter] *s.* **1** (*mecc.*) aggiustatore; montatore **2** (*sartoria*) chi esegue la prova di un abito.

fitting ['fɪtɪŋ / fit·ting] *agg.* **1** adatto; giusto; conveniente, confacente; adeguato, appropriato: *a — occasion*, un'occasione giusta **2** (*nei composti*) che si adatta: *a badly-, easy- — door*, una porta che si chiude male, facilmente; *a tightly-, loosely- — jacket*, una giacca stretta, larga ◆ *s.* **1** adattamento; prova: *she's got a — for her new evening dress*, ha una prova per il suo nuovo vestito da sera // *— room*, sala (o camerino) di prova (di sarto o di negozio) **2** misura, taglia **3** (*gener. pl.*) accessori; equipaggiamento; suppellettili; arredi; attrezzature: (*amm.*) *fixtures and fittings*, impianti e attrezzature **4** (*gener. pl. mecc.*) guarnizione, attrezzo **5** (*stat.*) perequazione.

fittingly ['fɪtɪŋlɪ / fit·ting·ly] *avv.* convenientemente.

fittingness ['fɪtɪŋnɪs / fit·ting·ness] *s.* convenienza.

fitting-out [,fɪtɪŋ'aʊt] *s.* **1** allestimento **2** (*mar.*) armamento.

fit-up ['fɪtʌp] *s.* (*teatr.*) palcoscenico e scenari mobili, trasportabili.

five [faɪv] *agg.num.card.* cinque: *— figure*, di cinque cifre // *— square*, (*amer.*) non disturbato, chiaro (di segnale radio ecc.) ◆ *s.* cinque // *a bunch of fives*, (*sl.*) un pugno // *give me —*, (*fam. amer.*) qua la mano // *to take —*, (*fam. amer.*) fare cinque minuti d'intervallo.

five-and-ten(-cent store) [,faɪvən'ten (sent'stɔ:*)] *s.* (*fam. amer.*) magazzino, grosso negozio che vende articoli a poco prezzo.

five-a-side ['faɪvəsaɪd] *s.* partita di calcio con cinque giocatori per squadra.

five-finger ['faɪv,fɪŋgə*] *s.* **1** (*zool.*) stella di mare **2** (*bot.*) (*Potentilla reptans*) pentafillo; (*Primula elatior*) primula maggiore; (*Lotus corniculatus*) ginestrino ◆ *agg.* per le cinque dita: (*mus.*) *— exercises*, esercizi per le cinque dita.

fivefold ['faɪvfəʊld / five·fold] *agg.* quintuplo ◆ *avv.* cinque volte.

five-o'clock shadow [,faɪvəklɒk'ʃædəʊ] *s.* (*fam.*) barba non rasata di fresco.

fivepence ['faɪvpəns / five·pence] *s.* (il valore di) cinque penny.

fiver ['faɪvə*] *s.* (*fam.*) banconota da cinque sterline; (*amer.*) banconota da cinque dollari.

fives ['faɪvz] *s.pl.* gioco della palla al muro.

fivescore ['faɪvskɔ:* / five·score] *s.* e *agg.* (*ant.*) cento.

five-spot ['faɪvspɒt] *s.* (*fam. amer.*) banconota da cinque dollari.

fix [fɪks] *s.* **1** (*fam.*) difficoltà; dilemma; pasticcio: *to be in a —*, essere nei guai **2** (*mar.*) punto nave; (*aer.*) punto determinato con rilevamenti a incrocio: *to get a — on sthg.*, determinare l'esatta posizione di qlco. **3** (*fam.*) truffa, trucco: *it's a —!*, è un imbroglio! **4** (*sl.*) buco, iniezione di droga: *I saw the best minds of my generation looking for an angry fix*, (A. GINSBERG) ho visto le menti migliori della mia generazione alla ricerca disperata di una dose.

to **fix** *v.tr.* **1** fissare (*anche fig.*), fermare; montare; attaccare: *he fixed it with a nail*, lo fissò con un chiodo; *to — sthg. in one's memory*, fissarsi qlco. nella mente; *he fixed his gaze on the dancer*, fermò il suo sguardo sul ballerino; *they fixed the notice to the gate*, attaccarono l'avviso al cancello; *they fixed the pole in the ground*, fissarono a terra il palo // *to — bayonets*, inastare le baionette **2** attribuire: *to — the blame on s.o.*, attribuire la colpa a qlcu. **3** stabilire, fissare: *to — (up) an appointment*, fissare un appuntamento **4** sistemare, provvedere a; riparare: *"Who is going to water the plants when you're on holiday?" "I've fixed that (up) with Joan"*, "Chi ti innaffierà le piante quando sarai in vacanza?" "Mi sono messo d'accordo con Joan"; *I'll — things (up) so you needn't come to work tomorrow*, ho sistemato le cose così non devi venire a lavorare domani; *I've fixed (up) the clock*, ho riparato l'orologio; *to — (up) one's hair, face*, sistemarsi i capelli, il trucco **5** alterare, corrompere, truccare: *to — a race*, truccare una gara **6** preparare: *I'll — you (up) a drink*, ti preparerò qlco. da bere; *can you — lunch?*, puoi preparare il pranzo? **7** (*fam.*) mettere in imbarazzo; conciare per le feste: *we've fixed him (up)!*, l'abbiamo sistemato! **8** coagulare (di liquidi) **9** (*chim.*) fissare chimicamente **10** (*cinem.*, *fot.*) fissare **11** (*sl.*) narcotizzare ◆ *v.intr.* **1** fissarsi; diventare solido **2** fermarsi, stabilirsi **3** prepararsi, avere intenzione, progettare: *I've fixed (up) to go skiing*, ho intenzione d'andare a sciare **4** (*sl.*) drogarsi.

□ **fix on** *v.tr.* e *avv.* **1** fissare; attaccare: *the door knob is coming off, can you — it on?*, sta venendo via il pomello della porta, puoi fissarlo? **2** fissare, guardare fissamente: *his gaze was fixed on the boy*, il suo sguardo era fisso sul ragazzo ◆ *v.intr.* e *prep.* fissare, stabilire: *shall we — on the 24th of May?*, fissiamo per il 24 maggio?; *they fixed on him for the job*, hanno deciso che fosse lui a fare il lavoro.

□ **fix onto** *v.tr.* e *prep.* → to fix on 1.

□ **fix up** *v.tr.* e *avv.* **1** fissare; stabilire: *I'll — you up an appointment*, ti fisserò un appuntamento; *everything is fixed up already*, è già tutto stabilito **2** (*with*) (*fam.*) procurare: *they fixed me up with a nice flat in Richmond*, mi hanno sistemato in un bell'appartamento a Richmond; *he has fixed himself up with a nice flat in Richmond*, si è sistemato in un bell'appartamento a Richmond **3** sistemare: *we are fixing up the cottage for Elizabeth*, stiamo sistemando, mettendo a posto il cottage per Elizabeth // *I'll — things up for you!*, sistemerò io le cose per te!

□ **fix upon** → to fix on 2.

fixation [fɪk'seɪʃn / fixa·tion] *s.* **1** fissazione (*anche psic.*) // (*chim.*) *nitrogen* —, fissazione dell'azoto **2** solidificazione; coagulazione.

fixative ['fɪksətɪv / fix·at·ive] *agg.* fissativo ♦ *s.* **1** (*pitt.*) fissativo **2** fissatore, fissativo: *denture* —, fissativo per dentiere.

fixature ['fɪksətʃə* / fix·at·ure] *s.* (*ant.*) brillantina.

fixed [fɪkst] *agg.* **1** fisso, immobile: — *smile*, sorriso immobile, stereotipato // (*dir.*) — *property*, beni immobili // (*fis.*) — *point*, punto fisso // (*inform.*) — *disk*, disco rigido, fisso **2** stabilito, deciso, fissato, immutabile: *at a — time*, a un'ora stabilita; — *rules*, regole stabilite // (*amm.*): — *prices*, prezzi fissi; — *instalments method of depreciation*, metodo di ammortamento a quote costanti // (*fin.*): — *debentures*, obbligazioni con garanzia specifica;— *debt*, debito consolidato; — *deposit*, deposito vincolato // (*econ.*): — *capital*, capitale fisso; — *charge*, spesa fissa **3** fisso, costante, ossessionante (di idea) **4** (*chim.*) non volatile: — *oil*, olio fisso **5** (*fam.*) fornito di: *how are you — (for money)*, come stai a soldi?

fixed interest [,fɪkst'ɪntrɪst] *s.* reddito fisso // (*Borsa*): — *market*, mercato del reddito fisso; — *securities*, titoli a reddito fisso.

fixedly ['fɪksɪdlɪ / fix·edly] *avv.* fissamente.

fixedness ['fɪksɪdnɪs / fix·ed·ness] *s.* immobilità.

fixed star [,fɪkst'stɑ:*] *s.* (*astr.*) stella fissa.

fixer ['fɪksə*] *s.* **1** montatore **2** (*chim.*) fissatore **3** faccendiere.

fixing ['fɪksɪŋ / fix·ing] *s.* **1** (*fin.*) quotazione ufficiale (di oro, valute, titoli) **2** lo stabilire **3** (*chim.*, *fot.*) fissaggio: — *agent*, fissatore; — *bath*, bagno di fissaggio **4** *pl.* (*fam. amer.*) equipaggiamento; guarnizione (di vestiti, pietanza).

fixity ['fɪksɪtɪ / fix·ity] *s.* stabilità, fissità (di sguardo ecc.).

fixture ['fɪkstʃə* / fix·ture] *s.* **1** ciò che è fisso **2** *pl.* installazioni fisse (di casa, proprietà); (*dir.*) pertinenze; (*amm.*) attrezzature **3** avvenimento sportivo con data fissata in precedenza **4** (*fam.*) persona che vive da molto tempo in un luogo; (*scherz.*) istituzione **5** impianto (di luce, gas ecc.).

fixure ['fɪkʃə* / fix·ure] *s.* (*ant.*) stabilità; fissità.

fizgig ['fɪzgɪg / fiz·gig] *s.* **1** (*ant.*) ragazza leggera **2** petardo.

fizz [fɪz] *s.* [U] **1** effervescenza; sibilo **2** (*fam.*) vino, bevanda effervescente; champagne.

to **fizz** *v.intr.* frizzare; spumeggiare; sibilare.

fizziness ['fɪzɪnɪs / fiz·zi·ness] *s.* effervescenza.

fizzle ['fɪzl] *s.* **1** suono sibilante **2** fiasco, fallimento.

to **fizzle** *v.intr.* sibilare; spumeggiare (di vino).

□ **fizzle out** *v.intr.* e *avv.* giungere a una conclusione insoddisfacente, far fiasco.

fizzy ['fɪzɪ] *agg.* effervescente, frizzante ♦ *s.* bevanda effervescente; (*fam.*) champagne.

fjord [fjɔ:d] → **fiord**.

to **flabbergast** ['flæbəgɑ:st *amer.* 'flæbəgæst / flab·ber·gast] *v.tr.* sbalordire.

flabbily ['flæbɪlɪ / flab·bi·ly] *avv.* **1** mollemente, flaccidamente **2** debolmente; fiaccamente (di carattere, linguaggio).

flabbiness ['flæbɪnɪs / flab·bi·ness] *s.* **1** mollezza; flaccidezza **2** debolezza; fiacchezza (di carattere, linguaggio).

flabby ['flæbɪ] *agg.* **1** floscio, molle; vizzo: — *muscles*, muscoli flaccidi **2** fiacco, debole (di carattere, linguaggio).

flabellate [flə'belɪt / flab·el·late] **flabelliform** [flə'belɪfɔ:m / flab·el·li·form] *agg.* (*bot.*, *zool.*) flabellato, flabelliforme.

flaccid ['flæksɪd / flac·cid] *agg.* **1** flaccido, molle, rilassato, floscio **2** debole, irresoluto (di carattere, linguaggio) // **-ly** *avv.* // **-ness** *s.*

flack [flæk] *s.* (*fam. amer.*) **1** agente pubblicitario **2** materiale promozionale.

flackery ['flækərɪ] *s.* (*fam. amer.*) attività promozionale, pubblicità.

flacket ['flækɪt] *s.* (*rar.*) fiasco; bottiglia: *they saw a little flacket of gold*, (T. MALORY) videro una bottiglietta d'oro.

to **flaff** [flɑ:f] *v.intr.* (*scoz.*) **1** sbattere le ali **2** (*fig.*) agitarsi.

flag[1] [flæg] *s.* **1** (*bot.*) (*Iris pseudacorus*) acoro falso **2** foglia di tale pianta **3** *pl.* erbaccia, erbacce.

to **flag**[1] *pass.p.p.* **flagged** [flægd] *v.tr.* **1** legare con giunchi **2** recidere, tagliare lo stelo di.

flag[2] *s.* **1** pietra per lastricare **2** *pl.* lastrico (*sing.*) **3** (*dial.*) zolla erbosa.

to **flag**[2] *v.tr.* lastricare.

flag[3] *s.* **1** bandiera, stendardo: — *of liberty*, *of peace*, bandiera della libertà, della pace; *white* —, bandiera bianca; *yellow* (o *sick*) —, bandiera gialla (segno di epidemia a bordo di una nave); — *of convenience*, bandiera ombra; *to dip one's* —, abbassare la propria bandiera (in segno di saluto); *to hoist one's* —, issare la bandiera; *to lower* (o *to strike*) *one's* —, ammainare la bandiera (in segno di saluto o di resa) // *to keep the — flying*, (*fam.*) non lasciarsi abbattere; mantenere alto l'onore; *to show the* —, (*fig.*) mettersi in mostra, farsi vedere; *to fly the* —, (*fig.*) mostrarsi fieri del proprio paese **2** (*mar.*) insegna, bandiera ammiraglia // *to hoist, to strike one's* —, assumere, abbandonare il comando **3** bandierina: *he marked the position of our troops by putting flags on the map*, segnò la posizione delle nostre truppe mettendo delle bandierine sulla cartina **4** (*inform.*) indicatore, segnalatore, contrassegno, bandiera **5** (*sl. antiq.*) grembiule **6** coda di cane da caccia **7** (*tip.*) pesce.

to **flag**[3] *v.tr.* **1** imbandierare, ornare con bandiere **2** segnalare con bandiere **3** richiamare l'attenzione di **4** (*amer.*) → to flag down.

□ **flag down** *v.tr.* e *avv.* fare cenno di fermarsi: *the police flagged down the car*, la polizia segnalò alla macchina di fermarsi; *to — down* (o amer. *to —*) *a cab*, far cenno a un taxi di fermarsi.

flag[4] *s.pl.* penne dell'ala (di uccello).

to **flag**[5] *v.intr.* **1** pendere, penzolare **2** (*bot.*) disseccarsi, appassire, avvizzire (di fiori, piante) **3** illanguidire, affievolirsi, venir meno, svanire (di entusiasmo, interesse ecc.): *the team began to — towards the end of the match*, verso la fine la squadra incominciò a cedere.

flag-bearer ['flæg,beərə*] *s.* portabandiera.

flag-boat ['flægbəʊt] *s.* barca che segna il traguardo nelle gare nautiche.

flag-captain [,flæg'kæptɪn] *s.* (*mil.*) capitano di nave ammiraglia.

flag day ['flægdeɪ] *s.* **1** (in GB) giorno nel quale si vendono per strada bandierine per beneficenza **2** (in USA) *Flag Day*, anniversario dell'adozione della bandiera nazionale.

flagellant ['flædʒələnt / fla·gel·lant] *agg.* flagellante; (*fig.*) sferzante ♦ *s.* flagellante.

to **flagellate** ['flædʒeleɪt / fla·gel·late] *v.tr.* flagellare; sferzare (*anche fig.*).

flagellation [,flædʒə'leɪʃn / fla·gel·la·tion] *s.* flagellazione.

flagellator ['flædʒeleɪtə* / fla·gel·lator] *s.* flagellatore.

flagellum [flə'dʒeləm / fla·gel·lum] *pl.* **flagella** [flə'dʒelə / fla·gella] *s.* (*zool.*, *bot.*) flagello.

flageolet [,flædʒəʊ'let / fla·geolet] *s.* (*mus.*) zufolo.

flagginess ['flægɪnɪs / flag·gi·ness] *s.* languidezza; debolezza.

flagging[1] ['flægɪŋ / flag·ging] *s.* **1** il pavimentare con lastre di pietra **2** lastrico, pavimentazione.

flagging[2] *agg.* che diminuisce, diventa debole: — *hopes*, speranze sempre più deboli.

flaggy ['flægɪ] *agg.* (*rar.*) languido, debole.

flagitious [flə'dʒɪʃəs / fla·gi·tious] *agg.* (*antiq.*) atroce, abominevole // **-ness** *s.*

flag-lieutenant [,flæglef'tenənt *amer.* ,flæglu:'tenənt] *s.* (*mar. mil.*) tenente di vascello aiutante di bandiera (di ammiraglio).

flag-officer ['flæg,ɒfɪsə*] *s.* (*mar. mil.*) aiutante di bandiera (di un ammiraglio).

flagon ['flægən] *s.* **1** bricco (gener. con coperchio) **2** boccale **3** bottiglione da vino.

flagrancy ['fleɪgrənsɪ / flag·rancy] *s.* flagranza (*anche dir.*).

flagrant ['fleɪgrənt / flag·rant] *agg.* flagrante; evidente.

flagrantly ['fleɪgrəntlɪ / flag·rant·ly] *avv.* in flagrante.

flag root ['flægru:t] *s.* (*bot.*) → **calamus** 2.

flagship ['flægʃɪp / flag·ship] *s.* **1** nave ammiraglia **2** (*fam. amer.*) fiore all'occhiello.

flagstaff ['flægstɑ:f *amer.* 'flægstæf / flag·staff] **flagstick** ['flægstɪk / flag·stick] *s.* asta della bandiera.

flagstone ['flægstəʊn / flag·stone] *s.* **1** lastra di pietra **2** (*geol.*) pietra da lastrico.

flag-waving ['flæg,weɪvɪŋ] *s.* **1** sbandieramento (*anche fig.*) **2** (*fig.*) eccesso di patriottismo.

flail [fleɪl] *s.* (*agr.*) correggiato.

to **flail** *v.tr.* **1** (*agr.*) battere col correggiato; flagellare **2** *to — one's arms*, (*fig.*) agitare convulsamente le braccia.

flair [fleə*] *s.* talento, dono, inclinazione: *she has a — for languages*, (*fam.*) è portata per le lingue.

flak [flæk] *s.* **1** (*mil.*) fuoco contraereo, artiglieria antiaerea **2** (*fam.*) opposizione; grave disaccordo: *to run into* (o *come in for*) *a lot of* —, incontrare gravi opposizioni.

flake[1] [fleɪk] *s.* **1** fiocco (di neve, avena ecc.) **2** lamina, lastra; scaglia; scheggia **3** favilla **4** scaglia (di pesce) **5** (*bot.*) garofano dai petali screziati **6** (*fam. amer.*) persona eccentrica, estrosa, stravagante.

to **flake**[1] *v.intr.* **1** sfaldarsi **2** squamarsi **3** cadere in fiocchi ◆ *v.tr.* **1** sfaldare **2** squamare **3** coprire di fiocchi.

□ **flake out** *v.intr.* e *avv.* (*fam.*) crollare; cadere addormentato.

flake[2] *s.* **1** piano su cui si mette il pesce a disseccare; grate su cui si stendono provviste **2** (*mar.*) rifugio contro l'acqua e il vento.

flake-white [,fleɪk'*h*waɪt] *s.* (*pitt.*) biacca.

flakey ['fleɪkɪ] *agg.* (*fam. amer.*) eccentrico, estroso, stravagante.

flak jacket ['flæk,dʒækɪt] *s.* giubbotto antiproiettile.

flaky ['fleɪkɪ] *agg.* **1** a falde **2** a scaglie, a lamine **3** friabile; a sfoglie // *— pastry*, pasta sfoglia **4** (*fam. amer.*) eccentrico, che si comporta in modo bizzarro.

flam[1] [flæm] *s.* (*rar.*) frottola, fandonia; inganno.

to **flam**[1] *v.tr.* (*rar.*) ingannare, imbrogliare.

flam[2] *s.* segnale dato col tamburo.

flambeau ['flæmbəʊ / flam·beau] *pl.* **flambeaus**, **flambeaux** ['flæmbəʊz / flam·beaux] *s.* fiaccola.

flamboyance [flæm'bɔɪəns / flam·boy·ance] *s.* l'essere sgargiante, vistoso; esibizione.

flamboyant [flæm'bɔɪənt / flam·boy·ant] *agg.* **1** sgargiante; riccamente decorato; vistoso **2** fiorito, ornato (di stile) **3** ad effetto, d'effetto; ostentato **4** (*arch.*) fiammeggiante (di stile gotico) // **-ly** *avv.*

flame [fleɪm] *s.* **1** fiamma, vampa; fuoco: *to burst into* —, divampare; *the house was in flames*, la casa era in fiamme; *to go up in flames*, incendiarsi; *to commit sthg. to the flames*, dare qlco. alle fiamme // *to add fuel to* (o *to fan*) *the flames*, soffiare sul fuoco **2** splendore, sfolgorio **3** (*fam.*) la persona amata: *he is my old* —, è una mia vecchia fiamma.

to **flame** *v.intr.* **1** fiammeggiare, ardere **2** prorompere (di passione); infiammarsi // *his anger flamed up*, andò su tutte le furie **3** splendere, sfolgorare ◆ *v.tr.* sterilizzare alla fiamma, flambare.

flame-thrower ['fleɪm,θrəʊə*] *s.* lanciafiamme.

flaming ['fleɪmɪŋ / flam·ing] *agg.* **1** infuocato, ardente: *— sun*, sole ardente **2** di color acceso **3** eccessivo, esagerato **4** (*fig.*) violento, focoso, veemente: *— enthusiasm*, entusiasmo ardente **5** (*fam.*) maledetto; dannato: *— heck!*, maledizione!

flamingly ['fleɪmɪŋlɪ / flam·ing·ly] *avv.* **1** esageratamente, eccessivamente **2** (*fig.*) violentemente, focosamente.

flamingo [flə'mɪŋgəʊ / fla·mingo] *pl.* **flamingo(e)s** *s.* (*zool.*) fenicottero.

flammable ['flæməbl / flam·mable] *agg.* (*amer.*) infiammabile BRIT. **inflammable**.

flan [flæn] *s.* (*cuc.*) sformato.

flanconade ['flæŋkə,neɪd / flan·con·ade] *s.* (*scherma*) fianconata.

flange [flændʒ] *s.* **1** (*mecc.*) flangia, bordo: *— joint*, giunto a flange **2** utensile per formare flange.

to **flange** *v.tr.* (*mecc.*) bordare, flangiare.

flange-head ['flændʒ,hed] *s.* (*amer. sl. mil.*) cinese, asiatico.

flank [flæŋk] *s.* **1** fianco (*anche anat.*); lato; (*macelleria*) soccoscio **2** lato (di montagna, edificio) **3** (*mil.*) fianco: *to attack on the* —, attaccare di fianco; *— attack*, attacco laterale.

to **flank** *v.tr.* **1** fiancheggiare: *road flanked with trees*, strada fiancheggiata da alberi **2** (*mil.*) attaccare il fianco di.

flanker ['flæŋkə*] *s.* (*mil.*) fianco.

flannel ['flænl] *s.* **1** flanella: *— shirt*, camicia di flanella **2** → **facecloth** **3** [U] (*fam.*) chiacchiere inutili (*pl.*): *he didn't explain anything, he just gave us a load of* —, non spiegò nulla, disse solo un sacco di parole inutili **4** (*fam.*) sviolinata, complimento insincero **5** (*spec. amer.*) biancheria intima in lana o flanella **6** *pl.* calzoni sportivi di flanella; completo sportivo.

to **flannel** *v.tr.* (*fam.*) ingannare; adulare con chiacchiere.

flannelled ['flænld / flan·nelled] *agg.* in abito sportivo.

flannellette [,flænl'et / flan·nel·lette] *s.* flanella di cotone.

flap [flæp] *s.* **1** lembo; falda; risvolto; ribalta (di tavolo); patta (di tasca); tesa (di cappello); linguetta (di busta) **2** (*jacket*) —, risvolto della sovracoperta (di libro) **3** labbro (di una ferita); lembo di pelle **4** colpo leggero; colpo d'ala **5** (*aer.*) flap, deflettore, ipersostentatore **6** (*mecc.*) deflettore; aletta: *— valve*, valvola a cerniera **7** (*fam.*) agitazione: *to be in a* —, essere agitato.

to **flap** *pass.p.p.* **flapped** [flæpt] *v.intr.* **1** aleggiare; battere le ali // *the pheasant flapped across the field*, il fagiano attraversò il campo sbattendo le ali // *to — away, off*, volar via sbattendo le ali **2** sbattere; sventolare: *the American flag flapped against the leaden sky*, la bandiera americana sventolava nel cielo plumbeo **3** (*fam.*) agitarsi ◆ *v.tr.* **1** battere (le ali) **2** far sbattere (le vele ecc.); sventolare.

flapdoodle ['flæp,du:dl / flap·doodle] *s.* [U] (*sl.*) sciocchezza, sciocchezze (*pl.*).

flap-eared ['flæp,ɪəd] *s.* dalle orecchie penzoloni.

flapjack ['flæp,dʒæk / flap·jack] *s.* **1** portacipria **2** (*ant. brit., fam. amer.*) frittella: *we'll have flash for holidays, fish for fasting-days, / and moreo'er puddings and flap jacks*, (SH. Pericles) mangeremo carne alla festa, pesce i giorni di digiuno e in più budini e frittelle **3** biscotto a base di avena, burro e melassa.

flapjaw ['flæp,dʒɔ: / flap·jaw] *s.* (*fam. amer.*) **1** chiacchierata, discorso **2** persona loquace, chiacchierone.

flapper ['flæpə* / flap·per] *s.* **1** scacciamosche **2** raganella per spaventare uccelli **3** anatroccolo **4** lembo; falda **5** grossa pinna; coda di crostaceo **6** (*fig. rar.*) persona, cosa che stimola l'intelligenza, la memoria **7** (negli anni '20, spec. negli Stati Uniti) ragazza emancipata e anticonformista: *flappers and philosophers*, (F.S. FITZGERALD) maschiette e filosofi **8** (*sl.*) mano.

flap table ['flæp,teɪbl] *s.* tavolo a ribalta.

flare [fleə*] *s.* **1** chiarore tremolante; fiammata improvvisa // (*fis.*) *— spot*, riflessione diffusa **2** (*fig.*) ostentazione **3** (*gener. mar.*) razzo, segnale luminoso: *— pistol*, pistola da segnalazione; *— signal*, segnale con razzo // (*aer.*) *parachute* —, razzo illuminante munito di paracadute **4** (*tecn.*) eruzione di gas naturale in combustione **5** (*astr.*) brillamento solare: *solar* —, eruzione solare **6** (*mecc.*) svasatura // (*radar*) *— angle*, angolo di apertura **7** *pl.* (*fam.*) pantaloni a zampa di elefante.

to **flare** *v.intr.* **1** brillare di luce incerta; splendere **2** allargarsi, stendersi all'infuori ◆ *v.tr.* (*mecc.*) svasare.

□ **flare out** *v.intr.* e *avv.* gonfiarsi, allargarsi.

□ **flare up** *v.intr.* e *avv.* divampare, infiammarsi (*anche fig.*): *she flares up at the least thing*, prende fuoco, si arrabbia per un nonnulla.

flare path ['fleəpɑ:θ] *s.* (*aer.*) pista illuminata (per l'atterraggio).

flare-up ['fleərʌp] *s.* **1** scoppio (*anche fig.*) **2** (*med.*) acutizzazione.

flaring ['fleərɪŋ / flar·ing] *agg.* **1** abbagliante, sfolgorante **2** (*mecc.*) svasato.

flaringly ['fleərɪŋlɪ / flar·ing·ly] *avv.* in modo abbagliante, in modo sfolgorante.

flash[1] [flæʃ] *agg.* **1** improvviso e violento (di fuoco, inondazione): *— fires sprang up across the whole forest*, fuochi improvvisi divamparono in tutta la foresta **2** (*fam.*) vistoso, sgargiante **3** (*antiq.*) falsificato, contraffatto: *— money*, moneta falsa // *— check*, (*fam. amer.*) assegno a vuoto **4** (*ant.*) dialettale, di gergo; volgare.

to **flash**[2] *v.intr.* **1** lampeggiare; dardeggiare; brillare; balenare (*anche fig.*): *the torch flashed three times*, la pila lampeggiò tre volte; *his eyes flashed*, i suoi occhi fiammeggiavano di rabbia; *an idea flashed through my mind*, mi balenò un'idea **2** sfrecciare, muoversi rapidamente: *the train flashed past the station*, il treno superò sfrecciando la stazione **3** precipitarsi (di acqua); ingrossarsi (di fiume) **4** (*fam.*) (di esibizionista) mostrare i genitali ◆ *v.tr.* **1** far brillare; far lampeggiare; proiettare: *he flashed a beam of light in her face*, le proiettò un fascio di luce sul viso **2** gettare (un sorriso, lo sguardo) **3** mostrare (velocemente); scoprire (le carte): *the policeman flashed his warrant card*, il poliziotto mostrò il mandato di perquisizione **4** diffondere; inviare (per telegrafo, radio, computer ecc.): *the news was flashed all over Europe*, le notizie furono diffuse in tutta Europa **5** ostentare: *she flashed her jewels in my face*, ostentava i suoi gioielli davanti a me // *he flashes his money around*, spende e spande **6** (*tecn. vetraria*) placcare (applicare un sottile strato di vetro diversamente colorato).

□ **flash back** *v.intr.* e *avv.* ritornare di colpo, riandare (con la mente ecc.).

□ **flash forward** *v.intr.* e *avv.* andare avanti di colpo (col pensiero ecc.).

□ **flash on** *v.intr.* e *avv.* accendersi d'un

colpo solo: *all the lights flashed on suddenly*, tutte le luci si accesero d'improvviso.

□ **flash out** *v.intr.* e *avv.* **1** (*fig.*) risaltare, spiccare; mostrarsi con chiarezza: *his anger flashed out in his remark*, la sua irritazione apparve con chiarezza dalla sua osservazione **2** gridare irosamente, esplodere: *"Shut up!" she flashed out at Jim*, "Taci!" urlò irosamente a Jim.

flash[3] *s.* **1** lampo, sprazzo, baleno; bagliore improvviso, fiammata (*anche fig.*): *a — of lightning*, un lampo; *a — of genius*, un lampo di genio; *a — of hope*, un raggio di speranza; *in a —*, in un lampo, istantaneamente; *as quick as a —*, veloce come un lampo // *a — in the pan*, un fuoco di paglia **2** lampo (di luce intermittente) **3** sguardo veloce **4** (*cinem.*) breve sequenza **5** (*sl. giornalistico*) flash, messaggio lampo, breve notizia: *news —*, flash di cronaca **6** (*fam. amer.*) persona che eccelle (in qlco.) **7** (*fot.*) flash **8** pila tascabile **9** (*non com.*) mostra, ostentazione **10** (*mil.*) mostrina **11** (*tecn.*) sbavatura, sfrido **12** (*chim.*) rapida evaporazione; flash: *— distillation*, distillazione a flash; *— point*, punto, temperatura di infiammabilità.

flashback ['flæʃbæk / flash·back] *s.* **1** (*cinem.*) flashback, scena retrospettiva **2** (*tecn.*) ritorno di fiamma.

flashbulb ['flæʃbʌlb / flash·bulb] *s.* (*fot.*) lampadina lampo.

flash card ['flæʃkɑ:d] *s.* (*scuola*) cartellone dimostrativo.

flashcube ['flæʃkju:b / flash·cube] *s.* (*fot.*) cubo flash.

flasher ['flæʃə*] *s.* **1** lampeggiatore **2** (*fot.*) lampo di magnesio **3** (*mecc.*) caldaia a rapida vaporizzazione **4** (*fam., psic.*) esibizionista.

flash flood ['flæʃ,flʌd] *s.* (*geogr.*) piena improvvisa.

flashgun ['flæʃgʌn / flash·gun] *s.* (*fot.*) lampeggiatore.

flashily ['flæʃɪlɪ / flash·ily] *avv.* **1** in modo brillante, vistoso, appariscente **2** con ostentazione.

flashiness ['flæʃɪnɪs / flashi·ness] *s.* volgarità, cattivo gusto.

flashing ['flæʃɪŋ / flash·ing] *agg.* risplendente, sfavillante; lampeggiante ◆ *s.* **1** luce scintillante; splendore, luccichio **2** (*elettr.*) scintillio **3** (*edil.*) fandale, scossalina **4** (*amer. aut.*) lampi luce.

flash-lamp ['flæʃlæmp] *s.* (*fot.*) flash.

flashlight ['flæʃlaɪt / flash·light] *s.* **1** (*fot.*) lampo di magnesio **2** (*mar.*) luce intermittente **3** (*spec. amer.*) torcia elettrica, lampada tascabile BRIT. torch.

flashy ['flæʃɪ] *agg.* **1** brillante; vistoso, appariscente **2** ostentatore **3** (*ant.*) acquoso, insipido: *distilled books are, like common distilled waters, flashy things*, (F. BACON) i libri distillati, come le comuni acque distillate, sono senza sapore.

flask [flɑ:sk *amer.* flæsk] *s.* **1** fiasco; fiasca, fiaschetta, borraccia // *thermos —*, termos **2** (*mil.*) fiaschetta per polvere da sparo **3** (*chim.*) beuta, pallone: *suction —*, beuta di aspirazione.

flasket ['flɑ:skɪt *amer.* 'flæskɪt] *s.* **1** (*ant.*) fiaschetto; fiaschetta **2** cesta per biancheria da lavare **3** (*ant.*) cesto, paniere.

flat[1] [flæt] *agg.* **1** piatto, piano; liscio: *a floor must be —*, un pavimento deve essere piano, liscio; *the painting was — against the wall*, il quadro aderiva alla parete; *a — nose*, un naso camuso **2** disteso; in posizione orizzontale **3** piatto, basso, non alto; poco profondo (di piatto, tegame ecc.): *a pair of — shoes*, un paio di scarpe basse **4** scialbo, monotono, senza vita, senza interesse; insipido: *a — person*, una persona scialba; *in a — voice*, con voce monotona **5** depresso, avvilito: *he was feeling a bit —*, (*fam.*) era un po' giù di morale **6** (*di colore*) uniforme; spento; opaco **7** assoluto, deciso, perentorio: *a — denial*, un rifiuto deciso; *he can't go, that's —*, (*fam.*) non può andare, questo è chiaro **8** svanito, svaporato (di vino, birra ecc.): *this beer has gone —*, questa birra ha perso l'effervescenza **9** sgonfio (di pneumatico) // *— tire*, (*fam. amer.*) persona noiosa **10** (*di batteria*) scarica **11** (*mus.*) bemolle **12** (*econ.*) inattivo: *the market is —*, il mercato ristagna // *— cost*, costo primo (delle materie prime e della manodopera diretta), prezzo di costo; *— price*, prezzo imposto, calmiere // (*Borsa*): *— price*, prezzo fatto; *— yield*, rendimento immediato (di obbligazione) // (*trib.*): *— rate*, aliquota costante; *— rate tax*, imposta proporzionale **13** (*pitt.*) senza rilievo.

flat[1] *s.* **1** superficie piana, parte piana (di un oggetto): *on the —*, in piano **2** pianura, terreno piatto **3** (*edil.*) tetto a terrazza **4** (*min.*) vena **5** (*mar.*) bassofondo, secca: *but I should think of shallows and of flats, / and see my wealthy Andrew dock'd in sand*, (SH. Merchant of Venice), penserei a fondali bassi e a secche, e vedrei la mia ricca nave arenata nella sabbia **6** (*mar.*) chiatta **7** (*teatr.*) fondale **8** (*sl.*) persona stupida; zimbello **9** (*mus.*) bemolle: *C —*, do bemolle **10** (*spec. amer.*) pneumatico sgonfio **11** scarpa bassa.

to **flat**[1] *pass.p.p.* **flatted** ['flætɪd / flat·ted] *v.tr.* **1** appiattire **2** coprire (una superficie) con una tinta opaca **3** (*mus.*) diminuire, abbassare di un semitono ◆ *v.intr.* appiattirsi.

flat[1] *avv.* **1** assolutamente, decisamente, completamente: *— broke*, completamente al verde // *to fall —*, fallire; non riscuotere applausi // *— out*, a tutto gas: *he was driving — out to get there on time*, guidava a tutto gas per arrivare là in tempo **2** esattamente: *they got here in thirty seconds —*, arrivarono qui in esattamente trenta secondi **3** in posizione orizzontale: *the man was knocked —*, l'uomo fu mandato lungo disteso.

flat[2] *s.* **1** appartamento: *a block of flats*, un palazzo di appartamenti **2** piano di casa.

flat brush ['flætbrʌʃ] *s.* pennellessa.

flatcar ['flætkɑ:* / flat·car] *s.* (*amer. ferr.*) pianale, carro senza sponde.

flat-chested ['flæt,tʃestɪd] *agg.* (*riferito a donna*) senza seno, piatta.

flatfish ['flætfɪʃ / flat·fish] *s.* (*zool.*) pesce dei pleuronettidi (p.e. platessa, rombo, sogliola).

flat food ['flætfu:d] *s.* (*fam. amer.*) piatti espresso (serviti anche a domicilio).

flatfoot ['flætfʊt / flat·foot] *s.* **1** (*med.*) piede piatto **2** (*sl.*) piedipiatti, poliziotto.

flat-footed [,flæt'fʊtɪd] *agg.* **1** dai piedi piatti **2** dal fondo piatto **3** insensibile, senza tatto **4** (*amer.*) risoluto **5** (*amer.*) impreparato: *to catch s.o. —*, (*fam.*) cogliere qlcu. sul fatto.

flatiron ['flæt,aɪən / flat·iron] *s.* ferro da stiro.

flatlet ['flætlɪt / flat·let] *s.* appartamentino.

flat-long [,flæt'lɒŋ] *avv.* (*ant.*) di piatto: *What a blow was there given! / an it had not fallen flat-long*, (SH. The Tempest) Che bel colpo! Se non fosse arrivato un po' di piatto.

flatly ['flætlɪ / flat·ly] *avv.* **1** pianamente **2** scialbamente, in modo scialbo, piatto **3** recisamente; nettamente.

flatmate ['flætmeɪt / flat·mate] *s.* persona con cui si divide un appartamento.

flatness ['flætnɪs / flat·ness] *s.* **1** pianezza **2** scipitezza; monotonia **3** l'essere deciso, netto (di rifiuto ecc.).

flat-out ['flætaʊt] *agg.* (*fam. amer.*) **1** chiaro, diretto, privo di ambiguità **2** totale, completo; illimitato: *it was a — success*, è stato un completo successo.

flat race ['flætreɪs] **flat racing** ['flæt reɪsɪŋ] *s.* (*ippica*) corsa piana, senza ostacoli.

to **flatten** ['flætn / flat·ten] *v.tr.* **1** rendere piano; appiattire: *to — oneself against a wall*, addossarsi a un muro // *to — out*, spianare; (*aer.*) riportare in linea di volo **2** abbattere, stendere; distruggere: *he flattened the man with one blow*, stese l'uomo con un colpo; *the bombardment flattened our defences*, il bombardamento distrusse le nostre difese **3** (*fig.*) deprimere, prostrare **4** smorzare; indebolire (colore, pittura) **5** (*metall.*) laminare **6** (*mus.*) bemollizzare (una nota) **7** (*mar.*) bordare: *to — (in) a sail*, bordare una vela ◆ *v.intr.* **1** appiattirsi, diventare piatto // *the hills flattened out as we approached Milan*, il paesaggio si appiattiva, a mano a mano che ci avvicinavamo a Milano **2** (*fig.*) prostrarsi, deprimersi; diventare scialbo **3** livellarsi (di prezzi).

to **flatter** ['flætə* / flat·ter] *v.tr.* **1** adulare, lusingare; blandire: *I'm flattered*, sono lusingato **2** abbellire: *that picture flatters you*, quella fotografia ti fa più bello **3** compiacersi, vantarsi: *I — myself that I've done a good job*, mi compiaccio di aver fatto un buon lavoro.

flatterer ['flætərə* / flat·ter·er] *s.* adulatore.

flattering ['flætərɪŋ / flat·ter·ing] *agg.* **1** adulatorio; lusinghiero **2** che migliora, rende più bello nell'aspetto: *a — dress*, un vestito che valorizza, che dona.

flatteringly ['flætərɪŋlɪ / flat·ter·ing·ly] *avv.* in modo lusinghiero: *he spoke — of his son*, fece l'elogio di suo figlio.

flattery ['flætərɪ / flat·tery] *s.* adulazione, lusinga.

flatting ['flætɪŋ / flat·ting] *s.* **1** appianamento **2** (*pitt.*) smorzamento (di colori) **3** (*metall.*) laminatura: *— mill*, laminatoio.

flattop ['flæt,tɒp / flat·top] *s.* (*amer.*) **1** edificio con tetto piatto **2** (*fam.*) portaerei **3** (*sl.*) taglio di capelli a spazzola.

flatulence ['flætjʊləns / flatu·lence] **flatulency** ['flætjʊlənsɪ / flatu·lency] *s.* **1** (*med.*) flatulenza **2** (*fig.*) vanità, vuoto (di stile ecc.).

flatulent ['flætjʊlənt / flatu·lent] *agg.* **1** flatulento **2** (*fig.*) vano; pretenzioso, pomposo (di stile ecc.).

flatus ['fleɪtəs] *s.* (*med.*) flato.

flatware ['flætweə* / flat·ware] *s.* U (*amer.*) posateria BRIT. cutlery.

flatways ['flætweɪz / flat·ways] **flatwise** ['flætwaɪz / flat·wise] *avv.* in piano; piattamente, di piatto.

flatworm ['flætwɜ:m / flat·worm] *s.* (*zool.*) platelminta.

flaunt [flɔ:nt] *s.* (*ant.*) ostentazione, sfoggio.

to **flaunt** *v.intr.* pavoneggiarsi ◆ *v.tr.* **1** ostentare, sfoggiare: *to — one's wealth*, ostentare la propria ricchezza **2** sventolare, ondeggiare: *her robes flaunted with the daffodils*, (KEATS) le sue vesti ondeggiavano con i narcisi.

flaunting ['flɔ:ntɪŋ / flaunt·ing] *avv.* **1** pomposo, sfarzoso **2** sventolante (di bandiera ecc.).

flauntingly ['flɔ:ntɪŋlɪ / flaunt·ing·ly] *avv.* sfarzosamente, pomposamente, con ostentazione.

flautist ['flɔ:tɪst / flaut·ist] *s.* (*mus.*) flautista AMER. flutist.

flavescent [fleɪ'vesənt / fla·ves·cent] *agg.* (*non com.*) tendente al giallo.

flavin ['fleɪvɪn] *s.* (*chim.*) flavina.

flavone ['fleɪvəʊn / flav·one] *s.* (*chim.*) flavone.

flavonoid ['fleɪvənɔɪd / flav·on·oid] *s.* (*biochim.*) flavonoide.

flavor e *deriv.* (*amer.*) → **flavour** e *deriv.*

flavour ['fleɪvə* / fla·vour] *s.* **1** gusto; fragranza; aroma; sapore **2** (*fig.*) sapore, gusto: *the — of adventure*, il gusto dell'avventura **3** (*fis. nucleare*) sapore.

to **flavour** *v.tr.* aromatizzare, profumare; dare gusto, sapore a.

flavoured ['fleɪvəd / fla·voured] *agg.* **1** profumato; saporito, gustoso (*with*, al) **2** (*nei composti*) dal gusto di: *strawberry-flavoured ice cream*, gelato al gusto di fragola.

flavouring ['fleɪvərɪŋ / fla·vour·ing] *s.* condimento che dà sapore; aroma.

flavourless ['fleɪvəlɪs / fla·vour·less] *agg.* senza sapore, insipido.

flavoursome ['fleɪvəsəm / fla·vour·some] *agg.* saporito, gustoso; appetitoso (*anche fig.*).

flaw[1] [flɔ:] *s.* **1** screpolatura; incrinatura; fessura **2** (*fig.*) macchia, magagna, pecca; difetto: *there are many flaws in his character*, il suo carattere ha tanti difetti **3** (*rar.*) zolla erbosa **4** (*dir.*) vizio (in un documento ecc.) **5** (*mar.*) falla **6** (*ant.*) frammento, scheggia: *I have full cause of weeping, but this heart / shall break into a hundred thousand flaws / or ere I'll weep*, (SH. King Lear) ho ben ragione di piangere, ma questo cuore si spezzerà in centomila pezzi prima che io pianga.

to **flaw**[1] *v.tr.* **1** screpolare; incrinare: *his performance was flawed by a few small mistakes at the end*, (*fig.*) la sua esibizione fu incrinata da alcuni piccoli sbagli alla fine **2** (*dir.*) invalidare **3** (*ant.*) rompere, frammentare: *for France hath flaw'd the league, and hath attached*, (SH. Henry VIII) perché i francesi hanno violato i patti e hanno attaccato.

flaw[2] *s.* **1** (*poet.*) raffica di vento: *like flaws in summer*, (TENNYSON) come folate di vento estivo **2** breve temporale **3** (*ant.*) sfogo: *these flaws and starts / impostors to true fear would well become / a woman's story at a winter's fire*, (SH. Macbeth) questi sfoghi e questi trasalimenti, ingannevoli tremori al confronto della vera paura, ben si addirebbero al racconto di una vecchia presso il focolare.

to **flaw**[2] *v.tr.* e *intr.* (*rar.*) soffiare a raffiche.

flawless ['flɔ:lɪs / flaw·less] *agg.* **1** senza difetti; impeccabile, perfetto **2** senza incrinature, senza fessure // **-ly** *avv.* // **-ness** *s.*

flax [flæks] *s.* **1** (*bot.*) (*Linum usitatissimum*) lino **2** fibre di lino **3** tela di lino.

flax-dodder ['flæks,dɒdə*] *s.* (*bot.*) (*Cuscuta epilinum*) strozzalino.

flaxen ['flæksən] *agg.* **1** di lino **2** biondo (di capelli) // *— haired*, dai capelli chiarissimi.

flax-seed ['flæks,si:d] *s.* seme di lino SIN. linseed.

to **flay** [fleɪ] *v.tr.* **1** scorticare, pelare: *to be flayed alive*, essere scorticato vivo **2** (*fig.*) criticare severamente.

flayer ['fleɪə*] *s.* **1** scorticatore **2** (*fig.*) critico severo **3** (*fig.*) chi vende a caro prezzo.

flaying ['fleɪɪŋ / flay·ing] *s.* scorticamento.

flea [fli:] *s.* pulce // *to send away s.o. with a — in one's ear*, scacciare qlcu. in malo modo.

fleabag ['fli:bæg / flea·bag] *s.* **1** (*sl. mil.*) sacco a pelo **2** individuo, animale sporco e di aspetto sgradevole; sacco di pulci **3** (*amer.*) albergo d'infimo ordine.

flea-bane ['fli:beɪn] *s.* (*bot.*) (*Erigeron pulicaria*) pulicaria.

flea-beetle ['fli:,bi:tl] *s.* (*zool.*) altica.

fleabite ['fli:baɪt / flea·bite] *s.* **1** morso della pulce **2** (*fig.*) inezia.

flea-bitten ['fli:bɪtn] *agg.* **1** morso dalle pulci **2** infestato dalle pulci **3** macchiato (spec. di cavallo) **4** (*fam.*) lercio.

flea-louse ['fli:laʊs] *s.* (*zool.*) falso pidocchio.

fleam [fli:m] *s.* (*vet.*) fiamma, strumento per salassi ad animali.

flea market ['fli:,mɑ:kɪt] *s.* mercato delle pulci; mercato dell'usato.

fleapit ['fli:pɪt / flea·pit] *s.* (*fig. fam.*) cimiciaio.

flea-wort ['fli:,wɜ:t] *s.* (*bot.*) (*Plantago psyllium*) psillio.

fleck [flek] *s.* **1** macchiolina, piccola chiazza; lentiggine: *flecks of gold in a stone*, pagliuzze d'oro in una pietra; *a white shirt with blue flecks*, una camicia bianca con dei puntini blu **2** scaglia; lamina; fiocco; granello di polvere.

to **fleck** *v.tr.* chiazzare; screziare; punteggiare: *a grey pebble flecked with white*, un ciottolo grigio punteggiato di bianco; *and darkness flecked like a drunkard reels / from forth day's pathway*, (SH. Romeo and Juliet) e l'oscurità rotta da sprazzi si allontana, barcollando come un ubriaco, dal sentiero del giorno.

to **flecker** ['flekə*] *v.tr.* macchiare; variegare; screziare.

fled *pass.p.p.* di to **flee**.

to **fledge** [fledʒ] *v.intr.* ricoprirsi di penne (di uccellini) ◆ *v.tr.* **1** allevare (un uccellino finché non sia capace di volare) **2** fornire di penne (frecce ecc.).

fledged [fledʒd] *agg.* pennuto, in grado di volare.

fledgeless ['fledʒlɪs / fledge·less] *agg.* (*non com.*) implume, incapace di volare.

fledg(e)ling ['fledʒlɪŋ / fledg(e)·ling] *s.* **1** uccellino **2** (*fig.*) pivellino ◆ *agg.* giovane, alle prime armi.

to **flee** [fli:] *pass.p.p.* **fled** [fled] *v.tr.* **1** fuggire da; abbandonare: *he had fled his native country*, aveva abbandonato la patria; *to — one's home*, abbandonare la propria casa **2** scansare, evitare, sottrarsi a: *he fled (from) the publicity*, sfuggiva ogni genere di pubblicità ◆ *v.intr.* **1** fuggire, scappare **2** svanire, sparire.

fleece [fli:s] *s.* **1** vello // *the Order of the Golden Fleece*, l'Ordine del Toson d'oro **2** lana ricavata da una tosatura // *— wool*, lana greggia **3** fiocco, bioccolo **4** massa soffice, coltre (di nuvole, di neve ecc.).

to **fleece** *v.tr.* **1** tosare **2** (*fig. fam.*) spogliare (di denaro, di proprietà); pelare.

fleeced [fli:st] *agg.* lanoso; velloso.

fleecer ['fli:sə*] *s.* (*sl.*) ladro.

fleeciness ['fli:sɪnɪs / flee·ci·ness] *s.* villosità, lanosità.

fleecy ['fli:sɪ] *agg.* lanoso, lanuto, velloso (*anche estens.*) // *— clouds*, cielo a pecorelle // *a — nightdress*, una camicia da notte imbottita.

fleer [flɪə*] *s.* (*non com.*) risata di scherno; osservazione ironica.

to **fleer** *v.intr.* (*non com.*) ridere con impudenza; motteggiare: *to — at s.o.*, motteggiare, prendersi gioco di qlcu.

fleerer ['flɪərə*] *s.* (*antiq.*) burlone; motteggiatore.

fleet[1] [fli:t] *agg.* **1** (*non com.*) agile, rapido, leggero: *— of foot*, veloce nella corsa **2** (*poet.*) evanescente, effimero, transitorio.

fleet[1] *s.* **1** flotta: *aerial —*, flotta aerea // *Fleet Air Arm*, aviazione di marina (inglese) // *the Home Fleet*, la flotta metropolitana // *Fleet Admiral*, (*amer.*) → admiral 1 **2** gruppo, flottiglia, serie: *a — of fishing boats*, una flottiglia di pescherecci; *a — of locomotives*, una serie di locomotive; *the company's — of cars*, il parco macchine della società.

to **fleet**[1] *v.intr.* **1** (*ant.*) galleggiare **2** (*ant.*) scorrere, passare, fuggire via; andarsene **3** (*mar.*) spostarsi; sartiare ◆ *v.tr.* **1** far scorrere (il tempo) **2** (*mar.*) spostare.

fleet[2] *agg.* poco profondo (di acqua, solco ecc.) ◆ *s.* (*ant.*) ruscello; piccola laguna // *the Fleet*, il Fleet (affluente del Tamigi); (*sl.*) prigione per debiti // *Fleet Street*, Fleet Street (strada in cui si trovano molte redazioni di giornali, a Londra); (*estens.*) la stampa, il giornalismo inglese.

fleet[2] *avv.* (*non com.*) poco profondamente.

to **fleet**[3] *v.tr.* (*ant.*) schiumare, scremare (*anche fig.*).

fleeting ['fli:tɪŋ / fleet·ing] *agg.* fugace, passeggero, momentaneo, transitorio: *to get a — glimpse of*, intravvedere, vedere di sfuggita // **-ly** *avv.*

fleetly ['fli:tlɪ / fleet·ly] *avv.* (*non com.*) **1** fuggevolmente, in modo transitorio **2** velocemente, agilmente.

fleetness ['fli:tnɪs / fleet·ness] *s.* (*non com.*) **1** agilità, rapidità **2** fugacità.

Fleming ['flemɪŋ / Flem·ing] *s.* fiammingo, abitante delle Fiandre.

Flemish ['flemɪʃ / Flem·ish] *agg.* e *s.* fiammingo.

to **flench** [flentʃ] to **flense** [flenz] *v.tr.* **1**

fare a pezzi (una balena) **2** scuoiare (una foca).

flesh [fleʃ] *s.* **1** carne: *to be in —*, essere in carne; *to lose —*, dimagrire; *to put on —*, ingrassare // *— and blood*, il corpo umano; essere umano; *I'm only — and blood, you know!*, sono di carne ed ossa, sai! // *in —*, in carne ed ossa // *one's own — and blood*, i figli o i parenti più stretti, la carne della propria carne // *the spirit is willing, but the — is weak*, lo spirito è forte, ma la carne è debole; *to mortify the —*, mortificare il corpo // *to go the way of all —*, morire // *to make s.o.'s — creep*, far venire a qlcu. la pelle d'oca // *to put some — on*, (*fig.*) rimpolpare, arricchire (un testo, un articolo ecc.) **2** polpa (di frutta ecc.) **3** carnalità, appetiti sessuali: *the sins of the —*, i peccati della carne.

to **flesh** *v.tr.* **1** aizzare (cani da caccia) **2** dare il battesimo di sangue a (truppe, spada) **3** (*fig. ant.*) saziare, soddisfare (vendetta, passione) **4** (*ant.*) infiammare con prospettive di successo **5** scarnire (pelli).

□ **flesh out** *v.tr.* e *avv.* sviluppare, arricchire di informazioni (un testo, un argomento ecc.), rimpolpare.

flesh-colour ['fleʃ,kʌlə*] *s.* color carne.

flesh-coloured ['fleʃ,kʌləd] *agg.* di color carne.

flesher ['fleʃə*] *s.* (*scoz.*) macellaio.

flesh-fly ['fleʃ,flaɪ] *s.* (*zool.*) (*Sarcophaga carnaria*) mosca carnaria, sarcofaga.

fleshiness ['fleʃɪnɪs / fleshi·ness] *s.* carnosità; corpulenza; obesità.

fleshless ['fleʃlɪs / flesh·less] *agg.* scarno.

fleshliness ['fleʃlɪnɪs / flesh·li·ness] *s.* carnalità; sensualità.

fleshlings ['fleʃlɪŋz / flesh·lings] *s.pl.* (*teatr.*) calzamaglia color carne.

fleshly ['fleʃlɪ] *agg.* **1** carnale, sensuale **2** materiale; mortale.

fleshpot ['fleʃpɒt / flesh·pot] *s.* **1** pentola per cuocere la carne **2** (*fig.*) locale di vita **3** *pl.* comodità, comfort: *glad to get back to the fleshpots of civilization*, felice di ritornare alle comodità della vita civile.

fleshy ['fleʃɪ] *agg.* **1** grasso **2** (*bot.*) polposo (di frutto), carnoso (di foglia, frutto ecc.).

fleur-de-lis [,flɜ:də'li:] *pl.* **fleurs-de-lis** *s.* (*bot.*) fiordaliso → **cornflower**.

fleuret ['flʊərɪt] *s.* (*arch.*) ornamento a forma di fiore.

fleuron [,flɜ:'rɔ:ŋ] *s.* (*arch.*) fiorone, rosone.

fleury ['flʊərɪ] *agg.* (*arald.*) gigliato.

flew *pass.* di to **fly**[1].

flex [fleks] *s.* **1** (*elettr.*) cordoncino, filo flessibile **2** (*mat.*) flesso **3** contrazione (di un muscolo).

to **flex** *v.tr.* piegare, flettere, curvare (*anche anat.*); (*geol.*) piegare ◆ *v.intr.* piegarsi, flettersi, curvarsi (*anche anat.*); (*geol.*) piegarsi.

flexibility [,fleksə'bɪlətɪ / flex·ib·il·ity] *s.* **1** flessibilità; elasticità (*anche fig.*) // (*econ.*) *— margin*, margine di fluttuazione (dei cambi) **2** pastosità, morbidezza (di voce) **3** (*fig.*) arrendevolezza.

flexible ['fleksəbl / flex·ible] *agg.* **1** flessibile, pieghevole (*anche fig.*) // (*econ.*): *— rate of exchange*, tasso di cambio flessibile; *— scale*, scala mobile **2** modulato (di voce) **3** (*fig.*) trattabile; arrendevole, docile, compiacente: *— character*, carattere compiacente **4** versatile.

flexibleness ['fleksəblnɪs / flex·ible·ness] → **flexibility**.

flexidisc ['fleksɪdɪsk / flexi·disc] *s.* (*inform.* IBM) dischetto, floppy disk.

flexile ['fleksɪl / flex·ile] *agg.* (*non com.*) **1** flessibile, pieghevole **2** (*fig.*) docile, arrendevole **3** versatile.

flexility [flek'sɪlɪtɪ / flex·il·ity] *s.* (*non com.*) flessibilità.

flexion ['flekʃn / flex·ion] *s.* **1** flessione, curvatura // (*anat.*) *— reflex*, riflesso flessorio **2** curva **3** (*gramm.*) flessione.

flexitime ['fleksɪ,taɪm / flexi·time] *s.* orario flessibile, orario elastico.

flexor ['fleksə*] *s.* (*anat.*) muscolo flessore.

flexuosity [,fleksjʊ'ɒsɪtɪ / flexu·os·ity] *s.* (*non com.*) flessuosità.

flexuous ['fleksjʊəs / flex·uous] *agg.* (*non com.*) flessuoso, sinuoso.

flexure ['flekʃə* / flex·ure] *s.* **1** (*non com.*) flessione; curvatura, curva **2** (*geol.*) flessura.

flibbertigibbet ['flɪbətɪ'dʒɪbɪt / flib·ber·ti·gib·bet] *s.* (*fam.*) persona volubile, pettegola, frivola.

flick [flɪk] *s.* **1** colpo (di frusta); schiocco; buffetto **2** (*spec.pl.*) (*fam.*) cinema.

to **flick** *v.tr.* colpire (con la frusta); dare un colpetto a; dare un buffetto a: *she flicked (on) the switch*, diede un colpetto all'interruttore // *to — away, off*, far volare via con un colpetto ◆ *v.intr.* muoversi velocemente, a scatti: *the lizard's tongue flicked out and caught the fly*, con un guizzo della lingua la lucertola catturò la mosca.

□ **flick through** *v.intr.* e *prep.* scorrere, sfogliare (libro, giornale ecc.): *he was flicking through a magazine*, stava dando una scorsa a una rivista.

flicker ['flɪkə*] *s.* **1** tremolio, guizzo; fremito: *a — of hope*, un barlume di speranza **2** (*tv, inform.*) tremolio, sfarfallamento (di immagini).

to **flicker** *v.intr.* **1** ondeggiare; tremolare (di luce ecc.) **2** sbattere le ali (di uccello); svolazzare **3** guizzare; brillare debolmente.

flickering ['flɪkərɪŋ / flick·er·ing] *agg.* vacillante; tremolante; guizzante ◆ *s.* **1** ondeggiamento; movimento rapido; svolazzamento **2** luce tremula, vacillante; tremolio // **-ly** *avv.*

flick knife ['flɪknaɪf] *s.* coltello a scatto AMER. switchblade.

flier ['flaɪə*] *s.* **1** (*zool.*) volatile **2** aviatore **3** animale o mezzo di trasporto velocissimo **4** (*sport*) velocista **5** (*fam.*) → flying start 2 **6** (*amer.*) opuscolo (distribuito per strada) **7** (*tess.*) aletta (del fuso) **8** (*rar.*) gradino; *pl.* rampa di scale.

flies [flaɪz] *s.pl.* **1** patta (*sing.*) (dei pantaloni) **2** soppalco (*sing.*), vano macchinisti (sopra il palcoscenico).

flight[1] [flaɪt] *s.* **1** volo (*anche fig.*): *a — over the Atlantic*, una trasvolata dell'Atlantico; *non-stop —*, volo senza scalo; *test —*, volo di collaudo; *in —*, durante il volo // *— path*, traiettoria di volo // *blind —*, volo cieco // *— attendant*, steward, hostess; *— controller*, controllore di volo // *to wing one's —*, volare // *— of imagination*, *— of fancy*, volo dell'immaginazione, della fantasia // *the — of time*, lo scorrere veloce del tempo **2** volo, capacità di volare: *— has only been possible for eighty years or so*, il volo è possibile solo da un'ottantina di anni **3** (*aer. mil.*) stormo; squadriglia: *— commander*, comandante di squadriglia; *— lieutenant*, (GB) capitano **4** nugolo; stormo **5** (*zool.*) migrazione (di uccelli) **6** rampa (di scale): *— of steps*, scalinata; *my room is two flights up*, la mia stanza si trova dopo la seconda rampa **7** (*ant.*) freccia leggera: *he set up his bills here in Messina and challenged Cupid at the flight*, (SH. Much Ado about Nothing) una volta ha annunziato pubblicamente a Messina che sfidava Cupido con frecce leggere.

to **flight**[1] *v.intr.* migrare (di uccelli).

flight[2] *s.* fuga: *to put to —*, mettere in fuga; *to take (to) —*, darsi alla fuga // (*econ.*) *— of capital*, fuga di capitali.

flight deck ['flaɪtdek] *s.* **1** (*mar.*) ponte di decollo (di una portaerei) **2** (*aer.*) cabina di pilotaggio.

flightily ['flaɪtɪlɪ / flight·ily] *avv.* leggermente; capricciosamente.

flightiness ['flaɪtɪnɪs / flighti·ness] *s.* leggerezza (di carattere); incostanza; volubilità.

flightless ['flaɪtlɪs / flight·less] *agg.* inabile al volo, incapace di volare.

flight-recorder ['flaɪtrɪ,kɔ:də*] *s.* (*aer.*) registratore di volo, scatola nera.

flighty ['flaɪtɪ] *agg.* **1** frivolo, scervellato; incostante, volubile **2** (*ant.*) fugace: *the flighty purpose never is o'ertook / unless the deed go with it*, (SH. Macbeth) un fugace proposito non è mai messo in atto a meno che l'azione non vada insieme ad esso.

flimflam ['flɪmflæm / flim·flam] *s.* [U] discorso inutile, senza senso; fandonia.

to **flimflam** *v.tr.* (*fam. amer.*) imbrogliare.

to **flimp** [flɪmp] *v.tr.* (*sl.*) *to — s.o.*, borseggiare qlcu. mentre un compare lo urta o lo distrae.

flimsily ['flɪmzɪlɪ / flim·sily] *avv.* **1** debolmente; leggermente **2** frivolmente.

flimsiness ['flɪmzɪnɪs / flim·si·ness] *s.* **1** mancanza di consistenza (di stoffa, carta ecc.) **2** (*fig.*) futilità, frivolezza, inconsistenza.

flimsy ['flɪmzɪ] *agg.* **1** senza consistenza; leggero (di carta, tessuto ecc.) **2** fragile, debole (*anche fig.*): *a — construction, chair*, una costruzione, una sedia fragile; *a — excuse*, una scusa debole **3** superficiale, frivolo, sciocco; vano ◆ *s.* **1** carta velina **2** (*sl. antiq.*) banconota.

to **flinch** [flɪntʃ] *v.intr.* indietreggiare; tirarsi indietro (*anche fig.*): *he did not — from his duty*, non esitò a compiere il suo dovere; *he had his tooth out without flinching*, si fece estrarre il dente senza paura.

flincher ['flɪntʃə* / flinch·er] *s.* chi indietreggia, si sottrae.

flinching ['flɪntʃɪŋ / flinch·ing] *s.* il ritirarsi; il sottrarsi // **-ly** *avv.*

fling [flɪŋ] *s.* **1** getto, lancio; (*fig.*) tentativo: *to have a — at sthg.*, tentare di fare qlco. **2** periodo di svago e rilassamento: *to have a —*, (*fam.*) godersela **3** breve relazione sessuale; avventura **4** beffa; sarcasmo: *to have a — at s.o.*, canzonare qlcu. **5** danza movimentata:

Highland —, vivace danza scozzese **6** impennata (di cavallo).

to **fling** *pass.p.p.* **flung** [flʌŋ] *v.tr.* gettare; lanciare; scagliare: *to — s.o. in prison*, cacciare qlcu. in prigione; *he flung his troops on the enemy*, lanciò le truppe contro il nemico; *she flung herself into her sister's arms*, si gettò nelle braccia di sua sorella; *he flung himself into his work*, si buttò a capofitto nel lavoro // *to — a remark*, fare un'osservazione in modo aggressivo // *the windows were flung open*, le finestre furono spalancate con violenza // *to — dirt at s.o.*, (*fig.*) macchiare la reputazione di qlcu. // *to — away*, gettar via; sperperare // *to — back*, respingere violentemente // *to — down*, abbattere ◆ *v.intr.* gettarsi, lanciarsi, scagliarsi // *he flung away in anger*, se ne andò incollerito.

□ **fling off** *v.tr.* e *avv.* gettar via; sbarazzarsi di: *he flung his rucksack off*, si sbarazzò dello zaino.

□ **fling on** *v.tr.* e *avv.* indossare precipitosamente: *she leapt out of bed and flung on her dress*, balzò fuori dal letto e s'infilò con furia il vestito.

□ **fling out** *v.tr.* e *avv.* gettar fuori; mettere alla porta: *to — one's money out of the window*, gettare il denaro dalla finestra // *to — out one's arms*, stendere, allargare le braccia // *to — out insults*, lanciare insulti ◆ *v.intr.* e *avv.* insultare: *to — out at s.o.*, ingiuriare qlcu.

□ **fling up** *v.tr.* e *avv.* **1** gettare in aria: *to — up one's hands*, alzare le braccia al cielo **2** abbandonare, lasciare: *to — up one's job*, lasciare il proprio impiego.

flint [flɪnt] *s.* **1** selce, silice // (*med.*) — *disease*, calicosi **2** pietra focaia; pietrina per accendisigari **3** — *glass*, vetro flint.

flint-hearted [ˌflɪnt'hɑːtɪd] *agg.* dal cuore di pietra, spietato.

flintiness ['flɪntɪnɪs / flinti·ness] *s.* durezza (di cuore); spietatezza.

flintlock ['flɪntlɒk / flint·lock] *s.* fucile a pietra focaia.

flinty ['flɪntɪ] *agg.* **1** siliceo, petroso **2** (*fig.*) duro, spietato: *and the walking eyes throw flinty comments*, (S. SPENCER) e gli occhi vaganti lanciano spietati commenti.

flip[1] [flɪp] *s.* **1** buffetto, colpetto **2** capriola (in aria); salto mortale // *to — one's lid*, (*fam.*) arrabbiarsi, perdere le staffe **3** lancio di moneta **4** (*sl.*) piccolo giro (in aereo, in automobile).

to **flip**[1] *pass.p.p.* **flipped** [flɪpt] *v.tr.* **1** colpire, dare un buffetto a **2** lanciare (con movimento rapido): *to — a coin*, lanciare una moneta **3** (far) schioccare (la frusta); agitare: *two eggs flipped with marsala*, due uova sbattute con marsala **4** premere (un interruttore): *he flipped the light switch*, premette l'interruttore della luce ◆ *v.intr.* eccitarsi; arrabbiarsi.

□ **flip over** *v.tr.* e *avv.* girare: *the wind flipped over the pages of the book*, il vento faceva girare le pagine del libro ◆ *v.intr.* e *avv.* girarsi: *the pages of the book were flipping over in the wind*, il vento faceva girare le pagine del libro.

□ **flip through** *v.intr.* e *prep.* dare una scorsa a (un libro ecc.).

flip[2] *s.* bevanda calda di acquavite, birra e zucchero.

flip[3] *s.* (*fam.*) → **flippant**.

flip[4] *inter.* (*fam.*) maledizione!

flip-chart ['flɪptʃɑːt] *s.* blocco (di fogli) per lavagna.

flip-flop ['flɪpˌflɒp] *s.* **1** sandalo (di gomma) infradito **2** petardo **3** capriola **4** (*fam. amer.*) capovolgimento improvviso (di situazione ecc.) **5** (*inform.*, *elettr.*) circuito bistabile, flip-flop.

flippancy ['flɪpənsɪ / flip·pancy] *s.* mancanza di serietà, leggerezza; frivolezza; irriverenza; disinvoltura (nei modi, nel tono ecc.).

flippant ['flɪpənt / flip·pant] *agg.* leggero; frivolo; disinvolto, senza rispetto: *a — answer*, una risposta irriverente // **-ly** *avv.*

flipper ['flɪpə* / flip·per] *s.* **1** pinna, natatoia (di mammiferi acquatici); ala atta al nuoto (dei pinguini) **2** pinna (di sommozzatore) **3** (*sl.*) mano.

flipperty ['flɪpətɪ / flip·perty] *agg.* dondolante; pendente.

flip-side ['flɪpsaɪd] *s.* retro (di disco).

flirt [flɜːt] *s.* **1** vagheggino (di uomo); civetta (di donna) **2** movimento rapido (di ventaglio, ali ecc.).

to **flirt** *v.tr.* muovere rapidamente: *to — a fan*, agitare rapidamente un ventaglio ◆ *v.intr.* **1** amoreggiare, flirtare; civettare **2** (*fig.*) giocherellare, baloccarsi, considerare non seriamente: *she had flirted with the idea of becoming a novelist*, si era trastullata con l'idea di diventare una scrittrice.

flirtation [flɜː'teɪʃn / flir·ta·tion] *s.* **1** amoreggiamento; flirt, breve relazione sentimentale **2** (*fig.*) interesse superficiale e di breve durata: *his flirtation with Eastern philosophy lasted just six months*, la sua passione per la filosofia orientale durò solo sei mesi.

flirtatious [flɜː'teɪʃəs / flir·ta·tious] *agg.* incline al flirt; leggero, poco serio; civettuolo.

flit [flɪt] *s.* **1** trasloco segreto (per evitare pagamenti ecc.) **2** battito, movimento breve e rapido.

to **flit** *pass.p.p.* **flitted** ['flɪtɪd / flit·ted] *v.intr.* **1** volare, svolazzare; volteggiare (di uccello): *she flitted about the room hanging up the Christmas decorations*, (*fig.*) volteggiava per la stanza appendendo le decorazioni natalizie // *to — from one idea to another*, svolazzare da un'idea all'altra **2** andarsene; partire; sloggiare **3** (*fig.*) scorrere, passare: *memories flitted through his mind*, i ricordi scorrevano nella sua mente; *an expression of surprise flitted across her face*, un'espressione di sorpresa le attraversò il volto; *the time flitted (away) in their company*, il tempo in loro compagnia passò rapidamente // *to — off* (o *out*), uscire rapidamente.

flitch [flɪtʃ] *s.* **1** lardello; lardone **2** sciavero (parte esterna, di scarto, di un tronco d'albero ridotto in tavole) **3** piallaccio, foglio di impiallacciatura **4** elemento di trave composta: — *beam*, trave composta.

to **flitch** *v.tr.* tagliare in pezzi, a fette.

flitter ['flɪtə* / flit·ter] *s.* frullio (di ali).

to **flitter** *v.intr.* svolazzare; volteggiare.

flitting ['flɪtɪŋ / flit·ting] *agg.* fuggitivo; transitorio ◆ *s.* volo; battito di ali.

flivver ['flɪvə* / fliv·ver] *s.* (*sl. amer.*) **1** fiasco, insuccesso **2** automobile di poco valore, macinino.

flix [flɪks] *s.* (*non com.*) pelo, pelliccia (di castoro e simili).

float [fləʊt] *s.* **1** (*mar.*) galleggiante; gavitello **2** tavoletta galleggiante (per nuotare) **3** massa galleggiante (di alghe, ghiaccio ecc.) **4** (*spec. amer.*) bevanda a cui viene aggiunta una pallina di gelato **5** (*rar.*) flusso **6** (*econ.*) fluttuazione **7** (*amm.*) fondo cassa **8** (*aer.*) veleggio orizzontale **9** carretto basso senza sponde; carro (per sfilate, processioni) **10** (*teatr.*) luci della ribalta **11** lampada da notte **12** (*tecn.*) lima a taglio semplice **13** (*edil.*) frattazzo **14** (*mecc.*) gioco assiale.

to **float** *v.intr.* **1** galleggiare, stare a galla; ondeggiare; fluttuare (nell'aria): *the body floated away*, il corpo fu trascinato via dalla corrente; *he wastes his time floating from one idea to another*, (*fig.*) spreca il suo tempo passando da un'idea all'altra; *pale were the lips I kissed, and fair the form / I floated with, about that melanchony storm*, (KEATS) pallide eran le labbra che baciai e bella la forma con la quale fluttuai nella triste bufera // *to — down*, arrivare, discendere lentamente (p.e. sulla corrente di un fiume) **2** (*fig.*) venire in mente, fluttuare (nella memoria, dinanzi agli occhi): *memories floated before her mind*, i ricordi le fluttuavano nella memoria **3** (*fig.*) camminare con grazia: *Suzanne floated across the room*, Suzanne attraversò con grazia la stanza ◆ *v.tr.* **1** far galleggiare **2** (*fig.*) suggerire, proporre (un'idea) **3** (*econ.*) lanciare, costituire (una società, spec. emettendo azioni): *to — a loan*, emettere un prestito // *to — a currency*, lasciar fluttuare una valuta.

□ **float about**, **around** *v.intr.* e *prep.* circolare (di notizia, idea ecc.): *there was an idea floating around of electing David as the new president*, circolava l'idea di eleggere David come nuovo presidente.

floatable ['fləʊtəbl / float·able] *agg.* **1** che può galleggiare **2** navigabile.

floatage ['fləʊtɪdʒ / float·age] *s.* **1** galleggiamento **2** (*mar.*) opera morta **3** l'insieme delle navi (galleggianti) in un porto **4** relitto.

floatation [fləʊ'teɪʃn / floata·tion] *s.* **1** (*mar.*) flottazione; galleggiamento // (*aer.*) — *gear*, dispositivo di galleggiamento **2** (*fin.*) emissione, lancio, costituzione (di società): — *cost*, spese di emissione **3** (*miner.*) flottazione: — *cell*, cella di flottazione.

floater ['fləʊtə*] *s.* **1** galleggiante **2** (*comm.*) promotore di società anonima **3** *pl.* (*fin.*) titoli di stato al portatore depositati a garanzia di prestiti a vista **4** (*fam. amer.*) vagabondo, barbone.

float-grass ['fləʊtˌgrɑːs *amer.* 'fləʊtˌgræs] *s.* (*bot.*) (*Alopecurus geniculatus*) volpino angoloso.

floating ['fləʊtɪŋ / float·ing] *agg.* **1** fluttuante, galleggiante // (*mar.*): — *bridge*, ponte galleggiante; — *light*, faro galleggiante // (*med.*): — *kidney*, rene mobile; — *ribs*, costole mobili // (*inform.*) — *point*, virgola mobile // (*pol.*) — *voter*, elettore indeciso; elettore che non si riconosce in alcun partito; persona che illegalmente vota più volte **2** (*econ.*) oscillante, fluttuante, flottante: — *capital*, capitale circolante; — *charge*, *debt*, spesa, debito fluttuante // (*fin.*): — *exchange rate*, cambio fluttuante; — *rate notes*, obbligazioni a tasso variabile.

floatplane ['fləʊtˌpleɪn / float·plane] *s.* (*amer.*) idroplano con galleggianti portanti.

floccillation [ˌflɒksɪˈleɪʃn / floccil·la·tion] *s.* (*med.*) carfologia.

floccose [ˈflɒkəʊs / floc·cose] *agg.* (*bot.*) fioccoso, lanuginoso.

floccule [ˈflɒkju:l / floc·cule] *s.* (*scient.*) flocco, fiocco.

flocculent [ˈflɒkjʊlənt / floc·cu·lent] **flocculose** [ˈflɒkjʊləʊs / floc·cu·lose] **flocculous** [ˈflɒkjʊləs / floc·cu·lous] *agg.* (*scient.*) fioccoso.

flocculus [ˈflɒkjʊləs / floc·cu·lus] *pl.* **flocculi** [ˈflɒkjʊlaɪ / floc·cu·li] *s.* **1** (*non com.*) fiocchetto, bioccolo **2** (*anat.*) fiocculo **3** (*astr.*) flocculo, facola (solare).

floccus [ˈflɒkəs / floc·cus] *pl.* **flocci** [ˈflɒksaɪ] *s.* (*bot.*) bioccolo.

flock[1] [flɒk] *s.* **1** fiocco di lana, bioccolo **2** *pl.* cascame di lana, di cotone **3** (*chim.*) fiocco, batuffolo.

to **flock**[1] *v.tr.* riempire, imbottire con fiocco, cascame (di lana, cotone).

flock[2] *s.* **1** (*zool.*) gregge; stormo **2** (*fig.*) gregge (i fedeli) **3** gruppo, folla, turba.

to **flock**[2] *v.intr.* affollarsi, accalcarsi: *to — together*, riunirsi, radunarsi.

flock-paper [ˈflɒkˌpeɪpə*] *s.* carta da tappezzeria simile a stoffa.

flocky [ˈflɒkɪ] *agg.* fioccoso.

floe [fləʊ] *s.* banco di ghiaccio (galleggiante).

to **flog** [flɒg] *pass.p.p.* **flogged** [flɒgd] *v.tr.* **1** battere; fustigare, flagellare // *to — good manners into s.o.*, insegnare le buone maniere a qlcu. a suon di botte // *to — a dead horse*, (*fig.*) sprecare energia // *to — s.o., sthg. into the ground* (o *to death*), martellare qlcu., schiacciare qlcu., qlco.: *she flogged her new car into the ground*, ha forzato la sua nuova auto fino a ridurla un rottame // *that joke has been flogged to death*, quella barzelletta è trita e ritrita **2** (*fam.*) vendere **3** gettare la lenza ripetutamente (in un corso d'acqua) **4** (*sl.*) sconfiggere, superare.

flogger [ˈflɒgə* / flog·ger] *s.* **1** staffilatore; fustigatore **2** (*fam.*) venditore.

flogging [ˈflɒgɪŋ / flog·ging] *s.* staffilata; bastonatura: *he was given a good —*, gli dettero una buona bastonata.

flood [flʌd] *s.* **1** inondazione, alluvione, piena, diluvio (*anche fig.*); alta marea: *— current*, corrente di flusso (della marea); *a — of tears*, un fiume di lacrime; *a — of words*, un torrente di parole // *the Flood* (o *Noah's Flood*), il diluvio universale **2** flusso **3** (*letter.*) corso d'acqua, fiume; mare.

to **flood** *v.tr.* inondare; irrigare; riempire (fiume ecc.) fino a fare straripare; sommergere (*anche fig.*): *she was flooded with telegrams from an admiring public*, era sommersa dai telegrammi di un pubblico in ammirazione; *light flooded the room*, la luce inondava la stanza; *her body was flooded with pain*, il suo corpo era pervaso dal dolore ◆ *v.intr.* allagarsi; straripare.

□ **flood in** *v.intr.* e *avv.* affluire: *letters flooded in to the newspaper*, le lettere affluivano al giornale.

□ **flood out** *v.tr.* e *avv.* far evacuare: *a lot of people were flooded out by heavy rain*, molta gente fu fatta evacuare per la forte pioggia.

floodgate [ˈflʌdgeɪt / flood·gate] *s.* paratoia, cateratta, chiusa (*anche fig.*): *the floodgates of revolution were opened by his stirring speech*, le sue parole fomentatrici aprirono i cancelli alla rivoluzione.

floodlight [ˈflʌdlaɪt / flood·light] *s.* (*elettr.*) proiettore, riflettore.

to **floodlight** *pass.p.p.* **floodlit** [ˈflʌdlɪt / flood·lit] *v.tr.* illuminare con riflettori; illuminare a giorno: *a floodlit football ground*, un campo di calcio illuminato a giorno.

flood plain [ˈflʌdpleɪn] *s.* pianura soggetta a inondazioni periodiche; alveo di piena (di un fiume).

floodtide [ˈflʌdtaɪd / flood·tide] *s.* flusso della marea; alta marea.

floor [flɔ:*] *s.* **1** pavimento, assito; solaio: *— of beaten earth*, pavimento di terra battuta; *the fork fell on the —*, la forchetta cadde per terra // *he wiped the — with his opponent*, (*fam.*) sconfisse completamente il suo avversario **2** piano (interno) (di un edificio): *he lives on the sixth —*, abita al sesto piano // *to be* (o *to come*) *in on the ground —*, (*fam.*) prendere parte (a un affare) fin dall'inizio **3** fondo marino; fondo di caverna; sottobosco **4** (*mar.*) platea; pagliolo; madiere **5** pianale di auto **6** pista da ballo: *to take the —*, scendere in pista, iniziare a ballare **7** (*Borsa*) sala delle contrattazioni, parquet // *— dealer*, operatore di borsa **8** la parte della Camera dei Comuni riservata ai deputati: *to take the —*, prendere la parola (in un dibattito) // *to have the —*, avere diritto di parola // *from the —*, dall'assemblea // *to hold the —*, tenere banco, condurre la conversazione; accaparrarsi l'attenzione generale **9** (*econ.*) livello minimo (di prezzi, salari).

to **floor** *v.tr.* **1** pavimentare **2** gettare a terra, stendere, abbattere **3** (*fam.*) superare, vincere, battere **4** (*fig.*) sbalordire; lasciare ammutolito: *his mother was floored by his impertinence*, la madre era sbalordita per la sua impertinenza; *I was floored by his indifference*, la sua indifferenza mi colpì profondamente; *he was floored by the examiner's last question*, quell'ultima domanda dell'esaminatore lo mandò al tappeto **5** (*sl. amer.*) spingere a fondo (l'acceleratore): *— it!*, vai a tutto gas!

floorboard [ˈflɔ:bɔ:d / floor·board] *s.* tavola di legno; asse di legno (del pavimento).

floor cloth [ˈflɔ:klɒθ] *s.* **1** straccio per pulire il pavimento **2** (*antiq.*) linoleum.

floorer [ˈflɔ:rə* / floor·er] *s.* **1** colpo che abbatte (*anche fig.*) **2** domanda difficile.

flooring [ˈflɔ:rɪŋ / floor·ing] *s.* pavimento; tavolati, assiti.

floor-joist [ˈflɔ:dʒɔɪst] *s.* (*edil.*) travetto del solaio.

floor lamp [ˈflɔ:ˌlæmp] *s.* (*amer.*) lampada a stelo, a piantana BRIT. **standard lamp**.

floor plan [ˈflɔ:plæn] *s.* pianta (di casa, edificio).

floor polisher [ˈflɔ:ˌpɒlɪʃə*] *s.* **1** sostanza per lucidare i pavimenti **2** (macchina) lucidatrice (per pavimenti).

floor show [ˈflɔ:ʃəʊ] *s.* spettacolo di varietà (in night-club ecc.).

floor-through [ˈflɔ:ˌθru:] *s.* (*amer.*) appartamento che occupa un intero piano.

floorwalker [ˈflɔ:ˌwɔ:kə* / floor·walker] *s.* (*amer.*) caporeparto (in un grande magazzino) BRIT. **shopwalker**.

floozy [ˈflu:zɪ] meno com. **floosie** *s.* (*fam. spreg.*) prostituta.

flop [flɒp] *s.* **1** tonfo: *he fell with a — on a chair*, (*sl.*) cadde di schianto sulla sedia **2** (*fam.*) fiasco, insuccesso **3** (*sl. amer.*) letto.

to **flop** *pass.p.p.* **flopped** [flɒpt] *v.intr.* **1** muoversi in modo sgraziato // *a frog flopped across my path*, una rana mi attraversò la strada a piccoli balzi **2** cadere pesantemente: *his jacket flopped to the ground*, la giacca gli cadde per terra **3** (*fam.*) fallire, far fiasco **4** (*amer.*) cambiare opinione improvvisamente **5** (*sl. amer.*) dormire.

□ **flop about**, **around** *v.intr.* e *avv.* ciabattare: *I could hear her flopping about* (o *around*) *the house*, la sentivo ciabattare per la casa.

□ **flop down** *v.intr.* e *avv.* buttarsi su: *she flopped down in an armchair, and closed her eyes*, si buttò sulla poltrona e chiuse gli occhi.

flophouse [ˈflɒphaʊs / flop·house] *s.* (*sl. amer.*) pensione di infimo ordine.

flopover [ˈflɒpˌəʊvə* / flop·over] *s.* (*tv*) sganciamento del verticale, scorrimento verticale dell'immagine.

flopper [ˈflɒpə*] *s.* (*amer.*) chi passa ad altro partito politico.

floppy [ˈflɒpɪ] *agg.* **1** floscio, molle: *do you like my — hat?*, ti piace il mio cappello floscio? // (*inform.*) *— disk*, floppy disc, dischetto, disco flessibile **2** trascurato, sgraziato: *she does look —!*, come è trascurata!

flora [ˈflɔ:rə] *pl.* **floras**, **florae** [ˈflɔ:ri:] *s.* flora.

floral [ˈflɔ:rəl] *agg.* **1** floreale **2** (*bot.*) florale, fiorale.

Floréal [ˈflɔ:rɪəl] *s.* (*st. francese*) floreale.

Florentine [ˈflɒrəntaɪn / Flor·en·tine] *agg.* fiorentino ◆ *s.* **1** fiorentino **2** seta di lunga durata.

florescence [flɔ:ˈresns / flor·es·cence] *s.* **1** fioritura; infiorescenza **2** periodo della fioritura **3** (*form. fig.*) successo.

floret [ˈflɔ:rɪt] *s.* (*bot.*) flosculo, fioretto SIN. **floweret**.

to **floriate** [ˈflɔ:rɪeɪt / flori·ate] *v.tr.* (*non com.*) decorare con motivi floreali.

floricultural [ˌflɔ:rɪˈkʌltʃərəl / flo·ri·cul·tural] *agg.* relativo alla floricultura.

floriculture [ˈflɔ:rɪkʌltʃə* / flo·ri·cul·ture] *s.* floricultura.

floriculturist [ˌflɔ:rɪˈkʌltʃərɪst / flo·ri·cul·tur·ist] *s.* floricoltore.

florid [ˈflɒrɪd *amer.* ˈflɔ:rɪd] *agg.* **1** fiorito (di stile) **2** florido; colorito; in buona salute **3** appariscente, vistoso // **-ly** *avv.*

floridity [ˈflɒrɪdɪtɪ *amer.* ˈflɔ:rɪdɪtɪ / flor·id·ity] *s.* floridezza.

floriferous [flɔ:ˈrɪfərəs / flo·ri·fer·ous] *agg.* fiorifero.

florigen [ˈflɔ:rɪdʒən / flori·gen] *s.* (*bot.*) ormone florigeno.

florilegium [ˌflɔ:rɪˈli:dʒɪəm / flori·le·gium] *pl.* **florilegia** [ˌflɔ:rɪˈli:dʒɪə / flori·le·gia] *s.* (*form.*) antologia, florilegio.

florin [ˈflɒrɪn *amer.* ˈflɔ:rɪn] *s.* fiorino; (*nel Regno Unito fino al 1971*) moneta da due scellini.

florist ['flɒrɪst *amer.* 'flɔ:rɪst / flor·ist] *s.* fiorista; floricoltore: — *'s* (*shop*), negozio di fiorista.

floristic [flɒ'rɪstɪk / flor·istic] *agg.* (*ecol.*) floristico: — *province*, provincia floristica.

floss[1] [flɒs *amer.* flɔ:s] *s.* **1** (*bot.*) lanugine (di piante) **2** (*zool.*) bava del bozzolo // — *silk*, bavella **3** (*dental*) —, filo interdentale.

floss[2] *s.* (*metall.*) scoria fusa galleggiante.

flossy ['flɒsɪ *amer.* 'flɔ:sɪ] *agg.* **1** serico, leggero; spumoso **2** (*sl. amer.*) vistoso, elegante.

flotation → **floatation**.

flote ['fləʊt] *s.* (*ant.*) onda, flutto: *they all met again / and are upon the Mediterranean flote*, (SH. The Tempest) si sono riunite tutte [le navi] e solcano le onde del Mediterraneo.

flotilla [fləʊ'tɪlə / flo·tilla] *s.* (*mar.*) flottiglia.

flotsam ['flɒtsəm / flot·sam] *s.* [U] **1** relitti galleggianti sul mare // — *and jetsam*, relitti galleggianti e merce gettata in mare; (*estens.*) cianfrusaglie; (*fig.*) vagabondi **2** uova d'ostriche.

flounce[1] [flaʊns] *s.* scatto; gesto rapido (d'impazienza): *with a — of her skirt she was away*, con un rapido svolazzo della gonna se ne andò.

to **flounce**[1] *v.intr.* sussultare; agitarsi, dimenarsi: *she flounced out of the room in anger*, si precipitò fuori dalla stanza incollerita // *to — about*, andar su e giù con impazienza, ira ecc.

flounce[2] *s.* falpalà, balza, volante (di gonna).

to **flounce**[2] *v.tr.* ornare di falpalà.

flounder[1] ['flaʊndə* / floun·der] *pl.* **flounder(s)** *s.* (*zool.*) (*Pleuronectes flesus*) passera nera SIN. fluke.

flounder[2] *s.* movimento stentato; sforzo vano.

to **flounder**[2] *v.intr.* **1** muoversi faticosamente; agitarsi, dibattersi (nel fango, nella neve): *to — about in the water*, dibattersi nell'acqua **2** (*fig.*) essere in difficoltà; confondersi, impappinarsi.

flour ['flaʊə*] *s.* farina; fior di farina // — *box*, barattolo per spargere la farina // *potato* —, fecola (di patate).

to **flour** *v.tr.* **1** coprire, cospargere di farina, infarinare **2** macinare (il grano).

flourish ['flʌrɪʃ / flour·ish] *s.* **1** il roteare (di spada ecc.) **2** (*estens.*) gesto plateale **3** abbellimento; ornamento; svolazzo: *poor painted queen, vain flourish of my fortune*, (SH. Richard III) povera regina dipinta, vano ornamento della mia fortuna **4** espressione fiorita (di linguaggio, stile) **5** (*mus.*) rifioritura; squilli di tromba: *music is / even as the flourish when true subject bow / to a new-crowned monarch*, (SH. Merchant of Venice) la musica è uguale agli squilli di tromba quando i fedeli sudditi si inchinano al monarca appena incoronato **6** (*rar.*) vigore: *in full* —, in pieno vigore.

to **flourish** *v.intr.* **1** prosperare, fiorire, essere in pieno rigoglio: *our business will* —, i nostri affari prospereranno; *these plants do not — in this climate*, queste piante non prosperano in questo clima **2** vivere, essere attivo **3** usare uno stile fiorito **4** fare ghirigori **5** (*mus.*) eseguire abbellimenti ♦ *v.tr.* **1** decorare con motivi floreali **2** brandire (un'arma); agitare (un braccio ecc.).

flourishing ['flʌrɪʃɪŋ / flour·ish·ing] *agg.* **1** fiorente, prospero **2** pomposo.

flourmill ['flaʊə,mɪl / flour·mill] *s.* mulino, macina per il grano.

floury ['flaʊərɪ] *agg.* **1** farinoso **2** infarinato.

flout [flaʊt] *s.* motteggio; burla.

to **flout** *v.tr.* beffare, farsi beffe di; disprezzare: *she has been flouting our conventions for years*, per anni si è fatta beffe dei nostri patti ♦ *v.intr.* essere sprezzante; mostrare disprezzo // *to — at s.o.*, burlarsi di qlcu.

flouter ['flaʊtə*] *s.* beffeggiatore.

flouting ['flaʊtɪŋ / flout·ing] *s.* canzonatura, burla.

floutingly ['flaʊtɪŋlɪ / flout·ing·ly] *avv.* in modo canzonatorio.

flow [fləʊ] *s.* (*solo sing.*) **1** flusso; corrente (*anche fig.*); portata (di fiume): *the — of waters*, il flusso delle acque; *the traffic* —, il flusso del traffico; *a — of words*, un fiume di parole // *to be in full* —, parlare a getto continuo // *to go against the* —, andare controcorrente **2** (*econ.*, *fin.*) flusso: — *of funds analysis*, analisi del flusso dei fondi; — *production*, produzione a flusso continuo **3** (*inform.*) flusso di informazioni, di dati; svolgimento di operazioni: — *capacity*, portata **4** (*mar.*) flusso **5** (*geol.*) colata.

to **flow** *v.intr.* **1** scorrere, fluire (*anche fig.*): *the river flows through the valley*, il fiume scorre nella valle; *warm tears flowed from her eyes*, calde lacrime le sgorgarono dagli occhi; *his words flowed out with enormous eloquence*, le parole fluivano dalle sue labbra con grande eloquenza // *to — away*, scorrere via // *to — back*, risalire, rifluire **2** confluire; riversarsi: *the crowd flowed into the square*, la folla confluì nella piazza; *the river Thames flows into the North Sea*, il Tamigi si riversa nel Mare del Nord **3** salire, montare (di marea) **4** ondeggiare; sventolare (di drappo); ricadere con morbidezza (di capelli): *her hair flowed over her shoulders*, i capelli le ricadevano sulle spalle **5** *to — from* (*sthg.*), derivare da, provenire da, essere il risultato di: *happiness doesn't — from money*, la felicità non proviene dal denaro **6** *to — with* (*sthg.*), abbondare di // *land flowing with milk and honey*, (*ant.*) paese dell'abbondanza.

flowchart ['fləʊtʃɑ:t / flow·chart] *s.* **1** organigramma (di funzioni ecc.) **2** (*inform.*) diagramma (di flusso) // *data* —, organigramma; schema a blocchi (dei dati).

to **flowchart** *v.tr.* (*inform.*) diagrammare, riportare in diagramma.

flowcharting ['fləʊtʃɑ:tɪŋ / flow·chart·ing] *s.* (*inform.*) diagrammazione.

flow diagram ['fləʊ,daɪəgræm] *s.* (*inform. non com.*) → **flowchart**.

flower ['flaʊə*] *s.* **1** fiore: *a bunch of flowers*, un mazzo di fiori; *a — basket*, un cestino per i fiori; *in* —, in fiore // *wild* —, fiore di campo // — *market*, mercato dei fiori // — *stand* (o — *stall*), chiosco per la vendita di fiori // *no flowers by request*, si prega di non inviare fiori // *to burst into* —, sbocciare, schiudersi // *flowers of speech*, i fiori della retorica **2** (*fig.*) la parte migliore, il fior fiore: *the — of the nation's youth*, il fior fiore della gioventù della nazione **3** *pl.* (*chim.*) fiore: *flowers of sulphur*, fiori di zolfo.

to **flower** *v.intr.* fiorire, essere in fiore (*anche fig.*); produrre fiori ♦ *v.tr.* **1** far fiorire (una pianta) **2** ornare di fiori, di motivi floreali.

flowerbed ['flaʊəbed / flower·bed] *s.* aiuola.

flower-bud ['flaʊəbʌd] *s.* (*bot.*) gemma fiorale.

flower-cup ['flaʊəkʌp] *s.* (*bot.*) calice.

flower de luce ['flaʊədə'lu:s] *s.* (*bot.*) → **iris**.

flower-dust ['flaʊədʌst] *s.* (*bot.*) polline.

flowered ['flaʊəd] *agg.* **1** fiorito, in fiore: *white — plant*, pianta a fiori bianchi **2** decorato con fiori, ornato di fiori, di motivi floreali.

flowerer ['flaʊərə* / flower·er] *s.* (*bot.*) fanerogama.

floweret ['flaʊərɪt] *s.* (*rar.*) → **floret**.

flower girl ['flaʊəgɜ:l] *s.* **1** fioraia **2** (*amer.*) ragazzina, bambina che porta i fiori in un matrimonio; damigella.

flower grower ['flaʊə,grəʊə*] *s.* floricoltore.

flower-head ['flaʊəhed] *s.* (*bot.*) capolino.

floweriness ['flaʊərɪnɪs / floweri·ness] *s.* **1** l'essere fiorito **2** stile fiorito; retorica.

flowering ['flaʊərɪŋ / flower·ing] *agg.* in fiore, fiorito: — *plants*, piante da fiore ♦ *s.* fioritura (di pianta).

Flower People ['flaʊə,pi:pl] *s.* i figli dei fiori, gli hippies.

flower-piece ['flaʊəpi:s] *s.* quadro raffigurante fiori.

flowerpot ['flaʊəpɒt / flower·pot] *s.* vaso da fiori.

Flower Power ['flaʊə,paʊə*] *s.* movimento hippy.

flower-show ['flaʊəʃəʊ] *s.* esposizione, mostra di fiori.

flower-stalk ['flaʊəstɔ:k] *s.* (*bot.*) peduncolo, stelo fiorale.

flower-work ['flaʊəwɜ:k] *s.* disegno a fiori.

flowery ['flaʊərɪ] *agg.* **1** fiorito, in fiore **2** ornato di fiori **3** (*fig.*) fiorito, ornato: — *style*, stile fiorito.

flowing ['fləʊɪŋ / flow·ing] *agg.* **1** fluente, corrente: — *beard*, barba fluente; — *hair*, capelli fluenti **2** fluido, scorrevole (di stile, linee, contorni) **3** che sale, che monta (di marea): — *tide*, marea crescente, alta marea.

flowingly ['fləʊɪŋlɪ / flow·ing·ly] *avv.* scorrevolmente; facilmente.

flowingness ['fləʊɪŋnɪs / flow·ing·ness] *s.* (*non com.*) fluidità di stile, di lingua.

flown[1] [fləʊn] *agg.* (*ant.*) **1** gonfio, tronfio **2** dai colori sfumati.

flown[2] *p.p.* di to **fly**.

flu [flu:] *s.* (*fam.*) influenza // *Asian* —, asiatica.

to **flub** [flʌb] *pass.p.p.* **flubbed** [flʌbd] *v.tr.* (*fam. amer.*) combinare un pasticcio, pasticciare, fare male (qlco.) ♦ *v.intr.* (*fam. amer.*) fare pasticci.

fluctuant ['flʌktjʊənt / fluc·tu·ant] *agg.* **1** (*non com.*) fluttuante, variabile **2** (*med.*) fluttuante (di tumore, ascesso ecc.).

to **fluctuate** ['flʌktjʊeɪt / fluc·tu·ate] *v.intr.*

1 fluttuare, ondeggiare; oscillare: *prices are fluctuating*, i prezzi oscillano // (*econ.*) *fluctuating exchange rate*, tasso di cambio fluttuante **2** (*fig.*) essere incerto, ondeggiare: *he fluctuated between hopes and fears*, egli ondeggiava tra speranze e timori.

fluctuation [,flʌktjʊ'eɪʃn / fluc·tu·ation] *s.* oscillazione, fluttuazione (di prezzi ecc.).

flue[1] [flu:] → **flu**.

flue[2] *s.* **1** condotta, condotto, tubo, canna (gener. per il passaggio di fumi o vapori); canna fumaria // — *boiler*, caldaia a focolare tubolare interno **2** cannello (della pipa).

flue[3] *s.* rete da pesca.

flue[4] *s.* lanugine.

flue[5] *s.* (*mar.*) patta.

to **flue**[6] *v.tr.* (*edil.*) allargare (verso l'interno, l'esterno), svasare; strombare ◆ *v.intr.* allargarsi; svasarsi (verso l'interno, l'esterno).

fluency ['flu:ənsɪ / flu·ency] *s.* fluidità, scorrevolezza, scioltezza (di lingua ecc.); *to speak with* —, parlare correntemente.

fluent ['flu:ənt / flu·ent] *agg.* **1** fluente, fluido; scorrevole; spedito: *he's — in French*, parla speditamente il francese **2** dalla parola facile.

fluently ['flu:əntlɪ / flu·ent·ly] *avv.* fluentemente; scorrevolmente; speditamente: *he speaks English* —, parla l'inglese speditamente.

flue pipe ['flu:paɪp] *s.* canna d'organo.

fluff [flʌf] *s.* **1** peluria; lanugine **2** batuffolo // *a bit of* —, (*sl.*) una giovane donna carina **3** (*sl.*) papera, gaffe (spec. di un presentatore o commentatore televisivo) **4** (*inform.*) materiale inutile (spec. da e-mail) ◆ *agg.* (*fam. amer.*) vago, superficiale.

to **fluff** *v.tr.* **1** scuotere (i capelli); arruffare (le penne) **2** (*fam.*) pasticciare; impaperarsi su (una parola, la propria parte): *he fluffed his exam*, si è impappinato all'esame // (*teatr.*) *to — one's lines*, perdere la battuta, impaperarsi.

fluffiness ['flʌfɪnɪs / fluffi·ness] *s.* leggerezza, morbidezza.

fluffy ['flʌfɪ] *agg.* **1** coperto di peluria, di lanugine **2** soffice, vaporoso: — *pastry*, pasta soffice, ben lievitata; — *hair*, capelli vaporosi **3** (*teatr.*) incerto (nel recitare).

fluid ['flu:ɪd] *agg.* **1** fluido (*anche fig.*) // (*med.*): — *diet*, dieta liquida; — *retention*, ritenzione idrica **2** instabile, mutevole: — *opinions*, opinioni instabili ◆ *s.* fluido // (*fis.*) — *mechanics*, meccanica dei fluidi // (*med.*): *amniotic* —, liquido amniotico; *intraocular* —, liquido intraoculare // (*mecc.*) — *drive*, giunto idraulico; cambio idraulico.

fluidics [flu:'ɪdɪks / flu·id·ics] *s.* [U] (*fis.*) fluidica.

to **fluidify** [flu:'ɪdɪfaɪ / flu·id·ify] *v.tr.* fluidificare.

fluidity [flu:'ɪdətɪ / flu·id·ity] *s.* fluidità (*anche fig.*) // (*econ.*) — *of labour*, mobilità del lavoro.

fluidization [,flu:ɪdɪ'zeɪʃn / flu·id·iza·tion] *s.* (*chim.*) fluidizzazione.

to **fluidize** ['flu:ɪdaɪz / flu·id·ize] *v.tr.* **1** (*non com.*) fluidificare, rendere fluido **2** (*chim.*) fluidizzare: *fluidized catalyst*, catalizzatore fluidizzato.

fluid ounce [,flu:ɪd'aʊns] *s.* unità di misura di capacità, pari a 1/20 di pint nel Regno Unito, a 1/16 di pint negli USA.

fluke[1] [flu:k] *s.* **1** (*zool.*) → flounder[1] **2** (*zool.*) (*Fasciola hepatica*) fasciola, distoma epatico **3** (*bot.*) tipo di patata ovale.

fluke[2] *s.* **1** (*mar.*) patta (di ancora ecc.) **2** *pl.* coda di balena.

to **fluke**[2] *v.intr.* nuotare dando colpi di coda (di balena) ◆ *v.tr.* assicurare (una balena catturata).

fluke[3] *s.* **1** (*biliardo*) colpo fortunato **2** colpo di fortuna, caso fortuito: *by a* —, per puro caso.

to **fluke**[3] *v.tr.* **1** (*biliardo*) colpire (una palla) per caso **2** ottenere per puro caso.

fluky ['flu:kɪ] *agg.* **1** incerto; mutevole **2** fortuito, fortunato: *a — goal*, un goal fortunato.

flume [flu:m] *s.* **1** canale artificiale; condotto **2** (*amer.*) canalone, gola.

to **flume** *v.tr.* (*non com.*) trasportare per mezzo di canali artificiali ◆ *v.intr.* (*non com.*) **1** costruire canali artificiali **2** deviare il corso di un fiume.

flummery ['flʌmərɪ / flum·mery] *s.* (*antiq.*) **1** dolce cremoso **2** sciocchezza; complimento sciocco.

to **flummox** ['flʌməks / flum·mox] *v.tr.* (*fam.*) sconcertare; meravigliare; confondere: *he isn't easily flummoxed* non si lascia mettere in imbarazzo facilmente.

flump [flʌmp] *s.* colpo sordo; tonfo.

to **flump** *v.tr.* muovere pesantemente; far fare un tonfo a ◆ *v.intr.* muoversi pesantemente; fare un tonfo.

flung *pass.p.p.* di to **fling**.

flunk [flʌŋk] *s.* (*fam. amer.*) fallimento; bocciatura.

to **flunk** *v.tr.* (*fam. spec. amer.*) **1** cannare, fallire, non superare: *I flunked history*, ho cannato l'esame di storia **2** cannare, respingere, bocciare: *he flunked me in history*, mi ha cannato in storia ◆ *v.intr.* (*fam. spec. amer.*) essere bocciato, cannare: *I flunked in history*, ho cannato in storia.

flunkey ['flʌŋkɪ / flun·key] *s.* **1** valletto; lacchè **2** persona servile; leccapiedi; tirapiedi.

flunkeydom ['flʌŋkɪdəm / flun·key·dom] *s.* mondo dei tirapiedi.

flunkeyism ['flʌŋkɪɪzəm / flun·key·ism] *s.* servilismo.

fluor ['flu:ɔ:*] *s.* (*min.*) fluorite.

fluorene ['flʊə,ri:n / fluor·ene] *s.* (*chim.*) fluorene.

to **fluoresce** [flʊə'res / fluor·esce] *v.intr.* essere, diventare fluorescente.

fluorescein [,flʊə'resi:ɪn / fluor·esc·ein] *s.* (*chim.*) fluoresceina.

fluorescence [flʊə'resns / fluor·es·cence] *s.* fluorescenza // (*chim.*) — *analysis*, analisi per fluorescenza.

fluorescent [,flʊə'resnt / fluor·es·cent] *agg.* fluorescente: — *lamp*, lampada a fluorescenza; (*biol.*) — *test*, test di fluorescenza; — *screen*, schermo fluorescente // — *lighting*, illuminazione a fluorescenza.

to **fluoridate** ['flʊərɪdeɪt / flu·or·id·ate] *v.tr.* (*chim.*) fluorizzare.

fluoridation [,flʊərɪ'deɪʃn / fluor·ida·tion] *s.* (*chim.*) fluorizzazione.

fluoride ['flʊəraɪd / flu·or·ide] *s.* (*chim.*) fluoruro: — *toothpaste*, dentifricio al fluoro.

fluoridization [,flʊərɪdaɪ'zeɪʃn / flu·or·id·iza·tion] *s.* (*amer.*) → **fluoridation**.

to **fluoridize** ['flʊərɪdaɪz / flu·or·id·ize] *v.tr.* → to **fluoridate**.

to **fluorinate** ['flʊərɪneɪt / flu·or·in·ate] *v.tr.* (*chim.*) fluorurare.

fluorine ['flʊəri:n / flu·or·ine] *s.* (*chim.*) fluoro.

fluorite ['flʊəraɪt / flu·or·ite] *s.* (*min.*) fluorite.

fluorocarbon [,flʊərəʊ'kɑ:bən / flu·oro·car·bon] *s.* (*chim.*) fluorocarbonio // — *resin*, resina fluorurata.

fluorosis [flʊə'rəʊsɪs / flu·or·osis] *s.* (*med.*) fluorosi.

fluorspar ['flʊəspɑ:* / flu·or·spar] *s.* (*chim.*) fluorite.

flurry ['flʌrɪ] *s.* **1** ventata; raffica; turbine: *a — of wind*, una raffica di vento; *a — of rain*, uno scroscio di pioggia; *a — of snow*, un turbine di neve **2** nervosismo, agitazione; fermento: *there was a sudden — of activity as the guest arrived*, l'arrivo dell'ospite suscitò un improvviso trambusto; *to be in a* —, essere agitato, confuso **3** le ultime convulsioni (di una balena).

to **flurry** *v.tr.* mettere in agitazione, agitare, confondere; innervosire: *to get flurried*, confondersi, perdere la testa ◆ *v.intr.* muoversi in modo confuso, agitato.

flush[1] [flʌʃ] *agg.* **1** abbondante; traboccante; in piena (di fiume) **2** ben fornito (spec. di denaro); prodigo: *to be* —, (*fam.*) aver molto denaro; *he is — with his money*, spende con facilità **3** a livello; a filo; non sporgente: *to be — with*, essere a filo di **4** arrossito, arrossato **5** (*rar.*) pieno di vita.

flush[1] *s.* **1** getto, flusso improvviso (spec. d'acqua); sciacquone // — *tube*, tubo di scarico (d'acqua) **2** rossore improvviso, vampa (al viso) **3** improvvisa abbondanza **4** forte sentimento improvviso; impeto, accesso: *in the first — of victory*, nell'ebbrezza della vittoria **5** il germogliare (d'erba, fiori ecc.) **6** nuovo vigore, rigoglio: *in the first — of youth*, nel primo rigoglio della giovinezza.

to **flush**[1] *v.tr.* **1** lavare per mezzo di un forte getto: *to — the toilet*, azionare lo sciacquone **2** far scorrere abbondantemente; irrigare (un campo) **3** (*med.*) irrorare (una cavità); far arrossare la pelle, irritare **4** (*bot.*) far germogliare, far gemmare **5** livellare **6** (*inform.*) inizializzare, cancellare, svuotare ◆ *v.intr.* **1** pulirsi, svuotarsi (grazie a un getto d'acqua): *the toilet won't* —, lo sciacquone non funziona **2** scorrere con forza e abbondanza **3** arrossire, diventare rosso: *he flushed with pleasure*, arrossì di piacere **4** (*bot.*) germogliare, buttare.

flush[2] *agg.* (*carte*) dello stesso seme ◆ *s.* colore.

flush[3] *s.* improvviso levarsi a volo di uccelli.

to **flush**[3] *v.tr.* **1** far levare in volo, far volare via improvvisamente: *the dog flushed a pheasant*, il cane fece volar via un fagiano **2** (*fig.*) scovare, stanare: *the cat had flushed a rat and was chasing it across the field*, il gatto aveva scovato un topo e gli stava dando la caccia per il campo; *to — out an enemy soldier*, scovare un soldato nemico ◆ *v.intr.* levarsi in volo, volar via improvvisamente.

flushed [flʌʃt] *agg.* rosso (in viso), accaldato; eccitato, agitato: — *with anger*, rosso di collera; — *with success*, eccitato dal successo.

flusher ['flʌʃə*] *s.* **1** addetto alla pulizia delle strade, fogne ecc. **2** (*fam. amer.*) gabinetto.

flushing ['flʌʃɪŋ / flush·ing] *s.* rossore; vampata.

fluster ['flʌstə* / flus·ter] *s.* eccitazione, agitazione: *to be in a* —, essere agitato, confuso.

to **fluster** *v.tr.* **1** (*ant.*) stordire; confondere: *to get flustered*, farsi prendere dall'agitazione **2** agitare; eccitare; turbare ◆ *v.intr.* agitarsi; eccitarsi; turbarsi.

flute [flu:t] *s.* **1** (*mus.*) flauto **2** increspatura **3** (*arch.*) scanalatura.

to **flute** *v.tr.* **1** suonare col flauto **2** dire (qlco.) dolcemente **3** scanalare; scannellare ◆ *v.intr.* **1** suonare il flauto **2** parlare dolcemente.

fluted ['flu:tɪd] *agg.* **1** esile, flautato (di voci, suoni) **2** (*arch.*) scanalato, scannellato: *tall reeds of fluted ivory bare up the velvet canopy*, (O. WILDE) sottili colonne d'avorio scannellato sostenevano il baldacchino di velluto.

fluting ['flu:tɪŋ / flut·ing] *s.* **1** il suonare col flauto; il cantare dolcemente **2** increspatura, gala **3** (*arch.*) scanalature (*pl.*).

flutist ['flu:tɪst / flut·ist] *s.* (*amer.*) → **flautist**.

flutter ['flʌtə* / flut·ter] *s.* **1** movimento rapido, battito; frullio d'ali; svolazzamento: *with a — of wings*, con un battito d'ali **2** (*fig.*) stato di eccitazione, confusione: *to be all in a* —, (*fam.*) essere tutto agitato, essere in grande agitazione // *to cause a* —, far colpo **3** (*sl.*) scommessa; speculazione: *to have a — on a race*, scommettere su una corsa **4** (*aer.*) sbattimento, vibrazione **5** (*med.*) flutter; tremore, fibrillazione.

to **flutter** *v.intr.* **1** battere le ali **2** svolazzare, fluttuare, ondeggiare (*anche fig.*); muoversi in modo rapido e irregolare: *a leaf fluttered to the ground*, una foglia cadde a terra volteggiando; *the flag fluttered in the wind*, la bandiera sventolava; *as he regained consciousness his eyelids fluttered and his eyes opened*, appena riprese coscienza sbatté le palpebre e aprì gli occhi // *to — about*, muoversi su e giù con agitazione **3** (*fig.*) eccitarsi; sconvolgersi; innervosirsi; essere agitato ◆ *v.tr.* **1** agitare, sbattere, battere **2** (*fig.*) eccitare; sconvolgere; (far) innervosire.

fluttering ['flʌtərɪŋ / flut·ter·ing] *agg.* **1** svolazzante; ondeggiante **2** palpitante ◆ *s.* **1** svolazzamento; battito **2** tremito; palpitazione.

fluty ['flu:tɪ] *agg.* dal tono flautato, dolce.

fluvial ['flu:vjəl / flu·vial] **fluviatile** ['flu:vjətɪl / flu·vi·at·ile] *agg.* fluviale.

fluvioglacial [,flu:vɪəʊ'gleɪsɪəl / flu·vio·gla·cial] *agg.* (*geol.*) fluvioglaciale.

fluviology [flu:vɪ'ɒlədʒɪ / flu·vio·logy] *s.* (*geogr.*) → **potamology**.

flux [flʌks] *s.* **1** flusso (*anche fig.*); afflusso: (*fis.*) — *density*, densità di flusso; — *and reflux*, flusso e riflusso (di marea) **2** cambiamento costante, continuo: *to be in a state of* —, essere soggetto a frequenti mutamenti **3** (*med.*) flusso (di sangue); scarica, evacuazione (degli intestini) **4** (*chim.*, *metall.*) fondente.

to **flux** *v.tr.* fondere (metalli) ◆ *v.intr.* **1** fluire **2** scorrere.

fluxion ['flʌkʃn / flux·ion] *s.* **1** (*mat. ant.*) flussione di differenziale **2** (*med. ant.*) flussione **3** (*rar.*) movimento, cambiamento continuo.

fluxional ['flʌkʃənl / flux·ional] *agg.* (*rar.*) variabile.

fluxionary ['flʌkʃnərɪ / flux·ion·ary] *agg.* (*rar.*) variabile, incostante.

fluxmeter ['flʌksmɪtə* / flux·meter] *s.* (*metrol.*) flussometro.

fly[1] [flaɪ] *agg.* (*sl.*) sveglio, furbo, svelto; disinvolto.

fly[1] *pl.* **flies** [flaɪz] *s.* **1** volo **2** patta (di calzoni ecc.) **3** (*teatr.*) spazio sopra il proscenio **4** (*mecc.*) regolatore di giri a palette **5** carrozza, calesse.

to **fly**[1] *pass.* **flew** [flu:] *p.p.* **flown** [fləʊn] *v.intr.* **1** volare, viaggiare in aereo: *to — from Rome to London*, volare da Roma a Londra; *to — across the Pacific*, attraversare in volo il Pacifico; *to — blind*, volare alla cieca; *he is teaching her to* —, le sta insegnando a pilotare un aereo // *to — away*, volare via, fuggire // *to — about*, volare qua e là, svolazzare, volare attorno a // *some gossip was flying round*, (*fig.*) correvano delle dicerie // *the bird has* (o *is*) *flown*, è uccel di bosco (riferito a persona) // *to — high*, (*fam.*) essere ambizioso; (*sl. amer.*) essere sotto l'effetto di una droga // *to send s.o. flying*, cacciar via qlcu.; *to send sthg. flying*, far volare qlco. // *to — in* (o *to*) *pieces*, volare in pezzi // *to — open*, spalancarsi (con violenza) // *to — in the face of s.o.*, (*fig.*) sfidare, disubbidire apertamente a qlcu. // *to — right*, (*fam. amer.*) rigare diritto **2** svolazzare (di capelli); sventolare (di bandiera) **3** affrettarsi; correre, muoversi correndo; volare (di tempo): *he flew to meet his mother*, corse incontro a sua madre; *she flew into the room*, entrò nella stanza di corsa; *I must* —, devo scappare, correre via; *to — out of*, fuggire da; precipitarsi fuori da; *time flies*, il tempo vola; *to — to s.o. for help*, ricorrere a qlcu. per aiuto; *to — to arms*, correre alle armi **4** saltare, passare d'un balzo: *to — over a fence*, saltare una siepe **5** (*caccia*) librarsi all'attacco (di falco); cacciare con il falco **6** (*mar.*) levarsi improvvisamente (di vento) ◆ *v.tr.* **1** trasportare in volo: *to — s.o. to Berlin*, portare qlcu. in aereo a Berlino **2** pilotare; far volare: *to — an aircraft*, pilotare un aereo; *to — a kite*, fare volare un aquilone; (*fig.*) vedere che vento tira; (*sl. amer.*) far entrare (o uscire) di nascosto una lettera di prigione **3** volare con (una compagnia di bandiera); battere (una bandiera): *I always — Alitalia*, volo sempre con l'Alitalia; *to — a Panamanian flag*, battere bandiera panamense.

□ **fly at** *v.intr.* e *prep.* scagliarsi contro, assalire // *to let — at s.o.*, attaccare qlcu. violentemente (con un'arma, un pugno, a parole).

□ **fly in** *v.intr.* e *avv.* arrivare con l'aereo: *the boss has just flown in from Paris*, il capo è appena arrivato in volo da Parigi.

□ **fly into** *v.intr.* e *prep.* **1** atterrare (a): *the plane was forced to — into Heathrow*, l'aereo fu costretto ad atterrare a Heathrow **2** (*fig.*) avere un attacco di: *to — into a rage*, andare in collera; *to — into a panic*, lasciarsi prendere dal panico ◆ *v.tr.* e *prep.* far atterrare a.

□ **fly off** *v.intr.* e *avv.* **1** volar via: *his hat flew off in the wind*, gli volò via il cappello per il vento **2** fuggire, scappare via // *to — off the handle*, (*fig.*) perdere le staffe **3** (*aer.*) decollare.

fly[2] *s.* **1** mosca // *to die like flies*, morire come mosche // *a — in amber*, una cosa rara // *a — in the ointment*, un piccolo difetto che guasta una cosa ottima // *there are no flies on him*, è una persona svelta, furba // *to break a — on the wheel*, (*fig.*) sprecare le proprie energie **2** (*pesca*) mosca, esca artificiale **3** (*bot.*) malattia di pianta (dovuta a punture di mosche).

to **fly**[3] *pass.p.p.* **flied**, **flyed** [flaɪd] *v.intr.* viaggiare in calesse, in carrozza.

fly-agaric ['flaɪ'ægərɪk] *s.* (*bot.*) (*Amanita muscaria*) amanita muscaria; (*pop.*) ovulo malefico, ovolaccio SIN. fly mushroom, flybane.

flyaway ['flaɪəweɪ / fly·away] *agg.* **1** svolazzante **2** che non stanno a posto, che si sciolgono (di capelli) **3** (*fig.*) volubile, incostante ◆ *s.* (*zool.*) migrazione.

fly-back ['flaɪbæk] *s.* (*comm.*) assegno scoperto.

flybane ['flaɪbeɪn / fly·bane] *s.* (*bot.*) **1** silene **2** fior di cuculo SIN. cuckoo-flower **3** → fly-agaric.

flyblow ['flaɪbləʊ / fly·blow] *s.* uovo di mosca.

flyblown ['flaɪbləʊn / fly·blown] *agg.* coperto, punteggiato di uova di mosche.

flyboat ['flaɪbəʊt / fly·boat] *s.* (*mar.*) **1** imbarcazione veloce **2** imbarcazione a fondo piatto.

fly boy ['flaɪbɔɪ] *s.* (*fam. amer.*) pilota.

flyby ['flaɪbaɪ / fly·by] *pl.* **flybys** ['flaɪbaɪz] *s.* **1** (*astronautica*) passaggio (di un veicolo spaziale) vicino a un corpo celeste, flyby **2** (*amer.*) → flypast.

fly-by-night ['flaɪbaɪnaɪt] *agg.* (*fam.*) **1** non affidabile (spec. dal punto di vista finanziario) **2** (*estens.*) transitorio ◆ *s.* (*fam.*) persona non affidabile (spec. dal punto di vista finanziario).

fly-casting ['flaɪkɑ:stɪŋ *amer.* 'flaɪkæstɪŋ] *s.* (*pesca*) il lancio dell'esca.

flycatcher ['flaɪ,kætʃə* / fly·catcher] *s.* (*zool.*) (*Muscicapa grisola*) acchiappamosche.

flyer → **flier**.

fly half [,flaɪ'hɑ:f] *s.* (*rugby*) mediano d'apertura.

flying ['flaɪɪŋ / fly·ing] *agg.* **1** volante, che vola; ondeggiante // *to take a — jump*, fare un salto con rincorsa // *'The Flying Dutchman'*, 'Il vascello fantasma' **2** sventolante (di bandiera) // *with — colours*, trionfalmente, con successo **3** di aviazione, relativo all'aviazione: — *ace*, asso dell'aviazione; — *field*, (piccolo) campo d'aviazione; (*aer. mil.*, GB) — *officer*, tenente **4** breve; rapido: *a — visit*, una visita breve **5** (*mil.*) rapido, veloce **6** provvisorio ◆ *s.* **1** il volare; volo **2** (*sl. amer.*) viaggio; estasi (indotta da stupefacenti, esperienza sessuale ecc.).

flying boat ['flaɪɪŋbəʊt] *s.* idrovolante a scafo.

flying bridge ['flaɪɪŋ'brɪdʒ] *s.* (*mar.*) **1**

passerella volante **2** ponte volante (il ponte più alto di una nave che ne ha più di uno).

flying buttress [,flaiŋ'bʌtrıs] *s.* (*arch.*) arco rampante.

flying doctor [,flaiŋ'dɒktə*] *s.* medico che si serve di un mezzo aereo per visitare i pazienti isolati.

flying-dog ['flaiŋ'dɒg] *s.* (*zool.*) vampiro.

flying fish [,flaiŋ'fıʃ] *s.* (*zool.*) pesce volante, esoceto.

flying fox [,flaiŋ'fɒks] *s.* (*zool.*) rossetta, pteropo.

flying saucer [,flaiŋ'sɔ:sə*] *s.* disco volante.

flying squad ['flaiŋskwɒd] *s.* (*polizia*) squadra mobile; volante.

flying start [,flaiŋ'stɑ:t] *s.* **1** (*sport*) partenza in movimento; partenza lanciata **2** (*sport, fam.*) falsa partenza **3** (*fig.*) ottimo inizio: *to get off to a — start*, cominciare molto bene; partire in quarta.

flying time ['flaiŋtaım] *s.* **1** ore di volo (di pilota) **2** (*amer.*, *sl. mil.*) sonno.

flyleaf ['flaıli:f / fly·leaf] *pl.* **flyleaves** ['flaıli:vz / fly·leaves] *s.* (*tip.*) risguardo.

fly mushroom ['flaı,mʌʃrʊm] *s.* (*bot.*) → **fly-agaric**.

flyover ['flaı,əʊvə* / fly·over] *s.* **1** strada, ferrovia sopraelevata; cavalcavia, sovrappasso AMER. overpass **2** (*amer.*) → flypast.

flypaper ['flaı,peıpə* / fly·paper] *s.* carta moschicida.

flypast ['flaıpɑ:st / fly·past] *s.* (*aer.*) parata aerea AMER. flyby, flyover.

flysheet ['flaıʃi:t / fly·sheet] *s.* telo protettivo per tenda.

flyspeck ['flaıspek / fly·speck] *s.* (*spec. amer.*) escremento di mosca.

flyswatter ['flaı,swɒtə* / fly·swat·ter] *s.* (paletta) scacciamosche.

flytrap ['flaıtræp / fly·trap] *s.* (*bot.*) (*Dionaea muscipula*) pigliamosche SIN. dionaea.

flyweight ['flaıweıt / fly·weight] *s.* (*pugilato*) peso mosca.

flywheel ['flaıwi:l / fly·wheel] *s.* (*mecc.*) volano.

FM [ef'em] (*Frequency modulation*) *s.* (*fis.*) FM, modulazione di frequenza.

foal [fəʊl] *s.* puledro.

to **foal** *v.tr.* e *intr.* partorire (un puledro di cavallo, asino).

foam [fəʊm] *s.* **1** schiuma (di mare, birra ecc.), spuma: — *extinguisher*, estintore a schiuma **2** — (*rubber*), gomma espansa; gommapiuma®.

to **foam** *v.intr.* **1** spumeggiare, spumare **2** schiumare: *to — at the mouth*, avere la schiuma alla bocca; *to — with rage*, (*fig.*) schiumare di rabbia, essere furioso.

foaming ['fəʊmıŋ / foam·ing] *agg.* spumeggiante, spumoso, schiumoso: *a — cup of wine*, una coppa di vino spumeggiante ◆ *s.* schiuma (alla bocca ecc.).

foamy ['fəʊmı] *agg.* spumeggiante; schiumoso.

fob[1] [fɒb] *s.* **1** taschino per l'orologio: *Oak's fob being painfully difficult to access*, (T. HARDY) essendo il taschino dell'orologio di Oak assai difficile da raggiungere **2** — (*chain*), piccola catena, nastro corto (per appendervi l'orologio).

to **fob**[1] *pass.p.p.* **fobbed** [fɒbd] *v.tr.* intascare; mettere nel taschino (l'orologio).

fob[2] *s.* (*ant.*) trucco, astuzia.

to **fob**[2] *pass.p.p.* **fobbed** *v.tr.* (*ant.*) gabbare, imbrogliare: *shall... resolution thus [be] fobbed as it is with rusty curb of old father antick the law?*, (SH. Henry IV) sarà... il coraggio così defraudato dal morso arrugginito di quell'antica madre, la legge buffona?

□ **fob off** *v.tr.* e *avv.* (*fam.*) **1** non far caso a; non dare retta a: *he fobbed off our remark and started talking of something else*, non fece caso alla nostra osservazione e si mise a parlare d'altro **2** rifilare (a) [cfr. to palm off]: *he fobbed a worthless daub off on her as a Picasso*, le ha rifilato per un Picasso una crosta senza valore; *he fobbed me off with a worthless daub*, mi ha rifilato una crosta senza valore // *you won't — me off with another of your excuses*, non mi darai a bere un'altra delle tue scuse.

fob watch ['fɒbwɒtʃ] *s.* orologio da taschino.

focal ['fəʊkl] *agg.* (*scient.*) focale // (*fis.*, *mat.*): — *length*, distanza focale; — *point*, fuoco; — *plane*, piano focale.

focalization [,fəʊkəlaı'zeıʃn / fo·cal·iza·tion] *s.* **1** messa a fuoco **2** localizzazione (di malattia).

to **focalize** ['fəʊkəlaız / fo·cal·ize] *v.tr.* **1** mettere a fuoco, focalizzare **2** localizzare (una malattia).

fo'c's'le ['fəʊksl] contr. di → **forecastle**.

focus ['fəʊkəs / fo·cus] *pl.* **focuses** ['fəʊkəsız] **foci** ['fəʊsaı] *s.* **1** (*mat.*, *fis.*) fuoco: *in —*, a fuoco; *out of —*, fuori fuoco, sfocato; *to bring into —*, mettere a fuoco; *to come into —*, (*fig.*) diventare più chiaro, più comprensibile **2** centro (di attività, interesse): *his new camera was the — of attention*, la sua nuova macchina fotografica era al centro dell'attenzione **3** (*med.*) focolaio (di malattia) **4** (*geol.*) ipocentro (di terremoto).

to **focus** *v.tr.* **1** (*fis.*) focalizzare; mettere a fuoco **2** concentrare, focalizzare (attenzione, pensieri ecc.) ◆ *v.intr.* **1** convergere (di luce, suono) **2** concentrarsi: *he was too tired to — on the work*, era troppo stanco per concentrarsi nel lavoro.

focusing ['fəʊkəsıŋ / fo·cus·ing] *s.* (*fis.*) focalizzazione; messa a fuoco: — *magnet*, magnete di focalizzazione.

fodder ['fɒdə* / fod·der] *s.* **1** (*agr.*) foraggio // *cannon —*, carne da cannone **2** (*fam.*) materiale, roba; solfa: *there's the usual — on* TV *tonight*, è la solita solfa stasera in TV.

to **fodder** *v.tr.* dare il foraggio a, foraggiare.

fodderer ['fɒdərə* / fod·der·er] *s.* chi distribuisce il foraggio.

foe [fəʊ] *s.* (*letter.*) nemico, avversario (*anche fig.*): *to be a — to sthg.*, essere contrario a qlco.; *then, as the headmost foes appeared...*, (W. SCOTT) poi, come apparvero i primi nemici...

foehn [fɜ:n] *s.* (*meteor.*) föhn.

foeman ['fəʊmən / foe·man] *pl.* **foemen** *s.* (*ant.*, *poet.*) nemico (in guerra): *I am no knight whose foeman dies, / no cuirass glistens on my bosom's swell*, (KEATS) non sono un cavaliere il cui nemico muoia, né risplende corazza sul mio petto rigonfio.

foetid, **foetor** → **fetid**, **fetor**.

foetus e *deriv.* → **fetus** e *deriv.*

fog[1] [fɒg] *s.* (*agr.*) guaime, erba autunnale, fieno settembrino; fieno non falciato (della stagione precedente).

to **fog**[1] *pass.p.p.* **fogged** [fɒgd] *v.tr.* (*agr.*) lasciare il guaime sul (terreno); far pascolare (il bestiame) sul guaime.

fog[2] *s.* **1** nebbia: *thick —*, nebbia fitta; *wet —*, nebbia umida; — *bank*, banco di nebbia // *to be in a —*, (*fig.*) essere sconcertati **2** (*fot.*) velo, velatura.

to **fog**[2] *v.tr.* **1** annebbiare, avviluppare nella nebbia **2** confondere, nascondere: *considerations that — the real issue*, considerazioni che confondono il problema reale **3** (*fig.*) rendere perplesso **4** (*fot.*) velare ◆ *v.intr.* **1** annebbiarsi; avvolgersi di nebbia: *his glasses fogged up* (o *over*), i suoi occhiali si annebbiarono **2** (*fot.*) velarsi.

fogbound ['fɒgbaʊnd / fog·bound] *agg.* bloccato dalla nebbia.

fogey e *deriv.* → **fogy** e *deriv.*

foggily ['fɒgılı / fog·gily] *avv.* indistintamente, confusamente.

fogginess ['fɒgınıs / fog·gi·ness] *s.* **1** nebbiosità (di tempo) **2** (*fig.*) nebulosità, confusione.

foggy ['fɒgı] *agg.* **1** nebbioso (di tempo) // *Foggy Bottom*, (*fam. amer.*) il Dipartimento di Stato • Dal nome del terreno su cui sorge, vicino al fiume Potomac, e quindi spesso nebbioso **2** oscuro, confuso (di idee, fotografie): *I haven't got the foggiest idea*, (*fam.*) non ne ho la più pallida idea.

foghorn ['fɒghɔ:n / fog·horn] *s.* (*mar.*) sirena da nebbia // *he's got a voice like a —*, ha una voce acuta e sgradevole.

fog lamp ['fɒglæmp] *s.* (*aut.*) (luce) antinebbia, proiettore fendinebbia. SIN. foglight.

fogle ['fəʊgl] *s.* (*sl. amer.*, *sl. brit. antiq.*) fazzoletto di seta.

fogless ['fɒglıs / fog·less] *agg.* senza nebbia, limpido.

foglight ['fɒglaıt / fog·light] → **fog lamp**.

fogram ['fəʊgræm / fog·ram] **fogrum** ['fəʊgrəm / fog·rum] *agg.* (*antiq.*) antiquato, all'antica ◆ *s.*: (*old*) —, (*fam.*) persona all'antica.

fogy ['fəʊgı] *s.* (*antiq. fam.*): (*old*) —, persona all'antica.

fogydom ['fəʊgıdəm / fogy·dom] **fogyism** ['fəʊgıızm / fogy·ism] *s.* (*antiq.*) vecchiume; attaccamento a ciò che è antiquato.

foh [fɔ:] *inter.* (*ant.*) puah!

föhn → **foehn**.

foible ['fɔıbl] *s.* **1** mania, eccentricità; pallino **2** debole (di lama di spada).

foil[1] [fɔıl] *s.* **1** foglio di alluminio o di altro metallo (per conservare cibi) **2** foglia degli specchi; lamina di metallo (sotto una pietra preziosa per farla risaltare) **3** (*fig.*) ciò che serve a mettere in risalto una cosa o persona: *an ugly old woman serves as a — to a pretty girl*, una brutta vecchia serve a far risaltare una bella ragazza **4** (*arald.*) foglia **5** (*arch.*) archetto di finestra gotica.

to **foil**[1] *v.tr.* **1** rivestire con lamina di metallo **2** far risaltare, mettere in luce per contrasto **3** (*arch.*) ornare (finestre gotiche) con archetti.

foil[2] *s.* (*ant.*) scacco, smacco, fiasco: *fully avenged / our foil in Heaven*, (MILTON) vendicò completamente la nostra sconfitta in cielo.

to **foil**[2] *v.tr.* **1** frustrare, sventare (attacco, tentativo ecc.): *she had faults to foil her gifts*, (E. BRONTË) aveva difetti tali da cancellare le sue doti **2** (*caccia*) fare perdere (la pista ai cani).

foil[3] *s.* **1** fioretto da scherma **2** *pl.* scherma.

foin [fɔɪn] *s.* (*ant.*) colpo, stoccata: *come, no matter for your foins*, (SH. King Lear) sotto, non mi importa delle tue stoccate.

foison ['fɔɪzn / foi·son] *s.* **1** (*ant.*) abbondanza; raccolto abbondante: *...but Nature should bring forth / of its own kind, all foison, all abundance*, (SH. The Tempest) la natura dovrebbe offrire spontaneamente abbondanza di messi e di ogni bene **2** (*non com.*) vigore, vitalità; *pl.* risorse.

foisonless ['fɔɪznlɪs / foi·son·less] *agg.* debole.

to **foist** [fɔɪst] *v.tr.* **1** imporre: *he foisted his company on them*, impose loro la sua compagnia **2** rifilare, scaricare: *don't — your problems (off) on me*, non rifilarmi, scaricarmi i tuoi problemi **3** attribuire: *to — a book on s.o.*, attribuire un libro a qlcu.

fold[1] [fəʊld] *s.* **1** ovile: *to bring a lost sheep back to the —*, ricondurre all'ovile una pecora smarrita **2** gregge **3** (*fig.*) chiesa, congregazione di fedeli; organizzazione, gruppo: *many have re-entered the — of Marxism*, molti sono rientrati nei ranghi del marxismo.

to **fold**[1] *v.tr.* **1** chiudere (il gregge) nell'ovile **2** stabbiare (un terreno).

fold[2] *s.* **1** piega, ripiegatura: *the folds of a skirt*, le pieghe di una gonna **2** battente (di porta) **3** (*zool.*) spira (di serpente) **4** (*geol.*) piega.

to **fold**[2] *v.tr.* **1** piegare: *I folded the letter*, piegai la lettera **2** avvolgere: *to — sthg. in paper*, avvolgere qlco. nella carta; *the hills were folded in mist*, le colline erano avvolte nella nebbia **3** ripiegare, chiudere (ombrello ecc.) **4** incrociare (le braccia), congiungere (le mani): *he folded his arms*, incrociò le braccia ◆ *v.intr.* piegarsi, essere pieghevole.

□ **fold back** *v.tr.* e *avv.* piegare, ripiegare indietro.

□ **fold in** *v.tr.* e *avv.* **1** (*cuc.*) unire, mischiare insieme: *then — in the rest of the flour*, unire quindi il resto della farina **2** abbracciare: *to — s.o. in one's arms*, abbracciare qlcu.

□ **fold into** *v.tr.* e *prep.* (*cuc.*) → to fold in 1.

□ **fold up** *v.tr.* e *avv.* ripiegare, piegare: *— up your napkin*, piega il tuo tovagliolo; *to — up the deckchairs*, chiudere le sedie a sdraio ◆ *v.intr.* e *avv.* (*fam.*) **1** venir meno; collassare, crollare **2** chiudere (di impresa commerciale).

-fold *suff.* di origine anglosassone usato per formare agg. e avv.; indica un determinato numero di volte; it. -plice: *a twofold purpose*, un duplice scopo; *to increase threefold*, aumentare tre volte.

foldable ['fəʊldəbl / fold·able] *agg.* pieghevole.

foldaway ['fəʊldəweɪ / fold·away] *agg.* pieghevole; estraibile: *— bed*, letto estraibile, a scomparsa.

folder ['fəʊldə*] *s.* **1** cartella (*anche inform.*): *parent —*, cartella che raccoglie altre cartelle **2** (*tip.*) piegafoglio **3** piegatore **4** volantino, manifestino pieghevole; depliant.

folding ['fəʊldɪŋ / fold·ing] *agg.* ripiegabile; pieghevole // (*econ.*) *— money*, moneta cartacea ◆ *s.* (*geol.*) piegamento, ripiegamento, corrugamento.

folding bed ['fəʊldɪŋ'bed] *s.* branda.

folding door ['fəʊldɪŋ'dɔ:*] *s.* porta a due battenti.

folding machine ['fəʊldɪŋmə,ʃi:n] *s.* piegatrice meccanica.

folding screen ['fəʊldɪŋ,skri:n] *s.* paravento.

foliaceous [,fəʊlɪ'eɪʃəs / fo·li·aceous] *agg.* (*bot.*) foliaceo.

foliage ['fəʊlɪɪdʒ / fo·li·age] *s.* fogliame (*anche arte*).

foliaged ['fəʊlɪɪdʒd / fo·li·aged] *agg.* (*non com.*) coperto, fornito, decorato di fogliame.

foliar ['fəʊlɪə* / fo·liar] *agg.* di foglia.

foliate ['fəʊlɪət / fo·li·ate] *agg.* **1** fronzuto **2** simile a foglia **3** che ha un numero specificato di fogli.

to **foliate** ['fəʊlɪeɪt] *v.tr.* **1** (*arch.*) ornare di archetti **2** rivestire con una lamina **3** numerare i fogli (non le pagine) di ◆ *v.intr.* **1** sfaldarsi, dividersi in fogli, lamine (di metalli, pietre) **2** mettere foglie.

foliation [,fəʊlɪ'eɪʃn / foli·ation] *s.* **1** fogliazione **2** riduzione (di metalli) in fogli, lamine **3** numerazione di fogli (di libro) **4** (*geol.*) foliazione **5** (*arch.*) decorazione ad archetti gotici.

folic ['fəʊlɪk / fo·lic] *agg.* (*chim.*) folico: *— acid*, acido folico.

folio ['fəʊlɪəʊ / fo·lio] *pl.* **folios** *s.* **1** pagina, foglio (di libro) **2** (*tip.*) folio: *in —*, in folio; *— book*, libro in folio // *first —*, primo in folio **3** foglio protocollo **4** numero di parole prese come unità di misura per stabilire la lunghezza di un documento (72 o 90 in Gran Bretagna; 100 negli Stati Uniti).

foliole ['fəʊlɪəʊl / fo·li·ole] *s.* (*bot.*) fogliolina (di foglia composta).

folk [fəʊk] *s.* **1** (*con v. al pl.*) gente (persone appartenenti a un determinato gruppo); popolo: *country —*, gente di campagna **2** (*con v. al pl.*) (*estens.*) gente, persone (*pl.*): *some — just don't want to understand*, certa gente proprio non vuol capire // *fine —*, la gente bene // *well folks, what shall we do?*, (*fam.*) bene gente, che cosa facciamo? **3** (*mus.*) musica folk ◆ *agg.* popolare; (*mus.*) folk: *— memory*, memoria popolare; *— song*, *music*, canzone, musica folk, popolare.

folklore ['fəʊklɔ:* / folk·lore] *s.* folclore; demopsicologia.

folklorist ['fəʊk,lɔ:rɪst / folk·lor·ist] *s.* folclorista.

folks [fəʊks] *s.pl.* (*fam.*) **1** parenti; genitori: *my*, *your —*, i miei, i tuoi; *how are the — at home?*, come stanno i tuoi? **2** (*amer.*) → folk 2.

folksy ['fəʊksɪ] *agg.* **1** (*fam. amer.*) socievole, cordiale **2** (*spreg.*) campagnolo.

folktale ['fəʊkteɪl / folk·tale] *s.* racconto, leggenda popolare.

folkways ['fəʊkweɪz / folk·ways] *s.* usi e costumi di un popolo o gruppo sociale.

follicle ['fɒlɪkl / foll·icle] *s.* **1** (*anat.*, *bot.*) follicolo **2** (*zool.*) bozzolo.

follicular [fə'lɪkjʊlə* / fol·lic·ular] *agg.* (*anat.*, *bot.*) follicolare.

folliculate(d) [fə'lɪkjʊleɪt(ɪd) / fol·lic·ulate(d)] *agg.* (*zool.*) provvisto di bozzolo.

folliculin [fə'lɪkjʊlɪn / fol·lic·ulin] *s.* (*biochim.*) follicolina.

follow ['fɒləʊ / fol·low] *s.* (*biliardo*) colpo sopra il centro della palla bianca.

to **follow** *v.tr.* **1** seguire (*anche fig.*): *she's always following me*, mi segue in continuazione; *the cat followed him into the garden*, il gatto lo seguì in giardino; *a letter will — in a few days*, seguirà una lettera a giorni; *he got the impression he was being followed*, aveva l'impressione di essere seguito; *the performance was followed by a press conference*, la rappresentazione fu seguita da una conferenza stampa; *to — s.o. with one's eyes*, seguire qlcu. con lo sguardo; *to — s.o.'s words with great interest*, seguire le parole di qlcu. con grande interesse // *to — one's nose*, andare a naso // *to — one another*, succedersi **2** far seguire: *he followed his victory with a new record*, fece seguire alla sua vittoria un nuovo record **3** andare lungo (una strada ecc.): *— this road until you reach the school*, segui questa strada fino alla scuola **4** seguire, assistere, partecipare; interessarsi a: *he always follows baseball on television*, segue sempre le partite di baseball alla televisione; *his father followed his career from the beginning*, il padre seguì la sua carriera fin dall'inizio **5** (*fig.*) seguire, aderire, attenersi a, conformarsi a: *to — s.o.'s advice*, seguire i consigli di qlcu.; *to — the instructions*, seguire le istruzioni **6** capire, intendere (il ragionamento di qlcu.): *can you — him?*, riesci a seguirlo? **7** esercitare (un mestiere, un'attività) ◆ *v.intr.* **1** seguire, venire dopo: *we expect hard times to —*, ci aspettiamo tempi duri // *I'll have steak and chips, and strawberries and cream to —*, prenderò una bistecca con patate fritte e poi fragole con panna// *as follows*, come segue **2** risultare, derivare: *it follows from this that*, ne consegue che // *his reply doesn't — at all*, la sua risposta non significa nulla.

□ **follow on**, **upon** *v.intr.* e *avv.* o *prep.* seguire, essere una conseguenza di: *his divorce followed on his decision to live in Africa*, il suo divorzio fu una conseguenza della sua decisione di andare a vivere in Africa.

□ **follow out**, **through** *v.tr.* e *avv.* eseguire, portare a termine.

□ **follow up** *v.tr.* e *avv.* **1** seguire (*anche fig.*): *he followed up all the clues*, seguì tutte le tracce; *to — up s.o.'s suggestion*, seguire il suggerimento di qlcu. **2** far seguito a: *you'd better — up your telegramme with a letter*, è meglio che tu faccia seguito al tuo telegramma con una lettera.

follower ['fɒləʊə* / fol·lower] *s.* **1** seguace, aderente; discepolo; partigiano **2** servitore **3** innamorato, ammiratore, corteggiatore **4** (*mecc.*) cedente; ruota comandata; inseguitore **5** (*mecc.*) premistoppa, pressatreccia.

following ['fɒləʊɪŋ / fol·low·ing] *agg.* seguente, successivo, susseguente ◆ *s.* **1** séguito: *although they have only been on the road a year, they already have a large —*, sebbene siano sulla scena da solo un anno, hanno già un ampio seguito **2** (*dir.*) diritto di sequela (di beni e diritti).

follow-my-leader [,fɒləʊmaɪ'li:də*] amer. **follow-the-leader** [,fɒləʊð'li:də*] *s.* gioco in cui tutti imitano i movimenti di un partecipante.

follow-through [,fɒləʊ'θru:] *s.* **1** (*sport*) accompagnamento di un colpo **2** (*estens.*) conclusione; completamento.

follow-up ['fɒləʊʌp] *agg.* **1** supplementare; ulteriore **2** di sollecitazione: — *letter*, lettera di sollecitazione ◆ *s.* **1** azione supplementare **2** sollecito, lettera di sollecitazione **3** seguito (di articolo ecc.).

folly ['fɒlɪ] *s.* **1** follia; idea pazza; sciocchezza, comportamento stravagante: *it would be the height of — to do that*, sarebbe una grossa sciocchezza farlo **2** (*ant.*) follia, pazzia: *thy posies / soon break, soon wither, soon forgotten / in folly ripe, in reason rotten*, (C. MARLOWE) i tuoi mazzolini presto si rompono, presto appassiscono, presto sono dimenticati, maturi nella follia, marci nella ragione **3** (*arch.*) 'follia', edificio stravagante (tempietto, castello e simili) in un parco.

to **foment** [fəʊ'ment / fo·ment] *v.tr.* **1** fomentare, istigare **2** (*med.*) applicare fomenti, impacchi caldi a.

fomentation [,fəʊmen'teɪʃn / fo·men·ta·tion] *s.* **1** istigazione, fomentazione **2** (*med.*) applicazione di panni caldi.

fomenter [fəʊ'mentə* / fo·ment·er] *s.* fomentatore.

fond [fɒnd] *agg.* **1** amante, appassionato; entusiasta // *to be — of*, amare; voler bene a: *I am — of going to the theatre*, mi piace andare a teatro; *she is very — of her children*, vuole molto bene ai suoi bambini **2** affettuoso, tenero; premuroso; indulgente **3** (*fam. ant.*) pazzo, insensato **4** (*ant.*) credulo, ingenuo: *I am a very foolish fond old man!*, (SH. King Lear) sono un vecchio svanito, molto sciocco.

fondant ['fɒndənt / fond·ant] *s.* (*cuc.*) fondente.

to **fondle** ['fɒndl] *v.tr.* vezzeggiare; far moine a: *to — a baby*, vezzeggiare un bambino.

fondler ['fɒndlə*] *s.* chi vezzeggia.

fondling ['fɒndlɪŋ / fond·ling] *s.* **1** beniamino, prediletto **2** ⓤ blandizie; moine (*pl.*).

fondly ['fɒndlɪ / fond·ly] *avv.* **1** appassionatamente **2** amorevolmente, teneramente **3** (*fam. ant.*) pazzamente; insensatamente, scioccamente: *I fondly ask*, (MILTON) mi chiedo stoltamente **4** (*ant.*) ingenuamente.

fondness ['fɒndnɪs / fond·ness] *s.* **1** tenerezza; passione **2** amorevolezza, indulgenza eccessiva **3** inclinazione, predisposizione, gusto: — *for languages*, predisposizione alle lingue **4** (*ant.*) pazzia.

fondue [fɒn'du: / fon·due] *s.* (*cuc.*) fonduta, fondue bourguignonne.

font[1] [fɒnt] *s. agg.* **1** fonte battesimale **2** acquasantiera **3** (*non com.*) fonte, sorgente **4** serbatoio per l'olio (in una lucerna).

font[2] *s.* (*tip.*) serie completa di caratteri // (*inform.*) *bar —*, serie completa di caratteri a barre.

fontal ['fɒntl] *agg.* **1** battesimale **2** (*fig.*) primario, originale.

fontanel(le) [,fɒntə'nel / fon·tan·el(le)] *s.* (*anat.*) fontanella.

food [fu:d] *s.* **1** cibo, alimento; nutrimento; vitto: *rich —*, cibo sostanzioso; *he earns enough for his — and clothing*, guadagna abbastanza per mangiare e vestirsi // *to become — for fishes*, diventare carne per i pesci // *to be off one's —*, soffrire di inappetenza // (*med.*): — *additives*, additivi alimentari; — *allergies*, allergie alimentari; — *chain*, catena alimentare; — *poisoning*, avvelenamento da cibo // (*comm.*) *in-hand foods*, alimenti da consumare sul posto **2** (*fig.*) nutrimento, alimento: *this book offers real — for thought*, questo libro offre davvero materia per pensare **3** il mangiare: — *and drink*, mangiare e bere.

foodless ['fu:dlɪs / food·less] *agg.* **1** senza cibo **2** sterile (di paese).

food mixer ['fu:d,mɪksə*] *s.* impastatrice; sbattitore (per alimenti).

food processor ['fu:d,prəʊsesə*] *s.* tritatutto (per alimenti).

food stamp ['fu:d,stæmp] *s.* (*amer.*) buono viveri governativo.

foodstuff ['fu:dstʌf / food·stuff] *s.* (*spec. pl.*) cibaria, cibo; genere alimentare.

fool[1] [fu:l] *agg.* stupido, sciocco: *I want no more of your damn — ideas*, non ne posso più delle tue idee stupide ◆ *s.* **1** sciocco; stupido, imbecille: *she was a total —*, era una perfetta idiota; *to act* (o *to play*) *the —*, agire da sciocco, fare sciocchezze // *don't make a — of me!*, non prendermi in giro!; *to make a — of oneself*, rendersi ridicolo, fare la figura dello stupido; *to make a — of s.o.*, beffarsi di qlcu. // *more — you!*, che stupido! // *any — could do that*, chiunque potrebbe farlo // *—'s errand*, impresa inutile; — *'s paradise*, paradiso degli stolti // *no — like an old —*, nessuno è più stolto d'un vecchio stolto **2** buffone (di corte): — *'s cap*, berretto a sonagli (da buffone); *to play the —*, fare il buffone.

to **fool**[1] *v.tr.* ingannare, truffare; farsi beffe di: *he fooled the old lady out of all her money*, s'impossessò con l'inganno di tutto il denaro della anziana signora; *they fooled her into believing her guest was a princess*, le fecero credere che la sua ospite era una principessa // *you could have fooled me!*, (*fam.*) non ti credo, non sono d'accordo con te! ◆ *v.intr.* fare lo stupido, scherzare; giocherellare: *someone is fooling at the piano anyhow*, (J. JOYCE) qualcuno sta perdendo tempo al pianoforte.

□ **fool about**, **around** *v.intr.* e *avv.* **1** oziare, perdere tempo: *he fools about* (o *around*) *all day long*, sta in ozio tutto il giorno **2** comportarsi stupidamente, con leggerezza; fare lo stupido: *don't — around with that pistol*, non fare lo stupido, non scherzare con quella pistola; *don't — around with married women*, non fare lo stupido con le donne sposate // *don't — around with me*, non fare il furbo con me.

□ **fool away** *v.tr.* e *avv.* sciupare scioccamente, sprecare: *to — money away*, sprecare denaro; *to — time away*, sciupare il tempo.

fool[2] *s.* dolce cremoso composto di frutta cotta e panna.

foolery ['fu:lərɪ / fool·ery] *s.* **1** follia **2** sciocchezza; buffonata.

foolhardiness ['fu:lhɑ:dɪnɪs / fool·har·di·ness] *s.* folle temerarietà.

foolhardy ['fu:lhɑ:dɪ / fool·hardy] *agg.* temerario, sconsiderato // **-ily** *avv.*

foolish ['fu:lɪʃ / fool·ish] *agg.* sciocco, stolto, stupido; ridicolo, assurdo: *these — things remind me of you*, queste sciocchezze mi fanno venire in mente te // **-ly** *avv.* // **-ness** *s.*

foolproof ['fu:lpru:f / fool·proof] *agg.* **1** che non può fallire (di progetto e simili) **2** molto facile, elementare.

foolscap ['fu:lzkæp / fools·cap] *s.* carta formato protocollo.

fool's gold ['fu:lzgəʊld] *s.* (*min.*) pirite → **pyrite**.

foot [fʊt] *pl.* **feet** [fi:t] *nel senso 7* **foots** *s.* **1** piede; passo: *from head to —*, da capo a piedi; *on one's feet*, in piedi; *to go on —*, andare a piedi; *to get* (o *to jump*) *to one's feet*, alzarsi in piedi; *to bring s.o. to his feet*, far balzare in piedi qlcu.; *to set — (in a place)*, mettere piede, andare (in un posto); *he was at her feet*, (*fig.*) era ai suoi piedi; *to have a heavy, light —*, avere il passo pesante, leggero // *feet of clay*, (*fig.*) piedi di argilla // *my —!*, (*sl.*) sciocchezze! // *to have one's feet on the ground*, (*fig.*) essere coi piedi per terra // *to find one's feet*, trovare la propria strada // *to start off on the wrong —*, cominciar male, col piede sbagliato // *to never put a — wrong*, non sbagliare mai // *to fall on one's feet*, cadere in piedi, cavarsela bene // *to drag one's feet*, (*fig.*) tirare per le lunghe: *consignments were three months late because the suppliers have been dragging their feet*, le consegne erano tre mesi in ritardo perché i fornitori tiravano per le lunghe // *to carry* (o *to sweep*) *a person off his feet*, (*fig.*) entusiasmare una persona // *to find, to know the length of a person's —*, scoprire, conoscere il lato debole di una persona // *to have one — in the grave*, avere un piede nella fossa // *to put one's feet up*, rilassarsi // *to put one's — down*, puntare i piedi, farsi valere, imporsi // *to put one's best — forward*, mettersi al lavoro con lena; fare del proprio meglio; allungare il passo // *to put one's — in it* (o *in one's mouth*), (*fam.*) prendere un granchio; fare una gaffe // *to set one's — on s.o.'s neck*, (*fig. antiq.*) mettere i piedi sul collo a qlcu. // *to set s.o., sthg. on his, its feet*, rendere indipendente, stabile qlcu., qlco.; *to stand on one's two feet*, essere indipendente // *to be under s.o.'s feet*, stare fra i piedi a qlcu. **2** zampa (di animale); zoccolo (di cavallo): *the fore, hind feet*, le zampe anteriori, posteriori **3** (*fig.*) piede; parte inferiore: *at the —*, ai piedi: *at the — of the class, list*, all'ultimo posto della classe, della lista; *at the — of the hill*, ai piedi del colle **4** piede (misura di lunghezza = 30,48 cm): *the water is five feet deep*, l'acqua è profonda cinque piedi // *cubic —*, piede cubico (misura di volume = 28,318 dm^3); *square —*, piede quadrato (misura di superficie = 929,03 cm^2) // (*mecc.*) *— pound*, piede libbra **5** (*mil.*) fanteria: — *and horse*, fanteria e cavalleria // — *locker*, (*amer.*) armadietto personale (di un soldato) **6** (*metrica*) piede, divisione del verso **7** (*chim.*) sedimenti, residui (specialmente di liquidi).

to **foot** *v.tr.* **1** percorrere a piedi // *to — it*, (*fam.*) andare a piedi **2** ballare (quadriglia ecc.) **3** (*fam.*) pagare: *to — the bill*, pagare il conto **4** rifare il piede a (una calza) **5** (*ant.*) prendere a calci: *you that did... / ...foot me as you spurn a stranger cur / over the threshold*, (SH. Merchant of Venice) voi che... mi avete preso a calci come si respinge un cane randagio dalla propria soglia ◆ *v.intr.* **1** (*rar.*) camminare, andare a piedi **2** ballare.

footage ['fu:tɪdʒ / foot·age] *s.* piedaggio (lunghezza espressa in piedi).

foot-and-mouth disease [,fʊtənd 'maʊθdɪ'zi:z] *s.* (*vet.*) afta epizootica.

football ['fʊtbɔ:l / foot·ball] *s.* **1** pallone, calcio: *to play —*, giocare a calcio, al pallone // *association —*, gioco del calcio // *rugby —*, palla ovale **2** (*amer.*) football americano; palla ovale (per il football americano) **3** (*fam. amer. fig.*) patata bollente.

footballer ['fʊtbɔ:lə* / foot·baller] *s.* giocatore di calcio.

footbath ['fʊtbɑ:θ / foot·bath] *s.* **1** pediluvio **2** bacinella, catino per pediluvio.

footboard ['fʊtbɔ:d / foot·board] *s.* pedana (di carrozza); predellino (di veicolo).

footboy ['fʊtbɔɪ / foot·boy] *s.* valletto, paggio.

footbridge ['fʊtbrɪdʒ / foot·bridge] *s.* passerella, cavalcavia; ponte per soli pedoni.

footcloth ['fʊtklɒθ / foot·cloth] *s.* gualdrappa.

footed ['fʊtɪd] *agg.* (*gener. nei composti*) con i piedi; dai piedi: *bare- —*, a piedi nudi; *four- —*, a quattro zampe; quadrupede; *light- —*, dal passo leggero; *swift- —*, dal piede veloce.

footer ['fʊtə*] *s.* **1** (*sl. antiq.*) gioco del calcio **2** (*rar.*) pedone **3** (*inform.*) riga a piè di pagina.

-footer [fʊtə*] *suff.* di origine anglosassone usato per formare parole composte; indica una misura espressa in piedi: *he is a six- —*, è alto sei piedi; *there was a beautiful eighty-five- — anchored in the harbour*, c'era un bel cabinato di ottantacinque piedi ancorato nel porto.

footfall ['fʊtfɔ:l / foot·fall] *s.* (*letter.*) **1** passo **2** rumore di passo, pedata.

foot fault ['fʊtfɔ:lt] *s.* (*tennis*) fallo di piede (commesso superando coi piedi la linea di fondo al momento della battuta).

footgear ['fʊtgɪə* / foot·gear] *s.* (*fam. antiq.*) calzatura.

footguards ['fʊtgɑ:dz / foot·guards] *s.pl.* (*mil.*) guardie a piedi.

foothill ['fʊthɪl / foot·hill] *s.* collina bassa ai piedi di una catena montuosa: *the foothills of the Alps*, le Prealpi.

foothold ['fʊthəʊld / foot·hold] *s.* punto d'appoggio; appiglio (*anche fig.*): *to get a —*, prender piede; *to lose one's —*, perdere l'equilibrio, scivolare.

footing ['fʊtɪŋ / foot·ing] *s.* **1** (*solo sing.*) punto d'appoggio; posizione del piede: *to lose one's —*, perdere l'equilibrio; non trovare dove porre il piede **2** (*fig.*) posizione: *to be on a friendly — with s.o.*, avere relazioni amichevoli con qlcu.; *to be on a war, a peace —*, essere sul piede di guerra, di pace; *the electoral campaign was already on a good —*, la campagna elettorale aveva già dato buoni risultati **3** (*arch.*) fondamento; allargamento (del muro) sul terreno **4** (*comm.*) totale, somma: *final —*, totale complessivo.

foot-in-mouth disease [,fʊtɪn'maʊθ dɪ'zi:z] *s.* (*sl. amer.*) il pronunciare discorsi stupidi, imbarazzanti o inopportuni.

to **footle** ['fu:tl] *v.intr.* (*fam. antiq.*): *to — (about, around)*, gingillarsi, perdere tempo.

footlights ['fʊtlaɪts / foot·lights] *s.pl.* (*teatr.*) luci della ribalta.

footloose ['fʊtlu:s / foot·loose] *agg.* **1** libero, indipendente **2** nomade, errante.

footman ['fʊtmən / foot·man] *pl.* **footmen** *s.* **1** lacchè; valletto; cameriere **2** soldato di fanteria.

footmark ['fʊtmɑ:k / foot·mark] *s.* orma, impronta (di piede) SIN. **footprint**.

footnote ['fʊtnəʊt / foot·note] *s.* nota a piè di pagina, postilla.

footpad ['fʊtpæd / foot·pad] *s.* brigante.

foot-passenger ['fʊt,pæsɪndʒə*] *s.* pedone.

footpath ['fʊtpɑ:θ / foot·path] *s.* **1** sentiero **2** marciapiede **3** (*dir.*) servitù di passaggio.

footplate ['fʊtpleɪt / foot·plate] *s.* (*ferr.*) pavimento di cabina (nella locomotiva).

footprint ['fʊtprɪnt / foot·print] *s.* **1** → footmark **2** (*inform.*) ingombro (di apparecchiatura).

foot-pump ['fʊtpʌmp] *s.* pompa a pedale.

footrace ['fʊtreɪs / foot·race] *s.* (*sport*) gara podistica.

footrot ['fʊtrɒt / foot·rot] *s.* **1** (*vet.*) malattia delle zampe del bestiame; zoppina lombarda **2** (*bot.*) marciume pedale (delle piante).

footrule ['fʊtru:l / foot·rule] *s.* regolo della lunghezza di un piede.

footsie ['fʊtsɪ / foot·sie] *s.* (*sl.*): *to play —*, fare piedino; (*fam. amer.*) accordarsi (spec. in politica per fini non del tutto onesti).

to **footslog** ['fʊtslɒg / foot·slog] *pass.p.p.* **footslogged** ['fʊtslɒgd / foot·slog·ged] *v.intr.* (*sl.*) marciare faticosamente.

footslogger ['fʊtslɒgə* / foot·slog·ger] *s.* (*sl. mil.*) fantaccino.

footslogging ['fʊt,slɒgɪŋ / foot·slog·ging] *s.* il fare lunghe camminate.

footsore ['fʊtsɔ:* / foot·sore] *agg.* che ha i piedi doloranti; che ha i piedi gonfi.

footstalk ['fʊtstɔ:k / foot·stalk] *s.* (*bot.*) peduncolo, picciuolo.

footstep ['fʊtstep / foot·step] *s.* **1** passo; rumore dei passi **2** orma: *to follow in s.o.'s footsteps*, (*fig.*) seguire le orme di qlcu.; *now even that footstep of lost liberty / is gone*, (P. SIDNEY) ora anche quell'impronta di libertà perduta è svanita.

footstool ['fʊtstu:l / foot·stool] *s.* sgabellino, posapiedi.

footwall ['fʊtwɔ:l / foot·wall] *s.* (*geol.*) letto (di strato, giacimento); muro (di faglia).

foot-warmer ['fʊt,wɔ:mə*] *s.* scaldino (per i piedi).

footway ['fʊtweɪ / foot·way] *s.* (*non com.*) **1** sentiero **2** marciapiede **3** (*dir.*) servitù di passaggio.

footwear ['fʊtweə* / foot·wear] *s.* [U] calzature (*pl.*).

footwork ['fʊtwɜ:k / foot·work] *s.* (*sport*) lavoro di gambe.

fop [fɒp] **fopling** ['fɒplɪŋ / fop·ling] *s.* (*antiq.*) **1** vagheggino, bellimbusto; ganimede **2** (*ant.*) gonzo, sciocco, allocco.

foppery ['fɒpərɪ / fop·pery] *s.* (*antiq.*) fatuità; affettazione, posa; frivolezza.

foppish ['fɒpɪʃ / fop·pish] *agg.* (*antiq.*) fatuo; affettato; frivolo // **-ly** *avv.*

foppishness ['fɒpɪʃnɪs / fop·pish·ness] → **foppery**.

for [fɔ:* (*forma forte*) fə* (*forma debole*)] *prep.* **1** (*scopo*) per, allo scopo di, al fine di: *you must apply — the grant next month*, devi fare domanda per la borsa di studio il mese prossimo; *we met — lunch last week*, la settimana scorsa ci siamo visti a pranzo; *he's having therapy — his back*, sta facendo una cura per la schiena; *these chemicals are used — colouring jams and cakes*, questi prodotti chimici vengono usati per colorare marmellate e dolci; *can you give me something — this toothache?*, può darmi qualcosa per questo mal di denti?; *— further information, see chapter 8*, per ulteriori informazioni, vedi capitolo 8 // *this house is — sale*, questa casa è in vendita // *boats — hire*, barche a noleggio // *hyperbole is a literary word — 'exaggeration'*, iperbole è un termine letterario per 'esagerazione' **2** (*causa*) per, a causa di: *this region is famous — its wine*, questa regione è famosa per il suo vino; *he apologised — arriving late*, si scusò per essere arrivato in ritardo; *he couldn't sleep — worrying about exams*, non riuscì a dormire per la preoccupazione degli esami; *the scheme failed — lack of money*, il progetto fallì per mancanza di fondi; *we couldn't see the road — the fog*, non riuscivamo a vedere la strada a causa della nebbia; *he was arrested — robbery with violence*, fu arrestato per rapina a mano armata; *he wouldn't go out — fear of being robbed*, non vorrebbe uscire per paura di essere rapinato **3** (*in espressioni di tempo*) per; durante; da: *— Easter, we're going to Paris*, per Pasqua andremo a Parigi; *they gave me a personal computer — my birthday*, per il mio compleanno mi hanno regalato un personal computer; *the exhibition is planned — August and September*, la mostra è in programma per agosto e settembre; *I have a dentist's appointment — Tuesday afternoon*, ho un appuntamento dal dentista per martedì pomeriggio; *— the second time, the central heating broke down at the weekend*, per la seconda volta il riscaldamento centrale è saltato al fine settimana; *my mother stayed with us — a while during the holidays*, mia madre si fermò per un breve periodo con noi durante le vacanze; *I've been working — 3 hours now*, sono ormai tre ore che lavoro; *she's known him — years*, lo conosce da anni; *we lived in Scotland — five years before moving to London*, abbiamo vissuto cinque anni in Scozia prima di trasferirci a Londra; *Tottenham hasn't won a match — five weeks*, il Tottenham non vince una partita da cinque settimane // *— ever (and ever)*, per sempre, per l'eternità // *— good*, per sempre // *— the present, — the time being*, per ora **4** (*termine, destinazione*) per: *these chocolates are — you*, questi cioccolatini sono per te; *he left a message — you*, ha lasciato un messaggio per te; *what can I do — you?*, cosa posso fare per lei?; *I did it — her own good*, l'ho fatto per il suo bene; *who did you do it —?*, per chi l'hai fatto?; *do it — my sake!*, fallo per amor mio, per me!; *the pilot took the risk — the passengers' sake*, il pilota rischiò per il bene dei passeggeri; *he feels sorry — the refugees*, prova compassione verso i profughi; *they showed contempt — their opponents*, mostravano disprezzo verso i loro avversari **5** per, per conto di: *he spoke — all of us*, parlò per tutti noi; *she is the* MP *— Dulwich*, è deputato per la circoscrizione di Dulwich; *he works — the Common Market*, lavora per conto del Mercato Comune **6** per, per quanto riguarda, quanto a: *it was a dreadful shock — her*, è stato un colpo terribile per lei; *this fresh air is good — you*, quest'aria fresca ti fa bene; *smoking is bad — you*, il fumo ti fa male; *— them the main thing is their profit*, l'importante per loro è il guadagno; *— effectiveness, this teaching system can't be bettered*, quanto a efficacia, questo metodo d'insegnamento non può essere migliore **7** per, a favore di, pro: *there were 20 votes — the motion and 6 against*, ci furono 20 voti a favore della proposta e 6 contro; *who's — a drink?* chi è per bere qualcosa?; *I'm not — going out this evening, I don't feel like it*, non sono dell'idea di uscire stasera, non me la sento; *she's all — having a party this weekend*, è favorevolissima a dare una festa questo fine settimana; *the struggle — women's rights is still going on*, la lotta per i diritti della donna è tuttora in atto; *it's not — you to reply*, non ti conviene rispondere // *now you're — it, now you're in — it*, ora te la vedrai bella! **8** (*prezzo*) per, a, al prezzo di: *he sold his car — £ 2000*, ha venduto la macchina per 2000 sterline; *I bought this typewriter — about £ 30*, ho comprato questa macchina per scrivere a circa 30 sterline; *they did all this — nothing*, hanno fatto tutto questo per niente; *I'm down on the list — 20 pounds*, ho dato la mia adesione per 20 sterline (in una colletta ecc.) **9** (*in espressioni numeriche*) per: *the fields of corn stretched — miles and miles*, i campi di grano si estendevano per miglia e miglia; *ten candidates failed the exam — every three that passed*, per ogni tre candidati promossi, dieci sono stati bocciati all'esame **10** (*direzione, moto a luogo*) per, alla volta di: *we took the train — Paris*, prendemmo il treno per Parigi; *they sailed — New York yesterday*, si sono imbarcati ieri alla volta di New York; *when he got to the village he made straight — the pub*, quando arrivò al paese, puntò diritto al pub **11** malgrado, nonostante: *— all his efforts, he didn't get the contract*, malgrado tutti gli sforzi, non riuscì a ottenere il contratto; *— all his promises, he hasn't changed a bit*, nonostante tutte le sue promesse, non è minimamente cambiato; *it's cold — August*, fa freddo per essere in agosto // *— better or — worse*, qualunque cosa accada, nella buona e nella cattiva sorte // *she wears the wrong clothes — her age*, porta abiti non adatti per la sua età **12** (*seguito da accusativo e inf.*): *it's not possible — him to accept*, è impossibile che accetti; *he waited — me to overtake him*, aspettò che lo superassi; *this test is too hard — him to finish*, questa prova è troppo difficile perché egli possa finirla; *it was easy enough — them to understand*, era abbastanza facile perché potesse capirlo **13** si usa per formare 'phrasal verbs': p.e. *to look —, to send —, to ask —* ecc.; cfr. tali verbi **14** *as —* → **as**[2] 9; *but —* → **but**[1]8; *what —?* → **what**.

for *cong.* (*gener. form.*) poiché, perché, dal momento che [cfr. *because, as, since*]: *they were astonished when he won the literary prize — he had never shown any talent for writing*, rimasero stupiti quando vinse il premio letterario dal momento che non aveva mai dimostrato alcun talento come scrittore; *the new political party was bound to fail — it never managed to put together a convincing manifesto*, il nuovo partito politico era destinato a fallire poiché non era mai riuscito a mettere insieme una linea programmatica convincente.

forage ['fɒrɪdʒ *amer.* 'fɔːrɪdʒ / for·age] *s.* **1** foraggio **2** (*mil.*) *— cap*, bustina.

to **forage** *v.tr.* **1** foraggiare **2** saccheggiare, depredare ◆ *v.intr.* **1** andare in cerca di cibo, di foraggio **2** raccogliere foraggio **3** frugare, rovistare: *she foraged for her key in her purse*, rovistò nella sua borsa cercando la chiave.

forage-press ['fɒrɪdʒ,pres] *s.* (*agr.*) pressaforaggio.

foramen [fəʊ'reɪmən / fo·ra·men] *pl.* **foramens**, **foramina** [fə'ræmɪnə / fo·ra·mina] *s.* (*anat.*) forame, orifizio.

forasmuch [fərəz'mʌtʃ / for·as·much] *cong.* (*form.*) in quanto che, visto che, poiché.

foray ['fɒreɪ] *s.* **1** scorreria; incursione **2** (*fig. form.*) breve tentativo (di sfondare): *his forays into the field of sculpture were a complete failure*, i suoi tentativi di affermarsi nel campo della scultura furono un fallimento totale.

to **foray** *v.intr.* compiere un'incursione, una scorreria; saccheggiare: *to — into a town*, saccheggiare un paese.

forbade *pass.* di to **forbid**.

forbear[1] ['fɔːbeə* / for·bear] *s.* (*gener. pl.*) antenato.

to **forbear**[2] [fɔː'beə*] *pass.* **forbore** [fɔː'bɔː* / for·bore] *p.p.* **forborne** [fɔː'bɔːn / for·borne] *v.tr.* (*form.*) **1** (I) astenersi da; trattenersi da; evitare: *to — doing sthg.*, astenersi, guardarsi dal fare qlco. **2** (*ant.*) omettere: *neither is he the only swallow of our summer... but he being forborne, there are extant about London many most able men to revive Poetry*, (T. NASHE) né egli è l'unica rondine della nostra primavera... ma omettendo lui, ci sono a Londra molti altri uomini assai abili a far rinascere la Poesia ◆ *v.intr.* **1** (I) (*form.*) astenersi, evitare; trattenersi: *to — from doing sthg.*, astenersi, guardarsi dal fare qlco. **2** (*non com.*) essere indulgente, paziente: *to — with s.o.*, mostrarsi indulgente verso qlcu.

forbearance [fɔː'beərəns / for·bear·ance] *s.* **1** pazienza, sopportazione, tolleranza: *to show — towards s.o.*, mostrare indulgenza verso qlcu. **2** astensione: *— from doing sthg.* (o *to do sthg.*), l'astenersi dal fare qlco. **3** (*dir.*) acquiescenza.

forbearing [fɔː'beərɪŋ / for·bear·ing] *agg.* paziente, indulgente; tollerante // **-ly** *avv.*

to **forbid** [fə'bɪd / for·bid] *pass.* **forbade** [fə'bæd *amer.* fə'beɪd / for·bade] *p.p.* **forbidden** [fə'bɪdn / for·bid·den] *v.tr.* (III, IV) vietare, proibire; interdire; impedire: *the doctor has forbidden him wine*, il dottore gli ha proibito il vino; *his health forbids his taking on more work*, la sua salute gli impedisce di accettare altro lavoro; *the law forbids it*, la legge lo vieta; *to — s.o. to do sthg.*, proibire a qlcu. di fare qlco.: *I forbade him to go*, gli proibii di andare // *fishing forbidden*, divieto di pesca; *you should be women: / and yet your beards forbid me to interpret / that you are so*, (SH. Macbeth) dovreste essere donne, eppure le vostre barbe m'impediscono di credervi tali; *to — a marriage*, proibire un matrimonio; *to — s.o. the house*, vietare a qlcu. l'accesso alla propria casa // *God* (o *Heaven*) *—!*, Dio ce ne guardi!

forbiddance [fə'bɪdəns / for·bid·dance] *s.* (*non com.*) proibizione, divieto.

forbidden [fə'bɪdn / for·bid·den] *p.p.* di to **forbid** ◆ *agg.* proibito, vietato: *— weapons*, armi dichiarate fuori legge; *— ground* (o *territory*), (*fig.*) territorio proibito: *in our family politics was — ground*, nella nostra famiglia la politica era territorio proibito // *— fruit*, (*fig.*) frutto proibito // (*dir.*) *— degrees*, gradi di consanguineità che impediscono il matrimonio // (*fis.*) *— band, transition*, banda, transizione proibita // **-ly** *avv.*

forbidding [fə'bɪdɪŋ / for·bid·ding] *agg.* **1** severo, ostile (di sguardo, apparenza ecc.); minaccioso (di cielo, tempo) **2** (*non com.*) ripugnante; sgradevole // **-ly** *avv.* // **-ness** *s.*

forbore *pass.* di to **forbear**.

forborne *p.p.* di to **forbear**.

force[1] [fɔːs] *s.* **1** forza (fisica); sforzo; violenza, costrizione: *to yield to —*, piegarsi alla forza; *the police used — to make the demonstrators back down*, la polizia usò la forza per far ripiegare i dimostranti; *to feel the full — of*, sostenere la violenza di (*anche fig.*) // *to join force(s) with s.o.*, unire le forze con **2** forza (morale, intellettuale); efficacia (di argomento); potenza: *— of character*, forza di carattere; *the example has a certain —*, l'esempio ha una certa efficacia; *Korea is becoming an economic — in the world*, la Corea sta diventando una potenza economica a livello mondiale // *by — of*, con la forza di: *by — of persuasion*, con la forza della persuasione; *by — of habit*, per (forza d')abitudine **3** *pl.* (*armed*) *forces*, forze armate, esercito: *land forces*, effettivi terrestri; *landing forces*, truppe da sbarco **4** gruppo organizzato; reparto: *task —*, unità operativa, reparto di pronto intervento; *the* (*police*) *—*, la polizia // *labour —*, forze di lavoro, forza lavoro; *sales —*, forza di vendita // *the forces of law and order*, le forze dell'ordine e della legge // *in —*, in massa, in gran numero **5** (*fis.*) forza, energia; causa di movimento; fonte di energia: *— of gravity* (o *gravitational —*), forza di gravità; *— of inertia*, forza d'inerzia // (*aer.*): *deflecting —*, forza derivatrice; *lift —*, forza portante, portanza **6** (*mecc.*) pistone, stantuffo (di pompa): *— pump*, pompa premente, pompa di forza **7** (*dir.*) forza, vigore: *to be, to remain in —*, essere, rimanere in vigore: *to come into —*, entrare in vigore; *to put* (*a law*) *into —*, mandare, far entrare in vigore (una legge).

to **force**[1] *v.tr.* **1** forzare; fare violenza a; sforzare: *to — a door*, forzare una porta; *to — an entry*, forzare, entrare con la forza; *to — one's way into*, penetrare a forza in; *to — open*, forzare per aprire; *to — the pace*, affrettare il passo; *I forced myself to look happy*, mi sforzai di apparire felice // *to — s.o.'s hand*, (*fig.*) forzare la mano a qlcu. // *to — plants*, forzare (la crescita del)le piante // *to — in*, conficcare, far entrare a forza **2** (IV) (*fig.*) forzare, obbligare, costringere: *he forced me to go*, mi costrinse ad andare **3** strappare, prendere per forza; estorcere: *they forced a confession from him*, gli estorsero una confessione **4** violentare.

□ **force back** *v.tr.* e *avv.* respingere: *she forced back her tears*, ricacciò le lacrime.

□ **force down** *v.tr.* e *avv.* **1** mandar giù controvoglia **2** costringere ad atterrare **3** far calare (prezzi ecc.).

□ **force on**, **upon** *v.tr.* e *prep.* imporre: *it*

was forced upon me, mi è stato imposto; *I don't want to — myself on you*, non voglio imporvi la mia presenza.

□ **force out** *v.tr.* e *avv.* costringere a uscire: *to — out a few words of congratulation*, (*fam.*) felicitarsi a fior di labbra.

force[2] *s.* cascata.

forceable ['fɔ:səbl / force·able] *agg.* ottenuto, eseguito con la forza; forzato // (*dir.*) — *execution*, esecuzione forzata.

forced [fɔ:st] *agg.* **1** forzato; obbligatorio: — *landing*, atterraggio forzato; — *march*, marcia forzata // — *labour*, lavoro forzato // (*dir.*) — *sale*, vendita forzata // (*fis.*) — *oscillation, vibration*, oscillazione, vibrazione forzata // (*fin.*): — *circulation*, corso forzoso; — *saving*, risparmio forzato **2** forzato; affettato, manierato: — *smile*, sorriso forzato **3** (*bot.*) forzato: — *fruits and flowers*, frutta e fiori forzati.

forcedly ['fɔ:sɪdlɪ / forced·ly] *avv.* forzatamente.

forcedness ['fɔ:sɪdnɪs / forced·ness] *s.* costrizione.

to **force-feed** ['fɔ:sfi:d] *v.tr.* alimentare artificialmente (con fleboclisi ecc.).

forceful ['fɔ:sfʊl / force·ful] *agg.* **1** forte; energico **2** efficace **3** (*rar.*) violento // **-ly** *avv.* // **-ness** *s.*

forceless ['fɔ:slɪs / force·less] *agg.* debole, senza forza.

forceps ['fɔ:seps / for·ceps] *pl.invar. s.* (*med.*) **1** forcipe, pinza chirurgica **2** pinza (da dentista).

forcible ['fɔ:səbl / for·cible] *agg.* **1** impetuoso, violento; energico // (*dir.*): — *crime*, reato violento; — *detainer*, possesso illecito; — *entry*, irruzione; — *rape*, violenza carnale **2** efficace // **-ness** *s.*

forcibly ['fɔ:sɪblɪ / for·cibly] *avv.* **1** con forza, impetuosamente; energicamente, vigorosamente **2** efficacemente.

forcing ['fɔ:sɪŋ / for·cing] *s.* **1** il forzare (una serratura ecc.); (*dir.*) scasso **2** (*bot.*) coltura forzata.

forcing-house ['fɔ:sɪŋ,haʊs] *s.* serra.

ford [fɔ:d] *s.* guado.

to **ford** *v.tr.* traversare a guado, guadare.

fordable ['fɔ:dəbl / ford·able] *agg.* guadabile.

to **fordo** [fɔ:'du: / for·do] *pass.* **fordid** [fɔ:'dɪd / for·did] *p.p.* **fordone** [fɔ:'dʌn / for·done] *v.tr.* (*ant.*) **1** esaurire, provare: *whilst the heavy ploughman snores, / all with weary task fordone*, (SH. A Midsummer Night's Dream) mentre l'aratore affaticato russa, per il pesante lavoro esausto **2** rovinare: *this is the night / that either makes me or fordoes me quite*, (SH. Othello) questa notte o faccio la mia fortuna o mi rovino del tutto.

fore [fɔ:*] *agg.* **1** anteriore **2** (*mar.*) di prua ◆ *avv.* **1** anteriormente **2** (*mar.*) a, verso prua ◆ *s.* **1** parte anteriore // *to come to the* —, (*fig.*) venire alla ribalta, divenire d'attualità, sfondare // *to be to the* —, (*fig.*) avere una posizione preminente; essere in primo piano **2** (*mar.*) prua: *at the* —, sull'albero di trinchetto.

fore *inter.* (*golf*) attenzione davanti!

fore- *pref.* di origine latina che significa **1** davanti; it. ante-: *foreleg*, zampa anteriore **2** prima, innanzi; it. pre-: *fore-cited*, precitato; *forerunner*, precursore.

fore and aft ['fɔ:rən'ɑ:ft] *agg.* (*mar.*) longitudinale // — *sail*, vela di taglio // — *bridge*, passerella di collegamento (tra il ponte di prua e quello di poppa) ◆ *avv.* (*mar.*) da prua a poppa, per chiglia, longitudinalmente allo scafo.

forearm[1] ['fɔ:rɑ:m / fore·arm] *s.* (*anat.*) avambraccio.

to **forearm**[2] [fɔ:r'ɑ:m] *v.tr.* (*non com.*) premunire; preparare contro un attacco, per un attacco // *forewarned is forearmed*, (*prov.*) uomo avvisato mezzo salvato.

forebear → **forbear**[1].

to **forebode** [fɔ:'bəʊd / fore·bode] *v.tr.* **1** presagire (il male); presentire (qualche cosa di male) **2** preannunziare: *these clouds — rain*, queste nuvole preannunziano pioggia **3** (*rar.*) predire.

foreboding [fɔ:'bəʊdɪŋ / fore·bod·ing] *s.* **1** presagio (di male); presentimento (di disgrazia) **2** (*rar.*) predizione // **-ly** *avv.*

forebrain ['fɔ:breɪn / fore·brain] *s.* (*anat.*) proencefalo.

forecabin ['fɔ:kæbɪn / fore·cabin] *s.* cabina di prua.

forecarriage ['fɔ:,kærɪdʒ / fore·car·riage] *s.* (*mecc.*) avantreno.

to **forecast** ['fɔ:kɑ:st *amer.* 'fɔ:kæst / fore·cast] *pass.p.p.* **forecast** *v.tr.* prevedere, predire; pronosticare.

forecast *pass.p.p.* di to **forecast**.

forecast *s.* pronostico; previsione: (*meteor.*) (*weather*) —, previsioni del tempo; (*comm.*) — *of sales*, previsione delle vendite.

forecastle ['fəʊksl / fore·castle] *s.* (*mar. abbr. fo'c's'le*) castello.

to **foreclose** [fɔ:'kləʊz / fore·close] *v.tr.* **1** precludere, impedire **2** (*dir.*) precludere il riscatto di (una ipoteca) // *the building society foreclosed on the property*, la società edilizia precluse il riscatto dell'ipoteca sulla proprietà.

foreclosure [fɔ:'kləʊʒə* / fore·clos·ure] *s.* **1** esclusione **2** (*dir.*) esclusione dal produrre eccezione in causa **3** (*dir.*) il precludere il diritto di riscatto (di una ipoteca).

forecourt ['fɔ:kɔ:t / fore·court] *s.* **1** spiazzo, piazzale (davanti a un edificio) **2** (*tennis*) zona di battuta **3** (in una stazione di servizio) area riservata ai distributori.

to **foredate** [fɔ:'deɪt / fore·date] *v.tr.* (*non com.*) antidatare.

foredeck ['fɔ:dek / fore·deck] *s.* (*mar.*) ponte di prua.

to **foredoom** [fɔ:'du:m / fore·doom] *v.tr.* **1** predestinare: *plan foredoomed to failure*, piano predestinato al fallimento **2** (*ant.*) predire: *here Britain's statemen oft fall foredoom / of foreign Tyrants, and of Nymphs at home*, (POPE) qui gli statisti britannici spesso predicono la caduta di tiranni stranieri e di ninfe domestiche.

fore-edge ['fɔ:redʒ] *s.* margine esterno (di libro).

forefather ['fɔ:,fɑ:ðə* / fore·father] *s.* antenato, avo.

to **forefend** → to **forfend**.

forefinger ['fɔ:fɪŋgə* / fore·fin·ger] *s.* (*anat.*) indice (della mano) SIN. **index finger**.

forefoot ['fɔ:fʊt / fore·foot] *pl.* **forefeet** ['fɔ:fi:t] *s.* (*zool.*) zampa anteriore SIN. **foreleg**, **forepaw**.

forefront ['fɔ:frʌnt / fore·front] *s.* **1** facciata **2** (*mil.*) prima linea **3** (*fig.*) avanguardia; posizione di primo piano: *to be in* (o *at*) *the* —, essere all'avanguardia; essere fra i primi: *he was well to the — in promoting the plan*, era fra i maggiori sostenitori del progetto.

to **foregather** → to **forgather**.

foregift ['fɔ:gɪft / fore·gift] *s.* (*dir.*) buonuscita.

to **forego**[1] [fɔ:'gəʊ] *pass.* **forewent** [fɔ:'went / fore·went] *p.p.* **foregone** [fɔ:'gɒn *amer.* fɔ:'gɔ:n / fore·gone] *v.tr.* (*ant.*) precedere.

to **forego**[2] → to **forgo**.

foregoer [fɔ:'gəʊə* / fore·goer] *s.* **1** precursore **2** predecessore **3** antenato.

foregoing [fɔ:'gəʊɪŋ / fore·go·ing] *agg.* precedente, anteriore // *from the* —, da quanto sopra.

foregone [fɔ:'gɒn *amer.* fɔ:'gɔ:n / fore·gone] *agg.* **1** passato **2** anteriore, precedente **3** dato per scontato, sicuro, inevitabile: — *conclusion*, risultato inevitabile, decisione già scontata.

foreground ['fɔ:graʊnd / fore·ground] *s.* primo piano (*anche fig.*): *the picture shows a cat in the* —, nel quadro c'è un gatto in primo piano; *his theory is no longer in the — of public interest*, la sua teoria non è più al centro dell'interesse del pubblico.

forehand ['fɔ:hænd / fore·hand] *s.* **1** parte del cavallo dal garrese alla testa **2** (*tennis*) diritto **3** (*ant.*) parte anteriore; (*fig.*) vantaggio; precedenza: *such a wretch, / winding up days with toil and nights with sleep, / had the fore -hand and vantage of a king*, (SH. Henry V) questo miserabile che trascorre i giorni nel lavoro e le notti nel sonno, avrebbe vantaggio e precedenza sul re ◆ *agg.* (*tennis*) diritto, di diritto: *a — stroke*, un (colpo di) diritto ◆ *avv.* (*tennis*) di diritto, con un colpo di diritto.

forehanded ['fɔ:,hændɪd / fore·handed] *agg.* **1** (*tennis*) di diritto **2** previdente, lungimirante; parsimonioso, risparmiatore **3** in posizione vantaggiosa; ricco, benestante.

forehead ['fɒrɪd *amer.* 'fɔ:rɪd / fore·head] *s.* (*anat.*) fronte.

foreign ['fɒrən *amer.* 'fɔ:rən / for·eign] *agg.* **1** forestiero; straniero; estero: — *languages*, lingue straniere; — *trade*, commercio (con l')estero // — *aid*, aiuti ai paesi bisognosi: *the government's — aid programme*, il programma del governo per gli aiuti ai paesi economicamente più bisognosi // *Foreign Office*, Ministero degli Esteri (in GB); *Foreign Secretary*, Ministro degli esteri britannico **2** (*fig.*) estraneo: *a — body*, un corpo estraneo; — *to the law*, estraneo alla legge **3** strano, insolito: *it's — to our way of thinking*, non rientra nel nostro modo di pensare; *I heard — noises in the jungle*, udii dei rumori insoliti nella giungla **4** (*ant.*) altrui, appartenente ad altri: *I speak(e) not of my self so much as of forain(e) preparations that are whetting their pens to prick(e) him*, (T. NASHE) non parlo tanto di me quanto dei preparativi di altri che stanno affilando le loro penne per pungerlo.

foreigner ['fɒrənə* *amer.* 'fɔ:rənə* / for·eigner] *s.* straniero; forestiero.

foreignness ['fɒrənɪs *amer.* 'fɔ:rənɪs / for·eign·ness] *s.* l'essere straniero.

foreign service ['fɒrən'sɜ:vɪs] *s.* (*amer.*) servizio all'estero (di militare, diplomatico ecc.).

to **forejudge** [fɔ:'dʒʌdʒ / fore·judge] *v.tr.* giudicare a priori.

to **foreknow** [fɔ:'nəʊ / fore·know] *pass.* **foreknew** [fɔ:'nju: / fore·knew] *p.p.* **foreknown** [fɔ:'nəʊn / fore·known] *v.tr.* prevedere, sapere prima.

foreknowledge [,fɔ:'nɒlɪdʒ / fore·know·ledge] *s.* prescienza, preconoscenza, preveggenza.

forel ['fɒrəl] *s.* pergamena per ricoprire libri.

foreland ['fɔ:lənd / fore·land] *s.* promontorio, capo, punta; (*geol.*) avampaese.

foreleg ['fɔ:leg / fore·leg] *s.* (*zool.*) zampa anteriore SIN. **forefoot, forepaw**.

forelimb ['fɔ:lɪm / fore·limb] *s.* (*zool.*) arto anteriore.

forelock[1] ['fɔ:lɒk / fore·lock] *s.* (*mecc.*) copiglia.

to **forelock**[1] *v.tr.* fissare con una copiglia.

forelock[2] *s.* ciuffo (sulla fronte) // *to take by the —*, (*fig.*) cogliere a volo: *to take time by the —*, approfittare dell'occasione // *to touch the — to s.o.*, fare un cenno di saluto a qlcu. di condizione sociale più elevata; (*iron.*) essere eccessivamente rispettoso (nei confronti di un superiore, di qlcu. di condizione sociale più elevata ecc.); avere un atteggiamento servile.

foreman ['fɔ:mən / fore·man] *pl.* **foremen** *s.* **1** capo-officina; caposquadra; caporeparto; soprintendente: (*tip.*) *printer's —*, proto // (*amm.*) *functional —*, responsabile di funzione **2** (*dir.*) capo dei giurati **3** (*ant.*) portavoce.

foremanship ['fɔ:mənʃɪp / fore·man·ship] *s.* (*amm.*) organizzazione: *functional —*, organizzazione per funzioni.

foremast ['fɔ:mɑ:st *amer.* 'fɔ:mæst / fore·mast] *s.* (*mar.*) albero di trinchetto.

forementioned [,fɔ:'menʃnd / fore·men·tioned] *agg.* suddetto.

foremost ['fɔ:məʊst / fore·most] *agg.* primo, principale: *the — writer of that time*, lo scrittore più importante di quel tempo ◆ *avv.* in prima fila; in testa; in primo luogo, anzitutto: *he fell head —*, cadde a testa in avanti // *first and —*, anzitutto: *American football is first and — a game of aggression*, il football americano è anzitutto un gioco di aggressione.

forename ['fɔ:neɪm / fore·name] → **first name**.

forenoon ['fɔ:nu:n / fore·noon] *s.* (*antiq.*) mattina, mattinata: *in the —*, prima di mezzogiorno.

fore-notice [,fɔ:'nəʊtɪs] *s.* preavviso.

forensic(al) [fə'rensɪk(l) / for·ensic, for·ens·ic·al] *agg.* forense, del foro // *— medicine*, medicina legale.

to **foreordain** [,fɔ:rɔ:'deɪn / fore·or·dain] *v.tr.* **1** preordinare, ordinare in anticipo **2** (*form.*) predestinare.

foreordination [,fɔ:rɔ:dɪ'neɪʃn / fore·or·dina·tion] *s.* **1** preordinazione **2** predestinazione.

forepart ['fɔ:pɑ:t / fore·part] *s.* (*aut.*) parte anteriore, avancorpo.

forepaw ['fɔ:pɔ: / fore·paw] *s.* (*zool.*) zampa anteriore SIN. **forefoot, foreleg**.

forepeak ['fɔ:pi:k / fore·peak] *s.* (*mar.*) gavone di prua.

foreplay ['fɔ:pleɪ / fore·play] *s.* preliminari (al rapporto sessuale).

to **forereach** [fɔ:'ri:tʃ / fore·reach] *v.tr.* passare, oltrepassare, superare ◆ *v.intr.* **1** avvicinarsi rapidamente **2** (*mar.*) guadagnare il sopravvento, mantenere l'abbrivo.

forerun [fɔ:'rʌn / fore·run] *s.* (*chim.*) testa, prodotto di testa.

to **forerun** *pass.* **foreran** [fɔ:'ræn / fore·ran] *p.p.* **forerun** *v.tr.* **1** precedere, correre avanti a **2** precorrere, anticipare, prevenire **3** predire, pronosticare, presagire.

forerunner ['fɔ:rʌnə* / fore·run·ner] *s.* **1** messaggero, araldo **2** precursore, antesignano // *the Forerunner*, il Precursore (San Giovanni Battista) **3** progenitore, antenato **4** presagio, indizio, sintomo **5** (*sci*) apripista (sciatore).

foresail ['fɔ:seɪl / fore·sail] *s.* (*mar.*) vela di trinchetto.

to **foresee** [fɔ:'si: / fore·see] *pass.* **foresaw** [fɔ:'sɔ: / fore·saw] *p.p.* **foreseen** [fɔ:'si:n / fore·seen] *v.tr.* prevedere; aspettarsi.

foreseeable [fɔ:'si:əbl / fore·see·able] *agg.* prevedibile: *there'll be no changes, in the — future*, non si prevedono cambiamenti in un immediato futuro.

to **foreshadow** [fɔ:'ʃædəʊ / fore·shadow] *v.tr.* adombrare; presagire, prefigurare.

foreship ['fɔ:ʃɪp / fore·ship] *s.* (*mar.*) quartiere prodiero.

foreshock ['fɔ:ʃɒk / fore·shock] *s.* (*geol.*) scossa preliminare (di terremoto).

foreshore ['fɔ:ʃɔ:* / fore·shore] *s.* (*geogr.*) battigia; zona intercotidale.

to **foreshorten** [fɔ:'ʃɔ:tn / fore·shorten] *v.tr.* **1** disegnare (figure) in prospettiva, di scorcio **2** rimpicciolire, accorciare, ridurre.

foreshortening [fɔ:'ʃɔ:tnɪŋ / fore·short·en·ing] *s.* scorcio.

foresight ['fɔ:saɪt / fore·sight] *s.* **1** preveggenza, prescienza **2** prudenza, previdenza, lungimiranza **3** mirino (di arma da fuoco portatile).

foresighted ['fɔ:saɪtɪd / fore·sighted] meno com. **foresightful** [fɔ:'saɪtfʊl / fore·sight·ful] *agg.* **1** preveggente **2** prudente, previdente.

foreskin ['fɔ:skɪn / fore·skin] *s.* (*anat.*) prepuzio.

forest ['fɒrɪst *amer.* 'fɔ:rɪst / for·est] *agg.* forestale; boschivo: *— ecology*, ecologia forestale ◆ *s.* **1** foresta, bosco: *high* (o *matured*) *—*, bosco d'alberi d'alto fusto; *equatorial rain —*, foresta equatoriale // *— ranger*, (*amer.*) guardia forestale // *the Black Forest*, la Foresta Nera **2** (*fig.*) selva: *a — of masts in a harbour*, una selva di alberi in un porto **3** riserva reale di caccia.

to **forest** *v.tr.* coltivare a foresta, imboschire.

forestage[1] ['fɒrɪstɪdʒ / for·est·age] *s.* (*st.*) legnatico.

forestage[2] ['fɔ:steɪdʒ / fore·stage] *s.* parte anteriore del palcoscenico, proscenio.

forestal ['fɒrɪstl / for·estal] *agg.* forestale.

to **forestall** [fɔ:'stɔ:l / fore·stall] *v.tr.* **1** prevenire; precedere, anticipare: *he forestalled criticism of his conduct by setting up a committee of inquiry*, prevenne eventuali critiche alla sua linea di condotta istituendo una commissione d'inchiesta; *what need a man forestall his date of grief, / and run to meet what he would most avoid?*, (MILTON) che necessità ha un uomo di anticipare la data del suo dolore e precipitarsi incontro a ciò che maggiormente vorrebbe evitare? **2** accaparrare; fare incetta di (qlco. per bloccare il mercato).

forestaller [fɔ:'stɔ:lə* / fore·stal·ler] *s.* **1** chi previene **2** accaparratore.

forestalling [fɔ:'stɔ:lɪŋ / fore·stal·ling] *s.* **1** anticipazione (di desideri) **2** accaparramento, incetta.

forestation [,fɔ:rɪ'steɪʃn / for·est·ation] *s.* imboschimento, forestazione.

forestay ['fɔ:steɪ / fore·stay] *s.* (*mar.*) straglio di trinchetto.

forester ['fɒrɪstə* *amer.* 'fɔ:rɪstə* / for·ester] *s.* **1** guardia forestale, guardaboschi **2** selvicoltore **3** abitante di boschi, di foreste **4** animale di foresta **5** (*zool.*) (*Zigaena filipendulae*) zigena.

forestry ['fɒrɪstrɪ *amer.* 'fɔ:rɪstrɪ / for·estry] *s.* selvicoltura: *school of —*, scuola forestale.

foretaste ['fɔ:teɪst / fore·taste] *s.* **1** pregustazione, assaggio **2** (*fig.*) esperienza preliminare, anticipazione; esempio, assaggio.

to **foretaste** *v.tr.* **1** pregustare **2** fare un'esperienza preliminare di; sperimentare in anticipo.

to **foretell** [fɔ:'tel / fore·tell] *pass.p.p.* **foretold** [fɔ:'təʊld / fore·told] *v.tr.* predire, pronosticare.

foreteller [fɔ:'telə* / fore·tell·er] *s.* (*non com.*) indovino.

foretelling [fɔ:'telɪŋ / fore·tell·ing] *s.* predizione, profezia.

to **forethink** [fɔ:'θɪŋk / fore·think] *pass.p.p.* **forethought** [fɔ:'θɔ:t / fore·thought] *v.tr.* (*rar.*) premeditare; pronosticare, prevedere ◆ *v.intr.* (*rar.*) meditare, riflettere, considerare.

forethought ['fɔ:θɔ:t / fore·thought] *agg.* premeditato ◆ *s.* **1** premeditazione **2** meditazione, riflessione, considerazione **3** previdenza, accortezza.

foretoken ['fɔ:,təʊkən / fore·to·ken] *s.* presagio; preannunzio; premonizione.

to **foretoken** [fɔ:'təʊkən] *v.tr.* presagire; preannunziare.

foretooth ['fɔ:tu:θ / fore·tooth] *pl.* **foreteeth** ['fɔ:ti:θ] *s.* (dente) incisivo.

foretop ['fɔ:tɒp / fore·top] *s.* (*mar.*) coffa di trinchetto.

foretopmast [fɔ:'tɒpmɑ:st / fore·top·mast] *s.* (*mar.*) albero di parrocchetto.

forever [fə'revə* / for·ever] **for ever** *avv.* per sempre, eternamente // *I will love you for ever and ever*, ti amerò per sempre // *if you go by the old road it will take you —*, se usi la vecchia strada ci metterai una vita // *the old lady is — telling stories from her youth*, l'anziana signora racconta in continuazione storie della sua gioventù.

to **forewarn** [fɔ:'wɔ:n / fore·warn] *v.tr.* prevenire, avvertire: *my father forewarned me that my first year at the university would not be easy*, mio padre mi aveva avvertito che il primo anno d'università non sarebbe stato facile // *forewarned is forearmed*, uomo avvisato, mezzo salvato.

forewarning [fɔ:'wɔ:nɪŋ / fore·warn·ing] *s.* avvertimento, premonizione.

forewent *pass.* di to **forego**.

forewoman ['fɔ:,wʊmən / fore·wo·man] *pl.* **forewomen** ['fɔ:,wɪmɪn] *s.* 1 prima lavorante, caposquadra; caporeparto; soprintendente 2 (*dir.*) capo di una giuria di donne.

foreword ['fɔ:wɜ:d / fore·word] *s.* prefazione.

forfeit ['fɔ:fɪt / for·feit] *agg.* (*dir.*) perduto; confiscato; alienato: *his goods were — to the Crown*, i suoi beni furono alienati alla Corona; *this now fenceless World / forfeit to Death*, (MILTON) questo mondo ora indifeso, alienato alla morte ◆ *s.* 1 perdita 2 ammenda, multa, penalità: *the explorers paid the — of their lives*, gli esploratori pagarono con la vita; *to pay the —*, pagare il fio; subire la pena 3 (*comm.*) rinuncia 4 (*gioco*) penitenza; pegno: *to play forfeits*, giocare a pegni.

to **forfeit** *v.tr.* 1 (*dir.*) perdere per confisca i propri diritti a; essere privato di; dover pagare (penalità ecc.) 2 perdere: *he forfeited his life*, perse la vita; *altar, sword, and pen, / ... / have forfeited their ancient English dower / of inward happiness*, (WORDSWORTH) l'altare, la spada e la penna... han perduto la loro antica dote inglese di felicità interiore.

forfeitable ['fɔ:fɪtəbl / for·feit·able] *agg.* confiscabile.

forfeiter ['fɔ:fɪtə* / for·feiter] *s.* (*dir.*) chi perde qlco. per confisca.

forfeiture ['fɔ:fɪtʃə* / for·feit·ure] *s.* (*dir.*) 1 confisca; multa, penalità 2 perdita (per confisca) 3 oggetto confiscato 4 (*ant.*) perdita: *if they leave any children... generally unprovided for, by the poverty or forfeiture of their parents*, (D. DEFOE) se lasciano dei bambini... di solito derelitti per la povertà o la perdita dei loro genitori.

to **forfend** [fɔ:'fend / for·fend] *v.tr.* (*ant.*) 1 stornare, impedire; prevenire: *No, heaven forfend! I would not kill thy soul*, (SH. Othello) No, il cielo non voglia! Non vorrei uccidere la tua anima 2 (*amer.*) proteggere; conservare.

forfex ['fɔ:feks / for·fex] *s.* (*ant.*) cesoia, forbice: *the peer now spreads the glittering forfex wide*, (POPE) il pari ora apre la lucente cesoia.

to **forgather** [fɔ:'gæðə* / for·gather] *v.intr.* (*antiq.*) 1 adunarsi, raccogliersi 2 incontrarsi; fraternizzare.

forgave *pass.* di to **forgive**.

forge[1] [fɔ:dʒ] *s.* 1 fucina; forgia 2 ferriera.

to **forge**[1] *v.tr.* 1 fucinare, forgiare 2 (*fig.*) fabbricare, creare: *to — an alliance*, formare un'alleanza 3 (*dir.*) contraffare, falsificare (firme ecc.) ◆ *v.intr.* 1 lavorare in una fucina 2 fare un falso.

to **forge**[2] *v.intr.* 1 avanzare gradatamente, con difficoltà 2 avanzare a tutta velocità: *he forged into the lead*, prese il comando, scattò al comando (in una gara); *she forged ahead with her work*, procedeva spedita nel suo lavoro.

forge bellows ['fɔ:dʒ,beləʊz] *s.pl.* mantice (*sing.*) (di fucina).

forged [fɔ:dʒd] *agg.* 1 forgiato (*anche fig.*) 2 (*dir.*) contraffatto, falsificato // *— endorsement*, girata falsa.

forge hammer ['fɔ:dʒ,hæmə*] *s.* maglio.

forger ['fɔ:dʒə* / for·ger] *s.* 1 forgiatore, fucinatore; fabbro 2 contraffattore; falsario.

forgery ['fɔ:dʒərɪ / for·gery] *s.* (*dir.*) 1 contraffazione; falsificazione; alterazione: *guilty of —*, colpevole di falso; *crime of —*, reato di falso; *— of seals and dies*, falsità in sigilli e timbri; *— of will*, falsificazione di testamento 2 falso, documento contraffatto.

to **forget** [fə'get / for·get] *pass.* **forgot** [fə'gɒt / for·got] *p.p.* **forgotten** [fə'gɒtn / for·got·ten] (*ant.*) **forgot** *v.tr.* 1 dimenticare, scordare, non ricordare: *he forgets everything*, egli dimentica tutto; *he has forgotten his hat*, egli si è dimenticato il cappello; *I — whether I saw him*, non mi ricordo se l'ho veduto; *I — why he came*, non ricordo perché sia venuto; *I — your name for the moment*, sul momento non ricordo il tuo nome; *this is my car and don't you — it!*, questa è la mia automobile, non scordartelo!; *I forgot I had already paid him*, mi ero dimenticato di averlo già pagato; *I forgot to pay him*, mi sono dimenticato di pagarlo; *I shall never — him*, non lo dimenticherò mai; *to — how, when, where, to do sthg.*, dimenticarsi come, quando, dove fare qlco.; *I'll never — his helping me*, non dimenticherò mai che mi ha aiutato // *forgive and —*, perdonate e dimenticate 2 trascurare, omettere: *don't — to go there*, non trascurare, mancare di andarci; *you forgot to say*, tu non hai detto, hai trascurato di dire; *to — one's duty*, trascurare il proprio dovere; *— it*, lascia(mo) perdere // *to — oneself*, (*fam.*) dimenticare se stessi; perdere la padronanza di sé; venir meno alla propria dignità ◆ *v. intr.* dimenticarsi, scordarsi, non ricordarsi // *— about it !*, non pensarci più!

forgetful [fə'getfʊl / for·get·ful] *agg.* 1 smemorato: *he is terribly —*, è molto smemorato 2 noncurante, dimentico, immemore: *— of his generosity*, immemore della sua generosità 3 (*poet.*) che dà l'oblio.

forgetfully [fə'getfʊlɪ / for·get·fully] *avv.* 1 smemoratamente 2 in modo noncurante.

forgetfulness [fə'getfʊlnɪs / for·get·ful·ness] *s.* 1 dimenticanza, oblio: *a moment of —*, un momento di smemorataggine 2 noncuranza.

forgetive [fə'getɪv / forget·ive] *agg.* (*ant.*) inventivo; creativo: *A good sherris-sack hath a two fold operation in it. It ascends me into the brain... makes it apprehensive, quick, forgetive*, (SH. Henry IV) Un buon secco di Xeres opera dentro di me in due modi. Mi sale al cervello... e lo rende ricettivo, pronto, inventivo.

forget-me-not [fə'getmɪnɒt] *s.* (*bot.*) (*Myosotis scorpioides*) nontiscordardime, miosotide SIN. **scorpion-grass**.

forgettable [fə'getəbl / for·get·table] *agg.* dimenticabile.

forgetter [fə'getə* / for·get·ter] *s.* chi dimentica.

forgetting [fə'getɪŋ / for·get·ting] *s.* (*poet.*) oblio.

forgivable [fə'gɪvəbl / for·giv·able] *agg.* perdonabile // (*fin.*) *— loans*, contributi a fondo perduto.

to **forgive** [fə'gɪv / for·give] *pass.* **forgave** [fə'geɪv / for·gave] *p.p.* **forgiven** [fə'gɪvn / for·given] *v.tr.* perdonare, scusare, rimettere; condonare: *— me*, perdonami; *— my sins*, rimetti i miei peccati; *he was forgiven for stealing the chickens*, gli fu condonato il furto dei polli; *his sins were forgiven him*, gli furono perdonati i suoi peccati; *I shall — him his debts towards me*, gli condonerò i debiti nei miei confronti; *please — me for my silence*, la prego di perdonare il mio silenzio; *please — us for not replying before*, La preghiamo di scusarci per non aver risposto prima; *— my ignorance, but who is vice-president of America?*, perdona la mia ignoranza, ma chi è il vice-presidente degli Stati Uniti?; *your accent is so good we could be forgiven for thinking that you are English*, la tua pronuncia è così perfetta che siamo scusati d'averti scambiato per un inglese.

forgiveness [fə'gɪvnɪs / for·give·ness] *s.* 1 perdono, remissione: *to ask for —*, chiedere perdono, scusa 2 indulgenza, clemenza.

forgiving [fə'gɪvɪŋ / for·giv·ing] *agg.* clemente, pronto a perdonare, indulgente: *a — nature*, un carattere comprensivo // **-ly** *avv.* // **-ness** *s.*

to **forgo** [fɔ:'gəʊ / for·go] *pass.* **forwent** [fɔ:'went / for·went] *p.p.* **forgone** [fɔ:'gɒn *amer.* fɔ:'gɔ:n / for·gone] *v.tr.* rinunziare a; privarsi di; far senza: *to — pleasures*, rinunciare ai divertimenti.

forgot *pass.* (*ant.*) *p.p.* di to **forget**.

forgotten *p.p.* di to **forget**.

fork [fɔ:k] *s.* 1 forchetta 2 (*agr.*) forca, forcone, tridente 3 (*mecc.*) forcella: *— spanner*, chiave a forcella; *spring —*, forcella elastica; *swinging —*, forcella oscillante; *telescopic —*, forcella telescopica // *crane —*, forca per gru 4 biforcazione, bivio: *road —* (o *— of a road*), bivio stradale, biforcazione di una strada 5 (*bot.*) ramo biforcuto; forcella (d'albero) 6 (*scacchi*) forchetta 7 (*ant.*) lingua di rettile; punta biforcuta: *in the cauldron boil and bake / ... / adder's fork, and blind-worm's sting*, (SH. Macbeth) nel calderone bolli e cuoci... lingua di vipera e dente d'orbettino.

to **fork** *v.tr.* 1 biforcare 2 (*agr.*) smuovere, trasportare con un forcone 3 attaccare (due pezzi) contemporaneamente ◆ *v.intr.* 1 biforcarsi (di tronco, strada ecc.) 2 serpeggiare (di fulmine) 3 attaccare due pezzi contemporaneamente 4 *to — out, over, up*, (*sl.*) pagare, tirar fuori: *he forked out the money at last!*, finalmente cacciò fuori i quattrini!

forked [fɔ:kt] *agg.* forcuto, biforcuto; a forcella // *— lightning*, saetta, fulmine con percorso ramificato.

forkful ['fɔ:kfʊl / fork·ful] *s.* 1 forchettata 2 forcata.

fork-lift truck ['fɔ:klɪft'trʌk] *s.* carrello elevatore a forcale.

forlorn [fə'lɔ:n / for·lorn] *agg.* 1 abbandonato, trascurato, dimenticato: *in faery lands forlorn*, (KEATS) in magiche terre dimenticate 2 in condizioni miserande; miserabile 3 vano, senza speranza: *there has recently been a — attempt to improve relations*, recentemente c'è stato un vano tentativo di migliorare i rapporti.

forlorn hope [fə'lɔ:n,həʊp] *s.* 1 impresa disperata 2 speranza vana, fallace.

form [fɔ:m] *s.* 1 forma, immagine, aspetto, apparenza: *a dark — appeared*, apparve una forma scura; *to take —*, prendere, assumere forma; *to take the — of*, assumere l'aspetto di // *without shape or —*, senza forma // *literary —*, forma letteraria // *in sonata —*, nella forma di sonata // *true to* —, come previsto, come ci si poteva aspettare **2** forma, tipo, sistema, specie, genere: *a — of madness*, una forma di pazzia; *a — of government*, forma, sistema di governo **3** forma (fisica), stato di salute, di allenamento; vena: *in, out of* —, in, giù di forma **4** forma, formula: *a — of prayer*, una formula di preghiera **5** (*gramm.*) forma: *singular* —, forma singolare **6** (*amm.*) modulo, scheda, stampato, formulario: — *letter*, lettera tipo, prestampata; *to fill in a* —, riempire un modulo // (*inform.*): — *depth*, altezza del foglio; — *feed*, avanzamento di pagina **7** (*inform.*) maschera di raccolta dei dati sullo schermo **8** forma, formalità, modo di fare, etichetta // *as a matter of* —, come pro forma **9** panca, banco **10** classe (di scuole inglesi): *she is now in the second* —, ella ora è in seconda **11** (*fil.*) forma **12** (*scient.*) forma: (*fis.*) — *factor*, fattore di forma **13** (*tecn.*) forma; stampo **14** (*zool.*) covo, tana (di lepre e simili).

to **form** *v.tr.* **1** formare, modellare, dar forma a **2** formare; produrre, concepire; *to — an idea*, formulare un'idea **3** costituire: *flour, water and yeast — the main ingredients of bread*, la farina, l'acqua e il lievito sono i principali ingredienti del pane; *his selflessness forms an example to us all*, il suo altruismo è un esempio per tutti noi // *formed of...*, fatto, costituito di... **4** formare, istruire, educare: *to — a child's mind*, sviluppare la mente di un fanciullo **5** organizzare **6** (*gramm.*) formare (il plurale ecc.) **7** disporre: *to — columns*, incolonnarsi ◆ *v.intr.* **1** formarsi, costituirsi, svilupparsi: *a long queue had formed at the bus stop*, si era formata una lunga coda alla fermata dell'autobus **2** prendere forma **3** disporsi (*anche mil.*): *the soldiers formed into two lines*, i soldati si disposero su due file // *the children formed up in the playground*, i bambini si misero in fila nel cortile.

formal ['fɔ:ml] *agg.* **1** formale, formalista; cerimonioso: — *manners*, maniere formali; *he is always very* —, è sempre molto formale // — *dress*, abito da cerimonia **2** formale; protocollare; regolare; esplicito: — *report*, rapporto ufficiale // (*dir.*): — *contract*, contratto formale; — *notice*, intimazione **3** (*fil.*) formale **4** apparente: *he has only — power: in fact he is restricted on all sides*, il suo potere è solo formale: in effetti subisce restrizioni da ogni parte.

formaldehyde [fɔ:'mældɪhaɪd / form·al·de·hyde] *s.* (*chim.*) formaldeide.

formalin ['fɔ:məlɪn / form·alin] *s.* (*chim.*) formalina.

formalism ['fɔ:məlɪzəm / form·al·ism] *s.* formalismo.

formalist ['fɔ:məlɪst / form·al·ist] *s.* formalista.

formalistic [,fɔ:mə'lɪstɪk / form·al·istic] *agg.* formalistico.

formality [fɔ:'mælətɪ / form·al·ity] *s.* formalità; convenzionalismo.

to **formalize** ['fɔ:məlaɪz / form·al·ize] *v.tr.* **1** dare forma a **2** formalizzare, rendere formale, ufficiale.

formally ['fɔ:məlɪ / form·ally] *avv.* **1** formalmente **2** nel modo prescritto **3** con formalità, cerimoniosamente.

format ['fɔ:mæt / for·mat] *s.* **1** formato // (*amm.*) *formats for financial statements*, prospetto del bilancio **2** (*inform.*) formato; tracciato, struttura, disegno, impaginazione; maschera di raccolta dati: — *control*, comando di redazione; — *document*, foglio di controllo; — *loop*, nastro pilota.

to **format** *v.tr.* formattare.

formate ['fɔ:meɪt / form·ate] *s.* (*chim.*) formiato.

formation [fɔ:'meɪʃn / forma·tion] *s.* formazione (*anche fig.*).

formative ['fɔ:mətɪv / form·at·ive] *agg.* formativo; plastico: — *influence*, influenza formativa ◆ *s.* (*gramm.*) affisso.

formatless ['fɔ:mætlɪs / for·mat·less] *agg.* (*inform.*) con struttura libera.

formatted ['fɔ:mætɪd / for·mat·ted] *agg.* (*inform.*) a tracciato prestabilito.

formatting ['fɔ:mætɪŋ / for·mat·ting] *s.* (*inform.*) redazione; messa in forma; creazione di informazioni di controllo su disco.

form-driven ['fɔ:mdrɪvn] *agg.* (*inform.*) basato su maschere, su moduli.

forme [fɔ:m] *s.* (*tip.*) forma.

former[1] ['fɔ:mə* / for·mer] *agg.* (*attr.*) **1** precedente; primo (di due) [cfr. *latter*]: *I prefer the — alternative to the latter*, preferisco la prima alternativa alla seconda **2** anteriore, precedente; antico: *he's lost most of his — prestige*, ha perso moltissimo del suo antico prestigio; *in — times, without computers, the result could not be calculated*, nei tempi passati, senza computer, non si poteva calcolare il risultato; *my — pupils*, i miei ex alunni; *she is a — friend of mine*, un tempo era mia amica // *he is a — president of the Automobile Club*, è un ex-presidente dell'Automobile Club.

former[1] *pron.* il primo (di due); [cfr. *latter*] il precedente; quello (in opposizione a 'questo'): *as regards classical and romantic music, I prefer the — to the latter*, per quanto riguarda la musica classica e romantica, preferisco la prima alla seconda; *both the children and their parents came to see the performance: the — were happy to stay to the end but the latter were anxious to get away*, sia i bambini che i genitori vennero a vedere lo spettacolo: i primi erano felici di rimanere fino alla fine, gli altri non vedevano l'ora di andarsene.

former[2] *s.* **1** chi forma; creatore; artefice **2** stampo.

formerly ['fɔ:məlɪ / for·merly] *avv.* precedentemente, anteriormente, già; in altri tempi, nel passato.

formic ['fɔ:mɪk] *agg.* (*chim.*) formico: — *acid*, acido formico.

formication [,fɔ:mɪ'keɪʃn / for·mica·tion] *s.* (*med.*) formicolio.

formidable ['fɔ:mɪdəbl / for·mid·able] *agg.* **1** spaventoso: *a — appearance*, un'apparenza spaventosa, minacciosa **2** formidabile, straordinario, eccezionale: *he's a — opponent*, è un avversario formidabile **3** arduo, duro, difficile: *it was a — enterprise*, era un'impresa ardua // **-bly** *avv.*

forming ['fɔ:mɪŋ / form·ing] *s.* formazione.

formless ['fɔ:mlɪs / form·less] *agg.* informe; privo di struttura organizzata.

formula ['fɔmjʊlə / for·mula] *pl.* **formulae** ['fɔ:mjʊli: / for·mu·lae] **formulas** *s.* **1** formula **2** (*amer.*) alimento in polvere (spec. latte) **3** prescrizione medica.

to **formularize** ['fɔ:mjʊləraɪz / for·mu·lar·ize] *v.tr.* formulare.

formulary ['fɔ:mjʊlərɪ / for·mu·lary] *agg.* di formula, in formula ◆ *s.* **1** formulario **2** formula **3** prontuario (medico).

to **formulate** ['fɔ:mjʊleɪt / for·mu·late] *v.tr.* formulare.

formulation [,fɔ:mjʊ'leɪʃn / for·mu·la·tion] *s.* formulazione; esposizione esatta.

formwork ['fɔ:mwɜ:k / form·work] *s.* (*tecn.*) forma; cassaforma.

to **fornicate** ['fɔ:nɪkeɪt / for·nic·ate] *v.intr.* (*form.*) fornicare.

fornication [,fɔ:nɪ'keɪʃn / for·nica·tion] *s.* (*form.*) fornicazione.

fornicator ['fɔ:nɪkeɪtə* / for·ni·cator] *s.* (*form.*) fornicatore.

fornicatress ['fɔ:nɪkeɪtrɪs / for·nica·tress] *s.* (*form., rar.*) fornicatrice.

fornix ['fɔ:nɪks] *pl.* **fornices** ['fɔ:nɪ,si:z / forni·ces] *s.* (*arch., anat., bot.*) fornice.

to **forpine** [fə'paɪn / for·pine] *v.intr.* (*ant.*) consumarsi (per fame ecc.).

to **forsake** [fə'seɪk / for·sake] *pass.* **forsook** [fə'sʊk / for·sook] *p.p.* **forsaken** [fə'seɪkən / for·saken] *v.tr.* **1** abbandonare: *to — one's family*, abbandonare la propria famiglia **2** rinunziare a, smettere: *to — bad habits*, rinunciare a cattive abitudini.

forsaken *p.p.* di to **forsake** ◆ *agg.* abbandonato, desolato.

forsook *pass.* di to **forsake**.

forsooth [fə'su:θ / for·sooth] *avv.* (*ant.*) in vero, veramente: *with a tale forsooth, he cometh unto you*, (PH. SIDNEY) in verità viene a voi con una favola.

to **forspeak** [fə'spi:k / for·speak] *pass.* **forspoke** [fə'spəʊk / for·spoke] *p.p.* **forspoken** [fə'spəʊkn / for·spoken] *v.tr.* (*ant.*) **1** impedire **2** (*scoz.*) stregare.

to **forspend** [fə'spend / for·spend] *pass.p.p.* **forspent** [fə'spent / for·spent] *v.tr.* (*rar.*) esaurire; spendere del tutto.

forspent *pass.p.p.* di to **forspend** ◆ *agg.* spossato, esausto.

forspoke *pass.* di to **forspeak**.

forspoken *p.p.* di to **forspeak**.

to **forswear** [fɔ:'sweə* / for·swear] *pass.* **forswore** [fɔ:'swɔ:* / for·swore] *p.p.* **forsworn** [fɔ:'swɔ:n / for·sworn] *v.tr.* abiurare; fare solenne promessa di; giurare di rinunciare a: *to — smoking*, rinunciare al fumo ◆ *v.intr.* (*non com.*) spergiurare, giurare il falso.

forsythia [fɔ:'saɪθjə / for·sythia] *s.* (*bot.*) forsizia.

fort [fɔ:t] *s.* **1** (*mil.*) forte; posto fortificato **2** (*st. amer.*) stazione commerciale fortificata.

fortalice ['fɔ:təlɪs / fort·alice] *s.* (*ant. mil.*) fortilizio.

forte ['fɔ:teɪ *amer.* 'fɔ:rt] *s.* attitudine spiccata, abilità particolarmente forte: *my — is mathematics*, il mio forte è la matematica.

forth [fɔ:θ] *avv.* (*form.*) **1** (in) avanti, innanzi: *from this day — she will never see him again*, d'ora in poi non lo rivedrà più; *from that time —, they dreamed only of escape*, da quel momento, da allora in poi sognavano solamente di fuggire // *and so* —, e così via **2**

fuori: *the trees put — new leaves in spring*, in primavera gli alberi mettono fuori le nuove foglie, germogliano **3** si usa per formare 'phrasal verbs': p.e. *to bring —*, *to go —*, *to send —* ecc.; cfr. tali verbi.

forth *s.* (*inform.*) forth (linguaggio di programmazione).

forthcoming [,fɔ:θ'kʌmɪŋ / forth·com·ing] *agg.* **1** imminente, vicino, prossimo: *tonight we can see an excerpt from his — film*, stasera potremo vedere alcune scene del suo prossimo film **2** disponibile, pronto: *no help was —*, non c'erano aiuti disponibili **3** amichevole, cordiale; comunicativo: *he wasn't very — about his motives*, non era molto comunicativo riguardo alle sue motivazioni; *I tried to make friends but they weren't very —*, cercai di fare amicizia, ma non erano molto cordiali.

forthgoing [,fɔ:θ'gəʊɪŋ / forth·going] *agg.* (*rar.*) entusiastico ◆ *s.* (*rar.*) uscita.

forthright ['fɔ:θraɪt / forth·right] *agg.* **1** franco, schietto, esplicito **2** (*antiq.*) che va diritto ◆ *avv.* francamente, esplicitamente ◆ *s.* (*letter.*) sentiero diritto: *here's a maze trod, indeed / through forth-rights and meanders!*, (SH. The Tempest) questo è un vero labirinto, con sentieri prima dritti e poi tortuosi!

forthwith [,fɔ:θ'wɪθ / forth·with] *avv.* **1** (*form.*) immediatamente, senz'altro **2** (*dir.*) senza ingiustificato ritardo.

fortieth ['fɔ:tɪɪθ / for·ti·eth] *agg.num.ord.* quarantesimo.

fortifiable [,fɔ:tɪ'faɪəbl / for·ti·fi·able] *agg.* fortificabile.

fortification [,fɔ:tɪfɪ'keɪʃn / for·ti·fica·tion] *s.* **1** (*mil.*) fortificazione **2** (*fig.*) rinvigorimento, rafforzamento **3** aumento dell'alcolicità (di vini, liquori).

to **fortify** ['fɔ:tɪfaɪ / for·tify] *v.tr.* **1** (*mil.*) fortificare **2** (*fig.*) rinvigorire, rafforzare; sostenere: *they fortified her with a glass of sherry*, la rinvigorirono con un bicchiere di sherry; *his first conclusions about the site were fortified by later excavation*, le sue precedenti conclusioni riguardo all'area furono rafforzate dagli scavi successivi; *food fortified with vitamins*, cibo rinforzato con vitamine.

fortitude ['fɔ:tɪtju:d *amer.* 'fɔ:tɪtu:d / for·ti·tude] *s.* fortezza, forza d'animo; fermezza; coraggio.

fortnight ['fɔ:tnaɪt / fort·night] *s.* due settimane, quindici giorni; quindicina: *a —'s holiday*, una vacanza di due settimane; *today —*, oggi a quindici; *within a —*, entro quindici giorni.

fortnightly ['fɔ:t,naɪtlɪ / fort·nightly] *agg.* quindicinale: *a — training cycle*, un ciclo quindicinale di addestramento ◆ *avv.* ogni due settimane, quindicinalmente.

Fortran ['fɔ:træn / For·tran] *s.* (*inform.*) Fortran (linguaggio di programmazione) • Contrazione di *For*mula *Tran*slation, 'traduzione di formula'.

fortress ['fɔ:trɪs / fort·ress] *s.* **1** fortezza, piazzaforte; difesa **2** (*fig.*) roccaforte, baluardo.

to **fortress** *v.tr.* **1** fortificare **2** (*fig.*) proteggere.

fortuitism [fɔ:'tju:ɪtɪzəm *amer.* fɔ:'tu:ɪtɪzəm / for·tu·it·ism] *s.* (*fil.*) casualismo.

fortuitist [fɔ:'tju:ɪtɪst *amer.* fɔ:'tu:ɪtɪst / for·tu·it·ist] *s.* (*fil.*) seguace del casualismo.

fortuitous [fɔ:'tju:ɪtəs *amer.* fɔ:'tu:ɪtəs / for·tu·it·ous] *agg.* **1** fortuito, casuale: *— event*, caso fortuito **2** (*non com.*) propizio, fortunato // **-ly** *avv.*

fortuitousness [fɔ:'tju:ɪtəsnɪs *amer.* fɔ:'tu:ɪtəsnɪs / for·tu·it·ous·ness] **fortuity** [fɔ:'tju:ɪtɪ *amer.* fɔ:'tu:ɪtɪ / for·tu·ity] *s.* casualità; avvenimento fortuito.

fortunate ['fɔ:tʃnət / for·tu·nate] *agg.* **1** fortunato: *I was — in my choice*, fui fortunato nella mia scelta **2** propizio, favorevole: *— omen*, augurio propizio; *Crete was a — choice for a holiday*, Creta è stata una scelta felice per una vacanza // **-ly** *avv.*

fortunateness ['fɔ:tʃnətnɪs / for·tu·nate·ness] *s.* fortuna; successo.

fortune ['fɔ:tʃu:n / for·tune] *s.* **1** sorte, caso; fato: *good, bad —*, fortuna, sfortuna; *piece of good —*, colpo fortunato // *soldier of —*, soldato di ventura // *the fortune(s) of war*, le vicende della guerra **2** destino: *to have one's — told*, farsi predire il futuro // *to try one's —*, fare un passo arrischiato **3** fortuna, buona sorte; successo: *our — was to be born in a wealthy country*, la nostra fortuna è stata di essere nati in un paese ricco; *his political fortunes declined after the war*, il suo successo politico declinò dopo la guerra **4** ricchezza, fortuna: *man of —*, uomo ricco; *to come into a —*, ereditare una fortuna; *to make a —*, farsi un patrimonio; arricchirsi; *to be worth a —*, valere una fortuna; *it costs a small —*, costa una piccola fortuna // *to marry a —*, sposare un'ereditiera.

to **fortune** *v.tr.* (*ant.*) dotare ◆ *v.intr.* (*ant.*) accadere, capitare: *it fortuned that*, accadde che.

fortune hunter ['fɔ:tʃu:n'hʌntə*] *s.* cacciatore di dote.

fortuneless ['fɔ:tʃu:nlɪs / for·tune·less] *agg.* **1** sfortunato **2** povero, senza beni.

to **fortune-tell** ['fɔ:tʃən,tel] *pass.p.p.* **fortune-told** ['fɔ:tʃən,təʊld] *v.intr.* (*non com.*) predire l'avvenire.

fortune-teller ['fɔ:tʃən,telə*] *s.* indovino; chiromante.

fortune-telling ['fɔ:tʃən,telɪŋ] *s.* predizione dell'avvenire; chiromanzia.

forty ['fɔ:tɪ] *agg.* e *s.* quaranta: *she is about —*, ella ha circa quarant'anni; *the forties*, gli anni '40 // *to have — winks*, (*sl.*) fare un sonnellino, schiacciare un pisolino.

forty-deuce [fɔ:tɪ'dju:s *amer.* fɔ:tɪ'du:s] *s.* (*fam. amer.*) la 42[ma] strada.

forty-five [,fɔ:tɪ'faɪv] *s.* **1** (*fam.*) pistola calibro 0.45 **2** (*fam.*) disco a 45 giri **3** *the —*, insurrezione giacobita del 1745.

forty-niner [,fɔ:tɪ'naɪnə*] *s.* (*st. amer.*) cercatore d'oro (durante la corsa all'oro in California nel 1849).

forum ['fɔ:rəm] *pl.* **fora** ['fɔ:rə] **forums** *s.* **1** (*st. romana*) foro **2** foro, tribunale // (*dir. sl.*) *— shopping*, ricerca del foro più conveniente **3** luogo di pubblica discussione.

to **forwander** [fə'wɒndə* / for·wander] *v.intr.* (*ant.*) stancarsi vagando; vagare in lungo e in largo.

forward ['fɔ:wəd / for·ward] *agg.* **1** avanzato, in avanti: *— movement*, movimento in avanti; (*fig.*) movimento progressista; *a — position*, una posizione avanzata (*anche fig.*); *the — part of the train*, le carrozze di testa del treno; *is there a way — out of our present difficulties?*, c'è una via d'uscita alle nostre difficoltà attuali? **2** precoce; primaticcio: *— winter*, inverno precoce **3** ardito, presuntuoso, sfrontato, impertinente: *a — girl*, una ragazza impertinente **4** pronto; sollecito; impaziente: *to be — to do sthg.*, essere sollecito nel fare qlco., impaziente di fare qlco. **5** (*mar.*) prodiero **6** (*Borsa*) a termine; per consegna differita: *— market*, mercato a termine; *— prices*, prezzi a termine // (*econ.*) *— integration*, integrazione a valle, verticale // (*trib.*) *— shifting* (*of tax*), traslazione dell'imposta (in avanti) ◆ *s.* (*calcio, hockey ecc.*) attaccante.

to **forward** *v.tr.* **1** promuovere, agevolare, secondare (un progetto ecc.) **2** accelerare, forzare la crescita di (una pianta) **3** far pervenire; mandare, spedire; inoltrare: *please —*, pregasi inoltrare (su lettera); *to — an e-mail*, inoltrare un messaggio di posta elettronica.

forwarder ['fɔ:wədə* / for·warder] *s.* **1** promotore **2** mittente **3** spedizioniere.

forwarding ['fɔ:wədɪŋ / for·ward·ing] *s.* **1** spedizione; inoltro: *— charges*, spese di spedizione // *— agent*, spedizioniere **2** (*amm.*) riporto a nuovo.

forwarding address ['fɔ:wədɪŋə'dres *amer.* 'fɔ:wədɪŋ'ædres] *s.* recapito.

forward-looking ['fɔ:wəd,lʊkɪŋ] *agg.* **1** lungimirante **2** progressista: *— ideas*, idee progressiste; *Canada is a — country*, il Canada è un paese progressista.

forwardly ['fɔ:wədlɪ / for·ward·ly] *avv.* **1** prontamente; premurosamente **2** sfacciatamente; sfrontatamente.

forwardness ['fɔ:wədnɪs / for·ward·ness] *s.* **1** premura; prontezza **2** anticipo (di stagione, raccolto); precocità **3** impertinenza; presunzione **4** progresso (di un lavoro ecc.).

forward(s) ['fɔ:wəd(z) / for·ward(s)] *avv.* avanti, in avanti: *he took a step — before speaking*, prima di parlare, fece un passo avanti; *she peered — through the fog*, scrutava avanti nella nebbia; *he reached — to move the ashtray*, si allungò in avanti per spostare il portacenere; *he's got short legs so he moves the seat — when driving*, ha la gambe corte perciò quando guida sposta il sedile in avanti; *he wasn't any further — with the work than last week*, non aveva fatto alcun passo avanti col lavoro rispetto alla scorsa settimana // *I look — to seeing you again soon*, spero di rivederti presto; *I'm looking — to receiving your letter*, sono in attesa di ricevere la tua lettera // *he set his watch — an hour*, mise l'orologio avanti di un'ora // (*comm.*) *to date —*, postdatare // *backward(s) and —*, avanti e indietro // (*mil.*) *Forward!*, avanti! // *from now —*, d'ora in avanti // *from that time —*, da quel giorno in poi, a partire da quel giorno.

forwent *pass.* di to **forgo**.

fossa ['fɒsə] *pl.* **fossae** ['fɒsi: / fos·sae] *s.* (*anat.*) fossa, cavità.

fosse [fɒs] *s.* (*mil.*) trincea.

to **fossick** ['fɔ:sɪk / fos·sick] *v.intr.* **1** (*fam.*) cercare qua e là **2** (*austral.*) cercare oro ◆ *v.tr.* andare in cerca di.

fossil ['fɒsl / fos·sil] *agg.* fossile: *— fuel*, combustibile fossile, carbone ◆ *s.* **1** (*paleont.*) fossile: *index —*, fossile guida **2** (*scherz.*) fossile, persona antiquata, dalle idee fossilizzate.

fossiliferous [ˌfɒsɪˈlɪfərəs / fos·sil·if·er·ous] *agg.* fossilifero.

fossilization [ˌfɒsɪlaɪˈzeɪʃn / fos·sil·iza·tion] *s.* fossilizzazione.

to **fossilize** [ˈfɒsɪlaɪz / fos·sil·ize] *v.tr.* fossilizzare (*anche fig.*) ◆ *v.intr.* fossilizzarsi (*anche fig.*).

fossor [ˈfɒsə* / fos·sor] *s.* (*st.*) fossore; becchino.

fossorial [fɒˈsɔːrɪəl / fos·sor·ial] *agg.* e *s.* (*zool.*) scavatore.

foster [ˈfɒstə* *amer.* ˈfɔːstə* / fos·ter] *s.* **1** (*ant.*) cibo, nutrimento **2** tutela; protezione.

to **foster** *v.tr.* **1** allevare; (*fam.*) nutrire // (*dir.*) *to — a child*, avere la custodia di un bambino; dare l'assistenza e le cure di un genitore a un bambino **2** favorire, incoraggiare (piani, opinioni, amicizia ecc.); promuovere: *to — friendship between peoples*, incoraggiare l'amicizia fra i popoli.

fosterage [ˈfɒstərɪdʒ *amer.* ˈfɔːstərɪdʒ / fos·ter·age] *s.* **1** baliatico; l'allevare bambini; (*dir.*) assistenza e cura di un bambino in vece dei genitori; affido **2** incoraggiamento.

foster-brother [ˈfɒstə,brʌðə* *amer.* ˈfɔːstə ,brʌðə*] *s.* fratello di latte; fratello adottivo.

foster-child [ˈfɒstətʃaɪld *amer.* ˈfɔːstətʃaɪld] *pl.* **foster-children** [ˈfɒstə,tʃɪldrən *amer.* ˈfɔːstə,tʃɪldrən] *s.* figlio allevato come proprio (anche se non legalmente adottato).

fosterer [ˈfɒstərə* *amer.* ˈfɔːstərə* / fos·ter·er] *s.* **1** (*dir.*) chi fornisce a un minore l'assistenza e le cure di un padre (ma non lo ha adottato) **2** protettore; promotore (di opere, affari ecc.).

foster-father [ˈfɒstə,fɑːðə* *amer.* ˈfɔːstə ,fɑːðə*] *s.* (*dir.*) chi assiste e cura un minore come un padre, padre adottivo.

foster-home [ˈfɒstəhəʊm *amer.* ˈfɔːstə həʊm] *s.* casa in cui vive un bambino allevato e cresciuto come proprio.

fostering [fɒstərɪŋ / fos·ter·ing] *s.* → **fosterage** 2.

fosterling [ˈfɒstəlɪŋ *amer.* ˈfɔːstəlɪŋ / fos·ter·ling] *s.* (*rar.*) bimbo a balia; bimbo adottivo.

foster-mother [ˈfɒstə,mʌðə* *amer.* ˈfɔːstə,mʌðə*] *s.* (*dir.*) donna che assiste e cura un minore come una madre; madre adottiva.

foster-sister [ˈfɒstə,sɪstə* *amer.* ˈfɔːstə,sɪstə*] *s.* sorella di latte; sorella adottiva.

fought *pass.p.p.* di to **fight**.

foughten *pass.p.p.* (*ant.*) di to **fight**.

foul [faʊl] *agg.* **1** sporco, puzzolente; disgustoso, ripugnante: *— air*, aria viziata; *— breath*, alito cattivo **2** (*fig.*) orribile; osceno, indecente; impuro: *— language*, linguaggio osceno; *I've had a really — day today*, ho avuto una giornata orribile oggi; *he's got a — temper*, ha un caratteraccio; *the land is foul, the water is foul, our beasts and / ourselves defiled with blood*, (T.S. ELIOT) la terra è impura, l'acqua è impura, le nostre bestie e noi stessi lordi di sangue **3** vergognoso; sleale // *by fair means or —*, in un modo o nell'altro, con mezzi leciti o illeciti **4** tempestoso, di tempesta; contrario (di vento): *a — night*, una notte di tempesta **5** ostruito, intasato; incrostato (di canna, camino ecc.) **6** (*mar. amer.*) impigliato (di ancora); sporco: *— bottom*, carena sporca.

foul *s.* **1** (*sport*) fallo; atto irregolare **2** (*mar.*) collisione // *through fair and —*, nella buona e cattiva fortuna.

to **foul** *v.tr.* **1** sporcare; intorbidire; insozzare (*anche fig.*) **2** ostruire // (*ecol.*) *fouling organism*, organismo incrostante **3** (*mar.*) entrare in collisione con: *one boat fouled the other*, le due barche entrarono in collisione **4** impigliare: *he fouled his line on a branch*, impigliò la lenza in un ramo **5** (*sport*) commettere un fallo su, contro ◆ *v.intr.* **1** sporcarsi; intorbidirsi; insozzarsi (*anche fig.*) **2** (*mar.*) entrare in collisione: *the two boats fouled*, le due barche si urtarono **3** (*mar.*) impigliarsi (di ancora, catena ecc.) **4** incrostarsi; ostruirsi, otturarsi (di tubo ecc.) **5** (*sport*) commettere un fallo, un'infrazione.

□ **foul up** *v.tr.* e *avv.* **1** (*fam.*) rovinare, sciupare (un progetto, un'occasione ecc.) **2** confondere, pasticciare **3** inquinare; contaminare **4** ostruire, impedire.

foul *avv.* irregolarmente; slealmente: *to hit —*, colpire basso (*anche fig.*) // *to play s.o. —*, trattare qlcu. in modo sleale // *to fall* (o *to run*) *— of sthg., s.o.*, entrare in conflitto, scontrarsi con qlco., con qlcu.

foulard [ˈfuːlɑː* / foul·ard] *s.* foulard (tessuto e fazzoletto di seta).

foul ball [ˈfaʊl,bɔːl] *s.* **1** (*baseball*) palla fuori **2** (*sl. amer.*) buono a nulla.

foul line [ˈfaʊl,laɪn] *s.* (*baseball*) linea del tiro libero, linea del foul.

foully [ˈfaʊllɪ] *avv.* **1** sudiciamente **2** slealmente; vergognosamente; ignobilmente **3** oscenamente.

foul-mouthed [ˈfaʊlmaʊðd] *agg.* sboccato, osceno.

foulness [ˈfaʊlnɪs / foul·ness] *s.* **1** sporcizia, sozzura; (*fig.*) oscenità **2** puzzo **3** (*fig.*) cattiveria; perfidia; slealtà.

foul play [ˌfaʊlˈpleɪ] *s.* **1** delitto, crimine: *the police suspect —*, la polizia sospetta si tratti di un delitto **2** (*sport*) gioco sleale.

foul-up [ˈfaʊlʌp] *s.* (*fam.*) pasticcio, caos; disordine.

foumart [ˈfuːmɑːt / fou·mart] *s.* (*zool.*) (*Mustela putorius*) puzzola.

found[1] [faʊnd] *agg.* rifornito, provvisto di: *the chambermaids get eighty pounds a week all —*, le cameriere d'albergo ricevono ottanta sterline la settimana oltre al mantenimento; *bed and board is £ 20 a day all —*, la pensione è £ 20 al giorno tutto compreso.

found[1] *pass.p.p.* di to **find**.

to **found**[2] *v.tr.* **1** fondare, gettare le fondamenta, le basi di (*anche fig.*): *founded on fact*, basato su fatti reali; *well, ill founded*, bene, mal fondato; *to — a family, a fortune*, mettere le basi di una famiglia, di un patrimonio; *to — one's opinion on*, basare la propria opinione su; *to — oneself on* (o *upon*) *s.o.*, basarsi su qlcu. **2** (*estens.*) istituire; costruire.

to **found**[3] *v.tr.* (*metall.*) fondere; colare.

foundation [faʊnˈdeɪʃn / founda·tion] *s.* **1** (*edil.*) fondazione: *— bolts*, bulloni di fondazione // *— stone*, prima pietra (di un edificio): *the Lord Mayor laid the — stone at today's ceremony*, il sindaco pose la prima pietra nel corso della cerimonia odierna **2** *pl.* fondamenta: *to lay the foundations*, gettare le fondamenta (*anche fig.*) **3** (*estens.*) fondazione; istituzione; fondazione benefica // *— member*, socio fondatore // *— scholar*, borsista **4** (*fig.*) fondamento, base, motivo, ragione: *the news has no —*, la notizia è priva di fondamento **5** *— (cream)*, fondotinta.

foundation course [ˌfaʊnˈdeɪʃn,kɔːs] *s.* corso di base, corso propedeutico.

foundationer [faʊnˈdeɪʃnə* / founda·tioner] *s.* (*scuola*) titolare di una borsa di studio, borsista.

foundation garment [ˌfaʊnˈdeɪʃn,gɑːmənt] *s.* modellatore, bustino intimo (femminile).

founder[1] [ˈfaʊndə*] *s.* **1** fondatore (di istituto, ospedale ecc.): *— member*, socio fondatore **2** (*dir.*) promotore (di una società).

founder[2] *s.* (*metall.*) fonditore.

to **founder**[3] *v.intr.* **1** affondare (di nave) **2** sprofondare, crollare, sfasciarsi (di edificio ecc.) **3** fallire, naufragare ◆ *v.tr.* **1** affondare **2** spossare, azzoppare (un cavallo).

founding [ˈfaʊndɪŋ / found·ing] *agg.* **1** fondatore // *Founding Fathers*, (*st. amer.*) Padri Fondatori **2** inaugurale: *— speech*, discorso inaugurale ◆ *s.* fondazione, il fondare.

foundling [ˈfaʊndlɪŋ / found·ling] *s.* (*antiq.*) trovatello.

foundress [ˈfaʊndrɪs / found·ress] *s.* (*non com.*) fondatrice.

foundry [ˈfaʊndrɪ] *s.* fonderia.

fount[1] [faʊnt] *s.* **1** (*poet. fig.*) sorgente, fonte: *their marble founts / gushed with more pride than do a wretch's tears*, (KEATS) le loro fontane di marmo zampillavano con maggiore orgoglio delle lacrime di un infelice **2** piccolo serbatoio (di lampada a olio, penna).

fount[2] [fɒnt] *s.* (*tip.*) polizza (serie omogenea di caratteri).

fountain [ˈfaʊntɪn *amer.* ˈfaʊntn / foun·tain] *s.* **1** fontana, sorgente; getto d'acqua **2** (*fig.*) sorgente, origine.

fountain-head [ˌfaʊntɪnˈhed] *s.* sorgente (*anche fig.*).

fountain pen [ˈfaʊntɪnpen] *s.* penna stilografica.

four [fɔː*] *agg.num.card.* e *s.* quattro: *the — corners of the earth*, gli angoli più remoti della Terra; *a party of —*, una comitiva di quattro persone // *to walk on all fours*, camminare a quattro zampe, andare carponi // *to make up a —*, fare il quarto (a poker ecc.) // *a coach and —*, un tiro a quattro // *the — hundred*, (*fam. amer.*) la buona società di una città • Dalla teoria di un esperto della buona società della New York di fine secolo, secondo il quale alla fine dell'800 le persone che contavano in città erano soltanto quattrocento.

four-dimensional [ˌfɔːdɪˈmenʃənl] *agg.* quadrimensionale, a quattro dimensioni: (*fis.*) *— continuum*, continuo quadrimensionale.

foureyes [ˈfɔːraɪz / four·eyes] *s.* **1** (*zool.*) pesce quattrocchi **2** (*fam.*) quattrocchi, persona che porta gli occhiali.

four flasher [ˈfɔː,flæʃə*] *s.* (*sl. amer.*) imbroglione, millantatore.

to **four-flush** [ˈfɔː,flʌʃ] *v.intr.* **1** bluffare **2** imbrogliare, truffare • L'immagine è presa dal poker: far credere di avere «colore», avendo solo quattro carte dello stesso seme (invece di cinque).

fourfold [ˈfɔːfəʊld / four·fold] *agg.* e *avv.* quadruplo, quattro volte.

four-in-hand [ˌfɔːrɪn'hænd] *s.* tiro a quattro.

four-leaf clover ['fɔːlɪf'kləʊvə*] **four-leaved clover** ['fɔːliːvd'kləʊvə*] *s.* quadrifoglio.

four-legged ['fɔːlegd] *agg.* a quattro zampe; a quattro gambe.

four-letter word [ˌfɔːletə'wɜːd] *s.* parolaccia.

four-o'clock [ˌfɔːrə'klɒk] *s.* (*bot.*) (*Mirabilis jalapa*) bella di notte.

fourpenny ['fɔːpənɪ / four·penny] *agg.* da quattro pence ◆ *s.* quattro pence.

four-ply ['fɔːplaɪ] *agg.* a quattro fili (di lana).

four-poster [ˌfɔː'pəʊstə*] *s.* letto a baldacchino.

fours [fɔːz] *s.pl.* (*canottaggio*) armo a quattro, quattro.

fourscore ['fɔː'skɔː* / four·score] *agg.* (*ant.*) ottanta: *to be — and ten*, aver novant'anni.

four-seater [fɔː'siːtə*] *s.* vettura a quattro posti.

foursome ['fɔːsəm / four·some] *s.* **1** (*sport*) partita di golf giocata in quattro **2** quattro persone, quartetto.

four-square [ˌfɔː'skweə*] *agg.* quadrato; (*fig.*) franco, saldo, deciso ◆ *avv.* saldamente, decisamente.

four-stroke ['fɔːstrəʊk] *agg.* a quattro tempi (di motore).

fourteen [ˌfɔː'tiːn / fourt·teen] *agg.num. card.* e *s.* quattordici.

fourteenth [ˌfɔː'tiːnθ / four·teenth] *agg. num.ord.* e *s.* quattordicesimo // *on the — of May*, il quattordici maggio.

fourth [fɔːθ] *agg.num.ord.* quarto // (*fin.*) *— market*, quarto mercato // (*fis.*) *— dimension*, quarta dimensione ◆ *s.* **1** quarto, la quarta parte: *three fourths*, tre quarti // *to make a —*, (*gioco di carte*) fare il quarto **2** (*mus.*) quarta **3** il quarto giorno del mese // *the Fourth of July*, il 4 luglio, festa della Dichiarazione d'Indipendenza degli Stati Uniti (1776).

fourth-dimensional ['fɔːθdɪ'menʃənl] *agg.* quadridimensionale.

fourthly ['fɔːθlɪ] *avv.* in quarto luogo.

four-wheeler [fɔː'wiːlə*] *s.* **1** carrozza a quattro ruote **2** (*fam. amer.*) automobile.

foutra ['fuːtrə] **foutre** ['fuːtə*] *s.* e *inter.* (*ant.*) un accidenti!: *a foutra for thine office!*, (SH. Henry IV) va a farti fottere col tuo posto!

fovea ['fəʊvɪə / fo·vea] *pl.* **foveae** ['fəʊviː / fo·veae] **foveas** *s.* (*anat.*) fovea, fossa.

fowl [faʊl] *pl.* **fowls** o *invar. s.* **1** pollo; pollame // *barn-door —* (o *game —*), gallo domestico, gallina domestica **2** (*rar.*) volatile in genere: *the fowls of the air*, gli uccelli del cielo.

to **fowl** *v.intr.* (*rar.*) andare a caccia di uccelli.

fowler ['faʊlə*] *s.* uccellatore.

fowl house ['faʊl,haʊs] *s.* pollaio.

fowling ['faʊlɪŋ / fowl·ing] *s.* uccellagione.

fowling piece ['faʊlɪŋ,piːs] *s.* fucile leggero da caccia.

fowl pest ['faʊl,pest] *s.* (*vet.*) peste aviaria.

fowl pox ['faʊl,pɒks] *s.* (*vet.*) vaiolo aviario.

fox [fɒks] *s.* **1** volpe: *dog, bitch —*, volpe maschio, femmina; *— cub*, volpacchiotto // *white —*, (*Alopex lagopus*) volpe polare, artica, bianca **2** (*fig.*) volpe, volpone, uomo astuto: *an old —*, una vecchia volpe; *a sly* (o *cunning*) *—*, un furbone **3** pelliccia di volpe **4** (*fam. amer.*) ragazza attraente **5** (*mecc.*) barra (del tornio) **6** (*mar.*) treccia incatramata.

to **fox** *v.tr.* **1** ingannare, imbrogliare; mettere in difficoltà: *his last question foxed me*, la sua ultima domanda mi ha messo in difficoltà **2** scolorire, macchiare con macchie rossastre: *foxed engraving*, stampa con macchie (di umidità ecc.) **3** riparare (scarpa ecc.) rifacendo la tomaia **4** rendere acido (per fermentazione) ◆ *v.intr.* **1** comportarsi, agire astutamente // *to — about* (o *to go foxing round*), (*fam.*) mettere il naso dappertutto **2** scolorirsi, macchiarsi **3** inacidirsi (di birra ecc.).

fox-brush ['fɒksbrʌʃ] *s.* coda di volpe.

fox-earth ['fɒksɜːθ] *s.* tana di volpe.

foxglove ['fɒksglʌv / fox·glove] *s.* (*bot.*) (*Digitalis purpurea*) digitale.

foxhole ['fɒkshəʊl / fox·hole] *s.* **1** tana della volpe **2** (*mil.*) buca di appostamento, appostamento a buca.

foxhound ['fɒkshaʊnd / fox·hound] *s.* cane usato per la caccia alla volpe.

foxhunt ['fɒkshʌnt / fox·hunt] *s.* caccia alla volpe.

foxhunter ['fɒkshʌntə* / fox·hunter] *s.* **1** cacciatore di volpi **2** cavallo usato per la caccia alla volpe.

foxhunting ['fɒkshʌntɪŋ / fox·hunt·ing] *s.* il cacciare la volpe, caccia alla volpe.

foxiness ['fɒksɪnɪs / foxi·ness] *s.* **1** astuzia **2** colore rossastro.

fox lathe ['fɒksleɪð] *s.* (*mecc.*) tornio per filettare.

foxtail ['fɒksteɪl / fox·tail] *s.* (*bot.*) **1** (*Alopecurus pratensis*) coda di volpe **2** (*Lycopodium clavatum*) licopodio.

fox terrier [ˌfɒks'terɪə*] *s.* (*zool.*) (cane) fox-terrier.

foxtrot ['fɒkstrɒt / fox·trot] *s.* (*danza*) fox-trot.

fox-wedge ['fɒkswedʒ] *s.* (*mecc.*) zeppa, cuneo, bietta; controchiavetta.

foxy ['fɒksɪ] *agg.* **1** astuto, volpino **2** rossastro **3** scolorito, sciupato **4** inacidito, aspro (di vino, birra ecc.) **5** (*fam. amer.*) attraente (sessualmente): *a — lady*, una donna sensuale.

foy [fɔɪ] *s.* (*fam. amer.*) festa, regalo di partenza, per la partenza di qlcu.

foyer ['fɔɪeɪ *amer.* 'fɔɪə*] *s.* **1** (*teatr.*) ridotto **2** (*amer.*) atrio.

foziness ['fəʊzɪnɪs / fozi·ness] *s.* (*scoz.*) **1** spugnosità **2** (*fig.*) stupidaggine.

fracas ['frækɑː *amer.* 'freɪkəs / fra·cas] *s.* fracasso; lite rumorosa.

to **fract** [frækt] *v.tr.* (*ant.*) rompere: *...my reliances on his fracted dates / have smit my credit*, (SH. Timon of Athens) ...il mio credito è danneggiato dalla sua inosservanza dei termini sui quali avevo contato.

fractal ['fræktl / frac·tal] *s.* (*inform.*) frattale.

fraction ['frækʃn / frac·tion] *s.* **1** frazione, parte, porzione (minima) // (*Borsa*) *— of shares*, spezzatura, frazione di azioni **2** (*mat.*) frazione: *decimal —*, frazione decimale **3** (*eccl.*) frazione (eucaristica).

fractional ['frækʃənl / frac·tional] **fractionary** ['frækʃənrɪ / frac·tion·ary] *agg.* **1** frazionario // (*econ.*): *fractional currency* (o *— money*), moneta divisionaria; *fractional reserves*, riserve proporzionali **2** minimo; esiguo, irrilevante.

to **fractionate** ['frækʃəneɪt / frac·tion·ate] *v.tr.* (*chim.*) sottoporre a distillazione frazionata // *fractionating column*, colonna di frazionamento, di separazione.

fractionation [ˌfrækʃə'neɪʃn / frac·tiona·tion] *s.* (*chim.*) frazionamento.

to **fractionize** ['frækʃənaɪz / frac·tion·ize] *v.tr.* frazionare.

fractious ['frækʃəs / frac·tious] *agg.* litigioso, stizzoso; irritabile; indocile: *a — child*, un bambino irritabile // **-ly** *avv.* // **-ness** *s.*

fracture ['fræktʃə* / frac·ture] *s.* **1** frattura, rottura **2** (*med.*) frattura: *simple, impacted, compound, comminuted —*, frattura semplice, composta, scomposta, multipla; *to set a —*, ridurre una frattura **3** (*geol.*) frattura // *rock —*, litoclasi **4** (*filologia*) frattura.

to **fracture** *v.tr.* **1** spaccare; rompere; fratturare: *he has fractured his leg*, si è fratturato la gamba **2** (*sl. amer.*) far spanciare (qlcu.) dalle risa ◆ *v.intr.* spaccarsi; rompersi; fratturarsi.

fraenum ['friːnəm] *pl.* **fraena** ['friːnə] *s.* (*anat.*) frenulo.

fragile ['frædʒaɪl *amer.* 'frædʒəl / fra·gile] *agg.* **1** fragile **2** debole, delicato; gracile (di persona).

fragility [frə'dʒɪlətɪ / fra·gil·ity] *s.* **1** fragilità (di cose) **2** debolezza (di persone) **3** (*med.*) gracilità; fragilità: *capillary —*, fragilità capillare.

fragment ['frægmənt / frag·ment] *s.* **1** frammento (*anche fig.*), pezzo; coccio **2** (*letter.*) frammento, brano, passo.

to **fragment** [fræg'ment] *v.intr.* frammentarsi, spezzettarsi ◆ *v.tr.* frammentare (*anche inform.*), spezzettare, fare a pezzi.

fragmentarily ['frægməntərɪlɪ *amer.* ˌfrægmən'terɪlɪ / frag·ment·ar·ily] *avv.* in modo frammentario.

fragmentariness ['frægməntərɪnɪs *amer.* ˌfrægmən'terɪnɪs / frag·ment·ari·ness] *s.* frammentarietà.

fragmentary ['frægməntərɪ *amer.* ˌfrægmən'terɪ / frag·ment·ary] *agg.* frammentario, incompleto.

fragmented [fræg'mentɪd / frag·mented] *agg.* in frammenti.

fragrance ['freɪgrəns / fra·grance] ant. **fragrancy** ['freɪgrənsɪ / fra·grancy] *s.* fragranza; profumo.

fragrant ['freɪgrənt / fra·grant] *agg.* fragrante, odoroso; profumato // **-ly** *avv.*

frail[1] [freɪl] *agg.* **1** debole (di salute, moralità) **2** fragile **3** (*fig.*) caduco, transitorio ◆ *s.* (*sl. amer.*) donna, ragazza.

frail[2] *s.* cestino di giunco.

frailly ['freɪlɪ / frail·ly] *avv.* **1** debolmente **2** fragilmente.

frailness ['freɪlnɪs / frail·ness] **frailty** ['freɪltɪ] *s.* debolezza (di salute, morale); fragilità // *frailty, thy name is woman*, (SH. Hamlet) fragilità, il tuo nome è donna.

fraise[1] [freɪz] *s.* **1** (*edil. mil.*) palizzata orizzontale o inclinata **2** lattuga, gorgiera.

to **fraise**[1] *v.tr.* (*edil. mil.*) munire di palizzata; difendere con una palizzata.

fraise[2] *s.* (*mecc.*) fresa.

framb(o)esia [fræm'bi:zɪə / fram·b(o)e·sia] *s.* (*med.*) framboesia.

frame [freɪm] *s.* **1** struttura, armatura (d'ombrello ecc.); ossatura, intelaiatura, telaio (di finestra ecc.), telaio (da ricamo, di bicicletta); montatura (di occhiali): *the — of an aircraft*, il telaio di un aereo; *... from heavenly harmony / this universal frame began*, (DRYDEN) ...dall'armonia celestiale ebbe inizio l'universo // *towards sunset my frame was struck as with an arrow*, (G. MEREDITH) verso il tramonto il mio corpo fu come colpito da una freccia **2** cornice, incorniciatura (di quadri) **3** (*anat.*) struttura, ossatura, scheletro; corpo **4** (*fig.*) ordinamento; stato; disposizione: *the — of society*, l'ordinamento della società; *out of —*, in disordine **5** (*sl. amer.*) sistema governativo **6** (*giardinaggio*) cassa a telaio, a vetri **7** (*fot., cinem.*) fotogramma **8** (*inform.*) videata, schermata, cornice **9** (*tel.*) sequenza; distributore telefonico **10** (*mecc.*) incastellatura **11** (*baseball*) inning; (*snooker, bowling*) gioco.

to **frame** *v.tr.* **1** incorniciare (*anche fig.*): *to — a picture*, incorniciare un quadro; *curly hair framed her face*, capelli ricciuti le incorniciavano il viso **2** dar forma a (un piano, una teoria); esprimere, formulare: *to — a question clearly*, formulare una domanda in modo chiaro; *he framed his words with care*, cercò con cura le parole **3** (*fam.*) montare un'accusa contro, incastrare **4** (*cinem.*) inquadrare **5** adattare, disporre; regolare: *to — sthg. to* (o *into*), adattare qlco. a ◆ *v.intr.* (*ant.*) **1** progredire: *she was framing well*, progrediva bene **2** fare piani, progetti **3** (*ant.*) andare: *frame upstairs and make little din*, (E. BRONTË) va' di sopra e fa poco baccano.

□ **frame up** *v.tr.* e *avv.* (*fam.*) montare un'accusa contro, incriminare con false accuse; (*fam.*) incastrare.

frame of mind [,freɪməv'maɪnd] *s.* stato d'animo, disposizione d'animo: *he is in a good —*, è in una buona disposizione d'animo.

frame of reference [,freɪməv'refrəns] *s.* **1** teoria, base sistematica di principi e presupposti **2** (*fis.*) sistema di riferimento.

framer ['freɪmə*] *s.* **1** artefice **2** costruttore **3** fabbricante di cornici.

frame-up ['freɪmʌp] *s.* (*fam.*) complotto, macchinazione.

framework ['freɪmwɜ:k / frame·work] *s.* **1** struttura (*anche fig.*), armatura, ossatura; carcassa; cornice, intelaiatura: *the — of a ship*, la carcassa di una nave; *the — of society*, (*fig.*) la struttura della società **2** (*bot.*) rami principali (di albero), intelaiatura.

framing ['freɪmɪŋ / fram·ing] *s.* **1** armatura; cornice, incorniciatura; intelaiatura **2** formazione **3** concezione **4** (*dir. sl.*) dolosa preordinazione di false prove **5** (*cinem.*) messa in quadro.

frampold ['fræmpəʊld / fram·pold] *agg.* (*ant.*) bisbetico; litigioso: *she leads a very frampold life with him, good heart*, (SH. Merry Wives) conduce un'esistenza molto litigiosa con lui, povera anima.

franc [fræŋk] *s.* franco (moneta).

franchise ['fræntʃaɪz / franch·ise] *s.* **1** franchigia, immunità, privilegio **2** diritto di voto; diritto di cittadinanza **3** (*dir.*) (diritto di) concessione; (diritto, contratto di) esclusiva.

to **franchise** *v.tr.* (*dir.*) attribuire in concessione; concedere con diritto di esclusiva.

franchisee [,fræntʃaɪ'zi: / franch·isee] *s.* **1** (*dir.*) concessionario di un'esclusiva **2** (*comm.*) concessionario di un contratto di franchising.

franchiser ['fræntʃaɪzə* / franch·iser] *s.* **1** chi gode di una franchigia **2** chi ha diritto di voto **3** (*dir.*) chi attribuisce una concessione o un diritto di esclusiva.

franchising ['fræntʃaɪzɪŋ / franch·ising] *s.* (*comm.*) franchising, affiliazione commerciale.

Franciscan [fræn'sɪskən / Fran·cis·can] *agg.* e *s.* francescano.

franco ['fræŋkəʊ] *agg.* (*comm.*) franco: *— domicile*, franco domicilio.

francolin ['fræŋkəʊlɪn / fran·co·lin] *s.* (*zool.*) francolino.

Francophil(e) ['fræŋkəʊfaɪl / Fran·co·phil(e)] *agg.* e *s.* francofilo.

Francophobe ['fræŋkəʊfəʊb / Fran·co·phobe] *agg.* e *s.* francofobo.

Francophone ['fræŋkəʊfəʊn / Fran·co·phone] *agg.* e *s.* francofono.

frangibility [,frændʒɪ'bɪlətɪ / fran·gib·il·ity] *s.* frangibilità; fragilità.

frangible ['frændʒɪbl / fran·gible] *agg.* frangibile; fragile.

frangipane ['frændʒɪpeɪn / fran·gi·pane] *s.* **1** (*bot.*) frangipani **2** (profumo di) gelsomino rosso **3** dolce con crema e mandorle.

Franglais [frɑ:ŋ'gleɪ / Frang·lais] *s.* lingua francese in cui siano presenti numerosi anglicismi e americanismi, franglais.

Frank[1] [fræŋk] *s.* franco (membro della tribù germanica).

frank[2] *agg.* **1** franco, schietto, aperto; onesto: *she gave him a — answer about his exam*, gli diede una risposta franca riguardo al suo esame **2** (*ant.*) generoso: *wert thou well acquainted with me thou shouldst perceive that I am very frank*, (T. NASHE) se tu mi conoscessi bene, ti accorgeresti che sono molto generoso // **-ly** *avv.* // **-ness** *s.*

frank[3] *s.* **1** timbro, firma di franchigia; affrancatura **2** busta, involucro che gode di franchigia.

to **frank**[3] *v.tr.* **1** affrancare; spedire (una lettera ecc.) franco posta **2** esentare da pagamento (di imposte e simili).

frank[4] *s.* (*ant.*) recinto per animali; stia: *doth the old boar feed in the old frank?*, (SH. Henry IV) il vecchio porco mangia nella vecchia stia?

to **frank**[4] *v.tr.* (*ant.*) rinchiudere in una stia, in un recinto: *he is frank'd up to fatting for his pains*, (SH. Richard III) l'han messo ad impinguare nella stia, per le pene che s'è preso.

frank[5] (*sl. amer.*) abbr. di → **frankfurt(er)**.

Frankfurter ['fræŋkfɜ:tə* / Frank·furter] *agg.* e *s.* (abitante) di Francoforte.

frankfurt(er) *s.* (*cuc.*) würstel.

frankincense ['fræŋkɪn,sens / frank·in·cense] *s.* incenso: (*chim.*) *— oil*, olio di olibano, essenza di incenso.

franking-machine ['frænkɪŋmə,ʃi:n] *s.* affrancatrice; timbratrice.

Frankish ['fræŋkɪʃ / Frank·ish] *agg.* franco, dei franchi ◆ *s.* lingua franca, dei franchi.

franklin ['fræŋklɪn / frank·lin] *s.* (*st. inglese*) proprietario terriero non nobile; fittavolo: *let boors and franklins say it, I'll swear it*, (SH. Winter's Tale) che siano i contadini e i fittavoli a dirlo solamente, io lo giurerò.

franklinite ['fræŋklənaɪt / frank·lin·ite] *s.* (*min.*) franklinite.

frantic ['fræntɪk / fran·tic] *agg.* frenetico, convulso: *there was some — competition*, esisteva una competizione frenetica // *— with joy*, pazzo di gioia // **-ally** *avv.*

franticness ['fræntɪknɪs / fran·tic·ness] *s.* frenesia.

to **frap** [fræp] *pass.p.p.* **frapped** [fræpt] *v.tr.* (*mar.*) rizzare.

frappé ['fræpeɪ] *s.* **1** frappé **2** bevanda fortemente alcolica con ghiaccio tritato ◆ *agg.* ghiacciato; freddo.

frat [fræt] *s.* (*fam. amer.*) abbr. di → **fraternity**.

fratch [frætʃ] *s.* (*dial.*) litigio.

frater[1] ['freɪtə*] *s.* **1** confratello **2** frate.

frater[2] *s.* refettorio (di convento e simili).

fraternal [frə'tɜ:nl / fra·ternal] *agg.* **1** fraterno // (*dir. amer.*) *— benefit, Society*, banco di mutuo soccorso **2** di confraternita **3** dizigotico (di gemelli).

fraternally [frə'tɜ:nəlɪ / fra·tern·ally] *avv.* fraternamente.

fraternity [frə'tɜ:nətɪ / fra·tern·ity] *s.* **1** fraternità; fratellanza **2** confraternita **3** associazione (p.e. di giornalisti, studenti) **4** (*amer.*) college universitario privato **5** (*amer.*) club maschile di studenti di un college universitario privato.

fraternization [,frætənaɪ'zeɪʃn *amer.* ,frætənɪ'zeɪʃn / frat·ern·iza·tion] *s.* fraternizzazione.

to **fraternize** ['frætənaɪz / frat·ern·ize] *v.intr.* fraternizzare, socializzare // *to — with the enemy*, fraternizzare con il nemico.

fratricidal [,frætrɪ'saɪdl / frat·ri·cidal] *agg.* fratricida.

fratricide[1] ['frætrɪsaɪd / frat·ri·cide] *s.* fratricida.

fratricide[2] *s.* fratricidio.

fraud [frɔ:d] *s.* **1** frode, inganno; (*dir.*) truffa: *to obtain money by —*, ottenere denaro con la frode // *the Fraud squad*, (*brit.*) Squadra contro le frodi industriali (in Italia corrisponde al NAS, nucleo antisofisticazioni) **2** (*fam.*) impostore, truffatore; cosa falsa, falso: *he was a —*, era un impostore.

fraudful ['frɔ:dfʊl / fraud·ful] *agg.* (*ant.*) ingannevole // **-ly** *avv.*

fraudulence ['frɔ:djʊləns / fraudu·lence] *s.* **1** fraudolenza **2** (*dir.*) frode.

fraudulent ['frɔ:djʊlənt / fraudu·lent] *agg.* fraudolento, doloso, disonesto // (*dir.*) *— conveyance*, disposizione, alienazione in frode ai creditori // **-ly** *avv.*

fraught [frɔ:t] *agg.* **1** (*fig.*) carico, pieno, denso, gravido: *the situation is — with problems*, la situazione è carica di problemi; *our sincerest laughter / with some pain is fraught*, (SHELLEY) la nostra risata più sincera è gravida di affanni **2** (*fig.*) preoccupato, teso; carico di tensione **3** (*antiq.*) carico: *ship — with goods*, nave carica di merci ◆ *s.* (*antiq.*) carico (di nave) // *every man will take in their fraught of spangled feathers*, (T. NASHE) ogni uomo porterà il suo carico di piume luccicanti.

to **fraught** *v.tr.* (*antiq.*) caricare ◆ *v.intr.* (*antiq.*) formare il carico di una nave.

fraxinella [ˌfræksɪ'nelə / frax·in·ella] *s.* (*bot.*) (*Dictamnus albus*) frassinella.

fraxinus ['fræksɪnəs / frax·inus] *s.* (*bot.*) frassino → **ash**[1].

fray[1] [freɪ] *s.* **1** zuffa, rissa, mischia, lotta: *eager for the* —, anelante alla lotta **2** (*ant.*) timore.

to **fray**[1] *v.tr.* (*ant.*) spaventare ◆ *v.intr.* (*ant.*) azzuffarsi.

to **fray**[2] *v.tr.* **1** consumare; logorare; sfilacciare (tessuto): *the carpets had been frayed by time*, i tappeti erano stati consumati dal tempo **2** sfregare (di cervi ecc.): *deer — their heads against trees*, i daini sfregano la testa contro gli alberi **3** logorare (nervi) ◆ *v.intr.* **1** consumarsi; logorarsi; sfilacciarsi (di tessuto) **2** sfregarsi (di cervi ecc.) **3** logorarsi (di nervi): *everybody's nerves were fraying*, i nervi di tutti si stavano logorando.

frazil ['freɪzɪl] *s.* (*amer.*) cristalli di ghiaccio nell'acqua.

frazzle ['fræzl] *s.* (*fam.*) logorio; esaurimento: *worn to a* —, ridotto a un cencio // *the Sunday dinner was burnt to a* —, il pranzo di domenica si era completamente bruciato.

to **frazzle** *v.tr.* (*fam.*) **1** logorare; consumare; ridurre a brandelli **2** (*fig.*) stancare; esaurire ◆ *v.intr.* (*fam.*) **1** logorarsi; consumarsi **2** (*fig.*) stancarsi, esaurirsi.

freak[1] [fri:k] *s.* **1** persona, animale, pianta deforme: *a — of nature*, una anomalia della natura **2** evento strano, inaspettato, anomalo **3** persona bizzarra, stravagante; fenomeno (da circo) **4** entusiasta, patito: *he's a pop music* —, è un patito della musica pop // *Jesus Freak*, membro di un movimento religioso evangelico (a cui aderirono negli anni '60 molti hippies ed ex tossicomani) **5** (*ant.*) capriccio, ghiribizzo ◆ *agg.* anomalo, inconsueto: *a — storm, wind*, un temporale, un vento fuori dal comune.

freak[2] *s.* macchiolina (di colore).

to **freak**[2] *v.tr.* screziare.

freakful ['fri:kfʊl / freak·ful] *agg.* (*form.*) → **freakish** 2.

freakish ['fri:kɪʃ / freak·ish] *agg.* **1** anomalo, fuori dal comune **2** eccentrico, stravagante, strano // **-ly** *avv.* // **-ness** *s.*

to **freak out** ['fri:kaʊt] *v.intr.* (*fam.*) andare a pezzi, crollare, perdere il controllo dei propri nervi ◆ *v.tr.* (*fam.*) spaventare, far perdere la testa a: *to — s.o. out*, spaventare qlcu.

freaky ['fri:kɪ] *agg.* (*fam.*) capriccioso, bizzarro, stravagante.

freckle ['frekl] *s.* lentiggine, efelide.

to **freckle** *v.tr.* coprire di lentiggini ◆ *v.intr.* coprirsi di lentiggini.

freckled ['frekld] **freckly** ['freklɪ] *agg.* (*fam.*) lentigginoso.

free [fri:] *comp.* **freer** [fri:ə*] *superl.* **freest** ['fri:ɪst] *agg.* **1** libero, in libertà, sciolto da vincoli: *as — as the air*, libero come l'aria; *to set a prisoner* —, liberare un prigioniero; *to get* —, liberarsi **2** libero, indipendente: *a — country*, un paese libero // (*dir.*): *— waters*, acque internazionali; *— consent*, libero consenso // *— press*, libera stampa; *— speech*, libertà di parola **3** libero, non controllato da regole: *— translation*, traduzione libera; *— verse*, verso libero; *— love*, amore libero // (*econ.*): *— market*, mercato libero; *— competition*, libera concorrenza; *— enterprise*, libera impresa; *— reserves*, riserve libere, facoltative // *to give s.o. a — rein*, dare carta bianca a qlcu. // *to make — use of sthg.*, fare libero uso di qlco. // *he made very — with my whisky*, si è servito un po' troppo liberamente del mio whisky **4** privo, esente, scevro: *— of guilt*, senza colpa; *— from doubt*, privo di dubbi // (*trib.*): *— of tax* (o *from taxes*), esente da imposta, esentasse; *— of income tax*, esente dall'imposta sul reddito **5** libero, gratuito: *— ticket*, biglietto gratuito: *admission* —, entrata gratuita **6** libero, non occupato: *a — afternoon*, un pomeriggio libero; *I am — this afternoon*, questo pomeriggio non ho impegni; *is this seat —?*, è libero questo posto? **7** sciolto, libero, slegato: *the — end of a cord*, il capo libero di una corda **8** (*mecc.*) folle, libero **9** spigliato; aggraziato: *— gestures and movements*, gesti e movimenti spigliati; **10** abbondante, copioso, generoso: *— flow of water*, corso d'acqua impetuoso; *she is — with her money*, è generosa col suo denaro **11** impudente, sfacciato; familiare, confidenziale: *his manners are very* —, i suoi modi sono molto confidenziali; *he's very — with his speech*, non ha peli sulla lingua // *to make — with s.o.*, prendersi delle libertà con qlcu. **12** (*comm.*) franco: *— port*, porto franco; *— alongside ship* (*f.a.s.*), franco banchina; *— of factory*, franco stabilimento; *— delivered*, franco consegna; *— in* (*f.i.*), franco spese entrata nella stiva; *— in and out* (*f.i.o.*), franco spese entrata e uscita dalla stiva; *— of average*, franco avaria; *— of postage*, franco di spese postali; *— on board* (*f.o.b.*), franco bordo; *— on rail* (*f.o.r.*), franco stazione ferroviaria, franco vagone; *— on truck* (*f.o.t.*), (*amer.*) franco vagone **13** (*fis.*) libero: *— energy, fall, vibration*, energia, caduta, vibrazione libera; *— oscillations*, oscillazioni libere **14** (*poet.*) sereno: *it is a beauteous evening, calm and free*, (WORDSWORTH) è una bella sera, calma e serena **15** (*ant.*) innocente: *...he would drown the stage with tears, / ... / make mad the guilty and appal the free*, (SH. Hamlet) inonderebbe la scena di lacrime, ...farebbe impazzire i colpevoli e tremare gli innocenti.

free *avv.* **1** gratuitamente: *the gallery is open — on Saturdays*, l'ingresso alla galleria è gratis al sabato; *to get in* —, entrare gratis // *I'll tell you this for —: that woman is not entering in this house ever again*, te lo posso assicurare: quella donna non entrerà mai più in questa casa **2** liberamente, in modo non controllato: *you can't let your dog run — in the park*, non puoi lasciar correre liberamente il tuo cane nel parco // *"Can I borrow your car?" "Feel —!"*, "Posso prendere in prestito la tua macchina?" "Certamente!" **3** in modo libero, non impedito: *they pushed the canoe — of the canes*, districarono, liberarono la canoa dai giunchi; *he pulled the child — from the wreckage*, liberò il bambino dai rottami.

to **free** *v.tr.* **1** liberare: *to — an animal from a trap*, liberare un animale da una trappola; *to — a slave*, emancipare uno schiavo; *to — oneself from debts*, liberarsi dai debiti **2** esentare; togliere restrizioni a, togliere tasse a: *the government's new legislation has freed private rents*, le nuove leggi del governo hanno tolto le restrizioni agli affitti privati **3** sbarazzare: *after half an hour he freed himself from his students*, dopo mezz'ora si sbarazzò dei suoi studenti.

-free *suff.* di origine anglosassone che significa 'senza, libero da, esente da'; si usa per formare agg. e avv.: *error-* —, senza errori, esente da errori; *trouble-* —, senza problemi; *a salt- — diet*, una dieta senza sale.

free agent [ˌfri:'eɪdʒənt] *s.* individuo libero; (*fil.*) libero agente.

free and easy [ˌfri:ənd'i:zɪ] *agg.* **1** informale (di comportamento ecc.) **2** tollerante (di persona); spensierato, senza problemi (di vita e simili).

to **free-associate** [ˌfri:ə'səʊʃɪeɪt] *v.intr.* (*psic.*) associare idee liberamente.

freebie ['fri:bɪ / free·bie] *s.* (*fam.*) omaggio.

freebooter ['fri:ˌbu:tə* / free·booter] *s.* pirata, predone.

freebooting ['fri:ˌbu:tɪŋ / free·boot·ing] *s.* pirateria, saccheggio.

freeborn [ˌfri:'bɔ:n / free·born] *agg.* (*dir.*) che nasce libero, con diritti civili e politici.

Free Church [ˌfri:'tʃɜ:tʃ] *s.* chiesa non conformista (in Gran Bretagna).

free diver [ˌfri:'daɪvə*] *s.* chi fa immersioni subacquee senza attrezzature SIN. **skin diver**.

freedman ['fri:dmæn / freed·man] *pl.* **freedmen** ['fri:dmen] *s.* schiavo liberato; (*st.*) liberto.

freedom ['fri:dəm / free·dom] *s.* **1** libertà // *the four freedoms (of speech and expression, of worship, from want, from fear)*, le quattro libertà (di parola e espressione, di fede e di culto, dal bisogno, dalla paura) **2** libertà, franchigia // (*econ.*) *— of trade*, libero scambio // *Freedom of the Seas*, libertà dei mari // *to give s.o. the — of the house*, mettere la propria casa a disposizione di qlcu. **3** franchezza, disinvoltura, scioltezza, facilità (di linguaggio, di pensiero): *to speak with* —, parlare con franchezza o con facilità **4** familiarità, libertà (di modi) **5** cittadinanza onoraria; immunità: *they were given the — of the city*, ricevettero la cittadinanza onoraria.

freefone → **freephone**.

free-for-all [ˌfri:fər'ɔ:l] *s.* (*fam.*) mischia, discussione rumorosa.

free-form ['fri:fɔ:m] *agg.* **1** (*arte*) dotato di forma libera, di struttura libera **2** (*inform.*) a tracciato libero; a struttura libera, non impostata: *— format*, formato non impostato.

freehand ['fri:hænd / free·hand] *agg.* e *avv.* a mano libera: *— drawing*, disegno a mano libera.

free hand *s.* libertà d'azione: *to have a* —, avere mano libera; *to give s.o. a* —, dare a qlcu. mano libera.

free-handed [ˌfri:'hændɪd] *agg.* (*fig.*) liberale, generoso, prodigo.

freehearted [ˌfri:'hɑ:tɪd / free·hearted] *agg.* (*non com.*) **1** franco, sincero **2** generoso.

freehold ['fri:həʊld / free·hold] *s.* (*dir.*) proprietà fondiaria assoluta.

freeholder ['fri:həʊldə* / free·holder] *s.* (*dir.*) titolare di un diritto di proprietà fondiaria assoluta.

free kick ['fri:kɪk] *s.* (*calcio*) calcio di punizione, calcio libero.

freelance ['fri:lɑ:ns *amer.* 'fri:læns / free·lance] *agg.* freelance, indipendente (di professionista) ◆ *s.* freelance; libero professionista; consulente, collaboratore esterno • In origine 'soldato di ventura'.

to **freelance** *v.intr.* lavorare freelance, da libero professionista.

freelancer ['fri:lɑ:nsə* *amer.* 'fri:lænsə* / free·lancer] *s.* → **freelance**.

to **freeload** ['fri:ləʊd / free·load] *v.intr.* (*fam. spec. amer.*) vivere a sbafo, scroccare: *to — on, off s.o.*, scroccare da qlcu.

freeloader [,fri:'ləʊdə* / free·loader] *s.* (*fam. spec. amer.*) parassita, scroccone.

freely ['fri:lɪ] *avv.* **1** liberamente **2** gratuitamente.

freeman ['fri:mæn *nel senso 2* 'fri:mən / free·man] *pl.* **freemen** ['fri:men *nel senso 2* 'fri:mən] *s.* **1** uomo libero **2** cittadino onorario: *a — of the City of Oxford*, cittadino onorario della città di Oxford.

freemason ['fri:,meɪsn / free·ma·son] *s.* (fra)massone.

freemasonry ['fri:,meɪsnrɪ / free·ma·sonry] *s.* (fra)massoneria.

freeness ['fri:nɪs / free·ness] *s.* (*rar.*) libertà.

freephone ['fri:fəʊn / free·phone] *s.* accordo (da parte di una ditta) di ricevere telefonate a carico.

free port ['fri:pɔ:t] *s.* (*comm.*) porto franco.

freepost [,fri:'pəʊst / free·post] *s.* (*brit.*) spese postali a carico del destinatario.

free-range [,fri:'reɪndʒ] *agg.* ruspante: *— chickens*, polli ruspanti; *— eggs*, uova di fattoria.

freesia ['fri:zjə / free·sia] *s.* (*bot.*) fresia.

free-spoken [,fri:'spəʊkən] *agg.* franco, sincero, aperto nel parlare.

freestanding [,fri:'stændɪŋ / free·stand·ing] *agg.* (di oggetto) che si regge in piedi da solo (senza alcun supporto e senza essere fissato al muro o al pavimento).

freestone[1] ['fri:stəʊn / free·stone] *agg.* spiccatoio, spicco (di frutti) ◆ *s.* (*bot.*) **1** frutto che si stacca facilmente dal nocciolo **2** nocciolo staccabile.

freestone[2] *s.* (*min.*) pietra da taglio, non fissile.

freestyle ['fri:staɪl / free·style] *agg.* (*sport*) a stile libero ◆ *s.* (*sport*) **1** gara di nuoto a stile libero; stile libero **2** tipo di lotta libera.

freethinker [,fri:'θɪŋkə* / free·thinker] *s.* libero pensatore.

freethinking [,fri:'θɪŋkɪŋ / free·think·ing] *s.* libertà di pensiero.

freeware ['fri:,weə* / free·ware] *s.* (*inform.*) software gratuito fornito dal costruttore di hardware.

freeway ['fri:weɪ / free·way] *s.* (*amer.*) autostrada senza pedaggio (soprattutto in California) BRIT. motorway.

freewheel [,fri:'wi:l / free·wheel] *s.* (*mecc.*) ruota libera.

to **freewheel** *v.intr.* andare a ruota libera (in bicicletta senza pedalare); guidare in folle.

freewheeling [,fri:'wi:lɪŋ / free·wheel·ing] *agg.* **1** che va a ruota libera **2** (*fam.*) disinvolto, noncurante.

free will [,fri:'wɪl] *s.* libero arbitrio: *I did it of my own —*, lo feci di mia spontanea volontà.

freeze [fri:z] *s.* congelamento; gelo // (*econ.*) *— of prices* (o *price —*), blocco, congelamento (dei prezzi).

to **freeze** *pass.* **froze** [frəʊz] *p.p.* **frozen** ['frəʊzn] *v.intr.* **1** gelare (passare dallo stato liquido a quello solido); congelarsi; essere coperto di ghiaccio: *the water froze*, l'acqua gelò; *the ship was frozen in*, la nave restò prigioniera dei ghiacci **2** (*impers.*) gelare, essere freddo: *it is freezing tonight*, stasera fa molto freddo **3** (*fig.*) agghiacciarsi: *my blood froze at that sight*, a quella vista mi si agghiacciò il sangue **4** sentir freddo, gelare: *I am freezing*, gelo (dal freddo); *to — to death*, morire assiderato; (*fam.*) avere molto freddo **5** rimanere attaccato (per il freddo); rimanere rigido, irrigidirsi: *his fingers froze on to his rifle*, le dita gli si incollarono al fucile per il freddo **6** fermarsi di colpo, bloccarsi: *we froze at the sound of footfalls on the stairs*, ci bloccammo al rumore di passi sulla scala // *Police! Freeze!*, Polizia! Fermi tutti! ◆ *v.tr.* **1** (far) gelare, congelare, ghiacciare (*anche fig.*): *to — the blood*, agghiacciare il sangue; *to — meat*, congelare la carne **2** (*econ.*) congelare, bloccare (prezzi, salari) **3** (*tel., inform.*) fissare, bloccare (un sistema, un'immagine su video ecc.) **4** (*med.*) anestetizzare (con il freddo).

□ **freeze off** *v.tr.* e *avv.* (*fam.*) raggelare (qlcu.)

□ **freeze out** *v.tr.* e *avv.* (*fam.*) escludere // *to be frozen out*, (*sl.*) scioperare per il freddo (di operai).

□ **freeze over** *v.intr.* e *avv.* gelare, ghiacciare: *the lake freezes over in winter*, il lago gela d'inverno.

freeze-dried ['fri:z,draɪd] *agg.* liofilizzato.

to **freeze-dry** ['fri:zdraɪ] *v.tr.* liofilizzare.

freeze-frame ['fri:z,freɪm] *s.* (*tecn.*) **1** fermo immagine **2** inquadratura fissa.

freezer ['fri:zə*] *s.* **1** congelatore, freezer **2** comparto del ghiaccio (in un frigorifero) **3** impianto refrigerante, cella frigorifera.

freezing ['fri:zɪŋ / freez·ing] *agg.* **1** glaciale (*anche fig.*): *it was — cold*, faceva un freddo glaciale **2** congelante: *— mixture*, miscela congelante ◆ *s.* congelamento.

freezing point ['fri:zɪŋ,pɔɪnt] *s.* (*fis., chim.*) punto di congelamento: *below —*, sotto zero.

freight [freɪt] *s.* [U] (*comm.*) **1** carico; trasporto (di merci): *paying —*, carico pagante; *— car, train*, (*amer.*) carro, treno merci **2** nolo, costo di trasporto; costo di noleggio (di nave ecc.): *distance —*, nolo di percorso; *— market*, mercato dei noli; *— forward*, spese a carico del destinatario; *dead —*, nolo vuoto per pieno.

to **freight** *v.tr.* (*comm.*) **1** trasportare, spedire (merci ecc.) **2** caricare (una nave) **3** noleggiare.

freightage ['freɪtɪdʒ / freight·age] *s.* (*comm.*) **1** costo di trasporto **2** nolo, noleggio **3** trasporto (di merce) via acqua, (*amer.*) via acqua, via terra, via aerea.

freighter ['freɪtə*] *s.* **1** nave, aereo da carico; (*amer.*) vagone merci **2** noleggiatore (di nave) **3** (*amer.*) consegnatario (di merce per trasporto via terra) **4** esportatore.

freighting ['freɪtɪŋ / freight·ing] → **freightage**.

freightliner ['freɪt,laɪnə* / freight·liner] *s.* (*ferr.*) treno merci.

fremitus ['fremɪtəs / frem·itus] *s.* (*pl. invar.*) (*med.*) fremito: *vocal —*, tremito vocale.

French [frentʃ] *agg.* francese // *the —*, i francesi // *to take — leave*, andarsene senza salutare, andarsene all'inglese // *— grey*, grigio rosato // *— bread*, bastone di pane francese; *— roll*, panino rotondo morbido // *— beaver*, pelle imitazione castoro ◆ *s.* il francese (lingua).

French chalk ['frentʃ'tʃɔ:k] *s.* polvere di mica; gessetto per sarti.

French door [,frentʃ'dɔ:*] *s.* (*spec. amer.*) → **French window**.

French fries [,frentʃ'fraɪz] *s.pl.* (*cuc.*) patatine fritte a bastoncino.

frenchification [,frentʃɪfɪ'keɪʃn / frenchi·fica·tion] *s.* infranciosamento.

Frenchman ['frentʃmən / French·man] *pl.* **Frenchmen** *s.* francese.

French roof ['frentʃ'ru:f] *s.* (*arch.*) tetto a mansarda.

French window [,frentʃ'wɪndəʊ] *s.* porta finestra AMER. French door.

Frenchwoman ['frentʃ,wʊmən / French·wo·man] *pl.* **Frenchwomen** ['frentʃ,wɪmɪn] *s.* (donna) francese.

frenchy ['frentʃɪ] *agg.* (*spreg.*) franceseggiante (di persona) ◆ *s.* (*spreg.*) (persona) francese.

frenetic [frə'netɪk / fren·etic] *agg.* frenetico; forsennato.

frenulum ['frenjʊləm / fren·ulum] *pl.* **frenulums**, **frenula** ['frenjʊlə / fren·ula] *s.* (*anat.*) frenulo.

frenum *s.* (*med.*) → **fraenum**.

frenzied ['frenzɪd / fren·zied] *agg.* frenetico; pazzo.

frenzy ['frenzɪ] *s.* **1** frenesia, parossismo: *— of joy*, impeto di gioia **2** (*med.*) delirio, pazzia.

frequency ['fri:kwənsɪ / fre·quency] *s.* **1** frequenza, ripetizione continua **2** (*scient.*) frequenza // (*fis.*): *— band, distribution, modulation*, banda, distribuzione, modulazione di frequenza; *high, low —*, alta, bassa frequenza; *ultrahigh — (abbr.* UHF*)*, frequenza ultra alta // (*elettr.*) *power —*, frequenza di rete // (*stat.*) *— function*, funzione di frequenza.

frequent ['fri:kwənt / fre·quent] *agg.* frequente; abituale; comune; diffuso // **-ly** *avv.*

to **frequent** [frɪ'kwent] *v.tr.* (*form.*) frequentare (teatri, caffè ecc.): *to — s.o.*, frequentare qlcu.; *an ill-frequented street*, una strada mal frequentata.

frequentable [frɪ'kwentəbl / fre·quent·able] *agg.* frequentabile, accessibile.

frequentation [,fri:kwen'teɪʃn / fre·quenta·tion] *s.* frequentazione.

frequentative [frɪ'kwentətɪv / fre·quent·at·ive] *agg.* (*gramm.*) frequentativo.

frequenter [frɪ'kwentə* / fre·quent·er] *s.* frequentatore.

fresco ['freskəʊ] *pl.* **fresco(e)s** *s.* (*pitt.*) affresco; arte dell'affresco.

to **fresco** *v.tr.* affrescare, dipingere a fresco.

fresh [freʃ] *agg.* **1** fresco: *— eggs, milk, flowers*, uova, latte, fiori freschi; *— paint*, vernice fresca; (*comm.*) *— money*, denaro fresco

2 nuovo, non usato: *a — sheet of paper*, un foglio bianco; *he poured a — drink*, si versò un altro bicchiere // *to put — heart into s.o.*, incoraggiare nuovamente qlcu. // *to break — ground*, iniziare qlco. di nuovo **3** fresco, puro, freddo (di aria ecc.): *he went out for some — air*, uscì a respirare un po' di aria pura; *it's — today*, fa fresco oggi // *in the — air*, all'aria aperta **4** brillante, puro (di colori, carnagione ecc.): — *colours*, colori brillanti; — *complexion*, carnagione fresca **5** appena arrivato: *he is — from the country*, è appena arrivato dalla campagna **6** vigoroso, fresco: *she is — even after six sets of tennis*, non è ancora stanca dopo sei partite di tennis // *to be as — as a daisy*, essere fresco come una rosa **7** non conservato: — *butter*, burro fresco **8** non salato, dolce (di acqua): — *water*, acqua dolce **9** (*fig.*) inesperto **10** (*sl.*) brillo, alticcio; insolente, arrogante: *to get — with s.o.*, prendersi delle libertà con qlcu. **11** (*nei composti*) appena: — *-frozen peas*, piselli congelati appena colti; — *-cut*, appena tagliato, fresco di taglio; — *-painted*, verniciato di fresco ◆ *s.* **1** il fresco (del mattino, della sera) **2** (*ant.*) sorgente d'acqua dolce: *he shall drink nought but brine; for I'll not show him / where the quick freshes are*, (SH. The Tempest) berrà solo acqua salata perché io non gli mostrerò dove scorrono le fresche sorgenti.

fresh *avv.* di nuovo; recentemente; di fresco // *to be — out of*, (*fam.*) avere appena terminato (un prodotto, un articolo).

to **freshen** ['freʃn] *v.tr.* **1** rinfrescare; ravvivare **2** dissalare ◆ *v.intr.* **1** rinfrescarsi, diventar fresco; ravvivarsi: *the weather is freshening*, il tempo si va rinfrescando **2** perdere la salinità.

□ **freshen up** *v.tr.* e *avv.* rinfrescare, dare una rinfrescata a: *a coat of paint and new curtains will — up the room*, una mano di colore e delle tende nuove rinfrescheranno la stanza ◆ *v.intr.* e *avv.* rinfrescarsi, darsi una rinfrescata: *when they arrived at the hotel the first thing they did was to — up*, appena giunsero all'hotel la prima cosa che fecero fu di darsi una rinfrescata.

freshet ['freʃɪt] *s.* **1** (*ant.*) ruscello che sfocia nel mare **2** piena di fiume.

freshly ['freʃlɪ / fresh·ly] *avv.* **1** in modo fresco **2** recentemente **3** vigorosamente.

freshman ['freʃmən / fresh·man] *pl.* **freshmen** *s.* matricola d'università.

freshness ['freʃnɪs / fresh·ness] *s.* **1** freschezza **2** novità (di avvenimento) **3** vigoria; vivacità.

freshwater ['freʃ,wɔ:tə* / fresh·water] *agg.* **1** d'acqua dolce **2** (*fam. amer.*) provinciale, oscuro; poco famoso.

fret[1] [fret] *s.* **1** corrosione; punto corroso **2** inquietudine, irritazione, nervosismo: *to be in a —*, essere in (uno stato di) agitazione.

to **fret**[1] *pass.p.p.* **fretted** ['fretɪd / fret·ted] *v.tr.* **1** rodere, corrodere, logorare, consumare: *rust has fretted the iron*, la ruggine ha corroso il ferro **2** irritare; agitare; affliggere, crucciare **3** increspare (l'acqua) ◆ *v.intr.* **1** affliggersi, crucciarsi; inquietarsi, irritarsi: *the child is fretting for its mother*, il bimbo piagnucola perché vuole la mamma; *to — over trifles*, irritarsi per cose futili // *to — away one's life*, rovinarsi la vita per la troppa ansia, inquietudine // *to — and fume*, (*fig.*) mordere il freno; logorarsi il fegato (per l'agitazione) **2** corrodersi, logorarsi **3** incresparsi (di mare ecc.): *the wild white horses foam and fret*, (M. ARNOLD) i selvaggi cavalli bianchi spumeggiano e s'increspano **4** (*rar.*) fermentare (di vino).

fret[2] *s.* **1** (*arch.*) fregio; greca **2** traforo; intaglio // *why fill they up ages frets with fresh colours?*, (T. NASHE) perché si riempiono gli intagli del tempo con vivaci colori?

to **fret**[2] *v.tr.* **1** traforare, intagliare: *through the long-drawn aisle and fretted vaults*, (T. GREY) attraverso la lunga navata e le volte intagliate **2** (*ant.*) ornare, adornare: *yon grey lines / that fret the clouds are messengers of day*, (SH. Julius Caesar) quelle strisce grigie che screziano le nubi sono messaggere del giorno.

fret[3] *s.* (*mus.*) tasto (di chitarra, mandolino ecc.).

to **fret**[3] *v.tr.* (*mus.*) fornire (chitarra ecc.) di tasti.

fretful ['fretfʊl / fret·ful] *agg.* di cattivo umore; irritabile // **-ly** *avv.* // **-ness** *s.*

fretsaw ['fretsɔ: / fret·saw] *s.* seghetto da traforo.

fretting ['fretɪŋ / fret·ting] *agg.* tormentoso; irritante ◆ *s.* tormento; irritazione.

fretty ['fretɪ] *agg.* (*arald.*) adorno di greche.

fretwork ['fretwɜ:k / fret·work] *s.* lavoro di traforo; traforo.

Freudian ['frɔɪdjən / Freud·ian] *agg.* (*psic.*) freudiano: — *slip*, lapsus freudiano.

Freudianism ['frɔɪdjənɪzəm / Freud·ian·ism] *s.* (*psic.*) freudismo.

friability [,fraɪə'bɪlətɪ / fri·ab·il·ity] *s.* friabilità.

friable ['fraɪəbl / fri·able] *agg.* friabile.

friableness ['fraɪəblnɪs / fri·able·ness] *s.* friabilità.

friar ['fraɪə*] *s.* **1** frate, monaco // *Augustinian* (o *Austin*) *Friars*, agostiniani; *Black Friars*, domenicani; *Grey Friars*, francescani; *White Friars*, carmelitani **2** (*tip.*) pesce, frate.

friarly ['fraɪəlɪ / fri·arly] *agg.* di, da frate.

friary ['fraɪərɪ / fri·ary] *s.* convento di frati.

fribble ['frɪbl] *s.* (*non com.*) **1** persona frivola **2** frivolezza.

to **fribble** *v.intr.* (*non com.*) **1** perdere tempo, gingillarsi **2** comportarsi in modo frivolo.

fribblish ['frɪblɪʃ / frib·blish] *agg.* (*non com.*) frivolo.

fricandeau ['frɪkəndəʊ / fric·an·deau] *pl.* **fricandeaux** ['frɪkəndəʊz / fric·an·deaux] *s.* (*cuc.*) fricandò.

fricassee ['frɪkəsi: / fric·as·see] *s.* (*cuc.*) fricassea.

fricative ['frɪkətɪv / fric·at·ive] *agg.* (*fon.*) fricativo ◆ *s.* (*fon.*) consonante fricativa.

friction ['frɪkʃn / fric·tion] *s.* **1** (*med.*) frizione, massaggio **2** (*fis.*) attrito **3** (*mecc.*) sfregamento; frizione; attrito: *skin —*, attrito di superficie; *rolling —*, attrito volvente // — *brake*, freno ad attrito; — *plate*, disco della frizione; — *gearing*, trasmissione a ruote di frizione // (*aut.*) — *clutch*, innesto a frizione **4** (*fig.*) attrito, antagonismo, divergenza.

frictional ['frɪkʃənl / fric·tional] *agg.* di frizione; d'attrito // (*fis.*) — *electricity*, triboelettricità // (*econ.*) — *unemployment*, disoccupazione frizionale.

frictionless ['frɪkʃənlɪs / fric·tion·less] *agg.* senza frizione, privo di attrito.

friction tape ['frɪkʃn,teɪp] *s.* nastro isolante.

Friday ['fraɪdɪ / Fri·day] *s.* venerdì: *last —*, venerdì scorso; *a week last —*, sono stati otto giorni venerdì; *a week next —*, venerdì a otto; *come next —*, venite venerdì prossimo; *come on —*, venite venerdì; *he comes on Fridays*, viene il venerdì // *Good —*, Venerdì Santo.

fridge [frɪdʒ] *s.* (*fam.*) frigo, frigorifero.

fried [fraɪd] *agg.* **1** (*cuc.*) fritto **2** (*sl. amer.*) ubriaco.

friend [frend] *s.* **1** amico, amica: *a — of the family*, un amico di famiglia; *a — of mine*, un mio amico; *a bosom —*, un amico intimo; *a man* (o *boy*) —, un amico; *a woman* (o *lady* o *girl*) —, un'amica; *to be friends* (*with*), essere amici (di); *to make friends again*, riallacciare l'amicizia, rappacificarsi; *to make friends with* (o *to make a — of*), fare amicizia con // *my honourable —*, onorevole collega (in Parlamento); *my learned —*, illustre collega (in tribunale) // *a — in need is a — indeed*, (*prov.*) un vero amico si conosce nel bisogno **2** protettore; sostenitore: *he was a — to our home for the poor*, egli sosteneva il nostro asilo per i poveri **3** (*relig.*) *Friend*, quacchero, quacchera: *the Society of Friends*, i quaccheri **4** padrino, secondo (in duello).

friendless ['frendlɪs / friend·less] *agg.* senza amici; abbandonato: *to be completely —*, essere solo al mondo.

friendlessness ['frendlɪsnɪs / friend·less·ness] *s.* mancanza di amicizie.

friendlily ['frendlɪlɪ / friend·li·ly] *avv.* (*rar.*) amichevolmente.

friendliness ['frendlɪnɪs / friend·li·ness] *s.* cordialità, benevolenza; amichevolezza.

friendly ['frendlɪ] *agg.* **1** amichevole; affabile, cordiale; amico: *a — nation*, una nazione amica; *in a — manner* (o *way*), amichevolmente, in modo amichevole; *to be — with s.o.*, essere amico di qlcu.; *to be on — terms*, essere in relazioni amichevoli; *to be — towards s.o., sthg.*, essere ben disposto verso qlcu., qlco. // (*dir.*): — *divorce*, divorzio consensuale; — *composition*, transazione amichevole; — *suit*, azione giudiziaria non contenziosa // *Friendly Society*, società di mutuo soccorso **2** propizio, favorevole: — *winds*, venti propizi; *to give s.o. a — reception*, fare una buona accoglienza a qlcu. ◆ *s.* **1** indigeno amico **2** (*sport*) partita, incontro amichevole ◆ *avv.* amichevolmente.

friendship ['frendʃɪp / friend·ship] *s.* amicizia: *a lifelong —*, un'amicizia di tutta la vita; *I did it out of —*, l'ho fatto per amicizia.

frier → **fryer**.

fries [fraɪz] → **French fries**.

Friesian *agg.* e *s.* → **Frisian**.

frieze[1] [fri:z] *s.* rascia (tessuto di lana).

to **frieze**[1] *v.tr.* (*tess.*) ratinare.

frieze[2] *s.* (*arch.*) fregio.

to **frig** [frɪg] *v.intr.* (*volg.*) fottere, scopare // *to — about, around*, non fare un cazzo.

frigate ['frɪgɪt / frig·ate] *s.* (*mar.*) fregata.

frigate bird ['frɪgɪt,bɜ:d] *s.* (*zool.*) fregata.

frigging ['frɪgɪŋ / frig·ging] *agg.* (*volg.*) fottuto, maledetto.

fright [fraɪt] *s.* **1** paura; spavento: *he was seized with —*, la paura lo assalì; *to die of —*, morire di spavento; *to get a —*, spaventarsi; *to give s.o. a —*, spaventare qlcu.; *to take — at*, spaventarsi di **2** (*fam.*) orrore, cosa spaventosa: *to look a —*, avere un aspetto orribile.

to **fright** *v.tr.* (*rar.*) spaventare.

to **frighten** ['fraɪtn] *v.tr.* spaventare, far paura a; terrorizzare: *to — s.o. into*, *out of doing sthg.*, costringere qlcu. a fare, a non fare qlco. facendogli paura // *to — to death*, far morire di paura; *to — (the) hell out of s.o.*, spaventare a morte qlcu. ◆ *v.intr.* impaurirsi, spaventarsi.

□ **frighten away**, **off** *v.tr.* e *avv.* tener lontano, far fuggire (spaventando).

frightful ['fraɪtfʊl / fright·ful] *agg.* **1** spaventevole; terribile **2** (*fam.*) brutto, orribile: *what a — dress!*, che brutto vestito! // **-ly** *avv.* // **-ness** *s.*

frigid ['frɪdʒɪd / fri·gid] *agg.* **1** glaciale: *— climate*, clima polare, clima freddo // *the — zone*, la zona glaciale **2** frigido (*anche med.*); apatico **3** freddo, formale: *she gave us a — welcome*, ella ci accolse freddamente // **-ly** *avv.*

frigidity [frɪ'dʒɪdətɪ / fri·gid·ity] *s.* **1** freddezza **2** frigidità (*anche med.*); apatia **3** formalismo.

frigidness ['frɪdʒɪdnɪs / fri·gid·ness] *s.* **1** frigidezza, freddezza **2** (*med.*) frigidità.

frigorific [,frɪgə'rɪfɪk / fri·gor·ific] *agg.* frigorifero.

frill [frɪl] *s.* **1** balza arricciata, gala **2** *pl.* fronzoli // *to put on frills*, darsi delle arie **3** collare, collarino (di peli o penne di un animale) **4** (*fot.*) distacco (della gelatina).

to **frill** *v.tr.* **1** ornare di gale **2** arricciare ◆ *v.intr.* **1** arricciarsi, incresparsi **2** (*fot.*) staccarsi (della gelatina).

frilled [frɪld] *agg.* ornato con gale; increspato.

frillies ['frɪlɪz] *s.pl.* (*fam.*) sottoveste con increspature, gale.

frilling ['frɪlɪŋ / frill·ing] *s.* **1** increspatura **2** (*fot.*) distacco (della gelatina).

frilly ['frɪlɪ] *agg.* increspato, ornato di gale.

Frimaire [fri:'meə* / Frim·aire] *s.* (*st. francese*) frimaio.

fringe [frɪndʒ] *s.* **1** frangia **2** frangetta (di capelli) **3** orlo; bordo; margine (*anche fig.*): *on the — of the desert*, al limite del deserto // *— theatre*, teatro d'avanguardia // *radical —*, frangia radicale (di un partito) // *lunatic —*, gruppo di estremisti fanatici **4** aspetto marginale: *we've only touched on the fringes of the problem*, abbiamo toccato solo l'aspetto marginale del problema **5** (*fis.*) frangia **6** (*fot.*) iridescenza.

to **fringe** *v.tr.* **1** ornare con frangia **2** orlare, limitare: *a road fringed with poplars*, una strada fiancheggiata da pioppi.

fringe benefit [,frɪndʒ'benɪfɪt] *s.* (*spec. pl.*) (*econ.*) fringe-benefit; beneficio accessorio, vantaggio addizionale, indennità accessoria (del salario).

fringy ['frɪndʒɪ] *agg.* frangiato; ornato di frangia.

frippery ['frɪpərɪ / frip·pery] *s.* U **1** fronzoli (*anche fig.*); cianfrusaglie, ninnoli (*pl.*) **2** ostentazione; affettazione **3** (*ant.*) abiti smessi (*pl.*): *and all the tackling is a frippery*, (DONNE) e tutta la velatura è un insieme di stracci.

frisbee® ['frɪzbi: / fris·bee] *s.* frisbee®.

frisette [frɪ'zet / fri·sette] *s.* (*ant.*) frangetta (di capelli artificiali).

Frisian ['frɪzɪən / Fris·ian] *agg.* e *s.* frisone.

frisk [frɪsk] *s.* **1** salto; capriola: *with a — of his tail*, con un colpo di coda (di cavallo, cane) **2** perquisizione personale **3** (*amer.*) scippo, borseggio.

to **frisk** *v.intr.* saltellare, far capriole: *the kittens were frisking about*, i gattini facevano capriole ◆ *v.tr.* **1** perquisire (una persona) // (*dir. amer.*) *the right to stop and —*, il diritto (della polizia) di fermare e perquisire **2** (*fam. amer.*) scippare, borseggiare.

frisket ['frɪskɪt] *s.* **1** (*tip.*) fraschetta **2** (*tecn. grafica*) mascherina.

friskiness ['frɪskɪnɪs / friski·ness] *s.* allegria; vivacità; il saltellare gaiamente.

frisky ['frɪskɪ] *agg.* gaio; vivace, saltellante: *a — lamb*, un agnellino zampettante // **-ily** *avv.*

frisson ['fri:sɒŋ / fris·son] *s.* brivido di piacere o di eccitazione.

frit [frɪt] *s.* **1** vetro poroso **2** (*tecn. ceramica*) fritta.

to **frit** *pass.p.p.* **fritted** ['frɪtɪd / frit·ted] *v.tr.* (*tecn. vetraria*) calcinare; agglomerare.

fritfly ['frɪtflaɪ / frit·fly] *s.* (*zool.*) (*Oscinella frit*) oscinide, mosca frit.

frith[1] [frɪθ] *s.* (*ant.*) tranquillità; sicurezza.

frith[2] *s.* (*rar.*) **1** bosco, boscaglia; brughiera **2** radura **3** siepe; graticcio **4** macchia, sottobosco.

to **frith**[2] *v.tr.* (*rar.*) **1** cingere con palizzata **2** tagliare (il sottobosco).

frith[3] *s.* estuario → **firth**.

fritillary [frɪ'tɪlərɪ / fri·til·lary] *s.* **1** (*bot.*) (*Fritillaria imperialis*) fritillaria, meleagride SIN. snake's-head **2** (*zool.*) arginnide.

fritter[1] ['frɪtə* / frit·ter] *s.* frittella (di mele ecc.).

fritter[2] *s.* (*gener. pl.*) frammento.

to **fritter**[2] *v.tr.* (*rar.*) tagliuzzare, ridurre in frammenti.

□ **fritter away** *v.tr.* e *avv.* sciupare (denaro, energie ecc.): *he fritters his time away*, butta via il suo tempo.

Fritz [frɪts] *s.* (*sl.*) soldato tedesco.

to **frivol** ['frɪvl] *pass.p.p.* **frivolled** ['frɪvld / friv·olled] *v.intr.* **1** frivoleggiare **2** gingillarsi ◆ *v.tr.* sprecare, sperperare (tempo, denaro) // *they frivolled their lives away in meaningless amusement*, sciupavano la loro vita in futili divertimenti.

frivolity [frɪ'vɒlətɪ / fri·vol·ity] *s.* frivolezza, leggerezza; futilità; vanità.

frivolous ['frɪvələs / friv·ol·ous] *agg.* frivolo, leggero; vano // **-ly** *avv.*

frivolousness ['frɪvələsnɪs / friv·ol·ous·ness] → **frivolity**.

frizz[1] [frɪz] *s.* ricciolo, riccio; capelli ricci (*pl.*)

to **frizz**[1] *v.tr.* **1** arricciare; increspare (capelli) **2** (*tess.*) ratinare ◆ *v.intr.* arricciarsi; incresparsi (di capelli).

to **frizz**[2] *v.intr.* sfrigolare, sfriggere.

frizzle[1] ['frɪzl] *s.* capelli ricci, crespi (*pl.*)

to **frizzle**[1] *v.tr.* arricciare (capelli) ◆ *v.intr.* arricciarsi (di capelli).

to **frizzle**[2] *v.tr.* cuocere alla griglia; friggere ◆ *v.intr.* sfrigolare (di grassi ecc.).

frizzly ['frɪzlɪ] **frizzy** ['frɪzɪ] *agg.* crespo, riccio, ricciuto (di capelli).

fro [frəʊ] *avv.* usato solo nella locuz.: *to and —*, avanti e indietro.

frock [frɒk] *s.* **1** abito, vestito intero (da donna, bimbo) **2** (*eccl.*) tonaca; (*fig.*) ufficio sacerdotale **3** (*antiq.*) giubbotto; grembialone (degli operai); giubba militare; maglia di marinaio.

to **frock** *v.tr.* rivestire dell'abito talare; ordinare.

frock coat ['frɒk,kəʊt] *s.* redingote.

frog[1] [frɒg] *s.* **1** rana, ranocchio // *to have a — in one's throat*, avere la voce rauca **2** (*spreg.*) francese (lingua o persona) • Dall'usanza dei francesi di mangiare rane **3** (*vet.*) afta **4** (*ferr.*) cuore; (*amer. ferr.*) rotaia a zampa di lepre.

frog[2] *s.* fettone, forchetta (in zoccolo di cavallo).

frog[3] *s.* **1** fermaglio, dragona (di spada) **2** alamaro, allacciatura di giacca militare.

frogeater ['frɒgi:tə* / frog·eater] *s.* (*spreg. non com.*) francese.

frog fish ['frɒg,fɪʃ] *s.* (*zool.*) **1** rana pescatrice → angler **2** (*Bufo marinus*) rospo marino.

froggy ['frɒgɪ] *agg.* **1** simile a rana **2** pieno di rane.

frog-hopper ['frɒg,hɒpə*] *s.* (*zool.*) (*Philaenus spumarius*) sputacchina SIN. cuckoo-spit.

frogman ['frɒgmən / frog·man] *pl.* **frogmen** *s.* uomo-rana, sommozzatore.

to **frogmarch** ['frɒg,mɑ:tʃ / frog·march] *v.tr.* far avanzare, spingere qlcu. (che ha le braccia legate dietro la schiena).

frogmouth ['frɒg,maʊθ / frog·mouth] *s.* (*zool.*) (*Podargus strigoides*) podargo.

frogspawn ['frɒgzpɔ:n / frog·spawn] *s.* **1** uova di rana **2** (*bot.*) alga d'acqua dolce.

frog-tongue ['frɒg,tʌŋ] *s.* (*med.*) ranula.

frolic ['frɒlɪk] *agg.* (*ant.*) scherzoso, allegro ◆ *s.* gioco, divertimento; scherzo, burla; monelleria.

to **frolic** *v.intr.* **1** fare scherzi, divertirsi **2** saltellare; fare capriole.

frolicsome ['frɒlɪksəm / frol·ic·some] *agg.* (*non com.*) allegro, vivace, scherzoso, pazzerello // **-ly** *avv.* // **-ness** *s.*

from [frɒm (*forma forte*) frəm (*forma debole*)] *prep.* **1** (*origine, provenienza*) da; di; da parte di: *"Where does she come —?" "From Norway"*, "Da dove viene?" "Dalla Norvegia"; *they are — Madrid*, sono di Madrid; *the water came — the tap*, l'acqua veniva dal rubinetto; *I'd like you to meet Jenny — our sales office*, desidererei che incontraste Jenny del nostro ufficio vendite; *this leaflet is — the insurance company*, questo depliant è della (viene dalla) compagnia di assicurazione; *he bought his car — a Ford agent*, ha acquistato la macchina da un concessionario Ford; *he took the money — his wallet*, prese il denaro dal portafoglio; *this figurine is made — Chinese jade*, questa statuetta è (fatta) di giada cinese; *she's sick again but she won't get much sympathy*

— *her employers*, è di nuovo ammalata ma non avrà molta comprensione da parte dei suoi datori di lavoro; *the postcard's — my daughter*, la cartolina è di (viene da) mia figlia; *he sang a song — the film*, cantò una canzone tratta dal film; *he got all the information — the police*, ebbe tutte le informazioni dalla polizia; *tell him — me*, diglielo da parte mia **2** (*causa, ragione*) per, a causa di, da: *he was pale — fright*, era pallido dalla paura; *she often suffers — headaches*, soffre spesso di mal di testa; *that writer died — pneumonia*, quello scrittore morì di polmonite; *— sheer nervousness she made a lot of mistakes in the interview*, fece molti errori nell'intervista per puro e semplice nervosismo; *his eyes hurt — the strong sunlight*, gli bruciavano gli occhi per la forte luce del sole; *the argument arose — a remark by his mother*, la discussione sorse a seguito di un'osservazione di sua madre; *— my point of view, speaking — experience, August isn't the best time for a holiday*, dal mio punto di vista, parlo per esperienza, agosto non è il periodo migliore per una vacanza; *I could see — her face she didn't like the present*, dall'espressione del suo viso capii che il regalo non le piaceva **3** (*estensione, cambiamento*) da: *it's just a hundred metres — the church to the supermarket*, sono solo 100 metri dalla chiesa al supermercato; *the road runs — the capital straight to the coast*, la strada corre dalla capitale direttamente alla costa; *she was translating — German into English*, traduceva dal tedesco in inglese; *he knows his job — A to Z*, conosce il suo lavoro dall'a alla zeta, alla perfezione; *how far is it — London to Brighton?*, quanto c'è da Londra a Brighton?; *— office-boy he became a manager*, da fattorino divenne direttore // *— beginning to end*, dall'inizio alla fine // *— first to last*, dal primo all'ultimo // *— bad to worse*, di male in peggio // *— top to toe*, da capo a piedi // *he lives — hand to mouth*, vive alla giornata **4** (*in espressioni di tempo*) da, a partire da; di: *— childhood*, fin dall'infanzia; *— April you will have to pay more tax*, a partire da aprile dovrai pagare più tasse; *we had no rain — June to August*, non abbiamo avuto pioggia da giugno ad agosto; *he was washing the glasses — last night's party*, stava lavando i bicchieri della festa di ieri sera; *these are the photos — last year's holiday*, queste sono le foto delle vacanze dell'anno scorso // *— day to day*, di giorno in giorno // *— now on*, d'ora in avanti // *— morning to night*, da mattina a sera // (*comm.*) *as — today*, a datare da oggi **5** (*impedimento, ostacolo*) da, di: *the security door stopped them — entering the bank*, la porta di sicurezza impedì loro di entrare nella banca; *we hid the Christmas toys — the children*, nascondemmo i giocattoli di Natale alla vista dei bambini; *you must prevent them — seeing the report*, devi impedire che loro vedano la relazione; *keep the dog away — the traffic*, tieni il cane lontano dal traffico **6** (*spostamento, allontanamento, assenza*) da: *— Milan they drove down to Florence*, sono andati in macchina da Milano a Firenze; *we ran — the bus to get the train*, dall'autobus corremmo a prendere il treno; *they're away — home this week*, sono assenti da casa questa settimana; *she was absent — school for three weeks*, è stata assente da scuola per tre settimane; *she's not back — shopping yet*, non è ancora tornata dalla spesa; *we swept the pieces of glass — the carpet*, spazzammo via i pezzi di vetro dal tappeto // *20 — 50 leaves 30*, 50 meno 20 fa 30 **7** (*posizione*) da: *you can see a lot of London — the top of a bus*, si può vedere molto di Londra dal piano superiore di un autobus; *— upstairs she heard the car stop in front of the house*, dal piano di sopra ella udì la macchina fermarsi davanti alla casa; *the door opened — the inside*, la porta si apriva dall'interno; *the flag was hanging — a pole in the square*, la bandiera pendeva da un palo nella piazza; *the nail was sticking out — the wall*, il chiodo sporgeva dal muro; *the book fell — the table*, il libro cadde dal tavolo // *— afar*, da lontano // *— among*, tra: *you've to choose one — among these*, devi scegliere uno di questi **8** (*differenza, distinzione*) da: *this cake is no different — the other*, questa torta non è diversa dall'altra; *the twins are so like I can't tell one — the other*, i gemelli sono così identici che non riesco a distinguere l'uno dall'altro.

frond [frɒnd] *s.* (*bot.*) **1** fronda (di felce, di palma) **2** tallo fogliaceo.

frondage ['frɒndɪdʒ / frond·age] *s.* fogliame, fronde (*pl.*).

Fronde ['frɔːnd] *s.* **1** (*st. francese*) fronda **2** (*rar.*) partito d'opposizione, ribelle.

frondose ['frɒndəʊs / frond·ose] *agg.* frondoso.

front [frʌnt] *agg.* **1** di fronte, davanti, anteriore: *— wheel*, ruota anteriore; *— garden*, giardino davanti alla casa; *— door*, ingresso, porta principale **2** (*fon.*) palatale, anteriore **3** di copertura, che è una copertura: *a — organization*, un'organizzazione di copertura.

front *s.* **1** parte anteriore, davanti; facciata: *the — of the house*, la facciata della casa; *the — of the train*, la parte anteriore del treno; *the — of the postcard*, la parte illustrata della cartolina // *to come to the —*, (*fig.*) mettersi in evidenza // *in —*, davanti, di fronte: *to go in —*, andare avanti // *in — of*, davanti a: *the house in — of the church*, la casa di fronte alla chiesa; *he was in — of me*, era davanti a me // *at the — of the book*, nella prima pagina del libro; *on the — of the book*, sulla copertina del libro // *out —*, fra il pubblico: *he sat out —*, sedeva fra il pubblico **2** (*mil., pol.*) fronte: *to be sent to the —*, essere mandato al fronte; (*mil.*) *home* (o *domestic*) *—*, fronte interno; *popular —*, fronte popolare // *what's happening on the theatre —?*, cosa succede nel mondo del teatro? **3** (*meteor.*) fronte: *meteorological —*, fronte meteorologico; *cold, occluded —*, fronte freddo, occluso **4** (passeggiata) lungomare: *a house on the —*, una casa sul lungomare **5** comportamento, atteggiamento (non corrispondente alla realtà); (*fig.*) facciata: *to put on a — of happiness*, assumere un atteggiamento felice; *to present* (o *to put*) *a bold — on a situation*, fingere disinvoltura, coraggio in una situazione **6** sfrontatezza: *to have the — to do sthg.*, avere la sfrontatezza di fare qlco. **7** (*fam.*) copertura (per azioni illecite): *the company is a — for Mafia activity*, la società è una copertura dell'attività mafiosa **8** (*non com.*) fronte; viso: *he had wounds on his neck and —*, aveva ferite sul collo e sul viso **9** (*abbigl.*) sparato; pettino.

to **front** *v.intr.* essere esposto (a); essere situato in faccia, davanti (a); guardare (su): *the windows — on to the garden*, le finestre guardano sul giardino ◆ *v.tr.* **1** fronteggiare, essere davanti a: *the garden fronted the house*, il giardino fronteggiava la casa **2** (*arch.*) fare una facciata a (un edificio) **3** essere guida di, capeggiare **4** (*mus.*) dirigere: *the guitarist fronts the band*, il chitarrista dirige la banda **5** affrontare, fronteggiare; tenere testa a **6** fare da copertura a: *the nightclub fronts* (*for*) *a gambling operation*, il nightclub fa da copertura al gioco d'azzardo.

frontage ['frʌntɪdʒ / front·age] *s.* **1** esposizione, fronte (di un edificio); terreno compreso tra la facciata di una casa e la strada **2** (*arch.*) facciata **3** veduta, prospetto.

frontager ['frɒntɪdʒə* / front·ager] *s.* (*dir.*) frontista.

frontal ['frʌntl] *agg.* frontale: *— attack*, attacco frontale // (*anat.*): *— lobe*, lobo frontale; *— bone*, osso frontale ◆ *s.* **1** (*arch.*) facciata **2** (*eccl.*) paliotto.

frontally ['frʌntəlɪ / front·ally] *avv.* di fronte.

frontbench ['frʌnt,bentʃ / front·bench] *s.* *collettivo* (*in Gran Bretagna*) i dirigenti, i massimi esponenti del partito al governo o d'opposizione • Perché alla Camera dei Comuni siedono nelle prime file.

frontbencher [,frʌnt'bentʃə* / front·bencher] *s.* (*in Gran Bretagna*) parlamentare che ha un ruolo importante nel governo o all'opposizione; ministro.

front cover [,frʌnt'kʌvə*] *s.* copertina (di libro, quaderno ecc.).

frontdoor [,frʌnt'dɔː* / front·door] *s.* (*inform.*) metodo standard di collegamento.

fronted ['frʌntɪd] *agg.* (*arch.*) munito di facciata.

frontier ['frʌn,tɪə* *amer.* frʌn'tɪə* / fron·tier] *s.* **1** confine, frontiera **2** frontiera, estremi limiti della civiltà (spec. negli Stati Uniti al tempo dei pionieri in marcia verso l'Ovest) **3** (*fig. gener. pl.*) confini, limiti: *frontiers of knowledge*, limiti della conoscenza **4** (*ant.*) fortificazione: *and thou hast talk'd... / ...of palisadoed frontiers, parapets*, (SH. Henry IV) e parlavi di... fortificazioni a palizzate, parapetti.

frontier(s)man ['frʌn,tɪə(z)mən / fron·tier(s)·man] *pl.* **frontier(s)men** *s.* **1** abitante di frontiera **2** pioniere (spec. negli Stati Uniti al tempo della marcia verso l'Ovest).

frontispiece ['frʌntɪspiːs / fron·tis·piece] *s.* **1** (*arch.*) facciata; frontespizio **2** (*tip.*) illustrazione che fronteggia il frontespizio.

to **frontispiece** *v.tr.* **1** (*arch.*) munire di frontespizio **2** (*tip.*) mettere (un'illustrazione) a sinistra del frontespizio.

frontlet ['frʌntlɪt / front·let] *s.* **1** benda per la fronte **2** fronte (di animale) **3** (*eccl.*) paliotto.

front man ['frʌntmæn] *s.* **1** addetto alle pubbliche relazioni in una grande impresa **2** (*fig.*) uomo di punta.

front name [,frʌnt'neɪm] *s.* (*fam. amer.*) nome proprio, nome di battesimo.

front office [,frʌnt'ɒfɪs] *s.* (*amer.*) direzione.

frontogenesis [,frʌntəʊ'dʒenɪsɪs / fronto·gen·esis] *s.* (*meteor.*) frontogenesi.

fronton ['frʌntən] *s.* (*arch.*) frontone.

front page [,frʌnt'peɪdʒ] *s.* prima pagina (di giornale, libro ecc.).

front-page ['frʌntpeɪdʒ] *agg. attr.* da prima pagina.

front rank ['frʌntræŋk] *s.* (*mil.*) prima linea: *to be in the* —, essere in prima linea; (*fig.*) essere noto, importante.

frontward(s) ['frʌntwəd(z) / front·ward(s)] *avv.* sul davanti; in avanti.

frore [frɔ:*] *agg.* (*rar.*) gelato, ghiacciato.

frost [frɒst *amer.* frɔ:st] *s.* **1** gelo, gelata; brina; ghiaccio superficiale: *white* —, brina; *black* —, freddo intenso, senza brina // *Jack Frost*, il Gelo (personificato) **2** congelamento **3** (*fig.*) freddezza **4** (*sl.*) fiasco, insuccesso.

to **frost** *v.tr.* **1** far gelare (piante ecc.); coprire di brina **2** (*cuc.*) candire, glassare; congelare (cibi) **3** ghiacciare, smerigliare (vetro ecc.) **4** ferrare a ghiaccio (un cavallo).
□ **frost over** *v.intr.* e *avv.* ricoprirsi di brina.

frostbite ['frɒsˌbaɪt *amer.* 'frɔ:sˌbaɪt / frost·bite] *s.* (*med.*) (sintomi da) congelamento.

to **frostbite** *pass.* **frostbit** ['frɒsˌbɪt *amer.* 'frɔ:sˌbɪt / frost·bit] *p.p.* **frostbitten** ['frɒsˌbɪtn *amer.* 'frɔ:sˌbɪtn / frost·bit·ten] *v.tr.* congelare.

frostbound ['frɒsˌbaʊnd *amer.* 'frɔ:sˌbaʊnd / frost·bound] *agg.* gelato, ghiacciato (di terreno).

frosted ['frɒstɪd *amer.* 'frɔ:stɪd] *agg.* **1** gelato; brinato; (di cibo) congelato **2** (*cuc. amer.*) glassato **3** ghiacciato, smerigliato.

frostily ['frɒstɪlɪ *amer.* 'frɔ:stɪlɪ / frost·ily] *avv.* in modo glaciale, gelido (*anche fig.*).

frostiness ['frɒstɪnɪs *amer.* 'frɔ:stɪnɪs / frosti·ness] *s.* **1** freddo glaciale **2** (*fig.*) freddezza: *the — of my reception*, l'accoglienza gelida che mi è stata fatta.

frosting ['frɒstɪŋ *amer.* 'frɔ:stɪŋ / frost·ing] *s.* **1** (*cuc. amer.*) glassatura BRIT. icing **2** ghiacciatura, smerigliatura.

frost-weed ['frɒstwi:d *amer.* 'frɔ:stwi:d] *s.* (*bot.*) eliantemo → **rock rose**.

frosty ['frɒstɪ *amer.* 'frɔ:stɪ] *agg.* gelato; (*fig.*) glaciale, gelido.

froth [frɒθ] *s.* **1** schiuma, spuma (di birra ecc.) **2** (*fig.*) frivolezza; futilità (di discorso) **3** bava, schiuma.

to **froth** *v.intr.* far schiuma, spumare: *the mad dog frothed at the mouth*, il cane idrofobo aveva la bava alla bocca // *he's frothing at the mouth*, (*fig.*) è molto arrabbiato ♦ *v.tr.* ricoprire di schiuma, far spumare.

frothily ['frɒθɪlɪ / froth·ily] *avv.* **1** con spuma, schiuma; in modo spumeggiante **2** (*fig.*) frivolamente, futilmente.

frothiness ['frɒθɪnɪs / frothi·ness] *s.* **1** spumosità **2** (*fam. fig.*) futilità (di discorso).

frothy ['frɒθɪ] *agg.* **1** schiumoso **2** leggero, vaporoso (di tessuto) **3** (*fam.*) frivolo, vuoto (di discorso).

frou-frou ['fru:fru:] *s.* fruscio (spec. di abiti).

frow [fraʊ] *s.* (donna) olandese.

froward ['frəʊəd / fro·ward] *agg.* (*rar.*) ritroso, ostinato, ribelle // **-ly** *avv.* // **-ness** *s.*

frown [fraʊn] *s.* l'aggrottare delle ciglia; cipiglio, viso arcigno; occhiata di disapprovazione.

to **frown** *v.intr.* aggrottare le ciglia; avere un'espressione arcigna: *to — at* (o *upon*) *s.o., sthg.*, guardare qlcu. in cagnesco; disapprovare qlcu., qlco.: *his religion frowns upon alcohol*, la sua religione disapprova il consumo di alcool ♦ *v.tr.* esprimere con aria arcigna: *he frowned his dissent*, manifestò il suo dissenso aggrottando le ciglia.

frowning ['fraʊnɪŋ / frown·ing] *agg.* **1** accigliato, arcigno **2** scuro, minaccioso (di cose) // **-ly** *avv.*

frowst [fraʊst] *s.* aria surriscaldata, viziata.

frowsty ['fraʊstɪ] *agg.* di cattivo odore, che sa di rinchiuso, viziato (di aria).

frowziness ['fraʊzɪnɪs / frow·zi·ness] *s.* (*non com.*) **1** puzza di rinchiuso, aria viziata **2** sciatteria; sporcizia.

frowzy ['fraʊzɪ] *agg.* **1** che puzza di rinchiuso, viziato (di aria) **2** mal tenuto, sciatto; sporco.

froze *pass.* di to **freeze**.

frozen ['frəʊzn] *p.p.* di to **freeze** ♦ *agg.* gelato, ghiacciato (*anche fig.*); (di cibo) congelato: *the lake is* —, il lago è gelato; — *with fear*, agghiacciato dalla paura; — *meat*, carne congelata // (*comm.*): — *account*, conto congelato; — *assets*, beni bloccati (per ordine del tribunale o perché la vendita immediata comporterebbe grosse perdite).

fructed ['frʌktɪd] *agg.* (*arald.*) fruttato, che porta frutta.

Fructidor [ˌfrju:kti:'dɔ:* / Fruct·idor] *s.* (*st. francese*) fruttidoro.

fructiferous [frʌk'tɪfərəs / fruc·ti·fer·ous] *agg.* fruttifero.

fructification [ˌfrʌktɪfɪ'keɪʃn / fruc·ti·fica·tion] *s.* **1** fruttificazione **2** organi riproduttori della pianta.

to **fructify** ['frʌktɪfaɪ / fruct·ify] *v.tr.* rendere fruttifero; fertilizzare ♦ *v.intr.* (*form.*) fruttificare, produrre frutti (*anche fig.*).

fructose ['frʌktəʊs / fruct·ose] *s.* fruttosio.

to **fructuate** ['frʌktjʊeɪt / fruc·tu·ate] *v.intr.* (*form.*) fruttificare.

fructuation [ˌfrʌktjʊ'eɪʃn / fruc·tu·ation] *s.* fruttificazione (*anche fig.*).

fructuous ['frʌktjʊəs / fruc·tu·ous] *agg.* fruttuoso; fruttifero (*anche fig.*).

frugal ['fru:gl / fru·gal] *agg.* frugale, parco, sobrio; parsimonioso, economo: *he leads a — life*, conduce una vita sobria; — *meal*, pasto frugale // **-ly** *avv.*

frugalist ['fru:gəlɪst / fru·gal·ist] *s.* (*non com.*) persona frugale.

frugality [fru:'gælɪtɪ / fru·gal·ity] *s.* frugalità, sobrietà; parsimonia.

frugiferous [fru:'dʒɪfərəs / fru·gi·fer·ous] *agg.* frugifero.

frugivorous [fru:'dʒɪvərəs / fru·gi·vor·ous] *agg.* (*zool.*) frugivoro.

fruit [fru:t] *s.* **1** frutto; frutta: *the persimmon is the — of an oriental tree*, il caco è il frutto di un albero orientale; *to be in* —, portare frutti; — *is good for children*, la frutta fa bene ai bambini; *do you eat much —?*, mangi molta frutta?; *dry* —, frutta secca; *first fruits*, primizie // — *knife*, coltello da frutta **2** frutto, prodotto della terra: *the fruits of the earth*, i diversi prodotti della terra **3** organo riproduttore di una pianta **4** (*gener. pl.*) (*fig.*) frutto, prodotto, risultato: *the fruits of labour*, i frutti del lavoro; *her knowledge was the — of much study*, la sua cultura era il frutto di lunghi studi; *to bear* —, dare risultati **5** (*Bibbia*) figli, discendenza **6** (*sl. spec. amer.*) omosessuale.

to **fruit** *v.intr.* fruttificare, produrre frutti: *this tree fruits well*, questo albero dà buoni frutti ♦ *v.tr.* far fruttificare, far produrre frutti a.

fruitage ['fru:tɪdʒ / fruit·age] *s.* (*non com.*) **1** frutta **2** (*non com., fig.*) risultato, prodotto, conseguenza.

fruit-bud ['fru:tbʌd] *s.* gemma fruttifera.

fruit-cake ['fru:tkeɪk] *s.* **1** panfrutto® **2** (*sl.*) pazzo.

fruiter ['fru:tə*] *s.* **1** commerciante di frutta; venditore di frutta **2** albero da frutto **3** nave per trasporto di frutta.

fruiterer ['fru:tərə* / fruit·erer] *s.* commerciante di frutta; fruttivendolo.

fruitery ['fru:tərɪ / fruit·ery] *s.* **1** magazzino per la frutta **2** frutta.

fruit fly ['fru:tflaɪ] *s.* (*zool.*) moscerino della frutta; drosofila.

fruitful ['fru:tfʊl / fruit·ful] *agg.* **1** fruttifero, fertile: *a — soil*, un terreno fertile; *a — tree*, un albero fruttifero **2** prolifico, fecondo **3** redditizio, vantaggioso, rimunerativo: *a — plan*, un piano vantaggioso // **-ly** *avv.*

fruitfulness ['fru:tfʊlnɪs / fruit·ful·ness] *s.* **1** fertilità, fecondità (*anche fig.*) **2** vantaggio, utilità.

fruit-grower ['fru:tgrəʊə*] *s.* frutticoltore.

fruit-growing ['fru:tgrəʊɪŋ] *s.* frutticoltura.

fruiting body ['fru:tɪŋˌbɒdɪ] *s.* (*bot.*) corpo fruttifero.

fruition [fru:'ɪʃn / fru·ition] *s.* **1** realizzazione (di speranze): *their plans came to* —, i loro piani si realizzarono **2** (*antiq.*) godimento, gioia (di possedere una cosa desiderata).

fruitless ['fru:tlɪs / fruit·less] *agg.* **1** sterile, arido, che non dà frutti (*anche fig.*) **2** svantaggioso, inutile, vano // **-ly** *avv.* // **-ness** *s.*

fruit machine ['fru:tmə'ʃi:n] *s.* slot machine AMER. one-armed bandit.

fruit salad [ˌfru:t'sæləd] *s.* macedonia di frutta.

fruit sugar ['fru:tˌʃʊgə*] *s.* (*chim.*) fruttosio, zucchero di frutta.

fruit-tree ['fru:tˌtri:] *s.* albero da frutto.

fruity ['fru:tɪ] *agg.* **1** che sa di frutta; fruttato (di vino) **2** ricco, profondo (di voce) **3** (*fam.*) piccante, spinto.

frumentaceous [ˌfru:mən'teɪʃəs / fru·menta·ceous] *agg.* frumentaceo.

frumentarious [ˌfru:mən'teərɪəs / fru·ment·ar·ious] *agg.* frumentario.

frumentation [ˌfru:men'teɪʃn / fru·menta·tion] *s.* (*st. romana*) frumentazione.

frumenty ['fru:məntɪ / fru·menty] *s.* (*cuc.*) frumento cotto nel latte.

frump [frʌmp] *s.* **1** (*sl.*) persona (spec. donna), vestita con abiti fuori moda; donna sciatta, trascurata **2** *pl.* (*rar., dial.*) paturnie, malumore.

frumpish ['frʌmpɪʃ / frump·ish] **frumpy** ['frʌmpɪ] *agg.* **1** fuori moda; sciatto, trasandato, malvestito **2** irritabile; intrattabile.

to **frustrate** [frʌ'streɪt *amer.* 'frʌstreɪt / frus·trate] *v.tr.* frustrare; deludere; ostacolare, rendere inutile, vano: *frustrated ambition*, ambizione frustrata; *to — a plot*, vanificare, far fallire un complotto.

frustrating [frʌ'streɪtɪŋ / frus·trat·ing] *agg.* frustrante, deludente; mortificante.

frustration [frʌ'streɪʃn / frus·tra·tion] *s.* **1**

frustrazione (*anche psic.*) **2** (*dir.*) annullamento di un contratto per impossibilità di esecuzione.

frustrative ['frʌstreɪtɪv / frus·trat·ive] **frustratory** ['frʌstrətərɪ / frus·trat·ory] *agg.* (*non com.*) frustrante.

frustule ['frʌstʃu:l / frust·ule] *s.* (*bot.*) frustulo.

frustum ['frʌstəm] *pl.* **frustums**, **frusta** ['frʌstə] *s.* (*mat.*) tronco (di solido): — *of cone*, tronco di cono.

frutescent [fru:'tesənt / fru·tes·cent] *agg.* che dà frutti.

frutex ['fru:teks / fru·tex] *pl.* **frutices** ['fru:tɪsi:z / fru·tices] *s.* (*bot.*) frutice, arbusto.

fruticose ['fru:tɪkəʊs / fru·tic·ose] *agg.* (*bot.*) fruticoso.

to **frutify** ['fru:tɪfaɪ / fru·tify] *v.intr.* (*ant.*) fruttificare (*anche fig.*) ◆ *v.tr.* (*ant.*) fecondare, fertilizzare.

fry[1] [fraɪ] *s.* (*cuc.*) fritto, frittura.

to **fry**[1] *pass.p.p.* **fried** [fraɪd] *v.tr.* friggere, far friggere: *fried eggs*, uova fritte; *to — fish*, friggere pesce ◆ *v.intr.* **1** friggere: *the rice was frying nicely*, il riso friggeva bene; *to — with impatience*, (*fig.*) essere impaziente **2** (*fam.*) bruciare al sole **3** (*sl. amer.*) essere giustiziati sulla sedia elettrica.

fry[2] *s.pl.* **1** avannotti; pesci appena nati // *small* —, (*fig.*) pesci piccoli (persone di poca importanza) **2** piccoli (di animali multipari).

fryer ['fraɪə*] *s.* **1** friggitrice **2** (*amer.*) pollo novello (adatto per la frittura).

frying pan ['fraɪɪŋ,pæn] amer. **fry pan** ['fraɪpæn] *s.* padella per friggere // *to jump out of the — into the fire*, cadere dalla padella nella brace.

fry-up ['fraɪʌp] *s.* (*fam.*) **1** (*cuc.*) fritto misto **2** (*estens.*) pasto veloce, spuntino (a base di fritto misto).

to **fub off** [fʌb'ɒf] *v.tr.* e *avv.* (*ant.*) sbarazzarsi di; liquidare (con un inganno): *I have borne... and have been fubbed off*, (SH. Henry IV) ho sopportato... e sono stata liquidata con un inganno.

fuchsia ['fju:ʃə / fuch·sia] *s.* **1** (*bot.*) fucsia **2** color fucsia.

fuchsine ['fu:ksɪn / fuchs·ine] *s.* (*chim.*) fucsina.

fuchsite ['fu:ksaɪt / fuchs·ite] *s.* (*min.*) fucsite.

fuck [fʌk] *s.* (*volg.*) scopata, chiavata // *not give a* —, fottersene, fregarsene.

to **fuck** *v.tr.* (*volg.*) fottere: — *you!*, (*sl.*) fottiti, vaffanculo // *it's no fucking use*, non serve a un cazzo ◆ *v.intr.* fottersi.

□ **fuck about**, **around** *v.intr.* e *avv.* (*volg.*): *he's fucking about all day*, non fa un cazzo tutto il giorno; *what are you fucking around with my camera for?*, cosa cazzo fai con la mia macchina fotografica? ◆ *v.tr.* e *avv.* (*volg.*) prendere per il culo: *now don't — me around! Give me the money!*, smettila di prendermi per il culo e dammi i miei soldi!

□ **fuck off** *v.intr.* e *avv.* (*volg.*) togliersi dai piedi: — *off!*, vaffanculo!

□ **fuck up** *v.tr.* e *avv.* (*volg.*) incasinare.

fuck all ['fʌkɔ:l] *s.* (*volg.*) assolutamente niente.

fucked ['fʌkt] *agg.* **1** fottuto **2** stanco morto, esausto.

fucus ['fju:kəs / fu·cus] *pl.* **fuci** ['fju:saɪ] *s.* (*bot.*) fuco.

fuddle ['fʌdl] *s.* **1** stato di confusione mentale, annebbiamento: *to be in a* —, essere annebbiato, confuso **2** baldoria, gozzoviglia.

to **fuddle** *v.tr.* confondere, intontire, istupidire: *the wine has fuddled his brain*, il vino gli ha annebbiato il cervello ◆ *v.intr.* far baldoria, gozzovigliare.

fuddy-duddy ['fʌdɪ'dʌdɪ] *agg.attr.* (*sl.*) pedante; reazionario ◆ *s.* (*sl.*) codino, retrogrado, matusa.

fudge [fʌdʒ] *inter.* sciocchezze!

fudge *s.* **1** (*cuc.*) dolce caramellato con cioccolata **2** fandonia, frottola **3** notizia stampata all'ultimo momento.

to **fudge** *v.tr.* **1** rattoppare, rappezzare, mettere insieme alla meglio **2** imbrogliare, truffare; falsificare **3** eludere, sottrarsi a: *don't let them — the issue*, fate in modo che non eludano il problema ◆ *v.intr.* **1** agire disonestamente, imbrogliare **2** eludere un problema; sottrarsi (a).

fuel [fjʊəl] *s.* **1** combustibile, carburante; (*fam.*) benzina // — *oil*, nafta, olio combustibile // (*aut.*): — *gauge*, indicatore del livello di carburante; — *pump*, pompa del carburante // (*fis. nucleare*) — *element*, elemento di combustibile // *to add — to* (o *to fan*) *the flames*, (*fig.*) soffiare sul fuoco **2** (*fig.*) alimento, esca.

to **fuel** *pass.p.p.* **fuelled** ['fjʊəld] *v.tr.* **1** alimentare di combustibile (una fornace ecc.); fornire di carburante **2** (*fig.*) alimentare ◆ *v.intr.* rifornirsi di combustibile, di carburante // *they quickly fuelled up and took off again*, si rifornirono velocemente di carburante e decollarono di nuovo.

fuel cell ['fjʊəl,sel] *s.* (*chim.*, *fis.*) pila a combustibile.

fuel-injection [,fjʊəlɪn'dʒekʃn] *agg.attr.* (*aut.*) a iniezione: — *engine*, motore a iniezione.

fuelling station ['fjʊəlɪŋ,steɪʃn] *s.* stazione di rifornimento.

fug [fʌg] *s.* (*fam.*) odore di stantio, di chiuso.

to **fug** *pass.p.p.* **fugged** [fʌgd] *v.intr.* (*fam.*) stare in un'atmosfera pesante, impura.

fugacious [fju:'geɪʃəs / fu·ga·cious] *agg.* (*non com.*) fugace, effimero (*anche bot.*).

fugaciousness [fju:'geɪʃəsnɪs / fu·ga·cious·ness] *s.* (*non com.*) fuggevolezza, fugacità.

fugacity [fju:'gæsɪtɪ / fu·gac·ity] *s.* (*fis.*, *chim.*) fugacità.

fuggy ['fʌgɪ] *agg.* (*fam.*) stantio.

fugitive ['fju:dʒɪtɪv / fu·git·ive] *agg.* **1** fuggitivo, fuggiasco **2** passeggero, effimero, temporaneo, fugace ◆ *s.* **1** fuggitivo, fuggiasco; disertore; evaso: — *from justice*, latitante **2** profugo, esiliato.

fugitively ['fju:dʒɪtɪvlɪ / fu·git·ive·ly] *avv.* fuggevolmente.

fugitiveness ['fju:dʒɪtɪvnɪs / fu·git·ive·ness] *s.* fuggevolezza.

fugleman ['fju:glmæn / fugle·man] *pl.* **fuglemen** ['fju:glmen] *s.* **1** (*mil. ant.*) capofila **2** (*fig. non com.*) guida; organizzatore; portavoce.

fugue [fju:g] *s.* (*mus.*) fuga.

to **fugue** *v.intr.* (*mus.*) comporre una fuga; eseguire una fuga.

fuguist ['fju:gɪst] *s.* (*mus.*) compositore di fughe; esecutore di fughe.

-ful [fʊl] *suff.* di origine anglosassone; si usa per formare **1** *agg. da sostantivi*, col significato di 'pieno di': *colourful*, colorato (pieno di colore); *cheerful*, gaio; *painful*, doloroso **2** *s. da altri sostantivi*, per indicare un contenuto, una misura determinata dal s. di origine: *a cupful*, una tazza (il contenuto di una tazza); *a forkful*, una forchettata; *a glassful*, un bicchiere • Il pl. di questi sostantivi è o in *-ful* (cioè invar.) o in *-fuls* (cioè regolare): *he drinks cupful(s) of tea every day*, beve tazze di tè ogni giorno.

fulcrum ['fʌlkrəm / ful·crum] *pl.* **fulcra** ['fʌlkrə / ful·cra] *s.* **1** (*fis.*) fulcro **2** (*bot.*) viticcio.

to **fulfil** [fʊl'fɪl / ful·fil] *pass.p.p.* **fulfilled** [fʊl'fɪld / ful·filled] *v.tr.* **1** eseguire; adempiere; ubbidire a: *to — a duty*, adempiere un dovere; *to — an engagement*, mantenere un impegno; *to — the conditions of a contract*, rispettare le condizioni di un contratto **2** soddisfare; esaudire; appagare: *to — one's desire*, soddisfare un proprio desiderio; *to — the requirements*, corrispondere ai requisiti, avere i requisiti richiesti; *to — one's ambitions*, realizzare le proprie ambizioni // *she fulfilled herself as a dancer*, si è realizzata come ballerina **3** finire, completare (periodo ecc.): *my days are fulfilled*, i miei giorni sono terminati.

to **fulfill** (*amer.*) → to **fulfil**.

fulfiller [fʊl'fɪlə* / ful·fil·ler] *s.* esecutore.

fulfilment [fʊl'fɪlmənt / ful·fil·ment] *s.* **1** adempimento; realizzazione; esaudimento; esecuzione (di progetto) **2** compimento (di periodo ecc.) **3** soddisfazione; realizzazione.

fulgency ['fʌldʒənsɪ / ful·gency] *s.* fulgidezza.

fulgent ['fʌldʒənt / ful·gent] *agg.* (*poet.*) lucente; fulgido // **-ly** *avv.*

fulgid ['fʌlgɪd] *agg.* fulgido.

fulgurant ['fʌlgjʊərənt / ful·gur·ant] *agg.* (*rar.*) folgorante.

to **fulgurate** ['fʌlgjʊəreɪt / ful·gur·ate] *v.intr.* (*rar.*) folgorare; lampeggiare, balenare.

fulham ['fʊləm / ful·ham] *s.* (*ant.*) dado truccato.

fuliginous [fju:'lɪdʒɪnəs / fu·li·gin·ous] *agg.* fuligginoso.

full[1] [fʊl] *agg.* **1** pieno, colmo, ricolmo (*anche fig.*): *the box is —, half —*, la scatola è piena, mezzo vuota; *fill your glass —*, riempi il bicchiere fino all'orlo; — *to the brim*, pieno fino all'orlo; — *to bursting*, pieno da scoppiare; *my heart is too — for words*, sono troppo emozionato per poter parlare // *the bus is — up*, l'autobus è al completò **2** che ha abbondanza, ricco: *a lake — of fish*, un lago pieno di pesci; *I'm — of confidence*, sono molto fiducioso **3** intero, completo; massimo: — *set of documents*, serie completa di documenti; *in — bloom*, in piena fioritura; *to go at — speed*, andare a tutta velocità; *write down your — address*, scrivi il tuo indirizzo completo; — *fare*, tariffa intera; *a — week*, una intera settimana; — *marks*, pieni voti; *a — life*, una vita intensa; *to turn — circle*, tornare al punto di partenza // — *cream milk*, latte intero // — *member*, membro a tutti gli effetti //

(*amm.*): — *cost pricing*, determinazione del prezzo in base al costo pieno; — *payment* (o — *settlement*), pagamento a saldo; *received in* —, ricevuto a saldo // (*econ.*): — *employment*, piena occupazione; *full-employment national income*, reddito nazionale potenziale // (*inform.*) — *text search*, ricerca su tutto il contenuto di un documento **4** abbondante, copioso, ampio // *this dress should be fuller*, questo vestito dovrebbe essere più ampio **5** sazio: — *stomach*, stomaco pieno // *I'm — up*, (*fam.*) sono sazio **6** assorbito, tutto preso da (pensiero, idea): — *of himself*, pieno di sé **7** intenso (di colore, luce); sonoro (di suono); vigoroso (di moto) **8** in carne, grassottello: *a — face*, un viso pieno // *fuller figure*, taglia forte.

full[1] *avv.* **1** affatto, interamente **2** direttamente, esattamente: *to hit s.o. — on his nose*, colpire qlcu. in pieno viso **3** molto, bene: *you know — well that she's innocent*, sai perfettamente che è innocente // *the volume was — on*, il volume era altissimo.

full[1] *s.* (*non com.*) **1** pieno, pienezza; colmo // *to the* —, al massimo, completamente: *to enjoy oneself to the* —, divertirsi al massimo **2** il tutto, il totale; l'intero // *in* —, completamente: *to write one's name in* —, scrivere il proprio nome per intero // *to pay in* —, pagare a saldo di ogni avere **3** (*rar.*) il punto più alto: *the — of the tide*, il punto più alto della marea.

to **full**[1] *v.tr.* rendere ampio; raccogliere in pieghe (abiti) ◆ *v.intr.* (*amer.*) diventare piena (della luna).

to **full**[2] *v.tr.* (*tess.*) follare.

fullam ['fʊləm] *s.* (*ant.*) → **fulham**.

fullback ['fʊlbæk / full·back] *s.* (*sport*) terzino.

full-blooded [,fʊl'blʌdɪd] *agg.* **1** vigoroso, appassionato **2** di razza pura.

full-blown [,fʊl'bləʊn] *agg.* **1** (*bot.*) in piena fioritura **2** (*fig.*) in tutto il suo splendore, completo // (*med.*) *a — disease*, una malattia conclamata.

full-bodied [,fʊl'bɒdɪd] *agg.* **1** forte; corpulento **2** (di vino) corposo.

full-bottomed [,fʊl'bɒtəmd] *agg.* **1** con i capelli lunghi **2** (*mar.*) a fondo piatto.

full-cargo [,fʊl'kɑ:gəʊ] *s.* carico completo (di nave).

full dress [,fʊl'dres] *s.* abito da cerimonia.

full duplex [,fʊl'dju:pleks *amer.* ,fʊl'du:pleks] *s.* **1** (*tel.*) duplex integrale **2** (*inform.*) bidirezionalità simultanea.

fuller[1] ['fʊlə*] *s.* **1** (*mecc.*) presella; ricalcatore **2** scanalatura.

fuller[2] *s.* **1** (*tess.*) follatore **2** follone.

fuller's earth [,fʊləz'ɜ:θ] *s.* (*geol.*) argilla smectica.

full-face [,fʊl'feɪs] *agg.* dal viso aperto.

full-fledged [,fʊl'fledʒd] *agg.* (*amer.*) → **fully-fledged**.

full-frontal [,fʊl'frʌntl] *agg.* **1** con visione completa: — *nudity*, nudo integrale **2** (*fig.*) messo a nudo (di problema ecc.), sviscerato.

full-grown [,fʊl'grəʊn] → **fully-grown**.

full house [,fʊl'haʊs] *s.* **1** (*teatr.*) tutto esaurito **2** (*poker*) full.

full-length [,fʊl'leŋkθ] *agg.* **1** in tutta la lunghezza: *to fall* —, cadere lungo disteso **2** lungo (di abito) **3** intero (di film, libro): — *film*, lungometraggio.

full moon [,fʊl'mu:n] *s.* (*astr.*) luna piena; plenilunio.

full-mooner [fʊl'mu:nə*] *s.* (*sl. amer.*) matto.

full-mouthed [,fʊl'maʊðd] *agg.* **1** (*zool.*) che ha messo tutti i denti (di bestiame) **2** dalla voce sonora.

fullness ['fʊlnɪs / full·ness] *s.* pienezza; abbondanza (*anche fig.*); sazietà; ampiezza: — *of the heart*, cuore gonfio // *in the — of time*, nella pienezza dei tempi.

full-page [,fʊl'peɪdʒ] *agg.* a tutta pagina, su tutta la pagina.

full professor ['fʊlprə'fesə*] *s.* professore ordinario (di università).

full-scale [,fʊl'skeɪl] *agg.* **1** in grandezza naturale **2** completo, totale; con tutti i mezzi: *a — war*, una guerra totale.

full-size [,fʊl'saɪz] *agg.* in grandezza naturale.

full stop [,fʊl'stɒp] *s.* punto fermo // *to come to a* —, fermarsi, bloccarsi // *I won't do it, —!*, non lo faccio, punto e basta!

full-throated [fʊl'θrəʊtɪd] *agg.* a piena gola, a piena voce.

full-time [,fʊl'taɪm] *agg.* a orario completo: *to work* —, lavorare a tempo pieno.

full time *s.* **1** tempo pieno **2** (*sport*) tempo scaduto.

fully ['fʊlɪ] *avv.* **1** completamente, interamente, ampiamente: *I — understand*, comprendo perfettamente; *time — dedicated to*, tempo interamente dedicato a **2** non meno di, almeno (generalmente con numero): *there were — 10,000 people present*, i presenti non erano meno di 10.000; *it's — two hours since he left*, è partito da almeno due ore.

fully-fashioned [,fʊlɪ'fæʃnd] *agg.* su misura; che aderisce perfettamente, attillato (di abito).

fully-fledged [,fʊlɪ'fledʒd] *agg.* **1** (*zool.*) che ha messo tutte le penne; in grado di volare (di uccello) **2** (*fig.*) maturo; esperto: *he was a — pilot by the age of twenty-one*, a 21 anni era già un pilota esperto AMER. **full-fledged**.

fully-grown [,fʊlɪ'grəʊn] *agg.* (*bot.*, *zool.*) adulto SIN. **full-grown**.

fulmar ['fʊlmə* / ful·mar] *s.* (*zool.*) (*Fulmarus glacialis*) procellaria artica, fulmaro.

fulminant ['fʌlmɪnənt *amer.* 'fʊlmɪnənt / ful·min·ant] *agg.* (*non com.*) fulminante.

fulminate ['fʌlmɪneɪt *amer.* 'fʊlmɪneɪt / ful·min·ate] *s.* (*chim.*) fulminato: *mercuric* —, fulminato di mercurio.

to **fulminate** *v.intr.* **1** (*non com.*) scagliare fulmini; tuonare; detonare **2** imprecare, inveire: *he fulminated against their patent idiocy*, imprecava contro la loro evidente imbecillità ◆ *v.tr.* (*non com.*) imprecare, inveire contro.

fulmination ['fʌlmɪ'neɪʃn *amer.* ,fʊlmɪ'neɪʃn / ful·mina·tion] *s.* **1** (*non com.*) fulminazione **2** invettiva; denuncia.

fulminatory ['fʌlmɪnətərɪ *amer.* 'fʊlmɪnətɒrɪ / ful·min·at·ory] *agg.* fulminatore, che fulmina.

to **fulmine** ['fʌlmɪn / ful·mine] *v.tr.* (*ant.*) mandare tuoni o fulmini ◆ *v.intr.* (*ant.*) fulminare; tuonare (*anche fig.*).

fulmineous [fʌl'mɪnjəs / ful·min·eous] *agg.* (*ant.*) fulmineo.

fulminic [fʌl'mɪnɪk / ful·minic] *agg.* (*chim.*) fulminico: — *acid*, acido fulminico.

fulsome ['fʊlsəm / ful·some] *agg.* **1** esagerato, eccessivo: — *praise*, lode smaccata **2** offensivo, nauseante: — *prejudices*, pregiudizi offensivi // **-ly** *avv.* // **-ness** *s.*

fulvous ['fʌlvəs / ful·vous] *agg.* fulvo.

fumade [fjʊ'meɪd / fum·ade] *s.* pesce (spec. sardina) affumicato.

fumaric [fjʊ'mærɪk / fu·maric] *agg.* (*chim.*) fumarico: — *acid*, acido fumarico.

fumarole ['fju:mərəʊl / fu·mar·ole] *s.* (*geol.*) fumarola.

to **fumble** ['fʌmbl] *v.intr.* **1** muovere le mani goffamente, nervosamente; cercare tastando; andare a tentoni; annaspare: *he fumbled for the keyhole*, annaspò alla ricerca del buco della serratura; *to — about in the dark*, camminare a tentoni nel buio; *to — in one's pocket*, frugare in tasca **2** armeggiare: *she fumbled with her necklace*, armeggiò con la sua collana **3** parlare nervosamente, stentatamente; farfugliare: *she fumbled in answering his question*, rispose alla sua domanda farfugliando ◆ *v.tr.* **1** maneggiare in modo maldestro: *to — a ball*, lasciarsi sfuggire una palla **2** farfugliare; dire stentatamente.

fumbler ['fʌmblə*] *s.* persona maldestra, goffa.

fumblingly ['fʌmblɪŋlɪ / fum·bling·ly] *avv.* maldestramente; goffamente.

fume [fju:m] *s.* **1** (*gener. pl.*) fumo, vapore, esalazione: *the fumes of incense*, il fumo dell'incenso; *the fumes of wine*, i fumi del vino; *bad-smelling fumes*, esalazioni graveolenti **2** (*fig. antiq.*) stato di eccitazione: *to be in a — of anxiety*, essere in grande ansia.

to **fume** *v.intr.* **1** esalare (di fumo, vapore); dissolversi in fumo: *and then the mist of grey-green olives fuming down to the lake-side*, (D.H. LAWRENCE) e poi la foschia degli ulivi grigioverdi che sfumavano giù a fianco del lago **2** (*fam.*) fumare di rabbia, irritarsi; essere impaziente: *John's wife was fuming because he had left her alone for the weekend*, la moglie di John fumava di rabbia perché lui l'aveva lasciata sola durante il fine settimana ◆ *v.tr.* **1** affumicare (legno) per applicare una patina: *fumed oak*, quercia patinata **2** profumare (con incenso, vapori ecc.); sottoporre a vapori chimici.

to **fumigate** ['fju:mɪgeɪt / fu·mig·ate] *v.tr.* **1** suffumigare; purificare con fumi **2** fare i suffumigi a **3** (*chim.*) fumigare.

fumigation [,fju:mɪ'geɪʃn / fu·miga·tion] *s.* **1** suffumigazione **2** (*med.*) suffumigio **3** lo spargere incensi e profumi a scopo incantatorio.

fumitory ['fju:mɪtərɪ / fu·mit·ory] *s.* (*bot.*) (*Fumaria officinalis*) fumaria.

fun [fʌn] *s.* **1** divertimento: *the excursion to the island was great* —, l'escursione all'isola fu un gran divertimento; *his life consisted of — and games*, la sua vita era tutta gioco e divertimento; *it's a lot of* —, è spassosissimo, divertentissimo // *Fun City*, (*amer.*) New York **2** buffonata; burla, scherzo: *for* (o *in*) —, per ridere, per scherzo; *to make — of s.o.*, *to poke — at s.o.*, ridere di qlcu., canzonare qlcu. **3** persona, cosa divertente; lato ridicolo, buffo (di qlco.): *I can't see the — of it*, non capisco cosa ci sia di divertente; *your friend is great —*, il tuo amico è molto spassoso // *a figure of —*, un tipo ridicolo.

fun *agg.* (*fam. spec. amer.*) divertente: *he's a real — guy*, è un tipo davvero divertente.

to **fun** *v.intr.* (*fam. amer.*) divertirsi.

to **funambulate** [fju:'næmbjʊleɪt / fun·am·bu·late] *v.intr.* camminare su una corda sospesa nel vuoto.

funambulism [fju:'næmbjʊlɪzəm / fun·am·bu·lism] *s.* funambolismo.

funambulist [fju:'næmbjʊlɪst / fun·am·bu·list] *s.* funambolo.

function ['fʌŋkʃn / func·tion] *s.* **1** scopo, funzione: *the — of education*, lo scopo dell'istruzione **2** funzionamento, funzione: *they had created a machine to test brain —*, avevano inventato una macchina per verificare il funzionamento cerebrale **3** (*gener. pl.*) funzione, carica; incombenza: *to discharge* (o *to perform* o *to fulfil*) *the functions of one's office*, adempire le funzioni, le incombenze del proprio ufficio; *to take up one's functions*, entrare in funzione, in carica; *to resign one's functions*, dare le dimissioni **4** fattore dipendente (da qlco.): *our failure to compete is a — of our educational system*, la nostra incapacità di essere competitivi è un fattore dipendente dalla cattiva amministrazione dell'istruzione pubblica **5** cerimonia pubblica, religiosa **6** (*linguistica*) funzione **7** (*mat.*) funzione **8** (*med.*) funzione: *the procreative —*, la funzione procreativa **9** (*inform.*) funzione: *— code*, codice di servizio, codice funzionale; *— key*, tasto di funzione, di servizio, funzionale; *— table*, tabella delle funzioni.

to **function** *v.intr.* funzionare; fungere; adempiere a una funzione.

functional ['fʌŋkʃənl / func·tional] *agg.* **1** funzionale; operante: (*mat.*) *— analysis*, analisi funzionale; (*comm.*) *— discount*, sconto funzionale; (*econ.*) *— distribution*, distribuzione funzionale // (*inform.*): *— code*, codice funzionale; *— unit*, organo (o elemento) di macchina **2** (*med.*) funzionale: *— disease*, malattia funzionale ◆ *s.* (*mat.*) funzionale: *linear —*, funzionale lineare // **-ly** *avv.*

functionalism ['fʌŋkʃnəlɪzəm / func·tion·al·ism] *s.* **1** (*psic.*, *ling.*) funzionalismo **2** (*arch.*) razionalismo, funzionalismo.

functionalist ['fʌŋkʃnəlɪst / func·tion·al·ist] *s.* e *agg.* **1** (*psic.*, *ling.*) funzionalista **2** (*arch.*) razionalista, funzionalista.

functionary ['fʌŋkʃnərɪ *amer.* 'fʌŋkʃənerɪ / func·tion·ary] *s.* funzionario.

functionless ['fʌŋkʃnlɪs / func·tion·less] *agg.* privo di funzioni.

functor ['fʌŋktə* / func·tor] *s.* (*mat.*) funtore.

fund [fʌnd] *s.* **1** (*econ.*) fondo, accantonamento (contabile), stanziamento, assegnazione: *pension —*, fondo pensione; *health insurance —* (o *sickness —*), fondo malattia; *depreciation —* (o *sinking —*), fondo ammortamento; *time —*, fondo vincolato; *working —*, fondo cassa; *wage equalization —*, cassa integrazione guadagni **2** *pl.* (*fin.*) mezzi finanziari, capitali (finanziari); titoli di stato: *diversified funds*, fondi di investimento; *same day funds*, fondi con disponibilità immediata **3** *pl.* (*fam.*) denaro, soldi; *to be in funds*, essere pieno di grana, essere ben provvisto di soldi; *to be out of funds*, essere al verde **4** fondo, riserva; capacità: *this country has immense funds of managerial verve*, questa nazione ha immense riserve di vitalità manageriale.

to **fund** *v.tr.* (*fin.*) **1** finanziare **2** accantonare moneta **3** consolidare (un debito) **4** investire denaro nei titoli di stato.

fundament ['fʌndəmənt / fun·da·ment] *s.* **1** fondamento **2** natiche (*pl.*).

fundamental [ˌfʌndə'mentl / fun·da·mental] *agg.* fondamentale, essenziale, primario: *a — change*, cambiamento fondamentale; *— rules*, regole fondamentali // (*fis.*): *— constant*, costante fondamentale; *— particle*, particella elementare ◆ *s.* **1** principio essenziale; base, fondamento **2** (*mus.*) tonica **3** (*fis.*) (componente) fondamentale, prima armonica // **-ly** *avv.*

fundamentalism [ˌfʌndə'mentəlɪzəm / fun·da·ment·al·ism] *s.* fondamentalismo.

fundamentalist [ˌfʌndə'mentəlɪst / fun·da·ment·al·ist] *agg.* e *s.* fondamentalista.

fund-holder ['fʌndˌhəʊldə*] *s.* (*fin.*) detentore di titoli di stato.

funding ['fʌndɪŋ / fund·ing] *s.* (*fin.*) **1** conversione di un debito (da breve a media o lunga scadenza); consolidamento (del debito pubblico) **2** finanziamento.

fund-raising ['fʌndˌreɪzɪŋ] *s.* raccolta di denaro, raccolta di fondi; (*fin.*) raccolta di capitali.

fundus ['fʌndəs] *pl.* **fundi** ['fʌndaɪ] *s.* (*med.*) fondo: *— oculi*, fondo dell'occhio.

funeral ['fju:nərəl / fu·neral] *agg.* **1** funebre, relativo al funerale: *— oration*, orazione funebre; *— procession*, corteo funebre; *— service*, ufficio dei defunti; *— train*, convoglio funebre // *— pyre*, rogo, pira **2** funebre, funereo ◆ *s.* funerale, esequie; corteo funebre: *to attend s.o.'s —*, assistere al funerale di qlcu. // *that's your —*, (*fam.*) è affar tuo.

funeral parlour ['fju:nərəl'pɑ:lə*] *s.* (*amer.*) impresa di pompe funebri.

funerary ['fju:nərərɪ / fu·ner·ary] *agg.* funerario; funebre: *— urn*, urna funeraria.

funereal [fju:'nɪərɪəl / fu·ner·eal] *agg.* funereo, funebre, lugubre; sepolcrale (*anche fig.*): *there was a — atmosphere in the dressing rooms after the flop*, nei camerini c'era un'atmosfera da funerale dopo il fiasco della rappresentazione.

funfair ['fʌnfeə* / fun·fair] *s.* luna park.

fungal ['fʌŋgəl] *agg.* (*patologia bot.*) fungoso, da fungo.

fungibility [ˌfʌndʒɪ'bɪlətɪ / fun·gib·il·ity] *s.* (*comm.*) fungibilità.

fungible ['fʌndʒɪbl / fun·gible] *agg.* (*dir.*) fungibile: (*econ.*) *— goods*, beni fungibili.

fungicide ['fʌndʒɪsaɪd / fun·gi·cide] *s.* (*agr.*) fungicida, anticrittogamico.

fungiform ['fʌndʒɪfɔ:m / fun·gi·form] *agg.* (*bot.*, *zool.*) fungiforme.

fungin ['fʌndʒɪn] *agg.* (*bot.*) fungino.

fungous ['fʌŋgəs / fung·ous] *agg.* fungoso (*anche med.*).

fungus ['fʌŋgəs] *pl.* **funguses** ['fʌŋgəsɪz] **fungi** ['fʌŋgaɪ] *s.* (*bot.*, *med.*) fungo: *edible —*, fungo commestibile.

funicle ['fju:nɪkl / fun·icle] *s.* (*biol.*) funicolo.

funicular [fju:'nɪkjʊlə* / fu·nicu·lar] *agg.* funicolare ◆ *s.* — (*railway*), funicolare.

funiculus [fju:'nɪkjʊləs / fu·nicu·lus] *pl.* **funiculi** [fju:'nɪkjʊlaɪ / fu·nic·uli] *s.* (*anat.*, *bot.*) funicolo.

funk[1] [fʌŋk] *s.* (*antiq.*) paura, timore, fifa: *to be in a* (*blue*) *—*, avere una fifa blu, avere una paura del diavolo, avere la tremarella.

to **funk**[1] *v.tr.* (*antiq.*) **1** aver paura di: *to — s.o., sthg.*, avere paura di qlcu., qlco.; *to — doing sthg.*, avere paura di fare qlco. **2** cercare di ritrarsi da, evitare ◆ *v.intr.* aver paura; essere nel panico.

funk[2] *s.* **1** (*sl. amer.*) puzza, cattivo odore, tanfo **2** (*mus.*) funk, stile musicale in cui si mescolano jazz, rock e soul.

to **funk**[2] *v.tr.* avvolgere in una nube di fumo ◆ *v.intr.* fumare; impuzzolentire un ambiente (di fumo).

funkhole ['fʌŋkhəʊl / funk·hole] *s.* **1** (*sl. mil.*) riparo; buco d'emergenza **2** (*estens.*) nascondiglio.

funky[1] ['fʌŋkɪ] *agg.* (*antiq.*) pauroso, spaventato: *to feel —*, avere la tremarella.

funky[2] *agg.* (*spec. amer.*) **1** maleodorante, puzzolente **2** (*fam.*) relativo alla musica funk **3** (*fam.*) originale, eccentrico; bello, straordinario **4** (*fam.*) naturale, autentico; campagnolo.

funnel ['fʌnl / fun·nel] *s.* **1** imbuto // *filtering —*, imbuto a filtro // (*meteor.*) *— cloud*, nube di un tornado, nube a proboscide **2** canna, gola (di camino) **3** ciminiera (di nave, di locomotiva ecc.) **4** pozzo d'aerazione.

to **funnel** *v.tr.* **1** travasare (con l'imbuto) **2** incanalare (*anche fig.*) ◆ *v.intr.* incanalarsi (*anche fig.*).

funnelled ['fʌnld / fun·nelled] *agg.* **1** a forma d'imbuto **2** munito di ciminiera.

funnel-shaped ['fʌnlʃeɪpt] *agg.* imbutiforme.

funnily ['fʌnɪlɪ / fun·nily] *avv.* **1** stranamente: *— enough...*, strano a dirsi... **2** comicamente.

funniness ['fʌnɪnɪs / fun·ni·ness] *s.* **1** stranezza, bizzarria **2** comicità; carattere divertente, faceto: *none of your —!*, basta con le vostre spiritosaggini!

funny[1] ['fʌnɪ] *agg.* **1** strano, bizzarro, curioso, singolare: *what a — idea*, che idea strana!; *he is a — person*, è una persona stramba; *well, that's —*, ebbene, questo è curioso // *to feel a bit —*, (*fam.*) sentirsi poco bene: *after all that chocolate I began to feel a bit —*, dopo tutto quel cioccolato cominciai a sentirmi poco bene // *to go* (*all*) *—*, (*fam.*) guastarsi improvvisamente: *the telly's gone all —*, la televisione si è messa a dare i numeri // *— business*, (*fam.*) affare poco pulito; sciocchezza **2** comico, buffo, divertente, faceto: *he is trying to be —*, cerca di fare dello spirito; *it is too — for words*, è veramente troppo buffo a dirsi; *you — old thing!*, tu, simpatico buffone!

funny[2] *s.* **1** (*mar.*) barca a un rematore **2** (*gener. pl.*) (*sl. amer.*) giornale a fumetti; inserto a fumetti di un quotidiano.

funny bone ['fʌnɪbəʊn] *s.* (*fam.*) punta del gomito, olecrano.

funny-farm ['fʌnɪˌfɑ:m] *s.* (*sl. amer.*) ospedale psichiatrico; clinica per alcolizzati o drogati.

funny man [ˌfʌnɪ'mæn] *s.* (*teatr.*, *circo*) pagliaccio, clown; (*amer.*) attore comico.

fur [fɜ:*] *s.* **1** pelo, pelame (di animale) // *to make the — fly*, *to set the — flying*, fare il diavolo a quattro **2** (*gener. pl.*) pelliccia: indumenti con guarnizioni di pelo: *the jacket was trimmed with white nylon —*, la giacca era guarnita di pelo sintetico bianco // *— coat*, pelliccia // *— farming*, allevamento di animali da pelliccia // *— trade*, commercio di pellicce **3** patina linguale **4** rivestimento, incrostazione; tartaro **5** (*arald.*) pelliccia **6** animali con pelliccia.

to **fur** *pass.p.p.* **furred** [fɜ:d] *v.tr.* **1** fornire, guarnire, foderare di pelliccia **2** formare patina su (lingua, denti) **3** incrostare ◆ *v.intr.* **1** indossare una pelliccia **2** *to — up*, incrostarsi.

furan ['fjʊræn] *s.* (*chim.*) furano.

fur-bearing ['fɜ:beərɪŋ] *agg.* da pelliccia: *— animals*, animali da pelliccia.

furbelow ['fɜ:bɪləʊ / fur·below] *s.* **1** balzana, falpalà **2** *pl.* (*non com.*, *spreg.*) ornamenti pretenziosi.

to **furbelow** *v.tr.* ornare con falpalà.

to **furbish** ['fɜ:bɪʃ / fur·bish] *v.tr.* **1** lustrare, lucidare **2** mettere a nuovo; rinfrescare; rinnovare: *the room had been recently furbished with blue-coloured hangings*, la stanza era stata recentemente rinnovata con dei tendaggi blu.

furcate ['fɜ:keɪt / furc·ate] *agg.* (*non com.*) forcuto; biforcuto.

to **furcate** *v.intr.* (*non com.*) biforcarsi.

furcation [fɜ:'keɪʃn / furca·tion] *s.* (*non com.*) biforcamento, biforcazione, bivio.

fur-clad ['fɜ:ˌklæd] *agg.* in pelliccia.

fur-collared [ˌfɜ:'kɒləd] *agg.* con collo di pelliccia.

fur dresser ['fɜ:dresə*] *s.* pellicciaio.

furfur ['fɜ:fɜ:* / fur·fur] *pl.* **furfures** ['fɛ:fjuri:z] *s.* forfora.

furfuraceous [ˌfɜ:fjʊ'reɪʃəs / fur·fur·aceous] *agg.* forforoso.

furfural ['fɜ:fəræl / fur·fural] **furfurol** ['fɛ:fərɒl / fur·furol] *s.* (*chim.*) furfurolo.

furibund ['fju:rɪbʌnd / furi·bund] *agg.* (*non com.*) furibondo.

furious ['fjʊrɪəs / furi·ous] *agg.* **1** furioso, adirato, furibondo: *to get* (o *to grow*) *—*, adirarsi **2** (*estens.*) incontrollato, sfrenato: *fast and — grew the fun*, il chiasso si fece incontrollato // *to go at a — pace*, correre a tutta velocità // **-ly** *avv.*

to **furl** [fɜ:l] *v.tr.* **1** (*mar.*) serrare (le vele) **2** ripiegare, chiudere (ombrello, ventaglio, tendine ecc.) ◆ *v.intr.* **1** ripiegarsi, chiudersi (di ombrello, ventaglio, tendine ecc.) **2** *to — away*, dissiparsi.

fur-lined ['fɜ:laɪnd] *agg.* foderato di pelliccia.

furlong ['fɜ:lɒŋ *amer.* 'fɜ:lɔ:ŋ / fur·long] *s.* furlong (misura di lunghezza = 201,16 m).

furlough ['fɜ:ləʊ / fur·lough] *s.* (*mil.*) licenza, permesso; (*mar.*) franchigia: *to go home on —*, andare a casa in licenza.

to **furlough** *v.tr.* **1** (*mil.*) accordare una licenza a, mandare in licenza **2** concedere un permesso, un congedo temporaneo a.

furmety ['fɜ:mɪtɪ / fur·mety] → **frumenty**.

furnace ['fɜ:nɪs / fur·nace] *s.* **1** (*metall.*) fornace, forno; focolare, camera di combustione // *air —*, forno a riverbero // *annealing —*, forno di ricottura // *blast —*, alto forno // *carbonizing* (o *carburizing*) *—*, forno di carburazione // *casehardening —*, forno di cementazione // *flowing —*, forno di colata // *hardening —*, forno di tempra **2** (*ant.*) caldaia del calorifero **3** (*amer.*) impianto di riscaldamento ad aria calda **4** luogo caldissimo.

to **furnish** ['fɜ:nɪʃ / fur·nish] *v.tr.* **1** ammobiliare; arredare; allestire **2** fornire, procurare: *the library was furnished with American books*, la biblioteca era fornita di libri americani; *to — an army with supplies*, approvvigionare un esercito; *to — s.o. with what he needs*, provvedere al fabbisogno di qlcu.

furnisher ['fɜ:nɪʃə* / fur·nisher] *s.* fornitore (spec. di mobili): *house —*, mobiliere.

furnishings ['fɜ:nɪʃɪŋz / fur·nish·ings] *s.pl.* arredamento, mobilio (*sing.*) (di una casa) // *soft —*, tende e tessuti per l'arredamento.

furniture ['fɜ:nɪtʃə* / fur·ni·ture] *s.* [U] **1** mobilio, mobili; arredi: *— and fittings*, mobili e arredi; *a piece of —*, un mobile: *that is a fine piece of —*, quello è un bel mobile; *this — is all old*, questi mobili sono tutti vecchi // *to feel a part of the —*, (*fam.*) sentirsi trascurato **2** (*antiq. form.*) contenuto: *— of his pocket*, il suo denaro; *— of my shelves*, i miei libri; *— of one's mind*, capacità mentale **3** (*mar.*) attrezzatura **4** (*tip.*) marginatura **5** (*ant.*) equipaggiamento (di cavallo, cavaliere).

furniture-polisher ['fɜ:nɪtʃə'pɒlɪʃə*] *s.* lucidatore di mobili.

furore [fjʊə'rɔ:rɪ *amer.* 'fju:rɔ:* / fur·ore] amer. **furor** *s.* **1** furore, esplosione di rabbia **2** scalpore; entusiastica ammirazione: *to make* (o *to create* o *to cause*) *a —*, far furore.

furrier ['fʌrɪə* / fur·rier] *s.* pellicciaio: *a — 's in the High Street*, una pellicceria in High Street.

furring ['fɜ:rɪŋ / fur·ring] *s.* **1** guarnizione, fodera di pelliccia **2** patina (sulla lingua) **3** incrostazione **4** (*tecn.*) rivestimento.

furrow ['fʌrəʊ / fur·row] *s.* **1** solco **2** scanalatura **3** ruga profonda del viso **4** scia.

to **furrow** *v.tr.* **1** arare, solcare **2** scanalare **3** segnare di rughe, corrugare.

furrow-weed ['fʌrəʊˌwi:d] *s.* (*bot.*) zizzania.

furry ['fɜ:rɪ] *agg.* **1** peloso **2** di pelliccia; simile a pelliccia; coperto di, avvolto in pelliccia **3** incrostato **4** impastata, sporca (di lingua) **5** (*fam. amer.*) orribile, tremendo.

fur-seal ['fɜ:si:l] *s.* (*zool.*) lontra marina → **otter** 2.

further ['fɜ:ðə* / fur·ther] *agg.* (*compar.* di *far*) **1** più lontano: *at the — end of the hall*, all'estremità opposta della sala **2** nuovo, ulteriore; *we must act without — delay*, dobbiamo agire senza ulteriore ritardo; *for — information, please ask our sales office*, per ulteriori informazioni, rivolgersi al nostro ufficio vendite; (*comm.*) *awaiting your — orders*, in attesa di vostri nuovi ordini; *I don't want to go into — details*, non voglio entrare in più ampi dettagli ◆ *avv.* **1** oltre, più in là, più lontano: *how much — is it?*, quanto manca ancora?; *we could go no —* (*we couldn't go any —*), non siamo potuti andare oltre **2** ancora, in più, inoltre: *we heard nothing —*, non abbiamo avuto più notizie.

to **further** *v.tr.* favorire, promuovere, incoraggiare.

furtherance ['fɜ:ðərəns / fur·ther·ance] *s.* (*form.*) **1** avanzamento, progresso **2** aiuto, appoggio, incoraggiamento // *in — of*, a favore di, in appoggio a, per favorire.

furtherer ['fɜ:ðərə* / fur·therer] *s.* (*non com.*) promotore.

furthermore [ˌfɜ:ðə'mɔ:* / fur·ther·more] *avv.* (*form.*) di più, inoltre.

furthermost ['fɜ:ðəməʊst / fur·ther·most] *agg.* il più lontano.

furthest ['fɜ:ðɪst / fur·thest] *agg.* (*superl.* di *far*) il più lontano; estremo: *the — limit I can go to*, (*fig.*) la mia estrema concessione ◆ *avv.* alla più grande distanza; al massimo.

furtive ['fɜ:tɪv / furt·ive] *agg.* furtivo, clandestino // **-ly** *avv.*

fur-trimmed ['fɜ:trɪmd] *agg.* guarnito di pelliccia.

furuncle ['fjʊərʌŋkl / fur·uncle] *s.* (*med.*) foruncolo.

furuncular [fjʊə'rʌŋkjʊlə* / fur·un·cular] **furunculous** [fjʊə'rʌŋkjʊləs / fur·un·cul·ous] *agg.* (*med.*) foruncoloso.

furunculosis [ˌfjʊərʌŋkjʊ'ləʊsɪs / fur·un·cul·osis] *s.* (*med.*) foruncolosi.

fury[1] ['fjʊərɪ] *s.* **1** furia, furore; violenza; collera: *the — of the wind*, la furia del vento // *to get* (o *to fly*) *into a —*, montare su tutte le furie // *to work like —*, (*antiq.*) lavorare con accanimento **2** fermento, sovreccitazione.

Fury[2] *s.* **1** (*mit.*) Furia **2** (*fig.*) donna violenta, maligna.

furze [fɜ:z] *s.* (*bot.*) (*Ulex europaeus*) ginestrone.

furzy ['fɜ:zɪ] *agg.* (*bot.*) coperto di ginestre spinose.

fusain [fju:'zeɪn / fu·sain] *s.* (*geol.*) fusite.

fuscous ['fʌskəs / fusc·ous] *agg.* scuro, fosco, cupo (di colore).

fuse[1] ['fju:z] *s.* **1** (*elettr.*) fusibile, valvola fusibile: *to blow a —*, far saltare una valvola; (*fig.*) perdere la pazienza // *— holder*, portafusibili; *box —*, valvola; valvola a tabacchiera // *plug —*, fusibile a tappo // (*ant.*) *— box*, valvoliera **2** (*fam.*) interruzione di corrente.

to **fuse**[1] *v.tr.* **1** (*elettr.*) far saltare, bruciare (lampade, valvole ecc.) **2** fondere (*anche fig.*) **3** (*elettr.*) fornire di valvola (di sicurezza) ◆ *v.intr.* **1** (*elettr.*) saltare, bruciare (di valvola) **2** fondersi (*anche fig.*).

fuse[2] *s.* **1** (*mil.*) spoletta (di proiettile); detonatore // (*mil.*) *clockwork —*, spoletta ad orologeria; *concussion —*, spoletta a percussione; *delayed-action —*, spoletta a scoppio ritardato; *time —*, spoletta a tempo **2** miccia // *to have a short —*, (*fig.*) essere irascibile, collerico.

to **fuse**[2] *v.tr.* munire di miccia, di spoletta, di detonatore.

fuse[3] *s.* (*antiq.*) **1** traccia, pista di animale **2** (*fig.*) traccia.

fusee[1] [fju:'zi:] *s.* **1** fuso (di orologio) **2** fiammifero controvento.

fusee[2] *s.* schioppo.

fuselage ['fju:zɪlɑ:ʒ / fu·sel·age] *s.* (*aer.*) fusoliera.

fusel-oil [ˈfju:zl,ɔɪl] *s.* (*chim.*) fuselolo, olio di flemma.

fuse wire [ˈfju:z,waɪə*] *s.* (*elettr.*) filo fusibile, filo per fusibili.

fusibility [,fju:zəˈbɪlətɪ / fus·ib·il·ity] *s.* (*fis.*, *metall.*) fusibilità.

fusible [ˈfju:zəbl / fus·ible] *agg.* (*fis.*, *metall.*) fusibile: — *metal*, metallo fusibile; (*tecn.*) — *plug*, fusibile.

fusiform [ˈfju:zɪfɔ:m / fu·si·form] *agg.* fusiforme.

fusil[1] [ˈfju:zɪl] *s.* (*arald.*) rombo, fuso.

fusil[2] (*mil. ant.*) *s.* schioppo.

fusileer, **fusilier** [,fju:zɪˈlɪə* / fu·sil·eer, fu·sil·ier] *s.* (*mil.*) fuciliere.

fusillade [,fju:zɪˈleɪd / fu·sil·lade] *s.* **1** (*mil.*) fucilata; raffica di proiettili **2** fucilazione **3** (*fig.*) raffica (di critiche ecc.).

to **fusillade** *v.tr.* (*mil.*) **1** assalire con fucileria **2** passare per le armi.

fusinite [ˈfju:zənaɪt / fu·sin·ite] *s.* (*geol.*) fusinite.

fusion [ˈfju:ʒn / fu·sion] *s.* fusione (*anche fig.*): — *of metals*, *of races*, fusione di metalli, di razze // (*fis.*): — *point*, punto di fusione; *thermonuclear* —, fusione termonucleare.

fuss [fʌs] *s.* **1** trambusto, confusione; chiasso, scalpore (per nulla): *to make a great — about nothing*, far molto rumore per nulla; *to make* (o *to kick up*) *a* —, (*fam.*) protestare, reclamare; *to get into a* —, agitarsi, innervosirsi **2** cerimonie, smancerie (*pl.*): *to make a — of* (o *over*) *s.o.*, colmare qlcu. di cortesie esagerate.

to **fuss** *v.intr.* **1** agitarsi, preoccuparsi (per nulla); far confusione: *stop fussing!*, smettila di agitarti! **2** affaccendarsi ◆ *v.tr.* innervosire, irritare, scocciare: *don't — me!*, (*fam.*) non farmi arrabbiare!

□ **fuss about** *v.tr.* e *prep.* (*fam.*) far storie per ◆ *v.intr.* e *avv.* agitarsi.

□ **fuss over** *v.tr.* e *prep.* circondare di premure.

□ **fuss up** *v.intr.* e *avv.* (*fam. amer.*) mettersi eleganti, farsi belli, agghindarsi.

fussed [fʌst] *agg.* (*spec. amer.*) difficile da accontentare, di gusti difficili: *"Would you like to go to the movie or stay at home?" "I'm not —!"*, "Vuoi andare al cinema o stare a casa?" "È lo stesso!".

fusser [ˈfʌsə*] *s.* (*fam.*) → **fusspot**.

fussily [ˈfʌsɪlɪ / fuss·ily] *avv.* **1** con inutile scalpore; con esagerata importanza **2** con eccessiva minuzia; puntigliosamente.

fussiness [ˈfʌsɪnɪs / fussi·ness] *s.* **1** puntiglio, meticolosità **2** (*non com.*) tendenza a causar trambusto, a far confusione, chiasso.

fusspot [ˈfʌspɒt / fuss·pot] *s.* (*fam.*) piaga, persona lamentosa.

fussy [ˈfʌsɪ] *agg.* **1** meticoloso, difficile da accontentare, pignolo: *to be — about food*, essere schizzinoso // *"Would you like strawberry or chocolate ice cream?" "I'm not —"*, "Vuoi il gelato alla fragola o al cioccolato?" "È lo stesso" **2** irritabile, nervoso **3** faccendone; che fa confusione, chiasso (per nulla); che si preoccupa (per nulla) **4** carico di fronzoli.

fust [fʌst] *s.* **1** (*arch.*) fusto **2** (*ant.*) odore di muffa.

to **fust** *v.intr.* (*ant.*) ammuffire; saper di muffa.

fustanella [,fʌstəˈnelə / fus·tan·ella] *s.* fustanella.

fustian [ˈfʌstɪən *amer.* ˈfʌstʃən / fus·tian] *agg.* **1** di fustagno **2** (*rar.*) ampolloso **3** (*rar.*) di poco valore, misero, meschino ◆ *s.* **1** fustagno **2** (*rar.*) ampollosità, magniloquenza.

to **fustigate** [ˈfʌstɪgeɪt / fust·ig·ate] *v.tr.* (*ant.*) fustigare.

fustigation [,fʌstɪˈgeɪʃn / fust·iga·tion] *s.* (*rar.*) fustigazione.

fustiness [ˈfʌstɪnɪs / fusti·ness] *s.* **1** odore di muffa, di stantio **2** (*fig.*) l'essere antiquato, fuori moda.

fusty [ˈfʌstɪ] *agg.* **1** che sa di muffa, di rinchiuso; raffermo (di pane) **2** (*fig.*) antiquato, sorpassato, fuori moda.

futchel(l) [ˈfʌtʃəl] *s.* traversa del timone (di carri a trazione animale).

futhorc [ˈfu:θɔ:k / fu·thorc] *s.* alfabeto runico.

futile [ˈfju:taɪl *amer.* ˈfju:tl / fu·tile] *agg.* inutile, vano, futile; frivolo // **-ly** *avv.*

futility [fju:ˈtɪlətɪ / fu·til·ity] *s.* futilità, vanità; frivolezza.

futtock [ˈfʌtək / fut·tock] *s.* (*mar.*) scalmo, staminale.

futtock-shroud [ˈfʌtəkʃraʊd] *s.* (*mar.*) riggia.

future [ˈfju:tʃə* / fu·ture] *agg.* **1** futuro: — *life*, vita futura; *my — wife*, la mia futura sposa; (*comm.*) — *delivery*, *price*, consegna, prezzo a termine; (*dir.*) — *interests*, diritti futuri, aspettativa dei diritti **2** (*gramm.*) futuro: — *tense*, tempo futuro ◆ *s.* **1** futuro, avvenire: *in* (o *in the* o *for the*) —, in avvenire, in futuro; *in the near*, *distant* —, in un prossimo, lontano futuro; *he has a brilliant — before him*, lo attende un brillante avvenire **2** (*gramm.*) futuro: *verb in the* —, verbo al futuro **3** *pl.* (*comm.*, *Borsa*) contratti a termine e a premio su merci o titoli (per garantirsi da future oscillazioni dei prezzi), futures.

futureless [ˈfju:tʃəlɪs / fu·ture·less] *agg.* senza futuro, senza avvenire.

future-perfect [,fju:tʃəˈpɜ:fɪkt] *s.* (*gramm.*) futuro anteriore, futuro perfetto.

futurism [ˈfju:tʃərɪzəm / fu·tur·ism] *s.* (*arte*) futurismo.

futurist [ˈfju:tʃərɪst / fu·tur·ist] *s.* e *agg.* (*arte*) futurista.

futuristic [,fju:tʃəˈrɪstɪk / fu·tur·istic] *agg.* avveniristico.

futurity [fju:ˈtjʊərɪtɪ *amer.* fju:ˈtʊərɪtɪ / fu·tur·ity] *s.* **1** avvenire, futuro // — *race*, (*amer.*) corsa (di cavalli) i cui concorrenti vengono selezionati molto tempo prima; — *stakes*, (*amer.*) somma di denaro offerta come premio per una futurity race **2** *pl.* avvenimenti futuri.

futurologist [,fju:tʃəˈrɒlədʒɪst / fu·turo·lo·gist] *s.* futurologo.

futurology [,fju:tʃəˈrɒlədʒɪ / fu·turo·logy] *s.* futurologia.

fuze [fju:z] *s.* (*amer.*) **1** → fuse[2] **2** spoletta meccanica.

fuzee → **fusee**[1] e **fusee**[2].

fuzz[1] [fʌz] *s.* **1** lanugine, peluria **2** increspatura (di capelli): *a — of hair*, capelli gonfi e ricci.

to **fuzz**[1] *v.tr.* **1** increspare, arruffare (capelli) **2** coprire di lanugine ◆ *v.intr.* **1** arruffarsi, incresparsi (di capelli) **2** coprirsi di lanugine.

□ **fuzz up** *v.tr.* e *avv.* offuscare; appannare: *my mind was fuzzed up with too much drink*, (*fig.*) la mia mente era offuscata dal troppo bere ◆ *v.intr.* e *avv.* offuscarsi; appannarsi.

fuzz[2] *s.* (*sl.*) **1** madama, pula, polizia **2** (*amer.*) poliziotto.

fuzz-ball [ˈfʌzbɔ:l] *s.* (*bot.*) vescia di lupo → **puffball**.

fuzzbuster [,fʌzˈbʌstə* / fuzz·buster] *s.* (*sl. amer.*) dispositivo in grado di rilevare un'apparecchiatura per il controllo della velocità.

fuzzily [ˈfʌzɪlɪ / fuzz·ily] *avv.* confusamente, indistintamente.

fuzziness [ˈfʌzɪnɪs / fuzzi·ness] *s.* **1** increspatura (di capelli) **2** (*fot.*) sfocatura.

fuzzy [ˈfʌzɪ] *agg.* **1** increspato, gonfio (di capelli) **2** coperto di lanugine, peluria **3** confuso, indistinto **4** (*fot.*) sfocato **5** sfrangiato, liso (di tessuto) **6** (*inform.*) approssimativo.

fuzzy-wuzzy [ˈfʌzɪwʌzɪ] *s.* **1** nero della Repubblica del Sudan; (*spreg. antiq.*) negro **2** (*amer.*) abitante della Nuova Guinea e delle isole Salomone.

fylfot [ˈfɪlfɒt / fyl·fot] *s.* (*non com.*) croce uncinata, svastica.

fyrd [fɜ:d] *s.* (*st. inglese*) forza militare di tutta la nazione anglo-sassone.

Gg

g [dʒi:] *pl.* **gs**, **g's** [dʒi:z] *s.* **1** (*settima lettera dell'alfabeto inglese*) g // (*tel.*) — *for George*, g come Genova **2** (*mus.*) sol // *G-clef*, chiave di violino **3** (*sl.*) abbr. di *grand*, mille dollari; mille sterline.

gab[1] [gæb] *s.* (*fam.*) chiacchiera; parlantina: *to have the gift of the* —, avere la parlantina sciolta.

to **gab**[1] *v.intr.* (*fam.*) chiacchierare, parlare a vanvera.

gab[2] *s.* (*mecc.*) forcella, forchetta.

gab[3] *s.* (*scoz.*) bocca.

gabardine [ˌgæbə'di:n / gab·ar·dine] *s.* **1** (*tess.*) gabardine **2** (*ant.*) → **gaberdine**.

gabbart ['gæbət / gab·bart] *s.* (*mar.*) gabarra.

gabber ['gæbə* / gab·ber] *s.* chiacchierone.

gabble ['gæbl] *s.* **1** barbugliamento, cicaleccio **2** schiamazzo.

to **gabble** *v.intr.* **1** barbugliare, borbottare; parlare, leggere in modo confuso e affrettato **2** schiamazzare **3** starnazzare (di oca) ◆ *v.tr.* borbottare.

gabbler ['gæblə* / gab·bler] *s.* chi farfuglia, chi borbotta.

gabbro ['gæbrəʊ / gab·bro] *pl.* **gabbros** *s.* (*geol.*) gabbro.

gabby ['gæbɪ] *agg.* (*fam. amer.*) garrulo, loquace.

gabelle [gə'bel / ga·belle] *s.* gabella.

gaberdine [ˌgæbə'di:n / gab·er·dine] *s.* **1** (*tess.*) → **gabardine** **2** (*ant.*) palandrana; gabbana: *my best way is to creep under his gaberdine*, (SH. The Tempest) la miglior cosa da fare per me è ficcarsi sotto la sua gabbana.

gaberlunzie [ˌgæbə'lʌnzɪ / gaber·lunzie] *s.* (*scoz.*) mendicante vagabondo.

gabfest ['gæbfest / gab·fest] *s.* (*fam. amer.*) chiacchierata.

gabion ['geɪbjən / ga·bion] *s.* (*mil.*, *ind. miner.*) gabbione.

gabionade ['geɪbjəneɪd / ga·bi·on·ade] *s.* (*mil.*) gabbionata.

gable ['geɪbl] *s.* (*arch.*) timpano, frontone: — *wall*, muro sormontato da un timpano; — *roof*, tetto a due falde; — *window*, finestra del timpano, del frontone.

gabled ['geɪbld] *agg.* **1** a timpano **2** a due spioventi.

gable-end [ˌgeɪbl'end] *s.* (*arch.*) fastigio.

Gabonese [ˌgæbɒ'ni:z / Gabon·ese] *agg.* gabonese, del Gabon ◆ *s.* abitante del Gabon.

gad[1] [gæd] *s.* **1** punta metallica **2** barra di metallo; lingotto **3** (*min.*) barra a cuneo **4** (*ant.*) bacchetta, verga; bastone appuntito (da pastore) **5** unità di misura per terreno a pascolo.

to **gad**[1] *pass.p.p.* **gadded** ['gædɪd / gad·ded] *v.tr.* **1** munire di punta **2** (*min.*) rompere (la roccia) con la barra a cuneo ◆ *v.intr.* (*min.*) usare la barra a cuneo.

gad[2] *s.* (*fam.*) *to be on* (o *upon*) *the* —, essere sempre in giro; (*ant.*) in fretta e furia: *all this done / upon the gad!*, (SH. King Lear) e tutto questo in fretta e furia!

to **gad**[2] *v.intr.* (*fam.*) **1** bighellonare, vagabondare: *he's always gadding* (*about*), è sempre in viaggio, in movimento **2** (*ant.*) crescere irregolarmente (di pianta): *with wild thyme and gadding vine*, (MILTON) con timo selvatico e la vite rampicante.

gad[3] *inter.*: *by* —*!*, (*ant.*) perdio!

gadabout ['gædəbaut / gad·about] *agg.* (*fam.*) vagabondo, scioperato ◆ *s.* bighellone, fannullone, vagabondo.

gadder [gædə* / gad·der] *s.* (*fam.*) bighellone, vagabondo.

gadfly ['gædflaɪ / gad·fly] *s.* **1** (*zool.*) tafano; estro **2** (*fig.*) persona irritante **3** (*fig. non com.*) impulso irresistibile.

gadget ['gædʒɪt] *s.* (*fam.*) congegno, dispositivo; aggeggio, arnese; piccola invenzione: *give me that* —, dammi quell'aggeggio.

gadgetry ['gædʒɪtrɪ] *s.* [U] congegni, dispositivi (*pl.*); (*fam.*) aggeggi.

Gadhelic [gæ'delɪk / Gad·helic] → **Gaelic**.

gadoid ['geɪdɔɪd / gad·oid] *s.* (*zool.*) pesce della famiglia dei gadidi.

gadolinite ['gædəlɪnaɪt / gad·ol·in·ite] *s.* (*min.*) gadolinite.

gadolinium [ˌgædə'lɪnɪəm / gado·lin·ium] *s.* (*chim.*) gadolinio.

gadroon [gə'dru:n / gad·roon] *s.* **1** cannoncino; increspatura **2** (*arch.*) ovolo.

gadwall ['gædwɔ:l / gad·wall] *s.* (*zool.*) (*Anas strepera*) canapiglia.

Gael [geɪl] *s.* gaelico.

Gaelic ['geɪlɪk] *agg.* gaelico ◆ *s.* lingua gaelica.

gaff[1] [gæf] *s.* **1** gancio; rampone **2** (*pesca*) uncino, crocco; fiocina **3** (*mar.*) picco // (*mar.*): — *sail*, vela di randa; — *top sail*, controranda **4** (*fig. amer.*) prova; affronto; logoramento; maltrattamento // *to stand the* —, (*fam. amer.*) fronteggiare le avversità // *to take a great deal of* —, (*fam. amer.*) resistere a una forte usura (detto di materiale).

to **gaff**[1] *v.tr.* **1** (*pesca*) uncinare, fiocinare, ramponare **2** (*amer.*) truffare, imbrogliare.

gaff[2] *s.* (*fam.*) **1** sciocchezza; chiacchiera // *to blow the* —, rivelare un segreto, fare una soffiata, dare informazioni su qlcu. **2** (*rar.*) clamore.

gaff[3] *s.* (*sl.*) **1** fiera **2** (*antiq.*) (*penny*) —, ritrovo pubblico; teatro; varietà di infimo ordine.

gaffe [gæf] *s.* gaffe, topica.

gaffer ['gæfə* / gaf·fer] *s.* **1** compare; vecchio **2** mastro; caposquadra (di operai) **3** (*fam. amer.*) papà.

gag [gæg] *s.* **1** bavaglio: *to put a* — *on s.o.*, *sthg.*, (*fig.*) mettere a tacere, imbavagliare qlcu., mettere a tacere qlco. **2** voto di chiusura (di un dibattito in Parlamento) **3** morso (di cavallo) **4** (*teatr.*) gag, battuta, trovata comica **5** (*antiq.*) bugia, impostura **6** (*med.*) apribocca **7** (*mecc.*) distanziale **8** (*ferr.*) attrezzo per raddrizzare le rotaie **9** (*tecn.*) ostruzione: *the* — *of a valve*, l'ostruzione di una valvola.

to **gag** *pass.p.p.* **gagged** [gægd] *v.tr.* **1** imbavagliare (*anche fig.*): *to* — *the press*, (*fam.*) imbavagliare la stampa // *enough to* — *a maggot*, (*sl. amer.*) disgustoso, ripugnante **2** soffocare **3** (*ferr.*) raddrizzare (una rotaia) **4** (*tecn.*) ostruire **5** (*teatr.*) improvvisare **6** applicare il morso a (un cavallo da domare) ◆ *v.intr.* **1** soffocarsi **2** (*tecn.*) ostruirsi **3** (*teatr.*) improvvisare; fare una gag.

gaga ['gægɑ: *amer.* 'gɑ:gɑ:] *s.* rimbambito; debole di mente.

gage[1] [geɪdʒ] *s.* **1** pegno; garanzia **2** (*ant.*) (pegno di) sfida: *to throw down the* — *to s.o.*, sfidare qlcu. // *I... / interchangeably hurl down my gage / upon this overweening traitor's foot*, (SH. Richard II) di rimando getto il mio pegno di sfida ai piedi di questo traditore arrogante.

to **gage**[1] *v.tr.* **1** dare in pegno; scommettere, impegnare (*anche dir.*): *against the which a moiety competent / was gaged by our king*, (SH. Hamlet) a sua volta il nostro re aveva scommesso una porzione equivalente **2** (*ant.*) sfidare.

to **gage**[2] (*amer.*) → to **gauge**.

gage[3] *s.* abbr. di → **greengage**.

gagger ['gægə] *s.* (*amer.*) **1** burlone **2** (*ferr.*) raddrizzatore (di rotaie) **3** (*metall.*) armatura (nelle forme in terra da fonderia).

gaggle ['gægl] *s.* branco; (*fam.*) gruppo (di

gente): *a — of geese*, un branco di oche; *a — of schoolgirls*, un gruppo di scolare.

to **gaggle** *v.intr.* schiamazzare (di oche).

gagman [ˈgægmæn / gag·man] *pl.* **gagmen** [ˈgægmen] *s.* (*amer.*) chi inventa gag (per film, commedie ecc.); attore la cui comicità si basa su gag.

gagster [ˈgægstə* / gag·ster] *s.* (*amer.*) chi inventa gag (per film, commedie ecc.); attore che si serve di gag nel recitare.

gahnite [ˈgɑːnaɪt / gahn·ite] *s.* (*min.*) gahnite.

gaiety [ˈgeɪətɪ / gai·ety] *s.* **1** gaiezza **2** *pl.* divertimenti: *the gaieties of past times*, i divertimenti, le feste dei tempi passati.

gaily [ˈgeɪlɪ] *avv.* gaiamente.

gain[1] [geɪn] *s.* **1** (*spec. pl.*) (*econ.*) guadagno; profitto; utile: *clear —*, guadagno netto; *gains sharing*, partecipazione agli utili // *gains on disposals and sales*, plusvalenze **2** aumento; miglioramento: *a — in weight*, un aumento di peso; *a — in knowledge*, un accrescimento di conoscenza **3** (*fis.*) guadagno.

to **gain**[1] *v.tr.* **1** guadagnare; ottenere, vincere: *he gained an advantage over his competitors*, ottenne un vantaggio sui concorrenti; *to — a battle, a prize*, vincere una battaglia, un premio; *to — time*, guadagnare tempo; *to — ground*, guadagnare terreno; (*fig.*) fare progressi; *to — one's living by working*, guadagnarsi da vivere lavorando // *to — the upper hand*, prendere il sopravvento **2** giungere a; raggiungere: *to — the top of the mountain*, raggiungere la vetta della montagna **3** (*fig.*) guadagnare, accrescere; migliorare; fare progressi in: *this watch gains three minutes a day*, questo orologio va avanti tre minuti al giorno; *you have gained two pounds this summer*, sei aumentato due libbre quest'estate ♦ *v.intr.* crescere, aumentare: *to — in weight*, aumentare di peso; *to — in popularity*, acquistare popolarità.

□ **gain on, upon** *v.intr.* e *prep.* **1** guadagnare distanza su: *our pursuers were gaining on us*, i nostri inseguitori stavano accorciando le distanze **2** (*form.*) erodere.

gain[2] *s.* (*tecn.*) cava, mortasa (negli incastri a tenone e mortasa).

to **gain**[2] *v.tr.* (*tecn.*) **1** eseguire una mortasa **2** collegare con incastro a tenone e mortasa.

gainer [ˈgeɪnə*] *s.* chi vince, vincente; chi guadagna: *you'll be the — under this new system*, ci guadagnerai tu con questo nuovo sistema.

gainful [ˈgeɪnfʊl / gain·ful] *agg.* (*form.*) lucroso, rimunerativo; vantaggioso: (*econ.*) *— employment*, lavoro retribuito // **-ly** *avv.*

gaingiving [ˈgeɪn,gɪvɪŋ / gain·giv·ing] *s.* (*ant.*) apprensione: *it is such a kind of gaingiving as would perhaps trouble a woman*, (SH. Hamlet) è una di quelle apprensioni che forse spaventerebbero una donna.

gainings [ˈgeɪnɪŋz / gain·ings] *s.pl.* guadagni, profitti, utili.

to **gainsay** [geɪnˈseɪ / gain·say] *pass.p.p.* **gainsaid** [,geɪnˈsed / gain·said] *v.tr.* (*form.*) contraddire; negare: *argument that cannot be gainsaid*, argomento irrefutabile.

gainsayer [,geɪnˈseɪə* / gain·sayer] *s.* contraddittore; oppositore.

gainst, 'gainst [ˈgenst] (*poet.*) per → **against**.

gait [geɪt] *s.* (*form.*) **1** passo; andatura, portamento: *he walked to the door with an awkward —*, si avviò verso la porta con una strana andatura **2** passo, andatura (di cavallo) **3** (*ant.*) passo: *...we have here writ / to Norway... / to suppress his further gait*, (SH. Hamlet) ...abbiamo scritto al re di Norvegia... di non procedere oltre.

gaiter [ˈgeɪtə*] *s.* ghetta, uosa.

gal [gæl] *s.* (*sl. antiq.*) ragazza.

gala [ˈgɑːlə *amer.* ˈgeɪlə] *s.* gala: *— day*, giorno di festa.

galactagogue [gəˈlæktəgɒg / ga·lac·ta·gogue] *s.* (*med.*) galattagogo.

galactic [gəˈlæktɪk / ga·lac·tic] *agg.* (*astr.*) galattico.

galactometer [,gæləkˈtɒmɪtə* / ga·lac·to·meter] *s.* galattometro.

galactose [gəˈlæktəʊs / ga·lac·tose] *s.* (*chim.*) galattosio.

galactosidase [,gəlæktəˈsaɪdeɪs / ga·lac·to·sid·ase] *s.* (*biochim.*) galattosidasi.

galactoside [gəˈlæktəsaɪd / ga·lac·tos·ide] *s.* (*biochim.*) galattoside.

gala-dress [ˈgɑːlədres *amer.* ˈgeɪlədres] *s.* vestito di gala.

galago [gəˈleɪgəʊ / ga·lago] *s.* (*zool.*) galagone → **bush baby**.

galantine [ˈgæləntiːn / gal·an·tine] *s.* (*cuc.*) galantina.

galanty show [gəˈlæntɪ,ʃəʊ] *s.* (spettacolo delle) ombre cinesi.

galatea [,gæləˈtɪə / ga·la·tea] *s.* tessuto di cotone a righe bianche e blu.

to **galavant** [,gæləˈvænt / gala·vant] *v.intr.* → to **gallivant**.

galaxy [ˈgæləksɪ / gal·axy] *s.* **1** (*astr.*) galassia **2** (*fig.*) riunione di persone brillanti.

galbanum [ˈgælbənəm / gal·banum] *s.* (*bot., chim.*) galbano (resina).

gale[1] [geɪl] *s.* **1** tempesta di vento **2** scoppio di risa rumoroso **3** (*letter.*) brezza, zefiro: *...now gentle gales / fanning their odoriferous wings dispense / native perfumes*, (MILTON) ...ora lievi brezze muovendo le ali odorifere spandono i nativi profumi.

gale[2] *s.* (*bot.*) (*Myrica Gale*) mirica SIN. sweet-gale.

gale[3] *s.* **1** tassa pagata per avere in concessione un terreno da scavare **2** terreno dato in concessione.

galeeny [gəˈliːnɪ / ga·leeny] *s.* (*zool.*) (*Numida meleagris*) gallina faraona SIN. guinea-hen, guinea-fowl.

galena [gəˈliːnə / ga·lena] *s.* (*min.*) galena.

galenic[1] [gəˈlenɪk / ga·lenic] *agg.* galenico, di Galeno.

galenic[2] *agg.* (*min.*) galenico, che contiene galena.

galenite [gəˈliːnaɪt / ga·len·ite] → **galena**.

Galician [gəˈlɪʃɪən / Ga·li·cian] *agg.* e *s.* galiziano.

Galilean[1] [,gælɪˈliːən / Ga·li·lean] *agg.* e *s.* galileo, (nativo, abitante) della Galilea.

Galilean[2] [,gælɪˈleɪən] *agg.* di Galileo Galilei, galileiano: (*astr.*) *— telescope* (o *glass*), cannocchiale di Galileo.

galilee [ˈgælɪliː / ga·li·lee] *s.* (*arch.*) portico, cappella nel lato ovest di una chiesa.

galingale [ˈgælɪŋgeɪl / gal·in·gale] *s.* (*bot.*) **1** (*Kaempferia galanga*) galanga **2** (*Alpinia officinarum*) galanga minore **3** (*Cyperus longus*) giunco odoroso.

galipot [ˈgælɪpɒt / gali·pot] *s.* trementina grezza, resina di pino.

gall[1] [gɔːl] *s.* **1** bile, fiele: (*anat.*) *— duct*, dotto biliare; *— bladder*, cistifellea // *ox —*, le di bue **2** (*fig. antiq.*) fiele, bile: *— and wormwood*, amarezza e bile; *the — of life*, le amarezze della vita; *to dip one's pen in —*, intingere la penna nel fiele; *to vent one's — on s.o.*, riversare il proprio livore su qlcu. **3** impudenza, sfacciataggine **4** (*tecn. vetraria*) fiele del vetro.

gall[2] *s.* **1** escoriazione; scorticatura **2** (*non com. fig.*) ferita **3** (*non com.*) difetto, imperfezione (di un tessuto) **4** (*ant.*) radura (di bosco ceduo) **5** (*vet.*) piccolo tumore (di cavallo).

to **gall**[2] *v.tr.* **1** irritare (ferita ecc.); sfregare // *let the brow e'erwhelm it / as fearfully as doth a galled rock*, (SH. Henry V) la fronte lo domini paurosamente come una roccia logorata dalle onde; *that excellent grand tyrant of the earth, / that reigns in galled eyes of weeping souls*, (SH. Richard III) quel tiranno che eccelle sopra tutti i tiranni della terra e regna sugli occhi arrossati delle anime lacrimanti **2** (*fig.*) irritare, tormentare ♦ *v.intr.* irritarsi, escoriarsi.

gall[3] *s.* (*bot.*) galla.

gallant [ˈgælənt / gal·lant] *agg.* **1** prode, valoroso **2** cortese, galante **3** imponente, splendido **4** (*ant.*) elegante: *they compared their gallant apparel with the poor raiment of the Utopians*, (TH. MORE) essi paragonavano il loro elegante abbigliamento con i poveri vestiti degli Utopians ♦ *s.* **1** (*ant.*) galante; persona elegante; uomo di mondo; cavaliere **2** amante; corteggiatore // **-ly** *avv.*

to **gallant** *v.tr.* **1** corteggiare; amoreggiare **2** (*ant.*) scortare (una signora) ♦ *v.intr.* fare il galante; fare la corte.

gallantry [ˈgæləntrɪ / gal·lantry] *s.* **1** coraggio, ardimento **2** galanteria **3** atto, discorso amoroso **4** (*ant.*) intrigo amoroso.

gallein [ˈgælɪən / gal·lein] *s.* (*chim.*) galleina; violetto mordente 2S.

galleon [ˈgælɪən / gal·leon] *s.* (*mar.*) galeone.

gallery [ˈgælərɪ / gal·lery] *s.* **1** galleria, esposizione di quadri; sala di esposizione: *picture —*, galleria d'arte **2** tribuna, galleria // *Public Gallery* (o *Strangers' Gallery*), tribuna riservata al pubblico (alla Camera dei Comuni) **3** (*teatr.*) galleria, loggione; pubblico di galleria // *to play to the —*, cercare di incontrare il favore del grande pubblico; *— play*, lavoro teatrale di facile effetto // *peanut —*, (*sl. amer.*) loggione, piccionaia **4** passaggio coperto, galleria; portico; (*amer.*) balcone: *covered —*, androne; (*mar.*) *stern —*, galleria di poppa **5** galleria (naturale, di miniera ecc.): *the ants' nest was made up of innumerable galleries*, il formicaio era costituito da innumerevoli gallerie.

gallery deck [ˈgælərɪ,dek] *s.* (*mar.*) ponte di batteria.

galley [ˈgælɪ / gal·ley] *s.* **1** (*mar.*) galera, galea 2 (*mar., aer.*) cucina di bordo 3 (*tip.*) vantaggio 4 (*tip.*) — (*proof*), bozza in colonna.

galley-slave ['gælıslеıv] *s.* rematore di galera; (*fig.*) sgobbone.

galley-west ['gælı,west] *agg.* (*fam. amer.*) confuso, agitato.

galley-worm ['gælıwɜ:m] *s.* (*zool.*) millepiedi.

gall-fly ['gɔ:lflaı] *s.* (*zool.*) cinipe.

galliard ['gæljəd / gal·li·ard] *s.* (*danza*) gagliarda.

galliasse ['gælıəs / gal·li·asse] *s.* (*mar.*) galeazza: *my father hath no less / than three great argosies, besides two galliasses*, (SH. Taming of the Shrew) mio padre possiede non meno di tre grandi mercantili, oltre a due galeazze.

Gallic[1] ['gælık / Gal·lic] *agg.* gallico; francese ◆ *s.* francese.

gallic[2] *agg.* (*chim.*) gallico: — *acid*, acido gallico.

Gallican ['gælıkən / Gal·lican] *agg.* e *s.* (*eccl.*) gallicano.

gallicism ['gælısızəm / gal·li·cism] *s.* gallicismo, francesismo.

to **gallicize** ['gælısaız / gal·li·cize] *v.tr.* francesizzare ◆ *v.intr.* francesizzarsi.

galligaskins ['gælı'gæskınz / gal·li·gas·kins] *s.* pantaloni ampi; brache (usate nei secc. XVI e XVII).

gallimaufry [,gælı'mɔ:frı / gal·li·maufry] *s.* miscuglio, mescolanza eterogenea: *he loves the gallimaufry*, (SH. Merry Wives of Windsor) gli piace ogni sorta di donne.

gallinacean [,gælı'neıʃn / gal·lina·cean] *agg.* e *s.* (*zool.*) gallinaceo.

gallinaceous [,gælı'neıʃəs / gal·lina·ceous] *agg.* (*zool.*) gallinaceo.

galling ['gɔ:lıŋ / gall·ing] *agg.* irritante.

gallinule ['gælınju:l / gal·lin·ule] *s.* (*zool.*) (*Gallinula chloropus*) gallinella d'acqua SIN. moorhen, water-hen.

galliot ['gælıət / gal·liot] *s.* (*mar.*) 1 galeotta 2 barcone olandese da carico o da pesca.

gallipot ['gælıpɒt / gal·li·pot] *s.* vasetto smaltato (spec. per medicine).

gallium ['gælıəm / gal·lium] *s.* (*chim.*) gallio: — *arsenide*, arseniuro di gallio.

to **gallivant** [,gælı'vænt / gal·li·vant] *v.intr.* (*antiq.*) andare in giro divertendosi // **-er** *s.*

gall-nut ['gɔ:lnʌt] *s.* (*bot.*) noce di galla.

galloglass → **gallowglass**.

gallon ['gælən / gal·lon] *s.* gallone (misura di capacità = 4,546 l in Gran Bretagna; = 3,785 l negli Stati Uniti).

galloon [gə'lu:n / gal·loon] *s.* gallone, nastro.

gallop ['gæləp / gal·lop] *s.* 1 galoppo: *at a* —, al galoppo (*anche fig.*); *at full* —, a briglia sciolta, a gran galoppo // *to break into a* —, mettersi a galoppare, prendere il galoppo (*anche fig.*) 2 galoppata: *to have* (o *to go for*) *a* —, fare una galoppata.

to **gallop** *v.intr.* 1 galoppare, andare al galoppo 2 (*fig.*) parlare, lavorare, agire in fretta: *to — through a book*, leggere un libro di volata 3 galoppare, progredire rapidamente (di malattia) ◆ *v.tr.* far galoppare (*anche fig.*).

galloper ['gæləpə* / gal·loper] *s.* galoppatore ◆ *s.* (*mil.*) 1 cannone leggero da campo 2 aiutante di campo.

galloping ['gæləpıŋ / gal·lop·ing] *agg.* galoppante: (*econ.*) — *inflation*, inflazione galoppante, iperinflazione.

to **gallow** ['gæləʊ / gal·low] *v.tr.* (*ant.*) atterrire: *the wrathful skies / gallow the very wanderers of the dark*, (SH. King Lear) i cieli gonfi di collera atterriscono perfino i viandanti delle tenebre.

galloway ['gæləweı / gal·lo·way] *s.* cavallino, mucca, bue del Galloway (Scozia).

gallowglass ['gæləʊ,glɑ:s *amer.* 'gæləglæs / gal·low·glass] *s.* (*st.*) soldato irlandese, mercenario irlandese: *...from the western isles / of kern and gallowglasses is supplied*, (SH. Macbeth) ...si rifornisce di fanti e cavalieri dalle isole occidentali.

gallows ['gæləʊz / gal·lows] *s.* 1 forca, patibolo; impiccagione: *to hang s.o. on the* —, impiccare qlcu. // — *look*, faccia patibolare // — *humour*, umorismo macabro 2 soggetto da forca: *Ay, and a shrewd unhappy gallows too*, (SH. Love's Labour's Lost) Un astuto e infelice soggetto da forca, pure 3 forcella, supporto (a forma di forca).

gallows-bird ['gæləʊzbɜ:d] *s.* (*sl.*) avanzo di galera, pendaglio da forca.

gallows-tree ['gæləʊztri:] *s.* forca, patibolo.

gallstone ['gɔ:lstəʊn / gall·stone] *s.* (*med.*) calcolo biliare SIN. bilestone.

Gallup poll ['gæləp,pəʊl] *s.* sondaggio Gallup.

galluses ['gæləsız / gal·luses] *s.pl.* (*fam. amer.*) bretelle.

galoot [gə'lu:t / ga·loot] *s.* (*sl. antiq.*) soldato; marinaio; individuo goffo.

galop ['gæləp] *s.* (*danza*) galoppo.

galore [gə'lɔ:* / ga·lore] *agg.* abbondante, numeroso: *there are bargains — in the sale*, ci sono numerosi affari fra i saldi ◆ *avv.* in quantità, in abbondanza, a profusione.

galosh [gə'lɒʃ / ga·losh] *s.* galoscia; soprascarpa.

to **galumph** [gə'lʌmf / ga·lumph] *v.intr.* (*fam.*) 1 saltellare per la gioia; camminare impettito 2 camminare scompostamente a passi pesanti • Verbo inventato da L. CARROLL; è contrazione dei sostantivi *gallop*, galoppo e *triumph*, trionfo.

galvanic [gæl'vænık / gal·vanic] *agg.* 1 (*elettr.*) galvanico: — *cell*, cella galvanica 2 (*fig.*) galvanizzante, elettrizzante: *a — speech*, un discorso galvanizzante.

galvanism ['gælvənızəm / gal·van·ism] *s.* (*elettr.*) galvanismo.

to **galvanize** ['gælvənaız / gal·van·ize] *v.tr.* 1 galvanizzare, elettrizzare (*anche fig.*) // *to — s.o. into action*, stimolare qlcu. all'azione 2 (*metall.*) galvanizzare, ricoprire di metallo mediante processo galvanico 3 (*metall.*) zincare per via elettrolitica.

galvanizer ['gælvənaızə* / gal·van·izer] *s.* (*elettr.*) galvanizzatore.

galvanometer [,gælvə'nɒmıtə* / gal·vano·meter] *s.* (*elettr.*) galvanometro.

galvanometric [,gælvənəʊ'metrık / gal·vano·metric] *agg.* (*elettr.*) galvanometrico.

galvanoplastic [,gælvənəʊ'plæstık / gal·vano·plas·tic] *agg.* (*chim.*) galvanoplastico.

galvanoplastics [,gælvənəʊ'plæstıks / gal·vano·plas·tics] **galvanoplasty** [,gælvənəʊ 'plæstı / gal·vano·plasty] *s.* U (*chim.*) galvanoplastica.

gam [gæm] *s.* (*mar.*) 1 incontro di due, più baleniere 2 branco di balene 3 (*sl. amer.*) visita (a qlcu.).

to **gam** *pass.p.p.* **gammed** [gæmd] *v.intr.* 1 incontrarsi (di due, più baleniere) 2 raggrupparsi in branco (di balene) 3 (*sl. dei neri d'America*) vantarsi; flirtare.

gambado[1] [gæm'beıdəʊ / gam·bado] *pl.* **gambadoes** [gæm'beıdəʊz] *s.* (*gener. pl.*) gambale, gambale da sella.

gambado[2] *pl.* **gambado(e)s** *s.* 1 salto (di cavallo) 2 capriola, salto.

Gambian ['gæmbıən / Gam·bian] *agg.* e *s.* (nativo, abitante) del Gambia.

gambit ['gæmbıt / gam·bit] *s.* (*scacchi*) gambetto; (*fig.*) mossa: *opening* —, gambetto d'apertura // *conversational* —, osservazione, frase con con cui si cerca di dare inizio a una conversazione.

gamble ['gæmbl] *s.* gioco d'azzardo; (*fig.*) impresa rischiosa, scommessa: *everything's a* —, tutto dipende dalla fortuna; *let's take a — on him!*, puntiamo su di lui!

to **gamble** *v.intr.* giocare d'azzardo; (*fig.*) scommettere: *to — heavily*, scommettere forte; *to — on the stock exchange*, speculare, giocare in borsa; *don't — with love*, non scherzare con l'amore ◆ *v.tr.* scommettere, arrischiare.

□ **gamble away** *v.tr.* e *avv.* perdere al gioco: *his father gambled away all the family fortune*, suo padre perse al gioco tutti i beni di famiglia.

□ **gamble on** *v.tr.* e *intr.* e *prep.* scommettere su; rischiare scommettendo: *he was a fool to — all that money on Pink Runner*, è stato un pazzo a puntare tutto quel denaro su Pink Runner // *you can't — on finding a passage at the last moment*, non puoi contare sul fatto di trovare un passaggio sul traghetto all'ultimo momento.

gambler ['gæmblə* / gam·bler] *s.* 1 giocatore d'azzardo; (*fig.*) chi ama il rischio 2 speculatore.

gambling ['gæmblıŋ / gamb·ling] *s.* U gioco d'azzardo; scommessa: — *debts*, debiti di gioco; — *house*, casa da gioco // — *dens*, bische clandestine // (*dir.*): *crime of* —, reato di gioco d'azzardo; — *enterprise*, associazione che gestisce il gioco d'azzardo; — *contract*, contratto di gioco, contratto aleatorio.

gamboge [gæm'bu:ʒ *amer.* gæm'bəʊʒ / gam·boge] *s.* varietà di gommagutta color arancione.

gambol ['gæmbl / gam·bol] *s.* salto, capriola.

to **gambol** *pass.p.p.* **gambolled** ['gæmbld / gam·bolled] *v.intr.* saltare, fare capriole.

gambrel ['gæmbrəl / gam·brel] *s.* garretto di cavallo.

game[1] [geım] *agg.* 1 ardito, coraggioso, risoluto: *a — little boy*, un ragazzo che ha del fegato; *to die* —, morire da eroe, combattendo fino all'ultimo 2 pronto, disposto (a fare qlco.): *she is — for anything, to do sthg.*, è pronta a tutto, a far qlco. // *I'm* —, ci sto.

game[1] *s.* 1 gioco (con regole): *board* —,

gioco da tavolo; *he plays a good — of cards*, gioca bene a carte; *football is a very popular —*, il calcio è un gioco molto popolare; *it's all part of the —*, fa parte del gioco; *to beat s.o. at their own —*, battere qlcu. con le sue stesse armi // *games room*, stanza dei giochi, sala di ricreazione // *play the —*, (*fig.*) stai al gioco // *to have the — in one's hands*, essere sicuri del successo; *to be off one's —*, non essere in vena // *to be on the —*, (*sl.*) fare la vita // *games master*, insegnante d'educazione fisica **2** gioco; (*tennis*) game; mano (in una partita); partita; *to win three games in the first set*, vincere tre giochi nella prima partita; *— ball*, palla decisiva; *— point*, punto decisivo 252 *a winning, losing —*, una partita vinta, persa in partenza // *two games all*, due giochi, due partite pari **3** *pl.* gare, giochi, prove agonistiche // *the Olympic Games*, i Giochi Olimpici **4** tiro, trucco, scherzo: *stop playing your little games with me!*, piantala coi tuoi trucchetti!; *to give the — away*, rivelare il trucco, lo scherzo // *the — is not worth the candle*, (*sl.*) il gioco non vale la candela // *the — is up*, il gioco è finito, non c'è più nulla da fare // *to make — of*, farsi beffe di **5** (*fig.*) schema, progetto, piano d'azione: *what's his —?*, qual è il suo piano?; *to spoil s.o.'s —*, rovinare i piani di qlcu. // *— plan*, (*fam. amer.*) strategia (per portare a termine un affare) **6** (*pl. invar.*) cacciagione, selvaggina: *— bird*, selvaggina di penna; *big —*, selvaggina grossa // *— laws*, leggi sulla caccia; *— licence*, licenza di caccia; *— preserve* (o *reserve*), riserva di caccia.

to **game**[1] *v.intr.* giocare d'azzardo ◆ *v.tr.* (*ant.*) *to — away*, perdere al gioco: *to — away money*, perdere denaro al gioco.

game[2] *agg.* (*antiq.*) zoppo, storpio.

game-bag ['geɪmbæg] *s.* carniere.

gamecock ['geɪmkɒk / game·cock] *s.* gallo da combattimento.

gamekeeper ['geɪm,ki:pə* / game·keeper] *s.* guardacaccia.

gamelan ['gæmə,læn / gam·elan] *s.* (*mus.*) gamelan, complesso strumentale in uso a Giava e Bali.

gamely ['geɪmlɪ / game·ly] *avv.* coraggiosamente, arditamente.

gameness ['geɪmnɪs / game·ness] *s.* coraggio, ardimento.

gameplay ['geɪm,pleɪ / game·play] *s.* (*inform.*) gioco elettronico.

gameplayer ['geɪm,pleɪə* / game·player] *s.* (*inform.*) giocatore di giochi elettronici.

game show ['geɪm,ʃəʊ] *s.* (*tv*) spettacolo con giochi.

gamesmanship ['geɪmzmənʃɪp / games·man·ship] *s.* capacità del giocatore di vincere (in modo poco sportivo e al limite delle regole del gioco).

gamesome ['geɪmsəm / game·some] *agg.* (*non com.*) scherzoso; allegro.

gamester ['geɪmstə* / game·ster] *s.* (*non com.*) giocatore d'azzardo.

games theory ['geɪmz,θɪərɪ] *s.* (*log., mat.*) teoria dei giochi.

gamete [gæ'mi:t / gam·ete] *s.* (*biol.*) gamete.

gametogenesis [gə,mi:tə'dʒenɪsɪs / gam·eto·gen·esis] *s.* (*biol.*) gametogenesi.

gametophore [gə'mi:tə,fɔ:* / gam·eto·phore] *s.* (*bot.*) gametoforo.

gametophyte [gə'mi:tə,faɪt / gam·eto·phyte] *s.* (*bot.*) gametofito.

game warden ['geɪm,wɔ:dn] *s.* guardacaccia.

gamic ['gæmɪk] *agg.* (*biol.*) gamico: *— reproduction*, gamia.

gamin ['gæmɪn] *s.* (*fr.*) monello.

gamine [gæ'mi:n / gam·ine] *s.* (*fr.*) monella.

gaminess ['geɪmɪnɪs / gami·ness] *s.* **1** gusto di selvatico **2** sapore piccante **3** (*fam.*) coraggio.

gaming ['geɪmɪŋ / gam·ing] *s.* (*form.*) gioco d'azzardo // *— Act*, legge che regola il gioco d'azzardo (in Gran Bretagna).

gaming table ['geɪmɪŋ,teɪbl] *s.* tavolo da gioco.

gamma ['gæmə] *s.* gamma: (*fis.*) *— rays, radiation*, raggi, radiazione gamma.

gamma globulin [,gæmə'glɒbjʊlɪn] *s.* (*biol.*) gammaglobulina.

gammer ['gæmə* / gam·mer] *s.* (*ant.*) vecchia comare.

gammon[1] ['gæmən / gam·mon] *s.* **1** parte più bassa di un prosciutto **2** prosciutto affumicato, salato.

gammon[2] *s.* (*mar.*) trinca.

to **gammon**[2] *v.tr.* (*mar.*) trincare.

gammon[3] *s.* **1** vittoria al gioco del tric-trac, a tavola reale (che conta per due partite vinte) **2** (*rar.*) gioco del tric-trac.

to **gammon**[3] *v.tr.* vincere al tric-trac, alla tavola reale (con un 'gammon').

gammon[4] *s.* (*non com.*) **1** *pl.* chiacchiere **2** inganno, imbroglio // *to give —*, (*sl.*) fare il palo // *to keep s.o. in —*, (*sl.*) distrarre l'attenzione di qlcu. mentre un complice lo deruba.

to **gammon**[4] *v.intr.* (*non com.*) chiacchierare ◆ *v.tr.* (*non com.*) **1** fingere **2** ingannare, farsi gioco di.

gammoning ['gæmənɪŋ / gam·mon·ing] *s.* (*mar.*) trincatura, trinca.

gammy ['gæmɪ] *agg.* (*fam.*) zoppo, storpio: *he's got a — leg*, è zoppo da una gamba.

gamogenesis [,gæmə'dʒenɪsɪs / gamo·gen·esis] *s.* (*bot., zool.*) gamogenesi.

gamopetalous [,gæmə'petələs / gamo·petal·ous] *agg.* (*bot.*) gamopetalo.

gamosepalous [,gæmə'sepələs / gamo·sepal·ous] *agg.* (*bot.*) gamosepalo.

gamp [gæmp] *s.* (*antiq.*) ombrello.

gamut ['gæmət] *s.* **1** (*st. mus.*) la nota più bassa della scala di Guido d'Arezzo; l'intera scala di Guido d'Arezzo **2** (*mus.*) scala diatonica moderna **3** (*mus.*) estensione di voce **4** (*fig.*) gamma, gradazione; successione completa: *— of colours*, gamma di colori; *to run the — of feelings*, passare attraverso, provare ogni tipo di sentimenti.

gamy ['geɪmɪ] *agg.* **1** ricco di selvaggina **2** che sa, che odora di selvaggina **3** forte, saporoso (di sapore) **4** (*fam.*) coraggioso.

gander ['gændə* / gan·der] *s.* **1** (*zool.*) papero // *what's sauce for the goose, is sauce for the —*, (*prov.*) ciò che vale per l'uno vale per l'altro **2** sciocco, semplicione **3** *to take a —*, dare un'occhiata.

gang[1] [gæŋ] *s.* **1** squadra (di operai, schiavi, prigionieri) **2** banda (di malviventi, di giovinastri); combriccola: *a — of thieves*, una banda di ladri; *— criminality*, criminalità delle bande giovanili // *— warfare*, guerra fra bande rivali **3** compagnia, gruppo (di amici) **4** (*mecc.*) batteria (di utensili); utensile a taglienti multipli: *— mill*, sega a lame multiple; *— press*, pressa a matrici multiple; serie, insieme di arnesi per un lavoro in comune **5** (*dial.*) via, passaggio **6** (*dial. scoz.*) pascolo.

to **gang**[1] *v.intr.* (*non com.*) formare una combriccola: *to — (up) with s.o.*, allearsi, formare una combriccola con qlcu.; *you should — together for protection*, per sicurezza dovreste riunirvi in gruppo.

□ **gang up** *v.intr.* e *avv.* (*fam. spreg.*) (*against, on*) mettersi, riunirsi, associarsi (contro): *all the other children ganged up against* (o *on*) *him*, tutti gli altri bambini si sono messi contro di lui.

to **gang**[2] *v.intr.* (*dial. scoz.*) camminare; passeggiare.

gang-bang ['gæŋ,bæŋ] *s.* (*sl.*) stupro, violenza di gruppo (su una donna).

gangbusters [gæŋ'bʌstəz / gang·bust·ers] *s.* (*fam. amer.*) grande successo.

ganger ['gæŋə*] *s.* capo squadra di lavoratori.

gangland ['gæŋ,lænd / gang·land] *s.* (*amer.*) quartiere malfamato ◆ *agg.* della malavita: *— boss*, boss della malavita; *— murder*, omicidio nell'ambiente della malavita.

gangliar ['gæŋglɪə* / gan·gliar] *agg.* (*anat.*) gangliare.

gangliform ['gæŋglɪfɔ:m / gan·gli·form] *agg.* (*anat.*) gangliforme.

gangling ['gæŋglɪŋ / gang·ling] *agg.* allampanato.

ganglion ['gæŋglɪən / gan·glion] *pl.* **ganglions**, **ganglia** [gæŋglɪə / gan·glia] *s.* **1** (*anat.*) ganglio **2** (*fig.*) centro di attività, di interessi.

ganglionic [,gæŋglɪ'ɒnɪk / gan·gli·onic] *agg.* (*anat.*) dei, relativo ai gangli.

gangplank ['gæŋ,plæŋk / gang·plank] *s.* (*mar.*) passerella; scalandrone // *to make s.o. walk the —*, giustiziare qlcu.; (*fig.*) sbarazzarsi di qlcu.

gangrene ['gæŋgri:n / gan·grene] *s.* (*med.*) cancrena.

to **gangrene** *v.tr.* mandare in cancrena ◆ *v.intr.* andare in cancrena; essere affetto da cancrena.

gangrenous ['gæŋgrɪnəs / gan·gren·ous] *agg.* (*med.*) cancrenoso.

gangster ['gæŋstə* / gang·ster] *s.* gangster, bandito.

gangsterism ['gæŋstərɪzəm / gang·ster·ism] *s.* banditismo, gangsterismo.

gangue [gæŋ] *s.* (*min.*) ganga, minerale sterile.

gangway ['gæŋweɪ / gang·way] *s.* **1** passaggio (tra file di sedie, poltrone ecc.); corsia; passaggio (che divide la Camera dei Comuni in diversi settori) // *— please!*, (*fam.*) pista! // *members above —*, sostenitori del governo; *members below —*, membri indipendenti **2** (*mar.*) passerella; passavanti **3** (*aer.*) passerella; ponticello di servizio **4** (*miner.*) galleria principale.

gannet ['gænɪt / gan·net] *s.* (*zool.*) sula.

ganoid ['gænɔɪd / gan·oid] *agg.* e *s.* (pesce) dei ganoidi.

ganomalite [gə'nɒmәlaɪt / ga·nomal·ite] *s.* (*min.*) ganomalite.

ganophyllite [,gænә'fɪlaɪt / gano·phyl·lite] *s.* (*min.*) ganofillite.

gantry ['gæntrɪ] *s.* **1** cavalletto **2** incastellatura a cavalletto **3** (*astronautica*) torre di servizio (per lancio di veicoli spaziali) **4** *pl.* (*cinem.*) ponte scorrevole portalampade.

ganze macher ['geɪnsә'meɪkә*] *s.* (*sl. amer.*) trafficone.

gaol e *deriv.* → **jail** e *deriv.*

gap [gæp] *s.* **1** breccia, apertura; squarcio: *the sheep got out of the field through a — in the hedge*, il gregge uscì dal pascolo attraverso un buco nella siepe **2** gola, sella, passo (di montagna) **3** intervallo di tempo; distacco; interruzione; spazio vuoto: *there was an awkward — in the conversation*, ci fu un silenzio imbarazzante nella conversazione **4** grande divergenza (di vedute, simpatie ecc.), divario, gap: *generation —*, gap generazionale; *technological —*, gap tecnologico; *a wide — between the views of the two statesmen*, una profonda divergenza di opinione fra i due statisti // (*fin.*): *— between the interest rates*, differenziale dei tassi di interesse; *yield —*, differenziale di rendimento (tra azioni e obbligazioni) **5** lacuna: *a — in one's learning*, una lacuna nella propria cultura // *to bridge the —*, colmare la lacuna; *to fill (in) a —*, (*fig.*) chiudere una falla // *to reduce the — between...*, ridurre lo scarto tra... // (*dir.*) *law —*, lacuna legislativa // (*fin.*) *trade —*, disavanzo commerciale **6** (*stat.*) saldo **7** (*fis.*) intervallo, traferro **8** (*inform.*) buco, intervallo, separazione.

gape [geɪp] *s.* **1** sbadiglio **2** sguardo fisso a bocca aperta **3** parte del becco che si apre **4** spaccatura, apertura.

to **gape** *v.intr.* **1** rimanere a bocca aperta (per meraviglia): *to — at s.o.*, guardare qlcu. a bocca aperta **2** aprirsi; spalancarsi: *a hole gaped in the wall*, si è aperto un buco nel muro **3** aprire il becco.

gaper ['geɪpә*] *s.* **1** chi sbadiglia con frequenza **2** chi osserva qlco. con attenzione, a bocca aperta // *—'s block* (o *—'s delay*), (*amer.*) ingorgo del traffico (causato da un automobilista che rallenta per guardare qlco.) **3** (*sl. dei neri d'America*) specchio.

gapes [geɪps] *s.* U (*vet.*) difterite dei polli.

gaping ['geɪpɪŋ / gap·ing] *agg.* **1** meravigliato, stupito: *a — gaze*, uno sguardo stupito **2** aperto: *a — wound*, una ferita aperta.

gapingly ['geɪpɪŋlɪ / gap·ing·ly] *avv.* a bocca aperta.

gappy ['gæpɪ] *agg.* **1** pieno di aperture, fenditure **2** pieno di pause, di interruzioni: *his speech was —*, il suo discorso era pieno di pause.

gap-toothed [,gæp'tu:θt] *agg.* dai denti radi.

gar[1] [gɑ:*] *s.* (*zool.*) (*Belone belone*) aguglia.

to **gar**[2] *v.tr.* (*scoz.*) costringere.

garage ['gærɑ:ʒ *amer.* gә'rɑ:ʒ / gar·age] *s.* **1** garage, autorimessa **2** stazione di servizio.

to **garage** *v.tr.* mettere, tenere in garage.

garage sale ['gærɑ:dʒ,seɪl *amer.* gә'rɑ:ʒ,seɪl] *s.* (*fam.*) vendita di oggetti usati (che si svolge in genere in un garage).

garaging ['gærɑ:dʒɪŋ *amer.* gә'rɑ:ʒɪŋ / gar·aging] *s.* rimessaggio.

garb [gɑ:b] *s.* stile; moda; costume; abito caratteristico: *a man in clerical —*, un uomo in abiti religiosi; *national —*, costume nazionale; *and though in peaceful garb arrayed*, (W. SCOTT) e sebbene abbigliato in modo sobrio.

to **garb** *v.tr.* (*non com.*) abbigliare, vestire; rivestire (*anche fig.*): *garbed all in black*, tutto vestito di nero.

garbage ['gɑ:bɪdʒ / garb·age] *s.* U **1** (*spec. amer.*) rifiuti, immondizie (*pl.*) (*anche fig.*) // *— disposal unit*, (*amer.*) tritarifiuti (nello scolo del lavandino) **2** (*fam.*) cose spregevoli, senza valore; sciocchezze, cosa insensata: *a load of —*, un sacco di sciocchezze // *literary —*, letteratura di second'ordine **3** (*inform.*) informazioni parassite, rifiuti (*pl.*).

garbage can ['gɑ:bɪdʒ,kæn] *s.* (*spec. amer.*) pattumiera; bidone dell'immondizia BRIT. dustbin.

garbage collector ['gɑ:bɪdʒkә,lektә*] *s.* **1** (*amer.*) netturbino, spazzino BRIT. dustman **2** (*inform.*) raccoglitore di spazzatura.

to **garbage down** ['gɑ:bɪdʒ'daʊn] *v.intr.* e *avv.* (*fam. amer.*) mangiare.

garbage man ['gɑ:bɪdʒmæn] (*amer.*) → **garbage collector** 1.

garbage truck ['gɑ:bɪdʒ,trʌk] *s.* (*amer.*) camion della nettezza urbana BRIT. dustcart.

to **garble** ['gɑ:bl] *v.tr.* **1** alterare; ingarbugliare, confondere: *a garbled account*, un resoconto ingarbugliato, confuso **2** (*ant.*) scegliere il meglio da.

garboard ['gɑ:bɔ:d / gar·board] *s.* (*mar.*) torello.

garboil ['gɑ:bɔɪl / gar·boil] *s.* (*ant.*) garbuglio; confusione: *at thy sovereign leisure read / the garboils she awaked*, (SH. Antony and Cleopatra) a tuo sovrano piacimento leggi quali sconvolgimenti ha provocato.

garden ['gɑ:dn / gar·den] *s.* **1** giardino // *to lead s.o. up the — path*, (*fig., fam.*) portare a spasso qlcu., illuderlo // *Garden State*, (*amer.*) stato del New Jersey **2** regione fertile **3** (*gener. pl.*) giardini pubblici // *zoological gardens*, giardino zoologico.

to **garden** *v.intr.* coltivare un giardino; fare del giardinaggio ♦ *v.tr.* coltivare a giardino.

garden centre ['gɑ:dn,sentә*] *s.* vivaio, centro per il giardinaggio.

garden city ['gɑ:dn,sɪtɪ] *s.* città giardino.

garden-cress [gɑ:dn'kres] *s.* (*bot.*) (*Lepidium sativum*) nasturzio; (*pop.*) crescione dell'orto.

garden-dormouse [,gɑ:dn'dɔ:maʊs] *s.* (*zool.*) (*Eliomys quercinus*) topo quercino.

gardener ['gɑ:dnә* / gar·dener] *s.* giardiniere.

gardenfork ['gɑ:dәn,fɔ:k / gar·den·fork] *s.* forcone.

gardenia [gɑ:'di:njә / gar·denia] *s.* (*bot.*) gardenia.

gardening ['gɑ:dnɪŋ / gar·den·ing] *s.* giardinaggio.

garden party ['gɑ:dn,pɑ:tɪ] *s.* garden -party, ricevimento in giardino.

garden-white [,gɑ:dn'waɪt] *s.* (*zool.*) (*Pieris brassicae*) cavolaia.

garefowl ['geәfaʊl / gare·fowl] *s.* (*zool.*) (*Alca impennis*) alca impenne.

garfish ['gɑ:fɪʃ / gar·fish] *s.* (*zool.*) **1** aguglia → **gar**[1] **2** (*amer.*) lepisosteo.

garganey ['gɑ:gәnɪ / gar·ganey] *s.* (*zool.*) (*Anas querquedula*) marzaiola.

gargantuan [gɑ:'gæntjʊәn / gar·gan·tuan] *agg.* (*form.*) gigantesco, enorme.

gargarism ['gɑ:gәrɪzәm / gar·gar·ism] *s.* (*med.*) gargarismo.

garget ['gɑ:gɪt / gar·get] *s.* (*vet.*) mastite cronica (dei bovini).

gargle ['gɑ:gl] *s.* **1** gargarismo **2** liquido per gargarismi.

to **gargle** *v.intr.* far gargarismi.

gargoyle ['gɑ:gɔɪl / gar·goyle] *s.* doccione; grondone.

garibaldi [,gærɪ'bɔ:ldɪ / ga·ri·baldi] *s.* blusa rossa (a imitazione della camicia dei garibaldini).

garibaldi biscuit [,gærɪ'bɔ:ldɪ,bɪskɪt] *s.* dolce farcito con uva di Corinto.

garigue [gә'ri:g / ga·rigue] *s.* (*ecol.*) → **garrigue**.

garish ['geәrɪʃ / gar·ish] *agg.* **1** abbagliante (di luce) **2** sgargiante, appariscente, vistoso (di abito, decorazione ecc.): *a garish flag / to be the aim of every dangerous shot*, (SH. Richard III) una bandiera sgargiante, bersaglio d'ogni colpo letale // **-ly** *avv.* // **-ness** *s.*

garland ['gɑ:lәnd / gar·land] *s.* **1** (*form.*) ghirlanda, serto: *to win* (o *to carry away*) *the —*, riportare la palma **2** (*ant.*) ghirlanda, antologia.

to **garland** *v.tr.* inghirlandare, ornare con ghirlande.

garlic ['gɑ:lɪk / gar·lic] *s.* (*bot.*) (*Allium sativum*) aglio: *clove of —*, spicchio d'aglio // *— bread*, bruschetta.

garlicky ['gɑ:lɪkɪ / gar·licky] *agg.* che sa d'aglio, agliaceo.

garment ['gɑ:mәnt / gar·ment] *s.* (*form.*) **1** capo di vestiario, indumento **2** *pl.* abiti.

to **garment** *v.tr.* (*gener. al p.p.*) (*rar.*) rivestire; abbigliare.

garn [gɑ:n] *inter.* (*sl. antiq.*) va là!

garner ['gɑ:nә* / gar·ner] *s.* (*form.*) **1** granaio **2** (*fig. antiq.*) raccolta; provvista.

to **garner** *v.tr.* (*form.*) ammassare, raccogliere (*anche fig.*); depositare in un granaio: *memories garnered up in the heart*, ricordi riposti nel cuore.

garnet[1] ['gɑ:nɪt / gar·net] *s.* **1** (*min.*) granato **2** color granato.

garnet[2] *s.* (*mar.*) paranco.

garnierite ['gɑ:nɪәraɪt / gar·ni·er·ite] *s.* (*min.*) garnierite, numeaite.

garnish ['gɑ:nɪʃ / gar·nish] *s.* **1** (*cuc.*) ornamento; guarnizione **2** (*ant.*) equipaggiamento, ornamento: *so are you, sweet, / even in the lovely garnish of a boy*, (SH. Merchant of Venice) così lo sei [nell'ombra], dolcezza, nel tuo amabile costume da ragazzo.

to **garnish** *v.tr.* **1** (*cuc.*) adornare, guarnire **2** (*dir.*) citare, precettare, intimare: *to — a witness*, citare un testimone **3** (*dir.*) pignorare (presso un terzo).

garnishee [,gɑ:nɪ'ʃi: / gar·nishee] *s.* (*dir.*) sequestratario: *— order*, provvedimento di pignoramento; *— proceedings*, procedimento esecutivo di pignoramento.

to **garnishee** *v.tr.* (*dir.*) sequestrare; pignorare.

garnisher ['gɑ:nɪʃə* / gar·nish·er] *s.* (*dir.*) sequestrante, pignorante, precettante.

garnishing ['gɑ:nɪʃɪŋ / gar·nish·ing] *s.* **1** guarnizione, ornamento **2** guarnizione (d'una pietanza) **3** ornamento, fioritura (di stile).

garnishment ['gɑ:nɪʃmənt / gar·nish·ment] *s.* **1** (*non com.*) ornamento, guarnizione **2** (*dir.*) intimazione, precettazione, citazione **3** (*dir.*) pignoramento, sequestro (presso terzi).

garniture ['gɑ:nɪtʃə* / gar·ni·ture] *s.* **1** (*non com.*) guarnizione; ornamento (d'un abito) **2** fioritura (di stile) **3** (*cuc.*) ornamento, guarnizione **4** accessori (*pl.*).

garpike ['gɑ:paɪk / gar·pike] *s.* (*zool.*) pesce ago SIN. needlefish.

garret ['gærət / gar·ret] *s.* soffitta; solaio.

garrigue [gə'ri:g / gar·rigue] *s.* (*ecol.*) garriga, gariga.

garrison ['gærɪsn / gar·rison] *s.* (*mil.*) presidio; guarnigione // — *town*, città di presidio.

to **garrison** *v.tr.* (*mil.*) presidiare; fornire di guarnigione.

garron ['gærən] *s.* cavalluccio, ronzino.

garronite ['gærənaɪt / gar·ron·ite] *s.* (*min.*) garronite.

garrot ['gærət] *s.* (*zool.*) (*Bucephala clangula*) quattrocchi.

garrotte [gə'rɒt / gar·rotte] *s.* **1** garrotta **2** garrottamento **3** (*non com.*) strangolamento.

to **garrotte** *v.tr.* **1** garrottare, giustiziare strangolando **2** (*non com.*) strangolare a scopo di rapina.

garrulity [gæ'ru:lɪtɪ / gar·ru·lity] *s.* (*form.*) **1** garrulità, loquacità **2** verbosità (di stile).

garrulous ['gærələs / gar·rul·ous] *agg.* **1** garrulo, loquace **2** verboso (di stile) // **-ly** *avv.*

garter ['gɑ:tə* / gar·ter] *s.* giarrettiera // *the Garter*, l'Ordine della Giarrettiera: *Knight of the Garter*, cavaliere dell'Ordine della Giarrettiera.

garth [gɑ:θ] *s.* (*ant.*) **1** recinto **2** praticello.

gas [gæs] *pl.* **gases**, **gasses** ['gæsɪz] *s.* **1** gas: *hydrogen and oxygen are gases*, l'idrogeno e l'ossigeno sono gas; *lighted with* —, illuminato a gas; *the — is laid on*, la tubazione del gas è in funzione; *to turn on, off, up, down the* —, accendere, spegnere, alzare, abbassare il gas; — *cock* (o — *tap*), rubinetto del gas; — *supply*, fornitura del gas // (*fis.*): — *constant*, costante dei gas; — *discharge*, scarica in un gas **2** (*mil.*) gas (asfissiante, lacrimogeno): *they bombarded the students with tear* —, lanciarono gas lacrimogeni contro gli studenti **3** gas (usato come anestetico); gas esilarante **4** (*miner.*) grisù // (*geol.*) — *cap*, cappa di gas (sovrastante un giacimento petrolifero) **5** (*fam. amer.*) (abbr. di *gasoline*) benzina // *to step on the* —, accelerare (*anche fig.*) **6** (*fam.*) ciance (*pl.*) **7** (*fam. amer.*) situazione divertente, piacevole: *what a* —*!*, che forza! **8** (*fam. amer.*) esagerazione.

to **gas** *pass.p.p.* **gassed** [gæst] *v.tr.* **1** asfissiare, avvelenare con gas **2** trattare con gas **3** riempire di gas **4** rifornire di gas **5** (*amer.*) rifornire di benzina **6** (*tess.*) gazare ◆ *v.intr.* (*fam.*) chiacchierare a vanvera.

□ **gas up** *v.tr.* e *avv.* **1** rifornire di gas **2** (*amer.*) rifornire di benzina // *he gassed up the car*, fece benzina **3** (*fam. amer.*) rendere più interessante.

gasbag ['gæsbæg / gas·bag] *s.* **1** sacca, involucro contenente gas **2** (*aer.*) pallonetto **3** (*fam.*) chiacchierone, parlatore instancabile.

gas black ['gæsblæk] *s.* (*chim.*) nerofumo.

gas burner ['gæs,bɜ:nə*] *s.* bruciatore per combustibile gassoso; becco a gas.

gas chamber ['gæs,tʃeɪmbə*] *s.* camera a gas.

gas chromatograph [,gæs'krəʊmætəgrɑ:f *amer.* ,gæs'krəʊmætəgræf] *s.* (*chim.*) gascromatografo.

gas chromatography [,gæs,krəʊmə'tɒgrəfɪ] *s.* (*chim.*) gascromatografia.

Gascon ['gæskən / Gas·con] *s.* **1** guascone **2** (*fig.*) spaccone, fanfarone.

gasconade [,gæskə'neɪd / gas·con·ade] *s.* (*non com.*) guasconata, spacconata.

gas cooker ['gæs,kʊkə*] *s.* cucina a gas SIN. gas range.

gas cylinder ['gæs,sɪlɪndə*] *s.* bombola del gas.

gaseous ['gæsjəs / gas·eous] *agg.* gassoso.

gas fire ['gæs,faɪə*] *s.* stufa a gas.

gas-fired ['gæs,faɪəd] *agg.* (*tecn.*) a gas: — *central heating*, riscaldamento centrale (con bruciatore) a gas.

gas fitter ['gæs,fɪtə*] *s.* gassista.

gas guzzler ['gæs,gʌzlə*] *s.* (*fam. amer.*) auto che consuma molto (carburante).

gash[1] ['gæʃ] *agg.* (*scoz.*) **1** saggio, sagace **2** ben vestito, elegante.

gash[2] *s.* sfregio; incisione; ferita, taglio.

to **gash**[2] *v.tr.* sfregiare, tagliare, incidere.

gas-heater ['gæs,hi:tə*] *s.* scaldabagno a gas; stufa a gas.

gas helmet ['gæshelmɪt] → **gas mask**.

gasholder ['gæshəʊldə* / gas·holder] → **gasometer**.

gasification [,gæsɪfɪ'keɪʃn / gasi·fica·tion] *s.* gassificazione.

to **gasify** ['gæsɪfaɪ / gas·ify] *v.tr.* convertire in gas, gassificare; volatilizzare.

gasket ['gæskɪt / gas·ket] *s.* **1** (*mecc.*) guarnizione **2** (*mar.*) gaschetta, gerlo.

gaskin ['gæskɪn / gas·kin] *s.* (*ant.*) (*gener. pl.*) brache: *if one break, the other will hold: or if both break, your gaskins fall*, (SH. Twelfth Night) se un punto si rompe, un altro terrà: se si rompono entrambi, ti cadranno le brache.

gaslamp ['gæslæmp / gas·lamp] *s.* lampada a gas.

gaslight ['gæslaɪt / gas·light] *s.* **1** luce a gas **2** → gaslamp.

gas main ['gæsmeɪn] *s.* conduttura, tubo del gas.

gasman ['gæsmæn / gas·man] *pl.* **gasmen** ['gæsmen] *s.* **1** letturista del gas; gassista **2** (*fam. amer.*) pubblicitario; promotore.

gas-mantle ['gæs,mæntl] *s.* reticella per gas.

gas mask ['gæsmɑ:sk] *s.* maschera antigas SIN. gas helmet.

gasmeter ['gæs,mi:tə* / gas·meter] *s.* contatore del gas.

gas oil ['gæsɔɪl] *s.* (*chim.*) gasolio.

gasoline ['gæsəli:n / gasol·ine] *s.* **1** (*amer.*) benzina (per auto): *leaded* —, benzina con (composti etilati del) piombo; *unleaded* —, benzina senza (composti di) piombo, (*fam.*) benzina verde **2** gasolina, petrolio purificato.

gasometer [gæ'sɒmɪtə* / gaso·meter] *s.* gasometro SIN. gasholder.

gas oven ['gæsʌvn] *s.* **1** forno a gas **2** → gas chamber.

gasp [gɑ:sp *amer.* gæsp] *s.* respiro affannoso, rantolo, sussulto: *to be at one's last* —, essere all'ultimo respiro, in punto di morte; (*fig.*) essere con l'acqua alla gola; essere alle ultime battute (di qlco.).

to **gasp** *v.intr.* **1** rimanere senza fiato; rimanere a bocca aperta **2** ansare, respirare affannosamente: *to — for breath*, fare sforzi per respirare; *to — for life*, boccheggiare // *I'm gasping for a drink*, (*fam.*) muoio dalla sete.

□ **gasp at** *v.intr.* e *prep.* restare senza fiato per: *to — at the audacity of a plan*, restare senza fiato per l'audacia di un progetto.

□ **gasp out** *v.tr.* e *avv.* dire, pronunciare col fiato mozzo: *she gasped out a few incomprehensible words*, farfugliò qualche parola incomprensibile.

gas pedal ['gæs,pedl] *s.* (*amer.*) → **accelerator** 2.

gaspeite ['gæspɪ,aɪt / ga·spe·ite] *s.* (*min.*) gaspeite.

gasper ['gɑ:spə* *amer.* 'gæspə*] *s.* (*sl. antiq.*) sigaretta di poco prezzo.

gaspingly ['gɑ:spɪŋlɪ *amer.* 'gæspɪŋlɪ / gasp·ing·ly] *avv.* affannosamente.

gas pipeline [,gæs'paɪplaɪn] *s.* gasdotto.

gas range ['gæs,reɪndʒ] → **gas cooker**.

gas ring ['gæsrɪŋ] *s.* fornello a gas.

gassed [gæst] *agg.* (*fam. amer.*) ubriaco; su di giri.

gas station ['gæs,steɪʃn] *s.* (*amer.*) stazione di servizio, autofficina con distributore di benzina BRIT. petrol station, filling station.

gas-stove ['gæsstəʊv] *s.* cucina a gas.

gassy ['gæsɪ] *agg.* **1** (*min.*) grisutoso **2** (*chim.*) simile a gas; che produce gas **3** gassato, effervescente **4** chiacchierone, prolisso.

gas tank ['gæstæŋk] *s.* (*amer.*) serbatoio della benzina BRIT. petrol tank.

gasted ['gæstɪd / gas·ted] *agg.* (*ant.*) impaurito: *but when he saw my best alarum'd spirits / ... / or whether gasted by the noise I made, / full suddenly he fled*, (SH. King Lear) ma quando vide risvegliarsi il mio animo... o forse impaurito dal fracasso che feci, si diede improvvisamente alla fuga.

gasteropod ['gæstərəpɒd / gas·tero·pod] e *deriv.* → **gastropod** e *deriv.*

gastralgia [gæs'trældʒɪə / gast·ral·gia] *s.* (*med.*) gastralgia.

gastrectomy [gæ'strektəmɪ / gast·rec·tomy] *s.* (*med.*) gastrectomia.

gastric ['gæstrɪk / gast·ric] *agg.* (*anat.*) gastrico: — *fever*, *ulcer*, febbre, ulcera gastrica; — *juice*, succo gastrico; — *lavage*, lavanda gastrica.

gastrin ['gæstrɪn / gast·rin] *s.* (*biochim.*) gastrina.

gastritis [gæs'traɪtɪs / gast·ritis] *pl.* **gastritides** [gæ'strɪtɪdi:z] *s.* (*med.*) gastrite.

gastro- ['gæstrəʊ, ,gæs'trɒ] *pref.* di origine

greca usato nella terminologia scientifica per designare 'il ventre, lo stomaco': it. gastro-; *gastroduodenal*, gastroduodenale; *gastrohepatic*, gastroepatico; *gastrology*, gastrologia; *gastropathy*, gastropatia; *gastrospasm*, gastrospasmo.

gastroenteric [,gæstrəʊen'terɪk / gast·ro·ent·eric] *agg.* (*anat.*) gastroenterico.

gastroenteritis ['gæstrəʊ,entə'raɪtɪs / gast·ro·en·ter·itis] *s.* (*med.*) gastroenterite.

gastroenterologist [,gæstrəʊ,entə'rɒlədʒɪst / gast·ro·en·tero·logist] *s.* (*med.*) gastroenterologo.

gastroenterology [,gæstrəʊ,entə'rɒlədʒɪ / gast·ro·en·tero·logy] *s.* (*med.*) gastroenterologia.

gastrointestinal [,gæstrəʊɪn'testɪnl / gast·ro·in·test·inal] *agg.* (*anat.*) gastrointestinale.

gastronome ['gæstrənəʊm / gast·ro·nome]
gastronomer [gæ'strɒnəmə* / gast·ro·nomer] *s.* gastronomo; buongustaio.

gastronomic(al) [,gæstrə'nɒmɪk(l) / gast·ro·nomic·(al)] *agg.* gastronomico // **-ally** *avv.*

gastronomist [gæ'strɒnəmɪst / gast·ro·no·mist] *s.* gastronomo.

gastronomy [gæs'trɒnəmɪ / gast·ro·nomy] *s.* gastronomia.

gastropod ['gæstrə,pɒd / gast·ro·pod] *s.* (*zool.*) gasteropode.

gastropodous [,gæ'strɒpədəs / gast·ro·pod·ous] *agg.* (*zool.*) dei gasteropodi.

gastroscope ['gæstrə,skəʊp / gast·ro·scope] *s.* (*med.*) gastroscopio.

gastroscopy ['gæstrə,skəʊpɪ / gast·ro·scopy] *s.* (*med.*) gastroscopia.

gastrotomy [gæs'trɒtəmɪ / gast·ro·tomy] *s.* (*med.*) gastrotomia.

gastrula ['gæstrələ / gast·rula] *pl.* **gastrulas**, **gastrulae** ['gæstrəli: / gast·rulae] *s.* (*biol.*) gastrula.

gastrulation [,gæstrə'leɪʃn / gast·rula·tion] *s.* (*biol.*) gastrulazione.

gasworks ['gæswɜ:ks / gas·works] *s.* (*pl. invar.*) officina (per la produzione) del gas.

gat[1] [gæt] *s.* (*non com.*) canale costiero; passaggio tra banchi di sabbia; porto canale.

gat[2] (*sl. amer.*) *s.* tipo di pistola • Abbr. di *Gatling gun*, dal nome dell'inventore.

gate[1] [geɪt] *s.* **1** cancello; porta (di giardino, città ecc.); ingresso, accesso, entrata (*anche fig.*); cancello d'imbarco, uscita (all'aeroporto) // *the gates of heaven*, le porte del paradiso // *the — to success*, la via al successo // *to get the —*, (*sl. amer.*) essere messo alla porta; *to give s.o. the —*, (*sl. amer.*) congedare qlcu., mettere qlcu. alla porta • In toponomastica, si usa *gate* per indicare strade o quartieri situati nei luoghi dove anticamente sorgevano le porte della città **2** barriera, sbarra **3** passo, valico di montagna **4** *pl.* frequentatori, spettatori (di manifestazioni sportive a pagamento) **5** — (*money*), incasso di una manifestazione sportiva a pagamento **6** (*tel.*, *inform.*) porta (elettronica); cancello, passaggio; griglia; circuito selettivo; (IBM) dispositivo di intercettazione; coperchio, intelaiatura (di trascinatore dentato): *— array*, matrice di porta // (*elettr.*) *— voltage*, tensione di sblocco.

to **gate**[1] *v.tr.* punire (uno studente) togliendogli il permesso di libera uscita (a Oxford e Cambridge).

gate[2] *s.* **1** (*scoz. dial.*) via, sentiero **2** vicolo (nelle denominazioni stradali) **3** (*non com.*) condotta, comportamento.

gate[3] *s.* (*metall.*) **1** canale di colata **2** colame.

to **gatecrash** ['geɪtkræʃ / gate·crash] *v.tr.* (*fam.*) autoinvitarsi a, partecipare senza essere invitato a ◆ *v.intr.* intrufolarsi, andare senza essere invitato (a una festa, ricevimento ecc.); autoinvitarsi.

gatecrasher ['geɪt,kræʃə* / gate·crasher] *s.* (*fam.*) intruso, chi partecipa a una festa senza essere invitato.

gatefold ['geɪtfəʊld / gate·fold] *s.* inserto pieghevole (di rivista ecc.).

gatehouse ['geɪthaʊs / gate·house] *s.* portineria (di parco, tenuta ecc.).

gatekeeper ['geɪtki:pə* / gate·keeper] *s.* portiere; guardiano // *—'s lodge*, portineria (di villa, parco ecc.).

gatelegged ['geɪtlegd / gate·legged] *agg.* a gambe mobili, con gambe a cancello (di tavolo).

gatemouth ['geɪt,maʊθ / gate·mouth] *s.* (*sl. neri d'America*) pettegolo.

gatepost ['geɪt,pəʊst / gate·post] *s.* cardine (di porta, portone); pilastro (di cancello) // *between you, me, and the —*, (*fam.*) detto fra noi.

gate-valve ['geɪt,vælv] *s.* (*mecc.*) saracinesca, valvola a saracinesca.

gateway ['geɪtweɪ / gate·way] *s.* **1** portone; entrata; ingresso **2** (*fig.*) porta, strada, via: *the — to fame*, la via della gloria **3** (*tel.*) sistema di comunicazione di reti; modulo di adattamento; centro di transito internazionale di telecomunicazioni.

gather ['gæðə*] *s.* (*gener. pl.*) pieghe, crespe (di abito).

to **gather** *v.tr.* **1** riunire; radunare; accumulare, ammassare: *the woman's shouts gathered a crowd*, le urla della donna radunarono, attirarono una folla; *— your things up*, raccogli le tue cose // *to — s.o. in one's arms*, (*form.*) prendere qlcu. fra le braccia // *to — dust*, restare inutilizzato: *books were gathering dust on the shelves*, i libri restavano sugli scaffali a prendere la polvere, inutilizzati **2** cogliere, raccogliere: *to — flowers*, cogliere, raccogliere fiori // *a rolling stone gathers no moss*, (*prov.*) sasso che rotola non raccoglie muschio **3** raccogliere, ottenere, acquistare gradatamente: *to — courage*, prendere coraggio; *to — ground*, guadagnare terreno; *to — oneself together*, concentrarsi, raccogliersi; ricomporsi; *to — one's breath*, prendere fiato; *to — one's thoughts*, raccogliere le proprie idee, i propri pensieri; *to — information*, raccogliere informazioni; *to — speed*, aumentare velocità; *to — strength*, riprendere forza; (*mar.*) *to — way*, prendere l'abbrivio; (*dir.*) *to — evidence*, raccogliere delle prove **4** concludere, dedurre; capire: *they could — at once that he was lying*, capirono subito che stava mentendo; *I gathered from her expression that something bad had happened*, dedussi dalla sua espressione che era successo qualcosa di brutto; *I — he is ill*, mi pare di capire che sia malato **5** increspare (un tessuto) **6** avvolgere (un mantello, uno scialle ecc.): *she gathered her cloak around her*, si avvolse nel mantello ◆ *v.intr.* **1** riunirsi; radunarsi; accumularsi, ammassarsi: *tears gathered in his eyes*, gli si riempirono gli occhi di lacrime; *storm clouds gathered in the sky*, nubi temporalesche si addensarono nel cielo **2** aggrottarsi (della fronte).

□ **gather in** *v.tr.* e *avv.* raccogliere e portar via (il cereale che si è mietuto).

□ **gather round** *v.intr.* e *avv.* o *prep.* raccogliersi, radunarsi (intorno a): *a group of people soon gathered round the rockstar*, ben presto un gruppo di persone si radunò intorno alla rockstar ◆ *v.tr.* e *avv.* o *prep.* radunare, raccogliere (intorno a).

gatherer ['gæðərə* / gath·er·er] *s.* raccoglitore, chi raccoglie.

gathering ['gæðərɪŋ / gather·ing] *s.* **1** riunione, assembramento; conciliabolo **2** raccolta // (*dir.*) *— of evidence*, raccolta delle prove **3** increspatura (di tessuto) **4** (*med.*) suppurazione; ascesso.

gauche [gəʊʃ] *agg.* maldestro, goffo, senza tatto.

gaucheness ['gəʊʃnɪs / gauche·ness] *s.* goffaggine, mancanza di tatto.

gaucherie ['gəʊʃərɪ *amer.* ,gəʊʃə'ri:] *s.* **1** (*form.*) goffaggine, mancanza di tatto **2** azione maldestra, goffa, senza tatto.

gaucho ['gaʊtʃəʊ / gau·cho] *pl.* **gauchos** *s.* gaucho.

gaud [gɔ:d] *s.* (*non com.*) fronzolo.

gaudery ['gɔ:dərɪ / gaud·ery] *s.* (*non com.*) eleganza vistosa.

gaudiness ['gɔ:dɪnɪs / gaudi·ness] *s.* sfarzo; ostentazione, sfoggio; vistosità; pacchianeria.

gaudy ['gɔ:dɪ] *agg.* **1** sfarzoso, vistoso, appariscente, sgargiante; pacchiano **2** (*ant.*) festaiolo, gioioso: *let's have another gaudy night*, (SH. Antony and Cleopatra) vieni, facciamo festa ancora per una notte // **-ily** *avv.*

gauge [geɪdʒ] *s.* **1** misura; diametro; spessore **2** calibro: (*mecc.*) *go-not-go —*, calibro passa-non passa; *limit —*, calibro differenziale; *master* (o *reference*) *—*, calibro campione **3** strumento di misura; contatore: *rain —*, pluviometro **4** (*ferr.*) scartamento: *narrow —*, scartamento ridotto; *broad* (o *standard*) *—*, scartamento normale **5** (*mar.*) posizione (di nave rispetto al vento o ad altra nave) **6** (*mar.*) immersione, pescaggio.

to **gauge** *v.tr.* **1** misurare la capacità, il contenuto, il calibro di **2** portare a un determinato grado, livello, misura **3** (*fig.*) stimare, giudicare.

gaugeable ['geɪdʒəbl / gauge·able] *agg.* misurabile.

gauger ['geɪdʒə*] *s.* (*non com.*) **1** collaudatore; misuratore **2** funzionario dell'ufficio imposte dirette.

gauging ['geɪdʒɪŋ / gaug·ing] *s.* **1** calibratura **2** verifica, misurazione (con un calibro) (*anche fig.*) **3** intonaco di gesso e grassello di calce.

Gaul [gɔ:l] *s.* **1** gallo, abitante della Gallia **2** (*form.*) francese.

Gaulish ['gɔ:lɪʃ / Gaul·ish] *agg.* **1** gallico **2** (*non com.*) francese ◆ *s.* lingua gallica, gallico.

Gaullist ['gɔ:lɪst / Gaull·ist] *s.* (*pol.*) gollista, sostenitore, seguace di de Gaulle.

gaunt [gɔ:nt] *agg.* **1** magro, scarno, sparuto **2** dall'aspetto desolato.

gauntlet[1] ['gɔ:ntlɪt / gaunt·let] *s.* **1** guanto di protezione (in sport, nell'industria) **2** guanto di guerriero medioevale // *to fling* (o *to throw*) *down the* —, gettare il guanto, sfidare // *to pick* (o *to take*) *up the* —, accettare la sfida.

gauntlet[2] *s.* (*mil.*) castigo per cui il punito doveva correre tra due file di commilitoni che lo battevano: *to run the* —, subire tale punizione; (*fig.*) affrontare le difficoltà fino in fondo.

gauntness ['gɔ:ntnɪs / gaunt·ness] *s.* magrezza.

gauss [gaʊs] *s.* (*fis.*) gauss (unità C.G.S. del campo magnetico).

Gaussian ['gaʊsɪən / Gauss·ian] *agg.* gaussiano: (*mat.*) — *algorithm*, algoritmo gaussiano.

gaussmeter ['gaʊs,mi:tə* / gauss·meter] *s.* (*metrol.*) gaussmetro.

gauze [gɔ:z] *s.* **1** (*med.*) garza; *sterilized, antiseptic* —, garza sterilizzata, antisettica **2** velo, mussolina **3** leggero velo di nebbia **4** (*fot.*) velatino **5** reticella (metallica) **6** (*amer.*) → bandage.

gauziness ['gɔ:zɪnɪs / gauzi·ness] *s.* **1** leggerezza, inconsistenza; trasparenza **2** nebbiosità.

gauzy ['gɔ:zɪ] *agg.* **1** trasparente, simile a garza **2** nebbioso.

gave *pass.* di to **give**.

gavel ['gævl] *s.* martelletto (di banditore alle aste, di presidente di riunione).

gavial ['geɪvɪəl / ga·vial] *s.* (*zool.*) (*Gavialis gangeticus*) gaviale del Gange.

gavotte [gə'vɒt / ga·votte] *s.* (*mus.*) gavotta.

gawk [gɔ:k] *s.* (*fam.*) persona sciocca, stupida; persona goffa.

to **gawk** *v.intr.* (*fam.*) guardare fissamente con aria sciocca: *to — at s.o.*, guardare fissamente qlcu. SIN. to gawp.

gawkish ['gɔ:kɪʃ / gawk·ish] **gawky** ['gɔ:kɪ] *agg.* goffo, sgraziato.

to **gawp** [gɔ:p] → to **gawk**.

gay [geɪ] *agg.* **1** gaio, allegro; giulivo; vivace **2** vistoso; brillante **3** (*fig. antiq.*) dissoluto: *to lead a — life*, condurre una vita dissoluta **4** omosessuale **5** (*sl. antiq.*) sfrontato, impertinente ♦ *s.* omosessuale, gay // *Gay Liberation* (o *Gay Lib*), movimento per la liberazione degli omosessuali.

gayness ['geɪnɪs / gay·ness] *s.* (*fam.*) omosessualità.

gazabo [gə'zeɪbəʊ / ga·zabo] *s.* (*sl. amer.*) tizio, persona • Voce di origine messicana.

gaze [geɪz] *s.* sguardo fisso.

to **gaze** *v.intr.* guardare fissamente: *to — at* (o *on* o *upon*) *s.o.*, *sthg.*, fissare qlcu., qlco.

gazebo [gə'zi:bəʊ / ga·zebo] *s.* gazebo, belvedere; balcone panoramico.

gazelle [gə'zel / gaz·elle] *pl. invar.* o **gazelles** *s.* (*zool.*) gazzella.

gazer ['geɪzə*] *s.* **1** (*non com.*) contemplatore **2** (*sl. amer.*) agente della squadra narcotici.

gazette [gə'zet / gaz·ette] *s.* **1** gazzetta (nei titoli di giornale): *the Brighton and Hove Gazette*, la Gazzetta di Brighton and Hove **2** (*dir.*) foglio di annunci legali; gazzetta ufficiale // *The London Gazette*, la Gazzetta ufficiale inglese **3** (*st.*) giornale periodico.

to **gazette** *v.tr.* (*non com.*) pubblicare nella gazzetta ufficiale // *to be gazetted to a regiment*, essere ufficialmente destinato a un reggimento.

gazetteer [,gæzɪ'tɪə* / gaz·ett·eer] *s.* **1** dizionario geografico **2** (*ant.*) giornalista (spec. se pagato dal governo).

gazonga [gæ'zɒŋgə / ga·zonga] *s.* (*spec. pl.*) (*sl. amer.*) chiappa, gluteo.

to **gazump** [gə'zʌmp / ga·zump] *v.intr.* (*sl.*) vendere un immobile a un terzo in violazione di un impegno (verbale) con un altro ♦ *v.tr.* (*dir. sl.*) raggirare il compratore di un immobile.

gazumping [gə'zʌmpɪŋ / ga·zump·ing] *s.* (*sl.*) **1** vendita di un immobile in violazione di un impegno con altro soggetto **2** raggiro ai danni del compratore di un immobile.

g'day [gə'deɪ] *inter.* (*fam. austr.*) → **good day**.

geanticlinal [,gi:,æntɪ'klaɪnl / ge·anti·clinal] *agg.* (*geol.*) di geoanticlinale, geoanticlinale ♦ *s.* (*geol.*) → geanticline.

geanticline [,gi:'æntɪklaɪn / ge·anti·cline] *s.* (*geol.*) geoanticlinale.

gear [gɪə*] *s.* **1** (*aut.*) cambio (di velocità); marcia: *low* (o *bottom*) —, marcia bassa; *high* (o *top*) —, marcia alta; *reverse* —, retromarcia; — *change*, cambio di marcia; *gate-change* —, cambio a settori; *synchromesh* —, cambio sincronizzato; *in* —, *out of* —, con la marcia inserita, disinserita; *the car is in* —, la macchina ha la marcia inserita; *to put the car in(to)* —, inserire la marcia // *in* —, (*fig.*) in movimento, in marcia; *out of* —, (*fig.*) non in piena attività; *the firm was moving back into normal — after the Christmas break*, la ditta stava tornando alla normalità dopo la pausa natalizia **2** meccanismo, dispositivo: (*aer.*) *landing* —, carrello di atterraggio; (*mar.*) *steering* —, agghiaccio, meccanismo di governo **3** (*mecc.*) ingranaggio: *herringbone* —, ingranaggio a freccia; *ring* —, corona dentata a dentatura interna; *mitre* —, ingranaggio con ruote coniche ad assi ortogonali **4** attrezzatura, equipaggiamento: *hunting* —, equipaggiamento da caccia **5** *pl.* indumenti, abiti.

to **gear** *v.tr.* **1** adattare, adeguare, conformare: *to — production to demand*, adeguare la produzione alla domanda; *to — salary to the cost of life*, agganciare il salario al costo della vita; *we must — our explanation to their level of understanding*, dobbiamo adattare la nostra spiegazione al loro grado di comprensione **2** attrezzare; fornire di attrezzi, di attrezzature; equipaggiare // *the troops were geared out in the necessary equipment for fighting in the jungle*, le truppe erano attrezzate con tutto il necessario per combattere nella giungla **3** (*mecc.*) ingranare, innestare **4** bardare (animali da tiro) ♦ *v.intr.* **1** adattarsi, adeguarsi **2** (*mecc.*) ingranare.

□ **gear down** *v.intr.* e *avv.* **1** (*aut.*) scalare di marcia, inserire una marcia più bassa (cfr. to change down) **2** (*estens.*) (*anche v.tr.*) abbassare, abbassarsi; scendere: *production was geared down to a minimum level*, la produzione fu abbassata al livello minimo.

□ **gear up** *v.intr.* e *tr.* e *avv.* potenziarsi, potenziare: *the hotel trade is gearing up to meet the Olympics*, l'industria alberghiera si sta potenziando in vista delle Olimpiadi.

gearbox ['gɪəbɒks / gear·box] *s.* **1** (*aut.*) scatola del cambio **2** (*fam. amer.*) persona stupida, idiota.

gearing ['gɪərɪŋ / gear·ing] *s.* **1** (*mecc.*) ingranaggio; sistema di ingranaggi **2** (*fin.*) indebitamento d'impresa: — *ratio*, rapporto di indebitamento AMER. leverage.

gearing-down [,gɪərɪŋ'daʊn] *s.* (*mecc.*) riduzione (di giri).

gearing-up [,gɪərɪŋ'ʌp] *s.* (*mecc.*) moltiplicazione (di giri).

gear-jammer ['gɪə,dʒæmə*] *s.* (*fam. amer.*) autista di camion, di autobus.

gear lever ['gɪə,li:və*] **gear stick** ['gɪəstɪk] amer. **gear shift** ['gɪə,ʃɪft] *s.* (*aut.*) leva del cambio.

gear wheel ['gɪəwi:l] *s.* (*mecc.*) ruota dentata.

gecko ['gekəʊ] *pl.* **gecko(e)s** *s.* (*zool.*) geco.

gedanite ['gedənaɪt / gedan·ite] *s.* (*min.*) gedanite.

gee [dʒi:] *inter.* — (*whizz*)!, (*fam. amer.*) per Dio!, perbacco!, accidenti! • Eufemismo per *Jesus*.

gee-gee ['dʒi:dʒi:] *s.* cavallo (nel linguaggio infantile) // — *up!*, su, su, cavallino!

geek [gi:k] *s.* **1** (*sl. amer.*) depravato, degenerato **2** (*inform.*) fanatico.

geese [gi:s] *pl.* di **goose**.

gee up ['dʒi:'ʌp] *inter.* arri op; comando per determinare il movimento di un animale (spec. da tiro).

geezer ['gi:zə*] *s.* (*fam. antiq.*) vecchio strano, eccentrico; tipo, tizio.

Gehenna [gɪ'henə / Ge·henna] *s.* geenna, inferno (*anche fig.*).

Geiger counter ['gaɪgə,kaʊntə*] *s.* (*fis.*) contatore Geiger.

geikielite ['gi:ki:laɪt / gei·kiel·ite] *s.* (*min.*) geikielite.

geisha ['geɪʃə / gei·sha] *s.* geisha.

gel[1] [dʒel] *s.* **1** (*chim.*) gel (soluzione colloidale semi-solida) **2** gel: *hair* —, gel per capelli.

to **gel**[1] *pass.p.p.* **gelled** [dʒeld] *v.intr.* **1** gelatinizzarsi, passare allo stato semisolido; coagularsi **2** (*fig.*) prendere forma, corpo: *ideas were beginning to — in my mind*, le idee cominciavano a prender forma nella mia mente.

gel[2] [gel] *s.* ragazza • Riproduzione nella lingua scritta della pronuncia semiaristocratica di *girl*.

to **gelatinate** [dʒə'lætɪneɪt / gel·at·in·ate] → to **gelatinize**.

gelatine [,dʒelə'ti:n *amer.* 'dʒelətɪn / gel·at·ine] *s.* gelatina // — *solution*, soluzione gelatinosa // (*fot.*) *frosted* —, gelatina cristallizzata.

gelatin(e) dynamite [,dʒelə'ti:n'daɪnəmaɪt *amer.* 'dʒelətɪn'daɪnəmaɪt] → **gelignite**.

to **gelatinize** [dʒe'lætɪnaɪz / ge·lat·in·ize] *v.tr.* **1** gelatinizzare **2** (*fot.*) coprire con uno strato di gelatina ♦ *v.intr.* gelatinizzarsi.

gelatinoid [dʒɪ'lætɪnɔɪd / ge·lat·in·oid] *agg.* gelatinoso; gelatiniforme.

gelatinous [dʒɪ'lætɪnəs / ge·lat·in·ous] *agg.* gelatinoso.

gelation [dʒɪ'leɪʃən / ge·la·tion] *s.* (*non com.*) congelamento.

geld[1] [geld] *s.* (*st.*) tributo dei proprietari terrieri ai sovrani anglo-sassoni.

to **geld**[1] *v.intr.* (*st.*) pagare tributi ◆ *v.tr.* (*st.*) tassare; esigere tributi.

to **geld**[2] *v.tr.* **1** castrare (animali) **2** (*form.*) indebolire (*anche fig.*): *his argument was gelded by its lack of logical rigour*, la sua argomentazione era indebolita dalla mancanza di rigore logico.

gelding ['geldɪŋ / geld·ing] *s.* **1** animale (spec. cavallo) castrato **2** eunuco.

gelid ['dʒelɪd] *agg.* gelido (*anche fig.*) // **-ly** *avv.* // **-ness** *s.*

gelignite ['dʒelɪgnaɪt / gel·ig·nite] *s.* (*chim.*) gelignite, nitrogelatina, gelatina dinamite.

gelsemina [dʒel'semɪna / gel·sem·ina] *s.* (*chim.*) gelsemina.

gem [dʒem] *s.* **1** gemma (lavorata), pietra preziosa **2** (*fig.*) perla: *a — of a wife*, una perla di moglie **3** (*fig. fam.*) strafalcione, perla, errore madornale e ridicolo.

to **gem** *pass.p.p.* **gemmed** [dʒemd] *v.tr.* ingemmare.

geminate ['dʒemɪnɪt / gem·in·ate] *agg.* **1** (*form.*) accoppiato, appaiato **2** (*gramm.*) doppio (di lettere) ◆ *s.* consonante doppia.

Gemini ['dʒemɪnaɪ / Gem·ini] *no.pr.pl.* (*astr.*) Gemelli (Castore e Polluce) // *—!*, (*antiq. volg.*) mio Dio!

gemma ['dʒemə] *pl.* **gemmae** ['dʒemi:] *s.* (*biol.*) gemma.

gemmate ['dʒemɪt / gem·mate] *agg.* (*bot.*) gemmato, che ha gemme.

to **gemmate** ['dʒemeɪt] *v.intr.* **1** (*bot.*) mettere le gemme, gemmare **2** (*biol.*) riprodursi per gemmazione.

gemmation [dʒe'meɪʃn / gem·ma·tion] *s.* (*bot., biol.*) gemmazione.

gemmiferous [dʒe'mɪfərəs / gem·mi·fer·ous] *agg.* (*bot.*) gemmifero.

gemmological [,dʒemə'lɒdʒɪkl / gem·mo·lo·gical] *agg.* gemmologico.

gemmologist [dʒe'mɒlədʒɪst / gem·mo·lo·gist] *s.* gemmologo.

gemmology [dʒe'mɒlədʒɪ / gem·mo·logy] *s.* gemmologia.

gemmule ['dʒemju:l / gem·mule] *s.* (*biol.*) gemmula.

gemmy ['dʒemɪ] *agg.* **1** coperto di gemme; ingemmato **2** scintillante, splendente.

gemology e *deriv.* → **gemmology** e *deriv.*

gemot [gɪ'məʊt] *s.* (*st.*) assemblea.

gemsbok ['gemzbɒk / gems·bok] *pl.* **gemsbok(s)** *s.* (*zool.*) (*Oryx gazella*) antilope camoscio.

gemstone ['dʒemstəʊn / gem·stone] *s.* (*geol.*) gemma grezza.

gen [dʒen] *s.* (*fam.*) [U] informazioni (*pl.*): *I've got a lot of — on the new model*, ho un sacco di informazioni sul nuovo modello.

to **gen** *v.tr.* (*fam.*): *to — s.o. up on sthg.*, informare, mettere al corrente qlcu. su qlco.

gendarme ['ʒɑ:ndɑ:m / gen·darme] *s.* **1** poliziotto francese, gendarme **2** gendarme, torrione che si innalza sopra una cresta.

gendarmerie ['ʒɑ:ndɑ:mərɪ / gen·darm·erie] *s.* gendarmeria.

gender ['dʒendə* / gen·der] *s.* **1** (*gramm.*) genere **2** (*form.*) sesso: *— identity*, identità sessuale // (*dir. amer.*) *— discrimination*, discriminazione sessuale.

gender bender ['dʒendə'bendə*] *s.* (*sl.*) (*teatr.*) travestì.

genderless ['dʒendəlɪs / gen·der·less] *agg.* (*gramm.*) che non ha distinzioni di genere: *English is a — language*, l'inglese è una lingua che non ha distinzioni di genere.

gene [dʒi:n] *s.* (*biol.*) gene: *modifying —*, gene alterante; *sex-linked —*, gene legato al sesso; *— frequency*, frequenza genica.

genealogical [,dʒi:njə'lɒdʒɪkl / genea·lo·gical] *agg.* genealogico: *— tree*, albero genealogico.

genealogist [,dʒi:nɪ'ælədʒɪst / genea·lo·gist] *s.* genealogista.

to **genealogize** [,dʒi:nɪ'ælədʒaɪz / genea·lo·gize] *v.tr.* fare la genealogia di ◆ *v.intr.* occuparsi di genealogia.

genealogy [,dʒi:nɪ'ælədʒɪ / genea·logy] *s.* genealogia.

genecology [,gi:ni:'kɒlədʒɪ / gen·eco·logy] *s.* (*ecol.*) ecogenetica.

genera *pl.* di **genus**.

generable ['dʒenərəbl / gen·er·able] *agg.* generabile; producibile.

general ['dʒenərəl / gen·eral] *agg.* **1** generale, pubblico; comune; prevalente: *— opinion*, opinione generale; *— meeting*, assemblea generale; *in the — interest*, nell'interesse generale // *— public*, il pubblico // *as a — rule*, d'abitudine, di solito, di regola // (*amm.*) *— journal*, giornale **2** vago; generico; non specifico: *to have a — idea of the matter*, non avere un'idea precisa della faccenda; *— knowledge*, cultura generale; *— practitioner*, medico generico; *— practice*, pratica della medicina generica; *— servant*, domestica tuttofare // (*amm.*) *— damages*, danni generici // (*dir.*): *— acceptance*, accettazione bancaria incondizionata; *— assignment*, cessione incondizionata; *— clauses*, clausole generali di diritto; *— endorsement*, girata incondizionata **3** capo, generale (dopo un titolo ufficiale): *inspector —*, ispettore generale.

general *s.* **1** (*mil., aer. mil.*, GB e USA) generale, generale d'armata, (*fam.* USA) generale a 4 stelle: *— of the Army*, (USA) generale dell'esercito (GB Field Marshal), (*fam.*) generale a 5 stelle; *Lieutenant —*, (GB e USA) tenente generale, generale di corpo d'armata, (*fam.* USA) generale a 3 stelle; *Major —*, (GB e USA) maggior generale, generale di divisione, (*fam.* USA) generale a 2 stelle; *Brigadier —*, (USA) brigadier generale; generale di brigata; (*fam.*) generale a una stella **2** capo (di ordini religiosi) **3** *pl.* (*rar.*) principi, nozioni generali **4** (*ant.*) pubblico.

general delivery ['dʒenərəldɪ'lɪvərɪ] *s.* (*amer.*) fermo posta BRIT. poste restante.

generality [,dʒenə'rælɪtɪ / gen·er·al·ity] *s.* (*form.*) **1** generalità, qualità di ciò che è generale **2** (*gener. pl.*) affermazione, considerazione di carattere generale // *in the —*, di regola, generalmente **3** (*estens.*) banalità **4** (*non com.*) maggioranza, la maggior parte.

generalization [,dʒenərəlaɪ'zeɪʃn *amer.* ,dʒenərəlɪ'zeɪʃn / gen·er·al·iza·tion] *s.* generalizzazione.

to **generalize** ['dʒenərəlaɪz / gen·er·al·ize] *v.tr.* **1** generalizzare **2** rendere di uso generale; applicare su larga scala ◆ *v.intr.* generalizzare, fare affermazioni, considerazioni di carattere generale.

generally ['dʒenərəlɪ / gen·er·ally] *avv.* generalmente, di solito.

general-purpose [,dʒenərəl'pɜ:pəs] *agg.* per tutti gli usi, multiuso; universale: *— computer*, calcolatore universale, adatto per qualsiasi applicazione.

generalship ['dʒenərəlʃɪp / gen·eral·ship] *s.* **1** abilità militare; strategia **2** (*mil.*) generalato.

general staff [,dʒenərəl'stɑ:f *amer.* ,dʒenərəlstæf] *s.* (*mil.*) stato maggiore.

general store [,dʒenərəl'stɔ:*] *s.* (*amer.*) negozio di generi alimentari e di consumo.

to **generate** ['dʒenəreɪt / gen·er·ate] *v.tr.* **1** (*form.*) generare, procreare; produrre **2** (*inform.*) generare, produrre (di computer).

generating ['dʒenəreɪtɪŋ / gen·er·at·ing] *agg.* (*form.*) generante; generatore.

generation [dʒenə'reɪʃn / gen·era·tion] *s.* **1** generazione: *I have known them for three generations*, li conosco da tre generazioni; *he's a second — Italian*, è italiano da due generazioni, è un italiano della seconda generazione; *from — to —*, di generazione in generazione // *the rising —*, la nuova generazione **2** (*scient.*) generazione: (*biol.*) *spontaneous —*, generazione spontanea; (*fis.*) *the — of heat, electricity*, la produzione del calore, dell'elettricità; (*fis. nucleare*) *— time*, tempo di generazione **3** (*ant.*) razza, genere; *fourteen they shall not see, / to bring false generations*, (SH. Winter's Tale) non vedranno i quattordici anni per metter al mondo delle razze bastarde.

generative ['dʒenərətɪv / gen·er·at·ive] *agg.* (*form.*) generativo, produttivo // (*ling.*) *— grammar*, grammatica generativa.

generator ['dʒenəreɪtə* / gen·er·ator] *s.* generatore.

generatrix ['dʒenəreɪtrɪks / gen·er·at·rix] *s.* (*mat.*) generatrice (di una superficie), curva generatrice.

generic [dʒɪ'nerɪk / gen·eric] *agg.* (*form.*) generico // *— food*, (*amer.*) cibo a prezzo ridotto (soggetto al controllo del governo e privo di etichetta che identifichi il produttore) // **-ally** *avv.*

generosity [,dʒenə'rɒsətɪ / gen·er·os·ity] *s.* **1** generosità, liberalità, magnanimità **2** (*ant.*) nobiltà (di nascita): *a petition granted them, a strange one, / to break the heart of generosity*, (SH. Coriolanus) accolse la loro petizione, tanto inconsueta da spezzare il cuore alla nobiltà.

generous ['dʒenərəs / gen·er·ous] *agg.* **1** generoso, munifico **2** fertile (di terreno) **3** abbondante, copioso **4** (*ant.*) nobile: *your dinner and the generous islanders / by you invited do attend your presence*, (SH. Othello) il vostro pranzo e i nobili isolani che avete invitato reclamano la vostra presenza.

generously ['dʒenərəslɪ / gen·er·ous·ly] *avv.* generosamente, abbondantemente, copiosamente.

generousness ['dʒenərəsnɪs / gen·er·ous·ness] *s.* (*non com.*) generosità.

genesis ['dʒenɪsɪs / gen·esis] *s.* genesi // (*the Book of*) *Genesis*, Genesi (libro del Vecchio Testamento).

genet ['dʒenɪt] *s.* **1** (*zool.*) genetta **2** pelliccia di genetta.

genetic meno com. **genetical** [dʒɪ'netɪk(l) / gen·etic(al)] *agg.* genetico: — *counselling*, consulenza genetica // — *engineering*, ingegneria genetica // — *code*, codice genetico // — *map*, mappa cromosomica // **-ally** *avv.*

geneticist [dʒɪ'netɪsɪst / gen·eti·cist] *s.* genetista.

genetics [dʒɪ'netɪks / gen·et·ics] *s.* ⓤ genetica.

Geneva [dʒɪ'ni:və / Ge·neva] *no.pr.* (*geogr.*) Ginevra // — *Cross*, Croce Rossa Internazionale // (*pol.*) — *Convention*, Convenzione di Ginevra.

Genevan [dʒɪ'ni:vən / Ge·nevan] **Genevese** [,dʒenɪ'vi:z / Ge·ne·vese] *agg.* e *s.* ginevrino.

genial[1] ['dʒi:njəl / gen·ial] *agg.* **1** gioviale; gentile; socievole **2** mite (di clima) **3** che dà conforto: — *wine*, vino generoso **4** piacevole: *he climbed the hills on foot behind the horses, through the genial afternoon*, (W. PATER) salì le colline a piedi dietro i cavalli, nel piacevole pomeriggio **5** (*non com.*) geniale, che ha talento.

genial[2] [dʒɪ'naɪəl] *agg.* (*anat.*) del mento.

geniality [,dʒi:nɪ'ælətɪ / geni·al·ity] *s.* **1** giovialità, gaiezza, buon umore **2** mitezza (di clima, aria).

genially ['dʒi:njəlɪ / geni·ally] *avv.* giovialmente.

genic ['dʒɪnɪk] *agg.* (*biol.*) genico, del gene.

-genic ['dʒɪnɪk] *suff.* di origine greca usato per formare agg. col significato di **1** che ha origine da: *zoogenic*, zoogenico **2** adatto a, adatto a essere usato in: *telegenic*, telegenico.

genie ['dʒi:nɪ] *pl.* **genii** ['dʒi:nɪaɪ] *s.* (*mit.*) genio, spirito, demonio.

genista [dʒɪ'nɪstə / gen·ista] *s.* (*bot.*) ginestra.

genital ['dʒenɪtl / gen·ital] *agg.* (*anat.*) genitale.

genitalia [,dʒenɪ'teɪlɪə / gen·it·alia] **genitals** ['dʒenɪtlz / gen·it·als] *s.pl.* (*anat.*) organi genitali.

genitival [,dʒenɪ'taɪvl / gen·it·ival] *agg.* (*gramm.*) del genitivo.

genitive ['dʒenɪtɪv / gen·it·ive] *agg.* e *s.* (*gramm.*) genitivo.

genito-urinary [,dʒenɪtə'jʊərɪnərɪ *amer.* ,dʒenɪtə'jʊərɪnerɪ] *agg.* (*anat.*) genito-urinario.

genius ['dʒi:njəs] *pl.* **geniuses** ['dʒi:njəsɪz / geni·uses] *s.* **1** ⓤ genio, abilità, ingegno: *man of* —, uomo d'ingegno; *work of* —, opera di genio; *he has a — for doing the wrong thing*, ha la specialità di far le cose sbagliate; *to have a — for geometry*, aver del talento per la geometria **2** genio, persona di genio: *Einstein and Marconi were two of the greatest geniuses of all time*, Einstein e Marconi furono due dei più grandi geni di tutti i tempi; *he is a mathematical* —, è un genio matematico **3** genio, spirito tutelare: *she is his good* —, ella è il suo angelo custode **4** (*gener. sing.*) genio particolare, spirito (di luogo, nazione, epoca, razza ecc.): *the — of the 18th century*, lo spirito del diciottesimo secolo; *the French* —, lo spirito dei francesi.

genned up [,dʒend'ʌp] *agg.* (*fam.*) ben informato: *he's very — on what's happening in China*, è molto ben informato su quanto sta accadendo in Cina.

genocide ['dʒenəʊsaɪd / geno·cide] *s.* genocidio.

Genoese [,dʒenəʊ'i:z / Ge·no·ese] *agg.* e *s.* genovese.

genome ['dʒenəʊm / gen·ome] *s.* (*biol.*) genoma.

genotype ['dʒenəʊtaɪp / geno·type] *s.* (*biol.*) genotipo.

genotypic(al) [,dʒenəʊ'tɪpɪk(l) / geno·typic·(al)] *agg.* (*biol.*) genotipico.

-genous [dʒɪnəs] *suff.* di origine greca, usato per formare agg. **1** nato, generato; it. -geno: *endogenous*, endogeno; *zoogenous*, zoogeno **2** che genera, produce; it. -geno: *pyrogenous*, pirogeno.

genre ['ʒɑ:nrə] *s.* (*form.*) genere; stile, maniera.

gent [dʒent] *s.* (*fam. antiq.*) abbr. di → **gentleman**.

genteel [dʒen'ti:l / gen·teel] *agg.* **1** (*form.*) bennato; garbato; signorile; di qualità: *the girl ought to take service in Simla as a nurse or something 'genteel'*, (R. KIPLING) la ragazza avrebbe dovuto prender servizio a Simla come bambinaia o altra occupazione 'rispettabile' **2** (*iron.*) manieroso; che ha pretese di signorilità, distinzione // **-ly** *avv.*

genteelism [dʒen'ti:lɪzəm / gen·teel·ism] *s.* (*non com.*) eufemismo.

gentian ['dʒenʃɪən / gen·tian] *s.* (*bot.*) genziana.

gentianella [,dʒenʃɪə'nelə / gen·tian·ella] *s.* (*bot.*) genzianella.

gentile ['dʒentaɪl / gen·tile] *agg.* e *s.* gentile, pagano.

gentility [dʒen'tɪlɪtɪ / gen·til·ity] *s.* (*form.*) **1** distinzione, nascita elevata, signorilità **2** gentilezza, cortesia.

gentle ['dʒentl / gen·tle] *agg.* **1** gentile, garbato, cortese: *a — smile*, un sorriso gentile, dolce // *the — sex*, il gentil sesso **2** mite; dolce; moderato: *a — heat*, un calore moderato **3** leggero, lieve, delicato: *a — rain*, una lieve pioggia; *a — movement*, un movimento delicato **4** nobile, distinto, di nobile famiglia ◆ *s.* larva di mosca usata come esca // *the — craft*, la pesca con l'amo.

to **gentle** *v.tr.* **1** domare (cavalli); trattare (cavalli) fermamente ma con dolcezza **2** (*ant.*) nobilitare, rendere nobile: *be he ne'er so vile / this day shall gentle his condition*, (SH. Henry V) per quanto sia di bassa estrazione, diverrà nobile in virtù di questo giorno.

gentlefolk ['dʒentlfəʊk / gen·tle·folk] *s.* (*antiq.*) (*con v. al pl.*) gente della buona società // *distressed* —, nobili decaduti.

gentleman ['dʒentlmən / gen·tle·man] *pl.* **gentlemen** *s.* **1** gentiluomo; persona distinta; signore; uomo: *a perfect* —, un perfetto gentiluomo; *a — has called to see you*, è venuto un signore a cercarti // *ladies and gentlemen*, signore e signori // *the old* —, il vecchio; (*fig.*) il diavolo **2** signore, possidente, proprietario: *to lead a —'s life*, vivere da signore // — *farmer*, gentiluomo di campagna **3** nobile, gentiluomo; uomo d'onore, galantuomo // — *usher*, usciere di palazzo // *—'s* —, valletto // *—'s agreement*, accordo sulla parola.

gentleman-at-arms [,dʒentlmənət'ɑ:mz] *s.* membro della guardia del corpo del re.

gentleman-commoner ['dʒentlmən 'kɒmənə*] *s.* (*st.*) studente privilegiato (di Oxford, Cambridge).

gentlemanlike ['dʒentlmənlaɪk / gen·tle·man·like] → **gentlemanly**.

gentlemanliness ['dʒentlmənlɪnɪs / gen·tle·man·li·ness] *s.* (*non com.*) signorilità.

gentlemanly ['dʒentlmənlɪ / gen·tle·manly] *agg.* **1** da gentiluomo; signorile, ben educato, distinto **2** onorevole, nobile, della buona società.

gentleness ['dʒentlnɪs / gen·tle·ness] *s.* gentilezza, cortesia, garbo; grazia; dolcezza.

gentlewoman ['dʒentl,wʊmən / gen·tle·wo·man] *pl.* **gentlewomen** ['dʒəntl,wɪmɪn] *s.* (*antiq.*) **1** gentildonna **2** signora.

gently ['dʒentlɪ] *avv.* con delicatezza, gentilmente; tranquillamente, dolcemente; gradualmente; senza far rumore: —*!*, fate piano!; *the road sloped — to the sea*, la strada declinava verso il mare.

gentrification [,dʒentrɪfɪ'keɪʃn / gen·tri·fica·tion] *s.* trasformazione di un quartiere popolare in quartiere residenziale di lusso.

to **gentrify** ['dʒentrɪfaɪ / gen·trify] *v.tr.* rendere signorile, dare un tono signorile: *the arrival of the yuppies has gentrified the neighbourhood*, l'arrivo degli yuppie ha alzato il tono del quartiere.

gentry ['dʒentrɪ] *s.* **1** (*con. v. al pl.*) famiglie di elevata condizione sociale (ma non nobili); (*estens.*) gente per bene; (*scherz.*) la gente // (*landed*) —, possidenti terrieri **2** (*ant.*) cortesia: *if it will please you / to show us so much gentry and good will*, (SH. Hamlet) se vorrete mostrarci tanta cortesia e benvolere.

gents ['dʒents] *s.* (*fam.*) (toilette per) uomini AMER. men's room.

to **genuflect** ['dʒenju:flekt / genu·flect] *v.intr.* genuflettersi.

genuflection, **genuflexion** [,dʒenju:'flekʃn / genu·flex·ion] *s.* genuflessione.

genuine ['dʒenjʊɪn / genu·ine] *agg.* **1** genuino; autentico: *a — picture by Rubens*, un Rubens autentico **2** sincero; schietto, leale: *a — friend*, un amico sincero **3** naturale; puro: *a — diamond*, un diamante puro // **-ly** *avv.* // **-ness** *s.*

genus ['dʒi:nəs] *pl.* **genera** ['dʒenərə / gen·era] *s.* **1** genere; classe, specie: (*mat.*) — *of a curve*, genere di una curva **2** (*biol.*) genere // *the — Homo*, la specie umana.

geo- ['dʒi:əʊ] *pref.* di origine greca che significa 'della Terra; in relazione con la Terra'; it. geo-: *geobotanical*, geobotanico; *geochronological*, geocronologico; *geocosmogony*, geogonia.

geocentric [,dʒi:əʊ'sentrɪk / geo·cent·ric] *agg.* (*astr.*) geocentrico.

geochemical [,dʒi:əʊ'kemɪkl / geo·chem·ical] *agg.* geochimico.

geochemistry [,dʒi:əʊ'kemɪstrɪ / geo·chem·istry] *s.* geochimica.

geochronology [,dʒi:əʊkrə'nɒlədʒɪ / geo·chro·no·logy] *s.* (*geol.*) geocronologia, cronologia terrestre.

geocronite [dʒɪ'ɒkrənaɪt / geo·cron·ite] *s.* (*min.*) geocronite.

geode ['dʒi:əʊd / ge·ode] *s.* (*geol.*) geode.

geodesic [,dʒi:əʊ'desɪk / geo·desic] *agg.* geodetico: (*geogr.*) — *line*, (linea) ortodromica, geodetica; (*mat.*) — *curvature*, curvatura geodetica ◆ *s.* (*mat.*) geodetica.

geodesy [dʒi:'ɒdɪsɪ / geo·desy] *s.* (*mat.*, *geogr.*) geodesia.

geodetic(al) [,dʒi:əʊ'detɪk(l) / geo·detic(al)] *agg.* (*mat.*, *geogr.*) geodetico.

geognosy [dʒi:'ɒgnəsɪ / geo·gnosy] *s.* (*geol.*) geognosia (studio della composizione e della distribuzione degli strati terrestri).

geographer [dʒɪ'ɒgrəfə* / geo·grapher] *s.* geografo.

geographical [dʒɪə'græfɪkl / geo·graph·ical] spec. amer. **geographic** [dʒɪə'græfɪk / geo·graphic] *agg.* geografico // **-ally** *avv.*

geographics [,dʒi:əʊ'græfɪks / geo·graph·ics] *s.* [U] (*geogr.*) modello prospettico del terreno generato da un computer.

geography [dʒɪ'ɒgrəfɪ / geo·graphy] *s.* geografia.

geoid ['dʒi:ɔɪd / ge·oid] *s.* (*geodesia*) geoide.

geological [dʒɪə'lɒdʒɪkl / geo·lo·gical] spec. amer. **geologic** [dʒɪə'lɒdʒɪk / geo·lo·gic] *agg.* geologico // *Geological Survey*, Servizio geologico nazionale // **-ally** *avv.*

geologist [dʒɪ'ɒlədʒɪst / geo·lo·gist] *s.* geologo.

to **geologize** [dʒɪ'ɒlədʒaɪz / geo·lo·gize] *v.intr.* far ricerche geologiche ◆ *v.tr.* studiare la geologia di (un luogo).

geology [dʒɪ'ɒlədʒɪ / geo·logy] *s.* geologia: *engineering* —, geologia applicata, geologia tecnica; *structural* —, tettonica, geologia strutturale, geotettonica.

geomagnetic [,dʒi:əʊmæg'netɪk / geo·mag·netic] *agg.* (*geol.*) geomagnetico: — *pole*, polo magnetico, polo geomagnetico; — *reversal*, inversione del campo magnetico terrestre.

geomagnetism [,dʒi:əʊ'mægnɪtɪzəm / geo·mag·net·ism] *s.* geomagnetismo.

geomancer ['dʒi:əʊmænsə* / geo·mancer] *s.* geomante; indovino.

geomancy ['dʒi:əʊmænsɪ / geo·mancy] *s.* geomanzia.

geomantic [,dʒi:əʊ'mæntɪk / geo·mantic] *agg.* geomantico.

geometer [dʒɪ'ɒmɪtə* / geo·meter] *s.* **1** geometra **2** (*zool.*) geometride (farfalla notturna).

geometric(al) [dʒɪə'metrɪk(l) / geo·met·ric(al)] *agg.* geometrico: (*fis.*) *geometrical optics*, ottica geometrica // **-ally** *avv.*

geometrician [,dʒɪəʊmə'trɪʃn / geo·met·ri·cian] *s.* geometra.

geometronics [,dʒɪəʊmə'trɒnɪks / geo·metron·ics] *s.* [U] (*spec. amer.*) (*cartografia*) tecniche cartografiche elettroniche.

geometry [dʒɪ'ɒmɪtrɪ / geo·metry] *s.* geometria.

geomorphic [,dʒi:əʊ'mɔ:fɪk / geo·morphic] *agg.* (*geol.*) geomorfologico.

geomorphologic(al) [,dʒi:əʊ,mɔ:fə'lɒdʒɪk(l) / geo·mor·pho·lo·gic(al)] *agg.* (*geol.*) geomorfologico.

geomorphology [,dʒi:əʊ,mɔ:'fɒlədʒɪ / geo·mor·pho·logy] *s.* (*geol.*) geomorfologia.

geophagous [dʒɪ'ɒfəgəs / geo·phag·ous] *agg.* geofago.

geophagy [dʒɪ'ɒfədʒɪ / geo·phagy] *s.* geofagia.

geophone ['dʒi:əʊfəʊn / geo·phone] *s.* (*geofisica*) geofono.

geophysical [,dʒi:əʊ'fɪzɪkl / geo·phys·ical] *agg.* geofisico.

geophysicist [,dʒi:əʊ'fɪzɪsɪst / geo·physi·cist] *s.* studioso di geofisica, geofisico.

geophysics [,dʒi:əʊ'fɪzɪks / geo·phys·ics] *s.* [U] geofisica.

geophyte ['dʒi:əʊfaɪt / geo·phyte] *s.* (*ecol.*) geofita.

geopolitical [,dʒi:əʊpə'lɪtɪkl / geo·pol·it·ical] *agg.* geopolitico.

geopolitics [,dʒi:əʊ'pɒlɪtɪks / geo·pol·it·ics] *s.* [U] geopolitica.

Geordie ['dʒɔ:dɪ / Geor·die] *s.* (*fam.*) **1** nativo del Tyneside (regione dell'Inghilterra nordorientale) **2** dialetto parlato nel Tyneside ◆ *agg.* (*fam.*) del Tyneside.

George [dʒɔ:dʒ] *s.* (*fam. amer.*) **1** pilota automatico (di un aereo) **2** maschera (di teatro).

georgette® [dʒɔ:'dʒet / geor·gette] *s.* georgette, crespo di lana o di seta.

Georgian[1] ['dʒɔ:dʒjən / Geor·gian] *agg.* dell'epoca georgiana (XVIII sec.: Giorgio I, II, III; inizio del XX sec.: Giorgio V).

Georgian[2] *agg.* georgiano ◆ *s.* **1** georgiano, abitante della Georgia (URSS, USA) **2** lingua georgiana.

georgic ['dʒɔ:dʒɪk] *agg.* georgico.

geosphere ['dʒi:əʊsfɪə* / geo·sphere] *s.* (*geogr.*) geosfera.

geostationary [,dʒi:əʊ'steɪʃənrɪ / geo·sta·tion·ary] *agg.* geostazionario, geosincrono: — *orbit*, orbita geostazionaria (o sincrona); — *satellite*, satellite geostazionario SIN. geosynchronous.

geosynchronous [,dʒi:əʊ'sɪnkrənəs / geo·syn·chron·ous] → **geostationary**.

geosyncline [,dʒi:əʊ'sɪnklaɪn / geo·syn·cline] *s.* (*geol.*) geosinclinale.

geotechnical [,dʒi:əʊ'teknɪkl / geo·tech·nical] spec. amer. **geotechnic** [,dʒɪəʊ'teknɪk / geo·tech·nic] *agg.* (*geol.*) geotecnico.

geotechnics [,dʒi:əʊ'teknɪks / geo·tech·nics] *s.* [U] (*geol.*) geotecnica.

geothermal [,dʒi:əʊ'θɜ:ml / geo·thermal]
geothermic [,dʒi:əʊ'θɜ:mɪk / geo·thermic] *agg.* **1** (*fis.*) geotermico: *geothermic* (o *geothermal*) *energy*, energia geotermica **2** (*geol.*) geotermico; geotermale: *geothermal gradient*, gradiente geotermico.

geotropic [,dʒi:əʊ'trɒpɪk / geo·tropic] *agg.* (*bot.*) geotropico.

geotropism [dʒɪ'ɒtrəpɪzəm / geo·trop·ism] *s.* (*bot.*) geotropismo.

geraniol [dʒə'reɪnɪəl / ge·ran·iol] *s.* (*chim.*) geraniolo.

geranium [dʒɪ'reɪnjəm / ge·ra·nium] *s.* (*bot.*) geranio // (*chim.*) — *oil*, essenza di geranio.

geranyl [dʒə'reɪnl / gera·nyl] *s.* (*chim.*) geranile.

gerbil ['dʒɜ:bɪl / ger·bil] *s.* (*zool.*) (*Gerbillus gerbillus*) gerbillo.

gerfalcon ['dʒɜ:,fɔ:lkən / ger·fal·con] *s.* (*zool.*) girofalco.

geriatric [,dʒerɪ'ætrɪk / ge·ri·at·ric] *agg.* **1** geriatrico **2** (*spreg.*) vecchio, in declino.

geriatrician [,dʒerɪə'trɪʃn / ge·ri·at·ri·cian] *s.* geriatra.

geriatrics [,dʒerɪ'ætrɪks / ge·ri·at·rics] *s.* [U] (*med.*) geriatria.

geriatrist ['dʒerɪətrɪst / ge·ri·at·rist] → **geriatrician**.

geriatry ['dʒerɪətrɪ / ge·ri·atry] → **geriatrics**.

germ [dʒɜ:m] *s.* **1** (*biol.*) germe; batterio **2** (*fig.*) principio, inizio: — *cell*, cellula germinale // — *warfare*, guerra batteriologica // *the* — *of an idea*, un'idea in embrione.

to **germ** *v.intr.* (*non com.*) (*fig.*) sorgere, nascere.

german[1] ['dʒɜ:mən / ger·man] *agg.* e *s.* germano.

German[2] *agg.* tedesco: *the* — *language*, la lingua tedesca, il tedesco; *a* — *woman*, una tedesca // (*tip.*) — *text*, caratteri gotici ◆ *s.* **1** tedesco **2** lingua tedesca: *High*, *Low* —, alto, basso tedesco.

germander [dʒɜ:'mændə* / ger·man·der] *s.* (*bot.*) teucrio.

germane [dʒɜ:'meɪn / ger·mane] *agg.* (*form.*) riguardante; concernente, pertinente: *question* — *to the subject*, questione pertinente all'argomento.

Germanic [dʒɜ:'mænɪk / Ger·manic] *agg.* germanico ◆ *s.* lingua germanica.

Germanist ['dʒɜ:mənɪst / Ger·man·ist] *s.* germanista.

germanite ['dʒɜ:mənaɪt / ger·man·ite] *s.* (*min.*) germanite.

germanium [dʒɜ:'meɪnjəm / ger·man·ium] *s.* (*chim.*) germanio.

germanization [,dʒɜ:mənaɪ'zeɪʃn / ger·man·iza·tion] *s.* germanizzazione.

to **germanize** ['dʒɜ:mənaɪz / ger·man·ize] *v.tr.* **1** tradurre in tedesco **2** germanizzare ◆ *v.intr.* germanizzarsi.

German shepherd ['dʒɜ:mən'ʃepəd] *s.* pastore tedesco, cane lupo.

German silver [,dʒɜ:mən'sɪlvə*] *s.* alpacca, argentone SIN. nickel-silver.

germicidal [,dʒɜ:mɪ'saɪdl / ger·mi·cidal] *agg.* germicida.

germicide ['dʒɜ:mɪsaɪd / ger·mi·cide] *s.* germicida.

germinal ['dʒɜ:mɪnl / ger·minal] *agg.* **1** (*biol.*) germinale, embrionale **2** (*fig.*) in germe, embrionale.

Germinal *s.* (*st. francese*) germinale.

germinant ['dʒɜ:mɪnənt / germ·in·ant] *agg.* (*bot.*) germinante, che germoglia.

to **germinate** ['dʒɜ:mɪneɪt / ger·min·ate] *v.tr.* **1** (*biol.*) far germinare **2** (*fig.*) produrre ◆ *v.intr.* **1** (*biol.*) germinare **2** (*fig.*) nascere.

germination [,dʒɜ:mɪ'neɪʃn / ger·mina·tion] *s.* **1** (*biol.*) germinazione **2** (*fig.*) nascita.

germinative ['dʒɜ:mɪneɪtɪv / ger·min·at·ive] *agg.* **1** (*biol.*) germinativo **2** (*fig.*) che si evolve.

germinator ['dʒɜ:mɪneɪtə* / ger·min·ator] *s.* germinatore; generatore.

gerontal [dʒə'rɒntl / ge·ron·tal] **gerontic** [dʒə'rɒntɪk / ge·ron·tic] *agg.* (*med.*) senile.

gerontocracy [,dʒerɒn'tɒkrəsɪ / ge·ron·to·cracy] *s.* gerontocrazia.

gerontologist [,dʒerɒn'tɒlədʒɪst / ge·ron·to·lo·gist] *s.* (*med.*) gerontologo.

gerontology [,dʒerɒn'tɒlədʒɪ / ge·ron·to·logy] *s.* (*med.*) gerontologia.

gerrymander ['dʒerɪmændə* / ger·ry·man·der] *s.* (*pol.*) broglio elettorale (basato su una suddivisione delle circoscrizioni elettorali tale da favorire un candidato o un partito).

to **gerrymander** *v.tr.* **1** manipolare, truccare (elezioni) **2** (*fam.*) svisare (i fatti) ◆ *v.intr.* commettere brogli elettorali.

gerrymanderer ['dʒerɪmændərə* / ger·ry·man·der·er] *s.* (*pol.*) chi commette broglio elettorale.

gerund ['dʒerənd / ger·und] *s.* (*gramm.*) gerundio.

gerund-grinder ['dʒerənd,graɪndə*] *s.* (*fam. antiq.*) insegnante pedante.

gerundial [dʒɪ'rʌndɪəl / ger·und·ial] *agg.* (*gramm.*) gerundivo.

gerundive [dʒɪ'rʌndɪv / ger·und·ive] *agg.* e *s.* (*gramm.*) gerundivo.

gesso ['dʒesəʊ] *s.* **1** gesso per calchi **2** calco in gesso.

gest [dʒest] *s.pl.* **1** (*antiq.*) gesta, imprese **2** (*st.*) canzone di gesta **3** (*ant.*) tappe di un viaggio (spec. del re): *I'll give him my commission / to let him there a month behind the gest / prefix'd for's parting*, (SH. Winter's Tale) gli darò il permesso di fermarvisi ancora un mese oltre il tempo fissato in precedenza per il suo ritorno.

Gestalt [gə'ʃtɑ:lt / Ges·talt] *s.* (*psicol.*) Gestalt: — *psychology*, gestaltismo.

gestation [dʒes'teɪʃn / gesta·tion] *s.* **1** (*biol.*) gestazione, gravidanza: *tubal* —, gravidanza tubarica; — *time*, tempo di gestazione // — *sac*, sacco amniotico **2** (*fig.*) gestazione, preparazione.

gestatorial [,dʒestə'tɔ:rɪəl / gest·at·or·ial] *agg.* (*ant.*) gestatorio: — *chair*, sedia gestatoria.

to **gesticulate** [dʒe'stɪkjʊleɪt / ges·ticu·late] *v.intr.* (*form.*) gesticolare.

gesticulation [dʒe,stɪkjʊ'leɪʃn / ges·ticu·la·tion] *s.* (*form.*) **1** gesticolazione **2** gesto.

gesticulator [dʒe'stɪkjʊleɪtə* / ges·ticu·lator] *s.* (*non com.*) chi gesticola.

gesticulatory [dʒe'stɪkjʊlətərɪ / ges·ticu·lat·ory] *agg.* (*non com.*) gesticolante.

gestosis [dʒe'stəʊsɪs / gest·osis] *s.* (*med.*) gestosi.

gestural ['dʒestʃərəl / ges·tural] *agg.* (*form.*) gestuale.

gesture ['dʒestʃə* / ges·ture] *s.* **1** gesto, movimento (della mano ecc.) **2** (*fig.*) gesto, atto: *a — of friendship*, un atto di amicizia **3** espressione gestuale: *this actor is a master of the art of* —, questo attore è maestro nell'arte dell'espressione gestuale.

to **gesture** *v.intr.* gesticolare ◆ *v.tr.* esprimere a gesti.

get [get] *s.* (*non com.*) **1** cucciolo, piccolo **2** procreazione.

to **get** *pass.p.p.* **got** [gɒt] *p.p.* (*ant.* o *amer.*) **gotten** [gɒtn] *v.tr.* **1** (riuscire a) ottenere, procurarsi: *he's trying to — a flat*, sta cercando di procurarsi un appartamento; *they've got a good lawyer to defend them*, si sono procurati un buon avvocato che li difende; *in the end, he got a degree in economics*, alla fine riuscì a ottenere la laurea in scienze economiche; *it's very close in here, I must — some fresh air*, è molto chiuso qui dentro, devo prendere un po' d'aria; *she was lucky to — the part of Ophelia*, è stata fortunata a ottenere la parte di Ofelia: *they got a divorce and she got custody of their only child*, hanno ottenuto il divorzio e lei ha ottenuto la custodia del loro unico figlio; *I don't think for a moment you'll — an answer from him*, non penso neppure lontanamente che otterrete una risposta da lui; *we'll have to — a bank loan if we want to renovate the house*, dovremo procurarci un prestito dalla banca se vogliamo rinnovare la casa; *they got a lot of money for that painting they found in the attic*, hanno ricavato un sacco di soldi da quel quadro che hanno trovato in solaio; *maybe we can — some lunch at the next stop on the motorway*, può darsi che riusciamo a trovare qualcosa da mangiare alla prossima stazione di servizio sull'autostrada; *can you — me a flight for Tuesday morning?*, può procurarmi un posto (in aereo) per martedì mattina?; *you — a better view from the top of the hill*, dalla cima della collina si ha una vista migliore; *to pass this exam you have to — 90 marks out of 100*, per superare questo esame devi ottenere 90 su 100; *he turned on the* TV *to — the news*, accese il televisore per sentire il telegiornale // *the results must be as accurate as you can — them*, i risultati devono essere più esatti possibile // *he gets very little out of classical music*, la musica classica gli dice poco // *she got a lot out of her visit to Egypt*, ha tratto molto profitto dalla sua visita in Egitto **2** (riuscire a) prendere: *I have to — a taxi to the airport*, devo prendere un taxi per l'aeroporto; — *the bus on the corner over there*, prendi l'autobus laggiù all'angolo; *he used to — 'The Times' but now he gets 'The Independent'*, era solito prendere il 'Times' ma ora prende l'"Independent'; *he won't — a pension till he's sixty-five*, non avrà la pensione finché non avrà compiuto i sessantacinque anni; *when I started this job I used to — a very low salary*, quando ho cominciato questo lavoro, prendevo uno stipendio molto basso; *he got malaria when he was in Africa*, prese la malaria quando era in Africa; *did the police — him in the end?*, la polizia l'ha preso alla fine?; *the bullet got him in the shoulder*, la pallottola lo raggiunse alla spalla **3** ricevere; cogliere (*anche fig.*); capire: *he got a bicycle for his birthday*, per il suo compleanno ha ricevuto una bicicletta; *she's been getting a letter from him every week*, ha ricevuto una lettera da lui tutte le settimane; *he got the feeling he wasn't welcome*, ebbe la sensazione di non essere gradito; *come and see us at work, you'll — an idea of what it's like*, vieni a vederci al lavoro, ti farai un'idea di come sia; *we were in Mexico City when we got news of the earthquake*, eravamo a Città del Messico quando ci giunse notizia del terremoto; *we can't —* BBC *2 with our* TV *aerial*, con la nostra antenna non riusciamo a prendere BBC 2; *their garden gets a lot of sunshine in the morning*, il loro giardino riceve molto sole la mattina; *she got a shock when she saw the bill*, ha avuto un colpo quando ha visto il conto; *he didn't — the joke*, non ha colto la battuta; *I didn't — the point of the story*, non ho capito il nocciolo della storia; — *it?*, ci sei?, hai capito?; *I don't — you* (o *your meaning*), non ti capisco **4** far diventare, rendere: *they got him angry by insisting on his mistakes*, lo fecero arrabbiare insistendo sui suoi errori; *the family got her married as quickly as possible*, la famiglia la fece sposare il più presto possibile; *they tried to — him drunk but he managed to stay sober*, tentarono di farlo ubriacare ma riuscì a rimanere sobrio // *she's getting dinner ready*, sta preparando la cena **5** (IV, VI) persuadere, convincere; far fare: — *him to tell you about his trip to Nepal*, fatti raccontare del suo viaggio in Nepal; *why don't you — someone to help you?*, perché non ti fai aiutare da qualcuno?; — *that work done as soon as possible*, fate quel lavoro al più presto possibile; *we'll — the flat redecorated as soon as we have the money*, faremo imbiancare l'appartamento quando avremo i soldi; *they got him charged with stealing the motorbike*, lo fecero accusare di aver rubato la moto // *the window was jammed but they got it open with a screwdriver*, la finestra era bloccata ma l'hanno fatta aprire con un cacciavite **6** mettere: *you'll — me into trouble if you do that*, mi metterai nei pasticci se farai ciò; *it took a long time to — the children to bed*, ci volle molto tempo per mettere a letto i bambini; *he got her pregnant when they were engaged*, la mise incinta quando erano fidanzati **7** portare, condurre; far arrivare: *the train got me to New York on time*, il treno mi fece arrivare in tempo a New York // *violence will — you nowhere*, la violenza non ti farà approdare a nulla // *it's his bad temper that gets them*, è il suo brutto carattere che li irrita **8** avere; trovare: *I didn't — a chance to see them*, non ho avuto occasione di vederli; *if you — time, go and see the Rembrandt exhibition*, se hai tempo, vai a vedere la mostra di Rembrandt; *in the last scene of Hamlet you — four corpses*, nell'ultima scena dell'Amleto si hanno quattro cadaveri // *if I — him alone, I'll tell him*, se lo trovo da solo glielo dirò ◆ *v.intr.* **1** farsi, diventare: *I'm getting old*, sto diventando vecchio; *she gets tired very quickly*, si stanca facilmente; *he said he'd emigrate if things got worse*, disse che se le cose fossero peggiorate sarebbe emigrato; *we started getting suspicious when he wouldn't give us the key*, cominciammo a diventare sospettosi quando non volle darci la chiave; *she gets very brown at the seaside*, si abbronza molto, diventa molto nera al mare; *they're getting married as soon as they can*, si sposeranno appena possibile; *it's getting very late, I really have to go*, si sta facendo molto tardi, devo veramente andare; *you'll — wet without an umbrella*, ti bagnerai tutto senza ombrello; *I'll tell you if you promise not to — angry*, te lo dirò se prometti di non arrabbiarti; *the footballer got ready to shoot*, il calciatore si preparò al tiro; *he gets drunk whenever he can*, non perde occasione per ubriacarsi // *she's getting to look like her mother*, assomiglia sempre di più a sua madre; *how lucky can you —!*, si potrà essere fortunati!... **2** (I) mettersi: *we finally got to bed at 3 a.m.*, finalmente ci mettemmo a letto alle 3 del mattino; *you'll — into trouble if you don't tell him*, se non glielo dirai, ti metterai nei guai; *he got in touch with me last week*, si è messo in contatto con me la settimana scorsa // *it's late, we'd better — going*, è tardi, ci converrebbe andare // *we found it hard to — working on the new project*, abbiamo trovato difficile metterci a lavorare al nuovo progetto **3** andare; arrivare: *how long does it take to — to Liverpool?*, quanto tempo ci vuole per arrivare a Liverpool?; *he got to an important position in the ministry*, ha raggiunto una posizione importante al ministero; *she'd got to a stage where she had too much responsibility*, era arrivata a un livello in cui aveva troppe responsabilità; *he's only got as far as the second chapter*, è arrivato soltanto al secondo capitolo; *the train was so slow I thought we'd never — here!*, il treno andava così adagio che pensavo non saremmo mai arrivati qui! // *— to the point!*, vieni al nocciolo!; *my toothache is getting to me now*, ora il mio mal di denti si fa sentire **4** (come ausiliare, nella coniugazione passiva) essere, venire: *they got killed in the crash*, furono uccisi nell'incidente; *he often gets asked about his first novel*, spesso gli viene chiesto del suo primo romanzo; *these rumours often — exaggerated*, queste voci vengono spesso esagerate ◆ to **have got** (uso pleonastico) **1** avere, possedere: *she's got three daughters*, ha tre figlie; *have you got time to post this letter?*, hai tempo di imbucare questa lettera?; *we haven't got a garage with the new house*, non abbiamo garage nella nuova casa; *he hadn't got a chance of winning the race*, non aveva alcuna probabilità di vincere la corsa; *had he got the right number when he tried to phone?*, aveva il numero giusto quando tentò di telefonare?; *she often has headaches and she's got one now*, ha spesso mal di testa e ce l'ha ora; *"What's that got to do with it?" "It's got nothing to do with it"*, "Che cosa c'entra?" "Non c'entra niente" **2** avere da, dovere: *I've got to go to the dentist's this afternoon*, devo andare dal dentista questo pomeriggio; *it's got to be done today*, dev'essere fatto oggi; *haven't you got to pay your TV licence?*, non devi pagare l'abbonamento alla televisione?

□ **get about** *v.intr.* e *avv.* circolare, muoversi; diffondersi (di notizie): *she's eighty and can't — about much any more*, ha ottant'anni e non può più andare molto in giro; *the city centre's very crowded, you can't — about very easily*, il centro è pieno di gente, non si può circolare facilmente; *the rumour got about that the pound would be devalued*, correva voce che la sterlina si sarebbe svalutata.

□ **get across** *v.tr.* e *intr.* e *avv.* o *prep.* **1** (riuscire a) attraversare; far attraversare: *at last the troops got across the river*, alla fine le truppe riuscirono ad attraversare il fiume; *the bridge was in ruins but he got across*, il ponte era diroccato ma egli riuscì a passare dall'altra parte **2** (riuscire a) comunicare, trasmettere: *the politician didn't — his message across*, il politico non riuscì a trasmettere il suo messaggio; *he's a bad teacher, he doesn't — across to his students*, è un cattivo insegnante, non riesce a comunicare con gli allievi.

□ **get ahead (of)** → ahead.

□ **get along** *v.intr.* e *avv.* **1** sbrogliarsela, cavarsela; far progressi: *he hasn't anyone to help him but he gets along all right*, non ha nessuno che lo aiuti ma se la cava benissimo; *how are you getting along with all that work?*, come te la cavi con tutto quel lavoro?; *I'm sure she can — along without me interfering*, sono sicuro che può sbrigarsela senza che io mi intrometta **2** andare d'accordo: *though they're brothers, they don't — along with each other*, benché siano fratelli, non vanno d'accordo // *— along with you!*, ma va', stai scherzando!

□ **get around** *v.tr.* e *prep.* o *avv.* (riuscire a) superare, aggirare (un ostacolo): *he got around the problem by building another garage*, ha risolto il problema costruendo un altro garage // *we didn't — around to phoning mother till just before Christmas*, non abbiamo trovato il tempo di telefonare alla mamma fino a poco prima di Natale.

□ **get at** *v.tr.* e *prep.* o *avv.* **1** (riuscire a) raggiungere; arrivare a, scoprire: *the medicines are on the top shelf, where the children can't — at them*, i medicinali sono sull'ultimo ripiano, dove i bambini non possono prenderli; *with the ladder he got at the aerial on the roof*, con la scala riuscì ad accedere all'antenna sul tetto; *I don't understand what he was getting at*, non capisco dove voleva arrivare; *the inquiry failed to — at the real cause of the aircrash*, l'inchiesta non è riuscita ad accertare la vera causa del disastro aereo **2** corrompere, coinvolgere; criticare, stare addosso: *the police said the witness had been got at*, la polizia dichiarò che il testimone aveva subito delle pressioni; *she's always getting at her husband about his punctuality*, dà sempre addosso al marito per la puntualità.

□ **get away** *v.intr.* e *avv.* (riuscire a) allontanarsi, fuggire; farla franca: *if we're lucky we'll — away for a holiday in June*, se ci va bene, in giugno ce ne andremo via per un periodo di vacanza; *she doesn't — away from the office till 6.30*, non lascia mai l'ufficio prima delle 6.30 // *after ten years' hard work, he wanted to — away from it all*, dopo dieci anni di duro lavoro, voleva abbandonare tutto; *the thieves got away with all his savings*, i ladri sono scappati con tutti i suoi risparmi; *if you've broken the rules you'll never — away with it*, se hai infranto i regolamenti, non la farai franca, non la passerai liscia // *— away with you!*, ma va' là!, stai scherzando! ◆ *v.tr.* e *avv.* allontanare; strappare; togliere: *we got her away from her family so that she could have a real rest*, l'abbiamo strappata via dalla famiglia in modo che potesse veramente riposare; *we couldn't — the paper away from the wall*, non siamo riusciti a togliere la tappezzeria dalla parete // *there's no getting away from the fact that...*, non si può negare (il fatto) che...

□ **get back** *v.intr.* e *avv.* tornare, ritornare: *when did you — back from your holiday?*, quando siete tornati dalle vacanze?; *he never gets back home before midnight*, non torna mai a casa prima di mezzanotte; *'Get back into bed!' the nurse exclaimed*, 'Torni a letto!', esclamò l'infermiera // *he got back at his rival by creating a scandal*, si vendicò del rivale suscitando uno scandalo ◆ *v.tr.* e *avv.* rimettere al posto; ricuperare, avere indietro: *after taking the spring out, he couldn't — it back again*, dopo che ebbe tirato fuori la molla, non riusciva più a rimetterla al posto; *he borrowed the car last night but he'll — it back to me tomorrow*, ha preso in prestito la macchina ieri sera ma me la restituirà domani.

□ **get behind with** *v.intr.* e *avv.* e *prep.* rimanere indietro con: *we got behind with our instalments on the car*, siamo rimasti indietro col pagamento delle rate dell'auto.

□ **get by** *v.tr.* e *prep.* o *avv.* passare vicino, (riuscire a) superare: *the market was so crowded his car couldn't — by*, il mercato era così affollato che la sua macchina non riusciva a passare ◆ *v.intr.* e *avv.* cavarsela; farcela: *if you want to learn the piano, you can't — by without practising every day*, se vuoi imparare a suonare il piano, non puoi farcela senza esercitarti tutti i giorni; *in our first few years of marriage, we got by on very little money*, nei primi anni di matrimonio, riuscivamo a tirare avanti con pochissimi soldi.

□ **get down** *v.intr.* e *avv.* o *prep.* (riuscire a) scendere; inchinarsi; abbassarsi: *after climbing to the highest branch, the boy couldn't — down again*, dopo essere salito sul ramo più alto, il ragazzo non riusciva più a venir giù; *the hill was so steep I couldn't — down it*, la collina era così scoscesa che non riuscivo a scendere; *he got down on his knees and prayed*, s'inginocchiò a pregare // *you'll never write that novel, if you don't — down to it*, non scriverai mai quel romanzo, se non ti ci metti d'impegno // *now that you've finished university, you'll have to — down to some serious work*, ora che hai finito l'università, dovrai metterti a fare qualcosa di serio ◆ *v.tr.* e *avv.* **1** (riuscire a) scrivere, trascrivere; annotare: *he got down the licence number as the car drove away*, riuscì a scrivere il numero di targa mentre la macchina si allontanava; *the reporter got down most of the answers at the press conference*, il reporter annotò la maggior parte delle risposte durante la conferenza stampa **2** mandar giù, ingoiare: *you'll feel much better if you — this medicine down*, ti sentirai molto meglio se mandi giù questa medicina **3** deprimere, demoralizzare: *the grey skies and the rain are getting everybody down*, i cieli grigi e la pioggia mettono malinconia a tutti; *don't let him — you down*, non lasciarti deprimere da lui **4** far scendere; tirar giù: *the cat was on the roof and couldn't be got down*, il gatto era sul tetto e non si riusciva a farlo scendere; *help me — this case down from the luggage rack*, aiutami a tirar giù questa valigia dalla reticella.

□ **get in** *v.tr.* e *avv.* **1** raccogliere; portare dentro, ritirare: *it was raining so she dashed to — the washing in*, stava piovendo, perciò ella si precipitò fuori a ritirare il bucato **2** chiamare: *she's got a high temperature, we'd better — the doctor in*, ha la febbre alta, ci conviene chiamare il medico **3** far arrivare: *in spite of the storm, the driver got the coach in on time*, nonostante il temporale, l'autista fece arrivare il pullman in orario ◆ *v.intr.* e *avv.* **1** arrivare: *what time does this train — in?*, a che ora arriva questo treno? **2** (riuscire a) entrare: *he couldn't — in without a key*, senza la chiave non è potuto entrare // *he did his best to — in on the deal*, ha fatto il possibile per intrufolarsi nell'affare // *he joined the tennis club to — in with the rich people in the area*, si è iscritto al tennis club per farsi amico della gente ricca della zona **3** (*anche tr.*) essere eletto, andare al potere: *our MP got in with a large majority*, il nostro deputato è andato al potere con una larga maggioranza; *it was his reputation on TV that got him in*, è stata la sua notorietà in TV a farlo eleggere.

□ **get into** *v.tr.* e *intr.* e *prep.* **1** (riuscire a) entrare; penetrare; indossare: *the gang must have got into the bank by drilling through the floor*, la banda dev'essere penetrata nella banca perforando il pavimento; *I can't — into these trousers any more, they are too tight*, non entro più in questi pantaloni, sono troppo stretti **2** mettere, mettersi (*anche fig.*): *the way you behaved got me into a lot of trouble*, il modo in cui ti sei comportato mi ha messo in un sacco di guai; *he got into a terrible mess with his accounts*, si è messo in un terribile pasticcio con i conti; *he can't — it into his head that she doesn't want him*, non riesce a mettersi in testa che lei non lo vuole; *they've got into a lot of strange ways after living in the United States*, hanno preso strane abitudini dopo aver vissuto negli Stati Uniti; *what got him into drugs?*, che cosa l'ha spinto alla droga?; *he got me into a rage by insisting he was right*, mi ha mandato in bestia insistendo che aveva ragione // *I'm really sorry about what I said. I don't know what got into me*, mi dispiace molto per quello che ho detto. Non so che cosa mi ha preso ◆ *v.intr. e prep.* arrivare: *our train got into King's Cross at 11 p.m.*, il nostro treno è arrivato a King's Cross alle 11 di sera.

□ **get off** *v.intr.* e *prep.* scendere da; allontanarsi da: *— off the bus at the second stop*, scendi dall'autobus alla seconda fermata; *we got off the train at Victoria*, siamo scesi dal treno alla stazione Victoria; *it's quite difficult to — off a horse*, è abbastanza difficile scendere da cavallo; *we had to — off the tennis court by 5 o'clock because there was another game booked*, abbiamo dovuto liberare il campo da tennis alle 5 perché c'era un'altra partita prenotata ◆ *v.tr.* e *prep.* togliere da: *I can't — this ring off my finger any more*, non riesco più a togliermi questo anello dal dito; *— your feet off the table!*, togli i piedi dal tavolo! ◆ *v.tr.* e *intr.* e *avv.* **1** (far) partire; mandare: *I want to — off on my journey very early tomorrow*, devo mettermi in viaggio molto presto domattina; *we got the children off to school at 8*, abbiamo mandato a scuola i bambini alle 8; *they got a telex off to their New York office*, hanno spedito un telex al loro ufficio di New York; *these letters must — off before the last post*, queste lettere devono partire prima dell'ultima levata della posta // *he's always criticizing; it's about time you told him where to — off* (o *where he gets off*), critica sempre; è ora che tu gliene dica quattro // *he's got off with that pretty girl from the office*, è riuscito a uscire con quella graziosa ragazza del suo ufficio **2** venirne fuori; uscirne: *he got off with a suspended sentence*, ne è uscito con una sospensione di giudizio; *his lawyer got him off with a small fine*, il suo avvocato gli ha permesso di cavarsela con una piccola multa; *it was a bad crash but he got off with only a few scratches*, è stato un brutto incidente ma se l'è cavata con qualche graffio // *he got off cheap that time*, se l'è cavata a buon mercato quella volta.

□ **get on** *v.tr.* e *intr.* e *avv.* o *prep.* **1** (far) salire, (far) entrare: *the bus was so full we couldn't — on*, l'autobus era così pieno che non siamo riusciti a salire; *did he — on the train at Cambridge or Royston?*, è salito sul treno a Cambridge o a Royston?; *I can't — all these books on this small shelf*, non riesco a far stare tutti questi libri su questo piccolo scaffale // *— on!*, ma va!; ma davvero?; *"He says he swam ten miles yesterday" "Get on!"*, "Dice di aver nuotato per dieci miglia ieri" "Ma va!" **2** indossare; mettere su: *— your coat on, the taxi's waiting*, metti il cappotto, il taxi aspetta; *she took the lid off the tin but couldn't — it on again*, ha tolto il coperchio dalla lattina ma non è più riuscita a rimetterlo sopra **3** far progressi, far progredire: *she's getting on very well at her new job*, sta facendo progressi nel suo nuovo lavoro; *the teacher got his students on quickly with the new curriculum*, con il nuovo programma l'insegnante fece fare rapidi progressi ai suoi allievi ◆ *v.intr.* e *avv.* **1** stare; cavarsela, tirare avanti: *how did he — on in his driving test?*, come se l'è cavata con l'esame di guida?; *hello Jack, how are you getting on these days?*, ciao, Jack, come ti va in questi giorni?, come va la vita? **2** passare, avanzare (di tempo): *time's getting on, we'd better — moving if we want to catch that train*, il tempo passa, ci conviene muoverci se vogliamo prendere quel treno; *he's getting on, you know; he must be at least sixty*, invecchia, sai; deve avere almeno sessant'anni.

□ **get on for** *v.intr.* e *avv.* e *prep.* avvicinarsi (a); essere circa, aggirarsi (di tempo): *"What's the time?" "It must be getting on for 3 o'clock"*, "Che ora è?" "Devono essere quasi le 3"; *she's still very active though she's getting on for eighty*, è ancora molto attiva sebbene si avvicini agli ottanta.

□ **get on to** *v.tr.* e *avv.* e *prep.* **1** mettersi in contatto (con); chiamare: *when the waterheater broke down I had to — on to the manufacturers*, quando si è rotto lo scaldabagno, ho dovuto mandare a chiamare la ditta costruttrice; *— on to Mr Ackroyd and tell him the contract's ready*, mettetevi in contatto con il signor Ackroyd e ditegli che il contratto è pronto **2** scoprire; rintracciare; trovare, accorgersi di: *the police got on to the gang's movements after the robbery*, la polizia ha ricostruito i movimenti della banda dopo la rapina; *we didn't — on to her real intentions until we found the cash missing*, non ci accorgemmo delle sue vere intenzioni finché non trovammo il denaro mancante **3** procedere (a, con), passare a: *when we've finished Shakespeare, we'll — on to Milton*, quando avremo finito Shakespeare, passeremo a Milton; *after the preliminaries, we were glad to — on to something interesting*, dopo i preliminari, fummo lieti di passare a qualcosa di interessante.

□ **get on with** *v.intr.* e *avv.* e *prep.* fare progressi: *she's getting on well with all that typing*, procede bene con tutte quelle pagine da battere a macchina; *they've become very good friends; they — on with each other like a house on fire*, sono diventati ottimi amici; vanno molto d'accordo // *— on with you!*, via, stai scherzando! ◆ *v.tr.* e *avv.* e *prep.* continuare; andare avanti con: *turn off the telly and — on with your homework*, spegni la televisione e vai avanti con i tuoi compiti; *I must — on with this translation, it has to be delivered tomorrow*, devo andare avanti con questa traduzione, dev'essere consegnata domani // *they think they know best, so let them — on with it!*, credono di saperla lunga, allora, che facciano pure!

□ **get out** *v.intr.* e *avv.* venir fuori, trapelare: *if the news about the epidemic gets out, there'll be a panic*, se trapela la notizia dell'epidemia, sarà il panico; *it got out that he had an illegitimate son in France*, venne fuori che aveva un figlio illegittimo in Francia ◆ *v.tr.* e *avv.* **1** (riuscire a) emettere; pronunciare: *he was so astonished he couldn't — a word out*, era così colpito che non riuscì a pronunziare parola; *after five minutes, he got out a mumble of thanks*, dopo cinque minuti, uscì in un mormorio di ringraziamento **2** (*sport*) eliminare (nel cricket e nel baseball): *we won the game after getting their best men out*, abbiamo vinto la partita dopo aver eliminato i loro uomini migliori **3** risolvere, calcolare: *nobody in the class was able to — the problem out*, nessuno nella classe è stato in grado di risolvere il problema ◆ *v.tr.* e *prep.* o *avv.* **1** (*anche intr.*) (far) uscire (da); scappare (da): *we got out of the theatre very late and missed the last bus*, siamo usciti molto tardi da teatro e abbiamo perso l'ultimo autobus; *"He was in prison for three years" "When did he — out?"*, "È stato in prigione tre anni" "Quando è uscito?"; *the door's too narrow, we can't — the piano out of the room*, la porta è troppo stretta; non possiamo far uscire il pianoforte dalla stanza; *"How did the tiger — out of its cage?" "It got out by jumping onto the roof"*, "Come ha fatto la tigre a scappare dalla gabbia?" "È scappata saltando sopra il tetto"; *— out!*, vattene!, fuori!; *— out of here!*, fuori di qui! // *— out of it!*, ma va'! **2** (riuscire a) evitare; esimersi da: *he did everything to — out of doing his national service*, ha fatto di tutto per evitare di fare il servizio militare; *he was very clever at getting out of all the dirty work*, era molto abile nell'esimersi da ogni lavoro faticoso **3** (far) perdere, smettere: *you must — out of the habit of biting your fingernails*, devi perdere il vizio di mangiarti le unghie; *when he emigrated, he got out of his old ways*, quando emigrò abbandonò le sue vecchie abitudini **4** tirar fuori; cavare; ricavare: *our company didn't — a penny out of the deal*, la nostra ditta non ha ricavato una lira dall'affare; *the book was too difficult; I didn't — anything out of it*, il libro era troppo difficile; non ne ho cavato niente; *you'll never — any secrets out of him*, non caverai mai un segreto da lui.

□ **get over** *v.tr.* e *prep.* (riuscire a) superare (*anche fig.*), attraversare; oltrepassare; coprire (una distanza): *they got over the river by jumping from log to log*, attraversarono il fiume saltando di tronco in tronco; *to finish the rally, you've got to — over a very long route*, per arrivare alla meta del rally, devi percorrere un lunghissimo itinerario; *the surgeon got over the problem by using a new technique*, il chirurgo ha risolto il problema usando una tecnica nuova; *she's never really got over her father's death*, lei non ha mai veramente superato la morte di suo padre; *it took him many years to — over his shyness*, gli ci sono voluti molti anni per vincere la timidezza // *we couldn't — over the fact that he had survived the crash*, stentavamo a credere al fatto che egli fosse sopravvissuto all'incidente ◆ *v.tr.* e *avv.* (riuscire a) comunicare; (far) passare: *he got the idea over to them though it was extremely complicated*, riuscì a comunicare loro l'idea sebbene fosse estremamente complicata // *the meeting will be unpleasant so let's — it over (and done) with quickly*, l'incontro sarà sgradevole perciò togliamoci il pensiero alla svelta.

□ **get round** *v.tr.* e *prep.* o *avv.* **1** (riuscire a) superare; aggirare (un ostacolo) → to **get around** **2** girare intorno (a) (*anche fig.*): *the champion golfer got round the course in a record 66*, il campione di golf completò il percorso con un totale record di 66 colpi // *he got round his father to lend him £ 100*, ha fatto la corte a suo padre perché gli prestasse 100 sterline.

□ **get through** *v.tr.* e *prep.* o *avv.* **1** (riuscire a) penetrare; (far) entrare; (far) superare: *the lorry was too big to — through the tunnel*, il camion era troppo grosso per entrare nella galleria; *he got through the exam at his first attempt*, superò l'esame al primo tentativo; *our school gets most of its pupils through the exams*, la nostra scuola consente alla maggior parte degli alunni di superare gli esami **2** (far) passare; approvare (di legge ecc.): *the new regulation got through without any opposition*, il nuovo regolamento è passato senza alcuna opposizione; *he said the government would never — the new bill through*, disse che il governo non sarebbe mai riuscito a far approvare la nuova legge **3** finire; spendere; esaurire: *he got through the family fortune by the time he was 30*, diede fondo al patrimonio familiare prima di raggiungere i 30 anni; *how can he — through two steaks in one day?*, come può far fuori due bistecche in un giorno?; *he thought he'd got through all the mail but...*, pensava di avere sbrigato tutta la posta, invece...

□ **get through to** *v.tr.* e *intr.* e *avv.* e *prep.* (far) pervenire a; (far) giungere a destinazione; contattare; comunicare (con): *more food must be got through to the starving population*, si devono far pervenire altri viveri alla popolazione che sta morendo di fame; *the number was engaged and I couldn't — through to them*, il numero era occupato e non sono riuscito a mettermi in comunicazione con loro; *she couldn't — through to him because he was still in a state of shock*, non poteva comunicare con lui perché era ancora in stato di shock.

□ **get to** *v.tr.* e *prep.* (riuscire a) raggiungere: *they got to the airport just in time to get the plane*, arrivarono all'aeroporto giusto in tempo per prendere l'aereo ◆ *v.intr.* e *prep.* o *avv.* **1** mettersi a, accingersi a: *I got to wondering when I should see her again*, presi a domandarmi quando l'avrei rivista **2** (andare a) finire: *where have my glasses got to?*, dove sono andati a finire i miei occhiali?

□ **get together** *v.intr.* e *tr.* e *avv.* radunare, radunarsi: *sometimes they — together to talk about old times*, qualche volta si incontrano per parlare dei vecchi tempi; *a lot of documents were got together to prove his case*, furono raccolti parecchi documenti a prova del suo caso // *you'll have to — it together if you want to succeed at this job*, dovrai organizzarti se vuoi riuscire bene in questo lavoro.

□ **get under** *v.tr.* e *prep.* (riuscire a) metter(si) sotto: *he got under some trees as the rain began falling*, riuscì a mettersi sotto degli alberi mentre cominciava a cadere la pioggia; *the new carpet had to be got under the old wardrobe*, il nuovo tappeto andava messo sotto il vecchio armadio.

□ **get up** *v.intr.* e *avv.* **1** alzarsi: *he doesn't like getting up too early*, non ama alzarsi troppo presto; *he got up from the chair and walked to the window*, si alzò dalla sedia e andò alla finestra **2** levarsi, aumentare (di forza, volume ecc.): *the wind was getting up so we turned back to the harbour*, si stava alzando il vento perciò tornammo verso il porto ◆ *v.tr.* e *avv.* **1** far alzare: *if you'd got me up earlier I wouldn't have missed the train*, se mi avessi fatto alzare prima non avrei perso il treno **2** organizzare, allestire: *they got up a campaign against nuclear power stations*, organizzarono una campagna contro le centrali nucleari **3** vestire; abbellire, adornare: *he got himself up as Napoleon for the fancy-dress ball*, si vestì da Napoleone per il ballo mascherato; *the whole village was got up for the celebrations*, tutto il paese fu addobbato per le celebrazioni **4** studiare, imparare: *he's getting up Macbeth for his exams*, sta preparando Macbeth per gli esami ◆ *v.tr.* e *avv.* o *prep.* (far) salire; montare: *his lorry couldn't — up a slope like that*, il suo camion non era in grado di affrontare una simile salita; *how can we — this piano up the stairs?*, come possiamo portar su questo piano dalle scale?; *— up on your horse and I'll race you to the farm*, monta a cavallo e vediamo chi arriva prima alla fattoria; *— those sacks up against the wall*, metti quei sacchi in piedi contro il muro.

□ **get up to** *v.tr.* e *avv.* e *prep.* (far) raggiungere; portare a: *his trainer got him up to peak fitness for the match*, il suo allenatore lo mise in condizioni di perfetta forma in vista dell'incontro ◆ *v.intr.* e *avv.* e *prep.* mettersi a; dedicarsi a: *we never know what he's getting up to*, non sappiamo mai che cosa stia combinando; *the opposition got up to some dirty tricks in the election campaign*, l'opposizione ricorse a sporchi trucchi durante la campagna elettorale.

□ **get within** *v.intr.* e *prep.* arrivare a; raggiungere: *the artillery didn't — within range of the enemy positions*, l'artiglieria non raggiunse le postazioni nemiche; *when we got within sight of the farmhouse we saw it was in ruins*, quando arrivammo in vista della cascina vedemmo che cadeva a pezzi.

get-at-able [get'ætəbl] *agg.* (*fam.*) accessibile, raggiungibile; ottenibile // **-ness** *s.* (*fam.*, *non com.*).

getaway ['getəweɪ / get·away] *s.* **1** fuga, evasione: *to make a —*, fuggire **2** (*sport*) partenza **3** (*amer.*) avviamento ◆ *agg.* che serve per fuggire: *a — car*, una macchina per la fuga.

get-out ['getaʊt] *s.* via d'uscita; scappatoia.

get-rich-quick [,getrɪtʃ'kwɪk] *agg.* che arricchisce facilmente, velocemente: *the world is full of — schemes which never work*, il mondo è pieno di sistemi per arricchire velocemente che non funzionano mai.

gettable ['getəbl / get·table] *agg.* (*fam.*) ottenibile.

getter ['getə* / get·ter] *s.* **1** (*fam.*) chi ottiene **2** (*elettr.*) getter, assorbitore **3** (*chim.*) getter, adsorbente di gas.

get-together ['gettə,geðə*] *s.* (*fam.*) riunione, incontro informale; festicciola: *we are having this little — for John*, faremo una festicciola per John.

getup ['getʌp / get·up] *s.* **1** look, stile (spec. di abiti) **2** [U] abiti (*pl.*) **3** (*amer.*) vigore, energia; ambizione.

get-up-and-go [,getʌpən'gəʊ] *s.* (*fam.*) energia, vigore.

gewgaw ['gju:gɔ: / gew·gaw] *s.* ninnolo, gingillo di nessun valore.

geyser ['gi:zə* *amer.* 'gaɪzə* *nel senso 2* 'gi:zə* / gey·ser] *s.* **1** (*geol.*) geyser **2** scaldabagno.

geyserite ['gaɪzəraɪt / gey·ser·ite] *s.* (*chim.*) geyserite.

Ghanaian [gɑ:'neɪən / Ghan·aian] **Ghanian** ['gɑ:njən / Ghan·ian] *agg.* e *s.* (abitante) del Ghana.

gharry ['gærɪ] *s.* (*angloindiano*) (*non com.*) vettura a cavalli.

ghastliness ['gɑ:stlɪnɪs *amer.* 'gæstlɪnɪs / ghast·li·ness] *s.* **1** aspetto spaventoso, sinistro; orrore **2** pallore spettrale.

ghastly ['gɑ:stlɪ *amer.* 'gæstlɪ] *agg.* **1** orrendo, spaventoso: *a — murder*, un orrendo assassinio **2** spettrale, smunto: *— paleness*, pallore mortale **3** spiacevole; grave: *it was a — mistake to let the cat in*, fu un tragico errore fare entrare il gatto // **-ily** *avv.*

ghastly *avv.* **1** spaventosamente, orribilmente: *he is — pale*, è pallido come la morte **2** seriamente: *he is — ill*, è seriamente ammalato.

gha(u)t [gɔ:t] *s.* (*angloindiano*) **1** (*non com.*) passo; catena montuosa **2** rampa di scala che porta in riva a un fiume.

ghee [gi:] *s.* (*angloindiano*) burro semifluido.

gherkin ['gɜ:kɪn / gher·kin] *s.* cetriolino sotto aceto.

ghetto ['getəʊ] *pl.* **ghettos** *s.* ghetto; quartiere abitato da una minoranza etnica: *Harlem is the most famous black — that exists*, Harlem è il più famoso ghetto nero che esista.

ghetto blaster ['getəʊ,blɑ:stə* *amer.* 'getəʊ,blæstə*] *s.* (*sl. amer.*) stereo portatile SIN. nigger box.

Ghibelline ['gɪbɪlaɪn / Ghib·el·line] *agg.* e *s.* (*st.*) ghibellino.

ghibli ['gɪblɪ] *s.* (*meteor.*) ghibli.

ghost [gəʊst] *s.* **1** spirito: *the Holy Ghost*, lo Spirito Santo **2** spirito, anima (dei morti): *to give up the —*, rendere l'anima (a Dio) // *the car has finally given up the —*, alla fine l'automobile ha reso l'anima **3** fantasma, spettro; apparizione: *a castle with a famous —*, un castello con un fantasma famoso; *— story*, racconto di fantasmi **4** (*fig.*) ombra, traccia: *the — of a chance*, l'ombra di una probabilità **5** (*tv*) riflesso, immagine sdoppiata.

to **ghost** *v.tr.* **1** perseguitare, ossessionare in forma di fantasma **2** → to ghost-write **3** (*ant.*) apparire in veste di fantasma a: *...Julius Caesar / who at Philippi the good Brutus ghosted*, (SH. Antony and Cleopatra) Giulio Cesare il cui spirito apparve al buon Bruto a Filippi.

ghosting ['gəʊstɪŋ / ghost·ing] *s.* (*inform.*) → **ghost**.

ghostliness ['gəʊstlɪnɪs / ghost·li·ness] *s.* **1** l'essere spettrale **2** (*non com.*) spiritualità.

ghostly ['gəʊstlɪ] *agg.* **1** spettrale **2** (*non com.*) spirituale; religioso.

ghost town ['gəʊst,taʊn] *s.* città fantasma, città abbandonata.

to **ghost-write** ['gəʊstraɪt] *v.tr.* scrivere per conto di altra persona che si assume la paternità dello scritto.

ghost writer ['gəʊst,raɪtə*] *s.* scrittore che scrive per conto di un altro, negro.

ghoul [gu:l] *s.* **1** (*mit. orientale*) demone che divora i cadaveri **2** (*fig.*) necrofilo.

ghoulish ['gu:lɪʃ / ghoul·ish] *agg.* demoniaco, diabolico; macabro // **-ly** *avv.* // **-ness** *s.*

GI ['dʒi:'aɪ] *pl.* **GI's** ['dʒi:'aɪz] *s.* (*amer.* abbr. di *Government Issue*) (*fam.*) soldato semplice dell'esercito americano ◆ *agg.* **1** dell'esercito americano: *a GI haircut*, taglio (di capelli) dei militari americani **2** rispettoso dei regolamenti militari: *a captain who is very GI*, un capitano che osserva rigidamente il regolamento.

giant ['dʒaɪənt / gi·ant] *agg.* gigante, gigantesco, da gigante, colossale: *— panda*, panda gigante; *a — step for mankind*, un passo da gigante a favore dell'umanità // (*sci*) *— slalom*, slalom gigante // (*astr.*) *— (star)*, stella gigante.

giant *s.* gigante (*anche fig.*), omone.

giantess ['dʒaɪəntɪs / giant·ess] *s.* gigantessa.

giantism ['dʒaɪəntɪzəm / giant·ism] *s.* (*med.*, *fig.*) gigantismo.

giaour ['dʒaʊə* / gia·our] *s.* giaurro, infedele.

gib[1] [gɪb] *s.* (*fam. antiq.*) gatto maschio (generalmente castrato).

gib[2] *s.* (*mecc.*) lardone.

gibber ['dʒɪbə* / gib·ber] *s.* borbottio, farfuglio, parole confuse.

to **gibber** *v.intr.* borbottare, farfugliare, parlare in modo inarticolato e inintelligibile: *the graves stood tenantless and the sheeted dead / did squeak and gibber in the Roman streets*, (SH. Hamlet) le tombe si svuotarono e i morti nei sudari invasero le vie di Roma stridendo e farfugliando.

gibberish ['gɪbərɪʃ / gib·ber·ish] *s.* discorso (o scrittura o suono) inarticolato, inintelligibile.

gibbet ['dʒɪbɪt / gib·bet] *s.* **1** patibolo, forca **2** (*mecc.*) braccio (di gru).

to **gibbet** *v.tr.* **1** impiccare; esporre sulla forca **2** (*fig.*) mettere alla berlina.

gibbon ['gɪbən / gib·bon] *s.* (*zool.*) gibbone.

gibbose [gɪ'bəʊs / gib·bose] *agg.* gibboso.

gibbosity [gɪ'bɒsɪtɪ / gib·bos·ity] *s.* (*non com.*) gibbosità, gobba.

gibbous ['gɪbəs / gib·bous] *agg.* gibboso // **-ly** *avv.* // **-ness** *s.*

(to) **gibe** [dʒaɪb] → (to) **jibe**.

giber ['dʒaɪbə*] *s.* (*non com.*) schernitore; chi lancia frecciate o allusioni maligne.

gibingly ['dʒaɪbɪŋlɪ / gib·ing·ly] *avv.* in modo beffardo; sarcasticamente.

giblets ['dʒɪblɪts / gib·lets] *s.pl.* rigaglie (di pollo ecc.).

gibli *s.* (*meteor.*) → **ghibli**.

giddily ['gɪdɪlɪ / gid·dily] *avv.* storditamente, vertiginosamente.

giddiness ['gɪdɪnɪs / gid·di·ness] *s.* **1** capogiro; vertigini (*pl.*) **2** (*fig.*) incostanza, frivolezza, storditezza.

giddy ['gɪdɪ] *agg.* **1** stordito, preso da vertigini: *to feel —*, aver le vertigini **2** vertiginoso: *a — height*, un'altezza vertiginosa **3** gioioso, gaio **4** (*antiq.*) frivolo, stordito, scervellato: *she is a — young thing*, è una svaporatella // *— headed*, frastornato, scervellato // *to play the — goat*, (*sl.*) fare il buffone.

to **giddy** *v.tr.* (*non com.*) stordire; dar le vertigini a ♦ *v.intr.* (*non com.*) essere preso da vertigini.

gift [gɪft] *s.* **1** dono; regalo: *give him a pen as a —*, regalagli una penna; *wedding —*, regalo di nozze; *free —*, omaggio // *he thinks he's God's — to the medical profession*, pensa di essere una benedizione (di dio) per la medicina // *never look a — horse in the mouth*, (*prov.*) a caval donato non si guarda in bocca **2** dote naturale, talento: *— for poetry*, inclinazione per la poesia **3** (*fig. fam.*) cosa a buon mercato **4** (*fig.*) cosa facile **5** (*dir.*) donazione: *deed of —*, contratto di donazione.

to **gift** *v.tr.* (*non com.*) **1** dotare (*with*, di): *to be gifted with great talent*, essere dotato di grande talento **2** (*scoz.*) regalare // *to — sthg. away*, regalare qlco.

gifted ['gɪftɪd / gif·ted] *agg.* dotato, fornito di talento: *a — musician*, un musicista dotato; *a — child*, un bambino dotato.

gift shop ['gɪftʃɒp] *s.* negozio che vende articoli da regalo.

gift token ['gɪft,təʊkən] **gift voucher** ['gɪft,vaʊtʃə*] *s.* buono (d')acquisto: *for her birthday he gave her a — from Tiffany's*, per il suo compleanno le diede un buono (d')acquisto di Tiffany.

to **gift-wrap** ['gɪft,ræp] *pass.p.p.* **gift -wrapped** ['gɪft,ræpt] *v.tr.* avvolgere in carta da regalo, fare una confezione regalo.

gift-wrapping ['gɪftræpɪŋ] *s.* carta da regalo; confezione regalo.

gig[1] [gɪg] *s.* **1** calessino **2** (*mar.*) lancia del comandante **3** (*ant.*) trottola: *thou disputest like an infant; go, whip thy gig*, (SH. Love's Labour's Lost) tu ragioni come una bambina; va' a giocare con la tua trottola.

to **gig**[1] *pass.p.p.* **gigged** [gɪgd] *v.intr.* viaggiare in calessino.

gig[2] *s.* (*pesca*) rampone, fiocina.

to **gig**[2] *v.tr.* (*pesca*) ramponare, fiocinare.

gig[3] *s.* (*tess.*) cilindro garzatore // *— mill*, garzatrice.

to **gig**[3] *v.tr.* (*tess.*) garzare.

gig[4] *s.* (*sl. mil. amer.*) leggera punizione.

to **gig**[4] *v.tr.* (*sl. mil. amer.*) punire, dare una punizione a.

gig[5] *s.* (*fam.*) **1** scrittura, ingaggio (di un complesso, un comico ecc. di solito per una serata): *every night the group played a — in a different town*, ogni sera il complesso suonava in una città diversa **2** (*mus.*) improvvisazione jazzistica **3** (*amer.*) lavoro **4** (*amer.*) truffa, atto criminoso.

giga- ['dʒɪgə] *pref.* di origine greca con significato di 'gigante'; anteposto al nome di unità di misura ne moltiplica il valore per 10^9; it. giga-: *gigabyte*, gigabyte (un miliardo di ottetti).

gigantic [dʒaɪ'gæntɪk / gi·gantic] meno com. **gigantean** [,dʒaɪgæn'ti:ən / gi·gant·ean] **gigantesque** [,dʒaɪgæn'tesk / gi·gant·esque] *agg.* gigantesco, enorme.

gigantically [dʒaɪ'gæntɪkəlɪ / gi·gant·ic·ally] *avv.* in modo gigantesco, enormemente.

gigant(ic)ism [dʒaɪ'gæntɪ(sɪ)zəm / gi·gant·(ic)·ism] *s.* → **giantism**.

giggle ['gɪgl] *s.* **1** risatina nervosa o imbarazzata // *she has got the giggles again*, (*fam.*) ha di nuovo la ridarella **2** brevi scoppi di riso soffocato **3** (*fam.*) burla, scherzo: *for a —*, per scherzo.

to **giggle** *v.intr.* **1** ridere nervosamente, con imbarazzo; ridacchiare **2** far risatine soffocate.

giggler ['gɪglə*] *s.* chi ride nervosamente o in modo imbarazzato.

giggly ['gɪglɪ / gig·gly] *agg.* propenso a ridere (nervosamente o in modo imbarazzato); che ha spesso la ridarella.

giglot ['gɪglət] *s.* (*ant.*) sgualdrinella: *away with those giglots too, and with the other confederate companion!*, (SH. Measure for Measure) via con quelle sgualdrinelle e quel loro compagno!

gigolo ['dʒɪgələʊ / gig·olo] *pl.* **gigolos** *s.* gigolò.

gigot ['dʒɪgət] *s.* (*cuc.*) cosciotto di montone (gener. arrostito).

gila [hi:lə] **Gila monster** [,hi:lə'mɒnstə*] *s.* (*zool.*) (*Heloderma suspectum*) eloderma, mostro di Gila.

gild[1] → **guild**.

to **gild**[2] [gɪld] *v.tr.* **1** dorare, indorare **2** (*fig.*) indorare; abbellire; colorire: *to — the pill*, indorare la pillola // *to — the lily*, sciupare una cosa già bella con ornamenti inutili.

gilded ['gɪldɪd] *agg.* dorato (*anche fig.*): *— spurs*, speroni dorati (emblema dei cavalieri) // *the Gilded Chamber*, la Camera dei Lords // *— youth*, gioventù dorata.

gilder ['gɪldə*] *s.* doratore.

gilding [gɪldɪŋ / gild·ing] *s.* doratura (*anche fig.*).

gilhooley ['gɪlhu:lɪ / gil·hooley] *s.* (*fam. amer.*) testacoda (di veicolo).

gill[1] [gɪl] *s.* (*gener. pl.*) **1** branchia (di pesce) // *— cover*, opercolo branchiale // *— net*, tramaglio // *— raker*, spina branchiale **2** bargiglio **3** lamella (di funghi) **4** pappagorgia // *to look rosy about the gills*, aver un aspetto roseo e sano; *to look pale* (o *green*) *about the gills*, avere un aspetto pallido, malaticcio; impallidire, diventare verde per la paura, lo spavento.

to **gill**[1] *v.tr.* **1** sbuzzare, pulire (pesci) **2** mondare, togliere le lamelle (ai funghi) **3** pescare; prendere (pesci) nella rete.

gill[2] *s.* (*tess.*) pettine.

to **gill**[2] *v.tr.* (*tess.*) pettinare.

gill[3] [dʒɪl] *s.* gill (misura di capacità = 1/4 di pinta = 0,142 l).

gillie ['gɪlɪ / gil·lie] *s.* (*scoz.*) **1** persona che accompagna e aiuta un cacciatore (o un pescatore) **2** servo, servitore (del capo di un clan).

gillyflower ['dʒɪlɪ,flaʊə* / gil·ly·flower] *s.* (*bot.*) **1** (*Dianthus caryophyllus*) garofano comune **2** (*Cheiranthus cheiri*) violaciocca gialla SIN. wallflower **3** (*Matthiola incana*) violaciocca SIN. stock.

gilt[1] [gɪlt] *agg.* dorato: *— frame*, cornice dorata ♦ *s.* **1** doratura (*anche fig.*) **2** (*sl. antiq.*) oro; denaro **3** *pl.* abbr. fam. di *gilt-edged securities*.

gilt[2] *s.* (*non com.*) scrofa giovane.

gilt-cup ['gɪltkʌp] *s.* (*bot.*) ranuncolo, botton d'oro SIN. buttercup.

gilt-edged ['gɪltedʒd] *agg.* **1** dal taglio dorato (di libri ecc.) **2** di prim'ordine, di prima qualità // (*Borsa*) *— securities* (o *— stocks*), titoli di stato, titoli garantiti dallo stato, titoli di prima qualità; *— market*, sezione della Borsa di Londra dove si trattano tali titoli.

gilthead bream ['gilthed,bri:m] *s.* (*zool.*) (*Sparus auratus*) orata.

gimbals ['dʒɪmbəlz / gim·bals] *s.pl.* (*mecc.*) sospensione cardanica.

gimcrack ['dʒɪmkræk / gim·crack] *agg.* appariscente, vistoso; dozzinale, di poco pregio: *— ornaments*, ornamenti da quattro soldi ♦ *s.* cianfrusaglia, fronzolo, ninnolo; oggetto vistoso, dozzinale.

gimcrackery ['dʒɪm,krækərɪ / gim·crack·ery] *s.* paccottiglia, ciarpame.

gimlet ['gɪmlɪt / gim·let] *s.* succhiello ♦ *agg. attr.* penetrante.

to **gimlet** *v.tr.* forare con un succhiello.

gimlet-eyed [ˈgɪmlɪt,aɪd] *agg.* dalla vista acuta; dallo sguardo penetrante.

gimmal [ˈgɪməl / gim·mal] *agg.* (*ant.*) doppio, fatto con un doppio anello: *and in their pale dull mouths the gimmal bit / lies foul with chaw'd grass*, (SH. Henry V) e nelle loro bocche esangui e inerti, il doppio morso insudiciato d'erba masticata sta immoto.

gimme [ˈgɪmɪ] (*fam.*) abbr. di *give me*.

gimmick [ˈgɪmɪk / gim·mick] *s.* (*fam.*) **1** trovata (pubblicitaria), idea, espediente: *as a — they gave away a free roll of film*, regalavano un rollino per pubblicità **2** trucco, inganno **3** aggeggio, arnese.

gimmickry [ˈgɪmɪkrɪ / gim·mickry] *s.* Ⓤ (*fam.*) **1** (*spreg.*) ammennicoli (*pl.*), accessori (*pl.*): *the new GSI Turbo is full of —*, la nuova GSI Turbo è piena di ammennicoli vari **2** pretesti (*pl.*), cavilli (*pl.*).

gimmicky [ˈgɪmɪkɪ / gim·micky] *agg.* (*fam.*) pieno di ammennicoli, di trovate (per attrarre l'attenzione): *I don't like his clothes, they're too —! All those zips and pockets!*, non mi piacciono i suoi vestiti, hanno troppi fronzoli! Tutte quelle cerniere e quelle tasche!

gimmie cap [ˈgɪmɪ,kæp] *s.* (*fam. amer.*) cappello regalato a scopo promozionale (per pubblicizzare un prodotto ecc.).

gimp[1] [gɪmp] *s.* **1** cordoncino, spighetta in seta, in cotone **2** lenza in seta rinforzata.

gimp[2] *s.* (*fam. amer.*) **1** zoppo **2** andatura zoppicante.

to **gimp**[2] *v.intr.* (*fam. amer.*) zoppicare.

gin[1] [dʒɪn] *s.* gin // *— palace*, bar arredato in modo troppo vistoso // *— mill*, (*sl. amer.*) bar, spaccio di alcolici.

gin[2] *s.* **1** *— (trap)*, trappola (per piccoli animali o uccelli); (*fig.*) trappola, tranello **2** (*mecc.*) argano, paranco; capra **3** (*tess.*) sgranatrice (di cotone): *— saw*, sgranatrice a denti di sega.

to **gin**[2] *pass.p.p.* **ginned** [dʒɪnd] *v.tr.* **1** (*non com.*) intrappolare **2** (*tess.*) sgranare (cotone).

gin[3] *s.* (*austr.*) donna indigena.

gin[4] [gɪn] *cong.* (*scoz. dial.*) se ◆ *prep.* (*scoz.*) entro.

to **gin**[5] *pass.* **gan** [gæn] *v.tr.* e *intr.* incominciare, cominciare: *I gin to be aweary of the sun*, (SH. Macbeth) comincio a essere stanco del sole.

gin block [ˈdʒɪn,blɒk] *s.* (*mar.*) puleggia di carico.

ginch [gɪntʃ] *s.* (*sl. amer.*) ragazza, donna (vista sotto il profilo sessuale).

ging [gɪŋ] *s.* (*ant.*) → **gang**[1].

ginger [ˈdʒɪndʒə* / gin·ger] *agg.* fulvo, rossiccio (di capelli ecc.) ◆ *s.* **1** (*bot.*) (*Zingiber officinale*) zenzero **2** (*fam.*) vivacità, vitalità, energia **3** color fulvo, rossiccio.

to **ginger** *v.tr.* aromatizzare allo zenzero.
□ **ginger up** *v.tr.* e *avv.* stimolare, incitare; ravvivare, animare: *to — s.o. up*, scuotere, incitare qlcu.

gingerade [,dʒɪndʒərˈeɪd / gin·ger·ade] *s.* (*brit.*) → **ginger ale**, **ginger beer**.

ginger ale [,dʒɪndʒərˈeɪl] **ginger beer** [,dʒɪndʒəˈbɪə*] *s.* bibita gassata allo zenzero.

gingerbread [ˈdʒɪndʒəbred / gin·ger·bread] *s.* **1** pan di zenzero **2** ornamento vistoso // *to take the gilt off the —*, (*fam.*) spogliare qlco. di ogni attrattiva ◆ *agg.* vistoso, appariscente; pacchiano, dozzinale.

ginger group [ˈdʒɪndʒə,gru:p] *s.* gruppo di punta (di partito, sindacato ecc.).

gingerly [ˈdʒɪndʒəlɪ / gin·gerly] *agg.* (*non com.*) guardingo, cauto ◆ *avv.* (*non com.*) con circospezione, cautamente; a passi felpati.

ginger nut [ˈdʒɪndʒə,nʌt] *s.* biscotto allo zenzero.

ginger pop [ˈdʒɪndʒə,pɒp] *s.* (*amer.*) → **ginger ale**, **ginger beer**.

gingersnap [ˈdʒɪndʒə,snæp / gin·ger·snap] *s.* (*spec. amer.*) → **ginger nut**.

gingery [ˈdʒɪndʒərɪ / gin·gery] *agg.* **1** che sa di zenzero; aromatizzato allo zenzero **2** fulvo, rossiccio (di capelli ecc.) **3** vivace, pieno di energia.

gingham [ˈgɪŋəm / ging·ham] *s.* percallina a righe o quadretti.

gingiva [,dʒɪnˈdʒaɪvə / gin·giva] *pl.* **gingivae** [,dʒɪnˈdʒaɪvi: / gin·givae] *s.* (*anat.*) gengiva SIN. gum.

gingival [dʒɪnˈdʒaɪvəl / gin·gival] *agg.* (*anat.*) gengivale.

gingivitis [,dʒɪndʒɪˈvaɪtɪs / gin·giv·itis] *s.* (*med.*) gengivite.

gink [gɪŋk] *s.* (*sl. spreg.*) tipo, individuo.

ginkgo [ˈgɪŋkəʊ] *s.* (*bot.*) ginkgo.

gin pole [ˈdʒɪn,pəʊl] *s.* (*mecc.*) falcone.

ginseng [ˈdʒɪnseŋ / gin·seng] *s.* (*bot.*) (*Panax ginseng*) ginseng.

gin-sling [ˈdʒɪn,slɪŋ] *s.* bevanda fredda a base di gin aromatizzato e addolcito.

gin-trap [ˈdʒɪn,træp] *s.* (*sl.*) bocca.

ginzo [ˈgɪnzəʊ] *s.* (*sl. amer.*) italiano, persona di origine italiana.

gipsy [ˈdʒɪpsɪ] *s.* zingaro, zingara; gitano, gitana.

giraffe [dʒɪˈrɑ:f *amer.* dʒɪˈræf / gir·affe] *pl.invar.* o **giraffes** *s.* (*zool.*) (*Giraffa camelopardalis*) giraffa.

girandole [ˈdʒɪrəndəʊl / gir·an·dole] *s.* (*non com.*) **1** girandola **2** candelabro a braccia **3** orecchino a pendente.

girasol(e) [ˈdʒɪrəsəʊl / gi·ra·sol(e)] *s.* (*min.*) opale di fuoco.

to **gird**[1] [gɜ:d] *pass.p.p.* **girded** [ˈgɜ:dɪd] **girt** [gɜ:t] *v.tr.* (*antiq.*) cingere, fasciare; circondare: *to — (on) a sword*, cingere la spada // *to — up one's loins*, (*Bibbia*) prepararsi ad agire, alla lotta.

gird[2] *s.* **1** (*dial.*) scarto; slancio **2** (*rar.*) beffa, scherno; osservazione sarcastica: *I thank you for that gird, good Tranio*, (SH. The Taming of the Shrew) grazie per questa stoccata, buon Tranio.

to **gird**[2] *v.intr.* **1** (*dial.*) muoversi rapidamente, precipitarsi; slanciarsi **2** (*rar.*) farsi beffe: *to — at s.o.*, deridere, schernire qlcu.

girder [ˈgɜ:də*] *s.* **1** trave: *box —*, trave a scatola // (*aer.*) *tail —*, trave di coda **2** travatura: *lattice —*, travatura a traliccio **3** travata: *— bridge*, ponte a travata **4** (*mar.*) paramezzale.

girder rail [ˈgɜ:də,reɪl] *s.* rotaia a gola (per tramvia).

girdle [ˈgɜ:dl] *s.* **1** busto leggero, ventriera **2** cintura, fascia: *— of walls*, cerchia di mura // (*anat.*): *pelvic —*, cintura pelvica; *shoulder —*, cingolo scapolare **3** cintura (linea di unione delle due piramidi di una gemma tagliata a brillante **4** (*arch.*) cintura, collarino (di colonna) **5** (*agr.*) incisione circolare (intorno al tronco).

to **girdle** *v.tr.* (*form.*) **1** racchiudere, circondare **2** cingere, fasciare **3** fare un'incisione circolare (intorno al tronco di un albero).

girdler [ˈgɜ:dlə*] *s.* **1** chi fa cinture **2** (*non com.*) chi circonda.

girl [gɜ:l] *s.* **1** ragazza; bambina: *little* (o *young*) *—*, ragazzina; *is it a boy or a —?*, è maschio o femmina? // *old —*, (*fam.*) vecchia mia (termine affettivo) **2** cameriera **3** (*fam.*) ragazza, fidanzata: *my cousin and his —*, mio cugino e la sua ragazza.

girl Friday [,gɜ:lˈfraɪdɪ] *s.* (*fam.*) segretaria di fiducia.

girlfriend [ˈgɜ:lfrend / girl·friend] *s.* ragazza, innamorata.

girl guide [,gɜ:lˈgaɪd] *s.* giovane esploratrice AMER. girl scout.

girlhood [ˈgɜ:lhʊd / girl·hood] *s.* adolescenza (di ragazza): *in her —*, quand'era una ragazzina.

girlie [ˈgɜ:lɪ] *s.* **1** ragazzina **2** (*sl. amer.*) prostituta ◆ *agg.* (*fam.*) che espone nudi femminili (detto di riviste): *— magazine*, (*fam.*) rivista pornografica per soli uomini.

girlish [ˈgɜ:lɪʃ / girl·ish] *agg.* fanciullesco; di ragazza, da ragazza // **-ly** *avv.*

girlishness [ˈgɜ:lɪʃnɪs / girl·ish·ness] *s.* modi, carattere, ingenuità di fanciulla.

girl scout [,gɜ:lˈskaʊt] *s.* (*amer.*) → **girl guide**.

girly [ˈgɜ:lɪ] *s.* e *agg.* (*fam.*) → **girlie**.

to **girn** [gɜ:n] *v.intr.* (*scoz.*) mostrare i denti.

giro [ˈdʒaɪrəʊ] *s.* (*banca*) giroconto: *— system, account*, giroconto // *— cheque*, assegno postale.

Girondist [dʒɪˈrɒndɪst / Gir·ond·ist] *agg.* e *s.* (*st. francese*) girondino.

to **girt** [gɜ:t] → to **gird**[1].

girt *pass.p.p.* di to **gird**[1].

girth [gɜ:θ] *s.* **1** (*form.*) giro, circonferenza: *fifty inches in —*, cinquanta pollici di circonferenza **2** cinghia, sottopancia.

to **girth** *v.tr.* (*non com.*) **1** cingere, circondare **2** assicurare la sella (a un cavallo) ◆ *v.intr.* misurare (di circonferenza).

gismo → **gizm**.

gist [dʒɪst] *s.* **1** sostanza, essenza: *the — of the argument*, il nocciolo, la sostanza della discussione **2** (*dir.*) base, fondamento.

git [gɪt] *s.* (*sl.*) idiota, stupido: *You stupid —! You could have got us all killed!*, Stupido idiota! Avresti potuto farci ammazzare tutti!

gittern [ˈgɪtɜ:n / git·tern] *s.* (*ant.*) cetra.

give [gɪv] *s.* **1** elasticità **2** rinunzia; arrendevolezza.

to **give** *pass.* **gave** [geɪv] *p.p.* **given** [ˈgɪvn] *v.tr.* **1** dare; fornire; distribuire, somministrare: *I gave the boy an apple* (o *I gave an apple to the boy*), diedi una mela al ragazzo; *a pen was given to the girl* (o *the girl was given a pen*), diedero una penna alla ragazza; *I have to — you a present and a word from him*, devo darti un suo regalo e comunicarti quanto mi ha detto; *I must — you your pill now*, ora devo darti la pillola; *I would — anything to know...*, non so cosa darei per sapere...; *they gave him the name of his grandfather*, gli diedero il nome del nonno; *they gave their lives for their country*, diedero la vita per la patria; *you gave it (to) him*, tu glielo desti // *you will — me your cold*, mi attaccherai il raffreddore // — *her my love!*, salutala affettuosamente da parte mia! // — *me the good old times!*, potessi tornare ai bei tempi passati! // *I don't — a damn'!*, (*sl.*) me ne infischio altamente! // *what are you giving us?*, (*sl.*) che cosa ci volete dar a bere? // *to — a chance* (o *a break*), dare una possibilità // *to — a dinner*, dare un pranzo // *to — an injection*, fare un'iniezione // *to — oneself to monastic life*, consacrarsi alla vita monastica; *to — oneself* (o *one's mind*) *to the study of*, darsi allo studio di // *to — s.o. a hint*, dare un avvertimento, un suggerimento a qlcu. // *to — and take*, fare concessioni reciproche // *to — as good as one gets*, (*sl.*) rendere pan per focaccia // *to — birth to*, dare alla luce, dar origine a (*anche fig.*) // *to — a bound*, fare un balzo // *to — currency to sthg.*, divulgare qlco. // *to — ear to sthg.*, prestare orecchio a qlco. // *to — testimony*, testimoniare // *to — ground*, cedere terreno // *to — heed to s.o., sthg.*, prestare attenzione, dar retta a qlcu., qlco. // *to — it to s.o.*, (*sl.*) punire qlcu.; *he gave his son what for!*, (*sl.*) le ha cantate per bene a suo figlio! // *to — a loud laugh*, scoppiare in una risata fragorosa // *to — a sigh*, sospirare, mandare un sospiro // *to — s.o. a bit of one's mind*, (*fam.*) dirne quattro a qlcu. // *to — s.o. a hand*, dare una mano a, aiutare qlcu. // *to — s.o. joy*, (*fam.*) augurare felicità a qlcu. // *to — s.o. the slip*, (*sl.*) piantare in asso qlcu. // *to — a toast for s.o.*, brindare, proporre un brindisi alla salute di qlcu.; *I — you the new champion!*, un brindisi al nuovo campione! // *to — tongue*, abbaiare (di cani); gridare, parlare a voce alta // *to — vent to sthg.*, dare sfogo a qlco. // *to — way*, cedere, rompersi; abbandonarsi; ritirarsi; calare (di prezzi); — *way!*, dare la precedenza // *to — way* (o *place*) *to*, cedere il passo a; lasciare il posto a **2** regalare, dare: *did he — it or lend it?*, te l'ha regalato o imprestato? **3** rendere, dare, fruttare: *shares giving 10%*, azioni che rendono il 10% **4** (*mat.*) dare come risultato; segnare: *five plus three gives eight*, cinque più tre fa otto; *the thermometer gives thirty degrees*, il termometro segna trenta gradi **5** dare (una condanna, una pena): *he was given a life sentence*, fu condannato all'ergastolo, gli fu dato l'ergastolo **6** eseguire; rappresentare: *to — a play*, dare una commedia; — *us a song!*, cantaci una canzone! **7** causare, indurre: *to — rise to*, suscitare, provocare, dare origine a; *I was given to believe that...*, fui indotto a credere che... **8** (*sport*) dichiarare: *the linesman gave him offside*, il guardialinee lo dichiarò fuori gioco ◆ *v.intr.* **1** dare accesso, guardare: *this door gives into our garden*, questa porta dà nel nostro giardino; *the window gives (up)on* (o *on to*) *the square*, la finestra guarda sulla piazza **2** cedere, allentarsi; addolcirsi (di tempo); sgelare: *the branch began to —*, il ramo cominciò a cedere; *the frost is giving*, comincia il disgelo; *the ground gave under our feet*, il terreno cedette sotto i nostri passi.

□ **give away** *v.tr.* e *avv.* **1** dar via; regalare: *50 pounds for that dress! It isn't exactly given away, is it?*, 50 sterline per quell'abito! Non è certo regalato **2** distribuire, consegnare (premi ecc.): *who will — away the prizes?*, chi consegnerà i premi? **3** rivelare; tradire; lasciarsi sfuggire: *don't — me away!*, non tradirmi!; *his voice gave him away*, l'ha tradito la voce // *to — the show* (o *the game*) *away*, tradirsi; tradire un segreto **4** sprecare, buttar via (opportunità ecc.): *he gave away a good chance*, ha sprecato una buona occasione **5** accompagnare (la sposa) all'altare: *the bride was given away by her brother*, la sposa fu accompagnata all'altare dal fratello ◆ *v.intr.* e *avv.* cedere (sotto un peso ecc.).

□ **give back** *v.tr.* e *avv.* restituire, rendere: *it's time you gave me back my money*, è ora che tu mi renda i miei soldi; *no doctor will — him back his sight*, nessun dottore potrà rendergli la vista // *I don't know exactly what he did to you, but eventually you gave it all back to him with interest*, non so di preciso che cosa ti ha fatto, ma alla fine gli hai restituito tutto con gli interessi.

□ **give forth** *v.tr.* e *avv.* emettere.

□ **give in** *v.tr.* e *avv.* consegnare; dare: *candidates should — in their papers before 1 p.m.*, i candidati dovranno consegnare i temi entro le 13; *names for the competition should be given in to Mrs Johnson*, i nominativi dei partecipanti alla gara devono essere dati a Mrs Johnson ◆ *v.intr.* e *avv.* cedere, arrendersi (a): *we should never — in to blackmail* (o *blackmail should never be given in to*), non si dovrebbe mai cedere ai ricatti.

□ **give off** *v.tr.* e *avv.* emettere, mandar fuori: *the burning rubber gave off a pungent smell, dense smoke*, la gomma bruciando emetteva un odore pungente, un fumo denso.

□ **give out** *v.intr.* e *avv.* esaurirsi: *supplies were giving out*, le scorte si stavano esaurendo; *his strength gave out*, gli vennero meno le forze ◆ *v.tr.* e *avv.* **1** distribuire: *who will — out the prizes?*, chi distribuirà i premi? **2** far sapere, comunicare, annunciare: *the evening news gave out that the Prime Minister had resigned*, il notiziario della sera comunicò, rese note le dimissioni del Primo Ministro // *and give out / conjectural marriages*, (SH. Coriolanus) e vociferano di probabili matrimoni // *to — oneself out as* (o *for* o *to be*), farsi passare per **3** (*chim.*) emettere **4** (*cricket, baseball*) dichiarare eliminato (un battitore, da parte dell'arbitro).

□ **give over** *v.intr.* e *avv.* (I) smettere (di fare qlco.): *I hope the snow will — over*, spero che smetterà di nevicare; — *over shouting!*, smettila di gridare! // *v.tr.* e *avv.* (*to*) consegnare (a); lasciare in mano a: *to — s.o. over*, abbandonare qlcu.; *to — sthg. over to s.o.*, consegnare qlco. a qlcu.

□ **give up** *v.tr.* e *avv.* **1** consegnare, cedere: *the boy gave up his seat to the old lady*, il ragazzo cedette il posto alla vecchia signora; *to — oneself up to the enemy*, consegnarsi al nemico // *to — oneself up to*, dedicarsi a; arrendersi, consegnarsi a (polizia); costituirsi **2** (I) rinunciare a: *to — up smoking*, rinunciare al fumo; *we shall have to — up our house at the seaside*, dovremo rinunciare alla nostra casa al mare // *I — up!*, rinuncio!, mi arrendo! // *she was so late that we gave her up*, era così in ritardo che avevamo perso ogni speranza di vederla **3** rivelare (informazioni, segreti) **4** dare per spacciato // *to — up for dead, for lost*, dare per morto, per perso.

give-and-take ['gɪvən'teɪk] *s.* compromesso, concessione reciproca: *a policy of —*, una politica di equo compromesso.

giveaway ['gɪvəweɪ / give·away] *agg.* **1** a premio: (*rad. tv*) — *show*, trasmissione a premi **2** (*fam.*) basso, stracciato (di prezzo) ◆ *s.* **1** rivelazione involontaria, il tradirsi **2** gadget, omaggio (per l'acquisto di un prodotto) **3** (*amer.*) trasmissione a premi **4** (*fam. amer.*) indizio.

given ['gɪvn] *p.p.* di to **give** ◆ *agg.* **1** dato: — *the way they behave, I'm not surprised she got upset*, dato il modo in cui si sono comportati non mi sorprende che si sia turbata; — *half a chance he'll stab you in the back*, se gli si dà, se gli si concede mezza possibilità ti colpirà alle spalle **2** convenuto; stabilito; specificato; dato: *at a — time*, a un'ora stabilita // (*dir.*) — *under my hand and seal*, dato, firmato e sigillato **3** dedito; portato a: — *to drinking*, dedito al bere; *she was — to eating chocolate bars between meals*, aveva l'abitudine di mangiare tavolette di cioccolato tra i pasti **4** — *over to*, preposto a; dedicato a: *the rest of the congress will be — over to a discussion of the economic situation*, il resto del congresso sarà dedicato alla discussione della situazione economica.

given name [,gɪvn'neɪm] *s.* (*amer.*) nome di battesimo BRIT. first name, forename.

giver ['gɪvə*] *s.* **1** donatore; dispensatore **2** (*Borsa*) premista.

giver-on [,gɪvər'ɒn] *s.* (*Borsa*) riportato.

give-up ['gɪvʌp] *s.* (*econ.*) retrocessione.

giving ['gɪvɪŋ / giv·ing] *s.* il dare; dono, donazione; elemosina // (*Borsa*): — *for the call*, acquisto a premio; — *for the put*, vendita a premio.

giving out [,gɪvɪŋ'aʊt] *s.* **1** annuncio, dichiarazione **2** distribuzione.

gizmo ['gɪzməʊ] *s.* (*sl.*) **1** aggeggio, congegno **2** (*fam. amer.*) coso; faccenda: *what's that —?*, cos'è quell'affare, quel coso?

gizzard ['gɪzəd / giz·zard] *s.* **1** ventriglio, magone (di uccello) **2** (*fam.*) stomaco: *to stick in one's —*, (*fig.*) rimanere sullo stomaco; non riuscire a trangugiare.

glabrate ['gleɪbreɪt / glab·rate] *agg.* glabro, liscio.

glabrous ['gleɪbrəs / glab·rous] *agg.* glabro, liscio.

glacé ['glæseɪ *amer.* glæ'seɪ] *agg.* glacé.

glacial ['gleɪsjəl *amer.* 'gleɪʃl / gla·cial] *agg.* glaciale, gelido (*anche fig.*): *he greeted me with his usual — smile*, mi salutò con il suo solito gelido sorriso // (*geol.*) — *epoch*, era glaciale // **-ly** *avv.*

glaciated ['gleɪsɪeɪtɪd / gla·ci·ated] *agg.* **1** coperto di ghiaccio **2** (*geol.*) sottoposto all'azione dei ghiacciai: — *terrain*, terreno (a morfologia) glaciale.

glaciation [,glæsɪ'eɪʃn / gla·ci·ation] *s.* (*geol.*) glaciazione.

glacier ['glæsjə* *amer.* 'gleɪʃə* / gla·cier] *s.* ghiacciaio.

glacieret ['glæsjəret *amer.* ,gleɪʃə'ret / gla·cieret] *s.* (*spec. amer.*) piccolo ghiacciaio, vedretta.

glaciology [,glæsɪ'ɒlədʒɪ *amer.* ,gleɪʃɪ'ɒlədʒɪ / gla·ci·ology] *s.* glaciologia.

glacis ['glæsɪs / gla·cis] *pl.* **glacises** ['glæsɪsɪz] *s.* **1** terreno in pendio dolce **2** spalto.

glad [glæd] *agg.* **1** contento, felice: *I am — I went*, sono contento d'essere andato; *I am very*

— (*about it*), me ne rallegro molto; *I am very — to see you*, mi fa molto piacere vederti, sono felice di vederti; *I'll be — to help you*, sarò felice di aiutarti **2** allegro, lieto: — *tidings*, liete notizie **3** grato: *I'd be — if you could reply as soon as possible*, ti sarei grato se mi potessi rispondere il più presto possibile **4** (*sl.*) provocante, sgargiante: — *eye*, (*fam.*) sguardo provocante // — *rags*, (*fam.*) abiti della festa, abiti da sera.

to **glad** *v.tr.* (*ant.*) allietare.

to **gladden** ['glædn / glad·den] *v.tr.* rallegrare, ricreare, allietare, rendere contento.

glade [gleɪd] *s.* **1** radura: *I will... / ...live alone in the bee-loud glade*, (W.B. YEATS) vivrò da solo in una radura ronzante d'api **2** (*amer.*) → everglade.

glad hand [,glæd'hænd] *s.* (*fam. amer.*, *brit. antiq.*) saluto ostentatamente caloroso (p.e. di personaggi in pubblico).

gladiator ['glædɪeɪtə* / gla·di·ator] *s.* gladiatore.

gladiatorial [,glædɪə'tɔ:rɪəl / gla·di·at·or·ial] *agg.* gladiatorio // — *fights*, combattimenti di gladiatori.

gladiolus [,glædɪ'əʊləs / gla·di·olus] *pl.* **gladioluses** [,glædɪ'əʊləsɪz] **gladioli** [glædɪ'əʊlaɪ] *s.* (*bot.*) (*Gladiolus cardinalis*) gladiolo SIN. cornflag gladiolus.

gladly ['glædlɪ] *avv.* volentieri, con piacere.

gladness ['glædnɪs / glad·ness] *s.* contentezza, allegrezza, gioia.

gladsome ['glædsəm / glad·some] *agg.* (*non com.*) contento, allegro, gaio.

Gladstone ['glædstən / Glad·stone] *s.* — (*bag*), valigia leggera a soffietto.

Glagolitic ['glægəʊ'lɪtɪk / Gla·go·litic] *agg.* glagolitico.

glair [gleə*] *s.* (*non com.*) **1** albume, bianco d'uovo **2** sostanze viscose usate per albuminare (carta, tessuto ecc.).

to **glair** *v.tr.* albuminare; cospargere di albume.

glairy ['gleərɪ] *agg.* (*chim.*) simile all'albumina; viscido e trasparente.

glaive [gleɪv] *s.* (*ant.*, *letter.*) spada.

to **glamorize** ['glæməraɪz / gla·mor·ize] *v.tr.* **1** rendere attraente, affascinante **2** valorizzare al massimo (un'attrice).

glamorous ['glæmərəs / glam·or·ous] *agg.* affascinante; incantatore; attraente.

glamour ['glæmə* / glam·our] *s.* **1** fascino; prestigio: *the — of the stage*, il fascino del palcoscenico // — *girl*, donna, ragazza affascinante **2** (*non com.*) incantesimo, malia: *to cast a — over s.o.*, stregare qlcu.

glamourous → **glamorous**.

glance[1] [glɑ:ns *amer.* glæns] *s.* **1** sguardo rapido; occhiata: *to give* (o *to take* o *to cast*) *a — at*, dare un'occhiata a // *at first —*, a prima vista // *at a —*, con uno sguardo, con un'occhiata: *he could tell at a — whether the paintings were false or not*, con uno sguardo poteva dire se i quadri erano falsi o no **2** bagliore, gibigiana **3** (*ant.*) colpo obliquo; rimbalzo.

to **glance**[1] *v.intr.* **1** gettare, lanciare uno sguardo: *to — at*, portare lo sguardo su; (*fig.*) fare allusione a // *to — up from one's work*, distogliere lo sguardo dal proprio lavoro **2** guizzare, balenare, scintillare **3** deviare; sfiorare: *the sword glanced off his armour*, la spada gli sfiorò l'armatura **4** (*chim.*) deflettere ◆ *v.tr.* **1** far deviare **2** (*chim.*) far deflettere **3** (*ant.*) alludere a; sfiorare (un argomento).

glance[2] *s.* (*miner.*) minerale lucente per il contenuto metallico: *lead —*, galena; *iron —*, oligisto, specularite.

to **glance**[3] *v.tr.* (*non com.*) lucidare.

glance coal ['glɑ:ns,kəʊl *amer.* 'glæns,kəʊl] *s.* (*min.*) antracite.

glancing ['glɑ:nsɪŋ *amer.* 'glænsɪŋ / glan·cing] *agg.* fugace, rapido // **-ly** *avv.*

gland[1] [glænd] *s.* (*anat.*, *zool.*) ghiandola: *lacrimal*, *lymphatic*, *mammary —*, ghiandola lacrimale, linfatica, mammaria; *ductless —* (o *endocrine —*), ghiandola endocrina.

gland[2] *s.* (*bot.*) ghianda.

gland[3] *s.* (*mecc.*) (anello) premistoppa.

glandered ['glændəd / glan·dered] *agg.* (*vet.*, *med.*) affetto da morva, da farcino.

glanderous ['glændərəs / glan·der·ous] *agg.* (*vet.*, *med.*) avente i caratteri della morva; affetto dalla morva, dal farcino.

glanders ['glændəz / glan·ders] *s.* [U] (*vet.*) morva, farcino.

glandiferous [glæn'dɪfərəs / glan·di·fer·ous] *agg.* (*bot.*) ghiandifero.

glandular ['glændjʊlə* / glandu·lar] *agg.* (*anat.*) ghiandolare // (*med.*) — *fever*, mononucleosi.

glandule ['glændju:l / gland·ule] *s.* (*anat.*) ghiandoletta.

glans ['glæns] *pl.* **glandes** ['glændi:z / glan·des] *s.* (*anat.*) glande.

glare [gleə*] *s.* **1** abbagliamento; luce abbagliante, accecante; riverbero: *the — of the sun on the water*, il riverbero del sole sull'acqua **2** sguardo truce e penetrante: *she looked at me with a —*, ella mi fissò con uno sguardo minaccioso.

to **glare** *v.intr.* **1** splendere di luce abbagliante **2** dare sguardi truci, esprimere odio (o disprezzo) con uno sguardo: *they were glaring at one another*, si guardavano in cagnesco ◆ *v.tr.* guardare con occhio torvo.

glare-free ['gleə,fri:] *agg.* non abbagliante (di schermo video).

glaring ['gleərɪŋ / glar·ing] *agg.* **1** abbagliante: (*aut.*) — *headlights*, luci, proiettori abbaglianti **2** evidente: *a — mistake*, un errore madornale // **-ly** *avv.* // **-ness** *s.*

glary ['gleərɪ] *agg.* (*non com.*) **1** abbagliante **2** evidente.

glass [glɑ:s *amer.* glæs] *agg.* **1** di vetro; fatto di vetro: — *eye*, occhio di vetro **2** fragile: — *chin*, *jaw*, mento, mascella fragile.

glass *s.* **1** vetro: — *breaks easily*, il vetro si rompe facilmente; — *blown*, vetro soffiato; — *grinding*, smerigliatura del vetro // *plate —*, cristallo (per vetrine ecc.) **2** bicchiere; contenuto di un bicchiere: *wine —*, bicchiere per vino; *crystal* (*drinking*) *glasses*, bicchieri di cristallo; *he has had one — too many*, è un po' brillo, ha bevuto un bicchiere di troppo **3** lente; *pl.* occhiali; binocolo: *magnifying —*, lente d'ingrandimento; *to wear glasses*, portare gli occhiali; *field glasses*, binocolo da campo; *opera glasses*, binocolo da teatro **4** [U] cristalleria, oggetti di vetro **5** barometro **6** (*looking*) —, (*antiq.*) specchio.

to **glass** *v.tr.* **1** imbottigliare; mettere sotto vetro **2** specchiare; riflettere: *trees — themselves in the lake*, gli alberi si specchiano nel lago **3** (*rar.*) mettere i vetri a: *to — a window*, mettere i vetri a una finestra **4** (*rar.*) rendere (l'occhio) vitreo **5** (*tecn.*) levigare (pelli).

□ **glass in** *v.tr.* e *avv.* ricoprire con vetro; mettere sotto vetro.

glassblower ['glɑ:s,bləʊə* *amer.* 'glæs ,bləʊə* / glass·blower] *s.* soffiatore di vetro.

glasscutter ['glɑ:s,kʌtə* *amer.* 'glæs,kʌtə* / glass·cut·ter] *s.* **1** tagliatore di vetri; vetraio **2** intagliatore di vetro; molatore **3** tagliavetro; diamante.

glass-eye ['glɑ:saɪ *amer.* 'glæsaɪ] *s.* (*vet.*) cecità (dei cavalli).

glass fibre ['glɑ:s,faɪbə* *amer.* 'glæs,faɪbə*] → **fibreglass**.

glassful ['glɑ:sfʊl *amer.* 'glæsfʊl / glass·ful] *s.* bicchiere pieno, il contenuto di un bicchiere.

glasshouse ['glɑ:s,haʊs *amer.* 'glæs,haʊs / glass·house] *s.* **1** serra // *people who live in — shouldn't throw stones*, chi è senza peccato scagli la prima pietra, non criticare se non vuoi essere criticato **2** studio fotografico a vetri **3** vetreria **4** (*sl.*) prigione militare.

glassily ['glɑ:sɪlɪ *amer.* 'glæsɪlɪ / glass·ily] *avv.* con l'apparenza del vetro.

glassiness ['glɑ:sɪnɪs *amer.* 'glæsɪnɪs / glassi·ness] *s.* trasparenza; vetrosità.

glass-painting [,glɑ:s'peɪntɪŋ *amer.* ,glæs 'peɪntɪŋ] *s.* pittura su vetro.

glass-paper ['glɑ:s,peɪpə* *amer.* 'glæs ,peɪpə*] *s.* carta vetrata.

glassware ['glɑ:sweə* *amer.* 'glæsweə* / glass·ware] *s.* [U] articoli di vetro, vetreria.

glass wool ['glɑ:swʊl *amer.* 'glæswʊl] *s.* (*tecn.*) lana di vetro.

glassworks ['glɑ:swɜ:ks *amer.* 'glæswɜ:ks / glass·works] *s.* (*pl. invar.*) fabbrica di vetro, vetreria.

glasswort ['glɑ:swɜ:t *amer.* 'glæswɜ:t / glass·wort] *s.* (*bot.*) **1** (*Salicornia europaea*) salicornia SIN. salt-wort, samphire **2** (*Salsola kali*) erba cali; (*pop.*) riscolo.

glassy ['glɑ:sɪ *amer.* 'glæsɪ] *agg.* **1** vitreo, simile al vetro; cristallino, trasparente, limpido: — *water*, acqua limpida **2** vuoto, vitreo: — *eye*, occhio vitreo; — *gaze*, sguardo fisso, inespressivo.

Glaswegian [glæs'wi:dʒjən / Glas·we·gian] *agg.* e *s.* (abitante) di Glasgow.

glaucoma [glɔ:'kəʊmə / glauc·oma] *s.* (*med.*) glaucoma.

glaucous ['glɔ:kəs / glauc·ous] *agg.* **1** (*non com.*) glauco **2** (*bot.*) pruinoso (di frutti, foglie).

glaze[1] [gleɪz] *s.* **1** strato sottile di vernice colorata trasparente **2** (*ceramica*) vetrina; smalto vitreo **3** superficie vetrosa **4** patina, velo (sugli occhi) **5** (*meteor. amer.*) rivestimento di ghiaccio; (ghiaccio) vetrato **6** (*cuc.*) gelatina di copertura; glassa **7** (*ant.*) finestra.

to **glaze**[1] *v.tr.* **1** smaltare a vetrina; vetrinare: *to — pottery*, smaltare ceramiche **2** stendere una vernice trasparente su; glassare **3** fornire di vetro, mettere vetri a: *to — (in) a* *window*, mettere il vetro a una finestra **4** levigare; lucidare ◆ *v.intr.* appannarsi, velarsi, diventare vitreo (dell'occhio): *the old man's eyes glazed over as he began to reminisce about his childhood*, gli occhi del vecchio s'appannarono quando iniziò ad abbandonarsi al ricordo della sua infanzia.

to **glaze**² *v.intr.* (*dial.*) fissare lo sguardo.

glazed [gleɪzd] *agg.* vitreo; vuoto, inespressivo // (*meteor.*) — *frost*, vetrato.

glazer ['gleɪzə*] *s.* verniciatore.

glazier ['gleɪzjə* *amer.* 'gleɪʒə* / glaz·ier] *s.* vetraio.

glazing ['gleɪzɪŋ / glaz·ing] *s.* **1** montaggio di vetri, vetratura: *a window with double* —, una finestra con doppi vetri **2** (*ceramica*) vetrinatura **3** (*pitt.*) mano di vernice colorata trasparente **4** (*cuc.*) glassatura **5** lucidatura.

glazy ['gleɪzɪ] *agg.* (*non com.*) simile a vetro; vitreo.

gleam [gli:m] *s.* barlume; sprazzo di luce: *a — of hope*, un barlume di speranza.

to **gleam** *v.intr.* **1** brillare debolmente; baluginare (*anche fig.*): *the lights of the city gleamed in the distance*, le luci della città brillavano fioche in lontananza **2** splendere, scintillare, luccicare (*anche fig.*): *the newly painted door gleamed in the sun*, la porta verniciata di fresco scintillava al sole; *fury gleams in his eyes*, il furore lampeggia nei suoi occhi.

gleaming ['gli:mɪŋ / gleam·ing] *agg.* scintillante, splendente ◆ *s.* bagliore.

gleamy ['gli:mɪ] *agg.* (*non com.*) scintillante, splendente.

to **glean** [gli:n] *v.tr.* e *intr.* **1** spigolare (il grano) **2** (*fig.*) spigolare, raccogliere (notizie, fatti ecc.).

gleaner ['gli:nə*] *s.* spigolatore, spigolatrice.

gleaning ['gli:nɪŋ / glean·ing] *s.* **1** lo spigolare, spigolatura **2** *pl.* il grano spigolato; (*fig.*) spigolature (notizie, fatti ecc. raccolti qua e là).

glebe [gli:b] *s.* **1** (*ant.*) gleba, zolla; suolo, terra **2** terreno facente parte di un beneficio ecclesiastico.

glee [gli:] *s.* **1** allegria, gioia: *his failure caused much — among his opponents*, il suo insuccesso provocò una gran gioia fra i suoi oppositori; *the waves beside them danced, but they / out-did the sparkling waves in glee*, (WORDSWORTH) le onde al loro fianco danzavano, ma essi superavano in gioia le scintillanti onde **2** (*mus.*) canone (per sole voci maschili) // — *club*, (*amer.*) compagnia di canto corale.

gleeful ['gli:fʊl / glee·ful] *agg.* allegro, giulivo // **-ly** *avv.*

gleeman ['gli:mən / glee·man] *pl.* **gleemen** *s.* (*st.*) menestrello.

gleesome ['gli:səm / glee·some] *agg.* (*non com.*) gioioso, allegro.

gleet [gli:t] *s.* (*med.*) blenorragia, gonorrea cronica.

glen [glen] *s.* (*scoz.*) forra, valletta: *yelled on the view the opening pack; / rock, glen and cavern paid them back*, (W. SCOTT) ululò alla vista il gruppo [dei cani] che si distanziava nella corsa e le rocce, le forre e le caverne riecheggiarono.

glengarry [glen'gærɪ / glen·garry] *s.* tipo di berretto scozzese.

glia ['glaɪə] *s.* (*anat.*) glia, nevroglia.

gliadin ['glaɪədɪn / glia·din] *s.* (*chim.*) gliadina.

glial ['glaɪəl] *agg.* (*anat.*) gliale.

glib [glɪb] *agg.* **1** loquace, sciolto, scorrevole (di discorso); pronto: *a — excuse*, una scusa facile; *he was full of — promises*, faceva facili promesse **2** (*ant.*) liscio, levigato (di superficie) **3** (*ant.*) sciolto, libero (di movimento) // **-ly** *avv.* // **-ness** *s.*

glide [glaɪd] *s.* **1** sdrucciolamento, scivolata **2** passo strisciato (nella danza) **3** (*mus.*) legamento **4** (*fon.*) suono transitorio degli organi vocali **5** (*aer.*) volo planato.

to **glide** *v.intr.* **1** scorrere; sdrucciolare; scivolare, avanzare scivolando (*anche fig.*): *the boat is gliding away*, la barca si allontana scivolando; *to — into bad habits*, scivolare nelle cattive abitudini **2** passare; trascorrere; volare (di tempo): *the days glided on*, i giorni passarono inavvertitamente **3** volare seguendo le correnti d'aria (di uccelli, aerei); volare con un aliante ◆ *v.tr.* **1** far scorrere; far scivolare **2** far passare, far trascorrere (il tempo).

glider ['glaɪdə*] *s.* **1** (*aer.*) aliante **2** aliantista **3** (*mar.*) idroplano.

gliding ['glaɪdɪŋ / glid·ing] *agg.* **1** scorrevole; sdrucciolevole **2** (*aer.*) che plana: — *flight*, volo planato **3** relativo al volo a vela: — *certificate*, brevetto di volo a vela ◆ *s.* (*aer.*) **1** volo planato **2** volo a vela.

glidingly ['glaɪdɪŋlɪ / glid·ing·ly] *avv.* scorrevolmente, in modo scorrevole.

glim [glɪm] *s.* (*sl. amer.*) **1** lume, candela, lanterna: *to douse the* —, spegnere la luce **2** *pl.* occhiali da vista.

glimmer ['glɪmə* / glim·mer] *s.* **1** barlume, raggio fioco; luccichio, scintillio (dell'acqua ecc.): *the first — of dawn*, le prime luci dell'alba **2** (*fig.*) barlume, parvenza: — *of hope*, barlume di speranza.

to **glimmer** *v.tr.* brillare, luccicare, tralucere.

glimmering ['glɪmərɪŋ / glim·mer·ing] *agg.* debole, fioco, tremolante (di luce) ◆ *s.* **1** barlume; luccichio, scintillio **2** (*fig.*) barlume, pallida idea.

glimpse [glɪmps] *s.* **1** visione, apparizione fugace, rapida: *to catch* (o *get*) *a — of sthg.*, vedere qlco. di sfuggita; *to show glimpses of sthg.*, (*fig.*) lasciare intravedere qlco. **2** barlume, vaga idea: *I had already had some glimpses of the kind of man he really was*, avevo già avuto sentore di che uomo fosse in realtà.

to **glimpse** *v.tr.* intravedere, vedere di sfuggita: *he glimpsed a vision of a rosy future ahead*, intravedeva un roseo futuro davanti a sé.

glint [glɪnt] *s.* scintillio, luccichio; lucentezza: *there was a — of evil in his eyes*, c'era una punta di malignità nei suoi occhi; *there were glints of copper in her hair*, c'erano riflessi ramati nei suoi capelli.

to **glint** *v.intr.* brillare, scintillare (*anche fig.*): *his small dark eyes glinted with malice*, i suoi piccoli occhi neri brillavano di malizia.

glioma [glaɪ'aʊmə / gli·oma] *pl.* **glioma**, **gliomata** [glaɪ'əʊmətə / gli·omata] *s.* (*med.*) glioma.

glissade [glɪ'sɑ:d / gliss·ade] *s.* **1** (*alpinismo*) scivolata su pendio nevoso **2** (*danza*) passo strisciato.

to **glissade** *v.intr.* **1** (*alpinismo*) scivolare su pendio nevoso **2** (*danza*) eseguire un passo strisciato.

glisten ['glɪsn / glis·ten] *s.* (*non com.*) luccichio, scintillio (di superficie bagnata): *there was a — of raindrops in her hair*, c'era un luccichio di gocce di pioggia nei suoi capelli.

to **glisten** *v.intr.* brillare, luccicare (come di superficie bagnata): *her deep blue eyes glistened in the moonlight*, i suoi profondi occhi blu brillavano alla luce lunare.

to **glister** ['glɪstə* / glis·ter] *v.intr.* (*ant.*) rifulgere, luccicare (cfr. to glitter): *Zephyrus... did delay / hot Titan's beams, which then did glister fair*, (SPENSER) Zefiro... temperava i caldi raggi di Titano, che sfolgoravano.

glitch [glɪtʃ] *s.* (*fam. amer.*) difetto di funzionamento, anomalia.

glitter ['glɪtə* / glit·ter] *s.* **1** scintillio, luccichio; lucentezza (*anche fig.*) **2** fascino, attrattiva **3** lustrini (*pl.*).

to **glitter** *v.intr.* **1** brillare, scintillare, rifulgere: *the lake is glittering in the moonlight*, il lago scintilla al chiaro di luna // *all that glitters is not gold*, (*prov.*) non è tutt'oro quello che riluce **2** (*fig.*) brillare, rilucere; distinguersi, dare nell'occhio.

glitterati [glɪtə'rɑ:tɪ / glit·ter·ati] *s.pl.* (*fam.*) gente famosa e ricca che fa un'intensa vita di società; il bel mondo.

glittering ['glɪtərɪŋ / glit·ter·ing] *agg.* scintillante, brillante; lucente: *uniform — with decorations*, un'uniforme scintillante di decorazioni; *a — occasion*, una brillante occasione ◆ *s.* luccichio, scintillio // **-ly** *avv.*

glittery ['glɪtərɪ / glit·tery] *agg.* scintillante, brillante, splendente.

glitz ['glɪts] *s.* [U] (*fam. amer.*) ostentazione.

glitzy ['glɪtsɪ] *agg.* (*fam. amer.*) sgargiante, ostentato.

gloam [gləʊm] *s.* (*ant.*) luce crepuscolare; crepuscolo: *I saw their starv'd lips in the gloam*, (KEATS) vidi le loro labbra fameliche nel crepuscolo.

to **gloam** *v.intr.* (*scoz.*) imbrunire; oscurarsi.

gloaming ['gləʊmɪŋ / gloam·ing] *s.* (*non com.*) crepuscolo, il cader della notte, l'imbrunire.

gloat [gləʊt] *s.* (*non com.*) soddisfazione maligna: *he enjoyed a — over his enemy's failure*, provò una soddisfazione maligna per l'insuccesso del suo nemico.

to **gloat** *v.intr.* lanciare sguardi carichi di cupidigia, di gioia maligna: *the miser gloated over his gold*, l'avaro guardava avidamente il suo oro; *they seemed to — over our misfortunes*, sembravano godere delle nostre disgrazie.

gloatingly ['gləʊtɪŋlɪ / gloat·ing·ly] *avv.* avidamente; intensamente; con malizia.

glob [glɒb] *s.* (*fam.*) goccia di liquido denso.

global ['gləʊbl] *agg.* **1** mondiale: *disarmament is of — importance*, il disarmo è di importanza mondiale **2** globale, complessivo: — *view*, visione globale // (*dir.*) — *cover*, copertura assicurativa globale // (*mat.*) — *analysis, section*, analisi, sezione globale **3** a forma di sfera, sferico.

globalism ['gləʊbəlɪzəm / glob·al·ism] *s.* globalità.

globalist ['gləʊbəlɪst / glob·al·ist] *agg.* mondiale, che riguarda il mondo nella sua globalità.

globalization [,gləʊbəlaɪ'zeɪʃn / glo·bal·iza·tion] *s.* (*econ.*) globalizzazione.

globate ['gləʊbeɪt / glob·ate] *agg.* (*form.*) a forma di globo.

globe [gləʊb] *s.* **1** globo, sfera; palla // (*elettr.*) *light* —, diffusore a globo // (*astr.*) *celestial* —, globo celeste **2** mappamondo **3** globo (terrestre), Terra **4** *pl.* (*fam. amer.*) seno.

globe artichoke ['gləʊb'ɑ:tɪtʃəʊk] *s.* carciofo.

globe-crowfoot [,gləʊb'krəʊfʊt] *s.* (*bot.*) → **globe-flower**.

globe-fish ['gləʊbfɪʃ] *s.* (*zool.*) pesce palla.

globe-flower ['gləʊb,flaʊə*] *s.* (*bot.*) (*Trollius europaeus*) botton d'oro SIN. globe-crowfoot.

globetrotter ['gləʊb,trɒtə* / globe·trot·ter] *s.* (*fam.*) giramondo.

globigerina ['gləʊbɪ,dʒə'raɪnə / glo·bi·ger·ina] *s.* (*paleont.*) globigerina: — *ooze*, fango a globigerine.

globin ['gləʊbɪn] *s.* (*biochim.*) globina.

globose ['gləʊbəʊs / glob·ose] *agg.* (*form.*) globoso, sferico.

globosity [gləʊ'bɒsɪtɪ / glob·os·ity] *s.* (*form.*) globosità.

globous ['gləʊbəs / glob·ous] *agg.* (*form.*) globoso, sferico.

globular ['glɒbjʊlə* / globu·lar] *agg.* sferico, globoso; globulare: (*fis.*, *astr.*) — *cluster*, ammasso globulare.

globularity [,glɒbjʊ'lærɪtɪ / globu·lar·ity] *s.* globosità.

globule ['glɒbju:l / glob·ule] *s.* **1** globulo (*anche biol.*) **2** (*form.*) goccia.

globulin ['glɒbju:lɪn / globu·lin] *s.* (*biochim.*) globulina.

glockenspiel ['glɒkənspi:l / glock·en·spiel] *s.* (*mus.*) strumento idiofono a percussione (campana o triangolo).

glomerular [glɒ'mɜ:rjʊlə* / glom·er·ular] *agg.* (*anat.*) glomerulare.

glomerule ['glɒməru:l / glom·er·ule] *s.* **1** (*anat.*) glomerulo **2** (*bot.*) infiorescenza cimosa.

glomerulus [glɒ'merələs / glom·er·ulus] *pl.* **glomeruli** [glɒ'merəlaɪ / glom·er·uli] *s.* (*anat.*) glomerulo.

glonoin ['glɒnəʊɪn / glon·oin] → **nitroglycerin(e)**.

gloom [glu:m] *s.* **1** oscurità; buio **2** (*fig.*) tristezza; malinconia; depressione: *he is full of — and doom*, è pieno di tristezza e malinconia.

to **gloom** *v.intr.* (*non com.*) **1** essere triste, depresso, malinconico; avere l'aria abbattuta, depressa **2** (*ant.*) oscurarsi, offuscarsi (spec. di tempo); rannuvolarsi ◆ *v.tr.* (*non com.*) **1** rattristare; deprimere **2** (*ant.*) offuscare, oscurare.

gloomy ['glu:mɪ] *agg.* **1** cupo, tetro, oscuro; triste, malinconico; deprimente: *Romanticism and its — heroes*, il romanticismo e i suoi eroi tenebrosi // *to see the — side of things*, veder nero, vedere il lato nero delle cose // — *Gus*, (*fam. amer.*) pessimista, persona imbronciata, depressa **2** scuro; annuvolato: *a — sky hung over the land*, un cielo rannuvolato incombeva sulla campagna // **-ily** *avv.* // **-iness** *s.*

glop [glɒp] *s.* **1** (*fam. amer.*) sostanza vischiosa e attaccaticcia **2** (*fig.*) svenevolezza, sentimentalismo • Forse contr. di *glue* (colla) e *slop* (pappetta, fanghiglia).

Gloria ['glɔ:rɪə] *s.* (*eccl. mus.*) gloria.

glorification [,glɔ:rɪfɪ'keɪʃn / glori·fica·tion] *s.* glorificazione.

glorified ['glɔ:rɪfaɪd / glori·fied] *agg.* (*fig.*) promosso(a); fatto sembrare (più importante): *her 'evening dress' was a — velvet suit*, il suo era un vestito di velluto promosso ad abito da sera.

glorifier ['glɔ:rɪfaɪə* / glori·fier] *s.* glorificatore.

to **glorify** ['glɔ:rɪfaɪ / glor·ify] *v.tr.* **1** glorificare, esaltare, magnificare **2** (*fig.*) fare apparire più importante, migliore.

gloriole ['glɔ:rɪəʊl / glori·ole] *s.* (*non com.*) aureola.

glorious ['glɔ:rɪəs / glori·ous] *agg.* **1** maestoso; glorioso, illustre: *the — reign of Queen Elizabeth*, il glorioso regno della Regina Elisabetta **2** stupendo, splendido: *a — sunrise*, una splendida alba; *what a — day!*, che giornata stupenda! **3** (*fam.*) piacevole, molto divertente: *we had a — holiday last year*, l'anno scorso abbiamo fatto una bella vacanza // **-ly** *avv.*

gloriousness ['glɔ:rɪəsnɪs / glori·ous·ness] *s.* l'essere glorioso; magnificenza.

glory ['glɔ:rɪ] *s.* **1** gloria, onore, fama: *the paths of — lead but to the grave*, i sentieri della gloria conducono soltanto alla tomba // *he bathed in reflected —*, splendeva di gloria riflessa **2** *pl.* motivo di vanto, gloria: *the glories of ancient Greece*, le glorie dell'antica Grecia **3** splendore, gloria, maestà; magnificenza: *the — of mountain scenery*, lo splendore di un panorama di montagna // *Old Glory*, la bandiera degli USA **4** gloria, invocazione di lode, ringraziamento: *— to God in the highest*, gloria a Dio nel più alto dei Cieli **5** splendore paradisiaco, gloria celeste: *to live with the Saints in —*, vivere nella gloria dei Santi // *to go to —*, (*sl. antiq.*) morire // *to send to —*, (*sl. antiq.*) uccidere **6** aureola.

to **glory** *v.intr.* vantarsi; gloriarsi; insuperbirsi: *to — in doing sthg.*, gloriarsi di fare qlco.; *to — in one's riches*, vantarsi delle proprie ricchezze.

glory hole ['glɔ:rɪhəʊl] *s.* **1** (*fam.*) ripostiglio di cianfrusaglie; cassetto; stanzino **2** (*mar.*) cambusa **3** (*tecn. vetraria*) forno di riscaldo; apertura di riscaldo **4** (*ind. miner.*) (coltivazione a) imbuto.

gloryingly ['glɔ:rɪɪŋlɪ / glory·ing·ly] *avv.* vanagloriosamente.

glory-smitten ['glɔ:rɪ,smɪtn] *agg.* (*letter.*) colpito, investito di gloria: *that power which seated him on one of the glory-smitten summits of the poetic mountain*, (COLERIDGE) quel potere che lo fece sedere su una delle cime investite di gloria del monte della poesia.

gloss[1] [glɒs] *s.* **1** chiosa, glossa, commento; parafrasi **2** glossario.

to **gloss**[1] *v.tr.* chiosare, commentare; spiegare.

gloss[2] *s.* **1** lucido, lucentezza: *the — of satin*, la lucentezza del raso // — *paint*, vernice lucida **2** (*fig.*) apparenza esteriore: *a — of respectability*, una vernice di rispettabilità **3** (*fis.*) brillantezza.

to **gloss**[2] *v.tr.* **1** lucidare; lustrare **2** (*fig.*) sorvolare; mascherare: *he glossed over the historical discrepancies in his film*, sorvolò sulle incongruenze storiche presenti nel suo film. □ **gloss over** *v.intr.* e *avv.* nascondere, celare: *corruption should never be glossed over*, la corruzione non dovrebbe mai essere celata, nascosta; *it was evident that the manager's report tried to — over the heavy losses*, dal rapporto del direttore risultava evidente il tentativo di nascondere, di coprire le forti perdite.

glossal ['glɒsl] *agg.* (*anat.*) che riguarda la lingua, linguale.

glossarial [glɒ'seərɪəl / gloss·ar·ial] *agg.* relativo a, di glossario.

glossarist ['glɒsərɪst / gloss·ar·ist] *s.* compilatore di glossario; glossatore, compilatore di glossa.

glossary ['glɒsərɪ / gloss·ary] *s.* glossario; lessico.

glossator [glɒ'seɪtə* / gloss·ator] *s.* glossatore, chiosatore.

glossitis [glɒ'saɪtɪs / gloss·itis] *s.* (*med.*) glossite.

glossographer [glɒ'sɒgrəfə* / glos·so·grapher] *s.* glossatore, commentatore.

glossology [glɒ'sɒlədʒɪ / glos·so·logy] *s.* glottologia; filologia comparata.

glossy ['glɒsɪ] *agg.* **1** lucido, brillante, lucente **2** appariscente, vistoso // **-ily** *avv.* // **-iness** *s.*

glossy *s.* **1** (*fam.*) → glossy magazine **2** (*fot.*) fotografia stampata su carta patinata.

glossy magazine [,glɒsɪmægə'zi:n] *s.* rivista stampata su carta patinata.

glottal ['glɒtl / glot·tal] *agg.* **1** (*anat.*) della glottide, glottale **2** (*ling.*) glottale: — *stop*, occlusiva glottale.

glottis ['glɒtɪs / glot·tis] *pl.* **glottises** ['glɒtɪsɪz / glot·ti·ses] **glottides** ['glɒtɪdi:z] *s.* (*anat.*) glottide.

glottology [glɒ'tɒlədʒɪ / glot·to·logy] *s.* glottologia.

glove [glʌv] *s.* **1** guanto: *boxing —*, guantone da pugilato; *it fits like a —*, calza come un guanto // *to handle s.o. with kid gloves*, trattare qlcu. con i guanti // *to be hand in — with s.o.*, essere molto intimo con qlcu. // *to take off the gloves to s.o.*, avere una seria contesa, discussione con qlcu. // *to throw down the —*, sfidare // (*inform.*) *digital gloves*, guanti digitali **2** (*sl. amer.*) profilattico.

glove box ['glʌvbɒks] *s.* (*tecn.*) cella a guanti (per maneggiare sostanze tossiche o radioattive).

glove compartment ['glʌvkəm,pɑ:tmənt] *s.* (*aut.*) cassetto del cruscotto; cassetto portaoggetti, guantiera.

gloved [glʌvd] *agg.* inguantato.

glove puppet ['glʌvpʌpɪt] *s.* burattino.

glover ['glʌvə*] *s.* guantaio.

glove-stretcher ['glʌv,stretʃə*] *s.* allarga guanti.

glow [gləʊ] *s.* **1** incandescenza: *the — of her cigarette was the only light in the room*, il fuoco della sua sigaretta era l'unica luce nella stanza: *in a —*, incandescente **2** splendore, scintillio: *the — of the clouds at sunset*, lo splendore delle nubi al tramonto; *there was a — of happiness in her eyes*, c'era uno scintillio di gioia nei suoi occhi // (*fis.*) — *discharge*, scarica a bagliore **3** colorito vivo, sano: — *of health*, bel colorito, colorito sano; *a rich* —, un bel colore acceso **4** calore (del corpo): *to be in a* —, essere accaldato; *to feel a pleasant* —, sentire un piacevole calore (per tutto il corpo) **5** (*fig.*) ardore, ira; passione: *the — of youth*, l'ardore della gioventù.

to **glow** *v.intr.* **1** essere infuocato, incandescente **2** risplendere, scintillare, brillare: *the hands of the clock — in the dark*, le lancette dell'orologio brillano nell'oscurità; *forests that — with autumn tints*, foreste che risplendono dei colori autunnali **3** avvampare (per il caldo, per un'emozione ecc.); ardere: *her cheeks glowed*, aveva il viso in fiamme; *to — with pleasure*, ardere di piacere; *to — with zeal*, ardere di zelo.

glower ['glaʊə*] *s.* sguardo torvo, arrabbiato.

to **glower** *v.intr.* guardare torvamente; guardare in cagnesco: *to — at s.o.*, guardare torvamente qlcu.

gloweringly ['glaʊərɪŋlɪ / glow·er·ing·ly] *avv.* con sguardo torvo, arrabbiato.

glowing ['gləʊɪŋ / glow·ing] *agg.* **1** incandescente, ardente: — *sky*, cielo di fuoco **2** risplendente, raggiante **3** (*fig.*) entusiastico; caloroso: *to speak in — terms of s.o.*, parlare in termini entusiastici di qlcu. // **-ly** *avv.*

glow-worm ['gləʊwɜ:m] *s.* (*zool.*) lucciola → **firefly**.

gloxinia [glɒk'sɪnjə / glox·inia] *s.* (*bot.*) gloxinia.

to **gloze** [gləʊz] *v.tr.* **1** (*non com.*) velare con argomenti speciosi: *he glozed over the problems with facile generalizations*, mascherava i problemi spiegandoli con facili generalizzazioni **2** (*ant.*) lusingare, adulare ◆ *v.intr.* essere servile; adulare: *so glozed the Tempter, and his proem tuned*, (MILTON) così ingannevolmente parlò il Tentatore e intonò il suo preludio.

glozing ['gləʊzɪŋ / gloz·ing] *s.* (*ant.*) adulazione; discorso specioso.

glucic ['glu:sɪk] *agg.* (*chim.*) di glucosio.

glucinum [glu:'saɪnəm / glu·ci·num] *s.* (*chim. antiq.*) glucinio, berillio.

gluconate ['glu:kəneɪt / gluc·on·ate] *s.* (*chim.*) gluconato.

gluconic [glu:'kɒnɪk / gluc·onic] *agg.* (*chim.*) gluconico: — *acid*, acido gluconico.

glucosamine [glu:'kəʊsə,mi:n / gluc·os·am·ine] *s.* (*biochim.*) glucosammina.

glucose ['glu:kəʊs / gluc·ose] *s.* (*chim.*) glucosio, destrosio.

glucoside ['glu:kə,saɪd / gluc·os·ide] *s.* (*biochim.*) glucoside, glicoside.

glucosidic [,glu:kə'sɪdɪk / gluc·os·idic] *agg.* (*chim.*) glucosidico.

glue [glu:] *s.* colla: *bone* —, colla d'ossa; *casein* —, colla di caseina; *fish* —, colla di pesce.

to **glue** *v.tr.* **1** incollare: *to — two pieces of wood together*, incollare due pezzi di legno **2** (*fig.*) appiccicare, attaccare: *he is always glued to his father*, è sempre appiccicato a suo padre; *his ear was glued to the key-hole*, stava ad origliare al buco della serratura; *they were glued to the* TV, erano incollati alla TV.

glued [glu:d] *agg.* (*sl. amer.*) ubriaco.

glue-sniffer ['glu:snɪfə*] *s.* chi inala vapori di colla per drogarsi.

gluey ['glu:ɪ] *agg.* colloso, coperto di colla; appiccicaticcio; viscoso.

glueyness ['glu:ɪnɪs / gluey·ness] *s.* viscosità.

to **glug** [glʌg] *pass.p.p.* **glugged** ['glʌgd / glug·ged] *v.intr.* bere a garganella.

gluish ['glu:ɪʃ] *agg.* appiccicoso; viscoso.

glum [glʌm] *agg.* tetro; accigliato; depresso // **-ly** *avv.* // **-ness** *s.*

glume [glu:m] *s.* (*bot.*) gluma.

glumiferous [glu:'mɪfərəs / glum·ifer·ous] *agg.* (*bot.*) glumifero.

gluon ['glu:ɒn] *s.* (*fis.*) gluone.

glut[1] [glʌt] *s.* **1** scorpacciata, eccesso (di cibo ecc.) **2** (*comm.*) sovrabbondanza, saturazione: *there is a — of these goods in the market*, il mercato è saturo di questa merce // (*econ.*) — *of money*, sovrabbondanza di capitali, eccessiva circolazione monetaria.

to **glut**[1] *pass.p.p.* **glutted** ['glʌtɪd / glut·ted] *v.tr.* **1** far fare una scorpacciata a; saziare; satollare: *to — oneself with*, saziarsi di, fare una scorpacciata di **2** (*fig.*) saziare; pascere: *to — one's eyes*, saziare la vista **3** (*comm.*) saturare (il mercato): *glutted market*, mercato saturo ◆ *v.intr.* **1** saziarsi; satollarsi; fare una scorpacciata **2** (*fig.*) saziarsi; pascersi.

glut[2] *s.* **1** cuneo **2** pezzo di mattone, mattone tagliato (per completare una fila).

glutamate ['glu:təmeɪt / glu·tam·ate] *s.* (*chim.*) glutammato.

glutamic [glu:'tæmɪk / glu·tamic] *agg.* (*chim.*) glutammico: — *acid*, acido glutammico.

glutamine ['glu:tə,mi:n / glu·tam·ine] *s.* (*chim.*) glutammina.

gluten ['glu:tən / glu·ten] *s.* glutine // — *free diet*, dieta senza glutine.

gluteus [glu:'ti:əs / glu·teus] *pl.* **glutei** [glu:'ti:aɪ / glu·tei] *s.* (*anat.*) gluteo.

glutinosity [,glu:tɪ'nɒsɪtɪ / glu·tin·os·ity] *s.* glutinosità.

glutinous ['glu:tɪnəs / glu·tin·ous] *agg.* glutinoso.

glutton ['glʌtn / glut·ton] *s.* **1** goloso; ghiottone **2** (*fig.*) smodatamente amante di: *he is a — for work*, non è mai stanco di lavorare; *she is a — of books*, è una divoratrice di libri; *he works all year and never takes a holiday: he's a — for punishment*, lavora tutto l'anno e non si prende mai una vacanza: è un masochista **3** (*zool.*) (*Gulo gulo*) ghiottone, volverina; (*Macronectes giganteus*) ossifraga.

to **gluttonize** ['glʌtnaɪz / glut·ton·ize] *v.intr.* (*non com.*) mangiare troppo, avidamente.

gluttonous ['glʌtnəs / glut·ton·ous] *agg.* ghiotto; goloso; ingordo.

gluttony ['glʌtənɪ / glut·tony] *s.* ghiottoneria; ingordigia: *the sin of* —, il peccato di gola.

glyc(a)emia [glaɪ'si:mɪə / gly·c(a)e·mia] *s.* (*med.*) glicemia.

glyceraldehyde [,glɪsər'ældəhaɪd / gly·cer·al·de·hyde] *s.* (*chim.*) gliceraldeide, aldeide glicerica.

glyceric [glɪ'serɪk / gly·ceric] *agg.* (*chim.*) glicerico: — *acid*, acido glicerico.

glyceride ['glɪsəraɪd / gly·cer·ide] *s.* (*biochim.*) gliceride.

glyceril ['glɪsərɪl / gly·ceril] *s.* (*chim.*) glicerile.

to **glycerinate** ['glɪsərɪneɪt / gly·cer·in·ate] *v.tr.* (*chim.*) trattare con glicerina.

glycerin(e) ['glɪsəri:n *amer.* 'glɪsərɪn / gly·cer·in(e)] *s.* glicerina.

glycerol ['glɪsərɒl / gly·cerol] *s.* (*chim.*) glicerina.

glycine ['glaɪsən / gly·cine] *s.* (*biochim.*) glicina.

glycogen ['glɪkəʊdʒen / gly·co·gen] *s.* (*biol.*) glicogeno.

glycol ['glaɪkɒl] *s.* (*chim.*) glicole: (*ethylene*) —, glicol etilenico.

glycolic [glaɪ'kɒlɪk / glyc·olic] *agg.* (*chim.*) glicolico: — *acid*, acido glicolico.

glycolipid [,glaɪkəʊ'lɪpɪd / gly·co·lipid] *s.* (*chim.*) glicolipide.

glycolysis [glaɪ'kɒləsɪs / gly·co·lysis] *pl.* **glycolyses** [glaɪ'kɒləsi:z] *s.* (*biochim.*) glicolisi.

glyconeogenesis [,glaɪkəʊ,niəʊ'dʒenɪsɪs / gly·co·neo·gen·esis] *s.* (*biochim.*) gliconeogenesi.

glycoprotein [,glaɪkəʊ'prəʊti:n / gly·co·pro·tein] *s.* (*biochim.*) glicoproteina.

glycosidase [glaɪ'kəʊsɪdeɪs / gly·co·sid·ase] *s.* (*biochim.*) glicosidasi.

glycoside ['glaɪkəʊ,saɪd / gly·cos·ide] *s.* (*biochim.*) glucoside, glicoside.

glycosidic [,glaɪkəʊ'sɪdɪk / gly·cos·idic] *agg.* (*biochim.*) glucosidico, glicosidico.

glycosuria [,glaɪkəʊ'sju:rɪə / glyc·os·uria] *s.* (*med.*) glicosuria.

glycyl ['glaɪsəl / gly·cyl] *s.* (*chim.*) glicile.

glyoxal [gləɪ'ɒksəl / gly·oxal] *s.* (*chim.*) gliossale.

glyoxalic [,glaɪ,ɒks'ælɪk / gly·ox·alic] *agg.* (*chim.*) gliossalico: — *acid*, acido gliossalico.

glyph [glɪf] *s.* (*arch.*) glifo.

glyphography [glɪ'fɒgrəfɪ / glypho·graphy] *s.* glifografia.

glyptic ['glɪptɪk] *agg.* (*arte*) glittico.

glyptics ['glɪptɪks] *s.* ⓤ (*arte*) glittica.

glyptography [glɪp'tɒgrəfɪ / glypto·graphy] *s.* glittografia.

G-man ['dʒi:mæn] *pl.* **G-men** ['dʒi:men] *s.* (*amer.*) agente investigativo (del Governo Federale), agente federale • Abbr. di *Government -man*.

gmelinite [gə'melɪnaɪt / gmelin·ite] *s.* (*min.*) gmelinite.

gnarl[1] [nɑ:l] *s.* nodo (del legno).

gnarl[2] *s.* ringhio (di cane).

gnarled [nɑ:ld] *agg.* **1** nodoso, nocchioso (di albero); nodoso (di mani) **2** rugoso, grinzoso; deformato (di persona) **3** (*fig.*) duro, aspro, rotto a tutte le esperienze.

gnarling ['nɑ:lɪŋ / gnarl·ing] *agg.* (*ant.*) mordente: *for gnarling sorrow hath less power to bite / the man that mocks at it and sets it light*, (SH. Richard II) perché il pungente dolore ha meno potere di mordere chi se ne beffa e poco se ne cura.

to **gnash** [næʃ] *v.tr.* e *intr.* digrignare (i denti).

gnat [næt] *s.* **1** (*zool.*) moscerino; (*Culex

pipiens) zanzara; simulio **2** (*fig.*) inezia: *to strain at a* —, dare importanza a delle inezie.

gnathic ['næθɪk] *agg.* (*anat.*) mascellare.

to **gnaw** [nɔ:] *pass.* **gnawed** [nɔ:d] *p.p.* **gnawed**, **gnawn** [nɔ:n] *v.tr.* e *intr.* **1** rodere, rosicchiare: *the dog was gnawing (at) a bone*, il cane rodeva un osso; *the rats gnawed (their way) through the fence*, i topi si aprirono un passaggio rosicchiando la staccionata **2** mordere; corrodere, consumare **3** (*fig.*) tormentare, consumare: *to — (at) one's mind*, tormentarsi.

gnawer ['nɔ:ə*] *s.* (*zool.*) roditore.

gnawing ['nɔ:ɪŋ / gnaw·ing] *agg.* **1** che rode, rosicante; corrodente **2** (*fig.*) che rode, che tormenta: *a — pain*, un dolore sordo.

gneiss [naɪs] *s.* (*geol.*) gneiss.

gnome [nəʊm] *s.* gnomo, nanetto: *garden —*, gnomo (di gesso, legno ecc.) da giardino // *the gnomes of Zurich*, gli gnomi di Zurigo, i banchieri, i finanzieri.

gnomic ['nəʊmɪk] *agg.* gnomico; sentenzioso: *— poets*, poeti gnomici.

gnomish ['nəʊmɪʃ / gnom·ish] *agg.* di gnomo, simile a gnomo.

gnomon ['nəʊmɒn] *s.* gnomone.

gnomonic [nəʊ'mɒnɪk / gnom·onic] *agg.* (*cartografia*) gnomonico: *— projection*, proiezione gnomonica.

gnoseological, **gnosiological** [,nəʊsɪə'lɒdʒɪkl / gnos·eo·lo·gical] *agg.* gnoseologico.

gnoseology, **gnosiology** [,nəʊsɪ'ɒlədʒɪ / gnos·eo·logy] *s.* gnoseologia.

gnosis ['nəʊsɪs] *pl.* **gnoses** ['nəʊsi:z] *s.* **1** (*fil.*) gnosi **2** gnosticismo.

gnostic ['nɒstɪk / gnos·tic] *agg.* e *s.* (*fil.*) gnostico.

gnosticism ['nɒstɪsɪzəm / gnos·ti·cism] *s.* (*fil.*) gnosticismo.

gnu [nu:] *s.* (*zool.*) (*Connochaetes gnu*) gnu SIN. wildebeest.

go [gəʊ] *pl.* **goes** [gəʊz] *s.* **1** l'atto di andare // *on the —*, in movimento; in declino // *from the word —*, dall'inizio **2** colpo; tentativo, prova: *at one —*, in un sol colpo, tentativo; *to have a — at sthg.*, tentare di fare qlco.; *have a —!*, prova! // *(it's) your —!*, tocca a te! **3** (*fam.*) energia; attività; animazione: *to be full of —* (o *to have plenty of —*), essere pieno di energia; *it's all —!*, non c'è sosta! **4** gioco giapponese.

to **go** *pass.* **went** [went] *p.p.* **gone** [gɒn *amer.* gɔ:n] (*3ª persona sing. pres.* **goes** [gəʊz]) *v.intr.* e (*rar.*) *tr.* **1** andare, spostarsi; viaggiare, andarsene, andar via: *to — to town, into the country, abroad*, andare in città, in campagna, all'estero; *I went to England, to Paris last year*, l'anno scorso sono andato in Inghilterra, a Parigi; *to — by train, by car, by boat*, viaggiare in treno, in auto, per nave; *to — on foot, on horseback*, andare a piedi, a cavallo; *he can — by bicycle*, può andarci in bicicletta; *to — on a journey*, fare un viaggio; *to — for a walk*, andare a fare una passeggiata; *to — to see s.o.* (o *to — and see s.o.*), andare a trovare qlcu.; *slow down a bit, you're going too fast*, rallenta un po', vai troppo forte; *it's getting late, I must be going*, si fa tardi, devo andare (via); *are you going already?*, vai già via?, te ne vai di già?; *be gone* (o *get you gone*), (*antiq.*) vattene // *to — to war*, andare in guerra // *to — to law*, ricorrere alla legge // *to — to jail, to prison*, andare in prigione // *to — to a better world* (o *to one's own place*), morire; *he's gone*, è morto // *to — to the devil*, andare al diavolo // *to — to the dogs*, andare in malora // *to — to pieces*, andare in pezzi // *to — to the bad*, finir male // *to — with the crowd*, seguire la maggioranza // *to — far*, andar lontano (*anche fig.*); *ten pounds don't — far these days*, non si va lontano, non ci si fa molto con dieci sterline al giorno d'oggi // *I wouldn't — as far as to say he is stupid, but...*, non arriverei, non mi spingerei a dire che è stupido ma...; *he went too far*, si è spinto troppo in là // *a motorbike is good, as far as it goes, but a car would be better*, lo scooter può andare, ma ha i suoi limiti, un'auto sarebbe meglio; *it isn't expensive, as these things —*, non è caro, dato l'articolo, non è caro nel suo genere // *she isn't a bad typist, as typists —*, non è male come dattilografa, ma niente di speciale // *is there any food going?*, non c'è niente da mangiare? // *two more weeks to — and I'll be home again*, ancora due settimane e sarò di nuovo a casa // *two pizzas to —*, (*amer.*) due pizze da asportare // *to — it alone*, fare da solo // *I can — one better* (*than you*), posso far meglio (di te) // *as times —*, dati i tempi // *it goes without saying that...*, è ovvio che..., è sottinteso che... // (*Borsa*) *going long, short*, in posizione lunga, corta **2** (I) andare (a fare qlco.): *to — fishing, hunting*, andare a pesca, a caccia; *are you going shopping?*, vai a far spese? // *don't — telling it to everybody*, (*fam.*) non andare a dirlo a tutti **3** (seguito da *agg.*) diventare, divenire, farsi: *to — weak*, indebolirsi; *to — red*, arrossire; *to — angry*, arrabbiarsi; *to — bad*, andare a male; *his crime can't — unpunished*, il suo delitto non può restare impunito // *he's going fifteen*, va per i quindici anni; *it's just gone twelve*, sono appena scoccate le dodici **4** andare, svolgersi, avere esito (buono o cattivo): *the exam went well*, l'esame è andato bene; *did your holiday — well?*, sono andate bene le tue vacanze?; *how are things going?, how is it going?, how goes it?*, come vanno le cose?, come va?; *everything is going fine* (o *nicely*), tutto va bene; *everything is going swimmingly*, tutto va a gonfie vele; *everything is going badly*, va tutto male **5** andare, portare: *does this bus, road — to Eton?*, va a Eton questo autobus, questa strada? **6** (*anche tr.*) dire, fare: *the song goes like that...*, la canzone fa così...; *do you remember how the quotation goes?*, ricordi com'è esattamente la citazione?; *a dog goes 'bow-wow'*, il cane fa 'bau, bau'! **7** andare, funzionare: *to set an engine going*, avviare un motore; *the lift doesn't —*, l'ascensore non funziona **8** andare, finire, esaurirsi: *that fuse went yesterday*, quella valvola è saltata ieri; *this coat is beginning to —*, questo cappotto comincia a consumarsi **9** vendersi; essere aggiudicato (alle aste): *the lot went for twenty pounds*, il lotto fu aggiudicato per venti sterline; *this material is going cheap*, questa stoffa si vende a poco // *going! going! gone!*, uno, due, aggiudicato! **10** *to be going to* (+ *inf.*), essere sul punto di, stare per; avere intenzione di: *she's going to buy a dog*, comprerà, ha intenzione di comprare un cane; *what are you going to do after your exams?*, che cosa hai intenzione di fare dopo gli esami?; *we're not going to accept his proposal*, non abbiamo intenzione di accettare la sua proposta; *I'm not going to tell you*, non ho intenzione di dirtelo, non te lo dirò; *when are you going to leave?*, quando partirai? Quando hai intenzione di partire?; *"Is she going to come?", "No, she isn't"*, "Verrà?", "No"; *you're going to stay, aren't you?*, ti fermerai, hai intenzione di fermarti, vero?; *it's going to turn up fine today*, promette di fare bel tempo oggi; *he was going to send me the bill next month*, aveva intenzione di mandarmi il conto il mese prossimo; *they were just going out when the storm broke*, stavano per uscire quando scoppiò il temporale • Tale costruzione serve a formare il futuro intenzionale **11** *to get going*, incominciare; partire; (*fam.*) ingranare: *it took some time to get the business going*, c'è voluto un po' per iniziare l'attività; *we were two goals down at half time, then we got going*, alla fine del primo tempo eravamo sotto di due goal, poi abbiamo ingranato **12** *to keep going*, continuare (a fare qlco.): *he kept going till he was exhausted*, continuò finché non ce la fece più.

□ **go about** *v.intr.* e *avv.* **1** andare in giro; girare; girovagare: *it's dangerous to — about barefooted*, è pericoloso andare in giro a piedi nudi; *I don't like the boy my daughter is going about with*, non mi piace il ragazzo con cui va in giro mia figlia **2** (*fig.*) circolare: *there's a rumour going around that...*, circola voce che... ♦ *v.intr.* e *prep.* prendere; trattare; affrontare: *your father would do anything for you if only you — about it in the right way*, tuo padre farebbe qualunque cosa per te se solo tu lo prendessi nel modo giusto; *I told him to — about his business*, gli ho detto di badare ai fatti suoi.

□ **go across** *v.intr.* e *prep.* attraversare: *to — across the river*, attraversare il fiume // *I'm going across to the pub*, vado al pub di fronte, al di là della strada.

□ **go after** *v.intr.* e *prep.* **1** correre dietro, inseguire (*anche fig.*): *to — after a thief*, inseguire un ladro; *to — after a promotion*, correre dietro a una promozione **2** corteggiare, star dietro a.

□ **go against** *v.intr.* e *prep.* **1** opporsi (a), essere contrario (a) **2** risultare sfavorevole (a): *the cause went against him*, perse la causa.

□ **go ahead** *v.intr.* e *avv.* **1** precedere, andare avanti: *you — ahead, I'll reach you to the theatre*, tu vai avanti, io ti raggiungerò a teatro **2** (*with*) incominciare (qlco., a fare qlco.), iniziare (a fare qlco.): *now that we have the okay we can — ahead with the work*, adesso che abbiamo il benestare possiamo iniziare i lavori // *"Do you mind if I smoke?" "Go ahead"*, "Ti dà fastidio se fumo?" "Fa' pure".

□ **go along** *v.intr.* e *avv.* **1** procedere, andare avanti: *you'll do better as you — along*, farai meglio man mano che procedrai **2** (*with*) andare con, accompagnare (qlcu.): *he went along with them to the restaurant*, andò con loro, insieme a loro al ristorante // *the furniture goes along with the flat*, l'appartamento si vende arredato **3** (*with*) essere d'accordo (con); condividere: *did he — along with you?*, era d'accordo con te? // *— along with you!*, (*fam.*) ma va?!, non ci credo!

□ **go around** *v.intr.* e *avv.* **1** andare in giro; circolare: *there is a lot of flu going around*, circola molta influenza; *do you know the boy she's going around with?*, conosci il ragazzo con cui lei va in giro? **2** bastare per tutti (di cibo): *there isn't enough whisky to — around*, non c'è abbastanza whisky per (offrirlo a) tutti.

□ **go aside** *v.intr.* e *avv.* mettersi in disparte.
□ **go astray** *v.intr.* e *avv.* perdersi, smarrirsi.
□ **go at** *v.intr.* e *prep.* **1** attaccare, assalire (*anche fig.*) **2** (*fig.*) buttarsi su, in (impresa, lavoro): *he went at it with great determination*, ci si buttò, ci si impegnò con grande determinazione.
□ **go away** *v.intr.* e *avv.* andar via, andarsene.
□ **go back** *v.intr.* e *avv.* **1** ritornare (*anche fig.*): *when are you going back to Rome?*, quando ritorni a Roma?; *let's — back to the beginning*, ritorniamo all'inizio, al punto di partenza // *when do the clocks — back this year?*, quando inizia l'ora legale quest'anno? **2** (*on*) rimangiarsi (un'impegno ecc.): *I'm not going back on that!*, manterrò quanto ho detto! **3** (*to*) risalire: *their friendship goes back to many years ago*, la loro amicizia risale a molti anni fa.
□ **go before** *v.intr.* e *avv.* o *prep.* precedere (nel tempo).
□ **go beyond** *v.intr.* e *prep.* oltrepassare, andare al di là di: *to — beyond one's duty*, fare più del proprio dovere; *to — beyond a joke*, diventare una cosa seria.
□ **go by** *v.intr.* e *avv.* o *prep.* **1** passare; superare: *a car went by* (*us*), un'auto ci passò vicino, ci superò; *many days went by*, molti giorni passarono // *it was too late and the opportunity had gone by*, era troppo tardi e l'occasione era sfumata **2** agire in base a, lasciarsi guidare da: *I'll — by what my lawyers say*, mi atterrò a quanto mi consigliano i miei avvocati; *please don't — by what I say*, per piacere, non lasciarti influenzare da quello che dico; *going by what the newspapers say...*, stando a quello che dicono i giornali... // *to — by the book* (o *the roles*), attenersi alle regole.
□ **go down** *v.intr.* e *avv.* **1** tramontare (di astro) **2** affondare, colare a picco (di imbarcazione) **3** andare giù (di cibo, bevande): *this wine goes down like water*, questo vino va giù come acqua // *his speech went down well*, il suo discorso è stato bene accolto **4** crollare, andare giù; scendere, calare: *I hit him on the nose and he went down like a stone*, l'ho colpito sul naso e lui è crollato come un sasso; *it's unlikely that the price of the petrol will — down*, non è probabile che il prezzo della benzina scenda; *the temperature is going down*, la temperatura sta calando **5** lasciare l'università (alla fine di un trimestre o degli studi) **6** venire annotato, trascritto **7** (*to*) cedere a, arrendersi a: *he went down to the new champion*, dovette arrendersi al nuovo campione **8** (*to*) arrivare fino, scendere a: *this road goes down to the sea*, questa strada porta, arriva fino al mare **9** (*sl.*) andare in prigione: *he went down for ten years*, è andato dentro per dieci anni **10** (*with*) prendere (una malattia): *he went down with measles just before leaving for the seaside*, gli è venuto il morbillo proprio prima di partire per il mare.
□ **go for** *v.intr.* e *prep.* **1** attaccare, assalire: *the dog went for the burgler and chased him away*, il cane assalì il ladro e lo fece scappare; *she really went for me when I told her I had lost my job*, me ne ha dette di tutti i colori quando le ho detto che mi avevano licenziato **2** andare (a fare qlco.): *to — for a ride*, andare a fare una cavalcata; *to — for the doctor*, andare a cercare un medico; *we went for a beer at the local pub*, andammo a farci una birra al pub // *to — for Burton*, (*sl.*) morire (espressione usata in origine nella RAF per indicare che un equipaggio non era ritornato da una missione) **3** competere per; cercare di ottenere: *are you going to — for that teaching job?*, pensi di presentarti per quel posto di insegnante?; *the Australian champion is going for silver*, il campione australiano si batte per l'argento // *to — for nothing, very little*, andare sprecato **4** prendere, servirsi di: *children always — for the biggest slice of cake*, i bambini prendono sempre la fetta più grossa di torta **5** piacere: *do you — for jazz music?*, ti piace la musica jazz?; *I don't — for that kind of person*, non mi piace quel tipo di persone **6** essere venduto (per, a): *his portraits now — for 5000 pounds each*, i suoi ritratti adesso vanno a 5000 sterline l'uno // *to — for a song*, essere venduto a bassissimo prezzo **7** riguardare; essere valido per: *does it — for me too?*, è valido anche per me?
□ **go forth** *v.intr.* e *avv.* (*form.*) essere emanato (di editto, decreto).
□ **go forward** *v.intr.* e *avv.* avanzare, procedere: *the project was going forward satisfactorily*, la realizzazione del progetto procedeva in modo soddisfacente; *in spite of everybody's opposition he went forward with his plan*, nonostante tutti fossero contrari portò avanti il suo progetto.
□ **go in** *v.intr.* e *avv.* **1** entrare: *it's a bit cold, let's — in*, entriamo, fa un po' freddo // *no matter how much I study it, it won't — in*, per quanto io lo studi, non mi entra in testa SIN. to get in **2** scomparire dietro una nube (di sole, luna ecc.) // *the sun is going in and out*, il sole va e viene **3** entrare, starci: *do you think that this table can — in your room?*, pensi che questo tavolo ci stia nella tua camera? **4** (*cricket*) entrare in campo come battitore **5** (*with*) unirsi (a qlcu. in un'impresa): *they made me an offer to — in with them*, mi fecero un'offerta di unirmi a loro **6** (*for*) presentarsi (come candidato o concorrente); concorrere a: *to — in for the 200 yards*, iscriversi alle 200 yarde **7** (*for*) intraprendere (una carriera, professione; hobby, collezione): *he went in for medicine*, ha scelto di fare il medico; *he went in for collecting stamps many years ago*, ha incominciato a collezionare francobolli molti anni fa.
□ **go into** *v.intr.* e *prep.* **1** entrare; addentrarsi, andar dentro: *he went out of the room into the garden*, uscì dalla stanza e andò in giardino; *the front of his car went into the side of mine*, il muso della sua auto entrò nella fiancata della mia; *she had to — into hospital*, dovette essere ricoverata in ospedale; *to — into a fit of rage*, avere un accesso di collera; *to — into politics*, entrare in politica, darsi alla politica, intraprendere la carriera politica; *to — into details*, entrare in particolari // *to — into one's act* (o *routine*), (*fam.*) incominciare, dare inizio al proprio numero (di artista) // *to — into service*, entrare in servizio // *to — into action*, entrare in azione // (*aer.*) *to — into a* (*flat*) *spin*, entrare in vite **2** (*mat.*) stare: *five goes into twenty, four times*, il cinque sta quattro volte nel venti.
□ **go off** *v.intr.* e *avv.* **1** andar via, lasciare (un luogo) SIN. to go away: *he went off to York to see some friends*, è andato a York a trovare alcuni amici; (*teatr.*) *Fred goes off*, esce Fred // *why don't you — off and make some tea?*, perché non vai a fare un po' di tè? **2** spegnersi, andar via (di luce, gas ecc.): *sometimes, in summer the water supply goes off*, talvolta d'estate l'erogazione dell'acqua cessa **3** smettere, cessare (di dolere ecc.): *this medicine is very good, the pain went off quite soon*, questa medicina è molto buona, il dolore è passato subito **4** esplodere (di bomba ecc.); scattare (di allarme e simili): *a lot of burglar alarms went off during the storm*, durante il temporale sono scattati molti allarmi // *he went off into a fit of hysterics*, gli venne un attacco isterico **5** andare a male (di cibo): *this meat has gone off*, questa carne è andata a male **6** (*fam.*) scadere, perdere (in qualità ecc.): *the play goes off after the first act*, la commedia scade dopo il primo atto // (*with*) (*fam.*) prendersi (qlco.), appropriarsi (di): *who has gone off with my copy of the 'Times'?*, chi si è preso la mia copia del Times? ◆ *v.intr.* e *prep.* perdere interesse in: *she went off reading spy stories*, non le piacciono più i romanzi di spionaggio.
◆ FRASEOLOGIA: *to — off the boil*, non bollire più, perdere il bollore; (*fam.*) perdere d'entusiasmo, ammosciarsi; *to — off the deep end*, (*fam.*) essere molto in collera, essere furibondo; *to — off the rails*, (*fam.*) sgarrare; *to — off at half-cock*, (*fam.*) partire innanzitempo (di iniziativa ecc.); *to — off at a tangent*, partire per la tangente.
□ **go on** *v.intr.* e *avv.* **1** succedere, accadere, verificarsi: *I would like to know what is going on here*, vorrei sapere che cosa sta succedendo qui; *there is a party going on upstairs*, danno una festa al piano di sopra **2** accendersi, incominciare a funzionare: *the light doesn't — on till eight o'clock here*, la luce non c'è fino alle otto qui; *the heating goes on automatically at five*, il riscaldamento si accende automaticamente alle cinque **3** → to go ahead 1 **4** passare, trascorrere (di tempo) **5** continuare; andare avanti; procedere; proseguire: *— on with your homework*, vai avanti coi tuoi compiti; *she said she couldn't — on like that*, disse che non poteva continuare così, andare avanti così; *— on pouring the milk in slowly*, continua a versare il latte lentamente; *— on, I'm listening!*, continua, ti ascolto!; *if he goes on like this he will lose his wife*, se va avanti così perderà sua moglie; *she went on explaining her reasons*, continuò esponendo le sue ragioni **6** (*at*) dare addosso: *she's always going on at me*, mi dà sempre addosso **7** *— on!*, (*fam.*) ma va!; suvvia!; dai!; forza!; coraggio! ◆ *v.intr.* e *prep.* **1** partecipare a; andare a (fare): *last year we went on a summer course in Germany*, l'anno scorso abbiamo frequentato un corso estivo in Germania **2** andare su (giostra ecc.), montare (cavallo) **3** credere, prestar fede a (diceria, notizia ecc.) e agire di conseguenza: *I was just going on what my brother told me about it*, mi sono basato su quanto mi ha detto mio fratello in merito **4** andare per, essere speso in: *a lot of my salary goes on the rent of the house*, buona parte del mio stipendio va nell'affitto della casa **5** ricevere l'assistenza di; finire nella lista di **6** stare per compiere (una certa età); avvicinarsi (una certa ora o giorno): *they are going on* (*for*) *fifteen*, stanno per compiere quindici anni, vanno per i quindici anni; *I've got to go, it's going on two and I have to be home at 2,30*, devo andare. Sono quasi le due e devo essere a casa alle due e mezza.
□ **go out** *v.intr.* e *avv.* **1** uscire, andar fuori: *she's not in. She's gone out shopping*, non è in casa. È uscita a far spese; *I'm just going out to the post office*, sto uscendo per andare alla posta // *to — out and about once more*, essere di

nuovo in circolazione // *to — out of one's way to do sthg.*, prendersi il disturbo di **2** perdere i sensi; addormentarsi di colpo **3** morire, tramontare, passare (di moda) **4** finire, terminare (di anno, mese, periodo di tempo ecc.): *winter went out with fair weather and sunshine*, l'inverno è terminato con bel tempo e giornate di sole; *I don't think jeans will ever — out*, non credo che i jeans tramonteranno mai **5** uscire; fare coppia fissa con: *they've been going out (together) since spring*, escono insieme dalla primavera **6** andare a vivere, trasferirsi (in un paese lontano): *my brother went out to Kenya two years ago*, mio fratello si è trasferito in Kenya due anni fa **7** spegnersi (di luce, fuoco ecc.); (*fig.*) sparire da, abbandonare: *with age the sharp tone went out of his speeches*, con l'età il tono pungente abbandonò i suoi discorsi **8** decrescere (di marea) **9** (*to*) (*form.*) andare a: *our sympathy goes out to...*; la nostra comprensione va a... **10** *to — (all) out for*, fare di tutto per.

□ **go over** *v.intr.* e *prep.* **1** esaminare; controllare: *he usually goes over the accounts carefully*, generalmente controlla i conti con cura; *he went over every detail of the story for the second time*, esaminò ogni dettaglio del racconto per la seconda volta; *I intend to — over several houses before buying one*, ho intenzione di vedere, esaminare parecchie case prima di comprarne una **2** ripassare, riassettare; revisionare, fare un controllo generale (di apparecchiatura ecc.) **3** ripassare: *you'd better — over your Italian lesson*, faresti meglio a ripassare la tua lezione di italiano; *— over your part in act two; you don't know it yet*, ripassa la tua parte del secondo atto, non la sai ancora ♦ *v.intr.* e *avv.* **1** venire accolto: *"How did the prime minister's proposal — over?" "Well, I think!"*, "Come è stata accolta la proposta del primo ministro?" "Bene, mi sembra!" **2** attraversare fiume, lago ecc. per raggiungere (qlco.); andare (in un luogo) attraversando fiume, lago ecc.: *a ferry goes over to the other bank every hour*, un traghetto porta all'altra riva ogni ora SIN. to go across, to get across, to get over **3** (*to*) passare a (un altro partito ecc.): *in his last years he went over to the democrats*, nei suoi ultimi anni passò al partito democratico; *she used to play the violin but then went over to cello*, un tempo suonava il violino ma poi è passata al violoncello **4** (*to*) (*tv, radio ecc.*) collegarsi con: *now we — over to our correspondent in Moscow*, ci colleghiamo adesso col nostro corrispondente da Mosca.

□ **go round** *v.intr.* e *avv.* **1** → to go around **2** fare un giro; visitare: *would you like to — round the school to see the new sport facilities?*, vi piacerebbe visitare la scuola per vedere le nuove attrezzature sportive? **3** (*to*) far visita (a): *let's — round and see your mother*, andiamo a trovare tua madre.

□ **go through** *v.intr.* e *prep.* **1** passare attraverso: *the driver lost his control and the car went through the fence into our garden*, l'autista perse il controllo e l'auto sfondò la palizzata e entrò nel nostro giardino; *the door looks a bit narrow; I wonder if this huge wardrobe will — through*, la porta mi sembra un po' stretta; chissà se questo grosso guardaroba ci passa // (*inform.*) *to — through a loop*, percorrere un ciclo // *to — through proper channels*, seguire i canali ufficiali **2** (*fig.*) sopportare, passare attraverso, superare: *to — through many difficulties*, superare molte difficoltà **3** controllare, esaminare: *the customs office went through our luggage carefully*, il doganiere ha esaminato con minuzia i nostri bagagli **4** → to go over 4 **5** (*di libro, pubblicazione*) avere, raggiungere: *his book went through two editions in three months*, il suo libro esaurì due edizioni in tre mesi ♦ *v.intr.* e *avv.* **1** completarsi, concludersi (bene): *she said that as soon as her divorce has gone through she intends to take a holiday*, dice che appena avrà ottenuto il divorzio si prenderà una vacanza; *I don't think this deal has much chance of going through successfully*, non penso che questo accordo abbia molte probabilità di concludersi felicemente **2** (*with*) mantenere (un impegno), portare a termine (un lavoro): *he promised to help us but now he doesn't want to — through with it*, ci aveva promesso di aiutarci ma adesso si tira indietro; *I don't like the idea of going to that party but I suppose I'll have to — through with it*, non mi va d'andare a quella festa, ma penso che dovrò sobbarcarmela.

□ **go to** *v.intr.* e *prep.* **1** andare, frequentare: *next year her eldest son will — to the university*, il prossimo anno il maggiore dei suoi figli andrà all'Università; *do you often — to the theatre?*, vai spesso a teatro? **2** sobbarcarsi, affrontare: *he went to no end of trouble to convince her*, si è dato molta pena per convincerla; *they went to great expense to cure her*, affrontarono grosse spese per farla curare // *go to it!*, forza, dai! **3** venire, essere assegnato a: *the silver medal went to our team*, la medaglia d'argento fu assegnata alla nostra squadra.

□ **go together** → to go with 1 e 2.

□ **go under** *v.intr.* e *avv.* **1** affondare; (*fig.*) andar male, fallire (di attività): *this happened a few months before his firm went under*, questo accadde alcuni mesi prima che la sua ditta fallisse **2** (*to*) soccombere a: *to — under to foreign competition*, soccombere alla concorrenza straniera.

□ **go up** *v.intr.* e *avv.* (anche *v.* e *prep.*) salire; risalire SIN. to get up: *he went up the tree like a squirrel*, è salito sull'albero con l'agilità di uno scoiattolo // *in the second act the curtain goes up on the Johnson's kitchen*, il secondo atto inizia con una scena nella cucina dei Johnson // *when does the curtain — up?*, quando inizia lo spettacolo?

□ **go with** *v.intr.* e *prep.* **1** frequentare: *how long has she been going with your brother?*, da quando frequenta tuo fratello? SIN. to go together **2** accompagnarsi a; essere venduto insieme a: *often crime goes with lack of parental authority*, spesso il crimine si accompagna a una scarsa autorità dei genitori SIN. to go together **3** intonarsi a; essere ben assortito con: *his behaviour under that circumstance hardly goes with his declared principles*, il suo comportamento in quella circostanza non è molto coerente con i principi che afferma.

□ **go without** *v.intr.* e *prep.* o *avv.* fare a meno di: *she went without sleep* (o *sleeping*) *for many days*, ha rinunciato al sonno per molti giorni SIN. to do without.

goad [gəʊd] *s.* **1** pungolo **2** (*fig.*) pungolo, stimolo; assillo.

to **goad** *v.tr.* **1** stimolare, pungolare **2** (*fig.*) spronare, spingere; incitare: *to — s.o. into doing sthg.*, spingere qlcu. a fare qlco.; *to — s.o. on to do sthg.*, incitare qlcu. a fare qlco.

go-ahead ['gəʊəhed] *agg.* (*fam.*) intraprendente; all'avanguardia: *— business man*, uomo d'affari intraprendente ♦ *s.* permesso di passare all'azione, via libera, il via.

goal [gəʊl] *s.* **1** traguardo; barriera; termine **2** fine, scopo, meta: *one's — in life*, lo scopo della propria vita **3** (*sport*) rete, porta: *to score* (o *to kick* o *get*) *a —*, segnare una rete; *to win by two goals*, vincere per due reti // *— line*, linea di porta **4** (*st. romana*) colonna (nelle gare nel circo).

goalie ['gəʊlɪ] *s.* (*fam.*) (*sport*) portiere.

goalkeeper ['gəʊl,ki:pə* / goal·keeper] *s.* (*sport*) portiere.

goal-kick ['gəʊlkɪk] *s.* (*sport*) rimessa (del portiere).

goal-mouth ['gəʊl,maʊθ] *s.* (*sport*) area (di porta).

goalpost ['gəʊlpəʊst / goal·post] *s.* (*sport*) palo (della porta).

goal-scorer ['gəʊl,skɔ:rə*] *s.* (*sport*) cannoniere.

goat [gəʊt] *s.* **1** capra: *nanny —*, capra (femmina) // (*astr.*) *the Goat*, Capricorno // *—'s wool*, lana caprina, cosa inesistente // *to get someone's —*, (*sl.*) esasperare, irritare qlcu. // *to play (o act) the (giddy) —*, (*fam.*) fare il pazzo, lo sciocco // *to separate the sheep from the goats*, separare il bene dal male **2** (*fig.*) satiro; stallone.

goatee [gəʊ'ti:] *s.* barbetta a punta.

goat-god ['gəʊtgɒd] *s.* dio Pan.

goatherd ['gəʊthɜ:d / goat·herd] *s.* pastore (di capre).

goatish ['gəʊtɪʃ / goat·ish] *agg.* **1** caprino, caprigno **2** (*fig.*) libidinoso; lascivo // **-ly** *avv.* // **-ness** *s.*

goatling ['gəʊtlɪŋ / goat·ling] *s.* capretto.

goat's beard ['gəʊts,bɪəd] *s.* (*bot.*) **1** olmaria → meadow-sweet **2** (*Tragopogon pratensis*) barba di becco.

goatskin ['gəʊtskɪn / goat·skin] *s.* pelle di capra.

goatsucker ['gəʊt,sʌkə* / goat·sucker] *s.* (*zool.*) (*Caprimulgus europaeus*) caprimulgo, succiacapre SIN. fern-owl, moth-hunter, puck, nighthawk, nightjar.

goaty ['gəʊtɪ] → **goatish**.

gob[1] [gɒb] *s.* **1** (*fam.*) sputo; grumo di bava **2** (*volg.*) bocca.

to **gob**[1] *pass.p.p.* **gobbed** [gɒbd] *v.intr.* (*volg.*) sputare.

gob[2] *s.* (*fam. amer.*) marinaio.

gobang [gəʊ'bæŋ / go·bang] *s.* gioco giapponese e cinese.

gobbet ['gɒbɪt / gob·bet] *s.* (*fam.*) **1** pezzo, boccone **2** breve brano da tradurre o commentare.

gobble ['gɒbl] *s.* gloglottio (di tacchino).

to **gobble** *v.intr.* gloglottare (di tacchino) ♦ *v.tr.* **1** trangugiare in fretta; inghiottire rumorosamente: *he gobbled up his dinner in less than five minutes*, trangugiò la cena in meno di cinque minuti **2** (*sl. amer.*) afferrare, raccogliere, impadronirsi di.

gobbledegook ['gɒblɪdɪ'gʊk / gobble·de·gook] **gobbledygook** *s.* (*fam. amer.*) linguaggio involuto, pomposo (specialmente burocratico).

gobbler ['gɒblə* / gob·bler] *s.* tacchino (maschio).

gobelin ['gəʊbəlɪn / gob·elin] *agg.* simile a gobelin, ad arazzo ◆ *s.* gobelin, arazzo.

go-between ['gəʊbɪ,twi:n] *s.* **1** intermediario **2** mezzano.

goblet ['gɒblɪt / gob·let] *s.* bicchiere (di vetro, metallo o ceramica) a calice; calice; coppa: *a curiously wrought cabinet... on which were placed some delicate goblets of Venetian glass*, (O. WILDE) un mobiletto stranamente lavorato... sul quale erano posati alcuni calici delicati di vetro veneziano.

goblin ['gɒblɪn / gob·lin] *s.* spirito maligno; folletto.

gobo ['gəʊbəʊ] *pl.* **gobo(e)s** *s.* (*cinem.*) **1** pannello antisonoro **2** schermo paraluce.

goby ['gəʊbɪ] *pl.* **goby**, **gobies** ['gəʊbɪz / go·bies] *s.* (*zool.*) ghiozzo; gobione.

go-by ['gəʊbaɪ] *s.*: *to give s.o., sthg. the* —, sorpassare, oltrepassare qlcu., qlco.; schivare, evitare, sottrarsi a qlcu., qlco.; non tenere alcun conto di qlcu., qlco.; fingere di non vedere qlcu., qlco.

go-cart ['gəʊkɑ:t] *s.* **1** → handcart **2** piccolo carretto rudimentale costruito dai ragazzi per i loro giochi (gare di discesa ecc.) con assi e ruote di recupero **3** (*amer.*) girello (per bambini) BRIT. baby-walker **4** (*amer.*) passeggino (per bambini) SIN. stroller BRIT. pushchair.

god [gɒd] *s.* **1** divinità; dio: *feast for the gods*, banchetto degno degli dei; *to worship false gods*, adorare false divinità, idoli // *household gods*, penati **2** (*fig.*) idolo: *to make a — of s.o., sthg.*, fare di qlcu., qlco. un idolo **3** *pl.* (*fam.*) gli spettatori del loggione, loggione **4** *God*, Dio: *to pray (to) God*, pregare Dio; *to hope to God*, (*fam.*) sperare ardentemente; *to swear to God*, (*fam.*) giurare su Dio; *to play God*, sentirsi un padreterno // *God Almighty*, Dio Onnipotente (anche come esclamazione); *God forbid!*, Dio non voglia; *God will- ing*, se Dio vuole, se tutto va bene; *God help me!*, Dio mi aiuti!; *God (alone) knows!*, (*fam.*) e chi lo sa!, Dio solo lo sa! // *what in God's name are you doing?*, in nome di Dio, cosa fai? // *oh God!, my God!, good God!*, oh Dio!, mio Dio!, buon Dio! // *thank God!*, grazie a Dio! // *God's acre*, cimitero // *God's book*, la Bibbia.

god-awful [,gɒd'ɔ:fʊl] *agg.* (*sl.*) orrendo; spaventoso; spiacevole: *she was wearing a — dress with pink polka dots and flowers*, indossava un vestito orribile a fiori e pois rosa // **-ness** *s.*

god box ['gɒdbɒks] *s.* (*fam. amer.*) **1** organo a canne **2** chiesa.

godchild ['gɒdtʃaɪld / god·child] *pl.* **godchildren** ['gɒd,tʃɪldrən / god·chil·dren] *s.* figlioccio, figlioccia (di battesimo).

goddammit [,gɒ'dæmɪt / god·dammit] *inter.* (*sl. amer.*) maledizione!, per Dio!

goddam(n) ['gɒdæm / god·dam(n)] *agg.* (*sl. spec. amer.*) maledetto, dannato: *he is a — fool*, è un maledetto stupido ◆ *avv.* (*sl. spec. amer.*) maledettamente, dannatamente: *that was a — stupid thing to do*, agire così è stato maledettamente stupido.

goddam(n) *s.* (*sl. spec. amer.*) accidente, fico secco: *I don't give a good —*, non me ne importa un bel niente.

to **goddam(n)** *v.tr.* (*sl. spec. amer.*) maledire: *I'll be goddamned*, che io sia maledetto ◆ *v.intr.* (*sl. spec. amer.*) imprecare, bestemmiare.

goddamned ['gɒd,dæmd / god·damned] *agg.* e *avv.* (*sl. spec. amer.*) → **goddam(n)**.

goddaughter ['gɒd,dɔ:tə* / god·daughter] *s.* figlioccia (di battesimo).

goddess ['gɒdɪs / god·dess] *s.* dea // — *of corn*, Cerere; — *of heaven*, Giunone; — *of hell*, Proserpina; — *of love*, Venere.

godfather ['gɒd,fɑ:ðə* / god·father] *s.* padrino (di battesimo).

god-fearing ['gɒd,fɪərɪŋ] *agg.* timorato di Dio; devoto, pio.

godforsaken ['gɒdfə,seɪkən / god·for·saken] *agg.* **1** abbandonato da Dio, sperduto, desolato, deprimente (di luogo) **2** miserabile, malvagio, cattivo (di persona).

god-given ['gɒdgɪvn] *agg.* mandato dal cielo.

godhead ['gɒdhed / god·head] *s.* **1** natura, essenza divina **2** divinità, dio.

godless ['gɒdlɪs / god·less] *agg.* **1** ateo **2** (*form.*) malvagio, empio // **-ly** *avv.* // **-ness** *s.*

godlike ['gɒdlaɪk / god·like] *agg.* divino; simile a Dio, a un dio.

godliness ['gɒdlɪnɪs / god·li·ness] *s.* devozione; religiosità.

godly ['gɒdlɪ] *agg.* religioso, pio, devoto.

godmother ['gɒd,mʌðə* / god·mother] *s.* madrina (di battesimo).

godown ['gəʊdaʊn / go·down] *s.* (*angloindiano*) magazzino, deposito.

godparent ['gɒd,peərənt / god·par·ent] *s.* padrino o madrina (di battesimo).

godsend ['gɒdsend / god·send] *s.* dono del cielo, benedizione; fortuna inaspettata: *it's a —*, (*fam.*) è una manna.

godship ['gɒdʃɪp / god·ship] *s.* (*rar.*) divinità, natura divina.

godson ['gɒdsʌn / god·son] *s.* figlioccio (di battesimo).

godspeed ['gɒd'spi:d / god·speed] *s.* (*antiq.*) successo; (augurio di) buona fortuna, buon viaggio.

godwit ['gɒdwɪt / god·wit] *s.* (*zool.*) pittima, beccaccia d'acqua.

goer ['gəʊə*] *s.* (*fam.*) **1** chi va: *comers and goers*, chi va e chi viene **2** camminatore, persona o cosa che si muove velocemente; trottatore: *this horse is a good —*, questo cavallo corre bene; *my old car was a real —*, la mia vecchia macchina filava sul serio **3** persona energica e attiva; persona aperta a nuove esperienze (soprattutto nel campo sessuale).

goethite ['gɜ:θaɪt / goeth·ite] *s.* (*min.*) goethite.

gofer ['gəʊfə*] *s.* (*fam. amer.*) fattorino; messo • Così chiamato per il fatto che gli viene continuamente richiesto di andare a fare (*to go for*) qualcosa.

goffer ['gɒfə* / gof·fer] *s.* ferro per arricciare, pieghettare, goffrare (tessuti, carta, cuoio).

to **goffer** *v.tr.* arricciare, pieghettare, goffrare (tessuti, carta, cuoio); stirare a cannoncini.

goffering ['gɒfərɪŋ / gof·fer·ing] *s.* **1** arricciatura, pieghettatura, goffratura (di tessuti, carta, cuoio); stiratura a cannoncini **2** pieghe (*pl.*); cannoncini (*pl.*).

go-getter ['gəʊ,getə*] *s.* (*fam.*) persona intraprendente, che mira al successo.

go-getting ['gəʊgetɪŋ] *agg.* (*fam.*) che si dà da fare, intraprendente; che mira al successo, rampante ◆ *s.* rampantismo.

goggle ['gɒgl] *agg.* stralunato, strabuzzato; sporgente (di occhi).

to **goggle** *v.tr.* stralunare, strabuzzare, roteare (gli occhi) ◆ *v.intr.* sporgere, essere sporgenti (di occhi).

goggle box ['gɒgl,bɒks] *s.* (*fam.*) televisore; televisione, tivù.

goggle-eyed ['gɒglaɪd] *agg.* (*fam.*) dagli occhi sporgenti; dagli occhi stralunati.

goggles ['gɒglz] *s.pl.* **1** occhiali di protezione; (*fam.*) occhialoni rotondi **2** (*vet.*) capogatto, capostorno.

go-go ['gəʊgəʊ] *agg. attr.* (*fam.*) **1** di discoteca o locale notturno // — *dancing*, ballo provocante eseguito da una o più ragazze in un locale notturno // — *girl*, entraîneuse **2** alla moda; intraprendente, brillante (negli affari).

Goidel ['gɔɪdɪl / Goi·del] *s.* celta.

Goidelic [gɔɪ'delɪk / Goi·delic] *agg.* gaelico, celtico ◆ *s.* lingua gaelica, celtica.

going ['gəʊɪŋ / go·ing] *agg.* **1** disponibile; esistente, a disposizione sul mercato: *this is the best job — in our firm*, questo è il miglior posto di lavoro disponibile nella nostra ditta; *is there a second-hand car —?*, c'è qualche macchina usata a disposizione?; *she is the most beautiful actress —*, è l'attrice più bella che ci sia **2** corrente, prevalente: *what's the — rate for this kind of job?*, qual è la tariffa corrente per questo tipo di lavoro?; (*econ.*) — *price*, prezzo corrente **3** funzionante, efficiente // *to have a lot — for one*, (*fam.*) avere molti vantaggi, molti aspetti positivi: *I think the new organization of the work has nothing — for it*, penso che la nuova organizzazione del lavoro non offra alcun vantaggio // (*comm.*): — *concern*, impresa florida, avviata; — *concern value*, valore di avviamento.

going *s.* **1** partenza **2** l'andare; il camminare // *comings and goings*, viavai **3** (condizioni del) terreno; percorso (*anche fig.*): *the — was too soft for the afternoon horse race*, il terreno era troppo molle per la corsa dei cavalli del pomeriggio; *I found it hard* (o *heavy*) *— when I started working*, è stata molto dura per me quando ho incominciato a lavorare // *to get out while the — is good*, andarsene finché si è in tempo, prima che sia troppo tardi **4** andatura, passo (*anche fig.*): *it took us three hours to get to Paris, which was good —, given the traffic*, ci abbiamo messo tre ore a raggiungere Parigi, il che, dato il traffico, è stato una bella impresa; *the — was slow because there were constant interruptions in the work*, si procedeva con lentezza perché il lavoro veniva interrotto continuamente // *bad, good —*, (*fam.*) cattiva, buona prestazione.

going-over [,gəʊɪŋ'əʊvə*] *pl.* **goings -over** *s.* (*fam.*) **1** esame; verifica; visita accurata; controllo: *we gave the motorcycle a good —*, abbiamo fatto una buona revisione alla motocicletta **2** sgridata, lavata di capo; pestaggio, botte (*pl.*).

goings-on [,gəʊɪŋz'ɒn] *s.pl.* (*fam.*) **1** comportamento, condotta (*sing.*), modi (spesso riprovevoli) **2** vicende, avvenimenti (di solito negativi e riprovevoli).

goiter e *deriv.* (*amer.*) → **goitre** e *deriv.*

goitre ['gɒɪtə*] *s.* (*med.*) gozzo.

goitred ['gɔɪtəd] *agg.* (*med.*) gozzuto.

goitrous ['gɔɪtrəs / goit·rous] *agg.* **1** (*med.*) affetto da gozzo **2** simile a gozzo; di gozzo.

go-kart ['gəʊkɑ:t] *s.* (*sport*) go-kart.

go-karting ['gəʊkɑ:tɪŋ] *s.* (*sport*) kartismo.

Golconda [gɒl'kɒndə / Gol·conda] *s.* (*fig.*) miniera di ricchezza • Dal nome di una città dell'India famosa nel XVI secolo per il taglio dei diamanti.

gold [gəʊld] *agg.* **1** d'oro, aureo: — *coin*, moneta d'oro; *a — ingot*, un lingotto d'oro; — *nugget*, pepita (d'oro) // (*comm.*) — *clause*, clausola oro // (*econ.*): — *reserve*, riserva aurea; — *premium*, aggio dell'oro // (*chim.*) — *number*, numero d'oro **2** di colore giallo oro; dorato ◆ *s.* **1** oro: *a vein of* —, una vena di oro; *to strike* —, trovare l'oro (*anche fig.*); *to pay in* —, pagare in oro **2** denaro, ricchezze (*pl.*); monete, gioielli d'oro **3** (*sport*) (medaglia d') oro **4** (colore) giallo oro.

gold-bearing ['gəʊld,beərɪŋ] *agg.* (*geol.*) aurifero: — *sand*, sabbia aurifera.

gold-beater ['gəʊld,bi:tə*] *s.* battiloro.

Goldberg ['gəʊld,bɜ:g / Gold·berg] *s.* (*sl. dei neri d'America*) ebreo (spec. uno che ha un negozio in un quartiere negro).

goldbrick ['gəʊld,brɪk / gold·brick] *s.* (*fam. amer.*) **1** lingotto di metallo dorato (spacciato per oro vero) **2** frode, inganno **3** scansafatiche, lavativo.

gold digger ['gəʊld,dɪgə*] *s.* **1** cercatore d'oro **2** (*brit. antiq.*, *fam. amer.*) donna che usa il proprio fascino per sedurre uomini ricchi.

gold dust ['gəʊlddʌst] *s.* **1** polvere d'oro **2** (*fig.*) persona, cosa molto richiesta e difficile da trovare: *a good plumber is like — today*, un buon idraulico è una rarità oggi **3** (*bot.*) (*Alyssum saxatile*) alisso delle rocce.

golden ['gəʊldən] *agg.* **1** d'oro; dorato: — *crown*, corona d'oro; — *hair*, capelli biondo oro // — *fleece*, vello d'oro // (*geogr.*) *Golden Horn*, Corno d'Oro // — *mean*, l'aurea mediocrità, il giusto mezzo // (*mat.*) — *rule*, regola aurea // — *wedding*, nozze d'oro // — *jubilee*, 50° anniversario **2** importante, prezioso; favorevole, fortunato, vantaggioso: *she is the — girl of US athletics, è la ragazza d'oro dell'atletica americana* // — *boy*, giovane rampante, di successo; giovane di belle speranze, molto promettente // — *chance* (o *opportunity*), occasione d'oro.

golden chain [,gəʊldən'tʃeɪn] *s.* (*bot.*) laburno, maggiociondolo → laburnum.

golden eagle [,gəʊldən'i:gl] *s.* (*zool.*) (*Aquila chrysaetos*) aquila reale.

golden handshake [,gəʊldən'hændʃeɪk] *s.* liquidazione (alla fine di un rapporto di lavoro).

goldenrod ['gəʊldənrɒd / golden·rod] *s.* (*bot.*) **1** (*Solidago virga aurea*) verga d'oro **2** (*pop.*) verga d'oro → Aaron's rod.

golden section [,gəʊldən'sekʃn] *s.* (*mat.*) sezione aurea.

goldfield ['gəʊldfi:ld / gold·field] *s.* (*miner.*) bacino aurifero.

gold filled ['gəʊldfɪld] *agg.* dorato.

goldfinch ['gəʊldfɪntʃ / gold·finch] *s.* (*zool.*) **1** (*Carduelis carduelis*) cardellino SIN. thistle finch **2** (*Carduelis tristis*) lucherino.

goldfish ['gəʊldfɪʃ / gold·fish] *s.pl.invar.* (*zool.*) **1** (*Carassius auratus*) ciprino dorato, carassio dorato **2** pesce rosso (in genere).

gold foil [,gəʊld'fɔɪl] → **gold leaf**.

goldilocks ['gəʊldɪ,lɒks / goldi·locks] *s.* (*bot.*) (*Ranunculus auricomus*) ranuncolo europeo.

gold leaf ['gəʊldli:f] *s.* oro in lamina sottile; foglia d'oro.

gold medal [,gəʊld'medl] *s.* medaglia d'oro.

gold-medallist [,gəʊld'medlɪst] *s.* medaglia d'oro, vincitore della medaglia d'oro, primo classificato.

goldmine ['gəʊldmaɪn / gold·mine] *s.* miniera d'oro (*anche fig.*) // *to be sitting on a* —, avere in mano una fortuna.

gold plate [,gəʊld'pleɪt] *s.* ⓤ **1** vasellame d'oro **2** doratura elettrolitica.

gold-plated [,gəʊld'pleɪtɪd] *agg.* dorato elettroliticamente, sottoposto a doratura elettrolitica.

gold-rimmed ['gəʊldrɪmd] *agg.* orlato, bordato d'oro.

gold rush ['gəʊldrʌʃ] *s.* corsa all'oro, febbre dell'oro (in particolare, quella verificatasi in California nel 1849).

goldsmith ['gəʊldsmɪθ / gold·smith] *s.* orafo, orefice.

goldsmith beetle [,gəʊldsmɪθ'bi:tl] *s.* (*zool.*) (*Cetonia aurata*) cetonia dorata; (*pop.*) moscon d'oro.

gold standard ['gəʊld,stændəd] *s.* (*fin.*) sistema aureo.

gold stone ['gəʊldstəʊn] *s.* (*min.*) avventurina.

gold-washer ['gəʊld,wɒʃə*] *s.* **1** cercatore d'oro (che lo estrae dalla sabbia aurifera con il metodo della levigazione) **2** vassoio, piatto dei cercatori d'oro.

golf [gɒlf] *s.* (*sport*) golf: *a round of* —, una partita di golf // — *widow*, donna che il marito trascura per giocare a golf.

to **golf** *v.intr.* giocare a golf.

golf course ['gɒlfkɔ:s] *s.* golf course, campo di golf SIN. golf links.

golfer ['gɒlfə*] *s.* giocatore di golf, golfista.

golf links ['gɒlflɪŋks] → **golf course**.

goliard ['gəʊljəd / gol·iard] *s.* goliardo.

goliardic [gəʊ'ljɑ:dɪk / gol·iardic] *agg.* goliardico.

golliwog ['gɒlɪwɒg / gol·li·wog] *s.* bambolotto negro grottesco.

golly ['gɒlɪ] *inter.* (*by*) —*!*, perdio!, per Bacco!

golosh [gə'lɒʃ] *s.* galoscia, soprascarpa in gomma.

goluptious [gə'lʌpʃəs / gol·up·tious] *agg.* (*scherz. antiq.*) delizioso.

gonad ['gəʊnæd] *s.* (*anat.*) gonade.

gonadotropic [gəʊ,nædə'trəʊpɪk / gon·ado·tropic] *agg.* (*biochim.*) gonadotropo.

gonadotropin [gəʊ,nædə'trəʊpɪn / gon·ado·tropin] *s.* (*biochim.*) gonadotropina.

gondola ['gɒndələ / gon·dola] *s.* **1** (*mar.*) gondola **2** (*aer.*) gondola, navicella **3** (*ferr. amer.*) pianale.

gondolier [,gɒndə'lɪə* / gon·do·lier] *s.* gondoliere.

gone *p.p.* di to **go** ◆ *agg.* **1** andato, passato: *it was — two o'clock when I got home*, erano passate le due quando tornai a casa **2** morto; perduto, finito; (*fig.*) esausto: *he is dead and* —, è morto e sepolto **3** lontano, assente **4** (*sl.*) innamorato: *to be — on s.o.*, essere innamorato di qlcu. **5** *far* —, in uno stadio avanzato: *the disease was too far* —, la malattia era troppo avanzata **6** (*fam.*) incinta **7** (*sl. amer.*) fantastico, eccezionale.

gonef → **gonif(f)**.

gone fishing [gɒn'fɪʃɪŋ *amer.* gɔ:n'fɪʃɪŋ] *agg.* (*sl. amer.*) assenteista; menefreghista.

goner [gɒnə* *amer.* gɔ:nə*] *s.* (*sl.*) persona morta; persona, cosa spacciata, in stato disperato: *I'm a —!*, sono finito!

gonfalon ['gɒnfələn / gon·fa·lon] *s.* gonfalone.

gonfalonier [,gɒnfələ'nɪə* / gon·fa·lon·ier] *s.* gonfaloniere.

gong [gɒŋ] *s.* **1** gong **2** (*sl. brit.*) medaglia.

to **gong** *v.intr.* suonare il gong; produrre suono simile a quello di un gong.

Gongorism ['gɒŋgərɪzəm / Gon·gor·ism] *s.* (*letter.*) gongorismo.

gonif(f) ['gɒnɪf] *s.* (*fam. amer.*) ladro.

goniometer [,gəʊnɪ'ɒmɪtə* / goni·ometer] *s.* (*metrol.*) goniometro.

goniometric [,gəʊnɪə'metrɪk / go·ni·ometric] *agg.* goniometrico.

goniometry [,gəʊnɪ'ɒmɪtrɪ / goni·ometry] *s.* goniometria.

gonna ['gɒnə] (*fam.*) contr. di *going to* (nella costruzione del futuro): *what's he — do?*, che farà?, che cosa ha intenzione di fare?; *he ain't — answer that question*, non risponderà a quella domanda.

gonococcal [,gɒnəʊ'kɒkəl / go·no·coc·cal] *agg.* (*med.*) gonococcico.

gonococcus [,gɒnə'kɒkəs / go·no·coc·cus] *pl.* **gonococci** [,gɒnə'kɒkaɪ / go·no·cocci] *s.* (*med.*) gonococco.

gonocyte ['gɒnə,saɪt / go·no·cyte] *s.* (*biol.*) gonocita.

go no-go [,gəʊ'nəʊgəʊ] *agg.* (*sl. amer.*) senza ritorno: *it's* —, non si potrà ritornare indietro, cambiare parere, avere dei ripensamenti.

gonorrh(o)ea [,gɒnə'ri:ə / go·nor·rh(o)ea] *s.* (*med.*) gonorrea.

go-not-go [,gəʊnɒt'gəʊ] *agg. attr.* (*di calibro*) passa-non passa.

goo [gu:] *s.* ⓤ (*fam.*) **1** sostanza appiccicosa **2** (*fig.*) sentimentalismo, stucchevolezza.

goober ['gu:bə*] *s.* (*sl. amer.*) arachide • Voce derivata da una parola congolese.

goober-grabber ['gu:bə,græbə*] *s.* (*fam. amer.*) georgiano, abitante, nativo della Georgia • Perché la Georgia è uno dei principali produttori di arachidi degli Stati Uniti.

good [gʊd] *comp.* **better** ['betə* / bet·ter] *superl.* **best** [best] *agg.* **1** buono; piacevole; bello; gentile; bravo, virtuoso: *it was a really — film*, era veramente un bel film; *have you heard the — news?*, hai sentito la bella notizia?; *I put in a — word for him*, ho messo una buona parola per lui; *it was — to see them again*, è stato bello rivederli; *it's too — to be true*, (è) troppo bello per essere vero; *he's* *getting better and had a — night*, sta migliorando (in salute) e ha passato bene la notte; *my aunt was very — to me when I was little*, mia zia è stata molto buona con me quand'ero piccolo; *it was — of you to go and see him in hospital*, è stato molto gentile da parte tua andare a trovarlo all'ospedale; *would you be so — as to change this cheque for me?*, saresti così gentile da cambiarmi questo assegno?; *she's in a — humour this afternoon*, è di buonumore questo pomeriggio; *we can count on his — nature*, possiamo contare sul suo buon carattere; *the children have been very — today, the children have been as — as gold*, i bambini sono stati molto bravi oggi, sono stati buoni come angeli // *we had a — time at the party*, ci siamo divertiti alla festa // *that's a — one!*, questa sì che è bella! // *he did me a — turn*, mi ha fatto un piacere // *— debts*, (*comm.*) crediti esigibili // (*dir.*) *— behaviour*, buona condotta // In espressioni augurali o di saluto: buon(o), buona: *— morning, afternoon, evening, day*, buon giorno, buon pomeriggio, buona sera, buona notte, buondì; *— luck!*, buona fortuna! **2** buono, di qualità, di buon livello; corretto, giusto: *why don't you read any — books?*, perché non leggi qualche buon libro?; *he went to a very — school*, ha frequentato un'ottima scuola; *she speaks very — French*, parla un ottimo francese; *he got — marks in the oral exam*, ha ottenuto buoni voti nell'esame orale; *put one of your — ties on for the occasion*, metti una delle cravatte buone (più eleganti) per l'occasione; *he was a — man and led a — life*, è stato un uomo onesto e ha vissuto rettamente; *she always gives money to — causes*, dà sempre il suo contributo per le giuste cause; *our firm has a very — name abroad*, la nostra ditta ha un'ottima reputazione all'estero; *it's a — thing the building has a special entrance for the handicapped*, è una buona cosa, è bene che l'edificio abbia un ingresso speciale per gli handicappati // *it's a — job you didn't throw away the receipt*, meno male che non hai buttato via la ricevuta **3** buono; utile, valido; abile, bravo, competente: *she's got a — chance of passing the test*, ha una buona probabilità di superare la prova; *he had — reasons for refusing their offer*, aveva validi motivi per rifiutare la loro offerta; *he's supposed to be a — business man*, si dice che sia un abile uomo d'affari; *is this ticket still —?*, è ancora valido questo biglietto?; *there was a — case for changing the old law*, c'era una valida occasione per cambiare la vecchia legge; *he's a — golfer and has won lots of competitions*, è un buon giocatore di golf e ha vinto molte gare; *he's very — at doing crosswords*, è molto abile a risolvere cruciverba; *it's not easy to be a — father*, non è facile essere un buon padre; *July is a — month for cherries*, luglio è un buon mese per le ciliege; *they used to be — friends*, erano buoni amici; *she has a — relationship with her mother-in-law*, ha un buon rapporto con la suocera; *it's hardly a — sign that he slammed the door as he went out*, non è un buon segno che abbia sbattuto la porta uscendo; *he lost a hand in the accident but he can still type with his — one*, ha perso una mano nell'incidente ma può ancora battere a macchina con quella sana; *a carpenter has to be — with his hands*, un falegname deve sapere usare bene le mani // *— for*, buono a, utile per: *soda is — for cleaning drains*, la soda è utile, va bene per pulire gli scarichi; *"He's had a big win in the sweepstake" "Good for him!* (o *Good on him!)"*, "Ha realizzato una grossa vincita alla lotteria" "Beato lui!"; *his old aunt was always — for a fiver*, la vecchia zia era sempre pronta a prestargli cinque sterline // *to make —*, avere successo; mettere in atto; risarcire, rimediare a: *he emigrated to the United States and made — there*, emigrò negli Stati Uniti e là fece fortuna; *she made — her threat to prosecute*, mise in atto la sua minaccia di fare causa; *after the fight, we had to make — all the damage to the pub*, dopo la rissa, abbiamo dovuto risarcire tutto il danno arrecato al pub **4** buono, efficace: *there's a — variety of carpets in that shop*, c'è una bella varietà di tappeti in quel negozio; *we had a — try at mending the dishwasher*, abbiamo avuto un bel da fare per riparare la lavatrice; *she had a — look at the dress before buying it*, ha guardato ben bene l'abito prima di acquistarlo; *take — care of the garden while we are away*, curate bene il giardino mentre siamo via; *we got to the station in — time*, arrivammo alla stazione per tempo // *with this new detergent, I get the pots — and clean*, con questo nuovo detersivo, le pentole vengono ben pulite // Con valore rafforzativo o enfatico: *this personal computer will cost you a — £ 1000*, questo personal computer ti costerà la bellezza di 1000 sterline; *it's a — bit more expensive than I thought*, è un bel po' più caro di quanto pensassi; *I met them in Paris a — while ago*, li ho incontrati a Parigi un bel po' di tempo fa **5** (*in frasi esclamative o esortative*) buono, ben fatto; bene: *"I've finished typing the letters, Mr Egg" "That's —!"*, "Ho finito di battere a macchina le lettere, Signor Egg" "Bene!"; *"They've won three medals in the swimming championships" "Very —!"*, "Hanno vinto tre medaglie nei campionati di nuoto" "Bene!"; *"May I go now, sir?" "Very —"*, "Posso andare ora, signore?" "Sì"; *Bert's going to pay for the drinks. Good old Bert!*, Bert ha intenzione di pagare il conto. Bravo Bert! // *— heavens!* (o *— gracious!*, o *— Lord!*), santo cielo! **6** *a — deal of, a — many*, molti, molte; un bel po' di, un buon numero di: *she had a — deal of trouble with her in-laws*, ha avuto molti problemi con i suoi parenti acquisiti; *there were a — many complaints about the programme*, ci sono state molte proteste riguardo al programma **7** *as — as*, praticamente, né più né meno che: *without a map, I'm as — as lost*, senza una piantina, sono letteralmente perso; *he as — as admitted he'd stolen the money*, ha praticamente ammesso di aver rubato il denaro; *his word is as — as his bond*, ci si può fidare della sua parola.

good *s.* **1** bene; virtù, moralità; correttezza: *for him the highest — was the welfare of the people*, il bene più alto per lui era il benessere del popolo; *Macbeth had to choose between — and evil*, Macbeth doveva scegliere tra bene e male; *he was up to no —*, stava facendo qlco. che non andava // *in those times, the Church was a power for —*, a quei tempi la Chiesa era una forte potenza benefica **2** bene, beneficio; felicità, prosperità; utilità, vantaggio: *the medicine did him more harm than —*, la medicina gli ha fatto più male che bene; *I told him his posting to the Liverpool office was all for his own —*, gli dissi che la sua assegnazione all'ufficio di Liverpool era tutta a suo vantaggio, per il suo bene; *and much — may it do you!*, e buon pro' ti faccia!; *it did me a power of —*, mi fece molto bene; *it's no —* (o *it isn't any —*), non serve; *it's no — offering him money, he won't accept it*, è inutile offrirgli dei soldi, non li accetta; *is it any — writing to them?*, vale la pena di scrivere loro?; *it is not a bit of —*, è proprio inutile; *I could complain to the management, but what — would it do?*, potrei lamentarmi con la direzione, ma a che servirebbe?; *what — is it?*, a che serve?; *what — will it do?*, a che servirà?; *what's the — of phoning him?*, a che serve telefonargli? // *he spends his Sundays cleaning his car and a lot of — that is!*, passa le sue domeniche a pulire la macchina, più inutile di così!; *for —*, per sempre: *he left her for —*, la lasciò per sempre // *it's all to the —*, è tutto di guadagnato **3** *pl.* (*fam.*) cosa, persona eccezionale: *this book, film is really the goods!*, questo libro, questo film è davvero eccezionale!

good *inter.* bene!

good afternoon [ˌgʊdɑːftəˈnuːn *amer.* ˌgʊdæftəˈnuːn] *inter.* buon pomeriggio.

good breeding [ˌgʊdˈbriːdɪŋ] *s.* buone maniere (*pl.*), buona educazione.

goodbye [gʊdˈbaɪ / good·bye] *inter.* e *s.* addio, arrivederci: *I must say —*, devo proprio salutarvi, andare // *to kiss sthg. —*, (*fam.*) dare l'addio a qlco.: *after that cock-up you can kiss — any chance of promotion*, dopo quel pasticcio puoi dare l'addio a ogni possibilità di promozione • È contr. di *God be with you*.

good cheer [ˌgʊdˈtʃɪə*] *s.* (*antiq.*) buonumore: *to be of —*, essere di buonumore.

good day [ˌgʊdˈdeɪ] *inter.* (*spec. amer., austr.*) buondì!, ciao!

good evening [ˌgʊdˈiːvnɪŋ] *inter.* buona sera.

good-for-nothing [ˈgʊdfəˌnʌθɪŋ] *agg.* inutile, senza valore ◆ *s.* buono a nulla: *he was a —*, era un inetto.

goodish [ˈgʊdɪʃ / good·ish] *agg.* **1** discreto, abbastanza buono **2** piuttosto grande: *it is a — step from here*, è a un buon tratto di strada da qui.

goodliness [ˈgʊdlɪnɪs / good·li·ness] *s.* (*non com.*) bellezza, avvenenza.

good-looker [ˌgʊdˈlʊkə*] *s.* (*fam.*) bell'uomo, bella donna.

good-looking [ˌgʊdˈlʊkɪŋ] *agg.* di bell'aspetto (di persona).

good looks [ˌgʊdˈlʊks] *s.pl.* bellezza, avvenenza, bell'aspetto (*sing.*).

goodly [ˈgʊdlɪ] *agg.* **1** bello, avvenente **2** ampio, grande, considerevole: *a — sum of money*, una bella somma di denaro **3** (*ant.*) di buona qualità **4** (*ant.*) splendido: *I saw two swans of goodly hue*, (SPENSER) vidi due cigni di splendido colore.

goodman [ˈgʊdmæn / good·man] *pl.* **goodmen** *s.* **1** (*ant.*) capo famiglia: *the goodman and the goodwife of the house where that offence was done... be in danger of great reproach and infamy*, (TH. MORE) il padrone e la padrona della casa dov'è stata perpetrata l'offesa... sono in gran pericolo di riprovazione e infamia **2** (*scoz.*) marito.

good morning [ˌgʊdˈmɔːnɪŋ] *inter.* buongiorno.

good-natured [ˌgʊdˈneɪtʃəd] *agg.* di buon cuore; buono.

goodness [ˈgʊdnɪs / good·ness] *s.* **1** bontà, virtù; gentilezza, benevolenza: *— of heart*, bontà di cuore; *please, have the — to help me*, per piacere, abbiate la gentilezza di aiutarmi **2** l'essenza, il meglio (di qlco.): *to extract all the — out of sthg.*, estrarre il meglio da qlco.; *— gracious!*, santo cielo!; *— knows!*, chissà!; *— me!* (o *my —!*), Dio mio!; *thank —!*, meno male!; *for —' sake!*, per l'amor del cielo!; *I wish to — he would go!*, vorrei proprio che se ne andasse!

goodnight [,gʊd'naɪt / good·night] *inter.* buonanotte.

goods [gʊdz] *s.pl.* (*comm.*) **1** merci, merce; articoli; prodotti: *— on bond*, giacenza di magazzino; *leather —*, articoli in cuoio; *manufactured —*, manufatti; *electrical household —*, elettrodomestici; *his firm deals in electrical —*, la sua ditta tratta articoli elettrici; *his job has to do with goods and services*, il suo lavoro ha a che fare con merci e servizi; *to deliver the —*, consegnare la merce; (*fam.*) adempiere ai propri impegni, mantenere la parola // *he made all sorts of promises, but when it came to it he couldn't deliver the —*, fece ogni sorta di promesse ma alla resa dei conti non vi tenne fede // *fine — in small parcels*, (*prov.*) in botte piccola sta buon vino **2** beni (economici): *capital —*, beni di produzione; *consumer —*, beni di consumo; *fast-moving consumer goods*, articoli, generi di consumo e rapido smercio; *durable* (o *hard*) *—*, beni di consumo durevoli // (*dir.*) *— privileged from execution*, beni pignorabili.

good-sized [,gʊd'saɪzd] *agg.* di media grandezza.

goods train ['gʊdztreɪn] *s.* (*ferr.*) treno merci.

goods wagon ['gʊdz,wægən] *s.* (*ferr.*) carro merci.

goods yard ['gʊdzjɑ:d] *s.* (*ferr.*) scalo merci.

good-time Charley ['gʊdtaɪm'tʃælɪ] *s.* (*fam. amer.*) buontempone.

goodwife ['gʊdwaɪf / good·wife] *pl.* **goodwives** ['gʊdwaɪvz] *s.* (*ant.*) padrona di casa; massaia; moglie.

goodwill [,gʊd'wɪl / good·will] *s.* **1** benevolenza, favore: *to enjoy s.o.'s —*, godere della benevolenza di qlcu. **2** zelo, buona volontà: *to set to work with —*, mettersi all'opera di buon animo **3** (*comm.*) avviamento (di una ditta).

goody[1] [gʊdɪ] *s.* (*ant.*) buona donna; comare.

goody[2] *s.* (*spec. pl.*) (*fam.*) **1** chicca, caramella; golosità, stuzzichino **2** cosa piacevole, desiderabile: *I went to Harrods and there were lots of goodies*, sono andata da Harrods e c'erano molte cose carine.

goody[2] *inter.* (*fam.*) bene!; ottimo!; che bellezza!

goody[3], **goody-goody** ['gʊdɪ'gʊdɪ] *agg.* (*fam.*) buono; troppo buono (per debolezza, sentimentalismo ecc.); *don't be —*, non essere tre volte buono ◆ *s.* chi affetta troppa bontà, virtù: *she played the —*, faceva la santarellina.

gooey ['gu:i:] *agg.* (*fam.*) **1** appiccicoso **2** stucchevole, troppo dolce **3** (*fig.*) sdolcinato, troppo sentimentale.

goof [gu:f] *s.* (*fam.*) **1** persona sciocca, stupida **2** (*spec. amer.*) errore stupido.

to **goof** *v.intr.* (*fam. spec. amer.*) prendere un granchio, fare un errore stupido.

□ **goof around**, **off** *v.intr.* e *avv.* (*fam. amer.*) oziare, perdere tempo; scansare i propri compiti o responsabilità.

goofball ['gu:fbɔ:l / goof·ball] *s.* (*sl. amer.*) **1** sonnifero, tranquillante **2** persona eccentrica.

goofiness ['gu:fɪnɪs / goofi·ness] *s.* (*fam.*) stupidità.

goof off ['gu:fɒf] *s.* (*fam. amer.*) lazzarone.

goofy ['gu:fɪ] *agg.* (*sl.*) scemo, sciocco.

googly ['gu:glɪ] *s.* (*cricket*) lancio della palla ad effetto.

gooiness ['gu:i:nɪs / gooï·ness] *s.* (*fam.*) sentimentalismo, stucchevolezza.

gook [gu:k] *s.* (*sl. amer.*) (*spreg.*) indigeno (di colore); asiatico.

gooky ['gu:kɪ] *agg.* (*fam. amer.*) viscido, unto.

goola ['gu:lə] *s.* (*sl. dei neri d'America*) piano, pianoforte // *— box*, juke-box.

goolie, **gooly** ['gu:lɪ] *s.* **1** (*austr.*) piccola pietra **2** *pl.* (*volg.*) testicoli.

goomer ['gu:mə* / goo·mer] *s.* (*fam. amer.*) ipocondriaco.

goon [gu:n] *s.* (*sl.*) **1** babbeo; stupido **2** sicario; gorilla: *— squad*, squadra di gorilla **3** (*amer.*) ostruzionista; crumiro.

gooney bird ['gu:nɪ,bɜ:d] *s.* (*sl. amer. aer.*) velivolo DC-3.

goop [gu:p] *s.* (*fam. amer.*) **1** → glop **2** persona stupida, noiosa.

goosander [gu:'sændə* / goos·an·der] *s.* (*zool.*) (*Mergus merganser*) smergo maggiore.

goose [gu:s] *pl.* **geese** [gi:s] *nel senso 2 e 3* **gooses** ['gu:sɪz] *s.* **1** oca // *all his geese are swans*, (*fam.*) egli magnifica tutto quello che fa // *to cook s.o.'s —*, (*fam.*) rompere le uova nel paniere a qlcu. // *to cook one's —*, (*fam.*) darsi la zappa sui piedi // *to kill the — that lays the golden eggs*, (*fam.*) uccidere la gallina dalle uova d'oro **2** (*sl.*) stupido, sciocco **3** ferro da stiro (per sarto).

to **goose** *v.tr.* (*fam. amer.*) dare una pacca sul sedere (a qlcu.).

gooseberry ['gʊzbərɪ *amer.* 'gu:sberɪ / goose·berry] *s.* **1** (*bot.*) (*Ribes grossularia*) uva spina: *— bush*, arbusto d'uva spina SIN. whitesmith **2** (*bot.*) → currant **3** vino di uva spina **4** il terzo incomodo: *to play —*, (*fam.*) tenere il lume, reggere il moccolo.

gooseberry-fool [,gʊzbrɪ'fu:l] *s.* crema di uva spina e panna.

goose-drownder ['gu:s,draʊndə*] *s.* (*fam. amer.*) acquazzone.

gooseflesh ['gu:sfleʃ / goose·flesh] *s.* pelle d'oca.

goosefoot ['gu:s,fʊt / goose·foot] *s.* (*bot.*) (*Chenopodium urbicum*) piè d'oca.

goose-grass ['gu:s,grɑ:s] *s.* (*bot.*) **1** (*Potentilla anserina*) piè di gallo **2** (*Galium aparine*) attaccavesti, attaccamani SIN. cleavers **3** (*Bromus mollis*) spigolina.

gooseherd ['gu:shɜ:d / goose·herd] *s.* guardiano di oche.

gooseneck ['gu:snek / goose·neck] *s.* (*mecc.*) collo d'oca.

gooseneck barnacle [,gu:snek'bɑ:nəkl] *s.* (*zool.*) lepade.

goosestep ['gu:sstep / goose·step] *s.* passo dell'oca.

goosey ['gu:sɪ] *s.* ochetta.

goosy ['gu:sɪ] *agg.* (*fam. amer.*) ipersensibile.

gopher[1] ['gəʊfə* / go·pher] → **goffer**.

gopher[2] *s.* (*zool.*) **1** (*Gopherus polyphemus*) tartaruga gopher **2** citello.

goral ['gɔ:rəl] *s.* (*zool.*) goral, antilope indiana.

gorbelly ['gɔ:belɪ / gor·belly] *s.* (*ant.*) pancione.

gorblimey [gɔ:'blaɪmɪ / gor·bli·mey] *inter.* (*sl.*) che mi venga un colpo!

Gordian knot [,gɔ:djən'nɒt / Gor·dian knot] *s.* (*mit.*) nodo gordiano; (*fig.*) problema difficile // *to cut the —*, tagliare il nodo gordiano, intervenire drasticamente per risolvere un problema.

gore[1] [gɔ:*] *s.* sangue (rappreso, versato).

gore[2] *s.* **1** zona, striscia di terreno a forma di cuneo **2** godet; gherone **3** spicchio della superficie di un pallone, ombrello, vela ecc.

to **gore**[2] *v.tr.* **1** tagliare in triangolo (stoffa ecc.): *gored skirt*, gonna svasata, a godet **2** inserire un gherone in.

to **gore**[3] *v.tr.* colpire, ferire con le corna, incornare: *gored to death by a bull*, colpito a morte da un toro.

gorge [gɔ:dʒ] *s.* **1** (*geogr.*) gola, forra **2** (*fam.*) abbuffata, scorpacciata: *to have a —*, fare una scorpacciata **3** (*rar.*) cibo appena ingerito (da un falco) // *to make one's — rise*, disgustare, far venire la nausea **4** (*ant.*) gola, fauci **5** (*mecc.*) gola **6** (*arch.*) gola **7** (*ant. mil.*) gola.

to **gorge** *v.tr.* **1** satollare; rimpinzare; mangiare con ingordigia; inghiottire **2** ostruire, intasare: *the streets were gorged with traffic*, le strade erano intasate dal traffico ◆ *v.intr.* rimpinzarsi; satollarsi: *he gorged on fish*, si rimpinzò di pesce.

gorgeous ['gɔ:dʒəs / gor·geous] *agg.* (*fam.*) **1** magnifico, splendido, favoloso; stupendo **2** fastoso, sontuoso; sgargiante **3** (*di stile*) ricercato // **-ly** *avv.* // **-ness** *s.*

gorget[1] ['gɔ:dʒɪt / gor·get] *s.* **1** (*st. abbigl.*) gorgiera **2** collarino (di uccello).

gorget[2] *s.* (*med.*) sonda scanalata.

gorgon ['gɔ:gən / gor·gon] *s.* (*fam.*) gorgone; donna repellente.

gorgonia [gɔ:'gəʊnɪə / gor·go·nia] *pl.* **gorgoniae** [gɔ:'gəʊnii:] **gorgonias** *s.* (*zool.*) gorgonia.

gorgonian [gɔ:'gəʊnɪən / gor·go·nian] *agg.* (*rar.*) gorgoneo, di gorgone.

gorilla [gə'rɪlə / gor·illa] *s.* **1** (*zool.*) (*Gorilla gorilla*) gorilla **2** (*sl.*) gorilla, guardia del corpo.

gorily ['gɔ:rɪlɪ / gor·ily] *avv.* sanguinosamente.

gormand e *deriv.* → **gourmand** e *deriv.*

gormandizer ['gɔ:məndaɪzə* / gor·mand·izer] *s.* ghiottone, goloso.

gorse [gɔ:s] *s.* (*bot.*) (*Ulex europaeus*) ginestrone, ginestra spinosa.

Gorsedd ['gɔ:seð/ Gor·sedd] *s.* **1** riunione di bardi, druidi del Galles **2** luogo di tale riunione.

gory ['gɔ:rɪ] *agg.* **1** insanguinato **2** cruento, sanguinoso.

gosh [gɒʃ] *inter.* (*sl.*): (*by*) *—!*, perdinci!, perbacco!

goshawk ['gɒshɔ:k / gos·hawk] *s.* (*zool.*) (*Accipiter gentilis*) astore.

gosling ['gɒzlɪŋ / gos·ling] *s.* papero, paperino.

go-slow [,gəʊ'sləʊ] *s.* sciopero bianco AMER. slowdown.

gospel ['gɒspl / gos·pel] *s.* **1** Vangelo: *the Gospel according to St. John*, il Vangelo secondo S. Giovanni // *— oath*, giuramento fatto sulla Bibbia **2** dottrina; credo: *he's always preaching the — of vegetarianism*, predica sempre il vegetarianismo **3** — (*truth*), principio; verità inconfutabile, assoluta: *they take that for* (o *as*) — (*truth*), lo credono come se fosse vangelo **4** (*mus.*) — (*music*), gospel: *— singer*, cantante di gospel.

gospeller ['gɒspələ* / gos·pel·ler] amer. **gospeler** [gos·pel·er] *s.* **1** lettore del Vangelo durante il servizio religioso **2** predicatore: *a hot —*, un ardente predicatore.

gossamer ['gɒsəmə* / gos·samer] *agg.* leggero e sottile ♦ *s.* **1** (filo di) ragnatela **2** garza, tessuto finissimo.

gossamery ['gɒsəmərɪ / gos·sam·ery] *agg.* sottile; leggero; delicato.

gossan ['gɒsən / gos·san] *s.* (*geol.*) cappello di ferro, cappellaccio.

gossip ['gɒsɪp / gos·sip] *s.* **1** [U] chiacchiera, pettegolezzo: *don't believe all the — you hear*, non credere a tutte le chiacchiere che senti // *— column*, rubrica di cronaca rosa **2** [U] chiacchierata: *to have a good — with a neighbour*, fare una bella chiacchierata con un vicino **3** pettegolo; ciarlone **4** (*ant.*) vecchia conoscenza; compare, comare; padrino, madrina: *no noise, my lord; but needful conference / about some gossip for your highness*, (SH. Winter's Tale) nessun chiasso, mio signore; ma un colloquio necessario, riguardo a dei compari di battesimo per vostra altezza.

to **gossip** *v.intr.* **1** chiacchierare; far pettegolezzi **2** (*ant.*) tenere a battesimo: *...With a world / of pretty, fond, adoptious christendoms, / that blinking Cupid gossips*, (SH. All's Well) ...un mondo di piccoli, affettuosi, insulsi nomignoli cui il cieco Cupido fa da padrino.

gossiper ['gɒsɪpə* / gos·sip·er] *s.* chiacchierone; pettegolo.

gossiping ['gɒsɪpɪŋ / gos·sip·ing] *s.* chiacchierio; il fare chiacchiere; pettegolezzo.

gossipy ['gɒsɪpɪ / gos·sipy] *agg.* **1** chiacchierone; pettegolo **2** confidenziale: *a — tone*, un tono confidenziale.

gossoon [gɒ'su:n / gos·soon] *s.* (*irl.*) garzone; ragazzo.

got *pass.p.p.* di to **get**.

gotcha ['gɒtʃə] *inter.* (*fam.*) (abbr. di *I've got you*) (ti ho) preso!

Goth [gɒθ] *s.* **1** goto **2** (*fig.*) barbaro, vandalo.

Gotham ['gəʊtəm *nel senso 2* 'gəʊθəm] *s.* **1** tipica città di sciocchi: *wise man of —*, sciocco **2** (*sl. amer.*) la città di New York.

Gothamite ['gəʊtəmaɪt / Goth·am·ite] **Gothamist** ['gəʊtəmɪst / Goth·am·ist] *s.* **1** semplicione, credulone **2** (*sl. amer.*) abitante di New York.

Gothic ['gɒθɪk] *agg.* **1** gotico // *— novel*, romanzo gotico **2** (*fig.*) barbaro, rozzo **3** (*arch.*) gotico, ogivale **4** (*tip.*) gotico ♦ *s.* **1** lingua gotica **2** architettura gotica **3** (*tip.*) carattere gotico.

gothically ['gɒθɪkəlɪ / goth·ic·ally] *avv.* alla maniera gotica.

gothicism ['gɒθɪsɪzəm / gothi·cism] *s.* **1** stile gotico; goticismo **2** (*non com.*) rozzezza; barbarie.

to **gothicize** ['gɒθɪsaɪz / gothi·cize] *v.tr.* rendere gotico, medievale.

(to) **goto** ['gəʊ,tu: / go·to] *s.* e *v.intr.* (*inform.*) vai a.

gotta ['gɒtə] (*fam.*) **1** contr. di *got to*, col significato di 'dovere': *I've — go* (o *I — go*), devo andare; *she's — be crazy*, dev'essere pazza; *they'd — be wrong*, dovevano aver torto **2** contr. di *got a*, col significato di 'avere': *I — dog*, ho un cane.

gotten *p.p.* (*ant.*, *amer.*) di to **get**.

gouache [gʊ'ɑ:ʃ / gou·ache] *s.* guazzo, pittura a guazzo.

gouda (cheese) ['gaʊdə(tʃi:z)] *s.* formaggio olandese.

gouge [gaʊdʒ] *s.* **1** (*mecc.*) sgorbia **2** (*geol.*) coppe **3** (*med.*) sgorbia **4** (*sl. amer.*) truffatore; truffa.

to **gouge** *v.tr.* **1** (*mecc.*) scavare, intagliare con la sgorbia **2** estrarre con la sgorbia **3** (*sl. amer.*) ingannare; defraudare.

□ **gouge out** *v.tr.* e *avv.* cavare (fuori).

goulash ['gu:læʃ / gou·lash] *s.* (*cuc.*) gulash.

gourd [gʊəd] *s.* **1** (*bot.*) (*Cucurbita pepo*) zucca (pianta e frutto) **2** zucca vuota (recipiente) **3** (*ant.*) dado falso: *let vultures gripe thy guts, for gourd and fullam holds*, (SH. Merry Wives of Windsor) gli avvoltoi ti divorino le budella, perché il gioco dei falsi e truccati dadi rende.

gourdiness ['gʊədɪnɪs / gourdi·ness] *s.* (*vet.*) gonfiore (delle gambe di cavallo).

gourmand ['gʊəmənd / gour·mand] *agg.* goloso ♦ *s.* **1** goloso, ghiottone **2** buongustaio.

gourmandism ['gʊəməndɪzəm / gour·mand·ism] *s.* **1** ghiottoneria **2** amore per la buona tavola.

to **gourmandize** ['gʊəməndaɪz / gour·mand·ize] *v.intr.* rimpinzarsi, fare una scorpacciata.

gourmet ['gʊəmeɪ / gour·met] *s.* buongustaio; conoscitore (di vini ecc.).

gout[1] [gaʊt] *s.* **1** (*med.*) gotta, podagra **2** (*agr.*) malattia del grano **3** (*form.*) goccia (specialmente di sangue); macchia; schizzo: *I see thee still; / and on thy blade and dudgeon gouts of blood*, (SH. Macbeth) io ti vedo ancora; e sulla lama e sul manico gocce di sangue.

gout[2] *s.* (*rar.*) canale (anche sotterraneo).

gout[3] [gu:] *s.* gusto.

goutiness ['gaʊtɪnɪs / gouti·ness] *s.* (*med.*) condizione di gottoso.

gouty ['gaʊtɪ] *agg.* (*med.*) gottoso.

to **govern** ['gʌvn / gov·ern] *v.tr.* **1** governare, amministrare: *to — a country, a city*, governare un paese, amministrare una città **2** regolare; influenzare: *the laws that — the behaviour of sub-atomic particles are not yet fully understood*, le leggi che regolano il comportamento delle particelle subatomiche non sono ancora del tutto note; *you mustn't be governed by what other people say*, non devi lasciarti influenzare da ciò che dicono gli altri **3** controllare: *she can't — herself*, non sa dominarsi; *to — one's emotions*, controllare le proprie emozioni **4** (*gramm.*) reggere: *to — the accusative*, reggere l'accusativo **5** (*mecc.*) regolare ♦ *v.intr.* governare: *the King reigns but does not —*, il re regna ma non governa.

governable ['gʌvnəbl / gov·ern·able] *agg.* docile, sottomesso; governabile.

governance ['gʌvnəns / gov·ern·ance] *s.* (*form.*) **1** governo; direzione **2** autorità, dominio.

governess ['gʌvnɪs / gov·ern·ess] *s.* istitutrice.

governing ['gʌvnɪŋ / gov·ern·ing] *agg.* **1** governante, che governa, regola: *the — principle of British politics is the sovereignty of Parliament*, principio fondamentale della politica britannica è la sovranità del parlamento // (*dir. comm.*) *— director*, amministratore di società // *— body*, corpo dirigente (di scuola, università ecc.) **2** principale.

government ['gʌvnmənt / gov·ern·ment] *s.* **1** governo; forma di governo; ministero: *form of —*, regime; *republican —*, governo repubblicano; *to form a —*, formare un governo, un ministero; *to serve in a —*, far parte di un ministero // *Her Majesty's Government*, il governo di Sua Maestà (Britannica) // *— offices*, uffici governativi // (*dir.*): *— bill*, disegno di legge governativo; *— witness*, (*amer.*) testimone d'accusa // (*econ.*): *— income* (o *— revenue*), entrate pubbliche; *— expenditure* (o *— expenses*), spesa pubblica; *— grant*, sovvenzione statale; *— monopoly*, monopolio di stato; *— control*, dirigismo **2** amministrazione; (*amer.*) il governo, l'amministrazione federale: *local —*, amministrazione locale; autogoverno locale; decentramento; *central —*, amministrazione centrale **3** (*ant.*) governatorato // *— house*, residenza ufficiale del governatore.

governmental [,gʌvn'mentl / gov·ern·mental] *agg.* governativo; del governo.

governor ['gʌvənə* / gov·ernor] *s.* **1** governatore **2** (*fam.*) capo; padre; principale, padrone **3** (*mecc.*) regolatore.

governor-general [,gʌvənə'dʒenərəl] *pl.* **governors-general**, **governor-generals** *s.* governatore generale.

governorship ['gʌvənəʃɪp / gov·ernor·ship] *s.* **1** la funzione di governatore **2** governatorato.

gowan ['gaʊən] *s.* (*bot. scoz.*) (*Bellis perennis*) margheritina.

gowk [gaʊk] *s.* **1** (*zool. pop.*) cuculo → cuckoo **2** (*ant.*) sempliciotto, stupido.

gown [gaʊn] *s.* **1** vestito lungo: *evening —*, abito da sera; *wedding —*, abito da sposa **2** (*non com.*) veste, abito (da donna) **3** toga (degli universitari, dei magistrati, degli antichi romani ecc.) // *town and —*, i cittadini e i membri dell'università (a Cambridge e Oxford).

to **gown** *v.tr.* rivestire con la toga.

gowned [gaʊnd] *agg.* in toga, togato.

goy [gɔɪ] *pl.* **goyim** ['gɔɪɪm] **goys** *s.* (*sl.*) non ebreo, gentile (detto da un ebreo).

gozzan ['gɒzən] *s.* (*geol.*) → **gossan**.

grab [græb] *s.* **1** presa; stretta; tentativo di afferrare: *to make a — for* (o *at*) *sthg.*, tentare di afferrare qlco. // *to be on the* —, (*fam.*) cercare di impadronirsi di qlco. // *to have* (o *to get*) *the — on*, (*sl.*) aver vantaggio su // *to be up for grabs*, (*fam.*) essere libero, pronto per essere afferrato: *the contract is up for grabs*, il contratto è lì per chi lo vuole **2** gioco di carte per bambini **3** (*mecc.*) benna a denti // — *crane*, gru a benna.

to **grab** *pass.p.p.* **grabbed** [græbd] *v.tr.* **1** acchiappare, afferrare; agguantare (*anche fig.*): *he grabbed the letter*, afferrò la lettera; *he grabbed hold of my arm*, mi agguantò per un braccio; — *your chance while you can*, afferra l'occasione quando puoi // *to — at* (o *for*), cercare di afferrare // *to — a bite* (*to eat*), (*fam.*) mangiare un boccone **2** (*fam.*) arrestare, catturare **3** (*mecc.*) bloccare, ingranare **4** (*ind.*) prendere con la benna ◆ *v.intr.* **1** (*at, for, onto*) fare un tentativo, tentare di afferrare (qlco.) **2** (*mecc.*) bloccarsi, ingranarsi.

grab-ass ['græb,æs] *s.* (*sl. amer.*) amoreggiamento, carezze amorose, 'petting'.

grab bag ['græb,bæg] *s.* (*fam. amer.*) pesca a sorpresa (al luna park); pozzo di San Patrizio.

grabber ['græbə* / grab·ber] *s.* **1** (*spreg.*) accaparratore; arraffone **2** (*inform.*) — *hand*, manina.

to **grabble** ['græbl] *v.intr.* **1** andare a tastoni; procedere a tastoni: *she grabbled under the desk for her thimble*, cercava a tastoni il ditale sotto il tavolo **2** (*rar.*) buttarsi per terra; sdraiarsi.

grabby ['græbı] *agg.* (*fam. amer.*) avido, egoista.

graben ['grɑ:bən] *s.* (*geol.*) fossa tettonica.

grace [greıs] *s.* **1** grazia, garbo, modi gentili (*pl.*): *to do sthg. with —, with (a) good, (a) bad* —, fare qlco. con grazia, di buona grazia, di mala grazia; *he had the — to apologize for his oversight*, ha avuto la delicatezza di scusarsi per la sua svista; *social graces*, buone maniere **2** avvenenza, leggiadria // (*mit.*) *the three Graces*, le Tre Grazie **3** favore: *to be in s.o.'s graces*, essere nelle grazie di qlcu.; *to fall from* —, cadere in disgrazia // — *and favour* (*of the Queen*), concesso in vitalizio (dalla regina) **4** grazia, perdono (*anche dir.*) // *Act of* —, amnistia, atto di clemenza **5** (*teol.*) grazia divina: *in a state of* —, in stato di grazia // *by the — of God*, per grazia di Dio // *there but for the — of God* (*go I*), questo per grazia di Dio non è successo a me **6** (*comm.*) dilazione: *days of* —, giorni di grazia (dilazione concessa per pagamenti); *he was given a month's — to pay back the loan*, gli fu concesso un mese di proroga per restituire il prestito **7** breve preghiera prima, dopo i pasti: *to say* —, dire la preghiera a tavola **8** (*mus.*) abbellimento, fioritura // — *notes*, note di passaggio **9** *Grace*, Grazia (titolo onorifico per duchi, arcivescovi): *His Grace the Duke of X*, sua Grazia il duca di X.

to **grace** *v.tr.* adornare, abbellire; favorire; dotare; onorare: *to — the meeting with one's presence*, onorare il convegno della propria presenza; *to be graced with beauty*, avere il dono della bellezza.

graceful ['greısfʊl / grace·ful] *agg.* grazioso, leggiadro; aggraziato; gentile // **-ly** *avv.*

gracefulness ['greısfʊlnıs / grace·ful·ness] *s.* gentilezza; grazia; eleganza.

graceless ['greıslıs / grace·less] *agg.* **1** sgraziato; sgarbato **2** inelegante **3** (*teol.*) non in stato di grazia **4** depravato, scellerato // **-ly** *avv.* // **-ness** *s.*

gracile ['græsıl / gra·cile] *agg.* gracile, esile; sottile e aggraziato.

gracility [grə'sılıtı / gra·cil·ity] *s.* **1** gracilità, esilità; sottigliezza aggraziata **2** semplicità disadorna (di stile).

gracious ['greıʃəs / gra·cious] *agg.* **1** condiscendente, clemente; benigno, buono, misericordioso; grazioso (di sovrano): — *and merciful God!*, Dio benigno e pietoso!; *our — Queen*, la nostra graziosa regina // *good* (o *my*) —*!*, buon Dio!; *good — no!*, nemmeno per sogno! **2** cortese, gentile **3** agiato: — *living*, una vita agiata **4** (*ant.*) attraente // **-ly** *avv.*

graciousness ['greıʃəsnıs / gra·cious·ness] *s.* **1** gentilezza, cortesia **2** benignità, indulgenza, condiscendenza; misericordia.

grackle ['grækl] *s.* (*zool.*) gracola.

grad [græd] *s.* (*fam. amer.*) abbr. di → **graduate**.

to **gradate** [grə'deıt / grad·ate] *v.tr.* **1** sfumare (colori) **2** graduare ◆ *v.intr.* **1** sfumare (di colori) **2** disporsi, ordinarsi per gradi.

gradation [grə'deıʃn / grada·tion] *s.* **1** gradazione **2** (*pitt.*) sfumatura **3** (*filologia*) apofonia.

gradational [grə'deıʃənl / grada·tional] *agg.* graduale // **-ly** *avv.*

grade [greıd] *s.* **1** grado; rango: *every — of society*, ogni grado sociale; *official grades*, gerarchia; *the rank of captain is one — lower than that of major*, il rango di capitano è inferiore di un grado a quello di maggiore; *he has a high — of intelligence*, ha un alto livello di intelligenza **2** qualità: *high* —, di qualità elevata, alta qualità; *top* —, di qualità superiore // *leaf grades*, qualità di foglia (di tè) **3** (*amer.*) classe, anno (di scuola); *pl.* scuola elementare: *an elementary school in the United States has eight grades*, negli Stati Uniti la scuola elementare ha otto classi // — *school*, scuola elementare; — *eacher*, insegnante elementare **4** (*amer.*) voto, classificazione: *I must get good grades this year*, devo prendere dei bei voti quest'anno **5** (*amer.*) pendio, pendenza; inclinazione (di un pendio): *on the up, down* —, in salita, discesa (di ferrovia; livello ecc.) // *to make the* —, raggiungere la sommità di un pendio; (*fig.*) riuscire a raggiungere la meta **6** incrocio (di animale con uno di razza pura) **7** (*zool.*) sottospecie **8** (*miner.*) tenore.

to **grade** *v.tr.* **1** graduare; classificare **2** (*amer.*) classificare, valutare (a scuola) **3** livellare **4** (*zootecnia*) incrociare (un animale) con uno di razza pura; selezionare **5** sfumare (colore) ◆ *v.intr.* **1** sfumare (di colore) **2** essere in pendenza.

grade crossing [,greıd'krɒsıŋ] *s.* (*amer.*) → **level crossing**.

gradely ['greıdlı / grade·ly] *agg.* (*dial.*) adatto, appropriato, conveniente; bello ◆ *avv.* bene; appropriatamente; esattamente.

grader [greıdə*] *s.* **1** (*tecn.*) selezionatore **2** (*mecc.*) livellatrice **3** (*amer.*) alunno.

gradient ['greıdjənt / gra·di·ent] *agg.* che sale, scende gradatamente ◆ *s.* **1** pendenza, inclinazione: *bad* (o *heavy*) —, pendenza forte; *good* —, pendenza dolce // (*ferr.*) *steady* —, livelletta **2** (*scient.*) gradiente: *barometric* —, gradiente barometrico; (*geol.*) *geothermal* —, gradiente geotermico.

gradine [grə'di:n / gra·dine] *s.* gradina (scalpello da scultore).

grading ['greıdıŋ / grad·ing] *s.* **1** gradazione, classificazione; valutazione **2** livellamento (di terreno) **3** selezione (di bestiame) **4** sfumatura (di colore).

gradual ['grædʒʊəl / grad·ual] *agg.* **1** graduale **2** lieve (di pendio) ◆ *s.* (*eccl.*) graduale // **-ly** *avv.*

gradualism ['grædʒʊəlızəm / grad·ual·ism] *s.* gradualismo.

graduality [,grædʒʊ'ælıtı / grad·ual·ity] *s.* gradualità.

gradualness ['grædʒʊəlnıs / grad·ual·ness] *s.* gradualità.

graduate ['grædʒʊət / gradu·ate] *agg.* **1** laureato **2** (*amer.*) diplomato **3** (*amer.*) che offre un titolo superiore di specializzazione dopo la laurea (p.e. un M.A., M.S. o un Ph.D.): — *school*, facoltà frequentata da laureati per il conseguimento della specializzazione **4** (*rar.*) graduato // (*amm.*) — *pension*, pensione calcolata sugli ultimi stipendi.

to **graduate** ['grædjʊeıt] *v.intr.* **1** laurearsi; (*amer.*) licenziarsi (da istituti, scuole), diplomarsi: *he graduated at Oxford*, si laureò ad Oxford; *he graduated from a high school*, prese il diploma di scuola media superiore **2** venir promossi, passare (di grado): *she graduated from writing scripts to directing her own films*, è passata dalla sceneggiatura alla regia dei suoi stessi film **3** cambiarsi gradualmente ◆ *v.tr.* **1** (*spec. amer.*) dare una laurea, un diploma a: *this university has graduated three hundred students*, questa università ha laureato trecento studenti **2** graduare (termometro, recipiente ecc.) **3** proporzionare **4** (*comm.*) rateizzare.

graduated ['grædjʊeıtıd / gradu·ated] *agg.* **1** graduato **2** graduale; progressivo // (*trib.*) — *tax*, tassa progressiva.

graduation [,grædjʊ'eıʃn / gradu·ation] *s.* **1** laurea; (*amer.*) diploma, licenza: — *ceremony*, cerimonia di consegna delle lauree, dei diplomi **2** graduazione **3** *pl.* graduazione, scala graduata (di termometro ecc.).

graduator ['grædjʊeıtə* / gradu·ator] *s.* strumento graduatore.

Graeco- ['grekəʊ] *pref.* it. greco-: — *-Roman*, greco-romano.

graffitist [grə'fi:tıst / graf·fit·ist] *s.* graffitista.

graffito [grɑ:'fi:təʊ *amer.* græ'fi:təʊ / graf·fito] *pl.* **graffiti** [grɑ:'fi:ti: *amer.* græ'fi:ti: / graf·fiti] *s.* graffito.

graft[1] [grɑ:ft *amer.* græft] *s.* **1** (*med.*) innesto, trapianto, impianto: — *versus-host reaction*, reazione di rigetto al trapianto **2** (*bot.*) innesto; albero innestato.

to **graft**[1] *v.tr.* **1** (*med.*) trapiantare, innestare, impiantare **2** (*agr.*) innestare **3** (*fig.*) innestare, congiungere.

graft[2] *s.* (*fam.*) lavoro faticoso, duro.

to **graft**[2] *v.intr.* (*fam. brit.*) lavorare duramente, sgobbare.

graft[3] *s.* (*sl. amer.*) concussione, corruzione politica; mangeria, ruberia, mangia mangia.

to **graft**[3] *v.intr.* (*sl. amer.*) fare illeciti guadagni (attraverso cariche pubbliche).

grafter[1] ['grɑ:ftə* *amer.* græftə*] *s.* innestatore.

grafter[2] *s.* (*fam. brit.*) sgobbone.

grafter[3] *s.* (*sl. amer.*) mangione; chi trae illeciti guadagni da cariche pubbliche.

grafting [ˈgrɑːftɪŋ *amer.* græftɪŋ / graft·ing] *s.* (*agr.*) innesto.

grafting knife [ˈgrɑːftɪŋ,naɪf] *s.* (*agr.*) innestatoio.

grail[1] [greɪl] *s.* (*eccl. ant.*) graduale.

grail[2] *s.* gral (il sacro calice usato da Gesù nell'ultima cena) // *Holy Grail*, Santo Gral.

grain[1] [greɪn] *s.* **1** chicco, grano, granello (*anche fig.*): *a — of mustard seed*, un granello di senape; *a — of rice*, un chicco di riso; *a — of sense*, un briciolo di buon senso; *with a — of salt*, (*fam.*) con discernimento, con un pizzico di sale in zucca **2** ⓤ granaglie, cereali (*pl.*); grano, frumento; biada **3** grano (unità di peso = 0,0648 g) **4** venatura (di legno, pietra); grana (di pelle, cuoio ecc.) **5** (*metall., fis., fot. ecc.*) grana: *— refining*, affinazione della grana **6** (*geol.*) granulo // *— size*, grano (di una roccia); *— size analysis*, granulometria; analisi granulometrica **7** (*fig.*) inclinazione, tendenza: *it goes against the — for me to do it*, lo faccio proprio a malincuore **8** grana, carminio di cocciniglia; (*ant.*) tinta, colore solido: *'Tis in grain, sir, 'twill endure wind and weather*, (SH. Twelfth Night) il colore è resistente, signore, e non stingerà né al sole né al vento.

to **grain**[1] *v.tr.* **1** (*agr.*) granire **2** granulare **3** tingere in grana **4** zigrinare, granire (cuoio, tessuto ecc.) **5** (*conceria*) pelare, depilare ◆ *v.intr.* **1** formare granuli **2** (*agr.*) granire **3** (*bot.*) formare grani, granire.

grain[2] *s.* **1** (*dial.*) ramo **2** (*dial.*) rebbio **3** (*mar.*) *pl.* fiocina.

grain alcohol [ˈgreɪn,ælkəhɒl] *s.* (*chim.*) etanolo.

grain drill [ˈgreɪn,drɪl] *s.* (*agr.*) seminatrice.

grained [greɪnd] *agg.* **1** a struttura granulare **2** marezzato **3** zigrinato, granito: *— paper*, carta zigrinata.

grain harvester [ˈgreɪn,hɑːvɪstə*] *s.* (*agr.*) mietitrice.

grain leather [ˈgreɪn,leðə*] *s.* cuoio fiore.

grainy [ˈgreɪnɪ] *agg.* **1** granoso **2** granuloso.

gralloch [ˈgrælək / gral·loch] *s.* interiora (di cervo, daino ecc.).

gram[1] [græm] *s.* (*bot. non com.*) (*Cicer arietinum*) cece.

gram[2] *s.* grammo.

gram-atom [ˈgræmˈætəm] *s.* (*chim.*) grammoatomo.

gram-atomic weight [,græmə,tɒmɪkˈweit] *s.* (*chim.*) peso atomico in grammi.

gram-calorie [ˈgræmˈkælərɪ] *s.* (*fis., chim.*) (piccola) caloria.

gramercy [grəˈmɜːsɪ / gra·mercy] *inter.* (*ant.*) grazie.

graminaceous [,greɪmɪˈneɪʃəs / gra·min·aceous] *agg.* (*bot.*) graminaceo.

gramineous [grəˈmɪnɪəs / gra·min·eous] *agg.* (*bot.*) graminaceo.

graminicolous [,græmɪˈnɪkələs / gram·in·icol·ous] *agg.* (*zool.*) graminicolo.

graminivorous [,græmɪˈnɪvərəs / gra·mi·ni·vor·ous] *agg.* (*zool.*) graminivoro, erbivoro.

graminoid [ˈgræmɪnɔɪd / gra·min·oid] *agg.* (*bot.*) erbaceo.

grammalogue [ˈgræməlɒg / gram·ma·logue] *s.* logogramma; stenogramma.

grammar [ˈgræmə* / gram·mar] *s.* **1** grammatica: *French — is very difficult*, la grammatica francese è molto difficile; *his — is shocking*, parla e scrive molto male; *an English —*, una grammatica inglese **2** cognizioni basilari (*pl.*): *he has no head for the — of electioneering*, non capisce i principi di base della propaganda elettorale.

grammarian [grəˈmeərɪən / gram·mar·ian] *s.* (*non com.*) grammatico; filologo; linguista.

grammar-school [ˈgræməskuːl] *s.* **1** scuola secondaria **2** (*amer.*) scuola elementare.

grammatic(al) [grəˈmætɪk(l) / gram·matic, gram·mat·ic·al] *agg.* **1** grammaticale **2** che rispetta le regole della grammatica, grammaticalmente corretto.

grammatically [grəˈmætɪkəlɪ / gram·mat·ic·ally] *avv.* grammaticalmente.

to **grammaticize** [grəˈmætɪsaɪz / gram·mat·icize] *v.tr.* (*non com.*) rendere grammaticale ◆ *v.intr.* discutere di grammatica.

gramme → **gram**[2].

gram-molecular weight [ˈgræmməʊ,lekjʊləˈweɪt] *s.* (*chim.*) peso molecolare in grammi.

gram-molecule [ˈgræmˈmɒlɪkjuːl] *s.* (*chim.*) grammomolecola.

grammy [ˈgræmɪ] *s.* (*amer.*) premio per il miglior disco dell'anno.

Gram-negative [ˈgræmˈnegətɪv] *agg.* (*biol.*) gram-negativo.

gramophone [ˈgræməfəʊn / gramo·phone] *s.* grammofono.

Gram-positive [ˈgræmˈpɒzətɪv] *agg.* (*biol.*) gram-positivo.

grampus [ˈgræmpəs / gram·pus] *s.* (*zool.*) (*Grampus griseus*) grampo grigio // *to breathe* (o *puff* o *wheeze*) *like a —*, (*fam. antiq.*) respirare rumorosamente.

gran [græn] *s.* (*fam.*) nonna.

granary [ˈgrænərɪ / gran·ary] *s.* **1** granaio **2** (*fig.*) granaio; regione ricca di grano: *Russia was the — of Europe*, la Russia era il granaio d'Europa ◆ *agg.* integrale: *five — loaves, please*, cinque pani integrali, per favore.

grand [grænd] *agg.* **1** grande, superbo, grandioso, imponente: *— palace*, palazzo imponente; *to live in — style*, vivere in grande stile, vivere con lusso **2** importante; celebre; nobile: *this is a — moment for us all*, è un momento importante per tutti noi // *— lady*, gran dama; *— manners, air*, tono, aria d'importanza // *to do the —*, darsi delle arie **3** nobile, sublime: *Lincoln had a — character*, Lincoln aveva un carattere nobile **4** (*antiq.*) piacevole, divertente: *a — party*, una festa piacevole; *we had a — time at Rhyll*, ci siamo divertiti molto a Rhyll **5** magnifico, eccellente: *in — conditions*, in condizioni eccellenti **6** principale: *the — staircase*, scala principale, scalone d'onore **7** intero, completo: *a — orchestra*, grande orchestra; *a — total*, somma totale **8** (*fam.*) ammirevole: *you're a — girl, Nancy*, sei una ragazza ammirevole, Nancy **9** *Grand, Gran* (nei titoli ufficiali): *Grand Duchy*, Granducato; *Grand Duke, Grand Duchess*, granduca sovrano, granduchessa sovrana.

grand *s.* **1** (*fam.*) pianoforte **2** (*pl. invar.*) (*fam.*) biglietto o somma da mille dollari o mille sterline.

grandad [ˈgrændæd / gran·dad] *s.* (*fam.*) **1** nonno **2** vecchio.

grandaddy [ˈgrændædɪ / gran·daddy] *s.* (*fam.*) **1** nonno **2** il più grande, il più importante: *Django was the — of all post-war jazz guitarists*, Django fu il più importante chitarrista jazz del dopoguerra.

grandam [ˈgrændæm / gran·dam] *s.* (*ant.*) **1** nonna; antenata **2** donna vecchia.

grandchild [ˈgræntʃaɪld / grand·child] *pl.* **grandchildren** [ˈgræntʃɪldrən / grand·chil·dren] *s.* nipotino, nipotina; abiatico, abiatica.

granddad, **granddaddy** → **grandad**, **grandaddy**.

granddaughter [ˈgræn,dɔːtə* / grand·daughter] *s.* nipote, abiatica.

grandee [grænˈdiː / gran·dee] *s.* (*antiq.*) **1** Grande di Spagna o del Portogallo **2** persona eminente.

grandeur [ˈgrændʒə* / grand·eur] *s.* **1** grandiosità, magnificenza, splendore, maestà: *the — of the Alps*, la grandiosità delle Alpi **2** importanza; grandezza, nobiltà // *delusions of —*, manie di grandezza.

grandfather [ˈgrænd,fɑːðə* / grand·father] *s.* **1** nonno **2** antenato **3** (*inform.*) periodo di conservazione degli archivi di tre generazioni (di archivi).

to **grandfather** *v.tr.* (*inform.*) non aumentare la potenza di (un elaboratore, effettuando solo la manutenzione ordinaria).

grandfather clock [ˈgrænd,fɑːðəˈklɒk] *s.* grande orologio a pendolo.

grandiloquence [grænˈdɪləkwəns / gran·di·loquence] *s.* magniloquenza, grandiloquenza.

grandiloquent [grænˈdɪləkwənt / gran·di·loquent] *agg.* magniloquente, ampolloso // **-ly** *avv.*

grandiose [ˈgrændɪəʊz / gran·di·ose] *agg.* grandioso; pomposo // **-ly** *avv.*

grandiosity [,grændɪˈɒsɪtɪ / gran·di·os·ity] *s.* (*non com.*) grandiosità; fastosità.

grand jury [,grændˈdʒʊərɪ] *s.* (*dir. amer.*) gran giurì (organo popolare di istruzione e accusa nella fase preliminare del processo).

grandly [ˈgrændlɪ / grand·ly] *avv.* grandiosamente; superbamente; magnificamente.

grandma [ˈgrænmɑː / grand·ma] *s.* (*fam.*) **1** nonna **2** (*amer.*) anziana signora **3** (*amer.*) la marcia più bassa (nei camion).

grand mal [,grɑːnˈmɑːl] *s.* (*med.*) epilessia generalizzata, grande male.

grandmamma [ˈgrænmə,mɑː / grand·mamma] → **grandma**.

Grand Master [,grændˈmɑːstə* *amer.* grændˈmæstə*] *s.* **1** gran maestro (di scacchi) **2** gran maestro (di ordine cavalleresco o loggia massonica).

grandmother [ˈgræn,mʌðə* / grand·mother] *s.* **1** nonna **2** antenata.

grandmotherly [ˈgræn,mʌðəlɪ / grand·mother·ly] *agg.* **1** di, da nonna **2** pignolo, meticoloso **3** ansioso.

grandnephew [ˈgræn,nevjuː *amer.* ˈgræn,nefjuː / grand·nephew] *s.* pronipote (maschio).

grandness ['grændnɪs / grand·ness] *s.* grandezza, grandiosità.

grandniece ['grænni:s / grand·niece] *s.* pronipote (femmina).

grandpa ['grænpɑ:] **grandpapa** ['græn pə,pɑ: / grand·papa] *s.* (*fam.*) nonno; (*amer.*) uomo anziano.

grandparent ['græn,peərənt / grand·parent] *s.* nonno, nonna.

grand piano [,grændpɪ'ænəʊ] *s.* (*mus.*) pianoforte a coda.

grand prix [,grɑ:n'pri:] *pl.* **grands prix** *s.* (*sport*) gran premio.

grandsire ['græn,saɪə* / grand·sire] *s.* (*ant.*) **1** nonno; antenato **2** uomo anziano.

grand slam [,grænd'slæm] *s.* (*sport, bridge*) grande slam.

grandson ['grænsʌn / grand·son] *s.* nipote, abiatico.

grandstand ['grænd̮stænd / grand·stand] *s.* tribuna // — *finish*, serrata finale.

to **grandstand** *v.intr.* (*amer.*) esibirsi in maniera ostentata, mettersi in mostra.

grand tour [,grænd'tʊə*] *s.* **1** (*st.*) viaggio in Europa fatto dai giovani inglesi, di nobile famiglia, per completare l'istruzione **2** giro turistico lungo e bene organizzato: *we went on a — of Athens*, abbiamo girato Atene in lungo e in largo.

grange [greɪndʒ] *s.* **1** (*ant.*) masseria, fattoria: *this is Venice; / my house is not a grange*, (SH. Othello) questa è Venezia; la mia casa non è un casolare **2** (*amer.*) sindacato di agricoltori.

granger ['greɪndʒə* / gran·ger] *s.* **1** fattore, agricoltore **2** (*amer.*) associato al sindacato agricoltori.

grangerism ['greɪndʒərɪzəm / gran·ger·ism] *s.* illustrazione di un libro con vignette, disegni ecc. ritagliati da altri libri.

to **grangerize** ['greɪndʒəraɪz / gran·ger·ize] *v.tr.* illustrare (un libro) con stampe, figure ecc. ritagliate da un altro libro.

graniferous [grə'nɪfərəs / gra·ni·fer·ous] *agg.* (*bot.*) granifero.

graniform ['grænɪfɔ:m / grani·form] *agg.* graniforme.

granite ['grænɪt / gran·ite] *s.* (*geol.*) granito.

granitic [græ'nɪtɪk / gran·itic] *agg.* (*geol.*) granitico.

granitoid ['grænɪtɔɪd / gran·it·oid] *agg.* (*geol.*) granitoide.

granivorous [grə'nɪvərəs / grani·vor·ous] *agg.* (*zool.*) granivoro.

granny ['grænɪ] *s.* (*fam.*) nonnina.

granny-flat ['grænɪ,flæt] *s.* appartamentino annesso a una casa più grande (spec. per ospitare una persona anziana).

granola [grə'nəʊlə / gran·ola] *s.* (*amer.*) miscela di frutta secca e cereali → **muesli**.

grant [grɑ:nt *amer.* grænt] *s.* **1** (*dir.*) assegnazione; sovvenzione, allocazione, donazione, cessione (di un bene); atto di donazione // (*econ.*) *grants related to assets*, contributi in conto capitale **2** borsa di studio: *to receive a state —*, ottenere una borsa di studio statale **3** concessione; rilascio (di brevetti, permessi ecc.).

to **grant** *v.tr.* **1** assegnare; conferire; dare: *the government has granted each family the sum of £ 50,000 for hurricane damage*, il governo ha assegnato 50.000 sterline a ogni famiglia per i danni causati dall'uragano **2** concedere, accordare; rilasciare (permessi ecc.): *to — a pardon*, concedere la grazia; *to — a person permission to do sthg.*, dare a una persona il permesso di fare qlco.; *to — a privilege to s.o.*, accordare un privilegio a qlcu. **3** ammettere, acconsentire; esaudire: *granted!*, va bene!, d'accordo!, l'ammetto! // *to take sthg. for granted*, accettare qlco. come vera; dare qlco. per scontato; *you can't take him for —*, è imprevedibile **4** cedere, trasmettere (proprietà, atti ecc.) ◆ *v.intr.* (*form.*) acconsentire, ammettere.

grantable ['grɑ:ntəbl *amer.* 'græntəbl / grant·able] *agg.* (*non com.*) concedibile, accordabile.

grantee [grɑ:n'ti: *amer.* græn'ti:] *s.* (*dir.*) concessionario; donatario; beneficiario.

grantor [grɑ:n'tɔ:* *amer.* græn'tɔ:*] *s.* (*dir.*) concedente; donante, donatore.

granular ['grænjʊlə* / granu·lar] *agg.* (*form.*) granulare, granuloso.

granularity [,grænjʊ'lærɪtɪ / granu·lar·ity] *s.* (*form.*) granulosità.

granulate ['grænjʊleɪt / granu·late] *agg.* (*non com.*) granulato; granulare.

to **granulate** *v.tr.* **1** granulare, cristallizzare **2** granire (una superficie) **3** (*bot.*) fare i granelli ◆ *v.intr.* **1** granularsi, cristallizzarsi **2** granirsi **3** granularsi; cicatrizzarsi (di ferita): *an open granulating wound*, una ferita aperta in via di cicatrizzazione.

granulation [,grænjʊ'leɪʃn / granu·la·tion] *s.* **1** granulazione **2** granitura **3** (*bot.*) granulomatosi (degli agrumi).

granule ['grænju:l / gran·ule] *s.* granello; granulo (*anche med.*).

granulite ['grænjʊlaɪt / gran·ul·ite] *s.* (*geol.*) granulite.

granulocyte ['grænjələʊ,saɪt / gran·ulo·cyte] *s.* (*biol.*) granulocita.

granuloma [,grænjʊ'ləʊmə / gran·ul·oma] *pl.* **granulomas**, **granulomata** [,grænjʊ'l əʊmətə] *s.* (*med.*) granuloma.

granulometry [,grænjʊ'lɒmətrɪ / granu·lo·metry] *s.* (*geol.*) granulometria.

granulous ['grænjʊləs / gran·ul·ous] *agg.* granuloso.

grape [greɪp] *s.* **1** acino, chicco d'uva **2** *pl.* uva: *a bunch of grapes*, un grappolo d'uva; *to gather grapes*, vendemmiare; *sour grapes*, uva acerba; *it's just sour grapes*, è solo invidia // *dessert grapes*, uva da tavola **3** (*fam. amer.*) vino; champagne **4** *pl.* (*vet.*) grappa (di cavalli).

grapefruit ['greɪpfru:t / grape·fruit] *s.* (*bot.*) (*Citrus paradisi*) pompelmo (anche il frutto).

grapeshot ['greɪpʃɒt / grape·shot] *s.* (*mil.*) mitraglia.

grapestone ['greɪpstəʊn / grape·stone] *s.* vinacciuolo.

grape sugar ['greɪp,ʃʊgə*] *s.* destrosio.

grapevine ['greɪpvaɪn / grape·vine] *s.* **1** (*bot.*) vite → **vine** **2** (*fam.*) diceria; informazione ufficiosa: *I heard it through the —*, l'ho sentita come diceria.

graph [græf] *s.* **1** grafico, diagramma // — *paper*, carta millimetrata **2** (*mat.*) grafo: — *theory*, teoria dei grafi.

to **graph** *v.tr.* (*tecn.*) tracciare il grafico di.

grapheme ['græfi:m / graph·eme] *s.* (*ling.*) grafema.

graphic ['græfɪk] *agg.* **1** grafico, che riguarda le arti grafiche: — *designer*, disegnatore grafico; — *arts*, arti grafiche; — *scale*, scala grafica **2** (*fig.*) vivido; preciso, chiaro: *a — description*, una descrizione vivida // **-ally** *avv.*

graphics ['græfɪks / graph·ics] *s.* [U] **1** arti grafiche (*pl.*) **2** grafica.

graphite ['græfaɪt / graph·ite] *s.* (*min.*) grafite: — *crucible*, crogiuolo di grafite; — *rheostat*, resistenza di grafite; — *treated oil*, olio grafitato // (*fis. nucleare*) — *moderated reactor*, reattore moderato a grafite.

graphitization [,græfɪtaɪ'zeɪʃn *amer.* ,græfɪtɪ'zeɪʃn / graph·it·iza·tion] *s.* (*chim.*) grafitizzazione.

grapho- ['græfəʊ] *pref.* di origine greca usato per formare *s.* e *agg.*; indica relazione con la scrittura; it. grafo-: *graphospasm*, grafospasmo; *graphophone*, grafofono.

graphology [græ'fɒlədʒɪ / grapho·logy] *s.* grafologia.

graphometer [græ'fɒmɪtə* / grapho·meter] *s.* **1** grafometro **2** goniometro.

graphospasm ['græfə,spæzəm / grapho·spasm] *s.* (*rar.*) grafospasmo, crampo dello scrittore.

grapnel ['græpnəl / grap·nel] *s.* **1** raffio, rampino **2** (*mar.*) grappino, ancorotto.

grapple ['græpl] *s.* **1** lotta corpo a corpo **2** (*mar.*) grappino; ancorotto.

to **grapple** *v.tr.* **1** avvinghiare, abbrancare, afferrare **2** (*mar.*) rampinare ◆ *v.intr.* **1** avvinghiarsi, afferrarsi **2** (*mar.*) grappinare; ancorarsi **3** ingaggiare un corpo a corpo, lottare: *to — with an enemy*, lottare con un nemico **4** (*fig.*) essere alle prese, cercare di superare (una difficoltà): *he was grappling with financial difficulties*, era alle prese con delle difficoltà finanziarie.

grappling iron ['græplɪŋ,aɪən / grap·pling iron] *s.* **1** raffio, rampino **2** (*mar.*) grappino; ancorotto.

graptolite ['græptə,laɪt / grap·to·lite] *s.* (*paleont.*) graptolite.

grapy ['greɪpɪ] *agg.* **1** a grappolo; di, simile a grappolo **2** (*vet.*) affetto da grappa.

grasp [grɑ:sp *amer.* græsp] *s.* **1** stretta, presa: *to lose one's —*, lasciare la presa; *to wrest sthg. from s.o.'s —*, strappare qlco. dalle mani di qlcu. **2** impugnatura (di remo) **3** portata; capacità; possibilità: *it's within, beyond his —*, è nelle sue possibilità, alla sua portata, è al di là delle sue possibilità, della sua capacità **4** padronanza; conoscenza; comprensione: *she's got a sound — of physics*, ha una solida conoscenza della fisica.

to **grasp** *v.tr.* **1** afferrare, prendere; impugnare; serrare, stringere: *to — s.o.'s hand*, afferrare qlcu. per la mano // *to — the nettle*, (*fam.*) prendere il toro per le corna **2** afferrare (*anche fig.*): *to — the opportunity*, afferrare l'occasione // — *all, lose all*, (*prov.*) chi troppo vuole nulla stringe **3** comprendere, capire: *I can't — what you mean*, non riesco a capire che cosa tu voglia dire; *to — a fact, a meaning*, capire un fatto, un significato ◆

v.intr. aggrapparsi, attaccarsi; cercare di afferrare (*anche fig.*): *he grasped at the only chance he had*, si attaccò alla sua unica possibilità; *to — at straws*, attaccarsi a tutto.

grasping ['grɑ:spɪŋ *amer.* 'græspɪŋ / grasp·ing] *agg.* 1 tenace 2 avido // **-ly** *avv.*

graspingness ['grɑ:spɪŋnɪs *amer.* 'græspɪŋnɪs / grasp·ing·ness] *s.* (*non com.*) avidità, cupidigia.

grass [grɑ:s *amer.* græs] *s.* 1 [U] erba; prato; pascolo, pastura: *a blade of —*, un filo d'erba; *to send a horse out to —*, mandare un cavallo al pascolo; *to be at —*, essere al pascolo; (*fig.*) essere in vacanza // (*please*) *keep off the —*, è vietato calpestare il prato // *to put s.o. out to —*, (*fig.*) mandare qlcu. in pensione // *don't let the — grow under your feet*, (*fig.*) non perdere tempo 2 [U] (*sl.*) marijuana, erba 3 (*sl.*) informatore 4 (*bot.*) graminacea 5 (*radar*) erbetta, ondulazione 6 (*miner.*) superficie.

to **grass** *v.tr.* 1 coprire d'erba 2 pascolare 3 stendere sul prato (tela, canapa) per il candeggio 4 (*fam. antiq.*) abbattere, far cadere (persone, uccelli) 5 tirare (il pesce) a riva ◆ *v.intr.* 1 coprirsi d'erba 2 (*sl.*) spifferare, fare una soffiata: *he grassed on them to the police*, è stato lui a fare una soffiata su di loro alla polizia.

grass cloth ['grɑ:sklɒθ *amer.* 'græsklɒθ] *s.* (tessuto di) seta vegetale.

grass-green [,grɑ:s'gri:n *amer.* ,græs'gri:n] *agg.* e *s.* (di) color verde prato.

grasshopper ['grɑ:s,hɒpə* *amer.* 'græs ,hɒpə* / grass·hop·per] *s.* 1 (*zool.*) cavalletta 2 (*aer.*) cicogna 3 (*rad.*) cavalletto, trasmettitore meteorologico.

grassiness ['grɑ:sɪnɪs *amer.* 'græsɪnɪs / grassi·ness] *s.* l'essere erboso.

grassland ['grɑ:slænd *amer.* 'græslænd / grass·land] *s.* 1 pascolo 2 prateria.

grass-pea ['grɑ:spi: *amer.* 'græspi:] *s.* → **chickling**.

grass-plot [,grɑ:s'plɒt *amer.* ,græs'plɒt] *s.* prato (artificiale, seminato).

grass roots [,grɑ:s'ru:ts *amer.* ,græs'ru:ts] *s.pl.* 1 zona rurale 2 (*fig.*) base, livello popolare.

grass-roots *agg.attr.* 1 rurale 2 (*fig.*) popolare, della base: *the party has got a lot of — support in the north*, il partito ha avuto un grande sostegno popolare nel nord.

grass snake ['grɑ:ssneɪk *amer.* 'græssneɪk] *s.* biscia.

grass widow [,grɑ:s'wɪdəʊ *amer.* ,græs 'wɪdəʊ] *s.* donna il cui marito è temporaneamente assente; vedova bianca.

grass widower [,grɑ:s'wɪdəʊə* *amer.* ,græs'wɪdəʊə*] *s.* uomo la cui moglie è temporaneamente assente.

grassy ['grɑ:sɪ *amer.* 'græsɪ] *agg.* erboso.

grate [greɪt] *s.* 1 grata, griglia, inferriata 2 (*cuc.*) gratella, graticola 3 focolare.

to **grate** *v.tr.* 1 grattugiare: *grated cheese*, formaggio grattugiato 2 digrignare: *to — one's teeth*, digrignare i denti ◆ *v.intr.* stridere; cigolare: *the door grated on its hinges*, la porta cigolò sui cardini; *those sounds — upon my ear*, quei suoni mi straziano le orecchie // *to — on one's nerves*, dare sui nervi.

grateful ['greɪtfʊl / grate·ful] *agg.* 1 grato, riconoscente 2 caro, gradito, piacevole // **-ly** *avv.* // **-ness** *s.*

grater ['greɪtə*] *s.* grattugia.

graticule ['grætɪkju:l / grat·ic·ule] *s.* 1 (*pitt., disegno*) graticola 2 (*cartografia*) reticolato, reticolo 3 (*fis.*) reticolo.

gratification [,grætɪfɪ'keɪʃn / grati·fica·tion] *s.* 1 ricompensa; gratifica 2 piacere, diletto; soddisfacimento.

to **gratify** ['grætɪfaɪ / grat·ify] *v.tr.* 1 appagare, soddisfare; dilettare; compiacere 2 ricompensare; gratificare: *it remains, / ... / to gratify his noble service*, (SH. Coriolanus) resta da decidere, ..., come ricompensare i suoi nobili servigi.

gratifying ['grætɪfaɪɪŋ / grati·fy·ing] *agg.* soddisfacente; piacevole // **-ly** *avv.*

gratin ['grætæŋ / gra·tin] *s.* (*cuc.*) gratin.

grating[1] ['greɪtɪŋ / grat·ing] *agg.* 1 stridente, aspro, dissonante 2 spiacevole; urtante ◆ *s.* stridore // **-ly** *avv.*

grating[2] *s.* 1 grata, inferriata 2 (*fis.*) reticolo.

gratis ['greɪtɪs / gra·tis] *agg.* gratuito ◆ *avv.* gratis.

gratitude ['grætɪtju:d *amer.* 'grætɪtu:d / grat·it·ude] *s.* gratitudine, riconoscenza: *a debt of —*, un debito di gratitudine; *to show — to s.o. for sthg.*, mostrare gratitudine verso qlcu. per qlco.

gratuitous [grə'tju:ɪtəs *amer.* grə'tu:ɪtəs / gra·tu·it·ous] *agg.* 1 gratuito 2 gratuito, ingiustificato: *a — insult*, un insulto ingiustificato // **-ly** *avv.* // **-ness** *s.*

gratuity [grə'tju:ɪ,tɪ *amer.* grə'tu:ɪtɪ / gra·tu·ity] *s.* 1 gratifica; indennità (di buonuscita, congedo ecc.); piccola donazione 2 mancia, regalia.

gratulate ['grætjʊlət / gratu·late] *agg.* (*ant.*) gradito: *there's more behind that is more gratulate*, (SH. Measure for Measure) c'è dell'altro in serbo di più gradito.

gratulation [,grætjʊ'leɪʃn / gratu·la·tion] *s.* (*rar.*) congratulazione.

gratulatory ['grætjʊlətərɪ / gratu·lat·ory] *agg.* (*rar.*) congratulatorio.

gravamen [grə'veɪmən / gra·va·men] *s.* (*form.*) 1 torto, offesa 2 (*dir.*) doglianza, gravame.

grave[1] [greɪv *nel senso 2* grɑ:v] *agg.* 1 grave, serio; solenne: *— news*, notizie gravi 2 (*gramm.*) grave: *— accent*, accento grave ◆ *s.* (*gramm.*) accento grave.

grave[2] *s.* 1 fossa, tomba, sepolcro // *from the cradle to the —*, dalla culla alla tomba // *to have one's foot in the —*, avere un piede nella fossa // *to make s.o. turn in his —*, far rivoltare qlcu. nella tomba // *to dig one's own —*, scavarsi la fossa con le proprie mani // *someone is walking on my —*, la morte mi è passata vicino 2 (*fig.*) morte, distruzione.

to **grave**[2] *pass.* **graved** [greɪvd] *p.p.* **graved**, **graven** ['greɪvən] *v.tr.* 1 (*ant.*) seppellire 2 incavare; scolpire (*anche fig.*).

grave-clothes ['greɪv,kləʊðz *amer.* 'greɪv ,kləʊz] *s.pl.* sudario (*sing.*).

grave-digger ['greɪv,dɪgə*] *s.* becchino.

gravel ['grævl] *s.* 1 ghiaia, ghiaietto 2 (*med.*) renella.

to **gravel** *pass.p.p.* **gravelled** ['grævld / grav·elled] *v.tr.* 1 inghiaiare: *gravelled paths*, sentieri ghiaiosi; *to — a road*, inghiaiare una strada 2 (*fig.*) imbarazzare.

graveless ['greɪvlɪs / grave·less] *agg.* senza tomba; insepolto.

gravelly ['grævlɪ / grav·elly] *agg.* 1 ghiaioso; renoso 2 roco, rauco (di voce) 3 (*med.*) che contiene renella, calcoloso.

gravel-pit ['grævlpɪt] *s.* cava di ghiaia.

gravelrash ['grævl,ræʃ / gravel·rash] *s.* abrasione, escoriazione (della pelle).

gravely ['greɪvlɪ / grave·ly] *avv.* gravemente.

graven ['greɪvən] *p.p.* di to **grave**[2] ◆ *agg.* intagliato; scolpito // *— image*, idolo.

graveness ['greɪvnɪs / grave·ness] *s.* gravità, serietà; dignità.

gravestone ['greɪv,stəʊn / grave·stone] *s.* lapide funeraria SIN. headstone, tombstone.

graveyard ['greɪvjɑ:d / grave·yard] *s.* cimitero, camposanto // *— shift*, (*fam. amer.*) turno di notte.

gravid ['grævɪd] *agg.* (*med.*) gravido.

gravidity [grə'vɪdɪtɪ / gravid·ity] *s.* (*med.*) gravidanza.

gravimeter [grə'vɪmɪtə* / gra·vi·meter] *s.* (*metrol.*) gravimetro.

gravimetric(al) [,grævɪ'metrɪk(l) / gra·vi·met·ric(al)] *agg.* (*fis.*) gravimetrico // (*chim.*) *— analysis*, analisi per via gravimetrica.

gravimetry [grə'vɪmɪtrɪ / gra·vi·metry] *s.* gravimetria.

graving-dock ['greɪvɪŋ,dɒk] *s.* bacino di carenaggio.

to **gravitate** ['grævɪteɪt / grav·it·ate] *v.intr.* gravitare (*anche fig.*): *to — to(wards) an idea*, essere attratto da un'idea.

gravitation [,grævɪ'teɪʃn / grav·ita·tion] *s.* (*fis.*) gravitazione.

gravitational [,grævɪ'teɪʃnl / grav·ita·tional] *agg.* (*fis.*) gravitazionale.

graviton ['grævɪtɒn / gravi·ton] *s.* (*fis.*) gravitone.

gravity ['grævɪtɪ / grav·ity] *s.* 1 gravità, serietà, austerità: *the — of the situation*, la gravità della situazione 2 (*fis.*) gravità: *center of —*, centro di gravità; *specific —*, peso specifico // (*geofisica*) *— anomaly*, anomalia di gravità // (*tecn.*) *— feed*, alimentazione a gravità.

gravy ['greɪvɪ] *s.* 1 sugo (di carne); salsa 2 (*fam. amer.*) guadagno facile; pacchia, cuccagna.

gravy-beef ['greɪvɪ,bi:f] *s.* girello (taglio di carne bovina).

gravy boat ['greɪvɪ,bəʊt] *s.* salsiera.

gravy train ['greɪvɪtreɪn] *s.* (*fam. fig.*) miniera d'oro, fonte di ricchezza: *they've been riding the tourist — for years*, per anni il turismo è stato per loro una fonte di ricchezza.

gray e *deriv.* (*amer.*) → **grey** e *deriv.*

grayling ['greɪlɪŋ / gray·ling] *s.* (*zool.*) (*Thymallus thymallus*) temolo.

to **graze**[1] [greɪz] *v.tr.* 1 pascere, far pascolare, condurre al pascolo 2 tenere (un terreno) a pascolo ◆ *v.intr.* pascolare, mangiare l'erba.

graze[2] *s.* 1 tocco, colpo di striscio 2 scalfittura, escoriazione: *he had cuts and grazes all over his hands*, aveva le mani piene di tagli e di escoriazioni.

to **graze**[2] *v.tr.* **1** sfiorare, rasentare: *the bullet grazed his arm*, il proiettile gli sfiorò il braccio **2** scalfire; escoriare ◆ *v.intr.* (*against*) andare, passare rasente; fare il pelo: *to — against the wall*, passare rasente al muro.

grazier ['greɪzjə* / gra·zier] *s.* allevatore (di bestiame).

graziery ['greɪzjərɪ / gra·zi·ery] *s.* allevamento (di bestiame).

grazing ['greɪzɪŋ / graz·ing] *s.* **1** — (*land*), pascolo, pastura **2** allevamento, pascolo di bestiame.

grease [gri:s] *s.* **1** grasso, unto; grasso animale; sugna // *in* — (o *in pride of* — o *in prime of* —), ben grasso (di selvaggina) **2** olio denso, lubrificante // *— monkey*, (*fam. amer.*) meccanico (addetto alla lubrificazione dei motori) **3** (*fam.*) brillantina **4** (*tess.*) lana sucida **5** (*vet.*) rappa, malandra (dei cavalli) **6** (*sl.*) discorsi, modi untuosi **7** (*sl. amer.*) denaro sporco, tangente.

to **grease** [gri:z] *v.tr.* **1** ungere, sporcare d'unto **2** ungere, ingrassare, lubrificare (*anche fig.*): *to — s.o.'s palm*, (*fig.*) ungere, corrompere qlcu.; *to — the wheels*, ungere le ruote (*anche fig.*).

greaseball ['gri:sbɔ:l / grease·ball] *s.* (*sl. amer. spreg.*) → **greaser** 3.

greaseburner ['gri:s,bɜ:nə* / grease·burner] *s.* (*fam. amer.*) cuoco (spec. di locali che vendono soprattutto cibi fritti).

grease cup ['gri:skʌp] *s.* (*mecc.*) ingrassatore.

grease gun ['gri:sgʌn] *s.* (*mecc.*) pompa per ingrassaggio.

grease-paint ['gri:speɪnt] *s.* cerone (per attori).

greaseproof paper ['gri:s,pru:f'peɪpə* / grease·proof paper] *s.* carta oleata.

greaser ['gri:zə*] *s.* **1** ingrassatore **2** (*sl. mar.*) macchinista **3** (*sl. amer. spreg.*) messicano, sudamericano **4** (*sl.*) bullo • Dall'abitudine di mettersi brillantina sui capelli.

grease wool ['gri:s,wʊl] *s.* (*chim.*) lanolina.

greasily ['gri:zɪlɪ / greas·ily] *avv.* untuosamente.

greasiness ['gri:zɪnɪs / greasi·ness] *s.* **1** grassume, untume; untuosità; oleosità; grassezza (di lana) **2** (*fig.*) untuosità.

greasy ['gri:zɪ] *agg.* **1** grasso; oleoso: — *wool*, lana grassa **2** unto, macchiato, coperto di grasso **3** scivoloso, sdrucciolevole (di strada) // — *pole*, albero della cuccagna **4** (*fig.*) untuoso.

greasy spoon ['gri:sɪ,spu:n] *s.* (*fam. amer.*) tavola calda (a poco prezzo).

great [greɪt] *agg.* **1** grande: — *A*, a grande, maiuscola; *a — company*, una compagnia numerosa; *a — friend of mine*, un mio grande amico; — *hopes*, grandi speranze // *the Great Lakes*, (*amer.*) i Grandi laghi // *the Great Armada*, l'Invincibile Armata // *the Great War*, la Grande Guerra // *the — unwashed*, (*antiq.*) la plebaglia // — *with child*, (*ant.*) incinta // *to reach a — age*, arrivare a tarda età // (*tip.*) — *primer*, corpo 18 **2** illustre, grande: *the — men of the age*, i grandi dell'epoca; — *thoughts*, pensieri nobili, elevati; *he is a — hero, artist*, è un grande eroe, artista // *Frederick the Great*, Federico il Grande // *the greatest*, il migliore **3** (*con parole esprimenti numero, quantità*): *a — deal of money*, moltissimo denaro, una gran quantità di denaro; *a — many people*, moltissima gente; *he is a — deal better*, sta molto meglio // *a — while ago*, molto tempo fa // *to a — extent* (o *in a — measure*), considerevolmente **4** (*usato enfaticamente davanti ad agg.*): *a — big fish*, un grossissimo pesce; *a — big man*, un omone **5** (*fam.*) splendido, fantastico, favoloso: *that's —!*, è fantastico!; *to have a — time*, divertirsi follemente; *Oh —, I really needed that!*, (*iron.*) splendido, ci mancava solo questo! // *I don't feel too —*, non mi sento in forma **6** (*usato predicativamente con prep.*): *to be — at doing sthg.*, essere bravo, abile nel fare qlco.; *to be — in sthg.*, eccellere in qlco.; *to be — on sthg.*, (*fam.*) essere appassionato di, avere la mania di qlco. ◆ *s.* **1** (*spec. pl.*) personaggio illustre, grande: *the book lovingly documents the Hollywood greats of the thirties*, il libro documenta con affetto i grandi di Hollywood degli anni Trenta **2** *pl.* esame finale del corso di laurea in lettere classiche e filosofia (a Oxford).

great-aunt [,greɪt'ɑ:nt *amer.* ,greɪt'ænt] *s.* prozia.

greatcoat ['greɪt'kəʊt / great·coat] *s.* (*mil.*) cappotto pesante.

great-grandchild [,greɪt'græntʃaɪld] *s.* pronipote.

great-grand-daughter [,greɪt'græn ,dɔ:tə*] *s.* pronipote (femmina).

great-grandfather [,greɪt'grænd,fɑ:ðə*] *s.* bisnonno.

great-grandmother [,greɪt'græn,mʌðə*] *s.* bisnonna.

great-grandson [,greɪt'grænsʌn] *s.* pronipote (maschio).

great-great-grandfather [,greɪt,greɪt 'grænd,fɑ:ðə*] *s.* trisavolo.

great-great-grandmother [,greɪt,greɪt 'grænd,mʌðə*] *s.* trisavola.

great-hearted [,greɪt'hɑ:tɪd] *agg.* di gran cuore, magnanimo.

great-heartedness [,greɪt'hɑ:tɪdnɪs] *s.* generosità, magnanimità.

greatly ['greɪtlɪ] *avv.* **1** molto: *she is — superior to me*, è di gran lunga superiore a me; *we were — amused*, ci siamo divertiti molto **2** (*non com.*) nobilmente; generosamente.

great mullein ['greit'mʌlɪn] *s.m.* (*bot.*) tassobarbasso → **Aaron's rod**.

great-nephew [,greɪt'nevju: *amer.* ,greɪt 'nefju:] *s.* pronipote (maschio).

greatness ['greɪtnɪs / great·ness] *s.* **1** grandezza, grossezza **2** nobiltà, elevatezza (di pensiero); magnanimità **3** forza (di passione ecc.); gravità (di colpa ecc.).

great-niece [,greɪt'ni:s] *s.* pronipote (femmina).

great power [,greɪt'paʊə*] *s.* (*pol.*) grande potenza // — *status*, stato, rango di grande potenza.

great seal [,greɪt'si:l] *s.* **1** sigillo reale **2** guardasigilli, Lord Cancelliere **3** carica di guardasigilli.

great St. John's wort ['greɪtsnt'dʒɒnz ,wɜ:t] *s.* (*bot.*) erba di San Giovanni → **Aaron's beard**.

great-uncle [,greɪt'ʌŋkl] *s.* prozio.

greave [gri:v] *s.* (*spec. pl.*) gambale (di armatura).

greaves [gri:vz] *s.pl.* (*cuc.*) ciccioli.

grebe [gri:b] *s.* (*zool.*) svasso, tuffetto.

grece → **grize**.

Grecian ['gri:ʃn / Gre·cian] *agg.* greco (della Grecia classica): — *nose, profile*, naso, profilo greco ◆ *s.* **1** (*non com.*) greco **2** (*ant.*) ellenista.

to **Grecianize** ['gri:ʃənaɪz / Gre·cian·ize]
to **Grecize** ['gri:saɪz / Gre·cize] *v.tr.* e *intr.* grecizzare; ellenizzare.

greco ['grekəʊ] *s.* (vento) grecale, greco.

greed [gri:d] *s.* **1** avidità, cupidigia, bramosia **2** ingordigia; golosità.

greedily ['gri:dɪlɪ / greed·ily] *avv.* **1** avidamente, cupidamente **2** ingordamente; golosamente.

greediness ['gri:dɪnɪs / greedi·ness] *s.* **1** avidità, cupidigia **2** ingordigia; golosità.

greedy ['gri:dɪ] *agg.* **1** avido; cupido: — *of gain*, avido di denaro; — *of honours*, avido di onori **2** ingordo; goloso **3** (*non com.*) desideroso, bramoso (di fare qlco.).

greedy-guts ['gri:dɪ,gʌts] *s.* (*sl.*) **1** persona avida **2** persona ingorda, golosa.

Greek [gri:k] *agg.* greco // — *fret* (o — *key*), greca (ornamento); *the — Church*, la Chiesa ortodossa // — *cross*, croce greca // — *gift*, dono insidioso // *at the — calends*, alle calende greche // — *way*, (*sl. amer.*) sodomia • Dalla diffusione dell'omosessualità nella Grecia antica ◆ *s.* **1** greco **2** greco, lingua greca // *it's all — to me*, non ci capisco niente, questo è arabo per me **3** (*ant.*) imbroglione: *I prithee, foolish Greek, depart from me*, (SH. Twelfth Night) te ne prego, stupido imbroglione, lasciami solo.

Greek fire ['gri:k'faɪə*] *s.* (*st.*) fuoco greco.

Greek Orthodox ['gri:k'ɔ:θədɒks] *agg.* e *s.* greco ortodosso.

green [gri:n] *agg.* **1** verde // — *tea*, tè verde // *to give s.o., sthg. the — light*, dare il via a qlcu., qlco. // (*econ.*): — *currency, pound, lira*, valuta, sterlina, lira verde (nella politica agricola della CEE); — *revolution*, rivoluzione verde **2** verde, coperto di foglie // — *fingers* (o amer. — *thumb*), pollice verde // *Green Mountain State*, (*amer.*) (stato del) Vermont **3** pallido, livido; (*fig.*) invidioso, geloso: *to be — with envy*, essere verde dall'invidia **4** acerbo (di frutta); tenero (di verdura) **5** (*fig.*) giovane, semplice, inesperto, ingenuo **6** vigoroso, vegeto: *a — old age*, una vecchiaia vigorosa **7** recente, fresco: — *memories*, ricordi freschi, vivi; *a — wound*, una ferita ancora aperta **8** (*pol.*) *Green*, verde: *Green parties*, partiti verdi.

green *s.* **1** colore verde **2** vigore, giovinezza **3** prato; prato pubblico; campo di bocce; (*golf*) green (il tratto di prato che circonda la buca) **4** (*pol.*) *Green*, verde **5** (*fam. amer. e irl.*) denaro (spec. contanti): *long —*, (*amer.*) soldi.

to **green** *v.tr.* **1** tingere in verde; coprire di verde **2** (*fam. amer.*) beffare, canzonare ◆ *v.intr.* diventare verde, verdeggiare.

greenback ['gri:nbæk / green·back] *s.* (*fam. amer.*) banconota.

green belt [,gri:n'belt] *s.* zona verde (di centro urbano).

Green Berets [ˌgri:nbəˈreɪz] *s.pl.* (*mil. fam.*) berretti verdi.

green-drake [ˈgri:nˈdreɪk] *s.* (*zool.*) effimera → **ephemera**.

greenery [ˈgri:nərɪ / green·ery] *s.* **1** vegetazione, fogliame **2** serra.

green-eyed [ˈgri:naɪd] *agg.* **1** dagli occhi verdi **2** (*fig.*) geloso // — *monster*, gelosia.

greenfinch [ˈgri:nfɪntʃ / green·finch] *s.* (*zool.*) (*Carduelis chloris*) verdone SIN. green linnet.

greenfly [ˈgri:nflaɪ / green·fly] *s.* (*zool.*) (*Myzus persicae*) afide verde.

greengage [ˈgri:ngeɪdʒ / green·gage] *s.* prugna regina Claudia.

greengrocer [ˈgri:nˌgrəʊsə* / green·grocer] *s.* fruttivendolo.

greengrocery [ˈgri:nˌgrəʊsərɪ / green·grocery] *s.* **1** negozio di frutta e verdura **2** frutta e verdura.

greenhorn [ˈgri:nˌhɔ:n / green·horn] *s.* (*fam.*) **1** pivello; sempliciotto; giovane inesperto **2** (*amer. antiq.*) immigrato appena giunto negli Stati Uniti.

greenhouse [ˈgri:nhaʊs / green·house] *s.* **1** serra **2** carlinga.

greenhouse effect [ˈgri:nhaʊsɪˌfekt] *s.* (*fis., ecol.*) effetto serra.

greening [ˈgri:nɪŋ] *s.* mela dalla buccia verde.

greenish [ˈgri:nɪʃ / green·ish] *agg.* verdognolo, verdastro.

Greenlander [ˈgri:nləndə* / Green·lander] *s.* groenlandese.

green linnet [ˌgri:nˈlɪnɪt] *s.* (*zool.*) → **greenfinch**.

greenly [ˈgri:nlɪ / green·ly] *avv.* (*antiq.*) in modo immaturo, inesperto.

green manure [ˈgri:nməˈnjʊə*] *s.* (*agr.*) sovescio.

greenness [ˈgri:nnɪs / green·ness] *s.* **1** color verde **2** acerbezza (di frutto); (*fig.*) immaturità **3** (*fig.*) inesperienza, ingenuità **4** vigore, gagliardia (di persona anziana).

greenockite [ˈgri:nəkaɪt / gree·nock·ite] *s.* (*min.*) greenockite.

green pepper [ˌgri:nˈpepə*] *s.* pepe di Caienna, pepe verde SIN. sweet pepper.

greenroom [ˈgri:nrʊm *amer.* ˈgri:nru:m / green·room] *s.* (*teatr.*) camerino degli attori.

greens [ˈgri:nz] *s.pl.* **1** verdura, verdure **2** (*amer.*) rami e foglie (spec. di sempreverdi) usati per decorazioni.

greenshank [ˈgri:nʃæŋk / green·shank] *s.* (*zool.*) (*Tringa nebularia*) pantana.

greensickness [ˈgri:nˌsɪknɪs / green·sick·ness] *s.* (*med.*) clorosi.

greenstone [ˈgri:nstəʊn / green·stone] *s.* **1** (*min.*) nefrite **2** (*geol.*) pietra verde (basaltica).

greenstuff [ˈgri:nstʌf / green·stuff] *s.* U verdure, verdura.

greensward [ˈgri:nsɔ:d / green·sward] *s.* (*antiq.*) erba; prato di parco o di giardino.

green vitriol [ˌgri:nˈvɪtrɪəl] *s.* (*min.*) melanterite, solfato ferroso.

greenweed [ˈgri:nwi:d / green·weed] *s.* (*bot.*) (*Genista tinctoria*) ginestrella.

Greenwich [ˈgrɪnɪdʒ / Green·wich] *no.pr.* (*geogr.*) Greenwich // — (*mean* o *civil*) *time*, ora di Greenwich, tempo universale.

greenwood [ˈgri:nwʊd / green·wood] *s.* (*ant.*) foresta; bosco verde, frondoso.

green woodpecker [ˌgri:nˈwʊdˌpekə*] *s.* (*zool.*) (*Picus viridis*) picchio verde SIN. rain-bird.

greeny [ˈgri:nɪ] *agg.* verdastro: — *blue*, blu verdastro, che tende al verde.

to **greet**[1] [gri:t] *v.tr.* **1** salutare: *to — friends*, dare il benvenuto agli amici **2** offrirsi a (i sensi): *a new wonder greeted our eyes*, una nuova meraviglia si offerse ai nostri occhi; *a burst of applause greeted our arrival*, uno scoppio di applausi accolse il nostro arrivo.

to **greet**[2] *v.intr.* (*scoz.*) piangere.

greeting [ˈgri:tɪŋ / greet·ing] *s.* **1** saluto // *Greetings!*, (*form.*) Saluti! **2** *pl.* auguri: *Birthday greetings*, auguri di (buon) compleanno // *greetings card*, biglietto, cartolina di auguri **3** (*amer.*) formula introduttiva (di una lettera ecc.) BRIT. salutation.

gregale [ˈgreɪgɒˌleɪ / gre·gale] *s.* (vento) grecale.

gregarious [grɪˈgeərɪəs / greg·ari·ous] *agg.* **1** (*zool., bot.*) gregario **2** (*form.*) socievole: *a — group*, un gruppo di persone a cui piace far vita in comune **3** (*bot.*) a ciuffi, a grappoli.

gregariously [grɪˈgeərɪəslɪ / greg·ari·ous·ly] *avv.* in gruppo; in branco; in compagnia.

gregariousness [grɪˈgeərɪəsnɪs / greg·ari·ous·ness] *s.* **1** (*biol.*) gregarismo, istinto gregario **2** socievolezza.

Gregorian [grɪˈgɔ:rɪən / Greg·or·ian] *agg.* gregoriano: — *chant* (o *tones*), canto gregoriano; — *calendar*, calendario gregoriano ♦ *s.* gregoriano.

gremlin [ˈgremlɪn / grem·lin] *s.* **1** spiritello maligno (spec. dell'aria) **2** (*fig.*) piccolo problema (in un sistema): *there were some gremlins in the recording system*, c'erano dei piccoli problemi nel sistema di registrazione.

grenade [grɪˈneɪd / gren·ade] *s.* (*mil.*) granata.

Grenadian [grɪˈneɪdɪən / Gre·na·dian] *agg.* e *s.* (nativo, abitante) di Grenada.

grenadier [ˌgrenəˈdɪə* / gre·na·dier] *s.* **1** (*mil.*) granatiere // *the Grenadiers* (o *Grenadier Guards*), guardia reale inglese **2** (*zool.*) (*Ploceus oryx*) pesce dei macruridi.

grenadine [ˌgrenəˈdi:n / gren·ad·ine] *s.* (*cuc.*) piatto di filetti di pollo o di vitello in gelatina.

grew *pass.* di to **grow**.

grey [greɪ] *agg.* **1** grigio: — *day*, giornata grigia; *to turn* —, diventar grigio (di capelli); *to worry oneself* —, farsi venire i capelli bianchi (per dispiaceri, preoccupazioni ecc.) // — *friar*, frate francescano **2** tetro, grigio, deprimente, noioso, monotono: *the future looks* —, il futuro si presenta grigio; *life there was full of — people in — jobs*, la vita lì era piena di persone scialbe con lavori monotoni **3** pallido (di viso) ♦ *s.* **1** colore grigio: *to be dressed in* —, essere vestito di grigio **2** (*tess.*) filato o tessuto nel colore naturale **3** cavallo grigio, bigio // *the Scots Greys*, il secondo reggimento dei dragoni **4** pigmento grigio.

to **grey** *v.tr.* rendere grigio ♦ *v.intr.* diventare grigio.

grey area [ˌgreɪˈeərɪə] *s.* zona oscura, situazione non chiara e che non si sa come trattare: *the way in which memory works is still a* —, il modo in cui funziona la memoria presenta ancora delle zone d'ombra, dei punti oscuri.

greyback [ˈgreɪbæk / grey·back] *s.* (*zool.*) → **greycrow**.

greybeard [ˈgreɪbɪəd / grey·beard] *s.* **1** uomo anziano; vecchio saggio **2** tipo di caraffa panciuta in gres **3** (*bot.*) (*Clematis vitalba*) vitalba, clematide.

grey-coat [ˈgreɪkəʊt] *s.* (*st. amer.*) soldato confederato.

grey-cock [ˈgreɪkɒk] *s.* (*zool.*) starna di montagna (maschio).

greycrow [ˈgreɪˈkrəʊ / grey·crow] *s.* (*zool.*) (*Corvus cornix*) cornacchia grigia SIN. greyback.

grey-drake [ˈgreɪdreɪk] *s.* (*zool.*) effimera (femmina adulta).

grey-goose [ˈgreɪˌgu:s] *s.* (*zool.*) **1** (*Anser anser*) oca selvatica SIN. greylag **2** (*Branta canadensis*) oca canadese.

grey-haired [ˈgreɪˌheəd] *agg.attr.* dai capelli grigi.

greyhound [ˈgreɪhaʊnd / grey·hound] *s.* **1** levriero // *Greyhound*, compagnia di autobus che collegano le principali città degli Stati Uniti // — *therapy*, (*fam. amer.*) espediente adottato da alcune amministrazioni cittadine per sbarazzarsi di barboni e senzatetto, che consiste nel pagar loro un biglietto di autobus per un'altra città **2** (*fam. amer.*) commesso abile e veloce.

greyish [ˈgreɪɪʃ / grey·ish] *agg.* grigiastro.

greylag [ˈgreɪlæg / grey·lag] → **grey-goose** 1.

grey matter [ˈgreɪmætə*] *s.* **1** (*anat.*) sostanza grigia, materia grigia **2** (*fam.*) cervello, materia grigia, intelligenza.

greyness [ˈgreɪnɪs / grey·ness] *s.* **1** grigiore **2** tristezza **3** pallore (del viso).

greywacke [ˈgreɪwækə / grey·wacke] *s.* (*geol.*) grovacca.

grid [grɪd] *s.* **1** grata, griglia; inferriata // (*econ.*) *exchange rate parity* —, griglia di parità dei cambi // (*aut.*) *starting* —, griglia di partenza **2** (*cartografia*) reticolato, reticolo **3** (*arch.*) modulo **4** (*tess.*) graticcio **5** (*elettr.*) griglia: — *battery*, batteria di griglia **6** rete di distribuzione (di acqua, corrente elettrica ecc.) **7** (*inform.*) griglia **8** (*ant.*) griglia, graticola.

griddle [ˈgrɪdl] *s.* **1** teglia piatta da forno; piastra // — *cake*, frittella **2** (*miner.*) vaglio.

to **griddle** *v.tr.* **1** cucinare (in teglia o sulla piastra) **2** *to — out*, (*miner.*) vagliare.

gridiron [ˈgrɪdaɪən / grid·iron] *s.* **1** (*cuc.*) griglia, graticola **2** (*mar.*) impalcatura di bacino di carenaggio **3** impalcatura sovrastante il palcoscenico **4** (*amer.*) campo di football americano.

gridlock [ˈgrɪdlɒk / grid·lock] *s.* (*fam. amer.*) ingorgo di traffico (spec. a un incrocio).

grief [gri:f] *s.* affanno, dolore, afflizione, angoscia: *to die of* —, morire di dolore; *to give way to* —, abbandonarsi al dolore // *to bring s.o. to* —, portare alla rovina qlcu.; *to come to* —, cadere (da cavallo, bicicletta ecc.), farsi male; (*fig.*) far fiasco; andare in rovina // *Good —!*, Buon Dio!

grief-stricken [ˈgri:fˌstrɪkn] ant. **grief-shot** [ˈgri:fˌʃɒt] *agg.* afflitto, addolorato:

... *what then? / But as a discontented friend, grief-shot / with his unkindness?*, (SH. Coriolanus)... che farò allora? [Me ne tornerò] come un amico insoddisfatto, addolorato dalla sua scortesia?

grievance ['gri:vns / griev·ance] *s.* **1** lagnanza; motivo di lagnanza: *to air one's grievances*, far sentire il proprio malcontento **2** torto, ingiustizia: *to nurse a* —, pensare continuamente a un torto subito **3** (*econ.*) vertenza sindacale: — *procedure*, procedura per discutere le vertenze sindacali.

grieve[1] [gri:v] *s.* (*scoz.*) fattore; soprintendente.

to **grieve**[2] *v.tr.* affliggere, addolorare; causare dispiacere a, accorare, rattristare ◆ *v.intr.* affliggersi, addolorarsi; rattristarsi: *she is still grieving for her dead son*, è ancora afflitta per la morte di suo figlio.

grievingly ['gri:vɪŋlɪ / griev·ing·ly] *avv.* (*rar.*) con afflizione, con dolore.

grievous ['gri:vəs / griev·ous] *agg.* (*form.*) **1** doloroso, penoso, crudele **2** serio, grave (di ferita, malattia ecc.); intenso (di dolore) // (*dir.*) — *bodily harm*, lesioni personali gravi **3** serio, grave; deplorevole, biasimevole (di situazione, comportamento ecc.) **4** insopportabile, gravoso, oneroso: *the — cost of war*, il costo oneroso della guerra **5** (*ant.*) offensivo, oltraggioso // **-ly** *avv.* // **-ness** *s.*

griffin[1] ['grɪfɪn / grif·fin] *s.* (*mit.*, *arald.*) grifone.

griffin[2] *s.* (*sl. angloindiano*) europeo appena arrivato in India.

griffin[3] *s.* (*amer.*) mulatto.

griffon[1] ['grɪfən / grif·fon] *s.* (*zool.*) **1** (*Gyps fulvus*) grifone **2** griffone (cane).

griffon[2] *s.* (*mit.*, *arald.*) → **griffin**[1].

grifter ['grɪftə*] *s.* (*fam. amer.*) truffatore; baro.

grig [grɪg] *s.* (*non com.*) **1** piccola anguilla **2** cavalletta; grillo **3** (*fam.*) persona vivace; persona minuta.

grill[1] [grɪl] *s.* **1** (*cuc.*) carne, pesce ai ferri: *mixed* —, grigliata mista **2** — (*room*), rosticceria // — *car*, (*amer.*) carrozza di ristoro (nei treni).

grill[2] *s.* (*cuc.*) griglia, graticola.

to **grill**[2] *v.tr.* **1** (far) arrostire sulla graticola, cuocere ai ferri **2** (*fam.*) torchiare, interrogare con severità, sottoporre a un severo interrogatorio ◆ *v.intr.* **1** essere arrostito sulla graticola, cotto ai ferri: *this meat grills well*, questa carne è adatta per essere cotta alla griglia **2** esporsi a forte calore; farsi arrostire (dal sole).

grill[3] → **grille**.

grillage ['grɪlɪdʒ / grill·age] *s.* (*edil.*) intelaiatura di fondazione.

grille [grɪl] *s.* **1** grata, sportello (di banche, uffici postali ecc.); griglia (di protezione); reticolato; inferriata; griglia del radiatore **2** incubatrice per pesci.

grilling ['grɪlɪŋ / grill·ing] *s.* (*fam.*) interrogatorio: *the detective gave Higgs a good* —, Higgs è stato torchiato ben bene dall'investigatore.

grill pan ['grɪl,pæn] *s.* griglia, graticola.

grilse [grɪls] *s.* (*zool.*) salmone giovane (che ritorna al fiume dal mare per la prima volta).

grim [grɪm] *agg.* **1** spiacevole, difficile, triste: *a — situation*, una situazione triste, difficile, seria **2** feroce, spietato: *a — fight*, una lotta spietata **3** cupo, lugubre, tetro, opprimente (spec. di luogo); severo, truce, arcigno (di aspetto); torvo, bieco, fosco, sinistro: — *smile*, sorriso sardonico; — *mystery*, fosco mistero **4** deciso, saldo, risoluto: — *determination*, forte determinazione // *to hang* (o *hold*) *on like — death*, (*fam.*) stare aggrappato a fatica (a qlco.); (*fig.*) aggrapparsi (a qlco.) con le unghie e con i denti **5** (*fam.*) malato: *to feel* —, sentirsi molto male **6** (*fam.*) brutto, pessimo, orrendo: *the film was* OK *but the soundtrack was really* —, il film era buono, ma la colonna sonora era davvero orribile // **-ly** *avv.* // **-ness** *s.*

grimace [grɪ'meɪs *amer.* 'grɪmɪs / grim·ace] *s.* **1** smorfia **2** (*non com.*) affettazione.

to **grimace** *v.intr.* fare smorfie.

grimalkin [grɪ'mælkɪn / gri·mal·kin] *s.* (*non com.*) **1** vecchia gatta; vecchio gatto **2** (*fig.*) megera • Dall'unione di *grey* e *Malkin*, diminutivo di *Maud*.

grime [graɪm] *s.* sporcizia, sudiciume (di carbone, fuliggine ecc.).

to **grime** *v.tr.* (*non com.*) insudiciare, sporcare: *my face I'll grime with filth, / blanket my loins, elf all my hair in knots*, (SH. King Lear) mi imbratterò la faccia di sudiciume, mi coprirò i lombi con una coperta, mi aggroviglierò i capelli.

griminess ['graɪmɪnɪs / grimi·ness] *s.* sporcizia, sudiciume.

grimy ['graɪmɪ] *agg.* sudicio, sporco.

grin [grɪn] *s.* largo sorriso; sogghigno; smorfia: *he gave a big — of pleasure*, fece un gran sorriso di soddisfazione; *to wipe the — off s.o.'s face*, cancellare il sorriso dal volto di qlcu.; *an evil, diabolic* —, un sogghigno crudele, diabolico.

to **grin** *pass.p.p.* **grinned** [grɪnd] *v.intr.* fare un largo sorriso; sogghignare: *to — and bear it*, far buon viso a cattivo gioco // *to — like a Cheshire cat*, ridacchiare frequentemente e scioccamente ◆ *v.tr.* esprimere con un sorriso: *to — approbation*, sorridere in segno d'approvazione.

grind [graɪnd] *s.* **1** cigolio; scricchiolio; stridore **2** (*fam.*) lavoro lungo, pesante e monotono; faticata, sfacchinata **3** (*fam. amer.*) sgobbone **4** (*sl. antiq.*) passeggiata igienica scolastica.

to **grind** *pass.p.p.* **ground** [graʊnd] *v.tr.* **1** macinare; maciullare; tritare; polverizzare; spezzare, frantumare **2** (*mecc.*) rettificare, molare; smerigliare; affilare; levigare **3** far girare (macine); girare (una manovella) **4** fregare, sfregarsi contro **5** stringere, digrignare (denti) **6** (*fig.*) schiacciare, opprimere **7** (*fig.*) inculcare: *to — sthg. into s.o.*, inculcare qlco. a qlcu. ◆ *v.intr.* **1** macinare, far girare macine **2** frantumarsi, spezzarsi **3** stridere: *the train ground to a standstill* (o *to a halt*), il treno si fermò con stridore di ruote (o di freni) // *to — along*, avanzare lentamente cigolando **4** (*aut.*) grattare (cambiando marcia) **5** (*fam.*) ancheggiare.

□ **grind away** *v.intr.* e *avv.* (*at*) (*fam.*) darci sotto; sgobbare: *you'll have to — away (at it) if you want to make it*, devi darci sotto se vuoi farcela.

□ **grind down** *v.tr.* e *avv.* domare, vincere; opprimere.

□ **grind into** *v.tr.* e *prep.* **1** schiacciare, premere con forza: *he dropped the cigarette and ground it into the dirt*, lasciò cadere la sigaretta e la schiacciò nella polvere **2** ridurre: *to — sthg. into powder*, ridurre in polvere.

□ **grind on** *v.intr.* e *avv.* muoversi, avanzare inesorabilmente verso.

□ **grind out** *v.tr.* e *avv.* tirar fuori in tono rauco (parole, musica ecc.): *the gramophone ground out an old tune*, il grammofono gracidava un vecchio motivo.

□ **grind to** → to grind into 2.

□ **grind up** *v.tr.* e *avv.* sminuzzare, ridurre in briciole.

grinder ['graɪndə*] *s.* **1** molatrice; affilatrice; rettificatrice; smerigliatrice **2** mulino: *ball* —, mulino a palle // *coffee* —, macinino da caffè **3** (dente) molare **4** molatore, affilatore, rettificatore; arrotino // *knife* —, affilacoltelli **5** (*sl. amer.*) grosso panino farcito **6** (*fam.*) insegnante, ripetitore, sgobbone.

grindery ['graɪndərɪ / grind·ery] *s.* bottega di arrotino.

grinding ['graɪndɪŋ / grind·ing] *agg.* **1** stridente **2** opprimente **3** doloroso, lacerante ◆ *s.* **1** macinatura **2** stridore (di denti) **3** molatura, smerigliatura, affilatura, rettifica **4** (*fig.*) oppressione.

grindstone ['graɪndstəʊn / grind·stone] *s.* **1** macina **2** mola // *to hold* (o *to keep*) *one's nose to the* —, lavorare senza posa.

gringo ['grɪŋgəʊ] *pl.* **gringos** *s.* (*spreg.*) gringo.

grint hornet ['grɪnt,hɔ:nɪt] *s.* (*zool.*) calabrone → **dor** 1.

grip[1] [grɪp] *s.* **1** stretta; presa: *terror had them in its* —, erano in preda al terrore; *to come* (o *to get*) *to grips with s.o.*, *sthg.*, venire alle prese con qlcu., qlco. **2** (*fig.*) padronanza; dominio; controllo: *to have a good — of the situation*, avere la situazione in pugno; *to lose one's* —, perdere il controllo; *to get a — on oneself*, calmarsi, riprendere la padronanza di sé **3** impugnatura, manico **4** fitta di dolore **5** valigetta a mano **6** molletta, forcina **7** (*cinem.*, *teatr.*) macchinista.

to **grip**[1] *pass.p.p.* **gripped** [grɪpt] *v.tr.* **1** afferrare strettamente, stringere (*anche fig.*): *he was gripped by panic*, fu preso dal panico **2** attirare l'attenzione di, colpire, avvincere ◆ *v.intr.* far presa.

grip[2] *s.* (*rar.*) **1** fossatello; solco di drenaggio **2** grondaia.

to **grip**[2] *pass.p.p.* **gripped** *v.tr.* (*rar.*) solcare.

grip[3] *s.* (*med.*) → **grippe**.

gripe [graɪp] *s.* **1** (*spec. pl.*) colica, mal di stomaco SIN. griping **2** (*fam.*) lamentela, brontolio **3** presa, stretta; (*fig.*) controllo **4** (*non com.*) oppressione **5** (*non com.*) manico **6** *pl.* (*mar.*) rizze.

to **gripe** *v.tr.* **1** prendere, stringere, afferrare, impugnare **2** (*fig.*) opprimere, affliggere, irritare **3** provocare coliche a **4** (*mar.*) assicurare (l'ancora) con rizze ◆ *v.intr.* **1** avere coliche **2** (*fam.*) brontolare **3** (*mar.*) orzare.

griping ['graɪpɪŋ / grip·ing] *agg.* avaro, rapace ◆ *s.* (*med.*) colica // **-ly** *avv.*

grippe [grɪp] *s.* (*med.*) influenza.

gripper ['grɪpə* / grip·per] *s.* pinza: (*inform.*) *card* —, pinza di espulsione delle schede.

gripsack ['grɪpsæk / grip·sack] *s.* (*amer.*) valigia a mano, borsa da viaggio; valigetta.

grisette [gri:'zet / gris·ette] *s.* (*ant.*) grisetta, sartina francese (originariamente vestita di grigio).

griskin ['grɪskɪn / gris·kin] *s.* (*cuc.*) braciola di maiale.

grisliness ['grɪzlɪnɪs / gris·li·ness] *s.* l'essere orribile, spaventoso.

grisly ['grɪzlɪ] *agg.* spaventoso, orribile; sinistro, macabro.

grist[1] [grɪst] *s.* **1** cereale (da tritare) // *to bring — to one's mill*, tirar l'acqua al proprio mulino, trarre vantaggio // *it's all — to the mill*, tutto fa brodo **2** malto tritato (per la fabbricazione della birra).

grist[2] *s.* spessore (di filo, corda ecc.).

gristle ['grɪsl] *s.* (*anat.*) cartilagine.

gristly ['grɪslɪ] *agg.* (*anat.*) cartilagineo, cartilaginoso.

grist-mill ['grɪst,mɪl] *s.* mulino (che macina cereali per conto terzi).

grit [grɪt] *s.* **1** (*geol.*) sabbia, arenaria grossolana **2** grana, struttura **3** (*fam.*) fermezza; audacia, coraggio: *he lacks —*, non ha fegato.

to **grit** *pass.p.p.* **gritted** ['grɪtɪd / grit·ted] *v.tr.* **1** digrignare (i denti): *to — one's teeth*, digrignare, stringere i denti **2** insabbiare, coprire di sabbia ◆ *v.intr.* stridere.

grits [grɪts] *s.pl.* grossa farina d'avena; (*amer.*) grossa farina di granoturco.

grittiness ['grɪtɪnɪs / grit·ti·ness] *s.* **1** l'essere sabbioso **2** (*fam. fig.*) l'aver fegato, coraggio.

gritty ['grɪtɪ] *agg.* **1** ghiaioso, sabbioso; granuloso **2** (*fam. fig.*) coraggioso.

grize [graiz] *s.* (*ant.*) gradino: *That's a degree to love. / No, not a grize*, (SH. Twelfth Night) È un passo verso l'amore. No, neanche un gradino.

to **grizzle**[1] ['grɪzl] *v.intr.* (*fam.*) piagnucolare, lamentarsi.

to **grizzle**[2] *v.tr.* e *intr.* (far) divenire grigio, brizzolato.

grizzly ['grɪzlɪ] *agg.* grigio, brizzolato ◆ *s.* (*zool.*) (*Ursus horribilis*) grizzly, orso grigio del Nord America.

groan [grəʊn] *s.* **1** gemito, lamento **2** cigolio; scricchiolio **3** mormorio (di disapprovazione).

to **groan** *v.intr.* **1** gemere, lamentarsi; brontolare // *to — inwardly*, soffrire intimamente **2** cigolare; scricchiolare: *the table groaned under the weight of the books*, il tavolo scricchiolò sotto il peso dei libri ◆ *v.tr. to — (out)*, dire, raccontare tra i gemiti.

groaningly ['grəʊnɪŋlɪ / groan·ing·ly] *avv.* lamentosamente.

groat [grəʊt] *s.* **1** (*ant.*) 'groat' (moneta inglese d'argento del valore di 1/3 di scellino) // *it is not worth a —*, non vale un soldo **2** (*rar.*) somma insignificante.

groats [grəʊts] *s.pl.* fiocchi d'avena.

grocer ['grəʊsə* / gro·cer] *s.* droghiere // *—'s*, drogheria.

grocery ['grəʊsərɪ / gro·cery] *s.* **1** *pl.* generi di drogheria **2** drogheria **3** mestiere, attività del droghiere.

grog [grɒg] *s.* **1** grog (tipo di ponce) **2** (*spec. austr.*) bevanda alcolica.

groggy ['grɒgɪ] *agg.* **1** barcollante, malfermo, vacillante **2** intontito, stordito **3** (*rar.*) brillo // **-ily** *avv.* // **-iness** *s.*

grogram ['grɒgrəm / grog·ram] *s.* gros-grain (tessuto).

grog-shop ['grɒgʃɒp] *s.* mescita; bar.

groid [grɔɪd] *s.* (*sl. amer.*) nero, persona di colore.

groin [grɔɪn] *s.* **1** (*anat.*) inguine, regione inguinale; *pl.* lombi **2** (*arch.*) unghia; costolone **3** → groyne.

to **groin** *v.tr.* (*arch.*) costruire con costoloni; lunettare: *groined arc*, arco lunettato.

to **grok** [grɒk] *v.tr.* (*sl. inform.*) comprendere, capire in modo esaustivo.

gromwell ['grɒmwəl / grom·well] *s.* (*bot.*) (*Lithospermum officinale*) migliarino.

groom [gru:m] *s.* **1** staffiere; palafreniere **2** gentiluomo di corte // *— of the bedchamber*, cameriere del re; *— of the stole*, gentiluomo addetto al guardaroba del re **3** abbr. di → bridegroom.

to **groom** *v.tr.* **1** governare, strigliare (cavalli) **2** pulire (animale); abbigliare, azzimare (una persona): *the monkeys began to — themselves*, le scimmie cominciarono a pulirsi; *he's always beautifully groomed*, ha sempre un aspetto raffinato, molto curato **3** istruire, preparare; fare pubblicità in favore di (candidato): *we are grooming him for the governorship*, lo stiamo preparando per la carica di governatore ◆ *v.intr.* pulirsi (di animale).

groomsman ['gru:mzmən / grooms·man] *pl.* **groomsmen** *s.* testimone dello sposo.

groove [gru:v] *s.* **1** scanalatura; incavo; solco; canale **2** (*min.*) galleria, pozzo **3** (*fig.*) routine, trantran: *to get stuck in a —*, essere bloccato nella routine **4** (*fam. amer.*) attività prediletta, gratificante // *in the —*, in forma, a posto **5** (*anat.*) solco.

to **groove** *v.tr.* **1** scanalare, incavare **2** (*sl. amer.*) apprezzare, approvare ◆ *v.intr.* **1** godere // *they grooved to the music*, si godevano la musica **2** (*sl. mus.*) suonare al meglio // *Miles was grooving on the trumpet*, Miles stava dando il meglio di sé alla tromba.

grooving ['gru:vɪŋ / groov·ing] *s.* scanalatura; (*mecc.*) solcatura.

grooving plane ['gru:vɪŋ,pleɪn] *s.* (*tecn. del legno*) incorsatoio.

groovy ['gru:vɪ] *agg.* **1** attraente; alla moda: *he's a really — guy*, è un ragazzo veramente alla moda **2** (*sl.*) eccellente, al meglio **3** (*fig.*) che segue la corrente; dalla mentalità ristretta.

to **grope** [grəʊp] *v.intr.* andare a tastoni, brancolare (*anche fig.*): *the blind man groped about in the room*, il cieco brancolava nella stanza; *they were groping for a solution to their problems*, annaspavano cercando una soluzione ai loro problemi; *she groped for the cigarettes in her bag*, frugava nella borsa cercando le sigarette ◆ *v.tr.* **1** cercare a tastoni: *he groped his way to the door*, andò a tastoni fino alla porta **2** (*volg.*) palpare.

gropingly ['grəʊpɪŋlɪ / grop·ing·ly] *avv.* a tastoni.

grosbeak ['grəʊsbi:k / gros·beak] *s.* (*zool.*) (*Coccothraustes coccothraustes*) frusone.

gross [grəʊs] *agg.* **1** volgare, rozzo, rustico: *— language*, linguaggio volgare; *— manners*, maniere rozze **2** grossolano, madornale, evidente: *— mistake*, errore evidente, grossolano // (*dir.*) *— negligence*, colpa grave **3** grasso, pingue; grosso, gonfio; pesante, grasso (di cibo) **4** (*fam.*) indecente, osceno **5** ottuso (di sensi) **6** lussureggiante, abbondante: *the — vegetation of the tropical jungle*, la vegetazione lussureggiante della giungla tropicale **7** (*comm.*) lordo: *— amount*, totale lordo; *— weight*, peso lordo // (*econ.*): *— output*, prodotto lordo; *— profit*, utile lordo **8** (*ant.*) evidente, ovvio: *they have very few laws; and the plainer and grosser that any interpretation is, that they allow as most just*, (T. MORE) essi hanno pochissime leggi; e quanto più un'interpretazione è semplice e ovvia, tanto più la ritengono giusta ◆ *s.* **1** (*solo sing.*) massa: *by the* (o *in the*) *—*, all'ingrosso **2** totale lordo **3** (*pl. invar.*) grossa (dodici dozzine).

to **gross** *v.tr.* e *intr.* (*comm.*) avere un incasso lordo (di).

□ **gross out** *v.tr.* e *avv.* (*sl. amer.*) offendere, disgustare.

grossing-up [,grəʊsɪŋ'ʌp] *s.* (*amm.*) calcolo dell'ammontare lordo corrispondente a un dato ammontare netto.

grossly ['grəʊslɪ / gross·ly] *avv.* **1** grossolanamente; volgarmente **2** approssimativamente **3** abbondantemente.

grossness ['grəʊsnɪs / gross·ness] *s.* **1** grossolanità, volgarità; indecenza **2** enormità.

grossularite ['grɒsjʊlərait / gross·ular·ite] *s.* (*min.*) grossularia.

grot [grɒt] *s.* (*poet.*) abbr. di → **grotto**.

grotesque [grəʊ'tesk / grot·esque] *agg.* **1** (*arte*) grottesco **2** stravagante, assurdo, bizzarro ◆ *s.* **1** arte grottesca **2** (*antiq.*) oggetto o persona grottesca // **-ly** *avv.* // **-ness** *s.*

grottiness ['grɒtɪnɪs / grot·ti·ness] *s.* (*sl.*) bruttezza; sgradevolezza.

grotto ['grɒtəʊ] *pl.* **grotto(e)s** *s.* grotta; (*arch.*) grotta artificiale.

grotty ['grɒtɪ] *agg.* (*sl.*) brutto; disgustoso.

grouch [graʊtʃ] *s.* **1** (*fam.*) malumore, musoneria **2** lagnanza; brontolio **3** brontolone.

to **grouch** *v.intr.* (*fam.*) brontolare; essere di cattivo umore.

ground[1] [graʊnd] *agg.* **1** terrestre, di terra: *— crew* (o *staff*), personale di terra (di aeroporto); (*aer.*) *— control*, radioguida da terra; (*mil.*) *— attack*, attacco terrestre **2** del suolo: *— level*, a livello del suolo; *— fog*, nebbia bassa; *— frost*, gelo // (*dir.*) *— rent*, canone corrisposto al proprietario da chi edifica **3** di base.

ground[1] *s.* **1** superficie della Terra; suolo, terreno: *above —*, sulla superficie terrestre; (*fig.*) vivo; *below —*, sottoterra; (*fig.*) morto; *high —*, altura; *to till the —*, coltivare il suolo; *to break new* (o *fresh*) *—*, dissodare un terreno; (*fig.*) tentare una via nuova; *to cover a lot of —*, percorrere molta strada; (*fig.*) trattare molti argomenti; *to lay on the —*, giacere a terra; *to bring to the —*, far crollare; *to fall to the —*, cadere a terra; (*fig.*) crollare (di speranza ecc.) // *it suits me down to the —*, (*fam.*) mi va proprio bene // *to bring sthg. off the —*, (*fig.*) dare inizio a, far partire qlco. // *to cut sthg. down to the —*, tagliare qlco. raso terra // *to go to —*, nascondersi // *to cut the — from under s.o.'s feet*, togliere la terra da sotto i piedi a qlcu. // *Manchester played Liverpool to the —*, la squadra del Manchester ha stracciato quella del Liverpool; *he worked himself to the*

—, si è distrutto a forza di lavorare // *to gain, to lose* —, guadagnare, perdere terreno (*anche fig.*) // *to be on one's own* —, (*fig.*) essere sul proprio terreno; conoscere bene l'argomento; essere sicuro del fatto proprio // *to be on dangerous, safe* (o *sure*) —, (*fig.*) essere su un terreno pericoloso, sicuro // *I shouldn't challenge him on his own* —, non dovrei sfidarlo nel suo campo // *to shift one's own* —, cambiare il proprio punto di vista, le proprie intenzioni // *to stand one's* —, tener duro, tener testa // *common* —, idee simili, campo, argomento su cui si è d'accordo // *forbidden* —, argomento proibito **2** campo (adibito a un uso particolare): *burial* —, cimitero; *football* —, campo di calcio; *rugby* —, campo di rugby // *neutral* —, campo neutro, neutrale; (*fig.*) campo neutrale **3** fondo (di mare, fiume, lago): *to touch* (o *to take*) —, toccare il fondo, arenarsi (di nave) **4** (*miner.*) roccia (spec. contenente minerali) **5** sfondo, campo (di disegno): *the — of a picture*, lo sfondo di un quadro; *red and blue horse on a dark* —, un cavallo rosso e blu su sfondo scuro; *the middle* —, secondo piano // (*elettr.*) — *noise*, rumore di fondo **6** (*gener. pl.*) motivi, ragioni, cause: *without* —, senza motivo; *on the grounds that* (o *of*), col pretesto di; *I did it on personal grounds*, l'ho fatto per motivi personali; *I have good grounds for believing him*, ho buoni motivi per credergli // (*dir.*) *grounds for annulment, for divorce*, cause, motivi di annullamento, di divorzio **7** (*amer.*) terra **8** (*gener. pl.*) parchi, terreni, giardini (che circondano una casa) // *house and grounds for sale*, casa e terreno in vendita **9** *pl.* fondi, sedimenti: *coffee* —, fondi di caffè **10** (*elettr.*) terra, massa.

to **ground**[1] *v.tr.* **1** fondare; basare: *I — my theory on facts*, baso la mia teoria sui fatti **2** (*aer.*) tenere a terra; impedire il decollo a: *the plane was grounded by the authorities*, l'aeroplano fu trattenuto a terra dalle autorità // (*mil.*) — *arms!*, pied'arm! **3** (*sl. amer.*) punire, non fare uscire **4** fare arenare, fare incagliare (nave) **5** insegnare i primi elementi a: *to — a pupil in Latin*, insegnare i primi elementi del latino a un allievo **6** (*elettr.*) mettere a terra, a massa **7** preparare il fondo di (un quadro, un ricamo) ◆ *v.intr.* **1** basarsi, fondarsi **2** arenarsi, incagliarsi (di nave) **3** (*Borsa*) toccare il fondo.

ground[2] [graʊnd] *pass.p.p.* di to **grind** ◆ *agg.* **1** macinato: — *coffee*, caffè macinato // — *meat*, (*amer.*) carne tritata; — *round*, (*amer.*) carne tritata scelta **2** molato; levigato: — *glass*, vetro smerigliato, molato **3** arrotato, affilato.

groundage ['graʊndɪdʒ / ground·age] *s.* (*mar.*) diritto di porto.

ground-angling ['graʊnd,æŋglɪŋ] *s.* pesca con la lenza a galleggiante.

ground-ash ['graʊndæʃ] *s.* (*bot.*) giovane frassino.

ground bait ['graʊndbeɪt] *s.* esca da fondo.

groundbreaking ['graʊnd,breɪkɪŋ / ground·break·ing] *agg.* e *s.* innovatore, pioniere.

ground cloth ['graʊnd,klɒ:θ] *s.* (*amer.*) → **groundsheet**.

grounded ['graʊndɪd] *agg.* **1** basato, fondato **2** (*elettr.*) collegato a terra, a massa.

groundedly ['graʊndɪdlɪ / ground·ed·ly] *avv.* ragionevolmente, fondatamente.

ground effect ['graʊndɪ,fekt] *s.* e *agg.* effetto suolo: — *vehicle*, veicolo a effetto suolo (p.e. hovercraft).

ground-fish ['graʊndfɪʃ] *s.* (*zool.*) pesce che vive sul fondo.

ground floor [,graʊnd'flɔ:*] *s.* pianterreno // *to get* (o *be*) *in on the* —, (*fam.*) prendere parte (a un affare) fin dall'inizio.

ground-game ['graʊnd,geɪm] *s.* (*zool.*) selvaggina minuta.

ground glass ['graʊnd'glɑ:s *amer.* 'graʊnd 'glæs] *s.* **1** vetro smerigliato **2** polvere di vetro.

groundhog ['graʊnd,hɒg *amer.* 'graʊnd 'hɔ:g / ground·hog] *s.* (*zool.*) **1** (*Marmota monax*) marmotta americana // — *day*, (*fam. amer.*) 2 febbraio (giorno in cui, secondo la tradizione popolare, la marmotta americana esce dal letargo annunciando l'arrivo della nuova stagione) **2** formichiere.

grounding ['graʊndɪŋ / ground·ing] *s.* **1** base, conoscenza: *to have a good — in Latin*, avere buone basi di latino **2** (*mar.*) arenamento; (*aer.*) atterraggio **3** (*amer. elettr.*) messa a terra, collegamento a massa **4** (*pitt.*) sfondo; fondo, prima mano **5** (*tess.*) fondo.

ground-ivy ['graʊndaɪvɪ] *s.* (*bot.*) (*Nepeta hederacea*) edera terrestre.

groundless ['graʊndlɪs / ground· less] *agg.* infondato, senza ragione: — *suspicions*, sospetti infondati; (*dir.*) — *charge*, accusa infondata // **-ly** *avv.* // **-ness** *s.*

groundling ['graʊndlɪŋ / ground·ling] *s.* **1** pesce che vive sul fondo **2** pianta rampicante di sottobosco **3** (*ant.*) spettatore di platea (nel teatro elisabettiano): *the groundlings... for the most part... capable of nothing but inexplicable dumb-show and noise*, (SH. Hamlet) la platea... per lo più incapace d'apprezzare altro che mimi senza senso e fracasso **4** persona incolta.

groundman ['graʊndmæn / ground·man] *pl.* **groundmen** → **groundsman**.

groundmass ['graʊndmæs / ground·mass] *s.* (*geol.*) massa di fondo, matrice (di roccia sedimentaria).

ground-note ['graʊndnəʊt] *s.* (*mus.*) nota fondamentale, nota base.

groundnut ['graʊndnʌt / ground·nut] *s.* (*bot.*) **1** (*Apios tuberosa*) pera di terra **2** arachide, nocciolina americana.

ground-pine ['graʊndpaɪn] *s.* (*bot.*) **1** (*Ajuga chamaepitys*) camepizio **2** (*Lycopodium clavatum*) licopodio, muschio clavato.

ground plan ['graʊnd,plæn] *s.* **1** pianta del pianoterra **2** (*estens.*) schema essenziale, progetto di base.

groundsel ['graʊnsl / ground·sel] *s.* (*bot.*) (*Senecio vulgaris*) senecione, cineraria; (*pop.*) erba calderina.

groundsheet ['graʊndʃi:t / ground·sheet] *s.* telone impermeabile (da stendere in terra) AMER. ground cloth.

groundshot ['graʊndʃɒt / ground·shot] → **ground stroke**.

groundsman ['graʊndzmən / grounds·man] *pl.* **groundsmen** *s.* inserviente dei campi sportivi o di grandi giardini.

ground-squirrel ['graʊnd,skwɪrəl *amer.* 'graʊnd,skw3:l] *s.* (*zool.*) sciuride.

ground staff ['graʊnd,stɑ:f *amer.* 'graʊnd ,stæf] *s.* **1** squadra addetta ai campi sportivi **2** personale di terra (di aeroporto).

ground state ['graʊnd,steɪt] *s.* (*fis.*) stato fondamentale.

ground stroke ['graʊndstrəʊk] *s.* (*tennis*) tiro ribattuto SIN. groundshot.

groundswell ['graʊndswel / ground·swell] *s.* **1** (*geogr.*) onde lunghe e profonde (in mare aperto); frangenti (in acqua poco profonda) **2** (*fig.*) ondata.

ground water ['graʊndwɔ:tə*] *s.* (*geol.*) acque sotterranee (*pl.*) // — *table*, falda acquifera, falda freatica // — *level*, livello piezometrico.

groundwork ['graʊndw3:k / ground·work] *s.* fondamento, base.

ground zero ['graʊnd'zɪərəʊ] *s.* (*fis. nucleare*) punto zero.

group [gru:p] *s.* **1** gruppo; raggruppamento (di persone, cose): *literary* —, cenacolo di letterati; *to form a* —, raggrupparsi; *a — of houses*, un gruppo di case // (*econ.*) — *of companies*, gruppo di società **2** categoria; classificazione **3** (*pitt., scult.*) gruppo, insieme: *harmonious — of colours*, insieme armonioso di colori **4** gruppo musicale **5** (*chim.*) gruppo, radicale **6** (*elettr.*) gruppo: — *velocity*, velocità di gruppo **7** (*mat.*) gruppo: — *theory*, teoria dei gruppi **8** (*inform.*) gruppo: — *item*, elemento di gruppo; (IBM) dato composito ◆ *agg.* di gruppo; collettivo: — *photograph*, fotografia di gruppo; — *leader*, leader di un gruppo; — *work*, lavoro di gruppo; (*econ.*) — *incentives*, incentivi collettivi; (*psic.*) — *therapy*, terapia di gruppo.

to **group** *v.tr.* raggruppare; classificare ◆ *v.intr.* raggrupparsi.

groupage ['gru:pɪdʒ / group·age] *s.* raggruppamento.

group captain ['gru:pkæptɪn] *s.* (*aer. mil.*, GB) colonnello d'aviazione.

grouper ['gru:pə:] *s.* (*zool.*) cernia.

groupie ['gru:pɪ] *s.* (*sl.*) ragazza che segue un gruppo pop nei suoi spostamenti.

grouping ['gru:pɪŋ / group·ing] *s.* **1** organizzazione in gruppi **2** combinazione (di colori).

groupware ['gru:pweə* / group·ware] *s.* (*inform.*) groupware, software di supporto al lavoro di gruppo.

grouse[1] [graʊs] *s.pl.invar.* (*zool.*) (*Tetrao urogallus*) tetraone, gallo cedrone // *black* —, (*Lyrurus tetrix*) fagiano di monte // *red* —, (*Lagopus scoticus*) pernice rossa (di Scozia).

to **grouse**[1] *v.intr.* andare a caccia di galli cedroni.

grouse[2] *s.* (*fam.*) brontolio, borbottio.

to **grouse**[2] *v.intr.* (*fam.*) brontolare, borbottare: *to — at s.o., about sthg.*, brontolare contro qlcu., per qlco.

grout[1] [graʊt] *s.* malta liquida, boiacca.

to **grout**[1] *v.tr.* stuccare, rifinire con malta liquida.

to **grout**[2] *v.tr.* e *intr.* grufolare.

grove [grəʊv] *s.* **1** boschetto **2** piantagione (gener. di alberi da frutto): *olive* —, uliveto; *orange* —, aranceto.

to **grovel** ['grɒvl] *pass.p.p.* **grovelled** ['grɒvld] *v.intr.* strisciare a terra; (*fig.*) umiliarsi.

groveller ['grɒvlə* / grov·el·ler] *s.* essere strisciante (*spec. fig.*); leccapiedi, adulatore.

grovelling ['grɒvlɪŋ / grov·el·ling] *agg.* strisciante; (*fig.*) abietto ◆ *s.* lo strisciare; (*fig.*) adulazione; prosternazione // **-ly** *avv.*

to **grow** [grəʊ] *pass.* **grew** [gru:] *p.p.* **grown** [grəʊn] *v.intr.* **1** crescere, svilupparsi: *rice grows well in Lombardy*, il riso cresce bene in Lombardia; *mushrooms grew rapidly after the rain*, i funghi si sono sviluppati rapidamente dopo la pioggia; *why don't you let your hair —?*, perché non ti lasci crescere i capelli? **2** aumentare; espandersi: *Britain's power grew enormously in the 19th century*, la potenza della Gran Bretagna aumentò enormemente nel XIX secolo; *wheat sales grew a lot last year*, le vendite del grano sono sensibilmente aumentate l'anno scorso **3** diventare, divenire gradualmente: *to — angry*, inquietarsi, irritarsi; *to — bigger and bigger*, ingrossare sempre più; *to — old*, invecchiare; *to — tired*, stancarsi ◆ *v.tr.* **1** coltivare; far(si) crescere: *to — roses*, coltivare rose; *it's the fashion now for young men to — beards*, è di moda ora per i giovani farsi crescere la barba **2** (*bot.*) produrre (gemme ecc.): *to — roots*, mettere radici, attecchire.

□ **grow away** *v.intr.* e *avv.* (*fam. fig.*) allontanarsi (da), estraniarsi (da).

□ **grow from** *v.tr.* e *prep.* far crescere da: *to — a plant from seed*, fare crescere, ottenere una pianta dal suo seme ◆ *v.intr.* e *prep.* nascere da (*anche fig.*).

□ **grow in** *v.intr.* e *prep.* **1** crescere in: *to — in wisdom, in importance*, crescere in saggezza, in importanza **2** incarnirsi (di unghia).

□ **grow into** *v.intr.* e *prep.* diventare: *it grew into a flourishing business*, divenne un'azienda prospera.

□ **grow on** *v.intr.* e *prep.* piacere sempre di più: *at first I didn't like pop music, but then it grew on me*, sulle prime non mi andava la musica pop, ma poi ho cominciato ad apprezzarla // *to — (up) on s.o.*, crescere nella stima di; aumentare la propria influenza su.

□ **grow out of** *v.intr.* e *prep.* **1** diventare troppo grandi per (abiti, scarpe ecc.) SIN. to outgrow: *it's amazing how children of his age — out of their shoes!*, è incredibile come ai ragazzi della sua età le scarpe passino di misura! **2** lasciare, abbandonare SIN. to outgrow: *don't worry, he will — out of this bad habit*, non preoccuparti, perderà questa brutta abitudine **3** (*fig.*) nascere da, avere origine da: *his financial troubles grew out of his extravagance*, all'origine delle sue difficoltà economiche c'è la sua prodigalità.

□ **grow over** *v.intr.* e *prep.* infestare (di piante).

□ **grow up** *v.intr.* e *avv.* **1** crescere, diventare adulto **2** (*into*) diventare, farsi: *she grew up into a beautiful girl*, crescendo si è fatta una bellissima ragazza.

growable ['grəʊəbl / grow·able] *agg.* coltivabile.

grower ['grəʊə*] *s.* **1** coltivatore **2** pianta: *fast —, slow —*, pianta che cresce rapidamente, lentamente.

growing ['grəʊɪŋ / grow·ing] *agg.* crescente; che aumenta: *a — danger*, un pericolo crescente // (*dir.*) *— crops*, frutti naturali del suolo ◆ *s.* **1** coltivazione (di piante) **2** crescita // *— pains*, dolori della crescita, dell'adolescenza.

growingly ['grəʊɪŋlɪ / grow·ing·ly] *avv.* (*non com.*) con ritmo crescente; in modo crescente.

growing point ['grəʊɪŋ,pɔɪnt] *s.* (*bot.*) punto di accrescimento.

growl [graʊl] *s.* brontolio; grugnito; ringhio.

to **growl** *v.tr.* e *intr.* brontolare; grugnire; ringhiare.

growler ['graʊlə*] *s.* **1** brontolone **2** animale che ringhia o grugnisce **3** (*zool.*) (*Haemulon sciurus*) emulone **4** (*fam.*) carrozza di piazza **5** (*amer.*) barile per birra della capacità di dieci galloni **6** piccolo iceberg.

grown [grəʊn] *p.p.* di to **grow** ◆ *agg.* cresciuto: *a — man*, un uomo fatto.

grown-up [,grəʊn'ʌp] *s.* adulto ◆ *agg.* adulto; da adulto; maturo (di persona).

growth [grəʊθ] *s.* **1** crescita; aumento, sviluppo; progresso: *a week's — of beard*, una barba di una settimana // (*biol.*): *— hormone*, ormone della crescita; *— factor*, fattore di crescita // (*econ.*): *economic —*, crescita economica; *— rate*, tasso di crescita; *— path, pole*, sentiero, polo di sviluppo // (*Borsa*) *— stock*, titoli di sviluppo (di cui è previsto un aumento di rendimento) // (*inform.*) *— path*, iter, cammino, traiettoria di crescita **2** produzione; prodotto: *apples of foreign —*, mele di produzione straniera **3** vegetazione **4** (*biol.*) proliferazione (di cellule).

growth ring ['grəʊθrɪŋ] *s.* (*bot.*) anello di crescita, cerchio annuale (del legno).

groyne [grɔɪn] *s.* frangiflutti; pennello.

grub [grʌb] *s.* **1** larva di insetto; bruco, verme **2** (*fam.*) qualcosa da mangiare // *—'s up!*, è pronto (da mangiare)! **3** (*sl.*) sgobbone; scribacchino.

to **grub** *pass.p.p.* **grubbed** [grʌbd / grub·bed] *v.tr.* **1** zappare; dissodare; scavare; estrarre (dalla terra) **2** (*fig.*) scoprire con difficoltà **3** (*fam. amer.*) dar da mangiare a ◆ *v.intr.* **1** scavare; (*fig.*) rovistare // *to — about* (o *around*) *for sthg.*, frugare in cerca di qlco. **2** (*non com.*) sfacchinare, sgobbare // *to — along*, vivacchiare **3** (*fam. amer.*) mangiare.

□ **grub up** *v.tr.* e *avv.* strappare, sradicare.

grubber ['grʌbə* / grub·ber] *s.* **1** (*agr.*) estirpatore, sarchio **2** (*fam.*) sgobbone.

to **grubble** ['grʌbl / grub·ble] *v.tr.* (*ant.*) cercare a tastoni ◆ *v.intr.* (*ant.*) brancolare.

grubby ['grʌbɪ] *agg.* **1** sporco **2** pieno di vermi; bacato (*anche fig.*).

grubstake ['grʌbsteɪk / grub·stake] *s.* sovvenzione; sussidio • In origine, soldi o viveri dati a un cercatore d'oro o a un prospettore in cambio di una quota del minerale eventualmente scoperto.

to **grubstake** *v.tr.* sovvenzionare; fornire un sussidio a.

Grub Street ['grʌb,stri:t] *s.* Grub Street (antica via di Londra abitata da letterati poveri cioè quelli stipendiati da editori); (*fam.*) la bohème letteraria.

grudge [grʌdʒ] *s.* malanimo; rancore; invidia: *to have a — against s.o.*, nutrire rancore contro qlcu.; *I bear them no —*, non provo alcun risentimento per loro // *to pay off old grudges*, soddisfare vecchi rancori // (*sport*) *— fight* (o *match*), gara senza esclusione di colpi.

to **grudge** *v.tr.* **1** essere invidioso di: *I do not — him his success*, non gli invidio il suo successo **2** dare a malincuore; permettere malvolentieri ◆ *v.intr.* (*ant.*) lagnarsi; brontolare.

grudging ['grʌdʒɪŋ] *agg.* riluttante, avaro, parsimonioso: *she was very — with her praise*, era molto avara di lodi // **-ly** *avv.*

gruel [grʊəl] *s.* farinata semiliquida d'avena, talvolta bollita nel latte // *to give s.o. his —*, (*sl.*) darne un sacco a qlcu.

gruelling ['grʊəlɪŋ / gru·el·ling] *agg.* (*sl.*) estenuante: *a — race*, una gara estenuante ◆ *s.* (*sl.*) severa punizione; batosta.

gruesome ['gru:səm / grue·some] *agg.* raccapricciante; macabro.

gruff [grʌf] *agg.* **1** rauco (di voce) **2** burbero; arcigno // **-ly** *avv.* // **-ness** *s.*

grumble ['grʌmbl] *s.* brontolio, borbottio; lagnanza.

to **grumble** *v.intr.* **1** lagnarsi, lamentarsi: *to — at s.o., about* (o *over*) *sthg.*, lagnarsi di qlcu., di qlco. **2** brontolare ◆ *v.tr.* borbottare, dire borbottando: *he grumbled (out) an answer*, borbottò una risposta.

grumbler ['grʌmblə*] *s.* brontolone.

grumbling ['grʌmblɪŋ / grumb·ling] *agg.* **1** che brontola, che si lamenta **2** fastidioso: *— pain*, dolore fastidioso ◆ *s.* brontolio; lagnanza // **-ly** *avv.*

grume [gru:m] *s.* (*non com.*) coagulo; grumo.

grumous ['gru:məs / grum·ous] *agg.* (*non com.*) grumoso.

grumpily ['grʌmpɪlɪ / grump·ily] *avv.* scontrosamente; in modo irritabile.

grumpiness ['grʌmpɪnɪs / grumpi·ness] *s.* cattivo umore; irritabilità; scontrosità.

grumpish ['grʌmpɪʃ / grump·ish] **grumpy** ['grʌmpɪ] *agg.* (*non com.*) scontroso; irritabile.

Grundyism ['grʌndɪɪzəm / Grundy·ism] *s.* gretto convenzionalismo.

Grundy (Mrs) ['grʌndɪ] *no.pr.f.* 'Mrs Grundy' (personificazione del più gretto convenzionalismo): *I don't care what Mrs — says*, non me ne importa niente di quello che la gente dice di me.

grunt [grʌnt] *s.* grugnito.

to **grunt** *v.intr.* grugnire (*anche fig.*) ◆ *v.tr.* (*fig.*) grugnire, esprimere (qlco.) con un suono simile al grugnito: *he grunted his disappointment*, grugnì il suo disappunto.

grunter ['grʌntə*] *s.* **1** maiale, porco **2** grugnitore (pesce dei pomadasidi).

gruntingly ['grʌntɪŋlɪ / grunt·ing·ly] *avv.* con grugniti, grugnendo.

gruntling ['grʌntlɪŋ / grunt·ling] *s.* porcellino, maialino.

to **grutch** [grʌtʃ] *v.intr.* (*ant.*) lamentarsi: *now they seem to grutch / and murmur in a buzzing din*, (R. CRASHAW) ora sembrano lamentarsi e brontolare in un ronzante baccano.

gruyère ['gru:jeə* / gruy·ère] *s.* gruviera (formaggio svizzero).

gryphon ['grɪfən] *s.* (*mit., arald.*) grifone.

G-string ['dʒi:strɪŋ] *s.* cache-sexe, perizoma (per spogliarelliste, ballerine).

G-suit ['dʒi:su:t] *s.* tuta spaziale, anti-g.

guacharo ['gwɑ:tʃərəʊ / guach·aro] *pl.* **guacharos** *s.* (*zool.*) (*Steatornis caripensis*) guaciaro SIN. oil-bird.

guaiac ['gwaɪæk] *s.* **1** (*bot.*) (*Guaiacum officinale*) guaiaco; (*pop.*) legno santo SIN. lignum vitae, guaiacum **2** (*chim.*) resina di guaiaco.

guaiacol ['gwaɪəkɒl / guaia·col] *s.* (*chim.*) guaiacolo.

guaiacum ['gwaɪəkəm / guai·acum] *s.* (*bot.*) → **guaiac**.

guana ['gwɑːnə] *s.* (*zool.*) iguana.

guanaco [gwə'nɑːkəʊ / gua·naco] *pl.invar.* o **guanacos** *s.* (*zool.*) (*Lama guanicoe*) guanaco.

guanidine ['gwænɪdɪn / gua·ni·dine] *s.* (*biochim.*) guanidina.

guaniferous [gwə'nɪfərəs / guani·fer·ous] *agg.* che dà guano.

guanine ['gwɑː,niːn / guan·ine] *s.* (*biochim.*) guanina.

guano ['gwɑːnəʊ] *pl.* **guanos** *s.* guano; (*estens.*) fertilizzante (artificiale o naturale).

guanosine ['gwɑːnə,siːn / gua·nos·ine] *s.* (*biochim.*) guanosina.

guarana [gwə'rɑːnə / gua·rana] *s.* guarana.

guarantee [,gærən'tiː / guar·an·tee] *s.* **1** garante; (*dir.*) fideiussore, avallante **2** garanzia; pegno; (*dir.*) fideiussione, avallo: *under* —, in garanzia // — *bond*, cauzione // — *deposit*, deposito cauzionale // *fidelity* — *insurance*, assicurazione contro i danni causati da infedeltà degli impiegati // (*Borsa*) — *fund*, fondo (comune) di garanzia // (*econ.*) — *company*, società a responsabilità limitata.

to **guarantee** *v.tr.* **1** garantire, farsi garante di; (*dir.*) prestare una fideiussione, avallare: *to* — *a debt*, garantire un debito; *to* — *a product*, garantire un prodotto **2** (*fam.*) promettere, assicurare; garantire: *I* — *I'll win the race*, prometto che vincerò la gara.

guarantor [,gærən'tɔː* / guar·antor] *s.* garante; (*dir.*) avallante, fideiussore: — *of a bill of exchange*, avallante di una cambiale.

guaranty ['gærəntɪ / guar·anty] → **guarantee** 2.

to **guaranty** → to **guarantee**.

guard [gɑːd] *s.* **1** guardia, vigilanza; difesa: *the officer was on* —, l'ufficiale era di guardia; *to come off* —, smontare di guardia; *to go on* (o *to mount* o *to stand*) —, montare di guardia; *to keep* —, fare la guardia; *to relieve* —, dare il cambio della guardia; *to run the* —, sfuggire alla guardia; *under* —, sotto scorta // — *boat*, lancia di ronda // — *ship*, motovedetta, lancia portuale **2** posizione di guardia (di scherma, pugilato ecc.) (*anche fig.*): *to take one's* —, mettersi in guardia; *to be on one's* —, stare in guardia; *to put s.o. on* (*his*) — *against a danger*, mettere qlcu. in guardia contro un pericolo; *to lower one's* —, abbassare la guardia; *to catch s.o. off* —, cogliere qlcu. di sorpresa, impreparato **3** guardia; corpo di soldati; scorta: — *of honour*, guardia d'onore; *armed* —, guardia armata; *he was one of the old* —, apparteneva alla vecchia guardia **4** capotreno **5** sorvegliante; (*amer.*) secondino **6** guardia, sicura, dispositivo di sicurezza: *trigger* —, sicura (nelle armi da fuoco); blocco di sicurezza (nelle macchine automatiche); *the* — *of a sword*, guardamano, guardia di una spada // — *ring*, ferma anello **7** (*ant.*) ornamento: *'tis the cunning livery of hell, / the damned'st body to invest and cover / in prenzie guards!*, (SH. Measure for Measure) è la scaltra livrea dell'inferno, che veste e copre il corpo più dannato con ornamenti principeschi!

to **guard** *v.tr.* **1** custodire, proteggere; sorvegliare; scortare; difendere: *to* — *s.o. from* (o *against*) *sthg.*, difendere qlcu. da qlco. **2** (*fig.*) difendere, proteggere; sorvegliare: *to* — *one's reputation*, difendere la propria reputazione; *to* — *one's words*, misurare le proprie parole ◆ *v.intr.* **1** guardarsi, stare in guardia; mettersi in guardia: *he guarded against errors by having the text checked over*, si mise al sicuro da errori facendo ricontrollare il testo **2** essere di guardia, stare di sentinella.

guarded ['gɑːdɪd] *agg.* **1** guardingo, prudente, misurato, circospetto: — *answer*, risposta cauta **2** scortato, guardato a vista: — *prisoner*, prigioniero scortato **3** protetto, difeso **4** (*ant.*) ornato, guarnito: *give him a livery / more guarded than his fellows*, (SH. Merchant of Venice) dategli una livrea più guarnita di quella dei suoi compagni.

guardedly ['gɑːdɪdlɪ / guarded·ly] *avv.* cautamente.

guardedness ['gɑːdɪdnɪs / guarded·ness] *s.* (*non com.*) cautela, circospezione.

guardhouse ['gɑːdhaʊs / guard·house] *s.* (*mil.*) **1** corpo di guardia **2** luogo di detenzione.

guardian ['gɑːdjən / guard·ian] *s.* **1** guardiano **2** amministratore // *the Board of Guardians*, (*st.*) comitato di pubblica assistenza **3** (*dir.*) tutore; curatore **4** (*eccl.*) padre guardiano ◆ *agg.* tutelare: — *angel*, angelo custode.

guardianship ['gɑːdjənʃɪp / guardi·an·ship] *s.* (*dir.*) tutela; protezione, cura: *child under* —, minore sotto tutela.

guardrail ['gɑːdreɪl / guard·rail] *s.* **1** guardrail, barriera di protezione **2** (*ferr.*) controrotaia **3** (*mar.*) battagliola.

guardroom ['gɑːdrʊm *amer.* 'gɑːdruːm / guard·room] *s.* (*mil.*) **1** corpo di guardia **2** cella di detenzione.

guardsman ['gɑːdzmən / guards·man] *pl.* **guardsmen** *s.* membro dei reggimenti della Guardia (specialmente ufficiale); soldato della Guardia Nazionale (negli Stati Uniti).

guard's van ['gɑːdzvæn] *s.* carrozza del capotreno.

Guatemalan [,gwɑːtə'mɑːlən / Gua·te·malan] *agg.* e *s.* guatemalteco.

guava ['gwɑːvə] *pl.invar.* o **guavas** *s.* (*bot.*) (*Psidium guaiava*) pero delle Indie, guava (pianta e frutto).

gubernatorial [,guːbənə'tɔːrɪəl / gub·ern·at·or·ial] *agg.* (*non com.*) del governatore, governatoriale: — *election*, elezione del governatore.

gudgeon[1] ['gʌdʒən] *s.* **1** (*zool.*) (*Gobio gobio*) gobione **2** (*zool.*) ghiozzo **3** (*fig.*) grullo; credulone.

gudgeon[2] *s.* (*mecc.*) perno: — *pin*, spinotto, perno di stantuffo // *floating* —, spinotto flottante // (*aer.*, *mar.*) *rudder* —, femminella del timone.

guelder rose ['geldə,rəʊz] *s.* (*bot. pop.*) palla di neve → **viburnum**.

Guelph [gwelf] *s.* (*st.*) guelfo.

Guelphic ['gwelfɪk] *agg.* (*st.*) guelfo.

guerdon ['gɜːdən] *s.* (*rar.*) guiderdone; ricompensa: *a battle's to fight ere the guerdon be gained*, (R. BROWNING) bisogna combattere una battaglia prima di guadagnarsi il premio.

to **guerdon** *v.tr.* (*rar.*) ricompensare.

guer(r)illa [gə'rɪlə / guer·(r)illa] *s.* **1** guerriglia **2** guerrigliero.

guess [ges] *s.* congettura, supposizione: *to have* (o *to make*) *a* —, azzardare un'ipotesi // *at a* —, a occhio e croce // *it's anybody's* —, nessuno lo può sapere, chissà // *your* — *is as good as mine*, ne so quanto te // *that's a good* —, (*fam.*) l'hai indovinata.

to **guess** *v.tr.* **1** congetturare, supporre: *I guessed her age to be about twenty*, le davo vent'anni **2** indovinare, tirare a indovinare: *to* — *the right answer*, indovinare la risposta giusta; *to* — *right, wrong*, indovinare, non indovinare // — *what!*, indovina! **3** supporre, pensare, credere: *I* — *we should leave*, penso che dovremmo andarcene; *I* — *so*, penso, credo di sì ◆ *v.intr.* **1** congetturare **2** tirare a indovinare // *to keep s.o. guessing*, tenere qlcu. sulle spine; non dare l'informazione richiesta.

guessable ['gesəbl / guess·able] *agg.* (*non com.*) indovinabile.

guesser ['gesə*] *s.* chi fa congetture.

guessing game ['gesɪŋ,geɪm] *s.* quiz.

guesswork ['geswɜːk / guess·work] *s.* [U] congettura; tentativo: *by* —, a lume di naso, a occhio e croce.

guest [gest] *s.* **1** ospite, invitato: *we are expecting guests to lunch*, aspettiamo degli ospiti a colazione **2** pensionante; cliente **3** (*biol.*) parassita **4** (*inform.*) ospite.

guest book ['gestbʊk] *s.* libro degli ospiti; registro dei clienti (di un albergo).

guesthouse ['gesthaʊs / guest·house] *s.* pensione; locanda.

guest night ['gest,naɪt] *s.* serata a invito (per i non soci di un club).

guestroom ['gestrʊm *amer.* 'gestruːm / guest·room] *s.* camera degli ospiti.

guest-rope ['gestrəʊp] *s.* (*mar.*) cavo di tonneggio.

guest star ['gest,stɑː*] *s.* ospite di trasmissione radiofonica, televisiva; ospite d'onore.

guff [gʌf] *s.* [U] (*fam.*) fandonia, frottola; imbroglio; sciocchezze (*pl.*) // *that's a load of* —*!*, è un mucchio di sciocchezze!

guffaw [gʌ'fɔː / guf·faw] *s.* risata fragorosa.

to **guffaw** *v.intr.* ridere fragorosamente; sghignazzare ◆ *v.tr.* fare, dire ridendo fragorosamente.

to **guggle** ['gʌgl] → to **gurgle**.

Guianese [,gaɪə'niːz / Guian·ese] *agg.* e *s.* (abitante) della Guiana.

guidable ['gaɪdəbl / guid·able] *agg.* (*non com.*) guidabile; docile.

guidance ['gaɪdəns / guid·ance] *s.* (*form.*) **1** guida, direzione; consiglio: *I owe much to his* —, devo molto ai suoi consigli **2** (*tecn.*) guida, controllo: — *system*, sistema di controllo **3** indicazione, informazione: *for your* —, a titolo indicativo.

guide [gaɪd] *s.* **1** guida: *he worked as a* — *for visiting Americans*, faceva la guida per i turisti americani // *alpine* —, guida alpina **2** — (*book*), guida, manuale // *railway* —, orario ferroviario **3** (*fig.*) consigliere, mentore: *he was my* — *during my youth*, mi guidò durante la giovinezza **4** (*mil.*) guida **5** (*Girl*) *Guide*, giovane guida, esploratrice (nello scoutismo) **6** (*mar.*) nave guida **7** (*mecc.*) guida; (*rad.*) guida d'onda **8** (*inform.*) guida, linea guida di riferimento.

to **guide** *v.tr.* guidare, condurre; dirigere (*anche fig.*): *he guided me through the burocratic formalities at the passport office*, mi ha guidato attraverso le formalità burocratiche all'ufficio passaporti.

guided missile [,gaɪdɪd'mɪsaɪl] *s.* missile guidato.

guide dog ['gaɪd,dɒg] *s.* cane guida.

guided tour [,gaɪdɪd'tʊə*] *s.* visita guidata.

guidelines ['gaɪdlaɪnz / guide·lines] *s.pl.* **1** istruzioni; indicazioni; punti essenziali; traccia (*sing.*) **2** (*econ.*) guidelines, direttive di massima (della programmazione economica).

guide-post ['gaɪdpəʊst] *s.* indicatore stradale.

guide-rail ['gaɪdreɪl] *s.* (*ferr.*) terza rotaia.

guide-rope ['gaɪdrəʊp] *s.* (*aer.*) cavo pilota.

guild [gɪld] *s.* corporazione; (*st. econ.*) gilda.

guilder ['gɪldə*] *s.* gulden, fiorino olandese: *wanting guilders to redeem their lives, / have seale'd his rigorous statutes with their blood*, (SH. The Comedy of Errors) privi del denaro per riscattare le loro vite, hanno sigillato con il sangue il rigore delle sue leggi.

guildhall ['gɪldhɔːl / guild·hall] *s.* **1** sede di corporazione // *the Guildhall*, Palazzo delle Corporazioni (a Londra) **2** municipio.

guile [gaɪl] *s.* (*form.*) insidia; astuzia; scaltrezza; frode.

guileful ['gaɪlfʊl / guile·ful] *agg.* insidioso; astuto, scaltro // **-ly** *avv.* // **-ness** *s.*

guileless ['gaɪllɪs / guile·less] *agg.* (*form.*) **1** sincero, franco, schietto **2** innocente; candido, ingenuo; semplice // **-ly** *avv.* // **-ness** *s.*

guillemot ['gɪlɪmɒt / guil·le·mot] *s.* (*zool.*) uria → tarrock.

guillotine [,gɪlə'tiːn / guil·lot·ine] *s.* **1** ghigliottina **2** (*ind. cartaria*) taglierina **3** (*med.*) tonsillotomo.

to **guillotine** *v.tr.* **1** ghigliottinare, decapitare **2** (*tecn. cartaria*) tranciare con taglierina.

guilt [gɪlt] *s.* colpa, colpevolezza: *feelings of —*, sensi di colpa // (*psic.*) *— complex*, complesso di colpa.

guiltily ['gɪltɪlɪ / guilt·ily] *avv.* colpevolmente; come un colpevole, con aria colpevole.

guiltiness ['gɪltɪnɪs / guilti·ness] *s.* (*non com.*) colpevolezza.

guiltless ['gɪltlɪs / guilt·less] *agg.* **1** innocente, senza colpa: *to hold —*, dichiarare innocente **2** (*rar.*) ignaro; privo: *— of French*, digiuno di francese // *he is — of soap*, (*scherz.*) fa poco uso di sapone.

guiltlessly ['gɪltlɪslɪ / guilt·less·ly] *avv.* ingenuamente; con innocenza.

guiltlessness ['gɪltlɪsnɪs / guilt·less·ness] *s.* (*non com.*) innocenza.

guilty ['gɪltɪ] *agg.* **1** colpevole, reo (*anche dir.*): *to find s.o. —, not —*, riconoscere qlcu. colpevole, innocente; *to plead —*, dichiararsi colpevole; *verdict of not —*, sentenza di assoluzione; *with — mind*, con dolo o colpa **2** che si sente colpevole; turbato, tormentato da rimorsi: *a — conscience*, una coscienza sporca; *to be — of* (*doing*) *sthg.*, essere in colpa, responsabile per (aver fatto) qlco.

guinea ['gɪnɪ] *s.* (*st.*) sterlina d'oro di Guinea; ghinea (unità di valore del vecchio sistema monetario inglese pari a 21 scellini, si usava per onorari, beneficienza, premi).

Guinea *s.* (*sl.amer.*) **1** nativo delle isole del Pacifico **2** italiano, persona di origine italiana.

guinea-fowl ['gɪnɪ,faʊl] **guinea-hen** ['gɪnɪ,hen] *s.* (*zool.*) (*Numida meleagris*) gallina faraona SIN. galeeny.

Guinean ['gɪnɪən] *agg.* e *s.* guineano.

guinea pig ['gɪnɪpɪg] *s.* (*zool.*) (*Cavia cobaya*) cavia, porcellino d'India SIN. acouchy.

guinea-worm ['gɪnɪwɜːm] *s.* (*zool.*) (*Dracunculus medinensis*) filaria di Medina.

guinzo → **ginzo**.

guipure [gɪ'pjʊə* / gui·pure] *s.* guipure (merletto di seta o di refe).

guise [gaɪz] *s.* **1** aspetto, apparenza esteriore; falso aspetto, maschera, parvenza: *under the — of friendship*, sotto la maschera dell'amicizia; *a lot of nonsense is talked under the — of religious truths*, si dicono molte sciocchezze spacciandole per verità religiose **2** (*ant.*) stile, foggia; modo; guisa: *in the — of a monk*, in abito di monaco.

guitar [gɪ'tɑː* / gui·tar] *s.* chitarra.

guitar fish [gɪ'tɑː,fɪʃ] *s.* (*zool.*) pesce chitarra.

guitarist [gɪ'tɑːrɪst / gui·tar·ist] *s.* chitarrista.

gulch [gʌlʃ] *s.* (*amer.*) burrone, valloncello.

gules [gjuːlz] *agg.* e *s.* (*arald.*) (color) rosso.

gulf [gʌlf] *s.* **1** golfo, insenatura // *Gulf Stream*, la Corrente del Golfo // *Gulf States*, Stati del Golfo (stati che si affacciano sul golfo Persico); (*amer.*) stati americani che si affacciano sul golfo del Messico **2** precipizio; abisso (*anche fig.*): *there's an enormous — between our demands and their offers*, c'è un abisso enorme fra le nostre richieste e le loro offerte **3** vortice **4** (*ant.*) ventre; voracità: *Witches' mummy; maw, and gulf, / of the ravined salt-sea shark...*, (SH. Macbeth) mummia di strega, mascella e ventre del vorace squalo marino...

to **gulf** *v.tr.* (*non com.*) inghiottire (*anche fig.*).

gull[1] [gʌl] *s.* gabbiano SIN. sea cob, seagull.

gull[2] *s.* (*non com.*) credulone, sempliciotto; sciocco.

to **gull**[2] *v.tr.* (*non com.*) darla a bere a, truffare, ingannare.

gullery ['gʌlərɪ / gull·ery] *s.* (*ant.*) impostura.

gullet ['gʌlɪt / gul·let] *s.* gola; esofago // *to stick in one's —*, rimanere sullo stomaco, andare di traverso (*anche fig.*).

gullibility [,gʌlɪ'bɪlɪtɪ / gull·ib·il·ity] *s.* credulità; ingenuità.

gullible ['gʌləbl / gull·ible] *agg.* credulo, credulone; ingenuo.

gullish ['gʌlɪʃ / gull·ish] *agg.* (*non com.*) sciocco, credulone.

gull-wing ['gʌlwɪŋ] *agg.* (*aut.*) che si apre verso l'alto, a farfalla (di portiera).

gully ['gʌlɪ] *s.* **1** (*geogr.*) burrone, gola (scavati dall'acqua) **2** fognatura, condotto di scolo: *— grating*, griglia di scarico **3** zona del campo di cricket.

gully-drain ['gʌlɪdreɪn] *s.* cunetta.

gully-hole ['gʌlɪhəʊl] *s.* tombino.

gulp [gʌlp] *s.* **1** atto, sforzo dell'ingoiare **2** boccone; boccata; sorso: *to empty a glass at one —*, vuotare un bicchiere d'un fiato.

to **gulp** *v.tr.* (*down*, *back*) **1** inghiottire; trangugiare; mandar giù: *to — (down) a medicine*, trangugiare una medicina **2** trattenere, soffocare; reprimere: *to — down one's rage*, soffocare la rabbia; *to — down* (o *back*) *one's tears*, ricacciare le lacrime (in gola) ◆ *v.intr.* trattenere il fiato.

gum[1] [gʌm] *s.* gengiva // *to beat one's gums*, (*fam. amer.*) parlare in continuazione.

to **gum**[1] *v.intr.* (*fam. amer.*) chiacchierare.

gum[2] *s.* **1** gomma, resina: *— arabic*, gomma arabica // *to be up a — tree*, (*fig. fam.*) essere in difficoltà **2** colla **3** gomma da masticare, cicca **4** giuggiola **5** cispa **6** *pl.* galosce.

to **gum**[2] *pass.p.p.* **gummed** [gʌmd] *v.tr.* **1** ingommare, fissare con gomma **2** (*amer.*) imbrogliare, ingannare ◆ *v.intr.* **1** secernere gomma **2** (*non com.*) diventare gommoso, appiccicaticcio.

□ **gum up** *v.tr.* e *avv.* bloccare, fermare; rovinare // *to — up the works*, guastare, mettere fuori uso.

gum[3] *s.* (*dial. antiq.*) Dio // *by —!*, perdinci!; *my —!*, mio Dio!

gumbo ['gʌmbəʊ] *pl.* **gumbos** *s.* (*amer.*) **1** (*bot.*) (*Hibiscus esculentus*) gombo, abelmosco **2** zuppa ispessita con baccelli d'ibisco.

gumboil ['gʌmbɔɪl / gum·boil] *s.* (*med.*) ascesso alla gengiva.

gumboot ['gʌmbuːt / gum·boot] *s.* stivale di gomma.

gumdrop ['gʌmdrɒp / gum·drop] *s.* caramella gommosa (alla frutta).

gum elemi [,gʌm'eləmiː] *s.* (*chim.*) (resina) elemi.

gumma ['gʌmə] *pl.* **gummas**, **gummata** ['gʌmətə / gum·mata] *s.* (*med.*) gomma.

gummiferous [gʌ'mɪfərəs / gum·mi·fer·ous] *agg.* (*bot.*) gommifero.

gumminess ['gʌmɪnɪs / gum·mi·ness] *s.* viscosità; gommosità.

gummosis [gʌ'məʊsɪs / gum·mosis] *s.* (*agr.*) gommosi.

gummy[1] ['gʌmɪ] *agg.* **1** che mostra le gengive: *a — smile*, un larghissimo sorriso **2** sdentato, senza denti.

gummy[2] *agg.* **1** gommoso; vischioso; appiccicoso **2** ricco di gomma **3** gonfio (di gambe, caviglie) **4** (*med.*) gommoso.

gumption ['gʌmpʃn / gump·tion] *s.* **1** (*fam.*) senso pratico; buon senso **2** (*fam.*) spirito d'iniziativa; grinta.

gum resin ['gʌm,rezɪn] *s.* (*chim.*) gommoresina.

gumshield ['gʌmʃiːld / gum·shield] *s.* paradenti.

gumshoe ['gʌmʃuː / gum·shoe] *s.* (*amer.*) **1** scarpa, soprascarpa di gomma **2** (*sl.*) agente investigativo, detective.

gun [gʌn] *s.* **1** arma da fuoco; pistola, rivoltella; fucile; cannone; pezzo d'artiglieria // *— barrel*, canna di fucile // *— case*, custodia per il fucile // *— carriage*, affusto di cannone // (*fis.*) *electron —*, cannone elettronico // *a big —*, (*fig.*) un pezzo grosso // *son of a —*, (*fig.*) briccone, mascalzone // *sure as a —*, sicuro come due più due fa quattro // *to stick* (o *to stand*) *to one's guns*, tener duro, resistere (*anche fig.*) **2**

pistola ad aria compressa **3** colpo di arma da fuoco: *a six- — salute*, una salva di sei colpi; *to fire* (o *to discharge*) *a —*, sparare un colpo **4** cacciatore, partecipante a una partita di caccia; fucile: *a party of eight guns*, un gruppo di otto cacciatori **5** (*sl. amer.*) sicario, killer **6** (*sl. amer.*) acceleratore (di veicolo).

to **gun** *pass.p.p.* **gunned** [gʌnd] *v.intr.* andare a caccia con fucile ♦ *v.tr.* **1** (*fam. amer.*) sparare a **2** (*aut.*) aprire la valvola di.

□ **gun down** *v.tr.* e *avv.* (*fam.*) ammazzare, freddare.

□ **gun for** *v.tr.* e *avv.* (*fam.*) dare la caccia a, inseguire (*anche fig.*).

gunboat [ˈgʌnbəʊt / gun·boat] *s.* (*mar.*) cannoniera.

gun cotton [ˈgʌn,kɒtn] *s.* (*chim.*) fulmicotone.

gundog [ˈgʌndɒg / gun·dog] *s.* (*zool.*) cane da penna AMER. bird dog.

gun-drill [ˈgʌndrɪl] *s.* (*mil.*) esercitazione ai pezzi (d'artiglieria).

gunfight [ˈgʌnfaɪt / gun·fight] *s.* (*fam.*) scontro a fuoco.

gunfighter [ˈgʌnfaɪtə* / gun·fighter] *s.* (*fam.*) pistolero.

gunfire [ˈgʌn,faɪə* / gun·fire] *s.* **1** sparatoria, tiro rapido; cannoneggiamento **2** (*mar. mil.*) l'ora del mattino, della sera in cui viene sparato il colpo di cannone.

gunge [gʌndʒ] *s.* [U] (*fam.*) sostanza sporca, appiccicosa; porcheria.

gung-ho [ˈgʌŋˈhəʊ] *agg.* (*sl.*) eccessivamente zelante; fanatico.

gunk [ˈgʌŋk] *s.* (*fam. amer.*) → **gunge**.

gun layer [ˈgʌn,leɪə*] *s.* (*mil.*) puntatore (di un pezzo d'artiglieria).

gunman [ˈgʌnmən / gun·man] *pl.* **gunmen** *s.* bandito, rapinatore; terrorista.

gunmetal [ˈgʌn,metl / gun·metal] *s.* **1** bronzo duro **2** color grigio piombo.

gun moll [ˈgʌnmɒl] *s.* (*sl.*) la donna del gangster.

gunnel [ˈgʌnl / gun·nel] *s.* (*mar.*) capo di banda, frisata SIN. gunwale.

gunner [ˈgʌnə* / gun·ner] *s.* artigliere; cannoniere // *—'s mate*, aiuto cannoniere.

gunnery [ˈgʌnərɪ / gun·nery] *s.* **1** arte di costruire, maneggiare cannoni **2** artiglieria **3** fuoco d'artiglieria, cannoneggiamento.

gunny [ˈgʌnɪ] *s.* **1** rozza tela di iuta **2** sacco (di iuta).

gunplay [ˈgʌnpleɪ / gun·play] *s.* sparatoria, scambio di colpi d'arma da fuoco.

gunpoint [ˈgʌnpɔɪnt / gun·point] *s.* bocca d'arma da fuoco // *at —*, sotto la minaccia delle armi.

gunpowder [ˈgʌn,paʊdə* / gun·pow·der] *s.* polvere nera, polvere pirica // *the Gunpowder Plot*, (*st. inglese*) la Congiura delle Polveri.

gunroom [ˈgʌnrʊm *amer.* ˈgʌnru:m / gun·room] *s.* (*mar.*) quadrato dei subalterni; armeria.

gunrunner [ˈgʌn,rʌnə* / gun·runner] *s.* contrabbandiere d'armi.

gun-running [ˈgʌn,rʌnɪŋ] *s.* contrabbando d'armi.

gunshot [ˈgʌnʃɒt / gun·shot] *s.* **1** colpo di arma da fuoco: *— wound*, ferita d'arma da fuoco **2** portata, gittata, tiro (di arma da fuoco): *to be out of —*, *within —*, essere fuori tiro, essere a tiro.

gunshy [ˈgʌnʃaɪ / gun·shy] *agg.* che teme gli spari (di cane da caccia).

gun-sight [ˈgʌnsaɪt] *s.* (*mil.*) congegno di mira (di arma da fuoco o lanciarazzi).

gunslinger [ˈgʌnslɪŋə* / gun·slinger] *s.* (*fam.*) pistolero.

gunsmith [ˈgʌnsmɪθ / gun·smith] *s.* armaiuolo.

gunstock [ˈgʌnstɒk / gun·stock] *s.* fusto del fucile.

gun-toting [ˈgʌntəʊtɪŋ] *agg.* (*fam.*) armato, che porta un'arma.

gunwale [ˈgʌnl / gun·wale] *s.* (*mar.*) cinta; capo di banda, frisata SIN. gunnel.

guppy [ˈgʌpɪ] *s.* (*zool.*) (*Lebistes reticulatus*) guppy.

gurgle [ˈgɜ:gl] *s.* gorgoglio; mormorio.

to **gurgle** *v.intr.* **1** gorgogliare; mormorare (di ruscello) **2** emettere suoni gutturali.

gurgling [ˈgɜ:glɪŋ / gurg·ling] *s.* gorgoglio; mormorio.

Gurkha [ˈgɜ:kə] *s.* **1** gurka (indigeno nepalese) **2** gurka, soldato mercenario appartenente a reggimenti angloindiani.

gurnard [ˈgɜ:nəd / gurn·ard] **gurnet** [ˈgɜ:nɪt / gur·net] *s.* (*zool.*) (*Trigla lucerna*) cappone imperiale, gallinella.

guru [ˈgʊru:] *s.* **1** guru (santone indiano) **2** (*estens.*) guru, esperto.

gush [gʌʃ] *s.* **1** sgorgo; getto; fiotto; zampillo, ribollio (di acque): *a — of oil*, un getto di petrolio **2** (*fig.*) effusione; torrente (di parole, lacrime): *a — of happiness*, un impeto di gioia.

to **gush** *v.intr.* sgorgare: *the tears gushed into her eyes*, le si inondarono gli occhi di lacrime ♦ *v.tr.* emettere a fiotti, versare.

□ **gush over** *v.intr.* e *prep.* ricoprire di (attenzioni, lodi ecc.); decantare, cantare le lodi di; smaniare per, esaltarsi per: *girls often — over handsome film stars*, le ragazze spesso si esaltano per i bei divi del cinema.

gusher [ˈgʌʃə*] *s.* **1** persona esuberante, espansiva **2** (*miner.*) pozzo di petrolio a eruzione spontanea.

gushing [ˈgʌʃɪŋ / gush·ing] *agg.* **1** zampillante; ribollente **2** (*fam.*) esuberante, espansivo; smanceroso, pieno di smancerie: *— compliments*, complimenti calorosi.

gushy [ˈgʌʃɪ] *agg.* (*fam.*) esuberante, espansivo; smanceroso, pieno di smancerie.

gusset [ˈgʌsɪt / gus·set] *s.* **1** (*mar.*) gherone **2** (*mecc.*) fazzoletto d'unione // (*edil.*) *— plate*, piastra nodale di testa.

to **gussy** [ˈgʌsɪ] *v.tr.* e *intr.* (*fam. amer.*) (gener. con *up*) **1** vestire, vestirsi elegantemente **2** addobbare, decorare.

gust[1] [gʌst] *s.* **1** colpo di vento, raffica, folata **2** (*fig.*) impeto, scoppio (di passione, di collera): *a — of anger*, uno scoppio d'ira.

gust[2] *s.* (*ant.*) **1** gusto: *but that he hath the gift of a coward to allay the gust he hath in quarrelling*, (SH. Twelfth Night) se non avesse il dono della vigliaccheria a temperare il gusto che prova ad attaccar briga **2** apprezzamento **3** aroma, sapore.

gustation [gʌˈsteɪʃn / gusta·tion] *s.* (*non com.*) degustazione; gusto.

gustative [ˈgʌstətɪv / gust·at·ive] **gustatory** [ˈgʌstətərɪ / gust·at·ory] *agg.* (*non com.*) gustativo.

gusto [ˈgʌstəʊ] *s.* [U] **1** sapore speciale **2** godimento, piacere; slancio, entusiasmo: *she does it really with —*, lo fa con evidente piacere.

gusty [ˈgʌstɪ] *agg.* ventoso (a raffiche, folate).

gut [gʌt] *agg.* (*fam.*) istintivo: *my — feeling is that she'll stay*, il mio istinto dice che rimarrà; *— reaction*, reazione istintiva.

gut *s.* **1** *pl.* budella; intestino; (*anat.*) tubo digerente; (*fam.*) stomaco // (*anat.*) *blind —*, intestino cieco // *I'll have your guts for garters*, ti spaccherò la faccia // *to hate s.o.'s guts*, (*fam.*) odiare violentemente qlcu. // *to feel sthg. in one's guts*, sentire qlco. nelle viscere // *to work one's guts out*, (*sl.*) rompersi la schiena a forza di lavorare **2** *pl.* (*sl.*) coraggio; forza di carattere: *come now, put your guts into it!*, avanti, mettetecela tutta!; *she showed a lot of guts during the earthquake*, mostrò molto coraggio durante il terremoto **3** (*fam. spreg.*) pancione **4** → gutstring **5** stretto passaggio.

to **gut** *pass.p.p.* **gutted** [ˈgʌtɪd / gut·ted] *v.tr.* **1** sventrare, sbudellare **2** (*fig.*) sventrare, distruggere, smantellare: *the house was gutted*, la casa fu sventrata, non rimasero che le quattro mura **3** (*sl. amer.*) ridurre all'essenziale, eliminare il superfluo di.

gutfighter [ˈgʌt,faɪtə* / gut·fighter] *s.* (*amer.*) nemico, oppositore accanito, violento.

gutless [ˈgʌtlɪs / gut·less] *agg.* (*fam.*) codardo, vigliacco // **-ness** *s.*

gutstring [ˈgʌtstrɪŋ / gut·string] *s.* minugia; (*med.*) catgut, filo per sutura.

gutsy [ˈgʌtsɪ] *agg.* (*fam.*) coraggioso, che ha fegato.

gutta-percha [ˈgʌtəˈpɜ:tʃə] *s.* (*chim.*) guttaperca.

guttation [gəˈteɪʃn / gut·ta·tion] *s.* (*bot.*) guttazione.

gutter [ˈgʌtə*] *s.* **1** grondaia (di casa) **2** cunetta **3** condotto **4** rigagnolo; canaletto di drenaggio, di scolo **5** (*fig.*) la strada, i bassifondi: *language of the —*, linguaggio di strada; *to take s.o.* (o *to pick s.o. up*) *out of the —*, togliere qlcu. dalla strada.

to **gutter** *v.intr.* **1** colare (di candela ecc.) **2** brillare di luce incerta (di fiamma): *the candle flame guttered and then died*, la fiamma della candela brillò e poi si spense **3** scorrere a fiotti ♦ *v.tr.* **1** scanalare; fornire (una strada) di cunette **2** fornire (una casa) di grondaie.

gutter press [ˈgʌtə,pres] *s.* (*fam.*) stampa scandalistica.

guttersnipe [ˈgʌtəsnaɪp / gut·ter·snipe] *s.* (*fam. spreg.*) ragazzo di strada.

guttural [ˈgʌtərəl / gut·tural] *agg.* e *s.* gutturale // **-ly** *avv.* // **-ness** *s.*

gutturalism [ˈgʌtərəlɪzəm / gut·tur·al·ism] *s.* gutturalismo.

to **gutturalize** [ˈgʌtərəlaɪz / gut·tur·al·ize] *v.tr.* **1** rendere gutturale (un suono) **2** pronunciare (un suono) con tono gutturale.

guv [gʌv] **guvnor** [ˈgʌvnə*] *s.* (*sl.*) abbr. di → **governor** 2.

guy[1] [gaɪ] *s.* **1** cavo di ritegno, vento **2** (*mar.*) bozza.

to **guy**[1] *v.tr.* assicurare con un cavo, controventare.

guy[2] *s.* **1** (*sl.*) tipo, individuo (in *amer.* è riferito ad ambo i sessi) **2** fantoccio di Guy Fawkes **3** spauracchio; maschera; persona vestita grottescamente.

to **guy**[2] *v.intr.* **1** portare il fantoccio di Guy Fawkes per le strade **2** svignarsela ◆ *v.tr.* **1** effigiare **2** beffeggiare, mettere in ridicolo.

Guyanese [,gaɪə'ni:z / Guy·anese] *agg.* e *s.* (nativo, abitante) della Guyana.

Guy Fawkes Day ['gaɪfɔ:ks,deɪ] *s.* il 5 novembre, giorno in cui l'effigie di Guy Fawkes viene bruciata a ricordo della sventata 'congiura delle polveri' (1605) quando Guy Fawkes tentò di far saltare il parlamento inglese.

guyot [,gi:'əʊt] *s.* (*geogr.*) guyot, monte sottomarino dalla sommità piatta.

guy rope ['gaɪ,rəʊp] → **guy**[1].

to **guzzle** ['gʌzl] *v.intr.* gozzovigliare ◆ *v.tr.* mangiare e bere in modo sfrenato.

guzzler ['gʌzlə*] *s.* ubriacone; crapulone.

gybe [dʒaɪb] *s.* (*mar.*) fiocco.

to **gybe** *v.tr.* (*mar.*) virare ◆ *v.intr.* manovrare con le vele in modo che l'imbarcazione viri.

gym [dʒɪm] *s.* (*sl.*) abbr. di → **gymnasium**, **gymnastics**.

gymkhana [dʒɪm'kɑ:nə / gym·khana] *s.* riunione sportiva dove si svolgono gare, competizioni (specialmente equestri).

gymnasium [dʒɪm'neɪzjəm / gym·nas·ium] *s.* **1** palestra **2** liceo (in Germania).

gymnast ['dʒɪmnæst / gym·nast] *s.* ginnasta.

gymnastic [dʒɪm'næstɪk / gym·nastic] *agg.* ginnastico, ginnico.

gymnastically [dʒɪm'næstɪkəlɪ / gym·nast·ic·ally] *avv.* da ginnasta.

gymnastics [dʒɪm'næstɪks / gym·nast·ics] *s.* [U] esercizi ginnici; ginnastica.

gymnic ['dʒɪmnɪk / gym·nic] *agg.* (*rar.*) ginnico.

gymnocarpous [,dʒɪmnə'kɑ:pəs / gym·no·carp·ous] *agg.* (*bot.*) ginnocarpo.

gymnosophist [dʒɪm'nɒsəfɪst / gym·no·soph·ist] *s.* (*antiq.*) gimnosofista.

gymnosophy [dʒɪm'nɒsəfɪ / gym·no·sophy] *s.* (*antiq.*) gimnosofia.

gymnosperm ['dʒɪmnəspɜ:m / gym·no·sperm] *s.* (*bot.*) gimnosperma.

gymnospermous [,dʒɪmnə'spɜ:mɪs / gym·no·sperm·ous] *agg.* (*bot.*) delle gimnosperme.

gymnotus [dʒɪm'nəʊtəs / gym·no·tus] *s.* (*zool.*) ginnoto.

gymslip ['dʒɪmslɪp / gym·slip] *s.* vestito senza maniche usato come uniforme scolastica femminile.

gynaecocracy [,dʒaɪnɪ'kɒkrəsɪ / gyn·ae·co·cracy] *s.* ginecocrazia.

gynaecologic(al) [,gaɪnɪkə'lɒdʒɪk(l) / gyn·ae·co·lo·gic(al)] *agg.* (*med.*) ginecologico.

gynaecologist [,gaɪnɪ'kɒlədʒɪst / gyn·ae·co·lo·gist] *s.* (*med.*) ginecologo.

gynaecology [,gaɪnɪ'kɒlədʒɪ / gyn·ae·co·logy] *s.* (*med.*) ginecologia.

gynandrous [dʒaɪ'nændrəs / gyn·and·rous] *agg.* (*bot.*) ginandro.

gynecology e *deriv.* → **gynaecology** e *deriv.*

gynoecium [gaɪ'ni:sɪəm / gyn·oe·cium] *pl.* **gynoecia** [gaɪ'ni:sɪə / gyn·oe·cia] *s.* (*bot.*) gineceo.

gyp [dʒɪp] *s.* **1** servitore (a Cambridge, Durham) **2** (*sl.*) inganno, imbroglio, truffa **3** (*fam.*) dolore: *my back is giving me — today*, ho la schiena a pezzi oggi **4** (*sl. amer.*) ladro; imbroglione // — *joint*, (*fam. amer.*) locale pubblico caro come il fuoco.

to **gyp** *pass.p.p.* **gypped** [dʒɪpt] *v.tr.* (*sl.*) ingannare, imbrogliare.

gypseous ['dʒɪpsɪəs / gyps·eous] *agg.* gessoso.

gypsiferous [dʒɪp'sɪfərəs / gypsi·fer·ous] *agg.* (*chim.*) contenente gesso.

gypsum ['dʒɪpsəm] *s.* (*min.*) gesso idrato, pietra da gesso.

to **gypsum** *v.tr.* (*agr.*) correggere (un terreno) col gesso.

gypsy → **gipsy**.

gyrate ['dʒaɪərɪt] *agg.* (*bot.*) circinato.

to **gyrate** [,dʒaɪə'reɪt] *v.intr.* girare, turbinare: *the couple were gyrating to the music*, la coppia volteggiava al suono della musica.

gyration [,dʒaɪə'reɪʃn / gyra·tion] *s.* vortice, movimento in tondo, a spirale.

gyratory ['dʒaɪərətərɪ / gyr·at·ory] *agg.* vorticoso, circolare.

gyre ['dʒaɪə*] *s.* (*poet.*) **1** giro **2** movimento circolare.

gyro ['dʒaɪrəʊ] *s.* abbr. di → **gyroscope**.

gyrocompass ['dʒaɪrə,kʌmpəs / gyro·com·pass] *s.* bussola giroscopica.

gyromagnetic ['dʒaɪrəmæg'netɪk / gyro·mag·netic] *agg.* (*fis.*) giromagnetico: — *effects*, effetti giromagnetici; — *ratio*, rapporto giromagnetico.

gyroscope ['dʒaɪərəskəʊp / gyro·scope] *s.* giroscopio.

gyrostabilizer [,dʒaɪərəʊ'steɪbilaɪzə* / gyro·sta·bil·izer] *s.* (*aer.*) girostabilizzatore.

gyrostat ['dʒaɪərəʊstæt / gyro·stat] *s.* (*fis.*) girostato.

gyrus ['dʒaɪərəs] *pl.* **gyri** ['dʒaɪəraɪ] *s.* (*anat.*) circonvoluzione cerebrale, giro cerebrale.

to **gyve** [dʒaɪv] *v.tr.* (*ant., poet.*) incatenare, mettere in ceppi: *his stockings foul'd, / ungarter'd and down-gyved to his ankle*, (SH. Hamlet) le sue calze sporche, senza giarrettiere e arrotolate giù alle caviglie come una catena.

gyves [dʒaɪvz] *s.pl.* (*ant., poet.*) catene, ceppi.

h [eɪtʃ] *pl.* **hs, h's** ['eɪtʃɪz] *s.* (*ottava lettera dell'alfabeto inglese*) h // *to drop one's — 's*, non aspirare l'acca // (*tel.*) — *for Harry* (o amer. — *for How*), h come Hotel.

ha [hɑ:] *inter.* ah!

habeas corpus [,heɪbjəs'kɔ:pəs / hab·eas cor·pus] *s.* (*dir.*) habeas corpus (procedura a tutela della libertà personale contro la detenzione arbitraria nei sistemi penali anglosassoni).

haberdasher ['hæbədæʃə* / hab·er·dasher] *s.* **1** merciaio **2** (*amer.*) venditore di articoli di vestiario maschile.

haberdashery ['hæbədæʃərɪ / hab·er·dash·ery] *s.* **1** merceria **2** (*amer.*) negozio di articoli di vestiario maschile.

habergeon ['hæbədʒən / hab·er·geon] *s.* usbergo.

habiliment [hə'bɪlɪmənt / ha·bili·ment] *s.* (*form.*) **1** abbigliamento, vestiario **2** *pl.* vestiario (generalmente da cerimonia, da parata).

habit ['hæbɪt] *s.* **1** abitudine: *out of* (o *from*) —, per abitudine; *creature of* —, persona abitudinaria; *to be in* (o *to have*) *the — of doing sthg.*, aver l'abitudine di fare qlco.; *to break oneself of a* —, perdere un'abitudine; *to fall into bad habits*, prendere cattive abitudini; *to fall out of a* —, perdere un'abitudine; *to grow out of a* —, perdere un'abitudine con l'età; *to make a — of doing sthg.*, prender l'abitudine di fare qlco. // *drug* —, assuefazione a farmaci, a stupefacenti **2** temperamento, costituzione: — *of body*, costituzione fisica; — *of mind*, abito mentale **3** abito (spec. di religioso); tonaca: *to take the* —, prendere l'abito, entrare nella vita religiosa; *I observed... many in the habit of servants*, (J. SWIFT) osservai... molti vestiti da servitori **4** (*bot.*, *zool.*) habitus.

to **habit** *v.tr.* **1** (*non com.*) vestire **2** (*ant.*) abitare.

habitability [,hæbɪtə'bɪlɪtɪ / hab·it·ab·il·ity]
habitableness ['hæbɪtəblnɪs / hab·it·able·ness] *s.* abitabilità.

habitable ['hæbɪtəbl / hab·it·able] *agg.* abitabile // **-bly** *avv.*

habitant ['hæbɪtənt / hab·it·ant] *s.* (*non com.*) abitante.

habitat ['hæbɪtæt / hab·itat] *s.* (*ecol.*) habitat, ambiente naturale.

habitation [,hæbɪ'teɪʃn / hab·ita·tion] *s.* (*form.*) abitazione; dimora.

habit-forming ['hæbɪt,fɔ:mɪŋ] *agg.* che dà assuefazione.

habitual [hə'bɪtjʊəl / ha·bit·ual] *agg.* **1** abituale, consueto // (*dir.*): — *residence*, domicilio; — *criminal* (o — *offender*), delinquente abituale **2** inveterato // **-ly** *avv.* // **-ness** *s.*

to **habituate** [hə'bɪtjʊeɪt / ha·bitu·ate] *v.tr.* (*form.*) abituare: *to — s.o. to doing sthg.*, abituare qlcu. a fare qlco.

habituation [hə,bɪtjʊ'eɪʃn / ha·bitu·ation] *s.* (*form.*) l'abituare; l'abituarsi; (*med.*) assuefazione.

habitude ['hæbɪtju:d *amer.* 'hæbɪtu:d / hab·it·ude] *s.* **1** (*form.*) abitudine **2** (*ant.*) abito mentale; costituzione fisica; disposizione, temperamento.

habitué [hə'bɪtjʊeɪ / ha·bi·tué] *s.* (*form.*) habitué, cliente assiduo, frequentatore abituale.

hack[1] [hæk] *s.* **1** tacca; spacco; fenditura **2** ferita, taglio, escoriazione **3** fendente: *to make a — at*, menare un fendente a, colpire con un fendente **4** (*calcio*) calcio nello stinco **5** attrezzo per tagli grossolani o per scavi manuali (p.e. pennato, machete, piccone, gravina) **6** tosse secca.

to **hack**[1] *v.tr.* **1** fare a pezzi; fendere; tagliare con fendenti: *they hacked a path through the jungle with their machetes*, si aprirono un varco nella giungla a colpi di machete **2** tagliuzzare **3** (*calcio*) colpire nello stinco ◆ *v.intr.* **1** menare fendenti (*at*, a) **2** tossire a colpi brevi e secchi.

hack[2] *s.* **1** (*spreg.*) scribacchino, imbrattacarte (di scrittore) **2** (*spreg.*) politico di secondo piano, di scarso valore **3** vecchio ronzino **4** cavallo da sella **5** cavalcata **6** (*amer.*) carrozza trainata da cavalli **7** (*fam. amer.*) taxi; tassista.

to **hack**[2] *v.tr.* **1** noleggiare (cavalli) **2** rendere comune, trito; ridurre a semplice banalità **3** (*ant.*) impiegare per un lavoro pesante e mal retribuito o come scribacchino **4** (*fam. amer.*) riuscire a, cavarsela in: *I can't — it!*, non ce la faccio!, non ci riesco! ◆ *v.intr.* **1** cavalcare al passo **2** (*fam. amer.*) guidare un taxi; andare in taxi.

□ **hack around** *v.intr.* e *avv.* (*fam. amer.*) bighellonare.

□ **hack at** *v.intr.* e *prep.* (*fam. amer.*) tentare (senza molto successo).

hack[3] *s.* (*tecn.*) **1** griglia, grigliato **2** rastrelliera.

to **hack**[4] *v.intr.* (*sl.*) modificare il codice sorgente, inserirsi illecitamente (in un computer altrui).

hackamore ['hækəmɔ:* / hacka·more] *s.* (*amer.*) cavezza.

hackberry ['hækberɪ / hack·berry] *s.* (*bot.*) **1** (*Celtis occidentalis*) bagolaro, olmo bianco; (*pop.*) arcidiavolo **2** legno, frutto del bagolaro.

hacked [hækt] *agg.* (*fam. amer.*) deluso, arrabbiato; infastidito.

hacker ['hækə*] *s.* (*fam.*) esperto di informatica che sa inserirsi nei computer altrui.

hack hand ['hækhænd] *s.* (*fam. amer.*) camionista.

hackle ['hækl] *s.* **1** (*tess.*) pettine (per liberare dalle impurità le fibre di lino, canapa, iuta) **2** penne lunghe del collo (di gallo, pavone ecc.) **3** (*gener. pl.*) pelo del collo (di gatto ecc.) // *to make s.o.'s hackles rise*, far arrabbiare qlcu. **4** mosca artificiale (per la pesca).

to **hackle** *v.tr.* (*tess.*) pettinare (le fibre di lino, canapa, iuta).

hacklet ['hæklɪt / hack·let] *s.* (*zool.*) puffino, berta SIN. **shearwater**.

hackly ['hæklɪ] *agg.* (*rar.*) ruvido, scabro.

hackmatack ['hækmə,tæk / hack·ma·tack] *s.* (*bot.*) larice americano → **tamarack**.

hackney ['hæknɪ / hack·ney] *s.* **1** cavallo da nolo; ronzino **2** vettura a cavalli da nolo // — *carriage* (o *cab*), vettura da nolo.

to **hackney** *v.tr.* rendere comune, trito; ridurre a semplice banalità.

hackneyed ['hæknɪd / hack·neyed] *agg.* trito, comune, molto usato (nel parlare): — *phrase*, frase fatta.

hacksaw ['hæksɔ: / hack·saw] *s.* (*mecc.*) **1** seghetto (per metalli) **2** sega meccanica (per metalli).

hackwork ['hækwɜ:k / hack·work] *s.* [U] lavoro intellettuale di scarsa soddisfazione.

hack writer ['hæk,raɪtə*] *s.* (*spreg.*) scrittorucolo.

had *pass.p.p.* di to **have**.

haddock ['hædək / had·dock] *s.* **1** (*zool.*) (*Melanogrammus aeglefinus*) eglefino **2** (*cuc.*) pesce simile al merluzzo.

hade [heɪd] *s.* (*geol.*, *miner.*) inclinazione (di faglia, filone).

to **hade** *v.intr.* (*geol.*, *miner.*) inclinare (di faglia, filone).

hadji → **ha(j)ji**.

hadn't ['hædnt] contr. di *had not*.

hadron ['hædrɒn / had·ron] *s.* (*fis.*) adrone.

hae [heɪ] (*scoz.*) → to **have**.

haem(a)- *pref.* → **hem(a)-**.

haemat(o)- *pref.* → **hemat(o)-**.

haemo- *pref.* → **hemo-**.

hafnium ['hæfnjəm / haf·nium] *s.* (*chim.*) afnio.

haft [hɑ:ft *amer.* hæft] *s.* manico; impugnatura (di coltello, pugnale, ascia ecc.).

to **haft** *v.tr.* mettere il manico a (coltelli ecc.).

hag[1] [hæg] *s.* **1** strega; megera, vecchiaccia **2** (*zool.*) — (*fish*), missinoide, mixine.

hag[2] *s.* (*scoz.*) acquitrino, lama; torbiera.

Haggadah [hə'gɑ:də / Hag·ga·dah] *s.* (*relig.*) Haggadah, commentario amiletico al testo biblico.

haggard ['hægəd / hag·gard] *agg.* **1** sparuto, scarno; sofferente; tirato; macilento: *some haggard women were seated at the table sewing*, (O. WILDE) alcune donne sparute cucivano sedute al tavolo **2** selvaggio, non addomesticato (di falco); selvatico ◆ *s.* **1** (*zool.*) falco non addomesticato **2** (*fig. rar.*) persona intrattabile, selvatica // **-ly** *avv.* // **-ness** *s.*

haggis ['hægɪs / hag·gis] *s.* (*scoz.*) (*cuc.*) salsiccia bollita di frattaglie di pecora.

haggish ['hægɪʃ / hag·gish] *agg.* da, di strega.

to **haggle** ['hægl] *v.intr.* disputare; cavillare: *to — about* (o *over*) *the price of sthg.*, mercanteggiare sul prezzo di qlco. ◆ *v.tr.* (*non com.*) tagliare malamente, lacerando.

haggler ['hæglə* / hag·gler] *s.* persona che tira sul prezzo.

hagiarchy ['hægɪɑ:kɪ / ha·gi·archy] *s.* il regno dei santi.

hagio- ['hægɪəʊ] *pref.* di origine greca usato per formare *s.* e *agg.*; indica relazione con ciò che è santo, coi santi; it. agio-: *hagiographer*, agiografo; *hagiolatry*, adorazione dei santi.

hagiographer [,hægɪ'ɒgrəfə* / ha·gio·grapher] *s.* agiografo.

hagiographic(al) [,hægɪə'græfɪk(l) / ha·gio·graphic(al)] *agg.* agiografico.

hagiography [,hægɪ'ɒgrəfɪ / ha·gio·graphy] *s.* agiografia.

hagiologist [,hægɪ'ɒlədʒɪst / ha·gi·olo·gist] *s.* agiologo.

hagiology [,hægɪ'ɒlədʒɪ / ha·gi·ology] *s.* agiologia.

hag-ridden ['hægrɪdn] *agg.* ossessionato, tormentato da streghe, da incubi; (*estens.*) invasato, ossessionato.

hah [hɑ:] *inter.* ah!

ha-ha[1] [hɑ:'hɑ:] *inter.* ah! ah! (ilare o ironico).

ha-ha[2] ['hɑ:hɑ:] *s.* fosso di cinta.

hai(c)k [haɪk] *s.* barracano.

haiku [haɪ'ku:] *s.* (*letter.*) haiku, tipo di poesia lirica giapponese.

hail[1] [heɪl] *s.* **1** grandine **2** (*fig.*) gragnuola, pioggia: *a — of bullets*, una pioggia di proiettili; *a — of abuse*, una pioggia di insulti.

to **hail**[1] *v.intr.* e *tr.impers.* grandinare.

hail[2] *inter.* salve!, salute!: *hail to thee, blithe spirit!*, (P.B. SHELLEY) salve a te, spirito giocondo! // *Hail Mary*, Ave Maria.

hail[2] *s.* **1** espressione di saluto // *within —*, a tiro di voce: *hail ye small sweet courtesies of life, for smooth do ye make the road of it!*, (STERNE) siate pur benedette, o lievissime cortesie! Voi spianate il sentiero della vita! **2** (*ant.*) salute, benessere.

to **hail**[2] *v.tr.* **1** fare un cenno (per attirare l'attenzione); (*mar.*, *poet.*) salutare: *she hailed him from across the street*, gli fece un cenno dall'altro lato della strada; *and I shall hail the main and the skies*, (BYRON) e saluterò l'oceano ed i cieli // *to — a cab, a taxi*, chiamare un taxi che sta passando **2** salutare, acclamare, chiamare: *they hailed him (as) king*, lo salutarono (come) re ◆ *v.intr.* (*form.* o *scherz.*) provenire, venire da: *she hails from Finland*, viene dalla Finlandia.

hail columbia [,heɪlkə'lʌmbɪə] *s.* (*fam. amer.*) punizione, rimprovero: *she gave me —*, me ne ha dette di tutti i colori ◆ *inter.* (*fam. amer.*) perbacco!

hail-fellow-well-met ['heɪl,feləʊ,wel 'met] *agg.* (*antiq. fam.*) cordiale, caloroso.

hailstone ['heɪlstəʊn / hail·stone] *s.* chicco di grandine.

hailstorm ['heɪlstɔ:m / haɪl·storm] *s.* grandinata.

hair [heə*] *s.* **1** Ⓤ capelli (*pl.*), capigliatura, chioma: *long fair —*, lunghi capelli biondi; *his — is grey*, i suoi capelli sono grigi; *to let down one's —*, sciogliersi i capelli; (*fig. fam.*) lasciarsi andare; parlare, comportarsi liberamente; *she put up her —*, si raccolse i capelli sulla nuca; (*fig.*) diventare donna, entrare in società; *to do one's —*, pettinarsi, mettersi in ordine i capelli; *to get* (o *to have*) *one's — cut*, farsi tagliare i capelli; *to lose one's —*, perdere i capelli; (*sl.*) inquietarsi; *to tear one's —*, strapparsi i capelli // *— transplantation*, trapianto, innesto di capelli // *to make s.o.'s — stand on end*, far rizzare i capelli a qlcu. // *to get in s.o.'s —*, (*fam.*) stare tra i piedi di qlcu. // *keep your — on!*, (*fam.*) stai calmo! **2** capello: *but the very hairs of your head are numbered*, (*Bibbia*) perfino i capelli del vostro capo sono contati; *he found a — in his soup*, trovò un capello nella minestra // *if you harm a single — on her head, I'll kill you*, se le torci un solo capello ti ammazzo // *to be exact to a —*, (*fam.*) essere estremamente precisi // *to have s.o. by the short hairs*, tenere qlcu. in propria balìa // *not to turn a —*, restare impassibile // *to split hairs*, (*fig.*) spaccare un capello in quattro **3** *pl.* (*antiq. letter.*) chioma **4** (*anche pl.*) pelo; filo, filamento; pelame (di animali); crine; setola (di maiale): *that dog has a fine coat of —*, quel cane ha un bel pelo; *to stroke a cat against the —*, accarezzare un gatto contropelo // *— of the dog* (*that bit you*), (*fam.*) piccola quantità di alcolico (che si prende per ridurre i postumi di una sbronza) **5** (*ant.*) tipo, carattere: *the quality and hair of our attempt / brooks no division*, (SH. Henry IV) la qualità e la natura della nostra impresa non tollerano divisioni.

hair-bag ['heəbæg] *s.* (*fam. amer.*) poliziotto in pensione.

hair-breadth ['heə,bredθ] → **hair's breadth**.

hairbrush ['heəbrʌʃ / hair·brush] *s.* spazzola per capelli.

haircloth ['heəklɒθ / hair·cloth] *s.* tessuto di crine (animale).

hair conditioner [,heəkən'dɪʃənə*] *s.* balsamo per capelli.

haircut ['heəkʌt / hair·cut] *s.* **1** taglio di capelli: *— and shave*, barba e capelli **2** acconciatura, pettinatura: *brush —*, taglio di capelli a spazzola.

hairdo ['heədu: / hair·do] *pl.* **hairdos** *s.* acconciatura, pettinatura.

hairdresser ['heə,dresə* / hair·dresser] *s.* parrucchiere, acconciatore.

hairdressing ['heədresɪŋ / hair·dress·ing] *s.* **1** l'acconciare i capelli **2** il mestiere di parrucchiere **3** (*antiq.*) preparato, lozione per capelli ◆ *agg.* di, da parrucchiere: *— salon*, salone, negozio di parrucchiere.

hairdryer ['heə,draɪə* / hair·dryer] *s.* asciugacapelli, fon.

hair-dye ['heədaɪ] *s.* tintura per capelli.

haired [heəd] *agg.* (*solo nei composti*) dai capelli: *dark- —*, dai capelli scuri; *real- —*, dai capelli rossi.

hair-grass ['heəgrɑ:s *amer.* 'heəgræs] *s.* (*bot.*) agrostide → **bent**[2].

hairgrip ['heəgrɪp / hair·grip] *s.* molletta per capelli AMER. bobby pin.

hairiness ['heərɪnɪs / hairi·ness] *s.* pelosità; l'essere irsuto.

hairless ['heəlɪs / hair·less] *agg.* **1** senza capelli, calvo **2** glabro; senza peli (di animali) // **-ness** *s.*

hairline ['heəlaɪn / hair·line] *agg.* **1** sottile, fine: *— crack*, sottile fenditura **2** (*fig.*) preciso, esatto.

hairline *s.* **1** attaccatura dei capelli: *his — is receding*, si sta stempiando **2** lenza, corda di crine **3** screpolatura, fenditura sottile **4** tessuto a righine **5** (*tip.*) filetto sottile; filo chiaro.

hairnet ['heənet / hair·net] *s.* retina per capelli.

hair-oil ['heərɔɪl] *s.* brillantina.

hairpiece ['heəpi:s / hair·piece] *s.* toupet, parrucchino.

hairpin ['heəpɪn / hair·pin] *s.* **1** forcina **2** — (*bend*), tornante **3** (*fam. amer.*) casalinga.

hair-powder ['heə,paʊdə*] *s.* polvere, talco per capelli, per parrucca.

hair-raising ['heəreɪzɪŋ] *agg.* agghiacciante, spaventoso; da far rizzare i capelli in testa.

hair-restorer ['heərɪ,stɔ:rə*] *s.* rigeneratore dei capelli.

hair's breadth ['heəz,bredθ] *s.* spazio strettissimo; margine ristretto; pelo ◆ *agg.* di stretta misura: *to have a — escape*, salvarsi per miracolo.

hair shirt ['heəʃɜ:t] *s.* cilicio.

hair-slide ['heəslaɪd] *s.* fermacapelli, fermaglio per capelli.

hair-splitting ['heəsplɪtɪŋ] *s.* pignoleria, pedanteria ◆ *agg.* pignolo, pedante.

hair-spray ['heəspreɪ] *s.* lacca per capelli.

hairspring ['heəsprɪŋ / hair·spring] *s.* (molla a) spirale (del bilanciere dell'orologio ecc.).

hairstyle ['heəstaɪl / hair·style] *s.* acconciatura, pettinatura.

hairstylist ['heə,staɪlɪst / hair·styl·ist] *s.* parrucchiere.

hairtician [heə'tɪʃn / hair·ti·cian] *s.* (*fam. amer.*) coiffeur, parrucchiere.

hair trigger ['heətrɪgə*] *s.* (*mil.*) grilletto molto sensibile ◆ *agg.* **1** (*fig.*) reattivo, dai riflessi pronti; sensibile **2** istantaneo.

hair-worm ['heəwɜ:m] *s.* (*zool.*) nematomorfo.

hairy ['heərɪ] *agg.* **1** peloso, irsuto; villoso **2** (*sl.*) pericoloso; difficile; preoccupante; spaventoso: *there's a really — curve on the road ahead*, c'è una curva veramente pericolosa più avanti sulla strada.

Haitian ['heɪʃjən] *agg.* e *s.* haitiano.

haj [hædʒ] *s.* (*relig. musulmana*) pellegrinaggio alla Mecca.

ha(j)ji ['hædʒɪ] *s.* musulmano che è stato in pellegrinaggio alla Mecca.

hake [heɪk] *pl.* **hake(s)** *s.* (*zool.*) (*Merluccius merluccius*) nasello.

hakim [hə'ki:m] *s.* (*nei paesi musulmani*) medico.

halation [hə'leɪʃn / hala·tion] *s.* (*fot.*) alone.

halberd ['hælbɜ:d / hal·berd] *s.* alabarda.

halberdier [,hælbɜ:'dɪə* / hal·berd·ier] *s.* alabardiere.

halcyon ['hælsɪən / hal·cyon] *s.* **1** (*mit.*) alcione **2** (*zool.*) martin pescatore → **kingfisher** ◆ *agg.* quieto, felice, idilliaco: — *days*, giorni felici.

hale[1] [heɪl] *agg.* sano, in buona salute; arzillo; vegeto: — *and hearty*, in buona salute, vivo e vegeto; *the wounded outnumbered the hale*, (A. CONAN DOYLE) i feriti superavano i sani.

to **hale**[2] *v.tr.* trascinare, tirare a forza (*anche fig.*): *to — s.o. before the judge*, trascinare qlcu. davanti al giudice.

haleness ['heɪlnɪs / hale·ness] *s.* vigore, integrità fisica.

half [hɑ:f *amer.* hæf] *agg.* **1** mezzo: — *an apple*, mezza mela; — (*an*) *hour*, mezz'ora; — *a minute!*, un attimo!; — *a shake*, (*fam.*) in un battibaleno; *at — speed*, a velocità media; *working — days*, lavorare part-time **2** parziale; frammentario; incompleto; imperfetto: — *knowledge*, conoscenza incompleta, parziale.

half *avv.* **1** mezzo, a mezzo, a metà, per metà: — *as much (many) again*, un'altra metà, un 50% in più; *it is — past* (amer. *after*) *six*, sono le sei e mezzo; *she's — French*, è per metà francese **2** quasi, parzialmente: *I — wish*, quasi desidererei; *he's — succeeded*, ha avuto parzialmente successo; — *asleep*, quasi addormentato **3** *not* —, (*fam.*) molto, veramente: *that wasn't — good*, era ottimo, veramente buono // *not — bad*, ottimo, di prima qualità.

half *pl.* **halves** [hɑ:vz *amer.* hævz] anche **halfs** in 3, 4, 5 *s.* **1** metà, mezzo: — (*of*) *his men*, metà dei suoi uomini; *three and a* —, tre e mezzo; — *of the apples were bad*, metà delle mele erano marce; — *of the work was done*, metà del lavoro era fatto; *two halves make a whole*, due metà fanno un intero; *in the latter — of the eighteenth century*, nella seconda metà del diciottesimo secolo // *to tear sthg. in* —,strappare qlco. a metà // *to rise by* —, crescere del 50% // *to do things by halves*, far le cose a metà // *to go halves with s.o. in sthg.*, fare a metà con qlcu. di qlco. // *it is going to be a job and a — painting the house*, sarà un lavoraccio imbiancare la casa // *he is the best driver among us by* —, è di gran lunga il miglior guidatore tra noi; *he is too generous by* —, è fin troppo generoso // *one's better* —, (*scherz.*) la propria metà, la propria moglie, il proprio marito **2** semestre, sessione; tempo: (*sport*) *first, second* —, primo, secondo tempo **3** mezza pinta (spec. di birra): *I'll have a —, please*, mezza pinta, grazie **4** biglietto ridotto per bambini (su autobus, treno ecc.) **5** (*sport*) → halfback.

halfa ['hælfə] *s.* (*bot.*) (*Stipa tenacissima*) sparto, alfa.

half a crown [,hɑ:fə'kraʊn *amer.* ,hæfə 'kraʊn] *s.* mezza corona (moneta del vecchio sistema monetario inglese equivalente a 1/8 di sterlina).

half adjust ['hɑ:fə,dʒʌst *amer.* 'hæfə,dʒʌst] *s.* (*inform.*) arrotondamento.

half-and-half [,hɑ:fənd'hɑ:f *amer.* ,hæfənd 'hæf] *s.* **1** metà e metà **2** (*amer.*) latte col 50% di panna ◆ *agg.* e *avv.* a metà, al 50%: *"Do you invest more in Europe or in America?" "It's about —"*, "Investi più in Europa o in America?" "Più o meno metà e metà".

half-angle ['hɑ:fæŋgl *amer.* 'hæfæŋgl] *s.* (*mat.*) semiangolo: — *formula*, formula di bisezione.

half-assed ['hɑ:f'æsd *amer.* 'hæf'æsd] *agg.* (*fam. amer.*) stupido, deficiente, sciocco.

halfback ['hɑ:fbæk *amer.* 'hæfbæk / half·back] *s.* (*sport*) mediano.

half-baked [,hɑ:f'beɪkt *amer.* ,hæf'beɪkt] *agg.* **1** mezzo crudo, non completamente cotto **2** (*fig. fam.*) stupido, sciocco **3** (*fig.*) immaturo.

half binding ['hɑ:f,baɪndɪŋ *amer.* 'hæf ,baɪndɪŋ] *s.* (*tip.*) rilegatura in mezza pelle o in mezza tela.

half-breed ['hɑ:fbri:d *amer.* 'hæfbri:d] *s.* e *agg.* **1** meticcio **2** (animale) di razza mista.

half-brother ['hɑ:f,brʌðə* *amer.* 'hæf ,brʌðə*] *s.* fratellastro.

half-caste ['hɑ:fkɑ:st *amer.* 'hæfkæst] *s.* e *agg.* meticcio; (persona) di padre europeo e madre indiana.

half cock [,hɑ:f'kɒk *amer.* ,hæf'kɒk] *s.* (*mil.*) mezzo cane (posizione di sicura di un grilletto) // *to go off at* —, partire troppo presto (di colpo); (*fig.*) agire o parlare prematuramente.

half-cocked [,hɑ:f'kɒkt *amer.* ,hæf'kɒkt] *agg.* **1** (*mil.*) a mezzo cane (con il grilletto in posizione di sicura) **2** (*fig.*) privo di preparazione; stupido, sciocco.

half-cooked [,hɑ:f'kʊkt *amer.* ,hæf'kʊkt] *agg.* mezzo cotto.

half crown [,hɑ:f'kraʊn *amer.* ,hæf'kraʊn] → **half a crown**.

half-dozen [,hɑ:f'dʌzn *amer.* ,hæf'dʌzn] *s.* mezza dozzina.

half-duplex ['hɑ:fdju:pleks *amer.* 'hæf ,du:pleks] *agg.* (*tel.*) semiduplex; (*inform.*) bidirezionale.

half-grown [,hɑ:f'grəʊn *amer.* ,hæf'grəʊn] *agg.* a metà della crescita, dello sviluppo.

half-hearted [,hɑ:f'hɑ:tɪd *amer.* ,hæf'hɑ:tɪd] *agg.* che non ha entusiasmo, determinazione; tiepido // (*comm.*) — *product*, prodotto semilavorato // **-ly** *avv.* // **-ness** *s.*

half-hitch ['hɑ:f,hɪtʃ *amer.* 'hæf,hɪtʃ] *s.* (*mar.*) mezzo nodo, nodo a mezzo collo.

half-holiday [,hɑ:f'hɒlədɪ *amer.* ,hæf'hɒlədeɪ] *s.* giorno semifestivo.

half-hose ['hɑ:f,həʊz *amer.* 'hæf,həʊz] *s.* (*abbigl.*) calzino.

half hour [,hɑ:f'aʊə* *amer.* ,hæf'aʊə*] *s.* mezz'ora, mezza: *the clock strikes on the* —, l'orologio batte alla mezz'ora.

half-hour *agg.attr.* di mezz'ora, che dura mezz'ora.

half-hourly [,hɑ:f'aʊəlɪ *amer.* ,hæf'aʊəlɪ] *agg.* che accade ogni mezz'ora, a intervalli di 30 minuti ◆ *avv.* ogni mezz'ora.

half-lap ['hɑ:f,læp] *s.* (*mecc.*) giunto a sovrapposizione SIN. **lap-joint**.

half-length [,hɑ:f'leŋθ *amer.* ,hæf'leŋθ] *agg.* **1** di metà lunghezza **2** a mezzo busto: *a — portrait*, un ritratto a mezzo busto ◆ *s.* mezzobusto.

half-life ['hɑ:flaɪf *amer.* 'hæflaɪf] *s.* **1** (*fis.*) periodo di dimezzamento **2** (*biol.*) emivita; (*med.*) tempo di semitrasformazione, di assimilazione (di un farmaco).

half-light [,hɑ:f'laɪt *amer.* ,hæf'laɪt] *s.* penombra, semioscurità; mezza luce.

half-line ['hɑ:flaɪn *amer.* 'hæflaɪn] *s.* (*mat.*) semiretta.

half-mast [,hɑ:f'mɑ:st *amer.* ,hæf'mæst] *s.* posizione di mezz'asta: *all the flags were flying at* —, tutte le bandiere sventolavano a mezz'asta // *he's growing so quickly that he wears all his trousers at* —, (*fam.*) sta crescendo così in fretta che i pantaloni gli arrivano sempre a metà gamba.

half-masters [,hɑ:f'mɑ:stəz *amer.* ,hæf 'mæstəz] *s.pl.* (*fam.*) pantaloni a metà gamba (perché diventati corti).

half measure [,hɑ:f'meʒə* *amer.* ,hæf 'meʒə*] *s.* (*gener. pl.*) mezze misure; soluzione inadeguata: *I want no half-measures when it comes to protecting the president*, non voglio mezze misure quando si tratta di proteggere il presidente.

half moon [,hɑ:f'mu:n *amer.* ,hæf'mu:n] *s.* **1** mezza luna **2** (*astr.*) semiluna, semilunio.

half-nelson [,hɑ:f'nelsn *amer.* ,hæf'nelsn] *s.* (*sport*) elson.

half note ['hɑ:f'nəʊt *amer.* 'hæf'nəʊt] *s.* (*mus.*) (*amer.*) → **minim**.

half-pay [,hɑ:f'peɪ *amer.* ,hæf'peɪ] *s.* stipendio ridotto; metà stipendio.

halfpenny ['heɪpnɪ / half·penny] *pl. nel senso 1* **halfpennies** ['heɪpnɪz / half·pen·nies] *nel senso 2* **halfpence** ['heɪpəns / half·pence] *s.* **1** moneta da mezzo penny **2** valore di mezzo penny: *it 's not worth* —, (*fam.*) non vale un soldo.

half-pint [,hɑ:f'paɪnt *amer.* ,hæf'paɪnt] *s.* **1** mezza pinta **2** (*fig. sl.*) persona piccola, di bassa statura; persona di poca importanza, modesta.

half-price [,hɑ:f'praɪs *amer.* ,hæf'praɪs] *s.* metà prezzo, prezzo dimezzato ◆ *agg.* e *avv.* a metà prezzo.

half-processed [,hɑ:f'prəʊsesd *amer.* ,hæf 'prɒsesd] *agg.* (*tecn.*) semilavorato.

half-rhyme ['hɑ:f'raɪm *amer.* 'hæf'raɪm] *s.* rima imperfetta.

half-seas-over [,hɑ:fsi:z'əʊvə* *amer.* ,hæf si:z'əʊvə*] *agg.* **1** in alto mare **2** (*fig.*) brillo, mezzo ubriaco.

half-shot [,hɑ:f'ʃɒt *amer.* ,hæf'ʃɒt] *agg.* (*fam. amer.*) mezzo ubriaco.

half-sister ['hɑ:f,sɪstə* *amer.* 'hæf,sɪstə*] *s.* sorellastra.

half-size ['hɑ:f,saɪz *amer.* 'hæf,saɪz] *s.* mezza taglia (di abiti, scarpe ecc.).

half step ['hɑ:fstep *amer.* 'hæfstep] *s.* (*mus. amer.*) semitono.

half-term [,hɑ:f'tɜ:m *amer.* ,hæf'tɜ:m] *s.* (*in Gran Bretagna*) **1** giorno di metà quadrimestre **2** breve vacanza di metà quadrimestre.

half-timbered [,hɑ:f'tɪmbəd *amer.* ,hæf 'tɪmbəd] *s.* (*arch.*) in legno e in muratura.

half time [,hɑ:f'taɪm *amer.* ,hæf'taɪm] *s.* **1** orario ridotto **2** (*sport*) intervallo, riposo (tra due tempi).

half title ['hɑ:f,taɪtl *amer.* 'hæf,taɪtl] *s.* (*tip.*) occhiello.

halftone ['hɑ:ftəʊn *amer.* 'hæftəʊn / half·tone] *s.* **1** (*fot.*, *tip.*, *inform.*) mezzatinta; autoincisione, fotoincisione, incisione a mezzatinta **2** (*mus. amer.*) → **semitone**.

half-truth ['hɑ:ftru:θ *amer.* 'hæftru:θ] *s.* mezza verità.

half volley ['hɑ:f,vɒlɪ *amer.* 'hæf,vɒlɪ] *s.* (*sport*) mezza volata.

halfway [,hɑ:f'weɪ *amer.* ,hæf'weɪ / half·way] *agg.* e *avv.* **1** a mezza strada, a metà strada (*anche fig.*) **2** (in modo) parziale, incompleto.

halfway house ['hɑ:fweɪ,haʊs *amer.* 'hæfweɪ,haʊs] *s.* **1** (*antiq.*) locanda a metà strada **2** (*fig.*) via di mezzo **3** casa di riabilitazione, centro di reinserimento sociale (per ex detenuti e malati di mente).

half-wit ['hɑ:fwɪt *amer.* 'hæfwɪt] *s.* (*fam.*) stupido, sciocco, idiota.

half-witted [,hɑ:f'wɪtɪd *amer.* ,hæf'wɪtɪd] *agg.* stupido, sciocco, idiota // **-ly** *avv.* // **-ness** *s.*

half-year [,hɑ:f'jɜ:* *amer.* ,hæf'jɪər] *s.* semestre.

half-yearly [,hɑ:f'jɜ:lɪ *amer.* ,hæf'jɪərlɪ] *agg.* semestrale: — *coupon*, cedola semestrale ◆ *avv.* semestralmente, due volte all'anno.

halibut ['hælɪbət / hal·ibut] *s.* (*zool.*) (*Hippoglossus hippoglossus*) ippoglosso, halibut.

halide ['hælaɪd / hal·ide] *s.* (*chim.*) ologenuro.

halite ['hælaɪt / hal·ite] *s.* (*chim.*) salgemma, alite.

halitosis [,hælɪ'təʊsɪs / hal·it·osis] *s.* (*med.*) alitosi.

hall [hɔ:l] *s.* **1** sala, salone; sala di ritrovo: *banqueting* —, sala per banchetti; *concert* —, sala da concerti // — *of fame*, (*amer.*) aula, sala che commemora il passaggio di personaggi famosi **2** anticamera, vestibolo, entrata; refettorio **3** tribunale (palazzo ed aula); municipio (palazzo) // *Westminster Hall*, l'antica aula di Westminster, sede del Parlamento britannico **4** casa dello studente, collegio universitario **5** castello; palazzotto; casa signorile (in campagna); (*ant.*) palazzo, residenza reale: *my spouse and boys dwell near thy hall, / along the bordering lake*, (BYRON) la mia sposa, i miei figlioli, vivono presso il tuo palazzo sulle rive del lago **6** *pl.* teatri di varietà **7** (*ant.*) spazio: *a hall! a hall! give room!*, (SH. Romeo and Juliet) spazio! spazio! fate largo!

hall door ['hɔ:l'dɔ:*] *s.* porta, ingresso principale.

halleluiah, **hallelujah** [,hælɪ'lu:jə / hal·le·lu·jah] *s.* e *inter.* alleluia.

halliard *s.* (*mar.*) → **halyard**.

hallmark ['hɔ:lmɑ:k / hall·mark] *s.* **1** marchio ufficiale dei metalli preziosi **2** (*estens.*) caratteristica: *his work has all the hallmarks of genius*, la sua opera ha l'impronta della genialità.

to **hallmark** *v.tr.* **1** marchiare, apporre un marchio a **2** (*fig.*) caratterizzare, contraddistinguere.

hallo(a) [hə'ləʊ] *inter.* salve!, ciao!; pronto! (al telefono).

hall of residence [,hɔ:ləv'rezɪdəns] *s.* casa dello studente.

halloo [hə'lu: / hal·loo] *inter.* ehi! (per richiamare l'attenzione di qlcu.).

halloo *s.* grido (per richiamare l'attenzione, per incitare i cani).

to **halloo** *pass.p.p.* **hallooed** [hə'lu:d / hal·looed] *v.tr.* **1** gridare; dire gridando; richiamare l'attenzione di **2** aizzare (cani) ◆ *v.intr.* gridare: *to* — *to s.o.*, chiamare qlcu. a gran voce.

hallow[1] ['hæləʊ / hal·low] *s.* (*ant.*) **1** santo **2** *pl.* reliquie di santi.

to **hallow**[1] *v.tr.* **1** santificare, rendere santo; beatificare **2** consacrare **3** venerare **4** santificare (giorni festivi).

(to) **hallow**[2] → (to) **halloo**.

Hallowe'en ['hæləʊ'i:n / Hal·low·e'en] *s.* vigilia d'Ognissanti.

Hallowmas ['hæləʊmæs / Hal·low·mas] *s.* Ognissanti.

hall porter ['hɔ:l,pɔ:tə*] *s.* (*amer.*) portiere d'albergo; fattorino d'albergo.

hallstand ['hɔ:lstænd / hall·stand] *s.* attaccapanni (a parete).

hall tree ['hɔ:ltri:] *s.* (*fam. amer.*) attaccapanni a stelo (da ingresso).

to **hallucinate** [hə'lu:sɪneɪt / hal·lu·cin·ate] *v.tr.* causare allucinazione, percepire in stato di allucinazione ◆ *v.intr.* avere allucinazioni.

hallucination [hə,lu:sɪ'neɪʃn / hal·lu·cina·tion] *s.* **1** allucinazione **2** illusione.

hallucinative [hə'lu:sɪnətɪv / hal·lu·cin·at·ive] meno com. **hallucinatory** [hə'lu:sɪnətərɪ *amer.* hə'lu:sɪnətɔ:rɪ / hal·lu·cin·at·ory] *agg.* **1** allucinatorio **2** illusorio.

hallucinogen [hə'lu:sənədʒən / hal·lu·cin·ogen] *s.* (*biochim.*) allucinogeno.

hallucinogenic ['hə,lu:sɪnəʊ'dʒi:nɪk / hal·lu·cin·ogenic] *agg.* (*biochim.*) allucinogeno.

hallucinosis [hə,lu:sɪ'nəʊsɪs / hal·lu·cin·osis] *pl.* **hallucinoses** [hə,lu:sɪ'nəʊsi:z] *s.* (*psic.*) allucinosi.

hallux ['hæləks / hal·lux] *pl.* **halluces** ['hæljʊsi:z / hal·lu·ces] *s.* alluce.

hallway ['hɔ:lweɪ / hall·way] *s.* (*amer.*) vestibolo; corridoio.

halma ['hælmə] *s.* alma, gioco del salto.

halo ['heɪləʊ] *pl.* **halos**, **haloes** ['heɪləʊz / ha·loes] *s.* **1** (*astr.*, *fis.*) alone **2** aureola (*anche fig.*).

to **halo** *v.tr.* circondare di un'aureola.

halo- ['hæləʊ] *pref.* della terminologia chimica che indica alogenazione; it. alo-: *halocarbon resin*, resina alogenata.

halogen ['hæləʊdʒen / hal·ogen] *s.* (*chim.*) alogeno.

to **halogenate** ['hælədʒə,neɪt / hal·ogen·ate] *v.tr.* (*chim.*) alogenare.

halogenous [hə'lɒdʒɪnəs / hal·ogen·ous] *agg.* (*chim.*) alogeno.

haloid ['hælɔɪd / hal·oid] *agg.* (*chim.*) aloide ◆ *s.* (*chim.*) alogenuro.

halophile ['hælə,faɪl / halo·phile] *s.* (*ecol.*) organismo alofilo.

halophilic [,hælə'fɪlɪk / halo·philic] **halophilous** [hə'lɒfɪlɪs / halo·phil·ous] *agg.* (*ecol.*) alofilo.

halophyte ['hælə,faɪt / halo·phyte] *s.* (*ecol.*) (pianta) alofita.

halothane ['hæləʊθeɪn / ha·lo·thane] *s.* (*chim.*) alotano.

halt[1] [hɔ:lt] *agg.* (*rar.*) zoppo.

to **halt**[1] *v.intr.* **1** esitare, mostrarsi esitante; parlare esitando: *halting speech*, discorso esitante **2** (*fig.*) mostrarsi debole, zoppicare: *the translation halts occasionally*, la traduzione è qui e là zoppicante **3** (*rar.*) zoppicare.

halt[2] *s.* **1** sosta, fermata; tappa: *to be at a* —, essere fermo; *to come to a* —, fermarsi; *to call sthg. to a* — (o *to call a* — *to sthg.*), fermare, interrompere qlco.; dire basta a qlco.; *to bring s.o.*, *sthg. to a* —, dare l'alt a, fermare; interrompere qlcu., qlco. // (*mil.*) *Halt! Who goes there?*, Alt! Chi va là? **2** piccola stazione ferroviaria di campagna.

to **halt**[2] *v.tr.* **1** fermare; arrestare, interrompere **2** (*mil.*) far fare tappa a ◆ *v.intr.* fermarsi; arrestarsi, interrompersi.

halter ['hɔ:ltə* / hal·ter] *s.* **1** capestro **2** cavezza.

to **halter** *v.tr.* **1** impiccare **2** mettere la cavezza a.

halterneck ['hɔ:ltənek / hal·ter·neck] *agg.* e *s.* (*abbigl.*) (vestito) molto accollato davanti che lascia schiena e spalle nude.

to **halve** [hɑ:v *amer.* hæv] *v.tr.* dividere a metà, ridurre alla metà.

halyard ['hæljəd / hal·yard] *s.* (*mar.*) drizza.

ham[1] [hæm] *s.* **1** (*anat.*) parte posteriore del ginocchio o della coscia; *pl.* natiche **2** prosciutto.

ham[2] *s.* **1** (*fam.*) radioamatore **2** (*fam. teatr.*) gigione.

to **ham**[2] *pass.p.p.* **hammed** [hæmd] *v.tr.* e *intr.* (*fam.*) gigioneggiare.

□ **ham up** *v.tr.* e *avv.* recitare con esagerazione, con forzature: *they decided to* — *it up to make the audience laugh*, decisero di forzare la recitazione per far ridere il pubblico.

hamadryad [,hæmə'draɪəd / ha·ma·dryad] *s.* **1** (*mit.*) amadriade, ninfa dei boschi **2** (*zool.*) (*Papio hamadryas*) amadriade **3** (*zool.*) (*Ophiophagus hannah*) cobra reale; (*pop.*) vipera dagli occhiali.

hamburg ['hæmbɜ:g / ham·burg] **hamburger** ['hæmbɜ:gə* / ham·burger] *s.* (*cuc.*) **1** hamburger, svizzera, medaglione di carne tritata **2** panino con hamburger.

hames [heɪmz] *s.pl.* anelli delle tirelle (di cavallo da tiro).

(to) **hamfatter** ['hæm,fætə* / ham·fat·ter] → (to) **ham**[2].

ham-fisted [,hæm'fɪstɪd] **ham-handed** [,hæm'hændɪd] *agg.* (*fam.*) maldestro, goffo // **-ly** *avv.* // **-ness** *s.*

Hamites ['hæmaɪts / Ham·ites] *s.pl.* camiti.

Hamitic [hæ'mɪtɪk / Ham·itic] *agg.* camitico.

hamlet ['hæmlɪt / ham·let] *s.* (*poet.*) piccolo villaggio; gruppo di casolari: *the rude forefathers of the hamlet sleep*, (T. GRAY) i rudi antenati del piccolo villaggio dormono.

hammam ['hæmæm / ham·mam] *s.* bagno turco.

hammer ['hæmə* / ham·mer] *s.* **1** martello; mazza: *brick* —, martello da muratore; *claw* —, martello da carpentiere; *forge* (o *power*) —, maglio; *glazier's* —, martello da vetraio // — *blow*, colpo di martello, martellata, mazzata (*anche fig.*); (*ferr.*) martellamento (delle rotaie) // (*elettr.*) — *contact*, contatto a martello // (*sport*) *throwing the* —, lancio del martello // — *and sickle*, falce e martello // — *and tongs*, violentemente, con energia: *they went at each other — and tongs*, si scontrarono violentemente **2** maglio: — *blow*, colpo di maglio **3** cane (di arma da fuoco portatile): — *shotgun*, fucile da caccia a cani esterni **4** martelletto (di pianoforte) **5** martello (di banditore ad aste pubbliche): *to bring to the* —, mettere all'asta; *to come under the* —, essere venduto all'asta **6** (*fam. amer.*) acceleratore **7** (*anat.*) martello dell'orecchio interno.

to **hammer** *v.tr.* **1** martellare, colpire con un martello // *to — the point*, (*fig.*) battere il chiodo **2** (*fam.*) sconfiggere, criticare duramente **3** (*Borsa*) dichiarare pubblicamente inadempiente, sospendere dalle contrattazioni (un operatore) ◆ *v.intr.* (*fig.*) insistere, agire con insistenza: *to — (away) at s.o.*, accanirsi contro qlcu.; *to — (away) at sthg.*, lavorare sodo a qlco.

□ **hammer down** *v.tr.* e *avv.* fissare, chiudere a colpi di martello; inchiodare; assicurare con chiodi ◆ *v.intr.* e *avv.* **1** martellare; battere con forza: *the rain hammered down*, (*on the roofs*), la pioggia batteva con forza (sui tetti) **2** (*fam. amer.*) andare a tutto gas.

□ **hammer in** *v.tr.* e *avv.*, **hammer into** *v.tr.* e *prep.* **1** conficcare percuotendo, martellare **2** (*fig.*) conficcare, martellare (idea, predica ecc.) in.

□ **hammer on** *v.tr.* e *avv.*, **hammer onto** *v.tr.* e *prep.* assicurare (qlco.) a colpi di martello.

□ **hammer out** *v.tr.* e *avv.* **1** appiattire, levigare, smussare percuotendo: *he hammered out the dent in the bonnet of the car*, martellò l'ammaccatura sul cofano dell'auto **2** (*fig.*) elaborare, forgiare: *eventually a compromise solution was hammered out that all the negotiators accepted*, alla fine fu elaborata una soluzione di compromesso che tutti i negoziatori accettarono; *to — out an agreement*, arrivare dopo lunghe trattative a un accordo.

hammerbeam ['hæməbi:m / ham·mer·beam] *s.* (*arch.*) trave a sbalzo: — *ceiling*, soffitto su travi a sbalzo.

hammer drill ['hæmədrɪl] *s.* (*tecn.*) martello pneumatico, perforatore pneumatico, martello perforatore.

hammer-fish ['hæməfɪʃ] *s.* (*zool.*) pesce martello SIN. hammerhead.

hammerhead ['hæməhed / ham·mer·head] *s.* **1** (*mecc.*) mazza battente **2** (*zool.*) — (*shark*), pesce martello SIN. hammer-fish **3** (*fam. amer.*) testone, zuccone.

hammering ['hæmərɪŋ / ham·mer·ing] *s.* **1** martellamento, martellatura, martellio **2** lavorazione al maglio **3** (*fig.*) mazzata, batosta: *he took a real — in the collapse of the gold market*, subì una batosta nel crollo del mercato dell'oro.

hammerless ['hæməlɪs / ham·mer·less] *agg.* a cani interni, hammerless: — *shotgun*, fucile da caccia a cani interni, hammerless.

hammer mill ['hæməmɪl] *s.* **1** mulino a martelli **2** frangitutto.

hammer-toe ['hæmə,təʊ] *s.* (*med.*) dito a martello.

hammer welding ['hæmə,weldɪŋ] *s.* (*metall.*) saldatura al maglio.

hammock ['hæmək / ham·mock] *s.* amaca: *to sling a* —, appendere un'amaca.

hammy ['hæmɪ] *agg.* (*fam.*) gigionesco, esagerato (di attore).

hamper[1] ['hæmpə* / ham·per] *s.* **1** cesta, paniere **2** (*amer.*) cesto della biancheria da lavare BRIT. laundry basket.

hamper[2] *s.* (*mar.*) ingombro di coperta.

to **hamper**[2] *v.tr.* imbarazzare; ostacolare; impedire i movimenti di.

to **hamshackle** ['hæmʃækl / ham·shackle] *v.tr.* (*rar.*) **1** impastoiare (cavallo, bue ecc.) **2** (*fig.*) impedire.

hamster ['hæmstə* / ham·ster] *s.* (*zool.*) (*Cricetus cricetus*) criceto, hamster.

hamstring ['hæmstrɪŋ / ham·string] *s.* **1** (*anat.*) tendine (della parte posteriore del ginocchio): — *muscles*, muscoli dietro il polpaccio (che fanno flettere la gamba) **2** (*vet.*) tendine del garretto (dei quadrupedi).

to **hamstring** *pass.p.p.* **hamstrung** ['hæmstrʌŋ / ham·strung] *v.tr.* **1** azzoppare (tagliando i tendini) **2** (*fig.*) rendere inefficace, impotente; vanificare.

hand [hænd] *s.* **1** mano: *to hold sthg. in one's* —, tenere in mano qlco.; *they are holding hands*, si tengono per mano; *the mother led the child by the* —, la madre conduceva il bambino per mano; *the — of fate*, la mano del destino; (*mus.*) *piece for four hands*, pezzo a quattro mani; *hands off!*, via le mani!, giù le mani!; *hands up!*, mani in alto! // *the work is now in your hands*, il lavoro adesso è in mano tua // *to change hands*, cambiar mano, (*fig.*) cambiar di mano // *to get* (o *to lay*) *one's hands on sthg.*, mettere le mani su qlco.; *to get* (o *to lay*) *one's hands on s.o.*, mettere le mani addosso a qlcu.; (*eccl.*) *to lay hands on s.o.*, imporre le mani a qlcu.; *to raise* (o *to lift*) *one's — to* (o *against*) *s.o.*, alzare la mano su qlcu. // *to go on one's hands and knees*, andare a quattro zampe, carponi // *to shake hands with s.o.* (o *to shake s.o.'s* —), stringere la mano a qlcu. // *to get out of* —, sfuggire di mano; *to get s.o., sthg. off one's hands*, liberarsi di qlcu., di qlco. // *to have one's hands tied*, avere le mani legate (*anche fig.*); *to bind s.o. — and foot*, legare qlcu. mani e piedi // *to be — in glove with s.o.*, essere in stretta relazione con qlcu.; essere in combutta con qlcu. // *to force s.o.'s* —, forzare la mano a qlcu. // *to give* (o *to lend*) *a — to*, dare una mano a qlcu.; *to give s.o. a free* —, dare libertà d'azione a qlcu.; *to give s.o. a big* —, (*fam.*) applaudire calorosamente qlcu. // *to have a — in sthg.*, aver parte in qlco.; avere lo zampino in qlco.; *to have one's hands full*, essere occupato, avere da fare; *to have sthg. on one's hands*, dover affrontare qlco.; *to have the upper* —, avere il coltello per il manico; *to have s.o. eating out of one's* —, tenere in mano qlcu., esercitare un forte ascendente su qlcu.; *to have a show of hands*, votare per alzata di mano // *to bite the — that feeds one*, mordere la mano che nutre // *she doesn't do a —'s turn from morning to night*, non fa niente tutto il giorno // *time hung* (o *lay*) *heavy on his hands*, il tempo scorreva lento per lui // *to keep one's — in*, tenersi in esercizio // *to know sthg. like the back of one's* —, conoscere qlco. come le proprie tasche // *to play into s.o.'s hands*, fare il gioco di qlcu. // *to put one's — to the plough*, mettersi al lavoro // *to turn one's — to sthg.*, mettersi a fare qlco., dedicarsi a qlco.; *to try one's — at sthg.*, provare (a fare) qlco. // *to make money — over fist*, (*fam.*) arricchirsi in fretta **2** (*in locuz. agg. o avv.*): *at* —, vicino, prossimo, a portata di mano: *the exams are at* —, gli esami sono vicini; *to be at — when wanted*, essere disponibile all'occorrenza // *by* —, a mano: *worked by* —, azionato a mano // — *in* —, mano nella mano (*anche fig.*): *to walk — in* —, camminare mano nella mano; *industrial development and pollution go — in* —, sviluppo industriale e inquinamento vanno di pari passo // *in* —, a disposizione, in proprio possesso; sotto controllo: *money in* —, denaro disponibile; *we have three days in* —, abbiamo tre giorni a disposizione; *to have the situation in* —, avere in mano, sotto controllo la situazione; *to take sthg. in* —, prendere il controllo di qlco.; *you'd better take the dog in* —, faresti bene a importi, ad avere più polso col tuo cane // *off* —, sul momento, sui due piedi: *I can't say off* —, non saprei dirti sul momento, così su due piedi // *out of* —, su due piedi, senza preavviso: *he was sacked out of* —, fu licenziato su due piedi // — *over* —, una mano dopo l'altra // (*comm.*) *to* —, nelle (nostre) mani, in (nostro) possesso: *your letter has come to* —, la vostra lettera è arrivata // — *to* —, corpo a corpo // — *to mouth*, alla giornata // *at first, at second* —, di prima, di seconda mano // *hands down*, senza sforzo, facilmente: *to win hands down*, stravincere **3** (*estens.*) persona esperta: *he is a good — at tennis*, è un valente giocatore di tennis; *he is a dab* —, è molto abile; *she is an old — at this work*, è una veterana di questo lavoro **4** (*mar.*) uomo, marinaio: *all hands on deck!*, tutti sul ponte! **5** lavoratore; manovale; operaio: *we are short of hands*, siamo a corto di manodopera **6** lancetta (di orologio); ago (di strumento) **7** calligrafia; firma: *a legible* —, una calligrafia chiara; *to set one's — to a deed*, apporre la propria firma a un documento **8** lato, direzione: *on either* —, da entrambi i lati; *on the left, right* —, a sinistra, destra; *on every* —, in tutte le direzioni // *on the other* —, d'altro lato, d'altronde // *on the one — ..., on the other — ...*, da un lato..., dall'altro... **9** (*carte*) l'insieme delle carte che servono a un giocatore per una mano; mano; giocatore: *we want another* —, ci occorre un altro giocatore; *he gave me a good* —, mi ha servito bene // *to show one's* —, mettere le carte in tavola **10** unità di misura (= 10,16 cm.) usata per definire l'altezza di un cavallo **11** (*bot.*) grappolo, casco di banane; mazzo di foglie di tabacco **12** *pl.* (*sport*) mani, fallo di mano.

hand *agg.attr.* **1** a mano; fatto, azionato a mano: — *spinning*, filatura a mano; — *steering*, timone a mano; — *luggage*, bagaglio a mano **2** per le mani: — *cream*, crema per le mani; — *towel*, asciugamani.

to **hand** *v.tr.* **1** porgere, rimettere, dare, passare: *please, — me that book*, per favore, porgimi quel libro // *to — sthg. around*, dare, offrire qlco. a tutti // *to — it to s.o.*, fare elogi, complimentarsi con qlcu. (*anche iron.*) // *you've got to — it to him, he's a great singer*, non puoi negarlo, è un grande cantante **2** aiutare con la mano (a uscire, entrare): *he handed my wife into, out of the carriage*, aiutò mia moglie a salire, scendere dalla carrozza.

□ **hand back** *v.tr.* e *avv.* restituire: *he took the book, looked at it and handed it back*, prese il libro, gli diede un'occhiata e lo restituì.

□ **hand down** *v.tr.* e *avv.* **1** passare (indumenti ecc.): *children usually don't like to be handed down their older brothers' clothes*, ai bambini in genere non piace ereditare gli abiti smessi dei fratelli maggiori **2** tramandare, trasmettere per successione, tradizione **3** (*dir.*) emettere.

□ **hand in** *v.tr.* e *avv.* **1** consegnare; restituire // *to — in one's checks*, (*fam. amer.*) morire **2** rassegnare (dimissioni).

□ **hand on** *v.tr.* e *avv.* **1** trasmettere (alle generazioni future), dare in eredità **2** passare a.

□ **hand out** *v.tr.* e *avv.* distribuire; far circolare: *programmes will be handed out on request*, i programmi saranno distribuiti a richiesta // *he's really handing out some punishment to his opponent*, (*fam.*) sta davvero rendendo le cose difficili al suo avversario.

□ **hand over** *v.tr.* e *avv.* consegnare; trasmettere; passare: *he handed the gun over to the policeman*, consegnò la pistola al poliziotto; *he was handed over to justice*, fu consegnato alla giustizia.

handbag ['hænd*b*æg / hand·bag] *s.* borsetta AMER. purse.

handball ['hænd*b*ɔ:l / hand·ball] *s.* (*sport*) pallamano.

handbarrow ['hæn*d*,bærəʊ / hand·barrow] *s.* barella.

handbell ['hæn*d*,bel / hand·bell] *s.* campanella.

handbill[1] ['hæn*d*bɪl / hand·bill] *s.* potatoio.

handbill[2] *s.* circolare, volantino; programma.

handbook ['hæn*d*bʊk / hand·book] *s.* manuale; guida.

handbrake ['hæn*d*breɪk / hand·brake] *s.* freno a mano.

handcar ['hæn*d*kɑ:* / hand·car] *s.* (*ferr.*) carrello di servizio.

handcart ['hæn*d*kɑ:t / hand·cart] *s.* carretto a mano SIN. go-cart.

handclap ['hæn*d*klæp / hand·clap] *s.* battimani; applauso: *the slow —*, battimani lento per indicare disapprovazione.

handclasp ['hæn*d*klɑ:sp *amer.* 'hæn*d*klæsp / hand·clasp] *s.* stretta di mano.

handcraft ['hæn*d*krɑ:ft *amer.* 'hæn*d*kræft / hand·craft] → **handicraft**.

to **handcraft** *v.tr.* fare a mano, fare artigianalmente.

handcuff ['hæn*d*kʌf / hand·cuff] *s.* (*gener. pl.*) manette.

to **handcuff** *v.tr.* applicare le manette a.

handed ['hændɪd] *agg.* (spec. nei composti) con, dalla mano: *empty- —*, a mani vuote; *heavy- —*, dalla mano pesante; *left- —*, mancino; *two- —*, ambidestro.

handedness ['hændɪdnɪs / hand·ed·ness] *s.* manualità, prevalenza dell'uso di una mano sull'altra: *left —*, mancinismo.

hand-fast ['hæn*d*,fɑ:st *amer.* 'hæn*d*,fæst] *s.* (*ant.*) **1** antico contratto (soprattutto di fidanzamento e di matrimonio) stipulato congiungendo le mani: *the agent for his master, / and the remembrancer of her to hold / the hand-fast to her lord*, (SH. Cymbeline) strumento del suo padrone e sempre pronto a ricordarle di tener fede al contratto col suo signore **2** custodia: *if that shepherd be not now in hand-fast, let him fly*, (SH. Winter's Tale) se quel pastore non è in custodia, che se ne vada.

to **handfeed** ['hændfi:d / hand·feed] *pass.p.p.* **handfed** [,hænd'fed / hand·fed] *v.tr.* nutrire a mano, senza l'uso di macchinari (riferito ad animali).

handful ['hæn*d*fʊl / hand·ful] *s.* **1** manciata: *a — of coins*, una manciata di monete **2** piccolo numero (di persone): *there were only a — of people outside the theatre*, c'erano solo poche persone fuori dal teatro **3** (*fam.*) persona, cosa difficile da trattarsi: *that child is a —*, è un bambino terribile.

hand-gallop ['hænd,gæləp] *s.* piccolo galoppo.

hand grenade ['hæn*d*grə,neɪd] *s.* (*mil.*) bomba a mano.

handgrip ['hæn*d*grɪp / hand·grip] *s.* **1** stretta di mano; morsa della mano **2** manopola (di manubrio di bicicletta).

handgun ['hæn*d*gʌn / hand·gun] *s.* arma da fuoco che si impugna con una mano sola (rivoltella, pistola).

hand-held ['hændheld] *agg.* portatile: *they were using a — camera*, stavano usando una cinepresa portatile.

handhold ['hændhəʊld / hand·hold] *s.* presa; appiglio.

handicap ['hændɪkæp / han·di·cap] *s.* **1** (*med.*) handicap, menomazione (fisica o mentale) **2** svantaggio, ostacolo; aggravio: *shyness is a —*, la timidezza è uno svantaggio **3** (*sport*) handicap.

to **handicap** *pass.p.p.* **handicapped** ['hændɪkæpt / han·di·capped] *v.tr.* **1** dare uno svantaggio a, ostacolare: *he is handicapped by ill-health*, è svantaggiato dalla cattiva salute **2** (*sport*) assegnare, dare un handicap a (concorrente).

handicapper ['hændɪkæpə* / han·di·capper] *s.* (*sport*) chi assegna l'handicap.

handicraft ['hændɪkrɑ:ft *amer.* 'hændɪkræft / han·di·craft] *s.* **1** lavoro manuale; artigianato **2** abilità manuale.

handicraftsman ['hændɪ,krɑ:ftsmən *amer.* 'hændɪ,kræftsmən / han·di·crafts·man] *pl.* **handicraftsmen** *s.* artigiano.

handily ['hændɪlɪ / hand·ily] *avv.* **1** abilmente **2** comodamente; facilmente; a portata di mano.

handiness ['hændɪnɪs / handi·ness] *s.* **1** maneggevolezza, maneggiabilità, praticità d'uso (di arnesi, utensili) **2** comodità **3** (*mar.*) manovrabilità.

hand-in-glove [,hændɪn'glʌv] *avv.* in stretta relazione; (*spreg.*) in combutta.

handiwork ['hændɪwɜ:k / handi·work] *s.* **1** lavoro fatto a mano **2** (*fig.*) opera, operato: *the hole in the fence looks like the dog's —*, il buco nella siepe sembra essere opera del cane; *that's some of his —*, (*fam.*) qui ci ha messo la mano lui, è farina del suo sacco.

handkerchief ['hæŋkətʃɪf / hand·ker·chief] *pl.* **handkerchieves** ['hæŋkətʃi:vz / hand·ker·chieves] **handkerchiefs** *s.* fazzoletto.

hand-knitted [,hæn*d*'nɪtɪd] *agg.* lavorato a maglia, a mano.

handle ['hændl] *s.* **1** manico; impugnatura; maniglia; manovella; manubrio; (*inform.*) maniglia // *to fly off the —*, (*fam.*) perdere le staffe **2** (*fig.*) pretesto, occasione: *your behaviour is giving him a — against you*, il vostro contegno gli fornisce un'arma contro di voi **3** (*fam.*) chiave, soluzione (di un problema): *I just can't find the —*, non riesco a uscirne, a trovarne il bandolo **4** (*fam.*) titolo: *to have a — to one's name*, avere un titolo di nobiltà **5** (*fam.*) nome; soprannome, nomignolo.

to **handle** *v.tr.* **1** maneggiare, toccare con le mani: *you shouldn't — books with dirty hands*, non dovresti toccare i libri con le mani sporche; *can you — a Colt 45?*, sai usare una Colt 45? // *— with care*, maneggiare con cura **2** trattare, comportarsi verso: *she handles children well*, ci sa fare molto bene coi bambini; *to — roughly*, trattare senza riguardi; *he handles himself well*, si comporta bene **3** commerciare in, trattare: *he handles coffee*, commercia in caffè **4** trattare, discutere (un argomento, un problema) **5** occuparsi di; essere responsabile di: *he handles public relations for the company*, si occupa delle pubbliche relazioni della ditta **6** (*mar.*) manovrare ◆ *v.intr.* rispondere ai comandi (di auto ecc.); tener bene (curva, strada ecc.).

handlebar ['hændlbɑ:* / handle·bar] *s.* (*spec. pl.*) manubrio (di bicicletta) // *— moustache*, baffi a manubrio.

handler ['hændlə* / hand·ler] *s.* **1** addestratore (di animali) **2** allenatore **3** manipolatore **4** accompagnatore (di animale in passerella alle mostre) **5** (*dir.*) gestore, manager (degli interessi di qlcu.) **6** (*inform.*) gestore.

handless ['hændlɪs / hand·less] *agg.* **1** senza mani **2** (*fig. non com.*) maldestro.

handling ['hændlɪŋ / hand·ling] *s.* trattamento, maniera di trattare: *rough —*, trattamento rozzo, senza riguardi; *the new horse takes a lot of —*, il nuovo cavallo richiede molta attenzione, va trattato con attenzione // (*dir.*) *— of stolen goods*, ricettazione // (*comm.*) *— charge*, spese di confezione, spedizione ecc. // (*amm.*) *materials —*, movimentazione dei materiali, trasporto interno.

handloom ['hændlu:m / hand·loom] *s.* telaio a mano.

handmade ['hæn*d*'meɪd / hand·made] *agg.* manufatto, fatto a mano.

handmaid(en) ['hæn*d*meɪd(n) / hand·maid(en)] *s.* (*ant.*) serva.

hand-me-down ['hændmi:,daʊn] *s.* (*gener. pl.*) (*fam.*) **1** vestiti smessi, usati **2** vestiti a buon mercato ◆ *agg.attr.* (*fam.*) usato, di seconda mano.

handmoney ['hæn*d*mʌnɪ / hand·money] *s.* caparra.

hand-organ ['hændɔ:gən] *s.* organetto di Barberia SIN. barrel organ.

handout ['hændaʊt / hand·out] *s.* **1** dichiarazione per la stampa; velina **2** opuscolo, volantino **3** denaro, cibo, vestiario dato ai poveri **4** (*estens.*) sussidio: *government handouts* *to ailing companies*, sussidi governativi alle aziende in crisi **5** (*comm.*) campione gratuito, omaggio.

handover ['hændəʊvə* / hand·over] *s.* **1** consegna, trasferimento **2** scambio **3** (*inform.*) consegna del materiale al cliente; cambiamento di locazione del materiale.

to **handpick** [,hænd'pɪk / hand·pick] *v.tr.* scegliere con attenzione, selezionare.

handpicked ['hændpɪkt / hand·picked] *agg.* scelto, selezionato.

handpiece ['hæn*d*pi:s / hand·piece] *s.* cornetta del telefono, microtelefono.

hand printed [,hæn*d*'prɪntɪd] *agg.* **1** stampato a mano **2** (*inform.*) scritto a stampatello.

hand printing ['hæn*d*,prɪntɪŋ] *s.* **1** stampatello **2** (*inform.*) calligrafia.

handrail ['hændreɪl / hand·rail] *s.* corrimano; parapetto.

hand-reading ['hændri:dɪŋ] *s.* chiromanzia SIN. palmistry.

hand sale ['hænd,seɪl] *s.* (*dir.*) compravendita verbale.

handsaw ['hændsɔ: / hand·saw] *s.* sega a mano.

hands breadth ['hændzbredθ] *s.* spanna, apertura della mano.

handsel ['hænsl / hand·sel] *s.* **1** strenna **2** (*comm.*) caparra **3** inaugurazione **4** assaggio.

to **handsel** *pass.p.p.* **handselled** ['hænsld / hand·selled] *v.tr.* **1** dare una strenna a **2** dare una caparra a **3** inaugurare **4** saggiare, provare.

handshake ['hændʃeɪk / hand·shake] *s.* stretta di mano // (*amm.*) *golden* —, buonuscita.

handshaking ['hændʃeɪkɪŋ / hand·shak·ing] *s.* **1** scambio di strette di mano **2** (*inform.*) collegamento, colloquio, presa di contatto, scambio di segnali di collegamento, prova di collegamento.

hands-off [,hændz'ɒf] *agg.attr.* (*fam.*) che non interferisce: *he's got a very — attitude to running the company*, la sua politica è di non interferire troppo nella gestione della società.

handsome ['hænsəm / hand·some] *agg.* **1** bello, ben fatto, di bell'aspetto (di uomo) // *a — woman*, una bella figura di donna **2** generoso, liberale: *a — present*, un dono generoso // *— is that — does*, (*prov.*) la generosità val più che la bellezza **3** considerevole: *a — fortune*, una fortuna considerevole **4** (*fam. amer.*) abile, capace // **-ly** *avv.* // **-ness** *s.*

hands-on [,hændz'ɒn] *agg.attr.* (*fam.*) **1** pratico; efficiente, attivo // *— learning*, (*amer.*) corso pratico di addestramento **2** attento, partecipe: *he has a real — approach to running the department*, è molto attento, molto partecipe alla gestione del reparto.

handspring ['hændsprɪŋ / hand·spring] *s.* salto mortale, capriola in aria (atterrando sulle mani).

handstand ['hæn*d*stænd / hand·stand] *s.* (*ginnastica*) verticale sulle mani.

hand-to-hand [,hænd*t*ə'hænd] *agg.attr.* corpo a corpo: *— fighting*, (lotta) corpo a corpo.

hand-to-mouth [,hændtə'maʊθ] *agg.* alla giornata: *to lead a — existence*, vivere alla giornata.

handwork ['hændwɜ:k / hand·work] → **handiwork**.

handwoven ['hænd'wəʊvən / hand·woven] *agg.* tessuto a mano.

handwriting ['hænd,raɪtɪŋ / hand·writ·ing] *s.* calligrafia.

handwritten ['hænd,rɪtn / hand·writ·ten] *agg.* manoscritto, scritto a mano.

handy ['hændɪ] *agg.* **1** abile, destro: *— at sthg.*, *at* (o *in*) *doing sthg.*, abile in qlco., a fare qlco. **2** comodo, utile: *it's very — having a supermarket just round the corner*, è molto comodo avere un supermercato dietro l'angolo; *that tool will come in very —*, quell'arnese riuscirà molto utile **3** a portata di mano, vicino: *to keep sthg. —*, tenere qlco. a portata di mano **4** maneggevole; (*mar.*) manovriero.

handy-dandy [,hændɪ'dændɪ] *s.* (*gioco*) indovina, destra o sinistra?: *hark in thine ear: change places: and handy-dandy, which is the justice, which is the thief?*, (SH. King Lear) ascolta in un orecchio: cambiali di posto e prova un po' a indovinare, chi è il giudice e chi è il ladro?

handyman ['hændɪmæn / handy·man] *pl.* **handymen** ['hændɪmen] *s.* uomo che sa fare un po' di tutto (in casa); (uomo) tuttofare.

hang [hæŋ] *s.* **1** inclinazione; pendio **2** modo in cui una cosa pende, inclina: *the — of a coat, of a skirt*, il modo in cui cade una giacca, una sottana // *to get the — of sthg.*, (*fam.*) capire come funziona qlco., imparare a usare qlco. // *I don't quite get the — of this*, (*fam.*) non so veramente da che parte prenderlo // *I don't care a —*, (*sl.*) non me ne importa un fico.

to **hang** *pass.p.p.* **hung** [hʌŋ] *nel senso 2* **hanged** [hæŋd] *v.tr.* **1** appendere, attaccare, sospendere: *to — one's coat on a hook*, appendere il cappotto a un gancio; *to — sthg. on the wall*, appendere qlco. al muro; *to — wallpaper*, attaccare la tappezzeria; *to — a door* (*on its hinges*), montare una porta (sui cardini) // *he hung the walls with pictures and posters*, decorò le pareti con quadri e manifesti // *to — fire*, cessare il fuoco; (*fig.*) rimanere in sospeso; bloccarsi; rimanere senza parola // (*mar.*) *to — the rudder*, montare il timone **2** impiccare: *to — oneself*, impiccarsi; *he was hanged*, fu impiccato; *hanged, drawn and quartered*, impiccato e squartato // *— it!*, (*fam.*) impiccati, va' all'inferno!; *— the cost!*, al diavolo il costo! // *I'll be hanged if I know!*, che mi venga un accidente se lo so! **3** chinare, abbassare (la testa): *she hung her head with shame*, ella chinò il capo per la vergogna **4** appendere a frollare: *to — meat, game*, far frollare carne, selvaggina ◆ *v.intr.* **1** pendere; essere sospeso (*anche fig.*): *fruit hanging on a tree*, frutti appesi a un albero; *his pictures — in the National Gallery*, i suoi quadri sono esposti alla National Gallery; *old photos were hung all over the walls*, vecchie fotografie ricoprivano le pareti; *a thick fog hangs over the airport*, una fitta nebbia avvolge l'aeroporto; *he left us all hanging in the air*, ci lasciò tutti in sospeso; *she was hanging on his arm*, si aggrappava al suo braccio; *to — about s.o.'s neck*, essere appeso al collo di qlcu. // *to — by a thread*, essere sospeso a un filo // *to — loose*, pendere da tutte le parti (di abiti troppo larghi); *— loose!*, (*fam. amer.*) rilassati!, prenditela comoda! // *to — heavy*, passare lentamente (di tempo) // *— in there!*, non mollare! • Cfr. anche oltre nei *Phrasal verbs* **2** morire impiccato: *you shall — for it*, sarai impiccato per questo; *let things go —!*, (*fam.*) lascia che vada tutto in malora, al diavolo!

□ **hang about** *v.intr.* e *avv.* o *prep.* **1** (*fam.*) stare ad aspettare (qlco.); ciondolare (in attesa di qlco., qlcu.): *there were always a few people hanging about the stage entrance*, c'era sempre qualcuno che ciondolava presso l'ingresso degli artisti **2** indugiare, perdere tempo.

□ **hang around** *v.intr.* e *avv.* o *prep.* → to hang about 1.

□ **hang back** *v.intr.* e *avv.* **1** (*from*) rifuggire da; rifiutarsi di (per timidezza o simili): *he's shy and always hangs back from mixing with unknown people*, è timido e rifugge dal socializzare con persone che non conosce **2** rimanere, trattenersi indietro.

□ **hang behind** *v.intr.* e *avv.* trattenersi indietro.

□ **hang on** *v.intr.* e *avv.* **1** stare aggrappato a, aggrapparsi a: *he hung on to the railing*, si aggrappò al corrimano // *to — on s.o.'s lips* (o *words*), pendere dalle labbra di qlcu. **2** (*fig.*) continuare (a fare qlco.); resistere, perseverare: *— on in there!*, (*fam.*) tieni duro!, non mollare! **3** (*spesso imp.*) aspettare, indugiare: *— on a minute!*, aspetta un momento! ◆ *v.intr.* e *prep.* **1** stare aggrappato a: *to — on s.o.'s arm*, aggrapparsi al braccio di qlcu. **2** dipendere da: *his future hangs on your answer*, il suo futuro dipende dalla tua risposta.

□ **hang out** *v.tr.* e *avv.* stendere (il bucato) ◆ *v.intr.* e *avv.* **1** sporgere, sporgersi **2** (*fam.*) vivere, abitare: *where did you say he's hanging out?*, dove hai detto che sta?, che ha piazzato le tende?

□ **hang over** *v.intr.* e *prep.* incombere su (*anche fig.*): *it's hard times for him with a threat of dismissal hanging over him*, sono tempi duri per lui con una minaccia di licenziamento incombente.

□ **hang up** *v.intr.* e *avv.* (*fam.*) **1** (*on*) riattaccare (il telefono): *I couldn't say one word more: she hung up* (*on me*), non ho potuto dire una parola di più: mi ha riattaccato il telefono **2** (*inform.*) arrestarsi (di macchina), bloccarsi (di collegamento) ◆ *v.tr.* e *avv.* (*inform.*) *to — up a loop*, girare su un ciclo, ciclare.

hangar ['hæŋə*] *s.* hangar, aviorimessa.

hangdog ['hæŋdɒg / hang·dog] *agg.attr.* **1** dall'aria colpevole **2** abbattuto, avvilito ◆ *s.* mascalzone.

hanger ['hæŋə*] *s.* **1** chi appende **2** gruccia (per abiti) **3** gancio, uncino; catena del camino **4** (*mecc.*) staffa; supporto pendente, a sospensione; (*ferr.*) pendino **5** bosco sul fianco d'una collina **6** coltellaccio; spadino.

hanger-on [,hæŋər'ɒn] *pl.* **hangers-on** *s.* seguace; parassita, scroccone.

to **hang glide** ['hæŋglaɪd] *v.intr.* volare con il deltaplano.

hang glider ['hæŋ,glaɪdə*] *s.* **1** deltaplano **2** deltaplanista.

hang gliding ['hæŋ,glaɪdɪŋ] *s.* (*sport*) deltaplano.

hanging ['hæŋɪŋ / hang·ing] *agg.* **1** punibile con l'impiccagione // *— judge*, giudice molto severo **2** pendente; sospeso // *— garden*, giardino pensile // *— gutter*, grondaia // (*geol.*) *— glacier*, vedretta, ghiacciaio sospeso ◆ *s.* **1**

impiccagione **2** (*gener. pl.*) tappezzeria; arazzo.

hangingwall ['hæŋɪŋ'wɔ:l / hang·ing·wall] *s.* (*geol.*, *miner.*) tetto (di faglia, filone ecc.).

hangman ['hæŋmən / hang·man] *pl.* **hangmen** *s.* boia, carnefice.

hangnail ['hæŋneɪl / hang·nail] *s.* pipita (di dito).

hangout ['hæŋaʊt / hang·out] *s.* (*fam.*) ritrovo; tana, rifugio.

hangover ['hæŋəʊvə* / hang·over] *s.* (*fam.*) stato di confusione e malessere (dopo una sbornia), postumi di sbornia.

hang-up ['hæŋʌp] *s.* **1** (*fam.*) problema, blocco mentale; fobia, fissazione: *he's got a real — about speaking in public*, ha un vero blocco quando si tratta di parlare in pubblico **2** (*inform.*) sospensione.

hank [hæŋk] *s.* **1** matassa, matassina (di filato) **2** (*mar.*) anello, canestrello.

to **hanker** ['hæŋkə*] *v.intr.* (*after*, *for*) desiderare ardentemente, ambire, agognare: *to — after* (o *for*) *praise*, desiderare la lode.

hankering ['hæŋkərɪŋ / hanker·ing] *s.* (*fam.*) forte desiderio, brama: *I've got a — for some chips*, avevo una gran voglia di patatine.

hanky ['hæŋkɪ] *s.* (*fam.* abbr. di *handkerchief*) fazzoletto.

hanky-pank ['hæŋkɪ'pæŋk] *agg.* (*fam. amer.*) volgare, scadente ◆ *s.* (*fam. amer.*) gioco a premi (in una fiera o luna park).

hanky-panky ['hæŋkɪ'pæŋkɪ] *s.* **1** (*sl.*) attività sessuale **2** (*fam.*) frottola; imbroglio: *I think there is some — going on*, credo che ci sia qualcosa di poco chiaro.

Hanoverian [,hænəʊ'vɪərɪən / Han·over·ian] *agg.* di Hannover ◆ *s.* **1** cittadino di Hannover **2** (*st.*) membro, sostenitore della Casa di Hannover.

Hansard ['hænsəd / Han·sard] *s.* resoconto ufficiale dei dibattiti al Parlamento britannico.

Hanse [hæns] *no.pr.* (*st.*) Hansa, Lega Anseatica.

Hanseatic [,hænsɪ'ætɪk / Han·se·atic] *agg.* anseatico.

to **hansel** → to **handsel**.

hansom (cab) ['hænsəm(kæb) / han·som (cab)] *s.* carrozza a due ruote col cocchiere dietro.

hap [hæp] *s.* (*ant.*) caso, destino: *by good —*, per buona fortuna; *it was not my hap to be much in good company*, (BUNYAN) non era la mia sorte star molto in buona compagnia.

to **hap** *pass.p.p.* **happed** [hæpt / hap·ped] *v.intr.* (*ant.*) accadere, capitare per caso.

ha'penny ['heɪpnɪ] *s.* → **halfpenny**.

haphazard ['hæp'hæzəd / hap·haz·ard] *agg.* casuale ◆ *s.* (*non com.*) caso: *at* (o *by*) *—*, per caso ◆ *avv.* casualmente; a casaccio.

haphazardly [,hæp'hæzədlɪ / hap·haz·ard·ly] *avv.* → **haphazard**.

hapless ['hæplɪs / hap·less] *agg.* (*non com.*) sfortunato // **-ly** *avv.* // **-ness** *s.*

haploid ['hæplɔɪd / hap·loid] *agg.* e *s.* (*biol.*) (cellula, organismo) aploide.

haplostele ['hæpləʊ,sti:l / hap·lo·stele] *agg.* (*bot.*) aplostele.

haply ['hæplɪ] *avv.* (*ant.*) forse: *And haply the Queen-Moon is on her throne*, (KEATS) e forse la regina Luna è sul suo trono.

ha'p'orth ['heɪpəθ] *s.* (*fam. antiq.*) ciò che costa, vale mezzo penny • Contr. di *half -penny-worth*.

happen ['hæpən / hap·pen] *avv.* (*fam.*) può darsi, forse.

to **happen** *v.intr.* **1** avvenire, accadere, succedere: *how did the accident —?*, come accadde la disgrazia?; *I hope nothing will — to him*, spero che non gli succederà nulla; *whatever may —*, qualunque cosa avvenga, in ogni caso; *something has happened to my car, it won't start*, è successo qualcosa alla mia auto, non vuole partire // *as it happens*, per caso; precisamente: *as it happens I was in London when the war broke out*, io ero proprio a Londra quando scoppiò la guerra // *accidents will —!*, può succedere!: *"I'm sorry I've broken your plate!" "Don't worry, accidents will —"*, "Mi spiace, ho rotto un piatto!" "Niente di grave, può succedere!" **2** (*costr. pers.*) darsi il caso, capitare; avere la fortuna di: *if you — to see him, say hello*, se ti capita di vederlo, salutamelo; *I happened to be out when he called me*, per caso ero fuori quando mi chiamò; *a taxi happened to be passing along and so I managed to catch my train*, per fortuna passò di lì un taxi e così potei prendere il treno // *what I said happens to be true*, ciò che ho detto è vero.

□ **happen along** *v.intr.* e *avv.* comparire, apparire all'improvviso, inaspettatamente.

□ **happen (up)on** *v.intr.* e *prep.* imbattersi in.

happening ['hæpənɪŋ / hap·pen·ing] *agg.* (*fam. amer.*) vivace, brioso: *it was a — evening*, è stata una serata vivace ◆ *s.* **1** avvenimento **2** (*teatr.*) happening.

happenstance ['hæpənstæns / hap·pen·stance] *s.* (*amer.*) caso, fortuna.

happily ['hæpɪlɪ / hap·pily] *avv.* fortunatamente; felicemente.

happiness ['hæpɪnɪs / hap·pi·ness] *s.* felicità.

happy ['hæpɪ] *agg.* **1** felice, contento; lieto, beato: *a — marriage*, un matrimonio felice; *I'm — to accept your invitation*, sono lieto di accettare il vostro invito // *to be as — as the day is long* (o *as a king* o *as a sandboy*), essere felice come una Pasqua // *Happy Christmas!*, Buon Natale! **2** adatto, felice; opportuno: *a — choice*, una scelta felice; *— thought!*, buona idea! **3** fortunato: *a — coincidence*, una coincidenza fortunata **4** (*fam.*) brillo, alticcio **5** (*fam.*) convinto: *I'm not — about your chances*, non sono sicuro delle tue possibilità **6** (*nei composti*) (*fam.*) patito, maniaco: *car- —*, patito dell'automobile; *sport- —*, fissato con lo sport.

happy-go-lucky [,hæpɪgəʊ'lʌkɪ] *agg.* spensierato.

happy hour ['hæpɪ,aʊə*] *s.* (*fam.*) **1** orario in cui le bevande alcoliche vengono servite a prezzi più bassi **2** ora dell'aperitivo; ora in cui si beve un drink con i colleghi di lavoro.

happy hunting-ground [,hæpɪ'hʌntɪŋ ,graʊnd] *s.* **1** paradiso, aldilà (per gli indiani d'America) // *to go to the —*, morire **2** (*fig.*) miniera d'oro, paradiso.

happy medium [,hæpɪ'mi:djəm] *s.* la giusta misura, la giusta via di mezzo.

hapten ['hæp,ten / hap·ten] **haptene** ['hæp,ti:n / hap·tene] *s.* (*biol.*) aptene.

haptic ['hæptɪk] *agg.* tattile, che riguarda il senso del tatto.

hara-kiri [hærə'kɪrɪ] *s.* carachiri, harakiri.

harangue [hə'ræŋ / har·angue] *s.* arringa; discorso.

to **harangue** *v.tr.* arringare ◆ *v.intr.* pronunciare un'arringa.

haranguer [hə'ræŋə* / har·anguer] *s.* arringatore.

to **harass** ['hærəs / har·ass] *v.tr.* **1** tormentare, molestare; (*dir.*) infastidire, vessare **2** (*mil.*) bersagliare (il nemico) con continui attacchi.

harassing ['hærəsɪŋ / har·ass·ing] *agg.* opprimente.

harassment ['hærəsmənt / har·ass·ment] *s.* **1** Ⓤ vessazione, vessazioni, tormento, molestia **2** (*mil.*) bersagliare ininterrotto.

harbinger ['hɑ:bɪndʒə* / har·bin·ger] *s.* messaggero; annunziatore; precursore: *the swallow is the — of spring*, la rondine annuncia la primavera; *Misery, / Death's harbinger*, (MILTON) la sofferenza, anticipatrice della morte.

to **harbinger** *v.tr.* annunziare l'arrivo di.

(to) **harbor** e *deriv.* (*amer.*) → (to) **harbour** e *deriv.*

harbour ['hɑ:bə* / har·bour] *s.* **1** porto: *a natural, artificial —*, un porto naturale, artificiale // *fishing —*, porto di pesca; *river —*, porto di fiume; *sea —*, porto di mare // *— office*, capitaneria di porto **2** (*fig.*) asilo, rifugio; ricetto **3** tana (d'animale).

to **harbour** *v.tr.* **1** accogliere; ospitare **2** dare asilo a; dare ricetto a: *to — a criminal*, dare ricetto a un criminale **3** (*fig.*) nutrire, covare: *to — evil thoughts*, nutrire cattivi pensieri ◆ *v.intr.* **1** rifugiarsi; trovare ricetto **2** entrare in porto.

harbourage ['hɑ:bərɪdʒ / har·bour·age] *s.* **1** ancoraggio, porto **2** (*fig.*) rifugio, asilo; ricetto.

harbour dues ['hɑ:bə,dju:z *amer.* 'hɑ:bə,du:z] *s.pl.* diritti portuali.

harbourer ['hɑ:bərə* / har·bour·er] *s.* **1** ricettatore (di ladri ecc.); chi dà rifugio (*anche fig.*) **2** chi segue un animale fino alla tana.

harbour-master ['hɑ:bə,mɑ:stə*] *s.* capitano di porto.

harbour-trust ['hɑ:bə,trʌst] *s.* consorzio portuario.

hard [hɑ:d] *agg.* **1** duro: *as — as a diamond*, duro come il diamante; *stone and glass are — substances*, la pietra e il vetro sono sostanze dure; *this chair is very —*, questa sedia è molto dura; *to become* (o *to get*) *—*, indurirsi (*anche fig.*) // *a — push*, uno spintone // *to be as — as a flint*, (*fig.*) avere un cuore di pietra // *to be as — as nails*, (*fig.*) essere duro come l'acciaio; essere insensibile **2** duro; severo; spietato: *— heart*, cuore duro; *to be — on s.o.*, essere severo con qlcu.; *to feel — done by*, sentirsi maltrattato // *to take a — look at*, esaminare, vagliare con cura // *to take some* (o *a few*) *— knocks*, subire un duro colpo **3** difficile; gravoso: *— problem*, problema difficile; *— case*, caso difficile; tipo duro; *— to deal with*, intrattabile; di difficile soluzione; *— to please*, incontentabile; *— to understand*, difficile da capire; *to have a — time*, passarsela male, avere problemi; *I found it — to accept*, accettarlo mi è stato difficile; *the book was — going*, il libro era di difficile lettura // *to learn the — way*, imparare per esperienza, sulla propria pelle; *to do sthg.* (*in*) *the — way*, fare qlco. nel modo più difficile, senza appoggi, partendo da zero // *to drive a — bargain*, porre difficili condizioni in una trattativa // (*inform.*): *— error, failure*, errore, guasto permanente; *— stop*, arresto immediato; *— sector*, sezione del disco **4** palese, puro e semplice: *— facts*, meri fatti, fatti nudi e crudi; *— common sense*, semplice buon senso; *— evidence*, prove concrete **5** duro (di suono); violento (di colore); ruvido (di tessuto ecc.): *— voice*, voce dura, grossa // (*gramm.*) *— consonants*, consonanti dure **6** accanito; vigoroso; strenuo: *— drinker*, bevitore accanito; *— fight*, combattimento strenuo; *— gallop*, galoppo sostenuto; *— worker*, lavoratore indefesso // *to try one's hardest*, mettercela tutta **7** rigido (di tempo): *— winter*, inverno rigido **8** forte, alcolico: *— drink*, bevanda alcolica; *the — stuff*, (*fam.*) i superalcolici // *— drugs*, droghe pesanti **9** (*elettr.*) a vuoto spinto, ad alto vuoto; duro; ad alto potenziale penetrativo: *— tube*, tubo ad alto vuoto; *— X-ray*, raggio Roentgen duro **10** (*chim.*) duro: *— water*, acqua dura.

hard *avv.* **1** energicamente, con grande forza, intensità; insistentemente; fissamente: *to look — at s.o.*, guardare fissamente qlcu.; *to rain —*, piovere a dirotto; *to think —*, riflettere profondamente; *to try —*, provare e riprovare; *to swear —*, bestemmiare come un turco; *to be — at it* (o *at work*), lavorare sodo // (*mar.*) *— aport, astarboard*, tutto a sinistra, a dritta **2** con difficoltà; duramente: *it will go — with him*, (*form.*) se la vedrà, se la passerà brutta; *to die —*, essere duro a morire; vendere cara la propria pelle // *to play — to get*, fare il difficile, il prezioso **3** vicino, accanto: *to follow — on* (o *after* o *behind*) *s.o.*, seguire qlcu. da vicino **4** molto: *he drinks —*, beve molto.

hard *s.* **1** carreggiata in pendio su una spiaggia **2** (*sl.*) lavoro forzato **3** (*sl. volg.*) erezione.

hard-and-fast [,hɑ:dən'fɑ:st *amer.* ,hɑ:dən 'fæst] *agg.attr.* (*fig.*) rigido, immutabile, inderogabile (di regola, principio).

hard-ass ['hɑ:d,æs] *s.* (*fam. amer.*) osso duro.

hardback ['hɑ:dbæk / hard·back] *s.* libro rilegato.

hardball ['hɑ:dbɔ:l / hard·ball] *s.* (*fam. amer.*) **1** [U] faccende serie (*pl.*): *we're talking —*, si tratta di cose serie; *to play —*, fare sul serio **2** → baseball.

hardbitten ['hɑ:dbɪtn / hard·bit·ten] *agg.* duro, deciso, tenace; spietato.

hardboard ['hɑ:dbɔ:d / hard·board] *s.* cartone di fibra compressa.

hard-boiled [,hɑ:d'bɔɪld] *agg.* **1** sodo (di uovo) **2** (*fig.*) cinico; spietato.

hard-bought ['hɑ:d'bɔ:t] *agg.* conquistato a fatica.

hardbound ['hɑ:dbaʊnd / hard·bound] *agg.* rilegato (di libro).

hard by [,hɑ:d'baɪ] *avv.* molto vicino, vicinissimo.

hard coal ['hɑ:d,kəʊl] *s.* (*min.*) antracite.

hard copy ['hɑ:d'kɒpɪ] *s.* stampa, documento stampato, scritto; facsimile.

hard core ['hɑ:dkɔ:*] *s.* **1** massicciata **2** nucleo, parte centrale (*anche fig.*): *a — of supporters remained*, un nucleo di sostenitori rimase saldo **3** (*fam.*) pornografia.

hard-core [,hɑ:d'kɔ:*] *agg.attr.* **1** ostinato; intransigente // (*econ.*) *— unemployment*, disoccupazione cronica **2** (*cinem., teatr.*) hard-core, spinto; molto esplicito, realistico (di rappresentazione di scene erotiche).

hardcover ['hɑ:dkʌvə* / hard·cover] *agg.* rilegato SIN. hardbound ◆ *s.* edizione rilegata.

hard-earned ['hɑ:d,ɜ:nd] *agg.* guadagnato a fatica: *— money*, denaro sudato.

to **harden** ['hɑ:dn] *v.tr.* **1** indurire (*anche fig.*); temprare **2** irrobustire; rafforzare ◆ *v.intr.* **1** indurirsi **2** irrobustirsi; (*fig.*) rafforzarsi: *public opinion is hardening in favour of the President*, l'opinione pubblica si sta consolidando in favore del presidente // *gold prices are hardening*, i prezzi dell'oro si consolidano.

hardenability [,hɑ:dnə'bɪlɪtɪ / hard·en·ab·il·ity] *s.* (*tecn.*) temprabilità.

hardened ['hɑ:dnd / hard·ened] *agg.* **1** temprato; indurito (*anche fig.*): *— steel*, acciaio temprato; *— heart*, cuore indurito **2** incallito, incorreggibile: *— criminal*, delinquente incallito.

hard-favoured ['hɑ:d,feɪvəd] **hard-featured** ['hɑ:d,fi:tʃəd] *agg.* dai lineamenti duri, spigolosi.

hard feelings [,hɑ:d'fi:lɪŋz] *s.pl.* rancore (*sing.*): *no —, I hope*, e amici come prima, spero.

hard glass ['hɑ:dglɑ:s *amer.* 'hɑ:dglæs] *s.* vetro di borosilicato.

hard hat ['hɑ:d,hæt] *s.* **1** elmetto protettivo **2** (*fig.*) conservatore; reazionario **3** (*fam. amer.*) muratore • Dall'obbligo per chi lavora nei cantieri americani di portare un elmetto protettivo.

hardheaded [,hɑ:d'hedɪd / hard·headed] *agg.* **1** ostinato, caparbio **2** pratico, realistico.

hard-hearted [,hɑ:d'hɑ:tɪd] *agg.* crudele, spietato; insensibile // **-ly** *avv.* // **-ness** *s.*

hard-hit ['hɑ:dhɪt] *agg.* **1** seriamente danneggiato, colpito; devastato **2** perdutamente innamorato.

hard-hitting [,hɑ:d'hɪtɪŋ] *agg.* che colpisce duramente; (*fig.*) forte, efficace, incisivo: *I've just read a — article on the errors of the Falklands campaign*, ho appena letto un articolo incisivo sugli errori della campagna delle Falkland.

hardihood ['hɑ:dɪhʊd / har·di·hood] *s.* ardire; coraggio.

hardily ['hɑ:dɪlɪ / hard·ily] *avv.* arditamente, audacemente.

hardiment ['hɑ:dɪmənt / hardi·ment] *s.* (*ant.*) audacia, ardimento: *he did confound the best part of an hour / in changing hardiment with great Glendower*, (SH. Henry IV) trascorse una buona ora gareggiando in ardimento col grande Glendower.

hardiness ['hɑ:dɪnɪs / hardi·ness] *s.* **1** ardire **2** robustezza; vigore; resistenza fisica.

hard labour [,hɑ:d'leɪbə*] *s.* (*dir.*) lavoro forzato.

hard line [,hɑ:d'laɪn] *s.* linea dura, intransigenza: *to take a —*, seguire una politica non compromissoria.

hard-line ['hɑ:dlaɪn] *agg.* **1** non compromissorio, che non scende a compromessi **2** integralista: *— policy*, integralismo.

hard-liner [,hɑ:d'laɪnə*] *s.* **1** persona intransigente **2** integralista.

hard luck [,hɑ:d'lʌk] *s.* sfortuna nera ◆ *inter.* (*fam.*) peccato!

hard-luck *agg.* di sventure: *a — story*, una storia di sventure, di disgrazie.

hardly ['hɑ:dlɪ] *avv.* **1** a stento, a malapena, appena, difficilmente: *he will — be able to do it*, sarà difficile che lo possa fare; *I — know him*, lo conosco appena; *I can — believe it*, lo credo a stento; *— ten minutes had gone by*, erano trascorsi appena dieci minuti; *we had — arrived when* (o *— had we arrived when*), eravamo appena arrivati quando **2** quasi: *— ever*, quasi mai: *he — ever came to see his mother*, non veniva quasi mai a trovare sua madre; *— anyone was present*, non c'era quasi nessuno; *— anything was done*, non si fece quasi nulla **3** duramente, severamente **4** non... certo: *I need — remind you that...*, non devo certo ricordarti che...

hardmouthed [,hɑ:d'maʊðd / hard·mouthed] *agg.* **1** ribelle al morso (di cavallo) **2** (*fig.*) ribelle.

hardness ['hɑ:dnɪs / hard·ness] *s.* **1** durezza (*anche fig.*) **2** (*fis.*) durezza // (*metall.*) *— gradient*, gradiente di durezza **3** difficoltà.

hardnosed ['hɑ:dnəʊzd / hard·nosed] *agg.* (*fam.*) **1** realistico, pratico **2** determinato, sicuro; duro, ostinato.

hard-on ['hɑ:dɒn] *s.* (*sl. volg.*) erezione.

hard-pan ['hɑ:dpæn] *s.* (*geol.*) crostone calcareo.

hard-pressed [,hɑ:d'prest] *agg.* in difficoltà, alle strette.

hard rubber ['hɑ:d,rʌbə*] *s.* (*chim.*) ebanite.

hard sell [,hɑ:d'sel] *s.* (*comm. fam.*) tecnica di vendita aggressiva.

hard-set ['hɑ:d'set] *agg.* **1** indurito: *— concrete*, cemento indurito **2** marcato, rigido: *— features*, lineamenti marcati **3** ostinato, caparbio **4** oppresso dalle difficoltà, in stato di bisogno.

hard-shell ['hɑ:dʃel] *agg.* (*fam. fig. amer.*) intransigente, inflessibile.

hardship ['hɑ:dʃɪp / hard·ship] *s.* avversità; privazione; stento: *they bore every kind of —*, sopportarono privazioni d'ogni genere.

hard shoulder [,hɑ:d'ʃəʊldə*] *s.* corsia d'emergenza.

hard solder [,hɑ:d'səʊldə*] *s.* (*metall.*) lega per brasatura forte.

to **hard-solder** *v.tr.* (*metall.*) brasare; saldare con brasatura forte.

hard tack ['hɑ:dtæk] *s.* galletta SIN. ship('s) biscuit.

hardtop ['hɑ:dtɒp / hard·top] *s.* (*aut. amer.*) coupé.

hard up [,hɑ:d'ʌp] *agg.* (*fam.*) **1** al verde, in bolletta **2** a corto di, bisognoso di: *to be — for an excuse*, essere a corto di scuse; *to be — for money*, essere al verde **3** sessualmente frustrato.

hardware ['hɑ:dweə* / hard·ware] *s.* [U] **1** ferramenta **2** attrezzi (per la casa, il giardino ecc.) **3** (*mil.*) armamenti **4** (*inform.*) hardware; (IBM) apparecchiatura; macchina: — *bug*, errore della macchina; — *check*, controllo cablato; — *configuration*, configurazione macchina; — *register*, registro interno; — *requirements*, equipaggiamento, requisiti della macchina.

hardware shop ['hɑ:dweə'ʃɒp] **hardware store** ['hɑ:dweə'stɔ:*] *s.* (*amer.*) negozio di ferramenta.

hardwearing ['hɑ:dweərɪŋ / hard·wear·ing] *agg.* resistente: — *shoes*, scarpe resistenti.

to **hardwire** ['hɑ:dwaɪə* / hard·wire] *v.tr.* (*inform.*) cablare (una funzione).

hardwood ['hɑ:dwʊd / hard·wood] *s.* legno duro // — *forest*, foresta a latifoglie.

hardy ['hɑ:dɪ] *agg.* **1** ardito, coraggioso **2** robusto; resistente (spec. di piante).

hare [heə*] *pl.* **hare(s)**, *s.* lepre: *young* —, leprotto // *he is as mad as a March* —, è matto da legare // *to run with the — and hunt with the hounds*, tenere il piede in due scarpe, fare il doppio gioco // *first catch your* — (*then cook it*), (*prov.*) non dir quattro se non l'hai nel sacco.

to **hare** *v.intr.* correre come una lepre // *he hared after the postman*, rincorse il postino // *to — off*, scappare.

harebell ['heəbel / hare·bell] *s.* (*bot.*) (*Campanula rotundifolia*) campanula, campanella.

harebrained ['heəbreɪnd / hare·brained] *agg.* scervellato, sventato.

hare coursing ['heə,kɔ:sɪŋ] *s.* caccia alla lepre.

hare-hound ['heəhaʊnd] *s.* cane da caccia.

harelip [,heə'lɪp / hare·lip] *s.* (*med.*) labbro leporino, cheiloschisi.

harelipped ['heəlɪpt / hare·lip·ped] *agg.* con il labbro leporino.

harem ['hɑ:ri:m] *s.* harem.

hare's foot ['heəzfʊt] *s.* (*bot.*) (*Trifolium arvense*) trifoglio dei campi.

hare's tail ['heəzteɪl] *s.* (*bot.*) (*Lagurus ovatus*) piumino; (*pop.*) coda di lepre.

haricot ['hærɪkəʊ / hari·cot] *s.* (*cuc.*) guazzetto, ragù di montone.

haricot bean ['hærɪkəʊ'bi:n] *s.* (*bot.*) fagiolo bianco.

to **hark** [hɑ:k] *v.tr.* e *intr.* (*ant.*) ascoltare: —*!*, ascolta!

□ **hark back** *v.intr.* e *avv.* **1** ritornare al punto di partenza (di cani da caccia per ritrovare la traccia) **2** (*fig.*) tornare indietro **3** (*fig.*) richiamare, far venire in mente: *his music harks back to the 30's jazz*, la sua musica ricorda il jazz degli anni Trenta.

to **harken** → to **hearken**.

harl(e) [hɑ:l] *s.* barba (di penna).

Harlem ['hɑ:ləm / Har·lem] *s.* Harlem (quartiere negro di New York).

harlequin ['hɑ:lɪkwɪn / har·le·quin] *s.* **1** arlecchino; buffone **2** (*zool.*) (cane) alano arlecchino ♦ *agg.* variopinto, multicolore.

harlequinade [,hɑ:lɪkwɪ'neɪd / har·le·quin·ade] *s.* arlecchinata; scherzi e lazzi da arlecchino.

harlequin duck ['hɑ:lɪkwɪn'dʌk] *s.* (*zool.*) (*Histrionicus histrionicus*) (anatra) moretta arlecchino.

Harley Street ['hɑ:lɪ,stri:t / Har·ley Street] *no.pr.* Harley Street (via di Londra dove abitano illustri medici); (*fig.*) i luminari della medicina.

harlot ['hɑ:lət / har·lot] *s.* (*antiq.*) prostituta ♦ *agg.* (*ant.*) corrotto: *the harlot king / is quite beyond mine arm*, (SH. Winter's Tale) il re corrotto è interamente fuori della portata del mio braccio.

to **harlot** *v.intr.* (*rar.*) esercitare la prostituzione.

harlotry ['hɑ:lətrɪ / har·lotry] *s.* **1** (*antiq.*) prostituzione **2** (*ant.*) ragazza sciocca, sciocchерella: *a peevish self-willed harlotry it is*, (SH. Romeo and Juliet) è una sciocccherella, dispettosa e caparbia **3** (*ant.*) prostituta: *he sups to-night with a harlotry, and thither will I go to him*, (SH. Othello) questa sera egli cena con una prostituta e io andrò a trovarlo lì.

harm [hɑ:m] *s.* [U] **1** torto; danno morale o fisico: *what — is there in it?*, che male c'è?; *to do — to s.o.*, danneggiare qlcu.; *to do a lot of harms*, fare molti danni // *to be out of —'s way*, essere in luogo sicuro (dove non si può subire né fare danni) // *to come to* —, farsi male // *he means no* —, non ha cattive intenzioni **2** (*dir.*) danno, offesa, lesione, pregiudizio: *bodily* —, lesione corporale.

to **harm** *v.tr.* far male a, danneggiare; nuocere a; (*dir.*) ledere, provocare un danno a.

harmful ['hɑ:mfʊl / harm·ful] *agg.* nocivo, dannoso // **-ly** *avv.* // **-ness** *s.*

harmless ['hɑ:mlɪs / harm·less] *agg.* **1** innocuo, inoffensivo **2** (*dir.*) indenne // **-ly** *avv.* // **-ness** *s.*

harmonic [hɑ:'mɒnɪk / har·monic] *agg.* **1** armonico, armonioso (*anche mus.*) **2** (*scient.*) armonico // (*mat.*): — *analysis, series, function*, analisi, serie, funzione armonica; — *curve*, curva armonica, sinusoide // (*fis.*) — *motion*, moto armonico ♦ *s.* **1** (*elettr.*) armonica **2** (*mat.*) armonica.

harmonica [hɑ:'mɒnɪkə / har·mon·ica] *s.* **1** armonica **2** armonica a bocca SIN. mouthorgan.

harmonically [hɑ:'mɒnɪkəlɪ / har·mon·ic·ally] *avv.* armonicamente.

harmonicon [hɑ:'mɒnɪkən / har·mon·icon] → **harmonica**.

harmonics [hɑ:'mɒnɪks / har·mon·ics] *s.* [U] (*mus.*) armonia.

harmonious [hɑ:'məʊnjəs / har·mo·ni·ous] *agg.* armonioso; (*fig.*) in armonia; (*mus.*) armonioso, melodioso // **-ly** *avv.*

harmonist ['hɑ:mənɪst / har·mon·ist] *s.* armonista.

harmonium [hɑ:'məʊnjəm / har·mo·nium] *s.* (*mus.*) armonium.

harmonization [,hɑ:mənaɪ'zeɪʃn / har·mon·iza·tion] *s.* armonizzazione.

to **harmonize** ['hɑ:mənaɪz / har·mon·ize] *v.tr.* armonizzare; mettere d'accordo ♦ *v.intr.* armonizzarsi; mettersi d'accordo.

harmonizer ['hɑ:mənaɪzə* / har·mon·izer] *s.* armonizzatore.

harmony ['hɑ:mənɪ / har·mony] *s.* armonia, accordo (*anche mus.*): *in* —, in armonia, d'accordo; *to be in — with*, essere d'accordo con.

harmotome ['hɑ:mə,təʊm / harmo·tome] *s.* (*min.*) armotomo.

harness ['hɑ:nɪs / har·ness] *s.* **1** bardatura, finimenti (*pl.*) // *to put in* —, mettere i finimenti a, attaccare (cavalli, buoi ecc.); *in single* —, bardato singolarmente; *in double* —, in tiro a due, (*fig.*) sposato // *to hold in* —, (*fig.*) tenere imbrigliato // — *maker*, sellaio **2** dande (*pl.*) **3** imbracatura **4** (*aer.*) cintura di sicurezza **5** (*fig.*) routine: *to get back into* —, tornare al lavoro consueto // *to work in — with s.o.*, cooperare con qlcu. // *to die in* —, morire sulla breccia **6** (*antiq.*) armatura **7** (*elettr.*) cablaggio **8** (*fam. amer.*) divisa, uniforme.

to **harness** *v.tr.* **1** bardare; mettere i finimenti a // *to — a horse to a carriage*, attaccare un cavallo a una carrozza **2** (*fig.*) imbrigliare: *he tried to — his energies*, cercò di incanalare le proprie energie **3** (*tecn.*) imbrigliare: *to — a waterfall*, imbrigliare una cascata.

harp [hɑ:p] *s.* **1** (*mus.*) arpa: *to play the* —, suonare l'arpa **2** (*sl. amer.*) irlandese **3** (*sl. amer.*) armonica.

to **harp** *v.intr.* suonare l'arpa; arpeggiare.

□ **harp on** *v.intr.* e *prep* o *avv.* insistere in modo noioso: *stop harping on about it!*, cambia musica!; *she keeps harping on it*, continua a battere il tasto.

harper ['hɑ:pə*] *s.* arpista.

harpist ['hɑ:pɪst / harp·ist] *s.* arpista (di professione).

harpoon [hɑ:'pu:n / har·poon] *s.* arpione, rampone, fiocina.

to **harpoon** *v.tr.* colpire con la fiocina, arpionare.

harpooner [hɑ:'pu:nə* / har·pooner] *s.* fiociniere; ramponiere.

harpsichord ['hɑ:psɪkɔ:d / harp·si·chord] *s.* (*mus.*) arpicordo; clavicembalo.

harpy ['hɑ:pɪ] *s.* **1** (*mit.*) arpia (*anche fig.*): *old* —, (*fig. fam.*) vecchia megera **2** (*zool.*) (*Harpia harpyja*) arpia.

harpy eagle [,hæpɪ'i:gl] *s.* (*zool.*) (*Thrasaëtus harpyia*) arpia.

harquebus ['hɑ:kwɪbəs / har·que·bus] *s.* archibugio.

harquebusier [,hɑ:kwɪbəs'jə* / har·que·bus·ier] *s.* archibugiere.

harridan ['hærɪdən / har·ri·dan] *s.* strega; vecchiaccia.

harrier[1] ['hærɪə* / har·rier] *s.* **1** (*ant.*) predatore, saccheggiatore **2** (*zool.*) albanella.

harrier[2] *s.* **1** cane per la caccia alla lepre **2** *pl.* insieme dei cani e dei cacciatori.

Harrovian [hə'rəʊvjən / Har·ro·vian] *agg.* di Harrow ♦ *s.* allievo, ex-allievo della scuola di Harrow.

harrow[1] ['hærəʊ / har·row] *s.* erpice: *disc* —, erpice a dischi.

to **harrow**[1] *v.tr.* **1** erpicare **2** (*ant., letter.*) tormentare, lacerare: *it harrows me with fear and wonder*, (SH. Hamlet) mi tormenta con paura e sbigottimento.

to **harrow**[2] *v.tr.* (*ant.*) razziare, depredare.

harrowing ['hærəʊɪŋ / har·row·ing] *agg.* straziante // **-ly** *avv.*

harrowing *s.* (*agr.*) erpicatura.

to **harry** *v.tr.* **1** saccheggiare **2** (*ant.*) tormentare, assillare: *I repent me much / that so I* *harried him*, (SH. Antony and Cleopatra) mi pento molto di averlo così maltrattato.

harsh [hɑ:ʃ] *agg.* **1** duro, rigido (*anche fig.*); severo, rigoroso: *a — winter*, un inverno rigido // (*dir.*): *— and unconscionable contract*, contratto a condizioni inique; *— punishment*, pena, punizione severa **2** ruvido (al tatto); aspro (al gusto); acre (all'olfatto); stridente (alla vista); stridulo (di suono) // **-ly** *avv.* // **-ness** *s.*

to **harshen** [ˈhɑ:ʃn] *v.tr.* rendere duro, ruvido, aspro ◆ *v.intr.* diventare duro, irrigidirsi; inasprirsi.

hart [hɑ:t] *pl.* **harts**, **hart** *s.* (*zool.*) cervo maschio.

hartebeest [ˈhɑ:tɪbi:st / har·te·beest] *pl.* **hartebeests**, **hartebeest** *s.* (*zool.*) (*Alcelaphus caama*) alcelafo.

hartshorn [ˈhɑ:tshɔ:n / harts·horn] *s.* **1** corno di cervo **2** (*chim. antiq.*) carbonato di ammonio // — (o *bone*) *oil*, olio di Dippel.

hart's tongue [ˌhɑ:tsˈtʌŋ] *s.* (*bot.*) (*Phyllitis scolopendrium*) fillitide; lingua cervina.

harum-scarum [ˈheərəmˈskeərəm] *agg.* (*fam.*) sventato; irresponsabile; sfrenato ◆ *s.* (*fam.*) individuo irresponsabile; comportamento irresponsabile ◆ *avv.* in modo sventato, irresponsabile, sfrenato.

haruspex [həˈrʌspeks / ha·ru·spex] *pl.* **haruspices** [həˈrʌspɪsi:z / ha·ru·spi·ces] *s.* (*st. romana*) aruspice.

Harvard [ˈhɑ:vəd / Har·vard] *s.* Harvard (famosa università statunitense).

harvest [ˈhɑ:vɪst / har·vest] *s.* **1** raccolto, messe; mietitura: *to get in the —*, mettere al riparo il raccolto; *to reap the —*, mietere // *— festival* (o *— thanksgiving*), cerimonia religiosa di ringraziamento per il raccolto; *— home*, fine della mietitura; festa della mietitura // *— moon*, luna di settembre; (*astr.*) plenilunio più prossimo all'equinozio d'autunno **2** (*fig.*) frutti; prodotto.

to **harvest** *v.tr.* mietere, raccogliere ◆ *v.intr.* mietere, fare il raccolto.

harvest bug [ˈhɑ:vɪstbʌg] **harvest mite** [ˈhɑ:vɪstmaɪt] *s.* (*zool.*) tignola dei raccolti.

harvester [ˈhɑ:vɪstə* / har·ves·ter] *s.* **1** mietitore **2** mietitrice meccanica // *forage —*, mietiforaggi **3** (*zool.*) tignola dei raccolti.

harvester-thresher [ˌhɑ:vɪstəˈθreʃə*] *s.* mietitrebbia.

harvesting [ˈhɑ:vɪstɪŋ / har·vest·ing] *s.* (*agric.*) raccolto delle messi.

harvestmouse [ˈhɑ:vɪstmaʊs / har·vest·mouse] *s.* (*zool.*) (*Micromys minutus*) arvicola, topino delle risaie.

has *3ª pers. sing. indic. pres.* di to **have**.

has-been [ˈhæzbi:n] *s.* (*fam.*) persona, cosa che ha fatto il suo tempo, sorpassata.

hash[1] [hæʃ] *s.* **1** piatto di carne tritata // *— joint* (o *house*), (*fam. amer.*) ristorante economico // *— slinger*, (*fam. amer.*) cameriere di ristorante economico **2** (*fam.*) pasticcio, confusione; *to make a — of sthg.*, (*fam.*) fare un pasticcio di qlco. // *to settle s.o.'s —*, (*fam.*) mettere qlcu. a posto, regolare i conti con qlcu. **3** (*fam.*) argomento trito.

to **hash**[1] *v.tr.* **1** tritare, sminuzzare (carne) **2** (*fig.*) pasticciare: *to — sthg. up*, fare, combinare un pasticcio **3** (*amer.*) *to — over*, parlare ripetutamente (di un determinato argomento).

hash[2] *s.* (*fam.*) abbr. di → **hasheesh**.

hash browns [ˈhæʃˌbraʊnz] *s.pl.* (*cuc.*) frittelline di patate a tocchetti.

hasheesh [həˈʃi:ʃ / hash·eesh] **hashish** [ˈhæʃɪʃ / hash·ish] *s.* hashish.

hasher [ˈhæʃə*] *s.* (*fam. amer.*) cameriere, cameriera.

hasn't [ˈhæznt] contr. di *has not*.

hasp [hɑ:sp *amer.* hæsp] *s.* **1** cerniera di chiusura (gener. a occhiello e con lucchetto) **2** matassa di filo.

to **hasp** *v.tr.* chiudere con cerniera a occhiello.

hassle [ˈhæsl] *s.* (*fam.*) **1** disputa, controversia **2** difficoltà, problema **3** [U] scocciatura, scocciature.

to **hassle** *v.tr.* (*fam.*) infastidire, seccare, scocciare.

hassock [ˈhæsək / has·sock] *s.* **1** inginocchiatoio (con cuscino); poggiapiedi **2** zolla erbosa **3** (*min.*) arenaria del Kent.

hast [hæst (*forma forte*) həst, əst (*forme deboli*)] (*ant.*) *2ª pers. sing. pres. indic.* di to *have*; nell'ingl. moderno, *have*: *thou hast nor youth nor age...*, (SH. Measure for Measure) non hai né gioventù né vecchiaia...

hastate [ˈhæsteɪt / hast·ate] *agg.* **1** astato, a, in forma di lancia **2** (*bot.*) lanceolato.

haste [heɪst] *s.* fretta; rapidità: *he dressed in —*, si vestì in fretta // *to make —*, (*antiq.*) far presto // *more — less speed*, (*prov.*) chi ha fretta vada adagio.

to **hasten** [ˈheɪsn] meno com. to **haste** [heɪst] *v.tr.* affrettare; far premura a, sollecitare; accelerare: *his illness hastened the end of the discussions*, la sua malattia accelerò la fine delle discussioni ◆ *v.intr.* affrettarsi, sbrigarsi.

hastily [ˈheɪstɪlɪ / hast·ily] *avv.* **1** frettolosamente **2** impetuosamente **3** in modo irascibile.

hastiness [ˈheɪstɪnɪs / hasti·ness] *s.* **1** fretta **2** precipitazione; avventatezza **3** irritabilità, irascibilità.

hasty [ˈheɪstɪ] *agg.* **1** frettoloso, affrettato; rapido; pronto; spiccio: *to be — in doing sthg.*, fare qlco. affrettatamente **2** impetuoso, avventato; sconsiderato: *a — reply*, una risposta avventata **3** irritabile, irascibile.

hat [hæt] *s.* cappello: *hats off!*, giù il cappello; *to put on, to take off one's —*, mettersi, togliersi il cappello; *to raise* (o *to lift*) *one's — to s.o.*, (*fam.*) *to take one's — off to s.o.*, salutare qlcu. levandosi il cappello; (*fig.*) togliersi il cappello, far tanto di cappello a qlcu. // *bowler —*, bombetta; *opera —*, gibus, cilindro pieghevole; *red —*, cappello cardinalizio; (dignità di) cardinale; *straw —*, cappello di paglia; *panama —*, panama; *top —*, (cappello a) cilindro // *— in hand*, con deferenza, servilmente // *to hang up one's —*, (*fam.*) andare in pensione // *to keep sthg. under one's —*, (*fam.*) mantenere il segreto su qlco. // *to pass* (o *to send*) *the — round*, (*fam.*) fare una colletta // *to talk through one's —*, (*fam.*) parlare a vanvera, senza cognizione di causa // *to throw one's — into the ring*, (*fig.*) entrare in lizza // *I'm wearing my politician's — today*, (*fam.*) sono qui oggi nella mia veste di politico // *if he arrives on time, I'll eat my —*, (*fam.*) mi mangio il cappello se arriva in orario // *my —!*, (*fam.*) è impossibile!; *What! Him presidential candidate? My —!*, Cosa?! Lui, candidato alla presidenza?! Impossibile! // *old —*, (*fam.*) notizie vecchie e risapute, cose trite e ritrite.

hatband [ˈhætbænd / hat·band] *s.* nastro da cappello.

hatbox [ˈhætbɒks / hat·box] *s.* cappelliera.

hatbrush [ˈhætbrʌʃ / hat·brush] *s.* spazzola per cappelli.

hatch[1] [hætʃ] *s.* **1** porta a ribalta; portello; sportello; mezza porta; botola: *dogs leap the hatch, and all are fled*, (SH. King Lear) passano i cani per la mezza porta e via spariscono // *serving —*, passavivande // *down the —!*, (*fam.*) cin cin! **2** (*mar.*) boccaporto; portello del boccaporto // *under hatches*, (*mar.*) sotto coperta; fuori servizio; agli arresti; (*fig.*) nascosto; in stato di arresto; morto.

hatch[2] *s.* **1** il nascere (di uccelli) **2** covata (di pulcini).

to **hatch**[2] *v.intr.* (anche *— out*) **1** schiudersi (di uova) **2** nascere (degli uccelli) ◆ *v.tr.* (anche *— out*) **1** covare // *don't count your chickens before they are hatched*, (*prov.*) non dire quattro finché non l'hai nel sacco **2** (*fig.*) complottare, tramare: *to — a plot, scheme*, ordire una congiura, un piano.

hatch[3] *s.* linea incisa; tratteggio; ombreggiatura.

to **hatch**[3] *v.tr.* incidere una serie di linee (gener. parallele) su; tratteggiare; ombreggiare.

hatchback [ˈhætʃbæk / hatch·back] *s.* (*ant.*) **1** portellone posteriore **2** autovettura a tre (o a cinque) porte.

hatchery [ˈhætʃərɪ / hatch·ery] *s.* **1** incubatoio industriale **2** vivaio (di pesci).

hatchet [ˈhætʃɪt] *s.* accetta // *to bury the —*, seppellire l'ascia di guerra, riconciliarsi; *to dig up the —*, dissotterrare l'ascia di guerra, riaprire le ostilità.

hatchet-faced [ˈhætʃɪtˌfeɪst] *agg.* dai lineamenti affilati.

hatchet job [ˈhætʃɪtˌdʒɒb] *s.* (*fam.*) attacco violento (verbale o scritto), critica ostile, stroncatura: *to do a — on s.o., sthg.*, stroncare qlcu., qlco.

hatchet man [ˈhætʃɪtˌmæn] *s.* (*fam.*) **1** chi è pagato per distruggere la reputazione di qlcu. **2** sicario, killer.

hatching [ˈhætʃɪŋ / hatch·ing] *s.* [U] incisione di linee; tratteggio; ombreggiatura.

hatchway [ˈhætʃweɪ / hatch·way] *s.* (*mar.*) boccaporto.

hate [heɪt] *s.* odio: *all is not lost - the unconquerable will, / and study of revenge, immortal hate*, (MILTON) tutto non è perduto - l'invincibile volontà, il proposito di vendetta, l'odio immortale // *pet —*, (*fam.*) la cosa che si odia di più: *housework is her pet —*, i lavori di casa sono la cosa che odia di più.

to **hate** *v.tr.* (II, IV) **1** odiare; avere in odio // *to — s.o.'s guts*, (*fam.*) odiare profondamente qlcu. **2** dispiacere immensamente: *he would — to be late*, non gli piacerebbe affatto essere in ritardo; *I — to ring you up this time of night, but I've got to tell you the news*, mi dispiace molto telefonarti a quest'ora della notte, ma devo darti la notizia // *I — to disturb, to trouble you*, sono molto spiacente di disturbarla, di crearle dei fastidi // *I — to say it*, mi spiace dirlo **3** (*fam.*) odiare, non piacere, non amare: *she hates garlic*, l'aglio non le piace per niente, odia l'aglio; *he hates being called 'Fatty'*, detesta essere chiamato 'Ciccione' // **-er** *s.*

hateful ['heɪtfʊl / hate·ful] *agg.* odioso, detestabile // **-ly** *avv.* // **-ness** *s.*

hatful ['hætfʊl / hat·ful] *s.* cappellata, quantità di roba che può essere contenuta in un cappello.

hath [hæθ (*forma forte*) həθ, əθ (*forme deboli*)] (*ant.*) 3ª *pers. sing. pres. indic.* di to *have*; nell'ingl. moderno, *has*: ...*demand that demi-devil / why he hath thus ensnared my soul and body*..., (SH. Othello) ...chiedi a quel semi-diavolo perché ha così intrappolato la mia anima e il mio corpo...

hatless ['hætlɪs / hat·less] *agg.* senza cappello, a testa nuda.

hatpin ['hætpɪn / hat·pin] *s.* spillone (da cappello).

hatrack ['hætræk / hat·rack] *s.* rastrelliera per cappelli.

hatred ['heɪtrɪd / hat·red] *s.* odio; inimicizia; astio.

hatstand ['hætstænd / hat·stand] amer. **hat tree** ['hætri:] *s.* attaccapanni a stelo.

hatter ['hætə* / hat·ter] *s.* cappellaio // *as mad as a* —, pazzo da legare.

hat trick ['hæt,trɪk] *s.* tripletta; (*cricket*) eliminare tre battitori di seguito; (*baseball*, *football*) tre punti segnati dallo stesso giocatore.

hauberk ['hɔ:bɜ:k / hau·berk] *s.* (*st.*) usbergo.

haught [hɔ:t] *agg.* (*letter.*) protervo: *no lord of thine, thou haught insulting man, / nor no man's lord*, (SH. Richard II) non tuo signore, uomo protervo e offensivo, né signore d'alcuno.

haughtily ['hɔ:tɪlɪ / haught·ily] *avv.* altezzosamente, arrogantemente; orgogliosamente.

haughtiness ['hɔ:tɪnɪs / haughti·ness] *s.* altezzosità, arroganza, alterigia, boria; orgoglio.

haughty ['hɔ:tɪ] *agg.* altezzoso, arrogante; orgoglioso.

haul [hɔ:l] *s.* **1** trazione, tiro **2** (distanza di) trasporto; percorso; carico trasportato: *short* —, distanza ravvicinata, breve distanza // *long* —, viaggio lungo e difficile, tirata; (*fig.*) cosa lunga e difficile da ottenere: *the fight to win equality for women was a long* —, la lotta per l'uguaglianza delle donne ha avuto un percorso lungo e irto di difficoltà **3** raccolta; retata (*anche fig.*): *a good* —, una buona retata (di pesce); *the police made a* —, la polizia ha fatto una retata **4** (*fig. fam.*) guadagno, profitto; bottino.

to **haul** *v.tr.* **1** tirare, trainare (*anche fig.*); issare, tirar su // *to — oneself*, trascinarsi: *after the final match he hauled himself into second place*, dopo l'incontro finale si portò in seconda posizione; *to — water from the well*, tirar su l'acqua dal pozzo // *to — s.o. over the coals*, criticare, rimproverare severamente qlcu. // *to — ass*, (*sl. amer.*) sbrigarsi, (*volg.*) alzare il culo **2** trasportare (con un camion, furgone ecc.) ♦ *v.intr.* (*mar.*) **1** alare **2** stringere il vento // *to — to port, to starboard*, accostare a sinistra, a dritta **3** cambiare (di vento).

□ **haul down** *v.tr.* e *avv.* (*mar.*) ammainare.

□ **haul off** *v.intr.* e *avv.* (*sl. amer.*) (alzare le braccia per) prepararsi a colpire // *to — off and hit s.o.*, picchiare qlcu. all'improvviso, lanciarsi all'attacco di qlcu. (*anche fig.*).

□ **haul up** *v.tr.* e *avv.* (*fam.*) trascinare (qlcu.) in tribunale, di fronte a un organo giurisdizionale: *he got hauled up before the court on a theft charge*, fu portato di fronte alla corte con l'accusa di furto.

haulage ['hɔ:lɪdʒ / haul·age] *s.* **1** trasporto (per trazione): — *firm*, impresa di trasporti; *road* —, trasporto stradale di merci // — *contractor*, imprenditore di trasporti **2** costo del trasporto **3** (*miner.*) carreggio, galleria di carreggio.

haulier ['hɔ:ljə* / haul·ier] *s.* autotrasportatore.

haulm [hɔ:m] *s.* (*bot.*) **1** gambo, stelo (di cereali, fagioli ecc.) **2** paglia, stoppia.

haunch [hɔ:ntʃ] *s.* **1** (*anat.*) anca; fianco; natica // *to squat on one's haunches*, accovacciarsi **2** coscia, quarto (di selvaggina) **3** (*arch.*) fianco (di arco).

haunt [hɔ:nt] *s.* **1** ricovero, ritiro; ritrovo, luogo frequentato assiduamente: *the — of criminals*, covo di ladri, della malavita; *in some shady haunt / among Arabian sands*, (W. WORDSWORTH) in qualche oasi ombreggiata tra le sabbie d'Arabia **2** covo, tana; rifugio (di animali) **3** (*amer.*) fantasma.

to **haunt** *v.tr.* **1** frequentare, infestare; perseguitare (di fantasmi, spiriti ecc.): *that castle is haunted*, quel castello è abitato dai fantasmi **2** perseguitare, ossessionare (di pensieri, ricordi ecc.); tormentare: *the memory of it haunted us for a long time*, il suo ricordo ci tormentò per molto tempo **3** (*fam.*) frequentare assiduamente, bazzicare.

haunted ['hɔ:ntɪd] *agg.* **1** frequentato, infestato da spettri, apparizioni: *a — house*, una casa visitata dagli spettri **2** ossessionato, tormentato: *a — expression*, un'espressione turbata.

haunter ['hɔ:ntə*] *s.* assiduo frequentatore (di teatri, taverne ecc.).

haunting ['hɔ:ntɪŋ / haunt·ing] *agg.* ossessionante, ammaliante; indimenticabile: *her — beauty*, la sua bellezza ammaliatrice; *a — air*, una melodia che ritorna in mente in modo ossessivo // **-ly** *avv.*

hautbois, **hautboy** ['əʊbɔɪ / haut·bois] *pl.* **hautbois**, **hautboys** *s.* (*ant. mus.*) oboe.

haute couture ['əʊtku:'tjʊə*] *s.* (*fr.*) alta moda.

haute cuisine ['əʊtkwi:'zi:n] *s.* (*fr.*) alta cucina.

hauteur [əʊ'tɜ:* / haut·eur] *s.* (*fr. form.*) alterigia, superbia.

hauyne [ɒ'wi:n] *s.* (*min.*) hauynite.

Havana [hə'vænə / Hav·ana] *s.* sigaro avana.

to **have** [hæv (*forma forte*) həv, əv (*forme deboli*)] *pass. p.p.* **had** [hæd (*forma forte*) həd, əd (*forme deboli*)] (*have* davanti a *to* è spesso pronunciato [hæf]); 3ª *pers. sing. pres.* **has** [hæz (*forma forte*) həz, əz (*forme deboli*)] *v.* **1** (*ausiliare nel* present perfect) avere, essere: *she has* (o *she's*) *just told me the news*, mi ha appena detto la notizia; *they — just left*, sono appena partiti; *why haven't you phoned him?*, perché non gli hai telefonato?; *he's never been to Boston*, non è mai stato a Boston; — *you bought some bananas?*, hai comprato delle banane?; *he has paid his TV licence*, ha pagato l'abbonamento alla TV; *I've known him a long time*, lo conosco da molto tempo **2** (*ausiliare nel* past perfect) avere, essere: *by the time she reached the lift, she had forgotten which floor they lived on*, quando arrivò all'ascensore, aveva dimenticato a quale piano abitavano; *they told me they had invited 50 people but only 20 came*, mi dissero che avevano invitato 50 persone ma ne erano venute solo 20; *had you met Doris before last weekend?*, avevi conosciuto Doris prima dello scorso fine settimana?; *we hadn't expected the hotel to be so expensive*, non avevamo pensato che l'albergo fosse così caro **3** (*ausiliare in frasi ipotetiche*) avere: *if he has saved enough money, he'll buy a new car this year*, se avrà messo da parte abbastanza soldi, quest'anno comprerà una nuova macchina; *if I had known you were coming, I'd — got the spare room ready*, se avessi saputo che arrivavi, ti avrei preparato la camera degli ospiti; *if only they had let me know, I would — met them at the airport*, se soltanto me lo avessero fatto sapere, sarei andato a prenderli all'aeroporto; *had she met him years before they could have been very happy together*, lo avesse incontrato qualche anno prima, avrebbero potuto essere molto felici insieme **4** (*ausiliare nel gerundio composto*) avere, essere: *having finished his sandwiches, he needed a drink*, avendo terminato i panini, aveva bisogno di bere qualcosa; *having read the news, she burst into tears*, avendo letto la notizia, scoppiò in lacrime; *after having heard her sing, he offered her a contract on the spot*, dopo averla sentita cantare, le offrì un contratto seduta stante **5** (in *tail questions* e *short answers*): *she's gone shopping, hasn't she?*, è andata a fare compere, vero?; *he hasn't got a motorbike, has he?*, non ha la moto, vero?; *you haven't met Mr Bright, have you?*, non avete conosciuto il signor Bright, non è vero?; *they've just come back from Berlin, haven't they?*, sono appena tornati da Berlino, non è vero?; *she hadn't seen the film before, had she?*, non aveva già visto il film, vero?; *"Have we got enough cream for everybody?" "Yes, we —"*, "Abbiamo abbastanza panna per tutti?" "Sì"; *"Has he found his glasses?" "No, he hasn't"*, "Ha trovato gli occhiali?" "No" (non li ha trovati); *"Have you asked permission?" "Yes, I —"*, "Hai chiesto il permesso?" "Sì" **6** (*in unione con v. servile o modale*) avere: *it might — been worse*, avrebbe potuto essere peggio; *he can't — known it was dangerous*, non poteva sapere che era pericoloso; *he should — told me as soon as he heard*, avrebbe dovuto dirmelo appena lo aveva sentito; *we needn't — taken a taxi because the train was late in any case*, era inutile aver preso il taxi perché il treno era comunque in ritardo; *she must — phoned when we were out*, deve aver telefonato quando eravamo fuori ♦ In particolari costruzioni **1** — (*got*) *to*, dovere: *you'll — to learn it by heart*, dovrai impararlo a memoria; *she has* (o *she's got*) *to be at the dentist's by five*, dev'essere dal dentista per le cinque; *we had to take an early train because of the strike*, abbiamo dovuto prendere il primo treno a causa dello sciopero; — *I* (*got*) *to sign the form and send it back?*, devo firmare il modulo e rispedirlo?; *you don't — to tell me, I know*, non occorre che me lo dica, lo so; *we haven't got to decide now, have we?*, non dobbiamo decidere adesso, no?; *it had to happen sooner or later*, doveva accadere prima o poi; *I'm going to — to pay a lot of* *tax*, dovrò pagare un mucchio di tasse **2** — (*got*) *to be*, dovere (con valore di supposizione; cfr. *must*): *she's got to be crazy if she said that*, dev'essere pazza se ha detto così; *there has to be a mistake in these figures*, dev'esserci un errore in queste cifre **3** (*con valore causativo*) fare (seguito da inf.): *I'll — the contract typed this afternoon*, farò battere a macchina il contratto nel pomeriggio; *he had the letter written by his secretary*, fece scrivere la lettera dalla segretaria; *we had the carpenter make a new cupboard*, abbiamo fatto fare dal falegname una credenza nuova; *she had her hair done before the party*, si è fatta fare la messa in piega prima della festa; *his remark had me worried for a bit*, la sua osservazione mi aveva per un attimo preoccupato; *he had them all laughing at his imitations*, fece ridere tutti con le sue imitazioni; *they had him arrested for using their cheques*, lo hanno fatto arrestare per aver usato i loro assegni // *I've had some money stolen from my wallet*, mi hanno rubato dei soldi dal portafoglio // *she'll — lunch ready at one o'clock*, preparerà il pranzo per l'una **4** *had as well*, tanto varrebbe: *we had as well stop*, tanto varrebbe fermarsi, che ci fermassimo; *had better*, sarebbe meglio che, conviene: *you'd better go now*, ti conviene andare ora; *I had sooner*, *I had rather*, preferirei: *I had rather* (o *sooner*) *stay in than go out*, preferirei rimanere a casa piuttosto che uscire.

◆ *v. principale* **1** (anche in unione con *got*) avere, possedere; ricevere, ospitare: *he has* (*got*) *a new Mercedes and a big expense account*, ha una nuova Mercedes e una bella nota spese; *I had no idea that he was coming*, non avevo idea che dovesse venire; *you — a right to your opinion*, hai diritto ad avere la tua opinione; *we had some doubts about signing the contract*, avevamo qualche dubbio se firmare il contratto; *I haven't got much milk in the fridge*, non ho molto latte in frigorifero; *the car had an automatic gear-change*, la macchina aveva il cambio automatico; *she was blonde and had big blue eyes*, era bionda e aveva grandi occhi azzurri; *we — some good friends in Rome*, abbiamo dei cari amici a Roma; *they — two sons and a daughter*, hanno due figli (maschi) e una figlia; *he likes to — company when he eats out*, ama avere compagnia quando mangia fuori; *she had with her a list of customers' addresses*, aveva con sé una lista di indirizzi dei clienti; *he hasn't got long to live*, non gli resta molto da vivere // *it was winter and they had the hotel to themselves*, era inverno, ed essi avevano tutto l'albergo per loro // *imagine you — a line of infantry on this hill...*, immaginate di avere uno schieramento di fanteria su questa collina... • Nell'uso amer. , nella forma interr. e neg. del pres., si adopera l'ausiliare *do*: *how much money — you got?*, (*amer.*) *how much money do you —?*, quanti soldi hai?; *he hadn't got any right to say that*, (*amer.*) *he didn't — any right to say that*, non aveva alcun diritto di dire ciò **2** avere; subire: *he had a shock when he saw the bill*, ebbe un colpo quando vide il conto; *they nearly had a crash on their way home*, rischiarono di avere un incidente nel tornare a casa; *I had a blood test yesterday*, ho fatto un esame del sangue ieri; *she was a diabetic and had to — injections every day*, era diabetica e doveva fare delle iniezioni tutti i giorni; *the manager has had two heart attacks*, il direttore ha avuto due infarti; *he had a heart operation last year*, ha subito un'operazione al cuore lo scorso anno // *but we had a rail strike only last week...!*, ma se solo la settimana scorsa abbiamo avuto uno sciopero dei treni...! // *they've sent me the wrong goods again. I won't — it!*, mi hanno di nuovo mandato i prodotti sbagliati. Non lo tollero! **3** avere, prendere; mangiare, bere: *we usually — dinner at seven o'clock*, di solito ceniamo alle sette; *he doesn't usually — coffee in the morning*, di solito non prende caffè la mattina; *I only — a sandwich or two at midday*, a mezzogiorno prendo solo un tramezzino o due; *he said he'd had some whisky after lunch*, disse che aveva bevuto un po' di whisky dopo pranzo **4** avere, disporre (di), poter offrire: *they had all types of kitchenware in the store*, in magazzino avevano ogni genere di utensili da cucina; *the hotel didn't — any rooms free last summer*, l'albergo non disponeva di stanze libere l'estate scorsa; *he said they had too many managers in his firm*, disse che avevano troppi capi nella sua ditta **5** avere, trascorrere: *we had a week by the seaside in May*, in maggio abbiamo trascorso una settimana al mare; *she said she'd had a bad day at the office*, disse che aveva avuto una brutta giornata in ufficio **6** avere, ottenere, prendere; ricevere: *can we — another bottle of wine, please?*, possiamo avere un'altra bottiglia di vino, per favore?; *I'd like to — some help with the housework*, vorrei avere un aiuto per i lavori di casa; *he had a letter from the bank this morning*, ha ricevuto una lettera dalla banca stamattina; *can we — your comments on this, Mr Brown?*, possiamo avere i suoi commenti a questo proposito, signor Brown?; *if you like that book, you can — it*, se ti piace quel libro, puoi prendertelo // *in the end she had her way*, alla fine ha vinto lei **7** avere, partorire, dare alla luce: *she's having a baby in the autumn*, avrà un bambino nel prossimo autunno; *our grandmother had ten children during her long marriage*, dal suo lungo matrimonio la nostra nonna ha avuto dieci figli; *she wants a career instead of marrying and having children*, vuole far carriera piuttosto che sposarsi e avere figli **8** (*in unione con s. che esprimono un'azione, in luogo del v. corrispondente*) avere; fare, compiere: *to — a walk*, fare una passeggiata, passeggiare; *to — a bath*, fare il bagno; *to — a swim*, fare una nuotata, nuotare; *to — a run*, fare una corsa, correre; *to — a look*, dare un'occhiata; *to — a party*, dare, fare una festa; *to — a talk* (*with*), avere un incontro, una discussione (con): *the union is having talks with the management*, il sindacato sta trattando con la direzione; *to — a try*, fare un tentativo, tentare: *it's worth having a try, you've nothing to lose*, vale la pena di tentare, non hai nulla da perdere.

◆ FRASEOLOGIA: *we had a good time at the party*, ci siamo divertiti alla festa // *I never thought he had it in him*, non avrei mai pensato che ci fosse della stoffa in lui // *he put everything he had* (o *he'd got*) *into the solo*, ce la mise tutta nell'assolo // *these shoes — had it*, queste scarpe hanno fatto il loro tempo, sono consumate // *I've been had!*, sono stato truffato, ingannato! // *you —* (o *you've got*) *me there!*, mi hai colto in fallo! // *he's had it now!*, è proprio nei guai! // *the manager has it in for him*, il direttore ce l'ha con lui // *you must — it out with them*, devi farti valere, affrontare la questione con loro // *let them — it!*, dategli addosso!, conciateli per le feste! // *he's had it coming for a long time*, se la meritava da un bel pezzo // *they've got nothing on me!*, non sanno niente sul mio conto! // *I've nothing against him, but...*, non ho nulla contro di lui, ma... // *I tried to convince him, but he wasn't having any*, ho tentato di convincerlo, ma non ci sentiva, non ne voleva sapere // *rumour has it that the pound will be devalued soon*, corre voce che la sterlina subirà presto una svalutazione // *I had it from my boss that...*, sono venuto a sapere dal mio capo che... // *'Go to the next file', as computer jargon has it*, 'Andate al prossimo file', come dice il gergo del computer.

□ **have about** *v.tr.* e *prep.* avere con sé: *I should — some change about me somewhere*, dovrei avere della moneta con me da qualche parte.

□ **have away with** *v.tr.* e *avv.* e *prep.* portarsi a letto: *he's having it away with the girl next door*, si porta a letto la ragazza della porta accanto.

□ **have back** *v.tr.* e *avv.* **1** avere indietro, riavere: *can I — my pen back, please?*, posso riavere la mia penna, per favore? **2** riprendere con sé: *she won't — him back for all the tea in China*, non lo riprenderebbe indietro per tutto l'oro del mondo.

□ **have in** *v.tr.* e *avv.* **1** avere (in casa), essere forniti di: *— we got any coffee in?*, abbiamo caffè in casa? **2** avere, far venire: *we had some friends in for a drink*, abbiamo fatto venire degli amici a casa a bere qualcosa.

□ **have off** *v.tr.* e *avv.* sapere a memoria: *he has all the rules off, by heart*, sa tutte le regole a memoria.

□ **have off with** → to have away with.

□ **have on** *v.tr.* e *avv.* **1** portare, indossare: *she had a new dress on*, indossava un abito nuovo **2** scherzare, ingannare: *get away with you, you're having me on!*, ma va'!, mi stai prendendo in giro! **3** avere in programma: *we've got nothing on this weekend*, non abbiamo niente in programma per questo fine settimana **4** avere, tenere acceso: *he's had the electric fire on all night*, ha tenuto accesa la stufa elettrica tutta la notte ◆ *v.tr.* e *prep.* avere con sé: *he hasn't got any money on him*, non ha soldi con sé.

□ **have out** *v.tr.* e *avv.* farsi togliere: *I've got to — a tooth out tomorrow*, devo farmi levare un dente domani.

□ **have over** *v.tr.* e *avv.* invitare a casa propria: *I had my mother-in-law over for the weekend*, ho invitato a casa mia suocera per il fine settimana.

□ **have round** → to have over.

□ **have up** *v.tr.* e *avv.* essere chiamato in tribunale; essere preso, beccato: *he's been had up for dangerous driving*, è stato citato in tribunale per guida pericolosa.

haven ['heɪvn] *s.* **1** porto // (*trib.*) *tax —*, paradiso fiscale **2** (*fig.*) asilo, rifugio.

have-nots ['hævnɒts] *s.pl.* (*fam.*) **1** non abbienti, poveri **2** regioni, paesi poveri.

haven't ['hævnt] contr. di *have not*.

haversack ['hævəsæk / hav·er·sack] *s.* zaino, sacco da montagna SIN. backpack, rucksack.

haves [hævz] *s.pl.* ricchi, abbienti: *the — and the have-nots*, i ricchi e i poveri.

havoc ['hævək] *s.* **1** caos; rovina; distruzione: *the hurricane wreaked — on the west coast*, l'uragano seminò distruzione sulla costa occidentale; *to make — of* (o *to play — with* o *among*), mandare a monte; fare confusione: *the bad weather has played — with the plans for an open-air festival*, il brutto tempo ha mandato a monte i piani di un festival all'aperto **2** (*ant. mil.*) strage: *to cry* —, dare l'ordine di strage.

haw[1] [hɔ:] *s.* **1** (*bot.*) → hawthorn **2** bacca di biancospino **3** (*non com.*) recinto.

haw[2] *s.* (*zool.*) membrana nittitante (di cavallo, cane ecc.).

haw[3] *inter.* **1** ehm! (esclamazione di esitazione) **2** ah, ah! (esclamazione di riso, scherno) ◆ *s.* sghignazzata.

to **haw**[3] *v.intr.* dire ehm! (per esprimere esitazione): *the official kept humming and hawing*, l'ufficiale esitava nel dare una risposta.

Hawaiian [hə'waɪən / Ha·wai·ian] *agg.* e *s.* hawaiano.

hawfinch ['hɔ:fɪntʃ / haw·finch] *s.* (*zool.*) (*Coccothraustes coccothraustes*) frusone.

haw-haw ['hɔ:hɔ:] *inter.* ah, ah!

haw-haw *s.* sghignazzata.

to **haw-haw** *v.intr.* ridere fragorosamente, sguaiatamente; sghignazzare.

hawk[1] [hɔ:k] *s.* **1** falco; sparviero // *to have eyes like a* —, avere occhio di falco, vedere molto bene **2** (*pol.*) falco **3** (*fig.*) avvoltoio, persona rapace **4** (*fam. amer.*) vento freddo (d'inverno).

to **hawk**[1] *v.tr.* **1** cacciare col falco **2** assalire (la preda, di uccelli) ◆ *v.intr.* andare a caccia col falco.

hawk[2] *s.* (*edil.*) vassoio (di muratore).

to **hawk**[3] *v.intr.* fare il venditore ambulante ◆ *v.tr.* **1** portare in giro (merci) per vendere **2** (*fig.*) diffondere (idee, informazioni).

hawk[4] *s.* (*non com.*) raschio.

to **hawk**[4] *v.intr.* (*non com.*) raschiarsi la gola.

hawker[1] ['hɔ:kə*] *s.* falconiere.

hawker[2] *s.* venditore ambulante.

hawk-eyed ['hɔ:kaɪd] *agg.* **1** dalla vista di falco, d'aquila, che ha la vista acuta **2** che osserva attentamente.

hawking ['hɔ:kɪŋ / hawk·ing] *s.* caccia col falco, falconeria.

hawkish ['hɔ:kɪʃ / hawk·ish] *agg.* (*pol.*) da falco: — *policy*, politica da falco // **-ly** *avv.* // **-ness** *s.*

hawk-moth ['hɔ:kmɒθ] *s.* (*zool.*) smerinto, atropo.

hawk-nosed ['hɔ:knəʊzd] *agg.* dal naso aquilino.

hawksbill (turtle) ['hɔ:ksbɪl('tɜ:tl) / hawks·bill (turtle)] *s.* (*zool.*) (*Eretmochelys imbricata*) tartaruga embricata.

hawse [hɔ:z] *s.* (*mar.*) cubia.

hawse-hole ['hɔ:zhəʊl] *s.* (*mar.*) occhio di cubia.

hawser ['hɔ:zə* / haw·ser] *s.* (*mar.*) gomenetta, gherlino.

hawthorn ['hɔ:θɔ:n / haw·thorn] *s.* (*bot.*) (*Crataegus oxyacantha*) biancospino SIN. maybush, thorn-bush, thorntree, may-bloom, may blossom, quickthorn, whitethorn.

hay[1] [heɪ] *s.* fieno: *to make* —, falciare e esporre il fieno al sole // *to make — of*, mettere in disordine // *to have a roll in the* —, (*fam.*) andare in camporella // *to hit the* —, (*fam.*) andare a dormire // *make — while the sun shines*, (*prov.*) batti il ferro finché è caldo.

to **hay**[1] *v.tr.* (*agr.*) coltivare a fieno ◆ *v.intr.* (*agr.*) rivoltare il fieno.

hay[2] *s.* danza campestre.

hay burner ['heɪ,bɜ:nə*] *s.* (*sl. amer.*) cavallo di razza.

haycock ['heɪkɒk / hay·cock] *s.* mucchio di fieno, covone.

hay fever ['heɪ,fi:və*] *s.* (*med.*) raffreddore da fieno, rinite allergica.

hayfork ['heɪfɔ:k / hay·fork] *s.* forcone da fieno.

hay-harvest ['heɪ,hɑ:vɪst] *s.* fienagione.

hayloft ['heɪlɒft / hay·loft] *s.* fienile.

haymaker ['heɪmeɪkə* / hay·maker] *s.* **1** chi fa, raccoglie il fieno **2** (*fam. amer.*) pugno che mette k.o.

haymaking ['heɪ,meɪkɪŋ / hay·mak·ing] *s.* fienagione.

hay press ['heɪpres] *s.* pressafieno.

hayrick ['heɪrɪk / hay·rick] → **haystack**.

hayseed ['heɪsi:d / hay·seed] *s.* **1** seme di erba **2** (*amer.*) persona rustica.

haystack ['heɪstæk / hay·stack] *s.* mucchio di fieno, covone // *it is like looking for a needle in a* —, è come cercare un ago in un pagliaio SIN. hayrick.

haywire ['heɪwaɪə* / hay·wire] *agg.* (*fam.*) che è in uno stato di disordine, confusione: *to go* —, perdere l'equilibrio mentale; dare i numeri, impazzire: *the instrument went* —, lo strumento è impazzito.

hazard ['hæzəd] *s.* **1** azzardo; rischio, pericolo: *health* —, rischio per la salute // (*assicurazioni*) *moral* —, rischio soggettivo // *in* (o *at*) —, a rischio; in pericolo **2** caso; sorte **3** gioco di dadi **4** (*golf*) ostacolo naturale.

to **hazard** *v.tr.* **1** azzardare; arrischiare: *to — a guess*, azzardare un'ipotesi **2** rischiare, mettere in pericolo: *I don't want to — the safety of my team*, non voglio mettere in pericolo la sicurezza dei miei collaboratori.

hazardous ['hæzədəs / haz·ard·ous] *agg.* rischioso, azzardato // **-ly** *avv.*

hazardousness ['hæzədəsnɪs / haz·ard·ous·ness] *s.* (*non com.*) azzardo, rischio.

haze[1] [heɪz] *s.* **1** foschia: *a heat* —, foschia prodotta dal calore **2** (*fig.*) oscurità, confusione mentale: *Ralph lived in a — after his wife's death*, Ralph è vissuto in uno stato di stordimento dopo la morte della moglie.

to **haze**[1] *v.intr.* **1** annebbiarsi **2** (*ant.*) piovigginare ◆ *v.tr.* offuscare.

to **haze**[2] *v.tr.* **1** (*mar.*) punire con lavori pesanti **2** (*amer.*) tormentare, molestare; prendere in giro **3** (*fam. amer.*) fare scherzi alle matricole (in un gruppo, collegio universitario).

hazel ['heɪzl] *s.* **1** (*bot.*) (*Corylus avellanus*) nocciolo; avellano **2** nocciolo (legno) **3** colore nocciola.

hazelnut ['heɪzlnʌt / hazel·nut] *s.* (*bot.*) nocciola (frutto).

hazily ['heɪzɪlɪ / haz·ily] *avv.* confusamente, indistintamente.

haziness ['heɪzɪnɪs / hazi·ness] *s.* **1** nebbiosità; foschia **2** confusione (di idee ecc.): *the — of his knowledge*, la nebulosità della sua cultura.

hazy ['heɪzɪ] *agg.* **1** nebbioso **2** (*fig.*) indistinto, confuso: — *ideas*, idee confuse **3** un po' brillo **4** tenue, pallido (di colore): *the walls were painted a — green*, le pareti erano dipinte di un colore verde pallido.

H-bomb ['eɪtʃbɒm] *s.* bomba H, bomba all'idrogeno.

he [hi:] *pron. pers. 3ª pers. m. sing.* **1** (*con funzione di sogg.; in it. è spesso sottinteso*) egli, lui: — *knows all the answers*, egli sa tutte le risposte; — *will tell me this evening*, me lo dirà stasera; — *said — would write next week*, egli disse che avrebbe scritto la settimana successiva; *when I saw him, — was wearing a raincoat*, quando lo vidi, portava un impermeabile; — *hasn't asked us to do the job*, non ci ha detto lui di fare il lavoro; *if — had heard the news — would have phoned us*, se avesse sentito la notizia, (egli) ci avrebbe telefonato; *did — give you his address?*, vi ha dato il suo indirizzo?; *how long has — been playing for Real Madrid?*, da quanto tempo gioca nel Real Madrid?; *if — were here — would be very surprised*, se egli fosse qui, sarebbe molto sorpreso; *"Who is it?" "It's him"*, *"It's —"*, (*form.*) "Chi è?" "È lui"; *you are as clever as — is*, sei bravo come lui, vali quanto lui // nelle forme contratte: *—'s lost his keys again*, ha di nuovo perso le chiavi; *—'ll never forgive you for that*, (egli) non ti perdonerà mai per questo; *—'d lend you some money if you asked him*, (egli) ti presterebbe dei soldi se tu glielo chiedessi // In *tail questions* e *short answers*: *—'s leaving today, isn't —?*, lui parte oggi, vero?; — *doesn't need any help, does —?*, egli non ha bisogno di aiuto, non è vero?; *—'s won the race, hasn't —?*, ha vinto lui la gara, non è vero?; *—'ll be here soon, won't —?*, (egli) sarà qui tra poco, non è vero?; *Jimmy wasn't invited, was —?*, Jimmy non è stato invitato, vero?; *—'d bought the flowers, hadn't —?*, ha comprato lui i fiori, no?; — *can't refuse our offer, can —?*, (egli) non può rifiutare la nostra offerta, non è così?; — *would have phoned, wouldn't —?*, avrebbe telefonato, no?; *"Has — got a sister?" "Yes, — has"*, "Ha (egli) una sorella?" "Sì"; *"Did — see the film?" "No, — didn't"*, "Lui ha visto il film?" "No, (non l'ha visto)"; *"Is — writing a book?" "Yes — is"*, "Sta scrivendo un libro?" "Sì"; *"Had — been waiting long?" "No, — hadn't"*, "Era da molto che aspettava?" "No"; *"Can he remember their names?" "Yes, — can"*, "Si ricorda i loro nomi?" "Sì, (se li ricorda)" // Dopo *so*, *nor*, *neither*, per esprimere conferma o assenso: *"They can speak Chinese" "So can —"*, "Loro parlano Cinese" "Anche lui"; *"I didn't have any luck" "Nor did —* (o *Neither did —*)", "Non ho avuto fortuna" "Neppure lui"; *"I won't get back before midnight" "Nor will —"*, "Io non tornerò prima di mezzanotte" "E neanche lui" • Usato anche per gli animali: *when a bear comes out of hibernation, —'s very hungry*, quando l'orso esce dal letargo, è molto affamato **2** (*letter.*) — *who*, colui che, chi: — *who hesitates is lost*, (*prov.*) chi esita è perduto **3** (*come primo termine in nomi composti*) maschio: *a —-goat*, un caprone; *a — -man*, un vero maschio, macho: *to behave like a — -man*, fare il bullo ◆ *s.* maschio: *it's a —!*, è un maschio.

head [hed] *s.* **1** testa: — *of hair*, folta capigliatura; *from — to foot*, da capo a piedi; *to* *shake one's* —, scuotere la testa; *to nod one's* —, annuire col capo; *to set a price on s.o.'s* —, mettere una taglia sulla testa di qlcu.; *to cut* (o *to strike*) *off s.o.'s* —, tagliare la testa a qlcu.; *heads up!*, (*amer.*) attenzione!; *it cost him his* —, gli è costato la testa; ci rimise la testa; *wine, success, money went to his* —, il vino, il successo, il denaro gli ha dato alla testa // *to bang* (o *bash* o *beat* o *hit* o *knock*) *one's — against a brick wall*, sbattere la testa contro il muro // *to bury* (o *have*) *one's — in the sand*, (*fig.*) affondare la testa nella sabbia // *to be able to do sthg. standing on one's* —, saper fare qlco. con grande facilità // *to keep one's — above water*, mantenersi a galla // *to keep one's —, to keep a cool* (o *clear*) —, mantenersi calmi, non perdere la testa, mantenere la calma; *to lose one's* —, perdere la testa, perdere la calma // *to be off one's* —, essere pazzo da legare // *— over heels*, a gambe all'aria, a rotoloni; (*fig.*) completamente: *to be — over heels in love with s.o.*, essere perdutamente innamorato di qlcu. // *to drag in a subject by the — and ears*, introdurre forzatamente un argomento // *to be — and shoulders above s.o.*, essere nettamente superiore a qlcu. // *to have a big* (o *swollen*) —, essere un pallone gonfiato, essere pieno di sé // *to snap* (o *bite*) *s.o.'s — off*, rispondere male, in modo aggressivo a qlcu.// *to talk one's — off*, parlare in continuazione // *to make — against*, opporre resistenza a // *he did it over his boss's* —, l'ha fatto scavalcando il suo capo // *on your own — be it!*, la responsabilità è tua! // *to walk with one's — in the air*, camminare con la testa per aria // *two heads are better than one*, due teste sono meglio di una; *if we put* (o *lay*) *our heads together maybe we'll find a solution*, se mettiamo insieme la tua testa e la mia magari troviamo una soluzione // *the thought came into my — that...*, mi venne l'idea che...; *to put* (o *get*) *sthg. into, out of one's* —, mettersi in testa qlco., togliersi dalla testa qlco.; *to take into one's — to do sthg.*, mettersi in testa di fare qlco. // *his — is screwed on the right way*, è un uomo di buon senso // *to have a good — for business*, essere tagliato per gli affari // *to have a good — on one's shoulders*, aver la testa sulle spalle // *to be above* (o *over*) *one's* —, essere al di sopra della propria comprensione **2** capo, direttore, dirigente: *— of a department*, capo-reparto; *— of state*, capo di stato **3** testa, individuo, persona: *the dinner cost five dollars a* (o *per*) —, il pranzo costò venticinque dollari a testa // (*trib. ant.*) *— tax*, imposta di capitazione **4** parte principale o iniziale di qlco., testa: *at the — of a column of troops*, alla testa di una colonna di truppe; *to be at the — of the army*, essere a capo dell'esercito; *at the — of the page*, in cima alla pagina **5** parte alta di una cosa; testata; testa, capocchia (di spillo, chiodo, zolfanello) **6** → **heading** **7** testa, lunghezza presa come unità di misura: *the horse won by a* —, il cavallo vinse per una testa; *I am taller by a* —, sono più alto di tutta la testa **8** testa (di moneta): *heads or tails?*, testa o croce?; *it came down heads*, è venuto testa // *heads I win tails you lose*, in un modo o nell'altro vinco io // *to be unable to make — or tail of sthg.*, non riuscire a raccapezzarsi in qlco. **9** capo, unità di bestiame (invariato al *pl.*): *fifty — of cattle*, cinquanta capi di bestiame; *the park feeds about forty — of deer*, la riserva nutre circa quaranta cervi **10** rubrica; intestazione; capitolo: *under separate heads*, in capitoli diversi **11** sorgente; getto d'acqua soprelevato; (*fig.*) fonte, origine: *the — of a river*, la sorgente di un fiume; *now I see / the mystery of your loneliness, and find / your salt tears' head*, (SH. All's Well) ora vedo il mistero della vostra solitudine e la fonte delle tue amare lacrime **12** promontorio, capo; punta **13** schiuma (di bibita); panna (di latte): *— on beer*, schiuma di birra **14** (*bot.*) infiorescenza a capolino; cespo **15** punta purulenta di ascesso, foruncolo: *to come to a* —, suppurare (di ascesso); (*fig.*) giungere a una crisi decisiva **16** (*ant.*) insurrezione, rivolta: *the ocean, ..., / eats not the flats with more impetuous haste / than young Laertes, in a riotous head, / o'erbears your officers*, (SH. Hamlet) l'oceano non divora la piana con più impeto di quanto il giovane Laerte in una insurrezione rivoltosa abbia sopraffatto le vostre guardie **17** (*astr.*) nucleo e chioma di cometa **18** testina magnetica (di mangianastro ecc.) **19** pressione (di motore a vapore) **20** (*mar.*) prora; (*sl.*) gabinetto **21** (*sl. amer.*) drogato **22** (*sl. amer.*) mal di testa (spec. da postumi di sbornia).

head *agg.* **1** principale, che ha maggiore importanza: (*comm.*) *— office*, sede centrale (di impresa ecc.) **2** di testa, che si riferisce alla testa.

to **head** *v.tr.* **1** dirigere, comandare, essere a capo di, in testa a: *he heads the firm*, è a capo della ditta; *to — the list of candidates*, essere in testa alla lista dei candidati; *to — a procession*, essere in testa alla processione **2** toccare, colpire con la testa: *to — the ball*, colpire la palla di testa **3** intestare, intitolare: *to — a chapter, a letter*, intestare un capitolo, una lettera **4** opporsi a, affrontare (un pericolo) **5** (*agr.*) cimare, potare (alberi) ◆ *v.intr.* **1** dirigersi (verso): *to — for a place*, dirigersi verso un luogo; *to — south*, dirigersi verso sud **2** suppurare (di ascesso) **3** accestire (di verdure) **4** nascere (di fiume).

□ **head for** *v.intr.* e *prep.* dirigersi a; fare rotta per: *we headed* (o amer. *we were headed*) *for Malta*, ci dirigemmo a Malta; *to be heading for trouble*, andare incontro a guai.

□ **head off** *v.tr.* e *avv.* (*fam.*) **1** precedere (qlcu.), arrivare prima di (qlcu.) **2** dirottare (qlcu.) da un soggetto di conversazione a un altro.

headache ['hedeɪk / head·ache] *s.* **1** emicrania, mal di testa: *to have a splitting* —, avere un terribile mal di testa; *sick* —, emicrania con nausea **2** (*fig.*) preoccupazione; guaio; problema difficile: *his wife's behaviour was a real — for him*, il comportamento di sua moglie era un vero problema per lui **3** (*fam.*) persona noiosa, fastidiosa.

headband ['hedbænd / head·band] *s.* fascetta per capelli.

headboard ['hedbɔ:d / head·board] *s.* testata (del letto).

head boy [,hed'bɔɪ] *s.* allievo rappresentante della scuola (nelle manifestazioni ufficiali).

headcloth ['hedklɒθ / head·cloth] *s.* **1** copricapo (tipo turbante) **2** tessuto che copre la testata del letto.

headcount ['hedkaʊnt / head·count] *s.* conteggio delle presenze, dei presenti.

headdress ['heddres / head·dress] *s.* **1** copricapo **2** pettinatura, acconciatura.

headed ['hedɪd] *agg.* **1** intestato: *— note paper*, carta da lettere intestata **2** (*spec. nei composti*) dalla testa, con la testa: *fat-* —, stupido; *hot-* —, esaltato, (dalla) testa calda; *light-* —, leggero, sventato.

header ['hedə*] *s.* **1** tuffo, caduta con la testa in avanti **2** (*calcio*) colpo di testa **3** (*tecn.*) collettore **4** (*elettr.*) basetta **5** (*mecc.*) ricalcatrice **6** (*edil.*) mattone di punta **7** comandante di baleniera **8** (*inform.*) testata, intestazione, in testa: *— label, record*, etichetta, registrazione iniziale.

headfirst [,hed'fɜ:st / head·first] meno com.

head-foremost [,hed'fɔ:məʊst] *avv.* **1** con la testa in giù, a capofitto: *he dived — into the water*, si tuffò di testa nell'acqua **2** (*fig.*) impetuosamente, precipitosamente.

headframe ['hedfreɪm / head·frame] *s.* (*amer.*) → **headgear** 3.

headgear ['hedgɪə* / head·gear] *s.* **1** ornamento per la testa; copricapo; casco SIN. **head -wear** **2** finimenti della testa (di cavallo) **3** (*miner.*) castelletto (di un pozzo di miniera) SIN. **headframe**.

head-girl [,hed'gɜ:l] *s.* allieva che rappresenta la scuola (nelle manifestazioni ufficiali).

headhunter ['hed,hʌntə* / head·hunter] *s.* cacciatore di teste.

heading ['hedɪŋ / head·ing] *s.* **1** intestazione, titolo (di un capitolo) **2** (*aer.*) rotta **3** (*miner.*) galleria di avanzamento, tracciamento.

headlamp ['hedlæmp / head·lamp] *s.* **1** (*aut.*) proiettore, fanale, luce anteriore SIN. **headlight** **2** lampada frontale.

headland ['hedlənd / head·land] *s.* (*geogr.*) promontorio, capo.

headlight ['hedlaɪt / head·light] *s.* **1** (*aut.*) proiettore, fanale, luce anteriore: *to dim* (o *to dip*) *the headlights*, abbassare i proiettori, le luci SIN. **headlamp** **2** (*aer., mar.*) luce di posizione anteriore **3** *pl.* (*sl. amer.*) occhi (nel gergo della boxe) **4** *pl.* (*sl. amer.*) seno.

headline ['hedlaɪn / head·line] *s.* **1** titolo, intestazione (di giornale, articolo): *the large headlines*, i titoli a carattere bastone; *banner* —, titolo a caratteri cubitali // (*rad., tv*) *the headlines*, sommario delle notizie più importanti // *to hit the* —, entrare in prima pagina, diventare famoso **2** slogan pubblicitario.

to **headline** *v.tr.* **1** intitolare; nominare nel titolo **2** fare pubblicità a **3** (*amer.*) costituire l'attrazione principale di.

headlock ['hedlɒk / head·lock] *s.* (*lotta*) presa di testa.

headlong ['hedlɒŋ *amer.* 'hedlɔ:ŋ / head·long] *avv.* **1** con la testa in avanti, a capofitto **2** (*fig.*) a capofitto, precipitosamente; in modo avventato: *to rush — into the fight*, buttarsi a capofitto nella mischia.

headman ['hedmæn / head·man] *pl.* **headmen** ['hedmen] *s.* capo tribù.

headmaster [,hed'mɑ:stə* *amer.* ,hed ,mæstə* / head·master] *s.* direttore di scuola, preside.

headmistress [,hed'mɪstrɪs / head·mistress] *s.* direttrice di scuola, preside.

head money ['hedmʌnɪ] *s.* **1** taglia **2** → **poll tax**.

headmost ['hedməʊst / head·most] *agg.* (*non com.*) il primo, il più avanzato (di nave ecc.).

head note ['hednəʊt] *s.* **1** nota in testa a capitolo, pagina **2** (*mus.*) nota di testa.

head-on [,hed'ɒn] *agg.* **1** di fronte, frontale: — *collision*, scontro frontale **2** diretto, faccia a faccia ◆ *avv.* **1** frontalmente **2** direttamente.

head-page ['hedpeɪdʒ] *s.* prima pagina (di libro ecc.).

headphone ['hedfəʊn / head·phone] *s.* (*gener. pl.*) cuffia.

headpiece ['hedpi:s / head·piece] *s.* **1** elmo **2** testa; cervello **3** (*tip.*) testata (incisa).

headquarters ['hed'kwɔ:təz / head·quarters] *s.pl.* **1** (*mil.*) quartier generale; centro di operazioni **2** centro, servizio centrale; direzione; sede centrale.

headrest ['hedrest / head·rest] *s.* poggiatesta.

headroom ['hedrʊm / head·room] *s.* margine di altezza (di ponte, soffitto ecc. in rapporto a quella di chi c'è sotto).

headscarf ['hedskɑ:f / head·scarf] *pl.* **headscarves** ['hedskɑ:vz / head·scarves] *s.* foulard SIN. headsquare.

head-sea ['hed'si:] *s.* (*mar.*) mare di prua.

headset ['hedset / head·set] *s.* cuffia auricolare.

headshake ['hedʃeɪk / head·shake] *s.* cenno del capo.

headship ['hedʃɪp / head·ship] *s.* direzione, ufficio di capo o preside.

head shop ['hed,ʃɒp] *s.* (*sl. amer.*) negozio che vende articoli per il consumo di stupefacenti.

headshrinker ['hed,ʃrɪŋkə* / head·shrinker] *s.* (*fam. scherz.*) strizzacervelli.

headsman ['hedzmən / heads·man] *pl.* **headsmen** *s.* (*non com.*) carnefice.

headspring ['hedsprɪŋ / head·spring] *s.* **1** sorgente (*anche fig.*) **2** (*ginnastica*) capriola (in appoggio sul capo).

headsquare ['hedskweə* / head·square] → **headscarf**.

headstall ['hedstɔ:l / head·stall] *s.* testiera di una briglia.

headstand ['hedstænd / head·stand] *s.* (*ginnastica*) verticale (in appoggio sul capo).

head start ['hedstɑ:t] *s.* vantaggio: *he had a — of six months over the competition*, aveva un vantaggio di sei mesi sulla concorrenza.

head-station ['hed,steɪʃn] *s.* (*austr.*) abitazione in un grande allevamento di bestiame.

headstone ['hedstəʊn / head·stone] *s.* **1** pietra tombale, lapide SIN. gravestone, tombstone **2** (*edil.*) pietra angolare (*anche fig.*).

headstrong ['hedstrɒŋ *amer.* 'hedstrɔ:ŋ / head·strong] *agg.* ostinato, testardo.

head teacher [,hed'ti:tʃə*] *s.* preside.

head-voice ['hed,vɔɪs] *s.* (*mus.*) voce di testa, falsetto.

head waiter [,hed'weɪtə*] *s.* capocameriere.

headwaters ['hed,wɔ:təz / head·waters] *s.pl.* (*geogr.*) sorgenti (di un corso d'acqua).

headway ['hedweɪ / head·way] *s.* **1** abbrivo in avanti (spec. di nave) **2** (*fig.*) progresso: *to make* —, fare progressi **3** (*arch.*) altezza di un arco **4** intervallo (di tempo o di spazio) fra due veicoli di linea consecutivi (treni, tram, autobus ecc.) sullo stesso percorso.

head-wear ['hedweə*] *s.* copricapo SIN. headgear.

headwind ['hedwɪnd / head·wind] *s.* (*mar.*) vento di prua; vento contrario.

headword ['hedwɜ:d / head·word] *s.* **1** prima parola di un paragrafo, capitolo ecc. **2** lemma (di dizionario ecc.).

headwork ['hedwɜ:k / head·work] *s.* lavoro mentale, intellettuale.

heady ['hedɪ] *agg.* **1** inebriante, eccitante **2** (*non com.*) violento, impetuoso; testardo.

to **heal** [hi:l] *v.intr.* guarire, rimarginarsi, cicatrizzarsi: *the wound healed* (*up*), la ferita si cicatrizzò ◆ *v.tr.* **1** curare, cicatrizzare: *to — a sore*, guarire una piaga **2** (*fig.*) sanare: *to — a quarrel*, comporre un litigio.

□ **heal over** *v.intr.* e *avv.* cicatrizzarsi (*anche fig.*) ◆ *v.tr.* e *avv.* far cicatrizzare, guarire.

□ **heal up** *v.intr.* e *avv.* cicatrizzarsi (di ferita); guarire ◆ *v.tr.* e *avv.* guarire.

heal-all ['hi:lɔ:l] *s.* (*bot.*) (*Prunella vulgaris*) brunella.

healer ['hi:lə*] *s.* guaritore, guaritrice.

healing ['hi:lɪŋ / heal·ing] *agg.* salutare; curativo ◆ *s.* guarigione; cicatrizzazione.

health [helθ] *s.* **1** salute: *he looks the picture of* —, è il ritratto della salute; *his — broke down*, si è rovinato la salute; — *education*, educazione sanitaria; *public* —, salute pubblica; — *physics*, fisica sanitaria // *department of* —, ministero, assessorato della Sanità // *Health Insurance*, assicurazione contro le malattie // *Ministry of Health*, Ministero della Sanità // *National Health Service*, Servizio Sanitario Statale // — *certificate*, certificato medico // — *resort*, luogo di cura; — *visitor*, assistente sanitario; — *inspector*, ispettore sanitario; — *centre*, centro sanitario **2** salute; prosperità: *to drink* (*to*) *s.o.'s* —, bere alla salute di qlcu.; *to drink a — to s.o., sthg.*, brindare a qlcu., qlco. // *healths went round freely*, i brindisi furono frequenti e numerosi.

health camp ['helθ,kæmp] **health farm** ['helθ,fɑ:m] *s.* clinica della salute (per cure dimagranti, disintossicanti ecc.).

health food ['helθ,fu:d] *s.* cibo privo di additivi chimici, con alto contenuto di fibre; cibo naturale.

healthful ['helθfʊl / health·ful] *agg.* (*non com.*) **1** salubre, salutare **2** sano // **-ly** *avv.* // **-ness** *s.*

healthily ['helθɪlɪ / health·ily] *avv.* salubremente; salutarmente.

healthiness ['helθɪnɪs / healthi·ness] *s.* **1** salute **2** salubrità.

health salts ['helθ,sɔ:lts] *s.pl.* sali lassativi.

healthsome ['helθsəm / health·some] *agg.* (*rar.*) salubre, salutare.

healthy ['helθɪ] *agg.* **1** sano (*anche fig.*); robusto: *the economy was in a — state*, l'economia era sana **2** salutare, salubre.

healthy-minded [,helθɪ'maɪndɪd] *agg.* sano di mente.

heap [hi:p] *s.* **1** mucchio, cumulo; ammasso: *to put in a* —, accumulare // *to collapse* (o *to fall down*) *in a* —, afflosciarsi, accasciarsi // *struck all of a* —, (*fam.*) stupito, confuso **2** (*fam.*) gran numero, mucchio, sacco: *heaps of books*, quintali di libri; *a — of trouble*, molto disturbo // *heaps of times*, un mucchio di volte // *he has got heaps*, (*fam.*) ne ha un mucchio (di soldi ecc.) **3** (*fam. spec. amer.*) (vecchia) automobile in cattive condizioni, macinino **4** (*ant.*) compagnia, accolta: *among this princely heap*, (SH. Richard III) in questa principesca compagnia.

to **heap** *v.tr.* **1** ammucchiare, accumulare, ammassare: *to — (up) bricks*, ammucchiare mattoni **2** riempire (*anche fig.*), colmare di: *to — praise (up) on s.o.*, coprire di lodi qlcu.; *they heaped insults on him*, lo coprirono di ingiurie; *they heaped my plate with sausages*, mi riempirono il piatto di salsicce // *a heaped table-spoonful of sugar*, un cucchiaio colmo di zucchero.

heaps [hi:ps] *avv.* (*fam.*) molto, infinitamente: *this is — better*, questo è infinitamente meglio.

to **hear** [hɪə*] *pass.p.p.* **heard** [hɜ:d] *v.tr.* **1** sentire, udire: *I can — her singing*, la sento cantare; *I heard him called a liar*, sentii dire da lui che era un bugiardo; *I've never heard him speak so well*, non l'ho mai sentito parlare così bene; *I don't want to — his name mentioned*, non voglio sentir nominare il suo nome // *I can't — myself think*, non riesco a concentrarmi (per la confusione, il rumore ecc.) // *I must be hearing things*, devo avere le traveggole **2** sentir dire; venire a sapere, essere informato di: *I have heard it said*, l'ho sentito dire; *I haven't heard anything from her lately*, non ho più avuto sue notizie recentemente **3** ascoltare: *they heard the speech in silence*, ascoltarono il discorso in silenzio // *do you — me?*, (*fam.*) mi stai ascoltando?, stai attento a ciò che ti sto dicendo? **4** (*dir.*) dare udienza a, ascoltare (testi); esaminare (prove); celebrare (il dibattimento): *the judge will — the case in March*, il giudice esaminerà la causa in marzo ◆ *v.intr.* sentire: *he doesn't — well*, è un po' sordo, non sente bene // *—! —!*, (*anche iron.*) bene!, bravo!, senti un po'! • Un breve confronto fra *to hear* e *to listen*: *to hear* indica 'percepire un suono con il senso dell'udito'; quindi è un'azione che si verifica indipendentemente dalla volontà del soggetto. Se io dico *he can't hear me*, vuol dire che non può sentirmi per varie ragioni, ma tutte materiali e non dipendenti da un mio atto di volontà (o è sordo o io che parlo sono troppo lontano, o la mia voce è troppo bassa ecc.). *To listen* vuol dire 'ascoltare', esprime cioè un atto di volontà che mira a sentire qlco. o qlcu., implica cioè un impegno da parte del soggetto: *listen carefully and you'll hear the crickets*, ascolta attentamente e sentirai cantare i grilli.

□ **hear about** *v.intr.* e *prep.* sentir parlare: *yes, I've heard about it*, sì, ne ho sentito parlare.

□ **hear from** *v.intr.* e *prep.* ricevere notizie da: *when did you last — from your son?*, quando hai avuto notizie di tuo figlio?, quand'è l'ultima volta che hai avuto notizie di tuo figlio?

□ **hear of** *v.intr.* e *prep.* **1** venire a conoscenza di, sentire parlare di: *I've never heard of him*, non ne ho mai sentito parlare // *I won't — of it*, non ne voglio sentir parlare **2** avere notizie di: *I haven't heard anything of her since she went to the States*, non ho sue notizie da quando è andata negli Stati Uniti.

□ **hear out** *v.tr.* e *avv.* ascoltare fino alla fine: *the whole audience heard the lecturer out with* *the greatest interest*, tutti ascoltarono il conferenziere fino alla fine con il massimo interesse.

heard *pass.p.p.* di to **hear**.

hearer ['hɪərə*] *s.* ascoltatore.

hearing ['hɪərɪŋ / hear·ing] *s.* **1** udito: *to be hard of* —, essere duro d'orecchi; *to be* (*with*) *in s.o.'s* —, essere a portata d'orecchi (di qlcu.) **2** udienza (*anche dir.*): *he granted me a* —, mi concesse un'udienza: *bail* —, udienza per la determinazione della cauzione; *preliminary* —, udienza preliminare **3** attenzione; conoscenza: *give me a* (*fair*) —*!*, dammi ascolto!; *it came to my — that*, venni a sapere che.

hearing aid ['hɪərɪŋeɪd] *s.* apparecchio acustico.

to **hearken** ['hɑ:kən] *v.intr.* (*rar.*) ascoltare; prestare attenzione: *hearken to other people's reason*, (LOCKE) prestate attenzione alla ragione degli altri.

hearsay ['hɪəseɪ / hear·say] *s.* **1** diceria, voce: *by* —, per sentito dire **2** (*dir.*) sentito dire: — *evidence*, prova contenente affermazioni pronunciate da altri fuori dal dibattimento; prova per sentito dire, de auditu.

hearse [hɜ:s] *s.* carro funebre.

heart [hɑ:t] *s.* **1** cuore: *he suffers from a weak* —, ha il cuore debole; *smoking is bad for the* —, fumare fa male al cuore; — *attack*, attacco cardiaco; — *surgery*, cardiochirurgia; — *surgeon*, cardiochirurgo; — *disease*, cardiopatia, malattia cardiaca // — *of gold*, cuor d'oro; — *of oak*, uomo coraggioso; — *of stone*, cuore di pietra; *bleeding* —, (*fam.*) (persona dal) cuore tenero // *hearts and flowers*, (*fam. amer.*) bugie sentimentali; svenevolezze **2** centro; (*fig.*) cuore, nocciolo, parte principale: *the — of a cabbage*, il cuore di un cavolo ; *the — of the matter*, il nocciolo della faccenda; *in my — of hearts*, nel profondo del mio cuore; *to strike at the — of sthg.*, colpire il centro, l'essenza di qlco. **3** oggetto a forma di cuore **4** (*vezzeggiativo*) cuoricino **5** *pl.* (*carte*) cuori **6** *by* —, a memoria: *to learn by* —, imparare a memoria **7** (*mar.*) bigotta a canali.

◆ FRASEOLOGIA: *it does my — good*, ciò mi rallegra molto; *his — is in the right place*, è un uomo di cuore; *have a —!*, abbi un po' di cuore!; *to feel sick at* —, essere tristissimo // *I had my — in my mouth*, avevo il cuore in gola; *I had my — in my boots*, avevo paura; *to wear one's — on one's sleeve*, agire, parlare a cuore aperto // *from the bottom of one's* —, dal profondo del cuore // *to one's —'s content*, a piacere, a volontà // *at — he's not a bad fellow*, in fondo non è cattivo // *to break one's — over sthg.*, crucciarsi per qlco.; *to break s.o.'s* —, spezzare il cuore a qlcu.; *to cry* (o *to sob*) *one's — out*, piangere disperatamente // *to press* (o *to clasp*) *s.o. to one's* —, stringersi al petto, al cuore qlcu. // *to have one's — ruling one's head*, avere il cuore che governa sulla ragione, seguire le ragioni del cuore // *to have one's — set on* (*doing*) *sthg.*, avere posto il cuore a qlco., volere assolutamente fare qlco.; *to put one's — into sthg.*, interessarsi vivamente a qlco.; *to have one's — in one's work*, dedicarsi con entusiasmo al proprio lavoro; *to do sthg. with a light, heavy* —, fare qlco. malvolentieri, a malincuore; *to do sthg. with half a* —, fare qlco. senza entusiasmo; *to throw one's — and soul* (o *to throw oneself — and soul*) *into sthg.*, darsi a qlco. anima e corpo; *it goes against my — to*, (*ant.*) è estremamente a malincuore che // *to win hearts and minds*, conquistare i cuori e le menti; *to find one's way into people's hearts*, andare al, toccare il cuore della gente // *to lose* (o *to give*) *one's — to s.o.*, innamorarsi di qlcu.; *to open one's — to s.o.* (o *to pour one's — out to s.o.*), aprire il proprio cuore a qlcu., confidarsi con qlcu.; *to steel* (o *to harden*) *one's — against s.o.*, irrigidirsi nei confronti di qlcu.; *to be close* (o *near* o *dear*) *to one's* —, essere caro a qlcu., vicino a qlcu.; *she's a girl after my own* —, è il mio tipo di ragazza; *to have sthg. at* —, avere a cuore qlco.; *to take* (o *to lay*) *sthg. to* —, prendersi qlco. a cuore; *to set one's — at rest*, mettersi il cuore in pace; *to have a change of* —, cambiare i propri sentimenti // *kind hearts are more than coronets*, un cuore gentile val più dei titoli // *not to have the — to do sthg.*, non avere il coraggio di fare qlco.; *to lose* —, scoraggiarsi; *to pluck up* (o *to take*) —, farsi coraggio; *to put s.o. in good* —, incoraggiare qlcu.; *to take the — out of s.o.*, scoraggiare qlcu.

to **heart** *v.tr.* (*ant.*) tenere in cuore: *my cause is hearted: thine has no less reason*, (SH. Othello) la mia causa è nel mio cuore: voi non avete meno ragione di me.

heartache ['hɑ:teɪk / heart·ache] *s.* angoscia, angustia, crepacuore, tristezza profonda.

heartbeat ['hɑ:tbi:t / heart·beat] *s.* battito cardiaco; (*fig.*) emozione, batticuore.

heart block ['hɑ:t,blɒk] *s.* (*med.*) aritmia cardiaca.

heartbreak ['hɑ:tbreɪk / heart·break] *s.* crepacuore.

heartbreaking ['hɑ:tbreɪkɪŋ / heart·breaking] *agg.* **1** straziante **2** estenuante.

heartbroken ['hɑ:tbrəʊkən / heart·broken] *agg.* dal cuore infranto, straziato, disperato; desolato // **-ly** *avv.*

heartburn ['hɑ:tbɜ:n / heart·burn] *s.* (*med.*) bruciore di stomaco.

heartburning ['hɑ:tbɜ:nɪŋ / heart·burning] *s.* gelosia; rancore.

heart cam ['hɑ:tkæm] *s.* (*mecc.*) camma a cuore.

to **hearten** ['hɑ:tn] *v.tr.* incoraggiare; rincuorare ◆ *v.intr.* farsi coraggio, rincuorarsi.

heartening ['hɑ:tnɪŋ / heart·en·ing] *agg.* incoraggiante.

heartfelt ['hɑ:tfelt / heart·felt] *agg.* sincero, di cuore.

hearth [hɑ:θ] *s.* **1** focolare (*anche fig.*) // — *and home*, vita famigliare, domestica **2** (*metall.*) suola; letto di fusione // — *furnace*, forno a suola, forno Martin.

hearthrug ['hɑ:θrʌg / hearth·rug] *s.* tappeto davanti al focolare.

hearthstone ['hɑ:θstəʊn / hearth·stone] *s.* pietra del focolare.

heartily ['hɑ:tɪlɪ / heart·ily] *avv.* **1** cordialmente **2** vigorosamente **3** abbondantemente.

heartiness ['hɑ:tɪnɪs / hearti·ness] *s.* (*non com.*) **1** cordialità; schiettezza **2** vigoria.

heartland ['hɑ:tlænd / heart·land] *s.* zona centrale, di vitale importanza (per un paese).

heartless ['hɑ:tlɪs / heart·less] *agg.* senza cuore; insensibile // **-ly** *avv.* // **-ness** *s.*

heartrending ['hɑ:trendɪŋ / heart·rending] *agg.* straziante.

heartsearching ['hɑ:t,sɜ:tʃɪŋ / heart·search·ing] *s.* esame di coscienza.

heart's ease ['hɑ:tsi:z] *s.* (*bot.*) (*Viola tricolor*) viola del pensiero.

heartshaped ['hɑ:tʃeɪpt / heart·shaped] *agg.* a forma di cuore.

heartsick ['hɑ:tsɪk / heart·sick] *agg.* scoraggiato, triste.

heart-sore ['hɑ:tsɔ:*] *agg.* addolorato.

heart-stirring ['hɑ:t,stɜ:rɪŋ] *agg.* eccitante.

heartstrings ['hɑ:tstrɪŋz / heart·strings] *s.pl.* (*fig.*) affetti profondi, le corde del cuore.

heartthrob ['hɑ:tθrɒb / heart·throb] *s.* (*fam.*) **1** rubacuori **2** persona amata: *she's my* —, è per lei che batte il mio cuore.

heart-to-heart [,hɑ:ttə'hɑ:t] *agg. attr.* a cuore aperto, franco, sincero: *a — conversation*, una conversazione intima e sincera ◆ *avv.* con franchezza, sinceramente.

heart urchin ['hɑ:t,ɜ:tʃɪn] *s.* (*zool.*) spatango.

heartwarming ['hɑ:twɔ:mɪŋ / heart·warm·ing] *agg.* **1** commovente, toccante **2** gratificante.

heart-whole ['hɑ:thəʊl] *agg.* **1** sincero; schietto **2** libero, sentimentalmente non impegnato.

heart wood ['hɑ:twʊd] *s.* (*bot.*) durame, cuore del legno.

hearty ['hɑ:tɪ] *agg.* **1** sincero; cordiale: *a — dislike*, una cordiale antipatia **2** sano; robusto, vigoroso, vegeto: *hale and* —, vivo e vegeto **3** abbondante, sostanzioso (di pasto) **4** (*agr.*) fertile.

heat [hi:t] *s.* **1** calore; caldo, calura; alta temperatura: — *wave*, ondata di caldo; *the — of the sun drove them all into the shade*, il calore del sole li spinse tutti all'ombra; *sultry* —, caldo soffocante // *the — of the day*, la parte più calda della giornata // (*med.*) — *exhaustion*, collasso da calore **2** (*fis.*) calore: *constant, latent, specific* —, calore costante, latente, specifico; *melting* —, calore di fusione; — *capacity*, capacità termica; — *death of the universe*, morte termica dell'universo; — *engine*, macchina a vapore; — *exchanger*, scambiatore di calore; — *pump*, pompa di calore; — *transfer coefficient*, coefficiente di trasmissione del calore **3** fuoco, fiamma: *put the pan on a high — for ten minutes*, metti la padella a fiamma alta per dieci minuti // *the police are putting the — on drug peddlers*, (*sl.*) la polizia sta mettendo sotto pressione gli spacciatori **4** (*fam.*) riscaldamento: *it got cold, so we turned the — up*, si fece freddo, così accendemmo il riscaldamento **5** (*fig.*) fervore, foga; ardore; animosità; collera: *in the — of the moment*, nella foga del momento; *in the — of the argument*, nel fervore della discussione; *in the office the — was really on*, nell'ufficio l'attività era frenetica; *he replied with some* —, replicò con vivacità // (*dir.*) — *of passion defence*, scriminante della provocazione **6** (*zool.*) calore, estro **7** (*med.*) stato febbrile, infiammazione: — *rash*, infiammazione cutanea, sfogo da calore **8** (*sport*): (*qualifying*) —, batteria; *dead* —, gara alla pari.

to **heat** *v.tr.* scaldare; riscaldare; animare (*anche fig.*): *to — the imagination*, stimolare l'immaginazione.

□ **heat up** *v.tr.* e *avv.* scaldare; riscaldare ◆ *v.intr.* e *avv.* **1** scaldarsi, riscaldarsi **2** (*fig.*)

animarsi; diventare interessante, suscitare interesse.

heated ['hi:tɪd] *agg.* **1** riscaldato: *a — swimming -pool*, una piscina riscaldata **2** (*fig.*) acceso, appassionato, animato, veemente.

heatedly ['hi:tɪdlɪ] *avv.* animatamente; con veemenza.

heater ['hi:tə*] *s.* riscaldatore; bollitore: *electric —*, radiatore, stufetta elettrica // *electric immersion —*, riscaldatore a immersione.

heat exchanger ['hi:tɪks,tʃeɪndʒə*] *s.* (*tecn.*) scambiatore di calore.

heath [hi:θ] *s.* **1** brughiera: *— berry*, bacca di mirtillo (di altra pianta di brughiera) **2** (*bot.*) erica; (*Tamarix gallica*) cipressina; (*pop.*) scopa marina.

heath bell ['hi:θbel] *s.* (*bot.*) (*Erica tetralyx*) macchiaiola.

heath cock ['hi:θkɒk] *s.* (*zool.*) (*Lyrurus tetrix*) maschio del fagiano di monte.

heathen ['hi:ðn] *agg.* pagano: *— customs*, usanze pagane ◆ *s.* **1** pagano: *the Saxons were heathens*, i sassoni erano pagani // *the —*, i pagani **2** persona rozza, primitiva, incivile.

heathendom ['hi:ðndəm / hea·then·dom] *s.* paganesimo; regioni dove regna il paganesimo.

heathenish ['hi:ðənɪʃ / hea·then·ish] *agg.* paganeggiante // **-ly** *avv.* // **-ness** *s.*

to **heathenize** ['hi:ðənaɪz / hea·then·ize] *v.tr.* rendere pagano ◆ *v.intr.* diventare pagano.

heathenry ['hi:ðnrɪ / hea·thenry] *s.* (*non com.*) paganesimo.

heather ['heðə*] *agg.* violaceo ◆ *s.* (*bot.*) **1** erica // *to set the — on fire*, (*fig.*) dar fuoco alle polveri // *to take to the —*, diventare un fuorilegge, darsi alla macchia **2** (*Calluna vulgaris*) brugo, brentolo.

heathery ['heðərɪ / heath·ery] *agg.* coperto di erica; simile all'erica.

heathland ['hi:θlænd / heath·land] *s.* brughiera.

heathy ['hi:ðɪ] *agg.* **1** di, simile a, coperto di erica **2** di, simile a brughiera.

heating ['hi:tɪŋ / heat·ing] *s.* riscaldamento: *central —*, riscaldamento centrale; (*elettr.*) *— element*, elemento riscaldante.

heating-apparatus ['hi:tɪŋæpə,reɪtəs] *s.* (*non com.*) calorifero.

heat-resistant ['hi:trɪ,zɪstənt] *agg.* resistente al calore.

heat-seeking ['hi:tsi:kɪŋ] *agg.* autoguidato a infrarossi, termico (di missile).

heat shield ['hi:tʃi:ld] *s.* (*aer.*) scudo termico.

heatstroke ['hi:tstrəʊk / heat·stroke] *s.* (*med.*) colpo di calore.

heave [hi:v] *s.* **1** sollevamento; sforzo (per tirare o sollevare qlco.) **2** (*non com.*) rigonfiamento; l'ondeggiare: *the — of the sea*, l'ondeggiare, il gonfiarsi del mare **3** conato di vomito **4** *pl.* (*vet.*) bolsaggine (di cavallo) **5** (*ant.*) profondo sospiro: *there's matter in these sighs, these profound heaves, / you must translate*, (SH. Hamlet) c'è un senso in questi sospiri, questi profondi affanni devi spiegare.

to **heave** *pass.* **heaved** [hi:vd] **hove** [həʊv] *p.p.* **heaved** *v.tr.* **1** sollevare, alzare (gener. con sforzo): *to — high*, sollevare in alto // *to — (up)*, sollevare **2** (*mar.*) alare; virare **3** gettare, lanciare **4** emettere: *to — a sigh*, emettere un sospiro ◆ *v.intr.* **1** sollevarsi (di mare); palpitare, ansare (di petto); avere conati di vomito; rivoltarsi (di stomaco) **2** (*mar.*) alare; salpare, levare l'ancora; virare // *to — and set*, alzarsi e abbassarsi; *to — in sight*, essere in vista, apparire all'orizzonte; *to — overboard*, gettare a mare; *to — to*, mettersi in panna.

heave-ho [,hi:v'həʊ] *inter.* (*sl.*) oh, issa!

heaven ['hevn] *s.* **1** cielo, paradiso **2** suprema felicità; stato di gioia // *in seventh —*, al settimo cielo, al colmo della felicità **3** *Heaven*, Cielo; Dio: *for Heaven's sake*, per amor di Dio; *Good Heavens!*, giusto Cielo!; *thank Heaven!*, grazie a Dio!; *Heaven forbid!*, il Cielo non voglia!; *Heaven knows!*, sa il Cielo!, Dio solo sa!; *Heaven help us now!*, che Dio ci aiuti!; *what in Heaven's name are you doing?*, cosa stai facendo in nome del Cielo? **4** (*gener. pl.*) (*rar.*) cielo; aria-orizzonte // *to move — and earth*, muovere mari e monti, fare tutto il possibile.

heaven-born ['hevnbɔ:n] *agg.* divino, celestiale.

heaven-fallen ['hevn,fɔ:ln] *agg.* caduto dal cielo.

heavenliness ['hevnlɪnɪs / heav·en·li·ness] *s.* (*form.*) divinità.

heavenly ['hevnlɪ / heav·enly] *agg.* **1** divino // *the Heavenly City*, il Paradiso **2** del cielo, celeste: (*astr.*) *— body*, corpo celeste **3** (*fam.*) delizioso, eccellente: *what — apples!*, che mele deliziose!

heavenly-minded [,hevnlɪ'maɪndɪd] *agg.* devoto.

heaven-sent [,hevn'sent] *agg.* inviato dal cielo, provvidenziale.

heavenward ['hevnwəd / heaven·ward] *agg.* (*form.*) rivolto al cielo.

heavenward(s) ['hevnwəd(z) / heaven·ward(s)] *avv.* verso il cielo.

heaver ['hi:və*] *s.* **1** sollevatore, elevatore; portatore; scaricatore (specialmente di porto) **2** (*mar.*) barra.

heavily ['hevɪlɪ / heav·ily] *avv.* **1** pesantemente, gravemente; molto: *he was — fined for speeding*, fu punito con una grossa multa per aver superato il limite di velocità **2** profondamente **3** con difficoltà.

heaviness ['hevɪnɪs / heavi·ness] *s.* **1** pesantezza **2** abbattimento, avvilimento.

heaving ['hi:vɪŋ / heav·ing] *agg.* ondeggiante; palpitante ◆ *s.* gonfiamento; sollevamento; palpitazione.

heavy[1] ['hevɪ] *agg.* **1** pesante (*anche fig.*): *a — suitcase, bag*, una valigia, una borsa pesante; *— head*, testa pesante; *— air*, aria pesante, irrespirabile; *— food*, cibo pesante // *— artillery*, artiglieria pesante // *to grow —*, ingrassare, appesantirsi; *how — are you?*, quanto pesi? // *to make — weather of sthg.*, far sembrare qlco. più difficile di quanto sia **2** violento, forte; pesante: *— sea*, mare grosso; *— fighting*, combattimento violento; *there were — casualties in Africa*, c'erano pesanti perdite di vite umane in Africa **3** gravoso, impegnativo; importante, serio: *— reading*, una lettura impegnativa; *a — day*, una giornata pesante; *he's got this — date tonight*, ha un appuntamento importante stasera // *— in hand*, difficile da condurre (di cavallo) // *to find sthg. — going*, trovare qlco. pesante, faticoso **4** triste; grave, severo: *his face was —*, il tuo viso era triste **5** plumbeo: *— sky*, cielo plumbeo **6** fangoso, pesante (di terreno) **7** (*on, with*) esagerato: *you're going rather — on the beer, aren't you?*, ci stai andando pesante con la birra, non ti pare?; *the play was rather — on sentimentality*, la commedia faceva largo uso di sentimentalismi ◆ *s.* **1** (*fam.*) guardia del corpo, gorilla **2** il ruolo del cattivo, il cattivo (nei film ecc.).

heavy[2] ['hi:vɪ] *agg.* (*vet.*) bolso (di cavallo).

heavy-armed [,hevɪ'ɑ:md] *agg.* armato pesantemente.

heavy cream [,hevɪ'kri:m] *s.* (*fam. amer.*) donna grassa, cicciona.

heavy-duty ['hevɪdju:tɪ *amer.* 'hevɪdu:tɪ] *agg.* robusto, resistente (di materiale, stoffa ecc.).

heavy-foot ['hevɪfʊt] *s.* (*fam. amer.*) chi ama guidare ad alta velocità.

heavy-handed [,hevɪ'hændɪd] *agg.* **1** maldestro, goffo **2** oppressivo, tirannico.

heavy-headed [,hevɪ'hedɪd] *agg.* stupido.

heavyhearted [,hevɪ'hɑ:tɪd / heavy·hearted] *agg.* triste, depresso.

heavy metal [,hevɪ'metl] *s.* (*mus.*) heavy metal (genere di musica rock affine all'hard rock).

heavy-metal *agg.* (*mus.*) del, relativo all'heavy metal.

heavy petting [,hevɪ'petɪŋ] *s.* petting spinto.

heavy-set [,hevɪ'set] *agg.* tarchiato, tracagnotto.

heavy spar [,hevɪ'spɑ:] *s.* (*min.*) barite.

heavyweight ['hevɪweɪt / heavy·weight] *s.* **1** (*boxe*) peso massimo **2** (*fam.*) pezzo grosso, papavero ◆ *agg.* **1** pesante (di tessuto) **2** (*fig.*) importante, di un certo peso.

hebdomad ['hebdəmæd / heb·domad] *s.* ebdomada.

hebdomadal [heb'dɒmədl / heb·dom·adal] *agg.* (*non com.*) ebdomadario, settimanale.

hebdomadary [heb'dɒmədərɪ / heb·dom·ad·ary] *agg.* (*non com.*) ebdomadario, settimanale ◆ *s.* frate, canonico ebdomadario.

hebephrenia [,hi:bə'fri:nɪə / hebe·phrenia] *s.* (*psic.*) ebefrenia.

to **hebetate** ['hebɪteɪt / hebet·ate] *v.tr.* e *intr.* (*non com.*) (far) inebetire, rincretinire.

hebetude ['hebɪtju:d / hebet·ude] *s.* (*rar.*) ebetismo, stupidità.

Hebraic [hi:'breɪɪk / Heb·raic] *agg.* ebraico.

Hebraically [hi:'breɪɪkəlɪ / Heb·raic·ally] *avv.* alla maniera ebraica.

Hebraism ['hi:breɪɪzəm / Heb·ra·ism] *s.* ebraismo.

Hebraist ['hi:breɪɪst / Heb·ra·ist] *s.* ebraista.

to **Hebraize** ['hi:breɪaɪz / Heb·ra·ize] *v.tr.* ebraizzare ◆ *v.intr.* diventare ebreo.

Hebrew ['hi:bru: / Heb·rew] *agg.* ebreo, ebraico, israelitico ◆ *s.* **1** ebreo, israelita **2** lingua ebraica, ebraico.

hecatomb ['hekətəʊm / he·ca·tomb] *s.* ecatombe.

heck [hek] *s.* (*fam.*) inferno; diavolo // *a — of*, tanto, in gran quantità: *he's been here (one) — of a long time*, è stato qui per tantissimo tempo ◆ *inter.* diavolo!, diamine!: *what the — 's going on here?*, che diavolo sta succedendo qui?

heckle ['hekl] → **hackle**.

to **heckle** *v.tr.* **1** (*spec. pol.*) interrompere continuamente, mettere in imbarazzo con frecciate e commenti poco amichevoli **2** → to hackle.

heckler ['heklə* / heck·ler] *s.* importuno, seccatore; (*spec. pol.*) chi disturba comizi, oratori ecc.

heckling ['heklɪŋ / heck·ling] *s.* U azioni (*pl.*) di disturbo.

hectare ['hektɑ:* *amer.* 'hekteə* / hec·tare] *s.* ettaro (misura di superficie = 2.471 a.).

hectic ['hektɪk / hec·tic] *agg.* **1** febbrile, frenetico, agitato, movimentato: *a — life*, una vita movimentata **2** (*antiq.*) etico, tisico; febbricitante; con febbri ricorrenti ◆ *s.* **1** febbre tubercolare **2** rossore (caratteristico dei tisici) // **-ally** *avv.*

hecto- [hektəʊ] *pref.* di origine greca che anteposto a una unità di misura la moltiplica per cento (10^2); it. etto-: *hectolitre*, ettolitro.

hectogram(me) ['hektəʊgræm / hec·to·gram(me)] *s.* ettogrammo (misura di peso = 3.527 oz.).

hectograph ['hektəʊgrɑ:f / hec·to·graph] *s.* poligrafo.

hectolitre ['hektəʊ,li:tə* / hec·to·litre] *s.* ettolitro (misura di capacità = 22 gal.).

hectometre ['hektəʊ,mi:tə* / hec·to·metre] *s.* ettometro (misura di lunghezza = 109.36 yd.).

hector ['hektə* / hec·tor] *s.* fanfarone, bravaccio, spaccone.

to **hector** *v.tr.* strapazzare, malmenare; costringere con soprusi: *to — sthg. out of s.o.*, ottenere qlco. da qlcu. con prepotenza ◆ *v.intr.* fare lo spaccone, il bravaccio.

he'd [hi:d] contr. di *he had, he would*: *if he'd asked, I'd have told him*, se me l'avesse chiesto, glielo avrei detto.

heddle ['hedl] *s.* (*gener. pl.*) (*tess.*) liccio.

to **heddle** *v.tr.* (*tess.*) far passare (le catene) nei licci.

hedge [hedʒ] *s.* **1** siepe **2** barriera (di difesa, protezione); riparo (*anche fig.*): *you should invest in property as a — against inflation*, dovresti investire in beni immobili per metterti al riparo dall'inflazione **3** copertura (di una scommessa), scommessa pro e contro **4** (*Borsa*) copertura (da fluttuazioni future).

to **hedge** *v.tr.* chiudere, circondare con siepe, limitare (*anche fig.*): *to — (in) a garden*, circondare un giardino con una siepe // *to — a bet*, scommettere pro e contro // *to be hedged about with* (o *around with*), essere limitato, vincolato da ◆ *v.intr.* **1** piantare una siepe; tagliare una siepe **2** (*fig.*) rintanarsi; evitare di compromettersi; essere elusivo: *I... am fain to shuffle, to hedge, and to lurch*, (SH. Merry Wives of Windsor) io... sono disposto a strisciare, a rintanarmi, a ricorrere a sotterfugi.

hedgehog ['hedʒhɒg *amer.* 'hedʒhɔ:g / hedge·hog] *s.* (*zool.*) **1** (*Erinaceus europaeus*) riccio europeo SIN. urchin **2** (*amer.*) porcospino; istrice.

to **hedgehop** ['hedʒhɒp / hedge·hop] *pass.p.p.* **hedgehopped** ['hedʒhɒpt / hedge·hopped] *v.tr.* (*aer.*) sorvolare a volo radente ◆ *v.intr.* volare a volo radente.

hedge-hyssop ['hedʒ,hɪsəp] *s.* (*bot.*) (*Gratiola officinalis*) graziola.

hedge-marriage ['hedʒ,mærɪdʒ] *s.* matrimonio clandestino.

hedge-nettle ['hedʒ,netl] *s.* (*bot.*) ortica → **nettle**.

hedge-parson ['hedʒpɑ:sn] **hedge-priest** ['hedʒpri:st] *s.* (*st.*) prete itinerante di scarsa cultura.

hedger ['hedʒə*] *s.* **1** chi pianta, taglia siepi **2** (*fig.*) persona prudente, cauta.

hedgerow ['hedʒrəʊ / hedge·row] *s.* siepe (divisoria di campi).

hedge sparrow ['hedʒ,spærəʊ] *s.* (*zool.*) (*Prunella modularis*) passera scopaiola.

hedging ['hedʒɪŋ / hedg·ing] *s.* **1** il cintare con siepi; manutenzione di siepi **2** siepe di cinta **3** (*ippica*) scommessa pro e contro **4** (*Borsa*) copertura (da rischi di fluttuazioni, con acquisti o vendite a termine).

hedonic [hɪ'dɒnɪk / he·donic] *agg.* che dà piacere.

hedonism ['hi:dəʊnɪzəm / he·don·ism] *s.* edonismo.

hedonist ['hi:dəʊnɪst / he·don·ist] *s.* (*fil.*) edonista.

hedonistic [,hi:də'nɪstɪk / he·don·istic] *agg.* edonistico.

hedyphane ['hedəfeɪn / hedy·phane] *s.* (*min.*) edifanite.

heebie-jeebies, **heeby-jeebies** [,hi:bi:'dʒi:bi:z] *s.pl.* (*fam.*) paura, fifa; nervosismo, ansia; senso di ripulsa, di orrore.

heed [hi:d] *s.* (*form.*) attenzione, cura: *to pay — to*, fare attenzione a; *to take — of*, badare a; prestare attenzione a: *to take no — of*, non badare a.

to **heed** *v.tr.* (*form.*) fare attenzione a, badare a: dar retta a.

heedful ['hi:dfʊl / heed·ful] *agg.* (*non com.*) attento, vigile // **-ly** *avv.* // **-ness** *s.*

heedless ['hi:dlɪs / heed·less] *agg.* sventato; sbadato, disattento // **-ly** *avv.*

heedlessness ['hi:dlɪsnɪs / heed·less·ness] *s.* trascuratezza; negligenza; disattenzione; (*dir.*) imprudenza, negligenza.

heehaw ['hi:'hɔ: / hee·haw] *s.* **1** raglio d'asino **2** risata forte, sciocca.

to **heehaw** *v.intr.* **1** ragliare **2** ridere forte, stupidamente.

heel[1] [hi:l] *s.* **1** calcagno, tallone: *— of Achilles*, (*fig.*) tallone d'Achille // *at* (o *on*) *s.o.'s heels*, alle calcagna di qlcu. // *down at —*, scalcagnato (di scarpa); trasandato, al verde (di persona) // *to be under the — of*, essere sotto il dominio di // *to bring to —*, riportare all'ordine; far ubbidire // (*come to*) *—!*, al piede! (comando dato ai cani) // *to cool* (o *to kick*) *one's heels*, aspettare a lungo // *to dig one's heels in*, puntare i piedi (*anche fig.*) // *to show a clean pair of heels* (o *to take to one's heels*), (*fam.*) alzare i tacchi, svignarsela // *to tread upon s.o.'s heels*, stare alle calcagna di qlcu. // *to turn* (o *to spin*) *on one's —*, voltarsi di scatto, girare i tacchi **2** calcagno (di calza); tacco (di scarpa); *pl.* (*pop.*) zampa posteriore // *rubber —*, tacco di gomma; *stiletto —*, tacco a spillo: *to wear* (*high*) *heels*, portare i tacchi (alti) **3** sperone (degli uccelli); garretto (di cavallo) **4** (*mar.*) piede; calcagnolo; maschio; rabazza **5** (*ferr.*) calcio dello scambio **6** (*sl.*) mascalzone.

to **heel**[1] *v.tr.* **1** provvedere di tacco **2** tallonare, toccare col tallone **3** (*fig.*) tallonare, stare alle calcagna di **4** armare di sperone (galli da combattimento) **5** (*sl. amer.*) rifornire di denaro ◆ *v.intr.* **1** stare alle calcagna **2** battere il tacco (ballando).

heel[2] *s.* (*mar.*) sbandamento.

to **heel**[2] *v.intr.* (*mar.*) ingavonarsi, sbandare ◆ *v.tr.* (*mar.*) far sbandare.

heeler ['hi:lə*] *s.* (*fam. amer.*) apprendista (in una redazione di giornale).

heel-tap ['hi:ltæp] *s.* **1** sopratacco **2** residuo di liquido in fondo a un bicchiere // *no heel-taps!*, vuotiamo i bicchieri!

heft [heft] *s.* (*non com.*) **1** peso, pesantezza **2** strattone: *he gave the rock a —*, mosse la roccia con uno strattone **3** importanza, influenza.

to **heft** *v.tr.* sollevare soppesando.

hefty ['heftɪ] *agg.* (*fam.*) **1** pesante **2** forte, gagliardo, vigoroso, possente.

Hegelian [heɪ'gi:ljən / He·gel·ian] *agg.* (*fil.*) hegeliano, di Hegel.

Hegelianism [heɪ'gi:ljənɪzəm / He·gel·ian·ism] *s.* (*fil.*) hegelismo.

hegemonic [,hɪgɪ'mɒnɪk / he·ge·monic] *agg.* egemonico.

hegemony [hɪ'gemənɪ *amer.* 'hedʒəməʊnɪ / he·ge·mony] *s.* egemonia.

hegira ['hedʒɪrə *amer.* hɪ'dʒaɪərə / heg·ira] *s.* (*st.*) egira.

heifer ['hefə*] *s.* giovenca.

heigh [heɪ] *inter.* ehi!, eh! // *— ho*, oh, ahimè!

height [haɪt] *s.* **1** altezza: *a monument twelve feet in —*, un monumento alto dodici piedi; *what is your —?*, quanto sei alto? // (*inform.*) *half —*, mezza altezza (di disco rigido o carta) **2** altezza, altitudine (sopra il mare, l'orizzonte); quota: *the village is at a considerable — above sea level*, il villaggio si trova a considerevole altitudine sul livello del mare; *to gain, lose —*, guadagnare, perdere quota // *I'm afraid of heights*, l'altezza mi fa paura **3** altura, collina: *the house stood on a —*, la casa sorgeva su un'altura; *we walked on the heights overlooking the bay*, camminammo sulle colline sovrastanti la baia **4** cima, sommità, il più alto grado (*anche fig.*): *the — of folly*, il colmo della pazzia; *the — of the season*, il culmine della stagione; *his obsession with secrecy has reached absurd heights*, la sua mania di segretezza ha raggiunto livelli assurdi.

to **heighten** ['haɪtn] *v.tr.* **1** innalzare, elevare **2** accrescere, intensificare, aumentare: *to — one's interest in sthg.*, accrescere l'interesse per qlco. ◆ *v.intr.* **1** innalzarsi, elevarsi **2** crescere, aumentare, intensificarsi.

heinous ['heɪnəs / hein·ous] *agg.* (*form.*) odioso, atroce, nefando: *perhaps the fact / is not so heinous now*, (MILTON) forse il fatto non è così nefando adesso; (*dir.*) *— crime*, crimine efferato // **-ly** *avv.* // **-ness** *s.*

heir [eə*] *s.* **1** erede (*anche fig.*): *— to the Crown*, erede al trono; *the eldest son is usually the —*, il primogenito è generalmente l'erede; *this administration is — to the follies of its predecessors*, questa amministrazione ha ereditato le follie dei suoi predecessori **2** (*dir.*)

discendente, erede; legatario: — *apparent*, erede in linea diretta; — *at law*, erede legittimo, per diritto di sangue; — *presumptive*, erede presunto; — *under a will*, erede testamentario; *sole* —, unico erede, erede universale.

heirdom ['eədəm / heir·dom] *s.* (*dir.*) **1** condizione di erede **2** eredità.

heiress ['eərɪs / heir·less] *s.* (*dir.*) erede (donna); ereditiera; (donna) minorenne // *fraudolent abduction of* —, ratto di minorenne a fine di libidine o matrimonio.

heirless ['eəlɪs / heir·less] *agg.* (*dir.*) senza eredi.

heirloom ['eəlu:m / heir·loom] *s.* **1** (*dir.*) bene mobile di famiglia spettante all'erede legale **2** (*family*) —: oggetto, cimelio di famiglia.

heirship ['eəʃɪp / heir·ship] *s.* (*dir.*) condizione di erede.

heist [haɪst] *s.* (*sl. amer.*) furto.

to **heist** *v.tr.* (*sl. amer.*) rubare.

hekto- → **hecto-**.

helcoid ['helkɔɪd / helc·oid] *agg.* (*med.*) ulceroso.

held *pass.p.p.* di to **hold**.

helianthus [,hi:lɪ'ænθəs / he·li·anthus] *s.* (*bot.*) elianto.

heliborne ['helɪbɔ:n / heli·borne] *agg.* mediante elicottero; elitrasportato.

helibus ['helɪbʌs / heli·bus] *s.* elibus.

helical ['helɪkl / hel·ical] *agg.* spiraliforme, elicoidale: — *gear*, ingranaggio elicoidale // **-ly** *avv.*

helicoid ['helɪkɔɪd / hel·ic·oid] *agg.* elicoidale ◆ *s.* (*mat.*) elicoide.

helicoidal [,helɪ'kɔɪdəl / hel·ic·oid·al] *agg.* → **helicoid**.

Heliconian [,helɪ'kəʊnɪən / He·li·co·nian] *agg.* (*mit.*) eliconio.

helicopter ['helɪkɒptə* / heli·cop·ter] *s.* (*aer.*) elicottero: — *gunship*, elicottero attrezzato di mitragliatrice; — *pad*, piattaforma di decollo e di atterraggio per elicotteri.

to **helicopter** *v.tr.* elitrasportare.

heliocentric(al) [,hi:lɪəʊ'sentrɪk(l) / he·lio·cent·ric(al)] *agg.* (*astr.*) eliocentrico.

heliocentricism [,hi:lɪəʊ'sentrɪsɪzm / he·lio·cen·tri·cism] *s.* eliocentrismo.

heliochromy ['hi:lɪəʊ,krəʊmɪ / he·lio·chromy] *s.* (*fot.*) eliocromia.

heliograph ['hi:lɪəʊgrɑ:f *amer.* 'hi:lɪəʊgræf / he·lio·graph] *s.* **1** (*astr.*) eliografo **2** telegrafo ottico, eliografo **3** apparecchio per fotoincisioni, eliografo.

heliographic [,hi:lɪəʊ'græfɪk / he·lio·graphic] *agg.* (*astr.*) eliografico.

heliography [,hi:lɪ'ɒgrəfɪ / he·li·ography] *s.* eliografia.

heliogravure [,hi:lɪəʊgrə'vjʊə* / he·lio·gravure] *s.* **1** fotoincisione **2** eliotipia, fototipia.

heliolatry [,hi:lɪ'ɒlətrɪ / he·lio·latry] *s.* (*relig.*) eliolatria.

heliometer [,hi:lɪ'ɒmɪtə* / he·lio·meter] *s.* (*astr.*) eliometro.

heliophilous [,hi:lɪ'ɒfɪlɪs / he·lio·phil·ous] *agg.* (*bot.*) eliofilo.

heliophobe ['hi:lɪə,fəʊb / he·lio·phobe] *agg.* (*bot., psic.*) eliofobo.

heliophobia [,hi:lɪə'fəʊbɪə / he·lio·phobia] *s.* (*bot., psic.*) eliofobia, fotofobia.

heliophyllite [,hi:lɪəʊ'fɪlaɪt / he·lio·phyl·lite] *s.* (*min.*) eliofillite.

heliophyte ['hi:lɪə,faɪt / he·lio·phyte] *s.* (*bot.*) eliofita.

helioscope ['hi:lɪəskəʊp / he·lio·scope] *s.* (*astr.*) elioscopio.

heliosphere ['hi:lɪəʊsfɪə* / he·lio·sphere] *s.* (*geofisica*) eliosfera.

heliostat ['hi:ljəʊstæt / he·lio·stat] *s.* (*astr.*) eliostato.

heliotherapy [,hi:lɪəʊ'θerəpɪ / he·lio·ther·apy] *s.* (*med.*) elioterapia.

heliotrope ['heljətrəʊp / he·lio·trope] *s.* **1** (*bot.*) eliotropio **2** (*min.*) eliotropia, eliotropio.

heliotropic [,heljə'trɒpɪk / he·lio·tropic] *agg.* (*bot.*) eliotropico.

heliotropism [,hi:lɪ'ɒtrəʊpɪzəm / he·lio·tropism] *s.* (*bot.*) eliotropismo.

heliotype ['hi:lɪəʊ,taɪp / he·lio·type] *s.* **1** eliotipo **2** eliotipia.

heliotypy ['hi:lɪəʊ,taɪpɪ / he·lio·typy] *s.* (*fot.*) eliotipia.

helipad ['helɪpæd / heli·pad] *s.* (*aer.*) piattaforma di decollo e di atterraggio per elicotteri.

heliport ['helɪpɔ:t / heli·port] *s.* (*aer.*) eliporto.

helium ['hi:ljəm / he·lium] *s.* (*chim.*) elio // (*astr.*) — *star*, stella di tipo B.

helix ['hi:lɪks / he·lix] *pl.* **helixes** ['hi:lɪksɪz] **helices** ['helɪsi:z / he·li·ces] *s.* **1** elica, spirale **2** (*fis., mat.*) elica, solenoide: (*mat.*) *circular* —, elica circolare **3** (*zool.*) elice, chiocciola **4** (*anat.*) elice **5** (*arch.*) elice, voluta.

hell [hel] *s.* inferno: *the gates of* —, le porte dell'inferno; *the pains of* —, le pene dell'inferno; *to suffer — on earth*, patire l'inferno in terra // *to make s.o.'s life* (*a*) —, rendere la vita un inferno a qlcu. // *to make a — of a noise*, fare un fracasso d'inferno // *to give s.o.* —, far patire le pene dell'inferno a qlcu.; provocare un sacco di guai a qlcu. // *a* (o *one*) — *of*, infernale, del diavolo, pessimo; moltissimo, da matti: *a — of a day*, una giornataccia; *we had a — of a time*, ci siamo divertiti moltissimo, da matti; *I had a — of a time with the children today*, i ragazzi mi hanno fatto impazzire oggi // *like* —, moltissimo, a più non posso; neanche per sogno, un corno: *to work like* —, lavorare come un matto; *like — he drove me home!*, un accidenti, col cavolo mi ha accompagnato a casa in auto! // *all — broke loose* (o — *was let loose*), si è scatenato un putiferio; *to raise* —, sollevare, scatenare un putiferio; *there'll be — to pay*, scoppierà un pandemonio // *come — or high water*, ad ogni costo // *to play* (*merry*) — *with sthg.*, (*fig.*) buttare per aria, all'aria qlco. // *to ride — for leather*, andare a spron battuto // *I wish to — I didn't have to go to school tomorrow*, vorrei tanto non dover andare a scuola domani; *I hope to — he breaks his neck*, spero proprio che si rompa il collo // *what the — do I care?!*, che diavolo, che accidenti me ne importa?! // *to — and gone*, (*amer.*) a casa del diavolo // —*'s kitchen*, (*amer.*) quartiere malavitoso, malfamato // — *on wheels*, (*sl. amer.*) situazione violenta, spiacevole ◆ *inter.* diavolo!, maledizione!: *oh —!*, accidenti!; *go to —!*, va' all'inferno!, va'al diavolo!; *to — with him!*, vada all'inferno; *get the — out of here!*, va' al diavolo; fuori di qui! // —*'s bells!* (o —*'s teeth!*), maledizione!, porca miseria!

he'll [hi:l] contr. di *he will, he shall.*

hell-bent ['helbent] *agg.* (*fam.*) ostinato, determinato, caparbio: *to be — on doing sthg.*, essere deciso a fare qlco. a tutti i costi.

hellcat ['helkæt / hell·cat] *s.* (*fig.*) megera, arpia.

hellebore ['helɪbɔ:* / hel·le·bore] *s.* (*bot.*) elleboro.

Hellene ['heli:n / Hel·lene] *s.* greco.

Hellenic [he'li:nɪk / Hel·lenic] *agg.* ellenico, greco.

Hellenism ['helɪnɪzəm / Hel·len·ism] *s.* ellenismo.

Hellenist ['helɪnɪst / Hel·len·ist] *s.* ellenista.

Hellenistic [,helɪ'nɪstɪk / Hel·len·istic] *agg.* ellenistico.

hellhound ['helhaʊnd / hell·hound] *s.* (*fig.*) cerbero; demonio.

hellish ['helɪʃ / hell·ish] *agg.* infernale, diabolico // **-ly** *avv.*

hellishness ['helɪʃnɪs / hell·ish·ness] *s.* perversità, malvagità.

hello ['he'ləʊ] *inter.* **1** ciao!, salve! (quando s'incontra qlcu.) // *say — to your brother for me*, salutami tuo fratello **2** pronto! (al telefono) **3** oh! (di sorpresa) **4** ehi!, c'è nessuno? (per richiamare l'attenzione).

hell-raiser ['helreɪzə*] *s.* (*sl. amer.*) attaccabrighe, agitatore.

helluva ['heləvə / hell·uva] *agg.* (*fam.*) grande: *what a — responsibility!*, che tremenda responsabilità!; *to have a — good time*, divertirsi alla follia • Contr. di *hell of a.*

helm[1] [helm] *s.* (*non com.*) elmo, casco.

helm[2] *s.* **1** (*mar.*) (barra, ruota del) timone: *to shift the* —, girare il timone **2** (*form. fig.*) guida, direzione: *the — of state*, il governo; *to be at the* —, essere al comando; *to take* (*over*) *the* —, assumere il controllo.

to **helm**[2] *v.tr.* **1** timoneggiare, azionare il timone **2** dirigere, governare (*anche fig.*): *the very stream of his life and the business he hath helmed must... give him a better proclamation*, (SH. Measure for Measure) il corso della sua vita e la faccenda che ha condotto in porto devono... concedergli una migliore reputazione.

helmet ['helmɪt / hel·met] *s.* **1** elmetto, casco **2** (*bot.*) galea.

helmeted ['helmɪtɪd / hel·meted] *agg.* con l'elmo in capo.

helminthagogue [hel'mɪnθəʊgɒg / hel·minth·agogue] *s.* (*med.*) antielmintico, vermifugo.

helminthiasis [,hel,mɪn'θaɪəsɪs / hel·min·thi·asis] *pl.* **helminthiases** [,hel,mɪn'θaɪəsi:z] *s.* (*med.*) elmintiasi.

helminthic [hel'mɪnθɪk / hel·minthic] *agg.* e *s.* (*med.*) elmintico.

helmsman ['helmzmən / helms·man] *pl.* **helmsmen** *s.* timoniere, nocchiere.

helophyte ['hi:ləʊ,faɪt / helo·phyte] *s.* (*bot., ecol.*) elofita, pianta palustre.

helot ['helət] *s.* (*st.*) ilota, schiavo.

helotry ['helətrı / hel·otry] *s.* (*st.*) ilotia, schiavitù.

help [help] *s.* **1** aiuto, soccorso: *thank you for your kind —*, grazie per il tuo cortese aiuto; *your work was of great — to me*, il tuo lavoro mi fu di grande aiuto; *to call for —*, invocare aiuto; *having you with me was a great —*, l'averti con me mi è stato di grande aiuto; *money would be a —, but not enough in itself*, il denaro aiuterebbe, ma non risolverebbe interamente il problema // *past (all) —*, perduto, irrecuperabile **2** rimedio: *there is no — for it*, non c'è rimedio a ciò **3** persona di servizio: *home —*, aiuto domestico.

to **help** *v.tr.* **1** (IV, V) aiutare, assistere; soccorrere, dare una mano a: *— me (to) do this, please*, aiutami a fare questo, per piacere; *— me to answer*, aiutami a rispondere; *the old woman was helped into the coach*, la vecchia fu aiutata a salire in carrozza; *she knows how to — herself*, sa come cavarsi d'impiccio // *—!*, aiuto! // *can I — you?*, ti posso aiutare?; posso esservi utile?; (in un negozio) in che cosa posso servirla? // *so — me God*, (spec. nei giuramenti solenni) che Dio m'assista!; lo giuro! // *God helps those who help themselves*, (*prov.*) aiutati che Dio t'aiuta **2** contribuire a: *this helped to aggravate the offence*, ciò contribuì a rendere più grave la trasgressione **3** servire (cibo): *may I — you to some meat?*, posso darti un po' di carne?; *to — oneself to (food)*, servirsi di (cibo); *please — yourself*, serviti pure // *to — oneself to sthg.*, (*fam.*) rubare qlco. **4** alleviare: *have you got an aspirin to — my headache?*, hai un'aspirina per alleviare il mio mal di testa? **5** (I) evitare, fare a meno di (costruito con *can, cannot*): *he couldn't — laughing*, non potè fare a meno di ridere; *I can't — going*, non posso far a meno di andare; *I can't — it*, non posso farci nulla; *I can't — but think he's bluffing*, non posso fare a meno di pensare che stia bluffando; *it can't be helped*, è inevitabile.

□ **help along, forward** *v.tr.* e *avv.* favorire, aiutare: *his being without money didn't — the matter along*, il fatto che fosse senza soldi non aiutava le cose.

□ **help off with** *v.tr.* e *avv.* e *prep.* aiutare (qlcu.) a togliersi (cappotto, giacca ecc.): *can I — you off with your coat?*, posso aiutarla a togliersi il cappotto?

□ **help on with** *v.tr.* e *avv.* e *prep.* aiutare (qlcu.) a indossare (cappotto, giacca ecc.).

□ **help out** *v.tr.* e *intr.* e *avv.* (*fam.*) aiutare (qlcu.) in un momento di difficoltà: *our friends helped us out when we moved to the new house*, i nostri amici ci hanno dato una mano quando abbiamo cambiato casa.

helper ['helpə*] *s.* aiutante.

helpful ['helpfʊl / help·ful] *agg.* **1** utile, giovevole, vantaggioso **2** pronto ad aiutare; servizievole, disponibile // **-ly** *avv.* // **-ness** *s.*

helping ['helpıŋ / help·ing] *s.* porzione (di cibo): *a second —*, una porzione, razione supplementare.

helping hand [,helpıŋ'hænd] *s.* aiuto, assistenza, supporto: *to give s.o. a —*, dare una mano a qlcu.

helpless ['helplıs / help·less] *agg.* **1** indifeso; derelitto; senza aiuto: *— and hopeless*, senza risorse; *a — child*, un bimbo indifeso **2** debole, impotente: *I was — to resist the kidnappers*, non ho potuto opporre resistenza ai rapitori; *when the lift got stuck he was —*, quando l'ascensore si è fermato non ha potuto fare niente; *I'm — without my glasses*, sono perso senza i miei occhiali // *lo, in these windows that let forth thy life / I pour the helpless balm of my poor eyes*, (SH. Richard III) ecco, in queste finestre che lasciarono fuggire via la tua vita, io verso l'inutile balsamo dei miei poveri occhi.

helplessly ['helplıslı / help·less·ly] *avv.* **1** senza aiuto, senza risorse **2** senza poter far niente, impotentemente: *she watched —*, osservava impotente.

helplessness ['helplısnıs / help·less·ness] *s.* **1** debolezza; impotenza **2** mancanza d'iniziativa, di risorse.

helpmate ['helpmeıt / help·mate] meno com. **helpmeet** ['helpmi:t / help·meet] *s.* (*form.*) collaboratore, compagno, partner.

helter-skelter ['heltə'skeltə*] *s.* (*fam.*) **1** confusione; scompiglio **2** (*spec. brit.*) scivolo a spirale ◆ *agg.* (*fam.*) **1** confuso; scompigliato **2** frettoloso ◆ *avv.* (*fam.*) **1** confusamente, alla rinfusa **2** di fretta, frettolosamente.

helve [helv] *s.* (*non com.*) manico (di arma, utensile).

Helvetian [hel'vi:ʃjən / Hel·ve·tian] *agg.* e *s.* (*letter.*) elvetico.

Helvetic [hel'vetık / Hel·ve·tic] *agg.* (*letter.*) elvetico.

hem[1] [hem] *s.* orlo; bordo, bordura: *open -work —*, orlo a giorno.

to **hem**[1] *pass.p.p.* **hemmed** [hemd] *v.tr.* orlare.

□ **hem in, about, round** *v.tr.* e *avv.* rinchiudere; attorniare, circondare: *to — in an army*, accerchiare un esercito; *hemmed in by difficulties*, circondato da difficoltà.

hem[2] *s.* ehm ◆ *inter.* ehm!; olà!

to **hem**[2] *pass.p.p.* **hemmed** [hemd] *v.intr.* schiarirsi la voce; tossicchiare // *to — and haw*, esprimere perplessità, esitare.

hem(a)- ['hem(ə), 'hi:m(ə)] *pref.* di origine greca, usato nella terminologia scientifica con significato di 'sanguigno, del sangue'; it. ema-, emo-: *hemagglutinin*, emoagglutinina; *hemangioma*, emangioma; *hematemesis*, ematemesi.

hemagglutination [,hemə,glu:tı'neıʃn / hemag·glu·tina·tion] *s.* (*med.*) emoagglutinazione: *— inhibition test*, test di inibizione della emoagglutinazione.

hemal ['hi:ml] *agg.* (*med.*) del sangue; dei vasi sanguigni: *— arch*, arco emale.

he-man ['hi:mæn] *pl.* **he-men** *s.* (*fam.*) uomo che ostenta la sua mascolinità, un vero maschio, (*sl.*) macho.

hematein [hemə'ti:n / hema·tein] *s.* (*biochim.*) emateina.

hematic [hı'mætık / hem·atic] *agg.* ematico ◆ *s.* (*biochim.*) rimedio, farmaco ematico.

hematin ['hi:mətın / hem·atin] *s.* (*biochim.*) ematina.

hematite ['hemətaıt / hem·at·ite] *s.* (*min.*) ematite.

hemat(o)- [hi:mətəʊ, hemətəʊ] *pref.* di origine greca, usato nella terminologia scientifica con valore di 'sangue, del sangue'; it. emato-: *hematoblast*, ematoblasto; *hematocele*, ematocele; *hematophage*, ematofago; *hematology*, ematologia.

hematocrit [hı'mætəkrıt / hem·ato·crit] *s.* (*med.*) ematocrito.

hematolite ['hemətəʊlaıt / hema·tol·ite] *s.* (*min.*) ematolite.

hematologist [,hi:mə'tɒlıdʒıst / hem·ato·lo·gist] *s.* ematologo.

hematoma [,hi:mə'təʊmə / hem·at·oma] *pl.* **hematomas, hematomata** [,hi:mə'təʊmətə / hem·at·om·ata] *s.* (*med.*) ematoma.

hematopoiesis [,hemətəʊpɔı'i:sıs / hem·ato·poi·esis] *s.* (*biol.*) emopoiesi, ematopoiesi SIN. hemapoiesis.

hematopoietic [,hemətəʊpɔı'etık / hem·ato·poi·etic] *agg.* (*biol.*) emopoietico, ematopoietico.

hematoxylin [,hemə'tɒksılın / hema·toxy·lin] *s.* (*chim.*) ematossilina.

hematuria [,hi:mə'tjʊərıə / hem·at·uria] *s.* (*med.*) ematuria.

heme [hi:m] *s.* (*biochim.*) eme.

hemeralopia [,hemərə'ləʊpjə / hem·era·lopia] *s.* (*med.*) emeralopia.

hemi- ['hemı] *pref.* di origine greca, usato per indicare 'la metà'; it. emi-: *hemicephalus*, emicefalo; *hemiatrophy*, emiatrofia; *hemicycle*, emiciclo; (*geol.*) *hemipelagic*, emipelagico.

hemiacetal [,hemı'æsətəl / hemi·acetal] *s.* (*chim.*) emiacetale.

hemicellulose [,hemı'seljʊləʊs / hemi·cel·lu·lose] *s.* (*biochim.*) emicellulosa.

hemicrania [,hemı'kreımıə / hemi·crania] *s.* emicrania.

hemicycle ['hemı,saıkl / hemi·cycle] *s.* emiciclo.

hemimorphite [,hemı'mɔ:faıt / hemi·morph·ite] *s.* (*min.*) emimorfite.

hemin ['hi:mın] *s.* (*biochim.*) emina, ematina.

hemionus [hı'maıənəs / hemi·onus] *s.* (*zool.*) (*Equus hemionus*) emione.

hemiparasite [,hemı'pærəsaıt / hemi·para·site] *s.* (*ecol.*) emiparassita, pianta semiparassita.

hemiparesis [,hemıpə'ri:sıs / hemi·par·esis] *s.* (*med.*) emiparesi.

hemiplegia [,hemı'pli:dʒıə / hemi·ple·gia] *s.* (*med.*) emiplegia.

hemiplegic [,hemı'pli:dʒık / hemi·ple·gic] *agg.* e *s.* (*med.*) emiplegico.

hemisphere ['hemısfıə* / hemi·sphere] *s.* **1** emisfero: *northern, southern —*, emisfero boreale, australe **2** (*mat.*) semisfera.

hemispheric(al) [,hemı'sferık(l) / hemi·spheric, hemi·spher·ical] *agg.* emisferico.

hemistich ['hemıstık / hemi·stich] *s.* (*poesia*) emistichio.

hemline ['hemlaın / hem·line] *s.* orlo (di abito, gonna); *next year hemlines will be going up*, l'anno prossimo le gonne andranno più corte.

hemlock ['hemlɒk / hem·lock] *s.* (*bot.*) **1** (*Conium maculatum*) cicuta SIN. bennet **2** (*Abies canadensis*) abete canadese, tsuga.

hemo- ['heməʊ, 'hi:məʊ] *pref.* di origine greca che significa 'sanguigno, del sangue'; it. emo-; *hemochrome*, emocromo; *hemocyte*, emocito; *hemogenic*, emogenico; *hemopathy*, emopatia; *hemophobia*, emofobia; *hemostasis*, emostasi.

hemodialyzer [ˌhi:məʊ'daɪəlaɪzə* / he·mo·dia·lyzer] *s.* (*med.*) rene artificiale.

hemoglobin [ˌhi:məʊ'gləʊbɪn / he·mo·globin] *s.* (*biochim.*) emoglobina.

hemoglobinuria [ˌhemə,gləʊbɪ'njʊərɪə / he·mo·globin·uria] *s.* (*med.*) emoglobinuria.

hemolymph ['hi:mə,lɪmf / he·mo·lymph] *s.* (*biol.*) emolinfa.

hemolysin [ˌhi:mə'laɪsn / he·mo·lysin] *s.* (*biol.*) emolisina.

hemolysis [hi:'mɒlɪsɪs / he·mo·lysis] *s.* (*biol.*) emolisi.

hemolytic [ˌhi:mə'lɪtɪk / he·mo·lytic] *agg.* (*biol.*) emolitico.

hemophilia [ˌhi:məʊ'fɪlɪə / he·mo·philia] *s.* (*med.*) emofilia.

hemophiliac [ˌhi:məʊ'fɪlɪæk / he·mo·phil·iac] *s.* (*med.*) emofiliaco.

hemophilic [ˌhi:mə'fɪlɪk / he·mo·philic] *agg.* (*med.*) emofiliaco.

hemopoiesis [ˌhi:məpɔɪ'i:sɪs / hemo·poi·esis] *s.* (*biol.*) → **hematopoiesis**.

hemoprotein [ˌhi:məʊ'prəʊti:n / he·mo·prot·ein] *s.* (*biochim.*) emoproteina.

hemoptysis [hi:'mɒptɪsɪs / he·mo·pty·sis] *s.* (*med.*) emottisi.

hemorrhage ['hemərɪdʒ / hem·or·rhage] *s.* emorragia.

hemorrhagic [ˌhemə'rædʒɪk / hem·or·rhagic] *agg.* emorragico: — *fever*, febbre emorragica.

hemorrhoidal [ˌhemə'rɔɪdl / hem·or·rhoid·al] *agg.* (*med.*) emorroidale.

hemorrhoids ['hemərɔɪdz / hem·or·rhoids] *s.pl.* (*med.*) emorroidi.

hemostat ['hi:məʊstæt / hemo·stat] *s.* (*med.*) emostatico.

hemostatic [ˌhi:məʊ'stætɪk / he·mo·static] *agg.* (*med.*) emostatico.

hemothorax [ˌhi:məʊ'θɔ:ræks / hemo·thorax] *s.* (*med.*) emotorace.

hemotoxin [ˌheməʊ'tɒksɪn / hemo·toxin] *s.* (*biol.*) emotossina.

hemp [hemp] *s.* **1** (*bot.*) (*Cannabis sativa*) canapa // — *rope*, canapo // (*mecc.*) — *packing*, guarnizione di canapa **2** hashish **3** (*scherz.*) corda per impiccare.

hemp dogbane [ˌhemp'dɒgbeɪn] *s.* (*bot.*) apocino, canapa indiana → **Indian hemp**.

hempen ['hempən] *agg.* di canapa, canapino.

hemstitch ['hemstɪtʃ / hem·stitch] *s.* orlo a giorno.

to **hemstitch** *v.tr.* fare l'orlo a giorno a.

hen [hen] *s.* **1** gallina, chioccia **2** femmina (di volatile o altri animali): — *bird*, uccello femmina; *pea* —, pavonessa; — *sparrow*, passera; — *crab*, femmina del granchio **3** (*fam.*) vecchia zabetta, pettegola.

hen and chickens [ˌhenənd'tʃɪkɪnz] *s.* (*bot.*) **1** (*Sempervivum tectorum*) semprevivo SIN. house-leek **2** (*Nepeta hederacea*) edera terrestre.

henbane ['henbeɪn / hen·bane] *s.* (*bot.*) (*Hyosciamus niger*) giusquiamo.

hence [hens] *avv.* (*form.*) **1** di qui a, da questo momento: *four months* —, di qui a quattro mesi **2** di qui, da ciò, perciò, onde: *the project seemed bound to succeed, — our surprise when it failed*, il progetto sembrava destinato al successo, di qui la nostra sorpresa quando fallì **3** (*letter.*) via di qui, lontano da qui: *and when does hence?*, (SH. Macbeth) e quando se ne andrà via di qui?; *keep the dog far hence, that's friend to men*, (J. WEBSTER) tenete il cane, ch'è amico degli uomini, lontano da qui.

henceforth ['hens'fɔ:θ / hence·forth]
henceforward ['hens'fɔ:wəd / hence·forward] *avv.* (*form.*) d'ora innanzi; da allora in poi.

henchman ['hentʃmən / hench·man] *pl.* **henchmen** *s.* **1** (*spec. pol.*) seguace, accolito; (*spreg.*) scagnozzo **2** (*ant.*) paggio: *I do but beg a little changeling boy, / to be my henchman*, (SH. Midsummer Night's Dream) chiedo solo che un piccolo ragazzo rapito sia il mio paggio.

hen-coop ['henku:p] *s.* stia.

hen-cote ['henkəʊt] *s.* pollaio.

hendecagon [hen'dekəgən /hen·de·ca·gon] *s.* (*mat.*) endecagono.

hendecasyllabic ['hendekəsɪ'læbɪk / hen·de·ca·syl·labic] *agg.* (*metrica*) endecasillabico.

hendecasyllable ['hendekə,sɪləbl / hen·de·ca·syl·lable] *s.* (*metrica*) endecasillabo.

hendiadys [hen'daɪədɪs / hen·dia·dys] *s.* (*ret.*) endiadi.

hen harrier ['hen,hærɪə*] *s.* (*zool.*) (*Circus cyaneus*) albanella reale.

hen-hearted [ˌhen'hɑ:tɪd] *agg.* pusillanime, codardo.

hen house ['henhaʊs] *s.* pollaio.

henna ['henə] *s.* **1** (*bot.*) (*Lawsonia inermis*) alcanna, henné, henna **2** henné (tintura).

to **henna** *v.tr.* tingere, con l'henné (i capelli, la pelle).

henny ['henɪ] *agg.* (*non com.*) simile a gallina; pennuto.

hen party ['hen,pɑ:tɪ] *s.* (*fam.*) festa per sole donne.

to **henpeck** ['henpek / hen·peck] *v.tr.* tiranneggiare, tormentare (il marito).

henpecked ['henpekt / hen·pecked] *agg.* che si lascia dominare dalla moglie.

hen-roost ['henru:st] *s.* pollaio.

henry ['henrɪ] *pl.* **henrys**, **henries** ['henrɪz] *s.* (*fis.*) henry (unità di misura dell'induttanza).

hent [hent] *s.* (*ant.*) **1** presa: *up, sword, and know thou a more horrid hent*, (SH. Hamlet) ferma, spada, serbati per un colpo più orribile **2** (*fig.*) intenzione.

to **hent** *pass.p.p.* **hent** *v.tr.* (*ant.*) **1** afferrare, prendere, acchiappare **2** afferrare, capire.

hen tracks ['hentræks] *s.pl.* (*fam. amer.*) zampa di gallina, scrittura illeggibile.

hep [hep] *agg.* (*sl. amer.*) **1** consapevole, conscio: *are you — to my jive, man?*, ti rendi conto di ciò che sto dicendo, amico? **2** al passo con i tempi, alla moda; aggiornato.

heparin ['hepərɪn / hep·arin] *s.* (*biochim.*) eparina.

hepatic [hɪ'pætɪk / hep·atic] *agg.* epatico: — *coma*, coma epatico.

hepatica [hɪ'pætɪkə / hep·at·ica] *s.* (*bot.*) **1** (*Hepatica triloba*) erba Trinità **2** (*Marchantia polymorpha*) marcanzia.

hepatite ['hepətaɪt / hep·at·ite] *s.* (*min.*) epatite.

hepatitis [ˌhepə'taɪtɪs / hep·at·itis] *s.* (*med.*) epatite.

hepatization [ˌhepətaɪ'zeɪʃn / hep·at·iza·tion] *s.* (*med.*) epatizzazione.

hepato- ['hepətəʊ, hepə'tɒ] *pref.* di origine greca usato nella terminologia scientifica per indicare 'il fegato' o 'relazione con il fegato'; it. epato-: *hepatogenous*, *hepatogenic*, epatogeno; *hepatomegaly*, epatomegalia; *hepatopathy*, epatopatia.

hepatologist [ˌhepə'tɒlɪdʒɪst / hep·ato·lo·gist] *s.* epatologo.

hepatoscopy [ˌhepə'tɒskəpɪ / hep·ato·scopy] *s.* (*med.*) epatoscopia.

hepatotoxin [ˌhepətə'tɒksɪn / hep·ato·toxin] *s.* (*biochim.*) epatotossina.

hepcat ['hepkæt / hep·cat] *s.* (*sl. amer.*) uomo di mondo, persona alla moda, al passo con i tempi, che si tiene sempre aggiornato sulle ultime tendenze.

hepster ['hepstə* / hep·ster] → **hipster**.

hept(a)- ['hept(ə)] *pref.* di origine greca che significa 'sette' o 'composto di sette'; it. epta-, etta-: *heptagonal*, ettagonale.

heptad ['heptæd] *s.* (*non com.*) gruppo di sette.

heptagon ['heptəgən *amer.* 'heptəgɒn / hep·ta·gon] *s.* (*mat.*) ettagono.

heptagonal [hep'tægənl / hep·ta·gonal] *agg.* (*mat.*) ettagonale.

heptahedron [ˌheptə'hedrən / hep·ta·hed·ron] *s.* (*mat.*) ettaedro.

heptameter [hep'tæmɪtə* / hep·ta·meter] *s.* (*metrica*) ettametro.

heptane ['hepteɪn / hept·ane] *s.* (*chim.*) eptano.

heptarchy ['heptɑ:kɪ / hept·archy] *s.* eptarchia, governo a sette.

heptasyllabic [ˌheptəsɪ'læbɪk / hep·ta·syl·labic] *agg.* (*metrica*) eptasillabo, settenario.

Heptateuch ['heptətju:k / Hep·ta·teuch] *s.* (*Bibbia*) Eptateuco.

heptose ['heptəʊs / hept·ose] *s.* (*chim.*) eptoso.

her [hɜ:*] *agg. poss. 3ª pers. sing.* (*riferito a possessore f.*) suo, sua, suoi, sue: *Mary went to the party with — brother*, Mary andò alla festa con suo fratello; *she lost — temper because — sister was wearing — earrings*, andò in collera perché la sorella portava i suoi orecchini; *she hadn't seen — father for months*, non vedeva suo padre da mesi; — *suitcases were in the boot of — car*, le sue valigie erano nel baule della sua macchina.

her *pron.pers.f. 3ª pers. sing.* (*compl. ogg. e indiretto di* she) la; lei; le; sé: *go with* —, andate con lei; *I saw* — , la vidi; *she took her little son with* —, portò il figlioletto con sé; *tell — I'm here*, ditele che sono qui; *tell — so*, diteglielo; *it's* —, è lei; *I told — to phone her parents*, le ho detto di telefonare ai suoi genitori; *we don't want — to get offended*, non vogliamo che si offenda // *bless this ship and all who sail in* —, sia benedetta questa nave e tutti coloro che vi navigano // *fill — up*, il pieno!

herald ['herəld / her·ald] *s.* **1** (*st.*) araldo **2** nunzio, messaggero; (*fig.*) precursore, foriero **3** araldista.

to **herald** *v.tr.* (*form.*) annunciare; preannunciare.

heraldic [he'rældɪk / her·aldic] *agg.* araldico.

heraldry ['herəldrɪ / her·aldry] *s.* araldica.

herb [hɜ:b *amer.* ɜ:b] *s.* **1** erba, pianta erbacea **2** pianta, erba medicinale **3** (*cuc.*) erba aromatica, odore.

herbaceous [hɜ:'beɪʃəs *amer.* ɜ:'beɪʃəs / herb·aceous] *agg.* erbaceo.

herbage ['hɜ:bɪdʒ *amer.* 'ɜ:bɪdʒ / herb·age] *s.* **1** vegetazione erbacea **2** (*dir.*) diritto di pascolo.

herbal ['hɜ:bl *amer.* ɜ:bl] *agg.* di erba (medicinale, aromatica ecc.) ◆ *s.* erbario.

herbalism ['hɜ:bəlɪzm / herb·al·ism] *s.* erboristeria.

herbalist ['hɜ:bəlɪst *amer.* 'ɜ:bəlɪst / herb·al·ist] *s.* erborista.

herbarium [hɜ:'beərɪəm *amer.* ɜ:'beərɪəm / herb·ar·ium] *pl.* **herbariums**, **herbaria** [hɜ:'beərɪə *amer.* ɜ:'beərɪə / herb·aria] *s.* erbario (raccolta classificata di erbe e piante disseccate).

herb-bennet [,hɜ:b'benɪt] *s.* (*bot.*) (*Geum urbanum*) ambretta selvatica; (*pop.*) garofanaia.

herbicidal [,hɜ:bɪ'saɪdl / herbi·cidal] *agg.* erbicida, diserbante.

herbicide ['hɜ:bɪsaɪd / herbi·cide] *s.* erbicida, diserbante.

herbicolous [hɜ:'bɪkələs / herb·ico·lous] *agg.* e *s.* (*zool.*) erbicolo.

herbivore ['hɜ:bɪ,vɔ:* / herbi·vore] *s.* (*zool.*) erbivoro.

herbivorous [hɜ:'bɪvərəs *amer.* ɜ:'bɪvərəs / herbi·vor·ous] *agg.* erbivoro.

herblet ['hɜ:blɪt *amer.* 'ɜ:blɪt / herb·let] *s.* (*poet.*) erbetta: *you were as flowers, now wither'd; even so / these herblets shall, which we upon you strew*, (SH. Cymbeline) voi eravate come dei fiori, ora appassiti; e così lo saranno queste erbette che spargiamo su di voi.

herb-of-grace [,hɜ:bəv'greɪs] **herb-of-repentance** ['hɜ:bəvrɪ'pentəns] *s.* (*bot.*) ruta → **rue**².

herborist ['hɜ:bərɪst *amer.* 'ɜ:bərɪst / herb·or·ist] *s.* (*non com.*) erborista SIN. **herbalist**.

herb-Robert [,hɜ:b'rɒbət] *s.* (*bot.*) (*Geranium robertianum*) erba roberta, roberziana; (*pop.*) erba cimicina.

herb-tea [,hɜ:b'ti:] *s.* tisana, decotto di erbe.

Herculean [,hɜ:kjʊ'li:ən / Her·cu·lean] *agg.* erculeo.

Hercule's club ['hɜ:kjʊ,li:z'klʌb] *s.* (*bot.*) aralia spinosa → **angelica**.

Hercynian [hɜ:'sɪnɪən / Her·cyn·ian] *agg.* (*geol.*) erciniano, ercinico.

herd¹ [hɜ:d] *s.* **1** gregge, mandria, branco: — *of sheep*, gregge di pecore **2** massa, moltitudine (di gente): *the* —, la massa, la plebe // — *instinct*, istinto gregario.

to **herd**¹ *v.intr.* formare gregge; riunirsi; ammassarsi: *to — together*, riunirsi in gregge (*anche fig.*).

herd² *s.* (*non com.*) mandriano, pastore.

to **herd**² *v.tr.* **1** condurre, portare, spostare; spingere (il bestiame ecc.): *they herded the prisoners into the back of the van*, spinsero i prigionieri nel retro del furgone **2** radunare, raggruppare, ammassare.

herdboy ['hɜ:dbɔɪ / herd·boy] *s.* aiuto mandriano.

herder ['hɜ:də*] *s.* mandriano, pastore.

herdsman ['hɜ:dzmən / herds·man] *pl.* **herdsmen** *s.* mandriano, pastore.

here [hɪə*] *avv.* **1** qui, qua; in questo caso; a questo punto: *come —!*, vieni qui!; *he was — a moment ago*, era qui un attimo fa; *I'm — to find out the truth*, sono qui per scoprire la verità; *the figures are given —, on page 20*, le cifre sono riportate qui, a pagina 20; *there's a problem I must point out —*, a questo punto c'è un problema che debbo segnalare; *the discussion has to stop — since we've run out of time*, la discussione deve interrompersi qui, poiché è scaduto il tempo; *look —!*, guarda!, bada!, sta' attento!, senti! // *from —*, da qui // *up —*, quassù // *near —*, qui vicino // *— and there*, qua e là // *—, there and everywhere*, ovunque **2** ecco (qui): *— I am*, eccomi, sono qui; *— you are*, eccoti; *— he is*, eccolo qui; *— we are at last*, eccoci arrivati finalmente; *— comes the rain*, ecco la pioggia; *—'s Professor Brown, our archaeology expert*, ecco (qui) il professor Brown, nostro esperto di archeologia; *I'm looking for my German dictionary. Ah, — it is!*, sto cercando il mio dizionario di tedesco. Ah, eccolo qui!; *—'s the coffee you asked for*, eccoti il caffè che avevi chiesto; *he realised that — was the girl of his dreams*, capì che quella era la ragazza dei suoi sogni; *the inspector knew that — were the clues to the murderer's identity*, l'ispettore sapeva che qui c'erano gli indizi dell'identità dell'assassino // *...and now — is the foreign news*, ...ed ora le notizie dall'estero // *—!*, presente! **3** (*offrendo qlco.*) ecco a te, a voi: *—'s your ticket*, eccoti il biglietto; *— you are!*, ecco qui!, ecco a te, a voi!; eccoti servito!; *—'s your change, Miss*, eccole il resto, signorina!; *—'s my card with my address and phone number*, eccole il mio biglietto da visita con l'indirizzo e il numero di telefono // Con uso enfatico: *well, — you are, young and hopeful with all the world before you!*, bene, eccoti qui, giovane di belle speranze, padrone del mondo! **4** (*nei brindisi*): *—'s to you, George!*, alla tua salute, George!; *—'s to your new job!*, al tuo nuovo lavoro! ◆ *s.* questo luogo: *in —*, qui dentro // *the — and now*, il mondo presente, questo mondo: *for me it's the — and now that counts, not the next world*, per me è questo mondo che conta, non l'al di là.

◆ FRASEOLOGIA: *— we go!*, via!, partenza!, buttiamoci! // *I' ve never ridden a bicycle before but I have to try sooner or later... so — goes!*, non sono mai andato in bicicletta, ma prima o poi devo provare... perciò, ecco, si comincia! // *as usual, he's forgotten where he parked the car and now we have to search for it. Here we go again!*, come al solito, si è dimenticato dove ha parcheggiato la macchina e ora ci tocca cercarla. Ci risiamo!, È la solita storia! // *— and now*, una volta per tutte: *I tell you — and now that I won't stand any nonsense*, te lo dico una volta per tutte che non sopporto le stupidaggini.

hereabout(s) ['hɪərə,baut(s) / here·about(s)] *avv.* qui intorno, qui in giro: *where are my glasses? I left them —*, dove sono i miei occhiali? Li ho lasciati qui in giro, da queste parti.

hereafter [hɪər'ɑ:ftə* *amer.* hɪər'æftə* / here·after] *avv.* **1** (*comm.*, *dir.*) d'ora innanzi, in futuro; in seguito, più avanti (in questo documento): ... *'St. Mary's Hospital', — called 'The Hospital'*..., 'St. Mary's Hospital', più avanti chiamato 'The Hospital' **2** nell'al di là.

hereafter *s.* (*form.*) la vita futura, ultraterrena; l'al di là: *in the —*, all'altro mondo.

hereat [hɪər'æt] *avv.* (*ant.*) al che; quando avvenne ciò.

hereby ['hɪə'baɪ] *avv.* **1** (*comm.*, *dir.*) con questo (mezzo); con il presente (documento): *the company is — licensed to sell alcoholic beverages on the premises...*, la ditta è autorizzata con questo a vendere bevande alcoliche da bersi sul posto... **2** qui vicino.

hereditability [hɪ,redɪtə'bɪlɪtɪ / her·ed·it·ab·il·ity] *s.* (*dir.*) ereditabilità.

hereditable [hɪ'redɪtəbl / her·ed·it·able] *agg.* (*dir.*) ereditabile.

hereditament [,herɪ'dɪtəmənt / her·ed·ita·ment] *s.* (*dir.*) asse ereditario; beni trasmissibili per eredità.

hereditarian [hɪ,redɪ'teərɪən / her·ed·it·ar·ian] *s.* sostenitore delle teorie sull'ereditarietà.

hereditarily [hɪ'redɪtərɪlɪ *amer.* hɪ'redɪterɪlɪ / her·ed·it·ar·ily] *avv.* ereditariamente.

hereditariness [hɪ'redɪtərɪnɪs *amer.* hɪ'redɪterɪnɪs / her·ed·it·ari·ness] *s.* ereditarietà.

hereditary [hɪ'redɪtərɪ *amer.* hɪ'redɪterɪ / her·ed·it·ary] *agg.* **1** ereditario **2** (*dir.*) (per diritto) ereditario.

heredity [hɪ'redətɪ / her·ed·ity] *s.* **1** eredità **2** (*biol.*) ereditarietà.

herein ['hɪər'ɪn] *avv.* (*comm.*, *dir.*) in questo; qui accluso; nella presente (lettera).

hereinafter ['hɪərɪn'ɑ:ftə* *amer.* 'hɪərɪn 'æftə* / here·in·af·ter] *avv.* (*comm.*, *dir.*; cfr. *hereafter*) dopo, più avanti (in questo documento).

hereof [hɪər'ɒv] *avv.* (*comm.*, *dir.*) a questo riguardo; di ciò.

hereon [hɪər'ɒn] → **hereupon**.

heresiarch [he'ri:zɪɑ:k / her·esi·arch] *s.* eresiarca.

heresy ['herəsɪ / her·esy] *s.* eresia.

heretic ['herətɪk / her·etic] *agg.* e *s.* eretico.

heretical [hɪ'retɪkl / her·et·ical] *agg.* eretico // **-ly** *avv.*

to **hereticate** [hɪ'retɪkeɪt / her·et·ic·ate] *v.tr.* (*rar.*) denunciare come eretico.

hereto ['hɪə'tu:] *avv.* (*comm.*, *dir.*) a questo; con riferimento; allegato a questo.

heretofore ['hɪətu'fɔ:* / here·to·fore] *avv.* (*dir.*) prima, prima d'ora: *as —*, come precedentemente.

hereunder [hɪər'ʌndə* / here·un·der] *avv.* (*form.*) qui sotto.

hereupon ['hɪərə'pɒn / here·upon] *avv.* (*form.*) al che, in conseguenza di ciò.

herewith ['hɪə'wɪð / here·with] *avv.* (*form.*, *comm.*) qui accluso: *we are sending —*, con la presente vi inviamo.

heritable ['herɪtəbl / her·it·able] *agg.* (*dir.*) ereditabile.

heritables ['herɪtəblz / her·it·ables] *s.pl.* (*scoz. dir.*) proprietà ereditaria.

heritage [ˈherɪtɪdʒ / her·it·age] *s.* **1** eredità; patrimonio (*anche fig.*) **2** (*eccl.*) il popolo eletto; la Chiesa.

heritor [ˈherɪtə* / her·itor] *s.* (*dir.*) erede.

herky-jerky [ˌhɜːkɪˈdʒɜːkɪ] *agg.* (*fam. amer.*) irregolare, spasmodico.

herma [ˈhɜːmə] *pl.* **hermae** [hɜːmiː] *s.* erma, statua.

hermaphrodism [hɜːˈmæfrədɪzəm / herm·aph·rod·ism] *s.* (*biol.*) → **hermaphroditism**.

hermaphrodite [hɜːˈmæfrədaɪt / herm·aph·rod·ite] *agg.* e *s.* (*biol.*) ermafrodito.

hermaphroditic(al) [hɜːˌmæfrəˈdɪtɪk(l) / herm·aph·rod·itic(al)] *agg.* (*biol.*) ermafrodito.

hermaphroditism [hɜːˈmæfrədaɪˌtɪzəm / herm·aph·rod·it·ism] *s.* (*biol.*) ermafroditismo.

hermeneutic(al) [ˌhɜːmɪˈnjuːtɪk(l) / her·men·eutic(al)] *agg.* ermeneutico, interpretativo.

hermeneutics [ˌhɜːmɪˈnjuːtɪks / her·men·eutics] *s.* ⓤ ermeneutica.

hermetic [hɜːˈmetɪk / her·metic] *agg.* ermetico // **-ally** *avv.*

hermit [ˈhɜːmɪt / her·mit] *s.* **1** eremita **2** (*ant.*) uomo pagato per pregare per gli altri: *...for those of old / and the late dignities heaped up to them, / we rest your hermits*, (SH. Macbeth) ... per gli antichi favori e quelli recentemente accumulati pregheremo per voi.

hermitage [ˈhɜːmɪtɪdʒ / her·mit·age] *s.* eremo, eremitaggio.

hermit-crab [ˈhɜːmɪtˌkræb] *s.* (*zool.*) paguro, bernardo l'eremita SIN. pagurian, soldier -crab.

hernia [ˈhɜːnjə / her·nia] *pl.* **hernias, herniae** [ˈhɜːnɪˌiː] *s.* (*med.*) ernia.

hernial [ˈhɜːnjəl / her·nial] *agg.* (*med.*) erniario.

herniated [ˈhɜːnɪeɪtɪd / her·ni·ated] *agg.* (*med.*) con ernia: — *disc*, ernia del disco.

hero [ˈhɪərəʊ] *pl.* **heroes** [ˈhɪərəʊz / her·oes] *s.* **1** eroe: — *worship*, culto degli eroi **2** protagonista (di commedia, romanzo); persona celebre **3** — (*sandwich*), (*fam. amer.*) grosso panino imbottito.

heroic [hɪˈrəʊɪk] *agg.* eroico, di eroe; straordinario, colossale: — *couplet*, distico di pentametri giambici a rima baciata; — *poetry*, poesia epica; — *verse*, verso eroico ◆ *s.* **1** verso eroico **2** *pl.* frasi, linguaggio pomposo, retorico, stravagante.

heroical [hɪˈrəʊɪkl / hero·ical] *agg.* eroico, di eroe // **-ly** *avv.* // **-ness** *s.*

heroicomic(al) [hɪˌrəʊɪˈkɒmɪk(l) / heroi·comic(al)] *agg.* eroicomico.

to **heroify** [hɪˈrəʊɪfaɪ / hero·ify] *v.tr.* (*non com.*) eroicizzare.

heroin [ˈherəʊɪn] *s.* (*chim.*) eroina.

heroine [ˈherəʊɪn / hero·ine] *s.* eroina.

heroism [ˈherəʊɪzəm / hero·ism] *s.* eroismo.

heron [ˈherən] *s.* (*zool.*) (*Ardea cinerea*) airone.

herpes [ˈhɜːpiːz / her·pes] *s.* (*med.*) erpete, herpes // — *zoster*, fuoco di Sant'Antonio, herpes zoster.

herpetic [hɜːˈpetɪk / her·petic] *agg.* (*med.*) erpetico.

herpetologist [ˌhɜːpɪˈtɒlədʒɪst / her·peto·lo·gist] *s.* erpetologo.

herpetology [ˌhɜːpɪˈtɒlədʒɪ / her·peto·logy] *s.* erpetologia.

herring [ˈherɪŋ / her·ring] *s.* (*pl. gener. invar.*) (*zool.*) (*Clupea harengus*) aringa: *smoked* (o *kippered*) —, aringa affumicata // *red* —, (*fig.*) falsa pista: *to draw a red — across the track*, distogliere l'attenzione, creare un diversivo.

herringbone [ˈherɪŋbəʊn / her·ring·bone] *agg.* e *s.* (forma) a spina di pesce // — *stitch*, punto strega.

herring-gull [ˈherɪŋgʌl] *s.* (*zool.*) (*Larus argentatus*) gabbiano reale.

hers [hɜːz] *pron. poss. 3ª pers. sing.* (*riferito a possessore f.*) il suo, la sua, i suoi, le sue: *all these books are* —, tutti questi libri sono suoi; *that car's his and this one's* —, quella macchina è di lui e questa è di lei; *this hat's mine and that's* —, questo cappello è mio e quello è suo; *your eyes are black and — are blue*, i tuoi occhi sono neri ed i suoi azzurri; *that brother of* —, quel suo fratello; *it's no business of* —, è una faccenda che non la riguarda.

herself [hɜːˈself / her·self] *pron. 3ª pers. sing. f.* **1** *rifl.* si, sé, se stessa: *she hurt* —, si è fatta male; *she spoke of* —, ella parlò di sé; *Sheila was looking at — in the mirror*, Sheila si guardava allo specchio; *she bought — some chocolates*, si comprò dei cioccolatini; *now she can take care of* —, ora può pensare a se stessa // (*all*) *by* —, da sola **2** (*enfatico*) ella stessa: *she told me* — (o *she — told me*), lei stessa me lo disse; *it was the famous singer —!*, era proprio la famosa cantante in persona! ◆ *s.* ella stessa: *she was not* —, non era in sé.

hertz [hɜːts] *s.* (*fis.*) hertz (unità di misura della frequenza).

Hertzian [ˈhɜːtsɪən / Hertz·ian] *agg.* (*fis.*) hertziano: — *waves*, onde hertziane.

Herzegovinian [ˌhɜːtsəgəʊˈviːnɪən / Her·ze·go·vi·nian] *agg.* e *s.* (nativo, abitante) dell'Erzegovina.

he's [hiːz] contr. di *he is, he has*.

hesitance [ˈhezɪtəns / hes·it·ance] **hesitancy** [ˈhezɪtənsɪ / hes·it·ancy] *s.* esitazione, titubanza.

hesitant [ˈhezɪtənt / hes·it·ant] *agg.* esitante, titubante.

to **hesitate** [ˈhezɪteɪt / hes·it·ate] *v. intr.* esitare, titubare: *don't — to call me if you need help*, non esitare a chiamarmi se ti occorre aiuto.

hesitation [ˌhezɪˈteɪʃn / hes·ita·tion] *s.* **1** esitazione **2** (danza) hesitation **3** balbuzie.

hesitator [ˈhezɪteɪtə* / hes·it·ator] *s.* chi esita; chi è in dubbio.

hesitatory [ˈhezɪteɪtərɪ / hes·it·at·ory] *agg.* esitante.

hesperidium [ˌhespəˈrɪdɪəm / hes·per·idium] *pl.* **hesperidia** [ˌhespəˈrɪdɪə / hes·per·idia] *s.* (*bot.*) esperidio.

Hessian [ˈhesɪən *amer.* ˈheʃn / Hes·sian] *agg.* di Hesse ◆ *s.* **1** abitante di Hesse **2** tela (di canapa) da sacchi **3** (*amer.*) mercenario.

Hessian fly [ˈhesɪənˌflaɪ] *s.* (*zool.*) (*Cecidomia destructor*) cecidomia distruttrice del grano.

hest [hest] *s.* (*ant.*) comando, ordine: *Faustus, begin thine incantations / and try if devils will obey thy hest*, (MARLOWE) Faustus, comincia le tue magie e prova se i diavoli obbediscono al tuo comando.

hetaera [hɪˈtɪərə / het·aera] *s.* (*st.*) etera.

hetero- [ˈhetərəʊ] *pref.* di origine greca che ha valore di 'altro, diverso'; it. etero-: *heterochromosome*, eterocromosoma; (*med.*) *heterophoria*, eteroforia.

hetero [ˈheterəʊ / het·ero] *agg.* (*fam.*) abbr. di → **heterosexual**.

heterocarpous [ˌhetərəʊˈkɑːpəs / het·ero·carp·ous] *agg.* (*bot.*) eterocarpo.

heteroclite [ˈheterəʊˌklaɪt / het·ero·clite] *agg.* eteroclito, irregolare ◆ *s.* sostantivo eteroclito; irregolare.

heterocyclic [ˌhetərəʊˈsaɪklɪk / het·ero·cyc·lic] *agg.* (*chim.*) eterociclico.

heterodox [ˈhetərədɒks / het·ero·dox] *agg.* eterodosso.

heterodoxy [ˈhetərədɒksɪ / het·ero·doxy] *s.* eterodossia.

heterodyne [ˈhetərəʊdaɪn / het·ero·dyne] *s.* (*rad.*) eterodina.

heterogamete [ˌhetərəʊˈgæmiːt / het·ero·gam·ete] *s.* (*biol.*) eterogamete.

heterogamy [ˌhetəˈrɒgəmɪ / het·ero·gamy] *s.* (*biol.*) eterogamia.

heterogeneity [ˌhetərəʊdʒɪˈniːɪtɪ / het·ero·gen·eity] *s.* eterogeneità.

heterogeneous [ˌhetərəʊˈdʒiːnjəs / het·ero·gen·eous] *agg.* eterogeneo // **-ness** *s.*

heterogenesis [ˌhetərəʊˈdʒenɪsɪs / het·ero·gen·esis] *s.* (*biol.*) eterogenesi.

heterogenite [ˌhetərəʊˈdʒenaɪt / het·ero·gen·ite] *s.* (*min.*) eterogenite, stainierite.

heterograft [ˈhetərəʊˌgrɑːft / het·ero·graft] *s.* (*med.*) eterotrapianto.

heterologous [ˌhetəˈrɒləgəs / het·ero·log·ous] *agg.* (*biol.*) eterologo.

heteromorphic [ˌhetərəʊˈmɔːfɪk / het·ero·morphic] *agg.* (*bot.*) eteromorfo.

heteromorphism [ˌhetərəʊˈmɔːfɪzəm / het·ero·morph·ism] *s.* eteromorfismo.

heteromorphous [ˌhetərəʊˈmɔːfəs / het·ero·morph·ous] *agg.* (*bot.*) eteromorfo.

heteronomous [ˌhetəˈrɒnəməs / het·ero·nom·ous] *agg.* eteronomo.

heteronomy [ˌhetəˈrɒnəmɪ / het·ero·nomy] *s.* eteronomia.

heterophyllous [ˌhetərəʊˈfɪlɪs / het·ero·phyl·lous] *agg.* (*bot.*) eterofillo.

heterophylly [ˈhetərəʊˌfɪlɪ / het·ero·phylly] *s.* (*bot.*) eterofillia.

heterophyte [ˈhetərəʊˌfaɪt / het·ero·phyte] *s.* (*bot.*) eterofita.

heterosexual [ˌhetərəʊˈseksjʊəl / het·ero·sexual] *agg.* e *s.* eterosessuale.

heterosexuality [ˈhetərəʊˌseksjʊˈælətɪ / het·ero·sexu·al·ity] *s.* eterosessualità.

heterotaxia [ˌhetərəʊˈtæksɪə / het·ero·taxia] **heterotaxis** [ˌhetərəʊˈtæksɪs / het·ero·taxis] *s.* (*biol.*) eterotassia.

heterotopia [ˌhetərəʊˈtəʊpɪə / het·ero·topia] **heterotopy** [ˌhetəˈrɒtəpɪ / het·ero·topy] *s.* (*anat.*) eterotopia.

heterotransplant [ˌhetərəʊˈtrænsplɑːnt *amer.* ˌhetərəʊˈtrænsplænt / het·ero·trans·plant] *s.* (*med.*) → **heterograft**.

heterotroph [ˈhetərəʊˌtrɒf / het·ero·troph] *s.* (*biol.*) organismo eterotrofo.

heterozygote [ˌhetərəʊˈzaɪgəʊt / het·ero·zy·gote] *s.* (*biol.*) eterozigote.

heterozygous [,heterəʊ'zaɪgəs / het·ero·zyg·ous] *agg.* (*biol.*) eterozigotico.

het up [,het'ʌp] *agg.* (*fam.*) eccitato: *don't get — about it*, non prendertela per questo.

heuristic [hjʊə'rɪstɪk / heur·istic] *agg.* euristico.

heuristics [hjʊə'rɪstɪks / heur·ist·ics] *s.* ⓤ euristica.

to **hew** [hju:] *pass.* **hewed** [hju:d] *p.p.* **hewed**, **hewn** [hju:n] *v.tr.* spaccare, fendere, tagliare (con l'ascia): *to — to pieces*, fare a pezzi; *to — wood*, spaccare la legna // *to — down*, abbattere // *to — one's way* (*through...*), farsi largo a fatica (attraverso...).

□ **hew out** *v.tr.* e *avv.* **1** sbozzare: *to — out a statue*, sbozzare una statua // *to — out a career for oneself*, farsi strada nella vita con grandi sforzi **2** scavare: *they hewed an enormous reservoir for the water out of the rock*, scavarono un enorme bacino per l'acqua nella roccia.

□ **hew to** *v.intr.* e *prep.* (*amer.*) aderire, uniformarsi, attenersi a (idee, principi).

hewer ['hju:ə*] *s.* **1** tagliatore **2** spaccalegna.

hewn [hju:n] *agg.* tagliato; sbozzato: — *timber*, legname rifilato.

hex [heks] *s.* **1** incantesimo; maledizione, fattura: *to put the — on s.o.*, fare una fattura a qlcu. **2** strega, stregone.

to **hex** *v.tr.* (*sl. amer.*) fare una fattura, lanciare una maledizione a.

hex(a)- [heks(ə)] *pref.* di origine greca che significa 'sei' o 'composto di sei'; it. esa-: *hexachloroethane*, esacloroetano; (*mus.*) *hexachord*, esacordo; *hexatomic*, esatomico; (*bot.*) *hexapetalous*, esapetalo.

hexachlorophene [heksə'klɔ:rəfi:n / hexa·chloro·phene] *s.* (*chim.*) esaclorofene.

hexadecimal [,heksə'desɪml / hexa·decimal] *agg.* (*inform.*) esadecimale, a base sedici.

hexagon ['heksəgən *amer.* 'heksəgɒn / hexa·gon] *s.* (*mat.*) esagono.

hexagonal [hek'sægənl / hexa·gonal] *agg.* (*mat.*) esagonale.

hexahedron [,heksə'hedrən / hexa·hed·ron] *s.* (*mat.*) esaedro.

hexahydrate [,heksə'haɪdreɪt / hexa·hy·drate] *s.* (*chim.*) esaidrato.

hexameter [hek'sæmɪtə* / hexa·meter] *s.* (*metrica*) esametro.

hexane ['heksem / hex·ane] *s.* (*chim.*) esano.

hexangular [hek'sæŋgjʊlə* / hex·angu·lar] *agg.* (*mat.*) esangolare.

hexapod ['heksəpɒd / hexa·pod] *agg.* (*zool.*) esapodo (di insetto) ◆ *s.* (*zool.*) insetto.

hexastyle ['heksəstaɪl / hexa·style] *agg.* e *s.* (*arch.*) (edificio) esastilo.

hexosan ['heksəʊsæn / hexo·san] *s.* (*biochim.*) emicellulosa.

hexose ['heksəʊs / hex·ose] *s.* (*chim.*) esoso.

hexperidin [hek'sperɪdɪn / hex·peri·din] *s.* (*chim.*) esperidina.

hexyl ['heksəl] *agg.* (*chim.*) esilico: — *alcohol*, alcol esilico.

hexylamine ['heksɪləmɪn / hex·yl·am·ine] *s.* (*chim.*) esilammina.

hey [heɪ] *inter.* eh!, eh!

heyday ['heɪdeɪ / hey·day] *s.* (*solo sing.*) apogeo; epoca di maggiore prosperità; vigore: *in the — of his career*, all'apice della sua carriera; *silent movies reached their — in the early twenties*, il cinema muto ebbe la sua grande stagione nei primi anni venti.

hey-day *inter.* (*ant.*) oh!, ih!

hey presto ['heɪ'prestəʊ] *inter.* (*fam.*) e voilà!, ecco fatto!

hi [haɪ] *inter.* (*fam.*) ciao! (quando si incontra qlcu.).

hiatus [haɪ'eɪtəs / hi·atus] *pl. invar.* o **hiatuses** [haɪ'eɪtəsɪz] *s.* **1** iato **2** lacuna; interruzione **3** (*geol.*) lacuna stratigrafica.

to **hibernate** ['haɪbɜ:neɪt / hi·bern·ate] *v.intr.* **1** ibernare, passare l'inverno in letargo **2** svernare.

hibernation [,haɪbɜ:'neɪʃn / hi·berna·tion] *s.* **1** (*zool.*) letargo, ibernazione **2** svernamento, lo svernare.

Hibernian [haɪ'bɜ:njən / Hi·bern·ian] *agg.* e *s.* (*st.*) irlandese.

hibiscus [hɪ'bɪskəs *amer.* haɪ'bɪskəs / hi·bis·cus] *s.* (*bot.*) ibisco.

hiccough ['hɪkʌp / hic·cough] **hiccup** *s.* **1** singhiozzo, singulto **2** (*estens.*) interruzione, intoppo.

to **hiccough**, to **hiccup** *v.intr.* avere il singhiozzo ◆ *v.tr.* dire fra i singhiozzi.

hick [hɪk] *s.* (*fam. amer.*) provinciale, rusticone // — *town*, città di provincia.

hickory ['hɪkərɪ / hick·ory] *s.* (*bot.*) hickory, noce americano.

hid *pass.p.p.* di to **hide**[3].

hidden ['hɪdn / hid·den] *p.p.* di to **hide**[3] ◆ *agg.* **1** nascosto; segreto; occulto: (*amm.*) — *reserves*, riserve occulte; (*econ.*) — *unemployment*, disoccupazione nascosta; (*dir.*) — *defect*, vizio occulto **2** (*estens.*) sconosciuto, ignoto.

hiddenly ['hɪdnlɪ / hid·den·ly] *avv.* nascostamente; segretamente.

hide[1] [haɪd] *s.* **1** pelle, pellame: *to dress hides*, lavorare le pelli, il pellame **2** (*fam.*) pelle umana: *to save one's own —*, salvare la pelle; *we haven't seen — or hair of him for ten years*, da dieci anni di lui non vediamo nemmeno l'ombra // *to tan s.o.'s —*, conciare qlcu. per le feste **3** *pl.* (*amer.*) batteria (nel gergo dei musicisti).

to **hide**[1] *v.tr.* **1** (*non com.*) spellare, scorticare **2** (*sl. ant.*) frustare.

hide[2] *s.* (*st.*) misura agraria equivalente a 48 ettari.

hide[3] *s.* **1** nascondiglio, luogo nascosto (da cui osservare gli animali) **2** (*caccia*) posta.

to **hide**[3] *pass.* **hid** [hɪd] *p.p.* **hid**, **hidden** ['hɪdn / hid·den] *v.tr.* nascondere; celare: *to — sthg. from s.o.*, nascondere qlco. a qlcu.; *to — oneself*, nascondersi; *to — one's face*, nascondersi il viso // *to — one's feelings*, dissimulare, nascondere i propri sentimenti ◆ *v.intr.* nascondersi; celarsi: *they hid behind the house*, si nascosero dietro la casa // *to — (away) from s.o.*, nascondersi a qlcu. // *to — out*, nascondersi.

hide-and-seek [,haɪdən'si:k] *s.* nascondino, rimpiattino.

hideaway ['haɪdəweɪ / hide·away] *s.* (*fam.*) nascondiglio, rifugio.

hidebound ['haɪdbaʊnd / hide·bound] *agg.* **1** ridotto a pelle e ossa (di animale) **2** (*fig.*) dalla mente ristretta, piena di pregiudizi.

hideous ['hɪdɪəs / hid·eous] *agg.* orribile, orrendo, spaventevole; odioso: *a — crime*, un orrendo delitto // **-ly** *avv.*

hideousness ['hɪdɪəsnɪs / hid·eous·ness] *s.* aspetto orribile; bruttezza; odiosità.

hideout ['haɪdaʊt / hide·out] *s.* nascondiglio, tana, covo.

hider ['haɪdə*] *s.* **1** chi si nasconde **2** dissimulatore.

hidey-hole ['hai,di:'həʊl] → **hideaway**.

hiding[1] ['haɪdɪŋ / hid·ing] *s.* **1** il nascondere **2** — (*-place*), nascondiglio // *to go into —*, nascondersi; darsi alla macchia // *to be in —*, essere nascosto; tenersi nascosto.

hiding[2] *s.* (*fam.*) bastonatura: *to give s.o. a good —*, dare a qlcu. una buona bastonatura; rimproverare aspramente qlcu. // *to be on a — to nothing*, (*fam.*) sprecare il proprio tempo senza possibilità di successo.

to **hie** [haɪ] *v.intr.* (*letter.*) affrettarsi; correre: *to — to a place*, correre in un luogo; *where do you — from?*, da dove vieni?; *and on the hunter hied his way*, (W.SCOTT) e il cavaliere affrettò il suo cammino.

hiemal ['haɪɪməl] *agg.* (*poet.*) iemale, invernale.

hiems ['haɪemz] *s.* (*ant.*) inverno.

hierarch ['haɪərɑ:k / hier·arch] *s.* prelato.

hierarchic(al) [,haɪə'rɑ:kɪk(l) / hier·archic, hier·arch·ical] *agg.* gerarchico.

hierarchism ['haɪərɑ:kɪzəm / hier·arch·ism] *s.* gerarchismo.

hierarchy ['haɪərɑ:kɪ / hier·archy] *s.* gerarchia.

hieratic [,haɪə'rætɪk / hier·atic] *agg.* ieratico.

hieroglyph ['haɪərəʊglɪf / hiero·glyph] *s.* geroglifico.

hieroglyphic(al) [,haɪərəʊ'glɪfɪk(l) / hiero·glyphic·(al)] *agg.* geroglifico.

hierophant ['haɪərəʊfænt / hiero·phant] *s.* (*st. greca*) gerofante.

hi-fi ['haɪ'faɪ] *s.* apparecchio ad alta fedeltà ◆ *agg.* (*elettr., fis.*) ad alta fedeltà.

to **higgle** ['hɪgl] *v.intr.* tirare sul prezzo.

higgledy-piggledy ['hɪgldɪ'pɪgldɪ] *avv.* (*fam.*) alla rinfusa.

high [haɪ] *agg.* **1** alto, elevato; (*fig.*) sommo, importante: *"How — is that building?" "It is 100 feet* (o *foot*) *—"*, "Quanto è alto quell'edificio?" "È alto 100 piedi"; *the plane reached a — altitude*, l'aereo raggiunse un'alta quota; — *speed*, alta velocità; — *wind*, vento forte; *to be — in office*, occupare una posizione importante; *to have a — opinion of s.o.*, avere un'alta opinione di qlcu.; *to set a — value on sthg.*, attribuire un alto valore a qlco. // *higher education*, istruzione superiore; *higher up the river*, a monte del fiume; *he belongs to the higher classes*, appartiene alle classi elevate; *the sun is getting higher*, il sole avanza nel cielo; *to appoint s.o. to a higher post*, promuovere qlcu. di grado // *in the highest degree*, al più alto grado; per eccellenza; *in the highest sense of the word*, nel senso più completo della parola // — *and low*, i ricchi e i poveri // — *society*, alta società // — *ideals*, nobili ideali // — *hopes*, buone speranze // — *point* (o *spot*), momento culminante, clou // — *spirits*, spirito vivace, umore gaio, buonumore // — *stakes*, alta posta (in scommesse): *to play for — stakes*, scommettere forte // *to speak of s.o. in — terms*, parlare di qlcu. in termini lusinghieri // *to stand — with*, essere stimato da // *High Church*, Chiesa Alta (ramo più conservatore della chiesa Anglicana); *High Churchman*, membro della Chiesa Alta // *High Mass*, Messa alta // *High Tory*, estrema destra del Partito Conservatore // *The High Most(est)*, l'Altissimo, Iddio **2** altezzoso, arrogante // *with a — hand*, con arroganza arbitraria; *to be — and mighty*, essere arrogante, darsi delle arie; *to be on one's — horse*, far l'arrogante **3** forte, intenso (di luce, colore): *a — colour*, un colore acceso **4** costoso, caro: *sugar is not — now*, lo zucchero non è caro ora **5** pieno, avanzato (di tempo, stagione ecc.): *— noon*, pieno meriggio; *— summer*, piena estate // *— time*, ora, momento giusto: *it's — time you learnt to drive a car*, è ora che tu impari a guidare l'auto: *it is — time for me to go*, è ora che me ne vada; *it is — time he earned sthg.*, sarebbe ora che cominciasse a guadagnare qlco. **6** alto, acuto (di suono): *he always speaks in a — voice*, parla sempre a voce alta **7** troppo frollo, alterato (di carne); forte (di sapore): *this fish has a — smell*, questo pesce puzza **8** (*fam.*) alticcio, brillo; (*sl.*) fumato, sotto l'effetto di una droga tipo marijuana: *to get — on whisky*, essere ubriaco di whisky // *to be — as a kite*, essere pazzo da legare.

high *s.* **1** ciò che sta in alto; il Cielo, l'Alto: *God on —*, Dio in Cielo **2** posizione elevata, alto livello: *gold prices have reached an all-time —*, i prezzi dell'oro hanno raggiunto la punta massima **3** (*meteor.*) anticiclone, zona di alta pressione, alta.

high *avv.* **1** alto, in alto (*anche fig.*): *he was flying at 3000 feet —*, volava a un'altezza di 3000 piedi; *to aim —*, mirare in alto; *to rise — in s.o.'s esteem*, crescere nella stima di qlcu. // *— and low*, ovunque: *to search* (o *to hunt*) *— and low for sthg.*, cercare qlco. per mare e per terra // *to live —*, vivere nell'abbondanza, nell'agiatezza // *to live — off* (o *on*) *the hog*, (*sl. amer.*) passarsela bene, vivere da nababbo // *to be left — and dry*, essere lasciato in secco (di nave); (*fig.*) venire abbandonato senza aiuto // *to play, to stake —*, giocare, scommettere forte **2** forte, fortemente: *to blow —*, soffiare violentemente (di vento); *to run —*, essere agitato (*anche fig.*): *popular feeling ran —*, il sentimento popolare era profondamente scosso; *the sea runs —*, il mare è agitato.

-high *suff.* di origine anglosassone usato per formare *agg.*; indica 'alto fino a' 'dell'altezza di': *shoulder-high*, alto fino alle spalle; *a five -metre-high wall*, un muro di cinque metri.

high-and-mighty [,haɪən'maɪtɪ] *agg.* (*fam.*) presuntuoso; arrogante.

highball ['haɪbɔ:l / high·ball] *s.* **1** (*amer.*) whisky e soda con ghiaccio; alcolici allungati con seltz **2** (*ferr.*) treno espresso; segnale di via libera.

high-beam [,haɪ'bi:m] *s.* (*aut.*) luce abbagliante, fascio di profondità.

highborn ['haɪbɔ:n / high·born] *agg.* di alto lignaggio; di nobili natali.

highboy ['haɪbɔɪ / high·boy] *s.* (*amer.*) canterano, cassettone, cassettiera BRIT. tallboy.

highbred ['haɪbred / high·bred] *agg.* di buona famiglia; di razza; raffinato.

high-bridged [,haɪ'brɪdʒd] *agg.* arcuato (di naso).

highbrow ['haɪbraʊ / high·brow] *agg.* e *s.* intellettuale (*anche spreg.*).

high-class [,haɪ'klɑ:s *amer.* ,haɪ'klæs] *agg.* di prim'ordine, di prima classe, eccellente.

high-coloured [,haɪ'kʌləd] *agg.* dal colore acceso.

high court [haɪ'kɔ:t] *s.* (*dir.*) corte suprema // *— of justice*, organo giudicante di primo grado per le cause di maggior rilevanza (in Inghilterra).

higher-up [,haɪər'ʌp] *s.* (*fam.*) superiore, capo.

highfalutin [,haɪfə'lu:tɪn / high·falutin] **highfaluting** [,haɪfə'lu:tɪŋ / high·falut·ing] *agg.* ampolloso ◆ *s.* discorso ampolloso.

high-fidelity [,haɪfɪ'delɪtɪ] *agg.* (*elettr., fis.*) ad alta fedeltà: *— record*, disco ad alta fedeltà.

high-flier [,haɪ'flaɪə*] *s.* **1** chi vola alto, ad alta quota **2** ambizioso.

high-flown ['haɪfləʊn] *agg.* roboante, altisonante.

high-flying [,haɪ'flaɪɪŋ] *agg.* **1** che vola alto, ad alta quota **2** ambizioso **3** astratto.

high-frequency [,haɪ'fri:kwənsɪ] *s.* (*fis.*) alta frequenza ◆ *agg.attr.* ad alta frequenza.

high-grade [,haɪ'greɪd] *agg.* **1** di prima qualità **2** di alto grado (di funzionario).

high-handed [,haɪ'hændɪd] *agg.* arbitrario; prepotente, tirannico.

high-hat [,haɪ'hæt] *s.* (*fam. amer.*) snob; chi tratta gli altri con condiscendenza.

to **high-hat** *v.tr.* (*fam. amer.*) snobbare, trattare con condiscendenza.

high jinks [,haɪ'dʒɪŋks] *s.pl.* (*fam.*) baldoria (*sing.*).

high-jumper ['haɪdʒʌmpə*] *s.* (*sport*) atleta specialista nel salto in alto.

high-keyed [,haɪ'ki:d] *agg.* **1** (*mus.*) di tono alto **2** (*fig.*) sensibile; nervoso, con i nervi tesi.

highland ['haɪlənd / high·land] *s.* (*geogr.*) zona di montagna.

highlander ['haɪləndə* / high·lander] *s.* montanaro // *Highlander*, abitante della regione montuosa al nord della Scozia.

high-level ['haɪlevl] *agg.* **1** ad alto livello **2** di grado elevato **3** ad alta quota.

highlight ['haɪlaɪt / high·light] *s.* **1** clou, culmine; momento saliente **2** punto più luminoso (di quadro, fotografia) **3** colpo di sole (nei capelli) **4** (*fig.*) personaggio, personalità di spicco.

to **highlight** *v.tr.* **1** illuminare, mettere in luce **2** (*fig.*) evidenziare, sottolineare, mettere in risalto.

highlighter ['haɪlaɪtə* / high·lighter] *s.* **1** evidenziatore **2** cosmetico usato per dar luce al viso.

highly ['haɪlɪ] *avv.* **1** molto, estremamente, assai: *— amusing*, assai divertente; *— coloured*, di colore vivacissimo; *— paid*, pagato lautamente **2** nobilmente, altamente: *— descended*, di alto lignaggio; *to think — of s.o.*, tenere qlcu. in molta considerazione.

highly-strung [,haɪlɪ'strʌŋ] *agg.* nervoso; con i nervi a fior di pelle.

highly-wrought [,haɪlɪ'rɔ:t] *agg.* **1** molto lavorato (di oggetto d'arte, stile ecc.) **2** molto agitato (di persona).

high-mettled [,haɪ'metld] *agg.* **1** coraggioso, intrepido **2** focoso (di cavallo).

high-minded [,haɪ'maɪndɪd] *agg.* di nobili principi e ideali.

high-necked [,haɪ'nekt] *agg.* accollato (di abito ecc.).

highness ['haɪnɪs / high·ness] *s.* **1** altezza; elevatezza **2** eccellenza; valore **3** altezza (titolo) // *His Royal Highness*, Sua Altezza Reale.

high-octane [,haɪ'ɒkteɪn] *agg.* (*chim.*) ad alto numero di ottano.

high-pitched [,haɪ'pɪtʃt] *agg.* **1** acuto (di suono) **2** molto spiovente (di tetto) **3** (*fig.*) nobile (di pensiero).

high-powered [,haɪ'paʊəd] *agg.* **1** potente // (*econ.*) *— money*, moneta ad alto potenziale **2** abile; efficace **3** (*elettr.*) ad alta potenza.

high-pressure [,haɪ'preʃə*] *agg.attr.* **1** ad alta pressione **2** intenso; urgente **3** insistente, pressante ◆ *s.* alta, forte pressione.

to **high-pressure** ['haɪ,preʃə*] *v.tr.* forzare, fare pressione su (qlcu.).

high-priced [,haɪ'praɪst] *agg.* costoso, dal prezzo alto.

high-profile [,haɪ'prəʊfaɪl] *s.* posizione in vista, posizione di primo piano.

high-profile *agg.attr.* in vista, di primo piano.

high-ranking ['haɪræŋkɪŋ] *agg.* di alto grado, di rango elevato.

high-rent ['haɪrent] *agg.* (*fam. amer.*) chic, costoso.

high-rise ['haɪraɪz] *agg.attr.* molto alto, con tanti piani (di edificio): *— block of flats*, un palazzone di molti piani.

high road ['haɪrəʊd] *s.* **1** strada maestra, strada principale, nazionale **2** (*fig.*) via diretta, facile.

high school ['haɪsku:l] *s.* scuola secondaria.

high-sounding ['haɪ,saʊndɪŋ] *agg.* sonoro; altisonante.

high-spirited [,haɪ'spɪrɪtɪd] *agg.* energico, audace, intrepido; vivace.

high street ['haɪstri:t] *s.* strada principale AMER. main street.

high-strung [,haɪ'strʌŋ] → **highly-strung**.

hight [haɪt] *p.p.* dell'ant. *to hight* (*poet. scherz.*) detto; chiamato: *this child of fancy, that Armado hight*, (SH. Love's Labour's Lost) questo figlio della fantasia, che è chiamato Armado.

to **hightail** ['haɪteɪl / high·tail] *v.tr.*: *to — it*, (*fam. amer.*) andarsene velocemente, battersela, tagliare la corda.

high-tech [,haɪ'tek] *s.* **1** alta tecnologia **2** [U] stile di arredamento che fa uso di materiali come acciaio, vetro, plastica ecc. ◆ *agg.* tecnologicamente avanzato.

high-toned [,haɪ'təʊnd] *agg.* (*fam. amer.*) altolocato; snob.

high-up [haɪ'ʌp] *agg.* altolocato; importante ◆ *s.* (*fam.*) personaggio importante.

high water [,haɪ'wɔ:tə*] *s.* livello massimo raggiunto dalla marea: *— mark*, livello di piena; limite dell'alta marea; (*fig.*) culmine del successo // *come hell or* —, ad ogni costo.

highway ['haɪweɪ / high·way] *s.* **1** strada maestra // — *code*, codice della strada // (*dir.*) — *robbery*, rapina sulla pubblica via; (*fam.*) furto **2** (*amer.*) autostrada: *six lane* —, autostrada a sei corsie // — *police*, polizia stradale **3** (*fig.*) via diretta **4** (*mar.*) rotta.

highwayman ['haɪweɪmən / high·way·man] *pl.* **highwaymen** *s.* bandito, brigante; rapinatore.

high-wine ['haɪwaɪn] *s.* (*fam. amer.*) Coca -Cola®.

hijack ['haɪdʒæk / hi·jack] *s.* **1** dirottamento aereo **2** rapina di merce o veicoli durante il trasporto.

to **hijack** *v.tr.* **1** dirottare illegalmente (un aereo) **2** rapinare (merce di contrabbando) **3** rubare (merce) durante il trasporto.

hijacker ['haɪdʒækə* / hi·jacker] *s.* **1** dirottatore (di aerei) **2** rapinatore di merci di contrabbando **3** chi ruba merce durante il trasporto.

hijacking ['haɪdʒækɪŋ / hi·jack·ing] *s.* → **hijack**.

hike [haɪk] *s.* (*fam.*) **1** escursione a piedi in campagna; vagabondaggio: *to go for a* —, andare a fare un'escursione // *take a* —!, (*fam. amer.*) vattene! **2** aumento (di prezzo, stipendio ecc.): *pay* —, aumento salariale.

to **hike** *v.intr.* fare un'escursione a piedi in campagna; vagabondare ◆ *v.tr.* **1** (*fam.*) aumentare, alzare (prezzi, stipendi ecc.): *the shop has hiked its prices* (*up*) *by about 20%*, il negozio ha aumentato i prezzi di circa il 20% // *to — a check*, (*fam. amer.*) falsificare l'importo di un assegno **2** spingere; tirare; costringere a muoversi.

□ **hike up** *v.tr.* e *avv.* alzare, tirare su: *she hiked up her skirt above the knee*, si tirò su la gonna sopra il ginocchio.

hilarious [hɪ'leərɪəs / hil·ari·ous] *agg.* ilare; allegro; divertente // **-ly** *avv.*

hilariousness [hɪ'leərɪəsnɪs / hil·ari·ous·ness] **hilarity** [hɪ'lærɪtɪ / hil·ar·ity] *s.* ilarità; gaiezza; allegria.

hilding ['hɪldɪŋ / hild·ing] *agg.* (*ant.*) meschino: *were enow / to purge this field of such a hilding foe*, (SH. Henry V) sarebbe sufficiente a purgare il campo d'un nemico così meschino.

hill [hɪl] *s.* **1** collina; colle: *steep* —, colle ripido // *up — and down dale*, (*fig.*) per monti e per valli // *as old as the hills*, vecchio come il mondo; vecchio come Matusalemme // *over the* —, (*fam.*) non più giovane; superato: *he's over the — as a novelist*, come romanziere sta scendendo la china **2** pendio, salita.

hillbilly ['hɪlbɪlɪ / hill·billy] *s.* (*spreg.*) montanaro (spec. del sud-est degli Stati Uniti); persona rozza ◆ *agg.* (*spreg.*) montanaro; rozzo.

hill-folk ['hɪlfəʊk] *s.pl.* **1** montanari (*pl.*) **2** setta dei Cameroniani scozzesi **3** elfi ed altri spiritelli della montagna e delle colline (*pl.*).

hilliness ['hɪlɪnɪs / hilli·ness] *s.* natura collinosa.

hillo ['hɪləʊ] → **hallo(a)**.

hillock ['hɪlək / hil·lock] *s.* collinetta.

hillside ['hɪlsaɪd / hill·side] *s.* pendio, fianco di collina.

hill-station ['hɪl,steɪʃn] *s.* (*angloindiano*) luogo di cura o soggiorno in montagna.

hilltop ['hɪltɒp / hill·top] *s.* sommità della collina.

to **hill (up)** [hɪl('ʌp)] *v.tr.* **1** rincalzare (piante nel terriccio) **2** ammucchiare, ammonticchiare.

hilly ['hɪlɪ] *agg.* collinoso.

hilt [hɪlt] *s.* elsa (di spada); manico (di coltello); impugnatura // *to prove up to the* —, provare, dimostrare pienamente // *to back s.o. up to the* —, appoggiare qlcu. completamente.

hilum ['haɪləm / hi·lum] *pl.* **hila** ['hɪlə] *s.* (*bot., anat.*) ilo.

hilus ['hɪlɪs] *pl.* **hili** ['hɪlaɪ] *s.* (*anat.*) ilo.

him [hɪm] *pron. pers. m. 3ª pers. sing.* (*compl. ogg. e indiretto di* he) io, lui, gli, sé: *I heard — telling her his address*, lo sentii che le comunicava il suo indirizzo; *tell — his friends are here*, digli che i suoi amici sono qui; *William took his daughter with* —, Guglielmo portò sua figlia con sé; *I don't want — to spend too much money*, non voglio che egli spenda troppi soldi; *there's no need for — to come*, non c'è nessun bisogno che lui venga // *it's* —, è lui.

Himalayan [,hɪmə'leɪən / Hi·ma·layan] *agg.* himalaiano.

himself [hɪm'self / him·self] *pron. 3ª pers. sing. m.* **1** *rifl.* si, sé, se stesso: *he cut* —, si è tagliato; *he's bought — a new car*, si è comprato una macchina nuova; *he laughed at — in the photo*, rise guardandosi nella foto; *he outdid — in his latest novel*, nel suo ultimo romanzo ha superato se stesso // (*all*) *by* —, da solo **2** (*enfatico*) egli stesso: *he told me* — (o *he — told me*), egli stesso me lo disse; *it was the president — who spoke to me*, fu proprio il presidente in persona a parlare con me ◆ *s.* egli stesso: *he was not* —, non era in sé.

hind[1] [haɪnd] *s.* (*zool.*) cerva.

hind[2] *s.* (*ant.*) **1** contadino, villico; fattore **2** (*scoz.*) bracciante agricolo (che vive in una casetta della fattoria).

hind[3] *agg.* posteriore, che è dietro: — *legs*, gambe, zampe posteriori.

hind-brain ['haɪnd,breɪn] *s.* (*anat.*) rombencefalo.

hinder ['haɪndə*] *agg.* posteriore.

to **hinder** ['hɪndə*] *v.tr.* **1** impedire: *they hindered him from doing his work*, gli impedirono di fare il suo lavoro; *the opposition is trying hard to — any changes in the law*, l'opposizione cerca in tutti i modi di impedire che la legge venga modificata **2** ostruire; ostacolare; inceppare; ritardare: *lack of material hindered me in my research*, la mancanza di materiale mi ostacolò nella ricerca.

hindermost ['haɪndəməʊst / hinder·most] → **hindmost**.

hind-gut ['haɪnd,gʌt] *s.* (*anat.*) parte terminale dell'intestino.

Hindi ['hɪndi:] *agg.* e *s.* hindi.

hindmost ['haɪndməʊst / hind·most] *agg.* ultimo; il più lontano // *everyone for himself and the Devil take the* —, ognuno per sé e Dio per tutti; si salvi chi può.

Hindoo [,hɪn'du:] → **Hindu**.

hindquarters [,haɪnd'kwɔ:təz / hind·quarters] *s.pl.* posteriore (di animale).

hindrance ['hɪndrəns / hind·rance] *s.* **1** ostacolo; impaccio **2** l'ostacolare, l'intralciare.

hindsight ['haɪndsaɪt / hind·sight] *s.* **1** il senno di poi: *with the benefit of — it seems obvious*, con il senno di poi sembra una cosa ovvia **2** mirino posteriore, tacca di mira.

Hindu [,hɪn'du:] *agg.* e *s.* indù.

Hinduism ['hɪndu:ɪzəm / Hin·du·ism] *s.* (*relig.*) induismo.

Hindustani [,hɪndʊ'stɑ:nɪ / Hin·du·stani] *s.* dialetto indostano, hindustani.

hinge [hɪndʒ] *s.* **1** cardine; ganghero; cerniera: *a door off its hinges*, una porta scardinata **2** (*fig.*) perno, punto principale: *it is the — of the matter*, è il perno della faccenda **3** (*zool.*) cerniera (delle valve dei molluschi).

to **hinge** *v.tr.* munire di cardini; fissare sui cardini ◆ *v.intr.* girare sui cardini.

□ **hinge on**, **upon** *v.intr.* e *prep.* dipendere: *everything hinges on what he decides*, tutto dipende da ciò che deciderà.

hinge-joint ['hɪndʒ,dʒɔɪnt] *s.* (*anat.*) ginglimo.

hinky ['hɪŋkɪ] *agg.* (*fam. amer.*) sospetto, strano.

hinny ['hɪnɪ] *s.* (*zool.*) bardotto.

to **hinny** *v.intr.* nitrire.

hint [hɪnt] *s.* **1** cenno; accenno; avviso; menzione; allusione: *broad* —, allusione evidente; *gentle* —, lieve accenno; *to give* (o *drop*) *a* —, fare un accenno, dare un suggerimento; *he gave no — that he was about to leave*, non accennò che stava per partire; *to take a* —, cogliere l'allusione **2** piccola quantità, pizzico: *a — of perfume*, una goccia di profumo **3** (*spec. pl.*) consiglio: *hints for housewives*, consigli per le massaie; *can you give me a —?*, puoi darmi un consiglio? **4** (*inform.*) istruzione per caratteri tipografici.

to **hint** *v.intr.* fare accenni; fare insinuazioni; dare suggerimenti: *to — at sthg.*, lasciare intendere qlco., lasciare intravvedere qlco. ◆ *v.tr.* accennare; suggerire; insinuare: *he hinted that the price was too low*, fece capire che il prezzo era troppo basso.

hinterland ['hɪntəlænd / hin·ter·land] *s.* **1** entroterra **2** zona remota e rurale; retroterra (*anche geol.*) **3** hinterland.

hip[1] [hɪp] *s.* **1** (*anat.*) anca, fianco: — *dislocation*, lussazione dell'anca; — *joint*, giuntura femorale; *to swing one's hips*, ancheggiare // *if this poor trash of Venice,... / stand the putting on, / I'll have our Michael Cassio on the hip*, (SH. Othello) se il miserabile veneziano... si presterà al mio gioco, avrò Michele Cassio in mia balia **2** (*arch.*) spigolo del tetto.

hip[2] *s.* (*bot.*) frutto della rosa canina.

hip[3] *s.* (*antiq.*) ipocondria; depressione psichica; malinconica: *to have the* —, essere d'umor nero, malinconico.

to **hip**[3] *pass.p.p.* **hipped** [hɪpt / hip·ped] *v.tr.* (*antiq.*) far venire la malinconia a, rattristare.

hip[4] *inter.*: —, —, *hurrah!*, evviva!

hip[5] *agg.* (*sl.*) **1** all'ultima moda; aggiornato, informato sulle ultime tendenze: *are you — to the new music coming from Chicago?*, sei al corrente della nuova musica che arriva da Chicago? // — *chick*, ragazza al passo con i tempi **2** relativo, legato alla filosofia e alla cultura beat americana degli anni '50.

to **hip**[5] *v.tr.* (*sl.*) aggiornare, informare (qlcu.) delle ultime tendenze: *to — s.o. to sthg.*, fare conoscere qlco. all'ultima moda a qlcu.

hipbath ['hɪpbɑ:θ *amer.* 'hɪpbæθ / hip·bath] *s.* semicupio.

hip-bone ['hɪpbəʊn] *s.* (*anat.*) osso iliaco.

hip flask ['hɪpflɑ:sk *amer.* 'hɪpflæsk] *s.* fiaschetta tascabile (per alcolici).

hip-hop ['hɪphɒp] *s.* (*fam. amer.*) **1** tipo di musica ritmata in cui un recitativo molto veloce prevale sul cantato **2** break-dance (ballo sorto all'inizio degli anni '80 nei quartieri negri di New York, che si basa sullo snodamento mimico del corpo e su evoluzioni acrobatiche) ♦ *agg.* (*fam. amer.*) relativo alla cultura giovanile dei neri.

hiphuggers ['hɪp,hʌgəz / hip·hug·gers] *s.pl.* (*fam. amer.*) pantaloni stretti e con la vita bassa SIN. hipsters.

hip-joint ['hɪpdʒɔɪnt] *s.* (*anat.*) giuntura coxofemorale.

hipparch ['hɪpɑ:k / hipp·arch] *s.* (*st. greca*) ipparco.

hipped [hɪpt / hip·ped] *agg.* **1** (*antiq.*) tetro, malinconico; depresso **2** (*fam. amer.*) fanatico: *she was — on rock'n'roll*, era una patita di rock'n'roll.

hippety-hoppety [,hɪpətɪ'hɒpətɪ] *avv.* balzelloni.

hippie ['hɪpɪ / hip·pie] *s.* hippy, chi appartiene al movimento hippy.

hippo ['hɪpəʊ] *pl.* **hippos** [hip·pos] *s.* (abbr. di *hippopotamus*) ippopotamo.

hippocampus [,hɪpəʊ'kæmpəs / hip·po·cam·pus] *pl.* **hippocampi** [,hɪpəʊ'kæmpaɪ / hip·po·campi] *s.* **1** (*mit.*) ippocampo **2** (*zool.*) cavalluccio marino, ippocampo SIN. seahorse **3** (*anat.*) ippocampo.

hip pocket [,hɪp'pɒkɪt] *s.* tasca posteriore (dei calzoni, di vestito ecc.).

hippocratic [,hɪpəʊ'krætɪk / hip·po·cratic] *agg.* ippocratico.

hippodrome ['hɪpədrəʊm / hip·po·drome] *s.* **1** (*st.*) ippodromo **2** *Hippodrome*, teatro di varietà e spettacoli vari.

hippogriff, **hippogriph** ['hɪpəʊgrɪf / hip·po·griff] *s.* (*mit.*) ippogrifo.

hippopotamus [,hɪpə'pɒtəməs / hip·po·pot·amus] *pl.* **hippopotamuses** [,hɪpə'pɒtəməsɪz] **hippopotami** [,hɪpə'pɒtəmaɪ / hip·po·pot·ami] *s.* (*zool.*) (*Hippopotamus amphibius*) ippopotamo SIN. river-horse, sea cow.

hippuric [hɪ'pjʊərɪk / hip·puric] *agg.* (*biochim.*) ippurico: — *acid*, acido ippurico.

hippy → **hippie**.

hipster ['hɪpstə* / hip·ster] *s.* **1** tipo ben informato, aggiornato sulle ultime tendenze; uomo di mondo, persona alla moda **2** seguace di movimenti (musicali, letterari ecc.) d'avanguardia (in particolare del movimento beat americano degli anni '50).

hipsters ['hɪpstəz / hip·sters] *s.pl.* (*fam. amer.*) → **hiphuggers**.

hirable ['haɪrəbl / hir·able] *agg.* da noleggio, noleggiabile.

hircine ['hɜ:saɪn / hir·cine] *agg.* ircino, caprino, caprigno.

hire ['haɪə*] *s.* **1** affitto, locazione, nolo, noleggio: — *car*, auto a nolo; *bicycles for* —, biciclette a nolo; *for* —, libero (di tassì); *on* —, in affitto, a nolo // (*dir.*) — *contractor*, noleggiatore **2** salario, paga, compenso: *to work for* —, lavorare a salario.

to **hire** *v.tr.* **1** assumere, dare lavoro a, prendere a servizio: *to — a servant*, assumere un domestico; *she hired a waiter for the party*, assunse un servitore per il ricevimento **2** prendere, dare in locazione, affittare, noleggiare // *hired killer*, sicario prezzolato; *hired hand* (o — *man*), bracciante; *hired person*, prestatore d'opera; *hired soldier*, (soldato) mercenario.
□ **hire out** *v.tr.* e *avv.* dare a nolo // *to — oneself out*, prestarsi per un lavoro (a pagamento).

hireling ['haɪəlɪŋ / hire·ling] *s.* (*gener. spreg.*) persona prezzolata, venale; mercenario.

hire purchase [,haɪə'pɜ:tʃəs] *s.* **1** sistema di acquisto rateale AMER. installment plan **2** (*dir.*) vendita con patto di riservato dominio: *hire-purchase agreement*, locazione con diritto di riscatto da parte del conduttore.

hirer ['haɪərə*] *s.* **1** conduttore, noleggiatore **2** datore di lavoro.

hiring ['haɪərɪŋ / hir·ing] *s.* affitto, noleggio.

hirsute ['hɜ:sju:t *amer.* 'hɜ:su:t / hir·sute] *agg.* irsuto, ispido, irto // **-ness** *s.*

his [hɪz] *agg. poss. 3ª pers. sing.* (*riferito a possessore m.*) suo, sua, suoi, sue: — *date of birth*, la sua data di nascita; — *friends*, i suoi amici; *I gave him — hat*, gli diedi il suo cappello; *we've never met — sisters*, non abbiamo mai conosciuto le sue sorelle ♦ *pron. poss. 3ª pers. sing.* (*riferito a possessore m.*) il suo, la sua, i suoi, le sue: *it is no business of* —, è una faccenda che non lo riguarda; *that car's — and this one's hers*, quell'auto è di lui e questa è di lei; *this is my coat, not* —, questo è il mio cappotto, non il suo; *those friends of* —, quei suoi amici.

Hispanic [hɪs'pænɪk / His·panic] *agg.* ispanico ♦ *s.* (*amer.*) cittadino statunitense di origine latino-americana.

Hispanist ['hɪspənɪst / His·pan·ist] *s.* ispanista.

hispid ['hɪspɪd] *agg.* ispido.

hispidity [hɪ'spɪdɪtɪ / his·pid·ity] *s.* ispidezza.

hiss [hɪs] *s.* sibilo; fischio.

to **hiss** *v.tr.* e *intr.* **1** sibilare **2** fischiare // *to — s.o. off*, scacciare qlcu. con fischi: *the actress was hissed off the stage*, l'attrice fu mandata fuori di scena a fischi.

hissing ['hɪsɪŋ / hiss·ing] *agg.* sibilante; fischiante ♦ *s.* sibilo; fischio.

hist [hɪs] *inter.* sst!, zitto!, silenzio!

histamine ['hɪstəmi:n / his·tam·ine] *s.* (*biochim.*) istamina.

histaminic [,hɪstə'mɪnɪk / his·tam·inic] *agg.* (*biochim.*) istaminico.

histidine ['hɪstədi:n / his·tid·ine] *s.* (*biochim.*) istidina.

histiocyte ['hɪstɪə,saɪt / his·tio·cyte] *s.* (*biol.*) istiocita, istiocito.

histo- ['hɪstəʊ] *pref.* di origine greca usato nella terminologia scientifica per indicare relazione con i 'tessuti' organici; it. isto-: *histocompatibility*, istocompatibilità; *histopathology*, istopatologia; *histophysiology*, istofisiologia; *histoplasmosis*, istoplasmosi.

histogenesis [,hɪstəʊ'dʒenɪsɪs / his·to·gen·esis] **histogeny** [hɪ'stɒdʒənɪ / his·to·geny] *s.* (*biol.*) istogenesi.

histogram ['hɪstəʊ,græm / his·to·gram] *s.* (*stat.*) istogramma.

histologic(al) [,hɪstəʊ'lɒdʒɪk(l) / his·to·logic·(al)] *agg.* (*med.*) istologico.

histologist [hɪ'stɒlədʒɪst / his·to·logist] *s.* (*med.*) istologo.

histology [hɪ'stɒlədʒɪ / his·to·logy] *s.* (*med.*) istologia.

histone ['hɪstəʊn / hist·one] *s.* (*biochim.*) istone.

historian [hɪ'stɔ:rɪən / his·tor·ian] *s.* storico.

historic [hɪ'stɒrɪk *amer.* hɪ'stɔ:rɪk / his·toric] *agg.* **1** storico: *a — event*, un fatto storico; — *method*, metodo storico; — *novel*, romanzo storico // — *materialism*, materialismo storico // (*dir.*) — *interpretation*, interpretazione di una legge sulla base dei lavori preparatori **2** storico, degno di passare alla storia, importante per la storia: — *battle*, battaglia storica; — *event*, evento storico; — *monuments*, monumenti storici // (*gramm.*) — *present*, presente storico // **-ally** *avv.*

historical [hɪ'stɒrɪkl *amer.* hɪ'stɔ:rɪkl / his·tor·ical] → **historic** 1.

historicism [hɪ'stɒrɪsɪzm / his·tor·icism] *s.* storicismo.

historicity [,hɪstə'rɪsɪtɪ / his·tor·icity] *s.* storicità.

historiographer [,hɪstɔ:rɪ'ɒgrəfə* / his·tori·ographer] *s.* storiografo.

historiographic(al) [hɪ,stɔ:rɪə'græfɪk(l) / his·tori·ographic(al)] *agg.* storiografico.

historiography [,hɪstɔ:rɪ'ɒgrəfɪ / his·tori·ography] *s.* storiografia.

history ['hɪstərɪ / his·tory] *s.* **1** storia: *ancient, medieval* —, storia antica, medievale; *natural* —, storia naturale; *he's writing a — of Chinese art*, sta scrivendo una storia dell'arte cinese; *to make* —, fare storia, passare alla storia; *Dunkirk has gone down in — as a glorious defeat*, Dunkerque è passata alla storia come una gloriosa sconfitta; *History of English Literature*, Storia della letteratura inglese // *that's ancient* —, (*fam.*) è acqua passata ormai // *I've heard his whole life — at least twice*, ho sentito tutta la storia della sua vita almeno due volte **2** passato: *she has a — of political involvement*, ha un passato di impegno politico **3** (*inform.*) 'history', percorso compiuto.

histrionic(al) [,hɪstrɪ'ɒnɪk(l) / his·tri·onic, his·tri·on·ic·(al)] *agg.* (*form.*) istrionico // **-ally** *avv.*

histrionics [,hɪstrɪ'ɒnɪks / his·tri·onics] *s.pl.* (*form.*) teatralità, istrionismo: *it is mere — on her part*, è pura commedia da parte sua.

histrionism ['hɪstrɪənɪzəm / his·tri·on·ism] *s.* (*form.*) istrionismo.

hit [hɪt] *s.* **1** colpo, botta: *direct* —, colpo diretto **2** successo (di canzone, disco, commedia ecc): *the biggest hits of 1989*, i maggiori successi del 1989; *she made quite a — with her record*, ebbe un grande successo col suo disco; *the show was a big — with the viewers*, lo spettacolo ebbe un enorme successo fra gli spettatori **3** osservazione sarcastica: *he had a few nasty hits at me*, mi ha lanciato delle brutte frecciate **4** (*sl.*) assassinio **5** (*inform.*) reperimento di un'informazione cercata: — *ratio*, percentuale di risposte valide (a fronte delle ricerche effettuate).

to **hit** *pass.p.p.* **hit** *v.tr.* **1** colpire, urtare; ferire (*anche fig.*); battere; picchiare: *to — a man in the face, in the eye*, colpire un uomo in faccia, in un'occhio; *to — a man on the head, on the forehead, on the nose*, colpire un uomo alla testa, in fronte, al naso; *the referee was — by a bottle*, l'arbitro fu colpito da una bottiglia; *they — (against) a rock*, urtarono (contro) una roccia, uno scoglio // *to — the mark*, colpire nel segno; *to — home*, (*fig.*) centrare, cogliere con esattezza; *to — the nail on the head*, (*fam.*) imbroccare giusto; *to — it*, (*fam.*) azzeccare, indovinare // *to — the headlines*, far notizia // *to — s.o. below the belt*, tirare a qlcu. un colpo basso (*anche fig.*) // *to — s.o.'s pride*, ferire l'orgoglio di qlcu. // *to — a wrong note*, toccare una nota falsa, un tasto sbagliato (*anche fig.*) // *to — a man when he's down*, approfittare di chi è indifeso // *to — the road*, (*fam.*) partire // *to — the roof* (o *the ceiling*), (*fam.*) andare su tutte le furie // *to — s.o. for six*, (*fam.*) mettere a terra qlcu.; sbalordire qlcu. // *to — the bottle*, (*fam. fig.*) attaccarsi alla bottiglia // *to — the hay* (o *the sack*), (*sl.*) andare a dormire // *to — it off*, piacersi, andare d'accordo // *as we did not immediately recollect an historical subject to hit us*, (O. GOLDSMITH) siccome non ci venne in mente subito un soggetto storico adatto a noi // *— it!*, (*fam. amer.*) forza!, dai! // *to — the skids*, (*fam. amer.*) fallire, andare a gambe all'aria // *to — the spot*, (*fam. amer.*) andar bene, essere perfetto **2** trovare, scoprire; incontrare: *he did not — his stride until middle age*, non trovò il suo genere di attività sino alla tarda maturità; *to — the right path*, trovare la strada giusta (*anche fig.*) **3** (*fam.*) raggiungere: *record sales — a new high last year*, l'anno scorso la vendita di dischi ha toccato nuove punte // *to — the marketplace*, arrivare sul mercato **4** (*sl.*) assassinare ◆ *v.intr.* **1** urtare, venire a contatto; entrare in collisione **2** (*mecc.*) essere in moto, funzionare (di motore alternativo): *the engine is only hitting on three cylinders*, il motore va a soli tre cilindri **3** *to — together*, (*ant.*) procedere insieme: *pray you, let us hit together*, (SH. King Lear) ti prego, procediamo insieme.

□ **hit back** *v.intr.* e *avv.* (*fam.*) (*at*) contrattaccare; ribattere: *he hit back at them with violent words*, li contrattaccò con parole violente.

□ **hit out** *v.intr.* e *avv.* (*at*) **1** (*cricket*) attaccare **2** (*fam. fig.*) attaccare violentemente: *trade unions — out at new taxation policy*, violento attacco dei sindacati alla nuova politica fiscale.

□ **hit (up)on** *v.intr.* e *prep.* (*fam.*) trovare, imbattersi; escogitare: *eventually they — upon a good solution*, alla fine trovarono la soluzione giusta.

hit-and-miss [,hɪtən'mɪs] → **hit-or-miss**.

hit-and-run [,hɪtən'rʌn] *agg.*: *— accident*, incidente causato da un pirata della strada; *— driver*, pirata della strada.

hitch [hɪtʃ] *s.* **1** colpo, strattone; balzo repentino: *there was a — on the line as the fish took the bait*, la lenza sobbalzò all'abboccare del pesce **2** intoppo, ostacolo, difficoltà: *everything went off without a —*, tutto si svolse senza difficoltà **3** (*mar.*) nodo **4** (*sl. amer.*) ferma, periodo di ferma // *he had a five-year — in jail*, è stato in prigione cinque anni **5** (*sl. amer.*) gita col sistema dell'autostop.

to **hitch** *v.tr.* **1** muovere a strattoni, a sbalzi: *to — one's trousers*, aggiustarsi i pantaloni con un movimento brusco **2** legare, attaccare: *to — a horse to a tree*, legare un cavallo ad un albero // *to — one's waggon to a star*, entrare nella scia di una persona altolocata **3** farsi dare un passaggio: *they hitched a ride from* (o *with*) *a farmer*, hanno avuto un passaggio da un contadino ◆ *v.intr.* **1** muoversi a strattoni, a sbalzi **2** legarsi, attaccarsi **3** rimanere impigliato: *my dress hitched on a nail*, il mio vestito rimase impigliato a un chiodo **4** (*sl.*) fare l'autostop; *they hitched to Glasgow*, hanno raggiunto Glasgow in autostop.

□ **hitch up** *v.tr.* e *prep.* **1** tirare su, sollevare al ginocchio: *to — up one's trousers*, tirarsi su i pantaloni **2** attaccare (i cavalli) alla carrozza.

hitched [hɪtʃt] *agg.* (*fam.*) sposato: *to get —*, sposarsi.

to **hitchhike** ['hɪtʃhaɪk / hitch·hike] *v.intr.* (*fam.*) fare l'autostop, viaggiare con il sistema dell'autostop: *he hitchhiked around the United States*, ha girato gli Stati Uniti in autostop.

hitchhiker ['hɪtʃhaɪkə* / hitch·hiker] *s.* autostoppista, chi fa l'autostop.

hitchhiking ['hɪtʃhaɪkɪŋ / hitch·hik·ing] *s.* autostop.

hi-tech [haɪ'tek] → **high-tech**.

hither ['hɪðə*] *avv.* (*ant.*) qua; qui; in qua; per di qua: *— and thither*, qua e là: *come hither, hither, my staunch yeoman, / why dost thou look so pale?*, (BYRON) vieni qui, vieni qui, mio gagliardo seguace, perché sei così pallido?

hitherto [,hɪðə'tu: / hith·erto] *avv.* (*form.*) finora, fino adesso: *as —*, come per il passato.

hit-list ['hɪtlɪst] *s.* (*fam.*) lista di persone da eliminare, lista nera.

hit-man ['hɪtmæn] *pl.* **hit-men** ['hɪtmen] *s.* (*fam.*) killer.

hit-or-miss [,hɪtɔ:'mɪs] *agg.* a casaccio; casuale.

hit parade [,hɪtpə'reɪd] *s.* hit-parade (rassegna di successi).

hit squad ['hɪtskwɒd] **hit team** ['hɪt,ti:m] *s.* (*fam.*) squadra, commando omicida.

hitter ['hɪtə*] *s.* chi colpisce.

hive [haɪv] *s.* **1** alveare; arnia **2** (*fig.*) alveare, formicaio: *the kitchens were a — of activity*, nelle cucine c'era un brulicare di attività.

to **hive** *v.tr.* **1** mettere, far entrare (api) nell'arnia **2** immagazzinare (miele) nell'arnia ◆ *v.intr.* **1** entrare nell'alveare **2** vivere in comunità (come in un alveare).

□ **hive off** *v.tr.* e *avv.* scindere, separare: *they were hiving off parts of nationalized industry to the private sector*, stavano trasferendo parte dell'industria di stato al settore privato ◆ *v.intr.* e *avv.* andarsene, sciamare, sparire: *the boys hived off into the woods*, i ragazzi sparirono nel bosco.

hiver ['haɪvə*] *s.* apicoltore.

hives [haɪvz] *s.* (*med.*) orticaria.

hiving off [,haɪvɪŋ'ɒf] *s.* (*econ.*) decentramento produttivo.

h'm, hm [m, hm] *inter.* suono che esprime esitazione.

ho[1] [həʊ] *inter.* **1** (*antiq.*) ohè!, olà! (esclamazione per attirare l'attenzione) **2** ah! (suono usato per rappresentare una risata).

ho[2] *inter.* issa! (grido di marinaio).

hoagy ['həʊgɪ] *s.* (*fam. amer.*) grosso panino imbottito.

hoar [hɔ:*] *agg.* (*non com.*) bianco; canuto.

to **hoar** *v.tr.* (*ant.*) (fare) incanutire: *hoar the flamen, / that scolds against the quality of flesh*, (SH. Timon of Athen) incanutite il flamine che grida contro i vizi della carne.

hoard [hɔ:d] *s.* **1** gruzzolo, peculio; tesoro **2** *pl.* (*econ.*) scorte.

to **hoard** *v.tr.* ammassare, ammucchiare; accumulare; accaparrare; tesaurizzare (*anche econ.*): *he hoarded golden coins under the floorboards*, accumulava monete d'oro sotto le tavole del pavimento; *to — food*, fare incetta di cibo.

hoarder ['hɔ:də*] *s.* incettatore, accaparratore.

hoarding[1] ['hɔ:dɪŋ / hoard·ing] *s.* **1** (*econ.*) tesoreggiamento **2** incetta, accaparramento.

hoarding[2] *s.* **1** recinto provvisorio, palizzata (generalmente di cantiere edile) **2** tabellone pubblicitario SIN. billboard.

hoarfrost [,hɔ:'frɒst / hoar·frost] *s.* brina.

hoariness ['hɔ:rɪnɪs / hoari·ness] *s.* (*non com.*) **1** candore (di capelli) **2** vetustà; canizie.

hoarse [hɔ:s] *agg.* rauco; fioco: *to shout oneself —*, diventar rauco a forza di gridare // **-ly** *avv.*

hoarseness ['hɔ:snɪs / hoarse·ness] *s.* raucedine.

hoary ['hɔ:rɪ] *agg.* (*non com.*) **1** bianco; grigio; canuto **2** vecchio; venerando.

hoax [həʊks] *s.* burla; beffa; imbroglio, truffa: *to play a — on s.o.*, giocare un tiro a qlcu. // *bomb —*, minaccia di attentato dinamitardo.

to **hoax** *v.tr.* burlare, beffare; truffare.

hoaxer ['həʊksə*] *s.* imbroglione, truffatore; burlone.

hob[1] [hɒb] *s.* **1** (*ant.*) pagliaccio, clown **2** (*ant.*) elfo, folletto // *to play —*, creare confusione **3** (*zool.*) furetto → **ferret**[1].

hob[2] *s.* **1** piastra di cucina a gas o elettrica; piano di cottura **2** (*gioco*) piastrella **3** (*mecc.*) creatore, fresa a vite: *gear —*, creatore per ingranaggi; *worm gear —*, creatore per ruote elicoidali.

hob-and-nobbing [,hɒbən'nɒbɪŋ] *s.* il bere insieme; il far baldoria: *his marvellous coolness and daring in hob-and-nobbing with the hangman... won their admiration*, (STEVENSON) la sua straordinaria freddezza e audacia nel bere insieme al boia... vinsero la loro ammirazione.

hobble ['hɒbl] *s.* (*non com.*) **1** zoppicamento **2** pastoia **3** (*ant.*) imbarazzo, difficoltà.

to **hobble** *v.intr.* zoppicare; procedere a fatica (*anche fig.*) // *to — along*, avanzare zoppicando ◆ *v.tr.* **1** far zoppicare; far procedere a fatica **2** mettere le pastoie a (un cavallo ecc.) **3** ostacolare.

hobbledehoy [,hɒbldɪ'hɔɪ / hobbl·ede·hoy] *s.* (*rar.*) adolescente ignorante, goffo; zoticone.

hobble skirt ['hɒblskɜ:t] *s.* gonna strettissima.

hobby[1] ['hɒbɪ] *s.* **1** hobby, svago preferito, passatempo **2** (*ant.*) cavallino.

hobby[2] *s.* (*zool.*) (*Falco subbuteo*) falco lodolaio.

hobbyhorse ['hɒbɪhɔ:s / hobby·horse] *s.* **1** cavalluccio di legno **2** (*fig.*) chiodo fisso; argomento preferito: *race relations is a favourite — of hers*, i rapporti interrazziali sono uno dei suoi argomenti preferiti.

hobgoblin ['hɒbgɒblɪn / hob·gob·lin] *s.* **1** folletto dispettoso **2** spauracchio, babau.

hobnail ['hɒbneɪl / hob·nail] *s.* **1** chiodo da scarpe, bulletta // — *boots*, scarponi chiodati **2** (*ant.*) persona rustica, zoticone.

hobnailed ['hɒbneɪld / hob·nailed] *agg.* (*rar.*) chiodato.

to **hobnob** ['hɒbnɒb / hob·nob] *pass.p.p.* **hobnobbed** ['hɒbnɒbd / hob·nob·bed] *v.intr.* **1** intrattenersi amichevolmente **2** bere insieme.

hobo ['həʊbəʊ] *pl.* **hobo(e)s** *s.* (*amer.*) **1** vagabondo **2** chi viaggia di nascosto sui treni merci **3** lavoratore stagionale.

hoboy ['həʊbɔɪ] *s.* (*mus.*) oboe.

Hobson's choice ['hɒbsnz'tʃɔɪs] *s.* offerta senza alternativa; scelta forzata.

hock[1] [hɒk] *s.* vino bianco secco del Reno.

hock[2] *s.* garretto (di cavallo).

to **hock**[2] *v.tr.* sgarrettare, tagliare i garretti a.

hock[3] *s.*: *in* —, (*fam. amer.*) in prigione; in pegno; indebitato.

to **hock**[3] *v.tr.* (*fam. amer.*) impegnare, dare in pegno.

hock[4] *s.* (*sl. amer.*) omosessuale.

hockey[1] ['hɒkɪ] *s.* (*ant. dial.*) festa del raccolto.

hockey[2] *s.* (*sport*) hockey: — *stick*, bastone da hockey // *ice* —, hockey su ghiaccio.

to **hocus** ['həʊkəs / ho·cus] *pass.p.p.* **hocussed** ['həʊkəst / ho·cussed] *v.tr.* (*non com.*) **1** ingannare **2** drogare.

hocus-pocus [,həʊkəs'pəʊkəs] *s.* **1** gherminella **2** formula magica.

hod [hɒd] *s.* (*edil.*) vassoio (da muratore).

ho-dad ['həʊdæd] *s.* (*fam. amer.*) spaccone, smargiasso.

hodge [hɒdʒ] *s.* (*fam.*) tipico contadino inglese.

hodgepodge ['hɒdʒpɒdʒ / hodge·podge] *s.* **1** (*fam. spec. amer.*) accozzaglia, miscuglio di cose; pot-pourri, guazzabuglio: *the book is a — of half-baked ideas*, il libro è un guazzabuglio di idee mal digerite **2** → hotchpotch 1.

hodge-pudding ['hɒdʒ,pʊdɪŋ] *s.* (*ant.*) polpettone: *What, a hodge-pudding! A bag of flax!*, (SH. Merry Wives of Windsor) Che bel polpettone! Una balla di lino!

hodiernal [,həʊdɪ'ɜ:nl / ho·di·ernal] *agg.* (*rar.*) odierno.

hodman ['hɒdmən / hod·man] *pl.* **hodmen** *s.* manovale.

hodograph ['hɒdəʊgrɑ:f *amer.* 'hɒdəʊgræf / hodo·graph] *s.* (*fis.*) odografo.

hodometer [hɒ'dɒmɪtə* / hodo·meter] *s.* odometro.

hodoscope ['hɒdəʊskəʊp / hodo·scope] *s.* (*fis. nucleare*) odoscopio.

hoe[1] [həʊ] *s.* (*ant.*) promontorio, roccia a picco.

hoe[2] *s.* zappa.

to **hoe**[2] *v.tr.* e *intr.* zappare; estirpare (le erbacce).

hoedown ['həʊdaʊn / hoe·down] *s.* (*amer.*) festa con musiche e balli popolari.

hoeing ['həʊɪŋ / hoe·ing] *s.* (*agr.*) zappatura.

hog [hɒg *amer.* hɔ:g] *s.* **1** maiale; porco castrato; suino // *to go the whole* —, (*fam.*) andare fino in fondo, fare le cose a fondo, tagliare la testa al toro // *high on the* —, (*fam. amer.*) agiatamente **2** (*fig. fam.*) persona golosa o sudicia, porco **3** (*dial.*) pecora di un anno non ancora tosata **4** (*mar.*) frettazzo **5** (*mar.*) inarcamento **6** (*sl. amer.*) automobile di grossa cilindrata.

to **hog** *pass.p.p.* **hogged** [hɒgd] *v.tr.* **1** alzare, incurvare (la schiena ecc.) **2** tagliare (la criniera a un cavallo) **3** (*mar.*) frettare, pulire con il frettazzo **4** (*fam.*) monopolizzare; impossessarsi, arraffare: *he's been hogging the dictionary all the afternoon*, si è impadronito del dizionario per tutto il pomeriggio // *to — the road*, guidare nel mezzo della strada (per non far passare le altre automobili) // *to — the limelight*, (*fig.*) monopolizzare l'attenzione **5** (*inform.*) monopolizzare (l'unità centrale) ◆ *v.intr.* **1** (*fam.*) essere ingordo, avido **2** (*mar.*) inarcarsi.

hogback ['hɒgbæk *amer.* 'hɔ:gbæk / hog·back] *s.* **1** schiena di maiale; (*fig.*) schiena inarcata **2** (*geogr.*) — (*ridge*), collina a schiena d'asino (con cresta aguzza e versanti ripidi).

hog-fish ['hɒgfɪʃ *amer.* 'hɔ:gfɪʃ] *s.* (*zool.*) (*Scorpaena scrofa*) scorpena rossa.

hogget ['hɒgɪt *amer.* 'hɔ:gɪt / hog·get] *s.* pecora di un anno.

hoggish ['hɒgɪʃ *amer.* 'hɔ:gɪʃ / hog·gish] *agg.* **1** di porco, da maiale **2** (*fig.*) rozzo; bestiale; sudicio **3** ingordo; avido; egoista // **-ly** *avv.* // **-ness** *s.*

hogling ['hɒglɪŋ *amer.* 'hɔ:glɪŋ / hog·ling] *s.* (*zool.*) porcello.

hogmanay ['hɒgmənei / hog·manay] *s.* (*scoz.*) **1** ultimo dell'anno **2** regali che si danno ai bambini la notte dell'ultimo dell'anno; festeggiamenti dell'ultimo dell'anno.

hog-mane ['hɒgmeɪn *amer.* 'hɔ:gmeɪn] *s.* criniera di cavallo tagliata molto corta.

hog-pen ['hɒgpen *amer.* 'hɔ:gpen] *s.* porcile.

hog's-back ['hɒgzbæk *amer.* hɔ:gzbæk] → **hogback**.

hogshead ['hɒgzhed *amer.* 'hɔ:gzhed / hogs·head] *s.* **1** hogshead (misura di capacità = 238,5 l) **2** barilotto, fusto (per tabacco, zucchero).

to **hogtie** ['hɒgtaɪ *amer.* 'hɔ:gtaɪ / hog·tie] *v.tr.* (*amer.*) legare le quattro zampe a.

hogtied ['hɒgtaɪd *amer.* 'hɔ:gtaɪd / hog·tied] *agg.* (*fam. amer.*) disperato, senza risorse.

hogwash ['hɒgwɒʃ *amer.* 'hɔ:gwɔ:ʃ / hog·wash] *s.* **1** risciacquatura di piatti, broda per maiali **2** [U] (*fig. fam.*) cosa di nessun valore; sciocchezze (*pl.*), stupidaggini (*pl.*).

hogweed ['hɒgwi:d *amer.* 'hɔ:gwi:d / hog·weed] *s.* (*bot.*) (*Heracleum sphondilium*) branca ursina.

ho-hum ['həʊhʌm] *agg.* (*fam. amer.*) banale; monotono.

to **hoi(c)k** [hɔɪk] *v.tr.* **1** (*fam.*) sollevare di colpo, dare uno strattone a: *he hoicked the rucksack onto his back*, sollevò con uno strattone lo zaino e se lo mise sulle spalle **2** (*aer.*) far impennare; far cabrare ◆ *v.intr.* **1** (*fam.*) dare uno strattone **2** (*aer.*) impennarsi; cabrare.

hoi polloi [,hɔɪ'pɒlɔɪ *amer.* ,hɔɪpə'lɔɪ / hoi pol·loi] *s.pl.* (*grecismo*): *the* —, (*spreg.*) volgo, popolino, le masse.

hoist [hɔɪst] *s.* **1** paranco; montacarichi: *hand* —, paranco a mano **2** spinta verso l'alto (*anche fig.*); sollevamento: *to give s.o., sthg. a* —, dare una spinta a qlcu., qlco. (per aiutarlo a salire, per tirarlo su) **3** (*mar.*) ghinda.

to **hoist** *v.tr.* alzare, sollevare; issare: — *the anchor!*, levate l'ancora!; *to — the colours* (o *flag*), issare la bandiera.

hoist (*poet.*) *p.p.* dell'ant. *to hoise* 'issare': *to be — with one's own petard*, cadere, finire nella propria trappola.

hoity-toity [,hɔɪtɪ'tɔɪtɪ] *agg.* **1** arrogante, presuntuoso; paternalista **2** (*antiq.*) capriccioso; leggero **3** permaloso; petulante ◆ *s.* **1** comportamento presuntuoso, arrogante **2** (*rar.*) condotta riottosa.

hoity-toity *inter.* (*antiq.*) ohibò!, vergogna!

hokey-pokey [,həʊkɪ'pəʊkɪ] *s.* **1** (*antiq.*) gelato da passeggio, cono **2** → hocus-pocus 1.

hokum ['həʊkəm] *s.* **1** (*sl. amer.*) comicità, sentimentalismo artificioso e ad effetto **2** sciocchezza, stupidaggine; falsità.

hoky-poky → **hokey-pokey**.

hold[1] [həʊld] *s.* **1** presa: *to keep — of*, mantenere la presa su; *to catch* (o *to get* o *to take*) — *of*, (*anche fig.*) afferrare, impadronirsi di, ottenere // *I don't know why he's got — of the idea I don't like him*, non so come gli sia venuto in mente che non mi è simpatico // *to get — of s.o.*, (*fam.*) mettersi in contatto con qlcu. // (*inform.*): — *area*, area di comodo; *to put on* —, sospendere, far attendere; *to take off* —, sbloccare **2** (*fig.*) ascendente, influenza; presa: *to have a — over* (o *on*) *s.o.*, avere ascendente su qlcu. **3** (*sport*) presa // *no holds barred*, senza esclusione di colpi **4** (*fig.*) conoscenza, comprensione; presa: *he has lost his — on reality*, ha perso il contatto con la realtà **5** *on* —, in linea: *to put s.o. on* —, fare restare in linea (al telefono) **6** sostegno; punto d'appoggio: *the rock affords no — for hand or foot*, la roccia non offre nessun punto d'appoggio né per le mani né per i piedi **7** rifugio, ricovero; tana **8** stiva **9** fortezza; luogo di detenzione **10** (*mus.*) corona.

to **hold**[1] *pass.* **held** [held] *p.p.* **held** (*ant.*) **holden** ['həʊldən] *v.tr.* **1** tenere: *he was holding a book in his hands*, teneva in mano un libro **2** tenere; mantenere; sostenere (*anche fig.*): *he held the ladder for her*, sosteneva la scala per lei; — *yourself ready*, tienti pronto; *to — one's head high* (o *up*), andare a testa alta, procedere con fierezza // — *it!*, aspetta!; fermo, non muoverti! **3** contenere, tenere; portare: *these jugs — a pint each*, questi boccali contengono una pinta ciascuno; *the airplane holds 85 passengers*, l'aereo porta 85 passeggeri // *he can — his drink*, (*fig.*) tiene bene l'alcol **4** tenere, mantenere (*anche fig.*): *to — a course*, tenere una rotta // (*mus.*) *to — a note*, tenere una nota // *to — the line*, restare in linea // *to — an audience*, tenere, avvincere una platea // — *it!*, fermo!, fermi! (nelle fotografie) **5** trattenere, tenere; fermare (*anche fig.*): *to — s.o. prisoner*, tenere qlcu. prigioniero; *if you phone the airport, they might* —

the plane for us, se telefoni all'aeroporto è possibile che fermino l'aereo per noi; *he held his breath*, trattenne il respiro // *to — s.o. at bay*, tenere a bada qlcu. // *to — s.o. to his promise*, obbligare qlcu. a mantenere la sua promessa // *after three successes in a row, there's no holding him*, dopo tre successi filati, non lo si tiene più // (*dir.*) *to — s.o. to bail*, vincolare qlcu. con il versamento di una cauzione **6** difendere; mantenere; tenere (*anche fig.*): *to — a position against the enemy*, difendere una posizione da un nemico // *to — one's ground*, mantenere le proprie posizioni, resistere // *to — the fort for s.o.*, (*fig.*) difendere, occuparsi degli interessi di qlcu. // *to — one's own*, non demordere, tenere duro; *to — one's own against s.o.*, *sthg.*, reggere il confronto con qlcu., qlco. **7** possedere, avere; detenere, occupare: *to — shares in a company*, possedere azioni di una società; *to — two offices at the same time*, occupare due cariche contemporaneamente; *to — a degree in English Literature*, avere una laurea in Letteratura Inglese **8** tenere; organizzare; dirigere: *to — a debate*, *a party*, organizzare, tenere un dibattito, una festa; *to — a conversation*, tenere una conversazione **9** riservare, serbare: *what will the future — for us?*, cosa ci riserverà il futuro? **10** ritenere, credere, pensare: *he holds very strong opinions about capital punishment*, ha delle ferme convinzioni riguardo alla pena capitale; *to — s.o. in contempt*, *esteem*, *respect*, avere disprezzo, stima, rispetto per qlcu.; *to — s.o. guilty*, ritenere qlcu. colpevole // (*dir.*) *the court held that...*, la corte ritenne che... // *to — sthg. dear*, aver caro qlco. **11** (*inform.*) tenere, mantenere, conservare ◆ *v.intr.* **1** durare; rimanere, restare: *this wind will probably — for a few hours*, probabilmente questo vento durerà alcune ore **2** mantenere la presa, aggrapparsi, aderire: *— tight*, tienti saldo **3** tenere, resistere: *after incessant attacks our line still held*, dopo attacchi incessanti la nostra linea teneva ancora; *will this rope —?*, terrà questa corda? // *— hard!*, aspetta! **4** essere, rimanere valido: *our offer still holds*, la nostra offerta è ancora valida; *to — good*, rimanere, restare valido **5** comportarsi; tenersi: *to — aloof*, tenersi a distanza, comportarsi con distacco.

□ **hold against** *v.tr.* e *prep.* imputare contro, fare una colpa di: *the fact that he is not rich shouldn't be held against him*, del fatto che sia povero non gliene si può fare una colpa.

□ **hold back** *v.tr.* e *avv.* **1** trattenere, tenere indietro; fermare: *to — back the crowd*, trattenere la folla; *if he wants something nobody can — him back*, quando vuole qualcosa nessuno lo trattiene, lo distoglie **2** ritardare; non rendere pubblico (notizia ecc.): *they were advised to — back the announcement of his death for a few days*, fu loro raccomandato di non rendere pubblica per qualche giorno la notizia della sua morte.

□ **hold down** *v.tr.* e *avv.* **1** tener giù, tener basso SIN. to keep down // *eventually he found a job but he didn't — it down for long*, (*fam.*) alla fine trovò un lavoro ma non riuscì a tenerlo a lungo **2** immobilizzare, trattenere.

□ **hold forth** *v.intr.* e *avv.* (*fig.*) pontificare.

□ **hold in** *v.tr.* e *avv.* trattenere (emozioni, sentimenti) SIN. to keep in.

□ **hold off** *v.intr.* e *avv.* ritardare; trattenersi ◆ *v.tr.* e *avv.* tenere a bada, tenere a distanza, tener lontano.

□ **hold on** *v.intr.* e *avv.* **1** aspettare: *— on a minute*, aspetta un momento; (*al telefono*) rimanga in linea **2** resistere: *all he can do is — on and hope for better times*, non può far altro che resistere e sperare in tempi migliori **3** (*to*) restare aggrappato a (*anche fig.*) SIN. to hang on: *he held on to a rock for two hours*, rimase aggrappato a una roccia per due ore; *he holds on to his few acres of land*, si aggrappa ai suoi pochi acri di terra ◆ *v.tr.* e *avv.* tenere attaccato, tenere a posto: *a few drops of glue will — it on*, un po' di colla lo terrà attaccato.

□ **hold out** *v.intr.* e *avv.* **1** resistere **2** durare, bastare **3** (*for*) (*fam. fig.*) tener duro, fare il braccio di ferro (per ottenere di più): *the strikers are holding out for more*, gli scioperanti stanno facendo il braccio di ferro per ottenere di più; *to — out on s.o.*, (*fam.*) rifiutarsi di dare, non dare (aiuto, informazioni ecc.) a qlcu. ◆ *v.tr.* e *avv.* offrire: *bioengineering seems to — out the best hopes of preventing diseases in the future*, sembra che la bioingegneria offra grandi speranze per la prevenzione delle malattie del futuro.

□ **hold over** *v.tr.* e *avv.* **1** posporre; aggiornare **2** tenere sospeso sopra.

□ **hold to** *v.intr.* e *prep.* rimanere attaccato, fedele a ◆ *v.tr.* e *prep.* vincolare (qlcu.) a.

□ **hold under** *v.tr.* e *avv.* sottomettere, tener sottomesso SIN. to keep under.

□ **hold up** *v.tr.* e *avv.* **1** fermare, bloccare, trattenere **2** rapinare: *masked men held up the post-office in Hay Street yesterday morning*, uomini mascherati rapinarono l'ufficio postale in Hay Street ieri mattina.

hold[2] *s.* (*mar.*) stiva.

holdall ['həʊldɔ:l / hold·all] *s.* sacca da viaggio.

holdback ['həʊldbæk / hold·back] *s.* **1** ostacolo, impedimento **2** (*mecc.*) fermo; dispositivo di bloccaggio **3** (*comm.*) *— pay*, trattenuta.

holden *p.p.* (*ant.*) di to **hold**[1].

holder[1] ['həʊldə*] *s.* **1** possessore; detentore; proprietario; titolare: *an Italian is the current — of the title*, al momento il detentore del titolo è un italiano // (*dir.*) *the — of a bill of exchange*, il portatore di una cambiale // (*banca*): *account —* (o *— of an account*), correntista, titolare di un conto; *— in due course*, possessore in buona fede di un titolo di credito **2** contenitore; sostegno, supporto // (*lamp*) —, portalampada **3** presa, presina (per utensili caldi in cucina) **4** maniglia; sostegno (in tram, autobus ecc.) **5** (*cigarette*) —, bocchino **6** fermo **7** dente canino; organo prensile di alcuni animali.

holder[2] *s.* (*mar.*) marinaio di stiva.

holder-forth [,həʊldə'fɔ:θ] *s.* predicatore, oratore.

hold-fast ['həʊldfɑ:st *amer.* 'həʊldfæst] *s.* **1** rampone; uncino **2** (*mecc.*) morsetto; fermo.

holding ['həʊldɪŋ / hold·ing] *s.* **1** presa; possesso **2** (*spec. pl.*) podere, tenuta; patrimonio; proprietà: *we have extensive holdings in real estate*, possediamo un ingente patrimonio fondiario **3** dotazione, patrimonio (di museo, biblioteca ecc.) **4** (*fin.*) partecipazione azionaria; *pl.* (*econ.*) pacchetto azionario: *cross —*, partecipazione incrociata **5** (*dir. amer.*) decisione giudiziale: *the — of the Court was based on the right of self-defence*, la decisione della corte si fondò sul diritto di legittima difesa **6** (*sport*) fallo di ostruzione (che consiste nel trattenere, fermare con le mani) **7** (*ant.*) valore, consistenza: *this has no holding, / to swear by him whom I protest to love*, (SH. All's Well) non vale giurare in nome di Colui che affermiamo di amare ◆ *agg.* **1** intralciante, di intralcio; di disturbo; di contenimento: *— action*, azione di contenimento **2** (*fam. amer.*) ricco, agiato.

holding company ['həʊldɪŋ,kʌmpənɪ] *s.* (*comm.*) società finanziaria, holding.

holding pattern ['həʊldɪŋ,pætən] *s.* (*aer.*) volo di parcheggio, giro d'attesa (per impossibilità di atterrare).

holdout ['həʊldaʊt / hold·out] *s.* **1** resistenza, opposizione (spec. al corso di una trattativa) **2** chi si impunta, si oppone, fa resistenza (spec. durante una trattativa).

holdover ['həʊldəʊvə* / hold·over] *s.* **1** (*spec. amer.*) sopravvissuto; chi rimane, chi continua a esistere contro tutte le previsioni **2** (*amer.*) ripetente.

hold up ['həʊldʌp / hold·up] *s.* **1** intoppo (nel traffico); ritardo; interruzione **2** rapina a mano armata // (*fam. amer.*) *— artist*, rapinatore armato **3** (*fam. amer.*) sovraccarico **4** (*chim.*) ammontare di volume contenuto.

hole [həʊl] *s.* **1** foro; cavità; apertura, buco; breccia; spiraglio; buca, fossa (*anche fig.*): *a — in a tooth*, un buco in un dente; *a — in a wall*, un'apertura in una parete; *road full of holes*, una strada piena di buche; *to make a — in sthg.*, fare un buco in qlco. // *this trip to Australia is going to make a — in my savings*, questo viaggio in Australia finirà per fare un buco nei miei risparmi // *a square peg in a round —*, una persona inadatta al proprio compito // *to put s.o. in a —*, mettere qlcu. in una situazione spiacevole; *I needed it like a — in the head!*, ci mancava solo questa! // (*mecc.*) *inspection —*, foro di spia, d'ispezione // (*inform.*) *control —*, perforazione funzionale **2** tana, covo: *rabbit —*, tana di coniglio **3** (*fig.*) posto, luogo brutto, desolato; buco: *what a —!*, che postaccio!; *God-forsaken —*, luogo sperduto, abbandonato da Dio; *— in the wall*, (*fam. amer.*) buco (detto di abitazione, negozio ecc.) **4** (*golf*) buca: *to win the first —*, guadagnare la prima buca; *— in one*, buca in uno **5** (*fig.*) difetto; errore; punto debole: *there's a — in his argument*, c'è un punto debole nella sua argomentazione **6** (*fis.*) buco, buca.

to **hole** *v.tr.* **1** bucare, perforare, forare **2** far andare in un buco; rintanare **3** (*golf*) lanciare in buca, imbucare **4** (*ind. miner.*) mettere in comunicazione ◆ *v.intr.* **1** fare un buco **2** andare in un buco **3** (*golf*) fare una buca **4** (*ind. miner.*) aprire una comunicazione.

□ **hole out** *v.intr.* e *avv.* (*golf*) andare in buca: *on the seventh, Hogan holed out in three*, alla settima Hogan andò in buca in tre colpi.

□ **hole up** *v.tr.* e *avv.* **1** nascondere, dare rifugio a **2** (*fam.*) imprigionare, catturare **3** (*fam. amer.*) ritardare; bloccare ◆ *v.intr.* e *avv.* (*fam.*) rintanarsi, rifugiarsi; darsi alla macchia.

hole-and-corner [,həʊlən'kɔ:nə*] *agg.* **1** clandestino; segreto; nascosto; furtivo **2** banale, insignificante.

hole-puncher ['həʊl,pʌntʃə*] *s.* perforatore, punzonatrice (per ufficio).

holiday ['hɒlɪdeɪ / holi·day] *s.* **1** festa,

giorno festivo; giorno di vacanza: *Boxing Day is a* —, Santo Stefano è vacanza; *to give s.o. a* —, dare una vacanza a qlcu.; *to take a* —, prendersi una vacanza **2** (*gener. pl.*) vacanza; ferie (*pl.*): *holidays in the country, at the seaside*, vacanze in campagna, al mare; *to be on one's holidays* (o *on* —), essere in vacanza, in ferie; *Christmas holidays*, vacanze di Natale; — *clothes*, vestiti della festa; **3** (*tecn.*) area rimasta non verniciata (per difetto di verniciatura).

to **holiday** *v.intr.* passare le vacanze; villeggiare; far vacanze.

holiday camp ['hɒlɪdeɪ,kæmp] *s.* villaggio turistico.

holidaymaker ['hɒlɪdeɪ,meɪkə* / holi·day·maker] *s.* turista; villeggiante.

holier-than-thou ['həʊlɪəðən'ðaʊ] *agg.* (*fam.*) bigotto, santocchio; che ostenta santimonia.

holily ['həʊlɪlɪ / ho·lily] *avv.* (*non com.*) santamente; devotamente; piamente.

holiness ['həʊlɪnɪs / ho·li·ness] *s.* santità // *His Holiness*, Sua Santità.

holism ['hɒlɪzm / hol·ism] *s.* (*biol.*) olismo.

holist ['hɒlɪst / hol·ist] *s.* sostenitore, seguace dell'olismo.

holistic [hɒ'lɪstɪk / hol·istic] *agg.* (*biol.*) olistico.

holland ['hɒlənd / hol·land] *s.* olanda, tela di Olanda // *brown* —, lino greggio.

hollands ['hɒləndz / hol·lands] *s.* — (*gin*), (gin) olandese.

to **holler** ['hɒlə*] *v.tr.* e *intr.* (*spec. amer.*) urlare; gridare.

holler *s.* (*spec. amer.*) **1** grido, urlo: *to let out a* —, lanciare, emettere un urlo **2** (*mus.*) (*work*) —, canzone di lavoro.

to **hollo** ['hɒləʊ] → to **halloo**.

hollow ['hɒləʊ / hol·low] *agg.* **1** cavo; vuoto: — *tree*, albero cavo **2** concavo; incavato, infossato: — *cheeks*, guance incavate **3** sordo; rauco; soffocato; cupo; sepolcrale: *a — voice*, una voce sepolcrale; *with a — sound*, con un suono sordo **4** (*fig.*) vacuo; vuoto; privo di significato: — *look*, sguardo vacuo; — *laugh*, risata vuota **5** (*fig.*) falso, ingannevole; infido: — *promises*, false promesse // **-ness** *s.*

hollow *s.* **1** cavo, cavità; buca; fosso; depressione: *a — in the ground*, una buca nel terreno; *he held the bird's egg in the — of his hand*, teneva l'uovo d'uccello nel cavo della mano **2** piccola valle, valle; bacino: *a wooded* —, una piccola valle boscosa.

to **hollow** *v.tr.* **1** (*out*) incavare, rendere cavo: *he hollowed (out) the tree trunk to make a canoe*, scavò il tronco dell'albero per fare una canoa **2** scavare ◆ *v.intr.* incavarsi.

hollow *avv.* completamente, del tutto // *to beat s.o.* —, (*fam.*) stracciare, infliggere una pesante sconfitta a qlcu.

hollowly ['hɒləʊlɪ / hol·low·ly] *avv.* **1** (*fig.*) falsamente **2** sordamente, cupamente (di suono).

hollow punch [,hɒləʊ'pʌntʃ] *s.* (*mecc.*) fustella.

hollow space [,hɒləʊ'speɪs] *s.* (*tecn.*) intercapedine.

holly ['hɒlɪ] *s.* (*bot.*) (*Ilex aquifolium*) agrifoglio.

hollyhock ['hɒlɪhɒk / hol·ly·hock] *s.* (*bot.*) (*Althea rosea*) malvarosa, malvone.

holm[1] [həʊm] *s.* (*geogr.*) **1** isoletta (di fiume o lago) **2** golena.

holm[2] *s.* (*bot.*) → **holm-oak**.

holmium ['həʊlmɪəm / hol·mium] *s.* (*chim.*) olmio.

holm-oak [,həʊm'əʊk] *s.* (*bot.*) (*Quercus ilex*) leccio.

holocarpic [,hɒləʊ'kɑ:pɪk / holo·carpic] *agg.* (*bot.*) olocarpico.

holocaust ['hɒləkɔ:st / holo·caust] *s.* **1** olocausto, sacrificio consumato nel fuoco (*anche fig.*) **2** strage, distruzione di massa, olocausto.

Holocene ['hɒləsi:n / Holo·cene] *s.* (*geol.*) olocene.

hologram ['hɒləʊgræm / holo·gram] *s.* (*fis.*) ologramma.

holograph ['hɒləʊgrɑ:f *amer.* 'hɒləʊgræf / holo·graph] *agg.* e *s.* (*dir.*) (documento) olografo.

holographic [,hɒləʊ'græfɪk / holo·graphic] *agg.* **1** (*dir.*) olografo: — *will*, testamento olografo **2** olografico.

holography [hɒ'lɒgrəfɪ / holo·graphy] *s.* (*fis.*) olografia.

holohedral [,hɒləʊ'hi:drəl / holo·hed·ral] *agg.* (*miner.*) oloedrico.

holomorphic [,hɒləʊ'mɔ:fɪk / holo·morphic] *agg.* olomorfo: (*mat.*) — *function*, funzione olomorfa.

holophrastic [,hɒləʊ'fræstɪk / holo·phras·tic] *agg.* (*ret.*) olofrastico.

holothurian [,hɒlə'θjʊərɪən / holo·thur·ian] *s.* (*zool.*) oloturia.

holozoic [,hɒləʊ'zəʊɪk / holo·zoic] *agg.* (*zool.*) olozoico.

holster ['həʊlstə* / hol·ster] *s.* fondina.

to **holster** *v.tr.* mettere nella fondina.

holt [həʊlt] *s.* **1** (*rar.*) bosco **2** collina boscosa.

holy ['həʊlɪ] *agg.* **1** sacro, santo; venerato; consacrato: *this place is* —, questo luogo è sacro; — *water*, acqua santa; — *relics*, sante reliquie // — *rites*, riti religiosi // *the Holy Cross*, la Santa Croce // *the Holy Land*, la Terra Santa, la Palestina, // *Holy Office*, Sant'Uffizio, Inquisizione // *Holy of Holies*, Sancta Sanctorum // *the Holy Trinity*, la Santissima Trinità // *Holy Writ, Bible*, Sacra Scrittura, Bibbia // — *cow* (o *mackerel*)*!*, (*sl.*) porca miseria! **2** santo, pio; religioso: *a — man*, un sant'uomo **3** (*fam.*) notevole, straordinario, vero: *that child is a — terror*, quel bambino è una vera peste; *to have a — fear of sthg.*, avere un sacro terrore di qlco.

holy-ales ['həʊlɪ,eɪlz] *s.pl.* (*ant.*) feste campestri: *it hath been sung at festivals, / on ember-eves, and holy-ales*, (SH. Pericles) fu cantata nelle festività, alle veglie e alle feste campestri.

holystone ['həʊlɪstəʊn / ho·ly·stone] *s.* (*mar.*) mattone inglese, pietra da coperta (usata per pulire i ponti delle navi).

homage ['hɒmɪdʒ / hom·age] *s.* **1** (*st.*) omaggio (del vassallo al signore) **2** omaggio, atto di deferenza; tributo: *to pay — to*, rendere omaggio a.

homburg (hat) ['hɒmbɜ:g(,hæt) / hom·burg (hat)] *s.* cappello floscio (da uomo).

home [həʊm] *s.* **1** casa, dimora; abitazione, alloggio, residenza; focolare domestico; famiglia: *at* —, a casa; *the pleasures of* —, i piaceri della famiglia; *he made his — in London*, si è stabilito a Londra; *I am not at — to anyone*, non sono in casa per nessuno; *I gave him a* — (o *I made a — for him*), gli ho dato una casa, una famiglia; *the project will provide 150 new homes in the inner city*, il progetto fornirà 150 nuovi alloggi nel centro; *there is no place like* —, nessun posto è bello come casa propria // *it is a — from* —, è una seconda casa, è come casa propria // —, *sweet —!*, casa, dolce casa! // *to be at — on Thursdays*, ricevere il giovedì // *he is at — in* (o *with*) *any topic*, tutti gli argomenti gli sono familiari // *nearer* —, (*fam.*) più vicino: *to take an example nearer* —..., senza andare a cercare tanto lontano... // *to feel at* —, sentirsi a proprio agio: *I don't feel quite at* —, mi sento un po' spaesato; *I feel quite at — with them*, con loro mi sento in famiglia // *to make oneself at* —, fare come a casa propria, mettersi a proprio agio // *to be at — with sthg.*, essere competente in qlco. // *to bring sthg. closer to* —, far sì che ci si renda conto di qlco., far toccar con mano qlco. // *it was nothing to write — about*, (*fam.*) non era un granché // *charity begins at* —, (*prov.*) la carità incomincia a casa propria **2** patria, paese natale: *at — and abroad*, in patria e all'estero: *our policy at — and abroad*, la nostra politica interna ed estera; *Brasil is the — of samba*, il Brasile è il paese del samba // — *town*, paese d'origine, natale **3** asilo, rifugio; ospizio: — *for the aged*, ricovero per i vecchi; — *of rest*, casa di riposo; *the island affords a — to myriads of birds*, l'isola dà rifugio a miriadi di uccelli **4** (*bot., zool.*) habitat, ambiente naturale: *the — of fishes is water*, l'elemento dei pesci è l'acqua **5** centro operativo, sede **6** contenitore, posto: *this box will make a good — for your tools*, questa scatola servirà come contenitore per i tuoi attrezzi **7** (*sport*) casa; meta, traguardo; base; porta **8** (*inform.*) posizione di partenza: — *page*, pagina di partenza.

home *agg.attr.* **1** domestico, casalingo; familiare: — *life*, vita familiare; — *fire*, focolare domestico (*anche fig.*); — *cooking*, cucina casalinga; — *employment*, lavoro a domicilio // (*dir.*) — *arrest*, arresti domiciliari // — *economics*, economia domestica **2** nazionale; interno: — *economy*, economia nazionale; — *manufacture*, produzione nazionale; — *market*, mercato interno; — *affairs*, affari interni; *Home Secretary*, ministro dell'Interno; *Home Guard*, milizia territoriale; *Home Rule*, governo autonomo // (*comm.*): — *loan*, prestito con garanzia immobiliare; — *office*, sede sociale **3** (*sport*) giocato in casa; locale: — *match*, partita giocata in casa; *to play on the — ground*, giocare in casa; — *team*, squadra locale.

to **home** *v.intr.* **1** dirigersi verso casa, trovare la via di casa (specialmente di piccioni) **2** (*non com.*) andare a casa, dirigere verso casa ◆ *v.tr.* (*non com.*) dare una casa a.

□ **home in (on)** *v.intr.* e *avv.* e *prep.* dirigersi verso: *the missile homed in on the target*, il missile si dirigeva verso il bersaglio.

home *avv.* **1** a casa; in patria: *I saw her on her way* —, la vidi diretta a casa; *I took the child* —, accompagnai il bambino a casa; *is she — now?*, è a casa ora?; *let us walk* —, rientriamo a piedi; *send the children* —, manda a casa i bambini; *to arrive, to come, to go* —, arrivare, venire, andare a casa; *to be* —, essere di ritorno (a casa); *to come* —, tornare a casa, al paese, in patria // *to bring a charge* — *to s.o.*, accusare qlcu. // *to bring sthg.* — *to s.o.*, aprire gli occhi a qlcu. // *it will come* — *to him some day*, se ne renderà conto un giorno o l'altro // *that's nothing to write* — *about*, non è niente di cui vantarsi // *to see s.o.* —, accompagnare qlcu. a casa; *to send s.o.* — (*from abroad*), rimpatriare qlcu. **2** direttamente, al segno: *the speech went* —, il discorso andò a segno; *to hit* (o *to strike*) —, colpire nel segno **3** a fondo: *to drive a nail* —, conficcare un chiodo fino in fondo; *to press a pedal* —, spingere a fondo un pedale; *to press* — *an advantage*, sfruttare un vantaggio fino in fondo; (*mecc.*) *to screw a piece* —, avvitare a fondo un pezzo.

home address [,həʊmə'dres] *s.* **1** domicilio, indirizzo di casa **2** (*inform.*) indirizzo guida; (IBM) indirizzo della pista.

home banking [,həʊm'bæŋkɪŋ] *s.* telebanca.

home base [,həʊm'beɪs] *s.* (*baseball*) casa base SIN. home plate.

homeboy ['həʊmbɔɪ / home·boy] *s.* (*fam. amer.*) amico fraterno.

home-bred [,həʊm'bred] *agg.* **1** indigeno, locale **2** privo di esperienza, ingenuo.

home-brewed [,həʊm'bru:d] *agg.* fatto in casa, per uso domestico (di vino, birra).

homecoming ['həʊm,kʌmɪŋ / home·com·ing] *s.* **1** rientro in patria, ritorno a casa **2** (*fam. amer.*) raduno di ex-studenti.

home computer [,həʊmkəm'pju:tə*] *s.* (*inform.*) home computer; personal; elaboratore per uso personale, per usi domestici.

home front [,həʊm'frʌnt] *s.* (*solo sing.*) attività civili di sostegno (in tempo di guerra).

homegrown [,həʊm'grəʊn / home·grown] *agg.* locale; di produzione locale: — *peaches*, pesche di produzione locale; — *industry*, industria locale.

home help [,həʊm'help] *s.* aiuto domestico (ai bisognosi da parte delle istituzioni sociali).

homeland ['həʊmlænd / home·land] *s.* **1** patria **2** zona riservata alla popolazione nera (nel sistema dell'apartheid).

homeless ['həʊmlɪs / home·less] *agg.* senzacasa, senzatetto // **-ness** *s.*

homelike ['həʊmlaɪk / home·like] *agg.* domestico, familiare.

homeliness ['həʊmlɪnɪs / home·li·ness] *s.* **1** semplicità **2** (*amer.*) mancanza di attrattiva; bruttezza.

homely ['həʊmlɪ] *agg.* **1** semplice, modesto, senza pretese **2** domestico, familiare **3** (*amer.*) scialbo (di viso); brutto, bruttino (di persona).

homemade [,həʊm'meɪd / home·made] *agg.* fatto in casa; casereccio.

home-maker ['həʊm,meɪkə*] *s.* (*spec. amer.*) **1** casalinga **2** assistente sociale che sostituisce i genitori **3** chi sa creare un ambiente familiare, domestico.

homeomorphic [,həʊmjəʊ'mɔ:fɪk / hom·eo·morphic] *agg.* (*mat.*) omeomorfo.

homeomorphism [,həʊmjəʊ'mɔ:fɪzəm / hom·eo·morph·ism] *s.* (*mat.*) omeomorfismo.

homeopath ['həʊmjəʊpæθ / homeo·path] *s.* (*med.*) omeopata, medico omeopatico.

homeopathic [,həʊmjəʊ'pæθɪk / hom·eo·pathic] *agg.* (*med.*) omeopatico.

homeopathist [,həʊmɪ'ɒpəθɪst / hom·eo·path·ist] *s.* **1** (*med.*) → **homeopath** **2** omeopatista.

homeopathy [,həʊmɪ'ɒpəθɪ / hom·eo·pathy] *s.* (*med.*) omeopatia.

homeostasis [,həʊmjəʊ'steɪsɪs / hom·eo·stasis] *s.* (*biol.*) omeostasi.

homeostatic [,həʊmjəʊ'stætɪk / hom·eo·static] *agg.* (*biol.*) omeostatico.

homeothermic [,həʊmjəʊ'θɜ:mɪk / hom·eo·thermic] *agg.* omeotermo.

homeotransplant [,həʊmjəʊ'trænsplɑ:nt *amer.* ,həʊmjəʊ'trænsplænt / hom·eo·trans·plant] *s.* (*med.*) → **homograft**.

homeowner ['həʊm,əʊnə* / home·owner] *s.* proprietario di casa.

home plate [,həʊm'pleɪt] *s.* (*baseball*) casa base SIN. home base.

homer [həʊmə*] *s.* **1** piccione viaggiatore **2** (*baseball*) → home run.

Homeric [həʊ'merɪk / Ho·meric] *agg.* omerico // — *laughter*, risata omerica.

home run [,həʊm'rʌn] *s.* **1** (*baseball*) colpo con il quale il battitore fa un giro completo del campo e guadagna il punto **2** (*fig.*, *fam.*) risultato raggiunto.

homesick ['həʊmsɪk / home·sick] *agg.* nostalgico, che soffre di nostalgia.

homesickness ['həʊmsɪknɪs / home·sick·ness] *s.* nostalgia di casa.

homespun ['həʊmspʌn / home·spun] *agg.* **1** di fabbricazione domestica **2** semplice: *a* — *view of life*, una visione semplice della vita ◆ *s.* stoffa grossa tessuta in casa.

homestead ['həʊmsted / home·stead] *s.* **1** fattoria e annessi; casa con terreno **2** (*amer.*) concessione di terra in usufrutto (da parte dello stato a un privato, a condizione che questo la lavori) • Dall'*Homestead Act* del 1862, legge che distribuiva terreni per promuovere l'insediamento nel West.

to **homestead** *v.tr.* (*amer.*) entrare in possesso di (una concessione di terreno) col riconoscimento dello stato.

homesteader ['həʊm,stedə* / home·steader] *s.* **1** colono **2** (*amer.*) concessionario di un terreno (avuto dallo stato).

homester ['həʊmstə* / home·ster] *s.* (*non com.*) (*sport*) membro della squadra ospitante.

home straight [,həʊm'streɪt] **home stretch** [,həʊm'stretʃ] *s.* **1** (*sport*) dirittura d'arrivo **2** (*estens.*) parte finale (di percorso, viaggio ecc.).

hometown ['həʊmtaʊn / home·town] *s.* paese natale, luogo di nascita.

home truth [,həʊm'tru:θ] *s.* verità spiacevole: *to tell s.o. a few home truths*, dire a qlcu. qualche amara verità.

home turn [,həʊm'tɜ:n] *s.* (*sport*) curva finale.

home unit [,həʊm'ju:nɪt] *s.* (*arch.*) unità abitativa.

homeward ['həʊmwəd / home·ward] *agg.* che si dirige verso casa, verso il proprio paese.

homeward-bound [,həʊmwəd'baʊnd] *agg.* diretto a casa, al proprio paese (di viaggiatore, nave ecc.).

homeward(s) [həʊmwəd(z) / home·ward(s)] *avv.* verso casa, verso il proprio paese.

homework ['həʊmwɜ:k / home·work] *s.* ▢U **1** compiti (*pl.*) a casa: *to do one's* —, fare i compiti; (*fam. fig.*) documentarsi bene (su un argomento ecc.) **2** (*fam. amer.*) baci (*pl.*), effusioni (*pl.*).

homey ['həʊmɪ] *agg.* **1** casalingo, domestico; familiare, semplice, alla buona **2** (*fam. amer.*) intimo, confortevole, piacevole, accogliente ◆ *s.* (*fam. amer.*) persona ingenua, semplice; sempliciotto.

homicidal [,hɒmɪ'saɪdl / hom·icidal] *agg.* omicida: — *tendencies*, tendenze omicide.

homicide ['hɒmɪsaɪd / hom·icide] *s.* (*dir.*) **1** omicidio **2** omicida.

homiletic [,hɒmɪ'letɪk / ho·mi·letic] *agg.* (*eccl.*) omiletico.

homiletics [,hɒmɪ'letɪks / ho·mi·let·ics] *s.* ▢U (*eccl.*) omiletica.

homilist ['hɒmɪlɪst / ho·mi·list] *s.* predicatore, chi fa un'omelia.

homily ['hɒmɪlɪ / hom·ily] *s.* (*eccl.*) omelia.

homing ['həʊmɪŋ / hom·ing] *agg.* **1** che va, che torna a casa **2** (*mil.*) autoguidato: — *missile*, missile autoguidato // — *device*, dispositivo di guida automatica; radiobussola.

homing pigeon [,həʊmɪŋ'pɪdʒɪn] *s.* piccione viaggiatore.

hominid ['hɒmɪnɪd / hom·inid] *s.* (*antropologia*) ominide.

hominy ['hɒmɪnɪ / hom·iny] *s.* (*amer.*) granoturco macinato; farina grossa di granoturco // — *grits*, (*fam.*) polenta integrale (tipica del Sud degli Stati Uniti).

homo ['həʊməʊ] *pl.* **homos** *s.* (*fam.*) abbr. di → **homosexual**.

homo- *pref.* di origine greca che indica 'uguaglianza, identità'; it. omo-: *homocentric*, omocentrico; *homochromous*, omocromo.

homodont ['həʊməʊdɒnt / ho·mo·dont] *agg.* (*zool.*) (*di animale*) omodonte.

homoeopath e *deriv.* → **homeopath** e *deriv.*

homogamy [həʊ'mɒgəmɪ / homo·gamy] *s.* (*biol.*) omogamia.

homogeneity [,hɒməʊdʒə'ni:ətɪ / homo·gen·eity] *s.* omogeneità.

homogeneous [,hɒməʊ'dʒi:njəs / homo·gen·eous] *agg.* omogeneo // (*mat.*) — *polynomial*, polinomio omogeneo // (*comm.*) — *goods*, merce omogenea // **-ly** *avv.* // **-ness** *s.*

homogenesis [,hɒməʊ'dʒenɪsɪs / homo·gen·esis] *s.* (*biol.*) omogenesi.

to **homogenize** [hɒ'mɒdʒənaɪz / homo·gen·ize] *v.tr.* omogeneizzare.

homograft ['həʊməʊgrɑ:ft *amer.* 'həʊməʊgræft / homo·graft] *s.* (*med.*) omotrapianto SIN. homeotransplant.

homograph ['hɒməʊgrɑ:f *amer.* 'hɒməʊgræf / homo·graph] *s.* omografo.

to **homologate** [hɒ'mɒləgeɪt / homo·log·ate] *v.tr.* omologare.

homologation [,hɒmɒlə'geɪʃn / homo·loga·tion] *s.* omologazione.

homological [,hɒmə'lɒdʒɪkl / homo·lo·gical] *agg.* omologico.

to **homologize** [hɒ'mɒlədʒaɪz / homo·lo·

gize] *v.intr.* essere omologo, corrispondere ♦ *v.tr.* omologare.

homologous [hɒ'mɒləgəs / homo·log·ous] *agg.* omologo // (*biol.*) — *vaccine*, vaccino omologo, autovaccino.

homologue ['hɒməlɒg / homo·logue] *s.* omologo.

homology [hɒ'mɒlədʒɪ / homo·logy] *s.* omologia // (*mat.*) — *theory*, teoria dell'omologia.

homomorphic [,hɒmə'mɔ:fɪk / homo·morphic] *agg.* (*scient.*) omomorfo.

homomorphism [,həʊməʊ'mɔ:fɪzəm / homo·morph·ism] *s.* (*scient.*) omomorfismo.

homonym ['hɒməʊnɪm / hom·onym] *s.* omonimo.

homonymous [hɒ'mɒnɪməs / hom·onym·ous] *agg.* omonimo.

homonymy [hɒ'mɒnɪmɪ / hom·onymy] *s.* omonimia.

homophobia [,həməʊ'fəʊbjə / homo·pho·bia] *s.* omofobia.

homophone ['hɒməʊfəʊn / homo·phone] *s.* parola, lettera omofona, omofono.

homophonic [,hɒməʊ'fɒnɪk / homo·phonic] *agg.* omofonico.

homophonous [hɒ'mɒfənəs / homo·phon·ous] *agg.* omofono.

homophony [hɒ'mɒfənɪ / homo·phony] *s.* omofonia.

homopolar [,həʊməʊ'pəʊlə* / homo·polar] *agg.* omopolare: (*fis.*, *chim.*) — *bond*, legame omopolare.

homosexual [,hɒməʊ'seksjʊəl / homo·sexual] *agg.* omosessuale.

homosexuality [,hɒməʊseksjʊ'ælətɪ / homo·sexu·al·ity] *s.* omosessualità.

homospory ['həʊməʊ,spəʊrɪ / homo·spory] *s.* (*bot.*) omosporia.

homotopy [həʊ'mɒtəpɪ / homo·topy] *s.* (*mat.*) omotopia.

homozygote [,həʊməʊ'zaɪgəʊt / homo·zy·gote] *s.* (*biol.*) omozigote.

homozygous [,həʊməʊ'zaɪgəs / homo·zy·gous] *agg.* (*biol.*) omozigotico, omozigote.

homuncle [həʊ'mʌŋkl / hom·uncle] **homuncule** [həʊ'mʌŋkju:l / hom·un·cule] **homunculus** [həʊ'mʌŋkjʊləs / hom·un·cu·lus] *pl.* **homunculi** [həʊ'mʌŋkjʊlaɪ / hom·un·culi] *s.* 1 omuncolo; ometto, nanerottolo 2 (*alchimia*) homunculus.

homy ['həʊmɪ] → **homey**.

hon abbr. di → **honorary** e **honourable**.

Honduran [hɒn'djʊərən / Hon·duran] *s.* e *agg.* honduregno.

hone[1] [həʊn] *s.* 1 cote, pietra per affilare 2 (*mecc.*) lapidello.

to **hone**[1] *v.tr.* 1 affilare 2 (*mecc.*) lapidare; levigare.

to **hone**[2] *v.intr.* (*dial.*, *amer.*) lamentarsi, gemere.

honest ['ɒnɪst / hon·est] *agg.* 1 onesto, integro, probo; rispettabile: *to turn* (o *to earn*) *an — penny*, guadagnare del denaro onestamente; *to make an — living*, guadagnarsi onestamente da vivere // *an — piece of work*, un lavoro fatto con coscienza, onestamente 2 leale; sincero, veritiero, schietto: *tell me your — opinion*, dimmi sinceramente la tua opinione; *to be perfectly —, I've never met him*, ad essere del tutto onesto, io non l'ho mai incontrato // — *to God* (o *to Goodness*)*!*, santo cielo!; — *to God I couldn't have done more*, onestamente non avrei potuto fare di più 3 puro; semplice, genuino (di cose): *good — food*, cibo semplice e genuino; — *to God home cooking*, (*fam.*) vera cucina casalinga; *a little — self-criticism never hurt anyone*, un po' di sana autocritica non ha mai fatto male a nessuno; *the — truth*, la verità pura e semplice 4 (*ant.*) casta, virtuosa // *to make an — woman of s.o.*, (*antiq.*, *scherz.*) sposare una donna dopo averla compromessa.

honest *avv.* veramente, sinceramente, onestamente: *I didn't mean to hurt you, —!*, non avevo intenzione di ferirti, credimi, davvero!

honestly ['ɒnɪstlɪ / hon·est·ly] *avv.* 1 onestamente 2 lealmente; sinceramente: *do you — believe in what she said?*, credi sul serio a ciò che ha detto? // *I'm not tired, —!*, (*fam.*) non sono stanco, davvero! // —, *John, this is too much!*, (*fam.*) francamente, John, questo è troppo!

honest-to-goodness ['ɒnɪst,tə'gʊdnɪs] *agg.attr.* (*fam.*) genuino.

honesty ['ɒnɪstɪ / hon·esty] *s.* 1 onestà, integrità, probità; buona fede // — *is the best policy*, l'onestà è la miglior politica 2 lealtà; sincerità, franchezza // *in all —*, in tutta onestà, franchezza 3 (*ant.*) castità 4 (*bot.*) lunaria → moonwort.

honey ['hʌnɪ] *s.* 1 miele: *virgin*, *wild —*, miele vergine, grezzo 2 (*fig. spec. amer.*) dolcezza; tesoro, amore, cara: *she's a real —*, è un vero tesoro 3 (*fam. spec. amer.*) cosa superlativa, eccezionale: *that's a — of a motorbike*, quella motocicletta è un gioiellino ♦ *agg.* del miele, mielario.

to **honey** *v.tr.* (*ant.*) far moine: *stew'd in corruption, honeying and making love / over a nasty sty*, (SH. Hamlet) marcita nel vizio, facendo moine e l'amore in un porcile.

honey-bag ['hʌnɪbæg] *s.* (*zool.*) borsa mielaria.

honey-bear ['hʌnɪbeə*] *s.* (*zool.*) orso labiato → **sloth-bear**.

honeybee ['hʌnɪbi: / hon·ey·bee] *s.* (*zool.*) (*Apis mellifera*) ape domestica, pecchia.

honey-bun ['hʌnɪbʌn] *s.* (*fam.*) caro, cara, tesoro, dolcezza.

honey-buzzard [,hʌnɪ'bʌzəd] *s.* (*zool.*) (*Pernis apivorus*) falco pecchiaiolo SIN. pern.

honeycomb ['hʌnɪkəʊm / hon·ey·comb] *s.* 1 favo, nido d'api 2 struttura a nido d'ape: — *coil*, bobina a nido d'ape // (*chim.*) — *support*, supporto per catalizzatori a nido d'ape 3 (*metall.*) spugnosità: — *casting*, getto spugnoso.

to **honeycomb** *v.tr.* 1 crivellare, perforare: *the cliff was honeycombed with caves*, la scogliera era tutta bucherellata da caverne 2 pervadere ♦ *v.intr.* (*tecn.*) diventare spugnoso; butterarsi, vaiolarsi.

honeydew ['hʌnɪdju: *amer.* 'hʌnɪdu: / hon·ey·dew] *s.* melata, mielata.

honey eater ['hʌnɪ,i:tə*] *s.* (*zool.*) melifaga.

honeyed ['hʌnɪd / hon·eyed] *agg.* 1 melato, coperto di miele 2 (*fig.*) dolce, sdolcinato 3 adulatorio, mellifluo.

to **honey-fuck** ['hʌnɪfʌk] *v.intr.* (*sl. amer. volg.*) fare l'amore con una persona molto giovane.

honeymoon ['hʌnɪmu:n / hon·ey·moon] *s.* 1 luna di miele 2 (*fig.*) periodo felice, di grazia (all'inizio di un nuovo lavoro, nuovo governo ecc.).

to **honeymoon** *v.intr.* trascorrere la luna di miele.

honey-mouse ['hʌnɪmaʊs] *s.* (*zool.*) tarsipede.

honey-shot ['hʌnɪʃɒt] *s.* (*sl. amer.*) primo piano di una bella ragazza (effettuato durante la ripresa televisiva di un evento sportivo).

honey-stalks ['hʌnɪstɔ:ks] *s.pl.* (*ant.*) trifoglio: *I will enchant the old Andronicus / with words more sweet... / than honey-stalks to sheep*, (SH. Titus Andronicus) incanterò il vecchio Andronico con parole più dolci... del trifoglio per le pecore.

honeysuckle ['hʌnɪ,sʌkl / hon·ey·suckle] *s.* (*bot.*) (*Lonicera caprifolium*) caprifoglio; (*pop.*) madreselva SIN. woodbind, woodbine.

honey-tongued ['hʌnɪ,tʌŋd] *agg.* mellifluo.

hong [hɒŋ] *s.* magazzino di deposito, fabbrica (in Cina, Giappone).

honied → **honeyed**.

honk [hɒŋk] *s.* 1 grido dell'anitra selvatica 2 suono di clacson.

to **honk** *v.intr.* 1 starnazzare (di anitra selvatica) 2 suonare il clacson.

honkey-tonk, **honky-tonk** ['hɒŋkɪ ,tɒŋk] *agg.* 1 (*mus.*) relativo a un genere musicale (sorto nei locali notturni di New-Orleans e del sud degli Stati Uniti ai primi del '900) che consiste nel suonare il pianoforte in modo molto ritmato e veloce 2 (*fam. amer.*) scadente, squallido, d'infimo ordine ♦ *s.* (*fam. amer.*) bar, locale notturno d'infimo ordine.

honkie, **honky** ['hɒŋkɪ] *s.* (*sl. amer. spreg.*) persona di pelle bianca, bianco (detto da persone di colore).

(to) **honor** (*amer.*) → (to) **honour**.

honorarium [,ɒnə'rerɪəm / hon·or·ar·ium] *pl.* **honoraria** [,ɒnə'rərɪə / hon·or·aria] **honorariums** *s.* onorario.

honorary ['ɒnərərɪ / hon·or·ary] *agg.* onorario; onorifico; non retribuito // — *degree*, laurea ad honorem // — *member*, socio onorario.

honorific [,ɒnə'rɪfɪk / hon·or·ific] *agg.* onorifico ♦ *s.* formula di cortesia, di rispetto.

honour ['ɒnə* / hon·our] *s.* 1 onore, reputazione, buon nome: *code of —*, codice d'onore; *a debt of —*, un debito d'onore; *law of —*, legge d'onore; *word of —*, parola d'onore; *he has come off with —*, se l'è cavata con onore; *it is an affair of —*, è una questione d'onore; *it's a point of — with me*, è per me un punto d'onore; *it does you —*, ti fa onore; *to be on one's —*, essere legato dalla parola d'onore; *to feel (in) — bound to do sthg.*, sentirsi obbligato dall'onore a fare qlco.; *to lose one's —*, perdere il proprio onore // — *is at stake*, è in gioco l'onore // *upon my —*, sul mio onore // (*comm.*) *for —*, per intervento // (*dir.*) — *court*, giurì d'onore // — *system*, (*amer.*) procedura basata sulla parola d'onore (nelle scuole, prigioni ecc.) 2 venerazione; stima, reverenza; privilegio, onore: *he did me the — of speaking to me*, mi fece l'onore di parlarmi;

they paid — to him, gli resero onore; *it is my — to present the Indian ambassador*, è per me un (grande) onore presentarvi l'ambasciatore indiano; *I have had the — of meeting the president*, ho avuto l'onore d'incontrare il presidente; *to hold s.o. in great —*, tenere qlcu. in grande considerazione; *to show — to one's parents*, mostrare rispetto per i propri genitori // *in s.o.'s —*, in onore di qlcu.; *in — of the lady's birthday*, in onore del compleanno della signora // *guard of —*, guardia d'onore // *guest of —*, ospite d'onore // *maid of —*, damigella d'onore **3** *Your Honour*, Vostro Onore (titolo di cortesia usato spec. per i giudici) **4** onore, gloria: *to be an — to one's country*, fare onore alla patria **5** reputazione, onorabilità; castità: *she held her — cheap*, non ebbe cura della propria reputazione; *she lost her —*, perse la sua onorabilità **6** *pl.* onori; onorificenze; titoli; decorazioni: *last honours*, onoranze funebri; *military honours*, onori militari // *birthday honours*, onorificenze concesse dal sovrano in occasione del suo genetliaco // *to do the honours* (o *the house —*, fare gli onori di casa // *degree with honours* (o *honours degree*), (*amer.*) *honours*, corso di laurea un po' più impegnativo di quello usuale, standard; diploma ottenuto alla fine di tale corso **7** *pl.* (*carte*) onori: *honours are even*, gli onori sono pari.

to **honour** *v.tr.* **1** onorare, fare onore a; conferire un'onorificenza a; glorificare; rispettare; venerare: *we would be deeply honoured if you would dine with us*, saremmo profondamente onorati se lei volesse cenare con noi; *would you — us by visiting us?*, ci farebbe l'onore di una sua visita? **2** adempiere, tener fede a; accettare; pagare: *to — a commitment*, onorare, tener fede a un impegno // (*comm.*) *to — a cheque, a debt*, pagare un assegno, un debito // (*dir.*) *to — a contract*, rispettare un contratto.

honourable ['ɒnərəbl / hon·our·able] *agg.* **1** onorabile, degno d'onore; onorevole, che fa onore; onorato **2** *Honourable*, 'Honourable' (titolo dato ai figli di un Pari, ai giudici, ai membri del governo) // *Most Honourable*, 'Most Honourable' (titolo spettante ai marchesi, ai membri del Consiglio della Corona) // *Right Honourable*, 'Right Honourable' (titolo spettante ai Pari di rango inferiore al marchesato).

honourableness ['ɒnərəblnɪs / hon·our·able·ness] *s.* onorabilità; probità.

honourably ['ɒnərəblɪ / hon·our·ably] *avv.* onorevolmente.

honoured ['ɒnəd / hon·oured] *agg.* d'onore; di riguardo: *— guest*, ospite d'onore.

hoo-boy ['hu:bɔɪ] *inter.* perbacco!, perdinci!

hooch [hu:tʃ] *s.* [U] (*sl. amer.*) alcolici (spec. scadenti o distillati clandestinamente).

hood[1] [hʊd] *s.* **1** cappuccio; passamontagna; cappuccio di toga universitaria: *monk's —*, cappuccio di frate **2** mantice (di carrozzella, calesse ecc.); capote, cappotta **3** (*amer.*) cofano (di autoveicolo) **4** cappa (di cucina, laboratorio ecc.) **5** (schermo) paraluce **6** cupola: *armoured —*, cupola corazzata.

to **hood**[1] *v.tr.* **1** incappucciare, fornire di cappuccio **2** schermare, coprire **3** chiudere parzialmente, socchiudere (gli occhi, le palpebre).

hood[2] (*sl.*) → **hoodlum**.

-hood *suff.* di origine anglosassone usato per formare sostantivi che indicano **1** un modo di essere; it. -ità, -ezza: *childhood*, giovinezza; *manhood*, virilità; *sainthood*, santità **2** un'intera categoria: *priesthood*, il clero.

hooded ['hʊdɪd] *agg.* **1** incappucciato **2** con cappuccio (di abito) **3** (*fig.*) coperto; nascosto // *— eyes*, occhi socchiusi.

hooded crow [,hʊdɪd'krəʊ] *s.* (*zool.*) (*Corvus cornix*) cornacchia grigia.

hood fastener ['hʊd,fɑ:snə* *amer.* 'hʊd 'fæsnə*] *s.* (*aut.*) fermacofano.

hoodlum ['hu:dləm / hood·lum] *s.* (*sl.*) gangster, malvivente; violento, teppista.

hoodman [hʊdmən / hood·man] *pl.* **hoodmen** *s.* (*ant.*) chi, nel gioco della moscacieca, ha gli occhi bendati: *a plague upon him! muffled!... / hoodman comes!*, (SH. All's Well) accidenti! bendato!... ecco la moscacieca.

hoodman-blind ['hʊdmən,blaɪnd] *s.* (*ant.*) (gioco della) moscacieca: *what devil was't / that thus hath cozen'd you at hoodman-blind?*, (SH. Hamlet) quale diavolo ti ha ingannata giocando a moscacieca?

hoodoo ['hu:du: / hoo·doo] *pl.* **hoodoos** *s.* (*fam. spec. amer.*) **1** menagramo, iettatore **2** sfortuna; scalogna; iettatura; vudu.

to **hoodoo** *v.tr.* (*spec. amer.*) portare sfortuna a, dare la iettatura a, fare il malocchio a.

to **hoodwink** ['hʊdwɪŋk / hood·wink] *v.tr.* **1** (*ant.*) bendare gli occhi a **2** (*fig.*) ingannare.

hooey ['hu:ɪ] *s.* [U] (*fam.*) sciocchezze (*pl.*), stupidaggini (*pl.*).

hoof [hu:f] *pl.* **hoofs** [hu:fs] **hooves** [hu:vz] *s.* **1** zoccolo (di animale) // *on the —*, ancora vivo, prima di essere ucciso (di animali da macello) **2** (*scherz.*) piede, zampa // *cloven —*, piede fesso, caprino.

to **hoof** *v.tr.* **1** percorrere (a piedi) // *to — it*, (*fam.*) andare a piedi **2** colpire con lo zoccolo (di animali) **3** (*sl.*) prendere a calci // *to — s.o. out*, scacciare qlcu. brutalmente ◆ *v.intr.* **1** andare a piedi, camminare **2** (*fam. antiq.*) ballare, fare dei passi di danza.

hoofed [hu:ft] *agg.* che ha zoccoli, ungulato.

hoofer ['hu:fə*] *s.* (*fam. amer.*) danzatore, ballerino.

hoo-ha ['hu:'hɑ:] *s.* (*solo sing.*) (*fam.*) finimondo: *there was a terrible — when the truth came out*, successe il finimondo quando la verità venne a galla; *there's no need to make a — about it*, non è il caso di farne una tragedia.

hook [hʊk] *s.* **1** uncino, gancio: *hang your coat on the —*, appendi il soprabito al gancio // *— and eye*, allacciatura a gancio // *by — or by crook*, per amore o per forza, di riffa o di raffa // *—, line, and sinker*, (*fam.*) completamente: *he swallowed the story, —, line and sinker*, si è bevuto tutta la storia // *to be off the hooks*, (*ant.*) essere fuori dalla grazia di Dio // *to get off the —*, tirarsi fuori dai guai, cavarsi dagli impicci; *to get* (o *let*) *s.o. off the —*, cavare qlcu. dagli impicci, aiutare qlcu. ad uscire da una situazione difficile; far assolvere qlcu., far uscire qlcu. di prigione // *to take the phone off the —*, staccare la cornetta, il ricevitore **2** amo **3** tagliola, trappola; (*fig.*) insidia, tranello **4** falcetto **5** uncinetto, crochet **6** ansa stretta (di fiume) **7** promontorio, capo **8** (*boxe*) gancio, crochet; (*basket, cricket, golf*) tiro a gancio, a uncino **9** (*sl. amer.*) eroina, droga pesante.

to **hook** *v.tr.* **1** agganciare; uncinare: *to — (up) a dress*, agganciare un abito // *to — one's arm, leg, foot round sthg.*, agganciare qlco. con un braccio, con una gamba, con un piede **2** prendere all'amo // *to — a man*, (*fam.*) accalappiare un marito **3** (*boxe*) colpire con un gancio; (*basket, cricket, golf*) colpire (la palla) con un tiro a gancio, a uncino; (*rugby*) tallonare **4** (*mar.*) incocciare **5** (*fam.*) rubare **6** (*fam. amer.*) multare; arrestare ◆ *v.intr.* **1** agganciarsi **2** (*boxe*) sferrare un gancio; (*basket, cricket, golf*) fare un tiro a gancio, a uncino.
□ **hook up** *v.tr.* e *avv.* (*rad.*) collegare, allacciare.

hookah ['hʊkə] *s.* narghilè, lunga pipa.

hook-beaked [,hʊk'bi:kt] *agg.* (*zool.*) dal becco adunco.

hook-bill ['hʊkbi:l] *s.* (*zool.*) becco ricurvo.

hooked [hʊkt] *agg.* **1** fornito di uncini **2** ricurvo; adunco: *— nose*, naso aquilino // *— cross*, croce uncinata **3** (*fam.*) fissato, fanatico; schiavo (di qlco.): *he's — on* TV, è videodipendente; *she's — on diets*, ha il pallino delle diete **4** (*fam.*) tossicodipendente, drogato **5** (*fam.*) sposato.

hooker[1] [hʊkə*] *s.* **1** strumento a uncino **2** persona che usa strumenti a uncino; (*miner.*) operaio che aggancia i vagoni **3** (*sl.*) ladro, borsaiolo **4** (*sl. spec. amer.*) prostituta.

hooker[2] *s.* (*mar.*) peschereccio a un albero.

hookey → **hooky**.

hook-nose ['hʊknəʊz] *s.* **1** naso adunco, aquilino **2** (*fam. amer.*) ebreo.

hook-nosed ['hʊknəʊzd] *agg.* dal naso aquilino.

hook-up ['hʊkʌp] *s.* **1** (*rad., tv*) collegamento; insieme degli apparecchi, degli allacciamenti e dei circuiti **2** schema (di montaggio, di funzionamento) **3** (*aut.*) rimando freni **4** (*fam.*) legame, connessione.

hookworm ['hʊkwɜ:m / hook·worm] *s.* (*zool.*) anchilostoma // (*med.*) *— disease*, anchilostomiasi.

hooky ['hʊkɪ] *s.* **1** (*brit. antiq., sl. amer.*) fannullone; vagabondo; ragazzo svogliato e pigro negli studi **2** (*sl. amer.*) assenza scolastica ingiustificata // *to play —*, marinare la scuola.

hooligan ['hu:lɪgən / hoo·li·gan] *s.* teppista.

hooliganism ['hu:lɪgənɪzəm / hoo·li·gan·ism] *s.* teppismo.

hoop[1] [hu:p] *s.* **1** collare; cerchio (di botte ecc.); cerchione (di ruota) **2** cerchio (gioco di ragazzi, attrezzo di acrobati): *to go through the hoops*, attraversare un momento difficile; *to put s.o. through the hoops*, (*fam.*) far passare a qlcu. un momento difficile; mettere qlcu. alla prova; *to bowl a —*, giocare al cerchio **3** (*gener. pl.*) guardinfante; crinolina **4** (*mecc.*) cerchiatura **5** (*croquet*) archetto.

to **hoop**[1] *v.tr.* cerchiare (una botte ecc.); circondare.

hoop[2] *s.* **1** urlo, grido: *hoops of joy*, grida di gioia **2** urlo, suono secco della pertosse.

to **hoop**[2] *v.tr.* urlare, gridare ◆ *v.intr.* **1** urlare, emettere delle urla **2** emettere l'urlo tipico della pertosse.

hooper ['hu:pə*] *s.* bottaio.

hooping cough ['hu:pɪŋkɒf] → **whooping cough**.

hoopla ['hu:plɑ: / hoop·la] *s.* (*fam.*) **1** tiro a

segno con i cerchietti **2** [U] confusione, trambusto; sciocchezze (*pl.*), fandonie (*pl.*) **3** (*spec. amer.*) pubblicità sensazionalistica, strombazzamento pubblicitario; montatura pubblicitaria.

hoop-man [ˈhu:pmən] *pl.* **hoop-men** *s.* (*fam. amer.*) giocatore di pallacanestro.

hoopoe [ˈhu:pu: / hoo·poe] *s.* (*zool.*) (*Upupa epops*) upupa.

hoorah [hʊˈrɑ:] **hooray** [hʊˈreɪ] *inter.* urrah!.

hoos(e)gow [ˈhu:sgaʊ / hoos(e)·gow] *s.* (*sl. amer.*) prigione, gattabuia.

Hoosier [ˈhu:ʒə* / Hoo·sier] *s.* (*amer.*) nativo dello stato dell'Indiana.

hoot [hu:t] *s.* **1** grido della civetta **2** rumore; schiamazzo; fischio (di disapprovazione) **3** fischio (di locomotiva, nave ecc.); colpo di clacson // *I don't care* (o *give*) *a* — (o *two hoots*), (*fam.*) non me ne importa un tubo, un bel niente, un fico secco **4** (*fam.*) cosa divertentissima, spasso.

to **hoot** *v.intr.* **1** urlare, gridare; fischiare // *to — at s.o.*, fischiare qlcu. **2** (*fam.*) ridere sguaiatamente **3** suonare il clacson; fischiare (di locomotiva) **4** chiurlare, stridere (di civetta) ◆ *v.tr.* **1** subissare di urli; fischiare **2** (*fam.*) prendere in giro.

□ **hoot down** *v.tr.* e *avv.* fischiare (chi sta tenendo un discorso), zittire (qlcu.) rumoreggiando.

□ **hoo off** *v.tr.* e *avv.* e *prep.* buttar fuori di scena a fischi.

hootenanny [ˈhu:tnænɪ / hoote·nanny] *s.* **1** (*fam. scoz.*) festa con canti e balli popolari **2** (*sl. amer.*) aggeggio, coso.

hooter [ˈhu:tə*] *s.* **1** sirena; fischio di sirena; clacson **2** (*sl. brit.*) naso **3** (*sl. amer.*) seno.

hoots [hu:ts] *inter.* hu!, suvvia!

Hoover® [ˈhu:və*] *s.* (tipo di) aspirapolvere.

to **hoover** *v.tr.* pulire con l'aspirapolvere.

hop[1] [hɒp] *s.* **1** (*bot.*) (*Humulus lupulus*) luppolo **2** *pl.* infiorescenze di luppolo **3** (*sl. amer.*) oppio.

to **hop**[1] *pass.p.p.* **hopped** [hɒpt] *v.tr.* aromatizzare, mescolare con luppolo ◆ *v.intr.* raccogliere luppolo.

hop[2] *s.* **1** salto (su una gamba sola); saltellamento // (*sport*) —, *skip, and jump*, salto triplo // *to catch s.o. on the* —, (*fig. fam.*) cogliere qlcu. in contropiede; trovare qlcu. impreparato // *to keep s.o. on the* —, (*fam.*) tenere molto occupato qlcu. **2** (*aer. fam.*) tappa **3** (*antiq. brit., fam. amer.*) ballo, serata danzante.

to **hop**[2] *v.intr.* **1** saltare (su una gamba sola); saltellare (spec. di animali) // *he hopped in the car*, (*fam.*) saltò in macchina // *they hopped onto the bus*, (*fam.*) balzarono sull'autobus **2** (*fam. amer.*) ballare **3** (*fam.*) fare un salto, andare // *I'm hopping over to Cannes for the weekend*, farò un salto a Cannes per il weekend // *I'm hopping off for a few days*, (*fam.*) parto per alcuni giorni ◆ *v.tr.* **1** attraversare saltellando **2** (*fam. amer.*) salire su: *I'm going to — a bus for Chicago*, salirò su un autobus per Chicago // — *it!*, (*sl.*) sloggia!

hopbind [ˈhɒpbaɪnd / hop·bind] **hopbine** [ˈhɒpbaɪn / hop·bine] *s.* (*bot.*) stelo rampicante di luppolo.

hope[1] [həʊp] *s.* **1** speranza, fiducia; attesa, aspettativa: *it is past* (o *beyond*) —, non c'è più speranza; *to live in hope* (*that*), vivere sperando (che); *to dash, raise s.o.'s hopes*, distruggere, alimentare le speranze di qlcu. // *I can't hold out much — of you getting the job*, non posso darti molte speranze per quel lavoro // *you haven't got a — in hell*, (*fam.*) non c'è la minima speranza // *some —!*, magari! // *while there's life there's* —, (*prov.*) finché c'è vita c'è speranza **2** persona, cosa in cui si spera; speranza: *he is the new — of British athletics*, è la nuova speranza dell'atletica britannica.

to **hope**[1] *v.intr.* nutrire speranza, sperare; confidare, essere fiducioso: *he had hoped for it a long time*, lo sperava da molto tempo; *I — to go*, spero di andare; *to — against hope*, sperare senza ragione, fino all'ultimo; *to — for the best*, sperare per il meglio; *to — for sthg.*, sperare qlco.; *to — in God*, sperare in Dio // *to — on*, continuare a sperare ◆ *v.tr.* sperare; aspettarsi: *I — I didn't hurt you*, spero di non averti fatto male; *I — he will arrive soon*, spero che arrivi presto; *I — I am right*, spero di avere ragione; *it is hoped that the two sides will come to an agreement soon*, ci si aspetta che le due parti arrivino presto a un accordo; *I — so, not*, spero di sì, di no.

hope[2] *s.* **1** (*ant.*) terreno circondato da paludi **2** valloncello **3** braccio di mare.

hope chest [ˈhəʊp,tʃest] *s.* (*amer.*) corredo da sposa BRIT. bottom drawer.

hopeful [ˈhəʊpfʊl / hope·ful] *agg.* **1** pieno di speranza, fiducioso **2** promettente, che promette buoni risultati ◆ *s.* persona promettente; persona speranzosa, di belle speranze.

hopefully [ˈhəʊpfʊlɪ / hope·fully] *avv.* **1** fiduciosamente, con buone speranze **2** se tutto va bene.

hopefulness [ˈhəʊpfʊlnɪs / hope·ful·ness] *s.* fiducia, buona speranza.

hopeless [ˈhəʊplɪs / hope·less] *agg.* **1** senza speranza, irrimediabile; disperato; disperante: *a — sigh*, un sospiro disperato; *a — situation*, una situazione disperata; — *illness*, malattia incurabile; *he's a — liar*, è un incorreggibile bugiardo // *to give sthg. up as* —, rinunciare a fare qlco. perché impossibile **2** (*fam.*) pessimo, terribile: *he's a — golfer*, è un pessimo golfista; *I'm — at physics*, sono una frana in fisica // **-ly** *avv.* // **-ness** *s.*

hop-field [ˈhɒpfi:ld] *s.* luppolaia.

hophead [ˈhɒphed / hop·head] *s.* (*sl. amer.*) tossicodipendente, drogato.

hoplite [ˈhɒplaɪt / hop·lite] *s.* (*st. greca*) oplita.

hop-o'-my-thumb [,hɒpəmaɪˈθʌm] *s.* (*antiq.*) persona piccolissima; nano, pigmeo.

hopped-up [hɒptˈʌp] *agg.* (*fam.*) **1** drogato **2** entusiasta, eccitato **3** truccato (di motore).

hopper[1] [ˈhɒpə* / hop·per] *s.* **1** persona, animale che saltella **2** (*agr.*) seminatoio **3** (*tecn.*) tramoggia // (*ferr.*) — *car*, carro a tramoggia **4** serbatoio con scarico sul fondo; cassetta di cacciata: — *closet*, vaso (da gabinetto) con cassetta di cacciata **5** (*mar.*) chiatta per scarico di fango o ghiaia **6** cavalletta di pianoforte.

hopper[2] *s.* **1** raccoglitore di luppolo **2** tino per la preparazione della birra.

hopping[1] [ˈhɒpɪŋ / hop·ping] *s.* **1** raccolta di luppolo **2** mescolanza di malto e luppolo.

hopping[2] *s.* **1** saltellamento (su un piede solo); salto **2** danza; festa campestre.

hopping mad [,hɒpɪŋˈmæd] *agg.* (*fam.*) fuori di sé, furente.

hop-pole [ˈhɒp,pəʊl] *s.* pertica da luppolo.

hop-scotch [ˈhɒpskɒtʃ] *s.* (*gioco*) campana, mondo, settimana.

Horatian [həˈreɪʃjən / Ho·ra·tian] *agg.* di Orazio, oraziano.

horde [hɔ:d] *s.* **1** orda, tribù **2** (*rar.*) sciame, stormo **3** orda, moltitudine disordinata: *hords of tourists*, orde di turisti.

horehound [ˈhɔ:haʊnd / hore·hound] *s.* (*bot.*) (*Marrubium vulgare*) marrubio; (*pop.*) mentastro.

horizon [həˈraɪzn / ho·ri·zon] *s.* **1** orizzonte: *on the* —, all'orizzonte; (*fig.*) nel prossimo futuro; *the sun sank below the* —, il sole tramontò all'orizzonte; — *line*, linea dell'orizzonte **2** (*geol.*) livello, orizzonte **3** (*spec. pl.*) (*fig.*) orizzonte, campo di attività o conoscenza; prospettive future: *to broaden one's horizons*, allargare i propri orizzonti.

horizontal [,hɒrɪˈzɒntl / ho·ri·zontal] *agg.* **1** orizzontale: *a — line*, una linea orizzontale // *out of the* —, in posizione obliqua **2** (*fig.*) allo stesso livello (in un'organizzazione) // **-ity** *s.* // **-ly** *avv.*

hormonal [hɔ:ˈməʊnl / hor·monal] *agg.* (*biol.*) ormonale.

hormone [ˈhɔ:məʊn / hor·mone] *s.* (*biochim.*) ormone.

hormonic [hɔ:ˈmɒnɪk / hor·monic] *agg.* (*biol.*) ormonico.

horn [hɔ:n] *s.* **1** corno; antenna: *horns of a stag*, corna di un cervo; *to shed* (o *to cast*) *its horns*, perdere le corna // — *of plenty*, cornucopia // *to draw one's horns in*, (*fam.*) ritirarsi; mettersi sulla difensiva; *to be on the horns of a dilemma*, essere di fronte a un dilemma **2** (*materiale*) corno: *knives often have — handles*, i coltelli hanno spesso manici di corno **3** (*mus.*) corno: *English* —, corno inglese; *hunting* —, corno da caccia **4** tromba: — *phonograph*, fonografo a tromba // (*rad.*) — *antenna*, antenna a tromba **5** (*aut.*) tromba; clacson **6** (*amer.*) telefono **7** (*geogr.*) picco, corno (di montagna).

to **horn** *v.tr.* **1** fornire di corna **2** incornare; ferire, colpire con le corna.

□ **horn in (on)** *v.intr.* e *avv.* (*fam.*) interferire, intromettersi; mettere il becco: *to — in on a conversation*, intromettersi in una conversazione.

hornbeam [ˈhɔ:nbi:m / horn·beam] *s.* (*bot.*) (*Carpinus betulus*) carpino bianco.

hornbill [ˈhɔ:nbɪl / horn·bill] *s.* (*zool.*) bucero.

hornblende [ˈhɔ:nblend / horn·blende] *s.* (*min.*) orneblenda.

hornblowing [ˈhɔ:n,bləʊɪŋ / horn·blow·ing] *s.* (*fam. amer.*) pubblicità aggressiva; strombazzamento pubblicitario.

hornbook [ˈhɔ:nbʊk / horn·book] *s.* antico abbecedario.

horned [hɔ:nd] *agg.* **1** cornuto, fornito di corna **2** a forma di corna.

horned horse [,hɔ:ndˈhɔ:s] *s.* (*zool.*) (*Connochaetes gnu*) gnu.

horned owl [,hɔ:nd'aʊl] *s.* (*zool.*) (*Otus scops*) assiolo, chiù.

horned toad [,hɔ:nd'təʊd] *s.* (*zool.*) frinosoma.

horned viper [,hɔ:nd'vaɪpə*] *s.* (*zool.*) (*Cerastes cornutus*) vipera cornuta, ceraste.

hornet ['hɔ:nɪt / hor·net] *s.* **1** (*zool.*) (*Vespa crabro*) calabrone // *to stir up a —'s nest*, (*fig.*) suscitare un vespaio **2** (*fig.*) persona fastidiosa **3** esca (per salmone).

hornfel ['hɔ:nfel / horn·fel] *s.* (*geol.*) cornubianite.

horniness ['hɔ:nɪnɪs / horni·ness] *s.* **1** callosità (delle mani) **2** natura cornea **3** lascivia.

hornish ['hɔ:nɪʃ / horn·ish] *agg.* (*non com.*) corneo.

hornless ['hɔ:nlɪs / horn·less] *agg.* senza corna; senza antenne (di insetto).

horn-mad [,hɔ:n'mæd] *agg.* (*ant.*) infuriato come un toro: *if he had found the young man, he would have been horn-mad*, (SH. Merry Wives of Windsor) se avesse trovato il giovane, si sarebbe imbestialito.

horn-owl [,hɔ:n'aʊl] *s.* (*zool.*) (*Bubo virginianus*) gufo della Virginia.

hornpipe ['hɔ:npaɪp / horn·pipe] *s.* **1** danza vivace (di marinai); musica per tale danza **2** (*ant.*) cornamusa.

hornpout ['hɔ:n,paʊt / horn·pout] *s.* (*zool.*) (*Ameiurus nebulosus*) pesce gatto SIN. rabbit fish.

horn-rimmed glasses ['hɔ:nrɪmd'glɑ:sɪz *amer.* 'hɔ:nrɪmd'glæsɪz] **horn-rims** ['hɔ:nrɪmz] *s.pl.* occhiali dalla montatura di corno.

horn silver [,hɔ:n'sɪlvə*] *s.* (*chim.*) cerargirite.

to **hornswoggle** ['hɔ:n,swɒgl / horn·swoggle] *v.tr.* (*fam. amer.*) raggirare, truffare.

horny ['hɔ:nɪ] *agg.* **1** calloso; indurito **2** corneo **3** cornuto // *Auld Horny*, (*scoz.*) il Diavolo **4** (*sl. volg.*) eccitato (sessualmente), arrapato.

horny coral ['hɔ:nɪ'kɒrəl *amer.* 'hɔ:nɪ 'kɔ:rəl] *s.* (*zool.*) gorgonia.

horny-handed ['hɔ:nɪ,hændɪd] *agg.* dalle mani callose.

horologe [,hɒrəlɒdʒ / ho·ro·loge] *s.* (*ant.*) orologio: *he'll watch the horologe a double set, / if drink rock not his cradle*, (SH. Othello) è capace di far la guardia un doppio giro di orologio se il vino non gli canta la ninnananna.

horoscope ['hɒrəskəʊp *amer.* 'hɔ:rəskəʊp / horo·scope] *s.* oroscopo: *to cast a —*, fare un oroscopo.

horoscopy [hɒ'rɒskəpɪ *amer.* hɔ:'rɒskəpɪ / ho·ro·scopy] *s.* oroscopia.

horrendous [hɔ:'rendəs / hor·rend·ous] *agg.* **1** terribile; orrendo, spaventoso **2** (*fam.*) orrendo, molto brutto: *what a — dress!*, che vestito orrendo!

horrent ['hɒrənt / hor·rent] *agg.* (*rar.*) irto.

horrible ['hɒrəbl *amer.* 'hɔ:rəbl / hor·rible] *agg.* **1** orribile, orrendo: *a — crime*, un delitto spaventoso **2** (*fam.*) spiacevole; terribile: *a — noise*, un rumore fastidioso; *— feeling*, terribile sensazione // **-ness** *s.*

horribly ['hɒrəblɪ *amer.* 'hɔ:rəblɪ / hor·ribly] *avv.* **1** orribilmente, in modo orrendo **2** (*fam.*) terribilmente: *it is — hot*, fa terribilmente caldo.

horrid ['hɒrɪd *amer.* 'hɔ:rɪd / hor·rid] *agg.* **1** orrido, orrendo; spaventoso **2** (*fam.*) spiacevole, sgradito; disgustoso: *he said such — things*, disse cose molto spiacevoli; *coffee with salt tastes —*, il caffè con il sale ha un sapore disgustoso **3** (*ant.*) ruvido; rozzo; ispido // **-ly** *avv.*

horrific [hɒ'rɪfɪk / hor·rific] *agg.* orribile, orripilante, raccapricciante.

to **horrify** ['hɒrɪfaɪ *amer.* 'hɔ:rɪfaɪ / hor·rify] *v.tr.* **1** atterrire, incutere terrore a **2** scandalizzare; impressionare; offendere; disgustare: *to be horrified at sthg.*, rimanere sconvolto, scandalizzato per qlco.

horripilation [,hɒrɪpɪ'leɪʃn / hor·rip·ila·tion] *s.* (*med.*) orripilazione.

horror ['hɒrə* *amer.* 'hɔ:rə* / hor·ror] *s.* **1** orrore, spavento; disgusto: *to my —...*, con mio gran spavento...; *to have a — of* (*doing*) *sthg.*, avere in odio (di fare) qlco.; *she has a — of spiders*, ha il terrore dei ragni; *— comic, film, story*, fumetto, film, racconto dell'orrore **2** (*spec. pl.*) orrore, cosa orribile, spaventosa: *the horrors of war, of death*, gli orrori della guerra, della morte // *Chamber of Horrors*, Camera degli Orrori **3** (*fam.*) persona sgradevole (spec. bambino); peste: *that child is a real —*, quel bambino è veramente una peste **4** *pl.* (*fam.*) depressione; scoraggiamento; paura.

horror-stricken ['hɒrə,strɪkən *amer.* 'hɔ:rə,strɪkən] *agg.* inorridito; scioccato.

hors de combat [,hɔ:də'kɔ:mbɑ: / hors de com·bat] *agg.* (*fr.*) (*form.*) fuori combattimento (*anche fig.*).

hors d'oeuvre [ɔ:'dɜ:vrə *amer.* ɔ:'dɜ:v] *s.* antipasto.

horse [hɔ:s] *s.* **1** cavallo; (*zool.*) (*Equus caballus*) cavallo: *to mount a —, to ride a —*, montare a cavallo, cavalcare; *Barbary —*, cavallo berbero; *to let a — have its head*, allentare le redini // *a — of another colour*, tutt'altra cosa // *a dark —*, (*fig.*) un outsider, un'incognita // (*ordine mil.*) *to —!*, a cavallo! // *I could eat a —*, ho una fame da lupo // *to eat like a —*, mangiare come un lupo // *to flog a dead —*, (*fig.*) sprecare energia // *to get on one's high —*, darsi delle arie; *to get off one's high —*, abbassare le arie // *to work like a —*, lavorare come un mulo // *hold your horses!*, aspetta un momento!; calma! // *to get* (*sthg.*) *straight from the —'s mouth*, (*fam.*) avere (un'informazione ecc.) direttamente dalla fonte // *never look a gift — in the mouth*, (*prov.*) a caval donato non si guarda in bocca **2** (*collettivo*) cavalleria: *— and foot*, cavalleria e fanteria; *light —*, cavalleria leggera **3** sgabello; cavalletto; (*sport*) cavallo **4** (*fam. amer.*) traduttore, bigino **5** (*sl. amer.*) mille dollari **6** (*sl. amer.*) eroina, droga pesante **7** (*geol. min.*) ammasso sterile.

to **horse** *v.intr.* (*non com.*) cavalcare, andare a cavallo ◆ *v.tr.* **1** mettere a cavallo **2** fornire di cavalli (una carrozza ecc.) **3** trasportare sul proprio dorso **4** far coprire (una cavalla) **5** (*sl. amer.*) deridere, prendersi gioco di.

□ **horse about**, **around** *v.intr.* e *avv.* (*fam.*) giocare in modo sfrenato; sprecare il tempo giocando.

horseback ['hɔ:sbæk / horse·back] *s.* dorso di cavallo: *on —*, a (dorso di) cavallo.

horsebane ['hɔ:sbeɪn / horse·bane] *s.* (*bot.*) (*Oenanthe aquatica*) finocchio acquatico.

horse bean ['hɔ:sbi:n] *s.* (*bot.*) (*Vicia faba equina*) fava cavallina.

horse block ['hɔ:s,blɒk] *s.* **1** staffa **2** predellino, montatoio.

horsebox ['hɔ:sbɒks / horse·box] *s.* veicolo chiuso per il trasporto di cavalli da corsa.

horse-breaker ['hɔ:s,breɪkə*] *s.* domatore di cavalli.

horse chestnut [,hɔ:s'tʃesnʌt] *s.* (*bot.*) ippocastano → **chestnut** 3.

horsecloth ['hɔ:sklɒθ *amer.* 'hɔ:sklɔ:θ / horse·cloth] *s.* gualdrappa per cavalli.

horse-coper ['hɔ:skəʊpə*] **horse-dealer** ['hɔ:sdi:lə*] *s.* mercante di cavalli.

horseflesh ['hɔ:sfleʃ / horse·flesh] *s.* **1** carne di cavallo **2** U (*fam.*) cavallo, cavalli: *he's a good judge of —*, è un buon conoscitore di cavalli; *that's a nice piece of — you've got there!*, bello quel tuo cavallo!

horsefly ['hɔ:sflaɪ / horse·fly] *pl.* **horseflies** *s.* (*zool.*) **1** tafano SIN. gadfly, cleg **2** (*Hippobosca equina*) mosca cavallina.

horse guards ['hɔ:sgɑ:dz] *s.pl.* **1** guardie a cavallo **2** brigata a cavallo.

horsehair ['hɔ:sheə* / horse·hair] *s.* crine di cavallo.

horse latitudes ['hɔ:s'lætɪtju:dz *amer.* 'hɔ:s'lætɪtu:dz] *s.pl.* (*meteor.*) fasce di alta pressione subtropicali; bonacce subtropicali.

horse-leech ['hɔ:sli:tʃ] *s.* (*zool.*) sanguisuga.

horseless carriage ['hɔ:slɪs'kærɪdʒ / horse·less car·riage] *s.* (*ant.*) automobile • Era il nome dato alle prime automobili.

horse mackerel [,hɔ:s'mækrəl] *s.* (*zool.*) **1** (*Thunnus thynnus*) tonno **2** (*Trachurus trachurus*) sgombro bastardo.

horseman ['hɔ:smən / horse·man] *pl.* **horsemen** *s.* cavaliere; cavallerizzo.

horsemanship ['hɔ:smənʃɪp / horse·man·ship] *s.* **1** equitazione **2** ippologia.

horse marine ['hɔ:smə'ri:n] *s.* **1** pesce fuor d'acqua **2** membro di un corpo immaginario: *tell that to the horse marines*, (*fam.*) raccontalo a un altro.

horsemeat ['hɔ:smi:t / horse·meat] *s.* carne di cavallo, carne equina: *— butcher*, macelleria equina.

horse opera ['hɔ:s,ɒpərə] *s.* (*amer.*) film o commedia western SIN. oater.

horseplay ['hɔ:spleɪ / horse·play] *s.* **1** comportamento violento e rozzo **2** gioco scatenato; scherzo grossolano.

horsepond ['hɔ:spɒnd / horse·pond] *s.* abbeveratoio per cavalli.

horsepower ['hɔ:spaʊə* / horse·power] *s.* (*fis.*) cavallo-vapore (*abbr.* hp).

horse racing ['hɔ:s,reɪsɪŋ] *s.* (*sport*) ippica.

horseradish ['hɔ:s,rædɪʃ / horse·rad·ish] *s.* (*bot.*) (*Armoracia rusticana*) barbaforte, cren, rafano tedesco.

horse-riding ['hɔ:s,raɪdɪŋ] *s.* equitazione.

horse sense ['hɔ:s,sens] *s.* (*fam.*) → **common sense**.

horseshit ['hɔ:sʃɪt / horse·shit] *s.* U (*sl. amer. volg.*) sciocchezze (*pl.*), stupidaggini (*pl.*).

horseshoe ['hɔ:sʃu: / horse·shoe] *s.* **1**

ferro di cavallo **2** oggetto a forma di ferro di cavallo.

horseshoe bat ['hɔ:sʃu:'bæt] *s.* (*zool.*) ferro di cavallo (genere di pipistrelli).

horseshoe crab ['hɔ:sʃu:'kræb] *s.* (*zool.*) (*Limulus limulus*) limulo, granchio reale SIN. king-crab, sword-tail.

horseshoer ['hɔ:sʃu:ə* / horse·shoer] *s.* maniscalco.

horseshoes ['hɔ:sʃu:z / horse·shoes] *s.* [U] (*gioco amer.*) lancio dei ferri di cavallo.

horse show ['hɔ:sʃəʊ] *s.* **1** concorso ippico **2** mostra equina.

horsetail ['hɔ:steɪl / horse·tail] *s.* (*bot.*) equiseto, coda di cavallo.

horse-trading ['hɔ:s,treɪdɪŋ] *s.* **1** commercio di cavalli **2** (*fam.*) contrattazione.

horsewhip ['hɔ:swɪp / horse·whip] *s.* frustino (da cavallo).

to **horsewhip** *pass.p.p.* **horsewhipped** ['hɔ:swɪpt] *v.tr.* frustare.

horsewoman ['hɔ:s,wʊmən / horse·woman] *pl.* **horsewomen** ['hɔ:s,wɪmɪn] *s.* amazzone.

horsy ['hɔ:sɪ] *agg.* **1** cavallino; equino **2** che ama i cavalli; che si interessa di cavalli **3** (*spreg.*) da cavallo (spec. di viso).

hortative ['hɔ:tətɪv / hort·at·ive] *agg.* (*non com.*) esortativo.

hortatory ['hɔ:tətərɪ / hort·at·ory] *agg.* (*non com.*) esortativo, incitante.

horticultural [,hɔ:tɪ'kʌltʃərəl / hor·ti·cul·tural] *agg.* attinente all'orticoltura.

horticulture ['hɔ:tɪkʌltʃə* / hor·ti·cul·ture] *s.* orticoltura.

horticulturist [,hɔ:tɪ'kʌltʃərɪst / hor·ti·cul·tur·ist] *s.* orticoltore.

hosanna [həʊ'zænə / hos·anna] *s.* e *inter.* osanna.

hose [həʊz] *s.* **1** tubo flessibile; manicotto; manica, manichetta: *garden* —, canna per innaffiare; *fireman's* —, idrante; *air* —, manica d'aria // *canvas* —, manichetta di tela // (*aut.*) *radiator* —, manicotto del radiatore **2** → hosepipe.

hose *s.* [U] **1** (*comm.*) calze (*pl.*) (come articolo) **2** (*ant.*) calzamaglia, calzabraca.

to **hose** *v.tr.* **1** bagnare, innaffiare con una canna **2** provvedere di calze **3** (*fam. amer.*) truffare, imbrogliare **4** (*fam. amer.*) rifiutare, snobbare.

□ **hose down** *v.tr.* e *avv.* lavare, pulire usando una canna.

□ **hose out** *v.tr.* e *avv.* lavare, pulire (l'interno di un'auto) usando una canna.

hosepipe ['həʊzpaɪp / hose·pipe] *s.* canna per innaffiare, canna dell'acqua.

hoser ['həʊzə*] *s.* (*fam. amer.*) imbroglione.

hosier ['həʊzɪə* *amer.* 'həʊʒə* / ho·sier] *s.* commerciante in calze, in maglieria.

hosiery ['həʊzɪərɪ *amer.* 'həʊʒərɪ / ho·si·ery] *s.* maglieria.

hospice ['hɒspɪs / hos·pice] *s.* alloggio; ospizio, ricovero (per poveri, ammalati).

hospitable ['hɒspɪtəbl / hos·pit·able] *agg.* ospitale // **-ness** *s.* // **-bly** *avv.*

hospital ['hɒspɪtl / hos·pital] *s.* **1** ospedale: *she is still in* —, è ancora all'ospedale // *for — use*, per uso sanitario // *to walk the hospitals*, fare internato (di studenti) // — *nurse*, infermiera d'ospedale; — *nursery*, reparto neonati; — *ship*, nave ospedale; — *sister*, infermiera capo-reparto; — *staff*, personale ospedaliero; — *supply room*, dispensario d'ospedale // (*mil.*) *clearing* (o *field*) —, ospedale da campo // *day* —, day hospital **2** (*solo con no.pr.*) istituto di carità **3** (*st.*) Casa dei Cavalieri Ospitalieri.

hospitality [,hɒspɪ'tælɪtɪ / hos·pit·al·ity] *s.* ospitalità.

hospitalization [,hɒspɪtəlaɪ'zeɪʃn *amer.* ,hɒspɪtəlɪ'zeɪʃn / hos·pit·al·iza·tion] *s.* **1** ricovero in ospedale, ospedalizzazione **2** (*fam. amer.*) assicurazione ospedaliera.

to **hospitalize** ['hɒspɪtəlaɪz / hos·pit·al·ize] *v.tr.* ospedalizzare, ricoverare, far ricoverare in ospedale: *to be hospitalized*, essere ricoverato in ospedale.

hospital(l)er ['hɒspɪtlə* / hos·pit·al·(l)er] *s.* **1** frate ospitaliere // *Knights Hospitallers*, (*st.*) Cavalieri Ospitalieri **2** cappellano (in alcuni ospedali londinesi).

host[1] [həʊst] *s.* **1** grande numero, mucchio: *a — of questions*, un mucchio di domande **2** (*poet.*, *ant.*) armata, schiera; (*Bibbia*) esercito, milizia: *heavenly hosts*, le milizie celesti.

host[2] *s.* **1** ospite, padrone di casa, anfitrione **2** oste; albergatore // *to reckon without one's* —, fare i conti senza l'oste **3** (*tv*) conduttore di programmi **4** (*biol.*) ospite **5** (*inform.*) elaboratore centrale, principale ◆ *agg.* ospite, che ospita: — *country*, paese ospitante.

to **host**[2] *v.tr.* (*fam.*) ospitare: *Moscow hosted the Olympic Games in 1980*, Mosca ospitò i giochi olimpici nel 1980 ◆ *v.intr.* (*ant.*) essere ospite: *come, pilgrim, I will bring you / where you shall host*, (SH. All's Well) venite, pellegrina, vi porterò dove sarete ospitata.

Host[3] *s.* (*eccl.*) Ostia consacrata.

hostage ['hɒstɪdʒ / host·age] *s.* **1** ostaggio // — *to fortune*, persona, cosa cara che si può perdere **2** pegno, garanzia.

hostel ['hɒstl / hos·tel] *s.* **1** pensionato (per giovani, studenti, marinai, infermiere ecc.) // (*youth*) —, ostello (della gioventù) **2** (*ant.*) locanda.

hostelry ['hɒstlrɪ / hos·telry] *s.* (*ant.*) locanda, osteria.

hostess ['həʊstɪs / host·ess] *s.* **1** ospite, padrona di casa **2** albergatrice, locandiera **3** hostess, assistente di volo **4** hostess, accompagnatrice; entraineuse.

hostile ['hɒstaɪl *amer.* 'hɒstl / hos·tile] *agg.* **1** (del) nemico: *the — army*, l'esercito nemico **2** ostile, nemico; antagonista // (*dir.*) — *witness*, testimone ostile (alla parte che l'ha citato) ◆ *s.* persona ostile, nemico // **-ly** *avv.*

hostility [hɒ'stɪlətɪ / hos·til·ity] *s.* **1** inimicizia, ostilità; antagonismo **2** *pl.* (*mil.*) ostilità.

hosting ['həʊstɪŋ / host·ing] *s.* (*ant.*) scontro armato.

hostler ['hɒslə* / host·ler] → **ostler**.

host rock ['həʊst,rɒk] *s.* (*geol.*) roccia incassante (spec. di filoni).

hot [hɒt] *agg.* **1** caldo; ardente; rovente; bollente (*anche fig.*): — *sun*, sole caldo; — *fire*, fuoco vivo; — *from the oven*, appena sfornato; *to be* —, esser caldo (di cose); aver caldo (di persone); far caldo (di tempo); *to become* (o *to get* o *to grow*) —, riscaldarsi, cominciare ad aver caldo // — *water*, acqua bollente; (*fig.*) turbamento, seccatura: *to be in — water*, (*fig.*) avere delle seccature; *to get into — water*, (*fig.*) mettersi nei guai // *to make things* (o *it*) *too — for s.o.*, render la vita intollerabile a qlcu. // *a problem too — to handle*, un problema scottante // *to be — on s.o.'s track* (o *trail*), stare alle calcagna di qlcu. // — *on the heels of*, immediatamente dietro; subito dopo // *to be — and bothered*, (*fam.*) essere agitato, preoccupato; *to be — on sthg.*, essere esperto di qlco., sapere tutto su qlco. // (*mil.*, *pol.*) — *war*, guerra calda; conflitto armato // (*mecc.*) — *well*, pozzo caldo **2** forte (di profumi); piccante (di cibi, bevande); intenso (di colori): *pepper and mustard are* —, il pepe e la senape sono piccanti **3** violento, impetuoso, veemente; (*fig.*) focoso, ardente, caldo: *a — temper*, un temperamento focoso; — *blood*, (*fig.*) sangue caldo; *to act — over an argument*, riscaldarsi per una questione // — *at hand*, focoso, difficile da guidare: *but hollow men, like horses hot at hand, / make gallant show and promise of their mettle*, (SH. Julius Caesar) ma gli uomini falsi, come cavalli focosi, fan gran sfoggio del loro ardore e belle promesse **4** fresco, recente, nuovo: *a — scent*, una traccia fresca; — *news*, notizie fresche // (*fin.*) — *treasury bill*, buono del tesoro di nuova emissione // *piping* —, (*fig.*) fumante, fresco fresco **5** (*elettr.*) caldo, attivo; (*sl. amer.*) altamente radioattivo: — *circuit*, circuito attivo // (*inform.*) — *key*, tasto attivo // — *chair*, (*amer.*) sedia elettrica **6** (*mus.*) eccitante, vivace: — *jazz*, hot jazz **7** (*fam.*) piccante, spinto: — *stuff* (o *story*), storiella piccante **8** (*fam.*) furente, arrabbiatissimo // *to be — under the collar*, essere furente, mostrare imbarazzo **9** (*fam.*) molto richiesto **10** (*sl.*) rubato; che scotta; contrabbandato di recente **11** (*sl.*) esaltante, sensazionale, splendido (*anche iron.*) // — *stuff*, persona eccezionale; persona eccitante (sessualmente); cosa straordinaria; attività popolare // *not so* —, non molto esaltante; meno esaltante del previsto.

to **hot** *v.tr.* e *intr.* sempre nella forma: *to — up*, ravvivare, movimentare; potenziare; ravvivarsi; movimentarsi.

hot *avv.* **1** ad alta temperatura // *to blow — and cold*, contraddirsi, cambiare continuamente opinione // *to go — all over*, avere delle vampate di caldo; *to go — and cold all over*, avere i brividi **2** (*fig.*) ardentemente; violentemente; rabbiosamente // *give it* (*to*) *him —!*, (*fam.*) digliene quattro!, dagli una bella strapazzata!

hot air [hɒt'eə*] *s.* [U] (*fam.*) discorsi vuoti, aria fritta.

hot-air balloon ['hɒteə,bə'lu:n] *s.* mongolfiera.

hotbed ['hɒtbed / hot·bed] *s.* **1** (*agr.*) letto caldo, concimaia **2** (*fig.*) focolaio: — *of corruption*, focolaio di corruzione.

hot-blooded [,hɒt'blʌdɪd] *agg.* (*fig.*) ardente, focoso, dal sangue caldo.

hotchpotch ['hɒtʃpɒtʃ / hotch·potch] *s.* **1** (*cuc.*) stufato di carne e verdure **2** → hodgepodge 1 **3** (*dir.*) collazione.

hot-cross bun ['hɒtkrɒs'bʌn] *s.* (*cuc.*) panino dolce con una croce sopra che si mangia durante il periodo pasquale.

hot-dog[1] [,hɒt'dɒg] *agg.* (*sl. amer.*) acrobatico (di sci).

to **hot-dog**[1] *v.intr.* (*sl. amer.*) esibirsi, praticare uno sport in modo da attirare l'attenzione, facendo molta scena.

hot dog[2] *s.* hot dog, panino con würstel e senape • Nome datogli da un famoso cartoonist americano con allusione alla facile battuta che fosse fatto di carne di cane.

hot-dog(ger) [,hɒt'dɒg(ə*)] *s.* (*sl.amer.*) chi ama mettersi in mostra, assumere comportamenti appariscenti.

hotel [həʊ'tel / ho·tel] *s.* albergo: *to stay at* (o *in*) *a* —, stare, essere in albergo; *to put up at* (o *in*) *a* (o *an*) —, fermarsi in un albergo, soggiornarvi // *residential* —, casa albergo, residence; *temperance* —, albergo in cui sono proibiti gli alcoolici.

hotelier [həʊ'telɪeɪ / ho·tel·ier] **hotel-keeper** [həʊ'tel,ki:pə*] *s.* albergatore.

hotfoot ['hɒtfʊt / hot·foot] *avv.* a gran velocità, a gambe levate.

to **hotfoot** *v.tr.* (*fam.*) muovere velocemente (i piedi): *to — it out of town*, andarsene dal paese a gambe levate.

hothead ['hɒthed / hot·head] *s.* testa calda; persona impulsiva, violenta.

hot-headed [,hɒt'hedɪd] *agg.* esaltato, dalla testa calda.

hothouse ['hɒthaʊs / hot·house] *s.* **1** serra **2** (*fig.*) focolaio **3** (*ant.*) bagno pubblico; casa chiusa, casa di malaffare: *she professes a hot-house, which, I think, is a very ill house too*, (SH. Measure for Measure) apparentemente ha uno stabilimento di bagni pubblici che, credo, sia anche una casa di malaffare.

hot line ['hɒtlaɪn] *s.* **1** telefono rosso; linea diretta **2** (*inform.*) linea diretta.

hotlink ['hɒtlɪnk / hot·link] *s.* (*inform.*) collegamento interessante.

hotlist ['hɒtlɪst / hot·list] *s.* (*inform.*) lista dei siti web più visitati.

hotly ['hɒtlɪ / hot·ly] *avv.* caldamente; ardentemente; con veemenza.

hot money [,hɒt'mʌnɪ] *s.* (*fam.*) denaro che scotta; (*econ.*) moneta calda (capitali che si spostano da un paese all'altro in cerca di impieghi più remunerativi).

hotness ['hɒtnɪs / hot·ness] *s.* calore; ardore; veemenza.

hotplate ['hɒtpleɪt / hot·plate] *s.* **1** piastra, fornello a piastra (di cucina elettrica) **2** (*metall.*) piastra di riscaldamento.

hotpot ['hɒtpɒt / hot·pot] *s.* spezzatino di carne con patate.

to **hotpress** ['hɒtpres / hot·press] *v.tr.* satinare (carta, tessuto).

hot rod ['hɒtrɒd] *s.* (*sl. spec. amer.*) vecchia automobile con motore truccato.

hots [hɒts] *s.pl.* (*sl.*) eccitazione, desiderio sessuale: *I've got the — for her*, mi eccita, mi fa andar su di giri.

hot shot ['hɒtʃɒt] *s.* (*fam. amer.*) persona di successo.

hot spot ['hɒtspɒt] *s.* **1** (*fam.*) luogo pericoloso, punto caldo **2** (*geol.*) punto caldo **3** (*inform.*) area attiva.

hotspur ['hɒtspɜ:* / hot·spur] *s.* testa calda; persona impulsiva, violenta.

hot-tempered [,hɒt'tempəd] *agg.* dalla testa calda, impulsivo.

Hottentot ['hɒtntɒt / Hot·ten·tot] *s.* ottentotto.

hot-water bottle [,hɒt'wɔ:təbɒtl] amer. **hot-water bag** [,hɒt'wɔ:təbæg] *s.* borsa dell'acqua calda.

to **hot-wire** ['hɒt,waɪə*] *v.tr.* (*fam. amer.*) far partire (un'automobile) senza la chiave.

houdah → **howdah**.

hough [hɒk] *s.* garretto (di quadrupede).

to **hough** *v.tr.* azzoppare (un quadrupede tagliando i tendini del garretto).

hound [haʊnd] *s.* **1** (*zool.*) cane da caccia (alla volpe); segugio: — *bitch*, cagna da caccia // *to ride to hounds*, partecipare alla caccia alla volpe // —*'s tooth check*, pied-de-poule (di tessuto) **2** (*fig.*) furfante **3** (*ant.*) cane.

to **hound** *v.tr.* **1** cacciare con i segugi **2** (*fig.*) inseguire; perseguitare: *to — s.o. out of a place*, scacciare qlcu. da un luogo; *to be hounded by one's creditors*, essere perseguitato dai propri creditori.

hound's tongue ['haʊndz,tʌŋ] *s.* (*bot.*) (*Cynoglossum officinale*) cinoglossa; (*pop.*) erba vellutina.

hour ['aʊə*] *s.* **1** ora: *an — ago*, un'ora fa; *an — and a half*, un'ora e mezzo; *a quarter of an* —, un quarto d'ora; *three hours' journey*, un viaggio di tre ore, tre ore di viaggio; *he heard the clock striking the* —, udì l'orologio che batteva le ore; *in an* — (o *in an —'s time*), fra un'ora; *six kilometers an* —, sei chilometri all'ora; *paid by the* —, pagato a ore // *on the* —, all'ora precisa; *at 7, 8, 9 etc. on the* —, alle 7, 8, 9 ecc. in punto // *you've given me a bad quarter of an* —, (*fam.*) mi hai fatto passare un brutto quarto d'ora // *forty- — week*, settimana lavorativa di quaranta ore **2** (*pl.*) orario: *hours of work*, orario di lavoro; *business* (o *office*) *hours*, orario d'ufficio; *bank* (o *banking*) *hours*, orario di sportello; *consulting hours*, orario di visita (per consultare qlcu. o qlco.); *visiting hours*, orario di visita (per far visita a qlcu.); *after hours*, dopo l'orario (di lavoro o di chiusura); *school hours*, ore di lezione // *to keep good hours*, andare a letto presto; *to keep late hours*, andare a letto tardi, fare le ore piccole; *to keep regular hours*, andare a dormire alla solita ora **3** periodo; momento: *the hero of the* —, l'eroe del momento; *in a good, evil* —, in un momento buono, cattivo; *the team's finest* —, il momento di gloria della squadra; *he spent his happiest hours in London*, trascorse il periodo più felice della sua vita a Londra // *lunch* —, ora di pranzo // *rush* —, ora di punta // *at the eleventh* —, all'ultimo momento **4** (*astr.*) ora siderale // — *circle*, cerchio orario **5** (*eccl.*) ora canonica // *Book of Hours*, libro d'ore.

hourglass ['aʊəglɑ:s *amer.* 'aʊəglæs / hour·glass] *s.* clessidra.

houri ['hʊərɪ] *s.* (*relig. musulmana*) uri.

hourly ['aʊəlɪ] *agg.* **1** continuo: *he lived in — dread of capture*, viveva nel continuo terrore di esser preso **2** orario, all'ora: — *wage*, salario orario; — *rate*, paga oraria **3** a ogni ora: *an — bus service*, un servizio di autobus con partenze orarie ◆ *avv.* **1** continuamente **2** d'ora in ora, da un momento all'altro **3** a ogni ora, una volta all'ora.

house [haʊs] *pl.* **houses** [həʊzi:z] *s.* **1** casa, dimora, abitazione: *at* (o *in* o *to*) *my* —, a casa mia, da me; — *to rent*, affittasi casa; *prefabricated* —, casa prefabbricata // *apartment* —, palazzo, condominio; *council* —, casa popolare // — *and home*, focolare domestico // *like a — on fire*, con sorprendente rapidità; *to get on like a — on fire*, andare subito d'amore e d'accordo // *to keep — for s.o.*, tenere la casa per qlcu.; *to keep — together*, dividere la casa con qlcu.; *to keep open* —, essere molto ospitale // *to move* —, traslocare // *to put* (o *set*) *one's — in order*, riordinare i propri affari; sistemare le proprie cose // *to send s.o. round the houses*, mandare qlcu. di porta in porta, a destra e a manca **2** albergo, pensione; taverna: *this drink is on the* —, questa consumazione è offerta dalla casa // *coffee* —, caffè // *eating* —, trattoria // *public* —, pub, taverna, osteria // — *of ill-fame*, casa di malaffare **3** clinica, ospedale; convento; pensionato per studenti: — *of correction*, casa di correzione; — *of God* (o *of prayer* o *of worship*), chiesa, cappella // — *doctor* (o *physician*, *surgeon*), medico, chirurgo interno (di ospedale) // *big* —, (*fam. amer.*) penitenziario **4** (*pol.*) edificio per assemblee ecc. // *the House of Commons* (o *the Lower House* o fam. *the House*), la Camera dei Comuni; *the House of Lords* (o *the Upper House*), la Camera dei Pari, la Camera Alta; *the Houses of Parliament*, il palazzo del Parlamento; *the House of Representatives*, (*amer.*) la Camera dei Rappresentanti // (*Borsa*) *the House*, la Borsa Valori di Londra **5** casato, lignaggio, dinastia // *the House of Windsor*, la dinastia dei Windsor **6** teatro; pubblico (di teatro) // *first*, *second* —, primo, secondo spettacolo; *he knows the house will be full*, (BOSWELL) sa che il teatro sarà pieno // *full* —, tutto esaurito // *to bring down the* —, (*fig.*) buttare giù il teatro (a forza di applausi) **7** (*astrologia*) casa **8** (*comm.*) ditta // — *branch*, succursale, filiale // *business* —, casa commerciale **9** (*mar.*) casotto: *chart* —, casotto di rotta, sala nautica; *deck* —, casotto di coperta.

to **house** [haʊz] *v.tr.* **1** alloggiare, abitare; ricevere in casa; (*fig.*) offrire un rifugio a, proteggere, mettere al sicuro **2** immagazzinare **3** coprire **4** (*tecn.*) alloggiare, collocare; incassare, incastrare // (*mar.*) *to — a mast*, calare un albero ◆ *v.intr.* **1** rifugiarsi, ricoverarsi **2** abitare; risiedere.

house agent ['haʊs,eɪdʒənt] *s.* agente immobiliare.

houseboat ['haʊsbəʊt / house·boat] *s.* casa galleggiante.

housebound ['haʊsbaʊnd / house·bound] *agg.* costretto a casa.

housebreaker ['haʊs,breɪkə* / house·breaker] *s.* **1** ladro d'appartamento, scassinatore **2** (*spec. brit.*) demolitore di case vecchie AMER. housewrecker.

housebreaking ['haʊs,breɪkɪŋ / house·break·ing] *s.* (*dir.*) violazione di domicilio.

housebroken ['haʊs,brəʊkən / house·broken] *agg.* (*amer.*) → **house-trained**.

housecoat ['haʊskəʊt / house·coat] *s.* veste da casa; vestaglia da donna.

house-dog ['haʊsdɒg] *s.* cane da guardia SIN. watchdog.

housefather ['haʊs,fɑ:ðə* / house·father] *s.* uomo che si occupa dei minori in un istituto pubblico.

house-flag ['haʊsflæg] *s.* (*mar.*) bandiera (di compagnia mercantile).

housefly ['haʊsflaɪ / house·fly] *s.* (*zool.*) (*Musca domestica*) mosca domestica.

houseful ['haʊsfʊl / house·ful] *s.* casa piena (di gente ecc.) // *a — of children*, una nidiata di bimbi.

household ['haʊshəʊld / house·hold] *s.* **1** la famiglia (tutti quelli che vivono insieme compresi i domestici ecc.) // *Royal Household*, la famiglia reale **2** (*stat.*) unità familiare ◆ *agg.* **1** domestico; comune; abituale: *— expenses*, spese domestiche // *— appliances*, elettrodomestici // *— gods*, penati, lari // *— goods*, (articoli) casalinghi; (*dir.*) beni mobili facenti parte dell'abitazione // *— word*, parola d'uso comune: *his name has become a — word*, il suo nome è sulla bocca di tutti **2** (*spec. brit.*) al servizio del sovrano o del palazzo reale: *— troops*, truppe al servizio del sovrano.

householder ['haʊs,həʊldə* / house·holder] *s.* **1** chi vive in una casa di sua proprietà; padrone di casa; capofamiglia **2** locatario di casa.

housekeeper ['haʊs,ki:pə* / house·keeper] *s.* **1** governante; domestica **2** donna di casa, massaia, casalinga: *his wife is a good —*, sua moglie è una brava donna di casa **3** guardiano (di una casa).

housekeeping ['haʊs,ki:pɪŋ / house·keep·ing] *s.* **1** il governo della casa, l'economia domestica // *to set up —*, mettere su casa **2** (*inform.*) operazioni ausiliarie: *— routine*, sottoprogramma di servizio.

housel ['haʊzl] *s.* (*rar. eccl.*) Eucarestia.

house-leek ['haʊsli:k] *s.* (*bot.*) semprevivo → **hen and chickens** 1.

houseless ['haʊslɪs / house·less] *agg.* senza casa; senza riparo.

houselights ['haʊslaɪts / house·lights] *s.pl.* luci di sala (di cinema, teatro ecc.).

houseling-cloth ['haʊzlɪŋ,klɒθ] *s.* (*eccl.*) tovaglia per balaustra.

housemaid ['haʊsmeɪd / house·maid] *s.* domestica, cameriera // (*med.*) *—'s knee*, borsite prepatellare; (*pop.*) ginocchio della lavandaia.

houseman ['haʊsmən / house·man] *pl.* **housemen** *s.* (*med.*) medico interno appena qualificato AMER. intern.

house martin ['haʊs,mɑ:tɪn] *s.* (*zool.*) (*Delichon urbica*) balestruccio.

housemaster ['haʊs,mɑ:stə* *amer.* 'haʊs ,mæstə* / house·mas·ter] *s.* direttore di convitto.

housemistress ['haʊs,mɪstrɪs / house·mis·tress] *s.* direttrice di convitto.

housemother ['haʊs,mʌðə* / house·mother] *s.* donna che si occupa dei minori in un istituto pubblico; vigilatrice.

houseplant ['haʊs,plɑ:nt *amer.* 'haʊs ,plænt / house·plant] *s.* pianta d'appartamento.

house-proud ['haʊspraʊd] *agg.* **1** orgoglioso della propria casa **2** maniaco dell'ordine e della pulizia della propria casa.

house-room ['haʊsrʊm *amer.* 'haʊsru:m] *s.* posto, spazio (in casa).

to **house-sit** ['haʊssɪt] *v.intr.* (*fam. amer.*) abitare una casa in assenza dei proprietari per custodirla e accudirla.

house-tax ['haʊs,tæks] *s.* (*trib.*) imposta sui fabbricati.

house to house [,haʊstə'haʊs] *agg.* e *avv.* di casa in casa; porta a porta; a domicilio.

housetop ['haʊstɒp / house·top] *s.* tetto (della casa) // *to cry* (o *to proclaim*) *from the housetops*, (*fam.*) gridare ai quattro venti.

to **house-train** ['haʊstreɪn] *v.tr.* **1** abituare (un animale domestico) a vivere in casa (senza sporcare ecc.) **2** (*estens.*, *scherz.*) abituare (il marito) a rendersi utile in casa.

house-trained ['haʊstreɪnd] *agg.* (di animale domestico) abituato a vivere in casa, abituato a non sporcare in casa.

housewarming ['haʊs,wɔ:mɪŋ / house·warm·ing] *s.* festa per l'inaugurazione di una nuova casa.

housewife ['haʊswaɪf *nel senso 2* 'hʌzɪf / house·wife] *pl.* **housewives** ['haʊswaɪvz *nel senso 2* 'hʌzɪvz] *s.* **1** massaia, casalinga, donna di casa **2** astuccio da lavoro.

housewifely ['haʊs,waɪflɪ / house·wifely] *agg.* da (buona) massaia.

housewifery ['haʊswɪfərɪ / house·wifery] *s.* (*non com.*) economia domestica, governo della casa.

housework ['haʊswɜ:k / house·work] *s.* [U] lavoro domestico; lavori (*pl.*) di casa: *to do the —*, fare le faccende domestiche.

housewrecker ['haʊs,rekə* / house·wrecker] *s.* (*amer.*) → **housebreaker** 2.

housie(-housie) ['haʊsɪ('haʊsɪ)] *s.* tombola.

housing[1] ['haʊzɪŋ / hous·ing] *s.* **1** il ricevere, l'accogliere, l'offrire riparo, rifugio **2** rifugio, riparo; alloggio; abitazione // *— problem*, problema degli alloggi **3** (*dir.*) proprietà immobiliare; (*econ.*) edilizia abitativa // *— boom*, boom edilizio // (*dir.*) *— trust*, società che promuove la costruzione di case popolari // *— association*, cooperativa edilizia **4** (*tecn.*) alloggiamento; custodia; incastellatura; carcassa; gabbia; sostegno // (*aut.*) *clutch, steering —*, scatola della frizione, dello sterzo **5** (*mar.*) parte sotto coperta; parte interna (di bompresso).

housing[2] *s.* **1** gualdrappa **2** *pl.* finimenti (di cavallo).

housing estate ['haʊzɪŋɪ,steɪt] *s.* **1** blocco, quartiere di case popolari AMER. housing project **2** complesso residenziale.

housing project ['haʊzɪŋ,prɒdʒekt] *s.* (*amer.*) → **housing estate**.

to **hove** [həʊv] abbr. di → to **behove**.

hove *pass.* di to **heave**.

hovel ['hɒvl *amer.* 'hʌvl] *s.* **1** baracca, tugurio; casupola **2** tana.

to **hover** ['hɒvə* *amer.* 'hʌvə*] *v.intr.* **1** librarsi, stare sospeso nell'aria (di uccelli): *to — over*, librarsi sopra, sorvolare **2** gironzolare; indugiare: *to — about s.o.*, ronzare intorno a qlcu. **3** (*fig.*) ondeggiare, oscillare **4** (*aer.*) librarsi (di elicottero); volare a punto fisso.

hovercraft ['hɒvəkrɑ:ft *amer.* 'hʌvəkræft / hov·er·craft] *s.* hovercraft, veicolo a cuscino d'aria.

hoverport ['hɒvəpɔ:t *amer.* 'hʌvəpɔ:t / hov·er·port] *s.* porto per hovercraft.

how [haʊ] *avv.* **1** (*nelle interr. dirette e indirette o in frasi esclamative*) come, in che modo: *— does it work?*, come funziona?; *nobody knows — it works*, nessuno sa come funziona; *— did you do it?*, come (l')hai fatto?; *— can I get there?*, come ci arrivo?; *he told me — to get there*, mi disse come (fare ad) arrivare là; *the problem is — to do it*, il problema è come farlo; *it depends on — you feel*, dipende da come ti senti; *— are you?*, *—'s your mother?*, come stai?, come sta tua madre?; *I rang up to find out — she was*, ho telefonato per sentire come stava; *— did the children behave?*, come si sono comportati i bambini?; *— do you like it?*, ti va?, che te ne pare?; *— would you like a necklace for your birthday?*, ti andrebbe una collana per il tuo compleanno?; *"He wasn't very helpful" "How do you mean 'helpful'?"*, "Non è stato molto di aiuto" "Cosa intendi per 'di aiuto'?"; *that's — they do it*, è così che fanno, ecco come fanno // *— was Berlin?*, com'era Berlino?, com'è andata a Berlino? // con uso enfatico: *— can you say that!*, ma come puoi dirlo!; *— could he have got it wrong!*, ma come ha potuto sbagliare! **2** come, quanto: *— deep is the river?*, quanto è profondo il fiume?; *— far is it from here to the station?* (o *— far is the station from here?*), quanto è distante, quanto dista di qui la stazione?; *she'd forgotten — difficult it was to find the house in the dark*, aveva dimenticato quanto fosse difficile ritrovare la casa al buio; *— old are you?*, quanti anni hai?; *— often do you see your parents?*, ogni quanto (tempo) vedete i vostri genitori?; *— long did it take him to learn Spanish?*, quanto tempo ci ha messo a imparare lo spagnolo?; *— long ago was the house built?*, quanto tempo fa è stata costruita la casa? // *— much?*, quanto, quanta?; *— many?*, quanti, quante?: *— much does it cost?*, quanto costa?; *— much sugar do you take?*, quanto zucchero prendi?; *— many times have I told you that...*, quante volte ti ho detto che... // Con uso esclamativo: *— pretty she is!*, quant'è carina!; *— I hate getting up early!*, come odio alzarmi presto!; *— very kind of you!*, molto gentile da parte tua!; *— time flies!*, come vola il tempo!; *— exciting!*, *— interesting!*, (molto) emozionante!, (molto) interessante! **3** (*nei saluti o nelle formule di cortesia*) come: *"How are you?" "Very well, thank you"*, "Come stai?" "Molto bene, grazie"; *"How do you do?" "How do you do?"*, "Piacere di conoscerla" "Piacere mio"; *— are things?*, (*fam.*) come vanno le cose?; *—'s it going?* (*fam.*) come va?; *—'s everything?*, (*fam.*) come va la vita? **4** in qualunque modo: *you can spend it — you like*, puoi spenderlo come vuoi ◆ *cong.* (*ant.*) che: *he told us — the king was ill*, ci disse che il re era ammalato ◆ *s.* il come, il modo: *I want to know the — and why*, voglio sapere il come e il perché.

◆ FRASEOLOGIA: *— about*, che ne diresti, che ne direste di; a proposito di: *— about going to France this summer?*, che ne diresti di andare in Francia quest'estate?; *...and — about nuclear fusion? You haven't mentioned that yet*, ...e per quanto riguarda la fusione nucleare? Non ne avete ancora parlato; *I fancy a beer. How about you, Jean?*, Io desidero una birra. E tu, Jean?; *He did 100 miles in 40 minutes. How about* (*—'s about*) *that for speed?*, Ha fatto 100 miglia in 40 minuti. Niente male come velocità!; *—'s about a drop of whisky?*, che ne direste di un goccio di whisky? // *—'s that?*, come mai?; che ne dici, qual è la tua opinione in proposito?: *"I'm not feeling well" "How's that?"*, "Non mi sento bene" "Come mai?"; *we can go out for dinner. How's that?*, possiamo andare fuori a cena. Ti va l'idea? // *—'s that?*, (*nel cricket*) è fuori?, è eliminato? (detto di battitore) // *—'s that again?*, (*fam.*) come?, cos'hai detto?: *"He said his wife was in Paraguay" "How's that again?"*, (*fam.*) "Disse che sua moglie era in Paraguay" "Cosa? Cos'hai detto?" // *— come?*, (*fam.*) come mai?: *"I didn't enjoy the concert" "How come?"*, (*fam.*) "Non mi è piaciuto il concerto" "Come mai?"; *— come you didn't phone him?*, (*fam.*) come mai non gli hai telefonato? // *— so?*, ma come!, come mai?; *"He refused to sign the contract" "How so?"*, "Ha rifiutato di firmare il contratto" "Come mai?" // *and —!*, (*fam.*) eccome!: *"Did she make a mess of it?" "And —!"*, (*fam.*) "Ha fatto confusione?" "Eccome!" // *— ever* (o *— on earth* o *— the devil* o *— the deuce* o *— the dickens*), (*fam.*) come mai, come diavolo: *— on earth can I tell him?*, (*fam.*) come faccio a dirglielo?; *— ever did you know that?*, (*fam.*) come diavolo facevi a saperlo? // *— now?*, (*ant.*) allora, che significa?

howbeit [ˈhaʊˈbiːɪt / how·beit] *cong.* (*ant.*) nondimeno.

howdah [ˈhaʊdə / how·dah] *s.* portantina fissata sul dorso di un elefante.

howdy [ˈhaʊdɪ] *inter.* (*fam. spec. amer.*) salve!; piacere di conoscerla: *so long New York, howdy East Orange*, (B. DYLAN) addio New York, salve East Orange • Contr. di *how do you do?*

how-d'ye-do [ˌhaʊdəˌjiːˈduː] *s.* (*antiq.*) pasticcio, imbroglio, situazione imbarazzante: *here is a pretty —*, ecco un bell'imbroglio.

however [haʊˈevə* / how·ever] *avv.* **1** per quanto: *— wrong he may be, he...*, per quanto torto abbia, egli...; *— hard I tried, I couldn't remember her name*, per quanto mi sforzassi, non riuscivo a ricordare il suo nome; *— much they insist, don't give in to them*, per quanto insistano, non cedete (alle loro richieste); *I'm prepared to wait an hour or two or — long it takes*, sono pronto ad aspettare un'ora o due o comunque per tutto il tempo che occorre; *the audience of 50 or 60 or — many there were, didn't like his performance*, il pubblico di 50 o 60 persone, o qualunque fosse il numero dei presenti, non apprezzò la sua esecuzione **2** comunque, in qualsiasi modo: *— they do the job, it will be very expensive*, comunque facciano il lavoro, verrà a costare molto; *you can spend the money — you like*, potete spendere il denaro in qualunque modo vogliate **3** (anche *cong.*) però, tuttavia; eppure, ciononostante: *I'd hoped they'd come and visit us. However, they were too busy*, avevo sperato che venissero a trovarci. Però, erano troppo occupati; *she seemed to understand. However, when it came to doing the job, she couldn't manage*, sembrava che avesse capito. Tuttavia, quando si trattò di fare il lavoro, non seppe cavarsela; *most people like this song. I don't, —*, a moltissima gente piace questa canzone. Eppure a me non piace.

howitzer [ˈhaʊɪtsə* / how·it·zer] *s.* (*mil.*) obice.

howl [haʊl] *s.* urlo, grido; ululato; lamento; gemito; mugolio.

to **howl** *v.intr.* urlare, gridare; ululare // *to — with laughter*, (*fam.*) ridere fragorosamente ♦ *v.tr.* urlare, gridare; emettere (suoni) ululando.

□ **howl down** *v.tr.* e *avv.* sommergere di urla di disapprovazione, fischiare.

howler [ˈhaʊlə*] *s.* **1** urlatore; piagnone **2** (*fam.*) errore pacchiano, strafalcione; gaffe **3** (*zool.*) scimmia urlatrice, aluatta.

howling [ˈhaʊlɪŋ / howl·ing] *agg.* **1** urlante, urlatore **2** (*sl.*) terribile: *a — success*, un successo strepitoso.

howsoever [ˌhausəʊˈevə* / how·so·ever] *avv.* (*ant.*) in qualsiasi modo, comunque.

to **hox** [hɒks] *v.tr.* (*ant.*) azzoppare tagliando i tendini: *thou art a coward, / which hoxes honesty behind*, (SH. Winter's Tale) tu sei un vile che taglia i tendini dell'onestà.

hoy[1] [hɔɪ] *s.* nave da trasporto di piccolo cabotaggio: *and then you were hindered by the sergeant to tarry for the hoy*, (SH. Comedy of Errors) ma subito dopo siete stato costretto dallo sbirro ad attendere la nave.

hoy[2] *inter.* olà!, oh!

hoyden [ˈhɔɪdn / hoy·den] *s.* monella; ragazza chiassosa; maschiaccio (detto di ragazza): *she was a real —*, era un vero ragazzaccio.

hub [hʌb] *s.* **1** mozzo (di ruota) **2** (*fig.*) punto centrale: *Piccadilly Circus is the — of the West End*, Piccadilly Circus è il cuore del West End **3** (*inform.*) periferica di snodo (di computer).

hubble-bubble [ˈhʌblˌbʌbl] *s.* **1** narghilè **2** vocio.

hubbub [ˈhʌbʌb / hub·bub] *s.* tumulto, confusione; baccano, fracasso.

hubby [ˈhʌbɪ] *s.* (*fam.*) maritino • Abbr. affettuosa di *husband*.

hubcap [ˈhʌbˌkæp / hub·cap] *s.* (*aut.*) coprimozzo.

hubris [ˈhjuːbrɪs / hub·ris] *s.* (*letter.*) arroganza, insolenza.

huckaback [ˈhʌkəbæk / hucka·back] *s.* tela ruvida di lino, cotone (per asciugamani).

huckleberry [ˈhʌklbərɪ *amer.* ˈhʌklberɪ / huckle·berry] *s.* (*bot.*) **1** mirtillo → **blueberry** **2** (*Gaylussacia baccata*) mirtillo americano.

huckster [ˈhʌkstə* / huck·ster] *s.* **1** merciaiolo, venditore ambulante **2** (*fig.*) persona meschina, venale **3** (*amer. comm.*) agente pubblicitario; organizzatore di programmi radiotelevisivi.

to **huckster** *v.tr.* **1** stiracchiare sul prezzo di **2** vendere al minuto ♦ *v.intr.* **1** mercanteggiare **2** commerciare in cose di poco prezzo.

huddle [ˈhʌdl] *s.* **1** massa, accozzaglia **2** calca, folla, confusione **3** consultazione segreta // *to go into a —*, (*sl.*) confabulare **4** (*football amer.*) consultazione sulla tattica (che la squadra dovrà seguire).

to **huddle** *v.tr.* **1** mettere assieme alla rinfusa; ammucchiare disordinatamente // *to — oneself up*, raggomitolarsi; rannicchiarsi **2** calcare, pigiare ♦ *v.intr.* **1** affollarsi, accalcarsi; stringersi insieme: *to — together*, stringersi l'uno contro l'altro **2** consultarsi in segreto **3** (*football amer.*) consultarsi sulla tattica da seguire.

hue[1] [hjuː] *s.* tinta, colore.

hue[2] *s.* clamore, grido.

hue and cry [ˈhjuːənˈkraɪ] *s.* grido d'allarme (*anche fig.*): *to raise a — against s.o., sthg.*, protestare contro qlcu., qlco.

hued [hjuːd] *agg.* colorato, tinto.

huff [hʌf] *s.* (*fam.*) **1** stizza: *to be in a —*, essere di cattivo umore; *to get into a —*, montare in collera **2** il soffiare una pedina (al gioco della dama).

to **huff** *v.tr.* **1** offendere, fare il prepotente con **2** soffiare (al gioco della dama) **3** (*ant.*) maltrattare ♦ *v.intr.* **1** offendersi: *to feel huffed*, sentirsi offeso **2** ansimare; sbuffare // *to — and puff*, sbuffare, scocciarsi, mostrare fastidio; ansimare.

huffily [ˈhʌfɪlɪ / huff·ily] *avv.* stizzosamente.

huffiness [ˈhʌfɪnɪs / huffi·ness] *s.* **1** suscettibilità; cattivo umore **2** petulanza.

huffish [ˈhʌfɪʃ / huff·ish] *agg.* **1** suscettibile **2** petulante // **-ly** *avv.* // **-ness** *s.*

huffy [ˈhʌfɪ] *agg.* **1** suscettibile **2** petulante.

hug [hʌg] *s.* abbraccio; stretta.

to **hug** *pass.p.p.* **hugged** [hʌgd] *v.tr.* **1** abbracciare, stringere fra le braccia; abbrancare (di orso e animali simili) **2** (*fig.*) abbracciare; restare attaccato a, aderire a: *to — an idea*, abbracciare un'idea // (*aut.*) *to — a curve*, stringere una curva // (*mar.*) *to — the wind*, serrare il vento **3** compiacersi, congratularsi con: *to — oneself on* (o *for*) *sthg.*, congratularsi con se stesso per qlco. ♦ *v.intr.* abbracciarsi (l'un l'altro).

huge [hjuːdʒ] *agg.* enorme; vasto, immenso; smisurato: *a — success, difference*, un immenso successo, una enorme differenza // **-ly** *avv.* // **-ness** *s.*

hugeous [ˈhjuːdʒəs / huge·ous] *agg.* (*gener. scherz.*) enorme.

hugger-mugger [ˈhʌgəˌmʌgə*] *agg.* (*ant.*) **1** confuso, disordinato **2** segreto ♦ *avv.* (*ant.*) **1** in modo confuso, disordinatamente **2** segretamente ♦ *s.* (*ant.*) **1** confusione, disordine **2** segreto // *in —*, in segreto: *and we have done but greenly / in hugger-mugger to inter him*, (SH. Hamlet) e noi siamo stati sconsiderati a seppellirlo in segreto.

Huguenot [ˈhjuːgənɒt / Hu·gue·not] *agg.* e *s.* (*st.*) ugonotto.

huh [hʌ] *inter.* (*fam.*) uh, uhm (per esprimere sorpresa, incredulità, sufficienza, disgusto); eh? (per indicare che non si è ben capito qlco., per chiedere conferma di qlco.).

hula hoop [ˈhuːləhuːp] *s.* hula hoop.

hula-hula [ˈhuːləˈhuːlə] *s.* hula (hula), ballo tipico hawaiano.

hula-skirt [ˈhuːləˌskɜːt] *s.* gonnellino hawaiano di paglia.

hulk [hʌlk] *s.* **1** carcassa, scafo di nave in disarmo **2** *pl.* (*st.*) galera (*sing.*) **3** (*fig.*) persona grande e goffa **4** (*fig.*) cosa ingombrante e poco maneggevole.

hulking [ˈhʌlkɪŋ / hulk·ing] *agg.* massiccio, pesante, grosso; corpulento; incombente, opprimente.

hull[1] [hʌl] *s.* (*bot.*) **1** baccello; guscio **2** mallo (di noce) **3** loppa, pula (di cereali) **4** calicetto (di fragola ecc.).

to **hull**[1] *v.tr.* sgusciare; sgranare; togliere il mallo, il calicetto a.

hull[2] *s.* (*mar., aer.*) scafo.

to **hull**[2] *v.tr.* (*mar.*) colpire lo scafo (di una nave) ♦ *v.intr.* (*mar.*) andare alla deriva.

hullabaloo [ˌhʌləbəˈluː / hul·la·ba·loo] *s.* tumulto, clamore, strepito; fracasso, baccano: *to make a —*, creare confusione; protestare a gran voce.

hullo [həˈləʊ] → **hello**.

hum[1] [hʌm] *s.* ronzio; mormorio: *the — of the conversation*, il mormorio della conversazione; *the — of bees*, il ronzio delle api.

to **hum**[1] *pass.p.p.* **hummed** [hʌmd] *v.intr.* **1** ronzare; mormorare: *the room hummed with voices*, nella stanza di udiva un ronzio di voci **2** canticchiare a bocca chiusa: *humming chorus*, coro a bocca chiusa **3** barbugliare, pronunciare confusamente: *to — and haw*, nicchiare, esitare nel rispondere **4** (*fam.*) essere attivo, vivace, fervere: *to make things —*, infondere energia, stimolare l'attività; *the room was really humming with activity*, la stanza ferveva di attività ◆ *v.tr.* **1** canticchiare a bocca chiusa: *he hummed an old tune*, canticchiò un vecchio motivo **2** barbugliare, borbottare.

hum[2] *s.* (*fam.*) odore sgradevole, puzzo.

to **hum**[2] *v.intr.* (*fam.*) odorare sgradevolmente, puzzare.

hum[3] *inter.* ehm!, uhm! (per esprimere dubbio, meditazione ecc.).

human [ˈhjuːmən / hu·man] *agg.* **1** umano, relativo alla persona umana: *a — being*, un essere umano; *— nature*, la natura umana; *— race*, razza umana; *— rights*, i diritti dell'uomo; *— relations*, relazioni umane; (*ecol.*) *— ecology*, ecologia umana; (*econ.*) *— capital*, capitale umano; *— error*, errore umano; *— weaknesses*, debolezze umane // *she lacks all — feeling*, manca di qualsiasi sentimento umano // *a — interest story*, una storia ricca di interesse umano **2** umano, sensibile, comprensivo: *to be deeply —*, essere molto umano ◆ *s.* essere umano.

humane [hjuːˈmeɪn / hu·mane] *agg.* **1** umano, compassionevole, pietoso **2** (*form.*) umanistico (di studi).

humanely [hjuːˈmeɪnlɪ / hu·mane·ly] *avv.* umanamente, pietosamente.

humaneness [hjuːˈmeɪnnɪs / hu·mane·ness] *s.* benevolenza, umanità.

humanism [ˈhjuːmənɪzəm / hu·man·ism] *s.* umanesimo.

humanist [ˈhjuːmənɪst / hu·man·ist] *s.* umanista, cultore degli studi classici ◆ *agg.* umanistico.

humanistic [ˌhjuːməˈnɪstɪk / hu·man·istic] *agg.* umanistico.

humanitarian [hjuːˌmænɪˈteərɪən / hu·man·it·ar·ian] *agg.* filantropico, umanitario ◆ *s.* filantropo.

humanitarianism [hjuːˌmænɪˈteərɪənɪzəm / hu·man·it·ar·ian·ism] *s.* filantropia, umanitarismo.

humanity [hjuːˈmænətɪ / hu·man·ity] *s.* **1** umanità, il genere umano: *a crime against —*, un delitto contro l'umanità **2** la natura umana **3** bontà, benevolenza: *an act of —*, un atto d'umanità **4** *the humanities*, le discipline classiche.

humanization [ˌhjuːmənaɪˈzeɪʃn / hu·man·iza·tion] *s.* incivilimento.

to **humanize** [ˈhjuːmənaɪz / hu·man·ize] *v.tr.* **1** umanizzare, rendere umano, civile; dirozzare; far acquisire sentimenti migliori, più benevoli a **2** adattare agli usi, alla natura umana ◆ *v.intr.* umanizzarsi, divenire umano, civile; dirozzarsi; acquisire sentimenti migliori; più benevoli.

humankind [ˌhjuːmənˈkaɪnd / hu·man·kind] → **mankind**.

humanly [ˈhjuːmənlɪ / hu·manly] *avv.* umanamente // *it's not — possible to finish that work in a month*, non è umanamente possibile finire quel lavoro in un mese.

humanoid [ˈhjuːmənɔɪd / hu·man·oid] *agg.* e *s.* umanoide.

humate [ˈhjuːmeɪt / hum·ate] *s.* (*chim.*) umato.

humble [ˈhʌmbl] *agg.* umile, dimesso; modesto, senza pretese: *the — classes*, le classi umili; *in my — opinion*, secondo la mia umile opinione, il mio modesto parere; *a — life*, una vita modesta; *a man of — birth*, un uomo di umili origini // *your — servant*, (*ant.*) vostro servo umilissimo // *to eat — pie*, scusarsi umilmente, andare a Canossa.

to **humble** *v.tr.* umiliare, avvilire: *to — oneself*, umiliarsi // *to be* (o *feel*) *humbled*, sentirsi umiliato, mortificato.

humble-bee [ˈhʌmblbiː] *s.* (*zool.*) bombo, calabrone.

humbleness [ˈhʌmblnɪs / humble·ness] *s.* umiltà.

humbling [ˈhʌmblɪŋ / hum·bling] *agg.* umiliante: *a — experience*, un'esperienza umiliante ◆ *s.* umiliazione // **-ly** *avv.*

humbly [ˈhʌmblɪ / hum·bly] *avv.* umilmente; con umiltà // *— born*, di umili natali.

humboldtine [ˈhʌmbəʊltiːn / hum·boldt·ine] *s.* (*min.*) humboldtina; oscalite.

humbug [ˈhʌmbʌg / hum·bug] *s.* **1** [U] falsità, ipocrisia; ipocrisie, falsità, fandonie (*pl.*): (*that's all*) *—!*, (sono tutte) ipocrisie! **2** ipocrita, impostore.

to **humbug** *pass.p.p.* **humbugged** [ˈhʌmbʌgd / hum·bugged] *v.tr.* ingannare, imbrogliare, raggirare; raccontar frottole a, prendersi gioco di ◆ *v.intr.* essere un impostore, essere un ipocrita.

humbuggery [ˈhʌmˌbʌgərɪ / hum·bug·gery] → **humbug** 1.

humdinger [ˈhʌmdɪŋə* / hum·dinger] *s.* (*fam.*) **1** persona meravigliosa, tipo in gamba **2** cosa meravigliosa, eccezionale, cannonata.

humdrum [ˈhʌmdrʌm / hum·drum] *agg.* noioso, tedioso, monotono; banale, prosaico: *a — life*, una vita monotona; *a — task*, un lavoro noioso ◆ *s.* **1** monotonia, tedio; banalità, prosaicità **2** persona monotona, abitudinaria.

to **humdrum** *pass.p.p.* **humdrummed** [ˈhʌmdrʌmd / hum·drum·med] *v.intr.* procedere con monotonia.

humectant [hjuːˈmektənt / hu·mec·tant] *s.* (*chim.*) umettante.

humeral [ˈhjuːmərəl / hu·meral] *agg.* (*anat.*) omerale.

humerus [ˈhjuːmərəs / hu·merus] *pl.* **humeri** [ˈhjuːməraɪ / hu·meri] *s.* (*anat.*) omero.

humic [ˈhjuːmɪk] *agg.* (*chim.*) umico: *— acid*, acido umico.

humicolous [ˌhjuːˈmɪkələs / hu·mico·lous] *agg.* (*ecol.*) umicolo.

humid [ˈhjuːmɪd / hu·mid] *agg.* umido (di aria, clima ecc.) // **-ly** *avv.*

humidifier [hjuːˈmɪdɪfaɪə* / hu·midi·fier] *s.* umidificatore.

to **humidify** [hjuːˈmɪdɪfaɪ / hu·mid·ify] *v.tr.* inumidire; umidificare.

humidity [hjuːˈmɪdɪtɪ / hu·mid·ity] *s.* umidità; (*meteor.*) umidità atmosferica.

humidor [ˈhjuːmɪdɔː* / hu·midor] *s.* (*amer.*) scatola per sigari.

to **humiliate** [hjuːˈmɪlɪeɪt / hu·mi·li·ate] *v.tr.* umiliare, mortificare.

humiliating [hjuːˈmɪlɪeɪtɪŋ / hu·mi·li·at·ing] *agg.* umiliante, mortificante.

humiliation [hjuːˌmɪlɪˈeɪʃn / hu·mi·li·ation] *s.* **1** umiliazione, mortificazione **2** situazione umiliante, mortificante.

humility [hjuːˈmɪlətɪ / hu·mil·ity] *s.* umiltà; condizione modesta.

humming [ˈhʌmɪŋ / hum·ming] *agg.* **1** ronzante **2** (*fam. antiq.*) forte (di liquore) ◆ *s.* ronzio; mormorio.

hummingbird [ˈhʌmɪŋbɜːd / hum·ming·bird] *s.* (*zool.*) colibrì SIN. shear-tail.

hummock [ˈhʌmək / hum·mock] *s.* **1** montagnetta, monticello **2** accumulo di lastre di ghiaccio sulla banchisa.

hummocky [ˈhʌməkɪ / hum·mocky] *agg.* a montagnette, ondulato.

humongous [ˌhjuːˈmʌŋgəs / hu·mon·gous] *agg.* (*fam. amer.*) gigantesco, colossale.

humor e *deriv.* (*amer.*) → **humour** e *deriv.*

humoral [ˈhjuːmərəl / hum·oral] *agg.* (*med.*) umorale.

humorist [ˈhjuːmərɪst / hu·mor·ist] *s.* **1** umorista, scrittore spiritoso, arguto **2** (*non com.*) persona allegra, spiritosa.

humorous [ˈhjuːmərəs / hu·mor·ous] *agg.* **1** comico, divertente **2** spiritoso, arguto, dotato di senso dell'umorismo // **-ly** *avv.* // **-ness** *s.*

humour [ˈhjuːmə* / hu·mour] *s.* **1** umorismo, senso dell'umorismo, humour: *broad —*, comicità grossolana; *he has no sense of —*, non ha senso dell'umorismo **2** umorismo, comicità: *the — of the situation*, il lato comico della situazione; *the story is full of —*, il racconto è pieno di umorismo **3** umore, stato d'animo; inclinazione: *to be in the — for*, essere in vena di; *to be in good, bad —*, essere di buon umore, di malumore; *to be out of —*, essere malcontento; *to put s.o. out of —*, mettere qlcu. di cattivo umore // *every man in his —*, ognuno secondo la propria inclinazione **4** capriccio: *when the — takes her*, quando le prende il capriccio **5** *pl.* (*med.*) umori, fluidi organici **6** (*ant.*) umore, linfa; (*fig.*) indole, inclinazione dominante: *the cardinal humours*, i quattro principali umori umani.

to **humour** *v.tr.* compiacere, assecondare: *she's got to be humoured*, bisogna assecondarla.

humourless [ˈhjuːməlɪs / hu·mour·less] *agg.* privo di senso dell'umorismo.

humoursome [ˈhjuːməsəm / hu·mour·some] *agg.* (*non com.*) lunatico; petulante.

hump [hʌmp] *s.* **1** gobba (nella schiena); gibbosità: *the dromedary has one —*, il dromedario ha una gobba **2** collinetta, cresta; (*sl. aer.*) catena montuosa da sorvolare **3** (*fig.*) ostacolo, crisi da superare **4** (*sl.*) depressione, malinconia: *it gives me the* —, mi dà la malinconia.

to **hump** *v.tr.* **1** (*fam.*) portare sulle spalle (un peso) con fatica; curvare a forma di gobba **2** (*sl.*) deprimere **3** (*volg.*) scopare, fottere.

humpback ['hʌmpbæk / hump·back] *s.* **1** gobba; gibbosità **2** gobbo.

humpbacked ['hʌmpbækt / hump·backed] *agg.* con gobba (di animale) // — (o *humpback*) *bridge*, ponte a schiena d'asino; dosso (nella segnaletica stradale).

humped [hʌmpt] *agg.* gibboso.

humph [hʌmf] *inter.* mah!, bah!, hm!, auff! (per indicare dubbio, malcontento).

humpty ['hʌmptı] *s.* pouf (sgabello basso e di forma cilindrica, completamente imbottito).

humpty-dumpty ['hʌmptı'dʌmptı] *s.* (*scherz.*) persona grossa e tozza // *Humpty -Dumpty*, (*fam.*) l'Uovo (protagonista di una famosa canzoncina infantile); persona che, una volta caduta in disgrazia, non può più riabilitarsi; cosa che, una volta rotta, non si può più riparare.

humpy ['hʌmpı] *agg.* **1** (*sl.*) depresso, malinconico **2** gibboso.

humus ['hju:məs / hu·mus] *s.* humus.

Hun [hʌn] *s.* **1** unno **2** (*fig.*) barbaro, distruttore **3** (*spreg.*) soldato tedesco (nella prima e seconda guerra mondiale).

hunch [hʌntʃ] *s.* **1** idea, impressione, sospetto; intuizione: *to act* (o *work*) *on a* —, seguire un'intuizione, un'impressione; *I have a — that he is not that kind of man*, ho proprio il sospetto che non sia quel genere di persona **2** gobba, gibbosità.

to **hunch** *v.tr.* piegare, incurvare a forma di gobba.

hunchback ['hʌntʃbæk / hunch·back] *s.* gobbo.

hunch-backed ['hʌntʃbækt] *agg.* gobbo.

hundred ['hʌndrəd / hun·dred] *agg. num. card.* cento: *a* (o *one*) — *men*, cento uomini; *a* (o *one*) — *and one women*, centouno donne; *six — books*, seicento libri; *two — of them*, duecento di loro; *several* —, parecchie centinaia; *I've heard this story hundreds of times*, ho sentito questa storia centinaia di volte // *a — percent efficient*, efficiente al cento per cento, al massimo ◆ *s.* **1** numero cento **2** centinaio: *by hundreds*, a centinaia; *hundreds and thousands*, centinaia e migliaia **3** (*st. inglese*) suddivisione di una contea.

hundredfold ['hʌndrədfəʊld / hun·dred·fold] *agg.* e *s.* centuplo ◆ *avv.* cento volte.

hundredth ['hʌndrədθ / hun·dredth] *agg. num. ord.* e *s.* centesimo.

hundredweight ['hʌndrədweıt / hun·dred·weight] *s.* (abbr. *cwt*) hundredweight (misura di peso = 50,80 kg nel Regno Unito; = 45,36 kg negli Stati Uniti).

hung *pass.p.p.* di to **hang**.

Hungarian [hʌŋ'geərıən / Hun·gar·ian] *agg.* e *s.* ungherese.

hunger ['hʌŋgə* / hun·ger] *s.* **1** fame; appetito: *pangs of* —, stimoli della fame; — *contractions*, crampi di fame; *to die of* —, morire di fame: *to suffer from* —, patire, soffrire la fame // — *march*, dimostrazione di protesta (di disoccupati); — *strike*, sciopero della fame // *from* —, (*fam. amer.*) di qualità inferiore, scadente **2** (*fig.*) brama, ingordigia; ardente desiderio: — *for money*, sete di denaro.

to **hunger** *v.tr.* (*rar.*) affamare: *to — s.o. into submission*, costringere qlcu. a sottomettersi per fame ◆ *v.intr.* **1** (*non com.*) aver fame **2** (*fig.*) bramare, desiderare ardentemente: *they — for* (o *after*) *freedom*, desiderano ardentemente d'essere liberi.

hung-over [,hʌŋ'əʊvə*] *agg.* (*fam.*) sofferente per i postumi di una ubriacatura.

hungrily ['hʌŋgrılı / hun·grily] *avv.* **1** con grande appetito **2** (*fig.*) avidamente.

hungriness ['hʌŋgrınıs / hun·gri·ness] *s.* (*non com.*) fame.

hungry ['hʌŋgrı / hun·gry] *agg.* **1** affamato; famelico: *to be* —, aver fame; *to go* —, soffrire la fame **2** (*fig. form.*) bramoso: *to be — for glory*, essere assetato di gloria **3** povero, sterile (di terreno).

hung up [,hʌŋ'ʌp] *agg.* complessato, ossessionato: *to be — on* (o *about*) *sthg.*, farsi, crearsi dei problemi per qlco.

hunk [hʌŋk] *s.* **1** grosso pezzo: *a — of bread and cheese*, un bel pezzo di pane e formaggio **2** (*fam.*) giovane prestante e atletico, fusto.

hunkered ['hʌŋkəd / hunk·ered] *agg.* (*fam. amer.*) accovacciato.

hunkers ['hʌŋkəz / hunk·ers] *s.pl.* (*non com.*) natiche, sedere (*sing.*): *on one's* —, accosciato.

hunks [hʌŋks] *s.* (*rar.*) avaraccio, pitocco.

hunky[1] ['hʌŋkı] *s.* (*fam. amer.*) ungherese (termine spregiativo per immigrati dall'Europa centro-orientale).

hunky[2] *agg.* (*fam.*) **1** buono, in buone condizioni **2** (*sl. amer.*) prestante e atletico.

hunky-dory [,hʌŋkı'dɔ:rı] *agg.* (*fam.*) eccellente, ottimo.

Hunnic ['hʌnık / Hun·nic] **Hunnish** ['hʌnıʃ / Hun·nish] *agg.* **1** unnico **2** (*fig.*) barbaro distruttore.

hunt [hʌnt] *s.* **1** caccia: *to have a good* —, fare buona caccia **2** ricerca; inseguimento: *the — for your first job is always difficult*, la caccia al primo lavoro è sempre difficile **3** insieme dei cacciatori; zona di caccia; (*ant.*) selvaggina uccisa: *boys, we'll go dress our hunt*, (SH. Cymbeline) ragazzi, andiamo a preparare la nostra caccia.

to **hunt** *v.tr.* **1** cacciare, andare a caccia di, dar la caccia a: *to — big game*, andare a caccia grossa **2** battere, perlustrare cacciando: *to — the countryside*, fare una battuta di caccia in campagna **3** inseguire; cacciar via, perseguitare: *to — s.o. from* (o *out of*) *the country*, obbligare qlcu. a lasciare il paese ◆ *v.intr.* **1** andare a caccia; dar la caccia; fare una battuta di caccia: *wolves — in packs*, i lupi cacciano a branchi **2** cercare affannosamente: *to — for* (o *after*) *gold*, cercare l'oro // *to — high and low*, cercare in lungo e in largo.

□ **hunt down** *v.tr.* e *avv.* dare la caccia a, ricercare; scovare (dopo ricerca).

□ **hunt out** *v.tr.* e *avv.* scovare, snidare.

□ **hunt up** *v.tr.* e *avv.* cercare, ricercare: *he spends his holidays hunting up old documents in parish archives*, passa le vacanze negli archivi parrocchiali a dare la caccia a vecchi documenti.

hunter ['hʌntə*] *s.* **1** cacciatore (*anche fig.*) // *fortune* —, cacciatore di dote // *house* —, chi cerca casa // *bargain hunters*, maniaci dei saldi // (*astr.*) *The Hunter*, Orione **2** cavallo da caccia; cane da caccia **3** orologio con calotta che ne protegge il quadrante.

hunter killer ['hʌntə'kılə*] *s.* sottomarino antisommergibile.

hunter's-moon ['hʌntəz,mu:n] *s.* luna piena dopo la mietitura.

hunting ['hʌntıŋ / hunt·ing] *s.* **1** caccia; il cacciare: *to go a-* —, andare a caccia **2** (*fig.*) caccia, ricerca: *house* —, caccia alla casa; *job* —, caccia al lavoro.

hunting *agg.* da caccia; per la caccia, relativo alla caccia: — *box* (o *seat* o *lodge*), capanno da caccia; — *dog*, cane da caccia; — *ground* (o *field*), terreno di caccia; *the happy — grounds*, il paradiso dei pellerossa; — *horn*, corno da caccia; — *knife* (o *sword*), coltello da caccia; — *season*, stagione della caccia.

huntress ['hʌntrıs / hunt·ress] *s.* cacciatrice.

huntsman ['hʌntsmən / hunts·man] *pl.* **huntsmen** *s.* **1** cacciatore **2** capocaccia.

hurdle ['hɜ:dl] *s.* **1** graticcio; barriera **2** ostacolo (*anche fig.*): — *race* (o *hurdles*), corsa a ostacoli **3** carretta su cui i traditori venivano portati al supplizio.

to **hurdle** *v.tr.* **1** cintare (con graticci) **2** saltare (un ostacolo); (*fig.*) superare (una difficoltà) ◆ *v.intr.* partecipare a una corsa a ostacoli.

hurdler ['hɜ:dlə* / hurd·ler] *s.* **1** chi fa graticci **2** chi partecipa a una corsa a ostacoli.

hurdy-gurdy ['hɜ:dı,gɜ:dı] *s.* organetto a manovella.

hurl [hɜ:l] *s.* lancio violento.

to **hurl** *v.tr.* lanciare, gettare con violenza, scagliare (*anche fig.*): *he was hurled from the throne*, fu sbalzato dal trono; *to — defiance*, sfidare; *to — reproaches, stones*, lanciare rimproveri, pietre; *to — sthg. at s.o.*, lanciare qlco. contro qlcu.

hurler ['hɜ:lə*] *s.* **1** lanciatore **2** giocatore di hockey irlandese.

hurley ['hɜ:lı / hur·ley] *s.* **1** hockey irlandese **2** mazza da hockey irlandese **3** palla da hockey irlandese.

hurling ['hɜ:lıŋ / hurl·ing] *s.* hockey irlandese.

hurly-burly ['hɜ:lı,bɜ:lı] *s.* subbuglio, scompiglio; confusione: *when the hurly-burly's done / when the battle's lost and won*, (SH. Macbeth) quando il tumulto sarà finito, quando la battaglia sarà perduta e vinta.

hurrah [hʊ'rɑ: / hur·rah] *s.* urrah ◆ *inter.* urrah!

to **hurrah** *v.intr.* gridare urrah.

hurray [hʊ'reı / hur·ray] → **hurrah**.

hurricane ['hʌrıkən *amer.* 'hʌrıkeın / hur·ric·ane] *s.* **1** uragano; ciclone tropicale **2** (*fig.*) uragano: *a — of applause*, un uragano di applausi.

hurricane bird ['hʌrıkən,bɜ:d] *s.* (*zool.*) (*Fregata magnificens*) fregata.

hurricane lamp ['hʌrıkən,læmp] *s.* lanterna controvento.

hurried ['hʌrıd / hur·ried] *agg.* affrettato, precipitoso, frettoloso // **-ly** *avv.* // **-ness** *s.*

hurry ['hʌrı] *s.* fretta, precipitazione; urgenza, premura: *no —!*, non c'è fretta!; *to be in a great* —, aver molta fretta; *to be in no* —, non aver fretta; *he was in a — to go home*, aveva fretta d'andare a casa; *what's the —?*, che fretta c'è? // *in a —*, in fretta: *he spoilt it by doing it in a —*, facendolo frettolosamente l'ha rovinato; *they will not ask us to dinner again in a —*, (*fam.*) non ci inviteranno di nuovo volentieri a pranzo; *you will not beat that in a —*, (*fam.*) non farai di meglio facilmente; *you won't see him again in a —*, (*fam.*) ci vorrà del tempo prima di rivederlo.

to **hurry** *v.tr.* **1** affrettare; far fretta a, sollecitare, spronare: *don't — me* (*up*), *let me work at my own speed*, non farmi fretta, lasciami lavorare secondo il mio ritmo; *I hurried them up* (o *on*), feci loro premura **2** portare, mandare in fretta ◆ *v.intr.* affrettarsi, precipitarsi; sbrigarsi: *we hurried to finish painting the wall*, ci affrettammo a terminare di dipingere la parete; *to — along the road*, camminare in fretta per la strada // *to — away*, *on*, andarsene precipitosamente.

hurryingly [ˈhʌrɪŋlɪ / hur·ry·ing·ly] *avv.* (*non com.*) precipitosamente, in fretta.

hurry-scurry [ˌhʌrɪˈskʌrɪ] *s.* precipitazione; confusione; agitazione ◆ *avv.* in gran fretta; in grande confusione; in grande agitazione.

hurst [hɜːst] *s.* **1** banco di sabbia **2** collina; altura boscosa; macchia.

hurt [hɜːt] *s.* **1** lesione, ferita **2** (*fig.*) danno, offesa.

to **hurt** *pass.p.p.* **hurt** *v.tr.* **1** far male a; ferire, procurare una ferita a: *the child — his leg when he fell*, il bambino si fece male alla gamba cadendo; *this shoe hurts* (*me*), questa scarpa mi fa male; *she was slightly —*, si ferì leggermente; *she was badly —*, si procurò una brutta ferita; *she was seriously —*, si fece male in modo grave **2** offendere, recar dolore a: *to — s.o.'s feelings*, offendere i sentimenti di qlcu.; *to be deeply —*, essere profondamente offeso **3** danneggiare: *it won't — to postpone it for a few days*, (*fam.*) non ci sarà alcun danno a rimandarlo di alcuni giorni; *to — s.o.'s interests*, danneggiare gli interessi di qlcu. ◆ *v.intr.* dolere, far male (*anche fig.*): *my ankle hurts*, mi fa male la caviglia; *to get —*, farsi male, ferirsi; *nothing hurts like the truth*, niente offende quanto la verità.

hurtful [ˈhɜːtfʊl / hurt·ful] *agg.* **1** dannoso, nocivo **2** ingiurioso, offensivo // **-ly** *avv.* // **-ness** *s.*

to **hurtle** [ˈhɜːtl] *v.tr.* scagliare, lanciare con violenza ◆ *v.intr.* **1** sfrecciare; precipitarsi; scagliarsi: *the truck hurtled out of the tunnel*, il camion sfrecciò fuori dalla galleria **2** (*letter.*) rimbombare: *the noise of battle hurtled in the air*, (SH. Julius Caesar) il rumore della battaglia rimbombava nell'aria.

hurtless [ˈhɜːtlɪs / hurt·less] *agg.* (*ant.*) innocuo, inoffensivo: *and the strong lance of justice hurtless breaks*, (SH. King Lear) e la forte lancia della giustizia si spezzerà senza ferire.

husband [ˈhʌzbənd / hus·band] *s.m.* **1** marito, sposo **2** (*ant.*) uomo economo: *good, bad —*, buono, cattivo amministratore.

to **husband** *v.tr.* **1** amministrare con parsimonia; risparmiare, usare con economia **2** (*ant.*) coltivare (terreno) **3** (*ant.*) procurare marito a **4** (*ant.*) sposare.

husbandman [ˈhʌzbəndmən / hus·band·man] *pl.* **husbandmen** *s.* (*antiq.*) agricoltore, fattore, contadino.

husbandry [ˈhʌzbəndrɪ / hus·bandry] *s.* **1** agricoltura; coltivazione, allevamento: *animal —*, zootecnia **2** frugalità, economia; amministrazione domestica: *good, bad —*, buona, cattiva amministrazione; *there's husbandry in heaven; / their candles are all out*, (SH. Macbeth) si fa economia in cielo; le loro candele sono tutte spente.

hush [hʌʃ] *s.* silenzio, calma: *a — fell over the crowd when the news broke*, il silenzio calò sulla folla quando fu comunicata la notizia // *— money*, prezzo del silenzio.

hush *inter.* zitto!, silenzio!

to **hush** *v.tr.* **1** far tacere; imporre silenzio a **2** (*fig.*) calmare ◆ *v.intr.* tacere, far silenzio, star zitto.

□ **hush up** *v.tr.* e *avv.* (*fam.*) soffocare, insabbiare (uno scandalo ecc.).

hushaby [ˈhʌʃəbaɪ / hush·aby] *inter.* fa' la nanna!

hushed [hʌʃt] *agg.* silenzioso; ammutolito // *people spoke in — whispers in the corridors*, la gente parlava sottovoce nei corridoi.

hush-hush [ˈhʌʃˈhʌʃ] *agg.* (*fam.*) segreto, segretissimo.

to **hush-hush** *v.tr.* (*fam.*) ridurre al silenzio.

husk[1] [hʌsk] *s.* **1** (*bot.*) guscio; baccello; loppa; cartoccio (del granturco) **2** (*fig.*) involucro (senza valore): *he's a — of the man he once was*, è solo l'ombra dell'uomo di una volta **3** *pl.* (*fig.*) scarti.

to **husk**[1] *v.tr.* sgusciare; sbucciare; mondare; scartocciare: *and now this old image had been husked, stripped bare*, (L. DURRELL) e ora questa vecchia immagine era stata liberata dal guscio, messa a nudo.

husk[2] *s.* **1** (*vet.*) tosse **2** raucedine.

to **husk**[2] *v.intr.* **1** (*vet.*) tossire **2** arrochirsi, velarsi (di voce) ◆ *v.tr.* dire con voce rauca.

huskily [ˈhʌskɪlɪ / husk·ily] *avv.* con voce rauca, velata; fiocamente.

huskiness [ˈhʌskɪnɪs / huski·ness] *s.* raucedine.

husking [ˈhʌskɪŋ / husk·ing] *s.* **1** scartocciatura (del granoturco); sgusciatura; mondatura; pilatura (spec. di cereali) **2** — (*bee*), (*amer.*) festa campestre per la scartocciatura del granoturco.

husky[1] [ˈhʌskɪ] *agg.* **1** pieno di bucce, gusci **2** secco, rugoso **3** (*fam.*) robusto, forte; virile, attraente ◆ *s.* (*fam.*) persona robusta, uomo grande e grosso; fusto, marcantonio.

husky[2] *agg.* rauco, velato (di voce).

husky[3] *s.* **1** cane esquimese **2** esquimese (abitante, lingua).

huss [hʌs] *s.* (*zool.*) pescecane, gattuccio → **dogfish**.

hussar [hʊˈzɑː* / hus·sar] *s.* (*mil.*) ussaro.

hussy [ˈhʌsɪ] *s.* **1** donna leggera, donnaccia **2** ragazza impertinente, sfacciata.

hustings [ˈhʌstɪŋz / hust·ings] *s.pl.* (*form.*) **1** propaganda elettorale, campagna elettorale, operazioni elettorali // *to be out on the —*, essere impegnato nella campagna elettorale **2** tribuna degli oratori politici **3** (*st. brit.*) piattaforma dove stavano i candidati al parlamento.

hustle [ˈhʌsl] *s.* **1** fretta **2** spinta, spintone **3** (*fam.*) attività febbrile; andirivieni; trambusto // *— and bustle*, scompiglio, tramestio.

to **hustle** *v.tr.* **1** affrettare, fare fretta a **2** (*fam.*) spingere, dare spintoni a; spintonare, sballottare **3** (*fam. spec. amer.*) fare pressione su, convincere con l'inganno, a tutti i costi: *he hustled me into buying it*, tanto ha fatto che l'ho comprato **4** (*fam. amer.*) imbrogliare, truffare **5** (*fam. amer.*) rubare ◆ *v.intr.* **1** affrettarsi **2** (*fam.*) spingere, fare a gomitate **3** (*fam. amer.*) darsi da fare **4** (*sl. spec. amer.*) fare la prostituta, battere.

hustler [ˈhʌslə* / hust·ler] *s.* **1** (*fam.*) persona attiva, energica **2** (*fam. spec. amer.*) chi cerca (non sempre in modo pulito) di trarre vantaggio da ogni situazione; approfittatore **3** (*fam. amer.*) imbroglione, truffatore **4** (*fam. amer.*) ladro **5** (*sl. spec. amer.*) prostituta, battona **6** (*sl. amer.*) giocatore d'azzardo.

hut [hʌt] *s.* **1** capanna; casupola **2** capanno, casotto (per gli attrezzi ecc.) **3** rifugio alpino **4** baracca militare.

to **hut** *pass.p.p.* **hutted** [ˈhʌtɪd / hut·ted] *v.tr.* alloggiare in baracche ◆ *v.intr.* alloggiare in una baracca.

hutch [hʌtʃ] *s.* **1** conigliera; gabbia **2** baracca, casupola **3** (*miner.*) vagoncino.

huzza [hʊˈzɑː] *inter.* (*antiq.*) evviva!, urrah!

to **huzza** *v.intr.* (*antiq.*) gridare urrah! ◆ *v.tr.* (*antiq.*) acclamare freneticamente.

hyacinth [ˈhaɪəsɪnθ / hy·acinth] *s.* **1** (*bot.*) giacinto // *wild —*, (*Camassia esculenta*) giacinto selvatico **2** (*min.*) zircone **3** (*antiq.*) zaffiro.

hyacinthine [ˌhaɪəˈsɪnθaɪn / hy·acinth·ine] *agg.* (*letter.*) da giacinto, simile a giacinto: *...hyacinthine locks, / round from his forelock manly hung*, (MILTON) ...ricci da giacinto cadevano sulla sua fronte virile.

hyaena [haɪˈiːnə / hy·aena] → **hyena**.

hyaline [ˈhaɪəlɪn / hy·al·ine] *agg.* **1** (*min.*) ialino: *— quartz*, quarzo ialino, cristallo di rocca **2** (*geol.*) ialino, vetroso ◆ *s.* (*biochim.*) sostanza ialina.

hyalite [ˈhaɪəlaɪt / hy·al·ite] *s.* (*min.*) ialite.

hyaloid [ˈhaɪəlɔɪd / hy·al·oid] *agg.* (*anat.*) ialoideo, vitreo, trasparente: *— membrane*, membrana ialoidea dell'occhio; *— artery*, arteria ialoide.

hyaluronic [ˌhaɪəluːˈrɒnɪk / hy·al·uronic] *agg.* (*biochim.*) ialuronico.

hyaluronidase [ˌhaɪəluːˈrɒnɪdeɪs / hy·al·uroni·dase] *s.* (*biochim.*) ialuronidasi.

hybrid [ˈhaɪbrɪd / hy·brid] *agg.* (*biol.*) ibrido: *— corn*, granturco ibrido ◆ *s.* **1** (*biol.*) ibrido **2** (*inform.*) ibrido, multipiattaforma.

hybridism [ˈhaɪbrɪdɪzəm / hy·brid·ism]
hybridity [haɪˈbrɪdɪtɪ / hy·brid·ity] *s.* ibridismo.

hybridization [ˌhaɪbrɪdaɪˈzeɪʃn / hy·brid·iza·tion] *s.* (*biol.*) ibridazione.

to **hybridize** [ˈhaɪbrɪdaɪz / hy·brid·ize] *v.tr.* (*biol.*) ibridare ◆ *v.intr.* (*biol.*) ibridarsi.

hydatid [ˈhaɪdətɪd / hy·datid] *s.* (*med.*) idatide.

hydra [ˈhaɪdrə / hy·dra] *s.* (*mit.*) idra.

hydracid [haɪˈdræsɪd / hy·dracid] *s.* (*chim.*) idracido.

hydraemia [haɪˈdriːmɪə / hy·draemia] *s.* (*med.*) idremia.

hydrangea [haɪ'dreɪndʒə / hy·dran·gea] *s.* (*bot.*) (*Hydrangea hortensia*) ortensia.

hydrant ['haɪdrənt / hy·drant] *s.* idrante.

hydrargyrum [haɪ'drɑ:dʒɪrəm / hy·drar·gyrum] *s.* (*chim.*) mercurio.

hydrase ['haɪdreɪs / hy·drase] *s.* (*biochim.*) idrasi.

hydrate ['haɪdreɪt / hy·drate] *s.* (*chim.*) idrato.

to **hydrate** *v.tr.* (*chim.*) idratare ◆ *v.intr.* (*chim.*) idratarsi.

hydration [haɪ'dreɪʃn / hy·dra·tion] *s.* (*chim., geol.*) idratazione.

hydrator ['haɪdreɪtə* / hy·drator] *s.* (*chim.*) idratatore.

hydraulic [haɪ'drɔ:lɪk / hy·draulic] *agg.* idraulico: — *cement*, cemento idraulico; — *lime*, calce idraulica; — *press*, pressa idraulica.

hydraulically [haɪ'drɔ:lɪkəlɪ / hy·draul·ic·ally] *avv.* idraulicamente, con mezzi idraulici, mediante energia idraulica.

hydraulics [haɪ'drɔ:lɪks / hy·draul·ics] *s.* ⓤ idraulica.

hydrazide ['haɪdrəzaɪd / hy·dra·zide] *s.* (*chim.*) idrazide.

hydrazine ['haɪdrəzi:n / hy·dra·zine] *s.* (*chim.*) idrazina.

hydrazoic [,haɪdrə'zəʊɪk / hy·dra·zoic] *agg.* (*chim.*) azotidrico: — *acid*, acido azotidrico, azoimmide.

hydrazone ['haɪdrəzəʊn / hy·dra·zone] *s.* (*chim.*) idrazone.

hydremia *s.* (*amer.*) → **hydraemia**.

hydric[1] ['haɪdrɪk / hy·dric] *agg.* (*chim.*) di idrogeno, contenente idrogeno.

hydric[2] *agg.* idrico, di acqua.

hydric[3] *agg.* (*bot.*) igrofilo.

hydride ['haɪdraɪd / hy·dride] *s.* (*chim.*) idruro.

hydriodic [,haɪdrɪ'ɒdɪk / hy·dri·odic] *agg.* (*chim.*) iodidrico: — *acid*, acido iodidrico.

hydro ['haɪdrəʊ / hy·dro] *s.* (*fam.*) (abbr. di *hydropathic establishment*) stabilimento, centro idroterapico.

hydro- *pref.* di origine greca che indica **1** relazione con l'acqua; presenza di acqua; it. idro-: *hydrobiology*, idrobiologia; (*meteor.*) *hydrometeor*, idrometeora; *hydromania*, idromania; (*geol.*) *hydrogeology*, idrogeologia **2** (*chim.*) presenza di idrogeno; it. idro-: *hydrochlorate*, idroclorato.

hydrobromic [,haɪdrəʊ'brəʊmɪk / hy·dro·bromic] *agg.* (*chim.*) bromidrico: — *acid*, acido bromidrico.

hydrocarbon [,haɪdrəʊ'kɑ:bən / hy·dro·car·bon] *s.* (*chim.*) idrocarburo.

hydrocele ['haɪdrəʊ,si:l / hy·dro·cele] *s.* (*med.*) idrocele.

hydrocellulose [,haɪdrəʊ'seljʊləʊs / hy·dro·cel·lu·lose] *s.* (*chim.*) idrocellulosa.

hydrocephalus [,haɪdrəʊ'sefələs / hy·dro·ceph·alus] **hydrocephaly** [,haɪdrəʊ'sefəlɪ / hy·dro·ceph·aly] *s.* (*med.*) idrocefalo.

hydrochinone [,haɪdrəʊ'ki:nəʊn / hy·dro·chi·none] → **hydroquinone**.

hydrochloric [,haɪdrəʊ'klɒrɪk *amer.* ,haɪdrəʊ'klɔ:rɪk / hy·dro·chloric] *agg.* (*chim.*) cloridrico: — *acid*, acido cloridrico.

hydrochloride [,haɪdrəʊ'klɔ:raɪd / hy·dro·chlor·ide] *s.* (*chim.*) idrocloruro.

hydrochoria [,haɪdrəʊ'kɔ:rɪə / hy·dro·cho·ria] *s.* (*ecol.*) idrocoria, disseminazione idrofila.

hydrodynamic [,haɪdrəʊdaɪ'næmɪk / hy·dro·dyn·amic] *agg.* (*fis.*) idrodinamico.

hydrodynamics [,haɪdrəʊdaɪ'næmɪks / hy·dro·dyn·am·ics] *s.* ⓤ idrodinamica.

hydroelectric [,haɪdrəʊɪ'lektrɪk / hy·dro·elec·tric] *agg.* idroelettrico // — *power station*, centrale idroelettrica.

hydrofluoric ['haɪdrəʊ,flu:'ɒrɪk / hy·dro·fluoric] *agg.* (*chim.*) fluoridrico: — *acid*, acido fluoridrico.

hydrofoil ['haɪdrəʊfɔɪl / hy·dro·foil] *s.* **1** aletta idrodinamica, piano idrodinamico: — *boat*, aliscafo **2** aliscafo.

hydroforming [,haɪdrəʊ'fɔ:mɪŋ / hy·dro·form·ing] *s.* (*chim.*) hydroforming, idroforming.

hydroformylation ['haɪdrəʊ,fɔ:mɪ'leɪʃn / hy·dro·formy·la·tion] *s.* (*chim.*) idroformilazione.

hydrogel ['haɪdrəʊdʒel / hy·dro·gel] *s.* (*chim.*) idrogel.

hydrogen ['haɪdrədʒən / hy·dro·gen] *s.* (*chim.*) idrogeno: — *bond*, legame d'idrogeno; — *ion*, ione idrogeno; — *peroxide*, perossido di idrogeno, acqua ossigenata; — *sulphide*, solfuro di idrogeno, acido solfidrico; — *spectrum*, spettro dell'idrogeno // (*fis. nucleare*): *heavy* —, idrogeno pesante, deuterio; — *bomb*, bomba all'idrogeno.

hydrogenase [haɪ'drɒdʒəneɪs / hy·dro·gen·ase] *s.* (*biochim.*) idrogenasi.

to **hydrogenate** [haɪ'drɒdʒəneɪt / hy·dro·gen·ate] to **hydrogenize** ['haɪdrəʊdʒənaɪz / hy·dro·gen·ize] *v.tr.* (*chim.*) idrogenare.

hydrogenation [haɪ,drɒdʒɪ'neɪʃn / hy·dro·gena·tion] *s.* (*chim.*) idrogenazione.

to **hydrogenize** [haɪ'drɒdʒənaɪz / hy·dro·gen·ize] → to **hydrogenate**.

hydrogenous [haɪ'drɒdʒɪnəs / hy·dro·gen·ous] *agg.* (*chim.*) idrogenico; che contiene idrogeno; che si riferisce all'idrogeno.

hydrogeologic(al) [,haɪdrəʊdʒɪə'lɒdʒɪk(l) / hy·dro·geo·logic·(al)] *agg.* (*geol.*) idrogeologico.

hydrographer [haɪ'drɒgrəfə* / hy·dro·grapher] *s.* idrografo.

hydrographic(al) [haɪdrəʊ'græfɪk(l) / hy·dro·graphic, hy·dro·graph·ical] *agg.* idrografico.

hydrography [haɪ'drɒgrəfɪ / hy·dro·graphy] *s.* idrografia.

hydrohalite [,haɪdrəʊ'hælaɪt / hy·dro·hal·ite] *s.* (*min.*) idroalite.

hydrokinetics [,haɪdrəʊ'kaɪnetɪks / hy·dro·kin·et·ics] *s.* ⓤ (*fis.*) idrocinetica.

hydrolase ['haɪdrəʊ,leɪs / hy·dro·lase] *s.* (*biochim.*) idrolasi.

hydrologic(al) [,haɪdrəʊ'lɒdʒɪk(l) / hy·dro·logic·(al)] *agg.* idrologico: — *cycle*, ciclo dell'acqua, idrologico.

hydrologist [haɪ'drɒlədʒɪst / hy·dro·logist] *s.* idrologo.

hydrology [haɪ'drɒlədʒɪ / hy·dro·logy] *s.* idrologia.

hydrolysis [haɪ'drɒlɪsɪs / hy·dro·lysis] *s.* (*chim.*) idrolisi.

hydrolyte ['haɪdrəʊlaɪt / hy·dro·lyte] *s.* (*chim.*) idrolito.

to **hydrolyze** ['haɪdrəʊlaɪz / hy·dro·lyze] *v.tr.* (*chim.*) idrolizzare ◆ *v.intr.* (*chim.*) idrolizzarsi.

hydromassage [,haɪdrəʊ'mæsɑ:ʒ / hy·dro·mas·sage] *s.* idromassaggio.

hydromechanics [,haɪdrəʊmɪ'kænɪks / hy·dro·mech·anics] *s.* ⓤ idromeccanica.

hydromel ['haɪdrəʊmel / hy·dro·mel] *s.* idromele.

hydrometer [haɪ'drɒmɪtə* / hy·dro·meter] *s.* (*fis.*) idrometro, densimetro.

hydrometric(al) [,haɪdrəʊ'metrɪk(l) / hy·dro·met·ric(al)] *agg.* (*fis.*) idrometrico, densimetrico.

hydrometry [haɪ'drɒmɪtrɪ / hy·dro·metry] *s.* (*fis.*) idrometria, densimetria.

hydronium ['haɪdrəʊnɪəm / hy·dro·nium] *s.* (*chim.*) idronio: — *ion*, ione idronio.

hydropathic [,haɪdrəʊ'pæθɪk / hy·dro·pathic] *agg.* (*med.*) idroterapico ◆ *s.* stabilimento, centro idroterapico.

hydropathy [haɪ'drɒpəθɪ / hy·dro·pathy] *s.* (*med.*) idroterapia.

hydrophane ['haɪdrəʊfeɪn / hy·dro·phane] *s.* (*min.*) idrofane.

hydrophilic [,haɪdrəʊ'fɪlɪk / hy·dro·philic] *agg.* idrofilo.

hydrophilite [,haɪdrəʊ'fɪlaɪt / hy·dro·phil·ite] *s.* (*min.*) clorocalcite.

hydrophilous [haɪ'drɒfɪlɪs / hy·dro·phil·ous] *agg.* (*bot.*) idrofilo.

hydrophobia [,haɪdrəʊ'fəʊbjə / hy·dro·phobia] *s.* (*med.*) idrofobia.

hydrophobic [,haɪdrəʊ'fəʊbɪk / hy·dro·phobic] *agg.* (*med., chim.*) idrofobo.

hydrophone ['haɪdrəʊfəʊn / hy·dro·phone] *s.* (*mar.*) idrofono.

hydrophyte ['haɪdrəʊfaɪt / hy·dro·phyte] *s.* (*bot.*) idrofita, pianta acquatica.

hydropic [haɪ'drɒpɪk / hy·dropic] *agg.* (*med.*) idropico.

hydroplane ['haɪdrəʊpleɪn / hy·dro·plane] *s.* **1** (*mar.*) idroplano, idroscivolante **2** (*aer.*) idrovolante SIN. seaplane **3** (*amer.*) → hydrofoil 2.

hydropneumatic [,haɪdrəʊnju:'mætɪk / hy·dro·pneu·matic] *agg.* (*tecn.*) idropneumatico.

hydroponic [,haɪdrəʊ'pɒnɪk / hy·dro·ponic] *agg.* (*chim.*) idroponico.

hydroponics [,haɪdrəʊ'pɒnɪks / hy·dro·pon·ics] *s.* ⓤ (*bot.*) coltura idroponica.

hydrops ['haɪdrɒps / hy·drops] **hydropsy** ['haɪdrɒpsɪ / hy·dropsy] *s.* (*med.*) idropisia.

hydroquinone [,haɪdrəʊkwɪ'nəʊn / hy·dro·quin·one] *s.* (*chim., fot.*) idrochinone.

hydroscope ['haɪdrəskəʊp / hy·dro·scope] *s.* (*mar.*) idroscopio.

hydrosphere ['haɪdrəʊsfɪə* / hy·dro·sphere] *s.* idrosfera.

hydrostat ['haɪdrəʊstæt / hy·dro·stat] *s.* indicatore, regolatore di livello.

hydrostatic(al) [,haɪdrəʊ'stætɪk(l) / hy·

dro·static, hy·dro·stat·ical] *agg.* idrostatico // **-ally** *avv.*

hydrostatics [ˌhaɪdrəʊ'stætɪks / hy·dro·stat·ics] *s.* U idrostatica.

hydrosulfide [ˌhaɪdrəʊ'sʌlfaɪd / hy·dro·sulf·ide] *s.* (*chim.*) idrogenosolfuro.

hydrosulphite [ˌhaɪdrəʊ'sʌlfaɪt / hy·dro·sulph·ite] amer. **hydrosulfite** → **hyposulphite**.

hydrotherapeutic [ˌhaɪdrəʊˌθerə'pju:tɪk / hy·dro·thera·peutic] *agg.* (*med.*) idroterapeutico.

hydrotherapeutics [ˌhaɪdrəʊˌθerə'pju:tɪks / hy·dro·thera·peut·ics] **hydrotherapy** [ˌhaɪdrəʊ'θerəpɪ / hy·dro·ther·apy] *s.* (*med.*) idroterapia.

hydrothermal [ˌhaɪdrəʊ'θɜ:məl / hy·dro·thermal] *agg.* idrotermale.

hydrothorax [ˌhaɪdrəʊ'θɔ:ræks / hy·dro·thorax] *pl.* **hydrothoraxes** [ˌhaɪdrəʊ'θɔ:ræksɪz / hy·dro·thor·axes] **hydrothoraces** [ˌhaɪdrəʊ 'θɔ:ræsɪz] *s.* (*med.*) idrotorace.

hydrotropism [haɪ'drɒtrəpɪzəm / hy·dro·trop·ism] *s.* (*biol.*) idrotropismo.

hydrous ['haɪdrəs / hyd·rous] *agg.* idrato; idratato.

hydroxide [haɪ'drɒksaɪd / hy·drox·ide] *s.* (*chim.*) idrossido.

hydroxy ['haɪdrɒksɪ / hy·droxy] *agg.* (*chim.*) idrossilico, ossidrilico: — *acid*, idrossiacido.

hydroxyl [haɪ'drɒksɪl / hy·droxyl] *s.* (*chim.*) idrossile, ossidrile.

hydroxylamine [ˌhaɪdrəʊ'ksæləmaɪn / hy·droxyl·am·ine] *s.* (*chim.*) idrossilammina.

hyena [haɪ'i:nə / hy·ena] *s.* (*zool.*) iena // *striped* —, (*Hyaena hyaena*) iena striata.

hyetograph [haɪ'etəˌgrɑ:f / hy·eto·graph] *s.* (*meteor.*) pluviografo.

hygeian [haɪ'dʒi:ən / hy·geian] *agg.* **1** di Igea **2** (*rar.*) salutare; igienico.

hygiene ['haɪdʒi:n / hy·giene] *s.* igiene.

hygienic(al) [haɪ'dʒi:nɪk(l) / hy·gienic, hy·gien·ical] *agg.* igienico // **-ally** *avv.*

hygienics [haɪ'dʒi:nɪks / hy·gien·ics] *s.* U igiene (scienza).

hygienist ['haɪdʒɪnɪst / hy·gien·ist] *s.* igienista.

hygrograph ['haɪgrəʊˌgrɑ:f / hy·gro·graph] *s.* (*meteor.*) igrografo.

hygrology [haɪ'grɒlədʒɪ / hy·gro·logy] *s.* (*fis.*) igrologia.

hygrometer [haɪ'grɒmɪtə* / hy·gro·meter] *s.* (*fis.*) igrometro: *hair* —, igrometro a capello; *dew-point* —, igrometro a condensazione // *recording* —, igrografo.

hygrometric(al) [ˌhaɪgrəʊ'metrɪk(l) / hy·gro·metric·(al)] *agg.* (*fis.*) igrometrico.

hygrometry [haɪ'grɒmɪtrɪ / hy·gro·metry] *s.* (*fis.*) igrometria.

hygrophilous [haɪ'grɒfɪləs / hy·gro·phil·ous] *agg.* (*ecol.*) igrofilo.

hygrophyte ['haɪgrəʊˌfaɪt / hy·gro·phyte] *agg.* (*bot.*) igrofita.

hygroscope ['haɪgrəskəʊp / hy·gro·scope] *s.* (*fis.*) igroscopio.

hygroscopic [ˌhaɪgrəʊ'skɒpɪk / hy·gro·scopic] *agg.* igroscopico.

hygroscopy [haɪ'grɒskəpɪ / hy·gro·scopy] *s.* (*meteor.*) igroscopia.

hylomorphism [ˌhaɪləʊ'mɔ:fɪzəm / hy·lo·morph·ism] *s.* (*fil.*) ilomorfismo.

hymen ['haɪmən / hy·men] *s.* (*anat.*) imene.

hymenal ['haɪmənl / hy·menal] *agg.* (*anat.*) dell'imene, relativo all'imene.

hymeneal [ˌhaɪmə'ni:əl / hy·men·eal] **hymenean** [ˌhaɪmə'ni:ən] *agg.* **1** di Imene **2** nuziale.

hymenopter ['haɪməˌnɒptə* / hy·men·opter] *s.* (*zool.*) imenottero.

hymenopteral [ˌhaɪmə'nɒptərəl / hy·men·op·teral] *agg.* (*zool.*) degli imenotteri.

hymenopteran [ˌhaɪmə'nɒptərən / hy·men·op·teran] *s.* (*zool.*) imenottero ◆ *agg.* degli imenotteri.

hymenopterous [ˌhaɪmə'nɒptərəs / hy·men·op·ter·ous] *agg.* (*zool.*) degli, relativo agli imenotteri.

hymn [hɪm] *s.* inno, canto di lode // — *book*, collezione, libro di inni.

to **hymn** *v.tr.* lodare (Dio) con inni ◆ *v.intr.* cantare inni.

hymnal ['hɪmnəl / hym·nal] *agg.* di inno ◆ *s.* collezione, libro di inni.

hymnary ['hɪmnərɪ / hym·nary] *s.* (*eccl.*) innario.

hymnody ['hɪmnədɪ / hym·nody] *s.* innodia.

hymnologist [hɪm'nɒlədʒɪst / hym·no·logist] *s.* innologo.

hymnology [hɪm'nɒlədʒɪ / hym·no·logy] *s.* innologia.

hyoid ['haɪɔɪd / hy·oid] *agg.* e *s.* (*anat.*) ioide: — (*bone*), (osso) ioide.

hypaethral [haɪ'pi:θrəl / hyp·aeth·ral] *agg.* (*arch.*) ipetro.

hype[1] [haɪp] *s.* U **1** (grosso) lancio pubblicitario, pubblicità sensazionalistica: *to give sthg. the* —, lanciare qlco. **2** (*fam.*) montatura giornalistica, gonfiatura **3** (*sl.*) imbroglio, inganno.

to **hype**[1] *v.tr.* **1** promuovere, fare un grosso lancio pubblicitario a (un prodotto, libro ecc.): *every new pop group from Liverpool got hyped as the 'new Beatles'*, ogni nuovo gruppo pop di Liverpool veniva lanciato come i 'nuovi Beatles' **2** (*fam.*) gonfiare; truffare, ingannare, imbrogliare.

□ **hype up** *v.tr.* e *avv.* **1** inventare, falsificare (una storia, un fatto ecc.) **2** fare un lancio pubblicitario chiassoso, sensazionalistico.

hype[2] *s.* (*sl. amer.*) **1** buco, iniezione di narcotici **2** drogato, tossicomane **3** spacciatore (di droga).

to **hype**[2] *v.intr.* (*sl. amer.*) andare su di giri (per effetto di droga o alcolici); drogarsi, bucarsi.

□ **hype up** *v.tr.* e *avv.* (*sl. amer.*) far andare su di giri, far sballare, eccitare.

hype artist ['haɪpˌɑ:tɪst] *s.* (*fam.*) pubblicitario.

hyped-up[1] [haɪpt'ʌp] *agg.* (*fam.*) falso, artefatto, gonfiato.

hyped up[2] *agg.* (*sl. amer.*) su di giri (per effetto di droga o alcolici), sballato, drogato.

hyper ['haɪpə*] *s.* (*fam. amer.*) → **hype artist**.

hyper- *pref.* di origine greca che indica 'abbondanza', 'quantità o grado superiori al normale'; it. iper-, super-: *hyperacidity*, iperacidità; *hypercalcemia*, ipercalcemia; (*econ.*) *hyperinflation*, iperinflazione; (*med.*) *hyperkinesis*, ipercinesi.

hyperactive [ˌhaɪpər'æktɪv / hy·per·act·ive] *agg.* iperattivo.

hyperactivity [ˌhaɪpəræk'tɪvɪtɪ / hy·per·ac·tiv·ity] *s.* iperattività.

hyperaemia [ˌhaɪpə'ri:mjə / hy·per·aemia] *s.* (*med.*) iperemia.

hyperaesthesia [ˌhaɪpəres'θi:zjə / hy·per·aes·thesia] *s.* (*med.*) iperestesia.

hyperalimentation [ˌhaɪpərˌælɪmen'teɪʃn / hy·per·ali·menta·tion] *s.* (*med.*) iperalimentazione, supernutrizione.

hyperbaric [ˌhaɪpə'bærɪk / hy·per·baric] *agg.* iperbarico: — *chamber*, camera iperbarica, pressurizzata.

hyperbaton [haɪ'pɜ:bətən / hy·per·baton] *s.* (*ret.*) iperbato.

hyperbola [haɪ'pɜ:bələ / hy·per·bola] *pl.* **hyperbolas**, **hyperbolae** [haɪ'pɜbəli: / hy·per·bolae] *s.* (*mat.*) iperbole.

hyperbole [haɪ'pɜ:bəli: / hy·per·bole] *s.* (*ret.*) iperbole.

hyperbolic(al) [ˌhaɪpə'bɒlɪk(l) / hy·per·bolic, hy·per·bol·ical] *agg.* iperbolico: (*mat.*) *hyperbolic cylinder*, *paraboloid*, cilindro, paraboloide iperbolico // **-ally** *avv.*

hyperbolism [haɪ'pɜ:bəlɪzəm / hy·per·bol·ism] *s.* (*ret.*) iperboleggiamento.

to **hyperbolize** [haɪ'pɜ:bəlaɪz / hy·per·bol·ize] *v.tr.* esprimere con iperboli; esagerare ◆ *v.intr.* iperboleggiare; esagerare.

hyperboloid [haɪ'pɜ:bəlɔɪd / hy·per·bol·oid] *s.* (*mat.*) iperboloide: — *of two sheets*, iperboloide a due falde.

hyperborean [ˌhaɪpəbɔ:'ri:ən / hy·per·bor·ean] *agg.* e *s.* iperboreo.

hypercharge ['haɪpəˌtʃɑ:dʒ / hy·per·charge] *s.* (*fis.*) ipercarica.

hypercritic [ˌhaɪpə'krɪtɪk / hy·per·critic] *s.* (*ant.*) ipercritico.

hypercritic(al) [ˌhaɪpə'krɪtɪk(l) / hy·per·crit·ic(al)] *agg.* ipercritico.

hypercriticism [ˌhaɪpə'krɪtɪsɪzəm / hy·per·crit·icism] *s.* ipercriticismo.

hyperemia *s.* (*amer.*) → **hyperaemi**.

hyperesthesia *s.* (*amer.*) → **hyperaesthesia**.

hyperfine ['haɪpəfaɪn / hy·per·fine] *agg.* iperfine: (*fis. nucleare*) — *structure*, struttura iperfine.

hyperglic(a)emia, **hyperglycemia** [haɪpəglaɪ'si:mɪə / hy·per·gly·cemia] *s.* (*med.*) iperglicemia.

hyperhydrosis [ˌhaɪpəhaɪ'drəʊsɪs / hy·per·hy·dro·sis] *s.* (*med.*) iperidrosi, eccessiva sudorazione.

hyperlink ['haɪpəlɪŋk / hy·per·link] *s.* (*inform.*) iperlink, ipercollegamento.

hypermarket ['haɪpəˌmɑ:kɪt / hy·per·mar·ket] *s.* (*amer.*) ipermercato BRIT. supermarket.

hypermedia [ˌhaɪpə'mi:dɪə / hy·per·me·dia] *s.* (*inform.*) ipermedia.

hypermeter [haɪ'pɜ:mɪtə* / hy·per·meter] *s.* (*metrica*) (verso) ipermetro.

hypermetric(al) [ˌhaɪpə'metrɪk(l) / hy·per·met·ric(al)] *agg.* (*metrica*) ipermetro.

hypermetrope [ˌhaɪpəˈmetrəʊp / hy·per·met·rope] *s.* (*med.*) ipermetrope.

hypermetropia [ˌhaɪpəmɪˈtrəʊpɪə / hy·per·met·ropia] *s.* (*med.*) ipermetropia.

hyperon [ˈhaɪpərɒn / hyp·eron] *s.* (*fis.*) iperone.

hyperplane [ˈhaɪpəˌpleɪn / hy·per·plane] *s.* (*mat.*) iperpiano.

hyperplasia [ˌhaɪpəˈpleɪzɪə / hy·per·plasia] *s.* (*med.*) iperplasia.

hyperreactivity [ˈhaɪpəˌrɪækˈtɪvətɪ / hy·per·re·activ·ity] *s.* (*med.*) iperreattività.

hypersensibility [ˌhaɪpəˌsensəˈbɪlətɪ / hy·per·sens·ib·il·ity] *s.* (*med.*) ipersensibilità.

hypersensitive [ˌhaɪpəˈsensɪtɪv / hy·per·sens·it·ive] *agg.* ipersensibile.

hypersensitivity [ˌhaɪpəˌsensəˈtɪvətɪ / hy·per·sens·it·iv·ity] *s.* ipersensibilità.

hypersensitization [ˌhaɪpəˌsensɪtaɪˈzeɪʃn / hy·per·sens·it·iza·tion] *s.* (*med.*) ipersensibilizzazione.

hypersonic [ˌhaɪpəˈsɒnɪk / hy·per·sonic] *agg.* ipersonico: (*fis.*) — *velocity* (o *speed*), velocità ipersonica.

hyperspace [ˈhaɪpəspeɪs / hy·per·space] *s.* (*mat.*) iperspazio.

hypersthene [ˈhaɪpəsθiːn / hy·per·sthene] *s.* (*min.*) iperstene.

hypersthenia [ˌhaɪpəˈsθiːnɪə / hy·per·sthe·nia] *s.* (*med.*) iperstenia.

hypersthenic [ˌhaɪpəˈsθenɪk / hy·per·sthe·nic] *agg.* (*min.*, *med.*) iperstenico.

hypertension [ˌhaɪpəˈtenʃn / hy·per·ten·sion] *s.* (*med.*) ipertensione.

hypertensive [ˌhaɪpəˈtensɪv / hy·per·tens·ive] *agg.* (*med.*) ipertensivo ◆ *s.* (*med.*) **1** persona con la pressione alta, iperteso **2** (farmaco) ipertensivo.

hypertext [ˈhaɪpəˌtekst / hy·per·text] *s.* ipertesto.

hyperthyroid [ˌhaɪpəˈθaɪrɔɪd / hy·per·thyr·oid] *agg.* e *s.* (*med.*) ipertiroideo.

hyperthyroidism [ˌhaɪpəˈθaɪrɔɪdɪzəm / hy·per·thyr·oid·ism] *s.* (*med.*) ipertiroidismo.

hypertonic [ˌhaɪpəˈtɒnɪk / hy·per·tonic] *agg.* (*med.*) ipertonico.

hypertrophic [ˌhaɪpəˈtrɒfɪk / hy·per·trophic]
hypertrophied [haɪˈpɜːtrəʊfɪd / hy·per·tro·phied] *agg.* (*med.*) ipertrofico.

hypertrophy [haɪˈpɜːtrəʊfɪ / hy·per·trophy] *s.* (*med.*) ipertrofia.

hyperventilation [ˌhaɪpəˌventɪˈleɪʃn / hy·per·vent·ila·tion] *s.* (*med.*) iperventilazione.

hypervitaminosis [ˌhaɪpəˌvɪtəmɪnˈəʊsɪs *amer.* ˌhaɪpəˌvaɪtəmɪnˈəʊsɪs / hy·per·vit·am·in·osis] *s.* (*med.*) ipervitaminosi.

hypha [ˈhaɪfə / hy·pha] *pl.* **hyphae** [ˈhaɪfaɪ] *s.* (*bot.*) ifa.

hyphen [ˈhaɪfn / hy·phen] *s.* **1** trattino (d'unione) **2** (*tip.*) divisione.

to **hyphen(ate)** [ˈhaɪfən(eɪt) / hy·phen·(ate)] *v.tr.* unire (due parole) con un trattino d'unione.

hypnopedia [ˌhɪpnəʊˈpiːdɪə / hyp·no·pe·dia] *s.* ipnopedia.

hypnosis [hɪpˈnəʊsɪs / hyp·no·sis] *s.* ipnosi.

hypnotic [hɪpˈnɒtɪk / hyp·notic] *agg.* ipnotico ◆ *s.* **1** (*med.*) sonnifero **2** persona in ipnosi; persona facilmente ipnotizzabile.

hypnotism [ˈhɪpnətɪzəm / hyp·not·ism] *s.* ipnotismo.

hypnotist [ˈhɪpnətɪst / hyp·not·ist] *s.* ipnotizzatore.

hypnotization [ˌhɪpnətaɪˈzeɪʃn / hyp·not·iza·tion] *s.* ipnotizzazione.

to **hypnotize** [ˈhɪpnətaɪz / hyp·not·ize] *v.tr.* ipnotizzare.

hypnotizer [ˈhɪpnətaɪzə* / hyp·not·izer] *s.* ipnotizzatore.

hypnum [ˈhɪpnəm / hyp·num] *s.* (*bot.*) ipno.

hypo [ˈhaɪpəʊ] *s.* (*fam.*) → **hypodermic**.

hypo- *pref.* di origine greca che indica 'diminuzione, quantità o grado inferiore al normale'; it. ipo-: *hypokinesis*, ipocinesia; *hypoplasia*, ipoplasia.

hypoactive [ˌhaɪpəʊˈæktɪv / hy·po·act·ive] *agg.* ipoattivo.

hypocaust [ˈhaɪpəkɔːst / hy·po·caust] *s.* (*archeol.*) ipocausto.

hypochlorite [ˌhaɪpəʊˈklɔːraɪt / hy·po·chlor·ite] *s.* (*chim.*) ipoclorito.

hypochlorous [haɪpəʊˈklɔːrəs / hy·po·chlor·ous] *agg.* (*chim.*) ipocloroso: — *acid*, acido ipocloroso.

hypochondria [ˌhaɪpəʊˈkɒndrɪə / hy·po·chon·dria] *s.* ipocondria (*anche med.*).

hypochondriac [ˌhaɪpəʊˈkɒndrɪæk / hy·po·chon·driac] *agg.* e *s.* (*med.*) ipocondriaco.

hypochondriacal [ˌhaɪpəʊkɒnˈdraɪəkl / hy·po·chon·driac·al] *agg.* (*med.*) ipocondriaco.

hypochondriasis [ˌhaɪpəʊkɒnˈdraɪəsɪs / hy·po·chon·dria·sis] *s.* (*med.*) ipocondria.

hypochondrium [ˌhaɪpəʊˈkɒndrɪəm / hy·po·chon·drium] *pl.* **hypochondria** [ˌhaɪpəʊˈkɒndrɪə / hy·po·chon·dria] *s.* (*anat.*) ipocondrio.

hypocrisy [hɪˈpɒkrəsɪ / hy·po·crisy] *s.* ipocrisia.

hypocrite [ˈhɪpəkrɪt / hy·po·crite] *s.* ipocrita.

hypocritic(al) [ˌhɪpəʊˈkrɪtɪk(l) / hy·po·critic, hy·po·crit·ical] *agg.* ipocrita // **-ally** *avv.*

hypocycloid [ˌhaɪpəʊˈsaɪklɔɪd / hy·po·cyc·loid] *s.* (*mat.*) ipocicloide.

hypoderma [ˌhaɪpəʊˈdɜːmə / hy·po·derma] *s.* **1** (*zool.*) ipoderma **2** → hypodermis.

hypodermic [ˌhaɪpəʊˈdɜːmɪk / hy·po·dermic] *agg.* ipodermico: — *needle*, ago ipodermico ◆ *s.* **1** (iniezione) ipodermica **2** siringa ipodermica.

hypodermis [ˌhaɪpəʊˈdɜːmɪs / hy·po·dermis] *s.* (*bot.*) ipodermide.

hypodermoclysis [ˌhaɪpədɜːˈmɒklɪsɪs / hy·po·dermo·clysis] *pl.* **hypodermoclyses** [ˌhaɪpədɜːˈmɒklɪsiːz] *s.* (*med.*) ipodermoclisi.

hypogastric [ˌhaɪpəʊˈgæstrɪk / hy·po·gast·ric] *agg.* (*med.*) ipogastrico.

hypogastrium [ˌhaɪpəʊˈgæstrɪəm / hy·po·gast·rium] *pl.* **hypogastria** [ˌhaɪpəʊˈgæstrɪə / hy·po·gastria] *s.* (*anat.*) ipogastrio.

hypogeal [ˌhaɪpəʊˈdʒiːəl / hy·po·geal] *agg.* **1** (*bot.*, *zool.*) ipogeo **2** (*arch.*) ipogeo; sotterraneo.

hypogean [ˌhaɪpəʊˈdʒiːɪn / hy·po·gean]
hypogeous [ˌhaɪpəʊˈdʒiːɪs / hy·po·geous] *agg.* (*bot.*, *zool.*) → **hypogeal**.

hypogeum [ˌhaɪpəʊˈdʒiːəm / hy·po·geum] *pl.* **hypogea** [ˌhaɪpəʊˈdʒiːə] *s.* (*arch.*) ipogeo; sotterraneo.

hypoglossal [ˌhaɪpəʊˈglɒsl / hy·po·glossal] *agg.* e *s.* (*anat.*) ipoglosso: — (*nerve*), (nervo) ipoglosso.

hypoglycemia [ˌhaɪpəʊglaɪˈsiːmɪə / hy·po·gly·cemia] *s.* (*med.*) ipoglicemia.

hypogynous [haɪˈpɒdʒɪnəs / hy·po·gyn·ous] *agg.* (*bot.*) ipogino.

hyponitrite [ˌhaɪpəʊˈnaɪtraɪt / hy·po·ni·trite] *s.* (*chim.*) iponitrito.

hyponitrous [ˌhaɪpəʊˈnaɪtrəs / hy·po·ni·trous] *agg.* (*chim.*) iponitroso.

hypophosphate [ˌhaɪpəʊˈfɒsfeɪt / hy·po·phos·phate] *s.* (*chim.*) ipofosfato.

hypophosphite [ˌhaɪpəʊˈfɒsfaɪt / hy·po·phos·phite] *s.* (*chim.*) ipofosfito.

hypophosphoric [ˈhaɪpəʊˌfɒsˈfɒrɪk / hy·po·phos·phoric] *agg.* (*chim.*) ipofosforico: — *acid*, acido ipofosforico.

hypophosphorous [ˌhaɪpəʊˈfɒsfərəs / hy·po·phos·phor·ous] *agg.* (*chim.*) ipofosforoso: — *acid*, acido ipofosforoso.

hypophysis [haɪˈpɒfɪsɪs / hy·po·physis] *pl.* **hypophyses** [haɪˈpɒfɪsiːz] *s.* (*anat.*) ipofisi.

hypoplasia [ˌhaɪpəʊˈpleɪʒə / hy·po·plasia] *s.* (*med.*) ipoplasia.

hypostasis [haɪˈpɒstəsɪs / hy·po·stasis] *pl.* **hypostases** [haɪˈpɒstəsiːz] *s.* (*teol.*, *fil.*, *med.*, *ling.*) ipostasi.

hypostatic [ˌhaɪpəʊˈstætɪk / hy·po·static] *agg.* ipostatico.

hypostyle [ˈhaɪpəʊstaɪl / hy·po·style] *agg.* (*arch.*) ipostilo.

hyposulphite [ˌhaɪpəʊˈsʌlfaɪt / hy·po·sulph·ite] *s.* (*chim.*) iposolfito SIN. hydrosulphite.

hyposulphurous [ˌhaɪpəʊˈsʌlfjʊrəs / hy·po·sul·phur·ous] *agg.* (*chim.*) iposolforoso.

hypotension [ˌhaɪpəʊˈtenʃn / hy·po·ten·sion] *s.* (*med.*) ipotensione.

hypotensive [ˌhaɪpəʊˈtensɪv / hy·po·tens·ive] *agg.* (*med.*) ipotensivo ◆ *s.* (*med.*) **1** ipoteso, persona con pressione bassa **2** (farmaco) ipotensivo.

hypotenuse [haɪˈpɒtənjuːz *amer.* haɪˈpɒtənuːz / hy·po·ten·use] *s.* (*mat.*) ipotenusa.

hypothalamus [ˌhaɪpəʊˈθæləməs / hy·po·thal·amus] *pl.* **hypothalami** [ˌhaɪpəʊˈθæləmaɪ / hy·po·thal·ami] *s.* (*anat.*) ipotalamo.

hypothec [haɪˈpɒθɪk / hy·po·thec] *s.* (*dir.*) ipoteca.

hypothecary [haɪˈpɒθɪkərɪ / hy·po·thec·ary] *agg.* (*dir.*) ipotecario.

to **hypothecate** [haɪˈpɒθɪkeɪt / hy·po·thec·ate] *v.tr.* **1** (*dir.*) ipotecare **2** ipotizzare, supporre.

hypothecation [haɪˌpɒθɪˈkeɪʃn / hy·po·theca·tion] *s.* (*dir.*) l'ipotecare.

hypothecator [haɪˈpɒθɪkeɪtə* / hy·po·thec·ator] *s.* (*dir.*) ipotecario.

hypothermia [ˌhaɪpəʊˈθɜːmɪə / hy·po·ther·mia] *s.* (*med.*) ipotermia.

hypothesis [haɪˈpɒθɪsɪs / hy·po·thesis] *pl.* **hypotheses** [haɪˈpɒθɪziːz] *s.* ipotesi.

to **hypothesize** [haɪˈpɒθɪsaɪz / hy·po·thes·ize] *v.intr.* fare ipotesi ◆ *v.tr.* ipotizzare, supporre.

hypothetic(al) [ˌhaɪpəʊˈθetɪk(l) / hy·po·

thetic, hy·po·thet·ical] *agg.* ipotetico // **-ally** *avv.*

hypothyroidism [,haɪpəʊ'θaɪrɔɪdɪzm / hy·po·thyr·oid·ism] *s.* (*med.*) ipotiroidismo.

hypotonic [haɪpəʊ'tɒnɪk / hy·po·tonic] *agg.* ipotonico: — *solution*, soluzione ipotonica.

hypotyposis [,haɪpəʊtaɪ'pəʊsɪs / hy·po·typ·osis] *s.* (*ret.*) ipotiposi.

hypsometer [hɪp'sɒmɪtə* / hyp·so·meter] *s.* (*fis.*) ipsometro.

hypsometric(al) [,hɪpsəʊ'metrɪk(l) / hyp·so·met·ric(al)] *agg.* ipsometrico.

hypsometry [hɪp'sɒmɪtrɪ / hyp·so·metry] *s.* ipsometria.

hypsophilous [,hɪpsəʊ'fɪlɪs / hyp·so·phil·ous] *agg.* (*ecol.*) ipsofilo.

hyrax ['haɪəræks] *pl.* **hyraxes** ['haɪə'ræksɪz / hy·raxes] **hyraces** ['haɪərə,si:z] *s.* (*zool.*) irace, procavia SIN. rock rabbit.

hyson ['haɪsn / hy·son] *s.* tè verde cinese.

hyssop ['hɪsəp / hys·sop] *s.* (*bot.*) (*Hyssopus officinalis*) issopo.

hysterectomy [,hɪstə'rektəmɪ / hys·ter·ec·tomy] *s.* (*med.*) isterectomia.

hysteresis [,hɪstə'ri:sɪs / hys·ter·esis] *s.* (*fis.*) isteresi: — *loop*, *loss*, ciclo, perdita di isteresi.

hysteria [hɪs'tɪərɪə / hys·teria] *s.* **1** (*med.*, *psic.*) isterismo; isteria **2** (*fig.*) isterismo, reazione incontrollata.

hysteric [hi'sterɪk / hys·teric] *s.* (*med.*, *psic.*) isterico.

hysteric(al) [hɪ'sterɪk(l) / hys·teric, hys·ter·ical] *agg.* **1** (*med.*, *psic.*) isterico **2** (*fig.*) isterico, incontrollato **3** (*fam.*) divertentissimo, buffissimo.

hysterically [hɪ'sterɪkəlɪ / hys·ter·ic·ally] *avv.* **1** (*med.*, *psic.*) istericamente **2** (*fig.*) istericamente, in modo incontrollato **3** (*fam.*) in modo molto divertente, buffo.

hysterics [hɪs'terɪks / hys·ter·ics] *s.pl.* (*med.*) attacco di isteria, crisi isterica: *to fall* (o *to go*) *into* —, avere un attacco, una crisi di nervi.

hysteroid ['hɪstərɔɪd / hys·ter·oid] *agg.* isteroide.

hysterotomy [,hɪstə'rɒtəmɪ / hys·ter·otomy] *s.* (*med.*) isterotomia.

Ii

i [aɪ] *pl.* **is, i's** [aɪz] *s.* **1** (*nona lettera dell'alfabeto inglese*) i // *to dot one's —'s*, mettere i puntini sugli i // (*tel.*) — *for Isaac* (o amer. — *for Item*), i come Imola **2** I, (*cifra romana*) 1.

I [aɪ] *pron. pers. 1ª pers. sing.* (con funzione di sogg.; in it., è spesso sottinteso) io: — *see him every day*, lo vedo ogni giorno; — *will phone you this evening*, ti telefonerò stasera; — *shall be 30 in June this year*, compirò 30 anni a giugno di quest'anno; *last week — went to Paris*, la settimana scorsa sono andato a Parigi; *when they came — was looking at the telly*, quando loro arrivarono (io) stavo guardando la televisione; *if — were you, — would refuse to do it*, se io fossi in te mi rifiuterei di farlo; — *would have caught the train if — had left earlier*, avrei preso il treno se fossi partito prima; *"Who's there?" "It's me"*, (*form.*) *"It's —"*, "Chi è (là)?" "Sono io" // Nelle forme contratte: *I'm telling you for the last time!*, te lo dico per l'ultima volta!; *I'll never forget it!*, non lo dimenticherò mai!; *I've always been grateful to them*, sono sempre stato riconoscente a loro; *I'd never met* (o — *had never met*) *them before*, non li avevo mai incontrati prima; *I'd prefer* (o — *would prefer*) *to go now*, preferirei andare ora // In *tail questions* e *short answers*: *I'm late, aren't —?*, sono in ritardo, vero?; *I'm leaving tomorrow, aren't —?*, (o form. *am — not?*), parto domani, vero?; *I'm not wrong, am —?*, non mi sbaglio, vero?; — *don't need any help, do —?*, non mi occorre aiuto, non è vero?; *I'll remember that, won't —?*, me lo ricorderò, no?; *I'll open the window, shall —?*, aprirò la finestra, va bene?; *"Have you got an umbrella?" "Yes, — have"*, "Hai un ombrello?" "Sì, ce l'ho"; *"Did you buy some eggs?" "No, — didn't"*, "Hai comprato delle uova?" "No"; *"Are you coming tomorrow?" "Yes, — am"*, "Vieni domani?" "Sì, vengo"; *"Had you already asked him?" "No, — hadn't"*, "Glielo avevi già chiesto?" "No"; *"Can you swim well?" "Yes, — can"*, "Sai nuotare bene?" "Sì" // Dopo *so, nor, neither*, per esprimere conferma o assenso: *"— can speak Russian" "So can —"*, "Io parlo il russo" "Anch'io"; *"He needs a new coat" "So do —"*, "Ha bisogno di un cappotto nuovo" "Anch'io (ne ho bisogno)"; *"They saw the film last night" "So did —"*, "Loro hanno visto il film ieri sera" "Anch'io (l'ho visto)"; *"We didn't like the food" "Nor did —* (o *Neither did —*)*"*, "Non ci è piaciuto il cibo" "Neanche a me"; *"She hasn't got a ticket" "Nor have —"* (o *"Neither did —"*), "Lei non ha il biglietto" "Neppure io (ce l'ho)"; *"They won't get there before dark" "Nor shall —"*, "Non arriveranno prima di sera" "Neppure io"; *"He won't tell me the secret" "Nor will —"*, "Non vuole rivelarmi il segreto" "Neppure io (intendo farlo)"; *"She was absolutely exhausted" "So was —"*, "Era letteralmente esausta" "E io lo ero altrettanto".

-ial → **-al** 1.

iamb ['aɪæmb] *s.* (*metrica*) giambo.

iambic [aɪ'æmbɪk] *agg.* (*metrica*) giambico ◆ *s.* (*metrica*) verso giambico.

iambographer [,aɪæm'bɒgrəfə* / iambo·graph·er] *s.* scrittore di giambi.

iambus [aɪ'æmbəs / iam·bus] *pl.* **iambuses** [aɪ'æmbɪz] **iambi** [aɪ'æmbaɪ] *s.* (*metrica*) giambo.

iatrogenic [aɪ,ætrəʊ'dʒenɪk / iat·ro·genic] *agg.* (*med.*) iatrogeno: — *disorder*, malattia iatrogena.

ib. *avv.* abbr. di → **ibidem**.

Iberian [aɪ'bɪərɪən / Iber·ian] *agg.* e *s.* iberico.

ibex ['aɪbeks] *pl.* **ibexes** ['aɪbeksɪz] *s.* (*zool.*) (*Capra ibex*) stambecco.

ibidem [ɪ'baɪdem / ib·idem] abbr. **ib(id)** ['i:b(ɪd)] *avv.* nello stesso luogo.

-ibility → **-ability**.

ibis ['aɪbɪs] *pl.* **ibises** ['aɪbɪsɪz] *s.* (*zool.*) ibis.

-ible → **-able**.

-ic [ɪk] *suff.* di origine latina usato per formare **1** agg. da sostantivi; indica 'relazione, appartenenza'; it. -ico, -ica ecc.: *algebric*, dell'algebra, algebrico; *idiotic*, idiota; *historic*, storico // in chim. indica composti organici: *acetic*, acetico; oppure, fra i composti inorganici di elementi plurivalenti, quelli a valenza superiore: *ferric*, ferrico (contrapposti a quelli a valenza inferiore: *ferrous*, ferroso) **2** sostantivi che rappresentano per lo più forme sostantivate di aggettivi: *cynic*, cinico; *hypnotic*, ipnotico.

-ical [ɪkəl] *suff.* → **-ic** • Gli agg. che terminano in *-ic* o in *-al* sono numerosissimi in inglese. Talvolta un agg. si presenta con entrambe le forme e senza diversità di significato: p.e. *magic, magical*; *angelic, angelical*; *poetic, poetical*. Altri agg. hanno solo la forma in *-ic*: p.e. *tragic, idealistic*; altri solo quella in *-ical*: p.e. *hysterical, grammatical*; altri ancora hanno entrambe le forme ma con significati diversi: p.e. *historic* = di rilevanza storica; *historical* = storico, che appartiene alla storia.

Icarian [aɪ'keərɪən / Icar·ian] *agg.* (*mit.*) icario, di Icaro.

ice [aɪs] *s.* **1** ghiaccio: — *bag* (o *pack*), borsa per il ghiaccio; *floating* —, ghiaccio galleggiante; *thick, thin* —, ghiaccio spesso, sottile; *my feet are like* —, ho i piedi di ghiaccio; *on* —, in, sul ghiaccio, (*sl. amer.*) al fresco, in prigione // *to be on thin* —, (*fig.*) camminare sul ghiaccio // *to break the* —, (*fig.*) rompere il ghiaccio // *to put* (o *keep*) *sthg. on* —, tenere qlco. in sospeso // (*chim.*) *dry* —, ghiaccio secco // (*fis.*) — *point*, punto fisso del ghiaccio **2** gelato: (*water*) —, sorbetto **3** (*fam. amer.*) diamante.

to **ice** *v.tr.* **1** ghiacciare, congelare **2** (*cuc.*) glassare **3** (*fam. amer.*) freddare, far fuori, ammazzare ◆ *v.intr.* ghiacciare, congelare.

□ **ice out** *v.tr.* e *avv.* (*fam. amer.*) ignorare, snobbare.

□ **ice over**, **ice up** *v.intr.* e *avv.* gelarsi, ghiacciarsi; coprirsi di ghiaccio: *during the night the pond iced over*, durante la notte il laghetto si è ghiacciato.

ice age ['aɪseɪdʒ] *s.* (*geol.*) glaciazione; età, epoca glaciale: *the Great Ice Age*, (l'ultima) glaciazione.

ice-axe ['aɪsæks] *s.* piccozza da ghiaccio (per alpinisti).

iceberg ['aɪsbɜ:g / ice·berg] *s.* iceberg.

iceblink ['aɪsblɪŋk / ice·blink] *s.* riverbero (del ghiaccio).

ice-blue [,aɪs'blu:] *agg.* e *s.* (di) colore verdazzurro.

iceboat ['aɪsbəʊt / ice·boat] *s.* **1** (*mar.*) nave rompighiaccio SIN. icebreaker **2** (*sport*) slitta a vela.

ice-bound ['aɪsbaʊnd] *agg.* circondato dai ghiacci.

icebox ['aɪsbɒks / ice·box] *s.* **1** ghiacciaia; (*fam. amer.*) frigorifero SIN. ice-chest **2** (*sl. amer.*) prigione; cella d'isolamento.

icebreaker ['aɪs,breɪkə* / ice·break·er] *s.* nave rompighiaccio SIN. iceboat.

ice-bucket ['aɪs,bʌkɪt] *s.* secchiello per il ghiaccio.

icecap ['aɪskæp / ice·cap] *s.* (*geogr.*) calotta glaciale // *polar* —, calotta polare.

ice-chest ['aɪstʃest] → **icebox** 1.

ice-cold [,aɪs'kəʊld] *agg.* ghiacciato, freddo come il ghiaccio.

ice cream [,aɪs'kri:m] *s.* gelato.

ice-cube ['aɪskju:b] *s.* cubetto di ghiaccio.

ice-fall ['aɪsfɔ:l] *s.* (*geol.*) seraccata.

ice-field ['aɪsfi:ld] *s.* banchisa.

ice-floe ['aɪsfləʊ] *s.* lastrone di ghiaccio galleggiante.

Icelander ['aɪsləndə* / Ice·lander] *s.* islandese.

Icelandic [aɪs'lændɪk / Ice·landic] *agg.* islandese ◆ *s.* lingua islandese.

Iceland lichen [,aɪslənd'laɪkən] *s.* (*bot.*) (*Cetraria islandica*) lichene d'Islanda.

Iceland spar [,aɪslənd'spɑ:*] *s.* (*min.*) spato d'Islanda.

ice lolly ['aɪslɒlɪ] *s.* ghiacciolo AMER. popsicle®.

iceman ['aɪsmæn / ice·man] *pl.* **icemen** ['aɪsmen] *s.* **1** venditore di ghiaccio **2** alpinista **3** chi si occupa della manutenzione di una pista di pattinaggio **4** (*fam. amer.*) ladro di gioielli **5** (*sl. amer.*) killer professionista.

ice pack ['aɪspæk] *s.* **1** pack, banchisa (polare) **2** borsa del ghiaccio.

ice-pick ['aɪspɪk] *s.* rompighiaccio, punteruolo per rompere il ghiaccio.

ice plant ['aɪsplɑ:nt *amer.* 'aɪsplænt] *s.* (*bot.*) (*Mesembryanthemum crystallinum*) erba cristallina; (*pop.*) diacciola.

ice rink ['aɪsrɪŋk] *s.* pista di pattinaggio.

ice run ['aɪsrʌn] *s.* pista del toboga.

ice sheet ['aɪsʃi:t] *s.* (*geol.*) ghiacciaio continentale.

ice skate ['aɪs,skeɪt] *s.* pattino da ghiaccio.

to **ice-skate** *v.intr.* pattinare su ghiaccio.

ice-skater ['aɪs,skeɪtə*] *s.* pattinatore (su ghiaccio).

ice-skating ['aɪs,skeɪtɪŋ] *s.* pattinaggio su ghiaccio.

ichneumon [ɪk'nju:mən *amer.* ɪk'nu:mən / ich·neu·mon] *s.* (*zool.*) (*Herpestes ichneumon*) mangusta icneumone.

ichneumon fly [ɪk'nju:mən,flaɪ] *s.* (*zool.*) icneumonide.

ichnographic(al) [,ɪknə'græfɪk(l) / ich·nograph·ic(al)] *agg.* icnografico // **-ally** *avv.*

ichnography [ɪk'nɒgrəfɪ / ich·no·graphy] *s.* icnografia.

ichthyic ['ɪkθi:ɪk / ich·thyic] *agg.* ittico.

ichthyologic(al) [,ɪkθɪəʊ'lɒdʒɪk(l) / ich·thy·olo·gic(al)] *agg.* ittiologico.

ichthyologist [,ɪkθɪ'ɒlədʒɪst / ich·thy·olo·gist] *s.* ittiologo.

ichthyology [,ɪkθɪ'ɒlədʒɪ / ich·thy·ology] *s.* ittiologia.

ichthyophagist [,ɪkθɪ'ɒfədʒɪst / ich·thy·ophagist] *s.* ittiofago.

ichthyophagous [,ɪkθɪ'ɒfəgəs / ich·thy·ophag·ous] *agg.* ittiofago.

ichthyosaur(us) [,ɪkθɪə'sɔ:*(rəs) / ich·thy·osaur(us)] *s.* (*paleont.*) ittiosauro.

ichthyosis [,ɪkθɪ'əʊsɪs / ich·thy·osis] *s.* (*med.*) ittiosi.

icicle ['aɪsɪkl] *s.* ghiacciolo.

icily ['aɪsɪlɪ] *avv.* gelidamente (*spec. fig.*).

iciness ['aɪsɪnɪs / ici·ness] *s.* gelidezza (*spec. fig.*).

icing ['aɪsɪŋ] *agg.* (*cuc.*) glassato ◆ *s.* (*cuc.*) glassa // *the — on the cake*, (*fig.*) la ciliegina sulla torta AMER. frosting.

icing sugar ['aɪsɪŋ,ʃʊgə*] *s.* (*cuc.*) zucchero a velo.

icky ['ɪkɪ] *agg.* (*fam. amer.*) **1** malaticcio, giù di corda **2** strappalacrime, svenevole.

icon ['aɪkɒn] *s.* **1** (*arte*) icona **2** (*inform.*) icona, figura; simbolo grafico.

iconic [aɪ'kɒnɪk] *agg.* (*eccl.*) iconico.

iconoclast [aɪ'kɒnəʊklæst / icono·clast] *s.* iconoclasta.

iconoclastic [aɪ,kɒnəʊ'klæstɪk / icono·clastic] *agg.* iconoclastico.

iconographic [aɪ,kɒnə'græfɪk / icono·graph·ic] *agg.* iconografico.

iconography [,aɪkə'nɒgrəfɪ / icono·graphy] *s.* iconografia.

iconology [,aɪkə'nɒlədʒɪ / icono·logy] *s.* iconologia.

iconoscope [aɪ'kɒnəskəʊp / icono·scope] *s.* (*tv*) iconoscopio // *image —*, iconoscopio a immagine.

icosahedron ['aɪkəsə'hedrən / ico·sa·hed·ron] *pl.* **icosahedra** ['əɪkəsə'hedrə / ico·sa·hedra] *s.* (*mat.*) icosaedro.

-ics [ɪks] *suff.* di origine greca con cui si formano sostantivi che indicano una disciplina, una scienza ecc.: *optics*, ottica; *economics*, economia • Di norma questi sostantivi sono degli *uncountable*, cioè non sono mai accompagnati dall'articolo indeterminativo (*a*, *an*) e vogliono il verbo al singolare.

icteric(al) [ɪk'terɪk(l) / ic·teric·(al)] *agg.* (*med.*) itterico.

icterus ['ɪktərəs / ic·terus] *s.* (*med.*) itterizia.

ictus ['ɪktəs / ic·tus] *pl.* **ictuses** ['ɪktəsi:z] *s.* **1** (*poesia*) arsi **2** (*med.*) ictus, apoplessia, attacco: *— solis*, colpo di sole; *— epilecticus*, attacco convulsivo.

icy ['aɪsɪ] *agg.* **1** gelido, gelato; ghiacciato: *— road*, strada ghiacciata; *an — wind was blowing*, soffiava un vento gelido **2** (*fig.*) gelido, freddo; glaciale: *an — look*, uno sguardo gelido; *with — calm Bennet extracted the fuse*, con calma glaciale Bennet estrasse il detonatore.

id. [ɪd] abbr. di → **idem**.

id *s.* (*psic.*) Es.

I'd [aɪd] contr. di *I had*, *I should*, *I would*.

ID card [,aɪ'di:,kɑ:d] abbr. di → **identity card**.

-ide [aɪd] *suff.* della terminologia chim. usato per formare composti di varia natura; it. -ide, -ido; -uro: *glucoside*, glucoside; *hydroxide*, idrossido; *chloride*, cloruro.

idea [aɪ'dɪə] *s.* **1** idea; impressione; concetto, pensiero; opinione: *he hit upon the — of doing sthg.*, gli venne l'idea di fare qlco.; *he is a man full of ideas*, è un uomo pieno di idee; *I have an — that he will accept*, credo che accetterà: *I've got an — that I have seen him before*, ho l'impressione di averlo visto prima; *I've no —*, non saprei; *that's a good —!*, che bell'idea!; *this gives you a good — of what we can do*, questo vi dà un'idea esatta di ciò che sappiamo fare; *the very — of speaking in front of an audience fills me with terror*, la sola idea di parlare in pubblico mi terrorizza // *to put ideas into s.o.'s. head*, mettere un'idea in testa a qlcu. // *that's the —!*, va bene, continua così! // *what's the —?*, (*fam.*) cosa ti salta in mente? // *what an idea!*, (*iron.*) che bella idea! // *don't get ideas into your head*, non farti illusioni **2** intenzione: *I have no — of going*, non ho nessuna intenzione di andare.

ideal [aɪ'dɪəl] *agg.* ideale: *an — life*, una vita ideale; *— weather*, tempo ideale // (*fis.*): *— gas*, gas perfetto; *— crystal*, cristallo ideale ◆ *s.* ideale: *to realize one's ideals*, realizzare i propri ideali // **-ly** *avv.*

idealism [aɪ'dɪəlɪzəm / ideal·ism] *s.* (*fil.*) idealismo.

idealist [aɪ'dɪəlɪst / ideal·ist] *s.* idealista.

idealistic [aɪ,dɪə'lɪstɪk / ideal·istic] *agg.* idealistico.

ideality [,aɪdɪ'ælɪtɪ / ideal·ity] *s.* (*non com.*) idealità.

idealization [aɪ,dɪəlaɪ'zeɪʃn / ideal·iza·tion] *s.* idealizzazione.

to **idealize** [aɪ'dɪəlaɪz / ideal·ize] *v.tr.* idealizzare ◆ *v.intr.* essere un idealista; comportarsi da idealista.

ideation [,aɪdɪ'eɪʃn] *s.* (*psic.*) ideazione.

idée fixe [,i:deɪ'fi:ks] *s.* (*fr.*) **1** idea fissa, monomania **2** (*mus.*) tema ricorrente.

idem ['aɪdem] *avv.* (*lat.*) idem.

idempotent [,aɪdem'pəʊtənt / idem·po·tent] *agg.* (*mat.*) idempotente.

identic [aɪ'dentɪk] *agg.* identico (specialmente in diplomazia): *— note*, nota identica.

identical [aɪ'dentɪkl / ident·ical] *agg.* **1** identico, uguale: *A is — with* (o *to*) *B* (o *A and B are —*), A e B sono identici // *— twins*, gemelli identici, monozigotici **2** (*fam.*) stesso, medesimo: *this is the — house where we lived ten years ago*, questa è la stessa casa dove abbiamo vissuto dieci anni fa // **-ly** *avv.*

identicalness [aɪ'dentɪklnɪs / ident·ical·ness] *s.* identicità.

identifiable [aɪ'dentɪfaɪəbl / iden·ti·fi·able] *agg.* identificabile.

identification [aɪ,dentɪfɪ'keɪʃn / iden·ti·fica·tion] *s.* **1** identificazione, riconoscimento // *— mark*, contrassegno // *— number*, numero di matricola // (*dir.*): *— parade*, confronto all'americana; *— of goods*, specificazione delle cose nella compravendita; *— certificate*, atto notorio // *finger print —*, dattiloscopia; identificazione delle impronte digitali **2** documento di identità: *do you have some —?*, ha un documento? **3** (*psic.*) empatia.

identifier [aɪ'dentɪfaɪə* / identi·fier] *s.* (*inform.*) identificatore.

to **identify** [aɪ'dentɪfaɪ / identi·fy] *v.tr.* **1** identificare: *to — oneself with*, identificarsi, associarsi strettamente con; *to — a criminal*, identificare un criminale; *he had to — himself to the guards*, dovette farsi identificare dalle, mostrare la propria identità alle guardie **2** (*biol.*) classificare.

identikit [aɪ'dentɪ,kɪt / iden·ti·kit] *s.* identikit.

identity [aɪ'dentɪtɪ / iden·tity] *s.* identità: *loss of —*, perdita di identità; *— crisis*, crisi d'identità; (*dir.*) *— evidence*, prova dell'identità di una persona.

identity card [aɪ'dentətɪ,kɑ:d] *s.* documento di identità.

identity disc [aɪ'dentətɪ,dɪsk] *s.* (*mil.*) piastrina d'identità.

ideogram ['ɪdɪəʊgræm / ideo·gram]
ideograph ['ɪdɪəʊgrɑ:f *amer.* 'ɪdɪəʊgræf / ideo·graph] *s.* ideogramma.

ideographic(al) [,ɪdɪəʊ'græfɪk(l) / ideo·graphic(al)] *agg.* ideografico // **-ally** *avv.*

ideography [ˌɪdɪ'ɒgrəfɪ / ideo·graphy] *s.* ideografia.

ideologic(al) [ˌaɪdɪə'lɒdʒɪk(l) / ideo·logic(al)] *agg.* ideologico.

ideologist [ˌaɪdɪ'ɒlədʒɪst / ideo·lo·gist] *s.* ideologo.

ideologue ['aɪdɪəˌlɒg / ideo·logue] *s.* (*spec. spreg.*) ideologo, teorico.

ideology [ˌaɪdɪ'ɒlədʒɪ / ideo·logy] *s.* ideologia.

ideomotor ['aɪdɪəˌməʊtə* / ideo·motor] *agg.* (*med.*) ideomotore, psicomotore.

Ides [aɪdz] *s.pl.* Idi (nel calendario romano).

idiocy ['ɪdɪəsɪ / idi·ocy] *s.* **1** (*med.*) idiozia, oligofrenia, cretinismo **2** idiozia, azione da idiota.

idioglossia [ˌɪdɪə'glɒsɪə / idio·glos·sia] *s.* (*med.*) idioglossia.

idiolect ['ɪdɪəʊlekt / idio·lect] *s.* (*ling.*) idioletto.

idiom ['ɪdɪəm] *s.* **1** (*ling.*) idiotismo; costruzione, locuzione particolare di una lingua, di un autore **2** idioma; dialetto **3** stile.

idiomatic(al) [ˌɪdɪə'mætɪk(l) / idio·matic·(al)] *agg.* idiomatico // **-ally** *avv.*

idiopathic [ˌɪdɪəʊ'pæθɪk / idio·pathic] *agg.* (*med.*) idiopatico.

idiopathy [ˌɪdɪ'ɒpəθɪ / idio·pathy] *s.* (*med.*) idiopatia.

idiosyncrasy [ˌɪdɪə'sɪŋkrəsɪ / idio·syn·crasy] *s.* **1** tratto caratteristico, peculiarità **2** mania, stravaganza **3** (*med.*) idiosincrasia.

idiosyncratic [ˌɪdɪəsɪn'krætɪk / idio·syn·cratic] *agg.* **1** peculiare, individuale **2** (*med.*) soggetto a idiosincrasie.

idiot ['ɪdɪət] *s.* idiota, deficiente, mentalmente ritardato.

idiot board ['ɪdɪətˌbɔːd] *s.* (*tv*) gobbo, cartello con i suggerimenti per gli attori o gli annunciatori (tenuto fuori dalla portata delle telecamere).

idiot box ['ɪdɪətˌbɒks] *s.* (*fam.*) televisore.

idiot card ['ɪdɪətˌkɑːd] → **idiot board**.

Idiotic(al) [ˌɪdɪ'ɒtɪk(l) / idi·otic·(al)] *agg.* idiota, ritardato, ebete.

idiotically [ˌɪdɪ'ɒtɪkəlɪ / idi·ot·ic·ally] *avv.* da idiota, da ebete.

idiotism ['ɪdɪətɪzəm / idiot·ism] *s.* idiozia.

idle ['aɪdl] *agg.* **1** pigro, ozioso; disoccupato, sfaccendato: — *hours*, ore d'ozio; — *period*, periodo inattivo; *to be* (o *to stand*) —, stare senza far niente // *owing to the strike the machines are* —, le macchine sono ferme a causa dello sciopero // (*inform.*) — *time*, tempo morto, tempo di riserva // (*econ.*): — *balances*, saldi monetari non investiti; — *money*, moneta non investita, infruttifera; — *market*, mercato calmo **2** inutile, vano, senza scopo: — *tears*, lacrime vane; *it is — to expect him to pay for us*, è inutile aspettarsi che egli paghi per noi **3** frivolo, futile: *an — tale*, un racconto futile; — *words*, parole futili, oziose.

to **idle** *v.intr.* **1** oziare **2** girare al minimo (di motore) ◆ *v.tr.* (*amer.*) tenere inattivo, inoperoso.

□ **idle away** *v.tr.* e *avv.* sciupare, sprecare: *to — time away*, perdere tempo oziando.

idleness ['aɪdlnɪs / idle·ness] *s.* **1** pigrizia; ozio; indolenza; inattività: *to live in* —, vivere nell'ozio, senza lavorare **2** disoccupazione: *seasonal — in the fishing industry has increased*, la disoccupazione stagionale nell'industria della pesca è aumentata **3** inutilità, futilità.

idler ['aɪdlə*] *s.* **1** pigro, ozioso; poltrone; indolente **2** → idle wheel.

idless ['aɪdlɪs] (*ant.*) → **idleness**.

idle wheel ['aɪdlˌwiːl] *s.* (*mecc.*) **1** ruota oziosa, ruota di rinvio **2** puleggia folle **3** galoppino.

idly ['aɪdlɪ] *avv.* **1** pigramente, oziosamente; indolentemente **2** inutilmente.

idocrase ['aɪdəʊkreɪs / ido·crase] *s.* (*min.*) idocrasio, vesuvianite.

idol ['aɪdl] *s.* idolo (*anche fig.*) // — *maker*, creatore di divi, di idoli (nei mass media).

idolater [aɪ'dɒlətə* / id·ol·ater] *s.* idolatra.

idolatress [aɪ'dɒlətrɪs / id·ol·at·ress] *s.* forma f. di → **idolater**.

to **idolatrize** [aɪ'dɒlətraɪz / id·ol·at·rize] *v.tr.* idolatrare ◆ *v.intr.* venerare idoli.

idolatrous [aɪ'dɒlətrəs / id·ol·at·rous] *agg.* idolatrico, da idolatra // **-ly** *avv.*

idolatry [aɪ'dɒlətrɪ / id·ol·atry] *s.* idolatria (*anche fig.*).

idolism ['aɪdəlɪzəm / id·ol·ism] *s.* (*non com.*) idolatria.

idolist ['aɪdəlɪst / id·ol·ist] *s.* (*non com.*) idolatra.

idolization [ˌaɪdəlaɪ'zeɪʃn *amer.* ˌaɪdəlɪ'zeɪʃn / id·ol·iza·tion] *s.* **1** l'adorare come idolo, l'idolatrare **2** l'essere idolatrato.

to **idolize** ['aɪdəlaɪz / id·ol·ize] *v.tr.* idolatrare; fare un idolo di ◆ *v.intr.* adorare idoli.

idolizer ['aɪdəlaɪzə* / id·ol·izer] *s.* idolatra.

idyl(l) ['ɪdɪl *amer.* 'aɪdl] *s.* idillio.

idyllic [ɪ'dɪlɪk *amer.* aɪ'dɪlɪk] *agg.* idillico, pastorale; idilliaco // **-ally** *avv.*

idyllist ['aɪdɪlɪst / idyll·ist] *s.* scrittore di idilli.

if [ɪf] *cong.* **1** (*condizione*) se: — *it rains, we'll go to the movies*, se pioverà, andremo al cinema; — *he doesn't hurry, he won't catch the train*, se non farà presto, non prenderà il treno; *he would buy a videorecorder — he had the money*, comprerebbe un videoregistratore se avesse i soldi; *they would have gone to the show — they'd had tickets*, sarebbero andati allo spettacolo se avessero avuto i biglietti; *she would still be living in Canada, — she hadn't married Harry*, vivrebbe ancora in Canada, se non avesse sposato Harry; — (*it's*) *necessary, you can send me the details by post*, se (è) necessario, potete spedirmi i particolari per posta; — *you want me, I'll be in the office till 6 o'clock*, se avete bisogno di me, sarò in ufficio fino alle 6; *I'd like a ticket for next Tuesday — possible*, se possibile, vorrei un biglietto per martedì prossimo; — *all goes well, we'll have finished by Saturday*, se tutto va bene, per sabato avremo finito; *I'd be grateful — you could let me know it as soon as possible*, vi sarei grato se poteste farmelo sapere al più presto possibile; *you can keep those records — you like*, puoi tenere quei dischi se vuoi; *it would be comic — it weren't so tragic*, se la cosa non fosse così tragica, ci sarebbe da ridere; *I'll open the window, — you don't mind*, apro la finestra, se non ti dispiace; *it would have been better — you had told him*, sarebbe stato meglio se glielo avessi detto; — *he were a magician he could tell you your future*, se fosse un mago, potrebbe predirti il futuro; — *I were you I'd leave now*, se fossi in te, me ne andrei adesso **2** (*nel discorso indiretto*; cfr. *whether*) se: *I don't know — he'll like it*, non so se gli piacerà; *I asked him — he could come tomorrow*, gli chiesi se poteva venire domani; *she wondered — she would see them again*, si chiedeva se li avrebbe rivisti; *he phoned the hospital to find out — she was any better*, telefonò all'ospedale per sapere se ella stesse meglio **3** (*con valore concessivo, avversativo*) supposto che, anche se: — *he was right then so was I*, supposto che avesse ragione lui, avevo ragione anch'io; — *they invented the product, we developed it and put it on the market*, (anche) se loro hanno inventato il prodotto, noi lo abbiamo elaborato e messo sul mercato // — *not*, se non; anche se: *there were hundreds — not thousands of people at the funeral*, c'erano centinaia, se non migliaia di persone al funerale; *his latest novel is very good — not as brilliant as his earlier work*, il suo ultimo romanzo è molto valido, anche se non è brillante come le sue opere precedenti; *the film will be interesting — nothing else*, il film sarà se non altro interessante ◆ *s.* se: *ifs and buts*, (i) se e (i) ma: *I don't want any ifs and buts. This is what you must do and this is how I want it done*, non voglio né se né ma. Questo è quello che devi fare ed è così che voglio si faccia; *"If Europe were united..." "That's a big —!"*, "Se l'Europa fosse unita..." "È molto improbabile!".

◆ FRASEOLOGIA: — *anything*, se mai, caso mai: *it doesn't sound expensive, — anything it's quite reasonable*, non sembra costoso, se mai è abbastanza ragionevole // *even* —, anche se: *even — they win the match, they won't automatically qualify for the semi-finals*, anche se vinceranno la partita, non si qualificheranno automaticamente per le semifinali // — *ever*, se mai: *he was a great violinist, — ever I heard one*, era un grande violinista, se mai ne ho sentito uno // — *only*, se solo: — *only I knew*, se solo lo sapessi; — *only he had more time, he could finish the book before Christmas*, se solo avesse più tempo, potrebbe finire il libro prima di Natale; — *only we could contact him, there would be no problem*, se solo potessimo metterci in contatto con lui, non ci sarebbero problemi // *as* —, come se: *as — you didn't know!*, come se tu non lo sapessi!; *he was walking as — he were very tired*, camminava come se fosse molto stanco; *it looks as — he won't be coming*, sembra che non venga; *it isn't* (*it's not*) *as* —, non è che: *it's not as — I need money but...*, non è che abbia bisogno di soldi ma...

iffy ['ɪfɪ] *agg.* (*fam.*) incerto, indefinito, in forse.

to **ig(g)** [ɪg] *v.tr.* (*fam. amer.*) ignorare ◆ *v.intr.* (*fam. amer.*) far finta di niente, far l'indiano.

to **iggle** ['ɪgl] *v.tr.* (*fam. amer.*) persuadere, convincere.

igloo ['ɪgluː / ig·loo] *s.* igloo.

igneous ['ɪgnɪəs / ig·ne·ous] *agg.* igneo // (*geol.*) — *rocks*, rocce ignee, eruttive.

igniferous [ɪg'nɪfərəs / ig·nifer·ous] *agg.* ignifero.

ignis fatuus ['ɪgnɪs'fætjʊəs] *pl.* **ignes fatui** ['ɪgnɪs'fætjʊaɪ] *s.* (*lat.*) fuoco fatuo.

ignitable [ɪg'naɪtəbl / ig·nit·able] *agg.* infiammabile.

to **ignite** [ɪg'naɪt / ig·nite] *v.tr.* **1** accendere; infiammare, dar fuoco a **2** (*fig.*) eccitare, infiammare 3 (*chim.*) calcinare; incenerire; sottoporre all'azione del fuoco ◆ *v.intr.* accendersi; prender fuoco.

ignition [ɪg'nɪʃn / ig·ni·tion] *s.* ignizione; accensione // (*fis.*) — *temperature*, temperatura di autoaccensione // (*aut.*) — (*lock*) *key*, chiavetta dell'accensione.

ignitron [ɪg'naɪtrɒn / ig·nit·ron] *s.* (*elettr.*) ignitron.

ignobility [,ɪgnəʊ'bɪlətɪ / ig·no·bil·ity] *s.* ignobilità, bassezza.

ignoble [ɪg'nəʊbl / ig·noble] *agg.* ignobile, turpe, disonorevole // **-ness** *s.* // **-bly** *avv.*

ignominious [,ɪgnəʊ'mɪnɪəs / ig·no·mi·ni·ous] *agg.* ignominioso, infamante; vergognoso; umiliante // **-ly** *avv.*

ignominy ['ɪgnəmɪnɪ / ig·no·miny] ant. **ignomy** ['ɪgnəmɪ / ig·nomy] *s.* ignominia, infamia: *ignomy in ransom and free pardon / are of two houses*, (SH. Measure for Measure) l'ignominia del riscatto e il perdono liberale appartengono a due case diverse.

ignoramus [,ɪgnə'reɪməs / ig·nor·amus] *s.* 1 ignorante, ignorantone 2 (*dir. antiq.*) archiviazione del caso da parte del Gran Jury.

ignorance ['ɪgnərəns / ig·nor·ance] *s.* ignoranza: *out of* —, per ignoranza; *to keep s.o. in — of sthg.*, tenere qlcu. all'oscuro di qlco. // (*dir.*): — *of fact and of law*, ignoranza delle circostanze di fatto e ignoranza di diritto, della legge; — *of a legal duty*, ignoranza di un obbligo giuridico // *where — is bliss, 'tis folly to be wise*, (*prov.*) laddove l'ignoranza è felicità, è follia essere sapienti.

ignorant ['ɪgnərənt / ig·nor·ant] *agg.* 1 ignorante; illetterato 2 ignaro: *to be — of*, ignorare.

ignorantly ['ɪgnərəntlɪ / ig·nor·ant·ly] *avv.* per ignoranza.

ignoration [,ɪgnə'reɪʃn / ig·nor·ation] *s.* (*rar.*) il fingere di non conoscere, l'ignorare.

to **ignore** [ɪg'nɔ:* / ig·nore] *v.tr.* 1 ignorare, trascurare: *he ignored my remark*, finse di non sentire la mia osservazione; *to — the facts*, non tenere nessun conto dei fatti; — *the comments written in the margin*, non prendete in considerazione, ignorate i commenti scritti in margine 2 fingere di non conoscere, di non sapere; non voler riconoscere: *they always — him*, fingono sempre di non riconoscerlo, (*fam.*) lo ignorano 3 (*dir.*) archiviare (un procedimento), prosciogliere in fase istruttoria, dichiarare il non luogo a procedere di.

iguana [ɪ'gwɑ:nə] *s.* (*zool.*) iguana.

iguanodon [ɪ'gwɑ:nədɒn / igua·no·don] *s.* (*paleont.*) iguanodonte.

ikebana [i:kə'bɑ:nə / ik·ebana] *s.* ikebana.

ikon ['aɪkɒn] → **icon**.

il- [ɪl] → **in-**[1] e **in-**[2].

ileal ['ɪlɪəl / il·eal] *agg.* (*anat.*) ileale.

ileitis [,ɪlɪ'aɪtɪs / il·eitis] *pl.* **ileitides** [,ɪlɪ'aɪtɪdi:z / il·ei·tides] *s.* (*med.*) ileite.

ileoc(a)ecal [,ɪlɪəʊsi:kl / il·eo·c(a)ecal] *agg.* (*anat.*) ileocecale: — *valve*, valvola ileocecale.

ileocolic [,ɪlɪəʊ'kɒlɪk / il·eo·colic] *agg.* (*med.*) ileocolico.

ileocolitis [,ɪlɪəʊkɒ'laɪtɪs / il·eo·col·itis] *s.* (*med.*) ileocolite.

ileostomy [,ɪlɪ'ɒstəmɪ / ile·os·tomy] *s.* (*med.*) ileostomia: — *bag*, sacca per le feci.

ilesite ['aɪl,zaɪt / iles·ite] *s.* (*min.*) ilesite.

ileum ['ɪlɪəm / il·eum] *pl.* **ilea** ['ɪlɪə] *s.* (*anat.*) ileo (*intestino*).

ileus ['ɪlɪəs / il·eus] *s.* (*med.*) ileo, occlusione intestinale.

ilex ['aɪleks] *pl.* **ilexes** ['aɪleksɪz] *s.* (*bot.*) 1 leccio → holm-oak 2 agrifoglio.

iliac ['ɪlɪæk] *agg.* (*anat.*) iliaco: — *artery*, arteria iliaca; — *region*, regione inguinale.

Iliad ['ɪlɪəd] *s.* (*lett.*) Iliade.

ilium ['ɪlɪəm / il·ium] *pl.* **ilia** ['ɪlɪə] *s.* (*anat.*) ileo, ilio (osso).

ilk [ɪlk] nella locuz.: *of that* —, del luogo omonimo; (*fam.*) dello stesso genere, tipo; *Lord Muck, of that* —, lord Muck, dell'isola di Muck, dell'isola omonima; *your father-in-law and conservatives of that* —, tuo suocero e gli altri conservatori di quel genere.

I'll [aɪl] contr. di *I will, I shall.*

ill [ɪl] *comp.* **worse** [wɜ:s] *superl.* **worst** [wɜ:st] *agg.* 1 ammalato, malato; indisposto; infermo: *to be* —, essere ammalato; *she was — with chicken pox*, aveva la varicella; *to fall* (o *to get* o *to be taken*) —, ammalarsi; *to feel* —, sentirsi male // *it makes me quite — to see...*, mi fa (star) male vedere... 2 cattivo; dannoso, nocivo; duro; crudele; malevolo: — *deed*, cattiva azione; — *fortune*, cattiva fortuna, sfortuna; *a place of — repute*, un luogo di cattiva reputazione; — *health*, cattiva salute; — *treatment of children is a growing problem*, il maltrattamento dei bambini è un problema che cresce di giorno in giorno // — *weeds grow apace*, (*prov.*) l'erba cattiva cresce in fretta 3 sfavorevole; avverso; malaugurato; sfortunato: — *omen*, presagio sfavorevole; *it's an — wind that blows nobody any good*, (*prov.*) non tutto il male viene per nuocere 4 difettoso; imperfetto; inferiore: — *management*, cattiva gestione.

ill *avv.* 1 male, malamente; in modo malevolo: *to think, speak — of s.o.*, pensare, parlare male di qlcu. 2 a mala pena, a stento; difficilmente: *he can — afford to lose this contract*, non può rischiare di perdere questo contratto // *after what you've done, it — becomes you to criticize anybody*, dopo quello che hai fatto, non spetta a te criticare gli altri 3 sfavorevolmente; svantaggiosamente 4 imperfettamente; inefficacemente 5 (*nei composti*) male, malamente: *ill -assorted*, male assortito; *ill-defined*, mal definito.

ill *s.* 1 male: *to do* —, fare del male; *for good or* —, nel bene e nel male 2 male, malattia: *the plague, like many of the ills that afflicted society in the past, has been defeated*, la peste, così come molte delle malattie che afflissero la società nel passato, è stata sconfitta 3 (*spec. pl.*) calamità; difficoltà; avversità; sfortuna; mali: *the ills of contemporary society*, i mali della società contemporanea.

ill-advised [,ɪləd'vaɪzd] *agg.* sconsiderato, incauto.

ill at ease [,ɪlət'i:z] *agg.* a disagio.

illation [ɪ'leɪʃn / il·la·tion] *s.* (*rar.*) illazione.

illative [ɪ'leɪtɪv / il·lat·ive] *agg.* illativo ◆ *s.* parola o clausola illativa // **-ly** *avv.*

ill-behaved [,ɪlbə'heɪvd] *agg.* maleducato.

ill-bred [,ɪl'bred] *agg.* maleducato: — *child*, bambino maleducato, tirato male.

ill-conditioned [,ɪlkən'dɪʃnd] *agg.* 1 stizzoso, irritabile 2 con poca salute, malandato.

ill-disposed [,ɪldɪs'pəʊzd] *agg.* maldisposto, prevenuto; malintenzionato: *to be — towards s.o.*, essere maldisposto verso qlcu.

illegal [ɪ'li:gl / il·legal] *agg.* illegale; illecito: — *contract*, contratto illegale; — *enterprise*, associazione illecita; — *strike*, sciopero illegale; — *trade*, commercio illecito // **-ly** *avv.*

illegality [,ɪli:'gælətɪ / il·leg·al·ity] *s.* illegalità.

illegibility [ɪ,ledʒɪ'bɪlətɪ / il·legib·il·ity] *s.* illeggibilità.

illegible [ɪ'ledʒəbl / il·legible] *agg.* illeggibile // **-bly** *avv.*

illegitimacy [,ɪlɪ'dʒɪtɪməsɪ / il·le·git·im·acy] *s.* 1 illegittimità 2 (*dir.*) lo stato di figlio illegittimo.

illegitimate [,ɪlɪ'dʒɪtɪmɪt / il·le·git·im·ate] *agg.* illegittimo; illegale ◆ *s.* (*dir.*) figlio illegittimo // **-ly** *avv.*

to **illegitimate** [,ɪlɪ'dʒɪtɪmeɪt / il·le·git·im·ate] *v.tr.* dichiarare illegittimo.

ill-equipped [,ɪlɪ'kwɪpt] *agg.* 1 male equipaggiato 2 incapace; impreparato: *the government was — to deal with the emergency*, il governo era incapace di, impreparato ad affrontare lo stato d'emergenza.

ill-famed [,ɪl'feɪmd] *agg.* malfamato.

ill-fated [,ɪl'feɪtɪd] *agg.* sfortunato.

ill-favoured [,ɪl'feɪvəd] *agg.* (*antiq.*) 1 brutto, di brutto aspetto 2 offensivo: — *words*, parole offensive.

ill-favouredly [,ɪl'feɪvədlɪ] *avv.* (*ant.*) spiacevolmente: *I pray you mar no more of my verses with reading them ill-favouredly*, (SH. As You Like It) e vi prego non rovinate i miei versi leggendoli a denti stretti.

ill-founded [,ɪl'faʊndɪd] *agg.* infondato: *an — suspicion*, un sospetto infondato.

ill-gotten [,ɪl'gɒtn] *agg.* acquisito male, in modo illecito; maltolto: — *gains*, guadagni illeciti.

ill-grounded [,ɪl'graʊndɪd] *agg.* infondato.

ill-humour [,ɪl'hju:mə*] *s.* malumore.

ill-humoured [,ɪl'hju:məd] *agg.* bisbetico, di cattivo carattere.

illiberal [ɪ'lɪbərəl / il·lib·eral] *agg.* 1 illiberale, repressivo; reazionario 2 illiberale; poco generoso; gretto // **-ly** *avv.*

illiberality [ɪ,lɪbə'rælɪtɪ / il·lib·er·al·ity] *s.* 1 atteggiamento, comportamento repressivo, illiberale 2 illiberalità; ingenerosità; grettezza.

illicit [ɪ'lɪsɪt / il·li·cit] *agg.* illecito, illegale // (*dir.*) — *consideration*, causa illecita // **-ly** *avv.* // **-ness** *s.*

illimitable [ɪ'lɪmɪtəbl / il·lim·it·able] *agg.* illimitato, sconfinato // **-ness** *s.* // **-bly** *avv.*

illimitation [ɪ'lɪmɪteɪʃn / il·lim·ita·tion] *s.* illimitatezza.

illimited [ɪ'lɪmɪtɪd / il·lim·ited] *agg.* illimitato.

ill-informed [,ɪlɪn'fɔ:md] *agg.* malinformato.

illinium [ɪ'lɪnɪəm / il·lin·ium] *s.* (*chim.*) prometeo 147.

ill-intentioned [,ɪlɪn'tenʃənd] *agg.* male intenzionato.

illiquid [ɪ'lɪkwɪd / il·li·quid] *agg.* (*fin.*) non liquido, illiquido: — *assets*, attività non liquide.

illiquidity [ɪlɪ'kwɪdətɪ / il·liquid·ity] *s.* (*fin.*) illiquidità.

illite ['ɪlaɪt / il·lite] *s.* (*geol.*) illite.

illiteracy [ɪ'lɪtərəsɪ / il·lit·er·acy] *s.* **1** analfabetismo **2** mancanza di cultura.

illiterate [ɪ'lɪtərɪt / il·lit·er·ate] *agg.* e *s.* **1** analfabeta **2** ignorante.

illiterateness [ɪ'lɪtərɪtnɪs / il·lit·er·ate·ness] *s.* analfabetismo; mancanza di cultura.

ill-judged [,ɪl'dʒʌdʒd] *agg.* **1** inopportuno: *you picked an — moment to arrive*, hai scelto un momento poco opportuno per arrivare **2** imprudente.

ill-mannered [,ɪl'mænəd] *agg.* maleducato, scortese.

ill-natured [,ɪl'neɪtʃəd] *agg.* **1** di carattere difficile **2** spiacevole: — *remark*, osservazione spiacevole.

illness ['ɪlnɪs / ill·ness] *s.* malattia; infermità; indisposizione: *to be absent through* —, essere assente per malattia; *to get* (o *to contract*) *an* —, prendersi, contrarre una malattia.

illogical [ɪ'lɒdʒɪkl / il·lo·gical] *agg.* illogico // **-ly** *avv.* // **-ness** *s.*

illogicality [,ɪlɒdʒɪ'kælɪtɪ / il·lo·gic·al·ity] *s.* illogicità.

ill-omened [,ɪl'əʊmənd] **ill-starred** [,ɪl'stɑ:d] *agg.* nato sotto una cattiva stella, sfortunato.

ill-tempered [,ɪl'tempəd] *agg.* di cattivo carattere; irritabile.

ill-timed [,ɪl'taɪmd] *agg.* inopportuno.

to **ill-treat** [,ɪl'tri:t] *v.tr.* maltrattare.

to **illude** [ɪ'lju:d *amer.* ɪ'lu:d / il·lude] *v.tr.* (*rar.*) illudere; ingannare; eludere.

to **illume** [ɪ'lju:m *amer.* ɪ'lu:m / il·lume] *v.tr.* (*poet.*) illuminare: *yond same star that's westward from the pole, / had made his course t'illume that part of heaven*, (SH. Hamlet) la stella laggiù che viaggia a ponente del polo era andata a illuminare quella parte del cielo.

illuminable [ɪ'lju:mɪnəbl *amer.* ɪ'lu:mɪnəbl / il·lu·min·able] *agg.* illuminabile.

illuminance [ɪ'lju:mɪnəns *amer.* ɪ'lu:mɪnəns / il·lu·min·ance] *s.* (*fis.*) → **illumination**.

illuminant [ɪ'lju:mɪnənt *amer.* ɪ'lu:mɪnənt / il·lu·min·ant] *agg.* illuminante ◆ *s.* lume; mezzo di illuminazione.

to **illuminate** [ɪ'lju:mɪneɪt *amer.* ɪ'lu:mɪneɪt / il·lu·min·ate] *v.tr.* **1** illuminare; rischiarare (*anche fig.*): *to — a problem*, chiarire un problema **2** illuminare a festa (edifici, strade ecc.) **3** miniare: *illuminated manuscript*, manoscritto miniato.

illuminating [ɪ'lju:mɪneɪtɪŋ *amer.* ɪ'lu:mɪn eɪtɪŋ / il·lu·min·at·ing] *agg.* chiarificante, illuminante (*anche fig.*).

illumination [ɪ,lju:mɪ'neɪʃn *amer.* ɪ,lu: mɪ'neɪʃn / il·lu·mina·tion] *s.* **1** illuminazione (*anche fig.*); (*gener. pl.*) luminaria **2** (*fis.*) illuminamento SIN. illuminance **3** miniatura.

illuminative [ɪ'lju:mɪneɪtɪv *amer.* ɪ'lu: mɪneɪtɪv / il·lu·min·at·ive] *agg.* illuminativo.

illuminator [ɪ'lju:mɪneɪtə* *amer.* ɪ'lu: mɪneɪtə* / il·lu·min·ator] *s.* **1** illuminatore **2** miniatore.

to **illumine** [ɪ'lju:mɪn *amer.* ɪ'lu:mɪn / il·lu·mine] *v.tr.* rischiarare, illuminare (*anche fig.*).

illuminism [ɪ'lju:mɪnɪzəm *amer.* ɪ'lu: mɪnɪzəm / il·lu·min·ism] *s.* (*st. fil.*) illuminismo.

illuminist [ɪ'lju:mɪnɪst *amer.* ɪ'lu:mɪnɪst / il·lu·min·ist] *s.* (*st. fil.*) illuminista.

ill-usage [,ɪl'ju:zɪdʒ] *s.* maltrattamento.

to **ill-use** [,ɪl'ju:z] *v.tr.* maltrattare, trattare male.

illusion [ɪ'lu:ʒn / il·lu·sion] *s.* **1** illusione; inganno: *to be under no* — (o *to have no* —) *about s.o.*, *sthg.*, non farsi illusioni su qlcu., qlco. **2** gioco di prestigio **3** tulle leggerissimo.

illusionism [ɪ'lu:ʒənɪzəm / il·lu·sion·ism] *s.* illusionismo.

illusionist [ɪ'lu:ʒənɪst / il·lu·sion·ist] *s.* illusionista.

illusive [ɪ'lu:sɪv / il·lus·ive] *agg.* (*non com.*) illusorio; ingannevole // **-ly** *avv.* // **-ness** *s.*

illusoriness [ɪ'lu:sərɪnɪs / il·lus·ori·ness] *s.* (*form.*) illusorietà.

illusory [ɪ'lu:sərɪ / il·lus·ory] *agg.* illusorio // (*dir.*) — *promise*, promessa fittizia (il cui adempimento è rimesso alla volontà del promittente) ◆ *avv.* (*non com.*) illusoriamente.

to **illustrate** ['ɪləstreɪt / il·lus·trate] *v.tr.* **1** illustrare (con incisioni, disegni) // *illustrated weekly*, rivista settimanale illustrata **2** spiegare, illustrare; delucidare; esemplificare.

illustration [,ɪlə'streɪʃn / il·lus·tra·tion] *s.* **1** illustrazione, disegno **2** esempio; spiegazione // *by way of* —, a guisa di esempio **3** l'atto di illustrare, di spiegare.

illustrative ['ɪləstrətɪv *amer.* ɪ'lʌstrətɪv / il·lus·trat·ive] *agg.* illustrativo, esplicativo // **-ly** *avv.*

illustrator ['ɪləstreɪtə* / il·lus·trator] *s.* illustratore.

illustrious [ɪ'lʌstrɪəs / il·lus·tri·ous] *agg.* illustre, celebre // **-ly** *avv.* // **-ness** *s.*

illustr(i)ous *agg.* (*ant.*) opaco, fuligginoso: *by-peeping in an eye, /* base and illustrous as the smoky light */ that's fed with stinking tallow*, (SH. Cymbeline) facendo lo sguardo languido a occhi indegni e opachi quanto la luce fumosa del puzzolente sego.

ill will [,ɪl'wɪl] *s.* [U] **1** sentimenti ostili (*pl.*), ostilità: *to bear s.o. no* —, non covare risentimento verso qlcu. **2** malizia, malignità.

illy ['ɪlɪ] *avv.* (*rar.*) male.

Illyrian [ɪ'lɪrɪən / Il·lyr·ian] *agg.* illirico ◆ *s.* **1** abitante dell'Illiria **2** lingua illirica.

ilmenite ['ɪlmə,naɪt / il·men·ite] *s.* (*min.*) ilmenite.

I'm [aɪm] contr. di *I am*.

'im [ɪm] (*fam.*) contr. di *him*.

im- [ɪm] → **in-**[1] e **in-**[2].

image ['ɪmɪdʒ / im·age] *s.* **1** immagine; effigie: *he looked at his — in the mirror*, guardò la sua immagine nello specchio // *she is the* (*living*) *— of her mother*, è il ritratto di sua madre // *she is the — of happiness*, è l'immagine della felicità **2** immagine pubblica: *to cultivate one's own* —, curare la propria immagine (pubblica); — *maker*, creatore di immagine **3** (*fot.*, *fis.*) immagine: *mirror* —, immagine speculare; — *converter*, convertitore di immagine // (*inform.*) — *file*, archivio contenente le immagini (di schede); archivio video **4** immagine, idea: *through his words she got a fairly precise — of his country*, attraverso le sue parole si era fatta un'idea abbastanza precisa del suo paese **5** (*ret.*) metafora, similitudine **6** (*antiq.*) immagine, modello: *man was created in God's* —, l'uomo fu creato a immagine di Dio.

to **image** *v.tr.* (*non com.*) **1** immaginare, immaginarsi **2** descrivere; rappresentare, figurare: *to — sthg. to oneself*, figurarsi qlco. **3** riflettere su.

imageless ['ɪmɪdʒlɪs / im·age·less] *agg.* privo d'immagini.

imagery ['ɪmɪdʒərɪ / im·agery] *s.* **1** [U] immagini (*pl.*); immaginario **2** immagine; metafora; linguaggio figurato **3** (*non com.*) statuaria; lavoro d'intaglio.

image-worship ['ɪmɪdʒ,wɜ:ʃɪp] *s.* culto delle immagini, idolatria.

imaginable [ɪ'mædʒɪnəbl / ima·gin·able] *agg.* immaginabile.

imaginableness [ɪ'mædʒɪnəblnɪs / ima·gin·able·ness] *s.* (*non com.*) l'essere immaginabile.

imaginal [ɪ'mædʒɪnəl / ima·ginal] *agg.* (*zool.*) immaginale, di insetto perfetto.

imaginary [ɪ'mædʒɪnərɪ *amer.* ɪ'mædʒɪnerɪ / ima·gin·ary] *agg.* immaginario // — *number*, numero immaginario.

imagination [ɪ,mædʒɪ'neɪʃn / ima·gina·tion] *s.* immaginazione; fantasia: *it is only in your* —, è solo nella tua fantasia; *to capture s.o.'s* —, colpire la fantasia di qlcu. // *it's pure* —, sono pure fantasie.

imaginative [ɪ'mædʒɪnətɪv *amer.* ɪ'mædʒɪneɪtɪv / ima·gin·at·ive] *agg.* immaginativo; fantasioso // **-ly** *avv.*

imaginativeness [ɪ'mædʒɪnətɪvnɪs *amer.* ɪ'mædʒɪneɪtɪvnɪs / ima·gin·at·ive·ness] *s.* immaginativa; inventiva.

to **imagine** [ɪ'mædʒɪn / ima·gine] *v.tr.* **1** immaginare, immaginarsi; farsi un'idea di, figurarsi: *try to — living on the moon*, prova a immaginare di vivere sulla luna; *try to — my position*, cerca di farti un'idea della mia posizione; *I cannot — what he will do now*, non posso immaginarmi che cosa farà ora; *I imagined him as a very proud man*, me lo figuravo un uomo molto fiero; *just* —..., puoi ben immaginare...; — *my surprise when I saw him driving a Rolls-Royce*, immagina la mia sorpresa quando lo vidi guidare una Rolls-Royce // *you are always imagining things!*, immagini sempre cose inesistenti! **2** supporre, credere, pensare: *he imagined himself lost*, si credeva perduto; — *meeting you here!*, chi avrebbe mai pensato di incontrarti qui!; *I — so*, suppongo di sì ◆ *v.intr.* immaginare; fare congetture.

imaginer [ɪ'mædʒɪnə* / ima·giner] *s.* (*non com.*) chi immagina, immaginatore.

imaging ['ɪmɪdʒɪŋ / ima·ging] *s.* (*fis.*, *tecn.*) formazione di immagini: — *radar*, radar per immagini, radar topografico.

imaginings [ɪ'mædʒɪnɪŋz / ima·gin·ings] *s.pl.* (*letter.*) fantasie: *these are all vain* —, sono tutte chimere, vane fantasie.

imagism ['ɪmɪdʒɪzəm / ima·gism] *s.* (*letter.*) imagismo.

imago [ɪ'meɪgəʊ] *pl.* **imagines** [ɪ'meɪdʒɪni:z / ima·gines] **imagos** *s.* **1** (*zool.*) immagine, insetto perfetto **2** (*psic.*) imago.

imam [ɪ'mɑ:m] *s.* iman, imano.

imbalance [ɪm'bæləns / im·bal·ance] *s.* squilibrio; sbilancio // (*econ.*) *payments* —, squilibrio nella bilancia dei pagamenti

imbecile ['ɪmbɪsi:l *amer.* 'ɪmbɪsl / im·be·cile] *s.* **1** imbecille, sciocco, scemo **2** (*antiq.*) persona debole di mente ◆ *agg.* (*non com.*) **1** imbecille, scemo **2** (*antiq.*) debole di mente.

imbecilely ['ɪmbɪsi:lɪ *amer.* 'ɪmbɪslɪ / im·be·cile·ly] *avv.* (*non com.*) da imbecille.

imbecility [,ɪmbɪ'sɪlətɪ / im·be·cil·ity] *s.* **1** imbecillità, imbecillaggine **2** (*antiq.*) debolezza di mente.

to **imbed** [ɪm'bed / im·bed] → to **embed**.

to **imbibe** [ɪm'baɪb / im·bibe] *v.tr.* **1** bere, assorbire, imbeversi di **2** (*fig.*) assorbire, assimilare (idee): *he imbibed the most absurd ideas*, assorbì le idee più assurde **3** (*chim.*) imbibire, assorbire ◆ *v.intr.* **1** bere **2** imbeversi, impregnarsi **3** (*chim.*) imbibirsi.

imbiber [ɪm'baɪbə* / im·biber] *s.* **1** bevitore **2** chi assorbe (idee) **3** (*chim.*, *fis.*) imbibente.

imbibition [,ɪmbɪ'bɪʃn / im·bibi·tion] *s.* (*chim.*, *fis.*) assorbimento; imbibizione.

imbricate ['ɪmbrɪkɪt / im·bric·ate] *agg.* embricato, imbricato (*anche scient.*).

to **imbricate** ['ɪmbrɪkeɪt] *v.tr.* (*non com.*) sistemare (tegole, embrici) in ordine sovrapposto.

imbricated ['ɪmbrɪkeɪtɪd / im·bric·ated] → **imbricate**.

imbrication [,ɪmbrɪ'keɪʃn / im·brica·tion] *s.* (*non com.*) embricatura, sovrapposizione di tegole, embrici.

imbroglio [ɪm'brəʊlɪəʊ / im·bro·glio] *s.* situazione confusa, imbroglio, pasticcio.

to **imbrue** [ɪm'bru: / im·brue] *v.tr.* (*ant.*) intridere; inzuppare; imbrattare, macchiare: *his sword was imbrued with blood*, la sua spada era imbrattata di sangue.

to **imbrute** [ɪm'bru:t / im·brute] *v.tr.* e *intr.* (*non com.*) abbrutire, abbrutirsi.

to **imbue** [ɪm'bju: / im·bue] *v.tr.* (*form.*) **1** imbevere, impregnare di (umidità, colore) **2** (*fig.*) impregnare; permeare: *they were imbued with the ideals of liberty, equality and democracy*, furono permeati dagli ideali di libertà, uguaglianza e democrazia.

imidazole [,ɪmɪd'æzəʊl / im·id·azole] *s.* (*chim.*) immidazolo.

imide ['ɪmaɪd / im·ide] *s.* (*chim.*) immide.

imido ['ɪmədəʊ / im·ido] *agg.* (*chim.*) di, relativo a un'immide.

imine ['ɪmi:n / im·ine] *s.* (*chim.*) immina.

imino ['ɪmənəʊ / im·ino] *agg.* (*chim.*) di, relativo a un'immina.

imitability [,ɪmɪtə'bɪlətɪ / im·it·ab·il·ity] *s.* (*non com.*) l'essere imitabile.

imitable ['ɪmɪtəbl / im·it·able] *agg.* (*non com.*) imitabile.

to **imitate** ['ɪmɪteɪt / im·it·ate] *v.tr.* **1** imitare, scimmiottare **2** imitare, contraffare.

imitation [,ɪmɪ'teɪʃn / im·ita·tion] *s.* **1** imitazione **2** copia, contraffazione: *beware of imitations*, diffidate delle imitazioni // — *jewellery*, gioielli falsi, imitazioni; — *leather*, finta pelle.

imitative ['ɪmɪtətɪv *amer.* 'ɪmɪteɪtɪv / im·it·at·ive] *agg.* **1** imitativo, che tende a imitare **2** mimetico **3** contraffatto; simulato.

imitatively ['ɪmɪtətɪvlɪ *amer.* 'ɪmɪteɪtɪvlɪ / im·it·at·ive·ly] *avv.* (*non com.*) imitativamente; per imitazione.

imitator ['ɪmɪteɪtə* / im·it·ator] *s.* **1** imitatore **2** contraffattore; falsificatore.

immaculate [ɪ'mækjʊlət / im·macu·late] *agg.* **1** immacolato, incontaminato, puro: *her bedroom was* —, la sua camera da letto era pulitissima // *the Immaculate Conception*, l'Immacolata Concezione **2** (*fam.*) impeccabile: *he was a man of — manners*, era un uomo dai modi impeccabili **3** (*zool.*) di colore uniforme // **-ly** *avv.*

immaculateness [ɪ'mækjʊlətnɪs / im·macu·late·ness] *s.* **1** (*form.*) purezza; biancore; l'essere immacolato **2** (*fam.*) impeccabilità.

immane [ɪ'meɪn] *agg.* **1** (*ant.*) immane, enorme **2** feroce, crudele // **-ly** *avv.*

immanence ['ɪmənəns / im·man·ence] **immanency** ['ɪmənənsɪ / im·man·ency] *s.* (*fil.*) immanenza.

immanent ['ɪmənənt / im·man·ent] *agg.* (*fil.*) immanente.

immaterial [,ɪmə'tɪərɪəl / im·ma·ter·ial] *agg.* **1** senza importanza, non importante, non rilevante, non pertinente: — *objections*, obiezioni senza importanza; (*dir.*) — *evidence*, prova non rilevante **2** immateriale, incorporeo // **-ly** *avv.*

immaterialism [,ɪmə'tɪərɪəlɪzəm / im·ma·ter·ial·ism] *s.* (*fil.*) immaterialismo.

immaterialist [,ɪmə'tɪərɪəlɪst / im·ma·ter·ial·ist] *s.* (*fil.*) immaterialista.

immateriality [,ɪmə,tɪərɪ'ælətɪ / im·ma·teri·al·ity] *s.* immaterialità.

to **immaterialize** [,ɪmə'tɪərɪəlaɪz / im·ma·ter·ial·ize] *v.tr.* rendere immateriale, smaterializzare.

immature [,ɪmə'tjʊə* *amer.* ,ɪmə'tʊə* / im·ma·ture] *agg.* **1** immaturo **2** (*non com.*) incompleto // **-ly** *avv.*

immaturity [,ɪmə'tjʊərətɪ *amer.* ,ɪmə'tʊərətɪ / im·ma·tur·ity] *s.* immaturità.

immeasurability [ɪ,meʒərə'bɪlɪtɪ / im·meas·ur·ab·il·ity] *s.* incommensurabilità; immensità.

immeasurable [ɪ'meʒərəbl / im·meas·ur·able] *agg.* incommensurabile; immenso // **-ness** *s.* // **-bly** *avv.*

immediacy [ɪ'mi:dɪəsɪ / im·me·di·acy] *s.* **1** immediatezza; prontezza **2** vicinanza, prossimità // *the which immediacy may well stand up, / and call itself your brother*, (SH. King Lear) per questa relazione diretta può ben elevarsi al vostro rango e chiamarsi vostro fratello.

immediate [ɪ'mi:djət / im·me·di·ate] *agg.* **1** immediato, istantaneo: *the effect was* —, l'effetto fu istantaneo; *to take — action*, prendere provvedimenti immediati; *for — delivery*, per consegna immediata, urgente **2** vicino, prossimo, immediato: *the — future*, l'immediato futuro; *in the — vicinity*, nelle immediate vicinanze; *his — family was distressed by his behaviour*, i suoi parenti più prossimi erano preoccupati dal suo comportamento **3** diretto: — *information*, informazioni dirette; *he is in — contact with the Premier*, è in contatto diretto con il primo ministro.

immediately [ɪ'mi:djətlɪ / im·me·di·ate·ly] *avv.* **1** immediatamente, subito, istantaneamente **2** direttamente: *I went — to the top*, raggiunsi direttamente la cima; *he stood — in front of the window*, era in piedi proprio di fronte alla finestra ◆ *cong.* (non) appena, subito dopo che: — *you open the door, the siren goes off*, non appena apri la porta scatta la sirena.

immediateness [ɪ'mi:djətnɪs / im·me·di·ate·ness] → **immediacy**.

immemorial [,ɪmɪ'mɔ:rɪəl / im·me·mor·ial] *agg.* immemorabile; molto vecchio: *from time* —, da tempo immemorabile; (*dir.*) — *custom*, consuetudine immemorabile // **-ally** *avv.*

immense [ɪ'mens / im·mense] *agg.* **1** immenso, smisurato, enorme **2** (*sl.*) ottimo, eccellente.

immensely [ɪ'menslɪ / im·mense·ly] *avv.* immensamente, smisuratamente; (*fam.*) moltissimo.

immenseness [ɪ'mensnɪs / im·mense·ness] **immensity** [ɪ'mensɪtɪ / im·mens·ity] *s.* immensità.

immensurability [ɪ,menʃʊrə'bɪlətɪ / im·mens·ur·ab·il·ity] *s.* immensurabilità.

immensurable [ɪ'menʃʊrəbl / im·mens·ur·able] *agg.* immensurabile // **-ness** *s.*

to **immerge** [ɪ'mɜ:dʒ / im·merge] *v.tr.* (*non com.*) → to immerse ◆ *v.intr.* (*non com.*) immergersi (*anche fig.*).

to **immerse** [ɪ'mɜ:s / im·merse] *v.tr.* **1** immergere, tuffare (*anche fig.*): *he immersed his head in water*, egli immerse la testa nell'acqua; *he was immersed in study*, era immerso nello studio; *to be immersed in one's thoughts*, essere immerso nei propri pensieri **2** battezzare per immersione.

immersion [ɪ'mɜ:ʃn / im·mer·sion] *s.* **1** immersione (*anche fig.*) **2** battesimo (per immersione) **3** (*rar.*, *astr.*) eclissi.

immie ['ɪmɪ] *s.* (*fam. amer.*) occhio.

immigrant ['ɪmɪgrənt / im·mig·rant] *agg.* e *s.* immigrante.

to **immigrate** ['ɪmɪgreɪt / im·mig·rate] *v.intr.* immigrare ◆ *v.tr.* far immigrare.

immigration [,ɪmɪ'greɪʃn / im·mig·ra·tion] *s.* immigrazione // — (*control*), (banco) controllo passaporti (in aeroporto ecc.) // (*dir.*) — *laws*, leggi che regolano l'immigrazione.

imminence ['ɪmɪnəns / im·min·ence] **imminency** ['ɪmɪnənsɪ / im·min·ency] *s.* **1** imminenza **2** pericolo sovrastante.

imminent ['ɪmɪnənt / im·min·ent] *agg.* imminente, prossimo // **-ly** *avv.*

to **immingle** [ɪ'mɪŋgl / im·mingle] *v.tr.* (*rar.*) mescolare ◆ *v.intr.* (*rar.*) mescolarsi.

immiscibility [ɪ,mɪsɪ'bɪlətɪ / im·mis·cib·il·ity] *s.* (*chim.*) immiscibilità.

immiscible [ɪ'mɪsəbl / im·mis·cible] *agg.* (*chim.*) immiscibile, non miscibile.

immitigable [ɪ'mɪtɪgəbl / im·mit·ig·able] *agg.* (*non com.*) non mitigabile, implacabile.

immixible [ɪ'mɪksɪbl / im·mix·ible] *agg.* (*non com.*) che non può essere mischiato.

immixture [ɪ'mɪkstʃə* / im·mix·ture] *s.* (*non com.*) **1** mescolanza **2** l'essere coinvolto (in un affare ecc.).

immobile [ɪ'məʊbaɪl *amer.* ɪ'məʊbl / im·mob·ile] *agg.* immobile, fermo; stazionario, stabile.

immobility [,ɪməʊ'bɪlətɪ / im·mob·il·ity] *s.* immobilità.

immobilization [ɪ,məʊbɪlaɪ'zeɪʃn *amer.* ɪ,məʊbɪlɪzeɪʃn / im·mob·il·iza·tion] *s.* immobilizzazione.

to **immobilize** [ɪ'məʊbɪlaɪz / im·mob·il·ize] *v.tr.* immobilizzare; mettere nell'impossibilità di agire.

immoderacy [ɪ'mɒdərəsɪ / im·mod·er·acy] → **immoderation**.

immoderate [ɪ'mɒdərət / im·mod·er·ate] *agg.* (*form.*) smodato, eccessivo // **-ly** *avv.*

immoderation [ɪ,mɒdə'reɪʃn / im·mod·era·tion] *s.* (*form.*) smoderatezza, eccesso; intemperanza.

immodest [ɪ'mɒdɪst / im·mod·est] *agg.* **1** immodesto; impudico **2** impertinente; impudente // **-ly** *avv.*

immodesty [ɪ'mɒdɪstɪ / im·mod·esty] *s.* (*form.*) **1** immodestia; impudicizia; indecenza **2** impertinenza, impudenza.

to **immolate** ['ɪməʊleɪt / im·mol·ate] *v.tr.* immolare.

immolation [,ɪməʊ'leɪʃn / im·mola·tion] *s.* immolazione.

immolator ['ɪməʊleɪtə* / im·mola·tor] *s.* chi immola.

immoment [ɪ'məʊmənt / im·mo·ment] *agg.* (*ant.*) di poco conto: *I some trifles have reserv'd, / immoment toys*, (SH. Antony and Cleopatra) ho trattenuto dei gingilli da donna, ninnoli di poco conto.

immoral [ɪ'mɒrəl *amer.* ɪ'mɔ:rəl / im·moral] *agg.* **1** immorale // (*dir.*): — *behaviour*, comportamento contrario al buoncostume; — *contract*, contratto immorale, contrario al buon costume **2** dissoluto; licenzioso // **-ly** *avv.*

immorality [,ɪmə'rælətɪ / im·mor·al·ity] *s.* **1** immoralità **2** dissolutezza; licenziosità.

immortal [ɪ'mɔ:tl / im·mor·tal] *agg.* immortale; perenne ◆ *s.* immortale // **-ly** *avv.*

immortality [,ɪmɔ:'tælətɪ / im·mor·tal·ity] *s.* immortalità (*anche fig.*).

immortalization [ɪ,mɔ:təlaɪ'zeɪʃn / im·mor·tal·iza·tion] *s.* l'immortalare.

to **immortalize** [ɪ'mɔ:təlaɪz / im·mor·tal·ize] *v.tr.* immortalare.

immortelle [,ɪmɔ:'tel / im·mor·telle] *s.* (*fr.*) (*bot.*) pianta perenne, semprevivo.

immovability [ɪ,mu:və'bɪlətɪ / im·mov·ab·il·ity] *s.* **1** immobilità; inamovibilità **2** immutabilità **3** impassibilità.

immovable [ɪ'mu:vəbl / im·mov·able] *agg.* **1** immobile; inamovibile, immutabile **2** impassibile **3** (*dir.*) inamovibile; immobiliare // — *estate*, beni immobili // **-ness** *s.*

immovables [ɪ'mu:vəblz / im·mov·ables] *s.pl.* (*dir.*) beni immobili.

immovably [ɪ'mu:vəblɪ / im·mov·ably] *avv.* (*non com.*) **1** immobilmente **2** impassibilmente.

immune [ɪ'mju:n / im·mune] *agg.* **1** immune; libero da obblighi; esente: — *to criticism*, immune da critiche **2** (*med.*) immune; immunitario; immunizzato, immunizzante: — *response*, risposta immunitaria // — *system*, sistema immunitario // — *body*, anticorpo.

immunity [ɪ'mju:nɪtɪ / im·mun·ity] *s.* **1** immunità; esenzione: *diplomatic* —, immunità diplomatica // (*trib.*) — *from taxation*, esenzione fiscale **2** (*dir.*) immunità: — *from arrest, execution, jurisdiction, prosecution*, immunità dall'arresto, dall'esecuzione, dalla giurisdizione, dall'azione penale; — *from distress*, impignorabilità; *to give* (o *to grant*) *s.o.* —, concedere l'irresponsabilità penale in cambio di informazioni e testimonianza favorevole all'accusa **3** (*med.*) immunità: *acquired, congenital, natural* —, immunità acquisita, congenita, naturale.

immunization [,ɪmju:naɪ'zeɪʃn *amer.* ,ɪmju:nɪ'zeɪʃn / im·mun·iza·tion] *s.* immunizzazione // (*med.*) — *therapy*, immunoterapia, terapia immunizzante.

to **immunize** ['ɪmju:naɪz / im·mun·ize] *v.tr.* (*med.*) immunizzare.

immuno- ['ɪmjənəʊ, ɪ'mju:nəʊ] *pref.* della terminologia medica e biologica che implica 'relazione con l'immunità dell'organismo'; it. immuno-: *immunofluorescence*, immunofluorescenza; *immunogenic*, immunogenico; *immunosuppressive*, immunosoppressore.

immunochemistry [,ɪmjənəʊ'kemɪstrɪ / im·muno·chem·istry] *s.* (*chim.*) immunochimica.

immunodepression [ɪm'ju:nəʊ,dɪ'preʃn / im·muno·de·pres·sion] *s.* (*med.*) immunodepressione.

immunogen [ɪ'mju:nəʊdʒən / im·muno·gen] *s.* (*med.*) immunogeno.

immunogenetics [ɪ'mju:nəʊ,dʒɪ'netɪks / im·muno·gen·et·ics] *s.* [U] (*med.*) immunogenetica.

immunoglobulin [,ɪmjənəʊ'glɒbjʊlɪn / im·muno·globu·lin] *s.* (*biochim.*) immunoglobulina: — *gamma*, gammaglobulina.

immunological [,ɪmju:nəʊ'lɒdʒɪkl / im·muno·lo·gical] amer. **immunologic** [,ɪm ju:nəʊ'lɒdʒɪk / im·muno·logic] *agg.* (*med.*) immunologico.

immunologist [,ɪmju:'nɒlədʒɪst / im·muno·lo·gist] *s.* (*med.*) immunologo.

immunology [,ɪmju:'nɒlədʒɪ / im·muno·logy] *s.* (*med.*) immunologia.

immunopathology [ɪ,mju:nəʊ,pə'θɒlədʒɪ / im·muno·patho·logy] *s.* (*med.*) immunopatologia.

immunoreaction [ɪ,mju:nəʊ,rɪ'ækʃn / im·muno·re·ac·tion] *s.* (*med.*) immunoreazione.

immunotherapy [,ɪmju:nəʊ'θerəpɪ / im·muno·ther·apy] *s.* (*med.*) immunoterapia.

immunotoxin [ɪ,mju:nəʊ'tɒksɪn / im·muno·toxin] *s.* (*med.*) immunotossina.

to **immure** [ɪ'mjʊə* / im·mure] *v.tr.* (*form.*) **1** murare // *to — oneself*, rinchiudersi (*anche fig.*) **2** imprigionare.

immurement [ɪ'mjʊəmənt / im·mure·ment] *s.* (*non com.*) imprigionamento.

immutability [ɪ,mju:tə'bɪlətɪ / im·mut·ab·il·ity] *s.* (*form.*) immutabilità; invariabilità.

immutable [ɪ'mju:təbl / im·mut·able] *agg.* (*form.*) immutabile; invariabile // **-ness** *s.* // **-bly** *avv.*

imp [ɪmp] *s.* **1** diavoletto, demonietto; monello, mascalzoncello **2** (*ant.*) giovane, ragazzo: *why, sadness is one and the self-same thing, dear imp*, (SH. Love's Labour's Lost) ebbene la tristezza è la stessa, medesima cosa, caro ragazzo; *he would mount the most mettlesome horse he could get, when but an imp*, (LAMB) era solito montare il cavallo più focoso quando era ancora un ragazzino.

impact ['ɪmpækt / im·pact] *s.* **1** impatto, urto; collisione // (*arch.*) — *strength*, resilienza, resistenza dinamica **2** (*fig.*) effetto, forte influenza, impatto: *we are suffering from the — of over-computerization*, risentiamo dell'effetto di un eccesso di computerizzazione **3** (*mil.*) impatto (di missile) **4** (*psic.*) contatto, urto **5** (*trib.*) incidenza.

to **impact** *v.tr.* **1** comprimere; conficcare; incastrare **2** urtare, cozzare **3** (*fig.*) imprimere ◆ *v.intr.* (*spec. amer.*) *to* — (*on*), incidere, avere un impatto (su).

impaction [ɪm'pækʃn / im·pac·tion] *s.* **1** (*non com.*) compressione, pressione **2** (*med.*) inclusione; occlusione (da feci).

to **impair** [ɪm'peə* / im·pair] *v.tr.* **1** indebolire: *his energy is being impaired by old age*, la sua forza viene indebolita dalla vecchiaia **2** deteriorare, danneggiare, menomare: *his health was seriously impaired*, la sua salute fu seriamente danneggiata.

impaired [ɪm'peəd / im·paired] *agg.* **1** indebolito **2** deteriorato, danneggiato; menomato.

impairment [ɪm'peəmənt / im·pair·ment] *s.* (*form.*) **1** indebolimento **2** deterioramento, danno, menomazione.

impala [ɪm'pɑ:lə / im·pala] *s.* (*zool.*) (*Aepyceros melampus*) impala.

to **impale** [ɪm'peɪl / im·pale] *v.tr.* **1** impalare; trafiggere **2** (*fig.*) inchiodare, immobilizzare (con lo sguardo ecc.) **3** (*ant.*) recingere (con una palizzata).

impalement [ɪm'peɪlmənt / im·pale·ment] *s.* **1** impalatura **2** (*fig.*) l'inchiodare, l'immobilizzare (con lo sguardo ecc.) **3** palizzata.

impalpability [ɪm,pælpə'bɪlətɪ / im·palp·ab·il·ity] *s.* (*non com.*) **1** impalpabilità **2** inafferrabilità.

impalpable [ɪm'pælpəbl / im·palp·able] *agg.* **1** impalpabile **2** inafferrabile // **-bly** *avv.*

impanate [ɪm'peɪnɪt / im·pan·ate] *agg.* (*teol.*) impanato.

impanation [,ɪmpə'neɪʃn / im·pan·ation] *s.* (*teol.*) impanazione.

to **impanel** [ɪm'pænəl / im·panel] → to **empanel**.

to **imparadise** [ɪm'pærədaɪs / im·para·dise] *v.tr.* (*ant.*) **1** rendere completamente felice **2** rendere (un luogo) simile a paradiso.

imparisyllabic ['ɪm,pærɪsɪ'læbɪk / im·pari·syl·labic] *agg.* imparisillabo.

imparity [ɪm'pærɪtɪ / im·par·ity] *s.* imparità.

to **impark** [ɪm'pɑ:k / im·park] *v.tr.* (*ant.*) rinchiudere (animali) nel recinto; cintare (un terreno) per farne un parco.

imparkation [,ɪmpɑ:'keɪʃn / im·parka·tion] *s.* (*ant.*) palizzata.

imparlance [ɪm'pɑ:ləns / im·par·lance] *s.* **1** (*ant.*) scambio d'idee, discussione **2** (*dir.*) termine a difesa.

to **impart** [ɪm'pɑ:t / im·part] *v.tr.* (*form.*) **1** impartire (conoscenza); dare, conferire (coraggio ecc.) **2** comunicare, informare; rivelare **3** distribuire, dividere; spartire **4** (*fis.*) trasmettere quantità di moto.

impartation [ˌɪmpɑːˈteɪʃn / im·parta·tion] *s.* (*form.*) comunicazione, trasmissione (di notizie ecc.).

impartial [ɪmˈpɑːʃl / im·par·tial] *agg.* imparziale, equo, super partes // **-ly** *avv.*

impartiality [ˌɪmˌpɑːʃɪˈælətɪ / im·par·ti·al·ity] *s.* imparzialità, equità.

impartible [ɪmˈpɑːtɪbl / im·part·ible] *agg.* (*non com.*) indivisibile.

impartment [ɪmˈpɑːtmənt / im·part·ment] *s.* (*rar.*) **1** distribuzione; spartizione **2** il conferire (coraggio); l'impartire (conoscenza) **3** comunicazione.

impassability [ˌɪmˌpɑːsəˈbɪlətɪ *amer.* ˈɪmˌpæsəˈbɪlətɪ / im·pass·ab·il·ity] *s.* invalicabilità; impraticabilità.

impassable [ɪmˈpɑːsəbl *amer.* ɪmˈpæsəbl / im·pass·able] *agg.* invalicabile; impraticabile; inguadabile // **-ness** *s.*

impasse [ˈæmpɑːs *amer.* ˈɪmpæs / im·passe] *s.* vicolo cieco; punto morto.

impassibility [ˌɪmˌpæsɪˈbɪlətɪ / im·pass·ib·il·ity] *s.* impassibilità, imperturbabilità; insensibilità.

impassible [ɪmˈpæsɪbl / im·pass·ible] *agg.* impassibile, imperturbabile; insensibile // **-ness** *s.* // **-bly** *avv.*

to **impassion** [ɪmˈpæʃn / im·pas·sion] *v.tr.* (*rar.*) appassionare, eccitare.

impassionate [ɪmˈpæʃənɪt / im·pas·sion·ate] *agg.* (*rar.*) eccitato; commosso.

impassioned [ɪmˈpæʃnd / im·pas·sioned] *agg.* veemente; caloroso; appassionato: *an — defence of civil liberties*, una difesa appassionata delle libertà civili.

impassive [ɪmˈpæsɪv / im·pass·ive] *agg.* impassibile; insensibile // **-ly** *avv.* // **-ness** *s.*

to **impaste** [ɪmˈpeɪst / im·paste] *v.tr.* impastare.

impasto [ɪmˈpɑːstəʊ / im·pasto] *s.* (*pitt.*) impasto.

impatience [ɪmˈpeɪʃns / im·pa·tience] *s.* **1** impazienza, irrequietezza, smania **2** intolleranza: *— of sthg.*, intolleranza di qlco.

impatient [ɪmˈpeɪʃnt / im·pa·tient] *agg.* **1** impaziente, irrequieto, smanioso: *to grow* (o *to get*) *— with s.o., sthg.*, perdere la pazienza con qlcu., per qlco. **2** intollerante: *to be — of advice*, non sopportare i consigli // **-ly** *avv.*

impavid [ɪmˈpævɪd / im·pavid] *agg.* (*ant.*) impavido // **-ly** *avv.*

to **impawn** [ɪmˈpɔːn / im·pawn] *v.tr.* (*ant.*) depositare come garanzia; impegnare.

to **impeach** [ɪmˈpiːtʃ / im·peach] *v.tr.* **1** (*dir.*) imputare; accusare, mettere in stato d'accusa; denunziare; incriminare: *to — s.o. for high treason*, accusare qlcu. di alto tradimento; *to — s.o. with* (o *of*) *a crime*, accusare qlcu. di un delitto **2** (*dir.*) invalidare, impugnare, revocare: *to — a contract*, invalidare un contratto; *to — a gift*, revocare una donazione; *to — a witness*, screditare un testimone **3** mettere in dubbio: *to — s.o.'s honour*, mettere in dubbio l'onore di qlcu.

impeachable [ɪmˈpiːtʃəbl / im·peach·able] *agg.* accusabile, denunziabile, incolpabile, incriminabile.

impeacher [ɪmˈpiːtʃə* / im·peach·er] *s.* (*dir.*) accusatore.

impeachment [ɪmˈpiːtʃmənt / im·peach·ment] *s.* **1** accusa, imputazione, incriminazione // (*dir. amer.*) *— of the President*, messa in stato di accusa del Presidente **2** denigrazione.

to **impearl** [ɪmˈpɜːl / im·pearl] *v.tr.* (*ant.*) imperlare (*anche fig.*) ◆ *v.intr.* (*ant.*) imperlarsi (*anche fig.*).

impeccability [ɪmˌpekəˈbɪlətɪ / im·pec·cab·il·ity] *s.* impeccabilità.

impeccable [ɪmˈpekəbl / im·pec·cable] *agg.* impeccabile // **-bly** *avv.*

impecuniosity [ˌɪmpɪˌkjuːnɪˈɒsətɪ / im·pe·cu·ni·osity] *s.* (*form.*) mancanza di denaro; povertà, indigenza.

impecunious [ˌɪmpɪˈkjuːnjəs / im·pe·cu·ni·ous] *agg.* (*form.*) senza denaro; povero, indigente.

impedance [ɪmˈpiːdəns / im·ped·ance] *s.* (*fis., tecn.*) impedenza: *input, output —*, impedenza d'entrata, d'uscita; *acoustic —*, impedenza acustica.

to **impede** [ɪmˈpiːd / im·pede] *v.tr.* impedire; ostacolare; intralciare; ritardare.

impediment [ɪmˈpedɪmənt / im·pedi·ment] *s.* impedimento; ostacolo; difficoltà: *an — in one's speech*, un difetto di pronuncia; *let me not to the marriage of true minds admit impediments*, (SH. Sonetti) non sarà che alle nozze di animi costanti io ammetta impedimenti // (*dir.*) *impediments to marriage*, impedimenti matrimoniali.

impedimenta [ɪmˌpedɪˈmentə / im·pedi·menta] *s.pl.* (*spec. mil.*) bagagli.

impedimental [ɪmˌpedɪˈmentl / im·pedi·mental] *agg.* che causa impedimento, che ostacola.

impeditive [ɪmˈpedɪtɪv / im·ped·it·ive] *agg.* impeditivo.

to **impel** [ɪmˈpel / im·pel] *pass.p.p.* **impelled** [ɪmˈpeld / im·pelled] *v.tr.* **1** (*form.*) spingere: *the heart impels blood through the veins*, il cuore spinge il sangue attraverso le vene **2** (IV) (*fig.*) costringere; incitare, spingere: *hunger impelled him to steal*, la fame lo spinse a rubare; *he felt impelled to criticize the plan*, si sentì in dovere di criticare il progetto.

impellent [ɪmˈpelənt / im·pel·lent] *agg.* (*non com.*) impellente ◆ *s.* (*non com.*) incentivo, stimolo.

impeller [ɪmˈpelə* / im·pel·ler] *s.* **1** (*non com.*) istigatore **2** (*mecc.*) ventola, girante, rotore (di compressore centrifugo, turbina, pompa centrifuga).

to **impend** [ɪmˈpend / im·pend] *v.intr.* sovrastare, incombere; essere imminente: *impending dangers*, pericoli incombenti.

impendence [ɪmˈpendəns / im·pend·ence] *s.* (*ant.*) ciò che incombe; incombenza; imminenza.

impendent [ɪmˈpendənt / im·pend·ent] *agg.* (*ant.*) sovrastante, incombente; imminente.

impenetrability [ɪmˌpenɪtrəˈbɪlətɪ / im·pen·et·rab·il·ity] *s.* impenetrabilità (*anche fig.*).

impenetrable [ɪmˈpenɪtrəbl / im·pen·et·rable] *agg.* impenetrabile (*anche fig.*) // **-bly** *avv.*

impenitence [ɪmˈpenɪtəns / im·pen·it·ence] *s.* impenitenza.

impenitent [ɪmˈpenɪtənt / im·pen·it·ent] *agg.* e *s.* impenitente, incorreggibile: *an — gambler*, un giocatore impenitente // **-ly** *avv.*

imperatival [ɪmˌperəˈtaɪvl / im·per·at·ival] *agg.* (*gramm.*) relativo al modo imperativo.

imperative [ɪmˈperətɪv / im·per·at·ive] *agg.* **1** imperativo; imperioso; perentorio; urgente; obbligatorio // (*dir.*): *— statute*, legge inderogabile; *— clause of a contract*, clausola inderogabile di un contratto **2** (*gramm.*) imperativo: *— mood*, modo imperativo ◆ *s.* **1** imperativo; perentorietà; obbligo // (*fil.*) *categorical —*, imperativo categorico **2** (*gramm.*) imperativo // **-ly** *avv.*

imperativeness [ɪmˈperətɪvnɪs / im·per·at·ive·ness] *s.* imperiosità.

imperator [ˌɪmpəˈrɑːtɔː* / im·per·ator] *s.* (*non com.*) imperatore.

imperatorial [ɪmˌperəˈtɔːrɪəl / im·per·at·or·ial] *agg.* (*non com.*) **1** imperiale **2** imperatorio.

imperceiverant [ˌɪmpəˈsiːvərənt / im·per·ceiv·er·ant] *agg.* (*ant.*) poco giudizioso, senza discernimento: *yet this imperceiverant thing loves him in my despite*, (SH. Cymbeline) ma questa sventata lo ama a mio dispetto.

imperceptibility [ˌɪmpəˌseptəˈbɪlətɪ / im·per·cept·ib·il·ity] *s.* impercettibilità.

imperceptible [ˌɪmpəˈseptəbl / im·per·cept·ible] *agg.* impercettibile // **-ness** *s.* // **-bly** *avv.*

imperception [ˌɪmpəˈsepʃn / im·per·cep·tion] *s.* mancanza di percezione.

imperceptive [ˌɪmpəˈseptɪv / im·per·cep·tive] *agg.* privo di percezione // **-ly** *avv.* // **-ness** *s.*

impercipient [ˌɪmpɜːˈsɪpɪənt / im·per·ci·pi·ent] → **imperceptive**.

imperfect [ɪmˈpɜːfɪkt / im·per·fect] *agg.* **1** imperfetto, difettoso, mancante, incompleto, incompiuto // (*dir.*) *— obligation*, obbligazione naturale **2** (*gramm.*) imperfetto: *— tense*, tempo imperfetto ◆ *s.* (*gramm.*) imperfetto // **-ly** *avv.* // **-ness** *s.*

imperfection [ˌɪmpəˈfekʃn / im·per·fec·tion] *s.* imperfezione; incompiutezza; difetto.

imperforable [ɪmˈpɜːfərəbl / im·per·for·able] *agg.* (*form.*) imperforabile.

imperforate [ɪmˈpɜːfərɪt / im·per·for·ate] *agg.* (*non com.*) non perforato, imperforato (*anche med.*).

imperial [ɪmˈpɪərɪəl / im·per·ial] *agg.* **1** imperiale // *His, Her Imperial Majesty*, Sua Maestà Imperiale **2** supremo; maestoso, grandioso **3** di formato o qualità speciale **4** dell'impero britannico // (*st.*) *— preference*, dogana ridotta per merci provenienti dai paesi dell'Impero Britannico e poi del Commonwealth ◆ *s.* **1** pizzo, pizzetto **2** imperiale (cassa per bagagli sul tetto di una vettura) **3** imperiale (moneta russa).

imperialism [ɪmˈpɪərɪəlɪzəm / im·peri·al·ism] *s.* imperialismo.

imperialist [ɪmˈpɪərɪəlɪst / im·peri·al·ist] *s.* imperialista.

imperialistic [ɪmˌpɪərɪəˈlɪstɪk / im·peri·al·istic] *agg.* imperialistico.

to **imperil** [ɪmˈperɪl / im·peril] *pass.p.p.* **imperilled** [ɪmˈperɪld / im·per·illed] *v.tr.* (*form.*) mettere in pericolo; mettere a repentaglio.

imperious [ɪmˈpɪərɪəs / im·peri·ous] *agg.* **1**

imperioso; prepotente; arrogante **2** (*non com.*) urgente: *an — need*, una necessità impellente // **-ly** *avv.* // **-ness** *s.*

imperishability [ɪm,perɪʃə'bɪlətɪ / im·per·ish·ab·il·ity] *s.* (*form.*) indistruttibilità (*anche fig.*).

imperishable [ɪm'perɪʃəbl / im·per·ish·able] *agg.* indistruttibile; imperituro (*anche fig.*) // **-ness** *s.* // **-bly** *avv.*

imperium [ɪm'pɪərɪəm / im·per·ium] *pl.* **imperia** [ɪm'pɪərɪə / im·pe·ria] *s.* **1** (*form.*) impero; comando, potere assoluto **2** (*dir.*) potere esecutorio; diritto assoluto.

impermanence [ɪm'pɜ:mənəns / im·per·man·ence] *s.* temporaneità, caducità, precarietà.

impermanent [ɪm'pɜ:mənənt / im·per·man·ent] *agg.* temporaneo, caduco, precario.

impermeability [ɪm,pɜ:mjə'bɪlətɪ / im·per·meab·il·ity] *s.* impermeabilità.

impermeable [ɪm'pɜ:mjəbl / im·per·meable] *agg.* impermeabile // **-bly** *avv.*

impermissible [,ɪmpə'mɪsɪbl / im·per·miss·ible] *agg.* non permissibile.

imperscriptible [,ɪmpə'skrɪptəbl / im·per·script·ible] *agg.* (*form.*) imperscrittibile.

impersonal [ɪm'pɜ:snl / im·per·sonal] *agg.* **1** impersonale, senza personalità, senza carattere; distaccato: *he took a very — view of their problems*, assunse un punto di vista molto distaccato sui loro problemi; *a bare — office*, un ufficio spoglio e impersonale **2** (*comm.*) non personale // (*amm.*) — *accounts*, conti impersonali **3** (*gramm.*) impersonale: — *pronoun, verb*, pronome, verbo impersonale // **-ly** *avv.*

impersonality [ɪm,pɜ:sə'nælɪtɪ / im·per·son·al·ity] *s.* l'essere impersonale; mancanza di personalità.

impersonate [ɪm'pɜ:sənɪt / im·per·son·ate] *agg.* (*non com.*) personificato.

to **impersonate** [ɪm'pɜ:səneɪt] *v.tr.* **1** impersonare, rappresentare; imitare; interpretare (ruoli, emozioni ecc.) **2** spacciarsi per: *the police arrested him for impersonating a doctor*, la polizia lo arrestò per essersi spacciato per un medico.

impersonation [ɪm,pɜ:sə'neɪʃn / im·per·sona·tion] *s.* **1** personificazione **2** (*teatr.*) imitazione **3** (*dir.*) sostituzione di persona.

impersonator [ɪm'pɜ:səneɪtə* / im·per·son·ator] *s.* **1** chi personifica **2** (*teatr.*) imitatore **3** chi commette una sostituzione di persona, chi assume un'identità fittizia.

to **impersonify** [,ɪmpɜ:'sɒnɪfaɪ / im·per·son·ify] *v.tr.* (*rar.*) personificare.

impertinence [ɪm'pɜ:tɪnəns / im·per·tin·ence] *s.* **1** impertinenza; impudenza **2** non pertinenza, irrilevanza (*anche dir.*).

impertinent [ɪm'pɜ:tɪnənt / im·per·tin·ent] *agg.* **1** impertinente **2** inappropriato; non pertinente, non rilevante (*anche dir.*) // **-ly** *avv.*

imperturbability [,ɪmpə,tɜ:bə'bɪlətɪ / im·per·turb·ab·il·ity] *s.* imperturbabilità; calma.

imperturbable [,ɪmpə'tɜ:bəbl / im·per·turb·able] *agg.* imperturbabile; calmo // **-bly** *avv.*

imperturbation [,ɪmpətə'beɪʃn / im·per·turba·tion] *s.* (*rar.*) imperturbabilità; calma.

imperviable [ɪm'pɜ:vɪəbl / im·per·viable] *agg.* (*rar.*) impervio.

impervious [ɪm'pɜ:vjəs / im·per·vi·ous] *agg.* **1** impervio; impenetrabile; inaccessibile (*anche fig.*): — *to reason*, sordo alla ragione; — *to her beauty*, indifferente alla sua bellezza **2** impermeabile: — *to water*, impermeabile all'acqua **3** (*med.*) impervio (di cavità, canale) // **-ly** *avv.* // **-ness** *s.*

impetiginous [,ɪmpɪ'tɪdʒɪnəs / im·pe·tig·in·ous] *agg.* (*med.*) impetiginoso.

impetigo [,ɪmpɪ'taɪgəʊ / im·pe·tigo] *s.* (*med.*) impetigine.

to **impetrate** ['ɪmpɪtreɪt / im·pet·rate] *v.tr.* (*rar.*) impetrare; implorare.

impetration [,ɪmpɪ'treɪʃn / im·petra·tion] *s.* (*rar.*) impetrazione.

impetrative ['ɪmpɪtreɪtɪv / im·petrat·ive] ant. **impetratory** ['ɪmpɪtreɪtərɪ / im·pet·rat·ory] *agg.* impetratorio.

impetuosity [ɪm,petjʊ'ɒsətɪ / im·petu·os·ity] *s.* **1** impetuosità; impulsività, irruenza; furia; passionalità **2** azione irruente, impulsiva.

impetuous [ɪm'petjʊəs / im·petu·ous] *agg.* impetuoso; irruente, passionale // **-ly** *avv.* // **-ness** *s.*

impetus ['ɪmpɪtəs / im·petus] *s.* **1** impeto, impulso, spinta, incremento; slancio, foga: *to gain —*, acquistar slancio; *to give an — to*, dare impulso a **2** (*fis.*) impulso.

impiety [ɪm'paɪətɪ / im·pi·ety] *s.* (*form.*) **1** irriverenza; empietà **2** azione empia.

to **impinge** [ɪm'pɪndʒ / im·pinge] *v.intr.* (*form.*) **1** urtare (su, contro) **2** (*fig.*) venire in urto, contrastare: *to — on* (o *upon*) *sthg.*, venire in urto con qlco.; *his job began to — on his home life*, il suo lavoro iniziò a scontrarsi con la sua vita familiare **3** violare; intromettersi illegalmente: *to — upon s.o.'s authority*, violare l'autorità di qlcu. ◆ *v.tr.* **1** (*tecn.*) separare (un liquido da una corrente gassosa) a urto **2** (*metall.*) corrodere.

impingement [ɪm'pɪndʒmənt / im·pinge·ment] *s.* **1** colpo; spinta; urto **2** influenza, ripercussione: *the 50's saw the — of the American way of life in Asia*, gli anni '50 videro l'influenza del modello di vita americano in Asia **3** (*tecn.*) separazione a urto **4** (*metall.*) corrosione.

impious ['ɪmpɪəs / im·pi·ous] *agg.* irreligioso; empio // **-ly** *avv.* // **-ness** *s.*

impish ['ɪmpɪʃ / imp·ish] *agg.* birichino; malizioso; indiavolato // **-ness** *s.*

impiteous [ɪm'pɪtɪəs / im·pit·eous] *agg.* (*rar.*) spietato.

implacability [ɪm,plækə'bɪlətɪ / im·plac·ab·il·ity] *s.* implacabilità.

implacable [ɪm'plækəbl / im·plac·able] *agg.* implacabile // **-bly** *avv.*

implacental [,ɪmplə'sentl / im·pla·cen·tal] *agg.* (*zool.*) privo di placenta.

implant ['ɪmplɑ:nt *amer.* 'ɪmplænt / im·plant] *s.* (*med.*) impianto, innesto, trapianto.

to **implant** [ɪm'plɑ:nt *amer.* ɪm'plænt] *v.tr.* **1** piantare, fissare **2** (*med.*) impiantare **3** (*fig.*) inculcare, instillare, imprimere (idee ecc.).

implantation [,ɪmplɑ:n'teɪʃn *amer.* ,ɪmplæn'teɪʃn / im·planta·tion] *s.* **1** impianto (*anche med.*) **2** (*biol.*) annidamento (dell'uovo) **3** inculcazione (di idee ecc.).

implausibility [ɪm,plɔ:zə'bɪlətɪ / im·plaus·ib·il·ity] *s.* non plausibilità; mancanza di plausibilità.

implausible [ɪm'plɔ:zɪbl / im·plaus·ible] *agg.* non plausibile // **-bly** *avv.*

to **impleach** [ɪm'pli:tʃ / im·pleach] *v.tr.* (*rar.*) intrecciare.

to **implead** [ɪm'pli:d / im·plead] *v.tr.* (*dir.*) citare, convenire in giudizio.

to **impledge** [ɪm'pledʒ / im·pledge] *v.tr.* (*non com.*) dare in pegno.

implement ['ɪmplɪmənt / im·ple·ment] *s.* **1** utensile, attrezzo, arnese **2** (*fig.*) strumento, mezzo: *they used all the implements of justice to resolve the case*, usarono tutti gli strumenti della giustizia per risolvere il caso **3** (*dir.*) adempimento.

to **implement** *v.tr.* **1** realizzare; compiere; eseguire: *a committee was set up to — the changes*, venne istituita una commissione per effettuare, attuare i cambiamenti **2** (*dir.*) rendere effettivo (un contratto ecc.) **3** (*inform.*) realizzare, mettere in applicazione; (IBM) installare; (*sl.*) implementare.

implementation [,ɪmplɪmen'teɪʃn / im·ple·menta·tion] *s.* **1** esecuzione, realizzazione; completamento **2** (*dir.*) adempimento, esecuzione **3** (*inform.*) realizzazione, messa in applicazione, versione; (IBM) installazione.

impletion [ɪm'pli:ʃn / im·ple·tion] *s.* (*ant.*) riempimento; pienezza, l'essere pieno.

to **implicate** ['ɪmplɪkeɪt / im·plic·ate] *v.tr.* **1** implicare, coinvolgere: *he was implicated in a crime*, fu coinvolto in un delitto **2** (*non com.*) implicare, comportare; sottintendere: *our project implicated months of hard work*, il nostro progetto comportò mesi di duro lavoro.

implication [,ɪmplɪ'keɪʃn / im·plica·tion] *s.* **1** implicazione, coinvolgimento; connessione, rapporto: *political implications*, implicazioni politiche; *Bacon helped free science from its mystical implications*, Bacone aiutò a liberare la scienza dalle sue connessioni con la mistica **2** insinuazione; allusione, sottinteso: *there was an — that he'd betrayed his wife*, insinuavano che avesse tradito la moglie; *he told us by — that the company was for sale*, ci disse per sottintesi che la compagnia era in vendita **3** (*dir.*) presunzione **4** (*log.*) implicazione.

implicative [ɪm'plɪkətɪv / im·plic·at·ive] *agg.* (*non com.*) implicante.

implicit [ɪm'plɪsɪt / im·pli·cit] *agg.* **1** implicito; sottinteso: *there was an — threat in his letter*, c'era una minaccia implicita nella sua lettera // (*mat.*) — *function*, funzione implicita **2** completo, assoluto, senza riserve: — *faith in*, fede assoluta in; — *obedience*, obbedienza senza riserve **3** (*amm.*) figurativo: — *costs*, costi figurativi; — *rent*, affitto figurativo; — *interest*, interesse di computo, interesse figurativo // **-ly** *avv.* // **-ness** *s.*

implied [ɪm'plaɪd / im·plied] *agg.* **1** implicito; implicato; sottinteso: *the — urgency of their request did not go unheeded*, l'urgenza sottintesa nella loro richiesta non venne trascurata **2** (*dir.*) implicito, tacito: — *agency*, rappresentanza tacita; — *condition*, condizione implicita, obbligazione legale; — *by law*, presunto dalla legge; — *warranty*, garanzia tacita, implicita.

to **implode** [ɪm'pləʊd / im·plode] *v.intr.* implodere.

imploration [,ɪmplə'reɪʃn / im·plora·tion] *s.* implorazione, supplica.

to **implore** [ɪm'plɔ:* / im·plore] *v.tr.* (IV) implorare, supplicare ♦ *v.intr.* rivolgere una supplica, una preghiera.

implorer [ɪm'plɔ:rə* / im·plorer] *s.* (*rar.*) supplicante, supplicatore.

imploring [ɪm'plɔ:rɪŋ / im·plor·ing] *agg.* supplichevole; supplicante, implorante.

imploringly [ɪm'plɔ:rɪŋlɪ / im·plor·ing·ly] *avv.* in modo supplichevole, implorante.

implosion [ɪm'pləʊʒn / im·plo·sion] *s.* (*fis.*, *fon.*) implosione.

impluvium [ɪm'plu:vɪəm / im·pluvium] *pl.* **impluvia** [ɪm'plu:vɪə] *s.* (*arch. romana*) impluvio.

to **imply** [ɪm'plaɪ / im·ply] *v.tr.* **1** implicare; suggerire; sottintendere; insinuare; indicare; significare: *he implied that her presence was no longer needed*, insinuò che la sua presenza non fosse più necessaria **2** implicare, comportare: *these changes implied a complete overhaul in our banking system*, questi mutamenti comportarono una completa revisione del nostro sistema bancario.

to **impocket** [ɪm'pɒkɪt / im·pocket] *v.tr.* (*rar.*) mettere in tasca; intascare.

impolicy [ɪm'pɒlɪsɪ / im·pol·icy] *s.* (*non com.*) **1** impoliticità; cattiva politica **2** inopportunità.

impolite [,ɪmpə'laɪt / im·pol·ite] *agg.* scortese, sgarbato, ineducato; rozzo // **-ly** *avv.* // **-ness** *s.*

impolitic [ɪm'pɒlɪtɪk / im·pol·itic] *agg.* **1** impolitico **2** inopportuno; inadatto allo scopo; poco saggio.

imponderability [ɪm,pɒndərə'bɪlətɪ / im·pon·der·ab·il·ity] *s.* imponderabilità.

imponderable [ɪm'pɒndərəbl / im·pon·der·able] *agg.* imponderabile; inquantificabile; che non può essere determinato, valutato (*anche fig.*): *just how effective our efforts would be was an — question*, era una questione imponderabile scoprire quale sarebbe stata l'esatta efficacia dei nostri sforzi ♦ *s.* l'imponderabile, ciò che non si può valutare // **-ness** *s.*

to **impone** [ɪm'pəʊn / im·pone] *v.tr.* (*ant.*) **1** imporre (una tassa) **2** scommettere.

import ['ɪmpɔ:t / im·port] *s.* **1** (*econ.*) importazione; merce d'importazione: *— duty, entry, licence*, dazio, bolletta, licenza d'importazione; *— levy*, dazio compensativo (nella CEE); *invisible exports and imports*, partite invisibili **2** (*fig.*) importazione, prestito: *many of his ideas were imports from the works of Swedenborg*, molte delle sue idee erano prese a prestito dalle opere di Swedenborg; *in Italian the word 'naif' is an — from the French language*, in italiano la parola 'naif' è un prestito dalla lingua francese **3** (*form.*) importanza; peso; conseguenza; valore; rilevanza: *of great —*, di grande importanza **4** significato, senso; intenzione: *what is the — of his words?*, qual è il significato delle sue parole?

to **import** [ɪm'pɔ:t] *v.tr.* **1** importare (*anche inform.*), introdurre (*anche econ.*): *the skate board craze was imported from the States*, la moda dello skate board è stata importata dagli Stati Uniti; *to — goods (from one country into another)*, importare merci (da un paese in un altro) **2** (*form.*) concernere; interessare **3** (*form.*) implicare; significare; indicare; esprimere: *what do his words —?*, che cosa significano le sue parole? ♦ *v.intr.* essere importante, avere peso.

importable [ɪm'pɔ:təbl / im·port·able] *agg.* importabile.

importance [ɪm'pɔ:təns / im·port·ance] *s.* **1** importanza; rilevanza; significato; peso: *it is of great —*, è di grande importanza; *to attach — to sthg.*, attribuire importanza a qlco. **2** (*ant.*) urgenza, insistenza: *Maria writ / the letter, at Sir Toby's great importance*, (SH. Twelfth Night) Maria scrisse la lettera per la continua insistenza di Sir Toby.

important [ɪm'pɔ:tənt / im·port·ant] *agg.* **1** importante; rilevante; significativo **2** (*ant.*) urgente, pressante: *therefore great France / my mourning and important tears hath pitied*, (SH. King Lear) per questo il grande re di Francia ha avuto pietà dei miei lamenti e delle mie lacrime pressanti // **-ly** *avv.*

importation [,ɪmpɔ:'teɪʃn / im·porta·tion] *s.* importazione, l'importare; merce di importazione.

import-ban ['ɪmpɔ:t,bæn] *s.* (*econ.*) divieto di importazione.

importer [ɪm'pɔ:tə* / im·porter] *s.* importatore, ditta importatrice.

import-export [,ɪmpɔ:t'ekspɔ:t] *s.* **1** (*econ.*) import-export **2** (*inform.*) trasferibilità, intercambiabilità (di un programma).

importunate [ɪm'pɔ:tjʊnɪt / im·por·tun·ate] *agg.* (*form.*) **1** importuno, molesto; insistente **2** urgente (di affari) // **-ly** *avv.*

importunateness [ɪm'pɔ:tjʊnətnɪs / im·por·tun·ate·ness] *s.* (*form.*) importunità; insistenza.

importune [ɪm'pɔ:tju:n / im·por·tune] → **importunate**.

to **importune** *v.tr.* (*form.*) importunare, molestare.

importunely [,ɪmpə'tju:nlɪ / im·por·tune·ly] *avv.* (*form.*) insistentemente; importunamente.

importuner [ɪm'pɔ:tju:nə* / im·por·tuner] *s.* (*form.*) importuno, persona importuna; molestatore.

importunity [,ɪmpɔ:'tju:nɪtɪ *amer.* ,ɪmpɔ:'tu:nɪtɪ / im·por·tun·ity] *s.* (*form.*) importunità; insistenza.

to **impose** [ɪm'pəʊz / im·pose] *v.tr.* **1** imporre, far valere; esigere: *to — one's authority on s.o.*, imporre la propria autorità a qlcu.; *to — a new tax on cigarettes*, imporre una nuova tassa sulle sigarette; *the war imposed sacrifices on everyone*, la guerra impose, richiese a tutti grossi sacrifici // *a routine began to — itself during their training*, durante l'allenamento si instaurò una certa routine **2** (*dir.*) irrogare, comminare: *to — a penalty*, irrogare una pena **3** generare, causare: *having two jobs imposes great strain on one's life*, avere due lavori causa una forte tensione nella propria vita **4** (*tip.*) mettere in macchina.

□ **impose on** *v.intr.* e *prep.* imporre la propria presenza a, imporsi a; approfittare di: *he was always imposing on friends by asking them for money*, approfittava sempre degli amici chiedendo loro del denaro.

imposing [ɪm'pəʊzɪŋ / im·pos·ing] *agg.* maestoso, grandioso, imponente // **-ly** *avv.* // **-ness** *s.*

imposition [,ɪmpə'zɪʃn / im·posi·tion] *s.* **1** imposizione **2** (*relig.*) imposizione **3** imposta, tassa **4** (*dir.*) imposizione, comminazione, irrogazione **5** (*scuola*) penso **6** (*rar.*) inganno **7** (*tip.*) messa in macchina.

impossibility [ɪm,pɒsə'bɪlətɪ / im·poss·ib·il·ity] *s.* impossibilità.

impossible [ɪm'pɒsəbl / im·poss·ible] *agg.* **1** impossibile: *it's — for me to go*, mi è impossibile andare // *to ask for the —*, chiedere l'impossibile **2** intollerabile; insopportabile **3** strano; stravagante.

impossibly [ɪm'pɒsəblɪ / im·poss·ibly] *avv.* **1** impossibilmente, in modo impossibile **2** estremamente, oltremodo: *— exacting*, oltremodo esigente.

impost[1] ['ɪmpəʊst / im·post] *s.* (*non com.*) **1** (*trib.*) imposta (spec. dazio doganale) **2** (*sl. ippica*) peso portato da un cavallo in una corsa, handicap.

impost[2] *s.* (*arch.*) imposta.

impostor [ɪm'pɒstə* / im·postor] *s.* impostore; imbroglione.

imposture [ɪm'pɒstʃə* / im·pos·ture] *s.* impostura; inganno; frode.

impot ['ɪmpɒt / im·pot] → **imposition** 5.

impotence ['ɪmpətəns / im·pot·ence] **impotency** ['ɪmpətənsɪ / im·pot·ency] *s.* **1** impotenza; incapacità; debolezza **2** (*dir.*) impotenza **3** (*med.*) impotenza (sessuale): *anatomic, functional, psychic —*, impotenza anatomica, funzionale, psichica.

impotent ['ɪmpətənt / im·pot·ent] *agg.* **1** impotente; debole; inetto, incapace **2** (*dir.*) impotente **3** (*med.*) impotente (sessualmente) // **-ly** *avv.*

to **impound** [ɪm'paʊnd / im·pound] *v.tr.* **1** (*dir.*) confiscare **2** sequestrare (animali o oggetti) **3** raccogliere (acque) in un bacino.

to **impoverish** [ɪm'pɒvərɪʃ / im·pov·er·ish] *v.tr.* **1** impoverire, rendere povero (*anche fig.*) **2** esaurire; indebolire, svigorire.

impoverishment [ɪm'pɒvərɪʃmənt / im·pov·er·ish·ment] *s.* impoverimento; esaurimento.

impracticability [ɪm,præktɪkə'bɪlətɪ / im·prac·tic·ab·il·ity] *s.* **1** inattuabilità (di progetti ecc.) **2** impraticabilità (di strade) **3** (*ant.*) intrattabilità (di persone).

impracticable [ɪm'præktɪkəbl / im·prac·tic·able] *agg.* **1** inattuabile, irrealizzabile, impossibile (di progetti ecc.) **2** impraticabile (di strade) **3** privo di senso pratico (di persone) **4** (*ant.*) intrattabile (di persone).

impracticableness [ɪm'præktɪkəblnɪs / im·prac·tic·able·ness] → **impracticability**.

impracticably [ɪm'præktɪkəblɪ / im·prac·tic·ably] *avv.* in modo irrealizzabile.

impractical [ɪm'præktɪkl / im·prac·tical] *agg.* **1** non pratico, non realistico (di progetto) **2** privo di senso pratico (di persona).

to **imprecate** ['ɪmprɪkeɪt / im·prec·ate] *v.tr.* (*ant.*) lanciare maledizioni contro, imprecare contro; maledire ♦ *v.intr.* (*form.*) imprecare, bestemmiare.

imprecation [,ɪmprɪ'keɪʃn / im·preca·tion] *s.* (*form.*) imprecazione; maledizione.

imprecatory ['ɪmprɪkeɪtərɪ / im·prec·at·

ory] *agg.* (*form.*) imprecativo, imprecatorio; maledicente.

imprecise [,ımprı'saıs / im·pre·cise] *agg.* impreciso // **-ly** *avv.*

imprecision [,ımprı'sıʒn / im·pre·ci·sion] *s.* imprecisione.

impregnability [ım,pregnə'bılətı / im·preg·nab·il·ity] *s.* inespugnabilità.

impregnable [ım'pregnəbl / im·preg·nable] *agg.* **1** inespugnabile (di fortezza ecc.), imprendibile **2** (*fig.*) inespugnabile, incrollabile **3** (*fig.*) inoppugnabile // **-bly** *avv.*

impregnate [ım'pregnıt / im·preg·nate] *agg.* **1** impregnato, imbevuto **2** pregno, fecondato; gravido.

to **impregnate** ['ımpregneıt *amer.* ım 'pregneıt] *v.tr.* **1** fecondare; mettere incinta **2** fertilizzare, rendere fecondo **3** impregnare, saturare, imbevere (*anche fig.*): *his shirt was impregnated with sweat*, la sua camicia era impregnata di sudore; *the local religion was impregnated with Buddhist ideas*, la religione locale era pervasa di idee buddiste.

impregnated ['ımpregneıtıd *amer.* ım 'pregneıtıd / im·preg·nated] *agg.* **1** pregno, gravido **2** imbevuto **3** (*fig.*) pervaso, intriso.

impregnation [,ımpreg'neıʃn / im·preg·na·tion] *s.* **1** (*biol.*) fecondazione **2** impregnazione **3** (*fig.*) indottrinamento.

impresario [,ımprı'sɑ:rıəʊ / im·pres·ario] *pl.* **impresarios** *s.* impresario.

imprescriptibility [,ımprı,skrıptı'bılətı / im·pre·script·ib·il·ity] *s.* (*dir.*) imprescrittibilità.

imprescriptible [,ımprı'skrıptıbl / im·pre·script·ible] *agg.* imprescrittibile; inviolabile: *an — right*, un diritto inviolabile.

impress[1] ['ımpres / im·press] *s.* **1** marchio; stampo; impronta; impressione (*anche fig.*) **2** (*arald.*) emblema (gener. con motto) su uno stemma: *impresses quaint*, (MILTON) bizzarri emblemi.

to **impress**[1] [ım'pres] *v.tr.* **1** (*tip.*) stampare; imprimere **2** (*fig.*) imprimere, inculcare (idee, sentimenti ecc.): *he impressed the need for secrecy on them*, inculcò loro l'esigenza di riservatezza **3** impressionare, fare una (gener. buona) impressione: *how did he — you?*, che impressione ti ha fatto?; *I was very impressed by what I saw*, quello che ho visto mi ha fatto una buona impressione; *he impressed them as (being) a very capable leader*, ricevettero l'impressione che egli fosse un abile leader; *they will — you with their cleverness*, sarete impressionati dalla loro abilità.

to **impress**[2] *v.tr.* **1** (*mil.*) arruolare forzatamente **2** requisire (merci ecc.).

impressibility [ım,presı'bılətı / im·press·ibil·ity] *s.* **1** impressionabilità (*anche fig.*) **2** sensibilità; suscettibilità.

impressible [ım'presəbl / im·press·ible] *agg.* **1** (*tip.*) imprimibile; stampabile **2** impressionabile (*anche fig.*) **3** suscettibile.

impressibly [ım'presəblı / im·press·ibly] *avv.* (*non com.*) in modo impressionabile; in modo suscettibile.

impression [ım'preʃn / im·pres·sion] *s.* **1** impressione, impronta **2** (*tip.*) stampa, tiratura: *sixth — of the third edition*, sesta tiratura (quinta ristampa) della terza edizione **3** (*fig.*) impressione, effetto; idea: *a strong, a vague —*, un'impressione profonda, vaga; *under the — that...*, sotto l'impressione che...; *to create* (o *to give*) *an —*, dare un'impressione; *to make a good — on s.o.*, fare una buona impressione su qlcu.; *to gain* (o *to form*) *the — that...*, farsi l'idea che... **4** imitazione, caricatura: *to do impressions of famous people*, fare l'imitazione di personaggi famosi.

impressionability [ım,preʃnə'bılətı / im·pres·sion·abil·ity] *s.* **1** impressionabilità (*anche fig.*) **2** sensibilità.

impressionable [ım'preʃnəbl / im·pres·sion·able] *agg.* **1** impressionabile (*anche fig.*) **2** sensibile.

impressionism [ım'preʃnızəm / im·pres·sion·ism] *s.* (*pitt.*, *mus.*) impressionismo.

impressionist [ım'preʃnıst / im·pres·sion·ist] *s.* **1** (*pitt.*, *mus.*) impressionista **2** imitatore.

impressionistic [ım,preʃə'nıstık / im·pres·sion·istic] *agg.* **1** (*pitt.*, *mus.*) impressionistico, impressionista **2** approssimativo, vago, superficiale.

impressive [ım'presıv / im·press·ive] *agg.* **1** impressionante; imponente **2** toccante, emozionante **3** solenne // **-ly** *avv.*

impressiveness [ım'presıvnıs / im·press·ive·ness] *s.* **1** imponenza **2** solennità.

impressment [ım'presmənt / im·press·ment] *s.* **1** (*mil.*) arruolamento forzato **2** requisizione (di merci ecc.).

imprest ['ımprest / im·prest] *s.* **1** (*amm.*) anticipazione: *— fund*, fondo anticipazione; *— system*, sistema delle anticipazioni **2** (*st.*) paga anticipata (ai soldati).

imprimatur [,ımprı'meıtə* / im·prim·atur] *s.* (*lat.*) imprimatur; (*fig.*) approvazione.

imprint ['ımprınt / im·print] *s.* **1** impressione; impronta (*anche fig.*) **2** (*tip.*) sigla editoriale: *no —*, senza indicazione dell'editore; *publisher's —*, stampato da, coi tipi di.

to **imprint** [ım'prınt] *v.tr.* stampare; imprimere (*anche fig.*): *to — sthg. in the mind, on the memory of s.o.*, imprimere qlco. nella mente, nella memoria di qlcu.

imprinting [ım'prıntıŋ / im·print·ing] *s.* (*biol.*) imprinting.

to **imprison** [ım'prızn / im·prison] *v.tr.* **1** imprigionare, incarcerare; sequestrare **2** rinchiudere; relegare; confinare (*anche fig.*).

imprisonment [ım'prıznmənt / im·pris·on·ment] *s.* incarceramento, arresto; carcerazione; prigionia, reclusione: *life —*, ergastolo; *to be sentenced to life —*, essere condannato all'ergastolo.

improbability [ım,prɒbə'bılətı / im·prob·ab·il·ity] *s.* improbabilità; inverosimiglianza.

improbable [ım'prɒbəbl / im·prob·able] *agg.* improbabile; inverosimile // **-bly** *avv.*

improbity [ım'prəʊbətı / im·prob·ity] *s.* (*form.*) malvagità; disonestà.

impromptu [ım'prɒmptju: *amer.* ım 'prɒmptu: / im·promptu] *agg.* improvvisato, estemporaneo ◆ *s.* (*mus.*, *lett.*) impromptu, improvviso; improvvisazione ◆ *avv.* all'improvviso, estemporaneamente.

improper [ım'prɒpə* / im·proper] *agg.* **1** improprio, disadatto **2** erroneo, scorretto; illecito: *— business dealings*, affari illeciti **3** sconveniente; indecente // **-ly** *avv.*

impropriate [ım'prəʊprııt / im·pro·pri·ate] *agg.* (*dir. eccl.*) secolarizzato (di beneficio).

to **impropriate** [ım'prəʊprıeıt] *v.tr.* **1** (*dir. eccl.*) secolarizzare (benefici ecclesiastici); concedere (benefici ecclesiastici) **2** (*antiq.*) appropriarsi indebitamente di.

impropriation [ım,prəʊprı'eıʃn / im·pro·pri·ation] *s.* (*dir. eccl.*) secolarizzazione (di benefici ecc.).

impropriator [ım'prəʊprıeıtə* / im·pro·pri·ator] *s.* (*dir. eccl.*) laico investito di benefici ecclesiastici.

impropriety [,ımprə'praıətı / im·pro·pri·ety] *s.* **1** improprietà **2** (*form.*) scorrettezza; sconvenienza; indecenza.

improvability [ım,pru:və'bılətı / im·prov·ab·il·ity] *s.* suscettibilità di miglioramento, di valorizzazione.

improvable [ım'pru:vəbl / im·prov·able] *agg.* **1** perfezionabile, suscettibile di miglioramento, migliorabile **2** bonificabile.

improvableness [ım'pru:vəblnıs / im·prov·able·ness] *s.* perfettibilità.

improvably [ım'pru:vəblı / im·prov·ably] *avv.* in modo perfettibile, valorizzabile.

to **improve** [ım'pru:v / im·prove] *v.tr.* **1** migliorare, perfezionare; far progredire: *to — oneself*, migliorarsi, perfezionarsi; *to — one's appearance*, abbellirsi, imbellirsi **2** approfittare di, fare buon uso di: *he improved his time by studying French*, fece buon uso del suo tempo studiando il francese **3** coltivare, valorizzare (terreno); far fruttare (denaro): *to — land*, bonificare un terreno ◆ *v.intr.* perfezionarsi; fare progressi, migliorare: *he is improving in health*, migliora in salute; *his manners are improving*, i suoi modi migliorano; *my French has improved*, il mio francese è migliorato; *wine improves with age*, il vino migliora con gli anni; *to — with use*, migliorare con l'uso.

□ **improve (up)on** *v.tr.* e *prep.* apportare miglioramenti a, migliorare: *he has improved on his previous record*, ha migliorato il suo record precedente // (*comm.*) *to — on s.o.'s offer*, superare l'offerta di qlcu.

improvement [ım'pru:vmənt / im·prove·ment] *s.* **1** miglioramento; miglioria; perfezionamento; progresso: *— in health*, miglioramento in salute; *open to —*, suscettibile di miglioramento; *no — seems possible*, non sembra possibile alcun miglioramento; *there is need of — in your studies*, è necessario un miglioramento nei tuoi studi; *this book is an — on* (o *over*) *his former works*, questo libro è un progresso rispetto alle sue opere precedenti; *to effect improvements in sthg.*, effettuare miglioramenti in qlco. // *room for —*, margine di miglioramento // (*trib.*) *— tax*, contributo di miglioria **2** bonifica, valorizzazione (di terreno).

improver [ım'pru:və* / im·prover] *s.* **1** perfezionatore **2** (*non com.*) apprendista.

improvidence [ım'prɒvıdəns / im·prov·id·ence] *s.* (*form.*) imprevidenza, l'essere imprevidente.

improvident [ım'prɒvıdənt / im·prov·id·ent] *agg.* (*form.*) imprevidente // **-ly** *avv.*

improving [ım'pru:vıŋ / im·prov·ing] *agg.* che rende migliore, che valorizza; che perfeziona ◆ *s.* (*non com.*) miglioramento // **-ly** *avv.*

improvisation [,ımprəvaı'zeıʃn *amer.* ,ımprəvı'zeıʃn / im·pro·visa·tion] *s.* improvvisazione.

improvisator [ɪm'prɒvɪzeɪtə* / im·pro·vis·ator] *s.* (*rar.*) improvvisatore.

improvisatorial [ɪm,prɒvɪzə'tɔ:rɪəl / im·pro·vis·at·or·ial] **improvisatory** [,ɪmprə'vaɪzətərɪ / im·pro·vis·at·ory] *agg.* (*rar.*) estemporaneo.

to **improvise** ['ɪmprəvaɪz / im·pro·vise] *v.tr.* improvvisare; preparare in fretta, sul momento: *to — a meal*, preparare un pasto su due piedi; *to — a speech, a tune*, improvvisare un discorso, un motivo ◆*v.intr.* **1** improvvisare **2** fare delle improvvisazioni musicali: *he has a good ear and can — well on the piano*, ha un buon orecchio e riesce bene a improvvisare al pianoforte.

improvised ['ɪmprəvaɪzd / im·pro·vised] *agg.* improvvisato: *an — shelter*, un rifugio d'emergenza.

improviser ['ɪmprəvaɪzə* / im·pro·viser] *s.* chi improvvisa, improvvisatore.

imprudence [ɪm'pru:dəns / im·pru·dence] *s.* imprudenza.

imprudent [ɪm'pru:dənt / im·pru·dent] *agg.* imprudente, incauto // **-ly** *avv.*

impudence ['ɪmpjʊdəns / im·pud·ence] *s.* impudenza, sfrontatezza, sfacciataggine.

impudent ['ɪmpjʊdənt / im·pud·ent] *agg.* impudente, sfrontato, sfacciato // **-ly** *avv.*

impudicity [,ɪmpjʊ'dɪsɪtɪ / im·pudi·city] *s.* impudicizia, mancanza di pudore.

to **impugn** [ɪm'pju:n / im·pugn] *v.tr.* **1** (*form.*) oppugnare, contestare, mettere in discussione; contrastare; contraddire **2** (*dir.*) impugnare: *to — a will*, impugnare un testamento.

impugnable [ɪm'pʌgnəbl / im·pugn·able] *agg.* **1** (*form.*) oppugnabile, contestabile **2** (*dir.*) impugnabile.

impugner [ɪm'pju:nə* / im·pugn·er] *s.* (*form.*) oppositore; antagonista.

impugnment [ɪm'pju:nmənt / im·pugn·ment] *s.* (*form.*) **1** oppugnazione; attacco; sfida **2** (*dir.*) impugnazione.

impuissance [ɪm'pju:ɪsns / im·pu·is·sance] *s.* (*rar.*) impotenza; debolezza.

impuissant [ɪm'pju:ɪsnt / im·pu·is·sant] *agg.* (*rar.*) impotente; debole.

impulse ['ɪmpʌls / im·pulse] *s.* **1** impulso, istinto, stimolo; impeto, slancio; sprone, incitamento, spinta: *I had an irresistible — to phone home*, ebbi un impulso irresistibile di telefonare a casa; *to act on —*, agire d'impulso; *the crowd was driven by a common — to protest against the new law*, la folla fu indotta da un impulso comune a protestare contro la nuova legge; *to give an — to exports*, dare slancio, impulso alle esportazioni // *— buy* (o *buying*), acquisto fatto d'impulso, non programmato; *— goods*, beni acquistati d'impulso (nel marketing) // (*med.*) *cardiac, nervous —*, impulso cardiaco, nervoso // *sexual —*, stimolo sessuale **2** (*fis.*, *tecn.*) impulso: *— generator*, generatore d'impulsi.

impulsion [ɪm'pʌlʃn / im·pul·sion] *s.* **1** (*non com.*) impulso; spinta; impeto, slancio; stimolo **2** (*psic.*) impulso, impeto, stimolo, compulsione **3** (*mecc.*) propulsione, spinta, impulsione.

impulsive [ɪm'pʌlsɪv / im·puls·ive] *agg.* **1** impulsivo, irriflessivo **2** (*mecc.*) propulsore, propulsivo // *— force*, forza impulsiva, impatto.

impulsively [ɪm'pʌlsɪvlɪ / im·puls·ive·ly] *avv.* impulsivamente; per impulso.

impulsiveness [ɪm'pʌlsɪvnɪs / im·puls·ive·ness] meno com. **impulsivity** [,ɪmpʌl'sɪvɪtɪ / im·puls·iv·ity] *s.* impulsività.

impunity [ɪm'pju:nətɪ / im·pun·ity] *s.* impunità.

impure [ɪm'pjʊə* / im·pure] *agg.* **1** impuro, non puro; contaminato; adulterato **2** (*antiq.*) impudico, inverecondo // **-ly** *avv.*

impurity [ɪm'pjʊərɪtɪ / im·pur·ity] *s.* **1** impurità, contaminazione **2** impudicizia, inverecondia; comportamento impudico **3** linguaggio osceno **4** (*chim.*, *fis.*) impurezza, impurità.

to **impurple** [ɪm'pɜ:pl / im·purple] *v.tr.* (*ant.*) imporporare.

imputability [ɪm,pju:tə'bɪlətɪ / im·put·ab·il·ity] *s.* (*dir.*) imputabilità.

imputable [ɪm'pju:təbl / im·put·able] *agg.* **1** (*form.*) imputabile; attribuibile, ascrivibile **2** (*dir.*) imputabile // **-ness** *s.* // **-bly** *avv.*

imputation [,ɪmpju:'teɪʃn / im·puta·tion] *s.* **1** (*form.*) imputazione; attribuzione; insinuazione **2** (*amm.*, *dir.*) imputazione, accusa.

imputative [ɪm'pju:tətɪv / im·put·at·ive] *agg.* **1** (*form.*) imputato; attribuito **2** (*dir.*) d'imputazione.

to **impute** [ɪm'pju:t / im·pute] *v.tr.* **1** (*form.*) imputare, attribuire (colpe ecc.): *the mistake was imputed to him*, l'errore fu imputato a lui **2** (*amm.*, *dir.*) imputare.

imputed [ɪm'pju:tɪd / im·puted] *agg.* (*amm.*) figurativo, di computo, imputato: *— interest*, interesse di computo; *— rent*, fitto figurativo.

in [ɪn] *prep.* **1** (*luogo, posizione*) in, a; dentro: *— the country*, in campagna; *— China*, in Cina; *— Edinburgh*, a Edimburgo; *— the streets of London*, nelle strade di Londra; *there was nobody — the car*, dentro la macchina non c'era nessuno; *don't keep your hands — your pockets!*, non tenere le mani in tasca!; *he placed the chairs — a circle*, dispose le sedie in cerchio; *she was — bed by 11 o'clock*, alle 11 era a letto; *I saw it — the newspaper*, l'ho visto sul giornale // *the article had never appeared — print*, l'articolo non era mai stato stampato // *he lacked confidence — himself*, non aveva fiducia in se stesso // Dopo un superl. rel.: *it's the best — the world*, è il migliore del mondo; *he's the tallest boy — his class*, è il ragazzo più alto della classe; *Los Angeles is one of the largest towns — the United States*, Los Angeles è una delle città più grandi degli Stati Uniti **2** (*tempo*) in, a; durante; di, entro, fra: *— the daytime*, durante il giorno, di giorno; *— the morning, the night*, di mattina, di notte; *— summer*, *— August*, d'estate, in agosto; *— the 20th century*, nel 20° secolo; *— 1915*, nel 1915; *— the meantime, we examined all the details*, nel frattempo, esaminammo tutti i particolari; *he learnt French — a year*, ha imparato il francese in un anno; *I'll be back — half an hour*, sarò di ritorno fra mezz'ora; *he'll finish this work — two weeks*, finirà questo lavoro fra due settimane; *you have to pay — a month*, dovete pagare entro un mese // *I haven't heard from him — years*, non ho sue notizie da anni // *he's — his eighties but still very active*, è sull'ottantina, ma è ancora molto attivo **3** (*stato, condizione, situazione*) in; con: *he is — a good mood, a bad temper*, è di buon umore, di cattivo umore; *they are — danger*, sono in pericolo; *I was — an impossible situation*, ero in una situazione impossibile; *she's still — love*, è ancora innamorata; *you're — the wrong*, sei in torto, hai torto; *she's — television and makes a lot of money*, lavora in televisione e guadagna un sacco di soldi; *don't go out — the snow!*, non uscite con la neve!; *we couldn't see it — the dark*, al buio non si vedeva; *he has been working — the sun for five hours*, lavora sotto il sole da cinque ore **4** (*limitazione, misura*) in, per, secondo: *— my opinion*, secondo me, a mio parere; *— my experience, knowing English is essential for business*, per la mia esperienza, la conoscenza dell'inglese è essenziale nel mondo degli affari; *blind — one eye*, cieco da un occhio; *the books, four — number were all novels*, i libri, quattro di numero, erano tutti romanzi; *once — three years*, una volta in tre anni; *one — a hundred*, uno su cento; *it was 5 metres — length*, era 5 metri in lunghezza **5** (*modo, maniera*) in; di; con: *— anger*, con rabbia; *— a muffled voice*, con voce soffocata; *she looked at him — surprise*, ella lo guardò con stupore; *he cried out — pain*, urlava di dolore; *to write — English*, scrivere in inglese; *to write — ink, pencil*, scrivere a penna, a matita; *he appeared — a brown suit*, egli apparve in un abito marrone; *he was — slippers*, era in pantofole; *she was dressed — white*, (ella) era vestita di bianco; *the bankclerk gave me £ 200 — twenties*, l'impiegato mi diede 200 sterline in banconote da 20; *we had £ 100 — cash*, avevamo 100 sterline in contanti; *she cut the cake — two*, tagliò la torta in due, a metà // *I had my arm — plaster*, avevo il braccio ingessato **6** (*seguito dal ger., dopo alcuni verbi*) mentre, nell'atto di: *— studying Latin, you must remember...*, studiando, nello studiare il latino, dovete ricordare...; *— playing football he broke his leg*, giocando a calcio si ruppe una gamba; *he succeeded — winning*, è riuscito a vincere.

◆ FRASEOLOGIA: *— all*, in tutto // *— fact*, infatti, in effetti // *— that*, in quanto che // *— honour of*, in onore di // *— order that*, affinché, in modo che // *— reply to*, in risposta a.

in *avv.* **1** dentro; in, a casa; in sede: *he's never — when I phone*, quando telefono non c'è mai; *is the boss —?*, c'è il capo (in ufficio)?; *— with you!*, su, entrate!; *the train's not — yet*, il treno non è ancora arrivato in stazione; *she had to type — the corrections*, ha dovuto inserire a macchina le correzioni **2** si usa per formare 'phrasal verbs' (p.e. *to be —*, *to drop —*, *to give —* ecc.); cfr. tali verbi.

in *agg.* **1** interno; interiore **2** in arrivo: *the — train*, il treno in arrivo **3** che conta, che detiene il potere: *the — group*, il gruppo che detiene il potere **4** (*fam.*) alla moda, in; scelto, esclusivo, d'élite: *the — crowd*, il bel mondo **5** (*fam.*) da iniziati, non alla portata di tutti: *an — joke*, una battuta comprensibile solo a un gruppo ristretto di persone **6** (*sport*) che batte, che è alla battuta: *the — team*, la squadra che batte.

in *s.* **1** *the ins*, i membri del partito al potere **2** *the ins and outs*, i dettagli; i retroscena: *he wanted to know the ins and outs of the proposal*, voleva sapere tutti i particolari, i risvolti della proposta.

in-[1] [ɪn] *pref.* negativo di origine latina; premesso a sostantivi o aggettivi indica 'negazione, privazione o mancanza'; it. in-, il-, im-: *inactive*, inattivo; *inarable*, inarabile; *inassimilable*, non assimilabile; *impossible*, impossibile; *illogical*, illogico.

in-[2] *pref.* di origine latina che indica 'dentro, verso'; it. in- il-, im-: *inbred*, innato; *to import*, importare // Talvolta ha puramente valore rafforzativo: *to illuminate*, illuminare.

inability [,ɪnə'bɪlətɪ / in·ab·il·ity] *s.* inabilità; incapacità.

inaccessibility [,ɪnæk,sesə'bɪlətɪ / in·ac·cess·ib·il·ity] *s.* inaccessibilità; irraggiungibilità.

inaccessible [,ɪnæk'sesəbl / in·ac·cess·ible] *agg.* inaccessibile; irraggiungibile; inavvicinabile // **-ness** *s.* // **-bly** *avv.*

inaccuracy [ɪn'ækjʊrəsɪ / in·ac·cur·acy] *s.* inesattezza, imprecisione; sbaglio: — *of a translation*, imprecisione di una traduzione; *work full of inaccuracies*, lavoro pieno di inesattezze.

inaccurate [ɪn'ækjʊrɪt / in·ac·cur·ate] *agg.* inesatto, impreciso; sbagliato // **-ly** *avv.*

inaction [ɪn'ækʃn / in·ac·tion] *s.* inazione, inattività, inoperosità; ozio.

to **inactivate** [ɪn'æktɪveɪt / in·ac·tiv·ate] *v.tr.* (*non com.*) **1** disattivare; rendere inefficace **2** dissolvere, distruggere **3** (*fis.*, *chim.*, *biochim.*) inattivare.

inactivation [ɪn,æktɪ'veɪʃn / in·ac·tiva·tion] *s.* (*chim.*, *fis.*, *biochim.*) inattivazione.

inactive [ɪn'æktɪv / in·act·ive] *agg.* **1** inattivo, inerte, inoperoso; ozioso; fiacco; sedentario // (*Borsa*): — *market*, mercato inattivo; — *security*, titolo inattivo (poco trattato) **2** (*chim.*, *fis.*) inerte, inattivo.

inactively [ɪn'æktɪvlɪ / in·act·ive·ly] *avv.* inattivamente, in modo inattivo, inoperosamente.

inactivity [,ɪnæk'tɪvətɪ / in·ac·tiv·ity] *s.* **1** inattività, inoperosità; ozio, indolenza; fiacchezza, passività **2** (*chim.*, *fis.*) mancanza di reattività.

inadaptability [,ɪnə,dæptə'bɪlətɪ / in·ad·apt·ab·il·ity] *s.* (*rar.*) inadattabilità.

inadaptable [,ɪnə'dæptəbl / in·ad·apt·able] *agg.* (*rar.*) inadattabile.

inadequacy [ɪn'ædekwəsɪ / in·ad·equacy] *s.* inadeguatezza; insufficienza (*anche med.*).

inadequate [ɪn'ædɪkwɪt / in·ad·equate] *agg.* insufficiente, inadeguato, inadatto // **-ly** *avv.* // **-ness** *s.*

inadmissibility [,ɪnəd,mɪsɪ'bɪlətɪ / in·ad·miss·ib·il·ity] *s.* inammissibilità.

inadmissible [,ɪnəd'mɪsəbl / in·ad·miss·ible] *agg.* inammissibile // (*dir.*) — *evidence*, prova inammissibile, non producibile in giudizio.

inadvertence [,ɪnəd'vɜ:təns / in·ad·vert·ence] **inadvertency** [,ɪnəd'vɜ:tənsɪ / in·ad·vert·ency] *s.* inavvertenza, disattenzione, sbadataggine, svista.

inadvertent [,ɪnəd'vɜ:tənt / in·ad·vert·ent] *agg.* **1** involontario **2** disattento, sbadato // **-ly** *avv.*

inadvisable [,ɪnəd'vaɪzəbl / in·ad·vis·able] *agg.* sconsigliabile; sconsiderato; poco saggio.

inalienability [ɪn,eɪljənə'bɪlətɪ / in·ali·en·ab·il·ity] *s.* inalienabilità.

inalienable [ɪn'eɪljənəbl / in·ali·en·able] *agg.* (*form.*) inalienabile // (*dir.*) — *rights*, diritti inalienabili.

inalterability [ɪn,ɔ:ltərə'bɪlətɪ / in·al·ter·ab·il·ity] *s.* inalterabilità; immutabilità.

inalterable [ɪn'ɔ:ltərəbl / in·al·ter·able] *agg.* inalterabile; immutabile // **-bly** *avv.*

in and out [,ɪnən'daʊt] *s.* **1** (*fam.*) visitina, scappata **2** (*sl. amer. volg.*) scopata, chiavata.

in-and-outer [,ɪnən'daʊtə*] *s.* (*sl. amer.*) atleta dal rendimento incostante.

inane [ɪ'neɪn / in·ane] *agg.* **1** vuoto, vacuo **2** insensato, sciocco, vuoto ◆ *s.* vuoto, vacuità (*anche fig.*) // **-ly** *avv.*

inanimate [ɪn'ænɪmət / in·an·im·ate] *agg.* **1** inanimato; esanime: — *beings*, esseri inanimati; — *nature*, mondo inanimato **2** privo di vivacità, fiacco: — *conversation*, conversazione fiacca // **-ly** *avv.*

inanimateness [ɪn'ænɪmətnɪs / in·an·im·ate·ness] **inanimation** [ɪn,ænɪ'meɪʃn / in·an·ima·tion] *s.* immobilità; mancanza di vita.

inanition [,ɪnə'nɪʃn / in·ani·tion] *s.* inanizione, indebolimento.

inanity [ɪ'nænɪtɪ / in·an·ity] *s.* inanità; vacuità (*anche fig.*).

inappeasable [,ɪnə'pi:zəbl / in·ap·peas·able] *agg.* implacabile; inappagabile; che non si può calmare, pacificare.

inappellable [,ɪnə'peləbl / in·ap·pell·able] *agg.* (*form.*) inappellabile.

inappetence [ɪn'æpɪtəns / in·ap·pet·ence] *s.* (*form.*) inappetenza.

inappetent [ɪ'næpətənt / in·appe·tent] *agg.* inappetente, disappetente.

inapplicability [,ɪn,æplɪkə'bɪlətɪ / in·ap·plic·ab·il·ity] *s.* inapplicabilità; l'essere inadatto.

inapplicable [ɪn'æplɪkəbl / in·ap·plic·able] *agg.* inapplicabile; inadatto.

inapplication [ɪn,æplɪ'keɪʃn / in·ap·plica·tion] *s.* (*non com.*) **1** indolenza; negligenza **2** inapplicabilità.

inapposite [ɪn'æpəzɪt / in·ap·pos·ite] *agg.* improprio, fuori luogo; non appropriato; non pertinente // **-ly** *avv.*

inappreciable [,ɪnə'pri:ʃəbl / in·ap·pre·ciable] *agg.* **1** impercettibile, trascurabile **2** inapprezzabile // **-bly** *avv.*

inappreciation [,ɪnə,pri:ʃɪ'eɪʃn / in·ap·pre·ci·ation] *s.* incapacità di apprezzare.

inappreciative [,ɪnə'pri:ʃətɪv / in·ap·pre·ci·at·ive] *agg.* (*non com.*) che non apprezza.

inapprehensible [,ɪnæprɪ'hensəbl / in·ap·pre·hens·ible] *agg.* incomprensibile; inafferrabile.

inapprehension [,ɪnæprɪ'henʃn / in·ap·pre·hen·sion] *s.* incomprensibilità.

inapprehensive [,ɪnæprɪ'hensɪv / in·ap·pre·hen·sive] *agg.* che non comprende.

inapproachable [,ɪnə'prəʊtʃəbl / in·ap·proach·able] *agg.* inavvicinabile; inaccessibile // **-bly** *avv.*

inappropriate [,ɪnə'prəʊprɪət / in·ap·pro·pri·ate] *agg.* non appropriato, inadeguato, fuori luogo, inadatto; improprio, inopportuno: *utterly — to the existing situation*, assolutamente incompatibile con la situazione attuale // **-ly** *avv.* // **-ness** *s.*

inapt [ɪn'æpt / in·apt] *agg.* **1** inadatto **2** inabile, maldestro // **-ly** *avv.* // **-ness** *s.*

inaptitude [ɪn'æptɪtju:d *amer.* ɪn'æptɪtu:d / in·ap·ti·tude] *s.* **1** inattitudine **2** inettitudine.

to **inarch** [ɪn'ɑ:tʃ / in·arch] *v.tr.* (*agr.*) innestare per approssimazione.

inarching [ɪn'ɑ:tʃɪŋ / in·arch·ing] *s.* (*agr.*) innesto per approssimazione.

to **inarm** [ɪn'ɑ:m / in·arm] *v.tr.* (*ant.*) abbracciare.

inarticulate [,ɪnɑ:'tɪkjʊlɪt / in·ar·ticu·late] *agg.* **1** inarticolato (*anche zool.*); indistinto (di suono, voce) **2** incapace di esprimersi (bene, in modo coerente): *he was — with rage*, era talmente arrabbiato che non riusciva neppure a parlare; *he was ill-educated and —*, era poco istruito e non sapeva esprimersi bene // **-ly** *avv.* // **-ness** *s.*

inartificial [ɪn,ɑ:tɪ'fɪʃl / in·ar·ti·fi·ci·al] *agg.* **1** (*ant.*) non artistico **2** (*rar.*) semplice, naturale // **-ly** *avv.*

inartificiality [ɪn,ɑ:tɪfɪʃɪ'ælɪtɪ / in·ar·ti·fi·ci·al·ity] *s.* (*rar.*) naturalezza.

inartistic [,ɪnɑ:'tɪstɪk / in·ar·tistic] *agg.* **1** non artistico **2** non portato all'arte; privo di gusto artistico // **-ally** *avv.*

inasmuch [ɪnəz'mʌtʃ / in·as·much] *avv.*: — *as*, visto che, poiché, dal momento che; — *as he is resident in the U.S., he must pay taxes in that country*, dal momento che è residente negli Stati Uniti, deve pagare le tasse in quello stato.

inattention [,ɪnə'tenʃn / in·at·ten·tion] *s.* **1** disattenzione; distrazione; sbadataggine **2** trascuratezza, negligenza: — *to one's business*, negligenza nei propri affari.

inattentive [,ɪnə'tentɪv / in·at·tent·ive] *agg.* **1** disattento; distratto; sbadato **2** negligente // **-ly** *avv.* // **-ness** *s.*

inaudibility [ɪn,ɔ:də'bɪlətɪ / in·aud·ib·il·ity] *s.* impercettibilità; inafferrabilità (di suono); debolezza (di voce).

inaudible [ɪn'ɔ:dəbl / in·aud·ible] *agg.* impercettibile; inafferrabile: *the noise rendered his words — to us*, il rumore ci impedì di afferrare le sue parole // **-bly** *avv.*

inaugural [ɪ'nɔ:gjʊrəl / in·aug·ural] *agg.* inaugurale ◆ *s.* (*amer.*) discorso inaugurale; inaugurazione.

to **inaugurate** [ɪ'nɔ:gjʊreɪt / in·aug·ur·ate] *v.tr.* inaugurare.

inauguration [ɪ,nɔ:gjʊ'reɪʃn / in·aug·ura·tion] *s.* inaugurazione // *Inauguration Day*, (*amer.*) giornata in cui il nuovo Presidente degli Stati Uniti assume i poteri (20 gennaio).

inaugurator [ɪ'nɔ:gjʊreɪtə* / in·aug·ur·ator] *s.* inauguratore.

inauguratory [ɪ'nɔ:gjʊreɪtərɪ / in·aug·ur·at·ory] *agg.* inaugurale.

inauspicious [,ɪnɔ:s'pɪʃəs / in·aus·pi·cious] *agg.* infausto, funesto, malaugurato: *an — start to the day*, un inizio di giornata che non fa sperare niente di buono // **-ly** *avv.* // **-ness** *s.*

inboard ['ɪn'bɔ:d / in·board] *agg.* (*mar.*) interno, entrobordo: — *cabin*, cabina interna ◆ *avv.* (*mar.*) internamente, entrobordo: *to take the anchor —*, ritirare l'ancora.

inborn [,ɪn'bɔ:n / in·born] *agg.* innato; congenito (*anche biol.*).

inbound ['ɪnbaʊnd / in·bound] *agg.* (*amer.*) in arrivo; di ritorno.

to **inbreathe** [ˌɪn'bri:ð/ in·breathe] *v.tr.* (*letter.*) inspirare (*anche fig.*).

inbred [ˌɪn'bred / in·bred] *agg.* **1** innato, congenito **2** (*di animale*) ottenuto per accoppiamento tra soggetti consanguinei.

to **inbreed** [ɪn'bri:d / in·breed] *v.tr.* **1** (*zool.*) accoppiare tra soggetti consanguinei **2** fare sposare fra consanguinei ◆ *v.intr.* sposarsi fra consanguinei.

inbreeding [ˌɪn'bri:dɪŋ / in·breed·ing] *s.* **1** (*biol.*) incrocio, inbreeding **2** matrimonio fra consanguinei.

Inca ['ɪŋkə] *s.* (*st.*) inca.

incalculability [ɪn,kælkjʊlə'bɪlətɪ / in·cal·cul·ab·il·ity] *s.* incalcolabilità; imprevedibilità.

incalculable [ɪn'kælkjʊləbl / in·cal·cul·able] *agg.* **1** incalcolabile, inestimabile **2** imprevedibile (di persona, carattere) // **-bly** *avv.*

to **incandesce** [ˌɪnkæn'des / in·can·desce] *v.tr.* ardere, far ardere; rendere incandescente ◆ *v.intr.* diventare, essere incandescente.

incandescence [ˌɪnkæn'desns / in·can·des·cence] *s.* incandescenza.

incandescent [ˌɪnkæn'desnt / in·can·des·cent] *agg.* incandescente // — *burner*, becco incandescente // — *lamp*, lampada a incandescenza.

incantation [ˌɪnkæn'teɪʃn / in·canta·tion] *s.* incantesimo; magia.

incapability [ɪn,keɪpə'bɪlətɪ / in·cap·ab·il·ity] *s.* **1** incapacità; inettitudine; inabilità **2** (*dir.*) incapacità.

incapable [ɪn'keɪpəbl / in·cap·able] *agg.* **1** incapace; inetto; inabile: — *of speech*, incapace di parlare; — *of doing sthg.*, incapace di fare qlco. **2** (*dir.*) interdetto: *to have s.o. declared — of managing his own affairs*, fare interdire qlcu.

incapably [ɪn'keɪpəblɪ / in·cap·ably] *avv.* inettamente: *to act* —, dare prova di incapacità.

to **incapacitate** [ˌɪnkə'pæsɪteɪt / in·ca·pa·cit·ate] *v.tr.* (*form.*) **1** inabilitare, rendere incapace: *to — s.o. for work*, inabilitare qlcu. al lavoro; *to — s.o. from doing sthg.*, rendere qlcu. inabile a fare qlco. **2** (*dir.*) dichiarare incapace; privare di potere; inabilitare, interdire.

incapacitation [ˌɪnkə,pæsɪ'teɪʃn / in·ca·pa·cita·tion] *s.* **1** inabilità, incapacità **2** (*dir.*) interdizione.

incapacity [ˌɪnkə'pæsɪtɪ / in·ca·pa·city] *s.* **1** incapacità, inabilità; incompetenza: — *for doing sthg.* (o *to do sthg.*), incapacità di fare qlco. **2** (*dir.*) interdizione, incapacità legale.

to **incarcerate** [ɪn'kɑ:səreɪt / in·car·cer·ate] *v.tr.* (*form.*) incarcerare, imprigionare (*anche fig.*).

incarceration [ɪn,kɑ:sə'reɪʃn / in·car·cera·tion] *s.* **1** (*form.*) incarcerazione **2** (*med.*) incarcerazione, strozzamento (di ernia).

incarcerator [ɪn'kɑ:səreɪtə* / in·car·cer·ator] *s.* (*dir.*) imprigionatore; chi incarcera.

incarnadine [ɪn'kɑ:nədaɪn / in·carn·adine] *agg.* carnicino; color cremisi.

to **incarnadine** *v.tr.* (*ant.*) tingere di carnicino, di color cremisi: *No, this my hand will rather / the multitudinous seas incarnadine*, (SH. Macbeth) No, questa mia mano tingerà piuttosto gli innumerevoli mari del colore del sangue.

incarnate [ɪn'kɑ:nɪt / in·carn·ate] *agg.* incarnato, personificato: *to become* —, incarnarsi.

to **incarnate** ['ɪnkɑ:neɪt] *v.tr.* **1** incarnare; personificare **2** concretare, realizzare.

incarnation [ˌɪnkɑ:'neɪʃn / in·carna·tion] *s.* incarnazione, personificazione.

incatenation [ɪn,kætɪ'neɪʃn / in·catena·tion] *s.* incatenamento.

incautious [ɪn'kɔ:ʃəs / in·cau·tious] *agg.* incauto; imprudente; sconsiderato: — *words*, parole imprudenti // **-ly** *avv.* // **-ness** *s.*

incendiarism [ɪn'sendjərɪzəm / in·cen·di·ar·ism] *s.* **1** incendio doloso **2** (*fig. antiq.*) sobillazione, attività sediziosa.

incendiary [ɪn'sendjərɪ *amer.* ɪn'sendɪerɪ / in·cen·di·ary] *agg.* **1** incendiario **2** (*fig. antiq.*) incendiario; sovversivo, sedizioso (di discorso, proposito ecc.) ◆ *s.* **1** incendiario **2** (*fig.*) sovversivo **3** — (*bomb*), bomba incendiaria SIN. firebomb.

incense[1] ['ɪnsens / in·cense] *s.* **1** incenso **2** fumo, odore di incenso **3** (*fig.*) incensamento, adulazione.

to **incense**[1] *v.tr.* incensare (*anche fig.*); profumare di incenso.

to **incense**[2] [ɪn'sens] *v.tr.* provocare, irritare; esasperare: *to — s.o. against s.o.*, istigare, incitare qlcu. contro qlcu. // *to become* (o *to grow*) *incensed* (*against*, *at*, *with s.o.*), irritarsi (contro qlcu.).

incense-boat ['ɪnsens,bəʊt] *s.* (*eccl.*) navicella.

incensement [ɪn'sensmənt / in·cense·ment] *s.* esasperazione; ira.

incensory ['ɪnsensərɪ / in·cens·ory] *s.* (*eccl.*) turibolo.

incentive [ɪn'sentɪv / in·cent·ive] *agg.* stimolante // — *price*, prezzo propaganda // (*econ.*) — *pay*, cottimo ◆ *s.* incentivo, stimolo; movente, motivo.

incentre ['ɪnsentə* / in·centre] *s.* (*mat.*) incentro.

to **incept** [ɪn'sept / in·cept] *v.tr.* (*ant.*) iniziare, cominciare.

inception [ɪn'sepʃn / in·cep·tion] *s.* principio, inizio.

inceptive [ɪn'septɪv / in·cept·ive] *agg.* iniziale; (*gramm.*) incoativo ◆ *s.* (*gramm.*) verbo incoativo.

incertain [ɪn'sɜ:tn / in·cer·tain] *agg.* (*ant.*) incerto.

incertitude [ɪn'sɜ:tɪtju:d *amer.* ɪn'sɜ:tɪtu:d / in·cer·ti·tude] *s.* incertezza, indecisione; dubbio.

incessant [ɪn'sesnt / in·cess·ant] *agg.* incessante, continuo // **-ly** *avv.* // **-ness** *s.*

incest ['ɪnsest / in·cest] *s.* incesto.

incestuous [ɪn'sestjʊəs / in·ces·tu·ous] *agg.* incestuoso // **-ly** *avv.* // **-ness** *s.*

inch[1] [ɪntʃ] *s.* **1** pollice (misura di lunghezza = 2,54 cm): *cubic* —, pollice cubo (misura di volume = 16,388 cm³); *square* —, pollice quadrato (misura di superficie = 6,4516 cm²) // *they searched every — of the train*, perquisirono ogni centimetro del treno // — *by* —, a poco a poco, gradatamente, lentamente // *within an — of*, quasi, a un pelo da: *he was flogged within an — of his life*, fu quasi fustigato a morte // *by inches*, a poco a poco, lentamente; di stretta misura, per un pelo: *the car missed him by inches*, l'automobile lo mancò per un pelo // *not to give* (*way*) (o *to budge*) *an* —, non cedere per nulla: *we tried to convince them to change their ideas but they didn't give* (o *budge*) *an* —, cercammo di convincerli a cambiare idea ma non cedettero di un millimetro // *give him an — and he will take a mile* (o *an ell* o *a yard*), se gli date un dito si prende un braccio // *an — of cold iron*, (*antiq.*) un colpo di pugnale // *every inch a king*, (SH. King Lear) un re dalla testa ai piedi **2** *pl.* statura (*sing.*): *a man of your inches*, un uomo della tua statura.

to **inch**[1] *v.tr.* muovere gradatamente ◆ *v. intr.* muoversi gradatamente: *to — forward*, spingersi avanti poco alla volta.

inch[2] *s.* (*scoz.*) piccola isola rocciosa.

inched [ɪntʃt] *agg.* graduato in pollici, segnato con divisioni in pollici: — *scale*, scala in pollici.

inch-meal ['ɪntʃ,mi:l] (*ant.*) nella locuz.: *by* —, pezzo dopo pezzo: *all the infections that the sun sucks up / ... on Prosper fall and make him / by inch-meal a disease!*, (SH. The Tempest) tutte le infezioni che il sole succhia ... su Prospero cadano e lo riducano pezzo dopo pezzo una sola piaga.

inchoate ['ɪnkəʊeɪt / in·cho·ate] *agg.* appena cominciato; rudimentale; incipiente // (*dir.*) — *crimes*, reati preparatori, tentati, non consumati.

to **inchoate** *v.tr.* (*ant.*) cominciare; originare.

inchoation [ˌɪnkəʊ'eɪʃn / in·cho·ation] *s.* (*rar.*) principio; incipienza; fase iniziale.

inchoative ['ɪnkəʊeɪtɪv / in·cho·at·ive] *agg.* (*gramm.*) incoativo; iniziale.

inchworm ['ɪntʃwɜ:m / inch·worm] *s.* (*zool.*) geometride; (*pop.*) bruco misuratore.

incidence ['ɪnsɪdəns / in·cid·ence] *s.* incidenza: *there's a higher — of heart attacks among smokers*, c'è una maggiore incidenza di attacchi cardiaci fra i fumatori // (*fis.*) *angle of* —, angolo di incidenza // (*trib.*) — *of taxation*, incidenza dell'imposta.

incident ['ɪnsɪdənt / in·cid·ent] *agg.* **1** fortuito; probabile; inerente **2** incidente, che cade su: (*fis.*) — *rays*, raggi incidenti **3** (*inform.*) incidente; inerente ◆ *s.* **1** caso; avvenimento **2** incidente: *the Chinese cultural revolution led to a series of border incidents with India*, la rivoluzione culturale cinese portò a una serie di incidenti di confine con l'India **3** episodio, frammento, brano (di commedia, componimento poetico ecc.) **4** (*dir.*) diritto accessorio, privilegio.

incidental [ˌɪnsɪ'dentl / in·cid·ental] *agg.* **1** fortuito; casuale, accidentale; secondario // — *music*, musica di sottofondo, di accompagnamento // (*inform.*) — *time*, tempo per attività accessorie **2** (*gramm.*) incidentale ◆ *s.* (*gener.pl.*) **1** caso fortuito; eventualità **2** spese accessorie.

incidentally [ˌɪnsɪ'dentlɪ / in·cid·ent·ally] *avv.* **1** incidentalmente; casualmente **2** incidentalmente, fra l'altro, per inciso: *I sold him a car which, —, he hasn't paid for yet*, gli ho venduto un'automobile che, fra l'altro, non ha ancora pagato.

to **incinerate** [ɪn'sɪnəreɪt / in·cin·er·ate] *v.tr.* incenerire; cremare.

incineration [ɪn,sɪnə'reɪʃn / in·cin·era·tion] *s.* incenerimento; (*amer.*) cremazione.

incinerator [ɪn'sɪnəreɪtə* / in·cin·er·ator] *s.* inceneritore, forno per rifiuti; (*amer.*) forno crematorio.

incipience [ɪn'sɪpɪəns / in·cipi·ence] **incipiency** [ɪn'sɪpɪənsɪ / in·cipi·ency] *s.* (*form.*) incipienza, inizio, principio (*spec. med.*).

incipient [ɪn'sɪpɪənt / in·cipi·ent] *agg.* incipiente: *an — tumour*, un tumore allo stadio iniziale.

incircle ['ɪnsɜːkl / in·circle] *s.* (*mat.*) cerchio inscritto.

to **incise** [ɪn'saɪz / in·cise] *v.tr.* **1** incidere, tagliare **2** intagliare.

incision [ɪn'sɪʒn / in·cision] *s.* **1** incisione, taglio **2** intaglio.

incisive [ɪn'saɪsɪv / in·cis·ive] *agg.* **1** incisivo, tagliente: *— tooth*, dente incisivo **2** (*fig.*) incisivo, acuto; penetrante // **-ly** *avv.*

incisiveness [ɪn'saɪsɪvnɪs / in·cis·ive·ness] *s.* acutezza; tono incisivo.

incisor [ɪn'saɪzə* / in·cisor] *s.* **1** (*anat.*) incisivo (dente) **2** (*med.*) cesello, coltello chirurgico.

incisorial [,ɪnsaɪ'sɔːrɪəl / in·cisor·ial] **incisory** [ɪn'saɪsərɪ / in·cisory] *agg.* incisorio.

incisure [ɪn'sɪʒə* / in·cis·ure] *s.* taglio, incisione; fessura, fenditura.

incitant ['ɪnsɪtənt / in·cit·ant] *agg.* e *s.* (*rar.*) eccitante; stimolante.

incitation [,ɪnsaɪ'teɪʃn / in·cita·tion] *s.* (*rar.*) incitamento; incentivo, stimolo.

to **incite** [ɪn'saɪt / in·cite] *v.tr.* incitare, spronare, stimolare; istigare // (*dir.*) *to — s.o. to commit a crime*, incitare qlcu. a commettere un reato.

incitement [ɪn'saɪtmənt / in·cite·ment] *s.* **1** incitamento; incoraggiamento; incentivo, stimolo **2** incitazione, istigazione.

inciter [ɪn'saɪtə* / in·citer] *s.* incitatore; istigatore.

incitingly [ɪn'saɪtɪŋlɪ / in·cit·ing·ly] *avv.* in modo eccitante; in modo stimolante.

incivility [,ɪnsɪ'vɪlətɪ / in·ci·vil·ity] *s.* villania; maleducazione, inciviltà.

incivism ['ɪnsɪvɪzəm / in·civ·ism] *s.* (*rar.*) mancanza di senso civico.

inclemency [ɪn'klemənsɪ / in·clem·ency] *s.* inclemenza; rigore, rigidità (di clima).

inclement [ɪn'klemənt / in·clem·ent] *agg.* (*form.*) inclemente; rigido (di clima ecc.) // **-ly** *avv.*

inclinable [ɪn'klaɪnəbl / in·clin·able] *agg.* (*non com.*) **1** incline, propenso, proclive **2** inclinabile.

inclination [,ɪnklɪ'neɪʃn / in·clina·tion] *s.* **1** inclinazione, tendenza, disposizione; predilezione: *to have an — for sthg.*, *towards s.o.*, avere inclinazione per qlco., qlcu.; *to have an — to do sthg.*, essere portati a fare qlco., avere inclinazione per qlco.; *to follow one's own —*, seguire le proprie inclinazioni // *against one's —*, controvoglia **2** flessione, piegamento: *an — of the head*, un cenno del capo **3** pendio; china, declivio **4** (*fis.*) inclinazione **5** (*geol.*) → dip 2.

incline ['ɪnklaɪn / in·cline] *s.* **1** pendenza; pendio; declivio **2** (*mat.*) piano inclinato **3** (*miner.*) pozzo inclinato.

to **incline** [ɪn'klaɪn] *v.tr.* inclinare, piegare: *to — one's head* (*in prayer*), chinare il capo (nella preghiera) // *to — one's ear to s.o.*, (*antiq.*) ascoltare con benevolenza qlcu. ◆ *v.intr.* tendere (di colori); (*fig.*) tendere, propendere, essere proclive: *red that inclines to pink*, rosso che tende al rosa.

inclined [ɪn'klaɪnd / in·clined] *agg.* **1** inclinato: *— plane*, piano inclinato **2** (*fig.*) tendente, propenso: *musically —*, portato per la musica; *he's — to panic*, ha la tendenza a lasciarsi prendere dal panico; *to feel — to do sthg.*, aver voglia di fare qlco., sentirsi propenso a fare qlco.; *to be — to think that ...*, essere propenso a pensare che...; *to be — towards s.o.*, (*form.*) essere ben disposto verso qlcu.

incline shaft ['ɪnklaɪn,ʃɑːft *amer.* 'ɪnklaɪn ,ʃæft] *s.* (*miner.*) → **incline** 3.

inclining [ɪn'klaɪnɪŋ / in·clin·ing] *s.* **1** inclinazione **2** (*fig.*) tendenza.

inclinometer [,ɪnklɪ'nɒmɪtə* / in·clino·meter] *s.* (*mar.*, *aer.*) inclinometro.

to **inclip** [ɪn'klɪp / in·clip] *v.tr.* (*ant.*) circondare; abbracciare.

to **inclose** e *deriv.* → to **enclose** e *deriv.*

to **include** [ɪn'kluːd / in·clude] *v.tr.* **1** includere; comprendere: *he included them all in his invitation*, incluse tutti nel suo invito; *the whole audience, myself included, applauded vigorously*, tutto il pubblico, me compreso, ha applaudito calorosamente // *price including taxes*, prezzo tasse comprese; *up to and including 31st December*, a tutto il 31 dicembre **2** (*non com.*) contenere, racchiudere.

inclusion [ɪn'kluːʒn / in·clu·sion] *s.* **1** inclusione (*anche mat.*) **2** (*geol.*) incluso (in roccia ignea).

inclusive [ɪn'kluːsɪv / in·clus·ive] *agg.* **1** compreso; inclusivo; comprendente // *— of*, comprensivo di: *— of tax*, al lordo di imposta // *all —*, tutto compreso: *all- — charge*, prezzo tutto compreso // *— terms*, tutto compreso (negli alberghi) **2** complessivo, globale: *an — survey of French literature*, un panorama complessivo della letteratura francese // **-ly** *avv.*

incoercible [,ɪnkəʊ'ɜːsɪbl / in·co·er·cible] *agg.* **1** (*form.*) incoercibile **2** (*med.*) incontrollabile.

incog [ɪn'kɒg / in·cog] (*scherz.*) abbr. di → **incognito**.

incogitable [ɪn'kɒdʒɪtəbl / in·cogit·able] *agg.* (*non com.*) inconcepibile, impensabile.

incognito [,ɪnkɒg'niːtəʊ / in·cog·nito] *agg.* e *s.* incognito: *to preserve one's —*, conservare l'incognito ◆ *avv.* in incognito: *to travel —*, viaggiare in incognito.

incognizable [ɪn'kɒgnɪzəbl / in·cog·niz·able] *agg.* (*form.*) inconoscibile.

incognizant [ɪn'kɒgnɪzənt / in·cog·niz·ant] *agg.* (*form.*) inconscio, inconsapevole.

incognoscibility [,ɪnkɒg,nɒsɪ'bɪlətɪ / in·cog·nosc·ib·il·ity] *s.* (*non com.*) inconoscibilità.

incognoscible [,ɪnkɒg'nɒsɪbl / in·cog·nosc·ible] *agg.* (*rar.*) inconoscibile.

incoherence [,ɪnkəʊ'hɪərəns / in·co·her·ence] **incoherency** [,ɪnkəʊ'hɪərənsɪ / in·co·her·ency] *s.* **1** incoerenza; incongruità **2** inconsistenza.

incoherent [,ɪnkəʊ'hɪərənt / in·co·her·ent] *agg.* **1** incoerente; incongruo; sconnesso: *an — speech*, un discorso sconnesso; *he was — with rage*, farneticava per la rabbia **2** inconsistente **3** (*geol.*) incoerente, sciolto (di materiali rocciosi) // **-ly** *avv.*

incohesive [,ɪnkəʊ'hiːsɪv / in·co·hes·ive] *agg.* non coesivo.

incombustibility [,ɪnkəm,bʌstə'bɪlətɪ / in·com·bust·ib·il·ity] *s.* incombustibilità.

incombustible [,ɪnkəm'bʌstəbl / in·com·bust·ible] *agg.* incombustibile ◆ *s.* (*chim.*) materiale incombustibile // **-bly** *avv.*

income ['ɪnkəm / in·come] *s.* rendita; reddito; entrate (*pl.*): *to live within*, *above one's —*, vivere secondo le proprie possibilità, al di sopra delle proprie possibilità // (*econ.*): *monetary*, *real —*, reddito monetario, reale; *factor incomes*, redditi dei fattori; *— from employment*, reddito da lavoro dipendente; *disposable personal —*, reddito disponibile delle persone fisiche; reddito disponibile delle famiglie (nella contabilità nazionale); *disposable —*, reddito netto (di individuo); *— effect*, effetto di reddito; *— elasticity of demand*, elasticità della domanda in funzione del reddito; *incomes in kind*, entrate in natura // (*amm.*) *— statement*, conto del reddito // (*trib.*): *earned*, *unearned —*, reddito da lavoro, da capitale; *— class*, fascia di reddito // *— transfers*, trasferimenti.

incomer ['ɪn,kʌmə* / in·comer] *s.* **1** chi entra; immigrante **2** successore **3** invasore; intruso.

income tax ['ɪnkəmtæks] *s.* (*trib.*) imposta sul reddito: *individual —*, (*amer.*) imposta sul reddito delle persone fisiche; *— return*, dichiarazione dei redditi.

incoming ['ɪn,kʌmɪŋ / in·com·ing] *agg.* **1** entrante; subentrante, che succede ad altri: *the — tenant*, il nuovo affittuario; *— administration*, l'amministrazione subentrante **2** in arrivo, in entrata: *— plane*, *passengers*, aeroplano, passeggeri in arrivo; *— mail*, posta in arrivo **3** montante (di marea) ◆ *s.* **1** entrata, ingresso: *the — and outgoing of the tide*, il flusso e riflusso della marea **2** *pl.* rendite, entrate.

incommensurability [,ɪnkə,menʃər ə'bɪlətɪ / in·com·men·sur·ab·il·ity] *s.* incommensurabilità.

incommensurable [,ɪnkə'menʃərəbl / in·com·men·sur·able] *agg.* incommensurabile; incomparabile, senza paragone // **-bly** *avv.*

incommensurate [,ɪnkə'menʃərət / in·com·men·sur·ate] *agg.* (*form.*) **1** non paragonabile **2** sproporzionato; inadeguato.

to **incommode** [,ɪnkə'məʊd / in·com·mode] *v.tr.* (*form.*) incomodare, disturbare, infastidire.

incommodious [,ɪnkə'məʊdjəs / in·com·mo·di·ous] *agg.* (*form.*) incomodo; scomodo // **-ly** *avv.* // **-ness** *s.*

incommunicability [,ɪnkə,mjuːnɪkə'bɪlətɪ / in·com·mu·nic·abil·ity] *s.* incomunicabilità.

incommunicable [,ɪnkə'mjuːnɪkəbl / in·com·mu·nic·able] *agg.* **1** incomunicabile **2** ineffabile, indicibile // **-ness** *s.* // **-bly** *avv.*

incommunicado [,ɪnkəmjuːnɪ'kɑːdəʊ / in·com·mu·nic·ado] *agg.* che non può comunicare con nessuno ◆ *avv.* senza comunicare con nessuno: *to hold s.o.* —, tenere qlcu. in stato di isolamento, di segregazione.

incommunicating [,ɪnkə'mju:nɪkeɪtɪŋ / in·com·mu·nic·at·ing] *agg.* (*non com.*) senza comunicazione.

incommunicative [,ɪnkə'mju:nɪkətɪv / in·com·mu·nic·at·ive] *agg.* riservato; poco comunicativo // **-ly** *avv.*

incommunicativeness [,ɪnkə'mju:nɪkətɪvnɪs / in·com·mu·nic·at·ive·ness] *s.* riservatezza; riserbo.

incommutability [,ɪnkə,mju:tə'bɪlətɪ / in·com·mut·ab·il·ity] *s.* incommutabilità; immutabilità.

incommutable [,ɪnkə'mju:təbl / in·com·mut·able] *agg.* (*non com.*) incommutabile; immutabile // **-ness** *s.* // **-bly** *avv.*

incompact [,ɪnkəm'pækt / in·com·pact] *agg.* (*non com.*) non compatto; (*fig.*) disgregato.

incomparability [ɪn,kɒmpərə'bɪlətɪ / in·com·par·ab·il·ity] *s.* incomparabilità, impareggiabilità.

incomparable [ɪn'kɒmpərəbl / in·com·par·able] *agg.* incomparabile, impareggiabile // **-ness** *s.*

incomparably [ɪn'kɒmpərəblɪ / in·com·par·ably] *avv.* incomparabilmente, impareggiabilmente // — *better*, molto meglio; di gran lunga migliore.

incompatibility [,ɪnkəm,pætə'bɪlətɪ / in·com·pat·ib·il·ity] *s.* incompatibilità: — *of character*, incompatibilità di carattere // *physiological* —, incompatibilità fisiologica.

incompatible [,ɪnkəm'pætəbl / in·com·patible] *agg.* incompatibile // **-bly** *avv.*

incompetence [ɪn'kɒmpɪtəns / in·com·pet·ence] **incompetency** [ɪn'kɒmpɪtənsɪ / in·com·pet·ency] *s.* **1** incompetenza; incapacità // (*dir.*) — *of witness*, incapacità del testimone a deporre **2** (*med.*) incapacità, insufficienza.

incompetent [ɪn'kɒmpɪtənt / in·com·pet·ent] *agg.* e *s.* incompetente; incapace // **-ly** *avv.*

incomplete [,ɪnkəm'pli:t / in·com·plete] *agg.* incompleto; incompiuto, non finito // **-ly** *avv.*

incompleteness [,ɪnkəm'pli:tnɪs / in·com·plete·ness] **incompletion** [,ɪnkəm'pli:ʃn / in·com·ple·tion] *s.* incompletezza; incompiutezza.

incompliance [,ɪnkəm'plaɪəns / in·com·pli·ance] *s.* **1** mancanza di compiacenza, scortesia **2** ostinazione.

incompliant [,ɪnkəm'plaɪənt / in·com·pli·ant] *agg.* **1** poco compiacente, sgarbato, scortese **2** ostinato.

incomprehensibility [ɪn,kɒmprɪhensə'bɪlətɪ / in·com·pre·hens·ib·il·ity] *s.* incomprensibilità.

incomprehensible [ɪn,kɒmprɪ'hensəbl / in·com·pre·hens·ible] *agg.* **1** incomprensibile; inconcepibile; inintelligibile **2** (*teol.*) illimitato // *the Three Incomprehensibles*, (*rar.*) la Trinità // **-bly** *avv.*

incomprehensibleness [ɪn,kɒmprɪ'hensəblnɪs / in·com·pre·hens·ible·ness] *s.* incomprensibilità.

incomprehension [ɪn,kɒmprɪ'henʃn / in·com·pre·hen·sion] *s.* incomprensione.

incomprehensive [ɪn,kɒmprɪ'hensɪv / in·com·pre·hens·ive] *agg.* **1** poco comprensivo **2** incompleto.

incompressibility [,ɪnkəm,presə'bɪlətɪ / in·com·press·ib·il·ity] *s.* incompressibilità.

incompressible [,ɪnkəm'presəbl / in·com·press·ible] *agg.* incompressibile.

incomputable [,ɪnkəm'pju:təbl / in·com·put·able] *agg.* incalcolabile; incomputabile.

inconceivability [,ɪnkən,si:və'bɪlətɪ / in·con·ceiv·ab·il·ity] *s.* inconcepibilità.

inconceivable [,ɪnkən'si:vəbl / in·con·ceiv·able] *agg.* inconcepibile; (*fam.*) incredibile; straordinario; inaudito // **-ness** *s.* // **-bly** *avv.*

inconclusive [,ɪnkən'klu:sɪv / in·con·clus·ive] *agg.* inconcludente, sconclusionato; non decisivo // (*dir.*) — *evidence*, prova non convincente // **-ly** *avv.* // **-ness** *s.*

incondensability [,ɪnkən,densə'bɪlətɪ / in·con·dens·ab·il·ity] *s.* non condensabilità, incondensabilità.

incondensable [,ɪnkən'densəbl / in·con·dens·able] *agg.* non condensabile.

incondite [ɪn'kɒndɪt / in·con·dite] *agg.* (*non com.*) **1** mal composto; mal costruito (di romanzo ecc.) **2** rozzo, grossolano.

incongruence [ɪn'kɒŋgrʊəns / in·con·gru·ence] **incongruity** [,ɪnkɒŋ'gru:ɪtɪ / in·con·gru·ity] *s.* incongruenza; assurdità; incoerenza.

incongruous [ɪn'kɒŋgrʊəs / in·con·gru·ous] *agg.* incongruente; assurdo; incoerente // **-ly** *avv.* // **-ness** *s.*

inconscient [ɪn'kɒnʃənt / in·con·scient] meno com. **inconscious** [ɪn'kɒnʃəs / in·con·scious] *agg.* inconscio, privo di coscienza.

inconsecutive [,ɪnkən'sekjʊtɪv / in·con·sec·ut·ive] *agg.* (*non com.*) inconseguente; illogico // **-ly** *avv.* // **-ness** *s.*

inconsequence [ɪn'kɒnsɪkwəns / in·con·sequence] *s.* inconseguenza; incongruenza; illogicità.

inconsequent [ɪn'kɒnsɪkwənt / in·con·sequent] *agg.* inconseguente; incongruente; illogico; sconnesso; non pertinente.

inconsequential [,ɪnkɒnsɪ'kwenʃl / in·con·sequen·tial] *agg.* **1** irrilevante, insignificante; senza conseguenze **2** inconseguente; incoerente; illogico // **-ly** *avv.*

inconsequentiality [ɪn,kɒnsɪ,kwenʃɪ'ælətɪ / in·con·sequen·ti·al·ity] *s.* **1** irrilevanza **2** inconseguenza; incongruenza; illogicità.

inconsiderable [,ɪnkən'sɪdərəbl / in·con·sid·er·able] *agg.* trascurabile; insignificante.

inconsiderate [,ɪnkən'sɪdərɪt / in·con·sid·er·ate] *agg.* **1** privo di considerazione; senza riguardi; irrispettoso: *it was very — of you not to phone*, hai mancato di riguardo a non telefonare **2** sconsiderato, imprudente, precipitoso, avventato // **-ly** *avv.* // **-ness** *s.*

inconsideration [,ɪnkən,sɪdə'reɪʃn / in·con·sid·era·tion] *s.* **1** sconsideratezza, avventatezza; irriflessione **2** mancanza di riguardo.

inconsistency [,ɪnkən'sɪstənsɪ / in·con·sist·ency] non com. **inconsistence** [,ɪnkən'sɪstəns / in·con·sist·ence] *s.* **1** incoerenza, contraddizione: *there's a glaring — between his words and his actions*, c'è una contraddizione lampante fra come parla e come agisce; *the president's fiscal policy is full of inconsistencies*, la politica fiscale del presidente è piena di contraddizioni **2** discontinuità (di rendimento ecc.): *as an athlete his worst fault is* —, il suo difetto principale come atleta è la discontinuità (di rendimento) **3** (*inform.*) incoerenza.

inconsistent [,ɪnkən'sɪstənt / in·con·sist·ent] *agg.* **1** contraddittorio, incoerente: *his account of what happened is — with the facts*, il suo resoconto è in contrasto coi fatti // (*dir.*) — *judgement*, decisioni giurisprudenziali contraddittorie **2** discontinuo (come rendimento) // **-ly** *avv.*

inconsolable [,ɪnkən'səʊləbl / in·con·sol·able] *agg.* inconsolabile // **-bly** *avv.*

inconsonance [ɪn'kɒnsənəns / in·con·son·ance] *s.* disarmonia; discordanza.

inconsonant [ɪn'kɒnsənənt / in·con·son·ant] *agg.* non in armonia; discorde: *to be — with*, essere discorde da // **-ly** *avv.*

inconspicuous [,ɪnkən'spɪkjʊəs / in·con·spicu·ous] *agg.* non appariscente, che non si nota facilmente: *an — dot on the map indicated the village*, un puntino appena visibile sulla carta geografica indicava il villaggio; *he wanted to be* — (o *to make himself* —), *so he used his wife's Fiat instead of the Ferrari*, voleva passare inosservato, non dare nell'occhio, sicché prese la Fiat di sua moglie invece della Ferrari // **-ness** *s.*

inconspicuously [,ɪnkən'spɪkjʊəslɪ / in·con·spicu·ous·ly] *avv.* in modo non appariscente; in modo sobrio: *he stood — behind a pillar*, se ne stava inosservato dietro una colonna; *he was — dressed in a gray suit*, indossava un sobrio abito grigio.

inconstancy [ɪn'kɒnstənsɪ / in·con·stancy] *s.* incostanza; instabilità; variabilità.

inconstant [ɪn'kɒnstənt / in·con·stant] *agg.* incostante; instabile; variabile // **-ly** *avv.*

incontestability [,ɪnkən,testə'bɪlətɪ / in·con·test·ab·il·ity] *s.* incontestabilità // (*dir.*) — *clause*, clausola di incontestabilità (nei contratti assicurativi).

incontestable [,ɪnkən'testəbl / in·con·test·able] *agg.* incontestabile: — *evidence*, prove inconfutabili // **-bly** *avv.*

incontinence [ɪn'kɒntɪnəns / in·con·tin·ence] *s.* **1** incontinenza; smoderatezza **2** (*med.*) incontinenza: — *of milk*, galattorrea; — *of urine*, enuresi.

incontinent [ɪn'kɒntɪnənt *amer.* ɪn'kɒntənənt / in·con·tin·ent] *agg.* **1** incontinente; smodato **2** (*med.*) incontinente ♦ *avv.* (*ant.*) immediatamente, senza alcun intervallo: *where they take place in judgments, incontinent they break justice*, (T. MORE) quand'essi intervengono nei giudizi, subito ledono la giustizia.

incontinently [ɪn'kɒntɪnəntlɪ *amer.* ɪn'kɒntənəntlɪ / in·con·tin·ent·ly] *avv.* **1** (*non com.*) intemperatamente, smoderatamente **2** (*ant.*) subito, immediatamente: *I will incontinently drown myself*, (SH. Othello) mi annegherò immediatamente.

incontrollable [,ɪnkən'trəʊləbl / in·con·trol·lable] *agg.* incontrollabile // **-bly** *avv.*

incontrovertible [,ɪnkɒntrə'vɜ:təbl / in·con·tro·vert·ible] *agg.* incontrovertibile; incontestabile // **-bly** *avv.*

inconvenience [,ɪnkən'vi:njəns / in·con·veni·ence] *s.* noia; disturbo; scomodità; inconveniente: *without the slightest* —, senza il minimo disturbo; *to suffer* —, essere disturbato;

to cause s.o. (o *to put s.o. to*) —, creare dei fastidi a, incomodare, scomodare qlcu.

to **inconvenience** *v.tr.* incomodare, disturbare, scomodare: *I hope I won't — you*, spero di non disturbarti; *he hates to — himself for anyone*, non gli va di scomodarsi per nessuno.

inconvenient [,ɪnkən'vi:njənt / in·con·veni·ent] *agg.* che reca disturbo, che è d'incomodo; inopportuno; scomodo; imbarazzante: *if it isn't — to you*, se non vi reca disturbo, se non vi è d'incomodo; *you've come at an — moment*, sei arrivato in un momento sbagliato, inopportuno; *to ask an — question*, porre una domanda inopportuna, imbarazzante; *his explanation overlooked all the — facts*, le sue spiegazioni sorvolarono sui fatti scomodi.

inconveniently [,ɪnkən'vi:njəntlɪ / in·con·veni·ent·ly] *avv.* sconvenientemente; in modo imbarazzante: *he arrived — late*, è arrivato scandalosamente in ritardo; *— for the government the scandal could not be hushed up*, lo scandalo non poté essere soffocato, il che creò non poco imbarazzo al governo.

inconvertibility [,ɪnkən,vɜ:tə'bɪlətɪ / in·con·vert·ib·il·ity] *s.* inconvertibilità.

inconvertible [,ɪnkən'vɜ:təbl / in·con·vert·ible] *agg.* (*econ.*) inconvertibile: *— money*, moneta a corso forzoso; *— currency*, valuta inconvertibile.

inconvincible [,ɪnkən'vɪnsəbl / in·con·vin·cible] *agg.* (*non com.*) inconvincibile.

incony ['ɪŋkənɪ / in·cony] *agg.* (*ant.*) raro, fine, delicato: *my sweet ounce of man's flesh! my incony Jew!*, (SH. Love's Labour Lost) mia dolce oncia di carne umana, mio delicato israelita.

incoordinate [,ɪnkəʊ'ɔ:dnɪt / in·co·ord·in·ate] *agg.* **1** scoordinato, non coordinato **2** (*med.*) scoordinato.

incoordination [,ɪnkəʊ,ɔ:dɪ'neɪʃn / in·co·ord·ina·tion] *s.* **1** mancanza di coordinazione **2** (*med.*) scoordinazione.

incorporate [ɪn'kɔ:pərət / in·corp·or·ate] *agg.* **1** unito in corporazione; che forma una corporazione **2** incarnato **3** costituito in persona giuridica.

to **incorporate** [ɪn'kɔ:pəreɪt] *v.tr.* **1** incorporare; fondere: *to — one bank with another*, fondere una banca con un'altra **2** includere, comprendere: *his work incorporates all the latest discoveries in biology*, il suo lavoro include tutte le più recenti scoperte della biologia **3** costituire, registrare (una società commerciale); erigere in municipalità **4** incarnare: *the figure of Galahad incorporates all the knightly virtues*, la figura di Galahad incarna tutte le virtù cavalleresche ◆ *v.intr.* **1** incorporarsi, unirsi, associarsi **2** costituire una società commerciale; diventare una società commerciale.

incorporated [ɪn'kɔ:pəreɪtɪd / in·corp·or·ated] *agg.* **1** incorporato **2** unito in corporazione **3** costituito, eretto in ente; registrato: *— company*, associazione eretta in ente commerciale; società costituita, autorizzata; (*amer.*) società per azioni.

incorporation [ɪn,kɔ:pə'reɪʃn / in·corp·ora·tion] *s.* **1** incorporazione **2** costituzione di una società; erezione in municipalità; fusione (di ditta, società).

incorporator [ɪn,kɔ:pə'reɪtə* / in·corp·or·ator] *s.* (*dir.*) chi costituisce una società, socio fondatore.

incorporeal [,ɪnkɔ:'pɔ:rɪəl / in·cor·por·eal] *agg.* **1** incorporeo **2** (*dir.*) immateriale, intangibile: *— property*, beni, diritti immateriali (diritto d'autore, brevetto ecc.) // **-ly** *avv.*

incorporeality [,ɪnkɔ:,pɔ:rɪ'ælɪtɪ / in·cor·por·eal·ity] *s.* incorporeità.

incorporeity [ɪn,kɔ:pə'ri:ɪtɪ / in·cor·por·eity] *s.* incorporeità.

incorrect [,ɪnkə'rekt / in·cor·rect] *agg.* erroneo, sbagliato; inesatto; scorretto: *— answer*, risposta sbagliata; *— behaviour*, comportamento scorretto // **-ly** *avv.* // **-ness** *s.*

incorrigibility [ɪn,kɒrɪdʒə'bɪlətɪ *amer.* ɪn,kɔ:rɪdʒə'bɪlətɪ / in·cor·ri·gib·il·ity] *s.* incorreggibilità.

incorrigible [ɪn'kɒrɪdʒəbl *amer.* ɪn'kɔ:rɪdʒəbl / in·cor·ri·gible] *agg.* incorreggibile // **-bly** *avv.*

incorrodible [,ɪnkə'rəʊdəbl / in·cor·rod·ible] *agg.* che non si può corrodere.

incorrupt [,ɪnkə'rʌpt / in·cor·rupt] *agg.* **1** incorrotto, puro; integro **2** incorrotto, corretto (di lingua, testo) // **-ly** *avv.*

incorruptibility [,ɪnkə,rʌptə'bɪlətɪ / in·cor·rupt·ib·il·ity] *s.* incorruttibilità.

incorruptible [,ɪnkə'rʌptəbl / in·cor·rupt·ible] *agg.* incorruttibile (*anche fig.*) // **-ness** *s.* // **-bly** *avv.*

incorruption [,ɪnkə'rʌpʃn / in·cor·rup·tion] *s.* (*ant.*) l'essere incorrotto.

incoterms ['ɪnkəʊ,tɜ:mz / in·co·terms] *s.pl.* (*comm.*) incoterms (regole usate nei contratti internazionali) • Abbr. di *international commerce terms*.

increasable [ɪn'kri:səbl / in·creas·able] *agg.* aumentabile.

increase ['ɪnkri:s / in·crease] *s.* aumento, accrescimento; incremento; aggiunta: *an — in road accidents*, un aumento degli incidenti stradali; *— in value, prices*, aumento di valore, di prezzi: *to be on the —*, essere in aumento; *— of risk*, aumento del rischio; (*amm.*) *seniority —*, scatto di anzianità.

to **increase** [ɪn'kri:s] *v.tr.* accrescere, aumentare; ingrandire: *they will — their efforts*, moltiplicheranno i loro sforzi; *to — speed to a hundred kilometres per hour*, aumentare la velocità a cento chilometri all'ora ◆ *v.intr.* crescere; aumentare; ingrandirsi; svilupparsi: *to — in power, size, value*, aumentare di potenza, misura, valore; *to — fourfold, tenfold*, quadruplicarsi, decuplicarsi.

increasing [ɪn'kri:sɪŋ / in·creas·ing] *agg.* che aumenta, crescente; in aumento: *they denounced — violence in the city*, essi denunciarono una crescente violenza in città; *she had — difficulty in keeping up with her work*, aveva sempre più difficoltà a tenere il passo col lavoro // (*econ.*) *law of — returns*, legge dei rendimenti crescenti // (*mat.*) *— function*, funzione crescente.

increasingly [ɪn'kri:sɪŋlɪ / in·creas·ing·ly] *avv.* in aumento; sempre più.

incredibility [ɪn,kredɪ'bɪlətɪ / in·cred·ib·il·ity] *s.* incredibilità.

incredible [ɪn'kredəbl / in·cred·ible] *agg.* **1** incredibile, inverosimile **2** (*fam.*) eccezionale, straordinario // **-bly** *avv.*

incredulity [,ɪnkrɪ'dju:lətɪ *amer.* ,ɪnkrɪ'du:lətɪ / in·credu·lity] *s.* incredulità.

incredulous [ɪn'kredjʊləs *amer.* ɪn'kredʒʊləs / in·credu·lous] *agg.* incredulo // **-ly** *avv.* // **-ness** *s.*

increment ['ɪnkrɪmənt / in·cre·ment] *s.* incremento; aumento: (*econ.*) *unearned —*, plusvalenza.

incremental [,ɪnkrɪ'mentl / in·cre·ment·al] *agg.* **1** che dà incremento **2** (*mat.*) incrementale: *— ratio*, rapporto incrementale // (*econ.*) *— cost*, costo marginale.

increscent [ɪn'kresnt / in·cres·cent] *agg.* crescente (detto spec. della Luna).

incretion [ɪn'kri:ʃn / in·cre·tion] *s.* (*biol.*) increto, secrezione interna (di ghiandola endocrina).

to **incriminate** [ɪn'krɪmɪneɪt / in·crim·in·ate] *v.tr.* incriminare, incolpare: *he incriminated himself with the contradictions in his story*, si autoincriminò contraddicendosi nel suo racconto.

incriminating [ɪn'krɪmɪneɪtɪŋ / in·crim·in·at·ing] → **incriminatory**.

incrimination [ɪn,krɪmɪ'neɪʃn / in·crim·ina·tion] *s.* incriminazione.

incriminatory [ɪn'krɪmɪnətərɪ / in·crim·in·at·ory] *agg.* incriminante.

incrustation [,ɪnkrʌs'teɪʃn / in·crusta·tion] *s.* **1** incrostazione **2** rivestimento.

to **incubate** ['ɪnkjʊbeɪt / in·cub·ate] *v.tr.* **1** covare **2** (*fig.*) meditare **3** (*med.*) incubare; mettere, tenere in incubatrice ◆ *v.intr.* **1** stare in incubatrice **2** svilupparsi.

incubation [,ɪnkjʊ'beɪʃn / in·cuba·tion] *s.* incubazione (anche di malattia).

incubative ['ɪnkjʊbeɪtɪv / in·cub·at·ive] *agg.* di incubazione.

incubator ['ɪnkjʊbeɪtə* / in·cub·ator] *s.* incubatrice.

incubatory ['ɪnkjʊbeɪtərɪ / in·cub·at·ory] *agg.* di incubazione.

incubus ['ɪŋkjʊbəs / in·cubus] *pl.* **incubi** ['ɪŋkjʊbaɪ / in·cubi] **incubuses** ['ɪŋkjʊbəsɪz] *s.* **1** incubo (*anche fig.*) **2** demonio, spirito maligno.

to **inculcate** ['ɪnkʌlkeɪt *amer.* ɪn'kʌlkeɪt / in·cul·cate] *v.tr.* (*form.*) inculcare.

inculcation [,ɪnkʌl'keɪʃn / in·cul·ca·tion] *s.* inculcazione.

inculcator ['ɪnkʌlkeɪtə* / in·cul·cator] *s.* (*non com.*) inculcatore.

inculpable [ɪn'kʌlpəbl / in·culp·able] *agg.* (*non com.*) incolpevole, innocente.

to **inculpate** ['ɪnkʌlpeɪt *amer.* ɪn'kʌlpeɪt / in·culp·ate] *v.tr.* (*form.*) **1** accusare; biasimare **2** incolpare, incriminare.

inculpation [,ɪnkʌl'peɪʃn / in·culpa·tion] *s.* l'incolpare; incriminazione.

inculpatory [ɪn'kʌlpətərɪ / in·culp·at·ory] *agg.* (*form.*) accusatorio, d'accusa: *— witness*, testimone d'accusa.

incumbency [ɪn'kʌmbənsɪ / in·cum·bency] *s.* **1** l'essere incombente **2** incombenza, incarico, carica **3** (*eccl.*) possesso di un beneficio.

incumbent [ɪn'kʌmbənt / in·cum·bent] *agg.* **1** incombente; obbligatorio: *it is — on you to do so*, tocca a voi fare questo **2** in carica ◆ *s.* **1** (*eccl., dir.*) beneficiario **2** (*form.*)

avente diritto; titolare di un ufficio: *he will succeed to the post when the present — retires*, succederà nell'incarico quando l'attuale titolare andrà in pensione.

incunabulum [ˌɪnkju:ˈnæbjʊləm / in·cun·ab·ulum] *pl.* **incunabula** [ˌɪnkju:ˈnæbjʊlə] *s.* **1** incunabulo **2** *pl.* inizi, fasi iniziali.

to **incur** [ɪnˈkɜ:*] *pass.p.p.* **incurred** [ɪnˈkɜ:d / in·curred] *v.tr.* **1** incorrere in: *to — a penalty*, incorrere in una sanzione penale; *to — debts*, contrarre debiti; *to — losses*, subire delle perdite **2** esporsi a: *to — expenses*, esporsi a spese **3** attirare verso di sé: *to — s.o.'s hatred*, attirarsi l'odio di qlcu.

incurability [ɪn,kjʊərəˈbɪlətɪ / in·cur·ab·il·ity] *s.* incurabilità.

incurable [ɪnˈkjʊərəbl / in·cur·able] *agg.* incurabile, inguaribile: *he's an — romantic*, è un inguaribile romantico ◆ *s.* (*med.*) malato cronico; malato incurabile // **-ness** *s.* // **-bly** *avv.*

incuriosity [ˌɪnkjʊərɪˈɒsɪtɪ / in·curi·os·ity] *s.* mancanza di curiosità; indifferenza; negligenza.

incurious [ɪnˈkjʊərɪəs / in·curi·ous] *agg.* **1** non curioso; indifferente **2** (*ant.*) negligente **3** (*ant.*) trascurabile // **-ly** *avv.*

incursion [ɪnˈkɜ:ʃn *amer.* ɪnˈkɜ:ʒn / in·cur·sion] *s.* scorreria, incursione.

incursive [ɪnˈkɜ:sɪv / in·curs·ive] *agg.* d'incursione.

to **incurve** [ˈɪnˈkɜ:v / in·curve] *v.tr.* e *intr.* incurvare, incurvarsi.

incus [ˈɪŋkəs / in·cus] *pl.* **incudes** [ɪŋˈku: di:z / in·cu·des] *s.* (*anat.*) incudine.

incuse [ɪnˈkju:z / in·cuse] *agg.* incuso, impresso (di figure su monete) ◆ *s.* incuso, figura impressa.

to **incuse** *v.tr.* fregiare (una moneta) con una figura.

indamine [ˈɪndə,mi:n / in·da·mine] *s.* (*chim.*) indammina.

indan [ˈɪn,dæn / in·dan] *s.* (*chim.*) indano.

indanthrene [ɪnˈdæn,θri:n / in·dan·threne] **indanthrone** [ɪnˈdæn,θrəʊn] *s.* (*chim.*) indantrone.

indebted [ɪnˈdetɪd / in·debted] *agg.* **1** (*comm.*) indebitato: — *to*, debitore di; *heavily — to a bank*, fortemente indebitato con una banca **2** obbligato, in debito: *I am — to all of you for your help*, mi sento molto obbligato, in debito con voi tutti per il vostro aiuto.

indebtedness [ɪnˈdetɪdnɪs / in·debted·ness] *s.* **1** debito (*anche fig.*), obbligo morale: *our — to Greece*, il nostro debito con la Grecia **2** (*dir., econ.*) indebitamento, passivo: *external —*, indebitamento con l'estero.

indecency [ɪnˈdi:snsɪ / in·de·cency] *s.* **1** oscenità, indecenza; sconvenienza; scorrettezza // (*dir.*) *act of public —*, oltraggio al pudore **2** immodestia, esagerazione.

indecent [ɪnˈdi:snt / in·de·cent] *agg.* **1** osceno, indecente, indecoroso; immodesto; sconveniente; scorretto: — *advertisement*, annuncio osceno // (*dir.*): — *assault*, atti di libidine violenta, tentata violenza carnale; — *behaviour*, offesa al buon costume; — *exposure*, esibizionismo (di organi sessuali) **2** (*estens. fam.*) indecente, esagerato: *an — price*, un prezzo indecentemente alto; *they left with almost — haste*, se ne andarono con una fretta quasi offensiva // **-ly** *avv.*

indeciduous [ˌɪndɪˈsɪdjʊəs / in·de·cidu·ous] *agg.* (*bot.*) sempreverde, non deciduo.

indecipherable [ˌɪndɪˈsaɪfərəbl / in·de·ci·pher·able] *agg.* indecifrabile.

indecision [ˌɪndɪˈsɪʒn / in·de·ci·sion] *s.* indecisione; irresolutezza, esitazione.

indecisive [ˌɪndɪˈsaɪsɪv / in·de·cis·ive] *agg.* indeciso; irresoluto, esitante, non concludente; non decisivo // **-ly** *avv.* // **-ness** *s.*

indeclinable [ˌɪndɪˈklaɪnəbl / in·dec·lin·able] *agg.* (*gramm.*) indeclinabile // **-bly** *avv.*

indecomposable [ˌɪn,di:kəmˈpəʊzəbl / in·de·com·pos·able] *agg.* indecomponibile.

indecorous [ɪnˈdekərəs / in·dec·or·ous] *agg.* (*form.*) indecoroso; disdicevole; sconveniente // **-ly** *avv.* // **-ness** *s.*

indecorum [ˌɪndɪˈkɔ:rəm / in·dec·orum] *s.* mancanza di decoro; sconvenienza; atto indecoroso.

indeed [ɪnˈdi:d / in·deed] *avv.* **1** infatti; in verità, davvero: *and — ...*, e infatti...; *she had — told me that ...*, infatti lei mi aveva detto che...; *I am very glad —*, sono proprio molto contento; *thank you very much —*, ti ringrazio moltissimo **2** anzi, per meglio dire: *it's past midnight, — it's one o'clock*, è mezzanotte passata, anzi è l'una; *he was satisfied, — happy, that the problems had been solved*, era soddisfatto, anzi felice, che i problemi fossero stati risolti ◆ *inter.* davvero!: *no —!*, no, davvero!; *yes —!*, sì, davvero!; ma certamente!; *fine people —!*, (*iron.*) bella gente davvero!

indefatigability [ˌɪndɪ,fætɪgəˈbɪlətɪ / in·de·fat·ig·ab·il·ity] *s.* infaticabilità.

indefatigable [ˌɪndɪˈfætɪgəbl / in·de·fat·ig·able] *agg.* infaticabile, instancabile, indefesso // **-ness** *s.* // **-bly** *avv.*

indefeasibility [ˌɪndɪ,fi:zəˈbɪlətɪ / in·de·feas·ib·il·ity] *s.* (*dir.*) **1** (di diritto) irrevocabilità, incondizionatezza, assolutezza, imprescrittibilità **2** inalienabilità.

indefeasible [ˌɪndɪˈfi:zəbl / in·de·feas·ible] *agg.* (*dir.*) **1** irrevocabile, incondizionato, assoluto, imprescrittibile **2** inalienabile // **-bly** *avv.*

indefectible [ˌɪndɪˈfektɪbl / in·de·fect·ible] *agg.* indefettibile.

indefensibility [ˌɪndɪ,fensəˈbɪlətɪ / in·de·fens·ib·il·ity] *s.* indifendibilità; insostenibilità (di argomento ecc.).

indefensible [ˌɪndɪˈfensəbl / in·de·fens·ible] *agg.* indifendibile; insostenibile; imperdonabile.

indefinable [ˌɪndɪˈfaɪnəbl / in·de·fin·able] *agg.* **1** indefinibile, indescrivibile **2** vago, indistinto; incerto // **-ness** *s.* // **-bly** *avv.*

indefinite [ɪnˈdefɪnɪt / in·def·in·ite] *agg.* **1** indefinito, vago: *to leave a point —*, lasciare un punto in sospeso // (*dir.*) — *payment*, pagamento senza indicazione del debito (cui va imputato) **2** indeterminato, illimitato: (*mil.*) — *leave*, congedo illimitato **3** (*gramm.*) indefinito: — *pronoun*, pronome indefinito.

indefinitely [ɪnˈdefɪnɪtlɪ / in·def·in·ite·ly] *avv.* **1** indefinitamente, a tempo indeterminato, a data indeterminata **2** vagamente, in modo impreciso.

indefiniteness [ɪnˈdefɪnɪtnɪs / in·def·in·ite·ness] *s.* indefinitezza, indeterminatezza.

indehiscence [ˌɪndɪˈhɪsəns / in·de·his·cence] *s.* (*bot.*) indeiscenza.

indehiscent [ˌɪndɪˈhɪsənt / in·de·his·cent] *agg.* (*bot.*) indeiscente.

indelibility [ɪn,delɪˈbɪlətɪ / in·del·ib·il·ity] *s.* indelebilità.

indelible [ɪnˈdelɪbl / in·del·ible] *agg.* indelebile, incancellabile: — *ink*, inchiostro indelebile; — *pencil*, matita copiativa // **-bly** *avv.*

indelicacy [ɪnˈdelɪkəsɪ / in·del·ic·acy] *s.* indelicatezza; sconvenienza.

indelicate [ɪnˈdelɪkɪt / in·del·ic·ate] *agg.* indelicato; sconveniente // **-ly** *avv.*

indemnification [ɪn,demnɪfɪˈkeɪʃn / in·dem·ni·fica·tion] *s.* indennizzo, risarcimento.

to **indemnify** [ɪnˈdemnɪfaɪ / in·dem·nify] *v.tr.* **1** indennizzare, risarcire **2** assicurare: *to — s.o. against* (o *from*) *sthg.*, assicurare qlcu. contro qlco.

indemnitor [ɪnˈdemnɪtə* / in·dem·ni·tor] *s.* assicuratore, indennizzatore.

indemnity [ɪnˈdemnɪtɪ / in·dem·nity] *s.* **1** indennità, risarcimento // *war —*, indennità di guerra // (*dir.*): — *bond*, cauzione; — *rule*, regola per cui la parte soccombente paga le spese processuali **2** assicurazione (contro perdite, danni ecc.) **3** esenzione **4** (*Borsa*) (*amer.*) contratto a doppia facoltà, 'straddle', 'stellage'.

indemonstrability [ˌɪndɪ,mɒnstrəˈbɪlətɪ / in·dem·on·strab·il·ity] *s.* indimostrabilità.

indemonstrable [ɪnˈdemənstrəbl / in·dem·on·strable] *agg.* indimostrabile.

indene [ˈɪn,di:n / in·dene] *s.* (*chim.*) indicano.

indent[1] [ˈɪndent / in·dent] *s.* **1** (*mecc.*) dentellatura, tacca **2** (*tip.*) capoverso rientrato **3** (*comm.*) ordinativo: *closed, open —*, ordinativo chiuso, aperto **4** ordine di requisizione (di merci).

to **indent**[1] [ɪnˈdent / in·dent] *v.tr.* **1** (*mecc.*) dentellare, intaccare; frastagliare, incidere, solcare **2** dividere (un documento) secondo una linea irregolare (in modo da poterne verificare l'autenticità facendo combaciare le due parti) **3** (*tip.*) rientrare (una riga) **4** vincolare (un apprendista) con un contratto ◆ *v.intr.* **1** essere frastagliato; formare insenature **2** (*tip.*) far rientrare l'inizio della riga **3** (*comm.*) ordinare merci, fare un'ordinazione: *to — on s.o. for sthg.*, passare un ordine di qlco. a qlcu. **4** fare una requisizione **5** (*ant.*) venire a patti, stipulare un accordo: *shall we buy treason, and indent with fears*, (SH. Henry IV) dovremo noi pagare il tradimento e patteggiare con la vigliaccheria.

indent[2] *s.* (*tecn.*) incavo, incavatura, cava; intaglio; ammaccatura.

to **indent**[2] *v.tr.* (*tecn.*) incavare, cavare; intagliare; ammaccare.

indentation [ˌɪndenˈteɪʃn / in·denta·tion] *s.* **1** intaccatura, tacca, dentellatura; incisione, intaglio **2** frastagliatura, rientranza **3** (*tip.*) capoverso rientrato, rientranza.

indented [ɪnˈdentɪd / in·dented] *agg.* **1** intaccato, dentellato; frastagliato **2** (*tip.*) rientrato.

indention [ɪnˈdenʃn / in·den·tion] *s.* (*tip.*) capoverso rientrato, rientranza.

indenture [ɪnˈdentʃə* / in·den·ture] *s.* **1** (*dir.*) contratto, accordo; (*spec. pl.*) contratto di apprendista **2** inventario **3** (*tecn.*) dentellatura, intaglio.

to **indenture** *v.tr.* **1** legare, vincolare con un contratto **2** mettere a bottega, a contratto (un apprendista).

indentured [ɪn'dentʃəd / in·den·tured] *agg.* (*econ.*) a contratto: — *labour*, manodopera a contratto (per lavoratori vincolati all'estero per il tempo necessario a ripagare il costo del viaggio ecc.).

independence [,ɪndɪ'pendəns / in·de·pend·ence] *s.* indipendenza; autonomia: *India won its — from Britain in 1947*, l'India si conquistò la libertà dalla Gran Bretagna nel 1947 // *Independence Day*, anniversario della proclamazione dell'indipendenza americana (4 luglio 1776).

independency [,ɪndɪ'pendənsɪ / in·de·pend·ency] *s.* **1** stato autonomo **2** (*antiq.*) indipendenza di mezzi **3** (*rar.*) congregazionalismo (dottrina che afferma l'indipendenza di ogni comunità in materia di fede e di disciplina ecclesiastica).

independent [,ɪndɪ'pendənt / in·de·pend·ent] *agg.* **1** indipendente; autonomo, autosufficiente: *financially* —, economicamente indipendente; *to be — of s.o., of sthg.*, non dipendere da alcuno, da alcuna cosa // — *TV channel*, televisione privata // — *school*, scuola privata non finanziata dallo stato // (*dir.*) — *evidence* (o *proof*), prova di per sé sufficiente // (*amm.*) — *audit*, revisione contabile esterna // (*comm.*) — *contractor*, appaltatore **2** che vive di rendita // — *means*, mezzi che consentono al proprietario di vivere senza lavorare: *of — means*, agiato, che vive di rendita **3** imparziale; obiettivo: *an — opinion*, un'opinione imparziale // — *study*, inchiesta al di sopra delle parti ♦ *s.* (*pol.*) indipendente.

independently [,ɪndɪ'pendəntlɪ / in·de·pend·ent·ly] *avv.* indipendentemente; separatamente.

in-depth ['ɪndepθ] *agg.* profondo; approfondito: — *survey, research*, indagine, ricerca approfondita.

indescribable [,ɪndɪ'skraɪbəbl / in·des·crib·able] *agg.* indescrivibile // **-ness** *s.* // **-bly** *avv.*

indestructibility [,ɪndɪ,strʌktə'bɪlətɪ / in·des·truct·ib·il·ity] *s.* indistruttibilità.

indestructible [,ɪndɪ'strʌktəbl / in·des·truct·ible] *agg.* indistruttibile // **-bly** *avv.*

indeterminable [,ɪndɪ'tɜ:mɪnəbl / in·de·term·in·able] *agg.* **1** indeterminabile **2** che non può essere deciso: *an — question*, una domanda senza risposta // **-ness** *s.* // **-bly** *avv.*

indeterminacy [,ɪndɪ'tɜ:mɪnəsɪ / in·de·term·in·acy] *s.* (*fis.*) indeterminazione.

indeterminate [,ɪndɪ'tɜ:mɪnət / in·de·term·in·ate] *agg.* indeterminato, impreciso // (*dir.*) — *sentence*, condanna a una pena indeterminata (nella durata) // **-ly** *avv.* // **-ness** *s.*

indetermination ['ɪndɪ,tɜ:mɪ'neɪʃn / in·de·term·ina·tion] *s.* **1** indeterminazione; irresolutezza **2** indeterminatezza.

indeterminism [,ɪndɪ'tɜ:mɪnɪzəm / in·de·term·in·ism] *s.* (*fil.*) indeterminismo.

indeterminist [,ɪndɪ'tɜ:mɪnɪst / in·de·term·in·ist] *s.* (*fil.*) indeterminista.

index ['ɪndeks / in·dex] *pl.* **indexes** ['ɪndeksɪz] **indices** ['ɪndɪsi:z / in·di·ces] *s.* **1** indice: elenco; *alphabetical, analytical* —, indice alfabetico, analitico; — *of illustrations*, elenco delle illustrazioni // *the Index*, l'Indice dei libri proibiti **2** indice; schedario // (*inform.*): — *hole*, foro di riferimento; — *point*, punto macchina **3** indice, segno; indicazione (*anche fig.*): *his feeble jokes are an — of his stupidity*, i suoi scherzi poco divertenti sono un indice della sua stupidità **4** ago; lancetta (di orologio); gnomone (di meridiana) **5** (*tip.*) segno **6** (*scient.*, *econ.*) indice // (*fis.*) — *of refraction*, indice di rifrazione // (*stat.*) — *number*, numero indice // (*econ.*): *cost-of-living* —, indice del costo della vita; *retail price* — (amer. *consumer price* —), indice dei prezzi al consumo // (*Borsa*) — *arbitrage*, arbitraggio su indice.

to **index** *v.tr.* **1** comporre un indice di; rubricare **2** inserire, includere in un indice **3** indicizzare **4** indicare: *the compass needle indexes true North*, l'ago della bussola indica il nord magnetico **5** mettere (un libro) all'Indice **6** (*mecc.*) graduare.

indexation [,ɪndek'seɪʃn / in·dexa·tion] *s.* (*econ.*) indicizzazione.

indexed ['ɪndeksd / in·dexed] *agg.* **1** (*econ.*) indicizzato: — *bond*, obbligazione indicizzata; — *pension*, pensione indicizzata **2** (*inform.*) (IBM) — *file*, file a indici.

indexer ['ɪndeksə* / in·dex·er] *s.* compilatore di un indice; schedatore.

index finger ['ɪndeks,fɪŋgə*] *s.* indice (della mano) SIN. **forefinger**.

indexing ['ɪndeksɪŋ / in·dex·ing] *s.* (*inform.*) indicizzazione; posizionamento.

to **index-link** ['ɪndeks,lɪŋk] *v.tr.* (*econ.*) indicizzare: *to — wages*, indicizzare i salari.

index-linking ['ɪndeks,lɪŋkɪŋ] *s.* (*econ.*) indicizzazione.

Indiaman ['ɪndjəmən / In·dia·man] *pl.* **Indiamen** *s.* (*st.*) nave per il commercio con l'India.

Indian ['ɪndjən / In·dian] *agg.* e *s.* **1** indiano, (nativo) dell'India // — *summer*, estate indiana, estate di S. Martino **2** indiano d'America, amerindio // *Red Indians*, pellirosse.

Indian club ['ɪndjənklʌb] *s.* clava (attrezzo ginnico).

Indian corn ['ɪndjənkɔ:n] *s.* (*bot.*) granoturco → **maize**.

Indian fig [,ɪndjən'fɪg] *s.* (*bot.*) (*Opuntia ficus indica*) fico d'India, opunzia.

Indian fire [,ɪndjən'faɪə*] *s.* bengala.

Indian giver ['ɪndjən,gɪvə*] *s.* (*fam. amer.*) chi presta una cosa e la rivuole subito indietro.

Indian hay [,ɪndjən'heɪ] *s.* (*sl. amer.*) → **Indian hemp** 2.

Indian hemp ['ɪndjən'hemp] *s.* **1** (*bot.*) (*Apocynum cannabium*) apocino; (*pop.*) canapa indiana SIN. **hemp dogbane** **2** (*sl. amer.*) marijuana.

India(n) ink [,ɪndjə(n)'ɪŋk] *s.* inchiostro di China.

Indian millet [,ɪndjən'mɪlɪt] *s.* (*bot.*) sorgo, saggina → **sorgho**.

Indian red [,ɪndjən'red] *s.* (*chim.*) rosso d'India, ossido ferrico.

Indian sign ['ɪndjən'saɪn] *s.* (*fam. amer.*) malocchio.

Indian weed ['ɪndjən,wi:d] *s.* (*bot.*) tabacco → **tobacco**.

India rubber [,ɪndjə'rʌbə*] *s.* **1** caucciù **2** gomma per cancellare.

indican ['ɪndɪ,kæn / in·di·can] *s.* (*biochim.*) indicano.

to **indicate** ['ɪndɪkeɪt / in·dic·ate] *v.tr.* **1** indicare, mostrare: *to — sthg. to s.o.*, indicare qlco. a qlcu.; *to — sthg. with the hand*, indicare qlco. con la mano **2** segnalare: *to — left*, segnalare lo spostamento, la svolta a sinistra (in auto); *a headache often indicates tiredness*, spesso il mal di testa è un segnale di stanchezza **3** indicare, denotare, esprimere: *face that indicates energy*, viso che esprime energia **4** occorrere, essere necessario: *further research is indicated*, occorre un'ulteriore indagine **5** indicare per sommi capi.

indication [,ɪndɪ'keɪʃn / in·dica·tion] *s.* **1** indicazione **2** segno; indizio: *there's every — of a rise in taxes*, ci sono tutti gli indizi di un aumento delle tasse **3** (*med.*) prescrizione.

indicative [ɪn'dɪkətɪv / in·dic·at·ive] *agg.* **1** indicativo, che indica: *smile — of pleasure*, sorriso che denota piacere // (*econ.*) — *planning*, pianificazione indicativa **2** (*gramm.*) indicativo ♦ *s.* (*gramm.*) modo indicativo // **-ly** *avv.*

indicator ['ɪndɪkeɪtə* / in·dic·ator] *s.* **1** indicatore, indice; lancetta: *mileage* —, contachilometri // (*aer.*): *airspeed* —, indicatore di velocità, anemometro; *height* —, indicatore di quota **2** (*fig.*) indice, indizio **3** (*aut.*) freccia, segnalatore luminoso di direzione **4** (*chim.*) indicatore **5** (*econ.*) indicatore: *leading economic indicators*, i principali indicatori economici (della congiuntura e simili).

indicatory [ɪn'dɪkətərɪ / in·dic·at·ory] *agg.* indicativo.

to **indict** [ɪn'daɪt / in·dict] *v.tr.* (*dir.*) accusare, mettere formalmente in stato d'accusa; imputare: *to — (s.o.) for an offence*, accusare (qlcu.) di un reato, rinviare (qlcu.) a giudizio; *to — s.o. on a murder charge*, rinviare qlcu. a giudizio con l'imputazione di omicidio; *to stand indicted*, essere accusato.

indictable [ɪn'daɪtəbl / in·dict·able] *agg.* (*dir.*) accusabile; imputabile; incriminabile, passibile di sanzione penale.

indictee [,ɪndaɪ'ti: / in·dictee] *s.* (*dir.*) imputato.

indicter [ɪn'daɪtə* / in·dict·er] *s.* (*dir.*) attore, accusatore.

indiction [ɪn'dɪkʃn / in·dic·tion] *s.* (*st.*) indizione.

indictment [ɪn'daɪtmənt / in·dict·ment] *s.* **1** (*dir.*) accusa; atto formale d'accusa: *to file the* —, compilare l'atto d'accusa; *to bring an — against s.o.*, formulare un'accusa contro qlcu. **2** (*estens.*) atto d'accusa.

indictor → **indicter**.

indie ['ɪndɪ / in·die] *s.* (*fam.*) produttore (cinematografico, discografico) indipendente.

indifference [ɪn'dɪfrəns / in·dif·fer·ence] *s.* **1** indifferenza; apatia: — *towards* (o *to*) *art*, mancanza d'interesse per l'arte; *to feign* —, fingere indifferenza **2** irrilevanza; mancanza di valore, di significato, di importanza: *a matter of* —, una cosa di nessuna importanza **3** (*tecn.*) indifferenza; neutralità **4** (*econ.*) indifferenza: — *map*, mappa (di curve) d'indifferenza.

indifferent [ɪn'dɪfrənt / in·dif·fer·ent] *agg.* **1** indifferente, insensibile; incurante; apatico: *his praise leaves me* —, la sua lode mi lascia indifferente **2** neutrale, imparziale: *we cannot remain — in this dispute*, non possiamo rimanere neutrali in questa disputa **3** medio; di medio valore, di media grandezza ecc.: *after an — start he emerged at the end as the winner*, dopo una partenza di medio livello alla fine risultò vincitore **4** mediocre; scadente: *his English is —*, il suo inglese è mediocre; *I should prove myself, at best, an indifferent politician*, (O. GOLDSMITH) avrei dato prova d'essere tutt'al più un politico mediocre // *— health*, salute cagionevole **5** irrilevante; poco importante; indifferente **6** (*chim., elettr.*) neutro // **-ly** *avv.*

indifferentism [ɪn'dɪfrəntɪzəm / in·dif·fer·ent·ism] *s.* (*relig.*) indifferentismo (*anche estens.*).

indifferentist [ɪn'dɪfrəntɪst / in·dif·fer·ent·ist] *s.* (*relig., fil.*) persona che si astiene dal prendere posizione su problemi religiosi o politici; agnostico; indifferentista.

indigence ['ɪndɪdʒəns / in·di·gence] **indigency** ['ɪndɪdʒənsɪ / in·di·gency] *s.* (*form.*) indigenza; povertà.

indigene ['ɪndɪdʒi:n / in·di·gene] *s.* (*non com.*) indigeno, aborigeno.

indigenous [ɪn'dɪdʒɪnəs / in·di·gen·ous] *agg.* indigeno, aborigeno (*anche scient.*) // **-ly** *avv.*

indigent ['ɪndɪdʒənt / in·di·gent] *agg.* (*form.*) indigente, povero, bisognoso // **-ly** *avv.*

indigested [,ɪndɪ'dʒestɪd / in·di·ges·ted] *agg.* **1** non digerito **2** (*fig.*) confuso, caotico; poco chiaro.

indigestibility [,ɪndɪ,dʒestə'bɪlətɪ / in·di·gest·ib·il·ity] *s.* indigeribilità.

indigestible [,ɪndɪ'dʒestəbl / in·di·gest·ible] *agg.* **1** indigeribile; indigesto **2** (*fig.*) indigesto, inaccettabile; insopportabile; incomprensibile: *the book was an — mass of raw data*, il libro era una massa incomprensibile di informazioni non elaborate.

indigestion [,ɪndɪ'dʒestʃn / in·di·ges·tion] *s.* (*med.*) dispepsia; cattiva digestione; indigestione: *cucumbers give me —*, i cetrioli mi rimangono sullo stomaco.

indigestive [,ɪndɪ'dʒestɪv / in·di·gest·ive] *agg.* (*med.*) dispeptico.

indignant [ɪn'dɪgnənt / in·dig·nant] *agg.* indignato; sdegnato // **-ly** *avv.*

indignation [,ɪndɪg'neɪʃn / in·dig·na·tion] *s.* indignazione, sdegno.

indignity [ɪn'dɪgnɪtɪ / in·dig·nity] *s.* trattamento indegno; offesa, insulto; oltraggio: *he suffered the — of being arrested and handcuffed in public*, patì l'oltraggio di essere arrestato e ammanettato in pubblico.

indigo ['ɪndɪgəʊ / in·digo] *pl.* **indigo(e)s** *s.* indaco naturale // (*chim.*) *— blue*, indaco; indigotina.

indigoid ['ɪndɪ,gɔɪd / in·di·goid] *agg.* (*chim.*) indigoide: *— dye*, colorante indigoide.

indigo-plant ['ɪndɪgəʊ,plɑ:nt *amer.* 'ɪndɪgəʊ,plænt] *s.* (*bot.*) (*Indigofera tinctoria*) indigofera.

indigotin [ɪn'dɪgətɪn / in·digo·tin] *s.* (*chim.*) indigotina.

indirect [,ɪndɪ'rekt / in·dir·ect] *agg.* **1** traverso; tortuoso; indiretto, deviato: *an — route*, percorso non diretto **2** (*fig.*) indiretto, obliquo: *he answered our question in an — way*, rispose alla nostra domanda in modo indiretto; *to make an — reference to s.o.*, fare un'allusione indiretta a qlcu. **3** (*fig. non com.*) disonesto; subdolo; ingannevole: *he sold cars using —, crooked methods*, vendeva automobili usando metodi sleali e disonesti **4** (*amm., trib.*) indiretto: *— cost*, costo indiretto; *— tax, taxation*, imposizione, imposta indiretta // (*dir.*) *— evidence*, prova indiziaria **5** (*gramm.*) indiretto: *— speech*, discorso indiretto.

indirection [,ɪndɪ'rekʃn / in·dir·ec·tion] *s.* (*fig. non com.*) **1** disonestà; inganno; raggiro: *by —*, con l'inganno **2** mancanza di scopo, di direzione.

indirectly [,ɪndɪ'rektlɪ / in·dir·ect·ly] *avv.* **1** indirettamente, per via indiretta; con deviazioni; tortuosamente **2** (*fig.*) indirettamente; obliquamente **3** (*fig. non com.*) disonestamente; ingannevolmente.

indirectness [,ɪndɪ'rektnɪs / in·dir·ect·ness] *s.* **1** tortuosità **2** (*fig.*) obliquità **3** (*fig. non com.*) slealtà; disonestà.

indiscernible [,ɪndɪ'sɜ:nəbl / in·dis·cern·ible] *agg.* indiscernibile; indistinguibile; impercettibile // **-bly** *avv.*

indiscipline [ɪn'dɪsɪplɪn / in·dis·cip·line] *s.* indisciplina, mancanza di disciplina.

indiscoverable [,ɪndɪ'skʌvərəbl / in·dis·cov·er·able] *agg.* che non può essere scoperto.

indiscreet [,ɪndɪ'skri:t / in·dis·creet] *agg.* **1** indiscreto; indelicato; inopportuno; sconveniente **2** imprudente; incauto // **-ly** *avv.* // **-ness** *s.*

indiscrete [,ɪndɪ'skri:t / in·dis·crete] *agg.* che non è scisso in parti; omogeneo; compatto.

indiscretion [,ɪndɪ'skreʃn / in·dis·cre·tion] *s.* **1** indiscrezione; mancanza di tatto **2** imprudenza; mancanza di cautela; impulsività.

indiscriminate [,ɪndɪ'skrɪmɪnət / in·dis·crim·in·ate] *agg.* **1** indiscriminato; non differenziato; confuso: *the — use of antibiotics can lead to dangerous consequences*, l'uso indiscriminato di antibiotici può portare a pericolose conseguenze **2** promiscuo; indiscriminato: *— sexual habits*, abitudini sessuali promiscue **3** che non fa distinzioni: *an — reader*, uno che legge qualsiasi cosa // **-ly** *avv.*

indiscriminating [,ɪndɪ'skrɪmɪneɪtɪŋ / in·dis·crim·in·ating] *agg.* che non fa distinzioni; indiscriminato.

indiscrimination [,ɪndɪ,skrɪmɪ'neɪʃn / in·dis·crim·ina·tion] *s.* mancanza di discriminazione, di distinzione, di discernimento.

indispensability [,ɪndɪ,spensə'bɪlətɪ / in·dis·pens·ab·il·ity] *s.* indispensabilità.

indispensable [,ɪndɪ'spensəbl / in·dis·pens·able] *agg.* **1** indispensabile; essenziale, necessario: *in my job a car is —*, col mio lavoro un'auto è indispensabile **2** (*dir.*) da cui non si può essere dispensati; che non può essere rimesso // **-ness** *s.* // **-bly** *avv.*

to **indispose** [,ɪndɪ'spəʊz / in·dis·pose] *v.tr.* **1** (*form.*) indisporre, rendere mal disposto: *to — s.o. towards sthg., to do sthg.*, rendere qlcu. mal disposto verso qlco., a fare qlco. **2** (*fig. form.*) inabilitare; rendere inadatto; rendere incapace: *to — s.o. for sthg.* (*o for doing sthg.* o *to do sthg.*), rendere qlcu. incapace di qlco. (o di fare qlco.) **3** (*ant.*) rendere contrario **4** (*ant.*) rendere malato, indisposto.

indisposed [,ɪndɪ'spəʊzd / in·dis·posed] *agg.* (*form.*) **1** indisposto: *to feel —*, sentirsi poco bene **2** poco incline; maldisposto; contrario: *— to do sthg.*, poco incline a fare qlco.

indisposedness [,ɪndɪs'pəʊzɪdnɪs / in·dis·posed·ness] **indisposition** [,ɪndɪspə'zɪʃn / in·dis·posi·tion] *s.* (*form.*) **1** indisposizione, malessere **2** poca inclinazione; riluttanza: *an instinctive indisposition to break slumbers so manifestly sweet*, (H.G. WELLS) un'istintiva riluttanza a interrompere i sonni così chiaramente piacevoli **3** avversione; ostilità.

indisputable [,ɪndɪ'spju:təbl / in·dis·put·able] *agg.* indisputabile; indiscutibile; incontestabile; innegabile; indubitabile; incontrovertibile // **-bly** *avv.*

indisputableness [,ɪndɪ'spju:təblnɪs / in·dis·put·able·ness] **indisputability** [,ɪndɪspju:tə'bɪlətɪ / in·dis·put·ab·il·ity] *s.* indiscutibilità.

indisputed [,ɪndɪs'pju:tɪd / in·dis·puted] *agg.* incontestato, indiscusso.

indissociable [ɪndɪ'səʊʃjəbl / in·dis·soci·able] *agg.* inseparabile; non dissociabile.

indissolubility [,ɪndɪ,sɒljʊ'bɪlətɪ / in·dis·sol·ub·il·ity] *s.* indissolubilità.

indissoluble [,ɪndɪ'sɒljʊbl / in·dis·sol·uble] *agg.* **1** (*form.*) indissolubile: *an — bond*, un legame indissolubile **2** (*chim.*) indissolubile, non decomponibile // **-ness** *s.* // **-bly** *avv.*

indistinct [,ɪndɪs'tɪŋkt / in·dis·tinct] *agg.* indistinto, poco chiaro, confuso; vago, indefinito; oscuro // **-ly** *avv.* // **-ness** *s.*

indistinctive [,ɪndɪs'tɪŋktɪv / in·dis·tinct·ive] *agg.* **1** che non distingue; che non fa distinzioni **2** indistinto, confuso, che non si distingue // **-ly** *avv.*

indistinguishable [,ɪndɪ'stɪŋgwɪʃəbl / in·dis·tin·guish·able] *agg.* **1** indistinguibile; impercettibile: *— to the naked eye*, indistinguibile a occhio nudo **2** indistinto // **-ness** *s.* // **-bly** *avv.*

to **indite** [ɪn'daɪt] e *deriv.* → to **endite** e *deriv.*

indium ['ɪndɪəm / in·dium] *s.* (*chim.*) indio.

individual [,ɪndɪ'vɪdjʊəl / in·di·vidual] *agg.* **1** individuale, del singolo; singolo: *— liberty*, libertà individuale; *— member*, singolo membro // *— bargaining*, contrattazione individuale (nel linguaggio sindacale) // (*dir.*): *— person*, persona fisica; *— responsibility*, responsabilità personale; *— rights*, diritti individuali // (*rad.*) *— station*, stazione singola **2** particolare; caratteristico: *a very — style*, uno stile molto personale **3** differente, diverso: *the set consisted of six — plates*, il servizio era composto di sei piatti diversi.

individual *s.* **1** individuo, persona, entità singola **2** (*fam.*) individuo, tipo, tizio.

individualism [,ɪndɪ'vɪdjʊəlɪzəm / in·di·vidu·al·ism] *s.* **1** individualismo (*anche fil.*) // (*econ.*) *methodological —*, individualismo metodologico **2** egoismo.

individualist [,ɪndɪ'vɪdjʊəlɪst / in·di·vidu·al·ist] *agg.* e *s.* individualista (*anche fil.*).

individualistic [,ɪndɪ,vɪdjʊə'lɪstɪk / in·di·vidu·al·istic] *agg.* individualistico.

individuality [,ɪndɪ,vɪdjʊ'ælɪtɪ / in·di·vidu·al·ity] *s.* individualità; peculiarità; personalità.

individualization [,ɪndɪ,vɪdjʊəlaɪ'zeɪʃn / in·di·vidu·al·iza·tion] *s.* individualizzazione.

to **individualize** [,ɪndɪ'vɪdjʊəlaɪz / in·di·vidu·al·ize] *v.tr.* (*form.*) **1** individualizzare, caratterizzare **2** specificare, particolareggiare; considerare individualmente.

individually [,ɪndɪ'vɪdjʊəlɪ / in·di·vidu·ally] *avv.* **1** individualmente; isolatamente, separatamente, singolarmente: *we are all — responsible*, siamo tutti personalmente responsabili **2** in modo particolare, caratteristico, personale.

to **individuate** [,ɪndɪ'vɪdjʊeɪt / in·di·vidu·ate] *v.tr.* individuare.

individuation [,ɪndɪvɪdjʊ'eɪʃn / in·di·vidu·ation] *s.* individuazione (*anche fil.*).

indivisibility [,ɪndɪ,vɪzɪ'bɪlətɪ / in·di·vis·ib·il·ity] *s.* indivisibilità.

indivisible [,ɪndɪ'vɪzəbl / in·di·vis·ible] *agg.* indivisibile, inseparabile // **-ness** *s.* // **-bly** *avv.*

Indo- ['ɪndəʊ] *pref.* che significa 'indiano'; it. indo-: *Indo-European*, indoeuropeo; *Indo -Pakistan*, indopakistano.

Indo-Aryan ['ɪndəʊ'eərɪən] *agg.* e *s.* indoariano.

Indo-Chinese ['ɪndəʊtʃaɪ'ni:z] *agg.* e *s.* indocinese.

indocile [ɪn'dəʊsaɪl / in·do·cile] *agg.* indocile, ribelle.

indocility [,ɪndəʊ'sɪlətɪ / in·do·cil·ity] *s.* indocilità.

to **indoctrinate** [ɪn'dɒktrɪneɪt / in·doc·trin·ate] *v.tr.* addottrinare, indottrinare: *to — s.o. with an idea*, indottrinare qlcu. in un'idea.

indoctrination [ɪn,dɒktrɪ'neɪʃn / in·doc·trina·tion] *s.* addottrinamento, indottrinamento: *political —*, indottrinamento politico.

Indo-European [,ɪndəʊ,jʊərə'pi:ən] *agg.* e *s.* indoeuropeo.

Indo-Germanic [,ɪndəʊdʒɜ:'mænɪk] *agg.* e *s.* indogermanico.

indole ['ɪn,dəʊl / in·dole] *s.* (*chim.*) indolo.

indolence ['ɪndələns / in·dol·ence] *s.* **1** indolenza, pigrizia **2** (*med.*) indolenza.

indolent ['ɪndələnt / in·dol·ent] *agg.* (*form.*) **1** indolente, pigro **2** (*med.*) indolore: *— tumour*, tumore indolente // **-ly** *avv.*

indomitable [ɪn'dɒmɪtəbl / in·dom·it·able] *agg.* indomabile; indomito; ferreo // **-bly** *avv.*

Indonesian [,ɪndəʊ'ni:zjən / In·do·ne·sian] *agg.* e *s.* indonesiano.

indoor ['ɪndɔ:* / in·door] *agg.* **1** interno, al coperto; dentro casa: *— swimming pool*, piscina al coperto; *— sport*, sport indoor; *— game*, un gioco da farsi in casa; gioco di società; *— plant*, pianta da appartamento, ornamentale **2** di casa, casalingo (di persona).

indoors [,ɪn'dɔ:z / in·doors] *avv.* in casa; al coperto; all'interno: *— and out*, dentro e fuori; *to stay, to go —*, rimanere, andare in casa.

indorsation [,ɪndɔ:'seɪʃn / in·dorsa·tion] *s.* (*non com.*) → **endorsement**.

to **indorse** → to **endorse**.

indorsee [,ɪndɔ:'si: / in·dorsee] *s.* (*comm.*) giratario: *— for collection*, giratario per l'incasso.

indoxyl [ɪn'dɒksl / in·doxyl] *s.* (*chim.*) indossile.

indrawn ['ɪndrɔ:n / in·drawn] *agg.* **1** inspirato: *a sharply — breath*, un respiro molto profondo **2** introverso, chiuso in se stesso (di persona).

indubitable [ɪn'dju:bɪtəbl *amer.* ɪn'du:bɪtəbl / in·dub·it·able] *agg.* indubitabile; // **-ness** *s.* // **-bly** *avv.*

to **induce** [ɪn'dju:s *amer.* ɪn'du:s / in·duce] *v.tr.* (IV) **1** indurre; persuadere; istigare: *to — s.o. to do sthg.*, persuadere qlcu. a fare qlco. **2** indurre, provocare, causare: *his illness was induced by overwork*, la sua malattia fu causata dal troppo lavoro // *induced birth*, nascita provocata, pilotata // (*econ.*) *induced investment*, investimento indotto **3** (*elettr.*, *fis.*) indurre: *induced current*, corrente indotta; *induced radioactivity*, radioattività artificiale **4** (*fil.*) indurre // **-er** *s.*

inducement [ɪn'dju:smənt *amer.* ɪn'du:smənt / in·duce·ment] *s.* **1** incentivo, stimolo: *to offer s.o. an —*, fare un'offerta allettante a qlcu. **2** persuasione; incitamento **3** (*dir.*) istigazione a delinquere.

inducible [ɪn'dju:səbl *amer.* ɪn'du:səbl / in·du·cible] *agg.* che può essere indotto, persuaso.

to **induct** [ɪn'dʌkt / in·duct] *v.tr.* **1** (*form.*) investire, insediare: *to — s.o. into an office*, investire qlcu. di una carica; *to — s.o. to a benefice*, investire qlcu. di un beneficio **2** iniziare; introdurre: *to — s.o. into a cult*, iniziare qlcu. a un culto **3** introdurre, far entrare; installare: *to — s.o. into a room*, introdurre qlcu. in una stanza **4** (*elettr.*) indurre **5** (*mil. amer.*) arruolare.

inductance [ɪn'dʌktəns / in·duct·ance] *s.* (*fis.*) induttanza.

inductee [ɪn,dʌk'ti: / in·ductee] *s.* (*amer. mil.*) recluta.

inductile [ɪn'dʌktaɪl / in·duct·ile] *agg.* (*metall.*) non duttile.

inductility [,ɪndʌk'tɪlətɪ / in·duct·il·ity] *s.* (*metall.*) mancanza di duttilità.

induction [ɪn'dʌkʃn / in·duc·tion] *s.* **1** (*log.*) induzione: *— of facts*, induzione dei fatti; *by —*, per induzione **2** (*mat.*) induzione: *aerodynamic —*, induzione aerodinamica; *electromagnetic —*, induzione elettromagnetica; *electrostatic —*, induzione elettrostatica; *mutual —*, induzione mutua; *mathematical —*, induzione matematica // *— coil*, rocchetto Ruhmkorff, bobina d'induzione // *— motor*, motore asincrono, a induzione **3** entrata; insediamento; presa di possesso (di carica); investitura: *— of a judge*, investitura di un giudice **4** iniziazione; inserimento (di persona) in un nuovo lavoro: *— course*, corso introduttivo **5** (*med.*) induzione, provocazione: *— of labour*, stimolazione di doglie **6** (*amer.*) reclutamento **7** (*ant.*) esordio, preambolo; introduzione, prologo: *these promises are fair, the parties sure, / and our induction full of prosperous hope*, (SH. Henry IV) queste promesse sono oneste, gli alleati sicuri e il nostro esordio colmo di prospere speranze **8** (*ant.*) premeditazione: *plots have I laid, inductions dangerous*, (SH. Richard III) ho tramato complotti, pericolose premeditazioni.

inductive [ɪn'dʌktɪv / in·duct·ive] *agg.* induttivo // **-ly** *avv.* // **-ness** *s.*

inductor [ɪn'dʌktə* / in·ductor] *s.* **1** chi investe (qlcu.) di una carica, beneficio ecc. **2** (*elettr.*) induttore: *— coil*, bobina, avvolgimento, induttore.

to **indue** → to **endue**.

to **indulge** [ɪn'dʌldʒ / in·dulge] *v.tr.* **1** assecondare; cedere, darsi, abbandonarsi a: *to — a whim*, assecondare un capriccio; *I spent the evening indulging my passion for chess*, ho trascorso la serata indulgendo alla mia passione preferita: gli scacchi; *to — an appetite*, soddisfare un desiderio; *to — a hope*, accarezzare una speranza **2** essere indulgente con; accontentare; viziare: *she indulges her children too much*, è troppo indulgente verso i suoi bambini // *to — s.o. with sthg.*, regalare qlco. a qlcu. **3** (*comm.*) concedere una proroga a **4** (*relig.*) concedere un'indulgenza a ◆ *v.intr.* permettersi; concedersi: *he never indulges in a holiday*, non si concede mai una vacanza; *ladies like to — in a little gossip*, alle signore piace concedersi qualche pettegolezzo; *do you —?*, (*antiq.*) vuol bere un goccetto?, le verso un goccetto?

indulgence [ɪn'dʌldʒəns / in·dul·gence] *s.* **1** indulgenza; compiacenza; favore: *a mother's — towards* (o *for*) *her child*, l'indulgenza di una madre verso il suo bambino; *you grant him every —*, gli concedi tutto **2** l'abbandonarsi a, appagamento, soddisfazione: *— in sin*, l'abbandonarsi al peccato; *to allow oneself the — of a glass of wine*, concedersi il piacere di un bicchiere di vino **3** vizio, debolezza **4** (*comm.*) proroga **5** (*teol.*) indulgenza: *plenary —*, indulgenza plenaria.

indulgent [ɪn'dʌldʒənt / in·dul·gent] *agg.* indulgente; condiscendente; benevolo // **-ly** *avv.*

indulger [ɪn'dʌlʒə* / in·dul·ger] *s.* chi indulge: *he is a frequent — in drink*, è un forte bevitore.

induline ['ɪndjʊlaɪn / in·du·line] *s.* (*chim.*) indolina.

indult ['ɪndʌlt / in·dult] *s.* (*dir.*, *eccl.*) indulto.

to **indurate** ['ɪndjʊəreɪt / in·dur·ate] *v.tr.* (*non com.*) indurire, irrigidire (*anche fig.*) ◆ *v.intr.* (*non com.*) indurirsi, irrigidirsi (*anche fig.*).

induration [,ɪndjʊə'reɪʃn / in·dura·tion] *s.* indurimento; irrigidimento.

indurative ['ɪndjʊəreɪtɪv / in·dur·at·ive] *agg.* che serve a indurire.

indusium [ɪn'dju:zɪəm / in·du·sium] *pl.* **indusia** [ɪn'dju:zɪə / in·du·sia] *s.* **1** (*bot.*) indusio **2** (*zool.*) involucro che protegge la larva di un insetto **3** (*biol.*) amnio; membrana.

industrial [ɪn'dʌstrɪəl / in·dus·trial] *agg.* industriale; industrializzato: *— area*, area, zona industriale; *— revolution*, rivoluzione industriale; *— policy*, politica industriale // *— accidents* (o *injuries*), infortuni sul lavoro // *— action*, agitazione sindacale; *— disputes*, conflitti di lavoro, sindacali; *— relations*, rapporti fra sindacato e direzione (all'interno di fabbrica ecc.); *— tribunals*, organi competenti a decidere le controversie di lavoro // *— design*, industrial design; disegno industriale // *— disease*, malattia professionale // *— estate* (o *park*), zona industriale (di una città) // *— goods*, beni strumentali // (*dir.*): *— court*, tribunale di arbitrato industriale; *— law*, diritto del lavoro; *— property*, proprietà industriale (su marchi, brevetti e diritti immateriali) // (*econ. pol.*) *— unit*, fabbrica // *early —*, paleoindustriale ◆ *s.* **1** (*non com.*) lavoratore dell'industria **2** *pl.* (*comm.*) azioni, titoli di società industriali.

industrialism [ɪn'dʌstrɪəlɪzəm / in·dus·tri·al·ism] *s.* industrialismo.

industrialist [ɪn'dʌstrɪəlɪst / in·dus·tri·al·ist]

s. proprietario o direttore di una fabbrica; industriale.

industrialization [ɪn,dʌstrɪəlaɪ'zeɪʃn / in·dus·tri·al·iza·tion] *s.* industrializzazione.

to **industrialize** [ɪn'dʌstrɪəlaɪz / in·dus·tri·al·ize] *v.tr.* industrializzare.

industrialized [ɪn'dʌstrɪəlaɪzd / in·dus·tri·al·ized] *agg.* industrializzato.

industrially [ɪn'dʌstrɪəlɪ / in·dus·tri·ally] *avv.* industrialmente, su scala industriale.

industrious [ɪn'dʌstrɪəs / in·dus·tri·ous] *agg.* operoso, laborioso, industrioso, attivo, zelante // (*dir.*) — *concealment*, occultamento dei vizi del prodotto da parte del venditore // **-ly** *avv.* // **-ness** *s.*

industry ['ɪndəstrɪ / in·dus·try] *s.* **1** industria; manifattura: *the car* —, l'industria dell'automobile; *the building* —, l'industria delle costruzioni; *the cotton* —, l'industria del cotone; *basic* —, industria di base; *heavy, light* —, industria pesante, leggera; *primary* —, industria primaria; *secondary* —, (il settore del) l'industria manifatturiera; *service* (o *tertiary*) —, industria dei servizi, terziario // *cottage* —, lavoro a domicilio // (*dir.*) — *wide bargaining*, contrattazione sindacale per settori **2** (*form.*) diligenza, operosità: *his success was due to his* —, il suo successo era dovuto alla sua operosità; *rich industry sits smiling on the plains, / and peace and plenty tell, a Stuart reigns*, (A. POPE) la ricchezza frutto dell'operosità domina gioconda sulla pianura e la pace e l'abbondanza annunciano che uno Stuart regna.

indwelling [,ɪn'dwelɪŋ / in·dwell·ing] *agg.* **1** insito, immanente **2** (*med.*) fisso, permanente.

Indy ['ɪndɪ] *s.* (*fam. amer.*) la 500 miglia di Indianapolis.

inebriant [ɪ'ni:brɪənt / in·ebri·ant] *agg.* inebriante ◆ *s.* sostanza inebriante.

inebriate [ɪ'ni:brɪət / in·ebri·ate] *agg.* e *s.* (*form.*) ubriaco.

to **inebriate** [ɪ'ni:brɪeɪt] *v.tr.* (*form.*) ubriacare; inebriare.

inebriation [ɪ,ni:brɪ'eɪʃn / in·ebri·ation] meno com. **inebriety** [,ɪni:'braɪətɪ / in·ebri·ety] *s.* (*form.*) ubriachezza.

inedible [ɪn'edɪbl / in·ed·ible] *agg.* non commestibile, che non si può mangiare.

inedited [ɪn'edɪtɪd / in·ed·ited] *agg.* inedito.

ineducable [ɪn'edjʊkəbl / in·ed·uc·able] *agg.* che non si può educare.

ineffability [ɪn'efəbɪlətɪ / in·ef·fab·il·ity] *s.* ineffabilità.

ineffable [ɪn'efəbl / in·ef·fable] *agg.* (*form.*) ineffabile; inesprimibile // **-ness** *s.* // **-bly** *avv.*

ineffaceable [,ɪnɪ'feɪsəbl / in·ef·face·able] *agg.* incancellabile, indelebile // **-bly** *avv.*

ineffective [,ɪnɪ'fektɪv / in·ef·fect·ive] *agg.* **1** inefficace; inutile **2** incapace; inefficiente (di persona) // **-ly** *avv.* // **-ness** *s.*

ineffectual [,ɪnɪ'fektjʊəl / in·ef·fec·tual] *agg.* **1** inutile, vano **2** incapace (di persona) **3** inefficace // **-ly** *avv.* // **-ness** *s.*

inefficacious [,ɪnefɪ'keɪʃəs / in·ef·fica·cious] *agg.* (*form.*) inefficace // **-ly** *avv.*

inefficaciousness [,ɪnefɪ'keɪʃəsnɪs / in·ef·fica·cious·ness] **inefficacy** [ɪn'efɪkəsɪ / in·ef·fic·acy] meno com. **inefficacity** [,ɪnefɪ'kæsɪtɪ / in·ef·fic·ac·ity] *s.* inefficacia.

inefficiency [,ɪnɪ'fɪʃnsɪ / in·ef·fi·ci·ency] *s.* inefficienza; inefficacia; incapacità (professionale).

inefficient [,ɪnɪ'fɪʃnt / in·ef·fi·cient] *agg.* inefficiente; inefficace; incapace // **-ly** *avv.*

inelastic [,ɪnɪ'læstɪk / in·el·astic] *agg.* **1** non elastico // (*fis.*): — *collision*, urto anelastico; — *scattering*, diffusione anelastica **2** (*econ.*) anelastico, inelastico: — *demand*, domanda anelastica, rigida **3** (*fig.*) inflessibile.

inelasticity [,ɪnɪlæs'tɪsətɪ / in·el·as·ti·city] *s.* mancanza di elasticità; (*fig.*) inflessibilità.

inelegance [ɪn'elɪgəns / in·el·eg·ance] **inelegancy** [ɪn'elɪgənsɪ / in·el·eg·ancy] *s.* ineleganza; rozzezza.

inelegant [ɪn'elɪgənt / in·el·eg·ant] *agg.* inelegante; rozzo // **-ly** *avv.*

ineligibility [ɪn,elɪdʒə'bɪlətɪ / in·el·igib·il·ity] *s.* ineleggibilità.

ineligible [ɪn'elɪdʒəbl / in·el·igible] *agg.* **1** ineleggibile // (*comm.*) — *bills*, titoli non bancabili **2** (*dir.*) ineleggibile, non avente i requisiti per: — *for parole*, non avente i requisiti per la libertà vigilata // **-bly** *avv.*

ineloquent [ɪn'eləkwənt / in·elo·quent] *agg.* che manca di eloquenza.

ineluctable [,ɪnɪ'lʌktəbl / in·eluct·able] *agg.* ineluttabile, inevitabile.

inenarrable [,ɪnɪ'nærəbl / in·enar·rable] *agg.* (*ant.*) inenarrabile.

inept [ɪn'ept / in·ept] *agg.* **1** inetto, inabile, incapace **2** fatuo, sciocco (di risposta ecc.) **3** inopportuno, sconveniente // **-ly** *avv.* // **-ness** *s.*

ineptitude [ɪn'ep'tɪtju:d *amer.* ɪn'eptɪtu:d / in·ept·it·ude] *s.* **1** inettitudine, incapacità **2** fatuità, stoltezza **3** inopportunità.

inequable [ɪn'ɪkwəbl / in·equable] *agg.* (*form.*) non uniforme; mutevole.

inequality [,ɪnɪ'kwɒlətɪ / in·equal·ity] *s.* **1** ineguaglianza, disuguaglianza (di misura, grado, circostanze ecc.): *social* —, disuguaglianza sociale; (*mat.*) *triangle* —, disuguaglianza triangolare // — *of income*, sperequazione dei redditi **2** irregolarità **3** variabilità.

inequitable [ɪn'ekwɪtəbl / in·equit·able] *agg.* (*form.*) ingiusto; sleale // **-bly** *avv.*

inequity [ɪn'ekwətɪ / in·equity] *s.* (*form.*) iniquità, ingiustizia; slealtà.

ineradicable [,ɪnɪ'rædɪkəbl / in·erad·ic·able] *agg.* inestirpabile // **-bly** *avv.*

inert [ɪ'nɜ:t / in·ert] *agg.* **1** (*fis., chim.*) inerte: — *gas*, gas inerte **2** apatico, indolente; inerte; passivo // **-ly** *avv.* // **-ness** *s.*

inertia [ɪ'nɜ:ʃjə / in·er·tia] *s.* **1** (*fis.*) inerzia: — *ellipsoid*, ellissoide di inerzia; *force of* —, forza d'inerzia: *the ball rolled under its own* —, la palla rotolava per forza d'inerzia **2** apatia, indolenza; immobilità; passività // (*med.*) *uterine* —, inerzia uterina // (*comm.*) — *selling*, vendita inerziale.

inertial [ɪ'nɜ:ʃjəl / in·er·tial] *agg.* (*fis.*) inerziale: — *frame*, sistema (di riferimento) inerziale // (*aer.*) — *guidance*, guida inerziale.

inerudite [ɪn'erʊdaɪt / in·eru·dite] *agg.* (*rar.*) inerudito, ignorante.

inescapable [,ɪnɪ'skeɪpəbl / in·es·cap·able] *agg.* inevitabile.

inessential [,ɪnɪ'senʃl / in·es·sen·tial] *agg.* **1** non essenziale, secondario **2** (*rar.*) immateriale ◆ *s.* (*spec. pl.*) cose secondarie, di secondaria importanza.

inestimable [ɪn'estɪməbl / in·es·tim·able] *agg.* inestimabile; incalcolabile // **-bly** *avv.*

inevitability [ɪn,evɪtə'bɪlətɪ / in·ev·it·ab·il·ity] *s.* inevitabilità.

inevitable [ɪn'evɪtəbl / in·ev·it·able] *agg.* **1** inevitabile, ineluttabile **2** (*fam.*) solito; immancabile: *after we arrived we were offered the — cup of tea*, dopo il nostro arrivo ci fu offerta l'immancabile tazza di tè // **-ness** *s.* // **-bly** *avv.*

inexact [,ɪnɪg'zækt / in·ex·act] *agg.* inesatto; inaccurato, impreciso // **-ly** *avv.*

inexactitude [,ɪnɪg'zæktɪtju:d *amer.* ,ɪnɪg'zæktɪtu:d / in·ex·act·it·ude] meno com. **inexactness** [,ɪnɪg'zæktnɪs / in·ex·act·ness] *s.* inesattezza; imprecisione.

inexcusability [,ɪnɪk,skju:zə'bɪlətɪ / in·ex·cus·ab·il·ity] *s.* l'essere ingiustificabile, non scusabile.

inexcusable [,ɪnɪk'skju:zəbl / in·ex·cus·able] *agg.* imperdonabile, non scusabile ingiustificabile // **-ness** *s.* // **-bly** *avv.*

inexecrable [ɪn'eksəkrəbl / in·ex·ec·rable] *agg.* (*ant.*) esecrabile al massimo: *O, be thou damn'd inexecrable dog!*, (SH. The Merchant of Venice) che tu sia dannato, esecrabilissimo cane!

inexhaustibility [,ɪnɪg,zɔ:stə'bɪlətɪ / in·ex·haust·ib·il·ity] *s.* **1** inesauribilità **2** instancabilità, infaticabilità.

inexhaustible [,ɪnɪg'zɔ:stəbl / in·ex·haust·ible] *agg.* **1** inesauribile **2** instancabile, infaticabile // **-bly** *avv.*

inexhaustibleness [,ɪnɪg'zɔ:stəblnɪs / in·ex·haust·ible·ness] → **inexhaustibility**.

inexistence[1] [,ɪnɪg'zɪstəns / in·ex·ist·ence] *s.* (*fil.*) immanenza; l'essere immanente.

inexistence[2] *s.* inesistenza.

inexistent[1] [,ɪnɪg'zɪstənt / in·ex·ist·ent] *agg.* (*fil.*) immanente.

inexistent[2] *agg.* inesistente.

inexorability [ɪn,eksərə'bɪlətɪ / in·ex·or·ab·il·ity] *s.* inesorabilità.

inexorable [ɪn'eksərəbl / in·ex·or·able] *agg.* inesorabile; implacabile, accanito; inflessibile // **-bly** *avv.*

inexorableness [ɪn'eksərəblnɪs / in·ex·or·able·ness] *s.* (*non com.*) → **inexorability**.

inexpedience [,ɪnɪk'spi:djəns / in·ex·pedi·ence] **inexpediency** [,ɪnɪk'spi:djənsɪ / in·ex·pedi·ency] *s.* (*form.*) **1** inopportunità **2** svantaggio.

inexpedient [,ɪnɪk'spi:djənt / in·ex·pedi·ent] *agg.* (*form.*) **1** inopportuno **2** svantaggioso // **-ly** *avv.*

inexpensive [,ɪnɪk'spensɪv / in·ex·pens·ive] *agg.* non costoso, economico, a buon mercato // **-ly** *avv.* // **-ness** *s.*

inexperience [,ɪnɪk'spɪərɪəns / in·ex·peri·ence] *s.* inesperienza, mancanza d'esperienza.

inexperienced [,ɪnɪk'spɪərɪənst / in·ex·peri·enced] *agg.* inesperto, senza esperienza; principiante: — *in doing sthg.*, inesperto nel fare qlco.

inexpert [ɪn'ekspɜ:t / in·ex·pert] *agg.* inesperto, poco pratico; poco capace ◆ *s.* principiante, novellino // **-ly** *avv.* // **-ness** *s.*

inexpiable [ɪn'ekspɪəbl / in·ex·pi·able] *agg.*

1 inespiabile 2 (*ant.*) implacabile // **-ness** *s.* // **-bly** *avv.*

inexplicability [,ɪnɪk,splɪkə'bɪlətɪ / in·ex·plic·ab·il·ity] *s.* inesplicabilità, inspiegabilità.

inexplicable [,ɪnɪk'splɪkəbl / in·ex·plic·able] *agg.* inesplicabile, inspiegabile // **-bly** *avv.*

inexplicit [,ɪnɪk'splɪsɪt / in·ex·pli·cit] *agg.* non esplicito, non chiaro.

inexplosive [,ɪnɪk'spləʊsɪv / in·ex·plos·ive] *agg.* non esplosivo, che non può esplodere.

inexpressible [,ɪnɪk'spresəbl / in·ex·press·ible] *agg.* inesprimibile, indicibile // **-bly** *avv.*

inexpressive [,ɪnɪk'spresɪv / in·ex·press·ive] *agg.* inespressivo, scialbo // **-ly** *avv.* // **-ness** *s.*

inexpugnable [,ɪnɪk'spʌgnəbl / in·ex·pug·nable] *agg.* inespugnabile (*anche fig.*).

inextensible [,ɪnɪk'stensəbl / in·ex·tens·ible] *agg.* inestensibile.

inextinguishable [,ɪnɪk'stɪŋgwɪʃəbl / in·ex·tin·guish·able] *agg.* inestinguibile // **-bly** *avv.*

inextricable [ɪn'ekstrɪkəbl / in·ex·tric·able] *agg.* 1 inestricabile; intricato 2 inscindibile // **-ness** *s.* // **-bly** *avv.*

infallibility [ɪn,fælə'bɪlətɪ / in·fal·lib·il·ity] *s.* infallibilità.

infallible [ɪn'fæləbl / in·fal·lible] *agg.* infallibile // **-bly** *avv.*

infamous ['ɪnfəməs / in·fam·ous] *agg.* infame, scellerato, abominevole; malfamato, di cattiva reputazione // (*dir. amer.*) — *person*, persona privata dei diritti civili // (*dir.*): — *crime*, delitto (*o* reato) infame; — *punishment*, pena infamante; — *conduct*, condotta turpe, vituperevole // (*dir. ant.*) — *crime against nature*, sodomia // **-ly** *avv.*

infamy ['ɪnfəmɪ / in·famy] *s.* 1 infamia, scelleratezza; disonore, ignominia 2 (*dir.*) l'essere privato dei diritti civili.

infancy ['ɪnfənsɪ / in·fancy] *s.* 1 prima infanzia, infanzia: *from* —, dalla più tenera età 2 (*fig.*) infanzia, il periodo iniziale: — *of a nation*, infanzia di una nazione; *the project is still in its* —, il progetto è ancora agli inizi 3 (*dir.*) minorità, età minore 4 (*geol.*) stadio giovanile dell'erosione 5 (*ant.*) assenza di parola, silenzio: *dare not now to say or do anything better than thy former sloth and infancy*, (MILTON) non osare dire o fare nulla meglio della tua precedente indolenza e del tuo silenzio.

infant[1] ['ɪnfənt / in·fant] *agg.* 1 infantile 2 (*fig.*) nuovo, nascente: — *civilization*, civiltà nascente // (*econ.*) — *industry*, industria bambina ◆ *s.* 1 neonato, infante; bambino: *preterm* —, bambino prematuro; — *prodigy*, bambino prodigio // — *school*, scuola materna // *the Infant Jesus*, il Bambino Gesù 2 (*dir.*) minorenne.

infant[2] *s.* (*ant.*) infante, infanta (di Spagna, Portogallo).

infanta [ɪn'fæntə / in·fanta] *s.* infanta (di Spagna, Portogallo).

infante [ɪn'fæntɪ / in·fante] *s.* infante (di Spagna, Portogallo).

infanticide[1] [ɪn'fæntɪsaɪd / in·fanti·cide] *s.* infanticida.

infanticide[2] *s.* (*dir.*) infanticidio.

infantile ['ɪnfəntaɪl / in·fant·ile] *agg.* infantile; puerile; immaturo // (*med.*) — *paralysis*, poliomielite.

infantilism [ɪn'fæntɪlɪzəm / in·fant·il·ism] *s.* 1 infantilismo, immaturità, puerilità 2 (*med.*) infantilismo.

infantry ['ɪnfəntrɪ / in·fan·try] *s.* fanteria: — *of the line*, fanteria di linea; — *regiment*, reggimento di fanteria // *light* —, fanteria leggera; *mounted* —, fanteria a cavallo.

infantryman ['ɪnfəntrɪmən / in·fan·try·man] *pl.* **infantrymen** *s.* fante.

infarct [ɪn'fɑ:kt / in·farct] **infarction** [ɪn'fɑ:kʃn / in·farc·tion] *s.* (*med.*) infarto.

to **infatuate** [ɪn'fætjʊeɪt / in·fatu·ate] *v.tr.* 1 infatuare; affascinare, far invaghire: *she had infatuated him to the point where he would do anything for her*, lo aveva invaghito a tal punto che avrebbe fatto qualsiasi cosa per lei 2 (*antiq.*) rendere fatuo, sciocco.

infatuated [ɪn'fætjʊeɪtɪd / in·fatu·ated] *agg.* infatuato, invaghito: *he became — with my sister and would do anything for her*, aveva perso la testa per mia sorella e avrebbe fatto qualunque cosa per lei // **-ly** *avv.*

infatuation [ɪn,fætjʊ'eɪʃn / in·fatu·ation] *s.* infatuazione: *to have an — for s.o.*, aver un'infatuazione per qlcu.

infeasible [ɪn'fi:zəbl / in·feas·ible] *agg.* (*rar.*) inattuabile, irrealizzabile.

to **infect** [ɪn'fekt / in·fect] *v.tr.* 1 infettare; contagiare (*anche fig.*): *all of them were infected with enthusiasm*, furono tutti presi da entusiasmo 2 (*fig.*) corrompere, contaminare: *we have all been infected by consumerism*, noi tutti siamo stati contagiati dal consumismo 3 (*fon.*) alterare, modificare (il suono della sillaba vicina) ◆ *v.intr.* infettarsi.

infected [ɪn'fektɪd / in·fec·ted] *agg.* infetto; contaminato: — *area*, area contaminata.

infection [ɪn'fekʃn / in·fec·tion] *s.* 1 infezione; malattia infettiva; agente infettivo; contagio: *acute, chronic, secondary* —, infezione acuta, cronica, secondaria 2 contaminazione, inquinamento (dell'aria, dell'acqua ecc.) 3 (*fig.*) corruzione (morale) 4 (*dir.*) vizio (di contratto) 5 (*fon.*) alterazione del suono di una sillaba.

infectious [ɪn'fekʃəs / in·fec·tious] *agg.* 1 infettivo; contagioso (*anche fig.*): — *disease*, malattia contagiosa; — *laughter*, ilarità contagiosa 2 pestilenziale, malsano (di aria ecc.) // **-ly** *avv.* // **-ness** *s.*

infective [ɪn'fektɪv / in·fect·ive] *agg.* infettivo; contagioso (*anche fig.*).

infector [ɪn'fektə* / in·fec·tor] *s.* chi infetta; (*fig.*) chi contamina, chi corrompe.

infecund [ɪn'fi:kənd / in·fec·und] *agg.* infecondo.

infecundity [,ɪnfɪ'kʌndɪtɪ / in·fec·und·ity] *s.* infecondità.

infeed ['ɪnfi:d / in·feed] *s.* (*mecc.*) 1 alimentazione in profondità 2 alimentatore.

infelicitous [,ɪnfɪ'lɪsɪtəs / in·fe·li·cit·ous] *agg.* (*form.*) 1 infelice, sfortunato, disgraziato 2 infelice, inopportuno, fuori luogo 3 difettoso.

infelicity [,ɪnfɪ'lɪsɪtɪ / in·fe·li·city] *s.* (*form.*) 1 infelicità; sventura, disgrazia 2 infelicità, inopportunità (di espressione, frase ecc.) 3 topica, granchio, gaffe.

infelonious ['ɪnfɪ'ləʊnjəs / in·fe·loni·ous] *agg.* (*rar.*) non malvagio.

infelt ['ɪnfelt / in·felt] *agg.* (*rar.*) profondo, intimo; sentito profondamente.

infeoffment [ɪn'fefmənt / in·feoff·ment] *s.* (*scoz.*) infeudamento.

to **infer** [ɪn'fɜ:* / in·fer] *pass.p.p.* **inferred** [ɪn'fɜ:d / in·ferred] *v.tr.* 1 inferire, dedurre; concludere; arguire, supporre: *we can — the animals' presence from their tracks*, possiamo supporre la presenza di animali dalle loro tracce; *it is inferred that...*, si suppone che... 2 (*fam.*) insinuare: *he inferred I was lying*, insinuò che mentivo; *what are you trying to —?*, che cosa vuoi insinuare? 3 implicare, presupporre: *a picture infers the existence of a painter*, un quadro implica l'esistenza di un pittore ◆ *v.intr.* tirare delle conclusioni.

inferable [ɪn'fɜ:rəbl / in·fer·able] *agg.* deducibile; supponibile.

inference ['ɪnfərəns / in·fer·ence] *s.* inferenza (*anche inform.*), deduzione, illazione; ragionamento per deduzione; conclusione: *to draw an — from sthg.*, trarre una conclusione da qlco.

inferential [,ɪnfə'renʃl / in·fer·en·tial] *agg.* deduttivo: — *proofs*, prove deduttive // **-ly** *avv.*

inferior [ɪn'fɪərɪə* / in·ferior] *agg.* 1 inferiore; subordinato: *to be — to s.o. in merit*, essere inferiore a qlcu. per merito // (*dir.*) — *courts*, tribunali di primo grado, di grado inferiore 2 inferiore, scadente: — *piece of work*, lavoro scadente // (*comm.*) — *goods*, beni inferiori 3 (*tip.*) deponente ◆ *s.* inferiore; subalterno.

inferiority [ɪn,fɪərɪ'ɒrətɪ / in·feri·or·ity] *s.* inferiorità: (*psic.*) — *complex*, complesso d'inferiorità.

inferiorly [ɪn'fɪərɪəlɪ / in·feri·or·ly] *avv.* inferiormente.

infernal [ɪn'fɜ:nl / in·fernal] *agg.* 1 infernale, diabolico (*anche fig.*): — *powers*, potenze infernali; — *machine*, macchina infernale 2 (*fam.*) infernale, terribile: — *row*, rumore infernale.

infernally [ɪn'fɜ:nəlɪ / in·fern·ally] *avv.* 1 infernalmente 2 terribilmente: *it is — hot*, fa un caldo d'inferno; *it is — lonely here*, ci si sente terribilmente soli qui.

inferno [ɪn'fɜ:nəʊ / in·ferno] *pl.* **infernos** *s.* (*spec. fig.*) inferno // *Dante's Inferno*, l'Inferno di Dante.

infertile [ɪn'fɜ:taɪl *amer.* ɪn'fɜ:tl / in·fer·tile] *agg.* sterile, infecondo; improduttivo: — *soil*, terreno sterile.

infertility [,ɪnfɜ:'tɪlətɪ / in·fer·til·ity] *s.* sterilità, infecondità; improduttività.

to **infest** [ɪn'fest / in·fest] *v.tr.* 1 infestare, invadere: *the kitchen was infested with cockroaches*, la cucina era infestata dagli scarafaggi 2 (*ant.*) molestare.

infestation [,ɪnfe'steɪʃn / in·festa·tion] *s.* infestazione; infestamento.

infeudation [,ɪnfjʊ'deɪʃn / in·feuda·tion] *s.* (*st.*) infeudamento.

infidel ['ɪnfɪdəl / in·fi·del] *agg.* e *s.* infedele; miscredente.

infidelity [,ɪnfɪ'delətɪ / in·fi·del·ity] *s.* 1 infedeltà; slealtà: *conjugal* —, infedeltà coniugale 2 miscredenza.

infield [ˈɪnfi:ld / in·field] *s.* **1** terreno coltivo vicino alla fattoria **2** (*cricket, baseball*) parte del campo vicino alla porta.

infighter [ˈɪnfaɪtə* / in·fighter] *s.* **1** combattente corpo a corpo **2** (*fig.*) arrivista.

infighting [ˈɪn,faɪtɪŋ / in·fight·ing] *s.* **1** lotta corpo a corpo **2** (*fig.*) lotta spietata, lotta senza quartiere.

infiltrate [ˈɪnfɪltreɪt / in·filt·rate] *s.* (*med.*) infiltrato.

to **infiltrate** *v.tr.* **1** infiltrarsi in, fra: *a police agent infiltrated the gang*, un'agente della polizia si infiltrò nella banda **2** infiltrare, immettere come infiltrato: *they infiltrated some agents into enemy territory*, infiltrarono alcuni agenti in territorio nemico ♦ *v.intr.* infiltrarsi, insinuarsi.

infiltration [,ɪnfɪlˈtreɪʃn / in·filt·ra·tion] *s.* infiltrazione (*anche med.*).

infiltrator [ˈɪnfɪltreɪtə* / in·filt·rator] *s.* infiltrato, spia.

infimum [ˈɪnfəməm / in·fi·mum] *s.* (*mat.*) estremo inferiore.

infinite [ˈɪnfɪnət / in·fin·ite] *agg.* **1** (*mat.*) infinito **2** infinito, illimitato; sconfinato; inesauribile; immenso **3** (*con s.pl.*) (*ant.*) moltissimi, innumerevoli: — *times*, un'infinità di volte **4** (*gramm.*) infinito ♦ *s.* infinito.

infinitely [ˈɪnfɪnətlɪ / in·fin·ite·ly] *avv.* infinitamente, immensamente.

infiniteness [ˈɪnfɪnətnɪs / in·fin·ite·ness] *s.* infinità; immensità.

infinitesimal [,ɪnfɪnɪˈtesɪml / in·fin·it·es·imal] *agg.* infinitesimo; (*mat.*) infinitesimale: — *calculus*, calcolo infinitesimale ♦ *s.* quantità infinitesimale; (*mat.*) infinitesimo // **-ly** *avv.*

infinitival [ɪn,fɪnɪˈtaɪvl / in·fin·it·ival] *agg.* (*gramm.*) infinitivo.

infinitive [ɪnˈfɪnətɪv / in·fin·it·ive] *agg.* e *s.* (*gramm.*) infinito: *in the* —, all'infinito.

infinitude [ɪnˈfɪnɪtju:d *amer.* ɪnˈfɪnɪtu:d / in·fin·it·ude] *s.* infinità; immensità; illimitatezza.

infinity [ɪnˈfɪnətɪ / in·fin·ity] *s.* **1** infinità; immensità **2** (*mat., fot.*) infinito: *to* —, all'infinito // (*mat.*) *point at* —, punto all'infinito.

infirm [ɪnˈfɜ:m / in·firm] *agg.* **1** infermo; debole; fiacco; cagionevole, malaticcio **2** irresoluto, incerto: *to be — of purpose*, (*antiq.*) essere irresoluto **3** instabile, malfermo **4** (*dir.*) invalido: — *title of possession, of property*, titolo invalido di possesso, di proprietà // **-ly** *avv.*

infirmary [ɪnˈfɜ:mərɪ / in·firm·ary] *s.* infermeria; ospedale; ambulatorio.

infirmity [ɪnˈfɜ:mətɪ / in·firm·ity] *s.* **1** infermità; debolezza, fiacchezza **2** irresolutezza; mancanza di volontà.

to **infix** [ɪnˈfɪks / in·fix] *v.tr.* **1** infiggere, conficcare **2** (*fig.*) imprimere (nella mente) **3** (*ling.*) inserire un infisso in ♦ *s.* (*ling.*) infisso.

to **inflame** [ɪnˈfleɪm / in·flame] *v.tr.* infiammare, infuocare; accendere (*anche fig.*): *his speech inflamed the crowd*, il suo discorso infiammò la folla // *the burning houses inflamed the sky*, le case in fiamme tingevano di rosso il cielo ♦ *v.intr.* **1** infiammarsi, accendersi, ardere (*anche fig.*) **2** (*med.*) infiammarsi.

inflammability [ɪn,flæməˈbɪlətɪ / in·flam·mab·il·ity] *s.* infiammabilità.

inflammable [ɪnˈflæməbl / in·flam·mable] *agg.* **1** infiammabile **2** (*fig.*) infiammabile, irascibile.

inflammableness [ɪnˈflæməblnɪs / in·flam·mable·ness] → **inflammability**.

inflammation [,ɪnfləˈmeɪʃn / in·flam·ma·tion] *s.* **1** (*med.*) infiammazione **2** l'infiammare, l'infiammarsi; il prendere fuoco (*anche fig.*).

inflammatory [ɪnˈflæmətərɪ *amer.* ɪnˈflæmətɔ:rɪ / in·flam·mat·ory] *agg.* **1** (*med.*) infiammatorio **2** (*fig.*) incendiario; che infiamma, che eccita: — *speeches*, discorsi che infiammano, che eccitano.

to **inflate** [ɪnˈfleɪt / in·flate] *v.tr.* **1** gonfiare (*anche fig.*): *to — a balloon*, gonfiare un pallone; *to — a story*, gonfiare un racconto; *to — s.o. with pride*, inorgoglire, riempire d'orgoglio qlcu. **2** (*econ.*) inflazionare; gonfiare (i prezzi) // *the Chancellor eased credit in an attempt to — the economy*, il Cancelliere agevolò il credito nel tentativo di dare ossigeno all'economia ♦ *v.intr.* gonfiarsi.

inflated [ɪnˈfleɪtɪd / in·flated] *agg.* **1** gonfio, gonfiato, enfiato **2** (*fig.*) gonfiato, montato; tronfio, vanitoso (di persona) **3** (*fig.*) ampolloso, altisonante, declamatorio (di stile) **4** (*econ.*) inflazionato; gonfiato (di prezzi).

inflater [ɪnˈfleɪtə* / in·flater] *s.* **1** chi pompa **2** pompa (per pneumatici).

inflation [ɪnˈfleɪʃn / in·fla·tion] *s.* **1** gonfiatura (*anche fig.*) **2** (*econ.*) inflazione: *demand pull* —, inflazione da domanda; *cost push* —, inflazione da costi; *galloping* —, inflazione galoppante; — *rate*, tasso di inflazione; — *differentials*, differenziali di inflazione // (*comm.*) — *accounting*, contabilità per l'inflazione **3** (*med.*) gonfiore, tumefazione **4** ampollosità (di stile).

inflationary [ɪnˈfleɪʃnərɪ *amer.* ɪnˈfleɪʃnerɪ / in·fla·tion·ary] *agg.* (*econ.*) inflazionistico: — *spiral*, spirale inflazionistica.

inflationist [ɪnˈfleɪʃənɪst / in·fla·tion·ist] *s.* (*comm.*) inflazionista.

inflator → **inflater**.

inflatus [ɪnˈfleɪtəs / in·fla·tus] *s.* (*letter.*) ispirazione.

to **inflect** [ɪnˈflekt / in·flect] *v.tr.* **1** inflettere, flettere, piegare, curvare **2** (*gramm.*) flettere **3** (*fis.*) inflettere **4** modulare, inflettere (la voce) **5** (*mus.*) alterare (una nota) mediante semitoni ♦ *v.intr.* **1** flettersi, piegarsi, curvarsi **2** modularsi, inflettersi (di voce).

inflected [ɪnˈflektɪd / in·flect·ed] *agg.* (*ling.*) flessivo.

inflection e *deriv.* (*amer.*) → **inflexion** e *deriv.*

inflective [ɪnˈflektɪv / in·flect·ive] *agg.* **1** (*ling.*) flessivo **2** che tende a flettersi.

inflexibility [ɪn,fleksəˈbɪlətɪ / in·flex·ib·il·ity] *s.* **1** inflessibilità, rigidità **2** (*fig.*) inflessibilità, irremovibilità.

inflexible [ɪnˈfleksəbl / in·flex·ible] *agg.* **1** rigido, inflessibile, non pieghevole **2** (*fig.*) inflessibile, irremovibile // **-ness** *s.* // **-bly** *avv.*

inflexion [ɪnˈflekʃn / in·flex·ion] *s.* **1** flessione, piegamento **2** inflessione; cadenza **3** (*gramm.*) flessione; desinenza **4** (*mus.*) alterazione (di nota) **5** (*mat.*) flesso: — *point*, punto di flesso.

inflexional [ɪnˈflekʃənl / in·flex·ional] *agg.* (*gramm.*) flessivo.

to **inflict** [ɪnˈflɪkt / in·flict] *v.tr.* **1** infliggere: *to — a defeat, a punishment on s.o.*, infliggere una sconfitta, una punizione a qlcu. // *to — a blow on s.o.*, dare un colpo a qlcu. // *to — one's company on s.o.*, imporre la propria compagnia a qlcu. **2** comminare, irrogare: *to — a heavy sentence*, infliggere una pena severa.

infliction [ɪnˈflɪkʃn / in·flic·tion] *s.* **1** l'infliggere (una pena ecc.) **2** punizione, castigo **3** (*non com.*) noia; fastidio.

in-flight [ˈɪnˈflaɪt] *agg.* offerto durante il volo: *the — movie was 'Tarzan and the Elephants'*, il film offerto, proiettato durante il volo fu 'Tarzan e gli elefanti'.

inflorescence [,ɪnfləˈresns / in·flor·es·cence] *s.* **1** (*bot.*) infiorescenza **2** (*fig.*) fioritura, rigoglio.

inflow [ˈɪnfləʊ / in·flow] *s.* afflusso; affluenza: *the — of foreign goods*, l'afflusso di merci straniere; — *of capital into the country*, afflusso di capitali nel paese.

influence [ˈɪnflʊəns / in·flu·ence] *s.* **1** influsso; influenza; ascendente: *to exert one's — upon s.o.*, esercitare il proprio ascendente su qlcu.; *to use one's — to get sthg.*, usare la propria influenza per ottenere qlco. // *to obtain a job through* —, ottenere un lavoro grazie a una raccomandazione // *under the — of s.o.*, sotto l'influsso di qlcu. // *under the* —, (*fam.*) ubriaco **2** persona, cosa che esercita un influsso, un'influenza: *to be a bad, good — on s.o.*, avere una cattiva, buona influenza su qlcu.; *T.S. Eliot is the main — on his early poetry*, la sua produzione poetica giovanile è influenzata principalmente da T.S. Eliot; *he is an important — in contemporary music*, egli ha influenzato in modo determinante la musica contemporanea **3** (*ant.*) influsso degli astri o del potere divino: *the stars... bending one way their precious influence*, (MILTON) le stelle ... che riversano la loro preziosa influenza **4** (*ant.*) disposizione, temperamento provocato dall'influsso dei pianeti **5** (*fis.*) influsso **6** (*elettr.*) induzione.

to **influence** *v.tr.* **1** influenzare, avere influenza su: *he strongly influences his friends*, egli esercita un forte ascendente sui suoi amici **2** influire su; determinare: *it influenced the result*, influenzò il risultato.

influent [ˈɪnflʊənt / in·flu·ent] *agg.* e *s.* (*geogr.*) affluente.

influential [,ɪnflʊˈenʃl / in·flu·en·tial] *agg.* influente, autorevole // **-ly** *avv.*

influenza [,ɪnflʊˈenzə / in·flu·enza] *s.* (*med.*) influenza.

influenzal [,ɪnflʊˈenzl / in·flu·enzal] *agg.* (*med.*) influenzale.

influx [ˈɪnflʌks / in·flux] *s.* **1** affluenza, afflusso (di gente, acqua ecc.): *the — of tourists*, l'afflusso dei turisti **2** (*geogr.*) confluenza.

info [ˈɪnfəʊ] *s.* ⊡ (*fam.*) informazione, informazioni // (*comm.*): — *quote*, quotazione informativa; — *rate*, tasso informativo.

inform[1] [ɪnˈfɔ:m / in·form] *agg.* (*ant.*) informe.

to **inform**[2] *v.tr.* **1** informare, dare informazioni a; far sapere, annunciare: *can you — me when...?*, puoi farmi sapere quando...?; *I am informed that...*, mi si informa che...; *I informed the police*, informai la polizia; *he didn't — me* *of* (o *about*) *his decision to resign*, non mi aveva messo al corrente della sua decisione di dare le dimissioni; *to — oneself*, informarsi **2** (*form.*) pervadere, permeare; guidare; ispirare: *a sense of anguish informs his work*, un senso d'angoscia pervade il suo lavoro **3** (*ant.*) dare forma a; formare; istruire **4** (*ant.*) ispirare, guidare: *the god of soldiers, / with the consent of supreme Jove, inform / thy thoughts with nobleness*, (SH. Coriolanus) che il dio dei guerrieri, col consenso di Giove supremo, ispiri i tuoi pensieri a nobiltà ◆ *v.intr.* dare informazioni (alla polizia) // *to — against* (o *on*) *s.o.*, denunziare qlcu.

informal [ɪn'fɔ:ml / in·formal] *agg.* **1** non ufficiale; ufficioso; informale; senza formalità: *the two ambassadors had an — conversation about the Middle East*, i due ambasciatori parlarono del Medio Oriente in un incontro non ufficiale; *his — manner endeared him to his supporters*, il suo comportamento informale ha accattivato la simpatia dei suoi sostenitori; *an — visit*, una visita senza cerimonie // (*amm.*) *— record*, registrazione extracontabile **2** (*dir.*) privo delle debite forme, dei requisiti di legge; irregolare; informale, sostanziale // *— resolution of conflicts*, risoluzione dei conflitti fuori dall'ambito giuridico // *— discovery*, scambio di prove tra le parti del processo sulla base di accordi personali **3** (*ling.*) familiare, colloquiale **4** (*ant.*) pazzo: *these poor informal women are no more / but instruments of some more mightier member*, (SH. Measure for Measure) queste povere donne pazze non sono che strumenti in mano di qualcuno molto più potente di loro // **-ly** *avv.*

informality [,ɪnfɔ:'mælətɪ / in·form·al·ity] *s.* **1** assenza di formalità; tono, carattere intimo: *I like the — of your dinners*, mi piace il tono intimo dei tuoi pranzi **2** (*dir.*) vizio di forma, irregolarità.

informant [ɪn'fɔ:mənt / in·form·ant] *s.* informatore; delatore, spia; confidente (della polizia).

informatics® [,ɪnfə'mætɪks / in·form·at·ics] *s.* [U] informatica • Marchio depositato della società *Informatics Inc.*

information [,ɪnfə'meɪʃn / in·forma·tion] *s.* [U] **1** informazioni, notizie, ragguagli (*pl.*): *up-to-date —*, notizie fresche, aggiornate; *I'd like some — about holidays in Spain*, vorrei delle informazioni sulle vacanze in Spagna; *that's an interesting piece of —*, questa è un'informazione interessante; *to get — about* (o *on*) *sthg., s.o.*, ottenere informazioni in merito a qlco., a qlcu. // *for your —*, a titolo d'informazione; *to seek —*, informarsi; *to supply —*, dare informazioni // *— bureau*, ufficio informazioni; *— desk*, banco (delle) informazioni // *— theory*, teoria dell'informazione // (*amm.*) *— system*, sistema informativo // (*inform.*): *— bit*, bit utile, bit di informazione; *— centre*, centro di informatica; *— channel*, circuito dell'informazione; canale di trasmissione dati; *— gap*, lacuna, buco; *— gathering*, raccolta di dati; *— retrieval*, recupero, reperimento dell'informazione; *— vendor*, centro di servizi **2** (*antiq.*) conoscenza; scienza; sapere **3** (*dir.*) accusa, denunzia; (*amer.*) atto di rinvio a giudizio redatto dal prosecutore: *— against s.o.*, denunzia contro qlcu. **4** (*amer.*) servizio elenco abbonati.

informational [,ɪnfə'meɪʃnl / in·forma·tional] *agg.* dell'informazione, inerente l'informazione // (*inform.*) *— message*, messaggio informativo.

informative [ɪn'fɔ:mətɪv / in·form·at·ive]
informatory [ɪn'fɔ:mətərɪ / in·form·at·ory] *agg.* informativo; istruttivo // (*comm.*) *— advertising*, pubblicità informativa // (*inform.*) *— message*, messaggio informativo.

informed [ɪn'fɔ:md / in·formed] *agg.* **1** informato: *well —*, ben informato // *— guess*, ipotesi con fondamento, fondata **2** istruito, colto: *— opinion*, l'opinione basata su conoscenze precise.

informer [ɪn'fɔ:mə* / in·former] *s.* **1** (*dir.*) delatore, accusatore, denunziatore **2** informatore, spia (della polizia) // *to turn —*, fare la spia.

infra- ['ɪnfrə] *pref.* di origine latina usato nella terminologia scientifica; indica 'sotto a, inferiore'; it. infra-; inter-: (*fis.*) *infrared*, infrarosso; (*anat.*) *infrascapular*, infrascapolare.

infracostal [,ɪnfrə'kɒstl / in·fra·costal] *agg.* (*anat.*) intercostale.

to **infract** [ɪn'frækt / in·fract] *v.tr.* (*non com.*) infrangere.

infraction [ɪn'frækʃn / in·frac·tion] *s.* infrazione; trasgressione (di una legge ecc.); violazione (di un patto ecc.).

infractor [ɪn'fræktə* / in·frac·tor] *s.* (*non com.*) violatore, trasgressore.

infra dig [,ɪnfrə'dɪg] *agg.* (*fam. antiq.*) indecoroso, sconveniente, poco dignitoso • Contr. di *infra dignitatem*, 'al di sotto della dignità'.

infraglenoid [,ɪnfrə'glenɔɪd / in·fra·glen·oid] *agg.* (*anat.*) infraglenoideo, sottoglenoideo.

infrangibility [ɪn,frændʒɪ'bɪlətɪ / in·fran·gib·il·ity] *s.* infrangibilità.

infrangible [ɪn'frændʒɪbl / in·fran·gible] *agg.* (*non com.*) infrangibile; (*fig.*) inviolabile.

infraorbital [,ɪnfrə'ɔ:bɪtl / in·fra·orbit·al] *agg.* (*anat.*) infraorbitale.

infrared [,ɪnfrə'red / in·fra·red] *agg.* e *s.* (*fis.*) infrarosso: *— radiation*, radiazione infrarossa; *— astronomy*, astronomia all'infrarosso; *— telescope*, telescopio per infrarosso.

infrasonic [,ɪnfrə'sɒnɪk / in·fra·sonic] *agg.* (*fis.*) infrasonoro, infrasonico.

infrasound ['ɪnfrəsaʊnd / in·fra·sound] *s.* (*fis.*) infrasuono.

infrastructure ['ɪnfrə,strʌktʃə* / in·fra·struc·ture] *s.* **1** infrastruttura, substrato **2** (*econ.*) infrastruttura; capitale fisso sociale.

infrequency [ɪn'fri:kwənsɪ / in·fre·quency] *s.* infrequenza, rarità, scarsità.

infrequent [ɪn'fri:kwənt / in·fre·quent] *agg.* infrequente, raro; scarso: *the trains are so — we might as well take a taxi*, i treni sono così poco frequenti che potremmo anche prendere un taxi // **-ly** *avv.*

to **infringe** [ɪn'frɪndʒ / in·fringe] *v.tr.* **1** infrangere, trasgredire, violare (una legge ecc.): *to — copyright*, violare le leggi sui diritti d'autore **2** contraffare: *to — a patent*, contraffare un brevetto ◆ *v.intr.*: *to —* (*up*)*on* (*sthg.*), interferire, intromettersi; usurpare: *I found the demands of my job beginning to — on my private life*, mi accorsi che le esigenze del mio lavoro iniziavano a interferire con la mia vita privata; *to — on s.o.'s rights*, usurpare i diritti di qlcu.

infringement [ɪn'frɪndʒmənt / in·fringe·ment] *s.* **1** infrazione, violazione, trasgressione (di legge ecc.): *— of free speech*, violazione del diritto di libera espressione **2** contraffazione (di brevetto).

infringer [ɪn'frɪndʒə* / in·fringer] *s.* **1** trasgressore **2** contraffattore.

infructescence [,ɪn,frʌk'tesns / in·fruct·es·cence] *s.* (*bot.*) infruttescenza.

infundibular [,ɪnfʌn'dɪbjʊlə* / in·fund·ibu·lar] *agg.* infundibolare; a forma di imbuto.

infundibulum [,ɪnfʌn'dɪbjʊləm / in·fund·ibu·lum] *pl.* **infundibula** [,ɪnfʌn'dɪbjʊlə / in·fund·ibula] *s.* (*anat.*) infundibolo.

to **infuriate** [ɪn'fjʊərɪeɪt / in·furi·ate] *v.tr.* rendere furioso, far infuriare.

to **infuse** [ɪn'fju:z / in·fuse] *v.tr.* **1** fare un infuso di (tè, erbe ecc.); mettere in infusione **2** versare; (*fig.*) infondere: *to — courage into s.o.*, infondere coraggio a qlcu. ◆ *v.intr.* stare in infusione: *let it — for five minutes*, lascialo in infusione per cinque minuti.

infuser [ɪn'fju:zə* / in·fuser] *s.* colui che infonde (coraggio, virtù ecc.).

infusibility [ɪn,fju:zɪ'bɪlətɪ / in·fus·ib·il·ity] *s.* infusibilità.

infusible [ɪn'fju:zəbl / in·fus·ible] *agg.* infusibile.

infusion [ɪn'fju:ʒn / in·fu·sion] *s.* **1** (*med.*) infusione; decotto, infuso **2** l'infondere; afflusso, introduzione: *the business needed an — of fresh capital*, l'azienda necessitava di un afflusso di nuovi capitali.

infusorial earth [,ɪnfjə,zɔ:rɪəl'ɜ:θ] *s.* (*geol.*) farina fossile, tripoli.

-ing [ɪŋ] *suff.* di origine anglosassone che entra nella composizione di **1** *part. pres.* e *agg.* di origine verbale: *dancing*, danzante; *interesting*, interessante; *exciting*, eccitante **2** sostantivi deverbali: *swimming*, il nuoto; *meeting*, riunione; *digging*, lo scavare; *covering*, copertura.

to **ingather** ['ɪn,gæðə* / in·gather] *v.tr.* (*agr.*) raccogliere messi; fare il raccolto.

ingathering ['ɪn,gæðərɪŋ / in·gather·ing] *s.* **1** (*agr.*) raccolto, messe **2** raccolta; adunanza.

to **ingeminate** [ɪn'dʒemɪneɪt / in·gem·in·ate] *v.tr.* (*rar.*) reiterare.

to **ingenerate** [ɪn'dʒenəreɪt / in·gen·er·ate] *v.tr.* (*non com.*) ingenerare, procreare.

ingenious [ɪn'dʒi:njəs / in·geni·ous] *agg.* **1** ingegnoso, abile **2** (*ant.*) d'ingegno; geniale // **-ly** *avv.*

ingeniousness [ɪn'dʒi:njəsnɪs / in·geni·ous·ness] → **ingenuity**.

ingénue ['ænʒeɪnju: *amer.* 'ændʒənu: / in·génue] *s.* (*teatr., cinem.*) ingenua.

ingenuity [,ɪndʒɪ'nju:ətɪ / in·genu·ity] *s.* **1** ingegnosità; abilità inventiva: *to tax one's — in order to do sthg.*, ingegnarsi a fare qlco. **2** (*ant.*) ingenuità; schiettezza; nobiltà: *but from the ingenuity of your appearance, I am convinced you deserve the character here given of you*, (SHERIDAN) ma dalla schiettezza del vostro aspetto, sono sicura che meritiate le referenze qui date a voi; *I, when I value gold, may think upon / ... the ingenuity*, (J. DONNE) quando io valuto l'oro, ne considero ... la nobile qualità.

ingenuous [ɪn'dʒenjʊəs / in·genu·ous] *agg.* **1** sincero, franco; schietto **2** ingenuo; semplice; candido // **-ly** *avv.* // **-ness** *s.*

to **ingest** [ɪn'dʒest / in·gest] *v.tr.* ingerire.

ingestion [ɪn'dʒestjən / in·ges·tion] *s.* ingerimento, ingestione.

ingle ['ɪŋgl] *s.* (*non com.*) fiamma; fuoco; focolare.

inglenook ['ɪŋglnʊk / ingle·nook] *s.* cantuccio presso il focolare.

to **inglobe** [ɪn'gləʊb / in·globe] *v.tr.* (*ant.*) inglobare.

inglorious [ɪn'glɔ:rɪəs / in·glori·ous] *agg.* **1** disonorevole, ignominioso **2** umile, oscuro; sconosciuto // **-ly** *avv.* // **-ness** *s.*

ingluvies [ɪn'glu:vii:z / in·gluvies] *s.* (*zool.*) ingluvie, gozzo.

ingoing ['ɪngəʊɪŋ / in·go·ing] *agg.* entrante ◆ *s.* (*ant.*) entrata.

ingot ['ɪŋgət / in·got] *s.* (*metall.*) lingotto, barra (d'oro, d'argento); pane (di qualsiasi metallo) // — *iron*, ferro fuso, acciaio dolcissimo.

ingot mould ['ɪŋgət,məʊld] *s.* (*metall.*) lingottiera.

ingovernable [ɪn'gʌvnəbl / in·gov·ern·able] *agg.* ingovernabile.

to **ingraft** [ɪn'grɑ:ft *amer.* ɪn'græft / in·graft] *v.tr.* innestare; inculcare.

ingrain ['ɪn,greɪn / in·grain] *agg.* **1** tinto in filato (prima della tessitura) **2** → **ingrained**.

ingrained [,ɪn'greɪnd / in·grained] *agg.* radicato; inveterato: *an — belief*, una credenza radicata.

ingrate ['ɪngreɪt / in·grate] *agg.* e *s.* (*ant.*) ingrato.

to **ingratiate** [ɪn'greɪʃɪeɪt / in·gra·ti·ate] *v.tr.* ingraziare: *to — oneself with a person*, ingraziarsi qlcu.

ingratitude [ɪn'grætɪtju:d *amer.* ɪn'grætɪtu:d / in·grat·it·ude] *s.* ingratitudine.

ingravescence [,ɪngrə'vesns / in·grav·es·cence] *s.* peggioramento, aggravamento (di malattia).

ingredient [ɪn'gri:djənt / in·gre·di·ent] *s.* ingrediente; elemento // (*dir.*) *ingredients of crime*, elementi costitutivi del reato.

ingress ['ɪngres / in·gress] *s.* **1** (*non com.*) ingresso, entrata (*anche dir.*) **2** (*astr.*) immersione.

in-group ['ɪn,gru:p] *s.* associazione.

ingrowing ['ɪn,grəʊɪŋ / in·grow·ing] *agg.* che cresce verso l'interno: — *nail*, unghia incarnita.

ingrown ['ɪn,grəʊn / in·grown] *agg.* **1** (*med.*) incarnito **2** congenito; innato; radicato.

ingrowth ['ɪn,grəʊθ / in·growth] *s.* **1** crescita verso l'interno **2** parte cresciuta internamente.

inguinal ['ɪŋgwɪnl / in·guinal] *agg.* (*anat.*) inguinale: — *gland*, linfonodo inguinale; — *hernia*, ernia inguinale.

to **ingurgitate** [ɪn'gɜ:dʒɪteɪt / in·gur·git·ate] *v.tr.* ingurgitare, ingollare, inghiottire (*anche fig.*) ◆ *v.intr.* rimpinzarsi, ingozzarsi.

ingurgitation [ɪn,gɜ:dʒɪ'teɪʃn / in·gur·gita·tion] *s.* l'ingurgitare, l'ingollare.

to **inhabit** [ɪn'hæbɪt / in·habit] *v.tr.* **1** abitare; dimorare in: *they — a large house*, vivono in una grande casa **2** (*fig.*) appartenere a, fare parte di, trovarsi in.

inhabitable [ɪn'hæbɪtəbl / in·hab·it·able] *agg.* abitabile.

inhabitance [ɪn'hæbɪtəns / in·hab·it·ance] **inhabitancy** [ɪn'hæbɪtənsɪ / in·hab·it·ancy] *s.* **1** l'abitare; abitazione **2** domicilio; residenza.

inhabitant [ɪn'hæbɪtənt / in·hab·it·ant] *s.* **1** abitante **2** (*zool.*) animale stanziale.

inhabitation [ɪn,hæbɪ'teɪʃn / in·hab·ita·tion] *s.* abitazione.

inhalant [ɪn'heɪlənt / in·hal·ant] *agg.* per inalazione; da inalare ◆ *s.* (*med.*) prodotto, farmaco da inalare.

inhalation [,ɪnhə'leɪʃn / in·hala·tion] *s.* inalazione; inspirazione; aspirazione (di fumo ecc.).

to **inhale** [ɪn'heɪl / in·hale] *v.tr.* inalare; inspirare; aspirare (fumo ecc.).

inhaler [ɪn'heɪlə* / in·haler] *s.* **1** inalatore **2** persona che inspira, inala, aspira (fumo ecc.).

inharmonic [,ɪnhɑ:'mɒnɪk / in·har·monic] meno com. **inharmonious** [,ɪnhɑ:'məʊnjəs / in·har·mo·ni·ous] *agg.* disarmonico, discordante.

inharmoniously [,ɪnhɑ:'məʊnjəslɪ / in·har·mo·ni·ous·ly] *avv.* disarmonicamente, senza armonia.

inharmoniousness [,ɪnhɑ:'məʊnjəsnɪs / in·har·mo·ni·ous·ness] meno com. **inharmony** [ɪn'hɑ:mənɪ / in·har·mony] *s.* disarmonia, discordanza.

to **inhere** [ɪn'hɪə* / in·here] *v.intr.* (*in*) essere inerente; appartenere.

inherence [ɪn'hɪərəns / in·her·ence] *s.* inerenza; appartenenza.

inherent [ɪn'hɪərənt / in·her·ent] *agg.* inerente; intrinseco; connesso: *danger is — in space travel*, il pericolo è intrinseco ai viaggi spaziali // **-ly** *avv.*

to **inherit** [ɪn'herɪt / in·herit] *v.tr.* ereditare: *inherited wealth*, ricchezze avute in eredità; *to — sthg. from s.o.*, ereditare qlco. da qlcu.; *he's inherited from his mother a great talent for music*, ha ereditato dalla madre un grande talento musicale; *the great globe itself, / yea, all which it inherit shall dissolve*, (SH. The Tempest) questo stesso globo, sì, e coloro che lo ereditano, tutto si dissolverà ◆ *v.intr.* ricevere un'eredità: *she inherited from him*, ella fu la sua erede.

inheritability [ɪn,herɪtə'bɪlətɪ / in·her·it·ab·il·ity] *s.* **1** ereditarietà **2** (*dir.*) diritto di eredità; ereditabilità.

inheritable [ɪn'herɪtəbl / in·her·it·able] *agg.* **1** ereditabile **2** (*dir.*) avente diritti di erede.

inheritableness [ɪn'herɪtəblnɪs / in·her·it·able·ness] → **inheritability**.

inheritance [ɪn'herɪtəns / in·her·it·ance] *s.* **1** eredità; (*fig.*) patrimonio, retaggio: *to come into an —*, ricevere un'eredità // (*trib.*) — *tax*, imposta di successione **2** (*biol.*) eredità, fattori ereditari (*pl.*).

inheritor [ɪn'herɪtə* / in·her·itor] *s.* erede.

inheritress [ɪn'herɪtrɪs / in·her·it·ress] **inheritrix** [ɪn'herɪtrɪks / in·her·it·rix] *s.* erede (donna); ereditiera.

to **inhibit** [ɪn'hɪbɪt / in·hibit] *v.tr.* **1** inibire; trattenere, reprimere (sentimenti): *an inhibited person*, una persona inibita **2** proibire, impedire: *to — s.o. from doing sthg.*, proibire a qlcu. di fare qlco. **3** (*dir. eccl.*) interdire: *inhibited priest*, prete interdetto.

inhibition [,ɪnhɪ'bɪʃn / in·hibi·tion] *s.* **1** inibizione **2** (*dir. eccl.*) proibizione **3** (*dir.*) divieto in genere **4** (*eccl.*) interdizione.

inhibitor [ɪn'hɪbɪtə* / in·hib·itor] *s.* (*chim.*) inibitore.

inhibitory [ɪn'hɪbɪtərɪ *amer.* ɪn'hɪbɪtɔ:rɪ / in·hib·it·ory] *agg.* inibitorio (*anche med.*).

inhospitable [,ɪnhɒ'spɪtəbl / in·hos·pit·able] *agg.* inospitale // **-bly** *avv.*

inhospitableness [,ɪnhɒ'spɪtəblnɪs / in·hos·pit·able·ness] **inhospitality** ['ɪn,hɒspɪ'tælətɪ / in·hos·pit·al·ity] *s.* inospitalità.

in-house ['ɪnhaʊs] *agg.* (*amm.*) **1** interno (alla ditta, allo stabilimento ecc.); intra-aziendale **2** (*inform.*) integrato; interno.

inhuman [ɪn'hju:mən / in·hu·man] *agg.* **1** inumano, barbaro, brutale; disumano: — *punishment*, pena inumana; *an — scream*, un urlo disumano **2** impersonale, freddo // **-ly** *avv.*

inhumanity [,ɪnhju:'mænɪtɪ / in·hu·man·ity] *s.* inumanità, crudeltà, barbarie.

inhumation [,ɪnhju:'meɪʃn / in·huma·tion] *s.* inumazione, seppellimento.

to **inhume** [ɪn'hju:m / in·hume] *v.tr.* (*non com.*) inumare, seppellire.

inimical [ɪ'nɪmɪkl / in·im·ical] *agg.* (*form.*) **1** nemico; ostile: *to be — to s.o.*, osteggiare qlcu. **2** dannoso // **-ly** *avv.*

inimitability [ɪ,nɪmɪtə'bɪlətɪ / in·im·it·ab·il·ity] *s.* inimitabilità.

inimitable [ɪ'nɪmɪtəbl / in·im·it·able] *agg.* inimitabile // **-ness** *s.* // **-bly** *avv.*

iniquitous [ɪ'nɪkwɪtəs / ini·quit·ous] *agg.* (*form.*) ingiusto, iniquo; malvagio // **-ly** *avv.*

iniquity [ɪ'nɪkwɪtɪ / ini·quity] *s.* (*form.*) ingiustizia, iniquità; malvagità // *a den of —*, un luogo malfamato.

initial [ɪ'nɪʃl / ini·tial] *agg.* iniziale: — *expenses*, spese iniziali; — *stage*, stadio iniziale ◆ *s.* iniziale; sigla; monogramma: *to put one's initials to a document*, siglare un documento // **-ly** *avv.*

to **initial** *pass.p.p.* **initialled** [ɪ'nɪʃld / ini·tialled] *v.tr.* firmare con le iniziali; siglare.

to **initialize** [ɪ'nɪʃəlaɪz / ini·tial·ize] *v.tr.* (*inform.*) inizializzare.

initiate [ɪ'nɪʃɪət / ini·ti·ate] *agg.* e *s.* iniziato.

to **initiate** [ɪ'nɪʃɪeɪt] *v.tr.* **1** promuovere, dar inizio a: *to — proceedings*, promuovere procedimenti legali; *the government has set aside funds to — a space research program*, il governo ha stanziato fondi per promuovere un programma di ricerche spaziali **2** iniziare: *to — s.o. in* (o *to*) *sthg.*, iniziare qlcu. a qlco.: *to — s.o. in an art*, iniziare qlcu. a un'arte; *to — s.o. into a secret society*, ammettere qlcu. in una società segreta.

initiation [ɪ,nɪʃɪ'eɪʃn / ini·ti·ation] *s.* **1** iniziazione **2** inizio.

initiative [ɪ'nɪʃɪətɪv / ini·ti·at·ive] *agg.* iniziativo, introduttivo ◆ *s.* **1** iniziativa; intraprendenza: *to use one's own —*, fare qlco. di propria iniziativa; *to lack —*, mancare di iniziativa; *to show —*, mostrare iniziativa; *to take the — in doing sthg.*, prendere l'iniziativa nel fare qlco. // (*dir.*) *on one's own —*, d'ufficio **2** (*estens.*) posizione di vantaggio: *to have the —*, essere in una posizione di vantaggio; *we had the —, but now we've lost it*, eravamo in posizione di vantaggio ma ora l'abbiamo persa.

initiator [ɪ'nɪʃɪeɪtə* / ini·ti·ator] *s.* **1** iniziatore, chi comincia, lancia (una moda ecc.) **2** iniziatore (a misteri ecc.).

initiatory [ɪ'nɪʃɪətərɪ / ini·ti·at·ory] *agg.* **1** iniziale; preparatorio, preliminare // — *steps*, preliminari **2** d'iniziazione: — *rites*, riti d'iniziazione.

initis [ɪ'naɪtɪs / in·itis] *s.* (*med.*) fibrosite, tendinite.

to **inject** [ɪn'dʒekt / in·ject] *v.tr.* **1** (*med.*) iniettare: *to — intramuscularly*, iniettare per via intramuscolare; *to — intravenously*, iniettare per endovena; *to — s.o.'s arm with sthg.*, iniettare qlco. nel braccio di qlcu.; *to — oneself*, farsi un'iniezione; *he has been injected against tetanus*, è stato vaccinato contro il tetano **2** (*estens.*) immettere; introdurre: *we need to — fresh capital into our company*, abbiamo bisogno di introdurre nuovo capitale nella nostra società.

injection [ɪn'dʒekʃn / in·jec·tion] *s.* **1** (*med.*) iniezione: *hypodermic*, *intramuscular*, *intravenous* —, iniezione sottocutanea (o ipodermica), intramuscolare, endovenosa; *to give*, *have an* —, fare, farsi fare un'iniezione **2** (*miner.*, *geol.*) iniezione (di cemento, di magma): — *gneiss*, gneiss di iniezione **3** (*mecc.*) iniezione: — *carburator*, carburatore a iniezione; — *moulding*, stampaggio a iniezione **4** (*astrodinamica*) iniezione in orbita (di un veicolo spaziale) **5** (*fig.*) introduzione, immissione: — *of money*, immissione di denaro, di capitale **6** (*mat.*) iniezione, applicazione iniettiva.

injective [ɪn'dʒektɪv / in·ject·ive] *agg.* (*mat.*) iniettivo // — *mapping*, iniezione.

injector [ɪn'dʒektə* / in·jector] *s.* (*mecc.*) iniettore.

injudicial [,ɪndʒu:'dɪʃl / in·ju·di·cial] *agg.* extragiudiziale.

injudicious [,ɪndʒu:'dɪʃəs / in·ju·di·cious] *agg.* (*form.*) poco giudizioso; avventato, sconsiderato // **-ly** *avv.* // **-ness** *s.*

Injun ['ɪndʒən / In·jun] *s.* (*fam. amer.*) pellirossa // *honest —!*, (*sl. scolastico*) parola d'onore! • Alterazione di *Indian*.

to **injunct** [ɪn'dʒʌŋkt / in·junct] *v.tr.* (*non com.*) ingiungere.

injunction [ɪn'dʒʌŋkʃn / in·junc·tion] *s.* ingiunzione, ordine (*anche dir.*).

injunctive [ɪn'dʒʌŋtɪv / in·junct·ive] *agg.* ingiuntivo (*anche dir.*).

to **injure** ['ɪndʒə* / in·jure] *v.tr.* **1** ferire, far male a: *I've injured my arm*, mi sono ferito il braccio **2** ledere, danneggiare; far torto a: *to — one's health*, danneggiare la propria salute; *to — s.o.'s reputation*, ledere la reputazione di qlcu. **3** (*fig.*) ingiuriare, offendere: *to — s.o.'s feelings*, offendere la sensibilità di qlcu. **4** (*comm.*, *mar.*) avariare (merce).

injured ['ɪndʒəd / in·jured] *agg.* **1** ferito **2** (*fig.*) oltraggiato, offeso, ferito **3** danneggiato, leso: (*dir.*) *the — party*, la parte lesa **4** avariato: — *cotton*, cotone di scarto.

injurer ['ɪndʒərə* / in·jurer] *s.* **1** chi offende, nuoce, danneggia **2** feritore.

injurious [ɪn'dʒʊərɪəs / in·juri·ous] *agg.* **1** nocivo, dannoso; lesivo: — *to the health*, nocivo alla salute **2** (*fig.*) ingiurioso, oltraggioso.

injuriously [ɪn'dʒʊərɪəslɪ / in·juri·ous·ly] *avv.* **1** nocivamente, dannosamente; lesivamente **2** (*fig.*) ingiuriosamente.

injuriousness [ɪn'dʒʊərɪəsnɪs / in·juri·ous·ness] *s.* **1** l'esser nocivo, dannosità (*anche dir.*) **2** (*fig.*) oltraggio.

injury ['ɪndʒərɪ / in·jury] *s.* **1** ferita, lesione: *internal injuries*, lesioni interne; *to suffer injuries to one's head*, subire lesioni alla testa; *to do oneself an* —, farsi male; prodursi una ferita // *industrial* — (o — *at work*), infortunio sul lavoro **2** male, torto; danno, lesione (*anche dir.*): — *to one's reputation*, danno alla propria reputazione; *to the — of s.o.*, a danno di qlcu.; *to do s.o. an* —, far torto a qlcu. **3** (*dir.*) atto illecito **4** (*comm.*, *mar.*) avaria.

injury time ['ɪndʒərɪ,taɪm] *s.* (*sport*) minuti di ricupero (a fine partita).

injustice [ɪn'dʒʌstɪs / in·just·ice] *s.* ingiustizia: *flagrant pieces* (o *cases*) *of* —, ingiustizie flagranti; *to do s.o. an* —, fare un'ingiustizia a qlcu.

ink [ɪŋk] *s.* **1** inchiostro: *printing* —, inchiostro da stampa; *copying* —, inchiostro copiativo; *marking* —, inchiostro indelebile; *invisible* (o *sympathetic*) —, inchiostro simpatico; (*inform.*) — *-jet printer*, stampante a getto d'inchiostro // *Indian* —, inchiostro di China // *to sling* —, (*fam.*) scrivere (articoli); guadagnarsi la vita scrivendo; scrivere articoli ingiuriosi **2** nero di seppia **3** (*sl. amer.*) persona di colore **4** (*sl. dei neri d'America*) vino di pessima qualità.

to **ink** *v.tr.* **1** imbrattare d'inchiostro: *the boys' hands were inked*, le mani dei ragazzi erano impiastricciate d'inchiostro **2** (*tip.*) inchiostrare **3** (*fam. amer.*) firmare (spec. un contratto).

□ **ink in** *v.tr.* e *avv.* passare a penna.

□ **ink out** *v.tr.* e *avv.* cancellare a penna.

□ **ink up** *v.tr.* e *avv.* impregnare, coprire d'inchiostro.

ink-bag ['ɪŋk,bæg] *s.* (*zool.*) tasca del nero di seppia SIN. **ink-sac**.

inkblot ['ɪŋkblɒt / ink·blot] *s.* macchia d'inchiostro // (*psic.*) — *test*, test delle macchie d'inchiostro, test di Rorschach.

inker ['ɪŋkə*] *s.* (*tip.*) rullo inchiostratore.

ink-eraser ['ɪŋkɪ,reɪzə* *amer.* 'ɪŋkɪ,reɪsə*] *s.* gomma da inchiostro.

ink-fish ['ɪŋkfɪʃ] *s.* (*zool.*) seppia → **cuttlefish**.

inkholder ['ɪŋk,həʊldə* / ink·holder] ant.
inkhorn ['ɪŋkhɔ:n / ink·horn] *s.* calamaio. SIN. **inkpot**.

inkiness ['ɪŋkɪnɪs / inki·ness] *s.* **1** nero d'inchiostro **2** nerezza d'inchiostro.

inkless ['ɪŋklɪs / ink·less] *agg.* senza inchiostro.

inkling ['ɪŋklɪŋ / ink·ling] *s.* indizio, avviso, sospetto: *not an — of...*, non il minimo sospetto di...; *he had an — of the truth*, ebbe sentore della verità; *to give s.o. an — of sthg.*, dare a qlcu. un indizio di qlco.

inkpad ['ɪŋkpæd / ink·pad] *s.* tampone per inchiostro.

inkpot ['ɪŋkpɒt / ink·pot] *s.* calamaio. SIN. **inkholder**.

ink-sac ['ɪŋksæk] → **ink-bag**.

ink-slinger ['ɪŋk,slɪŋə*] *s.* (*fam. amer.*) scrittore, autore; cronista.

inkstand ['ɪŋkstænd / ink·stand] *s.* calamaio da scrittoio (con portapenne).

inkstick ['ɪŋkstɪk / ink·stick] *s.* (*fam. amer.*) penna stilografica.

inkwell ['ɪŋkwel / ink·well] *s.* calamaio infisso (in scrittoio, banco di scuola).

inky ['ɪŋkɪ] *agg.* **1** d'inchiostro, nero come l'inchiostro **2** macchiato d'inchiostro.

inlaid [,ɪn'leɪd / in·laid] *pass.p.p.* di to **inlay** ♦ *agg.* intarsiato: — *work*, intarsio.

inland ['ɪnlənd / in·land] *s.* entroterra, interno ♦ *agg.* **1** (*geogr.*) interno, dell'entroterra; lontano dalla costa: — *sea*, mare interno; — *waters*, acque interne **2** (*econ.*) interno: — *consumption*, consumo interno; — *market*, mercato interno // — *revenue*, gettito fiscale; *the Inland Revenue*, il fisco (in Gran Bretagna) **3** (*ant.*) civile, urbano: *who was in his youth an inland man; one that knew courtship too well*, (SH. As You Like It) egli che in gioventù era stato uomo di mondo, che conosceva troppo bene la vita del cortigiano ♦ *avv.* nell'entroterra, verso l'entroterra.

inlander ['ɪnləndə* / in·lander] *s.* abitante dell'entroterra.

in-law ['ɪnlɔ:] *s.* **1** (*fam.*) parente acquisito, affine **2** *pl.* suoceri.

inlay ['ɪnleɪ / in·lay] *s.* **1** intarsio, intarsiatura **2** (*med.*) intarsio (per denti).

to **inlay** [,ɪn'leɪ] *pass.p.p.* **inlaid** [,ɪn'leɪd / in·laid] *v.tr.* intarsiare; inserire.

inlayer ['ɪn'leɪə* / in·layer] *s.* intarsiatore.

inlaying [,ɪn'leɪɪŋ / in·lay·ing] *s.* intarsio, intarsiatura.

inlet ['ɪnlet / in·let] *s.* **1** (*geogr.*) bocca (di laguna), insenatura **2** (*geogr.*) immissario **3** inserzione **4** (*spec. mecc.*) entrata, ammissione, apertura d'entrata: — *port*, luce di ammissione; — *stroke*, fase di aspirazione; — *valve*, valvola di ammissione // *air* —, presa d'aria.

inline ['ɪnlaɪn / in·line] *s.* (*inform.*) allineato.

inly ['ɪnlɪ] *agg.* (*non com.*) interno; intimo; segreto ♦ *avv.* (*non com.*) internamente; intimamente, nel cuore.

inlying ['ɪn,laɪɪŋ / in·ly·ing] *agg.* posto nell'interno (spec. di un paese).

inmate ['ɪnmeɪt / in·mate] *s.* **1** ricoverato, paziente (di ospedale); ospite di un istituto **2** carcerato, recluso; detenuto **3** (*ant.*) inquilino, coinquilino.

in memoriam [ɪnmə'mɔ:rɪəm / in mem·oriam] *locuz. prep.* in memoria di ♦ *locuz. avv.* in memoriam.

inmost ['ɪnməʊst / in·most] *agg.* interiore; intimo; il più segreto; il più profondo: — *feelings*, i sentimenti più profondi; *our — thoughts*, i nostri pensieri più reconditi.

inn [ɪn] *s.* locanda, alberghetto; osteria: *to keep an* —, gestire una locanda; *to put up at an* —, pernottare, alloggiare in una locanda.

innards ['ɪnədz / inn·ards] *s.pl.* **1** interno, parti interne (*anche fig.*) **2** (*fam.*) visceri, budella **3** (*fam.*) stomaco (*sing.*).

innate [,ɪ'neɪt / in·nate] *agg.* innato; insito, naturale, istintivo: *an — ability*, un'abilità innata; (*fil.*) — *ideas*, idee innate // **-ness** *s.*

innately [,ɪ'neɪtlɪ / in·nate·ly] *avv.* istintivamente; naturalmente: *he's — good*, è buono di natura.

inner ['ɪnə* / in·ner] *agg.* **1** interiore, interno // (*mat.*) — *product*, prodotto interno; *I live in — London*, vivo nel centro di Londra **2** (*fig.*) interiore, intimo; segreto; recondito: — *emotions*, sensazioni intime; — *meaning*, significato recondito // *the — man*, l'anima, lo spirito; (*scherz.*) lo stomaco ◆ *s.* linee del bersaglio vicine al centro; colpo che prende il centro del bersaglio.

inner city [,ɪnə'sɪtɪ] *s.* centro (di una grande città, in riferimento solo agli aspetti negativi): — *traffic problems*, problemi di traffico nel centro storico.

inner court [,ɪnə'kɔ:t] *s.* retrocorte.

inner-directed [,ɪnədɪ'rektɪd] *agg.* (*amer.*) non conformista.

innermost ['ɪnəməʊst / in·ner·most] *agg.* il più interno; (*fig.*) il più intimo, il più riposto, il più segreto.

inner tube ['ɪnətju:b *amer.* 'ɪnətu:b] *s.* camera d'aria (di pneumatico).

to **innervate** ['ɪnɜ:veɪt / in·nerv·ate] *v.tr.* (*med.*) **1** innervare **2** stimolare.

innervation [,ɪnɜ:'veɪʃn / in·nerva·tion] *s.* (*anat.*) innervazione.

to **innerve** [ɪ'nɜ:v / in·nerve] *v.tr.* **1** (*med.*) → to innervate **2** (*fig.*) rinvigorire.

inning ['ɪnɪŋ / in·ning] *s.* **1** (*cricket, baseball*) inning **2** (*agr.*) raccolto; sistemazione del raccolto in luogo chiuso.

innings ['ɪnɪŋz / in·nings] *s.* **1** (*cricket, baseball*) tempo a disposizione di una squadra o di un giocatore per colpire la palla **2** (*fig.*) periodo di preminenza, di attività (di partito politico, di persone): *to have one's* —, vivere la propria stagione, il proprio momento; *he's had a good* —, ha vissuto una vita lunga e intensa.

innkeeper ['ɪn,ki:pə* / inn·keeper] *s.* (*antiq.*) locandiere, albergatore; oste.

innocence ['ɪnəsns / in·no·cence] antiq. **innocency** ['ɪnəsnsɪ / in·no·cency] *s.* **1** innocenza; purezza; semplicità, ingenuità **2** (*non com.*) ignoranza **3** (*dir.*) innocenza, non colpevolezza: *presumption of* —, presunzione d'innocenza.

innocent ['ɪnəsnt / in·no·cent] *agg.* **1** innocente; puro **2** (*fam.*) privo: — *of*, privo di; *window — of glass*, finestra senza vetri **3** (di cosa) innocente, innocuo, inoffensivo **4** ingenuo, sprovveduto; sciocco **5** (*dir.*) innocente, non colpevole: *the accused* (o *the defendant*) *is* —, l'imputato è innocente // — *agent*, autore mediato **6** (*med.*) benigno ◆ *s.* **1** innocente **2** sciocco, semplicione, ingenuo, sprovveduto: *he's a political* —, in politica è uno sprovveduto; *he was whipped for getting the shrieve's fool with child; / a dumb innocent, that could not say him nay*, (SH. All's Well) fu fustigato per aver messo incinta una povera pazza del ricovero municipale; un'ingenua muta che non poteva dirgli di no // **-ly** *avv.*

innocuity [,ɪnəʊ'kju:ɪtɪ / in·nocu·ity] *s.* innocuità.

innocuous [ɪ'nɒkjʊəs / in·nocu·ous] *agg.* innocuo; inoffensivo // **-ly** *avv.*

innocuousness [ɪ'nɒkjʊəsnɪs / in·nocu·ous·ness] → **innocuity**.

inn of court [,ɪnəv'kɔ:t] *s.* scuola di legge // *the Inns of Court*, Collegi degli Avvocati (a Londra).

innominate [ɪ'nɒmɪnɪt / in·nom·in·ate] *agg.* **1** innominato; (*non com.*) senza nome, anonimo **2** (*anat.*) anonimo: — *artery*, arteria anonima; — *bone*, osso dell'anca, osso iliaco.

to **innovate** ['ɪnəʊveɪt / in·nov·ate] *v.intr.* fare innovazioni; introdurre novità ◆ *v.tr.* innovare.

innovation [,ɪnəʊ'veɪʃn / in·nova·tion] *s.* **1** innovazione // (*econ.*) — *theory of the trade cycle*, teoria del ciclo economico basata sulle innovazioni **2** novità.

innovator ['ɪnəʊveɪtə* / in·nov·ator] *s.* innovatore.

innuendo [,ɪnju:'endəʊ / in·nu·endo] *pl.* **innuendo(e)s** *s.* **1** insinuazione; accenno, allusione (gener. maligna) **2** (*dir.*) insinuazione diffamatoria.

innumerability [ɪ,nju:mərə'bɪlətɪ *amer.* ɪ,nu:mərə'bɪlətɪ / in·nu·mer·ab·il·ity] *s.* innumerabilità.

innumerable [ɪ'nju:mərəbl *amer.* ɪ'nu:mərəbl / in·nu·mer·able] *agg.* innumerevole, innumerabile // **-ness** *s.* // **-bly** *avv.*

innumeracy [ɪ'nju:mərəsɪ *amer.* ɪ'nu:mərəsɪ / in·nu·mer·acy] *s.* inattitudine e impreparazione in matematica o nelle scienze.

innumerate [ɪ'nju:mərət *amer.* ɪ'nu:mərət / in·nu·mer·ate] *agg.* senza attitudine e istruzione in matematica o nelle scienze.

innutrition [,ɪnju:'trɪʃn / in·nu·tri·tion] *s.* (*non com.*) denutrizione.

inobservable [,ɪnəb'zɜ:vəbl / in·ob·serv·able] *agg.* inosservabile.

inobservance [,ɪnəb'zɜ:vəns / in·ob·serv·ance] *s.* **1** inosservanza (di legge ecc.) **2** disattenzione.

inobservant [,ɪnəb'zɜ:vənt / in·ob·serv·ant] *agg.* **1** inosservante **2** disattento.

inobtrusive [,ɪnəb'tru:sɪv / in·ob·trus·ive] → **unobtrusive**.

inoculable [ɪ'nɒkjʊləbl / in·ocul·able] *agg.* (*med.*) inoculabile.

to **inoculate** [ɪ'nɒkjʊleɪt / in·ocu·late] *v.tr.* **1** (*med.*) inoculare; vaccinare: *he was inoculated against typhus*, fu vaccinato contro il tifo **2** (*agr.*) innestare **3** inculcare: *to — s.o. with ideas*, inculcare delle idee a qlcu.

inoculation [ɪ,nɒkjʊ'leɪʃn / in·ocu·la·tion] *s.* **1** (*med.*) inoculazione; vaccinazione **2** (*agr.*) innesto.

inoculative [ɪ'nɒkjʊleɪtɪv / in·ocul·at·ive] *agg.* da inoculare.

inoculator [ɪ'nɒkjʊleɪtə* / in·ocu·la·tor] *s.* **1** inoculatore **2** innestatore.

inoffensive [,ɪnə'fensɪv / in·of·fens·ive] *agg.* inoffensivo // **-ly** *avv.* // **-ness** *s.*

inofficious [,ɪnə'fɪʃəs / in·of·fi·cious] *agg.* **1** (*rar.*) senza funzione **2** (*dir.*) contrario a un dovere morale.

inoperable [ɪn'ɒpərəbl / in·op·er·able] *agg.* **1** (*med.*) inoperabile **2** (*form.*) impraticabile, inattuabile.

inoperative [ɪn'ɒpərətɪv / in·op·er·at·ive] *agg.* **1** (*form.*) inoperante; inefficace **2** (*dir.*) non operante, non in vigore (di legge).

inopportune [ɪn'ɒpətju:n *amer.* ɪn'ɒpətu:n / in·op·por·tune] *agg.* (*form.*) inopportuno, intempestivo // **-ly** *avv.*

inopportunity [,ɪnɒpə'tju:nətɪ *amer.* ,ɪnɒpə'tu:nətɪ / in·op·por·tun·ity] meno com. **inopportuneness** [ɪn'ɒpətju:nnɪs *amer.* ɪn'ɒpətu:nnɪs / in·op·por·tune·ness] *s.* (*form.*) inopportunità.

inordinancy [ɪ'nɔ:dɪnənsɪ / in·or·din·ancy] *s.* (*rar.*) smoderatezza, intemperanza.

inordinate [ɪ'nɔ:dɪnɪt / in·or·din·ate] *agg.* (*form.*) **1** straordinario; eccessivo, smodato **2** sregolato // **-ly** *avv.* // **-ness** *s.*

inorganic [,ɪnɔ:'gænɪk / in·or·ganic] *agg.* inorganico: — *chemistry*, chimica inorganica // **-ally** *avv.*

to **inosculate** [ɪ'nɒskjʊleɪt / in·os·cu·late] *v.tr.* (*med.*) unire per anastomosi.

inosculation [ɪ,nɒskjʊ'leɪʃn / in·os·cu·la·tion] *s.* (*anat.*) anastomosi.

inosine ['ɪnəʊsi:n / ino·sine] *s.* (*biochim.*) inosina.

inosinic [,ɪnəʊ'sɪnɪk / ino·sinic] *agg.* (*biochim.*) inosinico.

inositol [ɪ'nəʊsə,tɒl / ino·si·tol] *s.* (*chim.*) inositolo, inosite.

in-patient ['ɪn,peɪʃnt] *s.* degente; paziente interno; ammalato ricoverato all'ospedale.

inpouring ['ɪn,pɔ:rɪŋ / in·pour·ing] *agg.* affluente ◆ *s.* afflusso.

input ['ɪnpʊt / in·put] *s.* **1** introduzione, immissione; input: — *of new ideas*, introduzione di nuove idee // (*elettr.*): — *circuit*, circuito di alimentazione; — *transformer*, trasformatore d'entrata // (*mecc.*): *energy* —, potenza d'entrata; immissione di energia; — *energy*, energia immessa **2** (*mecc.*) potenza, energia assorbita **3** (*inform.*) entrata, introduzione dei dati, ingresso; (IBM) immissione dati da elaborare, parametri (*pl.*): — *coding*, sequenza di entrata; — *feeder*, magazzino di alimentazione; — *file*, archivio di lettura **4** (*econ.*) fattore di produzione, input: — *-output analysis*, analisi delle interdipendenze strutturali, analisi delle immissioni-erogazioni, analisi input-output // (*amm.*) — *-output policy*, criteri di rotazione // (*trib.*) — *tax*, imposta sul valore aggiunto a credito.

to **input** *v.tr.* immettere, introdurre informazioni, dati.

inquest ['ɪnkwest / in·quest] *s.* **1** inchiesta, interrogatorio; indagine: *judiciary* —, inchiesta giudiziaria; *Coroner's* —, inchiesta giudiziaria in caso di morte improvvisa; *to hold an — on a body*, procedere a una inchiesta per determinare la causa di morte di qlcu. **2** (*grand*) —, Gran Jurí (giuria che compie le investigazioni prima del dibattimento).

inquiet [ɪn'kwaɪət / in·quiet] *agg.* inquieto.

inquietude [ɪn'kwaɪətju:d *amer.* ɪn'kwaɪətu:d / in·qui·et·ude] *s.* inquietudine.

to **inquire** [ɪn'kwaɪə* / in·quire] *v.tr.* e *intr.* (*form.*) chiedere, domandare: *they inquired what he knew about the matter*, gli chiesero che cosa sapesse della faccenda; *she inquired whether it was possible to leave on a later flight*, domandò se fosse possibile partire con un volo successivo; *he went into the shop and inquired for the manager*, entrò nel negozio e chiese del direttore.

□ **inquire about** *v.intr.* e *prep.* richiedere informazioni su, informarsi su: *where shall I go to — about boat-renting?*, dove posso informarmi sul noleggio delle barche?

□ **inquire after** *v.intr.* e *prep.* chiedere notizie su (qlcu. o la sua salute ecc.).

□ **inquire for** *v.intr.* e *prep.* → to inquire about.

□ **inquire into** *v.tr.* e *prep.* investigare su; fare domande circa: *the police are still inquiring into the train robbery*, la polizia sta ancora investigando sulla rapina al treno.

□ **inquire of** *v.tr.* e *prep.* chiedere a, informarsi da: *you'd better — the way of s.o.*, sarebbe meglio che tu chiedessi la strada a qlcu.

inquirer [ɪn'kwaɪərə* / in·quirer] *s.* investigatore, indagatore.

inquiring [ɪn'kwaɪərɪŋ / in·quir·ing] *agg.* **1** inquisitore, inquisitorio; indagatore: *— glance*, sguardo indagatore **2** avido di sapere, curioso: *— mind*, mente avida di sapere.

inquiringly [ɪn'kwaɪərɪŋlɪ / in·quir·ing·ly] *avv.* interrogativamente, con sguardo indagatore: *to look — at s.o.*, interrogare qlcu. con lo sguardo.

inquiry [ɪn'kwaɪərɪ / in·quiry] *s.* **1** domanda, richiesta di informazioni: *to make inquiries about sthg.*, assumere informazioni su qlco.; *we've received many inquiries about the possibility of emigrating to New Zealand*, abbiamo ricevuto molte richieste di informazioni circa la possibilità di emigrare in Nuova Zelanda // *— office*, ufficio informazioni // (*tel.*) *— operator*, informazioni **2** [U] indagine, ricerca; (*dir.*) inchiesta: *to follow a line of —*, seguire una pista, una linea d'indagine; *court of —*, commissione d'inchiesta; *to hold an — into*, procedere a una inchiesta su; *to learn sthg. by —*, venire a sapere qlco. con un'inchiesta // *— agent*, detective privato **3** (*inform.*) interrogazione, consultazione (di un archivio).

inquisition [,ɪnkwɪ'zɪʃn / in·quisi·tion] *s.* ricerca, investigazione; (*dir.*) inchiesta // (*st.*) *the Inquisition*, l'Inquisizione.

inquisitional [,ɪnkwɪ'zɪʃənl / in·quisi·tional] *agg.* inquisitorio.

inquisitive [ɪn'kwɪzətɪv / in·quis·it·ive] *agg.* indagatore; curioso; indiscreto: *— neighbours*, vicini di casa curiosi // **-ly** *avv.* // **-ness** *s.*

inquisitor [ɪn'kwɪzɪtə* / in·quis·itor] *s.* **1** (*dir.*) persona che ha il potere di condurre l'inchiesta, magistrato inquirente **2** (*eccl.*) inquisitore // *Inquisitor General*, Capo dell'Inquisizione di Spagna; *Grand Inquisitor*, Grande Inquisitore.

inquisitorial [ɪn,kwɪzɪ'tɔ:rɪəl / in·quis·it·or·ial] *agg.* inquisitorio (*anche dir.*): *— system*, sistema (processuale penale) inquisitorio // **-ly** *avv.*

inroad ['ɪnrəʊd / in·road] *s.* **1** (*mil.*) incursione, invasione, scorreria, irruzione **2** (*fig.*) (*spec. pl.*) intromissione: *the work makes heavy inroads into* (o *on*) *my spare time*, il lavoro si intromette pesantemente nel mio tempo libero; *South Korea is making inroads into traditional Japanese markets*, la Corea del Sud si sta infiltrando nei mercati che sono appannaggio tradizionale del Giappone.

inrush ['ɪnrʌʃ / in·rush] *s.* irruzione (*anche fig.*); afflusso (d'aria, gas ecc.).

to **insalivate** [ɪn'sælɪveɪt / in·sal·iv·ate] *v.tr.* (*med.*) insalivare.

insalivation [ɪn,sælɪ'veɪʃn / in·sal·iva·tion] *s.* (*med.*) insalivazione.

insalubrious [,ɪnsə'lu:brɪəs / in·sa·lu·bri·ous] *agg.* (*form.*) insalubre, malsano.

insalubrity [,ɪnsə'lu:brɪtɪ / in·sa·lu·brity] *s.* (*form.*) insalubrità.

insalutary [ɪn'sæljʊtərɪ / in·sal·ut·ary] *agg.* (*form.*) insalubre.

ins and outs [,ɪnzən'aʊts] *s.pl.* (*fam.*) dettagli, particolari.

insane [ɪn'seɪn / in·sane] *agg.* **1** pazzo, insano, alienato **2** (*fig.*) insensato, insano, folle (di desiderio ecc.) **3** per malati di mente, per alienati: *— asylum*, (*antiq.*) manicomio // **-ly** *avv.*

insaneness [ɪn'seɪnnɪs / in·sane·ness] *s.* carattere insensato, insano (di azione, desiderio ecc.), insanità.

insanie ['ɪnsənɪ / in·sanie] *s.* (*ant.*) pazzia: *it insinuatedth me of insanie*, (SH. Love's Labour Lost) mi adduce alla pazzia.

insanitary [ɪn'sænɪtərɪ *amer.* ɪn'sænɪterɪ / in·san·it·ary] *agg.* insalubre, antigienico, malsano.

insanity [ɪn'sænətɪ / in·san·ity] *s.* **1** insania, pazzia, alienazione mentale; (*dir.*) infermità mentale, incapacità di intendere e di volere: *defence of —*, scriminante dell'infermità mentale; *not guilty by reason of —*, prosciolto per incapacità di intendere e di volere **2** (*fig.*) follia, stoltezza (di desiderio, azione ecc.).

insatiability [ɪn,seɪʃjə'bɪlətɪ / in·sa·ti·ab·il·ity] *s.* insaziabilità.

insatiable [ɪn'seɪʃjəbl / in·sa·ti·able] *agg.* insaziabile (*anche fig.*) // **-ness** *s.* // **-bly** *avv.*

insatiate [ɪn'seɪʃɪət / in·sa·ti·ate] *agg.* (*non com.*) insaziabile.

inscribable [ɪn'skraɪbəbl / in·scrib·able] *agg.* (*mat.*) inscrittibile, inscrivibile.

to **inscribe** [ɪn'skraɪb / in·scribe] *v.tr.* (*form.*) **1** incidere, scolpire; imprimere (*anche fig.*): *to — a name on a tomb*, incidere un nome su di una tomba **2** dedicare: *to — a work to s.o.*, dedicare un'opera a qlcu. // *specially inscribed copy*, copia con dedica particolare **3** iscrivere **4** (*mat.*) inscrivere: *inscribed circle*, cerchio inscritto **5** (*comm.*) emettere titoli nominativi // *inscribed stock*, titoli nominativi.

inscription [ɪn'skrɪpʃn / in·scrip·tion] *s.* **1** iscrizione (su moneta ecc.) **2** epitaffio **3** dedica (di libro) **4** (*dir.*) iscrizione nei registri immobiliari.

inscriptional [ɪn'skrɪpʃənl / in·scrip·tional] *agg.* di iscrizione; (*ant.*) che porta un'iscrizione.

inscriptive [ɪn'skrɪptɪv / in·script·ive] *agg.* di iscrizione.

inscrutability [ɪn,skru:tə'bɪlətɪ / in·scrut·ab·il·ity] *s.* inscrutabilità, impenetrabilità.

inscrutable [ɪn'skru:təbl / in·scrut·able] *agg.* inscrutabile, impenetrabile // **-ness** *s.* // **-bly** *avv.*

insculpture [ɪn'skʌlptʃə* / in·sculp·ture] *s.* (*ant.*) scultura; incisione: *and on his grave-stone this insculpture, which / with wax I brought away*, (SH. Timon of Athens) e sulla sua pietra tombale c'è questa iscrizione che io ho ripreso con la cera.

insect ['ɪnsekt / in·sect] *s.* **1** insetto **2** (*fig.*) persona spregevole.

insectarium [,ɪnsek'teərɪəm / in·sect·ar·ium] *pl.* **insectaria** [,ɪn sek'teərɪə / in·sect·aria] *s.* insettario.

insecticidal [ɪn,sektɪ'saɪdl / in·sect·icidal] *agg.* insetticida.

insecticide [ɪn'sektɪsaɪd / in·sect·icide] *s.* insetticida.

Insectivore [ɪn'sektɪvɔ:* / in·sect·ivore] *s.* (*zool.*) insettivoro.

insectivorous [,ɪnsek'tɪvərəs / in·secti·vor·ous] *agg.* insettivoro.

insectology [,ɪnsek'tɒlədʒɪ / in·secto·logy] *s.* entomologia.

insect-powder ['ɪnsekt,paʊdə*] *s.* polvere insetticida.

insecure [,ɪnsɪ'kjʊə* / in·sec·ure] *agg.* **1** malsicuro, malfermo, instabile, pericoloso (di terreno ecc.) **2** incerto, insicuro, dubbioso // **-ly** *avv.*

insecurity [,ɪnsɪ'kjʊərətɪ / in·sec·ur·ity] *s.* **1** instabilità, mancanza di sicurezza; pericolo **2** incertezza, insicurezza.

to **inseminate** [ɪn'semɪneɪt / in·sem·in·ate] *v.tr.* inseminare, fecondare.

insemination [ɪn,semɪ'neɪʃn / in·sem·ina·tion] *s.* (*biol.*) inseminazione, fecondazione: *artificial —*, fecondazione artificiale.

insensate [ɪn'senseɪt / in·sens·ate] *agg.* (*non com.*) **1** insensibile; inanimato **2** insensato // **-ly** *avv.* // **-ness** *s.*

insensibility [ɪn,sensə'bɪlətɪ / in·sens·ib·il·ity] *s.* **1** incoscienza: *in a state of —*, in uno stato di incoscienza; *to fall into a state of —*, perdere la conoscenza, cadere in deliquio **2** insensibilità; indifferenza.

insensible [ɪn'sensəbl / in·sens·ible] *agg.* **1** svenuto, in uno stato di incoscienza **2** insensibile (*anche fig.*); indifferente, apatico: *when your hands are frozen they become —*, quando le mani sono gelate diventano insensibili **3** inconsapevole: *to be — of*, non accorgersi di **4** impercettibile: *by — degrees*, impercettibilmente // **-bly** *avv.*

insensibleness [ɪn'sensəblnɪs / in·sens·ible·ness] → **insensibility**.

insensitive [ɪn'sensətɪv / in·sens·it·ive] *agg.* **1** insensibile, indifferente: *the government has been — to the needs of working mothers*, il governo è stato insensibile ai bisogni delle madri lavoratrici **2** privo di tatto: *an — remark*, un'osservazione priva di tatto // **-ly** *avv.*

insensitiveness [ɪn'sensɪtɪvnɪs / in·sens·it·ive·ness] **insensitivity** [,ɪnsensə'tɪvətɪ / in·sens·it·iv·ity] *s.* **1** insensibilità, indifferenza **2** mancanza di tatto.

insentient [ɪn'senʃɪənt / in·sen·tient] *agg.* insensibile; inanimato.

inseparability [ɪn,sepərə'bɪlətɪ / in·sep·ar·ab·il·ity] *s.* inseparabilità.

inseparable [ɪn'sepərəbl / in·sep·ar·able] *agg.* inseparabile // **-bly** *avv.*

inseparableness [ɪn'sepərəblnɪs / in·sep·ar·able·ness] → **inseparability**.

inseparate [ɪn'sepərɪt / in·sep·ar·ate] *agg.* (*ant.*) inseparato.

insert ['ɪnsɜ:t / in·sert] *s.* **1** (*tip.*) inserto; supplemento; foglietto volante **2** codicillo (a legge, decreto ecc.) **3** (*inform.*) inserto, dettaglio (di un disegno); pezzo inserito o riportato **4** (*mecc.*) elemento riportato // *cork —*, guarnizione in sughero.

to **insert** [ɪn'sɜ:t] *v.tr.* inserire; introdurre: *to — an advertisement*, fare un'inserzione (su un giornale); *to — a coin in a slot machine*, introdurre una moneta in un distributore automatico; *to — a condition, a clause in an act*, inserire una condizione, una clausola in un atto.

insertion [ɪn'sɜ:ʃn / in·ser·tion] *s.* **1** inserzione; aggiunta **2** inserzione, annuncio **3** (*biol.*) inserzione **4** (*med., bot.*) innesto; (*tip.*) inserzione.

in-service ['ɪn,sɜ:vɪs] *agg.* (che avviene) in servizio: *— training*, addestramento, formazione che avviene durante il servizio.

inset ['ɪnset / in·set] *s.* **1** (*tip.*) aggiunta; inserto; pagina fuori testo; riquadro (all'interno di un'illustrazione) **2** (*sartoria*) inserto, applicazione.

to **inset** [,ɪn'set] *pass.p.p.* **inset**, **insetted** [,ɪn'setɪd / in·set·ted] *v.tr.* inserire; aggiungere; fare un inserto.

inseverable [ɪn'sevərəbl / in·sev·er·able] *agg.* (*form.*) inseparabile.

inshore [,ɪn'ʃɔː / in·shore] *avv.* (*geogr.*) presso, verso la costa ◆ *agg.* (*geogr.*) costiero, vicino alla costa, verso la costa: — *waters*, acque costiere.

inside ['ɪnsaɪd / in·side] *agg.* interno, interiore: *he keeps his passport in his — pocket*, tiene il passaporto nella tasca interna; *the — lane*, la corsia interna (di un'autostrada); *the article was on — page of yesterday's paper*, l'articolo era su una pagina interna del giornale di ieri // — *address*, (*comm.*) indirizzo interno // — *information*, informazioni riservate ◆ *s.* **1** interno; parte interna; lato interno: *the door opened on the* —, la porta si apriva verso l'interno; *the noise came from the* —, il rumore proveniva dall'interno; *the — of her coat was lined with fur*, l'interno del suo cappotto era foderato di pelliccia; *keep the — of the road*, tieniti all'interno della strada // *I had my overcoat turned — out*, ho fatto rivoltare il soprabito; *to turn one's pockets — out*, rovesciare le tasche; *he knows his job — out*, conosce a fondo il suo mestiere **2** *pl.* (*fam.*) interiora.

inside [,ɪn'saɪd] *avv.* internamente; dentro: *come* —, vieni dentro, entra; *I looked — but there was nobody — the car*, guardai dentro ma non c'era nessuno nella macchina // *he spent three years — for robbery*, (*fam.*) ha passato tre anni dentro (in prigione) per rapina // — *and out*, dentro e fuori // — *of a week*, (*fam.*) in meno di una settimana.

inside ['ɪnsaɪd] *prep.* **1** dentro, nell'interno di, all'interno di: *don't let the dog come — the house*, non lasciar entrare il cane in casa; *I felt better once we were — the taxi*, appena fummo dentro il taxi, mi sentii meglio; *he left his bicycle — the yard*, lasciò la bicicletta all'interno del cortile **2** entro: *they did the repairs — a week*, entro una settimana fecero le riparazioni; *he was driving just — the speed limit*, stava guidando entro i limiti della velocità consentita.

insider [,ɪn'saɪdə* / in·sider] *s.* **1** chi è addentro (un luogo, un gruppo); iniziato; membro **2** (*dir.*) persona (anche socio di società) in possesso di informazioni riservate; basista; (*Borsa*) — *trading*, 'insider traiding', l'operare in borsa sulla base di informazioni riservate.

inside track ['ɪnsaɪd,træk] *s.* **1** pista interna (di un circuito) **2** (*fig.*) posizione di vantaggio, privilegiata.

insidious [ɪn'sɪdɪəs / in·si·di·ous] *agg.* insidioso; ingannevole; capzioso: *an — disease*, una malattia insidiosa // **-ly** *avv.* // **-ness** *s.*

insight ['ɪnsaɪt / in·sight] *s.* **1** intuito; intuizione; penetrazione; discernimento: *a man of great* —, un uomo di grande intuito; *I had a sudden — into a problem that had baffled me for years*, ebbi un'improvvisa intuizione su un problema che mi sfuggiva da anni; *his policy shows great — into contemporary politics*, la sua linea di condotta rivela una grande capacità di capire la politica contemporanea; *his comment gave me a sudden — into his motives*, la sua osservazione mi ha illuminato sui suoi motivi; *the book is rich in insights into the causes of schizophrenia*, il libro è ricco di profonde intuizioni sulle cause della schizofrenia **2** (*psic.*) introspezione.

insignia [ɪn'sɪgnɪə / in·sig·nia] *s.pl.* insegne, distintivi.

insignificance [,ɪnsɪg'nɪfɪkəns / in·sig·ni·fic·ance] *s.* **1** scarsa importanza, irrilevanza **2** (*ant.*) futilità.

insignificant [,ɪnsɪg'nɪfɪkənt / in·sig·ni·fic·ant] *agg.* insignificante; irrilevante, trascurabile; privo di senso: *an — little man*, un ometto insignificante // **-ly** *avv.*

insincere [,ɪnsɪn'sɪə* / in·sin·cere] *agg.* insincero, falso // **-ly** *avv.*

insincerity [,ɪnsɪn'serɪtɪ / in·sin·cer·ity] *s.* insincerità, falsità; ipocrisia.

to **insinuate** [ɪn'sɪnjʊeɪt / in·sinu·ate] *v.tr.* **1** insinuare, suggerire indirettamente: *to — that a man is a liar*, insinuare che un uomo è un bugiardo **2** insinuare, introdurre, far penetrare: *to — sthg. into a place*, introdurre qlco. in un luogo // *to — oneself into s.o.'s favour*, insinuarsi nelle grazie di qlcu., ingraziarsi qlcu. ◆ *v.intr.* fare insinuazioni.

insinuating [ɪn'sɪnjʊeɪtɪŋ / in·sinu·at·ing] *agg.* insinuante: — *manners*, modi, maniere insinuanti // **-ly** *avv.*

insinuation [ɪn,sɪnjʊ'eɪʃn / in·sinu·ation] *s.* insinuazione: *to make insinuations about s.o.*, fare insinuazioni sul conto di qlcu.

insinuator [ɪn'sɪnjʊeɪtə* / in·sinu·ator] *s.* chi insinua.

insipid [ɪn'sɪpɪd / in·sipid] *agg.* **1** insipido **2** (*fig.*) insulso, sciocco; privo di interesse // **-ly** *avv.*

insipidity [,ɪnsɪ'pɪdətɪ / in·sip·id·ity] **insipidness** [ɪn'sɪpɪdnɪs / in·sipid·ness] *s.* **1** insipidezza **2** (*fig.*) insulsaggine.

insipience [ɪn'sɪpɪəns / in·sip·ience] *s.* insipienza.

insipient [ɪn'sɪpɪənt / in·sip·ient] *agg.* (*non com.*) insipiente.

to **insist** [ɪn'sɪst / in·sist] *v.intr.* insistere; persistere // *to — on sthg.*, insistere per, su qlco.; *they — on your being present* (o *on your presence*), insistono sulla necessità della tua presenza; *I — on his going*, insisto perché egli vada; *they will — on knowing the truth*, insisteranno per sapere la verità // *if you* —, se proprio insisti ◆ *v.tr.* sostenere fermamente, asserire, affermare: *I — that they know what they are doing*, sono convinto che essi sanno quello che stanno facendo.

insistence [ɪn'sɪstəns / in·sist·ence] **insistency** [ɪn'sɪstənsɪ / in·sist·ency] *s.* insistenza.

insistent [ɪn'sɪstənt / in·sist·ent] *agg.* insistente // **-ly** *avv.*

in situ [ɪn'saɪtjuː] *avv.* (*form.*) sul posto.

insobriety [,ɪnsəʊ'braɪətɪ / in·sob·ri·ety] *s.* (*form.*) intemperanza.

insociable [ɪn'səʊʃəbl / in·so·ci·able] *agg.* (*non com.*) taciturno; insocievole.

to **insolate** ['ɪnsəʊleɪt / in·sol·ate] *v.tr.* (*rar.*) soleggiare, esporre al sole.

insolation [,ɪnsəʊ'leɪʃn / in·sola·tion] *s.* insolazione (*spec. scient.*).

insole ['ɪnsəʊl / in·sole] *s.* suola interna; sottopiede.

insolence ['ɪnsələns / in·sol·ence] *s.* insolenza, impertinenza, arroganza.

insolent ['ɪnsələnt / in·sol·ent] *agg.* insolente, impertinente, arrogante // **-ly** *avv.*

insolubility [ɪn,sɒljʊ'bɪlətɪ / in·solu·bil·ity] *s.* insolubilità.

insoluble [ɪn'sɒljʊbl / in·sol·uble] *agg.* **1** insolubile, irrisolvibile: *an — problem*, un problema insolubile **2** (*chim.*) non solubile, insolubile: *it's — in water*, non è solubile in acqua, non si scioglie nell'acqua // **-bly** *avv.*

insolvable [ɪn'sɒlvəbl / in·solv·able] (*spec. amer.*) → **insoluble** 1.

insolvency [ɪn'sɒlvənsɪ / in·solv·ency] *s.* (*dir., comm.*) insolvenza, insolvibilità // (*dir. amer.*) — *proceedings*, procedura fallimentare.

insolvent [ɪn'sɒlvənt / in·solv·ent] *agg.* (*dir., comm.*) insolvente // (*dir.*) *an — inheritance*, un'eredità passiva ◆ *s.* debitore insolvente.

insomnia [ɪn'sɒmnɪə / in·som·nia] *s.* insonnia.

insomniac [ɪn'sɒmnɪæk / in·som·niac] *s.* chi soffre di insonnia ◆ *agg.* **1** insonne, che soffre di insonnia **2** che causa insonnia.

insomuch [,ɪnsəʊ'mʌtʃ / in·so·much] *avv.* (*form.*) fino al punto, tanto: — *as*, visto che: — *as she is a doctor, her information is confidential*, visto che è un medico, le sue informazioni sono riservate; — *that*, fino al punto che, tanto che.

insouciance [ɪn'suːsjəns / in·sou·ci·ance] *s.* spensieratezza; noncuranza.

insouciant [ɪn'suːsjənt / in·sou·ci·ant] *agg.* spensierato; noncurante.

to **inspan** [ɪn'spæn / in·span] *pass.p.p.* **inspanned** [ɪn'spænd / in·spanned] *v.tr.* (*non com.*) attaccare a un veicolo (buoi, cavalli ecc.).

to **inspect** [ɪn'spekt / in·spect] *v.tr.* **1** ispezionare; esaminare; verificare: *to — the (business) books*, ispezionare i libri contabili **2** (*mil.*) ispezionare; passare in rassegna **3** sorvegliare, sovraintendere (lavori) **4** (*mecc.*) collaudare; controllare ◆ *v.intr.* sottoporre a esame, a verifica.

inspection [ɪn'spekʃn / in·spec·tion] *s.* **1** ispezione; esame; verifica: *on closer* —, a un più accurato esame **2** (*mil.*) ispezione, rassegna **3** sovrintendenza; sorveglianza **4** (*mecc.*) controllo; collaudo.

inspector [ɪn'spektə* / in·spector] *s.* **1** ispettore, sovraintendente; sorvegliante: *woman* —, ispettrice // (*econ.*) — *of taxes*, agente del fisco **2** (*police*) —, ispettore di polizia **3** (*mecc.*) verificatore, collaudatore: *quality* —, addetto al controllo di qualità.

inspectoral [ɪn'spektərəl / in·spect·or·al] *agg.* (*form.*) ispettivo; relativo a ispettore, ispezione.

inspectorate [ɪn'spektərɪt / in·spect·or·ate] *s.* ispettorato.

inspectorial [,ɪnspek'tɔːrɪəl / in·spect·or·ial] → **inspectoral**.

inspectorship [ɪn'spektəʃɪp / in·spect·or·ship] *s.* ispettorato, sovraintendenza.

inspectress [ɪn'spektrɪs / in·spect·ress] *s.* (*non com.*) ispettrice.

inspirable [ɪn'spaɪərəbl / in·spir·able] *agg.*

1 respirabile **2** (*med.*) inspirabile **3** (*fig.*) ispirabile.

inspiration [,ɪnspə'reɪʃn / in·spira·tion] *s.* **1** (*med.*) inspirazione **2** (*fig.*) ispirazione, motivo ispiratore; illuminazione; idea brillante: *divine, poetic —*, ispirazione divina, poetica; *to draw, to derive, to get — from*, trarre, derivare, prendere ispirazione da; *to have a sudden —*, avere un'improvvisa illuminazione **3** (*antiq.*) aspirazione.

inspirational [,ɪnspə'reɪʃənl / in·spira·tional] *agg.* **1** ispirato; illuminato **2** ispiratore; illuminante: *Mr Jones gave an — address to the assembled workers*, Mr Jones pronunciò un discorso chiarificatore ai lavoratori riuniti.

inspirator ['ɪnspəreɪtə* / in·spir·ator] *s.* **1** chi inspira **2** (*mecc.*) aspiratore; respiratore; iniettore.

inspiratory [ɪn'spaɪərətərɪ / in·spir·at·ory] *agg.* (*med.*) inspiratorio.

to **inspire** [ɪn'spaɪə* / in·spire] *v.tr.* **1** (*fig.*) infondere; suscitare; indurre; provocare; ispirare: *to — s.o. with hope* (o *to — hope in s.o.*), ispirare, infondere speranza in qlcu.; *his example inspired me to paint*, il suo esempio mi indusse a dipingere; *he doesn't — much confidence*, non infonde una grande sicurezza **2** (*fig.*) ispirare; illuminare: *an inspiring experience*, un'esperienza illuminante **3** (*med.*) inspirare **4** (*antiq.*) aspirare ◆ *v.intr.* infondere l'ispirazione.

inspired [ɪn'spaɪəd / in·spired] *agg.* **1** (*med.*) inspirato; inalato **2** ispirato; illuminato: *an inspired poet, preacher*, un poeta, un predicatore ispirato **3** suggerito, ispirato (dall'alto, da fonte influente o di potere): *the destabilizing campaign against the government was inspired by the secret service*, la campagna destabilizzante contro il governo venne ispirata dai servizi segreti.

inspirer [ɪn'spaɪərə* / in·spirer] *s.* ispiratore.

to **inspirit** [ɪn'spɪrɪt / in·spirit] *v.tr.* (*ant.*) **1** animare; infondere l'anima **2** incoraggiare, incitare; animare: *to — s.o. to do sthg.*, incoraggiare qlcu. a fare qlco. **3** indemoniare, rendere indemoniato.

to **inspissate** [ɪn'spɪseɪt / in·spiss·ate] *v.tr.* ispessire; condensare ◆ *v.intr.* ispessirsi; condensarsi.

inspissation [,ɪnspɪ'seɪʃn / in·spissa·tion] *s.* **1** ispessimento; condensazione **2** (*med.*) ispessimento.

inst. ['ɪnstənt] *agg.* (*comm.*) (abbr. di *instant*) del corrente mese: *5th inst.*, il 5 c.m.

instability [,ɪnstə'bɪlətɪ / in·stab·il·ity] *s.* instabilità: *emotional —*, instabilità emotiva.

to **install** [ɪn'stɔ:l / in·stall] *v.tr.* **1** investire; insediare: *to — a bishop*, investire un vescovo **2** (*estens.*) sistemare; fare accomodare; installare: *he installed himself in front of the* TV *for the whole evening*, si installò davanti al televisore per tutta la sera **3** installare; impiantare, collocare: *to — new light fixtures*, installare nuove apparecchiature elettriche **4** (*inform.*) installare.

installation [,ɪnstə'leɪʃn / in·stalla·tion] *s.* **1** investitura; insediamento **2** (*tecn.*) impianto; installazione; messa in opera: *electric light —*, impianto della luce elettrica; *missile —*, installazione di missili **3** (*inform.*) installazione, impianto; sistema, configurazione, hardware: *— time*, tempo di messa in funzione.

installed base [ɪn,stɔ:ld'beɪs] *s.* (*inform.*) parco macchine.

installment plan [ɪn'stɔ:lmənt,plæn] *s.* (*amer.*) → **hire purchase**.

instalment[1] [ɪn'stɔ:lmənt / in·stal·ment] amer. **installment** *s.* **1** (*comm.*) rata; rateazione: *— buying*, acquisto a rate; *— sale*, vendita rateale, vendita con patto di riservato dominio; *— payments*, pagamenti rateali; *to pay by* (o *in*) *instalments*, pagare a rate **2** (*amer.*) acconto; parte dei soldi dovuti **3** puntata; parte; fascicolo; dispensa: *to be published in instalments*, uscire a dispense **4** (*dir.*) prestazione parziale o periodica: *— contract*, contratto a consegne ripartite.

instalment[2] *s.* (*tecn.*) impianto, installazione; messa in opera.

instance ['ɪnstəns / in·stance] *s.* **1** esempio: *for —*, per esempio **2** fatto, caso: *in the first —*, in primo luogo; *in many instances*, in molti casi; *in your —*, nel vostro caso **3** (*form.*) istanza, richiesta, sollecitazione (*anche dir.*): *the operation was carried out immediately at the — of the chief surgeon*, l'operazione venne eseguita immediatamente su richiesta del capo chirurgo; *court of the first —*, tribunale di prima istanza **4** (*ant.*) ragione: *the instance that second marriage move / are base respects of thrift*, (SH. Hamlet) le ragioni che portano a un secondo matrimonio sono bassi calcoli di economia.

to **instance** *v.tr.* **1** citare; addurre come esempio **2** esemplificare; illustrare; dimostrare ◆ *v.intr.* citare un esempio.

instancy ['ɪnstənsɪ / in·stancy] *s.* (*non com.*) **1** urgenza; insistenza; necessità urgente **2** imminenza **3** immediatezza; istantaneità.

instant ['ɪnstənt / in·stant] *agg.* **1** urgente, pressante; insistente; importuno: *the request became —*, la richiesta si fece pressante; *— need*, bisogno urgente **2** immediato, istantaneo; diretto: *the LP was an — success*, l'LP ebbe un successo immediato **3** corrente; presente (*anche comm.*) **4** imminente **5** istantaneo; solubile: *— coffee*, caffè solubile.

instant *s.* **1** istante; momento; attimo: *I left that —*, partii in quel preciso momento; *I want it done this —*, voglio che sia fatto in questo momento, immediatamente; *in an —*, in un batter d'occhio; fra un istante; *on the —*, subito; *the next —*, subito dopo // *I told you the — I knew*, te l'ho detto non appena l'ho saputo **2** (*antiq. comm.*) mese corrente.

instantaneity [ɪn,stæntə'ni:ɪtɪ / in·stant·an·eity] *s.* istantaneità.

instantaneous [,ɪnstən'teɪnjəs / in·stant·an·eous] *agg.* **1** istantaneo, immediato **2** (*fis.*) istantaneo: *— axis, centre, value*, asse, centro, valore istantaneo // **-ly** *avv.* // **-ness** *s.*

instanter [ɪn'stæntə* / in·stant·er] *avv.* (*non com.*) subito; all'istante; immediatamente.

instantly ['ɪnstəntlɪ / in·stant·ly] *avv.* **1** all'istante, immediatamente, subito; senza indugio **2** urgentemente; pressantemente ◆ *cong.* (non) appena.

to **instate** [ɪn'steɪt / in·state] *v.tr.* (*dir.*) investire, insediare.

instauration [,ɪnstɔ:'reɪʃn / in·staura·tion] *s.* **1** (*non com.*) restauro, restaurazione; rinnovamento **2** (*ant.*) instaurazione.

instead [ɪn'sted / in·stead] *avv.* invece, anzi: *this will do —*, questo servirà al posto di quello; *he didn't ask us but went to the police —*, non ci ha interpellato ma è andato invece alla polizia; *she was going to answer me but — she picked up the telephone*, stava per rispondermi e invece alzò il ricevitore del telefono // *— of*, invece di, anziché: *— of sending the goods, they've sent a letter of apology*, invece di mandare la merce, hanno mandato una lettera di scuse; *I'd like to sleep in a hotel — of a tent*, preferirei dormire in una stanza d'albergo anziché in una tenda.

instep ['ɪnstep / in·step] *s.* **1** (*anat.*) collo del piede: *foot with a high —*, piede con il collo alto **2** collo di scarpa, di calza ecc.

to **instigate** ['ɪnstɪgeɪt / in·stig·ate] *v.tr.* istigare, fomentare; incitare; spingere a: *to — workers to go on strike*, incitare i lavoratori a mettersi in sciopero; *to — to commit a crime*, istigare a commettere un reato.

instigation [,ɪnstɪ'geɪʃn / in·sti·ga·tion] *s.* **1** istigazione; fomentazione (*anche dir.*): *at, by s.o.'s —*, per istigazione di qlcu. **2** incitamento; stimolo; sprone.

instigator ['ɪnstɪgeɪtə* / in·stig·ator] *s.* istigatore (*anche dir.*), fomentatore.

to **instil(l)** [ɪn'stɪl / in·stil(l)] *pass.p.p.* **instilled** [ɪn'stɪld / in·stilled] *v.tr.* instillare; (*fig.*) infondere, inculcare: *to — an idea, a feeling into s.o.*, instillare, inculcare un'idea, un sentimento in qlcu.

instillation [,ɪnstɪ'leɪʃn / in·stilla·tion]
instilment [ɪn'stɪlmənt / in·stil·ment] *s.* instillamento, l'instillare (*anche fig.*).

instinct [ɪn'stɪŋkt / in·stinct] *agg.* **1** (*non com.*) imbevuto; pieno **2** (*ant.*) innato.

instinct ['ɪnstɪŋkt] *s.* istinto; impulso; capacità istintiva: *business —*, propensione per gli affari; *maternal —*, istinto materno; *an — for (doing) sthg.*, un istinto per (fare) qlco.; *by* (o *from*) *—*, per istinto; *to act on —*, agire per puro istinto; *to follow one's —*, seguire il proprio istinto; *my first — was to laugh*, il mio primo impulso fu di mettermi a ridere.

instinctive [ɪn'stɪŋktɪv / in·stinc·tive] *agg.* **1** istintivo; impulsivo; spontaneo **2** istintivo, istintuale // **-ly** *avv.*

institute ['ɪnstɪtju:t *amer.* 'ɪnstɪtu:t / in·sti·tute] *agg.* (*ant.*) educato, istruito (secondo determinati principi): *They have but few laws. For to people so instruct and institute very few do suffice*, (T. MORE) Essi hanno poche leggi. A persone così istruite ed educate ne bastano pochissime.

institute *s.* **1** istituto (culturale, scientifico, sociale ecc.); ente: *banking, research, technical —*, istituto bancario, di ricerche, tecnico **2** *pl.* (*dir.*) istituzione, regola // *the Institutes of Justinian*, le Istituzioni di Giustiniano **3** (*amer.*) corso di specializzazione.

to **institute** *v.tr.* **1** istituire, stabilire (una legge, una regola) **2** fondare, costituire (una società) **3** iniziare, dare il via a: *to — a search*, dare il via a una ricerca **4** (*dir.*) istituire, intentare: *to — (legal) proceedings* (o *an action*) *against s.o.*, intentare un processo contro qlcu. **5** (*dir.*) nominare; investire: *to — s.o. heir*, nominare qlcu. erede; (*eccl.*) *to — s.o. to a benefice*, investire qlcu. di un beneficio **6** (*ant.*) educare, istruire.

institution [,ɪnstɪ'tju:ʃn *amer.* ,ɪnstɪ'tu:ʃn /

in·sti·tu·tion] *s.* **1** istituzione, ente, associazione: *charitable* —, istituto di beneficenza // (*econ.*): *private non-profit* —, istituzione senza scopo di lucro; *thrift* —, (*amer.*) cassa di risparmio **2** istituzione (*anche scherz.*); uso, consuetudine, usanza: *the — of marriage*, l'istituzione del matrimonio; *La Scala Theatre is a national* —, il Teatro alla Scala è una istituzione nazionale; *after thirty years as librarian Mr Jenkins has become something of an — here*, (*scherz.*) dopo trent'anni di servizio come bibliotecario Mr Jenkins è diventato una sorta d'istituzione qui **3** istituzione, creazione (di uno Stato, di una banca) **4** riformatorio, manicomio **5** (*eccl.*) nomina.

institutional [,ɪnstɪ'tju:ʃənl *amer.* ,ɪnstɪ'tu:ʃənl / in·sti·tu·tional] *agg.* istituzionale // (*econ.*): — *economics*, teoria economica istituzionalista; — *investors*, investitori istituzionali.

institutionalism [,ɪnstɪ'tju:ʃənəlɪzm *amer.* ,ɪnstɪ'tu:ʃənəlɪzm / in·sti·tu·tion·al·ism] *s.* (*econ.*) istituzionalismo, teoria economica istituzionalista.

institutionalist [,ɪnstɪ'tju:ʃənəlɪst *amer.* ,ɪnstɪ'tu:ʃənəlɪst / in·sti·tu·tion·al·ist] *s.* (*econ.*) istituzionalista.

to **institutionalize** [,ɪnstɪ'tju:ʃənəlaɪz *amer.* ,ɪnstɪ'tu:ʃənəlaɪz / in·sti·tu·tion·al·ize] *v.tr.* **1** istituzionalizzare, trasformare in istituzione **2** trattare, considerare come una istituzione **3** abituare (prigionieri, malati di mente ecc.) a vivere secondo le norme imposte da un istituto (di pena, cura ecc.).

institutionalized [,ɪnstɪ'tju:ʃənəlaɪzd *amer.* ,ɪnstɪ'tu:ʃənəlaɪzd / in·sti·tu·tion·al·ized] *agg.* **1** istituzionalizzato **2** abituato a vivere in un istituto.

institutive ['ɪnstɪ,tju:tɪv *amer.* 'ɪnstɪ,tu:tɪv / in·sti·tu·tive] *agg.* **1** istitutivo **2** istituito dalla legge.

institutor ['ɪnstɪ,tju:tə* *amer.* 'ɪnstɪ,tu:tə* / in·sti·tu·tor] *s.* istitutore; fondatore; organizzatore.

to **instruct** [ɪn'strʌkt / in·struct] *v.tr.* **1** istruire; insegnare: *to — s.o. in sthg.*, istruire qlcu. in qlco. // (*dir.*): *to — a solicitor*, dare istruzioni a un avvocato; *the judge instructs the jury*, il giudice (al termine del dibattimento) dà le istruzioni alla giuria **2** (*form.*) informare: *to — s.o. that*, informare qlcu. che **3** (IV) incaricare; dare ordini a: *to — s.o. to do sthg.*, dare ordini a qlcu. di far qlco.

instruction [ɪn'strʌkʃn / in·struc·tion] *s.* **1** insegnamento: — *is given by an expert*, l'insegnamento è impartito da uno specialista; *he took ten hours' — in skiing*, ha preso dieci ore di lezioni di sci **2** (*spec. pl.*) istruzioni, disposizioni; ordini; (*mil.*) consegne: *manufacturer's instructions*, istruzioni per l'uso; — *book*, libro delle istruzioni; *to wait for instructions*, attendere istruzioni, ordini; (*dir.*) *jury instructions*, istruzioni alla giuria; *I got lost because he gave me the wrong instructions*, mi sono perso perché mi ha dato delle indicazioni sbagliate **3** (*inform.*) istruzione.

instructional [ɪn'strʌkʃənl / in·struc·tional] *agg.* educativo.

instructive [ɪn'strʌktɪv / in·struc·tive] *agg.* istruttivo // **-ly** *avv.*

instructor [ɪn'strʌktə* / in·structor] *s.* **1** istruttore; maestro; precettore; (*mil.*) istruttore: *driving* —, istruttore di guida; *skiing* —, maestro di sci; *sergeant* —, sergente istruttore **2** (*amer.*) assistente universitario.

instructress [ɪn'strʌktrɪs / in·struct·ress] *s.* forma femminile di **instructor**.

instrument ['ɪnstrʊmənt / in·stru·ment] *s.* **1** (*mecc.*) strumento; apparecchio; meccanismo: *surgical* —, strumento chirurgico // — *landing*, atterraggio guidato, strumentale // (*aut.*, *aer.*) — *panel*, pannello degli strumenti, cruscotto **2** (*mus.*) strumento: *string* —, strumento a corde; *wind* —, strumento a fiato **3** (*fig.*) agente, mezzo **4** (*comm.*) titolo, strumento: *credit* —, titolo di credito; *negotiable* —, titolo negoziabile, trasferibile **5** (*dir.*) atto giuridico; documento ufficiale: — *of transfer*, atto di cessione.

to **instrument** *v.tr.* **1** (*mus.*) strumentare, orchestrare (un'opera ecc.) **2** fornire, provvedere di strumenti **3** (*dir.*) redigere (un atto, un documento ufficiale).

instrumental [,ɪnstrʊ'mentl / in·stru·mental] *agg.* **1** attivo; utile: *to be — in doing sthg.*, dare un forte contributo nel fare qlco.; *the Marshall Aid Plan was — in the recovery of Europe after the war*, il Piano Marshall contribuì validamente alla ripresa dell'Europa al termine della guerra **2** (*mus.*) strumentale: — *music*, musica strumentale **3** strumentale: — *goods*, beni strumentali **4** (*gramm.*) strumentale: *the — case*, il caso strumentale ◆ *s.* (*gramm.*) caso strumentale // **-ly** *avv.*

instrumentalism [,ɪnstrʊ'mentəlɪzm / in·stru·ment·al·ism] *s.* (*fil.*) strumentalismo.

instrumentalist [,ɪnstrʊ'mentəlɪst / in·stru·ment·al·ist] *s.* **1** (*mus.*) strumentista; concertista **2** (*fil.*) seguace dello strumentalismo.

instrumentality [,ɪnstrumen'tælɪtɪ / in·stru·ment·al·ity] *s.* (*form.*) mezzo; aiuto (per riuscire in un intento): *to obtain sthg. through the — of s.o.*, ottenere qlco. con l'aiuto, per opera di qlcu. // (*pol. amer.*) *government* —, organismo statale.

instrumentation [,ɪnstrʊmen'teɪʃn / in·stru·menta·tion] *s.* **1** (*mus.*) strumentazione; orchestrazione **2** uso di strumenti scientifici, chirurgici **3** strumentazione (di una macchina) **4** mezzo; aiuto.

instrumentware ['ɪnstrʊmənt,weə* / in·stru·ment·ware] *s.* [U] (*inform.*) software di diagnosi per hardware.

insubordinate [,ɪnsə'bɔ:dnət / in·sub·or·din·ate] *agg.* insubordinato; indisciplinato ◆ *s.* insubordinato.

insubordination [,ɪnsə,bɔ:dɪ'neɪʃn / in·sub·or·dina·tion] *s.* insubordinazione; indisciplinatezza.

insubstantial [,ɪnsəb'stænʃl / in·sub·stan·tial] *agg.* **1** incorporeo; inconsistente; infondato; irreale **2** inconsistente, debole, privo di contenuto: — *evidence*, prova inconsistente; — *meal*, pranzo poco sostanzioso.

insufferable [ɪn'sʌfərəbl / in·suf·fer·able] *agg.* insopportabile // **-bly** *avv.*

insufficience [,ɪnsə'fɪʃns / in·suf·fi·cience] *s.* insufficienza, inadeguatezza // (*dir.*) — *of evidence*, insufficienza di prove.

insufficiency [,ɪnsə'fɪʃnsɪ / in·suf·fi·ciency] *s.* insufficienza (*anche med.*): *cardiac*, *muscular*, *renal* —, insufficienza cardiaca, muscolare, renale.

insufficient [,ɪnsə'fɪʃnt / in·suf·fi·cient] *agg.* insufficiente, inadeguato // **-ly** *avv.*

to **insufflate** ['ɪnsʌfleɪt / in·suf·flate] *v.tr.* **1** (*rar.*) insufflare **2** (*med.*) inalare; fare inalazioni di.

insufflation [,ɪnsʌ'fleɪʃn / in·suf·fla·tion] *s.* **1** (*rar.*) insufflazione **2** (*med.*) insufflazione; inalazione: *tubal* —, insufflazione tubarica.

insufflator [,ɪnsʌ'fleɪtə* / in·suf·flator] *s.* **1** (*rar.*) apparecchio soffiatore **2** (*med.*) inalatore.

insular ['ɪnsjʊlə* *amer.* 'ɪnsələ* / in·sular] *agg.* **1** insulare; isolano: — *climate*, clima insulare **2** (*fig.*) di mentalità ristretta; pieno di pregiudizi **3** (*biol.*) insulare, formato da gruppi di cellule.

insularism ['ɪnsjʊlərɪzəm / in·su·lar·ism]
insularity [,ɪnsjʊ'lærətɪ *amer.* ,ɪnsə'lærətɪ / in·su·lar·ity] *s.* **1** insularità **2** (*fig.*) ristrettezza mentale.

insularly ['ɪnsjʊləlɪ *amer.* 'ɪnsələlɪ / in·sular·ly] *avv.* **1** secondo le abitudini, la mentalità degli isolani **2** con ristrettezza di vedute.

to **insulate** ['ɪnsjʊleɪt *amer.* 'ɪnsəleɪt / in·su·late] *v.tr.* **1** isolare, separare: *wealth insulates people from the realities of life*, la ricchezza isola la gente dalla realtà della vita **2** (*elettr.*) isolare **3** trasformare (una terra) in isola **4** (*econ.*) sterilizzare.

insulating ['ɪnsjʊleɪtɪŋ *amer.* 'ɪnsəleɪtɪŋ / in·su·lat·ing] *agg.* **1** isolante **2** (*tecn.*) coibente, isolante (acustico, elettrico, termico): — *tape*, nastro isolante; — *board*, pannello isolante; — *foam*, schiuma coibente; — *barrier*, barriera, parete isolante; — *material*, materiale isolante // (*elettr.*) — *strength*, rigidità dielettrica.

insulation [,ɪnsjʊ'leɪʃn *amer.* ,ɪnsə'leɪʃn / in·su·la·tion] *s.* **1** isolamento **2** (*tecn.*) (materiale) isolante; isolamento: — *board*, pannello isolante; *heat*—, isolamento termico; *home* —, isolamento della casa **3** (*econ.*) sterilizzazione.

insulator ['ɪnsjʊleɪtə* *amer.* 'ɪnsəleɪtə* / in·su·lator] *s.* **1** (*elettr.*) isolatore: *high-tension* —, isolatore per alta tensione; *telephone type* —, isolatore per linee telefoniche **2** (*tecn.*) isolante (acustico, elettrico, termico).

insulin ['ɪnsjʊlɪn *amer.* 'ɪnsəlɪn / in·su·lin] *s.* (*biochim.*) insulina // (*med.*) — *shock*, shock insulinico.

insulinoid ['ɪnsjʊlɪnɔɪd *amer.* 'ɪnsəlɪnɔɪd / in·su·lin·oid] *agg.* (*biochim.*) insulinico.

insult ['ɪnsʌlt / in·sult] *s.* **1** insulto, offesa, ingiuria **2** (*med.*) insulto.

to **insult** [ɪn'sʌlt] *v.tr.* insultare, offendere, ingiuriare, oltraggiare // **-er** *s.*

insulting [ɪn'sʌltɪŋ / in·sult·ing] *agg.* insultante, offensivo, ingiurioso, oltraggioso // **-ly** *avv.*

insuperability [ɪn,sju:pərə'bɪlətɪ *amer.* ɪn,su:pərə'bɪlətɪ / in·su·per·ab·il·ity] *s.* insuperabilità.

insuperable [ɪn'sju:pərəbl *amer.* ɪn'su:pərəbl / in·su·per·able] *agg.* insuperabile, insormontabile // **-bly** *avv.*

insupportable [,ɪnsə'pɔ:təbl / in·sup·port·able] *agg.* insopportabile // **-ness** *s.* // **-bly** *avv.*

insuppressible [,ɪnsə'presəbl / in·sup·press·ible] *agg.* insopprimibile // **-bly** *avv.*

insurable [ɪn'ʃʊərəbl / in·sur·able] *agg.* assicurabile: — *risk*, *value*, rischio, valore assicurabile.

insurance [ɪn'ʃʊərəns / in·sur·ance] *s.* **1** assicurazione: *life* —, assicurazione sulla vita; *non-life* —, assicurazione del ramo 'danni'; *third party* —, assicurazione di responsabilità civile; — *agent*, agente di assicurazione; — *company*, compagnia di assicurazione; — *policy*, polizza di assicurazione; — *premium*, premio di assicurazione // — *scheme*, piano assicurativo; *social* —, assicurazioni sociali (*pl.*); *unemployment* —, assicurazione contro la disoccupazione // *national* —, previdenza sociale; *national* — *body corporates*, enti previdenziali; *national* — *contributions*, contributi previdenziali **2** protezione, sicurezza.

insurant [ɪn'ʃʊərənt / in·sur·ant] *s.* assicurato.

to **insure** [ɪn'ʃʊə* / in·sure] *v.tr.* **1** assicurare: *to* — *sthg. against fire etc.*, assicurare qlco. contro gli incendi ecc. **2** garantire, assicurare (p.e. il buon esito di un progetto): *our investment programme will* — *future success*, il nostro programma d'investimenti garantirà un futuro successo.

insured [ɪn'ʃʊəd / in·sured] *agg.* assicurato: — *mortgage*, ipoteca garantita da assicurazione ♦ *s.* (*econ.*) assicurato.

insurer [ɪn'ʃʊərə* / in·surer] *s.* (*comm.*, *dir.*) assicuratore, persona, ditta che assicura.

insurgence [ɪn'sɜːdʒəns / in·sur·gence] **insurgency** [ɪn'sɜːdʒənsɪ / in·sur·gency] *s.* insurrezione; rivolta.

insurgent [ɪn'sɜːdʒənt / in·sur·gent] *agg.* e *s.* rivoltoso, rivoluzionario.

insurmountability [,ɪnsə,maʊntə'bɪlətɪ / in·sur·mount·ab·il·ity] *s.* insormontabilità.

insurmountable [,ɪnsə'maʊntəbl / in·sur·mount·able] *agg.* insuperabile, insormontabile // **-bly** *avv.*

insurrection [,ɪnsə'rekʃn / in·sur·rec·tion] *s.* insurrezione, rivolta: *to rise in* —, insorgere.

insurrectional [,ɪnsə'rekʃənl / in·sur·rec·tional] **insurrectionary** [,ɪnsə'rekʃnərɪ / in·sur·rec·tion·ary] *agg.* insurrezionale.

insurrectionist [,ɪnsə'rekʃnɪst / in·sur·rec·tion·ist] *s.* insorto, ribelle, rivoltoso.

insusceptibility [,ɪnsə,septə'bɪlətɪ / in·sus·cept·ib·il·ity] *s.* mancanza di suscettibilità.

insusceptible [,ɪnsə'septəbl / in·sus·cept·ible] *agg.* non suscettibile; insensibile, refrattario (*to*, a).

to **inswathe** [ɪn'sweɪð / in·swathe] *v.tr.* (*non com.*) bendare, fasciare.

intact [ɪn'tækt / in·tact] *agg.* intatto, immutato; intero, integro: *his opinion remained* —, il suo parere è rimasto immutato.

intactness [ɪn'tæktnɪs / in·tact·ness] *s.* integrità.

intaglio [ɪn'tɑːlɪəʊ / in·taglio] *pl.* **intaglios** *s.* intaglio; incisione.

intake ['ɪnteɪk / in·take] *s.* **1** presa (idraulica ecc.); immissione, entrata; aspirazione (di motore, pompa ecc.) // — *valve*, valvola di aspirazione **2** quantità immessa: *daily food* —, quantità, razione di cibo giornaliera **3** nuovo personale; reclute (*pl.*); nuovi allievi (*pl.*); *the managing director addressed the new* —, il consigliere delegato si rivolse ai nuovi assunti **4** (*miner.*) pozzo d'aerazione **5** (*mecc.*) energia assorbita **6** strozzatura (di tubo ecc.).

intangibility [ɪn,tændʒə'bɪlətɪ / in·tan·gib·il·ity] *s.* intangibilità; (*fig.*) indefinibilità.

intangible [ɪn'tændʒəbl / in·tan·gible] *agg.* **1** intangibile; (*fig.*) indefinibile **2** (*dir.*, *econ.*) immateriale: — *assets*, beni, attività immateriali; — *property*, proprietà di beni immateriali (marchi, brevetti ecc.) // **-bly** *avv.*

intangibles [ɪn'tændʒəblz / in·tan·gibles] *s.pl.* (*econ.*) beni immateriali.

intarsia [ɪn'tɑːsɪə / in·tar·sia] *s.* intarsio.

integer ['ɪntɪdʒə* / in·te·ger] *s.* **1** (*mat.*) numero intero **2** tutto, insieme, cosa completa in se stessa.

integrability [,ɪntəgrə'bɪlətɪ / in·teg·rab·il·ity] *s.* (*mat.*) integrabilità.

integrable ['ɪntəgrəbl / in·teg·rable] *agg.* (*mat.*) integrabile: — *function*, funzione integrale.

integral ['ɪntɪgrəl / in·teg·ral] *agg.* **1** integrale, completo, intero: (*mat.*) — *calculus*, calcolo integrale **2** integrante: *the buses are an* — *part of the transport system*, gli autobus sono parte integrante del sistema di trasporti **3** (*metall.*) massiccio, in un solo pezzo ♦ *s.* (*mat.*) integrale: — *definite*, integrale definito.

integrality [,ɪntɪ'grælətɪ / in·teg·ral·ity] *s.* integralità.

integrally ['ɪntɪgrəlɪ / in·teg·rally] *avv.* integralmente.

integrate ['ɪntɪgrɪt / in·teg·rate] *agg.* **1** integrale, intero **2** → integrated.

to **integrate** ['ɪntɪgreɪt] *v.tr.* **1** unire, unificare; incorporare: *they intend to* — *production methods*, hanno intenzione di unificare i metodi di produzione **2** integrare, inserire in un ambiente ecc.: *to* — *the handicapped into society*, integrare gli handicappati nella società **3** abolire la discriminazione razziale in: *to* — *transport*, *in a school*, abolire la discriminazione razziale sui mezzi di trasporto, in una scuola **4** (*mat.*) integrare **5** (*econ.*) integrare ♦ *v.intr.* integrarsi: *to* — *into* (o *with*) *a group*, integrarsi in un gruppo; *immigrants have difficulty integrating*, gli emigranti hanno difficoltà a integrarsi.

integrated ['ɪntɪgreɪtɪd / in·teg·rated] *agg.* integrato: — *ethnic minorities*, minoranze etniche integrate // *an* — *personality*, una personalità equilibrata // (*elettr.*) — *circuit*, circuito integrato.

integration [,ɪntɪ'greɪʃn / in·teg·ra·tion] *s.* integrazione: *racial* —, integrazione razziale // (*mat.*): — *limits*, limiti d'integrazione; — *by parts*, *by substitution*, integrazione per parti, per sostituzione // (*econ.*) *vertical*, *horizontal*, *backward*, *forward* —, integrazione verticale, orizzontale, a monte, a valle.

integrationist [,ɪntɪ'greɪʃənɪst / in·teg·ra·tion·ist] *agg.* e *s.* integrazionista.

integrative ['ɪntɪgreɪtɪv / in·teg·rat·ive] *agg.* integrativo.

integrator ['ɪntɪgreɪtə* / in·teg·rator] *s.* integratore.

integrity [ɪn'tegrɪtɪ / in·teg·rity] *s.* **1** integrità; probità **2** (*form.*) completezza, totalità: *we should look at the problem in it's* —, dovremmo guardare al problema nella sua totalità.

integument [ɪn'tegjʊmənt / in·tegu·ment] *s.* **1** (*anat.*) tegumento **2** (*bot.*) tegumento, tegmine.

integumentary [ɪn,tegjʊ'mentərɪ / in·tegu·ment·ary] *agg.* (*anat.*, *bot.*) tegumentario: — *pattern*, disegno del tegumento; — *system*, sistema tegumentario.

intellect ['ɪntɪlekt / in·tel·lect] *s.* **1** intelletto; intelligenza: — *distinguishes man from the animals*, l'intelletto distingue l'uomo dagli animali **2** persona di grande intelletto: *the intellect(s) of the age*, le migliori menti dell'epoca.

intellection [,ɪntə'lekʃn / in·tel·lec·tion] *s.* **1** attività dell'intelletto **2** idea, pensiero **3** (*fil.*) intellezione.

intellective [,ɪntə'lektɪv / in·tel·lect·ive] *agg.* intellettivo.

intellectual [,ɪntɪ'lektjʊəl / in·tel·lec·tual] *agg.* intellettuale // (*dir.*) — *property*, proprietà intellettuale, delle opere dell'ingegno ♦ *s.* intellettuale // **-ly** *avv.*

intellectualism [,ɪntə'lektjʊəlɪzəm / in·tel·lec·tu·al·ism] *s.* **1** intellettualismo **2** (*fil.*) razionalismo.

intellectualist [,ɪntə'lektjʊəlɪst / in·tel·lec·tu·al·ist] *s.* **1** intellettualista **2** (*fil.*) razionalista.

intellectuality [,ɪntə,lektjʊ'ælətɪ / in·tel·lec·tu·al·ity] *s.* intellettualità.

to **intellectualize** [,ɪntə'lektjʊəlaɪz / in·tel·lec·tu·al·ize] *v.tr.* intellettualizzare ♦ *v.intr.* riflettere, ragionare.

intelligence [ɪn'telɪdʒəns / in·tel·li·gence] *s.* U **1** intelligenza; sagacia; perspicacia: *a boy who shows very little* —, un ragazzo che mostra poca intelligenza; *person of good* —, persona dalla mente sagace // — *quotient*, quoziente d'intelligenza // — *test*, test di intelligenza **2** essere intelligente; persona intelligente **3** intesa; comprensione: *a glance of* —, uno sguardo d'intesa **4** informazioni (*pl.*); notizie (*pl.*): — *report*, bollettino informativo; *to give*, *to receive* — *of sthg.*, dare, ricevere notizie di qlco.; *I am excessively alarmed at the intelligence you send me*, (SHERIDAN) sono eccessivamente preoccupato per le notizie che mi inviate // (*mil. mar.*) *Intelligence Department*, Ufficio Informazioni **5** *Intelligence* (*Service*), servizio segreto britannico di informazioni.

to **intelligence** *v.tr.* e *intr.* (*ant.*) informare; spiare: *Hence with her, out o'door: / a most intelligencing bawd!*, (SH. The Winter's Tale) Via di qua, fuori dalla porta, mezzana spiona!

intelligencer [ɪn'telɪdʒənsə* / in·tel·li·gencer] *s.* (*ant.*) informatore; spia; agente segreto: *Richard yet lives, hell'd black intelligencer*, (SH. Richard III) Riccardo pur vive, il nero agente infernale.

intelligent [ɪn'telɪdʒənt / in·tel·li·gent] *agg.* **1** intelligente; perspicace; razionale: (*inform.*) — *agent*, agente intelligente **2** (*rar.*) informato; consapevole // **-ly** *avv.*

intelligential [ɪn,telɪ'dʒenʃl / in·tel·li·gent·ial] *agg.* (*rar.*) **1** relativo all'intelligenza **2** che informa.

intelligentsia [ɪn,telɪ'dʒentsɪə / in·tel·li·gent·sia] *s.* intellighenzia, classe colta (di una nazione).

intelligibility [ɪn,telɪdʒə'bɪlətɪ / in·tel·li·gib·il·ity] *s.* intelligibilità; comprensibilità; chiarezza.

intelligible [ɪn'telɪdʒəbl / in·tel·li·gible] *agg.* intelligibile; comprensibile; chiaro // **-bly** *avv.*

intelligibleness [ɪn'telɪdʒəblnɪs / in·tel·li·gible·ness] → **intelligibility**.

intemperance [ɪn'tempərəns / in·tem·per·ance] *s.* **1** intemperanza; smoderatezza, eccesso, abuso **2** (*antiq.*) alcoolismo **3** (*non com.*) inclemenza (del tempo, della stagione ecc.).

intemperate [ɪn'tempərɪt / in·tem·per·ate] *agg.* **1** (*form.*) smoderato, sfrenato, violento **2** (*form.*) dedito al bere **3** rigido (di clima).

intemperately [ɪn'tempərətlɪ / in·tem·per·ate·ly] *avv.* smoderatamente.

intemperateness [ɪn'tempərətnɪs / in·tem·per·ate·ness] *s.* intemperanza, smoderatezza.

to **intend** [ɪn'tend / in·tend] *v.tr.* **1** (II, IV) intendere, aver l'intenzione di, prefiggersi, aver per scopo, proporsi: *I didn't — any criticism*, non intendevo sollevare alcuna critica; *to — to do* (o *doing*) *a thing*, proporsi di fare una cosa; *the letter was intended as a joke*, la lettera voleva essere uno scherzo **2** voler dire, significare: *what do you — by these words?*, che cosa intendi dire con queste parole? **3** destinare, designare: *we — our son for the army*, vogliamo che nostro figlio entri nell'esercito; *these chairs are not intended for sale*, queste sedie non sono in vendita; *I intended the present for your wife*, ho destinato il regalo a sua moglie; *the bullet was intended for me!*, la pallottola era destinata a me! **4** (*dir.*) presumere **5** (*ant.*) tendere, volgere: *they — their thoughts homeward*, i loro pensieri volgono verso casa.

intendancy [ɪn'tendənsɪ / in·tend·ancy] *s.* intendenza; sovraintendenza.

intendant [ɪn'tendənt / in·tend·ant] *s.* intendente; sovraintendente.

intended [ɪn'tendɪd / in·ten·ded] *agg.* **1** progettato; desiderato **2** premeditato; deliberato **3** destinato; designato: *bring them to see this the very night before the intended wedding*, (SH. Much Ado About Nothing) portateli ad assistere a questo [spettacolo] la notte precedente il designato matrimonio ◆ *s.* (*antiq.*) fidanzato, fidanzata; promesso sposo, promessa sposa.

intendedly [ɪn'tendɪdlɪ / in·ten·ded·ly] *avv.* (*non com.*) deliberatamente.

intendment [ɪn'tendmənt / in·tend·ment] *s.* **1** (*dir.*) significato esatto quale è stato fissato dalla legge; presunzione: *— of law*, presunzione di legge **2** (*non com.*) intenzione, proposito **3** (*ant.*) attacco: *but fear the main intendment of the Scot*, (SH. Henry V) ma temiamo un attacco in forze degli scozzesi.

intenible [ɪn'tenəbl / in·ten·ible] *agg.* (*ant.*) incapace di tenere, di contenere: *yet, in this captious and intenible sieve / I still pour in the waters of my love*, (SH. All's Well) in questo crivello ingannatore che perde acqua per ogni foro io continuo a versare le lacrime del mio amore.

intense [ɪn'tens / in·tense] *agg.* **1** intenso; profondo: *— pain*, dolore acuto; *— cold*, freddo intenso **2** ardente; veemente: *— discussion*, discussione animata; *— passion*, ardente passione **3** appassionato; impegnato; coinvolto; che prende se stesso o le cose troppo seriamente: *he is too —*, prende tutto troppo seriamente; *to get — about it*, se la prende troppo a cuore // **-ly** *avv.* // **-ness** *s.*

intensification [ɪn,tensɪfɪ'keɪʃn / in·tensi·fica·tion] *s.* intensificazione.

intensifier [ɪn'tensɪfaɪə* / in·tensi·fier] *s.* **1** (*gramm.*) (elemento) rafforzativo **2** (*fot.*) intensificatore.

to **intensify** [ɪn'tensɪfaɪ / in·tens·ify] *v.tr.* **1** intensificare; rafforzare **2** (*fot.*) rinforzare ◆ *v.intr.* intensificarsi; rafforzarsi.

intension [ɪn'tenʃn / in·ten·sion] *s.* (*non com.*) **1** intensificazione **2** intensità **3** determinazione; risolutezza **4** (*fil.*) connotazione.

intensity [ɪn'tensətɪ / in·tens·ity] *s.* **1** intensità; forza, veemenza; vigore // (*fis.*): *magnetic field —*, intensità di campo magnetico; *— modulation*, modulazione di intensità; *— of illumination*, *of magnetization*, intensità di illuminazione, di magnetizzazione **2** (*fot.*) forza, intensità.

intensive [ɪn'tensɪv / in·tens·ive] *agg.* **1** intenso; intensivo; concentrato: *— farming*, coltivazione intensiva // (*med.*) *— care*, terapia intensiva; *— care unit*, reparto di rianimazione, di terapia intensiva **2** (*gramm.*) intensivo, enfatico ◆ *s.* (*gramm.*) (elemento) intensivo // **-ly** *avv.* // **-ness** *s.*

intent [ɪn'tent / in·tent] *agg.* **1** intento, dedito: *to be — on sthg.*, essere tutto intento a qlco. **2** deciso: *to be — on doing sthg.*, essere deciso a fare qlco. **3** intenso, fisso: *— gaze*, sguardo intenso, profondo ◆ *s.* **1** intenzione, scopo, proposito: *to do sthg. with —*, fare qlco. con un determinato scopo; *to shoot with — to kill*, sparare col deliberato scopo di uccidere // *to all intents and purposes*, virtualmente; effettivamente; a tutti i riguardi **2** (*dir.*) dolo, intento, coscienza e volontà del fatto illecito: *general —*, dolo generico; *specific —*, dolo specifico **3** (*econ.*) intenzione: *letter of intents*, lettera d'intenti.

intention [ɪn'tenʃn / in·ten·tion] *s.* **1** intenzione, scopo, mira, disegno: *— of*, intenzione di: *I have no — of going*, non ho nessuna intenzione di andare; *what are his intentions?*, che intenzioni ha?; *to court a woman with honorable intentions*, (*antiq.*) fare la corte ad una donna con intenzioni serie // *the road to hell is paved with good intentions*, (*prov.*) la strada per l'inferno è pavimentata di buone intenzioni **2** (*fil.*) 'intentio', intenzione, atto di conoscenza o contenuto di un atto di conoscenza: *first*, *second —*, prima, seconda intenzione **3** (*eccl.*) intenzione (per cui si celebra la Messa) **4** (*med.*) guarigione, rimarginazione spontanea (di ferita).

intentional [ɪn'tenʃənl / in·ten·tional] *agg.* intenzionale (*anche fil.*); premeditato; volontario: *— homicide*, omicidio volontario // **-ly** *avv.*

intentionality [ɪn,tenʃən'ælətɪ / in·ten·tion·al·ity] *s.* intenzionalità (*anche fil.*).

intentioned [ɪn'tenʃnd / in·ten·tioned] *agg.* intenzionato.

intentively [ɪn'tentɪvlɪ / in·tent·ive·ly] *avv.* (*ant.*) attentamente: *my pilgrimage... / whereof by parcels she had something heard, / but not intentively*, (SH. Othello) le mie peregrinazioni che ella aveva udito a frammenti e nemmeno con molta attenzione ...

intently [ɪn'tentlɪ / in·tent·ly] *avv.* intensamente.

intentness [ɪn'tentnɪs / in·tent·ness] *s.* intensità; applicazione.

inter- ['ɪntə*] *pref.* di origine latina che indica 'reciprocità, relazione all'interno di un gruppo'; it. inter-: *interministerial*, interministeriale; *interchange*, interscambio.

to **inter** [ɪn'tɜ:* / in·ter] *pass.p.p.* **interred** [ɪn'tɜ:d / in·terred] *v.tr.* (*form.*) seppellire, sotterrare.

to **interact** [,ɪntər'ækt / in·ter·act] *v.intr.* esercitare un'azione reciproca, interagire.

interaction [,ɪntər'ækʃn / in·ter·ac·tion] *s.* azione reciproca, interazione: (*fis.*) *weak —*, interazione debole.

interactive [,ɪntər'æktɪv / in·ter·act·ive] *agg.* interattivo; interagente: (*inform.*) *— computer*, computer, elaboratore interattivo.

interactivity [,ɪntər'æktɪvɪtɪ / in·ter·ac·tiv·ity] *s.* (*inform.*) interattività.

interbank ['ɪntə,bæŋk / in·ter·bank] *agg.* interbancario.

interbedded [,ɪntə'bedɪd / in·ter·bed·ded] *agg.* (*geol.*) interstratificato.

to **interblend** [,ɪntə'blend / in·ter·blend] *v.tr.* mescolare; fondere ◆ *v.intr.* mescolarsi; fondersi.

to **interbreed** [,ɪntə'bri:d / in·ter·breed] *pass.p.p.* **interbred** [,ɪntə'bred / in·ter·bred] *v.tr.* ibridare, incrociare (animali, piante) ◆ *v.intr.* **1** allevare ibridi, fare incroci **2** incrociarsi, generare ibridi.

interbreeding [,ɪntə'bri:dɪŋ / in·ter·breed·ing] *s.* ibridazione.

intercalary [ɪn'tɜ:kələrɪ *amer.* ɪn'tɜ:kələrɪ / in·ter·cal·ary] *agg.* **1** intercalato **2** interpolato **3** (*bot.*) intercalare.

to **intercalate** [ɪn'tɜ:kəleɪt / in·ter·cal·ate] *v.tr.* **1** intercalare **2** interpolare.

intercalated [ɪn'tɜ:kəleɪtɪd / in·ter·cal·ated] *agg.* **1** intercalare, che si intercala: *— day*, *month*, giorno, mese intercalare **2** intercalato **3** (*anat.*) intercalare, intercalato.

intercalation [ɪn,tɜ:kə'leɪʃn / in·ter·cala·tion] *s.* **1** l'intercalare **2** l'interpolare.

to **intercede** [,ɪntə'si:d / in·ter·cede] *v.intr.* intercedere: *I will try to — for you with the minister*, cercherò di intercedere per voi presso il ministro.

interceder [,ɪntə'si:də* / in·ter·ceder] *s.* intercessore; intermediario.

intercellular [,ɪntə'seljulə* / in·ter·cel·lu·lar] *agg.* (*biol.*) intercellulare.

intercept ['ɪntəsept / in·ter·cept] *s.* **1** intercettamento **2** messaggio intercettato **3** (*mat.*) intercetta.

to **intercept** [,ɪntə'sept] *v.tr.* intercettare; arrestare, fermare: *to — a phone call*, intercettare una telefonata; *the plane was intercepted by our fighters*, l'aereo è stato intercettato dai nostri caccia; *to — s.o.'s retreat*, tagliare la ritirata a qlcu.

intercepter → **interceptor**.

interception [,ɪntə'sepʃn / in·ter·cep·tion] *s.* intercettamento, intercettazione; interruzione.

interceptive [,ɪntə'septɪv / in·ter·cept·ive] *agg.* intercettivo, intercettore.

interceptor [,ɪntə'septə* / in·ter·ceptor] *s.* **1** intercettatore **2** (*aer.*) (caccia) intercettore.

intercession [,ɪntə'seʃn / in·ter·ces·sion] *s.* intercessione.

intercessional [,ɪntə'seʃənl / in·ter·ces·sion·al] *agg.* di intercessione.

intercessor [,ɪntə'sesə* / in·ter·cessor] → **interceder**.

intercessorial [,ɪntəse'sɔ:rɪəl / in·ter·cess·or·ial] *agg.* intercedente.

interchange [,ɪntə'tʃeɪndʒ / in·ter·change] *s.* **1** scambio; baratto **2** avvicendamento **3** svincolo (autostradale).

to **interchange** *v.tr.* **1** scambiare, scambiarsi; barattare **2** avvicendare; alternare ◆ *v.intr.* **1** fare uno scambio; fare un baratto **2** avvicendarsi; alternarsi.

interchangeability [,ɪntə,tʃeɪndʒə'bɪlətɪ / in·ter·change·ab·il·ity] *s.* scambievolezza; intercambiabilità.

interchangeable [,ɪntə'tʃeɪndʒəbl / in·ter·change·able] *agg.* scambievole; intercambiabile // (*fin.*) — *bond*, obbligazione permutabile // **-ness** *s.* // **-bly** *avv.*

intercity [,ɪntə'sɪtɪ / inter·city] *agg.* e *s.* intercity, (treno) rapido.

intercollegiate [,ɪntəkə'li:dʒɪɪt / in·ter·col·le·gi·ate] *agg.* fra collegi: — *games*, giochi fra differenti collegi.

intercolumn [,ɪntə'kɒləm / in·ter·col·umn] *s.* (*arch.*) intercolunnio.

intercolumnar [,ɪntəkə'lʌmnə* / in·ter·col·um·nar] *agg.* (*arch.*) intercolonnare.

intercolumniation [,ɪntəkə,lʌmnɪ'eɪʃn / in·ter·col·um·nia·tion] *s.* (*arch.*) intercolunnio.

intercom ['ɪntəkɒm / in·ter·com] *s.* (*tel.*) interfono; citofono.

intercommunicable [,ɪntəkə'mju:nɪkəbl / in·ter·com·mun·ic·able] *agg.* intercomunicabile.

to **intercommunicate** [,ɪntəkə'mju:nɪkeɪt / in·ter·com·mun·ic·ate] *v.intr.* **1** comunicare (mutualmente) **2** essere intercomunicante.

intercommunication [,ɪntəkə,mju:nɪ'keɪʃn / in·ter·com·mun·ica·tion] *s.* **1** comunicazione reciproca **2** l'essere intercomunicante.

intercommunion [,ɪntəkə'mju:njən / in·ter·com·mu·nion] *s.* **1** comunione reciproca **2** (*relig.*) comunione ecumenica.

intercommunity [,ɪntəkə'mju:nɪtɪ / in·ter·com·mun·ity] *s.* (*form.*) comunanza.

to **interconnect** [,ɪntəkə'nekt / in·ter·con·nect] *v.tr.* collegare ◆ *v.intr.* collegarsi.

interconnection [,ɪntəkə'nekʃn / in·ter·con·nec·tion] *s.* interconnessione, collegamento.

intercontinental [,ɪntə,kɒntɪ'nentl / in·ter·con·tin·ental] *agg.* intercontinentale: — *ballistic missile*, missile balistico intercontinentale.

intercostal [,ɪntə'kɒstl / in·ter·costal] *agg.* (*anat.*) intercostale.

intercourse ['ɪntəkɔ:s / in·ter·course] *s.* **1** (*form.*) relazione, rapporto, rapporti: *social* —, rapporti sociali; *commercial* —, rapporti commerciali (tra paesi); *business* —, rapporti d'affari; *right of free* —, diritto di libero scambio **2** (*sexual*) —, rapporto sessuale **3** (*non com.*) comunione (d'idee, di sentimenti).

intercrescence [,ɪntə'kresns / in·ter·cres·cence] *s.* (*biol.*) concrescenza.

intercropping ['ɪntə,krɒpɪŋ / in·ter·crop·ping] *s.* (*agr.*) coltivazione intercalare.

intercross ['ɪntəkrɒs / in·ter·cross] *s.* (*bot.*, *zool.*) **1** incrocio; ibridazione **2** ibrido.

to **intercross** [,ɪntə'krɒs] *v.tr.* incrociare ◆ *v.intr.* incrociarsi.

intercurrence [,ɪntə'kʌrəns / in·ter·cur·rence] *s.* (*non com.*) intercorrenza, frapposizione.

intercurrent [,ɪntə'kʌrənt / in·ter·cur·rent] *agg.* (*form.*) intercorrente.

to **interdate** [,ɪntə'deɪt / in·ter·date] *v.intr.* (*amer.*) uscire, amoreggiare con persona appartenente a razza o religione diversa.

interdenominational [,ɪntədɪ,nɒmɪ'neɪʃənl / in·ter·de·nom·ina·tional] *agg.* interconfessionale.

to **interdepend** [,ɪntədɪ'pend / in·ter·de·pend] *v.intr.* dipendere l'uno dall'altro.

interdependence [,ɪntədɪ'pendəns / in·ter·de·pend·ence] *s.* interdipendenza.

interdependent [,ɪntədɪ'pendənt / in·ter·de·pend·ent] *agg.* interdipendente.

interdict ['ɪntədɪkt / in·ter·dict] *s.* **1** proibizione, divieto **2** (*dir.*) interdizione; (*eccl.*) interdetto.

to **interdict** [,ɪntə'dɪkt] *v.tr.* **1** proibire, vietare **2** (*dir.*) interdire; (*eccl.*) colpire con l'interdetto.

interdiction [,ɪntə'dɪkʃn / in·ter·dic·tion] → **interdict**.

interdictive [,ɪntə'dɪktɪv / in·ter·dict·ive] **interdictory** [,ɪntə'dɪktərɪ / in·ter·dict·ory] *agg.* interdittorio.

interdisciplinary [,ɪntə'dɪsɪplɪnərɪ / in·ter·dis·cip·lin·ary] *agg.* interdisciplinare.

interest ['ɪntrəst / in·ter·est] *s.* **1** interesse; interessamento, sollecitudine: *his greatest — is music*, il suo maggiore interesse è la musica; *it has no — for us*, non ci interessa, non ci riguarda; *we heard with — that...*, con interesse abbiamo appreso che...; *to take an — in*, interessarsi di, a; *to take no further —in*, disinteressarsi di; *to arouse* —, suscitare interesse; *to lose — in*, perdere interesse per **2** interesse; vantaggio, profitto: *in the public* —, nel pubblico interesse; *in the — of truth*, nell'interesse della verità; *to look after one's own* —, badare ai propri interessi // *vested* —, interesse particolare, interesse costituito // *landed interests*, gli interessi agrari **3** interesse; rilievo, importanza: *his work is of no* —, il suo è un lavoro di nessuna importanza **4** (*econ.*) interesse: *at what — did he lend you the money?*, a quale interesse ti ha prestato il denaro?; *gross*, *net*, *simple*, *compound*, *nominal* —, interesse lordo, netto, semplice, composto, nominale // (*comm.*): *accrued* —, rateo di interessi maturati; — *rate*, tasso di interesse; — *tables*, tavole degli interessi; — *on delayed payment*, interesse di mora; — *allowed* (o — *paid*), interesse passivo; — *charged* (o — *received*), interesse attivo; *broken-period* —, interesse pro rata; — *arbitrage*, arbitraggio di interessi // *with* —, (*fam.*) abbondante, con interesse: *to repay an injury with* —, restituire un'offesa ricevuta con gli interessi **5** (*fin.*) partecipazione: *controlling* —, partecipazione di maggioranza; *minority* —, partecipazione di minoranza; *foreign* —, partecipazione all'estero // *participating interests*, partecipazioni // (*pol.*) *to declare an* —, dichiarare la propria partecipazione finanziaria in un affare (prima di un dibattito in parlamento).

to **interest** *v.tr.* interessare; destare l'attenzione, l'interesse di: *does that — you?*, ti interessa?; *to — oneself in sthg.*, interessarsi a qlco.

interest-bearing ['ɪntrɪst,beərɪŋ] *agg.* (*econ.*) fruttifero, produttivo di interesse: — *deposit*, deposito fruttifero.

interested ['ɪntrəstɪd / in·ter·es·ted] *agg.* interessato: *an — look*, uno sguardo interessato; — *motives*, motivi interessati; *to be interested in*, essere interessato a, avere interesse per // *those* —, gli interessati // (*dir.*) — *parties*, parti interessate, in causa // **-ly** *avv.* // **-ness** *s.*

interest group ['ɪntrɪst,gru:p] *s.* (*pol.*) gruppo di pressione, gruppo di interesse SIN. pressure group.

interesting ['ɪntrəstɪŋ / in·ter·est·ing] *agg.* interessante; che attira l'attenzione: *what an — story!*, che storia interessante! // *to be in an — condition*, (*antiq.*) essere in stato interessante.

interestingly ['ɪntrəstɪŋlɪ / in·ter·est·ing·ly] *avv.* in modo interessante // — *enough*, stranamente, curiosamente: — *enough the number of divorces in California is now greater than the number of marriages*, stranamente il numero dei divorzi in California è ora maggiore del numero dei matrimoni.

interface ['ɪntəfeɪs / in·ter·face] *s.* (*inform.*) interfaccia.

to **interface** [,ɪntə'feɪs] *v.tr.* (*inform.*) connettere; interfacciare ◆ *v.intr.* connettersi.

interfaceable [,ɪntə'feɪsəbl / in·ter·face·able] *agg.* (*inform.*) giunzione, collegamento interfacciale.

interfacial [,ɪntə'feɪʃl / in·ter·fa·cial] *agg.* interfacciale.

to **interfere** [,ɪntə'fɪə* / in·ter·fere] *v.intr.* **1** interferire, intromettersi, interporsi, ingerirsi, immischiarsi: *you shouldn't — in people's private life*, non dovresti intrometterti nella vita privata delle persone; *please don't — in this conversation*, per favore non intrometterti in questa conversazione **2** urtarsi, scontrarsi; venire a conflitto **3** urtarsi (di gambe di cavallo).

□ **interfere with** *v.intr.* e *prep.* **1** buttare per aria; pasticciare, toccare; manomettere: *who has been interfering with my papers?*, chi ha toccato le mie carte?; *the mechanism had been interfered with*, il meccanismo era stato manomesso **2** (*eufemistico*) violentare **3** interferire con, ostacolare.

interference [,ɪntə'fɪərəns / in·ter·fer·ence] *s.* **1** interferenza, intromissione, interposizione, ingerenza **2** (*scient.*) interferenza // (*fis.*) — *figure*, figura di interferenza // (*rad.*) — *from foreign broadcasting stations*, interferenza di stazioni estere **3** (*sport*) intervento falloso.

interferer [,ɪntə'fɪərə* / in·ter·ferer] *s.* chi si intromette, si immischia (nei fatti altrui); ficcanaso.

interfering [,ɪntə'fɪərɪŋ / in·ter·fer·ing] *agg.* interferente // **-ly** *avv.*

interferometer [,ɪntəfə'rɒmɪtə* / in·ter·fero·meter] *s.* (*fis.*) interferometro.

interferometry [,ɪntəfə'rɒmətrɪ / in·ter·fero·metry] *s.* interferometria.

interferon [,ɪntə'fɪərɒn / in·ter·feron] *s.* (*biochim.*) interferone.

interfirm ['ɪntəfɜ:m / in·ter·firm] *agg.* interaziendale.

interfund [ˈɪntəfʌnd / in·ter·fund] *agg.* (*fin.*) — *transfer*, trasferimento tra fondi.

to **interfuse** [ˌɪntəˈfju:z / in·ter·fuse] *v.tr.* (*non com.*) **1** spargere **2** infondere; permeare **3** fondere; mescolare ♦ *v.intr.* (*non com.*) **1** penetrare **2** fondersi; mescolarsi.

interfusion [ˌɪntəˈfju:ʒn / in·ter·fu·sion] *s.* fusione; mescolanza.

intergalactic [ˌɪntəgəˈlæktɪk / in·ter·gal·actic] *agg.* (*astr.*) intergalattico: — *medium* (o — *matter*), materia intergalattica.

intergenic [ˌɪntəˈdʒenɪk / in·ter·genic] *agg.* (*biol.*) intergenico.

interglacial [ˌɪntəˈgleɪsjəl / in·ter·gla·cial] *agg.* (*geol.*) interglaciale: — *stage*, periodo interglaciale.

to **intergrade** [ˌɪntəˈgreɪd / in·ter·grade] *v.intr.* trasformarsi gradualmente.

interim [ˈɪntərɪm / in·terim] *agg.* **1** provvisorio, temporaneo; (*pol.*) interino, interinale: — *government*, governo interinale **2** (*comm.*) provvisorio: — *balance sheet*, bilancio provvisorio; — *dividend*, dividendo in acconto // (*amm.*) — *account*, conto provvisorio, conto d'ordine // (*dir.*): — *award*, provvisionale, sentenza interlocutoria; — *injunction*, provvedimento cautelare, in corso di causa; — *receiver*, curatore fallimentare provvisorio ♦ *s.* interim, intervallo di tempo; (*pol.*) interinato // *in the* —, nel frattempo.

interindustry [ˌɪntəˈrɪndʌstrɪ / in·ter·in·dus·try] *agg.* (*econ.*) interindustriale: — *analysis*, analisi delle interdipendenze strutturali.

interior [ɪnˈtɪərɪə* / in·ter·ior] *agg.* **1** interiore, interno: (*geom.*) — *angle*, angolo interno **2** interno, lontano dalla costa, dalla frontiera: — *lands*, regioni interne **3** (*pol.*) interno: — *economy*, economia interna ♦ *s.* **1** interno (di paese, casa ecc.) // (*pol. amer.*) *Department of the Interior*, Ministero degli Interni **2** (*mat.*) interno (di un cerchio).

interior decorator [ɪn,tɪərɪəˈdekəreɪtə*] *s.* arredatore.

interiority [ɪn,tɪərɪˈɒrɪtɪ / in·ter·ior·ity] *s.* (*rar.*) interiorità.

to **interiorize** [ɪnˈtɪərɪəraɪz / in·teri·or·ize] *v.tr.* (*psic.*) interiorizzare.

to **interject** [ˌɪntəˈdʒekt / in·ter·ject] *v.tr.* interporre, frapporre; interloquire con: *she interjected a question*, ella interloquì con una domanda ♦ *v.intr.* interporsi, intromettersi.

interjection [ˌɪntəˈdʒekʃn / in·ter·jec·tion] *s.* **1** intromissione **2** (*gramm.*) interiezione.

interjectional [ˌɪntəˈdʒekʃənl / in·ter·jec·tional] *agg.* interiettivo // **-ly** *avv.*

to **interknit** [ˌɪntəˈnɪt / in·ter·knit] *pass.p.p.* **interknitted** [ˌɪntəˈnɪtɪd / in·ter·knit·ted] *v.tr.* intrecciare ♦ *v.intr.* intrecciarsi.

to **interlace** [ˌɪntəˈleɪs / in·ter·lace] *v.tr.* **1** allacciare; intrecciare (*anche fig.*) **2** (*inform.*) interlacciare ♦ *v.intr.* allacciarsi; intrecciarsi (*anche fig.*).

interlacement [ˌɪntəˈleɪsmənt / in·ter·lace·ment] *s.* intreccio, viluppo (*anche fig.*).

interlacing [ˌɪntəˈleɪsɪŋ / in·ter·lac·ing] *s.* (*inform.*) interlacciamento.

to **interlard** [ˌɪntəˈlɑ:d / in·ter·lard] *v.tr.* **1** (*cuc. rar.*) lardellare **2** (*form.*) infiorare (scritto, discorso) con parole straniere, ridondanti.

to **interleave** [ˌɪntəˈli:v / in·ter·leave] *v.tr.* interfogliare.

interleaving [ˌɪntəˈli:vɪŋ / in·ter·leav·ing] *s.* (*inform.*) interfoliazione, interallacciamento (metodo di immagazzinamento dati su hard disk).

to **interline**[1] [ˌɪntəˈlaɪn / in·ter·line] *v.tr.* (*tip.*) interlineare.

to **interline**[2] *v.tr.* mettere una controfodera.

interlinear [ˌɪntəˈlɪnɪə* / in·ter·lin·ear] *agg.* interlineare.

interlineation [ˌɪntə,lɪnɪˈeɪʃn / in·ter·lin·ea·tion] *s.* interlineazione.

to **interlink** [ˌɪntəˈlɪŋk / in·ter·link] *v.tr.* unire, concatenare.

interlock [ˈɪntəlɒk / in·ter·lock] *s.* **1** (*cinem.*) sincronizzazione; apparecchio di sincronizzazione **2** (*tecn.*) dispositivo di blocco // (*aut.*) *automatic door* —, blocco (del moto del veicolo) a porte aperte.

to **interlock** [ˌɪntəˈlɒk] *v.tr.* **1** unire, congiungere; allacciare **2** (*tecn.*) rendere interdipendente, asservire **3** (*cinem.*) sincronizzare ♦ *v.intr.* **1** unirsi, congiungersi; allacciarsi **2** essere interdipendente, asservito **3** essere collegato, connesso.

interlocking [ˌɪntəˈlɒkɪŋ / in·ter·lock·ing] *agg.* interdipendente; intrecciato // (*comm.*) — *directorates*, consigli di amministrazione incrociati ♦ *s.* (*tecn.*) collegamento interdipendente, asservimento.

interlocution [ˌɪntələʊˈkju:ʃn / in·ter·lo·cu·tion] *s.* interlocuzione.

interlocutor [ˌɪntəˈlɒkjʊtə* / in·ter·loc·utor] *s.* **1** interlocutore **2** (*dir.*) giudizio provvisorio.

interlocutory [ˌɪntəˈlɒkjʊtərɪ / in·ter·loc·ut·ory] *agg.* **1** in forma di dialogo **2** (*dir.*) interlocutorio: — *question*, incidentale ♦ *s.* (*dir.*) sentenza interlocutoria.

to **interlope** [ˌɪntəˈləʊp / in·ter·lope] *v.intr.* immischiarsi, intromettersi.

interloper [ˈɪntələʊpə* / in·ter·loper] *s.* **1** intruso **2** (*ant.*) commerciante non autorizzato **3** (*ant.*) nave contrabbandiera **4** (*dir.*) chi si intromette negli affari altrui; gestore d'affari altrui (a titolo di negotiorum gestio).

interlude [ˈɪntəlu:d / in·ter·lude] *s.* **1** intervallo, parentesi **2** (*mus.*) intermezzo, interludio **3** (*st. letter.*) breve rappresentazione drammatica, mimica.

intermarriage [ˌɪntəˈmærɪdʒ / in·ter·mar·ri·age] *s.* **1** matrimonio fra membri di famiglie, razze diverse **2** matrimonio fra consanguinei.

to **intermarry** [ˌɪntəˈmærɪ / in·ter·marry] *v.intr.* imparentarsi (con altre tribù, famiglie ecc.) per mezzo di matrimonio.

to **intermeddle** [ˌɪntəˈmedl / in·ter·meddle] *v.intr.* intromettersi, ingerirsi, immischiarsi: *to — with* (o *in*) *what is not one's business*, occuparsi dei fatti altrui // **-er** *s.*

intermediacy [ˌɪntəˈmi:djəsɪ / in·ter·me·di·acy] *s.* l'essere intermedio.

intermediary [ˌɪntəˈmi:djərɪ *amer.* ˌɪntəˈmi:dɪerɪ / in·ter·me·di·ary] *agg.* intermedio; intermediario ♦ *s.* (*comm.*) mediatore, intermediario.

intermediate [ˌɪntəˈmi:djət / in·ter·me·di·ate] *agg.* intermedio, medio; frapposto; di passaggio: — *examinations*, esami catenaccio alla fine del biennio (nelle università inglesi); — *school*, scuola media; — *stage*, stadio intermedio // (*aer.*) — *landing*, scalo aereo intermedio // (*aut.*) — *brake control*, rimando dei freni // (*Borsa*) — *days*, giorni intermedi // (*econ.*): — *goods*, beni intermedi; — *technology*, tecnologia intermedia // (*fis.*) — *vector bosom*, bosone vettore intermedio // (*mecc.*): — *bearing*, cuscinetto intermedio; — *gear*, ingranaggio di rinvio; — *shaft*, albero di rinvio // (*metall.*) — *forging*, sbozzatura a caldo // (*rad.*) — *circuit*, circuito intermedio // (*inform.*) — *storage*, memoria intermedia ♦ *s.* **1** mediatore (*anche dir.*) **2** cosa intermedia **3** (*chim.*) intermedio.

to **intermediate** [ˌɪntəˈmi:dɪeɪt] *v.intr.* interporsi, fare da mediatore (*anche dir.*).

intermediately [ˌɪntəˈmi:djətlɪ / in·ter·me·di·ate·ly] *avv.* a metà, in posizione intermedia; indirettamente.

intermediation [ˌɪntə,mi:dɪˈeɪʃn / in·ter·me·di·ation] *s.* mediazione (*anche comm., dir.*).

intermedium [ˌɪntəˈmi:djəm / in·ter·me·dium] *pl.* **intermedia** [ˌɪntəˈmi:djə] **intermediums** *s.* **1** mezzo; strumento **2** (*anat.*) osso intermedio nel carpo e nel tarso.

interment [ɪnˈtɜ:mənt / in·ter·ment] *s.* sepoltura.

intermezzo [ˌɪntəˈmetsəʊ / in·ter·mezzo] *pl.* **intermezzi** [ˌɪntəˈmetsi:] **intermezzos** *s.* (*mus., teatr.*) intermezzo.

interminable [ɪnˈtɜ:mɪnəbl / in·ter·min·able] *agg.* interminabile // **-ness** *s.* // **-bly** *avv.*

to **intermingle** [ˌɪntəˈmɪŋgl / in·ter·mingle] *v.tr.* mescolare; mischiare ♦ *v.intr.* mescolarsi; mischiarsi.

intermission [ˌɪntəˈmɪʃn / in·ter·mis·sion] *s.* **1** sospensione, pausa, interruzione, sosta, intervallo: *without* —, senza sosta, senza intervallo **2** (*med.*) scomparsa di sintomi.

to **intermit** [ˌɪntəˈmɪt / in·ter·mit] *pass.p.p.* **intermitted** [ˌɪntəˈmɪtɪd / in·ter·mit·ted] *v.tr.* sospendere; interrompere; rendere intermittente ♦ *v.intr.* interrompersi; arrestarsi; fermarsi.

intermittence [ˌɪntəˈmɪtəns / in·ter·mit·tence] **intermittency** [ˌɪntəˈmɪtənsɪ / in·ter·mit·tency] *s.* intermittenza.

intermittent [ˌɪntəˈmɪtənt / in·ter·mit·tent] *agg.* intermittente (*anche med.*): — *fever*, febbre intermittente; — *pulse*, polso intermittente // **-ly** *avv.*

to **intermix** [ˌɪntəˈmɪks / in·ter·mix] *v.tr.* mescolare; frammischiare ♦ *v.intr.* mescolarsi; frammischiarsi.

intermixture [ˌɪntəˈmɪkstʃə* / in·ter·mix·ture] *s.* mescolanza, miscela, miscuglio // (*dir.*) — *of goods*, confusione di cose mobili.

intermolecular [ˌɪntəməʊˈlekjʊlə* / in·ter·mol·ecu·lar] *agg.* (*chim., fis.*) intermolecolare: — *forces*, forze (inter)molecolari.

intermontane [ˌɪntəˈmɒnteɪn / in·ter·mont·ane] meno com. **intermont** [ˌɪntəˈmɒnt / in·ter·mont] *agg.* intermontano.

intern [ɪnˈtɜ:n / in·tern] *s.* (*spec. amer.*) (medico) interno.

to **intern** *v.tr.* internare ♦ *v.intr.* (*spec. amer.*) lavorare come medico interno; fare l'internato.

internal [ɪnˈtɜ:nl / in·ternal] *agg.* **1** interno, interiore; // (*fis.*): — *conversion*, conversione interna; — *energy*, energia interna; — *forces*, forze interne; — *work*, lavoro interno // (*med.*):— *ear*, orecchio interno; — *injury* (o — *bleeding*), emorragia interna **2** intrinseco **3** intimo, soggettivo **4** interno, nazionale: — *security*, sicurezza interna; — *trade*, commercio interno // (*amm.*) — *audit*, revisione contabile interna // (*dir.*) — *waters*, acque territoriali // (*econ.*) — *rate of return*, saggio di rendimento interno // (*trib.*) — *revenue*, gettito fiscale // **-ly** *avv.*

internal-combustion [ɪn,tɜ:nlkəm'bʌs tʃən] *agg.* (*tecn.*) a combustione interna: — *engine*, motore a combustione interna.

international [,ɪntə'næʃənl / in·ter·na·tional] *agg.* internazionale: — *trade*, commercio internazionale // (*dir.*) — *award*, sentenza arbitrale internazionale; — (*commercial*) *custom*, consuetudine (commerciale) internazionale; — *law*, diritto internazionale // (*econ.*) — *company*, società multinazionale ◆ *s.* **1** competizione, gara internazionale **2** competitore in gare internazionali (generalmente atletiche) **3** *International*, Internazionale: (*pol.*) *first, second, third International*, prima, seconda, terza Internazionale // **-ly** *avv.*

internationale [,ɪntə,næʃə'nɑ:l / in·ter·na·tion·ale] *s.* internazionale (inno).

internationalism [,ɪntə'næʃnəlɪzəm / in·ter·na·tion·al·ism] *s.* internazionalismo.

internationalist [,ɪntə'næʃnəlɪst / in·ter·na·tion·al·ist] *s.* internazionalista.

internationality [,ɪntə,næʃə'nælətɪ / in·ter·na·tion·al·ity] *s.* internazionalità.

internationalization [,ɪntə,næʃnəl aɪ'zeɪʃn / in·ter·na·tion·al·iza·tion] *s.* internazionalizzazione.

to **internationalize** [,ɪntə'næʃnəlaɪz / in·ter·na·tion·al·ize] *v.tr.* internazionalizzare.

internecine [,ɪntə'ni:saɪn / in·ter·ne·cine] *agg.* **1** micidiale **2** di reciproca distruzione **3** interno, intestino.

internee [,ɪntɜ:'ni: / in·ternee] *s.* internato; prigioniero.

internist [ɪn'tɜ:nɪst / in·tern·ist] *s.* (*med.*) internista.

internment [ɪn'tɜ:nmənt / in·tern·ment] *s.* internamento // — *camp*, campo di concentramento.

internode ['ɪntənəʊd / in·ter·node] *s.* (*bot.*) internodio, internodo.

internship ['ɪn,tɜ:n,ʃɪp / in·tern·ship] *s.* (*med. spec. amer.*) internato.

internuncio [,ɪntə'nʌnʃɪəʊ / in·ter·nun·cio] *s.* (*eccl.*) internunzio.

interoceanic [,ɪntər,əʊʃɪ'ænɪk / in·ter·oceanic] *agg.* interoceanico.

interoperability [,ɪntər'ɒprəbɪlətɪ / in·ter·op·er·abil·ity] *s.* (*inform.*) interoperabilità.

to **interosculate** [,ɪntər'ɒskjʊleɪt / in·ter·os·cul·ate] *v.intr.* **1** (*med.*) mescolarsi, confondersi, intersecarsi, intrecciarsi (di vene) **2** (*biol.*) avere caratteri comuni.

interparietal [,ɪntəpə'raɪɪtl / in·ter·pa·ri·etal] *agg.* (*anat.*) interparietale.

to **interpellate** [ɪn'tɜ:peleɪt *amer.* ,ɪntepeleɪt / in·ter·pel·late] *v.tr.* interpellare, fare una interpellanza (in Parlamento).

interpellation [ɪn,tɜ:pe'leɪʃn *amer.* ,ɪntə pe'leɪʃn / in·ter·pel·la·tion] *s.* interpellanza.

interpellator [ɪn,tɜ:pe'leɪtə* *amer.* ,ɪntə pe'leɪtə* / in·ter·pel·lator] *s.* interpellante.

to **interpenetrate** [,ɪntə'penɪtreɪt / in·ter·pen·et·rate] *v.tr.* compenetrare, permeare, pervadere ◆ *v.intr.* compenetrarsi.

interpenetration [,ɪntə,penɪ'treɪʃn / in·ter·pen·et·ra·tion] *s.* compenetrazione.

interpersonal [,ɪntə'pɜ:snl / in·ter·per·sonal] *agg.* interpersonale.

interphone ['ɪntəfəʊn / in·ter·phone] → **intercom**.

interplanetary [,ɪntə'plænɪtərɪ *amer.* ,ɪntə 'plænɪterɪ / in·ter·plan·et·ary] *agg.* (*astr.*) interplanetario: — *medium, matter*, materia interplanetaria; — *space*, spazio interplanetario.

interplay ['ɪntəpleɪ / in·ter·play] *s.* interazione, azione reciproca // — *of colours*, gioco di colori.

interpleader [,ɪntə'pli:də* / in·ter·pleader] *s.* (*dir.*) figura giuridica analoga all'estromissione dell'obbligato.

interpolar [,ɪntə'pəʊlə* / in·ter·po·lar] *agg.* interpolare.

to **interpolate** [ɪn'tɜ:pəʊleɪt / in·ter·pol·ate] *v.tr.* **1** (*form.*) inserire; interpolare: (*gramm.*) *interpolated clause*, inciso **2** (*mat.*) interpolare.

interpolation [ɪn,tɜ:pəʊ'leɪʃn / in·ter·pola·tion] *s.* (*gramm., mat., inform.*) interpolazione.

interpolator [ɪn'tɜ:pəʊleɪtə* / in·ter·pol·ator] *s.* interpolatore.

interposal [,ɪntə'pəʊzl / in·ter·posal] *s.* (*non com.*) interposizione; intervento; mediazione; interferenza.

to **interpose** [,ɪntə'pəʊz / in·ter·pose] *v.tr.* interporre, intromettere; introdurre: *to — a veto*, opporre un veto // *"Stop it!" he interposed*, "Smettila!" esclamò ◆ *v.intr.* **1** interporsi, frammettersi **2** intervenire; interferire **3** fare il mediatore.

interposer [,ɪntə'pəʊzə* / in·ter·poser] *s.* mediatore.

interposition [ɪn,tɜ:pə'zɪʃn / in·ter·posi·tion] *s.* **1** interposizione, inserimento **2** intervento; interferenza, intromissione.

to **interpret** [ɪn'tɜ:prɪt / in·ter·pret] *v.tr.* **1** interpretare; dare un senso a; decifrare; spiegare: *he interpreted her smile as a sign of happiness*, interpretò il suo sorriso come un segno di felicità **2** interpretare; eseguire: *to — a role*, interpretare una parte **3** (*inform.*) tradurre (una scheda), decodificare **4** (*ant.*) imitare: *a third interprets motions, looks and eyes; / at every word a reputation dies*, (POPE) un terzo imita moti, sguardi e occhiate; ad ogni parola una reputazione cade ◆ *v.intr.* fare l'interprete.

interpretable [ɪn'tɜ:prɪtəbl / in·ter·pret·able] *agg.* interpretabile.

interpretation [ɪn,tɜ:prɪ'teɪʃn / in·ter·preta·tion] *s.* **1** interpretazione; spiegazione // (*dir.*) — *of the statute law, of a contract*, interpretazione della legge scritta, di un contratto **2** (*teatr.*) interpretazione; esecuzione.

interpretational [,ɪntəprɪ'teɪʃənl / in·ter·preta·tion·al] *agg.* interpretativo.

interpretative [ɪn'tɜ:prɪtətɪv / in·ter·pret·at·ive] *agg.* interpretativo // **-ly** *avv.*

interpreter [ɪn'tɜ:prɪtə* / in·ter·preter] *s.* **1** interprete: *to act as — to s.o.*, fare da interprete a qlcu. **2** (*inform.*) programma interprete, traduttore **3** commentatore, interprete: *a journalist is an — of his times*, un giornalista è un interprete del suo tempo; *a literary masterpiece needs no —*, un capolavoro letterario non ha bisogno di interprete **4** (*teatr. ecc.*) interprete; esecutore.

interpretership [ɪn'tɜ:prɪtəʃɪp / in·ter·preter·ship] *s.* interpretariato.

interpretive [ɪn'tɜ:prətɪv / in·ter·pret·ive] → **interpretative**.

interprovincial [,ɪntəprə'vɪnʃl / in·ter·pro·vin·cial] *agg.* interprovinciale.

interracial [,ɪntə'reɪʃjəl / in·ter·ra·cial] *agg.* interrazziale; comune a varie razze: — *marriage*, matrimonio misto (fra individui di razze diverse).

interregnum [,ɪntə'regnəm / in·ter·reg·num] *pl.* **interregnums**, **interregna** [,ɪntə 'regnə / in·ter·regna] *s.* **1** interregno **2** (*fig.*) intervallo, pausa.

to **interrelate** [,ɪntərɪ'leɪt / in·ter·relate] *v.tr.* porre in relazione, connettere, collegare ◆ *v.intr.* essere in relazione reciproca, essere connesso, collegato: *the four themes —*, i quattro argomenti sono reciprocamente connessi.

interrelated [,ɪntərɪ'leɪtɪd / in·ter·re·lated] *agg.* interrelato, in relazione reciproca, interconnesso.

interrelation [,ɪntərɪ'leɪʃn / in·ter·re·la·tion] **interrelationship** ['ɪntərɪ'leɪʃnʃɪp / in·ter·re·la·tion·ship] *s.* interrelazione; relazione reciproca, interconnessione; interdipendenza; rapporto.

to **interrogate** [ɪn'terəgeɪt / in·ter·rog·ate] *v.tr.* interrogare; (*dir.*) interrogare, escutere: *the prosecutor interrogated all the witnesses*, il pubblico ministero interrogò tutti i testimoni ◆ *v.intr.* fare delle domande.

interrogation [ɪn,terə'geɪʃn / in·ter·roga·tion] *s.* interrogazione, l'interrogare; (*dir.*) interrogatorio: — *by the police*, interrogatorio di polizia; *he's been under — for ten hours*, è sotto interrogatorio da dieci ore.

interrogation mark [ɪn,terəʊ'geɪʃn,mɑ:k] *s.* punto interrogativo.

interrogative [,ɪntə'rɒgətɪv / in·ter·rog·at·ive] *agg.* interrogativo ◆ *s.* **1** (*gramm.*) forma interrogativa; pronome, aggettivo interrogativo; particella interrogativa **2** interrogativo.

interrogatively [,ɪntə'rɒgətɪvlɪ / in·ter·rog·at·ive·ly] *avv.* interrogativamente; in modo inquisitivo.

interrogator [ɪn'terəgeɪtə* / in·ter·rog·ator] *s.* esaminatore, interrogatore; inquisitore.

interrogatory [,ɪntə'rɒgətərɪ *amer.* ,ɪntə 'rɒgətɔ:rɪ / in·ter·rog·at·ory] *agg.* interrogativo; inquisitivo ◆ *s.* **1** domanda; interrogativo; interrogazione **2** (*dir.*) interrogatorio.

to **interrupt** [,ɪntə'rʌpt / in·ter·rupt] *v.tr.* **1** interrompere: *don't — me while I am talking*, non mi interrompere quando sto parlando **2** sospendere; interrompere; fermare; rompere: *he interrupted the silence with a bitter laugh*, ruppe il silenzio con una risata amara **3** ostacolare; ostruire; interrompere: *the view was interrupted by a row of houses*, la vista era impedita da una fila di case ◆ *v.intr.* interloquire; intervenire.

interrupter [ˌɪntəˈrʌptə* / in·ter·rupter] *s.* **1** chi interrompe **2** (*elettr.*) interruttore.

interruption [ˌɪntəˈrʌpʃn / in·ter·rup·tion] *s.* interruzione; sospensione (*anche dir.*): *despite continual interruptions the teacher finished his lesson*, nonostante le continue interruzioni l'insegnante portò a termine la lezione; (*dir.*) — *of the period of limitation*, interruzione della prescrizione.

interruptive [ˌɪntəˈrʌptɪv / in·ter·rupt·ive] *agg.* che interrompe, interrompente.

interscapular [ˌɪntəˈskæpjʊlə* / in·ter·scapu·lar] *agg.* (*anat.*) interscapolare.

to **intersect** [ˌɪntəˈsekt / in·ter·sect] *v.tr.* intersecare; incrociare; tagliare, attraversare: *intersected with canals*, attraversato da canali ◆ *v.intr.* intersecarsi; tagliarsi; incrociarsi.

intersecting [ˌɪntəˈsektɪŋ / in·ter·sec·ting] *agg.* intersecante: *two — lines*, due linee che s'intersecano.

intersection [ˌɪntəˈsekʃn / in·ter·sec·tion] *s.* **1** intersecazione; intersezione; punto di incontro **2** (*mat.*) intersezione **3** incrocio (stradale).

intersocial [ˌɪntəˈsəʊʃl / in·ter·so·cial] *agg.* intersociale.

to **intersperse** [ˌɪntəˈspɜːs / in·ter·sperse] *v.tr.* **1** cospargere; sparpagliare; spargere qua e là; frammezzare, inframmezzare; punteggiare: *he interspersed his speech with jokes*, punteggiò il suo discorso di barzellette **2** diversificare; variare.

interspersion [ˌɪntəˈspɜːʃn / in·ter·sper·sion] *s.* sparpagliamento; dispersione.

interspinal [ˌɪntəˈspaɪnl / in·ter·spinal] *agg.* (*anat.*) interspinale.

interstate [ˌɪntəˈsteɪt / in·ter·state] *agg.* fra stati; interstatale (spec. tra stati confederati): — *commerce*, commercio fra gli stati di un governo federale.

interstellar [ˌɪntəˈstelə* / in·ter·stel·lar] *agg.* (*astr.*) interstellare: — *medium*, *matter*, materia interstellare.

interstice [ɪnˈtɜːstɪs / in·ter·stice] *s.* interstizio; fessura.

interstitial [ˌɪntəˈstɪʃl / in·ter·sti·tial] *agg.* interstiziale // (*anat.*): — *cells*, cellule interstiziali; — *gland*, ghiandola interstiziale.

intertemporal [ˌɪntəˈtempərəl / in·ter·tem·poral] *agg.* (*econ.*) intertemporale: — *choice*, scelta intertemporale.

intertidal [ˌɪntəˈtaɪdl / in·ter·tidal] *agg.* (*geogr.*) intercotidale.

intertribal [ˌɪntəˈtraɪbl / in·ter·tribal] *agg.* fra tribù, intertribale.

intertropical [ˌɪntəˈtrɒpɪkl / in·ter·tropical] *agg.* intertropicale; tropicale.

to **intertwine** [ˌɪntəˈtwaɪn / in·ter·twine] to **intertwist** [ˌɪntəˈtwɪst / in·ter·twist] *v.tr.* intrecciare; avvolgere; attorcigliare ◆ *v.intr.* intrecciarsi; avvolgersi, attorcigliarsi.

interurban [ˌɪntərˈɜːbən / in·ter·urban] *agg.* interurbano: — *bus service*, servizio interurbano di autobus; (*tel.*) — *call*, telefonata interurbana.

interval [ˈɪntəvəl / in·ter·val] *s.* intervallo: *at intervals*, a intervalli; qui e là.

intervallic [ˌɪntəˈvælɪk / in·ter·val·lic] *agg.* di intervallo, relativo a intervallo.

to **intervene** [ˌɪntəˈviːn / in·ter·vene] *v.intr.* **1** intervenire; interporsi (*anche dir.*): *to — in a controversy*, *in a dispute*, intervenire in una disputa **2** accadere; sopravvenire: *then the war intervened*, poi sopravvenne la guerra **3** interporsi, collocarsi tra, intercorrere: *five years had intervened since our last meeting*, cinque anni erano intercorsi dal nostro ultimo incontro.

intervener [ˌɪntəˈviːnə* / in·ter·vener] *s.* **1** chi interviene **2** (*dir.*) interveniente, chi interviene in una causa in cui prima non aveva parte.

intervening [ˌɪntəˈviːnɪŋ / in·ter·ven·ing] *agg.* **1** interveniente (*anche dir.*): — *cause*, fattore causale sopravvenuto **2** intermedio; intercorrente; interposto: *in the — time*, nel frattempo; *from the window we could see the mountains and the — fields*, dalla finestra potevamo vedere le montagne e i campi intermedi.

intervention [ˌɪntəˈvenʃn / in·ter·ven·tion] *s.* intervento; mediazione; interferenza; ingerenza (*anche dir.*): *armed —*, intervento armato; *we cannot tolerate foreign intervention in our country's affairs*, non possiamo tollerare un'ingerenza straniera negli affari del nostro paese // *surgical —*, intervento chirurgico // (*econ.*): *the government's —*, l'intervento pubblico; — *arrangements*, accordi di intervento (tra banche centrali); — *price*, prezzo d'intervento (nella politica agricola della CEE).

interventionist [ˌɪntəˈvenʃənɪst / in·ter·ven·tion·ist] *s.* (*pol.*, *econ.*) interventista.

intervertebral [ˌɪntəˈvɜːtɪbrəl / in·ter·ver·teb·ral] *agg.* (*anat.*) intervertebrale: — *disk*, disco intervertebrale.

interview [ˈɪntəvjuː / in·ter·view] *s.* **1** intervista: *she refused to give the journalists interviews*, ella rifiutò di concedere interviste ai giornalisti; *to hold an —*, fare un'intervista **2** colloquio, incontro (di lavoro, per un'ammissione ecc.): *job —*, colloquio di lavoro.

to **interview** *v.tr.* **1** intervistare **2** sottoporre a colloquio (in vista di assunzione, ammissione ecc.) ◆ *v.intr.* **1** fare un'intervista **2** avere un colloquio, un incontro (di lavoro, di ammissione ecc.): *he interviewed well*, il colloquio (di lavoro) andò bene.

interviewee [ˌɪntəvjuːˈiː / in·ter·viewee] *s.* intervistato.

interviewer [ˈɪntəvjuːə* / in·ter·viewer] *s.* intervistatore.

intervocalic [ˌɪntəvəʊˈkælɪk / in·ter·vo·calic] *agg.* intervocalico.

inter-war [ˌɪntəˈwɔː*] *agg.* tra una guerra e l'altra; tra le due grandi guerre: *the — years*, gli anni tra le due guerre.

to **interweave** [ˌɪntəˈwiːv / in·ter·weave] *pass.* **interwove** [ˌɪntəˈwəʊv / in·ter·wove] *p.p.* **interwoven** [ˌɪntəˈwəʊvn / in·ter·woven] *v.tr.* **1** intessere, tessere; intrecciare: *interwoven with gold*, intessuto d'oro **2** miscelare; fondere; frammischiare (*anche fig.*) ◆ *v.intr.* **1** intrecciarsi **2** mischiarsi, fondersi (*anche fig.*).

to **interwind** [ˌɪntəˈwaɪnd / in·ter·wind] *pass.p.p.* **interwound** [ˌɪntəˈwaʊnd / in·ter·wound] *v.tr.* (*non com.*) intrecciare (*anche fig.*).

interwoven [ˌɪntəˈwəʊvn / in·ter·woven] *agg.* intrecciato; intessuto // (*fin.*) — *holdings*, partecipazioni incrociate.

intestable [ɪnˈtestəbl / in·test·able] *agg.* (*dir.*) intestabile.

intestacy [ɪnˈtestəsɪ / in·test·acy] *s.* (*dir.*) successione ab intestato, mancanza di testamento.

intestate [ɪnˈtestɪt / in·test·ate] *agg.* (*dir.*) intestato: *to die —*, morire intestato, senza aver fatto testamento.

intestinal [ɪnˈtestɪnl / in·test·inal] *agg.* (*med.*) intestinale: — *obstruction*, occlusione intestinale.

intestine [ɪnˈtestɪn / in·test·ine] *agg.* intestino, interno ◆ *s.* (*gener. pl.*) (*anat.*) intestino: *large*, *small —*, intestino crasso, tenue.

in-the-money [ˌɪnðəˈmʌnɪ] *s.* (*fin.*) tipo di contratto di opzione (in cui vi è un beneficio finanziario netto ottenibile esercitando l'opzione immediatamente).

intimacy [ˈɪntɪməsɪ / in·tim·acy] *s.* **1** intimità, confidenza **2** (*spec. pl.*) espressione d'affetto; intimità **3** rapporto intimo, sessuale.

intimate [ˈɪntɪmət / in·tim·ate] *agg.* **1** intimo; interiore; personale: — *thoughts*, pensieri intimi **2** intimo; familiare; vicino: *an — friend*, un amico intimo // (*form.*) *to be — with s.o.*, avere rapporti sessuali con qlcu. **3** accogliente; intimo: *an — atmosphere*, un'atmosfera intima **4** completo; profondo; fondamentale; essenziale; intimo: *he has an — knowledge of the workings of British Intelligence*, ha una profonda conoscenza del funzionamento dei servizi segreti britannici ◆ *s.* amico intimo // **-ly** *avv.*

to **intimate** [ˈɪntɪmeɪt] *v.tr.* **1** implicare; accennare a; indicare; suggerire **2** (*dir.*) intimare; notificare; dichiarare.

intimation [ˌɪntɪˈmeɪʃn / in·tima·tion] *s.* (*form.*) **1** (*dir.*) intimazione, notificazione **2** preannunzio; suggerimento; indicazione; segno: *there were intimations of hostility*, c'erano segni di ostilità.

to **intimidate** [ɪnˈtɪmɪdeɪt / in·tim·id·ate] *v.tr.* intimidire; intimorire; minacciare: *to — a witness*, minacciare un testimone.

intimidating [ɪnˈtɪmɪdeɪtɪŋ / in·tim·id·at·ing] *agg.* che spaventa, che fa paura; intimidatorio.

intimidation [ɪnˌtɪmɪˈdeɪʃn / in·tim·ida·tion] *s.* intimidazione, minaccia.

intimidator [ɪnˈtɪmɪdeɪtə* / in·tim·id·ator] *s.* (*form.*) chi intimidisce.

intimidatory [ɪnˈtɪmɪdeɪtərɪ / in·tim·ida·tory] *agg.* (*form.*) intimidatorio.

to **intitule** [ɪnˈtɪtjuːl / in·tit·ule] *v.tr.* (*ant.*) intitolare.

into [ˈɪntʊ] *prep.* **1** (*per esprimere movimento o direzione verso un luogo chiuso o l'interno di qlco.*) in, dentro; verso (*anche fig.*): *let's go — the library*, andiamo in biblioteca; *he put the sweet — his mouth*, si mise in bocca la caramella; *she backed the car — the garage*, urtò con la macchina nel garage; *he's had to go — hospital*, ha dovuto ricoverarsi all'ospedale; *we dived — the river*, ci tuffammo nel fiume; *pour the wine — a bottle*, versa il vino in una bottiglia; *they wanted an enquiry — the accident*, pretendevano un'inchiesta sull'incidente; *they've put all their money — shares*, hanno investito tutto il loro denaro in azioni; *he fell — a deep sleep*, cadde in un sonno profondo; *she is — her forties by now*, ha quarant'anni sonati ormai; *at the end of the film, they walked — the sunset*, alla fine del film, essi s'incamminavano verso il tramonto // (*mat.*) *six — twelve is two*, il sei nel dodici sta due volte // *to take sthg. —*

consideration, tenere qlco. in debito conto // *to work far — the night*, lavorare fino a tarda notte // *to be — sthg.*, interessarsi di qlco., entusiasmarsi, dedicarsi a qlco.: *I hear George is — computers now*, mi dicono che ora George s'interessa di computers; *I'm not exactly — 'heavy metal'*, il genere 'heavy metal' non mi entusiasma **2** (*per esprimere trasformazione, cambiamento, risultato*) in: *that little boy had already grown — a man*, quel ragazzino era già diventato un uomo; *tadpoles change — frogs*, i girini si trasformano in rane; *she changed — a long party dress*, si cambiò (d'abito) e si mise un abito lungo; *the audience was shocked — silence*, il pubblico ammutolì per l'emozione; *she folded the handkerchief — a square*, ella piegò il fazzoletto in quattro // *he translated from Italian — German*, traduceva dall'italiano in tedesco **3** si usa per formare 'phrasal verbs' (p.e. *to look —*, *to turn —*, *to speak —* ecc.); cfr. tali verbi.

intoed ['ɪntəʊd / in·toed] *agg.* (*med.*) valgo (di piede).

intolerable [ɪn'tɒlərəbl / in·tol·er·able] *agg.* intollerabile, insopportabile // **-ness** *s.* (*form.*) // **-bly** *avv.*

intolerance [ɪn'tɒlərəns / in·tol·er·ance] *s.* intolleranza (*anche med.*).

intolerant [ɪn'tɒlərənt / in·tol·er·ant] *agg.* intollerante: *to be — of sthg.*, non saper sopportare qlco. ◆ *s.* intollerante // **-ly** *avv.*

to **intomb** [ɪn'tu:m / in·tomb] *v.tr.* (*ant.*) → to **entomb**.

to **intonate** ['ɪntəʊneɪt / in·ton·ate] *v.tr.* (*non com.*) intonare.

intonation [,ɪntəʊ'neɪʃn / in·tona·tion] *s.* **1** intonazione, l'intonare **2** inflessione **3** (*ling.*, *mus.*) intonazione.

to **intone** [ɪn'təʊn / in·tone] *v.tr.* intonare; recitare cantando (salmi, preghiere ecc.) ◆ *v.intr.* salmodiare.

intoxicant [ɪn'tɒksɪkənt / in·tox·ic·ant] *agg.* (*form.*) inebriante; (*med.*) intossicante ◆ *s.* bevanda alcolica, liquore.

to **intoxicate** [ɪn'tɒksɪkeɪt / in·tox·ic·ate] *v.tr.* **1** ubriacare, inebriare **2** (*fig.*) eccitare **3** (*med.*) intossicare.

intoxicated [ɪn'tɒksɪkeɪtɪd / in·tox·ic·ated] *agg.* (*with*, di) **1** ubriaco **2** (*fig.*) eccitato.

intoxicating [ɪn'tɒksɪkeɪtɪŋ / in·tox·ic·at·ing] *agg.* inebriante (*anche fig.*).

intoxication [ɪn,tɒksɪ'keɪʃn / in·tox·ica·tion] *s.* **1** ubriachezza, ebbrezza **2** (*fig.*) eccitazione **3** (*med.*) intossicazione: *intestinal —*, intossicazione intestinale.

intra- ['ɪntrə] *pref.* di origine latina che indica 'dentro, all'interno di'; it. intra-; endo-: *intrauterine*, intrauterino; *intravenous*, endovenoso.

intracellular [,ɪntrə'seljʊlə* / in·tra·cel·lu·lar] *agg.* intracellulare.

intracranial [,ɪntrə'kreɪnjəl / in·tra·cra·nial] *agg.* (*anat.*) intracranico.

intractable [ɪn'træktəbl / in·tract·able] *agg.* (*form.*) intrattabile; indocile // **-ness** *s.* // **-bly** *avv.*

intracutaneous [,ɪntrəkju:'teɪnjəs / in·tra·cu·ta·ne·ous] **intradermal** [,ɪntrə'dɜ:ml / in·tra·dermal] *agg.* (*anat.*) intradermico: *— reaction*, intradermoreazione.

intradermoreaction [,ɪntrə,dɜ:məʊrɪ'ækʃn / in·tra·dermo·re·ac·tion] *s.* (*med.*) intradermoreazione.

intrados [ɪn'treɪdɒs / in·tra·dos] *s.* (*arch.*) intradosso.

intramolecular [,ɪntrəməʊ'lekjʊlə* / in·tra·mo·lecu·lar] *agg.* (*chim.*, *fis.*) intramolecolare.

intramural [,ɪntrə'mjʊərəl / in·tra·mural] *agg.* **1** interno, che si svolge all'interno (di una scuola o università): *— tennis championship*, campionato di tennis di un'università **2** (*med.*) intramurale.

intramuscular [,ɪntrə'mʌskjʊlə* / in·tra·mus·cu·lar] *agg.* (*med.*) intramuscolare, endomuscolare.

Intranet ['ɪntrənet / Intra·net] *s.* (*inform.*) Intranet, rete privata di computer in una azienda.

intransigence [ɪn'trænsɪdʒəns / in·trans·igence] *s.* intransigenza.

intransigent [ɪn'trænsɪdʒənt / in·trans·igent] *agg.* e *s.* intransigente // **-ly** *avv.*

intransitive [ɪn'trænsɪtɪv / in·trans·it·ive] *agg.* e *s.* (*gramm.*) intransitivo // **-ly** *avv.*

intransmissible [,ɪntræns'mɪsɪbl / in·trans·miss·ible] *agg.* (*form.*) non trasmissibile.

intrant ['ɪntrənt / in·trant] *s.* **1** (*ant.*) chi entra (in un collegio, associazione ecc.) **2** (*eccl.*) novizio, novizia.

intraocular [,ɪntrə'ɒkjʊlə* / in·tra·ocu·lar] *agg.* (*anat.*) intraoculare, endoculare.

intratelluric [,ɪntrətə'ljʊərɪk / in·tra·tel·luric] *agg.* (*geol.*) intratellurico.

intrathoracic ['ɪntrəθɔ:'ræsɪk / in·tra·thor·acic] *agg.* (*anat.*) intratoracico.

intratracheal [,ɪntrətrə'ki:əl / in·tra·trach·eal] *agg.* (*anat.*) endotracheale.

intrauterine [,ɪntrəju:tərɪn / in·tra·uter·ine] *agg.* (*anat.*) intrauterino: *— device*, spirale, IUD.

intravenous [,ɪntrə'vi:nəs / in·tra·ven·ous] *agg.* (*med.*) endovenoso: *— feeding*, alimentazione con fleboclisi; *— injection*, iniezione endovenosa // **-ly** *avv.*

intraventricular [,ɪntrəven'trɪkjʊlə* / in·tra·vent·ri·cu·lar] *agg.* (*med.*) intraventricolare.

in-tray ['ɪntreɪ] *s.* cestello per corrispondenza, pratiche ecc. da evadere.

to **intrench** → to **entrench**.

intrepid [ɪn'trepɪd / in·trepid] *agg.* intrepido; impavido // **-ly** *avv.*

intrepidity [,ɪntrɪ'pɪdətɪ / in·trep·id·ity] *s.* (*form.*) intrepidezza.

intricacy ['ɪntrɪkəsɪ / in·tric·acy] *s.* complessità; complicazione; difficoltà.

intricate ['ɪntrɪkət / in·tric·ate] *agg.* intricato; complicato // **-ly** *avv.* // **-ness** *s.* (*non com.*).

intrigant ['ɪntrɪgənt / in·trig·ant] *s.* (*non com.*) intrigante.

intrigue [ɪn'tri:g / in·trigue] *s.* **1** intrigo; raggiro **2** amore illecito **3** (*teatr.*) intreccio: *comedy of —*, commedia d'intreccio.

to **intrigue** *v.tr.* **1** ottenere con intrighi **2** interessare, affascinare, avvincere: *the puzzle intrigued her*, l'enigma l'affascinava ◆ *v.intr.* **1** ordire intrighi, intrigare **2** avere una tresca: *to — with s.o.*, avere una tresca con qlcu.

intriguer [ɪn'tri:gə* / in·triguer] *s.* intrigante.

intriguing [ɪn'tri:gɪŋ / in·tri·guing] *agg.* **1** intrigante **2** interessante: *it is an — problem*, è un problema avvincente // **-ly** *avv.*

intrinse [ɪn'trɪns / in·trinse] *agg.* (*ant.*) fortemente avviluppato; intricato; involuto: *like rats, oft bite the holy cords atwain / which are too intrinse t'unloose*, (SH. King Lear) come topi spesso rodono, spezzandole in due, le sacre corde, troppo intricate per essere sciolte.

intrinsic [ɪn'trɪnsɪk *amer.* ɪn'trɪnzɪk / in·trinsic] *agg.* intrinseco; essenziale: *— value of a man, a coin*, valore reale di un uomo, di una moneta; (*econ.*) *— value*, valore intrinseco; (*fis.*) *— mobility*, mobilità intrinseca; (*fis.*) *— semiconductor*, semiconduttore intrinseco; (*biochim.*) *— factor*, fattore intrinseco // **-ality** *s.* // **-ally** *avv.*

intrinsicate [ɪn'trɪnsɪkɪt / in·trinsic·ate] *agg.* (*rar.*) intricato; involuto, aggrovigliato: *with thy sharp teeth this knot intrinsicate / of life at once untie*, (SH. Antony and Cleopatra) con i tuoi denti aguzzi sciogli d'un colpo questo aggrovigliato nodo della vita.

to **introduce** [,ɪntrə'dju:s *amer.* ,ɪntrə'du:s / in·tro·duce] *v.tr.* **1** introdurre, far entrare: *to — an idea, a system*, introdurre un'idea, un sistema; *to — Italian goods into foreign countries*, introdurre merce italiana in paesi stranieri **2** presentare, far conoscere: *to — oneself*, presentarsi; *to — s.o. to s.o. else*, presentare qlcu. a qlcu. altro; *to — to public notice*, far conoscere al pubblico // *they introduced a bill in Parliament*, il progetto di legge fu presentato in Parlamento **3** iniziare, incominciare.

introducer [,ɪntrə'dju:sə* *amer.* ,ɪntrə'du:sə* / in·tro·ducer] *s.* introduttore; presentatore.

introduction [,ɪntrə'dʌkʃn / in·tro·duc·tion] *s.* **1** introduzione, l'introdurre, l'essere introdotto **2** introduzione; prefazione **3** presentazione: *letter of —*, lettera di presentazione **4** (*Borsa*) presentazione (di nuovi titoli) **5** manuale elementare, testo introduttivo **6** (*fig.*) primo contatto: *his — to art was a childhood visit to the National Gallery*, il suo primo contatto col mondo dell'arte fu una visita da bambino alla National Gallery.

introductive [,ɪntrə'dʌktɪv / in·tro·duct·ive] *agg.* (*non com.*) introduttivo.

introductory [,ɪntrə'dʌktərɪ / in·tro·duct·ory] *agg.* introduttivo; preliminare // *an — book on biology*, testo d'introduzione alla biologia // **-ily** *avv.* (*form.*).

introit ['ɪntrɔɪt / in·troit] *s.* (*eccl.*) introito.

introitus [ɪn'trəʊətəs / in·troitus] *s.* (*anat.*) orifizio, apertura.

introjection [,ɪntrə'dʒekʃn / in·tro·jec·tion] *s.* (*psic.*) introiezione.

intromission [,ɪntrəʊ'mɪʃn / in·tro·mis·sion] *s.* **1** (*form.*) interferenza **2** (*med.*) inserimento **3** (*fis.*) intromissione.

to **intromit** [,ɪntrəʊ'mɪt / in·tro·mit] *pass.p.p.* **intromitted** [,ɪntrəʊ'mɪtɪd / in·tro·mit·ted] *v.tr.* (*ant.*) **1** far entrare, lasciar entrare **2** introdurre.

introrse [ɪn'trɔ:s / in·trorse] *agg.* (*bot.*) introrso.

to **introspect** [,ɪntrəʊ'spekt / in·tro·spect] *v.intr.* (*non com.*) autoesaminarsi, autoanalizzarsi.

introspection [,ɪntrəʊ'spekʃn / in·tro·spec·tion] *s.* (*form.*) introspezione; (*psic.*) autoanalisi.

introspective [ˌɪntrəʊ'spektɪv / in·tro·spect·ive] *agg.* (*form.*) introspettivo // **-ly** *avv.* // **-ness** *s.*

introversion [ˌɪntrəʊ'vɜːʃn / in·tro·ver·sion] *s.* introversione (*anche psic.*).

introvert ['ɪntrəʊvɜːt / in·tro·vert] *agg.* e *s.* (*psic.*) introverso ◆ *s.* introvertito.

to **introvert** [ˌɪntrəʊ'vɜːt] *v.tr.* **1** (*non com.*) introvertire; rivolgere (la mente, il pensiero) su se stesso **2** (*zool.*) introvertere, ritrarre (un organo).

introverted [ˌɪntrəʊ'vɜːtɪd / in·tro·ver·ted] *agg.* introverso.

to **intrude** [ɪn'truːd / in·trude] *v.intr.* imporsi; intromettersi (arbitrariamente): *I hope I am not intruding...*, scusi se mi intrometto...; *I could see she was upset but I did'nt want to* —, si vedeva che era sconvolta ma temevo di dare fastidio; *to — upon a person's privacy*, disturbare l'intimità di una persona ◆ *v.tr.* intromettere; imporre: *to — one's views upon s.o.*, (*form.*) imporre le proprie opinioni a qlcu.

intruder [ɪn'truːdə* / in·truder] *s.* **1** intruso **2** (*aer.*) incursore isolato.

intrusion [ɪn'truːʒn / in·tru·sion] *s.* **1** intrusione **2** (*geol.*) intrusione **3** (*dir.*) intrusione illegittima (violazione di diritti di proprietà altrui per ingresso abusivo o turbativa del possesso).

intrusive [ɪn'truːsɪv / in·trus·ive] *agg.* **1** intruso; importuno, invadente **2** (*geol.*) intrusivo: — *rocks*, rocce intrusive // **-ly** *avv.* // **-ness** *s.*

to **intubate** ['ɪntjuːbeɪt *amer.* 'ɪntuːbeɪt / in·tub·ate] *v.tr.* (*med.*) intubare.

intubation [ˌɪn,tjuː'beɪʃn *amer.* ˌɪn,tuː'beɪʃn / in·tuba·tion] *s.* (*med.*) intubazione.

to **intuit** [ɪn'tjuːɪt *amer.* ɪn'tuːɪt / in·tuit] *v.tr.* (*form.*) intuire ◆ *v.intr.* (*form.*) avere intuito.

intuition [ˌɪntjuː'ɪʃn *amer.* ˌɪntuː'ɪʃn / in·tu·ition] *s.* intuizione, intuito.

intuitional [ˌɪntjuː'ɪʃənl *amer.* ˌɪntuː'ɪʃənl / in·tu·itional] *agg.* (*non com.*) intuitivo.

intuition(al)ism [ˌɪntjuː'ɪʃən(əl)ɪzəm *amer.* ˌɪntuː'ɪʃən(əl)ɪzəm / in·tu·ition·(al)·ism] *s.* (*fil.*) intuizionismo.

intuitive [ɪn'tjuːɪtɪv *amer.* ɪn'tuːɪtɪv / in·tu·it·ive] *agg.* intuitivo; dotato d'intuito // **-ly** *avv.* // **-ness** *s.*

intuitivism [ɪn'tjuːɪtɪvɪzəm *amer.* ɪn'tuːɪtɪvɪzəm / in·tu·it·iv·ism] *s.* (*fil.*) intuitivismo.

to **intumesce** [ˌɪntjuː'mes *amer.* ˌɪntuː'mes / in·tu·mesce] *v.intr.* (*non com.*) tumefarsi.

intumescence [ˌɪntjuː'mesns *amer.* ˌɪntuː'mesns / in·tu·mes·cence] *s.* intumescenza; tumefazione; gonfiore.

intumescent [ˌɪntjuː'mesnt *amer.* ˌɪntuː'mesnt / in·tu·mes·cent] *agg.* intumescente; tumefatto; gonfio.

intussusception [ˌɪntəsə'sepʃn / in·tus·sus·cep·tion] *s.* (*med.*) invaginazione.

inulase ['ɪnjəleɪs / inu·lase] *s.* (*biochim.*) inulasi, inulinasi.

inulin ['ɪnjʊlɪn / in·ulin] *s.* (*chim.*) inulina.

inunction [ɪn'ʌŋkʃn / in·unc·tion] *s.* **1** applicazione di pomata, unguento **2** pomata, unguento.

to **inundate** ['ɪnʌndeɪt / in·und·ate] *v.tr.* (*form.*) inondare (*anche fig.*): *the dam burst and the whole valley was inundated with water*, la diga cedette e l'intera vallata fu inondata dall'acqua; *after the show he was inundated with letters*, dopo lo spettacolo fu sommerso di lettere.

inundation [ˌɪnʌn'deɪʃn / in·unda·tion] *s.* (*form.*) inondazione, alluvione.

to **inure** [ɪ'njʊə* / in·ure] *v.tr.* (*form.*) abituare; avvezzare; assuefare: *to — oneself to sthg.*, *to hard work*, abituarsi a qlco., al lavoro duro ◆ *v.intr.* (*dir.*) entrare in vigore (di legge ecc.).

inurement [ɪ'njʊəmənt / in·ure·ment] *s.* (*form.*) assuefazione; abitudine.

to **inurn** [ɪ'nɜːn / in·urn] *v.tr.* (*form.*) mettere (le ceneri) in un'urna; seppellire.

inutility [ˌɪnjuː'tɪlətɪ / in·util·ity] *s.* (*form.*) inutilità.

to **invade** [ɪn'veɪd / in·vade] *v.tr.* **1** invadere, assalire (*anche fig.*): *the city was invaded by tourists*, la città fu invasa da turisti **2** violare: *to — s.o.'s rights*, violare i diritti di qlcu.; *to — s.o.'s privacy*, violare l'intimità di qlcu.

invader [ɪn'veɪdə* / in·vader] *s.* invasore.

to **invaginate** [ɪn'vædʒɪneɪt / in·va·gin·ate] *v.tr.* **1** invaginare; inguainare **2** fare rientrare **3** (*med.*) invaginare ◆ *v.intr.* (*med.*) invaginarsi.

invagination [ɪn,vædʒɪ'neɪʃn / in·va·gina·tion] *s.* (*med.*) invaginazione.

invalid[1] ['ɪnvəlɪd / in·valid] *agg.* e *s.* invalido, infermo.

to **invalid**[1] ['ɪnvəliːd] *v.tr.* rendere invalido; dichiarare inabile per invalidità; (*mil.*) riformare; entrare nella lista degli invalidi: *he was invalided out of the army*, fu dimesso dall'esercito per invalidità.

invalid[2] [ɪn'vælɪd] *agg.* **1** (*spec. dir.*) non valevole, nullo; invalido: — *contract*, contratto invalido; — *will*, testamento nullo; *to declare* —, annullare, dichiarare nullo **2** (*inform.*) scorretto, erroneo; non valido.

to **invalidate** [ɪn'vælɪdeɪt / in·val·id·ate] *v.tr.* infirmare, annullare; (*dir.*) invalidare (testamento), rendere nullo: *his lack of logical rigour invalidated his whole argument*, la sua mancanza di rigore logico rese nulla tutta la sua argomentazione.

invalidation [ɪn,vælɪ'deɪʃn / in·val·ida·tion] *s.* (*form.*) invalidazione, invalidamento (*anche dir.*).

invalidity [ˌɪnvə'lɪdətɪ / in·va·lid·ity] *s.* invalidità.

invalidly [ɪn'vælɪdlɪ / in·valid·ly] *avv.* senza validità.

invaluable [ɪn'væljʊəbl / in·valu·able] *agg.* **1** inestimabile; senza prezzo **2** (*estens.*) prezioso: *your — advice*, i tuoi preziosi consigli // **-bly** *avv.*

invariability [ɪn,veərɪə'bɪlətɪ / in·vari·ab·il·ity] *s.* (*form.*) invariabilità.

invariable [ɪn'veərɪəbl / in·vari·able] *agg.* invariabile, immutabile; costante; immancabile: *his — complaint*, le sue immancabili lamentele // **-bly** *avv.*

invariant [ɪn'veərɪənt / in·vari·ant] *s.* (*fis.*, *mat.*) invariante.

invasion [ɪn'veɪʒn / in·va·sion] *s.* **1** invasione; (*fig.*) intrusione **2** (*med.*) attecchimento (di malattia); invasione, aggressione (di batteri) **3** violazione (di diritti).

invasive [ɪn'veɪsɪv / in·vas·ive] *agg.* **1** (*ant.*) di invasione; (*fig.*) invadente: — *war*, guerra d'invasione **2** (*med.*) invasivo: — *tumour*, tumore invasivo.

invective [ɪn'vektɪv / in·vect·ive] *s.* (*form.*) invettiva; insulto, ingiuria.

invectively [ɪn'vektɪvlɪ / in·vect·ive·ly] *avv.* ingiuriosamente: *thus most invectively he pierceth through / the body of the country*, (SH. As You Like it) così molto ingiuriosamente trafigge il corpo della nazione.

to **inveigh** [ɪn'veɪ / in·veigh] *v.intr.* (*form.*) inveire: *to — against*, inveire contro.

to **inveigle** [ɪn'veɪgl / in·veigle] *v.tr.* (*form.*) allettare; tentare; sedurre: *to — s.o. into doing sthg.*, indurre qlcu. a fare qlco.

inveiglement [ɪn'veɪglmənt / in·veigle·ment] *s.* (*form.*) allettamento; adescamento; seduzione.

inveigler [ɪn'veɪglə* / in·veigler] *s.* (*non com.*) seduttore; tentatore.

to **invent** [ɪn'vent / in·vent] *v.tr.* **1** inventare **2** (*fig.*) inventare, escogitare.

invention [ɪn'venʃn / in·ven·tion] *s.* **1** invenzione; (*dir.*) invenzione brevettabile: *the — of printing*, l'invenzione della stampa; *the whole account is a complete* —, tutto il racconto è pura invenzione **2** inventiva.

inventive [ɪn'ventɪv / in·vent·ive] *agg.* inventivo // **-ly** *avv.*

inventiveness [ɪn'ventɪvnɪs / in·vent·ive·ness] *s.* inventiva, fantasia.

inventor [ɪn'ventə* / in·ventor] *s.* inventore.

inventory ['ɪnvəntrɪ *amer.* 'ɪnvəntɔːrɪ / in·vent·ory] *s.* **1** inventario: *to draw up an* —, fare un inventario // (*amm.*): — *book*, libro degli inventari; *perpetual*—,inventario permanente (metodo per la valutazione delle ricchezze di un paese) **2** scorte (*pl.*), rimanenze (*pl.*), giacenze (*pl.*), merci in magazzino (*pl.*): — *accounting*, contabilità di magazzino // (*amm.*, *econ.*): — *cycle*, ciclo delle scorte; — *valuation methods*, criteri di valutazione delle scorte; — *revaluation*, rivalutazione delle scorte; — *value*, valore d'inventario; — *control*, gestione delle scorte.

to **inventory** *v.tr.* fare l'inventario di, inventariare.

inverness (overcoat) [ˌɪnvə'nes('əʊvə kəʊt)] *s.* soprabito con mantellina.

inverse [ˌɪn'vɜːs / in·verse] *agg.* inverso, opposto: *in — order*, in ordine inverso; *in — ratio*, in ragione inversa; *in — relation* (o *proportion*) *to*, inversamente proporzionale a // (*mat.*): — *problem*, *system*, problema, sistema inverso; — *function*, funzione inversa // (*fis.*) — *-square law*, legge dell'inverso del quadrato (della distanza) ◆ *s.* inverso, opposto // **-ly** *avv.*

inversion [ɪn'vɜːʃn / in·ver·sion] *s.* **1** inversione, capovolgimento // (*fis.*): — *layer*, strato di inversione; — *temperature*, temperatura di inversione // (*med.*) *uterine* —, estroflessione **2** (*chim.*) inversione **3** (*meteor.*) inversione (termica) **4** (*psic.*) inversione sessuale.

inversive [ɪn'vɜːsɪv / in·vers·ive] *agg.* (*form.*) inversivo.

invert ['ɪnvɜːt] *agg.* (*chim.*) invertito: — *sugar*, zucchero invertito // — *soap*, sapone disinfettante ◆ *s.* **1** (*edil.*) arco invertito **2** (*non com.*) invertito, omosessuale.

to **invert** [ɪn'vɜ:t] *v.tr.* **1** invertire **2** capovolgere.

invertase [ɪn'vɜ:teɪs / in·vert·ase] *s.* (*biochim.*) invertasi, saccarasi.

invertebrate [ɪn'vɜ:tɪbrət / in·ver·teb·rate] *agg.* invertebrato; (*fig.*) fiacco, inetto ◆ *s.* (*zool.*) invertebrato.

inverted [ɪn'vɜ:tɪd / in·verted] *agg.* invertito, rovesciato, capovolto: — *commas*, virgolette.

inverter [ɪn'vɜ:tə* / in·vert·er] *s.* (*elettr.*) invertitore.

to **invest** [ɪn'vest / in·vest] *v.tr.* **1** investire: *to — money in new machinery*, investire denaro in nuovi macchinari; *I've invested a lot of time in the new project*, ho investito molto tempo nel nuovo progetto // *I'll — in a new hat*, comprerò un cappello nuovo **2** conferire (una carica, una dignità); investire: *he was invested with political power*, fu investito di potere politico **3** (*rar.*) vestire, rivestire (*anche fig.*) **4** (*mil.*) assediare ◆ *v.intr.* fare un investimento, investire denaro: *to — in gilt-edged securities*, investire in titoli di prima qualità.

investible [ɪn'vestəbl / in·vest·ible] *agg.* investibile: — *funds*, fondi da investire.

investigable [ɪn'vestɪgəbl / in·vest·ig·able] *agg.* (*form.*) investigabile.

to **investigate** [ɪn'vestɪgeɪt / in·vest·ig·ate] *v.tr.* investigare, indagare: *to — a crime*, fare indagini su un reato.

investigating [ɪn'vestɪgeɪtɪŋ / in·vest·ig·at·ing] *agg.* (*dir.*) inquirente // — *judge*, giudice istruttore.

investigation [ɪn,vestɪ'geɪʃn / in·vest·iga·tion] *s.* investigazione, indagine: — *of a crime*, indagini su un reato.

investigative [ɪn'vestɪgeɪtɪv / in·vest·ig·at·ive] *agg.* investigativo.

investigator [ɪn'vestɪgeɪtə* / in·vest·ig·ator] *s.* **1** investigatore, agente investigativo: *private* —, investigatore privato **2** liquidatore per conto di assicurazioni.

investigatory [ɪn'vestɪgeɪtərɪ / in·vest·ig·at·ory] *agg.* indagatore; investigativo: — *powers*, poteri investigativi.

investiture [ɪn'vestɪtʃə* *amer.* ɪn'vestɪtʃʊə* / in·vest·it·ure] *s.* **1** investitura **2** (*ant.*) copertura; rivestimento; vestimento; paramento; veste.

investment [ɪn'vesmənt / in·vest·ment] *s.* **1** investimento: *renewing the library's labelling system required the — of a great deal of time and energy*, il rinnovamento del sistema di classificazione della biblioteca richiese l'investimento di una grande quantità di tempo e di energia // (*econ.*): — *abroad* (o *overseas*), investimento all'estero; *foreign* —, investimento estero; *autonomous, induced* —, investimento autonomo, indotto; *outward directed* —, investimento diretto all'estero; *labour-saving* —, investimento risparmiatore di lavoro, investimento di razionalizzazione; *real investments*, investimenti in immobili; — *goods*, beni di investimento; — *multiplier*, moltiplicatore (degli investimenti); *negative* —, disinvestimento; — *allowances*, ammortamento fiscale; *temporary investments*, valori mobiliari // (*dir.*): — *company*, società finanziaria; — *contract*, contratto con cui una parte investe capitali senza impegnarsi a svolgere alcuna attività **2** (*mil.*) assedio; investimento **3** (*antiq.*) vestimento; rivestimento.

investment fund [ɪn'vesmənt,fʌnd] **investment trust** [ɪn'vesmənt,trʌst] *s.* fondo comune d'investimento.

investor [ɪn'vestə* / in·vestor] *s.* (*dir.*, *econ.*) investitore.

inveteracy [ɪn'vetərəsɪ / in·vet·er·acy] *s.* **1** (*form.*) tenacia; l'essere radicato, inveterato **2** (*form.*) animosità; ostilità **3** (*med.*) cronicità, inguaribilità.

inveterate [ɪn'vetərət / in·vet·er·ate] *agg.* inveterato, radicato; persistente; ostinato; accanito: — *disease*, malattia cronica (inguaribile); *an — smoker*, un fumatore accanito // **-ly** *avv.*

invidious [ɪn'vɪdɪəs / in·vidi·ous] *agg.* **1** spiacevole; odioso; antipatico; che suscita invidia, gelosia: — *comparison*, paragone odioso; — *position*, posizione spiacevole **2** ingiusto; diffamatorio // **-ly** *avv.* // **-ness** *s.*

to **invigilate** [ɪn'vɪdʒɪleɪt / in·vi·gil·ate] *v.intr.* sorvegliare i candidati (durante un esame scritto); sorvegliare.

invigilation [ɪn,vɪdʒɪ'leɪʃn / in·vi·gila·tion] *s.* sorveglianza, vigilanza (spec. durante esami).

invigilator [ɪn'vɪdʒɪleɪtə* / in·vi·gil·ator] *s.* sorvegliante, assistente (spec. durante esami).

to **invigorate** [ɪn'vɪgəreɪt / in·vig·or·ate] *v.tr.* rinvigorire, rinforzare; rianimare; fare rivivere.

invigorating [ɪn'vɪgəreɪtɪŋ / in·vig·or·at·ing] *agg.* rinforzante; rinvigorente; vivificante: — *air*, aria salubre, corroborante.

invigoration [ɪn,vɪgə'reɪʃn / in·vig·ora·tion] *s.* (*non com.*) rinvigorimento.

invigorator [ɪn'vɪgəreɪtə* / in·vig·or·ator] *s.* (*non com.*) persona, cosa che dà vigore.

invincibility [ɪn,vɪnsə'bɪlətɪ / in·vin·cib·il·ity] *s.* invincibilità, imbattibilità.

invincible [ɪn'vɪnsəbl / in·vin·cible] *agg.* **1** invincibile, imbattibile **2** (*non com.*) assoluto: *he had an — belief in the perfectibility of mankind*, aveva una assoluta fiducia nella perfettibilità del genere umano // **-bly** *avv.*

inviolability [ɪn,vaɪələ'bɪlətɪ / in·vi·ol·ab·il·ity] *s.* inviolabilità; sacralità.

inviolable [ɪn'vaɪələbl / in·vi·ol·able] *agg.* **1** inviolabile; intoccabile; indistruttibile: *Jim was in an — position in the gang*, Jim era in una posizione intoccabile nella banda **2** sacro, inviolabile // **-ness** *s.* // **-bly** *avv.*

inviolacy [ɪn'vaɪələsɪ / in·vi·ol·acy] *s.* (*form.*) l'essere inviolato; integrità; sacralità.

inviolate [ɪn'vaɪəlɪt / in·vi·ol·ate] *agg.* (*form.*) **1** inviolato; non profanato; puro **2** integro, intatto; inviolato // **-ly** *avv.* // **-ness** *s.*

invisibility [ɪn,vɪzə'bɪlətɪ / in·vis·ib·il·ity] *s.* invisibilità.

invisible [ɪn'vɪzəbl / in·vis·ible] *agg.* **1** invisibile // (*econ.*) — *balance*, bilancia delle partite invisibili **2** impercettibile; indistinto: *the bats were — against the night sky*, i pipistrelli erano impercettibili contro il cielo notturno // **-ness** *s.* // **-bly** *avv.*

invisibles [ɪn'vɪzəblz / in·vis·ibles] *s.pl.* (*econ.*) partite invisibili.

invitation [,ɪnvɪ'teɪʃn / in·vita·tion] *s.* **1** invito: *he declined my* —, rifiutò il mio invito; *to send out invitations to a dinner*, mandare inviti per un pranzo // (*dir.*) — *to treat*, invito a trattare **2** (*fig.*) invito; incentivo; incitamento; spinta: *open* —, invito a nozze; *his rebellious behaviour was an open — to send him down from University*, il suo comportamento ribelle fu un invito a nozze per la sua espulsione dall'università.

invite ['ɪnvaɪt / in·vite] *s.* (*fam.*) invito // (*dir.*) — *to tenders*, invito d'asta.

to **invite** [ɪn'vaɪt] *v.tr.* **1** (IV) invitare: *to — s.o. to dinner*, invitare qlcu. a pranzo; *they invited me to submit my application*, mi invitarono a presentare la mia domanda di impiego // *to — in, out*, invitare a entrare, a uscire // *to — s.o. round* (o *over*), invitare a casa propria // *they were going to Venice and they invited me along*, andavano a Venezia e mi invitarono ad andare con loro **2** incoraggiare; stimolare; invitare; ispirare; provocare: *it is better not to — criticism*, è meglio non incoraggiare le critiche **3** tentare; attrarre; indurre: *the perfect weather invited the surfer to try his hand*, il tempo perfetto tentò il surfista a lanciarsi.

invitee [ɪn,vaɪ'ti: / in·vitee] *s.* invitato; ospite.

inviter [ɪn'vaɪtə* / in·viter] *s.* (*non com.*) chi invita; ospite.

inviting [ɪn'vaɪtɪŋ / in·vit·ing] *agg.* invitante; allettante; seducente; ammiccante: *an — glance*, un'occhiata seducente // **-ly** *avv.* // **-ness** *s.*

in vitro [ɪn'vaɪtrəʊ] *agg.* e *avv.* (*med.*) in vitro.

in vivo [ɪn'vi:vəʊ] *agg.* e *avv.* (*med.*) in vivo.

to **invocate** ['ɪnvəʊkeɪt / in·voc·ate] *v.tr.* (*ant.*) → to **invoke**.

invocation [,ɪnvəʊ'keɪʃn / in·voca·tion] *s.* **1** invocazione **2** evocazione (di spiriti, di morti ecc.).

invocative [ɪn'vɒkətɪv / in·voca·tive] **invocatory** [ɪn'vɒkətərɪ / in·voc·at·ory] *agg.* (*non com.*) invocatorio; invocativo; invocante.

invoice ['ɪnvɔɪs / in·voice] *s.* (*comm.*) fattura: *issuing* —, fattura da emettere; — *price*, prezzo di fattura.

to **invoice** *v.tr.* (*comm.*) fatturare (qlco.); fare, emettere fattura a (qlcu.); includere nella fattura.

invoicing ['ɪnvɔɪsɪŋ / in·voicing] *s.* (*comm.*) fatturazione.

to **invoke** [ɪn'vəʊk / in·voke] *v.tr.* (*form.*) **1** invocare; implorare: *to — s.o.'s aid*, implorare l'aiuto di qlcu. **2** invocare; citare; appellarsi a: *to — the law*, invocare la legge; *to — s.o.'s authority*, appellarsi all'autorità di qlcu. **3** evocare; suscitare; destare; far nascere: *the play invokes dreams of a past now long gone*, il dramma evoca sogni di un passato ormai lontano **4** evocare (spiriti, morti ecc.).

involucre ['ɪnvəlu:kə* / in·vol·ucre] *s.* (*anat.*, *bot.*) involucro; rivestimento.

involuntary [ɪn'vɒləntərɪ *amer.* ɪn'vɒlənterɪ / in·vol·un·tary] *agg.* involontario: — *unemployment*, disoccupazione involontaria // (*econ.*) — *saving*, risparmio forzato // (*dir.*): — *act*, atto involontario; — *manslaughter*, omicidio involontario // **-ily** *avv.* // **-iness** *s.*

involute ['ɪnvəlu:t / in·vol·ute] *agg.* **1** (*non com.*) involuto; intricato **2** (*bot.*, *zool.*) involuto, a spirale ◆ *s.* **1** (*rar.*) cosa involuta **2** (*mat.*) evolvente (di una curva) // (*mecc.*) — *profile*, profilo a evolvente (dei denti di una ruota dentata).

involution [,ɪnvə'lu:ʃn / in·volu·tion] *s.* **1**

involuzione, avvolgimento **2** (*non com.*) imbroglio, complicazione, intrico **3** (*biol.*, *med.*) involuzione **4** (*mat.*) involuzione.

involutional [ˌɪnvəˈluːʃənl / in·volu·tion·al] *agg.* (*psic.*) involutivo: — *melancholy*, psicosi involutiva.

to **involve** [ɪnˈvɒlv / in·volve] *v.tr.* **1** coinvolgere, implicare: *she was involved in the crime*, ella fu coinvolta nel delitto; *he involved his neighbours in the fight for better housing*, trascinò i suoi vicini nella battaglia per ottenere alloggi migliori; *the book involves you in its intricate plot*, il libro ti coinvolge con il suo intreccio complicato **2** (I) portare come conseguenza, comportare: *expansion in business involves expenditure*, lo sviluppo degli affari comporta spese; *it will — getting up early*, significherà alzarsi presto **3** complicare, rendere intricato **4** (*ant.*) avviluppare, avvolgere (a spirale), attorcigliare.

involved [ɪnˈvɒlvd / in·volved] *agg.* **1** coinvolto // *to be — with*, avere un legame sentimentale con **2** complicato, complesso: *Middle -East politics are extremely involved*, la politica medio-orientale è estremamente complessa.

involvement [ɪnˈvɒlvmənt / in·volve·ment] *s.* **1** coinvolgimento; implicazione **2** (*non com.*) complicazione; confusione.

invulnerability [ɪnˌvʌlnərəˈbɪlətɪ / in·vul·ner·ab·il·ity] *s.* invulnerabilità.

invulnerable [ɪnˈvʌlnərəbl / in·vul·ner·able] *agg.* invulnerabile (*anche fig.*) // **-ness** *s.*

inward [ˈɪnwəd / in·ward] *agg.* **1** interiore; interno; (*fig.*) intimo **2** (*ant.*) intimo, in rapporti di intimità: *Who is most inward with the noble Duke?*, (SH. Richard III) Chi è più intimo con il nobile duca? ◆ *s.* **1** (*rar.*) l'interno, la parte interna; (*fig.*) l'intimo **2** *pl.* viscere.

inward *avv.* → **inwards**.

inward-looking [ˈɪnwədˌlʊkɪŋ] *agg.* isolazionistico // *he's a rather — individual*, è un individuo piuttosto introverso.

inwardly [ˈɪnwədlɪ / in·ward·ly] *avv.* internamente; interiormente; (*fig.*) intimamente, dentro di sé: *he smiled but — he was furious*, sorrise ma dentro di sé era furioso.

inwardness [ˈɪnwədnɪs / in·ward·ness] *s.* **1** (*non com.*) interiorità, spiritualità; profondità (di sentimenti ecc.) **2** (*ant.*) intimità, familiarità; intima conoscenza: *you know my inwardness and love / is very much unto the prince*, (SH. Much Ado About Nothing) voi sapete quanto sia intimo amico del principe.

inwards [ˈɪnwədz / in·wards] *avv.* **1** verso l'interno: *the window faced — onto the courtyard*, la finestra guardava internamente sul cortile **2** (*comm.*) in entrata // — *clearing bill*, certificato di verifica doganale.

to **inweave** [ˌɪnˈwiːv / in·weave] *pass.* **inwove** [ˌɪnˈwəʊv / in·wove] *p.p.* **inwoven** [ˌɪnˈwəʊvn / in·woven] *v.tr.* (*non com.*) tessere, intessere; intrecciare (*anche fig.*).

inwit [ˈɪnwɪt / in·wit] *s.* (*ant.*) coscienza.

to **inwreathe** [ɪnˈriːð/ in·wreathe] → to **enwreathe**.

inwrought [ˌɪnˈrɔːt / in·wrought] *agg.* **1** (*ant.*) intessuto (*anche fig.*); ricamato, lavorato **2** (*fig.*) unito intimamente.

iodate [ˈaɪədeɪt / iod·ate] *s.* (*chim.*) iodato.

iodic [aɪˈɒdɪk] *agg.* (*chim.*) iodico.

iodide [ˈaɪədaɪd / iod·ide] *s.* (*chim.*) ioduro.

to **iodinate** [ˈaɪəʊdɪneɪt *amer.* ˈaɪəʊdaɪneɪt / iod·in·ate] *v.tr.* (*chim.*) combinare con lo iodio, iodurare.

iodination [ˌaɪəʊdɪnˈeɪʃn *amer.* ˌaɪəʊdaɪneɪʃn / iod·ina·tion] *s.* (*chim.*) iodurazione.

iodine [ˈaɪədiːn *amer.* ˈaɪədaɪn / iod·ine] *s.* (*chim.*) iodio: *tincture of —*, tintura di iodio.

iodism [ˈaɪədɪzəm / iod·ism] s. (*med.*) iodismo.

to **iodize** [ˈaɪədaɪz / iod·ize] *v.tr.* **1** (*chim.*) iodare **2** trattare con tintura di iodio.

iodized [ˈaɪədaɪzd / iod·ized] *agg.* (*chim.*) iodato: — *salt*, sale iodato.

iodoform [aɪˈɒdəfɔːm / iodo·form] *s.* (*chim.*) iodoformio.

iodometry [ˌaɪəʊˈdɒmətrɪ / iodo·metry] *s.* (*chim.*) iodometria.

iodous [aɪˈəʊdəs / iod·ous] *agg.* (*chim.*) iodoso.

iolite [ˈaɪəʊlaɪt / io·lite] *s.* (*min.*) iolito.

ion [ˈaɪən] *s.* (*chim.*, *fis.*) ione: — *exchange*, scambio ionico, di ioni; — *implantation*, impiantazione ionica; — *pair*, coppia di ioni.

-ion [ən] → **-tion**.

Ionian [aɪˈəʊnjən / Ion·ian] *agg.* (*geogr.*) Ionio // *the — sea*, il mar Ionico, lo Ionio // *the — Islands*, le isole dello Ionio.

Ionic [aɪˈɒnɪk] *agg.* ionico: (*arch.*) — *order*, ordine ionico.

ionic *agg.* (*chim.*, *fis.*) ionico: — *bond*, legame ionico; — *conduction*, *implantation*, conduzione, impiantazione ionica; — *crystal*, cristallo ionico; — *mobility*, mobilità ionica; — *semiconductor*, semiconduttore ionico.

ionium [aɪˈəʊnɪəm / ion·ium] *s.* (*chim.*) ionio, torio 230.

ionization [ˌaɪənaɪˈzeɪʃn *amer.* ˌaɪənɪˈzeɪʃn / ion·iza·tion] *s.* (*chim.*, *fis.*) ionizzazione: — *chamber*, camera di ionizzazione; — *potential*, potenziale di ionizzazione.

to **ionize** [ˈaɪənaɪz / ion·ize] *v.tr.* (*chim.*, *fis.*) ionizzare.

ionizing [ˈaɪənaɪzɪŋ / ion·iz·ing] *agg.* (*chim.*, *fis.*) ionizzante: — *agent*, agente ionizzante; — *radiation*, radiazione ionizzante.

ionosphere [aɪˈɒnəsfɪə* / iono·sphere] *s.* ionosfera.

ionospheric [aɪˌɒnəˈsfɪərɪk / iono·spheric] *agg.* (*fis.*) ionosferico.

iota [aɪˈəʊtə] *s.* **1** iota (nona lettera dell'alfabeto greco) **2** (*fig.*) briciolo: *there's not an — of truth in it*, non c'è un briciolo di verità.

IOU [ˌaɪəʊˈjuː] (contr. di *I owe you*) io vi devo (dichiarazione di debito).

ipecacuanha [ˌɪpɪkækjʊˈænə / ip·ec·acu·anha] *s.* (*bot.*) (*Cephaelis ipecacuanha*) ipecacuana.

ipso facto [ˌɪpsəʊˈfæktəʊ] *avv.* ipso facto, subito, immediatamente; per quel fatto stesso: *an artist is — an individualist*, un artista è, in quanto tale, un individualista.

ir- *pref.* → **in-**[1].

Iranian [ɪˈreɪnjən / Ira·nian] *agg.* e *s.* iraniano, persiano.

Iraqi [ɪˈrɑːkɪ] *agg.* e *s.* iracheno.

irascibility [ɪˌræsəˈbɪlətɪ / iras·cib·il·ity] *s.* (*form.*) irascibilità, iracondia; irritabilità.

irascible [ɪˈræsəbl / iras·cible] *agg.* (*form.*) irascibile, iracondo; irritabile // **-bly** *avv.*

irate [aɪˈreɪt / ir·ate] *agg.* irato, arrabbiato // **-ly** *avv.*

ire [ˈaɪə*] *s.* (*form.*) ira, collera.

ireful [ˈaɪəfʊl / ire·ful] *agg.* (*ant.*) adirato, furioso, infuriato: *...God / stretcheth out his arm and bends his ireful brow*, (MARLOWE) ...Dio stende il suo braccio e inarca il suo irato ciglio // **-ly** *avv.*

irenic(al) [aɪˈriːnɪk(l) / irenic, iren·ical] *agg.* (*non com.*) pacifico, conciliatore.

irenics [aɪˈriːnɪks / iren·ics] *s.* [U] irenica (dottrina che tratta della conciliazione fra le chiese cristiane).

iridectomy [ˌɪrɪˈdektəmɪ / irid·ec·tomy] *s.* (*med.*) iridectomia.

iridescence [ˌɪrɪˈdesns / iri·des·cence] *s.* iridescenza.

iridescent [ˌɪrɪˈdesnt / iri·des·cent] *agg.* iridescente.

iridic [aɪˈrɪdɪk / iri·dik] *agg.* (*chim.*) iridico.

iridium [aɪˈrɪdɪəm / iri·dium] *s.* (*chim.*) iridio.

to **iridize** [ˈaɪrɪdaɪz / iri·dize] *v.tr.* iridare, rendere iridescente.

iris [ˈaɪərɪs] *s.* **1** (*anat.*, *fis.*) iride **2** (*bot.*) iris, ireos, giaggiolo SIN. flower de luce.

Irish [ˈaɪərɪʃ / Ir·ish] *agg.* irlandese // *the —*, gli irlandesi // — *buggy*, (*fam. amer.*) carriola // — *confetti*, (*fam. amer.*) mattoni, sassi (spec. se lanciati in una rissa) // — *grape*, (*fam. amer.*) patata ◆ *s.* **1** lingua irlandese **2** (*non com.*) scoppio d'ira.

Irisher [ˈaɪərɪʃə* / Ir·isher] *s.* (*amer.*) persona di discendenza irlandese.

Irishman [ˈaɪərɪʃmən / Ir·ish·man] *pl.* **Irishmen** *s.* (uomo) irlandese.

Irishwoman [ˈaɪərɪʃˌwʊmən / Ir·ish·wo·man] *pl.* **Irishwomen** [ˈaɪərɪʃˌwɪmɪn] *s.* (donna) irlandese.

iritis [aɪˈraɪtɪs / ir·itis] *s.* (*med.*) irite.

to **irk** [ɜːk] *v.tr.* (*fam.*) irritare; infastidire; annoiare: *his air of superiority irks me*, mi irrita la sua aria di superiorità.

irksome [ˈɜːksəm / irk·some] *agg.* noioso; fastidioso, molesto; tedioso // **-ly** *avv.* // **-ness** *s.*

iron [ˈaɪən *amer.* ˈaɪərn] *s.* **1** ferro: *galvanized —*, ferro zincato // *to strike while the — is hot*, battere il ferro finché è caldo // *to have too many irons in the fire*, avere troppa carne al fuoco **2** ferro da stiro; oggetto, strumento di ferro **3** *pl.* catene, ceppi **4** (*golf*) ferro **5** (*fam. amer.*) rivoltella, pistola **6** (*fam. amer.*) motocicletta **7** (*fam. amer.*) automobile ◆ *agg.* **1** di ferro, in ferro: — *sheet*, *wire*, lamiera, filo di ferro; — *scrap*, rottami di ferro // *the — hand* (o *fist*) *in the velvet glove*, pugno di ferro in guanto di velluto // *Iron Crown*, Corona di ferro // — *horse*, cavallo d'acciaio (locomotiva o bicicletta) **2** relativo al ferro, del ferro: — *industry*, siderurgia // *Iron Age*, Età del ferro **3** (*fig.*) di ferro, ferreo: *an — will*, una volontà di ferro // *the Iron Duke*, il Duca di ferro (Wellington) // *Iron Curtain*, cortina di ferro **4** color ferro **5** ferrugginoso.

to **iron** *v.tr.* **1** stirare **2** rivestire di ferro **3** ferrare.

□ **iron out** *v.tr.* e *avv.* **1** eliminare stirando

(pieghe ecc.) **2** (*fig.*) appianare, risolvere: *they will meet to — out all the problems*, si incontreranno per risolvere tutti i problemi **3** (*sl. amer.*) uccidere (con un fucile).

iron-bound ['aɪənbaʊnd *amer.* 'aɪərnbaʊnd] *agg.* **1** cinto di ferro **2** frastagliato, roccioso: *— coast*, costa rocciosa.

ironclad ['aɪənklæd *amer.* 'aɪərnklæd / iron·clad] *agg.* corazzato ◆ *s.* (*mar.*) corazzata.

irone ['aɪ,rəʊn] *s.* (*chim.*) irone.

ironer ['aɪənə* *amer.* 'aɪərnə*] *s.* stiratore, stiratrice.

iron foundry ['aɪən,faʊndrɪ *amer.* 'aɪərn ,faʊndrɪ] *s.* fonderia di ghisa.

iron-grey [,aɪən'greɪ *amer.* ,aɪərn'greɪ] *agg.* e *s.* (color) grigio ferro.

iron-handed [,aɪən'hændɪd *amer.* ,aɪərn 'hændɪd] *agg.* dal pugno di ferro.

iron-hearted [,aɪən'hɑ:tɪd *amer.* ,aɪərn'hɑ:tɪd] *agg.* dal cuore di pietra.

iron-house ['aɪən,haʊs *amer.* 'aɪərn,haʊs] *s.* (*fam. amer.*) prigione.

ironic(al) [aɪ'rɒnɪk(l) / ironic, iron·ic(al)] *agg.* ironico // **-ally** *avv.*

ironing ['aɪənɪŋ *amer.* 'aɪərnɪŋ / iron·ing] *s.* stiratura: *to do the —*, stirare ◆ *agg.* da stiro, per stirare: *— board*, asse da stiro.

ironist ['aɪənɪst *amer.* 'aɪərnɪst / iron·ist] *s.* ironista.

iron lung [,aɪən'lʌŋ *amer.* ,aɪərn'lʌŋ] *s.* polmone d'acciaio.

iron man [,aɪən'mæn *amer.* ,aɪərn'mæn] *s.* (*fam.*) **1** robot **2** (*fig.*) uomo di ferro **3** (*sl.*) dollaro.

ironmaster ['aɪən,mɑ:stə* *amer.* 'aɪərn ,mæstə* / iron·mas·ter] *s.* padrone di ferriera.

ironmonger ['aɪən,mʌŋgə* *amer.* 'aɪərn ,mʌŋgə* / iron·mon·ger] *s.* negoziante in ferramenta // *— 's*, negozio di ferramenta.

ironmongery ['aɪən,mʌŋgərɪ *amer.* 'aɪərn ,mʌŋgərɪ / iron·mon·gery] *s.* ferramenta; negozio di ferramenta.

ironmould ['aɪənməʊld *amer.* 'aɪərnməʊld / iron·mould] *s.* macchia di ruggine.

iron ore [,aɪən'ɔ:* *amer.* ,aɪərn'ɔ:*] *s.* minerale di ferro.

iron rations [,aɪən'ræʃnz *amer.* ,aɪərn'ræʃnz] *s.pl.* (*mil.*) razioni di riserva.

ironside ['aɪənsaɪd *amer.* 'aɪərnsaɪd / iron·side] *s.* **1** (*ant.*) uomo coraggioso **2** (*non com.*) corazzata **3** *pl.* (*st.*) la cavalleria di Cromwell.

ironstone ['aɪənstəʊn *amer.* 'aɪərnstəʊn / iron·stone] *s.* minerale di ferro.

ironware ['aɪənweə* *amer.* 'aɪərnweə* / iron·ware] *s.* [U] ferramenta.

iron-witted ['aɪən,wɪtɪd *amer.* 'aɪərn,wɪtɪd] *agg.* (*ant.*) insensibile: *I will converse with iron-witted fools*, (SH. Richard III) mi associerò con insensibili sciocchi.

ironwork ['aɪənwɜ:k *amer.* 'aɪərnwɜ:k / iron·work] *s.* **1** armatura di ferro; lavoro in ferro **2** *pl.* ferriera.

ironworker ['aɪənwɜ:kə* *amer.* 'aɪərn wɜ:kə* / iron·worker] *s.* operaio siderurgico.

irony[1] ['aɪənɪ *amer.* 'aɪərnɪ] *agg.* di ferro, ferreo.

irony[2] ['aɪərənɪ] *s.* ironia: *the — of fate*, l'ironia della sorte.

Iroquois ['ɪrəkwɔɪz / Iro·quois] *s.* irochese.

irradiance [ɪ'reɪdjəns / ir·radi·ance] *s.* irradiamento, irradiazione; densità di flusso radiante.

irradiant [ɪ'reɪdjənt / ir·radi·ant] *agg.* irradiante.

to **irradiate** [ɪ'reɪdɪeɪt / ir·ra·di·ate] *v.tr.* **1** irradiare; rischiarare, illuminare **2** sottoporre a radiazioni; (*med.*) irradiare ◆ *v.intr.* irradiare, emettere raggi; (*fig.*) risplendere.

irradiation [ɪ,reɪdɪ'eɪʃn / ir·ra·di·ation] *s.* **1** irraggiamento (*anche fis.*); illuminazione (spirituale, intellettuale); splendore **2** (*med.*) irradiazione a scopo terapeutico, radioterapia.

irradiative [ɪ'reɪdɪeɪtɪv / ir·ra·di·at·ive] *agg.* irradiante.

irradiator [ɪ'reɪdɪeɪtə* / ir·ra·di·ator] *s.* irradiatore.

irrational [ɪ'ræʃənl / ir·ra·tional] *agg.* irrazionale; irragionevole; illogico, assurdo ◆ *s.* (*mat.*) numero irrazionale // **-ly** *avv.*

irrationality [ɪ,ræʃə'nælətɪ / ir·ra·tion·al·ity] *s.* irrazionalità; irragionevolezza; assurdità.

irrealizable [ɪ'rɪəlaɪzəbl / ir·real·iz·able] *agg.* (*non com.*) irrealizzabile.

irreclaimable [,ɪrɪ'kleɪməbl / ir·re·claim·able] *agg.* **1** irreparabile, irrimediabile; incorreggibile; irrecuperabile **2** non bonificabile.

irrecognizable [ɪ'rekəgnaɪzəbl / ir·re·cog·niz·able] *agg.* (*non com.*) irriconoscibile.

irreconcilable [ɪ,rekən'saɪləbl / ir·re·con·cil·able] *agg.* (*non com.*) irreconciliabile // **-ness** *s.* (*non com.*) // **-bly** *avv.*

irrecoverable [,ɪrɪ'kʌvərəbl / ir·re·cov·er·able] *agg.* (*form.*) irrecuperabile; irreparabile: (*comm., dir.*) *— debt*, credito irrecuperabile // **-bly** *avv.*

irrecusable [,ɪrɪ'kju:səbl / ir·re·cus·able] *agg.* irrecusabile // (*dir. amer.*) *— obligation*, obbligazione legale (ex lege).

irredeemability [,ɪrɪ,di:mə'bɪlətɪ / ir·re·deem·ab·il·ity] *s.* (*non com.*) irredimibilità.

irredeemable [,ɪrɪ'di:məbl / ir·re·deem·able] *agg.* **1** irrimediabile, irreparabile: *an — loss*, una perdita irreparabile **2** (*form.*) irredimibile; inconvertibile // (*fin.*): *— bond* (o *stock*), titolo irredimibile, rendita; *— currency*, valuta inconvertibile; *— debenture*, obbligazione irredimibile; *— money*, moneta inconvertibile (a corso forzoso) // **-bly** *avv.*

irredeemables [,ɪrɪ'di:məbəlz / ir·re·deem·ables] *s.pl.* (*fin.*) titoli irredimibili.

irredentism [,ɪrɪ'dentɪzəm / ir·re·dent·ism] *s.* irredentismo.

irredentist [,ɪrɪ'dentɪst / ir·re·dent·ist] *s.* irredentista.

irreducibility [,ɪrɪ,dju:sɪ'bɪlətɪ *amer.* ,ɪrɪ,du:sɪ'bɪlətɪ / ir·re·du·cib·il·ity] *s.* (*form.*) irriducibilità (*anche mat.*).

irreducible [,ɪrɪ'dju:səbl *amer.* ,ɪrɪ'du:səbl / ir·re·du·cible] *agg.* (*form.*) irriducibile (*anche mat.*) // **-ness** *s.* // **-bly** *avv.*

irrefragable [ɪ'refrəgəbl / ir·re·frag·able] *agg.* (*form.*) irrefragabile, innegabile.

irrefrangible [,ɪrɪ'frændʒɪbl / ir·re·fran·gible] *agg.* irrefrangibile.

irrefutable [,ɪrɪ'fju:təbl / ir·re·fut·able] *agg.* (*form.*) irrefutabile, inconfutabile // **-bly** *avv.*

irregular [ɪ'regjʊlə* / ir·regu·lar] *agg.* **1** irregolare; anormale **2** sregolato (di costumi ecc.): *— life*, vita sregolata **3** (*gramm.*) irregolare: *— verb*, verbo irregolare **4** asimmetrico; non uniforme: *— shape*, forma irregolare, asimmetrica **5** (*dir.*) irregolare, viziato: *— deposit*, deposito irregolare; *— proceeding*, procedimento irregolare ◆ *s.* **1** (*eccl.*) irregolare **2** *pl.* (*mil.*) truppe irregolari // **-ly** *avv.*

irregularity [ɪ,regjʊ'lærətɪ / ir·regu·lar·ity] *s.* irregolarità (*anche dir.*).

irregulous [ɪ'regjʊləs / ir·regu·lous] *agg.* (*ant.*) illegale, sregolato: *Thou, / conspir'd with that irregulous devil, Cloten, / hast here cut off my lord*, (SH. Cymbeline) Tu, in combutta con quel Clote, demonio senza legge, hai fatto fuori il mio signore.

irrelative [ɪ'relətɪv / ir·rel·at·ive] *agg.* (*form.*) senza relazione, connessione // **-ly** *avv.*

irrelevance [ɪ'relɪvəns / ir·rel·ev·ance]
irrelevancy [ɪ'relɪvənsɪ / ir·rel·ev·ancy] *s.* non pertinenza; ciò che non è pertinente.

irrelevant [ɪ'reləvənt / ir·rel·ev·ant] *agg.* non appropriato, non pertinente, estraneo: *to make — remarks*, divagare; *— evidence, question*, prova, domanda non pertinente // **-ly** *avv.*

irreligion [,ɪrɪ'lɪdʒən / ir·re·li·gion] *s.* (*form.*) irreligione.

irreligious [,ɪrɪ'lɪdʒəs / ir·re·li·gious] *agg.* (*form.*) irreligioso // **-ly** *avv.* // **-ness** *s.*

irremediable [,ɪrɪ'mi:djəbl / ir·re·me·di·able] *agg.* (*form.*) irrimediabile, irreparabile // **-ness** *s.* // **-bly** *avv.*

irremissible [,ɪrɪ'mɪsɪbl / ir·re·miss·ible] *agg.* (*non com.*) irremissibile; imperdonabile // **-ness** *s.* // **-bly** *avv.*

irremovability [,ɪrɪ,mu:və'bɪlətɪ / ir·re·mov·ab·il·ity] *s.* (*non com.*) irremovibilità; inamovibilità; illicenziabilità.

irremovable [,ɪrɪ'mu:vəbl / ir·re·mov·able] *agg.* (*non com.*) irremovibile; inamovibile // **-bly** *avv.*

irreparability [ɪ,repərə'bɪlətɪ / ir·rep·ar·ab·il·ity] *s.* (*non com.*) irreparabilità; irrimediabilità.

irreparable [ɪ'repərəbl / ir·re·par·able] *agg.* irreparabile; irrimediabile // **-bly** *avv.*

irreparableness [ɪ'repərəblnɪs / ir·re·par·able·ness] → **irreparability**.

irreplaceable [,ɪrɪ'pleɪsəbl / ir·re·place·able] *agg.* insostituibile.

irreprehensible [ɪ,reprɪ'hensɪbl / ir·rep·re·hens·ible] *agg.* (*non com.*) irreprensibile // **-bly** *avv.*

irrepressibility [,ɪrɪ,presə'bɪlətɪ / ir·re·press·ib·il·ity] *s.* irrefrenabilità.

irrepressible [,ɪrɪ'presəbl / ir·re·press·ible] *agg.* irreprimibile, irrefrenabile // **-ness** *s.* // **-bly** *avv.*

irreproachability [,ɪrɪ,prəʊtʃə'bɪlətɪ / ir·re·proach·ab·il·ity] *s.* incensurabilità.

irreproachable [,ɪrɪ'prəʊtʃəbl / ir·re·proach·able] *agg.* (*form.*) irreprensibile; corretto: *— dress*, vestito impeccabile; *he was always — in his conduct*, il suo contegno è sempre stato irreprensibile.

irreprovable [,ɪrɪ'pru:vəbl / ir·re·prov·able] *agg.* (*form.*) irreprensibile.

irresistibility [,ɪrɪ,zɪstə'bɪlətɪ / ir·res·ist·ib·il·ity] *s.* (*non com.*) irresistibilità.

irresistible [ˌɪrɪ'zɪstəbl / ir·res·ist·ible] *agg.* irresistibile // **-bly** *avv.*

irresistibleness [ˌɪrɪ'zɪstəblnɪs / ir·res·ist·ible·ness] → **irresistibility**.

irresolute [ɪ'rezəlu:t / ir·res·ol·ute] *agg.* (*form.*) irresoluto, indeciso, incerto, dubbioso: *to be —*, esitare, non sapere cosa fare // **-ly** *avv.*

irresoluteness [ɪ'rezəlu:tnɪs / ir·res·ol·ute·ness] **irresolution** [ˌɪ,rezə'lu:ʃn / ir·res·olu·tion] *s.* irresolutezza, indecisione: *the — of the human heart*, l'irresolutezza del cuore umano.

irresolvable [ˌɪrɪ'zɒlvəbl / ir·res·olv·able] *agg.* (*non com.*) insolubile.

irrespective [ˌɪrɪ'spektɪv / ir·re·spect·ive] *agg.* noncurante ◆ *avv.* indipendentemente; senza tener conto: *the country will be in difficulty — of who is in power*, il paese si troverà in difficoltà indipendentemente da chi sarà al potere // **-ly** *avv.* (*non com.*).

irresponsibility [ˌɪrɪ,spɒnsə'bɪlətɪ / ir·re·spons·ib·il·ity] *s.* irresponsabilità, mancanza di senso di responsabilità.

irresponsible [ˌɪrɪ'spɒnsəbl / ir·re·spons·ible] *agg.* irresponsabile // **-bly** *avv.*

irresponsive [ˌɪrɪ'spɒnsɪv / ir·re·spons·ive] *agg.* che non risponde, che non reagisce; insensibile.

irretentive [ˌɪrɪ'tentɪv / ir·re·tent·ive] *agg.* incapace a trattenere; che non ritiene: *— memory*, memoria labile.

irretrievability [ˌɪrɪ,tri:və'bɪlətɪ / ir·re·triev·ab·il·ity] *s.* irrecuperabilità; irreparabilità.

irretrievable [ˌɪrɪ'tri:vəbl / ir·re·triev·able] *agg.* irricuperabile; irrimediabile: (*dir.*) *— breakdown of marriage*, disfacimento irreversibile del rapporto matrimoniale // **-bly** *avv.*

irreverence [ɪ'revərəns / ir·rev·er·ence] *s.* irriverenza; insolenza; empietà.

irreverent [ɪ'revərənt / ir·rev·er·ent] *agg.* irriverente, insolente; empio // **-ly** *avv.*

irreversibility [ˌɪrɪ,vɜ:sə'bɪlətɪ / ir·re·vers·ib·il·ity] *s.* irreversibilità; immutabilità.

irreversible [ˌɪrɪ'vɜ:səbl / ir·re·vers·ible] *agg.* immutabile; irreversibile: (*fis.*) *— change, process*, cambiamento, processo irreversibile // **-bly** *avv.*

irrevocability [ɪ,revəkə'bɪlətɪ / ir·re·voc·ab·il·ity] *s.* irrevocabilità.

irrevocable [ɪ'revəkəbl / ir·re·voc·able] *agg.* irrevocabile: (*dir.*) *— offer*, proposta irrevocabile // **-ness** *s.* // **-bly** *avv.*

to **irrigate** ['ɪrɪgeɪt / ir·rig·ate] *v.tr.* irrigare; bagnare; irrorare (*anche med.*): *to — a field*, irrigare un campo; (*med.*) *to — a wound*, irrigare una ferita.

irrigation [ˌɪrɪ'geɪʃn / ir·riga·tion] *s.* **1** irrigazione **2** (*med.*) irrigazione, lavanda.

irrigator ['ɪrɪgeɪtə* / ir·rig·ator] *s.* irrigatore.

irritability [ˌɪrɪtə'bɪlətɪ / ir·rit·ab·il·ity] *s.* **1** irritabilità; permalosità **2** (*med.*) irritabilità, risposta a uno stimolo.

irritable ['ɪrɪtəbl / ir·rit·able] *agg.* **1** irritabile; eccitabile; permaloso **2** (*med.*) irritabile: *— colon*, colon irritabile, colite spastica // **-bly** *avv.*

irritancy[1] ['ɪrɪtənsɪ / ir·rit·ancy] *s.* (*non com.*) irritazione, fastidio.

irritancy[2] *s.* (*dir.*) annullamento.

irritant ['ɪrɪtənt / ir·rit·ant] *agg.* irritante ◆ *s.* sostanza che provoca irritazione.

to **irritate** ['ɪrɪteɪt / ir·rit·ate] *v.tr.* irritare; eccitare i riflessi di, innervosire.

irritating ['ɪrɪteɪtɪŋ / ir·rit·at·ing] *agg.* irritante // **-ly** *avv.*

irritation [ˌɪrɪ'teɪʃn / ir·rita·tion] *s.* irritazione (*anche med.*).

irritative ['ɪrɪtətɪv / ir·rit·at·ive] *agg.* (*med.*) irritante.

irrotational [ˌɪrəʊ'teɪʃənl / ir·ro·ta·tional] *agg.* (*fis.*) irrotazionale: *— field*, campo irrotazionale.

to **irrupt** [ɪ'rʌpt / ir·rupt] *v.intr.* irrompere, fare irruzione.

irruption [ɪ'rʌpʃn / ir·rup·tion] *s.* irruzione; invasione.

irruptive [ɪ'rʌptɪv / ir·rup·tive] *agg.* (*non com.*) irrompente.

is [ɪz (*forma forte*) z, s (*forme deboli*)] *3ª pers. sing. indic. pres.* di to **be**.

isabel ['ɪzəbel / isa·bel] **isabella** [ˌɪzə'belə / isa·bella] *agg.* e *s.* (color) isabella.

isagogic [ˌaɪsə'gɒdʒɪk / isa·go·gic] *agg.* isagogico.

isatin ['aɪsətɪn / is·atin] *s.* (*chim.*) isatina.

ischemia [ɪ'ski:mɪə / isch·emia] *s.* (*med.*) ischemia.

ischemic [ɪ'ski:mɪk / isch·emic] *agg.* (*med.*) ischemico.

ischial ['ɪskɪəl / isch·ial] meno com. **ischiadic** [ˌɪskɪ'ædɪk / is·chi·adic] *agg.* (*anat.*) ischiatico: *— nerve*, nervo sciatico.

ischialgia [ˌɪskɪ'ældʒə / is·chi·algia] *s.* (*med.*) ischialgia, sciatica.

ischium ['ɪskɪəm / is·chium] *pl.* **ischia** ['ɪskɪə / is·chia] *s.* (*anat.*) ischio.

ise [aɪz] forma ant. di *I shall: keep out... or ise try whether your costard or my ballow be the harder*, (SH. King Lear) alla larga... o proverò se è più dura la tua zucca o il mio bastone.

-ise → **-ize**.

isentropic [ˌaɪzn'trɒpɪk / is·en·tropic] *agg.* (*fis.*) isoentropico, isentropico: *— process*, processo isentropico.

-ish [ɪʃ] *suff.* di origine anglosassone che entra nella composizione di **1** agg. e s. di nazionalità: *British*, britannico **2** agg. che indicano 'comportamento simile a': *childish*, da bambino, infantile; *snobbish*, da snob **3** agg. con valore di 'abbastanza; un po'': *yellowish*, giallognolo; *tallish*, sull'alto, abbastanza alto **4** unito a un numerale indica 'approssimazione': *at sevenish*, circa, intorno alle sette; *he's eightyish*, è sugli ottanta.

Ishmaelite ['ɪʃmɪəlaɪt / Ish·mael·ite] *s.* (*relig.*) ismaelita.

isinglass ['aɪzɪŋglɑ:s *amer.* 'aɪzɪŋglæs / is·in·glass] *s.* colla di pesce, ittiocolla.

Islam ['ɪzlɑ:m / Is·lam] *s.* (*relig.*) Islamismo.

Islamic [ɪz'læmɪk / Is·lamic] *agg.* islamico, maomettano.

Islamism ['ɪzləmɪzəm / Is·lam·ism] *s.* (*relig.*) islamismo.

island ['aɪlənd / is·land] *s.* **1** isola **2** (*mar.*) isola, sovrastruttura laterale (di una portaerei) **3** (*traffic*) — (amer. *safety* —), salvagente (nella strada) **4** (*ferr.*) marciapiede **5** (*anat.*) isola: *islands of Langerhans*, isole di Langerhans, isole pancreatiche.

islander ['aɪləndə* / is·land·er] *s.* isolano.

isle [aɪl] *s.* **1** isola (spec. piccola o in nomi geografici): *Isle of Wight*, isola di Wight; *the British Isles*, le isole britanniche **2** (*non com.*) isolato (di case).

islet ['aɪlət / is·let] *s.* **1** isolotto **2** (*anat.*) → island.

ism ['ɪzəm] *s.* (*fam. gener. spreg.*) dottrina, teoria; ismo: *I profess no —*, non parteggio per alcuna dottrina.

-ism [ɪzəm] *suff.* di origine greca che entra nella composizione di sostantivi che indicano 'movimenti, dottrine, tendenze, caratteri, qualità, abitudini ecc.'; it. -ismo; -esimo: *Marxism*, marxismo; *magnetism*, magnetismo; *alcoholism*, alcolismo; *terrorism*, terrorismo; *humanism*, umanesimo.

isn't ['ɪznt] contr. di *is not*.

iso- [aɪsəʊ] *pref.* di origine greca; it. iso-; indica **1** uguaglianza o affinità: *isochromatic*, isocromatico; *isoenzyme*, isoenzima; (*mat.*) *isoperimetric*, isoperimetrico **2** in chimica, l'isomero di un composto: *isocyanine*, isocianina; *isopentane*, isopentano; *isoquinoline*, isochinolina.

isoagglutinin [ˌaɪsəʊə'glu:tɪnɪn / iso·ag·glu·tinin] *s.* (*biol.*) isoagglutinina.

isobar ['aɪsəʊbɑ: / iso·bar] *s.* **1** (*meteor.*) isobara **2** (*fis.*) isobaro.

isobaric [ˌaɪsəʊ'bærɪk / iso·baric] *agg.* (*meteor.*, *fis.*) isobarico // (*fis.*) *— spin*, isospin, isotopic spin, spin isotopico.

isobath ['aɪsəʊbɑ:θ *amer.* 'aɪsəʊbæθ / iso·bath] *s.* (*geogr.*) isobata.

isobutane [ˌaɪsəʊ'bju:teɪn / iso·bu·tane] *s.* (*chim.*) isobutano.

isobutene [ˌaɪsəʊ'bju:ti:n / iso·bu·tene] *s.* (*chim.*) isobutene.

isobutyl [ˌaɪsəʊ'bju:tl / iso·butyl] *s.* (*chim.*) isobutile.

isobutylene [ˌaɪsəʊ'bju:təli:n / iso·butyl·ene] *s.* (*chim.*) isobutilene.

isochore ['aɪsəʊkɔ:* / iso·chore] *s.* (*fis.*) isocora: *— of reaction*, isocora di reazione.

isochoric [ˌaɪsəʊ'kɔ:rɪk / iso·choric] *agg.* (*fis.*) isocoro, isovolumico.

isochromatic [ˌaɪsəʊkrəʊ'mætɪk / iso·chrom·at·ic] *agg.* isocromatico.

isochronism [aɪ'sɒkrənɪzəm / iso·chron·ism] *s.* isocronismo.

isochronous [aɪ'sɒkrənəs / iso·chron·ous] *agg.* isocrono.

isoclinal [ˌaɪsəʊ'klaɪnl / iso·clinal] *agg.* isoclino.

isocline ['aɪsəʊ,klaɪn / iso·cline] *s.* **1** (*fis.*) isoclina **2** (*geol.*) isoclinale.

isoclinic line [ˌaɪsəʊ,klɪnɪk'laɪn] *s.* (*geofisica*) isoclina.

isocost (curve) ['aɪsəʊkɒst(,kɜ:v)] *s.* (*econ.*) isocosto, curva di isocosto.

isocyanate [ˌaɪsəʊ'saɪəneɪt / iso·cyan·ate] *s.* (*chim.*) isocianato.

isocyanine [ˌaɪsəʊ'saɪənaɪn / iso·cyan·ine] *s.* (*chim.*) isocianina.

isogamete [ˌaɪsəʊ'gæmi:t / iso·gam·ete] *s.* (*biol.*) isogamete.

isogamy [aɪ'sɒgəmɪ / iso·gamy] *s.* (*biol.*) isogamia.

isogonal [aɪ'sɒgənl / iso·gonal] *agg.* isogono ◆ *s.* linea isogona.

isogonic (line) [,aɪsəʊ'gɒnɪk(laɪn) / iso·gonic] *s.* (*geofisica*) (linea) isogonica.

isogram ['aɪsəʊgræm / iso·gram] *s.* (*cartografia*) → **isoline**.

isohaline [,aɪsəʊ'heɪli:n / iso·hal·ine] *s.* (*geogr.*) isoalina.

isohyet [,aɪsəʊ'haɪət / iso·hyet] *s.* (*meteor.*) isoieta.

isohypse ['aɪsəʊhaɪps / iso·hypse] *s.* (*cartografia*) isoipsa, curva di livello.

isolable ['aɪsələbl / isol·able] *agg.* isolabile.

to **isolate** ['aɪsəleɪt / isol·ate] *v.tr.* isolare; separare.

isolate point ['aɪsəʊleɪt,pɔɪnt] *s.* (*mat.*) punto isolato.

isolation [,aɪsə'leɪʃn / isola·tion] *s.* **1** isolamento // (*inform.*) *fault* —, localizzazione di errore **2** (*med.*) isolamento, quarantena: — *ward*, reparto d'isolamento.

isolationism [,aɪsə'leɪʃnɪzəm / isola·tion·ism] *s.* (*pol.*) isolazionismo.

isolationist [,aɪsə'leɪʃnɪst / isola·tion·ist] *s.* (*pol.*) isolazionista.

isoleucine [,aɪsəʊ'lju:si:n / iso·leucine] *s.* (*chim.*) isoleucina.

isoline ['aɪsəʊlaɪn / iso·line] *s.* (*cartografia*) linea isometrica, isolinea SIN. **isogram**.

isologous [aɪ'sɒləgəs / iso·logous] *agg.* (*chim.*) isologo.

isomer ['aɪsəʊmə* / iso·mer] *s.* (*chim.*, *fis.*) isomero.

isomerase [aɪ'sɒməreɪs / iso·mer·ase] *s.* (*biochim.*) isomerasi.

isomeric [,aɪsəʊ'merɪk / iso·meric] *agg.* (*chim.*, *fis.*) isomerico.

isomerism [aɪ'sɒmərɪzəm / iso·mer·ism] *s.* **1** (*chim.*) isomeria **2** (*fis.*) isomerismo: *nuclear* —, isomerismo nucleare.

isomerization [aɪ,sɒmərɪ'zeɪʃn / iso·mer·iza·tion] *s.* (*chim.*) isomerizzazione.

isometric(al) [,aɪsəʊ'metrɪk(l) / iso·met·ric·(al)] *agg.* (*mat.*, *fis.*) isometrico // (*fis.*) — *change*, trasformazione isometrica (a volume costante).

isometric line [,aɪsəʊ,metrɪk'laɪn] *s.* (*cartografia*) isopleta.

isometrics [,aɪsəʊ'metrɪks / iso·met·rics] *s.* [U] ginnastica isometrica.

isometry [aɪ'sɒmətrɪ / iso·metry] *s.* (*mat.*, *cartografia*) isometria.

isomorph ['aɪsəʊ,mɔ:f / iso·morph] *s.* **1** (*chim.*) sostanza isomorfa **2** (*min.*) minerale isomorfo.

isomorphic [,aɪsəʊ'mɔ:fɪk / iso·morphic] *agg.* (*mat.*) isomorfo.

isomorphism [,aɪsəʊ'mɔ:fɪzəm / iso·morph·ism] *s.* isomorfismo.

isomorphous [,aɪsəʊ'mɔ:fəs / iso·morph·ous] *agg.* isomorfo.

isonomy [aɪ'sɒnəmɪ / iso·nomy] *s.* isonomia.

iso-outlay (curve) [,aɪsəʊ'waʊtleɪ(,kɜ:v)] *s.* (*econ.*) isocosto, curva di isocosto.

isopathy [aɪ'sɒpəθɪ / iso·pathy] *s.* (*med.*) isopatia.

isoperimetric [,aɪsəʊ,perɪ'metrɪk / iso·peri·metric] *agg.* (*mat. antiq.*) isoperimetrico: — *property*, proprietà isoperimetrica.

isoperimetry [,aɪsəʊpə'rɪmətrɪ / iso·peri·metry] *s.* (*mat. antiq.*) isoperimetria.

isopleth [,aɪsəʊ'pleθ / iso·pleth] *s.* (*cartografia*) isopleta.

isoproduct (curve) [,aɪsəʊ'prɒdʌkt(,kɜ:v)]
isoquant (curve) ['aɪsəʊkwɒnt(,kɜ:v)] *s.* (*econ.*) isoquanto, curva di isoquanto, isoprodotto.

isosceles [aɪ'sɒsɪli:z / iso·sceles] *agg.* (*mat.*) isoscele (di triangolo).

isoseismal line [,aɪsəʊ'saɪzməl,laɪn]
isoseismic line [,aɪsəʊ'saɪzmɪk,laɪn] *s.* (*geofisica*) isosismica (linea).

isospin ['aɪsəʊspɪn / iso·spin] *s.* (*fis.*) spin isotopico.

isostasy [aɪ'sɒstəsɪ / iso·stasy] *s.* (*geofisica*) isostasia.

isostatic [,aɪsəʊ'stætɪk / iso·static] *agg.* (*geofisica*) isostatico.

isotherm ['aɪsəʊθɜ:m / iso·therm] *s.* isoterma.

isothermal [,aɪsəʊ'θɜ:ml / iso·thermal] *agg.* isotermico, isotermo: — *process*, trasformazione isotermica ◆ *s.* (*meteor.*) isoterma.

isotone ['aɪsəʊtəʊn / iso·tone] *s.* (*fis. nucleare*) isotono.

isotonic [,aɪsəʊ'tɒnɪk / iso·tonic] *agg.* (*chim.*) isotonico.

isotope ['aɪsəʊtəʊp / iso·tope] *s.* (*chim.*, *fis.*) isotopo: — *separation*, separazione isotopica.

isotopic [,aɪsəʊ'tɒpɪk / iso·topic] *agg.* (*chim.*, *fis.*) isotopico: — *number*, numero isotopico, eccesso di neutroni; — *spin*, spin isotopico.

isotopy [aɪ'sɒtəpɪ / iso·topy] *s.* (*chim.*) isotopia.

isotron ['aɪsəʊtrɒn / iso·tron] *s.* (*fis. atomica*) isotrone.

isotropic [,aɪsəʊ'trɒpɪk / iso·tropic] *agg.* **1** (*fis.*, *mat.*) isotropo **2** (*biol.*) isotropico.

isotropy [aɪ'sɒtrəpɪ / iso·tropy] *s.* (*fis.*) isotropia.

Israeli [ɪz'reɪlɪ / Is·raeli] *agg.* e *s.* israeliano.

Israelite ['ɪz,rɪəlaɪt / Is·rael·ite] *s.* israelita ◆ *agg.* di Israele, del popolo ebraico.

issuable ['ɪʃu:əbl / is·su·able] *agg.* **1** emissibile **2** suscettibile di contesa legale.

issue ['ɪʃu:] *s.* **1** questione, problema; punto in questione, in discussione: *the main issues facing the government are unemployment and the rising crime rate*, i principali problemi che il governo dovrà affrontare sono la disoccupazione e il crescente tasso di criminalità; *to settle an* —, risolvere un problema, appianare una questione; *to state an* —, porre un problema; *to raise an* —, sollevare un problema; *to cloud* (o *to confuse*) *the* —, confondere le acque, distogliere l'attenzione dal problema principale; *to evade* (o *to duck* o *to skirt* o *to dodge*) *the* (*real*) —, scantonare dal, eludere il (vero) problema // *the point* (o *the question*) *at* —, il punto in questione, in discussione // *to take — with sthg.*, *s.o.*, mettere in discussione qlco., litigare, avere una questione con qlcu. // *to make an — of sthg.*, fare un caso di qlco. // (*dir.*): — *of fact*, *of law*, questione di fatto, di diritto; — *of judgement*, emanazione della sentenza; *to join* —, entrare in discussione; *to join — with s.o. about sthg.*, discutere con qlcu. in merito a qlco. **2** (*fin.*) emissione: *stamp* —, emissione di francobolli; *share* —, emissione azionaria; *rights* —, emissione di nuove azioni con diritto di opzione; *bonus* (o *scrip*) —, emissione gratuita di azioni; *public* —, offerta al pubblico; *price* —, prezzo di emissione // *fiduciary* —, circolazione fiduciaria **3** promulgazione (di decreti) **4** edizione (di giornali); pubblicazione, atto di pubblicazione (di libri, riviste): *as stated in today's* —, come è detto nell'edizione di oggi **5** uscita; sbocco; foce (di fiume) **6** (*med.*) sfogo, spurgo (di ferita) **7** conclusione, risultato, esito: *the final* —, l'esito finale; *to bring matters to an* —, portare una faccenda a conclusione **8** (*spec. dir.*) stirpe, discendenza, prole: *to die without* —, morire senza prole **9** (*pl.*) rendita (di capitale, terra ecc.) **10** (*mil.*) equipaggiamento; dotazione.

to **issue** *v.tr.* **1** emettere, mandar fuori: *to — smoke*, *steam*, emettere fumo, esalare vapore **2** (*fig.*) emettere, pronunciare; diffondere: *the minister will — a statement next week*, il ministro farà una dichiarazione la settimana prossima **3** (*fin.*) emettere; mettere in circolazione: *to — a loan*, emettere un prestito; *to — paper money*, emettere carta moneta **4** pubblicare: *to — a bulletin*, *a book*, pubblicare un bollettino, un libro **5** rilasciare (passaporto) **6** (*mil.*) fornire: *to — the soldiers with uniforms*, fornire i soldati di divise ◆ *v.intr.* uscire; scaturire; venir fuori: *blood issued from the wound*, il sangue sgorgò dalla ferita; *an appetizing smell issued from the kitchen*, un profumo appetitoso usciva dalla cucina; *the conclusion that issued from our discussions was discouraging*, la conclusione che emerse dalle nostre discussioni era scoraggiante // *to — in*, risultare, finire, concludersi: *a series of conciliatory moves which issued in a general amnesty*, una serie di mosse conciliatorie che si concluse con una amnistia generale.

□ **issue forth** *v.intr.* e *avv.* (*antiq.*) uscire: *they issued forth from the castle*, uscirono dal castello.

issueless ['ɪʃu:lɪs / issue·less] *agg.* senza prole, senza discendenza (*anche dir.*): *the king died* —, il re morì senza lasciare discendenti diretti.

issuer ['ɪʃu:ə*] *s.* **1** chi emette; (*fin.*) emittente di titoli di credito in genere **2** chi pubblica.

issuing house ['ɪʃu:ɪŋ,haʊs] *s.* (*fin.*) società di collocamento.

-ist [ɪst] *suff.* di origine greca; serve a formare numerosi agg. e s. connessi con i sostantivi in *-ism*; it. -ista: *terrorist*, terrorista; *Marxist*, marxista; *tourist*, turista.

isthmian ['ɪsθmɪən / isth·mian] *agg.* istmico.

isthmus ['ɪsməs / isth·mus] *pl.* **isthmuses**, **isthmi** ['ɪsmaɪ] *s.* (*geogr.*, *anat.*) istmo.

istle ['ɪstlɪ] *s.* istle, ixtle (fibra vegetale di origine messicana).

Istrian ['ɪstrɪən / Is·trian] *agg.* e *s.* istriano.

it [ɪt] *pron.* 3ª *pers. neutro sing.* **1** (*con funzione di sogg.*; *in it. è spesso sottinteso*) esso; essa; ciò: *the flat is small, but — is nice*, l'appartamento è piccolo ma è grazioso; *I saw her baby, — is very strong*, ho visto il suo bambino, è molto robusto; — *was more difficult than I expected*, è stato più difficile di quanto pensassi; *when will — be ready?*, quando sarà pronto?; *he said — had been a very interesting experience*, egli ha detto che è stata un'esperienza molto interessante; *why hadn't — been prepared?*, perché (la cosa, ciò) non era stato preparato?; *how much does — cost to hire a boat?*, quanto costa noleggiare una barca? // nelle forme contratte: *it'll have to be done again*, (ciò) si dovrà rifare; *it's* (o — *has*) *happened before*, è già successo; *it'd* (form. — *would*) *be nice if they could come too*, sarebbe bello se potessero venire anche loro; *he said it'd* (form. — *would*) *better work this time*, disse che questa volta avrebbe funzionato // In 'tail questions' e 'short answers': *it's a nice day, isn't —?*, (è una) bella giornata, vero?; *it wasn't a good idea, was —?*, non è stata una buona idea, vero?; *it's been a wonderful party, hasn't —?*, è stata una bellissima festa, non trovi?; *it won't take long, will —?*, non ci vorrà molto tempo, non è vero?; *it made you change your mind, didn't —?*, ti ha fatto cambiare idea, non è così?; *it should be right, shouldn't —?*, dovrebbe essere esatto, no?; *it can't happen here, can —?*, non può succedere qui, vero?; *"Has — worked?" "Yes, — has"*, "Ha funzionato?" "Sì (ha funzionato)"; *"Did — win?" "Yes, — did"*, "Ha vinto?" "Sì"; *"Will — succeed?" "No, — won't"*, "Riuscirà (la cosa)?" "No (di sicuro)"; *"Had — arrived by the morning?" "No — hadn't"*, "Era arrivato in mattinata?" "No" **2** (*con funzione di compl. oggetto o indiretto*) lo, la, ciò; gli, le; ne, ci; sé: *Here's his coat. Give — to him*, Ecco il suo cappotto. Daglielo; *bring the child and give — a drink*, porta qui il bambino e dagli da bere; *I don't believe —*, non ci credo; *she was terrified but she didn't show it —*, era terrorizzata ma non lo dava a vedere; *perhaps he was being frank but I doubt —*, può darsi che fosse sincero ma ne dubito; *he said he liked — here*, disse che gli piaceva qui; *I don't remember —*, non me ne ricordo; *she is not stupid, far from —*, è ben lontana dall'essere stupida, è tutt'altro che stupida **3** (*come sogg. di v.impers.*): *it's hot, cold*, fa caldo, freddo; *it's four o'clock*, sono le quattro; *— is getting on for 8 o'clock*, sono quasi le otto; *— will be too late*, sarà troppo tardi; *it's snowing*, nevica; *if — hadn't rained, the weekend would have been perfect*, se non fosse piovuto, il fine settimana sarebbe stato perfetto; *— was getting dark when we finally left the zoo*, si stava facendo buio quando lasciammo definitivamente lo zoo; *— was the 22nd of March*, era il 22 marzo; *— was summer*, era estate; *— never occurred to them to tell me*, non è mai venuto loro in mente di dirmelo; *— took him a long time to understand*, gli ci volle un bel po' di tempo per capire; *— happened that he came on Friday*, capitò che egli arrivasse di venerdì; *— seemed right to tell him*, sembrò giusto dirglielo; *it's impossible to foresee the future*, è impossibile prevedere il futuro; *if — hadn't been for you, we would never have finished*, se non fosse stato per te, non avremmo mai finito // *it's the long journey that worries me*, è il viaggio lungo che mi preoccupa // *"Who is —?" "It's me"* (form. *It's I*), "Chi è?" "Sono io" // *confound —!*, all'inferno! // *now for —!*, e adesso coraggio! // *I feel the better for —*, me ne sento sollevato // *to ask for —*, cercar guai; *I'm not surprised he's in trouble, he was asking for —*, non mi sorprende che sia nei guai, se li cercava // *to face —*, affrontare la situazione; *you've got to face — and do what you can*, devi affrontare la situazione e fare quello che puoi; *to lord — over s.o.*, trattare qlcu. dall'alto in basso: *he was lording — over his colleagues*, trattava i colleghi dall'alto in basso // *when he was young he had to rough —*, da giovane ha avuto una vita difficile **4** (*usato per anticipare una frase*): *his attitude made — difficult to reach an agreement*, il suo atteggiamento rese difficile il raggiungere un'intesa; *I hardly thought — likely that...*, ritenevo poco probabile che... ◆ *s.* (*fam.*) **1** il non plus ultra **2** 'sex appeal', fascino; sesso: *she's really got —*, è uno schianto **3** (*in giochi di bambini*) 'chi sta sotto'.

itaconic [ˌɪtə'kɒnɪk / ita·conic] *agg.* (*chim.*) itaconico: *— acid*, acido itaconico.

Italian [ɪ'tæljən / It·al·ian] *agg.* e *s.* italiano.

Italianate [ɪ'tæljənɪt / It·ali·an·ate] *agg.* di forma, stile, carattere italiano.

to **Italianate** [ɪ'tæljəneɪt] *v.tr.* (*non com.*) italianizzare.

Italianism [ɪ'tæljənɪzəm / It·ali·an·ism] *s.* **1** italianità **2** italianismo.

to **Italianize** [ɪ'tæljənaɪz / It·ali·an·ize] *v.tr.* italianizzare ◆ *v.intr.* italianizzarsi.

Italic [ɪ'tælɪk / It·alic] *agg.* italico // (*tip.*) *— type*, carattere corsivo.

to **italicize** [ɪ'tælɪsaɪz / it·al·icize] *v.tr.* (*tip.*) stampare in corsivo; sottolineare (in manoscritto).

italics [ɪ'tælɪks / it·alics] *s.pl.* (*tip.*) corsivo.

itch [ɪtʃ] *s.* **1** (*med.*) prurito; scabbia: *barber's —*, tigna della barba **2** (*fig.*) voglia, desiderio irresistibile.

to **itch** *v.intr.* **1** prudere, pizzicare; sentir prurito: *scratch yourself if you —*, grattati se senti prurito **2** (*fig.*) aver voglia: *he was itching to tell them the news*, moriva dalla voglia di dir loro le notizie: *she is itching to be off*, (*fam.*) le scotta la terra sotto i piedi (desidera andarsene); *he's itching for promotion*, muore dalla voglia di ricevere una promozione.

itchiness ['ɪtʃɪnɪs / itchi·ness] *s.* prurito.

itch-mite ['ɪtʃˌmaɪt] *s.* (*zool.*) (*Sarcoptes scabiei*) acaro della scabbia.

itchy ['ɪtʃɪ] meno com. **itching** ['ɪtʃɪŋ / itch·ing] *agg.* **1** che prude; affetto da prurito **2** (*fig.*) desideroso // *to have — feet*, (*fam.*) aver voglia di andarsene; aver l'istinto del nomade // *to have — fingers*, (*fam.*) avere le mani lunghe, essere ladro // *to have an — palm*, (*fam.*) essere avido di denaro.

it'd [ɪtd] contr. di *it had, it would*.

item ['aɪtəm] *s.* **1** articolo; capo (di mercanzia): *— of clothing*, capo di vestiario; *I've a couple of business items to deal with before lunch*, ho un paio di questioni di lavoro da trattare prima di pranzo // *collector's —*, pezzo da collezione // *news items*, (giornalismo) notizie **2** (*amm.*) partita, posta contabile, registrazione, voce: *balance-sheet —*, posta di bilancio; *credit, debit —*, posta attiva, passiva; *offsetting —*, posta di contropartita; *self-balancing —*, partita di giro // *memorandum —*, conto d'ordine **3** (*inform.*) item, articolo, elemento d'informazione, dato; registrazione: (*data*) *—*, data // *— master file*, archivio parti // *— transactions*, movimento fattura.

item *avv.* (*antiq.*) anche; parimenti.

to **itemize** ['aɪtəmaɪz / item·ize] *v.tr.* (*amm.*) dettagliare, esporre in dettaglio: *to — a bill*, dettagliare un conto.

iterance ['ɪtərəns / it·er·ance] *s.* (*non com.*) ripetizione; reiterazione: *what needs this iterance, woman?*, (SH. Othello) che bisogno c'è di tutte queste ripetizioni, donna?

to **iterate** ['ɪtəreɪt / it·er·ate] *v.tr.* (*form.*) reiterare; ripetere.

iteration [ˌɪtə'reɪʃn / it·era·tion] *s.* iterazione.

iterative ['ɪtərətɪv / it·er·at·ive] *agg.* iterativo.

ithyphallus [ˌɪθɪ'fæləs / ithy·phal·lus] *s.* itifallo.

itinerancy [ɪ'tɪnərənsɪ / it·in·er·ancy] *s.* (*form.*) l'andare di luogo in luogo (specialmente per predicare, tener conferenze); il vagabondare.

itinerant [ɪ'tɪnərənt / it·in·er·ant] *agg.* ambulante; errante; viaggiante: *an — preacher*, un predicatore errante // (*dir. antiq.*) *— justice*, giudice itinerante.

itinerary [aɪ'tɪnərərɪ *amer.* aɪ'tɪnərerɪ / it·in·er·ary] *s.* itinerario ◆ *agg.* (*rar.*) inerente alle strade, ai viaggi.

to **itinerate** [ɪ'tɪnəreɪt / it·in·er·ate] *v.intr.* (*non com.*) viaggiare, andare di luogo in luogo (spec. per tenere conferenze, prediche ecc.).

-itis [aɪtɪs] *suff.* di origine greca usato nella formazione di parole della terminologia medica, indicanti infiammazione; it. -ite: *tonsillitis*, tonsillite; *neuritis*, nevrite.

it'll ['ɪtl] contr. di *it will, it shall.*

its [ɪts] *agg.poss.* (*riferito a possessore di genere neutro*) suo, sua, suoi, sue: *I can't afford this house: — price is too high*, non posso permettermi questa casa: il suo prezzo è troppo alto; *the cat licked — paws*, il gatto si leccava le zampe; *the baby's asleep in — cot*, il bambino dorme nel suo lettino.

it's [ɪts] contr. di *it is, it has.*

itself [ɪt'self] *pron. 3ª pers. neutro sing.* **1** *rifl.* si; sé, sé stesso, sé stessa: *the fox hid — in its den*, la volpe si nascose nella sua tana; *the company has made — a good name*, la ditta si è fatta un buon nome; *the dog was not — yesterday*, il cane non stava bene ieri, non era lui // *in —*, in sé e per sé, di per sé: *the experience was interesting in —*, l'esperienza è stata di per sé interessante // *by —*, da sé, automaticamente; da solo, da sola: *the door closed by —*, la porta si chiudeva automaticamente; *a mother shouldn't leave her baby* (*all*) *by — for long*, una madre non dovrebbe lasciare il suo bambino da solo per molto tempo **2** (*enfatico*) stesso, stessa; in persona: *he was generosity —*, era la generosità fatta persona.

itsy-bitsy ['ɪtsɪ'bɪtsɪ] **itti-bitty** ['ɪtɪ'bɪtɪ] *agg.* (*fam.*) piccolissimo, minuto.

-ity [ɪtɪ] *suff.* di origine latina usato per formare sostantivi astratti che indicano 'stato, condizione'; it. -ità: *possibility*, possibilità; *authority*, autorità; *immaturity*, immaturità.

I've [aɪv] contr. di *I have.*

ivied ['aɪvɪd] *agg.* coperto di edera.

Ivorian [aɪ'vɔːrɪən / Ivo·rian] *agg.* e *s.* ivoriano.

ivory ['aɪvərɪ / iv·ory] *s.* **1** avorio // *Ivory Coast*, (*geogr.*) Costa d'Avorio // *— tower*, torre d'avorio **2** *pl.* avori, oggetti, statuette in avorio **3** *pl.* (*fam.*) tasti (del pianoforte), tastiera **4** *pl.* (*fam.*) denti **5** *pl.* (*fam. amer.*) coppia di dadi.

ivory-dome [,aɪvərɪ'dəʊm] *s.* (*fam. amer.*) **1** persona stupida **2** intellettuale.

ivory-thumper ['aɪvərɪ,θʌmpə*] *s.* (*fam. amer.*) pianista.

ivy ['aɪvɪ] *s.* (*bot.*) (*Hedera helix*) edera SIN. English ivy.

ivy geranium ['aɪvɪdʒɪ,reɪnjəm] *s.* (*bot.*) (*Pelargonium peltatum*) geranio edera.

Ivy League [,aɪvɪ'li:g] *s.* **1** lega delle otto principali università del nord-est degli Stati Uniti **2** (*fam. amer.*) stile di vita, cliché, comportamento che denota che si è frequentato una di queste prestigiose università.

ixia ['ɪksɪə] *s.* (*bot.*) issia.

ixnay ['ɪks,neɪ / ix·nay] *s.* (*fam. amer.*) no, basta, basta così.

ixtle → **istle**.

-ize, **-ise** [aɪz] *suff.* di origine anglosassone usato per formare verbi da sostantivi o aggettivi: *to privatize*, privatizzare; *to modernize*, modernizzare; *to hospitalize*, ospitalizzare • La desinenza *-ise* non è molto comune negli Stati Uniti. Bisogna ricordare che i seguenti verbi devono però essere scritti sempre con la 's': *advertise, advise, chastise, circumcise, comprise, compromise, despise, devise, disguise, exercise, excise, improvise, incise, merchandise, promise, revise, supervise, surmise, surprise.*

izzard ['ɪzəd / iz·zard] *s.* (*ant.*) lettera zeta.

Jj

j [dʒeɪ] *pl.* **js, j's** [dʒeɪz] *s.* (*decima lettera dell'alfabeto inglese*) j // (*tel.*) — *for Jack* (o amer. — *for Jig*), j come Jolly.

jab [dʒæb] *s.* **1** stilettata; stoccata; baionettata **2** toccata, colpo di punta: *he gave me a — on the shoulders with a pencil*, mi diede un colpetto sulle spalle con la matita **3** (*boxe*) jab, colpo di disturbo **4** (*fam.*) iniezione.

to **jab** *pass.p.p.* **jabbed** [dʒæbd] *v.tr.* **1** conficcare // *to — a vein*, (*sl. amer.*) farsi un buco, iniettarsi una droga in vena **2** (*boxe*) colpire con un pugno ◆ *v.intr.* **1** dare una stoccata, un colpo secco **2** (*boxe*) dare un pugno, tirare un jab.

jabber ['dʒæbə* / jab·ber] *s.* (*fam.*) **1** borbottamento, brontolamento **2** ciarla; chiacchiera.

to **jabber** *v.tr.* (*fam.*) farfugliare, borbottare, brontolare ◆ *v.intr.* (*fam.*) ciarlare, chiacchierare.

jabberer ['dʒæbərə* / jab·ber·er] *s.* (*fam.*) **1** chi barbuglia **2** ciarlone.

jabbering ['dʒæbərɪŋ / jab·ber·ing] *s.* (*fam.*) **1** barbugliamento **2** ciancia, chiacchiera.

jabberjack ['dʒæbə,dʒæk / jab·ber·jack] *s.* Ⓤ (*fam. amer.*) sciocchezze (*pl.*), chiacchiere inutili (*pl.*).

jaboney ['dʒæbənɪ / jabo·ney] *s.* (*fam. amer.*) persona immigrata di recente; (*estens.*) pivellino.

jaborandi [,dʒæbə'rændɪ / ja·bo·randi] *pl.* **jaborandis** *s.* (*bot.*) (*Pilocarpus jaborandi*) jaborandi.

jabot ['ʒæbəʊ] *s.* (*abbigl.*) jabot.

jacaranda [,dʒækə'rændə / ja·ca·randa] *s.* (*bot.*) (*Jacaranda copaia*) jacaranda.

jacinth ['dʒæsɪnθ / ja·cinth] *s.* **1** (*min.*) → hyacinth **2** colore rosso arancio.

jack[1] [dʒæk] *s.* (*talvolta maiuscolo*) **1** (*fam.*) tipo, amico: *looking for trouble, —?*, cerchi rogne, amico? // *every man —*, (*antiq.*) ognuno **2** fante (nelle carte da gioco) **3** uomo di fatica, manovale; (*fam.*) marinaio **4** (*zool.*) maschio di alcuni animali: *— hare*, lepre maschio **5** (*mecc.*) cric, martinetto **6** (*elettr.*, *tel.*) jack **7** girarrosto **8** *pl.* gioco dei sassolini (che vengono lanciati in aria e ripresi dopo averne afferrati altri dal terreno) **9** boccino (nel gioco delle bocce) **10** (*fam. amer.*) denaro, grana **11** (*non com.*) bandiera di nave // *the Union Jack*, la bandiera britannica **12** (*st.*) cotta d'arme **13** (*ant.*) villano; farabutto: *since every jack became a gentleman*, (SH. Richard III) da quando ogni villano s'è fatto gentiluomo; *the prince is a Jack, a sneak-cup*, (SH. Henry IV) il principe è un farabutto, un mariolo **14** (*ant.*) figura che batteva le ore nei vecchi orologi: *I stand fooling here, his Jack o'the clock*, (SH. Richard II) io resto qui a fare lo sciocco, come fossi il Moro che batte le sue ore **15** (*ant.*) recipiente, tazza di cuoio: *be the Jacks fair within, the Jills fair without, and carpets laid*, (SH. Taming of the Shrew) siano le tazze lucide all'interno e le coppe di peltro all'esterno e le tovaglie distese.

to **jack**[1] *v.tr.* (*up*) sollevare con un martinetto.

□ **jack around** *v.intr.* e *avv.* (*fam. amer.*) **1** oziare **2** impicciarsi; farsela, avere a che fare: *he jacks around with Tom's wife*, se la fa con la moglie di Tom ◆ *v.tr.* e *avv.* (*fam. amer.*) prendere in giro, importunare: *they jacked him around all night*, l'hanno preso in giro per tutta la sera.

□ **jack in** *v.tr.* e *avv.* **1** (*fam.*) rinunciare, abbandonare (un'impresa ecc.) **2** (*tecn.*) collegarsi mediante spina jack.

□ **jack off** *v.intr.* e *avv.* (*sl. amer. volg.*) masturbarsi.

□ **jack out** *v.tr.* e *avv.* (*fam. amer.*) estrarre, tirare fuori.

□ **jack up** *v.tr.* e *avv.* (*fam. amer.*) rimproverare, richiamare al dovere.

jack[2] *s.* (*bot.*) (*Artocarpus integrifolia*) artocarpo; (*pop.*) albero del pane.

jackal ['dʒækɔ:l *amer.* 'dʒækl] *s.* **1** (*zool.*) (*Canis aureus*) sciacallo **2** (*fig.*) sciacallo.

jackanapes ['dʒækəneɪps / jack·an·apes] *s.pl.invar.* **1** sfacciatello, monello **2** bellimbusto, vanesio.

jackass ['dʒækæs / jack·ass] *s.* **1** asino, somaro **2** (*iron.*) stupido.

jackboot ['dʒækbu:t / jack·boot] *s.* stivali alla scudiera // *to be under the —*, subire una repressione militare.

jackdaw ['dʒækdɔ: / jack·daw] *s.* (*zool.*) (*Corvus monedula*) taccola.

jacked up ['dʒækt'ʌp] *agg.* (*fam. amer.*) su di giri, eccitato.

jacket ['dʒækɪt] *s.* **1** giacchetta; casacca; giubba **2** rivestimento protettivo; isolante **3** buccia (di patata): *potatoes boiled in their jackets*, patate cotte con la buccia **4** sopraccoperta (di libro) SIN. dust jacket, dust cover **5** (*amer.*) copertina, custodia (di disco).

to **jacket** *v.tr.* **1** rivestire con materiale isolante, con involucro protettivo **2** (*non com.*) mettere una giacca a.

jacketed ['dʒækɪtɪd] *agg.* rivestito con materiale isolante, con involucro protettivo.

jackfish ['dʒækfɪʃ / jack·fish] *s.* (*zool. amer.*) luccio → **pike**[3].

jack frame ['dʒækfreɪm] *s.* (*tess.*) banco a fusi in finissimo.

jackhammer ['dʒæk,hæmə* / jack·hammer] *s.* (*spec. amer.*) martello pneumatico, perforatrice pneumatica.

jack-in-office ['dʒækɪn,ɒfɪs] *s.* piccolo funzionario presuntuoso, piccolo burocrate.

jack-in-the-box ['dʒækɪnðə,bɒks] *s.* scatola con fantoccio a molla.

Jack Ketch ['dʒæk'ketʃ] *s.* boia.

jack knife ['dʒæknaɪf] *s.* **1** coltello a serramanico SIN. clasp knife **2** (*sport*) tuffo carpiato.

to **jack-knife** *v.intr.* (di autocarri ecc.) sbandare del rimorchio fino a formare un angolo acuto con la motrice.

jacklight ['dʒæklaɪt / jack·light] *s.* (*amer.*) lampada da campeggio.

Jack-of-all-trades [,dʒækəv'ɔ:ltreɪdʒ] *s.* factotum; persona che sa fare lavori diversi.

jack-off ['dʒækɒf] *s.* (*sl. amer.*) persona stupida, incompetente, cretino.

jack-o'-lantern ['dʒækəʊ,læntən] *s.* fuoco fatuo.

jackplane ['dʒækpleɪn / jack·plane] *s.* (*tecn.*) pialletto per sgrossare, sbozzino.

jackpot ['dʒækpɒt / jack·pot] *s.* (*poker*) piatto (spec. se ricco); posta; somma in palio // *to hit the —*, fare un colpo grosso; avere un grosso colpo di fortuna.

jackrabbit [,dʒæk'ræbɪt / jack·rab·bit] *s.* (*zool.*) specie di lepre americana (che vive negli stati del West).

Jack Robinson [,dʒæk'rɒbɪnsən] *s.* nella locuz.: *before you can say —*, improvvisamente, in un batter d'occhio.

jackscrew ['dʒækskru: / jack·screw] *s.* **1** vite di pressione **2** martinetto a vite.

jackshit ['dʒækʃɪt / jack·shit] *s.* (*sl. amer. volg.*) niente, nulla: *I don't know — about it*, non ne so nulla, un tubo, un fico secco.

jack-staff ['dʒækstɑ:f *amer.* 'dʒækstæf] *s.* (*mar.*) asta della bandiera di bompresso.

jack tar [,dʒæk'tɑ:*] *s.* (*fam. antiq.*) marinaio.

Jack the lad [,dʒækθə'læd] *s.* (*sl.*) giovane spavaldo, bullo.

jack towel ['dʒæk,taʊəl] *s.* bandinella.

jack-up ['dʒækʌp] *s.* (*fam. amer.*) aumento.

Jacobean [,dʒækəʊ'bi:ən / Ja·co·bean] *agg.* del regno, del tempo di Giacomo I d'Inghilterra (1603-25) ◆ *s.* scrittore, uomo politico del tempo di Giacomo I.

Jacobian [dʒə'kəʊbjən / Ja·co·bian] *agg.* (*mat.*) jacobiano.

Jacobin[1] ['dʒækəbɪn / Jac·obin] *s.* (*st.*) giacobino.

jacobin[2] *s.* **1** (*zool.*) piccione cappuccino **2** (*bot.*) (*Florisuga mellivora*) giacobina.

jacobinic(al) [,dʒækə'bɪnɪk(l) / jac·obinic, jac·obin·ical] *agg.* giacobino.

Jacobinism ['dʒækəbɪnɪzəm / Jac·obin·ism] *s.* (*st.*) giacobinismo.

Jacobite ['dʒækəbaɪt / Jac·ob·ite] *s.* (*st.*) giacobita; seguace di Giacomo II d'Inghilterra (1685-1688).

jacobitic(al) [,dʒækə'bɪtɪk(l) / jac·ob·itic, jac·ob·it·ical] *agg.* di giacobita.

Jacobitism ['dʒækə,baɪtɪzəm / Jac·ob·it·ism] *s.* **1** principi politici dei seguaci di Giacomo II Stuart **2** principi della setta eutichiana.

Jacob's ladder [,dʒeɪkəbz'lædə*] *s.* (*mar.*) biscaglina.

jaconet ['dʒækənɪt / jac·onet] *s.* giaconetta (tessuto).

jacquard [dʒə'kɑ:d / jac·quard] *s.* (*tess.*) jacquard.

jactitation [,dʒæktɪ'teɪʃn / jac·tita·tion] *s.* **1** (*psic.*) iattazione, irrequietezza motoria **2** (*dir.*) falsa dichiarazione (a detrimento di altri) **3** (*non com.*) ostentazione.

jade[1] [dʒeɪd] *s.* **1** (*min.*) giada **2** color verde giada.

jade[2] *s.* (*non com.*) **1** cavallo; ronzino **2** donnaccia, megera // *a saucy* —, una ragazzetta impertinente.

to **jade**[2] *v.tr.* **1** ridurre male (un cavallo), sfiancare; sfinire; logorare: *the ne'er-yet-beaten horse of Parthia / we have jaded out o'the field,* (SH. Antony and Cleopatra) abbiamo fatto uscire dal campo sfiancata l'invitta cavalleria dei Parti **2** (*ant.*) trattare da sciocco, ingannare: *I do not now fool myself, to let imagination jade me,* (SH. Twelfth Night) non mi rendo ridicolo a tal punto da lasciarmi ingannare dalla fantasia ◆ *v. intr.* logorarsi, stancarsi.

jaded ['dʒeɪdɪd] *agg.* stanco, sfinito; logoro.

jadeite ['dʒeɪdaɪt / jade·ite] *s.* (*min.*) giadeite.

jaeger ['jeɪgə* / jae·ger] *s.* **1** cacciatore tedesco, svizzero **2** (*mil.*) fuciliere tedesco, austriaco.

jag[1] [dʒæg] *s.* **1** spuntone (di roccia) **2** dente (di sega ecc.) **3** frastaglio.

to **jag**[1] *pass.p.p.* **jagged** [dʒægd] *v.tr.* (*non com.*) frastagliare; dentellare; intaccare.

jag[2] *s.* (*fam.*) **1** sbornia **2** fitta; crisi, attacco emotivo: *a crying* —, un attacco di pianto nervoso.

jagged[1] ['dʒægɪd] *agg.* **1** frastagliato; dentellato; intaccato; tagliuzzato; ineguale: — *outline of a coast*, profilo frastagliato di una costa; *the — line of the mountains*, il profilo frastagliato delle montagne **2** (*bot.*) lanceolato.

jagged[2] *agg.* (*fam.*) ubriaco.

jaggedness ['dʒægɪdnɪs / jagged·ness] *s.* **1** frastagliamento; dentellatura **2** ineguaglianza; scabrosità, rugosità.

jagger ['dʒægə* / jag·ger] *s.* rotellina dentata.

jaggy ['dʒægɪ] → **jagged**[1].

jaguar ['dʒægjʊə* / jag·uar] *s.* (*zool.*) (*Panthera onca*) giaguaro.

jail [dʒeɪl] *s.* **1** prigione: *six months'* —, sei mesi di prigione; *to go to* —, andare in galera; *to be sent to* —, essere condannato al carcere // *high security* —, carcere di massima sicurezza // — *delivery*, scarcerazione **2** (*dir. amer.*) carcere destinato alla custodia cautelare.

to **jail** *v.tr.* imprigionare, mettere in prigione.

jailbird ['dʒeɪlbɜ:d / jail·bird] *s.* (*fam.*) avanzo di galera.

jailbreak ['dʒeɪlbreɪk / jail·break] *s.* evasione.

jailer ['dʒeɪlə*] *s.* carceriere, secondino.

Jain [dʒeɪn] *s.* (*relig.*) seguace del giainismo.

Jainism ['dʒeɪnɪzəm / Jain·ism] *s.* (*st. relig.*) jainismo.

jake [dʒeɪk] *agg.* (*sl. amer.*) bello, ottimo, di prima qualità.

jalap ['dʒæləp] *s.* **1** (*bot.*) (*Ipomoea purga*) gialappa **2** gialappa (il purgante).

jalopy [dʒə'lɒpɪ / ja·lopy] *s.* (*fam.*) vecchia automobile; aeroplano scassato; carcassa, macinino, rottame.

jalousie ['ʒlu:zi: / ja·lou·sie] *s.* imposta (per finestra), gelosia.

jam[1] [dʒæm] *s.* **1** stretta; compressione **2** intralcio, ingorgo nel traffico // *traffic* —, ingorgo stradale **3** (*fam.*) pasticcio, difficoltà: *to be, get in a* —, trovarsi, mettersi in un pasticcio **4** (*mecc.*) arresto, inceppamento // (*inform.*) *card* —, inceppamento scheda.

to **jam**[1] *pass.p.p.* **jammed** [dʒæmd] *v.tr.* **1** comprimere, premere, schiacciare, serrare, pigiare; affollare: *I jammed all my clothes into a suitcase and hurried away*, stipai tutti i miei abiti in una valigia e me ne andai in fretta **2** bloccare; incastrare: *all the traffic was jammed for an hour*, il traffico rimase bloccato per un'ora; *the boy's foot was jammed in the grating*, il piede del ragazzo rimase incastrato nell'inferriata **3** (*mecc.*) bloccare, inceppare; ostruire; puntellare **4** (*rad.*) disturbare, causare interferenze nelle trasmissioni: *to — the enemy's radar*, disturbare il radar nemico ◆ *v.intr.* **1** comprimersi, premersi, schiacciarsi, serrarsi, pigiarsi; accalcarsi **2** bloccarsi, incastrarsi **3** (*mecc.*) bloccarsi; incepparsi; ostruirsi // *to — on the brakes*, frenare di colpo, inchiodare **4** improvvisare (nel jazz) **5** (*fam. amer.*) spassarsela, divertirsi **6** (*sl. amer. volg.*) andare a letto, scopare.

jam[2] *s.* conserva di frutta, marmellata (non d'agrumi): — *jar* (o — *pot*), barattolo per marmellata AMER. jelly.

Jamaican [dʒə'meɪkən / Ja·maican] *agg.* e *s.* giamaicano.

Jamaica pepper [dʒə,meɪkə'pepə*] *s.* (*bot.*) pepe della Jamaica → **allspice**.

jamb [dʒæm] *s.* stipite, montante, fianco verticale (di un'apertura).

jambalaya [,dʒʌmbə'laɪjə / jam·ba·laya] *s.* (*cuc. amer.*) piatto speziato a base di riso e carne o pesce (tipico della Louisiana).

jamboree [dʒæmbə'ri: / jam·boree] *s.* **1** riunione internazionale, intersezionale di boy-scout **2** (*fam.*) allegra riunione; baldoria.

jammed [dʒæmd] *agg.* (*fam. amer.*) congestionato, affollato: *the place was* —, il luogo era pieno zeppo.

jammer ['dʒæmə*] *s.* **1** jammer; apparecchiatura per attuare contromisure di guerra elettronica **2** (*jazz*) improvvisatore.

jamming ['dʒæmɪŋ / jam·ming] *s.* **1** jamming; attività di contromisure di guerra elettronica **2** (*jazz*) improvvisazione.

jammy ['dʒæmɪ] *agg.* (*fam.*) attaccaticcio, appiccicoso.

to **jampack** ['dʒæm'pæk / jam·pack] *v.tr.* (*fam.*) gremire.

jam session ['dʒæm,seʃn] *s.* (*mus.*) jam-session, riunione estemporanea di alcuni musicisti, spec. di jazz, che suonano improvvisando su un tema prestabilito.

jam-up ['dʒæmʌp] *s.* (*fam. amer.*) ingorgo; affollamento.

jane [dʒeɪn] *s.* (*fam. amer.*) donna, ragazza.

jangle ['dʒæŋgl] *s.* **1** (*ant.*) disputa, alterco, baruffa **2** suono stonato, stridente.

to **jangle** *v.intr.* **1** stridere, emettere suoni stridenti, stonati **2** (*ant.*) altercare, litigare ◆ *v.tr.* **1** far stridere; stonare **2** (far) innervosire; irritare.

jangler ['dʒæŋglə*] *s.* (*ant.*) persona litigiosa, attaccabrighe.

jangling ['dʒæŋglɪŋ / jan·gling] *s.* **1** (*ant.*) rissa, contesa, baruffa, alterco **2** chiacchiere, ciance **3** suono aspro; scampanellata.

janitor ['dʒænɪtə* / jan·itor] *s.* (*spec. amer.*) custode; portiere BRIT. caretaker.

janizary ['dʒænɪzərɪ / jan·iz·ary] *s.* (*st.*) giannizzero.

Jansenism ['dʒænsnɪzəm / Jansen·ism] *s.* (*st.*) giansenismo.

Jansenist ['dʒænsnɪst / Jansen·ist] *s.* (*st.*) giansenista.

January ['dʒænjʊərɪ *amer.* 'dʒænjʊerɪ / Janu·ary] *s.* gennaio.

Jap[1] [dʒæp] *agg.* e *s.* (*fam.*) giapponese.

jap[2] *s.* (*sl. amer.*) ragazza viziata, snob, educata nella convinzione di avere diritto al meglio: *"What does a — make for dinner? Reservations"*, "Cosa fa per cena una ragazza viziata? Prenota" • Acronimo di *Jewish American princess*.

japan [dʒə'pæn / ja·pan] *s.* **1** lacca giapponese **2** [U] oggetti di lacca.

to **japan** *pass.p.p.* **japanned** [dʒə'pænd / ja·panned] *v.tr.* laccare.

Japanese [,dʒæpə'ni:z / Jap·an·ese] *agg.* e *s.* giapponese.

Japan wax [dʒə'pæn,wæks] *s.* (*chim.*) grasso, cera del Giappone.

jape [dʒeɪp] *s.* (*antiq.*) scherzo, tiro birbone; gioco di parole.

to **jape** *v.intr.* (*antiq.*) scherzare; giocare un tiro.

japonica [dʒə'pɒnɪkə / ja·pon·ica] *s.* (*bot.*) **1** (*Camellia japonica*) camelia **2** (*Chaenomeles japonica*) cotogno del Giappone.

jar[1] [dʒɑ:*] *s.* **1** rumore aspro; dissonanza; vibrazione; stridio **2** colpo; urto; scossone **3** (*antiq.*) alterco, discordia; litigio.

to **jar**[1] *pass.p.p.* **jarred** [dʒɑ:d] *v.intr.* **1** stonare; stridere; discordare; vibrare **2** (*fig.*) non essere d'accordo, discordare: *their opinions* —, le loro opinioni sono in conflitto **3** (*fig.*) dar fastidio, urtare: *it really jars to see such waste*, fa davvero venire i nervi vedere un tale spreco // *to — on a person's nerves*, urtare i nervi a qlcu. ◆ *v.tr.* **1** far stonare; far stridere; far discordare; far vibrare **2** far sobbalzare, scuotere; urtare (*anche fig.*): *the carriage jarred the passengers as it bounced along*, la carrozza sballottava i passeggeri mentre procedeva a scossoni; *she jarred her elbow against the door*, urtò il gomito contro la porta; *the breakdown jarred him into realizing he was overworking*, l'esaurimento lo scosse al punto da fargli capire che stava lavorando troppo.

jar[2] *s.* **1** giara, orcio; secchio; brocca; vaso (di terra, di vetro): (*fis.*) *electrical* (o *Leyden*) —, bottiglia di Leida **2** la capacità di una giara.

jar[3] *s.* (*fam.*) nella locuz. *on the* —, socchiuso: *the door is on the* —, la porta è socchiusa.

jardinière [ˌʒɑːdɪˈnjeə* / jar·di·ni·ère] *s.* (*fr. non com.*) **1** vaso da fiori **2** piatto di verdure miste.

jarful [ˈdʒɑːfʊl / jar·ful] *s.* la capacità di un vaso.

jargon[1] [ˈdʒɑːgən / jar·gon] *s.* **1** gergo, linguaggio professionale; lingua parlata in modo incomprensibile: *bureaucratic* —, burocratese **2** (*ant.*) cinguettio di uccelli.

jargon[2] *s.* (*min.*) zirconite.

to **jargonize** [ˈdʒɑːgənaɪz / jar·gon·ize] *v.tr.* esprimere in gergo ◆ *v.intr.* parlare, esprimersi in gergo.

jarl [jɑːl] *s.* (*st.*) capo danese o scandinavo.

jarring [ˈdʒɑːrɪŋ / jar·ring] *agg.* **1** discorde; stridente; stonato: *when Nature underneath a heap / of jarring atoms lay / and could not heave her head*, (DRYDEN) quando la natura giaceva sotto una mole d'atomi discordanti e non poteva sollevare la testa **2** che scuote ◆ *s.* **1** scuotimento **2** discordia; contrasto, conflitto **3** dissonanza // **-ly** *avv.*

jarvey [ˈdʒɑːvɪ / jar·vey] *s.* (*sl. antiq.*) fiaccheraio.

jasmin(e) [ˈdʒæsmɪn / jas·min(e)] *s.* (*bot.*) gelsomino // (*chim.*) — *oil*, essenza di gelsomino.

jasper [ˈdʒæspə* / jas·per] *s.* (*geol.*) diaspro.

jaunce [dʒɔːns] *s.* (*ant.*) camminata lunga e faticosa, sgambata: *Fie, how my bones ache! What a jaunce have I!*, (SH. Romeo and Juliet) Oh via, come mi fan male le ossa! Che sgambata ho fatto!

to **jaunce** *v.intr.* (*ant.*) barcollare, caracollare: *and yet I bear a burden like an ass, / spur -gall'd and tir'd by jauncing Bolinbroke*, (SH. Richard II) eppure porto la soma come un asino, speronato, fiaccato dal caracollante Bolinbroke.

jaundice [ˈdʒɔːndɪs / jaun·dice] *s.* **1** (*med.*) itterizia **2** (*non com., fig.*) pregiudizio; ostilità.

to **jaundice** *v.tr.* **1** (*med.*) far venire l'itterizia **2** (*fig.*) render invidioso, prevenuto, ostile.

jaundiced [ˈdʒɔːndɪst / jaun·diced] *agg.* **1** (*med.*) itterico **2** (*fig.*) invidioso; prevenuto; ostile.

jaunt [dʒɔːnt] *s.* scampagnata, gita, passeggiata.

to **jaunt** *v.intr.* andare a spasso; fare una gita.

jauntily [ˈdʒɔːntɪlɪ / jaun·tily] *avv.* **1** vivacemente, briosamente **2** in modo disinvolto, baldanzoso.

jauntiness [ˈdʒɔːntɪnɪs / jaun·ti·ness] *s.* **1** allegria, gaiezza, vivacità **2** disinvoltura, baldanza.

jaunty [ˈdʒɔːntɪ] *agg.* **1** gaio, vivace, brioso **2** disinvolto; baldanzoso **3** (*non com.*) alla moda.

java [ˈdʒɑːvə] *s.* (*fam. amer.*) caffè • Dal nome dell'isola indonesiana di Giava da cui s'importava caffè.

Javanese [ˌdʒɑːvəˈniːz / Ja·van·ese] *agg.* e *s.* giavanese.

javelin [ˈdʒævlɪn / jav·elin] *s.* giavellotto; dardo.

jaw [dʒɔː] *s.* **1** (*anat.*) mascella: *lower* —, mascella inferiore, mandibola; *upper* —, mascella superiore **2** *pl.* fauci: *he was snatched out of the jaws of death*, (*fig.*) fu strappato dalle fauci della morte **3** (*spec. pl.*) lato di fenditura, di spaccatura; stretta; gola; spaccatura **4** (*mecc.*) griffa; ganascia (di morsa, di freno): — *brake*, freno a ganasce, a ceppi **5** [U] (*fam. antiq.*) chiacchiere, ciarle; parole offensive, litigiose **6** (*fam. amer.*) caramella dura.

to **jaw** *v.intr.* (*fam.*) parlare, ciarlare in modo noioso, offensivo ◆ *v.tr.* (*fam.*) ammonire; far la predica a.

jawbone [ˈdʒɔːbəʊn / jaw·bone] *s.* **1** (*anat.*) mascella; osso mandibolare **2** (*amer.*) prestito.

to **jawbone** *v.intr.* (*fam. amer.*) parlare con tono deciso, autoritario (al fine di convincere) ◆ *v.tr.* (*fam. amer.*) prendere a prestito.

jawboning [ˈdʒɔːbəʊnɪŋ / jaw·bon·ing] *s.* controllo del mercato mediante ricatti ecc.

jawbreaker [ˈdʒɔːˌbreɪkə* / jaw·breaker] *s.* **1** (*sl.*) parola difficile da pronunciare **2** (*amer.*) caramella molto dura (gener. rotonda) **3** (*mecc.*) frantoio a mascelle.

jay [dʒeɪ] *s.* **1** (*zool.*) (*Garrulus glandularis*) ghiandaia **2** (*fig.*) chiacchierone insolente, impertinente **3** (*fig.*) sempliciotto **4** (*antiq.*) donna di facili costumi: *we'll teach him to know turtles from jays*, (SH. Merry Wives of Windsor) gli insegneremo a distinguere le colombe dalle ganze.

Jayhawker [ˈdʒeɪhɔːkə* / Jay·hawker] *s.* (*fam. amer.*) abitante del Kansas.

to **jaywalk** [ˈdʒeɪwɔːk / jay·walk] *v.intr.* (*fam.*) attraversare la strada fuori dai passaggi consentiti (p.e. strisce pedonali, semafori ecc.) per distrazione // **-er** *s.*

jazz [dʒæz] *s.* **1** jazz (musica, danza): *cool* —, jazz freddo; *hot* —, jazz caldo // *all that* —, (*fam.*) eccetera, eccetera: *he likes eastern food, you know, curry, bean shoots and all that* —, gli piace la cucina orientale, sai, il curry, i germogli di soia, eccetera, eccetera **2** [U] (*sl.*) chiacchiere vuote ◆ *agg.* **1** jazzistico **2** (*non com.*) vistoso, sgargiante.

to **jazz** *v.intr.* suonare, ballare il jazz ◆ *v.tr.* adattare (musica) al ritmo di jazz.

□ **jazz up** *v.tr.* e *avv.* (*sl.*) rendere vivace, pieno di vita e colore.

jazz-bo [ˈdʒæzbəʊ] *s.* (*sl. amer.*) persona agghindata, elegante.

jazzed [dʒæzd] *agg.* (*fam. amer.*) su di giri, caricato.

jazzy [ˈdʒæzɪ] *agg.* (*fam.*) **1** jazzistico **2** vistoso, sgargiante **3** (*amer.*) eccitante, stimolante.

jealous [ˈdʒeləs / jeal·ous] *agg.* geloso; invidioso: *to be — of s.o., of sthg.*, essere geloso di qlcu., di qlco. // **-ly** *avv.*

jealousness [ˈdʒeləsnɪs / jeal·ous·ness] **jealousy** [ˈdʒeləsɪ / jeal·ousy] *s.* gelosia; invidia.

jean[1] [dʒiːn] *s.* traliccio.

jean[2] *s.* **1** (*tess.*) jeans, tela jeans **2** *pl.* (*abbigl.*) jeans, blue-jeans.

jeasly [ˈdʒiːzlɪ] *agg.* (*fam. amer.*) di scarso valore, irrilevante.

jeep® [dʒiːp] *s.* (*aut.*) jeep®, camionetta • Prob. dalle iniziali di General Purpose, 'per tutti gli usi', con influsso di (*Eugene the*) *jeep*, nome di un personaggio dei fumetti dai poteri straordinari.

jeer[1] [dʒɪə*] *s.* burla; beffa; scherno.

to **jeer**[1] *v.tr.* burlare; schernire ◆ *v.intr.* prendersi gioco: *they all jeered at the poor boy*, tutti quanti si presero gioco del povero ragazzo // **-er** *s.*

jeer[2] *s.* (*mar.*) drizza di pennone.

jeering [ˈdʒɪərɪŋ / jeer·ing] *agg.* beffardo; canzonatorio ◆ *s.* canzonatura // **-ly** *avv.*

jeff [dʒef] *s.* (*fam. amer.*) bianco, persona di razza bianca.

jejune [dʒɪˈdʒuːn / je·june] *agg.* **1** (*form.*) privo d'interesse; scialbo, piatto **2** (*form.*) puerile, infantile; immaturo **3** (*ant.*) arido, sterile (di terreno) // **-ly** *avv.* // **-ness** *s.*

jejunum [dʒɪˈdʒuːnəm / je·junum] *pl.* **jejuna** [dʒɪˈdʒuːnə] *s.* (*anat.*) digiuno.

jell [dʒel] → **jelly**.

to **jell** *v.intr.* **1** gelatinizzarsi, rapprendersi, passare allo stato semisolido; coagularsi **2** (*fig.*) prendere forma, corpo (di intuizioni, idee ecc.) ◆ *v.tr.* (*fig.*) dare forma a (intuizioni ecc.).

jellied [ˈdʒelɪd / jel·lied] *agg.* in gelatina.

jell-o® [ˈdʒeləʊ] *s.* (*amer.*) marmellata.

jelly [ˈdʒelɪ] *s.* **1** gelatina (anche di frutta): *raspberry* —, gelatina di lamponi // *my legs turned to* —, (*fig.*) le mie gambe si fecero molli // — *bag*, sacchetto, filtro per gelatina **2** (*amer.*) confettura, marmellata BRIT. jam.

to **jelly** *v.intr.* **1** rapprendersi; ridursi in gelatina **2** (*fam.*) fare gelatine (di frutta ecc.): *in the autumn Grandma spends days jellying*, in autunno la nonna passa giornate intere a fare gelatine (di frutta) ◆ *v.tr.* ridurre in gelatina.

jelly baby [ˈdʒelɪˌbeɪbɪ] *s.* caramella gommosa di frutta (a forma di bambolina).

jelly beans [ˈdʒelɪbiːnz] *s. pl.* (*amer.*) gelatine, caramelle gelatinose.

jellyfish [ˈdʒelɪfɪʃ / jel·ly·fish] *s.* (*zool.*) medusa.

jelly roll [ˈdʒelɪˌrəʊl] *s.* (*cuc.*) rotolo di pan di spagna e marmellata.

jemmy [ˈdʒemɪ] *s.* **1** piede di porco AMER. jimmy **2** (*rar.*) pastrano **3** (*cuc. non com.*) testa di pecora al forno.

jennet [dʒenɪt / jen·net] *s.* cavallino spagnolo.

jenny [ˈdʒenɪ] *s.* **1** (*zool.*) femmina di vari animali **2** (*mecc.*) carrello-gru **3** (*tess.*) filatoio intermittente.

jenny-wren ['dʒenɪ'ren] *s.* (*zool. pop.*) → **wren**.

to **jeopardize** ['dʒepədaɪz / jeop·ard·ize] *v.tr.* mettere a repentaglio; mettere in pericolo; arrischiare: *to — one's life*, mettere a repentaglio la propria vita.

jeopardy ['dʒepədɪ / jeop·ardy] *s.* **1** rischio, pericolo: *to be in —*, essere in pericolo; *to put sthg. in —*, mettere a repentaglio qlco. **2** (*dir.*) pericolo di condanna penale // *double —*, (*amer.*) il processare qlcu. per un reato per il quale è già stato assolto la prima volta; *double — clause*, norma che vieta di procedere due volte per lo stesso fatto contro lo stesso soggetto.

jerboa [dʒɜ:'bəʊə / jer·boa] *s.* (*zool.*) (*Jaculus jaculus*) topo delle piramidi, dipo.

jeremiad [,dʒerɪ'maɪəd / je·re·miad] *s.* geremiade.

Jericho ['dʒerɪkəʊ / Jer·icho] *no.pr.* (*geogr.st.*) Gerico // *go to —*, (*fam. antiq.*) va' a farti benedire.

jerk[1] [dʒɜ:k] *s.* **1** sbalzo; sobbalzo; sussulto; scatto; movimento brusco: *the bus braked with a sudden —*, l'autobus frenò con un improvviso sobbalzo **2** strattone; strappo; spinta; colpo: *he tossed the sack over his shoulder with a —*, si gettò il sacco sulle spalle con uno strattone // *physical jerks*, (*fam.*) ginnastica da camera **3** (*med.*) riflesso nervoso, crampo, spasmo muscolare: *knee —*, riflesso patellare, della rotula del ginocchio **4** (*fam. spreg.*) cretino; stupido.

to **jerk**[1] *v.tr.* dare una spinta, un colpo, un urto a; muovere, spingere bruscamente: *he jerked her arm while she was writing*, le urtò il braccio mentre stava scrivendo ◆ *v.intr.* scattare; sobbalzare; sussultare.

□ **jerk off** *v.tr. e intr. e avv.* (*volg.*) masturbare; masturbarsi.

jerk[2] *s.* (*non com.*) carne essiccata al sole.

to **jerk**[2] *v.tr.* (*non com.*) far essiccare (carne) al sole.

jerkin ['dʒɜ:kɪn / jer·kin] *s.* (*st.*) giustacuore.

jerkwater ['dʒɜ:kwɔ:tə* / jerk·water] *agg.* (*fam. amer.*) piccolo; insignificante, irrilevante.

jerky ['dʒɜ:kɪ] *agg.* **1** sussultante, sobbalzante; a scatti; spasmodico **2** discontinuo; irregolare **3** (*fam.*) stupido, sciocco // **-ily** *avv.* // **-iness** *s.*

jeroboam [,dʒerə'bəʊəm / je·ro·boam] *s.* **1** geroboamo (grossa bottiglia da champagne, contenente l'equivalente di 4 bottiglie normali) **2** (*non com.*) vaso da notte.

to **jerque** [dʒɜ:k] *v.tr.* (*ant.*) ispezionare (un bastimento) per motivi doganali.

jerry ['dʒerɪ] *s.* **1** (*fam.*) soldato tedesco; tedesco **2** (*sl.*) vaso da notte.

to **jerry-build** ['dʒerɪ,bɪld] *pass.p.p.* **jerry-built** ['dʒerɪbɪlt] *v.tr.* costruire utilizzando materiale scadente (a fini speculativi) // **-er** *s.*

jerry can ['dʒerɪkæn] *s.* tanica.

jersey ['dʒɜ:zɪ / jer·sey] *s.* **1** jersey, tessuto pettinato a maglia rasata **2** maglia; sweater; pullover; (*amer.*) canottiera **3** mucca di razza Jersey.

Jerusalem artichoke [dʒə'ru:sələm 'ɑ:tɪtʃəʊk] *s.* (*bot.*) (*Helianthus tuberosus*) topinambur.

jess [dʒes] *s.* geto: *if I do prove her haggard, / though that her jesses were my dear heart-strings, / I'd whistle her off*, (SH. Othello) se alla prova risulterà selvatica, quand'anche i geti che la tengono legata a me fossero le preziose corde del mio cuore, la farei volar via con un fischio.

to **jess** *v.tr.* mettere il geto a (falco, falcone ecc.).

jessamine ['dʒesəmɪn / jessa·mine] *s.* (*bot. ant.*) → **jasmin(e)**.

jest [dʒest] *s.* **1** scherzo; arguzia; facezia: *it was said in —*, fu detto per scherzo // *half in —, half in earnest*, tra il serio e il faceto // *there's many a true word spoken in —*, (*prov.*) scherzando Arlecchino si confessa **2** presa in giro; canzonatura; motteggio: *Pope's 'Dunciad' is full of barbed jests about contemporary poets*, la 'Dunciad' di Pope è piena di pungenti canzonature dei poeti suoi contemporanei **3** zimbello: *he is a standing —*, è un perenne zimbello.

to **jest** *v.intr.* **1** scherzare; dire facezie, arguzie **2** prendersi gioco; farsi beffe ◆ *v.tr.* (*antiq.*) prendere in giro; canzonare.

jester ['dʒestə*] *s.* **1** (*st.*) buffone, giullare **2** burlone; chi fa scherzi.

jesting ['dʒestɪŋ / jest·ing] *agg.* scherzoso; canzonatorio ◆ *s.* scherzo; burla; beffa // **-ly** *avv.*

Jesuit ['dʒezjʊɪt / Jes·uit] *s.* **1** gesuita **2** (*spreg.*) gesuita; ipocrita; dissimulatore ◆ *agg.* gesuitico.

Jesuitical [,dʒezjʊ'ɪtɪkl / Jesu·it·ical] *agg.* **1** gesuitico, da gesuita **2** (*spreg.*) gesuitico; gesuitesco; ipocrita // **-ally** *avv.*

Jesuitism ['dʒezjʊɪtɪzəm / Jesu·it·ism] meno com. **Jesuitry** ['dʒezjʊɪtrɪ / Jesu·itry] *s.* **1** gesuitismo **2** (*spreg.*) gesuitismo; falsità; ipocrisia.

jet[1] [dʒet] *agg.* color giaietto, nero lucido ◆ *s.* (*geol.*) giaietto, lignite lustra, ambra nera.

jet[2] *s.* **1** getto; spruzzo; zampillo // *he came out with a — of insults*, venne fuori con una scarica di insulti // (*fis.*) *— propulsion*, propulsione a getto, a reazione diretta // *— (-propelled) plane*, jet, aviogetto, aeroplano a reazione // *— engine*, motore a getto, propulsore a reazione diretta **2** jet, aeroplano a reazione, aviogetto: *— liner*, jet di linea; *— fuel*, combustibile per aviogetti **3** (*chim.*) becco: *gas —*, becco a gas **4** (*mecc.*) getto, ugello, spruzzatore: *idling —*, getto del minimo; *— nozzle*, ugello di scarico, effusore **5** (*metall.*) canale di colata **6** (*zool.*) sfiatatoio di cetaceo.

to **jet**[2] *pass.p.p.* **jetted** ['dʒetɪd] *v.intr.* **1** sgorgare; zampillare; uscire a fiotti **2** volare, viaggiare in jet **3** (*ant.*) protendersi; proiettarsi; sporgere **4** (*ant.*) pavoneggiarsi: *how he jets under his advanced plumes!*, (SH. Twelfth Night) come si pavoneggia sotto le sue piume tese! ◆ *v.tr.* **1** emettere (un getto); far sgorgare; far zampillare **2** proiettare; fare sporgere **3** far volare, viaggiare in jet: *his company jets him around the globe to settle technical problems*, la sua compagnia lo fa volare (in jet) in tutto il mondo per risolvere problemi tecnici.

jet-black [,dʒet'blæk] *agg.* nero lucente; corvino.

jet coal ['dʒet,kəʊl] *s.* → **jet**[1].

jetfoil ['dʒetfɔɪl / jet·foil] *s.* aliscafo.

jet-lag ['dʒetlæg] *s.* malessere dovuto al viaggiare in aereo (spec. con cambiamento di fuso orario), malessere da fuso orario.

jetsam ['dʒetsəm / jet·sam] *s.* [U] **1** (*mar.*) relitti di un carico gettato a mare (in situazione d'emergenza) **2** relitto; rottame **3** ciarpame; robaccia.

jet-set ['dʒetset] *s.* (*fam.*) jet-set, jet-society.

jet-setter ['dʒet,setə*] *s.* chi appartiene al jet-set, alla jet-society.

jet stream ['dʒet,stri:m] *s.* (*meteor.*) corrente a getto.

jetties ['dʒetɪz / jet·ties] *s.pl.* (*fam. amer.*) → **jet-lag**.

jettison ['dʒetɪsn / jet·tison] **1** (*mar.*) carico gettato a mare (in situazione d'emergenza) **2** (*aer.*) scarico in volo **3** (*fig. non com.*) abbandono.

to **jettison** *v.tr.* **1** (*mar.*) gettare in mare (un carico) **2** (*aer.*) scaricare in volo (serbatoi supplementari, carburante, carico ecc.) **3** (*fig.*) liberarsi di; disfarsi di; gettar via; abbandonare: *she jettisoned him after a week*, lei lo lasciò dopo una settimana.

jetton ['dʒetən / jet·ton] *s.* (*rar.*) **1** fiche; gettone **2** gettone del telefono.

jetty[1] ['dʒetɪ] *agg.* **1** nero lucente; corvino **2** di giaietto.

jetty[2] *s.* (*mar.*) molo, gettata, pontile: *landing —*, imbarcadero.

Jew [dʒu:] *s.* **1** ebreo; israelita: *the wandering —*, l'Ebreo errante **2** (*spreg.*) giudeo.

jew-baiter ['dʒu:,beɪtə*] *s.* persecutore di ebrei; antisemita.

jew-baiting ['dʒu:,beɪtɪŋ] *s.* [U] persecuzione antisemita.

to **jew down** ['dʒu:,daʊn] *v.tr.* e *avv.* (*fam. amer.*) mercanteggiare con (qlcu.) per ottenere sconti.

jewel ['dʒu:əl] *s.* **1** gioiello, gioia (*anche fig.*): *— box, case*, portagioie, portagioielli; *my wife is an absolute —*, mia moglie è un vero gioiello **2** pietra preziosa; gemma **3** (*orologeria*) rubino, pietra **4** (*inform.*) lente di una spia.

to **jewel** *pass.p.p.* **jewelled** ['dʒu:əld / jew·elled] *v.tr.* **1** ingemmare; ornare di pietre preziose **2** (*non com.*) ingioiellare (*anche fig.*).

jeweler ['dʒu:ələ* / jew·eler] *s.* (*amer.*) → **jeweller**.

jewelled ['dʒu:əld / jew·elled] *agg.* ingemmato, ornato di pietre preziose: *a — bracelet*, un braccialetto tempestato di pietre preziose.

jeweller ['dʒu:ələ* / jew·el·ler] *s.* gioielliere.

jewellery ['dʒu:əlrɪ / jew·el·lery] **jewelry** [jew·elry] *s.* gioielli; gioielleria.

Jewess ['dʒu:ɪs / Jew·ess] *s.* **1** ebrea, israelita **2** (*spreg.*) giudea.

Jewish ['dʒu:ɪʃ / Jew·ish] *agg.* ebraico; israelitico; giudaico; ebreo // **-ly** *avv.*

Jewry ['dʒʊərɪ] *s.* **1** comunità ebraica; popolo ebraico; gli ebrei (*pl.*) **2** (*non com.*) ghetto **3** (*ant.*) Giudea; Palestina.

Jew's ear ['dʒu:z,ɪə*] *s.* (*bot.*) (*Auricularia auricula-Judae*) orecchio di Giuda.

jew's-harp [,dʒu:z'hɑ:p] *s.* (*mus.*) scacciapensieri.

jib[1] [dʒɪb] *s.* **1** (*mar.*) fiocco **2** (*mecc.*) braccio (di gru): *— crane*, gru a bandiera // *the cut* *of one's* —, (*antiq. fam.*) l'aspetto esteriore, il modo di vestire di qlcu.

to **jib**[1] *pass.p.p.* **jibbed** [dʒɪbd] *v.tr.* (*mar.*) orientare; girare (vele) ◆ *v.intr.* (*mar.*) orientarsi; girarsi (detto di vele).

to **jib**[2] *pass.p.p.* **jibbed** *v.intr.* **1** recalcitrare; impuntarsi // *to* — *at sthg.* (o *at doing sthg.*), mostrare diffidenza verso qlco., esitazione nel fare qlco.: *she jibbed at giving him a blank cheque*, esitò a consegnargli un assegno in bianco; *Congress jibbed at his appointment*, il Congresso avanzò riserve sulla sua candidatura **2** combaciare, andare d'accordo con, conformarsi: *your report jibs with the police version*, il tuo rapporto coincide con la versione della polizia; *that jibs!*, combacia!, coincide!

jib-boom ['dʒɪb,bu:m] *s.* (*mar.*) asta di fiocco.

jib-door ['dʒɪbdɔ:*] *s.* usciolo dissimulato nel muro.

jibe [dʒaɪb] *s.* nota di sarcasmo, allusione maligna; beffa.

to **jibe** *v.tr.* schernire, deridere; alludere malignamente a ◆ *v.intr.* beffarsi; fare allusioni maligne: *to — at s.o.*, beffarsi di qlcu.

jiboney ['dʒɪbənɪ / jibo·ney] → **jaboney**.

jiff [dʒɪf] **jiffy** ['dʒɪfɪ] *s.* (*fam.*) momento: *I'll be ready in a* —, sarò pronto in un attimo, in un batter d'occhio; *wait a* —, aspetta un momento.

jig[1] [dʒɪg] *s.* **1** giga (aria e ballo) **2** (*mecc.*) maschera, maschera di montaggio **3** (*miner.*) crivello **4** (*pesca*) esca a cucchiaino, cucchiaino **5** (*ant.*) farsa: *he's for a jig or a tale of bawdry, or he sleeps*, (SH. Hamlet) lui vuole le farse e le storielle sporche, altrimenti si addormenta.

to **jig**[1] *pass.p.p.* **jigged** [dʒɪgd] *v.intr.* **1** ballar la giga **2** agitarsi, saltellare: *to — up and down*, saltare su e giù **3** (*mecc.*) lavorare con maschere, con attrezzature **4** andare a pesca col cucchiaino ◆ *v.tr.* **1** (far) muovere a tempo di giga **2** agitare su e giù **3** (*mecc.*) crivellare **4** pescare col cucchiaino.

jig[2], **jigaboo** ['dʒɪgə,bu: / jiga·boo] *s.* (*sl. amer. spreg.*) persona di colore, nero, negro.

jigger[1] ['dʒɪgə* / jig·ger] *s.* **1** danzatore di giga **2** misurino (per liquori) da un'oncia e mezzo **3** (*fam.*) goccio, sorso (di liquore) **4** (*fam.*) aggeggio **5** (*miner.*) crivello **6** (*mar.*) bozzello, paranco a coda **7** (*mecc.*) gru idraulica.

to **jigger**[1] *v.tr.* (*sl.*) rovinare, mandare a monte.

jigger[2] *s.* (*zool.*) (*Tunga penetrans*) pulce penetrante.

jiggered ['dʒɪgəd / jig·gered] *agg.* (*fam. antiq.*) **1** dannato, maledetto: *I'll be —!*, che io sia maledetto! **2** stupito, sorpreso: *well, I'm* —, beh, sono davvero stupito! **3** stanchissimo: *I'm absolutely — after that work!*, sono proprio stanco morto dopo quel lavoro!

jiggery-pokery [,dʒɪgərɪ'pəʊkərɪ] *s.* U (*fam.*) qualcosa di losco; imbrogli (*pl.*): *he had noticed some — at the office*, aveva notato degli imbrogli in ufficio.

to **jiggle** ['dʒɪgl] *v.tr.* muovere con piccoli scatti: *he jiggled the switch but nothing happened*, scosse, diede qualche colpetto all'interruttore ma non successe niente ◆ *v.intr.* muoversi con piccoli scatti; tremolare: *the vibrations made the glasses — about*, le vibrazioni facevano tremolare i vetri.

jigsaw ['dʒɪgsɔ: / jig·saw] *s.* **1** sega da traforo **2** puzzle, gioco di pazienza; (*fig.*) mosaico.

jihad [dʒɪ'hæd / ji·had] *s.* guerra santa (contro i nemici dell'Islam).

jillion ['dʒɪljən / jil·lion] *s.* (*amer. fam.*) quantità incalcolabile.

jilt [dʒɪlt] *s.* (*fam.*) civetta, donna leggera.

to **jilt** *v.tr.* piantare in asso (un innamorato) dopo averlo incoraggiato.

Jim Crow ['dʒɪmkrəʊ] *s.* **1** (*sl. amer.*) negro **2** discriminazione razziale (specialmente contro i negri) ◆ *agg.* (*spreg.*) per soli negri.

jim-crow *s.* (*mecc.*) (martinetto) piegarotaie.

jim-dandy [,dʒɪm'dændɪ] *agg.* (*fam. amer.*) fantastico, eccezionale ◆ *s.* (*fam. amer.*) persona, cosa fantastica, eccezionale.

jimjams ['dʒɪmdʒæmz / jim·jams] *s.pl.* (*fam.*) delirium tremens (*sing.*).

jimmies ['dʒɪmɪz] *s.pl.* (*fam. amer.*) pelle d'oca, brividi; nervosismo: *it gives me the* —, mi fa venire i nervi, i brividi.

jimmy ['dʒɪmɪ] *s.* (*amer.*) grimaldello, piede di porco.

to **jimmy** *v.tr.* (*fam. amer.*) scassinare.

jimsonweed ['dʒɪmsən,wi:d / jim·son·weed] *s.* (*bot.*) stramonio → **stramonium**.

jingle ['dʒɪŋgl] *s.* **1** tintinnio **2** cantilena, ripetizione monotona; allitterazione **3** canzoncina, motivo musicale (usato spec. nella pubblicità).

to **jingle** *v.tr.* far tintinnare ◆ *v.intr.* **1** tintinnare **2** essere pieno di cantilene, di allitterazioni (di scritto).

jingle-jangle ['dʒɪŋgl'dʒæŋgl] *agg.* (*fam. amer.*) in cattive condizioni: *a — car*, un rottame di automobile ◆ *s.* U (*fam. amer.*) spiccioli (*pl.*), monetine (*pl.*).

jingo ['dʒɪŋgəʊ] *agg.* fanatico, sciovinista ◆ *s.pl.* **jingoes** sciovinista, nazionalista fanatico // *by —!*, per Bacco!

jingoism ['dʒɪŋgəʊɪzəm / jin·go·ism] *s.* sciovinismo.

jingoist ['dʒɪŋgəʊɪst / jin·go·ist] *s.* sciovinista.

jingoistic ['dʒɪŋgəʊɪstɪk / jin·go·istic] *agg.* scionivista, sciovinistico.

jink [dʒɪŋk] *s.* (*fam.*) **1** movimento elusivo **2** *pl.* (*high*) *jinks*, chiasso, allegria; baldoria (*sing.*).

to **jink** *v.intr.* (*fam.*) muoversi rapidamente; sfuggire, schivare, eludere.

jinn [dʒɪn] **jinni** [dʒɪ'ni:] → **genie**.

jinny ['dʒɪnɪ] *s.* (*sl. amer.*) spaccio clandestino di alcolici (negli anni '20).

jinx [dʒɪŋks] *s.* **1** iettatura **2** iettatore, menagramo.

to **jinx** *v.tr.* (*fam.*) iettare, portare iella a.

jitney ['dʒɪtnɪ / jit·ney] *s.* (*fam. amer.*) **1** moneta da 5 centesimi **2** piccolo autobus per brevi percorsi.

to **jitter** ['dʒɪtə* / jit·ter] *v.intr.* (*fam.*) essere nervoso, agitato; agire nervosamente.

jitterbug ['dʒɪtəbʌg / jit·ter·bug] *s.* **1** ballo sfrenato (degli anni '20-'40) **2** ballerino scatenato; patito di jazz.

to **jitterbug** *pass.p.p.* **jitterbugged** ['dʒɪtəbʌgd / jit·ter·bug·ged] *v.intr.* (*fam. amer.*) suonare musica fortemente ritmata; abbandonarsi a danze molto ritmate.

jitteriness ['dʒɪtərɪnɪs / jit·teri·ness] *s.* nervosismo.

jitters ['dʒɪtəz / jit·ters] *s.pl.* (*fam.*) nervosismo, agitazione: *to have the* —, avere i nervi a fior di pelle; essere agitato.

jittery ['dʒɪtərɪ / jit·tery] *agg.* (*fam.*) nervoso // *to grow* —, diventar nervoso, innervosirsi.

jiu-jitsu [dʒju:'dʒɪtsu:] *s.* jujitsu (lotta giapponese).

jive [dʒaɪv] *s.* **1** (*mus.*) tipo di jazz degli anni '50 // — *talk*, (*fam. amer.*) parlata dei neri (solitamente accompagnata da esclamazioni e gesti tipici) **2** U (*sl. amer.*) sciocchezze (*pl.*).

to **jive** *v.intr.* (*fam.*) **1** suonare, ballare il 'jive'; (*estens.*) ballare **2** (*amer.*) parlare il gergo dei jazzisti **3** (*amer.*) prendere in giro.

job[1] [dʒɒb] *s.* **1** lavoro, impiego, occupazione, posto di lavoro: *full-time, part-time* —, lavoro a tempo pieno, a tempo parziale; *permanent* —, impiego stabile; *can you give me a —?*, potete darmi un lavoro, un impiego?; *to be out of a* —, essere disoccupato; *to be paid by the* —, essere pagato a cottimo // — *analysis, description, evaluation*, analisi, descrizione, valutazione (qualificazione) delle mansioni // — *application*, domanda di lavoro // — *release scheme*, piano di prepensionamento // — *rotation*, rotazione delle mansioni // — *training*, addestramento al lavoro // *nine-to-five* —, lavoro con orario fisso // *it would be more than my — 's worth*, questo mi farebbe perdere il posto // — *satisfaction*, gratificazione proveniente dal lavoro // *jobs for the boys*, (*gener. spreg.*) posti di lavoro per i raccomandati // (*comm.*): — (*order*), commessa; — *production*, produzione per commessa // — *action*, (*amer.*) azione sindacale, conflitto di lavoro (che non comprende lo sciopero) **2** lavoro; mansione; compito; dovere: *I've got a — for you: water the roses, please*, ho un lavoro per te: innaffia le rose per favore; *he has done a good — (of work)*, ha fatto (proprio) un buon lavoro; *you're just the man for the* —, (*fam.*) sei proprio la persona giusta per questo lavoro; *to be on the* —, essere all'opera; — *in hand*, lavoro in corso, di cui ci si sta occupando al momento // *it's not my* —, non è compito mio; *his — is to deal with the customers*, il suo compito è trattare con i clienti; *part of my — is to talk to the press*, parte del mio lavoro consiste nel parlare alla stampa // *I feel better now: the aspirin is doing its* —, (*fam.*) mi sento meglio ora: l'aspirina sta facendo effetto; *try a piece of wire, it should do the* —, (*fam.*) prova con un pezzo di fil di ferro, dovrebbe funzionare **3** (*fam.*) impresa, compito difficile: *you'll have a real — to get here by 7,30*, sarà una vera impresa per te raggiungerci entro le 7 e 30 **4** (*fam.*) faccenda; impresa; situazione: *a bad* —, un affare serio, una brutta faccenda; *a good* —, una bella cosa; *a pretty —!*, (*iron.*) bell'affare!; *to give s.o., sthg. up as a bad* —, considerare qlcu., qlco. un'impresa, un caso disperato; *to make the best of a bad* —, far buon viso a cattivo gioco; *to make a good, bad — of sthg.*, far bene, male qlco. // *it's a good — you booked a table, the restaurant is crowded*, meno male che hai prenotato un tavolo, il ristorante è pieno di gente // *just the —!, that's the —*, è proprio quel che ci voleva! // *put-up —*, messinscena, montatura // *giving them the contract was just a put-up —*, dar loro quel contratto è stata una faccenda sporca **5** (*inform.*) job, lavoro: *— queue*, coda di lavoro **6** (*fam.*) lavoro; opera: *he did a really good paint — on my car*, ha fatto proprio un bel lavoro di riverniciatura alla mia auto // *nose —*, operazione plastica al naso **7** (*sl.*) atto criminale; rapina, colpo: *he pulled off a string of jobs in South London*, ha compiuto una serie di furti nella zona meridionale di Londra // *bank —*, rapina in banca // *inside —*, furto, rapina eseguita con l'aiuto di un informatore interno, di un basista **8** (*fam.*) oggetto, cosa (di buona fattura); tipo, tipa, tipetto: *that bike is a really good —*, quella bicicletta è una bellezza; *who is the blonde — sitting with Tony?*, chi è la biondina seduta accanto a Tony? **9** (*fam.*) escremento, pezzo di cacca // *to do a —*, andare in bagno, fare la cacca.

to **job**[1] *pass.p.p.* **jobbed** [dʒɒbd] *v.intr.* **1** fare lavori (saltuari) **2** lavorare a cottimo **3** (*comm.*) svolgere attività di grossista, di mediatore **4** intrallazzare **5** speculare in borsa ◆ *v.tr.* **1** appaltare, dare in appalto **2** (*comm.*) comprare, vendere all'ingrosso **3** (*Borsa*) comprare e vendere (titoli) **4** noleggiare (cavalli, carrozze) **5** (*fam. amer.*) imbrogliare, truffare.

job[2] *s.* colpo dato con qualcosa di appuntito.

to **job**[2] *v.tr.* **1** (*ant.*) pungere; pungolare **2** colpire: *he jobbed my nose*, (*sl.*) mi ha dato un colpo sul naso ◆ *v.intr.* dare un colpo: *to — at sthg.*, colpire qlco.

jobation [dʒəʊ'beɪʃn / joba·tion] *s.* (*antiq.*) strappazzata, paternale.

jobber ['dʒɒbə* / job·ber] *s.* **1** noleggiatore **2** lavoratore a cottimo **3** trafficante disonesto **4** (*Borsa*) speculatore // (*stock*) *—*, operatore autorizzato in titoli (ruolo abolito con la riforma della Borsa di Londra) **5** (*comm.*) grossista; mediatore.

jobbery ['dʒɒbərɪ / job·bery] *s.* (*non com.*) baratteria; corruzione.

jobbing ['dʒɒbɪŋ / job·bing] *s.* **1** (lavorazione a) cottimo **2** noleggio (di cavalli, carrozze) **3** speculazione; baratteria // (*stock*) *—*, attività di compravendita di titoli in Borsa **4** lavorazione per conto terzi, su commessa **5** (*tip.*) stampa commerciale ◆ *agg.attr.* a cottimo: *— worker*, lavoratore a cottimo; *— contract*, contratto a cottimo; *— builder*, piccola impresa che esegue lavori edili su commissione // (*comm.*) *— profit*, utili di intermediazione // *— gardener*, giardiniere per lavori saltuari.

job centre ['dʒɒb,sentə*] *s.* ufficio di collocamento.

jobholder ['dʒɒb,həʊldə* / job·holder] *s.* **1** dipendente **2** (*amer.*) funzionario governativo.

jobless ['dʒɒblɪs / job·less] *agg.* senzalavoro, disoccupato: *he found himself —*, si trovò disoccupato ◆ *s. the —*, i disoccupati, i senzalavoro: *the number of —*, il numero dei disoccupati; *the total —*, il totale dei disoccupati.

job lot ['dʒɒblɒt] *s.* **1** fondi di magazzino (acquistati a scopo speculativo) **2** accozzaglia, paccottiglia: *a — of new recruits*, un'accozzaglia di nuove reclute.

Job's comforter [,dʒəʊbz'kʌmfətə*] *s.* cattivo consolatore, chi fa stare peggio la persona che cerca di consolare.

jobsharing ['dʒɒbʃeərɪŋ / job·shar·ing] *s.* divisione di un lavoro a tempo pieno fra due persone part-time.

jock [dʒɒk] *s.* (*fam. amer.*) atleta che s'impegna molto (spec. studente universitario).

jockey ['dʒɒkɪ] *s.* **1** fantino: *— cap*, berretto da fantino // *— shorts*, boxer, mutande a pantaloncino **2** (*ant.*) mediatore di cavalli **3** (*ant.*) furbo; ingannatore; briccone **4** (*fam. amer.*) autista, conducente, manovratore.

to **jockey** *v.tr.* **1** montare (un cavallo) in una corsa **2** convincere, persuadere a poco a poco, abilmente; manovrare (qlcu.): *to — s.o. into doing sthg.*, indurre qlcu. a fare qlco.; *within five years he had jockeyed himself into a top job*, in cinque anni era riuscito, con varie manovre, a procurarsi un ottimo posto **3** (*antiq.*) ingannare; truffare **4** (*fam. amer.*) manovrare, spostare (un'automobile); guidare, pilotare ◆ *v.intr.* **1** fare il fantino **2** fare acrobazie, manovre varie (per ottenere un miglior piazzamento); (*mar.*) manovrare: *the yachts were jockeying for the breeze*, gli yachts manovravano per avere il vento; *the runners were jockeying for position on the final bend*, sulla curva finale i corridori si davano da fare per guadagnare terreno, per piazzarsi meglio **3** (*fig.*) intrigare, macchinare, manovrare, brigare, maneggiare: *the record companies are always jockeying for position on the market*, le case discografiche si danno sempre un gran daffare per conquistarsi un posto sul mercato.

jockstrap ['dʒɒk,stræp / jock·strap] *s.* (*fam.*) sospensorio.

jocose [dʒəʊ'kəʊs / joc·ose] *agg.* (*form.*) giocoso, scherzoso; faceto; gioviale // **-ly** *avv.* // **-ness** *s.*

jocosity [dʒəʊ'kɒsətɪ / joc·os·ity] *s.* (*non com.*) **1** giocondità, allegria **2** scherzo, frase scherzosa.

jocular ['dʒɒkjʊlə* / joc·ular] *agg.* (*form.*) giocoso, allegro; scherzoso; spiritoso // **-ly** *avv.*

jocularity [,dʒɒkjʊ'lærətɪ / jocu·lar·ity] *s.* (*form.*) giocosità, allegria; spirito.

jocund ['dʒɒkənd / joc·und] *agg.* (*letter.*) giocondo; giulivo; gaio // **-ly** *avv.*

jocundity [dʒɒ'kʌndɪtɪ / joc·und·ity] **jocundness** ['dʒɒkəndnɪs / joc·und·ness] *s.* (*letter.*) giocondità; gaiezza.

jody ['dʒəʊdɪ] *s.* (*sl. amer.*) **1** civile che approfitta dell'assenza di un soldato per sedurne la moglie **2** (*sl. mil.*) soldato.

Joe [dʒəʊ] *no.pr.m.* dim. di Joseph // *— Miller*, (*fig. antiq.*) scherzo vecchio, conosciuto // *— Public*, l'inglese, l'americano medio, l'uomo della strada // *— College*, (*amer.*) persona che adotta modi e abbigliamento tipici degli studenti; ex-studente che continua a vestirsi e comportarsi come uno studente.

joe[1] *s.* (*fam. amer.*) tipo: *he's just an ordinary —*, è un tipo del tutto comune.

joe[2] *s.* (*fam. amer.*) caffè.

joepot ['dʒəʊpɒt / joe·pot] *s.* (*fam. amer.*) caffettiera.

joey [dʒəʊɪ] *s.* (*zool.*) **1** piccolo canguro, cangurino **2** piccolo (di vari animali).

jog[1] [dʒɒg] *s.* **1** spinta, urto; gomitata **2** scossa; sballottamento **3** corsa leggera: *to move at a —*, trotterellare.

to **jog**[1] *pass.p.p.* **jogged** [dʒɒgd] *v.tr.* **1** spingere, urtare; dare una gomitata a **2** scuotere leggermente; sballottare // *to — s.o.'s memory*, rinfrescare la memoria a qlcu. ◆ *v.intr.* **1** avanzare a scatti, muoversi a scatti: *the pistol jogged against his leg as he ran*, la pistola sbatteva contro la sua gamba, mentre correva **2** avanzare lentamente, avviarsi, muoversi a rilento **3** fare il jogging, il footing. □ **jog along** *v.intr.* e *avv.* andare al piccolo trotto; (*estens.*) seguire il solito trantran: *things are jogging along nicely*, le cose vanno avanti tranquillamente.

jog[2] *s.* (*amer.*) **1** rientro, nicchia (in una parete) **2** sporgenza (in una parete).

jogger ['dʒɒgə* / jog·ger] *s.* **1** chi pratica il jogging **2** chi, che avanza a scatti **3** (*ant.*) piccolo omnibus a cavalli **4** (*mecc.*) dispositivo che avanza a intermittenza **5** (*tip.*) pareggiatore.

jogging ['dʒɒgɪŋ / jog·ging] *s.* **1** (*sport*) jogging, footing **2** (*inform.*) battitura; allineamento (di schede).

to **joggle**[1] ['dʒɒgəl] *v.tr.* **1** (*arch.*) sfalsare **2** (*mecc.*) fissare con grani.

joggle[2] *s.* scatto; scossetta; sobbalzo.

to **joggle**[2] *v.tr.* **1** scuotere lievemente; far muovere a scatti **2** (*mecc.*) spostare a scatti, a intermittenza ◆ *v.intr.* muoversi a scatti; sobbalzare.

jog trot ['dʒɒgtrɒt] *s.* **1** trotto regolare; piccolo trotto **2** andatura lenta e monotona; (*estens.*) tran-tran.

to **jogtrot** ['dʒɒgtrɒt / jog·trot] *v.intr.* **1** andare al trotto **2** procedere in modo lento e monotono; (*estens.*) seguire il solito trantran.

John [dʒɒn] *no.pr.m.* Giovanni // *— Bull*, John Bull (personificazione della nazione inglese); inglese tipico; *— Bullism*, carattere, gesto tipicamente inglese // (*dir.*) *— Doe*, persona fittizia.

john *s.* (*fam. amer.*) (*nel sign. 1 e 3, anche maiuscolo*) **1** tipo, tizio **2** gabinetto **3** cinese **4** puttaniere.

John dory [,dʒɒn'dɔːrɪ] *s.* (*zool.*) pesce San Pietro → **dory**[1].

Johnnie, **Johnny** ['dʒɒnɪ] *no.pr.m.* dim. di → **John** // *— Raw*, (*antiq.*) recluta, novizio.

johnny *s.* (*fam. amer.*) → **john** 1, 2.

johnstrupite ['dʒɒn,strə,piːt / john·strup·ite] *s.* (*min.*) mosandrite.

join [dʒɔɪn] *s.* **1** giuntura, congiunzione **2** (*mat.*) unione.

to **join** *v.tr.* **1** unire; legare insieme; riunire; connettere, congiungere; collegare: *a bridge joins the two halves of the town*, un ponte unisce, collega le due parti del paese; *he joined the two ends of the rope together*, legò insieme i due estremi della corda; *to — forces*, unire le forze; *to — hands*, prendersi per mano; *to — hands with s.o.*, prendere qlcu. per mano; (*fig.*) unirsi a qlcu. **2** unirsi a, partecipare a; diventare membro di: *to — a club*, diventare membro di un club, *to — the army*, arruolarsi; *he joined the firm in 1983*, è entrato nella ditta nel 1983; *will you — us for dinner?*, ti unisci a noi per cena? // *— the party!*, (*fam.*) unisciti a noi! // (*dir.*) *to — a party to an action*, integrare il contraddittorio **3** raggiungere: *he will — me next week*, mi raggiungerà la settimana prossima **4** essere contiguo a: *the house joins the church*, la casa è contigua, adiacente alla chiesa ◆ *v.intr.* **1** unirsi; congiungersi: *the roads — beyond the river*, le strade si congiungono al di là del fiume **2** essere contiguo, adiacente: *our garden joins on the vicar's*, il nostro giardino è contiguo a quello del vicario.

□ **join in** *v.intr.* e *avv.* o *prep.* unirsi a, prendere parte a: *they were looking for the lost ball and he joined in*, stavano cercando il pallone e lui si unì a loro; *he joined in the conversation*, si unì alla conversazione.

□ **join on** *v.intr.* e *tr.* e *avv.* attaccarsi, attaccare a; unirsi, unire a: *extra carriages will be joined on* (o *onto the train*) *at Pavia*, carrozze extra verranno attaccate a Pavia.

□ **join onto** *v.tr.* e *prep.* → to join on.

□ **join up** *v.intr.* e *avv.* **1** arruolarsi **2** (*with*) riunirsi a: *the second company joined up with our group near the river*, la seconda compagnia si riunì al nostro gruppo presso il fiume.

joinder [ˈdʒɔɪndə* / join·der] *s.* (*dir.*) unione, congiunzione; unione dei procedimenti: — *and severance procedural rules*, disciplina processuale della riunione e separazione dei procedimenti; — *of causes of action*, litisconsorzio, cumulo delle domande giudiziali.

joiner [ˈdʒɔɪnə*] *s.* **1** falegname; fabbricante di mobili // — *bench*, banco da falegname; — *work*, lavoro di falegnameria; il mestiere del falegname **2** (*fam.*) persona a cui piace appartenere ad associazioni, che partecipa ad attività sociali; presenzialista.

joinery [ˈdʒɔɪnərɪ / join·ery] *s.* falegnameria, mestiere del falegname; lavoro di falegnameria.

joining [ˈdʒɔɪnɪŋ / join·ing] *s.* congiunzione; unione.

joint [dʒɔɪnt] *agg.* unito; indiviso; associato; congiunto; comune: — *efforts*, sforzi congiunti; — *author*, coautore; — *management*, direzione comune // (*dir.*): — *and several bond obbligation*, obbligazione, cauzione solidale; — *cause*, concausa; — *owner* (o *tenant*), comproprietario; — *ownership* (o *tenancy*), proprietà indivisa, comproprietà; — *responsibility* (o *liability*), responsabilità solidale, collettiva; — *venture* (o *adventure*), joint venture, associazione in partecipazione; — *heir*, coerede; — *wills*, testamenti congiunti, reciproci; *during their — lives*, finché sono tutti vivi // (*comm.*) — *account*, conto in partecipazione // (*banca*): conto congiunto, conto intestato a più persone; — *signatures*, firme congiunte; — *and several liability*, responsabilità in solido; — *industrial committee*, comitato misto di produzione; — *floating*, fluttuazione congiunta (dei cambi); — *products*, prodotti congiunti.

joint *s.* **1** giuntura, giunzione; punto di congiunzione // *out of* —, fuori posto in una giuntura; sconnesso; (*fig.*) disordinato, disorganizzato: *to put* (o *to throw*) *sthg., s.o. out of* —, (*fam.*) mettere in disordine qlco., disturbare, turbare qlcu.; *to put s.o.'s nose out of* —, (*fam.*) scombussolare, turbare qlcu. **2** (*mecc.*) giunto, giunzione; snodo: *universal* —, giunto universale, giunto cardanico; *mitre* —, giunto ad angolo; *fish* —, giunto a ganasce **3** (*med.*) articolazione; giuntura: *elbow* —, articolazione del gomito; — *capsule, cavity*, capsula, cavità articolare; *to put one's arm out of* —, lussarsi una spalla **4** (*cuc.*) taglio di carne per arrosto **5** (*bot.*) congiunzione, nodo **6** (*geol.*) diaclasi, frattura **7** (*sl.*) bettola, osteria, locale pubblico di infimo ordine; (*amer.*) edificio, casa: *that bar is a bit of a* —, quel bar è un po' squallido **8** (*sl.*) spinello, sigaretta alla marijuana.

to **joint** *v.tr.* **1** congiungere, unire, far combaciare; commettere **2** (*mecc.*) connettere; rendere snodato; raccordare **3** (*macelleria*) tagliare, squartare ◆ *v.intr.* (*mecc.*) eseguire una giunzione.

jointed [ˈdʒɔɪntɪd] *agg.* che ha giunture, articolazioni: — *doll*, bambolotto snodabile.

jointer [ˈdʒɔɪntə*] *s.* **1** pialla **2** lima per denti di sega **3** riquadratore (di pietre da costruzione) **4** (*agr.*) avanvomere, coltello.

jointing [ˈdʒɔɪntɪŋ / joint·ing] *s.* giunzione // — *rule*, squadra da muratore.

jointly [ˈdʒɔɪntlɪ / joint·ly] *avv.* unitamente; collettivamente // (*dir.*) — *and severally*, congiuntamente e separatamente.

jointress [ˈdʒɔɪntrɪs / joint·ress] *s.* (*dir.*) vedova che vive del reddito del patrimonio assegnatole all'atto del matrimonio.

joint-stock bank [ˌdʒɔɪntˈstɒkˌbæŋk] *s.* banca commerciale.

joint-stock company [ˌdʒɔɪntˈstɒk ˌkʌmpənɪ] *s.* (*comm.*) società per azioni.

jointure [ˈdʒɔɪntʃə* / join·ture] *s.* (*dir.*) patrimonio assegnato ad una donna all'atto del matrimonio, perché ne usufruisca in caso di vedovanza.

to **jointure** *v.tr.* (*dir.*) assegnare a (una donna) un patrimonio di cui potrà godere solo dopo la morte del marito.

joist [dʒɔɪst] *s.* (*arch.*) travetto, travicello.

to **joist** *v.tr.* (*arch.*) munire di travetti, di travicelli.

joke [dʒəʊk] *s.* **1** scherzo; beffa; canzonatura; burla; tiro: *a bad* —, uno scherzo di cattivo gusto; *a practical* —, un tiro mancino, una beffa: *to play a practical — on s.o.*, giocare una beffa a qlcu.; *to make a — of sthg., s.o.*, prendersi gioco di qlco., qlcu.; *to play a — on s.o.*; fare uno scherzo a qlcu.; *to do sthg. for a* —, fare qlco. per scherzo; *it is no* —, è un affar serio; *my brother can't see* (o *take*) *a* —, mio fratello non ha il senso dell'umorismo, non sa stare allo scherzo; *the whole thing is going* (o *getting*) *beyond a* —, l'intera faccenda si sta facendo seria; *the — is he's not married*, il buffo è che non è sposato // *the — is on you*, sei tu a passare per stupido // *as a politician he's a —!*, come politico è davvero ridicolo! **2** barzelletta, storiella comica; facezia: *to tell* (o *crack*) *a* —, raccontare una barzelletta, fare una battuta.

to **joke** *v.intr.* scherzare: *don't — about it*, non prenderlo come uno scherzo; *you must be joking!*, stai scherzando! // *joking apart* (o *aside*), scherzi a parte ◆ *v.tr.* prendere in giro, canzonare.

joker [ˈdʒəʊkə*] *s.* **1** (*fam.*) burlone, tipo ameno; tipo inaffidabile **2** (*sl.*) individuo; tipo **3** matta (nel gioco delle carte) // *a — in the pack*, un imprevisto; una persona imprevedibile **4** (*dir. amer.*) cavillo legale, clausola, tranello.

jokey [ˈdʒəʊkɪ] *agg.* scherzoso, faceto.

jokingly [ˈdʒəʊkɪŋlɪ / jok·ing·ly] *avv.* per scherzo, ridendo.

jollification [ˌdʒɒlɪfɪˈkeɪʃn / jol·li·fica·tion] *s.* (*fam.*) allegria, ilarità.

to **jollify** [ˈdʒɒlɪfaɪ / jol·lify] *v.intr.* fare festa, fare baldoria; ubriacarsi un po', andare su di giri ◆ *v.tr.* tenere allegro, rallegrare.

jollily [ˈdʒɒlɪlɪ / jol·lily] *avv.* (*fam.*) allegramente.

jolliness [ˈdʒɒlɪnɪs / jol·li·ness] **jollity** [ˈdʒɒlɪtɪ / jol·lity] *s.* allegria, ilarità.

jolly [ˈdʒɒlɪ] *agg.* allegro, gaio; vivace; ameno; alticcio: *a — fellow*, un giovialone, un tipo ameno; *a — laugh*, una risata allegra ◆ *s.* (*sl. antiq.*) (marinaio della) Regia Marina.

to **jolly** *v.tr.* (*fam.*) persuadere; fare opera di convincimento su, convincere: *we jollied the girls into going to the zoo*, convincemmo le ragazze ad andare allo zoo; *she jollied him out of his idea of leaving home*, lo dissuase dall'idea di andarsene da casa // *we jollied her out of her depression*, la tirammo fuori dalla sua depressione.

□ **jolly along** *v.tr.* e *avv.* rabbonire; incoraggiare: *we'll have to — him along if we want his cooperation*, dovremo incoraggiarlo se vogliamo la sua cooperazione.

□ **jolly up** *v.tr.* e *avv.* rallegrare, ravvivare (un ambiente).

jolly *avv.* **1** (*fam.*) molto, moltissimo: *he is a — good fellow*, è un ottimo ragazzo // — *good show!*, molto bene!, fantastico! **2** certamente: *you'll — well have to go*, devi sicuramente andare.

jollyboat [ˈdʒɒlɪbəʊt / jolly·boat] *s.* iole; lancia di servizio.

Jolly Roger [ˌdʒɒlɪˈrɒdʒə*] *s.* bandiera nera col teschio, bandiera dei pirati.

jolt [ˈdʒəʊlt] *s.* scossa; sobbalzo; sbalzo; colpo (*anche fig.*): *the death of their father gave them a terrible* —, la morte del padre fu per loro un colpo terribile.

to **jolt** *v.tr.* far sobbalzare.; scuotere (*anche fig.*): *the news jolted me out of my apathy*, la notizia mi scosse dalla mia apatia ◆ *v.intr.* sobbalzare, muoversi a scosse.

joltingly [ˈdʒəʊltɪŋlɪ / jolt·ing·ly] *avv.* sobbalzando, a scosse.

jolty [ˈdʒəʊltɪ] *agg.* (*rar.*) che va a scosse, sobbalzando.

Jonah [ˈdʒəʊnə] *s.* iettatore.

Jonathan [ˈdʒɒnəθən / Jon·athan] *no.pr.m.* Gionata // (*Brother*) —, personificazione del popolo americano.

jongleur [ʒɔːŋˈglɜː* / jong·leur] *s.* giullare; menestrello.

jonquil [ˈdʒɒŋkwɪl / jon·quil] *s.* (*bot.*) (*Narcissus jonquilla*) giunchiglia; (*pop.*) tromboncino.

Jordanian [dʒɔːˈdeɪnjən / Jor·dan·ian] *agg.* e *s.* giordano.

jorum [ˈdʒɔːrəm] *s.* (*rar.*) tazza; boccale; liquido contenuto in un boccale.

josh [dʒɒʃ] *s.* (*fam. spec. amer.*) scherzo bonario; canzonatura.

to **josh** *v.tr.* (*fam. spec. amer.*) canzonare, prendere in giro (bonariamente): *his friends are always joshing him about his peculiar clothes*, i suoi amici lo prendono sempre in giro per il suo stravagante modo di vestire ◆ *v.intr.* (*fam. spec. amer.*) scherzare.

josher ['dʒɒʃə*] *s.* (*fam. spec. amer.*) burlone.

joss [dʒɒs] *s.* idolo cinese // — *house*, tempio cinese.

josser ['dʒɒsə*] *s.* (*sl.*) **1** sciocco **2** individuo.

joss stick ['dʒɒsstɪk] *s.* bastoncino d'incenso.

jostle ['dʒɒsl] *s.* forte spinta; gomitata; urto.

to **jostle** *v.tr.* **1** spingere; colpire a gomitate: *he jostled his way to the exit*, si fece strada a gomitate verso l'uscita **2** stare gomito a gomito con **3** (*sl. amer.*) borseggiare ◆ *v.intr.* **1** farsi strada a gomitate **2** scontrarsi.

jostler ['dʒɒslə*] *s.* (*sl. amer.*) borsaiolo, borseggiatore.

jostling ['dʒɒslɪŋ / jost·ling] *s.* (*sl. amer.*) borseggio.

jot [dʒɒt] *s.* iota, inerzia, cosa da nulla: *I don't care a* —, non me ne importa nulla.

to **jot** *pass.p.p.* **jotted** ['dʒɒtɪd / jot·ted] *v.tr.* prendere nota di: *he jotted down a few lines*, buttò giù due righe.

jotter ['dʒɒtə* / jot·ter] *s.* taccuino, quaderno di appunti.

jotting ['dʒɒtɪŋ / jot·ting] *s.* annotazione, appunto.

jouissance ['dʒu:ɪsns / jouis·sance] *s.* (*comm.*) godimento: — *share*, azione di godimento.

joule [dʒu:l] *s.* (*metrol.*) joule.

to **jounce** [dʒaʊns] *v.tr.* (*non com.*) scuotere; far sobbalzare ◆ *v.intr.* (*non com.*) sobbalzare.

journal ['dʒɜ:nl] *agg.* (*ant.*) quotidiano: *ere twice the sun hath made his journal greeting / to the under generation*, (SH. Measure for Measure) prima che il sole abbia dato due volte il suo quotidiano saluto alla popolazione australe.

journal *s.* **1** giornale; periodico; rivista: *house* —, rivista aziendale; *trade* —, rivista di settore **2** diario **3** (*mar.*) giornale di bordo **4** (*amm.*) giornale, libro giornale: — *entry*, annotazione cronologica // (*dir.*) *the journals*, registrazione quotidiana degli atti parlamentari **5** (*mecc.*) perno di banco.

journalese ['dʒɜ:nə'li:z / journ·al·ese] *s.* gergo giornalistico.

journalism ['dʒɜ:nəlɪzəm / journ·al·ism] *s.* giornalismo.

journalist ['dʒɜ:nəlɪst / journ·al·ist] *s.* giornalista.

journalistic [,dʒɜ:nə'lɪstɪk / journ·al·istic] *agg.* giornalistico.

journalization [,dʒɜ:nəlaɪ'zeɪʃn / journ·al·iza·tion] *s.* (*inform.*) registrazione su giornale.

to **journalize** ['dʒɜ:nəlaɪz / journ·al·ize] *v.tr.* (*amm.*) registrare nel giornale, mettere a giornale ◆ *v.intr.* **1** tenere un diario **2** (*antiq.*) fare del giornalismo.

journalizing ['dʒɜ:nəlaɪzɪŋ / journ·al·iz·ing] meno com. **journalling** ['dʒɜ:nəlɪŋ / journal·ling] *s.* (*inform.*) registrazione su giornale.

journey ['dʒɜ:nɪ / jour·ney] *s.* viaggio (gener. per terra); escursione: *the —'s end*, la fine del viaggio, *the — out, home*, il viaggio di andata, di ritorno; — *there and back*, andata e ritorno; *a week's* —, un viaggio di una settimana; *the town is two days — from here*, la città è a due giorni di viaggio da qui; *to be on a* —, essere in viaggio; *to go on a* —, mettersi in viaggio; *to make a* —, fare un viaggio; *to break one's* —, fare una sosta durante il viaggio, spezzare il viaggio; *to break off one's* —, interrompere il viaggio (e non proseguire più) // *by short journeys*, a tappe // (*comm.*) — *order*, ordine trasmesso dal dettagliante al fornitore tramite commesso viaggiatore.

to **journey** *v.intr.* (*form.*) fare un viaggio, viaggiare.

journeyman ['dʒɜ:nɪmən / jour·ney·men] *pl.* **journeymen** *s.* **1** operaio finito, operaio qualificato // — *work*, lavoro mediocre: *that play is — work*, quella commedia è un lavoro di qualità non eccelsa **2** (*st.*) operaio a giornata.

journey-work ['dʒɜ:nɪ,wɜ:k] *s.* **1** lavoro a giornata: *there cannot be a more tedious and unpleasing journey-work... than to be made the perpetual reader of unchosen books*, (MILTON) non ci può essere un lavoro di giornata più gravoso e tedioso... che essere nominato a vita lettore di libri non scelti personalmente **2** lavoro di routine **3** lavoro letterario mal retribuito e di scarsa qualità.

joust [dʒaʊst] *s.* (*st.*) torneo; giostra.

to **joust** *v.intr.* torneare; giostrare; partecipare a un torneo.

Jove [dʒəʊv] *no.pr.m.* **1** (*mit.*) Giove // *by —!*, (*fam. antiq.*) per Giove! **2** (*astr.*) Giove.

jovial ['dʒəʊvjəl / jo·vial] *agg.* gioviale; festoso; allegro // **-ly** *avv.* // **-ness** *s.*

Jovial *agg.* (*ant.*) di Giove: *I know the shape of's leg, this is his hand, / ... / the brawns of Hercules, but his Jovial face*, (SH. Cymbeline) riconosco la forma della sua gamba, questa è la sua mano, ..., i muscoli di Ercole, tutto fuorché il suo volto di Giove.

joviality [,dʒəʊvɪ'ælətɪ / jo·vi·al·ity] *s.* giovialità, gaiezza.

Jovian ['dʒəʊvɪən / Jo·vian] *agg.* di Giove (*anche astr.*); simile a Giove.

jowl [dʒaʊl] *s.* **1** mascella **2** guancia // *cheek by* —, vicinissimo, guancia a guancia **3** gozzo **4** giogaia (dei bovini) **5** testa (di pesce).

to **jowl** *v.tr.* (*ant.*) scaraventare: *how the knave jowls it to th' ground, as if 'twere Cain's jawbone*, (SH. Hamlet) e guarda come il marrano lo scaraventa a terra, come se fosse la mascella di Caino.

joy [dʒɔɪ] *s.* **1** gioia; gaiezza; contentezza // *to be beside oneself with* —, non stare in sé dalla gioia; *to jump for* —, saltare dalla gioia **2** gioia, fonte di gioia, di piacere: *she's a — to watch*, è un piacere guardarla; *the joys living in the country*, le gioie della vita in campagna **3** (*fam.*) successo, fortuna: *did you have any — with the missing suitcase?*, hai avuto fortuna con la valigia che avevi perso?; *"Did you get the job?" "No — I'm afraid"*, "Hai avuto il lavoro?" "Purtroppo no".

to **joy** *v.tr. e intr.* (*letter.*) rallegrarsi, rallegrare: *I — you in your happiness*, mi rallegro della tua felicità.

joyance ['dʒɔɪəns / joy·ance] *s.* (*poet.*) gioia; letizia: *with they clear keen joyance / languor cannot be*, (P.B. SHELLEY), con la tua limpida e intensa allegrezza non può esserci svogliatezza.

joyful ['dʒɔɪfʊl / joy·ful] *agg.* gaio; giulivo; felice; allegro // **-ly** *avv.* // **-ness** *s.*

joy house ['dʒɔɪ,haʊs] *s.* (*sl. amer.*) bordello.

joyless ['dʒɔɪlɪs / joy·less] *agg.* senza gioia, triste; mesto, cupo // **-ly** *avv.* // **-ness** *s.*

joyous ['dʒɔɪəs / joy·ous] *agg.* (*letter.*) gioioso; gaio; festevole // **-ly** *avv.* // **-ness** *s.*

joyride ['dʒɔɪraɪd / joy·ride] *s.* (*fam.*) gita in automobile (gener. rubata).

joystick ['dʒɔɪstɪk / joy·stick] *s.* **1** leva di comando (di aeroplano, di videogame ecc.) **2** (*sl. amer.*) pene, membro maschile.

jubilant ['dʒu:bɪlənt / ju·bil·ant] *agg.* giubilante, esultante; trionfante // **-ly** *avv.*

to **jubilate** ['dʒu:bɪleɪt / ju·bil·ate] *v.intr.* (*non com.*) giubilare, esultare.

jubilation [,dʒu:bɪ'leɪʃn / ju·bila·tion] *s.* giubilo, esultanza.

jubilee ['dʒu:bɪli: / ju·bilee] *s.* **1** giubileo; cinquantenario: *to keep a* —, celebrare un giubileo **2** anniversario: *Queen Victoria's diamond* —, il 60° anniversario di regno della regina Vittoria // *golden* —, 50° anniversario; *silver* —, 25° anniversario **3** giubilo, esultanza.

Judaic [dʒu:'deɪɪk / Ju·daic] *agg.* giudaico; ebraico.

Judaism ['dʒu:deɪɪzəm *amer.* 'dʒu:dɪɪzəm / Ju·da·ism] *s.* giudaismo.

judaist ['dʒu:deɪɪst / ju·da·ist] *s.* seguace delle dottrine giudaiche.

Judas ['dʒu:dəs / Ju·das] *s.* (*spreg.*) giuda, traditore // — *kiss*, bacio di Giuda.

judas-hole ['dʒu:des,həʊl] *s.* spioncino (in una porta p.e. di cella).

Judas tree ['dʒu:dəs,tri:] *s.* (*bot.*) (*Cercis siliquastrum*) albero di Giuda SIN. red bud.

judder ['dʒʌdə* / jud·der] *s.* sussulto.

to **judder** *v.intr.* vibrare (violentemente); sussultare: *the motor juddered and then stopped*, il motore vibrò violentemente e poi si fermò.

Judean [dʒu:'dɪən / Jud·ean] *agg.* e *s.* giudeo.

judge [dʒʌdʒ] *s.* **1** (*dir.*) giudice, magistrato: — *of Appeal(s)*, giudice della corte d'Appello; —*'s order*, ordinanza del giudice; *solo* —, giudice monocratico // *judges' rules*, norme di comportamento che la polizia deve seguire nei confronti delle persone arrestate (in Gran Bretagna) // — *-made law*, diritto di produzione giurisprudenziale // — *advocate general*, ufficiale supervisore e consulente presso la corte suprema militare // *Judges*, 'Giudici' (libro del Vecchio Testamento) **2** arbitro: — *at a flower show*, membro della giuria di una mostra di fiori // *I'll be the — of that, let me be the — of that*, decido io, lasciate che sia io a decidere **3** conoscitore, intenditore: *I am not a good — of wine*, non sono un conoscitore di vini.

to **judge** *v.tr.* **1** giudicare; fare da giudice in: *to — a case*, giudicare una causa; *to — a competition*, fare da giudice, da arbitro in una competizione **2** giudicare, farsi un'opinione di: *I will — him by his deeds*, lo giudicherò dai suoi atti; *it is difficult to — whether they are really interested or not from their letters*, è difficile stabilire, capire dalle loro lettere se siano davvero interessati o meno // *as far as can be judged*, per quanto se ne possa sapere **3** considerare, ritenere, supporre, stimare: *we judged it better to accept*, abbiamo ritenuto fosse meglio accettare; *the doctor judged him unfit to continue*, il dottore non lo reputò in grado di continuare ◆ *v.intr.* **1** fare da giudice, da arbitro **2** giudicare, farsi un'opinione: *to — by, from appearances*, giudicare dalle apparenze; *judging by, from their expressions it must have been a good film*, a giudicare dalla loro espressione deve essere stato un bel film // *as far as I can —*, per quanto posso capire.

judgement ['dʒʌdʒmənt / judge·ment] meno com. **judgment** *s.* **1** giudizio; parere, opinione: *critical, negative —*, giudizio critico, negativo; *to form a —*, formarsi un'opinione; *in my —*, a mio giudizio, secondo me, a parer mio; *my personal — is that...*, il mio parere personale è che... // *an error of —*, un errore di valutazione // *to pass — on, about sthg.*, esprimere la propria opinione su, giudicare qlco. // *to reserve — about sthg.*, astenersi dal giudicare, dall'esprimere un giudizio su qlco. // *to sit in — on, over s.o.*, prendersi la responsabilità, arrogarsi il diritto di giudicare qlcu. // *the — of Paris*, il giudizio di Paride // *the Day of Judgement*, il Giorno del Giudizio; *the Last Judgement*, il Giudizio finale **2** giudizio, discernimento, senno: *to lack —*, mancare di giudizio; *excellent — in choosing*, eccellente discernimento nella scelta; *a man of sound —*, un uomo di gran senno; *to use one's own —*, agire secondo il proprio giudizio // *against my better —*, contro ogni buon senso // *we found the house more by luck than good —*, abbiamo trovato la casa più per fortuna che per nostro merito **3** (*dir.*) sentenza; decisione; verdetto: *the — went against him*, la sentenza gli fu contraria; *to pass* (o *give* o *deliver*) *— on*, pronunziare una sentenza, un giudizio su; *to render a —*, emettere una sentenza // *— by consent*, sentenza emessa con il consenso del convenuto // *— by* (o *in default*), sentenza favorevole a una parte per inattività della controparte, sentenza contumaciale // *— creditor, debtor*, creditore, debitore il cui titolo deriva da una sentenza // *— in absence* (o *in absentia*), sentenza contumaciale // *— upon the merit*, sentenza nel merito // *— with costs*, sentenza con condanna alle spese (della parte soccombente) **4** critica, censura **5** punizione divina, castigo di Dio: *some people see Aids as a — on society for its permissiveness*, alcune persone considerano l'Aids una punizione divina per la società, causata dal suo permissivismo.

judgement-hall ['dʒʌdʒmənt,hɔ:l] *s.* aula di tribunale.

judgement-seat ['dʒʌdʒmənt,si:t] *s.* banco dei giudici; tribunale.

judgeship ['dʒʌdʒʃɪp / judge·ship] *s.* carica di giudice.

judicable ['dʒu:dɪkəbl / ju·dic·able] *agg.* giudicabile.

judicatory ['dʒu:dɪkətərɪ / ju·dic·at·ory] *agg.* giudiziario, concernente un giudizio; che offre una base per un giudizio ◆ *s.* (*scoz.*) tribunale.

judicature ['dʒu:dɪkətʃə* / ju·dic·ature] *s.* magistratura, ordinamento giudiziario; la giustizia; l'amministrazione della giustizia // *Supreme Court of Judicature*, Corte Suprema di Giustizia.

judicial [dʒu:'dɪʃl / ju·di·cial] *agg.* **1** giudiziale; giudiziario; giuridico: *— act*, atto giudiziario; *— assembly*, assemblea di giudizio; *— function, inquiry*, funzione, inchiesta giudiziaria; *— murder*, delitto giudiziario; *to bring — proceedings against s.o.*, intentare un procedimento giudiziario contro qlcu.; *— separation*, separazione legale // *— activism*, attivismo, protagonismo del potere giudiziario // *— notice*, massime di esperienza (fatti, principi e regole di comune esperienza di cui si presume il giudice sia a conoscenza) **2** (*form.*) imparziale // **-ly** *avv.*

judiciary [dʒu:'dɪʃɪərɪ *amer.* dʒu:'dɪʃɪerɪ / ju·di·ciary] *agg.* giudiziario ◆ *s.* magistratura, potere giudiziario in genere.

judicious [dʒu:'dɪʃəs / ju·di·cious] *agg.* **1** (*form.*) giudizioso, assennato: *they made — use of government loans*, hanno fatto un uso giudizioso dei prestiti governativi **2** (*ant.*) giudiziario: *his last offences to us / shall have judicious hearing*, (SH. Coriolanus) le sue ultime offese a noi saranno vagliate in giudizio // **-ly** *avv.* // **-ness** *s.*

judo ['dʒu:dəʊ] *s.* judo, lotta giapponese.

jug[1] [dʒʌg] *s.* **1** (il contenuto di una) brocca, caraffa; bricco; boccale: *a — of ale*, una caraffa di birra; *a — of water*, una brocca d'acqua; *milk —*, lattiera; *water —*, brocca per l'acqua **2** (*amer.*) recipiente con un unico manico e stretto d'imboccatura (che può venire tappato o chiuso); il suo contenuto // *— wine*, (*fam.*) vino scadente **3** (*sl.*) prigione **4** *pl.* (*sl. amer.*) seni, tette.

to **jug**[1] *pass.p.p.* **jugged** [dʒʌgd] *v.tr.* **1** (*cuc.*) brasare, cuocere in salmì **2** (*sl.*) imprigionare, mettere in gattabuia.

jug[2] *s.* (*ant. letter.*) nota di uccello (spec. usignolo).

jugal ['dʒu:gl] *agg.* (*ant.*) malare, zigomatico.

jugate ['dʒu:gɪt / jug·ate] *agg.* (*bot.*) che ha foglie disposte a coppia.

jugful ['dʒʌgfʊl / jug·ful] *s.* il contenuto di una brocca, di una caraffa.

juggernaut ['dʒʌgənɔ:t / jug·ger·naut] *s.* **1** gigantesco oggetto, forza che avanza inesorabilmente e travolge tutto quello che incontra; valanga: *the Nazi — rolled across France*, la valanga nazista travolse la Francia **2** — (*lorry*), TIR, autotreno • Originariamente nell'induismo termine legato all'adorazione di Visnù.

juggins ['dʒʌgɪnz / jug·gins] *s.* (*sl.*) semplicione.

juggle ['dʒʌgl] *s.* **1** gioco di prestigio, di destrezza **2** (*fig. non com.*) truffa, raggiro.

to **juggle** *v.intr.* fare il prestigiatore, fare giochi di destrezza ◆ *v.tr.* (*fig.*) truffare; svisare (i fatti): *to — the figures*, manipolare i conti.

juggler ['dʒʌglə* / jug·gler] *s.* **1** giocoliere **2** (*non com.*) impostore.

jugglery ['dʒʌglərɪ / jug·glery] **juggling** ['dʒʌglɪŋ / jug·gling] *s.* **1** gioco di prestigio // *he believed that much of modern poetry was simply — with words*, era convinto che la maggior parte della poesia moderna fosse per lo più un semplice giocare con le parole **2** (*non com.*) truffa, raggiro.

juggling ['dʒʌglɪŋ / jug·gling] *agg.* **1** di giocoliere **2** (*fig. non com.*) raggiratore ◆ *s.* → jugglery.

Jugoslav [,ju:gəʊ'slɑ:v / Ju·go·slav] *agg.* e *s.* iugoslavo.

jugular ['dʒʌgjʊlə* / jug·ular] *agg.* e *s.* (*anat.*) giugulare: *— process*, apofisi giugulare; *— veins*, vene giugulari // *to go for the —*, (*fig. fam.*) attaccare ferocemente (qlcu.) nel suo punto più debole.

to **jugulate** ['dʒu:gjʊleɪt / jug·ulate] *v.tr.* (*non com.*) giugulare, scannare.

juice [dʒu:s] *s.* **1** succo (di frutta); sugo (di carne): *orange, tomato —*, succo d'arancia, di pomodoro // *to let s.o. stew in their own —*, lasciare qlcu. cuocere nel suo brodo **2** (*biol.*) succo (gastrico, pancreatico) **3** (*fam.*) benzina; elettricità **4** (*fam. amer.*) situazione favorevole; posizione influente **5** (*sl. amer.*) superalcolico.

juiced [dʒu:st] *agg.* (*sl. amer.*) ubriaco.

juicehead ['dʒu:shed / juice·head] *s.* (*sl. amer.*) alcolizzato, ubriacone.

juiceless ['dʒu:slɪs / juice·less] *agg.* senza succo (*anche fig.*).

juicer ['dʒu:sə*] *s.* (*amer.*) tecnico delle luci (nei teatri, studi cinematografici ecc.).

to **juice up** [dʒu:s'ʌp] *v.tr.* e *avv.* (*fam. amer.*) vivacizzare, animare; elettrizzare: *John's presence juiced up the evening*, la presenza di John movimentò la serata.

juiciness ['dʒu:sɪnɪs / juci·ness] *s.* succosità.

juicy ['dʒu:sɪ] *agg.* **1** sugoso, succoso **2** interessante; vivace; piccante: *give us the — details*, dacci i dettagli piccanti della storia.

jujitsu [dʒu:'dʒɪtsu: / ju·jit·su] *s.* jujitsu, lotta giapponese.

ju-ju ['dʒu:'dʒu:] *s.* **1** feticcio africano **2** potere magico associato a un feticcio; (*estens.*) potere occulto.

jujube ['dʒu:'dʒu:b / ju·jube] *s.* **1** (*bot.*) (*Zizyphus jujuba-sativa*) giuggiolo (anche il frutto) **2** (*fam.*) giuggiola, pasticca di gomma.

to **juke** ['dʒu:k] *v.intr.* (*fam. amer.*) fare il giro dei bar, andare per bar.

jukebox ['dʒu:kbɒks / juke·box] *s.* juke-box // (*inform.*) *— storage*, memoria a dischi.

juke-joint ['dʒu:k,dʒɔɪnt] *s.* (*fam. amer.*) locale dotato di juke-box.

julep ['dʒu:lɪp / ju·lep] *s.* **1** (*farm.*) giulebbe **2** (*mint*) —, (*amer.*) whisky, brandy con menta e zucchero.

Julian ['dʒu:ljən / Ju·lian] *agg.* giuliano, di Giulio Cesare: *— Calendar*, calendario giuliano.

July [dʒu:'laɪ] *s.* luglio.

jumbal ['dʒʌmbl / jum·bal] *s.* (*ant.*) ciambella.

jumble[1] ['dʒʌmbl] *s.* **1** guazzabuglio, miscuglio (di cose, idee) **2** (*estens.*) disordine, confusione **3** [U] merce di poco valore destinata a una vendita per beneficenza // *— sale*, vendita (di articoli vari) per beneficenza **4** (*ant.*) scossone **5** (*ant.*) gita in carrozza.

to **jumble**[1] *v.tr.* mescolare; confondere, mettere alla rinfusa ◆ *v.intr.* mescolarsi (confusamente): *his notes were jumbled (up) with all the other papers*, i suoi appunti erano confusi con tutti gli altri fogli.

jumble[2] *s.* (*ant.*) ciambella.

jumbo ['dʒʌmbəʊ] *pl.* **jumbos** *s.* colosso; persona grossa e goffa; (*fig.*) elefante ◆ *agg.*

(*fam.*) gigantesco, enorme: — *portion*, porzione doppia.

jumbo jet [,dʒʌmbəʊ'dʒet] *s.* jumbo.

jump [dʒʌmp] *avv.* (*ant.*) giusto, precisamente: *but since, so jump upon this bloody question, / you... are arrived*, (SH. Hamlet) ma poiché siete giunti proprio al momento del sangue...

jump *s.* **1** salto, balzo, scarto; sussulto // *to have the — on s.o.*, (*fam.*) essere in vantaggio su qlcu. // *you have to stay* (o *to be*) *one — ahead of the opposition if you want to succeed*, devi essere un passo più avanti dell'opposizione, se vuoi riuscire // *he's for the high —*, (*fig. fam.*) sta per essere buttato fuori, licenziato // (*sport*) *high, long, triple, running —*, salto in alto, in lungo, triplo, con rincorsa **2** salto, balzo (dei prezzi) **3** distanza percorsa con un salto **4** ostacolo da saltare (anche equitazione) **5** lancio col paracadute **6** (*dama*) il mangiare una pedina **7** (*giornalismo*) continuazione, rinvio **8** (*inform.*) salto, rinvio (di una sequenza, di un sottoprogramma).

to **jump** *v.intr.* **1** saltare; balzare; fare un salto: *to — over the stream*, saltare al di là del ruscello; *he jumped out of the window*, saltò giù dalla finestra; *the cock jumped onto the fence*, il gallo saltò sulla staccionata; *she jumped to her feet when I came in*, scattò in piedi quando entrai; *my heart jumped when I heard his name*, mi balzò il cuore in gola quando sentii il suo nome; *to — to conclusions*, saltare alle conclusioni; *he jumps from one topic to another*, salta di palo in frasca, da un argomento all'altro // *to — out of one's skin*, sussultare, fare un salto (per la paura) // *to — out of the frying pan into the fire*, cadere dalla padella nella brace // *to — out at one*, (*fig. fam.*) essere ovvio, facile da notare // *— to it, boys!*, (*fam.*) sbrigatevi, spicciatevi, ragazzi! **2** trasalire, sussultare: *the explosion made me —*, l'esplosione mi fece trasalire **3** lanciarsi col paracadute **4** (*fig.*) avere un'impennata, salire rapidamente; rincarare: *prices have jumped (up) ten percent*, i prezzi sono rincarati del dieci percento **5** (*bridge*) saltare; (*dama*) mangiare **6** (*inform.*) fare una diramazione, fare un salto **7** (*ant.*) concordare: *till each circumstance / of place, time, fortune, do cohere and jump / that I am Viola*, (SH. Twelfth Night) finché tutte le circostanze di luogo, tempo e fortuna non concordino nel dimostrare che io sono Viola ◆ *v.tr.* **1** saltare, superare con un salto; scavalcare, passare sopra, passare al di là di: *to — an obstacle*, scavalcare un ostacolo; *to — a queue*, superare, passare in testa a una coda; *let's — the next chapter*, (*fig.*) saltiamo il prossimo capitolo // (*sport*) *to — the gun*, partire prima del via; (*estens.*) muoversi in anticipo; essere precipitoso // *to — down s.o.'s throat*, aggredire verbalmente qlcu. // (*ferr.*) *to — the track*, deragliare **2** far saltare: *he jumped the horse over the hedge*, fece saltare il cavallo al di là della siepe **3** promuovere rapidamente (nel lavoro) **4** far salire (i prezzi) **5** (*fam.*) attaccare improvvisamente, saltare addosso a, piombare su; aggredire (*anche fig.*): *they jumped him as he came along the road*, gli saltarono addosso mentre camminava per la strada **6** (*sl.*) andar via da (un posto) improvvisamente o senza permesso: *to — town*, scappare dalla città // *to — bail*, scappare quando si è in libertà provvisoria (dopo aver pagato una cauzione) **7** (*sl. giornalismo*) continuare (una storia su un'altra pagina) **8** (*fam. amer.*) rapinare **9** (*sl. amer.*) scopare, fottere **10** (*ant.*) scuotere: *You... that prefer / a noble life before a long, and wish / to jump a body with a dangerous physic / that's sure of death without it*, (SH. Coriolanus) Voi... che anteponete una vita nobile ad una vita lunga e desiderate scuotere un corpo malato con un rimedio rischioso senza il quale la morte è sicura.

□ **jump at** *v.intr.* e *prep.* buttarsi su; cogliere al volo; *to — at a chance*, cogliere al volo un'occasione.

□ **jump off** *v.intr.* e *avv.* **1** saltar giù **2** (*mil.*) iniziare: *the attack jumped off unexpectedly*, l'attacco fu sferrato inaspettatamente // *to — off the deep end*, (*fam.*) agire con precipitazione.

□ **jump on** *v.intr.* e *prep.* **1** attaccare; tartassare, torchiare, mettere sotto il torchio **2** sgridare.

□ **jump up** *v.intr.* e *avv.* **1** scattare in piedi **2** (*fam. amer.*) (*mus.*) aumentare, intensificare il ritmo.

jumped-up [,dʒʌmpt'ʌp] *agg.* (*fam.*) **1** arrivato; pieno di sé, insolente **2** (*amer.*) male organizzato, improvvisato, raffazzonato.

jumper[1] ['dʒʌmpə*] *s.* **1** saltatore; animale che salta **2** (*st. relig.*) (*Holy*) *Jumper*, membro di una setta metodista gallese (il cui rituale includeva dei balzi) **3** (*min.*) sonda a percussione manuale **4** (*elettr.*, *inform.*) ponte, ponticello, cavallotto.

jumper[2] *s.* **1** maglione **2** camiciotto da marinaio **3** (*amer.*) scamiciato, grembiule.

jumpiness ['dʒʌmpɪnɪs / jumpi·ness] *s.* nervosismo.

jumping ['dʒʌmpɪŋ / jump·ing] *agg.* (*zool.*) saltatore // *— jack*, fantoccio legato a un elastico.

jumping-off place [,dʒʌmpɪŋ'ɒf,pleɪs]
jumping-off point [,dʒʌmpɪŋ'ɒf,pɔɪnt] *s.* **1** punto di partenza (di viaggio, progetto): *New York will be the — for our worldwide sales campaign*, New York farà da trampolino, sarà il punto di partenza della nostra campagna di vendite su scala mondiale **2** (*mil.*) inizio dell'attacco.

jump(ing) rope ['dʒʌmp(ɪŋ),rəʊp] *s.* (*amer.*) corda per saltare BRIT. **skipping rope**.

jump jet ['dʒʌmp,dʒət] *s.* aeroplano a decollo e atterraggio verticali.

jump leads ['dʒʌmp,li:dz] *s.* (*ant.*) cavi (per il collegamento volante fra due batterie).

jump-start ['dʒʌmpstɑ:t] *s.* (*amer.*, *ant.*) avviamento a ponte, a cavallotto.

jumpsuit ['dʒʌmpsu:t / jump·suit] *s.* **1** tuta da paracadutista **2** (*abbigl.*) tuta.

jumpy [,dʒʌmpɪ] *agg.* (*fam.*) **1** nervoso, eccitato **2** nervoso, instabile (di mercato azionario).

juncaceous [dʒʌŋ'keɪʃəs / junca·ceous] *agg.* giuncaceo.

junction ['dʒʌŋkʃn / junc·tion] *s.* **1** congiunzione, connessione; punto d'incontro, di confluenza **2** raccordo stradale, ferroviario; nodo ferroviario: *Clapham —*, nodo di Clapham **3** (*fis.*) giunzione: *— transistor*, transistor a giunzione **4** (*elettr.*) giunzione, connessione, collegamento: *— box*, scatola di giunzione, muffola.

juncture ['dʒʌŋktʃə* / junc·ture] *s.* **1** (*fig.*) congiuntura; frangente, momento critico: *at this —*, in questo frangente **2** (*anat.*) giuntura, articolazione.

June [dʒu:n] *s.* giugno.

jungle ['dʒʌŋgl] *s.* giungla (*anche fig.*) // *— bunny*, (*sl. amer. spreg.*) nero, persona di colore.

jungle gym ['dʒʌŋgl,dʒɪm] *s.* (*amer.*) → **climbing frame**.

jungly ['dʒʌnglɪ] *agg.* da giungla.

junior ['dʒu:njə* / ju·nior] *agg.* **1** inferiore (di posizione, grado ecc.): *to be — to s.o.*, essere inferiore di grado a qlcu. // *— minister*, viceministro // *— accountant*, praticante contabile **2** (*spec. amer.*) *Junior* (abbr. *Jnr.*, *Jr.*), junior (contrapposto a *senior*): *John Kennedy Jr.*, John Kennedy junior // *Smith Junior*, il più giovane dei fratelli Smith **3** (*amer.*) che frequenta il terzo anno (di scuola secondaria, di università) ◆ *s.* **1** persona, individuo più giovane: *he is ten years my —* (o *my — by ten years*), è più giovane di me di dieci anni **2** chi ha posizione, grado inferiore: *he's her — in the department*, nel dipartimento ha un grado inferiore a quello di lei **3** scolaro fra i 7 e gli 11 anni (cioè del secondo ciclo della scuola elementare) **4** (*amer.*) studente del terzo anno (di scuola secondaria, di università) **5** (*spec. amer.*) *Junior*, (il proprio) figlio: *come here, Junior!*, vieni qui, figliolo!

junior college [,dʒu:njə'kɒlɪdʒ] *s.* (*amer.*) istituzione scolastica che offre corsi parificati ai primi due anni di università.

junior high-school [,dʒu:njə'haɪsku:l] *s.* scuola media inferiore.

junior school ['dʒu:njə,sku:l] *s.* scuola per bambini fra i sette e gli undici anni (secondo ciclo della scuola elementare).

juniper ['dʒu:nɪpə* / ju·ni·per] *s.* (*bot.*) (*Juniperus communis*) ginepro.

junk[1] [dʒʌŋk] *s.* ⓤ **1** (*tecn.*) rottame commerciabile **2** (*fam.*) ciarpame; cianfrusaglie (*pl.*); rottami (*pl.*): *— heap*, ammasso di rottami (*anche fig.*); *this car is an old — heap*, questa macchina è un vecchio rottame // (*fin.*) *— bonds*, obbligazioni ad alto rischio e ad alto rendimento **3** (*sl.*) droga pesante **4** gomena vecchia tagliata per farne stoppa **5** (*mar.*) carne salata.

to **junk**[1] *v.tr.* **1** scartare; eliminare **2** ridurre a stoppa.

junk[2] *s.* (*mar.*) giunca.

junk-bottle ['dʒʌŋk,bɒtl] *s.* (*amer.*) bottiglia di vetro spesso (verde o nero).

junket ['dʒʌŋkɪt / jun·ket] *s.* **1** (*fam. spec. amer.*) viaggio ufficiale; visita ufficiale **2** festa; banchetto **3** (*cuc.*) giuncata, cagliata.

to **junket** *v.intr.* **1** (*fam.*) fare un viaggio ufficiale, andare in visita ufficiale **2** banchettare.

junketing ['dʒʌŋkɪtɪŋ / jun·ket·ing] *s.* (*fam.*) festa; banchetto.

junk food ['dʒʌŋk,fu:d] *s.* (*fam.*) cibo stuzzicante ma non molto sano, merendine (ricche di grassi e povero di vitamine).

junkie ['dʒʌŋkɪ] *s.* **1** (*sl.*) tossicomane, drogato **2** (*fam. estens.*) appassionato: *newspaper —*, divoratore di giornali.

junk jewelry ['dʒʌŋk,dʒu:əlrɪ] *s.* (*fam.*) bigiotteria.

junk mail ['dʒʌŋk,meɪl] *s.* (*fam.*) opuscoli pubblicitari (*pl.*) (recapitati per posta).

junk-ring ['dʒʌŋkrɪŋ] *s.* (*mecc.*) (anello di) guarnizione di canapa.

junky *s.* → **junkie**.

Juno ['dʒu:nəʊ] *s.* (*letter.*) giunone, donna maestosa.

Junoesque [,dʒu:nəʊ'esk / Ju·no·esque] *agg.* giunonico.

junta ['dʒʌntə *amer.* 'hʊntə] *s.* **1** giunta **2** giunta militare.

junto ['dʒʌntəʊ] *pl.* **juntos** *s.* (*ant.*) fazione; lega.

Jupiter ['dʒu:pɪtə* / Ju·piter] *no.pr.m.* (*astr.*) Giove.

Jupiter's-beard ['dʒu:pɪtəz,bɪəd] *s.* (*bot. pop.*) (*Anthyllis barba-Jovis*) barba di Giove.

jural ['dʒʊərəl] *agg.* (*rar.*) giuridico, legale: — *relation*, rapporto giuridico.

Jurassic [dʒʊə'ræsɪk / Jur·as·sic] *s.* e *agg.* (*geol.*) giurassico.

jurat ['dʒʊəræt] *s.* (*non com.*) **1** funzionario pubblico **2** magistrato delle isole normanne.

juridic(al) [,dʒʊə'rɪdɪk(l) / jur·id·ic(al)] *agg.* giuridico: *juridical regulation*, disciplina giuridica, *juridical person*, persona giuridica // **-ally** *avv.*

jurisconsult ['dʒʊərɪskən,sʌlt / jur·is·con·sult] *s.* giurista, giureconsulto.

jurisdiction [,dʒʊərɪs'dɪkʃn / jur·is·dic·tion] *s.* giurisdizione // (*dir.*) *ouster* (o *ousting*) *of* —, deroga alla giurisdizione.

jurisdictional [,dʒʊərɪs'dɪkʃənl / jur·is·dic·tional] *agg.* giurisdizionale.

jurisprudence [,dʒʊərɪs'pru:dəns / jur·is·pru·dence] *s.* (*dir.*) **1** giurisprudenza, scienza, filosofia del diritto **2** la dottrina giuridica // *medical* —, (*amer.*) medicina legale.

jurisprudent [,dʒʊərɪs'pru:dənt / jur·is·pru·dent] *agg.* giurisprudenziale, esperto in giurisprudenza ◆ *s.* giurista, giureconsulto, giurisperito.

jurisprudential [,dʒʊərɪspru:'denʃl / jur·is·pru·den·tial] *agg.* legale, relativo alla giurisprudenza.

jurist ['dʒʊərɪst / jur·ist] *s.* giurista.

juristic(al) [dʒʊə'rɪstɪk(l) / jur·istic, jur·ist·ical] *agg.* giuristico; giuridico.

juror ['dʒʊərə*] *s.* giurato, membro della giuria.

jurupaite [hə'ru:pə,aɪt / ju·ru·pa·ite] *s.* (*min.*) xonotlite.

jury ['dʒʊərɪ] *s.* giuria, giurì (*anche dir.*): — *trial* (o *trial by*—), processo con giuria; — *box*, banco della giuria; *the foreman of a* —, il presidente della giuria; *to be on the* —, essere membro della giuria // (*dir.*) *hung* (o *dead locked*) —, giuria che non riesce a raggiungere il verdetto; — *impanelling* (o *selection*), procedura di selezione dei membri della giuria.

jury bridge ['dʒʊərɪbrɪdʒ] *s.* ponte di fortuna, provvisorio.

juryman ['dʒʊərɪmən / jury·man] *pl.* **jurymen** *s.* giurato, membro della giuria.

jurymast ['dʒʊərɪmɑ:st *amer.* 'dʒʊərɪmæst / jury·mast] *s.* (*mar.*) albero di fortuna.

jurywoman ['dʒʊərɪwʊmən / jury·wo·man] *pl.* **jurywomen** ['dʒʊərɪwɪmɪn] *s.* giurato, membro della giuria (donna).

jus [dʒʌs] *pl.* **jura** ['dʒʊərə] *s.* **1** diritto, legge **2** diritto, potere.

jussive ['dʒʌsɪv / juss·ive] *agg.* (*gramm.*) imperativo.

just [dʒʌst] *agg.* **1** giusto; onesto; retto; imparziale, equo: *a — man*, un uomo onesto; *a — trial*, un equo processo; *to be — to s.o.*, essere giusto verso qlcu. // (*st. econ.*) — *price*, il giusto prezzo (nella scolastica medioevale) **2** giusto, legittimo; fondato; ragionevole: — *cause*, giusta causa; — *resentment*, giusto risentimento; (*dir.*) — *title*, titolo legittimo **3** (*form.*) corretto; preciso; accurato: — *proportions*, giuste proporzioni **4** adeguato; meritato: *a — reward*, una giusta ricompensa; — *punishment*, giusta punizione; *he got his — deserts*, ha avuto ciò che si meritava **5** (*ant.*) appropriato **6** (*rar.*) perfetto, completo // **-ly** *avv.* // **-ness** *s.*

just *avv.* **1** appena, or ora: *I've — heard the news*, ho appena sentito la notizia; *he'd — got the Nobel when he died*, aveva appena ricevuto il Premio Nobel quando morì **2** proprio, giusto appunto: *he was — going to phone me when I arrived*, stava proprio per telefonarmi quando io arrivai; *she's — about to make some tea*, sta giusto preparando il tè; *I saw her — as I was crossing the road*, l'ho vista proprio mentre attraversavo la strada; *I — can't understand*, proprio non capisco; *that's — what we expected*, è proprio quello che ci aspettavamo; *I can — imagine his reaction*, posso proprio immaginare la sua reazione; *she's — about fed up with these problems*, non ne può proprio più di questi problemi; *it's — about finished*, sta proprio per finire **3** solo, soltanto, semplicemente: — *a little*, solo un pochino; *it's — another cowboy film*, è solo un altro film di cowboy; *I was — asking, I didn't want to offend you*, stavo solo chiedendo, non volevo offenderti; *he's not — a politician, he's a well-known writer too*, non è solamente un politico, è anche un famoso scrittore; *that's — one example of our projects*, quello è solo un esempio dei nostri progetti; *the shop's — round the corner*, il negozio è subito dietro l'angolo; *he got divorced — two years ago*, ha divorziato solo due anni fa; *we've — got to hope for the best*, dobbiamo soltanto sperare per il meglio **4** a malapena, appena appena: *he was — in time*, era appena appena in tempo; *it might — be possible*, potrebbe a malapena essere possibile, è molto improbabile; *she only — passed the exam*, ha superato a malapena l'esame; *the sprinter's time was — a fraction short of the record*, il tempo del velocista era appena appena al di sotto del record // *"Have you got enough money?" "Just about"*, "Hai abbastanza denaro?" "Sì, appena appena" **5** precisamente, esattamente; perfettamente: — *how much does he earn?*, quanto guadagna esattamente?; *I'd like to know — when they contacted you*, vorrei sapere esattamente quando ti hanno contattato; *she's — right for the job*, è perfettamente adatta al lavoro; *we knew — the place for a good meal*, conoscevamo esattamente il posto dove mangiar bene; *that's — five pounds, please*, sono esattamente cinque sterline, per favore; *she looks — like her father*, è precisa a suo padre; *my salary is — the same as yours*, il mio stipendio è esattamente uguale al tuo **6** (*uso enfatico*): — *listen to the rain coming down!*, ma senti la pioggia come viene (giù)!; *I must go, — look at the time!*, devo andare, guarda che ora è!; *"She's very pretty" "Isn't she —!"*, "È molto carina" "Davvero!" **7** (*uso pleonastico, nelle forme di cortesia*): *can I — borrow your pen, please?*, puoi prestarmi la penna, per favore?

◆ FRASEOLOGIA: — *now*, un momento fa; in questo momento: *I saw her — now*, l'ho vista un momento fa; *he isn't in his office — now*, non è in ufficio in questo momento // — *a minute, a second, a moment*, un minuto, un secondo, un momento; *can you hold on — a minute?*, può attendere un attimo?; — *a minute, can you repeat that, please?*, un momento, può ripetere, per favore? // — *then*, proprio allora // — *so*, sì, giusto, proprio così; in perfetto ordine: *"Is he a computer expert?" "Just so"*, "È un esperto di computer?" "Sì, esatto"; *she likes her kitchen to be — so*, le piace che la cucina sia in perfetto ordine // *that new frock is — you*, quel vestito nuovo ti sta a pennello // *it was — his luck that the train left without him*, è stata la sua sfortuna che il treno sia partito senza di lui // *it's — as well you came this morning*, meno male che sei venuto stamattina // *it — goes to show how wrong you can be*, questo serve a dimostrare quanto si può sbagliare.

justice ['dʒʌstɪs / just·ice] *s.* **1** (*dir.*) giustizia: *the robber was brought to* —, il rapinatore fu assicurato alla giustizia **2** giustizia, imparzialità: *we must do — to him*, dobbiamo rendergli giustizia // *I'll try and do — to this delicious meal*, cercherò di fare onore a questo pranzo delizioso // *this picture doesn't do you* —, questa foto non ti rende giustizia // *he didn't do himself — in the race*, non si è fatto onore nella gara **3** giudice, magistrato: *Mr Justice Lavin*, il giudice Lavin **4** (*dir. amer.*) giudice della Corte suprema // *Justice of the Peace*, Giudice di Pace // *Chief Justice*, *Lord Chief Justice*, Presidente della Corte.

justicer ['dʒʌstɪsə* / just·icer] *s.* (*ant.*) giudice: *Come, sit thou here, most learned justicer*, (SH. King Lear) Su, sedete qui, dottissimo giudice.

justiceship ['dʒʌstɪsʃɪp / just·ice·ship] *s.* magistratura.

justiciability [dʒʌ,stɪʃɪə'bɪlətɪ / jus·ti·ci·ab·il·ity] *s.* (*dir.*) idoneità di una controversia a essere decisa dal giudice.

justiciable [dʒʌs'tɪʃɪəbl / jus·ti·ci·able] *agg.* processabile.

justicialism [,dʒʌs'tɪʃɪəlɪzəm / just·ici·al·ism] *s.* (*dottrina politica*) giustizialismo.

justicialist [,dʒʌs'tɪʃɪəlɪst / just·ici·al·ist] *agg.* giustizialista.

justiciary [dʒʌ'stɪʃɪərɪ *amer.* dʒʌ'stɪʃɪerɪ / jus·ti·ci·ary] *agg.* giudiziario ◆ *s.* **1** giudice **2** (*st.*) alto funzionario, giudice.

justifiability [,dʒʌstɪfaɪə'bɪlətɪ / jus·ti·fi·ab·il·ity] → **justifiableness**.

justifiable ['dʒʌstɪfaɪəbl / jus·ti·fi·able] *agg.* giustificabile; legittimo // — *homicide*, omicidio per legittima difesa // **-bly** *avv.*

justifiableness ['dʒʌstɪfaɪəblnɪs / jus·ti·fi·able·ness] *s.* **1** legittimità (di difesa) **2** l'essere giustificabile.

justification [,dʒʌstɪfɪ'keɪʃn / jus·ti·fica·tion] *s.* **1** giustificazione; discolpa: *there was no — for the way he behaved*, non c'era giustificazione per il modo in cui si era comportato; *in — of his absence he pleaded illness*, come scusa della sua assenza addusse la malattia **2** (*dir.*) giustificazione; causa di giustificazione, scriminante: — *of necessity*, scriminante dello stato di necessità **3** (*tip.*) giustificazione.

justificative ['dʒʌstɪfɪkeɪtɪv / jus·ti·fic·at·ive] **justificatory** ['dʒʌstɪfɪkeɪtərɪ / jus·ti·fic·at·ory] *agg.* giustificativo, giustificatorio.

justifier ['dʒʌstɪfaɪə* / jus·ti·fier] *s.* giustificatore.

to **justify** ['dʒʌstɪfaɪ / jus·tify] *v.tr.* **1** giustificare, scusare, perdonare: *his action can't be justified*, la sua azione non può essere giustificata **2** giustificare, motivare: *he wasn't able to — his absence*, non fu in grado di giustificare la sua assenza; *to — oneself*, giustificarsi, discolparsi **3** (*relig.*) assolvere, rimettere i peccati **4** (*tip.*) giustificare; allineare.

justifying ['dʒʌstɪfaɪɪŋ / jus·ti·fy·ing] *agg.* giustificante.

to **justle** → to **jostle**.

jut [dʒʌt] *s.* sporgenza; aggetto.

to **jut** *pass.p.p.* **jutted** ['dʒʌtɪd / jut·ted] *v.intr.* **1** protendersi; proiettarsi; sporgere **2** (*edil.*) aggettare ◆ *v.tr.* sporgere; protendere; mettere fuori.

Jute [dʒu:t] *s.* (*st.*) abitante dello Jutland; appartenente alla tribù degli iuti.

jute *s.* (*bot.*) (*Corchorus capsularis*) iuta (pianta e fibra); (*pop.*) cibo degli ebrei.

jutting ['dʒʌtɪŋ / jut·ting] *agg.* sporgente; aggettante.

juvenal ['dʒu:vənl / juv·enal] *s.* (*ant.*) giovanotto: *How canst thou part sadness and melancholy, my tender juvenal?*, (SH. Love's Labour's Lost) come puoi tu distinguere la tristezza dalla malinconia, mio tenero giovincello?

juvenescence [,dʒu:və'nesns / ju·ven·es·cence] *s.* (*antiq.*) giovinezza.

juvenescent [,dʒu:və'nesnt / ju·ven·es·cent] *agg.* (*antiq.*) giovane.

juvenile ['dʒu:vənaɪl / ju·ven·ile] *agg.* **1** giovanile; giovane: *she behaved with — flamboyance*, si comportava con giovanile ostentazione // (*teatr.*) *— lead*, parte di protagonista giovane **2** immaturo; infantile; puerile **3** (*dir.*) minorile; minorenne: *— delinquency*, delinquenza minorile; *— offender*, imputato minorenne // *— court*, tribunale dei minorenni // **-ly** *avv.* // **-ness** *s.*

juvenile *s.* **1** (*form.*) giovane; ragazzo; (*dir.*) minore **2** libro per ragazzi **3** attore che recita parte da giovane **4** cavallo da corsa di due anni, un due anni **5** (*biol.*, *zool.*) non sviluppato; non adulto.

juvenilia [,dʒu:və'nɪlɪə / ju·ven·ilia] *s.pl.* **1** (*arte*, *letter.*) opere giovanili **2** (*form.*) libri, film ecc. per ragazzi.

juvenility [,dʒu:və'nɪlɪtɪ / ju·ven·il·ity] *s.* (*non com.*) **1** giovinezza; carattere, età giovanile: *his — was a distinct disadvantage*, la sua giovane età fu un chiaro svantaggio **2** immaturità; infantilismo **3** (*spec. pl.*) azione giovanile; puerilità.

juvey ['dʒu:vɪ] **juvie** *s.* (*sl. amer.*) **1** delinquente minorenne **2** riformatorio.

to **juxtapose** ['dʒʌkstəpəʊz / jux·ta·pose] *v.tr.* (*form.*) giustapporre, mettere in giustapposizione.

juxtaposition [,dʒʌkstəpə'zɪʃn / jux·ta·posi·tion] *s.* (*form.*) giustapposizione; confronto: *in —*, a confronto; *one of the strong points of the book is the — of aureate and colloquial language*, uno dei punti forti del libro è la giustapposizione di linguaggio aulico e colloquiale.

k ['keɪ] *pl.* **ks, k's** ['keɪz] *s.* (*undicesima lettera dell'alfabeto inglese*) k // (*tel.*) — *for King*, k come Kursaal.

kaaba ['kɑ:bə / ka·aba] *s.* (*relig. islamica*) caaba, al-ka'ba.

kab(b)ala → **cabbala**.

Kabyle [kə'baɪl / Ka·byle] *s.* **1** berbero della Tunisia, dell'Algeria **2** *s.* dialetto berbero.

kadi → **cadi**.

kaffeeklatsch ['kæfeɪ,klætʃ / kaffee·klatsch] *s.* (*fam. amer.*) riunione, incontro (spec. di casalinghe, per una chiacchierata e un caffè).

Kaffir ['kæfə* / Kaf·fir] *s.* **1** cafiro; (*spreg.*) cafro **2** nativo del Kafiristan.

kaffir *s.* **1** (*spreg.*) cafro; infedele **2** *pl.* azioni delle miniere sudafricane ◆ *agg.* **1** dei cafiri; del dialetto dei cafiri **2** (*spreg.*) cafro; infedele.

Kafir → **Kaffir**.

kafooster [kə'fu:stə* / ka·foos·ter] *s.* (*fam. amer.*) chiacchiere inutili (*pl.*), stupidaggini (*pl.*).

kaftan → **caftan**.

kail [keɪl] → **kale**.

kail-yard ['keɪl,jɑ:d] *s.* (*scoz.*) orto // — *school*, gruppo di narratori fine '800 che descrissero, spesso servendosi di forme dialettali, la vita rurale scozzese.

kainite ['kaɪnaɪt / kain·ite] *s.* (*min.*) kainite.

kainosite ['kaɪnəʊsaɪt / kai·nos·ite] *s.* (*min.*) cainosite.

Kainozoic [,kaɪnə'zəʊɪk / Kai·no·zoic] *s.* e *agg.* cenozoico.

kaiser ['kaɪzə*] *s.* kaiser; (*estens.*) imperatore.

kakapo ['kɑ:kəpəʊ / ka·ka·po] *s.* (*zool.*) (*Strigops habroptilus*) strigope; (*pop.*) kakapo.

kaki ['kɑ:kɪ] *s.* (*bot.*) (*Diospyros kaki*) cachi SIN. (Japanese) persimmon.

kakistocracy [,kækɪ'stɒkrəsɪ / kak·is·tocracy] *s.* governo dei peggiori.

kale [keɪl] *s.* (*bot.*) **1** (*Brassica napus oleifera*) ravizzone **2** (*Brassica oleracea acephala*) cavolo verde.

kaleidoscope [kə'laɪdəskəʊp / kal·eido·scope] *s.* caleidoscopio (*anche fig.*).

kaleidoscopic(al) [kə,laɪdə'skɒpɪk(l) / kal·eido·scopic, kal·eido·scop·ical] *agg.* caleidoscopico (*anche fig.*) // **-ally** *avv.*

kalends ['kælendz / kal·ends] *s.pl.* calende.

kali ['kælɪ] *s.* (*bot.*) (*Salsola kali*) erba cali; (*pop.*) riscolo SIN. Russian thistle.

kalinite ['kælɪ,naɪt / kalin·ite] *s.* (*min.*) allume di potassio, allume di rocca.

kaliophilite [,kælɪ'ɒfɪlaɪt / kali·ophi·lite] *s.* (*min.*) facelite, caliofilite.

kalium ['kælɪəm / kal·ium] → **potassium**.

Kalmuck ['kælmʌk / Kal·muck] *agg.* e *s.* calmucco.

kalong ['kɑ:lɒŋ / ka·long] *s.* (*zool.*) (*Pteropus vampyrus*) kalong.

kalsomine → **calcimine**.

kam [kæm] *agg.* (*ant.*) storto: *This is clean kam. Merely awry*, (SH. Coriolanus) È un discorso tutto storto; semplicemente sbilenco.

Kama ['kɑ:mə] *s.* Kama, dio indù dell'amore.

kamacite ['kæmə,saɪt / kama·cite] *s.* (*min.*) camacite.

kamikaze [,kæmɪ'kæzɪ / ka·mi·kaze] *s.* **1** kamikaze **2** attacco suicida ◆ *agg.* da kamikaze; suicida (*anche fig.*): *a — attack*, un attacco suicida; *the board of directors made a final — attempt to torpedo the take over of the company*, il consiglio di amministrazione fece un estremo tentativo suicida per silurare l'acquisizione del controllo della società.

kampong ['kæmpɒŋ / kam·pong] *s.* villaggio malese.

Kanaka ['kænəkə / Kan·aka] *s.* **1** hawaiano **2** (*estens.*) abitante delle isole del Sud Pacifico.

kangaroo [,kæŋgə'ru: / kan·garoo] *s.* **1** (*zool.*) canguro **2** *pl.* (*fin.*) azioni di società australiane.

kangaroo closure [,kæŋgəru:'kləʊʒə*] *s.* selezione dei punti da discutere (da parte del presidente di un'assemblea legislativa).

Kangaroo court [,kæŋgə'ru:,kɔ:t] *s.* tribunale non autorizzato, illegale, clandestino: *the Ku Klux Klan held a — and found the landowner guilty*, il Ku Klux Klan costituì un tribunale illegale e riconobbe il proprietario terriero colpevole.

kangaroo-rat [,kæŋgə'ru:,ræt] *s.* (*zool.*) **1** bettongia, ratto-canguro **2** (*amer.*) dipodomio.

Kantian ['kæntɪən / Kan·tian] *agg.* kantiano.

kaolin ['keɪəlɪn / ka·olin] *s.* (*min.*) caolino.

kaolinite ['keɪəlɪ,naɪt / ka·olin·ite] *s.* (*min.*) caolinite.

kaolinization [,keɪəlɪnɪ'zeɪʃn / ka·olin·iza·tion] *s.* (*geol.*) caolinizzazione.

kaon ['keɪ,ɒn] *s.* (*fis.*) kaone, mesone k.

kapok ['keɪpɒk / ka·pok] *s.* (*bot.*) (*Eriodendron anfractuosum*) kapok, cotone di Giava.

kappa ['kæpə] *s.* cappa (lettera dell'alfabeto greco).

kaput [kə'pʊt / ka·put] *agg.* (*fam.*) kaput, fuori uso, rotto; rovinato: *the lift was —, so I used the stairs*, l'ascensore era kaput, così ho usato le scale // *we soon realized that all our plans were —*, capimmo subito che tutti i nostri piani erano saltati.

karat *s.* (*amer.*) → **carat**.

karate [kə'rɑ:tɪ / kar·ate] *s.* karatè.

karma ['kɑ:mə] *s.* **1** (*relig. buddista, induista*) karma **2** (*fam.*) destino, sorte.

kaross [kə'rɒs / ka·ross] *s.* mantello, coperta di pelli d'animali (usata dagli indigeni del Sud Africa).

karroo [kə'ru: / kar·roo] *s.* altipiano desertico a fondo argilloso (nel Sud Africa).

karst [kɑ:st] *s.* (*geol.*) carso.

karstic ['kɑ:stɪk] *agg.* (*geol.*) carsico.

karstification [,kɑ:stɪfɪ'keɪʃn / karst·ifica·tion] *s.* (*geol.*) carsismo.

karting ['kɑ:tɪŋ / kart·ing] *s.* kartismo (lo sport del go-kart).

karyogamy [,kærɪ'ɒgəmɪ / ka·ryo·gamy] *s.* (*biol.*) cariogamia.

karyogenesis [,kærɪəʊ'dʒenɪsɪs / ka·ryo·gen·esis] *s.* (*biol.*) cariogenesi.

karyokinesis [,kærɪəʊkaɪ'ni:sɪs / ka·ryo·kin·esis] *s.* (*biol.*) cariocinesi, mitosi.

karyolysis [,kærɪ'ɒləsɪs / ka·ryo·lysis] *s.* (*biol.*) cariolisi.

karyotype ['kærɪəʊ,taɪp / ka·ryo·type] *s.* (*biol.*) cariotipo.

Kashmiri [kæʃ'mɪərɪ / Kash·miri] *pl.* **Kashmiri(s)** *s.* **1** nativo del Cachemire **2** lingua del Cachemire.

kasolite ['kæsə,laɪt / kaso·lite] *s.* (*min.*) kasolite.

katabolism → **catabolism**.

katharometer [,kæθə'rɒmətə* / kath·aro·meter] *s.* (*fis.*) catarometro.

kathode → **cathode**.

katydid ['keɪtɪdɪd / ka·ty·did] *s.* (*zool.*) (*Cyrtophyllum concavum*) grossa cavalletta verde americana.

kayak ['kaɪæk] *s.* kayak (canoa esquimese).

to **kayo** [,keɪ'eʊ] *v.tr.* (*sl. pugilato*) mettere fuori combattimento.

Kazakh [kə'zæk / Ka·zakh] *agg.* e *s.* kazako.

kazoo [kə'zu: / ka·zoo] *s.* (*sl. amer.*) **1** sedere, deretano **2** cesso, gabinetto.

kea ['ki:ə] *s.* (*zool.*) (*Nestor notabilis*) nestore.

kebab [kə'bæb / ke·bab] *s.* (*cuc.*) spiedino fatto di pezzi di carne, verdura ecc.

kecksy ['keksɪ] *s.* (*ant.*) cicuta: *conceives by idleness, and nothing teems / but hateful docks, rough thistles, kecksies...*, (SH. Henry V) concepisce nell'ozio e non genera altro che l'odioso romice, ruvidi cardi, cicute...

kedge [kedʒ] *s.* (*mar.*) ancorotto, ancora di tonneggio.

to **kedge** *v.tr.* (*mar.*) tonneggiare.

kedgeree [,kedʒə'ri: / ked·geree] *s.* 'kedgeree' (pietanza indiana a base di riso, uova, cipolle e aromi).

keech [ki:tʃ] *s.* (*ant.*) grasso, sugna: *I wonder / that such a keech can with his very bulk / take up the rays o' the beneficial sun*, (SH. Henry VIII) mi domando se un tal blocco di sugna con la sua mole possa assorbire i raggi del benefico sole.

keel[1] [ki:l] *s.* **1** (*mar.*) chiglia: — *line*, linea di chiglia; *false* —, falsa chiglia, sottochiglia // *on an even* —, stabile, in equilibrio **2** (*aer.*) chiglia, trave di chiglia (di dirigibile) **3** (*bot.*) nervatura principale (di foglia); costola **4** (*zool.*) carena (dello sterno).

to **keel**[1] *v.tr.* (*mar.*) carenare (un'imbarcazione) ◆ *v.intr.* carenare (rovesciarsi in modo da esporre la chiglia).

□ **keel over** *v.intr.* e *avv.* **1** cadere su un fianco; rovesciarsi (di nave) **2** (fig.) cadere; svenire (di persona): *it was so hot that year that a lot of old people were keeling over*, quell'anno fece così caldo che molte persone anziane ebbero un collasso.

keel[2] *s.* **1** lunga nave normanna **2** barcone a fondo piatto, chiatta (usata spec. per il trasporto del carbone sul Tyne) **3** unità di peso del carbone (pari alla quantità trasportata su una chiatta del Tyne = 21,2 long tons = 21,54 t).

keelblock ['ki:lblɒk / keel·block] *s.* **1** (*mar.*) taccata, tacca di chiglia **2** (*metall.*) provetta a chiglia.

to **keelhaul** ['ki:lhɔ:l / keel·haul] *v.tr.* **1** (*mar. st.*) infliggere la punizione della cala (calando in mare il punito, imbragato e legato, facendolo passare sotto la chiglia e tirandolo su dalla parte opposta **2** strapazzare, rimproverare aspramente.

keelman ['ki:lmæn / keel·man] *pl.* **keelmen** ['ki:lmen] *s.* marinaio di chiatta.

keelson ['kelsən / keel·son] *s.* **1** (*mar.*) paramezzale **2** (*aer.*) controchiglia, corrente di fondo (di dirigibile).

keen[1] [ki:n] *agg.* **1** appassionato, accanito: *a — golfer*, un appassionato del golf; *they are — competitors*, si fanno una concorrenza spietata; *to be — on sthg.*, essere entusiasta, appassionato di qlco.; *he is — on her*, (*fam.*) lei gli piace // *to be — to do sthg.*, essere ansioso di fare qlco. // *his father was — for him to enter the Church*, suo padre desiderava ardentemente che prendesse gli ordini // *— as mustard*, entusiasta **2** vivo, forte, intenso: *a — appetite*, un appetito vorace; *a — desire*, un forte desiderio; *— satire*, satira mordace; *a — sorrow*, un amaro dolore **3** perspicace, sottile; acuto, penetrante (di sguardo); fine (d'orecchio): *a — intelligence*, un'intelligenza acuta; *to have a — ear*, avere l'orecchio fine // *to have a — eye for a bargain*, avere il senso degli affari, aver buon naso per gli affari **4** pungente, vivo, penetrante (di freddo, aria ecc.); acuto (di suono) **5** aguzzo, acuminato; affilato, tagliente: *a — razor*, un rasoio affilato **6** (*econ.*) conveniente, competitivo (di prezzo) **7** (*fam. amer.*) eccellente, meraviglioso.

keen[2] *s.* (*irl.*) lamento funebre.

to **keen**[2] *v.intr.* (*irl.*) cantare un lamento funebre; lamentarsi dolorosamente ◆ *v.tr.* (*irl.*) piangere (un morto) con lamenti funebri.

keen-edged [,ki:n'edʒd] *agg.* affilato, tagliente; (*fig.*) mordace.

keener ['ki:nə*] *s.* (*irl.*) prefica, lamentatrice.

keenly ['ki:nlɪ / keen·ly] *avv.* **1** vivamente; appassionatamente; avidamente: *we were — interested in him*, eravamo vivamente interessati a lui **2** vivamente, aspramente: *— disputed point*, questione vivamente discussa; *agencies were competing — for the contract*, le agenzie erano in forte competizione per quel contratto **3** con acume, perspicacia **4** dolorosamente, profondamente **5** in modo penetrante, pungente **6** (*comm.*) a basso prezzo, convenientemente.

keenness ['ki:nnɪs / keen·ness] *s.* **1** ardore, zelo, passione; intensità: *— on doing sthg.*, vivo desiderio di fare qlco. **2** acume, perspicacia; acutezza (di vista); finezza (di udito) **3** intensità, rigore (di freddo ecc.) **4** sottigliezza (di lama ecc.).

keen-scented [,ki:n'sentɪd] *agg.* dall'olfatto fine (di cane da caccia).

keep [ki:p] *s.* **1** sostentamento, mantenimento; sussistenza, fabbisogno per vivere: *to earn one's* —, guadagnare da vivere, mantenersi **2** torrione, maschio (di castello); fortezza; (*fam.*) prigione, gattabuia **3** *for keeps*, (*sl.*) sempre, per sempre; per davvero **4** (*mecc.*) cappello **5** (*ant.*) cura, custodia: *I must go with thee, / for in Baptista's keep my treasure is*, (SH. Taming of the Shrew) devo andare con te, perché Battista ha in custodia il mio tesoro.

to **keep** *pass.p.p.* **kept** [kept] *v.tr.* **1** tenere; mantenere, conservare, custodire: *she keeps her jewels under lock and key*, tiene i gioielli sotto chiave; *you can — it*, puoi tenerlo; *it will — you warm*, ti terrà caldo; *to — the peace*, mantenere l'ordine pubblico; non disturbare; mantenere la pace; *to — sthg. in mind*, tenere a mente qlco.; *to — sthg. to oneself*, tenere qlco. per sé; (*mus.*) *to — time*, tenere il tempo // *to — one's head*, non perdere la testa // *to — the ball rolling*, (*fig.*) tener vivo qlco. // *to — good, bad time*, funzionare bene, male (di orologio) // *to — control over*, mantenere il controllo su // *to — one's ground*, tener duro, non cedere // *to — one's temper*, non adirarsi // *to — oneself to oneself*, starsene per proprio conto // *to — open house*, tener corte bandita, essere molto ospitale // *to — track of s.o., sthg.*, non perdere di vista qlcu., qlco. // *to — watch* (o *an eye*) *on*, tener d'occhio **2** mantenere; gestire; amministrare: *he has a large family to* —, deve mantenere una famiglia numerosa; *to — s.o. in luxury*, mantenere qlcu. nel lusso; *she keeps house for him*, gli tiene la casa; (*comm.*) *to — the books*, tenere la contabilità; *to — a shop*, esercire un negozio **3** tenere, far stare, trattenere: *he kept me late*, mi ha trattenuto fino a tardi; *coffee keeps me awake*, il caffè mi tiene sveglio; *there's nothing that keeps me in Italy*, non c'è nulla che mi trattenga in Italia; *to — s.o. waiting*, far aspettare qlcu.; *to — s.o. standing*, far stare in piedi qlcu. **4** osservare, rispettare, tener fede a: *to — an appointment*, rispettare un appuntamento; *to — the law*, rispettare la legge; *to — one's word, a promise*, mantenere la parola, una promessa **5** festeggiare, celebrare **6** vigilare, custodire; proteggere; (*mil.*) difendere: *God — you!*, Dio ti protegga!; (*sport*) *to — goal*, difendere la porta **7** trattare, vendere: *do you — the 'Times'?*, avete il 'Times?' ◆ *v.intr.* **1** mantenersi, stare, restare: *— where you are*, rimani dove sei; *— on the left bank*, segui, tieni la riva sinistra; *— to the left*, tieni la destra; *— to the main road*, tieni, segui la strada principale; *to — afloat*, galleggiare; *to — aloof*, tenersi in disparte, non immischiarsi; *to — awake*, star sveglio; *to — cool*, (*fig.*) mantenersi calmo; *to — fit*, mantenersi in forma; *to — in touch with s.o.*, tenersi in contatto con qlcu.; *to — on good terms with s.o.*, mantenersi in buoni rapporti con qlcu.; *to — quiet*, restar tranquillo; *to — well* (o *in good health*), mantenersi in buona salute **2** (I) continuare: *to — doing sthg.*, continuare a, non smettere di fare qlco. **3** conservarsi (di cibo): *eggs don't — long*, le uova non si conservano a lungo **4** (*ant.*) abitare: *inquire me first what Danskers are in Paris, / and how, and who, what means, and where they keep*, (SH. Hamlet) anzitutto, cercami che danesi ci sono a Parigi, e chi e come e con che mezzi e dove sono.

□ **keep after** *v.intr.* e *prep.* stare dietro a, inseguire.

□ **keep at** *v.intr.* e *prep.* **1** continuare, persistere (nel fare qlco.) **2** → to keep on ◆ *v.tr.* e *prep.* costringere (qlcu.) a uno sforzo prolungato.

□ **keep away** *v.tr.* e *avv.* tenere lontano: *drugs should be kept away from children*, i medicinali devono essere tenuti fuori dalla portata dei bambini ◆ *v.intr.* e *avv.* tenersi lontano, stare lontano: *you'd better — away from me*, farai bene a starmi lontano.

□ **keep back** *v.tr.* e *avv.* **1** tenere indietro; respingere: *the police failed to — the crowd back*, la polizia non ce la fece a trattenere la folla **2** sottrarre, nascondere, celare: *vital details of the robbery were kept back from the press*, particolari importanti sulla rapina non furono rivelati alla stampa **3** sottrarre, trattenere: *he kept 10 pounds back from my pay*, mi trattenne 10 sterline dalla paga ◆ *v.intr.* e *avv.* stare indietro: *— back!*, indietro!

□ **keep down** *v.intr.* e *avv.* **1** stare giù, stare abbassato: *— down or you'll bang your head*, stai giù o picchierai la testa **2** (*fig.*) stare quatto, non rivelare la propria presenza ◆ *v.tr.* e *avv.* **1** tener giù; tener basso: *— your head down*, tieni giù la testa; *— your voice down*, non alzare la voce; *to — prices down*, tener bassi i prezzi **2** reprimere; opprimere **3** contenere, controllare; frenare: *— down your enthusiasm*, frena il tuo entusiasmo **4** tener giù (nello stomaco): *she can't — her food down*, non riesce a tenere nulla nello stomaco.

□ **keep from** *v.tr.* e *prep.* **1** sottrarre, nascondere, celare: *you shouldn't have kept the truth from him*, non avresti dovuto nascondergli la verità **2** impedire a, trattenere: *I couldn't — him from going*, non ho potuto impedirgli d'andare ◆ *v.intr.* e *prep.* trattenersi da: *I couldn't — from telling him that he was a liar*, non ho potuto trattenermi dal dargli del bugiardo.

□ **keep in** *v.intr.* e *avv.* o *prep.* **1** stare dentro, stare in casa: *with such a cold you'd better — in*, farai meglio a non uscire con quel raffreddore. SIN. to keep indoors, to stay in(doors) **2** rimanere acceso; bruciare: *the fire kept in the whole night*, il fuoco rimase acceso tutta la notte ◆ *v.tr.* e *avv.* o *prep.* **1** tenere in casa, a casa **2** mantenere acceso (fuoco e simili) **3** trattenere oltre l'orario (per punizione) **4** (*fig.*) trattenere, controllare, reprimere: *to — one's anger in*, trattenere la collera **5** (*fam.*) pagare regolarmente per: *I'm not going to — you in whisky and cigarettes*, non ho intenzione di pagare per il tuo whisky e le tue sigarette.

□ **keep indoors** → to keep in 1.

□ **keep in with** *v.intr.* e *avv.* e *prep.* (*fam.*) rimanere in, tenere buoni rapporti con: *he had better — in with his ex-boss*, farà bene a rimanere in buoni rapporti col suo ex principale.

□ **keep off** *v.intr.* e *avv.* o *prep.* **1** stare lontano: *— off the grass*, non calpestare l'erba; *rain fortunately kept off until we were back home*, fortunatamente non ha piovuto fino al nostro ritorno **2** non mangiare o bere: *the doctor told me to — off alcoholic drinks*, il dottore mi ha detto di non bere alcolici **3** evitare (argomento e simili) ◆ *v.tr.* e *avv.* tenere lontano: *— your dog off my garden*, tieni lontano il tuo cane dal mio giardino // *— your hands off (me!)*, giù le mani!, non toccarmi!

□ **keep on** *v.tr.* e *avv.* **1** tenere: *— your hat on*, non toglierti il cappello // *— your shirt* (o *hair*) *on!*, stai calmo! **2** continuare a tenere al proprio servizio: *she kept her old servant on*, continuò a tenere il suo vecchio servitore ◆ *v.intr.* e *avv.* **1** continuare, proseguire, andare avanti: *the dog keeps on barking*, il cane non fa che abbaiare; *don't — on saying the same things over and over again*, non ripetere sempre le stesse cose **2** (*at*) (*fam.*) tormentare, assillare (qlcu.): *he kept on at me to buy him a moped*, continuava ad assillarmi perché gli comprassi un motorino.

□ **keep out** *v.tr.* e *avv.* tener fuori; non far entrare: *— the dog out of the house*, tieni il cane fuori di casa; *I'll try to — him out of trouble*, tenterò di tenerlo fuori dai pasticci; *— the children out of my way*, tienimi i ragazzi fuori dai piedi // *— your nose out of it!*, non impicciarti! ◆ *v.intr.* e *avv.* tenersi fuori da, evitare: *— out!*, vietato entrare!; *you'd better — out of her way!*, farai meglio a non andarle fra i piedi!

□ **keep to** *v.intr.* e *prep.* **1** attenersi: *to — to the rules*, attenersi alle regole, al piano **2** trattenersi in; non lasciare; restare: *to — to one's bed*, stare a letto; *to — to the house*, restare in casa ◆ *v.tr.* e *prep.* trattenere (in casa, a letto e simili)

□ **keep together** *v.tr.* e *avv.* tenere insieme, essere uniti // *to — body and soul together*, (*fam.*) sbarcare il lunario ◆ *v.intr.* e *avv.* stare uniti, restare uniti.

□ **keep under** *v.tr.* e *prep.* o *avv.* **1** tener sotto; (*fig.*) tener soggiogato, sottomesso **2** tener sotto controllo, controllare: *the fire is now being kept under control*, il fuoco è adesso sotto controllo; *he keeps the pain under with some pills*, controlla il dolore con delle pillole ◆ *v.intr.* e *avv.* stare nascosti, al coperto.

□ **keep up** *v.tr.* e *avv.* **1** tenere su, tenere a galla (*anche fig.*): *to — s.o., oneself up*, tenere qlcu., tenersi a galla; *his sense of humour kept up the morale of the troops*, il suo umorismo teneva su il morale delle truppe **2** mantenere alto (costo, prezzi ecc.) **3** mantenere: *I can't afford to — up such a big house*, non posso permettermi di mantenere una casa così grande **4** tenere alzato: *he kept me up all night*, mi ha tenuto alzato tutta la notte **5** continuare: *to — up the air-raids for weeks*, continuare le incursioni per settimane; *he failed to — up the payments on the caravan and so it was repossessed*, non è riuscito a pagare le rate della roulotte e così se la sono ripresa **6** non perdere; continuare a praticare: *she likes to — up family traditions*, le piace mantener vive le tradizioni familiari; *he managed to — up his school friendships*, è riuscito a mantenere i contatti con le amicizie di scuola; *try to — up your French*, cerca di continuare a esercitare il tuo francese ◆ *v.intr.* e *avv.* **1** mantenersi alto: *his spirit kept up in spite of difficulties*, il suo spirito si mantenne alto nonostante le difficoltà **2** continuare: *I hope this nice weather keeps up*, spero che questo bel tempo continui; *the raids kept up the whole night*, le incursioni continuarono tutta la notte **3** (*with*) stare al passo con (*anche fig.*) // *to — up with the Joneses*, (*fam.*) voler essere all'altezza dei vicini più ricchi **4** (*with*) tenere, mantenere i contatti con; non perdere di vista (qlcu.): *he kept up with a number of his old friends*, ha tenuto i contatti con un certo numero di vecchi amici.

keeper ['ki:pə*] *s.* **1** guardiano, custode, sorvegliante; intendente: *— of a prison*, carceriere; *lighthouse —*, guardiano del faro // *Keeper of the Great Seal*, Guardasigilli // (*dir.*) *— of public records*, conservatore dell'archivio di stato **2** (*tecn.*) addetto alla manutenzione **3** ferma-anello **4** (*elettr.*) àncora; armatura **5** (*rar.*) frutto, cibo che si mantiene **6** (*sport*) portiere.

keep-fit ['ki:pfɪt] *s.* [U] ginnastica per mantenersi in forma.

keeping ['ki:pɪŋ / keep·ing] *s.* **1** guardia, sorveglianza, custodia: *to be in s.o.'s —*, essere sotto la custodia di qlcu.; *in safe —*, sotto stretta custodia **2** armonia, accordo: *to be in, out of — with*, essere, non essere in armonia con: *his actions are out of — with his promises*, le sue azioni mal si accordano con le sue promesse; *this carpet is in — with the curtains*, questo tappeto si armonizza con le tende **3** mantenimento; conservazione **4** osservanza (di regole); adempimento (di promesse) **5** incombenza, ufficio, carica.

keeping room ['ki:pɪŋ,rʊm *amer.* 'ki:pɪŋ ,ru:m] *s.* (*dial. amer.*) (stanza di) soggiorno.

keepsake ['ki:pseɪk / keep·sake] *s.* oggetto ricordo; pegno.

kef [kef] *s.* **1** canapa indiana fumata o masticata come narcotico **2** stato di torpore e indolenza prodotto dal fumare o masticare canapa indiana.

keg [keg] *s.* **1** barilotto (per brandy, aringhe ecc.) **2** birra alla spina.

kegger ['kegə* / keg·ger] *s.* (*fam. amer.*) festa, bevuta a base di birra (spec. fra gli studenti).

keister ['ki:stə*] *s.* (*sl. amer.*) sedere, deretano: *I'm fed up to the — with anti-nuclear demonstrators*, (R. REAGAN) ne ho piene le tasche dei manifestanti antinucleari.

keloid ['ki:,lɔɪd / kel·oid] *s.* (*med.*) cheloide.

kelp [kelp] *s.* (*bot.*) macrocistide, fuco (alga marina usata per lettiera e concime).

kelpie ['kelpɪ / kel·pie] **kelpy** *s.* (*scoz.*) spirito acquatico maligno (che si presenta generalmente sotto forma di cavallo).

kelson → **keelson**.

kelt [kelt] *s.* (*zool.*) salmone, trota che ha deposto le uova.

Kelt, **Keltic** → **Celt**, **Celtic**.

kemp [kemp] *s.* (*tess.*) pelo ruvido (della lana); lana da tappeti.

ken [ken] *s.* (*scoz.*) **1** conoscenza; percezione; comprensione: *out of* (o *beyond* o *outside*) *one's —*, fuori del proprio ambito, al di là della propria comprensione; *within one's —*, nell'ambito della propria conoscenza **2** (*ant.*) campo visivo; (portata della) vista: *...far beyond her piercing ken / the hurricane had swept the glen*, (W. SCOTT)... ben oltre la sua acuta vista l'uragano aveva spazzato la gola.

to **ken** *pass.* **kent** [kent] **kenned** [kend / ken·ned] *p.p.* **kent** (*scoz.*) → to **know**.

Ken *s.* (*fam. amer.*) conformista; persona scialba • Dal nome del bambolotto che fa coppia con la bambola Barbie.

kennel[1] ['kenl / ken·nel] *s.* **1** canile AMER. doghouse **2** (*fig.*) tugurio **3** (*fam.*) covo, tana **4** muta (di cani) **5** (*anche pl.*) pensione per cani; allevamento di cani.

to **kennel**[1] *pass.p.p.* **kennelled** ['kenld / ken·nelled] *v.tr.* portare al canile; tenere in un canile ◆ *v.intr.* vivere in un canile, in una tana.

kennel[2] *s.* (*non com.*) rigagnolo; cunetta.

kent *pass.p.p.* di to **ken**.

Kentish ['kentɪʃ / Kent·ish] *agg.* della contea del Kent.

kentledge ['kentlɪdʒ / kent·ledge] *s.* (*mar.*) zavorra di pani di ghisa.

Kenyan ['kenjən / Ken·yan] *agg.* e *s.* keniano, keniota.

kepi ['keɪpɪ] *s.* chepì.

Keplerian [ke'plɪərɪən / Kep·ler·ian] *agg.* di Keplero, kepleriano: *— telescope*, cannocchiale kepleriano.

kept *pass.p.p.* di to **keep** ◆ *agg.* **1** mantenuto: *— woman*, (*antiq.*) mantenuta **2** (*non com.*) sovvenzionato, finanziato.

keptie ['keptɪ] *s.* (*sl. amer.*) amante, mantenuta.

keratin ['kerətɪn / ker·atin] *s.* (*biochim.*) cheratina.

keratinization [,kerə,tɪnɪ'zeɪʃn / ker·atin·iza·tion] *s.* (*biol.*) cheratinizzazione.

keratinized ['kerətɪnaɪzd / ker·atin·ized] *agg.* (*biol.*) cheratinizzato.

keratitis [,kerə'taɪtɪs / ker·at·itis] *s.* (*med.*) cheratite.

kerat(o)- ['kerət(əʊ)] *pref.* di origine greca della terminologia scientifica che significa **1** corneo, relativo alla sostanza cornea; it. cherat(o)-, cerat(o)-: (*med.*) *keratoderma*, cheratoderma; (*biol.*) *keratogenous*, cheratogeno **2** relativo alla cornea; it. cherat(o)-: (*med.*) *keratotomy*, cheratotomia.

keratodermia [,kerətəʊ'dɜ:mɪə / ker·ato·dermia] *s.* (*med.*) cheratodermia.

keratoplasty [ˈkerətəʊ,plæstɪ / ker·ato·plasty] *s.* (*med.*) cheratoplastica.

keratose [ˈkerətəʊs / ker·at·ose] *agg.* (*biol.*) corneo ◆ *s.* sostanza cheratinosa (nelle spugne).

keratosis [,kerəˈtəʊsɪs / ker·at·osis] *s.* (*med.*) cheratosi.

kerb [kɜ:b] *s.* cordone di marciapiede, di strada; marciapiede AMER. **curb**: *to step off the —*, scendere dal marciapiede; *to pull over to the —*, accostare al bordo della strada, del marciapiede.

kerb broker [ˈkɜ:b,brəʊkə*] *s.* (*Borsa*) operatore non autorizzato.

kerb crawler [ˈkɜ:b,krɔ:lə*] *s.* (*fam.*) automobilista che rallenta lungo il marciapiede dove sostano le prostitute.

kerb exchange, **kerb market** → **curb exchange**, **curb market**.

kerbstone [ˈkɜ:bstəʊn / kerb·stone] *s.* pietra che forma il cordone del marciapiede.

kerchief [ˈkɜ:tʃɪf / ker·chief] *s.* **1** fazzoletto da collo, da testa **2** (*non com.*) fazzoletto da naso.

kerf [kɜ:f] *s.* taglio; intaccatura.

kerfuffle [kəˈfʌfl / ker·fuffle] *s.* (*fam.*) chiasso, scalpore, confusione: *there was a big — about the missing paper*, ha fatto un gran chiasso per quelle carte mancanti.

kermesite [ˈkɜ:məsaɪt / ker·mes·ite] *s.* (*min.*) chermesite.

kermess [ˈkɜ:mɪs / ker·mess] *s.* (*rar.*) kermesse.

kern[1] [kɜ:n] *s.* **1** (*st. scoz., irl.*) fante **2** (*fig.*) contadino, zoticone.

kern[2] *s.* (*tip.*) asta (di una lettera).

kernel [ˈkɜ:nl / ker·nel] *s.* **1** (*bot.*) parte interna di qualsiasi achenio; gheriglio; cariosside, chicco (del grano, granoturco ecc.) **2** (*bot.*) nocella **3** (*fis.*) nucleo **4** (*fig.*) essenza, nucleo, nocciolo (duro), zoccolo duro: *there's a — of truth in his allegations*, c'è un fondo di verità nelle sue asserzioni **5** (*inform.*) cuore di sistema operativo, sistema operativo Unix.

kerning [ˈkɜ:nɪŋ / kern·ing] *s.* (*inform.*) spaziatura (fra caratteri).

kerogen [ˈkerədʒən / kero·gen] *s.* (*geol.*) kerogene.

kerosene, **kerosine** [ˈkerəsi:n / ker·os·ine] *s.* (*chim.*) **1** cherosene, petrolio raffinato, olio combustibile raffinato, petrolio illuminante **2** (*amer.*) paraffina.

kersey [ˈkɜ:zɪ / ker·sey] *s.* kersey (tessuto di lana ruvida) ◆ *agg.* (*ant. fig.*) semplice, casalingo: *henceforth my wooing mind shall be expressed / in russed yeas and honest kersey noes*, (SH. Love's Labour's Lost) d'ora innanzi i miei sentimenti d'amore si esprimeranno con un rustico sì e un semplice no.

kestrel [ˈkestrəl / kes·trel] *s.* (*zool.*) (*Falco tinnunculus*) gheppio.

ketch [ketʃ] *s.* (*mar.*) tartana.

ketchup [ˈketʃəp] *s.* ketchup (salsa di pomodoro con aceto e spezie).

ketene [ˈki:ti:n / ke·tene] *s.* (*chim.*) chetene.

ketogenesis [,ki:təʊˈdʒenɪsɪs / ke·to·gen·esis] *s.* (*biochim.*) chetogenesi.

ketogenic [,ki:təʊˈdʒenɪk / ke·to·genic] *agg.* (*biochim.*) chetogenico: *— hormone*, ormone chetogenico.

ketolase [ˈki:təʊ,leɪs / ke·to·lase] *s.* (*biochim.*) chetolasi.

ketolysis [ki:ˈtɒləsɪs / ke·to·lysis] *s.* (*biochim.*) chetolisi.

ketone [ˈki:təʊn / ke·tone] *s.* (*biochim.*) chetone: *— bodies*, corpi chetonici.

ketonemia [,ki:təʊˈni:mɪə / ke·to·nemia] *s.* (*med.*) chetonemia, acetonemia.

ketonuria [,ki:təʊˈnju:rɪə / ke·to·nuria] *s.* (*med.*) chetonuria.

ketose [ˈki:təʊs / ke·tose] *s.* (*biochim.*) chetoso.

ketosis [ki:ˈtəʊsɪs / ke·to·sis] *s.* (*med.*) chetosi, acidosi.

ketosteroid [,ki:təʊˈstɪərɔɪd / ke·to·ster·oid] *s.* (*biochim.*) chetosteroide.

ketosuria [,ki:təʊˈsju:rɪə / ke·to·suria] *s.* (*biochim.*) chetosuria.

kettle [ˈketl] *s.* **1** bollitore; bricco: *put the — on for a cup of tea*, scalda l'acqua (nel bollitore) per il tè // *a pretty* (o *fine*) *— of fish*, (*fig.*) un bel pasticcio; *a different — of fish*, un altro paio di maniche // (*geol.*) *giant's —*, marmitta dei giganti **2** (*ant.*) (*mus.*) timpano: *give me the cups / and let the kettle to the trumpet speak, / ...the King drinks to Hamlet*, (SH. Hamlet) datemi le coppe e il timpano parli alla tromba... il re brinda alla salute di Amleto.

kettledrum [ˈketldrʌm / ket·tle·drum] *s.* (*mus.*) timpano.

kettledrummer [ˈketldrʌmə* / ket·tle·drum·mer] *s.* (*mus.*) timpanista.

kevel [ˈkevl] *s.* (*mar.*) galloccia.

kewpie doll® [ˈkju:pɪ,dɒl] *s.* (*amer.*) bambola rosea e paffuta.

key[1] [ki:] *s.* **1** chiave (*anche fig.*): *the — to* (o *of*) *the door, the door —*, la chiave della porta; *he left the — in the lock*, lasciò la chiave nella serratura; *it was the — to his success*, fu la chiave del suo successo; *the — of a code*, la chiave di un codice; *the — to the mystery lay in his childhood*, la chiave del mistero era riposta nella sua infanzia // *— ring*, anello portachiavi // *master —*, passe-partout // *to hold the keys of one's own fate*, essere padrone del proprio destino **2** tasto (di macchina per scrivere ecc.) // *keys*, tastiera (di macchina per scrivere ecc.) **3** (*inform.*): tasto, pulsante, bottone; criterio di ordinamento; codice; chiave: *control —*, tasto di servizio, tasto indicatore della funzione scelta // *caps lock —*, tasto delle maiuscole **4** (*mus.*) chiave: *the — of D major*, la chiave di re maggiore **5** tono (di voce); (*fig.*) stile, tono (di pensiero, discorso): *to speak in a low —*, parlare a voce bassa; (*fig.*) parlare in tono dimesso // *the newspaper handled the scandal in a low —*, i giornali minimizzarono lo scandalo **6** (*mecc.*) bietta; chiavetta **7** *pl.* autorità ecclesiastica: *power of the keys*, il potere dell'autorità ecclesiastica **8** (*bot.*) samara **9** (*geol.*) → **cay** ◆ *agg.attr.* importante, di base: *a — issue*, un problema fondamentale; *Jones is a — member of the company*, Jones è un elemento chiave della compagnia // (*econ.*): *— industries*, industrie di base; *— factor*, fattore chiave // (*fin.*) *— currency*, moneta internazionale, moneta chiave, valuta chiave // (*comm.*) *— money*, buona entrata, buonuscita.

to **key**[1] *v.tr.* **1** (*mecc.*) inchiavettare **2** (*mus.*) accordare **3** adattare; adeguare: *he keyed his speech to the coming elections*, adattò il suo discorso al clima elettorale.
□ **key in** *v.tr.* e *avv.* (*inform.*) introdurre.

key[2] *s.* isoletta o scogliera poco elevata sul mare.

key[3] *s.* (*ant.*) molo.

keyboard [ˈki:bɔ:d / key·board] *s.* tastiera (di piano, macchina per scrivere ecc.) // (*inform.*): *— data entry*, input dei dati a tastiera; *— lockup*, blocco della tastiera; *— source entry*, (IBM) immissione programma origine a tastiera; *printer —*, (IBM) console di immissione / emissione; *— to disc device*, macchina per registrare su disco.

to **keyboard** *v.tr.* (*inform.*) digitare.

key-cold [ˈki:,kəʊld] *agg.* (*ant.*) freddo come la pietra: *poor key-cold figure of a holy king*, (SH. Richard III) povera immagine d'un re santo, fredda come il marmo.

keyed [ki:d] *agg.* **1** munito di chiave **2** (*mus.*) a tasti **3** (*mecc.*) inchiavettato **4** (*rad.*) modulato **5** (*fig.*) adeguato, adatto, pertinente **6** (*arch.*) bloccato con chiave di volta.

keyed up [ki:dˈʌp] *agg.* (*fam.*) agitato, nervoso.

keyhole [ˈki:həʊl / key·hole] *s.* buco della serratura.

keying [ˈki:ɪŋ / key·ing] *s.* **1** (*mus.*) accordatura **2** (*mecc.*) inchiavettatura **3** (*rad.*) manipolazione.

keyless [ˈki:lɪs / key·less] *agg.* senza chiave.

keynesian [ˈkeɪnzɪən / keynes·ian] *agg.* (*econ.*) keynesiano: *— economics*, teoria economica keynesiana; *— policies*, politiche keynesiane.

keynote [ˈki:nəʊt / key·note] *s.* **1** (*mus.*) nota fondamentale **2** (*fig.*) punto fondamentale, nodale.

keypad [ˈki:pæd / key·pad] *s.* (*inform.*) (griglia di) tastiera: *numeric —*, tastiera numerica.

keypunch [ˈki:pʌntʃ / key·punch] *s.* (*inform. amer.*) → **cardpunch**.

keyset [ˈki:set / key·set] *s.* (*inform.*) tastiera.

key signature [ˈki:,sɪgnətʃə*] *s.* (*mus.*) chiave.

keystone [ˈki:stəʊn / key·stone] *s.* (*arch.*) chiave di volta (*anche fig.*).

keystroke [ˈki:,strəʊk / key·stroke] *s.* (*inform.*) il premere contemporaneamente più tasti.

key-swinger [ˈki:,swɪŋə*] *s.* (*fam. amer.*) sbruffone.

keyword [ˈki:wɜ:d / key·word] *s.* (*inform.*) parola chiave.

khaki [ˈkɑ:kɪ] *agg.* cachi ◆ *s.* stoffa cachi (per divise militari).

khalif e *deriv.* → **caliph** e *deriv.*

khan[1] [kɑ:n] *s.* khan; (*antiq.*) can.

khan[2] *s.* caravanserraglio.

khanate [ˈkæneɪt / khan·ate] *s.* (*st.*) canato.

Khedive [kɪˈdi:v / Khe·dive] *s.* kedivè.

Khomeiniism [,kɒˈmeɪnɪ,ɪzəm / Khomeini·ism] *s.* khomeinismo.

kibbutz [kɪˈbʊts / kib·butz] *pl.* **kibbutzim** [kɪˈbʊtsɪm / kib·butzim] *s.* kibbutz (comunità agricola israeliana).

kibe [kaɪb] *s.* gelone; fiacca (gener. al piede): *Ay, sir, where lies that? if 'twere a kibe, /*

'twould put me to my slipper, (SH. The Tempest) E dove sta di casa costei? se fosse un gelone, mi farebbe mettere le pantofole.

to **kibitz** ['kɪbɪts / kib·itz] *v.intr.* (*fam. amer.*) intervenire a sproposito, dare consigli non richiesti (detto spec. di spettatori durante una partita di carte) • Parola di origine yiddish, a sua volta dal tedesco '*Kiebitz*', nome di un piccolo uccello molto rumoroso.

kibitzer ['kɪbɪtsə* / kib·itzer] *s.* (*sl. amer.*) ficcanaso.

kibosh ['kaɪbɒʃ / ki·bosh] *s.* **1** (*sl.*) sciocchezza // *to put the — on*, rovinare, mettere fine a **2** (*fam. amer.*) triste fine, sventura inattesa.

to **kibosh** *v.tr.* (*fam. amer.*) eliminare, uccidere.

kick[1] [kɪk] *s.* **1** calcio; pedata: *he opened the door with a —*, aprì la porta con un calcio // *to get more kicks than pricks*, ricevere più calci che carezze // *to get a — in the teeth*, (*fig. fam.*) ricevere un calcio in faccia // (*calcio*) *corner, free, penalty —*, calcio d'angolo, di punizione, di rigore **2** (*fam.*) emozione, piacere, gioia, eccitazione: *he gets his kicks from racing motorbikes*, si procura la sua dose di emozioni partecipando a gare di motociclismo **3** (*fam.*) effetto stimolante, eccitante; forza: *a drink with a — in it*, una bevanda eccitante, che rianima **4** (*fam. amer.*) tasca **5** (*mil.*) rinculo.

to **kick**[1] *v.tr.* **1** dar calci, un calcio a; tirar calci a; spingere col piede; spingere a calci: *to — s.o. downstairs*, scaraventare qlcu. dalle scale; *to — sthg. over*, buttare per aria qlco. con un calcio; *to — s.o. in the teeth*, dare a qlcu. un calcio nei denti // *to — one's heels*, attendere a lungo, far anticamera **2** (*rugby*) fare (punto) con un calcio: *he kicked two penalty goals in the second half*, è andato a segno con due calci piazzati nel secondo tempo **3** (*fam. fig.*) liberarsi di (vizio, abitudine): *with the help of methadone he kicked his heroin habit*, con l'aiuto del metadone è uscito dall'eroina ◆ *v.intr.* **1** scalciare, dare, tirare calci: *the horse kicked*, il cavallo scalciava // *to — over the traces*, (*fig.*) agire in modo incontrollato; liberarsi di ogni freno **2** recalcitrare; lagnarsi; opporsi: *he always kicks at everything*, protesta sempre per tutto **3** rinculare (di armi).

□ **kick against** *v.intr.* e *avv.* (*fig.*) prendere a calci, ribellarsi a // *to — against the pricks*, lamentarsi inutilmente, per qlco. che non può cambiare.

□ **kick around** *v.intr.* e *avv.* (*fam.*) essere nel mondo dei vivi; essere in circolazione.

□ **kick (a)round** *v.tr.* e *avv.* (*fam.*) discutere, avanzare delle ipotesi su.

□ **kick back** *v.tr.* e *avv.* calciare di rimando: *to — back at*, contrattaccare.

□ **kick in** *v.tr.* e *avv.* aprire, sfondare, danneggiare con un calcio.

□ **kick off** *v.tr.* e *avv.* buttar via con un calcio, liberarsi di qlco. con un calcio ◆ *v.intr.* e *avv.* (*sport*) dare il calcio d'inizio.

□ **kick out** *v.tr.* e *avv.* (*fam.*) cacciare a calci, buttar fuori.

□ **kick up** *v.tr.* e *avv.* **1** scompigliare, sollevare, mettere in disordine prendendo a calci **2** (*fig.*) sollevare, creare: *she began to — up a hell of a row* (o *of a fuss*), cominciò a sollevare un putiferio // *to — up its heels*, scalciare in aria (di cavallo).

□ **kick upstairs** *v.tr.* e *avv.* (*fam.*) promuovere a una posizione di maggior prestigio ma di minor potere effettivo.

kick[2] *s.* fondo di bottiglia rientrante.

kickback ['kɪkbæk / kick·back] *s.* (*sl.*) tangente, mazzetta; taglia estorta al lavoratore in cambio dell'assunzione.

kicker ['kɪkə*] *s.* **1** (*rugby*) chi tira i calci piazzati **2** cavallo che tira calci // *ass —*, (*fam. amer.*) persona energica; ufficiale che vessa i soldati **3** (*fam. amer.*) tranello (spec. in un contratto) **4** *pl.* (*fam. amer.*) scarpe (spec. da tennis).

kickoff ['kɪkɒf / kick·off] *s.* **1** (*calcio*) calcio d'inizio **2** orario d'inizio (di spettacolo).

kickshaw ['kɪkʃɔ: / kick·shaw] *s.* (*antiq.*) **1** dolce; pietanza ricercata **2** nonnulla, inezia; giocattolo • Adattamento pop. dal francese *quelque chose*, qualcosa.

kick-start ['kɪkstɑ:t] *s.* pedale d'avviamento (della motocicletta).

to **kick-start** *v.tr.* mettere in moto (la motocicletta), avviare (il motore della motocicletta).

kick-up ['kɪkʌp] *s.* (*sl.*) rumore, baccano.

kicky ['kɪkɪ] *agg.* (*fam.*) **1** eccitante, allettante **2** (*amer.*) elegante, alla moda.

kid[1] [kɪd] *s.* **1** (*fam.*) ragazzo; bambino: *there are kids of 18 making lots of money nowadays*, ci sono oggigiorno ragazzi di 18 anni che fanno un sacco di soldi // *new — on the block*, (*fam. amer.*) novellino, ultimo venuto **2** (*zool.*) capretto; pelle e carne di capretto // *— gloves*, guanti di pelle di capretto // *to handle s.o. with —*, (*fam.*) trattare qlcu. coi guanti.

kid[1] *agg.* (*fam. spec. amer.*) minore, più giovane (di fratello, sorella): *— brother*, fratellino.

to **kid**[1] *pass.p.p.* **kidded** ['kɪdɪd / kid·ded] *v.tr.* e *intr.* (*zool.*) partorire (un capretto).

to **kid**[2] *v.tr.* (*fam.*) prendere in giro; raccontar storie a: *to — oneself*, farsi delle illusioni, montarsi la testa; *I'm not kidding you*, non sto scherzando, non ti sto prendendo in giro ◆ *v.intr.* scherzare; fare per scherzo: *"You've won the first prize." "You're kidding!"*, "Hai vinto il primo premio." "Stai scherzando!"; *no kidding!*, sul serio!

kidder ['kɪdə* / kid·der] *s.* (*sl.*) burlone.

kiddie ['kɪdɪ] *s.* (*fam.*) bambino, bimbo // *— car*, automobilina a pedali.

kiddo ['kɪdəʊ] *s.* (*fam. amer.*) amico, ragazzo (usato nel rivolgersi a persona più giovane).

kiddy → **kiddie**.

to **kidnap** ['kɪdnæp / kid·nap] *pass.p.p.* **kidnapped** ['kɪdnæpt / kid·nap·ped] *v.tr.* (*dir.*) sequestrare, rapire (a scopo di estorsione).

kidnapper ['kɪdnæpə* / kid·nap·per] *s.* rapitore, autore di un sequestro di persona.

kidnapping ['kɪdnæpɪŋ / kid·nap·ping] *s.* (*dir.*) sequestro di persona (a scopo di estorsione).

kidney ['kɪdnɪ / kid·ney] *s.* **1** (*anat.*) rene: *— stones*, calcoli renali **2** (*antiq.*) temperamento; natura: *a man of that —*, un uomo di quella tempra **3** (*cuc.*) rognone.

kidney bean ['kɪdnɪ,bi:n] *s.* (*bot.*) fagiolo bianco.

kidney machine ['kɪdnɪmə,ʃi:n] *s.* (*med.*) rene artificiale.

kidney-vetch ['kɪdnɪ,vetʃ] *s.* (*bot.*) vulneraria → **woundwort**.

kidvid ['kɪdvɪd / kid·vid] *s.* (*fam. amer.*) tivù dei ragazzi, programmi televisivi per bambini.

kier [kɪə*] *s.* **1** (*tess.*) autoclave **2** (*tecn. cartaria*) lisciviatore.

kike [kaɪk] *s.* (*sl. amer. spreg.*) giudeo, ebreo.

kilderkin ['kɪldəkɪn / kil·der·kin] *s.* barilotto (misura di capacità = 81,83 l).

kill [kɪl] *s.* **1** uccisione: *to be in at the —*, assistere, essere presente alla fase finale e sgradevole (di qlco.); *he was in at the — when the police arrested the thief*, era sul posto quando la polizia ha arrestato il ladro // *his creditors closed in for the — and had him thrown in prison*, i creditori gli si strinsero addosso e fecero in modo che fosse gettato in prigione **2** cacciagione; preda (*anche fig.*): *the eagle was tearing into her —*, l'aquila stava lacerando la sua preda; *the local steelworks was an easy — for the multinational*, l'acciaieria locale fu una facile preda per la multinazionale **3** nave, aereo, sottomarino nemico distrutto **4** (*tennis amer.*) schiacciata; smash.

to **kill** *v.tr.* **1** uccidere; ammazzare; far morire (*anche fig.*): *ten men were killed in action*, dieci uomini furono uccisi in combattimento; *to — in cold blood*, ammazzare a sangue freddo; *to — by inches*, uccidere lentamente; *to — oneself*, uccidersi; *he killed himself with work*, si ammazzava di lavoro; *they were killing themselves laughing* (o *with laughter*), stavano morendo dal ridere; *my boss will — me!*, (*fam.*) il mio capo mi ucciderà!; *to — time*, ammazzare il tempo // *after walking twenty miles my feet were killing me*, (*fam.*) dopo aver camminato per venti miglia i piedi mi facevano un male da morire // *it's — or cure*, o la va o la spacca // *it wouldn't — you to help around the house*, (*fam.*) non ti rovineresti se dessi una mano in casa // *he killed all my hopes*, ha distrutto tutte le mie speranze // *to — with kindness*, soffocare di gentilezze // (*sport*) *to — the ball*, smorzare la palla // *to — the bottle*, (*fam.*) far fuori, scolarsi una bottiglia **2** far passare, sopprimere, eliminare: *to — the pain*, far passare il dolore **3** affossare, respingere; bocciare (una proposta ecc.): *to — a bill in Parliament*, bocciare una legge in parlamento; *the investigation into police corruption was killed just as it was beginning to yield results*, le indagini sulla corruzione all'interno della polizia vennero affossate proprio quando cominciavano a dare risultati; *the project was killed as it was thought to be too expensive*, il progetto venne respinto in quanto ritenuto troppo costoso; *to — a newspaper article*, non far passare, pubblicare un articolo (di giornale) **4** (*fam.*) far morire (dal ridere): *Charlie Brown kills me*, Charlie Brown mi fa morire **5** (*amer.*) annullare con timbro postale **6** (*tennis amer.*) schiacciare, fare uno smash **7** (*inform.*) fermare un'elaborazione, sopprimere una procedura **8** (*tip.*) cancellare, togliere (una o più parole); scomporre **9** (*metall.*) calmare (acciaio) ◆ *v.intr.* **1** uccidere, ammazzare **2** fare colpo; fare impressione: *she was dressed to —*, si era messa in ghingheri.

killer ['kɪlə*] *s.* **1** sicario; killer // (*inform.*) *— application*, applicazione molto avanzata (rispetto alla concorrenza) **2** (*estens.*) killer, animale, cosa che uccide: *cancer is one of the killers of this century*, il cancro è una delle maggiori cause di morte di questo secolo **3** (*fam.*) esperienza stancante, faticosa: *my trekking holiday in the Pyrenees was a —*, la mia vacanza passata facendo trekking sui Pirenei è stata faticosissima **4** (*fam.*) barzelletta molto divertente **5** (*fam. amer.*) persona molto attraente **6** (*amer.*) timbro di annullo postale, annullo ◆ *agg.attr.* che uccide; mortale.

killer whale ['kɪləweɪl *amer.* 'kɪləhweɪl] *s.* (*zool.*) (*Orcinus orca*) orca.

killick ['kɪlɪk / kil·lick] *s.* (*mar.*) ancorotto.

killing ['kɪlɪŋ / kill·ing] *agg.* **1** mortale, fatale **2** omicida; distruttivo; micidiale **3** stancante; logorante; massacrante; faticoso: *he worked a — twelve-hour shift in the mine*, fece un turno massacrante di dodici ore nella miniera **4** (*fam.*) affascinante; attraente **5** irresistibilmente comico, buffo, ridicolo ◆ *s.* **1** assassinio; uccisione **2** bel colpo; forte guadagno: *to make a — on the stock exchange*, fare un colpo grosso in Borsa.

killingly ['kɪlɪŋlɪ / kill·ing·ly] *avv.* in modo irresistibile: *— funny*, irresistibilmente buffo.

killjoy ['kɪldʒɔɪ / kill·joy] *s.* guastafeste.

kiln [kɪln] *s.* (*edil.*) fornace; forno.

kilo ['ki:ləʊ] *s.* chilogrammo, kilogrammo (misura di peso = 2204 lb.).

kilo- ['kɪləʊ] *pref.* di origine greca che anteposto a una unità di misura la moltiplica per mille (10^3); it. chilo-, kilo-: *kilocycle*, kilociclo; *kilogram*, kilogrammo.

kilobit ['kɪləʊbɪt / kilo·bit] *s.* (*inform.*) kilobit.

kilobyte ['kɪləʊbaɪt / kilo·byte] *s.* (*inform.*) kilobyte, kbyte (= 2^{10} = 1024 byte).

kilocalorie ['kɪləʊ,kælərɪ / kilo·cal·orie] *s.* chilocaloria, kilocaloria.

kilocycle ['kɪləʊ,saɪkl / kilo·cycle] *s.* (*rad.*) chilociclo, kilociclo.

kilogram(me) ['kɪləʊgræm / kilo·gram(me)] → **kilo**.

kilolitre ['kɪləʊ,li:tə* / kilo·litre] amer. **kiloliter** *s.* chilolitro, kilolitro (misura di capacità = 35.315 cu. ft.).

kilometre ['kɪləʊ,mi:tə* / kilo·metre] amer. **kilometer** [kɪ'lɒmətə*] *s.* chilometro, kilometro (misura di lunghezza = 0.621 mi.).

kiloton ['kɪləʊtʌn / kilo·ton] *s.* chilotone, kiloton.

kilowatt ['kɪləʊwɒt / kilo·watt] *s.* (*elettr.*) kilowatt, chilowatt.

kilowatt-hour [,kɪləʊwɒt'aʊə*] *s.* (*elettr.*) chilowattora, kilowattora.

kiloword ['kɪləʊwɜ:d / kilo·word] *s.* (*inform.*) kiloparole.

kilt [kɪlt] *s.* kilt.

to **kilt** *v.tr.* (*rar.*) **1** plissettare **2** sollevare, raccogliere (la gonna).

kilter ['kɪltə* / kil·ter] *s.* (*fam.*) buono stato; buon ordine, equilibrio; proporzione: *off* (o *out of*) —, fuori uso.

kimberlite ['kɪmbə,laɪt / kim·berl·ite] *s.* (*min.*) kimberlite.

kimono [kɪ'məʊnəʊ *amer.* kɪ'məʊnə / ki·mono] *pl.* **kimonos** *s.* **1** chimono **2** (*amer.*) vestaglia a chimono.

kin [kɪn] *s.* (*pl.invar.*) **1** (*rar.*) stirpe; discendenza; estrazione; nascita **2** parente; congiunto; consanguineo: *he wasn't your —*, non era tuo parente // *next of —*, parente prossimo, parenti prossimi; *his own — disowned him*, la sua stessa famiglia lo rinnegò ◆ *agg.* (*antiq.*) **1** consanguineo; imparentato **2** (*estens.*) simile; affine: *his poetry is — to that of Shelley*, la sua poesia è affine a quella di Shelley.

kinase ['kaɪneɪs / kin·ase] *s.* (*biochim.*) chinasi, cinasi.

kind[1] [kaɪnd] *agg.* **1** gentile; cortese; amichevole; premuroso: *very — of you*, molto gentile da parte vostra; *be so — as to inform us*, siate così cortese da informarci; *they are — people*, sono persone premurose, gentili; *— to animals*, tenero verso gli animali; *she was — to all the children under her care*, era premurosa con tutti i bambini a lei affidati **2** (*fam. amer.*) perfetto; ideale // *— regards*, cordiali saluti, ossequi.

kind[2] *s.* **1** specie; razza: *the human —*, il genere umano; *what — of tree is this?*, di che specie è questo albero? **2** (*estens.*) natura; disposizione naturale; carattere **3** genere; tipo; varietà; classe; categoria; marca: *men of his — make me laugh*, gli uomini del suo tipo mi fanno ridere; *that — of girl*, quel genere di ragazza; *what — of washing machine will you buy?*, che marca di lavatrice comprerai?; *nothing of the —*, niente del genere // *of a —*, di ripiego, mediocre, di qualche tipo; uguale, dello stesso tipo: *life of a — exists here, but it is precarious*, qui esiste un certo genere di vita, ma è precaria; *they are two of a —*, quei due sono uguali **4** *a — of*, una sorta di, una specie di: *he is a — of writer*, è una specie di scrittore; *the trees formed a — of arch*, gli alberi formavano una specie di arco **5** *— of*, (*fam.*) quasi; pressappoco; piuttosto; moderatamente; *I — of like it*, in un certo senso mi piace; *I — of expected it*, quasi me lo aspettavo **6** (*ant.*) bene; prodotto // (*econ.*) *payment in —*, pagamento in natura // *to repay s.o. in —*, ripagare qlcu. della stessa moneta.

kindergarten ['kɪndə,gɑ:tn / kind·er·gar·ten] *s.* kindergarten; giardino d'infanzia; asilo infantile; scuola materna.

kind-hearted [,kaɪnd'hɑ:tɪd] *agg.* di cuore buono, gentile; umano; compassionevole // **-ly** *avv.* // **-ness** *s.*

to **kindle** ['kɪndl] *v.tr.* **1** accendere; incendiare; infiammare **2** illuminare; rendere brillante **3** (*fig.*) infiammare; provocare; suscitare; eccitare: *the sentence kindled his anger*, la sentenza suscitò la sua collera; *that ambitious Constance would not cease / till she had kindled France and all the world*, (SH. King John) l'ambiziosa Costanza non si sarebbe data pace fino a quando non avesse istigato il re di Francia e il mondo intero ◆ *v.intr.* **1** accendersi; prendere fuoco **2** illuminarsi; splendere: *a light of love kindled in her eyes*, una luce d'amore splendeva nei suoi occhi **3** (*fig.*) infiammarsi; eccitarsi.

kindler ['kɪndlə* / kind·ler] *s.* **1** chi dà fuoco; chi accende **2** provocatore; agitatore.

kindless ['kaɪndlɪs / kind·less] *agg.* (*ant.*) disumano, senza pietà: *kindless villain! why, what an ass am I!*, (SH. Hamlet) furfante disumano! che somaro sono!

kindling ['kɪndlɪŋ / kind·ling] *s.* [U] **1** accensione (*anche fig.*) **2** legna minuta (per accendere un fuoco).

kindly ['kaɪndlɪ] *agg.* **1** gentile; amichevole; premuroso; benevolo: *— nature*, natura benevola **2** piacevole; mite; favorevole; benefico: *— wind*, venticello; vento favorevole // **-iness** *s.*

kindly *avv.* **1** (*form.*) gentilmente; cortesemente; per gentilezza, per favore, per cortesia: *— let me know*, favorite farmi sapere; *— fill in the questionnaire*, per favore riempite il questionario // *— leave the room*, (*iron.*) vuoi gentilmente uscire dalla stanza **2** con gentilezza, bontà; benevolmente; favorevolmente: *to take sthg. —*, prendere qlco. bene; *he took the joke —*, seppe stare allo scherzo // *to think — of s.o., sthg.*, avere una buona opinione di qlcu., di qlco. // *to look — (up)on sthg., s.o.*, approvare, guardare con favore a qlco., qlcu.; *the board of directors did not look — upon our request for more money*, il consiglio di amministrazione non guardò con favore alla nostra richiesta di ulteriori fondi **3** prontamente; volentieri: *he took — the idea of moving abroad*, accettò volentieri l'idea di andare ad abitare all'estero.

kindness ['kaɪndnɪs / kind·ness] *s.* **1** gentilezza; mitezza; clemenza; bontà; benevolenza // *out of —*, per gentilezza **2** favore; piacere; gentilezza: *to do s.o. a —*, fare un piacere a qlcu.

kindred ['kɪndrɪd / kind·red] *agg.* **1** imparentato **2** (*fig. form.*) affine; analogo; simile: *— souls, spirits*, anime gemelle ◆ *s.* (*form.*) **1** (*con. v.pl.*) famiglia; parenti; congiunti **2** [U] parentela: *the ties of —*, i legami di parentela **3** (*fig. ant.*) affinità.

kine [kaɪn] *pl.* (*ant.*) di **cow**.

kinematic(al) [,kɪnɪ'mætɪk(l) / kin·ematic, kin·emat·ical] *agg.* (*fis.*) cinematico: *— viscosity*, viscosità cinematica.

kinematics [,kɪnɪ'mætɪks / kin·emat·ics] *s.* [U] (*fis.*) cinematica.

kinematograph [kɪnɪ'mætəʊgrɑ:f / kine·ma·to·graph] e *deriv.* → **cinematograph** e *deriv.*

kineplasty ['kɪnə,plæstɪ / kine·plasty] *s.* (*med.*) cineplastica.

kinesiatrics [kə,ni:sɪ'ætrɪks / kin·esi·at·rics] *s.* [U] (*med.*) chinesiterapia.

kinesiotherapy [kə,ni:sɪəʊ'θerəpɪ / kin·esio·ther·apy] *s.* (*med.*) cinesiterapia, chinesiterapia.

kinesis [kaɪ'ni:sɪs / kin·esis] *s.* (*med.*) chinesi, cinesi.

kinesitherapy [kə,ni:sə'θerəpɪ / kin·esi·ther·apy] *s.* (*med.*) cinesiterapia, chinesiterapia.

kinetic [kaɪ'netɪc / kin·etic] *agg.* (*fis.*) cinetico: *— energy*, energia cinetica; *— theory*, teoria cinetica.

kinetics [kaɪ'netɪks / kin·et·ics] *s.* [U] (*chim.*) cinetica.

kinetin ['kaɪnətɪn / kin·etin] *s.* (*biochim.*) cinetina.

kinfolk ['kɪnfəʊk / kin·folk] *s.* (*amer.*) → **kinsfolk**.

king [kɪŋ] *s.* **1** re, sovrano, monarca: *the kings and queens of England*, i re e le regine di Inghilterra // *the King of Kings*, il Re dei Re // *the three Kings*, i Re Magi // (*dir.*): *King's*

Bench, organo giurisdizionale superiore; *to turn King's evidence*, collaborare con la giustizia; *the — can do no wrong*, il re non può sbagliare (massima che esprime l'immunità del sovrano) **2** (*estens.*) magnate; re: *oil —*, magnate del petrolio // *the Havana is the — of cigars*, l'avana è il re dei sigari **3** (*dama*) dama; (*carte, scacchi*) re.

to **king** *v.tr.* (*rar.*) governare da re; essere re di ◆ *v.intr.* (*rar.*) regnare // *to — it over s.o.*, (*fam.*) essere dispotico nei riguardi di qlcu.

king-bird ['kɪŋbɜ:d] *s.* (*zool.*) tiranno → tyrant-bird.

kingbolt ['kɪŋbəʊlt / king·bolt] *s.* (*edil.*) tirante centrale.

king-crab ['kɪŋkræb] *s.* (*zool.*) limulo, granchio reale → **horseshoe crab**.

kingcraft ['kɪŋkrɑ:ft *amer.* 'kɪŋkræft / king·craft] *s.* arte del regnare.

kingcup ['kɪŋkʌp / king·cup] *s.* (*bot.*) **1** (*Ranunculus acer*) ranuncolo dei prati **2** (*Ranunculus bulbosus*) ranuncolo bulboso; (*pop.*) botton d'oro **3** (*Ranunculus repens*) ranuncolo dei fossi **4** calta palustre → cowslip.

kingdom ['kɪŋdəm / king·dom] *s.* **1** regno: *he lost his — after a long war*, perse il suo regno dopo una lunga guerra // *the United Kingdom*, il Regno Unito **2** (*fig.*) regno; dominio; sfera; ambito: *the vegetable —*, il regno vegetale; *the lion's — is the savannah*, il regno del leone è la savana.

kingdom-come ['kɪŋdəm'kʌm] *s.* (*fam.*) aldilà.

kingfisher ['kɪŋ,fɪʃə* / king·fisher] *s.* (*zool.*) (*Alcedo hispida*) martin pescatore.

kinglet ['kɪŋlɪt / king·let] *s.* **1** (*spreg.*) re poco potente **2** (*zool.*) regolo, liù.

kingly ['kɪŋlɪ / king·ly] *agg.* regale, reale // **-iness** *s.*

kingpin ['kɪŋpɪn / king·pin] *s.* **1** (*aut.*) perno del fuso a snodo **2** (*fam.*) personaggio più influente; capo: *Al Capone was the — of the Chicago underworld*, Al Capone era il personaggio più influente della malavita di Chicago.

kingpost ['kɪŋpəʊst / king·post] *s.* (*edil.*) monaco, ometto.

king's evil [,kɪŋz'i:vl] *s.* (*med. ant.*) scrofula.

kingship ['kɪŋʃɪp / king·ship] *s.* **1** regalità; potere regale, sovrano; maestà **2** (*non com.*) monarchia.

king-size(d) ['kɪŋsaɪz(d)] *agg.* di taglia, misura, grandezza superiore al normale: *— cigarette*, sigaretta lunga, king-size.

king's man ['kɪŋz,mæn] *s.* (*st.*) **1** realista; chi sostiene il re **2** doganiere.

king's spear ['kɪŋzspɪə*] *s.* (*bot. pop.*) asfodelo → **asphodel**.

kinin ['kaɪnɪn / ki·nin] *s.* (*chim.*) chinino.

kink [kɪŋk] *s.* **1** nodo; cappio; annoccatura (in un tubo ecc.); (*mar.*) cocca **2** (*fig., fam.*) grillo, ghiribizzo, ticchio: *she has got a — in her brain*, ha dei grilli per la testa **3** crampo muscolare **4** (*sl. amer.*) persona dalle abitudini sessuali insolite, perverse.

to **kink** *v.tr.* annodare; attorcigliare ◆ *v.intr.* annodarsi; attorcigliarsi; annoccarsi // (*econ.*) *kinked demand curve*, curva di domanda ad angolo.

kinkajou ['kɪŋkədʒu: / kin·ka·jou] *s.* (*zool.*) (*Potus flavus*) cercoletto.

kinkiness ['kɪŋkɪnɪs / kin·ki·ness] *s.* (*fam.*) bizzarria, eccentricità; perversione sessuale.

kinky ['kɪŋkɪ] *agg.* **1** attorcigliato; ingarbugliato **2** ricciuto; crespo: *— hair*, capelli crespi **3** (*fam.*) bizzarro, eccentrico; pervertito: *— sexual behaviour*, comportamento sessuale deviante, vizioso **4** (*sl. amer.*) rubato // **-ily** *avv.*

kinsfolk ['kɪnzfəʊk / kins·folk] *s.pl.* parenti; parentela, parentado (*sing.*).

kinship ['kɪnʃɪp / kin·ship] *s.* **1** parentela; consanguineità (*anche dir.*) **2** affinità (di carattere ecc.).

kinsman ['kɪnzmən / kins·man] *pl.* **kinsmen** *s.* (*antiq.*) parente, congiunto: *— by father's side*, parente per parte di padre.

kinswoman ['kɪnz,wʊmən / kins·wo·man] *pl.* **kinswomen** ['kɪnz,wɪmɪn] *s.* (*antiq.*) parente, congiunta.

kiosk ['ki:ɒsk / ki·osk] *s.* **1** chiosco, edicola **2** (*form.*) cabina telefonica **3** (*inform.*) chiosco informatico.

kip[1] [kɪp] *s.* (*mecc.*) carico da 1000 libbre.

kip[2] *s.* (*sl.*) **1** periodo di sonno; dormita: *to have a —*, fare una dormita **2** (*antiq.*) locanda; camera, letto a pigione **3** (*ant.*) bordello.

to **kip**[2] *pass.p.p.* **kipped** [kɪpt] *v.intr.* (*sl.*) andare a letto; dormire.

kipper ['kɪpə* / kip·per] *s.* **1** aringa affumicata; salmone affumicato **2** (*zool.*) salmone maschio (all'epoca della riproduzione) **3** (*sl. antiq.*) individuo, tipo.

to **kipper** *v.tr.* affumicare (pesce).

Kirghiz ['kɜ:gɪz / Kir·ghiz] **Kirghizian** ['kɜ:gɪʒən / Kir·ghi·zian] *agg.* e *s.* chirghiso, kirghiso.

kirk [kɜ:k] *s.* (*scoz.*) chiesa.

kirsch [kɪəʃ] **kirschwasser** ['kɪəʃ,vɑ:sə* / kirsch·was·ser] *s.* kirsch, acquavite di ciliegie.

kirtle ['kɜ:tl] *s.* (*ant.*) **1** giubbetto; tunica (da uomo) **2** gonna; sottoveste: *and I will make thee... / a cap of flowers, and a kirtle / embroidered all with leaves of myrtle*, (MARLOWE) e ti farò... un cappello di fiori e una gonnella tutta ricamata con foglie di mirto.

kismet ['kɪsmet / kis·met] *s.* (*fam.*) destino.

kiss [kɪs] *s.* **1** bacio: *to blow* (o *to send*) *s.o. a —*, mandare un bacio a qlcu.; *to give a —*, dare un bacio // *— of death*, bacio della morte; (*fig.*) colpo mortale: *his participation is the — of death to any chance of winning*, la sua partecipazione toglie tutte le speranze a ogni possibilità di vittoria // *Judas —*, bacio di Giuda // *— of life*, (*fam.*) respirazione bocca a bocca **2** (*biliardo*) rimpallo **3** zuccherino; meringa.

to **kiss** *v.tr.* **1** baciare: *he kissed her hand*, le baciò la mano; *to — each other, one another*, baciarsi; *to — s.o. on the forehead*, baciare sulla fronte qlcu. // *to — away tears*, asciugare le lacrime con baci // *to — the Book*, baciare la Bibbia; pronunciare un solenne giuramento // *to — the dust* (o *the ground*), mordere la polvere; essere umiliato; essere ucciso // *to — s.o. goodbye*, accomiatarsi con un bacio da qlcu.; *to — sthg. goodbye*, (*fig. fam.*) dare l'addio a qlco. // *to — s.o.'s ass*, (*sl.*) adulare, leccare i piedi // *to — one's hand to s.o.*, mandare un bacio con la mano a qlcu. // *to — the rod*, (*antiq.*) accettare con rassegnazione un castigo **2** (*fig.*) lambire, sfiorare: *a soft wind kissed his cheeks*, un vento leggero gli sfiorò le guance ◆ *v.intr.* **1** baciarsi; salutarsi con un bacio // *let's — and be friends*, facciamo la pace! **2** (*biliardo*) rimpallare.

□ **kiss off** *v.tr.* e *avv.* (*fam. amer.*) **1** evitare, ignorare (un avversario, obiezioni ecc.) **2** licenziare, dare il benservito a.

kiss-ass ['kɪsæs] *s.* (*sl. amer.*) leccapiedi; (*volg.*) leccaculo.

kisser ['kɪsə*] *s.* **1** chi bacia **2** (*fam.*) faccia, muso; bocca.

kissing ['kɪsɪŋ / kiss·ing] *agg.* che bacia; (*fig.*) che sfiora, che tocca ◆ *s.* il baciare // *social —*, scambio di baci come forma di saluto (in Russia ecc.).

kissing cousin ['kɪsɪŋ,kʌzn] *s.* (*fam. amer.*) **1** parente più o meno stretto **2** persona con cui si ha confidenza, intimo.

kiss-off ['kɪsɒf] *s.* (*fam. amer.*) benservito.

kit[1] [kɪt] *s.* **1** equipaggiamento; corredo: *first aid —*, dotazione di pronto soccorso; *to pack up one's —*, fare i bagagli // *tool —*, borsa utensili, cassetta attrezzi; attrezzi di corredo **2** utensili, attrezzi (*pl.*) **3** (*mil.*) corredo **4** (*antiq.*) secchio; cassetta; borsa; cesta **5** (*inform.*) borsa, corredo, insieme di strumenti.

to **kit**[1] *pass.p.p.* **kitted** ['kɪtɪd / kit·ted] *v.tr.* mettere in cassette o ceste.

□ **kit out** *v.tr.* e *avv.* equipaggiare, rifornire.

□ **kit up** *v.tr.* e *avv.* vestire, abbigliare: *look at him! kitted up in his Sunday best*, guardalo lì! vestito con gli abiti della festa!

kit[2] abbr. di → **kitten**.

kit[3] *s.* (*rar.*) violino in miniatura.

kit bag ['kɪtbæg] *s.* (*mil.*) sacco per corredo, zaino.

kitcat ['kɪtkæt / kit·cat] *s.* (*ant. pitt.*) ritratto a mezzo busto.

kitchen ['kɪtʃɪn / kit·chen] *s.* **1** cucina: *— utensils*, utensili da cucina; *— boy*, sguattero; *— maid* (o *— wench*), sguattera; *— range*, fornello; *— sink*, acquaio // *when she went on holiday she took with her everything but the — sink*, quando è andata in vacanza si è portata dietro tutta la casa **2** (*fam. amer.*) stomaco.

kitchenette [,kɪtʃɪ'net / kit·chen·ette] *s.* cucinino.

kitchen garden [,kɪtʃɪn'gɑ:dn] *s.* orto.

kitchen-sink drama ['kɪtʃɪn,sɪŋk'drɑ:ma] *s.* teatro impegnato sviluppatosi negli anni '50 e '60 che mette a nudo la vita della classe operaia inglese.

kitchenware ['kɪtʃɪnweə* / kit·chen·ware] *s.* [U] utensili da cucina.

kite [kaɪt] *s.* **1** (*zool.*) nibbio **2** (*fig.*) persona avida **3** aquilone: *to fly a —*, lanciare un aquilone; (*fig.*) saggiare l'opinione pubblica **4** (*aer.*) — (*balloon*), (pallone) drago **5** (*sl.*) aeroplano; aliante **6** (*mar.*) divergenti (per dragaggio) **7** (*comm.*) cambiale di comodo; assegno scoperto **8** (*fam. amer.*) lettera, biglietto introdotto clandestinamente in una prigione.

to **kite** *v.intr.* **1** volare come un aquilone; librarsi: *the boat kited over the waves*, la barca scivolava veloce sulle onde **2** (*comm.*) scontare cambiali di comodo **3** (*comm.*) emettere assegni non coperti.

kite-flying ['kaɪt,flaɪɪŋ] *s.* (*fam.*) **1** il sondare l'opinione pubblica (da parte di un politico): *did the prime minister mean it, or was it* *just another case of political* —, il primo ministro intendeva fare sul serio, o era l'ennesimo tentativo di sondare l'opinione pubblica? **2** (*comm.*) procurarsi fondi con cambiali di comodo oppure emettendo assegni non coperti (e coprendoli con il versamento di altri assegni non coperti tratti su altre banche).

kite-mark ['kaɪtmɑːk] *s.* (*comm.*) marchio di conformità alle norme ufficiali.

kith [kɪθ] *s.*: — *and kin*, amici; parenti; conoscenti; *to have neither — nor kin*, essere solo al mondo.

kiting ['kaɪtɪŋ / kit·ing] → **kite-flying**.

kitsch [kɪtʃ] *s.* Ⓤ kitsch; oggetti kitsch: *the shops along the seafront were full of all kinds of* —, i negozi sul lungomare erano pieni di oggetti di pessimo gusto.

kitten ['kɪtn / kit·ten] *s.* gattino, gattina, micino, micina // *your mother is having kittens*, (*fig. fam.*) tua madre è molto agitata, preoccupata.

to **kitten** *v.tr.* e *intr.* figliare (di gatta).

kittenish ['kɪtənɪʃ / kit·ten·ish] *agg.* **1** da gattino **2** (*fig.*) affettuoso.

kittiwake ['kɪtɪweɪk / kit·ti·wake] *s.* (*zool.*) (*Rissa tridactyla*) gabbiano tridattilo.

kittle ['kɪtl] *agg.* (*scoz.*) difficile; instabile, mutevole; intrattabile.

to **kittle** *v.tr.* (*scoz.*) **1** solleticare; divertire **2** rendere perplesso.

kitty[1] ['kɪtɪ] *s.* (*fam.*) gattino, micino.

kitty[2] *s.* **1** cassa, fondo comune **2** (*carte*) piatto.

kiwi ['kiːwiː] *s.* **1** (*zool.*) (*Apteryx australis*) kiwi, atterice SIN. **apteryx** **2** (*bot.*) (*Actinidia chinensis*) kiwi (pianta e frutto) **3** (*fam.*) neozelandese.

Klan [klæn] → **Ku-Klux-Klan**.

klaxon® ['klæksn] *s.* (*aut.*) clacson.

Kleenex® ['kliːneks] *s.* Kleenex®; fazzolettino di carta.

kleptomania [,kleptəʊ'meɪnjə / klep·to·mania] *s.* Ⓤ (*psic.*) cleptomania.

kleptomaniac [,kleptəʊ'meɪnɪæk / klep·to·man·iac] *agg.* (*psic.*) cleptomane.

klieglight ['kliːglaɪt / klieg·light] *s.* (*cinem.*) riflettore ad arco.

klippe ['klɪpə] *s.* (*geol.*) scoglio tettonico.

klipspringer ['klɪp,sprɪŋə* / klip·springer] *s.* (*zool.*) (*Oreotragus oreotragus*) saltarupi.

kloof [kluːf] *s.* (*non com.*) burrone.

kludge [klʌdʒ] *s.* (*inform.*) soluzione improvvisata.

klutz [klʌtz] *s.* (*fam. amer.*) persona maldestra, goffa.

klutzy ['klʌtzɪ] *agg.* (*fam. amer.*) maldestro, goffo.

klystron ['klaɪstrən / klys·tron] *s.* (*elettr.*) klystron® (tubo a modulazione di velocità).

K-meson ['keɪ,mesɒn] *s.* (*fis.*) mesone K.

knack [næk] *s.* **1** abilità, destrezza acquisita; pratica: *juggling is easy when you have the* —, fare giochi di prestigio è facile quando ci hai fatto la mano; *there's a — to opening the window*, bisogna conoscere il trucco per aprire la finestra; *he has the — of always being in the right place at the right time*, ha la capacità di essere sempre nel posto giusto al momento giusto; *you'll soon get the — of it*, ci farai subito la mano // *to have a — for sthg.*, essere tagliato per qlco. **2** (*ant.*) dispositivo ingegnoso; scherzo ben congegnato **3** *pl.* (*ant.*) cianfrusaglie: *Thou hast... / ...stolen the impression of her fantasy / with bracelets of thy hair, rings, gauds, conceits, / knacks*, (SH. Midsummer-Night's) Tu hai... rapito lo stampo della sua fantasia con braccialetti fatti con i tuoi capelli, anelli, ninnoli, vezzi, cianfrusaglie.

knacker[1] ['nækə*] *s.* (*gener. pl.*) nacchera; cosa che produce rumore simile a quello delle nacchere.

knacker[2] *s.* **1** chi commercia, macella cavalli inabili **2** chi compra case, navi ecc. per utilizzarne il materiale.

knackered ['nækəd / knack·ered] *agg.* (*fam.*) esausto, stanco morto.

knag [næg] *s.* **1** nodo (del legno) **2** piolo, spina, caviglia (di legno duro).

knagginess ['nægɪnɪs / knag·gi·ness] *s.* nodosità (del legno).

knaggy ['nægɪ] *agg.* **1** nodoso **2** scabro, ruvido.

knap[1] [næp] *s.* (*ant.*) cresta di collina; collinetta.

to **knap**[2] *pass.p.p.* **knapped** [næpt] *v.tr.* (*antiq.*) **1** picchiare, battere **2** spaccare con un colpo secco (pietre ecc.): *I would she were as lying a gossip in that as ever knapped ginger*, (SH. Merchant of Venice) vorrei che mentisse come qualunque comare che abbia mai spezzato zenzero.

knapper ['næpə* / knap·per] *s.* spaccapietre.

knapsack ['næpsæk / knap·sack] *s.* zaino.

knapweed ['næpwiːd / knap·weed] *s.* (*bot.*) (*Centaurea nigra*) centaurea nera.

knave [neɪv] *s.* **1** (*antiq.*) furfante, briccone, cattivo soggetto, mariolo, canaglia: *an arrant* —, un furfante matricolato **2** (*carte*) fante.

knavery ['neɪvərɪ] *s.* (*antiq.*) furfanteria, bricconeria, marioleria; frode.

knavish ['neɪvɪʃ / knav·ish] *agg.* (*antiq.*) furfantesco, canagliesco; disonesto; losco // **-ly** *avv.* // **-ness** *s.*

to **knead** [niːd] *v.tr.* **1** impastare; intridere; mescolare: *to — dough*, lavorare la pasta da pane **2** massaggiare.

kneader ['niːdə*] *s.* **1** chi impasta **2** (*tecn. alimentare*) (macchina) impastatrice **3** (*tecn. cartaria*) impastatore, spappolatore.

kneading ['niːdɪŋ / knead·ing] *s.* impastatura; impasto.

kneading-trough ['niːdɪŋtrɒf] *s.* madia.

knee [niː] *s.* **1** ginocchio: — *joint*, articolazione del ginocchio; *on one's knees*, in ginocchio // *on the knees of the gods*, (*fig.*) nelle mani di Dio, ancora incerto // *to bend one's* (o *the*) — *to*, (*letter.*) mettersi in ginocchio, umiliarsi davanti a; *to bring s.o. to his knees*, mettere qlcu. in ginocchio, ridurre qlcu. a completa sottomissione; *the nation is on its knees*, la nazione è in ginocchio // *he thinks he's the bee's knees*, (*fam.*) pensa di essere il migliore // *to be told, to learn sthg. at one's mother's* —, (*fam.*) imparare qlco. quando si è molto giovani, succhiare qlco. col latte della mamma // *to go weak at the knees*, (*fam.*) sentirsi piegare le ginocchia **2** ginocchio (di pantaloni, *tute ecc.*): *there was a hole in the — of his trousers*, c'era un buco sul ginocchio dei suoi pantaloni **3** tubo a gomito **4** (*arch.*) curva, gomito **5** (*mar.*) bracciolo **6** (*mecc.*) mensola.

to **knee** *v.tr.* **1** dare una ginocchiata a; colpire col ginocchio **2** riparare, rammendare i ginocchi di (pantaloni ecc.) ◆ *v.intr.* **1** fare le borse alle ginocchia (di pantaloni ecc.) **2** *to — (over)*, (*non com.*) piegarsi a gomito, curvarsi, inclinarsi.

knee-bender ['niːbendə*] *s.* (*fam. amer.*) bigotto, baciapile.

knee breeches ['niː,brɪtʃɪz] *s.pl.* calzoni fermati appena sotto il ginocchio.

kneecap ['niːkæp / knee·cap] *s.* **1** (*anat.*) rotula **2** ginocchiera.

to **kneecap** *v.tr.* sparare alle ginocchia, gambizzare.

knee-deep ['niː'diːp] *agg.* **1** che arriva al, all'altezza del ginocchio; sprofondato, immerso fino al ginocchio: *the water is* —, l'acqua arriva al ginocchio; *he was — in the snow*, era (sprofondato) fino alle ginocchia nella neve **2** (*fig.*) immerso, dentro fino al collo: *he was — in trouble*, era nei guai fino al collo.

knee-high [,niː'haɪ] *agg.* che arriva, alto fino al ginocchio // — *to a grasshopper*, (*fam. scherz.*) piccolo, alto quanto un soldo di cacio.

knee-jerk ['niːdʒɜːk] *agg.* (*spreg.*) impulsivo, automatico, istintivo (di opinioni, comportamenti ecc. prodotti più dalla consuetudine che dalla riflessione): *he had the usual — reaction to homosexuality*, ebbe la reazione istintiva, che si ha di solito nei confronti dell'omosessualità // *a — communist*, un comunista ciecamente attaccato al suo credo ◆ *s.* (*fam. amer.*) **1** azione, reazione automatica, istintiva **2** persona che reagisce automaticamente.

to **kneel** [niːl] *pass.p.p.* **kneeled** [niːld] **knelt** [nelt] *v.intr.* inginocchiarsi, genuflettersi: *to — on one knee*, mettere un ginocchio a terra; *he kneeled (down) to pray*, si inginocchiò a pregare.

knee-length ['niːleŋθ] *agg.* che arriva, lungo fino al ginocchio: *a — dress*, un vestito (lungo fino) al ginocchio.

kneeler ['niːlə*] *s.* **1** chi si inginocchia **2** inginocchiatoio.

knee-pad ['niːpæd] *s.* ginocchiera (di pantaloni).

knee-pan ['niː,pæn] *s.* rotula (del ginocchio).

knee pants ['niːpænts] *s.pl.* (*fam. amer.*) pantaloni al ginocchio.

knee-piece ['niːpiːs] *s.* ginocchiera (di armatura).

knee-slapper ['niː,slæpə*] *s.* (*fam. amer.*) battuta spiritosa, barzelletta.

knee-swell ['niː,swel] *s.* leva di organo.

knell [nel] *s.* suono di campana; rintocco funebre, campana a morto; (*fig. letter.*) presagio (di rovina, di sventura): *his words sound the death — for our hopes*, le sue parole suonano a morto per le, sono la fine delle nostre speranze; *the curfew tolls the knell of parting day*, (T. GRAY) la campana della sera suona a morto per il giorno che se ne va.

to **knell** *v.tr.* **1** (*ant.*) suonare (una campana) a morto **2** (*fig.*) annunciare, chiamare a raccolta con rintocchi funebri ◆ *v.intr.* **1** (*ant.*) suonare (di campane); suonare a morto **2** (*fig.*) essere presagio di rovina, di sventura.

knelt *pass.p.p.* di to **kneel**.

knew *pass.* di to **know**.

Knickerbocker ['nɪkəbɒkə* / Knick·er·bocker] *s.* **1** discendente dei primi coloni olandesi di New York **2** (*estens.*) cittadino di New York • Dal nome di Diedrich Knickerbocker, personaggio fittizio a cui W. Irving attribuisce la sua 'Storia di New York'.

knickerbockers [knick·er·bock·ers] *s.pl.* calzoni alla zuava, knickerbockers • Dalle prime illustrazioni della 'Storia di New York' di W. Irving dove gli uomini olandesi vestivano questo tipo di pantaloni.

knickers ['nɪkəz / knick·ers] *s. pl.* (*fam.*) **1** mutandine (da donna) // *to get one's — in a twist*, (*scherz.*) arrabbiarsi, incavolarsi // *—!*, accidenti!, maledizione!; balle!, frottole! **2** (*amer.*) calzoni alla zuava, knickerbockers • Abbr. di *knickerbockers*.

knick-knack ['nɪknæk] *s.* (*fam.*) **1** gingillo, ninnolo; cianfrusaglia; aggeggio **2** *pl.* soprammobili.

knife [naɪf] *pl.* **knives** [naɪvz] *s.* **1** coltello: *a silver —*, un coltello d'argento; *fish —*, coltello da pesce; *table —*, coltello da tavola; *carving —*, trinciante; *mincing* (o *chopping*) *—*, mezzaluna // *before he could say —*, (*antiq.*) in un batter d'occhio // *to have one's — into s.o.*, (*fam.*) avercela a morte con qlcu. // *the knives are out for him*, lo vogliono far fuori; *the knives are out on both sides*, entrambe le parti sono ai ferri corti // *to turn, twist the — in the wound*, girare il coltello nella piaga **2** (*med.*) bisturi.

to **knife** *v.tr.* **1** pugnalare; accoltellare, ferire (con coltello) **2** tagliare **3** (*fig. fam. amer.*) pugnalare alle spalle, colpire a tradimento.

knife-box ['naɪf,bɒks] *s.* coltelliera, astuccio per coltelli.

knife-edge ['naɪfədʒ] *s.* **1** filo, taglio del coltello, della lama // *to be on a —*, (*fig.*) essere sul filo del rasoio; *their lives were balanced on a —*, la loro vita correva sul filo del rasoio **2** cresta (di roccia).

knife-edged ['naɪfedʒd] *agg.* affilato, tagliente (*anche fig.*): *— sarcasm*, un sarcasmo tagliente.

knife-grinder ['naɪf,graɪndə*] *s.* arrotino.

knife-rest ['naɪfrest] *s.* reggiposata.

knight [naɪt] *s.* **1** cavaliere // *— of the Garter*, cavaliere dell'ordine della Giarrettiera; (*st.*) *— of the shire*, membro del Parlamento inglese rappresentante una contea // *Knight Hospitaller*, cavaliere di Malta // *Knights of labor*, (*amer.*) Cavalieri del lavoro (organizzazione sindacale statunitense del sec. XIX) // *— in shining armour*, campione, difensore (di una nobile causa, della libertà ecc.) // *— of the brush*, (*scherz.*) pittore; *— of the pestle*, (*ant.*) farmacista; *— of the road*, (*iron.*) vagabondo; bandito; *— of St. Crispin*, (*scherz.*) calzolaio **2** (*scacchi*) cavallo.

to **knight** *v.tr.* crear cavaliere.

knightage ['naɪtɪdʒ / knight·age] *s.* classe dei cavalieri.

knight-bachelor [,naɪt'bætʃələ*] *s.* cavaliere (che ha il solo titolo senza appartenere a nessun ordine).

knight-errant [,naɪt'erənt] *pl.* **knights -errant** *s.* cavaliere errante.

knight-head ['naɪthed] *s.* (*mar.*) apostolo.

knighthood ['naɪthʊd / knight·hood] *s.* **1** rango, dignità di cavaliere: *to bestow a — on s.o.*, creare qlcu. cavaliere **2** cavalleria **3** compagnia di cavalieri.

knightliness ['naɪtlɪnɪs / knight·li·ness] *s.* virtù, carattere cavalleresco, cavalleria.

knightly ['naɪtlɪ / knight·ly] *agg.* cavalleresco, da cavaliere ◆ *avv.* cavallerescamente.

knit [nɪt] *s.* maglia diritta, (punto) diritto.

to **knit** *pass.p.p.* **knitted** ['nɪtɪd / knit·ted] **knit** *v.tr.* **1** lavorare a maglia: *to — socks*, fare la calza // *— two, purl one*, due diritti, uno rovescio **2** corrugare (la fronte): *to — one's brows*, aggrottare le ciglia, la fronte **3** (*med.*) saldare (ossa, fratture) **4** (*fig.*) unire; congiungere: *they were — together by common interests*, erano uniti da comuni interessi; *society is — together by a system of values*, un sistema di valori tiene unita la società ◆ *v.intr.* **1** lavorare a maglia, sferruzzare **2** saldarsi (di ossa): *the broken bone is knitting well*, l'osso fratturato si sta saldando bene **3** (*fig.*) unirsi; congiungersi.

□ **knit up** *v.tr.* e *avv.* **1** rammendare (a punto maglia) **2** finire, terminare (un lavoro a maglia) (*anche fig.*): *to — up an argument*, tirare le fila di un discorso **3** legare, annodare ◆ *v.intr.* e *avv.* essere adatto al lavoro a maglia (di filato, lana): *this wool knits up well*, questa lana si lavora bene.

knitter ['nɪtə* / knit·ter] *s.* **1** chi lavora a maglia; magliaia **2** chi lavora a un telaio (o a una macchina) per maglieria; magliaio **3** telaio (o macchina) per maglieria.

knitting ['nɪtɪŋ / knit·ting] *s.* **1** lavorazione, lavoro a maglia **2** (lavoro, indumento fatto a) maglia.

knitting machine ['nɪtɪŋmə,ʃi:n] *s.* macchina per maglieria.

knitting needle ['nɪtɪŋ,ni:dl] **knitting pin** ['nɪtɪŋ,pɪn] *s.* ferro da calza.

knitwear ['nɪtweə* / knit·wear] *s.* [U] maglieria, indumenti a maglia.

knives *pl.* di **knife**.

knob [nɒb] *s.* **1** protuberanza, bozza, bernoccolo; nodo (del legno) **2** pomo (di bastone, porta ecc.) **3** manopola (di radio ecc.); bottone girevole **4** zolletta (di zucchero); noce (di burro); pezzo (di carbone) **5** (*sl. brit. antiq., fam. amer.*) testa, zucca **6** *pl.* (*sl. amer.*) seno, tette.

knobbed [nɒbd] *agg.* nodoso; fornito di protuberanze.

knobbiness ['nɒbɪnɪs / knobbi·ness] *s.* nodosità.

knobble ['nɒbl] *s.* pomolo.

knobbly ['nɒblɪ] **knobby** ['nɒbɪ] *agg.* nodoso; bitorzoluto.

knock [nɒk] *s.* **1** botta; bussata (alla porta); colpo (*anche fig.*); urto; percossa: *I recognized his —*, riconobbi il suo modo di bussare; *he's taken some hard knocks in the past*, ha subìto dei duri colpi in passato // *to take a —*, (*sl.*) subire una batosta **2** (*fam.*) attacco, stroncatura (di film, libro ecc.) **3** (*mecc.*) detonazione; battito in testa.

to **knock** *v.tr.* **1** urtare, colpire, picchiare; battere: *he knocked the glass with his elbow and broke it*, urtò il bicchiere col gomito e lo ruppe; *I knocked the knife out of his hand*, con un colpo gli feci cadere il coltello di mano // *the blow knocked him unconscious*, il colpo lo fece svenire // *to — a plan on the head*, mandare a monte un progetto // *to — s.o. cold*, mettere fuori combattimento qlcu.; (*fig.*) sconcertare, lasciare esterrefatto qlcu.; *the news knocked me sideways* (o *for six*), le notizie mi lasciarono di stucco // (*comm.*) *to — the competition*, battere la concorrenza **2** (*fam.*) criticare: *will you stop knocking my driving?*, la pianti di criticare il mio modo di guidare? **3** (*sl. antiq.*) impressionare, stupire ◆ *v.intr.* **1** battere; bussare: *my heart was knocking with emotion*, mi batteva il cuore per l'emozione; *they must have arrived, I can hear them knocking*: devono essere arrivati, li sento bussare **2** (*mecc.*) detonare; battere in testa.

□ **knock about** *v.intr.* e *prep.* (*fam.*) **1** frequentare, bazzicare, battere: *there are always a few of them knocking about the bus station*, c'è sempre qualcuno di loro che bazzica la stazione degli autobus **2** (*with*) frequentare, accompagnarsi a: *he's knocking about with a rather shady gang*, va in giro con gente dall'aria equivoca.

□ **knock against** *v.tr.* e *prep.* picchiare, sbattere: *he knocked his head against the branch*, picchiò la testa contro il ramo.

□ **knock at** *v.intr.* e *prep.* picchiare contro, a: *to — at the door*, picchiare, bussare alla porta.

□ **knock back** *v.tr.* e *avv.* (*fam.*) **1** ingollare, ingollarsi (spec. alcol) **2** costare: *it must have knocked you back a couple of hundred quid*, deve esserti costato almeno duecento sterline.

□ **knock down** *v.tr.* e *avv.* **1** atterrare, abbattere; rovesciare; investire (qlcu.) // *you could have knocked me down* (o *over*) *with a feather*, (*fam.*) sono rimasto sbalordito **2** demolire, abbattere: *they are going to — the old building down and replace it with a block of flats*, hanno intenzione di demolire la vecchia costruzione e sostituirla con uno stabile ad appartamenti **3** vendere, aggiudicare, battere (a un'asta) **4** (*fam.*) ridurre (costo ecc.); farsi fare uno sconto da: *he knocked him down ten pounds*, si è fatto fare uno sconto di dieci sterline.

□ **knock in** *v.tr.* e *avv.* **knock into** *v.tr.* e *prep.* piantare, conficcare battendo: *to — a nail in, into the wood*, conficcare un chiodo (nel legno) // *to — a hole in sthg.*, fare un buco in qlco.: *they knocked a hole in the wall to make a window*, fecero un buco nel muro per aprire una finestra.

□ **knock off** *v.tr.* e *avv.*. o *prep.* **1** buttar giù, far cadere (da) // *I'll — your block off!*, ti spacco la faccia! // *— it off will you!*, smettila per favore! **2** (*fam.*) abbassare, ridurre il prezzo di; scontare: *I'm sure he will — a few pounds off if you pay cash*, sono sicuro che ti farà uno sconto di qualche sterlina se paghi in contanti **3** vuotare battendo (p.e. una pipa) **4** (*fam.*) buttar giù: *I knocked off a story in a couple of days*, in un paio di giorni buttai giù un racconto **5** (*sl.*) far fuori, uccidere **6** (*sl.*) rubare ◆ *v.intr.* e *avv.* o *prep.* smettere, cessare di lavorare: *they always — off early on Fridays*, smettono di lavorare presto al venerdì.

□ **knock on** *v.intr.* e *prep.* **1** → to knock at // *to — on wood!*, (*amer.*) toccar ferro! **2** andare verso, avvicinarsi: *he's knocking on forty*, si sta avvicinando ai quaranta; *it's knocking on ten years since I was in Brighton*, sono passati quasi dieci anni da quando sono stata a Brighton ◆ *v.tr.* e *prep.* → to knock against.

□ **knock out** *v.tr.* e *avv.* **1** mettere k.o. (*anche fig.*) **2** eliminare (spec. da una competizione) // *to — the bottom out of*, far crollare.

□ **knock through** *v.intr.* e *avv.* abbattere pareti (per unire spazi): *I want to — through between these two small rooms and so make a large sitting room*, voglio buttar giù la parete fra queste due stanze e fare un grande salotto.

□ **knock together** *v.tr.* e *avv.* raffazzonare, mettere insieme alla meglio SIN. to knock up.

□ **knock up** *v.tr.* e *avv.* **1** colpire dal basso in alto **2** svegliare bussando alla porta: *I'll — you up at six*, ti busserò alle sei **3** raffazzonare, mettere insieme alla meglio: *to — up a meal, a snack*, improvvisare un pasto **4** (*cricket*) segnare **5** esaurire, stancare terribilmente **6** (*sl.*) mettere incinta.

knockabout ['nɒkəbaʊt / knock·about] *agg. attr.* **1** chiassoso, rumoroso (di spettacolo teatrale); sguaiato (di attore): — *farce*, farsa grossolana **2** da fatica, da strapazzo (di abito).

knockdown ['nɒkdaʊn / knock·down] *agg. attr.* **1** inconfutabile; decisivo **2** (*comm.*) di svendita, di liquidazione: — *price*, prezzo minimo, prezzo da liquidazione; prezzo battuto (in un'asta) **3** (*amer.*) a elementi, smontabile (di mobile).

knock-down-drag-out [,nɒkdaʊn'dræg aʊt] *agg.* (*fam. amer.*) violento ◆ *s.* (*fam. amer.*) scontro violento: *my neighbours were having some — last night*, ieri sera i miei vicini si sono letteralmente presi per i capelli.

knocker ['nɒkə*] *s.* **1** battente, batacchio // *up to the —*, (*sl.*) alla perfezione **2** chi picchia, urta, batte **3** (*fig. fam.*) criticone **4** *pl.* (*volg.*) tette.

knocking ['nɒkɪŋ / knock·ing] *s.* **1** strepito, rumore, fracasso **2** (*mecc.*) detonazione; battito in testa.

knocking copy ['nɒkɪŋ,kɒpɪ] *s.* (*comm.*) messaggio pubblicitario che denigra un prodotto concorrente.

knock-knee ['nɒk'ni:] *s.* (*med.*) ginocchio valgo.

knock-kneed [,nɒk'ni:d] *agg.* a x (di gambe), dal ginocchio valgo.

knockoff ['nɒkɒf / knock·off] *s.* **1** (*comm.*) abbassamento (di prezzi) **2** (*amer.*) riproduzione abusiva di un modello.

knock-on ['nɒkɒn] *agg.* a catena: — *effect*, effetto a catena ◆ *s.* (rugby) lo spingere il pallone in avanti con le mani.

knockout ['nɒkaʊt / knock·out] *agg.* (*fam.*) **1** che mette fuori combattimento: *a — blow*, un colpo da k.o. (*anche fig.*) **2** straordinario, fantastico **3** (*sport.*) a eliminazione: — *competition*, gara a eliminazione ◆ *s.* **1** (*boxe*) knock-out: *technical —*, k.o. tecnico **2** (*fam.*) cannonata, persona, cosa straordinaria: *your new dress is a —*, il tuo nuovo vestito è una meraviglia **3** (*sport*) gara a eliminazione **4** asta truccata.

knock-up ['nɒkʌp] *s.* (*tennis*) palleggio (prima della partita).

knoll[1] [nəʊl] *s.* poggio, collinetta: *sea —*, montagna sottomarina.

to **knoll**[2] → to **knell**.

knop [nɒp] *s.* **1** (*ant.*) bocciuolo **2** (*ant.*) → knob **3** (*tess.*) bottone // — *yarn*, filato bouclé.

knot[1] [nɒt] *s.* **1** nodo; groviglio, viluppo: *running —*, nodo scorsoio; *granny —*, nodo incrociato; *reef —*, nodo piano; *love —*, nodo d'amore; (*mar.*) *overhand —*, nodo semplice; *to tie* (o *to make*) *a —*, fare un nodo; *to have knots in one's hair*, avere nodi nei capelli; *I've got a — in my stomach, it must be nerves!*, sento un nodo nello stomaco, devono essere i nervi! **2** (*fig.*) legame, vincolo **3** (*fig.*) difficoltà, problema // *Gordian —*, nodo gordiano // *to tie oneself in knots*, cacciarsi nei guai **4** (*fig.*) nocciolo, punto essenziale **5** gallone; coccarda; nastro ornamentale **6** crocchio, capannello, gruppo di persone; mucchio, mucchietto di cose **7** (*mar.*) nodo, miglio marino: *my motor boat makes* (o *does*) *five knots an hour*, il mio motoscafo fa cinque nodi all'ora **8** (*med.*) nodo chirurgico; protuberanza, escrescenza, gonfiore.

to **knot**[1] *pass.p.p.* **knotted** ['nɒtɪd / knot·ted] *v.tr.* annodare; aggrovigliare; legare; unire strettamente: *to — a parcel*, legare un pacco; *to — one's tie*, farsi il nodo alla cravatta // *to — one's brows*, aggrottare la fronte ◆ *v.intr.* annodarsi; aggrovigliarsi.

knot[2] *s.* (*zool.*) piovanello maggiore → **redbreast**.

knot-grass ['nɒtgrɑ:s *amer.* 'nɒtgræs] *s.* (*bot.*) (*Polygonum aviculare*) centinodia; (*pop.*) correggiola.

knothead ['nɒthed / knot·head] *s.* (*fam. amer.*) (persona) idiota.

knothole ['nɒthəʊl / knot·hole] *s.* buco di nodo (del legno).

knotted ['nɒtɪd / knot·ted] *agg.* **1** nodoso **2** (*fig.*) intrecciato; intricato, ingarbugliato // *get —!*, (*fam.*) va' al diavolo!

knottiness ['nɒtɪnɪs / knot·ti·ness] *s.* **1** nodosità **2** (*fig.*) difficoltà; garbuglio, intrigo.

knotting ['nɒtɪŋ / knot·ting] *s.* **1** l'annodare **2** (*ricamo*) macramè **3** (*pitt.*) vernice alla gommalacca.

knotty ['nɒtɪ] *agg.* **1** nodoso **2** (*fig.*) difficile; scabroso, intricato: — *point*, questione spinosa.

knout [naʊt] *s.* knut, sferza, gatto a nove code.

to **knout** *v.tr.* fustigare.

know [nəʊ] *s.* nella locuz.: *to be in the —*, (*fam.*) essere informato.

to **know** *pass.* **knew** [nju:] *p.p.* **known** [nəʊn] *v.tr.* **1** (IV, V) conoscere, sapere (per informazione, esperienza): *as far as I —*, per quel che ne so; *how do I —?*, come faccio a saperlo?; *I — I am right*, so di aver ragione; *do you — his address?*, conosci il suo indirizzo?; *let me — your decision*, fammi sapere che cosa hai deciso; *for all I — he could be dead*, per quanto ne so potrebbe essere morto; *I have known it to happen*, so che succede; *to — by name, by sight*, conoscere di nome, di vista; *to — for a fact that*, saper per certo che; *to — how to do sthg.*, saper fare qlco.; *he knows five languages*, conosce, sa cinque lingue // *to — one's own mind*, sapere ciò che si vuole // *don't I — it!*, a chi lo dici! // *heaven knows!, God knows, Christ knows!, Goodness knows!, who knows!*, chissà!, chi lo sa!, lo sa il cielo!, lo sa Dio! // *you never —*, non si sa mai // *well what do you —?*, chi l'avrebbe detto? // *I'm damned* (o *I'm blessed*) *if I —!*, non ne ho la minima idea! // *to get to — sthg.*, apprendere, venire a sapere qlco. // *he is rather clever and doesn't he — it!*, non manca di intelligenza e lo sa fin troppo bene! // *you — best*, tu ne sei il miglior giudice // *parents always think they — best*, i genitori pensano sempre di avere ragione // *they ought to have known better*, avrebbero dovuto avere più buonsenso; *he knew better than to do it*, ha avuto tanto buon senso da non farlo // *to — more than one says*, saperne più di quanto si dica // *to — on which side one's bread is buttered*, (*fam.*) conoscere bene dove sta il proprio interesse // *to — the ropes*, (*fam.*) conoscere i segreti, le astuzie // *to — a thing or two, to — what's what*, (*fam.*) saperla lunga; *to — one's way around*, (*fam. spec. amer.*) sapere il fatto proprio, sapersela cavare; // *he knows what he is talking about*, sa il fatto suo // *to — from nothing*, (*fam. amer.*) essere ignorante, disinformato **2** conoscere (persona, luogo); essere in intimità (con qlcu.): *I don't — London*, non conosco Londra; *do you — my cousin Thomas?*, conosci mio cugino Thomas?; *he's not the sort of person you want to —*, non è il genere di persona che uno ama conoscere // *to make oneself known*, presentarsi; farsi conoscere, farsi un nome // *to — s.o. inside out*, conoscere a fondo qlcu. **3** riconoscere, distinguere: *I knew him by his voice, by his beard*, l'ho riconosciuto dalla voce, dalla barba; *you wouldn't — it from the real thing*, non lo riconosceresti dall'originale; *to — good from evil*, riconoscere il bene dal male.

□ **know about** *v.intr.* e *tr.* e *prep.* essere a conoscenza di, conoscere: *he knows everything about it*, sa tutto in merito; *he knows everything about roses*, sa tutto sulle rose; *I didn't — about that*, non lo sapevo.

□ **know of** *v.intr.* e *prep.* aver conoscenza di, conoscere (qlcu. o qlco.); *do you — of a place where I can hire a bike?*, sai dove potrei affittare una bicicletta?; *not that I — of*, no che io sappia; *I — of him but I've never met him*, ne ho sentito parlare ma non mi è mai stato presentato.

knowable ['nəʊəbl / know·able] *agg.* **1** conoscibile; apprendibile; comprensibile **2** riconoscibile // **-ness** *s.*

know-all ['nəʊɔ:l] *s.* (*fam.*) sapientone; saccente.

knowbot ['nəʊbɒt / know·bot] *s.* (*inform.*) programma di catalogazione e raccolta • Da *know(ledge)* e *(ro)bot.*

knower ['nəʊə*] *s.* conoscitore; intenditore.

know-how ['nəʊhaʊ] *s.* U **1** abilità tecnica; conoscenza pratica **2** (*econ.*) know-how, insieme di conoscenze tecnologiche relative ad aree innovative: — *contract*, contratto per la cessione di un complesso di cognizioni tecniche.

knowing ['nəʊɪŋ / know·ing] *agg.* **1** istruito; informato: *to assume a — air*, prendere un'aria saputa; *to pretend to be very —*, far finta di saperla lunga **2** intelligente, abile, esperto, oculato, accorto **3** complice, d'intesa: *she gave me a — smile*, mi fece un sorriso d'intesa // **-ly** *avv.* // **-ness** *s.*

know-it-all ['nəʊɪtɔ:l] → **know-all**.

knowledge ['nɒlɪdʒ / know·ledge] *s.* U **1** conoscenza; cognizione: *not in my —*, fuori dell'ambito della mia conoscenza; *without my —*, a mia insaputa; *he has no — of it*, non ne sa niente; *it has come to my — that*, (*form.*) sono venuto a sapere che; *it's common — that he's an alcoholic*, tutti sanno che è un alcoolizzato;

to the best of my — he's never been to Greece, (*form.*) per quanto ne so, non è mai stato in Grecia; *to have a — of several languages*, conoscere diverse lingue; *to keep sthg. from s.o.'s —*, nascondere qlco. a qlcu.; *to speak with full —*, parlare con cognizione di causa // (*Bibbia*) *the tree of — of good and evil*, l'albero della conoscenza del bene e del male **2** consapevolezza, coscienza: *the — of his own guilt threw him into despair*, la consapevolezza della sua colpa lo gettò nella disperazione **3** sapere, scienza: *his — is immense*, il suo sapere è immenso; *all branches of —*, tutte le branche del sapere // *— is power*, (*prov.*) sapere è potere **4** (*dir.*) dolo generico, eventuale.

knowledgeable ['nɒlɪdʒəbl / know·ledge·able] *agg.* bene informato.

known *p.p.* di to **know** ◆ *agg.* saputo, conosciuto; noto: *he is — to everyone, everywhere*, è conosciuto da tutti, ovunque; *it is — to everybody that*, è noto a tutti che, tutti sanno che; *a place — to me alone*, un posto noto solo a me; *the son is better — than his father for his generosity*, il figlio è più conosciuto del padre per la sua generosità; *he was — in the village as a difficult man*, nel paese era noto per essere un uomo scontroso; *they let it be — that the house would be sold before the end of the year*, resero noto, fecero sapere che la casa sarebbe stata venduta prima della fine dell'anno // *to make oneself —*, (*form.*) presentarsi.

know-nothing ['nəʊ,nʌθɪŋ] *s.* **1** ignorante, persona ignorante **2** agnostico.

knuckle ['nʌkl] *s.* **1** (*anat.*) nocca // *to rap s.o. on* (o *over*) *the knuckles*, picchiare qlcu. sulle nocche; (*fig.*) sgridare qlcu., criticare aspramente qlcu. // *to be near the —*, (*fig.*) essere indecente, al limite della decenza (di battuta, barzelletta ecc.) **2** (*cuc.*) garretto.

to **knuckle** *v.tr.* colpire, premere con le nocche.

□ **knuckle down** *v.intr.* e *avv.* (*fam.*) darci dentro, mettercela tutta: *if you want to finish the job by Friday, you must really — down*, se vuoi finire il lavoro per venerdì devi davvero darci dentro.

□ **knuckle under** *v.intr.* e *avv.* (*fam.*) cedere, sottomettersi: *I won't — under to a bully!*, non mi farò mettere i piedi sulla testa da un prepotente!

knucklebone ['nʌklbəʊn / knuckle·bone] *s.* **1** (*anat.*) falange **2** (*zool.*) garretto (di pecora).

knuckle-dragger ['nʌkl,drægə*] *s.* (*fam. amer.*) individuo rozzo, bestione.

knuckle-duster ['nʌkl,dʌstə*] *s.* pugno di ferro.

knuckle-joint ['nʌkldʒɔɪnt] *s.* (*mecc.*) giunto a ginocchiera.

knurl [nɜ:l] *s.* (*mecc.*) godronatura, zigrinatura.

to **knurl** *v.tr.* (*mecc.*) godronare, zigrinare.

KO ['keɪ'əʊ] *s.* (*fam.*) abbr. di → **knockout** 1.

koala [kəʊ'ɑ:lə / ko·ala] *s.* (*zool.*) (*Phascolarctos cinereus*) koala, orso marsupiale.

kobold ['kɒbəʊld / ko·bold] *s.* (*mit. nordica*) coboldo.

kodiak (bear) ['kəʊdɪæk(,beə*) / ko·diak (bear)] *s.* (*zool.*) (*Ursus arctos middendorffi*) kodiak, orso dell'Alaska.

kohl [kəʊl] *s.* kohl, polvere orientale per scurire le palpebre.

kohlrabi ['kəʊl,rɑ:bɪ / kohl·rabi] *s.* (*bot.*) (*Brassica oleracea gongyloides*) cavolo rapa SIN. turnip cabbage.

kola ['kəʊlə] *s.* (*bot.*) noce di cola.

Komodo dragon [kə,məʊdəʊ'drægn] *s.* (*zool.*) (*Varanus komodoensis*) drago di Komodo.

koodoo ['ku:du: / koo·doo] *s.* (*zool.*) (*Strepsiceros strepsiceros*) cudù maggiore // *lesser —*, (*Strepsiceros imberbis*) cudù minore.

kook [ku:k] *s.* (*fam. amer.*) (persona) stravagante, originale, bizzarro.

kookaburra ['kʊkə,bʌrə / koo·ka·burra] *s.* (*zool.*) (*Dacelo gigas*) alcione gigante, kookaburra; (*pop.*) orologio dei coloni SIN. laughing jackass.

kookie ['ku:kɪ] **kooky** *agg.* (*fam. amer.*) bizzarro, eccentrico, originale.

kopeck ['kəʊpek] *s.* copeco.

kopje ['kɒpɪ] *s.* collinetta (nel Sud Africa).

Koran [kə'rɑ:n *amer.* kə'ræn / Ko·ran] *s.* Corano.

Koranic [kɒ'rænɪk / Kor·anic] *agg.* del Corano.

Korean [kə'rɪən / Kor·ean] *agg.* e *s.* coreano.

kosher ['kəʊʃə*] *agg.* **1** puro; lecito (di cibo, secondo la religione ebraica) **2** (*fam.*) onesto, lecito; giusto, appropriato: *there's something not — about his past*, c'è qualcosa di poco onesto nel suo passato ◆ *s.* cibo permesso dalla religione ebraica.

kowtow [,kəʊ'taʊ / kow·tow] *s.* **1** inchino cerimonioso (alla cinese) **2** il prostrarsi.

to **kowtow** *v.intr.* **1** inchinarsi; comportarsi ossequiosamente (alla cinese) **2** prostrarsi: *I refuse to — to* (o *before*) *anybody*, mi rifiuto di prostrarmi davanti a chiunque.

kraal [krɑ:l] *s.* **1** kraal (villaggio recintato sudafricano) **2** recinto per bestiame **3** (*estens.*) chi vive in un kraal.

krait [kraɪt] *s.* (*zool.*) (*Bungarus caeruleus*) bungaro ceruleo.

kraken ['krɑ:kən] *s.* (*mit. nordica*) mostro marino.

kraton ['kreɪ,tɒn] *s.* (*geol.*) cratone.

kraut [kraʊt] *s.* (*sl. amer.*) tedesco.

Kremlin ['kremlɪn / Krem·lin] *s.* Cremlino.

kremlinologist [,kremlɪn'ɒlədʒɪst / krem·lin·olo·gist] *s.* cremlinologo.

krill [krɪl] *s.* (*zool.*) krill.

kris [kri:s] *s.* kriss (pugnale malese).

Kriss-Kringle ['krɪs'krɪŋgl] *s.* (*amer.*) babbo Natale.

krona, **krone** ['krəʊnə] *s.* corona (moneta danese, norvegese, svedese).

krypton ['krɪptən] *s.* (*chim.*) cripto, cripton.

kudos ['kju:dɒs / ku·dos] *s.* (*fam.*) gloria; fama; prestigio.

kudu *s.* (*zool.*) → **koodoo**.

Ku-Klux-Klan [,kju:klʌks'klæn] *s.* 'Ku -Klux-Klan' (associazione segreta che si formò negli stati dell'America del Sud dopo la guerra civile per combattere l'integrazione dei negri).

kukri ['kʊkrɪ] *s.* largo coltello indiano.

kumquat ['kʌmkwɒt / kum·quat] *s.* (*bot.*) fortunella (pianta e frutto), arancino cinese.

kung fu ['kʌŋ'fu:] *s.* kung fu (tipo di lotta giapponese).

Kurd [kɜ:d] *s.* (*abitante*) curdo.

Kurdish ['kɜ:dɪʃ / Kurd·ish] *agg.* curdo ◆ *s.* (*lingua*) curdo.

Kuwaiti [ku:'weɪtɪ / Ku·wai·ti] *agg.* e *s.* kuwaitiano.

kvetch [kvetʃ] *s.* (*fam. amer.*) piagnucolone • Voce di origine yiddish.

to **kvetch** *v.intr.* (*fam. amer.*) piagnucolare, lamentarsi • Voce di origine yiddish.

kwela ['kweɪlə] *s.* 'kwela' (tipo di musica sudafricana).

kyanite ['kaɪənaɪt / ky·an·ite] *s.* (*min.*) cianite.

to **kyanize** ['kaɪənaɪz / ky·an·ize] *v.tr.* impregnare (il legno) di sublimato corrosivo (per preservarlo).

kyloe ['kaɪləʊ / ky·loe] *s.* (*scoz.*) bovino di razza piccola, con lunghe corna.

kymograph ['kaɪməʊgrɑ:f / ky·mo·graph] *s.* **1** chimografo **2** registratore dei movimenti rotatori (di aereo in volo).

kyphosis [kaɪ'fəʊsɪs / kyph·osis] *s.* (*med.*) cifosi.

Kyrgyz ['kɜ:gɪz / Kyr·gyz] *agg.* e *s.* chirghiso, kirghiso.

Ll

l [el] *pl.* **ls, l's** [elz] *s.* **1** (*dodicesima lettera dell'alfabeto inglese*) l // (*tel.*) — *for Lucy* (o amer. — *for Love*), l come Livorno **2** oggetto, isolato, stanza a forma di L **3** *l.* (abbr. del lat. *libra*), 'pound', libbra **4** *L* (*cifra romana*), 50 **5** *L* (abbr. di *Learner*), scuola guida; principiante (sull'automobile di chi impara a guidare).

la [lɑ:] *s.* (*mus.*) la.

laager ['lɑ:gə* / laa·ger] *s.* **1** accampamento (generalmente formato da carri disposti a cerchio) **2** (*fig.*) posizione (politica o sociale) reazionaria.

to **laager** *v.tr.* e *intr.* accampare, accamparsi; disporre in cerchio difensivo (i carri) per accamparsi.

lab [læb] *s.* (*fam.*) abbr. di → **laboratory**.

labarum ['læbərəm / laba·rum] *s.* labaro.

labdanum ['læbdənəm / lab·da·num] *s.* (*chim.*) ladano: — *oil*, essenza di ladano.

label ['leɪbl / la·bel] *s.* **1** etichetta, cartellino; marca; (*fig.*) soprannome; definizione **2** (*arch.*) modanatura in aggetto (su portale, finestra); gocciolatoio **3** (*dir. ant.*) poscritto, codicillo **4** (*arald.*) lambello **5** (*fis.*) tracciante isotopico **6** (*inform.*) etichetta, identificatore.

to **label** *pass.p.p.* **labelled** ['leɪbld / la·belled] *v.tr.* **1** contrassegnare; mettere le etichette a // *labelled cargo*, merce pericolosa **2** (*fig.*) classificare, definire.

labelling ['leɪblɪŋ / la·bel·ling] *s.* etichettatura // (*dir., criminologia*) — *approach*, teoria dell'etichettamento.

labellum [lə'beləm / la·bel·lum] *pl.* **labella** [lə'belə / la·bella] *s.* (*bot.*) labello.

labial ['leɪbjəl / la·bial] *agg.* (*anat., fonet.*) labiale: — *glands*, ghiandole labiali ◆ *s.* (*fonet.*) (consonante) labiale.

labialism ['leɪbjəlɪzəm / la·bi·al·ism] *s.* labialismo.

labialization [,leɪbɪəlaɪ'zeɪʃn / la·bi·al·iza·tion] *s.* labializzazione.

to **labialize** ['leɪbɪəlaɪz / la·bi·al·ize] *v.tr.* (*fonet.*) labializzare, rendere labiale.

labiate ['leɪbɪɪt / la·bi·ate] *agg.* **1** (*bot.*) labiato **2** (*anat.*) provvisto di labbra ◆ *s.* (*bot.*) labiata.

labile ['leɪbɪl / lab·ile] *agg.* **1** (*chim.*) instabile **2** (*psic.*) labile.

lability [leɪ'bɪlətɪ / lab·il·ity] *s.* (*psic.*) labilità.

labiodental [,leɪbɪəʊ'dentl / la·bio·dent·al] *agg.* e *s.* (*fonet.*) labiodentale.

labium ['leɪbɪəm / la·bium] *pl.* **labia** ['leɪbɪə / la·bia] *s.* (*scient.*) labbro: — *majus, minus*, grande, piccolo labbro (della vulva).

labonza [lə'bɒnzə / la·bonza] *s.* (*fam. amer.*) pancia, stomaco.

labor e *deriv.* (*amer.*) → **labour** e *deriv.*

laboratorial [,læbərə'tɔ:rɪəl / la·bor·at·or·ial] *agg.* (*non com.*) di laboratorio.

laboratory [lə'bɒrət'ərɪ *amer.* lə'bɒrətɔ:rɪ / la·bor·at·ory] *s.* **1** laboratorio **2** (*metall.*) suola (di forno a riverbero) ◆ *agg.* di laboratorio.

laborious [lə'bɔ:rɪəs / la·bori·ous] *agg.* **1** laborioso; faticoso; arduo **2** laborioso; operoso; solerte // **-ly** *avv.*

laboriousness [lə'bɔ:rɪəsnɪs / la·bori·ous·ness] *s.* **1** laboriosità **2** difficoltà; fatica.

labor union ['leɪbə,ju:nɪən] *s.* (*amer.*) sindacato BRIT. trade union.

labour ['leɪbə* / la·bour] *s.* **1** lavoro (gener. fisico e faticoso): *manual — is gradually disappearing*, il lavoro manuale sta a poco a poco scomparendo // *hard* —, lavori forzati // — *of love*, lavoro faticoso fatto per passione **2** lavoro; manodopera; classe operaia: *concealed* —, lavoro nero; *dependent* —, lavoro dipendente; — *cost*, costo del lavoro; — *market*, mercato del lavoro; *skilled* —, manodopera qualificata // *concealed* —, lavoro nero // *sweated* —, manodopera sfruttata // — *contract*, contratto di lavoro; — *court*, tribunale del lavoro; — *law*, diritto del lavoro // — *and capital*, capitale e lavoro // (*econ.*): — *force*, forza lavoro; forze di lavoro; — *relations*, relazioni industriali // — *exchange*, ufficio di collocamento // *organized* —, sindacati; — *leader*, sindacalista, capo sindacale **3** *Labour*, partito laburista: *to vote Labour*, votare per i laburisti; *a Labour minister, government*, un ministro, un governo laburista **4** doglie (del parto), travaglio: *active, dry, premature, spontaneous* —, parto attivo, asciutto, prematuro, spontaneo; *induction of* —, doglie indotte; *false* —, doglie false **5** (*letter.*) preoccupazione; travaglio: *but where they are, and why they came not back, / is now the labour of my thoughts*, (MILTON) dov'essi siano e perché non ritornino è ora l'assillo dei miei pensieri.

to **labour** *v.intr.* **1** lavorare, faticare // *to — at*, lavorare a, affaticarsi a, occuparsi di // *to — under*, soffrire per, essere oppresso da // *heavy trees... / which seem to labour under their fruit's load*, (E. SPENSER) alberi carichi... che sembrano faticare sotto il peso dei loro frutti // *we were labouring under the illusion that we were in first place*, avevamo l'illusione di essere in prima posizione **2** avanzare a fatica (*anche fig.*); lottare (per uno scopo) **3** rollare pesantemente (di nave) **4** avere le doglie ◆ *v.tr.* **1** continuare a ripetere, ribadire: *she laboured the point until we were all bored stiff*, continuò a insistere sull'argomento fino ad annoiarci a morte **2** (*ant.*) lavorare (la terra), arare.

labour camp ['leɪbə,kæmp] *s.* campo di lavoro.

Labour Day ['leɪbədeɪ] *s.* festa del lavoro (gener. 1° maggio; negli Stati Uniti il primo lunedì di settembre).

laboured ['leɪbəd / la·boured] *agg.* **1** penoso: — *breathing*, respiro affannoso **2** elaborato: — *style*, stile elaborato, pesante.

labourer ['leɪbərə* / la·bourer] *s.* **1** uomo di fatica **2** (*dir., econ.*) manovale; bracciante, prestatore d'opera manuale: *day* —, giornaliero, bracciante.

labouring ['leɪbərɪŋ / la·bour·ing] *agg.* **1** laborioso, operoso **2** laborioso, faticoso.

labour-intensive ['leɪbərɪn,tensɪv] *agg.* (*econ.*) a uso intensivo di lavoro.

labourism ['leɪbərɪzm / la·bour·ism] *s.* **1** operaismo **2** laburismo.

labourist ['leɪbərɪst / la·bour·ist] *s.* operaista.

labourite ['leɪbəraɪt / la·bour·ite] *s.* (*pol.*) laburista.

Labour Party ['leɪbə,pɑ:tɪ] *s.* partito laburista.

labour-saving ['leɪbə,seɪvɪŋ] *agg.* che fa risparmiare lavoro (detto di elettrodomestico o di tecnica o processo industriale).

laboursome ['leɪbəsəm / la·bour·some] *agg.* (*ant.*) **1** faticoso, laborioso **2** (*ant.*) elaborato: *you must... forget / your laboursome and dainty trims, wherein / you made great Juno angry*, (SH. Cymbeline) tu devi... dimenticare gli elaborati e raffinati ornamenti che facevano impazzire la grande Giunone.

labrador ['læbrədɔ:* / lab·ra·dor] *s.* (*zool.*) — (*retriever*), (cane del) Labrador.

labradorite ['læbrədɔ:,raɪt / lab·ra·dor·ite] *s.* (*min.*) labradorite.

labrum ['leɪbrəm / lab·rum] *pl.* **labra** ['leɪbrə] *s.* (*scient.*) labbro.

laburnum [lə'bɜ:nəm / la·burnum] *s.* (*bot.*) (*Laburnum anagyroides*) laburno, maggiociondolo SIN. golden chain.

labyrinth ['læbərɪnθ / laby·rinth] *s.* **1** labirinto (*anche anat.*) **2** (*mecc.*) labirinto: — *seal*, tenuta a labirinto **3** (*fig.*) ginepraio.

labyrinthine [,læbə'rınθaın *amer.* ,læbə'rın θın / laby·rinth·ine] *agg.* labirintico // (*med.*) — *reflex*, riflesso labirintico.

labyrinthitis [,læbərın'θaıtıs / laby·rinth·itis] *s.* (*med.*) labirintite.

labyrinthodon [,læbə'rınθədɒn / laby·rinth·odon] *s.* (*paleont.*) labirintodonte.

lac [læk] *s.* gommalacca, lacca.

laccolith ['lækə,lıθ / lac·co·lith] meno com.
laccolite ['lækəlaıt / lac·co·lite] *s.* (*geol.*) laccolite.

lace [leıs] *s.* **1** laccio, stringa **2** pizzo, trina, merletto: — *collar*, colletto di pizzo; — *maker*, — *worker*, merlettaia, fabbricante di pizzi; — *trimming*, guarnizione in pizzo **3** gallone, passamaneria: *gold, silver* —, gallone d'oro, d'argento.

to **lace** *v.tr.* e *intr.* **1** (anche *lace up*) allacciare, allacciarsi: *to — up one's shoes*, allacciarsi le scarpe; [*I*] *had made me a pair of something ... like buskins, to flap over my legs and lace on either side like spatterdashes*, (D. DEFOE) mi ero fatto un paio di qualcosa... come stivaletti che si ripiegavano sulle gambe e si allacciavano da entrambi i lati come uose **2** correggere, spruzzare di (liquore o simili): *he laced his coffee with brandy*, correggeva il caffè con brandy **3** guarnire di merletti; gallonare.

lace glass ['leıs,gla:s *amer.* 'leıs,glæs] *s.* vetro filigranato, cesellato.

lace-pillow [,leıs'pıləʊ] *s.* tombolo.

to **lacerate** ['læsəreıt / la·cer·ate] *v.tr.* lacerare, strappare (*anche fig.*).

laceration [,læsə'reıʃn / la·cera·tion] *s.* **1** lacerazione, strappo **2** (*med.*) lacerazione: — *of cervix*, lacerazione della cervice.

lacertian [lə'sɜ:ʃn / la·cert·ian] **lacertine** ['læsətaın / la·cert·ine] *agg.* (*zool.*) di lucertola; simile a lucertola.

lace-up(s) ['leısʌp(s)] *s.* (*fam.*) scarpe con stringhe.

lacework ['leıswɜ:k / lace·work] *s.* merletto, pizzo, trina.

laches ['leıtʃız / la·ches] *s.* (*dir.*) negligenza, morosità; inerzia, inattività, ritardo irragionevole nell'esercizio di un diritto // *doctrine of* —, regola di diritto analoga alla prescrizione.

lachrymal ['lækrıməl / lach·rymal] *agg.* (*anat.*) lacrimale: — *duct*, dotto lacrimale; — *gland*, ghiandola lacrimale; — *sac*, sacco lacrimale.

lachrymation [,lækrı'meıʃn / lach·ryma·tion] *s.* lacrimazione, secrezione lacrimale.

lachrymator ['lækrə,meıtə* / lach·rym·ator] *s.* gas lacrimogeno.

lachrymatory ['lækrımətərı / lach·rym·at·ory] *agg.* (*med.*) lacrimale ◆ *s.* (*archeol.*) lacrimatoio.

lachrymose ['lækrıməʊs / lach·rym·ose] *agg.* (*form.*) lacrimoso.

laciniate [lə'sınıət / la·cini·ate] **laciniated** [lə'sınıeıtıd] *agg.* (*bot., zool.*) laciniato, sfrangiato.

lack [læk] *s.* insufficienza; mancanza; penuria; assenza: — *of food*, mancanza di cibo; *for — of*, causa l'assenza di; *his — of sense*, la sua mancanza di buon senso; *there was no — of volunteers for the job*, non c'era mancanza di volontari per il lavoro // — *of evidence*, insufficienza, mancanza di prove; — *of jurisdiction*, mancanza di giurisdizione.

to **lack** *v.tr.* **1** mancare di: *Parliament lacked authority in this period*, il parlamento mancava di autorità in questo periodo **2** necessitare di, aver bisogno di; essere mancante di: *this plan lacks money*, questo piano ha bisogno di fondi // *to — for nothing*, (*antiq.*) non mancare di niente.

lackadaisical [,lækə'deızıkl / lacka·dais·ical] *agg.* apatico, pigro // **-ly** *avv.*

to **lacker** *v.tr.* → to **lacquer**.

lackey ['lækı] *s.* **1** lacchè, staffiere **2** (*fig.*) lacchè, leccapiedi.

to **lackey** *v.tr.* far da lacchè a: *a thousand liveried Angels lackey her*, (MILTON) mille angeli in livrea la servono.

lacking ['lækıŋ / lack·ing] *agg.* mancante; carente: *a suggestion — in tact*, un suggerimento mancante di tatto; *to find s.o. — in algebra*, trovare qlcu. carente in algebra; *time, money was* —, mancava il tempo, mancavano i soldi.

lackland ['læklænd / lack·land] *agg.* e *s.* (*non com.*) (persona) senza terra, che non possiede terra.

lacklustre ['læk,lʌstə* / lack·lustre] amer.
lackluster *agg.* noioso, senza interesse, scialbo, fiacco, spento: *his rather — speech left us bored and tired*, il suo discorso alquanto fiacco ci lasciò stanchi e annoiati.

laconic [lə'kɒnık / lac·onic] *agg.* laconico, breve, conciso // **-ally** *avv.*

laconicism [lə'kɒnısızəm / lac·on·icism] *s.* (*non com.*) laconicismo.

lacquer ['lækə* / lac·quer] *s.* **1** (*tecn.*) vernice a spirito; vernice alla cellulosa; lacca **2** oggetto decorativo di legno laccato **3** lacca, fissatore per capelli **4** smalto per unghie.

to **lacquer** *v.tr.* laccare, verniciare.

lacquerer ['lækərə* / lac·querer] *s.* laccatore, verniciatore.

lacquering ['lækərıŋ / lac·quer·ing] *s.* (*non com.*) verniciatura, laccatura.

to **lacquey** → to **lackey**.

lacrimal, **lacrimation** ecc. → **lachrymal**, **lachrymation** ecc.

lacrosse [lə'krɒs *amer.* lə'krɔ:s / la·crosse] *s.* (*sport*) lacrosse (gioco canadese praticato con racchetta e palla).

lactalbumin [,læktæl'bju:mən / lact·al·bu·min] *s.* (*biochim.*) lattoalbumina.

lactam ['læktæm / lac·tam] *s.* (*biochim.*) lattame.

lactase ['lækteıs / lact·ase] *s.* (*biochim.*) lattasi.

lactate ['læktıt / lact·ate] *s.* (*chim.*) lattato.

lactation [læk'teıʃn / lacta·tion] *s.* (*form.*) **1** lattazione **2** periodo di allattamento.

lacteal ['læktıəl / lac·teal] *agg.* latteo // (*med.*) — *fever*, febbre lattea.

lacteals ['læktıəlz / lac·teals] *s.pl.* (*anat.*) vasi chiliferi.

lacteous ['læktıəs / lact·eous] *agg.* (*ant.*) latteo.

lactescence [læk'tesns / lact·es·cence] *s.* (*scient.*) lattescenza.

lactescent [læk'tesnt / lact·es·cent] *agg.* (*scient.*) lattescente.

lactic ['læktık] *agg.* lattico // (*biochim.*) — *acid*, acido lattico.

lacticiferous [læktı'sıfərəs / lact·ici·fer·ous] *agg.* (*bot.*) laticifero.

lactide ['læktaıd / lact·ide] *s.* (*chim.*) lattide.

lactiferous [læk'tıfərəs / lact·ifer·ous] *agg.* **1** (*anat.*) lattifero: — *ducts*, dotti, canali lattiferi; — *glands*, ghiandole mammarie **2** (*bot.*) lattiginoso; che dà latice.

lactobacillus [,læktəʊbə'sıləs / lac·to·ba·cil·lus] *pl.* **lactobacilli** [,læktəʊbə'sılaı / lac·to·ba·cilli] *s.* (*biol.*) lattobacillo.

lactoflavin [,læktəʊ'fleıvın / lac·to·flavin] *s.* (*biochim.*) lattoflavina.

lactometer [læk'tɒmıtə* / lac·to·meter] *s.* lattometro.

lactone ['læktəʊn / lact·one] *s.* (*chim.*) lattone.

lactoscope ['læktəʊskəʊp / lacto·scope] *s.* lattoscopio.

lactose ['læktəʊs / lact·ose] *s.* (*biochim.*) lattoso, lattosio // — *intolerance*, intolleranza al latte.

lacuna [lə'kju:nə / la·cuna] *pl.* **lacunae** [lə'kju:ni: / la·cu·nae] **lacunas** *s.* (*form.*) **1** lacuna, vuoto, mancanza **2** (*anat.*) cavità **3** (*dir.*) lacuna legislativa, ipotesi non disciplinata dalla legge.

lacunar [lə'kju:nə* / la·cunar] *agg.* (*form.*) lacunoso ◆ *s.* (*arch.*) soffitto a cassettoni; lacunare.

lacunary [lə'kju:nərı / la·cun·ary] **lacunose** [lə'kju:nəʊs / la·cun·ose] *agg.* (*form.*) lacunoso.

lacustrian [lə'kʌstrıən / la·cus·trian] *agg.* (*non com.*) lacustre ◆ *s.* (*non com.*) abitante di zona lacustre.

lacustrine [lə'kʌstraın / la·cus·trine] *agg.* (*geogr., geol.*) lacustre.

lacy ['leısı] *agg.* **1** fatto di pizzo **2** simile a, come pizzo **3** (*sl. amer.*) checca.

lad [læd] *s.* giovinetto, ragazzo // *one of the lads*, uno della compagnia // *he's a bit of a* —, è un donnaiolo.

ladder ['lædə* / lad·der] *s.* **1** scala (a pioli): *aerial* —, scala porta; *double* —, scala a libro; — *truck*, autoscala // *to be at, to reach the top of the* —, essere, giungere in cima alla scala sociale **2** smagliatura (di calza, di tessuto a maglia).

to **ladder** *v.tr.* smagliare (tessuto) ◆ *v.intr.* smagliarsi (di calza).

ladder fire ['lædə,faıə*] *s.* (*mil.*) aggiustamento (del tiro) a variazioni d'alzo.

ladder network ['lædə,netwɜ:k] *s.* (*elettr.*) rete a scala.

ladder track ['lædətræk] *s.* (*ferr.*) binario di smistamento; (*veicolo*) autoscala.

ladder trencher ['lædə,trenʃə*] *s.* escavatore a catena di tazze (per trincee).

laddie ['lædı / lad·die] *s.* (*scoz.*) ragazzino.

to **lade** [leıd] *pass.* **laded** ['leıdıd] *p.p.* **laden** ['leıdn] *v.tr.* caricare (una nave).

laden ['leıdn] *agg.* **1** caricato **2** (*fig. letter.*) oppresso: *he was — with sorrow*, era oppresso dal dolore.

la-di-da [,lɑ:di:'dɑ:] *agg.* (*fam.*) affettato, manierato, ostentato.

ladies'man ['leɪdɪzmæn] *s.* uomo che si trova bene in compagnia di donne.

ladies (room) ['leɪdɪz (rʊm) *amer.* 'leɪdɪz(ru:m)] *s.* toilette per signore.

Ladin [lə'di:n] *s.* ladino, romancio.

lading ['leɪdɪŋ / lad·ing] *s.* (*comm.*) carico: — *operations*, operazioni di carico.

ladle ['leɪdl] *s.* **1** mestolo // *soup* —, cucchiaione da minestra **2** (*metall.*) cucchiaione; siviera, secchia di colata.

to **ladle** *v.tr.* versare, distribuire con un mestolo: *to — out soup*, scodellare, servire la minestra // *to — out compliments*, distribuire complimenti a destra e a manca.

ladleful ['leɪdlfʊl / la·dle·ful] *s.* mestolata; cucchiaiata.

lady ['leɪdɪ] *s.* **1** signora: *the — of the house*, la padrona di casa; *old* —, vecchia signora; *young* —, signorina; *she looks a real* —, ha l'aria distinta // *Ladies and Gentlemen*, signore e signori **2** *Lady*, Lady (moglie, figlia di barone, conte, marchese ecc.): *Lady Blessington is one of our customers*, Lady Blessington è nostra cliente **3** sovrana: — *of the manor*, castellana; *our sovereign* —, la nostra sovrana // *Lady Bountiful*, (*letter. fig.*) fata benefica **4** *Our Lady*, la Madonna // *Lady altar*, altare della Madonna; *Lady Chapel*, Cappella della Madonna **5** (*antiq.*) moglie; (*fam.*) fidanzata: *my young* —, (*fam.*) la mia bella; *officers and their ladies*, gli ufficiali e le loro mogli **6** (*usato attributivamente indica che una determinata attività è svolta da una donna*): — *clerk*, impiegata; — *doctor*, dottoressa; — *reader*, lettrice **7** *ladies*, toilette per signore.

ladybird ['leɪdɪbɜ:d / lady·bird] amer. **ladybug** ['leɪdɪbʌg / lady·bug] *s.* (*zool.*) coccinella.

Lady Day ['leɪdɪdeɪ] *s.* giorno dell'Annunciazione.

lady-fern ['leɪdɪfɜ:n] *s.* (*bot.*) (*Athyrium filix-foemina*) felce femmina.

lady-help [,leɪdɪ'help] *s.* collaboratrice familiare, aiuto domestico, colf.

lady-in-waiting [,leɪdɪn'weɪtɪŋ] *s.* dama di corte.

lady-killer ['leɪdɪkɪlə*] *s.* (*fam.*) rubacuori.

ladylike ['leɪdɪlaɪk / lady·like] *agg.* **1** appropriato, adatto a una signora, signorile **2** effeminato.

lady-love ['leɪdɪlʌv] *s.* (*antiq.*) donna amata.

Lady Muck [,leɪdɪ'mʌk] *s.* (*fam.*) una donna autoritaria e presuntuosa.

ladyship ['leɪdɪʃɪp / lady·ship] *s.* **1** rango, titolo di una nobildonna **2** *Ladyship*, Signoria, Eccellenza; *did Your Ladyship call?*, la Signoria Vostra ha chiamato?; *Her Ladyship can't receive you today*, Sua Eccellenza non può riceverla oggi.

lady-slipper ['leɪdɪslɪpə*] **lady's slipper** [,leɪdɪz'slɪpə*] *s.* (*bot.*) pianella della Madonna → **cypripedium**.

lady's-maid ['leɪdɪzmeɪd] *s.* cameriera particolare, personale (di signora).

lady-smock ['leɪdɪsmɒk] *s.* (*bot.*) → **cuckoo-flower** 1.

ladytulip ['leɪdɪtju:lɪp *amer.* 'leɪdɪtu:lɪp / lady·tulip] *s.* (*bot.*) (*Tulipa silvestris*) tulipano selvatico; (*pop.*) lancetta.

laff riot ['læf,raɪət] *s.* (*fam. amer.*) spettacolo molto divertente.

lag[1] [læg] *s.* **1** ritardo, intervallo // (*mecc.*) *angle of* —, angolo di ritardo **2** (*fin.*) ritardo: *leads and lags*, anticipi e ritardi (nei pagamenti o negli incassi).

to **lag**[1] *pass.p.p.* **lagged** [lægd] *v.tr.* **1** ritardare; avanzare troppo lentamente // *to — behind*, restare indietro **2** ristagnare: *trade was lagging*, il commercio ristagnava.

lag[2] *s.* (*tecn.*) **1** doga **2** assito **3** rivestimento isolante termico.

to **lag**[2] *v.tr.* (*tecn.*) rivestire con isolante termico.

lag[3] *s.* **1** (*sl.*) forzato, detenuto; criminale **2** (*ant.*) il più infimo, l'ultimo: *a lag of Rome shall not return to tell / what crows have peck'd them here*, (SH. Cymbeline) neanche l'ultimo dei romani deve tornare a raccontare quali corvi li hanno beccati.

to **lag**[3] *v.tr.* (*sl.*) condannare, deportare; arrestare.

lage day ['leɪdʒdeɪ] *s.* (*dir. rar.*) giorno di udienza.

lager ['lɑ:gə* / la·ger] *s.* birra chiara (di tipo tedesco).

laggard ['lægəd / lag·gard] *agg.* e *s.* (*antiq.*) (individuo) tardo, pigro, inerte.

lagging[1] ['lægɪŋ / lag·ging] *agg.* **1** pigro; lento // (*fis.*) — *current*, corrente di ritardo **2** (*econ.*) ritardato: — *indicator*, indicatore economico ritardato // **-ly** *avv.*

lagging[2] *s.* rivestimento isolante termico.

lagoon [lə'gu:n / la·goon] *s.* laguna.

lah-di-dah *agg.* (*fam.*) → **la-di-da**.

laic(al) ['leɪɪk(l) / la·ical] *agg.* (*non com.*) laico, secolare // **-ally** *avv.*

to **laicize** ['leɪsaɪz / la·icize] *v.tr.* laicizzare, rendere laico.

laid *pass.p.p.* di to **lay**.

laid-back [,leɪd'bæk] *agg.* (*fam.*) calmo, rilassato, pacifico; non preoccupato, indifferente: *he had a very — attitude towards winning or loosing*, il suo atteggiamento nei confronti di una eventuale vittoria o sconfitta era molto rilassato.

lain *p.p.* di to **lie**[2].

lair [leə*] *s.* **1** covo, tana (di animale selvatico) **2** riparo (per il bestiame) **3** (*fam.*) rifugio, tana; covo, nascondiglio: *the gang holed up in their* —, i banditi si nascosero nel loro covo **4** (*poet.*) luogo appartato, recesso: *fatigued he sinks into some pleasant lair*, (KEATS) stanco s'immerge in qualche ameno recesso.

to **lair** *v.intr.* (*non com.*) rintanarsi, rifugiarsi in un nascondiglio.

laird [leəd] *s.* (*scoz.*) proprietario terriero.

laissez-faire [,leɪseɪ'feə*] *s.* (*econ.*) laissez -faire ◆ *agg.* liberistico.

laity ['leɪɪtɪ] *s.* **1** stato secolare; i laici **2** i profani, gli inesperti (di una certa professione).

lake[1] [leɪk] *s.* **1** lago: *salt* —, lago salato // *Lake Como*, il Lago di Como // *the Lake District*, la regione dei laghi (in Inghilterra); *the Lake School* (o *the Lake Poets*), i poeti laghisti // *the Great Lakes*, i grandi laghi nordamericani // (*geogr.*) *finger* —, lago di valle glaciale **2** (*fam. fig.*) grande quantità di liquido (spec. prodotto commerciale): *wine* —, *oil* —, sovrapproduzione di vino, olio.

lake[2] *s.* lacca pigmento, lacca colorante.

lakelet ['leɪklɪt / lake·let] *s.* laghetto.

lakeside ['leɪksaɪd / lake·side] *s.* riva del lago.

laky ['leɪkɪ] *agg.* di color rosso lacca.

Lallans ['lælənz / Lal·lans] *s.* dialetto scozzese (parlato nelle Lowlands scozzesi).

lallation [læ'leɪʃn / lal·la·tion] *s.* (*ling.*) lallazione.

to **lam** [læm] *pass.p.p.* **lammed** [læmd / lam·med] *v.tr.* **1** (*fam.*) colpire, bastonare, pestare: *the gang lammed him*, quelli della banda lo pestarono **2** criticare pesantemente: *the critics really lammed the new show*, il nuovo spettacolo fu pesantemente attaccato dalla critica ◆ *v.intr.* (*fam. amer.*) scappare; evadere (da una prigione).

□ **lam into** *v.intr.* e *prep.* (*fam.*) bastonare, pestare (qlcu.)

lama ['lɑ:mə] *s.* (*relig. buddista*) lama.

Lamaism ['lɑ:məɪzəm / Lama·ism] *s.* (*relig. buddista*) lamaismo.

Lamaist ['lɑ:məɪst / Lama·ist] *s.* (*relig. buddista*) seguace del lamaismo.

lamasery ['lɑ:məsərɪ *amer.* 'lɑ:məserɪ / la·mas·ery] *s.* (*relig. buddista*) monastero tibetano.

lamb [læm] *s.* **1** (*zool.*) agnello // *Persian* —, agnellino persiano, agnello (di razza) karakul // *wolf in —'s clothing*, (*fig.*) lupo in veste di agnello **2** (*fig. fam.*) bimbo, (persona) innocente.

to **lamb** *v.intr.* figliare (di pecora).

to **lambast(e)** [læm'beɪst / lam·bast(e)] *v.tr.* (*fam.*) **1** battere, sferzare **2** riprovare; accusare.

lamb chop ['læmtʃɒp] *s.* braciola di agnello.

lambda ['læmdə] *s.* lambda (lettera dell'alfabeto greco).

lambdacism ['læmdəsɪzəm / lambda·cism] *s.* lambdacismo.

lambdoid ['læmdɔɪd / lamb·doid] **lambdoidal** [læm'dɔɪdl / lamb·doid·al] *agg.* a forma di lambda // (*med.*) — *suture*, sutura lambdoidea.

lambency ['læmbənsɪ / lam·bency] *s.* (*letter.*) scintillio (*anche fig.*).

lambent ['læmbənt / lam·bent] *agg.* (*letter.*) **1** che lambisce, che sfiora (di fiamma ecc.) **2** scintillante **3** (*fig.*) sottile: *a — wit*, uno spirito brillante.

lambie ['læmɪ] *s.* (*fam. amer.*) amore, cara: *hello* —, ciao amore.

lambkin ['læmkɪn / lamb·kin] *s.* **1** (*zool.*) agnellino **2** agnellino (termine affettuoso).

lambskin ['læmskɪn / lamb·skin] *s.* pelle d'agnello (spec. usata per cappotti, guanti ecc.).

lamb's tail ['læmzteɪl] *s.* (*bot.*) → **ament**.

lambswool ['læmzwʊl / lambs·wool] meno com. **lamb's wool** *s.* lana fine di qualità pregiata.

lame [leɪm] *agg.* **1** zoppo; zoppicante, storpio: *to go* —, diventar zoppo **2** (*fig.*) zoppicante, imperfetto, debole: *a — excuse*, una scusa che zoppica, che non sta in piedi; — *verses*, versi zoppi **3** (*fam. amer.*) ignorante, rozzo.

lame *s.* (*sl. dei neri d'America*) persona conformista, antiquata.

to **lame** *v.tr.* storpiare; azzoppare; rendere storpio, zoppo.

lamé ['lɑ:meɪ *amer.* lɑ:'meɪ] *agg.* e *s.* lamé (tessuto).

lame duck [leɪm'dʌk] *s.* **1** (*fig.*) fallimento: *our project to form a new company turned out to be a* —, il nostro progetto di formare una nuova società si dimostrò un fallimento **2** (*econ.*) azienda traballante, in cattive acque **3** (*Borsa*) operatore dichiarato insolvente **4** (*pol. amer.*) uomo politico non rieletto, ma in carica fino alla scadenza del suo mandato.

lamella [lə'melə / la·mella] *pl.* **lamellae** [lə'meli: / la·mel·lae] *s.* (*anat.*, *bot.*, *zool.*) lamella.

lamellar [lə'melə* / la·mel·lar] *agg.* (*scient.*) lamellare.

lamellate ['læmelɪt / lam·el·late] **lamellated** ['læmeleɪtɪd / lam·el·lated] *agg.* (*scient.*) lamellato.

lamely ['leɪmlɪ / lame·ly] *avv.* **1** zoppicando **2** (*fig.*) imperfettamente, debolmente: *he excused himself* —, addusse una debole scusa.

lameness ['leɪmnɪs / lame·ness] *s.* **1** claudicazione, zoppaggine **2** (*fig.*) imperfezione, debolezza: *the — of his argument*, la debolezza, fragilità della sua obiezione.

lament [lə'ment / la·ment] *s.* **1** lamento **2** elegia funebre.

to **lament** *v.tr.* lamentare, piangere; rimpiangere: *to — one's lot*, lagnarsi della propria sorte ◆ *v.intr.* lamentarsi, dolersi.

lamentable ['læməntəbl / lam·ent·able] *agg.* lamentevole; deplorevole // **-bly** *avv.*

lamentation [,læmen'teɪʃn / lam·enta·tion] *s.* **1** il lamentarsi **2** (*form.*) lamentazione, lamento.

lamented [lə'mentɪd / lam·ented] *agg.* deplorato, compianto: *your late — friend*, il vostro compianto amico.

lamentingly [lə'mentɪŋlɪ / lam·ent·ing·ly] *avv.* lamentosamente.

lamia ['leɪmɪə] *s.* **1** (*mit.*) lamia **2** strega, megera.

lamina ['læmɪnə / lam·ina] *pl.* **laminae** ['læmɪni: / lam·inae] *s.* **1** (*mecc.*) lamina **2** (*elettr.*) lamierino d'acciaio **3** (*anat.*) lamina **4** (*bot.*) lamina, lobo **5** (*geol.*) strato.

laminar flow ['læmɪnə,fləʊ] *s.* (*fis.*) corrente, flusso laminare.

laminate ['læmɪneɪt / lam·in·ate] *s.* (*tecn.*) laminato.

to **laminate** *v.tr.* **1** ridurre in lamine **2** (*metall.*) laminare, passare al laminatoio, sottoporre a laminazione **3** laminare, placcare, rivestire con una lamina, sottoporre a laminatura ◆ *v.intr.* **1** dividersi in lamine **2** presentarsi in forma laminare o lamellare.

lamination [,læmɪ'neɪʃn / lam·ina·tion] *s.* **1** (*metall.*) laminazione **2** (*tecn.*) laminatura, placcatura **3** (*mecc.*, *fis.*) lamina; (*elettr.*) lamierino magnetico **4** struttura lamelliforme (*anche geol.*).

laminectomy [,læmɪ'nektəmɪ / lami·nec·tomy] *s.* (*med.*) laminectomia.

Lammas ['læməs / Lam·mas] *s.* (*st. relig.*) primo d'agosto (festa del raccolto) // *at latter* —, (*antiq.*) alle calende greche // (*dir.*) — *land*, fondo indiviso sul quale grava una servitù a favore della comunità locale.

Lammastide ['læməstaɪd / Lam·mas·tide] *s.* (*st. relig.*) periodo della festa del raccolto.

lammergeyer ['læməgaɪə* / lam·mer·geyer] *s.* (*zool.*) (*Gypaëtus barbatus*) gipeto; (*pop.*) avvoltoio barbuto.

lamp [læmp] *s.* **1** lampada, lampadina; lucerna; fanale: *an electric* —, una lampadina elettrica; *bicycle* —, fanale da bicicletta; *ceiling* —, plafoniera; *oil* —, lampada a olio, a petrolio, a cherosene; *pilot* —, lampada spia; *reading* — (o *table* —), lampada da tavolo; *spirit* —, lampada a spirito; *infrared* —, lampada a raggi infrarossi; *ultraviolet* —, lampada a raggi ultravioletti **2** (*letter.*) sole; luna; stella **3** (*fig.*) lume (dell'intelletto); fonte di speranza **4** (*fam. amer.*) occhio.

to **lamp** *v.tr.* illuminare; dotare di lampade ◆ *v.intr.* **1** brillare **2** (*fam. amer.*) guardare.

lampas ['læmpəz] *s.* (*vet.*) lampasco.

lampblack ['læmpblæk / lamp·black] *s.* (*chim.*) nerofumo di lampada.

lamp-chimney ['læmp,tʃɪmnɪ] *s.* tubo di tiraggio per lampada a fiamma (ad alcol, a petrolio, a gas).

lamper eel ['læmpə*,i:l] *s.* (*zool.*) lampreda (di mare) SIN. **lamprey**.

lamplight ['læmplaɪt / lamp·light] *s.* luce artificiale.

lamplighter ['læmplaɪtə* / lamp·lighter] *s.* lampionaio.

lamp oil ['læmpɔɪl] *s.* **1** cherosene, petrolio **2** olio lampante, da ardere.

lampoon [læm'pu:n / lam·poon] *s.* libello; pasquinata, satira.

to **lampoon** *v.tr.* satireggiare; scrivere una satira, una pasquinata per.

lampooner [læm'pu:nə* / lam·poon·er] **lampoonist** [læm'pu:nɪst / lam·poon·ist] *s.* libellista, scrittore di satire.

lamppost ['læmppəʊst / lamp·post] *s.* palo della luce.

lamprey ['læmprɪ / lam·prey] *s.* (*zool.*) lampreda SIN. **lamper eel**.

lampshade ['læmpʃeɪd / lamp·shade] *s.* paralume.

Lancastrian [læŋ'kæstrɪən / Lan·cas·trian] *agg.* della Casa di Lancaster ◆ *s.* **1** abitante del Lancashire, di Lancaster **2** appartenente alla Casa di Lancaster.

lance [lɑ:ns *amer.* læns] *s.* **1** lancia **2** (*mar.*) fiocina, rampone **3** (*med.*) bisturi.

to **lance** *v.tr.* **1** ferire con una lancia **2** (*med.*) incidere col bisturi.

lance corporal [,lɑ:ns'kɔ:pərəl *amer.* ,læns'kɔ:pərəl] sl. **lance-jack** ['lɑ:nsdʒæk *amer.* 'lænsdʒæk] *s.* (*mil.*) soldato scelto; marine scelto.

lancelet ['lɑ:nslɪt *amer.* 'lænslɪt / lance·let] *s.* (*zool.*) lancetta → **amphioxus**.

lanceolate ['lɑ:nsɪəlɪt *amer.* 'lænsɪəlɪt / lan·ceo·late] *agg.* (*bot.*) lanceolato, a forma di lancia.

lancer ['lɑ:nsə* *amer.* 'lænsə* / lan·cer] *s.* **1** (*mil.*) lanciere **2** *pl.* i lancieri (musica, danza).

lancet ['lɑ:nsɪt *amer.* 'lænsɪt / lan·cet] *s.* **1** (*med.*) bisturi, lancetta **2** — (*window*), finestra a ogiva **3** (*arch.*) arco a sesto acuto.

lanceted ['lɑ:nsɪtɪd *amer.* 'lænsɪtɪd / lan·ceted] *agg.* (*arch.*) a sesto acuto.

lancinating ['lɑ:nsɪneɪtɪŋ *amer.* 'lænsɪneɪtɪŋ / lan·cin·at·ing] *agg.* (*rar.*) lancinante, acuto.

land [lænd] *s.* **1** terra (emersa): *to reach dry* —, raggiungere la terraferma; *to travel by* —, viaggiare per terra // — *conveyance*, trasporto via terra **2** suolo, terra: *to till the* —, lavorare la terra; *to work on the* —, essere agricoltore // *to go back to the* —, ritornare alla terra, alla campagna // *you nymphs... / leave your crisp channels, and on this green land / answer your summons*, (SH. The Tempest) voi Ninfe... lasciate i canali increspati e rispondete all'appello su questo verde terreno **3** paese, contrada: *Italy is a — full of art*, l'Italia è un paese ricco d'arte; *native* —, paese natale, patria // (*mil.*) *no man's* —, terra di nessuno **4** proprietà; terreno: *to own acres of* —, possedere acri di terra; *houses and lands*, case e terreni (di proprietà) // (*dir.*) — *in abeyance*, immobile temporaneamente privo di titolare // (*comm.*): — *certificate*, certificato catastale; — *rent*, rendita fondiaria; — *tax*, imposta fondiaria **5** (*mecc.*) pieno (parte in rilievo fra le rigature della canna di un'arma da fuoco, fra le fasce elastiche di un pistone); faccia (fra le scanalature di una punta elicoidale); faccetta (della dentatura di una broccia) **6** (*elettr.*) terra; (*nei circuiti integrati*) deposito conduttore.

to **land** *v.intr.* **1** sbarcare, approdare; (*aer.*) atterrare: *they landed at Genoa*, sbarcarono a Genova **2** cadere: *the bombs were landing just short of the town*, le bombe cadevano appena fuori dalla città // *to — on one's feet*, cadere in piedi **3** finire, arrivare: *the file landed on my desk*, la pratica è approdata sulla mia scrivania ◆ *v.tr.* **1** far approdare (un'imbarcazione); far atterrare (un aereo) **2** sbarcare, far scendere; scaricare: *they landed us in Liverpool*, ci hanno sbarcati a Liverpool; *some men were landing the passengers' luggage*, alcuni uomini stavano scaricando i bagagli dei passeggeri // *that landed me in great difficulty*, questo mi ha messo in serie difficoltà // *my daughter landed me with the children* (o *landed the children onto me*) *for the weekend*, (*fam.*) mia figlia mi ha scaricato, rifilato i bambini per il weekend **3** riuscire a procurarsi, aggiudicarsi: *to — a contract*, aggiudicarsi, andare in porto con un contratto **4** assestare, allungare (uno schiaffo ecc.): *to — s.o. a blow on the face*, mollare un pugno in faccia a qlcu.

□ **land up** *v.intr.* e *avv.* (*fam.*) (I) finire: *to — up in jail*, finire in prigione; *I landed up doing the dishes*, è andata a finire che ho lavato io i piatti.

land agent ['lænd,eɪdʒənt] *s.* (*comm.*) **1** agente immobiliare **2** amministratore, intendente (di una proprietà immobiliare) **3** (*amer.*) agente per la compravendita di terreni.

landau ['lændɔ:] *s.* landò.

land-breeze ['lændbri:z] *s.* brezza di terra.

land bridge ['lændbrɪdʒ] *s.* (*geol.*) ponte continentale.

landed ['lændɪd] *agg.* **1** sbarcato // (*comm.*) — *price*, franco le spese di sbarco **2** fondiario: — *estate*, proprietà fondiaria.

landfall ['lændfɔ:l / land·fall] *s.* **1** (*mar.*) approdo **2** (*rar.*) frana, smottamento.

landforce ['lændfɔ:s / land·force] *s.* (*mil.*) esercito, forze terrestri (*pl.*).

landform ['lændfɔ:m / land·form] *s.* (*geogr.*) forma del suolo, forma del rilievo.

land-girl ['lændgɜ:l] *s.* ragazza che lavora in fattoria, in azienda agricola.

landgrave ['lændgreɪv / land·grave] *s.* (*st.*) langravio.

landholder ['lænd,həʊldə* / land·holder] *s.* (*dir.*) proprietario terriero; possidente; fittavolo.

landing ['lændɪŋ / land·ing] *s.* **1** sbarco, approdo; (*aer.*) atterraggio; luogo di sbarco: *to effect a* —, effettuare uno sbarco, un atterraggio; — *place*, approdo; — *stage*, pontile di sbarco; scalandrone; — *speed*, velocità d'atterraggio // (*comm.*) — *charges*, spese di sbarco **2** pianerottolo.

landing craft ['lændɪŋkrɑ:ft *amer.* 'lændɪŋ kræft] *s.* (*mar.*) motozattera.

landing field ['lændɪŋfi:ld] *s.* **1** pista d'atterraggio SIN. landing strip **2** campo d'aviazione.

landing flap ['lændɪŋflæp] *s.* (*aer.*) ipersostentatore, aletta d'atterraggio.

landing gear ['lændɪŋ,gɪə*] *s.* **1** (*aer.*) carrello d'atterraggio (di aeroplano) **2** (*aer.*) galleggianti d'ammaraggio (di idrovolante) **3** (*aut.*) supporto anteriore, zampa d'appoggio (di semirimorchio).

landing net ['lændɪŋnet] *s.* retino (da pesca).

landing rope ['lændɪŋrəʊp] *s.* (*aer.*) malloppo (cavo d'atterraggio per dirigibili).

landing strip ['lændɪŋstrɪp] *s.* pista d'atterraggio SIN. landing field.

landlady ['læn,leɪdɪ / land·lady] *s.* **1** proprietaria di immobili, padrona di casa **2** affittacamere, albergatrice, ostessa; padrona di un pub **3** (*dir.*) locatrice.

landless ['lændlɪs / land·less] *agg.* che non possiede terreni; che non ha beni immobili.

landlocked ['lændlɒkt / land·locked] *agg.* (*geogr.*) **1** senza sbocco sul mare (di paese) **2** quasi completamente circondato da terra emersa (di insenatura o porto).

landlord ['lænlɔ:d / land·lord] *s.* **1** padrone di casa, affittacamere **2** albergatore, oste **3** (*dir.*) locatore, proprietario di immobile: *law of* — *and tenant*, disciplina normativa dei rapporti di affitto (anche agrario) **4** proprietario terriero.

landlubber ['lænd,lʌbə* / land·lub·ber] *s.* (*spreg.*) marinaio d'acqua dolce.

landmark ['lændmɑ:k / land·mark] *s.* **1** caratteristica, punto di riferimento: *the church on the hilltop was a well-known* —, la chiesa sulla collina era un noto punto di riferimento **2** (*fig.*) pietra miliare: *landmarks in the history of civilization*, pietre miliari nella storia della civiltà; *to be a* —, fare epoca **3** segno di confine tra fondi rustici.

landmass ['lænd,mæs / land·mass] *s.* ampia distesa di terra, ampio territorio; continente.

landmine ['lændmaɪn / land·mine] *s.* (*mil.*) mina terrestre.

land office ['lænd,ɒfɪs] *s.* (*amer.*) catasto delle proprietà demaniali // *land-office business*, (*fam.*) attività fiorente.

landowner ['lænd,əʊnə* / land·owner] *s.* proprietario terriero.

landowning ['lænd,əʊnɪŋ / land·own·ing] *agg.* che possiede terre: *he was one of the* — *aristocracy of the area*, apparteneva all'aristocrazia terriera della zona.

land rail ['lændreɪl] *s.* (*zool.*) (*Crex crex*) re di quaglie.

land reform ['lændrɪ,fɔ:m] *s.* riforma agraria.

land registry ['lænd,redʒɪstrɪ] *s.* (ufficio del) catasto; conservatoria dei registri immobiliari.

landscape ['lænskeɪp / land·scape] *s.* **1** paesaggio **2** (*fig.*) panorama: *the contemporary literary* —, il panorama della letteratura contemporanea **3** (*inform.*) orientamento orizzontale (di un documento per la stampa).

to **landscape** *v.tr.* pianificare un parco o giardino (in un ambiente naturale): *the whole estate was beautifully landscaped by Adams*, l'intera proprietà era stata magistralmente realizzata su un progetto di Adams ◆ *v.intr.* occuparsi di architettura di giardini.

landscape garden ['lænskeɪp,gɑ:dn] *s.* giardino all'inglese.

landscape gardener [,lænskeɪp'gɑ:dnə*] *s.* architetto di giardini.

landscape gardening [,lænskeɪp'gɑ:dnɪŋ] *s.* architettura di giardini.

landscape-painter ['lænskeɪp,peɪntə*] *s.* (*pitt.*) paesaggista, paesista.

landscape painting ['lænskeɪp,peɪntɪŋ] *s.* (*pitt.*) paesaggistica.

landscapist ['lænskeɪpɪst / land·scap·ist] *s.* paesaggista, paesista.

landslide ['lændslaɪd / land·slide] *s.* **1** frana **2** (*fig.*) grande vittoria elettorale; valanga di voti.

landslip ['lændslɪp / land·slip] *s.* piccola frana, smottamento.

landsman[1] ['lændzmən / lands·man] *pl.* **landsmen** *s.* (*non com.*) uomo di terraferma.

landsman[2] *s.* (*fam. amer.*) conterraneo, compatriota.

land surveying ['lændsɜ:,veɪɪŋ] *s.* agrimensura.

land surveyor ['lændsɜ,veɪə*] *s.* agrimensore.

landswell ['lændswel / land·swell] → **groundswell**.

landward ['lændwəd / land·ward] *agg.* (*mar.*) rivolto, volto verso terra ◆ *avv.* (*spec. amer.*) verso terra.

landwards ['lændwədz / land·wards] *avv.* (*mar.*) verso terra.

lane [leɪn] *s.* **1** viottolo, sentiero; stradicciola; vicolo: *she was wandering around the lanes in the old town*, gironzolava per i vicoli della città vecchia; *she lives down the* —, vive in fondo alla stradina // *it is a long* — *that has no turning*, (*prov.*) il tempo arriva per chi lo sa aspettare **2** (*aut., sport*) corsia: *four* — *motorway*, autostrada a quattro corsie **3** passaggio fra due ali di gente: *to make a* — *for s.o. to pass through*, fare ala per lasciare passare qlcu. **4** (*mar., aer.*) rotta **5** (*elettr.*) corsia.

langbeinite ['lɒŋbaɪ,naɪt / lan·bein·ite] *s.* (*min.*) langbeinite.

langret ['læŋrət] *s.* (*ant.*) dado truccato: *langrets, fulhams and the whole fellowship(pe) of them will not affo(o)rd a man his dinner*, (T. NASHE) dadi truccati, falsi e tutto questo genere di cose non faranno guadagnare a un uomo il suo pasto.

language ['læŋgwɪdʒ / lan·guage] *s.* **1** lingua; idioma: *a dead, living* —, una lingua morta, viva; *native* (o *first*) —, madrelingua; *to study a foreign* —, studiare una lingua straniera **2** linguaggio: *literary* —, linguaggio letterario; *to use bad* —, usare un linguaggio sboccato // (*inform.*): *data definition* —, linguaggio di definizione di dati; *data description* —, linguaggio per la descrizione di dati; — *statement*, istruzione; — *subset*, sottoinsieme di un linguaggio; *high-level, low-level* —, linguaggio ad alto livello, a basso livello; *programming* —, linguaggio di programmazione; *job control* —, linguaggio di controllo.

language laboratory ['læŋgwɪdʒlə,bɒrətərɪ *amer.* 'læŋgwɪdʒ'læbrətɔ:rɪ] *s.* laboratorio linguistico.

languid ['læŋgwɪd / lan·guid] *agg.* (*form.*) fiacco; indifferente; languido: *to give s.o. a* — *look*, guardare qlcu. languidamente // **-ly** *avv.* // **-ness** *s.*

languish ['læŋgwɪʃ / lan·guish] *s.* (*ant.*) languore; sguardo tenero.

to **languish** *v.intr.* **1** languire, illanguidirsi; indebolirsi: *he languished in a cell for over four years*, languì in prigione per più di quattro anni; *the roses are languishing*, le rose stanno appassendo; *Miami was languishing in a tropical heat*, Miami languiva in un caldo tropicale **2** struggersi: *to* — *for s.o.*, struggersi per qlcu.

languishing ['læŋgwɪʃɪŋ / lan·guish·ing] *agg.* languido: *they exchanged* — *looks*, si scambiarono languide occhiate // **-ly** *avv.*

languishment ['læŋgwɪʃmənt / lan·guish·ment] *s.* (*ant.*) languore.

languor ['læŋgə* / lan·guor] *s.* (*letter.*) **1** languore, debolezza, spossatezza; aspetto languido: *the* — *of long summer nights*, il languore delle lunghe notti estive **2** indifferenza.

languorous ['læŋgərəs / lan·guor·ous] *agg.* (*non com.*) languido // **-ly** *avv.*

langur [lʌŋ'gʊə* / lan·gur] *s.* (*zool.*) (*Presbytis entellus*) entello.

laniary ['lænɪərɪ / lani·ary] *agg.* (*zool.*) lacerante, tagliente ◆ *s.* dente canino.

laniferous [leɪ'nɪfərəs / lan·ifer·ous] *agg.* (*bot., zool.*) lanifero, lanoso.

lank [læŋk] *agg.* **1** magro, sottile, smilzo **2** liscio e floscio (di capello).

to **lank** *v.intr.* (*ant.*) dimagrire, smagrire: *and all this / ...was borne so like a soldier, that thy cheek / so much as lank'd not*, (SH. Antony and Cleopatra) e tutto questo... fu sopportato in modo degno di un soldato, tanto che la tua guancia non smagrì nemmeno.

lanky ['læŋkɪ] *agg.* alto e magro; allampanato; smilzo // **-iness** *s.*

lanner ['lænə* / lan·ner] *s.* (*zool.*) (*Falco biarmicus feldeggi*) lanario.

lanolin ['lænəlɪn / lan·olin] *s.* lanolina.

lansquenet ['lɑ:nskənet / lans·quenet] *s.* (*st.*) lanzichenecco.

lantern ['læntən / lan·tern] *s.* **1** lanterna; fanale // *dark* —, lanterna cieca; *magic* —, lanterna magica 2 (*mar.*) lanterna; faro 3 (*arch.*) lucernario, cupolino, lanterna.

lantern fish ['læntənfɪʃ] *s.* (*zool.*) pesce lanterna.

lantern fly ['læntənflaɪ] *s.* (*zool.*) lanternaria, fulgora.

lantern-jawed ['læntən,dʒɔ:d] *agg.* scarno, dalle guance incavate; dal volto affilato.

lantern jaws ['læntən,dʒɔ:z] *s. pl.* guance incavate.

lanternslide ['læntən,slaɪd / lan·tern·slide] *s.* (*fot.*) diapositiva.

lanthanide ['lænθə,naɪd / lan·than·ide] *s.* (*chim.*) lantanide: — *series*, serie dei lantanidi.

lanuginose [lə'nju:dʒɪnəʊs / lan·ugin·ose] **lanuginous**[lə'nju:dʒɪnəs / lan·ugin·ous] *agg.* (*bot.*) lanuginoso.

lanugo [lə'nju:gəʊ / la·nugo] *s.* (*anat.*) lanugine.

lanyard ['lænjəd / lan·yard] *s.* (*mar.*) 1 cordone (per appendere al collo un coltello o un fischietto) 2 cima, drizza.

Laotian ['laʊʃɪən / Lao·tian] *agg.* e *s.* laotiano.

lap[1] [læp] *s.* 1 grembo: *to sit on* (o *in*) *s.o.'s* —, sedere in grembo a, sulle ginocchia di qlcu. // *in the — of luxury*, nel lusso // *it is in the — of the Gods*, è nelle mani di Dio 2 lembo, falda, balza, risvolto 3 conca, valletta fra due colline 4 (*ant.*) lobo (di fegato e di polmone).

lap[2] *s.* 1 lembo sovrapposto; parte sporgente; sovrapposizione; sporgenza 2 giro, avvolgimento (di filo) 3 (*tess.*) falda, tela d'ovatta 4 (*sport*) giro di circuito, di pista; tappa (di una corsa a tappe): *to be on the last* —, (*anche fig.*) essere all'ultimo giro, in vista del traguardo // — *of honour*, giro d'onore 5 tappa di un viaggio; (*fig.*) stadio, fase, grado.

to **lap**[2] *pass.p.p.* **lapped** [læpt / lap·ped] *v.tr.* 1 piegare, avvolgere; ricoprire: *to — a bandage around a wound*, avvolgere una benda intorno a una ferita; *lapped in flannel*, avvolto in soffice lana 2 stringere a sé; vezzeggiare, coccolare 3 (*mecc.*) ripiegare; sovrapporre (un lembo su un altro, per eseguire una giunzione) 4 (*tess.*) infaldare, avvolgere 5 (*sport*) superare (un concorrente) di uno o più giri, doppiare ◆ *v.intr.* 1 sovrapporsi; sporgere 2 (*mecc.*) eseguire una giunzione mediante giunto a sovrapposizione 3 (*sport*) fare un giro di pista.

□ **lap over** *v.tr.* e *avv.* sovrapporre, coprire parzialmente ◆ *v.intr.* e *avv.* sovrapporsi, sporgere; (*fig.*) andare oltre un certo limite.

lap[3] *s.* 1 il lappare (di animali) 2 sciabordio 3 broda, pappa (per animali) 4 (*sl.*) bibita, liquore; sorso (di qlco.).

to **lap**[3] *v.tr.* e *intr.* 1 lappare 2 sciabordare: *we listened to the waves lapping (against) the shore*, ascoltavamo lo sciabordare delle onde contro la riva.

□ **lap up** *v.tr.* e *avv.* 1 lappare 2 (*fig.*) ascoltare avidamente; godersi; bersi: *to — up flattery*, bearsi delle adulazioni.

lap[4] *s.* (*mecc.*) 1 abrasivo fine per lappatura 2 piattello (per lappatura).

to **lap**[4] *v.tr.* (*mecc.*) lappare, levigare.

laparoscopy [,læpə'rɒskəpɪ / lap·aro·scopy] *s.* (*med.*) laparoscopia.

laparotomy [,læpə'rɒtəmɪ / lap·aro·tomy] *s.* (*med.*) laparotomia, laparatomia.

lapdog ['læpdɒg / lap·dog] *s.* 1 cagnolino da salotto, di lusso 2 (*spreg.*) persona servile, tirapiedi.

lapel [lə'pel] *s.* risvolto, bavero (di giacca, soprabito).

lapelled [lə'peld / lap·elled] *agg.* (*non com.*) che ha risvolto, con risvolto.

lapidary ['læpɪdərɪ *amer.* 'læpɪderɪ / lap·id·ary] *agg.* 1 lapidario (*anche fig.*) 2 spiritoso, brillante, arguto ◆ *s.* (*form.*) lapidario.

to **lapidate** ['læpɪdeɪt / lap·id·ate] *v.tr.* (*non com.*) lapidare.

lapidation [,læpɪ'deɪʃn / lap·ida·tion] *s.* (*non com.*) lapidazione.

lapillus [lə'pɪləs / la·pil·lus] *pl.* **lapilli** [lə'pɪlaɪ / la·pilli] *s.* (*geol.*) lapillo.

lapislazuli [,læpɪs'læzjʊlaɪ *amer.* ,læpɪs 'læʒəlɪ / lapis·lazuli] *s.* (*min.*) lapislazzuli.

lap-joint ['læpdʒɔɪnt] *s.* (*mecc.*) giunto a sovrapposizione SIN. **half-lap**.

Laplander ['læplændə* / Lap·lander] *s.* lappone.

Laplandish ['læplændɪʃ / Lap·land·ish] *agg.* lappone.

lap-machine ['læpmə,ʃi:n] *s.* (*tess.*) avvolgitore.

Lapp [læp] *agg.* e *s.* lappone.

lappet ['læpɪt / lap·pet] *s.* 1 (*non com.*) falda, lembo, risvolto 2 (*eccl.*) manipolo; bendone (di mitra) 3 lobo (di orecchio di animali); bargigli (di tacchino) 4 copriserratura.

lapping ['læpɪŋ / lap·ping] *s.* (*mecc.*) lappatura, levigatura; finitura a specchio: *H & V* —, lappatura orizzontale e verticale; *SPC* —, lappatura angolare.

lapping wheel ['læpɪŋ,wi:l *amer.* 'læpɪŋ ,hwi:l] *s.* (*mecc.*) mola a grana fine.

Lappish ['læpɪʃ / Lapp·ish] *agg.* lappone ◆ *s.* lappone (lingua).

lap plate ['læp,pleɪt] *s.* (*mecc.*, *edil.*) coprigiunto.

lap robe ['læprəʊb] *s.* (*amer.*) coperta da viaggio.

lap roll ['læprəʊl] *s.* (*tess.*) rullo avvolgitore.

lapse [læps] *s.* 1 errore, sbaglio; (*fig.*) mancanza, passo falso; scorrettezza: *a — of memory*, un vuoto di memoria; *a — into heresy*, uno sconfinamento nell'eresia; *a — in taste*, una mancanza di gusto; *a — of taste*, mancanza di delicatezza 2 il trascorrere, il passare (del tempo); intervallo, lasso: *a long — of time*, un lungo lasso di tempo 3 (*dir.*) estinzione, cessazione (per prescrizione, decadenza ecc.) di un diritto o di una situazione giuridica: — *of offer*, caducità della proposta contrattuale; — *of testamentary gift*, estinzione del legato testamentario.

to **lapse** *v.intr.* 1 mancare, venir meno; errare: *my faith in this government lapsed years ago*, la mia fiducia in questo governo è venuta meno anni fa 2 (*fig.*) scivolare, cadere, lasciarsi andare, immergersi: *when she was angry she lapsed into her regional accent*, quando si arrabbiava ricadeva nel suo accento dialettale; *to — into bad habits*, cadere in cattive abitudini 3 passare, trascorrere (del tempo) 4 perdere, ripudiare la propria fede; fare apostasia 5 (*dir.*) estinguersi, cessare (per prescrizione, decadenza ecc.) di un diritto o di una situazione giuridica 6 (*comm.*) scadere (di polizza).

lapsed ['læpst] *agg.* 1 scaduto: — *policy*, polizza scaduta 2 che fa apostasia: *she was a — Presbyterian*, era una Presbiteriana che aveva ripudiato la propria religione.

lapse rate ['læps,reɪt] *s.* (*meteor.*) gradiente verticale di temperatura.

lap-top ['læp,tɒp] *agg.* (*inform.*) portatile: — *(computer)*, elaboratore portatile.

lapwing ['læpwɪŋ / lap·wing] *s.* (*zool.*) (*Vanellus vanellus*) pavoncella.

lar [lɑ:*] *pl.* **lares** ['leəri:z] *s.* (*mit.*) lare.

larboard ['lɑ:bəd / lar·board] *s.* (*mar.*) babordo, sinistra.

larcener ['lɑ:sənə* / lar·cener] *s.* (*dir.*) ladro, colpevole di furto.

larcenist ['lɑ:snɪst / lar·cen·ist] *s.* (*dir.*) ladruncolo.

larceny ['lɑ:snɪ / lar·ceny] *s.* (*dir.*) furto, ladrocinio: *grand* —, furto di cose di ingente valore; *petit* (o *petty*) —, furto di cose di modico valore, furtarello.

larch [lɑ:tʃ] *s.* (*bot.*) (*Larix europaea*) larice (albero e legno).

lard [lɑ:d] *s.* lardo; grasso di maiale.

to **lard** *v.tr.* 1 ungere con lardo; lardellare 2 (*fig.*) arricchire (discorso, scritto): *his lectures were larded with witticisms*, le sue conferenze erano infiorate, infiocchettate di spiritosaggini.

lardaceous [lɑ:deɪʃəs / lar·da·ceous] *agg.* (*med.*) lardaceo.

larder ['lɑ:də*] *s.* dispensa // *to raid the* —, (*fam.*) fare un raid in dispensa, razziare la dispensa.

larderellite [,lɑ:də'relaɪt / lar·der·el·lite] *s.* (*min.*) larderellite.

larderer ['lɑ:dərə* / lar·der·er] *s.* (*ant.*) dispensiere.

lardy ['lɑ:dɪ] *agg.* 1 lardaceo, simile a lardo 2 lardoso.

lardy-dardy [,lɑ:dɪ'dɑ:dɪ] *agg.* (*fam.*) affettato; ostentatamente languido.

large [lɑ:dʒ] *agg.* 1 grande; grosso; ampio, vasto, (*anche fig.*): *a — man*, un uomo grande e grosso; *a — room*, una stanza spaziosa; — *size*, taglia grande; formato grande; — *family*, famiglia numerosa; — *powers*, ampi poteri; — *views*, ampie vedute; *it's a — sum*, è una somma considerevole; *a — company*, una grossa società; *a — problem*, un problema serio, un grosso problema // *as — as life*, (*fam.*) in persona, in carne e ossa: *there she was, as — as life*, eccola lì, è proprio lei in carne e ossa // *larger than life*, (*fam.*) fuori del normale; caricato, forzato // *on a — scale*, su vasta scala // — *charge*, (*fam. amer.*) grande piacere; — *evening*, (*fam. amer.*) serata in grande, di festa; gran serata 2 (*antiq.*) generoso, liberale 3 (*mar.*) favorevole (di vento) 4 (*rar.*) prolisso, lungo.

large *s.* nelle locuz.: *at* —, in generale; in libertà; (*non com.*) ampiamente, diffusamente; *people at* —, la gente in genere, la gran massa; *there's a murderer at* —, c'è un assassino in libertà; *to set at* —, dare la libertà; *to talk at* —, parlare a vanvera // *in* —, (*antiq.*) su vasta scala.

large *avv.* grosso; molto; in grande: *there*

were years of suffering writ — in his features, il suo viso portava segni evidenti di anni di sofferenza; *to talk —*, parlare pomposamente; *he talks — but works little*, parla tanto ma conclude poco // (*mar.*) *to sail —*, salpare col vento in poppa.

large-handed [,lɑ:dʒ'hændɪd] *agg.* generoso, munifico.

large-hearted [,lɑ:dʒ'hɑ:tɪd] *agg.* generoso, di buon cuore // **-ness** *s.*

largely ['lɑ:dʒlɪ / large·ly] *avv.* largamente, ampiamente; in larga misura, in gran parte: *her success was — due to her parents*, il suo successo fu dovuto in gran parte ai suoi genitori.

large-minded [,lɑ:dʒ'maɪndɪd] *agg.* di larghe vedute.

largeness ['lɑ:dʒnɪs / large·ness] *s.* (*non com.*) **1** larghezza, grandezza; estensione; ampiezza (*anche fig.*): *— of views*, larghezza di vedute **2** generosità, liberalità.

large-scale ['lɑ:dʒskeɪl] *agg.attr.* su larga, vasta scala // (*econ.*) *— production*, produzione su larga scala.

large-sized ['lɑ:dʒsaɪzd] *agg.* grande, di grandi dimensioni.

largess(e) [lɑ:'dʒes / lar·gess(e)] *s.* **1** liberalità, generosità, larghezza, prodigalità **2** (*form.*) donazione; grosso regalo, dono.

largish ['lɑ:dʒɪʃ / lar·gish] *agg.* piuttosto grosso, largo, abbondante.

lariat ['lærɪət / la·riat] *s.* lazo, laccio.

lark[1] [lɑ:k] *s.* (*zool.*) (*Alauda arvensis*) allodola // *to be up with the —*, svegliarsi al canto del gallo, alzarsi molto presto.

lark[2] *s.* **1** (*fam.*) divertimento, spasso; beffa, burla, scherzo // *what a —!*, che spasso! // *to have a —*, fare una burla **2** buffonata, pagliacciata, cosa poco seria: *what do you think of this in-training —?*, cosa pensi di questa buffonata dei corsi d'aggiornamento?

to **lark**[2] *v.intr.* (*about, around*) (*fam.*) divertirsi facendo scherzi pesanti.

lark-heel ['lɑ:khi:l] **larkspur** ['lɑ:kspɜ:* / lark·spur] *s.* (*bot. pop.*) consolida maggiore → **comfrey**.

larky ['lɑ:kɪ] *agg.* (*fam. antiq.*) gaio, spensierato; burlone.

larnite ['lɑ:naɪt / larn·ɪte] *s.* (*min.*) larnite, belite.

larrikin ['lærɪkɪn / lar·ri·kin] *s.* (*austr.*) teppista.

to **larrup** ['lærəp / lar·rup] *v.tr.* (*fam.*) battere (*anche fig.*): picchiare; bastonare; frustare.

larry ['lærɪ] *agg.* (*sl. amer.*) scadente, senza valore (di merce).

larva ['lɑ:və] *pl.* **larvae** ['lɑ:vi: / lar·vae] *s.* **1** (*zool.*) larva **2** (*fig. antiq.*) larva; spettro, fantasma.

larval ['lɑ:vəl / lar·val] *agg.* (*zool.*) larvale.

larvate ['lɑ:veɪt / lar·vate] *agg.* **1** (*fig. non com.*) larvato **2** (*zool.*) allo stadio di larva.

larvicidal [,la:vɪ'saɪdəl / lar·vi·cid·al] *agg.* larvicida.

larvicide ['lɑ:vɪsaɪd / lar·vi·cide] *s.* larvicida.

larviform ['la:vɪfɔ:m / larvi·form] *agg.* larviforme.

laryngeal [,lærɪn'dʒi:əl / la·ryn·geal] *agg.* (*anat.*) laringeo.

laryngectomy [,lærɪn'dʒektəmɪ / lar·yn·gec·tomy] *s.* (*med.*) laringectomia.

laryngitis [,lærɪn'dʒaɪtɪs / lar·yn·gitis] *pl.* **laryngitides** [,lærɪn' dʒaɪtɪdi:z / lar·yn·git·ides] *s.* (*med.*) laringite.

laryngologist [,lærɪŋ'gɒlədʒɪst / lar·yn·go·log·ist] *s.* laringologo.

laryngology [,lærɪŋ'gɒlədʒɪ / lar·yn·go·logy] *s.* (*med.*) laringologia.

laryngopharynx [lə,rɪŋgə'færɪŋks / lar·yn·go·pharynx] *s.* (*anat.*) laringofaringe.

laryngoscope [lə'rɪŋgəskəʊp / la·ryn·go·scope] *s.* laringoscopio.

laryngoscopy [,lærɪŋ'gɒskəpɪ / la·ryn·go·scopy] *s.* (*med.*) laringoscopia.

laryngotomy [,lærɪŋ'gɒtəmɪ / la·ryn·go·tomy] *s.* (*med.*) laringotomia.

larynx ['lærɪŋks / lar·ynx] *pl.* **larynges** [lə'rɪndʒi:z / lar·ynges] **larynxes** *s.* (*anat.*) laringe.

Lascar ['læskə* / Las·car] *s.* marinaio, artigliere, attendente indiano.

lascivious [lə'sɪvɪəs / las·ci·vi·ous] *agg.* lascivo, lussurioso // **-ly** *avv.* // **-ness** *s.*

laser ['leɪzə*] *s.* (*fis.*) laser: *free-electron —*, laser a elettroni liberi // *— beam*, raggio laser // *— printer*, stampante laser; *— disk*, disco a lettura ottica.

lash[1] [læʃ] *s.* **1** parte flessibile della frusta, sferzino **2** frustata (*anche fig.*): *no-one was spared the — of her sarcasm*, non risparmiò a nessuno le sue sferzate sarcastiche **3** ciglio (dell'occhio).

to **lash**[1] *v.tr.* **1** frustare; sferzare, fustigare (*anche fig.*): *he lashed his horse*, frustò il cavallo; *the chief inspector lashed his men for incompetence*, l'ispettore capo rimproverò aspramente i suoi uomini per la loro incompetenza **2** agitare: *the lion lashed its tail*, il leone agitava la coda **3** incitare, aizzare, spingere // *to — oneself into a fury*, andar su tutte le furie **4** frangersi su, battere violentemente contro (di onde ecc.); sferzare (di vento).

□ **lash out** *v.intr.* e *avv.* **1** (*at*) assalire, attaccare; tirare un calcio, un pugno; (*fig.*) inveire, scagliarsi contro: *she lashed out at me for being late again*, mi rimproverò aspramente perché ero di nuovo in ritardo **2** (*on*) (*fam.*) buttar via soldi in, spendere senza misura: *he likes lashing out on food and wine*, gli piace spendere senza riguardo per mangiare e bere; *we lashed out and had a slap-up dinner*, non badammo a spese e ci concedemmo una cena coi fiocchi.

to **lash**[2] *v.tr.* legare (con una corda).

□ **lash down** *v.tr.* e *avv.* assicurare con funi (carico, vele ecc.).

lasher ['læʃə*] *s.* **1** sferzatore **2** (*mar.*) corda, cavo **3** (*ant.*) acqua che passa sopra una diga; diga **4** (*ant.*) bacino ai piedi di una diga.

lashing[1] ['læʃɪŋ / lash·ing] *s.* **1** frustata; staffilata (*anche fig.*) **2** *pl.* (*fam.*) abbondanza: *strawberries with lashings of cream*, fragole con moltissima panna.

lashing[2] *s.* legatura, allacciatura.

lash-up ['læʃʌp] *s.* (*fam.*) cosa improvvisata, sistemata alla meglio; ripiego, mezzo di ripiego.

lass [læs] *s.* (*scoz.*) **1** ragazza, ragazzetta: *a group of Salvation Army lasses had started a hymn*, (A. HUXLEY) un gruppo di ragazze dell'Esercito della Salvezza aveva intonato un inno **2** innamorata **3** servetta.

lassie ['læsɪ] *s.* dim. di → **lass**.

lassitude ['læsɪtju:d *amer.* 'læsɪtu:d / lassi·tude] *s.* (*form.*) stanchezza; accasciamento; apatia.

lasso [læ'su:] *pl.* **lasso(e)s** *s.* laccio, lazo.

to **lasso** *v.tr.* prendere col laccio, col lazo.

last[1] [lɑ:st *amer.* læst] *agg.* **1** ultimo (di posizione): *the — two people*, le ultime due persone; *— thing at night I had to take the dog for a walk*, alla sera per ultima cosa dovevo portare fuori il cane per una passeggiata // *— but not least*, ultimo ma non meno importante // *the — but one*, il penultimo // *the Last Judgement*, il Giorno del Giudizio // *the — straw*, il colmo, la goccia che fa traboccare il vaso // *to be on one's — legs*, (*fam.*) essere allo stremo delle forze, delle risorse; *this car is on its — legs*, quest'automobile è alla fine dei suoi giorni // *every —*, tutti senza eccezione, ogni; *every — man was working twelve hours a day*, tutti gli uomini lavoravano dodici ore al giorno **2** ultimo; scorso; più recente: *— night*, la notte scorsa, ieri sera; *— week, year*, la settimana scorsa, l'anno scorso; *for the — week, year*, per l'ultima settimana, per l'ultimo anno; *in the — fortnight*, negli ultimi quindici giorni; *on Monday —* (o *— Monday*), lunedì scorso; *the night before —*, l'altro ieri sera, due sere fa // *— born*, ultimogenito // *— will*, ultime volontà // (*dir.*) *court of — resort*, giudice di ultima istanza **3** ultimo, il meno desiderato, il più impensato: *it was the — thing I wanted to do*, era l'ultima cosa che volessi fare; *it was the — thing I was thinking of*, era l'ultima cosa a cui pensassi **4** ultimo, definitivo: *the — word has not yet been said*, non si è ancora detta l'ultima parola **5** (*rar.*) massimo, estremo: *it's a matter of the — importance*, è una faccenda della massima importanza ◆ *s.* **1** fine, termine: *at —* (o *at long —*), alla fine; *at the —*, (*antiq.*) alla fine; *to the —*, fino all'ultimo: *to hold on to the —*, resistere sino alla fine **2** (sta per *— person, thing etc.*): *the — of the Stuarts*, l'ultimo degli Stuart; *the — to leave were my parents*, gli ultimi ad andarsene furono i miei genitori; *when was your — born?*, quando nacque il tuo ultimo figlio? // (*amm.*) *— in first out*, ultimo entrato, primo a uscire **3** (sta per *— day, moments etc.*): *to breathe one's —*, morire **4** (sta per *— letter, book, mention etc.*): *did you read his —?*, hai letto la sua ultima lettera?

◆ FRASEOLOGIA: *thank God we have seen the — of him*, grazie al cielo, ce ne siamo liberati; *that was the — I saw of her*, non l'ho più rivista; *we haven't heard the — of it*, ne sentiremo ancora parlare.

last[1] *avv.* **1** ultimo, in ultimo, per ultimo: *to come — in a race*, arrivare ultimo in una gara; *— we must discuss the budget for the coming year*, da ultimo dobbiamo trattare il bilancio dell'anno venturo; *we chose the curtains —*, per ultimo abbiamo scelto le tende **2** l'ultima volta: *when did you see him —?*, quando l'hai visto l'ultima volta? **3** *at —*, alla fine, finalmente.

to **last**[2] *v.intr.* durare; conservarsi; resistere: *how long did the performance —?*, quanto durò la rappresentazione?; *my new boots did not — long*, i miei stivali nuovi non mi sono durati a lungo; *milk lasts three days in the fridge*, il latte dura tre giorni in frigorifero.

□ **last out** *v.intr.* e *avv.* durare; resistere; farcela: *we can hold till the water lasts out*, possiamo resistere finché dura l'acqua; *he's too ill to — out the night*, è troppo ammalato, non passerà la notte.

last[3] *s.* forma da scarpa.

to **last**[3] *v.tr.* mettere in forma (una scarpa).

lastage ['lɑ:stɪdʒ / last·age] *s.* **1** tassa portuale (per avere il permesso di caricare una nave) **2** tassa per commercianti (che partecipano a un mercato, a una fiera).

last-ditch ['lɑ:st,dɪtʃ *amer.* 'læst,dɪtʃ] *agg.* disperato (di tentativo); accanito (di sforzo): *a — attempt*, un tentativo disperato.

lasting ['lɑ:stɪŋ *amer.* 'læstɪŋ / last·ing] *agg.* durevole, duraturo; permanente ◆ *s.* (*ant.*) durata // **-ly** *avv.* // **-ness** *s.*

lastly ['lɑ:stlɪ *amer.* 'læstlɪ / last·ly] *avv.* alla fine; in fine; in conclusione; per finire; come ultima cosa.

last name ['lɑ:st,neɪm *amer.* 'læst,neɪm] *s.* cognome.

last post ['lɑ:st,pəʊst] *s.* (*mil.*) (suono, segnale del) silenzio.

last rites [,lɑ:st'raɪts *amer.* 'læst'raɪts] *s.* (*relig.*) estrema unzione, unzione dei malati.

latch [lætʃ] *s.* **1** chiavistello, catenaccio, paletto (per la chiusura di porte) **2** — (*bolt*), serratura a scatto.

to **latch** *v.tr.* **1** chiudere a chiavistello, a paletto, a catenaccio **2** chiudere a scatto **3** (*ant.*) chiudere: *hast thou latched the Athenian's eyes / with the love-juice, as I did bid thee to do?*, (SH. Midsummer Night's) hai tu chiuso gli occhi all'ateniese con il filtro, com'io t'ingiunsi di fare? ◆ *v.intr.* chiudersi a scatto.

□ **latch on** *v.intr.* e *avv.* capire, afferrare: *I didn't understand at first, then I finally latched on* (o *onto*) *what was happening*, dapprima non capii, poi alla fine ho afferrato la situazione.

□ **latch on(to)** *v.intr.* e *prep.* **1** (*fam.*) attaccarsi a (idea, persona) **2** agganciare (qlcu. in una conversazione ecc.) **3** → to latch on.

latchkey ['lætʃki: / latch·key] *s.* chiave per serrature a scatto // — *child*, bambino che ha le chiavi di casa per poter entrare e uscire in quanto i genitori sono fuori per lavoro.

late [leɪt] *compar.* **later** ['leɪtə*] **latter** ['lætə* / lat·ter] *superl.* **latest** ['leɪtɪst] **last** [lɑ:st *amer.* læst] *agg.* **1** in ritardo, tardi: *don't be —!*, non far tardi!; *is it so —?*, è così tardi?; *now it's too —*, ora è troppo tardi; *the plane was twenty minutes —*, l'aereo aveva venti minuti di ritardo **2** tardo, avanzato, inoltrato: *in the — afternoon*, nel tardo pomeriggio; *in the — twenties*, negli ultimi anni Venti; *the hour is —*, l'ora è tarda; *to keep — hours*, rientrare a tarda ora, fare le ore piccole **3** tardivo: *— snowfalls*, nevicate tardive **4** precedente; ex; defunto, fu: *the — mayor*, l'ex sindaco; *her — husband*, il suo defunto marito **5** (*form.*) recente: *the — rains*, le piogge recenti ◆ *avv.* tardi, in ritardo; recentemente: *— at night*, a notte inoltrata; *I arrived —*, arrivai in ritardo; *to sit up —*, stare alzato fino a tardi // *— in the day*, tardi; *it's rather — in the day to call off the meeting*, è piuttosto tardi per revocare la riunione // *as — as*, fino a; *as — as the summer of '39 people still believed war was avoidable*, sino all'estate del '39 la gente credeva ancora che la guerra si potesse evitare // *of —*, da poco, da qualche tempo // *— of*, (*form.*) fino a poco fa in, a: *meet John Wills, — of Canada*, ti presento John Wills che fino a qualche tempo fa si trovava in Canada // *it is better — than never*, (*prov.*) meglio tardi che mai.

latecomer ['leɪt,kʌmə* / late·comer] *s.* ritardatario.

lately ['leɪtlɪ] *avv.* recentemente; ultimamente.

latency ['leɪtənsɪ / la·tency] *s.* **1** latenza (*anche psic.*, *inform.*) **2** (*med.*) latenza, periodo di incubazione.

lateness ['leɪtnɪs / late·ness] *s.* indugio, ritardo.

latent ['leɪtənt / lat·ent] *agg.* (*form.*) nascosto; segreto; latente: (*dir.*) *— defect* (o *fault*), vizio occulto; (*fis.*) *— heat*, calore latente; (*med.*) *— period*, periodo di latenza, di incubazione // **-ly** *avv.*

later ['leɪtə*] *agg.* (*comp.* di *late*) posteriore; ulteriore; più recente: *— events*, avvenimenti ulteriori, successivi; *he started out as a lawyer but in — life he went into politics*, iniziò come avvocato ma più tardi si dedicò alla politica ◆ *avv.* più tardi, dopo; più recentemente: *— on*, poi, più tardi; *a moment —*, un momento più tardi; *see you —!*, (*fam.*) a più tardi!

lateral ['lætərəl / lat·eral] *agg.* (*form.*) laterale: (*anat.*) *— meniscus*, menisco laterale; (*bot.*) *— bud*, gemma laterale; (*econ.*) *— amalgamation*, fusione laterale ◆ *s.*. (*form.*) parte laterale.

Lateran ['lætərən / Lat·eran] *agg.* lateranense ◆ *s.* laterano.

laterite ['lætəraɪt / lat·er·ite] *s.* (*geol.*) laterite.

lateritic [,lætə'rɪtɪk / lat·er·itic] *agg.* (*geol.*) lateritico.

laterization [,lætəraɪ'zeɪʃn / lat·er·iza·tion] *s.* (*geol.*) laterizzazione.

latest ['leɪtɪst] *agg.* (*superl.* di *late*) ultimo; recentissimo: *in the — fashion*, all'ultima moda; *here is the — news*, ecco le ultime notizie // *at* (*the*) *—*, al più tardi // *it is the —*, è l'ultima novità.

latex ['leɪteks / la·tex] *pl.* **latexes**, **latices** ['lætə,si:z / la·tices] *s.* (*bot.*) latice, lattice.

lath [lɑ:θ *amer.* læθ] *s.* canniccio; assicella; stecca: *— work*, incannicciatura.

lathe [leɪð] *s.* (*mecc.*) tornio: *centre —*, tornio parallelo; *chuck —*, tornio frontale; *wood turning —*, tornio da legno // *engine —*, (*amer.*) tornio parallelo.

lathe carrier ['leɪð,kærɪə*] *s.* (*mecc.*) menabrida.

lather ['lɑ:ðə* *amer.* 'læðə*] *s.* **1** (*chim.*) schiuma (di detergente); saponata **2** (*zool.*) sudore schiumoso (di cavallo) **3** (*sl.*) agitazione, nervosismo, eccitazione: *to be in a —*, essere arrabbiato.

to **lather** *v.tr.* **1** coprire di schiuma; insaponare **2** (*fam. amer.*) picchiare, bastonare ◆ *v.intr.* far schiuma, schiumare.

lathering ['lɑ:ðərɪŋ *amer.* 'læðərɪŋ / lath·er·ing] *s.* (*antiq.*) battitura; frustatura.

lathery ['lɑ:ðərɪ *amer* 'læðərɪ] *agg.* (*zool.*) coperto di schiuma (di cavallo).

lathing ['lɑ:θɪŋ / lath·ing] *s.* incannicciatura.

latifundism [,lætə'fʌndɪzm / la·ti·fund·ism] *s.* (*econ.*) latifondismo.

latifundist [,lætɪ'fʌndɪst / la·ti·fund·ist] *s.* (*econ.*) latifondista.

Latin ['lætɪn *amer.* 'lætn] *agg.* latino: *— people*, popolo latino // *— Church*, Chiesa Cattolica; *— cross*, croce latina // (*mat.*) *— square*, quadrato latino ◆ *s.* **1** latino **2** lingua latina // *dog —*, latino maccheronico; *thieves' —*, gergo dei ladri.

Latin American [,lætɪnə'merɪkən] *agg.* e *s.* latino-americano.

latinism ['lætɪnɪzəm / lat·in·ism] *s.* latinismo.

latinist ['lætɪnɪst / lat·in·ist] *s.* latinista.

latinity [lə'tɪnɪtɪ / lat·in·ity] *s.* latinità.

latinization [,lætɪnaɪ'zeɪʃn / lat·in·iza·tion] *s.* latinizzazione.

to **latinize** ['lætɪnaɪz / lat·in·ize] *v.tr.* latinizzare ◆ *v.intr.* latinizzarsi.

latin lover ['lætɪn'lʌvə*] *s.* latin lover, amante latino.

latitude ['lætɪtju:d *amer.* 'lætɪtu:d / lat·it·ude] *s.* **1** latitudine: *degree of —*, grado di latitudine // *North —*, latitudine settentrionale **2** *pl.* regioni, climi: *cold latitudes*, regioni fredde // *high latitudes*, regioni dell'estremo Nord o Sud **3** (*fig.*) larghezza, spazio; libertà: *to allow a certain —*, permettere una certa libertà.

latitudinal [,lætɪ'tju:dɪnl *amer.* ,lætɪ'tu:dənl / lat·it·ud·inal] *agg.* latitudinale.

latitudinarian [,lætɪ,tju:dɪ'neərɪən *amer.* ,lætɪ,tu:dn'eərɪən / lat·it·ud·in·arian] *agg.* e *s.* (*relig.*) latitudinario.

latrine [lə'tri:n / lat·rine] *s.* latrina // *— lawyer*, (*amer. sl. mil.*) soldato che tende a lamentarsi, a sollevare questioni, piantagrane // *— rumour*, (*sl. amer.*) diceria infondata, chiacchiere di corridoio (*pl.*).

latten ['lætn / lat·ten] *s.* (*metall.*) lamierino: *— brass*, lamierino d'ottone; *white —*, lamierino di ferro stagnato, banda stagnata.

latter ['lætə* / lat·ter] *agg.* (*compar.* di *late*) posteriore; ultimo, più recente; quest'ultimo; secondo: *the — half of the century*, la seconda metà del secolo; *in these — days*, in questi ultimi tempi; ai nostri giorni // *— end*, parte finale (di vita, epoca ecc.) ◆ *pron.* l'ultimo (di due): *the former and the —*, il primo e il secondo, quello e questo, quegli e questi // **-ly** *avv.* (*form.*).

latter-day ['lætə,deɪ] *agg.* moderno, attuale, dei giorni nostri.

Latterday Saints [,lætədɪ'seɪnts *amer.* ,lætədeɪ'seɪnts] *s.pl.* (*relig.*) mormoni.

lattice ['lætɪs / lat·tice] *s.* **1** grata, griglia, traliccio, reticolo // (*edil.*) *— girder*, trave a traliccio; *— truss*, travatura reticolare // *— window*, finestra con grata; finestra con vetri piombati **2** (*mat.*, *fis.*) reticolo: *complete —*, reticolo completo // *face-centred cubic —* (o *f.c.c. —*), reticolo cubico a facce centrate // *— vibration*, vibrazione reticolare **3** (*mecc.*) (struttura a) traliccio **4** (*tess.*) graticcio; griglia.

to **lattice** ['lætɪs] *v.tr.* munire di grata, traliccio ecc.

latticed ['lætɪst / lat·ticed] *agg.* **1** munito di grata, di griglia, di traliccio, di reticolo **2** a forma di grata, griglia, traliccio, reticolo **3** (*biol.*) reticolato.

latticework ['lætɪswɜ:k / lat·tice·work] → **lattice** 3.

Latvian ['lætvɪən / Lat·vian] *agg.* e *s.* lettone.

laud [lɔ:d] *s.* (*ant.*) **1** lode: *the people standing all about / ...advaunce her laud*, (SPENSER) e la gente che sta d'intorno,... la sua lode innalza **2** *pl.* laudi.

to **laud** *v.tr.* (*antiq.*) lodare.

laudability [,lɔ:də'bɪlətɪ / laud·ab·il·ity] *s.* lodabilità.

laudable ['lɔ:dəbl / laud·able] *agg.* lodevole // **-bly** *avv.*

laudanidine ['lɔ:dənə,di:n / laud·an·id·ine] *s.* (*chim.*) laudanidina, tritopina.

laudanine ['lɔ:dəni:n / laud·an·ine] *s.* (*chim.*) laudanina.

laudanum ['lɒdnəm / laud·anum] *s.* (*chim.*) laudano.

laudation [lɔ:'deɪʃn / lauda·tion] *s.* (*non com.*) lode, encomio.

laudative ['lɔ:dətɪv / laud·at·ive] *agg.* laudativo; elogiativo.

laudator [lɔ:'deɪtə* / laud·ator] *s.* lodatore.

laudatory ['lɔ:dətərɪ *amer.* 'lɔ:dətɔ:rɪ / laud·at·ory] *agg.* laudatorio; elogiativo.

laugh [lɑ:f *amer.* læf] *s.* **1** riso; risata: *a loud —*, una risata sonora; *to break into a —*, scoppiare a ridere; *to hold back a —*, trattenere una risata; *to give a forced —*, ridere forzatamente, a denti stretti; *to have a good — about, over s.o., sthg.*, farsi una bella risata su qlcu., qlco.; *to join in the —*, partecipare all'allegria generale; *to raise a —*, divertire, destare ilarità; *to have, get the — on s.o.*, (*fam.*) ridere a spese di qlcu. **2** (*fam.*) divertimento; spasso; persona, cosa divertente: *it'd be a good — if we hid his new bike*, sarebbe un bello spasso se gli nascondessimo la bicicletta nuova; *he is a good —*, è un tipo divertente; *he did it for a —* (o *for laughs*), (*fam.*) lo fece per ridere, per scherzo // *this whole thing has become a bit of a —*, tutta questa storia è diventata un po' ridicola.

to **laugh** *v.intr.* **1** ridere: *to — at a good joke*, ridere per una barzelletta divertente; *to — (a)loud*, ridere sonoramente; *to — like a drain*, ridere fragorosamente, di gusto; *to — in a person's face*, ridere in faccia a qlcu.; *to — up one's sleeve*, ridere sotto i baffi; *I soon made him — on the wrong* (o *other*) *side of his face*, gli feci passare subito la voglia di ridere; *don't make me —!*, non farmi ridere! // *he laughs best who laughs longest*, (*prov.*) ride bene chi ride ultimo // *to be laughing all the way to the bank*, (*fig.*) guadagnare molto e facilmente // *to be laughing*, (*fam.*) essere a posto, a cavallo; *if we manage to get paid this week, we're laughing*, (*fam.*) se riusciamo a farci pagare questa settimana, siamo a cavallo **2** (*fig.*) ridere; esprimere gioia, allegria: *her eyes laughed*, le ridevano gli occhi; *laughing countryside*, campagna ridente ♦ *v.tr.* **1** esprimere ridendo: *he laughed his acceptance*, espresse la sua adesione ridendo // *to — one's head off*, schiantarsi dalle risate **2** deridere; irridere: *to — s.o. to scorn*, deridere qlcu.

□ **laugh away** *v.tr.* e *avv.* dissipare, allontanare con una risata: *she laughed away his doubts*, con una risata allontanò i suoi dubbi.

□ **laugh down** *v.tr.* e *avv.* far tacere, mettere a tacere con una risata: *he tried to protest but they laughed him down*, cercò di protestare ma tutti si misero a ridere ed egli tacque.

□ **laugh off** *v.tr.* e *avv.* buttare in ridere: *she always manages to — off embarrassing situations*, nelle situazioni imbarazzanti riesce sempre a cavarsela con spirito.

□ **laugh out of** *v.tr.* e *avv.* e *prep.* distogliere (qlcu.) da: *I was in a bad mood but she laughed me out of it*, ero di cattivo umore ma con la sua allegria me l'ha fatto passare // *to — s.o., sthg. out of court*, ridicolizzare qlco., qlcu. (mostrando l'assurdità di una pretesa ecc.).

laughable ['lɑ:fəbl *amer.* 'læfəbl / laugh·able] *agg.* **1** risibile; assurdo; ridicolo **2** ridicolo; comico; divertente // **-ness** *s.* // **-bly** *avv.*

laugher ['lɑ:fə* *amer.* 'læfə*] *s.* **1** chi ride **2** (*amer.*) vittoria facile.

laughing [lɑ:fɪŋ *amer.* 'læfɪŋ / laugh·ing] *agg.* che ride; ridente; allegro: *— eyes*, occhi ridenti // *it is no — matter*, non c'è niente da ridere ♦ *s.* riso; risata: *not so much — and talking, please*, basta con le chiacchiere e le risate, per favore // **-ly** *avv.*

laughing gas ['lɑ:fɪŋgæs *amer.* 'læfɪŋgæs] *s.* (*chim.*) gas esilarante, ossido di diazoto.

laughing jackass ['lɑ:fɪŋ'dʒækæs *amer.* 'læfɪŋ'dʒækæs] *s.* (*zool.*) → **kookaburra**.

laughingstock ['lɑ:ʃɪŋ,stɒk / laugh·ing·stock] *s.* zimbello, oggetto di scherno: *to make a — of oneself*, rendersi ridicolo.

laughter ['lɑ:ftə* *amer.* 'læftə* / laugh·ter] *s.* ▣U **1** risa (*pl.*); risata: *burst of —*, scoppio di risa; *a fit of —*, riso irrefrenabile; *roar of —*, risa fragorose; *to break* (o *to burst*) *into —*, scoppiare a ridere // *to die with —*, morire dal ridere; *to split one's sides with —*, schiantarsi dalle risate // (*psic.*) *compulsive —*, risata compulsiva **2** riso; motivo, causa di riso, gioia, allegria.

laumontite [ləʊ'mɒntaɪt / lau·mont·ite] *s.* (*min.*) laumontite.

launce [lɑ:ns] *s.* (*zool.*) ammodite.

launch[1] [lɔ:ntʃ] *s.* **1** (*mar.*) varo **2** l'alzarsi, il levarsi in volo (di uccelli) **3** lancio (*anche fig.*): *missile —*, lancio di missile; *this year sees the — of our new car on the American market*, quest'anno vede il lancio della nostra nuova automobile sul mercato americano.

to **launch**[1] *v.tr.* **1** lanciare; scagliare (*anche fig.*): *to — a missile*, lanciare un missile; *he launched himself out of the window*, si gettò dalla finestra; *to — an attack*, sferrare un attacco; *to — threats against s.o.*, lanciare minacce contro qlcu. **2** lanciare; far partire; avviare; dare inizio a: *to — a campaign, a product*, lanciare una campagna, un prodotto // (*inform.*) *to — a program*, lanciare un programma **3** (*mar.*) varare: *to — a ship*, varare una nave ♦ *v.intr.* **1** lanciarsi, scagliarsi (*anche fig.*): *he launched into a dramatic appeal*, si lanciò in un drammatico appello **2** (*mar.*) scendere in mare.

□ **launch into** *v.intr.* e *prep.* lanciarsi in, buttarsi in: *he launched into one of his usual long and boring speeches*, si buttò in uno dei suoi soliti discorsi lunghi e noiosi.

□ **launch out** *v.intr.* e *avv.* (*fam.*) imbarcarsi, buttarsi in una nuova attività: *till he was forty he worked in his father's business but then he launched out as a writer*, fino a 40 anni aveva lavorato nella ditta del padre ma a quel punto si diede alla carriera dello scrittore.

launch[2] *s.* (*mar.*) scialuppa, lancia.

launcher ['lɔ:ntʃə*] *s.* **1** dispositivo di lancio **2** catapulta **3** lanciarazzi **4** tromboncino lanciabombe.

launching ['lɔ:ntʃɪŋ / launch·ing] *s.* **1** lancio (di missile) **2** (*mar.*) varo; cerimonia del varo **3** (*fig.*) presentazione; lancio: *her — into society was a success*, il suo ingresso in società fu un successo.

launching cradle ['lɔ:ntʃɪŋ,kreɪdl] *s.* (*mar.*) invasatura (di varo).

launch(ing) pad ['lɔ:ntʃ(ɪŋ),pæd] *s.* piattaforma di lancio (*anche fig.*): *the newspaper became a — for his political career*, il giornale divenne una piattaforma di lancio per la sua carriera politica.

launch(ing) platform ['lɔ:ntʃ(ɪŋ),plæt fɔ:m] *s.* piattaforma, piazzola di lancio.

launch(ing) ramp ['lɔ:ntʃ(ɪŋ),ræmp] *s.* rampa di lancio.

launch(ing) site ['lɔ:ntʃ(ɪŋ),saɪt] *s.* postazione, poligono, base di lancio.

launching ways ['lɔ:ntʃɪŋ,weɪz] *s.* (*mar.*) vasi (dell'invasatura di varo).

to **launder** ['lɔ:ndə* / laun·der] *v.tr.* **1** lavare; lavare e stirare; fare il bucato a; pulire: *freshly laundered sheets*, lenzuola fresche di bucato **2** (*econ.*) riciclare denaro sporco: *to — money through an offshore bank*, riciclare denaro attraverso una banca offshore **3** censurare ♦ *v.intr.* **1** fare il bucato **2** essere resistente al lavaggio.

launderer ['lɔ:ndərə* / laun·der·er] *s.* lavandaio.

launderette [,lɔ:ndə'ret / laun·der·ette] *s.* lavanderia a gettone.

laundress ['lɔ:ndrɪs / laund·ress] *s.* lavandaia; donna che lava e stira.

laundromat® ['lɔ:ndrəʊmæt / laun·dro·mat] *s.* (*amer.*) lavanderia a gettone.

laundry ['lɔ:ndrɪ / laun·dry] *s.* **1** lavanderia // *— list*, (*fig. fam. amer.*) elenco lungo e particolareggiato **2** bucato **3** (*sl. amer.*) banca che si presta a riciclare denaro sporco.

laundry basket ['lɔ:ndrɪ,bɑ:skɪt] *s.* cesto della biancheria da lavare SIN. linen basket AMER. hamper.

laureate ['lɔ:rɪət / laure·ate] *agg.* coronato d'alloro // *poet —*, poeta laureato.

laureateship ['lɔ:rɪətʃɪp / laure·ate·ship] *s.* incarico di poeta laureato (in Inghilterra).

laurel ['lɒrəl] *s.* **1** (*bot.*) (*Laurus nobilis*) alloro, lauro: *— wreath*, corona di alloro **2** (*bot.*) lauroceraso → cherry-bay **3** (*gener. pl.*) (*fig.*) allori; onore; gloria; trionfo; vittoria: *to reap* (o *to win*) *—*, mietere allori; *to rest on one's laurels*, riposarsi sugli allori // *to look to one's laurels*, cercare di mantenere alta la propria reputazione.

to **laurel** *pass.p.p.* **laurelled** ['lɒrəld / laurel·led] *v.tr.* coronare d'alloro (*anche fig.*).

lauric ['lɔ:rɪk] *agg.* (*chim.*) laurico: *— acid*, acido laurico.

laurite ['lɔ:raɪt / laur·ite] *s.* (*min.*) laurite.

lauryl ['lɔ:rəl / lau·ryl] *s.* (*chim.*) laurile // *— alcohol*, alcol laurilico.

lava ['lɑ:və] *s.* lava: *— flow*, colata lavica.

lavabo [lə'veɪbəʊ / la·vabo] *pl.* **lavaboes** [lə'veɪbəʊz / la·va·boes] *s.* **1** (*eccl.*) lavacro; lavabo **2** vaschetta a muro.

lavage [læ'vɑ:ʒ / lav·age] *s.* (*med.*) lavaggio, irrigazione: *gastric —*, lavanda gastrica.

lavaret ['lævərət / la·va·ret] *s.* (*zool.*) (*Coregonus lavaretus*) lavarello.

lavatory ['lævətən *amer.* 'lævətɔ:rı / lav·at·ory] *s.* **1** toilette; gabinetto **2** (*rar.*) lavandino; lavabo.

to **lave** [leıv] *v.tr.* **1** (*poet.*) lavare; bagnare: *we / must lave our honours in these flattering streams*, (SH. Macbeth) noi dobbiamo lavare il nostro onore in queste correnti adulatrici **2** (*ant.*) versare; versare con un recipiente, un mestolo, un cucchiaio ◆ *v.intr.* (*ant.*) lavarsi, bagnarsi.

lavender ['lævəndə* / lav·en·der] *s.* **1** (*bot.*) (*Lavandula officinalis*) lavanda; (*pop.*) spigo SIN. aspic **2** fiori di lavanda **3** (colore) lavanda.

lavender-water ['lævəndə,wɔ:tə*] *s.* (acqua di) lavanda.

laver[1] ['leıvə*] *s.* (*bot.*) alga rossa commestibile.

laver[2] *s.* **1** fonte battesimale **2** (*ant. fig.*) lavacro **3** (*ant.*) bacinella; catino.

lavish ['lævıʃ / lav·ish] *agg.* **1** prodigo; generoso; liberale: *to be — with one's money*, essere prodigo del proprio denaro; *to be — of one's praise*, essere generoso di lodi **2** profuso; eccessivo; senza misura: *— expenses*, spese eccessive **3** sontuoso; ricco; lussuoso: *— hospitality*, ospitalità sontuosa // **-ly** *avv.* // **-ness** *s.*

to **lavish** *v.tr.* prodigare; profondere; spendere, dare generosamente, profusamente: *to — sthg. on s.o.*, dare generosamente qlco. a qlcu.

law [lɔ:] *s.* **1** legge: *natural —*, legge naturale; *divine —*, legge divina; *the — allows, forbids*, la legge consente, proibisce; *there is a — against bigamy*, c'è una legge contro la bigamia; *the — comes into force on Monday*, la legge entrerà in vigore lunedì; *to enforce a —*, dare applicazione a una legge; *to pass a —*, passare una legge; *to repeal a —*, abrogare una legge; *to keep the —*, osservare, rispettare la legge; *to be —*, aver forza di legge; *breach of —*, violazione di legge; *according to the —*, a norma di legge // *what he says is —*, (*fam.*) la sua parola è legge // *to lay down the —*, (*fig.*) dettar legge // *to be a — unto oneself*, fare a modo proprio // *to have one — for the rich and another for the poor*, usare due pesi e due misure // (*dir.*) *equal protection of the —*, principio di uguaglianza (della legge) // *the —*, (*sl.*) la polizia // *— enforcement agencies*, le forze dell'ordine **2** Ⓤ diritto; scienza giuridica; giurisprudenza: *criminal, civil —*, diritto penale, civile; *— in action and — in the books*, diritto applicato e diritto astratto; *— faculty*, facoltà di giurisprudenza; *— student*, studente di giurisprudenza, di legge; *— list*, annuario di giurisprudenza; *— reports*, raccolte di giurisprudenza **3** Ⓤ vie legali (*pl.*); giustizia: *to go to — against s.o.*, procedere per vie legali contro qlcu.; *to resort* (o *to have recourse*) *to the —*, ricorrere alle vie legali, alla giustizia // *to be at —*, essere in causa // *to take the — into one's own hands*, farsi giustizia da sé **4** Ⓤ professione legale; avvocatura: *— firm*, studio legale; *— society*, ordine degli avvocati; *to go in for the —*, dedicarsi all'avvocatura; *to practise —*, esercitare l'avvocatura **5** legge, principio; regola: *the laws of football*, le regole del calcio; *the laws of poetry*, le leggi della poesia; *Grimm's, Newton's —*, la legge di Grimm, di Newton; *a — of thermodynamics*, un principio della termodinamica; (*econ.*) *— of supply and demand*, legge della domanda e dell'offerta; (*econ.*) *— of markets*, legge degli sbocchi; *it was one of his laws to set aside an hour for the children*, era uno dei suoi principi riservare un'ora ai bambini.

law-abiding ['lɔ:ə,baıdıŋ] *agg.* rispettoso della legge.

law-book ['lɔ:bʊk] *s.* testo di diritto.

law-breaker ['lɔ:,breıkə*] *s.* violatore, trasgressore della legge.

law court ['lɔ:kɔ:t] *s.* tribunale.

law-day ['lɔ:deı] *s.* giorno di udienza (in tribunale).

lawful ['lɔ:fʊl / law·ful] *agg.* **1** legale; legittimo; lecito; permesso; consentito: *the — owner*, il legittimo proprietario; *a — system*, un sistema legale; *— wife*, moglie legittima; *— acts*, azioni lecite; *— debts*, crediti riconosciuti dalla legge; *— possession*, possesso legittimo; *to reach — age*, diventare maggiorenni **2** rispettoso della legge (riferito a persona) // **-ly** *avv.* // **-ness** *s.*

lawgiver ['lɔ:,gıvə* / law·giver] *s.* legislatore.

lawk(s) [lɔ:k(s)] *inter.* (*antiq.*) oh, Dio!: *— a' mercy*, Dio abbia misericordia.

lawless ['lɔ:lıs / law·less] *agg.* **1** senza legge; non regolamentato dalla legge **2** illegale **3** (*fig.*) sregolato; sfrenato // **-ly** *avv.* // **-ness** *s.*

law lord ['lɔ:,lɔ:d] *s.* giudice alla Camera dei Lord.

lawmaker ['lɔ:,meıkə* / law·maker] *s.* legislatore.

lawman ['lɔ:mən / law·man] *pl.* **lawmen** *s.* (*amer.*) sceriffo; poliziotto.

law-merchant ['lɔ:,mɜ:tʃənt] *s.* (*dir.*) diritto mercantile.

lawn[1] [lɔ:n] *s.* **1** prato (rasato) all'inglese **2** (*ant.*) radura: *ere the high Lawns appear'd / under the opening eye-lids of the morn, / we drove a-field*, (MILTON) prima che apparissero gli altopiani erbosi sotto il ciglio dischiuso dell'aurora, avanzavamo lungo il campo.

lawn[2] *s.* (tela) batista.

lawnmower ['lɔ:n,məʊə* / lawn·mower] *s.* tagliaerba, tosaerba, falciatrice per prati.

lawn party ['lɔ:n,pɑ:tı] *s.* (*amer.*) → **garden party**.

lawn sprinkler ['lɔ:n,sprıŋklə*] *s.* irrigatore (per prati).

lawny ['lɔ:nı] *agg.* erboso, a tappeto verde.

law officer ['lɔ:,ɒfısə*] *s.* **1** alto funzionario (nell'amministrazione della giustizia) **2** consulente legale della Corona **3** funzionario di polizia.

lawrencium [lɔ:'rentʃıəm / law·ren·cium] *s.* (*chim.*) laurenzio.

lawsuit ['lɔ:su:t / law·suit] *s.* causa, azione legale, processo.

lawyer ['lɔ:jə* / law·yer] *s.* avvocato, giurista, legale: *a good —*, un buon avvocato.

lax [læks] *agg.* **1** molle; fiacco; rilassato: *— discipline*, disciplina rilassata **2** trascurato, negligente; inesatto **3** (*fon.*) aperto **4** affetto da diarrea.

laxative ['læksətıv / lax·at·ive] *agg.* e *s.* lassativo.

lay[1] [leı] *agg.* **1** laico, secolare// *— brother*, *— sister*, converso, conversa // *— reader* (o *preacher*), predicatore laico **2** profano, non dotto (specialmente in legge, in medicina): *to his — mind the judge had been too hard*, ai suoi occhi di profano il giudice era stato troppo severo // (*dir.*): *— judge*, giudice non togato, laico; *— people*, giurati.

lay[2] *s.* **1** configurazione, disposizione: *— of the land*, configurazione del terreno, (*fig.*) lo stato delle cose, la situazione attuale **2** il deporre, il fare le uova: *the hens are coming into —*, le galline sono pronte per fare le uova **3** commettitura (di corde) **4** (*tip.*) disposizione (di pagine di stampa) **5** percentuale sugli utili (generalmente nella caccia alle balene) **6** prezzo **7** tana **8** (*fam. volg.*) scopata **9** (*fam. volg.*) partner sessuale.

to **lay**[2] *pass.p.p.* **laid** [leıd] *v.tr.* **1** posare, collocare; stendere, adagiare: *he laid his head on the table*, posò il capo sul tavolo; *they laid a blanket on the grass*, stesero una coperta sull'erba; *to — a cable*, stendere un cavo // *to — a mine*, posare una mina // *to — apart*, mettere da parte, serbare // *to — bare* (o *open*), mettere a nudo, rivelare // *to — oneself open*, esporsi a, prestare il fianco a // *to — a finger on*, toccare (con intenzioni ostili): *if you dare to — a finger on me I'll scream*, se ti azzardi a toccarmi con un dito mi metto a urlare // *to — hands on*, impadronirsi di, mettere le mani addosso a; (*eccl.*) imporre le mani; *I cannot — my hands upon my cap*, non riesco a trovare il mio berretto; // *to — heads together*, discutere (un piano) insieme // *to — hold of*, impadronirsi di // *to — the hounds on scent*, mettere i cani sulla traccia // *to — siege to*, porre l'assedio a // *to — s.o. under obligation* (*to s.o.*), rendere qlcu. obbligato, in debito (verso qlcu.) // *to — one's life, job on the line*, (*fam.*) mettere a repentaglio la propria vita, il proprio lavoro // *to — stress* (o *emphasis*) *on*, accentuare, dare importanza a // *to — s.o. to rest* (o *to sleep*), mettere a dormire qlcu., (*fig.*) seppellire qlcu. // *to — waste*, devastare **2** deporre (uova): *to — an egg*, deporre un uovo, (*fig. amer.*) far fiasco, fallire **3** disporre, preparare: *to — the fire*, preparare il fuoco; *to — the table*, apparecchiare la tavola; *to — a plot*, ordire una congiura // (*mar.*) *to — a course*, stabilire una rotta **4** abbattere, gettare a terra // *to — s.o. flat*, stendere, atterrare qlcu.; *to — sthg. flat*, radere al suolo qlco. // *— by the heels*, (*antiq.*) prendere in trappola: *I, just in the nick, will have the fellow laid by the heels*, (SHERIDAN) proprio nel momento propizio, avrò il tizio in trappola // *to — s.o. low*, abbattere, debilitare qlcu. **5** acquietare, calmare; abbattere; far sparire: *what can I do to — your doubts?*, cosa posso fare per dissipare i tuoi dubbi?; *to — a spirit*, esorcizzare uno spirito **6** sottoporre (fatti, informazioni) a; esporre: *to — data before s.o.*, sottoporre dei dati a qlcu. // *to — (a) claim to sthg.*, avanzare diritti su qlco.; *to — a claim to a right*, rivendicare un diritto **7** attribuire, riservare: *to — the blame on s.o.*, riversare la colpa su qlcu. // *to — sthg. at s.o.'s door*, attribuire qlco. (responsabilità, colpa ecc.) a qlcu. **8** svolgere, ambientare: *the scene is laid in Milan*, la scena si svolge a Milano **9** coprire; stendere colori, intonacare: *to — colours on a canvas*, stendere colori su una tela; *to — the floor with a carpet*, coprire il pavimento con un tappeto **10** progettare, studiare: *his plans had long been laid*, il suo piano era stato pensato a lungo **11** scommettere, fare una scommessa su; giocare (denaro): *to*

— *money on a horse*, scommettere su un cavallo; *to — a wager*, scommettere, fare una scommessa // *I'll — odds that he'll win*, scommetto che vincerà **12** (*antiq.*) infliggere (castigo); imporre (regole, tasse) **13** (*fam. volg.*) scopare, fottere **14** (*agr.*) margottare **15** (*mar.*) commettere (i trefoli di una corda) // *to — the land*, perdere di vista la terra **16** (*mil.*) puntare (un'arma da fuoco): *to — a gun*, puntare un cannone; **17** (*tip.*) disporre (le pagine per la stampa) ◆ *v.intr.* **1** deporre uova: *the hens are laying well this year*, quest'anno le galline stanno facendo tante uova **2** (*non com.*) scommettere **3** (*non com.*) dedicarsi con energia **4** (*mar.*) dirigersi.

□ **lay about** *v.intr.* e *prep.* (*fam.*) picchiare a destra e a manca: *he laid about them with a stick*, li assalì colpendo a destra e manca con un bastone.

□ **lay aside** *v.tr.* e *avv.* **1** mettere giù, posare, deporre: *he laid aside the book and closed his eyes*, posò il libro e chiuse gli occhi **2** abbandonare, mettere da parte: *he had to — aside his hobbies and study hard*, ha dovuto mettere da parte i suoi hobby e studiare sodo **3** mettere da parte (spec. denaro), risparmiare: *she has something laid aside* (o *by*) *for emergencies*, ha qualcosa da parte per gli imprevisti.

□ **lay before** *v.tr.* e *prep.* presentare, portare dinnanzi a: *new evidence will be laid before the inquiry committee*, nuove prove saranno presentate alla commissione inquirente.

□ **lay by** → to lay aside 3.

□ **lay down** *v.tr.* e *avv.* **1** deporre, mettere giù, adagiare // *to — down one's arms*, deporre le armi // *to — down one's life for...*, sacrificarsi per... **2** indicare, esporre; stabilire: *it is laid down in the regulations*, è stabilito dal regolamento // *to — down the law on sthg.*, (*fam.*) pontificare, tenere una lezione, una conferenza su qlco. **3** mettere via a stagionare (cibo, vino ecc.) **4** mettere in cantiere, in costruzione (navi ecc.) **5** (*to*) convertire in terreno da pascolo ◆ *v.intr.* distendersi, coricarsi, sdraiarsi.

□ **lay in** *v.tr.* e *avv.* fare scorta di.

□ **lay into** *v.intr.* e *prep.* (*fam.*) attaccare, buttarsi su.

□ **lay off** *v.intr.* e *prep.* smettere di (fare qlco. di spiacevole): *as soon as the master came in the boys laid off shouting*, all'entrare del maestro i ragazzi smisero di gridare; *'— off' he said*, 'smettetela', disse! ◆ *v.tr.* e *avv.* lasciare a casa (dal lavoro per crisi): *the hotel industry lays off employees during the off-season*, l'industria alberghiera lascia a casa dipendenti nella bassa stagione.

□ **lay on** *v.tr.* e *avv.* **1** fornire, dare: *we shall have electricity, water laid on next week*, la settimana prossima avremo la luce elettrica, l'acqua **2** organizzare: *next week it's their anniversary, that's why she's laying on a party*, la prossima settimana è il loro anniversario di matrimonio, ecco perché sta organizzando una festa **3** (*fam.*) esagerare, farla lunga: *we were only a few minutes late but she laid it on thick*, eravamo in ritardo solo di pochi minuti ma l'ha fatta lunga.

□ **lay out** *v.tr.* e *avv.* **1** distendere, spiegare **2** spendere: *to — out a lot of money on holidays*, spendere molto per le vacanze **3** (*fam.*) stendere, mettere k.o. SIN. to knock out **4** (*mecc.*) tracciare **5** disporre; arrangiare; impaginare (libro ecc.).

□ **lay over** *v.intr.* e *avv.* (*amer.*) fare una sosta, una fermata → to stop over.

□ **lay up** *v.tr.* e *avv.* **1** far scorta di // *to — up for oneself*, procacciarsi (guai ecc.) **2** togliere dalla circolazione (*anche fig.*): *the ship was laid up for repairs*, la nave fu messa in cantiere per riparazioni // *a bad flu laid him up for a month*, una brutta influenza lo ha tolto dalla circolazione per un mese.

lay[3] *s.* (*letter.*) lai: *when lay of hopeless love, or glory won*, (W. SCOTT) quando vincevan canti di gloria e di disperato amor.

lay[4] *pass.* di to **lie**[2].

layabout ['leɪə,baʊt / lay·about] *s.* (*fam.*) fannullone, perdigiorno.

lay-by ['leɪbaɪ] *s.* **1** piazzuola (lungo una strada); punto di sbarco (lungo un fiume) **2** (*antiq.*) economie, risparmi.

lay-days ['leɪdeɪz] *s.pl.* (*comm.*) stallie, giorni di stallia.

layer ['leɪə*] *s.* **1** strato: *a — of clay*, uno strato di argilla; *layers of bureaucracy*, i livelli della burocrazia; *— cake*, dolce a strati **2** (*geol.*) strato di roccia; giacimento; letto **3** (*agr.*) margotta, propaggine **4** chi pone, depone **5** gallina ovaiola: *is this hen a good —?*, fa molte uova questa gallina? **6** (*mil.*) puntatore **7** (*fot.*) strato (di emulsione) **8** allibratore **9** *pl.* zone di grano allettato.

to **layer** *v.tr.* **1** fare uno strato di **2** (*agr.*) propagginare, margottare ◆ *v.intr.* **1** stratificarsi **2** (*agr.*) prostrarsi, allettarsi (di grano); riprodursi per propaggine.

layering ['leɪərɪŋ / layer·ing] → **laying**.

layette [leɪ'et / lay·ette] *s.* corredino da neonato.

lay figure ['leɪ,fɪgə*] *s.* **1** (*art.*) manichino **2** fantoccio (*anche fig.*).

laying ['leɪɪŋ / lay·ing] *s.* **1** strato **2** (*tecn.*) posa, messa in opera **3** (*edil.*) rinzaffo **4** (*zool.*) deposizione delle uova; covata **5** (*mil.*) puntamento.

laying-hook ['leɪɪŋ,hʊk] *s.* (*mil.*) manubrio di puntamento.

laying-up [,leɪɪŋ'ʌp] *s.* rimessaggio (di barche, roulotte).

layman ['leɪmən / lay·man] *pl.* **laymen** ['leɪmen] *s.* **1** laico, secolare **2** (*fig.*) profano.

lay-off ['leɪɒf] *s.* **1** (*econ.*) sospensione; licenziamento (per crisi) **2** (*estens.*) sosta: *the champion had a short — from training*, il campione smise d'allenarsi per un breve periodo.

layout ['leɪaʊt / lay·out] *s.* **1** disposizione, sistemazione; esposizione; tracciato, schema, pianta (di città, giardino ecc.): *general —*, disegno, piano di massima **2** (*tip.*) impaginazione: *— character*, carattere d'impaginazione // *— man*, impaginatore **3** (*inform.*) disposizione, tracciato, organizzazione (di nastro, memoria); implementazione (in memoria) **4** (*amer.*) organizzazione (di persone) **5** (*amer.*) casa; sistemazione abitativa.

layover ['leɪəʊvə* / lay·over] *s.* (*spec. amer.*) tappa; sosta, fermata (durante un viaggio) SIN. stopover.

layperson ['leɪpɜ:sn / lay·per·son] *s.* **1** laico, secolare **2** (*estens.*) profano.

laywoman ['leɪwʊmən / lay·wo·man] *pl.* **laywomen** ['leɪwɪmɪn] *s.* **1** laica, secolare **2** (*estens.*) profana.

lazar ['læzə*] *s.* (*ant.*) lazzaro, straccione; lebbroso // *— house*, lebbrosario, lazzaretto.

lazaret [,læzə'ret / laz·aret] *s.* **1** (*non com.*) lazzaretto **2** (*mar.*) interponte.

lazaretto [,læzə'retəʊ / laz·ar·etto] *pl.* **lazarettos** *s.* **1** lazzaretto **2** (*mar. non com.*) interponte.

laze [leɪz] *s.* (*fam.*) ozio; momento di relax: *I'm going to have a long — in the armchair*, me ne starò a oziare in poltrona per un bel po'.

to **laze** *v.intr.* fare il pigro, trascorrere il tempo in ozio: *he's been lazing all day*, ha ciondolato tutto il giorno ◆ *v.tr.* trascorrere in ozio, pigramente: *to — away one's life*, trascorrere la vita pigramente.

lazily ['leɪzɪlɪ / laz·ily] *avv.* pigramente, indolentemente.

laziness ['leɪzɪnɪs / lazi·ness] *s.* pigrizia, indolenza, poltroneria.

lazuli ['læzjʊlaɪ / laz·uli] *s.* (*min.*) lapislazzuli.

lazulite ['læzjʊlaɪt / laz·ul·ite] *s.* (*min.*) lazulite.

lazurite ['læzəraɪt / laz·ur·ite] *s.* (*min.*) lazurite.

lazy ['leɪzɪ] *agg.* pigro, indolente: *a — fellow*, un fannullone; *to be — over one's work*, essere pigro nel proprio lavoro; *a — river*, un fiume lento // *— weather*, tempo che provoca indolenza // *— Susan*, (*fam. amer.*) vassoio girevole (a centro tavola) // (*med.*) *— eye*, ambliopia.

lazybones ['leɪzɪbəʊnz / lazy·bones] **lazy-boots** ['leɪzɪbu:ts] *s.invar.* (*fam.*) pigrone, poltrone, scansafatiche.

L-driver ['el,draɪvə*] *s.* (guidatore) principiante.

lea[1] [li:] *s.* (*poet.*) prato; prateria; campo.

lea[2] *agg.* (*agr.*) a maggese ◆ *s.* **1** (*agr.*) maggese **2** (*ant.*) prato, pascolo: *the lowing herd winds slowly o'er the lea*, (T. GRAY) la mugghiante mandria si snoda lentamente attraverso i campi.

lea[3] *s.* matassa (misura di lunghezza per filati di lino = 300 yarde, e di cotone o di seta = 120 yarde).

leach [li:tʃ] *s.* (*chim.*) **1** lisciviazione **2** lisciviatore **3** soluzione ottenuta dalla lisciviazione.

to **leach** *v.tr.* **1** (*chim.*, *geol.*, *miner.*) lisciviare **2** (*edil.*) percolare.

leaching ['li:tʃɪŋ / leach·ing] *s.* (*chim.*, *miner.*) lisciviazione.

lead[1] [led] *s.* **1** piombo: *hard —*, piombo all'antimonio, piombo duro; *— mine*, miniera di piombo; *— shot*, pallini di piombo; *— alloy*, lega di piombo; *— ore*, minerale di piombo; *— coating*, impiombatura // (*chim.*): *— acetate*, acetato di piombo; *— monoxide*, litargirio // *an ounce of —*, una pallottola // *to go down like a — balloon*, (*fam.*) essere un fallimento totale (di idea, tentativo ecc.) **2** grafite; mina per matite **3** (*mar.*) (*sounding*) —, piombo per scandaglio: *to heave the —*, scandagliare **4** *pl.* liste di piombo (di vetrate istoriate); lamiere di piombo (per tetti) // *the Leads of Venice*, (*st.*) i Piombi di Venezia **5** (*tip.*) interlinea.

to **lead**[1] *v.tr.* **1** piombare; rivestire di piombo **2** (*tip.*) interlineare ◆ *v.intr.* incrostarsi di piombo (della canna di armi da fuoco).

lead[2] [li:d] *s.* **1** comando, guida; direzione; posizione di testa: *to follow s.o.'s —*, lasciarsi guidare da qlcu.; *to give s.o. a —*, instradare qlcu.; *to be in the —*, essere al comando, in testa; (*fig.*) essere all'avanguardia; *to take the —*, passare alla guida, in testa; prendere il comando (*anche sport*); *Australia went into the — in the second half*, l'Australia è passata in vantaggio nel secondo tempo; *to take the — in a conversation*, (*fig.*) tener banco // *— guitar*, prima chitarra; *— violin*, primo violino; *— singer*, vocalist, cantante (di un gruppo musicale) **2** vantaggio: *Tottenham have a two goal —*, il Tottenham ha due goal di vantaggio **3** guinzaglio: *dogs must be kept on a —*, i cani devono essere tenuti al guinzaglio **4** traccia, indizio: *the police couldn't get a good — to the case*, la polizia non trovava un solido indizio che permettesse di risolvere il caso **5** (*teatr.*, *cinem.*) parte principale; primo attore // *juvenile —*, primo attore giovane **6** (*carte*) mano: *whose — is it?*, chi è di mano?; *your —!*, sei di mano tu! **7** (*elettr.*) filo elettrico, conduttore isolato; anticipo di fase // (*rad.*) *down —*, coda (d'antenna) **8** (*giornalismo*) titolo principale (di una pagina); paragrafo introduttivo a una notizia // *— (article)*, articolo principale; *front page —*, articolo principale di prima pagina **9** (*fin.*) anticipo **10** corso d'acqua artificiale (per mulini); canale fra i ghiacci **11** (*miner.*) filone; deposito di sabbia aurifera (sul letto di un fiume) **12** (*mecc.*) passo (di vite); processione // *— nut*, madrevite; *— screw*, vite madre.

to **lead**[2] *pass.p.p.* **led** [led] *v.tr.* **1** condurre, guidare; capeggiare; dirigere: *the lights led me to the house*, le luci mi guidarono alla casa; *the party is led by a woman*, il partito è capeggiato da una donna; *to — s.o. by the hand*, condurre qlcu. per mano; *to — the dance*, condurre la danza; *to — an assault, an expedition*, guidare un assalto, capeggiare una spedizione; *to — an orchestra*, dirigere un'orchestra; *to — s.o. to the altar*, condurre qlcu. all'altare; *to — the way*, mostrare il cammino, indicare la strada; (*fig.*) guidare // *to — the field*, detenere il primato, essere al primo posto (in un determinato campo, settore); *Italy leads the field in the fashion business*, l'Italia è al primo posto nel settore della moda // *to — (s.o.) astray*, sviare (qlcu.) // *to — s.o. a (merry) dance*, (*fig.*) dar del filo da torcere a qlcu. // *to — s.o. by the nose*, menare qlcu. per il naso // *to — s.o. up the garden path*, (*fam.*) ingannare qlcu. **2** guidare (un cieco) per mano; condurre (un cavallo) per la briglia; tenere (un cane) al guinzaglio **3** (IV) indurre a, spingere a: *he led me to suppose that...*, mi indusse a supporre che...; *he was led into vice*, fu spinto al vizio; *to — s.o. into temptation*, indurre qlcu. in tentazione **4** trascorrere, passare (il tempo): *they — a miserable life*, conducono una vita miserabile; *to — a double life*, condurre una doppia vita **5** (*carte*) aprire: *he led the ace of hearts*, aprì con l'asso di cuori ◆ *v.intr.* **1** fare strada, andare avanti per primo; condurre: *Paul led and we followed him*, Paul andava avanti e noi lo seguivamo **2** condurre, portare: *door that leads into the garden*, porta che dà sul giardino; *where does this street — to?*, dove conduce questa strada?; *his advice led to disaster*, i suoi consigli portarono al fallimento // *all roads — to Rome*, tutte le strade portano a Roma **3** (*sport*) condurre, essere in testa, in vantaggio: *Oxford led by two lengths*, conduceva Oxford per due lunghezze // (*boxe*) *to — with a left hook*, attaccare con un gancio di sinistro **4** (*elettr.*) essere in anticipo **5** (*carte*) aprire, essere di mano.

□ **lead in** *v.intr.* e *avv.* introdurre, aprire (discorso ecc.).

□ **lead off** *v.intr.* e *avv.* incominciare, dare il via: *at the concert she led off with a folksong*, diede il via al concerto, aprì il concerto con una canzone folk.

□ **lead on** *v.tr.* e *avv.* **1** (*fam.*) ingannare, prendere in giro: *he didn't realize they were leading him on*, non si accorse che lo stavano prendendo in giro **2** portare a (fare qlco. di negativo); circuire: *she led him on to betray the secret*, l'ha indotto a tradire il segreto; *they led him on until he had spent all his money*, l'hanno circuito finché ha speso tutto il suo denaro.

□ **lead (up) to** *v.intr.* e *prep.* condurre a, portare a, risultare in: *the argument led (up) to his resignation*, la discussione portò alle sue dimissioni; *the years leading up to the war*, gli anni in cui maturò la guerra.

leaded ['ledɪd] *agg.* **1** piombato **2** (*tip.*) interlineato.

leaden [ledn] *agg.* **1** di piombo **2** (*fig.*) pesante; inerte, tardo: *with — heart*, con animo greve, oppresso **3** plumbeo (di colore).

leader ['li:də*] *s.* **1** leader, capo, guida, comandante; dirigente; capopartito: *— of the opposition in the House of Commons*, capo dell'opposizione alla Camera dei Comuni; *Manchester are the current leaders in* (o *of*) *the championship*, il Manchester è attualmente in testa alla classifica del campionato // (*comm.*) *market —*, prodotto leader (sul mercato); azienda, impresa leader **2** avvocato principale (in una causa) **3** (*sport*) capitano (di una squadra) **4** (*mus.*) primo violino; (*amer.*) direttore d'orchestra **5** (*ippica*) leader, cavallo di testa **6** (*anat.*) tendine **7** (*giornalismo*) editoriale, articolo di fondo // *— writer*, editorialista **8** (*tip.*) puntini di guida **9** (*arch.*) pluviale **10** (*ind. miner.*) vena secondaria **11** (*mecc.*) conduttore **12** (*fot.*, *cinem.*) linguetta iniziale (di pellicola) **13** (*bot.*) germoglio terminale.

leaderless ['li:dəlɪs / leader·less] *agg.* senza capo, senza guida.

leadership ['li:dəʃɪp / lead·er·ship] *s.* **1** leadership, guida; direzione; comando **2** egemonia, supremazia; primato **3** attitudine al comando, capacità di dirigere.

lead foot ['ledfʊt] *s.* (*fam. amer.*) automobilista che ama guidare veloce.

lead-glance ['ledglɑ:ns *amer.* 'ledglæns] *s.* (*sl. miner.*) galena.

lead-in ['li:dɪn] *s.* **1** introduzione, presentazione **2** (*rad.*) discesa d'antenna ◆ *agg.* **1** introduttivo; preparatorio, preliminare: *there's a — time of six months* c'è un periodo preparatorio di sei mesi **2** (*elettr.*) adduttore.

leading[1] ['ledɪŋ / lead·ing] *s.* **1** impiombatura **2** lavoro in piombo.

leading[2] ['li:dɪŋ] *agg.* **1** dominante, sovrastante; principale; primo: *the — surgeon in Birmingham*, il primo chirurgo di Birmingham; *to play a — part in an affair*, avere una parte dominante in un affare // *— man*, *— lady*, primo attore, prima attrice (in film, commedia ecc.) // (*mus.*) *— note*, (nota) sensibile // (*dir.*): *— case*, importante decisione giudiziale che crea precedente; *— question*, domanda insidiosa, allusiva // (*econ.*) *— indicators*, indicatori di tendenza **2** (*inform.*) in alto a sinistra: *— position*, posizione iniziale ◆ *s.* **1** guida; direzione **2** (*fig.*) esempio; influenza.

leading edge ['li:dɪŋ,edʒ] *s.* **1** (*aer.*) bordo d'attacco, d'entrata **2** (*inform.*) bordo in avanti (di schede, documenti ecc.); (IBM) bordo di entrata.

leading light ['li:dɪŋlaɪt *nel sign.* 2 ,li:dɪŋ'laɪt] *s.* **1** fanale di allineamento **2** (*fig.*) persona influente.

leading-power ['li:dɪŋ,paʊə*] *s.* forza motrice.

leading-rein ['li:dɪŋreɪn] *s.* briglia.

leading-strings ['li:dɪŋstrɪŋz] *s.pl.* dande; bretelle per sorreggere i bambini.

lead-in wire [,li:d'ɪn,waɪə*] *s.* (*elettr.*) capocorda.

lead-line ['ledlaɪn] *s.* (*mar.*) scandaglio a sagola.

lead-paint ['led,peɪnt] *s.* (*chim.*) minio.

lead-pipe cinch ['led,paɪp'sɪntʃ] *s.* (*fam. amer.*) certezza; fatto inevitabile.

lead poisoning [,led'pɔɪznɪŋ] *s.* (*med.*) saturnismo.

leadsman ['ledzmən / leads·man] *pl.* **leadsmen** *s.* (*mar.*) scandagliatore.

lead time ['li:d,taɪm] *s.* **1** (*amm.*, *comm.*) tempo di risposta **2** (*inform.*) ritardo.

leady ['ledɪ] *agg.* simile al piombo, plumbeo.

leaf [li:f] *pl.* **leaves** [li:vz] *s.* **1** foglia; fogliame, foglie (*pl.*): *many trees shed their leaves in autumn*, molti alberi perdono le foglie in autunno; *to be in —*, avere le foglie; *to come into —*, mettere le foglie **2** foglio: *a book with a hundred pages has fifty leaves*, un libro di cento pagine ha cinquanta fogli // *to take a — out of s.o.'s book*, (*fig.*) seguire l'esempio di qlcu. // *to turn over a new —*, (*fig.*) voltare pagina, cambiare vita, cominciare da capo **3** (*metall.*) foglia, lamina sottile **4** prolunga (di tavolo); ribalta; battente (di porta) **5** (*mecc.*) paletta (di ruota a palette); ala (di pignone).

to **leaf** *v.intr.* **1** (*non com.*) mettere le foglie, fogliare, frondeggiare **2** sfogliare: *to — through a book*, sfogliare un libro.

leafage ['li:fɪdʒ / leaf·age] *s.* (*bot.*) fogliame.

leaf blade ['li:fbleɪd] *s.* (*bot.*) lamina fogliare.

leafbud ['li:fbʌd / leaf·bud] *s.* germoglio (di foglia), gemma fogliare.

leaf-curl ['li:fkɜ:l] *s.* (*bot.*) accartocciamento (fogliare).

leaf-green ['li:fgri:n] *s.* clorofilla.

leafiness ['li:fɪnɪs / leafi·ness] *s.* (*bot.*) ricchezza di fogliame.

leaf-insect ['li:f,ɪnsekt] *s.* (*zool.*) fillio.

leafless ['li:flɪs / leaf·less] *agg.* senza foglie; sfrondato // **-ness** *s.*

leaflet ['li:flɪt / leaf·let] *s.* **1** (*bot.*) fogliolina **2** volantino (pubblicitario), manifestino, depliant.

to **leaflet** *v.tr.* e *intr.* volantinare, fare del volantinaggio: *we leafletted every house in the week before the election*, distribuimmo volantini in ogni casa nella settimana precedente le elezioni.

leaf mould ['li:f,məʊld] *s.* (*bot.*) pacciame.

leaf spring ['li:f,sprɪŋ] *s.* (*mecc.*) molla a balestra.

leaf-stalk ['li:fstɔ:k] *s.* (*bot.*) picciolo.

leaf-table ['li:f,teɪbl] *s.* tavolo allungabile.

leafy ['li:fɪ] *agg.* coperto di foglie, frondoso, fronzuto.

league¹ [li:g] *s.* **1** lega, associazione, unione; fazione: *the League of Nations*, la Società delle Nazioni; *to be in — with*, essere in combutta con **2** (*sport*) lega, federazione: *the football —*, la lega calcio // *— table*, classifica (di campionato) // *major —*, (*amer.*) massima divisione **3** (*fam.*) categoria, classe; livello: *they're not in the same — as us*, non sono del nostro livello, alla nostra altezza; *we're out of our —*, non siamo all'altezza.

to **league**¹ *v.tr.* (far) alleare, far lega con ◆ *v.intr.* allearsi, formare una lega.

league² *s.* lega: *nautical —*, lega marina (= 5,56 km); *statute —*, lega terrestre (= 4,83 km).

leaguer¹ ['li:gə*] *s.* (*non com.*) alleato, membro di lega, leghista.

leaguer² *s.* (*mil. non com.*) campo d'assedio; esercito d'assedio; assedio: *the best leaguer, that ever I beheld*, (BEN JONSON) il miglior assedio che abbia mai visto.

leak [li:k] *s.* **1** fessura; crepa, apertura; (*mar.*) falla: *to spring a —*, aprire una falla **2** perdita, fuoriuscita (di liquidi ecc.); fuga (di gas); (*elettr.*) dispersione: *— detector*, rivelatore di perdite; (*aer.*) *— finder*, cercafughe **3** (*fig.*) rivelazione, fuga (di notizie, segreti ecc.): *security —*, una fuga di notizie top secret, riservatissime **4** (*sl.*) pisciata: *to have* (o *to take*) *a —*, (*fam.*) fare la pipì **5** (*amer.*) informatore (della stampa).

to **leak** *v.intr.* **1** perdere, colare, fare acqua; lasciar uscire un liquido, un gas; fuoriuscire, infiltrarsi (di liquido): *a leaking tap*, un rubinetto che gocciola, che perde; *the boat is leaking*, la barca fa acqua; *the roof leaked*, entrava acqua dal tetto **2** (*fig.*) trapelare (di notizie, segreti ecc.): *the news leaked that they would marry in the autumn*, era trapelata la notizia che si sarebbero sposati in autunno ◆ *v.tr.* **1** perdere (liquidi, gas ecc.) **2** (*fig.*) far trapelare (notizie ecc.): *he leaked the contents of the report to the press*, rivelò alla stampa il contenuto del rapporto.

□ **leak out** *v.intr.* e *avv.* spandersi, trapelare (di notizie, informazioni, segreti ecc.): *the news has leaked out*, la notizia è trapelata.

leakage ['li:kɪdʒ / leak·age] *s.* **1** colatura; scolo; perdita, fuoriuscita (di liquidi); fuga (di gas) **2** (*chim.*) fuga, dispersione; infiltrazione **3** (*fig.*) il trapelare, fuga (di notizie) **4** perdita di merce (liquida) durante il trasporto e l'immagazzinamento; sfrido; colaggio **5** (*comm.*) sconto per deterioramento, calo, perdita di merce.

leakiness ['li:kɪnɪs / leaki·ness] *s.* **1** presenza di fessure, di falle **2** il perdere, lasciar uscire (da fessura, falla) **3** (*fig.*) inaffidabilità (dei sistemi di sicurezza).

leaky ['li:kɪ] *agg.* **1** che cola; che perde, che fa acqua **2** (*fig.*) chiacchierone, che fa trapelare notizie, che non sa tenere segreti.

leal [li:l] *agg.* (*scoz.*) leale; onesto.

lean¹ [li:n] *s.* inclinazione, pendenza.

to **lean**¹ *pass.p.p.* **leaned** [li:nd] **leant** [lent] *v.intr.* **1** pendere; inclinarsi, piegarsi, chinarsi: *the plants leant in the wind*, le piante si piegavano al vento // *to — forward*, piegarsi, chinarsi in avanti // *to — forward in the saddle*, (*fam. amer.*) non star più nella pelle, non vedere l'ora // *to — over*, piegarsi, chinarsi di lato; sporgersi **2** appoggiarsi: *don't — against that wall*, non appoggiarti a quella parete; *she leaned upon my arm*, si appoggiò al mio braccio ◆ *v.tr.* **1** (*non com.*) inclinare, piegare, chinare **2** appoggiare: *he leant the spade (up) against the wall*, appoggiò il badile contro il muro.

□ **lean on, upon** *v.intr.* e *prep.* **1** dipendere da, appoggiarsi a (per consiglio, aiuto ecc.): *he leaned on his friend's advice*, si affidò al consiglio dell'amico **2** (*fam.*) fare pressione su (in modo violento o minaccioso); intimidire.

□ **lean out** *v.intr.* e *avv.* sporgersi: *she leaned out of the window*, si sporse dalla finestra.

□ **lean towards** *v.intr.* e *prep.* tendere a, avere un'inclinazione, propendere per: *he generally leans towards fatalism*, tende a essere fatalista.

lean² *agg.* **1** magro, snello, asciutto: *to grow —*, dimagrire // *— body mass*, peso corporeo senza grassi **2** magro, senza grasso: *— oil*, olio magro; *— mixture*, miscela povera, magra **3** povero, improduttivo, sterile: *— crop*, raccolto scarso; *— years*, anni di carestia **4** (*fig.*) snello, sciolto, agile: *I want a — organization*, voglio un'organizzazione agile, scattante; *a — style*, uno stile asciutto // *— and mean*, (*fam. amer.*) sfrenatamente ambizioso ◆ *s.* la parte magra (della carne) // **-ly** *avv.* // **-ness** *s.*

leaning ['li:nɪŋ / lean·ing] *agg.* pendente; inclinato // *the — tower of Pisa*, la torre pendente di Pisa ◆ *s.* **1** l'appoggiarsi, l'atto di appoggiarsi **2** (*fig.*) inclinazione, propensione: *he's got artistic leanings*, ha predisposizione per l'arte; *that newspaper had a — towards socialism*, quel giornale era di tendenza socialista.

leant *pass.p.p.* di to **lean**¹.

lean-to ['li:n'tu:] *agg.* a una sola falda (di tetto) ◆ *s.* **1** tetto a una falda; tettoia **2** locale con tale copertura.

leap [li:p] *s.* **1** salto, balzo: *a — forward*, un balzo in avanti; *at a —*, con un salto; *to take* (o *to make*) *a —*, spiccare un salto // *a — in the dark*, (*fig.*) un salto nel buio // *a — of the imagination*, (*fig.*) uno sforzo di immaginazione **2** (*fig.*) cambiamento repentino; aumento improvviso: *a — in prices*, un improvviso aumento dei prezzi **3** monta (di animali) **4** magra (di fiumi); salto d'acqua **5** (*mus.*) intervallo.

to **leap** *pass.p.p.* **leapt** [lept] amer. **leaped** [li:pt] *v.intr.* **1** balzare, lanciarsi; saltare: *to — for joy*, saltare dalla gioia; *to — to one's feet*, balzare in piedi; *to — on s.o.*, saltare addosso a qlcu.: *he leapt into the car and drove away*, saltò in macchina e se ne andò // *to — over sthg.*, scavalcare con un salto qlco. // *to — about*, saltellare qua e là // *to — out*, uscire con un balzo // *to — up*, balzare in piedi; (*fig.*) sussultare: *to — up with indignation*, sussultare per l'indignazione // *to — to mind*, venire in mente // *look before you —*, (*fig.*) rifletti prima di agire // *to — to s.o.'s defence*, accorrere in difesa di qlcu. // *the truth just leaps off the page*, la verità balza agli occhi // *to — from one topic to another*, (*fig.*) saltare di palo in frasca **2** (*fig.*) sussultare; battere forte (di cuore) ◆ *v.tr.* **1** far saltare: *to — a horse over a fence*, far saltare un cavallo al di là di una staccionata **2** saltare; scavalcare con un salto: *the rabbit leapt the wall*, il coniglio saltò il muretto **3** (*zool.*) montare, coprire.

□ **leap at** *v.tr.* e *prep.* accettare al volo, senza indugi: *he leapt at the offer of a year in Japan*, accettò senza indugi l'offerta di passare un anno in Giappone.

leap day ['li:pdeɪ] *s.* il 29 febbraio, giorno intercalare.

leapfrog ['li:pfrɒg / leap·frog] *s.* (*gioco*) cavallina.

to **leapfrog** *v.intr.* giocare alla cavallina ◆ *v.tr.* saltare (gradi, livelli intermedi): *he leapfrogged two years and started university at sixteen*, saltò due anni e iniziò l'università a sedici anni.

leapfrogging ['li:pfrɒgɪŋ / leap·frog·ging] *s.* rincorsa dei prezzi, dei salari // *— pay demands*, rivendicazioni salariali a catena.

leap-tick ['li:ptɪk] *s.* (*amer.*) materasso (per acrobati, pagliacci e saltimbanchi).

leap year ['li:pjɜ:* *amer.* 'li:pjɪə*] *s.* (*astr.*) anno bisestile.

to **learn** [lɜ:n] *pass.p.p.* **learnt** [lɜ:nt] **learned** [lɜ:nd] *v.tr.* **1** imparare; studiare: *to — a lesson*, studiare una lezione; *to — to write*, imparare a scrivere; *she was learning French*, studiava il francese // *to — how to do sthg.*, imparare a fare qlco. // *to — one's* (o *the*) *lesson*, (*fig.*) imparare la lezione // *to — (off) by heart*, imparare a memoria **2** rendersi conto di, che: *she must — that she isn't a child anymore*, deve rendersi conto che non è più una bambina **3** (*form.*) venire a sapere che: *on enquiring, I learnt that...*, informandomi sono venuto a sapere che... **4** (*sl.*) servire di lezione a: *that'll — you*, ti servirà di lezione // *I'll — you!*, ti darò una lezione! ◆ *v.intr.* **1** imparare; acquisire conoscenza, abilità; studiare; istruirsi: *he was learning slowly*, imparava adagio; *she's learning to be a computer programmer*, sta studiando per diventare programmatrice di computer; *to — from one's mistakes*, imparare dai propri errori **2** (*form.*) venire a sapere, sentir dire: *I learnt of his death the other day*, venni a sapere della sua morte l'altro giorno.

learned ['lɜ:nɪd] *agg.* **1** dotto, istruito, erudito: *a — man*, un uomo colto; un (uomo) dotto, erudito; *a — work*, un'opera dotta // *my — friend*, onorevole collega **2** per specialisti, per un livello di studi avanzato: *a — journal*, una rivista per specialisti // **-ly** *avv.* // **-ness** *s.*

learner ['lɜ:nə* / learn·er] *s.* chi impara; scolaro; allievo; apprendista: *— driver*, allievo di scuola guida // *classes for slow learners*, classi differenziate.

learning ['lɜ:nɪŋ / learn·ing] *s.* **1** cultura; erudizione; sapere; istruzione: *branch of —*, ramo del sapere // *the new —*, (*st.*) l'Umanesimo **2** apprendimento: *— by doing*, apprendimento mediante l'esperienza; *— disability*, difficoltà di apprendimento; (*inform.*) *machine —*, istruzione assistita dal computer.

learnt *pass.p.p.* di to **learn**.

lease¹ [li:s] *s.* **1** contratto d'affitto; locazione (di terra, fabbricato): *on —*, in affitto: *he holds the land on —*, ha il terreno in affitto **2** (*dir., fin.*) contratto di leasing: *finance —*, leasing finanziario, locazione finanziaria; *operating —*, leasing operativo, locazione operativa **3** durata, termine (di contratto) // *a new — of life*, (*fig.*) nuove prospettive di vita **4** (*ant.*) termine: *I know this being's lease / my fancy to its utmost blisses spreads*, (KEATS) conosco il termine di questo mio essere che dispiega la mia fantasia fino al culmine della sua gioia.

to **lease**[1] *v.tr.* affittare, prendere in affitto // *to* — (*out*), affittare, dare in affitto // *to* — *back*, praticare il leasing immobiliare.

lease[2] *s.* (*tess.*) invergatura, incrocio (dei fili d'ordito): — *bar*, bacchetta d'invergatura, verga.

leaseback [ˈli:s,bæk / lease·back] *s.* (*fin.*) leasing immobiliare.

leasehold [ˈli:shəʊld / lease·hold] *s.* **1** proprietà in affitto **2** durata di un contratto di affitto.

leaseholder [ˈli:s,həʊldə* / lease·holder] *s.* locatario.

leash [li:ʃ] *s.* (*form.*) guinzaglio; legaccio: *to keep a dog on the* —, tenere un cane al guinzaglio; *to let a dog off the* —, lasciare un cane libero (dal guinzaglio); *she keeps her husband on a* —, tiene il marito al guinzaglio.

to **leash** *v.tr.* tenere, legare al guinzaglio.

leasing (agreement) [ˈli:sɪŋəˈgri:mənt] **leasing (arrangement)** [ˈli:sɪŋəˈreɪndʒmənt] *s.* (*solo sing.*) (*dir.*, *fin.*) locazione finanziaria, leasing; attività consistente nel concedere contratti di leasing: *to run a copier under a* — *arrangement*, avere una fotocopiatrice in leasing.

least [li:st] *agg.* (superl. di *little*) il più piccolo, il minimo: *he did not have the* — *chance*, non ebbe la minima opportunità; *Mary is not the* — *bit musical*, Maria non ha alcuna sensibilità musicale; *there wasn't the* — *wind*, non c'era un alito di vento; *I don't have the* — *idea of how to translate this word*, non ho la minima idea di come tradurre questa parola // (*mat.*): — *common multiple*, minimo comune multiplo; — *upper bound*, minimo limite superiore; — *common denominator*, minimo comune denominatore // (*fis.*) — *action principle*, principio di minima azione ◆ *s.* (*the*) —, il più piccolo, il minimo, il meno: *not in the* — (*degree*), per niente; *it does not matter in the* —, non importa affatto, per niente; *you can at* — *try*, potete per lo meno provare; *to say the* — (*of it*), per non dir di più; *the* — *you can do is get there on time*, il minimo che tu possa fare è arrivare là puntuale // *last but not* —, ultimo ma non meno importante ◆ *avv.* (*the*) —, (il) meno; minimamente: *the* — *happy*, il meno felice; — *of all*, meno di tutti; tanto meno; *don't tell anyone*, — *of all your sister*, non lo dire a nessuno, e tanto meno a tua sorella; *he deserves it* — *of all*, egli lo merita meno di tutti; *it takes at* — *20 minutes to get to the bus stop*, ci vogliono almeno 20 minuti per arrivare alla fermata dell'autobus; *not in the* —, per niente, affatto.

leastways [ˈli:stweɪz / least·ways] **leastwise** [ˈli:stwaɪz / least·wise] *avv.* (*fam.*) in ogni caso; o per lo meno.

leat [li:t] *s.* gora; canale di derivazione; condotto.

leather [ˈleðə*] *s.* **1** cuoio; pelle: — *gloves*, guanti di pelle; *fancy* — *goods*, articoli di pelletteria; — *shoes*, scarpe di pelle // — *bottle*, otre // *dressed* — (o *tanned* —), cuoio conciato; *imitation* —, finta pelle; *Morocco* —, marocchino; *patent* —, coppale, vernice; *undressed* — (o *rough* —), cuoio greggio; *white* —, cuoio allumato // *to ride hell for* —, correre a spron battuto **2** oggetto (o parte di esso) in cuoio, pelle; cinghia (di staffa); cuoio (di stecca da biliardo); pelle di daino (per pulire) ecc. **3** *pl.* pantaloni, gambali (di cuoio) // (*racing*) *leathers*, tuta da motociclista **4** (*sl.*) palla da cricket, pallone da football **5** (*sl.*) pelle, epidermide **6** (*sport amer.*) guantoni da boxe **7** (*sl.*) indumenti in pelle, cuoio: *a* — *man*, un uomo in abiti di pelle.

to **leather** *v.tr.* **1** applicare cuoio, pelle a; rilegare in pelle; rivestire di pelle // *to become leathered*, indurirsi **2** (*sl.*) conciare per le feste, picchiare di santa ragione.

leather-back [ˈleðəbæk] *s.* (*zool.*) (*Dermochelys coriacea*) dermochelide coriacea.

leather-bound [ˈleðəbaʊnd] *agg.* rilegato in pelle.

leather-cloth [,leðəˈklɒθ] *s.* similpelle, finta pelle; tela cerata.

leatherette® [,leðəˈret / leath·er·ette] *s.* finta pelle, similpelle.

leather-head [ˈleðəhed] *s.* **1** (*mil.*) testa di cuoio **2** (*fig. fam.*) testa di legno, testa di rapa.

leathering [ˈleðərɪŋ / leath·er·ing] *s.* (*sl.*) sacco di legnate, di botte: *I gave him a right* —, gli ho dato un sacco di botte.

leather-jacket [ˈleðə,dʒækɪt] *s.* (*zool.*) **1** (*Balistes capriscus*) pesce balestra **2** larva della tipula.

leathern [ˈleðən / leath·ern] *agg.* (*ant.*) **1** di cuoio, di pelle **2** che somiglia a cuoio, a pelle.

leather-neck [ˈleðənek] *s.* (*fam. amer.*) marine; marinaio.

leather paper [ˈleðə,peɪpə*] *s.* carta marocchinata, finto marocchino.

leathery [ˈleðərɪ / leath·ery] *agg.* coriaceo: — *meat*, carne coriacea.

leave[1] [li:v] *s.* **1** permesso, autorizzazione: *by* (o *with*) *your* —, (*form.*) col vostro permesso; *he left without so much as a 'by your —'*, (*fam.*) se ne andò bruscamente, senza fare tanti complimenti; *to take* — *to do sthg.*, (*form.*) permettersi di fare qlco.; *to ask* — *to do sthg.*, (*form.*) chiedere il permesso di fare qlco. // (*dir.*): — *to defend*, autorizzazione alla difesa; — *to the court*, autorizzazione del giudice in genere **2** licenza, congedo, (periodo di) aspettativa; ferie (*pl.*): *annual* —, periodo di ferie annuo; — *of absence*, permesso (di assentarsi dal lavoro); — *with pay*, permesso retribuito; *maternity* —, (periodo di) maternità; *sick* —, congedo per ragioni di salute; assenza per malattia; *he is on* —, è in licenza; *he got six months'* —, ottenne un congedo di sei mesi // (*mil.*) *compassionate* —, congedo straordinario (per gravi motivi familiari) **3** congedo, commiato: *to take* — *of s.o.*, (*form.*) prendere congedo, accomiatarsi da qlcu.; *to take one's* —, (*form.*) prendere congedo, accomiatarsi // *to be out on ticket of* —, (*antiq.*) essere in libertà provvisoria // *to take* — *of one's senses*, impazzire // *to take French* —, (*fam.*) andarsene all'inglese // — *taking*, addio, commiato.

to **leave**[1] *pass.p.p.* **left** [left] *v.tr.* **1** lasciare; abbandonare: *he left a wife and three children*, lasciò moglie e tre figli; *she had been left a widow at thirty*, era rimasta vedova a trent'anni; *blackberries* — *a stain*, le more lasciano la macchia; *we left them still discussing the accident*, li lasciammo che ancora discutevano dell'incidente; *she left her husband for another man*, abbandonò il marito per un altro uomo; *she left her purse on the bus*, ha lasciato, ha dimenticato la borsetta sull'autobus; *don't* — *your roller skates around the house*, non lasciare in giro per casa i tuoi schettini; *to* — *school*, finire la scuola; *to* — *a job*, lasciare un lavoro; *to* — *the table*, alzarsi da tavola // *to* — *s.o. free to do sthg.*, lasciare libero qlcu. di fare qlco. // *to* — *s.o. to himself* (o *to his own devices*), abbandonare qlcu. a se stesso // *to* — *no stone unturned*, fare tutto il possibile, tentare di tutto // *take it or* — *it*, prendere o lasciare // *it leaves me cold*, mi lascia indifferente, non mi fa né caldo né freddo // *it leaves much to be desired*, lascia molto a desiderare // *left to myself, I should act differently*, se dipendesse da me, mi comporterei diversamente // *let us* — *it at that*, non parliamone più // *to* — *hold* (o *go*) *of sthg.*, lasciare andare qlco.: — *hold of my jacket!*, molla la mia giacca! // *to* — *sthg. unsaid*, tacere qlco., passare qlco. sotto silenzio // *to* — *s.o.*, *sthg. alone*, lasciare in pace, lasciar fare qlcu., lasciar stare, non immischiarsi in qlco. // *to* — *s.o. standing*, (*fam.*) lasciare qlcu. a bocca aperta (per la bravura) **2** *to be left*, restare, rimanere, avanzare: *there is no bread left*, non c'è più pane **3** lasciare (un luogo); uscire da: *to* — *home*, uscire da casa; andarsene di casa; *I* — *home at 9 o' clock*, esco di casa alle nove; *on leaving the theatre...*, uscendo da teatro...; *she never leaves the house*, non esce mai di casa; *he left Italy two months ago*, se ne andò dall'Italia due mesi fa // *to* — *the road*, uscire di strada (di automobile ecc.); (*ferr.*) *to* — *the track* (o *the rails*), deragliare **4** affidare, consegnare, lasciare in consegna: (*has*) *anything* (*been*) *left for me?*, non c'è nulla per me?; *to* — *sthg. with s.o.*, affidare qlco. a qlcu.; *to* — *a word with s.o.*, lasciar detto qlco. a qlcu.; *to* — *sthg. to time*, affidare qlco. al tempo; *the decision was left* (*up*) *to me*, fu lasciato a me di decidere; *I* — *it to you*, mi rimetto a te; — *it to her*, lascia fare a lei; *I* — *the matter in your hands*, affido a te la faccenda; — *him to me*, lo sistemo io **5** *to* — (*by will*), lasciare per testamento: *he left all his money to charity*, lasciò tutto il suo denaro in beneficenza ◆ *v.intr.* partire, andarsene; uscire: *at what time did he* —?, a che ora è partito, è uscito?; *he has just left*, è appena uscito; *he left two days ago for New York*, è partito per New York due giorni fa.

□ **leave about**, **around** *v.tr.* e *avv.* lasciare in giro.

□ **leave aside** *v.tr.* e *avv.* lasciare da parte; trascurare: *let's* — *aside the cost for the moment...*, non parliamo della spesa per il momento...

□ **leave behind** *v.tr.* e *avv.* **1** lasciare a casa; dimenticare: *I left the keys behind*, ho lasciato a casa, dimenticato le chiavi; *I left the umbrella behind because I didn't think it was going to rain*, ho lasciato a casa l'ombrello perché non pensavo che avrebbe piovuto **2** lasciare dietro di sé, lasciarsi dietro: *the hurricane left behind a lot of damage*, l'uragano ha lasciato dietro di sé un mare di danni; *to* — *behind a good memory of oneself*, lasciare un buon ricordo di sé.

□ **leave down** *v.tr.* e *avv.* tenere, lasciare abbassato (una leva, un interruttore ecc.).

□ **leave in** *v.tr.* e *avv.* lasciare (dov'è, dove sta): *why did you* — *in that ridiculous sentence?*, perché hai lasciato quella frase ridicola?

□ **leave off** *v.tr.* e *avv.* smettere (abiti) ◆ *v.intr.* e *avv.* o *prep.* (I) (*fam.*) cessare, smettere di: — *off shouting*, smettila di gridare; *to — off business*, ritirarsi dagli affari; *I wish this cold weather would — off*, vorrei che questo freddo finisse.

□ **leave on** *v.tr.* e *avv.* o *prep.* **1** lasciare su: *you can — the cloth on*, puoi lasciar su il telo **2** lasciare acceso, in funzione: *you left the light on the whole night*, hai lasciato accesa la luce tutta la notte.

□ **leave out** *v.tr.* e *avv.* **1** lasciare fuori: *do you always — out the bicycle all night?*, lasci sempre fuori la bicicletta di sera?; *I hope I didn't — out anybody*, spero di non aver dimenticato nessuno // *please, — me out of it*, per piacere, non coinvolgermi // *— it out!*, (*fam.*) piantala! **2** tralasciare, trascurare: *nothing was left out to please her*, nulla fu trascurato per farla contenta.

□ **leave over** *v.tr.* e *avv.* **1** (*sempre al passivo*) rimanere: *we had to make do with what was left over*, abbiamo dovuto arrangiarci con quello che era rimasto **2** rimandare: *I'am afraid the next point on the agenda will have to be left over till next meeting*, temo che il seguente punto all'ordine del giorno dovrà essere rimandato alla prossima assemblea.

□ **leave up** *v.tr.* e *avv.* lasciare su: *the notice can be left up till next week*, l'avviso può essere lasciato su fino alla settimana prossima.

to **leave**[2] → to **leaf** 1.

leaved [li:vd] *agg.* **1** fronzuto, frondoso **2** a due battenti (di porta) **3** allungabile (di tavolo).

leaven ['levn] *s.* **1** (*antiq.*) lievito **2** (*fig.*) fermento; nota di vivacità: *a — of revolutionary ideas*, un fermento di idee rivoluzionarie; *the only — was provided by the music*, l'unica nota di vivacità era data dalla musica.

to **leaven** *v.tr.* **1** far lievitare, fermentare **2** (*fig. rar.*) alleggerire, ravvivare: *he leavened his lectures with wit*, ravvivava, vivacizzava le sue lezioni con frequenti battute di spirito.

leavening ['levnɪŋ / leaven·ing] *agg.* (*chim.*) lievitante: — *agent*, lievito ◆ *s.* **1** (*chim.*) lievito **2** (*fig.*) → leaven 2.

leaves *pl.* di **leaf**.

leaving ['li:vɪŋ / leav·ing] *s.* **1** partenza **2** *pl.* avanzi (di pasto); rifiuti.

Lebanese [,lebə'ni:z / Leb·an·ese] *agg.* e *s.* libanese.

lecher ['letʃə*] *s.* libertino.

lecherous ['letʃərəs / lech·er·ous] *agg.* lascivo; libertino // **-ly** *avv.*

lechery ['letʃərɪ / lech·ery] *s.* lascivia; libertinaggio.

lecithin ['lesəθɪn / le·cithin] *s.* (*biochim.*) lecitina.

lecithinase ['lesəθɪ,neɪs / le·cithin·ase] *s.* (*biochim.*) lecitinasi.

lectern ['lektɜ:n / lec·tern] *s.* (*eccl.*) leggio.

lectin ['lektɪn / lec·tin] *s.* (*biochim.*) lectina.

lection ['lekʃn / lec·tion] *s.* **1** (*eccl.*) lezione **2** variante (di un testo).

lectionary ['lekʃnərɪ / lec·tion·ary] *s.* (*eccl.*) lezionario.

lector ['lektɔ:*] *s.* lettore (*anche eccl.*).

lecture ['lektʃə* / lec·ture] *s.* **1** conferenza; lezione (di tipo universitario): *we follow* (o *attend*) *lectures on the Romantic Period*, seguiamo un corso di lezioni sul periodo romantico; *to give* (o *to deliver*) *a —*, tenere una conferenza; — *tour*, giro di conferenze // *lantern —*, conferenza con proiezioni **2** sgridata, ramanzina, predicozzo: *to read* (o *give*) *s.o. a —*, tenere un predicozzo a qlcu.; *to get a —*, ricevere una ramanzina.

to **lecture** *v.tr.* **1** tenere una conferenza a **2** ammonire, fare una paternale a ◆ *v.intr.* tenere pubbliche lezioni o conferenze.

lecture-hall ['lektʃə,hɔ:l] *s.* **1** sala da conferenze **2** aula universitaria. SIN. lecture -room.

lecturer ['lektʃərə* / lec·turer] *s.* **1** conferenziere **2** assistente universitario **3** predicatore (nella Chiesa Anglicana).

lecture-room ['lektʃə,rʊm *amer.* 'lektʃə ,ru:m] → **lecture-hall**.

lectureship ['lektʃəʃɪp / lec·ture·ship] *s.* **1** carica di assistente (universitario) **2** ciclo di conferenze, di lezioni.

led *pass.p.p.* di to **lead**[2].

ledeburite ['leɪdə,bʊraɪt / le·de·bur·ite] *s.* (*metall.*) ledeburite.

ledge [ledʒ] *s.* **1** prominenza; sporgenza; sponda; ripiano: *window —*, davanzale di finestra **2** (*geogr.*) cengia, cornice di roccia **3** (*geogr.*) piattaforma sottomarina **4** (*miner.*) vena.

ledger ['ledʒə* / led·ger] *s.* **1** (*amm.*) libro mastro, mastro: — *journal* (o *general —*), giornalmastro; *accounts receivable —*, partitario clienti; *sold —*, partitario vendite; *payroll —*, libro paga // — *account*, conto // — *fees*, commissione bancaria **2** pietra tombale **3** (*arch.*) traversa.

ledger-board ['ledʒə,bɔ:d] *s.* **1** corrimano **2** tavola da ponteggio.

ledger line ['ledʒəlaɪn] *s.* **1** (*mus.*) lineetta addizionale, taglio SIN. leger (line) **2** lenza con esca a fondo.

ledger-paper ['ledʒəpeɪpə*] *s.* carta da registri.

lee [li:] *agg.* sottovento, di sottovento (*anche mar.*): — *side*, lato sottovento ◆ *s.* **1** (lato) sottovento (*anche mar.*); lato riparato dal vento **2** rifugio, riparo; luogo riparato: *he built a house in the — of the valley*, costruì una casa nella zona riparata della valle.

leech[1] [li:tʃ] *s.* **1** (*zool.*) sanguisuga, mignatta // *artificial —*, pompa, siringa per togliere sangue // *he sticks to you like a —*, ti si attacca come una sanguisuga **2** (*ant.*) cerusico.

to **leech**[1] *v.tr.* salassare, dissanguare (*anche fig.*).

leech[2] *s.* (*mar.*) caduta, colonna (di vela).

leech-lines ['li:tʃ,laɪnz] *s.* (*mar.*) caricaboline, serrapennone.

leek [li:k] *s.* **1** (*bot.*) (*Allium porrum*) porro SIN. scallion **2** porro (emblema del Galles).

leer [lɪə*] *s.* **1** sguardo furtivo; occhiata maliziosa; sguardo, sorriso lascivo **2** (*ant.*) colorito; carnagione: *but he hath a Rosalind of a better leer than you*, (SH. As You Like It) ma la sua Rosalinda ha un incarnato più bello del tuo.

to **leer** *v.intr.* **1** guardare di traverso, biecamente, con cattive intenzioni: *to — at s.o.*, guardare qlcu. di traverso **2** guardare con occhio malizioso; guardare con sorriso lascivo.

leeringly ['lɪərɪŋlɪ / leer·ing·ly] *avv.* di sottecchi.

leery ['lɪərɪ] *agg.* **1** (*fam.*) sospettoso, guardingo: *I'm a bit — about this invitation*, sono un po' sospettoso riguardo a questo invito **2** (*ant.*) astuto.

lees [li:z] *s.pl.* sedimento, feccia, fondo (di vino, liquore) // *the — of society*, (*fam.*) la feccia della società // *to drink a cup to the —*, (*fig.*) bere il calice sino alla feccia.

lee shore ['li:ʃɔ:*] *s.* **1** costa di sottovento **2** (*fig.*) fonte, causa di pericolo.

leet [li:t] *s.* (*ant.*) corte di giustizia: *...you would present her at the leet*, (SH. Taming of the Shrew) ...l'avreste citata in tribunale.

lee tide ['li:taɪd] *s.* corrente di marea nella stessa direzione del vento.

leeward ['li:wəd / lee·ward] *agg.* e *avv.* sottovento, di sottovento.

leeway ['li:weɪ / lee·way] *s.* **1** (*mar.*, *aer.*) scarroccio; angolo di deriva: *to make —*, scarrocciare **2** (*fig.*) margine; flessibilità: *we can allow a little — in the price we ask*, possiamo lasciare un certo margine al prezzo richiesto **3** (*fig.*) ritardo; perdita di tempo; *to make up the —*, rifarsi del tempo perduto.

left[1] [left] *agg.* **1** sinistro: — *hand*, mano sinistra; *a — turn*, svolta a sinistra **2** (*pol.*) di sinistra ◆ *s.* **1** sinistra: *to* (o *on*) *the —*, a sinistra: *he was seated on your —*, sedeva alla tua sinistra **2** (*pol.*) sinistra: *far —*, estrema sinistra; *the Left*, la sinistra **3** (*pugilato*) sinistro ◆ *avv.* a sinistra: *turn — at the crossroads*, girate a sinistra all'incrocio.

left[2] *pass.p.p.* di to **leave**[1].

left field ['leftfi:ld] *s.* (*sport amer.*) fuoricampo sinistro // *to be out in the —*, (*fig. fam. amer.*) non avere la più pallida idea di; essere fuori strada; essere via di testa.

left-hand ['lefthænd] *agg.* **1** di sinistra; a sinistra: — *drive*, guida a sinistra; *on the — side*, sul lato sinistro; *a — bend*, una curva a sinistra, verso sinistra // (*amm.*) *debits are in the — column in the accounts*, gli addebitamenti stanno nella colonna sinistra dei conti **2** → left-handed 2.

left-handed [,left'hændɪd] *agg.* **1** mancino: *he's —*, è mancino; *a — player*, un giocatore mancino **2** fatto con la mano sinistra: *a — throw*, un lancio di sinistro **3** per chi è mancino, per mancino: *a — golf club*, una mazza da golf per mancini **4** goffo; impacciato **5** ambiguo; illegale, illecito **6** morganatico: *a — marriage*, un matrimonio morganatico **7** (*fam. amer.*) sfortunato.

left-handedness [,left'hændɪdnɪs] *s.* (*med.*) mancinismo.

left-hander [,left'hændə*] *s.* **1** mancino **2** (*fam.*) (colpo di) sinistro.

leftie → **lefty**.

leftism ['leftɪzəm / left·ism] *s.* politica di sinistra.

leftist ['leftɪst / left·ist] *agg.* (*pol.*) appartenente alla sinistra, di sinistra ◆ *s.* (*pol. spreg.*) membro della sinistra.

left luggage (office) [,left'lʌgɪdʒ (,ɒfɪs)] *s.* deposito bagagli a mano AMER. baggage room, checkroom 1.

leftover ['leftəʊvə* / left·over] *s.* **1** vestigio, resto, traccia, segno: *the pier was a charming — from the Victorian era*, il molo era un affascinante residuo dell'età vittoriana **2** *pl.* resti, avanzi: *we can eat the leftovers tomorrow*, possiamo mangiare gli avanzi domani ◆ *agg.* avanzato, rimasto: *she covered a cushion with the — material*, ha ricoperto un cuscino con la stoffa avanzata.

leftward ['leftwəd / left·ward] *agg.* verso sinistra.

leftward(s) ['leftwədz / left·wards] *avv.* verso sinistra.

left wing [,left'wɪŋ] *agg.* **1** (*pol.*) di sinistra: — *ideas*, idee di sinistra; *he's very* —, è molto di sinistra **2** (*estens.*) radicale, innovatore ◆ *s.* **1** (*pol.*) la sinistra: *the — was* (o *were*) *against the proposal*, la sinistra era contro la proposta **2** (*calcio*) ala sinistra.

left-winger [,left'wɪŋə*] *s.* **1** (*fam.*) aderente, simpatizzante di sinistra **2** (*calcio*) ala sinistra.

lefty ['leftɪ] *s.* **1** (*fam. spreg.*) simpatizzante di sinistra, sinistroide **2** (*spec. amer.*) mancino, persona mancina.

leg [leg] *s.* **1** gamba: *wooden* —, gamba di legno; *she's got lovely legs*, ha delle belle gambe; *to stretch one's legs*, sgranchirsi le gambe // *on one's legs*, in piedi // *to set s.o. on his legs*, rimettere qlcu. in piedi, in salute // *to be all legs*, essere tutto gambe // *to find one's legs*, muovere i primi passi // *to keep one's legs*, mantenersi in piedi // *to be on one's last* —, essere ridotto al lumicino, essere allo stremo delle forze // *to get one's sea legs*, abituarsi al (movimento del) mare // *not to have a — to stand on*, non avere nessuna scusa convincente, non avere una ragione che tenga // *to shake a* —, (*sl.*) ballare; sbrigarsi // *to show a* —, alzarsi (dal letto) // *to take to one's legs*, darsela a gambe // *to make a* —, (*ant.*) inchinarsi // *to pull s.o.'s* —, canzonare, prendere in giro qlcu. // *to run s.o. off his legs*, tenere qlcu. costantemente occupato **2** zampa **3** coscia (di animale macellato): *roast chicken* —, coscia di pollo arrosto **4** gamba, piede (di tavolo, sedia ecc.) **5** gamba (dei pantaloni) **6** gambale (di stivale) **7** tappa (di viaggio, volo ecc.): *first* —, prima tappa; *the last 200 miles — of his journey*, le 200 miglia dell'ultima tappa del suo viaggio **8** (*mat.*) cateto (di triangolo) **9** (*sport*) incontro; tempo, ripresa: *a two — trial*, incontro a due riprese // — *side*, sinistra del battitore (a cricket).

to **leg** *pass.p.p.* **legged** [legd] *v.tr.* solo nella locuz.: *to — it*, (*fam.*) camminare in fretta, correre velocemente.

legacy ['legəsɪ / leg·acy] *s.* **1** legato, lascito; eredità: *to leave a* —, fare un legato, lasciare in eredità; — *duty*, imposta di successione **2** (*fig.*) eredità, retaggio: *their judicial system is a — of colonialism*, il loro sistema giudiziario è un retaggio del colonialismo **3** (*inform.*) componenti hardware obsoleti o non conformi.

legal ['li:gl] *agg.* **1** (*dir.*) legale; di legge; conforme alla legge; (*estens.*) legale, lecito, legittimo: — *requirements*, requisiti di legge; — *interest*, interesse legale; — *redress*, riparazione legale; — *age*, maggiore età; *don't worry, it's* —, non aver paura, è legale, legittimo // — *consideration*, causa lecita (in un contratto) // (*econ.*) — *re- serve*, riserva legale; (*assicurazioni*) riserva matematica **2** legale, giuridico: — *action*, azione legale; *to take — action*, adire le vie legali; — *person*, persona giuridica; — *claim*, titolo giuridico; — *proceedings* (o *steps*), vie legali; — *expenses* (o — *fees and costs*), spese legali; — *profession*, professione legale; — *medicine*, medicina legale; — *representation*, rappresentanza legale, patrocinio; — *aid*, patrocinio legale gratuito; *to take — advice*, consultare un avvocato // — *eagle*, (*fam. amer.*) avvocato grintoso.

legalism ['li:gəlɪzəm / leg·al·ism] *s.* legalismo; stretta aderenza alla legge.

legalistic [,li:gə'lɪstɪk / leg·al·istic] *agg.* legalistico.

legality [li:'gælətɪ / leg·al·ity] *s.* legalità: *principle of* —, principio di legalità.

legalization [,li:gəlaɪ'zeɪʃn *amer.* ,li:gəlɪ'zeɪʃn / leg·al·iza·tion] *s.* legalizzazione, autenticazione.

to **legalize** ['li:gəlaɪz / leg·al·ize] *v.tr.* **1** legalizzare, autenticare **2** dichiarare legalmente valido.

legally ['li:gəlɪ / leg·ally] *avv.* legalmente, secondo la legge; giuridicamente: — *binding*, giuridicamente vincolante.

legal tender [,li:gl'tendə*] *s.* (*econ.*) moneta a corso legale.

legate ['legɪt / leg·ate] *s.* **1** legato papale **2** (*st.*) legato, ambasciatore.

to **legate** [le·gate] *v.tr.* (*dir.*) legare (per testamento), lasciare in legato.

legatee [,legə'ti: / leg·atee] *s.* (*dir.*) legatario.

legateship ['legɪtʃɪp / leg·ate·ship] *s.* legazione (*anche eccl.*).

legatine ['legətaɪn / leg·at·ine] *agg.* di legato (pontificio), legatizio.

legation [lɪ'geɪʃn / lega·tion] *s.* legazione.

legator [lɪ'geɪtə* / leg·ator] *s.* (*dir.*) testatore.

leg-bail ['legbeɪl] *s.* (*fam.*) fuga; evasione: *to give* —, darsela a gambe, fuggire.

legend ['ledʒənd / le·gend] *s.* **1** leggenda, mito, favola // *the Golden Legend*, la Leggenda Aurea **2** mitologia, leggende (*pl.*): *he was got up like a character from Norse* —, era vestito come un personaggio delle leggende norvegesi **3** (*fig.*) mito, persona leggendaria: *Einstein was a — in his own lifetime*, Einstein era già un mito da vivo **4** (*non com.*) legenda; didascalia; motto, iscrizione (di moneta ecc.); (*amm.*) descrizione (che accompagna una registrazione contabile).

legendary ['ledʒəndərɪ *amer.* 'ledʒənderɪ / le·gend·ary] *agg.* **1** leggendario, favoloso, mitico: — *stories* (o *tales*), storie leggendarie, leggende **2** famoso, celebre: *the club was — for its atmosphere*, il club era famoso per la sua atmosfera ◆ *s.* leggendario.

legendry ['ledʒəndrɪ / le·gendry] *s.* (*form.*) insieme di leggende.

legerdemain ['ledʒədə'meɪn / le·ger·de·main] (*antiq.*) *s.* giochi di prestigio; prestidigitazione; gioco di mano; artificio // *propagandistic* —, raggiri propagandistici.

legerity [lə'dʒerətɪ / le·ger·ity] *s.* (*ant.*) leggerezza: *'tis good for men to love their present pains / ...and newly move / with casted slough and fresh legerity*, (SH. Henry V) è bene che gli uomini accettino i mali del presente... e mutata la pelle riprendano con rinnovata leggerezza.

leger (line) → **ledger line** 1.

legged [legd] *agg.* (*nei composti*) che ha gambe: *one-* —, *two-* —, a una gamba, a due gambe; *short-* —, dalle gambe corte.

legginess ['legɪnɪs / leg·gi·ness] *s.* esagerata lunghezza di gambe.

leggings ['legɪŋz / leg·gings] *s.pl.* gambali.

leggo [le'gəʊ] *inter.* (*fam.*) (contr. di *let go*) lascia!, molla!; lascia perdere!

leggy ['legɪ / leg·gy] *agg.* (*fam.*) dalle gambe lunghe (specialmente di bambini, ragazze, cagnolini, puledri).

leghorn [le'gɔ:n *amer.* 'legən / leg·horn] *s.* **1** cappello di paglia di Firenze **2** pollo di razza livornese.

legibility [,ledʒɪ'bɪlətɪ / le·gib·il·ity] *s.* leggibilità.

legible ['ledʒəbl / le·gible] *agg.* leggibile // **-bly** *avv.*

legion ['li:dʒən / le·gion] *s.* **1** legione // *the Legion of Honour*, la Legion d'Onore // (*mil. amer.*) *Legion of Merit*, decorazione al valore // *the British Legion*, associazione britannica degli ex-combattenti // *the Foreign Legion*, la Legione Straniera **2** schiera, moltitudine, folla // *rumours were* —, le voci erano innumerevoli.

legionary ['li:dʒənərɪ *amer.* 'li:dʒənerɪ / le·gion·ary] *agg.* e *s.* legionario.

Legionnaires' disease [,li:dʒə'neəzdɪ,zi:z] *s.* (*med.*) febbre, morbo del legionario.

to **legislate** ['ledʒɪsleɪt / le·gis·late] *v.intr.* legiferare.

legislation [,ledʒɪs'leɪʃn / le·gis·la·tion] *s.* legislazione.

legislative ['ledʒɪslətɪv *amer.* 'ledʒɪsleɪtɪv / le·gis·lat·ive] *agg.* legislativo // **-ly** *avv.*

legislator ['ledʒɪsleɪtə* / le·gis·lator] *s.* legislatore.

legislatorial [,ledʒɪslɪ'tɔ:rɪəl / le·gis·lator·ial] *agg.* legislativo.

legislatress ['ledʒɪsleɪtrɪs / le·gis·lat·ress]
legislatrix [,ledʒɪs' leɪtrɪks / le·gis·lat·rix] *s.* (*ant.*) legislatrice.

legislature ['ledʒɪsleɪtʃə* / le·gis·lat·ure] *s.* corpo legislativo, assemblea legislativa.

legist ['li:dʒɪst / leg·ist] *s.* (*dir.*) legista, giurista.

legit [lɪ'dʒɪt / le·git] *agg.* (*fam.*) → **legitimate**.

legitim ['ledʒətɪm / le·gitim] *s.* (*dir. scoz.*) quota legittima, indisponibile.

legitimacy [lɪ'dʒɪtɪməsɪ / le·git·im·acy] *s.* **1** legittimità, legalità **2** (*dir.*) stato di figlio legittimo.

legitimate [lɪ'dʒɪtɪmɪt / le·git·im·ate] *agg.* **1** legittimo, lecito (*anche fig.*) // — *child*, figlio legittimo **2** (*teatr.*) teatro classico, di prosa (contrapposto a commedia musicale, varietà, cabaret e spettacoli tv).

to **legitimate** [lɪ'dʒɪtɪmeɪt] *v.tr.* legittimare; rendere legittimo; giustificare.

legitimately [lɪ'dʒɪtɪmɪtlɪ / le·git·im·ate·ly] *avv.* legittimamente, a buon diritto.

legitimation [lɪ,dʒɪtɪ'meɪʃn / le·git·ima·tion] *s.* legittimazione.

to **legitimatize** [lɪ'dʒɪtɪmətaɪz / le·git·im·at·ize] *v.tr.* (*non com.*) → to **legitimize**.

legitimism [lɪ'dʒɪtɪmɪzəm / le·git·im·ism] *s.* (*st.*) legittimismo.

legitimist [lɪ'dʒɪtɪmɪst / le·git·im·ist] *s.* (*st.*) legittimista.

to **legitimize** [lɪ'dʒɪtɪmaɪz / le·git·im·ize] *v.tr.* rendere legittimo, legittimare: *to — a child*, riconoscere, rendere legittimo un bambino.

legless ['legləs / leg·less] *agg.* **1** senza gambe **2** (*fam.*) ubriaco fradicio.

leg-pull ['legpʊl] *s.* (*fam.*) presa in giro, canzonatura.

legroom ['leg,ru:m / leg·room] *s.* spazio per le gambe (in auto, in aereo ecc.): *there isn't much — in the back of your compact*, non c'è molto spazio per le gambe nei sedili posteriori della tua utilitaria.

legume ['legju:m / leg·ume] **legumen** [le'gju:mən] *s.* (*bot.*) legume; leguminosa.

leguminous [le'gju:mɪnəs / leg·um·in·ous] *agg.* (*bot.*) **1** a baccelli **2** delle leguminose.

leg up ['legʌp] *s.* spec. nella locuz. *to give s.o. a —*, aiutare qlcu. a salire (su qlco.); (*fig.*) dare una mano a qlcu.

leg-warmer ['leg,wɔ:mə*] *s.* scaldamuscoli.

legwork ['leg,wɜ:k / leg·work] *s.* (*fam.*) lavoro di gambe (che necessita continui spostamenti): *my first job was doing the — for a group of journalists*, come primo lavoro facevo il galoppino per un gruppo di giornalisti.

lei [lei:] *s.* 'lei', ghirlanda di fiori (delle Hawaii).

leiger ['ledʒə*] *s.* (*ant.*) ambasciatore residente: *Lord Angelo, having affairs to heaven, / intends you for his swift ambassador, / where you shall be an everlasting leiger*, (SH. Measure for Measure) Monsignor Angelo, avendo affari in cielo, ti designa suo sollecito ambasciatore, dove sarai suo nunzio in eterno.

leishmaniasis [,li:ʃmə'naɪəsɪs / leish·mani·asis] *s.* (*med.*) leishmaniosi.

leister ['li:stə* / leis·ter] *s.* fiocina, tridente.

leisure ['leʒə* *amer.* 'li:ʒə* / leis·ure] *s.* **1** agio; ozio: *at your —*, a vostro agio, con comodo; *to be at —*, aver agio, avere tempo **2** tempo libero, tempo a disposizione: *— hours*, *— time*, ore d'ozio, tempo di riposo; *— industries*, industrie del tempo libero // *the — class*, la classe agiata.

leisured ['leʒəd *amer.* 'li:ʒəd / leis·ured] *agg.attr.* sfaccendato, rilassato // *— classes*, classi agiate.

leisurely ['leʒəlɪ *amer.* 'li:ʒəlɪ / leis·ure·ly] *agg.* fatto con comodo, con agio. ♦ *avv.* con comodo, con agio.

leitmotif, **leitmotiv** ['laɪtməʊ,ti:f / leit·motif] *s.* leitmotiv, tema ricorrente.

leman ['lemən] *s.* (*ant.*) amante.

lemma ['lemə] *pl.* **lemmas**, **lemmata** ['lemətə / lem·mata] *s.* **1** lemma **2** (*bot.*) lemma, glumetta inferiore.

lemming ['lemɪŋ / lem·ming] *s.* **1** (*zool.*) lemming, lemmo **2** (*fig.*) pecora, pecorone.

lemniscate [lem'nɪskət / lem·nis·cate] *s.* (*mat.*) lemniscata.

lemon ['lemən] *s.* **1** (*bot.*) *— (tree)*, (*Citrus limon*) limone (albero) **2** limone (frutto): *— juice*, succo di limone; *— peel*, scorza di limone; *— squeezer*, spremi limoni **3** limonata, bevanda di limone // *— squash*, (*amer.*) *— soda*, limonata **4** *— (yellow)*, giallo limone **5** (*fam. fig.*) bidone, fallimento; disastro: *that show's a real —*, quello spettacolo è proprio un bidone; *the project turned out to be a real —*, il progetto si dimostrò un vero fallimento // (*econ. amer.*) *— principle*, principio del bidone **6** (*fam. fig.*) stupido, scemo, fesso.

lemonade [,lemə'neɪd / lem·on·ade] *s.* limonata // *fizzy —*, gassosa; *still —*, limonata.

lemon bouncing ['lemən,baʊnsɪŋ] *s.* (*fam. amer.*) truffa, bidone.

lemon curd ['lemən,kɜ:d] *s.* crema al limone (per dolci).

lemon verbena [,lemənvə'bi:nə] *s.* (*bot.*) (*Lippia citriodora*) cedrina, limoncina; (*pop.*) erba luisa.

lemur ['li:mə* / le·mur] *pl.* **lemurs** *nel senso 2* **lemures** ['lemjʊri:z / le·mures] *s.* **1** (*zool.*) lemure **2** *pl.* (*mit.*) lemuri.

lemurine ['lemjə,raɪn / lem·ur·ine] *agg.* di, simile a lemure.

lemuroid ['lemjərɔɪd / lem·ur·oid] *agg.* di, simile a lemure ♦ *s.* lemuroide.

to **lend** [lend] *pass.p.p.* **lent** [lent] *v.tr.* **1** prestare, dare in prestito: *— me a book*, prestami un libro; *to — money at interest*, prestare denaro a interesse // *to — aid* (o *support*), *a hand*, prestare aiuto, dare una mano; *to — ear* (o *an ear* o *one's ears*) *to*, prestare ascolto a; *to — one's name to sthg.*, prestare il proprio nome a qlco. **2** (*fig.*) conferire, dare: *academic dress lent solemnity to the occasion*, l'abito accademico conferiva un'aria solenne all'occasione; *his presence lent an air of respectability to the proceedings*, la sua presenza dava rispettabilità alla procedura **3** *to — oneself to sthg.*, prestarsi a qlco.: *the flat doesn't really — itself to big gatherings*, l'appartamento non si presta a grandi riunioni ♦ *v.intr.* fare, concedere prestiti.

lender ['lendə*] *s.* (*econ.*) prestatore, mutuante: *— of last resort*, prestatore di ultima istanza.

lending ['lendɪŋ / lend·ing] *s.* (*banca*) prestito; l'attività creditizia: *domestic —*, credito all'interno; *— operations*, impieghi, operazioni di credito attive; *— limit*, massimale di espansione degli impieghi; *— rate*, tasso di interesse ufficiale.

lending library ['lendɪŋ,laɪbrərɪ] *s.* biblioteca circolante.

length [leŋθ] *s.* **1** lunghezza, estensione: *the Nile is over 6.000 kilometres in —*, il Nilo supera i 6000 chilometri di lunghezza; *to go the — of the street*, arrivare fino in fondo alla strada; *to win by a —*, vincere di una lunghezza; *at full —*, in tutta la lunghezza, (*fig.*) per esteso; (*mat.*) *arc —*, ampiezza dell'arco // *— and breadth*, in lungo e in largo, dappertutto: *Wesley travelled the — and breadth of the land*, Wesley attraversò in lungo e in largo il paese // *to go to great lengths*, fare di tutto per, ogni sforzo per: *he went to great lengths to get his son into Eton*, fece di tutto per far entrare suo figlio a Eton **2** durata; periodo di tempo: *— of imprisonment*, periodo di carcerazione **3** pezzo (di corda, nastro); taglio (di stoffa); tratto, troncone (di tubo) **4** quantità (di sillaba) **5** (*sport*) vasca: *to swim a —*, fare una vasca (a nuoto).

to **lengthen** ['leŋθən] *v.tr.* e *intr.* **1** allungare, allungarsi: *the days — in March*, in marzo le giornate si allungano: *the list of people wanting a council flat is lengthening*, la lista di persone che desiderano una casa popolare si sta allungando **2** (*fig.*) prolungare, prolungarsi.

lengthening ['leŋθənɪŋ / lengthen·ing] *s.* allungamento; prolungamento.

lengthily ['leŋθɪlɪ / length·ily] *avv.* in modo prolisso.

lengthiness ['leŋθɪnɪs / lengthi·ness] *s.* lungaggine, prolissità.

lengthways ['leŋθweɪz / length·ways] **lengthwise** ['leŋθwaɪz / length·wise] *avv.* nel senso della lunghezza, per il lungo: *to cut the cloth —*, tagliare la stoffa per il lungo.

lengthy ['leŋθɪ] *agg.* lungo; prolisso.

lenience ['li:njəns / le·ni·ence] **leniency** ['li:njənsɪ / le·ni·ency] *s.* indulgenza, benevolenza; clemenza.

lenient ['li:njənt / le·ni·ent] *agg.* indulgente, benevolo; clemente: *a — punishment*, una punizione lieve // *a — judge*, un giudice clemente; *a — sentence*, una sentenza mite.

leniently ['li:njəntlɪ / le·ni·ent·ly] *avv.* con indulgenza, benevolmente.

lenitive ['lenɪtɪv / len·it·ive] *agg.* (*non com.*) lenitivo, calmante ♦ *s.* (*non com.*) lenitivo, palliativo.

lenity ['lenɪtɪ / len·ity] *s.* (*rar.*) indulgenza, clemenza, mitezza.

leno ['li:nəʊ] *s.* linone (stoffa).

lens [lenz] *pl.* **lenses** ['lenzɪz] *s.* **1** lente: *convex, concave —*, lente convessa, concava; *bifocal —*, lente bifocale; *diverging —*, lente divergente; *double-convex —*, lente biconvessa **2** (*fot.*) obiettivo: *fixed-focus —*, obiettivo a fuoco fisso; *projection —*, obiettivo da proiezione; *telephoto —*, teleobiettivo; *wide-angle —*, obiettivo grandangolare **3** (*anat.*) cristallino, lente cristallina.

lens-holder ['lenz,həʊldə*] *s.* portaobiettivo.

lens hood ['lenzhʊd] *s.* (*fot.*) paraluce.

lens tissue ['lenz,tɪʃu:] *s.* carta speciale per pulire le lenti.

lens turret ['lenz,tʌrɪt] *s.* torretta portaobiettivi (di cinepresa).

lent *pass.p.p.* di to **lend**.

Lent *s.* **1** (*eccl.*) quaresima: *the first Sunday in —*, la prima domenica di quaresima // *— term*, secondo trimestre dell'anno scolastico **2** *pl.* regate di primavera (a Cambridge).

Lenten ['lentən] *agg.* quaresimale: *— fare*, vitto quaresimale // *— face*, (*fam.*) faccia da quaresima // *what Lenten entertainment the players shall receive from you*, (SH. Hamlet) che divertimento da quaresima gli attori riceveranno da voi.

lenticel ['lentəsel / len·ti·cel] *s.* (*bot.*) lenticella.

lenticular [len'tɪkjʊlə* / len·ti·cular] *agg.* (*med.*) lentiforme; lenticolare: *— glands*, ghiandole lentiformi; *— fossa*, fossa lenticolare.

lentigo [len'taɪgəʊ / lent·igo] *pl.* **lentigines** [len'tɪgɪni:z / lent·igines] *s.* (*non com.*) (*med.*) efelide, lentiggine SIN. **freckle**.

lentil ['lentɪl / len·til] *s.* (*bot.*) (*Lens esculenta*) lenticchia.

lentitude ['lentɪtju:d / lent·it·ude] *s.* (*ant.*) indolenza.

lent-lily ['lent,lɪlɪ] *s.* (*bot.*) giunchiglia grande → **daffodil**.

lentoid ['lentɔɪd / lent·oid] *agg.* lentiforme.

Leo ['li:əʊ] *no.pr.* (*astr.*) Leone (segno zodiacale).

leonine[1] ['li:əʊnaɪn / le·on·ine] *agg.* (*letter.*) leonino, di leone.

leonine[2] *agg.* (*metrica*) leonino: — *verse*, verso leonino ◆ *s.* (*metrica*) verso leonino.

Leonine *agg.* di papa Leone: — *city*, città leonina.

leopard ['lepəd / leo·pard] *s.* (*zool.*) **1** (*Panthera pardus*) leopardo, pantera; (*Panthera onca*) leopardo americano, giaguaro SIN. panther 1 **2** *hunting* —, ghepardo → cheetah.

leopardess ['lepədɪs / leo·pard·ess] *s.* femmina del leopardo.

leotard ['li:əʊtɑ:d / leo·tard] *s.* body.

leper ['lepə*] *s.* **1** (*med.*) lebbroso **2** (*fig. spreg.*) appestato.

lepid ['lepɪd] *agg.* (*ant.*) lepido; piacevole.

lepidolite [lə'pɪdəlaɪt / lep·id·ol·ite] *s.* (*min.*) lepidolite SIN. lithiolite, lithium mica.

lepidopter [,lepɪ'dɒptə* / lep·id·op·ter] *s.* (*zool.*) lepidottero.

lepidopteron [,lepə'dɒptərən / lep·id·op·teron] *pl.* **lepidoptera** [,lepə'dɒptərə / lep·id·op·tera] *s.* (*zool.*) lepidottero.

lepidopterous [,lepɪ'dɒptərəs / lep·id·op·ter·ous] *agg.* (*zool.*) dei lepidotteri.

leporine ['lepəraɪn / lep·or·ine] *agg.* di, da lepre, leporino.

lepra ['leprə] → **leprosy**.

leprechaun ['leprəkɔ:n / lep·re·chaun] *s.* (*irl.*) folletto, gnomo (che rivela tesori nascosti).

leprosarium [,leprə'særɪəm / lep·ro·sar·ium] *pl.* **leprosariums**, **leprosaria** [,leprə'særɪə / lep·ro·saria] **leprosery** ['leprəsərɪ / lep·ros·ery] *s.* lebbrosario.

leprosy ['leprəsɪ / lep·rosy] *s.* (*med.*) lebbra SIN. lepra.

leprous ['leprəs / lep·rous] meno com. **leprotic** [le'prɒtɪk / lep·rot·ic] *agg.* **1** lebbroso, lebbroso **2** simile alla lebbra, tipico della lebbra.

leptomeninges [,leptəʊme'nɪndʒi:z / lep·to·men·inges] *s.* (*anat.*) leptomeninge.

leptomeningitis [,leptəʊ,menɪn'dʒaɪtɪs / lep·to·men·in·gitis] *s.* (*med.*) leptomeningite.

lepton ['leptɒn] *s.* (*fis.*) leptone.

leptospirosis [,leptəʊspaɪ'rəʊsɪs / lep·to·spir·osis] *s.* (*med.*) leptospirosi.

Lesbian ['lezbɪən / Les·bian] *agg.* **1** di Lesbo **2** lesbico ◆ *s.* lesbica.

lesbianism ['lezbɪənɪzəm / les·bian·ism] *s.* lesbismo, saffismo.

lese-majesty [,li:z'mædʒɪstɪ] *s.* (*dir.*) alto tradimento, delitto di lesa maestà.

lesion ['li:ʒn / le·sion] *s.* (*med.*) lesione: *degenerative* —, lesione degenerativa.

Lesothian [lə'su:tɪən / Le·so·thian] *agg.* del Lesotho.

Lesotho [lə'su:tu: / Le·so·tho] *pl.* **Lesothos** *s.* (nativo, abitante) del Lesotho ◆ *agg.attr.* del Lesotho.

less [les] (*compar.* di *little*) *agg.* meno; minore, più piccolo // *10 is — than 12*, 10 è meno di 12; *can you make — noise, please?*, potete fare meno rumore, per favore?; *I spent — money than I expected*, ho speso meno di quanto prevedessi; *the country enjoyed — prosperity as the crisis developed*, a mano a mano che la crisi cresceva, il paese godeva minor benessere // *the play was — than enjoyable*, il gioco era tutt'altro che piacevole ◆ *s.* meno; *he said much — than he knew*, disse molto meno di quanto non sapesse; *it's — of a risk if you leave now*, è meno rischioso se parti ora; *you cannot get it for —*, non puoi averlo a meno // *in — than no time*, in men che non si dica // *so much the — to do*, tanto meno da fare // *— of that!*, (*fam.*) basta!, smettila! ◆ *avv.* meno: *one man —*, un uomo di meno; *the — you think of it the better*, meno ci pensi, meglio è; *drink —*, bevi meno; *he is — rich than his friend*, è meno ricco del suo amico; *I enjoyed it — than last time*, mi è piaciuto meno dell'ultima volta: *I visit them — often now*, ora li vado a trovare meno frequentemente; *the danger grew — as the hours passed*, il pericolo diminuiva col passare delle ore; *we considered it — of a joke than a threat*, lo considerammo più una minaccia che uno scherzo; *the — well-off won't be able to pay this tax*, i meno abbienti non saranno in grado di pagare questa tassa; *the more I hear that song the — I like it*, più sento quella canzone, meno mi piace // *— and —*, sempre meno: *since he got married he's seen — and — of his old friends*, da quando si è sposato, ha visto sempre meno i vecchi amici // *more or —*, più o meno // *no —*, non meno; niente meno che: *he is no — daring than I*, non è meno coraggioso di me; *he was presented to the Pope, no —*, fu presentato nientemeno che al Papa; *she does research into the nature of the cosmos, no —*, compie studi niente di meno che sulla natura del cosmo // *none the —*, nondimeno // *nothing — than*, niente di meno che // *so much the —*, tanto meno // *still —* (o *even —*), ancora meno ◆ *prep.* meno: *a month — two days*, un mese meno due giorni; *purchase price — 10%*, prezzo d'acquisto con sconto del 10%.

-less [lɪs] *suff.* di origine anglosassone usato per formare agg.; indica **1** privazione, mancanza; it. senza; in-: *colourless*, incolore, senza colore; *childless*, senza figli; *penniless*, senza soldi; *waterless*, senza acqua **2** il non attuarsi di una determinata condizione o stato; it. in-: *tireless*, instancabile; *countless*, innumerevoli.

lessee [le'si:] *s.* (*dir.*) affittuario, locatario, conduttore.

to **lessen** ['lesn] *v.tr.* diminuire; abbassare: *to — oneself*, abbassarsi, umiliarsi ◆ *v.intr.* abbassarsi, diminuire, scemare: *the noise lessened as we went away*, a mano a mano che ci allontanavamo il rumore diminuiva.

lessening ['lesnɪŋ / lessen·ing] *s.* diminuzione; attenuazione.

lesser ['lesə*] *agg. attr.* minore; inferiore; più piccolo: *the — evil*, il male minore; *to a — degree*, in minor grado // *of two evils choose the —*, (*prov.*) dei due mali scegli il minore.

lesson [lesn / les·son] *s.* **1** lezione (*anche fig.*): *let her fate be a — to you*, che la sua sorte sia una lezione per te; *to deliver a — to a class*, far lezione a una scolaresca; *to do, to go over one's lessons*, preparare, ripassare le lezioni; *to say* (o *to recite*) *one's —*, recitare la lezione: *to teach s.o. a —*, (*fig.*) dare una lezione a qlcu. **2** (*eccl.*) lezione.

to **lesson** *v.tr.* (*antiq.*) **1** rimproverare, ammonire **2** assimilare, apprendere: *Whereas, if... they were led to the praxis thereof in some chosen short book lessoned throughly by them...*, (MILTON) mentre, se... essi fossero guidati alla pratica di ciò con qualche libriccino adatto e da loro ben assimilato...

lessor ['lesə*] *s.* (*dir.*) locatore.

lest [lest] *cong.* (*form.*) per paura che, per tema, per timore di: *— she should go away*, per tema che ella dovesse partire; *...lest He, returning, chide*, (MILTON) per timore che Egli, ritornando, mi rimproveri.

let[1] [let] *s.* affitto, durata dell'affitto.

to **let**[1] *pass.p.p.* **let** *v.tr.* **1** permettere; lasciare; autorizzare [cfr. *to allow*, *to permit*]: *her father wouldn't — her go to the dance*, il padre non voleva lasciarla andare al ballo; *he always lets the child do as it likes*, permette sempre al bambino di fare ciò che vuole; *the terrorists — us go after three days*, i terroristi ci lasciarono andare dopo tre giorni; *they don't — people smoke on board*, non permettono (non è permesso) di fumare a bordo; *could you — me have it tomorrow?*, potresti farmelo avere per domani?; *— me know when you can come*, fatemi sapere quando potete venire; *— me hear from you*, fammi avere tue notizie; *she didn't — them see she was afraid*, non dava loro a vedere che aveva paura; *he — himself be cheated*, si è lasciato imbrogliare // *don't — the grass grow under your feet*, non perdere tempo // *we'll — him stew in his own juice*, (*fam.*) lo lasceremo cuocere nel suo brodo // *to — go*, lasciar andare; lasciar fuggire; lasciar perdere: *she was terrified and wouldn't — go of my arm*, era terrorizzata e non voleva staccarsi dal mio braccio; *the police believed his story and — him go*, la polizia credette alla sua storia e lo lasciò andare; *we caught a squirrel but later we had to — it go*, abbiamo preso uno scoiattolo ma poi abbiamo dovuto lasciarlo andare; *they didn't punish him for his mistake, they — it go at that*, non l'hanno punito per il suo errore, hanno lasciato perdere // *to — oneself go*, lasciarsi andare; abbattersi, deprimersi: *even at a party she never lets herself go*, anche alle feste non si lascia mai andare; *after her husband's death she just — herself go*, dopo la morte del marito si è lasciata andare // *to — fall, drop*, buttare là, accennare per caso; lasciar cadere (nel discorso): *he — fall the fact that he'd been in prison*, buttò là il fatto che era stato in prigione // *to — loose*, allentare, sciogliere; liberare: *he — the raven loose from its cage*, liberò il corvo dalla gabbia // *to — alone*, lasciar stare, lasciar in pace; *— me alone!*, lasciami, lasciatemi stare! // *— alone*, per non parlare di, tanto meno: *he's never been to Rome, — alone Palermo*, non è mai stato a Roma, per non parlare di Palermo; *she hasn't ever got a cycle, — alone a car*, non ha mai avuto una bicicletta, tanto meno un'automobile // *to — fly*, sparlare, parlare volgarmente: *he really — fly when they had an argument*, usava un linguaggio veramente volgare quando litigavano **2** (*ausiliare dell'imp. per la 1ª e 3ª pers. sing. e pl.*): *— it be*, sia pure, e sia; *— me drive the car*, lascia che guidi io (la macchina); *— me try and explain*, fammi cercare di spiegare; *—'s* (o *form. — us*) *think of those who built this church*, pensiamo a quelli che hanno costruito questa chiesa; *—'s go to the theatre*, andiamo a teatro; *— 's sit down and talk it over*, sediamoci e parliamone; *—'s imagine we are in a space ship*, supponiamo di essere in una astronave; *—'s get out of here!*, andiamocene via di qui!; *—'s not wait* (o solo brit. *don't — 's wait!*), non aspettiamo!; *if he thinks he can do it, — him try!*, se pensa di poterlo fare, (che) lo faccia!; *— there be no mistake about it*, che non ci siano equivoci a questo proposito; *don't — him treat you like that!*, non permettergli di trattarti in quel modo!; *don't — me catch you doing it again!*, che non ti peschi a farlo un'altra volta!; *— them wait*, che aspettino // (*mat.*) *— AB be equal to CD*, supponiamo che AB sia uguale a CD // *— me see*, vediamo: *"What's that old chair worth?" "Well, — me see now..."*, "Quanto può valere quella vecchia sedia?" "Dunque, vediamo un po'..." // *— 's say*, diciamo, facciamo: *we can meet —'s say at ten o'clock*, possiamo vederci, diciamo alle 10 ◆ *v.tr.* e *intr.* affittare; venire affittato: *we always — our house when we're away in the summer*, affittiamo sempre la casa quando siamo via d'estate; *this flat lets at £* 300 per month plus expenses, questo appartamento si affitta a 300 sterline mensili più le spese // *to —*, affittasi, (casa ecc.) da affittare.

□ **let down** *v.tr.* e *avv.* **1** calare, far scendere **2** allungare (orli, abiti); sciogliere (capelli): *this skirt needs to be — down a little*, questa gonna ha bisogno di essere allungata un po' **3** deludere, scontentare; tradire: *I won't — you down*, non ti deluderò; *John — me down at the last moment so I had to find a replacement*, John mi ha tradito all'ultimo momento così ho dovuto cercare un sostituto // *to — the side down*, (*fam.*) tradire la squadra, i compagni ecc. // *to — s.o. down lightly*, dare una cattiva notizia con delicatezza, andarci piano **4** sgonfiare: *to — down a tyre*, sgonfiare una camera d'aria.

□ **let in** *v.tr.* e *avv.* **1** fare entrare, lasciare entrare, far penetrare; *to — in the light, the air*, far entrare l'aria, la luce **2** far entrare, ammettere: *don't — them in*, non lasciarli entrare **3** (*fig.*) ammettere: *to — in a suspicion*, ammettere un dubbio **4** (*fam.*) sobbarcarsi; imbarcarsi in: *he didn't realize what he was letting himself in for*, non si è reso conto in che cosa si stava imbarcando **5** (*on*) (*fam.*) ammettere (a un progetto, un segreto ecc.): *they had to — a new partner in on the plan*, dovettero condividere il progetto con un nuovo socio.

□ **let into** *v.tr.* e *prep.* far entrare, ammettere: *he — himself into the house through the window*, entrò in casa attraverso la finestra // *to — s.o. into a secret*, condividere un segreto con qlcu.

□ **let off** *v.tr* e *avv.* o *prep.* **1** far scendere, scaricare SIN. to get off, to put off: *the bus will — you off just before the corner*, l'autobus ti lascerà giù proprio prima dell'angolo **2** lasciar andare: *he was — off with a fine*, se la cavò con una multa // *to be — off lightly*, cavarsela a buon mercato **3** (*fam.*) dispensare da: *for the evening she — him off (from) doing the dishes*, per quella sera gli è stato concesso di non lavare i piatti // *to — off the hook*, lasciar libero (da un impegno, contratto ecc.) **4** far uscire; lasciar partire, far partire (un colpo di arma da fuoco) // *to — off steam*, (*fig.*) sfogarsi **5** affittare separatamente: *a Regency mansion — off in flats*, un palazzo Reggenza affittato ad appartamenti.

□ **let on** *v.tr.* e *avv.* o *prep.* **1** far salire: *the bus was too full so the conductor wouldn't — him on*, l'autobus era troppo pieno e il bigliettaio non l'ha fatto salire **2** (*about*) (*fam.*) far trapelare, rivelare (segreto ecc.): *he — on too much about his plan*, ha lasciato trapelare troppo sul suo progetto; *don't — on that you know everything*, non far capire che sai tutto.

□ **let out** *v.tr.* e *avv.* **1** emettere: *to — out a cry*, emettere un grido **2** far trapelare, lasciarsi sfuggire: *he accidentally — out that he had seen you at the races yesterday*, si è lasciato sfuggire che ti aveva visto alle corse ieri **3** far uscire, far andar via: *— me out of there*, fammi uscire; *to — out of prison*, far uscire di prigione // *to — the cat out of the bag*, rivelare un segreto // *to — out the clutch*, disinnestare la frizione (di un'auto) **4** allargare (abiti) **5** noleggiare, affittare ◆ *v.intr.* e *avv.* (*amer.*) finire: *when does the show — out?*, a che ora finisce lo spettacolo?

□ **let through** *v.tr.* e *avv.* o *prep.* far passare.

□ **let up** *v.intr.* e *avv.* allentare, rallentare; cessare: *for an hour the bombardment never — up*, il bombardamento continuò per un'ora senza soste // *to — up on s.o.*, (*fam.*) allentare la pressione su qlcu.

let[2] *s.* **1** (*form.*) ostacolo, impedimento: *without — or hindrance*, senza impedimenti **2** (*tennis*) colpo nullo, net.

to **let**[2] *pass.p.p* **letted** ['letɪd] **let** *v.tr.* (*ant.*) ostacolare, impedire.

-let [lɪt, lət] *suff.* di derivazione francese usato per formare alcuni diminutivi: *booklet*, libriccino; *leaflet*, fogliolina.

letch [letʃ] *s.* (*sl.*) desiderio carnale.

letdown ['letdaʊn / let·down] *s.* (*fam.*) disappunto, delusione.

lethal ['li:θl] *agg.* letale: *— weapons*, armi letali // **-ly** *avv.*

lethargic(al) [le'θɑ:dʒɪk(l) / leth·ar·gic·(al)] *agg.* letargico, apatico, inerte // **-ally** *avv.*

to **lethargize** ['leθədʒaɪz / leth·ar·gize] *v.tr.* (*ant.*) far cadere in letargo.

lethargy ['leθədʒɪ / leth·argy] *s.* letargo; apatia, inerzia.

lethe ['li:θi: / le·the] *s.* (*letter.*) oblio, dimenticanza.

let-out ['letaʊt] *s.* scappatoia // (*comm.*) *— clause*, clausola risolutiva.

Letraset® ['letrəset / Let·ra·set] *s.* trasferibili (*pl.*), trasferelli (*pl.*), Letraset®.

Lett [let] *s.* lettone.

letter[1] ['letə* / let·ter] *s.* **1** lettera dell'alfabeto // *in the — and spirit*, nella forma e nella sostanza; *to keep* (o *stick*) *to the —*, eseguire alla lettera, esattamente // *red- — day*, (*sl.*) giorno decisivo, cruciale **2** lettera, epistola: *love —*, lettera d'amore; *business —*, lettea commerciale; *registered —*, raccomandata; *— paper*, carta da lettere // *open —*, lettera aperta (a un giornale) // *— bomb*, lettera esplosiva // *day —*, (*amer.*) telegramma diurno (più economico, ma meno veloce) // (*comm.*): *— of credit*, lettera di credito; *— of appointment*, lettera di assunzione; *covering —*, lettera di accompagnamento, *— of aknowledgment*, lettera di riscontro; *circular —*, lettera circolare // (*dir.*): *— of advice*, lettera di avviso, notifica (tra privati); *— of guarantee* (o *indemnity*), lettera di garanzia; *letters rogatory*, rogatoria **3** (*tip.*) carattere: *capital*, *small —*, lettera maiuscola, minuscola **4** *pl.* lettere; letteratura: *a man of letters*, un uomo di lettere // *the republic* (o *the commonwealth*) *of letters*, la repubblica delle lettere.

to **letter**[1] *v.tr.* **1** imprimere il titolo su (copertina di libro); imprimere lettere, stampare **2** classificare secondo l'ordine alfabetico.

letter[2] *s.* chi affitta.

letter-book ['letəbʊk] *s.* copialettere.

letter box ['letəbɒks / let·ter·box] *s.* cassetta delle lettere, buca delle lettere AMER. mailbox.

letter-card ['letəkɑ:d] *s.* biglietto postale.

lettered ['letəd / let·tered] *agg.* **1** letterato, dotto **2** marcato con lettere.

letterhead(ing) ['letəhed(ɪŋ) / let·ter·head·(ing)] *s.* intestazione di carta da lettera.

lettering ['letərɪŋ / let·ter·ing] *s.* **1** lettering, esecuzione manuale o stampa di caratteri, di parole (per formare una dicitura, un'iscrizione, un titolo) **2** marcatura, segnatura con lettere, con caratteri tipografici **3** caratteristica grafica delle lettere disegnate a mano o stampate di un testo.

letter opener ['letər,əʊpnə*] *s.* (*amer.*) tagliacarte → **paper knife**.

letter-perfect ['letə,pɜ:fɪkt] *s.* (*amer.*) → **word-perfect**.

letterpress ['letəpres / let·ter·press] *s.* (*tip.*) **1** rilievografia, stampa rilievografica **2** testo (di una pagina stampata, escluse le illustrazioni) **3** copialettere.

letters-patent [,letəz'peɪtənt] *s.pl.* ordinanze, decreti sovrani.

Lettic ['letɪk] *agg.* e *s.* lettone.

letting ['letɪŋ / let·ting] *s.* **1** affitto; l'affittare // (*dir.*) *— value*, valore locativo **2** casa o appartamento da affittare; casa o locali in affitto.

Lettish ['letɪʃ / Lett·ish] *agg.* lettone ◆ *s.* lingua lettone, lettone.

lettuce ['letɪs / let·tuce] *s.* **1** (*bot.*) (*Lactuca sativa*) lattuga **2** (*sl. amer.*) denaro, grana.

let-up ['letʌp] *s.* **1** diminuzione **2** cessazione.

leucine ['lju:sɪn *amer.* 'lu:sɪn / leu·cine] *s.* (*biochim.*) leucina.

leucite ['lju:saɪt *amer.* 'lu:saɪt / leu·cite] *s.* (*min.*) leucite.

leuco- ['lju:kəʊ, lju:'kɒ *amer.* 'lu:kəʊ, lu:'kɒ] *pref.* di origine greca usato nella terminologia scientifica con valore di 'bianco'; it. leuco-: *leucocytic*, leucocitario; *leucoderma*, leucodermia; *leucopoietic*, leucopoietico; *leucosarcoma*, leucosarcoma.

leucocyte ['lju:kəsaɪt *amer.* 'lu:kəsaɪt / leu·co·cyte] *s.* (*biol.*) leucocito, leucocita.

leucocytosis [,lju:kəʊ,saɪ'təʊsɪs *amer.* ,lu:kəʊ,saɪ'təʊsɪs / leu·co·cy·to·sis] *s.* (*med.*) leucocitosi.

leucoma [lju:'kəʊmə *amer.* lu:'kəʊmə / leuc·oma] *s.* (*med.*) leucoma.

leuconychia [,lju:kəʊ'nɪkɪə *amer.* ,lu:kəʊ'nɪkɪə / leu·co·nychia] *s.* (*med.*) leuconichia.

leucoplakia [,lju:kəʊ'pleɪkɪə *amer.* ,lu:kəʊ'pleɪkɪə / leu·co·plakia] *s.* (*med.*) leucoplachia, leucoplasia.

leucoplast ['lju:kəʊ,plæst *amer.* 'lu:kəʊ,plæst / leu·co·plast] *s.* (*bot.*) leucoplasto.

leucorrhagia [,lju:kɔ:'rɑ:dʒɪə *amer.* ,lu:kɔ:'rɑ:dʒɪə / leu·cor·rha·gia] **leucorrhea** [,lju:kə'ri:ə *amer.* ,lu:kə'ri:ə / leu·cor·rhea] *s.* (*med.*) leucorrea.

leucosis [lju:'kəʊsɪs *amer.* lu:'kəʊsɪs / leu·co·sis] *s.* (*med.*) leucosi.

leuk(a)emia [lju:'ki:mɪə *amer.* lu:ki:mɪə / leuk·(a)e·mia] *s.* (*med.*) leucemia.

leuko- → **leuco-**.

levant ['levənt *come s.* lɪ'vænt / le·vant] *agg.* (*non com.*) orientale, levantino ◆ *s.* **1** (vento di) levante **2** *the Levant*, il Levante // *the Levant Company*, (*st.*) la Compagnia del Levante **3** (—) *morocco*, tipo di (cuoio) marocchino.

Levanter [lɪ'væntə* / Le·vanter] *s.* **1** levantino **2** (vento di) levante.

Levantine ['levəntaɪn / Le·vant·ine] *agg.* levantino, del Levante.

levator [lɪ'veɪtə* / lev·ator] *s.* **1** (*anat.*) muscolo elevatore **2** leva chirurgica.

levee[1] ['levɪ] *s.* (*spec. amer.*) diga, argine naturale.

to **levee**[1] *v.tr.* (*spec. amer.*) arginare (un fiume).

levee[2] *s.* **1** (*st.*) udienza mattutina (di sovrano) **2** (*st.*) udienza pomeridiana (di sovrano, presidente ecc.) riservata a soli uomini: *to hold a* —, dare udienza **3** (*brit. antiq.*, *fam. amer.*) ricevimento elegante; festa speciale.

level ['levl] *agg.* **1** livellato, piatto, piano; uniforme; orizzontale: — *ground*, terreno piano; *to make* —, spianare, livellare; *a — teaspoonful of coffee*, un cucchiaino raso di caffè **2** a livello, pari: — *with the ground*, a livello di terra; *to keep* —, andare di pari passo; (*sport*) *the scores finished* —, (i punteggi) finirono in parità **3** (*fig.*) equilibrato; regolato, regolare: — *life*, vita regolata; *in a — voice*, con voce controllata; — *expression*, espressione calma; *to have a — head*, essere equilibrato; *to keep a — head*, conservare il proprio sangue freddo // *to do one's — best*, fare tutto il possibile **4** (*fam. amer.*) vero: *that's* —, è vero ◆ *s.* **1** livello (*anche fig.*): *the house was built on two levels*, la casa fu costruita su due livelli; *how high are we above sea —?*, a che altezza siamo sopra il livello del mare?; *oil* —, livello dell'olio; — *of prices*, livello dei prezzi; — *of living*, livello di vita; *to raise the — of productivity*, incrementare il livello di produttività; *we discussed the — of funding required*, discutemmo la quantità dei fondi richiesti; *they are on a* —, hanno la stessa altezza; *the noise — was too high*, il rumore era troppo alto; *high — of work*, lavoro ad alto livello; *on a practical* —, sul piano pratico; *on a — with*, a livello con (*anche fig.*) **2** spianata, superficie piana, uguale // *on the* —, (*fig.*) onestamente, in buona fede; *to be on a — with s.o.*, essere sullo stesso piano di qlcu.; *to find one's* —, inserirsi nel grado, nel livello sociale adatto a sé; *to rise to the — of s.o.*, innalzarsi al livello di qlcu. // (*fis.*) *dead* —, livello costante **3** (*topografia*) livello, livelletto; livella **4** (*spec. amer.*) → spirit level // **-ness** *s.*

to **level** *pass.p.p.* **levelled** ['levld / lev·elled] *v.tr.* **1** livellare; spianare, pareggiare; uguagliare: *the council levelled a row of old houses to make a car park*, il consiglio ha (fatto) spianare una serie di vecchie case per creare un parcheggio; *to — a town to the ground*, radere al suolo una città; *death levels all men*, la morte eguaglia tutti gli uomini **2** puntare (fucile ecc.); prendere di mira: *he levelled his gun at us*, puntò il fucile contro di noi; *to — sarcasm, accusations against* (o *at*) *s.o.*, (*fig.*) dirigere dei sarcasmi, delle accuse contro qlcu. ◆ *v.intr.* **1** divenire piano **2** spianare un fucile (*at*, contro).

□ **level away** *v.tr.* e *avv.* uguagliare, livellare, abolire (distinzioni sociali ecc.).

□ **level down** *v.tr.* e *avv.* **1** (*fig.*) ridurre; appiattire; livellare al basso (stipendi, prezzi, livelli) **2** livellare.

□ **level off**, **out** *v.tr.* e *intr.* e *avv.* **1** livellare, livellarsi: *prices show a tendency to — off* (o *out*) *now*, adesso i prezzi mostrano una tendenza a stabilizzarsi **2** (*aer.*) mettersi, portarsi, portare (un aereo) in assetto di volo orizzontale.

□ **level up** *v.tr.* e *avv.* portare a un livello più alto, migliorare.

□ **level with** *v.intr.* e *prep.* (*fam.*) parlar chiaro, dire le cose come stanno: *I'm going to — with you, Joe, we're bankrupt*, voglio dirti le cose come stanno, Joe, siamo al verde.

level crossing [,levl'krɒsɪŋ] *s.* passaggio a livello AMER. grade crossing.

level-headed [,levl'hedɪd] *agg.* equilibrato, con la testa quadrata; calmo, pacato.

leveller ['levələ* / lev·el·ler] amer. **leveler** *s.* **1** chi livella, livellatore (*anche fig.*): *death is the great* —, la morte è la grande livella, la morte rende tutti uguali **2** (*pol.*) chi è fautore dell'uguaglianza **3** (*st. pol.*) livellatore.

levelling ['levəlɪŋ / lev·el·ling] amer. **leveling** *s.* **1** livellamento; spianamento **2** (*topografia*) livellazione.

levelling-rod ['levəlɪŋ,rɒd] **levelling -staff** ['levəlɪŋ,stɑ:f *amer.* 'levəlɪŋ,stæf] *s.* stadia.

levelly ['levlɪ / lev·elly] *avv.* **1** pacatamente **2** (*rar.*) uniformemente.

lever ['li:və* *amer.* 'levə* / le·ver] *s.* **1** (*mecc.*) leva: *fulcrum of a* —, fulcro d'una leva; *release* —, leva di disimpegno **2** braccio (di leva): *the — of a balance*, il braccio di una bilancia **3** (*mecc.*) manovella: *starting* —, manovella d'avviamento **4** (*fig.*) stimolo, incitamento.

to **lever** *v.tr.* **1** alzare, rimuovere con una leva **2** (*fig.*) far leva su ◆ *v.intr.* usare una leva.

leverage ['li:vərɪdʒ *amer.* 'levərɪdʒ / le·ver·age] *s.* (*mecc.*) **1** azione di una leva; modo di applicare una leva **2** sistema di leve, leveraggio **3** potenza di una leva **4** (*fig.*) potere, influenza **5** (*fin. amer.*) rapporto di indebitamento, rapporto tra debiti e mezzi propri.

to **leverage** *v.tr.* (*fin.*) speculare con denaro preso a prestito // *leveraged buy-out*, scalata, acquisizione di società mediante l'acquisto di azioni finanziato per mezzo di emissione di debito garantito dalle azioni comperate.

lever escapement ['li:vəɪ'skeɪpmənt] *s.* (*mecc.*) scappamento ad ancora.

leveret ['levərɪt / lev·eret] *s.* leprotto.

leviable ['levɪəbl / levi·able] *agg.* imponibile (di tasse).

leviathan [lɪ'vaɪəθən / le·vi·athan] *s.* **1** (*Bibbia*) leviathan, leviatano **2** (*fig.*) gigante, colosso.

to **levigate** ['levɪgeɪt / lev·ig·ate] *v.tr.* **1** porfirizzare, polverizzare **2** elutriare **3** (*antiq.*) levigare.

levigation [,levɪ'geɪʃn / lev·iga·tion] *s.* **1** porfirizzazione, polverizzazione **2** elutriazione **3** levigazione, levigatura.

levirate ['li:vɪrɪt / lev·ir·ate] *s.* (*st. ebraica*) levirato.

to **levitate** ['levɪteɪt / lev·it·ate] *v.tr.* (*spiritismo*) (fare) alzare in aria; fare levitare ◆ *v.intr.* (*spiritismo*) alzarsi in aria; fluttuare in aria; levitare.

levitation [,levɪ'teɪʃn / lev·ita·tion] *s.* (*spiritismo*) levitazione.

Levite ['li:vaɪt / Le·vite] *s.* (*Bibbia*) levita.

Levitic(al) [lɪ'vɪtɪk(l) / Le·vitic, Le·vit·ical] *agg.* (*Bibbia*) levitico.

Leviticus [lɪ'vɪtɪkəs / Le·vit·icus] *s.* (*Bibbia*) Levitico.

levity ['levɪtɪ / lev·ity] *s.* **1** (*form.*) leggerezza, incostanza; frivolezza; superficialità **2** (*non com.*) leggerezza (di peso).

levodopa [,li:vəʊ'dəʊpə / le·vo·dopa] *s.* (*biochim.*) levodopa.

levogyrate [,li:vəʊ'dʒaɪrət / le·vo·gyr·ate] → **levorotatory**.

levogyrous [,li:vəʊ'dʒaɪrəs / le·vo·gyr·ous] *agg.* (*chim.*, *fis.*) levogiro.

levorotation [,li:vəʊrəʊ'teɪʃn / le·vo·ro·ta·tion] *s.* (*chim.*, *fis.*) levorotazione.

levorotatory [,li:vəʊ'rəʊtətərɪ / le·vo·ro·tat·ory] *agg.* (*chim.*, *fis.*) levorotatorio, sinistrogiro.

levulin ['levjəlɪn / levu·lin] *s.* (*chim.*) levulina.

levulose ['levjʊləʊs / levul·ose] *s.* (*chim.*) levulosio, fruttosio.

levy ['levɪ] *s.* **1** (*mil.*) leva, arruolamento: — *in mass*, leva in massa **2** (*trib.*) imposizione; imposta, tributo: *capital* —, imposta patrimoniale; *betterment* —, contributi di miglioria // (*econ.*) *import* —, dazio sulle importazioni **3** (*dir.*) esecuzione forzata, pignoramento.

to **levy** *v.tr.* **1** arruolare: *to — an army*, adunare, riunire un'armata // *to — war upon* (o *against*), far guerra a **2** (*trib.*) imporre (un tributo); tassare; prelevare **3** (*dir.*) agire esecutivamente contro; pignorare: — *execution*, procedere a esecuzione forzata.

lewd [lju:d *amer.* lu:d] *agg.* **1** impudico; immondo; lascivo (di persona) **2** indecente; volgare; osceno (di cosa, comportamento ecc.) **3** (*ant.*) vile; ignobile // **-ly** *avv.* // **-ness** *s.*

lewis ['lu:ɪs] *pl.* **lewes** ['lu:ɪz] *s.* (*edil.*) ulivella.

lewisite ['lu:ɪsaɪt / lew·is·ite] *s.* (*chim.*, *min.*) lewisite.

lexical ['leksɪkl / lex·ical] *agg.* lessicale.

lexicographer [,leksɪ'kɒgrəfə* / lex·ico·grapher] *s.* lessicografo.

lexicographic(al) [,leksɪkəʊ'græfɪk(l) / lex·ico·graphic, lex·ico·graph·ical] *agg.* lessicografico.

lexicography [,leksɪ'kɒgrəfɪ / lex·ico·graphy] *s.* lessicografia.

lexicology [,leksɪ'kɒlədʒɪ / lex·ico·logy] *s.* lessicologia.

lexicon ['leksɪkən *amer.* 'leksɪkɒn / lex·icon] *s.* **1** lessico **2** dizionario (specialmente di lingue antiche).

lexis ['leksɪs] *s.* (*ling.*) lessico; vocabolario.

ley [li:] *s.* **1** (*agr.*) terreno erboso (tenuto a prato) **2** (*poet.*) prato.

liability [,laɪə'bɪlətɪ / li·ab·il·ity] *s.* **1** obbligo: — *for military service*, l'obbligo del servizio militare **2** disposizione, tendenza; *to have a — to catch cold*, essere soggetto ai raffreddori **3** (*dir.*) responsabilità: *strict* —, responsabilità oggettiva; *vicarious* —, responsabilità per fatto altrui // (*comm.*) *limited — company*, società a responsabilità limitata // (*trib.*) *tax* —, debito d'imposta **4** *pl.* (*fin.*) passività: *assets and liabilities*, attivo e passivo; *contingent liabilities*, sopravvenienze attive; *current liabilities*, passività correnti; *long-term liabilities*, passività a lungo termine; *sight liabilities*, passività a vista; *bank non-deposit liabilities*, passività bancarie non rappresentate da depositi **5** (*fig. fam.*) peso; svantaggio; inconveniente: *to be a* —, essere di peso; *his behaviour makes him a — to the team*, il suo comportamento lo rende di peso alla squadra.

liable ['laɪəbl / li·able] *agg.* **1** soggetto, esposto: — *to a fine*, passibile di multa; *to make oneself — to*, esporsi al rischio di; *he's — to lose his temper if you make a mistake*, tende ad andare in collera se si fa un errore; *he is — to rheumatism*, è soggetto ai reumatismi **2** (*dir.*) responsabile: *you are — for the damage*, siete responsabili del danno; *to hold a person* —, tenere una persona responsabile; *civilly* —, responsabile civilmente; *criminally* —, responsabile penalmente; *to be — to a term in jail*, essere passibile di una pena detentiva; — *to duty*, soggetto a dovere, obbligo // (*trib.*) — *to*, gravato da: *goods which are — to stamp duty*, beni che sono soggetti all'imposta di registro.

to **liaise** [lɪ'eɪz / li·aise] *v.intr.* fare da collegamento; fare da intermediario.

liaison [lɪ'eɪzn *amer.* 'lɪəzɒn / li·aison] *s.* **1** legame; unione; relazione illecita **2** (*mil.*) collegamento // — *officer*, ufficiale di collegamento **3** (*fon.*) legamento.

liana [lɪ'ɑ:nə *amer.* lɪ'ænə] *s.* (*bot.*) liana.

liar ['laɪə*] *s.* mentitore; bugiardo.

lias ['laɪəs] *s.* (*geol.*) lias.

liassic [laɪ'æsɪk / li·assic] *agg.* (*geol.*) liassico.

lib [lɪb] *s.* (*fam. pol.*) movimento di liberazione: *women's* —, movimento di liberazione delle donne.

to **libate** [laɪ'beɪt] *v.tr.* (*form.*) libare.

libation [laɪ'beɪʃn / liba·tion] *s.* (*form.*) libagione; (*fam.*) bevuta.

libbard ['lɪbəd / lib·bard] *s.* (*poet.*) leopardo: *twelve sphered tables, ... / on libbard's paws, upheld the heavy gold /* of cups and goblets, (KEATS) dodici tavole rotonde, ..., su zampe di leopardo, reggevano l'oro massiccio delle coppe e dei calici.

libber ['lɪbə* / lib·ber] *s.* (*fam.*) simpatizzante di un movimento di liberazione.

libeccio [lə'betʃɪəʊ / li·bec·cio] *s.* (*meteor.*) libeccio.

libel ['laɪbl / li·bel] *s.* **1** libello **2** calunnia, diffamazione; (*dir.*) diffamazione a mezzo stampa: *action for* —, causa per diffamazione.

to **libel** *pass.p.p.* **libelled** ['laɪbld / li·belled] *v.tr.* **1** diffamare con libelli; calunniare **2** (*dir.*) denunciare per diffamazione; promuovere una causa per diffamazione contro (qlcu.).

libel(l)ant ['laɪblənt / li·bel·(l)ant] *s.* (*dir.*) attore in un processo per diffamazione.

libel(l)ee [,laɪ'bli: / li·bel·(l)ee] *s.* (*dir.*) convenuto in un processo per diffamazione.

libel(l)er ['laɪblə* / li·bel·(l)er] *s.* diffamatore; libellista.

libel(l)ous ['laɪbləs / li·bel·(l)ous] *agg.* diffamatorio, calunnioso // **-ly** *avv.*

liberal ['lɪbərəl / lib·eral] *agg.* **1** liberale, senza pregiudizi: — *views*, idee liberali // (*dir.*) — *construction*, interpretazione estensiva (di una legge, di una norma) **2** generoso, prodigo; abbondante, ampio: — *of advice*, prodigo di consigli; — *supply of food*, alimentazione abbondante **3** (*pol.*) liberale; radicale, progressista **4** liberale, umanistico: — *arts*, arti liberali; discipline umanistiche; — *studies*, studi umanistici **5** (*ant.*) sboccato, scurrile: *...long purples, / that liberal shepherds give a grosser name*, (SH. Hamlet) lunghe orchidee rosse cui i pastori scurrili danno un nome più volgare ◆ *s.* (*pol.*) liberale; radicale, progressista // *the Liberals*, i liberali.

liberalism ['lɪbərəlɪzəm / lib·er·al·ism] *s.* **1** (*pol.*) liberalismo; principi politici dei liberali **2** (*econ.*) liberismo.

liberalist ['lɪbərəlɪst / lib·er·al·ist] *s.* **1** liberalista **2** (*econ.*) liberista.

liberality [,lɪbə'rælɪtɪ / lib·er·al·ity] *s.* (*form.*) liberalità, generosità.

liberalization [,lɪbərəlaɪ'zeɪʃn / lib·er·al·iza·tion] *s.* liberalizzazione.

to **liberalize** ['lɪbərəlaɪz / lib·er·al·ize] *v.tr.* rendere (più) liberale; liberalizzare ◆ *v.intr.* diventare (più) liberale.

liberally ['lɪbərəlɪ / lib·er·ally] *avv.* liberalmente, largamente, generosamente.

to **liberate** ['lɪbəreɪt / lib·er·ate] *v.tr.* **1** (*form.*) affrancare (uno schiavo); mettere in libertà; liberare **2** (*chim.*) liberare (gas ecc.).

liberated ['lɪbəreɪtɪd / lib·er·ated] *agg.* libero; emancipato.

liberation [,lɪbə'reɪʃn / lib·era·tion] *s.* liberazione; emancipazione // *gay — movement*, movimento di liberazione dei gay // — *theology*, teologia della liberazione.

liberator ['lɪbəreɪtə* / lib·er·ator] *s.* (*form.*) liberatore.

Liberian [laɪ'bɪərɪən / Li·berian] *agg.* e *s.* liberiano.

libertarian [,lɪbə'teərɪən / lib·er·tar·ian] *s.* **1** fautore delle libertà civili **2** (*teol.*) fautore del libero arbitrio **3** (*pol. amer.*) simpatizzante del Libertarian Party (piccolo partito estremista di destra).

libertarianism [,lɪbə'teərɪənɪzəm / lib·er·tar·ian·ism] *s.* (*teol.*) dottrina del libero arbitrio.

libertine ['lɪbəti:n / lib·er·tine] *agg.* libertino ◆ *s.* **1** libertino **2** (*ant.*) libero pensatore, libertino.

libertinism ['lɪbətɪnɪzəm / lib·er·tin·ism] *s.* **1** libertinaggio, dissolutezza, sregolatezza **2** (*ant.*) libertinismo, libero pensiero.

liberty ['lɪbətɪ / lib·erty] *s.* **1** (*form.*) libertà; permesso, licenza: — *of conscience, of speech, of the press*, libertà di coscienza, di parola, di stampa; (*dir.*) — *of contract*, autonomia contrattuale; — *of thought*, libertà di pensiero; *they set the prisoners at* —, misero in libertà i prigionieri; *they were at — to do whatever they wanted*, erano liberi di fare ciò che volevano **2** libertà, confidenza: *I took the — of using your telephone*, mi sono permesso di usare il tuo telefono; *to take liberties with s.o.*, prendersi, permettersi delle libertà con qlcu. **3** *pl.* privilegi **4** (*ant.*) licenziosità: *lust and liberty / creep in the minds and marrows of our youth, / that 'gainst the stream of virtue they may strive*, (SH. Timon of Athens) la lussuria e la licenziosità penetrino nel midollo e nell'animo dei nostri giovani, cosicché possano lottare contro il fiume della virtù.

libidinous [lɪ'bɪdɪnəs / li·bid·in·ous] *agg.* (*form.*) libidinoso; lascivo // **-ly** *avv.*

libido [lɪ'bi:dəʊ / li·bido] *s.* (*psic.*) libido.

libra ['laɪbrə] *pl.* **librae** ['laɪbri:] *s.* **1** (*st. romana*) libbra (misura di peso = 327 g) **2** lira sterlina (usato solo nell'*abbr.* £ [paund(z)] **3** libbra (peso) (usato solo nell'*abbr. lb.* [paund(z)]).

Libra ['li:brə] *no.pr.* (*astr.*) Bilancia.

librarian [laɪ'breərɪən / lib·rar·ian] *s.* bibliotecario.

librarianship [laɪ'breərɪənʃɪp / lib·rar·ian·ship] *s.* **1** ufficio, carica di bibliotecario **2** biblioteconomia.

library ['laɪbrərɪ *amer.* 'laɪbrerɪ / lib·rary] *s.* **1** biblioteca (collezione di libri, sala di lettura): *circulating* —, biblioteca circolante; *film* —, cineteca; *public* —, biblioteca pubblica; *lending* —, biblioteca con servizio prestito; *newspaper* —, emeroteca; *record* —, discoteca **2** (*inform.*) biblioteca; (IBM) libreria: — *maintenance*, (IBM) gestione della libreria **3** collana (di libri).

to **librate** ['laɪbreɪt / lib·rate] *v.intr.* (*form.*) librarsi, tenersi in equilibrio, bilanciarsi; oscillare.

libration [laɪ'breɪʃn / lib·ra·tion] *s.* **1** oscillazione; (*fis.*) librazione **2** (*astr.*) librazione (lunare).

libratory ['laɪbrətərɪ / lib·rat·ory] *agg.* (*form.*) oscillatorio.

librettist [lɪ'bretɪst / lib·ret·tist] *s.* librettista.

libretto [lɪ'bretəʊ / lib·retto] *pl.* **librettos**, **libretti** [lɪ'bretɪ / lib·retti] *s.* libretto (d'opera).

Libyan ['lɪbɪən / Li·byan] *agg.* libico.

lice *pl.* di **louse**.

licence ['laɪsəns / li·cence] amer. **license** *s.* **1** licenza, autorizzazione; permesso; patente; brevetto: *driving* —, patente automobilistica; *television* —, abbonamento alla televisione; *import* —, permesso di importazione; *shooting, fishing* —, licenza di caccia, di pesca; — *holder*, chi detiene un permesso, una patente ecc. // (*fin.*) — *tax*, tassa sulle concessioni governative **2** (*eccl.*) dispensa (di pubblicazioni matrimoniali) **3** (*fig.*) sregolatezza, scostumatezza; (*poetic.*) —, libertà, licenza poetica.

to **licence** amer. to **licens** *v.tr.* autorizzare, accordare una licenza, un privilegio, una patente a • La grafia *license* è usata nel verbo anche in Gran Bretagna, mai però nel sostantivo.

licensed ['laɪsənst / li·censed] *agg.* autorizzato; patentato: — *victualler*, rivenditore autorizzato di vino, liquori ecc.

licensee [,laɪsən'si: / li·cens·ee] *s.* (*form.*) chi possiede una autorizzazione; concessionario.

license plate ['laɪsns,pleɪt] *s.* (*amer.*) targa (di automobile) BRIT. numberplate.

licenser ['laɪsənsə* / li·censer] *s.* **1** chi concede licenze, permessi **2** censore (di teatro, stampa ecc.).

licensing ['laɪsənsɪŋ / li·cens·ing] *agg.* (*comm.*) inerente al sistema della concessione di licenze

// — *laws*, leggi che regolano la vendita degli alcolici ◆ *s.* (*comm.*) compravendita di brevetti e di tecnologie.

licensor [,laɪsən'sɔ:* / li·censor] *s.* (*dir.*) chi concede un'autorizzazione, un brevetto.

licentiate [laɪ'senʃɪət / li·cen·ti·ate] *s.* **1** licenziato, diplomato presso un'università; abilitato (a svolgere una professione) **2** (certificato di) abilitazione.

licentious [laɪ'senʃəs / li·cen·ti·ous] *agg.* (*form.*) licenzioso, scostumato // **-ly** *avv.* // **-ness** *s.*

lich [lɪtʃ] *s.* (*ant.*) cadavere.

lichen ['laɪken / li·chen] *s.* **1** (*bot.*) lichene **2** (*med.*) lichen, impetigine.

lichened ['laɪkend / li·chened] *agg.* coperto di licheni.

lichgate ['lɪtʃ,geɪt / lich·gate] *s.* portico coperto all'entrata di cimitero ove si posava la bara in attesa del sacerdote.

lich-house ['lɪtʃhaʊs] *s.* (*ant.*) camera mortuaria.

lich-owl ['lɪtʃaʊl] *s.* civetta.

licit ['lɪsɪt / li·cit] *agg.* (*non com.*) lecito // **-ly** *avv.*

lick [lɪk] *s.* **1** leccata, leccatura: *to give s.o. a* —, leccare qlcu. // *a — and a promise*, pulizia spiccia e sommaria **2** (*fam.*) piccola quantità: *he won't do a — of work*, (*amer.*) non fa niente di niente **3** colpo, pugno: *a — in the face*, un manrovescio **4** passo: *at a great* —, a passo veloce **5** (*fam. fig.*) tentativo: *it will be difficult but I'll give it a* —, sarà difficile ma ci proverò.

to **lick** *v.tr.* **1** leccare: *the dog licked my hand*, il cane mi leccò la mano; *to — one's fingers*, leccarsi le dita // *to — one's lips* (o *chops*), (*fam. fig.*) leccarsi i baffi // *to — one's wounds*, (*fam. fig.*) leccarsi le ferite // *to — the dust*, mordere la polvere // *to — into shape*, (*fam.*) dar forma, foggiare, rendere presentabile // *to — s.o.'s shoes* (o *boots*), (*fig.*) leccare i piedi a qlcu. // *to — up* (o *off*), pulire leccando **2** lambire **3** (*fam.*) battere, superare, sconfiggere: *they had licked me*, mi avevano battuto **4** (*fam.*) bastonare ◆ *v.intr.* (*fam.*) affrettarsi.

licker ['lɪkə*] *s.* chi lecca.

lickerish ['lɪkərɪʃ / lick·er·ish] *agg.* (*non com.*) ghiotto, avido.

lickety-split [,lɪkɪtɪ'splɪt] *avv.* velocemente, a tutto gas.

licking ['lɪkɪŋ / lick·ing] *s.* **1** leccata **2** (*fam.*) bastonatura **3** (*fam.*) sconfitta, batosta.

lickspittle ['lɪkspɪtl / lick·spittle] *s.* (*spreg.*) leccapiedi, parassita.

licorice ['lɪkərɪs / li·cor·ice] *s.* (*spec. amer.*) → **liquorice**.

lictor ['lɪktə* / lic·tor] *s.* (*st. romana*) littore.

lid [lɪd] *s.* **1** coperchio; copertura // *that puts the — on it!*, (*sl.*) questo è il colmo!, non mancava che questo! // *to take the — off*, (*fig.*) scoprire, rivelare, mettere a nudo // *to put a — on violence*, (*fig.*) porre un freno alla violenza // *to keep a — on*, (*fig.*) far passare, tenere sotto silenzio **2** (*bot.*) opercolo **3** (*eye-*) —, palpebra **4** (*sl.*) cappello, copricapo.

lidded ['lɪdɪd / lid·ded] *agg.* **1** munito di coperchio **2** (*nei composti*) dalle palpebre: *heavy- — eyes*, occhi dalle palpebre pesanti.

lido ['li:dəʊ] *s.* **1** piscina pubblica scoperta **2** lido, spiaggia pubblica, bagni.

lidocaine ['laɪdəʊkeɪn / lido·ca·ine] *s.* (*chim.*) lidocaina.

lie[1] [laɪ] *s.* **1** menzogna, bugia; falsità: *a pack* (o *tissue*) *of lies*, un tessuto di menzogne; *white* —, bugia innocente; *to tell a* —, dire una bugia // *to act a* —, agire slealmente **2** idea errata, falsa credenza; menzogna: *I tell a —, he's a teacher and not a doctor*, (*fam.*) sbaglio, fa l'insegnante e non il medico **3** *the* —, smentita: *to give the — to sthg.*, smentire qlco., fare una smentita; *to give s.o. the* —, smentire qlcu.

to **lie**[1] *pass.p.p.* **lied** [laɪd] *p.pres.* **lying** ['laɪɪŋ] *v.intr.* **1** mentire, dir bugie: *you're lying!*, tu menti!; *to — to s.o., about sthg.*, mentire a qlcu., intorno, su qlco. // *you — in your teeth*, (*scherz.*) tu menti per la gola **2** ingannare (di cose, apparenza): *the camera never lies*, la macchina fotografica non inganna mai ◆ *v.tr.* compiere, ottenere ecc. con l'inganno: *to — oneself into office*, conseguire un impiego, una carica con l'inganno.

lie[2] *s.* **1** posizione; disposizione // *the — of the land*, la configurazione del terreno; (*fig.*) la situazione degli affari **2** tana, covo, rifugio.

to **lie**[2] *pass.* **lay** [leɪ] *p.p.* **lain** [leɪn] *p.pr.* **lying** ['laɪɪŋ] *v.intr.* **1** giacere, stare disteso, sdraiato: *we found him lying ill in bed*, lo trovammo a letto ammalato // *to — asleep*, essere addormentato // *to — in state*, essere esposto nella camera ardente // *to — doggo*, (*sl.*) stare disteso immobile // *let sleeping dogs* —, (*prov.*) non svegliare il can che dorme **2** essere situato, posto; trovarsi (*anche fig.*): *London lies in a clay basin*, Londra è situata in un bacino d'argilla; *he knows where his interest lies*, sa bene dov'è il suo interesse; *to — in prison*, essere in prigione; (*mar.*) *to — at anchor*, essere all'ancora // *as far as in me lies*, (*form.*) per quel che sta in me // *to find out how the land lies*, scoprire come stanno le cose // *to — idle*, rimanere inoperoso // *nobody knows what lies ahead* (o *in store*), nessuno sa che cosa ci aspetta // *a long struggle lies before us*, ci attende una lunga lotta // *what lies beyond the elections?*, che cosa ci sarà dopo le elezioni? // *to — in wait*, essere in attesa; in agguato // *to — in the way*, essere di ostacolo, d'impedimento // *to — low*, rannicchiarsi; essere prostrato; essere morto; nascondersi // *to — on hand*, rimanere invenduto // *to — open to*, essere esposto a **3** (*dir.*) essere accettabile, sostenibile: *no action will* —, nessuna azione legale sarà sostenibile, ammissibile **4** dimorare, alloggiare.

□ **lie about** *v.intr.* e *avv.* **1** essere sparso qua e là, in disordine **2** oziare, non fare nulla: *we lay about all day listening to records*, abbiamo fatto i fannulloni tutto il giorno ascoltando dischi.

□ **lie behind** *v.intr.* e *prep.* essere dietro, alle spalle di: *something must — behind this*, deve esserci dietro qualcosa.

□ **lie down** *v.intr.* e *avv.* **1** coricarsi; allungarsi, mettersi, stare disteso: *he always lies down for a bit after lunch*, si corica sempre un po' dopo mangiato // *to — down on the job*, (*fam.*) fare un lavoro senza impegnarsi **2** (*fig.*) (*under*) accettare (qlco.) senza lottare, senza ribellarsi: *I have no intention of taking it lying down* (o *of lying down under it*), non ho intenzione di subirlo passivamente.

□ **lie in** *v.intr.* e *avv.* partorire.

□ **lie off** *v.intr.* e *prep.* o *avv.* (*mar.*) stare al largo (di).

□ **lie over** *v.intr.* e *avv.* rimanere in sospeso (di decisione ecc.).

□ **lie to** *v.intr.* e *avv.* (*mar.*) essere ancorato.

□ **lie up** *v.intr.* e *avv.* **1** nascondersi; stare nascosto: *the fugitives were lying up in the wood*, i fuggitivi si nascondevano nel bosco **2** stare a letto (per malattia) **3** (*mar.*) essere in porto, in disarmo.

lie-abed ['laɪəbed] *s.* (*antiq.*) dormiglione.

lie detector ['laɪdə,tektə*] *s.* lie detector, macchina della verità.

lie-down ['laɪdaʊn] *s.* (*fam.*) pisolino, sonnellino.

lief [li:f] *avv.* (*ant.*) volentieri; piuttosto: *I had* (o *would*) *as — stay as go*, andare o restare mi è indifferente.

liege [li:dʒ] *agg.* (*ant.*) ligio, fido, fedele ◆ *s.* (*ant.*) **1** — (*man*), vassallo, seguace fedele **2** — (*lord*), signore, sovrano: *good my Liege, I pray you to leave me as you found me*, (W. SCOTT) mio buon signore, vi prego di lasciarmi come mi avete trovato.

lie-in ['laɪ,ɪn] *s.* (*fam.*) lo stare a letto più del solito: *I'm not going to work today so I can have a* —, non vado a lavorare oggi così posso poltrire un po' a letto.

lien[1] [lɪən] *s.* (*dir.*) pegno, diritto di pegno; garanzia: *to establish a* —, fissare un pegno; — *creditor*, creditore privilegiato.

lien[2] *s.* (*anat.*) milza SIN. **spleen**.

lieu [lju: *amer.* lu:] *s.* (*form.*) luogo: *in — of*, invece di.

lieutenancy [lef'tenənsɪ *amer.* lu:'tenənsɪ / lieu·ten·ancy] *s.* luogotenenza.

lieutenant [lef'tenənt *amer.* lu:'tenənt / lieu·ten·ant] *s.* **1** (*mil.*) tenente; (*antiq.*) luogotenente; (*mar.*) tenente di vascello: *first* —, (USA) tenente; *second* —, (GB e USA) sottotenente; — *junior grade*, (USA) sottotenente di vascello **2** (*estens.*) luogotenente.

lieutenant-colonel [lef,tenənt'kɜ:nl *amer.* lu:,tenənt'kɜ:nl] *s.* (*mil.* GB e USA) tenente colonnello.

lieutenant-commander [lef,tenənt kə'mɑ:ndə* *amer.* lu:,tenəntkə,mændə*] *s.* (*mar.* GB e USA) capitano di corvetta.

lieutenant-general [lef,tenənt'dʒenərəl *amer.* lu:,tenənt'dʒenərəl] *s.* (*mil.* GB e USA) tenente generale, generale di corpo d'armata, (*sl.* USA) generale a tre stelle.

lieutenant-governor [lef,tenənt'gʌvənə* *amer.* lu:,tenənt'gʌvənə*] *s.* vice governatore.

lieutenantship [lef'tenəntʃɪp *amer.* lu:'ten əntʃɪp / lieu·ten·ant·ship] *s.* (*non com.*) → **lieutenancy**.

life [laɪf] *pl.* **lives** [laɪvz] *s.* **1** vita, esistenza; l'essere vivo: *Shakespeare's — in London*, la vita di Shakespeare a Londra; *a great number of lives were lost*, ci fu un gran numero di morti; *he ran for his* (o *her*) —, cercò la salvezza nella fuga; *to bring to — (again)*, far rinvenire, rianimare; *to come to* —, prender vita, animarsi; (*fig.*) (ri)svegliarsi; *to lose one's* —, perdere la vita; *to take a person's* —, uccidere una persona; *to take one's (own)* —, (*form.*) togliersi la vita; *to take one's — in one's (own) hands*, mettere a repentaglio la vita; assumersi le proprie responsabilità // — *everlasting* (o *everlasting* — o — *after death*), la vita eterna //

it is a matter of — and death, è una questione di vita o di morte // *for the — of me*, per nulla al mondo; *I can't for the — of me remember*, non mi riesce assolutamente di ricordare // *for (dear)* —, tenacemente (*anche fig.*): *the man was holding on to the windowsill for dear* —, l'uomo si aggrappava disperatamente al davanzale della finestra // *to save one's* —, (*fam.*) per niente, neanche un po'; *he couldn't play tennis to save his* —, non è assolutamente capace di giocare a tennis // *not on your* —, assolutamente no // *upon my — I did not do it*, ti do la mia parola che non l'ho fatto io // *a cat has nine lives*, il gatto ha sette vite // *he has as many lives as a cat*, ha sette vite come i gatti (ha la pelle dura) // *while there is — there is hope*, (*prov.*) finché c'è vita c'è speranza **2** (periodo di) vita, esistenza; durata: *the — of the present government*, la durata del governo attuale; *this toy will have a very short* —, questo giocattolo avrà vita breve; *the — of a loan*, la durata di un prestito // *for* —, per la vita, a vita; *they were friends for* —, furono amici per tutta la vita // *for the term of his natural* —, vita natural durante **3** il vivere (sociale), esistenza, vita: *a flat* —, una vita monotona: *way of* —, modo di vivere; *to lead a happy* —, condurre un'esistenza serena; *country, town* —, vita di campagna, di città // *high* —, alta società // *how's —?*, come va la vita? // *to have the time of one's* —, divertirsi come non mai // *to live — to the full*, vivere intensamente la vita // *a good* —, una bella vita, (*antiq.*) una vita virtuosa // *the* —, (*sl. amer.*) la vita, la prostituzione **4** mondo, corso delle cose umane: *to see* —, vedere il mondo **5** — (*story*), biografia: *Plutarch's Lives*, Le Vite di Plutarco **6** vitalità, vigore, energia, vivacità: *Doris was the — and soul of the party*, Doris era l'anima della compagnia **7** realtà; forma, modello vivente: *a picture taken from* —, un dipinto eseguito dal vero // *as large as* —, al naturale; (*fam.*) in persona, in carne e ossa; (*fam.*) senza dubbio // *to the* —, tale e quale, perfettamente rassomigliante: *she's her mother to the* —, è il ritratto di sua madre **8** (*dir.*) — (*imprisonment*), ergastolo.

life assurance ['laɪfə,ʃʊərəns] *s.* assicurazione sulla vita.

life belt ['laɪfbelt] *s.* cintura di salvataggio.

lifeblood ['laɪfblʌd / life·blood] *s.* (*fig.*) linfa (vitale).

lifeboat ['laɪfbəʊt / life·boat] *s.* scialuppa, battello di salvataggio // — *man*, marinaio addetto a una stazione di salvataggio.

life buoy ['laɪfbɔɪ] *s.* salvagente.

life cycle ['laɪfsaɪkl] *s.* ciclo vitale.

life-everlasting ['laɪfevə'lɑːstɪŋ *amer.* 'laɪfevəlæstɪŋ] *s.* (*bot.*) semprevivo.

life expectancy [,laɪfɪk'spektənsɪ] *s.* **1** (*stat.*) speranza di vita, durata media di vita **2** (*fig.*) periodo di vita; durata: *the — of a product, car etc.*, la durata di un prodotto, di un'automobile ecc.

life form ['laɪf,fɔːm] *s.* forma di vita, essere vivente.

life-giving ['laɪf,gɪvɪŋ] *agg.* vivificante.

lifeguard ['laɪfgɑːd / life·guard] *s.* bagnino.

life insurance ['laɪfɪn,ʃʊərəns] *s.* (*spec. amer.*) assicurazione sulla vita: *whole* —, assicurazione per caso di morte.

life jacket ['laɪf,dʒækɪt] *s.* giubbotto di salvataggio.

lifeless ['laɪflɪs / life·less] *agg.* **1** senza vita; esanime **2** senza vigore // **-ly** *avv.* // **-ness** *s.*

lifelike ['laɪflaɪk / life·like] *agg.* vivido, realistico, che dà l'impressione della vita.

lifeline ['laɪflaɪn / life·line] *s.* **1** (*mar.*) sagola di salvataggio; cavo di recupero **2** (*fig.*) ancora di salvezza **3** linea di comunicazione, rotta di vitale importanza **4** (*chiromanzia*) linea della vita.

lifelong ['laɪflɒŋ / life·long] *agg.* che dura tutta la vita; che dura da una vita.

life of Riley [,laɪfəv'raɪlɪ] *s.* (*fam.*) vita del michelaccio, vita comoda: *to live the* —, fare la vita del michelaccio • Dall'omonimo personaggio di una canzone popolare americana della fine del XIX secolo.

life preserver ['laɪfprɪ,zɜːvə*] *s.* **1** (*spec. amer.*) (giubbotto) salvagente **2** piccolo manganello (per difesa personale).

lifer ['laɪfə*] *s.* **1** (*fam.*) ergastolano **2** (*fam.*) (condanna all') ergastolo **3** (*sl. mil. amer.*) firmaiolo, militare di carriera.

life sciences ['laɪf,saɪənsɪz] *s.pl.* scienze naturali.

life sentence ['laɪf,sentəns] *s.* ergastolo, condanna a vita.

life-size(d) ['laɪfsaɪz(d)] *agg.* in, a grandezza naturale.

lifespan ['laɪfspæn / life·span] *s.* **1** durata (media) della vita **2** arco di tempo, durata.

lifestyle ['laɪfstaɪl / life·style] *s.* stile di vita.

life-support-system ['laɪfsəpɔːt,sɪstem] *s.* **1** impianti che permettono la sopravvivenza (in caso di malattie o in veicoli spaziali e sottomarini) **2** sistema (ecologico, economico, biologico ecc.) che consente la sopravvivenza.

lifetime ['laɪftaɪm / life·time] *s.* vita; l'arco della vita.

life-weary ['laɪf,wɪərɪ] *agg.* stanco della vita.

life work [,laɪf'wɜːk] *s.* opera principale; lavoro di una vita intera.

life zone ['laɪfzəʊn] *s.* (*ecol.*) zona biotica.

lift [lɪft] *s.* **1** ascensore, montacarichi // — *boy* (o *man*), addetto all'ascensore **2** (*mecc.*) alzata **3** (*aer.*) portanza: — *coefficient*, coefficiente di portanza **4** passaggio (su un veicolo): *to give s.o. a* —, dare un passaggio a qlcu.; *can I give you a —?*, posso darle un passaggio? **5** (*fam.*) sollievo: *getting the job gave me a real* —, ottenere il lavoro mi ha procurato un vero sollievo **6** soprattacco.

to **lift** *v.tr.* **1** alzare, sollevare, levare; innalzare (*anche fig.*): *the tide will — the boat*, la marea solleverà la barca; *the wind lifted him off his feet*, il vento lo sollevò per aria; *he lifted his voice and began to sing*, alzò la voce e si mise a cantare; *the news lifted everyone*, la notizia risollevò tutti // *to — a hand to do sthg.*, fare uno sforzo per compiere qlco. // *he didn't — a finger to help us*, non ha mosso un dito per aiutarci // *to — one's hat*, salutare togliendosi il cappello // *to — one's head*, rialzare la testa (*anche fig.*) **2** contraffare, plagiare: *to — a passage from an author*, plagiare un brano da un autore **3** abolire, rescindere: *to — a curfew*, togliere il coprifuoco; *the government has lifted all the restrictions on the export of currency*, il governo ha abolito tutte le restrizioni sull'esportazione valutaria **4** (*dir. amer.*) estinguere un'ipoteca // *to — a promissory note*, saldare un pagherò cambiario **5** (*fam.*) rubare, fregare: *s.o.'s lifted my purse*, qlcu. mi ha fregato il portafogli **6** cavare (dal terreno), scavare: *to — gladioli bulbs*, cavare dal terreno i bulbi dei gladioli **7** (*aer.*) trasportare **8** (*med.*) fare un lifting a; fare un intervento di chirurgia plastica a (una parte del corpo) ♦ *v.intr.* alzarsi, sollevarsi; innalzarsi (*anche fig.*): *the suitcase was so heavy it wouldn't* —, la valigia era così pesante che non la si sollevava; *the mist begins to* —, la nebbia comincia a diradarsi // *the rain's lifting*, (*amer.*) il tempo si sta schiarendo.

□ **lift down** *v.tr.* e *avv.* tirar giù: *he lifted down a book from the top shelf*, tirò giù un libro dallo scaffale più alto.

□ **lift off** *v.intr.* e *avv.* partire, decollare (di missile ecc.).

□ **lift up** *v.tr.* e *avv.* alzare, sollevare (*anche fig.*): *she lifted up her eyes from her work*, sollevò gli occhi dal lavoro; *I tried to — up her spirits*, ho cercato di sollevarle il morale // *to — up the hand*, giurare alzando la mano.

lifter rod ['lɪftə,rɒd] *s.* (*mecc.*) asta di punteria.

lifties ['lɪftiːz] *s.pl.* (*fam. amer.*) scarpe da uomo con tacco interno (per aumentare l'altezza).

lifting ['lɪftɪŋ / lift·ing] *s.* **1** sollevamento, elevazione; alzata // — *gear*, meccanismo di sollevamento **2** (*mil.*) allungamento (di tiro) **3** furto **4** (*med.*) lifting; intervento di chirurgia plastica.

lift-off ['lɪftɒf *amer.* 'lɪftɔːf] *s.* lancio (di veicolo spaziale).

ligament ['lɪgəmənt / liga·ment] *s.* (*anat.*) legamento.

ligamental [,lɪgə'mentl / liga·mental]
ligamentary [,lɪgə'mentərɪ / liga·ment·ary]
ligamentous [,lɪgə'mentəs / liga·ment·ous] *agg.* (*anat.*) legamentoso, di legamento.

ligand ['lɪgənd / lig·and] *s.* **1** (*chim.*) legante **2** (*biol.*) legante.

ligase ['laɪgeɪs / lig·ase] *s.* (*biochim.*) ligasi, sintetasi SIN. **synthetase**.

ligature ['lɪgətʃʊə* / lig·at·ure] *s.* **1** (*mus., tip.*) legatura **2** (*med.*) fascia, benda, legatura; laccio.

light[1] [laɪt] *agg.* **1** chiaro, rischiarato; luminoso: *the room was — and airy*, la stanza era luminosa e arieggiata **2** chiaro (di colore); biondo (di capelli): — *blue*, azzurro; — *brown*, castano chiaro // *the — blues*, gli studenti di Cambridge.

light[1] *s.* **1** luce; splendore, chiarore, bagliore: *I saw a — in the distance*, vidi una luce in lontananza; *by the — of the sun*, alla luce del sole // *northern lights*, aurora boreale // *to be* —, far giorno // *to see the — of day*, nascere; *to see the* —, convertirsi, (*estens.*) vedere, capire la soluzione di un problema // *to stand in s.o.'s* —, fare ombra a qlcu. (*anche fig.*) // *to bring to* —, portare alla luce; *to come to* —, venire alla luce; manifestarsi // *to throw* (o *cast*) — *upon sthg.*, far luce su, chiarire qlco. // *in the — of what he said...*, alla luce di quanto ha detto... // *in a bad* —, in cattiva luce; *in its true* —, nella sua vera luce, com'è realmente; *I don't look upon it in that* —, non vedo la cosa sotto questo aspetto; *to appear in the — of a scoundrel*, fare la figura del mascalzone **2** luce, lume; lanterna; lampada; fanale; faro: *to put* (o *to turn* o *to switch*) *on the* —, accendere la luce; *to put out* (o *to turn off* o *to switch off*) *the* —, spegnere la luce; *neon lights*, luci al neon; (*aut.*) *reversing* (o amer. *backup*) *lights*, luci della retromarcia **3** *pl.* semaforo SIN. traffic light(s): *turn left at the lights*, gira a sinistra al semaforo **4** fiammifero, fuoco per accendere: *have you got a —?*, mi fa accendere?; *to go out like a* —, addormentarsi o svenire di colpo **5** fuoco, fiamma (*anche fig.*): *to set — to sthg.*, appiccar fuoco a qlco.; *you should have seen the — in her eyes*, avresti dovuto vedere come fiammeggiavano i suoi occhi **6** finestra, lucernario, vetrata; luce, vetrina **7** (*pitt.*, *fot.*) luce: *— and shade*, chiaroscuro **8** *pl.* abilità, possibilità; giudizio: *according to one's lights*, secondo il proprio giudizio; *to follow one's own lights*, fare ciò che si crede giusto **9** *pl.* interiora di animali **10** (*teol.*) illuminazione.

to **light**[1] *pass.p.p.* **lighted** ['laɪtɪd] **lit** [lɪt] *v.tr.* **1** accendere: *he lit* (o *lighted*) *a cigarette*, accese una sigaretta; *to — a fire*, accendere un fuoco **2** illuminare, rischiarare (*anche fig.*): *the facade was lit*(*up*) *with green neon signs*, la facciata era illuminata da insegne verdi al neon; *Swedenborg's ideas lit Blake's imagination*, le idee di Swedenborg accesero l'immaginazione di Blake **3** (*fig.*) animare, accendere, infiammare **4** (*ant.*) far lume a: *— the doctor out*, fa' lume al dottore mentre esce ◆ *v.intr.* **1** accendersi; incendiarsi **2** illuminarsi.

□ **light up** *v.tr.* e *avv.* **1** illuminare: *to — up a room*, illuminare una stanza **2** accendere (pipa, sigaretta ecc.) ◆ *v.intr.* e *avv.* illuminarsi, accendersi: *his face lit up*, il suo volto si illuminò.

light[2] *avv.* nella locuz.: *to travel* —, viaggiare leggero, con poco bagaglio.

light[2] *agg.* **1** leggero, non pesante (*anche fig.*): *a — case*, una valigia leggera: *she was wearing — summer slacks*, indossava leggeri pantaloni estivi; *— work*, lavoro leggero; *— duties*, mansioni facili, leggere; *she has a wonderfully — hand*, ha un tocco straordinariamente leggero; *as — as a feather*, leggero come una piuma // *— diet*, dieta leggera // *with a — heart*, a cuor leggero // *to be a — sleeper*, avere il sonno leggero // (*econ.*) *— industry*, industria leggera // (*fis.*) *— water*, acqua leggera **2** leggero, divertente, piacevole: *— reading*, letture leggere; *— music*, musica leggera **3** moderato: *a — smoker*, un fumatore moderato; *a — drink*, una bibita moderatamente alcolica // *there was a — round of applause*, ci fu un applauso modesto, poco caloroso **4** non importante, insignificante: *— talk*, discorsi leggeri, fatui; *to make — of*, non dare importanza a, sottovalutare **5** leggero, frivolo, incostante: *a — woman*, una donna leggera **6** agile, svelto, leggero: *— fingers*, dita agili, svelte; *she's heavily built but — on her feet*, è massiccia ma agile **7** friabile (di terreno): *the — sandy soil was easy to dig*, il terreno friabile e sabbioso era facile da scavare.

to **light**[2] *v.intr.* (*ant.*) scendere, smontare: *to — from*, scendere da; *Light down, light down now, true Thomas, / and lean your head upon my knee*, (THOMAS THE RHYMER) scendi, scendi ora, fedele Thomas, e appoggia la tua testa sul mio ginocchio ◆ *v.tr.* (*ant.*) alleggerire; (*mar.*) scaricare (una nave).

□ **light into** *v.intr.* e *prep.* (*amer.*) **1** attaccare, assalire **2** rimproverare.
□ **light on** → to light upon.
□ **light out** *v.intr.* e *avv.* (*fam.*) scappare, fuggire.
□ **light upon** *v.intr.* e *prep.* **1** cadere, posarsi: *his gaze lighted upon the girls*, il suo sguardo si posò sulle ragazze; *the choice lighted on me*, la scelta cadde su di me **2** scoprire qualcosa per caso; imbattersi: *"Where did you find that old print of Piccadilly Circus?" "I lighted on it while in Rome"*, "Dove hai trovato quella vecchia stampa di Piccadilly Circus?" "L'ho trovata per caso a Roma".

light aircraft [,laɪt'eəkrɑ:ft *amer.* ,laɪt 'eəkræft] *s.* piccolo aeroplano a elica.

light ale [,laɪt'eɪl] *s.* birra chiara SIN. pale ale.

light-armed [,laɪt'ɑ:md] *agg.* armato alla leggera.

light bulb ['laɪtbʌlb] *s.* lampadina.

to **lighten**[1] ['laɪtn] *v.tr.* **1** alleggerire; sgravare **2** mitigare, alleviare: *to — a sorrow*, alleviare un dolore; *to — a punishment*, mitigare una pena, una punizione ◆ *v.intr.* **1** alleggerirsi; sgravarsi **2** mitigarsi, alleviarsi // *lighten up!*, (*amer. fam.*) calmati!

to **lighten**[2] *v.intr.* **1** illuminarsi, accendersi (*anche fig.*): *his face lightened*, il suo viso si illuminò **2** rischiararsi, schiarirsi (di tempo) **3** (*form.*) *impers.* lampeggiare: *it thundered and lightened*, tuonò e lampeggiò ◆ *v.tr.* illuminare; accendere (*anche fig.*).

lighter[1] ['laɪtə*] *s.* (*mar.*) chiatta, maona.

lighter[2] *s.* **1** accenditore **2** accendino, accendisigari.

lighterage ['laɪtərɪdʒ / light·er·age] *s.* (*mar.*) **1** scarico con chiatte **2** costo dello scarico con chiatte.

lighterman ['laɪtəmən / light·er·man] *pl.* **lightermen** *s.* (*mar.*) chiattaiolo.

lightfast ['laɪtfɑ:st *amer.* 'laɪtfæst / light·fast] *agg.* (*spec. amer.*) che non scolorisce alla luce; solido (di colore).

light-fingered [,laɪtfɪŋgəd] *agg.* **1** (*fam.*) lesto di mano, ladro **2** che ha le dita veloci e abili.

light-footed [,laɪt'fʊtɪd] *agg.* agile, lesto, veloce.

light-handed [,laɪt'hændɪd] *agg.* **1** che ha la mano leggera, dal guanto di velluto **2** che non ha (quasi) pesi da portare.

light-headed [,laɪt'hedɪd] *agg.* **1** stordito, che ha le vertigini; delirante **2** frivolo; sventato, folle **3** ubriaco // **-ness** *s.*

light-hearted [,laɪt'hɑ:tɪd *attrib.* 'laɪt,hɑ:tɪd] *agg.* **1** felice, gaio, allegro **2** frivolo: *the show was just a piece of — fun*, lo spettacolo era solo un pezzo divertente e frivolo // **-ly** *avv.* // **-ness** *s.*

lighthouse ['laɪthaʊs / light·house] *s.* faro: *— keeper*, guardiano di faro.

lighting ['laɪtɪŋ / light·ing] *s.* **1** illuminazione; impianto di illuminazione **2** accensione, l'accendere (lampade, fuoco ecc.).

lighting-up time [,laɪtɪŋ'ʌp,taɪm] *s.* orario di accensione (delle luci).

lightly ['laɪtlɪ / light·ly] *avv.* **1** leggermente, gentilmente: *he knocked — on the door*, diede una bussatina all'uscio **2** alla leggera, leggermente: *you behaved very* —, hai agito molto leggermente **3** allegramente; agilmente, con disinvoltura // *to get* (o *come*) *off* —, cavarsela a buon mercato **4** poco; un poco: *— toasted bread*, pane poco tostato.

light-minded [,laɪt'maɪndɪd] *agg.* frivolo, volubile, leggero; sconsiderato // **-ly** *avv.* // **-ness** *s.*

lightness[1] ['laɪtnɪs / light·ness] *s.* **1** leggerezza **2** agilità; sveltezza **3** gaiezza; mancanza di serietà, frivolezza.

lightness[2] *s.* **1** illuminazione **2** luminosità.

lightning ['laɪtnɪŋ / light·ning] *s.* [U] fulmine; saetta; lampo (*anche fig.*): *a flash of* —, un lampo; *several flashes of* —, alcuni lampi; *as quick as* —, veloce come il lampo; *to strike like* —, fulminare // *greased* —, (*fam. fig.*) freccia, fulmine: *to run like greased* —, correre come una freccia.

lightning *agg.* fulmineo, molto veloce: *his — reaction was quite astonishing*, la sua reazione fulminea fu del tutto sconcertante; *a — attack*, un attacco lampo; *— strike*, sciopero improvviso.

lightning arrester ['laɪtnɪŋə,restə*] *s.* (*elettr.*) scaricatore delle sovratensioni di origine atmosferica.

lightning bug ['laɪtnɪŋ,bʌg] *s.* (*zool.*) (*amer.*) lucciola → **firefly**.

lightning conductor ['laɪtnɪŋkən,dʌktə*] *s.* parafulmine AMER. lightning rod.

lightning grounding switch [,laɪt nɪŋ'graʊndɪŋ,swɪtʃ] *s.* (*rad.*) commutatore antenna-terra.

lightning rod ['laɪtnɪŋ,rɒd] *s.* (*amer.*) → **lightning conductor**.

light o'-love ['laɪtəlʌv] *s.* (*antiq.*) donna leggera, donna di facili costumi.

lightship ['laɪtʃɪp / light·ship] *s.* (*mar.*) battello-faro.

lightsome[1] [laɪtsəm / light·some] *agg.* (*non com.*) **1** leggero; grazioso; elegante (nei movimenti) **2** ridente; allegro **3** frivolo **4** agile, svelto // **-ly** *avv.* // **-ness** *s.*

lightsome[2] *agg.* (*non com.*) luminoso, arioso (di edificio) // **-ly** *avv.* // **-ness** *s.*

lights-out ['laɪtsaʊt] *s.* **1** ora in cui si devono spegnere le luci (in caserme, collegi ecc.); (*fam.*) ora di andare a letto **2** (*fig. fam. amer.*) fine; morte.

light-spirited [,laɪt'spɪrɪtɪd] *agg.* allegro, gaio.

lightweight ['laɪtweɪt / light·weight] *s.* **1** (*boxe*) peso leggero **2** persona o cosa di peso inferiore alla media **3** (*fam.*) persona insignificante, di poca importanza ◆ *agg.* **1** (*boxe*) di peso leggero: *— champion*, campione dei pesi leggeri **2** leggero (di tessuto, abito ecc.) **3** (*fig.*) insignificante; di bassa qualità.

light year ['laɪtjɜ:* *amer.* 'laɪtjɪə*] *s.* **1** (*astr.*) anno luce **2** (*fig.*) (*spec. pl.*) eternità, periodo molto lungo.

ligneous ['lɪgnɪəs / lig·neous] *agg.* ligneo, legnoso.

ligniferous [lɪg'nɪfərəs / lig·ni·fer·ous] *agg.* che produce legno.

lignification [,lɪgnɪfɪ'keɪʃn / lig·ni·fica·tion] *s.* lignificazione.

to **lignify** ['lɪgnɪfaɪ / lig·nify] *v.tr.* trasformare in legno; lignificare ◆ *v.intr.* lignificare.

lignin [ˈlɪgnɪn / lig·nin] *s.* (*biochim.*) lignina.

lignite [ˈlɪgnaɪt / lig·nite] *s.* (*geol.*) lignite.

lignocellulose [ˌlɪgnəʊˈseljʊləʊs / lig·no·cel·lu·lose] *s.* (*chim.*) lignocellulosa.

lignum-vitae [ˌlɪgnəmˈvaɪti:] *s.* (*bot.*) guaiaco → **guaiac**.

ligroin [ˈlɪgrəʊɪn / lig·roin] *s.* (*chim.*) ligroina, etere di petrolio.

ligulate [ˈlɪgjʊlɪt / lig·u·late] *agg.* (*bot.*) ligulato.

ligule [ˈlɪgjʊl / lig·ule] *pl.* **ligulae** [ˈlɪgjʊli: / lig·ulae] **ligulas** [ˈlɪgjʊləz / lig·ulas] *s.* (*bot.*) ligula.

Ligurian [lɪˈgjʊərɪən / Li·gur·ian] *agg.* e *s.* ligure.

likable [ˈlaɪkəbl / lik·able] *agg.* simpatico, piacevole (gener. di persona).

like [laɪk] *agg.* **1** simile, somigliante; tale; uguale, pari; analogo: *a — amount*, una somma uguale, pari; *in — manner*, parimenti; *we seem to be of — mind in this matter*, sembriamo pensarla allo stesso modo a questo proposito; *on this and — topics we agree*, su questo argomento e su altri analoghi andiamo d'accordo; *they are as — as two peas in a pod*, si somigliano come due gocce d'acqua // *— father, — son*, (*prov.*) tale padre, tale figlio // (*mat.*) *— signs*, segni uguali **2** (*ant.*) probabile: *he is — to succeed*, è probabile che riuscirà; *it is — we shall see him no more*, è probabile che non lo vedremo più.

like *s.* **1** simile, pari, uguale: *did you ever hear the — (of it)?*, hai mai sentito una cosa simile?; *I never saw his —*, non ho mai visto un individuo come lui; *you and the likes of you*, (*fam.*) tu e i tuoi pari; *luxury hotels are not for the likes of us*, (*fam.*) gli alberghi di lusso non sono per la gente come noi; *to do the —*, fare lo stesso // *and the —*, e simili, e così via // *to give — for —*, rendere pan per focaccia // *— attracts —*, (*prov.*) chi si somiglia si piglia **2** (*spec. pl.*) gusto, preferenza: *likes and dislikes*, gusti, simpatie e antipatie.

to **like** *v.tr.* (costruzione *pers.*) **1** (II) piacere, aver simpatia per; amare; gradire; preferire; aver voglia di: *do you — wine?*, ti piace il vino?; *how do you — my dress?*, ti piace il mio vestito?; *"How do you — your tea?" "I — it strong"*, "Come preferisci il tè?" "Mi piace forte"; *I — music*, amo la musica; *she doesn't — being told what to do*, non le piace sentirsi dire che cosa fare; *would you — to go to the cinema on Friday?*, ti va di andare al cinema venerdì?; *these plants don't — damp*, queste piante temono l'umidità // *to — best*, preferire (tra più di due): *this is the kind of music I — best*, questo è il tipo di musica che preferisco; *to — better*, preferire (tra due): *I — rock music better than classical*, preferisco la musica rock a quella classica // *I — strawberries, but they don't — me*, (*fam.*) mi piacciono le fragole ma non mi fanno bene // *well, I — that!*, questa sì che è bella! **2** (IV) volere, desiderare: *I should — you to know...*, (*form.*) vorrei che tu sapessi...; *would you — some bread?*, vuoi del pane? // *whether he likes it or not*, volente o nolente ♦ *v.intr.* volere, desiderare: *as you —*, come vuoi; *if you —*, se vuoi, se lo desideri; *he thinks he can do anything he likes*, crede di poter fare tutto ciò che vuole; *I can do as I — with him*, con lui posso fare ciò che voglio; *take as many as you —*, prendine quanti ne vuoi; *when you — we can go home*, quando vuoi possiamo andare a casa.

like *prep.* come, alla maniera di, in modo simile a: *she's got a dress — yours*, ha un vestito come il tuo; *he's — his father*, è come suo padre, assomiglia a suo padre; *they were — twins*, sembravano gemelli; *the lake was — glass*, il lago sembrava uno specchio; *what was the concert —?*, com'era il concerto?; *what are the Himalayas —?*, come si presenta la catena dell'Himalaya?; *the cheese tasted — plastic*, il formaggio sapeva di plastica; *democratic countries — the U.S...*, paesi democratici come gli Stati Uniti...; *— me, she had forgotten the address*, si era dimenticata, come me, dell'indirizzo; *I'd never seen anything — it!*, non avevo mai visto niente di simile!; *do it — this*, fa' così, in questo modo; *don't speak — that!*, non parlare così, in quel modo!; *we fold up the sleeping bag — so*, il sacco a pelo si ripiega in questo modo // *we worked — anything* (o *— mad* o *— crazy*), (*enfatico*) abbiamo lavorato come pazzi, da matti // *it's not — her to say that*, non è da lei dire ciò // *it's just — Tom to forget his passport!*, è tipico di Tom dimenticare il passaporto! // *what he's playing is nothing — tennis*, non è affatto tennis, non si può chiamare tennis quello che sta giocando lui // *an hour a day at the piano is nothing — enough practice*, un'ora al giorno di pianoforte non basta affatto come esercizio // *something —*, all'incirca, pressappoco: *it took him something — 3 hours*, gli ci sono volute circa 3 ore // *more —*, piuttosto, meglio: *"It'll cost £ 50" "More — £ 500!"*, "Costerà 50 sterline" "Vorrai dire 500 sterline!"; *that's more — it!*, molto meglio così! ♦ *avv.* **1** (*fam., come intercalare*) come dire, per così dire: *I was feeling hungry, —, so I wasn't too happy, —...*, avevo fame, come dire, perciò non ero..., come dire, troppo allegro... **2** — *as not, — enough*, probabilmente: *— as not, he'll be late again*, con tutta probabilità, sarà di nuovo in ritardo ♦ *cong.* **1** (*fam.*) come se [cfr. *as if*]: *he sounded — he was drunk*, aveva la voce da ubriaco **2** come: *it's just — I imagined*, è proprio come immaginavo.

-like *suff.* di origine anglosassone; usato per formare aggettivi e avverbi in cui indica 'a somiglianza di, tipico di'; 'alla maniera di': *childlike*, da bambino, tipico dei bambini; *desert-like*, desertico; *dog-like*, da cane.

likeable → **likable**.

likelihood [ˈlaɪklɪhʊd / like·li·hood] *s.* verosimiglianza; probabilità: *in all —*, con tutta probabilità.

likely [ˈlaɪklɪ] *agg.* **1** verosimile; probabile: *he's the — winner of the competition*, è il probabile vincitore della gara; *this is the likeliest place to find mushrooms*, questo è il luogo in cui è più probabile trovare funghi **2** promettente: *a — lad*, un giovane promettente ♦ *avv.* verosimilmente; probabilmente: *most* (o *very*) *—*, con tutta probabilità; *he will succeed as — as not*, può darsi benissimo che riesca, ha delle buone probabilità di riuscire // *"Are you going to help them?" "Not —!"*, (*fam.*) "Hai intenzione di aiutarli?" "Neanche per sogno!"

like-minded [ˌlaɪkˈmaɪndɪd] *agg.* con mentalità simile, uguale, di idee simili, uguali.

to **liken** [ˈlaɪkən] *v.tr.* (*form.*) **1** paragonare **2** (*rar.*) rendere simile.

likeness [ˈlaɪknɪs / like·ness] *s.* **1** somiglianza, rassomiglianza: *a close —*, una grande rassomiglianza **2** immagine, apparenza, sembianza, aspetto: *in the fog the tree took on the — of a giant man*, nella nebbia l'albero prese l'aspetto di un uomo gigantesco **3** (*antiq.*) ritratto; fotografia: [*he*] *took likeness for fifteen shillings a head*, (O. GOLDSMITH) faceva ritratti per quindici scellini l'uno.

likewise [ˈlaɪkwaɪz / like·wise] *avv.* **1** parimenti; similmente; allo stesso modo; così: *to do —*, fare altrettanto **2** anche, inoltre.

liking [ˈlaɪkɪŋ / lik·ing] *s.* gusto, preferenza, predilezione; gradimento: *is this cigar to your —?*, questo sigaro è di tuo gusto?; *to have a — for s.o., sthg.*, avere simpatia per qlcu., preferenza per qlco., *to take a — for* (o *to*) *sthg.*, prendere gusto a qlco., venire a piacere qlco.

lilac [ˈlaɪlək / li·lac] *agg.* lilla: *a — hat*, un cappello color lilla ♦ *s.* **1** (*bot.*) (*Syringa vulgaris*) lillà, serenella SIN. pipe-tree **2** (color) lilla.

liliaceous [ˌlɪlɪˈeɪʃəs / li·li·aceous] *agg.* (*bot.*) gigliaceo, liliaceo.

Lilliputian [ˌlɪlɪˈpju:ʃjən / Lil·li·pu·tian] *agg.* lillipuziano; minuscolo ♦ *s.* lillipuziano; persona piccola.

Lilo® [ˈlaɪləʊ] *s.* materassino (da spiaggia) gonfiabile.

lilt [lɪlt] *s.* **1** cantilena, cadenza; movimento ritmico: *he spoke with a typical Cumbrian —*, parlava con la cantilena tipica degli abitanti del Cumberland; *she walked with a —*, camminava con passo sciolto e allegro // *laugh and be merry together, like brothers akin, / ... / till the dancing stops, and the lilt of the music ends*, (W. DE LA MARE) ridete e state lieti insieme come fratelli della stessa famiglia... finché cessa la danza e finisce la melodia della musica **2** canzonetta ben ritmata.

to **lilt** *v.intr.* **1** (*anche v.tr.*) cantare dolcemente; cantare con ritmo; parlare con leggera cantilena **2** muoversi ondeggiando; muoversi con vivacità, allegria.

lilting [ˈlɪltɪŋ / lilt·ing] *agg.* cadenzato; ritmato.

lily [ˈlɪlɪ] *s.* **1** giglio; (*fig.*) candore, purezza di giglio; *white as a —*, bianco come un giglio; (*fig.*) puro come un giglio **2** (*brit. antiq., fam. amer.*) uomo effeminato.

lily-livered [ˌlɪlɪˈlɪvəd] *agg.* (*ant.*) codardo.

lily of the valley [ˌlɪlɪəvθəˈvælɪ] *pl.* **lilies of the valley** *s.* (*bot.*) (*Convallaria majalis*) mughetto; (*pop.*) giglio della valle SIN. may-lily, wood lily.

lily-white [ˈlɪlɪwaɪt] *agg.* **1** bianco come un giglio; (*fig.*) immacolato; puro come un giglio **2** (*fam. amer.*) abitato da bianchi (di città, quartiere ecc.): *this is a — town*, questo è un paese di soli bianchi.

lima-bean [ˈli:məbi:n] *s.* (*bot.*) fagiolo americano → **butter-bean**.

limaceous [laɪˈmeɪʃəs / li·ma·ceous] *agg.* di lumaca.

limax [ˈlaɪmæks / li·max] *pl.* **limaces** [ˈlaɪməˌsi:z / li·maces] *s.* lumaca → **snail**.

limb[1] [lɪm] *s.* **1** arto, membro; ala: *the lower limbs*, gli arti inferiori // *to escape with life and —*, uscirne sano e salvo, scamparla // *to risk life and —*, rischiare la vita, la pelle // *to be, to put s.o. out on a —*, (*fam.*) essere, mettersi in una posizione pericolosa, rischiarla grossa **2** ramo; ala (di edificio); braccio (di croce): *— of a tree*, ramo d'albero.

limb[2] *s.* (*scient.*) orlo, contorno; orlo graduato (di quadrante ecc.); (*bot.*) lembo.

limbeck ['lɪmbek / lim·beck] *s.* (*ant.*) alambicco.

limbed [lɪmd] *agg.* (*gener. nei composti*) che ha membra (forti, magre ecc.): *large-* —, tarchiato, nerboruto; *long-* —, dalle gambe lunghe; *strong-* —, forte, forzuto.

limber[1] ['lɪmbə* / lim·ber] *s.* **1** (*mil.*) avantreno (di artiglieria ippotrainata) **2** (*antiq.*) timone; stanga (di veicolo).

to **limber**[1] *v.tr.* (*mil.*) attaccare (il pezzo d'artiglieria o il cassonetto) all'avantreno ◆ *v.intr.* collegare l'avantreno con il pezzo d'artiglieria o il cassonetto.

limber[2] *agg.* **1** agile (*anche fig.*) **2** flessibile, pieghevole // **-ness** *s.*

to **limber**[2] *v.tr.* **1** rendere flessibile, pieghevole **2** rendere agile, sciolto.

□ **limber up** *v.intr.* e *tr.* e *avv.* (*sport*) scaldare, scaldarsi (i muscoli).

limber hole ['lɪmbə,həʊl] *s.* (*mar.*) foro di ombrinale.

Limbo, **limbo**[1] ['lɪmbəʊ] *s.* **1** (*teol.*) limbo **2** (*fig.*) limbo, stato di indeterminatezza, di incertezza **3** prigione **4** (*fam.*) dimenticatoio.

limbo[2] *s.* danza caribica (il danzatore passa sotto una corda che viene sempre più avvicinata a terra) // — *dancer*, danzatore di 'limbo'.

limbus ['lɪmbəs / lim·bus] *pl.* **limbi** ['lɪmbaɪ] *s.* (*biol.*) lembo, margine.

lime[1] [laɪm] *s.* **1** calce: *burnt* —, calce viva; *slacked* — (o — *paste*), calce spenta; *milk of* —, latte di calce; — *mortar*, malta di calce, calcina; — *water*, acqua di calce **2** (*bot.*) pania, vischio: *bird* —, pania.

to **lime**[1] *v.tr.* **1** cementare **2** (*tecn.*) calcinare (le pelli, per eliminare il pelo, o un terreno, per ammendarlo) **3** invischiare, impaniare, tendere panie a (*anche fig.*) **4** (*ant.*) metter calce (nel vino e liquori): *let me see thee froth and lime*, (SH. Merry Wives of Windsor) t'insegnerò io a servir birra con molta schiuma e a metter calce nel vino.

lime[2] *s.* (*bot.*) (*Citrus aurantifolia*) limetta, lime // — (*juice*), succo di limetta.

lime[3] *s.* (*bot.*) tiglio → **linden**.

limeade [laɪm'eɪd / lime·ade] *s.* bibita a base di succo di limetta.

lime glass ['laɪmglɑ:s *amer.* 'laɪmglæs] *s.* vetro calcareo.

lime-juicer ['laɪmdʒu:sə*] *s.* (*fam. amer.*) inglese.

limekiln ['laɪmkɪln / lime·kiln] *s.* fornace da calce.

limelight ['laɪmlaɪt / lime·light] *s.* luce bianca intensa; (*teatr.*) luce della ribalta // *to be in the* —, (*fig.*) essere alla ribalta; *a politician now in the* —, un uomo politico ora assai in vista.

limen ['laɪmen / li·men] *pl.* **limens**, **limina** ['lɪmɪnə / li·mina] *s.* (*psic.*) limen, soglia.

lime nitrogen ['laɪm,naɪtrədʒən] *s.* (*chim.*) calciocianammide.

lime putty ['laɪm,pʌtɪ] *s.* (*edil.*) grassello.

limerick ['lɪmərɪk / lim·er·ick] *s.* limerick (stanza di cinque versi di contenuto volutamente assurdo, paradossale o salace).

lime sour ['laɪm,saʊə*] *s.* (*tess.*) calcinatura.

limestone ['laɪmstəʊn / lime·stone] *s.* (*geol.*) calcare: *lithographic* —, calcare litografico, pietra litografica.

limewash ['laɪmwɒʃ / lime·wash] → **whitewash** 1.

limey ['laɪmɪ] *s.* (*sl. amer.*) **1** inglese **2** marinaio inglese.

liminal ['lɪmɪnl / lim·inal] *agg.* (*psic.*) liminale.

limit ['lɪmɪt] *s.* **1** limite; confine (*anche fig.*): *to exceed the speed* —, superare il limite di velocità; *within limits*, con moderazione; *without limits*, senza limite; *to set limits* (o *a* —) *to*, fissare un limite a; (*fig.*) porre dei limiti // *that's the* —!, (*fam.*) questo è il colmo!; *he's the* —!, è (una persona) impossibile, insopportabile! // *off limits*, vietato l'accesso **2** (*mat.*) limite: — *of a function*, limite di una funzione.

to **limit** *v.tr.* **1** limitare; (*fig.*) porre un limite a; frenare, contenere: *we must* — *expenditure this year*, dobbiamo contenere le spese quest'anno **2** (*ant.*) fare da confine a.

limitable ['lɪmɪtəbl / lim·it·able] *agg.* limitabile.

limitary ['lɪmɪtərɪ / lim·it·ary] *agg.* **1** limitativo; restrittivo **2** (*rar.*) limitato, ristretto.

limitation [,lɪmɪ'teɪʃn / lim·ita·tion] *s.* **1** limitazione, restrizione; limite: *to know one's limitations*, conoscere i propri limiti **2** (*dir.*) (termine di) prescrizione: *the period of* — *to prosecute theft is...*, il termine di prescrizione del furto è...

limitative ['lɪmɪtətɪv / lim·it·at·ive] *agg.* limitativo.

limited ['lɪmɪtɪd / lim·ited] *agg.* limitato; ristretto // — *edition*, edizione numerata // (*dir. comm.*): — *liability*, responsabilità limitata; — *partnership*, società in accomandita semplice; — *partner*, accomandante; — *company*, società a responsabilità limitata // — *monarchy*, monarchia costituzionale, parlamentare // **-ly** *avv.*

limiting ['lɪmɪtɪŋ / lim·it·ing] *agg.* limitativo; restrittivo.

limitless ['lɪmɪtlɪs / lim·it·less] *agg.* senza limiti; illimitato, sconfinato.

limit-ordinal ['lɪmɪt,ɔ:dɪnl] *s.* (*log.*) ordinale limite.

to **limn** [lɪm] *v.tr.* (*ant.*) **1** descrivere **2** dipingere; miniare: *if that you were the good Sir Rowland's son, / ...as mine eye doth his effigies witness / most truly limn'd and living in your face*, (SH. As You Like It) se sei il figlio del buon sir Rowland, ...come il mio occhio testimonia dalle sue effigie miniate con la massima fedeltà e vivezza sulla tua faccia...

limner ['lɪmnə*] *s.* (*ant.*) pittore; miniatore: *the family had lately got their pictures drawn by a limner*, (O. GOLDSMITH) la famiglia si era fatta ritrarre da un pittore.

limnetic [lɪm'netɪk / lim·netic] **limnic** ['lɪmnɪk / lim·nic] *agg.* (*ecol.*) limnetico.

limnological [,lɪmnəʊ'lɒdʒɪkl / lim·no·lo·gical] *agg.* limnologico.

limnologist [,lɪm'nɒlədʒɪst / lim·no·lo·gist] *s.* limnologo.

limnology [lɪm'nɒlədʒɪ / lim·no·logy] *s.* limnologia.

limnophyte ['lɪmnəʊ,faɪt / lim·no·phyte] *s.* (*ecol.*) limnofita.

limo ['lɪməʊ] *pl.* **limos** *s.* (*fam.*) abbr. di → **limousine**.

limonite ['laɪmənaɪt / limon·ite] *s.* (*min.*) limonite.

limousine ['lɪmə:zi:n / lim·ous·ine] *s.* **1** (*aut.*) limousine **2** (*pol. amer.*) progressista facoltoso (e quindi poco credibile).

limp[1] [lɪmp] *s.* claudicazione, andatura zoppicante: *to have a* (*bad*) —, zoppicare (molto); *to walk with a* —, camminare zoppiconi, zoppicando.

to **limp**[1] *v.intr.* **1** claudicare, zoppicare: *the wounded soldiers limped off*, i soldati feriti s'allontanarono zoppicando **2** procedere a fatica, con difficoltà (di aereo, automobile, nave danneggiata ecc.) **3** (*fig. spreg.*) zoppicare, essere difettoso, lacunoso (di discorso, ragionamento ecc.).

limp[2] *agg.* **1** flaccido, floscio, molle: *he moaned, then I felt him go* —, emise un gemito e poi lo sentii afflosciarsi, accasciarsi **2** (*fig.*) debole; fiacco, privo di energia, di vigore: *to feel as* — *as a rag*, sentirsi debole come uno straccio **3** con legatura flessibile (di libro) // **-ly** *avv.* // **-ness** *s.*

limp-dick ['lɪmpdɪk] *s.* (*sl.*) **1** (uomo) impotente **2** (*fig.*) uomo senza vigore, senza spina dorsale SIN. limp-wrist.

limpet ['lɪmpɪt / lim·pet] *s.* **1** (*zool.*) patella **2** (*fig.*) persona appiccicosa, importuna, mignatta // *to stick to s.o. like a* —, stare attaccato a qlcu. come una mignatta **3** (*fig.*) persona eccessivamente attaccata al suo impiego, alla sua carica.

limpid ['lɪmpɪd] *agg.* limpido; chiaro; trasparente (*anche fig.*) // **-ly** *avv.* // **-ness** *s.*

limpidity [lɪm'pɪdɪtɪ / limp·id·ity] *s.* limpidezza; trasparenza (*anche fig.*).

limping ['lɪmpɪŋ / limp·ing] *agg.* zoppicante // **-ly** *avv.*

limp-wrist ['lɪmprɪst] → **limp-dick**.

limy ['laɪmɪ] *agg.* **1** vischioso, glutinoso, appiccicoso **2** calcareo, contenente calce **3** invischiato, impaniato.

linac ['laɪnæk] *s.* (*fis.*) acceleratore lineare • Acronimo di *linear accelerator*, acceleratore lineare.

linage ['laɪnɪdʒ / lin·age] *s.* (*tip.*) **1** rigaggio (numero di righe di composizione) **2** pagamento in rapporto al numero di righe.

linalool [lɪ'næləʊɒl / lina·lool] *s.* (*chim.*) linalolo.

linchpin ['lɪnʃpɪn / linch·pin] *s.* **1** (*mecc.*) acciarino (di ruota) **2** (*fig.*) chiave di volta, perno.

lincomycin [,lɪŋkəʊ'maɪsɪn / lin·co·my·cin] *s.* (*chim.*) lincomicina.

linctus ['lɪŋktəs / linc·tus] *s.* (*med.*) sciroppo per la tosse.

lindane ['lɪndeɪn / lind·ane] *s.* (*chim.*) lindano.

linden ['lɪndən / lin·den] *s.* (*bot.*) (*Tilia europaea*) tiglio SIN. lime[3].

line[1] [laɪn] *s.* **1** linea, tratto, riga: *a straight* — *from A to B*, una linea retta da A a B; *the* — *of life*, la linea della vita; *to be in* — *with*, essere allineato con; *to come into* — *with*, allinearsi con; *out of* —, non allineato // *all along the* —, dall'inizio alla fine; in tutto // (*somewhere*) *along the* —, a un certo punto // *down the* —, completamente, pienamente // *on the* —, in rischio, in pericolo // *to draw the — at sthg.*, rinunciare a fare qlco. // *to lay sthg. on the* —, parlare chiaro e tondo // (*to reach*) *the end of the* —, (raggiungere) il culmine // *to toe the* —, mettersi in linea; (*fig.*) mettersi in riga // *hard lines!*, che sfortuna! // (*mat.*) — *integral*, integrale di linea // (*fis.*) — *of force*, linea di forza **2** linea di demarcazione; frontiera, confine; (*fig.*) limite: *to draw the* —, stabilire un confine, un limite **3** filo, cordicella, corda, fune: *she hung the washing on the* —, stese il bucato sulla corda **4** (*sport*) linea: *has the ball crossed the —?*, la palla ha passato la riga?; *finishing* —, linea del traguardo; — *judge*, giudice di linea **5** linea, profilo, contorno, sagoma: *the — of a car*, la linea di una macchina; *the — of the mountains*, il profilo delle montagne **6** riga; (*inform.*) linea; riga; (*mus.*) rigo: *new* —, a capo; *to drop a* —, scrivere due righe; *to read between the lines*, leggere tra le righe; *along these lines*, su questa falsariga // (*inform.*): — *space*, interlinea; — *feed*, avanzamento di una interlinea **7** verso; *pl.* poema; (*cinem.*, *teatr.*) battuta: *she never knows her lines*, non sa mai le sue battute **8** ruga: *there are lines on his forehead*, ci sono delle rughe sulla sua fronte **9** (*geogr.*) *the Line*, l'equatore: *to cross the Line*, attraversare l'equatore **10** fila (di persone o di cose); coda: *there was a long — at the bank counter*, c'era una lunga fila allo sportello della banca; *to be first in* —, essere il primo della fila; *to stand in* (*a*) —, fare la coda // (*chorus*) —, ballerine di fila **11** linea (di comunicazione): — *of communication*, linea di comunicazione // (*tel.*): *party* —, linea telefonica in duplex; *the — is engaged* (o *busy*), la linea è occupata; *hold the* —, rimanga in linea **12** linea (di navigazione, di trasporti, ferroviaria ecc.); compagnia, società (di trasporti o di navigazione): *bus* —, linea di autobus; *shipping* —, compagnia di navigazione **13** (*amm.*) linea, struttura organizzativa di tipo gerarchico **14** (*ferr.*) binario, linea: *branch* —, linea secondaria; *down* —, linea in partenza; *loop* —, diversione, linea di scambio; *up* —, linea per Londra **15** (*mil.*) riga, fila; linea (di fortificazioni, di combattimento): — *of fire*, linea del fuoco; *front* —, linea del fronte; *all along the* —, su tutta la linea; *to fall out of* —, rompere le righe; *to go up the* —, andare al fronte // *regiments of the* —, truppe d'assalto **16** linea, stirpe, discendenza: *a long — of kings*, una lunga successione di re; *to come of a good* —, (*form.*) appartenere a una buona famiglia **17** linea (di comportamento), posizione; criterio; programma: *political* —, linea politica; — *of thinking*, modo di pensare, pensiero; *a new — of action*, una nuova linea di azione; *we must follow the party* —, dobbiamo seguire la linea del partito; *this school is run on modern lines*, questa scuola è gestita con criteri moderni; *we shall take the — of least resistance*, sceglieremo il sistema più facile; *to take up a — of one's own*, seguire un proprio criterio; *to take a tough — with s.o.*, seguire una linea dura con qlcu. // *to be in — with*, essere d'accordo con // *to bring into — with*, adeguare a, conformare a // *to fall* (o *to come*) *into — with s.o.'s ideas*, conformarsi alle idee di qlcu.; *to keep in — with*, mantenersi conformi a, in accordo con // *to be in — for sthg.*, essere sulla buona strada per ottenere qlco.; *you are in — for* (*getting*) *the job*, è probabile che tu ottenga il lavoro // *in the — of duty* (o *service*), nell'adempimento del dovere // *we are on the right lines*, siamo sulla buona strada // *on the lines of*, sul modello di // *out of* —, non in armonia, non in accordo con **18** soffiata; informazione: *to get a — on s.o., sthg.*, (*fam.*) ottenere informazioni su qlcu., qlco. **19** (*fam.*) fandonia; storia: *to hand* (o *give*) *s.o. a* —, raccontare una fandonia a qlcu. // *to shoot a* —, spararla grossa **20** area di interesse o attività; mestiere; ramo; campo: *his — of business is selling hats*, la sua attività è vendere cappelli; *sport is not in his* —, lo sport non è uno dei suoi interessi **21** moda, foggia; linea (di prodotti): *we are trying a new — of cosmetics this year*, lanceremo una nuova linea di cosmetici quest'anno; *a new — of office chairs*, una nuova linea di sedie da ufficio // (*econ.*): *assembly* —, catena di montaggio; *production* —, linea di produzione **22** (*pesca*) lenza **23** la dodicesima parte di un pollice (antica misura di lunghezza = 2,12 mm) **24** (*geol.*) solco: *fault* —, linea di faglia **25** (*caccia*) traccia (di odore lasciato dalla volpe) **26** (*sl. amer.*) striscia, dose di cocaina.

to **line**[1] *v.tr.* **1** rigare; delineare; segnare: *lined paper*, carta a righe; *pain had lined her face*, il suo viso era segnato dal dolore // *he lined out the penalty area*, delineò l'area di rigore **2** fiancheggiare: *the streets were lined with trees*, le strade erano fiancheggiate da alberi; *they lined the street with troops*, allinearono le truppe lungo la strada; *crowds lined the path of the royal couple*, la folla era disposta lungo il percorso della coppia reale **3** (*ant.*) disegnare: *All the pictures fairest lin'd / are but black to Rosalind*, (SH. As You Like It) tutti i quadri meglio dipinti non son che nerofumo di fronte a Rosalinda.

□ **line up** *v.tr.* e *avv.* **1** allineare, mettere in linea (o fila); schierare // *the army was lined up against the reforms*, l'esercito era schierato contro le riforme **2** organizzare ◆ *v.intr.* e *avv.* **1** allinearsi, essere allineato; mettersi in fila **2** (*fig.*) schierarsi: *the Church has lined up with the opposition in support of the reforms*, la Chiesa è schierata con l'opposizione a favore delle riforme.

line[2] *s.* (*ant.*) **1** filato di lino **2** tessuto di lino.

to **line**[2] *v.tr.* **1** rinforzare; foderare: *the gloves were lined with fur*, i guanti erano foderati di pelliccia **2** riempire (stomaco, tasche ecc.) // *to — one's pocket* (o *purse*), riempirsi le tasche, far soldi (specialmente in modo disonesto).

to **line**[3] *v.tr.* coprire, montare (di cani ecc.).

lineage ['lɪnɪɪdʒ / lin·eage] *s.* lignaggio, stirpe; pedigree.

lineal ['lɪnɪəl / lin·eal] *agg.* in linea diretta: *a — descendant, heir*, un discendente, erede diretto; *there is not such a treat among them all, / ... / as a real woman, lineal indeed / from Pyrrha's pebbles or old Adam's seed*, (KEATS) non c'è il piacere di vedere tra tutte loro... una vera donna, discendente dalle pietre di Pirra o dal seme del vecchio Adamo // **-ly** *avv.*

lineament ['lɪnɪəmənt / lin·ea·ment] *s.* (*spec. pl.*) **1** lineamento, tratto **2** elemento caratteristico, tratto.

linear ['lɪnɪə / lin·ear] *agg.* lineare // (*mat.*): — *equation*, equazione lineare, di primo grado; — *algebra*, algebra lineare; — *programming*, programmazione lineare // (*fis.*) — *accelerator*, *amplifier*, acceleratore, amplificatore lineare // (*bot.*) — *leaf*, foglia lineare // **-ly** *avv.*

linearity [,lɪnɪ'ærɪtɪ / lin·ear·ity] *s.* (*fis.*, *mat.*) linearità.

lineate ['lɪnɪɪt / lin·eate] *agg.* lineato, striato (*anche bot.*).

linebacker ['laɪn,bækə* / line·backer] *s.* (*football americano*) giocatore in seconda linea difensiva.

line drawing ['laɪn,drɔːɪŋ] *s.* disegno a tratteggio.

line-engraving ['laɪnɪn,greɪvɪŋ] *s.* incisione a tratto.

line-grove ['laɪŋgrəʊv] *s.* (*ant.*) boschetto di tigli: *all prisoners, sir, / in the line-grove which weather-fends your cell*, (SH. The Tempest) tutti prigionieri, signore, nel boschetto di tigli che difende la tua grotta dal maltempo.

lineman ['laɪnmən / line·man] *pl.* **linemen** *s.* guardafili.

linen ['lɪnɪn] *agg.* di lino ◆ *s.* **1** filato o tela di lino: — *draper*, (*antiq.*) negoziante di telerie **2** biancheria: *table* —, biancheria da tavola // — *closet*, armadio per la biancheria di casa // *wash your dirty — at home!*, i panni sporchi lavali a casa tua!

linen basket ['lɪnɪn,bɑːskɪt *amer.* 'lɪnɪn ,bæskɪt] → **laundry basket**.

line-out [,laɪn'aʊt] *s.* (*rugby*) rimessa laterale.

liner[1] ['laɪnə*] *s.* **1** chi traccia linee **2** → eyeliner **3** (*mar.*) nave (mercantile) di linea **4** (*aer.*) aereo di linea **5** (*antiq.*) giornalista, pubblicista (pagato un tanto alla riga).

liner[2] *s.* **1** chi fa, applica fodere interne **2** fodera: *dustbin liners*, sacchetti di plastica per pattumiere domestiche **3** copertina (di disco) // — *notes*, informazioni scritte sulla copertina di un disco **4** (*mecc.*) canna, camicia; incamiciatura.

linesman ['laɪnzmən / lines·man] *pl.* **linesmen** *s.* **1** (*sport*) guardalinee **2** soldato di prima linea **3** → lineman **4** (*ferr.*) guardalinee.

line-up ['laɪnʌp] *s.* **1** allineamento; schieramento (*anche mil.*) **2** (*sport*) formazione (di gioco) **3** successione di eventi **4** (*dir.*) confronto all'americana.

ling[1] [lɪŋ] *s.* (*zool.*) **1** (*Molva molva*) molva **2** (*amer.*) (*Lota lota*) bottatrice.

ling[2] *s.* (*bot.*) → **heather**.

-ling *suff.* di origine anglosassone usato per formare diminutivi e vezzeggiativi: *foundling*, trovatello; *duckling*, papero, paperina.

to **linger** ['lɪŋgə*] *v.intr.* **1** indugiare; tirare in lungo; attardarsi; protrarsi: *a few fans lingered behind hoping to catch a sight of their hero*, alcuni fan si attardarono sperando di vedere il loro eroe; *don't — over your breakfast*, non tirare in lungo la colazione; *he lingered on his favourite subject*, indugiò sul suo argomento preferito **2** permanere, durare, perdurare: *the taste lingers on the tongue*, il gusto dura in bocca; *belief in witchcraft still lingers on*, la credenza nella stregoneria perdura ancora **3** tirare avanti, vivere: *he lingered* (*on*) *for only a few days before dying*, visse solo pochi giorni prima di morire.

lingerer ['lɪŋgərə* / linger·er] *s.* ritardatario; chi indugia.

lingerie ['læŋʒəri: *amer.* ,lɑːndʒə'reɪ / lin·gerie]

s. biancheria per signora, biancheria intima (da donna).

lingering ['lɪŋgərɪŋ / linger·ing] *agg.* **1** lento; duraturo: *a — illness*, una malattia lenta **2** indugiante: *a — look*, uno sguardo che indugia // **-ly** *avv.*

lingo ['lɪŋgəʊ] *pl.* **lingoes** ['lɪŋgəʊz / lingoes] *s.* **1** linguaggio; gergo particolare: *student —*, gergo studentesco **2** (*fam.*) lingua straniera.

lingua franca ['lɪŋgwə'fræŋkə] *pl.* **lingua francas, lingua francae** ['lɪŋgwə'fræŋki:] *s.* **1** lingua franca **2** lingua mista.

lingual ['lɪŋgwəl / lin·gual] *agg.* **1** (*anat.*, *gramm.*) linguale **2** linguistico ♦ *s.* suono linguale.

linguiform ['lɪŋgwɪfɔ:m / lin·gui·form] *agg.* (*bot.*) linguiforme.

linguist ['lɪŋgwɪst / lin·guist] *s.* **1** poliglotta: *he is no —*, fa fatica ad imparare le lingue **2** linguista.

linguistic [lɪŋ'gwɪstɪk / lin·guistic] *agg.* linguistico: *— atlas*, atlante linguistico // **-ally** *avv.*

linguistics [lɪŋ'gwɪstɪks / lin·guist·ics] *s.* ⓤ linguistica.

lingula ['lɪŋgjʊlə / lin·gula] *pl.* **lingulae** ['lɪŋgjʊli: / lin·gulae] *s.* (*anat.*, *zool.*) lingula: *— of lung*, lingula polmonare; *— cerebelli*, lingula cerebrale.

liniment ['lɪnɪmənt / lini·ment] *s.* (*med.*) linimento.

lining[1] ['laɪnɪŋ / lin·ing] *s.* **1** rigatura **2** allineamento.

lining[2] *s.* **1** fodera; interno // *every cloud has a silver —*, (*prov.*) non tutto il male viene per nuocere **2** rivestimento; materiale per rivestimento interno; (*elettr.*) rivestimento isolante; (*mecc.*) incamiciatura: *— paper*, carta per tappezzeria, per rivestimenti.

link[1] [lɪŋk] *s.* **1** anello, maglia (di catena) **2** legame; collegamento; concatenazione; congiunzione // *air, rail —*, collegamento aereo, ferroviario // *radio —*, ponte radio // *the missing —*, lacuna; (*biol.*) anello mancante, ipotetico anello di congiunzione **3** (*fig.*) legame, vincolo: *there are close links between these two countries*, fra questi due paesi esistono stretti legami **4** (*chim.*) legame **5** (*elettr.*) collegamento, accoppiamento: *— circuit*, circuito d'accoppiamento **6** (*mecc.*) biscottino; connessione articolata **7** (*inform.*) collegamento; (IBM) indirizzo di aggancio; legame fra campi di basi di dati **8** 'link' (misura di lunghezza = 20,12 cm).

to **link**[1] *v.tr.* **1** collegare, congiungere; concatenare; unire: *these facts are closely linked together*, questi fatti sono strettamente collegati; *to — wages to the cost of living*, agganciare i salari al costo della vita // *to — arms*, prendersi sotto braccio **2** (*mecc.*) collegare **3** (*chim.*) legare **4** (*elettr.*) collegare, accoppiare **5** (*inform.*) collegare, concatenare, correlare; (*sl.*) linkare // *to — back*, rinviare al programma principale ♦ *v.intr.* **1** collegarsi; concatenarsi; unirsi: *to — in* (o *up*) *with sthg.*, unirsi, collegarsi a qlco. **2** (*chim.*) legare, legarsi.

link[2] *s.* (*ant.*) **1** torcia, fiaccola **2** residuo di candela, torcia ecc. bruciata: *there was no link to colour Peter's hat*, (SH. Taming of the Shrew) non c'era pece per tingere il cappello di Pietro.

linkage ['lɪŋkɪdʒ / link·age] *s.* **1** sistema di collegamento ad anelli **2** connessione, collegamento; allacciamento **3** (*biol.*) linkage, associazione (di geni) **4** (*mecc.*) trasmissione a elementi articolati; tiranteria; leveraggio **5** (*elettr.*) flusso concatenato.

linkboy ['lɪŋkbɔɪ / link·boy] *s.* (*ant.*) portatore di fiaccola, tedoforo.

linker ['lɪŋkə* / link·er] *s.* (*inform.*) collegatore (software per collegare tra loro parti e dati di un programma).

linkman ['lɪŋkmən / link·man] *pl.* **linkmen** *s.* **1** (*tv*, *radio*) conduttore; presentatore **2** → linkboy.

links [lɪŋks] *s.* **1** *pl.* (*scoz.*) dune **2** *sing.* campo da golf.

link-up ['lɪŋkʌp] *s.* (*spec. tv*) collegamento.

linkwoman ['lɪŋk,wʊmən / link·wo·man] *pl.* **linkwomen** ['lɪŋk,wɪ mɪn] *s.* (*tv*, *radio*) conduttrice, presentatrice.

Linnaean [lɪ'ni:ən / Lin·naean] *agg.* linneano, di Linneo.

linnaeite [lɪ'ni:aɪt / lin·nae·ite] *s.* (*min.*) linneite.

linnet ['lɪnɪt / lin·net] *s.* (*zool.*) (*Carduelis cannabina*) fanello; (*pop.*) montanello.

lino ['laɪnəʊ] *s.* abbr. di → **linoleum**.

linocut ['laɪnəʊkʌt / li·no·cut] *s.* **1** (*arte*) incisione in linoleum **2** stampa ottenuta con un'incisione in linoleum.

linoleate [lɪ'nəʊlɪeɪt / li·no·leate] *s.* (*chim.*) linoleato.

linoleic [,lɪnə'li:ɪk / li·no·leic] *agg.* (*chim.*) linoleico: *— acid*, acido linoleico.

linolenate [,lɪnə'li:neɪt / li·no·len·ate] *s.* (*chim.*) linolenato.

linolenic [,lɪnə'li:nɪk / li·nol·enic] *agg.* (*chim.*) linolenico: *— acid*, acido linolenico.

linoleum [lɪ'nəʊljəm / li·no·leum] *s.* linoleum®.

linolic [lɪ'nəʊlɪk / li·no·lic] → **linoleic**.

linotype® ['laɪnəʊtaɪp / li·no·type] *s.* (*tip.*) linotype® // *— operator*, linotipista.

linotypist ['laɪnəʊ,taɪpɪst / li·no·typ·ist] *s.* linotipista.

linseed ['lɪnsi:d / lin·seed] *s.* seme di lino // *— oil*, olio di (semi di) lino SIN. flax-seed.

linsey-woolsey ['lɪnzɪ'wʊlzɪ] *s.* mezzalana (tessuto misto di lana e cotone).

linstock ['lɪnstɒk / lin·stock] *s.* (*mil. antiq.*) miccia: *the nimble gunner / with linstock now the devilish cannon touches*, (SH. Henry V) l'abile artigliere ora tocca il diabolico cannone con la miccia.

lint [lɪnt] *s.* (*med.*) filaccia, garza.

lintel ['lɪntl / lin·tel] *s.* (*arch.*) **1** architrave **2** piattabanda.

linter ['lɪntə*] *s.* **1** (*tess.*) macchina per togliere le filacce **2** *pl.* cascami dei semi di cotone, linters.

liny ['laɪnɪ] *agg.* pieno di linee; rugoso.

lion ['laɪən] *s.* **1** (*zool.*) (*Felis leo*) leone: *—'s cub* (o *whelp*), leoncino // *a — in the path* (o *in the way*), un grosso ostacolo // *to put one's head into the —'s mouth*, incorrere in gravi pericoli // *— 's share*, (*fig.*) la parte del leone **2** (*fig.*) leone, persona coraggiosa **3** celebrità: *the — of the day*, la celebrità del giorno; *to make a — of s.o.*, incensare qlcu.; *literary —*, celebrità in campo letterario **4** *pl.* (*antiq.*) curiosità, bellezze di un luogo: *to see, to show the lions of a place*, visitare, mostrare le curiosità, le bellezze naturali di un luogo.

Lion *no.pr.* **1** (*astr.*) → Leo **2** (*fig.*) Gran Bretagna: *to twist the — 's tail*, (*antiq.*) attaccare, criticare la Gran Bretagna // (*arald.*) *the British —*, il Leone Britannico (emblema nazionale).

lioness ['laɪənɪs / li·on·ess] *s.* leonessa.

lion-hearted ['laɪən,hɑ:tɪd] *agg.* coraggioso (dal cuore di leone).

lionism ['laɪənɪzəm / li·on·ism] *s.* (*antiq.*) **1** visita ai monumenti di un luogo **2** il trattare (qlcu.) come una celebrità.

to **lionize** ['laɪənaɪz / li·on·ize] *v.tr.* **1** (*antiq.*) vedere, mostrare le bellezze, le curiosità di (un luogo) **2** considerare, trattare (qlcu.) come una celebrità ♦ *v.intr.* **1** (*antiq.*) visitare le bellezze, le curiosità **2** andare a caccia di celebrità; atteggiarsi a celebrità; essere la celebrità del momento.

lip [lɪp] *s.* **1** labbro: *thick lips*, labbra grosse; *lower* (o *under*) *—*, labbro inferiore; *upper* (o *top*) *—*, labbro superiore // *stiff upper —*, (*fig.*) orgoglio, ostinazione, risolutezza; *to keep a stiff upper —*, tener duro, non mollare // *hare —*, labbro leporino // *to bite one's lips*, mordersi le labbra; *to curl one's lips*, storcere le labbra; *to lick* (o *smack*) *one's lips*, leccarsi i baffi; *to purse* (o *screw up*) *one's lips*, increspare le labbra // *to hang on s.o. lips*, (*fig.*) pendere dalle labbra di qlcu. // *his name was on everyone's lips*, il suo nome era sulla bocca di tutti // *to button one's lips*, (*fam.*) tener la bocca chiusa // (*mus.*) *to have a good —*, avere una buona imboccatura **2** orlo, bordo, margine; labbro (di ferita) **3** (*fam.*) sfacciataggine, insolenza; discorso impertinente // *none of your —!*, non essere così sfacciato! **4** (*bot.*) lobo, labbro **5** filo, taglio ♦ *agg.* labiale.

to **lip** *pass.p.p.* **lipped** [lɪpt] *v.tr.* **1** toccare con le labbra; imboccare (strumento a fiato): *a hand that kings / have lipp'd and trembled kissing*, (SH. Antony and Cleopatra) una mano su cui i re han posato le labbra e che hanno baciata tremando **2** lambire, sfiorare (di acqua) **3** sussurrare, mormorare **4** (*golf*) spingere la palla fino all'orlo della (buca); (della palla) raggiungere l'orlo della (buca) senza cadervi dentro.

lip- → **lipo-**.

lipase ['laɪpeɪs / lip·ase] *s.* (*biochim.*) lipasi.

lipid ['lɪpɪd] **lipide** ['lɪpaɪd] *s.* (*biochim.*) lipide.

lip mover ['lɪp,mu:və*] *s.* (*fam. amer.*) persona che parla a vanvera.

lipo- ['laɪpəʊ] *pref.* di origine greca usato nella terminologia scientifica per indicare attinenza con sostanze grasse o con tessuti adiposi; it. lip(o)-: *lipolysis*, lipolisi; *liposarcoma*, liposarcoma; *lipectomy*, lipectomia; *lipemia*, lipemia.

lipoid ['lɪpɔɪd / lip·oid] *agg.* (*biochim.*) lipoideo ♦ *s.* (*biochim.*) lipoide, lipide complesso.

lipoma [lɪ'pəʊmə / lip·oma] *pl.* **lipomas**, **lipomata** [lɪ'pəʊmətə / lip·om·ata] *s.* (*med.*) lipoma.

lipomatosis [lɪ,pəʊmə'təʊsɪs / li·po·ma·to·sis] *s.* (*med.*) lipomatosi.

lipoprotein ['lɪpəʊ,prəʊti:n / li·po·prot·ein] *s.* (*biochim.*) lipoproteina.

lipothymia [,lɪpəʊ'θɪmɪə / li·po·thy·mia] *s.* (*med.*) lipotimia; svenimento.

lipped [lɪpt] *agg.* **1** (*bot.*) labiato **2** (*nei composti*) dalle labbra: *tight-lipped*, a denti stretti.

to **lip-read** ['lɪpri:d] *v.tr.* e *intr.* riconoscere (le parole) attraverso la lettura delle labbra.

lip-reading ['lɪp,ri:dɪŋ] *s.* lettura delle labbra (metodo usato dai non udenti).

lipsalve ['lɪpsælv / lip·salve] *s.* **1** pomata per labbra **2** (*fig.*) lusinga.

lip service ['lɪp,sɜ:vɪs] *s.* (*fig.*) rispetto formale; adesione formale, falsità: *to pay — to*, aderire formalmente a, appoggiare a parole.

lipstick ['lɪpstɪk / lip·stick] *s.* rossetto (per labbra).

to **lip-synch** ['lɪpsɪŋk] *v.tr.* e *intr.* (*fam. amer.*) cantare in playback.

to **liquate** ['laɪkweɪt / li·quate] *v.tr.* (*metall.*) **1** fondere **2** sottoporre a liquazione.

liquation [lɪ'kweɪʃn / li·qua·tion] *s.* (*metall.*) liquazione.

liquefacient [,lɪkwɪ'feɪʃənt / li·que·fa·cient] *agg.* liquefacente, che liquefa.

liquefaction [,lɪkwɪ'fækʃn / li·que·fac·tion] *s.* liquefazione: *— of gases*, liquefazione dei gas.

liquefiable ['lɪkwɪfaɪəbl / li·que·fi·able] *agg.* fondibile.

liquefier ['lɪkwɪfaɪə* / li·que·fier] *s.* **1** (*tecn.*) apparecchio per liquefare **2** (*chim.*) sostanza liquefacente.

to **liquefy** ['lɪkwɪfaɪ / li·quefy] *v.tr.* liquefare; fondere ◆ *v.intr.* liquefarsi; sciogliersi.

liquescent [lɪ'kwɪsənt / li·ques·cent] *agg.* (*chim.*) liquescente.

liqueur [lɪ'kjʊə* *amer.* lɪ'kɜ:* / li·queur] *s.* liquore: *— glass*, bicchierino da liquore.

liquid ['lɪkwɪd / li·quid] *agg.* **1** liquido: *— gas*, gas liquido; *— diet*, dieta liquida; *— lunch*, (*scherz.*) pranzo in cui si beve molto // *— measure*, misura di capacità per liquidi // (*chim.*) *— air*, aria liquida // (*fis.*) *— crystal*, cristallo liquido // (*st. mil.*) *— fire*, petrolio infiammato **2** chiaro, trasparente **3** fluente, armonioso: *— lines*, versi armoniosi; *— movements*, movimenti sciolti **4** fluttuante, instabile: *— convictions*, convinzioni instabili **5** (*comm.*) liquido ◆ *s.* **1** liquido **2** (*gramm.*) (consonante) liquida **3** (*econ.*) denaro liquido // **-ly** *avv.* // **-ness** *s.*

to **liquidate** ['lɪkwɪdeɪt / li·quid·ate] *v.tr.* **1** (*comm.*) liquidare, realizzare **2** (*comm.*) liquidare, saldare, pagare: *liquidated claim*, credito liquido ed esigibile **3** (*fig.*) liberarsi di; (*sl.*) finire, distruggere; uccidere ◆ *v.intr.* andare in liquidazione (di società).

liquidation [,lɪkwɪ'deɪʃn / li·quida·tion] *s.* (*comm.*) **1** liquidazione, pagamento (di un debito) **2** liquidazione, chiusura di una società (con realizzazione delle attività): *to go into —*, andare in liquidazione.

liquidator ['lɪkwɪdeɪtə* / li·quid·ator] *s.* (*dir. comm.*) liquidatore.

liquidity [lɪ'kwɪdɪtɪ / li·quid·ity] *s.* **1** (*econ.*) liquidità: *— crisis*, crisi di liquidità; *second-line —*, liquidità secondaria **2** limpidezza.

to **liquidize** ['lɪkwɪdaɪz / li·quid·ize] *v.tr.* rendere liquido, causare la liquefazione di.

liquidizer ['lɪkwɪdaɪzə* / li·quid·izer] *s.* frullatore, mixer.

liquor ['lɪkə* / li·quor] *s.* ⓤ **1** bevanda alcolica; (*amer.*) superalcolico // *to be the worse for —*, essere ubriaco // *— laws*, leggi che limitano l'uso di bevande alcoliche // *malt —*, birra // *hard —*, (*fam.*) superalcolici **2** (*cuc.*) brodo; sugo; fondo di cottura.

to **liquor** *v.tr.* **1** (*ant.*) ingrassare (scarpe, pelle) **2** immergere **3** (*sl.*) far bere (alcolici): *to — s.o. up*, far ubriacare qlcu. ◆ *v.intr.* (*sl.*) bere alcolici: *to — up*, bere qlco. di alcolico.

liquorice ['lɪkərɪs / li·quor·ice] *s.* **1** (*bot.*) (*Glycyrrhiza glabra*) liquirizia **2** liquirizia: *— drops*, pasticche di liquirizia.

liquorish ['lɪkərɪʃ / li·quor·ish] *agg.* (*non com.*) amante dei liquori.

lira ['lɪərə] *pl.* **lire** ['lɪəri:] **liras** *s.* lira (moneta italiana): (*econ.*) *lire account*, conto in lire.

lisle [laɪl] *s.* (*tess.*) filo di Scozia.

lisp [lɪsp] *s.* **1** pronuncia blesa: *to have a —* (o *to speak with a —*), essere bleso, (*pop.*) avere la lisca **2** fruscio (di foglie); mormorio (di acque).

to **lisp** *v.intr.* parlare bleso (dire *th* per *s*).

lisping ['lɪspɪŋ / lisp·ing] *agg.* bleso.

lissom(e) ['lɪsəm / lis·som(e)] *agg.* flessuoso; sinuoso // **-ly** *avv.* // **-ness** *s.*

list[1] [lɪst] *s.* **1** lista, elenco, catalogo: *to make a —*, fare un elenco, una lista; *waiting —*, lista d'attesa; *guest —*, lista degli invitati; (*pol.*) *short —*, rosa dei candidati // *civil —*, appannaggio della casa reale // *to be high on the —*, essere fra i primi (della lista) // *address* (o *mailing*) *—*, indirizzario // (*dir.*) *— of cases*, ruolo di udienza // (*trib.*) *— of taxpayers*, ruolo delle imposte // (*comm.*) *free —*, elenco delle merci esenti da dazi doganali **2** (*econ.*) listino (dei prezzi): *price —*, listino prezzi; *— price*, prezzo di listino **3** (*Borsa*) listino: *daily —*, listino **4** (*mil.*) ruolo: *active —* ruolo attivo **5** (*inform.*) lista.

to **list**[1] *v.tr.* **1** elencare, catalogare **2** (*comm.*) mettere in listino **3** (*Borsa*) ammettere a listino, quotare (in Borsa) // *listed company*, società quotata in Borsa; *listed securities*, azioni quotate in Borsa **4** (*mil. ant.*) arruolare ◆ *v.intr.* (*ant.*) arruolarsi.

list[2] *s.* **1** (*tess.*) cimosa, vivagno; (*ant.*) fustagno: *he... contented himself, as a rule, with creeping about the passages in list slippers*, (O. WILDE) si accontentava, di regola, di strisciare nei corridoi in pantofole di fustagno **2** lista, striscia **3** (*arch.*) listello **4** (*ant.*) confine, frontiera **5** *pl.* recinto, palizzata; (*fig.*) arena // *to enter the lists*, entrare in lizza **6** (*amer.*) solco.

to **list**[2] *v.tr.* **1** listare **2** tagliare a listelli.

list[3] *s.* (*mar.*) sbandamento.

to **list**[3] *v.intr.* (*mar.*) sbandare.

to **list**[4] *v.tr.* (*ant.*, *poet.*) ascoltare ◆ *v.intr.* prestare attenzione.

to **list**[5] *v.tr.* e *intr.* (*ant.*) desiderare: *I list not dig so deep for brazen fame*, (P. SIDNEY) non desidero scavare così a fondo per una fama di bronzo; *the wind bloweth where it listeth*, (Vangelo) il vento soffia dove vuole.

to **listen** ['lɪsn / lis·ten] *v.intr.* ascoltare, prestare ascolto (*anche fig.*): *to — to s.o.*, ascoltare qlcu.; *— to me*, dammi retta; *he won't — to me*, non mi ascolterà; *his advice must be listened to*, bisogna seguire i suoi consigli; *to — to reason*, esser ragionevole // *to — (out) for the sound of a bell*, stare ad ascoltare se suona un campanello.

□ **listen in** *v.intr.* e *avv.* **1** (*to*) ascoltare (un programma, una trasmissione): *that's a programme worth listening in to*, è un programma che vale la pena d'ascoltare **2** ascoltare la radio.

listenable ['lɪsnəbl / lis·ten·able] *agg.* di piacevole ascolto, che si ascolta piacevolmente.

listener ['lɪsnə* / lis·tener] *s.* ascoltatore, radioascoltatore, telespettatore // *to be a good —*, saper ascoltare (dimostrando interesse e comprensione).

listening ['lɪsnɪŋ / lis·ten·ing] *s.* l'ascoltare // (*mil.*) *— post*, posto di ascolto.

lister[1] ['lɪstə* / lis·ter] *s.* chi registra; chi fa una lista.

lister[2] *s.* (*amer.*) aratro assolcatore // *— drill*, aratro-seminatrice.

listful ['lɪstfʊl / list·ful] *agg.* (*ant.*) attento.

listing[1] ['lɪstɪŋ / list·ing] *s.* (*tess.*) cimosa, vivagno.

listing[2] *s.* **1** elenco, lista; voce di lista: *to find a — for s.o. in a telephone directory*, trovare il nome di qlcu. in un elenco telefonico **2** (*amer.*) il fare una lista **3** (*Borsa*) quotazione // *stock exchange —*, ammissione alle quotazioni di borsa.

listless ['lɪstlɪs / list·less] *agg.* **1** disattento, sbadato, distratto **2** svogliato; indifferente: *his listless length at noontide would he stretch...*, (T. GREY) sul mezzodì soleva egli sdraiarsi mollemente... // **-ly** *avv.* // **-ness** *s.*

lit *pass.p.p.* di to **light**[1].

litany ['lɪtənɪ / lit·any] *s.* (*eccl.*) litania // *a — of complaints*, una litania di lamentele.

litchi ['li:'tʃi: / lit·chi] *s.* (*bot.*) (*Litchi chinensis*) litchi (albero e frutto).

liter *s.* (*amer.*) → **litre**.

literacy ['lɪtərəsɪ / lit·er·acy] *s.* alfabetismo, alfabetizzazione, grado di istruzione // *computer —*, alfabetizzazione informatica.

literal ['lɪtərəl / lit·eral] *agg.* **1** letterale, alla lettera: *the — interpretation of an allegory, a text*, l'interpretazione letterale di un'allegoria, un testo; *— translation*, traduzione letterale; (*dir.*) *— interpretation*, interpretazione letterale (di legge, contratto ecc.) **2** preciso, conforme alla realtà; testuale: *it's the — truth*, è la pura verità; *he was overwhelmed in the — sense of the word*, fu sopraffatto nel vero senso della parola **3** prosaico, privo di immaginazione: *he is very — minded*, ha una mentalità molto concreta **4** espresso in lettere: *a — grade*, un voto espresso in lettere **5** di lettera alfabetica: (*tip.*) *— error*, refuso, errore di stampa ◆ *s.* (*tip.*) refuso, errore di stampa.

literalism ['lɪtərəlɪzəm / lit·er·al·ism] *s.* **1** interpretazione puramente letterale **2** (*arte, lett.*) realismo.

literalist ['lɪtərəlɪst / lit·er·al·ist] *s.* chi si attiene all'interpretazione puramente letterale.

to **literalize** ['lɪtərəlaɪz / lit·er·al·ize] *v.tr.* interpretare in senso letterale, alla lettera (metafore, testi ecc.).

literally ['lɪtərəlɪ / lit·er·ally] *avv.* letteralmente: *the hotel is — on the beach*, l'albergo è letteralmente, proprio sulla spiaggia; *he is — exploding with happiness*, sta letteralmente scoppiando di felicità; *to translate —*, tradurre letteralmente; *to take s.o.'s words —*, prendere qlcu. alla lettera.

literary ['lɪtərərɪ *amer.* 'lɪtərerɪ / lit·er·ary] *agg.* **1** letterario: *a — magazine*, una rivista letteraria; *— property*, proprietà letteraria; *— style*, stile letterario **2** letterato; colto: *a — man*, un letterato, un uomo di lettere // **-ily** *avv.*

literate ['lɪtərət / lit·er·ate] *agg.* **1** capace di leggere e scrivere **2** letterato; colto, istruito: *that magazine attracts a highly — readership*, quella rivista attira lettori molto colti **3** (*nei composti*) che sa come usare qlco.: *you have to be computer- — to get a job these days*, di questi tempi per trovare (un) lavoro bisogna saper usare il computer ♦ *s.* **1** chi sa leggere e scrivere **2** letterato; persona colta, istruita **3** candidato agli ordini sacri anglicani che non ha frequentato una università.

literati [,lɪtə'rɑ:ti: / lit·er·ati] *s.pl.* (*lat.*) i letterati, la classe colta; (*spreg.*) gli intellettualoidi.

literatim [,lɪtə'rɑ:tɪm / li·ter·atim] *avv.* (*lat.*) (*form.*) lettera per lettera; letteralmente, alla lettera; testualmente.

literature ['lɪtərətʃə* *amer.* 'lɪtərətʃʊə* / lit·er·at·ure] *s.* **1** letteratura; opere letterarie (*pl.*) **2** letteratura, insieme delle pubblicazioni, scritti, studi (*pl.*) (relativi a un dato argomento): *have you read the — on the effects of acid rain?*, hai letto gli studi sugli effetti delle piogge acide?; *chemical, medical —*, letteratura chimica, medica **3** (*fam.*) opuscoli (*pl.*), stampati (*pl.*), depliant: *advertising —*, opuscoli pubblicitari.

litharge ['lɪθɑ:dʒ / lith·arge] *s.* (*chim.*) litargirio.

lithe [laɪð] ant. **lithesome** ['laɪðsəm / lithe·some] *agg.* agile; flessuoso; snello; flessibile: *— movements*, movimenti agili: *so big, truly enormous... and yet graceful, lithe, with a smile that could ravish*, (E.A. BENNET) così grande, veramente enorme... eppure aggraziato, agile, con un sorriso che incantava // **-ly** *avv.* // **-ness** *s.*

lithia ['lɪθɪə] *s.* (*chim.*) ossido di litio // *— water*, acqua litiosa.

lithiasis [lɪ'θaɪəsɪs / lithi·asis] *s.* (*med.*) litiasi.

lithic ['lɪθɪk] *agg.* (*chim., geol.*) litico.

lithiolite ['lɪθɪə,laɪt / lithio·lite] → **lepidolite**.

lithiophorite [,lɪθɪ'ɒfəraɪt / li·thio·phor·ite] *s.* (*min.*) litioforite.

lithium ['lɪθɪəm / lith·ium] *s.* (*chim.*) litio.

lithium mica ['lɪθɪəm,maɪkə] → **lepidolite**.

litho- ['lɪθəʊ] *pref.* di origine greca, usato per lo più nella terminologia tecnica o scientifica, che indica relazione con 'pietra, roccia'; it. lito-, petro-: *lithomancy*, litomanzia; (*geol.*): *lithomarge*, litomarga; *lithostratigraphic*, litostratigrafico; *lithologic*, litologico, petrografico.

lithoclase ['lɪθəʊ,kleɪs / litho·clase] *s.* (*geol.*) litoclasi.

lithogenesis [,lɪθəʊ'dʒenəsɪs / li·tho·gen·esis] *s.* (*geol.*) litogenesi.

lithograph ['lɪθəgrɑ:f *amer.* 'lɪθəgræf / litho·graph] *s.* litografia, riproduzione litografica.

to **lithograph** *v.tr.* litografare.

lithographer [lɪ'θɒgrəfə* / li·tho·grapher] *s.* litografo.

lithographic(al) [,lɪθə'græfɪk(l) / li·tho·graphic·(al)] *agg.* litografico // **-ally** *avv.*

lithography [lɪ'θɒgrəfɪ / li·tho·graphy] *s.* (processo, arte della) litografia.

lithoid ['lɪθɒɪd / lith·oid] *agg.* (*geol.*) litoide.

lithologic(al) [,lɪθə'lɒdʒɪk(l) / li·tho·lo·gic(al)] *agg.* (*geol.*) litologico, petrografico.

lithologist [lɪ'θɒlədʒɪst / li·tho·lo·gist] *s.* (*geol.*) litologo, petrografo.

lithology [lɪ'θɒlədʒɪ / li·tho·logy] *s.* **1** (*geol.*) litologia, petrografia **2** (*med.*) studio della calcolosi.

lithomancy ['lɪθəmænsɪ / litho·mancy] *s.* litomanzia.

lithopedion [,lɪθəʊ'pi:dɪɒn / li·tho·ped·ion] *s.* (*med.*) litopedio.

lithophagous [lɪ'θɒfəgəs / li·tho·phag·ous] *agg.* (*zool.*) litofago.

lithophane ['lɪθəfeɪn / litho·phane] *s.* litofania.

lithophile ['lɪθəʊfaɪl / litho·phile] *s.* (*ecol.*) litofilo.

lithophyte ['lɪθəfaɪt / litho·phyte] *s.* (*bot.*) litofita.

lithopone ['lɪθəpəʊn / litho·pone] *s.* (*chim.*) litopone.

lithosphere ['lɪθəʊsfɪə* / litho·sphere] *s.* (*geol.*) litosfera.

lithostratigraphy [,lɪθəʊstrə'tɪgrəfɪ / li·tho·stra·ti·graphy] *s.* (*geol.*) litostratigrafia.

lithotomic(al) [,lɪθə'tɒmɪk(l) / litho·tomic(al)] *agg.* (*med.*) litotomico.

lithotomy [lɪ'θɒtəmɪ / li·tho·tomy] *s.* (*med.*) litotomia.

lithotripsy [lɪ'θɒtrɪpsɪ / li·tho·tripsy] *s.* (*med.*) litotripsia, litotrisia.

lithotrite ['lɪθə,traɪt / li·tho·trite] *s.* (*med.*) litotritore.

lithotrity [lɪ'θɒtrɪtɪ / li·tho·trity] *s.* (*med.*) litotripsia.

Lithuanian [,lɪθju:'eɪnjən / Li·thu·an·ian] *agg.* e *s.* lituano.

litigant ['lɪtɪgənt / lit·ig·ant] *agg.* e *s.* (*dir.*) contendente, litigante: *— parties*, le parti contendenti.

to **litigate** ['lɪtɪgeɪt / lit·ig·ate] *v.intr.* (*dir.*) essere in causa ♦ *v.tr.* (*dir.*) **1** contestare (in un processo) **2** far causa a, promuovere una lite con.

litigation [,lɪtɪ'geɪʃn / lit·iga·tion] *s.* (*dir.*) lite; causa; controversia legale.

litigious [lɪ'tɪdʒəs / li·ti·gi·ous] *agg.* **1** (*dir.*) contenzioso; litigioso; che è oggetto di disputa legale **2** (*ant.*) contrastato, osteggiato: *Tyrus stands / in a litigious peace*, (SH. Pericles) Tiro vive in una pace contrastata // **-ly** *avv.* // **-ness** *s.*

litmus ['lɪtməs / lit·mus] *s.* (*chim.*) tornasole, laccamuffa: *— paper*, cartina al tornasole; *— test*, (*fig.*) prova del nove.

litotes ['laɪtəʊti:z / li·to·tes] *s.* (*ret.*) litote.

litre ['li:tə*] *s.* litro (unità di capacità).

litter ['lɪtə* / lit·ter] *s.* **1** [U] rifiuti, immondizie (*pl.*); cartaccia // *— bag*, sacco per l'immondizia; cestino per rifiuti **2** [U] confusione, disordine: *there was the usual — of notes, unopened bills and letters on his desk*, c'era sulla sua scrivania la solita confusione di appunti, bollette non aperte e lettere **3** figliata (di animali) **4** strame, lettiera **5** lettiga; barella.

to **litter** *v.tr.* **1** ricoprire di; sparpagliare su: *the floor was littered with rubbish*, il pavimento era ricoperto di rifiuti; *there were leaves littering (up) the grass*, il prato era ricoperto di foglie; *your composition is littered with silly mistakes*, il tuo tema è pieno di errori scemi **2** preparare la lettiera a (un animale) **3** figliare (di animale) ♦ *v.intr.* buttare rifiuti; spargere rifiuti.

littérateur [,lɪtərə'tɜ:* / lit·tér·at·eur] *s.* (*fr.*) (*spec. spreg.*) letterato, uomo di lettere.

litterbin ['lɪtəbɪn / litter·bin] *s.* bidone della spazzatura.

litterlout ['lɪtəlaʊt / litter·lout] amer. **litterbug** ['lɪtəbʌg / litter·bug] *s.* sudicione, persona che getta i rifiuti per la strada.

little ['lɪtl] *compar.* **less** [les] **lesser** ['lesə*] *superl.* **least** [li:st] *agg.* **1** piccolo, piccino: *— boy, — girl*, ragazzino, ragazzina; *she was just a — old lady*, era solo una vecchietta; *he's published another — book of poetry*, ha pubblicato un altro libriccino di poesie // *the — people*, le fate; i folletti; gli gnomi **2** corto, breve: *come with me a — way*, vieni con me per un breve tratto di strada; *wait a — while*, aspetta un istante, un momentino **3** poco: *would you like a — whisky or a lot?*, vuoi poco o tanto whisky?; *we had — chance of winning the prize*, avevamo scarse possibilità di vincere il premio; *they gave me very — help*, mi diedero ben poco aiuto; *she needs a — bit of encouragement*, ha bisogno di un po' di incoraggiamento; *he has — (o not much) money*, ha poco denaro; *you gave me not a — trouble*, mi hai dato non poco fastidio **4** insignificante; esiguo; meschino: *the fire did very — damage*, l'incendio ha fatto ben poco danno; *for so — a matter*, per così poca cosa // *I know your — ways*, conosco i tuoi mezzucci **5** (*con art. indef.*) un po' di: *he has a — money*, ha un po' di denaro; *he knows a — music!*, conosce un po' di musica; *I'd like a — more cake*, vorrei ancora un po' di dolce; *make a — less noise, please!*, fate un po' meno rumore, per favore!

little *pron. indef.* e *s.* poco, piccola cosa, piccola quantità: *I'll take a —*, ne prenderò un po'; *she did what — she could*, fece quel poco che potè; *she knows a — of everything*, sa un po' di tutto; *to eat — or nothing*, mangiare poco o niente // *after a —, for a —*, dopo un po', per un po' (di tempo) // *in —*, in piccolo (formato) // *every — helps*, tutto fa brodo // *I see very — of him*, lo vedo pochissimo // *to think — of s.o.*, non tenere in gran conto qlcu., aver poca stima di qlcu.: *I think — of the new candidates for president*, non ho molta stima dei nuovi candidati alla presidenza // *to think — of sthg.*, non dar peso a, minimizzare qlco.: *we thought — of the problem*, non abbiamo dato peso al problema.

little *avv.* **1** poco: *this poet is very — known*, questo poeta è molto poco conosciuto; *I see them very —*, li vedo raramente; *she reached home in — more than an hour*, andò a casa in poco più di un'ora // *— by —*, a poco a poco // *as — as possible*, il meno possibile **2** affatto: *he — thinks that*, non pensa affatto che, è lontano dal pensare che; *— did she know what a mistake she'd made*, non aveva la minima idea di quale errore avesse commesso **3** (*con art. indef.*) un po', piuttosto, alquanto: *she was* *a — afraid*, era piuttosto spaventata; *these shoes are a — too large*, queste scarpe sono un po' troppo grandi.

little finger [ˌlɪtl'fɪŋgə*] *s.* mignolo.

littleness ['lɪtlnɪs / little·ness] *s.* **1** piccola quantità **2** piccolezza, meschinità.

littoral ['lɪtərəl / lit·toral] *agg.* e *s.* litorale.

lit up [ˌlɪt'ʌp] *agg.* (*fam. amer.*) ubriaco.

liturgic(al) [lɪ'tɜːdʒɪk(l) / li·tur·gic(al)] *agg.* liturgico // **-ally** *avv.*

liturgics [lɪ'tɜːdʒɪks / li·tur·gics] *s.* Ⓤ studio e interpretazione delle liturgie.

liturgist ['lɪtədʒɪst / lit·ur·gist] *s.* liturgista.

liturgy ['lɪtədʒɪ / lit·urgy] *s.* liturgia.

livability [lɪvə'bɪlətɪ / liv·ab·il·ity] *s.* (*zootecnia*) capacità di sopravvivenza.

livable ['lɪvəbl / liv·able] *agg.* **1** abitabile; vivibile: *the house is no longer —*, la casa non è più abitabile **2** sopportabile: *a — pain*, un dolore sopportabile.

live [laɪv] *agg.* **1** vivo, vivente: *— bait*, esca viva **2** ardente: *— coals*, carboni ardenti **3** carico (di arma da fuoco); carico, inesploso (di proiettile); *— gun*, fucile, cannone carico; *— cartridge*, cartuccia carica; *— shell*, proiettile inesploso **4** (*fig.*) ricco di energia, attività, interesse; attuale: *a — question*, una questione di attualità **5** (*tv*, *rad.*) in diretta; dal vivo **6** (*elettr.*) sotto tensione: *— rail*, rotaia sotto tensione; *— wire*, filo di tensione **7** (*mecc.*) in moto, in movimento, mobile, che trasmette potenza: *— axle*, assale mobile, asse motore; *— centre*, contropunta girevole **8** (*fis. nucleare*) attivo.

live *avv.* (*tv*, *rad.*) in diretta: *to broadcast —*, trasmettere in diretta.

to **live** [lɪv] *v.intr.* **1** vivere, campare: *the doctor said he won't — much longer*, il medico ha detto che non vivrà a lungo; *as long as he lives*, finché vive, vita natural durante; *to — under a dictatorship*, vivere sotto una dittatura // *— and let —*, vivi e lascia vivere; *— and learn*, vivi e impara // *that summer still lives in my memory*, quell'estate è ancora viva nei miei ricordi // *to — from hand to mouth*, vivere alla giornata, campare di espedienti; *to — close*, vivere stentatamente; *to — by one's wits*, arrangiarsi, campare d'espedienti // *to — by one's faith*, vivere secondo la propria fede // *to — above* (o *beyond*) *one's income*, vivere al di sopra dei propri mezzi // *to — a day at a time*, vivere alla giornata, senza pensare al futuro **2** vivere, abitare, dimorare, stare: *to — in the country*, vivere in campagna; *he lived in Milan*, abitava a Milano; *he lives with his daughter*, vive con sua figlia; *they don't — together any more*, non vivono più insieme; *to — apart*, vivere separati; *they — under the same roof but they don't speak to each other*, vivono sotto lo stesso tetto ma non si parlano ◆ *v.tr.* vivere: *I wish I could — that lovely day again!*, vorrei poter rivivere quella giornata indimenticabile!; *to — a double life*, vivere una doppia vita; *to — a retired life*, vivere appartato, in solitudine // *to — and breath sthg.*, (*fig.*) essere fissato con qlco., essere un fanatico di qlco.; *my husband lives and breathes football*, mio marito è un fanatico del calcio // *to — it up*, (*fam.*) divertirsi molto // *to — one's principles*, mettere in pratica, vivere secondo i propri principi.

□ **live down** *v.tr.* e *avv.* far dimenticare: *I'm afraid I'll never — down the way I behaved the other night*, temo che non riuscirò mai a far dimenticare il mio comportamento dell'altra sera.

□ **live in** *v.intr.* e *avv.* risiedere (dove si lavora); essere fisso, interno: *they are looking for a maid to — in*, cercano una domestica fissa; *all our students — in*, tutti i nostri studenti sono interni.

□ **live off** *v.intr.* e *prep.* → to live on // *to — off the country*, vivere a spese di un paese: *the enemy armies were living off the country they systematically sacked*, le truppe nemiche vivevano a spese del paese occupato che saccheggiavano sistematicamente; *the explorers lived off the country for their food*, gli esploratori si procuravano il cibo sul posto.

□ **live on** *v.intr.* e *avv.* continuare a vivere; perdurare (di fama, ricordo ecc.) ◆ *v.intr.* e *prep.* vivere di: *to — on sthg.*, vivere di qlco.; *he lives on his salary*, vive del suo stipendio; *she seems to — on air*, sembra che viva d'aria // *to — on one's own*, vivere da soli.

□ **live out** *v.intr.* e *avv.* **1** vivere fuori (da dove si lavora, studia ecc.); essere esterno **2** (*of*) (*fam.*) *he lives out of tins* (o *cans*), non cucina mai niente; *he lives out of a suitcase*, non è mai a casa, vive sempre con la valigia in mano ◆ *v.intr.* e *prep.* sopravvivere, superare: *she lived out her serious illness*, ha superato la sua grave malattia // *to — out one's days* (o *life*), passare, trascorrere l'intera vita: *he lived out his days in the same small village*, ha trascorso l'intera esistenza nello stesso piccolo paese.

□ **live over** *v.tr.* e *avv.* rivivere: *I wish I could — those years over again*, vorrei poter rivivere quegli anni.

□ **live through** *v.intr.* e *prep.* sopravvivere a; superare: *I think we have lived through the worst of the crisis*, credo che abbiamo superato il periodo peggiore della crisi; *to — through the war*, sopravvivere alla guerra.

□ **live up to** *v.intr.* e *avv.* e *prep.* essere all'altezza di, fare onore a: *to — up to one's reputation*, essere all'altezza della propria reputazione.

□ **live with** *v.intr.* e *prep.* **1** vivere, convivere con **2** (*fig.*) convivere; accettare: *you must — with the idea that we aren't rich*, devi rassegnarti all'idea che non siamo ricchi.

liveable → **livable**.

-lived [lɪvd] *suff.* di origine anglosassone usato per formare aggettivi; esprime una durata di tempo, determinata dal termine cui si unisce: *long-lived*, *short-lived*, di lunga, di breve durata.

live-in ['lɪvˌɪn] *s.* (*fam.*) convivente ◆ *agg.* **1** (*fam.*) convivente, che coabita **2** che vive nel posto in cui lavora: *— maid*, domestica fissa; *— student*, interno, studente che vive nel campus dell'università.

livelihood ['laɪvlɪhʊd / live·li·hood] *s.* mezzi di sussistenza (*pl.*); sostentamento: *she earns her — by teaching*, si guadagna la vita con l'insegnamento; *to deprive s.o. of his —*, togliere il pane di bocca a qlcu.

liveliness ['laɪvlɪnɪs / live·li·ness] *s.* vivacità, animazione; brio.

livelong ['lɪvlɒŋ *amer.* 'laɪvlɔːŋ / live·long] *agg.* (*antiq.*) lungo; intero (di giorno, notte): *I work the — day*, lavoro tutto il santo giorno.

lively ['laɪvlɪ] *agg.* **1** vivo, vivace; animato, movimentato; allegro; energico: *a — child*, un bimbo pieno di vita; *— discussion*, discussione animata; *— mind*, ingegno vivace // *to have a — time*, avere un gran daffare; (*iron.*) avere qualche difficoltà // *look —!*, datti da fare!, sveglia! // *to make things — for s.o.*, (*fam.*) rendere la vita dura a qlcu. // (*Borsa*) *— market*, mercato vivace **2** vivo, brillante (di colore).

to **liven** ['laɪvn] *v.tr.* ravvivare, animare: *to — (up) the conversation*, animare la conversazione ◆ *v.intr.* animarsi.

liver[1] ['lɪvə*] *s.* **1** (*anat.*) fegato: *— failure*, insufficienza epatica; *— spots*, macchie di fegato; *— complaint*, (*fam.*) mal di fegato **2** (*cuc.*) fegato: *— sausage*, salame di fegato **3** (colore) rosso bruno.

liver[2] *s.* persona che conduce un particolare genere di vita: *fast —*, gaudente; *loose —*, libertino.

liveried ['lɪvərɪd / liv·er·ied] *agg.* che indossa una livrea.

liverish ['lɪvərɪʃ / liv·er·ish] *agg.* **1** (*fam.*) malato di fegato, bilioso **2** (*fig.*) irritabile, iracondo **3** rosso bruno (di colore) // **-ness** *s.*

Liverpudlian [ˌlɪvə'pʌdlɪən / Liv·er·pud·lian] *agg.* e *s.* (abitante) di Liverpool.

liverwort ['lɪvəwɜːt / liv·er·wort] *s.* (*bot.*) **1** (*Marchantia polimorpha*) marcanzia **2** (*Anemone hepatica*) epatica; (*pop.*) erba trinità, fegatella.

livery[1] ['lɪvərɪ / liv·ery] *agg.* **1** malato di fegato; bilioso **2** (*fig.*) irritabile, iracondo.

livery[2] *s.* **1** livrea; costume (di corporazioni londinesi) // *in —*, in livrea; *out of —*, in abiti borghesi **2** (*poet.*, *letter.*) abito; apparenza: *the landscape in it's winter —*, il paesaggio nelle sua veste invernale **3** stallaggio // *— horse*, cavallo da noleggio; *— stable*, scuderia di cavalli da nolo **4** (*dir.*) passaggio di proprietà; consegna di un bene nelle mani del (nuovo) proprietario: *to sue one's —*, chiedere di entrare in possesso dei propri beni (di minorenni).

livery company ['lɪvərɪˌkʌmpənɪ] *s.* corporazione (di arti e mestieri); associazione professionale (a Londra).

liveryman ['lɪvərɪmən / liv·ery·man] *pl.* **liverymen** *s.* **1** membro di una corporazione (londinese) **2** noleggiatore di cavalli.

livery-servant ['lɪvərɪˌsɜːvənt] *s.* domestico in livrea.

livestock ['laɪvstɒk / live·stock] *s.* bestiame.

live wire ['laɪvwaɪə*] *s.* **1** (*elettr.*) filo di tensione **2** (*fig.*) persona molto attiva, energica, dinamica.

livid ['lɪvɪd] *agg.* **1** livido: *— sky*, cielo livido, plumbeo; *his face was — with shock*, il suo volto era livido, cadaverico per lo shock // *— bruise*, livido, macchia che si forma in seguito a una contusione **2** (*fig. fam.*) livido, pieno di livore; furioso // **-ly** *avv.*

lividity [lɪ'vɪdətɪ / liv·id·ity] *s.* lividezza.

living ['lɪvɪŋ / liv·ing] *agg.* **1** vivo, vivente, esistente: *the greatest — sculptor*, il massimo scultore vivente; *— or dead*, vivo o morto; *not a — soul could be seen*, non si poteva vedere anima viva // *within — memory*, a memoria d'uomo // *he's the — image of his father*, è il ritratto vivente di suo padre // (*geol.*) *— rock*, roccia viva **2** vivo, profondo, forte: *a — faith*, una fede profonda **3** di vita: *— conditions*, le condizioni di vita // *— space*, spazio vitale **4**

vivo, ancora in uso: *a — tradition*, una tradizione ancora viva **5** perenne (di corsi d'acqua) ◆ *s.* **1** (*solo sing.*) mezzi (*pl.*) di sostentamento: *to earn* (o *to make*) *a — as a cook*, guadagnarsi da vivere come cuoco **2** *that's really —!*, questa sì che è vita!; modo di vivere: *the art of —*, l'arte di vivere; *plain —*, vita semplice, modesta // (*econ.*): *standard of —* (o *— standard*), tenore, livello di vita; *— wage* (*fam.*) guadagno sufficiente per vivere **3** (*eccl.*) beneficio.

living room ['lɪvɪŋ,rʊm *amer.* 'lɪvɪŋ,ru:m] *s.* (stanza di) soggiorno.

to **lixiviate** [lɪk'sɪvɪeɪt / lix·ivi·ate] *v.tr.* (*chim.*) lisciviare.

lixiviation [lɪk,sɪvɪ'eɪʃn / lix·ivi·ation] *s.* lisciviazione.

lixivium [lɪk'sɪvɪəm / lɪx·ivium] *pl.* **lixiviums**, **lixivia** [lɪk'sɪvɪə / lix·ivia] *s.* soluzione ottenuta dalla lisciviazione.

lizard ['lɪzəd / liz·ard] *s.* lucertola // *green —*, ramarro.

'll [l] (*fam.*) contr. di *shall*, *will*.

llama ['lɑ:mə] *s.* **1** (*zool.*) (*Lama glama*) lama **2** tessuto di pelo di lama.

llano ['lɑ:nəʊ] *pl.* **llanos** *s.* (*geogr.*) llano (savana del Venezuela).

Lloyd's [lɔɪdz] *s.* 'Lloyd' (compagnia di assicuratori a Londra) // (*mar.*) *— list*, giornale del movimento marittimo; *— register*, registro delle navi con le loro caratteristiche.

lo [ləʊ] *inter.* (*ant.*) ecco!, guarda!: *Lo you, here she comes!*, (SH. Macbeth) Guardate, ecco viene!

loach [ləʊtʃ] *s.* (*zool.*) (*Cobitis barbatula*) pesce barometro.

load [ləʊd] *s.* **1** carico; peso (*anche fig.*): *a lorry has shed its —*, un camion ha perso il carico; *a heavy —*, un carico pesante; *work —*, carico di lavoro // *to get a —*, (*sl.*) fare il pieno (di alcolici); *to get a — off one's chest*, (*fam.*) togliersi un peso dal cuore; *to take a — off s.o.'s mind*, togliere a qlcu. un peso dall'animo // *a — of*, *loads of*, (*fam.*) un sacco di, una gran quantità di // *get a — of this!*, (*fam.*) senti questa!, guarda un po'! // (*fis.*) *— curve*, curva di carico // (*comm.*): *commercial —*, carico commerciale; *front —*, costi accessori di acquisto **2** (*mecc.*) carico, pressione **3** (*elettr.*) carico, potenza al carico: *— factor*, fattore di carico; *— voltage*, tensione di carico **4** (*inform.*) carico (di lavoro) // *— and go*, caricamento e lancio; (IBM) caricamento ed esecuzione.

to **load** *v.tr.* **1** caricare; riempire; colmare (*anche fig.*): *air loaded with carbon*, aria carica di carbonio; *a table loaded with food*, una tavola carica di cibarie; *he loaded her with gifts*, la colmò di regali; *to — (up) a cart with hay*, caricare un carro di fieno; *to — a gun, a washing machine, a camera*, caricare un fucile, una lavatrice, una macchina fotografica; *to — a ship with goods*, caricare una nave di merci; *to — s.o. with parcels*, caricare qlcu. di pacchi; *he loaded his last 'dear' with a new meaning*, caricò il suo ultimo 'cara' di un nuovo significato // (*inform.*) *to — a program*, caricare un programma **2** caricare; gravare; appesantire; opprimere (*anche fig.*): *he felt loaded with responsibility*, si sentiva oppresso dalla responsabilità **3** influenzare: *to — an inquiry*, influenzare un'inchiesta **4** adulterare (vino) **5** (*assicurazioni*) aumentare, maggiorare (il premio) ◆ *v.intr.* **1** fare un carico; prendere passeggeri a bordo **2** salire a bordo.

□ **load down** *v.tr.* e *avv.* sovraccaricare (*anche fig.*): *I'm loaded down with work this month*, sono sovraccarico di lavoro questo mese.

load-bearing ['ləʊd,beərɪŋ] *agg.* portante: *— wall*, muro portante.

loaded ['ləʊdɪd] *agg.* **1** carico; caricato; pieno; colmo: *a — cart*, un carretto carico; *a — revolver*, una rivoltella carica **2** impiombato // *— dice*, dadi truccati **3** (*fam.*) ricco, danaroso **4** insidioso, subdolo: *a — question*, una domanda insidiosa **5** parziale, di parte: *his decision is —*, la sua decisione è di parte **6** adulterato (di vino) **7** (*amer.*) ubriaco; drogato **8** (*fam. amer.*) pericoloso; esplosivo (di situazione) // *— for bear*, (*sl.*) agguerrito; pronto alla lotta, alla rissa **9** (*mecc.*) impastato: *— wheel*, mola impastata.

loader ['ləʊdə*] *s.* **1** persona che carica, che fa un carico **2** (*tecn.*) caricatore **3** chi carica il fucile per un cacciatore **4** (*inform.*) programma caricatore.

loading ['ləʊdɪŋ / load·ing] *s.* **1** carico: *— gauge*, sagoma limite del carico; *— broker*, mediatore di carico, spedizioniere // (*mar.*) *— line*, linea di carico, linea di bordo libero // (*aer.*) *wing —*, carico alare // (*elettr.*) *— coil*, bobina di carico **2** alimentazione; caricamento: *machine —*, alimentazione della macchina; programmazione del carico macchina; *— station*, stazione di caricamento // (*mil.*) *— chamber*, camera di caricamento **3** carica: *— agents*, materiali, sostanze di carica **4** (*mecc.*) impastamento (di una mola, di una lima) **5** (*assicurazioni*) maggiorazione.

load line ['ləʊdlaɪn] *s.* (*mar.*) linea di galleggiamento a carico normale.

loadstar → **lodestar**.

loadstone → **lodestone**.

loaf[1] [ləʊf] *pl.* **loaves** [ləʊvz] *s.* **1** pane in cassetta; pane, pagnotta: *sliced —*, pane a fette // *half a — is better than no bread*, (*prov.*) meglio poco che nulla **2** pane; panetto // *meat —*, polpettone **3** (*bot.*) cespo, cesto (di lattuga, cavolo ecc.) **4** (*sl.*) testa; cervello: *use your —*, usa il cervello.

loaf[2] *s.* (*solo sing.*) (*fam.*) l'oziare, il far niente.

to **loaf**[2] *v.intr.* (*fam.*) oziare; non fare niente; ciondolare ◆ *v.tr.* passare, trascorrere nell'ozio.

loafer ['ləʊfə*] *s.* **1** (*fam.*) poltrone; fannullone, scansafatiche **2** (*amer.*)® scarpa da riposo, specie di mocassino.

loaf-sugar ['ləʊf,ʃʊgə*] *s.* zucchero in zollette.

loam [ləʊm] *s.* **1** terra grassa; terra argillosa **2** (*non com.*) argilla per mattoni; argilla da plasmare.

to **loam** *v.tr.* coprire di terra grassa, di terra argillosa.

loamy ['ləʊmɪ] *agg.* **1** grasso, fertile, ricco (di terreno) **2** (*non com.*) argilloso.

loan [ləʊn] *s.* **1** prestito: *to ask for the — of sthg.*, chiedere qlco. in prestito; *could I have the — of your camera for the weekend?*, potrei avere la tua macchina fotografica in prestito per il fine settimana?; *on —*, in, a prestito **2** (*fin.*) prestito; mutuo: *call —*, prestito a vista, a brevissima scadenza; *medium term —*, prestito a media scadenza, finanziamento a medio termine; *long term —*, prestito a lunga scadenza, finanziamento a lungo termine; *public* (o *civil*) *—*, prestito pubblico; *secured*, *unsecured —*, prestito garantito, non garantito; *dead —*, credito immobilizzato; *bad —*, credito inesigibile; *forced* (o *compulsory*) *—*, prestito forzoso; *housing —*, mutuo per l'acquisto dell'abitazione; *mortgage —*, mutuo ipotecario; *non performing —*, (credito in) sofferenza; *collateral —*, anticipazione su titoli; *— on overdraft*, apertura di credito allo scoperto; *— against a promissory note*, prestito cambiario; *government loans*, prestiti dello stato; debito pubblico; *the contractors of a —*, i sottoscrittori di un prestito; *to take out*, *to contract a —*, contrarre un prestito; *to issue* (o *to raise*) *a —*, emettere un prestito.

to **loan** *v.tr.* **1** prestare, dare a prestito **2** (*fin.*) concedere in prestito (denaro) ◆ *v.intr.* (*fin.*) concedere, fare un prestito; concedere un mutuo.

loanable ['ləʊnəbl / loan·able] *agg.* che può essere prestato; mutuabile: *— funds*, fondi mutuabili.

loaner ['ləʊnə*] *s.* prestatore.

loan-holder ['ləʊn,həʊldə*] *s.* (*dir.*) creditore ipotecario.

loan-shark ['ləʊnʃɑ:k] *s.* (*fam.*) usuraio; strozzino.

loanword ['ləʊnwɜ:d / loan·word] *s.* (*ling.*) prestito.

loath [ləʊθ] *agg.* riluttante; restio; mal disposto; poco incline: *she was — to leave*, era riluttante a partire // *nothing —*, (*letter.*) volentieri // **-ly** *avv.*

to **loathe** [ləʊð] *v.tr.* detestare; odiare; aborrire; provare disgusto per: *I simply — that man*, provo un vero disgusto per quell'uomo; *I — writing letters*, odio scrivere lettere.

loathful ['ləʊðfʊl / loath·ful] *agg.* (*rar.*) **1** odioso; detestabile **2** nauseante; disgustoso.

loathing ['ləʊðɪŋ / loath·ing] *s.* **1** disgusto; ripugnanza **2** odio; avversione; profonda antipatia // **-ly** *avv.*

loathly ['ləʊðlɪ / loath·ly] *agg.* (*ant.*) odioso; detestabile; orribile.

loathsome ['ləʊðsəm / loath·some] *agg.* **1** odioso; detestabile **2** nauseante; disgustoso; repellente // **-ly** *avv.* // **-ness** *s.*

lob[1] [lɒb] *s.* **1** (*non com.*) persona grande, grossa e stupida **2** (*dial.*) grande quantità.

lob[2] *s.* **1** (*cricket*) palla, colpo lanciato ad arco **2** (*tennis*) pallonetto.

to **lob**[2] *pass.p.p.* **lobbed** [lɒbd] *v.tr.* **1** gettare, scagliare tracciando un arco: *they lobbed hand grenades over the wall*, scagliarono bombe a mano al di là del muro **2** (*tennis*) respingere con un pallonetto, fare un lob **3** (*cricket*) lanciare, colpire (palla) dal basso in alto **4** (*ant.*) far penzolare: *their poor jades / lob down their heads, dropping the hides and hips*, (SH. Henry V) i loro macilenti ronzini fan penzolare il capo, con la pelle e i fianchi cascanti ◆ *v.intr.* (*along*) muoversi lentamente e pesantemente; muoversi goffamente.

lobar ['ləʊbə*] *agg.* (*scient.*) lobare: (*med.*) *— pneumonia*, polmonite lobare.

lobate ['ləʊbeɪt / lob·ate] *agg.* (*bot.*) lobato.

lobation [ləʊ'beɪʃn / loba·tion] *s.* **1** l'essere

lobato 2 (*bot.*, *zool.*) formazione di lobi 3 lobo; lobulo.

lobby ['lɒbɪ] *s.* 1 hall, atrio, ingresso, vestibolo, anticamera; (*teatr.*) foyer; ridotto 2 (*ai Comuni*) camera per incontri fra il pubblico e i deputati; ciascuno dei due corridoi dove, per talune votazioni, i deputati si recano per esprimere voto favorevole o sfavorevole 3 (*con v. sing.* o *pl.*) (*pol.*) lobby, gruppo di interesse, gruppo di pressione: *the arms —*, la lobby in favore degli armamenti 4 campagna (politica): *the anti-smoking — reappears year after year*, la campagna anti-fumo ricompare anno dopo anno.

to **lobby** *v.tr.* e *intr.* fare, esercitare pressione (su forze politiche): *to — Parliament*, esercitare pressioni sul parlamento; *to — a bill through*, far passare un progetto di legge (per mezzo di pressioni).

lobbying ['lɒbɪɪŋ / lob·by·ing] *s.* lobbismo.

lobbyist ['lɒbɪɪst / lob·by·ist] *s.* membro, esponente di una lobby.

lobe [ləʊb] *s.* 1 (*anat.*, *bot.*, *zool.*) lobo 2 (*geol.*) lingua (di ghiacciaio).

lobectomy [ləʊ'bektəmɪ / lob·ec·tomy] *s.* (*med.*) lobectomia.

lobed [ləʊbd] *agg.* lobato.

lobelia [ləʊ'bi:ljə / lo·belia] *s.* (*bot.*) lobelia.

lobeline ['ləʊbəli:n / lo·be·line] *s.* (*chim.*) lobelina.

to **lobotomize** [ləʊ'bɒtəmaɪz / lo·bo·tom·ize] *v.tr.* (*med.*) lobotomizzare.

lobotomy *s.* [ləʊ'bɒtəmɪ / lo·bo·tomy] *s.* (*med.*) lobotomia.

lobscouse ['lɒbskaʊs / lob·scouse] *s.* (*ant.*) stufato di carne con gallette e verdura.

lobster ['lɒbstə* / lob·ster] *s.* 1 (*zool.*) (*spiny*) —, (*Palinurus vulgaris*) aragosta 2 (*zool.*) (*Homarus vulgaris*) omaro, astice, gambero marino, lupicante 3 (*st. spreg.*) soldato inglese.

lobsterpot ['lɒbstəpɒt / lob·ster·pot] *s.* nassa (per aragoste).

lobster shift ['lɒbstə,ʃɪft] *s.* (*fam. amer.*) turno di notte.

lobular ['lɒbjʊlə* / lobu·lar] *agg.* (*scient.*) lobulare.

lobule ['lɒbju:l / lob·ule] *s.* (*anat.*, *bot.*, *zool.*) lobulo.

lobworm ['lɒbwɜ:m / lob·worm] *s.* (*zool.*) arenicola SIN. lugworm.

local ['ləʊkl] *agg.* 1 locale, del luogo: *the — post office*, l'ufficio postale locale; *go to your — post office*, si rechi all'ufficio postale più vicino; *— authority*, autorità locale // (*sport*) *— derby*, derby; *— news*, notiziario locale; *— colour*, colore locale // (*mat.*) *— coordinate system*, sistema di coordinate locali 2 locale, parziale, ristretto: *a — anaesthetic*, anestesia locale; *a — disease*, una malattia localizzata.

local *s.* 1 (*fam.*) abitante del luogo, locale 2 (*spec. amer.*) locale (treno, autobus ecc.) 3 — (*public-house*), (*fam.*) pub di zona, di quartiere 4 (*amer.*) sezione locale del sindacato 5 (*spec. pl.*) (*sport*) squadra locale.

locale [ləʊ'kɑ:l / loc·ale] *s.* 1 luogo; posto; località: *the — of the crime*, il luogo del delitto 2 scenario; ambientazione: *the story has no real —*, la storia non ha una reale ambientazione.

locality [ləʊ'kælətɪ / loc·al·ity] *s.* 1 (*form.*) ubicazione; posizione 2 (*amer.*) località; luogo; vicinanze (*pl.*); dintorni (*pl.*): *is there a good bar in the —?*, c'è un buon bar nei dintorni? 3 orientamento: *a good sense of —*, un buon senso dell'orientamento.

localization [,ləʊkəlaɪ'zeɪʃn / loc·al·iza·tion] *s.* (*form.*) localizzazione.

to **localize** ['ləʊkəlaɪz / loc·al·ize] *v.tr.* 1 (*form.*) localizzare; circoscrivere; limitare: *to — an infection*, circoscrivere un'infezione 2 localizzare; individuare: *we localized the source of the trouble*, localizzammo l'origine del problema 3 (*non com.*) dare colore locale a ◆ *v.intr.* (*form.*) localizzarsi.

locally ['ləʊkəlɪ / loc·ally] *avv.* 1 localmente 2 nelle vicinanze: *there are no furniture shops —*, non ci sono negozi di mobili nelle vicinanze.

to **locate** [ləʊ'keɪt / loc·ate] *v.tr.* 1 individuare, localizzare: *to — the enemy's headquarters*, individuare il quartier generale nemico 2 situare, collocare, ubicare: *our offices are located on the second floor*, i nostri uffici sono situati al secondo piano 3 indicare, mostrare la posizione di 4 (*inform.*) posizionare ◆ *v.intr.* (*amer.*) stabilirsi: *we finally located in Los Angeles*, in fine ci stabilimmo a Los Angeles.

location [ləʊ'keɪʃn / loca·tion] *s.* 1 (*form.*) posizione, sito: *a suitable — for a new school*, una posizione adatta per una nuova scuola 2 collocazione; sede; ubicazione: *the company has moved to a new —*, la società si è trasferita in una nuova sede // (*econ.*) *— theory*, teoria della localizzazione 3 (*dir.*, *comm.*) locazione, contratto d'affitto 4 localizzazione, il localizzare: *the — of the enemy fortress took us more than three months*, localizzare la postazione nemica ci impegnò per più di tre mesi 5 (*cinem.*) esterno: *the film was shot on — in India*, gli esterni sono stati girati in India 6 (*inform.*) posizione, punto di implementazione, indirizzo di memoria.

locative ['lɒkətɪv / loc·at·ive] *agg.* e *s.* (*gramm.*) (caso) locativo.

loch [lɒk] *s.* 1 (*scoz.*) lago 2 loch, stretto, braccio di mare simile a un fiordo.

lochia ['ləʊkɪə / lo·chia] *s.pl.* (*med.*) lochi.

lock[1] [lɒk] *s.* 1 ciocca, ricciolo: *— of hair*, ciocca di capelli 2 (*non com.*) fastello: *— of hay*, fastello di fieno 3 fiocco: *— of wool*, bioccolo di lana.

lock[2] *s.* 1 serratura: *double —*, serratura a doppia mandata; *Yale —*, serratura Yale // *—, stock and barrel*, armi e bagagli // *under — and key*, sotto chiave, chiuso 2 — (*gate*), chiusa 3 otturatore di fucile 4 (*mecc.*) blocco, bloccaggio, fermo: *— washer*, rosetta di sicurezza; *steering —*, bloccasterzo 5 (*aut.*) sterzo, angolo di sterzata: *this new car has a very good —*, questa nuova auto ha un ottimo sterzo, sterza molto bene 6 (*inform.*) blocco, protezione dei dati.

to **lock**[2] *v.tr.* 1 serrare, chiudere a chiave: *to — the stable door after the horse has been stolen*, (*prov.*) chiudere la stalla quando i buoi sono scappati 2 mettere sotto chiave: *she locked her letters in the trunk*, chiuse a chiave le sue lettere nel baule 3 serrare, stringere: *his hands were tightly locked*, teneva le mani strettamente intrecciate; *the lovers were locked in each others' arms*, gli amanti erano avvinghiati in un abbraccio // *the two were locked in an argument*, i due erano bloccati in una discussione 4 fornire (canali ecc.) di chiuse 5 (*mecc.*) bloccare, inceppare ◆ *v.intr.* 1 serrarsi, chiudersi con serratura, essere fornito di serratura: *does this trunk —?*, si chiude a chiave questo baule? 2 (*mecc.*) bloccarsi, incepparsi: *the wheels have locked*, le ruote si sono bloccate.

□ **lock away** *v.tr.* e *avv.* rinchiudere, mettere sotto chiave SIN. to lock up.

□ **lock in** *v.tr.* e *avv.* o *prep.* rinchiudere, chiudere dentro: *by mistake he locked me in the cellar*, per sbaglio mi ha chiuso in cantina.

□ **lock onto** *v.tr.* e *prep.* 1 (*di missile*) individuare e colpire il bersaglio 2 (*fig.*) attaccarsi a (un'idea ecc.).

□ **lock out** *v.tr.* e *avv.* chiudere fuori; non fare entrare: *if you arrive late they'll — you out*, se arrivi tardi non ti faranno entrare // *I locked myself out of the house and had to force the lock*, mi sono chiuso fuori casa e ho dovuto forzare la serratura.

□ **lock up** *v.tr.* e *avv.* 1 rinchiudere, serrare, mettere sotto chiave: *he locks up everything*, tiene tutto sottochiave 2 rinchiudere (in prigione, manicomio ecc.) 3 racchiudere: *to release the energy locked up in an atom*, liberare l'energia racchiusa in un atomo 4 (*fin.*) immobilizzare: *all his money was locked up in stocks and shares*, tutto il suo denaro era immobilizzato in azioni ◆ *v.intr.* e *avv.* chiudere ben bene casa: *— up before going out*, chiudi bene porte e finestre prima di uscire.

lockage ['lɒkɪdʒ / lock·age] *s.* 1 passaggio di una chiusa 2 (*dir.*) diritti di passaggio di una chiusa.

locker ['lɒkə*] *s.* 1 armadio, armadietto (di metallo con serratura) // *to go to Davy Jones's —*, (*sl. mar.*) andare a fondo, annegare 2 (*mar.*) bauletto, cassone 3 persona, cosa che chiude.

locker room ['lɒkərʊm *amer.* 'lɒkəru:m] *s.* spogliatoio (di palestre, scuole ecc.).

locket ['lɒkɪt] *s.* medaglione (da portare al collo).

lock-hospital [,lɒk'hɒspɪtl] *s.* (*med.*) ospedale dermosifilopatico.

lock-in ['lɒkɪn] *s.* 1 protesta sindacale con asserragliamento 2 (*amer.*) protesta di detenuti (che si rifiutano di uscire dalla cella).

locking up [,lɒkɪŋ'ʌp] *s.* (*fin.*) immobilizzazione.

lockjaw ['lɒkdʒɔ:* / lock·jaw] *s.* (*med.*) (*fam.*) tetano.

lock keeper ['lɒk,ki:pə*] **lockman** ['lɒkmən / lock·man] *pl.* **lockmen** *s.* custode, guardiano di una chiusa.

lock-out ['lɒkaʊt] *s.* 1 serrata 2 (*inform.*) blocco.

lockram ['lɒkrəm / lock·ram] *s.* (*ant.*) fazzoletto: *...the kitchen malkin pins / her richest lockram 'bout her reechy neck*, (SH. Coriolanus)... la sguattera di cucina si appunta il suo miglior fazzoletto attorno al collo sporco.

locksmith ['lɒksmɪθ / lock·smith] *s.* fabbro.

lockup ['lɒkʌp / luck·up] *s.* (*fam. amer.*) 1 camera di sicurezza, guardina 2 stanza, ripostiglio con serratura 3 (*fin.*) immobilizzo, immobilizzazione.

loco[1] ['ləʊkəʊ] *agg.* (*sl. amer.*) pazzo, scemo • Parola di origine spagnola.

loco[2] *s.* (*bot.*) astragalo.

locomotion [ˌləʊkə'meʊʃn / lo·co·mo·tion] *s.* locomozione.

locomotive [ˌləʊkə'məʊtɪv / lo·co·mot·ive] *s.* **1** (*ferr.*) locomotiva: *electric* —, locomotore **2** (*fam. amer.*) grido d'incitamento (di tifosi, ripetuto con ritmo sempre più serrato) ◆ *agg.* locomotore, locomotorio; semovente: — *crane*, gru ferroviaria semovente; — *engine*, locomotiva.

locomotor ['ləʊkəˌməʊtə* / lo·co·motor] *agg.* locomotore, locomotorio: (*anat.*) — *system*, sistema locomotorio; (*med.*) — *ataxy*, atassia locomotoria, tabe dorsale.

locular ['lɒkjʊlə* / locu·lar] *agg.* (*scient.*) alveolare.

loculus ['lɒkjʊləs / locu·lus] *pl.* **loculi** ['lɒkjʊlaɪ / loc·uli] *s.* **1** (*scient.*) alveolo **2** loculo (di catacombe).

locum (tenens) [ˌləʊkəm('tenenz)] *s.* (*form.*) interino, supplente; vicario: *he acted as — for the local doctor*, sostituì il medico condotto.

locus ['ləʊkəs] *pl.* **loci** ['ləʊsaɪ] *s.* (*form.*) **1** località, posizione **2** (*mat.*) luogo dei punti **3** (*biol.*) locus (di gene su cromosoma) // (*anat.*) — *niger*, substantia nigra.

locus classicus [ˌləʊkəs'klæsɪkəs] *pl.* **loci classici** [ˌləʊsaɪ'klæsɪsaɪ] *s.* (*lat.*) (*form.*) passo celebre, citazione classica.

locust ['ləʊkəst] *s.* **1** locusta, cavalletta: *migratory* —, cavalletta migratoria **2** (*bot.*) (*Robinia pseudoacacia*) robinia **3** (*bot.*) (*Gleditsia triacanthos*) spino di Giuda **4** (*bot.*) → carob 1.

locution [ləʊ'kju:ʃn / lo·cu·tion] *s.* (*form.*) locuzione.

lode [ləʊd] *s.* (*miner.*) filone metallifero.

lodestar ['ləʊdstɑ:* / lode·star] *s.* **1** stella polare; (*fig.*) stella guida: *O happy fair! Your eyes are lode-stars ...*, (SH. Midsummer Night's) O felice bellezza! sono i tuoi occhi stelle che guidano il cammino... **2** (*fig.*) principio guida, ideale fondamentale.

lodestone ['ləʊdstəʊn / lode·stone] *s.* **1** (*min.*) magnetite **2** (*fig.*) calamita, persona dotata di forte fascino.

lodge [lɒdʒ] *s.* **1** casetta, capanna **2** portineria **3** padiglione di caccia **4** tana (di castoro, lontra) **5** (*amer.*) tenda (del tipo usato dai pellerossa); (*fig.*) nucleo familiare di pellirosse **6** loggia massonica **7** Centro di Servizi (in un campeggio).

to **lodge** *v.tr.* **1** alloggiare, ospitare: *they were lodged in a spare bedroom*, furono alloggiati in una camera libera **2** (*form.*) collocare; mettere al sicuro; depositare: *to — one's money in a bank*, depositare il proprio denaro in una banca; *to — securities as collateral for a loan*, depositare titoli in banca come garanzia per un prestito **3** (*fig. form.*) porre, depositare, affidare **4** (*dir.*) presentare: *to — a petition, an appeal*, presentare un'istanza, un appello ◆ *v.intr.* **1** alloggiare, essere alloggiato: *where are you lodging now?*, dove alloggiate ora? **2** (*form.*) entrare, piantarsi: *the bullet lodged in his brain*, la pallottola gli si conficcò nel cervello.

lodgement ['lɒdʒmənt / lodge·ment] *s.* **1** (*anche mil.*) posizione stabile: *to effect* (o *to make*) *a* —, conquistare una posizione stabile **2** (*comm.*) versamento, deposito **3** (*non com.*) deposito, intoppo (in un tubo ecc.) **4** (*rar.*) alloggio.

lodger ['lɒdʒə*] *s.* inquilino, pigionante AMER. roomer.

lodging ['lɒdʒɪŋ] *s.* **1** alloggio, dimora: *a night's* —, alloggio per una notte **2** (*gener. pl.*) camera in affitto, appartamento ammobiliato: *furnished lodgings*, camere ammobiliate; *... so giving up the argument, I went straight to my lodgings*, (STERNE) e lasciando perdere il discorso, m'avviai dritto a casa // — *house*, pensione; — *house keeper*, affittacamere.

lodgment → **lodgement**.

loess ['ləʊɪs / lo·ess] *s.* (*geol.*) loess.

loft [lɒft *amer.* lɔ:ft] *s.* **1** attico; soffitta, solaio **2** piccionaia **3** cantoria (di chiesa); galleria **4** (*spec. amer.*) 'loft', spazio nato per uso commerciale e trasformato in appartamento.

to **loft** *v.tr.* **1** (*sport*) colpire (la palla) in modo da farle fare un'ampia curva in altezza **2** tenere (piccioni) in piccionaia.

loftily ['lɒftɪlɪ *amer.* 'lɔ:ftɪlɪ / loft·ily] *avv.* **1** in posizione elevata; (*fig.*) nobilmente **2** altezzosamente.

loftiness ['lɒftɪnɪs *amer.* 'lɔ:ftɪnɪs / lofti·ness] *s.* **1** altezza, elevatezza; (*fig.*) nobiltà, grandezza; dignità **2** superbia.

lofty ['lɒftɪ *amer.* 'lɔ:ftɪ] *agg.* **1** alto, elevato; (*fig.*) nobile: — *ideals*, alti ideali; — *mountain*, montagna elevata; — *sentiments*, nobili sentimenti **2** orgoglioso; altero: *I trod with a lofty step, the ruins of the Forum*, (E. GIBBON) percorsi con passo orgoglioso le rovine del Foro.

log[1] [lɒg *amer.* lɔ:g] *s.* **1** ceppo, ciocco, tronco: — *cabin*, capanna di legno // *King Log*, il Re Travicello // *roll my — and I'll roll yours*, una mano lava l'altra // *to fall like a* —, cadere pesantemente // *to sleep like a* —, dormire come un sasso // *as easy as falling off a* —, facilissimo **2** → logbook 1 **3** (*mar.*) solcometro: *to sail by the* —, calcolare la posizione della nave con il solcometro **4** (*geol.*) descrizione (di campioni di roccia); carotaggio geofisico **5** (*inform.*): *computer* —, giornale di macchina; — *function*, funzione di registrazione.

to **log**[1] *pass.p.p.* **logged** [lɒgd *amer.* lɔ:gd] *v.tr.* **1** fare legname di; disboscare, diboscare (una regione) **2** (*mar.*) registrare sul giornale di bordo; registrare ufficialmente; annotare **3** percorrere (una certa distanza) volando o navigando; navigare, volare (a una certa velocità): *in ten years of flying the aircraft had logged more than a million miles*, in dieci anni di volo l'aereo aveva percorso più di un milione di miglia; *we were logging 15 knots*, navigavamo a una velocità di 15 nodi; *he was an experienced pilot who had logged more than 2000 flying hours*, era un esperto pilota con oltre 2000 ore di volo al suo attivo **4** (*geol.*) fare la descrizione geologica di; fare il carotaggio geofisico di **5** (*inform.*) registrare cronologicamente (un'elaborazione); consegnare ◆ *v.intr.* abbattere alberi; fare legname.

□ **log in** *v.intr.* e *avv.* (*inform.*) entrare in un sistema con una determinata procedura.

□ **log out** *v.intr.* e *avv.* (*inform.*) uscire da un sistema con una determinata procedura.

log[2] abbr. di → **logarithm**.

-log *suff.* (*amer.*) → **-logue**.

logaoedic [ˌlɒgə'i:dɪk / lo·ga·oedic] *agg.* e *s.* (*metrica*) (verso) logaedico.

logarithm ['lɒgərɪðəm *amer.* 'lɔ:gərɪðəm / log·ar·ithm] *s.* (*mat.*) logaritmo: *common logarithms*, logaritmi decimali, di Briggs; *natural logarithms*, logaritmi naturali, di Nepero.

logarithmic [ˌlɒgə'rɪðmɪk *amer.* ˌlɔ:gə'rɪðmɪk / log·ar·ith·mic] *agg.* (*mat.*) logaritmico // (*fis.*) — *decrement*, decremento logaritmico.

logbook ['lɒgbʊk / log·book] *s.* **1** (*mar.*, *aer.*, *comm.*) giornale di bordo **2** (*aut.*) libretto di circolazione SIN. registration document.

loggats ['lɒgəts / log·gats] *s.pl.* (*ant.*) gioco simile alle bocce: *did these bones cost no more the breeding but to play at loggets with 'em?*, (SH. Hamlet) costarono così poco a farle crescere queste ossa, da giocarci ai birilli ora?

logger ['lɒgə* *amer.* 'lɔ:gə* / log·ger] *s.* taglialegna.

loggerhead ['lɒgəhed *amer.* 'lɔ:gəhed / log·ger·head] *s.* **1** mestolo per pece ecc. **2** (*zool.*) — (*turtle*), tartaruga marina **3** (*rar.*) stupido; testone; testa di legno **4** *at loggerheads*, in disaccordo, in controversia: *to be at loggerheads with s.o.*, essere in lite con qlcu.

loggia ['ləʊdʒə / log·gia] *pl.* **loggias**, **loggie** ['ləʊdʒeɪ / log·gie] *s.* (*arch.*) loggia.

logging ['lɒgɪŋ *amer.* 'lɔ:gɪŋ / log·ging] *s.* **1** taglio e trasporto del legname **2** (*inform.*) registrazione, raccolta dati; (IBM) registrazione cronologica, consegna: — *file*, archivio delle consegne; — *record*, registrazione di consegna.

logic ['lɒdʒɪk / lo·gic] *s.* **1** (*fil.*) logica **2** logica, criterio logico: *his solution has a certain crazy* —, la sua soluzione segue una sua logica folle; *economic — decreed the closure of the factory*, la logica economica ha decretato la chiusura della fabbrica **3** (*fam.*) buon senso, logica **4** (*inform.*) logica di macchina.

logical ['lɒdʒɪkl / lo·gical] *agg.* **1** (*fil.*) logico **2** logico, razionale; coerente **3** logico, naturale, evidente **4** (*inform.*) logico: — *error*, errore nella logica di macchina, errore logico; — *instruction*, istruzione nella logica di macchina, istruzione logica // (*tel.*) — *network*, rete logica // **-ly** *avv.*

logicality [ˌlɒdʒɪ'kælətɪ / lo·gic·al·ity] *s.* logicità.

logician [ləʊ'dʒɪʃn / lo·gi·cian] *s.* **1** logico **2** ragionatore **3** chi si comporta con estrema logica.

logie ['ləʊgɪ] *s.* (*teatr.*) orpello, ornamento di latta; gioiello falso.

login [ˌlɒg'ɪn / log·in] **logon** [ˌlɒg'ɒn / log·on] *s.* (*inform.*) richiesta di connessione, collegamento.

logistic(al) [ləʊ'dʒɪstɪk(l) / lo·gistic·(al)] *agg.* logistico.

logistics [ləʊ'dʒɪstɪks / lo·gist·ics] *s.* **1** U (*mil.*) logistica **2** *pl.* (*estens.*) logistica, organizzazione (di aiuti ecc. finalizzati a un determinato scopo): *the — of rescue work were complicated by bad weather*, l'organizzazione dell'opera di soccorso fu ostacolata dal cattivo tempo.

logjam ['lɒgdʒæm / log·jam] *s.* **1** ostruzione di un corso d'acqua causata da tronchi **2** (*fig.*) (*spec. amer.*) blocco, ostruzione; impasse; stallo.

logo ['ləʊgəʊ] *s.* (*comm.*) logotipo, marchio

di un'azienda (sui propri prodotti o messaggi pubblicitari, costituito da un disegno o un gruppo di lettere) • Abbr. di *logotype*.

logoff [,lɒg'ɒf / log·off] *s.* (*inform.*) richiesta di scollegamento.

logogram ['lɒgəʊ,græm / logo·gram] *s.* logogramma.

logographer [lə'gɒgrəfə* / lo·go·grapher] *s.* (*lett. greca*) logografo.

logographic(al) [,lɒgəʊ'græfɪk(l) / lo·go·graphic, lo·go·graph·ical] *agg.* logografico.

logography [lə'gɒgrəfɪ / lo·go·graphy] *s.* (*lett. greca*) logografia.

logogriph ['lɒgəgrɪf / lo·go·griph] *s.* logogrifo.

logomachy [lɒ'gɒməkɪ / lo·go·machy] *s.* (*letter.*) logomachia.

logopathia [,lɒgəʊ'pæθɪə / lo·go·pathia] *s.* (*med.*) logopatia.

logopathic [,lɒgəʊ'pæθɪk / lo·go·pathic] *agg.* (*med.*) logopatico.

logopedia [,lɒgəʊ'pi:dɪə / lo·go·pedia] *s.* (*med.*) logopedia.

logoplegia [,lɒgəʊ'pli:dʒɪə / lo·go·plegia] *s.* (*med.*) logoplegia.

logorrhea [,lɒgə'ri:ə / lo·gor·rhea] *s.* (*psic.*) logorrea.

Logos ['lɒgɒs] *s.* (*teol.*) Logos, il Verbo.

logotype ['lɒgəʊtaɪp / logo·type] *s.* (*tip.*, *comm.*) logotipo.

logout [,lɒg'aʊt / log·out] *s.* (*inform.*) richiesta di scollegamento.

to **logroll** ['lɒgrəʊl / log·roll] *v.intr.* **1** allearsi, sostenersi politicamente (di due partiti) **2** scambiarsi favori, aiuto ecc.

logrolling ['lɒg,rəʊlɪŋ / log·roll·ing] *s.* **1** trasporto dei tronchi tagliati **2** (*fam.*) scambio interessato di aiuti, favori ecc. **3** (*pol. amer.*) mutuo appoggio tra (gruppi) parlamentari che rappresentano diversi interessi.

log-saw ['lɒgsɔ:] *s.* sega ad arco, sega per tagliare la legna SIN. **bow-saw**.

-logue [lɒg] *suff.* di origine greca usato per formare sostantivi; può avere il valore di **1** discorso; it. -logo: *monologue*, monologo; *Decalogue*, decalogo **2** studioso di; it. -logo: *sinologue*, sinologo.

logwood ['lɒgwʊd / log·wood] *s.* (*bot.*) (*Haematoxylon campechianum*) campeggio.

logy ['ləʊgɪ] *agg.* (*fam. amer.*) fiacco; intorpidito.

-logy [lədʒɪ] *suff.* di origine greca usato per formare sostantivi; it. logia; può avere il valore di **1** discorso, il dire, cosa detta: *tautology*, tautologia **2** trattazione, studio sistematico di: *pathology*, patologia; *meteorology*, meteorologia.

loin [lɔɪn] *s.* **1** (*cuc.*) lonza, lombo, lombata **2** *pl.* (*anat.*) (le) reni; (*letter.*) fianchi, lombi **3** *pl.* (*Bibbia*) stirpe, discendenza maschile.

loincloth ['lɔɪnklɒθ / loin·cloth] *s.* perizoma.

loir ['lɔɪə*] *s.* (*zool.*) (*Glis glis*) ghiro.

to **loiter** ['lɔɪtə*] *v.intr.* indugiare; soffermarsi; gironzolare; bighellonare (anche *dir.*): *he was seen loitering near the exit*, fu visto gironzolare vicino all'uscita.

loiterer ['lɔɪtərə* / loi·terer] *s.* bighellone; pigrone; perdigiorno.

loitering ['lɔɪtərɪŋ / loi·ter·ing] *s.* l'indugiare; l'andare a zonzo; bighellonaggio (anche *dir.*).

loiteringly ['lɔɪtərɪŋlɪ / loi·ter·ing·ly] *avv.* con indugio; lentamente; indolentemente.

to **loll** [lɒl] *v.intr.* **1** adagiarsi pigramente, stendersi: *to — about*, starsene in panciolle, oziare **2** pendere; ciondolare ◆ *v.tr.* far penzolare, ciondolare: *the dog's tongue was lolling out*, il cane aveva la lingua penzoloni.

Lollard ['lɒləd / Lol·lard] *s.* (*st.*) lollardo (seguace di Wycliffe).

lollipop ['lɒlɪpɒp / lol·li·pop] *s.* **1** leccalecca AMER. **sucker** **2** ghiacciolo.

lollipop man ['lɒlɪpɒp,mæn] **lollipop woman** ['lɒlɪpɒp,wʊmən] *s.* (*fam.*) persona addetta a far attraversare la strada agli scolari • Perché la paletta rotonda con cui ferma il traffico assomiglia a un lecca-lecca.

to **lollop** ['lɒləp / lol·lop] *v.intr.* **1** bighellonare **2** camminare, avanzare a saltelli, a balzelloni.

lolly ['lɒlɪ] *s.* **1** (*fam.*) lecca-lecca **2** (*ice*) —, ghiacciolo **3** (*sl.*) denaro.

to **lollygag** ['lɒlɪgæg / lolly·gag] *v.intr.* (*fam. amer.*) bighellonare.

Lombard ['lɒmbəd / Lom·bard] *agg.* lombardo ◆ *s.* **1** lombardo: — *Street*, Lombard Street (strada di Londra originariamente abitata da banchieri lombardi; ora vi risiedono le principali banche della città); (*fig.*) il mercato finanziario della City // (*banca*) — *rate*, tasso lombard, tasso sulle anticipazioni su titoli o merci **2** (*st.*) longobardo.

Lombardic [lɒm'bɑ:dɪk / Lom·bardic] *agg.* **1** lombardo **2** (*st.*) longobardo **3** (*arch.*) lombardesco.

loment ['ləʊment / lo·ment] *s.* (*bot.*) lomento.

Londoner ['lʌndənə* / Lon·don·er] *s.* londinese.

London pride [,lʌndən'praɪd] *s.* (*bot.*) **1** (*Saxifraga umbrosa*) sassifraga ombrosa **2** (*fam.*) garofano.

lone [ləʊn] *agg.* **1** (*form.*, *letter.*) solitario, solo, isolato: *a — pine*, un pino solitario // *the Lone Star State*, (*amer.*) il Texas // *a — wolf*, (*fig.*) un lupo solitario **2** solo, non sposato o vedovo (riferito a genitore): *Oh Rome... / lone mother of dead empires!*, (BYRON) Oh Roma... madre solinga di imperi caduti.

loneliness ['ləʊnlɪnɪs / lone·li·ness] *s.* **1** solitudine, isolamento **2** malinconia, desolazione, sconforto.

lonely ['ləʊnlɪ] *agg.* **1** solo: *a — traveller*, un viaggiatore solitario; *to feel —*, sentirsi solo **2** solitario, isolato, poco frequentato; inabitato; *a — spot*, un luogo isolato; *a — house*, una casa isolata **3** malinconico, depresso: *a — period*, un momento di malinconia.

loner ['ləʊnə*] *s.* solitario, persona che ama stare da sola.

lonesome ['ləʊnsəm / lone·some] *agg.* (*spec. amer.*) **1** solo, solitario; abbandonato; fuor di mano; non frequentato, deserto **2** malinconico, che si sente solo // **-ly** *avv.* // **-ness** *s.*

long [lɒŋ *amer.* lɔ:ŋ] *agg.* **1** lungo: *a — journey*, un lungo viaggio; *a — time ago*, molto tempo fa; *the garden is ten metres —*, il giardino è lungo dieci metri; *it is a — time since I saw her*, è molto tempo che non la vedo; *it takes a — time*, ci vuole molto tempo; *the nights are getting longer*, le notti si allungano; *they are a — time coming*, tardano molto; *to make sthg. longer*, allungare qlco.; *to take the longest way round*, fare la strada più lunga // *— memory*, memoria tenace // *— dozen*, tredici // (*sport*) *— jump*, salto in lungo // *— measure*, misura di lunghezza // *— purse*, portafoglio ben fornito // *at — last*, finalmente // *at the longest*, al massimo // *by a — way* (o *fam. by a — chalk*), di gran lunga // *face as — as a fiddle*, faccia da funerale // *friend of — standing*, amico di vecchia data // *in the — run* (o *term*), a lungo andare // *three — miles*, tre buone miglia // *it is as broad as it is —*, (*fam.*) è lo stesso // *it will be a — day before...*, ce ne vorrà prima che... // *to be — in the tooth*, (*fam.*) non esser più tanto giovane, essere avanti negli anni, stagionato // *to be — on sthg.*, essere portato per qlco.: *he's — on selfishness, friendship*, è un grande egoista, è portato a fare amicizia; *to have — sight*, avere la vista lunga, essere presbite // *to have a — tongue*, (*fig.*) avere la lingua lunga // *to have a — wind*, avere molto fiato in corpo // *to pull a — face*, fare il viso lungo, imbronciato // *to take a — view*, (*fig.*) guardare lontano // *he knows the — and the short of it*, ne conosce tutti i particolari // *the — and the short of it, is I'm broke*, per farla breve, sono al verde **2** (*fon.*) lungo (di vocale) ◆ *s.* **1** (*fon.*) vocale lunga: *longs and shorts*, vocali lunghe e brevi **2** (*alfabeto Morse*) linea **3** *pl.* (*fin.*) titoli di stato con scadenza superiore ai 15 anni.

long *avv.* **1** a lungo, lungamente; (per) molto (tempo): *"Have you known her —?" "Yes, I've known her a long time"*, "La conosci da molto?" "Sì, la conosco da molto tempo"; *she always stays too — on the phone*, sta sempre troppo (tempo) al telefono; *sorry, it took so — to park the car!*, scusa, ma ci è voluto tanto tempo per parcheggiare la macchina!; *can I keep your cassette a bit longer?*, posso tenere ancora un po' la tua cassetta?; *I'm just going out for a minute, I won't be —*, esco un momento, non starò fuori molto; *— live the king!*, lunga vita al re!; *the new plan has — been under discussion*, il nuovo progetto è in discussione da tempo; *she's the longest serving member of the committee*, è il membro del comitato in servizio da più tempo // *for —*, per molto (tempo), a lungo: *can I borrow your car? I won't need it for —*, puoi prestarmi la macchina? Non mi occorre per molto (tempo); *he thought the war would not last for —*, pensava che la guerra non sarebbe durata a lungo // *before —*, tra non molto, tra poco; ben presto: *she's sure to get here before —*, arriverà certamente tra non molto; *before — the theft was discovered*, il furto fu ben presto scoperto // *much longer*, (molto) più a lungo: *I can't stand this noise much longer*, non posso sopportare più a lungo questo rumore; *she's known John much longer than I have*, conosce John da molto più tempo di me (di quanto lo conosca io) // *not... any longer, no longer*, non più: *she couldn't stand his voice any longer*, non poteva più sopportare la sua voce; *we can no longer afford to run a car*, non possiamo più permetterci di tenere la macchina **2** *how —*, da, per quanto tempo: *how — have they been living here?*, da quanto tempo abitano qui?; *how — is it since she got married?*, quanto tempo è che è sposata?; *how much longer can you stay?*, (per) quanto puoi fermarti ancora?

3 — *before*, molto tempo prima: *they had met — before they got engaged*, si erano conosciuti molto tempo prima di fidanzarsi; *it wasn't — before we saw the train arriving*, poco dopo vedemmo arrivare il treno; *he'd read the book — before*, aveva letto il libro molto tempo prima 4 — *after*, molto (tempo) dopo: *we went to bed — after midnight*, siamo andati a letto molto dopo la mezzanotte; *she heard the news — after*, apprese la notizia molto tempo dopo 5 — *ago*, molto tempo fa, molto tempo prima: *this church was built — ago*, questa chiesa fu costruita molto tempo fa; *— ago men used to live in caves*, molto tempo fa gli uomini vivevano nelle caverne; *he had guessed the answer — ago*, aveva indovinato la risposta molto tempo prima 6 — *since*, da (molto) tempo: *he had — since forgotten her name*, aveva da tempo dimenticato il suo nome ◆ **as**, **so** — **as** *cong.* per tutto il tempo che, finché; purché: *we've been living there as — as I can remember*, viviamo là da quando mi ricordo; *you can borrow my umbrella as — as you bring it back*, puoi prendere il mio ombrello, purché me lo riporti; *as* (o *so*) *— as you behave yourselves, we'll take you to the zoo*, vi porteremo allo zoo, a patto che vi comportiate bene; *sleep as — as you want*, dormi finché vuoi.

◆ FRASEOLOGIA: *it rained all day —*, è piovuto tutto il giorno; *the roses bloomed all summer —*, le rose fiorirono tutta l'estate // *so —*, ciao!: *so —, see you next week*, ciao, arrivederci alla prossima settimana // *he's not — for this world*, non gli resta molto da vivere.

to **long** *v.intr.* desiderare fortemente, avere gran voglia di, non vedere l'ora, essere impaziente: *I am longing to go to London*, ho un gran desiderio di andare a Londra // *to — for sthg.*, desiderare ardentemente, aver molta voglia di qlco.: *she longs for home*, ha voglia di (essere a) casa.

longboat ['lɒŋbəʊt / long·boat] *s.* (*mar.*) lancia, scialuppa.

longbow ['lɒŋbəʊ *amer.* 'lɔːŋbəʊ / long·bow] *s.* arco // *to draw the —*, (*fig.*) raccontare frottole.

long-breathed [,lɒŋ'breθt *amer.* ,lɔːŋ'breθt] *agg.* che ha una buona resistenza polmonare, con buoni polmoni.

long-dated [,lɒŋ'deɪtɪd *amer.* ,lɔːŋ'deɪtɪd] *agg.* (*comm.*) a lunga scadenza: *— bill*, cambiale lunga, effetto pagabile a più di tre mesi.

long distance [,lɒŋ'dɪstəns *amer.* ,lɔːŋ'dɪstəns] *agg.* che copre una lunga distanza: *— runner*, corridore su lunga distanza, fondista; *— flight*, volo a lunga percorrenza.

longdistance call [,lɒŋdɪstəns'kɔːl *amer.* ,lɔːŋdɪstəns 'kɔːl] *s.* telefonata a lunga distanza, telefonata interurbana SIN. trunk call.

long-drawn-out [,lɒŋdrɔːn'aʊt] *agg.* prolungato, protratto: *— argument*, discussione protratta; questione annosa.

long drink ['lɒŋ'drɪŋk *amer.* ,lɔːŋ'drɪŋk] *s.* long drink, bibita alcolica diluita con acqua, succhi di frutta o altro, servita ghiacciata in grandi bicchieri.

long-eared owl [,lɒŋɪəd'aʊl *amer.* ,lɔŋ ɪərd'aʊl] *s.* (*zool.*) (*Asio otus*) gufo comune.

longeron ['lɒndʒərən / lon·geron] *s.* (*aer.*) longherone.

longeval [lɒn'dʒiːvəl / long·eval] *agg.* longevo.

longevity [lɒn'dʒevɪtɪ / lon·gev·ity] *s.* longevità.

longhair ['lɒŋheə* *amer.* 'lɔːŋheə* / long·hair] *s.* (*fam. amer.*) 1 hippy, capellone 2 intellettuale.

longhaired ['lɒŋheəd *amer.* 'lɔːŋheəd / long·haired] *agg.* 1 dai capelli lunghi 2 (*fam. spreg.*) intellettualoide; che si atteggia ad artista.

longhand ['lɒŋhænd *amer.* 'lɔːŋhænd / long·hand] *s.* la scrittura ordinaria (contrapposta alla stenografia e alla dattilografia).

long-haul ['lɒŋhɔːl *amer.* 'lɔːŋhɔːl] *agg.aer.* a lungo raggio, su grande distanza.

long-headed ['lɒŋhedɪd *amer.* 'lɔːŋhedɪd] *agg.* 1 dolicocefalo 2 (*fig.*) sagace, acuto.

longhorn ['lɒŋhɔːn *amer.* 'lɔːŋhɔːn / long·horn] *s.* (*fam. amer.*) texano, abitante del Texas • Dal nome di una razza di bovini allevata in quello stato.

longing ['lɒŋɪŋ *amer.* 'lɔːŋɪŋ / long·ing] *agg.* bramoso, smanioso: *a — look*, uno sguardo di desiderio ◆ *s.* brama, vivo desiderio; nostalgia: *a great — for peace*, un gran desiderio di pace.

longingly ['lɒŋɪŋlɪ *amer.* 'lɔːŋɪŋlɪ / long·ing·ly] *avv.* con vivo desiderio: *to look — at sthg.*, covare qlco. con gli occhi.

longitude ['lɒndʒɪtjuːd *amer.* 'lɒndʒɪtuːd / lon·git·ude] *s.* longitudine.

longitudinal [,lɒndʒɪ'tjuːdɪnl *amer.* ,lɒndʒɪ'tuːdɪnl / lon·git·ud·inal] *agg.* longitudinale: (*fis.*) *— wave*, onda longitudinale // **-ly** *avv.*

long johns ['lɒŋ,dʒɒnz] *s.pl.* (*fam.*) mutande lunghe da uomo, mutandoni.

long-legged ['lɒŋlegd *amer.* 'lɔːŋlegd] *agg.* dalle gambe lunghe.

long-life ['lɒŋlaɪf *amer.* 'lɔːŋlaɪf] *agg.* a lunga conservazione (di prodotti alimentari).

long-line ['lɒŋ,laɪn] *s.* (*tennis*) lungolinea.

long-lived ['lɒŋlɪvd *amer.* 'lɔːŋlɪvd] *agg.* durevole: (*econ.*) *— assets*, beni a utilità protratta.

Longobard ['lɒŋgəbɑːd / Longo·bard] *s.* (*st.*) longobardo.

long-pass ['lɒŋpɑːs *amer.* 'lɔːŋpæs] *s.* (*sport*) allungo.

long-player ['lɒŋpleɪə* *amer.* 'lɔːŋpleɪə*]
long-playing (record) [,lɒŋpleɪɪŋ('rekɔːd) *amer.* ,lɔːŋpleɪɪŋ('rekɔːd)] *s.* microsolco, 33 giri, LP.

long primer ['lɒŋ,prɪmə*] *s.* (*tip.*) (carattere) corpo 10.

long-range [,lɒŋ'reɪndʒ *amer.* ,lɔːŋreɪndʒ] *agg. attr.* 1 a lungo raggio; a lunga scadenza; (*fis.*) *— order*, ordine a lungo raggio; (*econ.*) *— economic forecast*, previsioni economiche di lungo periodo 2 (*mil.*) a lunga gittata, a lungo raggio (di cannone, missile).

long seller [,lɒŋ'selə*] *s.* (*econ.*) long seller, articolo che rimane a lungo sul mercato.

long-service [,lɒŋ'sɜːvɪs *amer.* ,lɔːŋ'sɜːvɪs] *agg. attr.* (*amm.*) maturato dopo un certo numero di anni di servizio: *— leave*, congedo, permesso a cui si ha diritto dopo un certo numero di anni di servizio; (*econ.*) *— allowance*, indennità di anzianità.

longshore ['lɒŋʃɔː* / long·shore] *agg.* che si trova, è attiguo a riva // (*geogr.*) *— bar*, cordone litorale.

longshoreman ['lɒŋʃɔːmən / long·shore·man] *pl.* **longshoremen** *s.* (*spec. amer.*) scaricatore di porto.

long-sighted [,lɒŋ'saɪtɪd *amer.* ,lɔːŋ'saɪtɪd] *agg.* presbite, ipermetrope.

longsightedness [,lɒŋ'saɪtɪdnɪs / long·sighted·ness] *s.* (*med.*) ipermetropia, presbiopia.

long-standing [,lɒŋ'stændɪŋ *amer.* ,lɔːŋ 'stændɪŋ] *agg.* di vecchia data, da lungo tempo: *we have a — arrangement to meet* (*on*) *Fridays for a drink*, da tempo ci incontriamo ogni venerdì per un bicchierino.

longsuffering [,lɒŋ'sʌfərɪŋ *amer.* ,lɔːŋ'sʌ fərɪŋ / long·suf·fer·ing] *agg.* che soffre in silenzio; paziente ◆ *s.* pazienza, sopportazione.

long-term [,lɒŋ'tɜːm *amer.* ,lɔːŋ'tɜːm] *agg. attr.* a lungo termine: (*econ.*) *— revenues*, ricavi pluriennali.

longueur ['lɔːŋgɜː*] *s.* (*fr.*) (*fam.*) prolissità, lungaggine.

long wave ['lɒŋweɪv *amer.* 'lɔːŋweɪv] *agg.* (*rad.*) a onde lunghe, sulle onde lunghe.

longways ['lɒŋweɪz *amer.* 'lɔːŋweɪz / long·ways] *avv.* per il lungo.

longwearing [,lɒŋ'weərɪŋ *amer.* ,lɔːŋ'weə rɪŋ / long·wear·ing] *agg.* (*amer.*) → **hardwearing**.

longwinded [,lɒŋ'wɪndɪd *amer.* ,lɔːŋ'wɪn dɪd / long·winded] *agg.* prolisso, logorroico.

longwise ['lɒŋwaɪz *amer.* 'lɔːŋwaɪz / long·wise] → **longways**.

loo [luː] *s.* (*fam.*) gabinetto.

(to) **loof** [luːf] → (to) **luff**.

loofah ['luːfɑː / loo·fah] *s.* (*bot.*) luffa // *— hand*, guanto di spugna vegetale (usato per toeletta).

look [lʊk] *s.* 1 sguardo, occhiata, colpo d'occhio: *to have* (o *take*) *a —*, dare un'occhiata; *he gave her a pleased —*, la guardò con compiacenza; *I had a good — at it*, l'ho esaminato attentamente; *let me have a — at you*, lascia che ti guardi; *to cast* (o *to direct*) *a — at s.o.*, lanciare un'occhiata a qlcu. 2 espressione; aspetto, aria: *a — of pleasure*, un'espressione di piacere; *nervous —*, espressione nervosa; *I don't like the — of him*, il suo aspetto non mi piace; *this town has an American —*, questa sembra una città americana; *he had an ugly — in his eyes*, aveva uno sguardo cattivo negli occhi; *to judge by looks*, giudicare dalle apparenze 3 *pl.* bella cera, bellezza: *she had looks but no money*, era bella ma non aveva danaro 4 stile, 'look': *the Italian —*, lo stile italiano.

to **look** *v.tr.* e *intr.* 1 guardare: *—* (*and see*) *what time it is*, (*fam.*) guarda che ora è; *— where you are going*, guarda dove vai; *— who is here!*, guarda chi c'è!; *to — the other way*, guardare altrove; *to — s.o. in the face*, guardare qlcu. in viso; *to — s.o. up and down*, guardare qlcu. dall'alto in basso // *now, — here...*, stammi a sentire // *— before you leap*, (*prov.*) prima di agire pensaci // *to — one's last on sthg.*, dare un'ultima occhiata a qlco. // *— sharp* (o *— alive*)*!*, sbrigati! 2 sembrare, aver l'aria di, apparire; dimostrare: *business looks promising*, gli affari promettono bene; *he looked fine in uniform*, la divisa gli donava; *he looks as if* (o *as though*) *he wanted to...*, ha l'aria di volere...; *she looks about thirty*, dimostra una trentina d'anni; *to — happy*, aver l'aria felice; *to — ill, well*, avere una brutta, bella cera; *to — one's age*, dimostrare la propria età // *you're looking off colour*, hai l'aria di non star troppo bene // *the future looks black*, il futuro si profila buio; *things look black*, le cose si mettono male; *to — black*, apparire adirato, accigliato; *to — blue*, essere triste, di cattivo umore // *to — one's best*, essere in gran forma // *to make s.o. — small*, mortificare qlcu. **3** *to — like*, assomigliare a; minacciare di; promettere; aver l'aria di: *he looks like his father*, assomiglia al padre; *it looks like rain*, sembra che voglia piovere; *does it — like I'm joking?*, (*fam.*) ho l'aria di uno che scherza?; *she looks like winning*, è probabile che vinca; *what does he — like?*, che tipo è? **4** *to look twice*, esaminare meglio, prestare attenzione a **5** esprimere con lo sguardo: *to — compassion*, esprimere compassione con lo sguardo // *she looked daggers at her rival*, lanciò sguardi pieni d'odio alla rivale **6** guardare, essere esposto, situato: *which way does the house —?*, come è esposta la casa?; *the house looks on to the park, towards the hills*, la casa guarda sul parco, verso le colline.

□ **look about** *v.intr.* e *avv.* guardare, guardarsi in giro (*anche fig.*): *I'm looking about for a job*, mi sto guardando in giro per un lavoro.

□ **look after** *v.intr.* e *prep.* badare, sorvegliare, occuparsi di: *who is looking after the children?*, chi bada ai bambini?; *she knows how to — after herself*, sa badare a se stessa; *to — after one's interests*, badare ai propri interessi; *I'll — after the garden while you are away*, mi occuperò io del giardino mentre sarai via.

□ **look ahead** *v.intr.* e *avv.* guardare avanti (*anche fig.*); guardare al futuro: *when he looked ahead he saw nothing but trouble*, guardando al futuro vedeva solo guai // *— ahead!*, attenzione!

□ **look (a)round** *v.intr.* e *prep.* o *avv.* **1** guardarsi intorno: *he looked round him to see if anybody was following*, si guardava intorno per vedere se qualcuno lo seguiva; *to — around the square*, abbracciare la piazza con uno sguardo **2** dare un'occhiata: *"Can I help you, sir?" "No thanks, I'm just looking around"*, "Desidera qualcosa, signore?" "No grazie. Do solo un'occhiata".

□ **look at** *v.intr.* e *prep.* guardare, osservare; esaminare: *— at him! he's drunk again*, guardalo! è di nuovo ubriaco; *would you — at the carburettor as well?*, può dare un'occhiata anche al carburatore?; *what's he like to — at?*, com'è fisicamente?; *to — at him you wouldn't imagine he's such an important man*, a guardarlo, non diresti che è un uomo così importante; *he won't — at any bid under £ 5000 for that house*, non prenderà in considerazione nessuna offerta inferiore alle 5000 sterline per quella casa.

□ **look away** *v.intr.* e *avv.* guardare da un'altra parte, distogliere lo sguardo: *to — away in embarrassment*, distogliere lo sguardo per l'imbarazzo.

□ **look back** *v.intr.* e *avv.* **1** guardare indietro: *when he reached the corner he looked back*, quando giunse all'angolo si volse indietro **2** (*fig.*) ricordare: *sure I don't — back on my time in the army with pleasure*, certo che non ricordo il periodo sotto le armi con piacere.

□ **look beyond** *v.intr.* e *prep.* guardare oltre (qlco.), guardare al di là di.

□ **look down** *v.intr.* e *avv.* **1** abbassare lo sguardo: *she looked down and blushed*, abbassò lo sguardo e arrossì **2** (*on*) guardare dall'alto in basso, con aria di superiorità: *he looked down on anyone hadn't who been to the university* (o *he looked down his nose at anyone who hadn't been to university*), guardava dall'alto in basso chiunque non avesse una laurea **3** (*comm.*) essere in ribasso, tendere al ribasso.

□ **look for** *v.intr.* e *prep.* **1** cercare: *"What are you looking for?" "My umbrella"*, "Che cosa stai cercando?" "Il mio ombrello" // *to — for trouble*, andare in cerca di guai **2** aspettarsi: *I never looked for such a result*, non mi aspettavo un tal risultato.

□ **look forward to** *v.intr.* e *avv.* e *prep.* non vedere l'ora di; essere impaziente di: *I'm looking forward to finishing this job*, non vedo l'ora di finire questo lavoro; *I'm looking forward to you getting home*, non vedo l'ora che tu sia a casa.

□ **look in** *v.intr.* e *avv.* (*at*) (*fam.*) fare una visitina (a), una breve visita (in): *when I come to London I'll — in on you*, quando verrò a Londra verrò a salutarti; *he will — in if he gets a chance*, verrà a farci una visita se ne avrà l'occasione.

□ **look into** *v.intr.* e *prep.* **1** (*fam.*) passare da: *he looked into the supermarket on the way home and bought a bottle of whisky*, tornando a casa entrò nel supermarket e comprò una bottiglia di whisky **2** esaminare a fondo; investigare: *the matter will be looked into*, la faccenda sarà esaminata a fondo.

□ **look on, upon** *v.intr.* e *prep.* considerare: *to — (up)on s.o. as a traitor*, considerare qlcu. un traditore; *to — (up)on s.o. with suspicion*, considerare, guardare qlcu. con sospetto.

□ **look out** *v.intr.* e *avv.* **1** guardar fuori: *he looked out of the window*, guardò fuori dalla finestra **2** fare attenzione; stare in guardia: *— out! there's a car coming*, attento, viene un'auto! **3** scovare, cercare: *I want to — out some old photos to illustrate my book*, voglio trovare delle vecchie fotografie per illustrare il mio libro.

□ **look over** *v.intr.* e *prep.* esaminare, ispezionare SIN. to go over, to look through.

□ **look round** *v.intr.* e *prep.* o *avv.* → to look (a)round.

□ **look through** *v.intr.* e *prep.* o *avv.* **1** guardare attraverso: *he looked through the window at the plane*, guardò l'aeroplano attraverso la finestra // *he just looked through me without seeing me*, mi ha semplicemente guardato senza vedermi **2** dare un'occhiata veloce a; scorrere, sfogliare: *give me five minutes to — through these notes*, dammi cinque minuti per dare un'occhiata a questi appunti ♦ *v.tr.* e *avv.* esaminare con cura, minuziosamente SIN. to look over, to go over: *your application will be carefully looked through*, la tua domanda sarà vagliata con cura.

□ **look to** *v.intr.* e *prep.* **1** ricorrere a, contare su: *you can't — to him for help*, non puoi fare affidamento sul suo aiuto **2** (*form.*) aver cura di, badare a // *to — to one's laurels*, fare attenzione, stare allerta (per difendere la propria posizione).

□ **look towards** *v.intr.* e *prep.* essere esposto a; guardare verso.

□ **look up** *v.intr.* e *avv.* **1** guardare in su, alzare lo sguardo: *when the police entered the conference room everybody looked up*, quando la polizia entrò nella sala della conferenza tutti sollevarono lo sguardo **2** (*fam.*) migliorare; (*comm.*) tendere al rialzo: *things are looking up*, la situazione sta migliorando **3** (*to*) ammirare, guardare con rispetto (a): *he's one of the few people you can still — up to: honest, modest and clever*, è una delle poche persone che si possono ancora guardare con rispetto: onesto, modesto e preparato ♦ *v.tr.* e *avv.* **1** cercare in (dizionario, orario ecc.): *— up the train departures in the timetable for me, will you?*, cercami nell'orario le partenze dei treni, per piacere **2** fare una breve visita a: *— me up when you have time*, vieni a trovarmi quando hai tempo.

□ **look upon** → to look on.

look-alike ['lʊkəlaɪk] *s.* (*fam.*) sosia, doppio.

looker ['lʊkə*] *s.* **1** spettatore, osservatore; astante **2** persona di bell'aspetto: *she's a good —*, è una bella ragazza.

looker-on [,lʊkər'ɒn] *s.* spettatore.

look-in ['lʊkɪn] *s.* (*fam.*) **1** visitina **2** occasione, opportunità; probabilità di successo: *if you don't hurry you won't get a — at the sale*, se non ti affretti perderai ogni occasione nei saldi di fine stagione.

looking ['lʊkɪŋ / look·ing] *agg.* (*solo nei composti*) dall'aspetto (di): *clever —*, dall'aspetto intelligente, sveglio; *pleasant —*, dall'aspetto piacevole.

looking glass ['lʊkɪŋglɑ:s *amer.* 'lʊkɪŋ glæs] *s.* specchio.

lookout ['lʊkaʊt / look·out] *s.* **1** vigilanza, guardia: *to keep a — (for)*, stare in guardia (per); *to be on the — (for)*, stare in guardia; essere alla ricerca (di) // *it's your —!*, è affar tuo!, è peggio per te! **2** (*mil.*) osservatorio **3** vista panoramica **4** (*fig.*) prospettiva, probabilità: *it's a bad — for him*, (*fam.*) le cose si mettono male per lui.

look-over ['lʊkəʊvə*] *s.* (*fam.*) occhiata, scorsa rapida: *to give sthg. a —*, dare un'occhiata, una scorsa veloce a qlco.

look-see ['lʊk,si:] *s.* (*fam. amer.*) scorsa, sguardo, occhiata.

looloo ['lu:,lu: / loo·loo] *s.* (*fam. amer.*) **1** pupa, bambola **2** evento eccezionale, cosa straordinaria.

loom[1] [lu:m] *s.* (*tess.*) telaio: *dandy —*, telaio semimeccanico; *hand —*, telaio a mano; *power —*, telaio meccanico; *treadle —*, telaio a pedali.

loom[2] *s.* (*zool.*) gavia, strolaga.

loom[3] *s.* (*mar.*) fusto (del remo).

loom[4] *s.* apparizione lontana e indistinta, simile a un miraggio.

to **loom**[4] *v.intr.* **1** apparire in lontananza; mostrarsi indistintamente **2** (*fig.*) mostrarsi alla mente (minacciosamente), incombere: *the problem of nuclear accidents looms over us*, il problema degli incidenti nucleari incombe su di noi // *to — large*, profilarsi enorme, preoccupante (nel pensiero).

□ **loom ahead** *v.intr.* e *avv.* avvicinarsi (*anche fig.*).

□ **loom up** *v.intr.* e *avv.* apparire minacciosamente, incombere.

loon[1] [lu:n] *s.* **1** fannullone **2** matto; babbeo **3** (*scoz.*) ragazzo.

loon[2] *s.* (*zool.*) **1** gavia, strolaga: *common* —, strolaga maggiore **2** svasso, tuffetto.

loony ['lu:nı] *agg.* (*fam.*) pazzo, mentecatto.

loony bin ['lu:nı,bın] *s.* (*fam.*) manicomio.

loop[1] [lu:p] *s.* **1** cappio; laccio ad anello; nodo scorsoio // *to knock* (o *throw*) *s.o. for a* —, mettere qlcu. in uno stato di confusione **2** (*tip.*) occhiello (di lettera) **3** occhiello metallico; gancio **4** alamaro **5** (*ferr.*) linea di raccordo **6** (*tel.*) doppino **7** (*aer.*) gran volta, cerchio della morte: *to loop the* —, fare il cerchio della morte **8** ansa (di fiume) **9** (*med.*) spirale, contraccettivo intrauterino **10** (*mat.*) ciclo **11** (*inform.*) ciclo; sequenza di istruzione; anello; (IBM) iterazione; maglia chiusa; giro (di nastro).

to **loop**[1] *v.intr.* **1** fare, formare un cappio, un occhiello **2** (*aer.*) fare il cerchio della morte ◆ *v.tr.* **1** legare con un cappio; annodare; affibbiare **2** avvolgere.

loop[2] *s.* (*metall.*) lingotto incandescente.

loop antenna ['lu:pæn,tenə] *s.* (*rad.*) antenna a telaio.

looped [lu:pt] *agg.* **1** (*ant.*) pieno di buchi: *how shall your houseless heads and unfed sides, / your loop'd and window'd raggedness, defend you?*, (SH. King Lear) come potranno le vostre teste scoperte e i vostri fianchi denutriti, le vostre vesti tutte buchi e finestre difendervi? **2** (*fam. amer.*) ubriaco, brillo.

looper ['lu:pə*] *s.* **1** chi fa un cappio **2** (*tess.*) incappiatore, dispositivo per eseguire asole volanti (in macchine per cucire) **3** (*zool.*) geometride, bruco misuratore.

loophole ['lu:phəʊl / loop·hole] *s.* **1** (*mil.*) feritoia **2** (*fig.*) scappatoia; sotterfugio: *to tighten up* (o *close*) *a* —, eliminare qualsiasi (possibilità di) scappatoia // (*trib.*) *tax* —, scappatoia fiscale.

to **loophole** *v.tr.* aprire feritorie in, munire di feritoie.

looping ['lu:pıŋ / loop·ing] *s.* (*inform.*) iterazione.

loopy ['lu:pı] *agg.* **1** che ha curve, sinuoso **2** (*sl.*) folle, matto.

loose [lu:s] *agg.* **1** sciolto, libero; staccato, slegato: — *hair*, capelli sciolti; — *sheet* (*of paper*), foglio sciolto; — *covers*, fodere rimovibili; *to come* (o *to get*) —, slegarsi, sciogliersi, allentarsi; *to break* —, slegarsi, sciogliersi; *to work* —, stare per staccarsi (di vite, bottone ecc.); *to let* (o *to set*) —, staccare, liberare; (*fig.*) dar libero corso a; *to let s.o. — on sthg.*, lasciare mano libera a qlcu. in qlco. // (*mil.*) *in — order*, in ordine sparso // *a — tongue*; una lingua sciolta // *to have a — tongue*, non saper tenere un segreto // — *end*, questione in sospeso, insoluta // *with a — rein*, con le redini lente; (*fig.*) con indulgenza; *to be at a — end*, non sapere come cavarsela, non sapere quale decisione prendere // *to cut* —, (*fig.*) staccarsi, liberarsi (dall'influenza o autorità di qlcu.) // (*med.*) — *bowels*, dissenteria // — *as a goose*, (*fam. amer.*) rilassato **2** non confezionato, sfuso (di alimenti) // *to pack up* —, imballare merce sciolta **3** ampio, largo (di abiti): — *weave*, a trama larga (di tessuto); a maglia larga **4** vago, non ben definito: *a — statement*, una dichiarazione approssimativa **5** (*fig., antiq.*) licenzioso, dissoluto **6** non accurato, poco esatto: *a — translation*, una traduzione poco accurata // (*cricket*) *a — ball*, una palla mal lanciata **7** allentato, dondolante: *a — tooth*, un dente che dondola // *to have a screw* —, (*fam.*) mancare di una rotella.

loose *s.* libertà, libera espressione: *to give — to one's feelings*, dar libera espressione ai propri sentimenti // *to be on the* —, essere latitante; essere libero.

to **loose** *v.tr.* **1** sciogliere; slacciare; slegare, snodare; allentare: *to — one's hold*, allentare la presa **2** liberare, lasciar andare **3** scoccare, lanciare (frecce ecc.) ◆ *v.intr.* **1** sciogliersi; slacciarsi **2** (*mar.*) allascare; mollare (gli ormeggi) **3** sparare; scoccare una freccia // *to — off*, (*sl. mil.*) sparare una raffica di mitragliatrice.

loose box ['lu:s,bɒks] *s.* box per cavalli (in una stalla).

loose cannon [,lu:s'kænən] *s.* (*fam. amer.*) mina vagante (di persona o cosa che può causare guai).

loose-leaf ['lu:sli:f] *agg. attr.* a fogli mobili: — *ledger*, nastro a fogli mobili; — *binder* (o *folder*), raccoglitore.

loosely ['lu:slı / loose·ly] *avv.* **1** mollemente; scioltamente: *to hang* —, essere largo, non essere aderente (di vestiti) **2** vagamente, genericamente **3** dissolutamente **4** inesattamente.

to **loosen** ['lu:sn] *v.tr.* **1** sciogliere; slegare; allentare: *to — one's grip*, allentare la presa; *to — a screw*, allentare una vite; *to — s.o.'s tongue*, sciogliere la lingua a qlcu. **2** allentare, mitigare: *to — discipline*, allentare la disciplina **3** (*med.*) liberare (l'intestino) ◆ *v.intr.* **1** sciogliersi; slegarsi; allentarsi **2** diventare flaccida (di pelle).

□ **loosen up** *v.tr.* e *avv.* sciogliere (i muscoli) ◆ *v.intr.* e *avv.* **1** sciogliersi (di muscoli) **2** rilassarsi, calmarsi.

looseness ['lu:snıs / loose·ness] *s.* **1** scioltezza **2** ampiezza (di abiti ecc.) **3** (*fig.*) rilassamento **4** libertinaggio; dissolutezza **5** imprecisione (di stile, linguaggio ecc.).

loosestrife ['lu:s,straıf / loose·strife] *s.* (*bot.*) (*Lysimachia vulgaris*) lisimachia; (*pop.*) mazza d'oro.

loose wig ['lu:swıg] *s.* (*sl. amer.*) musicista scatenato (che improvvisa liberamente, suona agitandosi ecc.).

loot [lu:t] *s.* bottino.

to **loot** *v.tr.* e *intr.* **1** saccheggiare; depredare **2** derubare, rapinare.

looter ['lu:tə*] *s.* chi saccheggia; chi ruba.

looting ['lu:tıŋ / loot·ing] *s.* saccheggio.

to **lop**[1] [lɒp] *pass.p.p.* **lopped** [lɒpt] *v.tr.* **1** potare, tagliare (rami); cimare (alberi): *to — off branches*, potare dei rami **2** mozzare (testa ecc.) **3** (*fig.*) tagliare, sfrondare.

lop[2] *s.* (*mar.*) maretta, mare corto.

to **lop**[2] *v.intr.* rompersi in piccole onde.

lop[3] *s.* (*zool.*) **1** coniglio dalle orecchie pendenti **2** (*sl.*) pulce.

to **lop**[3] *v.intr.* pendere, penzolare, ciondolare.

loparite ['ləʊpəraıt / lo·par·ite] *s.* (*min.*) loparite.

lope [ləʊp] *s.* **1** passo lungo **2** (*ant.*) lungo salto, balzo.

to **lope** *v.intr.* **1** muoversi con lunghi passi: *they marched with the peculiar march of monks, a long loping stride*, (D.H. LAWRENCE) marciavano col passo tipico dei monaci, un lungo passo silenzioso **2** (*ant.*) muoversi a lunghi balzi.

lop-eared [,lɒp'ıəd] *agg.* con le orecchie penzoloni.

lopezite ['ləʊpəzaıt / lo·pez·ite] *s.* (*min.*) lopezite.

lophine ['ləʊfaın / lo·phine] *s.* (*chim.*) lofina.

lophotrichous [,lɒfə'trıkəs / lopho·trich·ous] *agg.* (*biol.*) lofotrico.

lopping ['lɒpıŋ / lop·ping] *s.* potatura; cimatura (di alberi).

loppy ['lɒpı] *agg.* (*non com.*) pendente.

lop-sided [,lɒp'saıdıd] *agg.* pendente; sbilenco; asimmetrico, più piccolo da una parte; male equilibrato (*anche fig.*): *his reasoning was a little* —, il suo ragionamento era un po' zoppicante.

loquacious [ləʊ'kweıʃəs / lo·qua·cious] *agg.* loquace; garrulo // **-ly** *avv.*

loquaciousness [ləʊ'kweıʃəsnıs / lo·qua·cious·ness] **loquacity** [ləʊ'kwæsətı / lo·qua·city] *s.* loquacità.

loquat ['ləʊkwæt / lo·quat] *s.* (*bot.*) **1** nespola **2** (*Eriobotrya japonica*) nespolo del Giappone.

lord [lɔ:d] *s.* **1** signore, capo, sovrano: *the — of the manor*, il signore del castello // *our sovereign — the King*, il nostro signore sovrano, il re // — *and master*, (*scherz.*) marito, signore e padrone **2** (*eccl.*) *Lord*, Dio: *our Lord*, nostro Signore; *the year of our Lord 1960*, A.D. 1960 // (*oh*) *Lord!*, (*Good*) *Lord!*, Signore, mio Dio! // *Lord* (*only*) *knows!*, (*fam.*) Dio solo lo sa! // *the Lord's Day*, la domenica // *the Lord's Supper*, l'Eucarestia **3** *Lord*, Pari: *the House of Lords* (o fam. *the Lords*), la Camera Alta, dei Lords **4** *Lord*, Lord (titolo di alti funzionari): *Lord Chamberlain*, Gran Ciambellano; *Lord Chancellor*, Gran Cancelliere; *Lord Provost*, (*scoz.*) Sindaco; *Lord Mayor* (*of London etc.*), il Sindaco (di Londra ecc.); *the Lords of the Admiralty*, gli alti funzionari dell'Ammiragliato; *Lord Chief Justice*, presidente di suprema magistratura **5** *Lord*, Lord (titolo nobiliare di conte, marchese ecc.) // *My Lord*, signore // *as drunk as a* —, ubriaco fradicio; *to act the* —, assumere un contegno altezzoso; *to drink like a* —, bere come un otre; *to live like a* —, condurre una vita dispendiosa **6** (*fig.*) magnate, persona influente.

to **lord** *v.intr.* dominare, spadroneggiare; farla da padrone // *to — it over s.o.*, tiranneggiare qlcu., volersi imporre a qlcu. ◆ *v.tr.* (*non com.*) elevare alla dignità di Lord.

lord-in-waiting [,lɔ:dın'weıtıŋ] *pl.* **lords -in-waiting** *s.* gentiluomo di corte.

lordliness ['lɒ:dlınıs / lord·li·ness] *s.* **1** dignità; alterigia **2** sfarzo, magnificenza.

lordling ['lɔ:dlıŋ / lord·ling] *s.* (*spreg.*) signorotto.

lordly ['lɔ:dlı] *agg.* **1** signorile, di, da gran signore **2** altero, disdegnoso ◆ *avv.* in modo degno di un lord; dignitosamente.

lordosis [,lɔ:'dəʊsıs / lor·do·sis] *pl.* **lordoses** [,lɔ:'dəʊsi:z / lor·do·ses] *s.* (*med.*) lordosi.

lords and ladies [,lɔ:dzənd'leıdız] → **cows-and-calves**.

lordship ['lɔ:dʃıp / lord·ship] *s.* **1** signoria; autorità; dignità di signore **2** proprietà terriera, possedimento **3** *Lordship*, Signoria, Eccellenza (titolo onorifico preceduto da *agg. poss.*): *did Your Lordship ring?*, la Signoria Vostra ha suonato?; *His Lordship is not in at present*, Sua Eccellenza non è in casa in questo momento.

Lord's Prayer [ˌlɔːdz'preə*] *s.* Padrenostro SIN. Our Father.

lore[1] [lɔː*] *s.* **1** insieme di fatti e credenze tradizionali di, intorno a una comunità, un popolo: *Irish* —, le tradizioni degli irlandesi **2** (*poet.*, *ant.*) scienza, sapere; erudizione: *...into delight he fell / to hear her whisper woman's lore so well*, (KEATS) sprofondò in delizia a sentirla sussurrare così bene la sua sapienza di donna.

lore[2] *s.* (*zool.*) setto membranoso (sotto gli occhi di uccelli e rettili).

lorgnette [lɔː'njet / lor·gnette] *s.* **1** occhialetto, occhialino **2** binocolo da teatro.

lorica [lə'raɪkə / lor·ica] *pl.* **loricae** [lə'raɪkiː / lor·icae] *s.* lorica (*anche zool.*).

loricate ['lɔːrɪkeɪt / lor·ic·ate] *agg.* (*zool.*) loricato.

lorikeet [ˌlɒrɪ'kiːt / lo·ri·keet] *s.* (*zool.*) (*Lorius domicella*) lorichetto.

lorimer ['lɒrɪmə*] **loriner** ['lɒrɪnə*] *s.* chi fabbrica speroni, morsi ed altri finimenti metallici.

loris ['lɔːrɪs] *s.* (*zool.*) lori.

lorn [lɔːn] *agg.* (*poet.*) derelitto, abbandonato; desolato: *with melodious chuckle in the strings / of her lorn voice, she oftimes would cry*, (KEATS) con melodioso singhiozzo nelle corde, della sua desolata voce, soleva spesso gridare.

lorry ['lɒrɪ *amer.* 'lɔːrɪ] *s.* **1** autocarro, camion // — *park*, parcheggio per camion **2** (*ferr.*) carrello di servizio.

lorry driver ['lɒrɪˌdraɪvə* *amer.* 'lɔːrɪˌdraɪvə*] *s.* camionista.

to **lose** [luːz] *pass. p.p.* **lost** [lɒst *amer.* lɔːst] *v.tr.* **1** perdere; smarrire (*anche fig.*): *they lost a lot of money*, ci rimisero parecchi soldi; *he lost the key*, smarrì la chiave; *to — ground*, perdere terreno; *to — weight*, perdere peso; dimagrire; *to — oneself* (o *to — one's way*), smarrirsi // *to — one's head* (o *temper*), perdere la pazienza, la calma // *to — a patient*, perdere un paziente, non riuscire a salvare un paziente // (*econ.*) *the dollar lost two points*, il dollaro ha perso due punti // *to — one's place*, perdere il segno (in un libro ecc.) // *to — sight of*, perdere di vista // *to — heart*, scoraggiarsi // *to — one's heart to s.o.*, innamorarsi di qlcu. // *to be lost in thought*, essere immerso nei propri pensieri // *to be lost at sea*, perire in un naufragio **2** far perdere; costare: *that mistake lost him the job*, quello sbaglio gli fece perdere il lavoro **3** sprecare, sciupare: *I can't afford to — any time*, non posso permettermi di perdere tempo; *my advice was lost on him*, il mio consiglio fu sprecato con lui **4** (*di orologio*) ritardare, rimanere indietro di: *my watch loses two minutes a day*, il mio orologio rimane indietro di due minuti al giorno ♦ *v.intr.* **1** subire una perdita: *to — heavily*, perdere una forte somma **2** essere sconfitto **3** (*di orologio*) ritardare, rimanere indietro.

losel ['ləʊzl] *s.* (*ant.*) fannullone, buono a nulla.

loser ['luːzə*] *s.* **1** chi perde, perdente: *to be a good* —, saper perdere **2** fallito, perdente: *to be a* —, essere un perdente.

losing ['luːzɪŋ / los·ing] *agg.* perdente: *a — game*, un gioco, un'impresa senza probabilità di riuscita // *to fight a — battle*, (*fig.*) combattere una battaglia persa in partenza.

loss [lɒs *amer.* lɔːs] *s.* **1** perdita: — *of appetite*, inappetenza, perdita di appetito; *to be at a* —, essere in perdita; (*fig.*) essere imbarazzato, non saper che fare // *to be at a — for words*, rimanere senza parole **2** (*comm.*) perdita; (*amm.*) perdita netta di esercizio: *profit and* —, profitti e perdite; — *and gain*, perdite e profitti; *exchange* —, perdita di cambio; *to report a* —, registrare una perdita; *losses arising on disposal*, minusvalenze; (*dir.*) — *of anticipated profits*, lucro cessante, mancati utili; *out of pocket* —, (*amer.*) differenza tra il prezzo di acquisto e il valore della merce ricevuta **3** svantaggio, scapito, danno, rovina // *to be a dead* —, (*fam.*) essere inutile; essere un incapace // — *day*, (*fam. amer.*) fallimento totale.

loss leader ['lɒsˌliːdə* *amer.* 'lɔːsˌliːdə*] *s.* (*comm.*) articolo civetta.

lossless ['lɒslɪs / loss·less] *agg.* (*inform.*) senza perdita, senza degradazione: — *compression*, compressione senza perdita di qualità.

lossmaker ['lɒsmeɪkə* *amer.* 'lɔːsmeɪkə* / loss·maker] *s.* (*econ.*) attività, azienda in perdita.

lossy ['lɒsɪ] *agg.* (*inform.*) con perdita, con degradazione: — *compression*, compressione con perdita di qualità.

lost *pass.p.p.* di to **lose** ♦ *agg.* **1** perduto, smarrito; rovinato; dannato: *a — cause*, una causa persa; *to give s.o., sthg. up for* (o *as*) —, perdere la speranza di trovare, di salvare qlcu., qlco.; *to get* —, perdersi, smarrirsi; *get —!*, (*fam.*) fuori dai piedi!, vattene!; *to look* — (o *to seem* —), aver un'aria spaesata // — *souls*, le anime dannate // (*comm.*) — *profit*, lucro cessante **2** — *to*, insensibile a: *when he gets into a book he's — to the world*, quando s'immerge nella lettura di un libro si estranea dal mondo.

lost property office [ˌlɒst'prɒpətɪˌɒfɪs *amer.* ˌlɔːst'prɒpətɪˌɒːfɪs] *s.* ufficio oggetti smarriti.

lot [lɒt] *s.* **1** (*anche pl.*) gran quantità (di persone, cose ecc.); molto; sacco, mucchio: *lots of friends*, moltissimi amici; *it'll do you a — of good*, ti farà un gran bene; *I have seen quite a — of him lately*, ultimamente l'ho visto assai spesso; *what a — of time you waste!*, quanto tempo sprechi! // *thanks a* —, grazie tante **2** *the* —, tutto: *I gave him a piece of cake but he wanted the* —, gli diedi un pezzo di torta, ma lui la voleva tutta **3** lotto (di terreno ecc.), appezzamento // *parking* —, area di parcheggio // (*cinem.*) *film* —, set **4** (*comm.*) lotto, partita: *this wool is much better than the — we had last year*, questa lana è migliore di quella della partita dell'anno scorso **5** (*econ.*) (*round* o *even*) —, lotto, unità di contrattazione (di azioni ecc.) // *odd* —, spezzatura **6** (*form.*) sorte, destino, fortuna, caso: *by* —, a sorte, a caso; *mine is a hard* —, il mio è un duro destino; *a happy* —, (*fig.*) una buona stella // *a bad* —, un individuo poco raccomandabile // *to cast* (o *draw*) *lots*, estrarre a sorte // *to fall to s.o.'s* —, toccare in sorte a qlcu. // *to throw one's — in with s.o.*, condividere la sorte di qlcu.

to **lot** *pass.p.p.* **lotted** ['lɒtɪd / lot·ted] *v.tr.* dividere in lotti, lottizzare.

loth [ləʊθ] *agg.* (*ant.*) riluttante, restio // *we are always loth to suppose that the cause of defective apprehension is in ourselves*, (COLERIDGE) siamo sempre restii a supporre che la causa della comprensione difettosa sia in noi stessi.

lothario [ləʊ'θɑːrɪəʊ / lo·thario] *pl.* **lotharios** *s.* (*fig.*) vitaiolo; libertino • Dal nome del protagonista di una commedia inglese del XVIII secolo.

lotion ['ləʊʃn / lo·tion] *s.* lozione.

lottery ['lɒtərɪ / lot·tery] *s.* **1** lotteria: — *prize*, premio della lotteria; — *ticket*, biglietto della lotteria; *to win money in the* —, vincere soldi alla lotteria **2** (*fig.*) lotteria, terno al lotto: *marriage is a* —, il matrimonio è come una lotteria.

lotto ['lɒtəʊ] *s.* tombola.

lotus ['ləʊtəs / lo·tus] *s.* (*bot.*) loto.

lotus-eater ['ləʊtəsˌiːtə*] *s.* **1** (*mit.*) lotofago, mangiatore di loto **2** (*fig.*) sognatore.

loud [laʊd] *agg.* **1** forte, alto; sonoro; fragoroso: *in a — voice*, ad alta voce **2** sgargiante, vistoso (di colori, vestiti): *a — colour*, un colore violento **3** rumoroso, volgare (di persona): — *manners*, modi volgari ♦ *avv.* forte, ad alta voce; rumorosamente: *don't talk so* —, non parlare così forte, ad alta voce // — *and clear*, forte e chiaro // *to laugh — and long*, ridere a crepapelle // **-ly** *avv.*

to **louden** ['laʊdn] *v.tr.* (*non com.*) alzare, accrescere (voce ecc.) ♦ *v.intr.* (*non com.*) alzare la voce.

loudhailer [ˌlaʊd'heɪlə* / loud·hailer] *s.* megafono.

loudmouth ['laʊdmaʊθ / loud·mouth] *s.* chiacchierone; fanfarone; spaccone.

loudness ['laʊdnɪs / loud·ness] *s.* **1** frastuono, strepito **2** vistosità; volgarità **3** (*fis.*) sensazione sonora.

loudspeaker [ˌlaʊd'spiːkə* / loud·speaker] *s.* altoparlante.

lough [lɒk] *s.* (*irl.*) → **loch**.

lounge [laʊndʒ] *s.* **1** salotto; sala d'albergo; ridotto (di teatro); sala d'aspetto (d'aeroporto) **2** (*fam.*) il bighellonare; l'andare a zonzo **3** (*non com.*) agrippina.

to **lounge** *v.intr.* **1** bighellonare, gironzolare: *to — about*, andare a zonzo **2** poltrire, stare in panciolle: *to — in bed*, poltrire a letto.

lounge bar ['laʊndʒˌbɑː] *s.* bar (in un albergo ecc.); sala interna (di pub, bar ecc.).

lounge-lizard ['laʊndʒˌlɪzəd] *s.* (*sl.*) cascamorto.

lounger ['laʊndʒə* / loun·ger] *s.* fannullone.

lounge suit ['laʊndʒˌsuːt] *s.* abito maschile da giorno.

lour ['laʊə*] *s.* **1** cipiglio **2** oscuramento (di cielo); minaccia di tempesta.

to **lour** *v.intr.* **1** aggrottare la fronte, rabbuiarsi // *to — at* (o *on* o *upon*) *s.o.*, guardare qlcu. minacciosamente **2** apparire minaccioso, oscurarsi (di cielo ecc.).

louring ['laʊərɪŋ / lour·ing] *agg.* accigliato; minaccioso // **-ly** *avv.*

louse [laʊs] *pl.* **lice** [laɪs] *s.* **1** pidocchio SIN. cootie, pediculus **2** (*fam. spreg.*) pezzente; verme; farabutto.

to **louse** *v.tr.* (*rar.*) spidocchiare.

□ **louse up** *v.tr.* e *avv.* (*fam.*) rovinare, sciupare, mandare all'aria: *he loused up the whole party with his behaviour*, col suo comportamento ha rovinato la festa.

lousiness ['laʊzɪnɪs / lousi·ness] *s.* **1** (*fam.*) schifo; qualità scadente; bruttura **2** noia; pidocchieria **3** (*med.*) pediculosi.

lousy ['laʊzɪ] *agg.* **1** pidocchioso **2** abietto; vile **3** schifoso, molto scadente: *a — film*, un film schifoso, orribile // *what — weather!*, (*fam.*) che tempo schifoso! **4** (*sl.*) pieno, carico: *she's — with cash*, è piena di soldi.

lout [laʊt] *s.* zoticone.

to **lout** *v.intr.* (*ant.*) inchinarsi: *True Thomas, he pull'd off his cap / and louted low to his knee*, (THOMAS THE RHYMER) Il fedele Thomas si tolse il cappello e si inchinò piegando il ginocchio.

loutish ['laʊtɪʃ / lout·ish] *agg.* grossolano, rustico; sguaiato // **-ly** *avv.* // **-ness** *s.*

louver, **louvre** ['lu:və*] *s.* **1** presa d'aria a persiana **2** (*arch. medievale*) abbaino, lucernario **3** (*aut.*) feritoia per ventilazione; sfinestratura.

lovable ['lʌvəbl / lov·able] *agg.* amabile, caro; simpatico // **-ness** *s.* // **-bly** *avv.*

lovage ['lʌvɪdʒ / lov·age] *s.* (*bot.*) (*Levisticum officinale*) levistico; (*pop.*) sedano di monte.

love [lʌv] *s.* **1** amore; affetto; tenerezza; devozione: *the — of God*, l'amore di Dio; *for the — of s.o.* (o *sthg.*), per amor di qlcu. (o di qlco.), per qlcu. (o qlco.); *out of —*, per amore // *for the — of Mike!*, per l'amor del cielo! // *not to be had for — nor money*, impossibile a ottenersi // *there is no* (o *little*) *— lost between them*, si detestano // *to give* (o *to send*) *one's — to s.o.*, mandare saluti affettuosi a qlcu.; *give him my —*, salutamelo tanto // *of all loves*, (*antiq.*) per amore (di qlco. o qlcu.): *but Mistress Page would desire you to send her your little page, of all loves*, (SH. Merry Wives of Windsor) ma la comare Page desidera che voi le mandiate, per amor suo, il vostro giovane paggio **2** amore; passione: *in — with*, innamorato di; *to fall in — with s.o.*, innamorarsi, invaghirsi di qlcu.; *to make — (to)*, far l'amore (con); *— at first sight*, amore a prima vista // *— letter*, lettera d'amore // *— potion*, filtro d'amore // *— song*, romanza, canzone d'amore // *— in a cottage*, un cuore e una capanna // *fair in — and war*, tutto è lecito in amore e in guerra **3** interesse, passione: *— of learning*, amore del sapere; *a labour of —*, un lavoro fatto per passione; *he has a great — for football*, ha una gran passione per il calcio **4** persona amata: *my —*, amor mio; *here I am, —!*, eccomi, amor mio!; *mind the step, —!*, (*fam.*) attenta allo scalino, cara!; *what a — she is!*, che amore!, che carina!, che cara! // *he is an old —*, è una cara persona **5** *Love*, (*mit.*) Amore, Cupido **6** (*tennis*) zero: *— all*, zero a zero.

to **love** *v.tr.* **1** amare; voler bene a; essere innamorato di; adorare: *she loves her father*, ella ama suo padre; *to — each other, one another*, amarsi (l'un l'altro); *to — God*, amare Dio // *it is better to have loved and lost, than never to have loved at all*, (*prov.*) meglio un amor perduto che non aver amato; // *— me, — my dog*, (*prov.*) prendi l'amico tuo col difetto suo **2** (II, IV) (*fam.*) provare piacere in; dilettarsi di: *Ann loves comfort*, Anna ama le comodità; *I — music*, mi piace la musica; *I'd — him to come with us*, mi piacerebbe che venisse con noi; *she loves reading*, le piace leggere.

love affair ['lʌvəfeə*] *s.* relazione (amorosa): *he 's having a — with a girl half his age*, ha una relazione con una ragazza che ha la metà dei suoi anni.

love-apple ['lʌv,æpl] *s.* (*ant.*) pomodoro.

lovebird ['lʌvbɜ:d / love·bird] *s.* **1** (*zool.*) inseparabile, parrocchetto, psittacula **2** (*fam. fig.*) piccioncino, innamorato.

love-child ['lʌv,tʃaɪld] *s.* figlio illegittimo.

love-feast ['lʌvfi:st] *s.* (*relig.*) agape.

love-game ['lʌv,geɪm] *s.* (*tennis*) cappotto: *to win a —*, vincere per cappotto.

love handle ['lʌv,hændl] *s.* (*fam.*) maniglia dell'amore, cuscinetto di grasso sui fianchi.

love-in ['lʌvɪn] *s.* (*fam.*) raduno di hippy.

love-in-a-mist [,lʌvɪnə'mɪst] *s.* (*bot.*) (*Nigella damascena*) nigella; (*pop.*) fanciullaccia.

love-in-idleness [,lʌvɪn'aɪdlnɪs] *s.* (*bot.*) viola del pensiero → **pansy**.

loveless ['lʌvlɪs / love·less] *agg.* senza amore; che non ama; non amato // **-ly** *avv.* // **-ness** *s.*

love life ['lʌvlaɪf] *s.* vita sentimentale.

loveliness ['lʌvlɪnɪs / love·li·ness] *s.* avvenenza, leggiadria; bellezza.

lovelock ['lʌvlɒk / love·lock] *s.* tirabaci.

lovelorn ['lʌvlɔ:n / love·lorn] *agg.* abbandonato; disperato; che si strugge d'amore // **-ness** *s.*

lovely ['lʌvlɪ] *agg.* bello, grazioso; attraente; squisito: *what a — view*, che bel panorama; *what a — woman*, che donna deliziosa; *she is a — person*, è una persona squisita; *the meal was —*, il pranzo era squisito; *— weather we are having!*, che bel tempo abbiamo!; *we had a — time*, ci siamo proprio divertiti.

love-making ['lʌvmeɪkɪŋ] *s.* **1** il fare l'amore **2** (*antiq.*) il flirtare.

love-match ['lʌvmætʃ] *s.* matrimonio d'amore.

love-nest ['lʌvnest] *s.* (*fig.*) nido d'amore.

lover ['lʌvə*] *s.* **1** amante; innamorato; pretendente; fidanzato: *a lovers' lane*, un sentiero da innamorati; *they were lovers*, erano amanti **2** amatore; appassionato; amico: *— of learning*, amante dello studio; *music —*, appassionato di musica.

love-shaft ['lʌvʃɑ:ft *amer.* 'lʌvʃæft] *s.* freccia, dardo di Cupido.

lovesick ['lʌvsɪk / love·sick] *agg.* malato, consumato d'amore.

lovesickness ['lʌvsɪknɪs / love·sick·ness] *s.* mal d'amore.

love story ['lʌv,stɔ:rɪ] *s.* love story, storia d'amore.

lovey ['lʌvɪ] *s.* (*fam.*) tesoro, amore: *fancy a cup of tea, —?*, ti va una tazza di tè, cara?

lovey-dovey ['lʌvɪ,dʌvɪ] *agg.* (*fam.*) amorevole; affettuoso; sentimentale ◆ *s.* (*fam.*) affetto, amore; coccole, affettuosità (*pl.*).

to **lovey-dovey** *v.intr.* (*fam.*) farsi le coccole, tubare.

loving ['lʌvɪŋ] *agg.* **1** affezionato; affettuoso; amoroso: *— parents*, genitori amorosi **2** d'amore, d'amicizia: *a — act*, un atto d'amore, di affetto, d'amicizia // **-ly** *avv.* // **-ness** *s.*

loving cup ['lʌvɪŋkʌp] *s.* coppa dell'amicizia (da cui nei conviti tutti bevono in segno d'amicizia).

loving kindness [,lʌvɪŋ'kaɪndnɪs] *s.* bontà; affetto; sollecitudine.

low[1] [ləʊ] *agg.* **1** basso: *a — building*, una costruzione bassa; *— clouds*, nuvole basse; *— temperature*, temperatura bassa; *she has a — forehead*, ha la fronte bassa; *buying a new car is — on my list* (*of priorities*), comprare una nuova macchina è in basso, in fondo nel mio elenco di priorità; *their prices are extremely —*, i loro prezzi sono molto bassi; *put it in a — oven for thirty minutes*, mettilo in forno a bassa temperatura per trenta minuti // *— tide is at 6 o'clock*, la bassa marea è alle 6 // *Low Church*, Chiesa Bassa (corrente della Chiesa Anglicana) // (*geol.*) *the Lower Cretaceous*, cretaceo inferiore **2** basso, debole (di suono): *— note*, nota bassa; *in a — voice*, sottovoce, con voce sommessa; *a — sound*, un suono indistinto // *a — pulse*, polso debole **3** profondo: *a — bow*, un profondo inchino; *— neckline*, scollatura profonda, pronunciata **4** umile; non importante: *he comes from a rather — background*, viene da un ambiente piuttosto modesto **5** volgare, triviale; poco onorevole, sleale: *— comedy*, commedia grossolana, d'effetto; *that was a — trick*, è stato un tiro mancino, un colpo basso **6** (*fig.*) depresso; abbattuto: *to be in — spirits*, essere giù di morale **7** negativo, sfavorevole: *I expressed a — opinion of his work*, ho dato un parere sfavorevole sul suo lavoro **8** scarso, povero di: *supplies were rather —*, le provviste scarseggiavano; *— fat yoghurt*, yogurt magro; *— tar cigarettes*, sigarette a basso contenuto di nicotina.

low[1] *avv.* **1** in basso, in giù; verso terra: *the plane flew — over the mountain tops*, l'aereo volava a bassa quota sulle cime delle montagne; *to bow —*, fare un profondo inchino; *to lie —*, giacere disteso; tenersi nascosto; *he sank — enough to start begging loans from his friends*, (*fig.*) cadde tanto in basso da iniziare a elemosinare prestiti dai suoi amici // *to be laid —*, essere abbattuto, ucciso; essere costretto a letto // *to run —*, esaurirsi (di rifornimento, denari ecc.): *our funds were running —*, scarseggiavamo di fondi **2** a voce bassa, sommessamente: *to speak —*, parlare a voce bassa **3** a basso prezzo: *they played very —*, giocavano con poste modeste; *to buy —*, comprare a buon mercato.

low[1] *s.* **1** minimo, livello minimo: *confidence in the president has reached an all-time —*, la fiducia nel presidente ha toccato il punto più basso, il fondo // (*Borsa*) *shares have hit an all-time —*, le azioni hanno toccato un minimo storico **2** (*meteor.*) depressione, zona di bassa pressione.

low[2] *s.* muggito, mugghio.

to **low**[2] *v.intr.* muggire (*anche fig.*) ◆ *v.tr.* esprimere con suono simile a muggito.

low boiler [,ləʊ'bɔɪlə*] *s.* (*chim.*) solvente a basso punto di ebollizione.

lowborn [,ləʊ'bɔ:n / low·born] *agg.* (*letter.*) di umili natali.

low-bred [,ləʊ'bred] *agg.* maleducato; volgare.

lowbrow ['ləʊbraʊ / low·brow] *s.* persona con scarsi interessi culturali; persona rozza, ignorante ◆ *agg.* di scarso valore culturale; privo di valore culturale: *our TV screens are filled with — soap operas*, i nostri schermi televisivi sono invasi da telenovelas di nessun valore culturale.

lowdown ['ləʊdaʊn / low·down] *s.* ⓤ (*fam.*) informazioni, notizie importanti e confidenziali: *the committee wanted the — on what was happening in Laos*, il comitato voleva informazioni su quanto stava succedendo nel Laos.

low-down *agg. attr.* (*fam.*) disonesto; basso, disonorevole, vile.

to **lower**[1] ['ləʊə*] *v.tr.* **1** abbassare: *to — a ceiling*, abbassare un soffitto; *to — one's voice*, abbassare la voce **2** calare, far scendere: *they lowered the coffin into the grave*, calarono la bara nella tomba **3** (*fig.*) degradare, umiliare: *he lowered himself by his behaviour*, si degradò, si svilì col suo comportamento **4** ridurre; ribassare, far calare (i prezzi): *to — one's expectations*, ridimensionare, ridurre le proprie aspettative **5** indebolire: *his resistance was lowered by incessant interrogations*, la sua resistenza fu indebolita da incessanti interrogatori **6** (*mar.*) ammainare ◆ *v.intr.* **1** abbassarsi (*anche fig.*): *her voice lowered*, le si abbassò la voce **2** diminuire, calare (di prezzi, temperatura ecc.): *the stocks lowered in price*, le azioni erano in ribasso.

(to) **lower**[2] → (to) **lour**.

lower case ['ləʊəkeɪs] *agg.* (*tip.*) minuscolo ◆ *s.* (*tip.*) lettera minuscola.

lower class [,ləʊə'klɑ:s *amer.* ,ləʊə'klæs] *s.* basso ceto.

lower-class *agg.* del basso ceto, caratteristico del basso ceto.

lowering ['ləʊərɪŋ / lower·ing] *s.* abbassamento; ribasso; diminuzione (di prezzo ecc.).

loweringly ['ləʊərɪŋlɪ / lower·ing·ly] *avv.* (*form.*) foscamente; con viso arcigno; con aria minacciosa.

lowermost ['ləʊəməʊst / low·er·most] *agg.* (*form.*) (*superl. irr.* di *low*) il più basso, infimo.

low frequency [,ləʊ,fri:kwənsɪ] *s.* bassa frequenza.

low-key [,ləʊ'kɪ:] *agg.* moderato, misurato; non retorico, concreto: *a — speech*, un discorso dal tono misurato; *— performance*, prestazione sottotono.

lowland ['ləʊlənd / low·land] *s.* pianura; terreno pianeggiante ◆ *agg.* della pianura: *— farming is the mainstay of the region's economy*, la coltivazione delle zone di pianura è il principale sostegno dell'economia della regione.

lowlander ['ləʊləndə* / low·lander] *s.* **1** abitante della pianura **2** *Lowlander*, scozzese della Scozia meridionale.

low life [,ləʊlaɪf] *s.* **1** vita dei bassifondi **2** (*fam. amer.*) persona che vive di espedienti, ladruncolo.

lowlihood ['ləʊlɪhʊd / low·li·hood] *s.* (*rar.*) condizione umile.

lowliness ['ləʊlɪnɪs / low·li·ness] *s.* umiltà; (*fig.*) modestia.

low-loader [,ləʊ'ləʊdə*] *s.* (*ferr.*) pianale ribassato.

lowly ['ləʊlɪ] *agg.* **1** umile; modesto; sottomesso; senza pretese, semplice **2** prosaico, comune; banale ◆ *avv.* **1** umilmente, modestamente; con sottomissione **2** sottovoce, sommessamente.

low-lying [,ləʊ'laɪɪŋ] *agg.* poco elevato, basso (rispetto al livello del mare).

low-minded [,ləʊ'maɪndɪd] *agg.* volgare.

lown [lu:n] *s.* (*ant.*) briccone: *with that he called the tailor lown*, (SH. Othello) con ciò chiamò briccone il sarto.

low-necked ['ləʊnekt] *agg.* scollato (di abito).

lowness ['ləʊnɪs / low·ness] *s.* **1** l'essere basso, bassezza **2** (*fig.*) bassezza, viltà **3** (*fig.*) depressione, tristezza **4** (*fig.*) volgarità, grossolanità **5** gravità (di suono); tono basso (di voce); debolezza (di rumore) **6** modicità (di prezzo).

low-pitched [,ləʊ'pɪtʃt] *agg.* **1** basso, profondo (di suono) **2** poco spiovente (di tetto) **3** dal soffitto basso.

low-pressure [,ləʊ'preʃə*] *agg.* **1** a bassa pressione **2** (*fig.*) non aggressivo; non insistente, non pressante: *— job*, un lavoro non stressante ◆ *s.* bassa pressione.

low profile [,ləʊ'prəʊfaɪl] *s.* atteggiamento discreto, che non si nota, che non dà all'occhio: *cops in the drug squad have to keep a — if they want to succeed*, i poliziotti della squadra narcotici non devono dare nell'occhio se vogliono riuscire.

low-profile *agg.* che non si nota, che non dà nell'occhio, discreto.

low proof [,ləʊ'pru:f] *agg.* (*chim.*) a basso contenuto di alcol.

low-rent ['ləʊrent] *agg.* **1** basso di affitto, economico **2** (*fam. amer.*) scadente, di qualità inferiore: *a — dinner*, una cena mediocre, di bassa qualità.

low-rise [,ləʊ'raɪz] *agg. attr.* basso, a uno o due piani (di edificio).

low season [,ləʊ'si:zn] *s.* (*comm.*) bassa stagione // *low-season prices*, prezzi di bassa stagione.

low-spirited [,ləʊ'spɪrɪtɪd] *agg.* depresso, abbattuto, giù di morale.

low water [,ləʊ'wɔ:tə*] *s.* livello minimo raggiunto dalla marea; bassa marea // *— mark*, segnale del livello minimo di marea; (*fig.*) fondo, punto più basso: *the company's fortunes reached a — mark in the 60's*, la sorte della compagnia toccò il punto più basso negli anni '60.

lox[1] [lɒks] *s.* (*cuc. amer.*) salmone affumicato.

lox[2] *s.* (*chim.*) ossigeno liquido.

loxia ['lɒksɪə] *s.* (*med.*) torcicollo SIN. stiff neck, wryneck.

loxodrome ['lɒksəʊ,drəʊm / loxo·drome] *s.* (*cartografia*) lossodromia.

loxodromic [,lɒksəʊ'drɒmɪk / loxo·dromic] *agg.* (*cartografia*) lossodromico: *— curve*, linea lossodromica, lossodromia.

loxodromics [,lɒksəʊ'drɒmɪks / loxo·drom·ics] *s.* ⓤ (*mar., mat.*) lossodromia.

loyal ['lɔɪəl] *agg.* leale, fedele, solidale: *— subject, friend*, suddito, amico fedele, devoto // *— party*, (*st.*) partito di Corte // **-ly** *avv.*

loyalist ['lɔɪəlɪst / loy·al·ist] *s.* suddito fedele.

loyalty ['lɔɪəltɪ / loy·alty] *s.* lealtà, fedeltà, devozione.

lozenge ['lɒzɪndʒ / loz·enge] *s.* **1** pasticca, pastiglia **2** rombo, losanga **3** (*arald.*) losanga.

lozenged ['lɒzɪndʒɪd / loz·enged] *agg.* a losanga.

L-plate ['elpleɪt] *s.* (*aut.*) L, targa indicante che la vettura è guidata da un principiante.

LSD [,eles'dɪ:] *s.* **1** (*chim.*) LSD (Dietilammide dell'Acido Lisergico) **2** (*sl.*) acido, LSD • Da *Lysergic Acid Diethylamide*.

lubber ['lʌbə* / lub·ber] *s.* (*non com.*) villanzone, zotico; stupidotto; persona goffa e tarda: *look, mother, how great a lubber doth yet wear pearls and precious stones, as though he were a little child still*, (T. MORE) guarda, mamma, che stupidone che indossa perle e pietre preziose come fosse ancora un bambino.

lubberlike ['lʌbəlaɪk / lub·ber·like] *agg.* (*non com.*) goffo.

lubberly ['lʌbəlɪ / lub·ber·ly] *agg.* goffo; grossolano, villano ◆ *avv.* goffamente; grossolanamente // **-iness** *s.*

lube [lu:b] → **lubricating**.

lubricant ['lu:brɪkənt / lub·ric·ant] *s.* lubrificante.

to **lubricate** [,lu:brɪkeɪt / lub·ric·ate] *v.tr.* **1** lubrificare **2** (*fig.*) facilitare, agevolare **3** (*fig. sl.*) dare da bere a (qlcu.) fino a farlo ubriacare **4** (*fig. sl.*) corrompere, ungere.

lubricating ['lu:brɪkeɪtɪŋ / lub·ric·at·ing] *agg.* (*chim.*) lubrificante: *— grease*, grasso lubrificante; *— (o lube) oil*, olio lubrificante.

lubrication [,lu:brɪ'keɪʃn / lub·rica·tion] *s.* lubrificazione // (*fis.*) *— action*, azione lubrificante.

lubricator ['lu:brɪkeɪtə* / lub·ric·ator] *s.* lubrificatore.

lubricious [lu:'brɪʃəs / lub·ri·cious] *agg.* (*form.*) lubrico.

lubricity [lu:'brɪsətɪ / lub·ri·city] *s.* **1** scorrevolezza **2** proprietà lubrificante **3** (*fig. form.*) lubricità.

luce [lju:s] *s.* (*non com.*) (*zool.*) (*Esox lucius*) luccio (adulto).

lucency ['lu:snsɪ / lu·cency] *s.* (*rar.*) lucentezza, luminosità.

lucent ['lu:snt / lu·cent] *agg.* (*rar.*) lucente, splendente, luminoso.

lucern(e) [lu:'sɜ:n / lu·cern(e)] *s.* (*bot.*) — (*grass*), erba medica → **alfalfa**.

lucid ['lu:sɪd / lu·cid] *agg.* (*form.*) **1** chiaro, limpido: *— style*, stile chiaro **2** lucido (di mente) **3** luminoso, brillante, trasparente // **-ly** *avv.*

lucidity [lu:'sɪdətɪ / lu·cid·ity] *s.* (*form.*) **1** chiarezza (di stile, spiegazioni ecc.) **2** lucidità (di mente) **3** limpidezza, trasparenza.

Lucifer ['lu:sɪfə* / Lu·ci·fer] *s.* (*astr.*) Lucifero, (il pianeta) Venere.

lucifer *s.* (*antiq.*) zolfanello.

luciferase [lu:'sɪfəreɪs / lu·ci·fer·ase] *s.* (*biochim.*) luciferasi.

luciferin [lu:'sɪfərɪn / lu·ci·ferin] *s.* (*biochim.*) luciferina.

lucifugous [lu:'sɪfjəgəs / luci·fug·ous] *agg.* lucifugo.

luck [lʌk] *s.* **1** sorte; destino; fato; ventura: *good —*, buona sorte, fortuna; *bad —*, cattiva sorte, sfortuna; *to try one's —*, tentare la sorte;

I needed to talk to Mr Chabrol and as — would have it he was at the party, avevo bisogno di parlare con Mr Chabrol e il caso volle che lui fosse al party // *hard* (o *bad* o *tough*) *—!*, che sfortuna!; *worse —!*, sfortunatamente! // *he is down on his —*, (*fam.*) è scalognato, è messo male **2** fortuna; buona sorte: *a stroke of —*, un colpo di fortuna; *a run of —*, una serie di successi; *— was on our side*, la fortuna era dalla nostra; *better — next time!*, andrà meglio la prossima volta!; *to push one's —*, (*fam.*) forzare la mano alla fortuna; *any —?*, è andata bene?; *just my —!*, (*iron.*) la mia solita fortuna!; *to have the — to*, aver la fortuna di // *good — to you!*, buona fortuna a te! // *to be in —*, *out of —*, essere fortunato, sfortunato.

luckily ['lʌkılı / luck·ily] *avv.* fortunatamente; per buona sorte; per fortuna.

luckiness ['lʌkınıs / lucki·ness] *s.* fortuna; buona sorte.

luckless ['lʌklıs / luck·less] *agg.* (*form.*) sfortunato // **-ly** *avv.* // **-ness** *s.*

to **luck out** [,lʌk'aʊt] *v.intr.* e *avv.* (*fam. amer.*) avere un colpo di fortuna.

lucky ['lʌkı] *agg.* fortunato; favorevole: *a — chance*, una fortuna; un'occasione favorevole; *a — hit*, un successo inaspettato; *how —!*, che fortuna!; *to be —*, essere fortunato; *to be born —*, (*fam.*) esser nato con la camicia; *he thanked his — stars*, ringraziò la sua buona stella, la buona sorte; *"Do you think he'll pay me back?" "You'll be —"*, "Pensi che rivedrò i miei soldi?" "È molto difficile" // *— beggar!*, *— you!*, *— devil!*, beato te; *you're a — dog!*, te fortunato!

lucky-dip [,lʌkı'dıp] *s.* **1** (*fam.*) pesca (al luna park) **2** (*fig.*) lotteria; cosa che dipende dalla sorte: *choosing candidates ended up as something of a —*, la scelta dei candidati finì per assomigliare a un tirare a sorte.

lucky stone ['lʌkı,stəʊn] *s.* portafortuna.

lucrative ['lu:krətıv / luc·rat·ive] *agg.* lucrativo; vantaggioso; redditizio // **-ly** *avv.*

lucre ['lu:kə*] *s.* (*spreg. antiq.*) lucro; guadagno.

to **lucubrate** ['lu:kju:breıt / luc·ub·rate] *v.intr.* **1** studiare, scrivere, lavorare (spec. di notte) **2** elucubrare.

lucubration [,lu:kju:'breıʃn / luc·ub·ra·tion] *s.* (*form.*) elucubrazione.

lud [lʌd] *inter.* (*ant.*) mio Dio!: *Lud, Sir Peter! Would you have me be out of the fashion?*, (SHERIDAN) Dio mio, Sir Peter! Vorresti che io fossi fuori moda? • Forma eufemistica per evitare di pronunciare la parola Lord.

luddism ['lʌdızm / lud·dism] *s.* (*st.*) luddismo.

luddite ['lʌdaıt / lud·dite] *s.* (*st.*) luddista.

ludicrous ['lu:dıkrəs / lu·dic·rous] *agg.* **1** ridicolo; comico; scherzoso **2** grottesco; risibile // **-ly** *avv.* // **-ness** *s.*

lues ['lu:i:z] *s.pl. invar.* (*med.*) lue.

luetic [lu:'etık / lu·etic] *agg.* (*med.*) luetico.

luff [lʌf] *s.* (*mar.*) **1** lato di sopravvento **2** orzata **3** caduta prodiera.

to **luff** *v.tr.* e *intr.* **1** (*mar.*) orzare **2** (*mecc.*) manovrare (il braccio di una gru).

lug[1] [lʌg] *s.* **1** paraorecchi (di berretto) **2** (*sl.*) lobo dell'orecchio; orecchio **3** manico (di brocca) **4** (*mecc.*) aggetto; aletta **5** (*elettr.*) capocorda **6** tonto; testone.

lug[2] *s.* (*zool.*) → **lobworm**.

lug[3] *s.* **1** strappata; tirata **2** (*fam. amer.*) tangente, stecca.

to **lug**[3] *pass.p.p.* **lugged** [lʌdg] *v.tr.* **1** tirare, trascinare, trasportare pesantemente **2** tirare violentemente, dare una strappata a **3** intromettere, introdurre a sproposito: *he 's always lugging his personal problems into the discussions*, è sempre lì a inserire nelle discussioni i suoi problemi personali.

lug[4] → **lugsail**.

luggage ['lʌgıdʒ / lug·gage] *s.* [U] bagaglio: *hand —*, bagaglio a mano; *he lost his —*, ha perso le valigie, i bagagli.

luggage rack ['lʌgıdʒ,ræk] *s.* rete, reticella portabagagli (sul treno).

luggage van ['lʌgıdʒ,væn] *s.* bagagliaio (sul treno).

lugger ['lʌgə* / lug·ger] *s.* (*mar.*) trabaccolo.

lughole ['lʌghəʊl / lug·hole] *s.* (*sl.*) orecchio.

lugsail ['lʌgseıl / lug·sail] *s.* (*mar.*) vela al quarto, al terzo.

lugubrious [lu:'gu:briəs / lu·gu·bri·ous] *agg.* lugubre; tetro; cupo; triste // **-ness** *s.*

lugworm ['lʌgwɜ:m / lug·worm] *s.* (*zool.*) → **lobworm**.

lukewarm ['lu:kwɔ:m / luke·warm] *agg.* **1** tiepido **2** (*fig.*) tiepido; poco entusiasta // **-ness** *s.*

lull [lʌl] *s.* **1** momento di calma, di quiete, di stasi: *the — before the storm*, la quiete prima della tempesta (*anche fig.*) **2** (*econ.*) stasi nelle contrattazioni.

to **lull** *v.tr.* **1** addormentare dolcemente: *to — a baby to sleep*, far addormentare un bimbo cullandolo **2** calmare; acquietare; quietare: *we mustn't allow ourselves to be lulled into self-complacency*, non dobbiamo cullarci nell'autocompiacimento ♦ *v.intr.* acquietarsi; calmarsi.

lullaby ['lʌləbaı / lul·laby] *s.* ninnananna; cantilena.

to **lullaby** *v.tr.* ninnare.

lumbago [lʌm'beıgəʊ / lum·bago] *pl.* **lumbagos** *s.* (*med.*) lombaggine.

lumbar ['lʌmbə* / lum·bar] *agg.* (*anat.*) lombare: *— puncture*, puntura lombare; *— region*, regione lombare.

lumber[1] ['lʌmbə* / lum·ber] *s.* [U] **1** cianfrusaglie (*pl.*); mobili di scarto (*pl.*); (*fig.*) guazzabuglio **2** (*amer.*) legname; legno da costruzione **3** (*sl. amer.*) stuzzicadenti (*pl.*).

to **lumber**[1] *v.tr.* **1** ammassare; accatastare; ingombrare (con cianfrusaglie) **2** (*fig.*) caricare, addossare: *I' ve been lumbered with all the boring jobs*, (*fam.*) mi hanno addossato tutti i lavori più noiosi ♦ *v.intr.* (*amer.*) far legname, tagliare legname.

to **lumber**[2] *v.intr.* muoversi pesantemente, a fatica: *the cart lumbered along*, il carro avanzava pesantemente.

lumberer ['lʌmbərə* / lum·berer] *s.* **1** (*amer.*) commerciante di legname **2** (*non com.*) rigattiere.

lumbering[1] ['lʌmbərıŋ / lum·ber·ing] *s.* **1** taglio di legname **2** (*amer.*) commercio di legname.

lumbering[2] *agg.* che si muove pesantemente.

lumberjack ['lʌmbə,dʒæk / lum·ber·jack] *s.* **1** boscaiolo, taglialegna **2** (*amer.*) commerciante in legname.

lumber jacket ['lʌmbə,dʒækıt] *s.* giaccone.

lumberman ['lʌmbəmən / lum·ber·man] *pl.* **lumbermen** *s.* **1** boscaiolo, taglialegna **2** commerciante di legname.

lumbermill ['lʌmbə,mıl / lum·ber·mill] *s.* segheria (di legname).

lumber-room ['lʌmbə,rʊm *amer.* 'lʌmbə ,ru:m] *s.* stanza di sgombro, ripostiglio (di mobili smessi, macchine inservibili ecc.).

lumberyard ['lʌmbəjɑ:d / lum·ber·yard] *s.* deposito di legname.

lumbosacral [,lʌmbəʊ'sækrəl / lum·bo·sac·ral] *agg.* (*anat.*) lombosacrale.

lumbrical ['lʌmbrıkl / lumb·rical] *agg.* (*anat.*) lombricale ♦ *s.* (*anat.*) → **lumbricalis**.

lumbricalis [,lʌmbrı'keıləs / lumb·ric·alis] *pl.* **lumbricales** [,lʌmbrı'keıli:z] *s.* (*anat.*) muscolo lombricale.

lumen ['lu:mən / lu·men] *pl.* **lumina** ['lu:mınə / lu·mina] **lumens** *s.* (*fis.*, *anat.*) lumen.

lumen-hour ['lu:mən,aʊə*] *s.* (*fis.*) lumenora.

luminance ['lu:mınəns / lu·min·ance] *s.* (*fis.*) luminanza, brillanza.

luminary ['lu:mınərı *amer.* 'lu:mınerı / lu·min·ary] *s.* **1** (*antiq.*) astro, corpo luminoso **2** (*fig.*) luminare, personalità di gran rilievo; celebrità; vedette.

luminescence [,lu:mı'nesns / lu·min·es·cence] *s.* (*fis.*) luminescenza.

luminescent [,lu:mı'nesnt / lu·min·es·cent] *agg.* luminescente.

luminol ['lu:mınəʊl / lum·inol] *s.* (*chim.*) luminolo.

luminosity [,lu:mı'nɒsətı / lu·min·os·ity] *s.* luminosità: (*fis.*) *— factor*, fattore di luminosità.

luminous ['lu:mınəs / lu·min·ous] *agg.* **1** luminoso, fulgente, smagliante: *the hands of the watch are —*, le lancette dell'orologio sono luminose; *a — smile*, un sorriso smagliante; *a — substance*, una sostanza luminosa // (*fis.*): *— flux*, flusso luminoso; *— intensity*, intensità luminosa **2** chiaro, facile da capire: *a — explanation*, una spiegazione chiara; *a — remark*, un'osservazione intelligente // **-ly** *avv.* // **-ness** *s.*

lummox ['lʌməks / lum·mox] *s.* (*scoz.*) tonto; persona goffa, imbranato.

lump[1] [lʌmp] *s.* **1** massa informe; mucchio, cumulo; grumo; zolla, zolletta: *a — of sugar*, una zolletta di zucchero; *— of earth*, zolla di terra; *— coal*, carbone in pezzatura grossa // *a — in the throat*, (*fig.*) un nodo in gola **2** protuberanza; gonfiore; bernoccolo; (*med.*) nodulo **3** (*comm.*) blocco: *in the —*, in blocco; *to sell in the —*, vendere in blocco **4** (*fam.*) persona goffa, ottusa **5** (*metall.*) massello **6** (*tess.*) bioccolo **7** *pl.* (*fam. amer.*) punizioni, critiche (ricevute dopo aver commesso degli errori) // *to take one's lumps*, pagare lo scotto, scontare i propri sbagli ecc.

to **lump**[1] *v.intr.* raggrumarsi (di sostanze) ♦ *v.tr.* **1** ammucchiare, ammassare **2** (*fig.*) considerare in blocco, trattare senza distinzione: *he lumped them all together*, egli considerava tutti alla stessa stregua.

lump[2] *s.* (*zool.*) — (*fish*), (*Cyclopterus lumpus*) ciclottero.

to **lump**[3] *v.tr.* (*fam.*) sopportare controvoglia; rassegnarsi a: *if you don't like it, you will have to — it*, se non ti va, dovrai ingoiare il rospo, dovrai rassegnarti // *to like it or to — it*, (*prov.*) o mangiar questa minestra o saltar questa finestra.

lumpectomy [lʌm'pektəmɪ / lum·pec·tomy] *s.* (*med.*) nodulectomia.

lumper ['lʌmpə*] *s.* scaricatore di porto.

lumpish ['lʌmpɪʃ / lump·ish] *agg.* **1** (*fam.*) goffo, pesante **2** ottuso; tonto **3** (*ant.*) greve, pesante: *she is lumpish, heavy, melancholy, / and, for your friend's sake, will be glad of you*, (SH. Two Gentlemen of Verona) ella è greve, triste, melanconica e, per amor del vostro amico, sarà lieta di vedervi // **-ly** *avv.* // **-ness** *s.*

lump sum [,lʌmp'sʌm] *s.* (*comm.*) somma globale, somma forfettaria: *on a — basis*, a forfait // (*trib.*) — *tax*, tributo in somma fissa.

lumpy ['lʌmpɪ] *agg.* **1** grumoso, granuloso; pieno di protuberanze: — *porridge*, porridge grumoso; — *mattress*, materasso tutto gibboso **2** increspato (di mare) **3** pesante; ottuso (di persona) // **-ily** *avv.* // **-iness** *s.*

luna ['lu:nə] *s.* (*ant.*) argento (nella terminologia alchimistica).

lunacy ['lu:nəsɪ / lun·acy] *s.* **1** pazzia; demenza; (*dir.*) infermità mentale **2** (*estens.*) discorso, atto, azione da pazzo; follia, pazzia: *it is sheer — to visit London without a raincoat*, è pura follia visitare Londra senza impermeabile.

lunar ['lu:nə*] *agg.* lunare: — *eclipse*, eclissi di luna; — *phases*, fasi della luna.

lunarian [lu:'neərɪən / lunar·ian] *s.* **1** astronomo specialista dei fenomeni lunari **2** (*non com.*) selenita, abitante della Luna.

lunate ['lu:neɪt / lun·ate] *agg.* lunato.

lunatic ['lu:nətɪk / lun·atic] *agg.* **1** pazzo, matto; di pazzo; da pazzo **2** lunatico; stravagante ◆ *s.* **1** pazzo, folle; alienato, persona inferma mentalmente **2** persona lunatica, eccentrica.

lunatic asylum ['lu:nətɪkə,saɪləm] *s.* manicomio, ospedale psichiatrico.

lunatic fringe ['lu:nətɪk,frɪndʒ] *s.* membri più estremisti ed eccentrici di una comunità, frangia estremista.

lunation [lu:'neɪʃn / luna·tion] *s.* (*astr.*) lunazione; mese lunare, mese sinodico.

lunch [lʌntʃ] *s.* **1** seconda colazione; pasto del mezzogiorno; pranzo; pasto (leggero): *packed* —, colazione al sacco; *an invitation for* —, un invito a pranzo, a colazione // *I'll see you after* —, ti vedrò dopo pranzo **2** pranzo ufficiale: *the Queen is giving a — for the Olympic team*, la regina offrirà un pranzo in onore della squadra olimpica.

to **lunch** *v.intr.* fare la seconda colazione; fare un pasto (leggero); pranzare ◆ *v.tr.* preparare la colazione per.

luncheon ['lʌntʃən / lunch·eon] *s.* (*form.*) → **lunch** 1.

luncheonette [,lʌntʃən'et / lunch·eon·ette] *s.* (*amer.*) locale, ristorante (che generalmente serve solo il pasto di mezzogiorno).

luncheon meat ['lʌntʃən,mi:t] *s.* carne pressata (in scatola).

luncheon voucher ['lʌntʃən,vaʊtʃə*] *s.* buono pasto; buono mensa.

lunch-hooks ['lʌntʃ,hʊks] *s.pl.* (*sl. amer.*) mani.

lunch hour ['lʌntʃ,aʊə*] *s.* intervallo per colazione, pranzo.

lunch pail ['lʌntʃ,peɪl] *s.* (*amer.*) portavivande (per portarsi il cibo sul luogo del lavoro).

lunchtime ['lʌntʃtaɪm / lunch·time] *s.* ora di colazione, di pranzo.

lune [lu:n] *s.* (*mat. antiq.*) lunula.

lunette [lu:'net / lun·ette] *s.* (*arch.*) lunetta.

lung [lʌŋ] *s.* polmone // *to have good lungs*, avere una voce forte // *the lungs of a city*, i polmoni di una città.

lunge[1] [lʌndʒ] *s.* **1** (*scherma*) stoccata: *to make a full* —, fare un affondo **2** rapido movimento in avanti: *he made a — for the revolver*, fece uno scatto in avanti per prendere la rivoltella.

to **lunge**[1] *v.intr.* **1** (*scherma*) dare una stoccata **2** fare un rapido movimento in avanti: *to — at s.o.*, scagliarsi contro qlcu.

lunge[2] *s.* **1** lunghina, lunga corda legata al cavallo per allenarlo a girare in tondo **2** pista circolare (per allenare i cavalli).

to **lunge**[2] *v.tr.* far girare (un cavallo) in tondo ◆ *v.intr.* girare in tondo (di cavallo).

lungfish ['lʌŋfɪʃ / lung·fish] *s.* (*zool.*) dipnoo.

lungwort ['lʌŋwɜ:t / lung·wort] *s.* (*bot.*) (*Pulmonaria officinalis*) polmonaria.

lunisolar [,lu:nɪ'səʊlə* / luni·solar] *agg.* lunisolare.

lunkhead ['lʌŋkhed / lunk·head] *s.* (*sl. amer.*) stupido, stolto.

lunule ['lu:nju:l / lun·ule] *s.* (*anat.*) lunula.

lupin(e) ['lu:pɪn / lu·pin(e)] *s.* (*bot.*) lupino.

lupine ['lu:paɪn / lup·ine] *agg.* di lupo; simile a lupo.

lupoid ['lu:pɔɪd / lup·oid] *agg.* (*med.*) lupoide, della natura del lupus.

lupous ['lu:pəs / lup·ous] *agg.* (*med.*) luposo, della natura del lupus.

lupus ['lu:pəs] *s.* (*med.*) lupus.

lurch[1] [lɜ:tʃ] *s.* **1** (*mar.*) rollio o beccheggio improvviso **2** barcollamento; sbandamento; scarto.

to **lurch**[1] *v.intr.* **1** (*mar.*) rollare o beccheggiare all'improvviso **2** barcollare, sbandare; scartare.

lurch[2] *s.* (*ant.*) situazione difficile, impiccio: *to leave s.o. in the* —, piantare qlcu. in asso, lasciare qlcu. nelle peste.

to **lurch**[2] *v.tr.* (*ant.*) **1** (*carte*) dare cappotto a: *he lurch'd all swords of the garland*, (SH. Coriolanus) sottrasse con facilità il serto della vittoria agli altri contendenti **2** lasciare in difficoltà.

lurcher ['lɜ:tʃə*] *s.* **1** cane bastardo (incrocio tra levriero e pastore scozzese) **2** (*ant.*) ladro; spia.

lure [ljʊə*] *s.* **1** esca, richiamo; logoro (per falconi): *my falcon is sharp and passing empty, / ... she must not be full-gorg'd, / for then she never looks upon her lure*, (SH. Taming of the Shrew), la mia falchetta è affamata e ben vuota,... non deve essere sazia altrimenti non farà più caso al logoro **2** (*fig.*) richiamo; esca, allettamento, lusinga **3** (*dir.*) adescamento (di prostituta).

to **lure** *v.tr.* **1** richiamare (il falcone) col logoro: *O for a falconer's voice / to lure this tassel-gentle back again!*, (SH. Romeo and Juliet) Oh avessi una voce da falconiere per richiamare a me questo falco gentile! **2** (*fig.*) adescare, allettare; attirare: *to — s.o. away from a duty*, distogliere qlcu. da un dovere (con lusinghe ecc.); *to — s.o. into doing sthg.*, indurre qlcu. a fare qlco. **3** (*dir.*) adescare (di prostituta).

lurex® ['ljʊəreks] *s.* (*tess.*) lurex® (tessuto di filato metallizzato).

lurgy ['lɜ:gɪ] *s.* (*sl. scherz.*) leggera indisposizione; malattia immaginaria; paturnie (*pl.*).

lurid ['ljʊərɪd] *agg.* **1** spettrale, fosco, sinistro; livido: *a — sky*, un cielo fosco; *to cast a — light on sthg.*, gettare una luce sinistra su qlco. **2** violento, molto vivido (di colore) **3** sensazionale: *the newspapers reported all the — details of the divorce*, i giornali riportarono tutti i dettagli scandalistici del divorzio **4** spaventoso, orrendo: *a — crime*, un delitto efferato // **-ly** *avv.* // **-ness** *s.*

lurk [lɜ:k] *s.* nascondiglio // *on the* —, spiando.

to **lurk** *v.intr.* **1** nascondersi, rimanere nascosto; appostarsi: *who is that man lurking in the shadow?*, chi è quell'uomo in agguato nell'ombra? **2** muoversi furtivamente **3** (*fig.*) essere latente; celarsi: *there was some doubt lurking is his mind*, un vago dubbio si celava nella sua mente **4** (*inform.*) consultare (un gruppo di discussione).

lurker ['lɜ:kə* / lurk·er] *s.* chi sta in agguato.

luscious ['lʌʃəs / lus·cious] *agg.* **1** profumato; gustoso, delizioso; succulento; molto dolce: — *grapes*, uva dolcissima **2** ridondante; immaginoso (di stile, linguaggio) **3** (*fam.*) sensuale, sessualmente attraente // **-ly** *avv.* // **-ness** *s.*

lush[1] [lʌʃ] *agg.* **1** lussureggiante (di vegetazione) **2** succoso (di frutta) **3** sontuoso, lussuoso.

lush[2] *s.* (*sl. spec. amer.*) **1** ubriacone **2** liquore, bevanda alcolica.

to **lush**[2] *v.tr.* (*sl.*) offrire bevande alcoliche a ◆ *v.intr.* (*sl.*) far uso di alcolici.

lushy ['lʌʃɪ] *agg.* (*sl.*) ubriaco, sbronzo.

lust [lʌst] *s.* **1** lussuria, sensualità; concupiscenza **2** brama, avidità: — *for power*, sete di potere.

to **lust** *v.intr.*: *to — after, for* (*s.o., sthg.*), concupire, bramare, agognare: *to — for riches*, aver sete di ricchezze.

luster[1] e **luster**[2] (*amer.*) → **lustre**[1] e **lustre**[2].

lustful ['lʌstfʊl / lust·ful] *agg.* **1** sensuale, libidinoso **2** bramoso, avido // **-ly** *avv.*

lustihood ['lʌstɪhʊd / lusti·hood] *s.* (*non com.*) vigoria, robustezza, gagliardia.

lustral ['lʌstrəl / lus·tral] *agg.* lustrale.

lustration [lʌ'streɪʃn / lus·tra·tion] *s.* lustrazione.

lustre[1] ['lʌstə*] *s.* **1** lucidezza, lucentezza; luminosità: *the — of pearls*, la lucentezza delle perle **2** lustro, splendore (*anche fig.*) **3** goccia di lampadario **4** lampadario a gocce **5** (*tess.*) lustrina.

lustre[2] *s.* lustro, quinquennio.

lustreless ['lʌstəlɪs / lustre·less] *agg.* opaco; senza splendore (*anche fig.*).

lustrine ['lʌstrɪn / lus·trine] *s.* (*tess.*) lustrina.

lustrous ['lʌstrəs / lus·trous] *agg.* lucido, luminoso, splendente // **-ly** *avv.*

lustrum ['lʌstrəm / lus·trum] *pl.* **lustrums**, **lustra** ['lʌstrə / lus·tra] *s.* lustro, quinquennio.

lusty ['lʌstɪ] *agg.* (*ant.*) vigoroso, robusto, gagliardo: *the lusty men were to tell what they did*, (P. SIDNEY) gli uomini vigorosi dovevano raccontare ciò che avevano fatto // **-ily** *avv.* // **-iness** *s.*

lustyhead, **lustyhed** ['lʌstɪhed / lusty·hed] *s.* (*ant.*) gagliardia: *next came Fresh April, full of lustyhead*, (SPENSER) poi venne il fresco Aprile, pieno di gagliardia.

lutanist ['lu:tənɪst / lut·an·ist] *s.* (*mus.*) liutista.

lute[1] [lu:t] *s.* (*mus.*) liuto.

lute[2] *s.* luto, mastice, stucco da vasaio.

to **lute**[2] *v.tr.* lutare, cementare, stuccare con il luto.

luteal ['lu:tɪəl] *agg.* (*biochim.*) luteinico: — *hormone*, progesterone, ormone luteinico.

lutein ['lu:tɪən / lu·tein] *s.* (*biochim.*) luteina.

luteinization [,lu:tɪənaɪ'zeɪʃn / lu·te·in·iza·tion] *s.* (*biochim.*) luteinizzazione.

luteinizing ['lu:tɪə,naɪzɪŋ / lu·tein·iz·ing] *agg.* (*biochim.*) luteinizzante: — *hormone*, ormone luteinizzante.

lutenist → **lutanist**.

luteolin ['lju:tɪəlɪn / lu·teo·lin] *s.* (*chim.*) luteolina.

luteolus [ljʊ'ti:ələs / lu·teo·lus] *agg.* (*biol.*) luteo, tendente al color giallo dorato.

luteotropic [,lu:tɪə'trɒpɪk / lu·teo·tropic] *agg.* (*biochim.*) luteotrofo, luteotropo, luteotrofico, luteotropico // — *hormone*, ormone luteotropo, prolattina.

luteous ['lju:tɪəs / lu·teous] *agg.* luteo, di color giallo dorato.

lutetium [lu:'ti:ʃɪəm / lu·te·tium] *s.* (*chim.*) lutezio.

luteum corpus [,lu:tɪəm'kɔ:pəs] *s.* (*biol.*) corpo luteo.

Lutheran ['lu:θərən / Luth·eran] *agg.* e *s.* (*relig.*) luterano.

Lutheranism ['lu:θərənɪzəm / Luth·er·an·ism] *s.* (*relig.*) luteranesimo.

lutist ['lu:tɪst / lut·ist] *s.* **1** (*mus.*) liutista, suonatore di liuto **2** liutaio.

lux [lʌks] *s.* (*fis.*) lux.

to **luxate** ['lʌkseɪt / lux·ate] *v.tr.* (*med.*) lussare, slogare.

luxation [lʌk'seɪʃn / luxa·tion] *s.* (*med.*) lussazione, slogatura.

Luxemb(o)urger ['lʌksəmbɜ:gə* / Lux·em·b(o)urger] *s.* lussemburghese, (nativo, abitante) del Lussemburgo.

Luxemb(o)urgian [,lʌksəm'bɜ:gɪən / Lux·em·b(o)urgian] *agg.* lussemburghese, del Lussemburgo ◆ *s.* (*lingua*) lussemburghese.

luxuriance [lʌg'zjʊərɪəns / lux·uri·ance] **luxuriancy** [lʌg'zjʊərɪənsɪ / lux·uri·ancy] *s.* **1** ridondanza (di linguaggio) **2** abbondanza **3** rigoglio, fecondità.

luxuriant [lʌg'zjʊərɪənt / lux·uri·ant] *agg.* **1** ridondante (di linguaggio) **2** lussureggiante, rigoglioso (della natura) // **-ly** *avv.*

to **luxuriate** [lʌg'zjʊərɪeɪt / lux·uri·ate] *v.tr.* **1** lussureggiare, prosperare rigogliosamente **2** trovare godimento, godersela: *to — in sthg.*, deliziarsi, godere di qlco.

luxurious [lʌg'zjʊərɪəs / lux·uri·ous] *agg.* **1** sontuoso, fastoso **2** che ama il lusso, il fasto **3** (*ant.*) lussurioso: *she knows the heat of a luxurious bed*, (SH. Much Ado About Nothing) conosce il calore di un letto lussurioso // **-ly** *avv.* // **-ness** *s.*

luxury ['lʌkʃərɪ / lux·ury] *s.* **1** lusso; fasto, sontuosità: *to live in* —, vivere nel lusso **2** oggetto di lusso, prodotto raro e squisito: *fruit is a — for them*, la frutta è un lusso per loro; (*econ.*) — *goods* (o *luxuries*), beni di lusso, beni voluttuari // (*trib.*) — *tax*, imposta sui beni di lusso **3** piacere: *the — of a cigar*, il piacere di un sigaro **4** (*ant.*) concupiscenza: *Fie on sinful fantasy, / fie on lust and luxury!*, (SH. Merry Wives of Windsor) Vergogna per i pensieri peccaminosi e la lussuria e la concupiscenza!

-ly [lɪ] *suff.* di origine anglosassone usato per formare **1** avverbi di modo da aggettivi; it. -mente: *slowly*, lentamente; *happily*, felicemente; *economically*, economicamente; *thirdly*, in terzo luogo **2** aggettivi e avverbi che indicano 'frequenza': *monthly*, mensile, mensilmente; *hourly*, che si verifica ogni ora **3** aggettivi che indicano 'somiglianza': *queenly*, regale; *motherly*, materno.

lycanthrope ['laɪkənθrəʊp / lyc·an·thrope] *s.* (*psic.*) licantropo.

lycanthropy [laɪ'kænθrəpɪ / lyc·an·thropy] *s.* (*psic.*) licantropia.

Lyceum [laɪ'sɪəm / Ly·ceum] *s.* **1** (*fil.*) Liceo (sede della scuola aristotelica) **2** (*amer.*) associazione culturale.

lychee [,laɪ'tʃi:] *s.* (*bot.*) → **litchi**.

lychgate → **lichgate**.

lychnis ['lɪknɪs / lych·nis] *s.* (*bot.*) fior di cuculo.

lycopodium [,laɪkə'pəʊdjəm / ly·co·po·dium] *s.* (*bot.*) licopodio.

lyddite ['lɪdaɪt / lyd·dite] *s.* (*chim.*) liddite.

Lydian ['lɪdɪən / Lyd·ian] *agg.* **1** lidio **2** (*st. mus.*) lidio (uno dei tre modi fondamentali dell'antica musica greca): — *airs*, melodie lidie ◆ *s.* lidio (abitante della Lidia).

lye [laɪ] *s.* **1** liscivia **2** (*chim.*) soluzione alcalina **3** (*amer.*) soda caustica.

lying[1] ['laɪɪŋ / ly·ing] *agg.* menzognero, bugiardo ◆ *s.* il dir bugie, il mentire.

lying[2] *agg.* giacente; situato // (*dir.*) — *estate*, patrimonio, eredità giacente ◆ *s.* il giacere.

lying-in [,laɪɪŋ'ɪn] *s.* (*med.*) **1** partoriente // — *hospital*, (clinica di) maternità **2** ospedalizzazione (di partoriente).

lykewake ['laɪkweɪk / lyke·wake] *s.* (*ant.*) veglia funebre.

lymph [lɪmf] *s.* **1** linfa // (*biol.*) — *cell*, linfocita **2** (*poet.*) acqua pura.

lymph- [lɪmf] *pref.* → **lympho-**.

lymphatic [lɪm'fætɪk / lymph·atic] *agg.* linfatico: — *system*, sistema linfatico; — *glands*, ghiandole linfatiche ◆ *s.* (*anat.*) vaso linfatico.

lymphatism ['lɪmfətɪzəm / lymph·at·ism] *s.* (*med.*) linfatismo.

lymph gland ['lɪmf,glænd] **lymph node** ['lɪmf,nəʊd] *s.* (*anat.*) linfonodo, ghiandola linfatica, linfoghiandola.

lympho- [lɪmfəʊ] **lymph-** [lɪmf] *pref.* di origine greca usato nella terminologia medica con riferimento alla 'linfa' o al 'sistema linfatico'; it. linf(o)-: *lymphangioma*, linfangioma; *lymph(o)adenoma*, linfadenoma; *lympho -granuloma*, linfogranuloma; *lymphosarcoma*, linfosarcoma.

lymphoblast ['lɪmfəʊ,blæst / lympho·blast] *s.* (*biol.*) linfoblasto.

lymphocyte ['lɪmfəʊ,saɪt / lympho·cyte] *s.* (*anat.*) linfocita.

lymphocythemia [,lɪmfəʊ,saɪ'θi:mɪə / lympho·cy·the·mia] **lymphocytosis** [,lɪmfəʊ saɪ'təʊsɪs / lympho·cy·tosis] *s.* (*med.*) linfocitosi, linfocitemia.

lymphoma [lɪm'fəʊmə / lym·phoma] *pl.* **lymphomas**, **lymphomata** [lɪm'fəʊmətə / lym·phom·ata] *s.* (*med.*) linfoma.

lymphomatosis [,lɪmfəʊmə'təʊsɪs / lympho·mat·osis] *s.* (*med.*) linfomatosi.

lymphopathy ['lɪmfəʊ,pæθɪ / lympho·pathy] *s.* (*med.*) linfopatia.

lymphopoiesis [,lɪmfəʊ,pɔɪ'i:sɪs / lympho·poiesis] *s.* (*med.*) linfopoiesi.

lymphous ['lɪmfəs / lim·phous] *agg.* (*med.*) linfatico.

lyncean [lɪn'si:ən / lyn·cean] *agg.* (*non com.*) **1** di lince **2** dagli occhi di lince.

to **lynch** [lɪntʃ] *v.tr.* linciare.

lynching ['lɪntʃɪŋ / lynch·ing] *s.* linciaggio.

lynch law ['lɪntʃlɔ:] *s.* linciaggio.

lynx [lɪŋks] *pl.* **lynx**, **lynxes** *s.* (*zool.*) (*Lynx lynx*) lince.

lynx-eyed ['lɪŋksaɪd] *agg.* dagli occhi di lince, dalla vista acuta.

lyophilisation [laɪ,ɒfɪlɪ'zeɪʃn / lyo·phil·isa·tion] **lyophilization** *s.* liofilizzazione.

to **lyophilise** [laɪ'ɒfɪlaɪz / lyo·phil·ise] to **lyophilize** *v.tr.* liofilizzare.

lyophilised [laɪ'ɒfɪlaɪzd / lyo·phil·ised] **lyophilized** *agg.* liofilizzato.

lyre ['laɪə*] *s.* **1** (*mus.*) lira **2** *the* —, (*fig. letter.*) la poesia.

lyrebird ['laɪəbɜ:d / lyre·bird] *s.* (*zool.*) (*Menura novaehollandiae*) uccello lira.

lyric ['lɪrɪk] *agg.* lirico: — *poetry*, poesia lirica ◆ *s.* **1** lirica; poema lirico; versi lirici (*pl.*) **2** *pl.* testo di una canzone.

lyrical ['lɪrɪkl / lyr·ical] *agg.* **1** lirico **2** (*estens.*) estasiato, pieno di slancio: *he waxed — in his account of his journey*, si entusiasmò nel raccontare il suo viaggio // **-ly** *avv.*

lyricism ['lɪrɪsɪzəm / lyri·cism] *s.* lirismo.

lyricist ['lɪrɪsɪst / lyri·cist] *s.* **1** poeta lirico **2** paroliere.

lyriform ['laɪərɪ,fɔ:m / lyri·form] *agg.* liriforme.

lyrism ['lɪrɪzəm / lyr·ism] *s.* **1** il suonare la lira **2** → lyricism.

lyrist ['laɪərɪst *nel senso* 2 'lɪrɪst / lyr·ist] *s.* (*non com.*) **1** suonatore di lira **2** → lyricist.

to **lyse** [laɪs] *v.tr.* (*biol.*) catalizzare, lisare ◆ *v.intr.* (*biol.*) subire lisi, lisarsi.

lysergic [laɪ'sɜ:dʒɪk / lys·er·gic] *agg.* (*chim.*) lisergico: — *acid*, acido lisergico; — *acid dietylamide*, dietilammide dell'acido lisergico, LSD.

lysimeter [laɪ'sɪmətə* / lysi·meter] *s.* (*tecn.*) lisimetro.

lysin ['laɪsn] *s.* (*biochim.*) lisina (anticorpo).

lysine ['laɪsi:n / lys·ine] *s.* (*biochim.*) lisina (amminoacido).

lysis ['laɪsɪs] *pl.* **lyses** ['laɪsi:z] *s.* (*chim.*, *med.*) lisi.

lysogeny [laɪ'sɒdʒənɪ / ly·so·geny] *s.* (*biol.*) lisogenia.

lysosome ['laɪsə,səʊm / ly·so·some] *s.* (*biol.*) lisosoma.

lysozyme ['laɪsə,zaɪm / ly·so·zyme] *s.* (*biol.*) lisozima.

lyssa ['lɪsə] *s.* (*med.*) lissa, idrofobia.

lytic ['lɪtɪk] *agg.* (*biochim.*) **1** di, riferito a lisina **2** litico.

to **lyze** [laɪz] → to **lyse**.

Mm

m [em] *pl.* **ms**, **m's** [emz] *s.* **1** (*tredicesima lettera dell'alfabeto inglese*) m // (*tel.*) — *for Mary* (o amer. — *for Mike*), m come Milano **2** *M* (*cifra romana*), 1000.

ma [mɑ:] *s.* (*fam. spec. amer.*) abbr. di → **mamma**[1].

MA, **M.A.** [em'eı] *s.* (abbr. di *Master of Arts*) laurea (in lettere): *she's got an* —, è laureata in lettere; *Philip Wood, M.A.*, dr. Philip Wood.

ma'am [mæm] *s.* (contr. di *madam*) signora (termine di rispetto usato solo al vocativo).

Ma Bell [,mɑ:'bel] *no.pr.* (*amer. scherz.*) società dei telefoni.

mac[1] [mæk] *s.* (*fam. amer.*) → **Mac** 2.

mac[2] *s.* (*fam.*) abbr. di → **mackintosh** 1.

Mac **1** *pref. di cognomi d'origine scozzese o irlandese che significa* figlio di (*può anche essere scritto* MC, M[c], M[']): *James Macpherson, Harold MacMillan, Herbert McLuhan* **2** (*fam. amer.*) amico, tizio, tu (*al vocativo*): *Do you have a light,* —?, Ehi tu! Hai un fiammifero?

macabre [mə'kɑ:brə / ma·cabre] *agg.* macabro.

macaco [mə'keıkəʊ / ma·caco] *pl.* **macacos** *s.* (*zool.*) lemure; (*Lemur macaco*) maki macaco.

macadam [mə'kædəm / mac·adam] *s.* (*edil.*) macadam.

macadamization [mə,kædəmaı'zeıʃn / mac·adam·iza·tion] *s.* pavimentazione stradale a macadam.

to **macadamize** [mə'kædəmaız / mac·adam·ize] *v.tr.* macadamizzare, pavimentare a macadam.

macaque [mə'kɑ:k / ma·caque] *s.* (*zool.*) macaco.

macaroni [,mækə'rəʊnı / ma·car·oni] *s.* **1** maccheroni; pasta **2** (*st.*) damerino; zerbinotto (del XVIII sec.) **3** (*fam. amer.*) segatura.

macaronic [,mækə'rɒnık / ma·car·onic] *agg.* maccheronico: — *verse*, versi maccheronici ◆ *s.* (*lett.*) maccheronea.

macaroon [,mækə'ru:n / ma·car·oon] *s.* amaretto.

macaw[1] [mə'kɔ: / ma·caw] *s.* (*zool.*) macao, ara.

macaw[2] *s.* (*bot.*) palma indiana.

Maccabean [,mækə'bi:ən / Mac·ca·bean] *agg.* (*Bibbia*) maccabeo.

Maccabees ['mækəbi:z / Mac·ca·bees] *s.pl.* (*Bibbia*) Maccabei.

maccaboy ['mækəbɔı / macca·boy] *s.* macuba (tabacco da fiuto).

mace[1] [meıs] *s.* **1** (*st.*) mazza (da guerra) **2** mazza (simbolo dell'autorità).

mace[2] *s.* (*bot.*) macis.

Mace[3®] *s.* (*chim.*) Mace (gas lacrimogeno).

to **mace**[3] *v.tr.* (*sl. amer.*) attaccare con gas lacrimogeni.

macebearer ['meıs,beərə* / mace·bearer] *s.* mazziere.

macedoine [,mæsə'dwɑ:n / ma·ce·doine] *s.* (*non com.*) (*cuc.*) macedonia.

Macedonian [,mæsı'dəʊnjən / Mace·don·ian] *agg.* e *s.* macedone.

maceral ['mæsəræl / ma·ceral] *s.* (*geol.*) macerale.

to **macerate** ['mæsəreıt / ma·cer·ate] *v.tr.* macerare ◆ *v.intr.* macerarsi.

maceration [,mæsə'reıʃn / ma·cera·tion] *s.* macerazione, maceramento.

machete [mə'tʃeıtı / ma·chete] *s.* machete.

Machiavellian [,mækıə'velıən / Ma·chi·avel·lian] *agg.* machiavellico.

Machiavellianism [,mækıə'velıənızəm / Ma·chi·avel·li·an·ism] **Machiavellism** [,mækıə'velızəm / Ma·chi·avel·lism] *s.* machiavellismo.

machicolation [mə,tʃıkə'leıʃn / ma·chic·ola·tion] *s.* (*arch. mil.*) caditoia, piombatoio.

machinability [mə,ʃi:nə'bılıtı / ma·chin·ab·il·ity] *s.* (*tecn.*) lavorabilità, facilità di lavorazione (alla macchina): — *index*, indice di lavorabilità.

machinable [mə'ʃi:nəble / ma·chin·able] *s.* **1** (*tecn.*) lavorabile (alla macchina): — *carbide*, carburo lavorabile alla macchina **2** (*inform.*) rilevabile meccanicamente.

to **machinate** ['mækıneıt / mach·in·ate] *v.tr.* e *intr.* (*non com.*) macchinare, complottare, tramare.

machination [,mækı'neıʃn / mach·ina·tion] *s.* macchinazione; congiura, trama.

machine [mə'ʃi:n / ma·chine] *s.* **1** macchina (*anche fig.*): *his obstinate devotion to work turned him into a mere* —, la sua devozione testarda al lavoro l'ha fatto diventare un automa **2** (*spec. pol. amer.*) organizzazione elettorale (di partito): *the Democratic* —, l'apparato elettorale del partito democratico **3** (*fam.*) veicolo (automobile, bicicletta, aeroplano ecc.).

to **machine** *v.tr.* **1** fabbricare, fare (a macchina) **2** stampare.

machine bolt [mə'ʃi:n,bəʊlt] *s.* (*mecc.*) bullone.

machine code [mə'ʃi:nkəʊd] *s.* (*inform.*) codice macchina.

machinegun [mə'ʃi:ngʌn / ma·chine·gun] *s.* mitragliatrice.

to **machinegun** *pass.p.p.* **machine-gunned** [mə'ʃi:ngʌnd / ma·chine·gun·ned] *v.tr.* mitragliare.

machinegunner [mə'ʃi:n,gʌnə* / ma·chine·gun·ner] *s.* mitragliere.

machine-hour [mə'ʃi:naʊə*] *s.* (*tecn.*) ora-macchina, ora di macchina.

machine-made [mə'ʃi:nmeıd] *agg.* fatto a macchina.

machinery [mə'ʃi:nərı / ma·chinery] *s.* [U] **1** macchinario; apparato produttivo: *idle* —, macchine ferme (apparato produttivo inutilizzato); *industrial and agricultural* —, macchine per l'industria e l'agricoltura **2** (*fig.*) macchina, organizzazione: *the* — *of government*, la macchina, l'organizzazione dello Stato; *if we do that, we shall put the whole* — *in motion*, se facciamo questo metteremo in moto tutto il meccanismo (tutti gli organi competenti, interessati) **3** (*teatr.*) (l'insieme delle) macchine teatrali.

machine shop [mə'ʃi:n,ʃɒp] *s.* officina meccanica.

machine tool [mə'ʃi:ntu:l] *s.* macchina utensile.

machine work [mə'ʃi:nwɜ:k] *s.* lavoro, lavorazione a macchina.

machining [mə'ʃi:nıŋ / ma·chin·ing] *s.* **1** (*tecn.*) lavorazione (a macchina): — *line*, linea di lavorazione; — *time*, tempo di lavorazione, di macchina **2** (*tip.*) stampa a macchina.

machining allowance [mə'ʃi:nıŋ ə,laʊəns] *s.* (*mecc.*) sovrametallo.

machinist [mə'ʃi:nıst / ma·chin·ist] *s.* **1** macchinista **2** operaio; meccanico specializzato; operatore su macchina utensile.

machismo [mə'tʃızməʊ / mach·ismo] *s.* atteggiamento da macho, ostentata virilità; maschilismo.

Mach (number) ['mɑ:k(nʌmbə*)] *s.* (*fis.*) (numero di) Mach.

macho ['mætʃəʊ] *pl.* **machos** *agg.* e *s.* macho; maschio.

mack [mæk] abbr. di → **mackintosh** 1.

mackerel ['mækrəl / mack·erel] *s.* (*zool.*) (*Scomber scombrus*) maccarello, scombro SIN. shiner.

mackerel shark ['mækrəl,ʃɑ:k] *s.* (*zool.*) isuride.

mackerel snapper ['mækrəl,snæpə*] *s.* (*fam. amer.*) cattolico (dal precetto cattolico di mangiare pesce il venerdì).

mackinaw ['mækınɔ: / mack·inaw] *s.* (*amer.*) giaccone di lana (a disegno scozzese).

mackintosh ['mækıntɒʃ / mack·in·tosh] *s.* **1** (soprabito) impermeabile **2** tessuto gommato, impermeabilizzato.

Mack truck ['mæk,trʌk] *s.* (*sl. amer.*) 'armadio', 'diga', giocatore di football formidabile in difesa • Dagli autocarri Mack.

macle ['mækəl] *s.* (*min.*) chiastolite.

macramé ['mækrə,meı, mə'krɑ:meı / macramé] *s.* macramé.

macro ['mækrəʊ] *pl.* **macros** *s.* (*inform.*) macroistruzione ◆ *agg.* (*inform.*) macro.

macro- *pref.* di origine greca che significa 'grande, di notevole estensione', it. macro-: *macroscopic*, macroscopico; (*ecol.*) *macroflora*, macroflora; *macrobiotics*, macrobiotica.

macrobiotic [,mækrəʊbaı'ɒtık / mac·ro·bi·otic] *agg.* macrobiotico.

macrobiotics [,mækrəʊbaı'ɒtıks / mac·ro·bi·otics] *s.* [U] macrobiotica.

macrocephalia [,mækrəʊse'feılıə / mac·ro·ceph·alia] *s.* (*med.*) macrocefalia.

macrocephalic [,mækrəʊse'fælık / mac·ro·ceph·alic] **macrocephalous** [,mækrəʊ'sefələs / mac·ro·ceph·al·ous] *agg.* (*med.*) macrocefalo.

macrocephaly [,mækrəʊ'sefəlı / mac·ro·ceph·aly] → **macrocephalia**.

macrocheilia [,mækrəʊ'kaılıə / mac·ro·cheilia] *s.* (*med.*) macrochilia.

macrocheiria [,mækrəʊ'kaırıə / mac·ro·cheiria] *s.* (*med.*) macrochiria.

macroclimate ['mækrəʊ,klaımıt / mac·ro·clim·ate] *s.* (*climatologia*) macroclima.

macrocosm ['mækrəʊ,kɒzəm / mac·ro·cosm] *s.* macrocosmo.

macrocosmic [,mækrə'kɒzmık / mac·ro·cosmic] *agg.* macrocosmico.

macrocyte ['mækrəʊsaıt / mac·ro·cyte] *s.* (*biol.*) macrocita, macrocito.

macrocythemia [,mækrəʊ,saı'θi:mıə / mac·ro·cy·themia] **macrocytosis** [,mækrəʊ,saı'təʊsıs / mac·ro·cy·to·sis] *s.* (*med.*) macrocitosi.

macrodactyl [,mækrə'dæktıl / mac·ro·dac·tyl] *agg.* e *s.* (*med.*) macrodattilo.

macrodactylia [,mækrəʊ,dæk'tılıə / mac·ro·dactylia] *s.* (*med.*) macrodattilia.

macro-distribution [,mækrəʊ,dıstrı'bju:ʃn] *s.* (*econ.*) macrodistribuzione.

macrodontia [,mækrəʊ'dɒntıə / mac·ro·dontia] *s.* (*med.*) macrodontismo, macrodontia.

macroeconomic [,mækrəʊ,i:kə'nɒmık / mac·ro·eco·nomic] *agg.* (*econ.*) macroeconomico: — *model*, modello macroeconomico.

macroeconomics [,mækrəʊ,i:kə'nɒmıks / mac·ro·ec·onom·ics] *s.* [U] (*econ.*) macroeconomia.

macroesthesia [,mækrəʊ,es'θi:ʒıə / mac·ro·esthe·sia] *s.* (*med.*) macroestesia.

macrofauna [,mækrəʊ'fɔ:nə / mac·ro·fauna] *s.* (*ecol.*) macrofauna.

macroflora [,mækrəʊ'flɔ:rɑ / mac·ro·flora] *s.* (*ecol.*) macroflora.

macrofossil [,mækrəʊ'fɒsl / mac·ro·fos·sil] *s.* (*paleont.*) macrofossile.

macrogamete [,mækrəʊ'gæmi:t / mac·ro·gam·ete] *s.* (*biol.*) macrogamete.

macroglobulin [,mækrəʊ'glɒbjʊlın / ma·cro·globu·lin] *s.* (*biochim.*) macroglobulina.

macroglossia [,mækrəʊ'glɒsıə / mac·ro·glossia] *s.* (*med.*) macroglossia.

macroinstruction [,mækrəʊ'ınstrʌkʃn / mac·ro·in·struc·tion] *s.* (*inform.*) macroistruzione.

to **macroize** ['mækrəʊ,aız / mac·ro·ize] *v.tr.* (*inform.*) stendere delle macroistruzioni.

macromelia [,mækrəʊ'mi:lıə / mac·ro·melia] *s.* (*med.*) macromelia.

macrometeorology [,mækrəʊ,mi:tıə'rɒlədʒı / mac·ro·met·eoro·logy] *s.* macrometeorologia.

macromole ['mækrəʊməʊl / mac·ro·mole] *s.* (*chim.*) macromole.

macromolecule [,mækrəʊ'mɒlıkju:l / mac·ro·mol·ec·ule] *s.* (*chim.*) macromolecola.

macron ['mækrɒn / mac·ron] *s.* (*ling.*) segno di vocale lunga (¯).

macrophage ['mækrəʊ,feıdʒ / mac·ro·phage] *s.* (*biol.*) macrofago.

macrophyllous [,mækrəʊ'fıləs / mac·ro·phyl·lous] *s.* (*bot.*) macrofillo.

macropod ['mækrəpɒd / mac·ro·pod] *agg.* (*zool.*) macropode.

macro-prudential policy [,mækrəʊpru:,denʃl'pɒləsı] *s.* (*banca*) politica di vigilanza a livello sistemico.

macropterous [mə'krɒptərəs / mac·ro·pter·ous] *agg.* (*zool.*) che ha lunghe ali.

macroscopic [,mækrəʊ'skɒpık / mac·ro·scopic] *agg.* macroscopico.

macrospore [,mækrəʊ'spɔ:* / mac·ro·spore] *s.* (*bot.*) macrospora.

macula ['mækjʊlə / mac·ula] *pl.* **maculae** ['mækjʊli: / macu·lae] *s.* (*anat., med.*) macchia; macula: — *cornea*, macula corneale; — *lutea*, macula lutea.

macular ['mækjʊlə* / macu·lar] *agg.* (*anat., med.*) maculare.

maculate ['mækjʊlıt / macu·late] *agg.* **1** (*zool.*) maculato **2** (*letter.*) maculato, sporco: *most maculate thoughts, master, are masked under such colours*, (SH. Love's Labour's Lost), sconci pensieri si nascondono sotto quei colori.

to **maculate** ['mækjʊleıt] *v.tr.* (*letter.*) maculare.

mad [mæd] *agg.* **1** pazzo, matto, folle: *to become* (o *to go*) —, ammattire, diventar matto; *to drive* (o *to send*) *s.o.* —, fare impazzire qlcu. // *to be as — as a hatter* (o *as a March hare*), essere matto da legare; *she must be stark raving —!*, deve essere proprio pazza! **2** (*fam.*) furioso, arrabbiato, furente: *they were really — about missing the train*, erano furenti per aver perduto il treno; *to be — with* (o *at*) *s.o.*, essere arrabbiato con qlcu.; *it made me hopping* —, mi ha fatto uscire dai gangheri **3** idrofobo, arrabbiato (di cane) **4** (*fig.*) appassionato, entusiasta, pazzo, fanatico: — *with joy*, pazzo di gioia; *she is — on dancing*, va pazza per il ballo; *to be — about music*, andar pazzo per la musica; *I'm — about you*, sono pazzo di te // *like* —, come un pazzo; *we worked like — to finish it in time*, abbiamo lavorato come pazzi per finire in tempo // *to be — keen on sthg.*, essere entusiasta di qlco.; *to be — keen on s.o.*, prendere una cotta per qlcu. // *to have a — time*, divertirsi pazzamente.

to **mad** *v.tr.* (*ant.*) fare impazzire, fare ammattire ◆ *v.intr.* ammattire.

madam ['mædəm] *pl.* **madams**, *nel significato 1* **mesdames** ['meıdæm *amer.* meı'dɑ:m] *s.* **1** *Madam*, Signora (al vocativo, nell'intestazione di lettere): *Dear Madam*, Cara, Gentile Signora **2** tenutaria (di casa di tolleranza) **3** (*iron., spec. al vocativo*) madama, padrona; ragazzina capricciosa.

madcap ['mædkæp / mad·cap] *agg.* e *s.* scervellato, scriteriato; pazzo.

to **madden** ['mædn / mad·den] *v.tr.* far impazzire; far disperare; render furioso ◆ *v.intr.* impazzire, ammattire.

maddening ['mædnıŋ / mad·den·ing] *agg.* **1** che fa impazzire **2** (*fig.*) irritante; esasperante: — *delays*, ritardi esasperanti // **-ly** *avv.*

madder ['mædə* / mad·der] *s.* **1** (*bot.*) (*Rubia tinctorum*) robbia **2** (*chim.*) robbia.

madder lake ['mædə,leık] *s.* (*chim.*) lacca di alizarina.

madding ['mædıŋ / mad·ding] *agg.* (*letter.*) folle; pazzo; furioso.

mad-doctor ['mæd,dɒktə*] *s.* (*antiq.*) alienista.

made *pass.p.p.* di to **make** ◆ *agg.* **1** fatto, lavorato, confezionato, fabbricato; composto: *jam is — from fruit*, la marmellata è fatta con la frutta; *this box is — of wood*, questa scatola è di legno; — *in Hong Kong*, *in Italy*, fabbricato a Hong Kong, in Italia // *a — man*, *a — woman*, una uomo arrivato, una donna arrivata **2** fatto (apposta); adatto: *they are — for each other*, sono fatti l'uno per l'altra **3** (*ant.*) sbarrato: *at this time the doors are made against you*, (SH. Comedy of Errors) adesso le porte sono sbarrate dinanzi a voi.

Madeira [mə'dıərə / Ma·deira] *s.* (vino di) Madera.

made land ['meıdlænd] *s.* (*geogr., miner.*) terreno di riporto.

made over [meıd'əʊvə*] *agg.* (*amer.*) rimesso a nuovo, rinnovato.

made-to-measure [,meıdtə'meʒə*] *agg.* fatto su misura (di abito).

made up [meıd'ʌp] *agg.* **1** truccato (*anche fig.*); alterato: *she is all* —, è tutta truccata; *it is a — story*, è una frottola **2** (già) pronto, preparato: *a — dish*, un piatto pronto.

madhouse ['mædhaʊs / mad·house] *s.* (*fam.*) manicomio (*spec. fig.*).

Madison Avenue [,mædısən'ævənju: / Mad·ison Av·enue] *s.* (*sl. amer.*) mondo della pubblicità (dal nome della strada di New York dove si trovano le maggiori agenzie).

madly ['mædlı] *avv.* **1** pazzamente, furiosamente **2** (*fig. fam.*) alla follia, perdutamente, pazzamente.

madman ['mædmən / mad·man] *pl.* **madmen** *s.* alienato, pazzo; insensato.

madness ['mædnɪs / mad·ness] *s.* **1** pazzia, demenza: *it is sheer — to go out in this weather*, è una pazzia uscire con questo tempo // *midsummer —*, il colmo della pazzia **2** (*fam.*) ira; furore, rabbia **3** idrofobia, rabbia.

madonna [mə'dɒnə / ma·donna] *s.* (*pitt., scult.*) madonna.

Madonna-lily [mə'dɒnə,lɪlɪ] *s.* (*bot.*) giglio bianco → **white lily**.

madras [mə'dræs / ma·dras] *s.* (stoffa) madras.

madrepore [,mædrɪ'pɔ:* / mad·re·pore] *s.* (*zool.*) madrepora.

madrigal ['mædrɪgəl / mad·rigal] *s.* madrigale.

madwoman ['mæd,wʊmən / mad·wo·man] *pl.* **madwomen** ['mæd,wɪmɪn] *s.* pazza.

maecenas [mi:'si:nəs / mae·cenas] *s.* mecenate.

maelstrom ['meɪlstrəʊm / mael·strom] *s.* **1** mälström, gorgo, vortice **2** turbine, vortice (*anche fig.*).

maenad ['mi:næd] *s.* (*mit.*) menade, baccante (*anche fig.*).

maestro [mɑ:'estrəʊ / maes·tro] *pl.* **maestros, maestri** [mɑ:'estri:] *s.* (*mus.*) maestro.

Mae West [,meɪ'west] *s.* (*sl.*) giubbotto salvagente (per aviatori).

to **maffick** ['mæfɪk] *v.intr.* (*ant.*) dimostrare esultanza, darsi a manifestazioni di giubilo.

mafic ['mæfɪk] *agg.* (*chim.*) mafico, femico.

mag [mæg] *s.* (*fam.*) abbr. di → **magazine** 1.

magazine [,mægə'zi:n / ma·ga·zine] *s.* **1** rivista, periodico: *a fashion —*, una rivista di moda **2** (*tv*) contenitore (programma di lunga durata che presenta numeri di varietà, notizie sportive, culturali ecc.) **3** caricatore (di arma da fuoco) **4** (*fot.*) magazzino **5** (*inform.*) scomparto di alimentazione schede; magazzino di memoria a nastri magnetici **6** (*mil.*) deposito di armi, magazzino; polveriera; (*mar.*) santabarbara.

mag card unit ['mæg,kɑ:d,ju:nɪt] *s.* (*inform.*) unità a schede magnetiche.

magdalen ['mægdəlɪn / mag·da·len] **magdalene** [,mægdə'li:nɪ / mag·da·lene] *s.* (*ant.*) prostituta redenta, maddalena.

magenta [mə'dʒentə / ma·genta] *s.* **1** (colore) magenta **2** (*chim.*) fucsina.

maggie ['mægɪ / mag·gie] *s.* (*sl. amer.*) pistola automatica • Forse come contr. fam. di *magazine 3*.

maggot ['mægət / mag·got] *s.* **1** (*zool.*) larva, verme **2** (*fam. amer.*) mozzicone di sigaretta, cicca **3** (*ant.*) idea fissa, capriccio, ubbia.

magi *pl.* di → **magus**.

magic ['mædʒɪk / ma·gic] *agg.* **1** magico; fatato: *— mirror*, specchio magico; *— carpet*, tappeto volante // *— lantern*, lanterna magica // *— square*, quadrato magico // (*mat.*) *— numbers*, numeri magici // (*rad. fam.*) *— eye*, occhio magico **2** (*fig. fam.*) fantastico, magnifico, magico: *as a guitarist, he's —*, come chitarrista è straordinario // *—!*, (*esclamativo*) magnifico! ◆ *s.* magia, incantesimo, incanto (*anche fig.*) // *like —, as if by —*, come per incanto // *black —*, magia nera; *white —*, magia bianca.

magical ['mædʒɪkl / ma·gical] *agg.* magico (*anche fig.*).

magically ['mædʒɪkəlɪ / ma·gic·ally] *avv.* per magia, magicamente.

magician [mə'dʒɪʃn / ma·gi·cian] *s.* **1** mago; stregone **2** illusionista.

magilp → **megilp**.

magisterial [,mædʒɪ'stɪərɪəl / ma·gis·terial] *agg.* **1** di magistrato: *in his — capacity*, nella sua qualità di magistrato; *— rank*, grado di un magistrato **2** magistrale: *a — interpretation*, un'interpretazione magistrale **3** autoritario; autorevole.

magisterially [,mædʒɪ'stɪərɪəlɪ / ma·gis·teri·ally] *avv.* **1** da magistrato **2** magistralmente **3** in modo autoritario; autorevolmente.

magistery ['mædʒɪstərɪ / ma·gis·tery] *s.* (*chim.*) magistero: *— of sulfur*, magistero di zolfo, zolfo precipitato.

magistracy ['mædʒɪstrəsɪ / ma·gis·tracy] *s.* magistratura.

magistral [mə'dʒɪstrəl / ma·gis·tral] *agg.* **1** (*rar.*) magistrale, di maestro **2** (*chim.*) magistrale, galenico.

magistrate ['mædʒɪstreɪt / ma·gis·trate] *s.* (*dir.*) pretore, giudice (competente per le controversie minori, per la convalida degli arresti, nell'udienza preliminare); giudice di pace // *— 's court*, pretura, tribunale di grado inferiore // *honorary —*, giudice di pace (non stipendiato) // *— 's clerk*, cancelliere della pretura.

magistrateship ['mædʒɪstreɪtʃɪp / ma·gis·trate·ship] **magistrature** ['mædʒɪstrətjʊə* / ma·gis·trat·ure] *s.* magistratura.

magma ['mægmə] *pl.* **magmas, magmata** ['mægmətə / mag·mata] *s.* (*geol.*) magma.

magmatic [,mæg'mætɪk / mag·matic] *agg.* (*geol.*) magmatico.

magmatism ['mægmətɪzm / mag·mat·ism] *s.* (*geol.*) magmatismo.

Magna Carta, Magna Charta [,mægnə 'kɑ:tə] *s.* **1** (*st.*) Magna Carta (1215) **2** (*fig.*) qualsiasi costituzione secondo principi liberali.

magnanimity [,mægnə'nɪmɪtɪ / mag·nan·im·ity] *s.* magnanimità.

magnanimous [mæg'nænɪməs / mag·nan·im·ous] *agg.* magnanimo // **-ly** *avv.*

magnate ['mægneɪt / mag·nate] *s.* magnate; grande industriale, grande finanziere: *oil —*, magnate del petrolio.

magnesia [mæg'ni:ʃə / mag·ne·sia] *s.* (*chim.*) magnesia: *milk of —*, latte di magnesia.

magnesian [mæg'ni:ʃn / mag·ne·sian] *agg.* (*chim.*) magnesifero.

magnesic [mæg'ni:zɪk / mag·ne·sic] *agg.* (*chim.*) magnesico, magnesiaco.

magnesite ['mægnəsaɪt / mag·nes·ite] *s.* (*min.*) magnesite, giobertite.

magnesium [mæg'ni:zjəm / mag·nes·ium] *s.* (*chim.*) magnesio.

magnet ['mægnɪt / mag·net] *s.* **1** magnete, calamita (*anche fig.*): *horse-shoe —*, calamita a ferro di cavallo; *permanent —*, magnete permanente // *— core*, nucleo magnetico **2** (*elettr.*) elettromagnete, elettrocalamita: *field —*, magnete di campo; *releasing —*, elettrocalamita di scatto.

magnetic [mæg'netɪk / mag·netic] *agg.* **1** magnetico: *— circuit*, circuito magnetico; *— compass*, bussola magnetica; *— equator*, equatore magnetico; *— field*, campo magnetico; *— induction*, induzione magnetica; *— iron sheet*, lamierino magnetico; *— needle*, ago magnetico, calamitato; *— poles*, poli magnetici (della Terra); *— tape, wire*, nastro, filo magnetico **2** (*fig.*) magnetico; attraente, affascinante: *— fluid*, fluido magnetico; *a — personality*, una personalità magnetica.

magnetically [mæg'netɪkəlɪ / mag·net·ic·ally] *avv.* magneticamente (*anche fig.*).

magnetic recorder [mæg,netɪkrɪ'kɔ:də*] *s.* magnetofono.

magnetics [mæg'nətɪks / mag·net·ics] *s.* [U] magnetismo.

magnetism ['mægnətɪzəm / mag·net·ism] *s.* magnetismo (*anche fig.*): *animal —*, magnetismo animale.

magnetite ['mægnɪtaɪt / mag·net·ite] *s.* (*min.*) magnetite.

magnetization [,mægnɪtaɪ'zeɪʃn / mag·net·iza·tion] *s.* (*fis.*) magnetizzazione: *— curve*, curva normale di magnetizzazione.

to **magnetize** ['mægnɪtaɪz / mag·net·ize] *v.tr.* magnetizzare (*anche fig.*).

magneto [mæg'ni:təʊ / mag·neto] *pl.* **magnetos** *s.* (*elettr.*) magnete // (*aut.*) *hand starting —*, magnetino d'avviamento; *there is something wrong with the —*, l'avviamento non funziona.

magnetochemistry [mæg,ni:təʊ'kemɪstrɪ / mag·neto·chem·istry] *s.* (*fis.*) magnetochimica.

magnetohydrodynamics [mæg,ni:təʊ ,haɪdrəʊdaɪ'næmɪks / mag·neto·hy·dro·dy·nam·ics] *s.* [U] (*fis.*) magnetoidrodinamica.

magnetomechanical ratio [mæg ,ni:təʊmə,kænəkl'reɪʃɪəʊ] *s.* (*fis.*) rapporto giromagnetico.

magnetometer [,mægnɪ'tɒmɪtə* / mag·ne·to·meter] *s.* (*fis.*) magnetometro.

magnetomotive force [mæg,ni:təʊ ,məʊtɪv'fɔ:s] *s.* (*fis.*) forza magnetomotrice.

magneton [mæg'ni:tɒn / mag·neton] *s.* (*fis.*) magnetone.

magneto-optical effects [mæg,ni:təʊ ,ɒptɪklɪ'fekts] *s.pl.* (*fis.*) effetti magnetoottici.

magnetosphere [mæg,ni:təʊ,sfɪə* / mag·neto·sphere] *s.* (*astr.*) magnetosfera.

magnetostatics [mæg,ni:təʊ'stætɪks / mag·neto·stat·ics] *s.* [U] (*fis.*) magnetostatica.

magnetostriction [mæg,ni:təʊ'strɪkʃn / mag·ne·to·stric·tion] *s.* (*fis.*) magnetostrizione.

magnetron ['mægnɪtrɒn / mag·net·ron] *s.* (*fis.*) magnetron: *tunable —*, magnetron sintonizzabile.

magnific(al) [mæg'nɪfɪk(l) / mag·ni·fic(al)] *agg.* (*ant.*) magnifico; splendido; sublime // **-ally** *avv.*

Magnificat [mæg'nɪfɪkæt / Mag·ni·ficat] *s.* (*eccl.*) Magnificat.

magnification [,mægnɪfɪ'keɪʃn / mag·ni·fica·tion] *s.* **1** (*ottica*) ingrandimento **2** (*non com.*) esaltazione, lode.

magnificence [mæg'nɪfɪsns / mag·ni·fi·cence] *s.* magnificenza.

magnificent [mæg'nɪfɪsnt / mag·ni·fi·cent] *agg.* magnifico; splendido; sontuoso // **-ly** *avv.*

magnifico [mæg'nɪfɪkəʊ / mag·ni·fico] *pl.* **magnifico(e)s** *s.* (*st.*) magnifico (titolo onorifico specialmente riferito ai nobili veneziani).

magnifier ['mægnɪfaɪə* / mag·ni·fier] *s.* **1** (*ottica*) lente d'ingrandimento **2** (*non com.*) esaltatore, magnificatore.

to **magnify** ['mægnɪfaɪ / mag·nify] *v.tr.* **1** (*ottica*) ingrandire **2** esagerare **3** (*ant.*) magnificare, esaltare.

magnifying glass ['mægnɪ,faɪŋ,glɑ:s] *s.* (*ottica*) lente d'ingrandimento.

magnifying power ['mægnɪ,faɪŋ,paʊə*] *s.* (*ottica*) ingrandimento, potere d'ingrandimento.

magniloquence [mæg'nɪləʊkwəns / mag·ni·lo·quence] *s.* magniloquenza.

magniloquent [mæg'nɪləʊkwənt / mag·ni·lo·quent] *agg.* magniloquente // **-ly** *avv.*

magnitude ['mægnɪtju:d *amer.* 'mægnɪtu:d / mag·ni·tude] *s.* **1** importanza: *a problem of the first* —, un problema della massima importanza **2** (*astr.*) grandezza, magnitudine: *a star of the first* —, una stella di prima grandezza; *apparent* —, magnitudine apparente; *absolute* —, magnitudine assoluta **3** (*geofisica*) magnitudo (di un terremoto).

magnolia [mæg'nəʊljə / mag·no·lia] *s.* (*bot.*) magnolia.

magnum ['mægnəm / mag·num] *s.* magnum (bottiglia da vino da un litro e mezzo circa, cioè di capacità doppia del normale).

magnum opus [,mægnəm'əʊpəs] *s.* capolavoro (di un artista).

magoo [mə'gu:] *s.* (*fam. amer.*) **1** torta (spec. quella che si tirano in faccia gli attori comici) **2** papavero, persona importante.

magpie ['mægpaɪ / mag·pie] *s.* **1** (*zool.*) (*Pica pica*) gazza SIN. pie **2** (*fam.*) collezionista, raccoglitore (soprattutto di oggetti piccoli e inutili) **3** (*fam.*) chiacchierone, pettegolo, gazza **4** (*sl. ant.*) mezzo penny.

magpie moth ['mægpaɪ,mɒθ] *s.* (*zool.*) geometra del ribes → **abraxas**.

magus ['məɪgəs / ma·gus] *pl.* **magi** ['meɪdʒaɪ] *s.* **1** magio, antico sacerdote persiano // *the Magi*, i Re Magi **2** stregone.

Magyar ['mægjɑ:* / Mag·yar] *agg.* e *s.* magiaro.

maharaja(h) [,mɑ:hə'rɑ:dʒə / ma·ha·raja(h)] *s.* maragià.

maharanee [,mɑ:hə'rɑ:ni: / ma·ha·ra·nee] *s.* moglie del maragià.

mahatma [mə'hɑ:tmə / ma·hatma] *s.* mahatma, asceta, saggio (in India).

Mahdi ['mɑ:di:] *s.* (*relig.*) Mahdi, messia islamico.

mah-jong [mɑ:'dʒɒŋ] *s.* (*gioco*) mah-jong®.

mahlstick ['mɔ:lstɪk / mahl·stick] *s.* (*pitt.*) appoggiamano.

mahogany [mə'hɒgənɪ / ma·hog·any] *s.* **1** (*bot.*) (*Swietenia mahagoni*) mogano (pianta, legno) **2** color mogano.

Mahometan [mə'hɒmɪtən / Ma·hom·etan] *agg.* e *s.* maomettano.

mahout [mə'haʊt / ma·hout] *s.* guidatore di elefanti.

maid [meɪd] *s.* **1** domestica, cameriera // — *of all work*, donna tuttofare // *chamber* —, cameriera (d'albergo), cameriera di camera, di piano **2** (*ant.*) ragazza, fanciulla: — *of honour*, damigella d'onore // *old* —, (*fam.*) zitella // *the Maid of Orleans*, la Pulzella d'Orléans.

maiden ['meɪdn] *agg.* **1** virgineo, verginale; (*fig.*) fresco, puro: — *modesty*, ritrosia, pudore verginale **2** nubile: — *aunt*, zia nubile **3** primo, da esordiente: — *speech*, il primo discorso di un deputato neo-eletto; — *trip* (o *voyage*), primo viaggio (di una nave) // — *horse*, cavallo che non ha mai vinto ◆ *s.* **1** (*letter.*) fanciulla, giovinetta; vergine **2** zitella **3** (*st. scoz.*) ghigliottina **4** (*zool.*) giovenca.

maiden assize ['meɪdənə,saɪz] *s.* (*dir.*) sessione giudiziaria senza cause per il dibattimento.

maidenhair ['məɪdnheə* / maid·en·hair] *s.* (*bot.*) — (*fern*), (*Adiantum capillus-Veneris*) capelvenere, adianto SIN. Venus's hair.

maidenhead ['meɪdnhed / maid·en·head] *s.* **1** verginità **2** (*anat.*) imene.

maidenhood ['meɪdnhʊd / maid·en·hood] *s.* l'essere nubile; verginità.

maidenish ['meɪdnɪʃ / maid·en·ish] *agg.* di fanciulla; di vergine; di zitella.

maidenly ['meɪdnlɪ / maid·enly] *agg.* verginale, casto; modesto ◆ *avv.* (*ant.*) castamente, pudicamente; modestamente.

maiden name ['meɪdn,neɪm] *s.* cognome da ragazza, da nubile.

maiden over [,meɪdn'əʊvə*] *s.* (*cricket*) serie di sei lanci a vuoto (senza punteggio).

maiden's delight [,meɪdnzdə'laɪt] *s.* (*fam. amer.*) bibita al gusto di ciliegia.

maidservant ['meɪd,sɜ:vənt / maid·ser·vant] *s.* cameriera, domestica.

maieutic [meɪ'ju:tɪk / mai·eutic] *agg.* (*fil.*) maieutico.

maieutics [meɪ'ju:tɪks / mai·eutics] *s.* U (*fil.*) maieutica.

mail[1] [meɪl] *s.* **1** U posta, corrispondenza: *he does all his — himself*, sbriga personalmente tutta la sua corrispondenza; *the invitation came in the* —, l'invito era fra la posta **2** posta, servizio postale **3** treno, nave, aereo postale **4** (*entra nella testata di vari giornali*): *The Daily Mail*.

to **mail**[1] *v.tr.* **1** mandare per posta **2** imbucare.

mail[2] *s.* maglia (di ferro): *coat of* —, cotta di maglia.

mailable ['meɪləbl / mail·able] *agg.* spedibile.

mailbag ['meɪl,bæg / mail·bag] *s.* **1** sacco postale, sacco della posta **2** (*amer.*) borsa del portalettere.

mail boat ['meɪl,bəʊt] *s.* (battello) postale.

to **mailbomb** ['meɪl,bɒm / mail·bomb] *v.tr.* (*inform.*) sommergere di messaggi di posta elettronica.

mailbox [məɪl,bɒks / mail·box] *s.* **1** (*amer.*) cassetta delle lettere; buca per le lettere BRIT. letterbox **2** (*inform.*) zona di memoria riservata alla ricezione dei messaggi.

mail car ['meɪl,kɑ:] *s.* (*amer.*) → **mail van** 2.

maildrop ['meɪldrɒp / mail·drop] *s.* (*fam. amer.*) posto di consegna (di posta clandestina).

mailed [meɪld] *agg.* **1** rivestito di maglia (di ferro) **2** corazzato.

mail fraud ['meɪl,frɔ:d] *s.* (*dir. amer.*) reato commesso per mezzo della posta.

mailing ['meɪlɪŋ / mail·ing] *s.* mailing, pubblicità per corrispondenza.

mailing list ['meɪlɪŋ,lɪst] *s.* indirizzario, elenco di nomi e indirizzi scelti per l'invio di materiale pubblicitario.

maillot [,maɪ'əʊ / mail·lot] *s.* **1** costume da bagno intero **2** calzamaglia.

mailman [meɪlmən / mail·man] *pl.* **mailmen** *s.* (*amer.*) postino BRIT. postman.

mail order ['meɪl,ɔ:də*] *s.* ordinazione (di merci) per corrispondenza: — *firm, catalogue*, ditta, catalogo di vendita per corrispondenza.

mailphore ['meɪl,sɜ:va* / mail·phore] *s.* (*inform.*) archivio messaggi.

mailserver ['meɪl,sɜ:və* / mail·server] *s.* (*inform.*) risponditore automatico di posta elettronica.

mailshot ['meɪlʃɒt / mail·shot] *s.* **1** materiale pubblicitario distribuito per posta **2** (*inform.*) invio messaggi.

mail train ['meɪltreɪn] *s.* treno postale.

mail van ['meɪlvæn] *s.* **1** furgone postale **2** vagone postale.

maim [meɪm] *s.* (*antiq.*) mutilazione; menomazione.

to **maim** *v.tr.* mutilare; menomare; paralizzare (*anche fig.*): *he will be maimed for life*, rimarrà menomato per tutta la vita.

maimed [meɪmd] *agg.* mutilato; menomato // *the halt and the* —, (*letter. ant.*) gli zoppi e gli storpi.

main [meɪn] *agg.* principale, più importante; essenziale; capitale: *the — features of a speech*, i tratti salienti di un discorso // (*mil.*) *the — body*, il grosso dell'esercito // *the — issue*, il nocciolo della questione // *in the* —, principalmente.

main *s.* **1** (*spec. pl.*) (*tecn.*) conduttura, tubatura principale: *we aren't connected to the mains yet*, non abbiamo ancora l'allacciamento **2** *pl.* (*elettr.*) rete, linea d'alimentazione // *mains voltage*, tensione di alimentazione; *mains electricity*, energia di rete **3** (*letter.*) mare; oceano: *to mingle with the bounding main*, (TENNYSON) per mescolarsi col rifrangente mare; *when Britain... / arose from out the azure main*, (J. THOMSON) quando la Bretagna... sorse dall'azzurro oceano // *the Spanish Main*, il Mar delle Antille **4** (*ant.*) terraferma: *bids the wind blow the earth into the sea, / or swell the curles waters 'bove the main*, (SH. King Lear) grida al vento di sprofondare la terra nel mare o di sollevare le acque tempestose al di sopra della terra **5** l'essenziale: *in the* —, in complesso **6** (*ant.*) forza // *with might and* —, con tutte le forze, le energie **7** (*ant.*) posta (ai dadi): *...to set so rich a main / on the nice hazard of one doubtful hour?*, (SH. Henry IV) ...mettere una posta così ricca all'azzardo precario di un'ora incerta?

mainbrace ['meɪnbreɪs / main·brace] *s.* (*mar.*) braccio del pennone di maestra // *to splice the* —, distribuire rum ai marinai.

main-course ['meɪnkɔ:s] *s.* (*mar.*) vela maestra.

main deck ['meɪndek] *s.* (*mar.*) ponte di batteria.

main drag [,meɪn'dræg] *s.* (*fam. amer.*) corso, strada principale; via del passeggio.

main entry [,meɪn'entrɪ] *s.* lemma principale.

mainframe ['meɪnfreɪm / main·frame] *s.* (*inform.*) **1** unità di elaborazione **2** — (*computer*), elaboratore centrale.

mainland ['meɪnlənd / main·land] *agg.* continentale ◆ *s.* terraferma; continente.

mainline ['meɪnlaɪn / main·line] *s.* **1** (*ferr.*) linea principale **2** (*fam. amer.*) stile di vita dell'alta società.

to **mainline** *v.tr.* (*sl.*) iniettare narcotici.

mainliner ['meɪnlaɪnə* / main·liner] *s.* (*sl.*) tossicomane.

mainly ['meɪnlɪ / main·ly] *avv.* **1** principalmente, soprattutto **2** nel complesso; in genere.

mainmast ['meɪnmɑ:st *amer.* 'meɪnmæst / main·mast] *s.* (*mar.*) albero maestro.

main office [,meɪn'ɒfɪs *amer.* ,meɪn'ɔ:fɪs] *s.* (*comm.*) direzione centrale; sede.

mainour ['meɪnə* / main·our] *s.* (*ant.*) → **manner** 1.

main road [,meɪn'rəʊd] *s.* strada maestra.

mains [meɪnz] *s.* **1** (*scoz.*) fattoria principale **2** → main 1.

mainsail ['meɪnseɪl / main·sail] *s.* (*mar.*) vela maestra; randa.

mainsheet ['meɪn,ʃi:t / main·sheet] *s.* (*mar.*) scotta della randa.

mains-operated ['meɪnz,ɒpəreɪtɪd] *agg.* (*elettr.*) alimentato a rete: — *set*, apparecchio radio a corrente di rete.

mainspring ['meɪnsprɪŋ / main·spring] *s.* **1** molla principale **2** (*fig.*) movente principale.

mainstay ['meɪnsteɪ / main·stay] *s.* **1** (*mar.*) straglio di maestra **2** (*fig.*) appoggio, sostegno; fondamento; punto di forza.

main storage [,meɪn'stɔ:rɪdʒ] *s.* (*inform.*) memoria centrale.

mainstream ['meɪnstri:m / main·stream] *agg.* tradizionale; non d'avanguardia: — *jazz*, jazz tradizionale ◆ *s.* corrente principale (*anche fig.*).

main street [,meɪn'stri:t] *s.* (*amer.*) strada principale BRIT. high street ◆ *agg.* piccolo borghese; provinciale.

to **maintain** [meɪn'teɪn / main·tain] *v.tr.* **1** mantenere, tenere, conservare; tenere costante: *they maintained a close friendship for many years*, mantennero una stretta amicizia per molti anni; *to — a fast pace*, tenere un buon passo // (*fam.*) *I — my ground*, rimango della mia opinione // (*mil.*) *they maintained their positions*, conservarono le loro posizioni **2** mantenere, sostenere economicamente: *I've got to — myself somehow 'till I get a job*, devo mantenermi in qualche modo finché non trovo un lavoro **3** mantenere in efficienza: *we must — the machinery* (o *we must keep the machinery maintained*), bisogna tenere in efficienza i macchinari **4** sostenere, asserire, affermare: *the defence maintains that he was abroad at the time of the robbery*, la difesa sostiene che egli era all'estero quando ci fu la rapina; *he maintains that it is true*, asserisce che ciò è vero **5** (*dir.*) promuovere: *to — a legal action*, promuovere, portare avanti un'azione legale.

maintainable [meɪn'teɪnəbl / main·tain·able] *agg.* **1** mantenibile **2** difendibile.

maintainer [meɪn'teɪnə* / main·tainer] *s.* mantenitore.

maintenance ['meɪntɪnəns / main·ten·ance] *s.* **1** mantenimento: *this government believes in the — of law and order*, questo governo crede nel mantenimento della legge e dell'ordine, della legalità **2** sostentamento; assistenza **3** (*dir.*) alimenti **4** manutenzione: — *service*, servizio di manutenzione; — *agreement*, contratto di manutenzione; — *charge*, spese di manutenzione; — *staff*, personale di sorveglianza; gli addetti alla manutenzione **5** difesa (di idee, cause ecc.), asserzione **6** (*dir.*) assistenza, appoggio illecito ad una delle parti in un processo **7** (*inform.*) aggiornamento; manutenzione: — *of a data base*, aggiornamento della base di dati.

maintenance order ['meɪntənəns,ɔ:də*] *s.* (*dir.*) ingiunzione di pagamento degli alimenti.

maintop ['meɪntɒp / main·top] *s.* (*mar.*) coffa di maestra.

mainyard ['meɪnjɑ:d / main·yard] *s.* (*mar.*) pennone di maestra.

maisonette [,meɪzə'net / mais·on·ette] *s.* appartamentino; villino.

maize [meɪz] *s.* **1** (*bot.*) (*Zea mays*) granoturco, mais SIN. indian corn **2** (colore) giallo.

majestic(al) [mə'dʒestɪk(l) / ma·jest·ic·(al)] *agg.* maestoso; augusto // **-ally** *avv.*

majesticalness [mə'dʒestɪklnɪs / ma·jestic·al·ness] *s.* (*non com.*) maestosità.

majesty ['mædʒəstɪ / maj·esty] *s.* **1** maestà: *His, Her, Your Majesty*, Sua, Vostra Maestà; *Their Majesties*, le Loro Maestà **2** grandezza, maestà.

majolica [mə'jɒlɪkə / ma·jol·ica] *s.* maiolica.

major[1] ['meɪdʒə* / ma·jor] *agg.* **1** maggiore; più importante: *the — part*, la maggior parte; *there had been a — change in his attitude*, c'era stato un gran cambiamento nel suo modo di fare // — *course*, — *subject*, corso di studi, materia più importante // — *operation*, intervento chirurgico grave // — *road*, strada principale **2** (*mus.*) (in tono) maggiore: *a symphony in C —*, una sinfonia in do maggiore; — *scale*, scala maggiore **3** il maggiore (di due fratelli, a scuola): *Brown —*, il fratello maggiore di *Brown minor* ◆ *s.* **1** (*dir.*) maggiorenne **2** disciplina di specializzazione **3** studente che si specializza in una data disciplina: *a philosophy —*, uno studente di filosofia.

to **major**[1] *v.intr.* specializzarsi: *to — in chemistry*, specializzarsi in chimica.

major[2] *s.* (*mil.*) maggiore.

majorant ['meɪdʒərənt / ma·jor·ant] *agg.* e *s.* (*mat.*) maggiorante.

Majorcan [mə'dʒɔ:kən / Ma·jor·can] *agg.* e *s.* (*geogr.*) maiorchino.

majorette [meɪdʒə'ret / ma·jor·ette] *s.* majorette.

major general [,meɪdʒə'dʒenərəl] *s.* (*mil.*) → **general**.

majority [mə'dʒɒrətɪ *amer.* mə'dʒɔ:rətɪ / ma·jor·ity] *s.* **1** maggioranza: *absolute —*, maggioranza assoluta; — *party*, partito di maggioranza; *a — decision*, una decisione presa a maggioranza; *to be in a* (o *the*) —, essere in maggioranza; *to win by a large —*, vincere con una forte maggioranza // *silent —*, maggioranza silenziosa // (*comm.*): — *interest* (o — *stake*), partecipazione di maggioranza; — *-owned subsidiary*, società controllata // (*fis.*) — *carrier*, portatore maggioritario // *to join the —*, (*fig.*) raggiungere il numero dei più, morire **2** maggiore età: *to reach one's —*, diventare maggiorenne.

majorship ['meɪdʒəʃɪp / ma·jor·ship] *s.* (*mil. antiq.*) grado di maggiore.

make [meɪk] *s.* **1** fattura, forma, struttura; taglio: *a suit of good —*, un abito di buon taglio, di buona fattura **2** fabbricazione; marca: *cars of all makes*, auto di tutte le marche; *of Italian —*, di fabbricazione italiana; *of our own —*, di nostra fabbricazione, produzione propria // *to be on the —*, (*sl.*) cercare di sfondare, di aver successo; fare avances sessuali **3** costituzione fisica, morale: *a man of feeble —*, un uomo di costituzione gracile; un uomo debole di carattere **4** (*elettr.*) chiusura (del circuito): *at —*, in circuito.

to **make** *pass.p.p.* **made** [meɪd] *v.tr.* **1** fare, creare; costruire, fabbricare; preparare: *God made the world*, Dio creò il mondo; *she makes her own dresses*, si fa gli abiti da sola; *the sculptor made this statue*, lo scultore ha fatto questa statua; *what's it made of? It's made of marble*, di che cosa è fatto? È fatto di marmo; *wine is made from grapes*, il vino si fa con l'uva; *what a mess you've made!*, che pasticcio hai fatto!; *did you — some coffee?* hai fatto il caffè?; *they've made a film of the novel*, dal romanzo hanno fatto un film; *his firm makes videorecorders*, la sua ditta fabbrica viedoregistratori; *laws are made by Parliament*, le leggi sono emanate dal parlamento; *we made a list of the books we need*, abbiamo fatto un elenco dei libri che ci occorrono; *the press made a fuss about his divorce*, la stampa ha fatto un gran chiasso a proposito del suo divorzio; *she doesn't — friends so easily*, non fa amicizia tanto facilmente; *he was insensitive and made a lot of enemies*, era un insensibile e si è fatto molti nemici // *I could — nothing of it*, non ci capivo niente // *what do you — of this?*, che te ne pare di questo? // *she made the bed before going out*, rifece il letto prima di uscire // *you're making too much noise*, stai facendo troppo rumore // *he made a face when he saw the price*, fece una smorfia quando vide il prezzo // — *love not war*, fate l'amore, non la guerra // *he makes trouble whenever he can*, crea problemi ad ogni occasione // *peace was made in 1945*, la pace fu stipulata nel 1945 **2** fare, rendere, far diventare: *we made it clear we weren't involved*, abbiamo fatto capire che non eravamo coinvolti; — *sure you've got your passport*, assicurati di avere il passaporto; *that record made him famous*, quel disco l'ha reso famoso; *the sergeant made his life hell*, il sergente gli rese la vita un inferno; *he made a fool of himself at the party*, si coprì di ridicolo alla festa; *the experience made a man of him*, l'esperienza fece di lui un uomo; *fog made the journey impossible*, la nebbia rese il viaggio impossibile; *their remarks made him angry*, le loro osservazioni lo irritarono; *sit down and — yourself comfortable*, siediti e mettiti a tuo agio; *their interference only made things worse*, il loro intervento ha solo peggiorato le cose; *they made the boat fast*, legarono la barca // *he was making free with the company's money*, spendeva e spandeva allegramente i soldi della ditta // *the judge said we had to — good* *the damage to their property*, il giudice disse che dovevamo risarcire il danno alla loro proprietà; *after the war he made good in business*, dopo la guerra ha avuto successo negli affari // *he will — it up to you*, ti ricompenserà // *the police made it hot for him*, la polizia gli ha reso la vita difficile // *they were making merry till the small hours*, facevano baldoria fino alle ore piccole **3** fare, eseguire, compiere; commettere: *he made a speech at the congress*, ha fatto un discorso, ha parlato al congresso; *she refused to — a comment on the scandal*, si rifiutò di fare commenti sullo scandalo // *the police are making enquiries about the theft*, la polizia sta indagando sul furto; *the manager made a few changes in the office*, il direttore ha fatto qualche cambiamento in ufficio; *she made a good job of the typing*, ha fatto un buon lavoro di battitura (a macchina); *he must — an effort to get here in time*, deve sforzarsi di arrivare qui in tempo; *we've made a lot of progress in French recently*, ultimamente abbiamo fatto notevoli progressi in francese; *it's too late to — a phone call*, è troppo tardi per telefonare; *you must — a decision within 3 days*, dovete prendere una decisione entro 3 giorni; *she's glad she made the right choice*, è contenta di aver fatto la giusta scelta; *we made a trip to Seville*, abbiamo fatto un viaggio a Siviglia; *he doesn't like making long journeys*, egli non ama fare lunghi viaggi; *we made an early start so as to get to the airport in time*, siamo partiti presto per arrivare in tempo all'aeroporto; *you've made some mistakes in these figures*, hai fatto qualche errore in queste cifre; *he made a serious error in his forecast*, ha fatto un grave errore nelle sue previsioni; *they made me an offer for the house*, mi hanno fatto un'offerta per la casa // *the university made a grant for his research abroad*, l'università gli diede una borsa di studio per la sua ricerca all'estero **4** fare, formare, trasformare; assommare a; calcolare; segnare; guadagnare: *the trainer told us to — a circle*, l'istruttore ci disse di formare un cerchio; *the troops made a square against the Indian attacks*, le truppe formarono un quadrato contro gli attacchi indiani; *the three sisters made a formidable trio*, le tre sorelle formavano un formidabile trio; *we made the attic into a small bedroom*, abbiamo trasformato il solaio in una cameretta; *he was made a minister in the new government*, è stato nominato ministro nel nuovo governo; *five and five — ten*, cinque più cinque fanno dieci; *a hundred pennies — a pound*, cento penny fanno una sterlina; *there are six of us and the dog makes seven*, siamo in sei, e il cane fa sette; *"What do you — the total?" "I — it 43"*, "Quanto ti viene il totale?" "Mi viene 43"; *the bill is £ 21, that makes £ 7 each*, il conto è di 21 sterline, che fa 7 sterline ciascuno; *"What time do you — it?" "I — it twenty past eight"*, "Che ora fai?" "Faccio le otto e venti"; *his second goal made it 2-1 for Arsenal*, il suo secondo gol segnò il 2-1 per l'Arsenal; *he makes a lot of money in that job*, guadagna un sacco di soldi con quel lavoro; *they made a small profit on the deal*, hanno guadagnato poco dall'affare **5** avere le qualità di, promettere di essere: *this article makes interesting reading*, questo articolo si presenta interessante alla lettura; *the jade box should — a good present*, la scatola di giada dovrebbe essere un bel regalo; *she'll — him a good wife*, sarà di certo una buona moglie per lui; *with his ability, he'll — a brilliant journalist*, con le sue doti, promette di essere un brillante giornalista **6** fare, riuscire, farcela; procurare successo (a); far riuscire: *his performance makes the film*, la sua interpretazione è la chiave del successo del film; *the trainer said I'd never — the first team*, l'allenatore ha detto che non ce la farò mai a entrare in prima squadra; *can we — the station in five minutes?*, ce la facciamo ad arrivare alla stazione in cinque minuti?; *we made it with one minute to spare*, ce l'abbiamo fatta per un minuto; *she knew she'd never — it as a singer*, sapeva che non avrebbe mai avuto successo come cantante; *they said they couldn't — it this evening*, dissero che non sarebbero riusciti a combinare per stasera; *they'll never —it!*, non ce la faranno mai!; *I only just made it*, ce l'ho fatta per un pelo ◆ *con valore causativo* **1** (V) *to make + oggetto + inf.* senza *to*, far fare, obbligare a, indurre a: *don't — me laugh!*, non farmi ridere!; *what makes you think that?*, che cosa te lo fa pensare?; *they made me wait for hours*, mi hanno fatto aspettare (delle) ore; *his reply made me look a fool*, la sua risposta mi ha fatto fare la figura dello stupido; *you must — him listen to sense*, devi indurlo a seguire il buon senso; *I made him confess*, l'ho fatto confessare; *they made the prisoners march for 20 miles*, costrinsero i prigionieri a marciare per 20 miglia; *the sudden noise made me jump*, il rumore improvviso mi fece sobbalzare // *we managed to — both ends meet*, riuscivamo a sbarcare il lunario // *to — do with sthg.*, far bastare qlco., accontentarsi di qlco., arrangiarsi con qlco.: *you'll have to — do with very little money*, dovrete cavarvela con ben pochi soldi; *they had to — do with one secretary for three managers*, hanno dovuto arrangiarsi con una segretaria per tre direttori **2** (VI) *to make + oneself + p.pass.*, farsi (seguito da inf.): *I couldn't — myself heard above the noise*, non riuscivo a farmi sentire in mezzo al rumore; *he made himself known when he reached the village*, quando arrivò al paese si fece conoscere; *she made herself understood by using sign language*, si faceva capire a segni.

◆ FRASEOLOGIA: *— hay while the sun shines*, cogli il momento favorevole // *you must — a clean breast of it*, devi confessare tutto // *they're always making fun of her*, la prendono sempre in giro // *we must really — a go of it*, dobbiamo assolutamente riuscire // *he made haste to hide the letter*, si affrettò a nascondere la lettera // *don't — a habit of arriving late*, non prendere l'abitudine di arrivare in ritardo // *she made the most of her chances*, sfruttò al massimo le occasioni // *the party made much of the election*, il partito diede molto risalto ai risultati delle elezioni // *he made no bones about paying the fine*, non esitò a pagare la multa // *we made short work of the roast*, abbiamo fatto sparire in un attimo l'arrosto // *he made as if to speak*, accennò a parlare // *when they saw me they made to leave*, quando mi videro fecero il cenno di andarsene // *he made like a boxer*, faceva delle mosse da pugile // *let's get an early train and — a day of it*, prendiamo il primo treno e godiamoci la giornata.

□ **make after** *v.intr.* e *prep.* rincorrere, inseguire: *they made after the thief and eventually caught him*, inseguirono il ladro e alla fine lo presero.

□ **make at** *v.intr.* e *prep.* assalire, attaccare: *the dogs made at the intruder*, i cani assalirono l'intruso.

□ **make away, off** *v.intr.* e *avv.* (*with*) rubare, portar via e scappare: *the boy made away (o off) with her bag*, il ragazzino le scippò la borsetta; *he made off with his friend's wife*, scappò con la moglie dell'amico // *to — away with oneself*, suicidarsi.

□ **make for** *v. intr.* e *prep.* **1** dirigersi verso; andare a: *the ship was making for the open sea*, la nave si dirigeva in mare aperto // *the bull made for the matador*, il toro caricò il torero // *the car made straight for him*, la macchina gli andò dritta addosso **2** consentire, assicurare: *the new device makes for safer driving*, il nuovo dispositivo consente una guida più sicura.

□ **make into** *v.tr.* e *prep.* far diventare, trasformare: *they succeeded in making him into an actor*, sono riusciti a farne un attore.

□ **make of** *v.tr.* e *prep.* capire, interpretare: *the teacher could — nothing of the pupil's writing*, l'insegnante non riusciva a capire la scrittura dell'allievo.

□ **make off** *v.intr.* e *avv.* **1** andarsene; fuggire, darsela a gambe: *after the meeting he made off without saying a word to anyone*, dopo la riunione se ne andò senza dir niente a nessuno **2** → to make away.

□ **make on** *v.tr.* e *prep.* fare, guadagnare: *if you are lucky you can — on the deal*, se sei fortunato puoi guadagnarci, in questo affare.

□ **make out** *v.tr.* e *avv.* **1** compilare; completare: *to — out a form*, compilare un modulo; *to — out a cheque*, fare, compilare un assegno **2** dichiarare; asserire: *they made out they were very tired*, asserivano di essere molto stanchi **3** vedere, scorgere: *I just could — out the outline of the dome*, riuscivo appena a scorgere la sagoma della cupola **4** capire: *I can't — him out*, non riesco a capirlo ◆ *v.intr.* e *avv.* **1** cavarsela: *how are you making out with your new job?*, come te la cavi con il tuo nuovo lavoro? // *to — out like a bandit*, (*fam. amer.*) avere un gran successo, emergere **2** (*sl. amer.*) avere rapporti sessuali: *I made out last night*, ieri sera me ne sono fatta una.

□ **make over** *v.tr.* e *avv.* **1** convertire, trasformare: *the old café was made over into a fast food restaurant*, l'antico caffè fu trasformato in un fast food **2** cedere; trasferire la proprietà di qlco. (a): *he made over the shop to his brother*, cedette il negozio al fratello.

□ **make up** *v.tr.* e *avv.* **1** sostituire; reintegrare: *to — up the losses with fresh troops*, reintegrare le perdite con truppe fresche **2** ultimare, finire: *the road was not yet made up*, la strada non era ancora asfaltata **3** inventare; costruire: *to — up stories*, inventare bugie **4** impaginare: *the front page must be made up again*, il frontespizio deve essere impaginato di nuovo **5** fare, costituire: *the organization is made up of three separate divisions*, l'organizzazione consiste in tre divisioni separate **6** caricare; aggiungere carburante a: *the stove must be made up, it's going out*, bisogna caricare la stufa, sta per spegnersi **7** truccare, truccarsi: *the actor was making up for the part of Hamlet*, l'attore stava truccandosi per la parte di Amleto **8** preparare; confezionare; fare: *to — up a medicine according to the doctor's prescription*, preparare una medicina secondo la prescrizione del medico; *to — up sandwiches*, preparare panini // *to — up a bed*, fare, approntare un letto **9** completare: *we need two men to — up the team*, ci occorrono due uomini per completare la squadra // *to — up four*, fare il quarto (a bridge) // *to — it up*, fare la pace

10 (*amer.*) ripetere, rifare: *to — up an exam*, ripetere un esame.
□ **make up for** *v.intr.* e *avv.* e *prep.* compensare, rimediare a (*anche fig.*): *he tried to — up for his bad manners by offering her dinner*, tentò di riparare alla sua maleducazione invitandola a pranzo // *to — up for lost time*, ricuperare il tempo perduto.
□ **make up to** *v.intr.* e *avv.* e *prep.* ingraziarsi; entrare nelle grazie di: *he was trying to — up to the boss*, tentava di ingraziarsi il padrone.
□ **make with** *v.intr.* e *prep.* (*sl. amer.*) **1** preparare; propinare: — *with drinks!*, dacci qualcosa da bere!; *stop making with jokes!*, smettila con queste tue barzellette! **2** usare, adoperare: — *with the feet!*, datti una mossa, sbrigati!

make-believe ['meɪkbɪ,li:v] *s.* finzione: *don't trust him, it is all —*, non fidarti di lui, son tutte finzioni.

to **make-believe** *v.intr.* far finta (spec. nel linguaggio infantile): *let's — you are an old lady*, facciamo finta che tu sia una vecchia signora.

makeless ['meɪklɪs / make·less] *agg.* (*ant.*) senza compagno: *if thot issueless shalt hap to die, / the world will wail thee like a makeless wife*, (SH. Sonnets IX) se ti succederà di morire senza discendenza il mondo ti piangerà come una sposa senza compagno.

maker ['meɪkə*] *s.* **1** creatore, artefice; (*spec. pl.*) fabbricante; costruttore; produttore // (*fin.*): *market —*, operatore principale; *policy —*, chi decide le politiche da adottare **2** *Maker*, Dio, il Creatore // *to go to meet one's Maker*, andare al creatore, morire **3** (*bridge*) dichiarante **4** (*dir. comm.*) emittente di cambiale.

makeshift ['meɪkʃɪft / make·shift] *agg.* improvvisato, di fortuna, di ripiego: *a — agreement*, un accordo improvvisato; *a — dinner*, un pranzo di ripiego ◆ *s.* espediente, ripiego: *this is only a —*, questo è solo un ripiego, un espediente.

make-up ['meɪkʌp] *s.* **1** trucco; cosmetici: *I don't like your —, it is too showy*, non mi piace il tuo trucco, è troppo vistoso **2** composizione; costituzione; insieme di elementi: *I don't like the — of the new football team*, non mi piace la formazione della nuova squadra di calcio **3** disposizione; temperamento; comportamento: *there was something unusual in his —*, c'era un che d'insolito nel suo comportamento **4** (*tip.*) impaginazione **5** (*fam. amer.*) ricupero, ripetizione (di un esame) **6** (*inform.*) ripresa (di esecuzioni interrotte): — *time*, tempi di ripresa.

make-up man ['meɪkʌp,mæn] *s.* **1** truccatore **2** (*tip.*) impaginatore.

make-weight ['meɪkweɪt] *s.* complemento del peso; aggiunta, supplemento (*anche fig.*) // *we've brought him along as a —*, l'abbiamo portato tanto per far numero.

making ['meɪkɪŋ / mak·ing] *s.* **1** fattura, lavorazione; confezione // *all my own —*, fatto tutto da me // *to be in the —*, essere in embrione, in via di formazione **2** sviluppo, formazione: *doing military service has been the — of him*, facendo il servizio militare egli si è maturato **3** (*gener. pl.*) (*fig.*) l'occorrente, il necessario; (*amer.*) ingredienti: *he had the makings of an excellent player*, aveva tutte le qualità di un ottimo giocatore **4** (*elettr.*) apertura (di circuito): — *and breaking*, apertura e chiusura (di circuito) **5** (*fam. amer.*) cartina e tabacco (per farsi una sigaretta).

making-up [,meɪkɪŋ'ʌp] *s.* (*Borsa*) riporto: — *day*, giorno dei riporti; — *price*, prezzo del riporto.

mal- [mæl] *pref.* di origine latina che significa 'non buono, non equo, non giusto'; it. mal-; dis-: *malformed*, malformato; *to maltreat*, maltrattare; *maladapted*, disadatto.

malabsorption [,mæləb'sɔ:pʃən / mal·ab·sorp·tion] *s.* (*med.*) malassorbimento: — *syndrome*, disturbi da malassorbimento alimentare.

malachite ['mæləkaɪt / mal·ach·ite] *s.* (*min.*) malachite.

malacia [mə'læʃə / mal·acia] *s.* (*med.*) malacia, rammollimento SIN. **malacosis**.

malacology [,mælə'kɒlədʒɪ / ma·la·co·logy] *s.* (*zool.*) malacologia.

malacosis [,mælə'kəʊsɪs / ma·la·co·sis] → **malacia**.

maladapted [,mælə'dæptɪd / mal·ad·apted] *agg.* disadatto.

maladjusted [,mælə'dʒʌstɪd / mal·ad·jus·ted] *agg.* disadattato, incapace di inserirsi (in una società, un ambiente).

maladjustment [,mælə'dʒʌstmənt / mal·ad·just·ment] *s.* **1** disadattamento, incapacità di adattamento (a un ambiente, a un lavoro) **2** assestamento, accomodamento difettoso **3** (*mecc.*) regolazione difettosa.

to **maladminister** [,mæləd'mɪnɪstə* / mal·ad·min·is·ter] *v.tr.* amministrare male; governare male.

maladministration [,mæləd,mɪnɪ'streɪʃn / mal·ad·min·is·tra·tion] *s.* cattiva amministrazione; malgoverno.

maladroit [,mælə'drɔɪt / mal·ad·roit] *agg.* goffo, maldestro; incapace // **-ly** *avv.* // **-ness** *s.*

malady ['mælədɪ / mal·ady] *s.* malattia (*anche fig.*).

Malagasy [,mælə'gæsɪ / Ma·la·gasy] *agg.* e *s.* malgascio.

malaise [mæ'leɪz / mal·aise] *s.* malessere, indisposizione (*anche fig.*).

malamute ['mɑ:ləmju:t / mala·mute] *s.* (*zool.*) cane esquimese, malamute.

malanders ['mæləndəz / mal·anders] *s.pl.* (*vet.*) malandra.

malapert ['mæləpɜ:t / mal·apert] *agg.* e *s.* (*ant.*) impertinente, sfacciato.

malaprop ['mæləprɒp / mal·aprop] *s.* storpiatura umoristica di una parola.

malapropism ['mæləprɒpɪzəm / mal·aprop·ism] *s.* uso umoristico di parole storpiate.

malapropos [,mæl'æprəpəʊ / mal·apro·pos] *agg.* inopportuno ◆ *avv.* in modo inopportuno.

malar ['meɪlə* / ma·lar] *agg.* (*anat.*) malare, zigomatico; — *bone*, osso zigomatico ◆ *s.* zigomo.

malaria [mə'leərɪə / mal·aria] *s.* (*med.*) malaria.

malarial [mə'leərɪəl / mal·arial] **malarious** [mə'leərɪəs / mal·ari·ous] *agg.* (*med.*) malarico.

malariotherapy [mə,leərɪəʊ'θerəpɪ / mal·ario·ther·apy] *s.* (*med.*) malarioterapia.

malarkey [mə'lɑ:kɪ / ma·lar·key] *s.* [U] (*fam. amer.*) balle, fandonie (*pl.*).

malassimilation [,mælə,sɪmə'leɪʃən / mal·as·sim·ila·tion] *s.* (*med.*) malassorbimento.

malate ['mæleɪt / mal·ate] *s.* (*chim.*) malato (sale dell'acido malico).

Malawian [mə'lɑ:wɪən / Ma·la·wian] *agg.* e *s.* (nativo, abitante) del Malawi.

Malay [mə'leɪ / Ma·lay] *agg.* e *s.* malese.

Malayalam [,mælɪ'ɑ:ləm / Ma·lay·alam] *s.* lingua del Kerala.

Malayan [mə'leɪən / Ma·layan] *agg.* e *s.* malese.

Malaysian [mə'leɪʒən / Ma·lay·sian] *agg.* e *s.* malaysiano, (nativo, abitante) della Malaysia.

malconformation ['mæl,kɒnfɔ:'meɪʃn / mal·con·forma·tion] *s.* conformazione imperfetta.

malcontent ['mælkən,tent / mal·con·tent] *agg.* e *s.* malcontento, scontento.

male [meɪl] *agg.* maschio; maschile, di sesso maschile: — *child*, figlio maschio; — *choir*, coro maschile // (*mecc.*) — *screw*, vite maschio // — *ward*, reparto maschile ◆ *s.* maschio.

maleate [mə'li:ət / ma·le·ate] *s.* (*chim.*) maleato.

male chauvinism [,meɪl'ʃəʊvɪnɪzəm] *s.* maschilismo.

male chauvinist [,meɪl'ʃəʊvɪnɪst] *agg.* e *s.* maschilista.

malediction [,mælɪ'dɪkʃn / mal·ediction] *s.* maledizione.

maledictory [,mælɪ'dɪktərɪ / mal·edict·ory] *agg.* che maledice.

malefaction [,mælɪ'fækʃn / mal·efac·tion] *s.* misfatto.

malefactor ['mælɪfæktə* / mal·efactor] *s.* malfattore; criminale.

male fern ['meɪlfɜ:n] *s.* (*bot.*) (*Dryopteris filix-mas*) felce maschio.

malefic [mə'lefɪk / mal·efic] *agg.* malefico; maligno.

maleficence [mə'lefɪsns / mal·efi·cence] *s.* malvagità.

maleficent [mə'lefɪsnt / mal·efi·cent] *agg.* malefico; malvagio.

maleic [mə'li:ɪk / mal·eic] *agg.* (*chim.*) maleico: — *acid*, acido maleico.

malengine [,mælen'dʒi:n / mal·en·gine] *s.* (*ant.*) inganno.

maleruption [mælə'rʌpʃən / mal·erup·tion] *s.* (*med.*) scorretta eruzione di un dente.

malevolence [mə'levələns / mal·evol·ence] *s.* malevolenza; malanimo; animosità.

malevolent [mə'levələnt / mal·evol·ent] *agg.* malevolo // **-ly** *avv.*

malfeasance [mæl'fi:zns / mal·feas·ance] *s.* (*dir.*) **1** atto illecito **2** condotta disonesta; prevaricazione.

malfeasant [mæl'fi:znt / mal·feas·ant] *agg.* (*dir.*) illecito ◆ *s.* (*dir.*) individuo disonesto, scorretto; prevaricatore.

malformation [,mælfɔ:'meɪʃn / mal·forma·tion] *s.* (*anat.*) malformazione; deformità; difetto congenito.

malformed [mæl'fɔ:md / mal·formed] *agg.* malformato; deforme.

malfunction [,mæl'fʌŋkʃn / mal·func·tion] *s.* cattivo funzionamento; disfunzione.

malfunctioning [,mæl'fʌŋkʃnɪŋ / mal·func·tion·ing] *agg.* che funziona male ◆ *s.* cattivo funzionamento; disfunzione.

Malian ['mɑ:lɪən / Ma·lian] *agg.* e *s.* (nativo, abitante) del Mali.

malic ['mælɪk] *agg.* (*chim.*) malico: — *acid*, acido malico.

malice ['mælɪs / mal·ice] *s.* **1** malizia; malignità: *out of* —, per malizia, per malignità **2** livore, astio: *to bear* — *to* (o *towards*), covare astio, rancore per, verso **3** (*dir.*) intenzione illecita, dolo // — *aforethought*, premeditazione.

malicious [mə'lɪʃəs / ma·li·cious] *agg.* **1** maligno, malevolo **2** (*dir.*) doloso, premeditato // — *prosecution*, esercizio dell'azione penale per motivi illeciti // **-ly** *avv.* // **-ness** *s.*

malign [mə'laɪn / ma·lign] *agg.* malefico, maligno; nocivo: — *disease*, morbo maligno; — *influence*, influsso malefico // **-ly** *avv.*

to **malign** *v.tr.* malignare su; diffamare: *I've heard you maligned in every way*, (*fam.*) me ne hanno dette di tutti i colori sul tuo conto.

malignancy [mə'lɪgnənsɪ / ma·lig·nancy] *s.* **1** malignità, malvagità **2** (*med.*) virulenza, malignità (di una malattia) **3** (*med.*) tumore maligno.

malignant [mə'lɪgnənt / ma·lig·nant] *agg.* **1** maligno; malevolo; virulento: — *tumour*, tumore maligno **2** (*ant.*) nocivo; ostile: *and taught the fixed stars / their influence malignant when to shower*, (MILTON) ed insegnò alle stelle fisse quando profondere il loro influsso nocivo; *o malignant and ill-boding stars*, (SH. Henry V) o ostili e male auguranti stelle // **-ly** *avv.*

maligner [mə'laɪnə* / ma·lign·er] *s.* calunniatore; diffamatore.

malignity [mə'lɪgnɪtɪ / ma·lig·nity] *s.* **1** malignità; malvagità **2** (*med.*) virulenza (di malattia).

to **malinger** [mə'lɪŋgə* / ma·lin·ger] *v.intr.* fingersi ammalato, darsi malato (per farsi esonerare dal lavoro); fare il lavativo // **-er** *s.*

malingering [mə'lɪŋgərɪŋ / ma·lin·ger·ing] *s.* assenteismo (di chi si finge ammalato); il fare il lavativo.

mall [mɔ:l, mæl *amer.* mɔ:l] *s.* **1** viale, passeggiata (*gener.* chiuso al traffico) // *the Mall*, 'the Mall', passeggiata nel parco di St. James (a Londra) **2** (*shopping*) —, centro commerciale **3** (*amer.*) aiuola spartitraffico.

mallard ['mælɑ:d *amer.* 'mæləd / mal·lard] *s.* (*zool.*) anatra selvatica.

malleability [,mælɪə'bɪlətɪ / mal·le·ab·il·ity] *s.* malleabilità.

malleable ['mælɪəbl / mal·le·able] *agg.* **1** (*metall.*) malleabile: — *iron*, ghisa malleabile **2** (*fig.*) docile, arrendevole // **-ness** *s.*

malleolus [mə'li:ələs / mal·le·olus] *pl.* **malleoli** [mə'li:əlaɪ / mal·le·oli] *s.* (*anat.*) malleolo.

mallet ['mælɪt / mal·let] *s.* **1** martello di legno, mazzuolo **2** mazza, maglio (da polo e croquet).

malleus ['mælɪəs / mal·leus] *pl.* **mallei** ['mælɪaɪ / mal·lei] *s.* (*anat.*) martello.

mallie ['mæli: / mal·lie] *s.* (*fam. amer.*) frequentatore abituale di centri commerciali (per mettersi in mostra).

mallow ['mæləʊ / mal·low] *s.* (*bot.*) (*Malva sylvestris*) malva.

malmsey ['mɑ:mzɪ / malm·sey] *s.* malvasia (vitigno, uva e vino).

malnourished [,mæl'nʌrɪʃt / mal·nour·ished] *agg.* (*med.*) malnutrito, denutrito.

malnutrition [,mælnju:'trɪʃn *amer.* ,mælnu:'trɪʃn / mal·nu·tri·tion] *s.* malnutrizione, denutrizione.

malocclusion [,mælə'klu:ʒən / mal·oc·clu·sion] *s.* (*med.*) malocclusione.

malodorous [mæ'ləʊdərəs / mal·od·or·ous] *agg.* (*letter.*) maleodorante // **-ness** *s.*

malol ['mæləʊl] *s.* (*chim.*) malolo.

malonic [mə'lɒnɪk / mal·onic] *agg.* (*chim.*) malonico: — *acid*, acido malonico.

Malpighian [mæl'pɪgɪən / Mal·pighi·an] *agg.* di Malpighi: (*med.*) — *corpuscle*, corpuscolo di Malpighi, renale; — *layer*, strato di Malpighi.

malposition [,mælpə'sɪʃən / mal·po·si·tion] *s.* (*med.*) malposizione, postura scorretta.

malpractice [,mæl'præktɪs / mal·prac·tice] *s.* **1** (*dir.*) atto illecito: *legal* —, negligenza professionale (di avvocato); *medical* — *liability*, responsabilità del medico per colpa professionale **2** (*med.*) terapia illecita; cura sbagliata.

malt [mɔ:lt] *s.* (*bot.*) malto, orzo tallito // — *liquor*, liquore di malto, birra; — *whisky*, whisky di malto.

to **malt** *v.tr.* e *intr.* far germogliare (l'orzo); tallire.

Malta fever ['mɔ:ltə,fi:və*] *s.* (*med.*) febbre maltese.

maltase ['mɔ:lteɪs / malt·ase] *s.* (*biochim.*) maltasi.

malted milk [,mɔ:ltɪd'mɪlk] *s.* latte in polvere con aggiunta di malto.

Maltese [,mɔ:l'ti:z / Malt·ese] *agg.* e *s.* maltese // — *cross*, croce di Malta // — (*dog*), (cane) maltese.

maltha ['mælθə / mal·tha] *s.* (*chim.*) **1** bitume semisolido **2** miscela di idrocarburi viscosi (ozocerite).

malt-house ['mɔ:lthaʊs] *s.* malteria.

Malthusian [mæl'θju:zjən *amer.* mæl'θu:ʒn / Mal·thu·sian] *agg.* malthusiano.

Malthusianism [mæl'θju:zjənɪzəm *amer.* mæl'θu:ʒənɪzəm / Mal·thu·sian·ism] *s.* malthusianismo.

malting ['mɔ:ltɪŋ / malt·ing] *s.* maltazione.

maltol ['mɔ:ltɒl] *s.* (*chim.*) maltolo.

maltose ['mɔ:ltəʊs / malt·ose] *s.* (*chim.*) maltoso, maltosio.

to **maltreat** [mæl'tri:t / mal·treat] *v.tr.* maltrattare.

maltreatment [mæl'tri:tmənt / mal·treat·ment] *s.* maltrattamento.

maltster ['mɔ:ltstə* / malt·ster] *s.* maltatore.

malt sugar ['mɔ:lt,ʃʊgə*] *s.* (*chim.*) maltosio.

malunion [,mæl'ju:njən / mal·un·ion] *s.* (*med.*) malunione (di ossa fratturate).

malversation [,mælvɜ:'seɪʃn / mal·ver·sa·tion] *s.* (*dir.*) malversazione.

mama [mə'mɑ: *amer.* 'mɑ:mə] *s.* (*antiq.*) mamma.

mamba ['mæmbə] *s.* (*zool.*) (*Dendroaspis viridis*) mamba verde.

mambo ['mæmbəʊ] *s.* mambo (musica, danza).

Mameluke ['mæmɪlu:k / Mam·el·uke] *s.* (*st.*) mammalucco.

mamilla [mæ'mɪlə / ma·milla] *pl.* **mamillae** [mæ'mɪli: / ma·mil·lae] *s.* → **mammilla**.

mamillary [mæ'mɪlərɪ / ma·mil·lary] *agg.* → **mammillary**.

mamma[1] [mə'mɑ: *amer.* 'mɑ:mə] *s.* (*fam.*) mamma.

mamma[2] ['mæmə] *pl.* **mammae** ['mæmi: / mam·mae] *s.* mammella.

mammal ['mæml / mam·mal] *s.* mammifero.

mammalian [mæ'meɪljən / mam·ma·lian] *agg.* e *s.* mammifero.

mammaliferous [,mæmə'lɪfərəs / mam·ma·li·fer·ous] *agg.* (*geol.*) che contiene resti di mammifero.

mammalogic(al) [,mæmə'lɒdʒɪk(l) / mam·ma·logic·(al)] *agg.* mammalogico.

mammalogist [mæ'mælədʒɪst / mam·ma·log·ist] *s.* mammalogo.

mammalogy [mæ'mælədʒɪ / mam·ma·logy] *s.* mammalogia.

mammary ['mæmərɪ / mam·mary] *agg.* (*anat.*) mammario: — *glands*, ghiandole mammarie.

to **mammer** ['mæmə* / mam·mer] *v.intr.* (*ant.*) esitare; stare in forse: *I wonder in my soul / what you could ask me that I should deny, / or stand so mammering on*, (SH. Othello) in cuor mio mi chiedo che cosa voi potreste chiedermi che io oserei negarvi, o stare tanto in forse ◆ *v.tr.* (*ant.*) balbettare.

mammet ['mæmət / mam·met] *s.* (*ant.*) pupattola: *and then to have a wretched puling fool, / a whining mammet*, (SH. Romeo and Juliet) ecco che mi vedo frignare davanti una stupida sciagurata, una pupattola piagnucolosa.

mammiferous [mæ'mɪfərəs / mam·mi·fer·ous] *agg.* mammifero.

mammilla [mæ'mɪlə / mam·milla] *s.* (*anat.*) capezzolo.

mammillary [mæ'mɪlərɪ / mam·mil·lary] *agg.* **1** (*anat.*) mammillare **2** (*min.*, *geol.*) mammellonare.

mammillated ['mæmɪ,leɪtɪd / mam·mil·lated] *agg.* (*anat.*) munito di capezzoli.

mammilliform [mæ'mɪlɪfɔ:m / mam·mil·li·form] *agg.* (*anat.*) mammelliforme, a forma di mammella.

to **mammock** ['mæmək / mam·mock] *v.tr.* (*ant.*) fare a pezzi, sbriciolare: *O! I warrant, how he mammocked it!*, (SH. Coriolanus) Oh, se la sbriciolò, parola mia.

mammography [mæ'mɒgrəfɪ / mam·mo·graphy] *s.* (*med.*) mammografia.

mammon ['mæmən / mam·mon] *s.* (*fig.*) mammona, la ricchezza.

mammoth ['mæməθ / mam·moth] *agg.* enorme, mastodontico ◆ *s.* (*paleont.*) mammut.

mammoth-tree ['mæməθ,tri:] *s.* (*bot.*) (*Sequoia gigantea*) sequoia.

mammy ['mæmɪ] *s.* **1** mammina **2** (*amer.*) bambinaia nera.

man [mæn] *pl.* **men** [men] *s.* **1** uomo; essere umano; umanità: *a happily married* —, un uomo felicemente sposato; *he has worked for the same firm — and boy*, ha lavorato per la stessa ditta fin da ragazzo; — *is mortal*, l'uomo è mortale, gli uomini sono mortali; — *is weak*, l'uomo, la carne è debole // *the — in* (amer. *on*) *the street*, l'uomo della strada // — *of the world*, uomo di mondo // — *of letters*, uomo di lettere, letterato // — *of straw*, uomo di paglia; (*spec. amer.*) avversario facile da battere; (*dir.*) prestanome, titolare fittizio // *to be a — 's* —, essere un uomo che si comporta da uomo (e che per le sue doti non ostentate piace anche agli altri uomini) // *to be a — of one's word*, essere un uomo di parola // *to be one's own* —, essere indipendente nelle proprie azioni, nei propri giudizi // *to be s.o.'s* —, (*fam.*) essere d'accordo (con qlcu.); essere la persona adatta: *I'm your* —, sono d'accordo, accetto; sono quello che cerchi, faccio al caso tuo; *he's your* —, è l'uomo per te // *as one* —, *to a* —, come un sol uomo; all'unanimità // *to the last* —, fino all'ultimo uomo // *old* —, vecchio mio: *hello, old —, how are you?*, salve, vecchio mio, come stai? // *quick, —!*, su, svelto! **2** servo, domestico; fattorino; operaio; (*st.*) vassallo: *I shall send my — to fetch it*, manderò il fattorino a prenderlo // *men working* (o *at work*), lavori in corso **3** marito; amante: *they live as — and wife*, vivono come marito e moglie **4** (*sport*) giocatore: — *to* (amer. *on*) — *defense*, difesa a uomo // *twelfth* —, dodicesimo giocatore, giocatore di riserva **5** studente; laureato: *a Cambridge* —, uno che studia, ha studiato a Cambridge **6** (*gener. pl.*) soldato, soldati, la truppa: *officers, NCO's and men*, ufficiali, sottufficiali e soldati **7** pedina **8** entra nella formazione di parole composte per indicare 'origine, provenienza' oppure 'professione': *a Frenchman*, un francese; *a businessman*, un uomo d'affari ◆ *inter.* (*fam. amer.*) *Man, oh Man!*, ragazzi!, gente!: *Man, oh Man! what a night that was!*, ragazzi!, che notte quella notte!

to **man** *pass.p.p.* **manned** [mænd] *v.tr.* **1** (*mil.*) munire (di uomini, di truppa); presidiare; (*mar.*) equipaggiare; (*amm.*) fornire di personale: *fresh troops were sent to — the town*, furono mandate truppe di rincalzo a presidiare la città; *the ship was fully rigged and manned*, la nave era completamente attrezzata ed equipaggiata // *o my America, my new found land / my kingdom, safeliest when with one man manned*, (J. DONNE) o mia America, mia nuova terra, mio regno, sicurissimo quando è protetto da un uomo **2** far funzionare, azionare: *we had to — the pumps*, dovemmo azionare le pompe **3** (*ant.*) *to — oneself*, farsi coraggio **4** (*ant.*) addomesticare: *another way I have to man my haggard*, (SH. Taming of the Shrew) un altro modo ho poi di addomesticare la falchetta selvaggia **5** (*ant.*) dirigere, puntare: *man but a rush against Othello's breast / and he retires*, (SH. Othello) puntate solo un giunco contro Otello ed egli arretrerà.

man-about-town [,mænəbaʊt'taʊn] *s.* (*fam.*) uomo di mondo.

manacle ['mænəkl / man·acle] *s. gener. pl.* **1** manetta **2** (*fig.*) restrizione, freno.

to **manacle** *v.tr.* **1** ammanettare, mettere le manette a **2** (*fig.*) trattenere; ostacolare.

manage ['mænɪdʒ / man·age] *s.* (*ant.*) **1** maneggio; scuola di equitazione: *his horses are bred better; for... they are taught their manage*, (SH. As You Like It) i suoi cavalli sono allevati meglio; perché... sono addestrati **2** guida: *he whom... / of all the world I lov'd, and to him put / the manage of my state*, (SH. The Tempest) lui che... amavo più di tutto e al quale affidai la guida del mio stato.

to **manage** *v.tr.* e *intr.* **1** dirigere, amministrare; gestire: *to — a theatre, a hotel, a business enterprise*, dirigere un teatro, un albergo, un'impresa commerciale // *can you — another ice-cream?*, (*fam.*) ce la fai a mangiare un altro gelato?, che ne diresti di un altro gelato? **2** saper trattare: *he is incapable of managing his children*, non sa trattare i figli **3** maneggiare (uno strumento); manovrare: *to — a canoe*, condurre una canoa **4** domare: *to — a horse*, domare un cavallo ◆ *v.intr.* riuscire, farcela; cavarsela: *he managed to do it*, c'è riuscito, se l'è cavata; *if you can — to see him*, se riesci a vederlo; *perhaps we can — with what we have*, può darsi che ce la facciamo con quanto abbiamo; *we'll — without it*, ne faremo a meno.

manageability [,mænɪdʒə'bɪlətɪ / man·age·ab·il·ity] **manageableness** ['mænɪdʒəblnɪs / man·age·able·ness] *s.* **1** trattabilità; docilità **2** maneggevolezza.

manageable ['mænɪdʒəbl / man·age·able] *agg.* **1** trattabile; docile **2** maneggevole **3** fattibile; agevole // **-bly** *avv.*

managed ['mænɪdʒd / man·aged] *agg.* (*econ.*) manovrato, guidato: — *float(ing)*, fluttuazione manovrata, guidata; — *currency, money*, moneta regolata.

management ['mænɪdʒmənt / man·age·ment] *s.* **1** direzione, gestione, amministrazione: *bad* (o *ill*), *good, wise — of a firm*, cattiva, buona, saggia amministrazione di una ditta // (*amm.*): — *accounting*, contabilità direzionale, gestionale; — *science*, scienza della direzione, management; — *trust*, società di gestione **2** (*con v. al pl.*) la direzione, la dirigenza, i dirigenti: *the — cannot be held responsible*, la direzione non può essere tenuta responsabile // *top* —, alta dirigenza; *middle* —, dirigenti intermedi **3** governo, cura: *the — of a horse is exacting*, il governo, la cura di un cavallo è impegnativa **4** astuzia, abilità **5** maneggio.

manager ['mænɪdʒə* / man·ager] *s.* **1** direttore; amministratore; gestore, gerente: *general* —, direttore generale; *assistant* —, vicedirettore; *personnel* —, direttore del personale; *production* —, direttore di produzione; *sales* —, direttore commerciale; *works* (o *factory*) —, direttore di stabilimento // (*dir.*) *special* —, curatore fallimentare // *she is a good* —, sa mandare avanti bene la (sua) casa **2** (*teatr.*) impresario **3** (*inform.*) responsabile programma per la gestione.

manageress ['mænɪdʒəres / man·ager·ess] *s.* direttrice, gerente (di negozio, reparto, ristorante).

managerial [,mænə'dʒɪərɪəl / ma·na·ger·ial] *agg.* manageriale, direttivo, dirigenziale: — *capacity*, capacità manageriale; — *responsibilities*, responsabilità direttive; *he got a — position*, ha ottenuto un incarico dirigenziale.

managership ['mænɪdʒəʃɪp / man·ager·ship] *s.* dirigenza, posizione di dirigente.

managing ['mænɪdʒɪŋ / man·aging] *agg.* dirigente, direttivo: — *committee*, comitato direttivo; — *partner*, socio generale.

manakin ['mænəkɪn / man·akin] *s.* (*zool.*) pipra, manachino.

man-at-arms [,mænət'ɑ:mz] *s.* (*st.*) uomo d'arme.

manatee [,mænə'ti: / mana·tee] *s.* (*zool. pop.*) lamantino → **sea cow** 3.

manchineel [,mæntʃɪ'ni:l / man·chin·eel] *s.* (*bot.*) (*Hippomane mancinella*) mancinella.

Manchu [mæn'tʃu: / Man·chu] *agg.* e *s.* mancese, manciù.

manciple ['mænsɪpl / man·ciple] *s.* economo (di collegio ecc.).

Mancunian [mæŋ'kju:nɪən / Man·cu·nian] *agg.* e *s.* (abitante) di Manchester.

mandamus [mæn'deɪməs / man·da·mus] *s.* (*dir.*) ingiunzione inviata a un tribunale di grado inferiore o a organi della pubblica amministrazione.

mandant ['mændənt / mand·ant] *s.* (*dir.*) mandante.

mandarin[1] ['mændərɪn / man·darin] *s.* **1** mandarino; dignitario cinese // *the mandarins of the Civil Service*, i mandarini della pubblica amministrazione **2** lingua mandarina, cinese letterario.

mandarin[2] *s.* **1** (*bot.*) — (*orange*), (*Citrus nobilis*) mandarino **2** (color) mandarino **3** liquore di mandarino.

mandarin duck [,mændərɪn'dʌk] *s.* (*zool.*) (*Aix galericulata*) anatra mandarina.

mandatary ['mændətərɪ *amer.* 'mændəterɪ / man·dat·ary] *s.* (*dir.*) mandatario.

mandate ['mændeɪt / man·date] *s.* (*dir., pol.*) mandato; ordine, comando.

to **mandate** *v.tr.* (*pol.*) affidare a un mandatario: *mandated territories*, territori sotto mandato.

mandate-holder ['mændeɪt,həʊldə*] *s.* (*dir.*) mandatario.

mandator [mæn'deɪtə* / man·dator] *s.* (*dir.*) mandante.

mandatory ['mændətərɪ *amer.* 'mændətɔ:rɪ / man·dat·ory] *agg.* (*dir.*) **1** obbligatorio; ingiuntivo, vincolante: *in Italy seat belts are* —, in Italia le cinture di sicurezza sono obbligatorie; — *advice*, parere vincolante; — *redemption*, (*comm.*) rimborso obbligatorio (di obbligazioni) // **2** mandatario: — *States*, Stati mandatari ◆ *s.* (*dir.*) mandatario.

man-day ['mæn,deɪ] *s.* (*econ.*) giorno-uomo.

mandible ['mændɪbl / mand·ible] *s.* (*anat.*) mandibola.

mandibular [mæn'dɪbjʊlə* / man·dib·ular] *agg.* mandibolare: — *reflex*, riflesso mandibolare.

mandolin ['mændəlɪn / man·do·lin] **mandoline** [,mændə'li:n / man·do·line] *s.* (*mus.*) mandolino.

mandolinist ['mændəlɪnɪst / man·do·lin·ist] *s.* mandolinista.

mandrake ['mændreɪk / man·drake] meno com. **mandragora** [mæn'drægərə / man·drag·ora] *s.* (*bot.*) mandragora.

mandrel ['mændrəl / man·drel] *s.* (*tecn.*) **1** mandrino **2** anima metallica.

mandrill ['mændrɪl / man·drill] *s.* (*Mandrillus sphinx*) (*zool.*) mandrillo.

to **manducate** ['mændjʊkeɪt / mand·uc·ate] *v.tr.* (*ant.*) masticare; mangiare.

mane [meɪn] *s.* criniera; (*fig.*) zazzera.

man-eater ['mæn,i:tə*] *s.* cannibale; (*di animale*) mangiatore, mangiatrice di uomini.

man-eating ['mæn,i:tɪŋ] *agg.* che mangia l'uomo.

manège [mæ'neɪʒ / man·ège] *s.* (*non com.*) **1** maneggio; cavallerizza **2** equitazione.

manes ['mɑ:neɪz] *s.pl.* (*mit.*) mani.

(to) **maneuver** (*amer.*) → (to) **manoeuvre**.

manful ['mænfʊl / man·ful] *agg.* valoroso, audace; virile // **-ly** *avv.* // **-ness** *s.*

manganate ['mæŋgəneɪt / man·gan·ate] *s.* (*chim.*) manganato.

manganese [,mæŋgə'ni:z / man·gan·ese] *s.* (*chim.*) manganese // — *bronze*, bronzo al manganese; — *steel*, acciaio al manganese.

manganic [mæŋ'gænɪk / man·ganic] *agg.* (*chim.*) manganico.

manganine ['mæŋgənaɪn / man·gan·ine] *s.* (*metall.*) manganina.

manganite ['mæŋgənaɪt / man·gan·ite] *s.* (*min.*) manganite.

manganous ['mæŋgənəs / man·gan·ous] *agg.* (*chim.*) manganoso.

mange [meɪndʒ] *s.* (*vet.*) rogna, scabbia.

mangel(-wurzel) ['mæŋgl(wɜ:zl)] *s.* (*bot.*) → **mangold**.

manger ['meɪndʒə* / man·ger] *s.* mangiatoia, greppia.

mangetout (pea) [,mɒnʒ'tu:(,pi:)] *s.* (*bot.*, *cuc.*) pisello mangiatutto, taccola.

mangle[1] ['mæŋgl] *s.* (*tecn.*) mangano.

to **mangle**[1] *v.tr.* (*tecn.*) passare al mangano, manganare.

to **mangle**[2] *v.tr.* **1** straziare, dilaniare; mutilare // *how hast thou the heart, / ...to mangle me with that word*, (SH. Romeo and Juliet) come hai il coraggio... di straziarmi con quella parola **2** (*fig.*) storpiare, straziare (parole, lingua, citazioni).

mangle gearing ['mæŋgl,gɪərɪŋ] *s.* (*mecc.*) cinematismo a rocchetto e doppia cremagliera (per trasformare un moto circolare continuo in rettilineo alternativo).

mangler[1] ['mæŋglə* / mang·ler] *s.* (*tecn.*) **1** manganatore **2** (macchina) manganatrice.

mangler[2] *s.* **1** straziatore, dilaniatore **2** (*fig.*) chi storpia (parole, lingua, citazioni).

mangle wheel ['mæŋglwi:l] *s.* (*tess.*) ruota a lanterna.

mangling[1] [mæŋglɪŋ / mang·ling] *s.* manganatura.

mangling[2] *s.* **1** strazio; mutilazione **2** (*fig.*) storpiatura (di parola, lingua).

mango ['mæŋgəʊ] *pl.* **mango(e)s** *s.* (*bot.*) (*Mangifera indica*) mango (albero, frutto).

mangold ['mæŋgəld / man·gold] *s.* (*bot.*) bietola da foraggio SIN. mangel (- wurzel).

mangonel ['mæŋgənel / man·gonel] *s.* (*st. mil.*) mangano.

mangostan ['mæŋgəʊstən / man·gos·tan] **mangosteen** ['mæŋgəʊsti:n / man·gos·teen] *s.* (*bot.*) (*Garcinia mangostana*) mangostana, mangostano.

mangrove ['mæŋgrəʊv / man·grove] *s.* (*bot.*) (*Rhizophora mangle*) mangrovia.

mangrove swamp ['mæŋgrəʊv,swɒmp] *s.* (*ecol.*) palude di mangrovie.

mangy ['meɪndʒɪ] *agg.* **1** rognoso, scabbioso: *a — dog*, un cane rognoso **2** logoro, consunto: *a — blanket*, una coperta logora.

to **manhandle** ['mæn,hændl / man·handle] *v.tr.* **1** manovrare, azionare a mano **2** (*fam.*) maltrattare.

manhole ['mænhəʊl / man·hole] *s.* **1** botola, bocca di accesso, passaggio d'ispezione (di tombino, pozzetto ecc.) **2** passo d'uomo (di serbatoio, condotta forzata ecc.) **3** (*mar.*) boccaportello.

manhole cover ['mænhəʊl,kʌvə*] *s.* **1** tombino, chiusino **2** portello.

manhood ['mænhʊd / man·hood] *s.* **1** virilità, età virile **2** vigore; coraggio **3** (*rar.*) umanità, natura umana **4** tutti gli uomini (di una nazione).

man-hour ['mæn,aʊə*] *s.* (*econ.*) ora-uomo: — *output*, produzione oraria per lavoratore.

manhunt ['mænhʌnt / man·hunt] *s.* caccia all'uomo; rastrellamento.

mania ['meɪnjə] *s.* **1** (*psic.*) mania **2** (*fam.*) eccessivo entusiasmo; mania.

maniac ['meɪnɪæk / ma·niac] *agg. e s.* (*psic.*) maniaco (*anche fig.*).

maniacal [mə'naɪəkl / ma·ni·acal] *agg.* (*psic.*) maniacale, maniaco: — *crisis*, crisi maniacale; — *fury*, furia maniaca // **-ly** *avv.*

manic ['mænɪk] *agg.* (*psic.*) maniaco (*anche fig.*).

manic-depressive [,mænɪkdɪ'presɪv] *agg.* (*psic.*) maniaco-depressivo: — *psychosis*, psicosi maniaco-depressiva.

manichaean [,mænɪ'ki:ən / ma·ni·chaean] **manichean** *agg.* e *s.* (*st. relig.*) manicheo.

manichee ['mænɪkɪ / ma·ni·chee] *s.* (*st. relig.*) manicheo.

manicheism ['mænɪ,ki:ɪzəm / ma·ni·che·ism] *s.* (*st. relig.*) manicheismo.

manicure ['mænɪ,kjʊə* / mani·cure] *s.* manicure, cura delle unghie, delle mani: *to have a —*, farsi fare la manicure.

to **manicure** *v.tr.* curare (le unghie, le mani).

manicurist ['mænɪ,kjʊərɪst / mani·cur·ist] *s.* manicure.

manifest ['mænɪfest / mani·fest] *agg.* manifesto, evidente, palese: *his intentions were —*, le sue intenzioni erano chiare ◆ *s.* (*comm. mar.*) polizza di carico.

to **manifest** *v.tr.* **1** manifestare, rivelare; mostrare: *to — interest in sthg.*, manifestare interesse per qlco.; *to — oneself, itself*, manifestarsi, rivelarsi **2** (*comm. mar.*) far figurare sulla polizza di carico ◆ *v.intr.* manifestarsi, apparire (di uno spirito).

manifestation [,mænɪfe'steɪʃn / ma·ni·festa·tion] *s.* **1** manifestazione; dimostrazione: *the numerous strikes were a clear — of public discontent*, i numerosi scioperi erano una chiara manifestazione del pubblico malcontento **2** apparizione (di uno spirito).

manifestly ['mænɪfestlɪ / mani·fest·ly] *avv.* manifestamente, evidentemente, palesemente.

manifestness ['mænɪfestnɪs / mani·fest·ness] *s.* (*rar.*) evidenza.

manifesto [,mænɪ'festəʊ / ma·ni·festo] *pl.* **manifesto(e)s** *s.* manifesto, documento programmatico: *the party's —*, il documento programmatico del partito.

manifold ['mænɪfəʊld / mani·fold] *agg.* molteplice; multiforme; vario: — *interests*, molteplici interessi // **-ly** *avv.* // **-ness** *s.*

manifold *s.* **1** (*fil.*) molteplicità **2** (*mecc.*) collettore // (*aer.*) — *pressure*, pressione di alimentazione **3** copia carbone **4** (*mat.*) varietà: *real, analytical —*, varietà reale, analitica.

to **manifold** *v.tr.* (*non com.*) duplicare; fare copie di.

manifolding ['mænɪ,fəʊldɪŋ / mani·fold·ing] *s.* **1** confluenza (o diramazione) di più condutture **2** carta per copie multiple.

manikin ['mænɪkɪn / man·ikin] *s.* **1** omiciattolo, nanerottolo **2** manichino; modello anatomico (del corpo umano).

manil(l)a[1] [mə'nɪlə / ma·nil(l)a] *s.* **1** manila: — *hemp*, canapa di Manila, abaca; — *rope*, corda di manila, di canapa di Manila **2** manila, carta da pacchi **3** manila, sigaro di Manila.

manilla[2] *s.* braccialetto di metallo (usato da tribù africane anche come moneta).

manioc ['mænɪɒk / ma·nioc] *s.* (*bot.*) (*Manihot utilissima*) manioca.

maniple ['mænɪpl / man·iple] *s.* **1** (*st. romana*) manipolo **2** manipolo (paramento liturgico).

to **manipulate** [mə'nɪpjʊleɪt / ma·nip·ulate] *v.tr.* **1** maneggiare; manipolare **2** (*fig.*) manipolare, travisare, falsare; influenzare: *to — public opinion*, manipolare l'opinione pubblica; *to — the market*, (*Borsa*) influenzare il mercato a proprio favore **3** manipolare, alterare: *to — genetic structures*, manipolare strutture genetiche.

manipulation [mə,nɪpjʊ'leɪʃn / ma·nip·ula·tion] *s.* **1** manipolazione (*anche fig.*) // (*Borsa*) *stock market —*, manipolazione del mercato azionario **2** (*med.*) manipolazione; massaggio **3** (*dir. amer.*) forma di aggiotaggio.

manipulative [mə'nɪpjʊleɪtɪv / ma·nip·ulat·ive] *agg.* di manipolazione; con manipolazione: — *surgery*, chirurgia con tecnica di manipolazione SIN. manipulatory.

manipulator [mə'nɪpjʊleɪtə* / ma·nip·ulator] *s.* **1** manipolatore (*anche fig.*) **2** (*dir. amer.*) aggiotatore.

manipulatory [mə'nɪpjʊlətərɪ / ma·nip·ulat·ory] → **manipulative**.

manitou ['mænɪtu: / man·itou] *s.* manitù, spirito buono o maligno (nel linguaggio degli indiani d'America).

mankind [mæn'kaɪnd *nel senso 2* 'mænkaɪnd / man·kind] *s.* **1** il genere umano; l'umanità // (*dir.*) *crimes against —*, crimini contro l'umanità **2** (*non com.*) gli uomini, il sesso maschile.

manlike ['mænlaɪk / man·like] *agg.* **1** da uomo, maschile; virile (di donna) **2** antropomorfo.

manliness ['mænlɪnɪs / man·li·ness] *s.* virilità; mascolinità.

manly ['mænlɪ] *agg.* maschio; virile; risoluto.

man-made [,mæn'meɪd] *agg.* fatto, costruito dall'uomo; artificiale; sintetico: *a — lake*, un lago artificiale; *— fibres*, fibre sintetiche.

manna ['mænə] *s.* manna (*anche fig.*).

manna-ash ['mænə,æʃ] *s.* (*bot.*) (*Fraxinus ornus*) orniello.

manna sugar ['mænə,ʃʊgə*] *s.* (*chim.*) mannite.

manned ['mænd / man·ned] *agg.* **1** con equipaggio umano: *— space flights*, voli nello spazio con uomini a bordo **2** (*di ufficio, sportello ecc.*) aperto, con presenza di personale: *the switchboard is — twenty-four hours a day*, il centralino funziona ventiquattro ore su ventiquattro.

mannequin ['mænɪkɪn / man·ne·quin] *s.* **1** manichino **2** (*antiq.*) modella, indossatrice // *— parade*, sfilata di modelle.

manner ['mænə* / man·ner] *s.* **1** maniera, modo: *in a queer —*, in modo strano // *by no — of means*, (*antiq.*) in nessun modo // *in a —*, in un certo modo, fino ad un certo punto // *in a — of speaking*, per così dire // *in like —*, parimenti, similmente // *that boy plays the piano as (if) to the — born*, quel ragazzo suona il pianoforte come se non avesse fatto altro dalla nascita **2** contegno, atteggiamento: *her modest —*, il suo contegno modesto // *to be taken in the —*, (*ant.*) esser colto in flagrante: *the manner of it is, I was taken in the manner* (SH. Love's Labour's Lost) il fatto è che sono stato colto in flagrante **3** (*lett., pitt.*) stile, maniera: *after the — of*, secondo lo stile di; *he has a — all his own*, ha uno stile inconfondibile **4** *pl.* modi, maniere: *good, bad manners*, belle, cattive maniere; *he has no manners*, è uno zoticone, non ha educazione **5** *pl.* usanze, abitudini: *such were the manners of the time*, tali erano le usanze del tempo **6** (*ant.*) specie, sorta, genere, tipo: *she had all — of knick-knacks in her bag*, aveva in borsa cianfrusaglie d'ogni genere; *what — of man is he?*, che tipo d'uomo è?

mannered ['mænəd / man·nered] *agg.* manierato, lezioso, affettato: *— style*, stile ricercato.

mannerism ['mænərɪzəm / man·ner·ism] *s.* **1** affettazione; leziosaggine **2** (*fam.*) abitudine; vezzo; posa **3** (*lett., pitt.*) manierismo.

mannerist ['mænərɪst / man·ner·ist] *s.* (*lett., pitt.*) manierista.

manneristic(al) [,mænə'rɪstɪk(l) / man·ner·istic, man·ner·ist·ical] *agg.* (*anche lett., pitt.*) manierato; manieristico // **-ally** *avv.*

mannerliness ['mænəlɪnɪs / man·ner·li·ness] *s.* (*non com.*) cortesia, educazione.

mannerly ['mænəlɪ / man·ner·ly] *agg.* (*non com.*) cortese, educato.

manning ['mænɪŋ / man·ning] *s.* (*econ.*) organico // *— level*, livello di organico; *— agreement*, accordo sugli organici (tra azienda e sindacato).

mannish ['mænɪʃ / man·nish] *agg.* maschile; poco femminile: *she wears rather — clothes*, si veste in modo poco femminile // **-ly** *avv.* // **-ness** *s.*

mannite ['mænaɪt / man·nite] *s.* (*chim.*) mannite.

mannitol ['mænətəʊl / man·ni·tol] *s.* (*chim.*) mannitolo.

mannose ['mænəʊs / man·nose] *s.* (*chim.*) mannosio, mannoso.

manoeuvrability [mə,nu:vrə'bɪlətɪ / man·oeuv·rab·il·ity] *s.* manovrabilità.

manoeuvrable [mə'nu:vrəbl / man·oeuv·rable] *agg.* manovrabile (*anche fig.*).

manoeuvre [mə'nu:və* / man·oeuvre] *s.* (*anche mil., mar.*) manovra: *to have room for —*, avere libertà di manovra // *large-scale manoeuvres*, grandi manovre.

to **manoeuvre** *v.tr.* e *intr.* **1** (*mil., mar.*) (far) fare le manovre (a) **2** manovrare; destreggiarsi (*anche fig.*): *she manoeuvred the car into position*, fece manovra per posteggiare la macchina.

manoeuvrer [mə'nu:vərə* / man·oeuvrer] *s.* **1** (*fam.*) intrigante **2** stratega.

man-of-war [,mænəv'wɔ:*] *pl.* **men-of-war** *s.* nave da guerra.

manometer [mə'nɒmɪtə* / mano·meter] *s.* (*fis.*) manometro.

manometric [,mænəʊ'metrɪk / ma·no·met·ric] *agg.* (*fis.*) di manometro; con manometro.

manor ['mænə*] *s.* **1** grande proprietà terriera; (*st.*) feudo **2** (*fam.*) distretto di polizia.

manorhouse ['mænəhaʊs] *s.* maniero; castello; residenza signorile di campagna.

manorial [mə'nɔ:rɪəl / man·orial] *agg.* di, da grande proprietà terriera feudale.

manpower ['mæn,paʊə* / man·power] *s.* (*econ.*) manodopera, forza lavoro: *— requirements*, numero dei lavoratori richiesti; *— shortage*, carenza di manodopera // *— cost*, costo del lavoro.

manqué ['mɑ:ŋkeɪ / man·qué] *agg.* mancato: *he's an artist —*, è un artista mancato.

mansard (roof) ['mænsɑ:d(ru:f) / man·sard (roof)] *s.* (tetto a) mansarda.

manse [mæns] *s.* presbiterio, canonica.

manservant ['mæn,sɜ:vənt / man·ser·vant] *pl.* **menservants** ['men,sɜ:vənts] *s.* servitore.

mansion ['mænʃn / man·sion] *s.* **1** castello; palazzo; dimora **2** *pl.* casa d'appartamenti.

mansion-house ['mænʃnhaʊs] *s.* maniero; castello; residenza signorile di campagna.

Mansion House *s.* Mansion House (residenza ufficiale del sindaco di Londra).

mansionry ['mænʃənrɪ / man·sionry] *s.* (*ant.*) dimora, magione: *the temple-haunting martlet, does approve / by his lov'd mansionry that the heaven's breath / smells wooingly here*, (SH. Macbeth) il balestruccio, corteggiator di campanili, conferma, prediligendo questa magione, che il respiro del cielo alita amorosamente qui.

man-size(d) ['mænsaɪz(d)] *agg.* (*fam.*) forte, resistente; grande (di dimensioni): *a — glass of beer*, un boccale di birra grande; *a — tissue*, un fazzoletto di carta resistente.

manslaughter ['mæn,slɔ:tə* / man·slaugh·ter] *s.* (*dir.*) omicidio non premeditato, colposo // *voluntary —*, omicidio volontario con attenuanti; *involuntary —*, omicidio preterintenzionale.

mansuetude ['mænswɪtju:d *amer.* 'mænswɪtu:d / man·sue·tude] *s.* mansuetudine, mitezza.

mantel ['mæntl / man·tel] *s.* (*antiq.*) → **mantelpiece**, **mantelshelf**.

mantelet ['mæntlɪt / man·telet] *s.* **1** mantellina **2** (*mil.*) copertura di protezione.

mantelpiece ['mæntlpi:s / man·tel·piece]
mantelshelf ['mæntlʃelf / man·tel·shelf] *s.* mensola di camino, caminetto.

mantic ['mæntɪk] *agg.* mantico, profetico.

mantilla [mæn'tɪlə / man·tilla] *s.* mantiglia.

mantis ['mæntɪs / man·tis] *s.* (*zool.*) mantide → **praying mantis**.

mantissa [mæn'tɪsə / man·tissa] *s.* **1** (*mat.*) mantissa **2** (*fig.*) aggiunta superflua.

mantle ['mæntl] *s.* **1** mantello, mantella, cappa **2** (*fig.*) manto; strato: *a — of ivy*, un manto di edera; *a — of weeds covered the pond*, lo stagno era ricoperto da uno strato di erbe **3** reticella Auer (per lampade a gas) **4** (*edil.*) manto **5** (*anat.*) (*brain*) —, mantello cerebrale, pallio **6** (*zool.*) mantello (dei molluschi) **7** (*geol.*) mantello terrestre.

to **mantle** *v.tr.* coprire con un manto; ammantare; avviluppare, avvolgere: *wall mantled with ivy*, muro tappezzato di edera ◆ *v.intr.* **1** spumeggiare (di liquidi) **2** arrossire **3** spiegare le ali (di falco addestrato).

mantlet ['mæntlɪt / mant·let] → **mantelet**.

man-to-man [,mæntə'mæn] *agg.* franco, aperto, sincero; da uomo a uomo: *a — discussion*, una discussione franca; *let's have a — talk about this*, parliamone da uomo a uomo.

mantra ['mæntrə / man·tra] *s.* (*relig.*) mantra.

mantrap ['mæntræp / man·trap] *s.* trabocchetto, trappola.

mantua ['mæntjʊə / man·tua] *s.* (*ant.*) manto, mantello.

Mantuan ['mæntjʊən / Man·tuan] *agg.* e *s.* mantovano // *the — Swan*, il Cigno di Mantova (Virgilio).

manual ['mænjʊəl / man·ual] *agg.* manuale: *— labour* (o *work*), lavoro manuale; *— dexterity*, abilità manuale // *— alphabet*, alfabeto muto // (*mil.*) *— exercise*, maneggio delle armi ◆ *s.* **1** manuale (libro) **2** tastiera d'organo.

manufactory [,mænjʊ'fæktərɪ / man·u·fact·ory] *s.* (*ant.*) fabbrica, stabilimento.

manufacture [,mænjʊ'fæktʃə* / man·u·fac·ture] *s.* **1** U manifattura; lavorazione; fabbricazione; produzione industriale: *tobacco —*, manifattura tabacchi; *— of non-ferrous metals*, lavorazione dei metalli non ferrosi // *cotton —*, industria cotoniera; lavorazione del cotone **2** manufatto, prodotto.

to **manufacture** *v.tr.* **1** fabbricare; confezionare; produrre industrialmente **2** (*fig.*) fabbricare, inventare: *to — news*, fabbricare notizie.

manufacturer [,mænjʊ'fæktʃərə* / man·u·fac·turer] *s.* fabbricante; industriale; produttore (industriale) // (*dir.*): *—'s liability*, responsabilità del produttore; *—'s warranty*, garanzia del produttore.

manufacturing [,mænjʊ'fæktʃərɪŋ / man·u·fac·tur·ing] *agg.* **1** manifatturiero: *— industries*, industrie manifatturiere, di trasformazione (di materie prime in prodotti finiti); — *concern*, azienda di produzione **2** industriale: — *town*, città industriale ◆ *s.* [U] manifattura; fabbricazione; confezione; produzione: — *cost*, costo di produzione.

manumission [,mænjʊ'mɪʃn / ma·nu·mis·sion] *s.* (*st.*) manomissione, affrancamento, emancipazione.

to **manumit** ['mænjʊ'mɪt / ma·nu·mit] *pass.p.p.* **manumitted** [,mænju'mɪtɪd / ma·nu·mit·ted] *v.tr.* (*st.*) manomettere, affrancare, emancipare.

manure [mə'njʊə* / ma·nure] *s.* concime, letame // (*agr.*): — *spreader*, (macchina) spandiconcime; *green* —, sovescio.

to **manure** *v.tr.* concimare, fertilizzare.

manuring [mə'njʊərɪŋ / ma·nur·ing] *s.* concimazione.

manuscript ['mænjʊskrɪpt / ma·nu·script] *agg.* e *s.* manoscritto: *a poem in* —, il manoscritto di una poesia.

Manx [mæŋks] *agg.* e *s.* (*geogr.*) (lingua) dell'isola di Man // *the* —, gli abitanti dell'isola di Man.

Manx cat [,mæŋks'kæt] *s.* gatto (senza coda) dell'isola di Man.

Manxman ['mæŋksmən / Manx·man] *pl.* **Manxmen** *s.* abitante dell'isola di Man.

many [menɪ] *comp.* **more** [mɔ:*] *superl.* **most** [məʊst] *agg.* molti, un gran numero di; più di uno: — *books*, molti libri; — *a man*, più di un uomo, molti uomini; — *times* (o *a time*), molte volte; *ever so — opportunities*, moltissime occasioni; *how — hours?*, quante ore?; *not so — children*, non tanti bambini; — *people came to the ceremony*, alla cerimonia è venuta molta gente // *give me as — stamps again*, mi dia ancora altrettanti francobolli; *I have as — books as you*, ho tanti libri quanti ne hai tu • È usato di solito nelle frasi negative e interrogative; nelle frasi affermative si preferisce *a lot of* ◆ *pron.* molti: — *of them are away*, molti di loro sono assenti; *give me as — as you can*, dammene quanti puoi; *there was one too — of them*, ce n'era uno di troppo // *she had as — as ten children!*, aveva non meno di dieci figli! // —*'s the time my father warned me that...*, mio padre mi ha messo in guardia più di una volta che... ◆ *s.* molti, molte persone: *a great* — (o *a good* —), un gran numero, moltissimi // *the* —, la moltitudine, la folla.

many-sided [,menɪ'saɪdɪd] *agg.* che ha molti lati; (*fig.*) che ha molti aspetti // **-ness** *s.*

Maoism ['maʊɪzm / Mao·ism] *s.* maoismo.

Maoist ['maʊɪst / Mao·ist] *agg.* e *s.* maoista.

Maori ['maʊrɪ] *agg.* e *s.* maori.

map [mæp] *s.* **1** carta geografica, topografica ecc.; mappa; pianta // — *of the world*, mappamondo // *outline* (o *skeleton*) —, cartina muta // *road* —, carta stradale; *street* —, pianta stradale // (*cartografia*) *index* —, quadro d'unione // *to be on the* —, essere attuale; *to put s.o., sthg. on the* —, far conoscere qlcu., qlco. // *to be off the* —, essere sorpassato, non più attuale; (*di luogo*) essere sperduto; inaccessibile // *to wipe* (*s.o., sthg.*) *off the* —, annientare, distruggere (qlcu., qlco.) **2** (*sl. amer.*) viso, volto.

to **map** *pass.p.p.* **mapped** [mæpt] *v.tr.* **1** disegnare, rilevare la carta geografica, la mappa, la pianta di **2** (*mat.*) applicare.

□ **map out** *v.tr.* e *avv.* progettare: *he did not — out a course of action*, egli non tracciò un piano d'azione.

maple ['meɪpl] *s.* (*bot.*) acero // — *sugar*, *syrup*, zucchero, sciroppo d'acero.

map-maker ['mæp,meɪkə*] *s.* cartografo.

mapping ['mæpɪŋ / map·ping] *s.* **1** (*cartografia, geol.*) rilevamento, rilievo **2** (*mat.*) applicazione **3** (*inform.*) mappatura.

maquillage [,mæki:'ɑ:ʒ / ma·quil·lage] *s.* maquillage, trucco.

maquis ['mæki: / ma·quis] *s.* **1** (*ecol.*) macchia mediterranea **2** (*st.*) maquis, la resistenza francese (durante la seconda guerra mondiale).

to **mar** [mɑ:*] *pass.p.p.* **marred** [mɑ:d] *v.tr.* guastare; rovinare; deturpare: *that building marred the landscape*, quella costruzione rovinava, deturpava il paesaggio; *a road accident marred the day's outing*, un incidente stradale rovinò la gita; *the dramatic effect was marred by the appearance of a mouse*, l'effetto drammatico fu rovinato dalla comparsa di un topo // *to make or — a project*, far decollare o affondare un progetto.

marabou ['mærəbu: / mara·bou] *s.* (*zool.*) (*Leptoptilos crumeniferus*) marabù.

maraca [mə'rɑ:kə / ma·raca] *s.* (*mus.*) maraca.

maraging steel ['mɑ:,reɪdʒɪŋ,sti:l] *s.* (*metall.*) acciaio maraging.

maraschino [,mærəs'ki:nəʊ / ma·ras·chino] *s.* **1** maraschino **2** — (*cherry*), ciliegina **3** ciliegia (a)marasca.

marasmic [mə'ræzmɪk / mar·as·mic] *agg.* (*med.*) relativo al marasma, marantico.

marasmus [mə'ræzməs / mar·as·mus] *s.* (*med.*) marasma.

marathon ['mærəθn *amer.* 'mærəθɒn / mara·thon] *s.* (*sport*) maratona (*anche fig.*) ◆ *agg.* molto lungo, che dura molto: *a* — TV *programme*, un programma televisivo in molte puntate.

to **maraud** [mə'rɔ:d / ma·raud] *v.tr.* predare, rubare; saccheggiare ◆ *v.intr.* fare scorrerie.

marauder [mə'rɔ:də* / ma·rauder] *s.* grassatore; predone, predatore.

marauding [mə'rɔ:dɪŋ / ma·raud·ing] *agg.* di grassatore; predatorio.

marble ['mɑ:bl] *s.* **1** marmo: *clouded* —, marmo variegato // *a heart of* —, (*fig.*) un cuore di pietra **2** biglia, pallina di vetro: *to play marbles*, giocare alle biglie // *to lose one's marbles*, (*sl.*) perdere la testa, dare i numeri **3** *pl.* statue marmoree ◆ *agg.* **1** di, del marmo: — *quarry*, cava di marmo; — *industry*, industria del marmo **2** di marmo, marmoreo: *a — cross*, una croce di marmo; — *brow*, fronte marmorea, bianchissima.

to **marble** *v.tr.* marmorizzare; marezzare.

marble-cutter ['mɑ:bl,kʌtə*] *s.* marmista.

marbled ['mɑ:bld] *agg.* **1** marmorizzato; marezzato **2** (*letter.*) marmoreo, che ha il colore, l'aspetto del marmo: *teem with new monsters, whom thy upward face / hath to the marbled mansion all above / never presented!*, (SH. Timon of Athens) genera nuovi mostri, quali mai la sua faccia supina presentò alla marmorea magione del cielo.

marble-edged [,mɑ:bl'edʒd] *agg.* coi margini marmorizzati (di libro).

marble orchard [,mɑ:bl'ɔ:tʃəd] *s.* (*amer.*) cimitero.

marble-paper ['mɑ:bl,peɪpə*] *s.* carta marmorizzata.

marbling ['mɑ:blɪŋ / marb·ling] *s.* marmorizzazione; marezzatura.

marc [mɑ:k] *s.* **1** grappa; acquavite **2** vinaccia; sansa; residuo di frutta spremuta.

marcas(s)ite ['mɑ:kəsaɪt / mar·cas(s)·ite] *s.* (*min.*) marcasite, marcassite.

marcescent [mɑ:'sesənt / mar·ces·cent] *agg.* marcescente (di piante).

March [mɑ:tʃ] *s.* marzo: *in* —, in, nel mese di marzo.

march[1] *s.* **1** frontiera, confine; limite di proprietà **2** (*gener. pl.*) (*st.*) regione di confine (in particolare quella tra Inghilterra e Scozia).

to **march**[1] *v.intr.* confinare, essere confinante: *to — with another country*, *another estate*, confinare con un altro stato, un'altra proprietà.

march[2] *s.* **1** (*mil.*) marcia: *a day's* —, una giornata di marcia; *on the* —, in marcia; *in — order*, in assetto di marcia; *forced* —, marcia forzata // *route* —, esercitazione di marcia // *a peace* —, una marcia per la pace **2** (*mil.*) passo (di marcia): *parade* (o *slow*) —, passo di parata; *double* —, passo di carica; *quick* —, passo di corsa // *to steal a — on s.o.*, (*fig.*) battere qlcu. sul tempo **3** (*mus.*) marcia: *dead* (o *funeral*) —, marcia funebre; *wedding* —, marcia nuziale **4** (*fig.*) progresso, cammino: *the — of events*, lo svolgersi degli eventi; *the — of progress*, il cammino del progresso; *the — of time*, il corso del tempo.

to **march**[2] *v.tr.* **1** (*anche mil.*) marciare; mettersi in marcia // *quick —!*, avanti marsch!; *to — in*, entrare (marciando); presentarsi: *I am sure he will — in, one of these days*, sono sicuro che lo vedremo capitare qui, uno di questi giorni; *to — out*, uscire (marciando) // *to — past s.o.*, sfilare davanti a qlcu. **2** avanzare, progredire, fare passi avanti (di imprese, eventi) // *to — along*, *up*, avanzare, procedere // *to — on*, continuare la propria strada ◆ *v.tr.* **1** far marciare **2** far avanzare, far progredire.

marcher[1] ['mɑ:tʃə*] *s.* **1** abitante di una regione di confine **2** (*st.*) governatore di una regione di confine.

marcher[2] *s.* marciatore.

marching ['mɑ:tʃɪŋ / march·ing] *agg.* **1** in marcia **2** di marcia: *in — order*, (*mil.*) in ordine di marcia.

marching orders ['mɑ:tʃɪŋ,ɔ:dəz] *s.pl.* **1** (*mil.*) ordine di partenza; ruolino di marcia **2** (*fam.*) benservito, lettera di licenziamento AMER. walking papers: *to give s.o. his* —, (*fam.*) dare il benservito a qlcu., licenziarlo.

marchioness ['mɑ:ʃənɪs / mar·chion·ess] *s.* marchesa.

marchpane ['mɑ:tʃpeɪn / march·pane] *s.* (*ant.*) marzapane: *good thou, save me a piece of marchpane*, (SH. Romeo and Juliet) su bravo, tienimi da parte un pezzo di marzapane.

march-past ['mɑ:tʃ,pɑ:st *amer.* 'mɑ:tʃ,pæst] *s.* (*mil.*) sfilata (di truppe); corteo.

march-stone ['mɑ:tʃ,stəʊn] *s.* pietra di confine.

marconigram [mɑ:'kəʊnɪgræm / mar·coni·gram] *s.* marconigramma.

Mardigras [,mɑːdɪ'grɑː / Mardi·gras] *s.* **1** martedì grasso **2** veglione di carnevale.

mare[1] [meə*] *s.* cavalla, giumenta; asina // *stud* —, (cavalla) fattrice // *grey* —, cavalla storna; *the grey — is the better horse*, è la moglie che porta i pantaloni // *a —'s nest*, una scoperta deludente // *Shanks's* —, il cavallo di san Francesco.

mare[2] ['mɑːreɪ] *pl.* **maria** ['mɑːrɪə] *s.* (*astr.*) mare (lunare o di altro corpo celeste).

mare's-tails ['meəzteɪlz] *s.* **1** (*bot.*) (*Hyppuris vulgaris*) ippuride, equiseto, coda di cavallo **2** cirro (nuvola).

margarine [,mɑːdʒə'riːn *amer.* 'mɑːdʒərɪn / mar·gar·ine] *s.* (*cuc.*) margarina.

margarite[1] ['mɑːgəraɪt / mar·gar·ite] *s.* perla.

margarite[2] *s.* (*geol.*) margarite.

margay ['mɑːgeɪ / mar·gay] *s.* (*zool.*) (*Felis tigrina*) marguai.

marge[1] [mɑːdʒ] *s.* (*cuc. fam.*) margarina.

marge[2] *s.* (*ant.*) margine.

margin ['mɑːdʒɪn / mar·gin] *s.* **1** margine, orlo, bordo: *notes in the — (of a page, of a book)*, note a margine **2** margine, differenza, scarto: *he won the election by a wide* —, fu eletto con ampio margine (di voti) **3** (*econ.*) margine: (*profit*) —, margine di profitto, guadagno; *gross, net* —, margine lordo, netto **4** (*fin.*) deposito di garanzia; margine di garanzia // *— trading*, (*amer.*) acquisto di azioni a margine, a credito // *— call*, chiamata di margine addizionale.

to **margin** *v.tr.* **1** marginare, provvedere di margine **2** fare note a margine **3** (*Borsa*) coprire con un deposito di garanzia.

marginal ['mɑːdʒɪnl / mar·ginal] *agg.* marginale: *— notes*, note marginali, a margine // (*econ.*): *— utility theory*, teoria dell'utilità marginale; *— cost*, costo marginale; *— rate (of tax)*, aliquota marginale; *— land*, terra marginale // (*dir.*): *— classes*, ceti emarginati; *— groups*, gruppi devianti // *— tribes*, tribù sull'orlo dell'estinzione // *— case*, caso limite // *— seat*, seggio parlamentare ottenuto con un minimo scarto di voti.

marginalia [,mɑːdʒɪ'neɪljə / mar·gin·alia] *s.pl.* note marginali.

marginally ['mɑːdʒɪnəlɪ / mar·gin·ally] *avv.* **1** a margine **2** marginalmente.

marginal stop [,mɑːdʒɪnəl'stɒp] *s.* marginatore (di macchina per scrivere).

margrave ['mɑːgreɪv / mar·grave] *s.* (*st.*) margravio.

margravine ['mɑːgrəviːn / mar·grav·ine] *s.* (*st.*) margravia.

marguerite [,mɑːgə'riːt / mar·guer·ite] *s.* (*bot.*) **1** (*Chrysanthemum leucanthenum*) margherita **2** (*Bellis perennis*) margherita, pratolina.

Marian ['meərɪən / Mar·ian] *agg.* **1** mariano (della Vergine) **2** di Maria Tudor; di Maria Stuart ◆ *s.* (*st.*) seguace di Maria Tudor; seguace di Maria Stuart.

mariculture ['mærɪkʌltʃə* / mari·cul·ture] *s.* maricoltura, acquacoltura.

mariculturist ['mærɪ,kʌltʃərɪst / mari·cul·tur·ist] *s.* maricoltore.

marigold ['mærɪgəʊld / mari·gold] *s.* (*bot.*) tagete.

marigram ['mærɪgræm / mari·gram] *s.* (*geogr.*) mareogramma.

marigraph ['mærɪgrɑːf / mari·graph] *s.* (*geogr.*) mareografo.

marihuana, **marijuana** [,mærɪ'wɑːnə / ma·ri·huana, ma·ri·juana] *s.* marijuana, marihuana.

marimba [mə'rɪmbə / ma·rimba] *s.* (*mus.*) marimba.

marina [mə'riːnə / ma·rina] *s.* porticciolo; porto turistico.

marinade [,mærɪ'neɪd / mar·in·ade] *s.* (*cuc.*) marinata, infuso di vino o aceto e aromi.

to **marinate** ['mærɪneɪt / mar·in·ate] meno com. to **marinade** *v.tr.* (*cuc.*) marinare.

marine [mə'riːn / ma·rine] *agg.* **1** marino; marittimo, del mare // *— insurance*, assicurazione marittima **2** navale; di marina // *— store*, negozio di forniture per navi ◆ *s.* **1** marina: *merchant* (o *mercantile*) —, marina mercantile // *— officer*, ufficiale di marina **2** (*mil.* GB e USA) soldato dei marines; *pl.* truppe da sbarco anfibie: (GB) *Royal marines*, (USA) *— corps*, corpo dei marines **3** (*pitt.*) marina.

mariner ['mærɪnə* / mar·iner] *s.* (*letter.*) marinaio; navigatore: *master* —, comandante di nave mercantile.

Marinism [mə'rɪnɪzəm / Ma·rin·ism] *s.* (*st. lett.*) marinismo.

Marinist [mə'riːnɪst / Ma·rin·ist] *s.* (*st. lett.*) marinista.

Mariolatry [,meərɪ'ɒlətrɪ / Ma·ri·ol·atry] *s.* (*relig.*) mariolatria.

Mariology [,meərɪ'ɒlədʒɪ / Ma·ri·ology] *s.* (*teol.*) mariologia.

marionette [,mærɪə'net / ma·ri·on·ette] *s.* marionetta.

marish ['mærɪʃ / mar·ish] *agg.* (*ant.*) paludoso.

marital ['mærɪtl / mar·ital] *agg.* maritale; coniugale // (*dir.*): *— duties*, doveri coniugali; *— rights*, diritti coniugali // **-ly** *avv.*

maritime ['mærɪtaɪm / mari·time] *agg.* (*geogr., meteor.*) marittimo, marino // *— law*, diritto marittimo.

marjoram ['mɑːdʒərəm / mar·joram] *s.* (*bot.*) (*Origanum majorana*) maggiorana; (*pop.*) erba persa SIN. sweet marjoram.

mark[1] [mɑːk] *s.* **1** segno; traccia; impronta: *who made these dirty marks on my book?*, chi ha fatto questi segnacci sul mio libro?; *— of respect*, segno di rispetto; *— of esteem, of love*, segno, pegno di stima, di amore; *the — of a foot*, l'impronta di un piede // *to leave one's* —, lasciare traccia di sé; *to make one's* —, farsi strada, un nome // *to be up to the* —, essere all'altezza (di un compito) // *I don't feel up to the* —, non mi sento bene **2** bersaglio (*anche fig.*): *to be near, over, under, wide of the* —, aver colpito vicino, sopra, sotto, lontano dal bersaglio; *to hit the* —, far centro; *to miss the* —, mancare il bersaglio **3** segno di interpunzione: *exclamation* —, punto esclamativo; *question* —, punto interrogativo; *quotation marks*, virgolette **4** (*scuola*) voto; valutazione: *to have bad, good marks*, avere voti brutti, belli; *he got full marks in his exam*, ha passato l'esame col massimo dei voti **5** marchio (di fabbrica), marca; etichetta **6** (*inform.*) marcatura; marca; segno // *black* —, (*fig.*) marchio **7** (*med.*) voglia: *strawberry* —, voglia di fragola; *port-wine* —, voglia di vino **8** (*sport*) segnale, linea di partenza: *on your marks!*, pronti!; *to be off the* —, essere partito (di podista, corridore ecc.) // *to be quick, slow off the* —, (*fig.*) essere pronto, lento a capire **9** (*fig.*) importanza, distinzione: *man of* —, persona notevole, importante // *a man of no mean skill and mark*, (BEN JONSON) un uomo di non poca abilità e distinzione **10** segno particolare, caratteristica fisica: *that horse has a white — on its head*, quel cavallo ha una macchia bianca sulla testa **11** (*st.*) marca (territorio posseduto dalla comunità di un villaggio presso gli antichi Germani) **12** croce (firma degli analfabeti): *to make one's* —, firmare con una croce **13** (*fam. amer.*) emarginato, escluso (da una comunità).

to **mark**[1] *v.tr.* **1** marcare, segnare; contrassegnare; indicare (prezzi): *I am afraid he plays with marked cards*, temo che giochi con carte segnate; *eggs marked 'fresh' are sold at a different price*, le uova indicate come 'fresche' sono in vendita a un prezzo diverso; *an X marks the spot where we landed*, una X indica il posto dove atterrammo; *to — (points in) a game*, marcare i punti in un gioco // *to — the rhythm*, battere il tempo // *to — time*, segnare il passo (*anche fig.*); (*fam.*) batter la fiacca **2** caratterizzare: *his paintings are marked by light colours*, i suoi quadri sono caratterizzati da colori tenui **3** dare i voti a: *I have got some exercises to* —, devo correggere e dare il voto ad alcuni compiti **4** scegliere, designare, destinare: *that horse is marked for slaughter*, quel cavallo è destinato al macello **5** mostrare; rivelare; manifestare; *he used to — his approval openly*, era solito manifestare la sua approvazione apertamente **6** osservare, notare, fare attenzione a: *— my words!*, bada alle mie parole! **7** (*sport*) marcare, controllare (un avversario) ◆ *v.intr.* prendere le impronte (riferito a superficie): *the walls — easily, so don't put your fingers on them*, non toccare le pareti con le dita altrimenti rimangono le impronte.

□ **mark down** *v.tr.* e *avv.* **1** prender nota di: *— it down*, prendine nota **2** ribassare, ridurre (un prezzo); svalutare (una merce) **3** abbassare il voto a (studente).

□ **mark off**, **out** *v.tr.* e *avv.* **1** delimitare; separare: *to — off* (o *out*) *a tennis-court*, tracciare i limiti di un campo da tennis **2** distinguere: *his dress marked him off* (o *out*) *from the rest*, i suoi abiti lo distinguevano dagli altri.

□ **mark on** *v.tr.* e *avv.* (*econ.*) ricaricare.

□ **mark up** *v.tr.* e *avv.* aumentare (prezzi).

mark[2] *s.* marco (moneta tedesca).

markdown ['mɑːkdaʊn / mark·down] *s.* (*comm.*) ribasso, riduzione (di prezzo).

marked [mɑːkt] *agg.* **1** segnato, contrassegnato // *he is a — man*, è un individuo dal destino segnato **2** marcato, notevole: *— difference*, differenza marcata; *to have a very — foreign accent*, avere un forte accento straniero // **-ly** *avv.*

marker ['mɑːkə*] *s.* **1** segnapunti (persona e oggetto) **2** segnalibro **3** (*sport*) marcatore, giocatore che marca un avversario **4** (*ferr., mil.*) segnale **5** (*tecn.*) tracciatore **6** (*amer.*) lapide commemorativa **7** (*amer. comm.*) pagherò bancario.

marker beacon ['mɑːkə,biːkən] *s.* radiofaro; radiosegnale: *inner* —, radiofaro interno, finale; *outer* —, radiofaro esterno.

marker crude ['mɑ:kə,kru:d] *s.* petrolio greggio il cui prezzo fa da riferimento agli altri.

market ['mɑ:kɪt / mar·ket] *s.* **1** mercato; luogo di vendita: *to go to — to buy food*, andare al mercato a far la spesa; *the next — is on the 15th*, il prossimo giorno di mercato sarà il 15 // *to bring one's eggs to the wrong —*, (*fig.*) picchiare alla porta sbagliata **2** (*comm.*, *econ.*) mercato; piazza; compravendita: *capital —*, mercato finanziario, dei capitali; *commodity —*, mercato delle materie prime; *exchange —*, mercato dei cambi; *property —*, mercato immobiliare; *security* (o *stock*) —, mercato mobiliare; *equity —*, mercato azionario; *bond —*, mercato obbligazionario; *labour —*, mercato del lavoro; *home —*, mercato interno; *overseas —*, mercato estero; *brisk —*, mercato attivo; *heavy —*, mercato pesante, tendente al ribasso; *bear —*, mercato al ribasso; *bull —*, mercato al rialzo; *free —*, mercato libero, concorrenziale; *open —*, mercato aperto; *black —*, mercato nero; *parallel —*, borsa nera; *after hours —*, dopoborsa; *over-the-counter —*, mercato ristretto; *forward —*, mercato a termine; *futures —*, mercato a termine, dei futures; *off-board —*, mercato fuori borsa; *around-the-clock markets*, (*Borsa*) mercati operanti su 24 ore; *spot —*, mercato a pronti // *to be on the —*, essere in vendita // *to be in the — for sthg.*, essere alla ricerca di qlco. (per comprarla): *I'm in the — for a new house*, sto cercando casa; *I'm in the — for new ideas*, (*fig.*) sono alla ricerca di nuove idee // *there's no — for these cars nowadays*, queste macchine non hanno mercato oggigiorno // *the bottom has fallen out of the —*, c'è stata una caduta dei prezzi.

to **market** *v.tr.* **1** comperare, vendere al mercato **2** commercializzare; introdurre, lanciare sul mercato ◆ *v.intr.* **1** fare affari; commerciare **2** (*spec. amer.*) fare la spesa: *to go marketing*, andare a fare la spesa.

marketable ['mɑ:kɪtəbl / mar·ket·able] *agg.* vendibile; smerciabile; (*comm.*) di largo mercato.

market day ['mɑ:kɪt,deɪ] *s.* giorno di mercato.

marketeer [,mɑ:kə'tɪə* / mar·ket·eer] *s.* (*econ.*) sostenitore di un mercato.

marketer ['mɑ:kɪtə* / mar·ket·er] *s.* chi vende merci al mercato.

market forces ['mɑ:kɪt,fɔ:sɪz] *s.pl.* (*econ.*) forze di mercato.

market garden ['mɑ:kɪt,gɑ:dn] *s.* orto (i cui prodotti vengono venduti) AMER. truck farm.

market gardener [,mɑ:kɪt'gɑ:dnə*] *s.* orticoltore; ortolano (che vende i prodotti del suo orto) AMER. truck farmer.

market gardening [,mɑ:kɪt'gɑ:dnɪŋ] *s.* orticoltura; coltivazione di ortaggi per la vendita AMER. truck farming.

marketing ['mɑ:kɪtɪŋ / mar·ket·ing] *s.* **1** (*comm.*) commercializzazione, distribuzione // *free —*, libera trattazione **2** (*econ.*) marketing (analisi di mercato) // *— department*, ufficio marketing; *— research*, ricerca di marketing.

market-maker ['mɑ:kɪt,meɪkə*] *s.* (*fin.*) operatore principale, market maker.

market place ['mɑ:kɪt,pleɪs] *s.* (piazza del) mercato.

market price [,mɑ:kɪt'praɪs] *s.* (*econ.*) prezzo di mercato, valore corrente SIN. market-value.

market research ['mɑ:kɪt,rɪ'sɜ:tʃ] *s.* ricerca, indagine di mercato.

market services [,mɑ:kɪt'sɜ:vɪsɪz] *s.pl.* (*econ.*) servizi destinabili alla vendita.

market square ['mɑ:kɪtskweə*] *s.* piazza del mercato.

market town ['mɑ:kɪt,taʊn] *s.* città sede di mercato.

market value [,mɑ:kɪt'vælju:] → **market price**.

marking ['mɑ:kɪŋ / mark·ing] *s.* **1** (*tecn.*) marcatura, tracciatura **2** *gener. pl.* macchia, segno; traccia.

marking gauge ['mɑ:kɪŋ,geɪdʒ] *s.* (*tecn.*) graffietto.

marking ink ['mɑ:kɪŋ,ɪŋk] *s.* inchiostro indelebile.

markon ['mɑ:kɒn / mark·on] *s.* (*comm.*) ricarico, utile lordo.

Markovian [mɑ:'kəʊvɪən / Mar·kov·ian] *agg.* (*mat.*) markoviano, di Markov: *— chain*, catena di Markov.

marksman ['mɑ:ksmən / marks·man] *pl.* **marksmen** *s.* tiratore scelto.

marksmanship ['mɑ:ksmənʃɪp / marks·man·ship] *s.* abilità nel tiro; precisione di tiro.

markup ['mɑ:kʌp / mark·up] *s.* (*econ.*) mark up, margine di profitto: *— theory*, teoria (della formazione del prezzo con il metodo) del mark up.

marl [mɑ:l] *s.* (*geol.*) marna.

marlin ['mɑ:lɪn / mar·lin] *s.* (*zool.*) (*Makaira albida*) marlin bianco.

marline ['mɑ:lɪn / mar·line] *s.* (*mar.*) merlino.

marlin(e) spike ['mɑ:lɪn,spaɪk] *s.* (*mar.*) punteruolo per funi.

marlpit ['mɑ:l,pɪt / marl·pit] *s.* (*geol.*) cava di marna.

marlstone ['mɑ:l,stəʊn / marl·stone] *s.* (*geol.*) marna compatta.

marly ['mɑ:lɪ] *agg.* (*geol.*) marnoso.

marmalade ['mɑ:məleɪd / mar·ma·lade] *s.* marmellata (di agrumi).

marmalade cat ['mɑ:məleɪd,kæt] *s.* gatto soriano rosso.

marmite ['mɑ:maɪt / mar·mite] *s.* **1** estratto di lievito di birra **2** zuppiera.

marmolite ['mɑ:məʊ,laɪt / mar·mol·ite] *s.* (*min.*) antigorite.

marmoreal [mɑ:'mɔ:rɪəl / mar·mor·eal] *agg.* (*letter.*) marmoreo.

marmoset ['mɑ:məzet / mar·mo·set] *s.* (*zool.*) uistiti, callitrichide, apale, marmosa.

marmot ['mɑ:mət / mar·mot] *s.* (*zool.*) marmotta.

Maronite ['mærənaɪt / Mar·on·ite] *s.* (*relig.*) maronita.

maroon[1] [mə'ru:n / ma·roon] *agg.* marrone rossiccio ◆ *s.* **1** il colore marrone rossiccio **2** castagnola (fuoco d'artificio) **3** razzo di segnalazione.

maroon[2] *s.* **1** negro delle Indie Occidentali **2** chi è abbandonato in luogo deserto.

to **maroon**[2] *v.tr.* **1** abbandonare in luogo deserto **2** (*amer.*) fare un campeggio.

marplot ['mɑ:plɒt / mar·plot] *s.* (*fam.*) impiccione; guastafeste.

marque[1] [mɑ:k] *s.* *letters of —*, (*st.*) permesso di armare navi per predare navi mercantili nemiche.

marque[2] *s.* marca (di automobile).

marquee [mɑ:'ki: / mar·quee] *s.* grande tenda, padiglione.

marquess ['mɑ:kwɪs / mar·quess] → **marquis**.

marquetry ['mɑ:kɪtrɪ / mar·quetry] *s.* intarsio.

marquis ['mɑ:kwɪs / mar·quis] *s.* marchese SIN. marquess.

marquisate ['mɑ:kwɪzɪt / mar·quis·ate] *s.* marchesato.

marquise [mɑ:'ki:z / mar·quise] *s.* **1** marchesa **2** 'marquise' (montatura allungata di anello).

marriage ['mærɪdʒ / mar·riage] *s.* **1** matrimonio; nozze: *civil —*, matrimonio civile // *— by proxy*, matrimonio per procura **2** (*fig.*) legame, unione, fusione: *— of words and music*, la fusione di parole e musica.

marriageable ['mærɪdʒəbl / mar·riage·able] *agg.* **1** in età per sposarsi **2** adatto al matrimonio.

marriage articles ['mærɪdʒ,ɑ:tɪklz] *s.pl.* (*dir.*) clausole di un contratto di matrimonio.

marriage licence ['mærɪdʒ,laɪsəns] *s.* licenza di matrimonio.

marriage lines ['mærɪdʒ,laɪnz] *s.* certificato di matrimonio.

marriage settlement ['mærɪdʒ,setlmənt] *s.* (*dir.*) convenzione, contratto matrimoniale.

married ['mærɪd / mar·ried] *agg.* **1** sposato: *to get —*, sposarsi // *just —*, oggi sposi // *he's — to the company*, (*fig.*) ha sposato l'azienda **2** coniugale, matrimoniale.

marrieds ['mærɪdz / mar·rieds] *s.pl.* (*fam.*) sposi: *young —*, giovani sposi, sposini.

marrow ['mærəʊ / mar·row] *s.* **1** (*anat.*) midollo: *spinal —*, midollo spinale SIN. spinal cord // *to be frozen to the —*, essere gelati fino alle ossa **2** (*fig.*) essenza; quintessenza **3** (*bot.*) (*vegetable*) —, (*Cucurbita pepo*) zucca.

marrowbone ['mærəʊ,bəʊn / mar·row·bone] *s.* osso con midollo.

marrowfat (pea) ['mærəʊfæt(pi:) / mar·row·fat (pea)] *s.* (*bot.*) pisello a buccia rugosa.

marrow squash ['mærəʊ,skwɒʃ] *s.* (*amer.*) (*bot.*) zucchina, zucchino SIN. zucchini BRIT. courgette.

to **marry**[1] ['mærɪ] *pass.p.p.* **married** ['mærɪd / mar·ried] *v.tr.* **1** sposare: *he married a beautiful girl*, sposò una bella ragazza **2** unire in matrimonio: *a priest married them*, un sacerdote li sposò ◆ *v.intr.* sposarsi: *she didn't — until she was thirty*, non si sposò fino ai trent'anni // *to — into a family*, imparentarsi con una famiglia // *to — above, beneath oneself*, sposarsi con qlcu. di condizione superiore, inferiore // *to — out of one's faith*, sposarsi con qlcu. di religione diversa.

□ **marry off** *v.tr.* e *avv.* accasare: *she has married off all her daughters*, ha accasato tutte le sue figlie.

□ **marry up** *v.intr.* e *avv.* unirsi: *the soldiers married up with the partisans*, i soldati si unirono ai partigiani ◆ *v.tr.* e *avv.* far aderire; far combaciare: *the two parts are not married up*, le due parti non combaciano.

marry[2] *inter.* (*ant.*) diamine!

Mars [mɑːz] *no.pr.* (*astr.*) Marte.

Marseillaise [,mɑːseɪ'jeɪz / Mar·seil·laise] *s.* la Marsigliese (inno).

marsh [mɑːʃ] *s.* palude, acquitrino.

marshal ['mɑːʃl / mar·shal] *s.* **1** (*mil.*, *aer. mil.*) maresciallo: *Field Marshal*, Feldmaresciallo; *Marshal of the Royal Air Force*, Maresciallo della Royal Air Force; *Air Marshal*, Maresciallo d'Aviazione; *Air Chief Marshal*, Maresciallo capo d'Aviazione; Generale d'Armata aerea; *Air Vice Marshal*, Vicemaresciallo d'Aviazione, Generale di Divisione aerea // *Provost* —, capo della polizia militare **2** maestro di cerimonie, cerimoniere **3** (*dir.*) ufficiale giudiziario **4** (*amer.*) sceriffo **5** (*amer.*) maresciallo (di polizia, dei pompieri).

to **marshal** *pass.p.p.* **marshalled** ['mɑːʃld / mar·shalled] *v.tr.* **1** schierare (*anche mil.*); disporre in ordine // *to — two coats of arms in one shield*, (*arald.*) disporre due blasoni su uno scudo **2** raccogliere; ordinare: *he marshalled all his energies for the next big race*, raccolse tutte le sue energie per la prossima corsa **3** accompagnare (una persona) al proprio posto (durante una cerimonia) ♦ *v.intr.* schierarsi: *they marshalled in front of him*, si schierarono davanti a lui.

Marshallese [,mɑːʃə'liːz / Mar·shall·ese] *agg.* e *s.* (nativo, abitante) delle isole Marshall.

marshalling ['mɑːʃlɪŋ / mar·shal·ling] *s.* **1** schieramento; ordinamento **2** (*tecn.*) coordinamento **3** (*ferr.*) smistamento.

marshalling yard ['mɑːʃəlɪŋ,jɑːd] *s.* (*ferr.*) scalo di smistamento.

marsh buckbean ['mɑːʃ,bʌkbiːn] *s.* (*bot.*) → **buckbean**.

marsh fever ['mɑːʃ,fiːvə*] *s.* (*med.*) malaria.

marsh gas ['mɑːʃ,gæs] *s.* (*chim.*) gas di palude, metano.

marshland ['mɑːʃlənd / marsh·land] *s.* zona paludosa.

marshmallow [,mɑːʃ'mæləʊ / marsh·mal·low] *s.* (*bot.*) (*Althea officinalis*) altea, malvaccione.

marshmallows [,mɑːʃ'mæləʊz / marsh·mal·lows] *s.pl.* (*amer.*) mocassini.

marsh marigold [,mɑːʃ'mærɪgəʊld] *s.* (*bot.*) calta palustre → **cowslip**.

marsh thistle [,mɑːʃ'θɪsl] *s.* (*bot.*) (*Cirsium palustre*) cardo palustre.

marsh tit ['mɑːʃtɪt] *s.* (*zool.*) (*Parus palustris*) cincia bigia.

marsh treader ['mɑːʃ,tredə*] *s.* (*zool.*) (*Hydrometra stagnorum*) idrometra.

marshy ['mɑːʃɪ] *agg.* paludoso, acquitrinoso.

marsupial [mɑː'sjuːpjəl / mar·sup·ial] *agg.* e *s.* (*zool.*) marsupiale.

marsupialization [mɑː,sjuːpɪəlaɪ'zeɪʃn *amer.* mɑː,suːpɪəlɪ'zeɪʃn / mar·sup·ial·iza·tion] *s.* (*med.*) marsupializzazione.

marsupium [mɑː'sjuːpjəm / mar·sup·ium] *pl.* **marsupia** [mɑː'sjuːpjə / mar·supia] *s.* marsupio.

mart[1] [mɑːt] *s.* mercato; fiera; emporio: *car* —, mercato dell'auto // *she to me / was... of Joy the sojourn, and of wealth the mart*, (BYRON) essa fu per me... il soggiorno della gioia e l'emporio della ricchezza.

mart[2] *s.* (*zool.*) martora.

martagon ['mɑːtəgən / mar·ta·gon] *s.* (*bot.*) (giglio) martagone → **Turk's cap lily**.

martello [mɑː'teləʊ / mar·tello] *s.* (*st.*) torre (per difesa costiera) // — *towers*, torri martello (in Corsica).

marten ['mɑːtɪn / mar·ten] *s.* (*zool.*) **1** martora **2** mustelide.

martensite ['mɑːtənzaɪt / mar·tens·ite] *s.* (*metall.*) martensite: — *steel*, acciaio martensitico.

martial ['mɑːʃl / mar·tial] *agg.* marziale, guerresco // — *law*, legge marziale // — *arts*, arti marziali // **-ly** *avv.*

Martian ['mɑːʃjən / Mar·tian] *agg.* e *s.* (*astr.*) marziano.

martin ['mɑːtɪn / mar·tin] *s.* (*zool.*) (*house*) —, (*Delichon urbica*) rondicchio, balestruccio.

martinet[1] [,mɑːtɪ'net *amer.* ,mɑːtɪn'et / mar·tinet] *s.* (*mil.*) ufficiale che pretende obbedienza cieca // *he, she is a —!*, (*fig.*) è proprio un caporale!

martinet[2] *s.* (*st.*) balista.

martingale ['mɑːtɪŋgeɪl / mar·tin·gale] *s.* **1** martingala (per cavallo) **2** (*mar.*) controstraglio del bastone di fiocco.

Martini [mɑː'tiːnɪ / Mar·tini] *s.* Martini (aperitivo).

Martinmas ['mɑːtɪnməs / Mar·tin·mas] *s.* festa di San Martino.

martlet ['mɑːtlɪt / mart·let] *s.* **1** → martin **2** (*arald.*) merlotto.

martyr ['mɑːtə* / mar·tyr] *s.* martire, vittima (*anche fig.*): *to be a — to rheumatism*, essere vittima dei reumatismi; *to make a — of oneself*, fare la vittima, il martire; *to make a — of s.o.*, presentare qlcu. con l'aureola del martirio.

to **martyr** *v.tr.* martoriare, martirizzare; condannare al martirio.

martyrdom ['mɑːtədəm / mar·tyr·dom] *s.* martirio.

to **martyrize** ['mɑːtəraɪz / mar·tyr·ize] *v.tr.* (*non com.*) martirizzare; tormentare // *she will — herself over that*, si tormenterà senza fine per quello ♦ *v.intr.* rendersi martire.

martyrologist [,mɑːtɪ'rɒlədʒɪst / mar·tyro·lo·gist] *s.* autore di martirologi.

martyrology [,mɑːtɪ'rɒlədʒɪ / mar·tyro·logy] *s.* martirologio.

marvel ['mɑːvl / mar·vel] *s.* **1** meraviglia; cosa meravigliosa: *what a —!*, che meraviglia!; *to do* (o *to work*) *marvels*, compiere meraviglie **2** (*ant.*) stupore.

to **marvel** *pass.p.p.* **marvelled** ['mɑːvld / mar·velled] *v.intr.* **1** meravigliarsi, stupirsi, essere sorpresi: *they marvelled at his courage*, si stupirono del suo coraggio; *to — that*, meravigliarsi che; *to — how, why*, chiedersi come, perché **2** (*letter.*) chiedersi con incredulità: *I marvel whether it be a Toledo*, (JONSON) mi chiedo se sia una Toledo.

marvellous ['mɑːvələs / mar·vel·lous] *agg.* meraviglioso, stupendo; incredibile ♦ *s.* prodigio; cosa meravigliosa, incredibile: *the — is that he is coming back*, la cosa più stupefacente è che ritorna // **-ly** *avv.* // **-ness** *s.*

Marxian ['mɑːksjən / Marx·ian] *agg.* e *s.* (*pol.*) marxiano.

Marxism ['mɑːksɪzəm / Marx·ism] *s.* (*pol.*) marxismo.

Marxist ['mɑːksɪst / Marx·ist] *agg.* e *s.* (*pol.*) marxista.

Marxist-Leninist ['mɑːksɪst'lenɪnɪst] *agg.* e *s.* (*pol.*) marxista-leninista.

Mary-bud ['meərɪbʌd] *s.* (*ant.*) bocciolo di calendula: *and winking Mary-buds begin / to ope their golden eyes*, (SH. Cymbeline) ed i raggianti boccioli di calendula cominciano ad aprire le loro pupille d'oro.

marzipan ['mɑːzɪpæn / mar·zi·pan] *s.* marzapane.

mascara [mæ'skɑːrə *amer.* mæ'skærə / mas·cara] *s.* mascara (cosmetico per ciglia).

mascot ['mæskət / mas·cot] *s.* mascotte, portafortuna.

masculine ['mæskjʊlɪn / mas·cu·line] *agg.* **1** maschile, mascolino; maschio; virile **2** (*gramm.*) di genere maschile ♦ *s.* **1** parola di genere maschile **2** (*gramm.*) il genere maschile // **-ly** *avv.*

masculineness ['mæskjʊlɪnnɪs / mas·cu·line·ness] **masculinity** [,mæskjʊ'lɪnətɪ / mas·cu·lin·ity] *s.* mascolinità.

maser ['meɪzə*] *s.* (*tecn.*) maser.

mash[1] [mæʃ] *s.* **1** pappa, poltiglia **2** infuso di malto per fare la birra **3** miscela (di vari ingredienti fermentati per la produzione di whisky) **4** pastone (per animali) **5** (*cuc.*) purè (di patate): *bangers and* —, salsicce con purè di patate.

to **mash**[1] *v.tr.* **1** macerare, fare un infuso di (specialmente malto in acqua calda) // *to — the tea*, fare un infuso di tè **2** schiacciare, pestare.

mash[2] *s.* (*ant.*) persona ammirata, amata.

to **mash**[2] *v.tr.* (*ant.*) (*sl.*) suscitare ammirazione in; far innamorare: *to be mashed on*, essere innamorato di.

mashed [mæʃt] *agg.* **1** mescolato, mischiato **2** (*cuc.*) schiacciato: — *potatoes*, purè di patate.

masher[1] ['mæʃə*] *s.* (*cuc.*) passaverdure // *potato* —, schiacciapatate.

masher[2] *s.* (*ant.*) damerino, rubacuori.

mashie ['mæʃɪ] *s.* mashie (tipo di mazza da golf).

mask [mɑːsk *amer.* mæsk] *s.* **1** maschera: *carnival* —, maschera carnevalesca // *death* —, maschera mortuaria // *with the — off*, a viso scoperto **2** schermo di protezione del viso: *gas* —, maschera antigas // *beauty* —, maschera di bellezza **3** (*fig.*) maschera, finzione; espressione del viso di un attore: *tragic* —, maschera tragica; *under the — of friendship*, sotto la maschera dell'amicizia **4** muso (di animali) **5** (*arch.*) mascherone **6** (*fot.*) mascherina **7** (*ant.*) (*teatr.*) genere di spettacolo drammatico accompagnato da canti, danze e costumi: *there let Hymen oft appear / in Saffron robe, with Taper clear / ... / with mask, and antique Pageantry*, (MILTON) fate spesso comparire Imene, con vesti di zafferano, splendente di tede con spettacoli musicali e antico fasto **8** (*inform.*) maschera.

to **mask** *v.tr.* **1** mascherare: *to — one's face*, mascherarsi **2** (*fig.*) mascherare, nascondere, celare: *to — one's feelings*, celare i propri sentimenti // (*mil.*) *to — one's own batteries*, coprire le proprie batterie.

masked [mɑ:skt *amer.* mæskt] *agg.* **1** mascherato // — *ball*, ballo in maschera, mascherato **2** (*fig.*) dissimulato: *his hatred was — under a veil of friendliness*, il suo odio era mascherato sotto una parvenza di amicizia.

masker ['mɑ:skə* *amer.* 'mæskə*] *s.* **1** (*teatr.*) maschera **2** chi è mascherato.

masking ['mɑ:skɪŋ *amer.* 'mæskɪŋ / mask·ing] *s.* **1** (*tecn.*) mascheratura; protezione con una mascherina: — *tape*, nastro per mascherature **2** (*elettr.*) mascheramento (di un suono, di un segnale radar).

masochism ['mæsəʊkɪzəm / mas·och·ism] *s.* (*psic.*) masochismo.

masochist ['mæsəʊkɪst / mas·och·ist] *s.* (*psic.*) masochista.

masochistic ['mæsəʊkɪstɪk / mas·och·istic] *agg.* (*psic.*) masochistico.

masochistically [,mæsəʊ'kɪstɪkəlɪ / mas·och·ist·ic·ally] *avv.* da masochista.

mason ['meɪsn / ma·son] *s.* **1** muratore **2** massone.

to **mason** *v.tr.* (*non com.*) costruire, rinforzare con mattoni.

Mason-Dixon line [,meɪsn'dɪksn,laɪn] *s.* (*amer.*) linea di confine immaginaria tra gli stati del Sud e quelli del Nord.

Masonic [mə'sɒnɪk / Ma·sonic] *agg.* massonico.

Masonite® ['meɪsənaɪt / Mas·on·ite] *s.* masonite®.

masonry ['meɪsnrɪ / ma·sonry] *s.* **1** arte muraria **2** costruzione in muratura **3** massoneria.

masque [mɑ:sk *amer.* mæsk] *s.* **1** masque, rappresentazione allegorica, mitologica (muta in origine, in seguito con dialogo e musica) **2** testo per masque **3** festa mascherata.

masquerade [,mæskə'reɪd / mas·quer·ade] *s.* **1** finzione; montatura **2** mascherata; ballo mascherato.

to **masquerade** *v.intr.* **1** mascherarsi **2** (*fig.*) fingersi; presentarsi sotto mentite spoglie: *he masqueraded as a doctor*, si fece passare per medico.

masquerader [,mæskə'reɪdə* / mas·quer·ader] *s.* chi prende parte a una mascherata.

mass[1] [mæs] *s.* messa: *high* —, messa solenne; *low* —, messa bassa; — *for a person's soul*, messa in suffragio di qlcu.; *to celebrate* —, celebrare la messa; *to say* —, dir messa; *to go to* —, andare a messa.

mass[2] *s.* **1** massa; gran numero; quantità: *a — of clay*, una massa d'argilla; *a — of facts*, una quantità di fatti // *masses of roses*, rose a profusione // *his back was a — of bruises*, la sua schiena era tutta coperta di lividi // *she was a — of nerves*, era un fascio di nervi // *in the* —, nel complesso **2** massa; folla, moltitudine: *the great* —, la grande massa; *a theatre for the masses*, un teatro per le masse, per tutti // (*sociologia*) — *observation*, studio dei fenomeni di massa **3** masso, blocco; ammasso: *a — of rock*, un masso; *a — of cloud*, un ammasso nuvoloso **4** (*fis.*, *chim.*) massa: *isotopic* —, massa isotopica; *rest* —, massa di riposo; — *action*, azione di massa; — *defect*, difetto di massa; — *spectrometer*, spettrometro di massa; — *number*, numero di massa ◆ *agg.* **1** di massa, in serie: — *production*, produzione in serie; — *marketing*, marketing di massa **2** di massa, delle masse: — *demonstration*, dimostrazione di massa **3** di massa, massiccio; ampio; totale: — *destruction*, distruzione totale; — *unemployment*, disoccupazione di massa // (*dir.*) — *round up*, retata di massa (della polizia) // (*mil.*) — *attack*, attacco in massa.

to **mass**[2] *v.tr.* ammassare: *troops were massed along the river*, furono concentrate truppe lungo il fiume ◆ *v.intr.* ammassarsi.

massacre ['mæsəkə* / mas·sacre] *s.* massacro, strage.

to **massacre** *v.tr.* massacrare, trucidare.

massage ['mæsɑ:ʒ *amer.* mə'sɑ:ʒ / mas·sage] *s.* massaggio // (*med.*) *cardiac* —, massaggio cardiaco.

to **massage** *v.tr.* **1** massaggiare **2** (*fig.*) truccare; falsificare: *to — the figures*, falsificare le cifre.

massage parlour ['mæsɑ:ʒ,pɑ:lə* *amer.* mə'sɑ:ʒ,pɑ:lə*] *s.* centro (di) massaggi: (*fig.*) luogo di prostituzione.

mass-book ['mæsbʊk] *s.* libro da messa, messale.

masseter [mæ'si:tə* / mas·seter] *s.* (*anat.*) massetere.

masseur [mæ'sɜ:* / mas·seur] *s.* massaggiatore.

masseuse [mæ'sɜ:z / mas·seuse] *s.* massaggiatrice.

massicot ['mæsəkɒt / mas·si·cot] *s.* (*min.*) massicot.

massif [mæ'si:f / mas·sif] *s.* (*geogr.*, *geol.*) massiccio (montagnoso).

massive ['mæsɪv / mas·sive] *agg.* **1** massiccio; solido; imponente: *a — building*, una costruzione massiccia; *a — figure*, una figura imponente // — *gold*, oro massiccio **2** massivo; potente, forte: *in — doses*, in dosi massive **3** (*geol.*) compatto, non stratificato, omogeneo.

massively ['mæsɪvlɪ / mas·sive·ly] *avv.* in forma compatta, massiccia.

massiveness ['mæsɪvnɪs / mas·sive·ness] *s.* compattezza; solidità.

mass media [,mæs'mi:djə] *s.* mezzi di comunicazione di massa ◆ *agg. attr.* massmediatico, massmediologico; mediatico.

mass noun ['mæs,naʊn] *s.* categoria linguistica che comprende nomi astratti e nomi 'uncountable' (*p.e.* friendship, butter, water).

to **mass-produce** ['mæs,prə'dju:s *amer.* 'mæs,prə'du:s] *v.tr.* (*comm.*) produrre in serie; produrre su scala di massa.

mass-produced ['mæsprə,dju:sd *amer.* 'mæsprə,du:sd] *agg.* (*comm.*) prodotto in serie.

massy ['mæsɪ] *agg.* compatto; massiccio; imponente.

mast[1] [mɑ:st *amer.* mæst] *s.* **1** (*mar.*) albero; *pl.* alberatura: *fore* —, albero di trinchetto; *lower* —, albero maggiore; *mizzen* —, albero di mezzana; *topgallant* —, alberetto // *jury* —, albero di fortuna // *to be at the* —, essere di guardia in coffa; *to send to the* —, mandare in coffa // *to sail before the* —, essere marinaio semplice // *to nail one's colours to the — of...*, (*fig.*) appoggiare, sostenere la causa di... // — *coat*, cappa della mastra d'albero; — *heel*, piede d'albero; — *hole*, mastra d'albero; — *rigging*, attrezzatura dell'albero **2** asta, pennone **3** palo, supporto d'antenna; (*aer.*) supporto antenna radio **4** (*mecc.*) montante.

to **mast**[1] *v.tr.* (*mar.*) alberare.

mast[2] *s.* ghiande, bacche, faggiole, faggine (specialmente usate come foraggio).

mastalgia [mæs'tældʒə / mast·al·gia] *s.* (*med.*) mastodinia, mastalgia.

mast cell ['mɑ:st,sel *amer.* 'mæst,sel] *s.* (*biol.*) mastocita.

mastectomy [mæ'stektəmɪ / mast·ec·tomy] *s.* (*med.*) mastectomia.

masted ['mɑ:stɪd *amer.* 'mæstɪd] *agg.* (*mar.*) (*spec. nei composti*) alberato, munito di alberi: *a three- — ship*, una nave a tre alberi.

master[1] ['mɑ:stə* *amer.* 'mæstə* / mas·ter] *s.* **1** padrone; signore; proprietario; datore di lavoro (*anche dir.*) // *to be one's own* —, essere indipendente; non dover nulla a nessuno // *to be, to remain — of the field*, essere, restare padrone del campo (*anche fig.*) **2** padroncino, signorino (prefisso servile, di cortesia) // *Master John*, il signorino John **3** maestro (chi eccelle in particolari qualità): *he is a — of irony*, è maestro nell'ironia **4** grande artista, pittore // *the old masters*, i grandi pittori (dal XIII al XVII secolo) **5** maestro; artigiano esperto **6** maestro; insegnante, professore (non universitario); direttore di collegio universitario: *music* —, maestro di musica; *fencing* —, maestro di scherma // *the Master*, il Cristo, il Maestro **7** maestro, capo, direttore: — *of ceremonies*, maestro di cerimonia; (*amer.*) presentatore (di spettacoli); — *of hounds*, gran maestro di caccia; capocaccia // (*dir.*): — *in chancery*, assistente di giudice; *Master of the Rolls*, magistrato britannico della Corte d'Appello (responsabile degli Archivi dell'Alta Corte di Giustizia) **8** (*mar.*) capitano (di nave mercantile) **9** (titolo accademico superiore a 'Bachelor'): *Master of Arts*, laureato in lettere **10** originale (di documento); matrice (di disco) ◆ *agg.* **1** padrone, dominante: — *race*, razza padrona // (*inform.*) — *mode*, stato padrone (in multiprogrammazione e trasmissione dati) **2** principale: — *bedroom*, camera da letto principale // (*mecc.*) — *cylinder*, cilindro principale // (*inform.*): — *card*, scheda matrice, principale; — *unit*, unità pilota, principale // (*mecc.*) — *gauge*, calibro campione **3** (*inform.*) permanente: — *data*, dati permanenti; — *file*, archivio permanente **4** (*comm.*, *mecc.*) generale: — *catalogue*, catalogo generale; — *policy*, polizza generale (nelle assicurazioni); — *switch*, interruttore generale.

to **master**[1] *v.tr.* **1** approfondire (studi ecc.); conoscere a fondo, impadronirsi di: *to — a foreign language*, avere la padronanza di una lingua straniera **2** avere la meglio su, dominare, sopraffare; sottomettere: *he could not — himself*, non poté controllarsi; *to — one's temper*, dominare la propria ira.

master[2] *s.* nave a più alberi.

master-at-arms [,mɑ:stərət'ɑ:mz *amer.* ,mæstərət'ɑ:mz] *pl.* **masters-at-arms** *s.* (*mar.*) commissario di bordo.

master builder ['mɑ:stə,bɪldə* *amer.* 'mæstə,bɪldə*] *s.* capomastro.

masterful ['mɑ:stəfʊl *amer.* 'mæstəfʊl / mas·ter·ful] *agg.* **1** autoritario, imperioso **2** magistrale; abile, destro // **-ly** *avv.* // **-ness** *s.*

master gunner ['mɑ:stə'gʌnə* *amer.* 'mæstə'gʌnə*] *s.* (*mil.*) sergente maggiore.

master key ['mɑ:stə,ki: *amer.* 'mæstə,ki:] *s.* (chiave) passe-partout, comunella.

masterless ['mɑ:stəlɪs *amer.* 'mæstəlɪs / mas·ter·less] *agg.* **1** senza padrone.

masterliness ['mɑ:stəlɪnɪs *amer.* 'mæstə lɪnɪs / mas·ter·li·ness] *s.* maestria; abilità da maestro.

masterly ['mɑ:stəlɪ *amer.* 'mæstəlɪ / mas·ter·ly] *agg.* magistrale; da maestro: *in a — manner*, magistralmente.

mastermind ['mɑ:stəmaɪnd *amer.* 'mæstə maɪnd / master·mind] *s.* cervello, mente direttiva (di un progetto, di un'organizzazione).

to **mastermind** *v.tr.* essere il cervello, la mente direttiva di (un progetto, un'organizzazione).

masterpiece ['mɑ:stəpi:s *amer.* 'mæstəpi:s / mas·ter·piece] *s.* capolavoro SIN. **masterwork**.

mastership ['mɑ:stəʃɪp *amer.* 'mæstəʃɪp / mas·ter·ship] *s.* (*non com.*) **1** perizia; abilità; maestria **2** autorità; superiorità; dominio; padronanza.

masterstroke ['mɑ:stəstrəʊk *amer.* 'mæstəstrəʊk / mas·ter·stroke] *s.* colpo da maestro.

masterwork ['mɑ:stəwɜ:k *amer.* 'mæstə wɜ:k / mas·ter·work] → **masterpiece**.

masterwort ['mɑ:stəwɜ:t *amer.* 'mæstəwɜ:t / mas·ter·wort] *s.* (*bot.*) (*Angelica archangelica*) angelica.

mastery ['mɑ:stərɪ *amer.* 'mæstərɪ / mas·tery] *s.* **1** maestria, abilità **2** conoscenza profonda; padronanza **3** supremazia, signoria.

masthead ['mɑ:sthed *amer.* 'mæsthed / mast·head] *s.* **1** testata (di giornale) **2** (*mar.*) colombiere, testa d'albero.

mastic ['mæstɪk / mas·tic] *s.* **1** (*bot.*) (*Pistacia lentiscus*) lentisco, lentischio **2** (*chim.*) mastice, resina mastice **3** (*chim.*) mastice d'asfalto.

to **masticate** ['mæstɪkeɪt / mas·tic·ate] *v.tr.* **1** masticare **2** (*tecn.*) masticare, plastificare.

mastication [,mæstɪ'keɪʃn / mas·tica·tion] *s.* masticazione (*anche tecn.*).

masticator ['mæstɪkeɪtə* / mas·tic·ator] *s.* **1** masticatore **2** (*tecn.*) masticatrice **3** operaio addetto alla masticatrice.

masticatory ['mæstɪkeɪtərɪ / mas·tic·at·ory] *agg.* masticatorio.

mastiff ['mæstɪf / mas·tiff] *s.* (*zool.*) mastino.

mastitis [mæ'staɪtɪs / mast·itis] *s.* (*med.*) mastite.

mastix ['mæstɪks / mas·tix] *s.* (*chim.*) → **mastic**.

mast(o)- [mæst(əʊ)] *pref.* di origine greca, usato nella terminologia scientifica, che significa 'mammella'; it. mast(o)-: *mastalgia*, mastalgia; *mastodon*, mastodonte.

mastodon ['mæstədɒn / mas·to·don] *s.* (*paleont.*) mastodonte.

mastodontic [,mæstə'dɒntɪk / mas·to·dontic] *agg.* mastodontico.

mastoid ['mæstɔɪd / mas·toid] *agg.* mastoideo ♦ *s.* (*anat.*) mastoide.

mastoidectomy [,mæstɔɪ'dektəmɪ / mas·toid·ect·omy] *s.* (*med.*) mastoidectomia.

mastoiditis [,mæstɔɪ'daɪtɪs / mast·oid·itis] *s.* (*med.*) mastoidite.

mastopathy [mæs'tɒpəθɪ / mast·opathy] *s.* (*med.*) mastopatia.

to **masturbate** ['mæstəbeɪt / mas·turb·ate] *v.intr.* masturbarsi.

masturbation [,mæstə'beɪʃn / mas·turba·tion] *s.* masturbazione.

masurium [mə'su:rɪəm / mas·ur·ium] *s.* (*chim.*) masurio (vecchia denominazione del tecnezio).

mat[1] [mæt] *s.* **1** tappetino; stuoia: *bath —*, tappetino da bagno **2** (*sport*) tappeto: *to put s.o. on the —*, mandare, mettere qlcu. al tappeto **3** sottovaso; sottopiatto **4** groviglio; viluppo **5** (*mar.*) paglietto, turafalle **6** (*edil.*) platea di fondazione.

to **mat**[1] *pass.p.p.* **matted** ['mætɪd / mat·ted] *v.tr.* **1** intrecciare **2** coprire con stuoie **3** arruffare; aggrovigliare ♦ *v.intr.* arruffarsi; aggrovigliarsi.

mat[2] *agg.* opaco: *— paint*, vernice opaca; *— paper*, carta patinata opaca, (*fot.*) carta matta ♦ *s.* **1** superficie opaca; (*metall.*) superficie non brunita **2** filetto dorato (all'interno di una cornice) **3** (*tip.*) matrice.

to **mat**[2] *v.tr.* opacizzare, rendere opaca (una superficie di metallo, di vetro).

matador ['mætədɔ:* / mat·ador] *s.* matador, torero.

match[1] [mætʃ] *s.* **1** partita; incontro; gara: *football —*, partita di calcio; *boxing —*, incontro di pugilato; *return —*, partita di ritorno // *— point*, punto decisivo della partita **2** avversario, rivale: *to find* (o *to meet*) *one's —*, incontrare un degno avversario; *he has found more than his —*, ha trovato un rivale che gli terrà testa; *they were no — for us*, non potevano competere con noi **3** compagno, (l')uguale, (il) simile: *I cannot find the — to this vase*, non riesco a trovare il gemello di questo vaso // *he is a good —*, è un buon partito **4** coppia, paio; combinazione: *they are a good —*, sono una bella coppia; (*di cose*) stanno bene insieme **5** matrimonio: *to make a good —*, fare un bel matrimonio **6** (*inform.*) corrispondenza; confronto; accoppiamento: *— condition*, corrispondenza, concordanza; *— key*, criterio di scelta.

to **match**[1] *v.tr.* **1** pareggiare, uguagliare: *we can't — their organizational capacity*, non possiamo uguagliare la loro capacità organizzativa **2** armonizzare con, accompagnare: *these ribbons — your dress*, questi nastri armonizzano con il tuo vestito; *the wallpaper matches the curtains*, la tappezzeria si accorda con le tende **3** confrontare; misurare: *he wanted to — his skill at chess against a computer*, voleva misurare la sua abilità agli scacchi contro un computer **4** maritare, dare in matrimonio **5** (*rar.*) accoppiare (animali) ♦ *v.intr.* **1** armonizzare; accompagnarsi; accordarsi: *these colours — well*, questi colori armonizzano, si accompagnano bene **2** competere; misurarsi, confrontarsi **3** combaciare: *the two pieces didn't —*, i due pezzi non combaciavano **4** (*med.*) essere compatibile: *his blood didn't — with mine*, il suo sangue non era compatibile con il mio **5** (*rar.*) accoppiarsi (di animali) **6** (*ant.*) rivaleggiare; lottare.

□ **match up** *v.intr.* e *avv.* **1** accompagnarsi; armonizzare: *this jacket and trousers don't — up*, questa giacca non va bene con questi pantaloni **2** essere all'altezza: *the film didn't — up to our expectations*, il film deluse le nostre aspettative.

match[2] *s.* fiammifero: *safety —*, fiammifero svedese.

matchable ['mætʃəbl / match·able] *agg.* accoppiabile, accompagnabile; uguagliabile.

matchboard ['mætʃbɔ:d / match·board] *s.* (*tecn. del legno*) perlina.

matchbook ['mætʃ,bʊk / match·book] *s.* bustina di fiammiferi.

matchbox ['mætʃbɒks / match·box] *s.* scatola di fiammiferi.

matchet ['mætʃɪt] *s.* (*ant. amer.*) coltellaccio.

matching ['mætʃɪŋ / match·ing] *agg.* ben assortito: *— colours*, colori ben assortiti ♦ *s.* **1** accoppiamento **2** (*metall.*) centratura (degli stampi) **3** (*applicazione grafica*) equilibratura: *colour —*, equilibratura colorimetrica **4** *pl.* lana scelta **5** (*amm.*) competenza economica: *— principle*, principio della competenza economica **6** (*med.*) compatibilità: *cross — technique*, tecnica per scoprire la compatibilità del sangue **7** (*elettr.*, *rad.*) adattamento: *— impedance*, impedenza di adattamento; *— transformer*, trasformatore di adattamento.

matchless ['mætʃlɪs / match·less] *agg.* impareggiabile, senza pari; incomparabile // **-ly** *avv.* // **-ness** *s.*

matchlock ['mætʃlɒk / match·lock] *s.* fucile a miccia.

matchmaker ['mætʃ,meɪkə* / match·maker] *s.* **1** paraninfo **2** organizzatore di incontri sportivi.

match-making ['mætʃ,meɪkɪŋ] *s.* **1** il combinare matrimoni **2** l'organizzare incontri sportivi.

matchstick ['mætʃ,stɪk / match·stick] *s.* stecco da fiammiferi ♦ *agg.* lungo e magro: *a — man*, un uomo magro come uno stecco.

matchwood ['mætʃwʊd / match·wood] *s.* schegge di legno // *reduced* (o *smashed*) *to —*, ridotto a pezzi.

mate[1] [meɪt] *s.* **1** (*fam.*) amico, compagno; 'capo': *his mates were waiting for him at the stadium*, i suoi amici, compagni lo aspettavano allo stadio; *hey — where's the way in?*, ehi capo, da che parte si entra? **2** compagno (di animali); (*fam.*) coniuge; consorte **3** aiutante, assistente **4** (*mar.*) secondo; ufficiale in seconda // *— 's receipt*, (*dir.*) ricevuta del carico a bordo.

to **mate**[1] *v.tr.* **1** accoppiare (animali) **2** (*fam.*) unire in matrimonio **3** (*mecc.*) far combaciare ♦ *v.intr.* **1** accoppiarsi (di animali) **2** (*fam.*) unirsi in matrimonio **3** (*mecc.*) combaciare; accoppiarsi, ingranare (di ruote dentate) **4** (*ant.*) misurarsi: *dare mate a sounder man than Surrey can be*, (SH. Henry VIII) oso misurarmi con un uomo ben più consistente di un Surrey.

mate[2] *s.* scacco matto ♦ *agg.* (*ant.*) che ha scacco matto; (*fig.*) vinto, sconfitto; esausto.

to **mate**[2] *v.tr.* **1** dare scacco matto a **2** (*ant.*) sbigottire: *my mind she has mated, and amazed my sight*, (SH. Macbeth) ella ha sconvolto la mia mente e turbato la mia vista ♦ *v.intr.* dare scacco matto: *to — in four*, dare scacco matto in quattro mosse.

mater ['meɪtə* / ma·ter] *s.* **1** (*antiq.*) (*sl.*) madre, mamma **2** (*anat.*) madre: *dura —*, dura madre; *pia —*, pia madre.

material [mə'tɪərɪəl / ma·ter·ial] *agg.* **1** materiale; concreto: — *phenomena*, fenomeni fisici; *all the — comforts*, tutte le comodità (materiali) // (*econ.*) — *balance*, bilancio materiale (nella contabilità nazionale sovietica) **2** (*fig.*) rozzo, grossolano, materiale; *gross — soul*, anima grossolana e rozza **3** sostanziale, importante; essenziale, principale: *a — point of the business*, un punto essenziale della faccenda **4** (*dir.*) rilevante; determinante; pertinente: — *evidence*, prova rilevante, pertinente; — *witness*, testimone chiave, essenziale; — *fact*, elemento determinante del contratto **5** (*comm.*) reale; intrinseco: — *value*, valore reale; — *asset*, valore intrinseco.

material *s.* **1** materiale; materia: *raw materials*, materie prime; (*ecol.*) *materials balance*, bilancio dei materiali // *is he management —?*, ha la stoffa del manager, secondo te? **2** stoffa, tessuto: *what — is it?*, che genere di stoffa è? **3** *pl.* articoli, accessori; occorrente: *writing materials*, l'occorrente per scrivere **4** materiale, documentazione: *we're collecting — for a scientific documentary*, raccogliamo materiale per un documentario scientifico **5** *pl.* (*amm.*) materiali vari: *materials handling*, movimentazione dei materiali.

materialism [mə'tɪərɪəlɪzəm / ma·teri·al·ism] *s.* (*fil.*) materialismo: *historical —*, materialismo storico.

materialist [mə'tɪərɪəlɪst / ma·teri·al·ist] *s.* materialista.

materialistic [mə'tɪərɪəlɪstɪk / ma·teri·al·istic] *agg.* materialistico.

materiality [mə,tɪərɪ'ælɪtɪ / ma·teri·al·ity] *s.* **1** materialità **2** (*dir.*) rilevanza: — *test*, prova della rilevanza giuridica.

materialization [mə,tɪərɪəlaɪ'zeɪʃn *amer.* mə,tɪərɪəlɪ'zeɪʃn / ma·teri·al·iza·tion] *s.* **1** realizzazione, attuazione **2** materializzazione.

to **materialize** [mə'tɪərɪəlaɪz / ma·teri·al·ize] *v.tr.* materializzare; dar corpo a ◆ *v.intr.* **1** materializzarsi; prender corpo **2** (*fig.*) avverarsi: *our plans did not —*, i nostri piani non si sono attuati.

materially [mə'tɪərɪəlɪ / ma·teri·ally] *avv.* **1** materialmente; fisicamente **2** sostanzialmente, essenzialmente.

materialness [mə'tɪərɪəlnɪs / ma·teri·al·ness] *s.* materialità.

materiel [mə,tɪərɪ'əl / ma·ter·iel] *s.* (*mil.*) equipaggiamento.

maternal [mə'tɜ:nl / ma·ter·nal] *agg.* materno // **-ly** *avv.*

maternity [mə'tɜ:nɪtɪ / ma·ter·nity] *s.* maternità // — *centre*, consultorio per gestanti; — (*hospital*), maternità (ospedale); — *ward*, reparto maternità // — *dress*, (abito) prémaman // — *leave*, congedo, aspettativa per maternità; — *benefit*, assegno di maternità.

matey ['meɪtɪ / ma·tey] *agg.* (*fam.*) amichevole, cordiale; socievole.

math [mæθ] *s.* (*amer.*) → **maths**.

mathematic(al) [,mæθə'mætɪk(l) / math·em·atic, math·em·at·ical] *agg.* matematico; di matematica: — *certainty*, certezza matematica.

mathematically [,mæθə'mætɪkəlɪ / math·em·at·ic·ally] *avv.* matematicamente.

mathematician [,mæθəmə'tɪʃn / math·em·at·ician] *s.* matematico.

mathematics [,mæθə'mætɪks / math·em·at·ics] *s.* Ⓤ matematica: *applied —*, matematica applicata; *pure —*, matematica pura // *business —*, computisteria.

maths [mæθs] *s.* Ⓤ (*fam.*) matematica: *he's very good at —*, è molto bravo in matematica.

matin(al) ['mætɪn(l) / mat·inal] *agg.* (*non com.*) mattutino.

matinée ['mætɪneɪ *amer.* ,mætn'eɪ / mat·inée] *s.* (*teatr.*) matinée, spettacolo pomeridiano // — *idol*, (attore) idolo delle donne.

mating [meɪtɪŋ / mat·ing] *s.* accoppiamento (di animali) // *the — season, time*, la stagione, il tempo degli amori.

matins ['mætɪnz *amer.* 'mætnz / mat·ins] *s.pl.* (*eccl.*) mattutino.

matrass ['mætrəs / mat·rass] *s.* (*chim.*) matraccio.

matriarch ['meɪtrɪɑ:k / mat·ri·arch] *s.* matriarca.

matriarchal [,meɪtrɪ'ɑ:kl / mat·ri·archal] *agg.* matriarcale.

matriarchy ['meɪtrɪɑ:kɪ / mat·ri·archy] *s.* matriarcato.

matric [mə'trɪk / ma·tric] *s.* (*fam.*) abbr. di → **matriculation**.

matricidal [,meɪtrɪ'saɪdl / ma·tri·cidal] *agg.* (*form.*) da matricida.

matricide ['meɪtrɪsaɪd / mat·ri·cide] *s.* **1** matricidio **2** matricida.

to **matriculate** [mə'trɪkjʊleɪt / ma·tric·ulate] *v.tr.* **1** immatricolare (all'università) **2** (*antiq.*) sostenere un esame di ammissione (all'università) ◆ *v.intr.* immatricolarsi (all'università).

matriculation [mə,trɪkjʊ'leɪʃn / ma·tric·ula·tion] *s.* **1** immatricolazione (all'università) **2** esame di ammissione (all'università).

matrilineal [,mætrɪ'lɪnɪəl / mat·ri·lin·eal] *agg.* matrilineare.

matrimonial [,mætrɪ'məʊnjəl / mat·ri·mo·nial] *agg.* matrimoniale, coniugale // **-ly** *avv.*

matrimony ['mætrɪmənɪ *amer.* 'mætrɪməʊnɪ / mat·ri·mony] *s.* matrimonio.

matrix ['meɪtrɪks / mat·rix] *pl.* **matrixes** ['meɪtrɪksɪz / mat·ri·xes] **matrices** ['meɪtrɪsi:z / mat·ri·ces] *s.* **1** matrice // (*inform.*) — *printer*, stampante a matrice // (*fis.*) — *mechanics*, meccanica delle matrici // (*mat.*) *transposed —*, matrice trasposta **2** stampo, forma **3** (*anat.*) utero, ventre **4** (*biol.*) matrice, sostanza intercellulare dei tessuti **5** (*geol.*) matrice, massa di fondo (di roccia sedimentaria) **6** (*fig.*) contesto.

matron ['meɪtrən / mat·ron] *s.* **1** matrona, madre di famiglia **2** capo infermiera; direttrice; governante; vigilatrice (d'infanzia).

matronage ['meɪtrənɪdʒ / mat·ron·age] *s.* condizione, qualità di matrona.

matronal ['meɪtrənl / mat·ronal] *agg.* **1** matronale **2** grave; severo; austero; autorevole.

matronhood ['meɪtrənhʊd / mat·ron·hood] *s.* (*non com.*) condizione, qualità di matrona.

matronly ['meɪtrənlɪ / mat·ronly] *agg.* **1** matronale **2** grave; severo; austero; autorevole.

matryoshka [,mætrɪ'ɒskə / mat·ry·osh·ka] *s.* matrioska, matriosca.

matt → **mat**[2].

matted ['mætɪd / mat·ted] *agg.* **1** coperto di stuoie, di paglia **2** aggrovigliato, arruffato; infeltrito: — *hair*, capelli arruffati; — *wool*, lana infeltrita; *to become —*, arruffarsi.

matter ['mætə* / mat·ter] *s.* **1** faccenda, affare; argomento: *a serious —*, una faccenda seria; *to enter into the —*, entrare in argomento; *to look into a —*, occuparsi di una cosa // *the — in hand*, l'argomento in questione // *a — of course*, cosa, conseguenza naturale, logica // *as a — of fact*, in realtà // *quite another —* (o *another — altogether*), tutt'altra cosa // *a — of life or death*, una questione di vita o di morte // *let the — drop*, lasciamo perdere; *that's the end of the —*, non parliamone più // *the fact, the truth of the — is that*, il fatto, la verità è che // *for that —*, per quanto riguarda ciò // *no laughing —*, una faccenda seria // *it's no easy —*, non è facile // *to make matters worse*, e quel che è peggio // (*dir.*): *as a — of course*, d'ufficio; — *of fact, of law*, questione di fatto, di diritto; — *in* (o *at*) *issue*, materia, oggetto del contendere; *hanging —*, reato passibile di impiccagione **2** importanza: *it is* (o *makes*) *no —*, non importa, non fa nulla // *no — how*, non importa come, comunque; *no — where*, dovunque; *no — what*, costi quel che costi; *no — what you do*, qualunque cosa tu faccia **3** difficoltà, guaio: *what is the — with him?*, che ha?, non si sente bene?; *there is nothing the* (o *nothing is the*) *— with him*, non ha nulla, sta bene **4** materia, sostanza: *gaseous, liquid, solid, vegetable —*, materia gassosa, liquida, solida, vegetale // (*anat.*) *gray —*, materia grigia // (*fis.*) — *waves*, onde di materia // *mind and —*, spirito e materia **5** materiale scritto: *reading —*, libri, giornali, pubblicazioni; *printed —*, stampati, stampe **6** (*fig.*) materia, contenuto: *the — in your novel is excellent, but the style is deplorable*, il contenuto del tuo romanzo è eccellente, ma lo stile è deplorevole // *subject —*, argomento **7** (*med.*) pus, materia.

to **matter** *v.intr.* **1** importare, premere: *it does not —*, non importa; *it little* (o *hardly*) *matters that*, importa, conta poco che; *it will — to them, if not to you*, importerà a loro, se non a te **2** (*med.*) suppurare, spurgare, fare pus.

matter-of-fact [,mætərəv'fækt] *agg.* pratico, realistico, con i piedi per terra.

matter-of-factness [,mætərəv'fæktnɪs] *s.* praticità; concretezza.

matting[1] ['mætɪŋ / mat·ting] *s.* **1** stuoia, stoino **2** materiale per stuoie.

matting[2] *s.* velo opaco, opacità; finitura opaca.

mattins → **matins**.

mattock ['mætək / mat·tock] *s.* zappone; piccone; gravina.

mattoid ['mætɔɪd / mat·toid] *s.* (*non com.*) mattoide.

mattress ['mætrɪs / mat·tress] *s.* materasso: *feather —*, materasso di piume.

to **maturate** ['mætjʊreɪt / mat·ur·ate] *v.tr.* **1** (*med.*) portare a maturazione, suppurare **2** maturare ◆ *v.intr.* **1** (*med.*) venire a maturazione, suppurare **2** maturare.

maturation [,mætjʊ'reɪʃn / mat·ura·tion] *s.* **1** (*med.*) suppurazione **2** maturazione.

maturative [mə'tjʊərɪtɪv / mat·urat·ive] *agg.* suppurativo.

mature [mə'tjʊə* *amer.* mə'tʊə* / ma·ture] *agg.* **1** maturo (*anche fig.*) **2** maturo, completo; sviluppato: — *economy*, economia matura **3** (*comm.*) maturo, esigibile, in scadenza **4** maturo, stagionato (di vino, formaggio).

to **mature** *v.tr.* **1** (far) maturare (*anche fig.*) **2** completare; sviluppare **3** far stagionare ◆ *v.intr.* **1** maturare (*anche fig.*) **2** completarsi; svilupparsi **3** (*comm.*) maturare, giungere a scadenza.

maturely [mə'tjʊəlɪ *amer.* mə'tʊəlɪ / ma·ture·ly] *avv.* con maturità; ponderatamente.

matureness [mə'tjʊənɪs *amer.* mə'tʊənɪs / ma·ture·ness] → **maturity**.

mature student [mə,tjʊə'stju:dnt *amer.* mə,tʊə'stu:dnt] *s.* studente adulto (che gode di una borsa di studio).

maturity [mə'tjʊərətɪ *amer.* mə'tʊərətɪ / ma·tur·ity] *s.* **1** maturità (*anche fig.*) **2** maturità, completezza; completo sviluppo; stagionatura **3** (*comm.*) scadenza: — (*date*), data di scadenza; — *mismatch*, sfasamento delle scadenze; — *distribution*, (*fin.*) distribuzione per scadenza; *to redeem a bill at* —, pagare una cambiale alla scadenza.

matutinal [,mætju:'taɪnl *amer.* mə'tu:tnl / ma·tu·tinal] *agg.* (*rar.*) mattutino.

matutine ['mætju:taɪn / ma·tu·tine] *agg.* (*rar.*) mattutino.

maud [mɔ:d] *s.* **1** sorta di plaid usato dai pastori scozzesi **2** coperta da viaggio di tal tipo.

maudlin ['mɔ:dlɪn / maud·lin] *agg.* **1** sdolcinato, svenevole **2** querulo, piagnucoloso (di ubriaco).

maudling ['mɔ:dlɪŋ / maud·ling] *agg.* (*ant.*) lacrimoso: *weak as / a drunken man's dead eye in maudling sorrow*, (BYRON) opaco come l'occhio smorto di un ubriaco in lacrimosa pena.

maudlinism ['mɔ:dlɪnɪzəm / maud·lin·ism] *s.* (*rar.*) tono querulo, piagnucoloso (di ubriaco).

maugre ['mɔ:gə*] *prep.* (*ant.*) malgrado, nonostante: *I love thee so, that maugre all thy pride / nor wit nor reason can my passion hide*, (SH. Twelfth Night) ti amo tanto che, nonostante tutto il tuo orgoglio, né senno né calcolo possono nascondere la mia passione.

maul [mɔ:l] *s.* (*tecn.*) mazza, maglio; mazzapicchio.

to **maul** *v.tr.* **1** battere; maltrattare (*anche fig.*) **2** bistrattare; giudicare sfavorevolmente: *the film was mauled by the critics*, il film ebbe un giudizio critico sfavorevole **3** (*amer.*) spezzare a colpi di maglio.

maulstick ['mɔ:lstɪk / maul·stick] *s.* (*pitt.*) appoggiamano.

to **maunder** ['mɔ:ndə* / maun·der] *v.intr.* **1** parlare in modo incoerente, incomprensibile; farfugliare **2** muoversi senza meta; agire a casaccio.

Maundy ['mɔ:ndɪ] *s.* (*eccl.*) lavanda dei piedi ai poveri (che si effettua il Giovedì Santo) // — *money*, elemosina distribuita nell'Abbazia di Westminster, per conto del re, il Giovedì Santo.

Maundy Thursday [,mɔ:ndɪ'θɜ:zdɪ] *s.* Giovedì Santo.

Mauresque → **Moresque**.

Mauritanian [,mɒrɪ'teɪnɪən / Mau·ri·ta·nian] *agg.* e *s.* mauritano.

mauser ['maʊzə*] *s.* mauser (marca di fucile, di pistola, di calibro a corsoio).

mausoleum [,mɔ:sə'lɪəm / mau·so·leum] *s.* mausoleo.

mauve [məʊv] *agg.* e *s.* (color) malva.

mauveine ['məʊvɪn / mauve·ine] *s.* (*chim.*) mauvina.

maven ['meɪvən] *s.* (*fam. amer.*) esperto, perito.

maverick ['mævərɪk / mav·er·ick] *s.* **1** (*amer.*) capo di bestiame non marchiato **2** (*fig.*) individualista; persona che non si adegua alle regole **3** (*pol.*) dissidente, cane sciolto.

to **maverick** *v.intr.* (*fam. amer.*) vagabondare.

mavourneen [mə'vʊəni:n / ma·vour·neen] *s.* e *inter.* (*irl.*) tesoro mio; amore mio.

maw[1] [mɔ:] *s.* (*zool.*) abomaso, stomaco (di ruminanti); gozzo (di uccelli); fauci (*anche fig.*).

maw[2] *s.* (*zool.*) gabbiano.

mawk [mɔ:k] *s.* (*zool.*) larva.

mawkish ['mɔ:kɪʃ / mawk·ish] *agg.* **1** insulso; melenso; sdolcinato **2** stucchevole; nauseante // **-ly** *avv.* // **-ness** *s.*

mawseed ['mɔ:si:d / maw·seed] *s.* (*bot.*) seme di papavero.

max [mæks] → **maximum**.

maxi ['mæksɪ] *s.* maxigonna.

maxilla [mæk'sɪlə / max·illa] *pl.* **maxillae** [mæk'sɪli: / max·il·lae] *s.* mascella (generalmente superiore).

maxillary [mæk'sɪlərɪ / max·il·lary] *agg.* mascellare.

maxillofacial [,mæksɪləʊ'feɪʃl / max·il·lo·facial] *agg.* (*anat.*) maxillofacciale.

maxim ['mæksɪm] *s.* **1** massima; sentenza; motto **2** massima; norma; regola di condotta.

maximal ['mæksɪml / max·imal] *agg.* massimale; al massimo livello.

maximalist ['mæksɪməlɪst / max·im·al·ist] *s.* massimalista.

maximally ['mæksɪməlɪ / max·im·ally] *avv.* massimamente.

Maxim gun ['mæksɪm,gʌn] *s.* mitragliatrice 'Maxim' • Dal nome dell'inventore.

maximin ['mæksɪmɪn / max·imin] *s.* (*fin.*) maximin, massiminimo (il risultato migliore tra i risultati peggiori attesi): — *strategy*, strategia del maximin.

maximization [,mæksɪmaɪ'zeɪʃn *amer.* ,mæksɪmɪ'zeɪʃn / max·im·iza·tion] *s.* (*econ.*) massimizzazione: *profit* —, massimizzazione del profitto.

to **maximize** ['mæksɪmaɪz / max·im·ize] *v.tr.* elevare, alzare al massimo grado; (*econ.*) massimizzare; (*inform.*) ingrandire a pieno schermo.

maximum ['mæksɪməm / max·imum] *pl.* **maximums**, **maxima** ['mæksɪmə / max·ima] *s.* il massimo; la maggior quantità; il massimo livello: *the enthusiasm was at its* —, l'entusiasmo era al massimo // *in the examination he got fifty-five out of a — of a hundred*, all'esame prese cinquantacinque su cento ◆ *agg.* massimo: *the — price*, il prezzo massimo; — *speed*, velocità massima; — *security prison*, carcere di massima sicurezza; (*inform.*) — *balance*, scorta massima ◆ *avv.* al massimo: *three times a week* (*as a*) —, al massimo tre volte alla settimana.

maximum duration [,mæksɪməm djʊ'reɪʃn *amer.* ,mæksɪməmdʊ'reɪʃn] *s.* (*aut.*, *aer.*) autonomia.

May [meɪ] *s.* **1** maggio **2** (*fig.*) giovinezza, primavera (della vita): *in the — of life*, nel fiore della vita **3** (*ant.*) fanciulla.

may[1] *s.* (*bot.*) fiore di biancospino // *it's April and blossom time, and white is the may*, (MASEFIELD) è aprile e stagion dei fiori, e di neve è il biancospino.

may[2] [meɪ, me (*forme forti*), mɪ, mə(*forme deboli*)] *modal verb* (v); (*indic. cong. pres.* **may**; *indic. cong. pass. e cond.* **might** [maɪt]; *forme negative*: **may not** [meɪ nɒt] **might not** [maɪt nɒt]; *forme contratte*: **mayn't** [meɪnt] **mightn't** ['maɪtnt]) **1** (*per esprimere permesso*) potere; essere permesso, essere lecito: — *I smoke?*, posso fumare?; *if you're found guilty, you — appeal*, se sei giudicato colpevole, puoi ricorrere in appello; — *I have a word with you, please?*, permette una parola?; *his experience in Africa, it — be added, proved useful*, la sua esperienza in Africa, si potrebbe aggiungere, si dimostrò utile; *if I — say so*, se mi è concesso dirlo; *you — come when you like*, puoi venire quando vuoi. • In questo significato l'uso è più formale di *can*; nei tempi mancanti si usa *to be allowed* o *to be permitted* [cfr. *to allow*, *to permit*] **2** (*per esprimere probabilità, eventualità*) potere; essere possibile, essere probabile: *he — come tomorrow*, è probabile che venga, può darsi che venga domani; *I wonder what I — have done to hurt him*, mi chiedo che cosa avrò mai fatto per offenderlo; *it —, might be that...*, può darsi, potrebbe darsi che...; *they — phone*, potrebbero telefonare, può darsi che telefonino; *I — go, I don't know*, può darsi che vada, non lo so; *we — have to wait for hours*, può darsi che ci tocchi aspettare delle ore; *she — never find out the truth*, può darsi che non scopra mai la verità; *he might have missed the train*, potrebbe aver perso il treno, è possibile che abbia perso il treno; *you — think it's funny but I think it's serious*, ti potrà sembrare buffo, ma io la ritengo una cosa seria; *his plan — be brilliant but I need something practical*, il suo progetto sarà anche geniale, ma a me occorre qualcosa di pratico; *we —, might as well go to the theatre*, tanto vale, varrebbe andare a teatro; *you might have read it!*, avresti potuto leggerlo! // *be that as it* —, sia come sia, comunque sia // *he recognized her, as well he might*, la riconobbe, e non c'è da meravigliarsi // *that's as — be*, dipende... **3** (*per esprimere scopo, desiderio, timore*): *I'm telling you so that you — be prepared*, te lo dico perché tu possa provvedere in tempo; *he worked hard so that he might have a secure future*, lavorava molto per potersi assicurare un futuro; *we hope he — come tomorrow*, speriamo che (egli) possa venire domani; *I was afraid he might have killed her*, temevo che l'avesse uccisa; *the problem — be solved by finding its causes*, il problema si può risolvere scoprendone le cause; *taxes — be reduced by cutting public spending*, le tasse possono essere diminuite riducendo la spesa pubblica **4** (*per esprimere augurio*): — *you be happy!*, (che tu) possa essere felice!, (che voi) possiate essere felici!; — *you succeed!*, possa, possiate avere successo!

Maya ['mɑːjə] *s.* (*st. amer.*) maya.

maya *s.* (*fil. induista*) carattere illusorio dell'esistenza.

Mayan ['mɑːjən] *agg.* (*st. amer.*) maya.

May-apple ['meɪ,æpl] *s.* (*bot.*) (*Podophyllum peltatum*) podofillo.

maybe ['meɪbiː] *avv.* forse, probabilmente; può darsi che.

may-beetle ['meɪ,biːtl] *s.* (*zool.*) (*Melolontha melolontha*) maggiolino SIN. may-bug, cockchafer.

may-bloom ['meɪ,bluːm] **may-blossom** ['meɪ,blɒsəm] *s.* (*bot.*) biancospino → **hawthorn**.

may-bug ['meɪbʌg] → **may-beetle**.

maybush ['meɪbʊʃ / may·bush] *s.* (*bot.*) biancospino → **hawthorn**.

mayday ['meɪdeɪ / may-day] *s.* SOS (richiesta radiotelegrafata di soccorso).

May Day *s.* primo (di) maggio; (*st.*) calendimaggio.

mayest ['meɪɪst] **mayst** [meɪst] (*ant.*) seconda pers. sing. pres. indic. di *may*; nell'inglese moderno *may*.

mayflower ['meɪ,flaʊə* / may·flower] *s.* (*bot.*) fiore primaverile.

mayfly ['meɪflaɪ / may·fly] *s.* (*zool.*) efemera, effimera → ephemera 2.

mayhap ['meɪhæp / may·hap] *avv.* (*ant.*) forse.

mayhem ['meɪhəm / may·hem] *s.* **1** (*dir. amer.*) mutilazione; lesione: *damage and* —, danni e lesioni: *to commit — on s.o.*, causare lesioni personali a qlcu. **2** (*fig.*) caos, confusione: *to create* —, fare caos, confusione.

maying ['meɪɪŋ / may·ing] *s.* celebrazione del primo maggio // *to go (a-)* —, (*ant.*) festeggiare il calendimaggio.

may-lily ['meɪ,lɪlɪ] *s.* (*bot.*) mughetto → **lily of the valley**.

mayn't [meɪnt] contr. di *may not*.

mayonnaise [,meɪə'neɪz / may·on·naise] *s.* (*cuc.*) maionese.

mayor [meə* *amer.* meɪə*] *s.* sindaco: *the Lord Mayor of London*, il sindaco di Londra // *deputy* —, vicesindaco.

mayoral ['meərəl *amer.* meɪərəl / may·oral] *agg.* sindacale, di sindaco.

mayoralty ['meərəltɪ *amer.* 'meɪərəltɪ / may·or·alty] *s.* sindacato (dignità e ufficio di sindaco).

mayoress ['meərɪs *amer.* 'meɪərɪs / may·or·ess] *s.* **1** moglie del sindaco **2** accompagnatrice di un sindaco donna.

maypole ['meɪpəʊl / may·pole] *s.* palo ornato di nastri e fiori intorno al quale i giovani solevano danzare nelle feste di calendimaggio.

Maytide ['meɪtaɪd / May·tide] *s.* (*ant.*) mese di maggio.

maze [meɪz] *s.* labirinto, dedalo; (*fig.*) complicazione; confusione: *to be in a* —, essere disorientato, confuso.

to **maze** *v.tr.* (*ant.*) confondere, disorientare.

mazuma [mə'zuːmə / ma·zuma] *s.* (*fam. amer.*) denaro, grana.

mazurka [mə'zɜːkə / ma·zurka] *s.* mazurca.

mazy ['meɪzɪ] *agg.* **1** sinuoso **2** complesso, intricato.

mazzard ['mæzəd / maz·zard] *s.* (*ant.*) zucca: *let me go, sir, / or I'll knock you o'er the mazzard*, (SH. Othello) mollatemi, signore, o picchio voi sulla zucca.

McCarthyism [mə'kɑːθɪɪzəm / Mc·Carthy·ism] *s.* (*pol.*) maccartismo.

McCarthyite [mə'kɑːθɪaɪt / Mc·Carthy·ite] *agg.* e *s.* (*pol.*) maccartista.

me [mi] *pron. pers. 1ª pers. sing.* (*compl. ogg.* e *ind. di I*) me, mi: *call — at seven*, svegliami alle sette; *give — a kiss*, dammi un bacio; *show it to* —, mostramelo; *will you come with —?*, volete venire con me? // *dear —!*, oh dio!, povero me! // *it's* —, sono io.

mead[1] [miːd] *s.* idromele.

mead[2] *s.* (*poet.*) prato: *I met a lady in the meads..., a fairy's child*, (KEATS) incontrai una dama nei prati..., figlia di una fata.

meadow ['medəʊ] *s.* **1** (*bot.*) prato, prateria; campo tenuto a foraggio **2** (*zool.*) (*Alauda arvensis*) allodola.

meadow chicken ['medəʊ,tʃɪkɪn] *s.* (*amer.*) (*zool.*) (*Porzana carolina*) rallide dal becco corto.

meadow-lark ['medəʊ,lɑːk] *s.* (*zool.*) allodola mattolina.

meadow mushroom ['medəʊ,mʌʃrʊm *amer.* 'medəʊ,mʌʃruːm] *s.* (*bot.*) fungo prataiolo.

meadow-saffron ['medəʊ,sæfrən] *s.* (*bot.*) (*Colchicum autunnale*) colchico.

meadow-sweet ['medəʊswiːt] *s.* (*bot.*) (*Spiraea ulmaria*) olmaria; (*pop.*) regina dei prati SIN. queen-of-the-meadows, goat's beard.

meagre ['miːgə*] amer. **meager** *agg.* **1** magro, scarno **2** scarso, insufficiente: — *information*, scarse informazioni // *a — excuse*, una magra scusa // **-ly** *avv.*

meagreness ['miːgənɪs / meagre·ness] *s.* **1** magrezza **2** scarsità; povertà.

meal[1] [miːl] *s.* farina (non di frumento): *Indian* —, farina di mais; *linseed* —, farina di lino.

to **meal**[1] *v.tr.* e *intr.* macinare.

meal[2] *s.* **1** pasto: *a square* —, un pasto sostanzioso; *three meals a day*, tre pasti al giorno; *where do you take* (o *have*) *your meals?*, dove prendi i pasti?; *to make a — of sthg.*, cibarsi di qlco.; (*fam.*) esagerare // *set* —, (pasto a) menu fisso **2** quantità di latte data da una mucca ad ogni mungitura.

mealiness ['miːlɪnɪs / mea·li·ness] *s.* farinosità.

meal-moth ['miːlmɒθ] *s.* (*zool.*) (*Pyralis farinalis*) piralide.

meal ticket ['miːl,tɪkɪt] *s.* (*sl. amer.*) **1** buono pasto **2** persona, cosa che fornisce mezzi di sostentamento, che costituisce fonte di guadagno.

mealtime ['miːltaɪm / meal·time] *s.* ora dei pasti // *a glass of wine at mealtimes*, un bicchiere di vino ai pasti.

meal-worm ['miːlwɜːm] *s.* (*zool.*) (*Tenebrio molitor*) tenebrione mugnaio.

mealy ['miːlɪ] *agg.* **1** farinoso: — *potatoes*, patate farinose **2** pallido (di carnagione) **3** macchiato (di cavallo).

mealy-mouthed ['miːlɪmaʊðd] *agg.* insincero, ipocrita; mellifluo.

mean[1] [miːn] *agg.* **1** gretto, meschino; tirchio, spilorcio, avaro: *he's very* —, è molto gretto; *he's very — with tips*, è molto tirchio nelle mance **2** sgarbato, villano; cattivo: *don't be so —!*, non essere così sgarbato!; *what a — thing to do, to say!*, che villania!; *he can get very — when he's drunk*, può diventare molto cattivo quando ha bevuto **3** misero; miserabile, squallido // *I feel* —, (*fam. amer.*) mi sento male **4** mediocre; dappoco // *no* —, molto abile, bravo, non dappoco: *no — scholar*, studioso di valore; *to have no — opinion of*, avere un'alta opinione di // *and in the self -same inn, / a meaner woman was delivered / of such a burden*, (SH. Comedy of Errors) e nel medesimo alloggio, una donna di condizione più modesta fu alleviata d'un simile fardello **5** basso, spregevole; volgare: *he is of — birth*, è di bassi natali; *this is a — insinuation*, è una bassa insinuazione **6** (*fam. amer.*) ottimo, bravo, eccellente: *he's a — hand at tennis*, è un ottimo giocatore di tennis **7** (*sl. dei neri d'America*) bello.

mean[2] *agg.* medio; intermedio: — *temperature*, temperatura media; — *life*, vita media; — *velocity*, velocità media // (*fis.*) — *free path*, cammino libero medio // (*med.*) — *corpuscular volume*, volume corpuscolare medio // (*econ.*): — *price*, prezzo medio; — *reserve*, riserva matematica (nelle assicurazioni) // (*stat.*): — *value*, valore medio; — *square deviation*, scarto quadratico medio.

mean[2] *s.* **1** media; mezzo: *annual* —, media annua // *arithmetic, geometric* (o *proportional*) —, media aritmetica, geometrica; (*mat.*) *golden* —, sezione aurea // (*stat.*) — *deviation*, scarto medio; *the happy* —, il giusto mezzo **2** *pl.* (*gener. costruzione sing.*) mezzo; strumento: *means of transport*, mezzi di trasporto; *means of communication*, mezzi di comunicazione; *I must find the means to do it*, devo trovare il mezzo per farlo; *to find (a) means of doing sthg.*, trovare il mezzo, la via di fare qlco. // *by means of*, per mezzo di // *by all means*, con ogni mezzo; ad ogni costo; ma certo!, sicuro! // *by fair means or foul*, con qualsiasi mezzo // *by some means or other*, in qualche modo // *by no means*, ben lungi da, affatto: *this is by no means an easy matter*, questa è ben lungi dall'essere una faccenda semplice // (*comm.*): *means of payment*, mezzi di pagamento; *means of production*, mezzi di produzione **3** *pl.* mezzi economici, risorse finanziarie: *a man of means*, un uomo agiato; *he always lived beyond his means*, ha sempre speso più di quello che guadagnava; *she lives on her own means*, vive del suo **4** (*ant.*) (*mus.*) tono medio, tra il soprano e il basso: *there wanteth but a mean to fill your song*, (SH. Two Gentlemen of Verona) basta un tono medio per rendere perfetta la tua canzone.

to **mean**[3] *pass.p.p.* **meant** [ment] *v.tr.* **1** (IV) intendere, significare, voler dire: *what does this word —?*, che cosa significa questa parola?; *what do you — by that?*, che cosa intendi dire con ciò?; (*fam.*) che cosa credi di dire, di fare?; *I — what I* —, intendo dire ciò che ho detto; *I didn't — what you think*, non volevo dire quello che pensi tu **2** implicare, comportare: *the government's defeat means an election*, la sconfitta del governo comporta le elezioni **3** (II, IV) intendere, proporsi di; aver l'intenzione, far conto di: *I — him to obey*, intendo che egli ubbidisca; *they meant it as a joke*, volevano fare uno scherzo; *they meant no harm*, non volevano fare del male, non avevano cattive intenzioni; *to — mischief*, avere pessime intenzioni; *to — business*, far sul serio **4** destinare, riserbare, assegnare: *I meant it as a present for you*, lo serbavo come regalo per te; *the letter was not meant for him*, la lettera non era destinata a lui; *they were meant for each other*, erano destinati l'uno per l'altra // *this cake is meant to be eaten*, questa torta va, deve, è fatta per essere mangiata ◆ *v.intr.* **1** intendere, voler dire; pensare: *I never say what I don't —*, non dico mai quello che non penso; *does he play? Cards, I —*, gioca? A carte, voglio dire // *he, she means a lot to me*, è tutto per me **2** intendere, proporsi, avere intenzione: *to — well* (*to, by s.o.*), essere animato da buone intenzioni (verso qlcu.).

mean bean ['mi:nbi:n] *s.* (*fam. amer.*) persona esperta, abile.

meander [mɪ'ændə* / me·an·der] *s.* (*geogr.*) meandro (*anche fig.*); ansa: *incised —*, meandro incassato.

to **meander** *v.intr.* serpeggiare; vagare; (*fig.*) divagare.

meandering [mɪ'ændərɪŋ / me·an·der·ing] *agg.* sinuoso, serpeggiante.

meanderings [mɪ'ændərɪŋz / me·an·der·ings] *s.pl.* meandri (*anche fig.*): *— of memory*, i meandri della memoria; (*fig.*) divagazioni: *he mentioned her name in his —*, la nominò nelle sue divagazioni.

meandrous [mɪ'ændrəs / me·an·drous] *agg.* (*non com.*) sinuoso; tortuoso.

mean green ['mi:n'gri:n] *s.* (*fam. amer.*) denaro.

meaning ['mi:nɪŋ / mean·ing] *agg.* **1** disposto, intenzionato **2** significativo; eloquente: *a — look*, uno sguardo significativo.

meaning *s.* **1** senso, significato: *what's the — of this?*, che cosa significa questo?, (*fam.*) che cosa state combinando? **2** fine, scopo: *the — of life*, lo scopo della vita; *what's the — of this?*, che senso ha tutto ciò? **3** pensiero, idea: *if you understand my —*, se capite la mia idea, se esprimo bene il mio pensiero **4** disegno, intento: *the— was clear*, l'intento era chiaro.

meaningful ['mi:nɪŋfʊl / mean·ing·ful] *agg.* eloquente, significativo // **-ly** *avv.* // **-ness** *s.*

meaningless ['mi:nɪŋlɪs / mean·ing·less] *agg.* insignificante; senza significato; senza senso.

meaningly ['mi:nɪŋlɪ / mean·ing·ly] *avv.* in modo significativo; eloquentemente: *she looked at her mother —*, rivolse alla madre un'occhiata eloquente.

meanly ['mi:nlɪ / mean·ly] *avv.* **1** meschinamente **2** avaramente **3** miseramente; poveramente **4** (*fam.*) sgarbatamente.

meanness ['mi:nnɪs / mean·ness] *s.* **1** meschinità; grettezza, avarizia, tirchieria **2** mediocrità; squallore **3** cattiveria; villania **4** spregevolezza.

means test ['mi:nz,test] *s.* (*amm.*) accertamento delle condizioni economiche (per determinare il livello di sussidio).

to **means-test** *v.tr.* (*amm.*) accertare le condizioni economiche di.

meant *pass.p.p.* di to **mean**.

meantime ['mi:ntaɪm / mean·time] **meanwhile** [,mi:n'waɪl *amer.* ,mi:n'hwaɪl / mean·while] *s.* frattempo: *in the —*, nel frattempo ◆ *avv.* intanto, nel frattempo.

measles ['mi:zlz] *s.* **1** (*med.*) morbillo // *German —*, rosolia **2** (*vet.*) cisticherchiasi, tenia dei suini, panicatura, cisticercosi.

measliness ['mi:zlɪnɪs / mea·sli·ness] *s.* (*fam.*) meschinità; spregevolezza.

measly ['mi:zlɪ] *agg.* **1** morbilloso **2** (*fam.*) meschino; miserabile: *they gave me a — five pounds*, mi diedero cinque miserabili sterline // *a — old man*, un vecchio tirchio.

measurable ['meʒərəbl / meas·ur·able] *agg.* **1** misurabile // *within — distance of success*, (*fig.*) a due passi dal successo **2** moderato; misurato.

measurableness ['meʒərəblnɪs / meas·ur·able·ness] *s.* misurabilità.

measurably ['meʒərəblɪ / meas·ur·ably] *avv.* **1** sensibilmente, percettibilmente.

measure ['meʒə* / meas·ure] *s.* **1** misura, dimensione; quantità; peso; (*fig.*) capacità, portata, limite: *full, short —*, misura completa, scarsa; *the — of an agreement*, la portata di un accordo; *beyond* (o *out of*) *—*, oltre misura, esageratamente; *in great* (o *large*) *—*, in gran parte; *in some —*, in parte, fino a un certo punto // *made to —*, fatto su misura; *to take s.o.'s —*, prendere le misure a qlcu.; giudicare il carattere, l'abilità di qlcu. // *to take the — of s.o.'s foot*, valutare la capacità di qlcu.; giudicare il carattere, l'abilità di qlcu. // *chest —*, circonferenza toracica // (*mat.*) *— theory*, teoria della misura **2** misura (unità di misura, sistema di misura): *an inch is a — of length*, un pollice è una misura di lunghezza; *liquid —*, misura di capacità per liquidi; *dry —*, misura di capacità per aridi // *a — of whisky*, una dose di whisky // *for good —*, in più **3** metro: *folding —*, metro snodato, di legno **4** provvedimento; precauzione: *a wise —*, un saggio provvedimento; *to take measures*, prendere provvedimenti; *to take legal measures*, adire le vie legali // (*dir.*): *safety measures*, misure di sicurezza; *— of conservation*, misura conservativa // *— for —*, occhio per occhio **5** (*mat.*) divisore: *greatest common —*, massimo comun divisore **6** (*poesia*) metro; ritmo; (*mus.*) misura, battuta; tempo; (*ant.*) danza **7** (*geol.*) strato; (*sl.*) serie di strati // *Coal Measures*, serie carbonifera del carbonifero superiore dell'Europa occidentale **8** (*lett.*) melodia, suono misurato: *where was heard the mingled measure / from the fountain and the cave*, (COLERIDGE) dove si sentiva la melodia mista dalla fontana e dalle caverne.

to **measure** *v.tr.* **1** misurare; prendere le misure a: *he measured three yards of silk*, misurò tre iarde di seta; *the tailor measured me for a new suit*, il sarto mi prese le misure per un abito nuovo // *to — one's length*, (*fam.*) cadere lungo disteso **2** misurare, valutare: *to — with one's eye*, misurare a occhio; *to — one's strength*, valutare, misurare le proprie forze; *to — oneself with* (o *by*) *s.o., sthg.*, misurarsi con qlcu., qlco. **3** misurare, dosare; ponderare: *to — one's words*, misurare le (proprie) parole ◆ *v.intr.* **1** misurare; avere una certa misura: *the garden measures x square metres*, il giardino misura x metri quadrati **2** (*fig.*) misurarsi, confrontarsi: *to — with* (o *by*) *s.o., sthg.*, misurarsi con qlcu., qlco. **3** coprire una distanza.

□ **measure against** *v.tr.* e *prep.* misurarsi con.

□ **measure out** *v.tr.* e *avv.* **1** misurare, dosare; distribuire **2** tracciare i limiti, delimitare.

□ **measure up** *v.intr.* e *avv.* essere all'altezza: *he can never hope to — up to his father*, non sarà mai all'altezza di suo padre ◆ *v.tr.* e *avv.* misurare, prendere le misure.

measured ['meʒəd / meas·ured] *agg.* **1** misurato; moderato, controllato: *— language*, linguaggio moderato; *in no — words*, in termini eccessivi **2** esatto: *— mile*, miglio esatto **3** cadenzato, ritmico: *— tread*, passo cadenzato.

measureless ['meʒəlɪs / meas·ure·less] *agg.* incommensurabile; smisurato, immenso.

measurement ['meʒəmənt / meas·ure·ment] *s.* **1** misura, grandezza, dimensione **2** misurazione **3** *pl.* misure, dati precisi // *hip, waist —*, circonferenza (dei) fianchi, (della) vita.

measuring ['meʒərɪŋ / meas·ur·ing] *s.* misurazione; (*chim.*) dosatura, dosaggio // *— appliances*, strumenti per rilievi metrici; *— cup*, recipiente dosatore; *— cylinder*, *— glass*, cilindro, vetro graduato; *— range*, campo di misura; *— stick*, asta di misurazione.

measuring-tape ['meʒərɪŋ,teɪp] *s.* metro a nastro.

meat [mi:t] *s.* **1** carne: *minced —*, carne trita; *red —*, carne rossa (manzo, agnello ecc.); *frozen —*, carne congelata; *tinned* (o amer. *canned*) *—*, carne in scatola; *boiled —*, lesso; *roast —*, arrosto // *cold —*, (*sl. amer.*) cadavere // *one's —*, (*fam. amer.*) la propria passione (persona, cosa prediletta); l'avversario preferito (per la sua inferiorità) **2** parte commestibile, polpa; (*fig.*) sostanza, succo, nocciolo: *the — of the problem*, il nocciolo del problema // *— and potatoes*, (*fam. amer.*) aspetto essenziale, fondamentale **3** (*ant.*) cibo, nutrimento (*anche fig.*): *— and drink*, cibo e bevande // *one man's — is another man's poison*, (*prov.*) ciò che giova all'uno nuoce all'altro **4** (*ant.*) pasto **5** (*sl. amer.*) atto sessuale; genitali.

to **meat-ax** ['mi:t,æks] *v.tr.* (*fam. amer.*) assalire brutalmente; fare a pezzi.

meatball ['mi:tbɔ:l / meat·ball] *s.* **1** (*cuc.*) polpetta di carne **2** (*fam. amer.*) persona stupida, noiosa **3** (*mil. amer.*) bandiera per segnalazioni (della marina).

meateater ['mi:t,i:tə* / meat·eater] *s.* (*sl. amer.*) poliziotto corrotto (che cerca situazioni da sfruttare).

meat-fly ['mi:tflaɪ] *s.* (*zool.*) (*Sarcophaga carnaria*) mosca della carne.

meathead ['mi:thed / meat·head] *s.* (*fam. amer.*) persona stupida, testa di rapa.

meathooks ['mi:thʊks / meat·hooks] *s.* (*sl. amer.*) pugni, mani.

meat market ['mi:t,mɑ:kɪt] *s.* (*sl. amer.*) luogo di incontro (per la ricerca di un partner).

meat-pie [,mi:t'paɪ] *s.* pasticcio di carne.

meat run ['mi:trʌn] *s.* (*fam. amer.*) treno veloce, rapido.

meat-safe ['mi:tseɪf] *s.* moscaiola.

meat show ['mi:tʃəʊ] *s.* (*sl. amer.*) spettacolo di spogliarello.

meat-tea ['mi:t,ti:] *s.* (*antiq.*) tè, cena pomeridiana in cui viene servita anche carne.

meatus [mɪ'eɪtəs] *pl.* **meatuses** [mɪ'eɪtəsɪz] *s.* (*anat.*) meato, orifizio.

meat wagon ['mi:t,wægən] *s.* (*fam. amer.*) ambulanza.

meaty ['mi:tɪ] *agg.* **1** polposo, carnoso **2** (*fig.*) denso, sostanzioso.

mecca ['mekə] *s.* (*fig.*) mecca.

meccano® [mɪ'kɑ:nəʊ / mec·cano] *s.* meccano®.

mechanic [mɪ'kænɪk / mech·anic] *s.* **1** meccanico // *dental* —, odontotecnico; *motor* —, meccanico d'auto, autoriparatore **2** operaio; artigiano.

mechanical [mɪ'kænɪkl / mech·an·ical] *agg.* **1** meccanico: — *power*, forza meccanica; — *skill*, abilità, capacità meccanica, tecnica; — *failure*, guasto meccanico // — *engineer*, ingegnere meccanico // *I'm not very —, I don't have any — aptitude*, non mi intendo di macchine **2** automatico; (*fig.*) meccanico; istintivo: — *device*, dispositivo automatico; *a — gesture*, un gesto istintivo **3** (*mil.*) motorizzato: — *transport*, trasporto motorizzato **4** (*fil.*) meccanicistico ◆ *s.* (*ant.*) artigiano: *a crew of patches, rude mechanicals / that work for bread upon Athenians stales*, (SH. Midsummer Night) una folla di pagliacci, volgari artigiani che si guadagnano il pane nelle botteghe d'Atene.

mechanical drawing [mɪ,kænɪkl'drɔ:ɪŋ] *s.* (*tecn.*) disegno geometrico, tecnico.

mechanically [mɪ'kænɪkəlɪ / mech·an·ic·ally] *avv.* **1** meccanicamente // — *operated*, a comando automatico **2** per abitudine, automaticamente.

mechanicalness [mɪ'kænɪkəlnɪs / mech·an·ic·al·ness] *s.* meccanicità.

mechanics [mɪ'kænɪks / mech·an·ics] *s.* **1** [U] meccanica: *analytical, pure* —, meccanica analitica, razionale **2** (*pl.*) tecnica.

mechanism ['mekənɪzəm / mech·an·ism] *s.* **1** meccanismo; congegno, dispositivo **2** meccanismo; tecnica: *defence* —, meccanismo di difesa **3** (*fil.*) meccanicismo.

mechanist ['mekənɪst / mech·an·ist] *s.* **1** (*ant.*) meccanico **2** (*fil.*) meccanicista.

mechanistic [,mekə'nɪstɪk / mech·an·istic] *agg.* (*fil.*) meccanicistico.

mechanization [,mekənaɪ'zeɪʃn *amer.* ,mekənɪ'zeɪʃn / mech·an·iza·tion] *s.* meccanizzazione; automazione.

to **mechanize** ['mekənaɪz / mech·an·ize] *v.tr.* meccanizzare, automatizzare: (*amm.*) *mechanized accounting*, contabilità meccanizzata // *mechanized troops*, truppe motorizzate.

meconin ['mi:kənɪn / me·co·nin] *s.* (*chim.*) meconina.

meconium [mɪ'kəʊnɪəm / me·co·nium] *s.* (*med.*) meconio.

med [med] *s.* (*fam. amer.*) studente di medicina.

medal ['medl] *s.* medaglia // *the reverse of the* —, il rovescio della medaglia // *George* —, (GB) medaglia al valore civile; *Medal of Honor*, (USA) Medaglia d'onore (il più alto riconoscimento militare).

medalist ['medlɪst / med·al·ist] *s.* **1** medaglista **2** persona decorata con una medaglia.

medalled ['medld / med·alled] *agg.* decorato, fregiato di medaglie.

medallic [mɪ'dælɪk / med·al·lic] *agg.* di medaglia; raffigurato su medaglia.

medallion [mɪ'dæljən / med·al·lion] *s.* **1** medaglione **2** (*amer.*) (*antiq.*) bollettone, licenza di tassista.

medallist → **medalist**.

to **meddle** ['medl] *v.intr.* immischiarsi, intromettersi; interferire: *to — with sthg.*, immischiarsi in qlco.; *he is always meddling in other people's business*, si impiccia sempre dei fatti altrui // *don't — with my books, please!*, non toccare, non mettere le mani fra i miei libri, per piacere!

meddler ['medlə*] *s.* impiccione, ficcanaso.

meddlesome ['medlsəm / med·dle·some] *agg.* intrigante; importuno.

meddlesomeness ['medlsəmnɪs / med·dle·some·ness] *s.* intromissione, ingerenza.

meddling ['medlɪŋ / med·dling] *agg.* intrigante ◆ *s.* intromissione, ingerenza; interferenza.

Mede [mi:d] *s.* (*st.*) medo, abitante della Media // *it is like the laws of the Medes and Persians*, è una legge immutabile.

media ['mi:djə / me·dia] *s.pl.* mezzi di comunicazione (di massa), media: *the — influence(s) our opinions on many subjects*, i media influenzano le nostre opinioni su molti argomenti // (*inform.*) *faulty hardware* —, componenti difettosi dell'unità • Questo sostantivo, originariamente plurale, può oggi essere usato anche con il verbo al singolare ◆ *agg.attr.* dei media, dei mezzi di comunicazione; che usa i media, i mezzi di comunicazione; mediatico; massmediatico: — *research*, analisi dei mezzi di comunicazione; — *coverage*, grado di utilizzazione dei vari mezzi di comunicazione (a scopo pubblicitario); — *hype*, (*amer.*) concentrazione dell'attenzione dei mezzi di comunicazione su un certo personaggio (a scopo promozionale) // *a mixed — performance*, uno spettacolo multimediale.

mediacy ['mi:dɪəsɪ / me·di·acy] *s.* (*log., fis.*) stato, qualità intermedia.

mediaeval *agg.* → **medieval**.

medial ['mi:djəl] *agg.* **1** medio; mediano **2** (*anat.*) mediale: — *malleolus*, malleolo mediale.

median ['mi:djən / me·dian] *agg.* (*scient.*) mediano, medio: — *lobe*, lobo medio (del polmone) // — *strip*, (*amer.*) (aiola) spartitraffico ◆ *s.* **1** (*anat.*) nervo mediano; vena mediana **2** (*stat.*) mediana **3** (*mat.*) (linea) mediana.

Median *agg.* e *s.* medo, (abitante, lingua, cultura) della Media.

mediant ['mi:djənt / me·di·ant] *s.* (*mus.*) mediante.

mediastinal [,mi:dɪə'staɪnl / me·di·as·tinal] *agg.* (*anat.*) mediastinico.

mediastinum [,mi:dɪəs'taɪnəm / me·di·as·tinum] *pl.* **mediastina** [,mi:dɪəs'taɪnə] *s.* (*anat.*) mediastino // — *cerebri*, falce cerebrale.

mediate ['mi:dɪɪt / me·di·ate] *agg.* **1** mediato; indiretto: — *collection of tax*, esazione indiretta di un tributo; (*dir.*) — *testimony*, testimonianza per procura **2** (*non com.*) mediano; intermedio.

to **mediate** ['mi:dɪeɪt] *v.tr.* mediare: *to — peace*, mediare la pace // (*dir.*): *to — a settlement*, raggiungere un accordo attraverso una mediazione; *to — an industrial dispute*, appianare un conflitto sindacale ◆ *v.intr.* mediare, fare da mediatore, da intermediario: (*dir.*) *to — between two litigants*, mediare tra le parti in giudizio.

mediately ['mi:dɪɪtlɪ / me·di·ate·ly] *avv.* mediatamente; indirettamente.

mediation [,mi:dɪ'eɪʃn / me·di·ation] *s.* mediazione (*anche dir.*); intervento; buoni uffici: *the political situation requires* UN —, la situazione politica richiede la mediazione, l'intervento dell'ONU.

to **mediatize** ['mi:dɪətaɪz / me·di·at·ize] *v.tr.* **1** (*st.*) annettere (uno stato minore) a uno maggiore (salvaguardando alcuni diritti del primo) **2** (*st.*) ridurre (un vassallo) da immediato a mediato (nel Sacro Romano Impero) ◆ *v.intr.* (*non com.*) fare da mediatore.

mediator ['mi:dɪeɪtə* / me·di·ator] *s.* mediatore (*anche dir.*).

mediatorial [,mi:dɪə'tɔ:rɪəl / me·di·at·or·ial] *agg.* di, da mediatore.

mediatorship ['mi:dɪeɪtəʃɪp / me·di·ator·ship] *s.* ufficio di mediatore (*anche dir.*).

mediatory ['mi:dɪə,tɔ:rɪ / me·di·at·ory] *agg.* → **mediatorial**.

medic ['medɪk] *s.* (*fam. amer.*) **1** medico **2** studente di medicina **3** (*mil.*) membro del corpo della sanità.

medicable ['medɪkəbl / med·ic·able] *agg.* medicabile, guaribile.

Medicaid ['medɪkeɪd / Med·ic·aid] *s.* (*amer.*) servizio sanitario statale (per i meno abbienti).

medical ['medɪkl / med·ical] *agg.* medico; sanitario: *he requires — treatment*, egli necessita di cure mediche; *your father should have — attention*, vostro padre dovrebbe farsi curare da un medico // — *student*, studente di medicina; — *assistant*, assistente medico; — *adviser*, consulente sanitario; — *man*, (medico) generico // — *record*, cartella clinica; — *preparations*, farmaci, medicamenti, preparati // — *jurisprudence*, medicina legale ◆ *s.* **1** visita medica: *to pass, to have a* —, passare, fare una visita medica **2** (*fam.*) studente di medicina.

medical board ['medɪkl,bɔ:d] *s.* consiglio di sanità; commissione medica.

medical corps ['medɪkl,kɔ:*] *s.* (*mil.*) sanità, corpo della sanità.

medical corpsman [,medɪkl'kɔ:mən] *s.* (*mil.*) membro del corpo della sanità.

medical examiner [,medɪklɪg'zæmɪnə*] *s.* (*spec. amer.*) medico legale.

medical history [,medɪkl'hɪstərɪ] *s.* (*med.*) anamnesi.

medically ['medɪkəlɪ / med·ic·ally] *avv.* **1** da medico: — *speaking...*, parlando da medico...; — *viewed*, dal punto di vista medico **2** per mezzo di medicine.

medical officer [,medɪkl'ɒfɪsə* *amer.* ,medɪkl'ɔ:fɪsə*] *s.* **1** ufficiale sanitario **2** (*mil.*) ufficiale medico.

medical register [,medɪkl'redʒɪstə*] *s.* ordine dei medici.

medical ward ['medɪkl,wɔ:d] *s.* reparto (di) medicina.

medicament [me'dɪkəmənt / me·dic·ament] *s.* (*form.*) medicamento, rimedio, farmaco.

medicamentous [,medɪkə'mentəs / me·dic·ament·ous] *agg.* (*med.*) medicamentoso.

Medicare ['medıkeə*/Medi·care] *s.* (*amer.*) servizio sanitario statale (per la cura degli anziani).

medicaster ['medıkæstə* / medi·caster] *s.* medicastro, praticone.

to **medicate** ['medıkeıt / med·ic·ate] *v.tr.* medicare, curare; disinfettare.

medicated ['medıkeıtıd/med·ic·ated] *agg.* medicato: — *plaster*, cerotto medicato.

medication [,medı'keıʃn / med·ica·tion] *s.* **1** medicazione; cura **2** medicina, medicamento.

medicative ['medıkətıv / med·ic·at·ive] *agg.* medicamentoso, curativo.

Medicean [,medı'tʃi:ən / Me·di·cean] *agg.* (*st.*) mediceo.

medicinal [me'dısınl/me·di·cinal] *agg.* medicinale; curativo // **-ly** *avv.*

medicine ['medsın *amer.* 'medısn / me·di·cine] *s.* **1** medicina, farmaco: (*fig.*) rimedio: *it was a good — for him*, è stata una medicina salutare per lui // *to swallow* (o *to take*) *one's* —, (*fig.*) ingoiare un boccone amaro, una pillola amara // *to give s.o. a taste* (o *a dose*) *of his own* —, (*fig.*) ripagare della stessa moneta **2** medicina, scienza medica // *to practice* —, esercitare la professione di medico // (*dir.*) *forensic* (o *legal*) —, medicina legale **3** amuleto, o rito, dal magico potere curativo.

to **medicine** *v.tr.* (*non com.*) somministrare medicine a; curare con medicine.

medicine ball ['medsın,bɔ:l] *s.* (*sport*) palla appesantita (per potenziare la muscolatura).

medicine bottle ['medsın,bɒtl] *s.* flacone, boccetta per medicinali.

medicine cabinet ['medsın,kæbınıt] **medicine chest** ['medsın,tʃest] *s.* armadietto dei medicinali; cassetta farmaceutica.

medicine dropper ['medsın,drɒpə*] *s.* (*med.*) contagocce.

medicine man ['medsın,mæn] *s.* stregone, sciamano.

medico ['medıkəʊ / med·ico] *pl.* **medicos** *s.* (*fam.*) medico.

medieval [,medı'i:vl *amer.* ,mi:dı'i:vl / me·di·eval] *agg.* medievale.

medievalism [,medı'i:vəlızəm *amer.* ,mi:dı'i:vəlızəm / me·di·ev·al·ism] *s.* medievalismo.

medievalist [,medı'i:vəlıst *amer.* ,mi:dı'i:vəlıst / me·di·ev·al·ist] *s.* medievalista, studioso del medioevo.

mediocre [,mi:dı'əʊkə* / me·di·ocre] *agg.* mediocre.

mediocrity [,mi:dı'ɒkrətı / me·di·oc·rity] *s.* mediocrità.

to **meditate** ['medıteıt / med·it·ate] *v.tr.* e *intr.* meditare (*anche fig.*): *to — (up) on sthg.*, meditare su qlco.; *to — revenge*, meditare (la) vendetta.

meditation [,medı'teıʃn / me·di·ta·tion] *s.* meditazione; riflessione // *on —, I refused*, dopo averci riflettuto rifiutai.

meditative ['medıtətıv *amer.* 'medıteıtıv / med·it·at·ive] *agg.* meditativo; pensoso // **-ly** *avv.*

meditativeness ['medıtətıvnıs/med·it·at·ive·ness] *s.* inclinazione alla meditazione.

Mediterranean [,medıtə'reınjən / Me·di·ter·ran·ean] *agg.* mediterraneo: *the — (Sea)*, il (mare) Mediterraneo; — *race*, razza mediterranea.

Mediterranean fever [,medıtə,reınjən 'fi:və*] *s.* (*med.*) febbre maltese, febbre mediterranea, brucellosi.

medium ['mi:djəm / me·dium] *agg.* medio: — *speed*, velocità media; (*rad.*) — *waves*, onde medie; (*cinem.*) — *shot*, campo medio; (*tv*) ripresa media; (*elettr.*) — *voltage*, tensione media; (*fis.*) — *frequency*, frequenza media // (*metall.*) — *steel*, acciaio semidolce.

medium *pl.* **mediums**, **media** ['mi:djə / me·dia] *s.* **1** mezzo, strumento; veicolo; (*in arte*) mezzo espressivo: *through the — of*, per mezzo di; *through the — of the press*, a mezzo stampa; *advertising* —, mezzo, veicolo pubblicitario; — *of instruction*, veicolo di istruzione; *oil paint is a difficult — to work with*, la pittura a olio è un mezzo espressivo difficile da adoperare **2** elemento; ambiente: *water is the natural — of fish*, l'acqua è l'elemento naturale dei pesci **3** (*econ.*, *fin.*) mezzo; medio: — *of exchange*, mezzo di scambio; media dei cambi; *circulation* —, medio circolante // *mediums*, titoli di stato che scadono fra i 5 e i 15 anni // *to stick to a happy* —, tenere il giusto mezzo **4** (*pl.* solo *mediums*) (*spiritismo*) medium **5** (*biol.*) brodo di coltura **6** (*pitt.*) liquido solvente **7** (*cinem.*) campo medio **8** (*teatr.*) filtro colorato.

mediumistic [,mi:djə'mıstık / me·di·um·istic] *agg.* medianico.

medium-sized ['mi:djəm,saızd] *agg.* di media grandezza.

medium-term ['mi:djəm,tɜ:m] *agg.* (*fin.*) a medio termine: — *credit*, credito a medio termine.

medium-wave ['mi:djəm,weıv] *agg.* (*rad.*) a onde medie; sulle onde medie.

medlar ['medlə* / med·lar] *s.* (*bot.*) **1** — (*tree*), (*Mespilus germanica*) nespolo **2** nespola **3** *Japanese* —, → loquat 2

medley ['medlı / med·ley] *s.* **1** miscuglio; guazzabuglio **2** (*letter.*) miscellanea **3** (*mus.*) pot-pourri, selezione di pezzi **4** (*nuoto*) — *-race*, gara mista (in cui si cambia stile ad ogni vasca); *four hundred metres* —, quattrocento misti ♦ *agg.* (*ant.*) **1** misto, eterogeneo **2** variegato.

medulla [mə'dʌlə / me·dulla] *pl.* **medullas**, **medullae** [mə'dʌli:] *s.* (*anat.*, *bot.*) midollo: — *oblongata*, midollo allungato.

medullary [mı'dʌlərı / me·dul·lary] *agg.* (*anat.*, *bot.*) midollare: — *anaesthesia*, anestesia spinale; — *sheath*, guaina midollare.

medusa [mı'dju:zə *amer.* mı'du:zə / me·dusa] *pl.* **medusae** [mı'dju:zi: / me·du·sae] *s.* (*zool.*) medusa SIN. jellyfish.

medusal [mı'dju:zəl *amer.* mı'du:zəl / me·dusal] **medusan** [mı'dju:zən *amer.* mı'du:zən / me·dusan] *agg.* (*zool.*) di medusa.

medusoid [mı'dju:zɔıd *amer.* mı'du:zɔıd / me·dus·oid] *agg.* (*zool.*) medusoide.

meed [mi:d] *s.* (*letter.*) ricompensa, premio: — *of praise*, tributo di elogio; *Death is life's high meed*, (KEATS) la Morte è l'alto premio della vita.

meek [mi:k] *agg.* docile, mansueto, mite; umile: *as — as a lamb*, mansueto come un agnello // **-ly** *avv.* // **-ness** *s.*

meerschaum ['mıəʃəm / meer·schaum] *s.* (*min.*) sepiolite, schiuma di mare: — *pipe*, pipa di schiuma.

meet[1] [mi:t] *agg.* (*ant.*) idoneo, adatto, conveniente: *I will taste that dew, for me 'tis meet*, (KEATS) assaporerò quella rugiada per me soave.

meet[2] *s.* **1** raduno per una partita di caccia **2** (*amer.*) riunione sportiva **3** (*mat.*) intersezione.

to **meet**[2] *pass.p.p.* **met** [met] *v.tr.* **1** incontrare; andare, venire incontro a (*anche fig.*): *I met him by chance*, l'ho incontrato per caso; *I'll — you outside the cinema at 6*, ci vediamo fuori del cinema alle 6; *she met us with a hearty smile*, ci venne incontro con un sorriso cordiale; *we met them at the station*, andammo a prenderli alla stazione; *to — s.o.'s wishes*, andare incontro ai desideri di qlcu.; *to — s.o. halfway*, andare incontro a qlcu.; (*fig.*) arrivare a un compromesso con qlcu. // *to — one's death*, incontrare, trovare la morte // *to — each other*, incontrarsi: *the two champions will — each other in the final*, i due campioni si incontreranno nella finale // *to — s.o.'s eye*, incontrare lo sguardo di qlcu.; *to — the eye*, presentarsi all'occhio; *there's more here than meets the eye*, qui c'è sotto qlco. **2** conoscere; fare la conoscenza di: *pleased to — you*, piacere, lieto di conoscerla; *we knew him by sight, but had never met him*, lo conoscevamo di vista, ma non ce lo avevano mai presentato **3** onorare, far onore a (impegni); far fronte a (spese); soddisfare, corrispondere a: *to — one's engagements*, onorare, far fronte ai propri impegni; *I've got unforeseen expenses to* —, devo far fronte a spese impreviste; *to — a requirement*, corrispondere a un requisito; *to — the case*, essere adeguato, adatto al caso // (*comm.*): *to — a draft*, onorare, pagare una tratta; *to — a bill*, pagare un conto; *this meets the bill perfectly*, (*fig.*) corrisponde perfettamente **4** toccare, venire in contatto con; incontrare: *his hand met hers*, la sua mano incontrò quella di lei // *the bus met the wall head on*, l'autobus andò a sbattere contro il muro **5** incontrare, incrociare: *at this point the Atlantic meets the Pacific*, l'Atlantico incontra il Pacifico in questo punto; *our street meets the high street at the bank*, la banca è all'incrocio fra la nostra via e la via principale **6** affrontare: *to — a difficulty*, affrontare una difficoltà; *to — a challenge*, affrontare una sfida ♦ *v.intr.* **1** incontrarsi; riunirsi: *we will — again soon*, ci incontreremo ancora presto; *the board meets tomorrow morning*, la direzione si riunisce domattina **2** conoscersi, far conoscenza: *we met last night*, ci siamo conosciuti ieri sera; *they had already met*, si conoscevano già **3** affrontarsi; (*sport*) disputare un incontro **4** toccarsi: *their hands met*, le loro mani si toccarono // *to make both ends* —, (*fam.*) sbarcare il lunario.

□ **meet up** *v.intr.* e *avv.* **1** (*with*) incontrarsi (per caso); imbattersi: *they met up again in London at a party*, si incontrarono casualmente a Londra a un ricevimento **2** incontrarsi, incrociarsi: *the two paths — up near the river*, i due sentieri si incrociano, si incontrano vicino al fiume.

□ **meet with** *v.intr.* e *prep.* **1** incontrare, trovare; imbattersi in: *the plan met with unforeseen difficulties*, il piano incontrò difficoltà impreviste; *we met with a storm*, fummo colti dal temporale; *to — with indifference*, incontrare indifferenza // *he has met with an* *accident*, gli è capitata una disgrazia; (*form.*) ha avuto un incidente; *to — with success, failure*, avere successo, fallire **2** incontrarsi, avere un incontro: *my lawyer can — with yours to discuss the problem*, il mio avvocato può incontrarsi con il tuo per discutere il problema.

meeting ['mi:tɪŋ / meet·ing] *s.* **1** meeting, riunione, convegno; assemblea: *a — took place last week*, la settimana scorsa ci fu una riunione; *to call a — of the shareholders*, convocare gli azionisti; *to address the —*, prendere la parola (a un convegno, in un'assemblea); *— of creditors*, assemblea dei creditori; *general —*, assemblea generale dei soci // (*pol.*) *to put a resolution to the —*, sottoporre una mozione all'approvazione dell'assemblea // *electronic —*, teleconferenza **2** duello **3** incontro; incrocio: *at the — of the rivers*, alla confluenza dei due fiumi; *at first —*, al primo incontro // (*dir.*) *— of minds*, incontro delle volontà, accordo // (*mat.*) *— point*, punto d'intersezione **4** assemblea di quaccheri.

meetinghouse ['mi:tɪŋhaʊs / meet·ing·house] *s.* luogo di riunione dei quaccheri.

meetly ['mi:tlɪ / meet·ly] *avv.* (*ant.*) convenientemente, propriamente, idoneamente.

meetness ['mi:tnɪs / meet·ness] *s.* (*ant.*) conformità, convenienza; idoneità.

mega- ['megə] *pref.* di origine greca che significa: **1** grande, grosso; ingrossato; it. mega-: *megalith*, megalito; *megaphone*, megafono; *megacolon*, megacolon **2** un milione, 10^6; it. mega-: *megahertz*, megahertz.

mega *agg.* (*amer.*) molto.

megabaud ['megəbɔ:d / mega·baud] *s.* (*inform.*) megabaud, un milione di baud.

megabit ['megəbɪt / mega·bit] *s.* (*inform.*) megabit, un milione di bit.

megabuck ['megəbʌk / mega·buck] *s.* (*fam. amer.*) un milione di dollari.

megabyte ['megəbaɪt / mega·byte] *s.* (*inform.*) megabyte, un milione di byte.

megacalory [,megə'kælərɪ / mega·cal·ory] *s.* megacaloria.

megacephalic [,megəsɪ'fælɪk / mega·ceph·alic] **megacephalous** [,megə'sefələs / mega·ceph·al·ous] *agg.* (*med.*) megalocefalo.

megacycle ['megə,saɪkl / mega·cycle] *s.* (*rad.*) megaciclo.

megadeath ['megədeθ / mega·death] *s.* un milione di morti (unità di misura per calcolare le vittime di una ipotetica esplosione nucleare).

megadose ['megədəʊs / mega·dose] *s.* (*med.*) megadose, maxidose.

megaflops ['megəflɒps / mega·flops] *s.* (*inform.*) un milione di operazioni in virgola mobile al secondo.

megakariocyte [,megə'kærɪəʊsaɪt / mega·kario·cyte] *s.* (*biol.*) megacariocita, cellula gigante.

megalith ['megəlɪθ / mega·lith] *s.* (*archeol.*) megalite.

megalithic [,megə'lɪθɪk / mega·lithic] *agg.* (*archeol.*) megalitico.

megalo- ['megələʊ] *pref.* di origine greca; it. megalo- → **mega-** 1.

megaloblast ['megələʊ,blæst / me·ga·lo·blast] *s.* (*biol.*) megaloblasto.

megalomania [,megələʊ'meɪnjə / me·ga·lo·mania] *s.* (*psic.*) megalomania.

megalomaniac [,megələʊ'meɪnɪæk / me·ga·lo·ma·niac] *agg.* e *s.* (*psic.*) megalomane.

megalomaniacal [,megələʊ,mə'naɪəkl / me·ga·lo·ma·nia·cal] *agg.* megalomane // **-ly** *avv.*

megalopolis [,megə'lɒpəlɪs / me·ga·lo·polis] *s.* megalopoli.

megalosaurus [,megələʊ'sɔ:rəs / me·ga·lo·saurus] *s.* (*paleont.*) megalosauro.

megaphone ['megəfəʊn / me·ga·phone] *s.* megafono.

megapod ['megəpɒd / me·ga·pod] *agg.* e *s.* (*zool.*) megapode.

megapode ['megəpəʊd / me·ga·pode] *s.* → **megapod**.

megass(e) [mə'gæs / me·gass(e)] → **bagasse**.

megathere ['megə,θɪə* / mega·there] **megatherium** [,megə'θɪərɪəm / mega·ther·ium] *pl.* **megatheria** [,megə'θɪərɪə / mega·theria] *s.* (*paleont.*) megaterio.

megatherm ['megəθɜ:m / mega·therm] *s.* (*bot.*) pianta megaterma.

megaton ['megətʌn / mega·ton] *s.* (*fis. nucleare*) megaton.

megawatt ['megəwɒt / mega·watt] *s.* (*elettr.*) megawatt.

megillah [mə'gɪlə / me·gil·lah] *s.* (*fam. amer.*) lagna, cosa prolissa e noiosa.

megilp [mə'gɪlp / meg·ilp] *s.* solvente per colori ad olio.

megrim ['mi:grɪm / meg·rim] *s.* **1** (*antiq.*) emicrania **2** *pl.* (*ant.*) malumore; depressione **3** *pl.* (*zool.*) capostorno, capogatto (dei cavalli e dei buoi).

meiny ['meɪnɪ] *s.* (*ant.*) servitù: *on whose contents / they summon'd up their meiny*, (SH. King Lear) appreso il contenuto, chiamarono i loro servi.

meiosis [maɪ'əʊsɪs / mei·osis] *pl.* **meioses** [mai:əʊsɪ'z] *s.* **1** (*biol.*) meiosi **2** (*ret.*) → litotes.

meiotic [maɪ'ɒtɪk / mei·otic] *agg.* (*biol.*) meiotico.

meiotically [maɪ'ɒtɪkəlɪ / mei·otic·ally] *avv.* (*biol.*) secondo la meiosi.

melamine ['meləmi:n / mel·am·ine] *s.* (*chim.*) melammina: *— resin*, resina melamminica.

melan- → **melan(o)-**.

melancholia [,melən'kəʊljə / mel·an·cho·lia] *s.* (*psic.*) malinconia; depressione.

melancholic [,melən'kɒlɪk / mel·an·cholic] *agg.* malinconico; triste, abbattuto; depresso.

melancholically [,melən'kɒlɪkəlɪ / mel·an·cholic·ally] *avv.* malinconicamente.

melancholy ['melənkəlɪ / mel·an·choly] *s.* malinconia; tristezza; depressione ◆ *agg.* malinconico; triste.

Melanesian [,melə'ni:zjən / Mel·an·esian] *agg.* (*geogr.*) melanesiano, della Melanesia.

mélange [meɪ'lɑ:ŋʒ] *s.* mélange, mescolanza.

melanin ['melənɪn / mel·anin] *s.* (*biochim.*) melanina.

melanine ['meləni:n / mel·an·ine] *s.* (*biochim.*) melanina.

melanism ['melənɪzəm / mel·an·ism] *s.* (*biol.*) melanismo.

melanite ['melənaɪt / mel·an·ite] *s.* (*min.*) melanite.

melan(o)- ['melən(əʊ)] *pref.* di origine greca del linguaggio scientifico che significa 'nero, scuro'; it. melan(o)-: *melanin*, melanina; *melanoma*, melanoma.

melanocyte ['melənəʊ,saɪt / mel·ano·cyte] *s.* (*biol.*) melanocita.

melanogenesis [,melənəʊ'dʒenɪsɪs / mel·ano·gen·esis] *s.* (*biochim.*) melanogenesi.

melanoid ['melənɔɪd / mel·an·oid] *agg.* (*med.*) melanoide, simile alla melanina ◆ *s.* (*med.*) sostanza melanoide; pigmento melanizzante.

melanoma [,melə'nəʊmə / mel·an·oma] *s.* (*med.*) melanoma.

melanosis [,melə'nəʊsɪs / mel·an·osis] *s.* (*med.*) melanosi.

melanosoma ['melənəʊ,səʊm / mel·ano·soma] *s.* (*med.*) melanosoma.

melanotic [,melə'nɒtɪk / mel·an·otic] *agg.* (*med.*) melanotico.

melanuria [,melə'njuərɪə / mel·an·uria] *s.* (*med.*) melanuria.

meld [meld] *s.* (*amer.*) mescolanza, miscuglio.

to **meld** *v.tr.* mescolare, unire; fondere ◆ *v.intr.* mescolarsi; unirsi; fondersi.

mêlée ['meleɪ *amer.* meɪ'leɪ] *s.* mischia, confusione.

melic ['melɪk] *agg.* (*poesia*) melico.

melinite ['melɪnaɪt / mel·in·ite] *s.* melinite (esplosivo).

meliphanite [mə'lɪfənaɪt / meli·phan·ite] *s.* (*min.*) melinofane.

to **mell** [mel] *v.intr.* (*ant.*) accoppiare: *men are to mell with, boys are not to kiss*, (SH. All's Well That Ends Well) ci si deve accoppiare con gli uomini, i ragazzi non si devono baciare.

melliferous [me'lɪfərəs / mel·li·fer·ous] *agg.* mellifero.

mellifluence [me'lɪflʊəns / mel·li·fluence] *s.* mellifluità.

mellifluous [me'lɪflʊəs / mel·li·flu·ous] *agg.* mellifluo // **-ly** *avv.* // **-ness** *s.*

mell of a hess ['meləvə,hes] *s.* (*fam. amer.*) situazione confusa, casino d'inferno • Inversione di *hell of a mess*, inferno di confusione.

mellow ['meləʊ / mel·low] *agg.* **1** succoso, maturo (di frutta); stagionato (di vino) **2** (*fig.*) comprensivo; pacato; maturato dall'esperienza **3** (*fig.*) pastoso, pieno, caldo (di luce, suono, colore) **4** ricco, ubertoso, fertile (di terreno) **5** (*fam.*) tranquillo, rilassato; un po' brillo.

to **mellow** *v.tr.* **1** maturare; stagionare, invecchiare **2** (*fig.*) maturare, rendere maturo, pacato, comprensivo ◆ *v.intr.* **1** maturare; invecchiare; (*fig.*) ammorbidirsi // *to — (out)*, (*fam.*) rilassarsi, prenderla con filosofia; essere un po' brillo **2** diventare ricco, dolce, pastoso (di luce, suono, colore).

mellowness ['meləʊnɪs / mel·low·ness] *s.* **1** succosità, maturità, dolcezza (di frutta, vino ecc.) **2** (*fig.*) dolcezza; comprensione; maturità (di persona) **3** (*fig.*) ricchezza, pastosità (di luce, suono, colore) **4** ricchezza, fertilità, ubertosità (di terreno) **5** (*fam.*) giovialità; leggera ebbrezza.

melodeon [mɪ'ləʊdɪən / me·lod·eon] *s.* (*mus.*) **1** armonium **2** concertina.

melodic [mɪ'lɒdɪk / me·lodic] *agg.* melodico, di melodia.

melodious [mɪ'ləʊdjəs / me·lodi·ous] *agg.* melodioso // **-ly** *avv.* // **-ness** *s.*

melodist ['meləʊdɪst / mel·od·ist] *s.* (*mus.*) melodista.

to **melodize** ['melədaɪz / mel·od·ize] *v.tr.* **1** rendere melodioso **2** mettere in musica ◆ *v.intr.* comporre melodie.

melodrama ['meləʊ,drɑːmə / me·lo·drama] *s.* **1** (*teatr.*) melodramma, drammone a forti tinte **2** (*fig.*) dramma: *she makes a — out of everything*, fa un dramma di ogni cosa.

melodramatic [,meləʊdrə'mætɪk / me·lo·dra·matic] *agg.* melodrammatico, mélo, tragico; esagerato: *don't be so —*, non fare il tragico, non esagerare.

melodramatically [,meləʊdrə'mætɪkəlɪ / me·lo·dra·mat·ic·ally] *avv.* in modo, in tono melodrammatico.

melodramatics [,meləʊdrə'mætɪks / me·lo·dra·mat·ics] *s.pl.* comportamento melodrammatico.

melody ['melədɪ / mel·ody] *s.* **1** melodia; aria: *old Irish melodies*, vecchie arie irlandesi **2** (*mus.*) melodia; tema.

melon ['melən] *s.* **1** (*bot.*) (*Cucumis melo*) melone SIN. muskmelon **2** (*fam. amer.*) margine di profitto; utili: *to cut the —*, dividere gli utili (fra soci).

melon-belly ['melən,belɪ] *s.* (*fam. amer.*) pancia prominente, pancione.

melt [melt] *s.* **1** (*metall.*) fusione; colata: *on the —*, in fusione // *— index*, indice di fluidità **2** scioglimento.

to **melt** *pass.* **melted** ['meltɪd] *p.p.* **melted** (*ant.*) **molten** ['məʊltən] *v.tr.* **1** sciogliere, fondere, liquefare: *the sun will soon — the snow*, il sole scioglierà presto la neve **2** (*fig.*) addolcire, intenerire: *it will — even his heart*, ciò intenerirà perfino lui ◆ *v.intr.* **1** sciogliersi; liquefarsi: *these biscuits are delicious, they — in your mouth*, questi biscotti sono squisiti, si sciolgono in bocca // *to — into the crowd*, (*fam.*) sparire tra la folla // *to be melted out*, (*fam. amer.*) essere, rimanere senza un soldo, al verde (per aver perso al gioco) **2** sciogliersi; intenerirsi: *she melted into tears*, si sciolse in lacrime.

□ **melt away** *v.intr.* e *avv.* sciogliersi completamente (di neve); disperdersi (di folla); dileguarsi: *the snow soon melted away*, la neve si sciolse presto; *the pigmies melted away into the bushes*, i pigmei si dispersero fra i cespugli.

□ **melt down** *v.tr.* e *avv.* fondere.

meltdown ['meltdaʊn / melt·down] *s.* **1** (*fis.*) meltdown (fusione del nocciolo di un reattore nucleare e sprofondamento del materiale radioattivo nel sottosuolo) **2** (*amer.*) disastro, catastrofe.

melter ['meltə*] *s.* **1** fonditore **2** vasca di fusione; camera di fusione.

melting ['meltɪŋ / melt·ing] *agg.* **1** che fonde, che fa fondere; che si scioglie **2** (*fig.*) struggente; che intenerisce, commovente // *he spoke in a — voice*, parlò con voce commossa ◆ *s.* fusione; sostanza fusa; scioglimento.

meltingly ['meltɪŋlɪ / melt·ing·ly] *avv.* teneramente.

melting point ['meltɪŋ,pɔɪnt] *s.* (*fis.*) punto di fusione.

melting pot ['meltɪŋ,pɒt] *s.* crogiolo (*anche fig.*): *the United States is a — of races*, gli Stati Uniti sono un crogiolo di razze // *to put back into the —*, rimettere in discussione; riesaminare.

melton ['meltən / mel·ton] *s.* 'melton' (stoffa di lana per cappotti).

meltwater ['meltwɔːtə* / melt·wa·ter] *s.* (*geol.*) acqua di disgelo.

member ['membə* / mem·ber] *s.* **1** socio, membro: *ordinary — (of an association)*, socio ordinario; *to become a — of an association*, diventare membro di una associazione // *Member of Congress*, membro del Congresso Americano // *Member of Parliament*, deputato al Parlamento Britannico **2** (*anat.*) membro **3** (*tecn.*) elemento, pezzo (di macchina, di struttura ecc.): *cross —*, traversa; *side —*, longherone.

member bank ['membə,bæŋk] *s.* (*amer.*) banca associata al Federal Reserve System.

membership ['membəʃɪp / mem·ber·ship] *s.* **1** l'insieme dei soci, dei membri (di una associazione): *TCI boasts a large —*, i soci del TCI sono tanti // *— card*, tessera di associazione **2** funzione di socio, di membro: *he has all the qualifications for —*, ha tutti i titoli per essere eletto socio.

membranaceous [,membrə'neɪʃəs / mem·brana·ceous] *agg.* (*biol.*) membranaceo.

membrane ['membreɪn / mem·brane] *s.* (*scient.*) membrana: *— bone*, osso dermico.

membraneous [mem'breɪnjəs / mem·bran·eous] **membranous** [mem'breɪnəs / mem·bran·ous] *agg.* membranoso.

memento [mɪ'mentəʊ / me·mento] *pl.* **mementos** *s.* **1** memento; promemoria **2** oggetto ricordo **3** (*eccl.*) memento.

memo ['meməʊ] → **memorandum**.

memo accounts ['meməʊə,kaʊnts] *s.* (*amm.*) conti d'ordine.

memoir ['memwɑː* / mem·oir] *s.* **1** biografia **2** *pl.* memorie, ricordi: *Churchill's 'War Memoirs'*, 'Le memorie di guerra' di Churchill **3** saggio; monografia.

memoirist ['memwɑːrɪst / mem·oir·ist] *s.* memorialista.

memo pad ['meməʊ,pæd] *s.* blocco, blocchetto per appunti.

memorabilia [,memərə'bɪlɪə / mem·or·ab·ilia] *s.pl.* (*letter.*) cose memorabili, degne di essere ricordate.

memorability [,memərə'bɪlətɪ / mem·or·ab·il·ity] *s.* (*form.*) memorabilità.

memorable ['memərəbl / mem·or·able] *agg.* memorabile; indimenticabile // **-bly** *avv.*

memorandum [,memə'rændəm / mem·or·andum] *pl.* **memorandums** [mem·or·and·ums] **memoranda** [,memə'rændə / mem·or·anda] *s.* memorandum; appunto; comunicazione interna (in un ufficio).

memorandum accounts [,memə'rændəmə,kaʊnts] → **memo accounts**.

memorandum association [,memə'rændəmə,səʊsɪ'eɪʃn] *s.* (*dir. comm.*) atto costitutivo di una società di capitali.

memorial [mɪ'mɔːrɪəl / me·mor·ial] *agg.* **1** commemorativo: *— tablet*, lapide, targa commemorativa // *Memorial Day*, giornata della Rimembranza (festa nazionale degli Stati Uniti per ricordare i caduti in guerra) // *— park*, (*amer.*) cimitero **2** (*rar. ant.*) memorabile ◆ *s.* **1** monumento, cippo: *war —*, monumento ai caduti; *a — of*, un ricordo, un segno commemorativo di **2** *gener. pl.* memoriale; raccolta di documenti **3** (*dir.*) memoria; istanza; estratto di atto legale.

memorialist [mɪ'mɔːrɪəlɪst / me·mori·al·ist] *s.* **1** (*non com.*) memorialista, scrittore di memorie **2** (*dir.*) chi presenta una memoria, un'istanza.

to **memorialize** [mɪ'mɔːrɪəlaɪz / me·mori·al·ize] *v.tr.* **1** commemorare **2** presentare una memoria, un'istanza a.

to **memorize** ['meməraɪz / mem·or·ize] *v.tr.* memorizzare, imparare a memoria.

memory ['memərɪ / mem·ory] *s.* **1** memoria: *to have a good —*, avere una buona memoria; *to have a bad — (o a — like a sieve)*, avere una cattiva memoria; *to lose one's —*, perdere la memoria; *to recite sthg. from —*, recitare qlco. a memoria; *to commit sthg. to —*, affidare qlco. alla memoria // *if my — serves me well*, se ben mi ricordo; *to the best of my — (o speaking from —)*, per quanto mi ricordo **2** ricordo, memoria: *in — of*, a ricordo di; *to keep s.o.'s — alive*, tener vivo il ricordo di qlcu.; *to leave a good — of oneself*, lasciare un buon ricordo di sé // *within living —*, a memoria d'uomo **3** (*inform.*) memoria: *bubble —*, memoria a bolle; *core —*, memoria a nuclei magnetici; *main —*, memoria di lavoro; *— space*, spazio in memoria; *— location*, indirizzo di memoria; *— requirements*, occupazione di memoria di un programma; *— size (o capacity)*, capacità di memoria; *random-access —*, memoria ad accesso casuale.

memsahib ['mem,sɑːhɪb / mem·sahib] *s.* (*antiq.*) moglie del sahib; signora, padrona (titolo di rispetto dato a una signora europea o a una signora indiana di rango sociale superiore).

men *pl.* di **man**.

menace ['menəs / men·ace] *s.* **1** minaccia **2** (*fam.*) flagello, calamità: *that boy is a damn —*, quel ragazzo è una calamità.

to **menace** *v.tr.* (*form.*) minacciare.

menacing ['menəsɪŋ / men·acing] *agg.* minaccioso, torvo // **-ly** *avv.*

menadione [,menə'daɪəʊn / mena·di·one] *s.* (*chim.*) menadione.

ménage [me'nɑːʒ / mén·age] *s.* (*fr.*) la famiglia (quelli che vivono sotto lo stesso tetto).

menagerie [mɪ'nædʒərɪ / me·na·gerie] *s.* serraglio.

mend [mend] *s.* rattoppo, rammendo // *to be on the —*, migliorare di salute, di condizione.

to **mend** *v.tr.* riparare; rammendare; accomodare, aggiustare (*anche fig.*); *to — stockings*, rammendare calze // *to — one's fences*, migliorare i rapporti reciproci; riappacificarsi, fare la pace; *to — one's ways*, correggersi, migliorarsi // *least said soonest mended*, (*prov.*) un bel tacer non fu mai scritto ◆ *v.intr.*

1 correggersi; aggiustarsi: *he will never* —, non si correggerà mai; *things will* —, le cose si aggiusteranno // *it is never too late to* —, (*prov.*) non è mai troppo tardi per correggersi **2** (*fam.*) migliorare, ristabilirsi (in salute): *his health is slowly mending*, la sua salute migliora lentamente.

mendacious [men'deɪʃəs / men·dacious] *agg.* (*form.*) mendace, menzognero: (*dir.*) — *witness*, testimone mendace // **-ly** *avv.*

mendacity [men'dæsətɪ / men·da·city] *s.* (*form.*) **1** mendacia, mendacitá: *I can't bear his* —, non posso sopportare la sua abitudine di mentire **2** bugia, falsità, menzogna, mendacio.

mendelevium [,mendə'li:vɪəm / men·del·evium] *s.* (*chim.*) mendelevio.

Mendelian [men'di:lɪən / Men·del·ian] *agg.* (*biol.*) mendeliano.

Mendelism ['mendəlɪzəm / Men·del·ism] *s.* (*biol.*) mendelismo.

mender ['mendə*] *s.* riparatore; rammendatore.

mendicancy ['mendɪkənsɪ / men·dic·ancy] *s.* (*form.*) mendicità.

mendicant ['mendɪkənt / men·dic·ant] *agg.* e *s.* (*form.*) mendicante, questuante // — *friars*, frati mendicanti.

mendicity [men'dɪsɪtɪ / men·di·city] *s.* (*form.*) mendicità.

mending ['mendɪŋ / mend·ing] *s.* **1** riparazione; rammendo: *invisible* —, rammendo invisibile; — *cotton*, — *wool*, cotone, lana da rammendo; — *outfit*, astuccio da lavoro // *road* —, lavori stradali (di manutenzione) **2** panni da rammendare: *that's the* — *I have to do*, quella è la roba che devo rammendare.

menfolk ['menfəʊk / men·folk] *s.pl.* (*fam.*) parenti maschi; membri maschi di una famiglia o di una comunità.

menhir ['menhɪə* / men·hir] *s.* (*archeol.*) menhir, pietra monumentale.

menial ['mi:njəl / me·nial] *agg.* servile, umile (di lavoro); che fa lavori servili (di persona) ♦ *s.* servo // **-ly** *avv.*

meningeal [mɪ'nɪndʒɪəl / men·in·geal] *agg.* (*anat.*) meningeo.

meningioma [mə,nɪndʒɪ'əʊmə / men·in·gi·oma] *s.* (*med.*) meningioma.

meningitis [,menɪn'dʒaɪtɪs / men·in·gitis] *s.* (*med.*) meningite.

meningocele [mə'nɪŋgəʊsi:l / men·in·go·cele] *s.* (*med.*) meningocele.

meningococcal [mə,nɪŋgəʊ'kɒkl / men·in·go·coc·cal] **meningococcic** [mə,nɪŋgəʊ'kɒksɪk / men·in·go·coc·cic] *agg.* (*med.*) meningococceo.

meningococcus [mə,nɪŋgəʊ'kɒkəs / men·in·go·coc·cus] *pl.* **meningococci** [mə,nɪŋgəʊ'kɒksaɪ / men·in·go·cocci] *s.* (*med.*) meningococco.

meningoencephalitic [mə,nɪŋgəʊ,ensefə'lɪtɪk / men·in·go·en·cepha·litic] *agg.* (*med.*) meningoencefalitico.

meningoencephalitis [mə,nɪŋgəʊ,ensefə'laɪtɪs / men·in·go·en·cepha·li·tis] *s.* (*med.*) meningoencefalite.

meninx ['mi:nɪŋks / men·inx] *pl.* **meninges** [mə'nɪndʒi:z / men·inges] *s.* (*anat.*) meninge.

meniscus [mɪ'nɪskəs / men·is·cus] *pl.* **meniscuses**, **menisci** [mɪ'nɪskaɪ] *s.* (*scient.*) menisco: (*fis.*) — *correction*, correzione di menisco.

menology [mɪ'nɒlədʒɪ / meno·logy] *s.* (*eccl.*) menologio.

menopausal ['menəʊ,pɔ:zl / meno·pausal] *agg.* (*med.*) della menopausa, relativo alla menopausa.

menopause ['menəʊpɔ:z / meno·pause] *s.* (*med.*) menopausa.

menorrhagia [,menəʊ'reɪdʒə / men·or·rha·gia] *s.* (*med.*) menorragia.

menorrhoea [,menəʊ'ri:ə / men·or·rhoea] *s.* (*med.*) menorrea.

mensch [menʃ] *s.* (*fam. amer.*) persona degna di fiducia, di rispetto.

menses ['mensi:z / men·ses] *s.pl.* (*med.*) mestruazioni.

Menshevik ['menʃəvɪk / Men·shevik] *agg.* e *s.* (*st. russa*) menscevico.

men's room ['menzrʊm *amer.* 'menzru:m] *s.* (*amer.*) latrina, gabinetto per uomini BRIT. gents.

menstrual ['menstrʊəl / men·strual] *agg.* **1** mestruale: — *cycle*, ciclo mestruale **2** (*astr.*) mensile.

to **menstruate** ['menstrʊeɪt / men·stru·ate] *v.intr.* avere le mestruazioni, mestruare.

menstruation [,menstrʊ'eɪʃn / men·stru·ation] *s.* mestruazione.

mensualization [,mensjʊəlaɪ'zeɪʃn *amer.* ,menʃʊəlɪ'zeɪʃn / men·sual·iza·tion] *s.* (*amm.*) mensualizzazione.

mensurability [,menʃʊrə'bɪlətɪ / men·sur·ab·il·ity] *s.* (*form.*) misurabilità.

mensurable ['menʃʊrəbl / men·sur·able] *agg.* **1** (*form.*) misurabile **2** (*mus.*) mensurabile.

mensural ['menʃʊrəl / men·sural] *agg.* (*form.*) mensurato: *mensural notation*, notazione mensurata.

mensuration [,mensjʊə'reɪʃn / men·sura·tion] *s.* (*form.*) misurazione.

mental[1] ['mentl / men·tal] *agg.* **1** mentale, intellettuale: — *activities*, attività intellettuali; — *arithmetic*, calcolo mentale; *to make a* — *note of sthg.*, prender nota di qlco. mentalmente // — *age*, età mentale // (*dir.*): — *capacity*, capacità di intendere e di volere; — *cruelty*, crudeltà mentale; — *element of a crime*, elemento soggettivo del reato; — *reservation*, riserva mentale **2** (*med.*) mentale: — *patient* (o *case*), malato di mente; — *illness* (o *disease*), malattia mentale; — *disorder*, disturbo mentale; — *hospital*, ospedale psichiatrico; — *health*, *hygiene*, salute, igiene mentale; — *deficiency*, deficienza mentale; (*dir.*) infermità mentale; — *fog*, confusione mentale; — *retardation*, ritardo mentale **3** (*fam.*) pazzo // — *job*, (*fam. amer.*) persona affetta da disturbi psichici // **-ly** *avv.*

mental[2] *agg.* (*anat.*) mentale, del mento.

mentality [men'tælɪtɪ / men·tal·ity] *s.* **1** intelligenza; mente: *a person of average* —, una persona di media intelligenza **2** mentalità.

mentation [men'teɪʃən / men·ta·tion] *s.* (*form.*) attività mentale.

menthene ['menθi:n / men·thene] *s.* (*chim.*) mentene.

menthol ['menθɒl / men·thol] *s.* (*chim.*) mentolo.

mentholated ['menθəleɪtɪd / men·thol·ated] *agg.* (*chim.*) mentolato; contenente mentolo.

menthone ['menθəʊn / men·thone] *s.* (*chim.*) mentone.

menticide ['mentɪsaɪd / men·ti·cide] *s.* (*amer.*) lavaggio del cervello.

mention ['menʃn / men·tion] *s.* menzione, citazione: *no* — *was made of it*, non ne fu fatto cenno // *honourable* —, menzione d'onore.

to **mention** *v.tr.* menzionare, far menzione di; citare; nominare: *mentioned above*, *below*, summenzionato, sottocitato; *he said he would* — *it to him*, disse che gliene avrebbe parlato; *it was not mentioned in the paper*, il giornale non ne faceva cenno; *I must also* — *that*, devo anche dire, render noto che; *not to* — (o *without mentioning*), senza contare, senza dire nulla di // *don't* — *it*, prego, si figuri, non c'è di che: *"Thank you so much!" "Please don't* — *it!"*, "Grazie mille!" "Ma le pare, non c'è di che!".

mentionable ['menʃənəbl / men·tion·able] *agg.* (*form.*) menzionabile, degno di nota.

mentor ['mentɔ:*] *s.* (*form.*) mentore, consigliere, guida.

menu ['menju:] *s.* **1** menu, lista delle vivande **2** (*inform.*) menu, lista di opzioni proposte all'operatore: *pull-down* (o *drop-down*) —, menu a tendina.

meow [mju:] (*amer.*) → **miaow**.

Mephistophelean [,mefɪstə'fi:lɪən / Meph·is·toph·el·ean] **Mephistophelian** *agg.* mefistofelico.

mephitic [me'fɪtɪk / meph·itic] *agg.* mefitico.

mephitis [me'faɪtɪs / meph·itis] *s.* gas mefitico proveniente dal terreno.

meprobamate [,meprəʊ'bæmeɪt / me·pro·bam·ate] *s.* (*chim.*) meprobamato.

merbromin [mə'brəʊmɪn / mer·bromin] *s.* (*chim.*) merbromina.

mercantile ['mɜ:kəntaɪl / mer·cant·ile] *agg.* **1** mercantile, commerciale: — *marine*, marina mercantile // (*dir.*): — *agency*, agenzia di informazioni commerciali; — *law*, diritto commerciale // (*econ.*) — *system*, sistema mercantilistico, mercantilismo **2** mercenario, venale.

mercantilism ['mɜ:kəntɪlɪzəm / mer·cant·il·ism] *s.* mercantilismo.

mercaptal [mə'kæptæl / mer·cap·tal] *s.* (*chim.*) mercaptale.

mercaptan [mə'kæptæn / mer·cap·tan] *s.* (*chim.*) mercaptano.

mercenarily ['mɜ:sɪnərɪlɪ *amer.* 'mɜ:sɪnerɪlɪ / mer·cen·ari·ly] *avv.* (*form.*) da mercenario; venalmente.

mercenariness ['mɜ:sɪnərɪnɪs *amer.* 'mɜ:sɪnerɪnɪs / mer·cen·ari·ness] *s.* (*form.*) venalità.

mercenary ['mɜ:sɪnərɪ *amer.* 'mɜ:sɪnerɪ / mer·cen·ary] *agg.* e *s.* mercenario.

mercer ['mɜ:sə* / mer·cer] *s.* (*antiq.*) negoziante di tessuti (spec. seterie).

mercerization [,mɜ:sərɪ'zeɪʃn / mer·cer·iza·tion] *s.* (*tess.*) mercerizzazione.

to **mercerize** ['mɜ:səraɪz / mer·cer·ize] *v.tr.* (*tess.*) mercerizzare.

mercery ['mɜ:sərɪ / mer·cery] *s.* **1** (*antiq.*) commercio di seterie **2** (*ant.*) seterie.

merchandise ['mɜ:tʃəndaɪz / mer·chand·ise] *s.* [U] (*form.*) merce, mercanzia // (*comm.*): — *broker*, sensale; — *mark*, marchio di fabbrica; — *balance*, bilancia commerciale.

to **merchandise** *v.tr.* e *intr.* commerciare.

merchandiser ['mɜ:tʃəndaɪzə* / mer·chand·iser] *s.* (*comm.*) merchandiser, esperto di merchandising.

merchandising ['mɜ:tʃəndaɪzɪŋ / merch·and·ising] *s.* (*comm.*) merchandising, commercializzazione.

merchant ['mɜ:tʃənt / mer·chant] *s.* **1** mercante, commerciante // (*st.*) *Company of Merchant Tailors*, corporazione dei sarti mercanti // — *prince*, mercante molto facoltoso // *heat* —, (*fam. amer.*) criticone, bastian contrario **2** (*spec. amer.*) bottegaio, negoziante.

merchantable ['mɜ:tʃəntəbl / mer·chant·able] *agg.* (*form.*) commerciabile: — *quality*, qualità commerciabile, qualità buona e mercantile.

merchant bank(er) ['mɜ:tʃənt,bæŋk(ə*)] *s.* (*fin.*) merchant bank, banca d'affari; istituto di intermediazione finanziaria.

merchant banking [,mɜ:tʃənt'bæŋkɪŋ] *s.* attività di una banca d'affari.

merchanting ['mɜ:tʃəntɪŋ / mer·chant·ing] *agg.* e *s.* (*comm.*): — *trade*, arbitraggio su merci.

merchantman ['mɜ:tʃəntmən / mer·chant·man] *pl.* **merchantmen** *s.* **1** (*ant.*) commerciante **2** nave mercantile.

merchant navy [,mɜ:tʃənt'neɪvɪ] amer. **merchant marine** [,mɜ:tʃəntmə'ri:n] *s.* marina mercantile.

merciful ['mɜ:sɪfʊl / mer·ci·ful] *agg.* pietoso, misericordioso // **-ly** *avv.* // **-ness** *s.*

merciless ['mɜ:sɪlɪs / mer·ci·less] *agg.* spietato, crudele // **-ly** *avv.* // **-ness** *s.*

to **mercurate** ['mɜ:,kjʊreɪt / mer·cur·ate] *v.tr.* (*chim.*) mercuriare.

mercurial [mɜ:'kjʊərɪəl / mer·cur·ial] *agg.* **1** (*mit.*, *astr.*) mercuriale, mercuriano, di Mercurio **2** (*tecn.*) di, contenente mercurio; (*med.*) mercuriale **3** (*fig.*) (*form.*) mutevole, volubile **4** (*fig.*) vivace, attivo ◆ *s.* farmaco contenente mercurio.

mercurialism [mɜ:'kjʊərɪəlɪzəm / mer·cur·ial·ism] *s.* (*med.*) mercurialismo.

mercuriality [,mɜ:kjʊərɪ'ælɪtɪ / mer·cur·ial·ity] *s.* (*non com.*) vivacità, prontezza.

to **mercurialize** [mɜ:'kjʊərɪəlaɪz / mer·cur·ial·ize] *v.tr.* **1** curare, trattare con mercurio **2** (*chim.*) trattare con mercurio o suoi composti.

mercuric [mɜ:'kjʊərɪk / mer·curic] *agg.* (*chim.*) mercurico, di mercurio: — *chloride*, cloruro di mercurio, sublimato corrosivo.

Mercurochrome® [mɜ:'kjʊərəkrəʊm / Mer·curo·chrome] *s.* (*chim.*) mercurocromo®.

mercurous ['mɜ:kjʊrəs / mer·cur·ous] *agg.* (*chim.*) mercuroso: — *chloride*, cloruro mercuroso, calomelano.

mercury ['mɜ:kjʊrɪ / mer·cury] *s.* **1** (*chim.*) mercurio: — *barometer*, barometro a mercurio; — *cell*, pila a ossido di mercurio; — *vacuum pump*, pompa a vapori di mercurio // (*fis.*) — *vapour lamp*, lampada a vapori di mercurio // *the — is rising*, il barometro sale, il tempo va migliorando; (*fig.*) le cose vanno meglio **2** (*rar.*) messaggero **3** (*bot.*) (*Mercurialis perennis*) mercorella bastarda.

Mercury *no.pr.* (*astr.*) Mercurio.

mercy ['mɜ:sɪ] *s.* **1** misericordia, pietà, compassione: *to have — upon s.o.* (o *to show — to s.o.*), dimostrare misericordia per qlcu.; *to crave for* —, implorare pietà; *to find — with s.o.*, (*antiq.*) essere perdonato da qlcu.; — *upon us!*, misericordia!; *to throw oneself (up)on the — of s.o.*, raccomandarsi a, alla clemenza di qlcu. // *without* —, senza pietà // *sisters of* —, suore di carità; *works of* —, opere di carità **2** (*dir.*) atto di clemenza; grazia **3** mercè: *at the — of the waves*, alla mercè dei flutti; *to be* (o *to lie*) *at* (o *in*) *s.o.'s* —, essere alla mercè di qlcu.; *to be left to the* (*tender*) *mercies of s.o.*, *sthg.*, essere lasciato in balia, alla mercé di qlcu., qlco. **4** fortuna: *what a — that you have met him!*, che fortuna che tu l'abbia incontrato! // *to be thankful for small mercies*, essere grato di ogni beneficio.

mercy killing ['mɜ:sɪ,kɪlɪŋ] *s.* eutanasia, morte indolore.

mercy seat ['mɜ:sɪsi:t] *s.* (*Bibbia*) trono di grazia, propiziatorio.

mere[1] [mɪə*] *agg.* **1** mero, puro e semplice, vero e proprio: *a — coincidence*, una mera coincidenza // (*dir.*) — *right*, mera, nuda proprietà **2** mero, semplice: *he is a — child*, è soltanto un bambino; *it is a question of a — £ 50*, si tratta di sole 50 sterline // *the merest thing makes him laugh*, la minima cosa lo fa ridere **3** (*ant.*) totale: *upon certain tidings now arrived, importing the mere perdition of the Turkish fleet, every man put himself into triumph*, (SH. Othello) in seguito a certe notizie, ora giunte, annuncianti la totale perdita della flotta turca, tutti si diano a far festa.

mere[2] *s.* laghetto; stagno.

to **mere**[3] *v.tr.* (*ant.*) delimitare, segnare un confine a.

merely ['mɪəlɪ / mere·ly] *avv.* **1** meramente, semplicemente, puramente; soltanto: *the invitation is — formal*, l'invito è puramente formale **2** (*ant.*) assolutamente, completamente, del tutto: *things rank and gross in nature / possess it merely*, (SH. Hamlet) una natura fetida e volgare lo domina completamente.

meretricious [,merɪ'trɪʃəs / mere·tri·cious] *agg.* (*form.*) **1** di meretrice **2** vistoso; pomposo (di stile letterario) // **-ly** *avv.* // **-ness** *s.*

merganser [mɜ:'gɑ:nsə* / mer·gan·ser] *s.* (*zool.*) smergo.

to **merge** [mɜ:dʒ] *v.tr.* fondere; incorporare; assorbire: *the small banks were merged into one large organization*, le piccole banche furono fuse in una sola grande organizzazione ◆ *v.intr.* fondersi, amalgamarsi; essere assorbito (*anche dir.*): *attempt merges into the consummated crime*, il reato tentato viene assorbito dal reato consumato // *twilight merged into darkness*, la luce del crepuscolo si spense nell'oscurità.

merger ['mɜ:dʒə* / mer·ger] *s.* fusione; incorporazione (di imprese commerciali, industriali); assorbimento (*anche dir.*): — *capital*, capitale di fusione.

merging ['mɜ:dʒɪŋ / mer·ging] *s.* fusione; assorbimento (*anche dir.*).

meridian [mə'rɪdɪən / me·ri·dian] *agg.* (*non com.*) **1** meridiano, di mezzogiorno **2** (*fig.*) culminante ◆ *s.* **1** (*geogr.*) meridiano: *prime* —, meridiano fondamentale, meridiano di Greenwich **2** (*fig.*) apogeo, culmine **3** (*ant.*) siesta.

meridional [mə'rɪdɪənl / me·ri·di·onal] *agg.* **1** (*non com.*) meridionale **2** (*geogr. mar.*) di meridiano: — *distance*, distanza in latitudine ◆ *s.* meridionale, abitante del Sud (specialmente francese) // **-ly** *avv.*

meringue [mə'ræŋ / mer·ingue] *s.* meringa.

merino [mə'ri:nəʊ / me·rino] *agg.* di merino ◆ *s.pl.* **merinos** **1** (*zool.*) — (*sheep*), pecora (di razza) merino **2** tessuto, lana (di) merino.

meristem ['merɪstem / mer·is·tem] *s.* (*bot.*) meristema.

meristematic [,merɪstə'mætɪk / mer·is·tem·atic] *agg.* (*bot.*) meristematico.

merit ['merɪt] *s.* merito; pregio; valore: *a man of* —, un uomo che ha dei meriti, un uomo di valore; *we shall decide the question on its* (*own*) *merits*, decideremo la questione valutandone i pro e i contro; *the book has its merits, but on the whole it hasn't been a success*, il libro ha un certo valore, ma in definitiva non ha avuto successo; *to make a — of sthg.*, farsi merito, vanto di qlco. // *to go into the merits of sthg.*, entrare nel merito di qlco. // (*amm.*): — *rating*, valutazione di merito (del personale); — *award* (o *bonus*), premio di merito // (*econ.*) — *goods*, beni meritori // — *system*, (*amer.*) criterio meritocratico (nell'assegnazione di posti, promozioni).

to **merit** *v.tr.* meritare; esser degno di.

meritocracy [,merɪ'tɒkrəsɪ / mer·ito·cracy] *s.* meritocrazia.

meritorious [,merɪ'tɔ:rɪəs / mer·it·ori·ous] *agg.* (*form.*) meritorio, meritevole // **-ly** *avv.* // **-ness** *s.*

merlin ['mɜ:lɪn / mer·lin] *s.* (*zool.*) (*Falco columbarius*) smeriglio.

merlon ['mɜ:lən / mer·lon] *s.* (*edil.*, *mil.*) merlo.

mermaid(en) ['mɜ:meɪd(n) / mer·maid(en)] *s.* sirena.

merman ['mɜ:mæn / mer·man] *pl.* **mermen** ['mɜ:men] *s.* tritone.

meroblastic [,merəʊ'blæstɪk / mero·blastic] *agg.* (*biol.*) meroblastico.

merocrine ['merəkrɪn / mero·crine] *agg.* (*med.*) merocrino.

meromyosin [,merəʊ'maɪəsɪn / mero·my·osin] *s.* (*biochim.*) meromiosina.

Merovingian [,merəʊ'vɪndʒɪən / Me·ro·vin·gian] *agg.* e *s.* (*st.*) merovingio.

merrily ['merɪlɪ / mer·rily] *avv.* **1** gaiamente, allegramente **2** (*fam. fig.*) incoscientemente, da incosciente.

merriment ['merɪmənt / mer·ri·ment] *s.* gaiezza, allegria; ilarità.

merriness ['merɪnɪs / merri·ness] *s.* gaiezza, allegria.

merry ['merɪ] *agg.* **1** gaio, allegro; ilare: *to be* —, essere allegro; (*fam.*) essere un po' brillo // — *Christmas!*, buon Natale! // *the more, the merrier*, più siamo, tanto meglio è (in feste, riunioni) // *to make* —, far festa, stare allegri **2** (*ant.*) piacevole, amabile, dolce: — *England*, la dolce Inghilterra; *the — month of May*, il dolce mese di maggio.

merry-andrew [ˌmerɪ'ændruː] *s.* pagliaccio, buffone.

merry-go-round ['merɪgəʊˌraʊnd] *s.* giostra, carosello (*anche fig.*); (*fam. amer.*) situazione, posto di lavoro movimentato, confuso.

merrymaking ['merɪˌmeɪkɪŋ / mer·ry·mak·ing] *s.* festa, divertimento.

merrythought ['merɪθɔːt / mer·ry·thought] *s.* (*fam.*) forcella (osso dello sterno del pollo) • Il nome deriva dal gioco di contendersi la parte più lunga: viene esaudito il desiderio della persona a cui essa resta.

mes- [mes] → **mes(o)-**.

mesa ['meɪsə] *s.* (*geogr.*) mesa, altopiano roccioso (tipico del Colorado e del Messico).

mescal [mes'kæl / mes·cal] *s.* (*bot.*) mescal.

mescaline ['meskəlɪn / mes·cal·ine] *s.* (*chim.*) mescalina.

meseems [mɪ'siːmz / me·seems] *v.imp.* (*ant.*) mi sembra.

mesencephalon [ˌmezen'sefəlɒn / mes·en·ceph·alon] *pl.* **mesencephala** [ˌmez en'sefələ] *s.* (*anat.*) mesencefalo.

mesenchyme ['mezənˌkaɪm / mes·en·chyme] *s.* (*biol.*) mesenchima.

mesenteric [ˌmesen'terɪk / mes·en·teric] *agg.* (*anat.*) mesenterico.

mesenteritis [meˌsentə'raɪtɪs / mes·en·ter·itis] *s.* (*med.*) mesenterite.

mesentery ['mezəntərɪ / mes·en·tery] *s.* (*anat.*) mesentere.

mesh [meʃ] *s.* **1** maglia, interstizio (di una rete); *pl.* rete (*anche fig.*): *to be caught in s.o.'s meshes*, cadere, essere preso nella rete di qlcu. **2** (*tecn.*) maglia; finezza delle maglie: *a 40 — screen*, un vaglio a 40 maglie (per pollice lineare) **3** (*mecc.*) presa, ingranamento: *in —*, ingranato, in presa: *constant — gear*, ingranaggio sempre in presa **4** (*elettr.*) maglia: *— connection*, collegamento poligonale **5** (*med.*) struttura retiforme.

to **mesh** *v.intr.* **1** essere compatibile: *his ideas do not — with mine*, le sue idee non sono compatibili con le mie **2** (*mecc.*) ingranare ◆ *v.tr.* (*mecc.*) ingranare.

meshing ['meʃɪŋ / mesh·ing] *s.* **1** ingranamento **2** graticcio; reticolato: *wire —*, reticolato di filo di ferro.

meshuga [mə'ʃuːgə / me·shu·ga] *s.* (*fam. amer.*) pazzo, folle.

meshwork ['meʃwɜːk / mesh·work] *s.* rete; struttura retiforme: (*anat.*) *vascular —*, rete vascolare.

meshy ['meʃɪ] *agg.* a rete.

mesityl ['mesɪtəl / mesi·tyl] *s.* (*chim.*) mesitile: *— oxide*, ossido di mesitile.

mesitylene [mə'sɪtəliːn / mesi·tyl·ene] *s.* (*chim.*) mesitilene.

mesmeric [mez'merɪk / mes·meric] *agg.* mesmerico; magnetico.

mesmerism ['mezmərɪzəm / mes·mer·ism] *s.* (*antiq.*) mesmerismo.

mesmerist ['mezmərɪst / mes·mer·ist] *s.* (*antiq.*) **1** seguace del mesmerismo **2** ipnotizzatore.

mesmerization [ˌmezmərɪ'zeɪʃn / mes·mer·iza·tion] *s.* (*antiq.*) mesmerizzazione.

to **mesmerize** ['mezməraɪz / mes·mer·ize] *v.tr.* mesmerizzare, ipnotizzare (*anche fig.*).

mesne [miːn] *agg.* (*st.*, *dir.*) intermedio // *— lord*, (*st.*) valvassore.

mes(o)- ['mes(əʊ)] *pref.* di origine greca della terminologia scientifica che significa 'medio, intermedio'; it. mes(o)-: *mesenchymal*, mesenchimale; *mesomorphic*, mesomorfo.

mesoblast ['mesəblæst / meso·blast] *s.* (*biol.*) mesoblasto.

mesocarp ['mesəʊkɑːp / meso·carp] *s.* (*bot.*) mesocarpo.

mesoderm ['mesədɜːm / meso·derm] *s.* (*biol.*) mesoderma.

Mesolithic [ˌmesə'lɪθɪk / Meso·lithic] *s.* e *agg.* (*geol.*) mesolitico.

mesomorph ['mesəmɔːf / meso·morph] *s.* (*scient.*) mesomorfo.

mesomorphic [ˌmesə'mɔːfɪk / meso·morphic] *agg.* (*scient.*) mesomorfo.

meson ['miːzɒn] *s.* (*fis.*) mesone.

mesophyll ['mesəʊfɪl / meso·phyll] *s.* (*bot.*) mesofillo.

mesophyte ['mesəfaɪt / meso·phyte] *s.* (*bot.*) mesofita.

mesosphere ['mesəsfɪə* / meso·sphere] *s.* mesosfera.

mesothelial [ˌmezə'θiːlɪəl / meso·thel·ial] *agg.* (*anat.*) mesoteliale.

mesothelium [ˌmezə'θiːlɪəm / meso·thel·ium] *pl.* **mesothelia** [ˌmezə'θiːlɪə / meso·thelia] *s.* (*anat.*) mesotelio.

mesotron ['mesətrɒn / meso·tron] *s.* (*fis.*) mesotrone.

Mesozoic [ˌmesəʊ'zəʊɪk / Meso·zoic] *s.* e *agg.* (*geol.*) mesozoico.

mess [mes] *s.* **1** confusione, disordine: *what a — !*, che disordine!; *the room was in a —*, la stanza era in un gran disordine; *to clear up the —*, rimettere in ordine // *you're such a —*, (*fam. amer.*) sei un vero disastro **2** imbroglio, pasticcio: *what a —!*, che pasticcio!; *to be in a nice —*, essere in un bel pasticcio // *to make a — of sthg.*, rovinare, buttare all'aria qlco. **3** (*mar.*, *mil.*) mensa; persone che prendono i pasti in comune: *officers' —*, mensa, circolo ufficiali; *— officer*, ufficiale di mensa; *— jacket*, giubbetto, giacca corta a vita **4** (*ant.*) piatto, porzione **5** (*ant.*) pezzo: *I'll chop her into messes*, (SH. Othello) la farò a pezzi.

to **mess** *v.intr.* **1** mangiare alla stessa mensa **2** (*fam.*) ciondolare; perdersi in cose inutili: *stop messing*, smettila di ciondolare, di perdere tempo **3** *to — (around)*, (*fam. amer.*) comportarsi male; cercare guai: *do you want to — with me?*, stai cercando di provocarmi, cerchi guai?

□ **mess about** *v.intr.* e *avv.* **1** far baccano, confusione: *who's messing about upstairs?*, chi fa baccano di sopra? **2** armeggiare, affaccendarsi: *he's always messing about with his computer*, armeggia sempre con il suo computer // *he was messing about with the captain's wife*, si dava da fare con la moglie del capitano ◆ *v.tr.* e *avv.* comportarsi male con, trattare senza riguardo // *stop messing me about and give me my luggage*, smettila di fare lo spiritoso e passami le valigie.

□ **mess around** *v.intr.* e *avv.* (*fam. amer.*) **1** bighellonare, oziare **2** fare il furbo, provocare: *don't — around with the cops*, non fare il furbo con i poliziotti **3** cercare l'avventura: *to — around with married men, women*, cercare l'avventura, andare con uomini, donne sposati.

□ **mess up** *v.tr.* e *avv.* mettere in disordine, fare confusione: *they — up everything they meddle with*, creano disordine in tutte le cose in cui si immischiano // *to — (up) a business*, mandare a monte un affare.

message ['mesɪdʒ / mess·age] *s.* messaggio (*anche fig.*): *to leave a — for s.o.*, lasciare un messaggio per qlcu.; *the President's — to the nation*, il messaggio del Presidente alla nazione; *a film's —*, il messaggio, il significato recondito di un film // *to get the —*, (*fam.*) capire l'antifona // (*inform.*): *— switching*, smistamento di messaggi; *— traffic*, flusso dei messaggi in rete.

messenger ['mesɪndʒə* / mes·sen·ger] *s.* **1** messaggero **2** *— (boy)*, fattorino; (*spreg.*) galoppino: *my job consisted of nothing more than being a — boy for the chiefs*, il mio lavoro consisteva solo nel fare il galoppino per i capi.

messiah [mɪ'saɪə / mes·siah] *s.* messia, salvatore: *a false —*, un falso messia.

Messiahship [mɪ'saɪəʃɪp / Mes·siah·ship] *s.* messianicità.

Messianic [ˌmesɪ'ænɪk / Mes·si·anic] *agg.* messianico.

Messidor [ˌmesiː'dɔː* / Mes·si·dor] *s.* (*st. francese*) messidoro.

messily ['mesɪlɪ / mes·sily] *avv.* (*fam.*) confusamente: disordinatamente; (*amer.*) in modo caotico.

messiness ['mesɪnɪs / mes·si·ness] *s.* (*fam.*) confusione; disordine; (*amer.*) caos.

mess kit ['meskɪt] *s.* (*amer.*) posate da viaggio (di militari, boy scout).

messmate ['mesmeɪt / mess·mate] *s.* (*mar.*, *mil.*) compagno di mensa.

Messrs ['mesəz] *s.pl.* signori // (*comm.*) — *Brown and Co.*, Spett. Ditta Brown e C.

mess-tin ['mestɪn] *s.* (*mil.*) gavetta, gamella.

messuage ['meswɪdʒ / mes·suage] *s.* (*dir.*) podere (casa e terreni).

messy ['mesɪ] *agg.* confuso; in disordine; (*amer.*) caotico.

mestizo [me'stiːzəʊ / mes·tizo] *s.* meticcio (dell'America centro-meridionale).

met *pass.p.p.* di to **meet**[2].

meta- ['metə] *pref.* di origine greca; it. meta-; significa **1** mutamento; trasposizione: *metamorphosis*, metamorfosi; *metathesis*, metatesi **2** dopo; dietro; al di là di: *metacarp*, metacarpo; *metathorax*, metatorace; *metaphysics*, metafisica; *metapsychology*, metapsichica **3** che si riferisce a se stesso: *metalanguage*, metalinguaggio **4** (*chim.*) acido che ha una molecola d'acqua in meno; sale di tale acido; forma più complessa (del composto a cui è premesso): *metaphosphoric acid*, acido metafosforico; *metasilicate*, metasilicato; *metaldehyde*, metaldeide.

metabasis [mə'tæbəsɪs / meta·basis] *pl.* **metabases** [mə'tæbəsiːz] *s.* metabasi.

metabiosis [ˌmetəbaɪ'əʊsɪs / meta·bio·sis] *s.* (*biol.*) metabiosi.

metabolic [ˌmetə'bɒlɪk / meta·bolic] *agg.* (*biol.*) metabolico.

metabolism [me'tæbəlɪzəm / meta·bol·ism]

s. (*biol.*) metabolismo: *basal* —, metabolismo basale; *fat* —, metabolismo dei grassi.

metabolite [mə'tæbəlaɪt / meta·bol·ite] *s.* (*biochim.*) metabolita.

to **metabolize** [mə'tæbəlaɪz / meta·bol·ize] *v.tr.* (*biol.*) metabolizzare ◆ *v.intr.* (*biol.*) metabolizzarsi.

metacarpal [,metə'kɑ:pəl / meta·carpal] *agg.* (*anat.*) metacarpale.

metacarpus [,metə'kɑ:pəs / meta·carpus] *pl.* **metacarpi** [,metə'kɑ:paɪ] *s.* (*anat.*) metacarpo.

metacentre ['metə,sentə* / meta·centre] *s.* (*fis.*) metacentro.

metachronism [me'tækrənɪzəm / meta·chron·ism] *s.* (*ret.*) metacronismo.

metagenesis [,metə'dʒenɪsɪs / meta·gen·esis] *s.* (*biol.*) metagenesi.

metagenetic [,metədʒə'netɪk / meta·gen·etic] *agg.* (*biol.*) metagenetico.

metal ['metl] *s.* **1** metallo: *precious* (o *noble*) —, metallo prezioso; *wrought* —, metallo lavorato, martellato; *to convert the ore into* —, estrarre il metallo da un minerale // (*econ.*) — *exchange*, mercato dei metalli // (*fis.*) — *-arc welding*, saldatura per arco metallico **2** lega (metallica): *Britannia* —, lega Britannia // *bell* —, bronzo per campane // *shot* —, piombo per pallini (da caccia) // *type* —, piombo tipografico, lega per caratteri da stampa **3** (*road-*) —, brecciame, pietrisco **4** (*non com.*) vetro fuso **5** (*mar.*) potenza di fuoco effettiva; l'insieme delle bocche da fuoco (di una nave) **6** *pl.* rotaie: *to leave* (o *to jump*) *the metals*, deragliare.

to **metal** *pass.p.p.* **metalled** ['metld / met·alled] *v.tr.* **1** inghiaiare (una linea ferroviaria) **2** rivestire di metallo.

metalanguage ['metə,læŋgwɪdʒ / meta·lan·guage] *s.* (*ling.*) metalinguaggio.

metalepsis [,metə'lepsɪs / meta·lep·sis] *s.* (*ret.*) metalessi.

metalhead ['metl,hed / me·tal·head] *s.* (*amer.*) fan di musica heavy metal.

metalinguistic [,metəlɪŋ'gwɪstɪk / meta·lin·guistic] *agg.* (*ling.*) metalinguistico.

metalled ['metld / met·alled] *agg.* **1** inghiaiato (di linea ferroviaria) **2** rivestito di metallo.

metallic [mɪ'tælɪk / me·tal·lic] *agg.* metallico (*anche fig.*): — *currency*, moneta metallica; — *soap*, sapone metallico; *a* — *voice*, una voce metallica // (*econ.*) — *reserve*, riserva metallica, aurea // (*fis.*) — *bond*, legame metallico.

metalliding ['metl,aɪdɪŋ / me·tal·lid·ing] *s.* (*chim.*) il ricoprire elettroliticamente di metallo.

metalliferous [,metə'lɪfərəs / me·tal·li·fer·ous] *agg.* (*geol.*) metallifero.

metalline ['metəlɪn / met·al·line] *agg.* (*chim.*) **1** metallico, metallino **2** che contiene metallo o sali di metallo.

metalling ['metlɪŋ / met·al·ling] *s.* pietrisco (per opere stradali).

metallization [,metəlaɪ'zeɪʃn / me·tal·liza·tion] *s.* metallizzazione.

to **metallize** ['metəlaɪz / met·al·lize] *v.tr.* metallizzare.

metallogenesis [,metləʊ'dʒenɪsɪs / me·tal·lo·gen·esis] *s.* (*geol.*) metallogenesi.

metallogenic [mə,tælə'dʒenɪk / me·tal·lo·genic] *agg.* (*geol.*) metallogenico.

metallography [,metə'lɒgrəfɪ / me·tal·lo·graphy] *s.* metallografia.

metalloid ['metəlɔɪd / met·al·loid] *agg.* (*min.*) simile a metallo ◆ *s.* (*chim.*) non-metallo.

metalloporphirin [,metələʊ'pɔ:fərɪn / me·tal·lo·por·phirin] *s.* (*biochim.*) metalloporfirina.

metallurgic(al) [,metə'lɜ:dʒɪk(l) / me·tal·lur·gic(al)] *agg.* metallurgico.

metallurgist [mə'tælədʒɪst *amer.* 'metələ:dʒɪst / me·tal·lur·gist] *s.* metallurgista.

metallurgy [mə'tælədʒɪ *amer.* 'metələ:dʒɪ / me·tal·lurgy] *s.* metallurgia.

metalwork ['metlwɜ:k / met·al·work] *s.* [U] **1** oggetti metallici **2** fabbricazione di oggetti metallici **3** officina (disciplina scolastica che insegna l'uso e la lavorazione dei metalli).

metalworker ['metl,wɜ:kə* / met·al·worker] *s.* operaio metallurgico.

metamer ['metəmə* / meta·mer] *s.* (*chim.*) metamero.

metamere ['metə,mɪə* / meta·mere] *s.* (*zool.*) metamero.

metameric [,metə'merɪk / meta·meric] *agg.* (*chim.*, *zool.*) metamerico.

metamerism [mə'tæmərɪzəm / meta·mer·ism] *s.* (*chim.*, *zool.*) metameria.

metamorphic [,metə'mɔ:fɪk / meta·morphic] *agg.* metamorfico: (*geol.*) — *rock*, roccia metamorfica.

metamorphism [,metə'mɔ:fɪzəm / meta·morph·ism] *s.* (*geol.*) metamorfismo.

to **metamorphose** [,metə'mɔ:fəʊz / meta·morph·ose] *v.tr.* (*scient.*) metamorfosare, trasformare ◆ *v.intr.* (*scient.*) metamorfosarsi.

metamorphosis [,metə'mɔ:fəsɪs / meta·morph·osis] *pl.* **metamorphoses** [,metə'mɔ:fəsi:z] *s.* metamorfosi; trasformazione (*anche biol.*).

metanephrine [,metə'nefraɪn / meta·ne·phrine] *s.* (*biochim.*) metanefrina.

metaphase ['metəfeɪz / meta·phase] *s.* (*biol.*) metafase.

metaphor ['metəfɔ:* / meta·phor] *s.* (*ret.*) metafora.

metaphoric(al) [,metə'fɒrɪk(l) *amer.* ,metə'fɔ:rɪk(l) / meta·phoric, meta·phor·ical] *agg.* (*ret.*) metaforico.

metaphorically [,metə'fɒrɪkəlɪ *amer.* ,metə'fɔ:rɪkəlɪ / meta·phor·ic·ally] *avv.* (*ret.*) metaforicamente; sotto metafora.

metaphrase ['metəfreɪz / meta·phrase] *s.* traduzione letterale, parola per parola.

to **metaphrase** *v.tr.* tradurre letteralmente, parola per parola.

metaphrastic [,metə'fræstɪk / meta·phrastic] *agg.* metafrastico.

metaphysic [,metə'fɪzɪk / meta·physic] → **metaphysics**.

metaphysical [,metə'fɪzɪkl / meta·physical] *agg.* **1** (*fil.*) metafisico **2** astruso; astratto; troppo sottile **3** soprannaturale; trascendentale **4** (*letter. inglese*) metafisico (di scuola poetica del primo Seicento) // **-ly** *avv.*

metaphysician [,metəfɪ'zɪʃn / meta·physi·cian] *s.* (*fil.*) metafisico.

metaphysics [,metə'fɪzɪks / meta·physics] *s.* [U] (*fil.*) metafisica.

metaplasia [,metə'pleɪzjə *amer.* ,metə'pleɪʒə / meta·plasia] *s.* (*biol.*) metaplasia.

metaplasm ['metəplæzəm / meta·plasm] *s.* (*biol.*) metaplasma.

metaplastic [,metə'plæstɪk / meta·plastic] *agg.* (*biol.*) metaplastico.

metaprotein [,metə'prəʊti:n / meta·pro·tein] *s.* (*biochim.*) metaproteina.

metapsychic(al) [,metə'saɪkɪk(l) / meta·psychic·(al)] *agg.* metapsichico.

metapsychics [,metə'saɪkɪks / meta·psychics] *s.* [U] metapsichica.

metasomatic [,metəsəʊ'mætɪk / meta·so·matic] *agg.* (*geol.*) metasomatico.

metasomatism [,metə'səʊmətɪzm / meta·so·mat·ism] *s.* (*geol.*) metasomatismo.

metastable [,metə'steɪbl / meta·stable] *agg.* metastabile: — *ion*, ione metastabile; — *phase*, fase metastabile; — *state*, stato metastabile.

metastasis [me'tæstəsɪs / meta·stasis] *pl.* **metastases** [me'tæstəsi:z] *s.* (*med.*) metastasi.

to **metastasize** [mə'tæstəsaɪz / meta·stasize] *v.intr.* (*med.*) metastatizzare, metastatizzarsi.

metastatic [,metə'stætɪk / meta·static] *agg.* (*med.*) metastatico.

metatarsal [,metə'tɑ:səl / meta·tarsal] *agg.* (*anat.*) del metatarso.

metatarsus [,metə'tɑ:səs / meta·tarsus] *pl.* **metatarsi** [,metə'tɑ:saɪ] *s.* (*anat.*) metatarso.

metathesis [mə'tæθəsɪs / meta·thesis] *pl.* **metatheses** [mə'tæθəsi:z] *s.* (*gramm.*, *chim.*) metatesi.

metathetic [,metə'θetɪk / meta·thetic] *agg.* (*gramm.*, *chim.*) metatetico.

métayage [me'teɪjɪdʒ / met·ay·age] *s.* (*form.*) mezzadria.

métayer [me'teɪjə* / met·ayer] *s.* (*form.*) mezzadro.

metazoan [,metə'zəʊən / meta·zoan] *s.* (*biol.*) metazoo ◆ *agg.* dei metazoi.

mete[1] [mi:t] *s.* (*ant.*) misura.

to **mete**[1] *v.tr.* (*ant.*) misurare.
□ **mete out** *v.tr.* e *avv.* (*form.*) assegnare (una ricompensa, una punizione); distribuire, ripartire.

mete[2] *s.* (*antiq.*) confine, limite; pietra di confine // (*dir.*) *metes and bounds*, limiti e confini.

metempsychosis [,metempsɪ'kəʊsɪs / met·em·psy·chosis] *pl.* **metempsychoses** [,metempsɪ'kəʊsi:z] *s.* metempsicosi.

meteor ['mi:tjə* / met·eor] *s.* **1** (*astr.*) meteora (*anche fig.*), stella cadente **2** meteora, fenomeno atmosferico.

meteoric [,mi:tɪ'ɒrɪk *amer.* ,mi:tɪ'ɔ:rɪk / met·eoric] *agg.* **1** (*astr.*) meteorico // (*geol.*) — *water*, acque meteoriche **2** meteorologico: — *agents*, agenti meteorologici **3** (*fig.*) fulmineo.

meteorism ['mi:tɪərɪzəm / met·eor·ism] *s.* (*med.*) meteorismo.

meteorite ['mi:tjəraɪt / met·eor·ite] *s.* (*astr.*) meteorite, aerolite: *stony* —, aerolite; — *crater*, cratere meteorico, meteoritico; *iron* —, siderite, meteorite metallico; *stony-iron* —, siderolite.

meteoritic(al) [ˌmiːtjəˈrɪtɪk(l) / met·eor·itic(al)] *agg.* (*geol.*) meteoritico.

meteorograph [ˈmiːtjərəgrɑːf *amer.* ˈmiːtjərəgræf / met·eoro·graph] *s.* meteorografo.

meteoroid [ˈmiːtjərɔɪd / met·eor·oid] *s.* (*astr.*) meteoroide.

meteorologic(al) [ˌmiːtjərəˈlɒdʒɪk(l) / met·eoro·lo·gic(al)] *agg.* meteorologico.

meteorologist [ˌmiːtjəˈrɒlədʒɪst / met·eoro·lo·gist] *s.* meteorologo.

meteorology [ˌmiːtjəˈrɒlədʒɪ / met·eoro·logy] *s.* meteorologia.

meteoropathy [ˌmiːtjəˈrɒpəθɪ / met·eoro·pathy] *s.* (*med.*) meteoropatia.

meter[1] [ˈmiːtə*] *s.* contatore, misuratore; (*fam.*) tassametro // *air* —, anemometro; *airflow* —, flussometro; *altitude* —, altimetro; *current* —, amperometro; *electric* — (o *electricity* —), contatore elettrico.

to **meter**[1] *v.tr.* **1** misurare; controllare **2** (*tecn.*) dosare.

meter[2] (*amer.*) → **metre**[2].

-meter *suff.* di origine greca; it. -metro; significa **1** misuratore: *thermometer*, termometro; *taximeter*, tassametro **2** metro poetico, piede: *hexameter*, esametro.

meter maid [ˈmiːtəmeɪd] *s.* (*iron.*) vigile donna (addetta al controllo dei parcheggi).

methacrylate [məˈθækrɪleɪt / meth·acryl·ate] *s.* (*chim.*) metacrilato.

methacrylic [ˌmeθəˈkrɪlɪk / meth·acrylic] *agg.* (*chim.*) metacrilico: — *acid*, acido metacrilico; — *polymer*, polimero metacrilico.

methadone [ˈmeθədəʊn / methad·one] *s.* (*chim.*) metadone.

methane [ˈmiːθeɪn / meth·ane] *s.* (*chim.*) metano: — *series*, serie del metano; — *pipeline*, metanodotto.

methanol [ˈmeθənəʊl / meth·anol] *s.* (*chim.*) metanolo.

methemoglobin [metˌhiːməʊˈgləʊbɪn / me·themo·globin] *s.* (*biol.*) metaemoglobina, metemoglobina.

methinks [mɪˈθɪŋks / me·thinks] *pass.* **methought** [mɪˈθɔːt / me·thought] *v.imp* (*ant.*) mi pare, mi sembra: — *you are wrong*, mi sembra che tu abbia torto // *now methinks I stand easy*, (BUNYAN) ora mi pare di stare a mio agio // *methought the blood ran out of my nose as liquor out of a tap*, (FIELDING) mi pareva che il sangue scorresse fuori dal naso come liquido dal rubinetto.

methionine [məˈθɪəniːn / me·thion·ine] *s.* (*biochim.*) metionina.

method [ˈmeθəd] *s.* **1** metodo; modo, modalità: — *of payment*, modalità di pagamento; *a sure* —, un metodo sicuro // (*amm.*) *methods-time measurement*, analisi dei tempi e dei metodi **2** ordine; regolarità; disposizione regolare; classificazione: *with* —, con ordine // *there is — in his madness*, (*fam.*) c'è del metodo nella sua pazzia, non è matto come sembra, come vuol sembrare.

methodical [mɪˈθɒdɪkl / meth·od·ical] *agg.* metodico; ordinato; sistematico // **-ly** *avv.*

Methodism [ˈmeθədɪzəm / Meth·od·ism] *s.* (*relig.*) metodismo.

methodist [ˈmeθədɪst / meth·od·ist] *agg.* e *s.* (*relig.*) metodista.

methodistic [ˌmeθəˈdɪstɪk / meth·od·istic] *agg.* (*relig.*) metodistico.

to **methodize** [ˈmeθədaɪz / meth·od·ize] *v.tr.* (*non com.*) metodizzare; ordinare.

methodology [ˌmeθəˈdɒlədʒɪ / meth·odo·logy] *s.* (*form.*) metodologia.

methought *pass.* (*ant.*) di **methinks**.

methoxide [məˈθɒksaɪd / meth·ox·ide] → **methylate**.

methoxyethanol [məˌθɒksɪˈeθənɒl / meth·oxy·eth·anol] *s.* (*chim.*) metossietanolo.

meths [meθs] *s.* (*fam.*) abbr. di → **methylated spirits**.

methyl [ˈmeθɪl] *s.* (*chim.*) metile: — *acetate*, acetato di metile; — *alcohol*, alcool metilico.

methylal [ˈmeθəlæl / meth·yl·al] *s.* (*chim.*) metilale.

methylamine [ˌmeθəˈlæmiːn / meth·yl·amine] *s.* (*chim.*) metilammina.

methylate [ˈmeθəleɪt / methyl·ate] *s.* (*chim.*) metilato.

to **methylate** *v.tr.* (*chim.*) metilare.

methylated spirits [ˌmeθɪleɪtɪdˈspɪrɪts] *s.* alcool denaturato.

methylene [ˈmeθɪliːn / methyl·ene] *s.* (*chim.*) metilene: — *blue*, blu di metilene.

methylic [mɪˈθɪlɪk / me·thylic] *agg.* (*chim.*) metilico.

meticulosity [mɪˌtɪkjʊˈlɒsɪtɪ / me·ticu·los·ity] *s.* (*non com.*) meticolosità.

meticulous [mɪˈtɪkjʊləs / me·ticu·lous] *agg.* meticoloso; pignolo; minuzioso // **-ly** *avv.* // **-ness** *s.*

métier [ˈmeɪtɪeɪ / mé·tier] *s.* (*form.*) occupazione, mestiere, professione.

metis [ˈmeɪtɪs] *s.* meticcio.

metonym [ˈmetənɪm / met·onym] *s.* (*ret.*) metonimo.

metonymic(al) [ˌmetəˈnɪmɪk(l) / met·onymic, met·onym·ical] *agg.* (*ret.*) metonimico // **-ly** *avv.*

metonymy [mɪˈtɒnɪmɪ / met·onymy] *s.* (*ret.*) metonimia.

me-too [miːˈtuː] *agg.* (*fam. amer.*) imitativo, d'imitazione: (*comm.*) — *products*, prodotti imitativi.

metope [ˈmetəʊp / met·ope] *s.* (*arch.*) metope.

metoposcopy [ˌmetəʊˈpɒskəpɪ / met·opo·scopy] *s.* (*non com.*) metoposcopia.

metre[1] [ˈmiːtə*] *s.* **1** (*poesia*) metro **2** metrica **3** (*mus.*) tempo.

to **metre**[1] *v.tr.* e *intr.* (*ant.*) verseggiare, poetare.

metre[2] *s.* metro: *cubic* —, metro cubo; *square* —, metro quadrato.

metric[1] [ˈmetrɪk / met·ric] *agg.* (*poesia*) metrico.

metric[2] *agg.* metrico (di misura lineare): — *geometry*, geometria metrica; — *system*, sistema metrico decimale; — *space*, spazio metrico ♦ *s.* (*mat.*) metrica.

metrical [ˈmetrɪkl / met·rical] *agg.* metrico (di misura lineare) // **-ly** *avv.*

metrication [ˌmetrɪˈkeɪʃn / met·rica·tion] *s.* conversione nel sistema metrico decimale.

to **metricize** [ˈmetrɪsaɪz / met·ri·cize] *v.tr.* convertire nel sistema metrico decimale.

metrics [ˈmetrɪks / met·rics] *s.* (*non com.*) metrica.

metric ton [ˌmetrɪkˈtʌn] *s.* tonnellata.

metritis [mɪˈtraɪtɪs / met·ritis] *s.* (*med.*) metrite.

metro [ˈmetrəʊ] *s.* metropolitana (di città europee): *the Paris Metro*, la metropolitana di Parigi, il metrò parigino.

metrological [ˌmetrəˈlɒdʒɪkl / met·ro·lo·gical] *agg.* metrologico.

metrology [meˈtrɒlədʒɪ / met·ro·logy] *s.* metrologia.

metronome [ˈmetrənəʊm / met·ro·nome] *s.* (*mus.*) metronomo.

metronomic [ˌmetrəˈnɒmɪk / met·ro·nomic] *agg.* di metronomo.

metropolis [məˈtrɒpəlɪs / met·ro·polis] *s.* **1** metropoli **2** (*form.*) capitale // *the Metropolis*, Londra.

metropolitan [ˌmetrəˈpɒlɪtən / met·ro·pol·itan] *agg.* metropolitano // — *France*, la Francia metropolitana ♦ *s.* **1** abitante di una metropoli **2** (*eccl.*) metropolita.

metrorrhagia [ˌmiːtrəʊˈrɑːdʒə / met·ror·rha·gia] *s.* (*med.*) metrorragia.

mettle [ˈmetl] *s.* **1** (*form.*) animo, ardore, coraggio // *he's in fine — today*, è in forma oggi // *to be on one's* —, (*antiq.*) impegnarsi a fondo, voler dar prova del proprio valore; *to put s.o. on his* —, (*antiq.*) mettere qlcu. alla prova **2** carattere, tempra, temperamento: *he showed the — he was made of*, (*fam.*) mostrò di che tempra era.

mettled [ˈmetld] **mettlesome** [ˈmetlsəm / met·tle·some] *agg.* (*antiq.*) **1** vivace; coraggioso **2** focoso (di cavallo).

mew[1] [mjuː] *s.* (*zool.*) **1** (*Larus canus*) gavina **2** gabbiano.

mew[2] *s.* **1** muda, gabbia per falchi durante la muda **2** (*ant.*) gabbia in cui il pollame veniva rinchiuso ad ingrassare **3** (*rar.*) tana, nascondiglio **4** muda.

to **mew**[2] *v.tr.* **1** mutare le penne, fare la muda **2** mettere in gabbia, rinchiudere // *you can endure the livery of a nun, / for aye to be in shady cloister mew'd*, (SH. Midsummer Night) tu puoi sopportare l'abito di una monaca, per sempre rinchiusa in un ombroso chiostro.

mew[3] *inter.* miao! (suono onomatopeico).

mew[3] *s.* il miagolare; miagolio.

to **mew**[3] *v.intr.* **1** miagolare **2** stridere (del gabbiano).

mewing [ˈmjuːɪŋ / mew·ing] *s.* (*non com.*) **1** miagolio **2** stridio (del gabbiano).

to **mewl** [mjuːl] *v.intr.* (*non com.*) **1** piagnucolare **2** miagolare.

mews [mjuːz] *s.* **1** (*st.*) scuderie reali a Londra **2** antiche scuderie ristrutturate (trasformate in appartamenti).

Mexican [ˈmeksɪkən / Mex·ican] *agg.* e *s.* messicano // — *breakfast*, (*fam. amer.*) una sigaretta e un bicchiere d'acqua // — *standoff*, (*fam. amer.*) situazione di stallo (fra due avversari).

mezzanine [ˈmetsəniːn / mez·zan·ine] *s.* **1** mezzanino; ammezzato **2** (*amer.*) (*teatr.*) prima galleria.

mezzo ['metsəʊ] *s.* (*mus.*) abbr. di → **mezzo-soprano**.

mezzo-soprano [,metsəʊsə'prɑ:nəʊ *amer.* ,metsəʊsə'prænəʊ] *s.* (*mus.*) mezzosoprano.

mezzotint ['metsəʊtɪnt / mez·zo·tint] *s.* (*tip.*) mezzatinta.

to **mezzotint** *v.tr.* (*tip.*) incidere a mezzatinta.

mi [mi:] *s.* mi (nota musicale).

miaow [mi:'aʊ / mi·aow] *s.* miao (verso del gatto).

to **miaow** *v.intr.* miagolare.

miasma [mɪ'æzmə / mi·asma] *pl.* **miasmas**, **miasmata** [mɪ'æzmətə / mias·ma·ta] *s.* **1** miasma, esalazione mefitica **2** (*fig.*) atmosfera opprimente e negativa: *a — of despair*, un'atmosfera di disperazione.

miasmal [mɪ'æzməl / mi·as·mal] **miasmatic** [mɪəz'mætɪk / mi·as·matic] *agg.* (*form.*) miasmatico.

mica ['maɪkə] *s.* (*min.*) mica.

micaceous [maɪ'keɪʃəs / mi·ca·ceous] *agg.* (*min.*) micaceo.

mica schist ['maɪkə,ʃɪst] *s.* (*geol.*) micascisto.

mice *pl.* di **mouse**.

micelle [mɪ'sel / mi·celle] *s.* (*chim., fis.*) micella.

Michaelmas ['mɪklməs / Mich·ael·mas] *s.* festa di San Michele // (*bot.*) — *daisy*, aster.

Michelangelesque [,maɪkəl,ændʒə'lesk / Mich·el·an·gel·esque] *agg.* (*arte*) michelangiolesco.

micher ['mɪtʃə*] *s.* (*ant.*) vagabondo: *shall the blessed sun of heaven prove a micher and eat blackberries?*, (SH. Henry IV) il figlio del cielo [il sole] andrà vagabondo e si nutrirà di more?

Mick [mɪk] *s.* (*fam.*) irlandese.

mickey ['mɪkɪ] *s.* (*fam.*) **1** — *finn*, bevanda alcoolica cui è stato aggiunto del sonnifero // *to take the — (out of s.o.)*, sfottere, prendere in giro; far abbassare la cresta (a qlcu.) **2** (*amer.*) patata.

Mickey Mouse [,mɪkɪ'maʊs] *agg.* (*fam. amer.*) **1** scadente; inconsistente: *it's such a — organization*, è proprio un'organizzazione che non vale niente **2** sdolcinato; insincero **3** vistoso; di facciata // — *ears*, luci e sirene (su un'auto della polizia) ◆ *s.* (*sl. dei neri amer.*) persona stupida (riferito a un bianco o a un poliziotto).

to **Mickey Mouse** *v.intr.*: *to — around*, (*fam. amer.*) perder tempo, gingillarsi.

mickle ['mɪkl] *s.* (*ant. scoz.*) grande quantità // *many a little makes a —*, (*prov.*) molti pochi fanno assai.

micro ['maɪkrəʊ] *s.* (*inform.*) micro, microcalcolatore.

micro- *pref.* di origine greca usato spec. nel linguaggio scientifico e tecnico; it. micro-; significa **1** piccolo; relativo a cose piccole: *microwave*, microonda; *microbalance*, microbilancia **2** di sviluppo limitato: *microcephalous*, microcefalo **3** relazione con il microscopio: *microorganism*, microrganismo; *microsurgery*, microchirurgia **4** (*davanti a unità di misura*) un milionesimo: *microgram*, microgrammo; *microsecond*, microsecondo.

microanalytic [,maɪkrəʊ,ænə'lɪtɪk / mi·cro·ana·lytic] *agg.* (*econ.*) microanalitico.

microanatomy [,maɪkrəʊə'nætəmɪ / mi·cro·ana·tomy] *s.* (*med.*) anatomia microscopica.

microbalance [,maɪkrəʊ'bæləns / mi·cro·bal·ance] *s.* microbilancia.

microbe ['maɪkrəʊb / mi·crobe] *s.* (*biol.*) microbo.

microbial [maɪ'krəʊbɪəl / mi·cro·bial] **microbic** [maɪ'krəʊbɪk / mi·crobic] *agg.* (*biol.*) microbico.

microbiologic(al) [,maɪkrəʊ,baɪəʊ'lɒdʒɪk(l) / mi·cro·bio·lo·gic(al)] *agg.* (*biol.*) microbiologico.

microbiologist [,maɪkrəʊbaɪ'ɒlədʒɪst / mi·cro·bio·lo·gist] *s.* microbiologo.

microbiology [,maɪkrəʊbaɪ'ɒlədʒɪ / mi·cro·bio·logy] *s.* (*biol.*) microbiologia.

microcalorie [,maɪkrəʊ'kælərɪ / mi·cro·cal·orie] *s.* microcaloria.

microcephalic [,maɪkrəʊsə'fælɪk / mi·cro·ceph·alic] *agg.* (*med.*) microcefalico.

microcephalous [,maɪkrəʊ'sefələs / mic·ro·ceph·al·ous] *agg.* (*med.*) microcefalo.

microchannel [,maɪkrəʊ'tʃænl / mi·cro·chan·nel] *s.* (*inform.*) bus per PC.

microchip ['maɪkrəʊtʃɪp / mi·cro·chip] *s.* (*elettr., inform.*) microchip.

microcircuit ['maɪkrəʊ,sɜ:kɪt / mi·cro·cir·cuit] *s.* (*elettr.*) microcircuito.

microclimate ['maɪkrəʊ,klaɪmɪt / mi·cro·cli·mate] *s.* microclima.

microclimatology [,maɪkrəʊ,klaɪmə'tɒlədʒɪ / mi·cro·cli·ma·to·logy] *s.* microclimatologia.

microcline ['maɪkrəʊ,klaɪn / mi·cro·cline] *s.* (*min.*) microclino.

micrococcus [,maɪkrəʊ'kɒkəs / mi·cro·coc·cus] *pl.* **micrococci** [,maɪkrəʊ'kɒkaɪ] *s.* (*biol.*) micrococco.

microcomputer ['maɪkrəʊ,kəm'pju:tə* / mi·cro·com·puter] *s.* (*inform.*) microcalcolatore, microelaboratore.

microcosm ['maɪkrəʊ,kɒzəm / mi·cro·cosm] *s.* microcosmo.

microcosmic [,maɪkrəʊ'kɒzmɪk / mi·cro·cos·mic] *agg.* microcosmico.

microculture ['maɪkrəʊ,kʌltʃə* / mi·cro·cul·ture] *s.* (*biol.*) microcoltura.

microcyte ['maɪkrəʊsaɪt / mi·cro·cyte] *s.* (*anat.*) microcita, microcito.

microdissection [,maɪkrəʊdɪ'sekʃn / mi·cro·dis·sec·tion] *s.* (*med.*) dissezione al microscopio, microdissezione.

microeconomic [,maɪkrəʊ,i:kə'nɒmɪk / mi·cro·eco·nomic] *agg.* microeconomico.

microeconomics [,maɪkrəʊ,i:kə'nɒmɪks / mi·cro·eco·nom·ics] *s.* [U] (*econ.*) microeconomia.

microelectronic [,maɪkrəʊ,elek'trɒnɪk / mi·cro·elec·tronic] *agg.* (*elettr.*) microelettronico.

microelectronics [,maɪkrəʊelek'trɒnɪks / mi·cro·elec·tron·ics] *s.* [U] (*elettr.*) microelettronica.

microenvironment [,maɪkrəʊɪn'vaɪərənmənt / mi·cro·en·vir·on·ment] *s.* (*biol.*) microambiente.

microevolution [,maɪkrəʊ,i:və'lu:ʃn / mi·cro·evolu·tion] *s.* microevoluzione.

microfauna ['maɪkrəʊ,fɔ:nə / mi·cro·fauna] *s.* (*ecol.*) microfauna.

microfiche ['maɪkrəʊ,fi:ʃ / mi·cro·fiche] *s.* (*inform.*) microfiche, microscheda, scheda di microfilm.

microfilm ['maɪkrəʊ,fɪlm / mi·cro·film] *s.* microfilm.

to **microfilm** *v.tr.* microfilmare.

microflora ['maɪkrəʊ,flɔ:rə / mi·cro·flora] *s.* (*bot.*) microflora.

microfossil ['maɪkrəʊ,fɒsl / mi·cro·fos·sil] *s.* (*paleont.*) microfossile.

microfoundations [,maɪkrəʊ,faʊn'deɪʃnz / mi·cro·founda·tions] *s.pl.* (*econ.*) microfondamenti.

microgamete [,maɪkrəʊ'gæmi:t / mi·cro·gam·ete] *s.* (*biol.*) microgamete.

micrographer [maɪ'krɒgrəfə* / mi·cro·grapher] *s.* (*fot.*) micrografo.

micrographic [,maɪkrəʊ'græfɪk / mi·cro·graphic] *agg.* (*fot.*) micrografico.

micrography [maɪ'krɒgrəfɪ / mi·cro·graphy] *s.* (*fot.*) micrografia.

microgroove ['maɪkrəʊ,gru:v / mi·cro·groove] *s.* microsolco.

microhabitat ['maɪkrəʊ,hæbɪtæt / mi·cro·hab·itat] → **microenvironment**.

microinjection ['maɪkrəʊɪn,dʒekʃn / mi·cro·in·jec·tion] *s.* (*med.*) microiniezione.

micrology [maɪ'krɒlədʒɪ / mi·cro·logy] *s.* micrologia.

micromesh ['maɪkrəʊmeʃ / mi·cro·mesh] *s.* (*tess.*) micromaglia.

micrometeorite [,maɪkrəʊ'mi:tjəraɪt / mi·cro·met·eor·ite] *s.* (*geol.*) micrometeorite.

micrometeorology [,maɪkrəʊ,mi:tjə'rɒlədʒɪ / mi·cro·met·eoro·logy] *s.* micrometeorologia.

micrometer [maɪ'krɒmɪtə* / mi·cro·meter] *s.* micrometro.

micrometer caliper [maɪ'krɒmɪtə ,kælɪpə*] *s.* calibro micrometrico, micrometro.

micrometry [maɪ'krɒmɪtrɪ / mi·cro·metry] *s.* micrometria.

micron ['maɪkrɒn / mi·cron] *s.* micron, micrometro (= 1 milionesimo di metro).

Micronesian [,maɪkrəʊ'ni:ʃn / Mi·cro·nes·ian] *agg.* e *s.* micronesiano.

micronutrient [,maɪkrəʊ'nju:trɪənt *amer.* ,maɪkrəʊ'nu:trɪənt / mi·cro·nu·tri·ent] *s.* (*biochim.*) microcostituente, oligoelemento.

microorganism [,maɪkrəʊ'ɔ:gənɪzəm / mi·cro·or·gan·ism] *s.* (*biol.*) microrganismo.

micropal(a)eontology [,maɪkrəʊ,pælɪɒn'tɒlədʒɪ / mi·cro·pal·(a)eon·to·logy] *s.* micropaleontologia.

microphage ['maɪkrəʊ,feɪdʒ / mi·cro·phage] *s.* (*biol.*) microfago.

microphone ['maɪkrəfəʊn / mi·cro·phone] *s.* (*rad.*) microfono.

micropipette [,maɪkrəʊpaɪ'pet / mi·cro·pip·ette] *s.* (*biochim.*) micropipetta.

microprocessor [,maɪkrəʊ'prəʊsesə* *amer.* ,maɪkrəʊ'prɒsesə* / mi·cro·pro·ces·sor] *s.* (*elettr.*) microprocessore.

micropyle ['maɪkrəʊpaɪl / mi·cro·pyle] *s.* (*bot.*) micropilo.

microscope ['maɪkrəskəʊp / mi·cro·scope] *s.* microscopio: *electron* —, microscopio elettronico; *field-emission* —, microscopio a emissione di campo // *to examine sthg. under the* —, (*anche fig.*) osservare qlco. al microscopio.

microscopic(al) [,maɪkrə'skɒpɪk(l) / mi·cro·scopic, mi·cro·scop·ical] *agg.* microscopico: — *examination*, esame al microscopio; — *lens*, lente d'ingrandimento.

microscopically [,maɪkrə'skɒpɪkəlɪ / mi·cro·scop·ic·ally] *avv.* microscopicamente.

microscopist [maɪ'krɒskəpɪst / mi·cro·scop·ist] *s.* microscopista.

microscopy [maɪ'krɒskəpɪ / mi·cro·scopy] *s.* microscopia.

microsecond ['maɪkrəʊ,sekənd / mi·cro·sec·ond] *s.* microsecondo.

microseism ['maɪkrəʊ,saɪzm / mi·cro·seism] *s.* (*geofisica*) microsisma.

microseismic [,maɪkrəʊ'saɪzmɪk / mi·cro·seis·mic] *agg.* (*geofisica*) microsismico.

microseismograph [,maɪkrəʊ'saɪzmə grɑːf / mic·ro·seis·mo·graph] *s.* microsismografo.

microspora ['maɪkrəʊ,spɔːrə / mi·cro·spora] *s.* (*bot.*) microspora.

microstructure ['maɪkrəʊ,strʌktʃə* / mi·cro·struc·ture] *s.* microstruttura.

microsurgery ['maɪkrəʊ,sɜːdʒərɪ / mi·cro·sur·gery] *s.* (*med.*) microchirurgia.

microtherm ['maɪkrəʊ,θɜːm / mi·cro·therm] *s.* (*bot.*) pianta microterma.

microtome ['maɪkrətəʊm / mi·cro·tome] *s.* (*scient.*) microtomo — *section*, sezione microscopica ottenuta col microtomo.

microtomy [maɪ'krɒtəmɪ / mi·cro·tomy] *s.* (*biol.*) microtomia.

microtubule ['maɪkrəʊ,tjuːbjuːl *amer.* 'maɪkrəʊ,tuːbjuːl / mi·cro·tu·bule] *s.* (*biol.*) microtubulo.

microvillus ['maɪkrəʊ,vɪləs / mi·cro·vil·lus] *pl.* **microvilli** ['maɪkrəʊ,vɪlaɪ / mi·cro·villi] *s.* (*biol.*) microvillo.

microwave ['maɪkrəʊweɪv / mi·cro·wave] *s.* (*rad.*) microonda: — *beam*, fascio di microonde; — *generator*, generatore di microonde; — *background radiation*, radiazione di fondo // — *oven*, forno a microonde.

to **micturate** ['mɪktjʊəreɪt / mic·tur·ate] *v.intr.* (*med.*) mingere, urinare.

micturition [,mɪktʃʊ'rɪʃn / mic·turi·tion] *s.* (*med.*) minzione.

mid [mɪd] *agg.* medio; di mezzo; metà: *from — August to — October*, da metà agosto a metà ottobre; *in the — nineteen sixties*, a metà degli anni sessanta; *a woman in her — fifties*, una donna sui cinquantacinque anni.

mid- *pref.* di origine latina che significa mezzo; it. mezzo-; metà: *midday*, mezzogiorno; *midsummer*, (di) mezza estate; *midweek*, (a, di) metà settimana: *the midweek match*, la partita di metà settimana.

mid → **amid**.

midair [,mɪd'eə* / mid·air] *s.* media altezza // *in* —, a mezz'aria, a media altezza.

mid-Atlantic [,mɪdət'læntɪk] *agg.* **1** anglo-americano; inglese americanizzato: *he has got a — accent*, ha un accento angloamericano **2** (*geogr.*) medioatlantico: — *ridge*, dorsale medioatlantica.

midbrain ['mɪdbreɪn / mid·brain] *s.* (*med.*) mesencefalo.

mid-century [,mɪd'sentʃʊrɪ] *agg.* della metà del secolo.

midday ['mɪddeɪ / mid·day] *s.* mezzogiorno // *the — meal*, il pasto di mezzogiorno.

midden ['mɪdn / mid·den] *s.* mucchio di letame.

middle ['mɪdl] *agg.attr.* **1** medio; intermedio // *the— way* (o *course*), (*fig.*) la via di mezzo // *to occupy a — ground in politics*, tenere una posizione di centro in politica // (*log.*) *excluded* —, terzo escluso // (*econ.*): — *price*, prezzo medio; — *rates*, parità centrali // (*geol.*) — *cretaceous*, cretaceo medio **2** (*ant.*) ordinario, comune: [*my song*] *that with no middle flight intends to soar*, (MILTON) [il mio canto] che non intende innalzarsi, con un volo comune ♦ *s.* **1** mezzo, centro: *in the — of his speech*, nel bel mezzo del suo discorso; *in the — of the room*, nel centro della stanza; *I'm in the — of doing the washing up*, sto lavando i piatti // *in the — of nowhere*, (*fam. spreg.*) a casa del diavolo, in un posto dimenticato da Dio **2** (*fam.*) cintola, vita: *he was up to his — in snow*, la neve gli arrivava alla cintola // *I've got a pain in my* —, ho male di pancia.

to **middle** *v.tr.* **1** (*tecn.*) porre, collocare nel mezzo, nel centro; centrare **2** (*sport*) mandare (il pallone) al centro, centrare **3** (*mar.*) piegare (una vela) in due.

middle age [,mɪdl'eɪdʒ] *s.* mezza età.

middle-aged [,mɪdl'eɪdʒd] *agg.* di mezza età: *a — man*, un uomo di mezza età // — *spread*, (*scherz.*) cuscinetti, rotolini di grasso in vita (tipici della mezza età).

Middle Ages [,mɪdl'eɪdʒəz] *s.pl.* medioevo (*sing.*).

Middle America ['mɪdlə'merɪkə] *s.* gli americani medi, la gente comune (di idee non progressiste).

middlebrow ['mɪdlbraʊ / mid·dle·brow] *agg.* (*fam.*) nella media; di media cultura ♦ *s.* (*fam.*) persona di discreta cultura, di media intelligenza.

middle class [,mɪdl'klɑːs *amer.* ,mɪdl 'klæs] *s.* ceto medio ♦ *agg.* del ceto medio.

middle distance [,mɪdl'dɪstəns] *s.* (*pitt.*, *fot.*) secondo piano.

middle-distance *agg.attr.* (*sport*) di mezzo fondo: — *runner*, mezzofondista.

middle-earth ['mɪdlɜːθ] *s.* (*ant.*) mondo // *but, stay, I smell a man of middle-earth*, (SH. The Merry Wives of Windsor) ma, aspettate un momento, sento odor di comune mortale.

Middle Eastern [,mɪdl'iːstən] *agg.* mediorientale.

middleman ['mɪdlmæn / mid·dle·man] *pl.* **middlemen** ['mɪdlmen] *s.* **1** (*comm.*) intermediario, mediatore **2** (*irl.*) chi affitta a piccoli lotti un latifondo.

middlemost ['mɪdlməʊst / mid·dle·most] *agg.* → **midmost**.

middle name [,mɪdl'neɪm] *s.* secondo nome.

middle-of-the-road [,mɪdləvðə'rəʊd] *agg.* (*anche pol.*) centrista; equidistante; moderato.

middle school ['mɪdlskuːl] *s.* scuola media.

middle-sized [,mɪdl'saɪzd] *agg.* di misura media.

middleweight ['mɪdlweɪt / mid·dle·weight] *agg.* e *s.* (*sport*) (di) peso medio.

Middle West [,mɪdl'west] *s.* Middle West, stati centro-occidentali degli Stati Uniti.

Middle Western [,mɪdl'westən] *agg.* degli Stati Uniti centro-occidentali.

middling ['mɪdlɪŋ / mid·dling] *agg.* (*fam.*) **1** medio (di grandezza, qualità, grado ecc.); passabile **2** che gode discreta salute: *"How are you?" "Oh, fair to —"*, "Come stai?" "Non c'è male" **3** (*di merce*) corrente, andante, di scarso pregio.

middling *avv.* (*non com.*) abbastanza, discretamente, passabilmente.

middlings ['mɪdlɪŋz / mid·dlings] *s.pl.* **1** (*non com.*) merci di qualità corrente **2** farina grossolana (mista a crusca) **3** (*min.*) minerale di media frantumazione.

middy ['mɪdɪ] *s.* cadetto (USA); guardiamarina.

mid-European [,mɪd,jʊərə'pɪən] *agg.* medioeuropeo; mitteleuropeo.

midfield ['mɪdfiːld / mid·field] *s.* (*sport*) centrocampo: — *player*, centrocampista.

midfielder [,mɪd'fiːldə* / mid·field·er] *s.* (*sport*) centrocampista, mediano: *attacking* —, mezzapunta.

midge [mɪdʒ] *s.* **1** (*zool.*) (*Chironomus plumosus*) moscerino **2** (*non com.*) persona molto piccola.

midget ['mɪdʒɪt / mid·get] *s.* persona molto piccola ♦ *agg.* molto piccolo; in miniatura; tascabile: — *submarine*, sottomarino tascabile; — *car*, vetturetta.

midgut ['mɪd,gʌt / mid·gut] *s.* (*anat.*) intestino tenue; ileo.

midi ['mɪdɪ] *agg.* e *s.* (gonna) midi.

midland ['mɪdlənd / mid·land] *agg.attr.* centrale; interno.

Midlands (the) ['mɪdləndz / Mid·lands] *s.pl.* contee dell'Inghilterra centrale.

mid-leg ['mɪdleg] *avv.* a mezza gamba.

Mid-Lent ['mɪdlent] *s.* (*eccl.*) mezza quaresima.

mid-life ['mɪdlaɪf] *agg.* della mezza età: — *crisis*, crisi della mezza età.

midmost ['mɪdməʊst / mid·most] *agg.* (*form.*) centrale ♦ *s.* centro: *in the* —, al centro.

midmost *avv.* e *prep.* (*rar.*) nel bel mezzo (di).

midnight ['mɪdnaɪt / mid·night] *s.* mezzanotte; notte fonda: — *gloom*, tenebre notturne // — *sun*, il sole di mezzanotte // *to burn the — oil*, lavorare, scrivere durante la notte, vegliare lavorando.

mid-off [,mɪd'ɒf] *s.* (*cricket*) (ruolo di) giocatore a sinistra del lanciatore.

mid-on [,mɪd'ɒn] *s.* (*cricket*) (ruolo di) giocatore a destra del lanciatore.

midpoint ['mɪdpɔɪnt / mid·point] *s.* **1** centro, punto centrale **2** (*mat.*) punto medio.

midrib ['mɪdrɪb / mid·rib] *s.* (*bot.*) nervatura centrale (di foglia).

midriff ['mɪdrɪf / mid·riff] *s.* **1** (*anat.*) diaframma **2** (*fam.*) cintola; vita.

mid-sea ['mɪdsi:] *s.* mare aperto.

midship ['mɪdʃɪp / mid·ship] *agg.* (*mar.*) a mezzanave // *— section*, sezione maestra.

midshipman ['mɪdʃɪpmən / mid·ship·man] *pl.* **midshipmen** *s.* (*mar.*) **1** guardiamarina **2** cadetto.

midships ['mɪdʃɪps / mid·ships] *avv.* (*mar.*) (*non com.*) a mezza nave → **amidships**.

midst [mɪdst] *prep.* e *avv.* (*antiq.*) nel mezzo (di); in mezzo (a).

midst *s.* (*antiq.*) mezzo, centro: *in the — of*, nel mezzo di, durante; *in our —*, fra noi, in mezzo a noi.

midstream ['mɪd,stri:m / mid·stream] *s.* **1** filo della corrente (di un fiume) **2** (*fig.*) mezzo, metà: *he stopped talking in —*, si interruppe nel bel mezzo del discorso.

midsummer ['mɪd,sʌmə* / mid·sum·mer] *s.* il pieno, il cuore dell'estate; il solstizio d'estate // *— madness*, (*fam.*) follia, dissennatezza, stravaganza.

Midsummer day [,mɪdsʌmə'deɪ] *s.* (il giorno di) S. Giovanni (24 giugno).

mid-term ['mɪd,tɜ:m] *agg.* (*amer.*) di metà corso; di medio termine, di medio periodo: *— exam*, esame di metà corso; *— election*, elezioni di medio termine (che si svolgono dopo un biennio di carica presidenziale, per un parziale rinnovo del Congresso).

mid-Victorian [,mɪdvɪk'tɔ:rɪən] *agg.* caratteristico dell'epoca medio-vittoriana.

midway ['mɪd'weɪ / mid·way] *agg.* e *avv.* (posto, situato) a mezza strada, a metà distanza; nel mezzo.

midway ['mɪdweɪ] *s.* (*amer.*) viale centrale di un'esposizione, di un parco di divertimenti.

midweek ['mɪdwi:k / mid·week] *agg.* e *s.* (di) metà settimana.

Midwest [,mɪd'west / Mid·west] → **Middle West**.

Midwestern [,mɪd'westən / Mid·west·ern] → **Middle Western**.

midwife ['mɪdwaɪf / mid·wife] *pl.* **midwives** ['mɪdwaɪvz] *s.* levatrice.

midwifery ['mɪdwɪfərɪ / mid·wif·ery] *s.* arte, professione di levatrice.

midwife toad ['mɪdwaɪf'təʊd] *s.* (*zool.*) (*Alytes obstetricans*) alite ostetrico SIN. nurse frog.

midwinter [,mɪd'wɪntə* / mid·win·ter] *s.* il pieno, il cuore dell'inverno; il solstizio d'inverno.

midyear [,mɪd'jɜ:* *amer.* ,mɪd'jɪə* / mid·year] *agg.* (*amer.*) di metà anno (scolastico, accademico) ◆ *s.* (*fam. amer.*) esame di metà anno.

mien [mi:n] *s.* (*letter.*) **1** aspetto, portamento (di una persona) // *hath that antique mien and robed form / moved in these vales invisible till now?*, (KEATS) quel sembiante antico e quella forma drappeggiata errarono per queste valli invisibili fino ad ora? **2** atteggiamento; espressione.

miff [mɪf] *s.* (*fam.*) broncio; risentimento; battibecco.

to **miff** *v.tr.* (*fam.*) offendere; urtare; innervosire ◆ *v.intr.*.(*fam.*) offendersi; seccarsi; innervosirsi.

miffed [mɪft] *agg.* (*fam.*) seccato; scocciato.

miffy ['mɪfɪ] *agg.* (*fam.*) **1** seccato; scocciato **2** suscettibile, permaloso.

miggle ['mɪgl] *s.* (*fam. amer.*) biglia (per giocare).

might [maɪt] *s.* potere, potenza; forza: *God's —*, la potenza di Dio; *to work with all one's —*, lavorare con tutte le proprie forze // *with — and main*, con tutte le forze // *— is right*, (*prov.*) la ragione è del più forte.

might *modal verb* → **may**[2].

might-have-been ['maɪthəv,bi:n] *s.* ciò che avrebbe potuto essere (e non è stato), occasione perduta; promessa non mantenuta.

mightily ['maɪtɪlɪ / migh·tily] *avv.* **1** potentemente; fortemente **2** (*fam.*) estremamente; molto.

mightiness ['maɪtɪnɪs / migh·ti·ness] *s.* potenza; potere; forza.

mightn't ['maɪtnt] contr. di *might not.*

mighty ['maɪtɪ] *agg.* **1** potente; possente; forte // *the —*, i potenti **2** massiccio; imponente ◆ *avv.* (*fam.*) molto, assai: *I'm — proud of you*, sono molto fiero di te.

migma ['mɪgmə] *s.* (*geol.*) migma.

migmatite ['mɪgmə,taɪt / mig·mat·ite] *s.* (*geol.*) migmatite.

mignonette [,mɪnjə'net / mign·on·ette] *s.* (*bot.*) (*Reseda odorata*) reseda odorata, amorino.

migraine ['mi:greɪn *amer.* 'maɪgreɪn / mi·graine] *s.* emicrania.

migrant ['maɪgrənt / mi·grant] *agg.* e *s.* migratore; emigrante // (*econ.*) *migrants' remissances*, rimesse degli emigrati.

to **migrate** [maɪ'greɪt / mi·grate] *v.intr.* migrare; emigrare.

migration [maɪ'greɪʃn / mi·gra·tion] *s.* **1** migrazione; emigrazione // (*econ.*) *— from agriculture*, esodo agricolo **2** (*chim.*, *fis.*) migrazione (di atomi da una molecola all'altra): *— of ions*, migrazione di ioni **3** (*inform.*) trasferimento dei dati; passaggio da un'apparecchiatura a un'altra.

migrator [maɪ'greɪtə* / mi·grator] *s.* (*zool.*) migratore, uccello migratore.

migratory ['maɪgrətərɪ / mi·grat·ory] *agg.* **1** migratore; (di uccelli ecc.) di passo **2** migratorio.

mikado [mɪ'kɑ:dəʊ / mi·kado] *s.* mikado (l'imperatore del Giappone).

mike[1] [maɪk] *s.* (*fam.*) microfono: *— fright*, panico da microfono • Abbr. di *microphone.*

to **mike**[1] *v.tr.* **1** *to — (up)*, dotare di microfono **2** (*amer.*) amplificare.

mike[2] *s.* (*sl. amer.*) microgrammo.

mil [mɪl] *s.* **1** millesimo di pollice **2** millilitro **3** millesimo di radiante (= 1/6400 di angolo giro).

milady [mɪ'leɪdɪ / mi·lady] *s.* 'milady', signora.

milage → **mileage**.

Milanese [,mɪlə'ni:z / Mil·an·ese] *agg.* e *s.* milanese.

milch [mɪltʃ] *agg.* (*zool.*) da latte, lattifero: *— cow*, mucca da latte; (*fig.*) gallina dalle uova d'oro.

to **milch** *v.intr.* (*ant.*) versar lacrime, piangere: *the instant burst... would have made milch the burning eyes of heaven*, (SH. Hamlet) lo scoppio improvviso... avrebbe fatto piangere i fiammeggianti occhi del cielo.

mild [maɪld] *agg.* **1** mite, dolce; gentile: *a — climate*, un clima mite; *a — disposition*, un carattere dolce, mite; *a — soap*, un sapone delicato **2** dolce, leggero (di cibo, bevanda, tabacco): *— beer*, birra leggera; *— cheese*, formaggio dolce **3** lieve, leggero; blando: *a — punishment*, una blanda punizione; *a — laxative*, un blando lassativo; *— symptoms of disease*, lievi sintomi di malattia ◆ *s.* (*fam.*) birra leggera.

to **milden** ['maɪldən] *v.tr.* (*rar.*) mitigare; attenuare ◆ *v.intr.* (*rar.*) mitigarsi; attenuarsi.

mildew ['mɪldju: *amer.* 'mɪldu: / mil·dew] *s.* (*bot.*) **1** muffa; ruggine (delle graminacee) **2** oidio (della vite) // (*agr.*) *powdery —*, mal bianco.

to **mildew** *v.tr.* (*bot.*) **1** procurare la muffa, la ruggine a **2** procurare l'oidio a ◆ *v.intr.* (*bot.*) **1** ammuffire; coprirsi di ruggine (delle graminacee) **2** coprirsi di oidio (della vite).

mildewy ['mɪldju:ɪ *amer.* 'mɪldu:ɪ / mil·dewy] *agg.* (*bot.*) coperto di muffa, di ruggine; ammuffito.

mildly ['maɪldlɪ / mild·ly] *avv.* mitemente; dolcemente; moderatamente, lievemente.

mildness ['maɪldnɪs / mild·ness] *s.* mitezza; dolcezza.

mile [maɪl] *s.* **1** miglio (terrestre = 1,6093 km) // *Admiralty measured —*, miglio Ammiragliato (= 1,8532 km) // *geographical —*, miglio geografico // (*international*) *nautical —*, miglio nautico internazionale (= 1,852 km) // (*econ.*) *the square —*, il miglio quadrato che racchiude la City (centro finanziario di Londra) // *no modern writer comes* (o *is*) *within miles of Dante*, (*fig.*) nessuno scrittore moderno può essere anche lontanamente paragonato a Dante // *to be miles better than...*, (*fig.*) essere di gran lunga migliore di... // *to be miles from thinking that*, (*fig.*) essere a mille miglia dal pensare che // *he's miles away*, (*fig.*) ha la testa altrove, sta pensando ad altro // *to be miles out*, (*fig.*) essere lontano dalla soluzione **2** corsa di un miglio // *to go the extra —*, (*fig.*) tener duro, fare un ulteriore sforzo.

mileage ['maɪlɪdʒ / mile·age] *s.* **1** distanza in miglia: *— chart*, carta delle miglia **2** spese di viaggio, di trasporto per miglia **3** (*fam. amer.*) profitto, vantaggio: *I didn't get any — out of it*, non ci ho ricavato nulla.

mileage counter ['maɪlɪdʒ,kaʊntə*] *s.* (*aut.*) contachilometri.

mileometer [,maɪl'ɒmɪtə* / mile·o·meter] *s.* (*aut.*) contamiglia.

miler ['maɪlə*] *s.* cavallo, atleta allenato per corse sul miglio.

milestone ['maɪlstəʊn / mile·stone] *s.* pietra miliare (*anche fig.*).

milfoil ['mɪlfɔɪl / mil·foil] *s.* (*bot.*) (*Achillea millefolium*) achillea, millefoglio SIN. thousand-leaf, yarrow.

miliary ['mɪlɪərɪ / mili·ary] *agg.* (*med.*) miliare, migliare: *— fever*, febbre miliare; *— tuberculosis*, tubercolosi miliare.

milieu ['mi:ljɜ: *amer.* ,mi:'ljɜ: / mi·lieu] *s.* (*form.*) ambiente.

militancy ['mɪlɪtənsɪ / mil·it·ancy] *s.* militanza; attivismo.

militant ['mɪlɪtənt / mil·it·ant] *agg.* e *s.* militante // *the Church* —, (*eccl.*) la Chiesa militante.

militarily ['mɪlɪtərɪlɪ *amer.* 'mɪlɪterɪlɪ / mil·it·ar·ily] *avv.* militarmente.

militarism ['mɪlɪtərɪzəm / mil·it·ar·ism] *s.* militarismo.

militarist ['mɪlɪtərɪst / mil·it·ar·ist] *s.* militarista.

militaristic [,mɪlɪtə'rɪstɪk / mil·it·ar·istic] *agg.* militaristico.

militarization [,mɪlɪtəraɪ'zeɪʃn / mil·it·ar·iza·tion] *s.* militarizzazione.

to **militarize** ['mɪlɪtəraɪz / mil·it·ar·ize] *v.tr.* militarizzare.

military ['mɪlɪtərɪ *amer.* 'mɪlɪterɪ / mil·it·ary] *agg.* militare: — *men*, i militari; — *service*, servizio militare; — *police*, polizia militare; — *policeman*, poliziotto militare; — *attaché*, addetto militare // — *preparations*, preparativi di guerra // (*dir.*): — *court*, tribunale militare; — *law*, diritto militare; — *offence*, reato militare; — *testament*, testamento orale del militare ◆ *s.* (*con v. pl.*) (*the*) —, i militari, l'esercito; la truppa.

to **militate** ['mɪlɪteɪt / mil·it·ate] *v.intr.* **1** (*fig. form.*) militare // *to — against sthg.*, opporsi a qlco.; *to — in favour of sthg.*, sostenere qlco. **2** (*ant.*) militare, combattere.

militia [mɪ'lɪʃə / mi·li·tia] *s.* milizia; (*amer.*) guardia nazionale.

militiaman [mɪ'lɪʃəmən / mi·li·tia·man] *pl.* **militiamen** *s.* milite; miliziano; (*amer.*) soldato della guardia nazionale.

milk [mɪlk] *s.* latte: *whole* —, latte intero; *skim(med)* —, latte scremato; *new* —, latte appena munto; *long-life* —, latte a lunga conservazione; *condensed* (o *evaporated*) —, latte condensato; — *powder*, latte in polvere; — *chocolate*, cioccolato al latte // — *bar*, bar dove si vendono prodotti del latte; bar bianco // — *of magnesia*, latte di magnesia // *land of — and honey*, paese della cuccagna // *to come home with the* —, rientrare alle ore piccole // *it is no use crying over spilt* —, (*prov.*) è inutile piangere sul latte versato.

to **milk** *v.tr.* **1** mungere: *to — a cow*, mungere una mucca // *to — the bull* (o *the ram*), (*fig.*) tentare qlco. di impossibile, cavar sangue da una rapa **2** estrarre liquido (da piante, animali): *to — venom from a snake*, estrarre il veleno da un serpente **3** (*fig.*) sfruttare (una persona, una situazione) ◆ *v.intr.* produrre latte: *the cows are milking well now*, le mucche producono molto latte ora.

milk-and-water [,mɪlkənd'wɔ:tə*] *agg.* insipido (*anche fig.*); all'acqua di rose.

milk-cow ['mɪlk,kaʊ] *s.* mucca da latte.

milk crust ['mɪlk,krʌst] *s.* (*med.*) crosta lattea.

milk-dentition ['mɪlkden,tɪʃn] *s.* denti da latte, dentizione da latte.

milker ['mɪlkə*] *s.* **1** mungitore **2** (mucca) produttrice di latte **3** mungitrice meccanica.

milk-fever ['mɪlk,fi:və*] *s.* (*med.*) febbre del latte, lattea.

milk-float ['mɪlk,fləʊt] *s.* furgone del latte.

milk-glass ['mɪlk,glɑ:s *amer.* 'mɪlk,glæs] *s.* vetro opalino.

milking ['mɪlkɪŋ / milk·ing] *s.* mungitura: — *machine*, mungitrice; — *time*, ora della mungitura; — *parlor*, (*amer.*) locale per la mungitura.

milk leg ['mɪlk,leg] *s.* (*med.*) flemmasia.

milkmaid ['mɪlkmeɪd / milk·maid] *s.* mungitrice.

milkman ['mɪlkmən / milk·man] *pl.* **milkmen** *s.* lattaio.

milk quartz ['mɪlk,kwɔ:ts] *s.* (*min.*) quarzo latteo.

milk-run ['mɪlkrʌn] *s.* (*amer.*) **1** missione aerea di routine, che non dovrebbe essere pericolosa (*anche fig.*) **2** percorso ferroviario con molte fermate; volo con molti scali.

milk-shake ['mɪlkʃeɪk] *s.* frullato, frappé, 'milk shake'.

milksop ['mɪlksɒp / milk·sop] *s.* (*fam.*) uomo debole, effeminato.

milk-sugar ['mɪlk,ʃʊgə*] *s.* (*chim.*) lattosio.

milk tooth ['mɪlktu:θ] *s.* dente da latte.

milk-vetch ['mɪlkvetʃ] *s.* (*bot.*) (*Astragalus glycyphyllos*) astragalo.

milkweed ['mɪlkwi:d / milk·weed] *s.* (*bot.*) (*Gentiana asclepiadea*) cotone egiziano; (*pop.*) albero della seta.

milk-white [,mɪlk'waɪt] *agg.* bianco come il latte, latteo; (*tecn.*) lattescente.

milkwoman ['mɪlk,wʊmən / milk·wo·man] *pl.* **milkwomen** ['mɪlk,wɪmɪn] *s.* (*non com.*) lattaia.

milkwort ['mɪlkwɜ:t / milk·wort] *s.* (*bot.*) (*Polygala vulgaris*) poligala.

milky ['mɪlkɪ] *agg.* **1** latteo; lattiginoso **2** (*fig.*) gentile; effeminato // **-ily** *avv.* // **-iness** *s.*

Milky Way [,mɪlkɪ'weɪ] *s.* (*astr.*) Via Lattea.

mill[1] [mɪl] *s.* **1** mulino: *water* —, mulino ad acqua; *ball* —, mulino a palle; — *wheel*, ruota di mulino // *to bring grist to the* —, (*fig.*) tirar l'acqua al proprio mulino // *to put, to go through the* —, (*fig.*) mettere, essere messo a dura prova; farne passare, passarne di tutti i colori // *God's — grinds slow but sure*, (*prov.*) Dio non paga il sabato **2** opificio, fabbrica, stabilimento: *cotton* —, cotonificio; *oil* —, oleificio; *paper* —, cartiera; *saw* —, segheria; — *hand*, operaio di fabbrica **3** macinino; utensile per macinare, tritare: *coffee* —, macinino da caffè; *pepper* —, macinino del pepe **4** (*tecn.*) mescolatore (di gomma) **5** (*ind. tess.*) molazza **6** (*mecc.*) fresa; laminatoio, treno di laminazione: *bar* —, laminatoio per barre; *face* —, fresa frontale **7** (*amer.*) (*antiq.*) incontro di pugilato **8** (*amer.*) motore (di auto, moto) **9** (*sl. amer.*) macchina per scrivere.

to **mill**[1] *v.tr.* **1** macinare; tritare; frantumare: *to — wheat*, macinare il grano; *to — ore*, frantumare minerali **2** (*ind. tess.*) follare (panni); (*mecc.*) fresare; segare; laminare in barre ◆ *v.intr.* (*sl. amer.*) (*antiq.*) **1** fare a pugni; boxare **2** circolare disordinatamente; assieparsi, accalcarsi (di folla, bestiame).

□ **mill around**, **about** *v.intr.* e *avv.* circolare disordinatamente; assieparsi, accalcarsi (di folla, bestiame).

mill[2] *s.* millesimo di dollaro.

millboard ['mɪlbɔ:d / mill·board] *s.* cartone doppio, pressato.

milled [mɪld] *agg.* **1** macinato; tritato; frantumato **2** (*mecc.*) fresato **3** (*ind. tess.*) follato **4** (*di moneta*) zigrinato.

millenarian [,mɪlɪ'neərɪən / mil·len·ar·ian] *agg.* e *s.* millenario.

millenarianism [,mɪlɪ'neərɪənɪzəm / mil·len·ari·an·ism] *s.* (*st. relig.*) millenarismo.

millenary [mɪ'lenərɪ / mil·len·ary] *agg.* millenario ◆ *s.* millennio.

millennial [mɪ'lenɪəl / mil·len·nial] *agg.* del millennio.

millennium [mɪ'lenɪəm / mil·len·nium] *s.* **1** millennio **2** (*fig.*) periodo di buon governo e prosperità; epoca felice.

millepede ['mɪlɪpi:d / mil·le·pede] *s.* (*zool.*) millepiedi.

miller ['mɪlə*] *s.* **1** mugnaio **2** (*mecc.*) fresatrice **3** operaio fresatore **4** (*zool.*) maggiolino → may-bug.

millerite ['mɪləraɪt / mil·ler·ite] *s.* (*min.*) millerite.

miller's thumb ['mɪləz'θʌm] *s.* (*zool.*) **1** (*Cottus gobio*) ghiozzo, magnarone **2** (*Gobius niger*) ghiozzo comune **3** gado barbato **4** insetto dal dorso biancastro.

millesimal [mɪ'lesɪməl / mil·les·imal] *agg.* e *s.* millesimo.

millet ['mɪlɪt / mil·let] *s.* (*bot.*) (*Panicum miliaceum*) miglio.

milli- ['mɪlɪ] *pref.* di origine latina che, anteposto a un'unità di misura, ne divide il valore per mille; it. milli-: *milligram*, milligrammo; *millimetre*, millimetro.

milliard ['mɪljɑ:d / mil·liard] *s.* miliardo AMER. billion.

milliary ['mɪljərɪ / mil·liary] *agg.* e *s.* (*archeol.*) (pietra) miliare.

millibar ['mɪlɪbɑ:* / mil·li·bar] *s.* (*fis., meteor.*) millibar.

milligram(me) ['mɪlɪgræm / mil·li·gram(me)] *s.* milligrammo.

millilitre ['mɪlɪ,li:tə* / mil·li·litre] *s.* millilitro.

millimetre ['mɪlɪ,mi:tə* / mil·li·metre] *s.* millimetro.

milliner ['mɪlɪnə* / mil·liner] *s.* **1** modista **2** (*ant.*) venditore di articoli di abbigliamento prodotti a Milano, merciaio: *he was perfumed like a milliner*, (SH. Henry IV) era profumato come un merciaio.

millinery ['mɪlɪnərɪ *amer.* 'mɪlɪnerɪ / mil·lin·ery] *s.* **1** modisteria **2** articoli di modisteria.

milling ['mɪlɪŋ / mill·ing] *s.* **1** macinatura **2** (*mecc.*) fresatura: — *cutter*, fresa; — *machine*, fresatrice **3** (*ind. tess.*) follatura **4** zigrinatura (di moneta).

million ['mɪljən / mil·lion] *s.* milione: *a* (o *one*) — *men*, un milione di uomini; *two — dollars*, due milioni di dollari // *to be worth millions*, (di cosa) valere milioni; (di persona) essere milionario, miliardario, ricchissimo.

millionaire [,mɪljə'neə* / mil·lion·aire] *s.* milionario, miliardario.

millionairess [,mɪljə'neərɪs / mil·lion·air·ess] *s.* milionaria, miliardaria.

millionfold ['mɪljənfəʊld / mil·lion·fold] *avv.* un milione di volte.

millionth ['mɪljənθ / mil·lionth] *agg.* e *s.* milionesimo.

millipede → **millepede**.

millisecond ['mılı,sekənd / mil·li·sec·ond] *s.* millisecondo.

millivolt ['mılı,vɒlt / mil·li·volt] *s.* (*elettr.*) millivolt.

millpond ['mılpɒnd / mill·pond] *s.* gora di mulino // *the sea was as smooth as a* —, il mare era liscio come l'olio.

millrace ['mılreıs / mill·race] *s.* corrente d'acqua, condotta forzata che aziona un mulino.

millstone ['mılstəʊn / mill·stone] *s.* **1** macina // *to be between the upper and nether* —, (*fig.*) essere fra l'incudine e il martello // *to see through a* —, avere il dono della chiaroveggenza // *to weep millstones*, non piangere affatto // *your eyes drop millstones, when fools' eyes fall tears*, (SH. Richard III) i tuoi occhi sono asciutti come pietre, quando quelli dei gonzi versano lacrime **2** (*fig.*) peso, gravame: *to be a — round s.o.'s neck*, essere una palla al piede per qlcu.

millwright ['mılraıt / mill·wright] *s.* **1** tecnico del montaggio e della manutenzione di macchinari **2** carpentiere.

milometer → **mileometer**.

milord [mı'lɔ:d / mi·lord] *s.* 'milord', signore.

milquetoast ['mılk,təʊst / milque·toast] *s.* (*fam. amer.*) coniglio, persona timida, paurosa.

milt [mılt] *s.* **1** (*macelleria*) milza **2** liquido seminale, latte (di pesce).

to **milt** *v.tr.* fecondare (di pesce).

milter ['mıltə*] *s.* pesce maschio (nel periodo della fecondazione).

Miltonian [mıl'təʊnıən / Mil·ton·ian] **Miltonic** [mıl'tɒnık / Mil·tonic] *agg.* miltoniano.

mime [maım] *s.* (*teatr.*) **1** mimo **2** parodia.

to **mime** *v.tr.* e *intr.* (*teatr.*) **1** mimare **2** parodiare.

mimeograph ['mımıəgrɑ:f *amer.* 'mımıəgræf / mi·meo·graph] *s.* (*tip.*) ciclostile.

to **mimeograph** *v.tr.* ciclostilare.

mimesis [mı'mi:sıs / mi·mesis] *s.* **1** mimesi **2** (*zool.*) mimetismo.

mimetic(al) [mı'metık(l) / mi·metic, mi·met·ical] *agg.* mimetico (*anche zool.*) // **-ally** *avv.*

mimetism ['mımə,tızm / mi·met·ism] *s.* (*zool.*) mimetismo.

mimic ['mımık] *agg.* **1** imitativo, mimetico: — *coloration*, colorazione mimetica; — *skill*, abilità imitativa **2** finto, simulato: *a — battle*, una battaglia simulata **3** (*zool.*) mimetico, che si mimetizza ◆ *s.* **1** imitatore **2** imitazione.

to **mimic** *pass.p.p.* **mimicked** ['mımıkt / mim·icked] *v.tr.* **1** mimare; imitare, scimmiottare; parodiare: *she can — the actresses very well*, essa sa imitare molto bene le attrici **2** imitare; simulare; copiare: *wood painted to — marble*, legno dipinto ad imitazione del marmo ◆ *v.intr.* (*zool.*) mimetizzarsi.

mimicker ['mımıkə* / mim·icker] *s.* **1** imitatore **2** (*zool.*) animale mimetico.

mimicry ['mımıkrı / mim·icry] *s.* **1** mimica; imitazione; parodia **2** (*zool.*) mimetismo: *protective* —, mimetismo protettivo.

mimosa [mı'məʊzə *amer.* mı'məʊsə / mi·mosa] *s.* (*bot.*) mimosa.

mimulus ['mımjʊləs / mimu·lus] *s.* (*bot.*) mimulo.

mina ['maınə] *pl.* **minae** ['maıni:] *s.* (*st.*) mina (moneta greca del valore di 100 dracme).

minable → **mineable**.

minaret ['mınəret / min·aret] *s.* minareto.

minatory ['mınətərı *amer.* 'mınətɔ:rı / min·at·ory] *agg.* (*form.*) minatorio; minaccioso.

mince [mıns] *s.* carne tritata.

to **mince** *v.tr.* **1** tritare, tagliuzzare, sminuzzare **2** (*fig.*) attenuare; mitigare // *not to — matters*, per parlare con franchezza **3** pronunciare con affettazione: *to — one's words*, parlare con affettazione ◆ *v.intr.* **1** comportarsi con affettazione **2** camminare a passettini, in modo affettato e effeminato.

minced [mınst] *agg.* tritato, sminuzzato.

mincemeat ['mınsmi:t / mince·meat] *s.* **1** carne tritata AMER. ground meat // *to make — of sthg., s.o.*, (*fig.*) fare polpette di, demolire qlco., qlcu. **2** misto di mele, frutta secca, uvetta usato come ripieno.

mincer ['mınsə*] *s.* tritacarne.

mincing ['mınsıŋ / min·cing] *agg.* affettato; lezioso: — *gait*, portamento affettato, effeminato // **-ly** *avv.*

mind [maınd] *s.* **1** mente, insieme delle facoltà intellettive; senno, cervello, testa: *a keen* (o *penetrating*) —, una mente acuta; *a sound* —, una mente equilibrata // *to be in one's right* —, essere sano di mente; *to be out of one's* —, esser fuori di sé; *to lose one's* —, perdere la testa, impazzire // *it is a load* (o *weight*) *off my* —, mi sono tolto un pensiero // *to put in* —, (*ant.*) far presente: *it were well / the general were put in mind of it*, (SH. Othello) sarebbe bene che questo fosse fatto presente al generale **2** mente, intelligenza: *to put one's — to sthg.*, applicarsi, dedicarsi a qlco.; *to get one's — round a problem*, comprendere, capire a fondo un problema; *to set one's — on sthg.*, mettersi in mente, in testa di fare qlco. **3** mente, genio: *he was one of the great minds of the century*, fu una delle grandi menti del secolo **4** mente, pensiero: *to keep one's — on, off sthg.*, pensare continuamente, smettere di pensare a qlco. // *I have a lot on my* —, ho molti pensieri, molte preoccupazioni; *she has something on her* —, qualcosa la preoccupa // *it never crossed my* —, non mi è mai passato per la testa // *at the back of my — was the idea that we had met before*, mi sembrava di ricordare che ci eravamo già conosciuti // *to have a good — to*, avere la ferma intenzione di; *to make up one's* —, decidersi // *you've got a dirty* —, sei un porco // *to be bored out of one's* —, essere annoiato a morte // *to be stoned out of one's* —, essere ubriaco fradicio; essere fatto, drogato **5** opinione, parere, idea: *to speak one's* —, esprimere chiaramente il proprio parere; *to change one's* —, cambiare opinione, parere // *to my* —, secondo me // *we are of a* (o *one*) —, siamo dello stesso parere; *I am of your* —, sono del tuo parere, la penso come te // *to give s.o. a piece* (o *a bit*) *of one's* —, (*fam.*) dire chiaramente a qlcu. che cosa si pensa di lui // *not to know one's own* —, essere indeciso; *to be in two minds*, esitare // *turn of* —, mentalità, modo di vedere (le cose) **6** spirito, animo: *state, frame of* —, stato d'animo, umore; *presence of* —, presenza di spirito; *peace of* —, serenità, tranquillità **7** mente, memoria, facoltà di ricordare: *to bear* (o *to keep*) *in* —, tenere a mente, ricordare; *to call* (o *to bring*) *sthg. to* —, ricordare qlco.; *to bring* (o *to recall*) *sthg. to s.o.'s* —, richiamare qlco. alla mente di qlcu.; *to put s.o. in — of sthg.*, far ricordare qlco. a qlcu.; *to pass* (o *to go*) *out of s.o.'s* —, essere dimenticato da qlcu.; *to slip one's* —, uscire di mente // *time out of* —, tempo immemorabile // *out of sight, out of* —, (*prov.*) lontan dagli occhi, lontan dal cuore **8** (*fil.*) mente; spirito // *the Mind*, Dio, Ente Supremo: *haunted forever by the eternal Mind*, (WORDSWORTH) pervaso per sempre dallo spirito eterno **9** (*relig.*) messa di suffragio (per un defunto) // *month's* —, messa di trigesimo.

to **mind** *v.tr.* **1** badare a, occuparsi di; aver cura di, accudire, sorvegliare: *my mother minds the baby while I'm at work*, mia madre mi guarda il bambino mentre sono al lavoro; *they won't — us*, non baderanno a noi // *to — the store*, (*fam. amer.*) mandare avanti la baracca **2** (*anche intr.*) fare attenzione a; preoccuparsi di: — (*out*)*!*, attenzione!; — *the step!*, attenzione allo scalino!; — *you don't fall*, attento a non cadere; — *what I tell you*, fa' attenzione a quello che ti dico // — *your head*, attento alla testa, a non sbattere la testa // *never —!*, non importa, non ti preoccupare!; *never you* —, non ti riguarda // *to — one's p's and q's*, (*fam. amer.*) fare attenzione (a quello che si dice e a quello che si fa) // *drink this, it's strong* — (*you*), bevi questo, attento che è forte // *he's going to drive to Paris; — you it won't be easy*, ha intenzione di andare in macchina a Parigi; ma, bada, non sarà uno scherzo // *the old chap taught him a great deal, mind you*, (J. JOYCE) il vecchio gli insegnò tanto, sa! **3** (*anche intr.*) (I) importare; spiacere (*spec. interr.* o *neg.*): *do you — my smoking* (o *if I smoke*)*?*, le spiace se fumo?; *do you — the door open?*, ti dà fastidio la porta aperta?; *if you don't* —, se non le spiace; *if you don't — my saying so*, (*form.*) se mi permettete di dirlo, mi sia consentito il dire; *I don't — trying*, sono disposto a provare; *I wouldn't — a glass of whisky*, non mi dispiacerebbe un whisky **4** (*antiq.*) obbedire a; seguire i consigli di: *he never minded his mother's advice*, non si è mai curato dei consigli di sua madre **5** (*ant.*) ricordare.

mind-bender ['maınd,bendə*] *s.* (*fam.*) **1** allucinogeno **2** rompicapo.

mind-bending ['maınd,bendıŋ] *agg.* (*fam.*) **1** allucinogeno **2** molto impegnativo, difficile da risolvere: *a — problem*, un rompicapo.

mind-blowing ['maınd,bləʊıŋ] *agg.* molto eccitante; incredibile; allucinante: *a — experience*, un'esperienza incredibile, allucinante.

mind-boggling ['maınd,bɒglıŋ] *agg.* (*fam.*) stupefacente, sbalorditivo.

minded ['maındıd] *agg.* **1** incline, disposto, portato; del parere: *do it if you are so* —, fatelo, se siete di quel parere **2** (*nei composti*) dalla mentalità; dalla mente: *ecology-* —, cosciente dell'importanza dell'ecologia; *book-* —, che ama i libri; *free-* —, senza preoccupazioni, spensierato; *strong-* —, deciso, energico // **-ly** *avv.* // **-ness** *s.*

minder ['maındə*] *s.* **1** (*fam.*) guardia del corpo; gorilla **2** (*fam.*) guida, mentore **3** entra nella formazione di parole composte per indicare 'sorvegliante, custode': *a child-* —, una bambinaia.

to **mind-fuck** ['maɪnd,fʌk] *v.tr.* e *intr.* (*sl. amer. volg.*) fare il lavaggio del cervello (a).

mindful ['maɪndfʊl / mind·ful] *agg.* **1** memore: *to be — of one's duties*, essere memore dei propri doveri **2** attento, che si preoccupa: *to be — of one's good name*, difendere il proprio buon nome // **-ly** *avv.* // **-ness** *s.*

mindless ['maɪndlɪs / mind·less] *agg.* **1** irrazionale; irragionevole: — *violence*, violenza cieca **2** noioso; stupido: — *job*, lavoro noioso, ripetitivo **3** noncurante: *to be — of danger*, essere incurante del pericolo // **-ly** *avv.* // **-ness** *s.*

mind reader ['maɪnd,ri:də*] *s.* chi legge il, nel pensiero.

mind reading ['maɪnd,ri:dɪŋ] *s.* lettura del pensiero.

mine[1] [maɪn] *pron.poss.* *1ª pers. sing.* il mio, la mia, i miei, le mie: *your books and —*, i vostri libri ed i miei; *this book is —*, questo libro è mio // *a book of —*, un mio libro // *— own*, (*ant.*) il mio proprio ◆ *agg. poss.* (*ant.*, *poet.*) mio, mia, miei, mie: *the light offended mine eyes*, (D. DEFOE) la luce mi faceva male agli occhi.

mine[2] *s.* **1** miniera: — *shaft*, pozzo di miniera; *to work in the mines*, lavorare in miniera **2** (*fig.*) fonte; miniera: *a — of information*, una miniera di notizie **3** (*mil. mar.*) mina: *to set off* (o *to spring*) *a —*, far brillare una mina; — *detector*, rilevatore di mine; — *disposal*, disinnesco di mine; *seaground —*, mina navale di fondo; — *hunter*, cacciatore di mine.

to **mine**[2] *v.tr.* **1** (*miner.*) estrarre **2** scavare (gallerie ecc.) **3** (*mil.*) minare; (*fig.*) rendere difficoltoso: *his career was mined with difficulties*, la sua carriera fu irta di difficoltà ◆ *v.intr.* **1** (*miner.*) fare scavi; fare lavori sotterranei **2** lavorare in miniera **3** (*mil.*) posare mine.

mineable ['maɪnəbl / mine·able] *agg.* (*miner.*) estraibile (di giacimento).

minefield ['maɪnfi:ld / mine·field] *s.* (*mil.*) campo minato (*anche fig.*).

minelayer ['maɪn,leɪə* / mine·layer] *s.* (*mar.*) nave posamine.

miner ['maɪnə*] *s.* **1** minatore **2** minatore continuo (macchina scavatrice in sotterraneo).

mineral ['mɪnərəl / min·eral] *agg.* **1** minerale: — *fuel*, combustibile minerale; — *oil*, olio minerale; petrolio; — *pitch*, asfalto naturale; — *spring*, fonte di acqua minerale naturale; — *water*, acqua minerale; — *wax*, cera minerale, ozocerite; — *wool*, lana minerale **2** minerario: — *resources*, risorse minerarie; — *rights*, diritti minerari ◆ *s.* **1** minerale: — *processing*, preparazione dei minerali **2** (*ant.*) filtro: *thou hast... abused her delicate youth with drugs or minerals*, (SH. Othello) tu hai... violentato la sua delicata giovinezza con droghe e filtri.

mineralisation [,mɪnərəlaɪ'zeɪʃn / min·er·al·isa·tion] *s.* (*geol.*) mineralizzazione.

to **mineralise** ['mɪnərəlaɪz / min·er·al·ise] *v.tr.* (*geol.*) mineralizzare.

mineraliser ['mɪnərəlaɪzə* / min·er·al·iser] *s.* (*geol.*) mineralizzatore.

mineralist ['mɪnərəlɪst / min·er·al·ist] *s.* mineralista.

to **mineralize** e *deriv.* (*spec. amer.*) → to **mineralise** e *deriv.*

mineralogical [,mɪnərə'lɒdʒɪkl / min·era·lo·gical] *agg.* mineralogico.

mineralogist [,mɪnə'rælədʒɪst / min·er·al·ogist] *s.* mineralogista.

mineralogy [,mɪnə'rælədʒɪ / min·er·al·ogy] *s.* mineralogia.

minesweeper ['maɪn,swi:pə* / mine·sweeper] *s.* (*mar.*) dragamine.

minesweeping ['maɪn,swi:pɪŋ / mine·sweep·ing] *s.* (*mar.*) dragaggio (di mine).

minever → **miniver**.

minginess ['mɪndʒɪnɪs / mingi·ness] *s.* (*fam.*) meschinità, tirchieria.

mingle ['mɪŋgl] *s.* (*ant.*) mescolanza, miscuglio.

to **mingle** *v.tr.* mescolare; unire ◆ *v.intr.* mescolarsi; unirsi: *he mingled with his students*, si unì ai suoi studenti; *to — in the crowd*, mescolarsi nella folla // *when you get to the party I want you to —*, non isolarti, quando andrai al ricevimento.

mingy ['mɪndʒɪ] *agg.* (*fam.*) **1** avaro, tirchio; meschino **2** (*fam.*) scarno.

mini- ['mɪnɪ] *pref.* che significa 'molto piccolo, di formato ridotto'; it. mini-: *minibus*, minibus; *miniskirt*, minigonna; (*econ.*) *miniboom*, miniboom; *minimarket*, minimarket • Abbr. di *miniature.*

mini *s.* minigonna.

miniature ['mɪnətʃə* *amer.* 'mɪnətʃʊə* / mini·ature] *s.* miniatura: *to paint miniatures*, far miniature // *in —*, in miniatura, in scala ridotta ◆ *agg.* in miniatura, in scala ridotta: — *model*, modello in scala ridotta; — *golf*, minigolf; (*fot.*) — *camera*, microcamera.

miniaturist ['mɪnə,tʃʊərɪst / mini·atur·ist] *s.* miniaturista; miniatore.

miniaturization [,mɪnə,tjʊəraɪ'zeɪʃn / mini·atur·iza·tion] *s.* (*tecn.*) miniaturizzazione.

to **miniaturize** ['mɪnətʃəraɪz / mini·atur·ize] *v.tr.* (*tecn.*) miniaturizzare.

minibus ['mɪnɪbʌs / mini·bus] *s.* (*aut.*) minibus.

minicab ['mɪnɪkæb / mini·cab] *s.* piccolo taxi.

minidisc ['mɪnɪdɪsk / mini·disc] **minidiskette** [,mɪnɪdɪs'ket / mini·disk·ette] **minifloppy** ['mɪnɪ,flɒpɪ / mini·floppy] *s.* (*inform.*) minidisco.

minikin ['mɪnɪkɪn / mini·kin] *agg.* **1** (*non com.*) minuscolo (di cosa); grazioso, delicato // *and for one blast of thy minikin mouth / thy sheep shall take no harm*, (SH. King Lear) basta un richiamo della tua boccuccia per portar le pecore al sicuro **2** (*ant.*) affettato ◆ *s.* (*ant.*) cosa, persona insignificante.

minim ['mɪnɪm] *s.* **1** (*mus.*) minima AMER. half note **2** (*metrol.*) minima (unità di misura farmaceutica di volume = 1/16 di fluidram = circa 0,061612 cm^3, di peso = 1 grain = 64,8 mg) **3** (*non com.*) persona, animale, cosa minuscola **4** *pl.* (frati) minimi, paolotti.

minimal ['mɪnɪml / min·imal] *agg.* minimo; minimale.

minimalism ['mɪnɪməlɪzəm / min·im·al·ism] *s.* minimalismo.

minimalist ['mɪnɪməlɪst / min·im·al·ist] *agg.* e *s.* minimalista.

minimax ['mɪnɪmæks / mini·max] *s.* (*nella teoria dei giochi*) minimax, minimassimo.

minimization [,mɪnɪmaɪ'zeɪʃn / min·im·iza·tion] *s.* riduzione al minimo; (*econ.*) minimizzazione.

to **minimize** ['mɪnɪmaɪz / min·im·ize] *v.tr.* **1** minimizzare; ridurre al minimo: *to — the dangers of smoking*, ridurre al minimo i pericoli del fumo; (*econ.*) *to — the risks*, minimizzare i rischi **2** minimizzare; ridurre l'importanza di: *to — a failure*, minimizzare un insuccesso; *a smoker always minimizes the dangers of smoking*, un fumatore minimizza sempre i pericoli del fumo **3** (*inform.*) rimpicciolire a icona.

minimum ['mɪnɪməm / min·imum] *pl.* **minimums**, **minima** ['mɪnɪmə / min·ima] *s.* minimo: *with the — of inconvenience*, col minimo di disturbo; *to keep sthg. to a —*, tenere qlco. al minimo ◆ *agg.* minimo: — *price*, prezzo minimo; — *wage*, salario minimo, minimo salariale; (*dir.*) — *sentence*, minimo della pena.

minimus ['mɪnɪməs / min·imus] *agg.* (*sl.*) il più giovane (di almeno tre fratelli, a scuola): *Brown —*, il più giovane dei Brown.

mining ['maɪnɪŋ / min·ing] *s.* **1** (*miner.*) estrazione; attività mineraria: — *industry*, industria mineraria; — *company*, società mineraria; — *claim*, concessione mineraria; — *engineer*, ingegnere minerario **2** il mestiere di minatore **3** scavo (di gallerie ecc.) **4** (*mil.*) posa di mine.

minion ['mɪnjən / min·ion] *s.* **1** (*ant.*) favorito, beniamino **2** (*spreg.*) schiavo, lacchè, servo **3** (*tip.*) (carattere di) corpo 7.

miniseries [,mɪnɪ'sɪəri:z / mini·series] *s.* (*tv*) miniserie.

miniskirt ['mɪnɪskɜ:t / mini·skirt] *s.* minigonna.

minister ['mɪnɪstə* / min·is·ter] *s.* **1** ministro: *the Prime Minister*, il primo ministro; *Minister for Foreign Affairs*, ministro degli (affari) esteri // — *plenipotentiary*, ministro plenipotenziario **2** (*eccl.*) ministro (del culto); superiore (di alcuni ordini di religiosi) **3** rappresentante diplomatico **4** (*fig.*) (*non com.*) strumento: — *of evil*, strumento del male.

to **minister** *v.intr.* **1** portare aiuto; dare assistenza; provvedere: *to — to s.o.'s needs*, provvedere ai bisogni di qlcu.; *the soldiers ministered to the victims of the earthquake*, i soldati soccorsero le vittime del terremoto // *she ministered to his vanity*, (*fig.*) ella lusingava la sua vanità **2** (*eccl.*) officiare; rivestire dignità di ministro ◆ *v.tr.* (*ant.*) fornire; procurare; somministrare.

ministerial [,mɪnɪ'stɪərɪəl / min·is·ter·ial] *agg.* **1** ministeriale: — *meeting*, riunione ministeriale; — *regulation*, regolamento ministeriale **2** governativo: — *decree*, decreto governativo // — *benches*, il banco del governo; i sostenitori del governo in carica **3** (*eccl.*) sacerdotale **4** (*non com.*) strumentale // **-ly** *avv.*

ministering angel ['mɪnɪstərɪŋ'eɪndʒəl] *s.* (*letter.*) angelo tutelare.

ministrant ['mɪnɪstrənt / min·is·trant] *s.* **1** (*eccl.*) celebrante, officiante **2** (*non com.*) chi provvede.

ministration [,mɪnɪ'streɪʃn / min·is·tra·tion] *s.* **1** (*eccl.*) ministero; cura spirituale **2** (*form.*) cura; assistenza: *thanks to the ministrations of his nurse, he recovered*, guarì grazie alle cure della sua infermiera.

ministry ['mɪnɪstrɪ / min·is·try] *s.* **1** ministero: *Ministry of Defence*, ministero della difesa **2** sacerdozio, ministero sacerdotale **3** clero **4** (*ant.*) ministero, missione; servizio.

minium ['mɪnɪəm / min·ium] *s.* (*chim.*) minio.

minivan ['mɪnɪvæn / mini·van] *s.* furgoncino.

miniver ['mɪnɪvə* / min·iver] *s.* (*zool.*) **1** vaio **2** (*fam.*) pelo di ermellino o altro animale, purché bianco.

mink [mɪŋk] *s.* **1** visone: *a — coat*, una pelliccia di visone **2** (*zool.*) mustelide: (*Mustela vison*) visone; (*Mustela lutreola*) lutreola **3** (*fam. amer.*) persona sessualmente promiscua; ninfomane **4** (*fam. amer.*) donna sveglia e attraente.

minnow ['mɪnəʊ / min·now] *s.* ciprinide, pesciolino d'acqua dolce// *a big fish among the minnows*, un gigante fra i pigmei.

Minoan [mɪ'nəʊən / Mi·noan] *agg.* (*archeol.*) minoico.

minor ['maɪnə* / mi·nor] *agg.* **1** minore; più piccolo; meno grande; meno importante: *he was a — poet*, era un poeta minore // *— coin*, moneta di metallo vile // (*mecc.*) *— diameter*, diametro interno **2** (*mus.*) (in tono) minore: *a symphony in G —*, una sinfonia in sol minore **3** il minore (di due fratelli, a scuola): *Brown —*, il minore dei Brown ◆ *s.* **1** (*dir.*) minorenne **2** (*fil.*) premessa minore **3** (*eccl.*) frate minore **4** (*sl. amer.*) materia complementare (in un corso di studi).

minorant ['mɪnərənt / mi·nor·ant] *agg.* e *s.* (*mat.*) minorante.

minorite ['maɪnəraɪt / mi·nor·ite] *s.* minorita, frate minore francescano.

minority [maɪ'nɒrətɪ *amer.* maɪ'nɔ:rətɪ / mi·nor·ity] *s.* **1** minoranza: *— government*, governo di minoranza // (*dir.*): *— opinion*, opinione di minoranza; *— rights*, diritti delle minoranze // (*econ.*) *— interest*, partecipazione di minoranza // (*fis.*) *— carrier*, portatore minoritario **2** (*dir.*) minore età.

minster ['mɪnstə* / min·ster] *s.* **1** chiesa di una abbazia, di un monastero **2** cattedrale: *York Minster*, la cattedrale di York.

minstrel ['mɪnstrəl / min·strel] *s.* **1** menestrello, giullare **2** (*fig.*) poeta, cantore **3** *pl.* suonatori ambulanti (generalmente bianchi travestiti da neri).

minstrel show ['mɪnstrəl,ʃəʊ] *s.* spettacolo di varietà presentato da artisti generalmente bianchi ma truccati da neri (con un repertorio di musiche, battute ecc. che si rifà alla cultura nera).

minstrelsy ['mɪnstrəlsɪ / min·strelsy] *s.* (*rar.*) **1** canto, musica dei menestrelli **2** poesia giullaresca: *for still the burden of thy minstrelsy / was knighthood's dauntless deed*, (W. SCOTT) il ritornello della tua poesia eran le gesta intrepide della cavalleria.

mint[1] [mɪnt] *s.* **1** zecca // *— condition*, fior di conio; *in — condition*, come nuovo // (*econ.*) *— par*, parità (monetaria) legale intrinseca **2** forte somma: *he made a — selling newspapers*, ha fatto i soldi vendendo giornali **3** (*fig.*) miniera, fonte.

to **mint**[1] *v.tr.* coniare (*anche fig.*).

mint[2] *s.* **1** (*bot.*) menta: *— sauce*, salsa alla menta **2** (caramella alla) menta.

mintage ['mɪntɪdʒ / mint·age] *s.* (*econ.*) monetaggio, diritto di monetazione.

mint-mark ['mɪnt,mɑ:k] *s.* marchio di zecca.

mint-master ['mɪnt,mɑ:stə* *amer.* 'mɪnt ,mæstə*] *s.* direttore della zecca.

minty ['mɪntɪ] *agg.* che ha sapore, profumo di menta.

minuend ['mɪnjʊend / minu·end] *s.* (*mat.*) minuendo.

minuet [,mɪnjʊ'et / min·uet] *s.* (*mus.*) minuetto.

minus ['maɪnəs] *agg.* (*mat.*) **1** meno: *the — sign*, il segno meno **2** con segno meno, negativo: $-3x^2$ is a — quantity, $-3x^2$ è una quantità negativa; *the accounts show a — figure*, i conti espongono uscite maggiori delle entrate ◆ *s.* (*mat.*) meno.

minus *prep.* **1** meno: *9 — 5 is 4*, 9 meno 5 dà 4 **2** (*fam.*) senza: *he came back — an eye*, ritornò privo di un occhio.

minuscule ['mɪnəskju:l / min·us·cule] *agg.* minuscolo, piccolo ◆ *s.* lettera minuscola; (*tip.*) carattere minuscolo.

minute[1] [maɪ'nju:t *amer.* maɪ'nu:t / mi·nute] *agg.* **1** minuto, minuscolo: *— writing*, scrittura minuta; *— particles of dust*, minuscoli granelli di polvere **2** minuto, minuzioso, preciso: *a — description*, una descrizione minuziosa, precisa // **-ness** *s.*

minute[2] ['mɪnɪt / min·ute] *s.* **1** minuto (primo): *five minutes to six*, le sei meno cinque; *to be five minutes late*, essere in ritardo di cinque minuti // *— hand*, lancetta dei minuti **2** (*fam.*) breve spazio di tempo, istante, momento: *I'll come in a —*, vengo subito; *wait a —*, aspetta un momento // *last —*, ultimo momento: *last — decision*, decisione dell'ultimo momento // *this —*, subito, adesso // *at any —*, in qualsiasi momento // *the — (that)*, non appena: *I'll tell you the — he gets here*, te lo dirò non appena arriverà // *to the —*, in punto: *the train left at five o'clock to the —*, il treno partì alle cinque in punto **3** (*mat.*) la sessantesima parte di un grado **4** nota, appunto; minuta: *to take a — of sthg.*, prendere nota di qlco. **5** *pl.* processo verbale: *to keep the minutes of the meetings*, tenere i verbali delle riunioni.

minutely [maɪ'nju:tlɪ *amer.* maɪ'nu:tlɪ / mi·nute·ly] *avv.* minutamente, dettagliatamente.

minuteman ['mɪnɪtmæn / mi·nute·man] *pl.* **minutemen** ['mɪnɪtmen] *s.* (*st. amer.*) volontario dell'esercito (durante la Rivoluzione) pronto a prendere servizio in qualsiasi momento.

minutia [maɪ'nju:ʃɪə *amer.* maɪ'nu:ʃɪə / mi·nu·tia] *pl.* **minutiae** [maɪ'nju:ʃɪi: *amer.* maɪ 'nu:ʃɪi:] *s.* (*gener.pl.*) minuzia, minimo particolare.

minx [mɪŋks] *s.* (*fam.*) sfacciatella; civetta.

Miocene ['maɪəsi:n / Mio·cene] *s.* (*geol.*) miocene.

Miocenic [,maɪə'senɪk / Mio·cenic] *agg.* (*geol.*) miocenico.

miosis [maɪ'əʊsɪs / mi·osis] *s.* (*med.*) miosi.

miotic [maɪ'ɒtɪk / mi·otic] *agg.* (*med.*) miotico.

miracle ['mɪrəkl / mir·acle] *s.* **1** miracolo; prodigio: *the miracles of Christ*, i miracoli di Cristo; *to work a —*, fare un miracolo; *that surgeon performs* (o *accomplishes*) *miracles*, quel chirurgo fa miracoli; *it was a — that he passed the examination*, ha superato l'esame per miracolo // *economic —*, miracolo economico **2** (*teatr.*) miracolo (sacra rappresentazione medievale).

miracle play ['mɪrəkl,pleɪ] *s.* (*st. teatr.*) miracolo.

miraculous [mɪ'rækjʊləs / mi·ra·cu·lous] *agg.* miracoloso; prodigioso; straordinario // **-ly** *avv.* // **-ness** *s.*

mirage ['mɪrɑ:ʒ *amer.* mɪ'rɑ:ʒ / mir·age] *s.* (*meteor.*) miraggio (*anche fig.*).

mire ['maɪə*] *s.* **1** acquitrino, pantano **2** fango, melma: *to sink into the —*, affondare nel fango // *to be in the —*, (*fig.*) essere in difficoltà // *to drag s.o.* (o *s.o.'s name*) *through the —*, (*fig.*) trascinare qlcu. (o il nome di qlcu.) nel fango.

to **mire** *v.tr.* (*rar.*) **1** infangare, inzaccherare; sporcare di fango **2** (*fig.*) mettere in difficoltà ◆ *v.intr.* (*rar.*) affondare nel fango.

miriness ['maɪərɪnɪs / miri·ness] *s.* (*rar.*) fangosità.

mirk [mɜ:k] *agg.* (*ant.*) buio: *watchful, lurking mid the unrustling reed, / at those mirk hours the wily monster lies*, (W. COLLINS) guardingo, nascosto tra le immobili canne giace l'astuto mostro in quelle ore buie.

mirror ['mɪrə* / mir·ror] *s.* specchio (*anche fig.*): *full-length —*, specchio a tutt'altezza // (*aut.*) *rear-view* (o *rear-vision*) *—*, specchietto retrovisore // *magic —*, specchio magico // (*fin.*) *— swap*, swap inverso, speculare (stipulato con la controparte originaria) // *— writing*, scrittura a specchio.

to **mirror** *v.tr.* **1** riflettere **2** (*fig.*) rispecchiare: *his writings — his times*, i suoi scritti rispecchiano la sua epoca, i suoi tempi.

mirroring ['mɪrərɪŋ / mir·ror·ing] *s.* (*inform.*) procedura per la duplicazione (di un disco).

mirth [mɜ:θ] *s.* (*letter.*) allegria, gioia // *— provoking*, che suscita ilarità.

mirthful ['mɜ:θfʊl / mirth·ful] *agg.* (*letter.*) allegro, gioioso // **-ly** *avv.*// **-ness** *s.*

mirthless ['mɜ:θlɪs / mirth·less] *agg.* (*letter.*) senza allegria, triste, cupo // **-ly** *avv.* // **-ness** *s.*

miry ['maɪərɪ] *agg.* (*form.*) fangoso, melmoso; infangato.

mis- [mɪs] *pref.* di origine anglosassone che significa: **1** 'cattivo, male'; it. s-, dis-: *misfortune*, sfortuna; *misadventure*, disavventura; *misdeed*, cattiva azione **2** 'sbagliato': *to misapprehend*, capire male; *to misdate*, datare erroneamente **3** 'negazione, il contrario'; it. s-, dis-: *mistrust*, sfiducia; *misfit*, disadatto.

misadventure [,mɪsəd'ventʃə* / mis·ad·ven·ture] *s.* disavventura, infortunio // (*dir.*): *homicide by —*, omicidio preterintenzionale; *death by —*, morte accidentale.

misadventured [,mɪsəd'ventʃəd / mis·ad·ven·tured] *agg.* (*ant.*) sfortunato.

misadventurous [,mɪsəd'ventʃərəs / mis·ad·ven·tur·ous] *agg.* (*non com.*) sfortunato.

to **misadvise** ['mɪsəd'vaɪz / mis·ad·vise] *v.tr.* (*form.*) consigliare male.

misadvised [,mɪsəd'vaɪzd / mis·ad·vised] *agg.* (*ant.*) malconsigliato.

misalliance [,mɪsə'laɪəns / mis·al·li·ance] *s.*

'mésalliance', matrimonio male assortito (*anche fig.*).

misallied [,mɪsə'laɪd / mis·allied] *agg.* mal sposato; male assortito (*anche fig.*).

misallocation [,mɪs,æləʊ'keɪʃn / mis·al·loca·tion] *s.* (*econ.*) errata allocazione: — *of resources*, errata allocazione delle risorse.

misanthrope ['mɪzənθrəʊp / mis·an·thrope] *s.* (*form.*) misantropo.

misanthropic(al) [,mɪzən'θrɒpɪk(l) / mis·an·thropic, mis·an·throp·ical] *agg.* misantropico.

misanthropist [mɪ'zænθrəpɪst / mis·an·throp·ist] *s.* (*form.*) misantropo.

misanthropy [mɪ'zænθrəpɪ / mis·an·thropy] *s.* misantropia.

misapplication [,mɪs,æplə'keɪʃn / mis·ap·plica·tion] *s.* applicazione erronea; uso erroneo.

to **misapply** [,mɪsə'plaɪ / mis·apply] *v.tr.* applicar male; usare erroneamente.

misappreciated [,mɪsə'pri:ʃɪeɪtɪd / mis·ap·pre·ci·ated] *agg.* (*rar.*) misconosciuto.

misappreciation [,mɪsə,pri:ʃɪ'eɪʃn / mis·ap·pre·ci·ation] *s.* (*rar.*) misconoscimento.

to **misapprehend** [,mɪsæprɪ'hend / mis·ap·pre·hend] *v.tr.* (*form.*) capire male, fraintendere.

misapprehension [,mɪsæprɪ'henʃn / mis·ap·pre·hen·sion] *s.* (*form.*) malinteso, equivoco, errata interpretazione: *we, you, they were* (*labouring*) *under a* —, è stato un malinteso.

to **misappropriate** [,mɪsə'prəʊprɪeɪt / mis·ap·pro·pri·ate] *v.tr.* appropriarsi indebitamente di (*anche dir.*).

misappropriation [,mɪsə,prəʊprɪ'eɪʃn / mis·ap·pro·pri·ation] *s.* appropriazione indebita (*anche dir.*): — *of public funds*, peculato.

to **misarrange** [,mɪsə'reɪndʒ / mis·ar·range] *v.tr.* (*form.*) disporre in ordine errato.

misarrangement [,mɪsə'reɪndʒmənt / mis·ar·range·ment] *s.* (*form.*) ordine sbagliato.

to **misbecome** [,mɪsbɪ'kʌm / mis·be·come] *pass.* **misbecame** [,mɪsbɪ'keɪm] *p.p.* **misbecome** *v.tr.* essere inadatto a, non conveniente a.

misbecoming [,mɪsbɪ'kʌmɪŋ / mis·be·com·ing] *agg.* inadatto, non conveniente.

misbegotten [,mɪsbɪ'gɒtn / mis·be·got·ten] *agg.* **1** (*form.*) illegittimo, bastardo **2** strampalato; scombinato: *this is one of his — ideas*, questa è una delle sue idee strampalate.

to **misbehave** [,mɪsbɪ'heɪv / mis·be·have] *v.tr.* e *intr.*: *to* — (*oneself*), comportarsi male.

misbehaviour [,mɪsbɪ'heɪvjə* / mis·be·ha·viour] *s.* cattivo comportamento.

misbelief [,mɪsbɪ'li:f / mis·be·lief] *s.* falsa credenza; eresia.

to **misbelieve** [,mɪsbɪ'li:v / mis·be·lieve] *v.intr.* avere una falsa credenza; credere in una falsa dottrina.

misbeliever [,mɪsbɪ'li:və* / mis·be·liever] *s.* miscredente.

misbilling [mɪs'bɪlɪŋ / mis·bill·ing] *s.* (*inform.*) errore di fatturazione.

misbirth [,mɪs'bɜ:θ / mis·birth] *s.* (*ant.*) aborto.

misborn [,mɪs'bɔ:n / mis·born] *agg.* (*non com.*) **1** abortivo **2** deforme dalla nascita **3** illegittimo.

to **miscalculate** [,mɪs'kælkjʊleɪt / mis·cal·cu·late] *v.tr.* e *intr.* **1** calcolar male **2** giudicar male.

miscalculation [mɪs,kælkjʊ'leɪʃn / mis·cal·cu·la·tion] *s.* **1** calcolo errato **2** giudizio errato.

to **miscall** [,mɪs'kɔ:l / mis·call] *v.tr.* chiamare impropriamente.

miscarriage ['mɪskærɪdʒ, ,mɪs'kærɪdʒ / mis·car·riage] *s.* **1** (*med.*) aborto **2** insuccesso, fiasco // — *of justice*, errore giudiziario **3** disguido, smarrimento (postale): — *of goods*, smarrimento di merce; *in case of* —, in caso di disguido.

to **miscarry** [mɪs'kærɪ / mis·carry] *v.intr.* **1** (*med.*) abortire **2** fallire; non riuscire: *all his plans miscarried*, tutti i suoi piani fallirono **3** (*non com.*) smarrirsi; non giungere a destinazione (di merce, lettera ecc.).

to **miscast** [,mɪs'kɑ:st *amer.* ,mɪs'kæst / mis·cast] *pass.p.p.* **miscast** *v.tr.* (*teatr.*, *cinem.*) **1** assegnare a (un attore, un'attrice) una parte inadatta **2** distribuire (le parti) in modo errato **3** fare (un film), mettere in scena (un dramma) con attori non adatti.

miscasting [,mɪs'kɑ:stɪŋ *amer.* ,mɪs'kæstɪŋ / mis·cast·ing] *s.* **1** (*teatr.*, *cinem.*) errata distribuzione delle parti **2** (*non com.*) errore di calcolo.

miscegenation [,mɪsɪdʒɪ'neɪʃn / mis·ce·gena·tion] *s.* (*non com.*) incrocio di razze (specialmente tra la bianca e la nera).

miscellanea [,mɪsɪ'leɪnjə / mis·cel·la·nea] *s.pl.* (*form.*) miscellanea; raccolta di scritti vari.

miscellaneous [,mɪsɪ'leɪnjəs / mis·cel·lan·eous] *agg.* **1** miscellaneo; misto; eterogeneo: — *expenses*, spese varie **2** (*non com.*) versatile, multiforme // **-ly** *avv.* // **-ness** *s.*

miscellany [mɪ'selənɪ *amer.* 'mɪsəleɪnɪ / mis·cel·lany] *s.* raccolta di miscellanea; miscellanea.

mischance [,mɪs'tʃɑ:ns *amer.* ,mɪs'tʃæns / mis·chance] *s.* (*form.*) disdetta; sfortuna; disgrazia: *by* —, per disgrazia; per sfortuna.

mischief ['mɪstʃɪf / mis·chief] *s.* **1** [U] marachella; birichinata: *to be up to some* (o *to get into*) —, combinarne qualcuna **2** [U] malizia; furberia: *she looked at him, her eyes full of* —, lo guardò con occhi pieni di malizia; *there was no — in her*, non c'era malizia in lei, non l'ha fatto per malizia **3** (*fam. antiq.*) monello; birba; bricconcello: *he is a little* —, è un bricconcello, un bambino vivacissimo, che ne combina di tutti i colori **4** [U] danno, torto, male: *the — of it is that...*, il guaio è che...; *to keep out of* —, (*fam.*) non far guai; *to do s.o., oneself a* —, fare un torto, del male a qlcu., a se stesso; *to make* —, creare discordia, seminare zizzania // *he did that out of pure* —, l'ha fatto per pura cattiveria **5** (*dir.*) reato, atto illecito: *public* —, reato contro la collettività, contro l'ordine pubblico.

mischief-maker ['mɪstʃɪf,meɪkə*] *s.* chi semina zizzania, maldicente.

mischief-making ['mɪstʃɪf,meɪkɪŋ] *agg.* maldicente; maligno ◆ *s.* maldicenza; malignità.

mischievous ['mɪstʃɪvəs / mis·chiev·ous] *agg.* **1** (*fam.*) vivace; birichino; dispettoso // *she is as — as a monkey*, è dispettosa come una scimmia **2** malizioso; piccante: *a — piece of gossip*, un pettegolezzo piccante // **-ly** *avv.* // **-ness** *s.*

miscibility [,mɪsɪ'bɪlətɪ / mis·cib·il·ity] *s.* (*chim.*) miscibilità.

miscible ['mɪsɪbl / mis·cible] *agg.* (*chim.*) miscibile.

to **miscomprehend** ['mɪs,kɒmprɪ'hend / mis·com·pre·hend] *v.tr.* (*rar.*) fraintendere.

miscomprehension ['mɪs,kɒmprɪ'henʃn / mis·com·pre·hen·sion] *s.* (*rar.*) fraintendimento.

to **misconceive** [,mɪskən'si:v / mis·con·ceive] *v.tr.* **1** progettare male **2** (*form.*) fraintendere; farsi un'idea sbagliata di.

misconception [,mɪskən'sepʃn / mis·con·cep·tion] *s.* fraintendimento; idea sbagliata.

misconduct [,mɪs'kɒndʌkt / mis·con·duct] *s.* (*form.*) **1** cattiva condotta; (*dir.*) adulterio **2** cattiva amministrazione.

to **misconduct** [,mɪskən'dʌkt] *v.tr.* **1** *to — oneself*, comportarsi male; (*dir.*) commettere adulterio **2** dirigere, amministrare male: *to — one's business* (o *one's affairs*), amministrare male i propri affari.

misconfiguration [,mɪskən,fɪgjʊ'reɪʃn / mis·con·fig·ura·tion] *s.* (*inform.*) errata definizione della configurazione.

misconstruction [,mɪskəns'trʌkʃn / mis·con·struc·tion] *s.* **1** equivoco, fraintendimento; falsa interpretazione (*anche dir.*): — *of law*, erronea interpretazione della legge; *to be open to* —, essere equivoco, ambiguo **2** (*gramm.*) costruzione sbagliata.

to **misconstrue** [,mɪskən'stru: / mis·con·strue] *v.tr.* **1** fraintendere, interpretare male **2** (*gramm.*) costruire male (una frase).

miscopy ['mɪs'kɒpɪ / mis·copy] *s.* errore di copiatura.

to **miscopy** *v.tr.* sbagliare a copiare.

miscount [,mɪs'kaʊnt / mis·count] *s.* (*non com.*) conteggio, calcolo erroneo.

to **miscount** *v.tr.* e *intr.* contare, calcolare male.

miscreance ['mɪskrɪəns / mis·cre·ance] *s.* (*ant.*) miscredenza.

miscreancy ['mɪskrɪənsɪ / mis·creancy] *s.* (*ant.*) infamia, scelleratezza.

miscreant ['mɪskrɪənt / mis·cre·ant] *agg.* e *s.* (*ant.*) **1** scellerato, canaglia **2** miscredente; eretico.

miscreated [,mɪskrɪ'eɪtɪd / mis·created] *agg.* (*rar.*) malformato; deforme.

miscue ['mɪs'kju: / mis·cue] *s.* (*biliardo*) colpo sbagliato.

to **misdate** [,mɪs'deɪt / mis·date] *v.tr.* (*non com.*) datare erroneamente.

misdeal [,mɪs'di:l / mis·deal] *s.* (*a carte*) distribuzione errata.

to **misdeal** *pass.p.p.* **misdealt** [,mɪs'delt / mis·dealt] *v.tr.* e *intr.* (*a carte*) distribuire male.

misdeed [,mɪs'di:d / mis·deed] *s.* (*form.*) cattiva azione; misfatto.

to **misdemean** [,mɪsdɪ'mi:n / mis·de·mean] *v.tr.* e *intr.* (*rar.*): *to* — (*oneself*), comportarsi male.

misdemeanant [,mɪsdɪ'mi:nənt / mis·de·mean·ant] *s.* (*dir.*) colpevole.

misdemeanour [,mɪsdɪ'mi:nə* / mis·de·

mean·our] amer. **misdemeanor** *s.* (*dir.*) **1** infrazione; illecito di lieve entità **2** (*ant.*) misfatto, illecito.

misdemeanour court [ˌmɪsdɪˈmiːnəˌkɔːt] *s.* (*dir.*) pretura.

to **misdescribe** [ˌmɪsdɪˈskraɪb / mis·de·scribe] *v.tr.* (*non com.*) descrivere in modo inesatto.

misdescription [ˌmɪsdɪˈskrɪpʃn / mis·de·scrip·tion] *s.* (*dir.*) descrizione inesatta.

misdiagnosis [ˌmɪsˌdaɪəgˈnəʊsɪs / mis·dia·gnosis] *s.* (*inform.*) errore diagnostico.

to **misdirect** [ˌmɪsdɪˈrekt / mis·dir·ect] *v.tr.* (*form.*) **1** indirizzare male **2** (*dir.*) dare istruzioni erronee a: *the judge misdirected the jury*, il giudice diede istruzioni erronee alla giuria.

misdirection [ˌmɪsdɪˈrekʃn / mis·dir·ec·tion] *s.* **1** (*form.*) indicazione sbagliata; informazione sbagliata; indirizzo errato **2** (*dir.*) istruzione erronea.

misdoing [ˌmɪsˈduːɪŋ / mis·do·ing] *s.* (*non com.*) misfatto.

to **misdoubt** [ˌmɪsˈdaʊt / mis·doubt] *v.tr.* e *intr.* (*ant.*) dubitare di; sospettare.

mise-en-scène [ˌmɪzɒnˈseɪn] *s.* (*fr.*) (*teatr.*, *anche fig.*) messa in scena; regia.

to **misemploy** [ˌmɪsɪmˈplɔɪ / mis·em·ploy] *v.tr.* (*non com.*) impiegare, usare erroneamente.

miser [ˈmaɪzə*] *s.* avaro, taccagno, spilorcio.

miserable [ˈmɪzərəbl / mis·er·able] *agg.* **1** triste, infelice; avvilito: *he was in a — mood*, era molto avvilito; *to feel* —, sentirsi depresso **2** deprimente, spiacevole, penoso: — *journey*, viaggio penoso; *what — weather!*, che tempo orribile! **3** miserabile, misero, povero: *they lived in a — slum*, vivevano in un miserabile tugurio; *it was a — result*, fu un misero risultato; *five — pounds*, cinque miserabili sterline; *a — meal*, un pasto insufficiente; — *salary*, salario irrisorio // **-ness** *s.* // **-bly** *avv.*

Miserere [ˌmɪzəˈrɪərɪ / Mis·er·ere] *s.* **1** (*eccl. mus.*) miserere **2** → **misericord** 2.

misericord [mɪˈzerɪkɔːd / mis·eri·cord] *s.* **1** (*eccl.*) piccolo refettorio per i monaci esentati dall'obbligo del digiuno **2** misericordia (mensola d'appoggio sotto il sedile mobile degli stalli del coro) **3** (*st.*) misericordia (pugnale per dare il colpo di grazia).

miserliness [ˈmaɪzəlɪnɪs / miser·li·ness] *s.* avarizia, taccagneria, spilorceria.

miserly [ˈmaɪzəlɪ] *agg.* avaro, taccagno, spilorcio; sordido.

misery [ˈmɪzərɪ / mis·ery] *s.* **1** sofferenza; infelicità; tormento: *to put an animal out of its* —, dare il colpo di grazia a un animale; *to put s.o. out of his, her* —, liberare qlcu. dalle sofferenze **2** indigenza, povertà: *to live in — and want*, vivere in estrema indigenza **3** (*fam.*) persona triste, deprimente: *he's a real* —, è uno che (al solo vederlo) ti deprime **4** (*spec. pl.*) avversità.

misesteem [ˌmɪsɪˈstiːm / mis·esteem] *s.* (*rar.*) disistima; discredito.

to **misestimate** [ˌmɪsˈestɪmeɪt / mis·estim·ate] *v.tr.* stimare, giudicare erroneamente; disprezzare.

misestimation [ˈmɪsˌestɪˈmeɪʃn / mis·estima·tion] *s.* giudizio sbagliato.

misfeasance [ˌmɪsˈfiːzəns / mis·feas·ance] *s.* (*dir.*) infrazione alla legge; abuso d'autorità.

misfire [ˌmɪsˈfaɪə* / mis·fire] *s.* **1** mancata detonazione (di esplosivo); cilecca (di arma da fuoco) **2** (*aut.*) accensione difettosa, mancata accensione **3** (*elettr.*) difetto di accensione.

to **misfire** *v.intr.* **1** far cilecca; incepparsi (di arma da fuoco) **2** (*aut.*) avere difetti di accensione; perdere colpi **3** (*fig. fam.*) fallire (il colpo); andare a vuoto: *his plan to buy both companies has misfired*, il suo progetto di acquistare le due società è fallito, andato a vuoto.

misfit [ˈmɪsfɪt / mis·fit] *s.* **1** abito, indumento che non si adatta bene **2** (*fig.*) spostato, disadattato.

misfortune [ˌmɪsˈfɔːtʃuːn / mis·for·tune] *s.* sfortuna, sventura; disgrazia: *to suffer* —, subire una disgrazia // *misfortunes never come singly*, (*prov.*) le disgrazie non vengono mai sole.

to **misgive** [ˌmɪsˈgɪv / mis·give] *pass.* **misgave** [ˌmɪsˈgeɪv / mis·gave] *p.p.* **misgiven** [ˌmɪsˈgɪvn / mis·given] *v.tr.* (*rar.*) **1** far presentire disgrazie a **2** ispirare diffidenza, sospetto a ♦ *v.intr.* essere apprensivo.

misgiving [ˌmɪsˈgɪvɪŋ / mis·giv·ing] *s.* apprensione, cattivo presentimento; timore: *despite his misgivings he lent me his car*, vinse i suoi timori e mi prestò la macchina.

to **misgovern** [ˌmɪsˈgʌvən / mis·gov·ern] *v.tr.* governare, amministrare male, disonestamente.

misgovernment [ˌmɪsˈgʌvənmənt / mis·gov·ern·ment] *s.* malgoverno; cattiva amministrazione.

misguidance [ˌmɪsˈgaɪdəns / mis·guid·ance] *s.* (*non com.*) **1** cattivo consiglio **2** malaccortezza.

to **misguide** [ˌmɪsˈgaɪd / mis·guide] *v.tr.* consigliare male; fuorviare.

misguided [ˌmɪsˈgaɪdɪd / mis·guided] *agg.* malconsigliato, malaccorto, incauto; fuorviante: — *enthusiasm*, incauto entusiasmo; — *idea*, idea fuorviante.

to **mishandle** [ˌmɪsˈhændl / mis·handle] *v.tr.* trattare male; maltrattare; maneggiare male.

mishap [ˈmɪshæp / mis·hap] *s.* infortunio; incidente; contrattempo: *a slight* —, un lieve incidente.

to **mishear** [ˌmɪsˈhɪə* / mis·hear] *pass.p.p.* **misheard** [ˌmɪsˈhɜːd / mis·heard] *v.tr.* udire male; fraintendere.

mishit [ˌmɪsˈhɪt / mis·hit] *s.* colpo sbagliato.

to **mishit** *pass.p.p.* **mishit** *v.tr.* colpire male (una palla).

mishmash [ˈmɪʃmæʃ / mish·mash] *s.* accozzaglia, guazzabuglio.

to **misinform** [ˌmɪsɪnˈfɔːm / mis·in·form] *v.tr.* dare informazioni erronee.

misinformation [ˈmɪsˌɪnfəˈmeɪʃn / mis·in·forma·tion] *s.* informazione sbagliata; disinformazione, cattiva informazione.

misinformed [ˈmɪsˌɪnˈfɔːmd / mis·in·formed] *agg.* disinformato, informato male.

to **misinterpret** [ˌmɪsɪnˈtɜːprɪt / mis·in·ter·pret] *v.tr.* interpretare male, fraintendere.

misinterpretation [ˈmɪsɪnˌtɜːprɪˈteɪʃn / mis·in·ter·preta·tion] *s.* interpretazione erronea.

misinvestment [ˌmɪsɪnˈvestmənt / mis·in·vest·ment] *s.* (*econ.*) investimento sbagliato.

misjoinder [ˌmɪsˈdʒɔɪndə* / mis·join·der] *s.* (*dir.*) erronea riunione di procedimenti.

to **misjudge** [ˌmɪsˈdʒʌdʒ / mis·judge] *v.tr.* e *intr.* giudicare male; farsi un'opinione sbagliata (di).

misjudgement [ˌmɪsˈdʒʌdʒmənt / mis·judge·ment] *s.* giudizio erroneo; opinione sbagliata.

misknowledge [ˌmɪsˈnɒlɪdʒ / mis·know·ledge] *s.* (*rar.*) equivoco, malinteso.

to **mislay** [ˌmɪsˈleɪ / mis·lay] *pass.p.p.* **mislaid** [ˌmɪsˈleɪd / mis·laid] *v.tr.* collocare in un posto sbagliato; non trovare più: *I've mislaid my glasses*, non so più dove ho messo gli occhiali (e non li trovo).

to **mislead** [ˌmɪsˈliːd / mis·lead] *pass.p.p.* **misled** [ˌmɪsˈled] *v.tr.* **1** fuorviare; indurre in errore **2** traviare.

misleading [ˌmɪsˈliːdɪŋ / mis·lead·ing] *agg.* fuorviante; ingannevole.

to **mislike** [ˌmɪsˈlaɪk / mis·like] *v.tr.* sentire avversione, antipatia per; disapprovare.

to **mismanage** [ˌmɪsˈmænɪdʒ / mis·man·age] *v.tr.* amministrare male; dirigere male.

mismanagement [ˌmɪsˈmænɪdʒmənt / mis·man·age·ment] *s.* cattiva amministrazione; cattiva direzione.

mismatch [mɪsˈmætʃ / mis·match] *s.* **1** divario, discrepanza; abbinamento sbagliato, non corrispondenza **2** (*sport*) incontro impari.

to **mismatch** *v.tr.* assortire male.

to **mismate** [ˌmɪsˈmeɪt / mis·mate] *v.tr.* e *intr.* (*non com.*) **1** accoppiare, accoppiarsi erroneamente **2** (*mecc.*) non combaciare; non ingranare.

to **misname** [ˌmɪsˈneɪm / mis·name] *v.tr.* nominare, chiamare impropriamente.

misnomer [ˌmɪsˈnəʊmə* / mis·nomer] *s.* **1** errore di nome (*anche dir.*) **2** definizione non appropriata: *to call him a painter is a* —, non è appropriato chiamarlo pittore.

misogamist [mɪˈsɒgəmɪst / miso·gam·ist] *s.* misogamo.

misogamy [mɪˈsɒgəmɪ / miso·gamy] *s.* misogamia.

misogynist [mɪˈsɒdʒɪnɪst / miso·gyn·ist] *s.* misogino.

misogyny [mɪˈsɒdʒɪnɪ / miso·gyny] *s.* misoginia.

mispi(c)kel [ˈmɪˌspɪkəl / mis·pi(c)kel] *s.* (*min.*) arsenopirite.

to **misplace** [ˌmɪsˈpleɪs / mis·place] *v.tr.* **1** collocar male (affetto, confidenza): *his trust was misplaced*, la sua fiducia era malriposta, non era rivolta a persona degna di lui **2** collocare fuori posto: *the captions are misplaced*, le didascalie sono fuori posto.

misplacement [ˌmɪsˈpleɪsmənt / mis·place·ment] *s.* **1** il collocare male (affetto, confidenza) **2** collocazione fuori posto.

misprint [ˈmɪsprɪnt / mis·print] *s.* refuso, errore di stampa.

to **misprint** [ˌmɪsˈprɪnt] *v.tr.* stampare con

refusi: *the title has been misprinted*, ci sono errori di stampa nel titolo.

misprision[1] [,mɪs'prɪʒn / mis·pri·sion] *s.* **1** (*dir. ant.*) atto illecito // — *of felony*, favoreggiamento tramite omissione (di avviso all'autorità circa la commissione di un reato) **2** errore di interpretazione; equivoco: *there is some strange misprision in the princes*, (SH. Much Ado About Nothing) ci sono degli strani equivoci fra i principi.

misprision[2] *s.* (*ant.*) disistima.

to **misprize** [,mɪs'praɪz / mis·prize] *v.tr.* (*non com.*) **1** disprezzare **2** sottovalutare **3** (*ant.*) sbagliare: *you spend your passion on a misprized mood*, (SH. Midsummer Night) t'accendi d'ira per un sentimento sbagliato.

to **mispronounce** [,mɪsprə'naʊns / mis·pro·nounce] *v.tr.* pronunciare male, storpiare.

mispronunciation ['mɪsprə,nʌnsɪ'eɪʃn / mis·pro·nun·ci·ation] *s.* pronuncia scorretta; errore di pronuncia.

misquotation [,mɪskwəʊ'teɪʃn / mis·quo·ta·tion] *s.* citazione erronea.

to **misquote** [,mɪs'kwəʊt / mis·quote] *v.tr.* citare erroneamente.

to **misread** [,mɪs'ri:d / mis·read] *pass.p.p.* **misread** [,mɪs'red] *v.tr.* **1** leggere erroneamente **2** interpretare erroneamente: *to — s.o.'s feelings*, sbagliarsi sui sentimenti di qlcu.

to **misremember** [,mɪsrɪ'membə* / mis·re·mem·ber] *v.tr.* e *intr.* ricordare male.

misreport [,mɪsrɪ'pɔ:t] / mis·re·port] *s.* rapporto, resoconto falso, non corretto.

to **misreport** *v.tr.* riportare male, in modo non corretto.

to **misrepresent** ['mɪs,reprɪ'zent] / mis·rep·res·ent] *v.tr.* **1** rappresentare erroneamente; travisare; dare un'idea sbagliata di **2** (*dir.*) fare una dichiarazione falsa su.

misrepresentation ['mɪs,reprɪzen'teɪʃn / mis·rep·res·enta·tion] *s.* **1** esposizione erronea, travisata **2** (*dir.*) falsa dichiarazione.

misrule [,mɪs'ru:l / mis·rule] *s.* **1** malgoverno; cattiva amministrazione **2** disordine, confusione.

to **misrule** *v.tr.* governare male.

miss[1] [mɪs] *s.* **1** colpo mancato; perdita // *to give sthg. a* —, tralasciare, evitare di fare qlco. // *a — is as good as a mile*, per poco o per molto, non ce l'hai comunque fatta // *the robbers entered the bank as I walked out, it was a lucky* —, l'ho scampata bella, mentre uscivo dalla banca i rapinatori entravano **2** (*fam.*) fiasco, insuccesso: *the musical was a* —, il musical è stato un fiasco **3** (*ant.*) accensione difettosa.

to **miss**[1] *v.tr.* **1** mancare (il colpo): *to — the target*, mancare il bersaglio; *he doesn't — a trick*, (*fam.*) non perde un colpo // *to — the* (o *one's*) *mark*, mancare il bersaglio; (*fig.*) non raggiungere il proprio scopo **2** perdere (il treno, un'occasione ecc.): *you will — your train*, perderete il treno; *to — the bus*, perdere l'autobus; *to — the bus* (o *the boat*), (*fig.*) perdere l'occasione, arrivare troppo tardi **3** non riuscire a prendere; non afferrare, non capire: *he missed the ball*, non riuscì ad afferrare la palla; *I — lots of words when you speak so quickly*, quando parli così in fretta, perdo parecchie parole // *to — the point*, non afferrare l'essenziale **4** sbagliare; fallire: *the pub is opposite the supermarket, you can't — it*, il bar è davanti al supermercato, non puoi sbagliare; *he missed his footing*, mise il piede in fallo **5** tralasciare, omettere: *he missed his lunch*, saltò il pranzo; *he never misses a football match*, non manca mai alla partita di calcio; *he hasn't missed a lesson in two years*, non ha perso una lezione in due anni **6** (I) mancare poco che, rischiare di; evitare, schivare: *he just missed being killed*, poco mancò che fosse ucciso; *the car just missed hitting the dog*, l'auto riuscì per un pelo a schivare il cane **7** notare la mancanza, la sparizione di; notare l'assenza di; (*fig.*) sentire la mancanza di: *I am missing some papers that were here on my desk*, mi mancano alcune carte che erano qui sulla scrivania; *when did you — your necklace?*, quando ti sei accorta che ti mancava la collana?; *we missed each other in the crowd*, ci perdemmo di vista tra la folla; *we shall — him badly*, sentiremo molto la sua mancanza ◆ *v.intr.* **1** mancare il bersaglio; fallire: *he fired and missed*, fece fuoco ma mancò il bersaglio **2** (*amer.*) far fiasco, essere un fallimento: *his play missed in New York*, la sua commedia ha fatto fiasco a New York **3** (*aut.*) perdere colpi (di motore) **4** mancare, essere carente; essere assente: *he has been missing for two days*, manca, è assente da due giorni.

□ **miss out** *v.tr.* e *avv.* tralasciare, omettere, saltare: *you've missed out a word*, hai saltato una parola ◆ *v.intr.* e *avv.* perdere: *if you stay at home, you'll — out on all the fun*, se stai a casa perdi tutto il divertimento.

miss[2] *s.* **1** signorina: *Miss Smith*, la signorina Smith // *the Misses Brown* (o *the Miss Browns*), (*form.*) le sorelle Brown **2** miss, vincitrice di concorso di bellezza: *Miss Europe*, Miss Europa **3** (*antiq.*) signorina (usato come vocativo di rispetto): *good morning*, —, buongiorno, signorina.

missal ['mɪsl / mis·sal] *s.* (*eccl.*) messale.

missel ['mɪzl / mis·sel] *s.* (*zool.*) (*Turdus viscivorus*) tordella SIN. storm-cock.

to **misset** [,mɪs'set / mis·set] *pass.p.p.* **misset** *v.tr.* collocar male.

to **misshape** [,mɪs'ʃeɪp / mis·shape] *v.tr.* deformare.

misshapen [,mɪs'ʃeɪpən / mis·shapen] *agg.* **1** deforme, malformato **2** sformato.

missile ['mɪsaɪl *amer.* 'mɪsl / mis·sile] *agg.* di, da tiro, da lancio ◆ *s.* missile; proietto: proiettile: *ballistic* —, missile balistico; *composite* —, missile pluristadio; *guided* —, missile guidato; *air-to-air* —, missile aria-aria; *air-to-surface* (o *air-to-ground*) —, missile aria-terra; *surface-to-air* (o *ground-to-air*) —, missile terra-aria; *surface-to-surface* (o *ground-to-ground*) —, missile terra-terra; *sea-to-ground* —, missile acqua-terra.

missileship ['mɪsaɪlʃɪp *amer.* 'mɪslʃɪp / mis·sile·ship] *s.* (*mar. mil.*) nave lanciamissili.

missilry ['mɪsəlrɪ / mis·silry] *s.* **1** missilistica **2** (totale di) missili.

missing ['mɪsɪŋ / miss·ing] *agg.* **1** smarrito, mancante: *the child is* —, non si trova il bambino; *where did you find the — book?*, dove hai trovato il libro che mancava? **2** disperso: *the* —, i dispersi; *he was reported* —, fu dato per disperso; — *in action*, disperso durante un'azione, in combattimento.

mission ['mɪʃn / mis·sion] *s.* **1** missione: *on a* —, in missione: *he was sent on a — to Paris*, fu mandato in missione a Parigi; *she thinks her — in life is to help him*, pensa che la sua missione nella vita sia di aiutarlo // *to fly a* —, compiere una missione di volo // — *accomplished!*, missione compiuta! **2** missione, sede di missionari: *foreign missions*, missioni estere; *the — lies to the north of the village*, la missione si trova a nord del villaggio **3** missione, delegazione: *trade* —, missione commerciale.

missionary ['mɪʃnrɪ *amer.* 'mɪʃnerɪ / mis·sion·ary] *agg.* e *s.* missionario // — *box*, cassetta dell'elemosina per le missioni.

missioner ['mɪʃnə* / mis·sioner] *s.* missionario.

missis ['mɪsɪz / mis·sis] → **missus**.

missive ['mɪsɪv / mis·sive] *s.* lettera ufficiale; (*antiq.*) missiva, lettera.

Missouri [mɪ'zʊərɪ / Mis·souri] *s.* (*fam. amer.*) **1** abitante del Missouri **2** persona incredula, San Tommaso.

to **misspell** [,mɪs'spel / mis·spell] *pass.p.p.* **misspelled**, **misspelt** [,mɪs'spelt / mis·spelt] *v.tr.* sbagliare l'ortografia di: *this word is misspelt*, l'ortografia di questa parola è sbagliata.

misspelling [,mɪs'spelɪŋ / mis·spell·ing] *s.* errore di ortografia.

to **misspend** [,mɪs'spend / mis·spend] *pass.p.p.* **misspent** [,mɪs'spent / mis·spent] *v.tr.* dissipare; spendere, impiegare male: *a misspent life*, una vita sprecata.

to **misstate** [,mɪs'steɪt / mis·state] *v.tr.* dichiarare, esporre in modo inesatto (*anche dir.*).

misstatement [,mɪs'steɪtmənt / mis·state·ment] *s.* dichiarazione, descrizione inesatta (*anche dir.*).

misstep ['mɪs,step / mis·step] *s.* passo falso (*anche fig.*).

missus ['mɪsəs] *s.* (*fam.* per *Mrs*) **1** signora, padrona: *the — is out*, la signora non c'è **2** (*scherz.*) signora, moglie: *the* —, la mia signora, mia moglie.

missy ['mɪsɪ] *s.* (*dim. pop.* di *miss*) signorinella.

mist [mɪst] *s.* **1** Ⓤ foschia, nebbia leggera, velo di nebbia: *the hills were hidden in* —, le colline erano avvolte nella foschia // *his breath turned to — in the cold morning air*, il suo fiato si trasformava in vapore nella fredda aria del mattino **2** appannamento (dei vetri); velo (davanti agli occhi): *a — of tears filled her eyes*, un velo di lacrime le appannava la vista; *to have a — before one's eyes*, avere un velo davanti agli occhi.

to **mist** *v.tr.* appannare: *steam mists glass*, il vapore appanna il vetro // *if that her breath will mist or stain the stone, why, then she lives*, (SH. King Lear) se il suo fiato appanna o macchia il vetro, ebbene, ella vive ◆ *v.intr.* appannarsi; velarsi: *her eyes misted*, le si velarono gli occhi (di lacrime); *the river was slowly misting*, un leggero velo di nebbia saliva dal fiume.

mistakable [mɪs'teɪkəbl / mis·tak·able] *agg.* confondibile, scambiabile: *twins are easily — for each other*, è facile scambiare un gemello per l'altro.

mistake [mɪs'teɪk / mis·take] *s.* errore; sbaglio; (*fam.*) strafalcione: *to make a* —, fare un errore; commettere uno sbaglio; *a tragic* —, un tragico errore // (*and*) *no* —, senza dubbio, non c'è dubbio: *she's a real singer, and no —*, è una vera cantante, non c'è dubbio // *make no —*, puoi essere sicuro, puoi star certo // (*dir.*) — *of law is not a defence*, l'errore di diritto non scrimina.

to **mistake** *pass.* **mistook** [mɪs'tʊk / mis·took] *p.p.* **mistaken** [mɪs'teɪkən / mis·taken] *v.tr.* **1** capire male, fraintendere: *you've mistaken my words*, hai capito male, non hai capito quello che volevo dire **2** sbagliare: *you've mistaken the number*, ha sbagliato numero // *there's no mistaking the fact that*, non si può sbagliare sul fatto che **3** confondere, scambiare: *she mistook him for his brother*, lo scambiò per suo fratello.

mistaken *p.p.* di to **mistake** ◆ *agg.* **1** in errore: *to be —*, sbagliare, sbagliarsi; *to be — about s.o., sthg.*, sbagliarsi nei riguardi di, su qlcu., qlco.; *I was — in thinking he was an artist*, sbagliavo a pensare che fosse un artista **2** erroneo, sbagliato; malinteso: *a — belief, idea*, una credenza, un'idea falsa, sbagliata; — *sense of honour*, malinteso senso dell'onore; — *statement*, dichiarazione errata; dichiarazione male interpretata; — *zeal*, zelo fuori posto **3** confuso, scambiato // — *identity*, errore di persona.

mister ['mɪstə* / mis·ter] *s.* **1** (abbr. *Mr*) signore: *Mr Jones*, il signor Jones // *Mr Chairman*, Signor Presidente **2** (*fam.*) signore: *what is the time, please, —?*, che ora è, signore?

Mister Charlie [,mɪstə'tʃɑ:lɪ] *s.* (*sl. amer.*) bianco (detto dai negri).

Mister Fixit [,mɪstə'fɪksɪt] *s.* (*fam. amer.*) persona capace di risolvere ogni problema.

Mister Nice Guy [,mɪstə'naɪsgaɪ] *s.* (*fam. amer.*) (*spesso iron.*) brava persona, degna di fiducia.

to **mistime** [,mɪs'taɪm / mis·time] *v.tr.* dire, fare intempestivamente, al momento sbagliato: *the actor mistimed his entry*, l'attore sbagliò il momento dell'entrata.

mistiness ['mɪstɪnɪs / mis·ti·ness] *s.* **1** brumosità, nebbiosità; appannamento: *the — on the windscreen*, l'appannamento del parabrezza **2** (*fig.*) poca chiarezza, nebulosità, oscurità: *the — of his style*, l'oscurità del suo stile.

mistletoe ['mɪsltəʊ / mis·tle·toe] *s.* (*bot.*) (*Viscum album*) vischio.

mistook *pass.* di to **mistak**.

mistral ['mɪstrəl / mis·tral] *s.* (*meteor.*) mistral, maestrale.

to **mistranslate** [,mɪstræns'leɪt / mis·trans·late] *v.tr.* tradurre in modo errato.

mistranslation [,mɪstræns'leɪʃn / mis·trans·la·tion] *s.* traduzione erronea; errore di traduzione.

to **mistreat** [,mɪs'tri:t / mis·treat] *v.tr.* maltrattare.

mistreatment [,mɪs'tri:tmənt / mis·treat·ment] *s.* U maltrattamento (*anche dir.*): — *of prisoners*, maltrattamento dei detenuti.

mistress ['mɪstrɪs *nel significato 6* 'mɪsɪz / mis·tress] *s.* **1** padrona, signora (*anche fig.*): *she is her own —*, è padrona di se stessa; *she is — of the situation*, ella domina la situazione; *Venice was once the — of the Adriatic*, Venezia era un tempo la signora dell'Adriatico **2** *Mistress of the Robes*, (*ant.*) guardarobiera della regina **3** (*antiq.*) maestra, esperta (in un'arte): *a — of needlework*, un'esperta nei lavori di cucito **4** insegnante **5** amante; mantenuta **6** (abbr. *Mrs*) signora: *Mrs Smith*, la signora Smith **7** (*ant.*) signora: *mistress, you are said to have the best ale in all Scotland*, (R. GREENE) signora, si dice che abbiate la miglior birra di tutta la Scozia.

mistrial [,mɪs'traɪəl / mis·trial] *s.* (*dir.*) procedimento giudiziario nullo; procedimento giudiziario che non giunge a conclusione per errori procedurali o incapacità della giuria a raggiungere un verdetto.

mistrust [,mɪs'trʌst / mis·trust] *s.* diffidenza; sfiducia; sospetto.

to **mistrust** *v.tr.* diffidare di; sospettare di.

mistrustful [,mɪs'trʌstfʊl / mis·trust·ful] *agg.* diffidente; sospettoso // **-ly** *avv.* // **-ness** *s.*

misty ['mɪstɪ] *agg.* **1** (*meteor.*) nebbioso; velato di nebbia: — *weather*, tempo nebbioso **2** nebuloso; vago, indistinto: — *recollection*, ricordo confuso, vago // **-ily** *avv.*

to **misunderstand** [,mɪsʌndə'stænd / mis·un·der·stand] *pass.p.p.* **misunderstood** [,mɪsʌndə'stʊd] *v.tr.* **1** capir male, fraintendere **2** non capire, non comprendere (una persona).

misunderstanding [,mɪsʌndə'stændɪŋ / mis·un·der·stand·ing] *s.* **1** malinteso, equivoco **2** dissapore, disaccordo; incomprensione.

misunderstood *pass.p.p.* di to **misunderstand** ◆ *agg.* **1** male interpretato **2** incompreso (di persona): *to feel —*, sentirsi incompreso.

misusage [,mɪs'ju:zɪdʒ / mis·us·age] *s.* **1** uso errato **2** maltrattamento.

misuse [,mɪs'ju:s / mis·use] *s.* abuso; cattivo uso di: — *of authority*, abuso di autorità.

to **misuse** [,mɪs'ju:z] *v.tr.* **1** usar male, fare un cattivo uso di; abusare di **2** maltrattare.

to **misvalue** [,mɪs'vælju: / mis·value] *v.tr.* valutare male; sottovalutare.

to **miswrite** [,mɪs'raɪt / mis·write] *pass.* **miswrote** [,mɪs'rəʊt / mis·wrote] *p.p.* **miswritten** [mɪs'rɪtn / mis·writ·ten] *v.tr.* scrivere scorrettamente.

mite[1] [maɪt] *s.* (*zool.*) acaro.

mite[2] *s.* **1** soldino, obolo (moneta): *to offer one's —*, dare il proprio obolo // *the widow's —*, piccola offerta fatta con il cuore **2** bimbo, piccino **3** oggetto piccino; piccola quantità: *there is not a — left*, non c'è più neanche una briciola ◆ *avv.* un po': *something a — stronger*, qlco. di un po' più forte.

miter *s.* (*amer.*) → **mitre**[1].

mithridate ['mɪθrɪdeɪt / mith·rid·ate] *s.* (*med.*) antidoto, contravveleno.

mithridatism [,mɪθrɪ'deɪtɪzm / mith·rid·at·ism] *s.* (*med.*) mitridatismo.

to **mitigate** ['mɪtɪgeɪt / mit·ig·ate] *v.tr.* mitigare; lenire; attenuare.

mitigating ['mɪtɪgeɪtɪŋ / mit·ig·at·ing] *agg.* che mitiga; che lenisce; (*dir.*) attenuante: — *circumstances* (o *factors*), circostanze attenuanti.

mitigation [,mɪtɪ'geɪʃn / mit·iga·tion] *s.* alleviamento; attenuazione.

mitigatory ['mɪtɪgeɪtərɪ / mit·ig·at·ory] *agg.* (*med.*) sedativo, lenitivo, calmante.

mitochondrion [,maɪtə'kɒndrɪən / mi·to·chon·drion] *pl.* **mitochondria** [,maɪtə'kɒndrɪə] *s.* (*biol.*) mitocondrio.

mitosis [mɪ'təʊsɪs / mi·tosis] *pl.* **mitoses** [mɪ'təʊsi:z] *s.* (*biol.*) mitosi.

mitral ['maɪtrəl / mi·tral] *agg.* **1** (*anat.*) mitrale: — *valve*, valvola mitrale, bicuspidale **2** (*med.*) mitralico: — *stenosis*, stenosi mitralica.

mitre[1] ['maɪtə*] *s.* **1** mitra (sorta di nastro o copricapo) **2** (*eccl.*) mitra, mitria; (*fig.*) dignità di vescovo.

mitre[2] *s.* (*tecn.*) **1** lato obliquo del giunto ad angolo retto **2** — (*joint*), giunto ad angolo retto **3** — (*square*), squadra a 45°.

to **mitre**[2] *v.tr.* (*tecn.*) **1** tagliare con un'angolatura di 45° **2** unire con un giunto ad angolo retto.

mitre box ['maɪtə,bɒks] *s.* (*tecn.*) cassetta per cornici.

mitt [mɪt] *s.* **1** manopola (guanto); (*pl.*) (*boxe, baseball*) guantoni **2** (*fam. amer.*) mano.

mitten ['mɪtn / mit·ten] *s.* manopola; guantone // *to get the —*, (*sl.*) essere licenziato; essere piantato dal partner.

to **mitt** *v.tr.* (*amer.*) **1** (*fam.*) stringere la mano a **2** (*sl.*) ammanettare.

mittimus ['mɪtɪməs / mit·ti·mus] *s.* **1** (*dir.*) mandato di cattura **2** (*fam.*) licenziamento: *to get one's —*, essere licenziato.

mitt-reader ['mɪt,ri:də*] *s.* (*fam. amer.*) chiromante.

mix [mɪks] *s.* **1** miscela, miscuglio; mescolanza: *cake —*, preparato per torte; *a — of races*, una mescolanza di razze **2** (*econ.*) composizione: *marketing —*, appropriata combinazione di tecniche di marketing; *policy —*, dosaggio delle politiche economiche (monetaria, fiscale, dei redditi).

to **mix** *v.tr.* **1** mescolare: *he mixed cocktails for everybody*, preparò i cocktail per tutti; *to — white and black to get grey*, mescolare il bianco con il nero per ottenere il grigio; *to — the ingredients of a cake*, mescolare gli ingredienti di una torta // *she mixed the salad*, condì l'insalata // (*cuc.*) *to — in*, incorporare (uova ecc.) **2** incrociare (negli allevamenti) **3** (*rad., cinem., tv*) missare **4** *to — it*, (*fam.*) lottare, combattere ◆ *v.intr.* mescolarsi (*anche fig.*): *oil doesn't — with water*, l'olio non si mescola con l'acqua; *she likes to — with artists*, le piace frequentare gli artisti.

□ **mix up** *v.tr.* e *avv.* **1** mescolare; confondere: *he is mixing everything up*, sta facendo una gran confusione **2** confondere, scambiare (una persona per un'altra) **3** coinvolgere, implicare (in azioni poco oneste) **4** *to — it up*, (*fam. amer.*) litigare; socializzare, frequentare.

mixable ['mɪksəbl / mix·able] *agg.* mescolabile.

mixed [mɪkst] *agg.* **1** misto; eterogeneo; promiscuo: — *school*, scuola mista // — *marriage*, matrimonio misto // — *economy*, economia mista // — *farming*, agricoltura mista (coltivazione e allevamento) **2** (*mat.*) misto (di numero).

mixed-ability [,mɪkstə'bɪlətɪ] *agg.* eterogeneo, con allievi di vario livello intellettivo.

mixed-media [,mɪkst'mi:djə] *agg.* (*pitt.*) che utilizza tecniche miste.

mixedness ['mɪkstnɪs / mixed·ness] *s.* (*non com.*) mescolanza.

mixed up [,mɪkst'ʌp] *agg.* **1** coinvolto; implicato: *he got — in a drug racket*, rimase coinvolto in un traffico di droga **2** confuso, disorientato // *I got* —, mi sono confuso, sbagliato.

mixer ['mɪksə*] *s.* **1** frullatore **2** (*fam.*) persona socievole: *he is a bad* —, è un orso; *she is a good* —, è affabile con tutti // *he's never been a terribly good mixer with other boys*, (J.D. SALINGER) non ha mai legato granché con gli altri ragazzi **3** (*cinem.*) tecnico del missaggio **4** (*mecc.*) agitatore, mescolatore // *cement* —, betoniera **5** (*rad.*) variatore di frequenza **6** (*tv*) miscelatore **7** acqua, soda, succo di frutta usati per diluire un superalcolico **8** (*fam. amer.*) ballo studentesco.

mixomycete [,mɪksəʊ,maɪ'si:tɪ / mixo·my·cete] *s.* (*bot.*) mixomicete.

mixture ['mɪkstʃə* / mix·ture] *s.* **1** mescolanza, miscuglio, misto: *a* — *of humour and tragedy*, un misto di umorismo e tragedia // *it's the same* — *as before*, (*fam.*) è sempre la stessa minestra, non è cambiato niente **2** (*med.*) mistura **3** (*chim.*) miscela, miscuglio, mescolanza: *explosive* —, miscela esplosiva; *freezing* —, miscela frigorifera.

mix-up ['mɪksʌp] *s.* (*fam.*) **1** confusione **2** baruffa; tumulto.

mizzen ['mɪzn] *agg.* e *s.* (*mar.*) (di) mezzana.

mizzenmast ['mɪznmɑ:st *amer.* 'mɪznmæst / mizzen·mast] *s.* (*mar.*) albero di mezzana.

mizzensail ['mɪznseɪl] / mizzen·sail] *s.* (*mar.*) (vela) mezzana.

mizzle[1] ['mɪzl] *s.* (*meteor.*) acquerugiola, pioviggine (mista a nebbia).

to **mizzle**[1] *v.intr.* piovigginare.

to **mizzle**[2] *v.intr.* (*antiq. fam.*) svignarsela.

mizzly ['mɪzlɪ] *agg.* (*antiq.*) piovigginoso.

mm [əm] *inter.* uhm, 'm: *"This house is lovely" "—, I know"*, "Bella, questa casa" "Uhm, lo so".

mnemonic [ni:'mɒnɪk / mne·monic] *agg.* mnemonico.

mnemonics [ni:'mɒnɪks / mne·mon·ics] *s.* ⓤ mnemonica.

mnemotechnics [,ni:mə'teknɪks / mne·mo·tech·nics] *s.* ⓤ mnemotecnica.

mo[1] [məʊ] *s. abbr.* (*fam.*) momento: *half a —!*, un momento! • Abbr. di *moment.*

mo[2] (*ant.*) → **more**.

moa ['məʊə] *s.* (*zool.*) (*Dinornis maximus*) moa gigante.

Moabite ['məʊəbaɪt / Moab·ite] *agg.* e *s.* (*st. biblica*) moabita.

moan [məʊn] *s.* gemito; lamento; pianto.

to **moan** *v.intr.* gemere (anche del vento); lamentarsi; piangere, piagnucolare: *stop moaning*, smettila di lamentarti; *she's always moaning about money*, piange sempre miseria ◆ *v.tr.* dire con voce lamentosa; piagnucolare: *he moaned yes*, emise un flebile sì; *she moaned an apology*, chiese scusa piagnucolando.

moaner ['məʊnə*] *s.* (*fam.*) persona che si autocommisera, che si piange addosso.

moat [məʊt] *s.* fosso, fossato.

to **moat** *v.tr.* cingere con un fossato.

moated ['məʊtɪd] *agg.* cinto con un fossato.

mob[1] [mɒb] *s.* **1** folla, ressa, calca: *to gather into a* —, affollarsi // — *scene*, (*fam. amer.*) luogo particolarmente affollato; *the press conference was a — scene*, la conferenza stampa era molto affollata **2** massa; popolo; plebe; folla sediziosa **3** (*sl. amer.*) banda criminale ◆ *agg.* delle masse; del popolo: — *psychology*, psicologia delle masse; — *law*, legge imposta a furor di popolo.

to **mob**[1] *pass.p.p.* **mobbed** [mɒbd] *v.tr.* **1** assalire; malmenare; aggredire: *the crowd wanted to — the house*, la folla voleva assalire la casa; *the thief was mobbed*, il ladro fu malmenato dalla folla **2** affollarsi, accalcarsi intorno a: *the police had to rescue the film star mobbed by the crowd*, la polizia dovette liberare la diva pressata dalla folla.

mob[2] *s.* **1** (*rar. ant.*) donna licenziosa **2** vestaglia per signora, négligé **3** → mob-cap.

mobbed up [,mɒbd'ʌp] *agg.* (*fam. amer.*) **1** controllato da associazioni criminose **2** implicato in loschi traffici.

mob-cap ['mɒbkæp] *s.* cuffia (da donna) con pizzi e volant.

mobile ['məʊbaɪl *amer.* 'məʊbl / mo·bile] *agg.* **1** mobile, movibile, spostabile: (*mil.*) — *troops*, truppe mobili; — *home*, (*amer.*) casa che può essere trasportata da un luogo a un altro // — *library*, biblioteca circolante, che si sposta di città in città **2** (*fig. form.*) instabile, variabile, volubile ◆ *s.* composizione artistica, decorativa mobile.

mobility [məʊ'bɪlətɪ / mo·bil·ity] *s.* (*form.*) mobilità: *the — of his features*, la mobilità del suo viso // (*fis.*) — *coefficient*, coefficiente di mobilità // (*econ.*) *lateral — of labour*, mobilità laterale della manodopera // — *allowance*, indennità di viaggio (per disabili).

mobilization [,məʊbɪlaɪ'zeɪʃn *amer.* ,məʊbɪlɪ'zeɪʃn / mo·bil·iza·tion] *s.* **1** mobilitazione (*anche mil.*) **2** (*fin.*) mobilizzazione.

to **mobilize** ['məʊbɪlaɪz / mo·bil·ize] *v.tr.* **1** mobilitare (*anche mil.*) **2** (*fin.*) mobilizzare: *to — capital, resources*, mobilizzare capitali, risorse.

to **moble** ['mɒbl] *v.tr.* (*ant.*) imbacuccare: *the mobled queen... / run barefoot up and down*, (SH. Hamlet) la regina imbacuccata... corse scalza su e giù.

mobster ['mɒbstə* / mob·ster] *s.* (*fam.*) criminale, gangster.

moccasin ['mɒkəsɪn / moc·casin] *s.* **1** mocassino **2** (*zool.*) *water* —, (*Agkistrodon piscivorous*) mocassino acquatico.

mocha ['mɒkə *amer.* 'məʊkə] *s.* (caffè) moca // — *cake*, (*non com.*) torta al caffè.

mock [mɒk] *agg.* **1** finto, simulato: *a — battle*, una battaglia simulata // (*dir.*): — *auction*, asta simulata; — *trial*, processo simulato (a fini didattici) **2** (*form.*) ironico; scherzoso; burlesco ◆ *s.* **1** (*fam.*) finto esame in preparazione di quello vero: *I'm taking my mocks next week*, proverò l'esame la settimana prossima **2** (*ant.*) derisione, scherno; burla // *to make — of s.o.*, canzonare qlcu. facendogli il verso **3** (*ant.*) cosa finta; imitazione // *to make a — of sthg.*, vanificare, svuotare di significato qlco.

to **mock** *v.tr.* **1** deridere, canzonare, schernire **2** imitare, fare il verso a, fare la caricatura di: *the actor mocked the president's accent*, l'attore fece il verso al presidente imitandone l'accento **3** vanificare ◆ *v.intr.* burlarsi; ridere: *he mocked at her fears*, rise delle sue paure.

mocker ['mɒkə*] *s.* chi deride, chi beffa; burlone // *to put the mockers on sthg.*, (*fam.*) far naufragare qlco.; rovinare qlco.: *the car breaking down has put the mockers on our holiday*, il guasto della macchina ci ha rovinato le vacanze.

mockery ['mɒkərɪ / mock·ery] *s.* **1** derisione, ironia, scherno: *with her usual* —, con la sua solita ironia **2** beffa, inganno; presa in giro: *life is a —, he said*, la vita è un inganno, egli disse // *to hold s.o., sthg. up to* —, prendere in giro qlcu., qlco. **3** zimbello **4** disastro, fallimento: *the play was a* —, la commedia è stata un disastro // *to make a — of sthg.*, vanificare, svuotare di significato qlco.

mock-heroic [,mɒkhɪ'rəʊɪk] *agg.* e *s.* (poema) eroicomico.

mockie ['mɒkɪ] *agg.* e *s.* (*fam. amer.*) ebreo.

mocking ['mɒkɪŋ / mock·ing] *agg.* beffardo, ironico, sarcastico: — *laughter*, una risata di scherno // **-ly** *avv.*

mockingbird ['mɒkɪŋbɜ:d / mock·ing·bird] *s.* (*zool.*) (*Mimus polyglottus*) mimo, tordo beffeggiatore.

mock-modesty [,mɒk'mɒdɪstɪ] *s.* falsa modestia.

mock moon ['mɒk,mu:n] *s.* (*astr.*) paraselene.

mock sun ['mɒk,sʌn] *s.* (*astr.*) parelio.

mock-up ['mɒkʌp] *s.* (*tecn.*) simulacro; modello dimostrativo (in grandezza naturale).

mocus ['məʊkəs] *agg.* (*fam. amer.*) confuso, incoerente.

mod [mɒd] *s.* (*sl.*) 'mod', membro di gruppi giovanili inglesi degli anni '60 i cui componenti indossavano abiti di una certa eleganza.

modacrylic [,mɒdə'krɪlɪk / mod·acrylic] *agg.* (*chim.*) modacrilico.

modal ['məʊdl] *agg.* (*log., gramm.*) modale // (*dir.*) — *legacy*, legato condizionale.

modalism ['məʊdəlɪzəm / mod·al·ism] *s.* (*teol.*) modalismo.

modality [məʊ'dælətɪ / mod·al·ity] *s.* (*form.*) modalità.

mod con [,mɒd'kɒn] *s.* comodità, comfort moderno: *a hotel equipped with all mod cons*, un albergo dotato di tutte le comodità, di tutti i comfort moderni • Abbr. di *modern convenience.*

mode [məʊd] *s.* **1** (*form.*) modo, maniera, modalità: (*comm.*) — *of payment*, modalità di pagamento **2** foggia, costume, usanza **3** (*fil., gramm.*) modo **4** (*mus.*) modo, tono **5** (*stat.*) moda **6** (*inform.*) modalità.

model ['mɒdl] *agg. attr.* **1** modello, che serve da modello: *a — wife*, una moglie modello // (*dir.*): — *contract*, contratto tipo; — *penal code*, (*amer.*) codice penale modello (elaborato dalla dottrina e preso a modello) // (*log.*) — *theory*, teoria dei modelli **2** in scala ridotta, in miniatura: — *car*, automobilina, modellino di automobile.

model *s.* **1** modello: *a — of an aeroplane*, un modello di aeroplano; *current* —, modello di serie; *special* —, modello fuori serie; *working* —, modello funzionante // (*arch.*) *plastic* —, plastico // *the latest Paris models*, gli ultimi modelli di Parigi **2** (*fig.*) copia: *she's a perfect — of her grandmother*, è la copia esatta di sua nonna **3** (*fig.*) modello, campione, esempio: *to be taken as a* —, essere preso ad esempio // *economic* —, modello economico // *mathematical* —, modello matematico **4**

(*pitt.*) modella **5** indossatrice, modella: *top —*, top model, indossatrice che riceve i compensi più alti // *male —*, indossatore.

to **model** *pass.p.p.* **modelled** ['mɒdld / mod·elled] *v.tr.* **1** modellare, plasmare, formare: *to — a hand in clay*, modellare una mano con la creta // *to — oneself on s.o.*, prendere a modello qlcu. **2** fare, costruire seguendo un modello: *the new skyscraper will be modelled on the Japanese ones*, il nuovo grattacielo sarà costruito secondo il modello giapponese // *his painting is modelled after* (o *on* o *upon*) *the old masters*, la sua pittura si rifà ai grandi pittori del passato **3** (*di modella*) presentare (un modello, un capo d'abbigliamento): *she modelled a lace evening dress*, ha presentato un abito da sera in pizzo ◆ *v.intr.* fare la modella; fare l'indossatrice; fare l'indossatore: *she models for a living*, si guadagna da vivere facendo la modella.

modeller ['mɒdlə* / model·ler] amer. **modeler** *s.* modellatore.

modelling ['mɒdlɪŋ / mod·el·ling] amer. **modeling** *s.* **1** modellatura **2** creazione di modelli.

Model-T [,mɒdl'ti:] *s.* (*amer.*) utilitaria di marca Ford degli anni '30; (*fig.*) macchinario affidabile ◆ *agg.* (*fam. amer.*) scadente, grossolano.

modem ['məʊdəm / mo·dem] *s.* (*tel., inform.*) modem • Abbr. di *modulator / demodulator*.

modena ['mɒdɪnə / mod·ena] *s.* color rosso scuro.

moderate ['mɒdərət / mod·er·ate] *agg.* **1** moderato; misurato; modico: *— speed*, velocità moderata; *— prices*, prezzi modici // *— talent*, scarso talento **2** temperato, moderato (del tempo): *a — wind*, un vento moderato ◆ *s.* (*pol.*) moderato // **-ly** *avv.* // **-ness** *s.*

to **moderate** ['mɒdəreɪt] *v.tr.* **1** moderare: *to — one's pretensions*, moderare le proprie pretese **2** calmare; temperare ◆ *v.intr.* **1** moderarsi **2** mitigarsi, calmarsi (di condizioni atmosferiche): *the wind is moderating*, il vento va calmandosi.

moderation [,mɒdə'reɪʃn / mod·era·tion] *s.* **1** (*form.*) moderazione; sobrietà: *in —*, moderatamente, senza eccessi; *without —*, smodatamente **2** diminuzione, calo: *— in temperature*, diminuzione di temperatura **3** *pl.* primo esame pubblico per la laurea in lettere a Oxford.

moderator ['mɒdəreɪtə* / mod·er·ator] *s.* **1** moderatore; mediatore **2** presidente (di un'assemblea nella Chiesa presbiteriana) // *Moderator of the Church of Scotland*, capo della Chiesa presbiteriana di Scozia **3** esaminatore **4** (*chim., fis. nucleare*) moderatore **5** (*mecc.*) regolatore, equilibratore.

modern ['mɒdən / mod·ern] *agg.* **1** moderno; recente: *— history*, storia moderna **2** moderno, attuale: *ancient and — times*, tempi antichi e moderni; *— languages*, lingue moderne; *— youth*, gioventù moderna // *secondary — school*, scuola secondaria (con indirizzo pratico) ◆ *s.* moderno, uomo dell'età moderna // **-ly** *avv.* // **-ness** *s.*

modernism ['mɒdənɪzəm / mod·ern·ism] *s.* **1** modernismo; modernità di vedute, di idee **2** neologismo.

modernist ['mɒdənɪst / mod·ern·ist] *agg.* e *s.* modernista.

modernistic [,mɒdə'nɪstɪk / mod·ern·istic] *agg.* modernistico.

modernity [mɒ'dɜ:nətɪ / mod·ern·ity] *s.* modernità.

modernization [,mɒdənaɪ'zeɪʃn *amer.* ,mɒdənɪ'zeɪʃn / mod·ern·iza·tion] *s.* **1** modernizzazione; aggiornamento: *technical —*, aggiornamento tecnico **2** ammodernamento; ristrutturazione: *they decided on the — of the hospital*, fu deciso l'ammodernamento dell'ospedale.

to **modernize** ['mɒdənaɪz / mod·ern·ize] *v.tr.* **1** modernizzare; aggiornare **2** ammodernare, rimodernare; ristrutturare ◆ *v.intr.* modernizzarsi.

modernizer ['mɒdənaɪzə* / mod·ern·izer] *s.* rimodernatore; innovatore.

modern movement ['mɒdən'mu:vmənt] *s.* (*arte, arch.*) movimento dei modernisti, modernismo.

modest ['mɒdɪst / mod·est] *agg.* **1** modesto; riservato: *he was — about his achievements*, egli era modesto a proposito dei suoi successi **2** modesto, pudico; castigato: *a — dress*, un abito modesto, castigato **3** modesto, moderato; modico: *at a — price*, a modico prezzo: *my demands are quite —*, le mie richieste sono proprio modeste // **-ly** *avv.*

modesty ['mɒdɪstɪ / mod·esty] *s.* **1** modestia; riserbo: *— is rare*, la modestia è rara // *in all —, I did it better*, modestamente, l'ho fatto meglio io **2** modestia, pudore; ritegno **3** moderatezza; modicità.

modicum ['mɒdɪkəm / mod·icum] *s.* briciola, briciolo (*anche fig.*): *a — of sense*, un briciolo di buon senso.

modifiability [,mɒdɪfaɪə'bɪlətɪ / modi·fi·ab·il·ity] *s.* modificabilità.

modifiable ['mɒdɪfaɪəbl / modi·fi·able] *agg.* modificabile.

modification [,mɒdɪfɪ'keɪʃn / mo·di·fica·tion] *s.* modificazione, modifica: *to make modifications in sthg.*, apportare delle modifiche a qlco.

modificative ['mɒdɪfɪkeɪtɪv / modi·fic·at·ive] *agg.* (*form.*) modificativo.

modificatory ['mɒdɪfɪkeɪtərɪ / modi·fic·at·ory] *agg.* (*non com.*) modificatore.

modified ['mɒdɪfaɪd / modi·fied] *agg.* **1** modificato, mutato **2** attenuato, mitigato: (*dir.*) *— penalty*, pena mitigata.

modifier ['mɒdɪfaɪə* / modi·fier] *s.* **1** modificatore, (*chim.*) agente modificatore **2** (*ling.*) elemento che modifica.

to **modify** ['mɒdɪfaɪ / mod·ify] *v.tr.* **1** modificare, correggere; mutare, cambiare: *he was obliged to — his plans*, fu costretto a modificare i suoi piani; (*dir.*) *to — a law*, modificare una legge **2** addolcire; attenuare, mitigare (una pena): *his character was modified by misfortune*, le avversità gli addolcirono il carattere **3** (*gramm.*) modificare.

modillion [məʊ'dɪljən / mo·dil·lion] *s.* (*arch.*) modiglione.

modish ['məʊdɪʃ / mod·ish] *agg.* (*form.*) **1** di moda, alla moda **2** affettato; stravagante; ridicolo // **-ly** *avv.* // **-ness** *s.*

modiste [məʊ'di:st / mod·iste] *s.* (*antiq.*) **1** modista **2** sarta (di lusso).

mods [mɒdz] (*sl. scolastico*) abbr. di → **moderation** 3.

modular ['mɒdjʊlə* / modu·lar] *agg.* modulare, componibile.

to **modulate** ['mɒdjʊleɪt *amer.* 'mɒdʒʊleɪt / modu·late] *v.tr.* e *intr.* (*mus., elettr., rad.*) modulare.

modulation [,mɒdjʊ'leɪʃn *amer.* ,mɒdʒʊ'leɪʃn / modu·la·tion] *s.* (*mus., elettr., rad.*) modulazione: *amplitude —* (abbr. AM), modulazione di ampiezza; *frequency —* (abbr. FM), modulazione di frequenza; *outphasing —*, modulazione per sfasamento; (*fis.*) *— factor*, fattore di modulazione.

modulation meter [,mɒdjʊ'leɪʃn,mi:tə*] *s.* modulometro.

modulator ['mɒdjʊleɪtə* *amer.* 'mɒdʒʊleɪtə* / modu·lator] *s.* (*mus., fis.*) modulatore.

module ['mɒdju:l *amer.* 'mɒdʒu:l / mod·ule] *s.* (*arch., tecn., inform.*) modulo: *command —*, modulo di comando; *lunar —*, modulo lunare.

modulus ['mɒdjʊləs *amer.* 'mɒdʒʊləs / modu·lus] *pl.* **moduli** ['mɒdjʊlaɪ *amer.* 'mɒdʒʊlaɪ / mod·uli] *s.* (*mat., mecc.*) modulo, coefficiente: *— of efficiency*, coefficiente di rendimento; *— of rupture*, resistenza alla flessione; *section —*, modulo di resistenza.

modus ponens [,məʊdəs'pəʊnenz] *s.* (*log.*) modus ponens.

moe [məʊ] (*ant.*) → **more**.

mofette [məʊ'fet / mo·fette] *s.* (*geol.*) mofeta.

mog [mɒg] **moggie** ['mɒgɪ / mog·gy] **moggy** *s.* (*fam.*) **1** micio **2** (*non com.*) mucca.

mog(h)ul ['məʊgʌl / mo·g(h)ul] *s.* **1** *Mog(h)ul*, mogol, mongolo // *the Great* (o *Grand*) *Mog(h)ul*, il Gran Mogol **2** (*fig.*) magnate, grande industriale, grande finanziere **3** (*amer.*) tipo di locomotiva **4** (*pl.*) carte da gioco della miglior qualità.

mohair ['məʊheə* / mo·hair] *s.* mohair (lana di capra d'Angora).

Mohammedan [məʊ'hæmɪdən / Mo·ham·medan] *agg.* e *s.* maomettano, musulmano.

Mohammedanism [məʊ'hæmɪdənɪzəm / Mo·ham·med·an·ism] *s.* maomettismo, religione musulmana.

to **Mohammedanize** [məʊ'hæmɪdənaɪz / Mo·ham·med·an·ize] *v.tr.* convertire al maomettismo.

Mohican ['məʊɪkən / Mo·hican] *agg.* e *s.* moicano.

Moho ['məʊhəʊ] *s.* (*geofisica*) discontinuità di Mohorovicic.

moiety ['mɔɪətɪ / moi·ety] *s.* (*non com.*) metà, mezzo (*anche dir.*).

to **moil** [mɔɪl] *v.intr.* (*antiq.*) affaticarsi, sfacchinare: *to toil and —*, sfacchinare duramente.

moire [mwɑ:*] *s.* moire, moerro, tessuto marezzato.

moiré ['mwɑ:reɪ] *agg.* moiré, marezzato (di tessuto, di superficie metallica) ◆ *s.* **1** seta marezzata **2** marezzatura.

moist [mɔɪst] *agg.* **1** umido; bagnato: *— with dew*, rorido, rugiadoso; *her eyes grew —*, le si riempiono gli occhi di lacrime **2** piovoso **3** sudato, madido.

to **moisten** ['mɔɪsn] *v.tr.* e *intr.* inumidire, inumidirsi: *her eyes moistened*, le si inumidirono gli occhi (di lacrime).

moistness ['mɔɪstnɪs / moist·ness] *s.* umidità.

moisture ['mɔɪstʃə* / mois·ture] *s.* **1** umidità: — *tester*, misuratore di umidità; — *expansion*, rigonfiamento (di legname ecc.) dovuto all'umidità **2** umore (degli alberi).

to **moisturize** ['mɔɪstʃəraɪz / mois·tur·ize] *v.tr.* inumidire; (*in cosmesi*) idratare.

moisturizing ['mɔɪstʃə,raɪzɪŋ / mois·tur·iz·ing] *agg.* (*in cosmesi*) idratante: — *cream*, crema idratante.

mojo ['məudʒəu] *s.* (*sl. amer.*) **1** amuleto, portafortuna **2** fortuna • Parola di probabile origine africana.

moke [məuk] *s.* (*zool. pop.*) asino, ciuco, somaro.

molal ['məuləl] *agg.* (*chim.*) molale.

molar[1] ['məulə*] *agg.* e *s.* (*med.*) molare.

molar[2] *agg.* (*chim., fis.*) molare: — *dilution*, diluizione molare; — *conductivity*, conducibilità molare; — *heat capacity*, capacità termica molare; — *volume*, volume molare.

molasse [mə'lɑ:s / mo·lasse] *s.* (*geol.*) molassa.

molasses [məu'læsɪz / mo·lasses] *s.* melassa.

(to) **mold** (*amer.*) → (to) **mould**[2].

Moldavian [mɒl'deɪvjən / Mol·dav·ian] *agg.* e *s.* moldavo.

to **molder** (*amer.*) → to **moulder**.

Moldovan [mɒl'dəuvən / Mol·do·van] *agg.* e *s.* moldavo.

moldy *agg.* (*amer.*) **1** → **mouldy** **2** — *fig*, (*sl.*) persona moralista, di idee antiquate.

mole[1] [məul] *s.* (*med.*) **1** neo **2** mola.

mole[2] *s.* **1** talpa // *as blind as a* —, cieco come una talpa // — *track*, cunicolo scavato dalla talpa **2** (*fig.*) talpa, infiltrato.

mole[3] *s.* **1** molo, diga, frangiflutti **2** mole, mausoleo romano.

mole[4] *s.* (*chim.*) mole, grammomolecola // — *fraction*, frazione molare.

mole-cricket ['məul,krɪkɪt] *s.* (*zool.*) (*Gryllotalpa gryllotalpa*) grillotalpa SIN. fen -cricket.

molecular [məu'lekjulə* / mo·lecu·lar] *agg.* (*chim., fis.*) molecolare: — *volume*, *weight*, volume, peso molecolare; — *formula*, formula molecolare; — *sieve*, setaccio molecolare; — *beam*, fascio molecolare; — *orbital*, orbitale molecolare; — *spectra*, spettri molecolari // — *biology*, biologia molecolare.

molecularity [,məulekju'lærətɪ / mo·lecu·lar·ity] *s.* (*chim., fis.*) molecolarità.

molecule ['mɒlɪkju:l / mo·le·cule] *s.* **1** (*chim., fis.*) molecola **2** piccola quantità, particella.

mole-eyed ['məulaɪd] *agg.* (*fam.*) cieco come una talpa, molto miope.

molehill ['məulhɪl / mole·hill] *s.* cumulo di terra sopra una tana di talpa // *to make a mountain out of a* —, (*fig.*) far d'una mosca un elefante.

moleskin ['məulskɪn / mole·skin] *s.* **1** pelle, pelliccia di talpa **2** fustagno di qualità superiore **3** (*pl.*) pantaloni di fustagno.

to **molest** [məu'lest / mo·lest] *v.tr.* molestare, infastidire (*anche dir.*).

molestation [,məule'steɪʃn / mo·les·ta·tion] *s.* molestia, tormento // (*dir.*) *child* —, molestie sessuali a un minore.

molester [məu'lestə* / mo·lester] *s.* molestatore.

moll [mɒl] *s.* (*sl.*) **1** la donna del gangster **2** battona, prostituta.

mollifiable ['mɒlɪfaɪəbl / mol·li·fi·able] *agg.* (*non com.*) che può essere ammorbidito, addolcito, placato.

mollification [,mɒlɪfɪ'keɪʃn / mol·li·fica·tion] *s.* ammorbidimento; raddolcimento; rabbonimento.

mollifier ['mɒlɪfaɪə* / mol·li·fier] *s.* **1** (*med.*) emolliente; calmante **2** (*fig.*) paciere.

to **mollify** ['mɒlɪfaɪ / mol·lify] *v.tr.* ammorbidire; addolcire, placare.

mollusc ['mɒləsk / mol·lusc] *s.* (*zool.*) mollusco.

molluscoid [mɒ'lʌskɔɪd / mol·lusc·oid] *agg.* (*zool.*) molluscoide.

molluscum [mɒ'lʌskəm / mol·luscum] *pl.* **mollusca** [mɒ'lʌskə / mol·lusca] *s.* (*med.*) mollusco.

mollusk *s.* (*amer.*) → **mollusc**.

mollycoddle ['mɒlɪ,kɒdl / mol·ly·coddle] *s.* **1** giovane, uomo effeminato **2** (*fam.*) cocco di mamma.

to **mollycoddle** *v.tr.* viziare, coccolare.

molly-hogan ['mɒlɪ'həugn] *s.* (*fam. amer.*) enigma, rompicapo, puzzle.

Moloch ['məulɒk / Mo·loch] *s.* moloc, ente malefico.

moloch *s.* (*zool.*) (*Moloch horridus*) moloc(h), diavolo spinoso.

Molossian (dog) [mə'lɒsɪən(,dɒg) / Mo·loss·ian (dog)] *s.* (*zool.*) molosso.

(to) **molt** (*amer.*) → (to) **moult**.

molten ['məultən / mol·ten] *p.p.* (*ant.*) di to **melt** ◆ *agg.* liquefatto, fuso (di metallo).

moly ['məulɪ] *s.* **1** (*mit.*) moli **2** (*bot.*) (*Allium moli*) aglio selvatico.

molybdate [mə'lɪbdeɪt / mol·ybd·ate] *s.* (*chim.*) molibdato.

molybdenite [mɒ'lɪbdɪnaɪt / mol·yb·den·ite] *s.* (*min.*) molibdenite.

molybdenum [mɒ'lɪbdɪnəm / mol·yb·denum] *s.* (*chim.*) molibdeno.

molybdic [mə'lɪbdɪk / mol·yb·dic] *agg.* (*chim.*) molibdico.

molybdous [mə'lɪbdəs / mol·yb·dous] *agg.* (*chim.*) molibdoso.

mom-and-pop [,mɒmənd'pɒp] *agg.* (*fam. amer.*) a conduzione familiare: *a typical small town* — *store*, un tipico emporio di provincia a conduzione familiare.

mome [məum] *s.* (*ant.*) zuccone.

moment ['məumənt / mo·ment] *s.* **1** momento, istante, attimo: *he never wastes a* —, non perde mai un istante // *at any* —, da un momento all'altro; *in a* —, a momenti, tra un momento; *at the present* —, ora, adesso // *to the* —, puntualmente // *for the* —, per il momento, per adesso // *not for a* —!, mai! // *the man of the* —, l'uomo del momento **2** (*form.*) importanza, peso: *a decision of great, little, no* —, una decisione di grande, poca, nessuna importanza **3** (*fis., tecn.*) momento: *bending* —, momento flettente; *electric* —, momento elettrico; — *of a force*, momento di una forza; — *of inertia*, momento di inerzia.

momentarily ['məuməntərəlɪ *amer.* ,məumən'terəlɪ / mo·ment·ar·ily] *avv.* **1** per un attimo **2** (*ant.*) da un momento all'altro **3** (*fam. amer.*) in un attimo.

momentariness ['məuməntərɪnɪs *amer.* ,məumən'terɪnɪs / mo·ment·ar·iness] *s.* transitorietà.

momentary ['məuməntərɪ *amer.* ,məumən'terɪ / mo·ment·ary] *agg.* momentaneo, passeggero, transitorio.

momently ['məuməntlɪ / mo·mently] *avv.* (*non com.*) **1** a momenti, da un momento all'altro **2** momentaneamente.

momentous [məu'mentəs / mo·ment·ous] *agg.* importante, grave: *on this* — *occasion*, in questa memorabile occasione // **-ly** *avv.* // **-ness** *s.*

momentum [məu'mentəm / mo·mentum] *pl.* **momentums**, **momenta** [məu'mentə / mo·menta] *s.* **1** (*fis.*) quantità di moto: *linear* —, momento lineare; *angular* —, momento angolare **2** velocità acquisita; (*fig.*) impeto, slancio: *to gather* —, aumentare di velocità.

momism ['mɒmɪzəm / mom·ism] *s.* (*amer.*) mammismo.

Momus ['məuməs / Mo·mus] *s.* critico malevolo.

mon- *pref.* → **mon(o)-**.

monad ['mɒnæd] *s.* monade.

monadelph ['mɒnədelf / mon·ad·elph] *s.* (*bot.*) pianta monadelfa.

monadelphous [,mɒnə'delfəs / mon·adelph·ous] *agg.* (*bot.*) monadelfo.

monadic(al) [mɒ'nædɪk(l) / mon·adic(al)] *agg.* monadico.

monadism ['mɒnədɪzəm / mon·ad·ism] *s.* (*fil.*) monadismo.

monandrous [mə'nændrəs / mon·and·rous] *agg.* (*bot.*) monandro.

monandry [mə'nændrɪ / mon·andry] *s.* (*bot.*) monandria.

monarch ['mɒnək / mon·arch] *s.* **1** monarca, sovrano **2** (*zool.*) (*Danaus plexippus*) danaide, monarca.

monarchal [mɒ'nɑ:kl / mon·archal] *agg.* regale; di, da monarca.

monarchic(al) [mɒ'nɑ:kɪk(l) / mon·archic, mon·arch·ical] *agg.* monarchico // **-ally** *avv.*

monarchism ['mɒnəkɪzəm / mon·arch·ism] *s.* monarchismo.

monarchist ['mɒnəkɪst / mon·arch·ist] *agg.* e *s.* (*pol.*) monarchico.

monarchy ['mɒnəkɪ / mon·archy] *s.* monarchia: *absolute* —, monarchia assoluta; *constitutional, limited* —, monarchia costituzionale.

monastery ['mɒnəstərɪ *amer.* 'mɒnəsterɪ / mon·as·tery] *s.* monastero, convento.

monastic [mə'næstɪk / mon·astic] *agg.* monastico ◆ *s.* monaco.

monastical [mə'næstɪkl / mon·ast·ical] *agg.* monastico // **-ly** *avv.*

monasticism [mə'næstɪsɪzəm / mon·asti·cism] *s.* monachesimo; vita monastica.

monatomic [,mɒnə'tɒmɪk / mon·atomic] *agg.* (*chim.*) **1** monoatomico **2** univalente.

monaural [mɒn'ɔ:rəl / mon·aural] *agg.* monoaurale.

monazite ['mɒnəzaɪt / mon·az·ite] *s.* (*min.*) monazite, criptolite.

Monday ['mʌndɪ / Mon·day] *s.* lunedì: *we meet on Monday(s)*, ci vediamo il, di lunedì; *this train doesn't run on Mondays*, questo treno non fa servizio il lunedì // *black* —, (*ant.*) lunedì di Pasqua; (*fam.*) primo giorno di scuola dopo le vacanze // *Easter* —, il lunedì dell'Angelo // — *morning quarterback*, (*amer.*) persona che sputa sentenze a cose avvenute, con il senno di poi.

Monegasque [,mɒnɪ'gæsk / Mon·egasque] *agg.* e *s.* monegasco.

monetarism ['mʌnətərɪzəm / mon·et·ar·ism] *s.* (*econ.*) monetarismo.

monetarist ['mʌnətərɪst / mon·et·ar·ist] *agg.* e *s.* (*econ.*) monetarista.

monetary ['mʌnɪtərɪ *amer.* 'mʌnɪterɪ / mon·et·ary] *agg.* monetario: — *unit*, unità monetaria; — *base*, base monetaria; — *movements*, movimenti monetari (nella bilancia dei pagamenti); — *objective* (o *target*), obiettivo monetario; — *squeeze*, stretta monetaria.

to **monetize** ['mʌnɪtaɪz / mon·et·ize] *v.tr.* (*econ.*) **1** monetizzare **2** monetare.

money ['mʌnɪ] *s.* **1** [U] denaro, soldi, quattrini: *he does not like to part with his* —, è attaccato al denaro; *to make* —, far soldi, arricchirsi; *to bank* —, depositare denaro in banca; *to be short of* —, essere a corto di denaro // *her family has* —, è ricca di famiglia; *to be made of* —, essere molto ricco, aver soldi da buttar via; *to be rolling in* —, nuotare nell'oro // *it's a bargain for the* —, a quel prezzo è un affare; *there is* — *in it*, è un buon affare; *there's good* — *in that job*, è un lavoro pagato bene // *to get one's* — *worth*, spendere bene il proprio denaro // *to marry* —, sposare una persona ricca // *to come into* —, ereditare // — *talks*, — *makes the mare to go*, (*antiq.*) il denaro può tutto // *to put one's* — *where one's mouth is*, (*fam.*) sostenere un'affermazione con le prove // — *for jam* (o *old rope*), (*fam.*) lavoro molto facile ben remunerato // — *from home*, (*fam. amer.*) piacevole sorpresa // *your* — *or your life!*, o la borsa o la vita! // *time is* —, (*prov.*) il tempo è denaro **2** [U] (*fin.*) denaro, moneta, valuta; capitale: *ready* —, denaro contante, liquido; *current* —, valuta corrente; *day to day* —, denaro a vista; *quick* —, denaro a richiesta; *broad* —, moneta in senso ampio; *narrow* —, moneta in senso stretto; *bad* (o *base* o *counterfeit*) —, moneta falsa; *hard* (o *dear*) —, denaro caro: *hard* — *policy*, politica della moneta forte; *hard* (o *metallic*) —, moneta metallica: *to pay in hard* — (o *cash*), pagare in contanti; *paper* (o *soft*) —, cartamoneta, moneta cartacea; *soft* —, moneta debole; *high-powered* —, moneta ad alto potenziale; *hot* (o *funk*) —, capitali vaganti (nel mercato internazionale); *public* —, denaro pubblico; *deposit* —, moneta bancaria; *tight* —, stretta monetaria; — *of account*, moneta scritturale; *commodity* —, merce moneta; *to put* — *into a business*, investire denaro in un affare; *to earn* —, guadagnare uno stipendio; *to lose* —, registrare una perdita, un mancato profitto; *to make* —, realizzare un profitto **3** *pl.* → monies.

money bags ['mʌnɪbægz] *s.* (*fam.*) persona ricca, agiata, riccone.

money balance ['mʌnɪ,bæləns] *s.* (*econ.*) saldo monetario.

money belt ['mʌnɪbelt] *s.* cintura portadenaro.

money-bill ['mʌnɪbɪl] *s.* decreto legge finanziario.

moneybox ['mʌnɪbɒks / money·box] *s.* cassetta salvadanaio.

money-broker ['mʌnɪ,brəʊkə*] *s.* (*fin.*) **1** cambiavalute, cambista **2** intermediario nel mercato finanziario.

moneychanger ['mʌnɪ,tʃeɪndʒə* / money·changer] *s.* cambiavalute.

moneyed ['mʌnɪd] *agg.* danaroso, ricco, abbiente: — *man*, ricco, capitalista; — *classes*, le classi abbienti // — *assistance*, aiuti in denaro // — *corporation*, (*amer.*) istituto di credito.

money-grubber ['mʌnɪ,grʌbə*] *s.* (*spreg.*) chi arraffa, accumula denaro con ogni mezzo.

money-grubbing ['mʌnɪ,grʌbɪŋ] *agg.* (*spreg.*) che arraffa, accumula denaro con ogni mezzo.

moneylender ['mʌnɪ,lendə* / money·lender] *s.* chi fa prestiti; (*comm.*) mutuante.

moneyless ['mʌnɪlɪs / money·less] *agg.* senza denaro // — *economy*, economia naturale.

moneymaker ['mʌnɪ,meɪkə* / money·maker] *s.* **1** persona che fa soldi **2** prodotto che rende bene.

moneymaking ['mʌnɪ,meɪkɪŋ / money·mak·ing] *agg.* vantaggioso, redditizio, remunerativo ◆ *s.* il fare soldi.

money-market ['mʌnɪ,mɑ:kɪt] *s.* (*econ.*) borsa, mercato monetario.

money-spider ['mʌnɪ,spaɪdə*] *s.* (*fam.*) ragno portafortuna.

money-spinner ['mʌnɪ,spɪnə*] *s.* **1** (*ant.*) speculatore **2** affarista **3** (*comm.*) articolo altamente redditizio; miniera d'oro.

money-spinning ['mʌnɪ,spɪnɪŋ] *agg.* (*fam.*) vantaggioso, redditizio, remunerativo.

money stock ['mʌnɪ,stɒk] **money supply** ['mʌnɪsə,plaɪ] *s.* (*econ.*) massa monetaria, disponibilità monetaria.

monger ['mʌŋgə* / mon·ger] *s.* (*spec. nei composti*) mercante, venditore; fabbricatore (*anche spreg.*): *fishmonger*, pescivendolo; *gossip* —, malalingua, maldicente; *strike* —, fomentatore di scioperi.

Mongol ['mɒŋgɒl / Mon·gol] *agg.* e *s.* mongolo.

mongol *agg.* e *s.* **1** (*med.*) mongolide, mongoloide, affetto da mongolismo, da sindrome di Down **2** (*spreg.*) scemo.

Mongolian [mɒŋ'gəʊljən / Mon·gol·ian] *agg.* e *s.* mongolo.

Mongolic [mɒŋ'gɒlɪk / Mon·go·lic] *agg.* mongolico.

mongolism ['mɒŋgəlɪzəm / mon·gol·ism] *s.* (*med.*) mongolismo, sindrome di Down.

mongoloid ['mɒŋgəlɔɪd / mon·gol·oid] *agg.* e *s.* mongoloide (*anche med.*).

mongoose ['mɒŋgu:s / mon·goose] *s.* (*zool.*) mangusta.

mongrel ['mʌŋgrəl / mon·grel] *s.* **1** cane bastardo **2** (*zool.*, *bot.*) incrocio; ibrido.

mongrel cur ['mʌŋgrəl,kɜ:*] *s.* botolo.

mongrelism ['mʌŋgrəlɪzəm / mon·grel·ism] *s.* (*zool.*, *bot.*) l'essere bastardo; ibridismo.

to **mongrelize** ['mʌŋgrəlaɪz / mon·grel·ize] *v.tr.* (*zool.*, *bot.*) imbastardire, ibridare.

monies ['mʌnɪz] *s.pl.* (*econ.*) somme di denaro, fondi; (*amer.*) strumenti del mercato monetario: *public* —, fondi pubblici.

moniliform [mɒ'nɪlɪfɔ:m / mo·ni·li·form] *agg.* (*spec. bot.*, *zool.*) moniliforme.

monism ['mɒnɪzəm / mon·ism] *s.* (*fil.*) monismo.

monist ['mɒnɪst / mon·ist] *s.* (*fil.*) monista.

monistic [mɒ'nɪstɪk / mon·istic] *agg.* (*fil.*) monistico.

monition [məʊ'nɪʃn / moni·tion] *s.* **1** (*form.*) ammonizione **2** (*dir.*) citazione; mandato di comparizione.

monitor ['mɒnɪtə* / mon·itor] *s.* **1** consigliere, monitore **2** capoclasse **3** (*rad.*, *tv*, *inform.*) monitor, schermo **4** (*elettr.*) monitore, dispositivo di controllo, avvisatore: — *wave*, oscilloscopio di controllo delle forme d'onda **5** (*mar.*) monitore, pontone armato corazzato **6** (*tecn.*) monitor, apparecchio di controllo // (*med.*) *fetal* —, apparecchio per il monitoraggio del feto **7** persona che ascolta le radio straniere per riferire ciò che dicono.

to **monitor** *v.tr.* (*elettr.*, *rad.*, *tv*) controllare (*anche fig.*).

monitoring service ['mɒnɪtərɪŋ,sɜ:vɪs] *s.* servizio di ascolto delle radio straniere.

monitory ['mɒnɪtərɪ / mon·it·ory] *agg.* **1** (*form.*) ammonitore; che mette in guardia, consiglia **2** (*eccl.*) monitorio ◆ *s.* (*eccl.*) monitorio.

monk [mʌŋk] *s.* **1** monaco, frate: *black* —, benedettino; *white* —, cistercense // *the cowl does not make the* —, (*prov.*) l'abito non fa il monaco **2** (*sl. amer.*) cinese, asiatico emigrato in America.

monkey ['mʌŋkɪ / mon·key] *s.* **1** (*zool.*) scimmia: — *house*, gabbia, recinto delle scimmie // *to get* (o *to put*) *s.o.'s* — *up*, (*sl.*) fare andare qlcu. in bestia // *to have a* — *on one's back*, (*sl.*) avere la scimmia sulla spalla, essere tossicodipendente **2** (*scherz.*) persona, bambino vivace e dispettoso: *you, young* —*!*, tu, scimmiottino! **3** (*tecn.*) mazza battente **4** (*sl.*) 500 sterline; (*amer.*) 500 dollari.

to **monkey** *v.tr.* (*rar.*) scimmiottare ◆ *v.intr.* fare giochi pericolosi, stupidi.

□ **monkey about** *v.intr.* e *avv.* giocherellare; fare giochi pericolosi: *stop monkeying about with those matches*, smettila di giocherellare con quei fiammiferi.

monkey bread ['mʌŋkɪ,bred] *s.* (*bot.*) **1** (*Adansonia digitata*) baobab **2** frutto del baobab.

monkey business ['mʌŋkɪ,bɪznɪs] *s.* [U] **1** imbrogli, trucchi (*pl.*) **2** buffonate; scherzi (*pl.*).

monkey-chaser ['mʌŋkɪ,tʃeɪsə*] *s.* (*fam. amer.*) **1** abitante delle Indie Occidentali **2** bevanda alcolica a base di gin.

monkey-flower ['mʌŋkɪ,flaʊə*] *s.* (*bot.*) mimulo.

monkeyish ['mʌŋkɪɪʃ / mon·key·ish] *agg.* scimmiesco.

monkey-jacket ['mʌŋkɪ,dʒækɪt] *s.* giubbetto, giacca corta e attillata.

monkey-like ['mʌŋkɪ,laɪk] *agg.* scimmiesco.

monkey nut ['mʌŋkɪ,nʌt] *s.* (*bot. pop.*) nocciolina americana, arachide SIN. peanut.

monkey-puzzle ['mʌŋkɪ,pʌzl] *s.* (*bot.*) (*Araucaria araucaria*) araucaria.

monkey spanner ['mʌŋkɪ,spænə*] *s.* (*amer.*) → **monkey wrench**.

monkey-suit ['mʌŋkɪ,su:t] *s.* (*fam.*) abito da sera da uomo; (*amer.*) alta uniforme.

monkey tricks ['mʌŋkɪ,trɪks] *s.pl.* buffonate; scherzi.

monkey wrench ['mʌŋkɪ,rentʃ] *s.* (*mecc.*) chiave inglese, a rullino AMER. monkey spanner.

monkfish ['mʌŋkfɪʃ / monk·fish] *s.* (*zool.*) **1** squadro, pesce angelo **2** rana pescatrice.

monkhood ['mʌŋkhʊd / monk·hood] *s.* monacato.

monkish ['mʌŋkɪʃ / monk·ish] *agg.* monastico; (*spreg.*) monacale.

monk-seal ['mʌŋk,si:l] *s.* (*zool.*) (*Monachus monachus*) foca monaca.

monkshood ['mʌŋkshʊd / monks·hood] *s.* (*bot.*) (*Aconitum napellus*) aconito.

mono ['mɒnəʊ] *agg.* (*tecn.*) mono: — *record, reproduction*, registrazione, riproduzione mono ◆ *s.* (*tecn.*) mono • Abbr. di *monaural.*

mon(o)- ['mɒn(əʊ)] *pref.* di origine greca che significa 'solo'; it. mon(o)-: *monoxide*, monossido; *monogamous*, monogamo; (*bot.*) *monocotyledon*, monocotiledone; (*med.*) *monoplegia*, monoplegia.

monoacid [,mɒnəʊ'æsɪd / mono·acid] **monoacidic** [,mɒnəʊə'sɪdɪk / mono·acidic] *agg.* (*chim.*) monoacido, monoprotico.

monobasic [,mɒnəʊ'beɪsɪk / mono·basic] *agg.* (*chim.*) monoprotico, monobasico.

monoblepsis [,mɒnəʊ'blepsɪs / mono·blep·sis] *s.* (*med.*) monoblepsia.

monobloc ['mɒnəʊblɒk / mono·bloc] *s.* (*mecc.*) monoblocco.

monocarpic [,mɒnəʊ'kɑ:pɪk / mono·carpic] **monocarpous** [,mɒnəʊ'kɑ:pəs / mono·carp·ous] *agg.* (*bot.*) monocarpico.

monocentric [,mɒnəʊ'sentrɪk / mono·cent·ric] *agg.* monocentrico.

monocephalous [,mɒnəʊ'sefələs / mono·ceph·al·ous] *agg.* (*bot.*) monocefalo.

monochlamydeous [,mɒnəʊklə'mɪdɪəs / mono·chla·myde·ous] *agg.* (*bot.*) monoclamidato.

monochord ['mɒnəʊkɔ:d / mono·chord] *s.* **1** (*mus.*) monocordo **2** (*tel.*) monocorda.

monochromatic [,mɒnəkrə'mætɪk / mono·chro·matic] *agg.* monocromatico: (*fis.*) — *radiation*, radiazione monocromatica.

monochromatism [,mɒnə'krəʊmətɪzəm / mono·chro·mat·ism] *s.* (*med.*) monocromatismo.

monochromator [,mɒnəʊ'krəʊ,meɪtə* / mono·chro·mator] *s.* (*fis.*) monocromatore.

monochrome ['mɒnəkrəʊm / mono·chrome] *agg.* monocromatico ◆ *s.* (*pitt.*) monocromo; monocromia.

monocle ['mɒnəkl / mon·ocle] *s.* monocolo, caramella.

monoclinal [,mɒnəʊ'klaɪnl / mono·clinal] *agg.* (*geol.*) monoclinale.

monocline ['mɒnəʊklaɪn / mono·cline] *s.* (*geol.*) (piega) monoclinale.

monoclinic [,mɒnəʊ'klɪnɪk / mono·clinic] *agg.* (*min.*) monoclino.

monoclinous [,mɒnəʊ'klɪnəs / mono·clin·ous] *agg.* (*bot.*) monoclino.

monoclonal [,mɒnəʊ'kləʊnl / mono·clo·nal] *agg.* (*med.*) monoclonale: — *antibodies*, anticorpi monoclonali.

monocoque ['mɒnəʊ,kɒk / mono·coque] *agg.* **1** (*aut.*) monoscocca, a carrozzeria portante **2** (*aer.*) monoguscio, a struttura integrale ◆ *s.* **1** (*ant.*) monoscocca, carrozzeria portante **2** (*aer.*) monoguscio, struttura integrale.

monocotyledon ['mɒnəʊ,kɒtɪ'li:dən / mono·co·ty·ledon] *s.* (*bot.*) monocotiledone.

monocotyledonous ['mɒnəʊ,kɒtɪ'li:dənəs / mono·co·ty·le·don·ous] *agg.* (*bot.*) monocotiledone.

monocular [mə'nɒkjʊlə* / mon·ocular] *agg.* monoculare.

monoculture ['mɒnə,kʌltʃə* / mono·cul·ture] *s.* (*agr.*) monocoltura.

monocyte ['mɒnəʊ,saɪt / mono·cyte] *s.* (*biol.*) monocito, monocita.

monodactylous [,mɒnəʊ'dæktɪləs / mono·dac·tyl·ous] *agg.* (*zool.*) monodattilo.

monodic [mə'nɒdɪk / mon·odic] *agg.* (*mus.*) monodico.

monodist ['mɒnədɪst / mon·od·ist] *s.* (*mus.*) chi scrive, canta monodie.

monody ['mɒnədɪ / mon·ody] *s.* (*mus.*) monodia.

monoecious [mə'ni:ʃəs / mon·oeci·ous] *agg.* **1** (*biol.*) monoico **2** (*zool.*) ermafrodito.

monogamic [,mɒnəʊ'gæmɪk / mono·gamic] *agg.* monogamico.

monogamist [mɒ'nɒgəmɪst / mono·gam·ist] *s.* fautore della monogamia.

monogamous [mɒ'nɒgəməs / mono·gam·ous] *agg.* monogamo.

monogamy [mɒ'nɒgəmɪ / mono·gamy] *s.* monogamia.

monogenesis [,mɒnəʊ'dʒenɪsɪs / mono·gen·esis] *s.* (*biol.*) monogenesi.

monogenetic [,mɒnəʊdʒɪ'netɪk / mono·ge·netic] *agg.* (*biol.*) monogenetico.

monogram ['mɒnəgræm / mono·gram] *s.* monogramma.

to **monogram** *v.tr.* mettere il monogramma a.

monogrammatic(al) [,mɒnəʊgrə'mætɪk(l) / mono·gram·matic, mono·gram·mat·ical] *agg.* monogrammatico.

monogrammed ['mɒnəgræmd / mono·grammed] *agg.* con monogramma, con le cifre: *a — shirt*, una camicia con le cifre.

monograph ['mɒnəgrɑ:f *amer.* 'mɒnəgræf / mono·graph] *s.* monografia.

monographer [mə'nɒgrəfə* / mono·grapher] *s.* autore di monografie.

monographic(al) [,mɒnəʊ'græfɪk(l) / mono·graphic, mono·graph·ical] *agg.* monografico.

monogynous [mə'nɒdʒɪnəs / mono·gyn·ous] *agg.* **1** (*bot.*) monogeno **2** (*biol.*) monogino.

monohydrate [,mɒnəʊ'haɪdreɪt / mono·hy·drate] *s.* (*chim.*) monoidrato.

monohydric [,mɒnəʊ'haɪdrɪk / mono·hyd·ric] **monohydroxy** [,mɒnəʊ'haɪdrɒksɪ / mono·hy·droxy] *agg.* (*chim.*) che ha un solo gruppo idrossilico.

monolingual [,mɒnəʊ'lɪŋgwəl / mono·lin·gual] *agg.* monolingue.

monolith ['mɒnəʊlɪθ / mono·lith] *s.* **1** monolito **2** (*fig.*) cosa, istituzione monolitica.

monolithic [,mɒnəʊ'lɪθɪk / mono·lithic] *agg.* monolitico (*anche fig.*): *a — state*, uno stato monolitico.

monolithically [,mɒnəʊ'lɪθɪkəlɪ / mono·lithic·ally] *avv.* monoliticamente.

monologue ['mɒnəlɒg *amer.* 'mɒnəlɔ:g / mono·logue] *s.* monologo: (*letter.*) *interior —*, monologo interiore.

monomania [,mɒnəʊ'meɪnjə / mono·ma·nia] *s.* (*psic.*) monomania.

monomaniac [,mɒnəʊ'meɪnɪæk / mono·ma·niac] *agg.* e *s.* (*psic.*) monomaniaco, monomane.

monomaniacal [,mɒnəʊ'meɪnɪækl / mono·ma·ni·acal] *agg.* (*psic.*) monomaniacale, monomaniaco.

monomer ['mɒnəmə* / mono·mer] *s.* (*chim.*) monomero.

monometallism [,mɒnəʊ'metəlɪzəm / mono·met·al·lism] *s.* (*econ.*) monometallismo.

monometric [,mɒnəʊ'metrɪk / mono·metric] *agg.* (*min.*) monometrico.

monomial [mə'nəʊmɪəl / mon·omial] *agg.* e *s.* (*mat.*) monomiale, (di) monomio.

monomolecular [,mɒnəʊmə'lekjʊlə* / mono·mo·lecu·lar] *agg.* (*chim.*) monomolecolare.

monomorphic [,mɒnəʊ'mɔ:fɪk / mono·morphic] **monomorphous** [,mɒnəʊ'mɔ:fəs / mono·morph·ous] *agg.* (*scient.*) monomorfo.

monomorphism [,mɒnəʊ'mɔ:fɪzm / mono·morph·ism] *s.* (*scient.*) monomorfismo.

mononuclear [,mɒnəʊ'nju:klɪə* *amer.* ,mɒnəʊ'nu:klɪə* / mono·nuc·lear] *agg.* (*biol.*) mononucleato, mononucleare.

mononucleosis ['mɒnəʊ,nju:klɪ'əʊsɪs *amer.* 'mɒnəʊ,nu:klɪ'əʊsɪs / mono·nuc·leosis] *pl.* **mononucleoses** [,mɒnəʊ,nju:klɪ'əʊsi:z *amer.* ,mɒnəʊ,nu:klɪ'əʊsi:z] *s.* (*med.*) mononucleosi.

monoovular [,mɒnəʊ'ɒvjʊlə* / mono·ovu·lar] *agg.* (*biol.*) monozigote, monovulare.

monopetalous [,mɒnəʊ'petələs / mono·pet·al·ous] *agg.* (*bot.*) monopetalo.

monophagous [mə'nɒfəgəs / mono·phag·ous] *agg.* (*zool.*) monofago.

monophthong ['mɒnəfθɒŋ / mon·oph·thong] *s.* (*fon.*) monottongo.

Monophysite [mə'nɒfɪsaɪt / Mono·phys·ite] *s.* (*relig.*) monofisita.

Monophysitic [mə,nɒfə'sɪtɪk / Mono·phys·itic] *agg.* (*relig.*) monofisita; monofisitico.

Monophysitism [mə,nɒfə'saɪtɪzəm / Mono·phys·it·ism] *s.* (*relig.*) monofisismo.

monoplane ['mɒnəʊpleɪn / mono·plane] *s.* (*aer.*) monoplano.

monopolist [mə'nɒpəlɪst / mono·pol·ist] *s.*

(*econ.*) **1** monopolista **2** fautore della politica dei monopoli.

monopolistic [mə,nɒpə'lɪstɪk / mono·pol·istic] *agg.* (*econ.*) monopolistico: — *competition*, concorrenza monopolistica.

monopolization [mə,nɒpəlaɪ'zeɪʃn / mono·pol·iza·tion] *s.* monopolizzazione.

to **monopolize** [mə'nɒpəlaɪz / mono·pol·ize] *v.tr.* monopolizzare (*anche fig.*): *to — attention*, monopolizzare l'attenzione.

monopolizer [mə'nɒpəlaɪzə* / mono·pol·izer] *s.* monopolizzatore (*anche fig.*).

monopoly [mə'nɒpəlɪ / mono·poly] *s.* **1** (*econ.*) monopolio: *to have the — of* (o *on*) *sthg.*, avere il monopolio di qlco.; — *price*, prezzo di monopolio; — *power*, potere monopolistico; — *capital*, capitale monopolistico **2** (*fig.*) monopolio, esclusiva.

monopsonist [mə'nɒpsənɪst / mon·op·son·ist] *s.* (*econ.*) monopsonista.

monopsony [mə'nɒpsənɪ / mon·op·sony] *s.* (*econ.*) monopsonio.

monorail ['mɒnəʊreɪl / mono·rail] *agg.* e *s.* monorotaia.

monorhyme ['mɒnəʊraɪm / mono·rhyme] *s.* (*poesia*) componimento monorimo.

monosaccharide [,mɒnəʊ'sækəraɪd / mono·sac·char·ide] *s.* (*chim.*) monosaccaride.

monoscope ['mɒnəʊ,skəʊp / mono·scope] *s.* (*tv*) monoscopio.

monosepalous [,mɒnə'sepələs / mono·sepal·ous] *agg.* (*bot.*) monosepalo, gamosepalo.

monosodium glutamate [,mɒnəsəʊdɪəm'glu:təmeɪt] *s.* (*chim.*) glutammato di sodio.

monosome ['mɒnəsəʊm / mono·some] *s.* (*biol.*) monosoma.

monosomy [mə'nɒsəmɪ / mono·somy] *s.* (*biol.*) monosomia.

monospermous [,mɒnə'spɜ:məs / mono·sperm·ous] *agg.* (*bot.*) monospermo.

monosyllabic(al) [,mɒnəsɪ'læbɪk(l) / mono·syl·labic·(al)] *agg.* monosillabo, monosillabico.

monosyllable ['mɒnə,sɪləbl / mono·syl·lable] *s.* monosillabo.

monotheism ['mɒnəʊθi:ɪzəm / mono·the·ism] *s.* (*relig.*) monoteismo.

monotheist ['mɒnəʊθi:ɪst / mono·the·ist] *s.* (*relig.*) monoteista.

monotheistic ['mɒnəʊθi:,ɪstɪk / mono·the·istic] *agg.* (*relig.*) monoteistico.

monotint ['mɒnəʊtɪnt / mono·tint] → **monochrome**.

monotone ['mɒnətəʊn / mono·tone] *agg.* monotono ◆ *s.* tono uniforme (*anche mus.*).

monotonic [,mɒnə'tɒnɪk / mono·tonic] *agg.* (*mat.*) monotòno: *increasing, decreasing — function*, funzione monotona crescente, decrescente.

monotonous [mə'nɒtənəs / mono·ton·ous] *agg.* monotono, noioso; uniforme // **-ly** *avv.* // **-ness** *s.*

monotreme ['mɒnəʊtri:m / mono·treme] *s.* (*zool.*) monotremo.

monotype® ['mɒnəʊtaɪp / mono·type] *s.* (*tip.*) monotype®; monotipo.

monotypist ['mɒnəʊ,taɪpɪst / mono·typ·ist] *s.* (*tip.*) monotipista.

monovalent ['mɒnəʊ,veɪlənt / mono·val·ent] *agg.* (*chim.*) monovalente // (*med.*) — *vaccination*, vaccinazione monovalente.

monoxide [mɒ'nɒksaɪd / mon·ox·ide] *s.* (*chim.*) monossido.

monozygotic [,mɒnəʊ,zaɪ'gɒtɪk / mono·zy·gotic] *agg.* (*biol.*) monozigotico, monozigote, monovulare: — *twins*, gemelli monozigotici.

monsignor [mɒn'si:njə* / mon·signor] **monsignore** [,mɒnsɪ'njɔ:reɪ / mon·si·gnore] *s.* (*eccl.*) monsignore.

monsoon [mɒn'su:n / mon·soon] *s.* (*meteor.*) monsone: *dry* —, monsone invernale; *wet* —, monsone estivo.

monsoonal [mɒn'su:nl / mon·soonal] *agg.* (*meteor.*) monsonico.

monster ['mɒnstə* / mon·ster] *s.* **1** mostro (*anche fig.*): *a — of cruelty*, un mostro di crudeltà; *Beowulf killed the* —, Beowulf uccise il mostro **2** (*fam. amer.*) best seller (specialmente musicale) ◆ *agg.* gigantesco, colossale, enorme; imponente, grandioso: *a — conference centre*, un enorme centro congressi.

monstrance ['mɒnstrəns / mon·strance] *s.* (*eccl.*) ostensorio.

monstrosity [mɒn'strɒsɪtɪ / mon·stros·ity] *s.* mostruosità.

monstrous ['mɒnstrəs / mon·strous] *agg.* **1** mostruoso, enorme; grandioso; straordinario **2** mostruoso, atroce; malvagio: *it is — that...*, è mostruoso che... **3** mostruoso, deforme // **-ly** *avv.* // **-ness** *s.*

mons veneris [,mɒnz'venərɪs / mons ven·eris] *s.* (*anat.*) monte di Venere.

montage [mɒn'tɑ:ʒ / mont·age] *s.* (*cinem.*) montaggio.

Montanan [mɒn'tænən / Mon·tanan] *agg.* e *s.* (abitante) dello stato del Montana.

montan wax ['mɒntən,wæks] *s.* (*chim.*) cera montana.

monte ['mɒntɪ] *s.* (*amer.*) 'monte' (gioco simile al baccarà in cui i giocatori scommettono contro il banco sul colore delle carte).

Montenegrin [,mɒntɪ'ni:grɪn / Mon·te·neg·rin] *agg.* e *s.* montenegrino.

month [mʌnθ] *s.* mese: *current* —, corrente mese; *calendar* —, mese civile; *lunar* —, mese lunare; *from — to* —, di mese in mese; *this day* —, fra un mese esatto; *this day a — ago*, un mese oggi; *to hire a room by the* —, affittare una stanza a mese // *never a — of Sundays*, (*fam.*) assolutamente mai // —*'s pay*, mensile, paga // — *in*, — *out*, mese dopo mese, continuativamente: *his shop never closes, — in, — out, he's always open*, il suo negozio non chiude mai, mese dopo mese è sempre aperto.

monthly ['mʌnθlɪ] *agg.* mensile ◆ *s.* **1** rivista mensile **2** (*pl.*) (*fam.*) mestruazioni ◆ *avv.* mensilmente.

monticule ['mɒntɪkju:l / mon·ti·cule] *s.* **1** monticello **2** (*geol.*) cono vulcanico secondario.

montmorillonite [,mɒntmə'rɪlənaɪt / mont·mo·ril·lon·ite] *s.* (*min.*) montmorillonite.

monument ['mɒnjʊmənt / monu·ment] *s.* **1** monumento: *national* —, monumento nazionale; *a — to bad taste*, un monumento al cattivo gusto // *the Monument*, colonna commemorativa dell'incendio di Londra (1666) **2** (*antiq.*) monumento funebre **3** (*ant.*) documento.

monumental [,mɒnjʊ'mentl / mo·nu·mental] *agg.* monumentale; imponente; massiccio (*anche fig.*): — *stupidity*, enorme stupidità // — *mason*, marmista (per pietre tombali) // **-ly** *avv.*

monumentality ['mɒnjʊ,men'tælətɪ / mo·nu·ment·al·ity] *s.* monumentalità.

monzonite ['mɒnzənaɪt / mon·zon·ite] *s.* (*min.*) monzonite.

moo [mu:] *s.* muggito.

to **moo** *v.intr.* muggire.

mooch [mu:tʃ] *s.* (*sl. amer.*) 'mooch' (danza degli anni Venti) // *to be on the* —, fare lo scroccone.

to **mooch** *v.tr.* (*sl. amer.*) **1** scroccare: *he tried to — a cigarette off me*, tentò di scroccarmi una sigaretta **2** sgraffignare, rubare ◆ *v.intr.* (*fam.*) oziare, grattarsi la pancia.

□ **mooch about**, **around** *v.intr.* e *avv.* (*fam.*) bighellonare; gironzolare (senza meta).

mood[1] [mu:d] *s.* (*gramm.*) modo: *subjunctive* —, modo congiuntivo.

mood[2] *s.* **1** umore, stato d'animo: *to be in a good, in a bad* —, essere di buon, di cattivo umore; *to be in the* —, essere in vena; *to feel in the — for joking*, sentirsi in vena di scherzare; *I'm feeling in no laughing* —, non ho nessuna voglia di ridere **2** (*pl.*) ubbie, capricci: *he has moods*, è pieno di capricci, è lunatico; *he is in one of his moods* (o *in a* —), (*fam.*) ha la luna, è di malumore **3** (*ant.*) accesso d'ira: *thou art as hot a Jack in thy mood as any in Italy*, (SH. Romeo and Juliet) tu sei una testa calda, quando sei preso dall'ira, quanto chiunque altro in Italia.

moody ['mu:dɪ] *agg.* **1** di malumore, d'umore nero; intrattabile: *to be* —, avere la luna **2** lunatico, volubile; imprevedibile: *to be* —, avere sbalzi d'umore // **-ily** *avv* // **-iness** *s.*

moola(h) ['mu:lə] *s.* ⓤ (*sl. amer.*) grana; soldi, quattrini (*pl.*).

moon [mu:n] *s.* **1** luna: *new* —, luna nuova, novilunio; *full* —, luna piena, plenilunio; *half* (o *quarter of the*) —, mezza luna, quarto di luna; *by the light of the* —, al chiaro di luna // *to cry for the* —, volere la luna, pretendere l'impossibile // *to promise s.o. the —* (*and stars*), promettere mari e monti a qlcu. // *to be over the* —, essere al settimo cielo, al colmo della felicità **2** (*astr.*) luna, satellite: *the planet Jupiter has nine moons*, il pianeta Giove ha nove lune, satelliti **3** (*poet.*) mese // *once in a blue* —, (*fam.*) ad ogni morte di vescovo.

to **moon** *v.tr.* **1** guardare con aria trasognata **2** (*non com.*) vedere al chiaro di luna **3** (*ant.*) esporre ai raggi lunari ◆ *v.intr.* **1** *to* — (*around*), essere trasognato; sognare ad occhi aperti **2** *to* — (*away*), perdere tempo in fantasticherie **3** (*sl. amer.*) mostrare il sedere nudo.

moonbeam ['mu:nbi:m / moon·beam] *s.* raggio di luna.

moonblindness ['mu:n,blaɪndnɪs / moon·blind·ness] *s.* (*vet.*) oftalmia periodica.

mooncalf ['mu:nkɑ:f / moon·calf] *pl.* **mooncalves** ['mu:nkɑ:vz] *s.* **1** imbecille, idiota **2** essere deforme; mostro **3** persona stramba, lunatica.

moonface ['mu:nfeɪs / moon·face] *s.* faccia da luna piena.

moonfaced ['mu:nfeɪst / moon·faced] *agg.* dalla faccia tonda, di luna piena.

moonfish ['mu:nfɪʃ / moon·fish] *s.* (*zool.*) pesce luna.

moonflower ['mu:n,flaʊə* / moon·flower] *s.* (*bot.*) **1** (*Chrysanthemum leucanthemum*) margherita, occhio di bue **2** (*Calonyction aculeatum*) bella di notte, convolvolo notturno, ipomea messicana.

moon-glade ['mu:ngleɪd] *s.* luccichio della luna sull'acqua.

moon-goddess ['mu:n,gɒdɪs] *s.* divinità lunare.

moonish ['mu:nɪʃ / moon·ish] *agg.* **1** capriccioso, mutevole, incostante: *at which time would I, being but a moonish youth, grieve*, (SH. As You Like It) allora, comportandomi come una giovane lunatica, mi lamentavo **2** imbecille.

moonless ['mu:nlɪs / moon·less] *agg.* **1** senza luna, illune: *a — night*, una notte senza luna, buia **2** senza satelliti.

moonlet ['mu:nlət / moon·let] *s.* (*astr.*) piccola luna, piccolo satellite.

moonlight ['mu:nlaɪt / moon·light] *s.* chiaro di luna: *by —*, al chiaro di luna ◆ *agg.* **1** illuminato dalla luna // *— flit*, (*fam.*) trasloco effettuato di notte, per non pagare l'affitto **2** al chiaro di luna: *— walk*, passeggiata al chiaro di luna.

to **moonlight** *v.intr.* **1** (*fam.*) traslocare furtivamente, di notte, per non pagare l'affitto **2** avere un secondo lavoro (nero).

moonlighter ['mu:nlaɪtə* / moon·lighter] *s.* **1** (*fam.*) chi agisce furtivamente di notte **2** (*amer.*) distillatore clandestino di alcolici **3** (*fam.*) chi ha un secondo lavoro (nero).

moonlighting ['mu:nlaɪtɪŋ / moon·light·ing] *s.* (*fam.*) **1** il compiere azioni furtive di notte **2** l'avere un secondo lavoro (nero).

moonlit ['mu:nlɪt / moon·lit] *agg.* illuminato dalla luna.

moonraker ['mu:nreɪkə* / moon·raker] *s.* (*mar.*) uccellina.

moonrise ['mu:nraɪz / moon·rise] *s.* il sorgere della luna.

moonrock ['mu:nrɒk / moon·rock] *s.* (*astr.*) roccia lunare.

moonsail ['mu:nseɪl / moon·sail] → **moonraker**.

moonscape ['mu:nskeɪp / moon·scape] *s.* paesaggio lunare, della luna.

moonset ['mu:nset / moon·set] *s.* tramonto della luna.

moonshine ['mu:nʃaɪn / moon·shine] *s.* **1** chiaro di luna **2** (*fam.*) discorso senza senso; fantasie; sciocchezze **3** (*sl. amer.*) alcol di contrabbando.

moonshiner ['mu:nʃaɪnə* / moon·shiner] *s.* (*sl. amer.*) contrabbandiere di alcolici; distillatore clandestino di alcolici.

moonshot ['mu:nʃɒt / moon·shot] *s.* lancio (di veicolo spaziale) verso la Luna.

moonstone ['mu:nstəʊn / moon·stone] *s.* (*min.*) pietra di luna, lunaria, chiaro di luna.

moonstricken ['mu:nstrɪkən / moon·stricken] **moonstruck** ['mu:nstrʌk / moon·struck] *agg.* (*ant.*) pazzoide; lunatico.

moonwort ['mu:nwɜ:t / moon·wort] *s.* (*bot.*) **1** (*Botrychium lunaria*) botrichio **2** (*Lunaria annua*) lunaria; (*pop.*) erba luna SIN. honesty, satinflower.

moony ['mu:nɪ] *agg.* **1** lunare **2** (*fam.*) svagato, sognante, distratto **3** a forma di mezzaluna.

moor [mʊə*] *s.* (*geogr.*) brughiera, landa.

Moor *s.* moro; saraceno.

to **moor** *v.tr.* e *intr.* (*mar.*, *aer.*) ormeggiare; ancorare.

moorage ['mʊərɪdʒ / moor·age] *s.* (*mar.*) **1** ormeggio **2** diritti, tassa di ancoraggio.

moorcock ['mʊəkɒk / moor·cock] **moorfowl** ['mʊəfaʊl / moor·fowl] *s.* (*zool.*) maschio della pernice bianca di Scozia, gallo di brughiera.

moor game ['mʊəgeɪm] *s.* (*zool.*) (*Lagopus scoticus*) pernice bianca di Scozia.

moorhen ['mʊəhen / moor·hen] *s.* (*zool.*) **1** femmina della pernice bianca di Scozia **2** (*Gallinula chloropus*) gallinella d'acqua, gallina di brughiera.

mooring ['mʊərɪŋ / moor·ing] *s.* (*mar.*) ormeggio: *— buoy*, boa d'ormeggio; *— pile*, palo d'ormeggio; *— rope*, cavo d'ormeggio; *ship at her moorings*, nave agli ormeggi; *the ship broke her* (o *its*) *moorings*, la nave ruppe gli ormeggi.

moorish[1] ['mʊərɪʃ / moor·ish] *agg.* (*bot.*) di brughiera; sterile, incolto.

Moorish[2] *agg.* moro; moresco.

moorland ['mʊələnd / moor·land] *s.* (*geogr.*) landa, (zona di) brughiera.

moor mat-grass ['mʊə,mætgrɑ:s *amer.* 'mʊə,mætgræs] *s.* (*bot.*) (*Nardus stricta*) erba cervina.

moory ['mʊərɪ] *agg.* (*bot.*) paludoso; di brughiera.

moose [mu:s] *s.* (*zool.*) **1** (*Alces americana*) alce americano **2** → **elk 1**.

moot [mu:t] *agg.* discutibile, opinabile; dubbio, non sicuro: *— point*, punto controverso; (*dir.*) *— case*, questione controversa ◆ *s.* assemblea popolare: *— hill*, collina dove si tenevano le assemblee // *— hall*, camera di consiglio.

to **moot** *v.tr.* proporre, presentare una mozione su; sollevare (un problema).

moot-court ['mu:t,kɔ:t] *s.* (*dir.*) processo simulato a scopo di esercitazione (tenuto dagli studenti in legge).

mop[1] [mɒp] *s.* **1** (tipo di) scopa per lavare i pavimenti **2** arnese a forma di scopetta per lavare i piatti **3** (*mar.*) radazza **4** (*fam.*) zazzera; capigliatura arruffata: *— of hair*, ciuffo arruffato di capelli.

to **mop**[1] *pass.p.p.* **mopped** [mɒpt] *v.tr.* **1** pulire, lavare (un pavimento) // *to — the floor with s.o.*, (*sl.*) avere una superiorità schiacciante su qlcu. **2** asciugare, detergere: *to — one's brow*, asciugarsi il sudore della fronte.

□ **mop up** *v.tr.* e *avv.* **1** asciugare: *I mopped up the sauce with a bit of bread*, ho raccolto il sugo con un pezzetto di pane **2** (*fig.*) prosciugare, assorbire: *the research program mopped up the year's profits*, il programma di ricerca ha assorbito i guadagni di un anno // *he was so hungry that he mopped up everything*, era così affamato che spolverò tutto (il pranzo) **3** (*mil.*) rastrellare: *to — up the trenches*, rastrellare le trincee ◆ *v.intr.* e *avv.* asciugare; raccogliere acqua: *it took me hours to — up after the water pipe burst*, mi ci son volute ore per asciugare l'acqua uscita dal tubo rotto.

mop[2] *s.* (*ant.*) smorfia // *mops and mows*, boccacce // *each one, tripping on his toe, / will be here with mop and mow*, (SH. The Tempest) saltellando su un piede con smorfie e lazzi verranno tutti qui.

to **mop**[2] *v.intr.* (*ant.*) fare smorfie, boccacce.

mopboard ['mɒpbɔ:d / mop·board] *s.* (*amer.*) → **baseboard**.

mope [məʊp] *s.* **1** persona depressa **2** (*pl.*) depressione di spirito: *to suffer from* (*a fit of*) *the mopes*, veder tutto nero.

to **mope** *v.intr.* essere depresso, avere il muso lungo ◆ *v.tr.* (*ant.*) rattristare // *the moping owl does to the moon complain*, (T. GRAY) il lamentoso gufo stride alla luna.

moped ['məʊped / mo·ped] *s.* motorino, ciclomotore.

mop-headed [,mɒp'hedɪd] *agg.* (*fam.*) scarmigliato, arruffato.

mopish ['məʊpɪʃ / mop·ish] *agg.* triste, depresso // **-ly** *avv.* // **-ness** *s.*

moppet ['mɒpɪt / mop·pet] *s.* **1** (*fam.*) bambina, bambino: *what a lovely little —*, che bella bambina, che carina **2** (*ant.*) fanciulla.

mopping up [,mɒpɪŋ'ʌp] *s.* (*mil.*) rastrellamento.

morainal [mə'reɪnl / mo·rainal] *agg.* (*geol.*) morenico.

moraine [mɒ'reɪn *amer.* mɔ:'reɪn / mo·raine] *s.* (*geol.*) morena: *end* (o *terminal*) *—*, morena frontale.

morainic [mɒ'reɪnɪk *amer.* mɔ:'reɪnɪk / mo·rainic] *agg.* (*geol.*) morenico.

moral ['mɒrəl *amer.* 'mɔ:rəl] *agg.* **1** morale: *— law*, legge morale; *— sense*, senso morale; *— certainty*, certezza morale; *— courage*, coraggio morale // *— victory*, vittoria morale; (*dir.*) *— damages*, danni morali // *— philosophy*, etica // *— tale*, racconto con morale **2** serio; onesto; virtuoso: *she leads a very — life*, conduce una vita onesta ◆ *s.* **1** morale: *the — of the story*, la morale della favola **2** (*pl.*) moralità, costumi: *a person of good morals*, una persona di buoni costumi; *she has no morals*, non ha principi morali.

morale [mɒ'rɑ:l *amer.* mɒ'ræl / mor·ale] *s.* morale, stato d'animo: *the — of the troops was very high*, il morale delle truppe era altissimo.

moralism ['mɒrəlɪzəm *amer.* 'mɔ:rəlɪzəm / mor·al·ism] *s.* moralismo.

moralist ['mɒrəlɪst *amer.* 'mɔ:rəlɪst / mor·al·ist] *s.* moralista.

moralistic [,mɒrə'lɪstɪk *amer.* ,mɔ:rə'lɪstɪk / mor·al·istic] *agg.* moralistico.

morality [mə'rælətɪ / mor·al·ity] *s.* **1** morale, moralità // *commercial —*, moralità commerciale **2** (*pl.*) principi di etica **3** (*st. teatr.*) *—* (*play*), moralità, dramma allegorico.

moralization [,mɒrəlaɪ'zeɪʃn / mor·al·iza·tion] *s.* moralizzazione.

to **moralize** ['mɒrəlaɪz *amer.* 'mɔ:rəlaɪz / mor·al·ize] *v.intr.* moraleggiare ◆ *v.tr.* **1** moralizzare **2** mettere la morale a (una favola ecc.).

moralizer ['mɒrəlaɪzə* *amer.* 'mɔ:rəlaɪzə* / mor·al·izer] *s.* moralizzatore.

moralizing ['mɒrəlaɪzɪŋ / mor·al·iz·ing] *agg.* moraleggiante.

morally ['mɒrəlɪ *amer.* 'mɔːrəlɪ / mor·ally] *avv.* moralmente.

morass [mə'ræs / mor·ass] *s.* **1** (*geogr.*) palude, acquitrino, pantano **2** (*fig.*) groviglio, intrico, garbuglio: *the project was bogged down in a — of bureaucratic paperwork*, il progetto rimase impantanato nei meandri della burocrazia.

morassy [mə'ræsɪ / mor·assy] *agg.* paludoso, acquitrinoso.

moratorium [,mɒrə'tɔːrɪəm *amer.* ,mɔːrə'tɔːrɪəm / mo·ra·tor·ium] *pl.* **moratoriums**, **moratoria** [,mɒrə'tɔːrɪə *amer.* ,mɔːrə'tɔːrɪə / mo·ra·toria] *s.* (*dir.*) moratoria; (*econ.*) temporanea sospensione dei pagamenti da parte delle banche.

moratory ['mɒrətərɪ *amer.* 'mɔːrətɔːrɪ / mo·ra·tory] *agg.* (*dir.*) moratorio.

Moravian [mə'reɪvjən / Mo·ra·vian] *agg.* e *s.* moravo.

moray (eel) ['mɔːreɪ('iːl)] *s.* (*zool.*) **1** murena **2** (*Muraena helena*) murena (del Mediterraneo) SIN. **muraena**.

morbid ['mɔːbɪd / mor·bid] *agg.* **1** (*fig.*) morboso: *— fear*, fobia; *— thoughts*, pensieri morbosi **2** (*med.*) malato; morboso; patologico // *— anatomy*, anatomia patologica // **-ly** *avv.* // **-ness** *s.*

morbidity [mɔː'bɪdətɪ / mor·bid·ity] *s.* (*med.*) **1** morbilità; percentuale di malati: *— rate*, quoziente di morbilità **2** stato patologico **3** morbosità.

morbific [mɔː'bɪfɪk / mor·bi·fic] *agg.* (*med.*) patogeno.

morbilli [mɔː'bɪlaɪ / mor·billi] *s.pl.* (*med.*) → **measles**.

morbilliform [mɔː'bɪlɪfɔːm / mor·bil·li·form] **morbillous** [mɔː'bɪləs / mor·bil·lous] *agg.* (*med.*) morbilloso; di morbillo.

mordacious [mɔː'deɪʃəs / mor·da·cious] *agg.* mordace, caustico.

mordacity [mɔː'dæsətɪ / mor·da·city] *s.* mordacità, causticità.

mordancy ['mɔːdənsɪ / mord·ancy] *s.* **1** mordacità, causticità **2** (*chim.*) mordenzatura.

mordant ['mɔːdənt / mord·ant] *agg.* **1** pungente, sarcastico: *a — remark*, un'osservazione sarcastica **2** acuto: *a — pain*, un dolore acuto **3** (*chim.*) corrosivo ◆ *s.* (*chim.*) mordente // **-ly** *avv.*

to **mordant** *v.tr.* (*chim.*) mordenzare.

mordenite ['mɔːdənaɪt / mor·den·ite] *s.* (*min.*) mordenite.

mordent ['mɔːdənt / mord·ent] *s.* (*mus.*) mordente.

more [mɔː*] *agg.* (compar. di *much*, *many*) più, di più, una maggior quantità di; un maggior mumero di: *— policemen are required*, ci vuole un maggior numero di poliziotti; *she has — friends than I have*, ella ha più amici di me; *will you have some — sugar?*, volete ancora un po' di zucchero?; *there was much — petrol in the tank than I thought*, c'era molta più benzina (nel serbatoio) di quanto pensassi; *the — work there was to do, the — effort they put into it*, quanto più lavoro c'era da fare, tanto più si impegnavano.

more *avv.* **1** maggiormente, più, di più: *he should walk — and eat less*, dovrebbe camminare di più e mangiare meno; *I don't smoke any —*, non fumo più // *— and —*, sempre più: *he studies — and —*, egli studia sempre di più // *— or less*, più o meno: *it's — or less time for us to leave*, è quasi ora che ce ne andiamo // *neither — nor less than*, nè più nè meno che, di: *I want you to do neither — nor less than I told you to*, desidero che tu faccia né più né meno di quanto ti ho detto // *never —*, (*poet.*) mai più: *never — would they meet*, mai più dovevano rivedersi // *no —*, non più: *he thought no — about it*, non ci pensò più; *the days that are no —*, i giorni che non torneranno più // *so much the — that*, tanto più che // *the — one studies the — one learns*, più si studia più si impara **2** (*nella formazione del compar. di agg. e avv.*): *— easily*, più facilmente; *please speak — clearly*, per favore parla più chiaramente; *she is — beautiful than her sister*, è più bella di sua sorella // *the exercise you are translating is — long than hard*, l'esercizio che traduci è più lungo che difficile **3** ancora, di più: *once —*, ancora una volta; *what — do you want?*, che vuoi di più?

more *pron.indef.* e *s.* (di) più; una maggior quantità, un numero maggiore: *the concert went on for — than 3 hours*, il concerto si protrasse per più di 3 ore; *the manager told him — about the project*, il direttore gli disse di più circa il progetto; *— than one person has come*, è venuta più di una persona; *he cannot give —*, non può dare di più; *I hope to hear — of them*, spero di avere altre loro notizie; *that's — than enough*, è più che abbastanza // *he is forty and —*, ha quarant'anni e anche di più // *the — they have the — they want*, più hanno, più vogliono.

moreen [mɔː'riːn / mo·reen] *s.* tessuto per tende; damasco di lana, di cotone, di lana e cotone.

moreish ['mɔːrɪʃ / more·ish] *agg.* (*fam.*) tanto buono che fa venir voglia di fare il bis: *this ice cream is very —!*, che buono questo gelato! Faccio il bis.

morel [mɒ'rel / mo·rel] *s.* (*bot.*) **1** marasca (ciliegia amara) **2** (*Morchella esculenta*) spugnola, morchella **3** → deadly nightshade 2.

morello [mə'reləʊ / mo·rello] *pl.* **morellos** *s.* (*bot.*) *— (cherry)* marasca.

morello tree [mə'reləʊ,triː] *s.* (*bot.*) (*Prunus cerasus*) marasco.

moreover [mɔː'rəʊvə* / more·over] *avv.* inoltre; oltre a ciò; per di più, per giunta.

mores ['mɔːreɪz] *s.pl.* (*form.*) costumi, usanze, abitudini.

Moresque [mɔː'resk / Mor·esque] *agg.* moresco SIN. Mauresque.

morganatic [,mɔːgə'nætɪk / mor·gan·atic] *agg.* morganatico // **-ally** *avv.*

morgue [mɔːg] *s.* **1** morgue, obitorio **2** (*fig. fam.*) luogo triste, non accogliente **3** (*sl. giornalistico*) archivio di materiale (di consultazione): *a — of 30,000 photographs*, un archivio di 30.000 fotografie.

moribund ['mɒrɪbʌnd *amer.* 'mɔːrɪbʌnd / mori·bund] *agg.* e *s.* morente, moribondo.

morin ['mɔːrɪn] *s.* (*chim.*) morina.

morion ['məʊrɪən] *s.* (*min.*) morione, quarzo nero.

Morisco [mə'rɪskəʊ / Mor·isco] *agg.* moresco ◆ *s.* **1** (*st.*) moro (di Spagna) **2** meticcio ispano-messicano **3** (*con iniziale minuscola*) danza moresca.

Mormon ['mɔːmən / Mor·mon] *s.* (*relig.*) mormone.

Mormonism ['mɔːmənɪzəm / Mor·mon·ism] *s.* (*relig.*) mormonismo.

morn [mɔːn] *s.* (*poet.*) mattino.

morning ['mɔːnɪŋ / morn·ing] *s.* mattino, mattina, mattinata; (*fig.*) alba: *this —*, stamattina; *I have a — off*, ho una mattinata di permesso; *I'll come in the —*, verrò di mattina; *early in the —*, di buon mattino, di prima mattina, alla mattina presto; *one o'clock in the —*, l'una di notte // (*astr.*) *— star*, stella del mattino, Venere // *— coat*, giacca da tight; *good —*, buon giorno // *the — of Mankind*, l'alba dell'uomo, dell'umanità // *the — after*, (*fam.*) i postumi di una sbornia.

morning-glory [,mɔːnɪŋ'glɔːrɪ] *s.* (*bot.*) (*Ipomoea purpurea*) convolvolo purpureo, vilucchio; (*pop.*) campanella dei giardini.

mornings ['mɔːnɪŋz / morn·ings] *avv.* (*fam.spec.amer.*) **1** di mattina **2** tutte le mattine.

Moroccan [mə'rɒkən / Mo·roc·can] *agg.* e *s.* marocchino.

morocco [mə'rɒkəʊ / mo·rocco] *s.* marocchino (pelle).

moron ['mɔːrɒn] *s.* (*med.*) ritardato mentale, deficiente.

moronic [mɔː'rɒnɪk / mor·onic] *agg.* (*spreg.*) scemo, deficiente.

moronically [mɔː'rɒnɪkəlɪ / mor·onic·ally] *avv.* (*spreg.*) da scemo, da deficiente.

moronism ['mɔːrɒnɪzəm / mor·on·ism] *s.* l'essere deficiente (*anche med.*).

morose [mə'rəʊs / mor·ose] *agg.* tetro, cupo; imbronciato, scontento: *a — look*, un'espressione scontenta // **-ly** *avv.* // **-ness** *s.*

morpheme ['mɔːfiːm / morph·eme] *s.* (*ling.*) morfema.

morphemic [mɔː'fiːmɪk / morph·emɪc] *agg.* (*ling.*) morfematico, morfemico.

morphine ['mɔːfiːn / mor·phine] **morphia** ['mɔːfjə / mor·phia] *s.* (*chim.*) morfina // *morphine addict*, morfinomane.

morphing ['mɔːfɪŋ / morph·ing] *s.* (*inform.*) morphing, cambiamento di forma.

morphinism ['mɔːfɪnɪzəm / mor·phin·ism] *s.* (*med.*) morfinismo.

morphism ['mɔːfɪzm / morph·ism] *s.* (*mat.*) morfismo.

morphogenesis [,mɔːfəʊ'dʒenɪsɪs / mor·pho·gen·esis] *s.* (*biol.*) morfogenesi.

morpholine ['mɔːfəʊ,laɪn / mor·phol·ine] *s.* (*chim.*) morfolina.

morphologic(al) [,mɔːfə'lɒdʒɪk(l) / mor·pho·lo·gic(al)] *agg.* morfologico // **-ally** *avv.*

morphology [mɔː'fɒlədʒɪ / mor·pho·logy] *s.* morfologia.

-morphous ['mɔːfəs / morph·ous] *suff.* di origine greca che significa 'che ha forma di'; it. -morfo: *isomorphous*, isomorfo; *anthropomorphous*, antropomorfo.

-morphy ['mɔːfɪ] *suff.* di origine greca che significa 'forma'; it. -morfismo: *endomorphy*, endomorfismo.

morris dance ['mɒrɪs,dɑːns *amer.* 'mɒrɪs,dæns / mor·ris dance] *s.* danza folcloristica inglese.

morrow ['mɒrəʊ *amer.* 'mɔːrəʊ / mor·row]

s. (*letter.*) **1** domani, l'indomani: *on the — of*, il giorno dopo (di) **2** (*ant.*) mattino: *and now good morrow to our waking souls*, (J. DONNE) ed ora buon giorno alle nostre anime che si svegliano.

morse [mɔ:s] *s.* (*zool.*) tricheco; (*pop.*) vacca marina.

Morse (code) ['mɔ:s(kəʊd)] *s.* alfabeto Morse: *— signals*, segnali Morse; *— telegraph*, telegrafo Morse.

morsel ['mɔ:sl / mor·sel] *s.* **1** pezzo, pezzetto; boccone; tozzo: *a dainty —*, un bocconcino prelibato **2** briciolo, pizzico.

to **morsel** *v.tr.* (*non com.*) dividere (cibo).

mort[1] [mɔ:t] *s.* **1** (*caccia*) hallalì **2** (*caccia*) uccisione del cervo **3** (*zool.*) salmone di tre anni **4** carogna di animale; (*rar.*) cadavere (di persona).

mort[2] *s.* (*rar.*) un mucchio, un gran numero.

mortal ['mɔ:tl / mor·tal] *agg.* **1** mortale, soggetto alla morte: *all men are —*, tutti gli uomini sono mortali **2** mortale, letale; funesto: *a — wound*, una ferita mortale **3** implacabile: *— enemies*, nemici acerrimi **4** (*sl. antiq.*) interminabile, uggioso: *the rain fell for seven — days*, la pioggia cadde per sette interminabili giorni **5** (*fam.*) molto; grande: *she was in a — hurry*, aveva moltissima fretta // *but as all is mortal in nature, so is all nature in love mortal in folly*, (SH. As You Like It) ma, come tutto è mortale in natura, così ogni natura innamorata è mortalmente folle ◆ *s.* mortale; persona: *we ordinary mortals*, noi comuni mortali // **-ly** *avv.*

mortality [mɔ:'tæləti / mor·tal·ity] *s.* mortalità // (*stat.*): *— tables*, tavole di mortalità; *— rate*, tasso di mortalità.

mortar ['mɔ:tə* / mor·tar] *s.* **1** mortaio: *— and pestle*, un mortaio con pestello **2** (*mil.*) mortaio (pezzo d'artiglieria).

mortarboard ['mɔ:təbɔ:d / mor·tar·board] *s.* **1** vassoio, sparviere (di muratore) **2** (*fig. fam.*) tocco (copricapo accademico degli universitari britannici e americani).

mortbell ['mɔ:tbel / mort·bell] *s.* campana a morto.

mortcloth ['mɔ:t,klɒθ / mort·cloth] *s.* drappo funebre.

mortgage ['mɔ:gɪdʒ / mort·gage] *s.* (*dir.*) ipoteca: *to take out* (o *to raise*) *a —*, accendere un'ipoteca; *to pay off a —*, estinguere un'ipoteca; *to redeem from —*, liberare da ipoteca; *encumbered with —*, gravato da ipoteca; *— backed*, garantito da ipoteca; *to borrow on a —*, prendere a prestito su garanzia ipotecaria; *to foreclose the —*, rifarsi sul bene ipotecato; *— loan*, prestito ipotecario; *— deed*, contratto d'ipoteca; *— registry*, registro delle ipoteche; *registrar of mortgages*, conservatore delle ipoteche; *— securities*, titoli assistiti da garanzia ipotecaria; *— bond*, cartella fondiaria, obbligazione ipotecaria; *second, third —*, ipoteca di secondo, di terzo grado.

to **mortgage** *v.tr.* (*dir.*) ipotecare (*anche fig.*).

mortgagee [,mɔ:gə'dʒi: / mort·ga·gee] *s.* (*dir.*) creditore ipotecario.

mortgager ['mɔ:gɪdʒə* / mort·ga·ger] **mortgagor** [,mɔ:gə'dʒɔ:* *amer.* 'mɔ:gɪdʒə* / mort·ga·gor] *s.* (*dir.*) debitore ipotecario.

mortice → **mortise**.

mortician [mɔ:'tɪʃn / mort·ician] *s.* (*amer.*) imprenditore di pompe funebri; necroforo.

mortification [,mɔ:tɪfɪ'keɪʃn / mor·ti·fica·tion] *s.* **1** mortificazione (*anche fig.*) **2** (*med.ant.*) cancrena, necrosi.

to **mortify** ['mɔ:tɪfaɪ / mor·tify] *v.tr.* **1** mortificare, dominare: *to — the flesh*, mortificare la carne **2** mortificare, umiliare: *I felt absolutely mortified with shame*, mi sentivo morire dalla vergogna, mi sono vergognato come un ladro **3** (*med. ant.*) necrotizzare ◆ *v.intr.* **1** mortificarsi **2** (*med. ant.*) incancrenirsi, necrotizzarsi.

mortifying ['mɔ:tɪfaɪɪŋ / mor·ti·fy·ing] *agg.* mortificante, umiliante // **-ly** *avv.*

mortise ['mɔ:tɪs / mor·tise] *s.* (*tecn.*) mortasa // *— lock*, serratura incassata.

to **mortise** *v.tr.* (*tecn.*) **1** mortasare, praticare una mortasa in **2** collegare con un incastro a tenone e mortasa.

mortlake ['mɔ:t,leɪk / mort·lake] *s.* (*geogr.*) morta, mortizza, meandro morto.

mortmain ['mɔ:tmeɪn / mort·main] *s.* (*dir.*) manomorta: *goods in —*, beni di manomorta.

mortuary ['mɔ:tʃʊəri *amer.* 'mɔ:tʃʊeri / mor·tu·ary] *agg.* mortuario ◆ *s.* **1** camera mortuaria **2** (*dir. eccl.*) diritto di decima sui patrimoni dei defunti.

mosaic [məʊ'zeɪɪk / mo·saic] *agg.* musivo, di, in mosaico // (*chim.*) *— gold*, oro musivo, solfuro di stagno ◆ *s.* **1** mosaico: *— plate*, mosaico fotoelettrico; *— screen*, mosaico tricromo **2** (*fot.*, *tv*) fotomosaico, mosaico aerofotografico, mosaico planimetrico, rilevamento fotopanoramico **3** (*bot.*) *— (disease)*, mosaico (malattia del tabacco ecc.).

Mosaic *agg.* (*Bibbia*) mosaico: *— Law*, legge mosaica.

mosaicist [məʊ'zeɪɪsɪst / mo·sa·icist] *s.* mosaicista.

mosasaur ['məʊsəsɔ:* / mo·sa·saur] *s.* (*paleont.*) mosasauro.

moschatel [,mɒskə'tel / mos·cha·tel] *s.* (*bot.*) (*Adoxa moschatellina*) ranuncolino muschiato; (*pop.*) erba fumaria.

moselle [məʊzel / mos·elle] *s.* vino bianco della Mosella.

to **mosey** ['məʊzi / mo·sey] *v.intr.* gironzolare, bighellonare // *to — along*, camminare lemme lemme.

Moslem ['mɒzləm / Mos·lem] *agg.* e *s.* musulmano.

mosque [mɒsk] *s.* moschea.

mosquito [mə'ski:təʊ / mos·quito] *pl.* **mosquito(e)s** *s.* zanzara: *— bite*, puntura di zanzara; *— net(ting)*, zanzariera.

mosquito-grown [mə'ski:təʊ,grəʊn] *agg.* (*fam. amer.*) antiquato, démodé.

moss [mɒs *amer.* mɔ:s] *s.* **1** muschio, musco // *a rolling stone gathers no —*, (*prov.*) chi non si ferma, non mette radici; chi cambia continuamente lavoro non fa carriera **2** (*bot.*) terreno acquitrinoso; torbiera **3** (*sl. amer.*) capelli (crespi) stirati, lisciati.

to **moss** *v.tr.* ricoprire di muschio.

moss agate ['mɒs,ægət *amer.* 'mɔ:s,ægət] *s.* (*min.*) agata muschiata, pietra di Moka.

moss-back ['mɒsbæk *amer.* 'mɔ:sbæk] *s.* (*amer.*) **1** (*st.*) imboscato **2** (*fam.*) conservatore a oltranza; parruccone.

moss-grown ['mɒs,grəʊn *amer.* 'mɔ:s ,grəʊn] *agg.* coperto di muschio.

moss-hag ['mɒshæg *amer.* 'mɔ:shæg] *s.* torbiera.

moss-rose ['mɒs,rəʊz *amer.* 'mɔ:s,rəʊz] *s.* (*bot.*) (*Rosa centifolia muscosa*) rosa muscosa, rosa borracina.

moss-stitch ['mɒs,stɪtʃ *amer.* 'mɔ:s,stɪtʃ] *s.* punto riso (nei lavori a maglia).

moss-trooper ['mɒs,tru:pə* *amer.* 'mɔ:s ,tru:pə*] *s.* (*st.*) bandito di frontiera.

mossy ['mɒsi *amer.* 'mɔ:si] *agg.* (*bot.*) **1** muscoso, coperto di muschio **2** simile al muschio.

most [məʊst] *agg.* (superl. di *much*, *many*) il più, la più; i più, le più; la maggior parte (di), il maggior numero (di): *— emigrants to the U.S. didn't speak English*, la maggior parte degli emigranti negli Stati Uniti non parlava l'inglese; *who won the — money at the lottery?*, chi ha vinto di più alla lotteria?; *— people wouldn't believe it*, la maggior parte della gente non ci crederebbe; *— gold is produced in Africa*, in Africa si estrae la maggior quantità di oro; *in — cases, we know where the infection comes from*, nella maggioranza dei casi si conosce l'origine dell'infezione // *for the — part*, per la maggior parte; il più delle volte, quasi sempre: *for the — part, he knew the answers to the questions*, per lo più sapeva rispondere alla domande; *the city is, for the — part, dirty and neglected*, la città è, quasi ovunque, sporca e trascurata.

most *avv.* **1** (*per formare il superl. rel. di agg. e avv.*): *this is his — successful film*, questo è il suo film di maggiore successo; *she's the — beautiful woman I've ever seen*, è la donna più bella che io abbia mai visto; *he was one of the — important people at the meeting*, era una delle persone più importanti presenti alla riunione; *they were the — wanted criminals in Europe*, erano i criminali più ricercati d'Europa; *that's the exercise I did — easily*, quello è l'esercizio che mi è riuscito più facile; *of all poets, he was the one — strongly influenced by Milton*, di tutti i poeti, è stato quello che ha maggiormente subìto l'influsso di Milton **2** (*per formare il superl. assoluto di agg. e avv.*) molto, estremamente: *he found the evidence — disturbing*, trovò la testimonianza estremamente inquietante; *the results were — encouraging*, i risultati erano molto incoraggianti; *— likely, they'll arrive late*, molto probabilmente arriveranno in ritardo; *it's — strange that he hasn't let us know*, è molto strano che non ce l'abbia comunicato • In questo significato, l'uso di *most* è più form. di *very* **3** di più, maggiormente: *what worries me — of all is that I can't remember his name*, la cosa che mi preoccupa maggiormente è che non riesco a ricordare il suo nome; *what she disliked — was his manner of speaking*, quello che le piaceva meno era il suo modo di parlare; *I like this programme the —*, mi piace più di tutti questo programma // *at (the) —*, al massimo: *the contract will last two years at (the) —*, il contratto durerà al massimo due anni; *at —, we've 15 minutes before the train leaves*, abbiamo al massimo un quarto d'ora prima della partenza del treno; *it was only a short delay, at —*, al massimo, è stata solo questione di un breve ritardo **4** (*fam. amer.*) → almost.

most *pron.indef.* e *s.* il massimo; la maggior

parte, il maggior numero: — *of us have forgotten what we learnt at school*, la maggior parte di noi ha dimenticato ciò che ha imparato a scuola; — *of his mature plays are tragedies*, la maggior parte delle opere della sua maturità sono tragedie; *the — she ever got was £ 100*, il massimo che abbia preso erano 100 sterline; — *of it is lies*, la maggior parte di ciò è falso; *she spends — of her time reading*, dedica alla lettura la maggior parte del suo tempo; *they did the — they could*, fecero più che poterono; *they were kinder than* —, furono gentili come nessun altro // *at* (*the*) —, tutt'al più, al massimo: *at — we'll arrive late, but it can't be helped*, al massimo arriveremo tardi, ma non possiamo farci niente // *to make the — of sthg.*, trarre il massimo, trarre il meglio da qlco.: *he doesn't know how to make the — of himself*, non sa farsi valere; *he makes the — of his time*, sa sfruttare al massimo il suo tempo.

-most *suff.* di origine anglosassone; aggiunto ad alcuni aggettivi, ne esprime il grado superlativo: *southernmost*, il più a sud; *innermost*, il più interno, il più intimo; *topmost*, il più in alto; *uppermost*, il più in alto; il più importante.

mostly ['məʊstlɪ] *avv.* per lo più, soprattutto, generalmente: *she worked — in Brighton*, lavorava soprattutto a Brighton; *he was writing every day, poetry* —, scriveva ogni giorno, generalmente poesie; *the new staff were — inexperienced*, il nuovo personale era per lo più inesperto.

mot [məʊ] *s.* (*non com.*) parola arguta; frizzo; motto di spirito.

mote [məʊt] *s.* granellino di polvere: *to behold the — in one's brother's eye*, vedere la pagliuzza nell'occhio altrui.

to **mote** *v.tr.* (*ant.*) gratificare: *if it mote thee so aggrate, / let them returned be unto their former state*, (E. SPENSER) se potesse così piacervi, siano essi restituiti al loro stato primitivo.

motel [məʊ'tel / mo·tel] *s.* motel, albergo per automobilisti.

motet [məʊ'tet / mo·tet] *s.* (*mus.*) mottetto.

moth [mɒθ *amer.* mɔ:θ] *s.* (*zool.*) **1** falena, farfalla notturna, crepuscolare // *silk* —, farfalla del baco da seta // *she is like a — round a candle flame*, è come una farfalla attirata dalla luce **2** tignola, tarma.

mothball ['mɒθbɔ:l *amer.* 'mɔ:θbɔ:l / moth·ball] *s.* (pallina di) naftalina // *to put sthg. in mothballs*, (*fig.*) mettere qlco. in naftalina, accantonare qlco.

to **mothball** *v.tr.* **1** (*fam.*) mettere in naftalina **2** (*mil.*) disarmare.

moth-eaten ['mɒθ,i:tn *amer.* 'mɔ:θ,i:tn] *agg.* tarmato, tarlato; (*fig.*) antiquato; trito.

mother[1] ['mʌðə*] *s.* **1** madre, mamma: *she has become a* —, ha avuto un figlio // *unmarried* —, ragazza madre // *Mother's Day*, la festa della mamma **2** (*eccl.*) *Mother*, madre: *Reverend Mother*, reverenda madre; *the Mother Superior*, la madre superiora **3** (*fam. antiq.*) vecchia; nonna: *Mother Jones*, la vecchia Jones **4** (*fig.*) origine: *pride is the — of ignorance*, la superbia è la madre dell'ignoranza // *necessity is the — of invention*, la necessità aguzza l'ingegno **5** (*fam. amer.*) cosa grande, imponente; monumento **6** (*sl. amer.*) abbr. di → **motherfucker** ◆ *agg.* madre; materno: — *country*, madrepatria; — *tongue*, madrelingua; (*inform.*) — *board*, scheda madre; — *earth*, madreterra: *to kiss — earth*, (*scherz.*) cadere // *Mother Nature*, madre natura // — *wit*, buon senso // *Holy Mother Church*, Santa Madre Chiesa // — *ship*, nave appoggio // (*biol.*) — *cell*, cellula madre // (*dir.*) — *right*, successione in linea femminile; matriarcato.

to **mother**[1] *v.tr.* **1** far da madre a; coccolare, viziare: *he enjoys being mothered*, gli piace essere coccolato **2** dichiararsi la madre di **3** attribuire la maternità di: *to — a child on s.o.*, attribuire a qlcu. la maternità di un bambino **4** dar vita a, far nascere.

mother[2] *s.* madre dell'aceto.

to **mother**[2] *v.intr.* fermentare (di aceto).

Mother Carey's chicken [,mʌðə,kæri:z 'tʃɪkɪn] *s.* (*zool. pop.*) procellaria, uccello delle tempeste → **petrel**.

motherfucker ['mʌðə,fʌkə* / moth·er·fucker] *s.* (*sl. amer. volg.*) **1** bastardo, carogna **2** fico; giovane in gamba, alla moda.

motherhood ['mʌðəhʊd / moth·er·hood] *s.* maternità.

mothering ['mʌðərɪŋ / moth·er·ing] *s.* cure materne // *Mothering Sunday*, quarta domenica di Quaresima; (*amer.*) seconda domenica di maggio (in cui i figli fanno per consuetudine regali alla madre).

mother-in-law ['mʌðərɪnlɔ:] *pl.* **mothers -in-law** *s.* suocera.

motherless ['mʌðəlɪs / moth·er·less] *agg.* orfano di madre.

motherliness ['mʌðəlɪnɪs / moth·er·li·ness] *s.* tenerezza materna; atteggiamento materno.

motherly ['mʌðəlɪ / moth·erly] *agg.* materno: *she treated him in a — way*, ella lo trattava maternamente.

mother-of-pearl [,mʌðərəv'pɜ:l] *agg.* e *s.* madreperla.

mother of thousands [,mʌðərəv'θaʊzəndz] *s.* (*bot.*) **1** (*Cymbalaria muralis*) cimbalaria **2** (*Bellis perennis*) margheritina, pratolina.

mother-to-be [,mʌðətə'bi:] *s.* futura madre.

moth-hunter ['mɒθ,hʌntə* *amer.* 'mɔ:θ ,hʌntə*] *s.* (*zool.*) caprimulgo → **goatsucker**.

mothproof ['mɒθpru:f *amer.* 'mɔ:θpru:f / moth·proof] *agg.* antitarma, antitarmico.

to **mothproof** *v.tr.* rendere inattaccabile dalle tarme.

moth-repellent ['mɒθrɪ,pelənt *amer.* 'mɔ:θrɪ,pelənt] *agg.* e *s.* antitarma, antitarmico.

mothy ['mɒθɪ *amer.* 'mɔ:θɪ] *agg.* tarmato.

motif [məʊ'ti:f / mo·tif] *s.* **1** tema, motivo dominante, idea predominante (di un'opera artistica): *horses are that painter's favourite* —, i cavalli sono il tema preferito di quel pittore **2** (*mus.*) leitmotiv, tema ricorrente, motivo conduttore **3** motivo, elemento decorativo ripetuto.

motile ['məʊtɪl / mot·ile] *s.* (*bot.*, *zool.*) mobile, capace di movimento.

motion ['məʊʃn / mo·tion] *s.* **1** moto, movimento; motricità: *to put* (o *to set*) *sthg. in* —, mettere in moto, avviare qlco. // (*cinem.*, *tv*) *in slow* —, al rallentatore // (*amm.*) — *analysis*, analisi dei movimenti (degli operai) // *to go through the motions*, (*fig.*) fingere di fare (qlco.) **2** (*fis.*) moto: *the laws of* —, le leggi del moto; *perpetual* —, moto perpetuo **3** gesto, atto; andatura: *it was a pleasure to watch her graceful motions*, era un piacere osservare con che grazia ella si muoveva **4** mozione, proposta, petizione: *nobody supported the — and it was not carried*, nessuno appoggiò la proposta ed essa non fu approvata // — *of no-confidence*, mozione di sfiducia **5** (*dir.*) istanza, mozione, richiesta: — *to dismiss the case*, istanza di archiviazione del caso; — *to adjourn for continuance*, istanza di rinvio del processo; — *to suppress evidence*, istanza per escludere delle prove **6** (*med.*) scarica (di feci) **7** (*ant.*) spettacolo di marionette: *then he compassed a motion of the Prodigal Son*, (SH. Winter's Tale) poi ottenne di rappresentare il Figliol Prodigo con uno spettacolo di marionette.

to **motion** *v.tr.* e *intr.* far segno (a); far cenno (a): *she motioned to the waiter and he came over*, chiamò il cameriere con un cenno e questi arrivò; *he motioned them away*, fece loro cenno di allontanarsi; *he motioned me to a chair*, mi invitò a sedere.

motionless ['məʊʃnlɪs / mo·tion·less] *agg.* senza moto, immobile // **-ly** *avv.* // **-ness** *s.*

motion picture ['məʊʃn,pɪktʃə*] *s.* film, pellicola cinematografica.

motion-picture *agg.* cinematografico: — *camera*, cinepresa; — *projector*, cineproiettore; — *theatre*, cinematografo, sala cinematografica.

to **motivate** ['məʊtɪveɪt / mo·tiv·ate] *v.tr.* **1** motivare, stimolare, spronare **2** causare, provocare.

motivation [,məʊtɪ'veɪʃn / mo·tiva·tion] *s.* **1** motivazione **2** motivo, movente (*anche dir.*).

motivational [,məʊtɪ'veɪʃənl / mo·tiva·tional] *agg.* (*comm.*) motivazionale: — *research*, ricerca motivazionale (nel marketing).

motive ['məʊtɪv / mo·tive] *s.* motivo, movente (*anche dir.*); causa; ragione: *to have a — in doing sthg.*, avere un motivo, una ragione per fare qlco. ◆ *agg.* motore: — *power*, forza motrice.

motiveless ['məʊtɪvlɪs / mo·tive·less] *agg.* senza motivo // **-ly** *avv.* // **-ness** *s.*

motivity [məʊ'tɪvətɪ / mo·tiv·ity] *s.* (*mecc.*) energia cinetica.

motley ['mɒtlɪ / mot·ley] *agg.* **1** eterogeneo: *a — crowd*, una folla eterogenea **2** variopinto; variegato; multicolore: *I met a fool in the forest, a motley fool*, (SH. As You Like It) ho incontrato un matto nella foresta, un matto nella sua divisa variopinta ◆ *s.* **1** miscuglio eterogeneo **2** (*st.*) abito variopinto (dei buffoni di corte) // *to wear the* —, (*fig.*) fare il buffone **3** (*ant.*) giullare, buffone: *will you be married, motley?*, (SH. As You Like It) vuoi sposarti, giullare?

motocross ['məʊtə,krɒs / moto·cross] *s.* (*sport*) motocross.

motoneuron ['məʊtəʊ,njʊərɒn *amer.* 'məʊtəʊ,nʊərɒn / moto·neuron] *s.* (*anat.*) motoneurone.

motor ['məʊtə* / mo·tor] *agg.* **1** motoristico; automobilistico: — *sport*, sport motoristico; — *industry*, industria automobilistica **2** motore, motorio: — *power*, forza motrice; — *nerve*, nervo motorio; — *aphasia*, afasia motoria ◆ *s.* **1** motore (macchina motrice): *auxiliary* —, motore ausiliario; *four-stroke*, *two-stroke* —, motore a quattro, a due tempi; *variable* *speed* —, motore a velocità regolabile **2** (*anat.*) muscolo motore.

to **motor** *v.intr.* (*antiq.*) andare in automobile; guidare (un'automobile).

motorbike ['məʊtəbaɪk / mo·tor·bike] *s.* **1** motocicletta **2** (*amer.*) motoleggera, motoretta.

motorboat ['məʊtəbəʊt / mo·tor·boat] *s.* **1** barca a motore; motobarca **2** motoscafo.

motorbus ['məʊtəbʌs / mo·tor·bus] *s.* autobus.

motorcade ['məʊtəkeɪd / mo·tor·cade] *s.* autoparata; corteo, sfilata di automobili.

motorcar ['məʊtəkɑ:* / mo·tor·car] *s.* automobile; autovettura.

motorcoach ['məʊtəkəʊtʃ / mo·tor·coach] *s.* torpedone; autopullman.

motorcycle ['məʊtə,saɪkl / mo·tor·cycle] *s.* motocicletta; motociclo.

motorcyclist ['məʊtə,saɪklɪst / motor·cyc·list] *s.* motociclista.

motor-driven ['məʊtə,drɪvn] *agg.* a motore.

motor home ['məʊtəhəʊm] *s.* (*amer.*) camper.

motorial [məʊ'tɔ:rɪəl / mo·tor·ial] *agg.* (*non com.*) motorio.

motoring ['məʊtərɪŋ / mo·tor·ing] *s.* automobilismo.

motorist ['məʊtərɪst / mo·tor·ist] *s.* automobilista.

motorization [,məʊtəraɪ'zeɪʃn *amer.* ,məʊtərɪ'zeɪʃn / mo·tor·iza·tion] *s.* motorizzazione.

to **motorize** ['məʊtəraɪz / mo·tor·ize] *v.tr.* motorizzare.

motor lodge [,məʊtə'lɒdʒ] *s.* (*amer.*) motel.

motorman ['məʊtəmæn / mo·tor·man] *pl.* **motormen** ['məʊtəmen] *s.* **1** autista, guidatore, conducente (di veicoli a motore) **2** manovratore (del tram) **3** (*ferr.*) macchinista.

motor-mouth ['məʊtə,maʊθ] *s.* (*fam. amer.*) chiacchierone.

motor part ['məʊtə,pɑ:t] *s.* autoricambio: *a motor parts shop*, un negozio di autoricambi.

motor scooter ['məʊtə,sku:tə*] *s.* motorscooter, scooter; motoretta.

motorship ['məʊtəʃɪp / mo·tor·ship] *s.* motonave.

motor torpedo boat ['məʊtətɔ:'pi:dəʊ bəʊt] *s.* (*mar.*) motosilurante.

motor truck ['məʊtə,trʌk] *s.* (*amer.*) autocarro, camion.

motor vehicle ['məʊtə,vi:ɪkl] *s.* automezzo.

motorway ['məʊtə,weɪ / mo·tor·way] *s.* autostrada AMER. **freeway**.

mottle ['mɒtl] *s.* screziatura, venatura; chiazza.

to **mottle** *v.tr.* screziare, venare; chiazzare.

mottled ['mɒtld] *agg.* screziato, venato; chiazzato // (*metall.*) — *iron*, ghisa trotata.

motto ['mɒtəʊ] *pl.* **mottoes** *s.* **1** motto; massima **2** aforisma; massima (come se ne trovano in certe confezioni di cioccolatini) **3** epigrafe (in un libro), citazione.

mouf(f)lon ['mu:flɒn / mouf·(f)lon] *s.* (*zool.*) (*Ovis musimon*) muflone.

moujik ['mu:ʒɪk / mou·jik] → **muzhik**.

mould[1] [məʊld] *s.* terriccio.

mould[2] *s.* **1** forma; stampo (*anche fig.*): *cast in the same* —, fatti dello stesso stampo di carattere identico; *he is of a different — from his brother*, è di stampo diverso da suo fratello; *a man of heroic* —, un uomo di tempra eroica **2** (*cuc.*) stampo; vivanda preparata in uno stampo **3** (*metall.*) forma: *permanent* —, forma permanente; *plaster* —, forma in gesso **4** (*mar.*, *aut.*) sagoma **5** (*mecc.*) matrice **6** (*edil.*) cassaforma **7** (*arch.*) modanatura **8** (*paleont.*) impronta (di fossile).

to **mould**[2] *v.tr.* **1** foggiare; formare; modellare, plasmare (*anche fig.*): *he moulded the statue out of* (o *in*) *clay*, modellò la statua in argilla; *to — s.o.'s character*, plasmare il carattere di qlcu.; *to — upon a pattern*, foggiare secondo un modello **2** (*metall.*) formare, costruire la forma di.

mould[3] *s.* muffa: *blue* —, muffa di formaggi (del tipo gorgonzola); *penicillin* —, muffa della penicillina.

mouldable ['məʊldəbl / mould·able] *agg.* modellabile; plasmabile.

mouldboard ['məʊldbɔ:d / mould·board] *s.* versoio (dell'aratro).

to **moulder** ['məʊldə*] *v.intr.* sgretolarsi, cadere in rovina; (*fig.*) decomporsi: *a mouldering building*, un edificio cadente // *to — in idleness*, (*fig.*) abbrutirsi, inebetirsi nell'ozio ◆ *v.tr.* (*rar.*) sgretolare; ridurre in polvere.

mouldiness ['məʊldɪnɪs / moul·di·ness] *s.* l'essere ammuffito (*anche fig.*).

moulding ['məʊldɪŋ / mould·ing] *s.* **1** (*arch.*) cornice, cornicione; modanatura **2** modellatura **3** (*metall.*) formatura; fusione; getto: *dry* —, formatura a secco; *greensand* —, formatura in verde // — *box*, staffa (da fonderia); — *sand*, sabbia per fonderia **4** (*tecn.*) stampaggio (di materie plastiche): *compression, injection* —, stampaggio a pressione, a iniezione.

mouldy ['məʊldɪ] *agg.* **1** ammuffito (*anche fig.*): *to go* —, ammuffire; *to smell* —, odorare di muffa, di stantio // *it's a — joke*, è (una barzelletta) vecchia **2** (*fam.*) cattivo, schifoso.

moult [məʊlt] *s.* muda (di uccelli ecc.): *to be in* —, essere nel periodo di muda.

to **moult** *v.tr.* e *intr.* mudare (di uccelli ecc.).

moulting ['məʊltɪŋ / moult·ing] *s.* muda (di uccelli ecc.).

mound [maʊnd] *s.* **1** tumulo; monticello, montagnola; (*rar.*) terrapieno, argine **2** cumulo, mucchio: *a — of books*, un mucchio, una montagna di libri.

to **mound** *v.tr.* (*form.*) circondare con una siepe; fortificare con argine.

mount[1] [maʊnt] *s.* **1** (*form.* o *usato davanti ai no. pr. sing.*) monte, montagna: *Mount Everest*, il monte Everest // *the Sermon on the Mount*, il Sermone della Montagna **2** (*mil.*) terrapieno **3** (*anat.*) monte.

to **mount**[1] *v.tr.* **1** (*form.*) salire (su, a); ascendere (a): *to — the stairs*, salire le scale; *to — a hill*, salire su una collina; *to — a ladder*, salire su una scala; *to — the throne*, salire, ascendere al trono // *to — (on, upon) a chair*, montare in cattedra, (*fig.*) fare il saccente // (*mil.*) *to — guard over sthg.*, montare la guardia a qlco. **2** montare (a cavallo): *he mounted the horse*, montò a cavallo // *to — a bicycle*, montare in bicicletta **3** montare, inserire in; provvedere di montatura; incorniciare: *I had my sapphire mounted*, ho fatto montare il mio zaffiro **4** organizzare; mettere in scena: *to — a publicity campaign*, organizzare una campagna pubblicitaria; *who mounted the play?*, chi ha organizzato la recita? **5** (*mil.*) mettere in posizione: *they mounted the gun*, misero il cannone in posizione di tiro **6** (*zool.*) montare, accoppiarsi con ◆ *v.intr.* montare, salire: *tension mounted*, la tensione saliva.

□ **mount up** *v.intr.* e *avv.* **1** aumentare: *if you save a pound a week, your savings will soon — up*, se metti via una sterlina alla settimana i tuoi risparmi aumenteranno **2** (*aer.*) impennarsi.

mount[2] *s.* **1** cavalcatura: *his — was a donkey*, cavalcava un asino **2** (*ippica*) monta (del fantino) **3** supporto, sostegno **4** (*mecc.*) incastellatura di sostegno; castello: *engine* —, castello motore **5** affusto (di cannone) **6** intelaiatura; montatura (di lenti); cornice (di quadro ecc.) **7** corredo (di microscopio); vetrino.

mountain ['maʊntɪn *amer.* 'maʊntn / moun·tain] *s.* **1** montagna, monte // *the Rocky Mountains*, le Montagne Rocciose // *Mountain time*, (*amer.*) fuso orario degli Stati Uniti centrali **2** (*fig. fam.*) montagna, mucchio: *a — of difficulties*, una montagna di difficoltà // *he makes a — of every molehill*, ingigantisce ogni cosa, affoga in un bicchier d'acqua **3** (*food*) —, eccedenza (di alimentari): *butter* —, burro eccedentario, in eccedenza ◆ *agg.* **1** montuoso, di montagne: — *chain* (o *range*), catena montuosa; — *system*, sistema montuoso **2** montano, di montagna: — *climate*, clima montano; — *landscape*, paesaggio montano.

mountain ash [,maʊntɪn'æʃ] *s.* (*bot.*) (*Sorbus aucuparia*) sorbo selvatico, sorbo degli uccellatori, sorbo rosso.

mountain blue [,maʊntɪn'blu:] *s.* (*min.*) azzurro di rame, azzurro di montagna.

mountain cat ['maʊntɪn,kæt] *s.* (*zool.*) **1** puma **2** (*Lynx rufus*) lince rossa.

mountain dew ['maʊntɪn,dju: *amer.* 'maʊntɪn,du:] *s.* (*fam. amer.*) whisky (di solito distillato clandestinamente).

mountaineer [,maʊntɪ'nɪə* / moun·tain·eer] *s.* **1** alpinista, scalatore **2** (*non com.*) montanaro.

to **mountaineer** *v.intr.* fare dell'alpinismo.

mountaineering [,maʊntɪ'nɪərɪŋ / moun·tain·eer·ing] *s.* alpinismo.

mountain-high [,maʊntɪn'haɪ] *agg.* altissimo.

mountain lion ['maʊntɪn,laɪən] *s.* (*zool.*) puma → **cougar**.

mountainous ['maʊntɪnəs / moun·tain·ous] *agg.* **1** montuoso **2** (*fig.*) enorme // **-ness** *s.*

mountain oysters ['maʊntɪn,ɔɪstəz] *s.pl.* (*cuc.*) (*fam. amer.*) granelli (testicoli di toro, di montone).

mountainside ['maʊntɪn,saɪd / moun·tain·side] *s.* versante, fianco (di montagna).

mountain-slope ['maʊntɪn,sləʊp] *s.* china, erta.

mountaintop ['maʊntɪn,tɒp / moun·tain·top] *s.* cima, vetta.

mountebank [ˈmaʊntɪbæŋk / moun·te·bank] *s.* (*letter.*) ciarlatano; saltimbanco.

mounted [ˈmaʊntɪd] *agg.* **1** a cavallo: — *police*, *troops*, polizia, truppe a cavallo **2** montato: *a* — *telescope*, un telescopio montato.

mounter [ˈmaʊntə*] *s.* **1** montatore **2** chi mette in opera.

Mountie [ˈmaʊntɪ] *s.* (*fam.*) poliziotto canadese a cavallo.

mounting [ˈmaʊntɪŋ / mount·ing] *s.* **1** montatura (di gemma, quadro); (*tecn.*) montaggio **2** (*tecn.*) supporto **3** (*teatr.*) messa in scena; allestimento **4** ascensione, salita ◆ *agg.* crescente: *the company is faced by* — *costs*, la società deve far fronte a costi crescenti.

mounting-block [ˈmaʊntɪŋ,blɒk] *s.* (*ippica*) montatoio.

to **mourn** [mɔ:n] *v.intr.* **1** essere in lutto; portare il lutto ◆ *v.tr.* piangere; lamentare: *she is mourning her father's death*, piange la morte di suo padre.

mourner [ˈmɔ:nə*] *s.* **1** chi è in lutto **2** chi accompagna un funerale: *the mourners*, i dolenti **3** (*ant.*) prefica.

mournful [ˈmɔ:nfʊl / mourn·ful] *agg.* lugubre, triste, funereo: — *face*, volto triste; faccia da funerale // **-ly** *avv.* // **-ness** *s.*

mourning [ˈmɔ:nɪŋ / mourn·ing] *s.* U **1** lutto, dolore, cordoglio **2** abiti da lutto, lutto: *to go into*, *out of* —, mettere, smettere il lutto; *to wear* — *for s.o.*, portare il lutto per qlcu.; *deep* (o *full*) —, lutto stretto; *half* —, mezzo lutto // *nails in* —, (*scherz.*) unghie a lutto.

mourning-band [ˈmɔ:nɪŋ,bænd] *s.* fascia da lutto.

mourning paper [ˈmɔ:nɪŋ,peɪpə*] *s.* carta da lutto, listata a lutto.

mouse [maʊs] *pl.* **mice** [maɪs] *nel significato 4* **mouses** *s.* **1** topo, sorcio: *young* —, topolino // *house* —, (*Mus musculus*) topolino domestico, topo comune // *as poor as a church* —, povero in canna // *as quiet as a* —, calmissimo, tranquillissimo **2** (*fig.*) persona timida, ritrosa **3** (*fam.*) topino, topolino, tesoro; (*amer.*) ragazza // *good my mouse of virtue, answer me*, (SH. Twelfth Night) mio buon topino di virtù, rispondetemi **4** (*inform.*) 'mouse' (dispositivo collegato al video che comanda lo spostamento del cursore) **5** contrappeso (di finestre a ghigliottina) **6** (*mar.*) ringrosso, legatura al gancio.

to **mouse** [maʊz] *v.intr.* (*non com.*) dar la caccia ai topi.

mouse-colour [ˈmaʊs,kʌlə*] *agg.* e *s.* (color) grigio topo.

mouse-ear [ˈmaʊs,ɪə*] *s.* (*bot.*) miosotide // — *hawkweed*, (*Hieracium pilosella*) pelosella, orecchio di topo.

mouse-hole [ˈmaʊshəʊl] *s.* piccola tana, piccolo buco.

mouser [ˈmaʊsə*] *s.* cacciatore di topi; gatto abile nel dar la caccia ai topi.

mouse-tail [ˈmaʊsteɪl] *s.* (*bot.*) (*Myosurus minimus*) coda di sorcio.

mousetrap [ˈmaʊstræp / mouse·trap] *s.* **1** trappola per topi **2** (*fam. amer.*) teatro, ritrovo di infimo ordine.

mousey [ˈmaʊsɪ] *agg.* **1** simile a un topo **2** color grigio topo **3** calmo, tranquillo; timido; (*spreg.*) grigio, scialbo **4** infestato da topi **5** maleodorante (per la presenza di topi).

mousse [mu:s] *s.* (*cuc.*) mousse.

mousseline [ˈmu:slɪn / mous·sel·ine] *s.* mussola.

moustache [məˈstɑ:ʃ *amer.* ˈmʌstæʃ / mous·tache] *s.* baffi.

moustached [məˈstɑ:ʃt *amer.* ˈmʌstæʃt / mous·tached] *agg.* (*non com.*) baffuto.

Mousterian [mu:ˈstɪərɪən / Mous·ter·ian] *agg.* e *s.* (*antropologia*) musteriano.

mouth [maʊθ] *s.* **1** bocca: *with a pipe in his* —, con la pipa in bocca; *the news spread from* — *to* —, la notizia correva di bocca in bocca // *down in the* —, depresso, abbattuto // *shut your* —*!*, chiudi il becco! // *to keep one's* — *shut*, tenere la bocca chiusa, tacere // *to have a big* —, parlare troppo, a sproposito // *to be all* —, (*fam.*) esser solo capace di parlare (e non di fare) // *to put words into s.o.'s* —, suggerire a qlcu. ciò che deve dire; attribuire a qlcu. cose non dette // *to take the words out of s.o.'s* —, rubare le parole di bocca a qlcu. // *to make s.o.'s* — *water*, far venire l'acquolina in bocca a qlcu. // — *full of South*, (*fam. amer.*) accento del Sud **2** bocca, fauci, gola (di animale) **3** orifizio; apertura; ingresso, entrata; imboccatura (di porto, valle ecc.); (*miner.*) bocca (di pozzo): *the* — *of the tunnel*, l'imbocco della galleria; *the* — *of the bottle*, l'imboccatura della bottiglia **4** foce, bocca (di fiume) **5** (*antiq.*) smorfia, boccaccia: *to make a wry* —, fare una smorfia di disappunto; *to make a poor* —, pianger miseria **6** (*fam.*) discorso impudente, sfacciataggine, impertinenza: *none of your* —*!*, zitto, impertinente!

to **mouth** *v.tr.* **1** declamare, dire in tono enfatico **2** formulare (parole) solo con il movimento delle labbra, senza suono **3** prendere con la bocca **4** avvezzare (un cavallo) al morso **5** (*tecn.*) fare l'imboccatura a (recipiente ecc.) ◆ *v.intr.* **1** parlare in tono enfatico **2** (*non com.*) fare boccacce, smorfie **3** sfociare (di fiume).

mouth-breather [ˈmaʊθ,bri:ðə*] *s.* (*fam. amer.*) cialtrone.

mouth-filling [ˈmaʊθ,fɪlɪŋ] *agg.* altisonante, enfatico.

mouthful [ˈmaʊθfʊl / mouth·ful] *s.* **1** boccone; piccola quantità **2** (*fam.*) parola lunga, difficile da pronunciare; frase roboante **3** (*fam. amer.*) osservazione appropriata: *you've said a* —*!*, l'hai detta giusta!

mouthorgan [ˈmaʊθ,ɔ:gən / mouth·organ] *s.* armonica a bocca SIN. **harmonica**.

mouthpiece [ˈmaʊθpi:s / mouth·piece] *s.* **1** bocchino (di pipa) **2** imboccatura, bocchino (di strumento a fiato) **3** microfono (di registratore, telefono ecc.) **4** (*fig.*) portavoce: *he was the* — *of his party*, era il portavoce del suo partito **5** (*fam. amer.*) avvocato difensore.

mouth-to-mouth resuscitation [,maʊθtəˈmaʊθrɪ,sʌsɪˈteɪʃn] *s.* rianimazione con respirazione bocca a bocca.

mouthwash [ˈmaʊθwɒʃ *amer.* ˈmaʊθwɔ:ʃ / mouth·wash] *s.* collutorio.

mouth-watering [ˈmaʊθ,wɔ:tərɪŋ] *agg.* che fa venire l'acquolina in bocca; appetitoso, gustoso.

movability [,mu:vəˈbɪlətɪ / mov·ab·il·ity] *s.* mobilità.

movable [ˈmu:vəbl / mov·able] *agg.* movibile, mobile: — *feasts*, feste mobili; (*comm.*) — *property*, beni mobili // **-ness** *s.* // **-bly** *avv.*

movables [ˈmu:vəblz / mov·ables] *s.pl.* (*dir.*, *comm.*) beni mobili.

move [mu:v] *s.* **1** movimento: *to make a* — *towards sthg.*, fare un movimento verso qlco. // *to be on the* —, essere sulle mosse, in movimento // *to get a* — *on*, (*fam.*) spicciarsi, affrettarsi, darsi una smossa // *to make a* —, muoversi, cambiar posto; cominciare ad agire **2** trasloco **3** mossa (al gioco): *to make a* —, fare una mossa **4** (*fig.*) mossa, azione, procedimento: *a bad* —, *a false* —, una mossa sbagliata, un passo falso; *to make the first* —, fare la prima mossa; *what is the next* —*?*, che si fa ora?, che cosa dobbiamo fare? **5** (*dir.*) istanza, richiesta.

to **move** *v.tr.* **1** muovere, spostare; trasferire: *I moved my chair nearer the fire*, ho avvicinato la sedia al fuoco; *to* — *sthg. from its place*, cambiare di posto a qlco. // *not to* — *a step*, non muovere un passo (*anche fig.*) // *to* — *the goal posts*, (*fig.*) spostare l'obiettivo // *to* — *heaven and earth*, (*fig.*) muovere cielo e terra **2** mettere in moto: *turbines are moved by water-power*, le turbine sono messe in movimento dalla forza idraulica **3** agitare, tendere: *the wind moved the trees*, il vento scuoteva gli alberi **4** commuovere; intenerire: *her sufferings moved him deeply*, le sue sofferenze lo commossero profondamente; *to* — *s.o. to tears*, commuovere qlcu. fino alle lacrime; *to* — *s.o. to anger*, provocare la collera di qlcu. **5** (*form.*) incitare, spronare, spingere: *he was moved to act*, fu spinto ad agire // *if the spirit moves me...*, (*fam. scherz.*) se mi punge vaghezza... **6** proporre, chiedere: *to* — *a resolution*, proporre una mozione; *I* — *that*, propongo, chiedo che **7** (*fam. amer.*) rubare ◆ *v.intr.* **1** muoversi, spostarsi; girare; circolare: *the crowd was moving in the streets*, la folla circolava per le strade; *the earth moves around the sun*, la terra gira intorno al sole; *the procession began moving slowly through the streets*, la processione cominciò lentamente a sfilare nelle strade; *to* — *towards*, *from a place*, dirigersi verso, allontanarsi da un posto // *to* — *with the times*, muoversi con i tempi, aggiornarsi **2** traslocare, trasferirsi: *we are moving* (*house*) *at the end of March*, traslochiamo alla fine di marzo; *to* — *into town*, trasferirsi in città **3** (*scacchi*, *dama*) muovere; fare una mossa: *the bishop moves diagonally*, l'alfiere muove in diagonale; *it's your turn to* —, tocca a te muovere **4** far domanda, ricorso: *to* — *for a new trial*, far ricorso per un nuovo processo **5** procedere, avanzare; evolvere: *events moved rapidly*, gli eventi evolvevano rapidamente, precipitavano **6** (*med.*) evacuare **7** (*mar.*) tonneggiare **8** (*mecc.*) aver gioco, giocare **9** (*fam. amer.*) vendere bene, avere smercio; incontrare il favore dei consumatori: *this article is not moving*, questo articolo non va, non ha successo.

□ **move about**, **around** *v.intr.* e *avv.* muoversi in continuazione; spostarsi ◆ *v.tr.* e *avv.* muovere, spostare; trasferire.

□ **move along** *v.intr.* e *avv.* **1** spostarsi in avanti, indietro **2** andarsene; circolare: — *along, please*, circolare, prego ◆ *v.tr.* e *avv.* far circolare, disperdere (folla, curiosi).

□ **move away** *v.intr.* e *avv.* traslocare, andare ad abitare altrove; allontanarsi.

□ **move down** *v.tr.* e *avv.* abbassare, far scendere di livello ◆ *v.intr.* e *avv.* abbassarsi, scendere di livello // — *right down inside!*, avanti, c'è posto!
□ **move in** *v.intr.* e *avv.* **1** traslocare, andare ad abitare **2** (*on*) farsi avanti; inserirsi.
□ **move off** *v.intr.* e *avv.* muoversi, partire: *the train moved off in time*, il treno è partito in orario.
□ **move on** *v.intr.* e *avv.* cambiare; passare a un nuovo argomento ◆ *v.tr.* e *avv.* muovere; spostarsi, andarsene.
□ **move out** *v.intr.* e *avv.* andarsene (da casa); sloggiare; sgombrare il campo ◆ *v.tr.* e *avv.* sloggiare; far sgombrare il campo.
□ **move over** *v.intr.* e *avv.* **1** spostarsi; cambiare posizione **2** andarsene, lasciar libero il campo ◆ *v.tr.* far spostare; far cambiare posizione a.
□ **move up** *v.intr.* e *avv.* **1** salire (nella scala sociale); fare carriera **2** aumentare di valore **3** (*fam. amer.*) passare a una categoria di beni di consumo di qualità superiore ◆ *v.tr.* e *avv.* **1** promuovere, mandare avanti **2** (*mil.*) mandare al fronte.

movement ['mu:vmənt / move·ment] *s.* **1** movimento, moto (*anche fig.*); gesto: *the evangelical* —, il movimento evangelico **2** movimento; marcia; manovra; (*inform.*) operazione **3** impulso, moto **4** movimento, meccanismo **5** (*pl.*) (*comm.*) oscillazioni (del mercato); fluttuazioni: *monetary movements*, movimenti monetari; *movements of capital*, movimenti di capitale; (*amm.*) *movements of account*, movimenti di conto **6** (*mus.*) movimento **7** (*med.*) evacuazione **8** (*inform.*) avanzamento, movimento, spostamento (della carta, di una scheda); trasferimento (di informazioni).

mover ['mu:və*] *s.* **1** persona, cosa che muove, che si muove // *the Prime Mover*, il Primo Motore, Dio // *the new car is an incredibly fast* —, (*fam.*) la nuova auto può andare a velocità impensate **2** autore di una mozione, proponente **3** animatore, anima; promotore **4** (*amer.*) chi effettua traslochi **5** (*mecc.*) elemento motore; attuatore.

movie ['mu:vi:] *s.* **1** film, pellicola // *home* —, film girato da un dilettante, da proiettare in casa // — *camera*, cinepresa; — *maker*, produttore cinematografico **2** (*anche pl.*) cinema, sala cinematografica **3** (*pl.*) cinema, industria cinematografica.

moviegoer ['mu:vi:,gəʊə* / mo·vie·goer] *s.* (*amer.*) frequentatore di cinema.

movieland ['mu:vi:lænd / movie·land] *s.* (*fam. amer.*) cinelandia.

movie star ['mu:vi:,stɑ:*] *s.* (*amer.*) → **film star**.

movie theater ['mu:vi:,θɪətə*] *s.* (*spec. amer.*) cinema, sala cinematografica.

moving ['mu:vɪŋ / mov·ing] *agg.* **1** commovente; patetico, toccante: — *scene*, scena patetica **2** mobile; in movimento, in marcia: *a — train*, un treno in moto; — *staircase* (o *stairs*), scala mobile // (*stat.*) — *average*, media mobile // (*cinem.*) — *period*, fase di movimento, scatto **3** che dà moto, impulso: *the — ideas of the age*, le idee che diedero impulso all'epoca ◆ *s.* **1** (*non com.*) spostamento; trasferimento **2** trasloco: *he arrived during our* —, arrivò durante il nostro trasloco // — *in*, ingresso nella nuova abitazione // — *man*, imballatore // **-ly** *avv.*

moving-coil [,mu:vɪŋ'kɔɪl] *agg.* **1** (*elettr.*) a bobina mobile **2** (*rad.*) magnetodinamico.

moving picture [,mu:vɪŋ'pɪktʃə*] *s.* (*amer.*) → **motion picture**.

moving van ['mu:vɪŋ,væn] *s.* autofurgone per traslochi.

mow[1] [məʊ] *s.* **1** cumulo di covoni; mucchio di fieno **2** fienile, granaio.

to **mow**[1] *v.tr.* (*rar.*) accatastare, ammassare in covoni.

to **mow**[2] *pass.* **mowed** [məʊd] *p.p.* **mown** [məʊn] *v.tr.* falciare; mietere.
□ **mow down** *v.tr.* e *avv.* **1** falciare **2** (*estens.*) falciare, far secco, uccidere: *Dillinger was mown down outside a a cinema*; Dillinger fu fatto secco fuori di un cinema **3** buttare a terra.

mow[3] *s.* (*antiq.*) smorfia; boccaccia.

to **mow**[3] *v.intr.* (*antiq.*) fare boccacce.

mower ['məʊə*] *s.* **1** falciatore; mietitore **2** (*mecc.*) falciatrice, mietitrice: *motor* —, motofalciatrice.

mowing ['məʊɪŋ / mow·ing] *s.* falciatura; mietitura // — *machine*, motofalciatrice.

mown [məʊn] *p.p.* di to **mow**[2].

moxie ['mɒksɪ] *s.* (*fam. amer.*) capacità, energia, sangue freddo.

Mozambican [,məʊzəm'bi:kən / Mo·zam·bican] **Mozambiquean** [Mo·zam·biquean] *agg.* e *s.* mozambicano.

Mozarab [məʊz'ærəb / Moz·arab] *s.* (*st.*) mozarabo.

Mozarabic [məʊz'ærəbɪk / Moz·ar·abic] *agg.* (*st.*) mozarabico.

much [mʌtʃ] *compar.* **more** [mɔ:*] *superl.* **most** [məʊst] *pl.* **many** ['menɪ] *agg.* **1** (*usato di solito nelle frasi negative o interr.*; *nelle affermative si preferisce* a lot of) molto, molta: *we didn't have — money*, non avevamo molti soldi; *did you have — rain?*, avete avuto molta pioggia?; *there wasn't — cheese in the fridge*, non c'era molto formaggio nel frigorifero; *there's not — chance of him coming*, ci sono poche speranze che venga; — (o *a lot of*) *research remains to be done*, restano ancora molte ricerche da fare; *I don't see — television*, non vedo molta televisione // *what she said was a bit* —, quello che ha detto era un po' eccessivo **2** *how* —, quanto, quanta: *how — money have you got left?*, quanti soldi ti sono rimasti?; *how — fruit did you buy?*, quanta frutta hai comprato? **3** *too* —, troppo, troppa: *there's too — furniture in this room*, ci sono troppi mobili in questa stanza; *she mustn't have too — sugar*, non deve prendere troppo zucchero // *the responsibility was too — for John*, la responsabilità era troppo grande per John // *Mr Brown is just too —!*, il signor Brown è proprio insopportabile! // *his new record's not up to* —, il suo nuovo disco non è un gran che **4** *so* —, (così) tanto, (così) tanta: *they waste so — time watching television*, perdono tanto tempo a guardare la televisione; *I wouldn't give so — weight to this evidence*, non darei (così) tanto peso a questa testimonianza.

much *avv.* **1** molto; assai, di gran lunga: *I — prefer tennis to swimming*, preferisco di gran lunga il tennis al nuoto; *he was* — (o *very*) *depressed by the news*, era molto depresso dalle notizie; *the exam was — worse than I thought*, l'esame è stato molto peggio di quanto pensassi; *thank you very* — (o *so* —) *for your letter*, molte grazie per la tua lettera; *he's very — in demand for television interviews*, è molto richiesto per interviste televisive; *she was — changed by her experience*, l'esperienza l'ha profondamente cambiata; — *to my surprise, he was elected as president*, con mia grande sorpresa, è stato eletto presidente; *he didn't talk very* —, non parlava molto; *I didn't know she had suffered so* —, non sapevo che avesse tanto sofferto; *tax reform is a — debated subject*, la riforma tributaria è un argomento molto dibattuto; *he's — more relaxed than he used to be*, è molto più rilassato di prima; *they paid her — better than the rest of the staff*, era pagata molto meglio degli altri dipendenti; *the lecture was — less interesting than we expected*, la conferenza è stata molto meno interessante di quanto pensassimo; *he was — the best actor in the play*, era di gran lunga il miglior attore della commedia; *they are — the worst radios on the market*, sono di gran lunga le radio peggiori sul mercato • Nel significato di 'molto', si usa *much* davanti a compar. e superl. o con verbi; davanti ad agg. di grado positivo, l'uso di *much* è più form. di *very* **2** pressappoco, più o meno: *they were — of a size*, erano pressappoco della stessa misura // — (*the same*) *as*, pressappoco come: *in his speech he said — the same as last year*, nel suo discorso ha detto piu o meno le cose dell'anno scorso; *50 years ago the town looked — as it does today*, 50 anni fa la città era più o meno come oggi **3** *how* —, quanto: *how — (is it)?*, quant'è?, quanto costa?; *he didn't know how — to ask*, non sapeva quanto chiedere **4** *too* —, troppo: *she was working too — and needed a holiday*, lavorava troppo e aveva bisogno di un periodo di vacanza; *that dress costs too — for me*, quell'abito è troppo caro per me **5** *so* —, tanto: *so — the better, the worse*, tanto meglio, peggio // *so — for*, tanto vale; basta (con): *he's in gaol now. So — for his great ambitions!*, adesso è in prigione. Tanto gli sono valse le sue grandi ambizioni!; *so — for the past. Now we will discuss the future*, basta con il passato. Ora parleremo del futuro // *not so — ... as*, non tanto... quanto: *it was not so — an offer as a challenge*, non era tanto un'offerta quanto una sfida **6** *as* —, tanto: *four times as* —, quattro volte tanto // *as — as*, tanto quanto: *he was as — a genius as his father*, era un genio tanto quanto suo padre; *that's as — as saying you won't come*, tanto vale dire che non vieni; *it was as — as I could do to stop him breaking the furniture*, tutto quello che potevo fare era farlo smettere di rompere i mobili; *"He didn't come" "I thought as —"*, "Non è venuto" "Me l'aspettavo" // — *as*, per quanto: — *as we like the car, we're not going to buy it*, per quanto la macchina ci piaccia, non abbiamo intenzione di comprarla.

much *pron. indef.* e *s.* **1** molto; gran quantità; gran parte: — *of his difficulty was due to his family background*, gran parte della sua difficoltà era dovuta all'ambiente familiare; *there wasn't — we could do about the situation*, non c'era molto da fare in merito alla situazione; — *of the subject is covered in this volume*, buona parte dell'argomento è trattata in questo volume; — *has been gained by his cooperation*, la sua collaborazione ci ha reso molto; *there's not — to see*, non c'è gran che da vedere; *I don't see — of them nowadays*, non li vedo molto di questi tempi; *this picture's not worth* —, questo quadro non vale molto // *he's not — of a poet*, come poeta non vale un gran che // *we didn't have — of a summer this year*, abbiamo avuto un'estate breve quest'anno // *the skirt is that — too long*, la gonna è troppo lunga di tanto così // *I'm not — of a one for brandy*, non vado matto per il brandy **2** *how* —, quanto: *how — did you pay for it?*, quanto l'hai pagato?; *how — has he told you?*, quanto ti ha detto?; *she wanted to know how — it had cost*, voleva sapere quanto era costato **3** *too* —, troppo: *he ate too — and felt bad afterwards*, ha mangiato troppo e dopo si è sentito male; *there was too — on the agenda for us to discuss everything*, c'erano troppi argomenti all'ordine del giorno perché li potessimo discutere tutti **4** *so* —, (così) tanto: *so — of the house had to be rebuilt that it cost us a fortune*, c'era (così) tanto da ristrutturare nella casa che ci è venuta a costare un patrimonio // *after all, he did so — of the original research*, dopo tutto, ha fatto lui tanta parte della ricerca originale // *he left without so — as saying good-bye*, se n'è andato senza neppure salutare.

◆ FRASEOLOGIA: *nothing* —, ben poco: *there's nothing — left to eat*, c'è rimasto ben poco da mangiare; *nothing — was decided at the meeting*, si è deciso ben poco alla riunione // *to make — of*, fare festa a; dare grande importanza a; trarre vantaggio da: *they made — of him when he arrived*, quand'è arrivato gli hanno fatto una gran festa; *the critics make — of him as a novelist*, la critica gli dà molta importanza come romanziere; *he didn't make — of his chances*, non ha saputo sfruttare al meglio le occasioni; *the press made — of the scandal*, la stampa ha dato grande risalto allo scandalo // *to think — of*, avere una grande opinione di, stimare molto: *I don't think — of this film*, non ho una grande opinione di questo film; *he thinks too — of himself*, è troppo pieno di sé.

muchness ['mʌtʃnɪs / much·ness] *s.*: *it is much of a* —, (*prov.*) se non è zuppa è pan bagnato.

mucic ['mju:sɪk / mu·cic] *agg.* (*chim.*) mucico: — *acid*, acido mucico.

mucilage ['mju:sɪlɪdʒ / mu·cil·age] *s.* mucillagine.

mucilaginous [,mju:sɪ'lædʒɪnəs / mu·cil·agin·ous] *agg.* mucillaginoso.

mucin ['mju:sɪn / mu·cin] *s.* (*biochim.*) mucina.

muck [mʌk] *s.* **1** letame; concime // *Lord and Lady Muck*, (*spreg.*) l'aristocrazia, gente con la puzza sotto al naso **2** fango; melma **3** (*fig. fam.*) porcheria, schifezza; robaccia: *you should not read that* —, non dovresti leggere quelle porcherie; *he writes* —, scrive robaccia; *to rake up* —, sollevare scandali, pescare nel torbido **4** confusione, casino: *I've made a — (up) of my exam*, l'esame è stato un casino, ho fatto una gran confusione **5** polvere di carbone **6** (*spec. amer.*) (*miner.*) roccia sterile.

to **muck** *v.tr.* **1** concimare **2** insozzare (*anche fig.*).

□ **muck about, around** *v.intr.* e *avv.* (*fam.*) **1** fare lo stupido, il cretino: *stop mucking about and listen to me*, smettila di fare lo stupido e ascoltami **2** perder tempo, gingillarsi **3** (*with*) manomettere.

□ **muck in** *v.intr.* e *avv.* (*fam.*) **1** partecipare **2** andare ad abitare (da qlcu.); dividere la stessa stanza.

□ **muck out** *v.tr.* e *avv.* governare (animali); pulire (stalle).

□ **muck up** *v.tr.* e *avv.* (*fam.*) **1** sporcare **2** mandare all'aria, far fallire **3** fare male, con tanti errori.

mucker ['mʌkə*] *s.* (*sl.*) **1** capitombolo: *to come a* —, misurare il pavimento, cadere lungo disteso; (*fig.*) cadere, fallire **2** (*austr.*) compagno, camerata **3** (*amer.*) scapestrato.

muckheap ['mʌkhi:p / muck·heap] *s.* letamaio, concimaia.

muckiness ['mʌkɪnɪs / mucki·ness] *s.* sudiciume, sporcizia; porcheria.

muckle ['mʌkl] *s.* (*scoz.*) grande quantità.

to **muckrake** ['mʌkreɪk / muck·rake] *v.intr.* (*fam. amer.*) sollevare, divulgare scandali, pescare nel torbido.

muckraker ['mʌk,reɪkə* / muck·raker] *s.* giornalista scandalistico.

muckraking ['mʌk,reɪkɪŋ / muck·rak·ing] *s.* scandalismo.

muckslinging ['mʌk,slɪŋɪŋ / muck·sling·ing] → **mudslinging**.

muck-worm ['mʌk,wɜ:m] *s.* (*zool.*) larva di scarabeo stercorario; verme di letamaio.

mucky ['mʌkɪ] *agg.* (*fam.*) sporco, sozzo (*anche fig.*); sudicio; infangato.

mucky-muckdom [,mʌkɪ'mʌkdəm] *s.* (*fam.*) cerchia di persone potenti.

mucoid ['mju:kɔɪd / mu·coid] *agg.* (*biochim.*) mucoide.

mucolytic [,mju:kə'lɪtɪk / mu·co·ly·tic] *agg.* (*biochim.*) mucolitico.

mucoprotein [,mju:kəʊ'prəʊti:n / mu·co·pro·tein] *s.* (*biochim.*) mucoproteina.

mucosa [mju:'kəʊsə/ mu·cosa] *pl.* **mucosas**, **mucosae** [mju:'kəʊsi: / mu·co·sae] *s.* (*anat.*) mucosa.

mucosal [mju:'kəʊsl / mu·cosal] *agg.* (*anat.*) delle mucose; mucoso.

mucosity [mjʊ'kɒsətɪ / mu·cos·ity] *s.* mucosità.

mucous ['mju:kəs / mu·cous] *agg.* mucoso; viscoso: (*anat.*) — *membrane*, (membrana) mucosa; (*biol.*) — *cell*, cellula mucosa.

mucoviscidosis [,mju:kəʊ,vɪsɪ'dəʊsɪs / mu·co·vis·cid·osis] *pl.* **mucoviscidoses** [,mju:kəʊ,vɪsɪ'dəʊsi:z] *s.* (*med.*) mucoviscidosi.

mucus ['mju:kəs / mu·cus] *s.* muco.

mud [mʌd] *s.* **1** fango, melma (*anche fig.*): *to get stuck in the* —, impantanarsi // *as far as I'm concerned his name is* —, per quel che mi riguarda non voglio neanche sentir parlare di lui // (*here's*) — *in your eye*, (*fam.*) cin cin **2** (*fig.*) calunnia, insulto // *to fling* (o *to throw*) — *at s.o.*, insultare, calunniare qlcu. **3** (*geogr.*) fango, fanghiglia (di fondali oceanici).

to **mud** *pass.p.p.* **mudded** ['mʌdɪd / mud·ded] *v.tr.* infangare (*anche fig.*) ◆ *v.intr.* nascondersi nel fango (di anguille, pesci ecc.).

mud bath ['mʌdbɑ:θ *amer.* 'mʌdbæθ] *s.* fango (curativo o di bellezza).

muddily ['mʌdɪlɪ / mud·dily] *avv.* torbidamente; confusamente.

muddiness ['mʌdɪnɪs / mud·di·ness] *s.* **1** fangosità **2** (*fig.*) confusione; mancanza di chiarezza.

muddle ['mʌdl] *s.* confusione; pasticcio: *to be in a* —, essere in un pasticcio, in un imbroglio; *to make a — of sthg.*, fare un gran pasticcio di una cosa; *he got into a — over the dates*, fece una gran confusione con le date.

to **muddle** *v.tr.* **1** confondere; creare disordine tra (*anche fig.*): *I muddled (up) her address with her sister's*, ho confuso il suo indirizzo con quello di sua sorella; *she wasn't expecting us because she had muddled (up) the dates*, non ci aspettava perché aveva confuso le date; *don't — things (up)*, non creare confusione, non confondere le cose **2** intontire: *a drop of whisky is enough to — him*, una goccia di whisky gli dà subito alla testa **3** intorbidire **4** mischiare, mescolare.

□ **muddle along, on** *v.intr.* e *avv.* (*fam.*) tirare avanti alla meno peggio.

□ **muddle through** *v.intr.* e *avv.* cavarsela, venirne fuori in qualche modo.

muddlehead ['mʌdlhed / mud·dle·head] *s.* (*fam.*) persona dalla testa confusa, che ha una gran confusione in testa.

muddle-headed ['mʌdl,hedɪd] *agg.* **1** che ha una gran confusione in testa **2** stupido, tonto.

muddler ['mʌdlə* / mud·dler] *s.* pasticcione, confusionario.

muddy ['mʌdɪ] *agg.* **1** fangoso, melmoso: *a — road*, una strada fangosa; *this water tastes* —, quest'acqua sa di fango **2** infangato, inzaccherato **3** torbido; opaco: — *water*, acqua torbida; *a — colour*, un colore opaco // *a — complexion*, viso smorto, dal colorito grigiastro **4** (*fig.*) poco chiaro, confuso.

to **muddy** *v.tr.* **1** infangare, inzaccherare **2** (*fig.*) confondere ◆ *v.intr.* **1** infangarsi, inzaccherarsi **2** (*fig.*) confondersi.

mudflap ['mʌdflæp / mud·flap] *s.* paraspruzzi.

mudguard ['mʌdgɑ:d / mud·guard] *s.* parafango.

mudlark ['mʌdlɑ:k / mud·lark] *s.* (*antiq.*) monello di strada.

mudpack ['mʌdpæk / mud·pack] *s.* maschera (di bellezza) di fango.

mudpie [,mʌd'paɪ / mud·pie] *s.* tortina di terra o sabbia umida (fatta dai bambini con una formina).

mud puppy ['mʌd,pʌpɪ] *s.* (*zool.*) proteide (anfibio).

mudslide ['mʌdslaɪd / mud·slide] *s.* (*geol.*) frana di ammollimento, colata di fango.

mudslinging ['mʌd,slɪŋɪŋ / mud·sling·ing] *s.* diffamazione, denigrazione.

muesli [mju:zlɪ] *s.* miscela di frutta secca e cereali AMER. **granola**.

muezzin [mu:'ezɪn *amer.* mju:'ezɪn / mu·ez·zin] *s.* muezzin, muezzino.

muff[1] [mʌf] *s.* manicotto (*anche tecn.*).

muff[2] *s.* **1** (*fam.*) imbranato, persona maldestra, impacciata **2** azione fallita, mancata (*spec. sport*): *to make a — of a catch, a business*, mancare una presa, far fallire un'impresa (per incompetenza).

to **muff**[2] *v.tr.* (*fam.*) fallire, mancare (il colpo) (*anche fig.*): *you've muffed (up) your opportunity*, hai perso l'occasione // *the actor muffed his lines*, l'attore non sapeva la parte (ha sbagliato l'entrata, ha confuso le parole ecc.).

muffin ['mʌfın / muf·fin] *s.* 1 'muffin' (specie di focaccina dolce da tè) 2 *pl.* (*amer.*) seni.

muffle[1] ['mʌfl] *s.* 1 smorzatore (di suoni, rumori) 2 (*tecn.*) muffola: — *furnace*, forno a muffola 3 (*ant.*) sciarpa pesante.

to **muffle**[1] *v.tr.* 1 avvolgere; imbacuccare: *it was so bitterly cold that he muffled himself up to his eyes*, faceva così freddo che si imbacuccò fino alle orecchie 2 attutire, smorzare (suoni, rumori): *the snow muffled all sounds*, la neve attutiva ogni rumore 3 imbavagliare (*anche fig.*).

muffle[2] *s.* (*zool.*) la parte del labbro superiore e del naso (dei ruminanti e dei roditori).

muffled ['mʌfld] *agg.* 1 imbacuccato, ben coperto 2 attutito, smorzato (di suoni, rumori) 3 imbavagliato (*anche fig.*).

muffler ['mʌflə* / muf·fler] *s.* 1 sciarpa pesante 2 feltro (nel pianoforte) 3 (*tecn.*) silenziatore; marmitta (di scarico).

mufti[1] ['mʌftı] *s.* muftì, esperto nella legge coranica.

mufti[2] *s.* abito civile; *in* —, in borghese.

mug [mʌg] *s.* 1 tazzone, bicchierone; boccale 2 (*sl.*) faccia, muso (*anche zool.*): *ugly* —, brutto ceffo 3 (*sl.*) bocca; becco 4 (*sl. amer.*) foto segnaletica; connotati 5 (*fam.*) gonzo, babbeo, sempliciotto // *it's a —'s game*, qualunque babbeo saprebbe farlo, è facilissimo.

to **mug** *pass.p.p.* **mugged** [mʌgd] *v.tr.* 1 aggredire, assalire; rapinare 2 (*amer.*) fotografare, fare la foto segnaletica a (un delinquente) ◆ *v.intr.* 1 fare un'aggressione, una rapina 2 (*sl.*) fare una smorfia; (*teatr.*) esagerare, caricare un'interpretazione.

□ **mug up** *v.tr.* e *avv.* (*fam.*) studiare molto (ma in poco tempo) ◆ *v.intr.* e *avv.* dipingersi il viso, truccarsi.

mugful ['mʌgfʊl / mug·ful] *s.* (contenuto di un) tazzone, bicchierone, boccale.

mugger ['mʌgə* / mug·ger] *s.* 1 aggressore; rapinatore 2 (*zool.*) (*Crocodylus palustris*) coccodrillo palustre 3 (*fam. amer.*) attore comico specializzato in smorfie.

mugginess ['mʌgınıs / mug·gi·ness] *s.* 1 aria umidiccia e pesante; afa 2 (*non com.*) aria viziata, odore di chiuso, di stantio.

mugging ['mʌgıŋ / mug·ging] *s.* aggressione, assalto; rapina.

muggins ['mʌgınz / mug·gins] *s.* 1 (*fam.*) babbeo, gonzo, sempliciotto 2 variante del gioco del domino 3 vari giochi infantili di carte.

muggy ['mʌgı] *agg.* 1 afoso; umido; opprimente 2 (*non com.*) che sa di chiuso: *it was — inside*, c'era odor di chiuso all'interno.

mug shot ['mʌgʃɒt] *s.* (*sl. amer.*) foto segnaletica (di delinquente) **mugwort** ['mʌgwɜ:t / mug·wort] *s.* (*bot.*) (*Artemisia vulgaris*) artemisia, assenzio selvatico.

mugwump ['mʌgwʌmp /mug·wump] *s.* 1 (*pol.*) indipendente 2 (*fam.*) grande capo, persona importante.

Muhammadan [mə'hæmıdən / Mu·ham·mad·an] → **Mohammedan**.

Muhammadanism [mə'hæmıdənızəm / Mu·ham·mad·an·ism] → **Mohammedanism**.

mulatto [mju:'lætəʊ *amer.* mə'lætəʊ / mu·latto] *pl.* **mulattos** *agg.* e *s.* mulatto.

mulberry ['mʌlbərı *amer.* 'mʌlberı / mul·berry] *s.* 1 (*bot.*) — (*tree*), gelso, moro 2 mora (di gelso) 3 (*mil.*) porto artificiale per truppe da sbarco ◆ *agg.* morato.

mulch [mʌltʃ] *s.* 1 riparo di paglia, foglie, terriccio intorno alle radici di una pianta; pacciame 2 concime naturale organico.

to **mulch** *v.tr.* riparare (le radici di una pianta) con paglia, foglie, terriccio; pacciamare.

mulct [mʌlkt] *s.* 1 multa 2 truffa.

to **mulct** *v.tr.* 1 multare 2 truffare.

mule[1] [mju:l] *s.* 1 mulo (*anche fig.*): *as obstinate as a* —, testardo come un mulo; *on a* —, a dorso di mulo 2 ibrido // — *canary*, canarino ibrido 3 (*tess.*) filatoio intermittente.

mule[2] *s.* pianella, ciabatta.

mule driver ['mju:l,draıvə*] **muleteer** [,mju:lı'tıə* / mu·leteer] *s.* mulattiere.

mulish ['mju:lıʃ / mul·ish] *agg.* 1 di, da mulo 2 ostinato, testardo // **-ly** *avv.* // **-ness** *s.*

mull[1] [mʌl] *s.* (*scoz.*) promontorio.

to **mull**[2] *v.tr.* 1 non riuscire in, far fiasco in; fallire (il colpo) 2 *to — over* (*sthg.*), rimuginare (qlco.).

to **mull**[3] *v.tr.* scaldare (vino) con zucchero e aromi.

mullah ['mʌlə/ mul·lah] *s.* (*relig.*) mullah, teologo o giurista islamico.

mullein ['mʌlın / mul·lein] *s.* (*bot.*) tassobarbasso, barbasso → **Aaron's rod**.

muller ['mʌlə*] *s.* 1 pestello (del mortaio) 2 (*tecn.*) mescolatore a molazza, molazza 3 (*ant.*) recipiente per scaldare il vino.

mullet[1] ['mʌlıt / mul·let] *s.* (*zool.*) 1 triglia // *red* —, (*Mullus surmuletus*) triglia di scoglio 2 muggine // *grey* —, (*Mugil cephalus*) cefalo.

mullet[2] *s.* (*arald.*) stella a cinque punte.

mulligan stew ['mʌlıgən,stju: *amer.* 'mʌlıgən,stu: / Mul·li·gan stew] *s.* (*amer.*) stufato all'irlandese • Deriv. da Mulligan, tipico cognome irlandese.

mulligatawny (soup) [,mʌlıgə'tɔ:nı ('su:p) / mul·li·ga·tawny (soup)] *s.* (*cuc.*) minestra al curry.

mulligrubs ['mʌlıgrʌbz / mul·li·grubs] *s.pl.* (*antiq.*) 1 depressione, malinconia 2 (*fam.*) mal di stomaco; colica.

mulling ['mʌlıŋ / mull·ing] *s.* (*tecn.*) molazzatura.

mullion ['mʌlıən / mul·lion] *s.* (*arch.*) montante; colonnina divisoria di una finestra a più luci.

mullioned ['mʌlıənd / mul·lioned] *agg.* (*arch.*) a più luci con colonnine divisorie.

mullite ['mʌlaıt / mull·ite] *s.* (*min.*) mullite.

mult(i)- ['mʌlt(ı)] *pref.* di origine latina che significa 'molto'; it. multi-; pluri-: *multilateral*, multilaterale; *multangular*, pluriangolare; *multidecorated*, pluridecorato; *multinomial*, polinomio.

multicellular [,mʌltı'seljʊlə* / mul·ti·cel·lu·lar] *agg.* (*biol.*) multicellulare.

multicolour ['mʌltı,kʌlə* / mul·ti·col·our] *agg.* multicolore.

multicultural [,mʌltı'kʌltʃərəl / mul·ti·cul·tural] *agg.* composto da varie culture.

multicurrency [,mʌltı'kʌrənsı / mul·ti·cur·rency] *agg.* (*fin.*) multivalutario: — *loan*, prestito a denominazione valutaria multipla; — *unit*, unità monetaria composita.

multicylinder ['mʌltı,sılındə* / mul·ti·cy·lin·der] *agg.* a più cilindri.

multi-ethnic [,mʌltı'eθnık] *agg.* multietnico, plurietnico.

multifaceted [,mʌltı'fæsıtıd / mul·ti·fa·ceted] *agg.* sfaccettato (*anche fig.*).

multifactor ['mʌltı,fæktə* / mul·ti·fac·tor] **multifactorial** [,mʌltı,fæk'tɔ:rıəl / mul·ti·fac·tor·ial] *agg.* (*biol.*) multifattoriale: *a disease with a — origin*, una malattia provocata da più fattori.

multifarious [,mʌltı'feərıəs / mul·ti·fari·ous] *agg.* vario; variato; multiforme; molteplice // **-ness** *s.*

multiform ['mʌltıfɔ:m / mul·ti·form] *agg.* (*form.*) multiforme, vario.

multiformity [,mʌltı'fɔ:mətı / mul·ti·form·ity] *s.* (*form.*) molteplicità di forme.

multigrade motor oil ['mʌltıgreıd'məʊtərɔıl] *s.* (*aut.*) olio multigrado, multigrade.

multilateral [,mʌltı'lætərəl / mul·ti·lat·eral] *agg.* multilaterale (*anche econ.*): — *trade*, commercio multilaterale.

multilateralism [,mʌltı'lætərəlızm / mul·ti·lat·eral·ism] *s.* multilateralismo.

multilingual [,mʌltı'lıŋgwəl / mul·ti·lin·gual] *agg.* multilingue.

multimedia [,mʌltı'mi:dıə / mul·ti·media] *s.pl.* multimedia ◆ *agg.attr.* multimediale.

multimeter ['mʌltı,mi:tə* / mul·ti·meter] *s.* (*elettr.*) multimetro.

multimillionaire [,mʌltımılјə'neə* / mul·ti·mil·lion·aire] *s.* multimilionario; multimiliardario.

multinational [,mʌltı'næʃənl / mul·ti·na·tional] *agg.* e *s.* multinazionale: *a* — (*corporation, company, firm*), una (società, impresa, ditta) multinazionale.

multinomial [,mʌltı'nəʊmıəl / mul·ti·no·mial] *agg.* e *s.* (*mat.*) polinomio.

multiparous [mʌl'tıpərəs / mul·ti·par·ous] *agg.* (*vet.*) multiparo.

multiple ['mʌltıpl / mul·tiple] *agg.* multiplo; molteplice: — *interests*, interessi molteplici // (*elettr.*): — *line*, linea multipla; — *current generator*, generatrice polimorfa // (*med.*): — *sclerosis*, sclerosi multipla; — *neuritis*, polineurite; — *personality*, personalità multipla ◆ *s.* 1 (*mat.*) multiplo // (*mat.*) *lowest* (o *least*) *common* — (abbr. *lcm*), minimo comune multiplo (abbr. *mcm*) 2 (*elettr.*) parallelo: *running in* —, marcia in parallelo 3 → **multiple store**.

multiple-choice question [,mʌltıpl 'tʃɔıs,kwestʃən] *s.* domanda con varie risposte di cui una sola è esatta.

multiple store [,mʌltıpl'stɔ:*] *s.* negozio appartenente a una catena (di negozi).

multiplet ['mʌltıplet / mul·ti·plet] *s.* (*fis.*) multipletto.

multiplex ['mʌltıpleks / mul·ti·plex] *agg.* multiplo; molteplice ◆ *s.* (*tel.*) multiplex: — *operation*, funzionamento in multiplex.

multiplexer ['mʌltı,pleksə* / mul·ti·plexer] **multiplexor** *s.* (*inform.*) multiplatore, multiplexer, multiplexor; smistatore: — *channel*, canale multiplatore.

multipliable ['mʌltɪplaɪəbl / mul·ti·pli·able] **multiplicable** ['mʌltɪplɪkəbl / mul·ti·plic·able] *agg.* moltiplicabile.

multiplicand [,mʌltɪplɪ'kænd / mul·ti·plic·and] *s.* (*mat.*) moltiplicando.

multiplication [,mʌltɪplɪ'keɪʃn / mul·ti·plica·tion] *s.* (*mat.*, *fis.*) moltiplicazione: — *factor*, fattore di moltiplicazione // — *table*, tavola pitagorica.

multiplicative [,mʌltɪ'plɪkətɪv / mul·ti·plic·ative] *agg.* moltiplicativo, moltiplicatore.

multiplicator ['mʌltɪplɪkeɪtə* / mul·ti·plica·tor] *s.* (*mat.*, *elettr.*) moltiplicatore.

multiplicity [,mʌltɪ'plɪsətɪ / mul·ti·pli·city] *s.* molteplicità; grande numero // (*dir.*) — *of actions*, inutile molteplicità di azioni giudiziarie con medesimo oggetto contro lo stesso convenuto.

multiplier ['mʌltɪplaɪə* / mul·ti·plier] *s.* (*scient.*, *econ.*) moltiplicatore: *electron* —, moltiplicatore elettronico; *frequency* —, moltiplicatore di frequenza; *export* —, moltiplicatore delle esportazioni; (*banca*) *deposit* —, moltiplicatore dei depositi.

to **multiply** ['mʌltɪplaɪ / mul·ti·ply] *v.tr.* **1** moltiplicare: *to* — *five by six*, moltiplicare cinque per sei **2** (*ant.*) ingrandire (immagini); amplificare (suoni) ◆ *v.intr.* moltiplicarsi, riprodursi: *rabbits* — *rapidly*, i conigli si moltiplicano rapidamente.

multipoint ['mʌltɪpɔɪnt / mul·ti·point] *agg.* (*tel.*, *inform.*) multiplo; multipunto: — *network*, rete a derivazione multipla; — *link*, collegamento multipunto.

multipolar [,mʌltɪ'pəʊlə* / mul·ti·polar] *agg.* (*elettr.*) multipolare.

multiprocessor [,mʌltɪ'prəʊsesə* / mul·ti·pro·cessor] *s.* (*inform.*) sistema con più unità centrali.

multi-product ['mʌltɪ,prɒdʌkt] *agg.* (*econ.*) a più prodotti: — *firm*, impresa a produzione multipla.

multipurpose [,mʌltɪ'pɜ:pəs / mul·ti·pur·pose] *agg.* universale; multiuso: — *computer*, elaboratore universale.

multiracial [,mʌltɪ'reɪʃl / mul·ti·ra·cial] *agg.* multirazziale.

multistage ['mʌltɪ,steɪdʒ / mul·ti·stage] *agg.* a più stadi: (*stat.*) — *sampling*, campionamento a più stadi.

multistorey [,mʌltɪ'stɔ:rɪ / mul·ti·storey] *agg.attr.* a più piani: — *car park*, parcheggio a più piani.

multitasking [,mʌltɪ'tɑ:skɪŋ / mul·ti·task·ing] *s.* (*inform.*) concorrenza, esecuzione contemporanea di due o più programmi.

multitude ['mʌltɪtju:d *amer.* 'mʌltɪtu:d / mul·ti·tude] *s.* **1** moltitudine, folla; massa: *this film will appeal to the* —, questo film piacerà alla massa **2** (*con costr. pl.*) molteplicità; gran numero: *there are a* — *of arguments in his favour*, ci sono molti argomenti, punti a suo favore.

multitudinous [,mʌltɪ'tju:dɪnəs *amer.* ,mʌltɪ'tu:dɪnəs / mul·ti·tud·in·ous] *agg.* (*form.*) **1** molto numeroso, innumerevole **2** svariato; molteplice.

multi-use [,mʌltɪ'ju:s] *agg.* multiuso: — *knife*, coltello multiuso.

multivalence [mʌl'tɪvələns / mul·ti·va·lence] *s.* (*chim.*) multivalenza.

multivalent [mʌl'tɪvələnt / mul·ti·va·lent] *agg.* (*chim.*) multivalente.

multiversity [,mʌltɪ'vɜ:sətɪ /mul·ti·ver·sity] *s.* (*amer.*) grande università (con molte facoltà).

mum[1] [mʌm] *agg.* zitto; riservato: *to keep* —, tacere, non proferire parola; *to be* — *on sthg.*, tacere su qlco. // — *!*, zitto!, silenzio! // — *'s the word!*, acqua in bocca!

to **mum**[2] *pass.p.p.* **mummed** [mʌmd] *v.intr.* **1** mimare, fare il mimo **2** camuffarsi; mascherarsi.

mum[3] *s.* (*fam.*) **1** mamma, mammina **2** (*amer.*) crisantemo.

mum[4] → **ma'am**.

mumble ['mʌmbl] *s.* borbottio; mormorio indistinto.

to **mumble** *v.tr.* e *intr.* mormorare; borbottare: *to* — *a prayer*, biascicare una preghiera.

mumbler ['mʌmblə* / mum·bler] *s.* brontolone; chi mormora, borbotta.

mumblingly ['mʌmblɪŋlɪ / mum·bling·ly] *avv.* indistintamente.

Mumbo Jumbo ['mʌmbəʊ'dʒʌmbəʊ] *s.* **1** 'Mumbo Jumbo' (feticcio africano) **2** (*fig.*) idolo; oggetto di feticismo **3** (*fig.*) gergo incomprensibile **4** (*fig.*) cerimoniale oscuro.

mummer ['mʌmə* / mum·mer] *s.* **1** (*st.*) mimo **2** (*spreg.*) guitto.

mummery ['mʌmərɪ / mum·mery] *s.* **1** pantomima **2** (*spreg.*) buffonata, mascherata; cerimoniale inutile.

mummification [,mʌmɪfɪ'keɪʃn / mum·mi·fica·tion] *s.* **1** mummificazione **2** (*med.*) cancrena secca.

to **mummify** ['mʌmɪfaɪ / mum·mify] *v.tr.* mummificare.

mummy[1] ['mʌmɪ] *s.* **1** mummia (*anche fig.*) **2** pigmento marrone bruciato **3** (*ant.*) poltiglia.

mummy[2] *s.* (*fam.*) mamma, mammina.

to **mump**[1] [mʌmp] *v.intr.* **1** (*non com.*) biascicare, mormorare **2** (*ant.*) imbrogliare, truffare **3** (*ant.*) fare smorfie; fare la faccia lunga, imbronciata.

to **mump**[2] *v.tr.* e *intr.* (*rar.*) mendicare.

mumper ['mʌmpə*] *s.* (*ant.*) mendicante, pezzente: *a Lincoln's Inn mumper was a proverb*, (MACAULAY) un pezzente di Lincoln Inn era proverbiale.

mumpish ['mʌmpɪʃ / mump·ish] *agg.* (*non com.*) di cattivo umore; depresso.

mumps [mʌmps] *s.* (sempre con *the*) **1** (*med.*) parotite epidemica; (*fam.*) orecchioni **2** (*antiq.*) broncio, malumore: *to have the* —, aver la luna.

mu-mu ['mu:,mu:] *s.* (*amer.*) abbigliamento, camiciola di stile hawaiiano.

to **munch** [mʌntʃ] *v.tr.* e *intr.* biascicare; sgranocchiare; ruminare: *to* — *biscuits*, sgranocchiare biscotti // *to* — *out*, (*fam. amer.*) sgranocchiare avidamente.

munchies ['mʌntʃi:z / munch·ies] *s.pl.* (*fam. amer.*) spuntini.

mundane ['mʌndeɪn / mun·dane] *agg.* **1** terreno; mondano **2** banale, terra terra // **-ly** *avv.* // **-ness** *s.*

mung (bean) ['mʌŋ(bi:n)] *s.* (*bot.*) (*Phaseolus mungo*) mungo (fagiolo verde o peloso).

mungo ['mʌŋgəʊ] *s.* (*tess.*) lana di seconda qualità; tessuto grossolano di lana rigenerata.

municipal [mju:'nɪsɪpl /mu·ni·cipal] *agg.* municipale, comunale // (*dir.*): — *law*, legislazione municipale; — *ordinance*, ordinanza municipale // **-ly** *avv.*

municipality [mju:,nɪsɪ'pælətɪ / mu·ni·cip·al·ity] *s.* municipalità.

municipalization [mju:,nɪsɪpəlaɪ'zeɪʃn / mu·ni·cip·al·iza·tion] *s.* municipalizzazione.

to **municipalize** [,mju:nɪsɪpə'laɪz / mu·ni·cip·al·ize] *v.tr.* municipalizzare.

munificence [mju:'nɪfɪsns / mu·ni·fi·cence] *s.* munificenza.

munificent [mju:'nɪfɪsnt / mu·ni·fi·cent] *agg.* (*form.*) munifico, generoso // **-ly** *avv.*

muniment ['mju:nɪmənt / mu·ni·ment] *s.* (*dir.*) atto; documento probatorio.

muniment-room ['mju:nəmənt,rʊm *amer.* 'mju:nəmənt,ru:m] *s.* (*dir.*) archivio notarile.

munition [mju:'nɪʃn / mu·ni·tion] *s.* **1** (*ant.*) fortificazione; difesa **2** (*pl.*) munizioni; armi: *war munitions*, munizioni di guerra // — *factory*, fabbrica di munizioni // *Ministry of Munitions*, (*st.*) Ministero dei Rifornimenti e Approvvigionamenti.

to **munition** *v.tr.* munizionare, fornire di munizioni; armare.

muntjak ['mʌntdʒæk / munt·jak] *s.* (*zool.*) 'muntjak' (piccolo daino asiatico).

Muntz [mʌnts] *s.* metallo Muntz.

muon ['mju:ɒn] *s.* (*fis.*) muone.

muraena ['mju:'ri:nə / mura·ena] *s.* (*zool.*) → **moray (eel)**.

mural ['mjʊərəl] *agg.* murale ◆ *s.* pittura, decorazione murale; affresco.

murder ['mɜ:də* / mur·der] *s.* **1** assassinio; omicidio // (*dir.*): *wilful* —, omicidio premeditato; *first-degree* — (o — *in the first degree*), (*amer.*) omicidio di primo grado: *second-degree* — (o — *in the second degree*), (*amer.*) omicidio di secondo grado **2** strage; massacro: *the terrorist bombing was responsible for the* — *of innocent citizens*, l'attentato terroristico fu responsabile della strage di innocenti cittadini **3** (*fam.*) fattaccio; macello; massacro: *the exam was sheer* —, (*fam.*) l'esame fu un vero macello // *he can get away with* —, (*fam.*) se la cava sempre // *to cry* (o *to scream*) *blue* — (o *to shout bloody* —), urlare a squarciagola // — *will out*, (*prov.*) tutti i nodi vengono al pettine ◆ *agg.* (*sl. dei neri d'America*) il migliore.

to **murder** *v.tr.* **1** assassinare, uccidere **2** (*fig.*) distruggere; massacrare; sciupare; rovinare.

murder-case ['mɜ:də,keɪs] *s.* (*dir.*) processo per assassinio.

murderer ['mɜ:dərə* / mur·derer] *s.* assassino, omicida.

murderess ['mɜ:dərɪs / mur·der·ess] *s.* assassina.

murderous ['mɜ:dərəs / mur·der·ous] *agg.* **1** omicida; feroce; brutale: — *rage*, rabbia omicida **2** micidiale, massacrante: *a* — *exam*, un esame micidiale.

murderously ['mɜ:dərəslɪ / mur·der·ous·ly]

avv. **1** con intenzioni omicide **2** crudelmente; sanguinariamente.

murderousness ['mɜ:dərəsnɪs / mur·der·ous·ness] *s.* istinto omicida; ferocia, brutalità.

murex ['mjʊəreks] *pl.* **murices** ['mjʊər ɪsi:z / mur·ices] *s.* (*zool.*) murice.

muriate ['mjʊərɪɪt / mu·ri·ate] *s.* (*chim.*) muriato, cloruro.

muriatic [,mjʊərɪ'ætɪk / mu·ri·atic] *agg.* (*chim.*) muriatico, cloridrico.

murk [mɜ:k] *agg.* (*ant.*) oscuro, tenebroso ◆ *s.* oscurità, tenebre.

murky ['mɜ:kɪ] *agg.* **1** buio, oscuro, tenebroso; (*fig.*) nebuloso, poco chiaro **2** (*non com.*) sudicio, sporco; (*fig.*) vergognoso: *a — past*, un passato poco pulito, di cui vergognarsi // **-ily** *avv.* // **-iness** *s.*

murmur ['mɜ:mə*] *s.* **1** mormorio, sussurro **2** borbottio, borbottamento: *she has swallowed the tablet without a —*, (*fam.*) ha ingoiato la pillola senza fiatare **3** (*med.*) soffio al cuore.

to **murmur** *v.tr.* e *intr.* **1** sussurrare, mormorare: *he murmured her name*, mormorò il suo nome; *the wind murmured through the leaves*, il vento sussurrava tra le foglie **2** borbottare, brontolare; criticare: *to — at* (o *against*) *sthg.*, brontolare per, contro qlco.

murmurer ['mɜ:mərə* / mur·murer] *s.* **1** persona che parla a bassa voce **2** mormoratore; critico.

murmuring ['mɜ:mərɪŋ / mur·mur·ing] *agg.* che mormora, che sussurra ◆ *s.* mormorio, sussurro // **-ly** *avv.*

murmurous ['mɜ:mərəs / mur·mur·ous] *agg.* (*non com.*) pieno di mormorii.

murphy ['mɜ:fɪ] *s.* (*sl.*) patata.

murphy bed ['mɜ:fɪ,bed] *s.* (*amer.*) letto -armadio, letto a scomparsa.

murrain ['mʌrɪn / mur·rain] *s.* **1** (*vet.*) epizoozia **2** (*ant.*) peste, malanno // *a — on him!*, peste lo colga!

murrey ['mʌrɪ / mur·rey] *agg.* e *s.* (*ant.*) (colore) morato, rossoviolaceo.

murrhine ['mɜ:rɪn / mur·rhine] *agg.* murrino.

murrion ['mʌrɪən / mur·rion] *s.* (*ant.*) peste: *...and crows are fatted with the murrion flock*, (SH. Midsummer Night) ...e il gregge appestato ingrassa i corvi.

murther ['mɜ:ðə* / mur·ther] *s.* (*ant.*) → **murder**.

muscadel [,mʌskə'del / mus·ca·del] *s.* moscato (uva, vino).

muscadine ['mʌskədaɪn / mus·cad·ine] *s.* uva moscata, moscatello.

muscardine [mʌ'skɑ:di:n / mus·card·ine] *s.* (*vet.*) calcino, moscardina (malattia dei bachi da seta).

muscat ['mʌskət / mus·cat] **muscatel** [mʌskə'tel / mus·ca·tel] *s.* moscato (uva, vino).

muscle ['mʌsl] *s.* **1** (*anat.*) muscolo: *he stood without moving a —*, stava immobile // *— fibre*, fibra muscolare **2** muscolatura; forza muscolare **3** (*fig.*) nerbo, forza, vigoria: *what this campaign lacks is a bit of —*, ciò che manca a questa campagna è un po' di nerbo **4** (*fam.*) guardia del corpo, gorilla **5** (*fam. amer.*) potere, influsso: *political —*, appoggio politico.

to **muscle** *v.intr.* penetrare a forza, aprirsi un varco; intromettersi a viva forza (*anche fig.*): *to — in on a discussion*, intromettersi in una discussione ◆ *v.tr.* percorrere, conquistare a forza di muscoli, a gomitate (*anche fig.*) // *to — one's way through a crowd*, farsi largo a gomitate.

□ **muscle in** *v.intr.* e *avv.* (*fam.*) **1** intromettersi, immischiarsi **2** farsi largo, strada a gomitate, con la forza.

□ **muscle out** *v.tr.* e *avv.* (*fam. amer.*) cacciar via, fuori con la forza, buttar fuori.

muscle-bound ['mʌsl,baʊnd] *agg.* dai muscoli eccessivamente sviluppati, da culturista.

muscled ['mʌsld] *agg.* (usato nei composti) che ha muscoli: *strong- —, weak- —*, dai muscoli robusti, deboli.

musclehead ['mʌslhed / muscle·head] *s.* (*sl. amer.*) uomo tutto muscoli e niente cervello.

muscleman ['mʌslmæn / muscle·man] *pl.* **musclemen** ['mʌslmen] *s.* culturista, uomo tutto muscoli.

muscosity [mʌ'skɒsɪtɪ / mus·cos·ity] *s.* (*rar.*) abbondanza di muschio.

Muscovite[1] ['mʌskəʊvaɪt / Mus·cov·ite] *agg.* e *s.* moscovita.

muscovite[2] *s.* (*min.*) muscovite.

muscular ['mʌskjʊlə* / mus·cu·lar] *agg.* **1** (*anat.*) muscolare // *— dystrophy*, distrofia muscolare **2** muscoloso; vigoroso, forte.

muscularity [,mʌskjʊ'lærətɪ / mus·cu·lar·ity] *s.* muscolosità; vigore, forza muscolare.

musculature ['mʌskjʊlətʃə* / mus·cu·lat·ure] *s.* (*anat.*) muscolatura, sistema muscolare.

muse [mju:z] *s.* (*ant.*) meditazione, contemplazione: *to fall into a — up(on)* (o *over*) *sthg.*, meditare su qualcosa // *at this Mr Standfast was put into a muse*, (J. BUNYAN) ciò mise in pensieri il signor Tienfermo.

to **muse** *v.intr.* riflettere, pensare, meditare: *he is musing (up)on* (o *over*) *memories of the past*, è assorto nei ricordi del passato // *then I thought, musing, of the innumerous / sweet songs*, (E. BARRET BROWNING) allora pensai, meditabondo, alle innumerevoli dolci canzoni.

musette [mju:'zet / mus·ette] *s.* (*st. mus.*) musette.

museum [mju:'zɪəm / mu·seum] *s.* museo // *— piece*, pezzo da museo (*anche fig.*).

mush[1] [mʌʃ] *s.* **1** poltiglia, pappa **2** (*amer.*) farinata, specie di polenta **3** (*fig.*) sdilinquimento, smanceria; sentimentalismo **4** (*sl.*) muso, faccia **5** (*fam. amer.*) sbruffonata, spacconata.

to **mush**[1] *v.intr.* **1** ridursi in briciole, in poltiglia **2** (*fig.*) sdilinquirsi; fare lo sdolcinato.

mush[2] *s.* **1** abbr. di → mushroom **2** (*sl. antiq.*) ombrello.

mush[3] *s.* (*amer.*) viaggio su una slitta (trascinata da cani) ◆ *inter.* (*amer.*) dai!, via! (grido di incitamento ai cani da slitta).

to **mush**[3] *v.intr.* (*amer.*) viaggiare su una slitta (trascinata da cani).

mushily ['mʌʃɪlɪ / mush·ily] *avv.* in modo sdolcinato, sentimentale, languido.

mushiness ['mʌʃɪnɪs /mushi·ness] *s.* sdolcinatura, sentimentalismo, languore.

mushroom ['mʌʃrʊm *amer.* 'mʌʃru:m / mush·room] *s.* **1** (*bot.*) fungo (mangereccio) // *— growth*, (*fig.*) sviluppo rapido, come (quello dei) funghi **2** nube nucleare (a forma di fungo) **3** (*fig.*) arricchito **4** (*antiq.*) grande cappello di paglia da donna.

to **mushroom** *v.intr.* **1** raccogliere funghi: *to go mushrooming*, andar per funghi **2** (*fig.*) crescere, venir su come funghi **3** (*fig.*) espandersi a forma di fungo **4** schiacciarsi (di proiettili) **5** (*amer.*) dilagare (di fuoco).

mushy ['mʌʃɪ] *agg.* **1** spappolato (di cibo ecc.); molle **2** sdolcinato, sentimentale, languido.

music ['mju:zɪk] *s.* musica: *to compose, to write —*, comporre, scrivere musica; *to set to —*, mettere in musica; *to play without —*, suonare senza musica, a memoria; *— master, mistress, teacher*, insegnante di musica; *— book*, libro di musica; *— paper*, carta da musica, pentagrammata; *— room*, sala da musica; *academy* (o *college*) *of —*, conservatorio // *rough —*, baccano, chiasso; *to face the —*, (*fig.*) affrontare le critiche, una sfuriata.

musical ['mju:zɪkl / mu·sical] *agg.* **1** musicale; armonioso: *— instruments*, strumenti musicali; *a — sound*, un suono armonioso // *— director*, direttore d'orchestra **2** appassionato di musica ◆ *s.* musical, commedia, film musicale // **-ly** *avv.* // **-ness** *s.*

musical box ['mju:zɪkl,bɒks] *s.* carillon.

musical chairs ['mju:zɪkl,tʃeəz] *s.pl.* gioco delle sedie (sulle quali ci si deve sedere non appena cessa la musica).

musicale [,mju:zɪ'kæl / mu·si·cale] *s.* (*amer.*) serata, mattinata musicale.

musical glasses [,mju:zɪkl'glɑ:sɪz *amer.* ,mju:zɪkl'glæsɪz] *s.pl.* armonica.

musicality [,mju:zɪ'kælətɪ / mu·sic·al·ity] *s.* musicalità.

music box ['mju:zɪk,bɒks] *s.* (*amer.*) → **musical box**.

music-cassette [mju:zɪkkə,set] *s.* musicassetta.

music centre ['mju:sɪk,sentə*] *s.* impianto stereofonico.

music hall ['mju:zɪk,hɔ:l] *s.* **1** music-hall; teatro, spettacolo di varietà **2** (*amer.*) sala da concerto.

music-holder ['mju:zɪk,həʊldə*] *s.* sostegno per musica, leggio.

musician [mju:'zɪʃn / mu·si·cian] *s.* musicista (esecutore, compositore); musicologo; melomane // *street —*, suonatore ambulante.

musicianship [mju:'zɪʃnʃɪp / mu·si·cian·ship] *s.* abilità musicale.

musicologist [,mju:zɪ'kɒlədʒɪst / mu·si·co·lo·gist] *s.* musicologo.

musicology [,mju:zɪ'kɒlədʒɪ / mu·si·co·logy] *s.* musicologia.

music stand ['mju:zɪk,stænd] *s.* leggio.

music stool ['mju:zɪk,stu:l] *s.* sgabello per pianoforte.

musing ['mju:zɪŋ / mus·ing] *agg.* meditabondo; pensieroso ◆ *s.* meditazione, riflessione // **-ly** *avv.*

musk [mʌsk] *s.* (*chim.*) muschio.

musk cat ['mʌsk,kæt] *s.* (*zool.*) civetta zibetto → **civet** 1.

musk deer ['mʌsk,dɪə*] *s.* (*zool.*) (*Moschus moschiferus*) mosco.

musk duck ['mʌsk,dʌk] *s.* (*zool.*) (*Cairina moschata*) anatra muta, muschiata.

muskeg ['mʌskeg / mus·keg] *s.* (*amer.*) zona paludosa (formatasi in una depressione del terreno).

musket ['mʌskɪt / mus·ket] *s.* moschetto; fucile.

musketeer [,mʌskɪ'tɪə* / mus·ket·eer] *s.* moschettiere.

musketry ['mʌskɪtrɪ / mus·ketry] *s.* **1** moschetteria; fucileria **2** (*mil.*) (abilità di) tiro; scuola di tiro.

muskiness ['mʌskɪnɪs / muski·ness] *s.* odore di muschio.

muskmelon ['mʌsk,melən / musk·melon] → **melon** 1.

musk ox ['mʌsk,ɒks] *s.* (*zool.*) (*Ovibos moschatus*) bue muschiato.

muskrat ['mʌskræt / musk·rat] *s.* (*zool.*) (*Ondatra zibethica*) topo muschiato SIN. musquash.

musk rose ['mʌskrəʊz] *s.* (*bot.*) (*Rosa moschata*) rosa muschiata.

musky ['mʌskɪ] *agg.* muschiato: — *smell*, odore di muschio; odor di selvatico.

Muslim ['mʊzlɪm *amer.* 'mʌzləm / Mus·lim] *agg.* e *s.* musulmano.

muslin ['mʌzlɪn / mus·lin] *agg.* di mussola, di mussolina ◆ *s.* **1** mussola, mussolina // *bit of* —, (*fam. antiq.*) donna, ragazza **2** (*sl. mar.*) vele, tende.

musquash ['mʌskwɒʃ / mus·quash] *s.* → **muskrat**.

muss [mʌs] *s.* (*fam. amer.*) **1** disordine, scompiglio; pasticcio **2** rissa; lite.

to **muss** *v.tr.* (*fam. amer.*) arruffare, scompigliare; mettere in disordine: *to* — (*up*) *one's dress*, sgualcirsi il vestito.

mussel ['mʌsl / mus·sel] *s.* (*zool.*) (*Mytilus edulis*) mitilo, cozza, muscolo.

mussel-scalp ['mʌsl,skælp] *s.* banco di cozze, di molluschi.

mussel-shell ['mʌsl,ʃel] *s.* conchiglia, guscio di cozza, di mollusco.

Mussulman ['mʌslmən / Mus·sul·man] *agg.* e *s.* (*ant.*) musulmano.

mussy ['mʌsɪ] *agg.* (*fam. amer.*) in disordine; scompigliato, arruffato; sgualcito // **-iness** *s.*

must[1] [mʌst] *s.* mosto.

must[2] *s.* **1** muffosità **2** odor di muffa.

to **must**[2] *v.tr.* e *intr.* (fare) ammuffire.

must[3] *agg.* eccitato (di elefante, cammello) ◆ *s.* frenesia, furia, (stato di) eccitazione sessuale periodica e pericolosa (di elefante, cammello).

must[4] *s.* (*fam.*) dovere, cosa che deve essere assolutamente fatta: *his new book is a* —, devi assolutamente leggere il suo ultimo libro.

must[4] [mʌst (*forma forte*) məst, məs (*forme deboli*)] *modal verb* (V); *indic. cong. pres.* **must**; *forma negativa*: **must not** [mʌst nɒt] *forma contratta:* **mustn't** ['mʌsnt] **1** (*per esprimere dovere, obbligo, necessità*) dovere: *you — learn to control yourself*, devi imparare a controllarti; *he says his family — come first*, dice che per lui la famiglia deve venire prima di tutto; *candidates — apply before December*, i candidati devono fare domanda prima di dicembre; *I feel I — write to you...*, sento di doverti scrivere...; *we mustn't stay any longer*, non dobbiamo fermarci un minuto di più; *it — be said that he had some good ideas*, bisogna dire che aveva delle buone idee; *it mustn't be forgotten that we owe a lot to our ancestors*, non bisogna dimenticare che dobbiamo molto ai nostri antenati; — *she sign here?*, deve firmare qui?; *there — be no mistake this time*, non ci devono essere errori questa volta; *you — come and see us next week*, dovete venire a trovarci la prossima settimana // *all right, I'll do it if I* —, va bene, se proprio devo farlo, lo farò; *you can invite them, too, if you* —, puoi invitare anche loro, se proprio devi // *this I — see!*, devo proprio vederlo! // *the reader — understand that...*, il lettore capirà che... • In questo significato *must* è sostituito nei tempi mancanti da *to have* (*to*) [cfr. *to have*] **2** (*per esprimere supposizione, probabilità*) dovere: *Ann — be rich*, Ann dev'essere ricca; *he — be about twenty*, deve avere circa vent'anni; *you — be Jean's sister*, tu devi essere la sorella di Jean; *the phone is ringing, it — be George*, squilla il telefono, dev'essere George; *when he said that, he — have known it was not true*, quando l'ha detto, doveva (avrebbe dovuto) sapere che non era vero; *these — be the worst results we've ever had*, questi devono essere i peggiori risultati che abbiamo mai ottenuto; *we — have taken the wrong road*, dobbiamo aver preso la strada sbagliata; *it — have been embarrassing for everybody present*, dev'essere stato imbarazzante per tutti i presenti **3** (*per esprimere certezza, inevitabilità*) dovere: *I understand that I — appear guilty*, mi rendo conto che devo sembrare colpevole; *you — know him!*, non puoi non conoscerlo!

mustache [mə'stɑ:ʃ *amer.* 'mʌstæʃ / mus·tache] *s.* (*amer.*) → **moustache**.

mustachio [mə'stɑ:ʃɪəʊ *amer.* mə'stæʃɪəʊ / mus·tachio] *pl.* **mustachios** *s.* mustacchio.

mustachioed [mə'stɑ:ʃɪəʊd *amer.* mə's tæʃɪəʊd / mus·tachioed] *agg.* che ha i mustacchi, i baffoni.

mustang ['mʌstæŋ / mus·tang] *s.* (*zool.*) mustang.

mustard ['mʌstəd / mus·tard] *s.* **1** (*bot.*) senape: — *seed*, seme di senape **2** (*cuc.*) senape, mostarda // *to be as keen as* —, essere entusiasta // *to cut the* —, corrispondere alle aspettative, essere all'altezza: *he can't cut the* —, non ce la fa.

mustard gas ['mʌstəd,gæs] *s.* (*chim.*) iprite, gas mostarda.

mustard plaster ['mʌstəd,plɑ:stə* *amer.* 'mʌstəd,plæstə*] *s.* senapismo.

mustard pot ['mʌstəd,pɒt] *s.* mostardiera.

mustard poultice ['mʌstəd,pəʊltɪs] *s.* cataplasma alla senape.

mustelid ['mʌstəlɪd / mus·te·lid] *s.* (*zool.*) mustelide.

muster ['mʌstə* / mus·ter] *s.* **1** (*mil.*) adunata; rivista: (*antiq.*) *to make* (o *to take*) — *of troops*, passare le truppe in rivista // *to pass* —, riuscire accettabile; essere all'altezza: *she looked at her shoes and thought they would pass* —, si guardò le scarpe e pensò che potevano andare **2** assemblea, riunione // *to turn out in full* —, presentarsi al gran completo **3** (*comm.*) campione.

to **muster** *v.tr.* **1** (*mil.*) radunare, chiamare a raccolta; fare l'appello di **2** (*fig.*) raccogliere; fare appello a: *they mustered* (*up*) *their courage*, presero il coraggio a due mani ◆ *v.intr.* (*mil.*) radunarsi, raccogliersi; andare all'adunata.

muster parade ['mʌstəpə,reɪd] *s.* (*fam.*) ispezione.

muster-roll ['mʌstə,rəʊl] *s.* **1** (*mil.*) ruolo, ruolino **2** (*mar.*) appello.

mustiness ['mʌstɪnɪs / mus·ti·ness] → **must**[2].

musty ['mʌstɪ] *agg.* **1** ammuffito; stantio; rancido **2** vecchio, superato **3** (*amer.*) fiacco; indolente, apatico.

mutability [,mju:tə'bɪlətɪ / mut·ab·il·ity] *s.* mutabilità.

mutable ['mju:təbl /mut·able] *agg.* mutabile; mutevole // **-ness** *s.* // **-bly** *avv.*

mutagen ['mju:tədʒən / mu·ta·gen] *s.* (*biol.*) mutageno.

mutagenecity [,mju:tədʒə'nesətɪ / mu·ta·gen·ecity] *s.* (*biol.*) mutagenicità.

mutagenesis [,mju:tə'dʒenɪsɪs / mu·ta·gen·esis] *s.* (*biol.*) mutagenesi.

mutant ['mju:tənt / mut·ant] *agg.* **1** (*biol.*) mutante // — *cell*, cellula di mutazione **2** (*ling.*) metafonetico ◆ *s.* (*biol.*) mutante.

mutase ['mju:teɪs / mut·ase] *s.* (*biochim.*) mutasi.

to **mutate** [mju:'teɪt / mut·ate] *v.intr.* **1** mutare, cambiare **2** (*biol.*) subire una mutazione **3** (*ling.*) cambiare per metafonesi.

mutation [mju:'teɪʃn / muta·tion] *s.* **1** mutamento, cambiamento; variazione **2** (*biol.*) mutazione **3** (*ling.*) metafonesi.

mute[1] [mju:t] *agg.* **1** muto; silenzioso; taciturno: *he was — with surprise*, rimase ammutolito per la sorpresa // (*dir.*) — *of malice*, reticente **2** (*fonet.*) muto: — *consonant*, consonante muta ◆ *s.* **1** muto **2** (*fonet.*) lettera muta **3** (*mus.*) sordina // *with the — on*, in sordina **4** (*teatr.*) comparsa // **-ly** *avv.* // **-ness** *s.*

to **mute**[1] *v.tr.* (*mus.*) mettere la sordina a.

mute[2] *s.* sterco (di uccelli).

to **mute**[2] *v.intr.* evacuare (di uccelli).

muted ['mju:tɪd] *agg.* (*di suono*) smorzato, attutito.

muticous ['mju:tɪkəs / mu·ti·cous] *agg.* (*bot.*) mutico.

to **mutilate** ['mju:tɪleɪt / mu·til·ate] *v.tr.* mutilare (*anche fig.*).

mutilated ['mju:tɪleɪtɪd / mu·til·ated] *agg.* mutilato; mutilo // (*banca*) — *cheque*, assegno lacerato.

mutilation [,mju:tɪ'leɪʃn /mu·tila·tion] *s.* mutilazione (*anche fig.*).

mutilator ['mju:tɪleɪtə* / mu·til·ator] *s.* mutilatore (*anche fig.*).

mutine ['mju:tɪn / mu·tine] *s.* (*ant.*) ammutinato: *methought I lay / worse than the mutines in the bilboes*, (SH. Hamlet) mi pareva di star peggio degli ammutinati in ceppi.

mutineer [,mju:tɪ'nɪə* / mu·tin·eer] *s.* ammutinato, ribelle.

mutinous ['mju:tɪnəs / mu·tin·ous] *agg.* ammutinato, rivoltoso; ribelle, sedizioso: — *behaviour*, condotta ribelle; — *silence*, silenzio carico di astio.

mutiny ['mju:tɪnɪ / mu·tiny] *s.* ammutinamento, rivolta (*anche dir.*).

to **mutiny** *v.intr.* ammutinarsi (*anche dir.*): *to — against s.o., sthg.*, ribellarsi a qlcu., a qlco.

mutism ['mju:tɪzəm / mut·ism] *s.* mutismo.

mutt [mʌt] *s.* (*fam.*) **1** sempliciotto, babbeo **2** (*amer.*) cane bastardo.

mutter ['mʌtə* / mut·ter] *s.* mormorio; borbottio; brontolio.

to **mutter** *v.tr.* e *intr.* mormorare; borbottare, brontolare: *to — at* (o *against*) *s.o.*, mormorare contro qlcu.; *to — to oneself*, mormorare fra sé e sé.

mutterer ['mʌtərə* / mut·ter·er] *s.* chi mormora, borbotta, brontola.

muttering ['mʌtərɪŋ / mut·ter·ing] *s.* mormorio; borbottio; brontolio (anche di tuono) // *hostile mutterings*, ostilità sorda.

mutteringly ['mʌtərɪŋlɪ / mut·ter·ing·ly] *avv.* mormorando, borbottando, brontolando.

mutton ['mʌtn / mut·ton] *s.* **1** carne di montone: *leg of —*, cosciotto di montone; *— fat*, grasso di montone // *dead as —*, morto stecchito **2** (*scherz.*) pecora // *— dressed as lamb*, (*fam.*) donna anziana che s'atteggia a ragazzina.

mutton-chop ['mʌtn,tʃɒp] *s.* braciola di agnello // *— whiskers*, (*fam.*) favoriti, scopettoni.

mutton-head ['mʌtn,hed] *s.* (*fam.*) sempliciotto, babbeo, scimunito.

mutual ['mju:tʃʊəl / mu·tual] *agg.* **1** mutuo, reciproco: *— aid*, mutuo soccorso; *— benefit*, vantaggio reciproco; *— love*, affetto reciproco // *on — terms*, alla pari // (*dir.*): *— assent*, mutuo consenso; *— promises*, promesse reciproche; *— wills*, testamenti reciproci // (*fis.*): *— capacitance*, capacità mutua; *— conductance*, transconduttanza; *— inductance*, coefficiente di mutua induzione; (*elettr.*) induttanza neutra // (*ecol.*) *— symbiosis*, simbiosi mutualistica **2** comune: *our — friend*, il nostro comune amico // **-ly** *avv.*

mutual company ['mju:tʃʊəl'kʌmpənɪ] *s.* (*comm.*) (società) cooperativa // *mutual insurance company*, mutua assicuratrice.

mutual fund ['mju:tʃʊəl,fʌnd] *s.* (*amer.*) (*fin.*) fondo comune di investimento (a capitale variabile).

mutualism ['mju:tʃʊəlɪzəm / mu·tu·al·ism] *s.* **1** (*pol.*) mutualismo **2** (*ecol.*) mutualismo, simbiosi.

mutuality [,mju:tʃʊ'ælətɪ / mu·tu·al·ity] *s.* mutualità, reciprocità (*anche dir.*).

mutual shareholding [,mju:tʃʊəl'ʃeə,həʊldɪŋ] *s.* (*fin.*) partecipazione incrociata.

mutuary ['mju:tʃʊərɪ *amer.* 'mu:tʃʊerɪ / mu·tu·ary] *s.* (*comm.*) mutuatario.

mutule ['mju:tju:l / mut·ule] *s.* (*arch.*) mutulo.

muumuu → **mu-mu**.

muzak® ['mju:zæk] *s.* musica di sottofondo (nei ristoranti, supermercati ecc.).

muzhik [mu:'ʒi:k] *s.* mugic, contadino russo.

muzzle ['mʌzl] *s.* **1** muso di animale **2** museruola **3** bocca (di armi da fuoco): *— velocity*, velocità iniziale (di proiettile).

to **muzzle** *v.tr.* **1** mettere la museruola a **2** (*fig.*) imbavagliare, impedire di parlare a: *to — the press*, (*fam.*) imbavagliare la stampa **3** (*mar.*) abbassare (una vela).

muzzle-loader ['mʌzl,ləʊdə*] *s.* arma da fuoco ad avancarica.

muzzle-loading ['mʌzl,ləʊdɪŋ] *agg.* ad avancarica.

muzzy ['mʌzɪ] *agg.* inebetito; confuso; vago (di idee) // **-ily** *avv.* // **-iness** *s.*

my [maɪ] *agg. poss. 1ª pers. sing.* mio, mia, miei, mie: *— family and friends will be at the wedding*, al matrimonio ci saranno la mia famiglia e i miei amici; *I gave him — card*, gli ho dato il mio biglietto da visita; *the letter began: 'My dear John, I hope you are well...'*, la lettera cominciava così: 'Mio caro John, spero che tu stia bene...'; *you've never met — sister, have you?*, non conosci mia sorella, vero? // *My God, the plane's going to crash!*, Mio Dio, l'aereo precipita!; *My goodness, it's midnight already!*, Perbacco, è già mezzanotte!

my *inter.*: *— (eye)!*, acciderba!, accipicchia!

myalgia [maɪ'ældʒɪə/ my·al·gia] *s.* (*med.*) mialgia, dolore muscolare.

myalgic [maɪ'ældʒɪk / my·al·gic] *agg.* (*med.*) mialgico.

myall ['maɪəl / my·all] *s.* (*bot.*) (*Acacia pendula*) acacia australiana.

myasthenia [,maɪəs'θi:nɪə/ my·as·thenia] *s.* (*med.*) miastenia.

myasthenic [,maɪəs'θenɪk / my·as·thenic] *agg.* (*med.*) miastenico.

mycelial [maɪ'si:lɪəl / my·celial] **mycelian** [maɪ'si:lɪən] *agg.* (*bot.*) del micelio.

mycelium [maɪ'si:lɪəm / my·celium] *pl.* **mycelia** [maɪ'si:lɪə/ my·celia] *s.* (*bot.*) micelio.

Mycenaean [maɪ'si:nɪən / My·cen·aean] **Mycenian** *agg.* (*st., archeol.*) miceneo.

myco- ['maɪkəʊ] *pref.* di origine greca che significa 'fungo, dei funghi'; it. mico-: *mycology*, micologia; (*med.*) *mycosis*, micosi.

mycologic(al) [,maɪkəʊ'lɒdʒɪk(l) / my·co·lo·gic(al)] *agg.* micologico.

mycology [maɪ'kɒlədʒɪ / my·co·logy] *s.* micologia, micetologia.

mycosis [maɪ'kəʊsɪs / my·cosis] *pl.* **mycoses** [maɪ'kəʊsi:z] *s.* (*med., bot.*) micosi // *— cutis*, dermatomicosi; *— favosa*, favo, tigna favosa; *— intestinalis*, antrace.

mycotic [maɪ'kɒtɪk / my·cotic] *agg.* (*med.*) micotico.

mydriasis [mə'draɪəsɪs / myd·ri·asis] *s.* (*med.*) mydriasi.

mydriatic [,mɪdrɪ'ætɪk / myd·ri·atic] *agg.* (*med.*) midriatico.

myel- *pref.* → **myel(o)-**.

myelin ['maɪəlɪn / my·elin] *s.* (*anat.*) mielina // *— sheath*, guaina mielinica.

myelinic [,maɪə'lɪnɪk / my·elinic] *agg.* (*anat.*) mielinico.

myelitis [,maɪə'laɪtɪs / my·el·itis] *s.* (*med.*) mielite.

myel(o)- ['maɪəl(əʊ)] *pref.* di origine greca usato nella terminologia medica, che significa 'midollo, del midollo'; it. miel(o)-: *myelencephalon*, mielencefalo; *myeloblastoma*, mieloblastoma.

myeloblast ['maɪələʊ,blæst / my·elo·blast] *s.* (*biol.*) mieloblasto.

myelocele ['maɪələʊ,si:l / my·elo·cele] *s.* (*anat.*) mielocele.

myelocyte ['maɪələʊsaɪt / my·elo·cyte] *s.* (*biol.*) mielocito, mielocita.

myelogenous [maɪə'lɒdʒənəs / my·elo·gen·ous] *agg.* (*med.*) mieloide: *— leukemia*, leucemia mieloide.

myeloid ['maɪəlɔɪd / my·el·oid] *agg.* (*anat.*) mieloide: *— tissue*, tessuto mieloide // *— myeloma*, plasmacitoma.

myeloma [maɪə'ləʊmə/ my·el·oma] *pl.* **myelomas**, **myelomata** [maɪə'ləʊmətə] *s.* (*med.*) mieloma.

mygale ['mɪgəlɪ / my·gale] *s.* (*zool.*) (*Mygale avicularia*) migale.

mylonite ['maɪlənaɪt / my·lon·ite] *s.* (*geol.*) milonite.

myna(h) ['maɪnə] *s.* (*zool.*) (*Acridotheres tristis*) storno triste.

myo- ['maɪəʊ] *pref.* di origine greca usato nella terminologia scientifica, che significa 'muscolo, dei muscoli'; it. mio-: (*biol.*) *myofibril*, miofibrilla; (*med.*) *myogenetic*, miogenico; (*anat.*) *myoneural*, mioneurale.

myocardial [maɪəʊ'kɑ:dɪəl / myo·card·ial] *agg.* (*med.*) miocardico, del miocardio: *— insufficiency*, insufficienza miocardica; *— infarction*, infarto miocardico, del miocardio.

myocardiopathy [,maɪəʊ,kɑ:dɪ'ɒpəθɪ / myo·car·dio·pathy] *pl.* **myocardia** *s.* (*med.*) miocardiopatia: *dilative —*, miocardiopatia dilatativa.

myocarditis [,maɪəʊkɑ:'daɪtɪs / myo·card·itis] *s.* (*med.*) miocardite.

myocardium [,maɪəʊ'kɑ:dɪəm / myo·car·dium] *pl.* **myocardia** [,maɪəʊ'kɑ:dɪə] *s.* (*anat.*) miocardio.

myoclonia [,maɪəʊ'kləʊnɪə/ myo·clonia] *s.* (*med.*) mioclonia.

myoclonus [,maɪə'kləʊnəs / myo·clonus] *s.* (*med.*) mioclono.

myoglobin [,maɪə'gləʊbɪn / myo·globin] *s.* (*biol.*) mioglobina.

myology [maɪ'ɒlədʒɪ / myo·logy] *s.* (*med.*) miologia.

myoma [maɪ'əʊmə/ my·oma] *pl.* **myomas**, **myomata** [maɪ'əʊmətə] *s.* (*med.*) mioma.

myopathy [maɪ'ɒpəθɪ / myo·pathy] *s.* (*med.*) miopatia.

myope ['maɪəʊpɪ /my·ope] *s.* (*med.*) miope; miopico.

myopia [maɪ'əʊpjə / my·opia] *s.* (*med.*) miopia.

myopic [maɪ'ɒpɪk / my·opic] *agg.* (*med.*) miope; miopico.

myosin ['maɪəsɪn / myo·sin] *s.* (*biochim.*) miosina.

myosis [maɪ'əʊsɪs / my·osis] *s.* (*med.*) miosi.

myosote ['maɪəsəʊt / myo·sote] **myosotis** [,maɪə'səʊtɪs / myo·sotis] *s.* (*bot.*) (*Myosotis scorpioides*) nontiscordardime.

myotome ['maɪətəʊm / myo·tome] *s.* (*anat.*) miotomo.

myriad ['mɪrɪəd] *agg.* (*letter.*) innumerevole ◆ *s.* miriade.

myriapod ['mɪrɪəpɒd /myria·pod] *agg.* e *s.* (*zool.*) miriapode.

myrmecophile ['mɜ:məkə,faɪl / myr·meco·phile] *s.* (*biol.*) organismo mirmecofilo.

Myrmidon ['mɜ:mɪdən *amer.* 'mɜ:mɪdɒn /

Myr·midon] *s.* **1** (*mit. greca*) mirmidone **2** (*con iniziale minuscola*) seguace fanatico.

myrobalan [maɪ'rɒbələn / my·ro·balan] *s.* (*bot.*) mirobolano, mirabolano.

myrrh [mɜ:*] *s.* (*bot.*) **1** (pianta da cui si estrae la) mirra **2** (*Myrrhis odorata*) mirride; (*pop.*) finocchiella.

myrtle ['mɜ:tl] *s.* (*bot.*) (*Myrtus communis*) mirto, mortella.

myself [maɪ'self / my·self] *pron. 1ª pers. sing.* **1** *rifl.* mi, me; me stesso, me stessa: *I cut — when I was shaving*, mi sono tagliato facendomi la barba; *I poured — a whisky*, mi versai un whisky; *I've brought — a personal computer*, mi sono comprato un personal computer; *unfortunately I can't take — too seriously*, purtroppo non riesco a prendermi troppo sul serio; *after my parents died I had to look after —*, dopo la morte dei miei genitori dovetti badare a me stessa // (*all*) *by —*, da solo: *I did it all by —*, l'ho fatto tutto da solo **2** (*enfatico*) da solo io stesso, io stessa: *I told you —* (o *I — told you*), te l'ho detto io stesso; *I — was the firm's director at that time*, allora ero proprio io il direttore della ditta ◆ *s.* io stesso, io stessa: *I wasn't — that evening*, non ero in me quella sera.

mystagogic(al) [,mɪstə'gɒdʒɪk(l) / mys·ta·go·gic(al)] *agg.* (*st. greca*) mistagogico.

mystagogue ['mɪstəgɒg / mys·ta·gogue] *s.* **1** (*st. greca*) mistagogo **2** mistificatore.

mystagogy ['mɪstəgɒdʒɪ / mys·ta·gogy] *s.* (*st. greca*) mistagogia.

mysterious [mɪ'stɪərɪəs / mys·ter·ious] *agg.* misterioso; occulto, segreto: *a — business*, un affare misterioso // **-ly** *avv.* // **-ness** *s.*

mystery[1] ['mɪstərɪ / mys·tery] *s.* **1** mistero; enigma, arcano, segreto: *the crime was wrapped in —*, il delitto era avvolto nel mistero; *they don't make a — of it*, essi non ne fanno mistero **2** (*teol.*) mistero, verità di fede: *the glorious, joyful, sorrowful mysteries*, i misteri gloriosi, gaudiosi, dolorosi // *the Holy Mysteries*, la Santa Eucaristia **3** *pl.* (*st.*) misteri, riti religiosi // *— religion*, culto misterico **4** (*st. teatr.*) *— (play)*, mistero, sacra rappresentazione.

mystery[2] *s.* (*ant.*) mestiere // *arts and mysteries*, arti e mestieri.

mystery meat ['mɪstərɪ,mi:t] *s.* (*fam. amer.*) carne scadente di provenienza incerta.

mystery tour ['mɪstərɪ'tʊə*] *s.* gita a sorpresa, di cui non si conosce la destinazione.

mystic(al) ['mɪstɪk(l) / mys·tical] *agg.* **1** mistico **2** misterioso; occulto; magico ◆ *s.* mistico.

mystically ['mɪstɪkəlɪ / mys·tic·ally] *avv.* misticamente.

mysticism ['mɪstɪsɪzəm / mys·ti·cism] meno com. **mysticalness** ['mɪstɪklnɪs / mys·tic·al·ness] *s.* misticismo.

to **mysticize** ['mɪstɪsaɪz / mys·ti·cize] *v.tr.* rendere mistico.

mystification [,mɪstɪfɪ'keɪʃn / mys·ti·fica·tion] *s.* **1** mistificazione, inganno **2** confusione di idee.

mystificator ['mɪstɪfɪkeɪtə* / mys·ti·fica·tor] *s.* (*rar.*) mistificatore.

mystificatory [mɪ'stɪfɪkətərɪ *amer.* mɪ'stɪfɪkə,tɔ:rɪ / mys·ti·fic·at·ory] *agg.* mistificatorio, mistificante.

to **mystify** ['mɪstɪfaɪ / mys·tify] *v.tr.* **1** mistificare; ingannare, imbrogliare **2** confondere le idee a; disorientare: *I was mystified by that torrent of words*, fui stordito da quel torrente di parole **3** avvolgere nel mistero; fare mistero di.

mystique [mɪs'ti:k / mys·tique] *s.* **1** mistica **2** fascino.

myth [mɪθ] *s.* mito: *to explode a —*, infrangere un mito.

mythic(al) ['mɪθɪk(l) / myth·ical] *agg.* **1** mitico: *— heroes*, eroi mitici **2** immaginario: *— wealth*, ricchezze immaginarie.

mythically ['mɪθɪkəlɪ / myth·ic·ally] *avv.* miticamente.

to **mythicize** ['mɪθɪsaɪz / mythi·cize] *v.tr.* **1** mitizzare **2** interpretare mitologicamente.

myth-maker ['mɪθmeɪkə*] *s.* creatore di miti.

myth-making ['mɪθmeɪkɪŋ] *agg.* che crea miti ◆ *s.* creazione di miti.

mythographer [mɪ'θɒgrəfə* / mytho·grapher] *s.* mitografo.

mythography [mɪ'θɒgrəfɪ / mytho·graphy] *s.* mitografia.

mythologic(al) [,mɪθə'lɒdʒɪk(l) / mytho·lo·gic(al)] *agg.* **1** mitologico **2** mitico; irreale, immaginario.

mythologically [,mɪθə'lɒdʒɪkəlɪ / mytho·lo·gical·ly] *avv.* mitologicamente.

mythologist [mɪ'θɒlədʒɪst / mytho·lo·gist] *s.* mitologo, mitologista.

to **mythologize** [mɪ'θɒlədʒaɪz / mytho·lo·gize] *v.intr.* studiare, interpretare miti ◆ *v.tr.* mitizzare.

mythology [mɪ'θɒlədʒɪ / mytho·logy] *s.* mitologia: *Greek —*, mitologia greca; *the mythologies of primitive races*, le mitologie delle razze primitive.

mythomania [,mɪθə'meɪnɪə / mytho·mania] *s.* (*psic.*) mitomania.

mythomaniac [,mɪθə'meɪnɪək / mytho·ma·niac] *agg.* e *s.* (*psic.*) mitomane.

mythomaniacal [,mɪθəmə'naɪəkl / mytho·ma·ni·acal] *agg.* (*psic.*) mitomane.

mythopoeia [,mɪθə'pi:ə / mytho·poeia] *s.* (*letter.*) mitopoiesi.

mythopoeic [,mɪθə'pi:ɪk / mytho·poeic] *agg.* (*letter.*) mitopoietico.

mythos ['maɪθɒs] *s.* (*letter.*) mito.

mytilus ['mɪtɪləs / myti·lus] *s.* (*zool.*) mitilo.

myxoedema [,mɪksəʊ'di:mə / myx·oedema] *s.* (*med.*) mixedema.

myxoma [mɪk'səʊmə / myx·oma] *pl.* **myxomas**, **myxomata** [mɪk'səʊmətə] *s.* (*med.*) mixoma, tumore colloide.

myxomatosis [,mɪksəʊmə'təʊsɪs / myx·oma·tosis] *s.* (*vet.*) mixomatosi.

myxomycete [,mɪksəʊ'maɪsi:t / myxo·my·cete] *s.* (*bot.*) mixomicete.

myxovirus ['mɪksə,vaɪrəs / myxo·virus] *s.* (*biol.*) mixovirus, virus influenzale delle mucose.

Nn

n [en] *pl.* **ns**, **n's** [enz] *s.* **1** (*quattordicesima lettera dell'alfabeto inglese*) n // (*tel.*) — *for Nellie* (o amer. — *for Nan*), n come Napoli **2** (*mat.*) n, numero indefinito: *b to the nth (power) is written* b^n, b all'ennesima potenza si scrive b^n // *you bore me to the* n^{th} *degree*, (*fam.*) mi stai annoiando a morte.

Naafi ['næfi] *s.* spaccio militare (nelle forze armate inglesi).

to **nab** [næb] *pass.p.p.* **nabbed** [næbd] *v.tr.* (*fam.*) afferrare; arraffare; agguantare: *he was nabbed when he was trying to rob a bank*, lo beccarono proprio mentre tentava di rapinare una banca; *she ran out to — the postman before he left*, corse fuori per raggiungere il postino prima che se ne andasse.

nabe [neɪb] *s.* (*fam. amer.*) **1** vicinato, quartiere **2** cinema di quartiere.

nabob ['neɪbɒb / na·bob] *s.* nababbo (*anche fig.*).

nacelle [næ'sel / na·celle] *s.* (*aer.*) carlinga, gondola (di aeroplano); navicella (di dirigibile); cesta (di pallone).

nachos ['nætʃəʊz] *s.* (*cuc.*) 'nachos', piatto messicano piccante.

nacre ['neɪkə*] *s.* **1** madreperla **2** nacchera.

nacreous ['neɪkrɪəs / nac·re·ous] **nacrous** ['neɪkrəs / nac·rous] *agg.* (*form.*) madreperlaceo.

naderism ['neɪdərɪzm / nader·ism] *s.* (*econ.*) naderismo (movimento promosso negli Stati Uniti da R. Nader in difesa dei consumatori).

nadir ['neɪ,dɪə* / na·dir] *s.* **1** (*astr.*) nadir **2** (*fig.*) punto più basso; punto di massima depressione.

naevus ['ni:vəs] *pl.* **naevi** ['ni:vaɪ] *s.* (*med.*) neo, nevo; voglia; macchia della pelle.

nag[1] [næg] *s.* **1** (*ant.*) cavallino **2** (*fam.*) cavallo vecchio e malandato; ronzino; brocco.

nag[2] *s.* (*fam.*) **1** brontolio, brontolamento **2** → nagger.

to **nag**[2] *pass.p.p.* **nagged** [nægd] *v.tr.* e *intr.* brontolare; infastidire, tormentare: *to — s.o. for sthg., to do sthg.*, tormentare qlcu. per qlco., perché faccia qlco.; *she was always nagging at him*, lo tormentava con continui rimbrotti; *to — to death*, tormentare a morte.

nagger ['nægə* / nag·ger] *s.* (*fam.*) brontolone.

nagging ['nægɪŋ / nag·ging] *s.* [U] rimprovero ◆ *agg.* fastidioso, irritante; brontolone, petulante: *I've a — suspicion I've forgotten sthg.*, ho la fastidiosa sensazione di aver dimenticato qlco.; *a — wife*, una moglie brontolona.

nagor ['neɪgɔ:* / na·gor] *s.* (*zool.*) **1** (*Redunca redunca*) piccola antilope dei canneti **2** cervicapra.

naiad ['naɪæd] *s.* (*mit.*) naiade.

naif [nɑ:'ɪf] *agg.* ingenuo, semplice, non sofisticato; naïf.

nail [neɪl] *s.* **1** unghia; artiglio: *to bite one's nails*, mangiarsi le unghie; *to pare one's nails*, tagliarsi le unghie // — *file*, lima per unghie; — *scissors*, forbici per le unghie // *to pay on the —*, pagare subito, immediatamente, sull'unghia // *tooth and —*, con i denti e con le unghie **2** chiodo // *a — in s.o.'s coffin*, (*fig.*) un chiodo della bara di qlcu., un contributo alla fine, alla rovina di qlcu. // (*as*) *hard* (o *tough*) *as nails*, robustissimo, spietato; (*as*) *right as nails*, giustissimo; sanissimo // *to drive the — home*, giungere a una conclusione // *to hit the — on the head*, colpire nel segno **3** 'nail' (misura di lunghezza = 2 1/4 pollici = 5,715 cm).

to **nail** *v.tr.* **1** inchiodare: *to — together*, fissare insieme con chiodi // *he nailed his opponent to the mat*, inchiodò l'avversario al tappeto // *to — one's colours to the mast*, (*fig.*) perseverare, irrigidirsi sulle proprie posizioni // *to — a lie to the barn-door* (o *to the counter*), (*fig.*) dimostrare la falsità di un'affermazione // *to — it*, (*sl. amer.*) accelerare al massimo, andare a tavoletta **2** munire di chiodi, chiodare: *if he is going to do any climbing, he should have his boots nailed*, se ha l'intenzione di fare dell'alpinismo, dovrebbe farsi mettere dei chiodi alle scarpe **3** (*fam.*) catturare, acchiappare, afferrare: *they nailed the gang in a warehouse*, catturarono i banditi in un magazzino; *I nailed him just as he was going out to lunch*, l'ho preso al volo proprio mentre stava uscendo per andare a pranzo **4** fissare, trattenere (l'attenzione ecc.), impegnare (una persona) **5** (*volg. amer.*) scopare, fottere.

□ **nail down** *v.tr.* e *avv.* **1** far star giù, tener giù con chiodi, inchiodare **2** (*fig.*) inchiodare (qlcu. a un argomento e simili): *it isn't easy to — him down to his responsibilities*, non è facile inchiodarlo alle sue responsabilità; *to — s.o. down to a decision*, costringere qlcu. a decidere **3** (*fig.*) specificare, definire meglio: *try to — the concept down a bit more*, cerca di definire meglio il concetto.

□ **nail on** *v.tr.* e *avv.* **nail onto** *v.tr.* e *prep.* inchiodare (a), fissare con chiodi.

□ **nail up** *v.tr.* e *avv.* **1** tener su (con chiodi) **2** chiudere con chiodi: *all the windows were nailed up*, tutte le finestre erano bloccate con chiodi.

nail-biting ['neɪl,baɪtɪŋ] *s.* il mangiarsi le unghie, onicofagia ◆ *agg.* pieno di suspense; pieno d'ansia; emozionante; angoscioso.

nailbrush ['neɪlbrʌʃ / nail·brush] *s.* spazzolino per le unghie.

nailer ['neɪlə*] *s.* (*antiq.*) **1** fabbricante di chiodi **2** (*sl.*) campione: *he is a — at tennis*, è un campione a tennis.

nailery ['neɪlərɪ / nail·ery] *s.* (*antiq.*) chioderia, fabbrica di chiodi.

nail-hook ['neɪlhʊk] *s.* chiodo a gancio.

nail polish ['neɪlpɒlɪʃ] **nail varnish** ['neɪlvɑ:nɪʃ] *s.* smalto per le unghie.

nainsook ['neɪnsʊk / nain·sook] *s.* tessuto di cotone leggero.

naïve [nɑ:'i:v] **naive** *agg.* ingenuo, semplice, non sofisticato; naïve // **-ly** *avv.*

naiveté [nɑ:'i:vteɪ / naiv·eté] **naïvety** [nɑ:'i:vtɪ / naïv·ety] *s.* ingenuità.

naked ['neɪkɪd] *agg.* **1** nudo, spogliato, scoperto: — *sword*, spada sguainata; *the child was stripped —*, il bimbo fu spogliato completamente; *he was as — as his mother bore him*, era nudo come mamma lo fece // *to the — eye*, a occhio nudo // (*dir.*): — *contract*, contratto invalido; — *possession*, mera detenzione (senza la proprietà) // (*Borsa*) — *position*, posizione allo scoperto **2** spoglio, indifeso, senza armi **3** semplice; genuino; puro; senza ornamenti: *I want to know the — truth*, voglio sapere la verità pura e semplice // **-ly** *avv.*

naked boys [,neɪkɪd'bɔɪz] **naked lady** [,neɪkɪd'leɪdɪ] *s.* (*bot.*) (*Colchicum autumnale*) colchico.

nakedness ['neɪkɪdnɪs / naked·ness] *s.* **1** nudità **2** (*fig.*) evidenza **3** miseria, povertà (di spirito ecc.).

Nam [næm] *s.* (*fam. amer.*) Vietnam.

namby-pamby ['næmbɪ'pæmbɪ] *agg.* sdolcinato; insipido: fiacco; grazioso e sciocco ◆ *s.* **1** persona insulsa, infantile, debole; pappamolla **2** (*antiq.*) discorso, scritto lezioso, stucchevole.

name [neɪm] *s.* **1** nome; nome e cognome: *she called him by —*, lo chiamò per nome; *the policeman asked his — and address*, il poliziotto gli chiese le generalità; *to go by the — of*, andare sotto il nome di // *to have nothing to one's —*, non possedere nulla // *in the — of*

God, of the law, in nome di Dio, della legge // *give it to him in my —*, daglielo a nome mio // *to put one's — down for*, iscriversi a, per // *full —*, nome e cognome: *he gave his full —*, diede il suo nome e cognome // *in — only*, solo per dire; solo nominalmente // *under the — of*, con il nome di, con lo pseudonimo di: *to travel, to write books under the — of Bloggs*, viaggiare, scrivere libri con il nome di Bloggs // *do you know s.o. by the — of Bligh?*, conosci qlcu. che si chiama Bligh? // *big —*, (*fam.*) pezzo grosso, grosso nome; *famous —*, nome importante, personalità // *to take the Lord's — in vain*, nominare il nome di Dio invano // *to take s.o.'s — in vain*, parlar male di qlcu. // *the — of the game*, l'importante, la cosa più importante, ciò che conta: *in this work experience is the — of the game*, in questo lavoro ciò che conta è l'esperienza // (*comm.*): *— of company*, ragione sociale; *the — of a firm*, la ragione sociale di una ditta // (*Borsa*): *— ticket*, foglio; *— day*, giorno di presentazione fogli **2** fama, reputazione: *he has got a bad —*, ha una cattiva reputazione; *he soon made a — for himself*, egli presto si distinse, si fece un nome; *that physician has a — for honesty*, quel medico è noto per la sua onestà **3** (*gramm.*) nome, sostantivo **4** *pl.* (*fig.*) ingiurie, insolenze: *they called him names*, lo coprirono di ingiurie **5** (*inform.*) nome, identificatore, indicatore: *— table*, tabella delle etichette, dei simboli.

to **name** *v.tr.* **1** nominare, dare un nome a: *what did they — him?*, come lo hanno chiamato? // *to — names*, fare i nomi: *the police made him — names*, la polizia lo costrinse a fare i nomi (dei complici ecc.); *I don't want to — any names but...*, non voglio far nomi ma... **2** designare: *he was named mayor*, fu nominato, scelto come sindaco **3** fissare, scegliere: *— your price*, dite voi la cifra; *— the day*, scegli tu il giorno.

nameable ['neɪməbl / name·able] *agg.* nominabile.

name calling ['neɪmkɔ:lɪŋ] *s.* l'insultare, l'offendere: *there was a lot of — between them*, ci fu un vivace scambio di insulti fra loro.

to **namedrop** ['neɪmdrɒp / name·drop] *v.intr.* menzionare casualmente nomi di persone importanti come se si fosse in rapporti di familiarità con loro.

namedropper ['neɪmdrɒpə* / name·drop·per] *s.* chi menziona casualmente nomi di persone importanti come se le conoscesse.

nameless ['neɪmlɪs / name·less] *agg.* **1** senza nome, innominato; anonimo; ignoto: *to be, to remain —*, essere, rimanere senza nome, anonimo; *someone, who prefers to remain —, donates the money*, qualcuno che preferisce mantenere l'anonimato, ha dato i soldi **2** innominabile, indescrivibile; abominevole // **-ly** *avv.* // **-ness** *s.*

namely ['neɪmlɪ] *avv.* cioè, vale a dire: *two of their players, — Withers and Johnson, were sent off the field*, due dei loro giocatori, Withers e Johnson per la precisione, furono espulsi dal campo.

nameplate ['neɪmpleɪt / name·plate] *s.* targa, targhetta.

namesake ['neɪmseɪk / name·sake] *s.* omonimo: *my boss, Swift, is almost as ironic as his illustrious —*, il mio capo, Swift, è ironico quasi quanto il suo illustre omonimo.

Namibian [nə'mɪbɪən / Na·mi·bian] *agg.* e *s.* namibiano.

nance [næns] *s.* (*fam. amer.*) maschio effeminato; maschio omosessuale.

nancy-boy ['nænsɪ,bɔɪ] *s.* (*sl.*) giovane effeminato; giovane omosessuale.

nanism ['neɪnɪzm / nan·ism] *s.* (*med.*) nanismo.

nankeen [næŋ'ki:n / nan·keen] *s.* **1** anchina (tela) **2** *pl.* pantaloni di anchina.

nanny ['nænɪ] *s.* **1** bambinaia, balia **2** (*fam.*) nonna.

nanny goat ['nænɪgəʊt] *s.* (*fam.*) capra.

nanosecond [,nɑ:nə'sekənd / na·no·sec·ond] *s.* (*metrol.*) nanosecondo.

nap[1] [næp] *s.* siesta, sonnellino: *to take a —*, fare un sonnellino, schiacciare un pisolino.

to **nap**[1] *pass.p.p.* **napped** [næpt] *v.intr.* schiacciare un sonnellino, sonnecchiare // *to catch s.o. napping*, (*fam.*) prendere qlcu. alla sprovvista.

nap[2] *s.* **1** pelo (di panno e di altri tessuti pelosi) **2** (*bot.*) lanuggine, peluria **3** *pl.* (*sl. dei neri d'America*) capelli.

to **nap**[2] *v.tr.* cardare; felpare; spazzolare contropelo (un tessuto).

napalm ['neɪpɑ:m / nap·alm] *s.* (*chim.*) napalm: *— bomb*, bomba al napalm.

nape [neɪp] *s.* nuca: *he delivered a blow to the — of his neck*, gli diede un colpo alla nuca.

napery ['neɪpərɪ] *s.* (*ant.*) biancheria da tavola.

napex ['neɪpeks] *s.* (*anat.*) occipite.

naphtalan ['næftələn / naph·talan] *s.* (*chim.*) naftalano.

naphtha ['næfθə / naph·tha] *s.* nafta, benzina pesante.

naphthalene ['næfθəli:n / naph·thal·ene] *s.* naftalina, naftalene.

naphthene ['næfθi:n / naph·thene] *s.* (*chim.*) naftene.

naphthenic [,næf'θi:nɪk / naph·thenic] *agg.* (*chim.*) naftenico: *— acid*, acido naftenico.

naphthol ['næfθɒl / naph·thol] *s.* (*chim.*) naftolo.

naphthoquinone ['næfθə'kwɪnəʊn / naph·tho·quin·one] *s.* (*chim.*) naftochinone.

naphthyl ['næfθɪl / naph·thyl] *s.* (*chim.*) naftile.

napkin ['næpkɪn / nap·kin] *s.* **1** tovagliolo **2** pannolino (per bambini) **3** (*scoz.*) fazzoletto.

napkin ring ['næpkɪn,rɪŋ] *s.* portatovagliolo.

napoleon [nə'pəʊljən / na·po·leon] *s.* **1** napoleone (moneta d'oro da venti franchi) **2** sorta di stivale da caccia **3** (*carte*) napoleone.

Napoleonic [nə,pəʊlɪ'ɒnɪk / Na·po·leonic] *agg.* napoleonico.

nappe [næp] *s.* (*geol.*) falda di ricoprimento.

nappy[1] ['næpɪ] *agg.* peloso.

nappy[2] *agg.* **1** schiumoso; forte (di birra) **2** brillo.

nappy[3] *s.* pannolino (per bambini) // *— rash*, eritema da pannicello AMER. diaper.

narc [nɑ:k] *s.* (*fam. amer.*) agente della narcotici.

narceine ['nɑ:sɪɪn / nar·ceine] *s.* (*chim.*) narceina.

narcissism [nɑ:'sɪsɪzəm / nar·ciss·ism] *s.* narcisismo.

narcissist ['nɑ:sɪsɪst / nar·ciss·ist] *agg.* narcisistico ♦ *s.* narcisista.

narcissistic [,nɑ:sɪ'sɪstɪk / nar·ciss·istic] *agg.* narcisistico.

narcissus [nɑ:'sɪsəs / nar·cissus] *pl.* **narcissi** [nɑ:'sɪsaɪ / nar·cissi] **narcissuses** *s.* (*bot.*) narciso.

narco- ['nɑ:kəʊ] *pref.* di origine greca usato nella terminologia scientifica per indicare relazione con il 'sonno'; it. narco-: *narcoanalysis*, narcoanalisi; *narcolepsy*, narcolessia; *narcotherapy*, narcoterapia.

narcosis [nɑ:'kəʊsɪs / nar·cosis] *pl.* **narcoses** [nɑ:kəʊsi:z] *s.* (*med.*) narcosi.

narcotic [nɑ:'kɒtɪk / nar·cotic] *agg.* narcotico, narcotizzante; soporifero ♦ *s.* narcotico; stupefacente, droga.

narcotine ['nɑ:kətɪn / nar·cot·ine] *s.* (*chim.*) narcotina.

narcotism ['nɑ:kətɪzəm / nar·cot·ism] *s.* narcosi; narcotismo.

narcotist ['nɑ:kətɪst / nar·cot·ist] *s.* persona che usa narcotici.

narcotization [,nɑ:kətaɪ'zeɪʃn / nar·cot·iza·tion] *s.* narcotizzazione.

to **narcotize** ['nɑ:kətaɪz / nar·cot·ize] *v.tr.* narcotizzare.

nard [nɑ:d] *s.* **1** (*bot.*) (*Nardostachys jatamansi*) nardo indiano **2** nardo (balsamo).

narghile ['nɑ:gɪlɪ / nar·ghile] s. narghilè.

naris ['nærɪs] *pl.* **nares** ['næri:z] *s.* (*anat.*) narice.

nark [nɑ:k] *s.* (*sl.*) informatore (della polizia).

to **nark** *v.tr.* (*sl.*) seccare, scocciare ♦ *v.intr.* fornire informazioni (alla polizia); informare: *to — on s.o.*, fornire informazioni su qlcu.

to **narrate** [næ'reɪt / nar·rate] *v.tr.* (*form.*) narrare, raccontare.

narration [nə'reɪʃn / nar·ra·tion] *s.* (*form.*) narrazione, racconto, descrizione, resoconto.

narrative ['nærətɪv / nar·rat·ive] *agg.* (*form.*) narrativo ♦ *s.* **1** parti narrative (di romanzo ecc.) **2** (*form.*) resoconto, narrazione // **-ly** *avv.*

narrator [nə'reɪtə* / nar·rator] *s.* narratore ♦ *agg. attr.* narrante: *first person —*, io narrante.

narrow ['nærəʊ / nar·row] *agg.* **1** stretto, angusto, limitato, ristretto (*anche fig.*): *a — circle of friends*, una ristretta cerchia di amici; *the road is —*, la strada è stretta; *a — majority*, una stretta maggioranza; *his ideas are rather —*, le sue idee sono piuttosto limitate; *what does this word mean in the narrowest sense?*, che cosa significa letteralmente questa parola?; *to have a — escape*, salvarsi per miracolo, per un pelo; *that was —!*, per un pelo! // (*econ.*): *— money*, moneta in senso stretto; *— market*, mercato fiacco **2** esatto, minuzioso, rigoroso: *a — inspection*, un'ispezione minuziosa ♦ *s.* **1** (*geogr.*) stretta, passaggio stretto fra montagne **2** (*gener.pl.*) (*geogr.*) stretto // **-ness** *s.*

to **narrow** *v.intr.* stringersi; contrarsi: *the river narrows*, il fiume si restringe ♦ *v.tr.* **1** restringere, rendere più stretto **2** (*fig.*) limitare: *he narrowed the argument to politics*, limitò la discussione alla politica.

□ **narrow down** *v.tr.* o *intr.* e *avv.* (*fig.*) restringere, restringersi; ridurre, ridursi: *the possibilities narrowed down to two*, le possibilità si ridussero a due.

to **narrowcast** ['nærəʊ,kɑ:st *amer.* 'nærəʊ ,kæst / nar·row·cast] *v.tr.* e *intr.* (*amer.*) progettare, studiare un programma televisivo per una audience ristretta e scelta.

narrowcasting [,nærəʊ'kɑ:stɪŋ / nar·row·cast·ing] *s.* (*inform.*) trasmissione a gruppi ristretti.

narrow gauge ['nærəʊgeɪdʒ] *s.* (*ferr.*) scartamento ridotto.

narrowly ['nærəʊlɪ / nar·row·ly] *avv.* **1** a stento; per poco: *to escape* —, scamparla per un pelo; *to win* —, vincere di misura **2** da vicino; a fondo, minuziosamente **3** (*fig.*) in modo limitato, ristretto: *he thinks too* —, vede le cose in modo troppo limitato.

narrow-minded [,nærəʊ'maɪndɪd] *agg.* **1** di vedute limitate; ristretto di mente; meschino, gretto **2** prevenuto // **-ly** *avv.*

narrow-mindedness [,nærəʊ'maɪndɪd nɪs] *s.* **1** ristrettezza, limitatezza mentale; povertà d'idee; meschinità, grettezza **2** prevenzione, pregiudizio.

narthex ['nɑ:θeks / nar·thex] *s.* (*arch.*) nartece.

narwhal ['nɑ:wəl / nar·whal] *s.* (*zool.*) (*Monodon monoceros*) narvalo.

nary ['neərɪ] *agg.* (*ant.*) nessuno, niente; non: — *a doubt*, nessun dubbio.

nasal ['neɪzl] *agg.* nasale // (*anat.*): — *cavity*, cavità nasale; — *fossae*, fosse nasali; — *septum*, il setto nasale // (*med.*) — *gavage*, sonda nasale // (*fon.*) *the* — *sounds*, i suoni nasali ◆ *s.* **1** suono nasale **2** nasale (di elmetto) **3** (*anat.*) osso nasale // **-ly** *avv.*

nasality [neɪ'zælətɪ / nas·al·ity] *s.* tono nasale (di voce).

nasalization [,neɪzəlaɪ'zeɪʃn / nas·al·iza·tion] *s.* nasalizzazione.

to **nasalize** ['neɪzəlaɪz / nas·al·ize] *v.tr.* (*non com.*) nasalizzare ◆ *v.intr.* (*non com.*) parlare con voce nasale.

nascent ['næsnt / nas·cent] *agg.* **1** (*form.*) nascente **2** (*chim.*) nascente (di gas che si libera da un composto): — *oxygen*, ossigeno nascente.

nasopharynx [,neɪzəʊ'færɪŋks / naso·pha·rynx] *s.* (*anat.*) nasofaringe.

nastiness ['nɑ:stɪnɪs *amer.* 'næstɪnɪs / nas·ti·ness] *s.* **1** cattiveria **2** (*non com.*) cattivo gusto **3** (*spec. amer.*) sporcizia; oscenità; indecenza.

nasturtium [nə'stɜ:ʃəm *amer.* næ'stɜ:ʃəm / nas·tur·tium] *s.* (*bot.*) nasturzio.

nasty ['nɑ:stɪ *amer.* 'næstɪ] *agg.* **1** cattivo; sgradevole; disgustoso: *a* — *smell*, un odore sgradevole **2** cattivo; dispettoso; minaccioso: *a* — *joke*, uno scherzo cattivo; *a* — *little boy*, un ragazzino dispettoso; *he turns* — *when you contradict him*, diventa violento se lo si contraddice **3** brutto; pericoloso; grave: *a* — *bend*, una curva pericolosa; *a* — *accident*, un brutto incidente; *it was a* — *cut from a piece of glass*, era una brutta ferita provocata da un pezzo di vetro; *to turn* —, volgere al brutto; al peggio (di situazione ecc.) **4** osceno, indecente // **-ily** *avv.*

natal ['neɪtl] *agg.* (*rar.*) natale.

natality [nə'tælɪtɪ / nat·al·ity] *s.* natalità; (*rar.*) natività.

natation [nə'teɪʃn / na·ta·tion] *s.* (*rar.*) nuoto.

natatorial [,neɪtə'tɔ:rɪəl / na·ta·tor·ial] **natatory** ['neɪtətərɪ / na·tat·ory] *agg.* natatorio, relativo al nuoto.

natch [nætʃ] *avv.* (*fam. amer.*) naturalmente, ovviamente.

nates ['neɪti:z / na·tes] *s.pl.* (*anat.*) **1** natiche **2** tubercoli quadrigemini anteriori.

natheless ['neɪθlɪs / na·the·less] *avv.* (*ant.*) nondimeno, tuttavia.

nation ['neɪʃn / na·tion] *s.* nazione; popolo // (*dir.*) *most favoured* — *clause*, clausola della nazione più favorita // *the United Nations Organization* (UNO), l'Organizzazione delle Nazioni Unite (NU, ONU).

national ['næʃənl / na·tional] *agg.* nazionale: — *dress*, costume nazionale; — *team*, squadra nazionale; — *distribution*, distribuzione interna // (*econ.*): — *accounts*, conti economici nazionali; — *finance*, finanza pubblica; — *income*, reddito nazionale; — *debt*, debito pubblico.

national *s.* **1** cittadino, chi ha la cittadinanza di uno stato **2** *pl.* (*non com.*) compatrioti.

national government ['næʃənl'gʌvn mənt] *s.* governo di coalizione (che si forma specialmente per affrontare una situazione di emergenza).

National Guard [,næʃənl'gɑ:d] *s.* (*mil. amer.*) guardia nazionale (corpo militare dei singoli stati, parzialmente finanziato dal governo federale).

nationalism ['næʃnəlɪzəm / na·tion·al·ism] *s.* nazionalismo; patriottismo; sciovinismo.

nationalist ['næʃnəlɪst / na·tion·al·ist] *agg.* e *s.* nazionalista.

nationalistic [,næʃnɪə'lɪstɪk / na·tion·al·istic] *agg.* nazionalistico, nazionalista.

nationality [,næʃə'nælətɪ / na·tion·al·ity] *s.* nazionalità; carattere nazionale: *people of all nationalities*, gente di ogni nazionalità; (*dir.*) — *by birth, by naturalization*, cittadinanza per nascita, per naturalizzazione.

nationalization [,næʃnɪəlaɪ'zeɪʃn / na·tion·al·iza·tion] *s.* nazionalizzazione // (*dir.*) — *of foreign* (o *alien*) *property*, nazionalizzazione di beni appartenenti a cittadini stranieri.

to **nationalize** ['næʃnəlaɪz / na·tion·al·ize] *v.tr.* nazionalizzare // *nationalized industry*, industria nazionalizzata.

nationally ['næʃnəlɪ / na·tion·ally] *avv.* **1** nazionalmente **2** a livello nazionale; su scala nazionale: *London papers are distributed* —, i giornali londinesi sono distribuiti su tutto il territorio nazionale.

national service [,næʃənl'sɜ:vɪs] *s.* servizio militare.

National Socialism [,næʃənl'səʊʃəlɪzm] *s.* (*pol.*) nazionalsocialismo.

national-socialist [,næʃənl'səʊʃəlɪst] *agg.* e *s.* (*pol.*) nazionalsocialista.

nation state [,neɪʃn'steɪt] *s.* (*st.*) stato-nazione.

nationwide [,neɪʃn'waɪd / na·tion·wide] *agg.* di dimensioni nazionali; su scala nazionale: *a* — *strike*, uno sciopero nazionale; *a* — *manhunt for the killer*, una ricerca dell'assassino estesa a tutto il territorio nazionale ◆ *avv.* per tutto il paese, su tutto il territorio nazionale: *he travelled* — *delivering his speeches*, viaggiò per tutto il paese tenendo discorsi.

native ['neɪtɪv / nat·ive] *agg.* **1** innato: — *wit*, intelligenza innata; *her* — *modesty*, la sua innata modestia **2** naturale, semplice **3** nativo, natio; indigeno, autoctono, originario; primitivo: *plants* — *to Europe*, piante native, indigene dell'Europa; — *language*, lingua materna; — *speaker*, persona madrelingua; *my* — *land*, la mia terra natia // — *American*, (*amer.*) indiano d'America, pellerossa // *to go* —, vivere secondo le usanze locali **4** (*min.*) nativo, allo stato naturale: — *gold*, oro nativo ◆ *s.* **1** nativo: *he speaks English like a* —, parla inglese come uno del luogo **2** indigeno (persona, animale, prodotto) **3** (*ant.*) nativo (di un segno zodiacale) **4** ostrica coltivata artificialmente in Gran Bretagna.

native-born ['neɪtɪv,bɔ:n] *agg.* nativo.

nativeness ['neɪtɪvnɪs / nat·ive·ness] *s.* **1** naturalezza **2** l'essere nativo; l'essere indigeno.

nativism ['neɪtɪvɪzm / nat·iv·ism] *s.* **1** (*pol.*) politica che favorisce i nativi (a discapito degli immigranti) **2** (*fil.*) nativismo, innatismo.

nativity [nə'tɪvɪtɪ / na·tiv·ity] *s.* **1** natività (di Cristo) **2** (*rar.*) nascita **3** (*non com.*) oroscopo: *to cast s.o.'s* —, trarre l'oroscopo di qlcu.

natrium ['neɪtrɪəm / nat·rium] *s.* (*min.*) sodio.

natrolite ['neɪtrəʊ,laɪt / nat·rol·ite] *s.* (*min.*) natrolite.

natron ['neɪtrən / nat·ron] *s.* (*chim.*) natron, carbonato di sodio.

to **natter** ['nætə* / nat·ter] *v.intr.* (*fam.*) chiacchierare, cianciare.

natterjack ['nætədʒæk / nat·ter·jack] *s.* (*zool.*) (*Bufo calamita*) rospo calamita.

nattiness ['nætɪnɪs / nat·ti·ness] *s.* (*fam.*) **1** ordine; accuratezza; eleganza **2** abilità, destrezza.

natty ['nætɪ] *agg.* (*fam.*) **1** ordinato; accurato; elegante **2** ingegnoso // **-ily** *avv.*

natural ['nætʃrəl / nat·ural] *agg.* **1** naturale, della natura; secondo natura: — *childbirth, death*, parto, morte naturale; — *resources*, risorse naturali; *in the* — *state*, allo stato naturale // — *food*, cibi naturali // — *religion*, religione naturale // (*mat.*) — *number*, numero naturale // (*chim.*) — *gas*, gas naturale // (*fis.*) — *frequency*, frequenza propria // (*dir.*): — *obligation*, obbligazione naturale; — *person*, persona fisica // (*biol.*) — *selection*, selezione naturale // (*bot.*) — *order*, classificazione naturale **2** naturale, normale; (*estens.*) ovvio: *it is* — *to feel nervous before an exam*, è naturale essere nervosi prima di un esame **3** (*fig.*) genuino, semplice; istintivo, spontaneo: *he spoke in quite a* — *voice*, ha parlato con voce del tutto naturale; *he had never been intemperate, never been natural, outward-going in his attitude to life*, (L. DURRELL) non era mai stato smodato, istintivo, estroverso nell'affrontare la vita **4** naturale, connaturato; innato: — *gift*, dono innato; *they are* — *enemies*, sono nemici naturali **5** (*rar.*) bastardo, illegittimo: — *child*, figlio naturale, illegittimo **6** (*mus.*) naturale, bequadro: — *note*, nota naturale.

natural *s.* **1** persona adatta; chi ha doti naturali **2** (*mus.*) nota naturale; bequadro **3** (*ant.*) scemo, idiota.

natural-born [,nætʃrəl'bɔ:n] *agg.* (*fam. amer.*) innato; nato: *a — talent*, un talento innato; *a — painter*, un pittore nato.

natural history [,nætʃrəl'hɪstərɪ] *s.* storia naturale.

naturalism ['nætʃrəlɪzəm / nat·ur·al·ism] *s.* naturalismo.

naturalist ['nætʃrəlɪst / nat·ur·al·ist] *agg.* naturalistico ◆ *s.* **1** naturalista **2** seguace del naturalismo.

naturalistic [,nætʃrə'lɪstɪk / nat·ur·al·istic] *agg.* naturalistico // **-ally** *avv.*

naturalization [,nætʃrəlaɪ'zeɪʃn *amer.* ,nætʃrəlɪ'zeɪʃn / nat·ur·al·iza·tion] *s.* **1** (*dir.*) naturalizzazione **2** naturalità **3** (*biol.*) naturalizzazione.

to **naturalize** ['nætʃrəlaɪz / nat·ur·al·ize] *v.tr.* **1** (*dir.*) naturalizzare **2** adottare, accettare (costumi, espressioni ecc. di paesi stranieri) **3** introdurre, acclimatare, trapiantare (animali, piante di paesi stranieri) ◆ *v.intr.* **1** (*dir.*) naturalizzarsi **2** acclimatarsi (di animali); attecchire (di piante).

naturalized ['nætʃrəlaɪzd / nat·ur·al·ized] *agg.* **1** (*dir.*) naturalizzato **2** adottato **3** acclimatato, attecchito (di albero).

naturally ['nætʃrəlɪ / nat·ur·ally] *avv.* **1** naturalmente; istintivamente; per natura: *dealing with people comes — to him*, gli viene naturale trattare con la gente **2** naturalmente, ovviamente.

natural philosophy [,nætʃrəlfɪ'lɒsəfɪ] *s.* **1** filosofia naturale; filosofia della natura **2** (*antiq.*) scienze naturali (spec. fisica).

natural sciences [,nætʃrəl'saɪənsɪz] *s.* scienze naturali.

nature ['neɪtʃə* / na·ture] *s.* **1** natura: *love for —*, amore per la natura; *in a state of —*, allo stato naturale; (*scherz.*) nudo // *call of —* (o *nature's call*), (urgente) bisogno fisiologico // *let — take its course*, lascia che la natura faccia il suo corso **2** carattere, temperamento; costituzione; essenza; disposizione, inclinazione: *good —*, buon cuore; buon carattere; *bad —*, cattiveria, cattivo carattere; *against —*, contro natura; *by —*, per natura; *human —*, la natura umana // *as in the — of things*, è nella natura delle cose **3** (*form.*) tipo, specie, genere: *I dislike things of this —*, non mi piacciono cose di questo genere.

natured ['neɪtʃəd / na·tured] *agg.* per natura, di natura (*spec. nei composti*): *good-* —, buono, di buon cuore; *bad-* —, cattivo, di cattivo carattere; *simple-* —, semplice, di carattere semplice.

nature lover ['neɪtʃə,lʌvə*] *s.* amante della natura.

nature study ['neɪtʃə,stʌdɪ] *s.* osservazione, studio della natura; (*a scuola*) scienze (*pl.*).

nature trail ['neɪtʃə,treɪl] *s.* percorso guidato (con segnalazione dei vari tipi di piante, animali ecc.).

naturism ['neɪtʃərɪzəm / na·tur·ism] *s.* naturismo; nudismo.

naturist ['neɪtʃərɪst / na·tur·ist] *s.* naturista; nudista.

naturopath ['neɪtʃərə,pæθ / na·turo·path] *s.* (*med.*) naturopata.

naturopathy [,neɪtʃə'rɒpəθɪ / na·turo·pathy] *s.* (*med.*) naturopatia.

naught [nɔ:t] *agg.* (*ant.*) senza valore; inutile ◆ *s.* **1** → **nought 1** **2** (*ant.*) niente: *to come to —*, risultare inutile; *to set s.o., sthg. at —*, non tenere in alcun conto, disprezzare qlcu., qlco. **3** (*ant.*) cattivo.

naughty ['nɔ:tɪ] *agg.* **1** cattivo; disubbidiente (specialmente di bambini): *you — child!*, sei proprio (un bambino) cattivo! **2** (*fam.*) sporco, indecente: *a — joke*, una barzelletta sporca // **-ily** *avv.* // **-iness** *s.*

Nauruan [nɑ:'u:ru:ən / Nau·ruan] *agg.* e *s.* (nativo, abitante) di Nauru.

nausea ['nɔ:sjə *amer.* 'nɔ:zɪə] *s.* [U] **1** (*med.*) nausea **2** disgusto, avversione.

to **nauseate** ['nɔ:sɪeɪt *amer.* 'nɔ:zɪeɪt / naus·eate] *v.tr.* disgustare, stomacare; nauseare.

nauseating ['nɔ:sɪeɪtɪŋ *amer.* 'nɔ:zɪeɪtɪŋ / naus·eat·ing] *agg.* nauseante, nauseabondo, disgustoso // **-ly** *avv.* // **-ness** *s.*

nauseous ['nɔ:sjəs *amer.* 'nɔ:ʃəs / naus·eous] *agg.* **1** nauseante, nauseabondo, disgustoso **2** (*fam.*) nauseato, in preda alla nausea // **-ly** *avv.* // **-ness** *s.*

nautic(al) ['nɔ:tɪk(l) / naut·ical] *agg.* nautico, marino, navale // — *almanac*, effemeride, almanacco nautico; — *mile*, miglio marittimo (misura di lunghezza = 1853,2 m nel Regno Unito, 1852 m negli USA); — *science*, nautica, scienze nautiche // (*dir.*) — *fault*, colpa nautica // **-ally** *avv.*

nautilus ['nɔ:tɪləs *amer.* 'nɔ:tələs / naut·ilus] *pl.* **nautiluses**, **nautili** ['nɔ:tɪlaɪ *amer.* 'nɔ:təlaɪ / naut·ili] *s.* (*zool.*) (*Argonauta argo*) nautilo.

naval ['neɪvl] *agg.* navale; della marina (militare); marittimo: — *academy*, accademia navale; — *battle*, battaglia navale; — *forces*, marina da guerra; — *officer*, ufficiale di marina, (*amer.*) funzionario delle dogane nei porti; — *power*, potenza navale; — *station* (o — *base*), base navale, porto militare; — *ship* (o — *vessel*), nave da guerra.

nave[1] [neɪv] *s.* (*non com.*) mozzo (di ruota).

nave[2] *s.* (*arch.*) navata (di chiesa).

navel ['neɪvl / na·vel] *s.* **1** (*anat.*) ombelico SIN. **belly-button** // — *string*, (*non com.*) cordone ombelicale // — *orange*, varietà di arancia (con una depressione alla sommità) **2** (*fig.*) centro, punto centrale.

navicert ['nævɪsɜ:t / navi·cert] *s.* permesso di trasporto (per merci su nave in tempo di guerra) • Acronimo di *Navigation Certificate*.

navicular [nə'vɪkjʊlə* / na·vic·ular] *agg.* (*anat.*) navicolare ◆ *s.* (*anat.*) osso navicolare, scafoide.

navigability [,nævɪgə'bɪlətɪ / nav·ig·ab·il·ity] *s.* **1** navigabilità **2** (*form.*) governabilità, manovrabilità; navigabilità (di aereo, natante).

navigable ['nævɪgəbl / nav·ig·able] *agg.* **1** navigabile: *the river is not — beyond this point*, il fiume non è navigabile oltre questo punto; (*dir.*) — *waters*, acque navigabili **2** (*form.*) governabile, manovrabile (di natante, aereo); navigabile, atto a navigare: *the ship was not in a — condition*, la nave non era in condizioni di poter tenere il mare // **-ness** *s.*

to **navigate** ['nævɪgeɪt / nav·ig·ate] *v.tr.* **1** navigare, percorrere navigando, (at)traversare (con nave): *we navigated the river with enormous difficulty*, navigammo il fiume con enorme difficoltà; *to — the Atlantic*, fare la traversata dell'Atlantico (con nave) **2** regolare la rotta di; governare, manovrare (nave o aereo) **3** (*estens.*) oltrepassare, superare (un percorso difficile) (*anche fig.*): *I navigated my way through the crowds*, riuscii a farmi strada fra la folla **4** (*fig.*) far passare (leggi ecc.): *to — a bill through Congress*, far passare un progetto di legge al Congresso ◆ *v.intr.* **1** navigare, viaggiare per mare; veleggiare **2** regolare la rotta, fare l'ufficiale di rotta, il navigatore (di nave o aereo) **3** (*estens.*) procedere (per un percorso difficile) (*anche fig.*) **4** (*inform.*) navigare.

navigation [,nævɪ'geɪʃn / nav·iga·tion] *s.* **1** navigazione: — *is difficult on this river*, la navigazione è difficile su questo fiume // *air —*, navigazione aerea; *inland —*, navigazione interna; *river —*, navigazione fluviale; — *company*, compagnia di navigazione; (*aer.*, *mar.*): — *lights*, fanali di via, luci di posizione; — *school*, istituto nautico // (*dir.*): *right of —*, diritto di navigazione; — *act*, atto di navigazione; codice marittimo // (*aer.*) *pressure —*, navigazione barometrica **2** rotta: (*aer.*, *mar.*) — *officer*, ufficiale di rotta **3** nautica, scienza della navigazione (marittima o aerea) **4** navigazione, traversata, viaggio per mare **5** traffico marittimo **6** (*inform.*) navigazione, percorso, interrogazione strutturata (di base di dati).

navigator ['nævɪgeɪtə* / nav·ig·ator] *s.* **1** navigatore, chi naviga **2** (*aer.*, *aut.*) navigatore // — *'s compartment*, cabina di navigazione **3** (*mar.*) ufficiale di rotta.

navvy ['nævɪ] *s.* **1** manovale **2** sterratore, terrazziere; spalatore **3** (*mecc.*) escavatore, scavatrice.

navy ['neɪvɪ] *s.* **1** marina militare; flotta da guerra: *to join the —*, arruolarsi in marina; *the Royal Navy*, la marina da guerra inglese // — *league*, lega navale; — *list*, annuario della marina (lista degli ufficiali di marina e delle navi di una flotta militare) **2** ministero della marina **3** (*ant.*) flotta **4** — (*blue*), blu marino **5** (*sl. amer.*) mozzicone raccolto per strada.

navy yard ['neɪvɪjɑ:d] *s.* (*amer.*) arsenale.

nawab [nə'wɑ:b / na·wab] *s.* vicerè indiano; nababbo (*anche fig.*).

nay [neɪ] *avv.* **1** (*antiq.*) anzi, non solo; di più, meglio; inoltre, anche: *Nay, if you read this line, remember not / the hand that writ it*, (SH. Sonnets) Anzi, se leggerai questo verso, non ricordare la mano che lo scrisse **2** (*ant.*) no: *to say —*, dire di no a qlcu.; contraddire qlcu.; *Nay, I prithee, woman*, (SH. Coriolanus) No, ti prego, donna.

nay *s.* **1** no, voto contrario: *the nays have it*, i voti contrari sono in maggioranza, la proposta è respinta **2** (*form.*) no; rifiuto; diniego: *yea and —*, incertezza, indecisione.

Nazarene [,næzə'ri:n / Naz·ar·ene] *agg.* e *s.* nazareno // *the —*, il Nazareno, Gesù.

Nazarite ['næzəraɪt / Naz·ar·ite] *s.* nazareno.

naze [neɪz] *s.* (*non com.*) promontorio, capo.

Nazi ['nɑ:tsɪ] *agg.* e *s.* nazista.

Nazism ['nɑ:tsɪzəm / Naz·ism] *s.* nazismo.

ne [ni:] *cong.* forma ant. per *nor*: *ne died with dread*, (SPENSER) né morì con spavento.

ne [neɪ] *avv.* (*ant.*) non.

Neanderthal [nɪ'ændətɑ:l / Ne·an·der·thal] *agg.* di Neandertal; relativo all'uomo di Neandertal ◆ *s.* **1** (*non com.*) uomo di Neandertal **2** (*fig. fam.*) uomo delle caverne; (*spec. amer.*) retrogrado, persona contraria a ogni cambiamento.

neap[1] [ni:p] *agg.* minimo (di marea) // — (*tide*), piccola marea, marea delle quadrature.

to **neap**[1] *v.intr.* abbassarsi (della marea) ◆ *v.tr. to be neaped*, non poter prendere il largo per la bassa marea.

neap[2] *s.* **1** supporto per la stanga di un carro **2** (*amer.*) stanga di un carro.

Neapolitan [nɪə'pɒlɪtən / Nea·pol·itan] *agg.* e *s.* napoletano // — *ice*(*-cream*), gelato misto, variegato alla frutta; cassata napoletana.

near [nɪə*] *agg.* **1** vicino, prossimo; imminente: *my flat is quite* —, il mio appartamento è vicino; *his office is a block from the nearest underground station*, il suo ufficio è a un isolato dalla stazione della metropolitana più vicina; *in the — future*, in un prossimo futuro; *I 'll tell you what it costs to the nearest penny*, ti dirò quanto costa fino all'ultimo penny **2** affine; intimo, stretto: — *relations*, parenti stretti; *a — resemblance*, una notevole rassomiglianza // *those — and dear to us*, i nostri cari **3** fedele, esatto: *a — translation*, una traduzione fedele; *a — work*, un lavoro delicato, di precisione **4** economo; avaro, tirchio: *she is rather — with her money*, è piuttosto tirchia col suo denaro **5** breve: *the nearest road*, la strada più breve **6** di, a sinistra: *the — wheel*, la ruota di sinistra; *to keep the — side*, tenere la sinistra **7** più vicino (a chi parla): *the — side of the mountain*, questo versante **8** quasi: *a — disaster*, quasi un disastro; *a — bankrupt*, quasi una bancarotta; *he made a — guess*, ha quasi indovinato // *he was almost killed, it was a — thing!*, fu quasi ucciso, l'ha scampata bella!

near *avv.* **1** vicino, presso: *he came — to doing it*, fu sul punto di farlo; *he came, drew — to me*, mi si avvicinò: *it was very — to Easter*, si era sotto Pasqua // — *at hand*, a portata di mano; vicinissimo // — *by*, non lontano **2** quasi: *it's — impossible*, è quasi impossibile; *it lasted — one month*, durò circa un mese ◆ *prep.* vicino a, presso a: *come — me*, vienimi vicino; *he came — doing it*, fu sul punto di farlo; *he has a house — the lake*, ha una casa vicino al lago; *sit down — her*, siediti vicino a lei.

to **near** *v.tr.* avvicinare, avvicinarsi a, accostarsi a: *they were nearing land*, si avvicinavano alla terraferma; *we were nearing the end of our stay*, ci stavamo avvicinando alla fine del nostro soggiorno ◆ *v.intr.* avvicinarsi, approssimarsi.

nearby ['nɪəbaɪ] *agg.* vicino.

nearby [nɪə'baɪ] *avv.* vicino.

nearly ['nɪəlɪ] *avv.* **1** quasi: *the hotel was — full*, l'albergo era quasi pieno; — *always*, quasi sempre; *it's — ten o'clock*, sono quasi le dieci **2** *not* —, affatto, tutt'altro che; *it's not — enough*, non basta affatto, non è per nulla sufficiente **3** (*form.*) strettamente; da vicino: *the matter concerns me* —, la faccenda mi riguarda da vicino; — *related to*, stretto parente di.

near miss [,nɪə'mɪs] *s.* qualunque cosa (progetto, tiro, incidente, vittoria ecc.) che non si realizza per un soffio: *he'd won two second prizes and had several near misses for first*, ha vinto due secondi premi e più di una volta ha mancato il primo per un soffio; *as air traffic grows heavier we are going to have more near misses and collisions*, via via che il traffico aereo aumenta cresceranno i casi di incidente e di mancata collisione.

near-money ['nɪə,mʌnɪ] *s.* (*econ.*) quasi-moneta.

nearness ['nɪənɪs / near·ness] *s.* **1** vicinanza, prossimità; intimità **2** fedeltà, esattezza (di traduzioni ecc.) **3** parsimonia, economia.

nearshore ['nɪəʃɔ:* / near·shore] *agg.* (*geogr.*) costiero: — *currents*, correnti costiere.

nearside ['nɪəsaɪd / near·side] *agg.* sinistro, di sinistra (spec. di animale, veicolo o strada): *the — wing of my car had been scratched by some hooligan*, il parafango sinistro della mia automobile era stato graffiato da un teppista.

nearsight ['nɪəsaɪt / near·sight] *s.* (*med.*) miopia SIN. **nearsightedness**.

nearsighted [,nɪə'saɪtɪd / near·sighted] *agg.* (*med.*) miope.

nearsightedness [,nɪə'saɪtɪdnɪs / near·sighted·ness] *s.* (*med.*) → **nearsight**.

nearthrosis [,ni:ɑ:'θrəʊsɪs / ne·ar·thro·sis] *s.* (*med.*) pseudoartrosi.

neat[1] [ni:t] *agg.* **1** ordinato, pulito; lindo: *a — room*, una stanza linda, ordinata; *he's very* —, è molto ordinato; *to keep sthg.* —, tenere in ordine qlco.; *she is — in her dress*, è accurata, precisa nel vestire // *a — solution*, una soluzione elegante, indovinata **2** grazioso, armonioso: *she has a very — figure*, ha una figura graziosa **3** semplice, di buon gusto, di eleganza semplice: *a — dress*, un abito semplice, di buon gusto, di eleganza semplice **4** chiaro; conciso, acuto, epigrammatico (di pensiero, stile ecc.): *she gave a very — answer*, diede una risposta veramente acuta **5** puro, non diluito (di bevande alcoliche): — *vermouth, whisky*, vermouth, whisky liscio **6** abile, destro: *with a — flick he backhanded the ball into the net*, con un abile rovescio lanciò la palla in rete **7** accurato: *a — worker*, un lavoratore accurato **8** (*fam. amer.*) eccellente // **-ly** *avv.* // **-ness** *s.*

neat[2] *s.pl. invar.* (*rar.*) bovino // —*'s leather*, vacchetta.

neath [ni:θ] *prep.* (*poet.*) sotto, al di sotto di.

neat-handed [,ni:t'hændɪd] *agg.* destro, abile.

neat-herd ['ni:t,hɜ:d] *s.* bovaro.

neb [neb] *s.* (*scoz.*) **1** naso **2** becco; muso, grugno **3** beccuccio (di teiera ecc.) **4** punta (di penna, matita).

nebbish ['nebɪʃ / neb·bish] *s.* (*fam. amer.*) nullità, persona insignificante.

nebula ['nebjʊlə / neb·ula] *pl.* **nebulae** ['nebjʊli: / neb·ulae] *s.* **1** (*astr.*) nebulosa: *dark* —, nebulosa oscura **2** (*anat.*) nubecula (della cornea).

nebular ['nebjʊlə* / neb·ular] *agg.* (*astr.*) nebulare, di nebulosa // — *hypothesis*, teoria della nebulosa fondamentale, ipotesi di Kant -Laplace.

nebulization [,nebjʊlaɪ'zeɪʃn / neb·ul·iza·tion] *s.* nebulizzazione.

to **nebulize** ['nebjʊlaɪz / neb·ul·ize] *v.tr.* nebulizzare.

nebulizer ['nebjʊlaɪzə* / neb·ul·izer] *s.* nebulizzatore.

nebulosity [,nebjʊ'lɒsətɪ / nebu·los·ity] *s.* nebulosità (*anche fig.*).

nebulous ['nebjʊləs / neb·ulous] *agg.* **1** (*form.*) nuvoloso **2** (*fig.*) nebuloso, vago, indistinto // **-ly** *avv.* // **-ness** *s.*

necessarily ['nesəsərəlɪ *amer.* ,nesə'serəlɪ / ne·ces·sar·ily] *avv.* necessariamente.

necessary ['nesəsərɪ *amer.* 'nesəserɪ / ne·ces·sary] *agg.* **1** necessario, indispensabile: *it is — for him to come here*, è necessario che egli venga qui; *not to do more than is absolutely* —, non fare che lo stretto necessario; *to make it — for s.o. to do sthg.*, mettere qlcu. nella necessità di fare qlco. // (*dir.*) — *parties*, parti di un litisconsorzio necessario **2** essenziale: *water is — for life*, l'acqua è un elemento essenziale per vivere **3** inevitabile: *war seems to be a — evil in this world*, sembra che la guerra sia un male inevitabile di questo mondo ◆ *s.* (*gener.pl.*) il necessario; cose necessarie (*pl.*); le necessità (*pl.*): *the necessaries of life*, il necessario per vivere, le necessità della vita // *I've left my wallet at home. Can you do the —?*, (*sl.*) Ho dimenticato a casa il portafogli. Paghi tu? // *to find, to provide the* —, (*sl.*) trovare, provvedere il denaro necessario.

necessitarian [nɪ,sesə'teərɪən / ne·ces·sit·ar·ian] *agg.* e *s.* (*fil.*) determinista.

necessitarianism [nɪ,sesə'teərɪənɪzəm / ne·ces·sit·ar·ian·ism] *s.* (*fil.*) necessitarismo; determinismo.

to **necessitate** [nɪ'sesɪteɪt / ne·ces·sit·ate] *v.tr.* (I) **1** (*form.*) necessitare, rendere necessario, richiedere: *the increase in population necessitates a greater food supply*, l'aumento di popolazione richiede un maggior rifornimento di viveri; *the plan necessitated investing large sums*, il progetto richiedeva forti investimenti **2** (*rar.*) costringere.

necessitous [nɪ'sesɪtəs / ne·ces·sit·ous] *agg.* (*non com.*) povero, bisognoso, indigente // **-ness** *s.*

necessity [nɪ'sesətɪ / ne·ces·sity] *s.* **1** necessità: *by* (o *from* o *out of*) —, per necessità, per forza di cose: *to do sthg. out of* —, fare qlco. per necessità; *case of absolute* —, caso di forza maggiore; *there was no — for you to treat him so cruelly*, non era necessario che tu lo trattassi così duramente; *to be under the — of doing sthg.*, essere costretti a fare qlco. // *of* —, necessariamente, inevitabilmente // (*dir.*) *flagrant* —, stato di necessità // — *is the mother of invention*, (*prov.*) la necessità aguzza l'ingegno // — *knows no law*, (*prov.*) la necessità non ha legge // *to make a virtue of* —, (*prov.*) fare di necessità virtù **2** bisogno assoluto, urgenza: *the doctor asked us not to call him except in case of* —, il dottore ci pregò di non chiamarlo tranne in caso di assoluta necessità **3** *pl.* le necessità: *the bare necessities of life*, le necessità più elementari della vita, il minimo indispensabile per vivere; *food and warmth are necessities*, il cibo e il calore sono indispensabili **4** miseria, indigenza, bisogno, povertà: *to be in* —, essere in povertà, miseria **5** inevitabilità.

neck [nek] *s.* **1** collo // *to break one's —*, rompersi il collo; *to risk one's —*, rischiare la vita; *to save one's —*, (*fig.*) salvar la pelle; *to win by a —*, (*ippica*) vincere per un'incollatura // *— and crop*, a capofitto, completamente // *— and —*, alla pari, testa a testa (in una corsa di cavalli); (*estens.*) con uguali possibilità di successo, di vittoria // *— or nothing*, a rompicollo: *Lovelace, a curl-pated villan ... a horse rider without saddle or bridle, neck or nothing*, (S. RICHARDSON) Lovelace, uno scavezzacollo ricciuto ... un cavaliere senza sella né briglia, a rompicollo o niente // *I'm up to my — in it*, ci sono dentro fino al collo; *she's up to her — in work*, è sommersa dal lavoro // *to stick one's — out*, rischiarla grossa, esporsi // *how come in this — of the woods*, (*fam.*) come mai da queste parti? // *to get it in the —*, (*sl.*) ricevere una bella strapazzata **2** collo (dell'utero); colletto (di un dente) **3** collo di bottiglia **4** collo, colletto (di indumento) **5** (*mecc.*, *metall.*, *rad.*) collo; strozzatura **6** (*aer.*) manica, collo (di un pallone) **7** (*geol.*) camino vulcanico **8** (*geogr.*) istmo; lingua di terra; tombolo **9** (*arch.*) fregio (di colonna).

to **neck** *v.tr.* (*fam.*) sbaciucchiare ◆ *v.intr.* (*fam.*) sbaciucchiarsi, pomiciare.

neckband ['nekbænd / neck·band] *s.* **1** collaretto, listino del collo (di camicia) **2** collarina, collare (negli abiti clericali).

necked [nekt] *agg.* (*nei composti*) dal collo: *bull- —*, dal collo taurino; *high- —*, *low- —*, dal collo alto, scollato (di abito).

neckerchief ['nekətʃɪf / neck·er·chief] *s.* (*amer.*) fazzoletto da collo; (*ant.*) cravatta: *Captain Boldwig was a little fierce man in a stiff black neckerchief*, (C. DICKENS) il capitano Boldwig era un ometto arrogante che portava una rigida cravatta nera.

necking ['nekɪŋ / neck·ing] *s.* **1** (*arch.*) collarino **2** (*sl.*) lo sbaciucchiarsi, il pomiciare.

necklace ['neklɪs / neck·lace] *s.* collana, vezzo.

necklaceweed ['neklɪswi:d / neck·lace·weed] *s.* (*bot.*) actea → **baneberry**.

necklet ['neklɪt / neck·let] *s.* **1** collo, colletto di pelliccia, di stoffa **2** collana.

neckline ['neklaɪn / neck·line] *s.* scollatura: *low —*, scollatura pronunciata.

necktie ['nektaɪ / neck·tie] *s.* (*amer.*) **1** cravatta **2** (*fam.*) cappio per impiccagione // *— party*, (*sl.*) impiccagione.

neckwear ['nekweə* / neck·wear] *s.* U colletti, cravatte ecc.

necro- ['nekrəʊ] *pref.* di origine greca che indica attinenza con i 'cadaveri' o 'organismi, tessuti morti'; it. necro-: *necropsy, necroscopy*, autopsia, necroscopia, necropsia; *necrotomy*, necrotomia; (*biol.*) *necrobiosis*, necrobiosi.

necrologic(al) [,nekrəʊ'lɒdʒɪk(l) / nec·ro·lo·gic(al)] *agg.* necrologico.

necrologist [ne'krɒlədʒɪst / nec·ro·lo·gist] *s.* necrologista.

necrology [ne'krɒlədʒɪ / nec·ro·logy] *s.* **1** necrologia **2** necrologio.

necromancer ['nekrəʊ,mænsə* / nec·ro·man·cer] *s.* negromante.

necromancy ['nekrəʊ,mænsɪ / nec·ro·mancy] *s.* negromanzia.

necromantic [,nekrəʊ'mæntɪk / nec·ro·mantic] *agg.* negromantico.

necrophagous [ne'krɒfəgəs / nec·ro·phag·ous] *agg.* (*zool.*) necrofago.

necrophile ['nekrə,faɪl / nec·ro·phile] *s.* (*psic.*) necrofilo.

necrophilia [,nekrəʊ'fɪlɪə / nec·ro·philia] *s.* (*psic.*) necrofilia.

necrophiliac [,nekrəʊ'fɪlɪæk / nec·ro·philiac] *agg.* e *s.* (*psic.*) necrofilo.

necrophilism [ne'krɒfɪlɪzəm / nec·ro·phil·ism] *s.* (*psic.*) necrofilia.

necrophorus [ne'krɒfərəs / nec·ro·phorus] *s.* (*zool.*) necroforo.

necropolis [ne'krɒpəlɪs / nec·ro·polis] *s.* necropoli.

necropsy [ne'krɒpsɪ / nec·ropsy] *s.* necroscopia.

necroscopic(al) [,nekrəʊ'skɒpɪk(l) / nec·ro·scopic, nec·ro·scop·ical] *agg.* necroscopico.

necrosis [ne'krəʊsɪs / nec·rosis] *pl.* **necroses** [ne'krəʊsi:z] *s.* (*med.*, *bot.*) necrosi, cancrena.

necrotic [ne'krɒtɪk / nec·rotic] *agg.* (*med.*, *bot*) necrotico.

to **necrotize** ['nekrəʊ,taɪz / nec·rot·ize] *v.tr.* (*med.*, *bot.*) necrotizzare ◆ *v.intr.* (*med.*, *bot.*) necrotizzarsi.

necrotizing ['nekrəʊ,taɪzɪŋ / nec·rot·iz·ing] *agg.* (*med.*) necrotizzante.

nectar ['nektə* / nec·tar] *s.* (*bot.*) nettare.

nectareous [nek'teərɪəs / nec·tar·eous] *agg.* nettareo.

nectariferous [,nektə'rɪfərəs / nec·tari·fer·ous] *agg.* (*bot.*) nettarifero.

nectarine [,nektə'ri:n / nec·tar·ine] *s.* (*bot.*) **1** (*Prunus persica nectarina*) pesconoce, nocepesco **2** pesca nettarina, pescanoce, nocepesca.

nectarous ['nektərəs / nec·tar·ous] → **nectareous**.

nectary ['nektərɪ / nec·tary] *s.* **1** (*bot.*) nettario **2** (*zool.*) proboscide (di insetti).

Neddy ['nedɪ] *s.* (*fam. antiq.*) asino, somaro.

née [neɪ] *agg.* nata, per nascita: *Mrs Brown, — Whyle*, la signora Brown, nata Whyle.

need [ni:d] *s.* **1** necessità, bisogno: *there is no — to come*, non c'è bisogno di venire; *time of —*, ora, momento del bisogno; *to be in — of* (o *for*), aver bisogno di // *if — be*, se c'è bisogno, necessità; *in case of —*, in caso di bisogno; *a friend in — is a friend indeed*, (*prov.*) nel bisogno si conoscono gli amici **2** il necessario; esigenza: *he attends to his father's needs*, egli provvede alle necessità di suo padre; *his needs are few*, egli non ha molte esigenze **3** miseria, indigenza, povertà.

to **need** *v.tr.* e *intr.* (*costruzione pers.*) **1** (*seguito da inf.*) essere obbligato, dovere; essere necessario, occorrere [cfr. *to have to*]: *we — to check these figures*, è necessario che controlliamo queste cifre; *they didn't — to show their passports*, non è stato necessario che esibissero il passaporto, non hanno dovuto esibire il passaporto; *we may — to ask you a favour*, può darsi che dobbiamo chiedervi un favore; *does he really — to work so hard?*, è proprio necessario che lavori così tanto?; *she doesn't — to wait*, non occorre che (lei) aspetti; *we didn't — to hurry*, non c'era bisogno che ci affrettassimo **2** (*seguito da compl. ogg.*, *ger.* o *inf. passivo*) aver bisogno di, abbisognare di; richiedere; occorrere: *the oculist said I didn't — glasses*, l'oculista disse che non avevo bisogno di occhiali; *if you — any help, just ask me*, se hai bisogno di aiuto, rivolgiti pure a me; *we — a new television set, this one's too old*, abbiamo bisogno di un nuovo televisore, questo è troppo vecchio; *she needs £ 100 to buy that coat*, le occorrono 100 sterline per comprare quel cappotto; *these windows — cleaning* (o *to be cleaned*), queste finestre hanno bisogno di una pulita; *I told him what needed doing* (o *to be done*), gli dissi che cosa bisognava fare; *the little boy needed a good wash*, il ragazzino aveva bisogno di una bella lavata; *these figures — checking* (o *to be checked*), queste cifre devono essere controllate; *more money is needed for this scheme*, per questo progetto occorre più denaro // *this music is terrible, who needs it?*, questa musica è terribile, a chi serve? ◆ **need** *modal verb* (v) (*pres. negativo forma contratta* **needn't** ['ni:dnt] *costruzione pers.*; *è usato gener. in frasi interr. e negative*) essere obbligato; essere necessario; occorrere: *— you talk so loud?*, è proprio necessario che alzi tanto la voce?; *he needn't wait for us*, non occorre che ci aspetti; *I needn't have phoned him, he'd heard the news already*, non era necessario che gli telefonassi, sapeva già le notizie; *you needn't have told him everything, it only upset him*, non c'era bisogno che gli dicessi tutto, è servito solo a farlo rimanere male; *nobody — ever know about your mistake*, non occorre che il tuo errore si risappia (resterà tra noi); *she needn't worry, everything's been forgotten and forgiven*, non deve preoccuparsi, tutto è dimenticato e perdonato // *I — hardly tell you how much I appreciate your generosity*, non occorre che ti dica quanto io apprezzo la tua generosità // *the result of his interference was, — I say, disastrous*, il risultato del suo intervento è stato, manco a dirlo, disastroso.

needful ['ni:dfʊl / need·ful] *agg.* **1** (*antiq.*) necessario, indispensabile // *the —*, il necessario; (*sl.*) il denaro (occorrente); *to do the —*, fare il necessario **2** (*rar.*) bisognoso // **-ly** *avv.* // **-ness** *s.*

neediness ['ni:dɪnɪs / needi·ness] *s.* bisogno; povertà, indigenza.

needle ['ni:dl] *s.* **1** ago (per cucire, chirurgico, magnetico, di pino ecc.) // *—'s eye*, cruna dell'ago; *as small as a —'s eye*, piccolo come la cruna di un ago // *needles and pins*, (*fam.*) formicolio // *it's like looking for a — in a haystack*, è come cercare un ago in un pagliaio // *she is as sharp as a —*, è arguta e intelligente **2** (*knitting*) —, ferro da calza **3** (*fam.*) siringa // *— park*, (*amer.*) parco frequentato da tossicomani **4** puntina di grammofono **5** obelisco; picco roccioso **6** cristallo a forma d'ago **7** (*sl.*) nervosismo, nervoso: *to get the —*, innervosirsi, seccarsi; *to give s.o. the —*, far venire il nervoso a qlcu., punzecchiare qlcu. **8** (*tecn.*) ago di bussola; lancetta (di vari strumenti, p.e. tachimetro, oleometro).

to **needle** *v.tr.* **1** cucire; pungere (con ago) **2** irritare; provocare; punzecchiare: *to — s.o. into losing his temper*, punzecchiare qlcu. fino a fargli perdere la pazienza **3** (*sl. amer.*) rafforzare (aggiungendo alcool) ◆ *v.intr.* **1** fare lavori di cucito; cucire; ricamare **2** cristallizzarsi in aghi.

needle-bath ['ni:dl,bɑ:θ *amer.* 'ni:dl,bæθ] *s.* doccia filiforme.

needle-case ['ni:dl,keɪs] *s.* agoraio.

needlefish ['ni:dlfɪʃ / needle·fish] *s.* (*zool.*) **1** (*Belone belone*) aguglia comune **2** pesce ago SIN. garpike.

needleful ['ni:dlfʊl / needle·ful] *s.* gugliata.

needle-gun ['ni:dlgʌn] *s.* fucile ad ago.

needlepoint ['ni:dlpɔɪnt / needle·point] *s.* **1** ricamo ad ago **2** merletto ad ago.

needless ['ni:dlɪs / need·less] *agg.* inutile, superfluo // **-ly** *avv.* // **-ness** *s.*

needlewoman ['ni:dl,wʊmən / needle·wo·man] *pl.* **needlewomen** ['ni:dl,wɪmɪn] *s.* cucitrice.

needlework ['ni:dlwɜ:k / needle·work] *s.* [U] lavoro ad ago; cucito; ricamo.

needly ['ni:dlɪ] *avv.* (*ant.*) necessariamente, assolutamente: *if sour woe delights in fellowship / and needly will be ranked with other griefs*, (SH. Romeo and Juliet) se l'acerbo dolore gode di aver compagni e vuole assolutamente essere associato ad altri dolori.

needn't ['ni:dnt] contr. di *need not.*

needs [ni:dz] *avv.* (*antiq.*) (*si usa soltanto prima e dopo* must *come rafforzativo*) necessariamente; assolutamente: *I must — go*, devo andare assolutamente // *— must when the devil drives*, (*prov.*) necessità non conosce legge.

needy ['ni:dɪ] *agg.* povero, indigente, bisognoso.

ne'er [neə*] *avv.* (*poet.*) contr. di *never.*

ne'er-do-well ['neədu:,wel] *s.* (*antiq.*) buono a nulla; inetto.

nefandous [nɪ'fændəs / ne·fand·ous] *agg.* nefando; infame.

nefarious [nɪ'feərɪəs / ne·fari·ous] *agg.* nefasto; scellerato; atroce // **-ly** *avv.* // **-ness** *s.*

to **negate** [nɪ'geɪt / neg·ate] *v.tr.* **1** negare **2** annullare.

negation [nɪ'geɪʃn / nega·tion] *s.* **1** negazione (*anche log.*); contrario **2** (*gramm.*) proposizione negativa.

negative ['negətɪv / neg·at·ive] *agg.* negativo: (*mat.*): *— numbers*, numeri negativi; *— quantity*, quantità negativa; (*elettr.*) *— pole*, polo negativo; (*dir.*) *— evidence*, prova negativa ◆ *s.* **1** negazione: *he returned us a —*, ci rispose di no; *two negatives make an affirmative*, due negazioni affermano **2** qualità negativa, mancanza: *his character is made up of negatives*, il suo carattere è pieno di qualità negative // (*dir.*) *— pregnant*, negazione contenente un'ammissione implicita **3** (*fot.*) negativa ◆ *avv.* (*form.*) no: *"Have you checked the engine?" "Negative sir"*, "Ha controllato il motore?" "No, signore".

to **negative** *v.tr.* (*non com.*) **1** rifiutare, negare; respingere **2** provare il contrario di **3** neutralizzare.

negatively ['negətɪvlɪ / neg·at·ive·ly] *avv.* negativamente, in modo negativo.

negativeness ['negətɪvnɪs / neg·at·ive·ness] **negativity** [,negə'tɪvətɪ / neg·at·iv·ity] *s.* negatività.

negativism ['negətɪvɪzəm / neg·at·iv·ism] *s.* negativismo.

neglect [nɪ'glekt / neg·lect] *s.* **1** trascuratezza, negligenza (*anche dir.*): *out of —* (o *from —* o *through —*), per negligenza **2** abbandono: *the house had fallen into a state of —*, la casa era caduta in uno stato d'abbandono.

to **neglect** *v.tr.* (II) trascurare; tralasciare; dimenticarsi di: *she neglects her children*, trascura i figli; *to — one's duty*, trascurare il proprio dovere.

neglecter [nɪ'glektə* / neg·lect·er] *s.* negligente; trascurato.

neglectful [nɪ'glektfʊl / neg·lect·ful] *agg.* (*form.*) negligente; noncurante // **-ly** *avv.* // **-ness** *s.*

neglige(e) ['negli:ʒeɪ / neg·lige(e)] *s.* negligé, veste da camera.

negligence ['neglɪdʒəns / neg·li·gence] *s.* negligenza; trascuratezza // (*dir.*) *gross —*, colpa grave; indifferenza.

negligent ['neglɪdʒənt / neg·li·gent] *agg.* negligente; trascurato; indifferente, noncurante // **-ly** *avv.*

negligibility [,neglɪdʒə'bɪlətɪ / neg·li·gib·il·ity] *s.* irrilevanza.

negligible ['neglɪdʒəbl / neg·li·gible] *agg.* trascurabile; irrilevante // **-bly** *avv.*

negotiability [nɪ,gəʊʃjə'bɪlətɪ / ne·go·ti·ab·il·ity] *s.* (*comm.*) negoziabilità.

negotiable [nɪ'gəʊʃjəbl / ne·go·ti·able] *agg.* **1** negoziabile // (*dir.*) *— instrument*, titolo (di credito) negoziabile // (*banca*) *— cheque*, assegno pagabile al portatore **2** (*fam.*) percorribile: *the track is only — in good weather*, il sentiero è percorribile solo col bel tempo.

to **negotiate** [nɪ'gəʊʃɪeɪt / ne·go·ti·ate] *v.tr.* **1** negoziare, trattare; condurre le trattative di: *to — a contract*, negoziare un contratto **2** (*banca*) trasferire, cedere (un titolo di credito) **3** superare, passare: *the swollen river was difficult to —*, fu difficile passare il fiume in piena ◆ *v.intr.* negoziare, trattare, discutere i termini di un contratto, di un accordo; trattare: *I'm negotiating with the Chinese*, sto trattando coi cinesi.

negotiating table [nɪ'gəʊʃɪeɪtɪŋ,teɪbl] *s.* tavolo delle trattative.

negotiation [nɪ,gəʊʃɪ'eɪʃn / ne·go·ti·ation] *s.* **1** trattativa, negoziazione, negoziato // *pay* (o *wage*) *—*, contrattazione salariale **2** [U] superamento; raggiungimento.

negotiator [nɪ'gəʊʃɪeɪtə* / ne·go·ti·ator] *s.* **1** negoziatore **2** impiegato di un'agenzia immobiliare (in Gran Bretagna).

negress ['ni:grɪs / ne·gress] *s.* (*gener. spreg.*) negra.

negritude ['negrɪtju:d *amer.* 'negrɪtu:d / neg·ri·tude] *s.* negritudine.

negro ['ni:grəʊ / ne·gro] *pl.* **negroes** ['ni:grəʊz] *agg.* (*gener. spreg.*) negro, moro // *— minstrels*, suonatori, cantanti negri // *— spirituals*, canti religiosi dei negri d'America // (*zool.*) *— (ant)*, formica nera ◆ *s.* (*gener. spreg.*) negro, persona di razza negra.

negroid ['ni:grɔɪd / ne·groid] *agg.* negroide.

Negus[1] ['ni:gəs / Ne·gus] *s.* negus, imperatore d'Etiopia.

negus[2] *s.* bevanda calda di acqua, vino e zucchero.

neigh [neɪ] *s.* nitrito.

to **neigh** *v.intr.* nitrire.

neighbour ['neɪbə* / neigh·bour] amer. **neighbor** *s.* vicino; prossimo: *his — at table*, il suo vicino di tavola; *is she a good — to you?*, è una buona vicina per voi?; *a lady, a — of mine, told me*, una signora, mia vicina, mi disse // *next-door —*, il vicino della porta accanto, il vicino di casa // *Love thy — as thyself*, (Bibbia) Ama il prossimo tuo come te stesso.

to **neighbour** amer. to **neighbor** *v.tr.* **1** confinare con: *Lake Maggiore neighbours Switzerland*, il lago Maggiore confina con la Svizzera // *the new library will be neighboured by a museum and art gallery*, la nuova biblioteca sarà affiancata da un museo e da una pinacoteca **2** (*ant.*) avvicinare ◆ *v.intr.* **1** confinare (con): *the garden neighbours on the orchard*, il giardino confina con l'orto **2** frequentare, avere rapporti di buon vicinato (con): *he neighbours with all the people in the street*, è in ottimi rapporti con tutti gli abitanti della strada.

neighbourhood ['neɪbəhʊd / neigh·bour·hood] amer. **neighborhood** *s.* **1** quartiere; zona: *residential —*, quartiere residenziale // *— watch*, vigilanza di quartiere **2** paraggi, dintorni; vicinanze: *everybody in the — knows him*, nei dintorni lo conoscono tutti // *in the — of*, vicino a; (*fam.*) circa: *in the — of fifteen pounds, of forty miles*, circa 15 sterline, 40 miglia **3** (*mat.*) intorno.

neighbouring ['neɪbərɪŋ / neigh·bour·ing] *agg.* vicino, contiguo.

neighbourliness ['neɪbəlɪnɪs / neigh·bour·li·ness] *s.* socievolezza, cortesia, cordialità.

neighbourly ['neɪbəlɪ / neigh·bourly] *agg.* cordiale, gentile, socievole ◆ *avv.* da buon vicino; gentilmente, socievolmente.

neither ['naɪðə* *amer.* 'ni:ðə* / nei·ther] *agg.* né l'uno né l'altro: *— performance was interesting*, né l'una né l'altra rappresentazione furono interessanti ◆ *pron.* né l'uno né l'altro; nessuno (tra due): *— of them knows about it*, né l'uno né l'altro (di loro) lo sa.

neither *avv.* (*seguito da* nor) né: *— I nor he is American*, né io né lui siamo Americani; *he is — intelligent, nor good*, non è né intelligente, né buono ◆ *cong.* neppure, nemmeno: *"I don't know" "— do I"*, "Non lo so" "Neppure io"; *if she doesn't come, — shall I*, se ella non viene, non verrò neppure io; *I don't know, — do I care*, non lo so e non mi importa neppure.

nekton ['nektɒn / nek·ton] *s.* (*zool.*) necton.

nektonic [,nek'tɒnɪk / nek·tonic] *s.* (*zool.*) nectonico.

Nellie, **Nelly** ['nelɪ] *s.* **1** (*fam.*) sciocco; tonto **2** (*sl. amer.*) omosessuale.

nelly[1] ['nelɪ] *s.* (*zool.*) **1** (*Macronectes giganteus*) ossifraga **2** albatro fuligginoso.

nelly[2] *s.* (*fam. brit.*): *not on your —!*, neanche per sogno!, nemmeno per idea!

nelumbium [nɪ'lʌmbɪəm / ne·lum·bium] *pl.* **nelumbia** [nɪ'lʌmbɪə / ne·lum·bia] **nelumbo** [nɪ'lʌmbəʊ / ne·lumbo] *pl.* **nelumbos** *s.* (*bot.*) nelumbio.

nematode ['nemə,təʊd / nem·at·ode] *s.* (*zool.*) nematode.

nem con [,nem'kɒn] *avv.* all'unanimità • Dal lat. *nemine contradicente*, nessuno contrario.

nemesis ['nemɪsɪs / nem·esis] *pl.* **nemeses** ['nemɪsi:z] *s.* nemesi.

nenuphar ['nenjʊfɑ:* / nenu·phar] *s.* (*bot.*) **1** (*Nuphar luteum*) nenufaro, ninfea gialla **2** (*Nymphaea lotus*) loto bianco.

neo- ['ni:əʊ] *pref.* di origine greca che significa "nuovo, recente, moderno"; it. neo-: *neo -Latin*, neolatino; *Neo-Kantism*, neokantismo; *neopaganism*, neopaganesimo.

neoclassic(al) [,ni:əʊ'klæsɪk(l) / neo·clas·sic(al)] *agg.* neoclassico.

neoclassicism [,ni:əʊ'klæsɪsɪzm / neo·clas·si·cism] *s.* neoclassicismo.

neocolonialism [,ni:əʊkə'ləʊnjəlɪzm / neo·co·lo·ni·al·ism] *s.* neocolonialismo.

neo-communist [,ni:əʊ'kɒmju:nɪst] *agg.* e *s.* neocomunista.

neocon ['ni:əʊkɒn / neo·con] *agg.* (*fam. amer.*) neoconservatore.

neodymium [,ni(:)əʊ'dɪmɪəm / neo·dy·mium] *s.* (*chim.*) neodimio.

Neogene ['ni:əʊ,dʒi:n / Neo·gene] *s.* (*geol.*) neogene.

neolith ['ni:əʊlɪθ / neo·lith] *s.* reperto dell'età neolitica.

Neolithic [,ni:əʊ'lɪθɪk / Neo·lithic] *agg.* e *s.* neolitico.

neologism [ni:'ɒlədʒɪzəm / neo·lo·gism] *s.* neologismo.

to **neologize** [ni:'ɒlədʒaɪz / neo·lo·gize] *v.intr.* coniare neologismi; usare neologismi.

neo-Marxist [,ni:əʊ'mɑ:ksɪst] *agg.* e *s.* neocomunista.

neon ['ni:ɒn] *s.* (*chim.*) neon: — *lamp*, lampada al neon; — *light*, luce al neon; — *signs*, insegne al neon.

neonatal [,ni:əʊ'neɪtl / neo·natal] *agg.* neonatale: — *mortality*, mortalità neonatale.

neo-Nazi [,ni:əʊ'nɑ:tsɪ] *s.* e *agg.* neonazista.

neo-Nazism [,ni:əʊ'nɑ:tsɪzəm] *s.* neonazismo.

neophilia [,ni:əʊ'fi:ljə / neo·philia] *s.* nuovismo.

neophiliac [,ni:əʊ'fi:lɪ,æk / neo·phil·iac] *s.* nuovista.

neophyte ['ni:əʊfaɪt / neo·phyte] *s.* neofita, neofito.

neoplasia [,ni:ə'pleɪʒə / neo·plasia] *s.* (*med.*) neoplasia.

neoplasm ['ni:əʊ,plæzəm / neo·plasm] *s.* (*med.*) neoplasma, neoplasia.

neoplastic [,ni:əʊ'plæstɪk / neo·plastic] *agg.* (*med.*) neoplastico.

neoplasty ['ni:əʊ,plæstɪ / neo·plasty] *s.* chirurgia plastica.

Neoplatonic [,ni:əʊplə'tɒnɪk / Neo·pla·tonic] *agg.* (*fil.*) neoplatonico.

Neoplatonism [,ni:əʊ'pleɪtənɪzəm / Neo·pla·ton·ism] *s.* (*fil.*) neoplatonismo.

Neoplatonist [,ni:əʊ'pleɪtənɪst / Neo·pla·ton·ist] *s.* (*fil.*) neoplatonico.

neoprene ['ni:əʊpri:n / neo·prene] *s.* (*chim.*) neoprene.

neoteny ['ni:ə,ti:nɪ / neo·teny] *s.* (*zool.*) neotenia.

Neozoic [,ni:əʊ' zəʊɪk / Neo·zoic] *agg.* e *s.* (*geol.*) neozoico.

Nepalese [,nepə'li:z / Nep·al·ese] *agg.* e *s.* nepalese.

nepenthe [ne'penθɪ / ne·pen·the]
nepenthes [ne'penθi:z] *s.* (*mit.*, *bot.*) nepente.

nepheline ['nefə,li:n / neph·el·ine]
nephelite ['nefə,laɪt] *s.* (*min.*) nefelina.

nephelograph ['nefələ,grɑ:f *amer.* 'nefələ,græf / neph·elo·graph] *s.* (*fis.*, *meteor.*) nefelografo.

nephelometer [,nefəl'ɒmɪtə* / neph·elo·meter] *s.* (*fis.*, *meteor.*) nefelometro.

nephelometry [,nefə'lɒmetrɪ / neph·elo·metry] *s.* (*fis.*, *meteor.*) nefelometria.

nephew ['nevju: *amer.* 'nefju:] *s.* **1** nipote (maschio) (di zio) **2** (*ant.*) discendente.

nephology [ne'fɒlədʒɪ / nepho·logy] *s.* (*meteor.*) nefologia.

nephoscope ['nefə,skəʊp / nepho·scope] *s.* (*meteor.*) nefoscopio.

nephr- [nefr] → **nephr(o)-**.

nephric ['nefrɪk / neph·ric] *agg.* (*med.*) renale.

nephrite ['ne,fraɪt / neph·rite] *s.* (*min.*) nefrite.

nephritic [nɪ'frɪtɪk / neph·ritic] *agg.* (*med.*) nefritico.

nephritis [nɪ'fraɪtɪs / neph·ritis] *s.* (*med.*) nefrite.

nephr(o)- [nefrə(ʊ)] *pref.* di origine greca usato nella terminologia scientifica per indicare 'i reni' o relazione con i reni; it. nefr(o)-: *nephrectomy*, nefrectomia; *nephralgia*, nefralgia; *nephrolithiasis*, nefrolitiasi; *nephropexy*, nefropessia, nefropessi.

nephrolith ['nefrə,lɪθ / neph·ro·lith] *s.* (*med.*) nefrolito, calcolo renale.

nephrologist [ne'frɒlədʒɪst / neph·ro·log·ist] *s.* nefrologo.

nephrology [nef'rɒlədʒɪ / neph·ro·logy] *s.* (*med.*) nefrologia.

nephropathy [ne'frɒpəθɪ / neph·ro·pathy] *s.* (*med.*) nefropatia.

nephrosis [ne'frəʊsɪs / neph·ro·sis] *s.* (*med.*) nefrosi.

nepotic [nɪ'pɒtɪk / nep·otic] *agg.* nepotista.

nepotism ['nepətɪzəm / nep·ot·ism] *s.* nepotismo.

nepotist ['nepətɪst / nep·ot·ist] *s.* nepotista.

Neptune ['neptju:n *amer.* 'neptu:n / Nep·tune] *no.pr.* (*astr.*) Nettuno.

Neptunian [nep'tju:njən *amer.* nep'tu:njən / Nep·tun·ian] *agg.* (*mit.*, *astr.*) nettuniano; di Nettuno.

neptunism ['neptju:nɪzm *amer.* 'neptu:nɪzm / nep·tun·ism] *s.* (*geol.*) nettunismo.

neptunite ['neptju:,naɪt *amer.* 'neptu:,naɪt / nep·tun·ite] *s.* (*min.*) nettunite.

neptunium [nep'tju:njəm *amer.* nep'tu:n jəm / nep·tun·ium] *s.* (*chim.*) nettunio: — *series*, serie del nettunio.

nerd [nɜ:d] *s.* **1** (*sl. spreg.*) persona tenuta in scarsa considerazione; scemo; nullità **2** (*sl. inform.*) fanatico del computer.

Nereid ['nɪərɪɪd / Ner·eid] *s.* (*mit.*) Nereide.

nereid *s.* (*zool.*) nereide.

neritic [ne'rɪtɪk / ner·itic] *agg.* (*geol.*) neritico.

nerol ['nerɒl] *s.* (*chim.*) nerolo.

neroli ['nerəlɪ / ner·oli] *s.* (*chim.*) neroli: — *oil*, essenza di neroli.

nerolidol [ne'rɒlə,dɒl / ner·ol·idol] *s.* (*chim.*) nerolidolo.

nervate ['nɜ:veɪt / nerv·ate] *agg.* (*bot.*) nervato.

nervation [nɜ:'veɪʃən / nerva·tion] *s.* (*bot.*) nervatura.

nerve [nɜ:v] *s.* **1** (*anat.*) nervo: *nerves of steel*, nervi di acciaio; — *ending*, terminazione nervosa; — *impulse*, impulso nervoso; *the new job strained his nerves*, il nuovo lavoro logorò i suoi nervi // *to strain every* —, fare ogni sforzo possibile // *his nerves are on edge*, ha i nervi a fior di pelle; *she gets on my nerves* (o *she sets my nerves on edge*), mi dà sui nervi // *he is living on his nerves*, vive con i nervi a fior di pelle // *to touch a raw* —, (*fig.*) toccare un punto dolente // *she had a fit of nerves*, ebbe una crisi di nervi // *war of nerves*, guerra psicologica **2** freddezza; autocontrollo; sangue freddo; coraggio: *a man of* —, un uomo coraggioso; *to lose one's* —, perdere il proprio sangue freddo **3** punto di forza; energia; vigore; nerbo **4** (*fam.*) sfrontatezza; impudenza; audacia: *he had the — to tell me I was a failure*, ebbe la faccia tosta di dirmi che ero un fallimento **5** (*bot.*, *zool.*) nervatura.

to **nerve** *v.tr.* **1** dare forza, vigore a **2** (*fig.*) incoraggiare; incitare; dare coraggio a: *he nerved himself (up) to ask a question*, trovò il coraggio di formulare una domanda.

nerve cell ['nɜ:v,sel] *s.* (*anat.*) cellula nervosa, neurone.

nerve centre ['nɜ:v,sentə*] *s.* **1** (*anat.*) centro nervoso **2** (*fig.*) centro di controllo; ganglio, punto vitale.

nerved [nɜ:vd] *agg.* **1** (*bot.*) nervato **2** dai nervi saldi; coraggioso; freddo.

nerve gas ['nɜ:v,gæs] *s.* (*chim.*) gas nervino.

nerveless ['nɜ:vlɪs / nerve·less] *agg.* **1** debole; privo di forze; inerte **2** dai nervi saldi; controllato; freddo **3** (*bot.*) senza nervature **4** (*anat.*, *zool.*) privo di nervi.

nerve-racking ['nɜ:v,rækɪŋ] *agg.* (*fam.*) esasperante; snervante.

nerve-strain ['nɜ:v,streɪn] *s.* tensione nervosa.

nervily ['nɜ:vɪlɪ / nerv·ily] *avv.* nervosamente.

nervine ['nɜ:vi:n / nerv·ine] *agg.* (*farm.*) nervino ◆ *s.* tonico per nervi.

nerviness ['nɜ:vɪnɪs / ner·vi·ness] *s.* nervosismo.

nervous ['nɜ:vəs / nerv·ous] *agg.* **1** nervoso, di nervi: — *tissue*, tessuto nervoso; — *system*, sistema nervoso // — *breakdown*, esaurimento nervoso **2** preoccupato; agitato; teso; inquieto; apprensivo; timido; nervoso: *she is — about her exam results*, è preoccupata per l'esito dell'esame; *the thunder made the animals* —, il tuono rese gli animali irrequieti // — *Nellie*, (*fam.*) persona timida, ansiosa **3** (*letter.*) forte; vigoroso.

nervously ['nɜ:vəslɪ / nerv·ous·ly] *avv.* nervosamente; a disagio; in modo irrequieto, apprensivo.

nervousness ['nɜ:vəsnɪs / nerv·ous·ness] *s.* nervosismo; (stato di) agitazione, irrequietezza.

nervure ['nɜ:vjʊə* / nerv·ure] *s.* (*bot.*, *zool.*) nervatura.

nervy ['nɜ:vɪ] *agg.* **1** (*fam.*) nervoso; irritabile **2** (*non com.*) coraggioso; audace **3**

(*fam.*) sfacciato, impudente: *he's really* —, ha una bella faccia tosta **4** (*ant.*) muscoloso; vigoroso.

nescience ['nesɪəns / nes·ci·ence] *s.* (*form.*) **1** nescienza, ignoranza **2** agnosticismo.

nescient ['nesɪənt / nes·ci·ent] *agg.* (*form.*) **1** ignorante **2** agnostico ◆ *s.* (*form.*) agnostico.

nesosilicate [,ni:səʊ'sɪlɪkɪt / neso·sil·ic·ate] *s.* (*min.*) nesosilicato.

ness [nes] *s.* (*geogr.*) promontorio; capo; sperone roccioso.

-ness [nɪs] *suff.* di origine anglosassone usato per formare sostantivi astratti dagli aggettivi; indica 'l'essere in un dato modo'; it. -ezza; -(i)tà; -anza; -aggine: *sadness*, tristezza; *greatness*, grandezza; *humbleness*, umiltà; *nearness*, prossimità, vicinanza; *sauciness*, sfacciataggine.

nest [nest] *s.* **1** nido; covo; tana // *to feather one's* (*own*) —, arricchirsi disonestamente **2** (*fig.*) covo, tana; nido, rifugio: *a — of spies*, covo di spie **3** covata di uccelli; colonia di insetti ecc. **4** serie di oggetti in scala di grandezza che possono essere contenuti uno nell'altro: — *of tables*, servitorelli **5** (*mar.*) coffa **6** (*mecc.*) gruppo compatto // — *of boiler tubes*, fascio tubiero **7** (*miner.*, *geol.*) tasca (di minerale).

to **nest** *v.intr.* **1** fare il nido, nidificare: *the swallows nested under my roof*, le rondini hanno nidificato sotto il mio tetto **2** inserirsi l'uno nell'altro ◆ *v.tr.* inserire l'uno nell'altro: *nested boxes*, scatole inserite l'una nell'altra.

nest egg ['nesteg] *s.* **1** nidiandolo (uovo lasciato nel nido per richiamo alle galline) **2** (*fig. ant.*) richiamo, esca **3** (*fig.*) gruzzolo.

nesting ['nestɪŋ / nest·ing] *s.* (*inform.*) annidamento (detto di struttura contenuta in un'altra).

to **nestle** ['nesl] *v.intr.* rifugiarsi, accoccolarsi: *she nestled among the cushions*, ella si accoccolò tra i cuscini ◆ *v.tr.* **1** stringersi affettuosamente a, nascondere (il viso, la testa): *the child nestled his face against his mother's shoulders*, il bimbo nascose il viso contro la spalla della madre **2** (*ant.*) essere nascosto; annidarsi; stabilirsi.

nestling ['neslɪŋ / nest·ling] *s.* uccellino di nido, pulcino.

nestor ['nestɔ:* / nes·tor] *s.* vecchio saggio.

net[1] [net] *agg.* **1** netto: — *price*, prezzo netto; — *profit*, utile netto; — *weight*, peso netto // (*fin.*): — *worth*, capitale proprio, capitale netto; — *asset value*, valore di inventario (nei fondi di investimento) **2** (*fig.*) finale, definitivo: — *result*, risultato finale.

to **net**[1] *v.tr.* (*econ.*) realizzare un profitto (di).

net[2] *s.* **1** rete: *butterfly* —, rete, retino da farfalle; *fishing* —, rete da pesca; *game* —, rete da caccia // *to spread a* —, tendere la rete **2** (*fig.*) rete, laccio, trappola: *to be caught in the* —, essere preso in trappola; *to slip through the* —, sfuggire dalla rete **3** (*ferr.*, *rad.*, *tel.*) rete **4** (*sport*) rete: (*tennis*) — *play*, gioco a rete **5** (*mat.*) reticolo: — *theory*, teoria delle reti **6** pizzo, tulle: *Brussels* —, pizzo di Bruxelles **7** (*inform.*) rete.

to **net**[2] *pass.p.p.* **netted** ['netɪd / net·ted] *v.tr.* **1** coprire con reti, cintare con reti **2** catturare con reti; pescare con la rete **3** (*fig.*) catturare, pescare, prendere nella rete **4** (*sport*) mandare (la palla) in rete ◆ *v.intr.* lavorare a rete; fare reti.

netful ['netfʊl / net·ful] *s.* retata (di pesci).

nether ['neðə*] *agg.* (*antiq.*) più basso, inferiore // *the — world*, l'inferno.

Netherlander ['neðələndə* / Neth·er·lander] *s.* (*non com.*) abitante dei Paesi Bassi.

nethermost ['neðəməʊst / neth·er·most] *agg.* (*antiq.*) il più basso.

netiquette [,netɪ'ket / neti·quette] *s.* (*inform.*) galateo di Internet (da *network etiquette*).

netizen ['netɪzən / net·izen] *s.* (*inform.*) cittadino della comunità in rete (da *network citizen*).

nett *agg.* → **net**[1].

netting ['netɪŋ / net·ting] *s.* **1** reticella; reticolato **2** il fare una rete.

nettle ['netl] *s.* (*bot.*) (*Urtica dioica*) ortica SIN. stinging nettle, hedge-nettle.

to **nettle** *v.tr.* **1** infastidire; irritare; offendere: *he was nettled by her remark*, si sentì punto sul vivo dalla sua osservazione **2** (*non com.*) pungere (con un'ortica).

nettle rash ['netlræʃ] *s.* (*med.*) orticaria.

network ['netwɜ:k / net·work] *s.* **1** rete (*anche fig.*); reticolato: *a — of tunnels*, una rete di gallerie; *a — of informers*, una rete di informatori **2** (*rad.*, *tv*) rete; network **3** (*inform.*) rete; (IBM) reticolo: — *control processor*, elaboratore che gestisce la rete; — *facilities*, servizi di rete; — *tipology* (o — *architecture*), architettura di rete; *local area* —, rete locale, LAN; — *server*, computer centrale di una rete; *peer-to-peer* —, rete da pari a pari.

to **network** *v.tr.* (*rad.*, *tv*) diffondere (un programma) su una rete, un network ◆ *v.intr.* (*fam. amer.*) formare un gruppo di consulenza professionale esterno all'azienda.

networking ['netwɜ:kɪŋ / net·work·ing] *s.* **1** (*fam. amer.*) formazione di un gruppo di consulenza professionale esterno all'azienda **2** (*inform.*) collegamento in rete.

neume [nju:m] *s.* (*mus.*) neuma.

neur- [njʊər] → **neuro-**.

neural ['njʊərəl *amer.* 'nʊərəl] *agg.* (*anat.*) neurale: — *crest*, cresta neurale; — *fold*, piega neurale; — *spine*, spina neurale; — *tube*, tubo neurale, neurasse.

neuralgia [njʊə'rældʒə *amer.* nʊ'rældʒə / neur·al·gia] *s.* (*med.*) nevralgia.

neuralgic [njʊə'rældʒɪk *amer.* nʊ'rældʒɪk / neur·al·gic] *agg.* (*med.*) nevralgico.

neurasthenia [,njʊərəs'θi:njə *amer.* nʊrəs'θi:nɪə / neur·as·thenia] *s.* (*med.*) neurastenia, nevrastenia.

neurasthenic [,njʊərəs'θenɪk *amer.* nʊrəs'θenɪk / neur·as·thenic] *agg.* e *s.* nevrastenico // **-ally** *avv.*

neuration [njʊə'reɪʃn *amer.* nʊ'reɪʃn / neura·tion] *s.* (*bot.*, *zool.*) nervatura.

neurine ['njʊəraɪn *amer.* 'nʊəraɪn / neur·ine] *s.* (*biochim.*) neurina.

neuritis [njʊə'raɪtɪs *amer.* nʊ'raɪtɪs / neur·itis] *pl.* **neuritides** [njʊə'raɪtɪdi:z *amer.* nʊə'raɪtɪdi:z / neur·iti·des] **neuritises** [njʊə'raɪtɪsi:z *amer.* nʊə'raɪtɪsi:z / neur·iti·ses] *s.* (*med.*) neurite.

neuro- ['njʊərəʊ *amer.* 'nʊrəʊ] *pref.* di origine greca della terminologia scientifica; indica rapporto, relazione con i 'nervi' o col 'sistema nervoso'; it. nevr(o)-, neur(o)-: *neurectomy*, neurectomia; *neuroglia*, nevroglia; *neuroanatomy*, neuroanatomia; *neurodermatitis*, neurodermite; *neurohormonal*, neurormonale; *neurophysiologist*, neurofisiologo.

neuroblast ['njʊərəʊ,blæst *amer.* 'nʊrəʊ,blæst / neuro·blast] *s.* (*biol.*) neuroblasto.

neuroblastoma [,njʊərəʊ,blæ'stəʊmə *amer.* ,nʊrəʊ,blæ'stəʊmə / neuro·blast·oma] *s.* (*med.*) neuroblastoma.

neurocranium [,njʊərəʊ'kreɪnɪəm *amer.* ,nʊrəʊ'kreɪnɪəm / neuro·cra·nium] *s.* (*anat.*) neurocranio.

neurocyte ['njʊərəʊsaɪt *amer.* 'nʊrəʊsaɪt / neuro·cyte] *s.* (*biol.*) neurocita, neurone.

neurofibril ['njʊərəʊ,faɪbrɪl *amer.* 'nʊrəʊ,faɪbrɪl / neuro·fib·ril] *s.* (*biol.*) neurofibrilla.

neurogenic [,njʊərəʊ'dʒenɪk *amer.* ,nʊrəʊ'dʒenɪk / neuro·genic] *agg.* (*biol.*) neurogenico; neurogeno // **-ally** *avv.*

neurohumour ['njʊərəʊ,hju:mə* *amer.* 'nʊrəʊ,hju:mə* / neuro·hu·mour] *s.* (*biochim.*) neurotrasmettitore, mediatore chimico neuronale.

neuroleptic [,njʊərəʊ'leptɪk *amer.* ,nʊrəʊ'leptɪk / neuro·lep·tic] *agg.* e *s.* (*med.*) neurolettico.

neurologic(al) [,njʊərə'lɒdʒɪk(l) *amer.* nʊrə'lɒdʒɪk(l) / neuro·lo·gic(al)] *agg.* (*med.*) neurologico.

neurologist [njʊə'rɒlədʒɪst *amer.* nʊ'rɒlədʒɪst / neuro·lo·gist] *s.* (*med.*) neurologo.

neurology [njʊə'rɒlədʒɪ *amer.* nʊ'rɒlədʒɪ / neuro·logy] *s.* (*med.*) neurologia.

neuroma [,njʊə'rəʊmə *amer.* ,nʊ'rəʊmə / neur·oma] *pl.* **neuromas**, **neuromata** [,njʊə'rɒmətə *amer.* ,nʊ'rɒmətə / neur·om·ata] *s.* (*med.*) neuroma.

neuron ['njʊərɒn *amer.* 'nʊərɒn] *s.* (*anat.*) neurone.

neuronal [,njʊə'rəʊnl *amer.* ,nʊ'rəʊnl / neur·onal] *agg.* (*anat.*) neuronale.

neuropath ['njʊərəpæθ *amer.* 'nʊrəpæθ / neuro·path] *s.* (*med.*) neuropatico, nevropatico.

neuropathic [,njʊərəʊ'pæθɪk *amer.* ,nʊrəʊ'pæθɪk / neuro·pathic] *agg.* nevropatico.

neuropathology [,njʊərəpə'θɒlədʒɪ *amer.* nʊrəpə'θɒlədʒɪ / neuro·patho·logy] *s.* (*med.*) neuropatologia.

neuropathy [njʊə'rɒpəθɪ *amer.* nʊ'rɒpəθɪ / neuro·pathy] *s.* (*med.*) neuropatia, nevropatia.

neurophysiologist ['njʊərəʊ,fɪzɪ'ɒlədʒɪst *amer.* 'nʊrəʊ,fɪzɪ'ɒlədʒɪst / neuro·physio·lo·gist] *s.* neurofisiologo.

neuropsychiatrist [,njʊərəʊsaɪ'kaɪətrɪst *amer.* ,nʊrəʊsaɪ'kaɪətrɪst / neuro·psy·chi·at·rist] *s.* (*med.*) neuropsichiatra.

neuropsychologist [,njʊərəʊsaɪ'kɒlədʒɪst *amer.* ,nʊrəʊsaɪ'kɒlədʒɪst / neuro·psy·cho·lo·gist] *s.* (*med.*) neuropsicologo.

neuropter [njʊə'rɒptə* *amer.* nʊə'rɒptə* / neur·opter] *s.* (*zool.*) neurottero.

neurosis [,njʊə'rəʊsɪs *amer.* nʊ'rəʊsɪs / neur·osis] *pl.* **neuroses** [,njʊə'rəʊsi:z *amer.* nʊ'rəʊsi:z] *s.* (*med.*) nevrosi, neurosi: *cardiac* —, nevrosi cardiaca.

neurosurgeon ['njʊərəʊ,sɜ:dʒən *amer.*

'nʊrəʊ,sɜ:dʒən / neuro·sur·geon] *s.* (*med.*) neurochirurgo.

neurosurgery [,njʊərəʊ'sɜ:dʒərɪ *amer.* ,nʊərəʊ'sɜ:dʒərɪ / neuro·surgery] *s.* (*med.*) neurochirurgia.

neurotic [njʊə'rɒtɪk *amer.* nʊ'rɒtɪk / neur·otic] *agg.* e *s.* (*med.*) nevrotico // **-ally** *avv.*

neurotomy [,njʊə'rɒtəmɪ *amer.* ,nʊ'rɒtəmɪ / neuro·tomy] *s.* (*med.*) neurotomia.

neurotoxin [,njʊərəʊ'tɒksɪn *amer.* ,nʊrəʊ 'tɒksɪn / neuro·toxin] *s.* (*biol.*) neurotossina.

neurotransmitter [,njʊərəʊ,trænz'mɪtə* *amer.* ,nʊrəʊ,trænz'mɪtə* / neuro·trans·mit·ter] *s.* (*biol.*) neurotrasmettitore.

neuter ['nju:tə* *amer.* 'nu:tə* / neu·ter] *agg.* **1** (*biol.*) neutro (di pianta, animale) **2** (*gramm.*) neutro (di sostantivo); intransitivo (di verbo) **3** (*rar.*) neutrale, imparziale ◆ *s.* **1** animale castrato; insetto neutro (sessualmente non sviluppato) **2** (*gramm.*) sostantivo neutro **3** (*ant.*) persona neutrale.

to **neuter** *v.tr.* castrare (animali).

neutral ['nju:trəl *amer.* 'nu:trəl / neut·ral] *agg.* **1** neutrale; imparziale: *Switzerland was —*, la Svizzera era neutrale // *— money*, moneta neutrale **2** neutro, indeterminato: *— tint*, tinta neutra // *he is a — sort of person*, è un tipo un po' anonimo **3** (*fis.*) neutro **4** (*chim.*) neutro: *— solution*, soluzione neutra // (*amer.*) *— spirits*, alcol etilico di gradazione elevata ◆ *s.* **1** stato, persona neutrale **2** (*mecc.*) folle: *to put in —*, mettere in folle // **-ly** *avv.*

neutralism ['nju:trəlɪzm *amer.* 'nu:trəlɪzm / neut·ral·ism] *s.* (*pol.*) neutralismo.

neutralist ['nju:trəlɪst *amer.* 'nu:trəlɪst / neut·ral·ist] *s.* (*pol.*) neutralista.

neutrality [nju:'trælətɪ *amer.* nu:'trælətɪ / neut·ral·ity] *s.* neutralità.

neutralization [,nju:trəlaɪ'zeɪʃn *amer.* ,nu:trəlɪ'zeɪʃn / neut·ral·iza·tion] *s.* neutralizzazione.

to **neutralize** ['nju:trəlaɪz *amer.* 'nu:trəlaɪz / neut·ral·ize] *v.tr.* **1** neutralizzare; render vano; annullare **2** dichiarare neutrale **3** (*chim.*) neutralizzare.

neutralizer ['nju:trəlaɪzə* *amer.* 'nu:trəl aɪzə* / neut·ral·izer] *s.* neutralizzatore.

neutron ['nju:trɒn *amer.* 'nu:trɒn / neut·ron] *s.* (*fis.*) neutrone: *slow —*, neutrone lento; *— star*, stella di neutroni; *— bomb*, bomba a neutroni.

neutrophil ['nju:trəʊ,fɪl *amer.* 'nu:trəʊ,fɪl / neutro·phil] *s.* (*biol.*) neutrofilo.

never ['nevə*] *avv.* **1** mai; non... mai: *I have — read such an exciting book*, non ho mai letto un libro così emozionante; *you — shut the door when you go out*, non chiudi mai la porta quando esci; *he — used to speak to me*, non mi rivolgeva mai la parola; *"Have you ever been to Paris?" "No, —"*, "Sei mai stato a Parigi?" "No, mai" // *— again* (o *more*), mai più: *I'll — do it again!*, non lo farò mai più! // *now or —*, adesso o mai più // *— a*, (*antiq.*) nessun, alcuno: *he answered — a word*, non rispose una sola parola // *— is a long day*, è facile dire 'mai'! // All'inizio di frase, richiede la costr. inversa: *— did it happen that he was on time*, non accadeva mai che fosse puntuale; *— was there such a good father*, non ci fu mai un padre migliore **2** non: *he — told me*, non me l'ha detto; *I waited but he — arrived*, ho aspettato ma non è arrivato // *— mind*, non preoccuparti, non te la prendere; non importa: *— mind if you can't come*, se non puoi venire non importa // *— fear*, non preoccuparti, non aver paura: *— fear, we'll be home safe and sound*, non temere, arriveremo a casa sani e salvi **3** (*fam.*) (*come rafforzativo di una negazione*): *"He has already left" "—!"*, "È già partito" "No, non può essere!" // *I've — ever seen such incompetence*, non ho mai visto una simile inettitudine! // *well, I —!*, mai l'avrei immaginato!, questa poi!

nevermore [,nevə'mɔ:* / nev·er·more] *avv.* (*antiq.*) mai più.

never-never ['nevə'nevə*] *s.* (*fam.*) il pagare a rate.

nevertheless [,nevəðə'les / nev·er·the·less] *avv.* tuttavia, nonostante, ciò nondimeno: *a cure has not been found — there are hopes of a breakthrough very soon*, una cura non è stata trovata, tuttavia ci sono speranze di una svolta molto prossima.

never-to-be-forgotten ['nevətəbɪfə 'gɒtn] *agg.* memorabile, indimenticabile.

never-was ['nevəwəz] *s.* (*fam. amer.*) chi non è mai diventato qualcuno, fallito.

nevus *s.* (*amer.*) → **naevus**.

new [nju: *amer.* nu:] *agg.* nuovo, novello, recente: *— potatoes, wine, cheese*, patate novelle, vino nuovo, formaggio fresco; *he was a — boy in the school*, era un allievo nuovo nella scuola; *he will lead a — life*, condurrà una nuova vita; *I am — to this kind of work*, sono nuovo a questo genere di lavoro; *as good as —*, come nuovo // *New Testament*, Nuovo Testamento // *the New World*, il Nuovo Mondo // *New Year*, l'anno nuovo; *New Year's Day*, Capodanno; *New Year's Eve*, il 31 dicembre // *brand —*, nuovo di zecca; *ever —*, sempre nuovo, sempre rinnovantesi // (*comm.*) *— issuing shares*, azioni di nuova emissione.

new *avv.* (*spec. nei composti*) recentemente; appena; or ora: *—-built*, appena costruito; *—-laid eggs*, uova fresche.

newbie ['nju:bɪ / new·bie] *s.* (*inform.*) utente novellino, neofita di Internet.

new-blown ['nju:bləʊn *amer.* 'nu:bləʊn] *agg.* appena sbocciato.

newborn ['nju:bɔ:n *amer.* 'nu:bɔ:n / new·born] *agg. attr.* neonato, appena nato.

newcomer ['nju:,kʌmə* *amer.* 'nu:,kʌmə* / new·comer] *s.* nuovo arrivato.

newel ['nju:əl *amer.* 'nu:əl] *s.* **1** montante di scala a chiocciola **2** pilastro terminale.

newfangled ['nju:,fæŋgld *amer.* 'nu:,fæŋgld / new·fangled] *agg.* **1** (*fam.*) d'avanguardia, modernissimo **2** (*antiq.*) amante del nuovo, delle cose nuove.

Newfie ['nju:fɪ *amer.* 'nu:fɪ / New·fie] *s.* (*fam. amer.*) abitante della Terranova.

newly ['nju:lɪ *amer.* 'nu:lɪ] *avv.* **1** recentemente; nuovamente **2** in modo nuovo.

newlywed ['nju:lɪwed *amer.* 'nu:lɪwed / new·ly·wed] *s.* (*gener.pl.*) persona appena sposata ◆ *agg.* appena sposato; sposina, sposino.

newness ['nju:nɪs *amer.* 'nu:nɪs / new·ness] *s.* novità.

news [nju:z *amer.* nu:z] *s.* U **1** notizie (*pl.*); nuove (*pl.*); comunicato: *— in brief*, notizie in breve; *latest —*, ultimissime; *official —*, comunicato ufficiale; *he told me an interesting piece of —* (o *some interesting —*), mi raccontò una notizia interessante; *there is no sure —*, non ci sono notizie sicure; *a — story*, notizia di cronaca: *there was a — story about the space flight*, c'era una notizia di cronaca sul volo spaziale; *to be in the —*, essere fra le notizie; *to break the — to s.o.*, dare, comunicare una notizia a qlcu.; *I've had no — of him*, non ho più avuto sue notizie; *to be —*, fare notizia: *whatever he does is —*, tutto ciò che lo riguarda fa notizia // *bad —*, cattiva notizia; (*fam.*) persona o cosa fastidiosa, sgradita: *my mother-in-law is really bad —*, mia suocera è proprio una rottura // *no — is good —*, (*prov.*) nessuna nuova buona nuova **2** radiogiornale, telegiornale: *we saw the president on the — last night*, ieri sera abbiamo visto il presidente al telegiornale.

news agency ['nju:z,eɪdʒənsɪ *amer.* 'nu:z,eɪdʒənsɪ] *s.* agenzia d'informazioni; agenzia di stampa.

newsagent ['nju:z,eɪdʒənt *amer.* 'nu:z ,eɪdʒənt / news·agent] *s.* giornalaio.

newsboy ['nju:zbɔɪ *amer.* 'nu:zbɔɪ / news·boy] *s.* strillone.

newscast ['nju:zkɑ:st *amer.* 'nu:zkæst / news·cast] *s.* notiziario; giornaleradio; telegiornale.

newscaster ['nju:z,kɑ:stə* *amer.* 'nu:z ,kæstə* / news·caster] → **newsreader**.

news conference ['nju:z,kɒnfərəns *amer.* 'nu:z,kɒnfərəns] *s.* conferenza stampa SIN. press conference.

news dealer ['nju:z,di:lə* *amer.* 'nu:z,di:lə*] *s.* (*amer.*) → **newsagent**.

newsflash ['nju:z,flæʃ *amer.* 'nu:z,flæʃ / news·flash] *s.* notizia, flash d'agenzia.

newsgroup ['nju:z,gru:p / news·group] *s.* (*inform.*) gruppo di interesse, di discussione in Internet.

newshawk ['nju:z,hɔ:k *amer.* 'nu:z,hɔ:k / news·hawk] *s.* (*amer.*) → **newshound**.

newshound ['nju:zhaʊnd *amer.* 'nu:zhaʊnd / news·hound] *s.* (*fam.*) cronista sempre a caccia di notizie.

newsletter ['nju:zletə* *amer.* 'nu:zletə* / news·let·ter] *s.* notiziario, bollettino d'informazioni (di ditta, associazione ecc.).

newsmaker ['nju:z,meɪkə* / news·maker] *s.* (*amer.*) persona, episodio che fa notizia.

newsman ['nju:zmən *amer.* 'nu:zmən / news·man] *pl.* **newsmen** *s.* giornalista.

newsmonger ['nju:z,mʌŋgə* *amer.* 'nu:z ,mʌŋgə* / news·mon·ger] *s.* (*antiq.*) persona pettegola e curiosa.

newspaper ['nju:s,peɪpə* *amer.* 'nu:zpeɪpə* / news·pa·per] *s.* giornale, quotidiano.

newspaperman ['nju:z,peɪpəmən *amer.* 'nu:z,peɪpəmən / news·pa·per·man] *pl.* **newspapermen** *s.* giornalista.

newsprint ['nju:zprɪnt *amer.* 'nu:zprɪnt / news·print] *s.* carta da giornale.

newsreader ['nju:z,ri:də* *amer.* 'nu:z,ri:də* / news·reader] *s.* **1** commentatore, conduttore (del giornaleradio, telegiornale) **2** (*inform.*) software di lettura e di inserimento di articoli (in Internet).

newsreel ['nju:z,ri:l *amer.* 'nu:z,ri:l / news·reel] *s.* cinegiornale.

newsroom ['nju:zrʊm *amer.* 'nu:zru:m / news·room] *s.* sala stampa.

newssheet ['nju:zʃi:t *amer.* 'nu:zʃi:t / news·sheet] *s.* bollettino, foglio d'informazione.

newsstand ['nju:z,stænd *amer.* 'nu:z,stænd / news·stand] *s.* edicola.

newsvendor ['nju:z,vendə* *amer.* 'nu:z ,vendə* / news·vendor] *s.* strillone.

newsworthy ['nju:zwɜ:ðɪ *amer.* 'nu:zwɜ:ðɪ / news·worthy] *agg.* interessante, importante, che vale la pena pubblicare; che fa notizia.

news-writer ['nju:z,raɪtə* *amer.* 'nu:z,raɪtə*] *s.* reporter; giornalista; cronista.

newsy[1] ['nju:zɪ *amer.* 'nu:zɪ] *agg.* (*fam.*) ricco di notizie, pettegolo.

newsy[2] *s.* (*amer.*) strillone, ragazzo che vende giornali.

newt [nju:t *amer.* nu:t] *s.* (*zool.*) tritone SIN. ask, triton.

Newtonian [nju:'təʊnjən *amer.* nu:'təʊnjən / New·ton·ian] *agg.* di Newton, newtoniano: — *telescope*, telescopio di Newton ◆ *s.* seguace di Newton.

new wave [nju:'weɪv *amer.* nu:'weɪv] *s.* new wave (ogni corrente innovativa, antitradizionale, spec. nella musica e nel cinema).

New Yorker [,nju:'jɔ:kə* *amer.* ,nu:'jɔ:kə*] *s.* nuovayorchese.

New Zealander [,nju:'zi:ləndə* *amer.* ,nu:'zi:ləndə*] *s.* neozelandese, nativo, abitante della Nuova Zelanda.

next [nekst] *agg.* **1** (*di spazio, ordine ecc.*) prossimo, vicino, più vicino; contiguo: *the — room*, la stanza accanto; *the — stop is yours*, la prossima fermata è la vostra; *the — town is twenty miles from here*, la città più vicina è a 20 miglia // *the — best thing would be to...*, in mancanza di ciò, altrimenti; la miglior cosa sarebbe... **2** (*di tempo*) prossimo venturo, futuro; seguente: — *April* (o *April* —), il prossimo aprile; — *week*, la prossima settimana; *the — week*, la settimana dopo; *will you return — year?*, tornerete l'anno venturo? // — *day*, il giorno dopo; — *day I left for St. Louis*, il giorno dopo partii per St. Louis ◆ *s.* persona, cosa più vicina, seguente: — *of kin*, parente stretto, parenti stretti; —, *please!*, avanti il prossimo!; *in his — he will describe his new house*, nella prossima lettera egli descriverà la sua nuova casa.

next *avv.* dopo, in seguito, poi; la prossima volta: —, *they read the letters*, poi lessero le lettere; *Florence is the most beautiful Italian town, — to Rome*, dopo Roma, Firenze è la più bella città d'Italia; *what shall we do —?*, e adesso che cosa facciamo?; *when you come* —, quando vieni la prossima volta // — *to impossible*, quasi impossibile; — *to nothing*, quasi niente ◆ **next to**, rar. **next** *prep.* presso a, accanto a: *they were standing — (to) the window, — (to) her*, erano in piedi accanto alla finestra, accanto a lei.

next-door [,nekst'dɔ:*] *agg. attr.* della porta accanto; accanto, vicino.

nexus ['neksəs] *s.* nesso; legame // *causal* —, nesso causale.

niacin ['naɪəsɪn / ni·acin] *s.* (*chim.*) niacina.

nib [nɪb] *s.* pennino.

nibble ['nɪbl] *s.* **1** (*fam.*) morso; il mordicchiare; lo sbocconcellare **2** (*fig.*) un certo interesse **3** (*inform.*) morso, pezzetto, unità di bit.

to **nibble** *v.tr.* e *intr.* **1** mordicchiare, sgranocchiare, rosicchiare, sbocconcellare: *he nibbled (at) a biscuit*, sgranocchiò un biscotto **2** brucare (di pecore ecc.) **3** (*fig.*) mostrare un certo interesse: *he nibbled at the idea of becoming a lawyer*, non gli dispiaceva l'idea di diventare avvocato.

nibs [nɪbz] *s.*: *His* —, (*fam. scherz.*) Sua grazia, sua signoria.

Nicaraguan [,nɪkər'ægjʊən / Ni·car·aguan] *agg.* e *s.* nicaraguense, nicaraguegno.

niccolite ['nɪkəlaɪt / nic·col·ite] *s.* (*min.*) nichelina, niccolite.

nice [naɪs] *agg.* **1** piacevole; bello; simpatico: *what a — dress!*, che bel vestito!; *it's really — here!*, questo posto è proprio bello! // *we are in a — mess*, (*fam.*) siamo in un bel pasticcio // — *work if you can get it*, (*fam.*) non sarebbe niente male, mica male // — *and*, (*fam.*) proprio: *the weather was — and hot*, il tempo è stato proprio bello, piacevolmente caldo // — *to meet you*, piacere di conoscerla **2** buono, gustoso: *what a — cake!*, che buon dolce! **3** accurato, minuzioso; sottile; esatto, corretto: *a — difference*, una sottile differenza; *he has a — judgement*, ha un sottile senso critico **4** (*rar.*) difficile; delicato; schizzinoso: *you must not be so — about everything*, non devi essere così difficile in tutto **5** (*ant.*) futile: *Romeo, that spoke him fair, bid him bethink / how nice the quarrel was*, (SH. Romeo and Juliet) Romeo, rivolgendosi a lui con belle maniere, gli fece osservare quanto fosse futile il motivo della lite // **-ness** *s.*

nicely ['naɪslɪ / nice·ly] *avv.* **1** esattamente; bene: *a — calculated estimate*, un preventivo calcolato esattamente, al centesimo; *this will do* —, questo andrà proprio bene **2** piacevolmente; delicatamente; amabilmente; elegantemente: *she smiled* —, sorrise amabilmente.

nicety ['naɪsətɪ / ni·cety] *s.* **1** finezza, sottigliezza; delicatezza; precisione, accuratezza // *to a* —, alla perfezione, al punto esatto: *the roast veal was done to a* —, l'arrosto di vitello era cotto a puntino **2** *pl.* minuzie, quisquilie: *forget the niceties and give me a clear answer*, lascia perdere le minuzie e dammi una risposta chiara **3** (*ant.*) ripugnanza: *lay by all nicety and prolixious blushes*, (SH. Measure for Measure) metti da parte ogni ripugnanza e rossori superflui.

nicey-nice ['naɪsɪ,naɪs] *agg.* (*fam. amer.*) sdolcinato, affettato.

niche [nɪtʃ] *s.* nicchia, cavità // *ecological* —, nicchia ecologica // *he found himself a lucrative — as under-secretary*, si è trovato un posticino (molto) redditizio come sottosegretario.

nick [nɪk] *s.* **1** tacca, intaccatura; intaglio **2** (*fam.*) prigione **3** (*dadi*) colpo decisivo **4** momento critico, momento opportuno: *he came just in the — of time*, capitò proprio al momento opportuno // *in good, bad* —, (*fam.*) in buone, cattive condizioni: *my car was in really bad* —, la mia macchina era conciata proprio male.

to **nick** *v.tr.* **1** intaccare; intagliare **2** segnare (punti) facendo una tacca **3** (*fam.*) rubare, grattare **4** (*fam.*) pizzicare, arrestare **5** (*rar.*) indovinare, colpire nel segno; cogliere (la stagione, il tempo opportuno) **6** (*fam. amer.*) far pagare (a qlcu.) più del dovuto, imbrogliare.

nickel ['nɪkl] *s.* **1** (*chim.*) nichel, nichelio **2** moneta di nichel; (*amer.*) moneta da cinque cents // *nickels and dimes*, (*fam. amer.*) cifra irrisoria, quattro soldi.

to **nickel** *v.tr.* nichelare.

nickel bloom ['nɪkl,blu:m] *s.* (*min.*) annabergite.

nickelic [nɪ'kelɪk / nick·elic] *agg.* (*chim.*) nichelico.

nickeline ['nɪkəli:n / nick·el·ine] → **niccolite**.

nickelodeon [,nɪkl'əʊdjən / nick·el·odeon] *s.* (*amer.*) **1** nome dato alle prime sale cinematografiche (1905) • Così chiamate dal prezzo del biglietto d'ingresso (un 'nickel') **2** juke-box.

nickelous ['nɪkələs / nick·el·ous] *agg.* (*chim.*) nicheloso.

nickel-plating [,nɪkl'pleɪtɪŋ] *s.* (*metall.*) nichelatura.

nickel-silver [,nɪkl'sɪlvə*] *s.* (*metall.*) argentona, argentone, alpacca SIN. German silver.

nickel-steel [,nɪkl'sti:l] *s.* (*metall.*) acciaio al nichel.

nicker ['nɪkə*] *s.* (*pl. invar.*) (*fam. antiq.*) sterlina.

to **nickle-plate** ['nɪklpleɪt] → to **nickel**.

nicknack → **knick-knack**.

nickname ['nɪkneɪm / nick·name] *s.* soprannome; vezzeggiativo.

to **nickname** *v.tr.* soprannominare.

nicotinamide [,nɪkəʊ'ti:nəmaɪd / nic·ot·in·am·ide] *s.* (*chim.*) nicotinammide.

nicotine ['nɪkəti:n / nic·ot·ine] *s.* (*chim.*) nicotina.

nicotinic [,nɪkəʊ'ti:nɪk / ni·co·tinic] *agg.* (*chim.*) nicotinico: — *acid*, acido nicotinico, niacina.

nicotinism ['nɪkətɪnɪzəm / nic·ot·in·ism] *s.* nicotinismo, tabagismo.

to **nictitate** ['nɪktɪteɪt / nic·tit·ate] *v.intr.* battere le palpebre.

nictitating membrane ['nɪktɪteɪtɪŋ ,membreɪn] *s.* (*zool.*) membrana nittitante.

nictitation [,nɪktɪ'teɪʃn / nic·tita·tion] *s.* (*med.*) nittitazione.

niddle-noddle ['nɪdl'nɒdl] *agg.* vacillante; tentennante (di testa).

to **nidificate** ['nɪdɪfɪkeɪt / ni·di·fic·ate] *v.intr.* (*rar.*) nidificare.

nidification [,nɪdɪfɪ'keɪʃn / ni·di·fica·tion] *s.* (*rar.*) nidificazione.

to **nidify** ['nɪdɪfaɪ / nid·ify] *v.intr.* nidificare.

nidus ['naɪdəs] *pl.* **nidi** ['naɪdaɪ] **niduses** ['naɪdəsɪz] *s.* **1** nido (d'insetti) **2** (*biol.*) luogo favorevole allo sviluppo delle spore **3** (*med.*) focolaio (di infezione, malattia, batteri).

niece [ni:s] *s.* **1** nipote femmina, nipotina (di zio) **2** (*ant.*) nipote femmina (di nonno).

niello [nɪ'eləʊ] *pl.* **nielli** [nɪ'elɪ / ni·elli] **niellos** *s.* (*chim.*) niello.

to **niello** *v.tr.* (*chim.*) niellare.

nife [naɪf] **nifel** [naɪfl] *s.* (*geol.*) nife.

niff [nɪf] *s.* (*fam.*) puzza, tanfo.

nifty ['nɪftɪ] *agg.* **1** chic; bello **2** ingegnoso; abile; astuto // **-ily** *avv.* // **-iness** *s.*

Nigerian [naɪ'dʒɪərɪən / Ni·ger·ian] *agg.* e *s.* nigeriano, (abitante) della Nigeria.

niggard ['nɪgəd / nig·gard] *agg.* e *s.* avaro, spilorcio.

niggardly ['nɪgədlɪ / nig·gardly] *agg.* avaro, spilorcio, tirchio; gretto, meschino ◆ *avv.* con avarizia; grettamente, meschinamente // **-iness** *s.*

nigger ['nɪgə* / nig·ger] *s.* **1** (*spreg.*) negro // *a — in the woodpile*, (*sl.*) punto oscuro, cosa non chiara; problema inaspettato; chi pone inaspettatamente un problema // *bad* —, (*fam. amer.*) nero che si guadagna il rispetto della sua gente non sottomettendosi ai bianchi **2** — (*brown*), (*antiq.*) (colore) marrone scuro, testa di moro • In quest'ultimo significato il termine non è spregiativo in sé però può prestarsi a fraintendimento e interpretazione negativa.

nigger box ['nɪgə,bɒks] *s.* (*sl. amer.*) stereo portatile SIN. ghetto blaster.

nigger heaven ['nɪgə,hevn] *s.* (*fam. amer. spreg.*) loggione, piccionaia.

to **niggle** ['nɪgl] *v.intr.* **1** cavillare, sottilizzare; gingillarsi, perder tempo in minuzie **2** tormentare, molestare **3** tirare sul prezzo.

niggler ['nɪglə*] *s.* pedante, persona cavillosa.

niggling ['nɪglɪŋ / nig·gling] *agg.* **1** minuzioso: *a — job*, un lavoro da certosino **2** molesto, assillante: *a — doubt*, un dubbio insistente, continuo **3** insignificante, da nulla: — *details*, particolari insignificanti, di poco conto.

nigh [naɪ] *compar.* **nigher** ['naɪə*] *superl.* **nighest** ['naɪɪst] *agg.*(*poet., antiq.*) **1** vicino: *the end is* —, la fine (del mondo) è vicina, prossima **2** diretto, breve ◆ *avv.* vicino; quasi: *some frail memorial still erected nigh*, (T. GRAY) alcuni fragili monumenti funebri ancora eretti lì vicino ◆ *prep.* vicino a: *the bridge that stood — the church*, il ponte che si trovava vicino alla chiesa; *the noble elfe and careful palmer drew / so nigh them*, (E. SPENSER) il nobile elfo e il prudente palmiere si avvicinarono così a loro.

to **nigh** *v.tr.* e *intr.* (*ant.*) avvicinare, avvicinarsi.

night [naɪt] *s.* **1** notte; sera: — *and day*, notte e giorno; sempre; *at* —, di notte; *by* —, di notte; *in the* —, durante la notte; *from morning till* —, dalla mattina alla sera; *to have a good, bad* —, passare una buona, cattiva notte // *the — before last*, l'altro ieri sera; *last* —, ieri sera // *the other* —, l'altra sera, qualche sera fa // *the last — of a play*, l'ultima rappresentazione di una commedia // *to make a — of it*, passare la notte in baldoria // *to turn — into day*, far della notte giorno, scambiare la notte per il giorno **2** buio, oscurità, tenebre; (*fig.*) ignoranza.

night-bird ['naɪtbɜːd] *s.* **1** (*non com.*) uccello notturno **2** (*fig.*) nottambulo.

night-blind ['naɪt,blaɪnd] *agg.* (*med.*) nictalope.

night-blindness ['naɪt,blaɪndnɪs] *s.* (*med.*) nictalopia.

nightcap ['naɪtkæp / night·cap] *s.* **1** berretto da notte **2** (*fam.*) tisana, bevanda, bicchierino di liquore preso prima di andare a letto.

night-chair ['naɪt,tʃeə*] *s.* comoda.

night-clothes ['naɪtkləʊðz] *s. pl.* → **nightwear**.

nightclub ['naɪtklʌb / night·club] *s.* night -club, locale notturno.

nightclubbing ['naɪtklʌbɪŋ / night·club·bing] *s.* (*fam.*) l'andare per night-club, giro dei locali notturni.

night crawler ['naɪt,krɔːlə*] *s.* (*zool. amer.*) lombrico BRIT. earthworm, dew-worm.

nightdress ['naɪtdres / night·dress] *s.* camicia da notte (da donna) SIN. nightie AMER. nightgown.

nightfall ['naɪtfɔːl / night·fall] *s.* tramonto, crepuscolo.

night-glass ['naɪtglɑːs *amer.* 'naɪtglæs] *s.* cannocchiale per uso notturno.

nightglow ['naɪtgləʊ / night·glow] *s.* (*geofisica*) nightglow, luminescenza notturna.

nightgown ['naɪtgaʊn / night·gown] *s.* (*amer.*) → **nightdress**.

night-hag ['naɪthæg] *s.* (*antiq.*) **1** strega **2** incubo.

nighthawk ['naɪthɔːk / night·hawk] *s.* **1** (*zool.*) succiacapre, caprimulgo → goatsucker **2** (*fam. amer.*) → night owl.

nightie ['naɪtɪ] *s.* (*fam.*) → **nightdress**.

nightingale ['naɪtɪŋgeɪl *amer.* 'naɪtngeɪl / night·in·gale] *s.* (*zool.*) **1** (*Luscinia megarhyncos*) usignolo **2** (*Luscinia svecica*) pettazzurro.

nightjar ['naɪtdʒɑː* / night·jar] *s.* (*zool.*) caprimulgo → goatsucker.

nightlamp ['naɪtlæmp / night·lamp] *s.* lampada da notte.

night letter ['naɪt,letə*] *s.* (*amer.*) telegramma notturno.

nightlife ['naɪtlaɪf / night·life] *s.* vita notturna.

nightlight ['naɪtlaɪt / night·light] *s.* **1** → nightlamp **2** lumino da notte **3** luminescenza notturna.

nightlong ['naɪtlɒŋ / night·long] *avv.* (*poet.*) durante tutta la notte, per tutta la notte.

nightly ['naɪtlɪ] *agg.* notturno, di notte; di ogni notte, di ogni sera: — *performance*, rappresentazione che si replica tutte le sere ◆ *avv.* di notte; nottetempo; ogni notte; ogni sera.

nightmare ['naɪtmeə* / night·mare] *s.* incubo; ossessione (*anche fig.*): *these bills are a —!*, queste bollette sono un'ossessione!

nightmarish ['naɪtmeərɪʃ / night·mar·ish] *agg.* da incubo; terribile // **-ly** *avv.* // **-ness** *s.*

night-night ['naɪt'naɪt] *inter.* (*fam.*) 'notte, buona notte.

night owl ['naɪtaʊl] *s.* (*fam.*) nottambulo, tiratardi AMER. nighthawk.

nightpiece ['naɪtpiːs / night·piece] *s.* (*pitt.*) notturno.

nights [naɪts] *avv.* (*sl. amer.*) di notte: *his work kept him from sleeping* —, il lavoro gli impediva di dormire la notte.

night safe ['naɪtseɪf] *s.* cassa continua.

night school ['naɪtskuːl] *s.* scuola serale.

nightshade ['naɪtʃeɪd / night·shade] *s.* (*bot.*) **1** → belladonna **2** *black* —, (*Solanum nigrum*) morandola.

nightshirt ['naɪtʃɜːt / night·shirt] *s.* camicia da notte (da uomo).

night soil ['naɪtsɔɪl] *s.* bottino (liquame dei pozzi neri).

nightstick ['naɪtstɪk / night·stick] *s.* (*amer.*) manganello BRIT. truncheon.

night table ['naɪt,teɪbl] *s.* comodino.

night time ['naɪttaɪm] *s.* notte, ore notturne ◆ *agg.* di notte, notturno.

night watch [,naɪt'wɒtʃ] *s.* (periodo di) guardia notturna.

night watchman [,naɪt'wɒtʃmən] *s.* sentinella notturna; guardia notturna.

nightwear ['naɪtweə* / night·wear] *s.* U indumenti da notte.

nig-nog ['nɪg,nɒg] *s.* (*fam. spreg.*) negro.

nigrescent [naɪ'gresənt / ni·gres·cent] *agg.* (*form.*) nerastro.

nigritude ['nɪgrɪtjuːd *amer.* 'nɪgrɪtuːd / nig·rit·ude] *s.* (*form.*) nerezza (*anche fig.*).

nigrosine ['naɪgrəʊ,siːn / ni·gros·ine] *s.* (*chim.*) nigrosina.

nihilism ['naɪɪlɪzəm / ni·hil·ism] *s.* (*fil.*) nichilismo.

nihilist ['naɪɪlɪst / ni·hil·ist] *s.* (*fil.*) nichilista.

nil [nɪl] *s.* **1** nulla **2** (*dir.*) nullatenenza **3** (*sport*) zero: *to win three* —, vincere tre a zero; — *all*, zero a zero.

nilgai ['nɪːlgaɪ / nil·gai] **nilgau** ['nɪlgɔː / nil·gau] *s.* (*zool.*) (*Boselaphus tragocamelus*) nilgai, nilgau.

to **nill** [nɪl] *v.intr.* (*ant.*) non volere: *his steeds nill be(e) restrained*, (DONNE) i suoi destrieri non sopportano freno.

Nilotic [naɪ'lɒtɪk / Nil·otic] *agg.* nilotico, del Nilo.

nilpotent ['nɪl,pəʊtənt / nil·po·tent] *agg.* (*mat.*) nilpotente.

nimble ['nɪmbl] *agg.* **1** agile, leggero; svelto: *goats are very — at climbing among the rocks*, le capre sono molto agili nell'arrampicarsi tra le rocce **2** intelligente, versatile; sveglio, pronto: *a — mind*, una mente sveglia; *a — reply*, una risposta pronta // **-ness** *s.* // **-bly** *avv.*

nimble-fingered [,nɪmbl'fɪŋgəd] *agg.* lesto di mano.

nimble-footed [,nɪmbl'fʊtɪd] *agg.* svelto; agile.

nimbostratus [,nɪmbəʊ'streɪtəs / nimbo·stratus] *s.* (*meteor.*) nembostrato.

nimbus ['nɪmbəs / nim·bus] *pl.* **nimbi** ['nɪmbaɪ] **nimbuses** ['nɪmbəsɪz] *s.* **1** (*meteor.*) nembo **2** nimbo, aureola.

nimby ['nɪmbɪ] *s.* (*sl. amer.*) barbiturico.

niminy-piminy ['nɪmɪnɪ'pɪmɪnɪ] *agg.* affettato, ricercato.

nincompoop ['nɪŋkəmpuːp / nin·com·poop] *s.* (*fam.*) sciocco, sempliciotto.

nine [naɪn] *agg.num.card.* e *s.* nove: — *of us*, nove di noi; — *times out of ten*, nove volte su dieci, quasi sempre; *he will be — next birthday*, va per i nove anni // *the Nine*, le Muse // *to the nines*, alla perfezione: *to be dressed up to the nines*, indossare il vestito della festa.

nine days' wonder [,naɪndeɪz'wʌndə*] *s.* (*fig.*) fuoco di paglia.

ninefold ['naɪnfəʊld / nine·fold] *agg.*

(*form.*) **1** nove volte tanto **2** che ha nove parti.

ninepins ['naɪnpɪnz / nine·pins] *s.pl.* birilli // *to go down like* —, cadere come mosche.

nineteen [,naɪn'ti:n / nine·teen] *agg.num. card.* e *s.* diciannove // *to talk — to the dozen*, (*fam.*) parlare in continuazione.

nineteenth [,naɪn'ti:nθ / nine·teenth] *agg.num.ord.* diciannovesimo, decimonono.

nineties ['naɪntɪz / nine·ties] *s.pl.* gli anni, i gradi del termometro tra 89 e 99; novantina: *an old woman in her* —, una vecchia di oltre novant'anni // *the naughty* —, gli anni ruggenti tra il 1890 e il 1900.

ninetieth ['naɪntɪɪθ / nineti·eth] *agg.num. ord.* e *s.* novantesimo.

nine-to-five [,naɪntə'faɪv] *agg.* (*fam.*) impiegatizio • Dall'orario d'ufficio standard.

to **nine-to-five** *v.intr.* (*fam. amer.*) lavorare in ufficio; avere un impiego fisso // **-er** *s.*

ninety ['naɪntɪ] *agg.num.card.* e *s.* novanta.

ninety-five [,naɪntɪ'faɪv] *s.* (*sl. amer.*) persona che esce da un ristorante senza pagare il conto.

ninety-nine [,naɪntɪ'naɪn] *agg.num.card.* e *s.* novantanove // — *times out of a hundred*, (*fam.*) novantanove volte su cento, quasi sempre // *say —!*, dica trentatre!

ninny ['nɪnɪ] *s.* (*fam.*) sempliciotto; sciocco: *What a pied ninny's this!*, (SH. The Tempest) Ma che pagliaccio colorato è questo!

ninth ['naɪnθ] *agg.num.ord.* nono ◆ *s.* **1** nono **2** (*mus.*) nona.

niobium [naɪ'əʊbɪəm / ni·obium] *s.* (*chim.*) niobio.

nip[1] [nɪp] *s.* **1** pizzicotto; morso // — *and tuck*, (*amer.*) testa a testa; alla pari; con uguali possibilità di vittoria **2** stretta; presa; morsa **3** (*fig.*) morsa; gelo intenso, freddo pungente: *the — of the early morning*, il freddo pungente, intenso del primo mattino **4** (*mecc.*) bloccaggio, grippaggio; interferenza **5** (*mar.*) volta, cocca.

to **nip**[1] *pass.p.p.* **nipped** [nɪpt] *v.tr.* **1** pizzicare; pungere; mordere (*anche fig.*): *a mosquito had nipped her on the arm*, una zanzara l'aveva punta sul braccio; *the wind nips hard this morning*, il vento è molto pungente questa mattina **2** stroncare, rovinare, distruggere (dell'effetto del gelo sulle piante e *fig.*): *my hopes were nipped in the bud*, le mie speranze furono stroncate sul nascere // *to — a flower in the bud*, (*fig.*) recidere un fiore in boccio **3** (*mecc.*) bloccare, grippare ◆ *v.intr.* **1** dare pizzicotti, pizzicare; dare morsi, mordere **2** (*fig.*) pungere; mordere; essere gelido, pungente **3** (*fam.*) correre, filare; muoversi rapidamente, andare velocemente: *to — in*, infilarsi; *the door was open so he nipped in*, la porta era aperta così si è infilato dentro; *he nipped into the lift*, si infilò nell'ascensore; *he nipped in and out of the traffic*, si destreggiò bene nel traffico; *we nipped out to the café for a bite*, abbiamo fatto un salto al bar per mangiare un boccone; *to — off*, filarsela, tagliare la corda **4** (*mecc.*) bloccarsi, gripparsi, grippare.

nip[2] *s.* sorso, piccola quantità di bevanda alcolica.

Nip *agg.* e *s.* (*fam. spreg.*) giapponese.

nipper ['nɪpə* / nip·per] *s.* **1** (*fam.*) ragazzo **2** (*antiq.*) fattorino **3** *pl.* pinze; pinzette; tenaglie; forcipe ecc. **4** *pl.* chela, pinza (di granchio) **5** dente incisivo del cavallo **6** *pl.* (*fam. antiq.*) pince-nez.

nipple ['nɪpl] *s.* **1** (*anat.*) capezzolo **2** tettarella **3** (*mecc.*) raccordo filettato, nipplo **4** (*mecc.*) rubinetto di regolazione, di arresto **5** (*mecc.*) cappuccio (di gomma) per valvola, capezzolo.

nipplewort ['nɪpl,wɜ:t / nip·ple·wort] *s.* (*bot.*) (*Lapsana communis*) lassana.

Nipponese [,nɪpə'ni:z / Nip·pon·ese] *agg.* e *s.* nipponico.

Nipponian [nɪ'pəʊnɪən / Nip·pon·ian] *agg.* (*non com.*) giapponese.

nippy ['nɪpɪ] *agg.* **1** gelido, freddo, pungente **2** (*sl.*) agile, svelto: *tell him to be — about it*, digli di sbrigarsi // **-ily** *avv.* // **-iness** *s.*

nirvana [,nɪə'vɑ:nə / nir·vana] *s.* (*relig. indù*) nirvana.

nisei ['ni:seɪ] *pl.* **nisei**, **niseis** *s.* (*amer.*) americano di origine giapponese.

nisi ['naɪsaɪ] *agg.* (*dir.*): *an order* —, un'ingiunzione provvisoria; *a decree* —, un decreto provvisorio // (*dir. ant.*) *Nisi prius*, ordine di accompagnare la giuria davanti ai giudici di Westminster revocato nel caso di arrivo di giudici itineranti.

Nissen hut ['nɪsən,hʌt] *s.* baracca prefabbricata (con tetto in lamiera ondulata).

nit[1] [nɪt] *s.* (*zool.*) **1** lendine; uovo di parassita **2** pidocchio // *to pick nits*, (*fam.*) cercare il pelo nell'uovo.

nit[2] (*fam.*) abbr. di → **nitwit**.

nit[3] *s.* (*fam. amer.*) niente • Voce di origine *yiddish*.

nit[4] *s.* (*metrol.*) nit (unità della luminanza).

niter ['naɪtə*] *s.* (*amer.*) (*chim.*) **1** → natron **2** → nitre **3** nitrato di sodio.

niton ['naɪtɒn / ni·ton] *s.* (*chim. antiq.*) niton (vecchio nome del radon).

to **nitpick** ['nɪtpɪk / nit·pick] *v.intr.* (*fam.*) cercare il pelo nell'uovo, cavillare, fare il pignolo.

nitpicker ['nɪtpɪkə* / nit·picker] *s.* (*fam.*) pignolo.

nitpicking ['nɪtpɪkɪŋ / nit·pick·ing] *agg.* (*fam.*) che cavilla, (che fa il) pignolo ◆ *s.* (*fam.*) il cavillare, il cercare il pelo nell'uovo, pignoleria.

nitrate ['naɪtreɪt / ni·trate] *s.* (*chim.*) nitrato: — *of potash*, nitrato di potassio, salnitro // — *fertilizers*, fertilizzanti all'azoto.

nitration [naɪ'treɪʃn / ni·tra·tion] *s.* (*chim.*) nitrazione.

nitre ['naɪtə*] *s.* (*chim.*) nitrato di potassio, salnitro.

nitric ['naɪtrɪk / ni·tric] *agg.* (*chim.*) nitrico: — *acid*, acido nitrico; — *oxide*, ossido di azoto.

nitride ['naɪtraɪd / ni·tride] *s.* (*chim.*) nitruro.

nitriding ['naɪtraɪdɪŋ / ni·trid·ing] *s.* (*chim.*) nitrurazione.

nitrification [,naɪtrɪfɪ'keɪʃn / ni·tri·fica·tion] *s.* (*chim.*) nitrificazione.

to **nitrify** ['naɪtrɪfaɪ / ni·trify] *v.tr.* (*chim.*) nitrificare.

nitrile ['naɪtrɪl / ni·trile] *s.* (*chim.*) nitrile.

nitrite ['naɪtraɪt / ni·trite] *s.* (*chim.*) nitrito.

nitro- ['naɪtrəʊ] *pref.* della terminologia chimica indicante i composti che sono stati sottoposti a nitrazione; it. nitro-: *nitrocellulose*, nitrocellulosa.

nitrobacter [,naɪtrəʊ'bæktə* / ni·tro·bacter] *s.* (*biol.*) nitrobatterio.

nitrobenzene [,naɪtrəʊ'benzi:n / nitro·ben·zene] *s.* (*chim.*) nitrobenzene.

nitrocellulose [,naɪtrəʊ'seljʊləʊs / ni·tro·cel·lu·lose] *s.* (*chim.*) nitrocellulosa.

nitrogen ['naɪtrədʒən / ni·tro·gen] *s.* (*chim.*) azoto: — *dioxide*, biossido di azoto // (*biochim.*): — *cycle*, ciclo dell'azoto; — *fixation*, fissazione dell'azoto naturale; — *balance*, equilibrio dell'azoto // (*med.*) — *narcosis*, narcosi da azoto.

nitrogen-fixing ['naɪtrədʒən,fɪksɪŋ] *agg.* (*biochim.*) fissatore dell'azoto naturale.

to **nitrogenize** [naɪ'trɒdʒənaɪz / ni·tro·gen·ize] *v.tr.* (*chim.*) trattare con azoto.

nitrogen mustard ['naɪtrədʒən,mʌstəd] *s.* (*chim.*) iprite azotata.

nitrogenous [naɪ'trɒdʒɪnəs / ni·tro·gen·ous] *agg.* (*chim.*) azotato: — *fertilizer*, concime azotato.

nitroglycerin(e) [,naɪtrəʊ'glɪsəri:n / ni·tro·gly·cer·in(e)] *s.* (*chim.*) nitroglicerina.

nitrolic [,naɪ'trɒlɪk / ni·tro·lic] *agg.* (*chim.*) nitrolico: — *acids*, acidi nitrolici.

nitrometer [naɪ'trɒmɪtə* / nit·ro·meter] *s.* (*chim.*) nitrometro.

nitromethane [,naɪtrəʊ'mi:θeɪn / ni·tro·meth·ane] *s.* (*chim.*) nitrometano.

nitron ['naɪtrɒn / ni·tron] *s.* (*chim.*) nitron.

nitronium [,naɪ'trəʊnɪəm / ni·tro·nium] *s.* (*chim.*) nitronio: — *ion*, ione nitronio.

nitroparaffin [,naɪtrəʊ'pærəfɪn / ni·tro·par·af·fin] *s.* (*chim.*) nitroparaffina.

nitroso- [naɪ'trəʊsəʊ] *pref.* della terminologia chimica indicante la presenza di un gruppo nitroso nella molecola; it. nitroso-: *nitro-sophenylhydroxylamine*, nitrosofenilidrossilammina.

nitroso-compound [naɪ,trəʊsəʊ'kɒmpaʊnd] *s.* (*chim.*) composto nitroso.

nitrosyl ['naɪtrəʊsɪl / ni·tro·syl] *s.* (*chim.*) nitrosile.

nitrous ['naɪtrəs / ni·trous] *agg.* (*chim.*) nitroso: — *acid*, acido nitroso // — *oxide*, ossido d'azoto, ossidulo d'azoto; gas esilarante.

nitty-gritty [,nɪtɪ'grɪtɪ] *s.* [U] (*fam.*) **1** l'essenziale, succo, nocciolo (di situazione, questione ecc.); fatti concreti (*pl.*): *let's get down* (o *come*) *to the* —, veniamo al punto, al dunque **2** soldi (*pl.*), denaro.

nitwit ['nɪtwɪt / nit·wit] *s.* (*fam.*) stupido, idiota, imbecille.

nitwitted [,nɪt'wɪtɪd / nit·wit·ted] *agg.* stupido, corto di cervello.

nival ['naɪvl] *agg.* (*geogr.*, *geol.*) nivale.

nivation [naɪ'veɪʃn / niv·ation] *s.* (*geol.*) nivazione.

niveal ['nɪvɪəl / niv·eal] → **nival**.

Nivôse [ni:'vəʊz] *s.* (*st. francese*) nevoso.

nix[1] [nɪks] *s.* (*mit. nordica*) spiritello delle acque.

nix[2] *avv.* (*fam.*) no, per niente ◆ *s.* (*fam.*) nulla, niente; no.

to **nix**[2] *v.tr.* (*fam. amer.*) proibire, vietare; respingere, bocciare (un progetto, una proposta ecc.).

nixie ['nɪksɪ] *s.* (*mit. nordica*) fatina delle acque.

no [nəʊ] *agg.* **1** nessuno, nessuna; (*in frasi negative*) alcuno, alcuna, alcuni, alcune [cfr. *any, some*]: *— man could do it by himself*, nessun uomo potrebbe farlo da solo; *he has — friends*, non ha alcun amico, non ha amici; *we had — money*, non avevamo soldi; *there are — lessons today*, non c'è (nessuna) lezione, non ci sono lezioni oggi; *there was — hope of finding them alive*, non c'era (alcuna) speranza di ritrovarli vivi; *he spends — money on clothes*, non spende una lira nei vestiti; *for — reason*, per nessuna ragione // *— doubt*, probabilmente, presumibilmente // *— end of*, (*fam.*) innumerevoli: *she's got — end of problems*, ha un'infinità di problemi // *— one person could do it*, nessuno da solo, nessuna persona da sola riuscirebbe a fare ciò // *— two people have the same genetic make up*, non ci sono due persone con lo stesso carattere genetico // *in less than — time*, subito, in men che non si dica // *affairs of — small importance were discussed*, si discussero faccende di non poco conto // *it is — go*, è inutile // *it is — joke*, non è uno scherzo // *he is — poet*, non è un poeta // Con alcune locuz. avv., all'inizio di frase, richiede l'inversione del sogg.: *on — occasion did he mention the matter to me*, (*form.*) in nessuna occasione mi accennò la cosa **2** (*per indicare divieto*) non, niente; vietato: *— smoking*, vietato fumare; *— parking*, divieto di parcheggio; *— noise*, silenzio!; *— fires*, vietato accendere fuochi; *— bad language here!*, niente parolacce qui! ◆ *s. pl.* **noes** **1** no: *I will not take — for an answer*, non accetterò un rifiuto; *two noes make a yes*, due negazioni affermano **2** *pl.* coloro che votano contro; voti contrari: *the noes have it*, ha vinto l'opposizione, hanno vinto i 'no'; la maggioranza è sfavorevole.

no *avv.* **1** no: *"Have you seen him?" "No, I haven't"*, "L'hai visto?" "No, (non l'ho visto)"; *to say —*, dire di no, negare // *whether or —*, in tutti i modi **2** (*seguito da un compar.*) non, in nessun modo, punto, affatto: *a little fish, — bigger than my little finger*, un pesciolino, non più grande del mio mignolo // *— later* (*than*), non più tardi (di) // *— longer* (*than*), non più (di) // *— more*, niente (di) più; non più, mai più: *"Any more coffee?" "No more, thank you"*, "Ancora un po' di caffè?" "Basta così, grazie" // *— sooner*, non appena: *— sooner said than done*, detto fatto // *— such*, niente di simile.

no-account ['nəʊə,kaʊnt] *agg.* (*sl. amer.*) scadente, da quattro soldi, senza valore (di cose); di poco conto, incapace, buono a nulla (di persone).

nob[1] [nɒb] *s.* (*sl.*) **1** testa, zucca **2** fante (al gioco del *cribbage*).

to **nob**[1] *pass.p.p.* **nobbed** [nɒbd] *v.tr.* e *intr.* (*non com.*) colpire alla testa.

nob[2] *s.* (*sl. antiq.*) persona aristocratica, altolocata.

no ball ['nəʊbɔ:l] *s.* (*cricket*) lancio non valido.

to **no-ball** *v.tr.* (*cricket*) dichiarare non valido il lancio di: *he was no-balled three times*, per tre volte gli hanno dichiarato nullo il lancio.

to **nobble** ['nɒbl] *v.tr.* (*sl.*) **1** drogare, sabotare (un cavallo da corsa) (per impedirgli di vincere) **2** vincere (una corsa) per mezzo di imbrogli **3** corrompere (con denaro), comprare; minacciare **4** catturare, acciuffare (un delinquente) **5** (*fig.*) catturare l'attenzione di, assediare (per chiedere un favore): *as soon as he arrived at the party the film producer was nobbled by would-be directors*, appena arrivò alla festa il produttore cinematografico fu assediato da aspiranti registi **6** ottenere in modo illecito; ingannare, imbrogliare; impadronirsi disonestamente di, rubare **7** rapire.

nobelium [nəʊ'belɪəm / no·be·lium] *s.* (*chim.*) nobelio.

nobiliary [nəʊ'bɪljərɪ / no·bili·ary] *agg.* (*non com.*) nobiliare: *— particle*, particella nobiliare.

nobility [nəʊ'bɪlətɪ / no·bil·ity] *s.* **1** nobiltà (classe sociale): *the Venetian —*, la nobiltà veneziana **2** nobiltà, distinzione, elevatezza: *— of mind*, nobiltà d'animo.

noble ['nəʊbl] *agg.* **1** nobile, aristocratico: *to be of — birth*, essere di nobile nascita **2** nobile, sublime, elevato; generoso (di persona, sentimenti ecc.): *a — action*, una nobile azione; *a — soul*, un'anima nobile, generosa **3** illustre, insigne, degno di nota (di persona, azione, impresa ecc.); eccellente, superiore (di cosa): *— wines*, vini superiori **4** sontuoso, maestoso, superbo, grandioso (di monumenti, proporzioni ecc.): *a — building*, un edificio grandioso; *a — brow*, una fronte nobile, spaziosa // *to do things on a — scale*, fare le cose in grande **5** (*chim.*) nobile; raro: *— gases*, gas nobili, rari; *— metals*, metalli nobili ◆ *s.* **1** nobile, aristocratico **2** 'noble' (antica moneta d'oro).

nobleman ['nəʊblmən / noble·man] *pl.* **noblemen** *s.* nobiluomo.

noble-minded [,nəʊbl'maɪndɪd] *agg.* di sentimenti elevati, di animo nobile, magnanimo // **-ness** *s.*

nobleness ['nəʊblnɪs / noble·ness] *s.* **1** nobiltà (di nascita) **2** nobiltà, magnanimità, generosità (d'animo ecc.) **3** sontuosità, grandiosità, magnificenza, maestosità (di monumenti, proporzioni ecc.).

noblesse [nəʊ'bles / no·blesse] *s.* la nobiltà, i nobili.

noblewoman ['nəʊbl,wʊmən / noble·woman] *pl.* **noblewomen** ['nəʊbl,wɪmɪn] *s.* nobildonna.

nobly ['nəʊblɪ] *avv.* **1** nobilmente, generosamente; valorosamente **2** magnificamente, in modo grandioso **3** *— born*, di nobili natali.

nobody ['nəʊbədɪ / no·body] *pron.indef.* nessuno: *there was — there*, non c'era nessuno; *— would have believed it*, nessuno l'avrebbe creduto; *— else*, nessun altro ◆ *s. pl.* **nobodies** persona che non conta, nullità, zero: *he is a —*, è una vera nullità; *they were treated as mere nobodies*, furono trattati come nullità.

nock [nɒk] *s.* cocca (di freccia).

to **nock** *v.tr.* **1** accoccare (una freccia) **2** fare la cocca a, fornire di cocca (una freccia).

noctambulism [nɒk'tæmbjʊlɪzəm / noct·am·bu·lism] *s.* sonnambulismo.

noctambulist [nɒk'tæmbjʊlɪst / noct·am·bu·list] *s.* sonnambulo.

noctiluca [,nɒktɪ'lju:kə / noc·ti·luca] *pl.* **noctilucae** [,nɒktɪ'lju:si: / noc·ti·lu·cae] *s.* (*zool.*) nottiluca.

noctilucent [,nɒktɪ'lu:sənt / noc·ti·lu·cent] *agg.* (*astr.*) nottilucente: *— cloud*, nube nottilucente.

noctule ['nɒktju:l / noc·tule] *s.* (*zool.*) (*Nyctalus noctula*) nottola.

nocturnal [nɒk'tɜ:nl / noc·turnal] *agg.* notturno, della notte: *— animals*, animali notturni; *a — person*, un nottambulo.

nocturne ['nɒktɜ:n / noc·turne] *s.* (*mus.*, *pitt.*) notturno.

nocuous ['nɒkjuəs / nocu·ous] *agg.* (*form.*) nocivo // **-ly** *avv.*

nod [nɒd] *s.* **1** cenno del capo (di saluto, assenso ecc.): *she gave him a little —*, gli fece un piccolo cenno col capo // *to give (s.o.) the —*, (*fam.*) dare il proprio assenso, l'o.k. (a qlcu.) // *on the —*, (*fam.*) per tacito consenso; senza formalità; (*amer.*) a credito // *a —'s as good as a wink*, a buon intenditore poche parole **2** il ciondolare del capo (per il sonno) // *the land of Nod*, (*antiq.*) il regno dei sogni: *to go to the land of Nod*, assopirsi, cadere in braccio a Morfeo **3** (*fig.*) momento di distrazione **4** (*sl.*) stato di torpore, di alterazione, causato da stupefacenti.

to **nod** *pass.p.p.* **nodded** ['nɒdɪd] *v.intr.* **1** fare un cenno col capo (per salutare, indicare ecc.): *he nodded to me in greeting*, mi fece un cenno di saluto; *he nodded towards the door*, accennò col capo alla porta; *to — in agreement*, annuire col capo **2** ciondolare il capo per il sonno; sonnecchiare; assopirsi: *they both were nodding by the fire*, entrambi sonnecchiavano accanto al fuoco **3** (*fig.*) avere un momento di distrazione **4** essere inclinato (di edifici ecc.) **5** svolazzare, ondeggiare, oscillare (di fiori, piume, piante ecc.): *the flowers nodded in the breeze*, i fiori ondeggiavano nella brezza **6** (*sl.*) essere sotto l'effetto di un narcotico, di stupefacenti ◆ *v.tr.* chinare, piegare (il capo); fare (col capo) un cenno di (assenso, saluto ecc.); indicare, segnalare (con un cenno del capo): *to — one's agreement*, fare un cenno di approvazione, di consenso; *to — one's assent* (o *to — yes*), accennare di sì, annuire col capo; *to — greeting*, fare un cenno di, accennare un saluto; *he nodded me into the backroom*, mi fece cenno di seguirlo nella stanza sul retro.

□ **nod off** *v.intr.* e *avv.* addormentarsi di botto, di colpo: *after a couple of glasses of wine he nodded off in his chair*, dopo un paio di bicchieri di vino si addormentò di botto sulla sedia.

nodal ['nəʊdl] *agg.* di nodo, nodale: *— line*, linea dei nodi; *— points*, punti nodali; *— processor*, elaboratore nodale.

nodding ['nɒdɪŋ / nod·ding] *agg.* **1** chinato; inclinato; piegato in avanti **2** oscillante ◆ *s.* cenno del capo // *a — acquaintance*, una conoscenza vaga, superficiale; persona conosciuta solo di vista.

noddle ['nɒdl] *s.* (*fam.*) testa, zucca.

noddy ['nɒdɪ] *s.* sciocco, gonzo, babbeo, sempliciotto.

node [nəʊd] *s.* **1** (*bot.*) nodo, nodosità; nocchio **2** (*med.*) nodo, nodosità, indurimento **3** (*astr.*, *fis.*) nodo **4** (*inform.*) nodo (di rete) **5** (*mat.*) nodo, punto doppio.

nodical ['nəʊdɪkl / nod·ical] *agg.* (*astr.*) nodale.

nodose [nəʊ'dəʊs / nod·ose] *agg.* (*scient.*) nodoso.

nodosity [nəʊ'dɒsətɪ / nod·os·ity] *s.* (*non com.*) nodosità; protuberanza.

nodular ['nɒdjʊlə* *amer.* 'nɒdʒu:lə* / nodu·lar] **nodulated** ['nɒdjʊ leɪtɪd *amer.* 'nɒdʒu:leɪtɪd / nodu·lated] *agg.* **1** nodoso; a forma di nodo **2** (*geol.*) nodulare.

nodulation [,nɒdjʊ'leɪʃn *amer.* ,nɒdʒu:'leɪʃn / nodu·la·tion] *s.* formazione di nodi; insieme di nodi.

nodule ['nɒdju:l *amer.* 'nɒdʒu:l / nod·ule] *s.* nodulo.

nodulose ['nɒdjʊləʊs *amer.* 'nɒdʒu:ləʊs / nodu·lose] **nodulous** ['nɒdjʊləs *amer.* 'nɒdʒu:ləs / nodu·lous] *agg.* noduloso, a noduli.

nodulus ['nɒdjʊləs *amer.* 'nɒdʒu:ləs / nodu·lus] *pl.* **noduli** ['nɒdjʊlaɪ] *s.* nodulo.

nodus ['nəʊdəs] *pl.* **nodi** ['nəʊdaɪ] *s.* **1** (*form.*) intoppo, difficoltà, complicazione; punto controverso **2** (*anat.*) nodo.

noesis [nəʊ'i:sɪs / no·esis] *s.* (*fil.*) noesi.

noetic [nəʊ'etɪk / no·etic] *agg.* (*fil.*) noetico.

no-fault ['nəʊ,fɔ:lt] *agg. attr.* **1** (*amer.*) (*assicurazioni*) onnicomprensivo, globale: — *policy*, polizza globale, contro tutti i rischi **2** (*dir.*) — *liability*, responsabilità senza colpa, oggettiva.

no-frills [,nəʊ'frɪlz] *agg. attr.* (*fam.*) limitato all'essenziale, senza orpelli (gener. riferito a cose): *I've bought the — model. Who really needs automatic windows?*, Ho comprato il modello di base. Non c'è davvero bisogno dei finestrini automatici in una macchina.

nog [nɒg] *s.* **1** piolo; tassello a muro **2** cuneo, zeppa (di sostegno), calzatura **3** (*rar.*) (*bot.*) nodo (di tronco di albero).

to **nog** *pass.p.p.* **nogged** [nɒgd] *v.tr.* **1** fissare con pioli, con tasselli a muro **2** costruire con strutture di legno e muratura di riempimento.

noggin ['nɒgɪn / nog·gin] *s.* **1** piccolo boccale, gotto **2** noggin (misura di capacità = circa 1/4 di pinta) **3** (*fam.*) goccetto; bicchierino: *would you like a — of rum?*, vuoi un bicchierino di rum? **4** (*sl.*) testa, cervello.

nogging ['nɒgɪŋ / nog·ging] *s.* (*edil.*) muratura rustica di riempimento sostenuta da una struttura di legno.

no-go ['nəʊ'gəʊ] *agg.* (*fam.*) **1** inutile; vano: *I tried to convince him but it was —*, provai a convincerlo ma fu inutile **2** che non va bene; che non ha prospettive di successo: *this is a — project*, questo progetto non funziona.

no-go area [,nəʊ'gəʊ,eərɪə] *s.* (*fam.*) zona pericolosa (perché controllata da forze nemiche ostili).

no-good [,nəʊ'gʊd] *agg.* (*sl.*) **1** incapace, inetto, buono a nulla **2** inutile, che non serve.

nohow ['nəʊhaʊ / no·how] *avv.* **1** (*fam.*) in nessun modo **2** (*sl.*) fuori posto: *he felt all —*, si sentiva tutto scombussolato.

noil [nɔɪl] *s.* (*tess.*) pettinaccia (cascame di pettinatura).

noise [nɔɪz] *s.* **1** rumore; fragore; chiasso; schiamazzo: *to make a —*, far rumore; *don't make a —, too much —*, non far rumore, troppo rumore; *a deafening — came from his room*, dalla sua stanza veniva un chiasso assordante; *the car kept making funny noises*, l'auto continuava a fare dei buffi rumori; *stop making silly noises*, smettila di fare stupidi versi // *to make a lot of — about...*, fare molto chiasso intorno a... // *she is making noises about giving away her job*, sta dando segni di voler mollare il suo lavoro; *to make (all) the right noises*, esprimere entusiasmo o dispiacere in modo forzato // *a big —*, (*sl.*) un pezzo grosso, un personaggio importante // *to make noises*, (*fam. amer.*) parlare a vanvera **2** (*inform.*) rumore, rumore di fondo, disturbo **3** (*sl. amer.*) fucile.

to **noise** *v.tr.* divulgare, diffondere, rendere pubblico: *it was noised about* (o *around* o *abroad*) *that the firm was making big profits*, si sparse la voce che la ditta faceva grossi profitti ◆ *v.intr.* (*rar.*) far rumore.

noiseless ['nɔɪzlɪs / noise·less] *agg.* senza rumore, silenzioso: — *typewriter*, macchina per scrivere silenziosa; *with — tread*, con passo felpato // **-ly** *avv.* // **-ness** *s.*

noisemeter ['nɔɪz,mi:tə* / noise·meter] *s.* (*fis.*) misuratore di rumore.

noisette [nwɑ:'zet / nois·ette] *s.* (*gener.pl.*) (*cuc.*) **1** piccola fetta di carne **2** piccola patata rosolata nel burro.

noisily ['nɔɪzɪlɪ / nois·ily] *avv.* rumorosamente, con fracasso.

noisiness ['nɔɪzɪnɪs / noisi·ness] *s.* chiasso, rumore; rumorosità.

noisome ['nɔɪsəm / noi·some] *agg.* (*form.*) **1** nocivo; malsano **2** fetido; disgustoso // **-ly** *avv.* // **-ness** *s.*

noisy ['nɔɪzɪ] *agg.* **1** rumoroso, chiassoso: *a — child*, un bambino chiassoso; *a — street*, una strada rumorosa **2** (*fig.*) vistoso, chiassoso: *a — colour*, un colore vistoso, chiassoso.

no-knock ['nəʊ'nɒk] *agg.* (*fam. amer.*) senza mandato di perquisizione (di irruzione di polizia in una proprietà privata): *a — law* (o *— statute*), legge che permette la perquisizione senza mandato.

noli me tangere ['nəʊlaɪ,mi:'tændʒərɪ] *s.* (*lat.*) (*med.*) ulcus rodens; epitelioma basocellulare.

noll [nɒl] *s.* (*ant.*) testa: *an ass's noll I fixed on his head*, (SH. A Midsummer Night's Dream) gli fissai in capo una testa d'asino.

nolle prosequi [,nɒlɪ'prɒsəkwaɪ] *s.* (*lat.*) (*dir.*) **1** rinuncia al giudizio **2** archiviazione di procedimento penale.

nolo contendere [,nəʊləʊkən'tendərɪ] *s.* (*dir.*) patteggiamento tra accusa e difesa privo di effetti civili.

nomad ['nəʊmæd / no·mad] *agg.* e *s.* nomade.

nomadic [nəʊ'mædɪk / no·madic] *agg.* nomade, di nomade.

nomadism ['nəʊmədɪzəm / no·mad·ism] *s.* nomadismo.

no-man's-land ['nəʊmænz,lænd] *s.* terra di nessuno.

nome [nəʊm] *s.* (*st. mus.*) nomo (forma di composizione musicale greca).

nomenclature [nəʊ'menklətʃə* / no·men·clat·ure] *s.* nomenclatura, terminologia.

nominal ['nɒmɪnl / nom·inal] *agg.* **1** nominale; non effettivo; simbolico: — *fee*, pagamento simbolico; — *value*, valore nominale; — *capital*, capitale nominale; — *wage*, salario monetario // (*dir.*): — *damages*, risarcimento nominale dei danni; — *partner*, socio apparente; — *rent*, affitto nominale **2** (*gramm.*) nominale, del nome **3** nominale, dei nomi: — *list*, lista nominale, dei nominativi // **-ly** *avv.*

nominalism ['nɒmɪnəlɪzəm / nom·in·al·ism] *s.* (*fil.*) nominalismo.

nominalist ['nɒmɪnəlɪst / nom·in·al·ist] *s.* (*fil.*) nominalista, seguace del nominalismo.

nominalistic [,nɒmɪnə'lɪstɪk / nom·in·al·istic] *agg.* (*fil.*) nominalistico.

to **nominate** ['nɒmɪneɪt / nom·in·ate] *v.tr.* **1** nominare; qualificare; designare, proporre per elezione: *he was nominated for Parliament*, fu proposto come candidato al Parlamento **2** (*ant.*) chiamare per nome.

nomination [,nɒmɪ'neɪʃn / nom·ina·tion] *s.* nomina, designazione; candidatura: *a Texan got the Republican — for president*, un texano ha ottenuto la candidatura repubblicana per la presidenza.

nominative ['nɒmɪnətɪv / nom·in·at·ive] *s.* (*gramm.*) (caso) nominativo ◆ *agg.* **1** nominativo // (*dir.*) — *shares*, azioni nominative // (*fin.*) — *bond*, titolo nominativo **2** (*gramm.*) nominativo.

nominator ['nɒmɪneɪtə* / nom·in·ator] *s.* nominatore, designatore.

nominee [,nɒmɪ'ni: / nom·inee] *s.* persona nominata; candidato proposto, presentato; intestatario; (*dir.*) prestanome.

nomography [nəʊ'mɒgrəfɪ / nomo·graphy] *s.* (*mat.*) nomografia.

non- [nɒn] *pref.* negativo di origine latina; premesso a sostantivi o aggettivi indica negazione; it. non, a-; in-: *non-absorbent*, non assorbente; *non-alcoholic*, analcolico; *non-existent*, inesistente; *non-negotiable*, non trasferibile (di assegno).

non-abrasive [,nɒnə'breɪsɪv] *agg.* non abrasivo.

non-acceptance [,nɒnək'septəns] *s.* mancata accettazione (*anche dir.*).

non-adhesive [,nɒnəd'hi:sɪv] *agg.* non adesivo.

non-admission [,nɒnəd'mɪʃn] *s.* non ammissione, mancata ammissione.

nonage ['nəʊnɪdʒ / non·age] *s.* **1** (*dir.*) minorità **2** (*form.*) mancanza di maturità.

nonagenarian [,nəʊnədʒɪ'neərɪən / nona·gen·ar·ian] *agg.* e *s.* nonagenario.

nonagesimal [,nɒnə'dʒesɪml / nona·gesi·mal] *agg.* nonagesimo.

non-aggression [,nɒnə'greʃn] *agg.* e *s.* (di) non aggressione: — *treaty*, patto di non aggressione.

nonagon ['nɒnəgɒn / non·agon] *s.* (*mat.*) ennagono.

non-alcoholic [,nɒn,ælkə'hɒlɪk] *agg.* analcolico.

non-aligned [,nɒnə'laɪnd] *agg.* non allineato // (*pol.*) — *countries*, paesi non allineati.

non-alignment [,nɒnə'laɪnmənt] *s.* (*pol.*) non allineamento.

nonane ['nəʊ,neɪn / non·ane] *s.* (*chim.*) nonano.

nonappearance [,nɒnə'pɪərəns / non·ap·pear·ance] *s.* (*dir.*) contumacia; mancata comparizione.

non-assessable [,nɒnə'sesəbl] *agg.* (*trib.*) non accertabile, non tassabile.

non-attendance [,nɒnə'tendəns] *s.* assenza (*anche dir.*).

non-being [,nɒn'bi:ɪŋ] *s.* il non essere.

non-believer [,nɒnbɪ'li:və*] *s.* non credente; ateo; miscredente.

non-belligerency [,nɒnbə'lɪdʒərənsɪ] *s.* (*pol.*) non-belligeranza.

non-belligerent [,nɒnbɪ'lɪdʒərənt] *agg.* e *s.* non-belligerante.

non-blank [,nɒn'blæŋk] *agg.* (*inform.*) perforato: — *character*, carattere diverso dallo spazio bianco.

nonbook ['nɒnbʊk / non·book] *s.* (*fam. amer.*) non-letteratura; prodotto librario privo di valore letterario, pubblicato solo a fini commerciali.

nonce [nɒns] *s.* (*rar.*) (tempo) presente; occasione: *for the* —, per l'occasione; questa volta.

non-certifiable [,nɒn'sɜ:tɪfaɪəbl] *agg.* non provabile, non documentabile.

nonce-word ['nɒnswɜ:d] *s.* parola coniata per un'occasione, coniata ad hoc.

nonchalance ['nɒnʃələns / non·chal·ance] *s.* nonchalance, noncuranza; indifferenza.

nonchalant ['nɒnʃələnt / non·chal·ant] *agg.* noncurante; indifferente // **-ly** *avv.*

non-claim ['nɒnkleɪm] *s.* (*dir.*) mancato ricorso (entro il termine legale).

non-collegiate [,nɒnkə'li:dʒɪət] *s.* studente universitario esterno ◆ *agg.* non formato da colleges.

non-com [,nɒn'kɒm] *s.* (*fam.*) abbr. di → **non-commissioned officer**.

non-combatant [,nɒn'kɒmbətənt] *agg.* e *s.* non combattente.

non-combustible [,nɒnkəm'bʌstəbl] *agg.* non combustibile, incombustibile.

non-commissioned officer [,nɒn kə,mɪʃnd'ɒfɪsə*] *s.* (*mil.* GB) sottufficiale.

non-committal [,nɒnkə'mɪtl] *agg.* non impegnativo, vago: *a* — *answer*, una risposta non impegnativa // **-ly** *avv.*

non-competing [,nɒnkəm'pi:tɪŋ] *agg.* (*comm.*) non concorrenziale.

non-compliance [,nɒnkəm'plaɪəns] *s.* (*dir.*) mancata ottemperanza, inadempienza.

non compos mentis [,nɒn,kɒmpəs 'mentɪs] *locuz. s.* (*lat.*) (*dir.*) incapace di intendere e volere.

non-conducting [,nɒnkən'dʌktɪŋ] *agg.* (*fis.*) coibente, isolante.

non-conductor ['nɒnkən,dʌktə*] *s.* (*fis.*) coibente, isolante.

nonconformist [,nɒnkən'fɔ:mɪst / non·con·form·ist] *agg.* e *s.* **1** (*st. relig.*) anticonformista (in Scozia XVII sec.); dissidente (da una Chiesa costituita) **2** anticonformista.

non-conformity [,nɒnkən'fɔ:mətɪ] *s.* **1** (*st. relig.*) anticonformismo (in Scozia XVII sec.); dissidenza (da una Chiesa costituita) **2** anticonformismo; dissidenza.

non-contributory [,nɒnkən'trɪbjʊtərɪ *amer.* ,nɒnkəntrɪbjʊtɔ:rɪ] *agg.* (*econ.*) non contributivo; che non richiede contributi dai lavoratori: — *pension*, pensione non contributiva; pensione sociale.

non-cooperation [,nɒnkəʊ,ɒpə'reɪʃn] *s.* non collaborazione.

non-deductible [,nɒndɪ'dʌktəbl] *agg.* indeducibile, indetraibile: — *expense*, spesa indeducibile, indetraibile.

non-delivery [,nɒndɪ'lɪvərɪ] *s.* mancata consegna: (*dir.*) *partial* —, consegna parziale.

nondescript ['nɒndɪskrɪpt / non·des·cript] *agg.* non classificabile; qualunque ◆ *s.* persona, cosa difficilmente classificabile.

non-development [,nɒndɪ'veləpmənt] *s.* mancanza di sviluppo.

non-disclosure [,nɒndɪs'kləʊʒə*] *s.* (*dir.*) reticenza.

non-discrimination ['nɒn,dɪskrɪmɪ'neɪʃn] *s.* non discriminazione, mancanza di discriminazione.

non-discriminatory [,nɒndɪ'skrɪmɪnətərɪ *amer.* ,nɒndɪ'skrɪmɪnətɔ:rɪ] *agg.* indiscriminatorio.

non-disposable [,nɒndɪ'spəʊzəbl] *agg.* (*comm.*) da restituire, a rendere.

non-durable [,nɒn'djʊərəbl *amer.* ,nɒn'dʊərəbl] *agg.* (*econ.*) non durevole: — *goods*, beni di consumo non durevoli ◆ *s. pl.* (*econ.*) beni di consumo non durevoli.

none [nʌn] *pron. indef.* **1** nessuno, nessuna; nessuna persona, nessuna cosa; ne (con valore partitivo): — *of them know* (o *knows*) *the answer*, nessuno di loro sa la risposta; — *of those present liked the play*, a nessuno dei presenti è piaciuta la commedia; — *of us is* (o *are*) *strong enough*, nessuno di noi è abbastanza forte; *luckily* — *of the coffee got spilt*, fortunatamente non si è versata nemmeno una goccia di caffè; *she's got a lot of common sense, but he's got absolutely* —, lei ha molto senso pratico, ma lui non ne ha affatto; *I know a lot of people in this town, but* — *were* (o *was*) *at the party*, conosco molte persone in questa città, ma non ce n'era nessuna alla festa; *"Have you got any eggs?" "No, —"*, "Avete delle uova?" "No, neanche una" // — *but*, nessuno tranne, soltanto: — *but your parents have accepted*, soltanto i tuoi genitori hanno accettato // — *other* (*than*), nientemeno (che): *the murderer was — other than the duke himself!*, l'assassino era nientemeno che il duca in persona!; *"Are you the celebrated John Bloggs?" "None other!"*, "Siete voi il famoso John Bloggs?" "In persona!" // — *of your silly jokes*, non vogliamo sentire le tue stupide battute // *half a loaf is better than* —, meglio poco che niente • In questo significato si usa anche *not any* **2** (*ant.*) nessuno: — *knows where the treasure is hidden*, nessuno sa dov'è nascosto il tesoro ◆ *avv.* (*gener. con compar. e con* too) per niente, niente affatto, punto: *he is — the wiser, the poorer etc.*, rimane quello che è; *the price is — too high*, il prezzo non è affatto alto // — *the less*, nondimeno ◆ *agg.* (*antiq.*) nessuno: *thou shalt have — other gods but me*, (*Bibbia*) non avrai altro Dio all'infuori di me; (*dir.*) *to make of — effect*, invalidare.

no-neck ['nəʊ,nek] *s.* (*fam. amer.*) persona rozza; idiota.

non-effective [,nɒnɪ'fektɪv] *agg.* inefficace ◆ *s.* (*mil.*) non in servizio effettivo.

non-ego ['nɒni:gəʊ] *s.* (*fil.*) non-io.

nonelastic [,nɒnɪ'læstɪk / non·elas·tic] *s.* anelastico.

non-election [,nɒnɪ'lekʃn] *s.* mancata elezione.

non-enforceable [,nɒnɪn'fɔ:sɪbl] *agg.* (*dir.*) inapplicabile (di legge ecc.).

nonentity [nɒ'nentətɪ / non·ent·ity] *s.* **1** inesistenza **2** persona, cosa insignificante.

Nones [nəʊnz] *s.pl.* **1** (*calendario romano*) none **2** (*eccl.*) nona.

non-essential [,nɒnɪ'senʃl] *agg.* non essenziale; irrilevante.

nonesuch ['nʌnsʌtʃ / none·such] *agg.* (*letter.*) senza pari, senza paragone ◆ *s.* (*letter.*) cosa, persona senza pari, senza paragone.

nonetheless [,nʌnðə'les / none·the·less] *avv.* ciò nonostante, tuttavia.

non-event [,nɒnɪ'vent] *s.* (*fam.*) fatto meno importante del previsto; avvenimento di scarso interesse.

non-existence [,nɒnɪg'zɪstəns] *s.* inesistenza.

non-existent [,nɒnɪg'zɪstənt] *agg.* inesistente.

non-fading [,nɒn'feɪdɪŋ] *agg.* resistente alla luce, che non si scolora, solido (di colore).

non-fatal [,nɒn'feɪtl] *agg.* non mortale.

non-feasance [,nɒn'fi:zəns] *s.* (*dir.*) trasgressione; omissione.

non-feasant [,nɒn'fi:zənt] *s.* (*dir.*) trasgressore.

non-ferrous [,nɒn'ferəs] *agg.* non ferroso; non di ferro: — *metal*, metallo non ferroso // — *metallurgy*, metallurgia dei metalli non ferrosi.

non-fiction [,nɒn'fɪkʃn] *agg.* e *s.* (di) saggistica, (opere) non di narrativa.

non-figurative [,nɒn'fɪgjʊrətɪv] *agg.* (*arte*) non figurativo.

non-finite [,nɒn'faɪnaɪt] *agg.* (*gramm.*) non finito; infinito.

non-flammable [,nɒn'flæməbl] *agg.* incombustibile, ininfiammabile.

non-fraternization ['nɒn,frætənaɪ'zeɪʃn] *s.* divieto di fraternizzazione.

non-fulfilment [,nɒnfʊl'fɪlmənt] *s.* (*dir.*) mancato adempimento; inadempienza: — *of a contract*, inadempienza contrattuale.

non-functional [,nɒn'fʌŋkʃənl] *agg.* (*arte, arch.*) non funzionale; non razionale.

non-gaseous [,nɒn'gæsjəs] *agg.* non gassoso.

non-historical [,nɒnhɪ'stɒrɪkl *amer.* ,nɒn hɪ'stɔ:rɪkl] *agg.* non storico; astorico.

non-human [,nɒn'hju:mən] *agg.* non umano; inumano.

nonillion [nəʊ'nɪljən / non·il·lion] *s.* (*amer.*) quinta potenza di un milione.

non-infectious [,nɒnɪn'fekʃəs] *agg.* (*med.*) non infettivo.

non-inflammable [,nɒnɪn'flæməbl] *agg.* ininfiammabile.

non-interest-bearing [,nɒn'ɪntrɪst,beərɪŋ] *agg.* (*fin.*) infruttifero: — *assets*, attività infruttifere.

non-interference [,nɒnɪntə'fɪərəns] *s.* (*pol.*) non-ingerenza.

non-intervention [,nɒnɪntə'venʃn] *s.* non intervento; non interventismo.

non-involvement [,nɒnɪn'vɒlvmənt] *s.* non-coinvolgimento.

non-ionic [,nɒnaɪ'ɒnɪk] *agg.* **1** (*fis.*) non polare **2** (*chim.*) non ionico: — *detergent*, detergente non ionico.

non-iron [,nɒn'aɪən] *agg.* non stiro, che non è necessario stirare (di indumento).

non-joinder [,nɒn'dʒɔɪndə*] *s.* (*dir.*) mancata citazione di litisconsorte necessario.

non-juring [,nɒn'dʒʊərɪŋ] *agg.* che rifiuta di prestare giuramento.

non-juror [,nɒn'dʒʊərə*] *s.* (*st.*) chi rifiuta di prestare giuramento di fedeltà al re (*spec.* a Guglielmo d'Orange).

non-legal [,nɒn'li:gl] *agg.* non legale, illegale, illecito.

non-logical [,nɒn'lɒdʒɪkl] *agg.* illogico.

non-market [,nɒn'mɑ:kɪt] *agg.* (*econ.*) non di mercato: — *services*, servizi non destinabili alla vendita.

non-material [,nɒnmə'tɪərɪəl] *agg.* immateriale: (*econ.*) — *goods*, beni immateriali.

non-member ['nɒn,membə*] *s.* non socio: *open to non-members*, aperto al pubblico.

non-metal [,nɒn'metl] *s.* (*chim.*) non-metallo.

non-monetary [,nɒn'mʌnɪtərɪ *amer.* ,nɒn'mʌnɪterɪ] *agg.* (*econ.*) non monetario, naturale: — *investment*, investimento in beni rifugio.

non-moral [,nɒn'mɒrəl] *agg.* **1** amorale **2** che non riguarda la morale.

non-nuclear [,nɒn'nju:klɪə* *amer.* ,nɒn 'nu:klɪə*] *agg.* **1** non nucleare **2** che non possiede armi nucleari **3** (*mil.*) convenzionale: — *weapons*, armi convenzionali.

no-no ['nəʊ,nəʊ] *s.* (*fam. amer.*) cosa proibita; cosa da non farsi; (*fig.*) tabù.

non-observance [,nɒnəb'zɜ:vns] *s.* (*dir.*) inosservanza.

non-official [,nɒnə'fɪʃl] *agg.* non ufficiale, ufficioso.

no-nonsense [,nəʊ'nɒnsəns] *agg.* (*fam.*) senza controsensi; immediato, diretto; pratico: *he spoke in a — tone of voice*, parlò in tono spiccio.

non-pageable [,nɒn'peɪdʒəbl] *agg.* (*inform.*) non divisibile in pagine.

nonpareil ['nɒnpərəl *amer.* ,nɒnpə'reɪl / non·par·eil] *agg.* (*letter.*) unico, impareggiabile ◆ *s.* **1** persona, cosa impareggiabile **2** (*tip.*) nonpariglia (corpo 6).

non-partisan [,nɒn'pɑ:tɪzæn *amer.* ,nɒn 'pɑ:tɪzn] *agg.* **1** imparziale; che non parteggia **2** (*pol.*) indipendente ◆ *s.* indipendente.

nonpayment [,nɒn'peɪmənt / non·pay·ment] *s.* mancato pagamento.

non-perishable [,nɒn'perɪʃəbl] *agg.* non deperibile.

non-person [,nɒn'pɜ:sn] *s.* (*pol.*) non persona; nullità; cittadini di serie B.

nonplus [,nɒn'plʌs / non·plus] *s.* (*rar.*) perplessità, imbarazzo.

to **nonplus** *pass.p.p.* **nonplussed** [,nɒn 'plʌst / non·plussed] *v.tr.* sconcertare, rendere perplesso; imbarazzare.

non-political [,nɒnpə'lɪtɪkl] *agg.* apolitico; che non ha a che fare con la politica.

non-profit-making [,nɒn'prɒfɪt,meɪkɪŋ]

non-profit [,nɒn'prɒfɪt] *agg.* **1** senza scopo, senza fini di lucro: — *organization, corporation, institution*, organizzazione, ente, organismo senza fini di lucro **2** che non dà profitto, che non rende.

non-proliferation [,nɒnprəʊ,lɪfə'reɪʃn] *agg.* e *s.* (*pol. mil.*) (di) non proliferazione.

non-reactive [,nɒnrɪ'æktɪv] *agg.* (*elettr.*) non reattivo; puramente resistivo.

non-representational ['nɒn,reprɪzen 'teɪʃənl] *agg.* (*arte*) non figurativo, astratto.

non-resident [,nɒn'rezɪdənt] *agg.* e *s.* **1** non residente; che, chi non risiede nel luogo ove svolge le sue mansioni: — *clergyman*, sacerdote che abita fuori parrocchia **2** (persona) di passaggio.

non-resistance [,nɒnrɪ'zɪstəns] *s.* resistenza passiva.

non-restrictive [,nɒnrɪ'strɪktɪv] *agg.* non restrittivo: — *practices*, pratiche non dirette a limitare la concorrenza.

non-returnable [,nɒnrɪ'tɜ:nəbl] *agg.* a perdere: — *bottle, packing*, vuoto, imballaggio a perdere.

non-rights [,nɒn'raɪts] *agg.* (*Borsa*) senza diritto di opzione: — *issue*, emissione (di azioni) senza diritto di opzione.

non-scientist [,nɒn'saɪəntɪst] *s.* profano.

non-selfgoverning [,nɒn,self'gʌvnɪŋ] *agg.* non autonomo, non indipendente.

nonsense ['nɒnsəns *amer.* 'nɒnsens / non·sense] *s.* [U] **1** nonsenso, assurdità; sciocchezza: *he kept on talking* —, continuò a dire sciocchezze // *I won't stand any —!*, e non far storie! // *to make (a) — of sthg.*, rovinare qlco., far fallire qlco. **2** filastrocca (senza né capo né coda) ◆ *inter.* ma no!; sciocchezze!; ma va!: *"I look awful in this orange hat!" "—, darling, you look wonderful!"*, "Sono orribile con questo cappello arancione!" "Non dire sciocchezze cara, ti sta benissimo!".

nonsensical [,nɒn'sensɪkl / non·sens·ical] *agg.* assurdo; privo di senso // **-ly** *avv.* // **-ness** *s.*

non-sequitur [,nɒn'sekwɪtə*] *s.* (*lat.*) conclusione che non deriva dalle premesse.

non-shrink [,nɒn'ʃrɪŋk] **non-shrinkable** [,nɒn'ʃrɪŋkəbl] *agg.* che non si restringe, irrestringibile (di tessuto).

non-skid [,nɒn'skɪd] **non-slip** [,nɒn'slɪp] *agg.* antisdrucciolevole, antisdrucciolo.

non-smoker [,nɒn'sməʊkə*] *s.* **1** non fumatore, chi non fuma **2** carrozza, scompartimento per non fumatori.

non-specialist [,nɒn'speʃəlɪst] *s.* non specialista; profano: *these theories sound startling to the* —, queste teorie sbalordiscono il profano.

non-specific [,nɒnspɪ'sɪfɪk] *agg.* aspecifico.

non-starter [,nɒn'stɑ:tə*] *s.* (*fam.*) **1** chi non ha possibilità di successo; fallito **2** cosa, idea destinata a fallire **3** cavallo, atleta iscritto che non partecipa alla corsa ◆ *agg.* che non ha possibilità di successo, destinato a fallire.

non-stick [,nɒn'stɪk] *agg.* anti-aderente.

nonstop [,nɒn'stɒp / non·stop] *agg.* continuo; ininterrotto ◆ *avv.* di continuo; ininterrottamente, senza sosta.

non-store ['nɒn,stɔ:*] *s.* (*comm.*) punto di vendita per acquisti da casa mediante videoterminale.

non-striker [,nɒn'straɪkə*] *s.* chi non sciopera, chi non aderisce a uno sciopero.

non-structural [,nɒn'strʌktʃərəl] *agg.* non strutturale.

nonsuit ['nɒnsu:t / non·suit] *s.* (*dir.*) non luogo a procedere: *to enter a* —, pronunciare un non luogo a procedere.

to **nonsuit** *v.tr.* (*dir.*) mettere fuori ruolo.

non-taxable [,nɒn'tæksəbl] *agg.* (*trib.*) non tassabile, esente da tasse: — *income*, reddito esente da tasse.

non-teaching [,nɒn'ti:tʃɪŋ] *agg.* non docente: — *staff*, personale non docente.

non-toxic [,nɒn'tɒksɪk] *agg.* (*med.*) atossico.

non-transferable [,nɒntræns'fɜ:rəbl] *agg.* personale, non trasferibile.

non-U [,nɒn'ju:] *agg.* (*fam. antiq.*) poco elegante, che le persone 'bene' non dicono o non fanno; non-in.

nonunion [,nɒn'ju:njən / non·union] *agg.* non iscritto al sindacato; extrasindacale.

nonunionist [,nɒn'ju:njənɪst / non·union·ist] *s.* lavoratore non iscritto al sindacato.

non-use [,nɒn'ju:s] *s.* **1** inutilizzazione **2** (*dir.*) inerzia, mancato esercizio di un diritto.

nonverbal [,nɒn'vɜ:bl / non·verbal] *agg.* non verbale // **-ly** *avv.*

non-viable [,nɒn'vaɪəbl] *agg.* non realizzabile.

non violence [,nɒn'vaɪələns] *s.* nonviolenza.

nonviolent [,nɒn'vaɪələnt / non·vi·ol·ent] *agg.* nonviolento.

non-volatile [,nɒn'vɒlətaɪl *amer.* ,nɒn 'vɒlətl] *agg.* (*chim.*) non volatile // (*inform.*) — *storage*, memoria non volatile.

non-voter [,nɒn'vəʊtə*] *s.* **1** chi non vota **2** chi non ha diritto al voto.

non-voting [,nɒn'vəʊtɪŋ] *agg.* che non ha diritto di voto; che non esercita il diritto di voto: (*comm.*) — *shares*, azioni senza diritto di voto.

nonwhite [,nɒn'waɪt / non·white] *agg.* e *s.* che, chi non è di razza bianca.

nonyl ['nɒnl] *s.* (*chim.*) nonile.

non-zero [,nɒn'zɪərəʊ] *agg.* (*inform.*) diverso da zero.

noodle[1] ['nu:dl] *s.* **1** sciocco; gonzo; minchione **2** (*fam. amer.*) testa, zucca // — *work*, lavoro, sforzo mentale.

to **noodle**[1] *v.intr.* **1** improvvisare (con uno strumento) **2** *to* — (*around*), fantasticare.

noodle[2] *s.* (*gener. pl.*) (*cuc.*) tagliolini.

nook [nʊk] *s.* cantuccio, angolino; angolo: *they explored every — and cranny*, esplorarono tutti gli angoli.

nook-shotten ['nʊk,ʃɒtn] *agg.* (*ant.*) frastagliato: *to buy a slobbery and dirty farm / in that nook-shotten isle of Albion*, (SH. Henry V) per comperare una fattoria trascurata e sudicia in quella frastagliato isola di Albione.

noon [nu:n] *s.* mezzogiorno: *twelve* —, le ore dodici, mezzogiorno.

noonday ['nu:ndeɪ / noon·day] **noontide** ['nu:ntaɪd / noon·tide] *agg.* e *s.* (di) mezzogiorno.

no one [ˈnəʊ wʌn] → **nobody**.

noose [nu:s] *s.* nodo scorsoio, cappio; trappola (*anche fig.*) // *hangman's* —, capestro.

to **noose** *v.tr.* **1** accalappiare **2** fare un cappio a **3** (*fig.*) impiccare.

nopal [ˈnəʊpəl] *s.* (*bot.*) **1** (*Nopalea cochinellifera*) cactus **2** (*Opuntia Ficus-indica*) fico d'India, opunzia.

nope [nəʊp] *avv.* (*fam. spec. amer.*) no.

no-place [ˈnəʊpleɪs] *avv.* (*fam. amer.*) → **nowhere**.

noplaceville [ˈnəʊpleɪs,vɪl / no·place·ville] *agg.* (*fam. amer.*) monotono, tedioso ◆ *s.* (*fam. amer.*) piccola cittadina senza importanza.

nor [nɔ:*] *cong.* (*spesso in correlazione con un'altra negazione*) né, neppure, nemmeno: *neither...* —..., né... né...: *neither good — bad*, né buono né cattivo; *neither Betty — I are able to help you*, né Betty né io possiamo aiutarti; *she was neither young — beautiful*, non era né giovane né bella; *he is neither good-looking, — talented, — affable*, non è piacente, e neppure dotato, e neanche gentile // All'inizio di frase richiede l'inversione del sogg.: *John's not going, and — is Ann*, John non va, e neppure Ann (ci va); *Sheila won't be there. Nor will Jack*, Sheila non ci sarà e neppure Jack; *We didn't enjoy ourselves. Nor did I*, Non ci siamo divertiti. E nemmeno io; *I can't see a solution, — can anyone else*, né io né nessun altro riesce a vedere una soluzione; *the truth never came out, — do I think it ever will*, (*form.*) la verità non è mai venuta a galla e non credo che ciò avverrà mai.

nor' abbr. di → **north**.

noradrenaline [,nɔ:rəˈdrenəlɪn / nor·ad·ren·al·ine] *s.* (*biochim.*) noradrenalina.

Nordic [ˈnɔ:dɪk] *agg.* nordico, di razza nordica.

norepinephrine [,nɔ:repəˈnefrɪn / nor·ep·i·neph·rine] *s.* (*biochim.*) norepinefrina.

noria [ˈnɔ:rɪə] *s.* (*mecc.*) noria.

norite [ˈnɔ:raɪt / nor·ite] *s.* (*geol.*) norite.

norland [ˈnɔ:lənd / nor·land] *s.* (*ant.*) paese nordico.

norm [nɔ:m] *s.* **1** norma, regola: — *of Catholic worship*, norma del culto cattolico **2** modello, tipo **3** consuetudine, costume **4** (*mat.*) norma: — *of a vector*, norma di un vettore **5** (*econ.*) norma (di produzione).

normal [ˈnɔ:məl / nor·mal] *agg.* **1** normale, regolare, medio // *Normal School*, scuola di tirocinio per insegnanti **2** (*mat.*) perpendicolare, normale // (*stat.*): — *curve*, curva gaussiana, curva normale; — *distribution*, distribuzione normale **3** (*chim.*) normale (di concentrazione): — *solution*, soluzione, concentrazione normale ◆ *s.* (*mat.*) normale, perpendicolare // **-ly** *avv.*

normality [nɔ:ˈmælətɪ / nor·mal·ity] spec. amer. **normalcy** [ˈnɔ: məlsɪ / nor·malcy] *s.* normalità.

normalization [,nɔ:məlaɪˈzeɪʃn / nor·mal·iza·tion] *s.* normalizzazione // (*stat.*) — *of a variable*, normalizzazione di una variabile.

to **normalize** [ˈnɔ:məlaɪz / nor·mal·ize] *v.tr.* normalizzare // (*econ.*) *normalized balance*, saldo normalizzato.

Norman [ˈnɔmən / Nor·man] *agg.* normanno: — *style*, stile romanico, normanno // *the — Conquest*, la conquista normanna dell'Inghilterra (1066) ◆ *s.* normanno.

normative [ˈnɔ:mətɪv / norm·at·ive] *agg.* normativo // **-ly** *avv.*

normed [ˈnɔ:md] *agg.* (*mat.*) normato: — *space*, spazio normato.

normocyte [ˈnɔ:məʊ,saɪt / normo·cyte] *s.* (*biol.*) normocito.

Norse [nɔ:s] *agg.* e *s.* norvegese.

Norseman [ˈnɔ:smən / Norse·man] *pl.* **Norsemen** *s.* norvegese.

north [nɔ:θ] *agg.* del nord, nordico, settentrionale, artico; situato verso nord; esposto a nord: *the — side*, il lato nord; *a — room*, una stanza esposta a nord; — *wind*, vento del nord // *North Star*, stella polare // *North Country*, le zone settentrionali dell'Inghilterra // *the North Sea*, il Mare del Nord ◆ *s.* **1** nord, settentrione, parte settentrionale (di regione, paese): *true, magnetic* —, nord geografico, magnetico // *the North*, l'Inghilterra del nord; Stati Uniti del nord; (*st.*) stati nordisti // — *countryman*, settentrionale (inglese) **2** vento del nord.

north *avv.* a nord, verso nord: — *of*, a nord di; *it faces* —, è esposto a nord; *to go* —, andare a nord.

northbound [ˈnɔ:θbaʊnd / north·bound] *agg.* diretto a nord, che va a nord.

northeast [,nɔ:θˈi:st / north·east] *s.* nord-est ◆ *agg.* di nord-est, nordorientale.

northeaster [,nɔ:θˈi:stə* / north·easter] *s.* (*meteor.*) vento di nord-est.

northeasterly [,nɔ:θˈi:stəlɪ / north·east·erly] **northeastern** [,nɔ:θˈi:stən / north·east·ern] *agg.* di nord-est, nordorientale.

northeastward [nɔ:θˈi:stwəd / north·east·ward] *agg.* a, di, rivolto a nord-est ◆ *s.* nord -est ◆ *avv.* verso nord-est.

norther [,nɔ:ðə*] *s.* (*meteor.*) vento da, del nord.

northerly [ˈnɔ:ðəlɪ / north·erly] *agg.* del, dal nord; settentrionale: *in a — direction*, verso nord ◆ *s.* (*spec. pl.*) (*meteor.*) vento del nord ◆ *avv.* a, dal, verso nord.

northern [ˈnɔ:ðn / north·ern] *agg.* del nord, nordico, settentrionale; artico // — *lights*, aurora boreale.

Northerner [ˈnɔ:ðənə* / North·erner] *s.* **1** abitante del nord **2** (*amer.*) abitante della parte settentrionale degli Stati Uniti.

northernmost [ˈnɔ:ðnməʊst / north·ern·most] *agg.* il più a nord, il più settentrionale; dell'estremo nord.

northing [ˈnɔ:θɪŋ / north·ing] *s.* (*mar.*) **1** spostamento verso nord (espresso in gradi di latitudine) **2** latitudine nord.

Northman [ˈnɔ:θmən / North·man] *pl.* **Northmen** *s.* (*st.*) scandinavo; svedese; norvegese.

Northumbrian [nɔ:ˈθʌmbrɪən / North·um·brian] *agg.* appartenente all'antica Northumbria; del Northumberland (Contea a nord del fiume Humber) ◆ *s.* abitante, dialetto dell'antica Northumbria; abitante del Northumberland.

northward [ˈnɔ:θwəd / north·ward] *agg.* settentrionale, verso nord ◆ *s.* nord, direzione nord.

northward(s) [ˈnɔ:θwəd(z) / north·ward(s)] *avv.* in direzione nord.

northwest [,nɔ:θˈwest / north·west] *s.* nord-ovest ◆ *agg.* di nord-ovest, nordoccidentale.

northwester [,nɔ:θˈwestə* / north·wester] *s.* (*meteor.*) vento di nord-ovest.

northwesterly [,nɔ:θˈwestəlɪ / north·wester·ly] *agg.* di nord-ovest, nordoccidentale.

northwestern [,nɔ:θˈwestən / north·west·ern] *agg.* di nord-ovest, nordoccidentale.

northwestward [,nɔ:θˈwestwəd / north·west·ward] *agg.* a, di, rivolto a nord-ovest ◆ *s.* nord-ovest.

northwestward(s) [,nɔ:θˈwestwəd(z)] *avv.* verso nord-ovest.

Norwegian [nɔ:ˈwi:dʒən / Nor·we·gian] *agg.* e *s.* norvegese.

nor'-wester [nɔ:ˈwestə*] *s.* (*contr.* di *north-wester*) **1** forte vento di nord-ovest **2** bicchiere di liquore forte **3** cappuccio impermeabile da marinaio.

nos- [nɒs] → **noso-**.

noscapine [ˈnɒskə,pi:n / nos·cap·ine] *s.* (*chim.*) narcotina.

nose [nəʊz] *s.* **1** naso: *he blew his* —, si soffiò il naso; *he has a snub* —, ha il naso camuso; *to have a runny* —, avere il naso che cola; *to speak through one's* —, parlare nel naso // *by a* —, con un piccolissimo margine (in corse di cavalli ecc.) // *on the* —, (*fam. amer.*) esattamente, precisamente // *under s.o.'s* —, sotto il naso di qlcu. // *to have one's — in the air*, essere distratto // *to look down one's — at s.o.*, (*fam.*) guardare dall'alto in basso qlcu. // *to keep one's — clean*, tenersi fuori dai guai // *to get up s.o.'s* —, (*fam.*) irritare qlcu. // *to keep one's — to the grindstone*, (*fam.*) lavorare duro // *to see no further than (the end of) one's* —, (*fam.*) non vedere più in là del proprio naso // *to follow one's* —, andare a naso // *to lead by the* —, (*fam.*) menare per il naso // *to pay through the* —, (*fam.*) pagare un prezzo esorbitante // *to poke one's — in* (o *into sthg.*), (*fam.*) ficcare il naso in (qlco.) // *to put s.o.'s — out of joint*, (*fam.*) giocare un brutto tiro a qlcu. // *to turn up one's — at s.o., sthg.*, arricciare il naso davanti a qlcu., qlco. **2** muso (di animali); parte anteriore di aeroplani, navi // — *to tail*, in fila indiana **3** odorato; fiuto; sagacia: *to have a good — for sthg.*, aver fiuto, aver buon naso per qlco. **4** volata (di cannone); apertura (di tubo ecc.) **5** (*geogr.*) sperone, crinale roccioso **6** (*sl.*) spia.

to **nose** *v.tr.* e *intr.* **1** muoversi lentamente e con cautela (in avanti): *the limousine nosed past the crowd*, la limousine superò lentamente la folla **2** fiutare, odorare: *he noses a job in everything*, ha un fiuto straordinario per gli affari; *to — at sthg.*, fiutare qlco. **3** *to — after, for* (*sthg.*), cercare qlco.

□ **nose about, around** *v.intr.* e *avv.* (*fam.*) curiosare, ficcare il naso; investigare: *I don't want him nosing around here*, non lo voglio a ficcare il naso qui in giro.

□ **nose down** *v.intr.* e *avv.* picchiare (di aereo).

□ **nose out** *v.tr.* e *avv.* **1** scovare tramite l'olfatto **2** (*fig.*) fiutare; scovare: *the reporters nosed out the scandal*, i giornalisti avevano avuto sentore dello scandalo.

□ **nose up** *v.intr.* e *avv.* cabrare (di aereo).

nosebag ['nəʊzbæg / nose·bag] *s.* sacchetta per foraggio (sospesa al muso dei cavalli).

nose-band ['nəʊzbænd] *s.* tirante (della briglia).

nosebleed ['nəʊzbli:d / nose·bleed] *s.* (*med.*) emorragia dal naso; (*fam.*) sangue dal naso.

nosecone ['nəʊz,kəʊn / nose·cone] *s.* ogiva (di proiettile, missile, veicolo spaziale).

nosedive ['nəʊzdaɪv / nose·dive] *s.* **1** (*aer.*) picchiata **2** (*fig.*) crollo improvviso, brusca caduta (di prezzi ecc.).

to **nosedive** *v.intr.* (*aer.*) scendere in picchiata, picchiare.

nosefuse ['nəʊz,fju:z / nose·fuse] *s.* (*mil. amer.*) spoletta anteriore.

nosegay ['nəʊzgeɪ / nose·gay] *s.* mazzolino di fiori.

nose-piece ['nəʊzpi:s] *s.* ponte (degli occhiali).

nose-rag ['nəʊzræg] *s.* (*fam.*) fazzoletto (da naso).

nosey ['nəʊzɪ] *agg.* **1** (*fam.*) indiscreto, ficcanaso **2** nasuto **3** (*non com.*) nasale **4** (*non com.*) di odore sgradevole ◆ *s.* **1** (*fam. spreg.*) ficcanaso **2** (*non com.*) nasone, persona dal naso grande.

nosh [nɒʃ] *s.* (*sl.*) cibo, mangiare; mangiata.

to **nosh** *v.intr.* (*sl.*) mangiare.

noshery ['nɒʃərɪ / nosh·ery] *s.* (*fam. amer.*) ristorante (dove si possono consumare piccoli pasti).

no-show ['nəʊ,ʃəʊ] *s.* (*fam. amer.*) **1** persona che non si presenta a un appuntamento **2** persona che non si presenta a occupare un posto prenotato (in aereo ecc.).

nosh-up ['nɒʃʌp] *s.* (*fam.*) grande pasto, mangiata.

nosily ['nəʊzɪlɪ / nos·ily] *avv.* (*fam.*) da ficcanaso.

nosiness ['nəʊzɪnɪs / nosi·ness] *s.* (*fam.*) curiosaggine, curiosità.

nosing ['nəʊzɪŋ / nos·ing] *s.* **1** (*edil.*) sporgenza; estremità della pila di un ponte, tagliaacqua **2** striscia di metallo protettiva (di gradino) **3** (*ferr.*) serpeggiamento.

noso- ['nɒsəʊ] *pref.* di origine greca usato nella terminologia medica con significato di 'malattia, relativo alle malattie'; it. noso-: *nosogenesis*, nosogenesi; *nosography*, nosografia.

nosological [,nɒsə'lɒdʒɪkl / noso·lo·gical] *agg.* (*med.*) nosologico.

nosology [nə'sɒlədʒɪ / noso·logy] *s.* (*med.*) nosologia.

nostalgia [nɒ'stældʒə / nos·tal·gia] *s.* nostalgia.

nostalgic [nɒs'tældʒɪk / nos·tal·gic] *agg.* nostalgico // **-ally** *avv.*

nostril ['nɒstrəl / nos·tril] *s.* **1** (*anat.*) narice // *to stink in somebody's nostrils*, (*ant.*) essere odioso a qlcu. **2** frogia (di cavallo).

nostrum ['nɒstrəm / nos·trum] *s.* (*spreg.*) rimedio da ciarlatani; toccasana, panacea (*anche fig.*).

nosy → **nosey**.

nosy parker [,nəʊzɪ'pɑ:kə*] *s.* (*fam.*) ficcanaso, impiccione.

not [nɒt] *avv.* **1** non; no: — *knowing him...*, non conoscendolo...; *he is — able to handle it*, non è in grado di trattare la cosa; *I hope* —, spero di no; *tell him — to go*, digli di non andare; *I can't decide whether it's right or* —, non so decidere se sia giusto o no; *whether or — you like it*, che ti piaccia o no; — *just anyone but the boss himself*, non uno qualunque, ma il capo in persona; — *another penny*, non una lira di più; — *a moment longer*, non un minuto di più **2** (*contratto in* n't *si unisce ai 'modal verbs'*): *don't you know?*, non sapete?; *hasn't he told you?*, non te l'ha detto?; *I won't go*, non andrò, non ci voglio andare; *I wouldn't mind going*, non mi spiacerebbe andare; *she isn't rich, is she?*, non è ricca, vero?; *you've been to Rome, haven't you?*, sei stato a Roma, vero?

◆ FRASEOLOGIA: — *at all*, niente affatto; prego (in risposta a 'grazie') // — *bad*, non c'è male // — *half!*, davvero! // — *in the least*, niente affatto // — *much*, non molto // *"Will he ever come?" "Not him!"*, "Lui verrà?" "Lui? No, davvero!" // — *all there*, (*fam.*) non del tutto normale, strano (di persona, comportamento ecc.).

notability [,nəʊtə'bɪlətɪ / not·ab·il·ity] *s.* **1** notabilità, cospicuità, ragguardevolezza **2** notabile, persona eminente, importante.

notable ['nəʊtəbl / not·able] *agg.* degno di nota, notevole; rilevante; insigne ◆ *s.* notabile, persona eminente.

notableness ['nəʊtəblnɪs / not·able·ness] → **notability**.

notably ['nəʊtəblɪ / not·ably] *avv.* **1** particolarmente, specialmente **2** notevolmente, considerevolmente; sensibilmente.

notarial [nəʊ'teərɪəl / not·ar·ial] *agg.* notarile, di notaio: — *act*, atto notarile.

notarially [nəʊ'teərɪəlɪ / not·ari·ally] *avv.* per via notarile.

notarization [,nəʊtəraɪ'zeɪʃn / not·ar·iza·tion] *s.* (*dir. spec. amer.*) certificazione, autenticazione notarile.

to **notarize** ['nəʊtəraɪz / not·ar·ize] *v.tr.* (*dir. spec. amer.*) legalizzare (da parte di un notaio).

notary ['nəʊtərɪ / not·ary] *s.* — *public*, notaio: *before a* —, davanti al notaio; (*amer.*) soggetto abilitato all'autenticazione delle firme.

to **notate** ['nəʊteɪt / not·ate] *v.tr.* (*mus.*) fare una notazione di: *to — music*, segnare, trascrivere le note, fare la notazione di una musica // *to — dance steps*, trascrivere passi di danza servendosi di simboli.

notation [nəʊ'teɪʃn / nota·tion] *s.* **1** (*mus.*) notazione **2** annotazione; nota **3** (*dir.*) annotazione, nota **4** (*inform.*) notazione.

notch [nɒtʃ] *s.* **1** (*mecc.*) tacca, dentellatura, incavo a V **2** intaglio **3** (*fig.*) passo, gradino: *he's a — above anyone else in the business*, negli affari è un gradino al di sopra di chiunque altro **4** (*geogr. spec. amer.*) passo fra monti **5** (*anat.*) incisione.

to **notch** *v.tr.* **1** (*mecc.*) fare delle tacche a V; dentellare **2** intagliare **3** (*fam.*) raggiungere (un risultato), ottenere (una vittoria); segnare (una rete ecc.), fare (un punto).

notchback ['nɒtʃbæk / notch·back] *s.* (*aut.*) inclinazione inversa (del lunotto).

note [nəʊt] *s.* **1** nota, annotazione, appunto: *to take notes*, prendere appunti; *every day he makes a — in his diary of how much money he has spent*, ogni giorno prende nota nel suo diario del denaro speso; *to speak from notes*, parlare seguendo appunti, consultando delle note // *take — of the way he holds the racket*, (*fig.*) prendi nota, fai ben attenzione al modo in cui impugna la racchetta // *to make a mental — of sthg.*, prendere nota, imprimersi nella memoria qlco.; *to have* (o *keep*) *a mental — of sthg.*, tenere a mente, ricordare qlco. // *to compare notes*, (*fam.*) scambiarsi le proprie impressioni, opinioni **2** nota, postilla, commento, spiegazione; chiosa: *critical notes on a work*, commento critico su di un'opera; *the notes at the end of the book were very useful*, le note alla fine del libro sono state molto utili; *to write* (o *to make*) *notes on a text*, commentare un testo // *bibliographical* —, nota bibliografica // (*dir.*) — *of case*, nota a sentenza **3** nota, comunicazione scritta (per lo più di carattere ufficiale); bigliettino, breve lettera: *diplomatic* —, nota diplomatica; *I wrote her a — of thanks at once*, le scrissi immediatamente un biglietto di ringraziamento **4** (*mus.*) nota; tasto, chiave: *to sing* (o *to play*) *a false* —, prendere una nota falsa **5** suono (continuo); verso (di animale), canto di uccello; (*ant.*) canto, canzone, aria, melodia **6** (*fig.*) nota, tono, accento: *there was a — of anger in her voice*, c'era una nota di rabbia nella sua voce; *he struck a — of sympathy in his audience*, fece risuonare, suscitò tra il pubblico una nota di simpatia // *speech that hits the right* —, discorso che ha il tono giusto **7** (*comm.*) titolo di credito, obbligazione cartolare; (*promissory*) — (o — *of hand*), pagherò cambiario, cambiale, vaglia cambiario; — *payable*, cambiale passiva; — *receivable*, cambiale attiva // (*amm.*) *notes payable, receivable*, effetti passivi, attivi **8** (*fin.*) carta commerciale, carta finanziaria; titolo: *issuance facility* —, operazione di finanziamento a medio termine (in cui il prenditore emette titoli a breve); *medium term* —, titolo a medio termine; *treasury* —, (*amer.*) buono del tesoro pluriennale; *floating* —, certificato di credito a tasso fluttuante // *bought* (o *sold*) —, fissato bollato **9** banconota, biglietto (di banca, di stato): *a £ 5* —, una banconota da £ 5; — *circulation*, circolazione cartacea; — *issue*, emissione di biglietti AMER. **bill** **10** marchio, segno: — *of infamy*, marchio d'infamia; *once more, the more to aggravate the note, / with a foul traitor's name stuff I thy throat*, (SH. Richard II) ancora una volta, ad aggravare il marchio d'infamia, ti caccio in gola il nome turpe di traditore **11** (*form.*) rinomanza; distinzione; importanza: *nothing of* —, niente d'importante; *a man of* —, un personaggio di rilievo // *it is worthy of — that...*, conviene notare che...

to **note** *v.tr.* (*form.*) **1** notare, accorgersi di, considerare, osservare; ricordare, prendere nota di **2** (far) notare, rilevare, rimarcare, richiamare l'attenzione su **3** prendere nota di, annotare; registrare: *to — sthg.* (*down*), prendere nota di, registrare qlco. **4** (*ant.*) marchiare: *you have condemned and noted Lucius Pella*, (SH. Julius Caesar) avete condannato e marchiato Lucio Pella.

notebook ['nəʊtbʊk / note·book] *s.* taccuino, notes; (*inform.*) pc di piccole dimensioni.

notecase ['nəʊtkeɪs / note·case] *s.* (*non com.*) portafoglio.

noted ['nəʊtɪd] *agg.* **1** noto, illustre, celebre, famoso, rinomato (di persona) **2** rimarchevole, degno di nota (di cosa).

notelet ['nəʊtlɪt / note·let] *s.* **1** noterella; breve annotazione **2** biglietto, cartoncino.

notepad ['nəʊtpæd / note·pad] *s.* blocchetto (per appunti).

notepaper ['nəʊtpeɪpə* / note·paper] *s.* carta da lettere.

noteworthy ['nəʊt,wɜːðɪ / note·worthy] *agg.* notevole, degno di nota // **-iness** *s.*

nothing ['nʌθɪŋ / noth·ing] *avv.* niente affatto, per nulla: *this house is — near large enough for us*, questa casa non è assolutamente grande abbastanza per noi; *we should have been — the worse for it*, non ci avrebbe fatto per niente male // *— like*, niente affatto simile a: *this is — like what I expected*, questo non è per nulla simile a quanto immaginavo // *— short of*, nient'altro che, soltanto: *it's — short of blackmail*, non è nient'altro che un ricatto, è un ricatto puro e semplice, è un ricatto bello e buono.

nothing *pron.indef.* nulla, niente, nessuna cosa [cfr. *anything*]: *we saw —*, non abbiamo visto nulla; *I have — to do*, non ho niente da fare; *she said — and went out*, non disse nulla e uscì; *— ever happens here*, qui non succede mai niente; *— new, good*, niente di nuovo, di buono; *there's — easier than losing your way*, non c'è niente di più facile che perdere la strada; *there's — so unpleasant as a quarrel*, non c'è nulla di tanto antipatico quanto un litigio; *"What's the matter with you?" "It's — to worry about"*, "Che cosa c'è?, Che cos'hai?" "(Non è) niente di preoccupante"; *"Have you had anything for breakfast?" "No, we've had — yet"*, "Avete preso niente per colazione?", "No, non abbiamo preso ancora niente"; *— doing*, (*fam.*) (non c'è) niente da fare // *less than —*, meno di niente // *— much*, poco, quasi niente: *— much was decided at the meeting*, nella riunione è stato deciso poco o niente; *there was — much I liked*, non mi è piaciuto quasi niente // *— but*, nient'altro che: *this is — but the truth*, questa non è (altro) che la pura verità; *he did — but sleep*, non faceva (altro) che dormire; *she talks of — but going abroad*, non parla (d'altro) che di andare all'estero; *they could do — (else) but obey*, non poterono far altro che ubbidire // *to have — to do with*, non aver niente a che fare con // *as if — at all was the matter*, come se niente fosse // *to make — of sthg.*, non capire niente di qlco.: *I could make — of the film*, non ho capito niente del film // *to be — to*, non essere nulla per, al confronto (di); non interessare (a): *the mountains of England are — to the Alps*, le montagne dell'Inghilterra non sono niente in confronto alle Alpi; *there's — to it*, non ci vuole niente (a farlo), è facilissimo; *there's — to riding a horse*, è facilissimo andare a cavallo; *your problems are — to her*, i tuoi problemi non la interessano; *it's — to me what you do with your life*, non m'interessa affatto ciò che fai della tua vita // *to mean —*, non significare nulla: *money means — to me*, i soldi non mi interessano // *to think — of sthg.*, non tenere in considerazione qlco.; non pesare: *when I was young I walked two miles every day and thought — of it*, quando ero giovane facevo due miglia a piedi tutti i giorni, ma non mi pesavano ◆ *s.* **1** (*mat.*) zero **2** niente; nullità; cosa da nulla; bagattella: *he is a mere —*, è uno zero, una nullità; *he whispered sweet nothings to her*, le sussurrava dolci paroline; *to come to —*, risultare inutile, andare in fumo // *much ado about —*, molto rumore per nulla.

nothingness ['nʌθɪŋnɪs / noth·ing·ness] *s.* **1** inesistenza; il nulla: *God created the world out of —*, Dio creò il mondo dal nulla **2** nullità **3** bazzecola, inezia, bagattella.

notice ['nəʊtɪs / no·tice] *s.* **1** avviso, avvertimento; annuncio; inserzione; cartello, manifesto: *public —*, avviso al pubblico; *until further —*, fino a nuovo avviso; *to give* (o *serve*) *— of one's intentions*, avvertire delle proprie intenzioni; *to send a — of payment*, mandare un avviso di pagamento; *the — on the wall says 'Silence'*, il cartello sulla parete porta scritto 'Silenzio' // *— board*, (*brit.*) tabellone (per affissioni), bacheca **2** (*dir.*) intimazione; notifica: *— of measures about to be taken*, notifica dei provvedimenti che saranno presi; *to serve a — on s.o.*, notificare un mandato d'arresto a qlcu. // *— of intended prosecution*, comunicazione giudiziaria // *— to perform*, intimazione a eseguire il contratto **3** preavviso; disdetta; licenziamento: *at short —*, con breve preavviso; *at a moment's, at five minutes' —*, sui due piedi, con un brevissimo preavviso; *to give — to quit*, dare disdetta; *to give a week's —*, dare una settimana di preavviso; *to give s.o. —*, licenziare qlcu.; *to hand in one's —*, dare le dimissioni // *— deposit*, deposito con (termine di) preavviso // *withdrawal —*, preavviso di prelievo **4** attenzione; cura; osservazione: *to bring sthg. to s.o.'s —*, portare qlco. all'attenzione di qlcu.; *who brought it to your —?*, chi te l'ha fatto notare?; *to come to s.o.'s —*, attrarre l'attenzione di qlcu.; *to take — of sthg.*, osservare qlco., fare attenzione a qlco.; occuparsi di qlco.; accorgersi di qlco.; fare caso, badare a qlco.; *take no — of him*, non fargli caso; *to escape the — of s.o.*, sfuggire all'attenzione di qlcu. // *public —*, attenzione, considerazione generale **5** recensione, critica (su un giornale).

to **notice** *v.tr.* **1** osservare **2** (I, V) osservare, fare attenzione a; badare a, occuparsi di; notare, accorgersi di: *did you — her new ring?*, avete notato il suo nuovo anello?; *she liked to get herself noticed*, le piaceva essere osservata, farsi notare; *did you — anyone come* (o *coming*) *out of his room?*, non avete notato nessuno che usciva dalla sua stanza? **3** (*ant.*) avere attenzioni, riguardi, cortesie per, verso **4** (*giornalismo*) recensire **5** (*dir.*) intimare mediante notifica.

noticeable ['nəʊtɪsəbl / no·tice·able] *agg.* **1** notevole, rilevante **2** (ben) visibile, evidente // **-bly** *avv.*

notifiable ['nəʊtɪfaɪəbl / no·ti·fi·able] *agg.* da denunciarsi: *a — disease*, una malattia da dichiarare alla Sanità.

notification [,nəʊtɪfɪ'keɪʃn / no·ti·fica·tion] *s.* **1** (*form.*) notificazione, notifica **2** (*dir.*) comunicazione, denuncia (di nascita, di morte).

to **notify** ['nəʊtɪfaɪ / no·tify] *v.tr.* **1** (*form.*) notificare, far sapere: *to — s.o. of sthg.*, notificare qlco. a qlcu.: *please, — us if there should be any changes*, per favore, informateci se dovessero verificarsi eventuali cambiamenti **2** (*dir.*) comunicare, dare avviso (all'autorità): *to — a birth*, denunziare la nascita di un bambino.

notion ['nəʊʃn / no·tion] *s.* **1** idea, opinione; teoria: *I haven't the vaguest — of what he means*, non ho la più vaga idea di quello che intende dire; *it is a common — that*, è opinione comune che; *to take up a —*, mettersi in testa qlco. **2** (*fil.*) nozione, concetto **3** desiderio improvviso; capriccio, ghiribizzo **4** (*antiq.*) intenzione, progetto: *I have no — of resigning*, non ho intenzione di dimettermi **5** *pl.* (*amer.*) piccoli oggetti utili a poco prezzo, aggeggini, gingillini; mercerie, articoli minuti per lavori di cucito.

notional ['nəʊʃənl / no·tional] *agg.* **1** immaginario, ipotetico, irreale **2** speculativo, teorico **3** (*ling.*) nozionale **4** (*econ.*) figurativo: *— income*, reddito figurativo; *— rent*, affitto figurativo; *— principal* (o *capital*), capitale di riferimento (negli swap) **5** (*amer.*) bizzarro, stravagante; fantasioso; fantastico // **-ly** *avv.*

notochord ['nəʊtə,kɔːd / no·to·chord] *s.* (*zool.*) notocorda.

notoriety [,nəʊtə'raɪətɪ / no·tori·ety] *s.* **1** (cattiva) fama, (brutta) nomea: *the — of Jack the Ripper*, la fama di Jack lo Squartatore **2** notorietà, rinomanza.

notorious [nəʊ'tɔːrɪəs / no·tori·ous] *agg.* **1** famigerato, tristemente famoso, noto: *a — smuggler*, un famigerato contrabbandiere; *Vlad was — for his methods of punishment*, Vlad era tristemente famoso per i suoi metodi punitivi // *he's a — womanizer*, è un noto, famigerato donnaiolo **2** noto, conosciuto, manifesto, notorio; evidente // **-ly** *avv.* // **-ness** *s.*

notwithstanding [,nɒtwɪθ'stændɪŋ / not·with·stand·ing] *avv.* (*form.*) nondimeno, ciononostante, tuttavia ◆ *cong.* (*form.*) benché, sebbene, quantunque ◆ *prep.* (*form.*) nonostante, malgrado: *— his pleas of innocence, he was put under arrest*, nonostante si dichiarasse innocente, fu messo in stato d'arresto.

nougat ['nuːgɑː; *amer.* 'nuːgət / nou·gat] *s.* torrone.

nought [nɔːt] *agg.* (*ant.*) cattivo; sbagliato; immorale: *verily if all things that evil and vicious manners have caused to seem inconvenient and nought should be refused...*, (T. MORE) in verità se dovessimo rifiutare tutte le cose che le maniere cattive e depravate ci han fatto apparire immorali e sbagliate...

nought *s.* **1** zero **2** (*form.*) nulla, niente // *to bring to —*, rovinare; *to come to —*, rovinarsi.

noughts and crosses [,nɔːtsən'krɒsɪs] *s.* "tris", "zeri e ics" (gioco inglese consistente nello scrivere a turno una ics o uno zero in uno dei nove spazi in cui è stato diviso un foglio; vince chi per primo riesce a completare una fila di tre zeri o di tre ics) AMER. **tic-tac-toc**.

noumenon ['naʊmənɒn / nou·menon] *pl.* **noumena** ['naʊmənə / nou·mena] *s.* (*fil.*) noumeno.

noun [naʊn] *s.* (*gramm.*) nome, sostantivo.

to **nourish** ['nʌrɪʃ / nour·ish] *v.tr.* **1** nutrire, alimentare: *to — a puppy on milk*, nutrire un cucciolo con latte; *to — the soil*, concimare il terreno **2** (*fig.*) nutrire, accarezzare, alimentare (speranza ecc.): *she nourished the illusion that she would be offered a job*, teneva viva, coltivava l'illusione che le sarebbe stato offerto un lavoro.

nourishable ['nʌrɪʃəbl / nour·ish·able] *agg.* (*ant.*) nutribile.

nourishing ['nʌrɪʃɪŋ / nour·ish·ing] *agg.* nutriente, nutritivo.

nourishment ['nʌrɪʃmənt / nour·ish·ment] *s.* **1** nutrimento, alimento (*anche fig.*) **2** nutrizione, alimentazione.

nous [naʊs] *s.* **1** (*fil.*) nous; mente, intelletto **2** (*fam. antiq.*) senso comune; accortezza.

nouveau riche [,nu:vəʊ'ri:ʃ] *pl.* **nouveaux riches** *s.* (*fr.*) arricchito.

nova ['nəʊvə] *pl.* **novas**, **novae** ['nəʊvi: / no·vae] *s.* (*astr.*) nova.

novation [nəʊ'veɪʃn / nova·tion] *s.* (*dir.*) novazione (spec. dei soggetti dell'obbligazione).

novel[1] ['nɒvl] *agg.* nuovo; insolito; originale.

novel[2] *s.* **1** romanzo: *biographical* —, romanzo biografico; *detective* —, romanzo poliziesco **2** (*ant.*) novella: *this is no mere amatorious novel... but this is a deep and serious verity*, (MILTON) non è una semplice novella amorosa... ma una profonda e seria verità **3** *pl.* (*dir.*) Novelle (nel Codice di Giustiniano).

novelette [,nɒvə'let / nov·el·ette] *s.* **1** romanzo breve e leggero; romanzo rosa **2** (*mus.*) novelletta.

novelist ['nɒvəlɪst / nov·el·ist] *s.* romanziere.

to **novelize** ['nɒvəlaɪz / nov·el·ize] *v.tr.* romanzare.

novella [nəʊ'velə / no·vella] *pl.* **novellas**, **novellae** [nəʊ'veli:] *s.* novella; racconto.

novelty ['nɒvltɪ / nov·elty] *s.* **1** novità, cosa nuova; originalità: *it was a — to him to spend his holiday in Africa*, fu una novità per lui passare le vacanze in Africa; *the — of having finished school soon wore off*, passò subito la novità di aver finito la scuola // (*dir.*) *objection for want of* —, opposizione alla concessione di un brevetto per mancanza di originalità **2** novità, oggetto all'ultima moda.

November [nəʊ'vembə* / No·vem·ber] *s.* novembre.

novice ['nɒvɪs / nov·ice] *s.* **1** principiante; apprendista: *to be a — in* (o *at*) *sthg.*, essere principiante in qlco. **2** (*eccl.*) novizio.

noviciate [nəʊ'vɪʃɪət / no·vi·ci·ate] **novitiate** [nəʊ'vɪʃɪɪt / no·vi·ti·ate] *s.* **1** (*eccl.*) noviziato: *to go through one's* —, fare il noviziato **2** (*non com.*) apprendistato, tirocinio.

novobiocin [,nəʊvəʊ'baɪəsɪn / no·vo·bio·cin] *s.* (*biochim.*) novobiocina.

novocain(e)® ['nəʊvəʊkeɪn / no·vo·cain(e)] *s.* novocaina®, procaina.

now [naʊ] *avv.* **1** ora, adesso; in questo momento, al presente: *I should be going —, it's late!*, dovrei andare ora, è tardi!; *— or never!*, adesso o mai più // —... —..., ora... ora: *— loud, — low*, ora forte, ora piano; *— here — there*, ora qui ora lì // *by* —, a quest'ora; ormai: *he ought to be here by* —, dovrebbe essere qui a quest'ora // *right* — (o *just* —), proprio adesso; *I'm going out right* —, sto uscendo proprio adesso; *he should be catching the plane right* —, dovrebbe prendere l'aereo proprio in questo momento; *I saw him just* —, l'ho visto proprio ora; *I had it in my hand just —, and — I can't find it*, l'avevo in mano proprio in questo istante, e ora non lo trovo più // *for* —, per ora // *from — on*, d'ora in poi // *till* (o *until* o *up to*) —, finora // *— and again* (o *— and then*), di quando in quando; *every — and again* (o *every — and then*), ogni tanto // *— for home!*, (*fam.*) e adesso si va a casa!; *and — for the real business of the meeting*, (*fam.*) e ora siamo arrivati alla parte più importante dell'incontro **2** subito, immediatamente: *he's going to come* —, verrà immediatamente **3** ora, allora, in quel momento: *it was — clear that...*, allora risultò chiaro che...; *he walked through the park, — feeling more at peace with the world*, camminò per il parco, sentendosi ora più in pace col mondo **4** (*con significato enunciativo o esplicativo*) ora, ebbene; dunque: *—, to sum up...*, dunque, riassumendo...; *well* —, dunque, vediamo; *—, it's a shame!*, ebbene, è una vergogna! // *— then* (o *now now*), (*fam.*) allora, suvvia: *now now* (o *— then*), *don't be rude!*, suvvia, non essere sgarbato!

now (that) *cong.* ora che: *— (that), you mention it, I remember*, ora che me lo dici, me ne ricordo.

now *s.* il presente: *— is the time to get things right*, è ora di fare le cose bene // *by* —, ormai: *he should be here by* —, dovrebbe essere qui ormai // *from — on* (o scherz. *from — till doomsday*), d'ora innanzi // *up to* —, fino ad ora, fino a questo momento.

nowadays ['naʊədeɪz / now·adays] *avv.* al giorno d'oggi, oggigiorno ◆ *s.* oggigiorno, il tempo presente.

no way [nəʊ'weɪ] *avv.* (*fam.*) sicuramente no, in nessun modo ◆ *inter.* no, certamente no.

Nowel ['nəʊəl] *inter. s.* (*ant.*) Natale (nelle cantilene e nei canti natalizi).

nowhere ['nəʊweə* / no·where] *s.* luogo inesistente: *he came out of* (o *from*) —, apparve dal nulla; *in the middle of* —, in un posto sperduto ◆ *agg.* (*fam. amer.*) **1** scadente (di cosa), mediocre (di persona) **2** noioso.

nowhere *avv.* in nessun luogo: *my pen is — to be found*, la mia penna non si trova da nessuna parte; *all this worrying is getting you* —, non ti porta a nulla preoccuparti così // *he's — near as good as you*, non è neanche lontanamente buono come te // *to be* —, non riuscire, fallire; non entrare in classifica.

no-win [,nəʊ'wɪn] *agg.* (*fam.*) senza speranze, senza via di scampo; disperato: *— situation*, situazione senza via d'uscita.

nowise ['nəʊwaɪz / no·wise] *avv.* (*antiq. form.*) in nessun modo; niente affatto.

noxious ['nɒkʃəs / nox·ious] *agg.* (*form.*) nocivo, dannoso; malsano: *— gases*, gas nocivi // **-ly** *avv.* // **-ness** *s.*

nozzle ['nɒzl] *s.* **1** becco, beccuccio (di teiera ecc.); boccaglio (di tubazione); lancia (di manichetta antincendio) **2** (*mecc.*) effusore, ugello **3** (*chim.*) filiera (per la produzione di fibre artificiali continue) **4** (*zool.*) muso.

n't [nt] → **not**.

nth [enθ] *agg.* (*fam.*) ennesimo: *for the — time*, per l'ennesima volta // *to the — degree*, estremamente; al massimo.

nuance [nju:'ɑ:ns *amer.* 'nu:ɑ:ns / nu·ance] *s.* sfumatura (*anche fig.*).

nub [nʌb] **nubble** ['nʌbl] *s.* **1** nocciolo, fulcro, parte essenziale (di qlco.) **2** (*non com.*) protuberanza; sporgenza **3** (*rar.*) piccolo pezzo (specialmente di carbone).

nubile ['nju:baɪl *amer.* 'nu:bl / nu·bile] *agg.* **1** giovane e attraente (di donna) **2** nubile.

nubility [njʊ'bɪlətɪ *amer.* nu:bɪlətɪ / nu·bil·ity] *s.* **1** l'essere giovane e attraente (di donna) **2** nubilato.

nubilous ['nju:bɪləs *amer.* 'nu:bɪləs / nubi·lous] *agg.* (*non com.*) **1** nuvoloso **2** nebbioso.

nucellus [nu:'seləs / nu·cellus] *pl.* **nucelli** [nu:'selaɪ / nu·celli] *s.* (*bot.*) nucella.

nucle- ['nju:klɪ *amer.* 'nu:klɪ] *pref.* → **nucleo-**.

nuclear ['nju:klɪə* *amer.* 'nu:klɪə* / nuc·lear] *agg.* **1** (*fis.*) nucleare: *— chain reaction*, reazione nucleare a catena; *— isomerism*, isomerismo nucleare; *— physics*, fisica nucleare; *— power*, energia nucleare; *— reactor*, reattore nucleare // *— warfare*, guerra nucleare // *— disarmament*, disarmo nucleare // *— button*, pulsante che può scatenare la guerra atomica (controllato dal presidente degli USA) // *— winter*, inverno nucleare **2** (*biol.*) nucleare, del nucleo: *— membrane*, membrana nucleare.

nuclear family [,nju:klɪə'fæməlɪ *amer.* ,nu:klɪə'fæməlɪ] *s.* nucleo familiare; famiglia nucleare.

nuclear-free ['nju:klɪə,fri: *amer.* 'nu:klɪə,fri:] *agg.* denuclearizzato.

nuclear magnetic resonance [,nju:klɪəmæg,netɪk'rezənəns] *s.* (abbr. NMR) (*chim. fis.*) risonanza magnetica nucleare.

nuclear sap [,nju:klɪə'sæp *amer.* ,nu:klɪə'sæp] *s.* (*biol.*) cariolinfa.

nuclease ['nju:klɪeɪs *amer.* 'nu:klɪeɪs / nucle·ase] *s.* (*biochim.*) nucleasi.

nucleate ['nju:klɪɪt *amer.* 'nu:klɪɪt / nucle·ate] *agg.* (*biol.*) dotato di nucleo, nucleato.

to **nucleate** ['nju:klɪeɪt *amer.* 'nu:klɪeɪt] *v.tr.* raccogliere in un nucleo ◆ *v.intr.* raccogliersi in un nucleo; formare un nucleo.

nucleated ['nju:klɪeɪtɪd *amer.* 'nu:klɪeɪtɪd / nucle·ated] *agg.* (*biol.*) dotato di nucleo, nucleato.

nucleation [,nju:klɪ'eɪʃn *amer.* ,nu:klɪ'eɪʃn / nuc·le·ation] *s.* formazione di un nucleo.

nucleic ['nju:klɪɪk *amer.* 'nu:klɪɪk / nuc·leic] *agg.* (*biochim.*) nucleico: *— acids*, acidi nucleici.

nucleiform ['nju:klɪɪ,fɔ:m *amer.* 'nu:klɪɪ,fɔ:m / nuc·lei·form] *agg.* a forma di nucleo.

nuclein ['nju:klɪɪn *amer.* 'nu:klɪɪn / nuc·lein] *s.* (*biochim.*) nucleina: *— bases*, basi nucleiche.

nucleo- ['nju:klɪəʊ *amer.* 'nu:klɪəʊ] *pref.* della terminologia scientifica; it. nucleo-; indica **1** relazione col nucleo: *nucleoplasma*, nucleoplasma **2** relazione, rapporto col nucleare: *nucleophile*, nucleofilo **3** relazione con l'acido nucleico.

nucleoid ['nju:klɪɔɪd *amer.* 'nu:klɪɔɪd / nuc·le·oid] *agg.* (*biol.*) nucleoide.

nucleolar [njʊ'kli:ələ* *amer.* nʊ'kli:ələ* / nuc·le·olar] *agg.* (*biol.*) nucleolare.

nucleolate(d) ['nju:klɪəleɪt(ɪd) *amer.* 'nu:klɪəleɪt(ɪd) / nuc·le·olate(d)] *agg.* avente un nucleo, un nucleolo.

nucleolus [njʊ'kli:ələs *amer.* nʊ'kli:ələs / nuc·le·olus] *pl.* **nucleoli** [njʊ'kli:əlaɪ *amer.* nʊ'kli:əlaɪ / nuc·le·oli] *s.* (*biol.*) nucleolo.

nucleon ['nju:klɪɒn *amer.* 'nu:klɪɒn / nuc·leon] *s.* (*fis.*) nucleone.

nucleonics [,nju:klɪ'ɒnɪks *amer.* ,nu:klɪ

'nɒnɪks / nuc·le·on·ics] *s.* [U] (*fis.*) nucleonica, fisica nucleare.

nucleoplasm ['nju:klɪəʊ,plæzəm *amer.* 'nu:klɪəʊ,plæzəm / nuc·leo·plasm] *s.* (*biol.*) nucleoplasma.

nucleoside ['nju:klɪəʊ,saɪd *amer.* 'nu:klɪəʊ,saɪd / nuc·le·os·ide] *s.* (*biochim.*) nucleoside.

nucleotide ['nju:klɪəʊ,taɪd *amer.* 'nu:klɪəʊ,taɪd / nuc·le·ot·ide] *s.* (*biochim.*) nucleotide.

nucleus ['nju:klɪəs *amer.* 'nu:klɪəs / nuc·leus] *pl.* **nuclei** ['nju:klɪaɪ *amer.* 'nu:klɪaɪ / nuc·lei] *s.* **1** (*scient.*) nucleo **2** (*bot.*) nocciolo **3** nucleo, centro; parte fondamentale.

nuclide ['nju:klaɪd *amer.* 'nu:klaɪd / nuc·lide] *s.* (*fis.*) nuclide.

nude [nju:d *amer.* nu:d] *agg.* **1** nudo, spoglio; (*fig.*) semplice // *in the* —, nudo: *to swim in the* —, nuotare nudo **2** (*dir.*) senza valore, nullo: — *contract*, nudo patto, contratto privo di tutela giuridica ♦ *s.* (*pitt. scult.*) nudo: *a study from the* —, un nudo dal vero // **-ly** *avv.* // **-ness** *s.*

nudge[1] [nʌdʒ] *s.* gomitata; colpetto col gomito.

to **nudge**[1] *v.tr.* **1** dare una gomitata, un colpetto a (per richiamare l'attenzione) **2** spingere; farsi strada.

nudge[2] *s.* (*fam. amer.*) piaga, persona che si lamenta in continuazione.

nudie ['nu:dɪ] *s.* (*fam. amer.*) film, spettacolo di nudo.

nudism ['nju:dɪzəm *amer.* 'nu:dɪzəm / nud·ism] *s.* nudismo.

nudist ['nju:dɪst *amer.* 'nu:dɪst / nud·ist] *s.* nudista.

nudity ['nju:dɪtɪ *amer.* 'nu:dɪtɪ / nud·ity] *s.* **1** nudità **2** (*non com.*) (*pitt. scult.*) nudo.

nudnik ['nʌdnɪk / nud·nik] *s.* (*fam. amer.*) persona noiosa, insopportabile, pizza, impiastro.

nugatory ['nju:gətərɪ *amer.* 'nu:gətɔ:rɪ / nu·gat·ory] *agg.* (*form.*) **1** futile, vano, frivolo **2** (*dir.*) nullo, non valido.

nugget ['nʌgɪt / nug·get] *s.* **1** pepita (d'oro o d'altro metallo) **2** frammento.

nuisance ['nju:sns *amer.* 'nu:sns / nuis·ance] *s.* **1** noia, seccatura, fastidio: *what a —!*, che seccatura! // — *value*, valore di disturbo **2** (*fig.*) supplizio, flagello: *her child is an awful* —, il suo bimbo è un vero flagello; *he was making a — of himself*, si stava rendendo insopportabile **3** (*dir.*) molestia, turbativa in genere: *public* —, turbativa dell'ordine pubblico; *privative* —, turbativa del godimento di un immobile.

nuke [nju:k *amer.* nu:k] *s.* (*fam.*) **1** arma nucleare; sottomarino nucleare **2** reattore, impianto nucleare **3** (*spec. pl.*) nucleare, chi appoggia, sostiene le centrali nucleari.

to **nuke** *v.tr.* **1** (*fam.*) sferrare un attacco nucleare contro **2** (*inform.*) cancellare interamente (directory o disco).

null [nʌl] *agg.* (*form.*) **1** nullo, insignificante **2** (*dir.*) nullo, non valido // — *and void*, senza valore legale **3** (*mat.*) nullo; — *set*, insieme vuoto; (*inform.*) — *value*, spazio vuoto.

to **null** *v.tr.* (*dir.*) annullare.

nullification [,nʌlɪfɪ'keɪʃn / nul·li·fica·tion] *s.* (*form.*) **1** annullamento: *the — of a law*, l'abrogazione di una legge **2** nullificazione.

to **nullify** ['nʌlɪfaɪ / nul·lify] *v.tr.* annullare; cancellare, rendere nullo; (*dir.*) privare di validità.

nulliparous [nə'lɪpərəs / nul·li·par·ous] *agg.* (*med.*) nullipara.

nullipore ['nʌlɪpɔ:* / nul·li·pore] *s.* (*bot.*) nullipora.

nullity ['nʌlɪtɪ / null·ity] *s.* **1** l'essere nullo, non valido // (*dir.*) — *suit*, processo per annullamento di matrimonio **2** (*fig. rar.*) nullità: *he is a* —, è una nullità.

numb [nʌm] *agg.* **1** intorpidito, intirizzito: — *with cold*, intirizzito dal freddo **2** insensibile; tramortito; intontito: — *with grief*, paralizzato dal dolore // **-ly** *avv.*

to **numb** *v.tr.* **1** intorpidire, intirizzire **2** paralizzare; istupidire: *he was numbed with fright*, era paralizzato dalla paura.

number ['nʌmbə* / num·ber] *s.* **1** numero, cifra (abbr. *No.*, pl. *Nos.*): *cardinal, ordinal* —, numero cardinale, ordinale; *decimal* —, numero decimale; *even numbers*, numeri pari; *odd numbers*, numeri dispari; *his pictures are twenty in* —, (*form.*) i suoi quadri ammontano a venti // *Numbers*, Numeri (quarto libro dell'Antico Testamento) // *No. 10* (*Downing Street*), Downing Street N. 10 (residenza del Primo Ministro britannico a Londra) // *the science of numbers*, la scienza dei numeri, l'aritmetica // (*fis.*) *nuclear* (o *mass*) —, numero di massa // (*stat.*) *law of large numbers*, legge dei grandi numeri // *his — was* (o *came*) *up*, (*fam.*) morì, è morto // *to have* (*got*) *s.o.'s* —, (*fam.*) avere una carta da giocare contro qlcu. **2** numero, quantità: *a large* — (o *large numbers*), un gran numero; *a small — came*, venne poca gente; *I've told him numbers of times*, gliel'ho detto un mare di volte; *they won by sheer weight of numbers*, vinsero perché più numerosi // *without* (o *beyond*) —, innumerevole, innumerevoli **3** (*gramm.*) numero **4** numero (di fascicolo, dispensa, rivista): *have you got last week's — of 'Vogue'?*, hai il numero della scorsa settimana di 'Vogue'? // *back* —, numero arretrato **5** (*teatr.*) numero // *to do a — on*, (*sl. amer.*) truffare, fregare **6** (*mus.*) pezzo, brano; gruppo di note, periodo musicale: *perhaps the plaintive numbers flow / for old... things*, (WORDSWORTH) forse le meste note sgorgano per antiche cose **7** (*tess.*) titolo **8** *pl.* (*metrica*) piedi **9** (*fam.*) coso, cosa (già menzionata prima); articolo, mercanzia: *his new car is a really classy* —, la sua nuova auto è una cosa di classe; *she was wearing a cheeky black — with a cutaway back*, indossava un audace abito nero con la schiena nuda **10** (*sl.*) persona; tizio: *a good-looking — in a white dress*, un bel tipino vestito di bianco; *a bored-looking* —, un tizio dall'aria annoiata **11** (*sl. amer.*) professione, attività **12** *pl.* (*amer.*) la media, i punteggi (di un atleta).

to **number** *v.tr.* **1** contare, numerare; calcolare: *his days are numbered*, ha i giorni contati // *to — one, to — two*, (*sl. amer.*) pisciare, cacare **2** (*form.*) annoverare: *I — her among my friends*, la annovero tra i miei amici **3** ammontare a: *the population numbered one million*, la popolazione ammontava a un milione **4** (*ind. tessile*) titolare.

□ **number off** *v.intr.* e *avv.* (*mil.*) dire a voce alta il proprio numero.

number-cruncher ['nʌmbə,krʌntʃə*] *s.* (*fam.*) calcolatore, calcolatrice (macchina); calcolatore di grosse dimensioni.

number-crunching ['nʌmbə,krʌntʃɪŋ] *s.* (*fam.*) **1** (*anche agg.*) (calcolatore, computer) utilizzato, programmato per fare calcoli molto complessi **2** (*amer.*) [U] materie scientifiche (nella scuola secondaria).

numberless ['nʌmbəlɪs / num·ber·less] *agg.* (*form.*) innumerevole.

number one [,nʌmbə'wʌn] *s.* **1** (*fam.*) se stesso: *he always thinks of* —, pensa solo a sé **2** numero uno, capo, boss ♦ *agg.* principale, preminente, primario, prioritario: *money is their — necessity*, il denaro è la loro necessità prioritaria.

numberplate ['nʌmbə,pleɪt / num·ber·plate] *s.* targa (di automobile) AMER. license plate.

number two [,nʌmbə'tu:] *s.* (*fam.*) numero due; luogotenente.

numbfish ['nʌm,fɪʃ / numb·fish] *s.* (*zool.*) torpedine.

numbhead ['nʌmhed / numb·head] *s.* (*fam. amer.*) testone, zuccone.

numbness ['nʌmnɪs / numb·ness] *s.* intorpidimento, insensibilità.

numb-nuts ['nʌm,nʌts] *s.* (*sl. amer.*) persona sgradevole e disprezzabile, verme.

numbskull → **numskull**.

numerable ['nju:mərəbl *amer.* 'nu:mərəbl / nu·mer·able] *agg.* calcolabile, numerabile // **-ness** *s.*

numeracy ['nju:mərəsɪ *amer.* 'nu:mərəsɪ / nu·mer·acy] *s.* l'avere una preparazione matematica e scientifica // *business* —, (*fam.*) i conti dell'impresa.

numeraire [,nju:mə'reə* *amer.* ,nu:mə'reə* / nu·mer·aire] *s.* (*econ.*) numerario.

numeral ['nju:mərəl *amer.* 'nu:mərəl / nu·meral] *agg.* numerale ♦ *s.* numero; cifra.

numerate ['nju:mərət *amer.* 'nu:mərət / nu·mer·ate] *agg.* che ha una preparazione matematica e scientifica.

numeration [,nju:mə'reɪʃn *amer.* ,nu:mə'reɪʃn / nu·mera·tion] *s.* (*non com.*) numerazione.

numerator ['nju:məreɪtə* *amer.* 'nu:məreɪtə* / nu·mer·ator] *s.* (*mat.*) numeratore.

numerical [nju:'merɪkl *amer.* nu:'merɪkl / nu·mer·ical] *agg.* numerico: — *analysis*, analisi numerica; — *value*, valore numerico // **-ly** *avv.*

numerics [nju:'merɪks *amer.* nu:'merɪks / nu·mer·ics] *s.pl.* cifre, caratteri numerici.

numerology [,nju:mə'rɒlədʒɪ *amer.* ,nu:mə'rɒlədʒɪ / nu·mero·logy] *s.* numerologia.

numerous ['nju:mərəs *amer.* 'nu:mərəs / nu·mer·ous] *agg.* numeroso // **-ness** *s.*

numerously ['nju:mərəslɪ *amer.* 'nu:mərəslɪ / nu·mer·ous·ly] *avv.* in gran numero.

numinous ['nju:mɪnəs *amer.* 'nu:mɪnəs / nu·min·ous] *agg.* **1** divino; spirituale **2** misterioso, magico.

numismatic [,nju:mɪz'mætɪk *amer.* ,nu:mɪz'mætɪk / nu·mis·matic] *agg.* numismatico.

numismatics [,nju:mɪz'mætɪks *amer.* ,nu:mɪz'mætɪks / nu·mis·mat·ics] *s.* [U] numismatica.

numismatist [nju:'mɪzmətɪst *amer.* nu:'mɪzmətɪst / nu·mis·mat·ist] *s.* numismatico.

numismatology [nju:,mɪzmə'tɒlədʒɪ *amer.* nu:,mɪzmə'tɒlədʒɪ / nu·mis·mato·logy] *s.* (*non com.*) numismatica.

nummary ['nʌmərɪ / num·mary] **nummulary** ['nʌmjulərɪ / num·mu·lary] *agg.* (*form.*) monetario, relativo alla moneta.

nummulite ['nʌmjʊlaɪt / num·mu·lite] *s.* (*paleont.*) nummulite.

nummulitic [,nʌmjʊ'lɪtɪk / num·mu·litic] *agg.* (*paleont.*) nummulitico: — *limestone*, calcare nummulitico.

Nummulitic *s.* (*geol.*) nummulitico, paleogene.

numskull ['nʌmskʌl / num·skull] *s.* (*fam.*) testa dura, stupido.

nun [nʌn] *s.* **1** monaca, suora: *to become a* —, farsi suora // — *'s veiling*, flanella, mussola di lana **2** (*zool.*) (*Parus caeruleus*) cinciarella **3** (*zool.*) smergo bianco; (*pop.*) pesciaiola → smew **4** varietà di piccione.

nun-buoy ['nʌnbɔɪ] *s.* (*mar.*) boa a doppio cono.

nuncio ['nʌnsɪəʊ / nun·cio] *s.* (*eccl.*) nunzio // *Papal Nuncio*, Nunzio apostolico, pontificio.

to **nuncupate** ['nʌnkjʊpeɪt / nun·cu·pate] *v.tr.* (*dir.*) esprimere verbalmente (le proprie volontà testamentarie).

nuncupation [,nʌnkjʊ'peɪʃn / nun·cu·pation] *s.* (*dir.*) nuncupazione.

nuncupative ['nʌnkjʊpeɪtɪv / nun·cu·pative] *agg.* (*dir.*) nuncupativo: — *will*, testamento nuncupativo.

nunnery ['nʌnərɪ / nun·nery] *s.* (*non com.*) convento (di monache).

nuphar ['nju:fə*] → **nenuphar**.

nuptial ['nʌpʃl / nup·tial] *agg.* (*form. antiq.*) nuziale // — *bliss*, (*scherz.*) le gioie del matrimonio.

nuptials ['nʌpʃlz / nup·tials] *s.pl.* nozze, sponsali.

nurse [nɜ:s] *s.* **1** infermiera: (*male*) —, infermiere; — *graduate*, infermiere diplomato; *student* —, allievo infermiere // *distrect* —, visitatrice sanitaria **2** (*wet*) —, nutrice, balia; bambinaia: *to put* (*out*) *to* —, mettere a balia; *dry* —, balia asciutta **3** (*zool.*) ape, formica operaia (che ha cura delle larve) **4** (*bot.*) — (*tree*), albero piantato a protezione di altri alberi.

to **nurse** *v.tr.* **1** curare, assistere, far da infermiere a: *she nursed him back to health*, le sue cure lo fecero guarire; *he nursed the firm into profitability*, (*fig.*) fece tornare la ditta in attivo; *to — one's constituency*, prendersi cura del proprio elettorato // *to — one's pride*, (*fig.*) leccarsi le ferite **2** allattare, nutrire: *a mother should — her baby for eight months*, una madre dovrebbe allattare il suo bambino per otto mesi **3** allevare: *he was nursed in luxury*, fu allevato nel lusso **4** (*fig.*) alimentare, nutrire; incoraggiare (sentimenti): *to — a grudge*, covare rancore; *he nursed a secret hope*, nutriva una segreta speranza **5** cullare, stringersi al seno // *he nursed a pint for the entire party*, (*fig.*) tenne amorevolmente in mano una pinta di birra per tutta la festa **6** non sforzare, trattare con cura (una macchina ecc.).

nurse-child ['nɜ:s,tʃaɪld] *s.* bambino a balia.

nurse frog ['nɜ:s'frɒg] *s.* (*zool.*) alite ostetrico → **midwife toad**.

nursemaid ['nɜ:smeɪd / nurse·maid] *s.* bambinaia.

nursery ['nɜ:sərɪ] *s.* **1** (*day*) —, (asilo) nido **2** (*antiq.*) camera dei bambini // — *tale*, favola, fiaba; — *rhyme*, filastrocca per bambini **3** (*bot.*) — (*garden*), vivaio.

nurserymaid ['nɜ:srɪmeɪd / nurse·ry·maid] *s.* bambinaia.

nurseryman ['nɜ:srɪmən / nurs·ery·man] *pl.* **nurserymen** *s.* vivaista.

nursery school ['nɜ:sərɪ,sku:l] *s.* asilo, scuola materna AMER. preschool.

nursery slopes ['nɜ:sərɪ,sləʊps] *s.pl.* (*sci*) discese per principianti; (*fam.*) campetto.

nurseshark ['nɜ:sʃɑ:k / nurse·shark] *s.* (*zool.*) **1** (*Somniosus microcephalus*) squalo della Groenlandia **2** (*Ginglymostoma cirratum*) squalo nutrice.

nursing ['nɜ:sɪŋ / nurs·ing] *agg.* **1** che allatta, nutre **2** che cura ◆ *s.* **1** allattamento **2** il curare, il nutrire (*anche fig.*) **3** professione di infermiera: *to go in for* —, farsi infermiera; — *college*, scuola per infermiere, infermieri.

nursing home ['nɜ:sɪŋ,həʊm] *s.* casa di cura, clinica privata.

nursling ['nɜ:slɪŋ / nurs·ling] *s.* (*ant.*) **1** bimbo a balia, lattante, poppante **2** bambino malato (curato da un'infermiera).

nurture ['nɜ:tʃə* / nur·ture] *s.* (*form.*) **1** vitto, nutrimento **2** (*fig.*) educazione; allevamento; cura.

to **nurture** *v.tr.* (*form.*) **1** nutrire, allevare **2** educare; allevare, curare **3** (*fig.*) coltivare (speranza ecc.).

nut [nʌt] *s.* **1** (*bot.*) achenio **2** noce, nocciola: *to crack a* —, rompere una noce; — *cake*, dolce di noci // *a hard* (o *tough*) — *to crack*, (*fam.*) un osso duro; una gatta da pelare // *to find a blind* —, (*antiq.*) rimanere delusi **3** (*fam.*) matto, pazzoide **4** (*fam.*) testa: *my poor —!*, la mia povera testa!; *to go off one's* —, impazzire // *to do one's* —, (*fam.*) arrabbiarsi **5** (*fam.*) entusiasta, patito **6** (*spec.pl.*) (*volg.*) palle, testicoli **7** (*mecc.*) dado: *check* —, controdado; *hexagon* —, dado esagonale; *square* —, dado quadro; *stop* —, dado autobloccante; *wing* —, dado ad alette, galletto **8** (*mar.*) mazza d'ancora.

to **nut** *pass.p.p.* **nutted** ['nʌtɪd / nut·ted] *v.intr.* cercare, raccogliere noci: *he went nutting*, andò a raccogliere noci ◆ *v.tr.* (*fam.*) colpire con la fronte (qlcu., qlco.).

□ **nut up** *v.intr.* e *avv.* (*fam. amer.*) dare i numeri.

to **nutate** [nju:'teɪt / nut·ate] *v.intr.* (*bot.*) penzolare; chinarsi.

nutation [nju:'teɪʃn / nu·ta·tion] *s.* (*astr., mecc., bot.*) nutazione.

nutball ['nʌtbɔ:l / nut·ball] *s.* (*fam. amer.*) folle, mattoide; eccentrico, stravagante.

nut-brown ['nʌtbraʊn] *agg.* color noce.

nutcase ['nʌtkeɪs / nut·case] *s.* (*sl.*) matto, pazzoide.

nutcracker ['nʌt,krækə* / nut·cracker] *s.* **1** (*gener. pl.*) schiaccianoci **2** (*zool.*) (*Nucifraga cariocatactes*) nocciolaia, ghiandaia, picchio.

nut-crunching ['nʌt,krʌntʃɪŋ] *s.* (*sl. amer.*) castrazione, repressione.

nut-gall ['nʌt,gɔ:l] → **oak-gall**.

nuthatch ['nʌthætʃ / nut·hatch] *s.* (*zool.*) (*Sitia europaea*) picchio muratore.

nut hook ['nʌthʊk] *s.* (*agr.*) bacchio.

nuthouse ['nʌthaʊs / nut·house] *s.* (*fam.*) manicomio (*anche fig.*): *this place is turning into a —!*, questa casa sta diventando un manicomio!

nutmeg ['nʌtmeg / nut·meg] *s.* **1** noce moscata // — *grater*, grattugia per noce moscata // — *liver*, fegato cirrotico **2** (*bot.*) — (*tree*) (*Myristica fragrans*), (albero di) noce moscata.

nut-oil ['nʌtɔɪl] *s.* olio di noce, di mandorla ecc.

nut palm ['nʌtpɑ:m] *s.* (*bot.*) (*Cycas media*) cicas da noci.

nutria ['nju:trɪə *amer.* 'nu:trɪə / nu·tria] *s.* (*zool.*) (*Myocastor coypus*) nutria.

nutrient ['nju:trɪənt *amer.* 'nu:trɪənt / nu·tri·ent] *agg.* nutriente ◆ *s.* sostanza nutriente.

nutriment ['nju:trɪmənt *amer.* 'nu:trɪmənt / nu·tri·ment] *s.* (*form.*) nutrimento, cibo.

nutrition [nju:'trɪʃn *amer.* nu:'trɪʃn / nu·tri·tion] *s.* nutrizione, alimentazione.

nutritional [nju:'trɪʃnl *amer.* nu:'trɪʃnl / nu·tri·tional] *agg.* nutrizionale.

nutritionist [nju:'trɪʃənɪst *amer.* nu:'trɪʃənɪst / nu·tri·tion·ist] *s.* nutrizionista.

nutritious [nju:'trɪʃəs *amer.* nu:'trɪʃəs / nu·tri·tious] *agg.* nutriente, nutritivo // **-ly** *avv.* // **-ness** *s.*

nutritive ['nju:trətɪv *amer.* 'nu:trətɪv / nu·trit·ive] *agg.* nutritivo ◆ *s.* (*non com.*) cibo nutriente // **-ly** *avv.*

nuts [nʌts] *agg.* (*fam.*) **1** pazzo; svitato: *he is* —, è svitato **2** pazzo, fanatico: *I'm — about* (o *on* o *over*) *Chopin*, vado pazzo per Chopin ◆ *inter.* al diavolo!: — *to you!*, vai al diavolo!

nuts and bolts [,nʌtsənd'bəʊlts] *s.pl.* **1** minuterie metalliche **2** (*fam.*) l'ABC, i rudimenti, le cose fondamentali; dettagli tecnici.

nutshell ['nʌtʃel / nut·shell] *s.* guscio di noce // *in a* —, (*fam.*) in poche parole.

nutter ['nʌtə* / nut·ter] *s.* (*fam.*) pazzo.

nut-tree ['nʌt,tri:] *s.* noce, nocciolo ecc.

nutty ['nʌtɪ] *agg.* **1** che sa di noce **2** con molte noci **3** (*fam.*) entusiasta, innamorato: *to be, to go — about* (o *over*) *sthg.*, andare pazzo per qlco. **4** (*fam.*) pazzo: *she's as — as a fruit cake*, è matta da legare // **-ily** *avv.* // **-iness** *s.*

nut-weevil ['nʌt,wi:vl] *s.* (*zool.*) (*Balaninus nucum*) punteruolo delle noci.

nux vomica ['nʌks'vɒmɪkə / nuxvom·ica] *s.* (*bot.*) (*Strichnos nux-vomica*) noce vomica.

to **nuzzle** ['nʌzl] *v.tr.* **1** frugare in (col muso) **2** andare annusando (di animali) ◆ *v.intr.* **1** strofinare il naso (contro qlco.) **2** rannicchiarsi (vicino a qlco., qlcu.).

Nyasa ['njæsə] *agg.* e *s.* (abitante) del Niassa.

nyctalope ['nɪktə,ləʊp / nyct·alope] *pl.* **nyctalopes** [,nɪktə'ləʊ pi:z / nyct·alo·pes] *s.* (*med.*) nictalope.

nyctalopia [,nɪktə'ləʊpɪə / nyct·al·opia] *s.* (*med.*) nictalopia.

nyctitropism [ˌnɪktɪ'trɒpɪzm / nyc·ti·tropism] *s.* (*bot.*) nictitropismo.

nylon ['naɪlɒn / ny·lon] *s.* **1** nylon, nailon: — *stockings*, calze di nailon **2** *pl.* (*fam.*) calze di nailon: *a pair of nylons*, un paio di calze di nylon.

nymph [nɪmf] *s.* **1** (*mit. poet.*) ninfa **2** (*zool.*) ninfa, crisalide.

nymphaea [nɪm'fi:ə / nym·phaea] *s.* (*bot.*) ninfea → **waterlily**.

nymphal ['nɪmfəl] *agg.* ninfale, di ninfa.

nympho ['nɪmfəʊ / nym·pho] *agg.* e *s.pl.* **nymphos** (*sl.*) → **nymphomaniac**.

nymphomania [ˌnɪmfəʊ'meɪnɪə / nym·pho·mania] *s.* (*psic.*) ninfomania.

nymphomaniac [ˌnɪmfəʊ'meɪnɪæk / nym·pho·ma·niac] *agg.* e *s.* (*psic.*) ninfomane.

nymphosis [nɪm'fəʊsɪs / nym·pho·sis] *pl.* **nymphoses** [nɪm' fəʊsi:z /] *s.* (*zool.*) ninfosi.

nystagmus [nɪs'tægməs / nys·tag·mus] *s.* (*med.*) nistagmo.

nystatin ['nɪstətɪn / nys·ta·tin] *s.* (*chim.*) nistatina.

Oo

o [əʊ] *pl.* **o's, oes, os** *s.* **1** (*quindicesima lettera dell'alfabeto inglese*) o // (*tel.*) — *for Oliver* (o amer. — *for Oboe*), o come Otranto **2** zero: *my 'phone number is three one — two*, il mio numero telefonico è tre, uno, zero, due **3** qualunque cosa rotonda; teatro elisabettiano: *may we cram / within this wooden O the very casques / that did affright the air at Agincourt?*, (SH. Henry V) potremmo stipare in questo 'O' di legno gli stessi elmi che spaventarono l'aria ad Agincourt?

o *inter.* oh!: — *me!*, ahimè!; — *dear me!*, oh povero me!

o' [ə] *prep.* **1** (abbr. di *of*): *five — clock tea*, il tè delle cinque **2** (*ant.*) (abbr. di *on*): *he dreams of it — nights*, se lo sogna persino di notte.

O' [əʊ] *pref.* (*di cognomi irlandesi; significa* discendente di): *Eugene O'Neill was a great playwright*, Eugene O'Neill fu un grande drammaturgo.

oaf [əʊf] *pl.* **oafs** non com. **oaves** [əʊvz] *s.* **1** sempliciotto; individuo goffo, rozzo **2** persona che si comporta in modo stupido e maleducato, deficiente **3** (*rar.*) bimbo idiota **4** (*ant.*) figlio di elfi; bimbo sostituito a un altro dalle fate.

oafish ['əʊfɪʃ / oaf·ish] *agg.* stupido, balordo, idiota // **-ly** *avv.* // **-ness** *s.*

oak [əʊk] *pl. invar.* o **oaks** *s.* **1** quercia: — (*tree*), (albero di) quercia; — *grove* (o *wood*), querceto, querceta; — *timber* (o *wood*), legno di quercia, tannino; *cork* —, quercia da sughero // (*bot.*): *English* —, (*Quercus robur*) farnia; *red* — (o *black-*), (*Quercus rubra*) quercia rossa; *white* —, (*Quercus alba*) quercia bianca // *the Royal Oak*, la quercia in cui si nascose Carlo II quando sfuggì all'inseguimento di Cromwell (1651) // *the Oaks*, corsa di puledre di tre anni (a Epsom) **2** legno della quercia **3** (*fam. antiq.*) porta esterna di appartamento (nelle università inglesi): *to sport one's* —, chiudersi nel proprio appartamento per non ricevere visite.

oak-apple Day ['əʊk,æpl,deɪ] *s.* 29 maggio (anniversario della Restaurazione di Carlo II, 1660) • Il nome deriva dall'usanza dei giovani contadini di portare in quell'occasione galle di quercia a ricordo del fatto che Carlo II per sfuggire alle truppe di Cromwell si era nascosto fra i frondosi rami di una quercia.

oak-bark ['əʊk,bɑ:k] *s.* (*bot.*) **1** corteccia di quercia; tannino **2** (*Quercus aegilops*) vallonea.

oaken ['əʊkən] *agg.* (*ant.*) di legno di quercia.

oak-gall ['əʊkgɔ:l] meno com. **oak-apple** ['əʊk,æpl] *s.* (*bot.*) galla della quercia SIN. **nut -gall**.

oak-pest ['əʊk,pest] *s.* (*zool.*) fillossera della quercia.

oakum ['əʊkəm] *s.* stoppa.

oar [ɔ:*] *s.* remo: — *blade*, pala di remo; — *handle*, impugnatura di remo; *four* —, imbarcazione a quattro remi; *pair* —, imbarcazione a due remi // *to pull a good* —, essere un buon rematore // *to put* (o *shove* o *stick*) *one's — in sthg.*, (*fam.*) intervenire a sproposito, impicciarsi di qlco.

to **oar** *v.tr.* (*non com.*) sospingere coi remi: *they oared the boat towards the shore*, sospinsero la barca verso la riva a forza di remi // *we oared our arms*, agitammo le braccia (a guisa di remi) ◆ *v.intr.* (*non com.*) remare.

oarlock ['ɔ:lɒk / oar·lock] *s.* (*amer.*) → **rowlock**.

oarsman ['ɔ:zmən / oars·man] *pl.* **oarsmen** *s.* rematore.

oarsmanship ['ɔ:zmənʃɪp / oars·man·ship] *s.* l'arte del remare.

oarswoman ['ɔ:z,wʊmən / oars·wo·man] *pl.* **oarswomen** ['ɔ:z,wɪ mɪn] *s.* rematrice.

oasis [əʊ'eɪsɪs] *pl.* **oases** [əʊ'eɪsi:z] *s.* oasi (*anche fig.*): *an — of prosperity*, un'oasi di prosperità.

oast [əʊst] *s.* forno per asciugare il luppolo: — *house*, essiccatoio per il luppolo.

oat [əʊt] *s.* **1** (*spec. pl.*) avena; (*bot.*) (*Avena sativa*) avena // *to be off one's oats*, non avere appetito // *to feel one's oats*, (*fam. amer.*) sentirsi in forma; essere pieno di vitalità // *to get one's oats*, (*fam.*) essere appagato sessualmente, non aver carenze in campo sessuale // *to sow one's wild oats*, (*fig.*) correre la cavallina, divertirsi finché si è giovani **2** (*poet.*) zampogna.

oatcake ['əʊtkeɪk / oat·cake] *s.* focaccia di farina d'avena.

oater ['əʊtə*] *s.* film o commedia western → **horse opera**.

oath [əʊθ] *pl.* **oaths** [əʊðz] *s.* **1** giuramento (*anche dir.*): *to be on* (o *under*) —, essere sotto giuramento; *false* —, falso giuramento; — *in court*, giuramento giudiziale; *decisive* —, giuramento decisorio; *I'll take my — on it*, ci giurerei; (*fig.*) metterei la mano sul fuoco; *to break one's* —, venir meno al proprio giuramento; *to release* (o *to relieve*) *s.o. from his* —, liberare qlcu. dal giuramento; *to swear an* —, fare, prestare giuramento **2** bestemmia; imprecazione: *he gave a terrible* —, proferì un'atroce bestemmia; *a round* —, un'imprecazione bella e buona.

oatmeal ['əʊtmi:l / oat·meal] *s.* farina d'avena.

obduction [ɒb'dʌkʃn / ob·duc·tion] *s.* (*med.*) autopsia, obduzione.

obduracy ['ɒbdjʊrəsɪ *amer.* 'ɒbdərəsɪ / ob·dur·acy] *s.* (*form.*) **1** indurimento (di cuore); inesorabilità, inflessibilità **2** ostinazione; caparbietà.

obdurate ['ɒbdjʊrət *amer.* 'ɒbdərət / ob·dur·ate] *agg.* **1** indurito; inesorabile, inflessibile **2** ostinato; impenitente; (*fig.*) incallito // **-ly** *avv.* // **-ness** *s.*

obedience [ə'bi:djəns / obedi·ence] *s.* **1** ubbidienza; osservanza; sottomissione: — *to the will of s.o.*, sottomissione alla volontà di qlcu.; *to compel — from s.o.*, costringere qlcu. all'ubbidienza; *to enforce — to the law*, far rispettare la legge **2** giurisdizione: *the Roman* —, la giurisdizione della Chiesa di Roma.

obedient [ə'bi:djənt / obedi·ent] *agg.* obbediente, docile, sottomesso // **-ly** *avv.*

obeisance [əʊ'beɪsəns / obeis·ance] *s.* (*form.*) **1** inchino, riverenza; saluto rispettoso **2** deferenza; omaggio: *to do* (o *to make* o *to pay*) — *to s.o.*, rendere omaggio a qlcu., inchinarsi a qlcu.

obelisk ['ɒbəlɪsk / ob·el·isk] *s.* (*arch.*) obelisco.

obese [əʊ'bi:s] *agg.* obeso.

obesity [əʊ'bi:sətɪ / obes·ity] *s.* obesità.

to **obey** [ə'beɪ] *v.tr.* e *intr.* (III) ubbidire (a): *you have to — the law*, devi obbedire alla legge.

to **obfuscate** ['ɒbfʌskeɪt / ob·fus·cate] *v.tr.* (*form.*) **1** offuscare **2** confondere, disorientare; sbalordire.

obfuscation [,ɒbfʌs'keɪʃn / ob·fus·ca·tion] *s.* (*form.*) offuscamento (*anche fig.*).

Obie ['əʊbɪ] *s.* (*teatr. amer.*) premio conferito alla migliore produzione teatrale non di Broadway • Dalle iniziali di *off Broadway*.

obit ['əʊbɪt] *s.* abbr. di → **obituary**.

obiter dictum [,ɒbɪtə'dɪktəm] *pl.* **obiter dicta** [,ɒbɪtə'dɪktə] *s.* **1** (*dir.*) affermazione incidentale (di una regola di diritto in una sentenza) **2** detto; commento casuale.

obituarist [ə'bɪtjʊərɪst *amer.* ə'bɪtjʊerɪst / ob·itu·ar·ist] *s.* necrologista.

obituary [ə'bɪtjʊərɪ *amer.* ə'bɪtjʊerɪ / ob·itu·ary] *agg.* necrologico ◆ *s.* **1** necrologia **2** necrologio.

object ['ɒbdʒɪkt / ob·ject] *s.* **1** oggetto, cosa: *there was a round black — on his desk*, c'era una cosa nera e tonda sul suo banco // (*amm.*) — *cost*, costo primo **2** oggetto; argomento, materia: *the — of his thesis is the crisis of 1929*, l'argomento della sua tesi è la crisi del 1929; *she was the — of conversation in literary circles*, era l'oggetto di conversazione dei circoli letterari // (*inform.*): — *code*, codice oggetto; — *file*, archivio; — *oriented*, orientato a oggetti **3** scopo, fine; obiettivo: *with the same — in view* (o *mind*), con la stessa intenzione; *to have sthg. for* (o *as*) *an* —, avere qlco. come scopo; *the — of the exercise*, lo scopo del progetto **4** (*gramm.*) oggetto: *direct, indirect* —, oggetto diretto, indiretto **5** *no* —, non è un problema: *money* (*is*) *no* —, il denaro non è un problema; costi quello che costi.

to **object** [əb'dʒekt] *v.tr.* obiettare: *I objected that there was no time*, obiettai che non c'era tempo ◆ *v.intr.* **1** fare delle obiezioni; essere contrario; protestare; opporsi; disapprovare: *to — to doing sthg.*, rifiutarsi di fare qlco.; *I don't — to waiting*, non m'importa di aspettare; *I — to his behaviour*, non approvo il suo comportamento; *she objected to his taking the children*, si oppose al fatto che lui prendesse i bambini **2** (*dir.*) proporre un'eccezione, un'obiezione in giudizio.

object glass ['ɒbdʒɪkt,glɑ:s *amer.* 'ɒbdʒɪkt glæs] → **objective** *s.* 1.

objectification [əb,dʒektɪfɪ'keɪʃn / ob·jec·ti·fica·tion] *s.* (*fil.*) oggettivazione.

to **objectify** [əb'dʒektɪfaɪ / ob·jec·tify] *v.tr.* (*fil.*) oggettivare.

objection [əb'dʒekʃn / ob·jec·tion] *s.* **1** obiezione (*anche dir.*): *to raise* (o *to make*) *an* —, sollevare un'obiezione **2** avversione: *he has a strong — to getting up early*, prova una forte avversione ad alzarsi presto **3** inconveniente; ostacolo: *the only — to the plan is her fear of dogs*, l'unico inconveniente è la sua paura dei cani.

objectionable [əb'dʒekʃnəbl / ob·jec·tion·able] *agg.* **1** biasimevole; reprensibile **2** sgradevole, ripugnante // **-bly** *avv.*

objective [əb'dʒektɪv / ob·ject·ive] *agg.* **1** (*fil., gramm.*) oggettivo: — *case*, caso oggettivo **2** obiettivo ◆ *s.* **1** obiettivo **2** (*gramm.*) caso oggettivo // **-ly** *avv.* // **-ness** *s.* (*non com.*).

objectivism [əb'dʒektɪvɪzəm / ob·jec·tiv·ism] *s.* (*fil.*) oggettivismo.

objectivity [,ɒb'dʒek'tɪvətɪ / ob·jec·tiv·ity] *s.* oggettività.

object lesson ['ɒbdʒɪkt,lesn] *s.* esempio, dimostrazione pratica.

objector [əb'dʒektə* / ob·jector] *s.* confutatore; oppositore (*to*, del) // *conscientious* —, obiettore di coscienza.

oblate[1] ['ɒbleɪt / ob·late] *agg.* schiacciato ai poli.

oblate[2] *s.* (*eccl.*) oblato.

oblateness [əʊ'bleɪtnɪs / ob·late·ness] *s.* schiacciamento polare.

oblation [əʊ'bleɪʃn / ob·la·tion] *s.* (*eccl.*) oblazione // *the great* —, il sacramento dell'Eucarestia.

obligant ['ɒblɪgənt / ob·lig·ant] *s.* (*dir.*) debitore.

to **obligate** ['ɒblɪgeɪt / ob·lig·ate] *v.tr.* obbligare, costringere (*anche dir.*).

obligation [,ɒblɪ'geɪʃn / ob·liga·tion] *s.* **1** obbligo; dovere; impegno; obbligazione (*anche dir.*): *without* —, senza impegno; *to be under an — to s.o.*, avere un obbligo verso qlcu.; *to hold oneself under an* —, sentirsi obbligato; *to lay* (o *to put*) *s.o. under an — to do sthg.*, obbligare qlcu. a fare qlco. (per gratitudine); *to meet one's obligations*, tener fede ai propri impegni; *to repay an* —, ricambiare un favore **2** (*comm.*) debito; impegno (di spesa).

obligatory [ə'blɪgətərɪ *amer.* ə'blɪgətɔ:rɪ / ob·lig·at·ory] *agg.* obbligatorio (*anche dir.*): *to make it — (up)on s.o. to do sthg.*, obbligare qlcu. a fare qlco. // **-ily** *avv.* // **-iness** *s.*

to **oblige** [ə'blaɪdʒ / ob·lige] *v.tr.* **1** (IV) obbligare, costringere: *the law obliges parents to send their children to school*, la legge obbliga i genitori a mandare a scuola i loro figli; *to be obliged to do sthg.*, essere obbligato a, dover fare qlco. **2** (*form.*) fare un favore a, fare cosa grata a: *could you — me by closing the door?*, potresti farmi la cortesia di chiudere la porta?

obliged [ə'blaɪdʒd / ob·liged] *agg.* obbligato: *to be* (o *to feel*) *— to s.o.*, sentirsi obbligato verso qlcu.; *he felt — to help him*, si sentì in dovere di aiutarlo.

obligee [,ɒblɪ'dʒi: / ob·li·gee] *s.* (*dir.*) creditore; beneficiario.

obliger [ə'blaɪdʒə* / ob·liger] *s.* chi obbliga; obbligante (*anche dir.*).

obliging [ə'blaɪdʒɪŋ / ob·li·ging] *agg.* cortese; compiacente // **-ly** *avv.* // **-ness** *s.*

obligor [,ɒblɪ'gɔ:* / ob·ligor] *s.* (*dir.*) debitore.

oblique [ə'bli:k / ob·lique] *agg.* **1** inclinato; obliquo; diagonale: — *plane*, piano inclinato **2** (*bot., zool.*) asimmetrico **3** (*gramm.*) indiretto: — *case*, caso indiretto; — *oration* (o *speech*), discorso indiretto **4** (*fig.*) indiretto; obliquo; ambiguo: *he kept on making — accusations*, continuò a fare accuse indirette ◆ *s.* **1** diagonale **2** (*tip.*) barretta obliqua **3** (*gramm.*) caso obliquo // **-ly** *avv.*

to **oblique** *v.intr.* **1** inclinarsi **2** (*mil.*) marciare, avanzare obliquamente.

obliqueness [ə'bli:knɪs / ob·lique·ness] **obliquity** [ə'bli:kwətɪ / ob·li·quity] *s.* **1** obliquità **2** (*non com. fig.*) obliquità; ambiguità; evasività; oscurità.

to **obliterate** [ə'bli:təreɪt / ob·lit·er·ate] *v.tr.* **1** annientare; distruggere; cancellare: *the village had been obliterated by the bombardment*, il villaggio era stato interamente distrutto dal bombardamento **2** (*fig.*) dimenticare; cancellare; rimuovere: *I have obliterated her memory*, ho cancellato il ricordo di lei **3** (*med.*) rimuovere, asportare.

obliteration [ə,bli:tə'reɪʃn / ob·lit·era·tion] *s.* **1** annientamento; distruzione; estinzione **2** (*med.*) obliterazione, occlusione (di arteria).

obliterator [ə'blɪtəreɪtə* / ob·lit·era·tor] *s.* obliteratrice.

oblivion [ə'blɪvɪən / ob·li·vion] *s.* **1** oblio; dimenticanza: *to fall into* —, cadere nell'oblio; *to rescue s.o., sthg. from* —, salvare qlcu., qlco. dall'oblio **2** (*rar.*) amnistia.

oblivious [ə'blɪvɪəs / ob·li·vi·ous] *agg.* **1** (*form.*) dimentico; immemore **2** inconsapevole; ignaro: — *of danger*, ignaro del pericolo // **-ly** *avv.* // **-ness** *s.*

oblong ['ɒblɒŋ / ob·long] *agg.* oblungo; bislungo; rettangolare ◆ *s.* figura, oggetto di forma oblunga.

obloquy ['ɒbləkwɪ / ob·lo·quy] *s.* (*form.*) **1** ingiuria; offesa; calunnia **2** cattiva reputazione; infamia; disonore.

obnoxious [əb'nɒkʃəs / ob·nox·ious] *agg.* **1** (*form.*) odioso; detestabile; offensivo; sgradevole; spiacevole **2** biasimevole; riprovevole **3** (*dir. ant.*) responsabile // **-ly** *avv.* // **-ness** *s.*

oboe ['əʊbəʊ] *s.* (*mus.*) oboe.

oboist ['əʊbəʊɪst / obo·ist] *s.* (*mus.*) oboista.

obol ['ɒbɒl] **obolus** ['ɒbələs] *pl.* **oboli** ['ɒbəlaɪ] *s.* (*st.*) obolo (moneta dell'antica Grecia).

obscene [əb'si:n / ob·scene] *agg.* **1** osceno; indecente: — *publications*, pubblicazioni oscene **2** disgustoso; scioccante; atroce // **-ly** *avv.*

obsceneness [əb'si:nnɪs / ob·sce·ne·ness] **obscenity** [əb'senətɪ / ob·scen·ity] *s.* **1** oscenità; comportamento osceno; atti osceni (*pl.*) **2** oscenità; parola, linguaggio osceno **3** (*fig.*) oscenità, cosa rivoltante: *the existence of the poor in a rich society is an* —, l'esistenza dei poveri in una società ricca è una cosa che disgusta profondamente.

obscurantism [,ɒbskjʊə'ræntɪzəm / ob·scur·ant·ism] *s.* (*form.*) oscurantismo.

obscurantist [,ɒbskjʊə'ræntɪst / ob·scur·ant·ist] *agg.* e *s.* oscurantista.

obscuration [,ɒbskjʊə'reɪʃn / ob·scura·tion] *s.* **1** (*form.*) oscuramento **2** (*fig. form.*) offuscamento (della capacità intellettiva, della verità ecc.).

obscure [əb'skjʊə* / ob·scure] *agg.* **1** scuro; oscuro (*anche fig.*): *the — powers of evil*, gli oscuri poteri del male **2** (*fig.*) oscuro; criptico: *the meaning is* —, il significato è oscuro **3** (*estens.*) indistinto; indefinito; oscuro: *the outline of the house was — in the darkness*, il profilo della casa non si distingueva nell'oscurità **4** (*fig.*) oscuro, poco noto; remoto; nascosto: *he is an — writer*, è uno scrittore poco noto ◆ *s.* (*non com.*) oscurità // **-ly** *avv.* // **-ness** *s.*

to **obscure** *v.tr.* **1** oscurare; offuscare (*anche fig.*) **2** nascondere.

obscurity [əb'skjʊərətɪ / ob·scur·ity] *s.* oscurità.

obsequies ['ɒbsɪkwɪz / ob·sequies] *s.pl.* (*form.*) esequie; funerali.

obsequious [əb'si:kwɪəs / ob·sequi·ous] *agg.* **1** (*form.*) ossequioso; deferente **2** (*spreg.*) servile **3** (*ant.*) relativo alle esequie, funereo: *...the survivor bound / in filial obligation for some term / to do obsequious sorrow*, (SH. Hamlet) ...l'orfano è tenuto, per qualche tempo, in obbligo filiale a dare un dolente omaggio di tristezza // **-ly** *avv.* // **-ness** *s.*

observable [əb'zɜ:vəbl / ob·serv·able] *agg.*

1 osservabile; visibile; percettibile; discernibile **2** degno di nota, di osservazione **3** (*non com.*) che si deve osservare, praticare (di regola, dovere ecc.).

observance [əb'zɜ:vns / ob·serv·ance] **observancy** [əb'zɜ:vnsɪ / ob·serv·ancy] *s.* (*non com.*) **1** osservanza, adempimento (di doveri, legge ecc.); pratica (di abitudini, riti ecc.) // (*dir.*) *in observance of the law*, in ossequio alla legge; *observance of an agreement*, esecuzione di un accordo **2** (*eccl.*) regola **3** (*form.*) osservazione, atto dell'osservare.

observant [əb'zɜ:vnt / ob·serv·ant] *agg.* **1** osservatore; attento **2** (*non com.*) osservante; rispettoso (*anche dir.*) ◆ *s.* (*eccl.*) *Observant*, francescano osservante.

observation [,ɒbzə'veɪʃn / ob·ser·va·tion] *s.* **1** osservazione: *he's under* —, è sorvegliato, sotto sorveglianza; (*med.*) è in osservazione; *to escape s.o.'s* —, sfuggire all'attenzione di qlcu. // (*mil.*) — *post*, posto di osservazione, osservatorio **2** osservazione; considerazione; commento: *he made a number of observations about the use of seatbelts*, espresse alcune considerazioni sull'utilità delle cinture di sicurezza.

observational [,ɒbzə'veɪʃənl / ob·ser·va·tional] *agg.* fondato, basato sull'osservazione.

observation car [,ɒbzə'veɪʃn,kɑ:*] *s.* (*ferr.*) carrozza belvedere.

observatory [əb'zɜ:vətrɪ *amer.* əb'zɜ:vətɔ:rɪ / ob·ser·vat·ory] *s.* osservatorio, specola.

to **observe** [əb'zɜ:v / ob·serve] *v.tr.* **1** osservare; rispettare (*anche dir.*): *to — a clause*, rispettare una clausola **2** osservare; onorare; solennizzare; celebrare; santificare: *he observes all the feast days*, santifica tutte le feste **3** (*form.*) (I, V) osservare; notare: *he observed the thief enter the building*, notò il ladro entrare nell'edificio **4** osservare, studiare attentamente, scientificamente **5** osservare; esprimere (un commento, un'osservazione) ◆ *v.intr.* **1** commentare; osservare; constatare **2** osservare scientificamente.

observer [əb'zɜ:və* / ob·ser·ver] *s.* **1** osservatore **2** (*mil.*) vedetta.

to **obsess** [əb'ses / ob·sess] *v.tr.* ossessionare; tormentare; assillare: *she obsessed him with her fixed ideas*, lo ossessionava con le sue idee fisse.

obsession [əb'seʃn / ob·ses·sion] *s.* ossessione.

obsessional [əb'seʃnl / ob·ses·sional] *agg.* ossessivo (*anche psic.*): — *neurosis*, nevrosi ossessiva // **-ly** *avv.*

obsessive [əb'sesɪv / ob·sess·ive] *agg.* ossessivo, assillante // **-ly** *avv.* // **-ness** *s.*

obsidian [ɒb'sɪdɪən / ob·si·dian] *s.* (*geol.*) ossidiana.

to **obsolesce** [,ɒbsəʊ'les / ob·sol·esce] *v.intr.* diventare, essere obsoleto.

obsolescence [,ɒbsəʊ'lesns / ob·sol·es·cence] *s.* **1** tendenza a cadere in disuso; il diventare obsoleto **2** (*econ.*) obsolescenza; deprezzamento tecnologico: *built-in* — (o *planned* —), obsolescenza programmata.

obsolescent [,ɒbsəʊ'lesnt / ob·sol·es·cent] *agg.* **1** che sta diventando obsoleto; che sta cadendo in disuso; antiquato, obsolescente **2** (*econ.*) obsolescente.

obsolete ['ɒbsəli:t / ob·sol·ete] *agg.* **1** obsoleto, antiquato, fuori moda, disusato; (*scherz.*) antidiluviano // (*econ.*) — *machinery*, macchinario obsoleto **2** (*biol.*) rudimentale, incompleto, imperfetto // **-ness** *s.*

obstacle ['ɒbstəkl / obs·tacle] *s.* ostacolo, difficoltà, impedimento: *you are sure to meet with lots of obstacles*, incontrerete certo una quantità di ostacoli // — *race*, corsa a ostacoli.

obstetric(al) [ɒb'stetrɪk(l) / ob·stet·ric(al)] *agg.* (*med.*) ostetrico.

obstetrician [,ɒbste'trɪʃn / ob·stet·ri·cian] *s.* (*med.*) ostetrico.

obstetrics [ɒb'stetrɪks / ob·stet·rics] *s.* U (*med.*) ostetricia.

obstinacy ['ɒbstɪnəsɪ / ob·stin·acy] *s.* ostinazione, caparbietà.

obstinate ['ɒbstənət / ob·stin·ate] *agg.* ostinato, caparbio // **-ly** *avv.* // **-ness** *s.*

obstreperous [əb'strepərəs / ob·strep·er·ous] *agg.* (*scherz.*) turbolento, assordante, rumoroso // **-ly** *avv.* // **-ness** *s.*

obstruct ['ɒbstrʌkt / ob·struct] *s.* (*ant.*) ostacolo: *which soon he granted, / being an obstruct 'tween his lust and him*, (SH. Antony and Cleopatra) cosa che egli subito concesse, perché tu ti frapponevi fra lui e il suo piacere.

to **obstruct** [əb'strʌkt] *v.tr.* **1** ostruire, otturare, ingorgare **2** ritardare, impedire (progresso, attività ecc.); fare ostruzionismo a (un progetto di legge ecc.): (*dir.*) *to — the due course of justice*, ostacolare il corso della giustizia.

obstruction [əb'strʌkʃn / ob·struc·tion] *s.* **1** ostacolo, impedimento; intasamento; ingorgo **2** ostruzione (*anche dir.*): — *of highway*, blocco stradale; — *of justice*, ostruzione del corso della giustizia; — *of a policeman*, resistenza a un agente di polizia **3** (*med.*) ostruzione.

obstructionism [əb'strʌkʃənɪzəm / ob·struc·tion·ism] *s.* ostruzionismo.

obstructionist [əb'strʌkʃənɪst / ob·struc·tion·ist] *s.* ostruzionista.

obstructive [əb'strʌktɪv / ob·struct·ive] *agg.* ostruente; ostruttivo; ostruzionista: *don't be* —, non fare dell'ostruzionismo // **-ly** *avv.*

to **obtain** [əb'teɪn / ob·tain] *v.tr.* ottenere, far ottenere; raggiungere, conseguire; procurare ◆ *v.intr.* (*form.*) esistere, sussistere, persistere: *all long as this situation obtains...*, finché questa situazione persiste...

obtainable [əb'teɪnəbl / ob·tain·able] *agg.* ottenibile; raggiungibile; disponibile.

obtected [əb'tektɪd / ob·tected] *agg.* (*zool.*) rinchiuso in involucro chitinoso.

to **obtrude** [əb'tru:d / ob·trude] *v.tr.* **1** (*form.*) spingere avanti, protendere (all'esterno) **2** imporre (idee, opinioni ecc.): *he obtrudes his ideas on* (o *upon*) *everyone*, impone a tutti le sue idee ◆ *v.intr.* **1** (*form.*) spingersi in avanti, protendersi **2** imporsi; intromettersi: *he obtruded upon our attention*, si impose alla nostra attenzione.

obtruder [əb'tru:də* / ob·truder] *s.* (*rar.*) intruso; importuno.

obtrusion [əb'tru:ʒn / ob·tru·sion] *s.* (*form.*) intrusione.

obtrusive [əb'tru:sɪv / ob·trus·ive] *agg.* (*form.*) **1** invadente, importuno; fastidioso (di persona): *he's too —, he never leaves you alone*, è troppo invadente, non ti lascia mai in pace **2** che non passa inosservato, che si fa notare; vistoso, appariscente; chiassoso, assordante: *the new building in the old town is not at all* —, la nuova costruzione si inserisce bene nella parte vecchia della città; *its glaring colours made the wallpaper too* —, i colori sgargianti rendevano la carta da parati troppo vistosa; *I can't stand the — background music in pubs and cafés*, non riesco a sopportare la musica assordante nei pub e nei caffè // **-ly** *avv.* // **-ness** *s.*

to **obtund** [əb'tʌnd / ob·tund] *v.tr.* ottundere, intorpidire (i sensi) (*anche med.*).

to **obturate** ['ɒbtjʊəreɪt / ob·tur·ate] *v.tr.* (*form.*) otturare, ostruire.

obturation [,ɒbtjʊə'reɪʃn / ob·tura·tion] *s.* (*form.*) **1** otturazione, chiusura **2** (*med.*) occlusione (dell'intestino).

obturator ['ɒbtjʊəreɪtə* / ob·tur·ator] *agg.* otturatore, otturatorio: (*anat.*) — *muscle*, muscolo otturatore; — *membrane*, membrana otturatoria ◆ *s.* (*tecn.*, *mil.*) otturatore.

obtuse [əb'tju:s *amer.* əb'tu:s / ob·tuse] *agg.* **1** ottuso: (*mat.*) — *angle*, angolo ottuso **2** (*form. fig.*) ottuso, poco intelligente **3** (*non com.*) sordo (di dolore ecc.) // **-ly** *avv.* // **-ness** *s.*

obverse ['ɒbvɜ:s / ob·verse] *agg.* (*form.*) opposto, inverso ◆ *s.* **1** retto (di medaglia, moneta, pagina ecc.) **2** (*form.*) opposto, inverso: *the — of the truth*, l'opposto della verità // **-ly** *avv.*

to **obviate** ['ɒbvɪeɪt / ob·vi·ate] *v.tr.* (*form.*) ovviare a; evitare.

obvious ['ɒbvɪəs / ob·vi·ous] *agg.* **1** ovvio, chiaro, evidente: *to state the* —, dire ciò che è ovvio; (*dir.*) — *defect*, vizio apparente **2** (*ant.*) che viene incontro: *where obvious duty erewhile appeared unsought*, (MILTON) mentre il dovere di venirmi incontro poco tempo fa sembrava spontaneo // **-ly** *avv.* // **-ness** *s.*

OC [əʊ'si:] *s.* (*med.*) contraccettivo orale; (*fam.*) la pillola • Da *oral contraceptive*.

occasion [ə'keɪʒn / oc·ca·sion] *s.* **1** occasione; opportunità: *to take* (o *to seize*) *the — to do sthg.*, approfittare dell'occasione per fare qlco. **2** (*form.*) causa, motivo, ragione: *there is no — to be angry*, non è il caso di arrabbiarsi; *to have — to do sthg.*, avere motivo di fare qlco.: *if you have — to go to the shops, please post this letter*, se già devi andare a fare la spesa, per favore imbucami questa lettera **3** occasione, circostanza, occorrenza: *as — requires*, al bisogno, all'occorrenza; *if the — requires* (o *demands*), se la circostanza lo richiede; *on another* —, in un'altra occasione; *we met on that* —, ci incontrammo in quella occasione; *this is not the first — that he has behaved badly*, non è la prima volta che si comporta male; *there are occasions when you have to be severe*, ci sono occasioni in cui devi essere severo; *to rise to the* —, essere all'altezza della situazione; *on occasion(s)*, occasionalmente, qualche volta **4** occasione (particolare); avvenimento: *a happy* —, un evento felice; *a festive* —, lieta occasione, festa; *he spoke with a great sense of* —, fece un discorso veramente adatto alla situazione **5** *pl.* affari: *one's lawful occasions*, i propri affari legali.

to **occasion** *v.tr.* (*form.*) cagionare, causare; determinare.

occasional [ə'keɪʒənl / oc·ca·sional] *agg.* **1** che avviene ogni tanto, occasionale, saltuario, sporadico: *he has an — drink with his friends*, ogni tanto beve qualcosa con gli amici; *I like the — film*, ogni tanto mi piace vedere un film; *cloudy weather with — showers*, tempo nuvoloso con piogge sporadiche; *his — outbursts of anger are short-lived*, i suoi saltuari sfoghi di rabbia hanno vita breve **2** (*form.*) d'occasione: *— poems*, poesie d'occasione.

occasionalism [ə'keɪʒnəlɪzəm / oc·ca·sion·al·ism] *s.* (*fil.*) occasionalismo.

Occident ['ɒksɪdənt / Oc·ci·dent] *s.* (*form.*) Occidente.

occidental [,ɒksɪ'dentl / oc·ci·dental] *agg.* e *s.* (*form.*) occidentale.

occidentalism [,ɒksɪ'dentəlɪzəm / oc·ci·dent·al·ism] *s.* (*non com.*) modi e costumi occidentali.

to **occidentalize** [,ɒksɪ'dentəlaɪz / oc·ci·dent·al·ize] *v.tr.* (*rar.*) occidentalizzare.

occipital [ɒk'sɪpɪtl / oc·ci·pital] *agg.* e *s.* (*anat.*) occipitale: *— (bone)*, osso occipitale; *— lobe*, lobo occipitale.

occiput ['ɒksɪpʌt / oc·ci·put] *pl.* **occiputs**, **occipita** [ɒk'sɪpɪtə / oc·ci·pita] *s.* (*anat.*) occipite.

to **occlude** [ɒ'klu:d / oc·clude] *v.tr.* **1** (*non com.*) occludere; chiudere; bloccare; interrompere il flusso di **2** (*chim.*) occludere (gas, liquidi in una massa) ◆ *v.intr.* combaciare (delle arcate dentarie).

occlusion [ɒ'klu:ʒn / oc·clu·sion] *s.* (*non com.*) occlusione.

occult [ɒ'kʌlt *amer.* ə'kʌlt / oc·cult] *agg.* occulto, segreto; misterioso // **-ly** *avv.* // **-ness** *s.*

to **occult** *v.tr.* e *intr.* (*non com.*) occultare, occultarsi; nascondere, nascondersi.

occultation [,ɒkəl'teɪʃn / oc·culta·tion] *s.* **1** (*non com.*) occultamento **2** (*astr.*) occultazione, eclissi.

occulted [ɒ'kʌltɪd *amer.* ə'kʌltɪd / oc·culted] *agg.* (*non com.*) occulto; nascosto.

occultism ['ɒkəltɪzəm / oc·cult·ism] *s.* occultismo.

occultist ['ɒkəltɪst / oc·cult·ist] *s.* occultista.

occupancy ['ɒkjʊpənsɪ / oc·cu·pancy] *s.* presa di possesso, occupazione (*anche dir.*).

occupant ['ɒkjʊpənt / oc·cu·pant] *s.* occupante; locatario.

occupation [,ɒkjʊ'peɪʃn / oc·cu·pa·tion] *s.* **1** impiego; professione; lavoro: *what is he by —?* (o *what is his —?*), qual è la sua professione?; *people in professional occupations*, persone che svolgono attività professionali **2** occupazione, passatempo **3** occupazione, presa di possesso; invasione: *— troops*, truppe, esercito d'occupazione; *the — of a factory by workers*, l'occupazione di uno stabilimento da parte dei lavoratori.

occupational [,ɒkju:'peɪʃənl / oc·cu·pa·tional] *agg.* professionale; occupazionale // (*med.*): *— medicine*, medicina del lavoro; *— therapy*, terapia del lavoro; *— neurosis*, nevrosi professionale; *— disease*, malattia professionale // (*econ.*) *— hazard*, rischio professionale.

occupier ['ɒkjʊpaɪə* / oc·cu·pier] *s.* occupante; locatario.

to **occupy** ['ɒkjʊpaɪ / oc·cupy] *v.tr.* **1** occupare, vivere in: *he occupied the house built by his grandfather*, viveva nella casa costruita dal nonno **2** occupare, prendere possesso di (*anche dir.*); invadere: *his seat was occupied by a distinguished lady*, il suo posto era occupato da una signora distinta; *the army occupied the town*, l'esercito occupò la città; *the workers occupied the factory*, i lavoratori hanno occupato lo stabilimento **3** occupare; ricoprire (una carica, una posizione): *Mr Smith occupies an important position in the Ministry of Education*, Mr Smith occupa un posto importante al Ministero della Pubblica Istruzione; *to — a post*, occupare un posto (di lavoro) **4** occupare, riempire; impegnare: *his article occupies the front page*, il suo articolo occupa la prima pagina; *playing tennis occupies my weekends*, il tennis occupa i miei weekend; *she occupied herself with* (o *in*) *charities*, ella si occupava di opere di carità **5** (*ant.*) usare, far uso di: *the bow the more it is bent and occupied, the weaker it waxeth*, (LYLY) l'arco più è piegato e adoperato meno resistente diventa.

to **occur** [ə'kɜ:* / oc·cur] *pass.p.p.* **occurred** [ə'kɜ:d / oc·curred] *v.intr.* **1** accadere, capitare, succedere; sopravvenire: *that seldom occurs*, ciò avviene raramente **2** venire in mente: *it suddenly occurred to him that...*, gli venne in mente d'improvviso che...; *it never occurred to me!*, non mi è neppure passato per la mente! **3** ricorrere: *colloquialisms — frequently in his style*, nel suo stile ricorrono frequentemente dei colloquialismi **4** esistere, trovarsi: *the lily occurs in a wild state throughout this region*, il giglio esiste allo stato selvatico in tutta questa zona.

occurrence [ə'kʌrəns / oc·cur·rence] *s.* (*form.*) **1** il verificarsi, l'accadere: *such accidents are unfortunately of frequent —*, tali incidenti purtroppo accadono spesso **2** evento, avvenimento.

ocean ['əʊʃn] *s.* **1** oceano; (*amer.*) mare: *— basin, floor*, bacino, fondale oceanico; *— lane*, rotta oceanica // (*mar.*, *comm.*) *— bill of lading*, polizza di carico per trasporto oceanico **2** immensità; spazio immenso **3** *pl.* (*fam.*) grande quantità: *there's oceans of punch left*, è avanzata una grande quantità di punch.

oceangoing ['əʊʃn,gəʊɪŋ / ocean·going] *agg.* d'alto mare (spec. di nave).

Oceanian [,əʊʃɪ'eɪnjən / Ocean·ian] *agg.* dell'Oceania ◆ *s.* nativo dell'Oceania.

oceanic [,əʊʃɪ'ænɪk] *agg.* **1** oceanico **2** pelagico (di flora e fauna marina).

oceanographer [,əʊʃjə'nɒgrəfə* / oceano·grapher] *s.* oceanografo.

oceanographic(al) [,əʊʃjənəʊ'græfɪk(l) / oceano·graphic, oceano·graph·ical] *agg.* oceanografico.

oceanography [,əʊʃjə'nɒgrəfɪ / oceano·graphy] **oceanology** [,əʊʃjə'nɒlədʒɪ / oceano·logy] *s.* oceanografia.

ocellate(d) ['ɒseleɪt(ɪd) / ocel·late(d)] *agg.* (*zool.*) **1** simile a un ocello, ocellato, provvisto di ocelli **2** maculato, coperto di macchie a forma d'occhio.

ocellus [əʊ'seləs / ocel·lus] *pl.* **ocelli** [əʊ'selaɪ] *s.* (*zool.*) **1** ocello **2** macchia a forma d'occhio (p.e. del pavone).

ocelot ['əʊsɪlɒt] *s.* (*zool.*) (*Felis pardalis*) ocelot, gattopardo americano SIN. **tiger-cat**.

och [ɒk] *inter.* (*scoz.*, *irl.*) **1** oh, ah (per esprimere sorpresa) **2** enfatizza una risposta: *— aye*, ma sì; *— no*, ma no.

ochre ['əʊkə*] amer. **ocher** *s.* **1** (*min.*) ocra **2** color ocra **3** (*fam. antiq.*) denaro.

ochreous ['əʊkrɪəs / ochre·ous] **ochrous** ['əʊkrəs] **ochry** ['əʊkrɪ] *agg.* ocraceo, di ocra.

ochroid ['əʊkrɔɪd / ochr·oid] *agg.* (*chim.*) simile all'ocra, che sembra ocra.

o'clock [ə'klɒk] contr. di *of the clock*: *it is six —*, sono le sei.

octad ['ɒktæd] *s.* (*non com.*) gruppo di otto.

octagon ['ɒktəgən *amer.* 'ɒktəgɒ:n / oc·ta·gon] *s.* (*mat.*) ottagono.

octagonal [ɒk'tægənl / oc·ta·gonal] *agg.* ottagonale.

octahedrite [,ɒktə'hi:draɪt / oc·ta·hed·rite] *s.* (*geol.*) ottaedrite.

octahedron [,ɒktə'hedrən / oc·ta·hed·ron] *pl.* **octahedrons**, **octahedra** [,ɒktə'hedrə / oc·ta·hedra] *s.* (*mat.*) ottaedro.

octal ['ɒktəl / oc·tal] *s.* (*inform.*) ottale.

octameter [ɒk'tæmɪtə* / oc·ta·meter] *s.* (*poesia*) ottametro.

octane ['ɒkteɪn / oct·ane] *s.* (*chim.*) ottano: *— number*, numero di ottano // *high, low —*, ad alto, a basso numero di ottano.

octanol ['ɒktənəʊl / oct·anol] *s.* (*chim.*) ottanolo.

octant ['ɒktənt / oct·ant] *s.* (*astr.*, *mat.*) ottante.

octave ['ɒktɪv / oct·ave] *s.* **1** (*mus.*, *metrica*) ottava **2** ottava (otto giorni) **3** piccolo barile per vino.

octave-flute ['ɒktɪv,flu:t] *s.* (*mus.*) ottavino.

octavo [ɒk'teɪvəʊ / oc·tavo] *agg.* (*tip.*) in-ottavo ◆ *s.* *pl.* **octavos** (volume) in ottavo.

octene ['ɒkti:n / oct·ene] *s.* (*chim.*) ottene.

octet [ɒk'tet] *s.* **1** (*mus.*) ottetto **2** (*metrica*) gruppo di otto versi (specialmente le prime due quartine del sonetto) **3** (*chim.*, *fis.*) ottetto: *— rule*, regola dell'ottetto.

octette → **octet** 1 e 2.

octillion [ɒk'tɪljən / oc·til·lion] *s.* ottilione (*inglese* unità seguita da 48 zeri, *amer.* unità seguita da 27 zeri).

October [ɒk'təʊbə* / Oc·to·ber] *s.* ottobre: *in —*, in ottobre; *on the seventh of —*, il sette ottobre.

octodecimo [,ɒktəʊ'desɪməʊ / oc·to·de·cimo] *agg.* (*tip.*) in-diciottesimo ◆ *s.* (*tip.*) (volume) in diciottesimo.

octogenarian [,ɒktəʊdʒɪ'neərɪən / oc·to·gen·arian] *agg.* e *s.* ottuagenario.

octogenary [ɒk'tɒdʒɪnərɪ / oc·to·gen·ary] *agg.* (*non com.*) ottuagenario.

octonary ['ɒktəʊnərɪ / oc·ton·ary] *agg.* (*non com.*) di otto; di otto in otto ◆ *s.* gruppo di otto; (*metrica*) ottonario, strofa di otto versi.

octopus ['ɒktəpəs / oc·to·pus] *pl.* **octopuses** ['ɒktəpəsɪz] **octopi** ['ɒktəpaɪ / oc·to·pi] *s.* (*zool.*) polpo; piovra.

octopus strap ['ɒktəpəs,stræp] *s.* ragno (cavo elastico per portapacchi).

octoroon [ˌɒktəˈruːn / oc·to·roon] *s.* persona che ha un ottavo di sangue nero.

octosyllabic [ˈɒktəʊsɪˈlæbɪk / oc·to·syl·labic] *agg.* (*metrica*) ottosillabico ◆ *s.* verso ottosillabico, ottonario.

octosyllable [ˈɒktəʊˌsɪləbl / oc·to·syl·lable] *agg.* (*metrica*) ottosillabico ◆ *s.* **1** verso ottosillabico, ottonario **2** parola ottosillabica.

octyl [ˈɒktɪl] *s.* (*chim.*) octile.

octyl- [ˈɒktl] *pref.* della terminologia chimica indicante la presenza del radicale ottile; it. ottil-: *octylacetic*, ottilacetico.

octylic [ɒkˈtɪlɪk] *agg.* (*chim.*) octilico.

ocular [ˈɒkjʊlə* / ocu·lar] *agg.* (*anat.*) oculare: — *muscles*, muscoli oculari ◆ *s.* (*ottica*) oculare // **-ly** *avv.*

oculist [ˈɒkjʊlɪst / ocu·list] *s.* (*med.*) oculista.

oculomotor [ˌɒkjʊləʊˈməʊtə* / ocu·lo·motor] *agg.* (*anat.*) oculomotore: — *nerve*, nervo oculomotore.

O.D. [əʊˈdiː] abbr. di → **overdose.**

to **O.D.** [əʊˈdiː] *v.intr.* (*sl.*) farsi un'overdose.

odal [ˈəʊdl] *agg.* (*dir.*) allodiale ◆ *s.* (*dir.*) allodio.

odalisque [ˈəʊdəlɪsk / odal·isque] *s.* odalisca.

odd [ɒd] *agg.* **1** strano, bizzarro, originale: — *his remembering me!*, strano che si ricordi di me!; *an — kind of person*, un tipo strampalato, eccentrico; *what an — hat!*, che strano cappello! **2** spaiato, scompagnato: *an — shoe*, una scarpa spaiata: *two — volumes of an encyclopaedia*, due volumi scompagnati di una enciclopedia; *an — player*, un giocatore in più // *the — one out*, cosa o persona che non fa parte di un insieme: *among all those engineers he is the — man out, being a doctor*, fra tutti quegli ingegneri è fuori posto essendo un dottore **3** di qualsiasi genere o tipo, vario: *have you got an — bit of cloth*, hai un pezzetto di stoffa qualsiasi; *give any — bits of clothing you don't need to the charity sale*, dai qualunque tipo di indumento che non ti serve per la vendita di beneficenza // — *jobs*, (piccoli) lavori occasionali e di vario genere **4** dispari: *seven and nine are — numbers*, il sette e il nove sono numeri dispari **5** (*pred.*) (accompagnato da un numerale) un po' più di, abbondante: *ten pounds —*, dieci sterline e rotti, e passa **6** occasionale, saltuario; libero (di tempo): *to do sthg. in one's — moments*, fare qlco. a tempo perso; *they have the — tiff but mostly get on all right*, (*fam.*) litigano di tanto in tanto ma per lo più vanno d'accordo **7** inaspettato, impensato: *in some — corner*, in un angolo impensato **8** di resto, restante: *there was some — change after I'd paid for the meal*, dopo aver pagato il pranzo rimasero degli spiccioli di resto ◆ *s.* **1** numero dispari // *to play odds and evens*, giocare a pari o dispari **2** cosa extra, eccezionale.

oddball [ˈɒdbɔːl / odd·ball] *s.* (*sl.*) (tipo) stravagante, originale.

odd-come-short [ˈɒdkʌmˌʃɔːt] *s.* rimasuglio.

oddity [ˈɒdɪtɪ / odd·ity] *s.* **1** singolarità; stranezza; originalità **2** (persona) originale: *he is an —*, è un originale **3** cosa bizzarra, curiosità; avvenimento strano.

odd-job man [ˌɒdˈdʒɒbmən] *s.* uomo tuttofare, uomo assunto per lavoretti vari (gener. nelle case).

odd-looking [ˈɒdˌlʊkɪŋ] *agg.* strano, curioso, particolare.

oddly [ˈɒdlɪ / odd·ly] *avv.* stranamente // — *enough*, stranamente; per quanto possa sembrar strano.

oddment [ˈɒdmənt / odd·ment] *s.* (*spec. pl.*) (*comm.*) scampolo; fondo di magazzino: *great annual sale of oddments and remnants*, grande vendita annuale di scampoli e rimanenze.

oddness [ˈɒdnɪs / odd·ness] *s.* **1** disparità **2** singolarità; stranezza; bizzarria.

odds [ɒdz] *s.pl.* (*talvolta con v.sing.*) **1** differenza; disuguaglianza: *what's the —?*, che importa? // *it* (o *that*) *makes no —*, non fa differenza, non ha importanza **2** disaccordo, contrasto: *to be at — with s.o.*, essere in disaccordo con qlcu.; *to set at —*, mettere discordia; seminar zizzania **3** vantaggio iniziale (concesso per uguagliare le parti in gara): *they will not give you any —*, essi non vi daranno nessun vantaggio **4** probabilità: *the — are in your favour, against you*, le probabilità, il pronostico è in vostro favore, in vostro sfavore; *the — are he'll notice it anyway*, è probabile che se ne accorga in ogni caso; *the — are against them taking any action*, è improbabile che facciano qualcosa; *the — against this being a chance result are 1,000 to 1*, le probabilità che sia un caso sono 1000 contro 1 // *against all* (*the*) — (o *in the face of overwhelming —*), malgrado tutto, nonostante le circostanze avverse **5** quotazione (nelle scommesse): *what are the — for Silver Cloud?*, a quanto danno Silver Cloud?; *the — are 3 to 2 against*, la quotazione è 3 a 2 a sfavore // *the — are too high*, la posta in gioco è troppo alta // *I give you long — he won't succeed*, scommetto quello che vuoi che non ce la farà.

odds and ends [ˌɒdzənˈendz] *s.pl.* oggetti vari; rimasugli, avanzi: *his little shop sells all kinds of —*, il suo negozietto vende oggettini vari.

odd-shaped [ˈɒdˌʃeɪpt] *agg.* di forma strana.

odds-on [ɒdzˈɒn] *agg.* che ha moltissime probabilità di vincere // *the — favourite*, il favorito.

ode [əʊd] *s.* (*poesia*) ode.

odeum [əʊˈdiːəm] *pl.* **odeums**, **odea** [əʊˈdiːə] *s.* **1** (*st.*) odeon **2** (*non com.*) auditorio; sala concerti.

odious [ˈəʊdjəs / odi·ous] *agg.* (*form.*) odioso, detestabile // **-ly** *avv.* // **-ness** *s.*

odometer [əʊˈdɒmɪtə* / odo·meter] *s.* **1** odometro **2** contachilometri.

odontalgia [ˌɒdɒnˈtældʒə / odont·al·gia] *s.* (*med.*) odontalgia.

odontalgic(al) [ˌɒdɒnˈtældʒɪk(l) / odont·al·gic(al)] *agg.* (*med.*) odontalgico.

odontalgy [ˌɒdɒnˈtældʒɪ / odont·algy] *s.* (*med.*) odontalgia.

odontist [əʊˈdɒntɪst / odont·ist] *s.* (*med.*) odontoiatra.

odontoblast [əʊˈdɒntəblæst / odon·to·blast] *s.* (*biol.*) odontoblasto.

odontogenesis [əʊˌdɒntəˈdʒenɪsɪs / odon·to·gen·esis] **odontogeny** [ˌəʊdɒnˈtɒdʒənɪ / odon·to·geny] *s.* (*med.*) odontogenesi.

odontoglossum [əʊˌdɒntəˈglɒsəm / odon·to·glos·sum] *s.* (*bot.*) odontoglosso.

odontoid [əʊˈdɒntɔɪd / odont·oid] *agg.* (*med.*) odontoide.

odontologia [ˌəʊdɒntəˈləʊdʒə / odon·to·lo·gia] *s.* (*med.*) odontoiatria.

odontological [əˌdɒntəˈlɒdʒɪkl / odon·to·lo·gical] *agg.* odontologico, odontoiatrico.

odontologist [ˌɒdɒnˈtɒlədʒɪst / odon·to·lo·gist] *s.* (*med.*) odontoiatra.

odontology [ˌɒdɒnˈtɒlədʒɪ / odon·to·logy] *s.* (*med.*) odontologia.

odor *s.* (*amer.*) → **odour**.

odoriferous [ˌəʊdəˈrɪfərəs / odori·fer·ous] *agg.* (*form.*) odorifero, profumato // **-ly** *avv.* // **-ness** *s.*

to **odorize** [ˈəʊdəraɪz / odor·ize] *v.tr.* (*chim.*) odorizzare.

odorous [ˈəʊdərəs / odor·ous] *agg.* (*form.*) odoroso // **-ly** *avv.* // **-ness** *s.*

odour [ˈəʊdə*] *s.* **1** (*form.*) odore; profumo **2** (*fig.*) traccia, sentore; reputazione; favore // *to be in bad — with s.o.*, avere una cattiva reputazione presso qlcu.

odourless [ˈəʊdəlɪs / odour·less] *agg.* inodore.

Odyssey [ˈɒdɪsɪ / Odys·sey] *s.* **1** Odissea **2** (*fig.*) odissea, serie di peripezie, avventure.

oedema e *deriv.* (*amer.*) → **edema** e *deriv.*

oeil-de-boeuf [ˌɜːdəˈbɜːf] *pl.* **oeils-de -boeuf** *s.* (*arch.*) occhio (di bue), finestra ovale o circolare.

to **oem** [ˌəʊˌiːˈem] *v.tr.* (*inform.*) vendere direttamente a un altro costruttore di sistemi • Dalla sigla OEM: *Original Equipment Manufacturer*, costruttore di sistemi originali.

oenological [ˌiːnəˈlɒdʒɪkl / oeno·lo·gical] *agg.* enologico.

oenologist [iːˈnɒlədʒɪst / oeno·lo·gist] *s.* enologo.

oenology [iːˈnɒlədʒɪ / oeno·logy] *s.* enologia.

o'er [əʊə*] *avv.* e *prep.* (*poet.*, *antiq.*) → **over**.

oesophageal e *deriv.* (*amer.*) → **esophageal** e *deriv.*

oesophagus [iːˈsɒfəgəs / oe·so·phagus] *s.* (*anat.*) esofago.

oestrogen *s.* (*amer.*) → **estrogen**.

oestrum [ˈiːstrəm / oes·trum] **oestrus** [ˈiːstrəs / oes·trus] *s.* **1** (*zool.*) estro **2** (*fig. rar.*) stimolo; impeto, impulso **3** (*biol.*) → **estrus**.

of [ɒv (*forma forte*) əv (*forma debole*)] *prep.* **1** (*tipo, qualità*) di: *he bought a pair — trousers*, ha comprato un paio di pantaloni; *give me that pair — scissors and a sheet — paper*, dammi quel paio di forbici e un foglio di carta; *I'd like a nice cup — tea*, gradirei una bella tazza di tè; *half — the population is illiterate*, metà della popolazione è analfabeta; *at least 50 per cent — the candidates will pass*, almeno il 50 per cento dei candidati sarà promosso; *it was a village — 500 inhabitants*, era un paese di 500 abitanti; *she paid a rent — £ 60 a week*, pagava un affitto di 60 sterline la settimana; *we waited for the arrival — the next train*, aspettammo l'arrivo del treno successivo; *he insisted on the reorganisation — the company*, insisteva sulla riorganizzazione della ditta; *I had no intention*

— *spending the evening in a pub*, non avevo nessuna intenzione di passare la serata in un pub; *we told him all the details — what had happened*, gli raccontammo tutti i particolari di quanto era accaduto; *they worked in a spirit — friendly cooperation*, lavoravano in (uno) spirito di cordiale collaborazione; *they can't stand criticism — any kind*, non sopportano critiche di nessun genere; *he became the Minister — Defence*, è diventato ministro della Difesa; *"It's a kind — soufflé", she said*, "È una specie di soufflé", ella disse; *what sort — salary do you expect?*, che tipo di stipendio prevedi?; *you should have seen the size — the crowd!*, avresti dovuto vedere che folla enorme!; *her blouse was (made) — silk*, la sua camicetta era (fatta) di seta // *he's a bit — a fool*, è un po' stupidotto // *she's something — a genius*, è piuttosto geniale // *he was a giant — a man*, era un gigante, un omone // *because* — (o *on account* —), a causa di: *he drove slowly because — the rain*, andava piano a causa della pioggia **2** (*provenienza o appartenenza a un gruppo*) di: *it was a series — books on French history*, era una serie di libri di storia francese; *he's solved the worst — his problems*, ha risolto il peggiore dei suoi problemi; *I've already met two — the family*, ho già conosciuto due della famiglia; *many — his students became engineers*, molti dei suoi studenti sono diventati ingegneri; *six — them came*, vennero in sei, ne vennero sei; *she needed the approval — her boss*, aveva bisogno dell'approvazione del suo capo; *what's the day — the week?*, che giorno è della settimana?; *he wrote poetry in the style — Keats*, scrisse poesie nello stile di Keats; *you must consider the attitudes — the voters*, devi considerare la mentalità dei votanti; *the book is about the role — women in society*, il libro riguarda il ruolo delle donne nella società; *he's a member — the Liberal party*, è un membro del partito liberale; *let me introduce you to a friend — mine*, permetti che ti presenti un mio amico; *is that a child — yours?*, è uno dei tuoi figli? **3** da parte di, (tipico) di: *it was very kind — you to let me know*, è stato molto gentile da parte tua farmelo sapere; *spreading the rumour was nasty — him*, è stato brutto da parte sua spargere la voce; *it was thoughtful — them to send her flowers*, sono stati carini a mandarle dei fiori **4** (*specificazione, denominazione*) *there was a hole in the heel — her stocking*, c'era un buco nel tallone della sua calza; *look at this map — Asia*, guarda questa cartina dell'Asia; *he wants a full description — the flat*, vuole una descrizione completa dell'appartamento; *he had cancer — the lungs*, aveva un cancro ai polmoni; *the doctor specialized in diseases — the heart*, il medico si è specializzato nelle malattie di cuore **5** (*in espressioni di tempo*) di, in; a: *he remembered the unemployment — the 30's*, si ricordava della disoccupazione degli anni trenta; *the conflicts — this century have been worldwide*, i conflitti di questo secolo sono stati mondiali; *his TV show was the fiasco — the year*, il suo show televisivo è stato il fiasco dell'anno; — *an afternoon he likes to have a nap*, di pomeriggio gli piace fare un sonnellino; *her daughter was a child — five*, sua figlia era una bimba di cinque anni; *they fixed the meeting for the tenth — July*, hanno fissato la riunione per il 10 di luglio // *it's a quarter — eight*, (*amer.*) sono le otto meno un quarto **6** (*causa*) di, per: *she died — pneumonia*, morì di polmonite; *he was tired — waiting*, era stanco di aspettare.

ofay [əʊ'feɪ] *s.* (*sl. amer.*) individuo di razza bianca.

off [ɒːf *amer.* ɔːf] *avv.* **1** (*separazione, distacco*) via: *he gave me the bottle with the top* —, mi ha dato la bottiglia senza tappo; *the handle came — when I pulled it*, quando l'ho tirata, la maniglia è venuta via; *the ball hit the post and bounced* —, la palla colpì il palo e rimbalzò a terra; *the police closed the area* —, la polizia isolò la zona; *he marked the football field — with white lines*, segnò il campo di calcio con linee bianche; *the dog limped — after losing the fight*, il cane se ne andò zoppicando dopo aver perso la lotta; *she got in the car and drove* —, salì in macchina e partì; *the children are — to school*, i bambini stanno per andare a scuola; *the baby's got her shoes — again!*, la bambina si è tolta di nuovo le scarpe! // *they're —!*, (*nelle corse di cavalli*) sono partiti! // *hands —!*, giù le mani! // *hats —!*, giù il cappello! // *— with you!*, via!, vattene! // *— with his head!*, tagliategli la testa! // *right* —, (o *straight* —), subito // *let me help you — with your overcoat*, ti aiuto a toglierti il soprabito **2** (*distanza*) via, lontano, distante: *her husband was — at the war*, il marito era in guerra; *the town's a few miles* —, la città è a qualche miglio di distanza; *it was further — than I thought*, era più lontano di quanto pensassi; *we could see the lighthouse a long way* —, molto lontano si vedeva il faro; *the holidays were not far* —, mancava poco alle vacanze // — *and on* (o *on and* —), ogni tanto, di tanto in tanto: *I've seen him — and on for years*, lo vedo di tanto in tanto da anni **3** libero; assente: *our charwoman has a day — every week*, la nostra donna a ore ha un giorno libero alla settimana; *he took time — from work when he was ill*, quando è stato ammalato si è preso un periodo di riposo dal lavoro **4** non in funzione; spento, fermo (di apparecchio ecc.): *I made sure the electricity was switched* —, mi assicurai che fosse tolta la corrente **5** completamente: *he managed to pay — the debt*, riuscì a pagare interamente il debito; *he's slept — the hangover*, ha smaltito i fumi dell'alcool con una dormita **6** di sconto: *you can get £ 10 — with this card*, con questa tessera puoi avere 10 sterline di sconto; *"January sales: 20% —!"*, "Saldi di gennaio: sconti del 20%!" **7** Si usa per formare 'phrasal verbs' (p.e. *to go —*, *to get —*, *to see —*); cfr. tali verbi.

off *prep.* **1** (via) da: *he took his jacket — the peg*, tolse la giacca dall'attaccapanni; *the athlete wiped the sweat — his face*, l'atleta si asciugò il sudore dal viso; *the moonlight was reflected — the lake*, la luna si rifletteva sul lago; *he walked in — the street*, entrò dalla strada; *the car swerved — the road*, la macchina sbandò uscendo di strada; *please keep — the grass*, si prega di non calpestare l'erba; *the policeman accompanied them — the premises*, il poliziotto li accompagnò fuori dal locale; *she cut a slice — the roast*, tagliò una fetta dall'arrosto // *accommodation — campus*, pensionato, alloggio fuori del 'campus' universitario // — *the coast*, al largo della costa: *the British Isles lie — the north-west coast of Europe*, le Isole Britanniche si trovano al largo della costa nord-occidentale dell'Europa // *the kitchen's — the corridor*, la cucina sta a fianco del corridoio, si apre sul corridoio // — *duty*, fuori servizio // — *work*, assente dal lavoro // — *the beaten track*, in regioni sconosciute; (*fig.*) fuori del comune // — *the mark*, fuori bersaglio // *he's — his head*, è via di testa, è matto // *£ 2 — the price*, riduzione di 2 sterline sul prezzo // *I'm — whiskey at the moment*, non mi va di bere whisky in questi giorni **2** (*provenienza*) da: *I borrowed it — my father*, l'ho preso in prestito da mio padre; *the wind was coming — the hills*, il vento veniva dalle colline; *the radio works — batteries or — the mains*, la radio funziona a batterie o a corrente; *you can't live — your parents all your life*, non puoi vivere sulle spalle dei tuoi genitori tutta la vita.

off *agg.* **1** libero; assente: *he's — today, he's not in the office*, è via oggi, non è in ufficio; *this is the cleaner's — day*, questo è il giorno libero della donna delle pulizie // *the — season*, la morta stagione **2** (*di apparecchio ecc.*) non funzionante; spento, fermo: *the TV was — when I came home*, quando arrivai a casa il televisore era spento; *if the motor's — we can mend the pulley*, se il motore è spento, possiamo riparare la puleggia **3** rimandato; sospeso, annullato: *the concert was — because the soloist was ill*, il concerto è stato sospeso perché il solista era ammalato; *the deal's —, I want nothing to do with it*, l'affare è sfumato, non voglio averci nulla a che fare **4** (*di cibo*) non fresco, andato a male; (di piatto, al ristorante) esaurito: *that milk in the fridge is* —, quel latte nel frigorifero è andato a male; *the waiter said the mushrooms were — today*, il cameriere ha detto che oggi i funghi non sono in lista // *what he said was a bit* —, quello che ha detto era offensivo // *I'm feeling a bit — today*, mi sento un po' giù di corda oggi **5** in partenza: *when are you — to the seaside?*, quando parti per il mare?; *I've finished the job, now I'm* —, ho finito il lavoro, adesso vado.

◆ FRASEOLOGIA: *his parents were badly* —, i suoi genitori avevano pochi soldi, erano in cattive condizioni economiche // *her aunt's very well* —, sua zia è molto ricca, sta molto bene // *he was worse — in his old job*, prendeva meno, era meno pagato nel suo vecchio lavoro // *you'll be better — in your new job*, prenderai di più col nuovo lavoro // *how are you — for money?*, come stai a soldi? // *an — chance*, una lontana possibilità // *on the — side of the wall*, sul lato esterno del muro.

to **off** *v.tr.* **1** (*fam.*) annunciare l'intenzione di annullare (un impegno, accordo ecc.) **2** (*sl. amer.*) uccidere **3** (*volg. amer.*) scopare, fottere ◆ *v.intr.* (*non com.*) allontanarsi; staccarsi.

offal ['ɒfl *amer.* 'ɔːfl / of·fal] *s.* [U] **1** (*cuc.*) interiora, frattaglie (*pl.*); rigaglie (*pl.*) **2** (*fig.*) rimasugli; briciole; avanzi; rifiuti (*pl.*).

off-balance-sheet [,ɒf'bæləns,ʃiːt *amer.* ,ɔːf'bæləns,ʃiːt] *agg.* (*amm.*) fuori bilancio // (*banca*) — *activities* (o *business*), attività fuori bilancio.

offbeat [,ɒf'biːt *amer.* ,ɔːf'biːt / off·beat] *agg.* (*fam. amer.*) insolito, anticonformistico, non convenzionale.

off chance ['ɒf,tʃɑːns *amer.* 'ɔːf,tʃæns] *s.* possibilità minima: *I'll ask him, on the — that he knows*, glielo chiederò, c'è una remota possibilità che lo sappia.

off colour [ɒf'kʌlə* *amer.* ɔːf'kʌlə*] *agg.* **1** indisposto; giù (di tono) **2** (*sl.*) osceno, spinto.

off-day ['ɒf,deı *amer.* 'ɔ:f,deı] *s.* giornataccia, giornata nera, giornata no.

offence [ə'fens / of·fence] *s.* **1** offesa; ingiuria: *no — meant*, sia detto senza offesa; *there's no — in it*, non c'è niente di male; *to cause — to s.o.*, offendere qlcu.; *to take — at sthg.*, offendersi di qlco. **2** (*teol.*) colpa, peccato **3** (*dir.*) reato, illecito penale: *petty —*, reato bagatellare, contravvenzione; *to commit an — against the law*, commettere una violazione di legge; *first —*, primo reato, reato commesso da un incensurato **4** scandalo **5** (*mil.*) offesa, attacco.

offenceless [ə'fenslıs / of·fence·less] *agg.* (*form.*) **1** inoffensivo; innocuo **2** innocente.

to **offend** [ə'fend / of·fend] *v.tr.* **1** offendere, far torto a, oltraggiare: *sorry if you are offended*, mi spiace che tu sia offeso **2** (*ant.*) scandalizzare: *if thy right hand offends thee, cut it off*, se la mano destra ti dà scandalo tagliala via ◆ *v.intr.* **1** (*form.*) peccare **2** (*dir.*) commettere reati, illeciti; *to — against the law*, violare la legge.

offender [ə'fendə* / of·fender] *s.* **1** peccatore; colpevole **2** (*dir.*) delinquente; trasgressore; criminale; condannato: *a first —*, un delinquente primario, non recidivo; *an old —*, un recidivo; *fugitive —*, latitante.

offense *s.* (*amer.*) → **offence**.

offensive [ə'fensıv / of·fens·ive] *agg.* **1** offensivo; insultante; ingiurioso: *— answer*, risposta insultante **2** ripugnante, nauseabondo; sgradevole; nocivo // *— trade*, fabbricazione, commercio di sostanze nocive; *— weapon*, arma offensiva, oggetto atto a offendere ◆ *s.* (*mil.*) offensiva // **-ly** *avv.* // **-ness** *s.*

offer ['ɒfə* *amer.* 'ɔ:fə* / of·fer] *s.* **1** offerta (*anche comm.*): *to make an — to s.o.*, fare un'offerta a qlcu.; *bargaining* (o *special*) *—*, offerta speciale; *goods on —*, merce in vendita; *— for sale*, annuncio di vendita; *this house is already under —*, questa casa è già in trattativa **2** (*econ.*) offerta (opposto di 'domanda') **3** (*econ.*) *— (price)*, lettera, prezzo di offerta, prezzo lettera; prezzo di emissione **4** proposta: *— of marriage*, proposta di matrimonio **5** (*dir.*) proposta, proposta contrattuale **6** (*ant.*) tentativo.

to **offer** *v.tr.* offrire; proporre: *— (up) your prayers to God*, elevate le vostre preghiere a Dio; *I was offered a new contract*, mi offrirono un nuovo contratto; *may I — a suggestion?*, posso dare un suggerimento?; *he offered £ 1000*, ha fatto un'offerta di mille sterline; *he was offered a good opportunity*, gli è stata offerta una buona occasione // *to — a bribe to s.o.*, tentare di corrompere qualcuno; *they offered us their opinions*, ci esposero le loro opinioni ◆ *v.intr.* offrirsi: *he offered to help*, si offrì per dare un aiuto.

offeree [,ɒfə'ri: *amer.* ,ɔ:fə'ri: / of·feree] *s.* (*dir.*) destinatario di proposta contrattuale.

offerer ['ɒfərə* *amer.* 'ɔ:fərə* / of·fer·er] *s.* offerente: *to the highest —*, al miglior offerente.

offering ['ɒfərıŋ *amer.* 'ɔ:fərıŋ / of·fer·ing] *s.* offerta; sacrificio; oblazione // *— of a bribe*, tentativo di corruzione.

offertory ['ɒfətərı *amer.* 'ɔ:fətɔ:rı / of·fer·tory] *s.* **1** (*eccl.*) offertorio **2** offerta (in chiesa).

offhand [,ɒf'hænd *amer.* ,ɔ:f'hænd / off·hand] *agg.* **1** casuale; improvvisato; estemporaneo: *— speech*, discorso improvvisato **2** disinvolto; sbrigativo, brusco; alla buona ◆ *avv.* **1** lì per lì; all'improvviso: *I can't tell you —, but I'll find out*, non so dirtelo sui due piedi, ma mi informerò **2** senza cerimonie, complimenti; in modo disinvolto, sbrigativo.

offhanded [,ɒf'hændıd *amer.* ,ɔ:f'hændıd / off·handed] → **offhand**.

offhandedness [,ɒf'hændıdnıs *amer.* ,ɔ:f'hændıdnıs / off·handed·ness] *s.* disinvoltura; modi bruschi, sbrigativi, alla buona.

office ['ɒfıs *amer.* 'ɔ:fıs / of·fice] *s.* **1** ufficio (locale, serie di locali, edificio): *— hours*, orario d'ufficio; *— equipment*, macchine per ufficio; *head —*, sede principale; *— block*, palazzo d'uffici; *registered —*, sede sociale // (*dir.*) *— copy*, copia d'ufficio; copia di documenti presso uffici giudiziari // (*inform.*): *front — applications*, applicazioni di sportello; *— automater*, addetto all'automazione di ufficio; *paperless —*, ufficio automatizzato **2** *Office*, Ministero: *Foreign Office*, *Home Office*, *War Office*, Ministero degli Esteri, dell'Interno, della Guerra // *the Holy Office*, (*st.*) l'Inquisizione **3** carica: *the — of President*, la carica di Presidente; *to be in —*, essere in carica; *to come into* (o *to take*) *—*, entrare in carica; *to leave —*, lasciare un incarico **4** servizio, ufficio: *by the good offices of*, con i buoni uffici di, per l'interessamento di **5** (*eccl.*) uffizio, ufficio: *— of the dead*, ufficio funebre; *to say the —*, dire l'uffizio **6** dovere, funzione: *to do the — of*, far (la) funzione di **7** (*sl.*) avviso, segnale **8** *pl.* stanze di servizio **9** (*sl. amer.*) cabina di pilotaggio (di aereo).

to **office** *v.tr.* (*ant.*) nominare in carica: *so stands this squire / office'd with me*, (SH. Winter's Tale) così questo scudiero divide la carica con me.

office boy ['ɒfısbɔı *amer.* 'ɔ:fısbɔı] *s.* fattorino.

officed ['ɒfıst *amer.* 'ɔ:fıst / of·ficed] *agg.* (*ant.*) attivo: *when light-wing'd toys / of feather'd Cupid seel with wanton dulness / my speculative and offic'd instruments*, (SH. Othello) quando i leggeri capricci dell'alato Cupido ottunderanno con lascivo torpore le mie facoltà attive e speculative...

officeholder ['ɒfıs,həʊldə* *amer.* 'ɔ:fıs,həʊldə* / of·fice·holder] *s.* funzionario, incaricato di un servizio (pubblico o privato).

officer ['ɒfısə* *amer.* 'ɔ:fısə* / of·ficer] *s.* **1** (*mil.*) ufficiale: *senior —*, ufficiale superiore; *duty —*, ufficiale di servizio (di picchetto, di giornata ecc.); *liaison —*, ufficiale di collegamento; *staff —*, ufficiale in servizio di stato maggiore; *medical —*, ufficiale medico; *flying —*, (*aer.* GB) tenente; *pilot —*, (*aer.* GB) sottotenente **2** funzionario, dirigente, incaricato, amministratore: *customs*, funzionario delle dogane; *municipal —*, funzionario comunale **3** poliziotto, agente di polizia: *police —*, funzionario, agente di polizia **4** *High Officer*, gran dignitario (in un ordine cavalleresco).

to **officer** *v.tr.* (*mil.*) **1** provvedere, dotare di ufficiali **2** (*quasi sempre passivo*) comandare come ufficiale: *to be well officered*, essere comandato da buoni ufficiali.

office-worker ['ɒfıs,wɜ:kə* *amer.* 'ɔ:fıs ,wɜ:kə*] *s.* impiegato.

official [ə'fıʃl / of·fi·cial] *agg.* ufficiale, autorizzato; pubblico: *his — duties keep him busy*, le sue funzioni ufficiali lo tengono occupato; *is the news —?*, è ufficiale la notizia? // (*dir.*): *— oath*, giuramento solenne; *— secret*, segreto di stato; *— strike*, sciopero proclamato dai sindacati // (*econ.*): *— list*, listino ufficiale; *— exchange list*, bollettino dei cambi ufficiale; *— reserves*, riserve ufficiali ◆ *s.* **1** pubblico ufficiale; funzionario; impiegato: *government —*, funzionario statale **2** giudice, alto funzionario della Corte Episcopale Anglicana // **-ly** *avv.*

officialdom [ə'fıʃldəm / of·fi·cial·dom] *s.* **1** burocrazia **2** qualità di pubblico ufficiale.

officialese [ə,fıʃə'li:z / of·fi·cial·ese] *s.* gergo, linguaggio burocratico.

official receiver [ə,fıʃlrı'si:və*] → **receiver**.

officiant [ə'fıʃənt / of·fi·ci·ant] *s.* officiante, celebrante.

to **officiate** [ə'fıʃıeıt / of·fi·ci·ate] *v.intr.* **1** esercitare funzioni: *to — for*, sostituire temporaneamente: *I officiated for him during his illness*, l'ho sostituito durante la sua malattia **2** (*eccl.*) ufficiare.

officinal [,ɒfı'saınl / of·fi·cinal] *agg.* (*bot.*, *med.*) farmaceutico, officinale.

officious [ə'fıʃəs / of·fi·cious] *agg.* **1** eccessivamente zelante; invadente **2** ufficioso // (*dir.*) *— bystander's clauses*, clausole contrattuali implicite (sottintese tacitamente dalle parti) **3** (*ant.*) servizievole; premuroso: *I was in a mood for being useful, or at least officious*, (C. BRONTË) ero disposto a rendermi utile, o almeno a essere servizievole // **-ly** *avv.* // **-ness** *s.*

offing ['ɒfıŋ *amer.* 'ɔ:fıŋ / off·ing] *s.* **1** largo, mare aperto: *the sea was rough in the —*, il mare era agitato al largo; *to keep an —*, tenere il largo, restare in mare aperto; *to stand for the —*, battere il largo **2** distanza dalla costa: *the ship had ten miles' —*, la nave era a una distanza di dieci miglia dalla costa **3** (*fam.*) località non molto lontana, momento situato in un futuro prossimo; vicino, in vista: *there's a good job in the —*, c'è un buon posto in vista.

offish ['ɒfıʃ *amer.* 'ɔ:fıʃ / off·ish] *agg.* (*fam.*) riservato, distante, poco comunicativo; compassato.

off-key [,ɒf'ki: *amer.* ,ɔ:f'ki:] *agg.* stonato (*anche fig.*).

off-licence ['ɒf,laısns *amer.* 'ɔ:f,laısns] *s.* **1** licenza per la vendita di bevande alcoliche da asporto **2** negozio che vende bevande alcoliche da asporto.

off limits [,ɒf'lımıts *amer.* ,ɔ:f'lımıts] *agg.* vietato, proibito (*anche fig.*): *the town is — to military personnel*, la città è vietata al personale militare ◆ *s.* luogo in cui è vietato l'accesso, il transito.

off-line ['ɒflaın *amer.* 'ɔ:flaın] *agg.* (*inform.*) non collegato, non in linea, autonomo, indipendente, in differita.

to **off-load** [,ɒf'laʊd *amer.* ,ɔ:f'ləʊd] *v.tr.* e *intr.* **1** scaricare (*anche inform.*) **2** sbarazzarsi di, liberarsi di: *Albert managed to — all the old chairs on to his friend Joe*, Albert riuscì a sbarazzarsi di tutte le vecchie sedie dandole a Joe.

off-peak ['ɒf,pi:k *amer.* 'ɔ:f,pi:k] *agg.* non di punta; di bassa intensità; di minore attività: *— travel is much cheaper*, viaggiare in bassa stagione è molto più economico; *the system stores — energy, until it is needed*, il sistema immagazzina energia nei periodi di basso consumo per utilizzarla quando è necessaria; — *tariff* (o *rate*), tariffa ridotta.

off-print ['ɒfprɪnt] *s.* (*tip.*) estratto.

off-putting ['ɒf,pʊtɪŋ *amer.* 'ɔ:f,pʊtɪŋ] *agg.* sconcertante, spiacevole, fastidioso.

offscourings [ɒf'skaʊərɪŋz *amer.* ɔ:f 'skaʊərɪŋz / off·scour·ings] *s.pl.* (*rar.*) rifiuti, scarti; feccia; immondizia (*anche fig.*).

offseason ['ɒf,si:zn *amer.* 'ɔ:f,si:zn / off·sea·son] *s.* e *agg.* (di) bassa stagione ◆ *avv.* in bassa stagione, fuori stagione.

offset ['ɒfset *amer.* 'ɔ:fset / off·set] *s.* **1** (*non com.*) equivalente, compenso **2** (*non com.*) sperone (di montagna, collina) **3** (*bot.*) germoglio, pollone **4** (*fig.*) rampollo: — *of a noble family*, rampollo di una nobile famiglia **5** (*arch.*) risega **6** (*mecc.*) deviazione; disassamento **7** (*elettr.*) linea di deviazione, secondaria **8** (*tip.*) offset: — *printing*, stampa offset; — *process*, metodo di stampa offset; — *rotary*, macchina rotativa offset **9** (*geol.*) separazione orizzontale (di una faglia) **10** (*amm.*) contropartita, compensazione: — *account*, conto di contropartita.

to **offset** *pass.p.p.* **offset** *v.tr.* **1** controbilanciare, contrapporre, fronteggiare; compensare **2** (*mecc.*) decentrare, deviare **3** (*tip.*) stampare in offset ◆ *v.intr.* **1** germogliare, ramificare, ramificarsi **2** (*arch.*) formare una risega.

offsetting [,ɒf'setɪŋ *amer.* ,ɔ:f'setɪŋ / off·set·ting] *s.* compensazione // (*amm.*) — *entry*, posta rettificativa, storno.

offshoot ['ɒfʃu:t *amer.* 'ɔ:fʃu:t / off·shoot] *s.* **1** (*bot.*) germoglio; ramo **2** (*fig.*) rampollo; ramo cadetto **3** derivato; diramazione, propaggine: *this company is an — of a large multinational*, questa compagnia è una propaggine di una grande multinazionale.

offshore ['ɒfʃɔ:* *amer.* 'ɔ:fʃɔ:* / off·shore] *agg.* **1** di mare aperto, lontano dalla costa, offshore: — *oil fields*, giacimenti petroliferi in mare aperto, offshore **2** (*meteor.*) proveniente da terra: — *wind*, vento di terra **3** (*econ.*) offshore; all'estero: — *funds*, fondi collocati in un 'paradiso fiscale'; — *financial centre*, piazza finanziaria offshore; — *currency*, xenovalute ◆ *avv.* al largo; verso il largo.

offside [,ɒf'saɪd *amer.* ,ɔ:f'saɪd / off·side] *s.* **1** fuori gioco (calcio ecc.) **2** la parte di destra (di animale, veicolo, strada ecc.) ◆ *agg.* e *avv.* **1** di, in fuori gioco **2** di, sulla parte destra (di animale, veicolo, strada ecc.).

offspring ['ɒfsprɪŋ *amer.* 'ɔ:fsprɪŋ / off·spring] *s.* (*pl. invar.*) **1** (*form.*) prole; progenie; discendenza: *she has six* —, ha sei figli **2** (*bot.*) frutti, prodotti.

offstage [,ɒf'steɪdʒ *amer.* ,ɔ:f'steɪdʒ / off·stage] *agg.* e *avv.* fuori scena, al di fuori della vista degli spettatori, dietro le quinte.

off-street ['ɒfstri:t *amer.* 'ɔ:fstri:t] *agg. spec. nella locuz.*: — *parking*, parcheggio al coperto.

off-the-cuff [,ɒfðə'kʌf *amer.* ,ɔ:fðə'kʌf] *agg.* spontaneo; improvvisato: — *speech*, discorso improvvisato.

off-the-rack [,ɒfðə'ræk *amer.* ,ɔ:fðə'ræk] *agg.* (*fam. amer.*) prêt-a-porter, di serie, confezionato in serie.

off-the-record [,ɒfðə'rekɔ:d *amer.* ,ɔ:fðə 'rekəd] *agg.* ufficioso; da non mettere a verbale ◆ *avv.* ufficiosamente.

off-the-wall [,ɒfðə'wɔ:l *amer.* ,ɔ:fðə'wɔ:l] *agg.* (*spec. amer.*) comicamente pazzo, demenziale.

offward ['ɒfwəd *amer.* 'ɔ:fwəd / off·ward] *avv.* (*mar.*) al largo.

off-white [,ɒf'waɪt *amer.* ,ɔ:f'waɪt] *agg.* bianco sporco, bianco isabella.

oft ['ɒft] *avv.* (*letter.*) spesso, sovente: *oft she rejects, but never once offends*, (POPE) spesso rifiuta, ma mai offende.

often ['ɒfn *amer.* ɔ:fn / of·ten] *avv.* spesso, frequentemente: *we — spend the week-end in the country*, spesso passiamo il fine settimana in campagna; *how — do you go to the cinema?*, quante volte vai al cinema?; *he's made that mistake once too* —, ha commesso quell'errore una volta di troppo; *women are quite — successful psychologists*, le donne sono molto spesso ottime psicologhe // *more — than not*, di solito: *more — than not we spend Christmas at home*, di solito passiamo il Natale a casa // *as — as not*, abbastanza spesso, il più delle volte: *as — as not I've already seen the films they show on television*, il più delle volte ho già visto i films che danno in televisione // *every so* —, ogni tanto: *she takes a day off every so* —, ogni tanto si prende un giorno di riposo.

oftentimes ['ɒfntaɪmz *amer.* 'ɔ:fntaɪmz / of·ten·times] **ofttimes** ['ɒfttaɪmz *amer.* 'ɔ:ft taɪmz / oft·times] *avv.* (*ant.*) spesso, molte volte.

ogam → **ogham**.

ogee ['əʊdʒi:] *s.* **1** (*arch.*) modanatura a S **2** (*arch.*) gola diritta o rovescia // — *arch*, arco ogivale; — *window*, finestra ogivale.

ogham ['ɒgəm / og·ham] *s.* 'ogham' (antico alfabeto britannico e irlandese).

ogival [əʊ'dʒaɪvl] *agg.* (*arch.*) ogivale, a sesto acuto.

ogive ['əʊdʒaɪv] *s.* **1** (*arch.*) ogiva, sesto acuto **2** (*mil.*) ogiva.

ogle ['əʊgl] *s.* occhiata, sguardo languido, amoroso.

to **ogle** *v.tr.* guardare amorosamente; lanciare sguardi amorosi a; vagheggiare ◆ *v.intr.* occhieggiare; ammiccare, fare l'occhiolino // **-er** *s.*

ogre ['əʊgə*] *s.* orco (*anche fig.*).

ogress ['əʊgrɪs / og·ress] *s.* orchessa.

ogrish ['əʊgrɪʃ / og·rish] *agg.* di orco; simile a orco.

oh [əʊ] *inter.* oh!, ah!; ehi!

ohm [əʊm] *s.* (*elettr.*) ohm (unità di resistenza).

ohmmeter ['əʊmmi:tə* / ohm·meter] *s.* (*fis.*) ohmmetro.

-oic [əʊɪk] *suff.* della terminologia chimica indicante la presenza di un gruppo -COOH; it. -ico: *ethyloic*, etilico.

oil [ɔɪl] *s.* **1** olio: *olive* —, olio d'oliva; *vegetable* —, olio vegetale; — *and vinegar*, olio e aceto; (*fig.*) cose inconciliabili // *work that smells of* —, (*fig.*) opera elaborata che rivela lo sforzo // *to burn the midnight* —, (*fig.*) lavorare fino a tarda notte // *to pour — on the flames*, (*fig.*) versare olio sul fuoco; *to pour — on troubled waters*, (*fig.*) gettar acqua sul fuoco, calmare dissensi // *holy* —, olio santo // *castor* —, olio di ricino; *cod-liver* —, olio di fegato di merluzzo; *whale* —, olio di balena // *lubricating* —, olio lubrificante; *mineral* —, olio minerale; *paraffin* —, olio di paraffina; (*chim.*) *volatile* —, olio essenziale // *sun tan* —, olio solare **2** petrolio: *crude* —, petrolio grezzo; *to strike* —, trovare il petrolio; (*fig.*) arricchirsi improvvisamente // — *well*, pozzo petrolifero; — *sand*, sabbia petrolifera; — *asphalt*, asfalto da petrolio; — *concession*, concessione petrolifera // (*econ.*) — *facilities*, sportello petrolifero **3** (*fuel*) —, olio combustibile; nafta: — *furnace*, forno a olio combustibile; — *burner*, bruciatore a nafta **4** essenza: — *of cloves*, essenza di chiodi di garofano; — *of turpentine*, essenza di trementina, acquaragia; *olibanum* —, essenza di incenso, olio di olibano; *onion* —, essenza di cipolla **5** (*fam. amer.*) bustarella, mazzetta **6** (*pitt.*) — *colour*, — *paint*, colore a olio; *to paint in oils*, dipingere a olio.

to **oil** *v.tr.* ungere, lubrificare con olio, oliare // *to — the wheels*, (*fig.*) agevolare, rendere più scorrevole: *a dinner party can — the wheels of a difficult deal*, una cena può agevolare una difficile trattativa // *to — one's tongue*, adulare, fare l'adulatore // *to — s.o.'s palm*, (*fig.*) ungere le ruote; dare una bustarella a qlcu. ◆ *v.intr.* **1** (*rar.*) diventare oleoso; fondersi (di burro ecc.) **2** (*mar.*) fare il pieno di olio combustibile.

oil-bearing ['ɔɪl,beərɪŋ] *agg.* petrolifero // (*miner.*) — *rock*, roccia bituminosa, roccia serbatoio (di petrolio).

oil-beetle ['ɔɪl,bi:tl] *s.* (*zool.*) (*Mylabris pustulata*) meloe proscarabeo.

oil-bird ['ɔɪl,bɜ:d] *s.* (*zool.*) (*Steatornis caripensis*) guaciaro.

oilcake ['ɔɪlkeɪk / oil·cake] *s.* panello di semi oleosi.

oilcan ['ɔɪlkæn / oil·can] *s.* **1** (*mecc.*) oliatore a mano **2** (*amer. antiq.*) serbatoio (del carburante).

oilcloth ['ɔɪlklɒθ / oil·cloth] *s.* **1** tela cerata; incerata **2** linoleum.

oilcup ['ɔɪlkʌp / oil·cup] *s.* (*mecc.*) oliatore a tazza.

oiler ['ɔɪlə*] *s.* **1** oliatore, lubrificatore **2** persona addetta alla lubrificazione **3** (*mar.*) petroliera **4** (*mar.*) nave alimentata a olio combustibile **5** (*fam. antiq.*) individuo viscido, mellifluo **6** (*amer.*) → oilskin.

oilfeeder ['ɔɪl,fi:də* / oil·feeder] *s.* (*mecc.*) oliatore a pressione.

oilfield ['ɔɪlfi:ld / oil·field] *s.* (*geol.*) bacino petrolifero, campo petrolifero.

oil-field separator ['ɔɪlfi:ld,sepəreɪtə*] *s.* (*chim.*) separatore del gas dal petrolio.

oil-fired ['ɔɪlfaɪəd] *agg.* a olio combustibile, a nafta: — *central heating*, riscaldamento centrale a nafta.

oiliness ['ɔɪlɪnɪs / oili·ness] *s.* untuosità (*anche fig.*).

oilless bearing [,ɔɪlɪs'beərɪŋ] *s.* (*mecc.*) cuscinetto autolubrificante.

oilman ['ɔɪlmən / oil·man] *pl.* **oilmen** *s.* **1** lavoratore dell'industria petrolifera **2** petroliere, industriale del petrolio **3** (*non com.*) persona addetta alla lubrificazione (di macchine) **4** commerciante di oli.

oil meal ['ɔɪlmi:l] *s.* farina di semi di lino.

oil-mill ['ɔɪlmɪl] *s.* **1** frantoio (per olive) **2** oleificio.

oilnut ['ɔɪlnʌt / oil·nut] *s.* (*bot.*) noce da olio.

oil of vitriol [,ɔɪləv'vɪtrɪəl] *s.* **1** (*chim.*) acido solforico fumante **2** (*fam.*) vetriolo.

oil-palm ['ɔɪlpɑ:m] *s.* (*bot.*) palma da olio.

oilpaper ['ɔɪlpeɪpə* / oil·pa·per] *s.* carta oleata.

oilpipeline ['ɔɪl,paɪplaɪn / oil·pipe·line] *s.* oleodotto.

oil-plant ['ɔɪlplɑ:nt *amer.* 'ɔɪlplænt] *s.* pianta oleosa.

oilrig ['ɔɪlrɪg / oil·rig] *s.* impianto di perforazione petrolifera; (*in mare*) piattaforma (di trivellazione).

oil-seed ['ɔɪlsi:d] *s.* seme oleoso.

oil shale ['ɔɪlʃeɪl] *s.* (*geol.*) scisto bituminoso.

oilskin ['ɔɪlskɪn / oil·skin] *s.* **1** tela impermeabile **2** *pl.* pantaloni e giacca di tela impermeabile AMER. oiler.

oilstone ['ɔɪlstəʊn / oil·stone] *s.* (*mecc.*) pietra a olio (per affilare).

oil tanker ['ɔɪl,tæŋkə*] *s.* (*mar.*) petroliera.

oily ['ɔɪlɪ] *agg.* unto; oleoso; (*fig.*) untuoso.

oink [ɔɪŋk] *s.* **1** grugnito **2** (*fam. amer.*) poliziotto.

to **oink** *v.intr.* (*fam.*) grugnire.

ointment ['ɔɪntmənt / oint·ment] *s.* unguento; pomata: *mercurial* —, unguento mercuriale; *zinc* —, pomata all'ossido di zinco.

O.K., OK [,əʊ'keɪ] *agg.*, *avv.* e *inter.* (*fam.*) bene; tutto bene, benissimo: *everything is* —, tutto va bene; *the totals are* —, i conti sono esatti ◆ *s.* (*fam.*) approvazione, benestare, l'o.k. • Fra le varie ipotesi aneddotiche sull'origine di questa interiezione, due godono di maggior favore. Una la dà come abbreviazione di *oll korrect*, versione scherzosa di 'all correct', attribuita al caporedattore di un giornale di Boston. L'altra la fa risalire all'*O.K. Club*, dove O.K. sta per Old Kinderhood, paese di nascita del presidente americano Martin van Duren che il club appoggiò validamente durante la campagna elettorale per il secondo mandato.

to **O.K.** *pass.p.p.* **O.K.'d** [,əʊ'keɪd] *v.tr.* **1** (*fam.*) approvare, acconsentire a: *to — an order*, approvare una ordinazione **2** (*inform.*) dare via libera a.

okapi [əʊ'kɑ:pɪ] *s.* (*zool.*) (*Okapia johnstoni*) okapi.

(to) **okay** → (to) **O.K.**

okey-doke(y) [,əʊkɪ'dəʊk(ɪ)] *inter.* (*spec. amer.*) → **O.K.**

Okie ['əʊkɪ] *s.* (*fam. amer.*) abitante dell'Oklahoma.

old [əʊld] *compar.* **older** ['əʊldə*] **elder** ['eldə*] *superl.* **oldest** ['əʊldɪst] **eldest** ['eldɪst] *agg.* **1** vecchio; antico; antiquato: — *car*, auto vecchia; *we're — friends*, siamo vecchi amici; *it's always the same — story*, è sempre la solita vecchia storia; *his ideas are rather* —, le sue idee sono piuttosto antiquate; — *age*, vecchiaia; — *bachelor*, scapolone; — *maid*, zitella; — *man*, vecchio: *one's — man*, (*fam.*) il proprio padre, il proprio marito; — *woman* (o *girl* o *lady*), vecchia: *one's — woman*, (*fam.*) la propria moglie, la propria madre; *the good — times* (o *days*), il buon tempo antico; *of the — school*, di vecchio stampo; *to be ... years* —, avere ... anni: *"How — was his eldest brother?" "He was thirty"*, "Quanti anni aveva suo fratello maggiore?" "Aveva trent'anni"; *to grow* —, invecchiare; *to look* —, sembrare vecchio // — *bean*, (*fam. antiq.*) mio caro; — *chap* (o — *fellow* o — *man*), (*fam.*) vecchio mio, caro mio; — *fart*, (*fam.*) vecchiaccio; — *buddy*, (*fam. amer.*) amico del cuore, amicone; — *bird*, (*fig.*) volpone, vecchia volpe // *Old English*, la lingua anglosassone (sino al 1066) // *Old Glory*, la bandiera statunitense // *Old Harry* (o *Old Nick* o *the Old One* o *Old Scratch*), il diavolo // *Old Bill*, (*fam.*) la polizia // — *hat*, (*fam.*) antiquato // *the Old Lady of Threadneedle Street*, (*scherz.*) la Banca d'Inghilterra // *the Old Testament*, il Vecchio Testamento // *the Old World*, l'Antichità; il vecchio mondo // — *Joe*, (*fam. amer.*) malattia venerea (in genere) // *to be as — as the hills* (o *as — as Methuselah*), essere vecchio come il cucco, come Matusalemme **2** scaltro, esperto; veterano: *to be — in the way of the world*, saperla lunga sul mondo, sulla vita; *he's an — hand at Amazonian expeditions*, è un veterano delle spedizioni in Amazzonia **3** (*fam.*) (rafforzativo di *any*, in frasi affermative): *any — car will do*, qualsiasi macchina andrà bene ◆ *s.* **1** tempo passato: *days of* —, tempi antichi **2** *the* —, i vecchi (*pl.*).

old boy ['əʊldbɔɪ *nei sign. 2 e 3*,əʊld'bɔɪ] *s.* **1** ex-alunno // *old-boy network*, rete di interessi che lega gli ex-alunni di certe scuole **2** (*fam. antiq.*) vecchio mio **3** (*fam.*) vecchio.

olden ['əʊldən] *agg.* (*ant.*) dei tempi andati; antico: *in — time(s)*, nei tempi antichi: *but one sad losel soils a name for ay, / however mighty in the olden time*, (BYRON) ma un cattivo soggetto macchia un nome per sempre, per quanto grande nei tempi antichi.

olde worlde [,əʊldɪ'wɜ:ldɪ] *agg.* **1** (di) vecchio stile, all'antica **2** (*spreg.*) finto antico: *the restaurant had — furniture*, il ristorante aveva mobili finto antico.

old-fashioned [,əʊld'fæʃnd] *agg.* **1** fuori moda, antiquato **2** all'antica, vecchio stile; di un tempo, del tempo passato.

old girl ['əʊldgɜ:l *nei sign. 2 e 3*,əʊld'gɜ:l] *s.* forma f. di → **old boy**.

oldish ['əʊldɪʃ / old·ish] *agg.* attempato, piuttosto vecchio.

old man's beard [,əʊldmænz'bɪəd] *s.* (*bot.*) (*Clematis vitalba*) vitalba SIN. traveller's-joy.

old master [,əʊld'mɑ:stə* *amer.* ,əʊld'mæstə*] *s.* **1** grande maestro, artista (del passato) **2** quadro, opera di grande maestro.

oldness ['əʊldnɪs / old·ness] *s.* (*non com.*) vecchiaia; antichità.

oldster ['əʊldstə* / old·ster] *s.* (*scherz. amer.*) persona anziana, anziano.

old-time ['əʊldtaɪm] *agg.* vecchiotto, antiquato; d'altri tempi.

old-timer [,əʊld'taɪmə*] *s.* **1** veterano, anziano: *the old-timers are always making fun of the rookies*, gli anziani prendono sempre in giro i pivelli **2** anziano, persona anziana.

old wives' tale [,əʊld'waɪvzteɪl] *s.* superstizione, storia a cui nessuno presta fede.

old-world [,əʊld'wɜ:ld] *agg.* **1** antico; all'antica, (di) vecchio stile **2** (*spec. amer.*) del vecchio continente.

oleaginous [,əʊlɪ'ædʒɪnəs / olea·gin·ous] *agg.* oleoso; untuoso (*anche fig.*).

oleander [,əʊlɪ'ændə* / olean·der] *s.* (*bot.*) (*Nerium oleander*) oleandro SIN. rose-bay, rose-laurel.

oleaster [,əʊlɪ'æstə* / oleas·ter] *s.* (*bot.*) **1** (*Olea oleaster*) olivastro, oleastro **2** (*Elaeagnus angustifolia*) eleagno, olivagno; (*pop.*) olivo di Boemia SIN. wild olive.

oleate ['əʊlɪeɪt] *s.* (*chim.*) oleato.

olefin(e) ['əʊləfɪn / ol·efin(e)] *s.* (*chim.*) olefina.

olefinic [,əʊlə'fɪnɪk / ol·efinic] *agg.* (*chim.*) olefinico.

oleic ['əʊlɪɪk] *agg.* (*chim.*) oleico: — *acid*, acido oleico.

olein ['əʊlɪɪn] *s.* (*chim.*) oleina.

oleograph ['əʊlɪəʊgrɑ:f / oleo·graph] **oleography** [,əʊlɪ'ɒgrəfɪ / oleo·graphy] *s.* (*chim.*, *pitt.*) oleografia.

O-level ['əʊ,levl] *s.* (in GB) esame scolastico che fino al 1988 si sosteneva a 16 anni.

olfactory [ɒl'fæktərɪ / ol·fact·ory] *agg.* olfattivo, olfattorio: — *bulb*, *lobe*, *nerve*, bulbo, lobo, nervo olfattivo; — *organ*, organo dell'olfatto.

olibanum [ɒ'lɪbənəm / olib·anum] *s.* olibano, incenso.

oligarch ['ɒlɪgɑ:k / ol·ig·arch] *s.* oligarca.

oligarchic(al) [,ɒlɪ'gɑ:kɪk(l) / ol·ig·archic, ol·ig·arch·ical] *agg.* oligarchico // **-ally** *avv.*

oligarchy ['ɒlɪgɑ:kɪ / ol·ig·archy] *s.* oligarchia.

olig(o)- [ɒlɪg(əʊ)] *pref.* di origine greca che significa 'poco, pochi'; it. olig(o)-: *oligodynamic*, oligodinamico; *oligomenorrhea*, oligomenorrea; *oligopolistic*, oligopolistico; *oligosaccharide*, oligosaccaride.

Oligocene [ɒ'lɪgəʊsi:n / Oli·go·cene] *agg.* (*geol.*) dell'oligocene, oligocenico ◆ *s.* (*geol.*) oligocene.

oligoclase ['ɒlɪgəʊ,kleɪs / oli·go·clase] *s.* (*min.*) oligoclasio.

oligocythemia [,ɒlɪgəʊ,saɪ'θi:mɪə / oli·go·cy·the·mia] *s.* (*med.*) oligocitemia.

oligomer [ɒ'lɪgəmə* / oli·go·mer] *s.* (*chim.*) oligomero.

oligomycin [,ɒlɪgəʊ'maɪsɪn / oli·go·my·cin] *s.* (*chim.*) oligomicina.

oligophrenia [,ɒlɪgəʊ'fri:nɪə / oli·go·phrenia] *s.* (*med.*) oligofrenia.

oligopolist [,ɒlɪ'gɒpəlɪst / oli·go·pol·ist] *s.* (*econ.*) oligopolista.

oligopoly [,ɒlɪ'gɒpəlɪ / oli·go·poly] *s.* (*econ.*) oligopolio.

oligopsonist [,ɒlɪ'gɒpsənɪst / oli·go·pson·ist] *agg.* e *s.* (*econ.*) oligopsonista.

oligopsony [ɒlɪ'gɒpsənɪ / oli·go·psony] *s.* (*econ.*) oligopsonio.

oliguria [ɒlɪ'gjʊərɪə / oli·guria] *s.* (*med.*) oliguria.

olio ['əʊlɪəʊ] *pl.* **olios** *s.* (*rar.*) **1** (*cuc.*) spezzatino **2** miscuglio, mescolanza.

olivaceous [,ɒlɪ'veɪʃəs / oli·va·ceous] *agg.* olivastro, verde oliva.

olivary ['ɒlɪvərɪ / oliv·ary] *agg.* (*anat.*) olivale, olivare: — *bodies*, corpi olivali.

olive ['ɒlɪv / ol·ive] *agg.* **1** d'oliva; d'olivo, ulivo: — *grove*, boschetto d'ulivi, uliveto; — *wood*, legno d'ulivo; — *branch*, ramo d'olivo:

to hold out the — branch, (*fig.*) porgere il ramoscello d'olivo; fare profferte di riconciliazione; — *oil*, olio d'oliva **2** di colore oliva; olivastro: — *green*, verde oliva ◆ *s.* **1** (*bot.*) (*Olea europaea*) olivo **2** oliva **3** (*zool.*) (*Dacus oleae*) mosca olearia (mosca delle olive) **4** qualsiasi oggetto a forma di oliva **5** *pl.* messicani, involtini di carne ripieni.

olive-coloured ['ɒlɪv,kʌləd] *agg.* olivastro.

olive drab [,ɒlɪv'dræb] *agg.* e *s.* verde militare.

olivenite [əʊ'lɪvənaɪt / ol·iv·en·ite] *s.* (*min.*) olivenite.

olive-skinned [,ɒlɪv'skɪnd] *agg.* olivastro (di pelle), dalla pelle olivastra.

Olivetan [,ɒlɪ'vi:tən / Olive·tan] *s.* (*eccl.*) olivetano.

olivine [,ɒlɪ'vi:n / ol·iv·ine] *s.* (*min.*) olivina.

olm [ɒlm] *s.* (*zool.*) (*Proteus anguineus*) proteo.

ology ['ɒlədʒɪ] *s.* (*scherz. antiq.*) scienza.

Olympiad [əʊ'lɪmpɪæd / Olym·piad] *s.* Olimpiade.

Olympian [əʊ'lɪmpɪən / Olym·pian] *agg.* **1** dell'Olimpo, olimpico **2** (*fig.*) olimpico, imperturbabile, sereno: — *calm*, calma olimpica ◆ *s.* **1** divinità dell'Olimpo **2** (*fig. non com.*) persona imponente **3** (*ant.*) olimpionico.

Olympic [əʊ'lɪmpɪk / Olym·pic] *agg.* **1** olimpico; olimpionico: *the — games*, i giochi olimpici **2** di Olimpia.

Omani [əʊ'mɑ:nɪ / O·mani] *agg.* e *s.* (nativo, abitante) dell'Oman.

omasum [əʊ'meɪsəm / oma·sum] *pl.* **omasa** [əʊ'meɪsə] *s.* (*zool.*) omaso.

ombre ['ɒmbə*] *s.* ombra (gioco di carte).

ombrometer [,ɒm'brɒmɪtə* / om·bro·meter] *s.* (*meteor.*) pluviometro SIN. rain gauge.

ombrophilous [ɒm'brɒfɪləs / om·bro·phil·ous] *agg.* (*ecol.*) ombrofilo.

ombrophobous [ɒm'brɒfəbəs / om·bro·phob·ous] *agg.* (*ecol.*) ombrofobo.

ombroscope ['ɒmbrəʊskəʊp / om·bro·scope] *s.* (*meteor.*) ombroscopio, pluvioscopio.

ombudsman ['ɒmbʊdzmæn / om·buds·man] *pl.* **ombudsmen** ['ɒmbʊdzmen] *s.* ombudsman, difensore civico: *local* —, difensore civico presso gli enti locali.

ombudswoman ['ɒmbʊdz,wʊmən / om·buds·wo·man] *pl.* **ombudswomen** ['ɒm bʊdz,wɪmɪn] *s.* forma f. di → **ombudsman**.

omega ['əʊmɪgə] *s.* **1** omega (ultima lettera dell'alfabeto greco) **2** (*fig.*) l'ultimo della serie; conclusione, fine.

omelet(te) ['ɒmlɪt / om·elet(te)] *s.* frittata // *you can't make an — without breaking eggs*, (*prov.*) non si può fare la frittata senza rompere le uova.

omen ['əʊmən] *s.* pronostico, auspicio, augurio, presagio: *bird of good, ill* —, uccello di buon augurio, di malaugurio.

to **omen** *v.tr.* presagire, divinare.

omentum [əʊ'mentəm / omen·tum] *pl.* **omenta** [əʊ'mentə] *s.* (*anat.*, *zool.*) omento.

omicron [əʊ'maɪkrən / omic·ron] *s.* omicron (lettera dell'alfabeto greco).

ominous ['ɒmɪnəs / om·in·ous] *agg.* sinistro, infausto; di cattivo augurio; minaccioso; inquietante // **-ly** *avv.* // **-ness** *s.*

omissible [əʊ'mɪsɪbl / omis·sible] *agg.* (*form.*) trascurabile.

omission [ə'mɪʃn / omis·sion] *s.* omissione; negligenza; dimenticanza: *sins of* —, peccati di omissione; (*dir.*) *criminal* —, omissione costituente reato.

to **omit** [ə'mɪt] *pass.p.p.* **omitted** [ə'mɪtɪd / omit·ted] *v.tr.* (II) omettere, tralasciare, trascurare; dimenticare: *he omitted the last words*, omise le ultime parole; *she omitted to do* (o *doing*) *it*, ella si dimenticò di farlo.

omni- ['ɒmnɪ] *pref.* di origine latina che significa 'tutto o dappertutto'; it. onni-, omni-: *omnipotence*, onnipotenza; *omnivorous*, onnivoro.

omnibus ['ɒmnɪbəs / om·ni·bus] *agg.* onnicomprensivo, che include tutto, che comprende molti casi o argomenti: — *edition*, edizione completa // (*dir.*): — *bill*, proposta di legge comprendente varie materie; — *clause*, clausola testamentaria riguardante la devoluzione di tutti i beni non menzionati specificatamente; clausola assicurativa di copertura di ogni rischio.

omnibus *pl.* **omnibuses** ['ɒmnɪbəsɪz] *s.* **1** (*antiq.*) omnibus **2** volume contenente più opere di un autore.

omni-directional [,ɒmnɪdɪ'rekʃənl] *agg.* (*elettr.*) omnidirezionale.

omnifarious [,ɒmnɪ'feərɪəs / om·ni·far·ious] *agg.* (*non com.*) d'ogni genere.

omnipotence [ɒm'nɪpətəns / om·ni·po·tence] *s.* (*form.*) onnipotenza.

omnipotent [ɒm'nɪpətənt / om·ni·po·tent] *agg.* (*form.*) onnipotente.

omnipresence [,ɒmnɪ'preznṡ / om·ni·pres·ence] *s.* (*form.*) onnipresenza.

omnipresent [,ɒmnɪ'preznt / om·ni·pres·ent] *agg.* (*form.*) onnipresente.

omnirange ['ɒmnɪ,reɪndʒ / om·ni·range] *s.* (*aer.*) radiofaro onnidirezionale.

omniscience [ɒm'nɪsɪəns / om·ni·sci·ence] *s.* (*form.*) onniscienza.

omniscient [ɒm'nɪsɪənt / om·ni·sci·ent] *agg.* (*form.*) onnisciente.

omnium-gatherum ['ɒmnɪəm'gæðərəm] *agg.* (*fam. antiq.*) accozzaglia di cose; miscuglio di persone.

omnivore ['ɒmnɪvɔ:* / om·ni·vore] *s.* animale onnivoro; persona onnivora.

omnivorous [ɒm'nɪvərəs / om·ni·vor·ous] *agg.* **1** onnivoro **2** (*fig.*) che non fa differenze, distinzioni; indiscriminato: *an — reader*, uno che legge di tutto.

omoplate ['əʊməpleɪt / omo·plate] *s.* (*anat.*) omoplata, scapola.

omphalocele [ɒm'fæləʊsi:l / om·phalo·cele] *s.* (*med.*) onfalocele, ernia congenita.

omphalos ['ɒmfəlɒs / om·phalos] *pl.* **omphali** ['ɒmfəlaɪ / om·phali] *s.* **1** ombelico **2** punto centrale.

on [ɒn (*forma forte*), ən (*forma debole*)] *prep.* **1** (*a contatto*) su, sopra: *there was a carpet — the floor*, c'era un tappeto sopra il pavimento; *we could see a windmill — the hill*, si vedeva un mulino a vento sulla collina; *he put the magazine — the table*, mise la rivista sul tavolo; *there were posters — the wall*, c'erano manifesti alla parete; *I was lying — my back*, ero sdraiato sul dorso, supino; *she had a lollipop — a stick*, teneva un lecca-lecca **2** (*collocazione, posizione*) su, sopra: *I saw the graffiti — the wall*, vidi i graffiti sul muro; *he gave me a card with his name and address — it*, mi diede un biglietto con il suo nome e l'indirizzo; *can you find the Hebrides — this map?*, riesci a trovare le Ebridi su questa cartina?; *as a boy he lived — a farm*, da ragazzo viveva in una fattoria; — *the horizon the mountains were just visible*, all'orizzonte si distinguevano appena le montagne; *we live — the third floor*, abitiamo al terzo piano; *he's never been to Stratford-on-Avon*, non è mai stato a Stratford-on-Avon; *he had a revolver — him*, aveva con sé una rivoltella; *have you got any money — you?*, hai del denaro con te?; *there was a smile — her face*, c'era un sorriso sul suo viso; *I saw a scar — his arm*, vidi una cicatrice sul suo braccio // — *the right, the left*, a destra, sinistra **3** (*trasporto, moto*) in, con, a: *she can relax — a train but feels nervous — a plane*, sul treno si rilassa ma sull'aereo è nervosa; *he brought the message — his bicycle*, portò il messaggio in bicicletta; *the baby was sleeping so we went into the room — tiptoe*, il bambino dormiva perciò entrammo nella stanza in punta di piedi; *in those times they went everywhere — horseback*, a quei tempi si andava dappertutto a cavallo; *he went to the station — foot*, andò alla stazione a piedi **4** (*tempo*) di, in, a: — *Saturday morning, we played football in the park*, il sabato mattina giocavamo a pallone nel parco; *everybody wanted to be present — that occasion*, tutti volevano essere presenti in quell'occasione; *she was born — December 18th*, era nata il 18 dicembre; — *Sundays he always phones his parents*, la domenica (tutte le domeniche) telefona sempre ai suoi genitori // — *her arrival, she phoned the hotel*, appena arrivata, telefonò all'albergo; — *being called, he walked to the door*, sentendosi chiamare, andò alla porta // *we had a shock — seeing the damage*, abbiamo ricevuto un colpo alla vista del danno **5** (*argomento*) su, circa, di: *the library had books — art, history and philosophy*, la biblioteca aveva libri di arte, storia e filosofia; *here are some ideas — how to do it*, ecco alcune idee su come farlo; *we listened to his talk — magic*, abbiamo ascoltato il suo discorso sulla magia // *we made the deal and shook hands — it*, concludemmo l'affare con una stretta di mano // *they agreed — the types of research necessary*, si accordarono sui tipi di ricerca necessari **6** (*mezzo, modo*) con; di; a; per: *he played the tune — his flute*, suonò il motivo al flauto; *she cut herself — a piece of glass*, si è tagliata con un pezzo di vetro; *does your car run — petrol or gas?*, la tua macchina va a benzina o a metano?; *the recorder works — battery or mains*, il registratore funziona a batteria o a corrente; *I heard the song — the radio*, ho sentito la canzone alla radio; *she didn't want to appear — television*, non voleva comparire in televisione; *she's — the phone at the moment*, è al telefono in questo momento; *we bought the house — a 15 year lease*, abbiamo comprato la casa con un contratto di 15 anni; *the furniture was bought — credit*, i mobili sono stati acquistati a credito; *they let me have the goods — account*, mi forniscono la merce in acconto; *he got the job — his sales experience*, ha ottenuto l'impiego grazie alla sua esperienza nelle vendite, come venditore; *you'll be judged — results*, sarai giudicato in base ai risultati; *he always votes Democrat — principle*, vota sempre democratico per principio; *— an impulse she phoned him*, gli telefonò d'impulso; *Jim always bets — a hunch*, Jim scommette sempre per intuito; *the machine works — a new system*, la macchina funziona con un nuovo sistema; *we invested — a long-term basis*, abbiamo investito su una base a lungo termine; *the congress was organized — a large scale*, il congresso fu organizzato su vasta scala **7** (*attività, funzione, servizio*) in, di: *the guard was — duty outside the bank*, la guardia era di turno all'esterno della banca; *— holiday we don't have fixed mealtimes*, in vacanza non pranziamo a orari fissi; *he was — leave from the army*, era in congedo (dal servizio militare); *the post office workers are — strike*, i dipendenti delle poste sono in sciopero; *she is — the council now*, è nel consiglio comunale ora **8** (*fonte, mezzo di sussistenza*) di, per, con: *the whole family lives — the dole*, l'intera famiglia vive di contributi assistenziali; *she got her spectacles — the National Health Service*, si è fatta gli occhiali a spese della mutua; *these drinks are — me*, pago io da bere; *the castaways lived — roots and water*, i naufraghi vivevano di radici e di acqua; *she's been — the pill for years*, prende la pillola da anni; *a lot of the population were — drugs*, gran parte della popolazione si drogava; *I can't manage — this salary*, non ce la faccio con questo stipendio // *we must save — expenses*, dobbiamo risparmiare sulle spese // *she spends a lot — make up*, spende molto in cosmetici // *I wasted a lot of time — that project*, ho perso un mucchio di tempo in quel progetto **9** (*direzione*) su; verso, alla volta di (*spec. fig.*): *there was a lot of pressure — him to succeed*, gli fu fatta molta pressione perché riuscisse; *you can't put the blame — me!*, non puoi dare la colpa a me!; *there was another assassination attempt — the president*, ci fu un altro attentato al presidente; *attacks — his new policy have been ferocious*, gli attacchi alla sua nuova politica sono stati feroci; *all eyes were — her when she entered the hall*, quando entrò nella sala tutti gli occhi erano puntati su di lei; *as he talked to me my mind was — other things*, mentre mi parlava la mia mente era altrove; *at the moment, she is at work — her autobiography*, attualmente sta lavorando alla sua autobiografia **10** rispetto a, in confronto a: *the deficit is 5% up — last year's figures*, il deficit è del 5% superiore ai dati dello scorso anno; *the new manager is an improvement — the last one*, il nuovo direttore è migliore rispetto al precedente; *our profits this quarter are £ 5000 down — the same period last year*, i nostri guadagni di questo trimestre sono inferiori di 5000 sterline rispetto allo stesso periodo dello scorso anno **11** (*ant.*) di: *I am glad on't: I desire no more delight*, (SH. Merchant of Venice) Ne son lieto: non desidero altra gioia. ◆ FRASEOLOGIA: *— board ship*, a bordo // *— the cheap*, a buon mercato; in economia // *— fire*, in fiamme // *— my honour*, sul mio onore // *— purpose*, di proposito // *— sale*, in vendita // *— demand* (o *sight*), (*comm.*) a vista: *payable — sight*, pagabile a vista // *— hand*, disponibile (di merce) // *— business*, per affari // *— the whole*, tutto sommato // *— the way*, in cammino; strada facendo.

on *agg.* **1** in atto, in corso: *when the war was —, food was rationed*, in tempo di guerra il cibo veniva razionato; *there's a sale — at Harrods*, è in atto, c'è una svendita da Harrods; *she's got a lot of things — this weekend*, ha molti impegni per questo fine settimana // *it's just not —!*, (*fam.*) è semplicemente inaccettabile! **2** in cartellone, in programma; di scena: *what's — the second channel tonight?*, che cosa c'è in programma stasera sul secondo canale?; *there's a splendid exhibition — at the National Gallery*, c'è una splendida mostra alla National Gallery; *Quick, you're —!*, Sbrigati, sei di scena! **3** acceso; aperto: *this light's been — all night*, questa luce è rimasta accesa tutta la notte; *the tap was — but nowater was coming from it*, il rubinetto era aperto ma non veniva acqua **4** (*cricket*) a sinistra (del campo): *drive to the — side*, colpo avanti a sinistra.

on *avv.* **1** su, sopra; addosso: *put it —*, mettilo, indossalo; *put — your hat*, mettiti il cappello; *what had she got —?*, come era vestita?; *to have nothing —*, non aver niente addosso, essere nudo; *I can't get the lid —*, non riesco a mettere il coperchio **2** (*per indicare progresso o continuità d'azione*) avanti: *and — they went*, ed essi continuarono ad avanzare; *move — please*, circolate; *read —*, continua a leggere; *he talked — and —*, non finiva mai di parlare // *and so —*, e così via, eccetera // *further —*, più avanti, più in là **3** occupato: *I haven't much — today*, ho poco da fare oggi; *we've got such a lot — next week that...*, abbiamo così tanti impegni la prossima settimana che... **4** (*in espressione di tempo*): *from that day —*, da quel giorno in poi; *later —*, più tardi // *from now —*, d'ora in poi // *— and off* (o *off and —*), ogni tanto // *well — in years*, di età avanzata **5** (*indicante funzionamento ecc.*): *the gas is —*, il gas è acceso; *the machine was —*, la macchina era in funzione; *to turn — the tap*, aprire il rubinetto; *to switch — the radio*, accendere la radio.

onager ['ɒnəgə* / on·ager] *pl.* **onagers**, **onagri** ['ɒnəgraɪ / on·agri] *s.* **1** (*zool.*) (*Equus onager*) onagro, asino selvatico SIN. wild-ass **2** (*mil.*) onagro, catapulta.

on-and-offer [,ɒnən'dɒfə*] *s.* (*fam. amer.*) lavoratore stagionale.

onanism ['əʊnənɪzəm / on·an·ism] *s.* onanismo.

onanist ['əʊnənɪst / on·an·ist] *s.* onanista // **-ic** *agg.*

once [wʌns] *avv.* **1** una volta: *I've met her just —*, l'ho incontrata una sola volta; *we have a meeting — a month*, abbiamo una riunione una volta al mese; *they cut down the trees — every ten years*, tagliano gli alberi una volta ogni dieci anni; *I'd seen the book — before*, avevo già visto il libro una volta **2** una volta, anticamente: *— when I was young*, un tempo, quand'ero giovane; *it — belonged to my grandmother*, una volta apparteneva a mia nonna **3** *at —!*, subito, ad un tempo, nello stesso tempo: *stop that noise at —*, smetti subito con quel rumore!; *they were talking all at —*, parlavano tutti insieme, tutti in una volta: *the roast was at — tender and tasty*, l'arrosto era ad un tempo tenero e saporito // *all at —*, improvvisamente: *all at — he realised his mistake*, improvvisamente si accorse del suo errore **4** (*fraseologia*): *— or twice*, una o due volte; qualche volta: *I've only seen it — or twice*, l'ho visto solo qualche volta // *— in a while*, di rado, raramente: *he looks at television — in a while*, guarda di rado la televisione // *it happens — in a blue moon*, capita ogni morte di vescovo // *for —*, per una volta: *just for — we had a sunny holiday*, per una volta abbiamo avuto un'estate col sole // *— and for all*, una volta per sempre // *— upon a time*, c'era una volta: *Once upon a time there was a girl called Cinderella...*, C'era una volta una fanciulla chiamata Cenerentola... // *— again*, *— more*, una volta ancora, un'altra volta ◆ *cong.* una volta che, appena: *— he gets the message, he'll come quickly*, appena riceverà il messaggio, verrà di corsa; *— they'd crossed the mountains, there was no further obstacle*, una volta che ebbero attraversato le montagne, non ci furono più ostacoli.

once *s.* una volta: *for —*, *for this —*, per una, per questa volta; *— is enough for him*, una volta gli basta.

once-over ['wʌns,əʊvə*] *s.* (*fam.*) **1** rapida occhiata, scorsa **2** (*fam.*) passata, mano **3** (*sl.*) pestata, botte (*pl.*).

oncer ['wʌnsə*] *s.* **1** (*fam. antiq.*) banconota da una sterlina **2** (*fam. amer.*) donna fedele per tutta la vita a un solo uomo.

oncogene ['ɒŋkəʊ,dʒi:n / on·co·gene] *s.* (*biol.*) oncogene.

oncogenesis [,ɒŋkəʊ'dʒenəsɪs / on·co·gen·esis] *pl.* **oncogeneses** [,ɒŋkəʊ'dʒenəsi:z] *s.* (*med.*) oncogenesi.

oncogenic [,ɒŋkəʊ'dʒenɪk / on·co·genic] **oncogenous** [ɒŋ'kɒdʒənəs / on·co·gen·ous] *agg.* (*med.*) oncogeno.

oncologic(al) [,ɒnkəʊ'lɒdʒɪk(l) / on·co·logic(al)] *agg.* (*med.*) oncologico.

oncologist [ɒŋ'kɒlədʒɪst / on·co·lo·gist] *s.* (*med.*) oncologo.

oncology [ɒŋ'kɒlədʒɪ / on·co·logy] *s.* (*med.*) oncologia.

oncoming ['ɒn,kʌmɪŋ / on·com·ing] *agg.* **1** che si avvicina, che viene nella nostra direzione: *— traffic*, traffico in senso contrario, in senso inverso **2** imminente; prossimo, futuro.

on-cost ['ɒn,kɒst] *s.* (*amm.*) **1** spese generali **2** costo fisso.

one [wʌn] *agg.num.card.* uno: *— hundred*, cento; *— third*, un terzo; *only — person went to the party*, solo una persona andò alla festa; *chapter —*, capitolo primo; *let's take — chair and leave the others*, prendiamo una sedia e lasciamo le altre // *to be — up* (*on s.o.*), avere un vantaggio (su qlcu.) // *he can't come tomorrow; for — thing he is playing football*, non può venire domani anche perché gioca a calcio ◆ *agg.indef.* uno, un certo: *he went out — stormy evening in January*, uscì in una notte tempestosa di gennaio; *the man cited was — William Greaves*, l'uomo citato era un certo William Greaves ◆ *agg.* solo, unico; stesso, medesimo: *all in — direction*, tutti nella stessa direzione; *with — voice*, ad una (sola) voce; *Beijing and Peking are — and the same place*, Beijing e Pechino sono lo stesso luogo; *the — and only person who can do that*, l'unica persona che può farlo.

one *pl.* **ones** [wʌnz] *pron. dimostr.* questo, quello: *the best —*, il migliore, la migliore; *this photo is nicer than the — I have*, questa foto è più bella di quella che ho io; *"What apples would you like, Madam?" "The ones over there"*, "Che qualità di mele desidera, signora?" "Quelle laggiù"; *which — do you prefer?*, quale preferisci? // *the little ones*, i bambini; i piccoli (di animali) ◆ *pron. indef.* **1** uno, una; l'uno, l'una: *— after another*, uno dopo l'altro; *— by —*, a uno a uno; *any — of us*, uno qualunque di noi; *each — of them*, ciascuno di loro; *he behaves like — possessed*, si comporta come un indemoniato; *I haven't got a pen, have you got —?*, non ho la penna, ne hai una tu?; *no — likes to think so*, a nessuno piace pensare così **2** (*costr. impers.*) uno, qualcuno, si: *if — could only know the future*, se solo si potesse conoscere il futuro // *one's*, (suo) proprio: *to do things one's own way*, fare a modo proprio.

one *s.* **1** uno, unità: *eleven is written with two ones*, l'undici è scritto con due uno // *to be at — with s.o.*, essere d'accordo con qlcu. // *he is head of sales and head of research (all) in —*, è insieme capo delle vendite e capo delle ricerche // *they came in ones and twos*, vennero alla spicciolata // (*nel lavoro a maglia*) *to make —*, aumentare un punto, fare un aumento **2** (*fam. scherz.*) sciocco: *oh you are a —!*, sei uno sciocco! **3** (*fil.*) *the One*, l'Assoluto, il Principio Primo, l'Uno.

one another [,wʌnə'nʌðə*] *pron.rec.* l'un l'altro: *they looked at — in surprise*, si guardarono l'un l'altro sorpresi.

one-arm ['wʌnɑ:m] *s.* (*fam. amer.*) tavola calda, ristorante da pochi soldi • Il nome ha origine dal fatto che spesso in questi locali le sedie avevano il bracciolo destro più grande del normale per servire da piano d'appoggio.

one-armed [,wʌn'ɑ:md] *agg.* che ha un braccio solo.

one-armed bandit [,wʌnɑ:md'bændɪt] *s.* (*amer.*) → **fruit machine**.

one-eyed [,wʌn'aɪd] *agg.* **1** guercio, monocolo, che ha un solo occhio // *— monster*, (*fam. amer.*) televisione **2** (*fam.*) parziale; non obiettivo: *to be — about a question*, non essere obiettivo riguardo a un problema.

one-horse ['wʌn,hɔ:s] *agg.* **1** a un cavallo **2** (*scherz.*) insignificante; piccolo: *— town*, paesino insignificante.

oneiric [əʊ'naɪrɪk / on·eiric] *agg.* (*form.*) onirico.

oneirocritic [əʊ,naɪərəʊ'krɪtɪk / on·eiro·critic] *agg.* e *s.* (*form.*) (di) chi interpreta il futuro attraverso i sogni.

oneirology [,ɒnaɪ'rɒlədʒɪ / on·eiro·logy] *s.* (*psic.*) onirismo.

oneiromancy [əʊ'naɪərəʊmænsɪ / on·eiro·mancy] *s.* (*form.*) oniromanzia.

one-legged [,wʌn'legd] *agg.* che ha una gamba sola.

one-liner [,wʌn'laɪnə*] *s.* (*fam. amer.*) battuta, motto di spirito; facezia.

one-man ['wʌn'mæn] *agg.* individuale, di un singolo: (*dir. comm.*) *— business* (o *firm* o *company*) impresa individuale; società con unico azionista // *— band*, suonatore ambulante con un complesso di strumenti; (*fam.*) attività individuale, svolta senza l'aiuto di altre persone // *— show*, recital; (*fam.*) attività individuale, svolta da una sola persona.

oneness ['wʌnnɪs / one·ness] *s.* (*form.*) unicità, unità; identità; unione, accordo (di idee, opinioni ecc.).

one-night stand [,wʌnaɪt'stænd] *s.* (*fam.*) **1** rappresentazione, esecuzione singola **2** rapporto (sessuale) di una sola notte.

one-off [,wʌn'ɒf *amer.* ,wʌn'ɔ:f] *agg.* (*fam.*) unico; straordinario: *his last public appearance was a — charity performance*, la sua ultima apparizione in pubblico fu in occasione di una rappresentazione straordinaria a scopo benefico; *this bracelet was a — item made for a maharajah*, il braccialetto era un pezzo unico realizzato per un maragià ◆ *s.* pezzo unico; modello esclusivo.

one-on-one [,wʌnɒn'wʌn] *agg.* e *avv.* (*fam. amer.*) (che è) a confronto diretto.

one-piece ['wʌnpi:s] *agg.* intero, in un solo pezzo: *— swim-suit*, costume da bagno intero.

onerous ['ɒnərəs / on·er·ous] *agg.* (*form.*) oneroso, gravoso // **-ly** *avv.* // **-ness** *s.*

oneself [wʌn'self / one·self] *pron.rifl. impers.* **1** (*per formare l'inf. dei v.rifl.*): *to wash —*, lavarsi **2** se stesso, se stessi: *to keep to —*, tenersi appartato; *to have a room to —*, avere una stanza per sé // *by —*, da solo, da soli.

one-sided [,wʌn'saɪdɪd] *agg.* **1** unilaterale, parziale: *he gave a — judgement*, diede un giudizio parziale // (*dir.*) *— contract*, contratto di adesione **2** impari; ineguale: *a — match*, un incontro impari // **-ly** *avv.* // **-ness** *s.*

onetime ['wʌntaɪm / one·time] *agg.* precedente, ex; *the — governor of California won all the primaries*, l'ex- governatore della California ha vinto tutte le elezioni primarie.

one-to-one [,wʌntə'wʌn] *agg.* **1** biunivoco; esattamente coincidente **2** tra due persone: *— lesson*, lezione individuale, lezione privata ◆ *avv.* biunivocamente.

one-track ['wʌntræk] *agg.* **1** a un solo binario **2** a una sola pista (di nastro magnetico) **3** (*fig.*) fissato: *that dog's got a — mind, all he thinks of is food*, quel cane ha una sola idea in testa... il cibo.

one-upmanship [,wʌn'ʌpmənʃɪp] *s.* (*scherz.*) l'arte di essere sempre in vantaggio sugli altri.

one-way [,wʌn'weɪ] *agg.* **1** a senso unico, in un solo senso (*anche fig.*): *— street*, strada a senso unico; *— friendship*, amicizia a senso unico **2** (*amer.*) di sola andata: *— ticket*, biglietto di sola andata BRIT. single **3** (*elettr.*, *inform.*) unidirezionale.

one-woman ['wʌn'wʊmən] forma f. di → **one-man**.

ongoing ['ɒn,gəʊɪŋ / on·go·ing] *agg.* che continua; in sviluppo; in corso: *we have an — crisis here*, c'è una crisi in pieno sviluppo.

onion ['ʌnjən / on·ion] *s.* **1** (*bot.*) (*Allium cepa*) cipolla **2** (*fam. antiq.*) testa: *off one's —*, fuori di sé // *he knows his onions*, è uno che sa il fatto suo.

onion-marble ['ʌnjən,mɑ:bl] *s.* (*min.*) marmo cipollino.

onion-skin ['ʌnjənskɪn] *s.* pelle d'aglio, carta da lucidi.

oniony ['ʌnjənɪ / on·iony] *agg.* che sa di cipolla, simile a cipolla.

on-licence ['ɒn,laɪsəns] *s.* permesso (accordato a pubblico esercizio) di vendere bevande alcoliche da consumarsi sul luogo.

online ['ɒn,laɪn / on·line] *agg.* e *avv.* (*inform.*) collegato, in linea, interattivo.

onliness ['əʊnlɪnɪs / onli·ness] *s.* (*non com.*) unicità.

onlooker ['ɒn,lʊkə* / on·looker] *s.* spettatore.

only ['əʊnlɪ] *agg.* solo, unico: *he's the — person I'll never forget*, è la sola persona che non dimenticherò mai; *his — fault is that he can't make up his mind*, il suo unico difetto è che non sa prendere una decisione; *the — thing to do was to wait*, l'unica cosa da fare era aspettare; *they were the — people speaking Russian*, erano le sole persone che parlassero russo; *he's an — child*, è figlio unico // *the — one*, il solo, l'unico: *I'm the — one who knows*, sono il solo a saperlo // *...and now you're going to listen to the most famous, the one and —, Bruce Springsteen!*, ...ed ora ascolterete il più famoso, l'unico: Bruce Springsteen!

only *avv.* **1** solo, soltanto; unicamente; semplicemente: *you — have to press the button and the machine does everything*, basta soltanto premere il bottone e la macchina fa tutto; *it will — take three hours from London to Paris through the Channel tunnel*, ci vorranno solo tre ore per andare da Londra a Parigi con il tunnel sotto la Manica; *when she heard the news she — smiled*, quando apprese la notizia si limitò a sorridere; *he spoke — to me*, parlò soltanto a me; *it's — right to ask his permission before borrowing his books*, è semplicemente giusto chiedergli il permesso prima di prendere in prestito i suoi libri; *you should tell him what you're doing, it's — fair*, dovresti dirgli che cosa stai facendo, per correttezza; *— a few of them came*, sono venuti solo alcuni di loro // *— once*, soltanto una volta // *he got to the bank — to find it closed*, arrivò alla banca giusto in tempo per trovarla chiusa (quando arrivò alla banca trovò che era già chiusa) // *if — it would stop raining!*, se solo smettesse di piovere! // *— just*, a malapena, appena appena: *we were — just in time*, arrivammo appena in tempo; *she passed the exam, but — just*, ha superato l'esame a malapena, per il rotto della cuffia // *— too*, completamente; fin troppo: *he'll be — too pleased to help you*, sarà ben felice di aiutarti; *it's — too easy to ignore others' needs*, è fin troppo facile ignorare le esigenze altrui // *Ladies —*, riservato alle signore; *Adults —*, solo per adulti (di film ecc.) // All'inizio di frase, seguito da avv., richiede l'inversione del sogg.: *— then did he realize his mistake*, solo allora si rese conto del suo errore; *— after they had paid bail were they allowed to leave prison*, solo dopo che ebbero pagato la cauzione poterono lasciare il carcere **2** *— if*, solamente se, solo a condizione che: *I'll tell you — if you keep it a secret*, te lo dirò solo a patto che mantenga il segreto **3** *not —... but also...*, non solo... ma anche...: *the hotel was not — cheap but also comfortable*, l'albergo era non solo economico ma anche accogliente; *not — did they steal my wallet, but they also took my passport*, non solo mi rubarono il portafoglio, ma si presero anche il passaporto.

only *cong.* solo (che), tranne (che); ma, però: *tomorrow is a holiday, — I have to work*, domani è vacanza, ma io devo lavorare; *she'd love to have strawberries, — that she's allergic to them*, le piacerebbe prendere le fragole, solo che è allergica.

onomastic [,ɒnəʊ'mæstɪk / ono·mas·tic] *agg.* (*form.*) onomastico.

onomatopoeia [,ɒnəʊmætəʊ'pi:ə / ono·ma·to·poeia] *s.* (*ret.*) onomatopea.

onomatopoeic [,ɒnəʊmætəʊ'pi:ɪk / ono·

ma·to·poeic] **onomatopoetic** [ɒnəʊ,mæ təʊpəʊ'etɪk / ono·ma·to·po·etic] *agg.* onomatopeico.

onrush ['ɒn,rʌʃ / on·rush] *s.* **1** attacco, assalto **2** ondata: *the — of memories*, l'ondata dei ricordi.

onrushing ['ɒn,rʌʃɪŋ / on·rush·ing] *agg.* impetuoso.

on-screen ['ɒn,skriːn] *agg.* e *avv.* (*inform.*) su video (del computer).

onset ['ɒnset / on·set] *s.* assalto, attacco (*spec. fig.*); inizio: *the — of an illness*, l'attacco, l'inizio di una malattia.

onshore ['ɒnʃɔː* / on·shore] *avv.* (*geogr.*) a terra; verso terra ◆ *agg.* **1** (*geogr.*) di terraferma, situato a terra **2** (*meteor.*) diretto verso terra, proveniente dal mare: *— wind*, vento di mare.

onside [,ɒn'saɪd / on·side] *agg.* e *avv.* (sport) non in fuorigioco: *the player was —*, il giocatore non era in fuorigioco.

onslaught ['ɒnslɔːt / on·slaught] *s.* attacco, assalto: *his — on the government*, il suo attacco al governo.

on-stream ['ɒnstriːm] *agg.* e *avv.* (*tecn.*) in esercizio, in funzione: *— time*, periodo in esercizio.

on-the-job [,ɒnθə'dʒɒb] *agg.* sul posto di lavoro // (*econ.*) *— training*, addestramento sul posto di lavoro.

on-the-spot [,ɒnθə'spɒt] *agg.* sul posto: *— decision*, decisione (presa) sul momento; *— check*, controllo (eseguito) sul posto.

onto ['ɒntʊ] **on to** *prep.* sopra, su (*anche fig.*): *he jumped — the bus*, saltò sull'autobus; *the window opened — a large garden*, la finestra si apriva su un grande giardino; *he ran — the platform*, corse sul binario // *they've put the blame — my brother*, hanno dato la colpa a mio fratello // *he wanted to go — the list of volunteers*, voleva essere incluso nella lista dei volontari // *to be — sthg.*, aver scoperto qlco.: *when I saw the reaction, I knew I was — something*, quando vidi la reazione, capii che avevo scoperto qualcosa // *to be — a good thing*, (*fam.*) aver trovato una sistemazione ideale, una buona fonte di profitto // *to be — s.o.*, (*fam.*) aver capito il gioco di qlcu.; mettersi in contatto con qlcu.

ontogenesis [,ɒntəʊ'dʒenɪsɪs / on·to·gen·esis] *s.* (*biol.*) ontogenesi SIN. **ontogeny**.

ontogenetic [,ɒntəʊdʒɪ'netɪk / on·to·gen·etic] *agg.* (*biol.*) ontogenetico.

ontogeny [ɒn'tɒdʒənɪ / on·to·geny] *s.* (*biol.*) ontogenesi SIN. **ontogenesis**.

ontological [,ɒntəʊ'lɒdʒɪkl / on·to·lo·gical] *agg.* (*fil.*) ontologico // **-ly** *avv.*

ontologist [ɒn'tɒlədʒɪst / on·to·lo·gist] *s.* (*fil.*) ontologista.

ontology [ɒn'tɒlədʒɪ / on·to·logy] *s.* (*fil.*) ontologia.

onus ['əʊnəs] *s.* (*form.*) peso, carico; dovere, obbligo; responsabilità // (*dir.*) *— probandi*, onere della prova.

onward ['ɒnwəd / on·ward] *agg.* avanzato; progressivo.

onward(s) ['ɒnwəd(z) / on·ward(s)] *avv.* avanti; in avanti; in là; oltre; progressivamente.

onychophagia [,ɒnəkəʊ'feɪdʒɪə / on·ycho·phagia] **onychophagy** [,ɒnə'kɒfədʒɪ / on·ycho·phagy] *s.* (*med.*) onicofagia.

onyx ['ɒnɪks] *s.* **1** (*min.*) onice **2** (*med.*) presenza di pus tra gli strati della cornea.

oo- [əʊə, əʊɒ] *pref.* di origine greca della terminologia scientifica; it. oo-; significa **1** uovo, gamete femminile: *oocyte*, oocita; *oogamete*, oogamete **2** simile, di forma, all'uovo: *oolith*, oolite.

oodles ['uːdlz] *s.pl.* (*fam.*) un sacco, una gran quantità.

oofus ['uːfɪs] *s.* (*sl. dei neri d'America*) persona stupida; sempliciotto.

oogamete [,əʊə'gæmiːt / oo·gam·ete] *s.* (*biol.*) oogamete.

oogamous [əʊ'ɒgæməs / oo·gam·ous] *agg.* (*biol.*) oogamo.

oogamy [əʊ'ɒgəmɪ / oo·gamy] *s.* (*biol.*) oogamia, ovogamia.

oogenesis [,əʊə'dʒenɪsɪs / oo·gen·esis] *s.* (*biol.*) oogenesi, ovogenesi.

oogenetic [,əʊədʒə'netɪk / oo·gen·etic] *agg.* (*biol.*) oogenetico, ovogenetico.

oogley ['uːglɪ / oog·ley] *agg.* (*fam. amer.*) attraente.

ook [uːk] *s.* (*fam. amer.*) persona insipida; persona odiosa.

oolite ['əʊəlaɪt / oo·lite] *s.* (*geol.*) calcare oolitico.

oolith ['əʊəlɪθ / oo·lith] *s.* (*geol.*) oolite.

oolitic [,əʊə'lɪtɪk / oo·litic] *agg.* (*geol.*) oolitico.

oomph [ʊmpf] *s.* (*fam.*) vigore, energia: *she's got bags of —*, ha un sacco d'energia.

oops [uːps] **oops-a-daisy** [,uːpsə'deɪzɪ] *inter.* (*fam.*) oh, 'ops'; oplà.

oosperm ['əʊəspɜːm / oo·sperm] *s.* (*biol.*) oosperma.

oosphere ['əʊəsfɪə* / oo·sphere] *s.* (*biol.*) oosfera.

oospore ['əʊəspɔː* / oo·spore] *s.* (*biol.*) oospora.

ooze[1] [uːz] *s.* fango, fanghiglia (di fondo marino o lacustre); terreno fangoso, acquitrino.

ooze[2] *s.* **1** (*tecn.*) liquore conciante, liquido per concia // *— (leather)*, pelle scamosciata **2** trasudazione; infiltrazione; il fluire lentamente.

to **ooze**[2] *v.intr.* **1** fluire, colare lentamente; *lava oozed down the mountain slopes*, la lava fluiva lentamente dai pendii della montagna **2** trasudare, stillare; diffondersi (*anche fig.*): *her courage oozed away*, ella si perse d'animo; *the news oozed out*, (*fam.*) la notizia trapelò ◆ *v. tr.* **1** stillare **2** emanare, diffondere.

oozy ['uːzɪ] *agg.* fangoso, melmoso.

op[1] [ɒp] *s.* (*fam.*) abbr. di → **operation** 1.

op[2] abbr. di → **opus**.

opacity [əʊ'pæsətɪ / opa·city] *s.* **1** opacità (*anche fis.*) **2** (*fig.*) oscurità (di significato ecc.); ottusità mentale.

opah ['əʊpə] *s.* (*zool.*) (*Lampris regius*) pesce luna.

opal ['əʊpl] *s.* (*min.*) opale // *— glass*, vetro opalino.

opalescence [,əʊpə'lesns / opal·es·cence] *s.* opalescenza.

opalescent [,əʊpə'lesnt / opal·es·cent] **opalesque** [,əʊpə'lesk / opal·esque] *agg.* opalescente.

opaline ['əʊpəlaɪn *come s.* 'əʊpəliːn / opal·ine] *agg.* opalino ◆ *s.* opalina, vetro opalino.

opaque [əʊ'peɪk] *agg.* **1** opaco **2** (*fig.*) ottuso // **-ly** *avv.* // **-ness** *s.*

op art ['ɒpɑːt] *s.* (abbr. di *optical art*) op art.

op artist ['ɒp,ɑːtɪst] *s.* artista appartenente al movimento dell'op art.

to **ope** [əʊp] *v.tr.* (*poet.*) aprire ◆ *v.intr.* (*poet.*) dischiudersi, aprirsi: *unnumbered treasures ope at once*, (POPE) d'un tratto si aprono innumerevoli tesori.

open ['əʊpən] *agg.* **1** aperto; libero, non ostruito; esposto; accessibile: *in — country*, in aperta campagna; *with — arms*, a braccia aperte; (*fig.*) calorosamente; *the book lay — on the table*, il libro stava aperto sul tavolo; *the door was thrown* (o *flung*) *—*, la porta fu aperta con violenza // *— car*, automobile scoperta // *— sea*, mare aperto // *wide —*, spalancato // (*mat.*) *— set*, insieme aperto // *to lay oneself — to criticism*, lasciare il fianco esposto alle critiche // (*comm.*) *— account*, conto aperto // (*dir.*): *— bid*, offerta di esecuzione di un contratto; *— contract*, contratto con accettazione delle condizioni legali // (*ind.*) *— mill*, mescolatore aperto **2** aperto, dischiuso, sbocciato: *the flowers were all —*, i fiori erano tutti sbocciati **3** (aperto al) pubblico; vacante: *an — competition*, una gara aperta a tutti; *the — season* (*for fishing, shooting*), la stagione aperta (per la pesca, la caccia); *the job is still —*, l'impiego è ancora vacante; *museum — to the public*, museo aperto al pubblico // (*dir.*) *to try in the — court*, fare un processo a porte aperte **4** aperto, non risolto, in sospeso: *— question*, questione in sospeso **5** (*fig.*) aperto; sincero; franco, dichiarato: *— to advice*, pronto ad accettare consigli; *to keep an — mind on sthg.*, non avere preconcetti su qlco. **6** pubblico, manifesto, non segreto: *— scandal*, scandalo pubblico // *— and above board*, (*fig.*) alla luce del sole **7** (*ling.*) aperta (di vocale) **8** (*inform.*) aperto, estendibile.

open *s.* **1** → **outdoors** **2** *in(to) the —*, allo scoperto: *to come (out) into the —*, venire allo scoperto, mettere le carte in tavola **3** (*sport*) open.

to **open** *v.tr.* **1** aprire; schiudere: *could you — the window, please?*, puoi aprire la finestra, per piacere?; *don't — that letter, that parcel*, non aprire quella lettera, quel pacco; *the doctor opened the abscess*, il dottore incise l'ascesso; *he opened the door wide into the garden*, spalancò la porta verso il giardino; *to — one's hand, a newspaper*, aprire la mano, un giornale; *to — a bank account*, aprire un conto in banca; *to — a debate*, aprire un dibattito; (*mil.*) *to — fire on the enemy*, aprire il fuoco sul nemico; *to — (up) a new shop*, aprire un nuovo negozio; *to — one's shop*, aprire il negozio; (*mil.*) *to — the ranks*, rompere le file // *to — the door to innovations*, (*fig.*) lasciar via libera, aprire la porta alle innovazioni // *to — one's mouth*, aprir bocca; iniziare a parlare // *to — s.o.'s eyes*, (*fig.*) aprire gli occhi a qlcu. // *to — one's heart*, (*fig.*) aprire il proprio cuore **2** aprire, inaugurare: *the Queen opened Parliament*, la regina inaugurò la sessione del Parlamento ◆ *v.intr.* **1** aprire, aprirsi; schiudersi: *the bank opens at 3 p.m.*, la banca apre alle 3 del pomeriggio; *the flowers are opening*, i fiori si stanno aprendo **2** aprirsi su, dare su: *the windows — onto the sea*, le finestre danno sul mare; *the two rooms — into each other*, le due stanze sono comunicanti **3** aprirsi, iniziare: *when will the conference —?*, quando avrà inizio la conferenza?; *the show opened with a speech by the president*, la mostra si è aperta con un discorso del presidente // *the shares opened higher*, le azioni salirono in apertura di seduta.

□ **open out** *v.intr.* e *avv.* **1** aprirsi, allargarsi: *after 5 km the road opens out*, dopo cinque chilometri la strada si allarga **2** fiorire; aprirsi (di fiori); crescere, maturare (come carattere, personalità): *artificial heating makes roses — out earlier*, il riscaldamento fa aprire le rose più in fretta ◆ *v.tr.* e *avv.* aprire, spiegare: *to — out a map*, spiegare una carta.

□ **open up** *v.intr.* e *avv.* **1** (*spec. imp.*) aprire la porta: *— up! It's the police*, aprite! Polizia **2** aprirsi, inaugurarsi: *a new branch of the supermarket is opening up in Newton Street*, una nuova sede del supermercato verrà aperta in Newton Street **3** diventare vivace (di gioco, lavoro teatrale) **4** (*fam.*) parlare liberamente; aprirsi; diventare socievole: *he doesn't — up easily*, è un tipo piuttosto chiuso **5** far fuoco, sparare ◆ *v.tr.* e *avv.* **1** aprire (pacco, scatola, valigia): *the policeman asked him to — up the boot*, il poliziotto gli chiese di aprire il baule // *to — up new markets*, aprire nuovi mercati **2** aprire, creare (un passaggio, un'apertura): *I want to — up a second entry on the back garden*, voglio aprire, creare una nuova entrata sul giardino posteriore; *we opened up a gap in the enemy defence*, aprimmo una falla nella difesa nemica.

open-air [,əʊpən'eə*] *agg.* all'aperto, all'aria aperta.

open-and-shut [,əʊpənən'ʃʌt] *agg.* chiaro; senza misteri; di rapida soluzione: *an — case*, un caso che si risolve subito e senza problemi, caso aperto e chiuso.

opencast ['əʊpənkɑ:st *amer.* 'əʊpənkæst / open·cast] *s.* (*ind. miner.*) scavo a cielo aperto.

opencast, **opencut** ['əʊpənkʌt / open·cut] *agg.* (*miner.*) a cielo aperto, a giorno.

open day ['əʊpəndeɪ] *s.* giorno d'apertura al pubblico (di caserma, università, scuola ecc.).

open-door [,əʊpən'dɔ:*] *agg.* **1** (*pol.*) liberistico, della porta aperta **2** aperto a tutti, pubblico.

open door *s.* **1** (*pol.*) liberismo, politica della porta aperta **2** libero accesso.

open-end ['əʊpənend] *agg.* (*fin.*) aperto: *— investment fund* (o amer. *— trust*), fondo comune di investimento del tipo 'aperto'.

open-ended [,əʊpən'endɪd] *agg.* senza precisi limiti, indeterminato; aperto a qualsiasi interpretazione // **-ness** *s.*

opener ['əʊpnə*] *s.* **1** (*spec. nei composti*) chi, che apre: *bottle —*, apribottiglie; *can —* (o *tin —*), apriscatole **2** chi, che comincia // *for openers*, tanto per cominciare, come inizio **3** (*tess.*) apritorio.

open-eyed [,əʊpən'aɪd] *agg.* con, dagli occhi spalancati ◆ *avv.* a occhi spalancati.

open-handed [,əʊpən'hændɪd] **open-hearted** [,əʊpən'hɑ:tɪd / open·hearted] *agg.* generoso // **-ly** *avv.* // **-ness** *s.*

open-hearth ['əʊpənhɑ:θ] *agg.* (*metall.*): *— furnace*, forno Martin-Siemens; *— process*, processo Martin-Siemens.

open-heart surgery [,əʊpən,hɑ:t'sɜ:dʒərɪ] *s.* (*med.*) chirurgia a cuore aperto.

open house [,əʊpən'haʊs] *s.* ospitalità: *to keep —*, essere ospitale.

opening ['əʊpnɪŋ / open·ing] *s.* **1** apertura, inaugurazione; inizio, esordio: *the — of the new bridge*, l'inaugurazione del nuovo ponte **2** apertura, breccia; foro **3** occasione favorevole, opportunità: *job openings*, posti (di lavoro) vacanti **4** (*dir.*) apertura di udienza ◆ *agg.* che inizia, di inizio; d'apertura: *— night*, prima (a teatro ecc.); *— lecture*, *speech*, conferenza, discorso d'apertura; *— hours*, orario d'apertura; *— time*, periodo d'apertura; (*amm.*, *comm.*) *— balance sheet*, bilancio d'apertura.

openly ['əʊpnlɪ / open·ly] *avv.* apertamente, francamente; pubblicamente.

open-minded [,əʊpən'maɪndɪd] *agg.* di larghe vedute // **-ly** *avv.* // **-ness** *s.*

open-mouthed [,əʊpən'maʊðd] *agg.* con la bocca aperta ◆ *avv.* a bocca aperta // **-ly** *avv.*

open necked [,əʊpən'nekt] *agg.* scollato (di abito).

openness ['əʊpənnɪs / open·ness] *s.* **1** l'essere aperto; esposizione (di un terreno) **2** (*fig.*) franchezza; apertura (mentale); chiarezza.

open pit [,əʊpən'pɪt] *s.* miniera a cielo aperto ◆ **open-pit** *agg.attr.* a cielo aperto: *— mining*, coltivazione a giorno, a cielo aperto.

open-plan [,əʊpən'plæn] *agg.* (*edil.*) a pianta aperta (senza pareti divisorie).

open sesame [,əʊpən'sesəmɪ] *s.* (*fig.*) chiave, aiuto miracoloso ◆ *inter.* apriti sesamo.

open shop [,əʊpən'ʃɒp] *s.* (*amer.*) azienda che impiega anche lavoratori non iscritti al sindacato.

Open University [,əʊpən,ju:nɪ'vɜ:sɪtɪ] *s.* (GB) 'Università Aperta', università popolare.

open verdict [,əʊpən'vɜ:dɪkt] *s.* (*dir.*) non luogo a procedere.

openwork ['əʊpən,wɜ:k / open·work] *agg.* e *s.* (lavoro) a traforo, traforato; (*su tessuto*) (ricamo) a giorno.

opera[1] ['ɒpərə / op·era] *pl.* **operas** *s.* (*teatr.*) opera, opera lirica; lavoro cinematografico: *comic —*, opera buffa; *grand —*, melodramma; *— house*, teatro lirico // *horse —*, (*fam.*) film western; *soap —*, (*fam.*) soap opera, sceneggiato a puntate sentimentale e falsamente realistico.

opera[2] *pl.* di **opus**.

operable ['ɒpərəbl / op·er·able] *agg.* operabile (*anche med.*) // **-bly** *avv.*

opera glass(es) ['ɒpərəglɑ:s(ɪz) *amer.* 'ɒpərəglæs(ɪz)] *s.* binocolo (da teatro).

operant ['ɒpərənt / op·er·ant] *agg.* (*form.*) operante, operativo // *my operant powers their functions leave to do*, (SH. Hamlet) le mie forze vitali interrompono le loro funzioni ◆ *s.* (*form.*) operatore; chi opera.

to **operate** ['ɒpəreɪt / op·er·ate] *v.intr.* **1** operare, agire, aver effetto: *this law operates to our disadvantage*, questa legge opera a nostro svantaggio **2** funzionare, essere in funzione: *the lift was not operating properly*, l'ascensore non funzionava bene **3** (*med.*) operare, eseguire un'operazione su: *to — on s.o.*, eseguire un'operazione su qlcu. **4** (*mil.*, *comm.*) fare delle operazioni ◆ *v.tr.* **1** aver effetto su, produrre **2** far funzionare: *he operated a big machine*, faceva funzionare una grossa macchina **3** (*med.*) operare: *he was operated* (*on*) *for appendicitis*, fu operato di appendicite **4** amministrare, gestire **5** (*miner.*) coltivare, sfruttare (una miniera).

operatic [,ɒpə'rætɪk / op·er·atic] *agg.* di opera, lirico; operistico.

operating ['ɒpəreɪtɪŋ / op·er·at·ing] *agg.* operante; operativo; di lavoro; di funzionamento; di esercizio // (*inform.*): *— logic*, ricerca operativa; *— unit*, unità di trattamento; *— time*, tempo d'esecuzione; *— system*, sistema operativo // (*amm.*, *comm.*): *— budget*, budget operativo; *— accounts*, conti economici; *— charges* (o *costs* o *expenses*), costi d'esercizio // (*tecn.*): *— pressure*, pressione di funzionamento; *— lever*, leva di manovra; *— power*, potenza di lavoro.

operating theatre ['ɒpəreɪtɪŋ,θɪətə*] *s.* sala operatoria.

operation [,ɒpə'reɪʃn / op·era·tion] *s.* **1** operazione: *getting your shirt clean was not an easy —*, riuscire a pulire la tua camicia non è stata un'operazione semplice; *a mathematical —*, un'operazione matematica; (*comm.*) *Stock Exchange operations*, operazioni di Borsa; (*med.*): *to perform an — on s.o.*, operare qlcu.; *reconstructive*, *exploratory*, *radical —*, intervento ricostruttivo, esplorativo, radicale; (*mil.*) *base of operations*, base di operazioni **2** azione, attività, funzione; vigore: *in full —*, in piena attività; *to come into —*, entrare in funzione, entrare in vigore **3** funzionamento **4** (*inform.*) operazione, funzionamento, comando operativo; unità (di produzione, fabbricazione): *— routing*, ciclo di lavorazione; *— ratio*, tasso di funzionamento; *— time*, tempi di esecuzione; *— queue*, coda di operazioni.

operational [,ɒpə'reɪʃənl / op·era·tional] *agg.* **1** operativo, funzionante: *the new machine is now —*, adesso la nuova macchina funziona **2** delle operazioni, relativo alle operazioni; operativo: (*econ.*) *— cost*, costo operativo // *— training*, addestramento militare **3** (*inform.*) operazionale // **-ly** *avv.*

operative ['ɒpərətɪv *amer.* 'ɒpəreɪtɪv / op·er·at·ive] *agg.* **1** attivo; efficace; operativo, che funziona: *to become —*, entrare in funzione; entrare in vigore; *this law will be — as from...*, questa legge entrerà in vigore dal... // *— word*, parola chiave **2** (*med.*) operatorio ◆ *s.* **1** artigiano; operaio (meccanico) **2** agente; agente segreto.

operatively ['ɒpərətɪvlɪ *amer.* 'ɒpəreɪtɪvlɪ / op·er·at·ive·ly] *avv.* (*form.*) attivamente, efficacemente.

operator ['ɒpəreɪtə* / op·er·ator] *s.* **1** operatore; operatore di Borsa **2** (*telephone*) —, telefonista, centralinista **3** (*biol.*) (gene) operatore **4** (*inform.*) operatore.

operculum [əʊ'pɜ:kjʊləm / oper·cu·lum] *pl.* **opercula** [əʊ'pɜ:kjʊlə / oper·cula] *s.* (*bot.*, *zool.*) opercolo.

operetta [,ɒpə'retə / op·er·etta] *pl.* **operettas** *s.* (*teatr.*) operetta.

operon ['ɒpərɒn] *s.* (*biol.*) operone.

operose ['ɒpərəʊs / op·er·ose] *agg.* (*rar.*) operoso, diligente // **-ly** *avv.*

operoseness ['ɒpərəʊsnɪs / op·er·ose·ness] **operosity** [,ɒpə'rɒsətɪ / op·er·os·ity] *s.* operosità, attività, diligenza, zelo.

ophicleide ['ɒfɪklaɪd / ophi·cleide] *s.* (*mus.*) oficleide.

ophidian [ɒ'fɪdɪən / ophid·ian] *agg.* (*zool.*) degli ofidi ◆ *s.* (*zool.*) ofide.

ophiolite ['ɒfɪəlaɪt / ophio·lite] *s.* (*geol.*) ofiolite.

ophiology [,ɒfɪ'ɒlədʒɪ / ophio·logy] *s.* (*zool.*) ofiologia.

ophite ['ɒfaɪt / oph·ite] *s.* (*min.*) serpentino, ofite.

ophiuran [,ɒfɪ'juərən / oph·iuran] *s.* (*zool.*) ofiura.

ophthalmia [ɒf'θælmɪə / oph·thal·mia] *s.* (*med.*) oftalmia.

ophthalmic [ɒf'θælmɪk / oph·thal·mic] *agg.* oftalmico.

ophthalmologic(al) [,ɒfθælmə'lɒdʒɪk(l) / oph·thal·mo·lo·gic(al)] *agg.* (*med.*) oftalmico.

ophthalmologist [,ɒfθæl'mɒlədʒɪst / oph·thal·mo·lo·gist] *s.* (*med.*) oftalmologo, oculista.

ophthalmology [,ɒfθæl'mɒlədʒɪ / oph·thal·mo·logy] *s.* (*med.*) oftalmologia, oculistica.

ophthalmoscope [ɒf'θælməʊskəʊp / oph·thal·mo·scope] *s.* (*med.*) oftalmoscopio.

ophthalmoscopic [,ɒfθælmə'skɒpɪk / oph·thal·mo·scopic] *agg.* (*med.*) oftalmoscopico.

ophthalmoscopy [,ɒfθæl'mɒskəpɪ / oph·thal·mo·scopy] *s.* (*med.*) oftalmoscopia.

opiate ['əʊpɪɪt / opi·ate] *agg.* (*form.*) oppiato, oppiaceo; soporifero (*anche fig.*) ◆ *s.* (*med.*) narcotico, sonnifero (*anche fig.*): *Marx says that religion is the — of the poor*, Marx afferma che la religione è l'oppio dei popoli.

to **opiate** ['əʊpɪeɪt] *v.tr.* (*form.*) oppiare.

to **opine** [əʊ'paɪn] *v.tr.* (*form.*) opinare, ritenere.

opinion [ə'pɪnjən / opin·ion] *s.* **1** opinione, parere, giudizio: *in his —*, secondo lui; *in my —*, secondo me; *a difference of —*, una divergenza di opinioni; *it's my considered — that*, (*form.*) è mio profondo convincimento, sono pienamente convinto che; *it's a matter of —*, è questione di punti di vista; *I would like to get a second — (from a different doctor)*, vorrei avere un secondo parere (da un altro medico); *to act on one's opinions*, agire secondo le proprie idee; *to ask s.o.'s —*, chiedere il parere di qlcu.; *to be of the — that*, essere del parere che; *to give one's —*, esprimere il proprio parere // *public —*, opinione pubblica // *— poll* (o *survey*), sondaggio d'opinione // (*dir.*): *concurring —*, opinione di un giudice concordante con quella della maggioranza della corte; *dissenting —*, opinione dissenziente (di un giudice); *— evidence*, testimonianza contenente speculazioni del deponente **2** stima: *a high*, *a good —*, un alto concetto, una buona opinione // *to have a low* (o *bad*) *— of s.o.*, avere una cattiva opinione, non avere alcuna stima di qlcu.

opinionated [ə'pɪnjəneɪtɪd / opin·ion·ated] *agg.* supponente; presuntuoso; ostinato; caparbio; cocciuto // **-ness** *s.*

opium ['əʊpjəm] *s.* oppio (*anche fig.*): *— den*, fumeria d'oppio.

opium eater ['əʊpjəm,i:tə*] *s.* mangiatore, masticatore d'oppio.

opium smoker ['əʊpjəm,sməʊkə*] *s.* fumatore d'oppio.

opossum [ə'pɒsəm / opos·sum] *pl.* **opossum(s)** *s.* (*zool.*) opossum.

oppidan ['ɒpɪdən / op·pidan] *agg.* (*rar.*) cittadino ◆ *s.* **1** (*rar.*) cittadino **2** allievo esterno (a Eton).

opponent [ə'pəʊnənt / op·pon·ent] *agg.* (*rar.*) contrario, opposto // (*anat.*) *— muscle*, muscolo oppositore (della mano) ◆ *s.* avversario, antagonista (*anche fig.*): *he is my — in this game*, egli è il mio avversario in questo gioco; *I'm an — of restructuring the benefit system*, sono contrario alla ristrutturazione del sistema assistenziale.

opportune ['ɒpətju:n *amer.* 'ɒpətu:n / op·por·tune] *agg.* opportuno; tempestivo, a proposito // **-ly** *avv.* // **-ness** *s.*

opportunism ['ɒpətju:nɪzəm *amer.* 'ɒpətu:nɪzəm / op·por·tun·ism] *s.* opportunismo.

opportunist ['ɒpətju:nɪst *amer.* 'ɒpətu:nɪst / op·por·tun·ist] *s.* opportunista.

opportunistic [,ɒpətju:'nɪstɪk *amer.* ,ɒpətu:'nɪstɪk / op·por·tun·istic] *agg.* opportunistico // (*med.*) *— infections*, infezioni, malattie opportunistiche (p.e. l'AIDS).

opportunity [,ɒpə'tju:nətɪ *amer.* ,ɒpə'tu:nətɪ / op·por·tun·ity] *s.* occasione; opportunità; possibilità: *this is a golden — to put things right*, questa è un'occasione d'oro per sistemare le cose; *have you ever had the — of speaking to him?*, hai mai avuto la possibilità di parlargli?; *he took* (o *availed himself of*) *the — of going to London*, colse l'occasione per andare a Londra // *to do sthg. at the earliest* (o *first*) *—*, fare qualcosa alla prima occasione, appena possibile; *to do sthg. at every —*, fare qlco. ogni volta che se ne presenti l'occasione.

opposable [ə'pəʊzəbl / op·pos·able] *agg.* (*non com.*) opponibile.

to **oppose** [ə'pəʊz / op·pose] *v.tr.* **1** opporsi a; contrastare; essere contrario a; obiettare a: *he opposed the majority motion*, egli si oppose alla mozione della maggioranza; *he opposed working overtime*, era contrario a fare gli straordinari; *I opposed myself to the proposal*, (*form.*) mi opposi fermamente alla proposta **2** opporre, contrapporre: *to — two points of view*, contrapporre due punti di vista ◆ *v.intr.* opporsi, fare opposizione.

opposed [ə'pəʊzd / op·posed] *agg.* **1** ostile, avverso, contrario: *he is — to that scheme*, egli è contrario a quel progetto; *the press was — to the Government*, la stampa era ostile al governo **2** opposto, contrapposto: *country life as — to town life offers some advantages*, la vita di campagna offre alcuni vantaggi rispetto alla vita di città; *that year he went to Greece as — to his usual trip to Italy*, quell'anno andò in Grecia invece di fare il suo solito viaggio in Italia // *diametrically —*, diametricalmente opposto // (*mat.*) *— angle*, angolo coniugato.

opposer [ə'pəʊzə* / op·poser] *s.* oppositore; avversario; antagonista.

opposite ['ɒpəzɪt / op·pos·ite] *agg.* **1** opposto, contrario: *the — sex*, l'altro sesso; *they went away in — directions*, se ne andarono in direzioni opposte; *to be at — ends*, essere agli estremi opposti; *to have — views*, avere pareri opposti, contrastanti // (*bot.*) *— leaves*, foglie opposte **2** opposto, di faccia, di fronte: *in the — house*, nella casa di fronte; *on the — side of the road*, sul lato opposto della strada ◆ *s.* opposto, contrario: *I am just the — of my brother*, io sono tutto l'opposto di mio fratello; *"Was he rude?" "No, quite the —"*, "È stato scortese?" "No, anzi" // **-ly** *avv.* // **-ness** *s.*

opposite *avv.* dirimpetto, di fronte: *there was a theatre —*, dirimpetto c'era un teatro ◆ *prep.* di fronte a, dirimpetto a: *the garden — my house*, il giardino di fronte a casa mia; *they live — us*, vivono di fronte, dirimpetto a noi // (*teatr.*) *to play — s.o.*, recitare, fare coppia con qlcu. (del sesso opposto).

opposite number [,ɒpəzɪt'nʌmbə*] *s.* controparte: *the British Foreign Minister will meet his French — next week*, il ministro degli esteri britannico incontrerà la sua controparte francese la prossima settimana.

opposition [,ɒpə'zɪʃn / op·posi·tion] *s.* **1** opposizione; contrasto; ostacolo; ostilità: *there was no — on her side*, non ci fu opposizione da parte sua; *they met with unexpected —*, incontrarono un'inattesa resistenza **2** parte avversa; avversari, contendenti (*pl.*) (*anche sport*); (*pol.*) opposizione; *the — is* (o *are*) *prepared to do anything to win*, gli avversari sono preparati a fare qualunque cosa per vincere; *the leader of the —*, il capo dell'opposizione **3** (*astr.*) opposizione: *the planet is in —*, il pianeta è in opposizione (al Sole).

to **oppress** [ə'pres / op·press] *v.tr.* **1** opprimere; tiranneggiare (vinti, sudditi) **2** (*fig.*) opprimere, gravare, angustiare: *she was oppressed by financial worries*, era tormentata da problemi economici; *the empty house oppressed her*, la casa vuota la opprimeva, le dava un senso di oppressione.

oppression [ə'preʃn / op·pres·sion] *s.* **1** oppressione, tirannia **2** (*fig.*) oppressione; abbattimento, angoscia.

oppressive [ə'presɪv / op·press·ive] *agg.* **1** oppressivo, tirannico **2** (*fig.*) opprimente; angosciante; pesante, gravoso // **-ly** *avv.* // **-ness** *s.*

oppressor [ə'presə* / op·pressor] *s.* oppressore, tiranno.

opprobrious [ə'prəʊbrɪəs / op·probri·ous] *agg.* (*form.*) **1** obbrobrioso; infamante, disonorevole, vergognoso **2** ingiurioso, oltraggioso // **-ly** *avv.* // **-ness** *s.*

opprobrium [ə'prəʊbrɪəm / op·pro·brium] *s.* (*form.*) **1** obbrobrio; vituperio, ignominia, vergogna, disonore **2** ingiuria; spregio, disprezzo.

to **oppugn** [ɒ'pju:n / op·pugn] *v.tr.* oppugnare, confutare, contestare, osteggiare (una teoria, un'opinione ecc.).

oppugner [ɒ'pju:nə* / op·pugner] *s.* (*form.*) oppositore.

to **opt** [ɒpt] *v.intr.* optare, scegliere.
□ **opt out** *v.intr.* e *avv.* (*fam.*) dissociarsi, distaccarsi; ritirarsi, decidere di non partecipare (a qlco.): *I opted out of the trip to Sweden*, decisi di non partecipare al viaggio in Svezia.

optative ['ɒptətɪv / opt·at·ive] *agg.* e *s.* (*gramm.*) ottativo.

optic ['ɒptɪk / op·tic] *agg.* ottico: *— disk*, papilla ottica; (*mat.*) *— angle*, angolo ottico;

(*anat.*) — *nerve*, nervo ottico ◆ *s.* (*fam. antiq.*) occhio.

optical ['ɒptɪkl / op·tical] *agg.* **1** ottico: — *illusion*, illusione ottica; — *instrument*, strumento ottico; (*fis.*): — *activity*, attività ottica; — *axis*, asse ottico // (*inform.*): — *character recognition*, riconoscimento ottico di caratteri; — *character recognition machine*, lettore ottico **2** (*astr.*) non infrarosso, non ultravioletto // **-ly** *avv.*

optician [ɒp'tɪʃn / op·ti·cian] *s.* ottico (chi vende lenti).

optics ['ɒptɪks / op·tics] *s.* U (*fis.*) ottica.

optimal ['ɒptɪml / op·timal] *agg.* ottimale, ottimo // **-ly** *avv.*

optimality ['ɒptɪmələtɪ / op·tim·al·ity] *s.* ottimalità.

optimate ['ɒptɪmət / op·tim·ate] *s.* (*non com.*) **1** ottimate **2** (*estens.*) nobile, aristocratico.

optimism ['ɒptɪmɪzəm / op·tim·ism] *s.* ottimismo.

optimist ['ɒptɪmɪst / op·tim·ist] *s.* ottimista.

optimistic [,ɒptɪ'mɪstɪk / op·tim·istic] *agg.* ottimistico // **-ally** *avv.*

optimization [,ɒptɪmaɪ'zeɪʃn / op·tim·iza·tion] *s.* ottimizzazione, ottimalizzazione.

to **optimize** ['ɒptɪmaɪz / op·tim·ize] *v.intr.* essere ottimista ◆ *v.tr.* **1** ottimizzare, rendere ottimale, ottimalizzare **2** considerare in modo ottimistico, trattare con ottimismo.

optimum ['ɒptɪməm / op·timum] *s.* **1** (*biol.*) optimum (la condizione più favorevole per la crescita, riproduzione ecc.) **2** la condizione migliore **3** (*econ.*) ottimo ◆ *agg.* ottimo (*anche econ.*); ottimale.

option ['ɒpʃn / op·tion] *s.* **1** opzione; scelta: *to have no — but*, non aver altra scelta che, non potere fare altro che; *to make one's —*, fare la propria scelta // *to keep one's options open*, riservarsi di decidere, di scegliere // *to choose the soft —*, scegliere la strada (più) facile // *at the — of*, con la facoltà di // (*dir.*) — *to purchase*, facoltà di acquisto **2** (*fin.*) opzione: — *right*, diritto di opzione; *employee share* — (amer. *restricted stock* —), possibilità offerta ai dipendenti di acquistare azioni; — (*contract*), (contratto di) opzione; — *dealing* (o — *trading*), negoziazione di opzioni // *at -the-money* —, opzione il cui prezzo è prossimo o uguale a quello del titolo relativo **3** (*dir.*) alternativa (tra una pena in denaro e la prigione).

optional ['ɒpʃənl / op·tional] *agg.* facoltativo // **-ly** *avv.*

optometer [ɒp'tɒmɪtə* / op·to·meter] *s.* optometro.

opulence ['ɒpjʊləns / opu·lence] *s.* opulenza; ricchezza.

opulent ['ɒpjʊlənt / opu·lent] *agg.* **1** opulento; ricco **2** (*form.*) abbondante // **-ly** *avv.*

opuntia [əʊ'pʌnʃɪə / opun·tia] *s.* (*bot.*) opunzia, fico d'India.

opus ['əʊpəs] *pl.* **opuses** ['əʊpəsɪz / op·uses] **opera** ['ɒpərə / op·era] *s.* **1** (*gener. sing.*) opera, composizione musicale **2** opera d'arte.

or[1] [ɔ:*] *s.* (*arald.*) oro; colore giallo.

or[2] *cong.* **1** o, oppure: *either one — the other*, o l'uno o l'altro; *white — grey*, bianco o grigio; *hurry up — you'll be late*, fa' presto, altrimenti sarai in ritardo; *he's the director of the firm, — at least he was till last year*, è il direttore della ditta, o perlomeno lo era fino all'anno scorso; *they put it on the table — somewhere*, l'hanno messo sul tavolo o da qualche parte; *whether he stays — goes*, sia che egli rimanga o vada; *will she be in — not?*, sarà in casa o no? // — *else*, altrimenti // *a pound — so*, una sterlina circa **2** (*con negazione*) né: *no voice — other sound was to be heard*, non si udivano né voci, né altro rumore.

or[3] *cong.* (*ant.*) prima che.

-or [ə*] *suff.* di origine latina usato per formare sostantivi da verbi; it. -tore, -trice: *to calculate* (calcolare) → *calculator*, calcolatore, calcolatrice; *to direct* (dirigere) → *director*, direttore [cfr. -er[2] 1].

orach(e) ['ɒrɪk / or·ach(e)] *s.* (*bot.*) (*Atriplex hortense*) atreplice; (*pop.*) spinacione, bietolone.

oracle ['ɒrəkl *amer.* 'ɔ:rəkl / or·acle] *s.* oracolo (*anche fig.*): *the Delphic —*, l'oracolo di Delfi // *to work the —*, (*fig.*) riuscire a fare qlco. di molto difficile.

oracular [ɒ'rækjʊlə* *amer.* ɔ:'rækjʊlə* / orac·ular] *agg.* **1** di oracolo, oracolare; profetico **2** ambiguo, misterioso // **-ly** *avv.*

oral ['ɔ:rəl] *agg.* orale: — *examination*, esame orale; — *history*, storia orale; (*dir.*) — *testimony*, testimonianza orale; — *contract*, contratto verbale // (*med.*) — *contraceptive*, contraccettivo orale; (*psic.*) — *phase*, fase orale ◆ *s.* esame orale, l'orale.

orality [ɔ:'rælɪtɪ / oral·ity] *s.* oralità (*anche psic.*).

orally ['ɔ:rəlɪ / or·ally] *avv.* **1** oralmente **2** (*med.*) per via orale, per bocca.

orange[1] ['ɒrɪndʒ *amer.* 'ɔ:rɪndʒ / or·ange] *agg.* di colore arancio; simile all'arancio ◆ *s.* **1** arancia // — *juice*, succo d'arancia; — *marmalade*, marmellata d'arance; — *squash*, spremuta d'arancia **2** — (*tree*), arancio; — *blossom* (o — *flower*), fiore d'arancio, zagara **3** (colore) arancio **4** aranciata.

Orange[2] *s.* **1** appartenente alla famiglia d'Orange **2** — (*man*), (*st.*) orangista.

orangeade [,ɒrɪndʒ'eɪd *amer.* ,ɔ:rɪndʒ'eɪd / or·ange·ade] *s.* aranciata.

orange peel ['ɒrɪndʒpi:l *amer.* 'ɔ:rɪndʒpi:l] *s.* scorza d'arancia.

orangery ['ɒrɪndʒərɪ / or·an·gery] *s.* **1** aranceto **2** aranciera, serra per aranci.

orangutang [ɔ:,ræŋu:'tæŋ *amer.* ə'ræŋ ə'tæŋ / orang·utang] *s.* (*zool.*) (*Pongo pygmaeus*) orangutan, orango.

to **orate** [ɔ:'reɪt] *v.intr.* (*form.*) arringare; fare un discorso.

oration [ɔ:'reɪʃn / ora·tion] *s.* discorso solenne, orazione: *funeral —*, orazione funebre.

orator ['ɒrətə* *amer.* 'ɔ:rətə* / or·ator] *s.* oratore.

oratorial [,ɒrə'tɔ:rɪəl *amer.* ,ɔ:rə'tɔ:rɪəl / ora·tor·ial] *agg.* oratorio.

oratorian [,ɒrə'tɔ:rɪən *amer.* ,ɔ:rə'tɔ:rɪən / ora·tor·ian] *s.* padre oratoriano.

oratorical [,ɒrə'tɔ:rɪkl *amer.* ,ɔ:rə'tɔ:rɪkl / ora·tor·ical] *agg.* oratorio; (*fig.*) retorico, ampolloso // **-ly** *avv.*

oratory[1] ['ɒrətərɪ *amer.* 'ɔ:rətɔ:rɪ / ora·tory] *s.* **1** oratorio, piccola cappella **2** *Oratory*, oratorio (ordine religioso fondato da S. Filippo Neri).

oratory[2] *s.* **1** arte oratoria; eloquenza // *flights of —*, voli pindarici **2** linguaggio fiorito, ricercato.

orb [ɔ:b] *s.* **1** globo, sfera (portato da un monarca nelle cerimonie come simbolo di giustizia e potere) **2** (*poet.*) occhio **3** (*non com.*) cerchio.

to **orb** *v.tr.* circoscrivere in un'orbita ◆ *v.intr.* formare un cerchio.

orbed [ɔ:bd] *agg.* (*letter.*) **1** circolare **2** sferico **3** cosmico: *an orbed mind supplying its own philosophy*, (G. MEREDITH) una mente cosmica, che si alimenta della sua filosofia.

orbicular [ɔ:'bɪkjʊlə* / or·bicu·lar] *agg.* **1** (*form.*) sferico **2** (*anat.*) orbiculare, anulare: — *bone*, ossicino che forma la parte laterale dell'incudine; — *ligament*, ligamento anulare del radio; — *process*, processo lenticolare dell'incudine.

orbit ['ɔ:bɪt / or·bit] *s.* **1** (*anat., astr.*) orbita: (*astr.*) *stationary —*, orbita stazionaria **2** (*fig.*) zona di influenza, di attività, orbita.

to **orbit** *v.intr.* orbitare ◆ *v.tr.* descrivere un'orbita intorno a.

orbital ['ɔ:bɪtl / or·bital] *agg.* dell'orbita, orbitale // (*astr.*) — *period*, periodo di rivoluzione.

Orcadian [ɔ:'keɪdjən / Or·ca·dian] *agg.* e *s.* (abitante) delle Isole Orcadi.

orcein ['ɔ:sɪɪn] *s.* (*chim.*) orceina.

orchard ['ɔ:tʃəd / orch·ard] *s.* frutteto.

orchardist ['ɔ:tʃədɪst / orch·ard·ist] **orchardman** ['ɔ:tʃədmən / orch·ard·man] *pl.* **orchardmen** *s.* frutticoltore.

orchestra ['ɔ:kɪstrə / or·ches·tra] *s.* orchestra: *chamber —*, orchestra da camera // — *pit*, golfo mistico; buca dell'orchestra.

orchestral [ɔ:'kestrəl / or·ches·tral] *agg.* orchestrale: — *score*, partitura.

to **orchestrate** ['ɔ:kɪstreɪt / or·ches·trate] *v.tr.* (*mus.*) orchestrare (*anche fig.*): *the take-over was orchestrated perfectly*, l'acquisizione di controllo venne orchestrata alla perfezione.

orchestration [,ɔ:kɪ'streɪʃn / or·ches·tra·tion] *s.* **1** (*mus.*) orchestrazione; strumentazione per orchestra **2** (*fig.*) orchestrazione; organizzazione armonica.

orchestrator ['ɔ:kəstreɪtə* / or·ches·tra·tor] *s.* orchestratore (*anche fig.*).

orchestrina [,ɔ:kɪs'tri:nə / or·ches·trina] **orchestrion** [ɔ:'kestrɪən / or·ches·trion] *s.* organetto, organino.

orchid ['ɔ:kɪd] *s.* **1** (*bot.*) orchidea **2** color orchidea; lilla.

orchidaceous [,ɔ:kɪ'deɪʃəs / orch·ida·ceous] *agg.* **1** (*bot.*) orchidaceo **2** (*fig. non com.*) appariscente; vistoso.

orchis ['ɔ:kɪs] *s.* (*bot.*) orchidea.

orchitis [ɔ:'kaɪtɪs / orch·itis] *s.* (*med.*) orchite.

to **ordain** [ɔ:'deɪn / or·dain] *v.tr.* **1** (*eccl.*) ordinare, consacrare: *he was ordained priest*, fu consacrato sacerdote **2** decretare; stabilire; ordinare; comandare: *what the laws —*, ciò che ordinano le leggi **3** (*form.*) predestinare; prestabilire; predeterminare: *fate ordained that he should die a week before the armistice*, il fato prestabilì che dovesse morire una settimana prima dell'armistizio **4** (*ant.*) istituire; costituire.

ordainer [ɔ:'deɪnə* / or·dainer] *s.* (*eccl.*) chi ordina, chi consacra.

ordeal [ɔ:'di:l / or·deal] *s.* **1** (*st.*) ordalia, giudizio di Dio: — *by fire*, prova del fuoco **2** (*fig.*) prova (ardua); sofferenza: *the — of the passangers aboard a hijacked airliner*, la sofferenza dei passeggeri a bordo di un aereo di linea dirottato.

order ['ɔ:də* / or·der] *s.* **1** ordine; osservanza delle regole; disciplina: *in* —, in ordine, a posto; *was his passport in —?*, il suo passaporto era in regola?; *in working* —, in efficienza, in funzione; *out of* —, guasto; *to put out of* —, guastare; mettere in disordine; *to call s.o. to* —, richiamare qlcu. all'ordine; *to keep* —, mantenere l'ordine // (*dir.*) *law and* —, la legge e l'ordine; la legalità; *the party of law and* —, il partito dell'ordine **2** successione, sequela: *in alphabetical* —, in ordine alfabetico; *out of* —, fuori ordine (alfabetico, di successione) // *in short orders*, (*fam.*, *amer.*) in quattro e quattr'otto **3** classe, categoria: *all orders of men*, tutte le classi sociali; *he has a wit of the highest* —, ha uno spirito di prim'ordine // *of* (o *in*) *the — of*, (*amer.*) *on the — of*, nell'ordine di: *he makes somewhere in the — of 100,000 pounds a year*, guadagna nell'ordine delle 100.000 sterline all'anno **4** ordinamento; sistema: *the present economic —...*, l'ordinamento economico attuale... **5** ordine cavalleresco; ordine religioso // *the Order of the Thistle*, l'Ordine del Cardo (in Scozia) // *the Dominican Order*, l'Ordine dei Domenicani **6** (*teol.*) gerarchia angelica **7** *pl.* (*relig.*, *eccl.*) ordine; sacramento dell'ordine: *to take the* (*holy*) *orders*, prendere gli ordini, essere ordinato sacerdote; *minor orders*, ordini minori **8** (*arch.*) ordine: *the Doric* —, l'ordine Dorico **9** (*bot.*, *zool.*) ordine **10** (*mat.*) ordine: — *of a group*, ordine di un gruppo; — *relation*, relazione d'ordine **11** (*mil.*) ordine: — *of battle*, ordine di battaglia; *in close* —, in ordine serrato **12** ordine, comando; consegna: *it's an —, not a request*, è un ordine, non una richiesta; *the doctor's orders*, gli ordini del dottore; *the officer's — was to let nobody through*, la consegna dell'ufficiale era di non lasciar passare nessuno // *the — of the day*, l'ordine del giorno; *we were a bit short of cash so economy was the — of the day*, eravamo un po' a corto di liquidi, quindi l'economia era all'ordine del giorno // *that's a tall* —, è chiedere troppo **13** ordine, ordinazione; (*comm.*) commessa, ordine, ordinativo; (*Borsa*, *banca*) ordine: *mail* —, ordine per corrispondenza; — *book*, libro delle ordinazioni; *money* —, vaglia postale; *all orders must be paid for at the till*, tutte le consumazioni devono essere pagate alla cassa // *made to* —, fatto su ordinazione // *on* —, (che è stato) ordinato (di merce) // (*banca*): *banker's* —, ordine di pagamento; *standing* —, ordine permanente; *to the — of*, all'ordine di // (*Borsa*) *stop* —, (o *stop-loss* —), ordine débordant **14** (*inform.*) ordine, istruzione; grado, peso: — *code*, codice operativo **15** (*form.*) scopo, fine, intenzione: *in — that he may come*, affinché venga; *in — to do sthg.*, allo scopo di fare qlco. **16** (*ant.*) posto gratuito, biglietto: *he has refused me an order*, (J. BOSWELL) mi ha rifiutato un biglietto (per la rappresentazione).

to **order** *v.tr.* **1** (IV) comandare, ordinare, ingiungere; disporre; regolare; prescrivere: *the captain ordered the men to fire*, il capitano ordinò di far fuoco; *the doctor ordered her a change of air*, il dottore le prescrisse un cambiamento d'aria; *I was ordered to do it at once*, mi fu ingiunto di farlo subito; *they ordered a taxi*, fecero venire un taxi **2** (*comm.*) ordinare; commissionare; far fare: *he has ordered a new winter suit*, si è fatto fare un nuovo abito invernale **3** mettere in ordine, ordinare **4** (*ant.*) provvedere a, disporre: *they order, said I, this matter better in France*, (STERNE) a questo si provvede meglio in Francia, dissi io.

□ **order about, around** *v.tr.* e *avv.* mandare di qui e di là, mandare in giro: *he keeps ordering me about*, continua a dirmi di andare di qui e di là.

□ **order away** *v.tr.* e *avv.* mandar via, allontanare.

□ **order back** *v.tr.* e *avv.* far ritornare indietro, richiamare.

□ **order in** *v.tr.* e *avv.* far entrare, ordinare di entrare.

□ **order off** *v.tr.* e *avv.* (*sport*) espellere dal campo.

□ **order out** *v.tr.* e *avv.* far uscire; fare intervenire (polizia, militari per mantenere l'ordine).

□ **order up** *v.tr.* e *avv.* far arrivare.

ordering ['ɔ:dərɪŋ / or·der·ing] *s.* **1** ordinamento; disposizione **2** amministrazione; gestione; regolazione **3** (*eccl.*) ordinazione **4** (*inform.*) ordinamento, classificazione.

orderly ['ɔ:dəlɪ / or·derly] *agg.* **1** ordinato; regolare; ben regolato; sistematico; metodico **2** pacifico; tranquillo; rispettoso della legge; disciplinato **3** (*mil.*) relativo a, incaricato della trasmissione di ordini militari: — *room*, sala rapporto; fureria; — *officer*, ufficiale di picchetto, di giornata, di servizio; — *sergeant*, sergente di settimana; — *corporal*, caporale di giornata // **-iness** *s.*

orderly *s.* **1** (*mil.*) attendente, soldato d'ordinanza, piantone: *medical* —, aiutante di sanità; *mess* —, inserviente della mensa **2** inserviente (d'ospedale).

order paper ['ɔ:də,peɪpə*] *s.* testo dell'ordine del giorno (del Parlamento inglese).

ordinal ['ɔ:dɪnl *amer.* 'ɔ:dənl / or·dinal] *agg.* **1** (*mat.*) ordinale: — *number*, numero ordinale // (*econ.*) — *utility*, utilità ordinale **2** (*zool.*, *bot.*) appartenente a un ordine ◆ *s.* **1** (numero) ordinale **2** (*eccl.*) ordinale.

ordinance ['ɔ:dɪnəns / or·din·ance] *s.* **1** ordinanza; legge; decreto: *city* — (o *municipal* —), ordinanza municipale **2** (*eccl.*) rito; cerimonia.

ordinand [,ɔ:dɪ'nænd *amer.* 'ɔ:dənænd / or·din·and] *s.* (*eccl.*) ordinando.

ordinarily ['ɔ:dnrəlɪ *amer.* 'ɔ:dənerəlɪ / or·din·ar·ily] *avv.* **1** ordinariamente; di solito; normalmente **2** in modo ordinario, modesto.

ordinary ['ɔ:dnrɪ *amer.* 'ɔ:dənerɪ / or·din·ary] *agg.* **1** ordinario, consueto, solito; comune: *in the — run of things, I get up at eight*, di solito, d'abitudine mi alzo alle otto **2** comune, mediocre; dozzinale, di cattivo gusto: *a small and — flat*, un appartamentino dozzinale ◆ *s.* **1** condizione ordinaria, normale: *a person out of the* —, una persona fuori del comune // *physician in — (to the king)*, medico del re // *ship in* —, (*mar.*) nave in disarmo **2** magistrato che giudica nella propria giurisdizione; (*eccl.*) vescovo di una diocesi, arcivescovo di una provincia; (*dir. scoz.*) giudice **3** (*eccl.*) ordinale (della messa) **4** biciclo **5** (*arald.*) comune emblema // **-iness** *s.*

ordinate ['ɔ:dnət / or·din·ate] *s.* (*mat.*) ordinata.

ordination [,ɔ:dɪ'neɪʃn *amer.* ,ɔ:dn'eɪʃn / or·dina·tion] *s.* **1** (*eccl.*) ordinazione; consacrazione **2** (*non com.*) disposizione; ordinamento **3** (*non com.*) ordine, decreto.

ordinee [,ɔ:dɪ'ni: / or·dinee] *s.* chi è stato ordinato prete; chi sta per essere ordinato prete.

ordnance ['ɔ:dnəns / ord·nance] *s.* **1** artiglieria: *piece of* —, pezzo d'artiglieria **2** materiale militare **3** (*mil.*) servizio approvvigionamenti; sussistenza // *Ordnance Survey map*, carta topografica militare.

Ordovician [,ɔ:dəʊ'vɪʃn / Or·do·vi·cian] *agg.* e *s.* (*geol.*) ordoviciano.

ordure ['ɔ:,djʊə* *amer.* 'ɔ:dʒə* / ord·ure] *s.* (*form.*) [U] **1** escrementi; sterco; letame **2** (*fig.*) indecenza; porcheria; cosa degradante.

ore [ɔ:*] *s.* **1** (*geol.*) minerale utile; (*miner.*) minerale economicamente estraibile: *copper*, *iron* —, minerale di rame, di ferro; *rude* —, minerale grezzo; — *body*, corpo minerario; — *deposit*, giacimento minerario; — *district*, distretto minerario; — *dressing*, preparazione, arricchimento dei minerali; — *reserve*, riserva mineraria **2** (*poet.*) metallo (spec. prezioso).

oregano [əʊ'regənəʊ / oreg·ano] *s.* (*bot.*) → **origan**.

oreide (bronze) ['ɔ:rɪaɪd(,brɒnz)] *s.* (*metall.*) oreide (ottone di aspetto simile all'oro).

orfe [ɔ:f] *s.* (*zool.*) (*Idus idus*) ido.

organ ['ɔ:gən / or·gan] *s.* **1** (*mus.*) organo: *electric* —, organo elettrico **2** (*anat.*) organo: *sex* —, organo riproduttivo; *sense* —, organo dei sensi **3** membro virile **4** organo, organismo: *government* —, organo di governo **5** organo, giornale, bollettino, periodico (di partito politico ecc.).

organdie, organdy ['ɔ:gəndɪ / or·gan·die] *s.* organdi, organza.

organelle [ɔ:gə'nel / or·gan·elle] *s.* (*biol.*) organello.

organ-grinder ['ɔ:gən,graɪndə*] *s.* suonatore d'organetto.

organic [ɔ:'gænɪk / or·ganic] *agg.* **1** (*med.*, *chim.*) organico: — *remains*, rifiuti organici; — *disease*, malattia organica; — *acid*, acido organico; — *chemistry*, chimica organica; (*geol.*) — *rock*, roccia organogena **2** naturale, non artificiale; che non fa uso di prodotti chimici: — *farming*, coltivazione biologica **3** organico; armonico: *an — whole*, un insieme armonico // **-ally** *avv.*

organicism [ɔ:'gænɪsɪzəm / or·gan·icism] *s.* (*med.*, *psic.*, *fil.*) organicismo.

organicist [ɔ:'gænɪsɪst / or·gan·icist] *s.* organicista.

organicistic [,ɔ:gænɪ'sɪstɪk / or·gan·icistic] *agg.* (*med.*, *psic.*, *fil.*) organicistico.

organism ['ɔ:gənɪzəm / or·gan·ism] *s.* organismo (*anche fig.*).

organist ['ɔ:gənɪst / or·gan·ist] *s.* organista.

organizable ['ɔ:gənaɪzəbl / or·gan·iz·able] *agg.* organizzabile.

organization [,ɔ:gənaɪ'zeɪʃn *amer.* ,ɔ:gənɪ'zeɪʃn / or·gan·iza·tion] *s.* **1** organizzazione //

charity —, opera, organizzazione assistenziale // (*amm.*) — *line*, organizzazione gerarchica **2** organismo **3** struttura (di opera d'arte ecc.).

organizational [,ɔ:gənaɪ'zeɪʃənl *amer.* ,ɔ:gənɪ'zeɪʃənl / or·gan·iza·tional] *agg.* (*amm.*) organizzativo: — *behaviour*, comportamento organizzativo; *the* — *structure of a firm*, la struttura organizzativa di un'impresa // **-ly** *avv.*

to **organize** ['ɔ:gənaɪz / or·gan·ize] *v.tr.* organizzare: *to* — *a race*, organizzare una corsa ♦ *v.intr.* organizzarsi.

organizer ['ɔ:gənaɪzə* / or·gan·izer] *s.* organizzatore.

organ-loft ['ɔ:gənlɒft] *s.* tribuna per organo.

organogenesis [,ɔ:gənəʊ'dʒenɪsɪs / or·gano·gen·esis] *s.* (*biol.*) organogenesi SIN. organogeny.

organogenic [,ɔ:gənəʊ'dʒenɪk / or·gano·genic] *agg.* (*geol.*) organogeno.

organogeny [,ɔ:gə'nɒdʒɪnɪ / or·gan·ogeny] → **organogenesis**.

organoleptic [,ɔ:gənəʊ'leptɪk / or·gano·lep·tic] *agg.* organolettico.

organometallic [,ɔ:gənəʊmə'tælɪk / or·gano·met·al·lic] *agg.* (*chim.*) organometallico.

organon ['ɔ:gənɒn / or·ganon] *s.* (*fil.*) strumento di conoscenza; metodo logico.

organoscopy [,ɔ:gə'nɒskəpɪ / or·gano·scopy] *s.* (*med.*) organoscopia.

organotherapy [,ɔ:gənə'θerəpɪ / or·gano·ther·apy] *s.* (*med.*) organoterapia, opoterapia.

organ-pipe ['ɔ:gən,paɪp] *s.* canna d'organo.

organum ['ɔ:gənəm / or·ganum] *s.* **1** → organon **2** (*mus.*) antica forma di accompagnamento vocale.

organza [ɔ:'gænzə / or·ganza] *s.* organza.

organzine ['ɔ:gənzi:n / or·gan·zine] *s.* organzino.

orgasm ['ɔ:gæzəm / or·gasm] *s.* orgasmo.

orgasmic [ɔ:'gæzmɪk / or·gas·mic] *agg.* orgasmico.

orgastic [ɔ:'gæstɪk / or·gastic] *agg.* orgastico.

orgeat ['ɔ:dʒɪət / or·geat] *s.* orzata.

orgiastic [,ɔ:dʒɪ'æstɪk / or·gi·astic] *agg.* orgiastico (*anche fig.*).

orgy ['ɔ:dʒɪ] *s.* **1** (*gener. pl.*) (*st.*) orge, baccanali **2** (*estens.*) orgia, gozzoviglia // *in an* — *of spending she got through two months' wages at Harrods*, (*fig.*) presa da una frenesia di spese fece fuori due mesi di stipendio da Harrods.

oriel ['ɔ:rɪəl] *s.* (*arch.*) bovindo, balcone chiuso (con vetrata): — *window*, finestra a bovindo.

orient ['ɔ:rɪənt / ori·ent] *agg.* **1** (*poet.*) orientale **2** (*poet.*) prezioso, lucente (di perle ecc.): — *pearl*, perla orientale, preziosa, di bella luce; *the corn was orient and immortal wheat, which never should be reaped, nor was ever sown*, (T. TRAHERNE) il grano era frumento lucente e immortale, che non doveva essere mietuto, né mai fu seminato **3** (*ant.*) nascente, levante (di sole ecc.) ♦ *s.* **1** *Orient*, (*poet.*) levante, est **2** (*geogr.*) *Orient*, l'Oriente **3** (*non com.*) perla orientale **4** lucentezza (di perla).

to **orient** *v.tr.* **1** orientare; volgere verso oriente: *to* — *oneself*, orientarsi (*anche fig.*) **2** (*non com.*) costruire (una chiesa) con l'altare rivolto ad oriente **3** dirigere, orientare, finalizzare: *the course is oriented towards the needs of university students*, il corso ha come obiettivo le esigenze degli studenti universitari // *profit oriented firm*, impresa con fini di lucro; *export oriented firm*, impresa che produce per l'esportazione.

Oriental [,ɔ:rɪ'entl / Ori·ental] *agg.* e *s.* orientale.

orientalism [,ɔ:rɪ'entəlɪzəm / ori·ent·al·ism] *s.* orientalismo.

orientalist [,ɔ:rɪ'entəlɪst / ori·ent·al·ist] *s.* orientalista.

orientalization [,ɔ:rɪ,entəlaɪ'zeɪʃn / ori·ent·al·iza·tion] *s.* orientalizzazione.

to **orientalize** [,ɔ:rɪ'entəlaɪz / ori·ent·al·ize] *v.tr.* rendere orientale, orientalizzare ♦ *v.intr.* diventare orientale; orientalizzare.

to **orientate** ['ɔ:rɪənteɪt / ori·ent·ate] → to **orient**.

orientation [,ɔ:rɪen'teɪʃn / ori·enta·tion] *s.* **1** orientamento (*anche fig.*) **2** (*chim.*) orientazione (di gruppi in una molecola).

orienteering [,ɔ:rɪən'tɪərɪŋ / ori·ent·eer·ing] *s.* (*sport*) gara di orientamento.

orifice ['ɒrɪfɪs *amer.* 'ɔ:rɪfɪs / ori·fice] *s.* (*form.*) orifizio; foro.

oriflamme ['ɒrɪflæm / ori·flamme] *s.* (*arald.*) orifiamma.

origami [ɔ:rɪ'gɑ:mɪ / ori·gami] *s.* [U] origami.

origan ['ɒrɪgən / ori·gan] **origanum** [ə'rɪgənəm] *s.* (*bot.*) (*Origanum vulgare*) origano; (*pop.*) erba da acciughe SIN. oregano, pot marjoram, wild marjoram.

origin ['ɒrɪdʒɪn *amer.* 'ɔ:rədʒɪn / ori·gin] *s.* **1** origine, principio: *the* — *of civilization*, l'origine della civiltà; *the* — *of a quarrel*, l'origine di una lite // (*mat.*) *the* — *of the coordinate system*, l'origine del sistema di coordinate **2** origine, nascita, lignaggio: *a man of humble origin(s)*, un uomo di umili natali.

original [ə'rɪdʒənl / ori·ginal] *agg.* **1** originale; originario; primitivo: *the* — *inhabitants of a country*, i primi abitanti di un paese; *the* — *plan*, il progetto originale, iniziale; *the* — *manuscript*, il manoscritto originale; — *sin*, il peccato originale // (*dir.*): — *jurisdiction*, giurisdizione ordinaria di primo grado; — *and real evidence*, prova diretta **2** nuovo, originale: — *ideas*, idee nuove; *an* — *writer*, scrittore originale ♦ *s.* **1** originale: *this is not the* —, *it's only a copy*, questo non è l'originale, è solo una copia **2** lingua originale: *he reads Homer in the* —, legge Omero nell'originale **3** originale, persona eccentrica: *he is an* —, è un originale **4** (*ant.*) origine, principio // **-ly** *avv.*

originality [ə,rɪdʒə'nælətɪ / ori·gin·al·ity] *s.* originalità.

to **originate** [ə'rɪdʒəneɪt / ori·gin·ate] *v.tr.* dare origine a; iniziare; produrre: *to* — *a new fashion*, creare, iniziare una nuova moda; *the findings originated a new field of research*, le scoperte diedero origine a un nuovo campo di ricerche ♦ *v.intr.* aver origine, derivare, provenire: *the quarrel originated in a misunderstanding*, la lite derivò da un malinteso; *to* — *from a common ancestor*, discendere da un comune antenato.

originating [ə'rɪdʒɪneɪtɪŋ / ori·gin·at·ing] *agg.* promotore: — *bank*, banca promotrice (di un consorzio finanziario).

origination [ə,rɪdʒə'neɪʃn / ori·gina·tion] *s.* (*form.*) **1** origine, fonte **2** creazione, invenzione; abbozzo (di progetto) **3** derivazione; etimologia.

originator [ə'rɪdʒəneɪtə* / ori·gin·ator] *s.* (*form.*) creatore; autore; iniziatore.

orinasal [,ɔ:rɪ'neɪzəl / ori·nasal] *agg.* (*ling.*) pronunciato tra bocca e naso; nasale ♦ *s.* (*ling.*) vocale nasale.

oriole ['ɔ:rɪəʊl / ori·ole] *s.* (*zool.*) **1** *golden* —, (*Oriolus oriolus*) oriolo, rigogolo **2** oriolo americano.

Orion [ə'raɪən] *no.pr.* (*astr.*) Orione: — *nebula*, nebulosa di Orione.

orison ['ɒrɪzən *amer.* 'ɔ:rɪzən / ori·son] *s.* (*gener. pl.*) (*poet.*, *ant.*) orazione, preghiera.

orlon® ['ɔ:lɒn / or·lon] *s.* orlon® (fibra tessile artificiale).

orlop ['ɔ:lɒp / or·lop] *s.* (*mar.*) corridoio: — *deck*, ponte inferiore, di corridoio.

ormer ['ɔ:mə* / or·mer] *s.* (*zool.*) (*dial.*) orecchia di mare → **abalone**.

ormolu ['ɔ:məlu: / or·molu] *s.* **1** (*ant.*) oro in polvere, polvere d'oro **2** ottone o bronzo dorato per decorazioni di mobili.

ormolu varnish ['ɔ:məlu:,vɑ:nɪʃ] *s.* porporina.

ornament ['ɔ:nəmənt / or·na·ment] *s.* **1** ornamento, decorazione; guarnizione (di abito): *by way of* —, per ornamento; *a gown rich in ornaments*, un abito ricco di guarnizioni **2** (*fig. antiq.*) ornamento, lustro: *a man who is an* — *to his profession*, un uomo che onora la sua professione **3** ninnolo, gingillo; soprammobile: *the mantelpiece was crowded with ornaments*, la mensola del camino era carica di ninnoli **4** (*gener. pl.*) (*eccl.*) paramenti **5** *pl.* (*mus.*) abbellimenti.

to **ornament** ['ɔ:nəment] *v.tr.* adornare, ornare, decorare.

ornamental [,ɔ:nə'mentl / or·na·mental] *agg.* ornamentale, decorativo // **-ly** *avv.*

ornamentation [,ɔ:nəmen'teɪʃn / or·na·menta·tion] *s.* [U] **1** ornamentazione, decorazione **2** ornamenti (*pl.*); abbellimenti, decorazioni (*pl.*).

ornate [ɔ:'neɪt / or·nate] *agg.* eccessivamente, riccamente adorno, decorato; elaborato: *an* — *style*, uno stile elaborato, ricco // **-ly** *avv.* // **-ness** *s.*

ornery ['ɔ:nərɪ] *agg.* (*fam. amer.*) irritabile, irascibile; testardo // **-iness** *s.*

ornithological [,ɔ:nɪθə'lɒdʒɪkl / or·ni·tho·lo·gical] *agg.* ornitologico.

ornithologist [,ɔ:nɪ'θɒlədʒɪst / or·ni·tho·lo·gist] *s.* ornitologo.

ornithology [,ɔ:nɪ'θɒlədʒɪ / or·ni·tho·logy] *s.* ornitologia.

ornithomancy ['ɔ:nɪθəʊ,mænsɪ / or·ni·tho·mancy] *s.* ornitomanzia.

ornithorhynchus [,ɔ:nɪθəʊ'rɪŋkəs / or·ni·tho·rhyn·chus] *s.* (*zool.*) ornitorinco → **platypus**.

orogene ['əʊrədʒi:n / oro·gene] *s.* (*geol.*) orogene.

orogenesis [,əʊrə'dʒenɪsɪs / oro·gen·esis] → **orogeny**.

orogenic [ˌɔurə'dʒenɪk / oro·genic] *agg.* (*geol.*) orogenetico.

orogeny [əʊ'rɒdʒənɪ / oro·geny] *s.* (*geol.*) orogenesi SIN. **orogenesis**.

orographic(al) [ˌəurəʊ'græfɪk(l) / oro·graphic, oro·graph·ical] *agg.* orografico.

orography [ɒ'rɒgrəfɪ / oro·graphy] *s.* orografia.

oroide → **oreide (bronze)**.

orology [ɒ'rɒlədʒɪ / oro·logy] *s.* orografia.

orophyte ['əurəfaɪt / oro·phyte] *s.* (*ecol.*) orofita.

orotund ['ɔːrəʊtʌnd / oro·tund] *agg.* (*form.*) **1** sonoro, risonante **2** pomposo, magniloquente, altisonante, ampolloso, pretenzioso (di tono, discorso ecc.).

orotundity [ɔːrə'tʌndətɪ / oro·tund·ity] *s.* **1** sonorità, risonanza **2** pomposità, ampollosità, magniloquenza (di tono, discorso ecc.).

orphan ['ɔːfn] *agg.* orfano ◆ *s.* **1** orfano: *to be left an* —, restare orfano; *war* —, orfano di guerra **2** (*fam. amer.*) modello che non viene più prodotto (di auto ecc.).

to **orphan** *v.tr.* rendere orfano: *he was orphaned*, rimase orfano.

orphanage ['ɔːfənɪdʒ / orph·an·age] *s.* **1** orfanotrofio **2** (*non com.*) la condizione di orfano.

orphanhood ['ɔːfənhʊd / orph·an·hood] **orphanism** ['ɔːfənɪzəm / orph·an·ism] *s.* (*non com.*) l'essere orfano.

Orphean [ɔː'fiːən / Orph·ean] *agg.* orfico, di Orfeo; (*fig. non com.*) melodioso; affascinante, che rapisce, incanta.

Orphic ['ɔːfɪk] *agg.* **1** orfico, di Orfeo **2** (*fig. non com.*) misterioso, iniziatico, occulto, orfico (di oracoli, riti ecc.); melodioso; affascinante, che rapisce, incanta (di musica).

Orphism ['ɔːfɪzəm / Orph·ism] *s.* orfismo, religione orfica.

orphray, **orphrey** ['ɔːfreɪ / or·phray] *s.* (*eccl.*) fregio dorato, ricamo di piviale, di pianeta.

orpiment ['ɔːpɪmənt / or·pi·ment] *s.* (*min.*) orpimento.

orrery ['ɒrərɪ / or·rery] *s.* planetario meccanico.

orris[1] ['ɒrɪs *amer.* 'ɔːrɪs / or·ris] *s.* (*bot.*) **1** ireos, giaggiolo **2** (*Iris florentina*) giglio fiorentino.

orris[2] *s.* pizzo, ricamo in oro, argento; passamaneria.

ort [ɔːt] *s.* (*gener. pl.*) (*non com.*) briciole, avanzi // *to make orts of sthg.*, (*fam.*) attribuire poca importanza a qlco.

orthicon ['ɔːθɪkən / orthi·con] *s.* (*tv*) orticonoscopio.

ortho- ['ɔːθəʊ] *pref.* di origine greca che entra nella composizione di alcuni aggettivi e sostantivi **1** con il significato di 'diritto, retto'; it. orto-: *orthogonal*, ortogonale; *orthopaedic*, ortopedico; *orthoscopy*, ortoscopia **2** con il significato di 'esatto, giusto, corretto'; it. orto-: *orthodox*, ortodosso; *orthoepy*, ortoepia; *orthography*, ortografia **3** in chim. organica indica la posizione contigua di due gruppi sostituenti due atomi di idrogeno nell'anello benzenico dei composti aromatici; it. orto-: *orthophosphate*, ortofosfato.

orthocentre ['ɔːθəʊˌsentə* / or·tho·centre] *s.* (*mat.*) ortocentro.

orthochromatic [ˌɔːθəʊkrəʊ'mætɪk / or·tho·chro·matic] *agg.* (*fot.*) ortocromatico.

orthoclase ['ɔːθəʊˌkleɪs / or·tho·clase] *s.* (*min.*) ortoclasio.

orthodontia [ˌɔːθə'dɒntʃɪə / or·tho·don·tia] → **orthodontics**.

orthodontic [ˌɔːθə'dɒntɪk / or·tho·dontic] *agg.* (*med.*) ortodontico.

orthodontics [ˌɔːθə'dɒntɪks / or·tho·dont·ics] *s.* [U] (*med.*) ortodonzia, ortodontia.

orthodontist [ˌɔːθə'dɒntɪst / or·tho·dont·ist] *s.* ortodontista.

orthodox ['ɔːθədɒks / or·tho·dox] *agg.* **1** ben pensante, conformista (di persona); ortodosso, classico (di metodo, opinione, credenza ecc.); convenzionale (di idee, comportamento ecc.) **2** (*rel.*) ortodosso // *the Orthodox Church*, la Chiesa Ortodossa // **-ly** *avv.* // **-ness** *s.*

orthodoxy ['ɔːθədɒksɪ / or·tho·doxy] *s.* **1** ortodossia; conformità a una dottrina **2** (*rel.*) ortodossia.

orthodrome ['ɔːθəʊˌdrəʊm / or·tho·drome] *s.* (*geogr.*) ortodromia, (linea) ortodromica.

orthoepic(al) [ˌɔːθəʊ'epɪk(l) / or·tho·epic(al)] *agg.* (*non com.*) ortoepico // **-ally** *avv.*

orthoepy ['ɔːθəʊepɪ / or·tho·epy] *s.* (*non com.*) ortoepia.

orthogenesis [ˌɔːθəʊ'dʒenɪsɪs / or·tho·gen·esis] *s.* (*biol.*) ortogenesi.

orthogenetic [ˌɔːθəʊdʒɪ'netɪk / or·tho·gen·etic] *agg.* (*biol.*) ortogenetico.

orthogonal [ɔː'θɒgənl / or·tho·gonal] *agg.* (*mat.*) ortogonale: — *vector*, vettore ortogonale // **-ly** *avv.*

orthographic(al) [ˌɔːθə'græfɪk(l) / orto·graphic, orto·graph·ical] *agg.* **1** (*gramm.*) ortografico **2** (*mat.*) ortogonale **3** (*cartografia*) ortografico: — *map projection*, proiezione ortografica // **-ally** *avv.*

orthography [ɔː'θɒgrəfɪ / or·tho·graphy] *s.* (*gramm.*) ortografia.

orthomorphic [ˌɔːθəʊ'mɔːfɪk / or·tho·mor·phic] *agg.* (*cartografia*) conforme, isogonico: — *map projection*, proiezione conforme, proiezione isogonica.

orthop(a)edic(al) [ˌɔːθəʊ'piːdɪk(l) / or·tho·p(a)edic, or·tho·p(a)ed·ical] *agg.* ortopedico: *orthopedic surgery*, chirurgia ortopedica.

orthop(a)edics [ˌɔːθəʊ'piːdɪks / or·tho·p(a)ed·ics] *s.* [U] ortopedia.

orthop(a)edist [ˌɔːθəʊ'piːdɪst / or·tho·p(a)ed·ist] *s.* ortopedico.

orthop(a)edy ['ɔːθəʊpiːdɪ / or·tho·p(a)edy] *s.* ortopedia.

orthophosphoric [ˌɔːθəʊfɒs'fɒrɪk / or·tho·phos·phoric] *agg.* (*chim.*) ortofosforico.

orthopteran [ɔː'θɒptərən / or·tho·pteran] *agg.* e *s.* (*zool.*) ortottero.

orthoptics [ɔː'θɒptɪks / orth·op·tics] *s.* [U] (*med.*) ortottica.

orthoscope ['ɔːθəʊˌskəʊp / or·tho·scope] *s.* (*med.*) ortoscopio.

orthoscopic [ˌɔːθə'skɒpɪk / or·tho·scop·ic] *agg.* (*med.*) ortoscopico.

orthoscopy [ɔː'θɒskəpɪ / or·tho·scopy] *s.* (*med.*) ortoscopia.

orthostatic [ˌɔːθəʊ'stætɪk / or·tho·static] *agg.* (*med.*) ortostatico.

orthostatism [ˌɔːθəʊ'stætɪzm / or·tho·stat·ism] *s.* (*med.*) ortostatismo.

ortolan ['ɔːtələn / or·to·lan] *s.* (*zool.*) (*Emberiza hortulana*) ortolano.

-ory [ərɪ *amer.* ɔːrɪ] *suff.* di origine latina; it. -orio; si usa **1** per formare aggettivi che esprimono l'azione del verbo corrispondente: *contradictory*, contraddittorio (che contraddice); *declaratory*, declaratorio (che dichiara, annuncia) **2** sostantivi che indicano un luogo dove si svolge una determinata attività; *laboratory*, laboratorio; *observatory*, osservatorio.

oryx ['ɒrɪks *amer.* 'ɔːrɪks] *pl.* **oryx**, **oryxes** *s.* (*zool.*) orice.

Oscar ['ɒskə* / Os·car] *s.* (premio) oscar.

to **oscillate** ['ɒsɪleɪt / os·cil·late] *v.tr.* e *intr.* (far) oscillare (*anche fig.*): *to — between two opinions*, oscillare fra due opinioni.

oscillation [ˌɒsɪ'leɪʃn / os·cil·la·tion] *s.* oscillazione; (*fig.*) esitazione, tentennamento.

oscillator ['ɒsɪleɪtə* / os·cil·lator] *s.* **1** (*elettr., fis.*) oscillatore **2** (*fig.*) persona esitante, tentennante.

oscillatory ['ɒsɪlətərɪ / os·cil·lat·ory] *agg.* oscillatorio.

oscillogram [ɒ'sɪləgræm / os·cil·lo·gram] *s.* (*elettr.*) oscillogramma.

oscillograph [ə'sɪləgrɑːf *amer.* ə'sɪləgræf / os·cil·lo·graph] *s.* (*elettr.*) oscillografo.

oscilloscope [ə'sɪləʊskəʊp / os·cil·lo·scope] *s.* (*elettr.*) oscilloscopio.

osculant ['ɒskjʊlənt / os·cu·lant] *agg.* **1** (*zool.*) di carattere affine, comune **2** in stretto contatto; che combacia.

oscular ['ɒskjʊlə* / os·cu·lar] *agg.* (*antiq.*) relativo alla bocca, al baciare.

to **osculate** ['ɒskjʊleɪt / os·cul·ate] *v.tr.* (*antiq.*) **1** baciare **2** (*mat.*) osculare ◆ *v.intr.* (*antiq.*) **1** baciarsi **2** combaciare.

osculating ['ɒskjʊleɪtɪŋ / os·cu·lat·ing] *agg.* (*mat.*) osculatore: — *circle*, *plane*, cerchio, piano osculatore.

osculation [ˌɒskjʊ'leɪʃn / os·cu·la·tion] *s.* (*antiq.*) **1** bacio **2** (*mat.*) osculazione, tangenza.

osculatory ['ɒskjʊlətərɪ / os·cu·lat·ory] *agg.* (*rar.*) che bacia, che abbraccia.

osculum ['ɒskjʊləm / os·cu·lum] *pl.* **oscula** ['ɒskjʊlə / os·cula] *s.* (*zool.*) osculo.

osier ['əʊzɪə* *amer.* 'əʊʒə* / os·ier] *s.* (*bot.*) vimine, vinco.

osiery ['əʊzɪərɪ *amer.* 'əʊʒərɪ / os·iery] *s.* lavoro in vimini.

-osis [əʊsɪs] **-oses** (*nei pl.*) [əʊsiːz] *suff.* di origine greca usato nella terminologia scientifica; it. -osi; può indicare **1** condizione patologica: *neurosis*, neurosi; *silicosis*, silicosi **2** processo, stato o condizione: *metamorphosis*, metamorfosi; *osmosis*, osmosi.

osmate ['ɒzmeɪt / os·mate] *s.* (*chim.*) osmiato.

osmic ['ɒzmɪk / os·mic] *agg.* (*chim.*) osmico.

osmiridium [ˌɒzmə'rɪdɪəm / os·mi·rid·ium] *s.* (*chim.*) osmiridio, iridosmina.

osmium ['ɒzmɪəm / os·mium] *s.* (*chim.*) osmio.

osmometer [ˌɒzˈmɒmətə* / os·mo·meter] *s.* (*chim.*) osmometro.

to **osmose** [ˈɒzməʊs / os·mose] *v.tr.* sottoporre a osmosi ◆ *v.intr.* diffondersi per osmosi.

osmosis [ɒzˈməʊsɪs / os·mosis] meno com. **osmose** *s.* (*chim., fis.*) osmosi.

osmotic [ɒzˈmɒtɪk / os·motic] *agg.* (*chim. fis.*) osmotico: — *pressure*, pressione osmotica // **-ally** *avv.*

osmous [ˈɒzməs / os·mous] *agg.* (*chim.*) osmoso.

osmund [ˈɒzmənd / os·mund] *s.* (*bot.*) (*Osmunda regalis*) felce florida, osmunda.

osprey [ˈɒspreɪ *amer.* ˈɒsprɪ / os·prey] *s.* **1** (*zool.*) (*Pandion haliaetus*) falco pescatore SIN. ossifrage **2** egretta (piuma per cappello da signora).

ossein [ˈɒsɪɪn / os·sein] *s.* (*biochim.*) osseina.

osseous [ˈɒsɪəs / os·se·ous] *agg.* **1** (*anat., zool.*) osseo **2** (*geol.*) ossifero.

Ossianic [ˌɒsɪˈænɪk / Os·si·anic] *agg.* (*letter.*) ossianico, di Ossian.

ossicle [ˈɒsɪkl / oss·icle] *s.* (*anat.*) ossicino; (*zool.*) ossicolo.

ossification [ˌɒsɪfɪˈkeɪʃn / os·si·fica·tion] *s.* **1** (*biol.*) ossificazione, osteogenesi **2** (*form.*) fossilizzazione (di idee, opinioni ecc.).

ossifrage [ˈɒsɪfrɪdʒ / os·si·frage] *s.* (*zool.*) **1** (*Gypaëtus barbatus*) gipeto, avvoltoio degli agnelli **2** → osprey.

to **ossify** [ˈɒsɪfaɪ / os·sify] *v.tr.* **1** ossificare; indurire **2** (*form.*) fossilizzare (idee, opinioni) ◆ *v.intr.* **1** ossificarsi; indurirsi **2** (*form.*) fossilizzarsi (di idee, opinioni).

ossuary [ˈɒsjʊərɪ / os·su·ary] *s.* ossario; urna funebre.

osteitis [ɒstɪˈaɪtɪs / os·te·itis] *s.* (*med.*) osteite.

ostensible [ɒˈstensəbl / os·tens·ible] *agg.* apparente; simulato, finto: *he came in with the — aim of*, egli entrò con il pretesto di // (*dir.*): — *ownership*, proprietà apparente; — *partner*, socio apparente.

ostensibly [ɒˈstensəblɪ / os·tens·ibly] *avv.* apparentemente, con il pretesto di: *he went to Moscow — as a diplomat but actually as a spy*, si recò a Mosca in apparenza come diplomatico ma in realtà era una spia.

ostension [ɒˈstenʃn / os·ten·sion] *s.* (*eccl.*) ostensione.

ostensory [ɒˈstensərɪ / os·tens·ory] *s.* (*eccl.*) ostensorio.

ostentation [ˌɒstenˈteɪʃn / os·ten·ta·tion] *s.* ostentazione; pompa.

ostentatious [ˌɒstenˈteɪʃəs / os·ten·ta·tious] *agg.* ostentato; che ostenta; pomposo // **-ly** *avv.* // **-ness** *s.*

osteo- [ˈɒstɪəʊ] *pref.* di origine greca usato nella terminologia scientifica con significato di 'osso'; it. osteo-: *osteoarthritis*, osteoartrite; *osteoarthrosis*, osteoartrosi; *osteomyelitis*, osteomielite; *osteopathy*, osteopatia; chiropratica; *osteosclerosis*, osteosclerosi.

osteoblast [ˈɒstɪəʊˌblæst / os·teo·blast] *s.* (*biol.*) osteoblasto.

osteoclast [ˈɒstɪəʊˌklæst / os·teo·clast] *s.* (*biol.*) osteoclasto.

osteogenesis [ˌɒstɪəʊˈdʒenɪsɪs / os·teo·gen·esis] *s.* (*biol.*) osteogenesi.

osteography [ˌɒstɪˈɒgrəfɪ / os·teo·graphy] *s.* (*med.*) trattato di osteologia.

osteoid [ˈɒstɪɔɪd / os·teoid] *agg.* (*biol.*) osteoide, simile all'osso.

osteological [ˌɒstɪəˈlɒdʒɪkl / os·teo·lo·gical] *agg.* (*med.*) osteologico.

osteology [ˌɒstɪˈɒlədʒɪ / os·teo·logy] *s.* (*med.*) osteologia.

osteoma [ˌɒstɪˈəʊmə / os·teoma] *pl.* **osteomas**, **osteomata** [ˌɒstɪˈəʊmətə / os·teo·mata] *s.* (*med.*) osteoma.

osteopath [ˈɒstɪəpæθ / os·teo·path] *s.* (*med.*) osteologo.

osteopathic [ˌɒstɪəˈpæθɪk / os·teo·pathic] *agg.* (*med.*) osteopatico.

osteoporosis [ˌɒstɪəˌpɔːˈrəʊsɪs / os·teo·por·osis] *pl.* **osteoporoses** [ˌɒstɪəˌpɔːˈrəʊsiːz] *s.* (*med.*) osteoporosi.

osteosis [ɒstɪˈəʊsɪs / os·teo·sis] *s.* (*med.*) osteosi.

osteotomy [ˌɒstɪˈɒtəmɪ / os·teo·tomy] *s.* (*med.*) osteotomia.

ostiary [ˈɒstɪərɪ / ost·iary] *s.* (*eccl.*) ostiario.

ostler [ˈɒslə* / ost·ler] *s.* mozzo di stalla, stalliere.

ostracism [ˈɒstrəsɪzəm / os·tra·cism] *s.* ostracismo.

to **ostracize** [ˈɒstrəsaɪz / os·tra·cize] *v.tr.* ostracizzare (*anche fig.*); bandire, mettere al bando.

ostrich [ˈɒstrɪtʃ / os·trich] *s.* **1** struzzo; (*zool.*) (*Struthio camelus*) struzzo // *to have the digestion of an* —, (*fam.*) avere uno stomaco da struzzo **2** (*fam. fig.*) struzzo, chi si nasconde per non affrontare le difficoltà.

Ostrogoth [ˈɒstrəgɒθ / Os·tro·goth] *s.* (*st.*) ostrogoto.

Ostrogothic [ˌɒstrəˈgɒθɪk / Os·tro·gothic] *agg.* (*st.*) ostrogoto; ostrogotico.

otalgia [əʊˈtældʒɪə / otal·gia] *s.* (*med.*) otalgia.

otalgic [əʊˈtældʒɪk / otal·gic] *agg.* (*med.*) otalgico; di otalgia.

other [ˈʌðə*] *agg.* altro, altra, altri, altre: *he was walking on the — side of the street*, camminava sull'altro lato della strada; *I saw him the — day*, l'ho visto l'altro giorno; *I'll come some — day*, verrò un altro giorno; *on the — hand*, d'altra parte; — *people have seen it*, altri l'hanno visto; *they don't wish him — than he is*, non lo vorrebbero diverso da com'è; *among — things*, tra le altre cose // *every — day*, un giorno sì e un giorno no ◆ *pron.indef.* (l')altro, (l')altra; (gli) altri, (le) altre: *he held a glass in one hand and a cigarette in the* —, teneva un bicchiere in una mano e una sigaretta nell'altra; *it was no — than the boss*, era nientemeno che il capo; *this hat is too big, have you any others?*, questo cappello (mi) è troppo grande, ne avete (degli) altri? // *the others*, gli altri: *I waited for the others to come back*, aspettai che tornassero gli altri // *two others*, altri due // *each* —, l'un l'altro (fra due) [cfr. *each*] ◆ *avv.* — (*than*), altrimenti, diversamente (da) // *somewhere or* —, da qualche parte.

otherness [ˈʌðənɪs / oth·er·ness] *s.* (*letter.*) l'essere un altro; differenza, diversità.

otherwise [ˈʌðəwaɪz / oth·er·wise] *agg.* diverso: *his answer could not be* —, la sua risposta non potrebbe essere diversa ◆ *avv.* **1** altrimenti, diversamente: *she couldn't do — than follow him*, non poté fare a meno di seguirlo // *C.L. Dodgson, — Lewis Carroll*, C.L. Dodgson, alias Lewis Carroll // *except where — stated*, salvo indicazione contraria **2** altrimenti, in caso contrario: *do as he told you, — you'll be sorry*, fa' come ti ha detto, o te ne pentirai **3** sotto altri aspetti, per il resto: *the hotel was very expensive but — it was splendid*, l'albergo era molto caro, ma, d'altra parte, d'altronde, era splendido.

otherworld [ˈʌðəwɜːld / oth·er·world] *s.* mondo ultraterreno.

otherworldliness [ˌʌðəˈwɜːldlɪnɪs / oth·er·world·li·ness] *s.* distacco dal mondo terreno; spiritualità.

otherworldly [ˌʌðəˈwɜːldlɪ / oth·er·worldly] *agg.* staccato dal mondo, spirituale; religioso.

otiose [ˈəʊʃɪəʊs / oti·ose] *agg.* **1** (*rar.*) ozioso, indolente **2** (*form.*) futile; inutile; superfluo, ozioso // **-ness** *s.*

otitis [əʊˈtaɪtɪs / ot·itis] *s.* (*med.*) otite.

oto- [əʊtəʊ] *pref.* di origine greca usato nella terminologia scientifica con significato di 'orecchio'; it. oto-: *otocyst*, otocisti; *oto(rhino)laryngology*, otorinolaringologia; *otosclerosis*, otosclerosi.

otolaryngologist [ˌəʊtəˌlærɪŋˈgɒlədʒɪst / oto·laryn·go·lo·gist] *s.* (*med.*) otorinolaringoiatra.

otolith [ˈəʊtəʊlɪθ / oto·lith] *s.* (*biol.*) otolite, statolito.

otology [əʊˈtɒlədʒɪ / oto·logy] *s.* (*med.*) otologia, otoiatria.

otoscope [ˈəʊtəskəʊp / oto·scope] *s.* (*med.*) otoscopio.

otter [ˈɒtə* / ot·ter] *s.* (*zool.*) **1** lontra **2** (*sea-*) —, (*Enhydra lutris*) lontra marina SIN. fur-seal.

otto [ˈɒtəʊ] *s.* essenza → **attar**.

Ottoman[1] [ˈɒtəmən / Ot·to·man] *agg.* e *s.* ottomano; turco.

ottoman[2] *s.* ottomana, divano alla turca.

ouabain [wɑːˈbɑːɪn / oua·bain] *s.* (*chim.*) uabaina.

oubliette [ˌuːblɪˈet / ou·bli·ette] *s.* segreta, prigione sotterranea.

ouch[1] [aʊtʃ] *s.* (*ant.*) **1** castone **2** spilla; fermaglio.

ouch[2] [aʊtʃ] *inter.* ahi.

ought[1] [ɔːt] *modal verb*; *forma negativa* **ought not** [ɔːtnɒt]; *forma contratta* **oughtn't** [ˈɔːtnt] **1** dovere, essere necessario (*al cond. per indicare consiglio, rimprovero, dovere*): *they — to respect their parents*, dovrebbero rispettare i loro genitori; *he — to have phoned me first*, avrebbe dovuto telefonarmi lui per primo; *he — to go now, oughtn't he?*, dovrebbe andare ora, non è vero?; *we oughtn't to park here, — we?*, non si dovrebbe parcheggiare qui, vero?; *she — to see a doctor*, dovrebbe farsi vedere dal medico; *you — to have come earlier*, avresti dovuto arrivare prima; *we oughtn't to have refused, — we?*, non avremmo dovuto rifiutare, vero?; *she — to have realised how expensive it would be*, avrebbe dovuto rendersi conto di quanto sarebbe stato costoso **2** dovere (*al cond. per indicare probabilità*): *your horse — to win*, il tuo cavallo dovrebbe vincere; *he — to have finished the job by now*, a quest'ora dovrebbe aver finito il lavoro.

ought[2] → **aught**[2].

ought[3] *s.* (*ant.*) zero.

oughta ['ɔ:tə] (*fam.*) contr. di *ought to*.

oughtest ['ɔ:tɪst] **oughtst** ['ɔ:tst] (*ant., poet.*) seconda pers. sing. di *ought*; nell'inglese moderno *ought*.

oughtn't ['ɔ:tnt] contr. di *ought not*.

ounce[1] [aʊns] *s.* **1** (abbr. *oz*): (*avoirdupois*) —, oncia (misura di peso avoirdupois = 1/20 di pound troy = 28,35 g circa); (*troy*) —, oncia (misura di peso troy = 1/16 di pound troy = 31,10 g circa) **2** (*fig.*) oncia.

ounce[2] *s.* (*zool.*) leopardo delle nevi → snow leopard.

ounce man ['aʊns,mæn] *s.* (*fam. amer.*) spacciatore di droga.

our ['aʊə*] *agg. poss. 1ª pers. pl.* nostro, nostra, nostri, nostre: *here's a photo of — family*, ecco una fotografia della nostra famiglia; *we take good care of — house and garden*, abbiamo molta cura della nostra casa e del nostro giardino; *— son and daughter come home every weekend*, nostro figlio e nostra figlia vengono a casa ogni fine settimana; *we spent a quiet evening on — own*, abbiamo passato una tranquilla serata da soli; *we had to do the work all on — own*, abbiamo dovuto fare il lavoro da soli, senza aiuto.

Our Father [,aʊə'fɑ:ðə*] *s.* padrenostro → **Lord's Prayer**.

ours ['aʊəz] *pron.poss. 1ª pers. pl.* il nostro, la nostra, i nostri, le nostre: *— is a large family*, la nostra è una famiglia numerosa; *her house is in town and — is in the country*, la sua casa è in città e la nostra in campagna; *I like — better*, il nostro mi piace di più; *a school like — always has a good rugby team*, una scuola come la nostra ha sempre una buona squadra di rugby; *a company such as — must create an effective sales network*, una ditta come la nostra deve crearsi una efficace rete di vendite // *he is a friend of —*, è (un) nostro amico // *Mr Jones of —*, (*comm.*) il nostro Signor Jones (appartenente alla nostra ditta).

ourself [,aʊə'self / our·self] *pron.rifl. 1ª pers.pl.* (*di maestà*) **1** noi stessi, ci: *by —*, da soli **2** (*enfatico*) noi stessi: *be as ourself in Denmark*, (SH. Hamlet) sii tutto quello che noi stessi siamo in Danimarca.

ourselves [,aʊə'selvz / our·selves] *pron.rifl. 1ª pers. pl.* **1** noi stessi, ci: *after washing — we went to breakfast*, dopo esserci lavati siamo andati a fare colazione; *with all that honey we nearly made — sick*, con tutto quel miele, siamo quasi stati male; *we bought — a new car*, ci siamo comprati una macchina nuova // *we stayed by — all evening*, siamo stati tutta la sera da soli // *we had to do the work all by —*, abbiamo dovuto fare tutto il lavoro da noi **2** (*enfatico*) noi stessi, proprio noi: *it was good for others if not for —*, andò bene per gli altri se non per noi; *we — will see to it*, ce ne occuperemo noi; *we shall go —*, andremo noi stessi ◆ *s.* noi stessi: *we are not — today*, non siamo in forma oggi; *except for the shopkeeper and —, nobody saw the robbery*, tranne il negoziante e noi, nessuno ha assistito alla rapina.

-ous [əs] *suff.* di origine latina usato per formare aggettivi da sostantivi; it. -oso: *dangerous*, pericoloso; *famous*, famoso; *ignominious*, ignominioso.

ousel *s.* (*zool.*) → **ouzel**.

to **oust** [aʊst] *v.tr.* **1** espellere; soppiantare; privare: *the captain was ousted from his command*, il capitano fu privato del comando **2** (*dir.*) spossessare, espropriare, spodestare, estromettere: *to — s.o. from a job*, licenziare qlcu.

ouster ['aʊstə*] *s.* (*dir.*) spossessamento, spoglio; estromissione.

out [aʊt] *avv.* **1** (*posizione, movimento*) fuori, al di fuori, all'esterno, via: *it's very cold — tonight*, fa molto freddo fuori stasera; *when the gates opened they drove —*, quando si aprirono i cancelli, uscirono con la macchina; *on his way — he gave me this letter*, uscendo mi diede questa lettera; *the lifeboat was — looking for survivors*, la barca di salvataggio era fuori (in mare) alla ricerca dei superstiti; *they always eat — at weekends*, mangiano sempre fuori il fine settimana; *we didn't have one evening — last week*, la scorsa settimana non siamo usciti neanche una sera; *she's been invited — by some friends*, è stata invitata fuori da amici; *don't swim any further — than the buoy*, non nuotate oltre la boa; *his father was — in India at that time*, suo padre a quel tempo era (via) in India; *my dog was right — in the middle of the road*, il mio cane si trovava proprio nel bel mezzo della strada; *the policeman held his left arm —*, il vigile mise fuori il braccio sinistro; *he stretched himself — on the bed*, si allungò sul letto; *suddenly she let — a scream*, improvvisamente lanciò un grido; *she's looking after the roses — in the garden*, sta curando le rose fuori in giardino; *we got back to the hotel and found we were locked —*, tornammo in albergo e ci trovammo chiusi fuori // *— and about*, in giro; in piedi (dopo una malattia): *after your convalescence you'll be — and about in no time*, dopo la convalescenza sarai presto in piedi, ti rimetterai presto **2** (*movimento da un luogo chiuso*) (fuori) da: *she had her key — and was trying to open the door*, aveva tirato fuori la chiave e stava cercando di aprire la porta; *he got — his hanky and blew his nose*, tirò fuori il fazzoletto e si soffiò il naso; *this safety-lock will keep burglars —*, questa serratura di sicurezza terrà lontano i ladri; *Who let him into this office? I want him —!*, Chi l'ha fatto entrare in questo ufficio? Cacciatelo fuori!; *get your money —!*, tira fuori i soldi!; *his novel will be — next month*, il suo romanzo uscirà il mese prossimo; *there'll be a great fuss now the secret's —*, ci sarà un gran chiasso ora che il segreto è svelato // *way —*, uscita; (*fig.*) via d'uscita: *I want nothing to do with it. Count me —!*, Non voglio averci niente a che fare. Escludimi! // *I've had enough of this business. I want to be left —*, Ne ho abbastanza di questa storia. Voglio rimanerne fuori // *— with it!*, sputa il rospo! **3** spento; privo di sensi; fuori moda; inaccettabile, inammissibile: *I saw the lights were — as I approached the house*, come mi avvicinai alla casa, vidi che le luci erano spente; *the torch went — when I dropped it*, quando mi cadde, la pila si spense; *he was — like a light after falling downstairs*, dopo essere caduto dalle scale, perse i sensi; *your scheme's right —, nobody wants it*, il tuo progetto è inammissibile, nessuno lo vuole; *mini-skirts are — this year*, le minigonne sono fuori moda quest'anno **4** fuori; in piena fioritura: *in England daffodils are — in February*, in Inghilterra le giunchiglie fioriscono in febbraio; *the sun was — so we went for a walk*, c'era il sole, perciò andammo a fare una passeggiata **5** in sciopero: *the miners have been — for a fortnight*, i minatori sono in sciopero da 15 giorni **6** alla ricerca (di); alla caccia (di); con l'intenzione di: *he's — for all the power he can get*, mira a ottenere tutto il potere che può **7** (*di tempo*) finito, compiuto, concluso: *they had to change their policy before the year was —*, dovevano cambiare la loro politica prima che finisse l'anno; *before the month's —, we'll send you our report*, prima della fine del mese vi manderemo il nostro resoconto **8** (*di calcolo*) inesatto, impreciso: *when we checked them, his totals were —*, quando li abbiamo controllati, i suoi totali non erano esatti; *their forecast was — by 20%*, la loro previsione era per il 20% inesatta **9** Si usa per formare 'phrasal verbs' (p.e. *to go —*, *to keep —*, *to send —* ecc.): cfr. tali verbi.

◆ FRASEOLOGIA: *— and away*, di gran lunga: *it's — and away the best novel of the year*, è di gran lunga il miglior romanzo dell'anno // *— at sea*, al largo (in mare) // *— there*, laggiù // *all —*, a tutta velocità: *he was going all — when the police stopped him*, andava a tutta velocità quando la polizia lo fermò // *hear me —!*, stammi bene a sentire! // *speak —*, parla chiaro // *inside —*, a rovescio: *he had his pullover on inside —*, aveva il pullover a rovescio.

◆ **out of** *prep.* **1** fuori (da): *we spent the weekend — of town*, abbiamo trascorso il fine settimana fuori città; *the plane flew — of the clouds*, l'aereo uscì dalle nuvole; *he got — of bed and drew the curtains back*, scese dal letto e aprì le tende; *I couldn't get the idea — of my head*, non riuscivo a togliermi l'idea dalla testa; *he's just — of hospital and is very weak*, è appena uscito dall'ospedale ed è molto debole; *it's the only way — of this dilemma*, è il solo modo per uscire dal dilemma **2** (*origine, causa*) da; di; a causa di, per: *he gets a lot of pleasure — of his old records*, si diletta molto con i suoi vecchi dischi; *the firm did very well — of the deal*, la ditta ha tratto molto profitto dall'affare; *she made the remark — of spite*, fece l'osservazione per dispetto; *he paid the bill — of his own pocket*, pagò il conto di tasca sua; *you'll never get any sense — of him*, non riuscirai a farlo ragionare; *wine is made — of grapes*, il vino è fatto con l'uva; *you must choose — of these alternatives*, devi scegliere tra queste alternative **3** via da, fuori da: *try to keep — of trouble*, cerca di non metterti nei guai; *he can't get — of his bad habits*, non riesce a liberarsi delle cattive abitudini; *come in — of the rain*, riparatevi dalla pioggia; *stay — of the sun, it's too strong*, state all'ombra, il sole è troppo forte **4** (*proporzione*) su: *nine times — of ten he's late*, nove volte su dieci è in ritardo; *one — of twenty of these cars is faulty*, una su venti di queste macchine è difettosa; *in the exam he got seven — of ten*, nell'esame ha riportato sette su dieci **5** a corto di, senza: *we're — of milk, can you go and get some?*, siamo senza latte, puoi andare a prenderlo? **6** (*fraseologia*): *— of sight, — of mind*, (*prov.*) lontan dagli occhi lontan dal cuore // *I feel — of it when I'm with them*, mi sento un pesce fuor d'acqua quando sono con loro.

out *s.* scappatoia; scusa.

to **out** *v.intr.* (*form.*) uscire, venir fuori, essere svelato: *truth will* —, la verità verrà a galla // *murder will* —, (*prov.*) ogni nodo viene al pettine ◆ *v.tr.* (*fam.*) mandar fuori, espellere.

out- *pref.* di origine anglosassone che entra nella composizione di **1** aggettivi e sostantivi col valore di 'esterno, fuori': *outboard*, fuoribordo; *outbreak*, esplosione; *outcome*, risultato **2** verbi, indicando 'maggior grado o valore'; it. sopra-, super-, sur-: *to outlive*, sopravvivere; *to outfight*, superare in battaglia; *to outclass*, surclassare.

outa [aʊtə] *prep.* (*fam. amer.*) per *out of*.

to **outact** [,əʊt'ækt / out·act] *v.tr.* (*non com.*) superare nella recitazione, recitare meglio di.

out-and-out ['aʊtənd'aʊt] *agg.attr.* completo, perfetto: *he's an — fool*, è un perfetto imbecille; *as an — professional he can certainly do the job*, da professionista qual è, può certamente fare il lavoro.

to **out-argue** [,əʊt'ɑ:gju:] *v.tr.* (*fam.*) spuntarla (in una discussione).

outasight [,aʊtə'saɪt / outa·sight] *agg.* (*fam.*) **1** fantastico, eccezionale **2** dal prezzo esorbitante, carissimo ◆ *avv.* in modo fantastico.

outback ['aʊtbæk / out·back] *agg.attr.* (*austr.*) dell'interno ◆ *s.* **1** interno, entroterra **2** paesi dell'interno (in Australia) ◆ *avv.* nell'interno.

to **outbalance** [,əʊt'bæləns / out·bal·ance] *v.tr.* eccedere, superare (di peso, valore); (*fig.*) venir prima (nella considerazione): *safety must — profit*, prima la sicurezza, poi il profitto.

to **outbargain** [,aʊt'bɑ:gɪn / out·bar·gain] *v.tr.* avere la meglio su (in affari, contratti ecc.).

to **outbid** [,aʊt'bɪd / out·bid] *pass.* **outbid** *p.p.* **outbidden** [,aʊt'bɪdn / out·bid·den] *v.tr.* rilanciare su (qlcu.); offrire di più di, offrire un miglior prezzo di.

outboard ['aʊtbɔ:d / out·board] *agg.* e *avv.* fuoribordo: — *motor*, (motore) fuoribordo.

outbound ['aʊtbaʊnd / out·bound] *agg.* **1** che si allontana, in uscita **2** (*mar.*) uscente; diretto a un porto lontano.

to **outbrave** [,aʊt'breɪv / out·brave] *v.tr.* **1** sfidare **2** superare, sorpassare (in coraggio ecc.).

outbreak ['aʊtbreɪk / out·break] *s.* **1** esplosione, scoppio, eruzione; (*fig.*) scoppio, impeto **2** sommossa, insurrezione **3** (*med.*) epidemia.

to **outbreed** [,aʊt'bri:d / out·breed] *pass.p.p.* **outbred** [,aʊt'bred / out·bred] *v.tr.* e *intr.* accoppiare, accoppiarsi con soggetti non consanguinei.

outbreeding ['aʊtbri:dɪŋ / out·breed·ing] *s.* (*biol.*) esogamia.

outbuilding ['aʊt,bɪldɪŋ / out·build·ing] *s.* dipendenza, fabbricato annesso SIN. outhouse.

to **outburn** [,aʊt'bɜ:n / out·burn] *pass.p.p.* **outburnt** [,aʊt'bɜ:nt / out·burnt] *v.tr.* bruciare più a lungo di ◆ *v.intr.* bruciare completamente.

outburst ['aʊtbɜ:st / out·burst] *s.* **1** eruzione, esplosione **2** (*fig.*) scoppio, accesso; sfogo: *an — of anger*, un accesso d'ira.

outcast ['aʊtkɑ:st *amer.* 'aʊtkæst / out·cast] *agg.* e *s.* **1** emarginato, escluso **2** (*meno com.*) espulso; bandito, proscritto, esiliato.

outcaste ['aʊtkɑ:st *amer.* 'aʊtkæst / out·caste] *agg.* che non appartiene ad alcuna casta (in India) ◆ *s.* paria (in India).

to **outcaste** *v.tr.* espellere da una casta (in India).

to **outclass** [,aʊt'klɑ:s *amer.* ,aʊt'klæs / out·class] *v.tr.* surclassare.

outcome ['aʊtkʌm / out·come] *s.* esito, risultato; conseguenza.

outcrop ['aʊtkrɒp / out·crop] *s.* (*geol.*) affioramento.

to **outcrop** *pass.p.p.* **outcropped** ['aʊt krɒpt / out·cropped] *v.intr.* (*geol.*) affiorare.

outcry ['aʊtkraɪ / out·cry] *s.* **1** protesta; scalpore, clamore: *a serious — was raised against him*, si levò un grave scalpore contro di lui **2** grido, urlo.

to **outdare** [,aʊt'deə* / out·dare] *v.tr.* (*non com.*) **1** sorpassare in ardimento **2** sfidare.

outdated [,aʊt'deɪtɪd / out·dated] *agg.* sorpassato; superato; antiquato: *an — dress*, un vestito fuorimoda.

outdid *pass.* di to **outdo**.

to **outdistance** [,aʊt'dɪstəns / out·dis·tance] *v.tr.* distanziare, distaccare; sorpassare.

to **outdo** [,aʊt'du:] *pass.* **outdid** [,aʊt'dɪd / out·did] *p.p.* **outdone** [,aʊt'dʌn / out·done] *v.tr.* sorpassare, superare, essere migliore di: *he outdid himself*, egli superò se stesso // *not to be outdone*, per non essere da meno.

outdoor ['aʊtdɔ:* / out·door] *agg.* esterno; all'aperto: *he's a very — sort of person*, è una persona che ama molto vivere all'aperto; — *games*, giuochi, sport all'aria aperta // (*cinem.*) — *scenes*, esterni // (*comm.*) — *advertising*, cartelloni pubblicitari.

outdoors [,aʊt'dɔ:z / out·doors] *avv.* all'aperto; fuori di casa ◆ *s.* l'aperto, l'esterno; l'aria aperta; la vita all'aria aperta.

outer ['aʊtə*] *agg.* **1** esteriore; esterno; lontano dal centro: *the — garments*, gli abiti; *the — man*, l'aspetto esteriore dell'uomo; — *part of the town*, periferia della città // — *space*, spazio cosmico, interstellare, extratmosferico // (*anat.*) — *ear*, orecchio esterno **2** parte del bersaglio lontana dal centro **3** (*non com.*) palla fuori centro.

outer *prep.* (*fam. amer.*) per *out of*.

outermost ['aʊtəməʊst / out·er·most] *agg.* (*superl.* di *outer*) il più esterno; il più in fuori; estremo; il più remoto; il più lontano.

to **outface** [,aʊt'feɪs / out·face] *v.tr.* tener testa a; sfidare; far abbassare gli occhi a.

outfall ['aʊtfɔ:l / out·fall] *s.* **1** foce; capo (di valle) **2** bocca di scarico.

outfield ['aʊtfi:ld / out·field] *s.* (*cricket, baseball*) parte del campo più lontana dai battitori; i giocatori lontani dai battitori.

to **outfight** [,aʊt'faɪt / out·fight] *pass.p.p.* **outfought** [,aʊt'fɔ:t / out·fought] *v.tr.* superare in battaglia, nella lotta: *they were outfought*, sono stati sconfitti.

outfit ['aʊtfɪt / out·fit] *s.* **1** vestito e accessori; completo, tenuta: *dressed in a fashionable sports —*, vestito di una tenuta sportiva all'ultima moda; *skiing —*, completo da sci **2** corredo; equipaggiamento; l'occorrente (per qlco.) **3** (*fam.*) compagnia, gruppo, ditta, impresa di modeste dimensioni: *he joined a German — drilling for oil in the Arctic Circle*, è entrato a far parte di una ditta che ricerca petrolio nell'artico.

to **outfit** *pass.p.p.* **outfitted** ['aʊtfɪtɪd] *v.tr.* e *intr.* rifornire, rifornirsi di equipaggiamento.

outfitter ['aʊtfɪtə* / out·fit·ter] *s.* fornitore; chi vende, confeziona (articoli di abbigliamento): *a man's —*, un negozio di abbigliamento per uomo.

outfitting ['aʊtfɪtɪŋ / out·fit·ting] *s.* **1** (*mar.*) equipaggiamento, armamento (di nave) **2** (*comm.*) — *department*, reparto confezioni.

to **outflank** [,aʊt'flæŋk / out·flank] *v.tr.* **1** (*mil.*) aggirare (il nemico) **2** (*fig.*) prendere in contropiede (qlcu.); raggirare (qlcu.).

outflow ['aʊtfləʊ / out·flow] *s.* **1** uscita, efflusso; colata **2** (*chim.*) efflusso, flusso uscente **3** (*econ.*) deflusso: *capital —*, deflusso di capitali.

to **outfly** [,aʊt'flaɪ / out·fly] *pass.* **outflew** [,aʊt'flu: / out·flew] *p.p.* **outflown** [,aʊt'fləʊn / out·flown] *v.tr.* sorpassare nel volo.

outfought *pass.p.p.* di to **outfight**.

to **outfox** [aʊt'fɒks / out·fox] *v.tr.* sconfiggere con l'astuzia, raggirare; (*fam.*) far su.

to **outgas** [aʊt'gæs / out·gas] *v.tr.* (*chim.*) degasare.

outgassing [aʊt'gæsɪŋ / out·gas·sing] *s.* (*chim.*) degasamento.

to **outgeneral** [,aʊt'dʒenərəl / out·gen·eral] *pass.p.p.* **outgeneralled** [,aʊt'dʒenərəld / out·gen·er·alled] *v.tr.* superare in capacità, in tattica.

outgiving ['aʊt,gɪvɪŋ / out·giv·ing] *s.* (*amer.*) dichiarazione politica.

outgo ['aʊt,gəʊ] *pl.* **outgoes** *s.* **1** uscita **2** (*estens.*) uscita, spesa.

to **outgo** [,aʊt'gəʊ] *pass.* **outwent** [,aʊt 'went / out·went] *p.p.* **outgone** [,aʊt'gɒn / out·gone] *v.tr.* (*ant.*) sorpassare; oltrepassare ◆ *v.intr.* (*ant.*) eccellere.

outgoing ['aʊt,gəʊɪŋ / out·go·ing] *agg.* **1** uscente, dimissionario; in partenza; d'uscita: — *letters*, lettere in partenza // (*dir.*) — *partner*, socio uscente **2** socievole, amichevole, estroverso **3** (*ant.*) che sorpassa tutti, che eccelle ◆ *s.* **1** uscita **2** *pl.* spese: *outgoings exceed income*, le uscite superano le entrate.

outgone *p.p.* di to **outgo**.

to **outgrow** [,aʊt'grəʊ / out·grow] *pass.* **outgrew** [,aʊt 'gru: / out·grew] *p.p.* **outgrown** [,aʊt'grəʊn / out·grown] *v.tr.* **1** diventare troppo grande per: *I have outgrown my dress*, il vestito non mi va più bene, è stretto **2** sorpassare, superare (in statura, potere, capacità ecc.): *he outgrew his elder brother*, sorpassò in altezza suo fratello maggiore **3** perdere, disfarsi di: *he outgrew his bad habits*, egli perse le sue cattive abitudini; *she had outgrown her love for comics*, crescendo ha perso la passione per i fumetti.

outgrowth ['aʊtgrəʊθ / out·growth] *s.* **1** (*bot.*) escrescenza; galla **2** apofisi **3** (*fig.*) risultato, conseguenza.

to **outguess** [,aʊt'ges / out·guess] *v.tr.* **1** superare in astuzia **2** anticipare, prevedere le mosse di; superare giocando d'anticipo.

to **outgun** [,aʊt'gʌn / out·gun] *v.tr.* essere superiori come armamenti a // *the Japanese outgunned the Korean delegation*, (*fig. fam.*) la delegazione giapponese aveva maggior peso politico di quella coreana.

to **out-Herod** [,aʊt'herəd] *v.tr.* (*letter.*) superare in crudeltà: *to — Herod*, essere più crudele di Erode.

outhouse ['aʊthaʊs / out·house] *s.* **1** → outbuilding **2** (*amer.*) gabinetto esterno, servizi esterni (*pl.*).

outing ['aʊtɪŋ / out·ing] *s.* escursione; gita; scampagnata: *an — to the cinema, to the seaside*, una puntata al cinema, al mare.

outland ['aʊtlənd / out·land] *agg.* (*ant.*, *poet.*) straniero ◆ *s.* (*ant.*, *poet.*) paese straniero.

outlander ['aʊt,lændə* / out·lander] *agg.* e *s.* (*antiq.*, *poet.*) straniero.

outlandish [aʊt'lændɪʃ / out·land·ish] *agg.* **1** (*ant.*) straniero **2** strano, bizzarro; assurdo **3** (*non com.*) remoto, lontano: *to live in an — place*, abitare in capo al mondo // **-ly** *avv.* // **-ness** *s.*

to **outlast** [,aʊt'lɑ:st *amer.* ,aʊt'læst / out·last] *v.tr.* sopravvivere a; durare più a lungo di.

outlaw ['aʊtlɔ: / out·law] *s.* fuorilegge, criminale, bandito ◆ *agg.* illegale: *— strike*, sciopero illegale.

to **outlaw** *v.tr.* **1** proscrivere, bandire; dichiarare illegale **2** (*dir. amer.*) contestare un diritto: *to — a claim*, negare il diritto di procedere per il recupero del credito.

outlawing ['aʊtlɔ:ɪŋ / out·law·ing]
outlawry ['aʊtlɔ:rɪ / out·lawry] *s.* **1** condizione di proscritto; proscrizione **2** illegalità; infrazione alle leggi.

outlay ['aʊtleɪ / out·lay] *s.* (*econ.*) spesa: *government outlays*, spesa pubblica; *capital —*, investimento; *the family's main — is on food and clothing*, le spese maggiori di una famiglia sono per il cibo e il vestiario.

to **outlay** [,aʊt'leɪ] *pass.p.p.* **outlaid** [,aʊt'leɪd / out·laid] *v.tr.* (*spec. amer.*) spendere: *she outlaid $ 400 for* (o *on*) *clothes*, spese 400 dollari in vestiti.

outlet ['aʊtlet / out·let] *s.* **1** sbocco, sfogo, via d'uscita (*anche fig.*):*his energy needs an —*, la sua energia ha bisogno di uno sfogo // *— plug*, tappo di scarico **2** (*comm.*) sbocco commerciale; punto di vendita: *retail —*, rivendita al dettaglio **3** (*elettr.*) uscita; attacco // *— box*, scatola di connessione.

outlier ['aʊtlaɪə* / out·lier] *s.* **1** persona, cosa isolata **2** (*geol.*) lembo di ricoprimento.

outline ['aʊtlaɪn / out·line] *s.* **1** contorno, profilo **2** abbozzo, schema, schizzo // (*dir.*) *— law*, legge quadro **3** (*gener. pl.*) (*fig.*) lineamenti, elementi: *'An Outline of English Literature'*, 'Lineamenti di Letteratura Inglese'.

to **outline** *v.tr.* **1** tracciare i contorni di; abbozzare, schizzare // *the house was outlined against the sky*, la casa si stagliava contro il cielo **2** (*fig.*) delineare: *to — an argument*, delineare, tratteggiare un'argomentazione.

to **outlive** [,aʊt'lɪv / out·live] *v.tr.* sopravvivere a; vivere, durare più a lungo di: *she outlived her husband*, sopravvisse al marito // *the doormat outlived its usefulness*, lo zerbino è da buttare // *the antislavery law has outlived its usefulness*, le leggi contro la schiavitù sono ormai superate, non servono più.

outlook ['aʊtlʊk / out·look] *s.* **1** vista: *from my window I have a pleasant — over the river*, dalla mia finestra godo una bella vista sul fiume **2** prospettiva, previsioni (*pl.*): *the — is none too promising*, la prospettiva non è delle più rassicuranti **3** (*fig.*) veduta, modo di vedere: *a narrow —*, vedute limitate **4** (*rar.*) osservatorio; punto di osservazione: *the sea viewed from a distant —*, il mare visto da un punto lontano.

outlying ['aʊt,laɪɪŋ / out·ly·ing] *agg.* esterno, isolato; periferico; fuori mano: *an — district*, una zona periferica.

to **outmanoeuvre** [,aʊtmə'nu:və* / out·man·oeuvre] amer. **outmanoeuver** *v.tr.* aver la meglio su (avversario) per superiorità strategica o tattica.

to **outmarch** [,aʊt'mɑ:tʃ / out·march] *v.tr.* marciare più in fretta di; superare nella marcia.

to **outmatch** [,aʊt'mætʃ / out·match] *v.tr.* sorpassare; superare; essere superiore a.

outmoded [,aʊt'məʊdɪd / out·moded] *agg.* antiquato, fuori moda.

outmost ['aʊtməʊst / out·most] → **outermost**.

to **outnumber** [,aʊt'nʌmbə* / out·num·ber] *v.tr.* superare in numero: *we were outnumbered*, eravamo inferiori di numero.

out-of-date [,aʊtəv'deɪt] *agg.* datato; fuori moda, obsoleto.

out of doors [,aʊtəv'dɔ:z] *avv.* → **outdoors**.

out-of-money [,aʊtəv'mʌnɪ] *agg.* (*fin.*) out of money, a valore intrinseco negativo.

out of phase [,aʊtəv'feɪz] *agg.* fuori fase.

out of style [,aʊt,əv'staɪl] *agg.* fuorimoda.

out-of-the-way [,aʊtəvðə'weɪ] *agg.* **1** distante, fuori mano **2** (*fig.*) non comune, inusuale.

out-of-work [,aʊtəv'wɜ:k] *agg.* disoccupato.

to **outpace** [,aʊt'peɪs / out·pace] *v.tr.* sorpassare; camminare più in fretta di.

outpatient ['aʊt,peɪʃnt / out·pa·tient] *s.* (*med.*) paziente che si sottopone a cure ospedaliere ambulatoriali; paziente esterno // *— clinic*, ambulatorio (di ospedale).

outplacement ['aʊt,pleɪsmənt / out·place·ment] *s.* (*econ. amer.*) ricollocamento del personale licenziato.

to **outplay** [,aʊt'pleɪ / out·play] *v.tr.* superare in un gioco; battere // *to be outplayed*, (*fig.*) trovare un osso duro, un avversario temibile.

to **outpoint** [,aʊt'pɔɪnt / out·point] *v.tr.* (*sport*) superare ai punti.

outpost ['aʊtpəʊst / out·post] *s.* avamposto (*anche fig.*).

to **outpour** [,aʊt'pɔ:* / out·pour] *v.tr.* **1** versare a torrenti **2** (*fig.*) sfogare ◆ *v.intr.* scrosciare; riversarsi a torrenti.

outpouring ['aʊt,pɔ:rɪŋ / out·pour·ing] *s.* sfogo, effusione.

output ['aʊtpʊt / out·put] *s.* **1** (*econ.*) prodotto, produzione; produttività: *manhour —*, produzione oraria per addetto; *— at the factory is increasing*, la produttività in fabbrica è in aumento **2** (*tecn.*) lavoro utile, rendimento, resa, potenza sviluppata // (*elettr.*) *— power*, potenza d'uscita // (*tel.*) *— link*, collegamento, terminale // (*mecc.*) *— shaft*, albero d'uscita // (*rad.*) *— stage*, stadio di uscita, finale // (*cinem.*) *sound —*, emissione del suono **3** (*inform.* IBM) emissione, estrazione; risultati di una elaborazione: *— drive*, unità di uscita; *— file*, file d'emissione; *printer —*, emissione a stampa; *— data*, informazioni, dati elaborati; *voice —*, uscita vocale.

to **output** *pass.p.p.* **output** *v.tr.* (*inform.*) estrarre dati.

outrage ['aʊtreɪdʒ / out·rage] *s.* **1** oltraggio, offesa: *an — against humanity, common sense*, un oltraggio contro l'umanità, al buonsenso **2** attentato: *a terrorist —*, un attentato terroristico **3** sdegno, indignazione: *there was public — when the affair came to light*, quando lo scandalo venne alla luce suscitò lo sdegno dell'opinione pubblica.

to **outrage** *v.tr.* oltraggiare, insultare; offendere; maltrattare; violentare.

outrageous [aʊt'reɪdʒəs / out·ra·geous] *agg.* **1** eccessivo, esorbitante: *an — price*, un prezzo esorbitante **2** oltraggioso; atroce; immorale, indegno: *the slings and arrows of outrageous fortune*, (SH. Hamlet) le fiondate e le frecce della beffarda fortuna **3** bizzarro, stravagante: *he always wears — waistcoats*, indossa sempre dei gilet eccentrici // **-ly** *avv.* // **-ness** *s.*

outran *pass.* di to **outrun**.

outrance ['aʊtrəns / out·rance] *s.* (*letter.*) oltranza.

to **outrange** [,aʊt'reɪndʒ / out·range] *v.tr.* **1** avere una portata maggiore di, superiore a (di arma da fuoco, missile) **2** superare, sorpassare.

to **outrank** [,aʊt'ræŋk / out·rank] *v.tr.* superare nel rango, nel grado.

outré ['u:treɪ *amer.* u:'treɪ] *agg.* (*spreg. letter.*) bizzarro, eccentrico.

to **outreach** [,aʊt'ri:tʃ / out·reach] *v.tr.* estendersi oltre (qlco.), sorpassare; eccedere (*anche fig.*).

to **outreign** [,aʊt'reɪn / out·reign] *v.tr.* regnare più di.

to **outride** [,aʊt'raɪd / out·ride] *pass.* **outrode** [,aʊt'rəʊd / out·rode] *p.p.* **outridden** [,aʊt'rɪdn / out·rid·den] *v.tr.* **1** superare (a cavallo); cavalcare più velocemente di **2** (*mar.*) superare indenne (una tempesta) **3** (*fig.*) uscire indenne da.

outrider ['aʊt,raɪdə* / out·rider] *s.* battistrada, staffetta che precede; precursore; chi precede.

outrigger ['aʊt,rɪgə* / out·rig·ger] *s.* **1** (*mecc.*) sporgenza esterna **2** (*mecc.*) supporto di base, stabilizzatore **3** (*mar.*) buttafuori; supporto sporgente **4** (*mar.*) outrigger, fuoriscalmo **5** (*aer.*) intelaiatura di sostegno.

outright ['aʊt,raɪt / out·right] *agg.attr.* diretto; franco; netto; completo, intero: *an — refusal*, un rifiuto secco; *an — lie*, una menzogna bella e buona; *an — aggression*, un'aggressione vera e propria; *the — winner*, il vincitore assoluto; *— stupidity*, stupidità completa, assoluta // *— possession*, possesso intero, completo // (*econ.*) *— sale*, vendita in blocco // (*fin.*) *— (forward) transaction*, operazione a termine secco.

outright [,aʊt'raɪt] *avv.* **1** apertamente; francamente: *he refused —*, ha rifiutato seccamente // *he lied —*, mentì spudoratamente; *he* *laughed at us* —, ci scoppiò a ridere in faccia **2** completamente; tutto in una volta: *to buy* —, comprare in blocco **3** al primo colpo; sul colpo.

outrightness [,aʊt'raɪtnɪs / out·right·ness] *s.* immediatezza; franchezza.

to **outrival** [,aʊt'raɪvl / out·ri·val] *pass.p.p.* **outrivalled** [,aʊt'raɪvld / out·ri·valled] *v.tr.* vincere, superare, aver la meglio su.

outroar ['aʊtrɔ:* / out·roar] *s.* baccano, fracasso.

outrode *pass.* di to **outride**.

to **outroot** [,aʊt'ru:t / out·root] *v.tr.* (*non com.*) sradicare.

to **outrun** [,aʊt'rʌn / out·run] *pass.* **outran** [,aʊt'ræn / out·ran] *p.p.* **outrun** *v.tr.* **1** correre più presto di; vincere alla corsa; oltrepassare **2** (*fig.*) superare: *his fancy outruns the facts*, la sua fantasia va ben oltre i fatti.

outrunner ['aʊtrʌnə* / out·run·ner] *s.* **1** battistrada; chi precede; (*fig.*) precursore, pioniere **2** cane di testa (del traino).

outrush ['aʊtrʌʃ / out·rush] *s.* (*non com.*) fuga (di gas, acqua ecc.).

to **outsail** [,aʊt'seɪl / out·sail] *v.tr.* **1** (*mar.*) oltrepassare **2** (*fig.*) distanziare.

to **outsell** [,aʊt'sel / out·sell] *pass.p.p.* **outsold** [,aʊt'səʊld / out·sold] vendere in quantità superiore (alla concorrenza).

outset ['aʊtset / out·set] *s.* principio, inizio; avviamento, esordio: *at the* —, al principio; *from the* —, dal principio.

to **outshine** [,aʊt'ʃaɪn / out·shine] *pass.p.p.* **outshone** [,aʊt'ʃɒn / out·shone] *v.tr.* sorpassare in splendore, eclissare (*anche fig.*).

to **outshoot** [,aʊt'ʃu:t / out·shoot] *pass.p.p.* **outshot** [,aut'ʃɒt / out·shot] *v.tr.* sparare meglio di ◆ *v.intr.* (*non com.*) sporgere.

outside ['aʊtsaɪd / out·side] *agg.attr.* **1** esterno; esteriore: *we painted the — wall*, abbiamo imbiancato il muro esterno; *the old cottage had an — lavatory*, il vecchio villino aveva un gabinetto esterno; *the monk knew nothing of the — world*, il monaco non sapeva nulla del mondo (esterno); *he needed an — line to phone the agent*, gli occorreva una linea esterna per telefonare al rappresentante; *I got on the — lane of the motorway*, presi la corsia esterna dell'autostrada; *the* BBC *arranged an — broadcast for the festival*, la BBC organizzò una trasmissione in esterno per il festival; *he wanted to work in peace without any — interference*, voleva lavorare in pace senza interferenze dall'esterno **2** estremo, massimo: — *price*, prezzo massimo // (*Borsa*) — *dealer*, operatore ammesso alle negoziazioni senza essere membro della borsa ◆ *s.* **1** l'esterno, la parte esterna: *the — of my house is green*, l'esterno della mia casa è verde; *after ten years of prison, life on the — was impossible for him*, dopo dieci anni di prigione, la vita all'esterno era impossibile per lui; *information from the — was rare under the dictator's regime*, sotto il regime dittatoriale, le informazioni dall'esterno erano rare **2** apparenza, aspetto esteriore: *don't judge from the* —, non giudicare dall'aspetto esteriore **3** il (limite) massimo: *at the — there were only forty people*, c'erano quaranta persone al massimo **4** cassetta; passeggero che viaggia a cassetta **5** *pl.* (*tip.*) fogli esterni (di una risma).

outside [,aʊt'saɪd] *avv.* **1** fuori; all'aperto; a cassetta: *it was already dark* —, fuori era già buio; *he was waiting on the landing* —, aspettava fuori sul pianerottolo; *the nun was not aware of the world* —, la suora viveva estraniata dal mondo; *to ride* —, viaggiare a cassetta **2** all'esterno; superficialmente: *to paint a boat* —, verniciare l'esterno di una barca // *to get — of a good dinner*, (*sl.*) far fuori un buon pranzo ◆ *prep.* **1** fuori di, all'esterno di: *don't let him stand — the door*, non lasciarlo fuori dalla porta **2** al di fuori di; al di là di: *the decision was — his responsibilities*, la decisione esulava dalle sue responsabilità; *we can hold the union meeting — office hours*, possiamo tenere la riunione sindacale al di fuori delle ore d'ufficio **3** eccetto, all'infuori di: *no one knows — the members of my own family*, nessuno lo sa all'infuori dei miei familiari.

outside broadcast [,aʊtsaɪd'brɔ:dkɑ:st *amer.* ,aʊtsaɪd'brɔ:dkæst] *s.* radiotrasmissione in esterno.

outside calliper [,aʊtsaɪd'kælɪpə*] *s.* (*mecc.*) compasso per esterni, di spessore.

outsider [,aʊt'saɪdə* / out·sider] *s.* outsider (*anche fig.*) // *she is an — for us*, è estranea al nostro mondo, al nostro modo di pensare.

outsize ['aʊtsaɪz / out·size] *agg.* **1** → **outsized** **2** di taglia forte (di abiti); fuori misura (di scarpe ecc.) // — *department*, reparto vendita di abiti di taglie forti ◆ *s.* taglia forte, taglia fuori misura (di abiti); misura fuori dell'ordinario (di scarpe ecc.).

outsized ['aʊtsaɪzd / out·sized] *agg.* molto grande, gigante; gigantesco.

outskirts ['aʊtskɜ:ts / out·skirts] *s.pl.* sobborghi; periferia; dintorni: *they live on the — of town*, vivono in periferia.

to **outsleep** [,aʊt'sli:p / out·sleep] *pass.p.p.* **outslept** [,aʊt'slept / out·slept] *v.tr.* (*non com.*) dormire più a lungo di; dormire per, oltre (un determinato tempo): *he outslept his morning lectures*, ha perso le lezioni del mattino perché ha dormito troppo.

to **outsmart** [,aʊt'smɑ:t / out·smart] → to **outwit**.

outsold *pass.p.p.* di to **outsell**.

to **outsource** ['aʊtsɔ:s / out·source] *v.tr.* esternalizzare (il lavoro).

outsourcing ['aʊtsɔ:sɪŋ / out·sourc·ing] *s.* esternalizzazione (del lavoro).

to **outspan** [,aʊt'spæn / out·span] *pass.p.p.* **outspanned** [,aʊt'spænd / out·spanned] *v.intr.* sbardare; (*estens.*) accamparsi.

outspoken [,aʊt'spəʊkən / out·spoken] *agg.* franco, schietto; esplicito: *to be* —, parlar franco, in modo schietto // **-ly** *avv.* // **-ness** *s.*

outspread ['aʊtspred / out·spread] *agg.* disteso, spiegato: *with — sails*, a vele spiegate; *with — wings*, ad ali distese ◆ *s.* (*non com.*) distesa, estensione.

to **outspread** *pass.p.p.* **outspread** *v.tr.* estendere; spiegare ◆ *v.intr.* estendersi; spiegarsi.

outstanding [,aʊt'stændɪŋ / out·stand·ing] *agg.* **1** (*non com.*) sporgente; prominente **2** (*fig.*) saliente; rilevante; notevole: *a question of — importance*, una questione di notevole importanza; *aluminium is an — example of a commodity whose price is unstable*, l'alluminio è un esempio saliente di prodotto il cui prezzo è instabile **3** notevole; fuori del comune; eccezionale; eminente: *an — personality*, una personalità di rilievo; *his performance was* —, la sua interpretazione fu eccezionale; *schoolchildren of — ability*, alunni di notevoli capacità; *one of the — architects of his generation*, un eminente architetto della sua generazione **4** (*comm.*) in sospeso, in arretrato, non pagato; in essere: — *claim*, credito arretrato; — *orders*, ordini ricevuti non ancora eseguiti; — *matters*, questioni in sospeso, pendenze // — *shares*, azioni in circolazione // **-ness** *s.*

outstandingly [aʊt'stændɪŋlɪ / out·stand·ing·ly] *avv.* notevolmente, eccezionalmente; al massimo (grado): — *talented*, eccezionalmente dotato; — *incompetent*, assolutamente incompetente.

to **outstare** [,aʊt'steə* / out·stare] *v.tr.* fissare (qlcu.) fino a fargli abbassare gli occhi.

outstation ['aʊt,steɪʃn / out·sta·tion] *s.* stazione decentrata, nei sobborghi, in aperta campagna.

to **outstay** [,aʊt'steɪ / out·stay] *v.tr.* trattenersi più a lungo di // *to — one's welcome*, prolungare troppo una visita.

to **outstep** [,aʊt'step / out·step] *pass.p.p.* **outstepped** [,aʊt'stept / out·stepped] *v.tr.* sorpassare, superare il limite di.

outstretched [,aʊt'stretʃt / out·stretched] *agg.* disteso; spiegato: *with — arms*, a braccia aperte.

to **outstrip** [,aʊt'strɪp / out·strip] *pass.p.p.* **outstripped** [,aʊt'strɪpt / out·stripped] *v.tr.* **1** superare in corsa, in velocità **2** (*fig.*) eccellere, superare: *production this January has outstripped last year's record*, la produzione di quest'anno ha superato il record dell'anno scorso.

outtake ['aʊteɪk / out·take] *s.* (*radio*, *tv*, *cinem.*) taglio.

to **outtalk** [,aʊt'tɔ:k / out·talk] *v.tr.* sopraffare la voce di; parlare più di: *I thought you were a chatterbox but he can — you*, ti consideravo un chiacchierone ma lui ti batte.

outturn ['aʊtɜ:n / out·turn] *s.* (*econ.*) quantità prodotta; resa: *budget* —, risultante di bilancio, gettito fiscale effettivo (rispetto alle previsioni).

to **outvie** [aut'vaɪ / out·vie] *v.tr.* (*letter.*) superare, sorpassare, vincere.

to **outvote** [,aʊt'vəʊt / out·vote] *v.tr.* avere, ottenere più voti di.

to **outwalk** [,aʊt'wɔ:k / out·walk] *v.tr.* camminare più lesto di; andare più lontano di.

outward ['aʊtwəd / out·ward] *agg.* **1** esterno // (*econ.*) — *investment*, investimenti all'estero **2** apparente; esteriore: *to all — appearances*, a giudicare dalle apparenze **3** verso l'esterno, d'andata ◆ *s.* aspetto esteriore ◆ *avv.* **1** al di fuori; esternamente **2** (*form.*) verso l'esterno: — *bound*, diretto verso l'esterno // **-ness** *s.*

outwardly ['aʊtwədlɪ / out·ward·ly] *avv.* **1** esternamente **2** apparentemente, in apparenza.

outwards ['aʊtwədz / out·wards] *avv.* → **outward**.

outwash ['aʊtwɒʃ / out·wash] *s.* (*geol.*) deposito di dilavamento glaciale.

to **outwear** [,aʊt'weə* / out·wear] *pass.* **outwore** [,aʊt'wɔ:* / out·wore] *p.p.* **outworn**

[,aʊt'wɔːn / out·worn] *v.tr.* (*non com.*) **1** sciupare, logorare (indumenti) **2** trascorrere, passare (tempo) **3** durare più a lungo di.

to **outweigh** [,aʊt'weɪ / out·weigh] *v.tr.* (*form.*) **1** pesare più di; superare nel peso **2** superare (in valore, importanza).

outwent *pass.* di to **outgo**.

to **outwit** [,aʊt'wɪt / out·wit] *pass.p.p.* **outwitted** [,aʊt'wɪtɪd / out·wit·ted] *v.tr.* **1** superare in astuzia: *he was outwitted*, ha trovato qualcuno più abile di lui **2** (*fam.*) mettere nel sacco.

outwore *pass.* di to **outwear**.

outwork ['aʊtwɜːk / out·work] *s.* **1** (*mil.*) fortificazione esterna **2** lavoro a domicilio, esterno.

to **outwork** [,aʊt'wɜːk] *v.tr.* (*non com.*) **1** lavorare meglio, più in fretta di **2** portare a termine, finire.

outworker ['aʊt,wɜːkə* / out·worker] *s.* lavoratore a domicilio.

outworn *p.p.* di to **outwear** ◆ *agg.* logoro; trito; vecchio, sorpassato; fuori tempo, moda.

ouzel ['uːzl / ou·zel] *s.* (*zool.*) merlo → **blackbird**.

oval ['əʊvl] *agg.* e *s.* ovale.

ovalbumin [,əʊvl'bjuːmɪn / ov·albu·min] *s.* (*biochim.*) ovoalbumina.

ovarial [əʊ'veərɪəl] *agg.* (*med.*) ovarico: — *function*, funzione ovarica.

ovarian [əʊ'veərɪən] *agg.* **1** (*med.*) ovarico: — *cyst*, cisti ovarica **2** (*bot.*) dell'ovario, ovarico.

ovariectomy [,əʊvərɪ'ektəmɪ / ova·ri·ec·tomy] *s.* (*med.*) ovariectomia.

ovariotomy [əʊ,veərɪ'ɒtəmɪ / ova·ri·otomy] *s.* (*med.*) ovariotomia.

ovary ['əʊvərɪ] *s.* **1** (*anat.*) ovaia **2** (*bot.*) ovario.

ovate ['əʊveɪt] *agg.* ovoidale, ovato.

ovation [əʊ'veɪʃn / ova·tion] *s.* ovazione: *to receive an* —, ottenere un'ovazione; *she received a standing* —, il pubblico s'alzò per applaudirla.

oven ['ʌvn] *s.* forno: *electric, microwave* —, forno elettrico, a microonde: *in a quick* —, a forno caldo; *to cook sthg. in a gentle* (o *slow*) —, cuocere qlco. a forno moderato // *Dutch* —, forno da campagna con brace intorno e sopra.

oven-bird ['ʌvnbɜːd] *s.* (*zool.*) fornaio.

ovenproof ['ʌvnpruːf / oven·proof] *agg.* pirofilo, resistente al calore.

ovenware ['ʌvnweə* / ov·en·ware] *s.* [U] stoviglie, vasellame da forno.

over ['əʊvə*] *agg.* terminato, finito: *the conference is* —, la conferenza è terminata; *when the crisis was — we got back to normal*, passata la crisi, si tornò alla normalità // *get it — (with)*, falla, facciamola, fatela finita // — *and done with*, (*fam.*) finalmente terminato; fatto e finito: *over and done with, I muttered*, (T.S. ELIOT) finito e spacciato, bisbigliai.

over *avv.* **1** (*per indicare movimento o posizione*) (di) sopra, al di sopra; al di là, dall'altra parte: *at the air display the planes flew — us very low*, durante l'esibizione (aerea) gli aerei ci sorvolarono a bassissima quota; *the ball went — and into the road*, la palla passò al di sopra (del muro) e cadde nella strada; *he walked — to the door*, andò alla porta; *there's no gate in the fence, you'll have to climb* —, non c'è ingresso nella staccionata, dovrete scavalcare; *come — here!*, vieni qui!; *the book's — there*, il libro è laggiù; *they met on the plane coming — to England*, s'incontrarono sull'aereo che veniva in Inghilterra; *pass it* —, passamelo; *he fell — in the mud*, cadde in mezzo al fango // *a motor-cycle knocked him* —, una motocicletta lo ha investito // *she leaned — to me and whispered in my ear*, si spiegò verso di me e mi sussurrò all'orecchio // *she turned the page — and saw the photo*, voltò la pagina e vide la foto // *I had only £ 3 (left)* —, mi erano rimaste solo 3 sterline // *that's him all* —, è proprio da lui; è tipico di lui **2** di più, in più, in eccesso: *children of 14 and* —, ragazzi di 14 anni e più; *when we finished the game we had a card* —, quando terminammo la partita avevamo una carta in più **3** (*con uso enfatico, per indicare ripetizione*): *I've told them three times —!*, gliel'ho detto tre volte di seguito; *he had been in jail many times* —, era stato ripetutamente in carcere // (*all*) — *again*, di nuovo, ancora una volta: *the boss wasn't satisfied, we had to do it (all) — again*, il capo non era soddisfatto, abbiamo dovuto rifarlo (un'altra volta); *we examined the documents all — again*, abbiamo riesaminato i documenti; *it was like being in the army all — again*, era come essere di nuovo militare // — *and —* (*again*), ripetutamente: *he said the same thing — and — again*, continuava a ripetere la stessa cosa **4** (*nelle comunicazioni*) passo: *and now — to our correspondent in New York*, ed ora (passiamo) la linea al nostro corrispondente a New York; — *to you, John*, (passo) la linea a te, John; *Please repeat your message. Over*, Ripetete il messaggio, per favore. Passo; — *and out*, passo e chiudo **5** Si usa per formare 'phrasal verbs' (p.e. *to give* —, *to run* — ecc.); cfr. tali verbi.

over *prep.* **1** (*per indicare movimento o posizione*) su, sopra, al di sopra di: *the TV satellite was — the Atlantic*, il satellite televisivo era sopra l'Atlantico; *there was a lamp hanging — the table*, c'era una lampada al di sopra del tavolo; *we talked about it — the phone*, ne parlammo al telefono; *we lived — a shop in the high street*, abitavamo sopra un negozio nella strada principale; *they put canvas — the hole in the roof*, ricoprirono con tessuto impermeabile il buco nel tetto; *he was wearing a dressing-gown — his pyjamas*, sopra il pigiama portava una vestaglia; *she had a veil — her face*, aveva un velo sul viso; *his hair came down — his eyes*, i capelli gli scendevano sugli occhi; *a look of horror came — his face*, uno sguardo di orrore apparve sul suo volto; *there was a bridge — the river*, c'era un ponte sul fiume // (*mat.*) *8 — 4 is 2*, 8 fratto 4 è uguale a 2 // *all* —, dappertutto (in): *he's travelled all — the world*, ha viaggiato in tutto il mondo; *the news was all — the town in no time*, la notizia si sparse rapidamente in tutta la città; *to be all — s.o.*, (*fig.*) far festa a qlcu., accoglierlo festosamente **2** (*direzione*) su, sopra; verso: *the window looked out — the park*, la finestra guardava sul parco; *he looked cautiously — the steep cliff*, guardò timidamente dall'alto del precipizio; *the spilt ink ran — the page*, l'inchiostro versato macchiò tutta la pagina; *she looked at him — the top of her glasses*, lo sbirciò al di sopra degli occhiali; *I glanced — the first page of the newspaper*, scorsi con lo sguardo la prima pagina del giornale; *the tobacconist's just — the road*, il tabaccaio è dall'altro lato della strada **3** su, sopra; nei confronti di: *he has no control — himself*, non sa controllarsi; *they have no authority — us*, non hanno autorità su di noi; *they celebrated their victory — the enemy*, celebravano la loro vittoria sul nemico; *I must break his hold — me*, devo annullare la sua influenza su di me; *the emergency must take priority — other problems*, l'emergenza deve avere la priorità sugli altri problemi **4** circa, riguardo a; a causa di, per: *you'll get into trouble — that remark*, andrete nei guai per quella osservazione; *I was worried — the phone call I'd received*, ero preoccupato per la telefonata che avevo ricevuto; *they had a quarrel — paying the bill*, ebbero una discussione su chi doveva pagare il conto **5** durante: *she had flu — Easter*, ha avuto l'influenza durante il periodo pasquale; *we talked about his prospects — lunch*, durante il pranzo abbiamo parlato del suo futuro; *they painted their flat — the holidays*, hanno imbiancato l'appartamento durante le vacanze **6** più di, oltre: *she must be — fifty*, deve avere più di cinquant'anni; *the lecture was — two hours long*, la conferenza è durata più di due ore; *this watch cost me — £ 100*, questo orologio mi è costato più di 100 sterline; *they stayed with us for — a month*, sono stati da noi per più di un mese // — *and above*, oltre a, in aggiunta a: — *and above the rent, there are the expenses to pay*, oltre all'affitto, ci sono tutte le spese da pagare.

over *s.* **1** (*comm.*) eccedenza **2** (*cricket*) serie di palle (sei o otto) **3** (*maglieria*) aumento **4** (*mil.*) colpo lungo (proiettile o bomba che va oltre il bersaglio).

over- *pref.* di origine anglosassone che indica **1** sovrabbondanza, eccesso: it. super-; stra-; iper-: — *-active*, iperattivo; *to overburden*, sovraccaricare; *overfeeding*, superalimentazione **2** sopra, al di sopra di: *to overflow*, traboccare.

overabundance [,əʊvərə'bʌndəns / over·abund·ance] *s.* sovrabbondanza.

overabundant [,əʊvərə'bʌndənt / over·abund·ant] *agg.* sovrabbondante.

to **overact** [,əʊvər'ækt / over·act] *v.tr.* e *intr.* (*teatr.*) esagerare (una parte); caricare (un'interpretazione); eccedere; strafare.

over-active [,əʊvər'æktɪv] *agg.* iperattivo.

overage [,əʊvər'eɪdʒ / over·age] *agg.* troppo vecchio; che ha superato i limiti d'età.

overall [,əʊvər'ɔːl / over·all] *agg.* complessivo, globale; completo: *his — impression was favourable*, la sua impressione generale è stata buona // — *dimensions*, dimensioni d'ingombro // (*amm.*) — *balance*, saldo globale // (*mar.*) — *length*, lunghezza fuori tutto // (*rad.*): — *attenuation*, attenuazione globale; — *gain*, guadagno totale // (*chim.*) — *efficiency*, efficienza globale ◆ *avv.* complessivamente, globalmente; nell'insieme: —, *little has changed*, nell'insieme poco è cambiato.

overall ['əʊvərɔːl] *s.* **1** (*brit.*) grembiule, vestaglia da lavoro AMER. work coat **2** (*amer.*) tuta intera (da lavoro) BRIT. boiler suit, overalls.

overalls ['əʊvərɔːlz / over·alls] *s.pl.* **1** (*brit.*) tuta intera (da lavoro) SIN. boiler suit **2** (*amer.*) pantaloni da lavoro con pettorina, salopette BRIT. dungarees.

to **overarch** [,əʊvər'ɑːtʃ / over·arch] *v.tr.*

(*form.*) coprire con una volta; formare un arco, una volta sopra.

overarm ['əʊvərɑ:m / over·arm] *agg.* fatto con il braccio sollevato al di sopra della spalla (di tiro) ◆ *avv.* portando il braccio al di sopra della spalla; dall'alto.

overate [,əʊvər'et *amer.* ,əʊvər'eɪt / over·ate] *pass.* di to **overeat**.

to **overawe** [,əʊvər'ɔ: / over·awe] *v.tr.* intimidire; impressionare; ispirare timore reverenziale a; mettere in soggezione.

overbalance [,əʊvə'bæləns / over·bal·ance] *s.* (*form.*) **1** eccedenza; sovrappiù **2** squilibrio; disequilibrio.

to **overbalance** *v.tr.* **1** pesare più di; superare in peso **2** (*fig.*) preponderare su; prevalere su **3** sbilanciare; far perdere l'equilibrio a ◆ *v.intr.* sbilanciarsi.

to **overbear** [,əʊvə'beə* / over·bear] *pass.* **overbore** [,əʊvə'bɔ:* / over·bore] *p.p.* **overborne** [,əʊvə'bɔ:n / over·borne] *v.tr.* sopraffare; soverchiare; dominare; sottomettere (*anche fig.*) ◆ *v.intr.* portare frutti in eccesso (di albero).

overbearing [,əʊvə'beərɪŋ / over·bear·ing] *agg.* **1** arrogante; dispotico; imperioso; autoritario **2** irresistibile; soverchiante; opprimente // **-ly** *avv.* // **-ness** *s.*

to **overbid** [,əʊvə'bɪd / over·bid] *pass.* **overbid** *p.p.* **overbidden** [,əʊvə'bɪdn / over·bid·den] *v.tr.* e *intr.* **1** rilanciare (nelle aste) **2** (*bridge*) fare una dichiarazione troppo alta.

overblouse ['əʊvə,blaʊz / over·blouse] *s.* camicione.

to **overblow** [,əʊvə'bləʊ / over·blow] *pass.* **overblew** [,əʊvə'blu: / over·blew] *p.p.* **overblown** [,əʊvə'bləʊn / over·blown] *v.tr.* **1** coprire, ricoprire di neve, polvere ecc. **2** spazzar via; soffiar via **3** (*fig.*) gonfiare; esagerare **4** insufflare ◆ *v.intr.* indebolirsi, calmarsi, diminuire (di tempesta).

overblown *p.p.* di to **overblow** ◆ *agg.* **1** (*bot.*) sfiorito **2** gonfiato; esagerato; eccessivo; pretenzioso.

overboard ['əʊvəbɔ:d / over·board] *avv.* (*mar.*) fuori bordo; in, a mare: *to throw —*, gettare a mare (*anche fig.*); *man —!*, uomo in mare!; *to go — for, about s.o., sthg.*, (*fam.*) perdere la testa per qlcu., qlco.

to **overboil** [,əʊvə'bɔɪl / over·boil] *v.tr.* e *intr.* (far) bollire troppo.

overbold [,əʊvə'bəʊld / over·bold] *agg.* (*form.*) sfacciato; presuntuoso; impudente // **-ly** *avv.* // **-ness** *s.*

to **overbook** [,əʊvə'bʊk / over·book] *v.intr.* e *tr.* (*comm.*) vendere, prenotare più (posti, stanze ecc.) di quanti siano disponibili.

overbore *pass.* di to **overbear**.

overborne *p.p.* di to **overbear**.

overbought *pass.p.p.* di to **overbuy** ◆ *agg.* (*Borsa*) (*di mercato*) con quotazioni tenute alte artificiosamente mediante massicci acquisti: — *position*, posizione lunga, posizione netta attiva.

overbridge ['əʊvəbrɪdʒ / over·bridge] *s.* (*rar.*) sovrappasso, cavalcavia.

to **overbrim** [,əʊvə'brɪm / over·brim] *pass.p.p.* **overbrimmed** [,əʊvə'brɪmd / over·brimmed] *v.tr.* e *intr.* (*rar.*) traboccare (da).

to **overbuild** [,əʊvə'bɪld / over·build] *pass.p.p.* **overbuilt** [,əʊvə'bɪlt / over·built] *v.tr.* e *intr.* sovraccaricare di costruzioni (una zona); edificare in modo eccessivo, incontrollato.

overbuilt *pass.p.p.* di to **overbuild** ◆ *agg.* sovraccarico di costruzioni; troppo edificato; sovracostruito.

overburden [,əʊvə'bɜ:dn / over·bur·den] *s.* **1** sovraccarico **2** (*miner.*) copertura, materiali di copertura.

to **overburden** *v.tr.* sovraccaricare (*anche fig.*): *don't — him with work*, non sovraccaricarlo di lavoro.

overbusy [,əʊvə'bɪzɪ / over·busy] *agg.* **1** occupatissimo **2** troppo zelante; che si dà troppo da fare.

to **overbuy** [,əʊvə'baɪ / over·buy] *pass.p.p.* **overbought** [,əʊvə'bɔ:t / over·bought] *v.tr.* (*comm.*) comprare in eccesso rispetto alle necessità correnti.

to **overcall** [,əʊvə'kɔ:l / over·call] *v.tr.* e *intr.* (*bridge*) alzare la dichiarazione.

overcame *pass.* di to **overcome**.

overcapacity [,əʊvəkə'pæsɪtɪ / over·ca·pa·city] *s.* (*econ.*) sovracapacità.

to **overcapitalize** [,əʊvə'kæpɪtəlaɪz / over·cap·it·al·ize] *v.tr.* (*econ.*) sovracapitalizzare (una società).

overcareful [,əʊvə'keəfʊl / over·care·ful] *agg.* **1** troppo accurato **2** troppo prudente.

overcast [,əʊvə'kɑ:st *amer.* ,əʊvə'kæst / over·cast] *pass.p.p.* di to **overcast** ◆ *agg.* **1** nuvoloso, coperto **2** (*fig.*) depresso; triste; cupo ◆ *s.* **1** copertura **2** (*meteor.*) cortina di nubi **3** sopraggitto.

to **overcast** *pass.p.p.* **overcast** *v.tr.* **1** (*form.*) rannuvolare; offuscare; oscurare **2** (*fig.*) rattristare, offuscare: *sadness — the last year of his life*, la tristezza offuscò gli ultimi anni della sua vita **3** cucire a sopraggitto ◆ *v.intr.* rannuvolarsi; oscurarsi; offuscarsi.

overcautious [,əʊvə'kɔ:ʃəs / over·cau·tious] *agg.* eccessivamente cauto; troppo prudente // **-ly** *avv.*

overcharge [,əʊvə'tʃɑ:dʒ / over·charge] *s.* **1** sovraccarico **2** prezzo eccessivo; sovrapprezzo; onere non dovuto: (*dir.*) *fraudulent —*, sovrapprezzo illecito.

to **overcharge** *v.tr.* **1** far pagare troppo caro: *they overcharged him one pound*, gli fecero pagare una sterlina in più del giusto prezzo, del dovuto **2** (*form.*) sovraccaricare; appesantire (*anche fig.*): *to — a book with quotations*, sovraccaricare un libro di citazioni **3** esagerare ◆ *v.intr.* far pagare un prezzo eccessivo.

to **overcloud** [,əʊvə'klaʊd / over·cloud] *v.tr.* **1** rannuvolare **2** (*fig.*) rattristare ◆ *v.intr.* **1** rannuvolarsi **2** (*fig.*) rattristarsi.

overcoat ['əʊvəkəʊt / over·coat] *s.* **1** cappotto; soprabito **2** verniciatura protettiva.

to **overcome** [,əʊvə'kʌm / over·come] *pass.* **overcame** [,əʊvə'keɪm] *p.p.* **overcome** *v.tr.* **1** superare; vincere; dominare (*anche fig.*): *to — an obstacle*, superare un ostacolo **2** sopraffare (*anche fig.*): *she was — by* (o *with*) *emotion*, era sopraffatta dall'emozione ◆ *v.intr.* essere vittorioso, vincere.

to **overcompensate** [,əʊvə'kɒmpənseɪt / over·com·pen·sate] *v.intr.* (*psic.*) compensare con atteggiamenti eccessivi, anormali ◆ *v.tr.* compensare, pagare in modo eccessivo.

overcompensation [,əʊvə,kɒmpen'seɪʃn / over·com·pen·sa·tion] *s.* (*psic.*) atteggiamento compensatorio eccessivo, anormale.

overconfidence [,əʊvə'kɒnfɪdəns / over·con·fid·ence] *s.* eccessiva sicurezza (di sé).

overconfident [,əʊvə'kɒnfɪdənt / over·con·fid·ent] *agg.* troppo sicuro di sé // **-ly** *avv.*

overcooked [,əʊvə'kʊkt / over·cooked] *agg.* troppo cotto; scotto.

to **overcrop** [,əʊvə'krɒp / over·crop] *pass.p.p.* **overcropped** [,əʊvə'krɒpt / over·cropped] *v.tr.* esaurire (un terreno) con coltivazioni intensive.

to **overcrowd** [,əʊvə'kraʊd / over·crowd] *v.tr.* sovraffollare, affollare, gremire eccessivamente ◆ *v.intr.* affollarsi, ammassarsi, stiparsi.

overcrowded [,əʊvə'kraʊdɪd / over·crowded] *agg.* **1** sovraffollato: *an — beach*, una spiaggia sovraffollata; *— cities*, città sovrappopolate **2** (*inform.*) sovraccarico, riempito troppo.

overcrowding [,əʊvə'kraʊdɪŋ / over·crowd·ing] *s.* **1** affollamento eccessivo **2** sovrappopolamento.

to **overdevelop** [,əʊvədɪ'veləp / over·de·velop] *v.tr.* **1** sviluppare troppo **2** (*fot.*) sovrasviluppare.

overdeveloped [,əʊvədɪ'veləpt / over·de·veloped] *agg.* troppo sviluppato; (*fig.*) esagerato, sproporzionato: *an — sense of duty*, un esagerato senso del dovere.

to **overdo** [,əʊvə'du:] *pass.* **overdid** [,əʊvə'dɪd / over·did] *p.p.* **overdone** [,əʊvə'dʌn / over·done] *v.tr.* **1** esagerare, eccedere in; fare eccessivo uso di: *she overdid her apology*, si scusò esageratamente; *that actress overdid her part*, quell'attrice ha esagerato troppo la sua parte, ha recitato con troppa enfasi; *don't — the salt*, non esagerare col sale **2** stancare, affaticare; pretendere troppo da: *don't — yourself when you're jogging*, non affaticarti troppo, non eccedere quando fai jogging // *to — it*, ammazzarsi di lavoro **3** (far) cuocere troppo, far scuocere ◆ *v.intr.* eccedere; strafare.

overdone *p.p.* di to **overdo** ◆ *agg.* stracotto, cotto troppo.

overdose ['əʊvədəʊs / over·dose] *s.* overdose, dose eccessiva (di droga, narcotici ecc.): *to die of an —*, morire di overdose, per un'overdose.

to **overdose** [,əʊvə'dəʊs] *v.tr.* somministrare (droga, narcotici ecc.) in dosi eccessive a; somministrare dosi eccessive di (droga, narcotici ecc.) a ◆ *v.intr.* prendere una droga, un narcotico ecc. in dosi eccessive: *he overdosed on heroin and was found dead in his room*, si iniettò un'overdose di eroina e fu trovato morto nella sua stanza.

overdraft ['əʊvədrɑ:ft *amer.* 'əʊvədræft / over·draft] *s.* **1** (*banca*) scoperto: *current account —*, scoperto di conto corrente; *lowest —*, massimo scoperto // *— (facility)*, apertura di credito allo scoperto, fido: *to give s.o. an —*, fare, concedere un fido a qlcu. **2** (*metall.*) incurvamento verso l'alto.

to **overdraw** [,əʊvə'drɔ: / over·draw] *pass.* **overdrew** [,əʊvə'dru: / over·drew] *p.p.* **overdrawn** [,əʊvə'drɔ:n / over·drawn] *v.tr.* **1** esagerare (una descrizione, un racconto) **2** (*banca*) prelevare (dal proprio conto) più di quanto vi è depositato; andare in scoperto, in rosso di // *to be overdrawn*, essere scoperto (di conto), in rosso (di correntista).

to **overdress** [,əʊvə'dres / over·dress] *v.tr.* **1** vestire con eccessiva eleganza, ricercatezza; vestire in modo troppo vistoso **2** vestire con abiti troppo pesanti, vestire troppo ◆ *v.intr.* vestire, vestirsi con eccessiva eleganza, ricercatezza; vestire, vestirsi in modo troppo vistoso.

overdrew *pass.* di to **overdraw**.

overdrive ['əʊvədraɪv / over·drive] *s.* (*aut.*) overdrive, marcia sovramoltiplicata.

to **overdrive** [,əʊvə'draɪv / over·drive] *pass.* **overdrove** [,əʊvə'drəʊv / over·drove] *p.p.* **overdriven** [,əʊvə'drɪvn / over·driven] *v.tr.* (*non com.*) **1** affaticare; esaurire **2** sfruttare eccessivamente, oltre i limiti di resistenza **3** (*aut.*) tenere una velocità eccessiva, oltre i limiti di sicurezza.

overdue [,əʊvə'dju: *amer.* ,əʊvə'du:] *agg.* **1** (*comm.*) in sofferenza, scaduto: — *delivery*, ritardo nella consegna; (*fin.*) — *interests*, interessi di mora **2** in ritardo: *the train is an hour* —, il treno è in ritardo di un'ora // *the book is* —, il prestito del libro è scaduto // *Joan's baby's a week* —, il bambino di Joan tarda di una settimana, il termine di gravidanza di Joan è scaduto da una settimana **3** atteso, in attesa da (troppo) tempo: *this reform was long* —, questa riforma era attesa da troppo, da lungo tempo; *I'm — for a haircut*, ho urgente bisogno di un taglio di capelli.

to **overeat** [,əʊvər'i:t / over·eat] *pass.* **overate** [,əʊvər'et *amer.* ,əʊvər'eɪt / over·ate] *p.p.* **overeaten** [,əʊvər'i:tn / over·eaten] *v.intr.* (e *tr.* nella forma rifl.) mangiare troppo: *to* — (*oneself*), rimpinzarsi.

to **overemphasize** [,əʊvər'emfɪsaɪz / over·em·phas·ize] *v.tr.* dare troppa enfasi a.

overemphasizing [,əʊvər'emfəzaɪzɪŋ / over·em·phas·iz·ing] *s.* enfatizzazione.

overestimate [,əʊvər'estɪmət / over·es·tim·ate] **overestimation** ['əʊvər,estɪ'meɪʃn / over·es·tima·tion] *s.* sovrastima, supervalutazione.

to **overestimate** [,əʊvər'estɪmeɪt] *v.tr.* sopravvalutare; stimare eccessivamente; sovrastimare: *we overestimated the time the job would take*, abbiamo sopravvalutato, valutato in eccesso il tempo che il lavoro avrebbe richiesto.

overexcitable [,əʊvərɪk'saɪtəbl / over·ex·cit·able] *agg.* sovraeccitabile.

to **overexcite** [,əʊvərɪk'saɪt / over·ex·cite] *v.tr.* sovraeccitare.

overexcitement [,əʊvərɪk'saɪtmənt / over·ex·cite·ment] *s.* sovraeccitazione.

to **overexert** [,əʊvərɪg'zɜ:t / over·ex·ert] *v.tr.* stancare; sforzare eccessivamente: *to — oneself*, abusare delle proprie forze.

to **overexpose** [,əʊvərɪk'spəʊz / over·ex·pose] *v.tr.* (*fot.*) sovraesporre.

overexposure [,əʊvərɪk'spəʊʒə* / over·ex·pos·ure] *s.* (*fot.*) sovraesposizione.

overfall ['əʊvəfɔ:l / over·fall] *s.* **1** (*non com.*) tratto di mare, di fiume agitato per marea, correnti **2** (*tecn. idraulica*) stramazzo **3** (*ant.*) cascata.

to **overfeed** [,əʊvə'fi:d / over·feed] *pass.p.p.* **overfed** [,əʊvə'fed / over·fed] *v.tr.* nutrire eccessivamente, sovralimentare ◆ *v.intr.* nutrirsi eccessivamente, mangiare troppo.

overfeeding [,əʊvə'fi:dɪŋ / over·feed·ing] *s.* superalimentazione.

to **overfill** [,əʊvə'fɪl / over·fill] *v.tr.* riempire troppo ◆ *v.intr.* riempirsi troppo.

to **overfish** [,əʊvə'fɪʃ / over·fish] *v.tr.* esaurire le risorse ittiche di.

overflew *pass.* di to **overfly**.

overflow ['əʊvəfləʊ / over·flow] *s.* **1** inondazione; straripamento **2** (*fig.*) sovrabbondanza; profusione, eccedenza **3** (*idraulica*) troppopieno; sfioratore **4** (*tecn.*) liquido traboccato **5** (*inform.*) superamento di capacità; (IBM) eccedenza (di dati); fine pagina: — *test*, (COBOL) condizione di eccedenza; — *area*, campo da usare in caso di superamento della capacità.

to **overflow** [,əʊvə'fləʊ] *v.tr.* **1** inondare, sommergere; far straripare **2** (*fig.*) invadere, inondare: *the crowd overflowed the streets*, la folla inondò le strade ◆ *v.intr.* straripare; traboccare (*anche fig.*): *hundreds of people overflowed into the square, onto the stairs*, centinaia di persone si riversarono nella piazza, sulle scale; *the room was overflowing with people*, la stanza traboccava di gente; *to — with gratitude, joy*, traboccare, essere colmo di gratitudine, di gioia.

overflowing [,əʊvə'fləʊɪŋ / over·flow·ing] *agg.* **1** traboccante; straripante **2** (*fig.*) sovrabbondante ◆ *s.* **1** inondazione; straripamento **2** (*fig.*) sovrabbondanza, eccesso // *the cinema was full to* —, il cinema era pieno zeppo; *she was full to — with happiness*, era traboccante di felicità.

to **overfly** [,əʊvə'flaɪ / over·fly] *pass.* **overflew** [,əʊvə'flu: / over·flew] *p.p.* **overflown** [,əʊvə'fləʊn / over·flown] *v.tr.* sorvolare.

overfond [,əʊvə'fɒnd / over·fond] *agg.* troppo appassionato, troppo amante; troppo affezionato: *to be — of chocolate*, andare pazzo per il cioccolato; *he's — of making personal remarks*, fa troppe osservazioni personali.

overfull [,əʊvə'fʊl / over·full] *agg.* (*non com.*) troppo pieno, pieno zeppo; sazio.

overgarment ['əʊvəgɑ:mənt / over·gar·ment] *s.* (*form.*) capo di vestiario esterno.

to **overgrow** [,əʊvə'grəʊ / over·grow] *pass.* **overgrew** [,əʊvə'gru: / over·grew] *p.p.* **overgrown** [,əʊvə'grəʊn / over·grown] *v.tr.* **1** coprire, ricoprire di vegetazione **2** (*non com.*) crescere troppo, troppo in fretta per; diventare troppo grande per: *he has overgrown all his clothes*, è cresciuto tanto che tutti gli abiti gli sono divenuti stretti ◆ *v.intr.* **1** coprirsi di vegetazione **2** crescere troppo; diventare troppo grande.

overgrown *p.p.* di to **overgrow** ◆ *agg.* **1** cresciuto troppo **2** coperto: *to be all — with*, essere tutto coperto di; *the place was — with ivy*, il posto era completamente ricoperto di edera.

overgrowth ['əʊvəgrəʊθ / over·growth] *s.* **1** vegetazione rigogliosa, eccessiva **2** crescita sovrabbondante, eccessiva (di animale).

overhand ['əʊvəhænd / over·hand] *agg.* **1** → overarm **2** cucito a sopraggitto ◆ *avv.* **1** → overarm **2** a sopraggitto.

overhang ['əʊvəhæŋ / over·hang] *s.* **1** sporgenza // (*fin.*) — *of liquidity*, eccesso incombente di liquidità **2** (*arch.*) sporgenza, aggetto **3** (*geogr.*) strapiombo.

to **overhang** [,əʊvə'hæŋ] *pass.p.p.* **overhung** [,əʊvə'hʌŋ / over·hung] *v.tr.* **1** sporgere su; strapiombare su; sovrastare: *a slight mist overhung the forest*, una nebbia leggera sovrastava la foresta **2** (*non com.*) (*fig.*) minacciare, incombere su ◆ *v.intr.* pendere; essere sospeso; aggettare.

overhanging [,əʊvə'hæŋɪŋ / over·hang·ing] *agg.* **1** sovrastante; sospeso; incombente **2** (*arch.*) aggettante, sporgente, a sbalzo.

overhaul ['əʊvəhɔ:l / over·haul] *s.* revisione, esame minuzioso.

to **overhaul** [,əʊvə'hɔ:l] *v.tr.* **1** verificare; revisionare **2** (*fig.*) rivedere, rinnovare; controllare: *the company is overhauling its organization*, la compagnia sta rivedendo la propria organizzazione; *the university has overhauled the admissions system*, l'università ha rinnovato il sistema di ammissione **3** raggiungere, sorpassare, superare.

overhead [,əʊvə'hed / over·head] *agg.* **1** alto; sopra la testa // (*mil.*) — *fire*, tiro al disopra delle truppe amiche **2** (*mecc.*) in testa: — *camshaft*, albero a camme in testa; (*aut.*) — *-valve engine*, motore a valvole in testa **3** (*chim.*) di testa: — *product*, prodotto di testa (di una distillazione) **4** aereo: — *wires*, fili aerei **5** (*comm.*) generale, globale: — *charges* (o *costs*), spese generali; *public — capital*, infrastruttura, capitale fisso sociale.

overhead *avv.* in alto, al di sopra: *the people in the room* —, la gente nella stanza di sopra; *an aeroplane passed low* —, un aereo è passato a bassa quota sopra di noi.

overhead ['əʊvəhed / over·head] *s.* **1** (*inform.*) informazione addizionale **2** *pl.* (*comm.*) spese generali.

overhead projector [,əʊvəhedprəʊ 'dʒektə*] *s.* lavagna luminosa.

overhead-travelling crane [,əʊvəhed 'trævlɪŋ,kreɪn] *s.* (*mecc.*) carroponte, gru a ponte.

to **overhear** [,əʊvə'hɪə* / over·hear] *pass.p.p.* **overheard** [,əʊvə'hɜ:d / over·heard] *v.tr.* udire per caso; sorprendere (una conversazione): *he overheard a few words*, colse alcune parole.

to **overheat** [,əʊvə'hi:t / over·heat] *v.intr.* **1** surriscaldarsi **2** (*fig.*) eccitarsi ◆ *v.tr.* surriscaldare.

overheating [,əʊvə'hi:tɪŋ / over·heat·ing] *s.* **1** surriscaldamento **2** (*fig.*) eccitazione.

overhung *pass.p.p.* di to **overhang**.

to **overindulge** [,əʊvər'ɪndʌldʒ / over·in·dulge] *v.tr.* viziare ◆ *v.intr.* indulgere eccessivamente, lasciarsi andare: *she overindulged in cakes*, si è rimpinzata di dolci.

overindulgence [,əʊvərɪn'dʌldʒəns / over·in·dul·gence] *s.* **1** eccessiva bontà, indulgenza **2** abuso, eccesso (nel bere ecc.).

overinsurance [,əʊvərɪn'ʃʊərəns / over·in·sur·ance] *s.* (*assicurazioni*) sovrassicurazione del bene assicurato.

overinvoicing [,əʊvər'ɪnvɔɪsɪŋ / over·in·voi·cing] *s.* (*comm.*) sovraffatturazione: — *of imports*, sovraffatturazione delle importazioni.

overissue ['əʊvər'ɪʃu: / over·issue] *s.* (*fin.*) sovraemissione, emissione eccessiva.

to **overissue** [,əʊvər'ɪʃu:] *v.tr.* (*fin.*) emettere in eccesso (azioni ecc.).

overjoyed [,əʊvə'dʒɔɪd / over·joyed] *agg.* felicissimo, pazzo di gioia: *she was — at seeing him again*, fu felicissima di rivederlo.

overkill ['əʊvəkɪl / over·kill] *s.* **1** potenziale (nucleare) distruttivo superiore al necessario per annientare una nazione **2** eccesso; esagerazione.

overkind [,əʊvə'kaɪnd / over·kind] *agg.* troppo gentile // **-ness** *s.*

to **overlabour** ['ouvə'leɪbə* / over·la·bour] *v.tr.* **1** elaborare troppo **2** sviscerare (un argomento).

overladen [,əʊvə'leɪdn / over·laden] *agg.* stracarico, sovraccarico.

overlaid *pass.p.p.* di to **overlay**.

overlain *p.p.* di to **overlie**.

overland [,əʊvə'lænd / over·land] *agg.* e *avv.* via terra.

overlap ['əʊvəlæp / over·lap] *s.* **1** sovrapposizione **2** parte sovrapposta.

to **overlap** [,əʊvə'læp] *pass.p.p.* **overlapped** [,əʊvə'læpt / over·lapped] *v.tr.* **1** coprire; (far) sovrapporre **2** (*fig.*) far coincidere ◆ *v.intr.* sovrapporsi; coincidere: *we've got two lessons that — on Tuesday morning*, ci sono due lezioni che si sovrappongono, che coincidono martedì mattina.

overlapping [,əʊvə'læpɪŋ / over·lap·ping] *s.* **1** sovrapposizione **2** (*fig.*) coincidenza **3** (*inform.*) sovrapposizione; simultaneità.

overlay ['əʊvəleɪ / over·lay] *s.* **1** copertura, ciò che serve a coprire qualcosa (p.e. copriletto, tovaglietta) **2** (*fig.*) velo, sfumatura **3** (*inform.*) sottoprogramma di copertura.

to **overlay** [,əʊvə'leɪ] *pass.p.p.* **overlaid** [,əʊvə'leɪd / over·laid] *v.tr.* **1** coprire, ricoprire **2** (*non com.*) (*fig.*) gravare, opprimere.

overlay *pass.* di to **overlie**.

overleaf [,əʊvə'li:f / over·leaf] *avv.* sul verso, sul retro della pagina.

to **overleap** [,əʊvə'li:p / over·leap] *pass.p.p.* **overleaped**, **overleapt** [,əʊvə'lept / over·leapt] *v.tr.* (*form.*) **1** saltare al di là di, oltrepassare // *to — oneself*, fallire per aver voluto troppo **2** omettere, tralasciare.

to **overlie** [,əʊvə'laɪ / over·lie] *pass.* **overlay** [,əʊvə'leɪ] *p.p.* **overlain** [,əʊvə'leɪn / over·lain] *v.tr.* **1** coprire **2** soffocare coricandosi sopra (un bambino, un animale) **3** (*non com.*) (*fig.*) opprimere; soffocare.

overload ['əʊvələʊd / over·load] *s.* carico eccessivo, superfluo; sovraccarico (*anche elettr.*).

to **overload** [,əʊvə'ləʊd] *v.tr.* caricare troppo; sovraccaricare (*anche elettr.*).

to **overlook** [,əʊvə'lʊk / over·look] *v.tr.* **1** guardare dall'alto; dominare dall'alto: *to — the town from the hill*, guardare la città dalla collina **2** trascurare; lasciarsi sfuggire: *I overlooked the fact*, questo fatto m'è sfuggito **3** tollerare, chiudere gli occhi su, passare sopra a **4** ispezionare; sorvegliare **5** (*rar.*) stregare; gettare il malocchio su.

overlord ['əʊvəlɔ:d / over·lord] *s.* **1** signore feudale, grande feudatario **2** signore supremo, sovrano.

overlordship ['əʊvəlɔ:dʃɪp / over·lord·ship] *s.* impero, sovranità.

overly ['əʊvəlɪ] *avv.* eccessivamente, troppo.

overlying [,əʊvə'laɪɪŋ / over·ly·ing] *agg.* sovrapposto.

overman ['əʊvəmæn / over·man] *pl.* **overmen** ['əʊvəmen] *s.* (*non com.*) **1** capo; capo reparto; soprintendente **2** (*fil.*) superuomo.

overmanned [,əʊvə'mænd / over·manned] *agg.* che ha troppo personale, che ha eccedenza di manodopera SIN. **overstaffed**.

overmanning [,əʊvə'mænɪŋ / over·man·ning] *s.* (*econ.*) esuberanza di manodopera.

overmasted ['əʊvəmɑ:stɪd *amer.* 'əʊvə mæstɪd / over·mas·ted] *agg.* (*mar.*) munito di alberi troppo alti o troppo pesanti.

to **overmaster** [,əʊvə'mɑ:stə* *amer.* ,əʊvə'mæstə* / over·mas·ter] *v.tr.* (*form.*) spadroneggiare su; dominare; soggiogare.

overmatch ['əʊvəmætʃ / over·match] *s.* (*non com.*) avversario di forze superiori.

to **overmatch** [,əʊvə'mætʃ] *v.tr.* essere più forte di; vincere, superare.

overmodest [,əʊvə'mɒdɪst / over·mod·est] *agg.* ultramodesto, eccessivamente modesto.

overmuch [,əʊvə'mʌtʃ / over·much] *agg.* eccessivo; soverchio ◆ *avv.* troppo, eccessivamente.

overnice [,əʊvə'naɪs / over·nice] *agg.* (*antiq.*) troppo delicato; esigente; incontentabile; cavilloso, pedante // **-ly** *avv.*

overnight [,əʊvə'naɪt / over·night] *agg.* **1** che si svolge durante la notte: *an — party*, una festa che dura tutta la notte **2** per, di una notte: *an — case*, valigia per l'occorrente di una notte; *an — stay*, permanenza di una notte // (*banca*) — (*deposit*), (deposito) 'overnight', deposito interbancario con scadenza il primo giorno lavorativo successivo a quello di negoziazione **3** immediato, istantaneo; improvviso, da un giorno all'altro: *the play was an — success*, la commedia ebbe un immediato successo ◆ *avv.* **1** durante la notte; fino al giorno successivo: *stay — and go away early tomorrow*, rimani stanotte e vai via domattina presto; *we arrived in Hong Kong on Tuesday, stayed —, and left next afternoon*, siamo arrivati a Hong Kong di martedì, abbiamo pernottato e siamo partiti nel pomeriggio del giorno dopo **2** improvvisamente, immediatamente, da un giorno all'altro: *we can't solve the problem —*, non possiamo risolvere il problema da un giorno all'altro; *he woke up and found he had become famous —*, svegliandosi si trovò improvvisamente famoso **3** (*rar.*) ieri sera ◆ *s.* (*rar.*) la sera precedente.

overpaid *pass.p.p.* di to **overpay**.

overparted [,əʊvə'pɑ:tɪd / over·parted] *agg.* (*letter.*) (*teatr.*) che ha una parte troppo difficile: *for Alisander, alas, you see how 'tis, a little o'erparted*, (SH. Love's Labour's Lost) per Alisandro, ahimè, avete visto com'è, una parte troppo difficile.

overpass ['əʊvəpɑ:s *amer.* 'əʊvəpæs / over·pass] *s.* (*amer.*) → **flyover**.

to **overpass** [,əʊvə'pɑ:s *amer.* ,əʊvə'pæs] *v.tr.* **1** attraversare; passare oltre; (*amer.*) volare sopra **2** sorpassare; eccedere; eccellere **3** trasgredire; trascurare, ignorare.

to **overpay** [,əʊvə'peɪ / over·pay] *pass.p.p.* **overpaid** [,əʊvə'peɪd / over·paid] *v.tr.* pagare più del dovuto; ricompensare troppo largamente, superpagare: *he's overpaid for the work he does*, è superpagato per il lavoro che fa.

overpayment [,əʊvə'peɪmənt / over·pay·ment] *s.* pagamento eccessivo, retribuzione eccessiva.

to **overpeople** [,əʊvə'pi:pl / over·people] *v.tr.* (*non com.*) sovrappopolare.

to **overpitch** [,əʊvə'pɪtʃ / over·pitch] *v.tr.* **1** (*cricket*) lanciare (la palla) troppo lontano **2** (*fig.*) esagerare: *to — one's praise of s.o.*, lodare qlcu. smodatamente.

to **overplay** [,əʊvə'pleɪ / over·play] *v.tr.* e *intr.* **1** (*teatr.*) esagerare (una parte); strafare **2** (*carte*) dichiarare troppo alto // *to — one's hand*, bluffare in modo esagerato (*anche fig.*) **3** (*golf*) fare un tiro troppo lungo.

overplus ['əʊvəplʌs / over·plus] *s.* (*non com.*) soprappiù, sovrabbondanza; eccesso; eccedenza.

overpopulated [,əʊvə'pɒpjʊleɪtɪd / over·popu·lated] *agg.* sovrappopolato.

overpopulation ['əʊvə,pɒpjʊ'leɪʃn / over·popu·la·tion] *s.* sovrappopolazione.

to **overpower** [,əʊvə'paʊə* / over·power] *v.tr.* sopraffare, soverchiare; opprimere; vincere; dominare; soggiogare, schiacciare: *grief overpowered him*, fu sopraffatto dal dolore.

overpowering [,əʊvə'paʊərɪŋ / over·power·ing] *agg.* **1** opprimente, schiacciante: *— forces*, forze schiaccianti; *— heat*, caldo opprimente; *— smell*, odore soffocante **2** prepotente, irresistibile (di desiderio ecc.) // **-ly** *avv.*

to **overpraise** [,əʊvə'preɪz / over·praise] *v.tr.* lodare oltremodo.

to **overprice** [,əʊvə'praɪs / over·price] *v.tr.* imporre un prezzo troppo alto a: *they overpriced the new model and it sold badly*, hanno imposto un prezzo eccessivo al nuovo modello e per questa ragione non si è venduto bene, le vendite sono state scarse.

overpriced [,əʊvə'praɪst / over·priced] *agg.* troppo costoso, dal prezzo esorbitante.

to **overprint** [,əʊvə'prɪnt / over·print] *v.tr.* **1** (*tip.*, *fot.*, *inform.*) stampare sopra; sovrastampare, sovraimprimere **2** (*tip.*) stampare troppe copie di.

to **overprize** [,əʊvə'praɪz / over·prize] *v.tr.* (*form.*) sopravvalutare.

to **overproduce** [,əʊvəprə'dju:s *amer.* ,əʊvəprə'du:s / over·pro·duce] *v.tr.* produrre in eccesso.

overproduction [,əʊvəprə'dʌkʃn / over·pro·duc·tion] *s.* sovrapproduzione.

overproof [,əʊvə'pru:f / over·proof] *agg.* che eccede nel contenuto di alcol rispetto allo standard.

to **overprotect** [,əʊvəprə'tekt / over·prot·ect] *v.tr.* proteggere eccessivamente.

overprotective [,əʊvəprə'tektɪv / over·prot·ect·ive] *agg.* eccessivamente protettivo, iperprotettivo // **-ly** *avv.* // **-ness** *s.*

overran *pass.* di to **overrun**.

to **overrate** [,əʊvə'reɪt / over·rate] *v.tr.* sopravvalutare: *don't — your chances*, non sopravvalutare le tue possibilità.

overrated [,əʊvə'reɪtɪd / over·rated] *agg.* sopravvalutato.

to **overreach** [,əʊvə'ri:tʃ / over·reach] *v.tr.* **1** ingannare, imbrogliare // *to — oneself*, fare il passo più lungo della gamba **2** oltrepassare, andare al di là di ◆ *v.intr.* **1** andare troppo oltre, spingersi al di là, al di sopra **2** (*zool.*) colpire la zampa anteriore con lo zoccolo posteriore.

to **overreact** [,əʊvərɪ'ækt / over·react] *v.tr.* reagire in modo eccessivo.

to **overrefine** [,əʊvərɪ'faɪn / over·re·fine] *v.intr.* sottilizzare.

overrefinement [,əʊvərɪ'faɪnmənt / over·re·fine·ment] *s.* eccessiva raffinatezza.

to **overrent** [,əʊvə'rent / over·rent] *v.tr.* (*non com.*) imporre un canone d'affitto troppo alto.

overridable [,əʊvə'raɪdəbl / over·rid·able] *agg.* (*inform.*) prioritario, sostitutivo; che annulla l'effetto di.

to **override** [,əʊvə'raɪd / over·ride] *pass.* **overrode** [,əʊvə'rəʊd / over·rode] *p.p.* **overridden** [,əʊvə'rɪdn / over·rid·den] *v.tr.* **1** passar sopra a, non tener conto di: *to — another person's claims*, non tener conto dei diritti altrui // *to — one's commission*, commettere un abuso di potere **2** (*fig.*) calpestare; prevalere su; infrangere (legge); annullare: *decision that overrides a former decision*, decisione che annulla la precedente **3** travolgere, calpestare (a cavallo) **4** affaticare, sfiancare (un cavallo) **5** sovrapporsi (delle parti di un osso fratturato).

overriding [,əʊvə'raɪdɪŋ / over·rid·ing] *agg.* di primaria importanza; (*dir.*) derogativo, derogatorio.

overripe [,əʊvə'raɪp / over·ripe] *agg.* troppo maturo.

overrode *pass.* di to **override**.

to **overrule** [,əʊvə'ru:l / over·rule] *v.tr.* **1** (*dir.*) annullare, revocare ufficialmente: *the court overruled the previous decision*, la corte annullò la precedente decisione **2** dominare, essere più forte di: *fate overruled him*, il destino fu più forte di lui **3** governare, dirigere (di autorità superiore): *the Ministry of Education overrules all decisions*, tutte le decisioni devono essere vagliate dal Ministero dell'Istruzione **4** scartare, respingere, annullare (di autorità): *the major overruled the captain's order*, il maggiore annullò l'ordine del capitano.

overruling [,əʊvə'ru:lɪŋ / over·rul·ing] *agg.* che governa, dirige, domina ◆ *s.* (*dir.*) annullamento, revoca, rigetto.

overrun [,əʊvə'rʌn / over·run] *s.* **1** eccedenza; sconfinamento: *the programme had a five-minute —*, il programma è durato cinque minuti più del previsto; (*econ.*) *— of expenditure*, sconfinamento della spesa (nel bilancio dello stato) **2** (*tip.*) tiratura in eccesso.

to **overrun** *pass.* **overran** [,əʊvə'ræn / over·ran] *p.p.* **overrun** *v.tr.* **1** invadere; infestare; depredare; devastare: *the district was — with bandits*, la regione era infestata dai banditi; *garden — with weeds*, giardino infestato da erbacce; *house — with cockroaches*, casa infestata dagli scarafaggi; *the whole country was —*, tutto il paese fu invaso **2** inondare; sommergere: *the flood overran the field*, la piena sommerse il campo **3** oltrepassare: *his speech overran the time allowed*, il suo discorso si protrasse oltre il limite di tempo concesso **4** (*mecc., elettr.*) operare, funzionare a una velocità, a un voltaggio superiore alle prescrizioni **5** (*tip.*) rigiustificare (facendo correre il testo); superare la tiratura di; stampare l'estratto di; plastificare (un testo stampato) ◆ *v.intr.* **1** traboccare, straripare; (*fig.*) diffondersi (di idee) **2** protrarsi: *the meeting overran by half an hour*, la riunione si protrasse per mezz'ora **3** (*mecc., aut.*) andare fuori giri.

overrunning [,əʊvə'rʌnɪŋ / over·run·ning] *s.* **1** invasione; devastazione; incursione **2** inondazione **3** sorpasso // (*mecc., elettr.*): *— clutch*, innesto di sorpasso; *— torque*, coppia di sorpasso **4** (*tip.*) scorrimento, giro (di caratteri) **5** sforamento: *— of the time*, sforamento dei tempi.

overs ['əʊvəz] *s.pl.* (*inform.*) eccedenti.

oversaw *pass.* di to **oversee**.

to **overscore** [,əʊvə'skɔ:* / over·score] *v.tr.* cancellare (parole) con linea, trattino.

oversea [,əʊvə'si: / over·sea] *agg.* (*non com.*) straniero; d'oltremare ◆ *avv.* (*non com.*) oltremare, d'oltremare.

overseas [,əʊvə'si:z / over·seas] *agg.* straniero, estero; d'oltremare ◆ *avv.* oltremare, all'estero: *to go —*, andare oltremare.

to **oversee** [,əʊvə'si: / over·see] *pass.* **oversaw** [,əʊvə'sɔ: / over·saw] *p.p.* **overseen** [,əʊvə'si:n / over·seen] *v.tr.* ispezionare, sovrintendere, dirigere, sorvegliare (lavori in corso, operai ecc.).

overseen *p.p.* di to **oversee**.

overseer ['əʊvə,sɪə* / over·seer] *s.* **1** ispettore, soprintendente; incaricato, responsabile; capo squadra **2** (*tip.*) proto.

overseership ['əʊvə,sɪəʃɪp / over·seer·ship] *s.* (*non com.*) ispettorato; soprintendenza.

to **oversell** [,əʊvə'sel / over·sell] *pass.p.p.* **oversold** [,əʊvə'səʊld / over·sold] *v.tr.* **1** vendere più (merce) di quanto si ha a disposizione **2** (*fam.*) lodare esageratamente.

oversensitive [,əʊvə'sensɪtɪv / over·sens·it·ive] *agg.* ipersensibile, estremamente sensibile.

oversensitiveness [,əʊvə'sensɪtɪvnɪs / over·sens·it·ive·ness] **oversensitivity** ['əʊvə ,sensɪ'tɪvətɪ / over·sens·it·iv·ity] *s.* ipersensibilità.

to **overset** [,əʊvə'set / over·set] *pass.p.p.* **overset** *v.tr.* (*non com.*) **1** rovesciare; (far) ribaltare; (far) capovolgere **2** scompigliare, mettere sottosopra, sconvolgere (*anche fig.*); far fallire (piani ecc.) **3** (*tip.*) comporre troppo largo; comporre troppo testo di ◆ *v.intr.* (*non com.*) **1** rovesciarsi; ribaltarsi; capovolgersi **2** essere sconvolto.

to **oversew** [,əʊvə'səʊ / over·sew] *pass.* **oversewed** [,əʊvə'səʊd / over·sewed] *p.p.* **owersewn** [,əʊvə'səʊn / over·sewn] *v.tr.* fare il sopraggitto a; unire con sopraggitto.

oversexed [,əʊvə'sekst / over·sexed] *agg.* che ha desideri sessuali smodati.

to **overshade** [,əʊvə'ʃeɪd / over·shade] *v.tr.* (*antiq.*) adombrare; oscurare.

to **overshadow** [,əʊvə'ʃædəʊ / over·shadow] *v.tr.* **1** ombreggiare, proiettare ombra su; (*fig.*) adombrare; oscurare, eclissare; rendere triste, cupo, incupire: *he was overshadowed by his older brother*, era oscurato dal fratello maggiore; *his last years were overshadowed by illness*, la malattia rattristò i suoi ultimi anni **2** (*non com.*) proteggere.

overshoe ['əʊvəʃu: / over·shoe] *s.* soprascarpa.

overshoot [,əʊvə'ʃu:t / over·shoot] *s.* **1** (*aer.*) atterraggio lungo **2** (*elettr., tv*) sorpassamento, overshoot.

to **overshoot** *pass.p.p.* **overshot** [,əʊvə'ʃɒt / over·shot] *v.tr.* **1** tirare al di là del bersaglio; lanciare sopra di; fallire, mancare **2** oltrepassare (*anche fig.*): *we overshot the turning and had to go back*, oltrepassammo il punto dove dovevamo girare e fummo costretti a tornare indietro // *it's a good novel but it's overshooting the mark to call it a work of genius*, è un buon romanzo, ma non ci si può spingere fino a definirlo l'opera di un genio // *to — oneself*, fare il passo più lungo della gamba ◆ *v.intr.* **1** passare oltre **2** (*aer.*) fare un atterraggio lungo.

overshooting [,əʊvə'ʃu:tɪŋ / over·shoot·ing] *s.* **1** iperreazione, reazione sproporzionata **2** sconfinamento (di una grandezza economica rispetto a un valore posto come obiettivo).

overshot *pass.p.p.* di to **overshoot** ◆ *agg.* **1** sporgente (di mascella) **2** (*tecn.*) alimentato dall'alto: *— wheel*, ruota idraulica colpita al vertice.

overside ['əʊvəsaɪd / over·side] *avv.* lungo il fianco // (*mar.*) *to load, unload a vessel —*, caricare, scaricare una nave per mezzo di chiatte.

oversight ['əʊvəsaɪt / over·sight] *s.* **1** svista, sbaglio, sbadataggine, trascuratezza // *through* (o *by*) *an —*, per distrazione; per inadempienza **2** (*antiq.*) sorveglianza; tutela; supervisione: *rights of — of a commission*, diritti di tutela di una commissione; *to be under the — of*, essere sotto la tutela di.

oversimplified [,əʊvə'sɪmplɪfaɪd / over·sim·pli·fied] *agg.* semplicistico.

to **oversimplify** [,əʊvə'sɪmplɪfaɪ / over·sim·plify] *v.tr.* semplificare eccessivamente; esprimere in modo semplicistico.

oversimply [əʊvə'sɪmplɪ / over·simply] *avv.* in modo semplicistico.

oversize ['əʊvəsaɪz / over·size] *s.* misura, taglia superiore al normale.

oversized ['əʊvəsaɪzd / over·sized] *agg.* più grande del normale; troppo grande.

overskirt ['əʊvəskɜ:t / over·skirt] *s.* gonna che si indossava sopra un'altra.

to **oversleep** [,əʊvə'sli:p / over·sleep] *pass.p.p.* **overslept** [,əʊvə'slept / over·slept] *v.intr.* dormire troppo; non svegliarsi in tempo: *he overslept and was late for work*, non si è svegliato in tempo e ha fatto tardi al lavoro ◆ *v.tr.* dormire oltre (l'ora stabilita): *he overslept 9 o'clock and missed the plane*, si è svegliato dopo le 9 e ha perso l'aereo.

oversleeve ['əʊvəsli:v / over·sleeve] *s.* (*antiq.*) soprammanica.

overslept *pass.p.p* di to **oversleep**.

oversold *pass.p.p.* di to **oversell** ◆ *agg.* (*comm.*) caratterizzato da vendite eccessive.

oversoul ['əʊvəsəʊl / over·soul] *s.* (*fil.*) 'superanima', spirito (dei trascendentalisti americani) che motiva e ispira tutti gli esseri viventi.

to **overspend** [,əʊvə'spend / over·spend] *pass.p.p.* **overspent** [,əʊvə'spent / over·spent] *v.intr.* spendere troppo; spendere oltre le proprie possibilità ◆ *v.tr.* **1** spendere più di: *to — one's income*, spendere più di quanto si guadagna **2** esaurire; logorare: *to — one's strength*, esaurire la propria forza.

overspent *pass.p.p.* di to **overspend** ◆ *agg.* esausto, sfinito.

overspill ['əʊvəspɪl / over·spill] *s.* sovrappopolazione, popolazione in eccesso.

to **overspread** [,əʊvə'spred / over·spread] *pass.p.p.* **overspread** *v.tr.* (*form.*) **1** coprire, ricoprire: *the sky was — with clouds*, il cielo era coperto di nubi; *the snow overspreads the plain*, la neve ricopre la pianura **2** spargersi su, diffondersi su: *a flush — her face*, un rossore si diffuse sul suo volto; *a mist — the forest*, una nebbia avvolgeva la foresta **3** inondare (di acqua, luce).

overstaffed [,əʊvə'stɑ:fd *amer.* ,əʊvə'stæfd / over·staffed] → **overmanned**.

to **overstate** [,əʊvə'steɪt / over·state] *v.tr.* esagerare: *I am neither overstating nor understating the case*, non esagero né in un senso né nell'altro.

overstatement [,əʊvə'steɪtmənt / over·state·ment] *s.* esagerazione.

to **overstay** [,əʊvə'steɪ / over·stay] *v.tr.* trattenersi più a lungo di, trattenersi oltre // *to — one's welcome*, trattenersi più del dovuto (come ospite).

to **overstep** [,əʊvə'step / over·step] *pass.p.p.* **overstepped** [,əʊvə'stept / over·stepped] *v.tr.* oltrepassare; trasgredire; andare oltre, eccedere: *to — the truth*, oltrepassare i confini della verità; *you've overstepped the mark!*, hai oltrepassato il limite!

overstimulation ['əʊvə,stɪmjʊ'leɪʃn / over·stimu·la·tion] *s.* sovraeccitazione.

overstock ['əʊvəstɒk / over·stock] *s.* sovrabbondanza; sovraccarico.

to **overstock** [,əʊvə'stɒk] *v.tr.* approvvigionare eccessivamente, stoccare troppo: *we overstocked the store with unfashionable black and white shoes*, ci riempimmo il magazzino di scarpe bianche e nere fuori moda.

overstrain ['əʊvəstreɪn / over·strain] *s.* tensione eccessiva.

to **overstrain** [,əʊvə'streɪn] *v.tr.* **1** spingere all'eccesso; sforzare: *to — oneself with working*, strapazzarsi eccessivamente per il lavoro **2** (*mecc.*) sollecitare oltre il limite elastico ◆ *v.intr.* sforzarsi, strapazzarsi eccessivamente.

overstress ['əʊvəstres / over·stress] *s.* (*mecc.*) sovrasollecitazione, sollecitazione eccessiva.

to **overstress** [,əʊvə'stres] *v.tr.* **1** (*mecc.*) sollecitare eccessivamente **2** insistere troppo su (un dettaglio ecc.); enfatizzare.

to **overstretch** [,əʊvə'stretʃ / over·stretch] *v.tr.* estendere, allargare eccessivamente; esagerare.

overstrung [,əʊvə'strʌŋ / over·strung] *agg.* esaurito; spossato, sfinito; sovraeccitato: *his nerves were —*, i suoi nervi erano tesi.

to **overstuff** [,əʊvə'stʌf / over·stuff] *v.tr.* **1** rimpinzare **2** (*non com.*) ricoprire; imbottire (mobili).

to **oversubscribe** [,əʊvəsəb'skraɪb / over·sub·scribe] *v.tr.* sottoscrivere in eccesso (azioni ecc.).

oversubscription [,əʊvəsəb'skrɪpʃn / over·sub·scrip·tion] *s.* sottoscrizione in eccesso; (*fin.*) sottoscrizione con riparto.

oversupply [,əʊvəsə'plaɪ / over·supply] *s.* fornitura superiore (in quantità) alla richiesta.

to **oversupply** *v.tr.* fornire in quantità superiore alla richiesta: *the market is oversupplied with sugar*, il mercato dello zucchero è saturo.

to **overswarm** [,əʊvə'swɔ:m / over·swarm] *v.intr.* (*non com.*) **1** dilagare su; invadere **2** sciamare (delle api).

to **oversway** [,əʊvə'sweɪ / over·sway] *v.tr.* (*form.*) **1** fare inclinare, ribaltare **2** influire su; convincere.

overt ['əʊvɜ:t] *agg.* chiaro, evidente, manifesto; pubblico // (*dir.*) *— act*, atto esecutivo (di un proposito spec. illecito) // **-ly** *avv.*

to **overtake** [,əʊvə'teɪk / over·take] *pass.* **overtook** [,əʊvə'tʊk / over·took] *p.p.* **overtaken** [,əʊvə'teɪkən / over·taken] *v.tr.* **1** superare, sorpassare; raggiungere: *to — another car on the road*, sorpassare un'altra automobile sulla strada **2** cogliere; sorprendere: *he was overtaken by the blizzard*, fu colto dalla tormenta.

overtaking [,əʊvə'teɪkɪŋ / over·tak·ing] *s.* ⓤ (*aut.*) sorpasso // *no —*, divieto di sorpasso.

to **overtask** [,əʊvə'tɑ:sk *amer.* ,əʊvə'tæsk / over·task] *v.tr.* imporre un compito troppo gravoso a // *to — one's strength*, abusare delle proprie forze.

to **overtax** [,əʊvə'tæks / over·tax] *v.tr.* **1** tassare eccessivamente **2** pretendere troppo da, abusare di: *to — s.o.'s patience*, abusare della pazienza di qlcu.; *to — one's strength*, abusare delle proprie forze.

over-the-counter [,əʊvəðə'kaʊntə*] *agg.* e *avv.* **1** (*fin.*) fuori borsa: *— market*, mercato fuori borsa (in Italia, mercato ristretto e terzo mercato); *— trade*, transazioni fuori borsa **2** (*di farmaco*) che non richiede ricetta medica: *— sales of tranquillizers*, vendita libera, senza ricetta medica, di tranquillanti.

overthrew *pass.* di to **overthrow**.

overthrow ['əʊvəθrəʊ / over·throw] *s.* **1** rovesciamento; (*fig.*) disfatta; rovina **2** (*cricket*) palla che rimbalza indietro.

to **overthrow** [,əʊvə'θrəʊ] *pass.* **overthrew** [,əʊvə'θru: / over·threw] *p.p.* **overthrown** [,əʊvə'θrəʊn / over·thrown] *v.tr.* **1** rovesciare, capovolgere **2** (*fig.*) rovinare; demolire; sconfiggere; abbattere: *they overthrew the government*, rovesciarono il governo.

overthrust ['əʊvəθrʌst / over·thrust] *s.* (*geol.*) faglia di carreggiamento // *— sheet*, coltre di carreggiamento.

overtime ['əʊvətaɪm / over·time] *avv.* oltre l'ora fissata: *to work —*, fare dello straordinario ◆ *s.* **1** ⓤ (*econ.*) straordinario: *— (pay)*, straordinario; *the factory is on — to complete the order*, nello stabilimento si fanno straordinari per completare gli ordini; *all — will be paid*, tutti gli straordinari saranno pagati **2** (*amer.*) (*sport*) tempo supplementare.

to **overtire** [,əʊvə'taɪə* / over·tire] *v.tr.* stancare troppo; strapazzare: *to — oneself*, stancarsi troppo, strapazzarsi.

overtone ['əʊvətəʊn / over·tone] *s.* **1** (*mus.*) ipertono **2** (*fis.*) armonica superiore **3** sfumatura di colore **4** *pl.* (*fig.*) sfumatura, sottinteso; implicazione; connotazione: *the speech had political overtones*, il discorso conteneva delle implicazioni politiche.

overtook *pass.* di to **overtake**.

to **overtop** [,əʊvə'tɒp / over·top] *pass.p.p.* **overtopped** [,əʊvə'tɒpt / over·topped] *v.tr.* (*form.*) **1** elevarsi al disopra di; sovrastare; superare: *mountain that overtops the range*, montagna che domina la catena **2** (*fig.*) eclissare, offuscare **3** (*rar.*) eccellere su.

to **overtower** [,əʊvə'taʊə* / over·tower] *v.tr.* e *intr.* dominare, troneggiare su.

to **overtrade** [,əʊvə'treɪd / over·trade] *v.intr.* condurre operazioni (commerciali, finanziarie) al di sopra dei propri mezzi.

to **overtrain** [,əʊvə'treɪn / over·train] *v.tr.* e *intr.* allenare, allenarsi in modo eccessivo.

to **overtrump** [,əʊvə'trʌmp / over·trump] *v.intr.* (*carte*) tagliare (una carta che vale di piu).

overture ['əʊvətjʊə* / over·ture] *s.* **1** (*gener. pl.*) proposta, offerta di trattare **2** (*mus.*) ouverture, introduzione.

overturn ['əʊvətɜ:n / over·turn] *s.* (*non com.*) rovesciamento; capovolgimento (*anche fig.*).

to **overturn** [,əʊvə'tɜ:n] *v.tr.* **1** capovolgere; rovesciare (*anche fig.*): *the government was overturned by the military*, il governo fu rovesciato dai militari **2** (*fig.*) sconvolgere ◆ *v.intr.* capovolgersi, rovesciarsi; capottarsi: *the boat overturned*, la barca si rovesciò.

to **overuse** [,əʊvə'ju:z / over·use] *v.tr.* usare troppo, troppo spesso.

to **overvalue** [,əʊvə'vælju: / over·value] *v.tr.* sopravvalutare.

overview ['əʊvəvju: / over·view] *s.* visione d'insieme.

overvoltage [,əʊvə'vəʊltɪdʒ / over·volt·age] *s.* (*elettr.*) sovratensione.

overweary [,əʊvə'wɪərɪ / over·weary] *agg.* (*non com.*) stremato, esausto.

overweening [,əʊvə'wi:nɪŋ / over·ween·ing] *agg.* (*form.*) arrogante; presuntuoso // **-ly** *avv.*

to **overweigh** [,əʊvə'weɪ / over·weigh] *v.tr.* **1** superare in peso **2** (*fig.*) opprimere.

overweight [,əʊvə'weɪt / over·weight] *agg.* in sovrappeso; che supera il peso (consentito): *I'm five pounds —*, sono in sovrappeso di cinque libbre // *— luggage*, bagaglio in eccedenza ◆ *s.* **1** sovraccarico **2** preponderanza.

to **overwhelm** [,əʊvə'welm / over·whelm] *v.tr.* **1** distruggere, schiacciare **2** (*fig.*) sopraffare, opprimere: *he was overwhelmed with remorse*, era oppresso dal rimorso **3** seppellire, sommergere.

overwhelming [,əʊvə'welmɪŋ / over·whelm·ing] *agg.* opprimente, schiacciante.

to **overwind** [,əʊvə'waɪnd / over·wind] *pass.p.p.* **overwound** [,əʊvə'waʊnd / over·wound] *v.tr.* avvolgere in eccesso, troppo stretto (un cavo, una fune); caricare troppo (una molla a spirale).

overwork [,əʊvə'wɜ:k / over·work] *s.* lavoro eccessivo, superlavoro.

to **overwork** *v.intr.* lavorare troppo ◆ *v.tr.* **1** far lavorare eccessivamente: *he didn't — himself, did he?*, (*fam.*) non si è sprecato troppo per quel lavoro, vero? **2** fare uso eccessivo di: *he overworks that excuse*, si serve un po' troppo di quella scusa; *an overworked word*, una parola abusata.

overwound *pass.p.p.* di to **overwind**.

to **overwrite** [ˌəʊvəˈraɪt / over·write] *pass.* **overwrote** [ˌəʊvəˈrəʊt / over·wrote] *p.p.* **overwritten** [ˌəʊvəˈrɪtn / over·writ·ten] *v.tr.* e *intr.* **1** scrivere sopra (qlco.); scrivere (qlco.) sopra **2** scrivere (qlco.) in modo troppo elaborato; scrivere troppo (su) **3** (*inform.*) sovrascrivere, cancellare (informazioni) scrivendoci sopra.

overwrought [ˌəʊvəˈrɔːt / over·wrought] *agg.* **1** nervoso; teso; agitato **2** ricercato, troppo ornato, tormentato (di stile).

Ovidian [ɒˈvɪdɪən / Ovid·ian] *agg.* (*letter.*) ovidiano.

oviduct [ˈəʊvɪdʌkt / ovi·duct] *s.* (*anat.*) ovidotto.

oviferous [əʊˈvɪfərəs / ovi·fer·ous] *agg.* (*biol.*) che produce uova.

oviform [ˈəʊvɪfɔːm / ovi·form] *agg.* oviforme, ovoide.

ovine [ˈəʊvaɪn] *agg.* ovino.

oviparous [əʊˈvɪpərəs / ovi·par·ous] *agg.* (*biol.*) oviparo.

ovoid [ˈəʊvɔɪd] *agg.* ovoide.

ovoviviparous [ˌəʊvəʊvɪˈvɪpərəs / ovo·vi·vi·par·ous] *agg.* (*zool.*) ovoviviparo.

ovular [ˈəʊvjʊlə* / ovu·lar] *agg.* (*biol.*) ovulare.

to **ovulate** [ˈɒvjʊleɪt / ovu·late] *v.intr.* (*biol.*) ovulare, avere l'ovulazione.

ovulation [ˌɒvjʊˈleɪʃn / ovu·la·tion] *s.* (*biol.*) ovulazione.

ovulatory [ˈɒvjʊləˌtɔːrɪ / ovu·lat·ory] *agg.* (*biol.*) ovulatorio.

ovule [ˈəʊvjuːl] *s.* (*biol.*) ovulo; uovo.

ovum [ˈəʊvəm] *pl.* **ova** [ˈouvə] *s.* **1** (*biol.*) ovulo, uovo; cellula uovo **2** (*arch.*) ovolo.

ow [aʊ] **owch** [aʊtʃ] *inter.* ahi!

to **owe** [əʊ] *v.tr.* **1** dovere, essere debitore di, essere in debito verso: *to — s.o. sthg.* (o *sthg. to s.o.*), dover qlco. a qlcu.: *they — me a hundred pounds*, mi devono cento sterline; *you still — me for the book*, mi devi ancora pagare il libro; *the town owed its prosperity to its strategic position*, la città doveva la sua prosperità alla sua posizione strategica // *you — it to yourself to do well in the exam*, è un dovere verso te stesso di superare bene l'esame // *to — s.o. one*, (*fam.*) dovere un favore a qlcu. **2** essere riconoscente per, verso: *I — everything to you*, io ti devo tutto **3** (*ant.*) avere, possedere: *this is no mortal business, nor no sound / that the earth owes*, (SH. The Tempest) questa non è opera umana, né suono che la terra possegga.

owing [ˈəʊɪŋ / ow·ing] *agg.attr.* **1** dovuto; causato; imputabile (*anche dir.*): *this was — to his ill-luck*, ne fu causa la sua sfortuna **2** (*comm.*) dovuto: *you must pay what is —*, dovete pagare il vostro debito.

owing to [ˈəʊɪŋtʊ] *prep.* a causa di, a motivo di; in seguito a: *— the drought the crop is poor*, a causa della siccità il raccolto è scarso; *he arrived late, — the fog*, è arrivato in ritardo a causa della nebbia.

owl [aʊl] *s.* (*zool.*) **1** gufo, allocco, barbagianni **2** (*Athene noctua*) civetta.

owlet [ˈaʊlɪt / ow·let] *s.* gufo giovane; piccola civetta.

owlish [ˈaʊlɪʃ / owl·ish] *agg.* simile a gufo, di, da gufo // **-ly** *avv.* // **-ness** *s.*

owl-light [ˈaʊlˌlaɪt] *s.* crepuscolo, l'imbrunire.

owl pigeon [ˈaʊlˌpɪdʒɪn] *s.* (*zool.*) varietà di piccione.

own [əʊn] *agg.* (*spec. rafforzativo dopo un agg. poss.*) proprio, propria: *she had her — little room*, aveva la sua cameretta (personale); *your — children seem different from everybody else's*, i propri figli sembrano diversi da quelli degli altri; *I want to do this research in my — way*, voglio fare questa ricerca a modo mio; *you must make your — beds*, dovete rifarvi il letto; *every region has its — culture*, ogni regione ha le proprie tradizioni; *she cooks her — meals*, si prepara da mangiare da sola, da sé ◆ *pron.poss.* (il) proprio: *an idea of her —*, una sua idea personale; *Louise has a taste of her —*, Luisa ha un gusto tutto suo; *their flat was like my —*, il loro appartamento era come il mio; *his methods are very much his —*, i suoi metodi sono molto personali; *I've got my ticket, you can get your —*, io ho il biglietto, tu devi prenderti il tuo // *of one's —*, proprio, personale: *she's got enough problems of her —*, ha già abbastanza problemi per conto suo; *I'd like to make a suggestion of my —*, vorrei dare un suggerimento personale; *she has a personality all of her —*, ha una sua propria personalità // *on one's —*, da solo, da soli; di propria iniziativa: *she's always lived on her —*, è sempre vissuta da sola; *from now on, you're on your —*, d'ora in avanti devi fare da te // *to get one's — back*, vendicarsi: *he'll get his — back for that insult*, si vendicherà di quell'offesa // *he had nothing he could call his —*, non c'era niente di suo // *to make sthg. one's —*, impossessarsi di qlco.: *she was so brilliant in that part that she made it her —*, fu così brillante in quella parte che la fece sua // *they came into their —*, entrarono in possesso di ciò che spettava loro; *in the second half he really came into his —*, nel secondo tempo ha tirato fuori la sua classe // *to hold one's —*, (*fig.*) mantenere le proprie posizioni; mantenersi in forza.

to **own** *v.tr.* **1** possedere; avere dei diritti su (*anche dir.*): *she owns a lovely cottage*, possiede una bella villetta **2** (*form.*) ammettere, riconoscere: *follies and nonsense, ..., do divert me, I own*, (J. AUSTEN) le follie e le assurdità, ..., mi divertono, lo ammetto // *he owned himself sceptical*, confessò il suo scetticismo.

□ **own to** *v.intr.* e *prep.* confessare, ammettere: *she owned to a sense of shame*, confessò un senso di vergogna; *she owned to having been frightened*, ammise di aver avuto paura.

□ **own up** *v.intr.* e *avv.* confessare: *in the end he owned up*, alla fine confessò.

owner [ˈəʊnə*] *s.* **1** proprietario; padrone **2** (*sl. mar.*) capitano.

ownerless [ˈəʊnəlɪs / own·er·less] *agg.* privo di proprietario.

owner-occupier [ˌəʊnərˈɒkjʊpaɪə*] *s.* chi vive in casa di proprietà.

ownership [ˈəʊnəʃɪp / own·er·ship] *s.* proprietà, possesso (*anche dir.*).

own goal [ˌəʊnˈgəʊl] *s.* **1** (*calcio*) autorete: *to score an —*, fare autogoal **2** (*fam.*) gaffe.

ox [ɒks] *pl.* **oxen** [ˈɒksn] *s.* **1** bue, bove; (*zool.*) (*Bos primigenius taurus*) bue domestico **2** bovino (in genere).

oxalate [ˈɒksəleɪt / ox·al·ate] *s.* (*chim.*) ossalato.

oxalic [ɒkˈsælɪk / ox·alic] *agg.* (*chim.*) ossalico: *— acid*, acido ossalico.

oxalis [ˈɒksəlɪs / ox·alis] *s.* (*bot.*) (*Oxalis acetosella*) acetosella.

oxalite [ˈɒksəlaɪt / ox·al·ite] → **humboldtine**.

oxazole [ˈɒksəzəʊl / oxa·zole] *s.* (*chim.*) ossazolo.

ox-bird [ˈɒksbɜːd] *s.* (*zool.*) piovanello pancianera → **dunlin**.

oxbow [ˈɒksbəʊ / ox·bow] *s.* **1** collare del giogo di un bue **2** (*geogr.*) meandro accentuato; meandro morto: *— lake*, lanca, mortizza.

Oxbridge [ˈɒksbrɪdʒ / Ox·bridge] *agg.* e *s.* (contr. di *Oxford* e *Cambridge*) (relativo alle, delle) università di Oxford e Cambridge.

oxcart [ˈɒkskɑːt / ox·cart] *s.* carro trainato da buoi.

oxen *pl.* di **ox**.

ox-eyed [ˈɒksaɪd /] *agg.* dall'occhio bovino.

oxeye daisy [ˈɒksaɪˌdeɪzɪ] *s.* (*bot.*) (*Chrisanthemum leucanthemum*) margherita dei campi.

ox-fly [ˈɒksflaɪ] *s.* (*zool.*) tafano.

oxford [ˈɒksfəd / ox·ford] *s.* scarpe basse coi lacci.

oxhide [ˈɒkshaɪd / ox·hide] *s.* cuoio; pelle di bue.

oxidant [ˈɒksɪdənt / ox·id·ant] *s.* (*chim.*) ossidante.

oxidase [ˈɒksɪdeɪs / ox·id·ase] *s.* (*biochim.*) ossidasi.

oxidation [ˌɒksɪˈdeɪʃn / ox·ida·tion] *s.* (*chim.*) ossidazione: *— potential*, potenziale di ossidazione.

oxidation-reduction [ɒksɪˈdeɪʃnrɪˌdʌkʃn] *s.* (*chim.*) ossidoriduzione.

oxide [ˈɒksaɪd / ox·ide] *s.* (*chim.*) ossido.

to **oxidize** [ˈɒksɪdaɪz / ox·id·ize] *v.tr.* (*chim.*) ossidare // *oxidized silver*, argento brunito ◆ *v.intr.* ossidarsi.

oxidizer [ˈɒksɪdaɪzə* / ox·id·izer] *s.* (*chim.*) ossidante, agente ossidante.

oxidizing [ˈɒksɪdaɪzɪŋ / ox·id·iz·ing] *agg.* (*chim.*) ossidante: *— agent*, agente ossidante; *— atmosphere*, atmosfera ossidante.

oxidoreductase [ˌɒksɪdəʊrɪˈdʌkteɪs / oxi·do·red·uct·ase] *s.* (*biochim.*) ossidoriduttasi.

oxime [ˈɒksiːm / ox·ime] *s.* (*chim.*) ossima.

oximetry [ɒkˈsɪmətrɪ / oxi·metry] *s.* (*chim.*, *med.*) ossimetria.

oxine [ˈɒksiːn / ox·ine] *s.* (*chim.*) ossina.

oxlip [ˈɒkslɪp / ox·lip] *s.* (*bot.*) (*Primula elatior*) primavera maggiore.

oxo- [ˈɒksəʊ] *pref.* della terminologia chimica indicante la presenza di un gruppo chetonico; it. oxo-: *oxo-alcohols*, oxo-alcoli.

Oxonian [ɒkˈsəʊnjən / Oxo·nian] *agg.* oxoniense, di Oxford, dell'università di Oxford ◆ *s.* membro dell'università di Oxford.

oxonium [ɒkˈsəʊnɪəm / oxo·nium] *s.* (*chim.*) ossonio: *— ion*, ione ossonio.

oxo process [ˈɒksəʊˌprəʊses *amer.* ˈɒksəʊˌprɒses] *s.* (*chim.*) processo oxo.

oxtail [ˈɒksteɪl / ox·tail] *s.* coda di bue: *— soup*, minestra con brodo di codino.

oxy- [ˈɒksɪ] *pref.* ricavato da *oxygen*, 'ossigeno' che nella terminologia chimica indica la presenza di ossigeno nei composti inorganici oppure la presenza di uno o più gruppi ossidrilici nei composti organici; it. ossi-: *oxyacid*, ossiacido.

oxyacetylene [,ɒksɪə'setɪli:n / oxy·acet·yl·ene] *agg.* (*chim.*) ossiacetilenico: — *torch*, cannello ossiacetilenico; — *welding*, saldatura ossiacetilenica.

oxygen ['ɒksɪdʒən / oxy·gen] *s.* ossigeno // — *corrosion*, corrosione per effetto dell'ossigeno // — *mask*, maschera a ossigeno // — *tent*, tenda a ossigeno // *biochemical* — *demand*, fabbisogno biologico di ossigeno.

oxygen acid ['ɒksɪdʒən,æsɪd] *s.* (*chim.*) ossiacido.

oxygenase ['ɒksɪdʒəneɪs / oxy·gen·ase] *s.* (*biochim.*) ossigenasi.

to **oxygenate** [ɒk'sɪdʒəneɪt / oxy·gen·ate] *v.tr.* **1** ossigenare **2** (*med.*) somministrare ossigeno a.

oxygenation [,ɒksɪdʒə'neɪʃn / oxy·gena·tion] *s.* ossigenazione.

oxygenator ['ɒksɪdʒən,eɪtə* / oxy·gen·ator] *s.* (*chim.*) ossigenatore.

oxygenic [,ɒksɪ'dʒenɪk / oxy·genic] → **oxygenous**.

to **oxygenize** [ɒk'sɪdʒənaɪz / oxy·gen·ize] *v.tr.* **1** → to oxidize **2** → to oxygenate.

oxygenous [ɒk'sɪdʒənəs / oxy·gen·ous] *agg.* (*chim.*) appartenente all'ossigeno; estratto dall'ossigeno.

oxyhydrogen [,ɒksɪ'haɪdrədʒən / oxy·hy·dro·gen] *agg.* (*tecn.*) ossidrico: — *blowpipe*, cannello ossidrico; — *flame*, fiamma ossidrica; — *welding*, saldatura ossidrica.

oxymoron [,ɒksɪ'mɔ:rɒn / oxy·moron] *pl.* **oxymora** [,ɒksɪ'mɔ:rə / oxy·mora] *s.* (*ret.*) ossimoro.

oxytocin [,ɒksɪ'təʊsɪn / oxy·tocin] *s.* (*biochim.*) ossitocina.

oxytone ['ɒksɪtəʊn / oxy·tone] *agg.* (*gramm.*) ossitono ◆ *s.* (*gramm.*) parola ossitona.

oyer ['ɔɪə*] *s.* (*dir. ant.*) udienza, processo.

oyes [əʊ'jes] **oyez** [əʊ'jez] *inter.* udite! (usato per imporre silenzio nelle aule giudiziarie ecc.).

oyster ['ɔɪstə* / oys·ter] *s.* (*zool.*) (*Ostrea edulis*) ostrica: — *bank* (o — *bed*), banco di ostriche; — *farm* (o — *field*), allevamento di ostriche; — *park*, vivaio di ostriche.

oystercatcher ['ɔɪstə,kætʃə* / oys·ter·catcher] *s.* (*zool.*) (*Haematopus ostralegus*) beccaccia di mare, ostricaio, uccello marino SIN. sea pie.

oyster-knife ['ɔɪstə,naɪf] *s.* coltello da ostriche.

oyster-man ['ɔɪstəmən] *pl.* **oyster-men** *s.* ostricaio.

oyster-plant ['ɔɪstəplɑ:nt *amer.* 'ɔɪstəplænt] *s.* (*bot.*) (*Scorzonera hispanica*) scorzonera.

ozocerite [əʊ'zɒsəraɪt / ozo·cer·ite] **ozokerit(e)** [əʊ'zəʊkɒrɪt / ozo·kerit, ozo·ker·ite] *s.* (*miner., geol.*) ozocerite, cera fossile.

ozone ['əʊzəʊn] *s.* (*chim.*) ozono: — *layer*, strato dell'ozono.

ozonic [əʊ'zɒnɪk] *agg.* (*chim.*) ozonico.

ozonization [,əʊzəʊnɪ'zeɪʃn / ozon·iza·tion] *s.* (*chim.*) ozonizzazione.

to **ozonize** ['əʊzəʊnaɪz / ozon·ize] *v.tr.* (*chim.*) ozonizzare.

ozonizer ['əʊzəʊ,naɪzə* / ozon·izer] *s.* generatore di ozono, ozonizzatore.

ozonometry [,əʊzə'nɒmətrɪ / ozono·metry] *s.* ozonometria.

ozonosphere [əʊ'zɒnəsfɪə* / ozono·sphere] *s.* ozonosfera.

ozonotherapy [əʊ,zɒnə'θerəpɪ / ozono·ther·apy] *s.* (*med.*) ozonoterapia.

Pp

p [pi:] *pl.* **ps, p's** [pi:z] *s.* **1** (*sedicesima lettera dell'alfabeto inglese*) p // (*tel.*) — *for Peter*, p come Palermo // *to mind one's p's and q's*, controllare il proprio modo di parlare e di agire; comportarsi bene; fare molta attenzione **2** *p.*, abbr. di → pence, penny **3** *p.* (abbr. di *page*), p., pag., pagina.

pa [pɑ:] *s.* (*antiq. fam.*) (abbr. di *papa*) papà, babbo.

PA [,pi:'eɪ] *s.* **1** (abbr. di *personal assistant*) assistente personale **2** (abbr. di *public-address system*) sistema di amplificazione: *the team captain appealed to the crowd to calm down over the* PA *of the stadium*, il capitano della squadra fece appello alla folla attraverso l'impianto voce dello stadio perché si calmasse.

pabulum ['pæbjʊləm / pab·ulum] *s.* (*rar.*) cibo, nutrimento (*anche fig.*): *mental* —, nutrimento dello spirito.

pac [pæk] *s.* (*inform.*) biblioteca di programmi.

paca ['pækə] *s.* (*zool.*) (*Cuniculus paca*) (grande) paca.

pace[1] [peɪs] *s.* **1** passo: *ten paces off*, a dieci passi di distanza; *he retreated a few paces*, indietreggiò alcuni passi **2** andatura, passo, velocità, ritmo: *at a good, quick* —, di buon passo, a tutta andatura, velocità; *at a walking* —, al passo; *to force the* —, forzare il passo, l'andatura; *to gather* —, acquistare velocità; *to keep* — *with s.o., sthg.*, tenere il passo, procedere di pari passo con qlcu., tenersi al corrente di qlco.: *I can't keep up with this hectic* —, non riesco a reggere questo ritmo frenetico; *to quicken one's* —, affrettare il passo; *to set* (o *to make*) *the* — *for s.o.*, dare il passo, l'andatura a qlcu., fare da battistrada; *to slacken one's* —, rallentare il passo, l'andatura; *I can't stand the* —, non riesco a stare al passo, non tengo il passo // *to go the* —, andare a tutta velocità; (*fig.*) fare la bella vita // *to put a horse through its paces*, far bella mostra di un cavallo // *to put s.o. through his paces*, (*fam.*) mettere qlcu. alla prova // *to show one's paces*, mostrare le proprie qualità, abilità **3** ambio (passo del cavallo).

to **pace**[1] *v.tr.* **1** percorrere, misurare (a passi): *he paced the room slowly*, misurò la stanza a lenti passi // *to* — (*out* o *off*) *a distance of thirty metres*, misurare (a passi) una distanza di trenta metri // *to* — *up and down*, passeggiare su e giù **2** dare l'andatura a (corridori, cavalli ecc.) **3** addestrare (cavalli) a un determinato passo ♦ *v.intr.* **1** andare al passo; camminare, marciare **2** ambiare (di cavalli).

pace[2] ['peɪsɪ, 'pɑ:tʃeɪ] *prep.* con tutto il rispetto per: — *the official statistics I believe inflation is rising*, con tutto il rispetto per le statistiche ufficiali credo che l'inflazione stia aumentando.

pace bowler ['peɪs,bəʊlə*] *s.* (*cricket*) lanciatore veloce.

paced [peɪst] *agg.* **1** misurato (a passi) **2** (*anche nei composti*) a una determinata andatura; (*fig.*) misurato; cadenzato: *even-* —, a passi uguali, regolari; *slow-* —, a passi lenti, dal passo lento; *well-* —, misurato, equilibrato **3** (*sport*) che ha l'andatura fatta da un battistrada.

pacemaker ['peɪs,meɪkə* / pace·maker] *s.* **1** chi fa l'andatura (di persona, animale) (*anche fig.*) **2** (*anat.*) pace-maker, segnapasso cardiaco **3** (*med.*) pace-maker, stimolatore cardiaco.

pacer ['peɪsə*] *s.* **1** cavallo addestrato (al passo dell'ambio) **2** (*sport*) chi fa l'andatura, battistrada.

pace setter ['peɪs,setə*] *s.* chi spiana la strada, battistrada (*anche fig.*).

pachyderm ['pækɪdɜ:m / pa·chy·derm] *s.* (*zool.*) pachiderma (*anche fig.*).

pachydermatous [,pækɪ'dɜ:mətəs / pa·chy·derm·at·ous] *agg.* **1** relativo ai pachidermi **2** indurito (di pelle) **3** (*fig.*) poco sensibile, pachidermico.

pachydermous [,pækɪ'dɜ:məs / pa·chy·derm·ous] *agg.* **1** relativo ai pachidermi **2** (*biol.*) dalle pareti ispessite.

pacifiable ['pæsɪfaɪəbl / pa·ci·fi·able] *agg.* pacificabile.

pacific [pə'sɪfɪk / pa·ci·fic] *agg.* **1** pacifico, quieto, calmo, tranquillo **2** dell'Oceano Pacifico: *the Pacific Coast*, la costa del Pacifico; *the Pacific Ocean*, l'Oceano Pacifico **3** (*form.*) conciliativo, conciliatore // **-ally** *avv.*

pacification [,pæsɪfɪ'keɪʃn / pa·ci·fica·tion] *s.* pacificazione.

pacificatory [pə'sɪfɪkətərɪ / pa·ci·fic·at·ory] *agg.* conciliativo, conciliante.

pacifier ['pæsɪfaɪə* / pa·ci·fier] *s.* **1** pacificatore **2** (*amer.*) succhiotto, ciuccio, tettarella BRIT. dummy.

pacifism ['pæsɪfɪzəm / pa·ci·fism] *s.* pacifismo.

pacifist ['pæsɪfɪst / pa·ci·fist] *s.* pacifista.

to **pacify** ['pæsɪfaɪ / pa·cify] *v.tr.* pacificare; calmare, sedare, placare, quietare; tranquillizzare.

pacifying ['pæsɪfaɪɪŋ / pa·cify·ing] *agg.* pacificatorio.

pack[1] [pæk] *s.* **1** pacco, involto, fagotto; balla; pacchetto: — *wool*, lana in balle // *a* — *of lies*, (*fam.*) un sacco di balle, di frottole **2** someggio; carico, basto, soma: — *animal*, animale da soma // — *road*, mulattiera **3** (*mil.*) zaino: *put on packs !*, zaini in spalla! // — *drill*, marcia forzata **4** imballaggio; confezione: *six* —, confezione da sei; — *of cigarettes*, (*spec. amer.*) pacchetto di sigarette; *display* —, confezione da esposizione; *dummy* —, confezione vuota da esposizione **5** muta (di cani), branco (di lupi ecc.); (*fig.*) banda, masnada **6** mazzo (di carte) **7** (*inform.*) pacco di schede; caricatore; pacco di carta continua **8** (*inform.*) → package 4 **9** ammasso, massa concentrata (di qlco.): — *of muscle*, un fascio di muscoli **10** (*med.*) impacco; impiastro **11** (*geogr.*) — (*ice*), pack, banchisa (polare) SIN. ice pack **12** (*rugby*) pacchetto (di mischia) **13** muro, pilastro di sostegno **14** (*metall.*) pacchetto **15** custodia (di paracadute).

to **pack**[1] *v.tr.* **1** imballare; impacchettare; incassare, inscatolare; fare (i bagagli); mettere in valigia: *have you packed* (*up*) *your things?*, avete fatto i bagagli?; *have you packed me an evening dress?*, mi hai messo in valigia un vestito da sera? // *to send s.o. packing*, (*fam.*) mandar via qlcu. **2** pressare: *they packed earth around the plants*, pressarono la terra intorno alle piante **3** stipare; ammassare; riempire, affollare, gremire: *150,000 people packed the stadium*, 150.000 persone affollavano lo stadio; *he managed to* — *all his clothes into the suitcase*, è riuscito a far stare tutti gli abiti in valigia **4** mettere la soma a (una bestia) **5** trasportare con la soma; portare (spec. in uno zaino) **6** radunare in una muta **7** (*fam. amer.*) portare (un'arma): *he always packs a 44*, porta sempre una 44 **8** sferrare (colpi forti): *he packs a real punch*, ha un pugno potente, picchia duro; *our grappa packs a real punch*, la nostra grappa picchia, è molto forte **9** raccogliere (le carte) in mazzo **10** (*med.*) fare un impacco a; applicare un impiastro a; avvolgere in panni umidi o caldi **11** (*mecc.*) guarnire, munire di guarnizione, montare una guarnizione su ♦ *v.intr.* **1** fare i bagagli **2** stiparsi, raggrupparsi: *the students packed into the small classroom*, gli studenti si affollarono nella piccola classe.

□ **pack away** *v.tr.* e *avv.* **1** metter via, mettere da parte **2** (*fig. fam.*) mangiare (qlco.) con grande appetito.

□ **pack in** *v.tr.* e *avv.* **1** (*fam.*) rinunciare a, smettere: *he likes his job, he won't — it in*, gli piace il suo lavoro, non ci rinuncerà; *— it in! I don't like being tickled!*, smettila! non mi piace il solletico! **2** attirare (gente) in gran numero: *do you remember how his films used to — them in?*, ti ricordi come i suoi film riempivano le platee?

□ **pack off** *v.tr.* e *avv.* mandar via, allontanare in fretta e furia // *to — oneself off*, far fagotto.

□ **pack out** *v.tr.* e *avv.* riempire al massimo della capacità.

□ **pack up** *v.tr.* o *intr.* e *avv.* **1** fare i bagagli (*anche fig.*): *he packed up and left*, fece i bagagli e andò via **2** (*fam.*) piantare in asso, mollare: *after a few miles the engine packed up* (*on us*), dopo poche miglia il motore ci ha piantato in asso; *he packed up his job and went home*, mollò il lavoro e andò a casa.

to **pack**[2] *v.tr.* **1** manipolare la formazione di; predisporre a proprio favore: *the government packed the committee of inquiry with its supporters*, il governo introdusse dei suoi sostenitori nella commissione inquirente; *to — a jury*, predisporre, scegliere una giuria favorevole **2** (*ant.*) complottare; attirare a far parte di una congiura ◆ *v.intr.* (*ant.*) cospirare.

package ['pækɪdʒ / pack·age] *s.* **1** imballaggio **2** pacco, pacchetto, confezione, balla; collo; cassa **3** pacchetto (di proposte): *the workers were offered a — that included a wage increase and improved conditions*, agli operai fu offerto un pacchetto di proposte che includeva un aumento di salario e un miglioramento della normativa; *— pay*, trattamento retributivo globale; *— deal* (o *offer*), pacchetto, negoziato, accordo complessivo; tariffa tutto compreso // *— holiday*, *— tour*, vacanza, viaggio organizzato **4** (*inform.*) blocco, pacco, scatola, modulo; programma, insieme di programmi pronti per l'uso; pacchetto software **5** (*fam. amer.*) un sacco di soldi: *he paid a — for it*, l'ha pagato un sacco.

to **package** *v.tr.* **1** imballare **2** impacchettare, confezionare **3** (*inform.*) impacchettare, compattare (un'informazione, dati); mettere in un contenitore (di circuiti integrati).

packager ['pækɪdʒə* / pack·ager] *s.* (*comm.*) imballatore; impacchettatore.

package store ['pækɪdʒ,stɔ:*] *s.* (*amer.*) negozio che vende alcolici da asportare.

packaging ['pækɪdʒɪŋ / pack·aging] *s.* [U] **1** (*marketing*) packaging **2** imballaggio, confezione, involucro (di un prodotto).

packed ['pækt] *agg.* **1** al sacco: *— lunch*, (o *meal*), colazione al sacco **2** truccata (di giuria) **3** (*fam.*) molto affollato, gremito, stipato: *a — lecture-hall*, una sala per conferenze piena zeppa; *they were — (in) like sardines*, erano stipati come sardine.

packed-out [,pækt'aʊt] → **packed** 3.

packer[1] ['pækə*] *s.* **1** (*comm.*) imballatore; impaccatore **2** (*macchina*) impacchettatrice.

packer[2] (*ant.*) *s.* cospiratore, congiurato.

packet ['pækɪt] *s.* **1** pacco, pacchetto; confezione: *a — of cigarettes*, un pacchetto di sigarette; *a — of sugar*, un pacchetto, una confezione di zucchero; *a — of needles*, una cartina d'aghi; *postal —*, pacco postale // (*inform.*) *— switching*, commutazione di pacchetto **2** (*mar.*) *— (boat)*, postale: *I... took a place in the Dover stage; and the packet sailing at nine the next morning*, (STERNE) presi posto sulla diligenza per Dover; il postale partiva alle nove il mattino dopo **3** (*fam.*) mucchio di soldi, sacco di soldi: *to make a —*, fare un sacco di soldi **4** (*sl.*) guaio, brutto colpo: *to cop* (o *stop*) *a —*, passare un guaio; ricevere una strapazzata.

to **packet** *v.tr.* impacchettare.

pack-horse ['pækhɔ:s] *s.* cavallo da soma.

packing ['pækɪŋ / pack·ing] *s.* **1** imballaggio; confezione (di derrate per la conservazione): *— case*, cassa da imballaggio **2** il fare i bagagli: *the — is still to be done*, i bagagli non sono ancora fatti, pronti **3** (*mecc.*) guarnizione **4** (*mar.*) baderna, guarnizione **5** (*med.*) tamponamento di ferita; garza per tamponare **6** (*fis. nucleare*) impacchettamento: *— fraction*, difetto di massa relativo.

packing-free [,pækɪŋ'fri:] *agg.* franco d'imballaggio.

packing-gland ['pækɪŋ,glænd] *s.* (*mecc.*) premistoppa.

packing house ['pækɪŋ,haʊs] **packing plant** ['pækɪŋ'plɑ:nt *amer.* 'pækɪŋ'plænt] *s.* conservificio; impianto, stabilimento per la conservazione e l'inscatolamento (di prodotti alimentari).

packing-press ['pækɪŋ,pres] *s.* pressa per imballare.

packman ['pækmən / pack·man] *pl.* **packmen** *s.* (*st.*) venditore ambulante.

packsack ['pæksæk / pack·sack] *s.* (*spec. amer.*) zaino → **rucksack**.

pack-thread ['pækθred] *s.* spago per imballaggio.

packtripper ['pæk,trɪpə* / pack·trip·per] *s.* (*amer.*) persona che viaggia con lo zaino.

pact [pækt] *s.* patto; convenzione; contratto: *to make a — with s.o.*, stringere, firmare un patto con qlcu. // *a suicide —*, un patto suicida.

pactional ['pækʃənl / pac·tional] *agg.* (*dir.*) pattizio // *— damages*, previa liquidazione convenzionale del risarcimento danni.

pad[1] [pæd] *s.* **1** imbottitura; cuscinetto imbottito; sella imbottita: *shoulder —*, imbottitura per spalle; *elbow —*, paragomito; *shin —*, parastinco **2** zampa di animale (cane, lepre, lupo, volpe); l'impronta di tali zampe **3** cuscinetto carnoso (nelle zampe di alcuni animali); cuscinetto adiposo (di persona); qualsiasi parte carnosa nel corpo di animali **4** notes; blocco di carta: *drawing —*, blocco di fogli da disegno; *writing —*, blocco di carta per scrivere, di carta da lettera **5** tampone; cuscinetto: *stamp —*, tampone per timbri **6** (*mecc.*) cuscino ammortizzatore **7** (*aut.*) pastiglia (di freno a disco) **8** (*med.*) tampone **9** piattaforma: *launch —*, piattaforma di lancio; *helicopter —*, piattaforma per elicotteri **10** (*inform.*) piastrina (di circuito integrato); piccola tastiera numerica // *mouse —*, tappetino per il mouse **11** (*fam.*) casa **12** (*sl. amer.*) mazzetta (che si dividono i poliziotti corrotti).

to **pad**[1] *pass.p.p.* **padded** ['pædɪd / pad·ded] *v.tr.* **1** imbottire; tamponare; ovattare **2** (*fig.*) gonfiare; ingrandire; ingigantire **3** (*tecn.*) impermeabilizzare **4** (*mecc.*) applicare pattini (o cuscini, o tamponi) a.

□ **pad out** *v.tr.* e *avv.* **1** imbottire (vestiti) **2** gonfiare, aggiungere brani superflui a (scritti, articoli, libri): *a speech padded out with pious platitudes*, un discorso infarcito di banalità moralistiche.

pad[2] *s.* **1** (*rar.*) strada; sentiero **2** (*ant.*) brigantaggio **3** (*rar.*) ronzino.

to **pad**[2] *v.intr.* **1** camminare, andare a piedi **2** camminare con passi felpati **3** (*ant.*) fare del brigantaggio (su una strada maestra).

pad[3] *s.* **1** rumore sordo di passi, di bastone sul terreno **2** passo dal suono soffocato.

pad[4] *s.* (*rar.*) **1** paniere, cesta (generalmente di vimini) **2** paniere usato come misura (per pesci, frutta ecc.).

padder ['pædə* / pad·der] *s.* (*elettr.*) condensatore correttore.

padding ['pædɪŋ / pad·ding] *s.* **1** imbottitura; ovatta; borra // (*inform.*) *— bit*, bit di riempimento **2** (*fig.*) riempitivo, inserzione di brani superflui per allungare un discorso o uno scritto; verbosità.

padding capacitor ['pædɪŋkə,pæsɪtə*] *s.* (*rad.*) condensatore riduttore, padding.

paddle[1] [pædl] *s.* **1** pagaia **2** (*ind.*) spatola **3** (*mar.*) pala (di elica, di ruota a pale) **4** natatoia (di cetaceo, tartaruga ecc.); pinna; aletta; zampa palmata **5** (*ferr.*) ala (di semaforo) **6** remata **7** lo sguazzare, il camminare sulla battigia, nell'acqua bassa: *to have a — in the water*, sguazzare nell'acqua.

to **paddle**[1] *v.intr.* **1** remare con la pagaia; remare lentamente // *to — one's own canoe*, (*fam.*) provvedere a se stessi senza aiuto altrui **2** nuotare (di palmipedi) **3** (*mar.*) procedere mediante ruote a pale (di navi a vapore) ◆ *v.tr.* **1** far muovere con i remi (una barca, una canoa) **2** (*fam. amer.*) battere, sculacciare.

□ **paddle down** *v.intr.* e *avv.* (*fam. amer.*) andare a letto, dormire.

to **paddle**[2] *v.intr.* **1** sguazzare nell'acqua; camminare nell'acqua a piedi nudi: *children love paddling in water*, ai bambini piace sguazzare nell'acqua **2** (*anche tr.*) (*rar.*) giocherellare (con le dita).

paddle-board ['pædlbɔ:d] *s.* (*mar.*) pala (di ruota a pale).

paddle-box ['pædlbɒks] *s.* (*mar.*) tamburo di protezione della ruota a pale.

paddle steamer ['pædlsti:mə*] *s.* nave, piroscafo a ruota, con ruote a pale.

paddle-wheel ['pædlwi:l] *s.* (*mar.*) ruota a pale.

paddling pool ['pædlɪŋ,pu:l] *s.* piscina per bambini.

paddock[1] ['pædək / pad·dock] *s.* **1** recinto per i cavalli da corsa **2** pastura; prato chiuso **3** (*miner.*) deposito all'aperto per il minerale.

to **paddock**[1] *v.tr.* **1** chiudere in un recinto **2** (*miner.*) immagazzinare (il minerale) all'aperto.

paddock[2] *s.* (*ant.*, *dial.*) rana, rospo: *for who... / a queen, fair, sober, wise, / would from a paddock, from a bat, a gib / such dear concernings hide?*, (SH. Hamlet) chi..., regina bella, sobria, saggia, nasconderebbe a un rospo, a un pipistrello, a un micione, faccende così gravi per lui?

paddy[1] ['pædɪ] *s.* **1** riso vestito **2** → **paddy-field**.

paddy[2] *s.* **1** irlandese (*anche spreg.*) **2** (*fam.*) accesso di collera, ira: *to get in a —*, arrabbiarsi **3** (*ant.*) garzone di muratore.

paddy-field ['pædɪ,fi:ld] *s.* risaia SIN. rice paddy.

paddy wagon ['pædɪ,wægən] *s.* (*amer.*) cellulare.

padlock ['pædlɒk / pad·lock] *s.* lucchetto.

to **padlock** *v.tr.* chiudere a lucchetto.

padre ['pɑ:dreɪ] *s.* **1** (*eccl.*) padre **2** (*fam. mil.*) cappellano militare.

pad-saw ['pædsɔ:] *s.* (*artig.*) saracco.

Paduan ['pædjʊən] *agg.* e *s.* padovano.

paduasoy ['pædjʊəsɔɪ / padua·soy] *s.* (*ant.*) seta di Padova.

paean ['pi:ən] *s.* (*poesia*) peana.

paed(o)- → **pedo-**[1] e [2].

pagan ['peɪgən / pa·gan] *agg.* e *s.* pagano; miscredente.

paganish ['peɪgənɪʃ / pa·gan·ish] *agg.* da pagano; paganeggiante.

paganism ['peɪgənɪzəm / pa·gan·ism] *s.* paganesimo.

to **paganize** ['peɪgənaɪz / pa·gan·ize] *v.tr.* paganizzare, rendere pagano ◆ *v.intr.* **1** divenire pagano **2** paganeggiare, vivere da pagano.

page[1] [peɪdʒ] *s.* **1** ragazzo, fattorino d'albergo (in livrea) **2** paggio.

to **page**[1] *v.tr.* **1** far cercare, far chiamare per nome (spec. con un altoparlante) **2** servire in qualità di paggio.

page[2] *s.* **1** pagina: *front —, back —*, prima pagina, ultima pagina (di giornale); *the sports —*, la pagina sportiva; *at the foot* (o *the bottom*) *of a —*, a piede di pagina; *at the top of a —*, in testa di pagina; *on — 3*, a pagina 3; *to double down the —*, piegare l'angolo della pagina come segno; *to turn the — over*, voltar pagina // *some of the darkest pages in the History of Europe*, alcune delle pagine più oscure della storia europea // *to take a — from s.o.'s book*, (*fam. amer.*) copiare, emulare, imitare qlcu. **2** (*tip.*) composizione impaginata **3** (*inform.*) pagina; blocco di memoria; sezione di documento; schermata: *web —*, pagina web.

to **page**[2] *v.tr.* **1** numerare le pagine di (un libro) **2** (*tip.*) impaginare **3** (*inform.*) impaginare, paginare: *to — backward, forward*, sfogliare all'indietro, in avanti; *to — in, out*, richiamare, scaricare una pagina; *to — through*, scorrere una pagina, sfogliare; *to — to*, accedere a.

pageant ['pædʒənt / pa·geant] *s.* **1** (*teatr.*) scena di una sacra rappresentazione medievale (mistero) **2** parata, corteo, processione; cavalcata storica; spettacolo teatrale all'aperto (generalmente di argomento storico) **3** pompa, fasto; ostentazione.

pageantry ['pædʒəntrɪ / pa·geantry] *s.* **1** pompa, fasto; ostentazione **2** spettacoli tradizionali, legati a una tradizione storica ecc.

pageboy ['peɪdʒbɔɪ / page·boy] *s.* **1** fattorino d'albergo (in livrea) **2** acconciatura alla paggio.

page-in ['peɪdʒɪn] *s.* (*inform.*) caricamento di una pagina in una memoria centrale.

page-proof ['peɪdʒ,pru:f] *s.* bozza in pagina, bozza di composizione impaginata.

page turner ['peɪdʒ,tɜ:nə*] *s.* (*fam.*) libro che si legge tutto d'un fiato.

paginal ['pædʒɪnl / pa·ginal] **paginary** ['pædʒɪnərɪ / pa·gin·ary] *agg.* **1** di pagina **2** pagina per pagina: *— reproduction*, riproduzione pagina per pagina.

to **paginate** ['pædʒɪneɪt / pa·gin·ate] *v.tr.* **1** paginare, numerare le pagine di (un libro) **2** (*tip.*) impaginare.

pagination [,pædʒɪ'neɪʃn / pa·gina·tion] *s.* **1** paginatura, numerazione delle pagine di un libro **2** (*tip.*) impaginazione.

paging ['peɪdʒɪŋ / pa·ging] *s.* (*inform.*) paginazione; (IBM) evidenziazione di pagina (su video).

pagoda [pə'gəʊdə / pa·goda] *s.* **1** pagoda **2** (*st.*) moneta d'oro indiana.

pagoda-tree [pə'gəʊdə,tri:] *s.* (*bot.*) (*Sophora japonica*) sofora del Giappone, robinia del Giappone.

pagurian [pə'gjʊərɪən / pa·gur·ian] *s.* (*zool.*) paguro SIN. hermit-crab, soldier-crab.

pah [pɑ:] *inter.* puh! (per esprimere disgusto, disprezzo).

paid *pass.p.p.* di to **pay**.

paid-up [,peɪd'ʌp] *agg.* **1** (*econ.*) versato: *— capital*, capitale (interamente) versato; *— share*, azione liberata **2** che è in regola con la quota: *— member*, membro in regola con il pagamento della quota.

pail [peɪl] *s.* **1** secchia, secchio **2** il contenuto di una secchia, di un secchio **3** (*sl. dei neri d'America*) stomaco.

pailful ['peɪlfʊl / pail·ful] *s.* secchiata, il contenuto di una secchia, di un secchio: *a — of water*, un secchio pieno d'acqua.

paillasse → **palliasse**.

pain [peɪn] *s.* **1** dolore, sofferenza, male (fisico, morale); inquietudine; tormento: *the pains of hell*, le pene dell'inferno; *a referred —*, un dolore riflesso; *a shooting —*, un dolore lancinante; *he remembered with — the death of his mother*, ricordava con dolore la morte della madre; *to be out of —*, aver finito di soffrire; *to put a wounded animal out of its —*, dare il colpo di grazia a un animale // *she is a — in the neck*, (*fam.*) è una gran scocciatrice // *you are a — in the arse* (o *backside*), (*volg.*) sei un rompipalle **2** pena, castigo, punizione (*anche dir.*): *on* (o *under*) *— of death*, (*form.*) sotto pena di morte // (*dir.*) *bills of — and penalties*, leggi penali eccezionali **3** *pl.* (*ant.*) doglie del parto **4** *pl.* fatica, pena, cura: *she was at pains to make us feel welcome*, si è data tanta pena per farci sentire a nostro agio; *she always takes great pains with her work*, si impegna sempre molto nel suo lavoro; *he went to great pains to be impartial*, ha fatto di tutto per essere imparziale; *to have one's pains for nothing* (o *to have nothing for one's pains*), darsi pena per niente; *to take pains over sthg.*, fare qlco. con molto cura // *we gave the porter something extra for his pains*, abbiamo dato qualcosa in più al facchino per il suo disturbo.

to **pain** *v.tr.* e *intr.* (*form.*) causare dolore a; fare male; far soffrire: *it pains me to say so*, mi è penoso dirlo; *my arm pains* (*me*), mi fa male il braccio; *my heart aches, and a drowsy numbness pains / my sense*, (KEATS) il cuore mi duole e un sonnolento torpore affligge i miei sensi.

pained [peɪnd] *agg.* **1** addolorato, sofferente **2** ferito, offeso: *he gave a — look at the man who had dropped the bottle*, diede un'occhiata di rimprovero all'uomo che aveva lasciato cadere la bottiglia.

painful ['peɪnfʊl / pain·ful] *agg.* **1** doloroso, che fa male; penoso: *I find walking —*, mi fa male camminare, soffro a camminare; *my knee was getting —*, cominciava a farmi male il ginocchio; *it was — to watch*, era penoso a vedersi; *— memory*, ricordo penoso **2** (*ant.*) provato dalla sofferenza: *the painful warrior famoused for fight... once foil'd, / is from the book of honour razed forth*, (SH. Sonnets) il guerriero provato dalla sofferenza, famoso per le sue gesta... sconfitto che sia una volta, è radiato per sempre dal libro d'onore **3** gravoso, faticoso: *a — uncertainty*, una incertezza gravosa; *there be some sports are painful, and their labour / delight in them sets off*, (SH. The Tempest) ci sono svaghi faticosi, in cui lo sforzo è attenuato dal diletto **4** (*ant.*) laborioso: *I... only wish they be not made pretence to abuse and persecute honest and painful men*, (MILTON) desidero solo che essi non siano presi a pretesto per insultare e perseguitare gli uomini onesti e laboriosi.

painfully ['peɪnfʊlɪ / pain·fully] *avv.* dolorosamente, penosamente; gravosamente, faticosamente.

painfulness ['peɪnfʊlnɪs / pain·ful·ness] *s.* dolore, pena; afflizione.

painkiller ['peɪnkɪlə* / pain·killer] *s.* (*med.*) analgesico; antinevralgico; antidolorifico; calmante.

painless ['peɪnlɪs / pain·less] *agg.* **1** indolore: *— childbirth*, parto indolore **2** (*fam. fig.*) indolore, facile, che non richiede grandi sforzi: *instalments are a — way to pay for a new car*, le rate sono un sistema indolore di pagare un'auto nuova // **-ly** *avv.*

painstaking ['peɪn,steɪkɪŋ / pains·tak·ing] *agg.* diligente, coscienzioso, accurato; approfondito ◆ *s.* cura, diligenza: *with a little —*, con un po' di cura.

paint [peɪnt] *s.* **1** pittura, vernice; colore: *a coat of —*, una mano di vernice; *anti-fire —*, vernice ignifuga; *filler —*, vernice di fondo; *lead —*, minio; *oil —*, colore a olio; *wet —*, vernice fresca **2** verniciatura **3** (*ant.*) belletto, rossetto.

to **paint** *v.tr.* **1** dipingere (*anche fig.*); pitturare; tinteggiare; verniciare: *they painted the door green*, verniciarono la porta di verde; *the kitchen needs painting*, la cucina ha bisogno di essere imbiancata // *to — everything in rosy* (o *glowing*) *colours*, vedere tutto rosa; presentare tutto sotto l'aspetto migliore // *to — the town red*, (*fam.*) fare baldoria; fare del chiasso in pubblico // *the devil is not so black as he is painted*, il diavolo non è poi brutto come lo si dipinge **2** (*med.*) spennellare (una ferita) ◆ *v.intr.* **1** dipingere, essere pittore **2** (*antiq.*) dipingersi, imbellettarsi.

□ **paint over** *v.tr.* e *avv.* cancellare passando sopra una mano di vernice.

paintbox ['peɪntbɒks / paint·box] *s.* scatola dei colori.

paintbrush ['peɪntbrʌʃ / paint·brush] *s.* pennello.

painted ['peɪntɪd] *agg.* **1** (*anche nei composti*) dipinto; pitturato, verniciato: *freshly- —*, dipinto di fresco; *it was like a — landscape*, sembrava il paesaggio di un quadro **2** imbellettato **3** (*antiq. fig.*) fittizio, simulato.

painter[1] ['peɪntə*] *s.* **1** pittore: *landscape —*, paesaggista; *portrait —*, ritrattista **2** decoratore; imbianchino; verniciatore.

painter[2] *s.* (*mar.*) barbetta, cima da ormeggio.

painter[3] *s.* (*zool.*) (*Felis concolor*) coguaro.

painter's colic ['peɪntəz'kɒlɪk] *s.* (*med.*) colica saturnina.

painting ['peɪntɪŋ / paint·ing] *s.* **1** pittura; verniciatura, tinteggiatura **2** dipinto, quadro: *his best paintings are watercolours*, i suoi migliori quadri sono acquerelli; *an oil* —, un dipinto a olio **3** (*arte*) pittura **4** (*med.*) pennellatura (di ferita).

paintress ['peɪntrɪs / paint·ress] *s.* pittrice.

paint shop ['peɪntʃɒp] *s.* **1** colorificio **2** reparto verniciatura.

paintsprayer ['peɪntspreɪə* / paint·sprayer] *s.* pistola a spruzzo, aerografo.

paint stripper ['peɪnt,strɪpə*] *s.* sverniciatore.

pair [peə*] *s.* **1** paio: *a — of scales, of scissors, of pyjamas*, una bilancia, un paio di forbici, un pigiama; *there was a — of shoes, of gloves on the table*, c'era un paio di scarpe, di guanti sul tavolo **2** coppia, due: *a — of horses*, una pariglia di cavalli; *a — of rabbits*, una coppia di conigli; *carriage and* —, carrozza a due cavalli; *a nice* —, una coppia simpatica; *he won the pot with a — of court cards*, vinse il piatto con una coppia vestita; *in pairs*, a due a due, a coppie // — *work*, lavoro in coppia // (*fis.*) — *production*, produzione di coppie **3** compagno: *is there the — to this glove?*, c'è il compagno di questo guanto?

to **pair** *v.tr.* appaiare; accoppiare: *to — (up) the socks*, appaiare le calze ♦ *v.intr.* appaiarsi, accoppiarsi.

□ **pair off** *v.tr.* e *intr.* e *avv.* disporre, disporsi in coppia: *the girls were paired off with the boys*, le femmine furono disposte in coppia con i maschi // *their parents have been trying for a long time to — them off*, è da tanto che i loro genitori tentano di farli sposare.

□ **pair up** *v.intr.* e *avv.* (*with*) mettersi insieme a, formare coppia con: *he paired up with another hitch-hiker and they went north together*, si accompagnò a un altro autostoppista e andarono verso nord insieme.

paired [peəd] *agg.* accoppiati; appaiati.

pair-oar ['peər,ɔ:*] *s.* (*canottaggio*) due senza.

paisley pattern ['peɪzlɪ,pætən] *s.* disegno cashmere.

pajamas [pə'dʒɑ:məs / pa·ja·mas] *s.pl.* (*spec. amer.*) pigiama BRIT. pyjamas.

paki ['pækɪ] *s.* e *agg.* (*spreg.*) pachistano.

Pakistani [,pɑ:kɪ'stɑ:nɪ *amer.* ,pækɪ'stænɪ / Pa·ki·stani] *agg.* e *s.* pachistano.

pal [pæl] *s.* **1** (*fam.*) compagno; amico **2** (*iron.*) amico; caro; bello: *clear off*, —, levati di torno, amico.

to **pal** *pass.p.p.* **palled** [pæld] *v.intr.* (*fam.*) fare amicizia: *to — (up) with s.o.*, fare amicizia con qlcu.

palace ['pælɪs / pal·ace] *s.* **1** palazzo **2** palazzo reale; palazzo vescovile; arcivescovado **3** *Palace*, il re e la regina; la casa reale: *a Palace spokesman*, un portavoce della casa reale.

palace-car ['pælɪs,kɑ:*] *s.* (*ferr. amer.*) vettura salone.

palace guard ['pælɪs'gɑ:d] *s.* **1** guardia di protezione a un palazzo, ai suoi abitanti **2** (*spreg.*) entourage, ristretta cerchia di intimi di un re, presidente ecc.

paladin ['pælədɪn / pal·adin] *s.* paladino (*anche fig.*).

palaeo- → **pale(o)-**.

palaestra *s.* → **palestra**.

palafitte ['pæləfɪt / pala·fitte] *s.* palafitta.

palama ['pæləmə / pal·ama] *pl.* **palamae** ['pæləmi: / pal·amae] *s.* (*zool.*) membrana interdigitale.

palankeen, palanquin [,pælən'kɪn / pa·lan·quin] *s.* palanchino; portantina.

palatable ['pælətəbl / pa·lat·able] *agg.* **1** gustoso; gradevole **2** (*fig.*) accettabile; gradevole; piacevole: *the truth was not very* —, la verità non era molto gradevole // **-ness** *s.* // **-bly** *avv.*

palatal ['pælətəl / pal·atal] *agg.* (*anat.*, *fon.*) palatale: — *sound*, suono palatale ♦ *s.* (*fon.*) suono palatale.

palatalization [,pælətəlaɪ'zeɪʃn / pa·lat·al·iza·tion] *s.* (*fon.*) palatalizzazione.

palate ['pælɪt / pal·ate] *s.* **1** (*anat.*) palato: *soft* —, palato molle // — *bone*, osso palatale // (*med.*) *cleft* —, gola lupina, palatoschisi **2** (*estens.*) palato; (senso del) gusto **3** (*fig.*) gusto; piacere mentale.

palatial [pə'leɪʃl / pa·la·tial] *agg.* sontuoso; lussuoso; magnifico; splendido.

palatinate [pə'lætɪnət / pa·lat·in·ate] *s.* **1** palatinato **2** abitante del Palatinato.

palatine[1] ['pælətaɪn / pal·at·ine] *agg.* palatino ♦ *s.* **1** conte palatino **2** abitante di un palatinato.

palatine[2] *agg.* (*anat.*) palatino, palatale: — *bone*, osso palatino; — *canal*, condotto palatino; — *process*, apofisi palatina, processo palatino ♦ *s.* osso palatale.

Palauan [pə'laʊən / Pa·lauan] *agg.* e *s.* (nativo, abitante) di Palau.

palaver [pə'lɑ:və* *amer.* pə'lævə* / pa·la·ver] *s.* (*fam.*) **1** abboccamento; colloquio (spec. in politica) **2** chiacchiera; ciancia **3** seccatura; noia **4** blandizia.

to **palaver** *v.tr.* adulare; blandire ♦ *v.intr.* (*fam.*) **1** parlamentare; tenere un abboccamento, un colloquio **2** cianciare; chiacchierare.

pale[1] [peɪl] *agg.* **1** pallido: *to grow* (o *to turn*) —, impallidire // — *with rage*, livido di rabbia **2** pallido; chiaro; fioco: *a — light in the chapel*, una fioca luce nella cappella **3** debole; fiacco: *a — imitation*, una debole imitazione // **-ly** *avv.* // **-ness** *s.*

to **pale**[1] *v.intr.* **1** impallidire **2** (*fig.*) impallidire, perdere d'importanza; apparire scialbo ♦ *v.tr.* (*non com.*) rendere pallido.

pale[2] *s.* **1** palo **2** (*ant.*) palizzata; steccato; recinto: *over hill, over dale / thorough bush, thorough brier / over park, over pale*, (SH. Midsummer-Night's Dream) sopra colli e vallette, attraverso cespugli e roveti, sopra praterie e recinti **3** (*fig.*) limite; restrizione // *beyond the* —, inaccettabile: *he had done something which put him beyond the* —, aveva commesso qualcosa che lo escludeva dalla società **4** territorio; distretto // *the* (*English*) *Pale*, (*st.*) la zona dell'Irlanda sottoposta alla giurisdizione inglese; *the English Pale in France*, (*st.*) il territorio di Calais **5** (*arald.*) riga, fascia verticale (nel centro di uno scudo).

to **pale**[2] *v.tr.* (*rar.*) circondare con palizzata; rinchiudere.

pale ale ['peɪl'eɪl] → **light ale**.

paled [peɪld] *agg.* circondato da palizzata, steccato, recinto.

paleethnologic(al) [,pælɪ,eθnəʊ'lɒdʒɪk(l) / pa·le·ethno·lo·gic(al)] *agg.* paletnologico.

paleethnologist [,pælɪeθ'nɒlədʒɪst / pa·le·ethno·lo·gist] *s.* paletnologo.

paleethnology [,pælɪeθ'nɒlədʒɪ / pa·le·ethno·logy] *s.* paletnologia.

paleface ['peɪlfeɪs / pale·face] *s.* viso pallido; uomo bianco.

pale(o)- [pælɪəʊ] *pref.* di origine greca usato nella terminologia scientifica con significato di 'antico, preistorico'; it. pale(o)-: *pal(a)eobotany*, paleobotanica; *pal(a)eoclimatology*, paleoclimatologia; *pal(a)eoecology*, paleoecologia; *pal(a)eogeography*, paleogeografia; *pal(a)eomagnetism*, paleomagnetismo; *pal(a)eozoology*, paleozoologia.

paleoanthropologic(al) [,pælɪəʊ,æn θrəpə'lɒdʒɪk(l) / pal·eo·an·thro·po·lo·gic(al)] *agg.* pale(o)antropologico.

paleoanthropologist [,pælɪəʊ,ænθrə 'pɒlədʒɪst / pal·eo·an·thro·po·lo·gist] *s.* pale(o)antropologo.

paleoanthropology [,pælɪəʊ,ænθrə'pɒ lədʒɪ / pal·eo·an·thro·po·logy] *s.* pale(o)antropologia.

Paleocene ['pælɪəʊsi:n / Pa·leo·cene] *s.* (*geol.*) paleocene ♦ *agg.* paleocenico.

Paleogene ['pælɪəʊdʒi:n / Pa·leo·gene] *agg.* e *s.* (*geol.*) paleogene.

paleographer [,pælɪ'ɒgrəfə* *amer.* ,peɪlɪ'ɒ grəfə* / pal·eo·grapher] *s.* paleografo.

paleographic [,pælɪəʊ'græfɪk *amer.* ,peɪl ɪəʊ'græfɪk / pal·eo·graphic] *agg.* paleografico.

paleography [,pælɪ'ɒgrəfɪ *amer.* peɪlɪ'ɒ grəfɪ / pal·eo·graphy] *s.* paleografia.

Paleolith ['peɪlɪəʊ,lɪθ / Pal·eo·lith] *s.* paleolitico.

Paleolithic [,pælɪəʊ'lɪθɪk *amer.* ,peɪlɪəʊ 'lɪθɪk / Pal·eo·lithic] *agg.* paleolitico.

paleologist [pælɪ'ɒlədʒɪst *amer.* peɪlɪ'ɒlə dʒɪst / pal·eo·lo·gist] *s.* paleologo.

paleology [pælɪ'ɒlədʒɪ *amer.* peɪlɪ'ɒlədʒɪ / pal·eo·logy] *s.* paleologia.

paleontological ['pælɪɒntə'lɒdʒɪkl *amer.* 'peɪlɪɒntə'lɒdʒɪkl / pal·eon·to·lo·gical] *agg.* paleontologico.

paleontologist [,pælɪɒn'tɒlədʒɪst *amer.* ,peɪlɪɒn'tɒlədʒɪst / pal·eon·to·lo·gist] *s.* paleontologo.

paleontology [,pælɪɒn'tɒlədʒɪ *amer.* ,peɪlɪɒn'tɒlədʒɪ / pal·eon·to·logy] *s.* paleontologia.

Paleozoic [,pælɪəʊ'zəʊɪk *amer.* ,peɪlɪəʊ'zəʊɪk / Pal·eo·zoic] *agg.* e *s.* (*geol.*) paleozoico.

Palestinian [,pælə'stɪnɪən / Pal·es·tin·ian] *agg.* e *s.* palestinese.

palestra [pə'lestrə / pal·estra] *pl.* **palestras**, **palestrae** [pə'lestri: / pal·estrae] *s.* (*st.*) palestra.

palette ['pælɪt / pal·ette] *s.* (*pitt.*, *inform.*) tavolozza.

palette knife ['pælɪtnaɪf] *s.* mestichino, spatola.

palfrey ['pɔ:lfrɪ / pal·frey] *s.* palafreno.

Pali ['pɑ:lɪ] *s.* pali (antica lingua indiana).

palimony ['pælɪmənɪ / pali·mony] *s.* (*amer.*) alimenti passati all'ex convivente • Da *pal*, compagno e *alimony*, alimenti.

palimpsest ['pælɪmpsest / pal·imp·sest] *s.* palinsesto.

palindrome ['pælɪndrəʊm / pal·in·drome] *agg.* e *s.* palindromo.

paling ['peɪlɪŋ / pal·ing] *s.* **1** palizzata, steccato, stecconata **2** paletto (di una palizzata).

palingenesis [,pælɪn'dʒenɪsɪs / pal·in·gen·esis] *s.* palingenesi.

palinode ['pælɪnəʊd / pal·in·ode] *s.* (*poesia*) palinodia.

palisade [,pælɪ'seɪd / pal·is·ade] *s.* **1** stecconata, palizzata **2** (*gener. pl.*) (*amer.*) scogliera, dirupo.

to **palisade** *v.tr.* stecconare, cintare, rinchiudere con palizzata.

palisander [,pælɪ'sændə* / pali·san·der] *s.* **1** (*bot.*) (*Dalbergia latifolia*) palissandro **2** (legno di) palissandro.

pall[1] [pɔ:l] *s.* **1** drappo funebre **2** bara **3** (*fig.*) manto, cappa; velo: *the — of darkness*, il manto dell'oscurità; *a — of smoke hung over the town*, una cappa di fumo sovrastava la città; *a — of gloom descended on the family*, un velo di tristezza calò sulla famiglia **4** (*ant.*) drappo, mantello (in particolare quello degli attori tragici): *...let Gorgeous Tragedy / in Scepter'd Pall come sweeping by*, (MILTON) avanzi con lo scettro la magnifica tragedia sventagliante nel suo mantello **5** (*ant.*) (*eccl.*) pallio; palla (d'altare).

to **pall**[1] *v.tr.* coprire con un drappo, un pallio.

to **pall**[2] *v.intr.* **1** venire a noia, perdere d'attrattiva: *food, literature that palls*, cibo, letteratura che stanca; *family life began to — on me*, la vita familiare ha cominciato ad annoiarmi **2** indebolirsi, perdere vigore ♦ *v.tr.* saziare, nauseare, stancare; infiacchire, indebolire.

Palladian[1] [pə'leɪdjən / Pal·la·dian] *agg.* palladio, di Pallade.

Palladian[2] *agg.* (*arch.*) palladiano.

Palladianism [pə'leɪdjənɪzəm / Pal·la·dian·ism] *s.* (*arch.*) stile palladiano.

palladic [pə'lædɪk / pal·ladic] *agg.* (*chim.*) palladico.

palladium[1] [pə'leɪdjəm / pal·la·dium] *s.* **1** palladio (simulacro della dea Pallade) **2** (*fig.*) palladio, difesa, protezione.

palladium[2] *s.* (*chim.*) palladio.

palladous [pə'leɪdəs / pal·lad·ous] *agg.* (*chim.*) palladoso.

pallbearer ['pɔ:l,beərə* / pall·bearer] *s.* chi regge i cordoni (a un funerale); chi porta la bara.

pallet[1] ['pælɪt / pal·let] *s.* giaciglio; pagliericcio: *why rather, sleep, liest thou in smoky cribs, / upon uneasy pallets?*, (SH. Henry IV) perché, o sonno, preferisci dormire in fumose capanne disteso su scomodi giacigli?

pallet[2] *s.* **1** paletta (da vasaio); spatola **2** (*pitt.*) tavolozza **3** (*mecc.*) nottolino (di arpionismo); leva (dell'ancora dell'orologio) **4** (*tecn.*) pallet, paletta di caricamento, piattaforma portatile.

pallet[3] *s.* (*arald.*) verghetta.

to **palletize** ['pælɪtaɪz / pal·let·ize] *v.tr.* pallettizzare (confezionare in modo da poter caricare su pallet).

palliament ['pælɪəmənt / pal·lia·ment] *s.* (*ant.*) pallio: *the people of Rome / send thee by me,..., / this palliament of white and spotless hue*, (SH. Titus Andronicus) il popolo di Roma per mezzo mio,..., ti manda questo pallio d'immacolato candore.

palliasse ['pælɪæs *amer.* ,pælɪ'æs / pal·li·asse] *s.* pagliericcio.

to **palliate** ['pælɪeɪt / pal·li·ate] *v.tr.* **1** attenuare, mitigare, alleviare: *to — pain*, mitigare il dolore **2** scusare, trovare attenuanti per.

palliation [,pælɪ'eɪʃn / pal·li·ation] *s.* mitigazione, attenuazione.

palliative ['pælɪətɪv / pal·li·at·ive] *agg.* e *s.* palliativo (*anche fig.*).

palliatory ['pælɪətərɪ / pal·li·at·ory] *agg.* palliativo.

pallid ['pælɪd / pal·lid] *agg.* **1** pallido; smunto **2** (*fig.*) fiacco, debole // **-ly** *avv.* // **-ness** *s.*

pallium ['pælɪəm / pal·lium] *pl.* **pallia** ['pælɪə / pal·lia] *s.* **1** (*st. antica, eccl.*) pallio **2** (*anat.*) pallio, mantello cerebrale **3** (*zool.*) mantello (di mollusco brachiopodo).

pall-mall [,pæl'mæl] *s.* (*gioco*) pallamaglio // *Pall Mall*, via di Londra dove hanno sede famosi club.

pallor ['pælə* / pal·lor] *s.* pallore.

pally ['pælɪ] *agg.* (*fam.*) amichevole, da amico: *to be — with s.o.*, essere amico di qlcu.; *to get — with s.o.*, diventare amico di qlcu. ♦ *s.* (*sl.*) amico, bello (mio): *listen —, I am the boss*, senti bello, il capo sono io.

palm[1] [pɑ:m] *s.* **1** (*bot.*) — (*tree*), palma, palmizio: *— oil* (o *— butter*), olio di palma **2** ramo di palma; (*fig.*) vittoria; trionfo: *to bear the —*, (*antiq.*) portar la palma, essere vincitore; *to yield the — to s.o.*, cedere la palma a qlcu. // (*eccl.*) *Palm Sunday*, domenica delle Palme.

palm[2] *s.* **1** (*anat.*) palmo // *to read s.o.'s —*, leggere la mano a qlcu. // *to have an itching —*, essere avido di denaro // *to grease s.o.'s —*, pagare una bustarella a qlcu. // *to hold s.o. in the — of one's hand*, (*fig. fam.*) tener qlcu. in pugno // *— oil*, (*sl.*) mancia **2** palmo (misura di lunghezza variabile da un minimo di circa 7,5 cm a un massimo di circa 25 cm) **3** (*mar.*) patta, palma (dell'ancora) **4** spatola, parte piatta e larga al fondo (di strumento); pala di un remo.

to **palm**[2] *v.tr.* **1** toccare con la mano; maneggiare **2** nascondere in mano (come fanno i bari, i prestigiatori con le carte, i dadi) **3** (*sl. antiq.*) corrompere (con denaro).

□ **palm off** *v.tr.* e *avv.* **1** sbarazzarsi di: *he palmed them off with some excuse*, si sbarazzò di loro con delle scuse **2** dare con l'inganno, sbolognare, affibbiare: *he tried to — me off with a damaged camera* (o *to — off a damaged camera onto me*), cercò di affibbiarmi una macchina fotografica in cattivo stato // *to — oneself off*, spacciarsi per.

palmaceous [pɑ:'meɪʃəs / pal·ma·ceous] *agg.* (*bot.*) di palma, simile a palma.

palmar ['pælmə* / pal·mar] *agg.* (*anat.*) palmare: *— reflex*, riflesso palmare.

palmate ['pælmɪt / pal·mate] **palmated** ['pælmeɪtɪd / pal·mated] *agg.* (*bot., zool.*) palmato.

palmer ['pɑ:mə*] *s.* **1** palmiere (pellegrino che torna dalla Terra Santa con rami di palma) **2** monaco cercatore.

palmerworm ['pɑ:mə,wɜ:m / pal·mer·worm] *s.* (*zool.*) bruco peloso.

palmet ['pælmət / pal·met] **palmetto** [pæl'metəʊ / pal·metto] *s.* (*bot.*) palma nana.

palmiped ['pælmɪped / pal·mi·ped] **palmipede** ['pælmɪpi:d / pal·mi·pede] *agg.* e *s.* (*zool.*) palmipede.

palmist ['pɑ:mɪst / palm·ist] *s.* chiromante.

palmistry ['pɑ:mɪstrɪ / palm·istry] *s.* chiromanzia.

palmitate ['pælmɪteɪt / palm·it·ate] *s.* (*chim.*) palmitato.

palmitic [pæl'mɪtɪk / pal·mi·tic] *agg.* (*chim.*) palmitico: *— acid*, acido palmitico.

palmitin(e) ['pælmɪtɪn / pal·mi·tin(e)] *s.* (*chim.*) palmitina.

palmtop ['pɑ:m,tɒp / palm·top] *agg.* (*inform.*) palmare.

palmy ['pɑ:mɪ] *agg.* **1** coperto, ricco di palme **2** simile a palma, a forma di palma **3** (*fig. letter.*) vittorioso, glorioso: *in the most high and palmy state of Rome, / a little ere the mightiest Julius fell, / the graves stood tenantless*, (SH. Hamlet) nell'eccelsa e vittoriosa Roma, poco prima che cadesse il grande Giulio, le tombe si svuotarono **4** (*fig. letter.*) prospero.

palmyra [pæl'maɪərə / pal·myra] *s.* (*bot.*) (*Borassus flabelliformis*) borasso flabelliforme.

palomino [,pælə'mi:nəʊ / pa·lo·mino] *s.* (*zool.*) cavallo con manto dorato e coda e criniera bianche.

palooka [pə'lu:kə / pa·looka] *s.* (*fam. amer.*) lottatore professionista; (*estens.*) uomo grande e grosso con poco cervello.

palp [pælp] *s.* (*zool.*) palpo.

palpability [,pælpə'bɪlətɪ / palp·ab·il·ity] *s.* **1** palpabilità, tangibilità **2** (*fig.*) evidenza.

palpable ['pælpəbl / palp·able] *agg.* (*form.*) **1** palpabile, tangibile **2** (*fig.*) evidente, chiaro // **-ness** *s.* // **-bly** *avv.*

to **palpate** [,pæl'peɪt / palp·ate] *v.tr.* (*med.*) palpare, toccare.

palpation [pæl'peɪʃn / palpa·tion] *s.* (*med.*) palpazione.

palpebral ['pælpɪbrəl / pal·pebral] *agg.* (*anat.*) palpebrale: *— fold*, piega palpebrale.

palpitant ['pælpɪtənt / pal·pit·ant] *agg.* palpitante.

to **palpitate** ['pælpɪteɪt / pal·pit·ate] *v.intr.* palpitare.

palpitation [,pælpɪ'teɪʃn / pal·pita·tion] *s.* palpitazione.

palsgrave ['pɔ:lzgreɪv / pal·sgrave] *s.* (*st.*) conte palatino.

palsied ['pɔ:lzɪd / pal·sied] *agg.* **1** (*med.*) paralizzato; paralitico, colpito da paralisi **2** (*fig.*) tremante.

palsy ['pɔ:lzɪ] *s.* paralisi: *cerebral —*, paralisi cerebrale.

to **palsy** *v.tr.* paralizzare.

to **palter** ['pɔ:ltə* / pal·ter] *v.intr.* (*rar.*) **1** tergiversare; ricorrere a sotterfugi; equivocare: *to — with s.o.*, tergiversare con qlcu. **2** mercanteggiare.

paltriness ['pɔːltrɪnɪs / pal·tri·ness] *s.* meschinità; grettezza.

paltry ['pɔːltrɪ / pal·try] *agg.* meschino; gretto; miserabile; irrisorio: — *exuses*, scuse meschine; *a — sum*, una cifra irrisoria.

paludal [pə'ljuːdl / pal·udal] *agg.* paludoso.

paludism ['pæljʊdɪzəm / pal·ud·ism] *s.* (*med.*) paludismo, malaria.

paly[1] ['peɪlɪ] *agg.* (*poet.*) pallido; piuttosto pallido.

paly[2] *agg.* (*arald.*) a strisce verticali (di scudo).

palynologic(al) [,pælɪnə'lɒdʒɪk(l) / pa·lyno·lo·gic(al)] *agg.* (*bot.*) palinologico.

palynologist [,pælə'nɒlədʒɪst / pa·lyno·lo·gist] *s.* (*bot.*) palinologo.

palynology [,pælə'nɒlədʒɪ / pa·lyno·logy] *s.* (*bot.*) palinologia.

pam [pæm] *s.* **1** fante di fiori **2** gioco a carte (simile al napoleone, in cui il fante di fiori è la carta più alta).

pampa ['pæmpə] *s.* (*gener. pl.*) pampa.

pampas grass ['pæmpəs,grɑːs *amer.* 'pæmpəs,græs] *s.* (*bot.*) (*Cortaderia argentea*) piuma delle pampe.

to **pamper** ['pæmpə* / pam·per] *v.tr.* **1** viziare **2** (*ant.*) rimpinzare di leccornie.

pamphlet ['pæmflɪt / pamph·let] *s.* **1** opuscolo; trattato **2** libello, pamphlet.

pamphleteer [,pæmflə'tɪə* / pamph·let·eer] *s.* **1** autore di opuscoli, trattati **2** libellista.

to **pamphleteer** *v.intr.* scrivere opuscoli, trattati, libelli.

pan[1] [pæn] *s.* **1** tegame; pentola; casseruola: *frying* —, padella; *baking* —, teglia, tortiera; *roasting* —, teglia // *pots and pans*, batteria da cucina **2** vaschetta, bacinella **3** (*lavatory*) —, tazza del water **4** piatto (di bilancia) **5** bataia (piatto, bacinella dei cercatori d'oro) **6** scodellino (di arma da fuoco a pietra focaia) // *flash in the* —, (*fam.*) fuoco di paglia **7** (*geogr.*) piccolo stagno **8** (*sl.*) faccia, muso **9** (*mecc.*) coppa dell'olio **10** (*anat.*) *brain* —, calotta cranica.

to **pan**[1] *pass.p.p.* **panned** [pænd] *v.tr.* **1** lavare (sabbie aurifere con la bataia); estrarre oro **2** (*fam.*) criticare duramente, punto per punto: *the critics have really panned his latest film*, i critici hanno proprio stroncato il suo ultimo film **3** (*rar.*) cuocere in padella ◆ *v.intr.* lavare sabbia per estrarre oro: *men were panning for gold in the river*, degli uomini lavavano la sabbia del fiume alla ricerca dell'oro.

□ **pan out** *v.intr.* e *avv.* **1** fruttare oro **2** (*fig. fam. spec. amer.*) riuscire, aver successo: *if you don't — out in California, you can always come home*, se le cose in California non vanno per il verso giusto, puoi sempre ritornare a casa.

pan[2] *s.* (*cinem.*) panoramica.

to **pan**[2] *v.intr.* (*cinem.*) fare una panoramica, panoramicare.

pan[3] *s.* (*arch.*) pannello; formella.

pan[4] *s.* (*bot.*) foglia di betel: *he was chewing* —, masticava betel.

pan- *pref.* di origine greca che entra nella composizione di alcuni aggettivi con significato di 'tutto, intero, interamente'; it. pan-: — *-Americanism*, panamericanismo; — *-Germanism*, pangermanesimo; — *-Hellenism*, panellenismo; — *-Slavism*, panslavismo.

panacea [,pænə'sɪə / pana·cea] *s.* panacea, toccasana.

panache [pə'næʃ / pan·ache] *s.* **1** pennacchio **2** (*fig.*) brio, destrezza; eleganza.

panada [pə'nɑːdə / pa·nada] *s.* (*cuc.*) panata, pancotto.

Panamanian [,pænə'meɪnɪən / Pan·amanian] *agg.* e *s.* panamense.

pancake ['pænkeɪk / pan·cake] *s.* **1** frittella, crêpe AMER. crêpe // *as flat as a* —, completamente piatto // *Pancake day*, martedì grasso **2** (*amer.*) frittella spessa (gener. servita con burro e sciroppo d'acero).

to **pancake** *v.intr.* (*aer.*) atterrare spanciato, di piatto ◆ *v.tr.* schiacciare, appiattire.

pancake engine ['pænkeɪk,endʒɪn] *s.* motore a cilindri radiali.

pancake landing ['pænkeɪk'lændɪŋ] *s.* (*aer.*) atterraggio spanciato, di piatto.

panchromatic [,pænkrəʊ'mætɪk / pan·chro·matic] *agg.* (*fot.*) pancromatico: — *film*, pellicola pancromatica.

pancreas ['pæŋkrɪəs / pan·creas] *s.* (*anat.*) pancreas.

pancreatic [,pæŋkrɪ'ætɪk / pan·cre·atic] *agg.* (*anat.*) pancreatico: — *juice*, succo pancreatico.

pancreatin ['pæŋkrɪətɪn / pan·cre·atin] *s.* (*biochim.*) pancreatina.

pancreatitis [,pæŋkrɪə'taɪtɪs / pan·cre·at·itis] *s.* (*med.*) pancreatite.

pancreozymin [,pæŋkrɪəʊ'zaɪmən / pan·creo·zy·min] *s.* (*biochim.*) pancreozimina.

panda ['pændə] *s.* (*zool.*) panda: *giant* —, (*Ailuropoda melanoleuca*) panda maggiore; *lesser* —, (*Ailurus fulgens*) panda minore.

Panda car ['pændə,kɑː*] *s.* auto della polizia.

Panda crossing ['pændə,krɒsɪŋ] *s.* attraversamento pedonale con comando del semaforo a richiesta SIN. pelican crossing.

Pandean [pæn'diːən / Pan·dean] *agg.* (*mit.*) del dio Pan, panico.

pandects ['pændekts / pan·dects] *s.pl.* (*dir.*) pandette.

pandemia [pæn'diːmɪə / pan·demia] *s.* (*med.*) pandemia, epidemia.

pandemic [pæn'demɪk / pan·demic] *agg.* (*med.*) pandemico, epidemico ◆ *s.* pandemia, epidemia.

pandemonium [,pændɪ'məʊnjəm / pan·de·mon·ium] *s.* pandemonio.

pander ['pændə* / pan·der] *s.* (*antiq.*) mezzano, ruffiano.

to **pander** *v.intr.* (*ant.*) fare il ruffiano.

□ **pander to** *v.intr.* e *prep.* assecondare, favorire, andare incontro; essere compiacente: *the popular press panders to people's vulgarity*, la stampa popolare favorisce, asseconda la volgarità della gente; *they pandered to the leader's every whim*, andavano incontro a ogni capriccio del capo.

panderess ['pændərɪs / pan·der·ess] *s.* (*antiq.*) ruffiana.

Pandora [pæn'dɔːrə / Pan·dora] *no.pr.f.* (*mit.*) Pandora // *—'s box*, il vaso di Pandora.

pandora, **pandore** [pæn'dɔː*] *s.* (*mus.*) pandora.

pane[1] [peɪn] *s.* **1** vetro, lastra di vetro **2** (*mecc.*) faccia (di un dado, della testa di una vite ecc.) **3** faccetta (di brillante ecc.) **4** (*edil.*) pannello **5** scacco (di tessuto a quadretti).

(to) **pane**[2] → (to) **peen**.

panegyric [,pænɪ'dʒɪrɪk / pan·egyric] *s.* panegirico: — *upon*, panegirico di.

panegyric(al) [,pænɪ'dʒɪrɪk(l) / pan·egyric, pan·egyr·ical] *agg.* elogiativo, laudativo // **-ally** *avv.*

panegyrist [,pænɪ'dʒɪrɪst / pan·egyr·ist] *s.* panegirista (*anche fig.*).

to **panegyrize** ['pænɪdʒɪraɪz / pan·egyr·ize] *v.tr.* fare il panegirico di.

panel [pænl] *s.* **1** pannello; quadro: (*aut.*, *aer.*) *instrument* —, pannello degli strumenti, cruscotto; *control* —, pannello di controllo // (*comm.*): *display* —, pannello espositivo; *advertisement* —, grande spazio pubblicitario (in un giornale) **2** lista; elenco; (*antiq.*) lista dei medici della mutua: — *doctor*, *patient*, medico, paziente della mutua **3** (*dir.*) lista dei giurati; giuria; organo giudicante collegiale; albo; (*dir. scoz.*) accusato; gli accusati: *he served on a* —, ha fatto parte della giuria; *there were three judges in the* —, l'organo giudicante era composto da tre giudici **4** gruppo di esperti; comitato, commissione: *a — of examiners*, una commissione esaminatrice // (*stat.*) *consumer* —, panel di consumatori **5** (*radio*, *tv*) 'panel', gruppo di esperti che discute su determinati temi; tavola rotonda // — *game*, programma a quiz con personaggi noti **6** (*min.*) sezione **7** (*mecc.*) elemento (di traliccio) **8** (*pitt.*) tavola, quadro molto grande **9** (*sartoria*) pannello **10** panno sottosella; panno usato al posto della sella; (*ant.*) sella: *with the ass's panel and its bridle on one side*, (L. STERNE) con la sella dell'asino e la sua briglia da un lato **11** (*aer.*) spicchio (di paracadute, di pallone, di dirigibile).

to **panel** *pass.p.p.* **panelled** ['pænld] *v.tr.* **1** rivestire di pannelli, pannellare (pareti ecc.); ornare di pannello (un abito) **2** (*dir.*) convocare (una giuria) **3** (*rar.*) sellare **4** (*miner.*) sezionare.

panelling ['pænlɪŋ / pan·el·ling] *s.* [U] (lavoro ornamentale a) pannelli, rivestimento a pannelli, pannellatura.

panellist ['pænəlɪst / pan·el·list] amer. **panelist** *s.* chi prende parte a un dibattito, a una tavola rotonda, a un panel.

panful ['pænfʊl / pan·ful] *s.* padellata, contenuto di una padella, pentola ecc.

pang [pæŋ] *s.* dolore; fitta; (*fig.*) stretta al cuore: *pangs of hunger*, morsi della fame; *pangs of love*, pene d'amore; *pangs of conscience*, rimorsi di coscienza.

pangenesis [,pæn'dʒenɪsɪs / pan·gen·esis] *s.* (*biol.*) pangenesi.

pangenetic [,pændʒɪ'netɪk / pan·gen·etic] *agg.* (*biol.*) pangenetico.

pangolin [pæŋ'gəʊlɪn / pan·go·lin] *s.* (*zool.*) pangolino SIN. scaly anteater.

panhandle ['pæn,hændl / pan·handle] *s.* **1** manico di tegame, padella ecc. **2** (*fig.*) striscia di terra che si insinua fra territori più vasti, fra due stati.

to **panhandle** *v.intr.* (*fam. amer.*) chiedere l'elemosina (spec. per strada).

panhandler ['pæn,hændlə* / pan·handler] *s.* (*fam. amer.*) mendicante, accattone.

panic[1] ['pænɪk] *agg.* **1** panico: — *terror*, timor panico **2** dettato dal panico: *a — reaction*, una reazione dettata dal panico // *to push the — button*, (*fam.*) avere una reazione violenta e incontrollata dettata dal panico // (*econ.*): — *buying*, incetta in previsione di aumento dei prezzi; — *selling*, vendita in previsione di svalutazione // — *stations*, stato di panico ◆ *s.* **1** panico; terrore: *to get into a* —, lasciarsi prendere dal panico; *to throw s.o. into a* —, gettare qlcu. nel panico; *to be in a* —, (*fam.*) essere preso dal panico **2** (*fam.*) (gran) fretta, fretta e furia: *to be in a* —, avere molta fretta **3** (*fam. amer.*) persona, cosa molto divertente, spasso.

to **panic**[1] *pass.p.p.* **panicked** ['pænɪkt / pan·icked] *v.tr.* **1** allarmare; creare panico tra **2** (*fam. amer.*) entusiasmare (il pubblico); provocare gli applausi, il riso di ◆ *v.intr.* lasciarsi prendere dal, essere in preda al panico; cedere al panico.

panic[2] *s.* (*bot.*) (*Panicum italicum*) — (*grass*), panìco.

panicky ['pænɪkɪ / pan·icky] *agg.* (*fam.*) **1** in preda al panico; allarmato; spaventato **2** impressionabile, pauroso.

panicle ['pænɪkl / pan·icle] *s.* pannocchia.

panicled ['pænɪkld / pan·icled] → **paniculate**.

panic-stricken ['pænɪk,strɪkən] **panic-struck** ['pænɪk,strʌk] *agg.* in preda al, colto da panico.

paniculate [pə'nɪkjʊlɪt / pan·icu·late] **paniculated** [pə'nɪkjʊleɪtɪd / pan·icu·lated] *agg.* a (forma di) pannocchia, panicolato.

panjandrum [pən'dʒændrəm / pan·jan·drum] *s.* (*fam. scherz.*) padrone del vapore; pezzo grosso.

panne [pæn] *s.* felpa soffice e pelosa.

pannier ['pænɪə* / pan·nier] *s.* **1** paniere (da basto); gerla **2** paniere, crinolina.

pannikin ['pænɪkɪn / pan·ni·kin] *s.* **1** (contenuto di un) piccolo boccale di metallo **2** tegamino.

panning ['pænɪŋ / pan·ning] *s.* **1** lavaggio di sabbia aurifera (con la bataia) **2** (*fam.*) il criticare duramente; dura critica, stroncatura.

panning (shot) ['pænɪŋ,ʃɒt] *s.* (*cinem.*) panoramica.

panoplied ['pænəplɪd / pan·op·lied] *agg.* **1** rivestito dell'armatura completa **2** (*fig.*) riccamente abbigliato.

panoply ['pænəplɪ / pan·oply] *s.* **1** panoplia, armatura completa **2** (*estens.*) abito da cerimonia **3** (*fig.*) pompa, sfarzo.

panorama [,pænə'rɑ:mə / pan·or·ama] *s.* **1** panorama **2** (*fig.*) panorama, (rassegna) panoramica.

panoramic [,pænə'ræmɪk / pan·or·amic] *agg.* panoramico (*anche fig.*) // **-ally** *avv.*

panpipes ['pænpaɪps / pan·pipes] *s.pl.* (*mus.*) flauto di Pan, fistola, siringa.

pan shot ['pæn,ʃɒt] → **panning (shot)**.

pansy ['pænzɪ] *s.* **1** (*bot.*) (*Viola tricolor*) viola del pensiero SIN. love-in-idleness, heart's ease **2** — (*boy*), (*fam. spreg.*) giovane effeminato; omosessuale, finocchio.

pant [pænt] *s.* **1** palpitazione; palpito; ansito, respiro affannoso **2** sbuffo (di locomotiva).

to **pant** *v.intr.* **1** ansimare, ansare, avere il fiato grosso; pulsare, palpitare **2** sbuffare, ansimare, emettere fumo a tratti (di locomotiva, motore ecc.) **3** (*for*) desiderare ardentemente, anelare: *to — for sthg.*, agognare, desiderare ardentemente qlco. ◆ *v.tr. to* — (*out*), dire ansimando, con voce rotta: *she panted out a few words*, pronunciò con voce rotta alcune parole.

pantagruelian [,pæntəgru:'eljən / pan·ta·gruel·ian] *agg.* pantagruelico.

pantaloon [,pæntə'lu:n / pan·ta·loon] *s.* buffone (nelle pantomime); pantalone (maschera teatrale).

pantaloons [,pæntə'lu:nz / pan·ta·loons] *s.pl.* **1** (*st.*) pantaloni (con calza unita) **2** (*amer.*) pantaloni • Dal nome della maschera veneziana Pantalone, che indossava tale tipo di indumento.

pantechnicon [pæn'teknɪkən / pan·tech·nicon] *s.* (*antiq.*) furgone da trasporto (per mobili, masserizie ecc.).

pantellerite [,pæn'teləraɪt / pan·tel·ler·ite] *s.* (*geol.*) pantellerite.

pantheism ['pænθi:ɪzəm / pan·the·ism] *s.* (*fil.*) panteismo.

pantheist ['pænθi:ɪst / pan·the·ist] *s.* (*fil.*) panteista.

pantheistic(al) [,pænθi:'ɪstɪk(l) / pan·the·istic(al)] *agg.* (*fil.*) panteistico.

pantheon ['pænθɪən / pan·theon] *s.* panteon.

panther ['pænθə* / pan·ther] *pl.* **panther(s)** *s.* (*zool.*) **1** pantera **2** (*amer.*) puma, coguaro → cougar.

pantheress ['pænθərɪs / pan·ther·ess] *s.* pantera (femmina).

panties ['pæntɪz / pant·ies] *s.pl.* (*fam.*) mutandine (da donna o da bambino).

pantile ['pæntaɪl / pan·tile] *s.* (*edil.*) olandese, tegola alla fiamminga.

panting ['pæntɪŋ / pant·ing] *agg.* ansante, ansimante, affannato ◆ *s.* palpitazione; ansito, respiro affannoso; (*fig.*) ansia, bramosia // **-ly** *avv.*

Pantisocracy [,pæntɪ'sɒkrəsɪ / Pan·ti·soc·racy] *s.* Pantisocrazia (comunità utopistica ideata da Coleridge).

pantler ['pæntlə* / pan·tler] *s.* (*ant.*) custode della dispensa: *this day she was both pantler, butler, cook*, (SH. Winter's Tale) in questo giorno era nel contempo custode della dispensa, cantiniera e cuoca.

panto ['pæntəʊ] (*fam.*) abbr. di → **pantomime**.

pantograph ['pæntəgrɑ:f *amer.* 'pæntəgræf / pan·to·graph] *s.* pantografo.

pantography [pæn'tɒgrəfɪ / pan·to·graphy] *s.* pantografia.

pantometer [pæn'tɒmɪtə* / pan·to·meter] *s.* pantometro.

pantomime ['pæntəmaɪm / pan·to·mime] *s.* **1** (*teatr. romano*) mimo (attore, rappresentazione) **2** (*teatr.*) pantomima **3** (*teatr.*) spettacolo fiabesco per bambini rappresentato durante il periodo natalizio (in Inghilterra).

pantomimic(al) [,pæntə'mɪmɪk(l) / pan·to·mimic·(al)] *agg.* pantomimico.

pantomimist [,pæntə'maɪmɪst / pan·to·mim·ist] *s.* (*teatr.*) pantomimo.

pantothenate [,pæntə'θeneɪt / pan·to·then·ate] *s.* (*chim.*) pantotenato.

pantothenic [,pæntə'θenɪk / pan·to·thenic] *agg.* (*biochim.*) pantotenico: — *acid*, acido pantotenico.

pantry ['pæntrɪ / pan·try] *s.* **1** dispensa **2** (*butler's*) —, office (stanza in cui si preparano le vivande o in cui si ripongono le provviste) **3** (*fam. amer.*) stomaco.

pants [pænts] *s.pl.* (*brit.*) mutande (da uomo); mutandine (da bambino); (*spec. amer.*) pantaloni, calzoni // *to catch s.o. with their — down*, (*fam.*) prendere qlcu. in contropiede, alla sprovvista // *to beat the — off s.o.*, (*fam.*) stracciare, sconfiggere nettamente qlcu. (spec. in una competizione sportiva); *to bore the — off s.o.*, (*fam.*) annoiare qlcu. a morte, rompere l'anima a qlcu.; *to scare the — off s.o.*, (*fam.*) spaventare qlcu. a morte; *you scared the — off me, really!*, accidenti, me la sono proprio fatta sotto! // *by the seat of one's* —, (*fam.*) a lume di naso, a fiuto, d'istinto.

pantsuit ['pæntsu:t / pant·suit] *s.* (*amer.*) completo giacca-pantalone (da donna).

panty hose ['pæntɪ,həʊz] *s.* [U] (*spec. amer.*) collant BRIT. tights.

panzer ['pæntsə* / pan·zer] *s.* (*mil.*) panzer, carro armato.

panzootic [,pænzəʊ'ɒtɪk / pan·zoo·tic] *agg.* (*vet.*) panzootico.

pap[1] [pæp] *s.* (*ant.*) capezzolo.

pap[2] *s.* **1** pappa (per neonati, infermi ecc.) **2** polpa di frutta **3** (*spreg.*) discorso, film, libro insulso, insipido, che non dice niente di nuovo **4** (*amer.*) protezione (politica).

papa[1] [pə'pɑ: *amer.* 'pɑ:pə] *s.* (*brit. antiq., fam. amer.*) papà, babbo.

papa[2] ['pɑ:pə] *s.* (*rel. ortodossa*) pope.

papacy ['peɪpəsɪ / pap·acy] *s.* papato, pontificato.

papain [pə'peɪɪn / pa·pain] *s.* (*biochim.*) papaina.

papal [peɪpl] *agg.* papale, pontificio.

papalism ['peɪpəlɪzəm / pap·al·ism] *s.* papismo.

papalist ['peɪpəlɪst / pap·al·ist] *s.* papista.

papaverine [pə'peɪvəraɪn / pa·pa·ver·ine] *s.* (*chim.*) papaverina.

papaw [pə'pɔ: / pa·paw] **papaya** [pə'paɪə / pa·paya] *s.* (*bot.*) (*Carica papaya*) papaia.

paper ['peɪpə* / pa·per] *s.* **1** carta: *a sheet of* —, un foglio di carta; — *bag, handkerchief*, sacchetto, fazzoletto di carta; *waste* —, carta straccia; *writing* —, carta da lettera, carta da scrivere; *packing* (o *wrapping*) —, carta da pacco; *carbon* —, carta carbone; *blotting* —, carta assorbente; *tissue* —, carta velina // *on* —, sulla carta // — *weight*, grammatura (della carta) // *to commit sthg. to* —, mettere qlco. per iscritto; *to put pen to* —, cominciare a scrivere **2** certificato, documento; *pl.* incartamenti, documenti, carte: *family papers*, carte di famiglia; *can I see your papers?*, posso vedere i suoi documenti? // *to send in one's papers*, dare le dimissioni **3** prova scritta; tema, composizione: *history* —, prova scritta, scritto di storia **4** studio, saggio; memoria, relazione; prolusione: *he wrote several papers on Elizabethan literature*, ha scritto diversi saggi sulla letteratura elisabettiana // (*dir.*): *Green Paper*, pubblicazione del governo britannico contenente proposte oggetto di eventuale dibattito parlamentare; *White Paper*, rapporto del governo britannico contenente il programma di azione su una specifica materia; libro bianco **5** giornale: *do you buy the local —?*, comperi il giornale locale?; *to write for the papers*, fare del giornalismo **6** (*comm.*) cambiale, titolo di credito, assegno, obbligazione cartolare: *long date —*, effetto con scadenza superiore a tre mesi; *eligible —*, carta bancabile // *commercial —*, carta commerciale; cambiale commerciale **7** banconota: *— money*, cartamoneta, moneta cartacea **8** (*fam. amer.*) assegno falso **9** (*inform.*) carta; banda, nastro perforato, modulo: *— out condition*, fine carta; *— tape*, banda perforata; *fanfold —*, carta in continuo, piegata a ventaglio.

to **paper** *v.tr.* **1** incartare **2** tappezzare **3** (*rar.*) fissare sulla carta; descrivere **4** (*sl.*) riempire (teatro, cinema ecc.) distribuendo biglietti gratuiti **5** (*sl. amer.*) tappezzare, inondare: *to — with bad checks*, inondare di assegni a vuoto **6** (*sl. amer.*) fare contravvenzioni a.

□ **paper over** *v.tr.* e *avv.* nascondere; (*fig.*) insabbiare: *to — over the cracks*, insabbiare le divergenze.

paperback ['peɪpəbæk / pa·per·back] *s.* paperback, libro in brossura, economico.

to **paperback** *v.tr.* (*tip.*) brossurare, confezionare in brossura.

paper-belly ['peɪpəbelɪ] *s.* (*sl. amer.*) chi non regge l'alcol.

paperboard ['peɪpəbɔ:d / pa·per·board] *s.* cartone.

paper-chase ['peɪpətʃeɪs] *s.* (gioco all'aperto) caccia alla volpe.

paper clip ['peɪpə,klɪp] *s.* graffetta, fermaglio per fogli, clip.

paper cutter ['peɪpə,kʌtə*] → **paper knife**.

paper fastener ['peɪpə,fɑ:snə*] *s.* fermacampione.

paperhanger ['peɪpə,hæŋə* / pa·per·hanger] *s.* **1** tappezziere **2** (*sl. amer.*) spacciatore di assegni falsi.

paperhanging(s) ['peɪpə,hæŋɪŋ(z) / pa·per·hang·ing(s)] *s.* **1** il tappezzare **2** (*antiq.*) tappezzeria.

paper knife ['peɪpənaɪf] *s.* tagliacarte.

paper-maker ['peɪpə,meɪkə*] *s.* fabbricante di carta.

paper mill ['peɪpəmɪl] *s.* cartiera.

paper nautilus [,peɪpə'nɔ:tɪləs] *s.* (*zool.*) argonauta → **argonaut**.

paper-pusher ['peɪpə,pʊʃə*] *s.* (*fam.*) passacarte.

paper shredder ['peɪpə,ʃredə*] **paper trimmer** ['peɪpə,trɪmə*] *s.* distruggi-documenti.

paperweight ['peɪpəweɪt / pa·per·weight] *s.* fermacarte.

paperwork ['peɪpəwɜ:k / pa·per·work] *s.* [U] lavoro d'ufficio.

papery ['peɪpərɪ / pa·pery] *agg.* cartaceo; simile a carta.

papier mâché [,pæpjeɪ'mæʃeɪ *amer.* ,peɪpəmə'ʃeɪ] *s.* cartapesta.

papilionaceous [pə,pɪlɪə'neɪʃəs / pa·pil·io·na·ceous] *agg.* (*bot.*) papilionaceo.

papilla [pə'pɪlə / pa·pilla] *pl.* **papillae** [pə'pɪli: / pa·pil·lae] *s.* (*anat., bot.*) papilla.

papillary [pə'pɪlərɪ / pap·il·lary] *agg.* (*anat., bot.*) papillare // (*med.*) *— tumor*, papilloma, epitelioma, carcinoma papillare.

papillate [pə'pɪlɪt / pap·il·late] *agg.* (*anat., bot.*) a forma di papilla; coperto di papille.

papilloma [,pæpɪ'ləʊmə / pa·pil·loma] *pl.* **papillomas**, **papillomata** [,pæpɪ'ləʊmətə / pa·pil·lo·mata] *s.* (*med.*) papilloma.

papillose ['pæpɪləʊs / pap·il·lose] *agg.* (*anat., bot.*) papilloso.

papillote ['pæpɪləʊt / pa·pil·lote] *s.* (*ant.*) bigodino (di carta), diavoletto.

papism ['peɪpɪzəm / pap·ism] *s.* papismo.

papist ['peɪpɪst / pap·ist] *s.* papista.

papistic(al) [pə'pɪstɪk(l) / pap·istic, pap·ist·ical] *agg.* papistico.

papistry ['peɪpɪstrɪ / pap·istry] *s.* papismo.

papoose [pə'pu:s *amer.* pæ'pu:s / pa·poose] *s.* bimbo pellirossa.

pappose [pæ'pəʊs / pap·pose] **pappous** ['pæpəs / pap·pous] *agg.* (*bot.*) papposo.

pappus ['pæpəs / pap·pus] *pl.* **pappi** ['pæpaɪ] *s.* (*bot.*) pappo.

pappy[1] ['pæpɪ] *agg.* simile a pappa; molle.

pappy[2] *s.* (*fam.*) papà.

paprika ['pæprɪkə *amer.* pə'pri:kə / pap·rika] *s.* **1** (*bot.*) (*Capsicum annuum*) pepe rosso, peperone, paprica SIN. pimento **2** (*cuc.*) paprica.

Papuan ['pɑ:pʊən] *agg.* e *s.* (abitante) della Papuasia.

papula ['pæpjʊlə / pap·ula] **papule** ['pæpju:l / pap·ule] *pl.* **papulae** ['pæpjʊli: / pap·ulae] **papules** *s.* (*med.*) papula.

papular ['pæpjʊlə* / pap·ular] *agg.* (*med.*) papuloso.

papyraceous [,pæpɪ'reɪʃəs / pa·py·ra·ceous] *agg.* papiraceo.

papyrology [,pæpɪ'rɒlədʒɪ / pa·pyro·logy] *s.* papirologia.

papyrus [pə'paɪərəs / pa·pyrus] *pl.* **papyri** [pə'paɪraɪ] **papyruses** [pə'paɪərəsɪz] *s.* papiro.

par[1] [pɑ:] *s.* **1** pari, parità; norma, livello normale; media (*anche comm.*): *exchange above, at, below —*, cambio sopra la, alla, sotto la pari; *his work is not up to, under —*, il suo lavoro è al di sotto del livello richiesto; *on a — with*, alla pari con: *Australian hotels are not on a — with those of the U.S.*, gli hotel australiani non reggono il confronto con quelli degli Stati Uniti; *putting drug addicts in prison is on a — with punishing the mentally ill*, mettere in prigione i drogati è come punire i malati di mente; *you've got to get your French up to — before you leave for Paris*, prima di partire per Parigi devi riportare il tuo francese a un livello accettabile // *three weeks' holiday a year is — for the course*, la norma è di tre settimane di vacanza all'anno // *to be, feel below —*, (*fam.*) non essere, non sentirsi in forma; *the team played below —*, la squadra ha giocato sottotono **2** (*Borsa*): *— value*, valore nominale, facciale; parità monetaria; *no — value shares*, azioni prive di valore nominale **3** (*golf*) norma: *83 is — for the course*, 83 è la norma.

par[2] abbr. di → **paragraph**.

par[3] *s.* (*zool.*) → **parr**.

para- [pærə] *pref.* di origine greca; it. para-; può indicare **1** vicinanza, affinità, somiglianza: *paramilitary*, paramilitare; *paramedic*, paramedico; (*fis. nucleare*) *parahydrogen*, paraidrogeno **2** deviazione, contrapposizione: *parapsychology*, parapsicologia **3** nella terminologia chimica indica un gruppo di composti derivati dal benzene: *paraldehyde*, paraldeide.

parabasis [pə'ræbəsɪs / para·basis] *pl.* **parabases** [pə'ræbəsi:z] *s.* (*teatr. greco*) parabasi.

parabiosis [,pærəbaɪ'əʊsɪs / para·bi·osis] *s.* (*biol.*) parabiosi.

parable ['pærəbl / par·able] *s.* parabola, racconto allegorico.

parabola [pə'ræbələ / para·bola] *s.* (*mat.*) parabola.

parabolic(al) [,pærə'bɒlɪk(l) / para·bolic, para·bol·ical] *agg.* **1** (*mat.*) parabolico: (*fis.*) *— reflector*, riflettore parabolico **2** (*ret.*) di parabola.

parabolically [,pærə'bɒlɪkəlɪ / para·bol·ic·ally] *avv.* (*ret.*) con parabole.

to **parabolize** [pə'ræbəlaɪz / para·bol·ize] *v.tr.* **1** (*ret.*) esporre in forma di parabola **2** (*mat.*) rendere parabolico.

paraboloid [pə'ræbəlɔɪd / para·bol·oid] *s.* (*mat.*) paraboloide.

paracentesis [,pærə,sen'ti:sɪs / para·cent·esis] *s.* (*med.*) paracentesi.

parachute ['pærəʃu:t / para·chute] *s.* paracadute: *— drop*, lancio col paracadute // (*amm.*) *golden —*, buonuscita.

to **parachute** *v.tr.* paracadutare ♦ *v.intr.* paracadutarsi; scendere col paracadute.

parachutist ['pærəʃu:tɪst / para·chut·ist] *s.* paracadutista.

Paraclete ['pærəkli:t / Para·clete] *s.* (*teol.*) Paracleto, Paraclito.

parade [pə'reɪd / par·ade] *s.* **1** parata, mostra, sfoggio: *to make a — of sthg.*, fare sfoggio di qlco. **2** corteo; processione; sfilata // *beauty —*, sfilata delle partecipanti a un concorso di bellezza // *fashion —*, sfilata di modelli **3** (*mil.*) parata: *— ground*, piazza d'armi // *— order*, ordine di parata // *— rest*, piedarm **4** (*scherma*) parata **5** passeggio, viale, passeggiata.

to **parade** *v.intr.* **1** marciare, sfilare **2** disporsi in parata **3** pavoneggiarsi, incedere con ostentazione ♦ *v.tr.* **1** passare in rivista **2** disporre in parata **3** marciare attraverso, sfilare per **4** far sfoggio di, ostentare.

paradigm ['pærədaɪm / para·digm] *s.* paradigma, esempio, modello (*anche gramm., ling., inform.*).

paradigmatic [,pærədɪg'mætɪk / para·dig·matic] *agg.* paradigmatico (*anche gramm., ling.*) // **-ally** *avv.*

paradisaic(al) [,pærədɪ'seɪɪk(l) / para·disaic, para·disa·ical] *agg.* paradisiaco.

paradise ['pærədaɪs / para·dise] *s.* **1** paradiso (*anche fig.*): *the earthly —*, il paradiso terrestre **2** (*ant.*) cortile davanti (o presso) al portico di una chiesa **3** (*sl. antiq.*) piccionaia, loggione.

paradisiac [,pærə'dɪsɪæk / para·dis·iac] **paradisiacal** [,pærədɪ'saɪəkl / para·dis·iacal] *agg.* paradisiaco.

parados ['pærədɒs / para·dos] *s.* (*edil. mil.*) spalletta.

paradox ['pærədɒks / para·dox] *s.* paradosso.

paradoxical [,pærə'dɒksɪkl / para·dox·ical] *agg.* paradossale // (*med.*): — *sleep*, sonno (fase) REM; — *embolus*, embolia paradossa // **-ly** *avv.*

paraesthesia [,pæræs'θi:ʒə / para·es·thesia] *s.* (*med.*) parestesia.

paraffin ['pærəfɪn / par·af·fin] *s.* (*chim.*) paraffina AMER. kerosene // — *wax*, (cera di) paraffina // — *series*, serie paraffinica.

paragoge [,pærə'gəʊdʒɪ / par·agoge] *s.* (*gramm.*) paragoge.

paragogic(al) [,pærə'gɒdʒɪk(l) / par·ago·gic(al)] *agg.* paragogico.

paragon ['pærəgən *amer.* 'pærəgɒn / par·agon] *s.* **1** modello (di perfezione, di virtù ecc.); esemplare **2** brillante perfetto di 100 o più carati **3** (*tip.*) corpo 19 o 20.

to **paragon** *v.tr.* **1** (*poet.*) paragonare; citare come paragone **2** (*ant.*) superare: *to — description*, superare ogni descrizione.

paragonite [pə'rægənaɪt / par·agon·ite] *s.* (*min.*) paragonite.

paragraph ['pærəgrɑ:f *amer.* 'pærəgræf / para·graph] *s.* **1** paragrafo **2** capoverso // *new* —, a capo: *to take a new* —, andare a capo **3** trafiletto (di giornale).

to **paragraph** *v.tr.* **1** dividere in paragrafi **2** scrivere un trafiletto (di giornale) su.

paragrapher ['pærəgrɑ:fə* *amer.* 'pærəgræfə* / para·grapher] **paragraphist** ['pærəgrɑ:fɪst *amer.* 'pærəgræfɪst / para·graph·ist] *s.* chi scrive trafiletti.

Paraguayan [,pærə'gwaɪən / Pa·ra·guayan] *agg.* e *s.* paraguaiano.

parakeet ['pærəki:t / para·keet] *s.* (*zool.*) parrocchetto.

parakinesia [,pærəkɪn'i:ʒə / para·kin·esia] *s.* (*med.*) paracinesia.

parallax ['pærəlæks / par·al·lax] *s.* (*astr.*, *fis.*) parallasse.

parallel ['pærəlel / par·al·lel] *agg.* **1** parallelo: — *lines*, rette parallele; *to be, to run — with* (o *to*) *sthg.*, essere, correre parallelo a qlco. // (*econ.*) — *economy*, economia parallela, economia sommersa // (*inform.*): — *running*, esecuzione in parallelo; — *search memory* (o — *search storage*), memoria associativa // (*elettr.*) — *connection*, collegamento in parallelo **2** corrispondente, equivalente: *they developed a — research project*, hanno sviluppato una ricerca parallela ◆ *s.* **1** (*mat.*) parallela **2** (*geogr.*) parallelo: *a — of latitude*, un parallelo di latitudine **3** (*fig.*) parallelo, paragone, confronto: *without* —, senza pari, che non ha eguale; *to draw a — between two things*, fare un paragone tra due cose // *to be on a — with*, essere allo stesso livello di **4** (*mil.*) trincea parallela **5** (*elettr.*) parallelo; (*inform.*) (collegamento in) parallelo: (*elettr.*) *working in* —, marcia in parallelo **6** *pl.* (*tip.*) barre.

to **parallel** *pass.p.p.* **paralleled** ['pærəleld / par·alleled] *v.tr.* **1** confrontare, paragonare **2** essere parallelo a, essere simile a; uguagliare: *my experience parallels yours*, la mia esperienza è simile alla tua **3** disporre parallelamente **4** correre parallelo a: *the road parallels the river*, la strada fiancheggia il fiume **5** (*elettr.*) mettere, collegare in parallelo.

parallelepiped [,pærəlel'epɪped / par·al·lel·epi·ped] *s.* (*mat.*) parallelepipedo.

parallelism ['pærəlelɪzəm / par·al·lel·ism] *s.* parallelismo (*anche fig.*).

parallelogram [,pærə'leləgræm / par·al·lelo·gram] *s.* (*mat.*) parallelogramma // (*fis.*) — *of forces*, parallelogramma delle forze.

paralogism [pə'rælədʒɪzəm / para·lo·gism] *s.* (*fil.*) paralogismo.

paralysation [,pærəlaɪ'zeɪʃn / para·lysa·tion] *s.* **1** paralisi **2** l'essere paralizzato.

to **paralyse** ['pærəlaɪz / para·lyse] *v.tr.* **1** paralizzare; (*fig.*) paralizzare, agghiacciare: *paralysed with fear*, paralizzato dalla paura **2** bloccare, fermare: *the general strike paralysed the country*, lo sciopero generale ha paralizzato il paese.

paralysis [pə'rælɪsɪs / para·lysis] *pl.* **paralyses** [pə'rælɪsi:z] *s.* **1** (*med.*) paralisi: *infantile, muscular, progressive* —, paralisi infantile, muscolare, progressiva // *agitans* —, morbo di Parkinson, parkinsonismo **2** inattività, paralisi.

paralytic [,pærə'lɪtɪk / para·lytic] *s.* paralitico ◆ *agg.* **1** paralitico **2** (*fam.*) ubriaco fradicio.

to **paralyze** → to **paralyse**.

paramagnetic [,pærəmæg'netɪk / para·mag·netic] *agg.* (*fis.*) paramagnetico.

paramagnetism [,pærə'mægnɪtɪzəm / para·mag·net·ism] *s.* (*fis.*) paramagnetismo.

paramatta [,pærə'mætə / para·matta] *s.* tessuto misto di lana e cotone, o lana e seta.

paramecium [,pærə'mi:ʃjəm / para·me·cium] *pl.* **paramecia** [,pærə'mi:ʃjə / para·mecia] *s.* (*zool.*) paramecio.

paramedic(al) [,pærə'medɪk(l) / para·medic, para·med·ical] *s.* (*spec. amer.*) paramedico.

parament ['pærəmənt / para·ment] *s.* (*eccl.*) paramento.

parameter [pə'ræmɪtə* / para·meter] *s.* parametro.

paramilitary [,pærə'mɪlɪtərɪ *amer.* ,pærə'mɪlɪterɪ / para·mil·it·ary] *agg.* paramilitare.

paramount ['pærəmaʊnt / para·mount] *agg.* dominante; sovrano; supremo; primario: *of — importance*, di somma importanza; *lord* —, signore supremo // (*dir.*): — *clause*, clausola prevalente; — *title*, titolo, diritto superiore ◆ *s.* (*non com.*) capo supremo, signore assoluto.

paramountcy ['pærəmaʊntsɪ / para·mountcy] *s.* supremazia, preminenza.

paramour ['pærəmʊə* / par·amour] *s.* (*antiq.*) amante: *while birds and butterflies and flowers, / make all one band of paramours*, (W. WORDSWORTH) mentre uccelli e farfalle e fiori formano tutta una schiera di innamorati.

paranasal [,pærə'neɪzl / para·nasal] *agg.* (*anat.*) paranasale: — *sinus*, seno paranasale.

parang ['pɑ:ræŋ / par·ang] *s.* pesante coltello malese.

paranoia [,pærə'nɔɪə / para·noia] *s.* (*med.*) paranoia.

paranoi(a)c [,pærə'nɔɪ(ə)k / para·noi(a)c] *agg.* e *s.* (*med.*) paranoico // **-ally** *avv.*

paranoid ['pærənɔɪd / pa·ra·noid] *agg.* (*med.*) paranoide: — *state*, stato paranoide ◆ *s.* (*med.*) paranoico.

paranormal [,pærə'nɔ:ml / para·nor·mal] *s.* paranormale // **-ly** *avv.*

paranymph ['pærənɪmf / para·nymph] *s.* paraninfo.

parapet ['pærəpet / para·pet] *s.* **1** parapetto; balaustra, ringhiera **2** (*mil.*) parapetto.

parapeted ['pærəpɪtɪd / para·peted] *agg.* munito di parapetto.

paraphernalia [,pærəfə'neɪljə / para·pher·na·lia] *s.* **1** ⊡ arnesi, accessori (*pl.*); armamentario **2** *pl.* (*fam.*) oggetti personali **3** *pl.* (*fam.*) formalità; pratiche; annessi e connessi: *I can't stand all the — involved in getting a visa*, non sopporto tutte le formalità che comporta l'ottenere un visto; *conventions, motorcades, rallies and all the — of a US election*, congressi, cortei di auto, raduni e tutti gli annessi e connessi delle elezioni americane **4** (*dir.*) parafernа, beni parafernali; sopraddote **5** *pl.* (*dir.*) strumenti del reato.

paraphrase ['pærəfreɪz / para·phrase] *s.* parafrasi.

to **paraphrase** *v.tr.* parafrasare ◆ *v.intr.* fare una parafrasi.

paraphrastic [,pærə'fræstɪk / para·phrastic] *agg.* parafrastico // **-ally** *avv.*

paraplegia [,pærə'pli:dʒə / para·ple·gia] *s.* (*med.*) paraplegia.

paraplegic [,pærə'pli:dʒɪk / para·ple·gic] *agg.* e *s.* (*med.*) paraplegico.

parapsychologic(al) ['pærə,saɪkə'lɒdʒɪk(l) / para·psy·cho·lo·gic(al)] *agg.* parapsicologico.

parapsychology [,pærəsaɪ'kɒlədʒɪ / para·psy·cho·logy] *s.* parapsicologia.

pararosaniline [,pærərəʊ'zænəli:n / para·ros·anil·ine] *s.* (*chim.*) pararosanilina.

paras ['pærəz] *s.pl.* (*fam. mil.*) parà, paracadutisti.

paraselene [,pærəsɪ'li:n / para·se·lene] *pl.* **paraselenae** [,pærəsɪ'li:nɪ / para·se·lenae] *s.* (*astr.*) paraselene.

parasite ['pærəsaɪt / para·site] *s.* parassita (*anche fig.*).

parasitic(al) [,pærə'sɪtɪk(l) / para·sitic, para·sit·ical] *agg.* parassitico.

parasitically [,pærə'sɪtɪkəlɪ / para·sit·ical·ly] *avv.* da parassita.

parasitism ['pærəsaɪ,tɪzəm / para·sit·ism] *s.* parassitismo.

parasitologic(al) [,pærə,saɪtə'lɒdʒɪk(l) / para·sito·lo·gic(al)] *agg.* parassitologico.

parasitologist [,pærə,saɪ'tɒlədʒɪst / para·sito·lo·gist] *s.* parassitologo.

parasitology [,pærəsaɪ'tɒlədʒɪ / para·sito·logy] *s.* parassitologia.

parasitosis [,pærə,saɪ'təʊsɪs / para·sit·osis] *s.* (*med.*) parassitosi.

parasol ['pærəsɒl *amer.* 'pærəsɔ:l / para·sol] *s.* parasole, ombrellino.

parasol mushroom ['pærəsɒl,mʌʃrʊm *amer.* 'pærəsɔ:l,mʌʃru:m] *s.* (*bot.*) (*Lepiota procera*) bubbola maggiore; (*pop.*) mazza di tamburo.

parasympathetic [,pærə,sɪmpə'θetɪk / para·sym·path·etic] *agg.* e *s.* (*anat.*) parasimpatico: — *nervous system*, sistema nervoso parasimpatico.

paratactic [,pærə'tæktɪk / para·tactic] *agg.* (*gramm.*) paratattico.

parataxis [,pærə'tæksɪs / para·taxis] *s.* (*gramm.*) paratassi.

parathion [,pærə'θaɪɒn / para·thion] *s.* (*chim.*) parathion.

parathyroid [,pærə'θaɪrɔɪd / para·thy·roid] *agg.* (*anat.*) paratiroideo ♦ *s.* (*anat.*) paratiroide.

paratrooper ['pærə,tru:pə* / para·trooper] *s.* (*mil.*) paracadutista.

paratroops ['pærətru:ps / para·troops] *s.pl.* (*mil.*) truppe paracadutate.

paratyphoid [,pærə'taɪfɔɪd / para·ty·phoid] *agg.* (*med.*) paratifoideo: — *fever*, paratifo.

paravane ['pærəveɪn / para·vane] *s.* (*mar.*) paramine.

to **parboil** ['pɑ:bɔɪl / par·boil] *v.tr.* bollire parzialmente; (*cuc.*) scottare, sbollentare; (*fig.*) surriscaldare.

parbuckle ['pɑ:bʌkl / par·buckle] *s.* lentia (sistema di cavi per caricare o scaricare botti, bidoni, fusti ecc. facendoli rotolare su un piano inclinato).

to **parbuckle** *v.tr.* sollevare, calare per mezzo di una lentia.

parcel ['pɑ:sl / par·cel] *s.* **1** pacco, pacchetto: *to do up* (o *to make up*) *a* —, confezionare un pacchetto, fare un pacco; *to undo* (o *to unwrap*) *a* —, aprire un pacco, pacchetto // — *delivery*, consegna pacchi; — *post*, servizio pacchi postali // *a* — *of lies*, (*fig.*) un sacco di bugie **2** appezzamento di terreno, lotto **3** (*comm.*) partita **4** (*fig.*) gruppo, branco **5** (*ant.*) parte, porzione // *part and* —, parte integrante: *late nights are part and* — *of the job*, far tardi la notte è parte integrante del lavoro.

to **parcel** *pass.p.p.* **parcelled** ['pɑ:sld / par·celled] *v.tr.* **1** *to* — (*up*), impacchettare, impaccare **2** (*mar.*) bendare.

□ **parcel out** *v.tr.* e *avv.* spartire; dividere in più parti.

parcel *avv.* (*ant.*) parzialmente: — *blind*, mezzo cieco; — *gilt*, parzialmente dorato.

parcelling ['pɑ:slɪŋ / par·cel·ling] *s.* **1** spartizione; distribuzione **2** impacchettatura, impaccatura; (*mar.*) bendatura.

parcener ['pɑ:sənə* / par·cener] *s.* (*dir.*) coerede.

to **parch** [pɑ:tʃ] *v.tr.* **1** arrostire; disseccare, essiccare (cereali ecc.) **2** bruciare; inaridire ♦ *v.intr.* **1** disseccarsi (di cereali ecc.) **2** bruciare, bruciarsi; inaridire, inaridirsi.

parched [pɑ:tʃt] *agg.* riarso; inaridito; assetato: *the earth was* —, la terra era riarsa; *to be* — *with thirst*, avere la gola riarsa, morire di sete.

parching ['pɑ:tʃɪŋ / parch·ing] *agg.* bruciante; divorante: *a* — *heat*, un calore bruciante.

parchment ['pɑ:tʃmənt / parch·ment] *s.* pergamena, cartapecora // — *paper*, carta uso pergamena; *undressed* —, pergamena grezza.

pard¹ [pɑ:d] *s.* (*ant. poet.*) leopardo; pantera.

pard² *s.* (*sl. amer.*) socio.

pardon ['pɑ:dn / par·don] *s.* **1** perdono; grazia; scusa: *to beg s.o.'s* —, chiedere scusa a qlcu. // *I beg your* —?, come ha detto?, prego? **2** (*eccl.*) indulgenza **3** (*dir.*) amnistia; indulto, grazia: *to receive the Queen's* —, essere graziato, ricevere la grazia.

to **pardon** *v.tr.* **1** perdonare, accordare il perdono, la grazia a: — *me!*, scusatemi!, permesso!; *to* — *s.o. sthg.*, perdonare qlco. a qlcu. // — *my French*, (*fam.*) con licenza parlando, scusate il mio linguaggio **2** (*dir.*) concedere l'amnistia, l'indulto, la grazia.

pardonable ['pɑ:dnəbl / par·don·able] *agg.* perdonabile, scusabile // **-bly** *avv.*

pardoner ['pɑ:dnə* / par·don·er] *s.* **1** chi perdona **2** (*eccl.*) venditore di indulgenze.

to **pare** [peə*] *v.tr.* **1** pareggiare; tagliare; ritagliare: *to* — *one's nails*, tagliarsi le unghie // *to* — *sthg. to the bone*, ridurre qlco. all'osso: *we must* — *expenses to the bone*, dobbiamo ridurre le spese all'osso **2** sbucciare (frutta ecc.); mondare, pelare; potare.

□ **pare away**, **pare down** *v.tr.* e *avv.* ridurre gradualmente: *to* — *down expenditure*, ridurre le spese.

paregoric [,pærə'gɒrɪk *amer.* ,pærə'gɔ:rɪk / par·egoric] *agg.* e *s.* (*med.*) (medicamento) paregorico; calmante.

parenchyma [pə'reŋkəmə / par·en·chyma] *s.* (*anat.*, *bot.*) parenchima.

parenchymal [pə'reŋkəməl / par·en·chymal] **parenchymatous** [,pærən'kɪmətəs / par·en·chy·mat·ous] *agg.* (*anat.*, *bot.*) del parenchima, parenchimatico; (*anat.*) parenchimatoso.

parent ['peərənt / par·ent] *s.* **1** genitore; padre, madre: *parents and relations*, ascendenti e collaterali; *our first parents*, i nostri progenitori, Adamo ed Eva // (*dir.*, *econ.*) — *company*, società, casa madre; società capogruppo // (*geol.*) — *rock*, roccia madre **2** (*fig.*) causa, origine: *that was the* — *of every evil*, ciò fu l'origine di ogni male **3** (*fis. nucleare*) capostipite, progenitore nucleare.

parentage ['peərəntɪdʒ / par·ent·age] *s.* U genitori (*pl.*), famiglia; nascita; origine, discendenza; stirpe: *children of mixed* —, figli di coppia mista; — *unknown*, di genitori ignoti.

parental [pə'rentl / par·ental] *agg.* paterno, materno; di genitori // (*dir.*) — *authority*, potestà parentale, dei genitori.

parenteral [pə'rentərəl / par·en·teral] *agg.* e *s.* (*med.*) (farmaco) parenterale.

parenthesis [pə'renθɪsɪs / par·en·thesis] *pl.* **parentheses** [pə'renθɪsi:z / par·en·theses] *s.* (*form.*) parentesi; (*mat.*) parentesi rotonda; (*fig.*) intervallo, pausa: *in parentheses*, tra parentesi.

to **parenthesize** [pə'renθɪsaɪz / par·en·thes·ize] *v.tr.* mettere tra parentesi.

parenthetic [,pærən'θetɪk / par·en·thetic] *agg.* (*form.*) parentetico // **-ally** *avv.*

parenthood ['peərənthʊd / par·ent·hood] *s.* paternità, maternità.

parenting ['peərəntɪŋ / par·ent·ing] *s.* U la cura, educazione dei propri figli: *bad* — *may give a child psychological problems*, la scarsa cura da parte dei genitori può causare in un bambino problemi psicologici.

parentless ['peərəntlɪs / par·ent·less] *agg.* orfano (di entrambi i genitori).

paresis ['pærɪsɪs / par·esis] *s.* (*med.*) paresi.

paresthesia *s.* (*amer.*) → **paraesthesia**.

paretic [pə'retɪk / par·etic] *agg.* e *s.* (*med.*) (colpito) da paresi, paretico.

par excellence [,pɑr'eksəlɔ:ns *amer.* ,pɑ:reksə'lɔ:ns] *locuz.avv.* per eccellenza, per antonomasia.

parget ['pɑ:dʒɪt / par·get] *s.* bianco di calce; intonaco; gesso; stucco.

to **parget** *pass.p.p.* **pargetted** ['pɑ:dʒɪtɪd / par·getted] *v.tr.* intonacare; imbiancare; decorare a gesso, a stucco.

parhelion [pɑ:'hi:ljən / par·he·lion] *pl.* **parhelia** [pɑ:'hi:ljə / par·he·lia] *s.* (*astr.*) parelio.

pariah ['pærɪə / pa·ri·ah] *s.* paria (*anche fig.*).

Parian ['peərɪən / Par·ian] *agg.* di Paro, pario: — *marble*, marmo pario ♦ *s.* **1** abitante di Paro **2** porcellana di Paro.

paries ['peəri:z / pa·ries] *pl.* **parietes** [pə'raɪti:z / pa·rie·tes] *s.* (*anat.*) parete (di organo).

parietal [pə'raɪtl / pa·ri·etal] *agg.* (*anat.*) parietale: — *bone*, osso parietale; — *cell*, cellula delomorfa, cellula parietale.

paring ['peərɪŋ / par·ing] *s.* **1** pelatura, sbucciatura **2** *pl.* bucce **3** tosatura; mondatura; levigatura; ripulitura (di terreno da erbacce).

paring knife ['peərɪŋ,naɪf] *s.* sbucciatore, coltello da cucina.

parish ['pærɪʃ / par·ish] *s.* **1** parrocchia; i parrocchiani (*pl.*) // *to go on the* —, (*ant.*) vivere della carità della parrocchia // — *church*, chiesa parrocchiale; — *clerk*, laico addetto alla parrocchia; — *priest*, parroco; — *register*, registro parrocchiale **2** (*civil*) —, piccolo comune rurale, municipio; distretto: — *council*, consiglio municipale; — *road*, strada vicinale; — *school*, scuola comunale // — *lantern*, (*fam.*) luna.

parishioner [pə'rɪʃənə* / pa·rish·ioner] *s.* **1** parrocchiano **2** abitante di un distretto rurale.

parish-pump [,pærɪʃ'pʌmp] *agg.attr.* (*fam.*) di interesse locale: — *politics*, politica locale; — *news*, notizie di interesse locale.

Parisian [pə'rɪzjən *amer.* pə'rɪʒn / Pa·ris·ian] *agg.* e *s.* parigino.

parisite ['pærəsaɪt / paris·ite] *s.* (*min.*) parisite.

parisyllabic [,pærɪsɪ'læbɪk / pa·ri·syl·labic] *agg.* parisillabo.

parity¹ ['pærətɪ / par·ity] *s.* **1** parità; uguaglianza (di livello, posizione ecc.) // (*inform.*): *even* —, controllo di parità; — *bit*, bit di parità **2** (*econ.*) parità (monetaria): *return to fixed exchange-rate parities*, ritorno ai cambi fissi; — *grid*, griglia delle parità (centrali) bilaterali (nello SME) **3** analogia (di ragionamento ecc.).

parity² *s.* (*med.*) **1** numero di figli partoriti **2** la capacità di partorire.

park [pɑ:k] *s.* **1** parco; giardino pubblico: — *bench*, panchina (di parco); *national* —, parco nazionale; *amusement* —, lunapark, parco dei divertimenti **2** → car park **3** (*mil.*) parco: *artillery* —, parco d'artiglieria **4** (*ant.*) riserva di caccia **5** (*geogr.*) valle fra due catene di montagne **6** (*sl.*) campo di football.

to **park** *v.tr.* **1** posteggiare, parcheggiare:

can I — my car here?, posso parcheggiare qui la mia macchina? **2** (*fig. fam.*) lasciare, mettere, parcheggiare: *don't — your briefcase on my desk*, non lasciare la tua cartella sulla mia scrivania; *we've parked the children with my sister for a couple of weeks*, abbiamo parcheggiato i bambini da mia sorella per un paio di settimane; *— yourself next to me*, siediti, mettiti accanto a me **3** (*mil.*) parcare **4** (*rar.*) rinchiudere (animali) in un parco, in una riserva **5** (*rar.*) coltivare a parco, adibire a parco.

parka ['pɑ:kə] *s.* **1** giaccone imbottito di pelliccia con cappuccio **2** (*amer.*) giacca a vento con cappuccio.

parkin ['pɑ:kɪn / par·kin] *s.* (*cuc.*) torta scozzese fatta con farina di avena, melassa e zenzero.

parking ['pɑ:kɪŋ / park·ing] *s.* [U] il parcheggiare; parcheggio, posteggio: *— free*, parcheggio gratuito; *no —*, divieto di sosta, di parcheggio; *double —*, parcheggio in doppia fila, in seconda fila // *— ticket*, multa per sosta vietata.

parking apron ['pɑ:kɪŋ,eɪprən] *s.* area di parcheggio per aeromobili.

parking light ['pɑ:kɪŋ,laɪt] *s.* (*aut. amer.*) luce di posizione SIN. **sidelight**.

parking lot ['pɑ:kɪŋlɒt] *s.* (*amer.*) → **car park**.

parking meter ['pɑ:kɪŋ,mi:tə*] *s.* parchimetro.

parking place ['pɑ:kɪŋ,pleɪs] *s.* posto macchina: *he has his own — in the factory forecourt*, ha il suo posto macchina nel cortile dello stabilimento.

parkinsonian [,pɑ:kɪn'səʊnɪən / par·kin·son·ian] *agg.* (*med.*) parkinsoniano.

parkinsonism ['pɑ:kɪnsnɪzm / par·kin·son·ism] *s.* (*med.*) parkinsonismo.

Parkinson's disease ['pɑ:kɪnsnzdɪ'zi:z] *s.* (*med.*) morbo di Parkinson.

park keeper ['pɑ:k,ki:pə*] *s.* guardiano di un parco.

parkway ['pɑ:kweɪ / park·way] *s.* (*amer.*) viale, strada alberata; autostrada panoramica.

parky ['pɑ:kɪ] *agg.* (*fam. brit.*) fresco, freddino (di tempo, aria ecc.).

parlance ['pɑ:ləns / par·lance] *s.* linguaggio; parlata; gergo: *in common —*, nella lingua corrente, dell'uso quotidiano; *in legal —*, in termini legali; *in medical —*, nel linguaggio medico; *military —*, gergo militare.

to **parlay** ['pɑ:,leɪ / par·lay] *v.tr.* (*amer.*) **1** raddoppiare (la puntata); puntare di nuovo, rigiocarsi (la somma vinta) **2** (*fig.*) mettere a profitto, sfruttare (un'idea, un talento ecc.).

parle [pɑ:l] *s.* (*ant.*) **1** discorso, colloquio **2** abboccamento; discussione, dibattito.

to **parle** *v.intr.* (*ant.*) **1** parlare **2** discutere; parlamentare.

parley ['pɑ:lɪ / par·ley] *s.* (*spec. mil.*) colloquio, discussione; abboccamento: *a damsel... solicited that their parley might be without witness*, (W. SCOTT) una damigella... richiese che il loro colloquio fosse senza testimoni // (*mil.*) *to beat* (o *to sound*) *a —*, chiedere di parlamentare battendo il tamburo (o suonando la tromba).

to **parley** *v.intr.* (*spec. mil.*) parlamentare, conferire: *to — with s.o.*, intrattenersi a colloquio, parlamentare con qlcu. ◆ *v.tr.* (*fam.*) parlare (una lingua straniera).

to **parleyvoo** ['pɑ:lɪ'vu: / par·ley·voo] *v.intr.* (*fam. antiq.*) parlare il francese.

parliament ['pɑ:ləmənt / par·lia·ment] *s.* **1** (*gener. maiuscolo*) parlamento: *to enter Parliament*, essere eletto al parlamento; *to summon, to open, to dissolve Parliament*, convocare, aprire, sciogliere il parlamento; *European —*, parlamento europeo, europarlamento // *Act of Parliament*, legge // *the Houses of Parliament*, il palazzo del parlamento (a Londra) // *Member of Parliament*, deputato, membro del parlamento (*abbr.* MP) **2** sessione di un parlamento: *this — has seen radical changes in local government*, durante questa sessione parlamentare si sono visti cambiamenti radicali nell'amministrazione locale **3** (*estens.*) convegno, assemblea **4** → **parliament-cake**.

parliamentarian [,pɑ:ləmen'teərɪən / par·lia·ment·arian] *agg.* parlamentare ◆ *s.* **1** parlamentare, membro del Parlamento **2** (*st. inglese*) partigiano del Parlamento (contro Carlo I nella guerra civile del XVII sec.).

parliamentarianism [,pɑ:ləmen'teərɪən ɪzəm / par·lia·ment·arian·ism] *s.* (*st.*, *pol.*) parlamentarismo.

parliamentary [,pɑ:lə'mentərɪ / par·lia·ment·ary] *agg.* **1** parlamentare: *— government*, sistema, regime parlamentare; *— election*, elezioni politiche **2** urbano, corretto, (*scherz.*) parlamentare (di linguaggio, modi).

parliament-cake ['pɑ:ləmənt,keɪk] *s.* biscotto allo zenzero.

parlor car ['pɑ:lə,kɑ:] *s.* (*fam. amer.*) (*ferr.*) → **Pullman (car)**.

parlour ['pɑ:lə* / par·lour] amer. **parlor** *s.* **1** (*antiq.*) salotto (in casa privata); sala privata (di locali pubblici); parlatorio (di collegio, convento ecc.) **2** (*amer.*) salone, istituto; bottega, negozio: *ice-cream —*, gelateria.

parlour game ['pɑ:lə,geɪm] *s.* gioco di società.

parlour-maid ['pɑ:ləmeɪd] *s.* cameriera (per il servizio di tavola).

parlous ['pɑ:ləs / par·lous] *agg.* **1** critico, difficile, precario, rischioso (*anche scherz.*): *my bank account is in a — state*, il mio conto in banca è in condizioni precarie **2** (*ant.*) astuto.

Parmesan [,pɑ:mɪ'zæn / Par·mesan] *agg.* parmigiano // *— cheese*, formaggio parmigiano.

Parnassian [pɑ:'næsɪən / Par·nas·sian] *agg.* e *s.* (*st. letter.*) parnassiano.

Parnassus [pɑ:'næsəs / Par·nas·sus] *s.* (*fig. antiq.*) la poesia, il parnaso.

parochial [pə'rəʊkjəl / pa·ro·chial] *agg.* **1** parrocchiale **2** (*spec. amer.*) confessionale: *— school*, (*amer.*) scuola confessionale, religiosa **3** (*fig. spreg.*) ristretto, limitato, provinciale **4** distrettuale; municipale.

parochialism [pə'rəʊkjəlɪzəm / pa·ro·chi·al·ism] *s.* **1** parrocchialità, l'essere parrocchiale **2** (*fig. spreg.*) ristrettezza (di vedute); campanilismo, provincialismo.

parodist ['pærədɪst / par·od·ist] *s.* parodista.

parody ['pærədɪ / par·ody] *s.* **1** parodia **2** (*fig. spreg.*) imitazione scadente, malriuscita: *where did you buy that — of a jacket?*, dove hai trovato quella sottospecie di giacca?

to **parody** *v.tr.* parodiare.

parol ['pærəl / pa·rol] *agg.* orale, verbale // (*dir.*): *— contract*, contratto orale; *— evidence*, prova orale ◆ *s.* (*dir.*) dichiarazione orale; verbale // *by —*, verbalmente.

parole [pə'rəʊl / pa·role] *s.* [U] **1** parola d'onore // *— violator*, chi infrange la parola data **2** (*mil.*) parola d'ordine **3** (*dir.*) rilascio (dal carcere) sulla parola; libertà condizionale: *to be* (*released*) *on —*, essere rilasciato sulla parola.

to **parole** *v.tr.* (*dir.*) concedere la libertà condizionale, rilasciare sulla parola.

parolee [,pərəʊ'li: / pa·rolee] *s.* (*dir.*) detenuto liberato sulla parola.

paroquet ['pærəkɪt / paro·quet] *s.* (*zool.*) → **parakeet**.

parosmia [pæ'rɒsmɪə / par·os·mia] *s.* (*med.*) parosmia.

parotid [pə'rɒtɪd / pa·rotid] *agg.* (*anat.*) parotideo: *— gland*, ghiandola parotide ◆ *s.* parotide.

parotitis [,pærəʊ'taɪtɪs / pa·rot·itis] *s.* (*med.*) parotite.

paroxysm ['pærəksɪzəm / par·ox·ysm] *s.* accesso, convulsione, parossismo (*anche psic.*): *a — of coughing*, un attacco violento di tosse.

paroxysmal [,pærək'sɪzməl / par·ox·ys·mal] *agg.* parossistico.

paroxytone [pə'rɒksɪtəʊn / par·oxy·tone] *agg.* e *s.* (*gramm.*) parossitono.

parquet ['pɑ:keɪ *amer.* pɑ:'keɪ / par·quet] *s.* parquet (pavimento) // *— circle*, (*amer.*) le ultime file di posti in platea.

to **parquet** *v.tr.* pavimentare in parquet.

parqueted ['pɑ:keɪd / par·queted] *agg.* in parquet, parchettato: *a — room*, una stanza con pavimento in parquet.

parquetry ['pɑ:kɪtrɪ / par·quetry] *s.* pavimentazione in parquet, parchettatura.

parr [pɑ:*] *s.* (*zool.*) salmone giovane.

parrakeet ['pærəki:t / parra·keet] *s.* (*zool.*) → **parakeet**.

parricidal [,pærɪ'saɪdl / par·ri·cidal] *agg.* parricida.

parricide ['pærɪsaɪd / par·ri·cide] *s.* **1** parricida **2** parricidio.

parroquet [,pærə'ket / parro·quet] *s.* (*zool.*) → **parakeet**.

parrot ['pærət / par·rot] *s.* **1** (*zool.*) pappagallo // *to be as sick as a —*, (*fig. fam.*) rimanere male, da cane **2** (*fig. spreg.*) pappagallo, chi ripete, imita senza capire // *— cry* (o *phrase*), frase fatta, luogo comune // *— fashion*, pappagallescamente: *to repeat sthg. — fashion*, ripetere qlco. come un pappagallo.

to **parrot** *v.tr.* **1** ripetere pappagallescamente, meccanicamente; imitare in modo pappagallesco **2** insegnare a ripetere meccanicamente a.

parrot disease ['pærətdɪ,zi:z] **parrot fever** ['pærət,fi:və*] *s.* (*med.*, *vet.*) psittacosi.

parrot-fish ['pærətfɪʃ] *s.* (*zool.*) pesce pappagallo → **scarus**.

parry ['pærɪ] *s.* **1** (*spec. scherma*) parata **2** (*fig.*) risposta elusiva, evasiva.

to **parry** *v.tr.* **1** parare (colpi, pugni ecc.) **2** (*fig.*) eludere, schivare, evitare (una domanda, una discussione ecc.).

to **parse** [pɑ:z *amer.* pɑ:s] *v.tr.* (*gramm.*) analizzare, fare l'analisi di ◆ *v.intr.* (*gramm.*) essere analizzabile.

parsec ['pɑ:sek / par·sec] *s.* (*astr.*) parsec.

parser ['pɑ:zə* *amer.* 'pɑ:sə* / par·ser] *s.* (*inform.*) parser, analizzatore sintattico.

parsimonious [,pɑ:sɪ'məʊnjəs / par·si·mo·ni·ous] *agg.* (*form.*) **1** parsimonioso; economo **2** meschino // **-ly** *avv.* // **-ness** *s.*

parsing ['pɑ:zɪŋ *amer.* 'pɑ:sɪŋ / pars·ing] *s.* (*gramm.*) analisi (logica, grammaticale).

parsley ['pɑ:slɪ / pars·ley] *s.* (*bot.*) (*Petroselinum crispum*) prezzemolo // — *sauce*, salsa verde.

parsnip ['pɑ:snɪp / pars·nip] *s.* (*bot.*) (*Pastinaca sativa*) pastinaca.

parson ['pɑ:sn / par·son] *s.* parroco (anglicano); pastore // —*'s nose*, (*fam.*) bocconcino del prete.

parsonage ['pɑ:snɪdʒ / par·son·age] *s.* (*eccl.*) canonica; parrocchia; rettorato.

parsonic(al) [pɑ:'sɒnɪk(l) / par·sonic, par·son·ical] *agg.* di, da parroco (anglicano); di, da pastore.

part [pɑ:t] *agg.* parziale: — *payment*, pagamento parziale; — *owner*, comproprietario // (*inform.*) — *form*, (IBM) modulo a n copie.

part *avv.* parzialmente, in parte: *the engine is — plastic*, il motore è in parte di plastica.

part *s.* **1** parte, porzione; partecipazione: *an adverb is a — of speech*, un avverbio è una parte del discorso; *we missed the first — of the film*, abbiamo perso la prima parte del film; — *of the wall had collapsed*, parte del muro era crollata; *which — of the town do you live in?*, in che parte della città abiti?; *driving the car is not (a) — of the job*, guidare l'auto non fa parte del lavoro; *the lamp comes in two parts*, la lampada consta di due parti; *there were the best* (o *the better* o *the greater*) *— of 200 people at the reception*, c'erano quasi 200 persone al ricevimento; *I've done my —*, ho fatto la mia parte; *to take — in sthg.*, partecipare a qlco.; *I want no — in it*, non voglio entrarci // *for the most —*, (*form.*) *in large —*, in gran parte, per massima parte // *for my —*, quanto a me // *in —*, in parte, parzialmente // *I disliked him, — of it of course was my jealousy*, mi stava proprio antipatico, in parte naturalmente per motivi di gelosia // *on my, your, our etc. —*, da parte mia, tua, nostra ecc. // *to be — and parcel of sthg.*, essere parte integrante di qlco. // *to take sthg. in ill —, to take sthg. in good —*, prendere male, prendere bene qlco. **2** (*teatr.*) parte, ruolo (*anche fig.*): *he played the — of a pop singer*, ha recitato la parte di un cantante pop; *stop playing a — and be natural*, smettila di recitare e sii te stesso **3** (*tip.*) dispensa: *this book is to be issued in fortnightly parts*, questo libro sarà pubblicato a dispense quindicinali **4** (*dir.*) parte (in una disputa ecc.) // *to take s.o.'s —*, prendere le parti di qlcu., parteggiare per qlcu. **5** (*mus.*) parte, voce: *to sing in parts*, cantare a più voci **6** (*mecc.*) pezzo: *spare parts*, pezzi di ricambio, ricambi **7** *pl.* regione, luogo: *I am a stranger in these parts*, non conosco questi luoghi **8** (*amer.*) scriminatura **9** *pl.* (*antiq.*) abilità, doti naturali: *a man of (good) parts*, un uomo di talento.

to **part** *v.tr.* **1** dividere, separare, disgiungere: *he tried to — the two fighters*, cercò di separare i due litiganti; *I don't want to be parted from my friends*, non voglio essere separato dai miei amici // *she parts her hair in the middle*, porta la riga in mezzo // *he parted his lips in a weak smile*, dischiuse le labbra in un debole sorriso // *to — company*, separarsi; (*fig.*) essere in disaccordo **2** (*chim.*) separare (mediante processo chimico) **3** (*ant.*) spartire, distribuire ◆ *v.intr.* **1** dividersi, disgiungersi; divergere: *the rope parted in the middle*, la corda si ruppe, si spezzò nel mezzo; *the crowd parted to let them pass*, la folla si divise per lasciarli passare; *now our roads —*, ora le nostre strade divergono **2** lasciarsi, separarsi: *it is time to —*, è ora di lasciarci; *to — friends*, separarsi da amici; *to — from s.o.*, lasciare qlcu., separarsi da qlcu.; *to — with sthg.*, rinunciare a qlco.; cedere qlco.; *to — (with one's money)*, pagare **3** (*ant.*) andarsene, partire // *the parting day*, (*poet.*) il giorno che muore.

to **partake** [pɑ:'teɪk / par·take] *pass.* **partook** [pɑ:'tʊk / par·took] *p.p.* **partaken** [pɑ:'teɪkən / par·taken] *v.intr.* **1** partecipare, prendere parte: *we should be allowed to — in the decision -making process*, dovrebbero permetterci di prender parte ai momenti decisionali **2** (*antiq.*) prendere una porzione (di cibo): *he partook of our supper*, partecipò alla nostra cena.

□ **partake of** *v.tr.* e *prep.* (*form.*) aver qlco. di, sapere di: *it was his behaviour that partook of rudeness*, era il suo comportamento che aveva qualcosa di maleducato.

partaker [pɑ:'teɪkə* / par·taker] *s.* (*form.*) partecipante.

parted ['pɑ:tɪd] *agg.* **1** separato, diviso //(*anche nei composti*): *four- —, three- —*, quadripartito, tripartito **2** (*ant.*) morto.

parterre [pɑ:'teə* / par·terre] *s.* **1** parterre, giardinetto **2** (*teatr.*) parterre, platea.

part exchange ['pɑ:t,ɪks'tʃeɪndʒ] *s.* (*comm.*) compravendita con ritiro del prodotto vecchio.

parthenogenesis [,pɑ:θɪnəʊ'dʒenɪsɪs / par·theno·gen·esis] *s.* (*biol.*) partenogenesi.

parthenogenetic [,pɑ:θɪ'nəʊdʒɪ'netɪk / par·theno·gen·etic] *agg.* (*biol.*) partenogenetico.

Parthenon ['pɑ:θɪnən / Par·thenon] *s.* Partenone.

Parthian ['pɑ:θjən / Par·thian] *agg.* e *s.* (*st. romana*) Parto // — *shot* (o — *shaft*), freccia del Parto.

partial ['pɑ:ʃl / par·tial] *agg.* **1** parziale, incompleto, non totale: — *eclipse*, eclissi parziale // (*mat.*): — *order*, ordine parziale; — *relation*, relazione parziale **2** parziale, ingiusto **3** (*fam.*) propenso, favorevole: — *to*, propenso verso: *Albert is — to raspberries*, ad Alberto piacciono molto i lamponi // **-ly** *avv.*

partiality [,pɑ:ʃɪ'ælətɪ / par·ti·al·ity] *s.* (*form.*) **1** parzialità; ingiustizia; favoritismo **2** predilezione: — *for sthg.*, predilezione per qlco.

partible ['pɑ:tɪbl / part·ible] *agg.* divisibile.

participance [pɑ:'tɪsɪpəns / par·ti·cip·ance] *s.* (*amer.*) partecipazione.

participant [pɑ:'tɪsɪpənt / par·ti·cip·ant] *agg.* partecipe ◆ *s.* partecipante: *he was a — in the conference*, era un partecipante al congresso.

to **participate** [pɑ:'tɪsɪpeɪt / par·ti·cip·ate] *v.intr.* **1** partecipare; prendere parte: *he did not — in the conversation*, egli non prese parte alla conversazione; (*dir.*) *to — in the commission of a crime*, partecipare alla commissione di un reato **2** avere il carattere (di), avere qlco. (di) ◆ *v.tr.* (*ant.*) partecipare a, condividere.

participation [pɑ:,tɪsɪ'peɪʃn / par·ti·cipa·tion] *s.* partecipazione: *his — in the talks*, la sua partecipazione ai colloqui // (*econ.*): *worker —*, partecipazione dei lavoratori (alla gestione); — *rate*, tasso di attività.

participator [pɑ:'tɪsɪpeɪtə* / par·ti·cip·ator] *s.* partecipante.

participatory [pɑ:,tɪsɪ'peɪtərɪ *amer.* pɑ: ,tɪsɪ'peɪtɔ:rɪ / par·ti·cip·at·ory] *agg.* partecipativo: — *democracy*, democrazia partecipativa.

participial [,pɑ:tɪ'sɪpɪəl / par·ti·ci·pial] *agg.* (*gramm.*) participiale.

participle ['pɑ:tɪsɪpl / par·ti·ciple] *s.* (*gramm.*) participio.

particle ['pɑ:tɪkl / par·ticle] *s.* **1** particella: *there is not a — of truth in this story*, non c'è ombra di verità in questa storia **2** (*gramm.*) particella **3** (*eccl.*) particola **4** (*fis.*) particella.

parti-coloured ['pɑ:tɪ,kʌləd] *agg.* variopinto; multicolore; variegato.

particular [pə'tɪkjʊlə* / par·ticu·lar] *agg.* **1** particolare, speciale; individuale, personale: *for no — reason*, per nessuna ragione speciale; *he took — trouble*, si prese un grande disturbo; *whatever his — hobby may be*, qualunque sia il suo particolare passatempo // *in —*, in particolare, specialmente: *they mentioned one case in —*, citarono un caso in particolare **2** accurato; preciso; dettagliato; esatto: *a full and — account*, un minuzioso resoconto **3** esigente; meticoloso; puntiglioso: *he's very — about his suits*, è molto esigente per quanto riguarda i suoi abiti // *I am not — about it*, non ho preferenze **4** intimo: *she's a — friend of ours*, è una nostra amica intima ◆ *s.* **1** particolare, dettaglio **2** informazione, dettaglio, ragguaglio, precisazione: *for further particulars*, per ulteriori informazioni; *he was asked every — about himself*, gli furono richiesti tutti i suoi dati personali; *she gave the policeman all the particulars relating to her car*, fornì al poliziotto tutti gli estremi della sua automobile // (*dir.*) *bill of particulars*, dichiarazione richiesta dal giudice (a una delle parti in causa su domanda della controparte) contenente informazioni o precisazioni.

particularism [pə'tɪkjʊlərɪzəm / par·ti·cular·ism] *s.* (*pol.*, *teol.*) particolarismo.

particularist [pə'tɪkjʊlərɪst / par·ti·cular·ist] *s.* (*pol.*, *teol.*) particolarista.

particularity [pə,tɪkjʊ'lærətɪ / par·ti·cu·lar·ity] *s.* **1** particolarità, particolare; singolarità, peculiarità **2** meticolosità **3** (*ant.*) cura assidua; attenzione particolare.

to **particularize** [pə'tɪkjʊləraɪz / par·ti·cular·ize] *v.tr.* particolareggiare; dettagliare; specificare ◆ *v.intr.* fornire i particolari, i dettagli.

particularly [pə'tɪkjʊləlɪ / par·ti·cu·lar·ly] *avv.* in particolare, specificamente.

parting ['pɑ:tɪŋ / part·ing] *s.* **1** congedo; partenza; addio; separazione // — *look*, uno sguardo d'addio // — *visit*, una visita di congedo // *to be at the — of the ways*, trovarsi al bivio (*anche fig.*) **2** divisione, separazione **3** scriminatura, riga **4** (*mar.*) rottura di una gomena // — *shot*, l'ultima frecciata.

partisan[1] [,pɑ:tɪ'zæn *amer.* 'pɑ:tɪzn / par·tisan]

agg. partigiano (*anche mil.*) ◆ *s.* **1** partigiano **2** (*mil.*) partigiano; guerrigliero.

partisan[2] ['pɑ:tɪzən] *s.* (*st.*) **1** partigiana **2** soldato armato di partigiana.

partisanship ['pɑ:tɪ'zənʃɪp / par·tis·an·ship] *s.* partigianeria; settarismo.

partite ['pɑ:taɪt / par·tite] *agg.* (*bot.*, *zool.*) partito, diviso.

partition [pɑ:'tɪʃn / par·ti·tion] *s.* **1** divisione, separazione; spartizione // (*st.*) *the — of Poland*, la spartizione della Polonia // (*fis.*) *— function*, funzione di partizione **2** (*mat.*) scomposizione, partizione: *— of unity*, partizione dell'unità **3** (*edil.*) divisorio, tramezzo **4** sezione, compartimento **5** (*inform.*) partizione.

to **partition** *v.tr.* dividere, separare; spartire; smembrare // *to — (off) a room*, dividere una stanza con un tramezzo, con un divisorio.

partitioned [pɑ:'tɪʃnd / par·ti·tioned] *agg.* diviso (da tramezzo), suddiviso; separato.

partitive ['pɑ:tɪtɪv / par·tit·ive] *agg.* e *s.* (*gramm.*) partitivo.

partly ['pɑ:tlɪ] *avv.* in parte, parzialmente.

partner ['pɑ:tnə* / part·ner] *s.* **1** (*comm.*, *dir.*) partner, socio: *senior —*, socio anziano, socio principale; *junior —*, socio giovane; *active* (o *managing*) —, socio gerente; *general —*, socio accomandatario; *limited* (o *sleeping* o *secret*) —, socio accomandante; *nominal —*, socio nominale; *special —*, socio vincolato da responsabilità limitata // (*dir.*) *partners in crime*, compartecipi nel reato **2** partner, compagno: *who was your — at bridge last night?*, con chi hai fatto coppia l'altra sera a bridge?; *she has got a new — now*, ha un nuovo compagno adesso, vive con un altro adesso; *she was my — in the last dance*, è stata la mia dama nell'ultimo ballo // *hi, —!*, (*amer.*) ehi, compagno, amico!

to **partner** *v.tr.* **1** essere socio di; associare, associarsi a: *to — s.o. with s.o.*, associare una persona a un'altra **2** essere il partner di (nei giochi ecc.); far coppia con.

partnership ['pɑ:tnəʃɪp / part·ner·ship] *s.* **1** partnership, l'essere partner **2** (*dir. comm.*) società, associazione: *deed* (o *articles*) *of —*, contratto di associazione; *to dissolve a —*, sciogliere una società; *to enter* (o *to go*) *into —*, entrare a far parte di una società, associarsi; *to give s.o. a — in the business*, cointeressare qlcu. nella propria azienda // (*amm.*): *general —* (o *unlimited —*), società in nome collettivo; *limited —*, società in accomandita semplice.

parton ['pɑ:tɒn] *s.* (*fis. nucleare*) partone: *— model*, modello dei partoni.

partook *pass.* di to **partake**.

part-owner ['pɑ:t,əʊnə*] *s.* comproprietario.

partridge ['pɑ:trɪdʒ / part·ridge] *s.* (*zool.*) **1** pernice: *a brace of partridges*, una coppia di pernici **2** fasianide (in genere) **3** *Greek —*, (*Alectoris graeca*) coturnice **4** *grey —*, (*Pernix cinerea*) starna.

partridge-berry ['pɑ:trɪdʒ,berɪ] *s.* (*bot.*) gaultheria del Canada.

partridge-wood ['pɑ:trɪdʒ,wʊd] *s.* (*bot.*) legno pernice.

part-song ['pɑ:tsɒŋ] *s.* (*mus.*) canto a più voci.

part-time [,pɑ:t'taɪm] *agg.* e *avv.* part time: *a — job*, un lavoro part time, a tempo parziale; *a — secretary*, una segretaria part time.

part-timer [,pɑ:t'taɪmə*] *s.* lavoratore a part time; part time.

parturient [pɑ:'tjʊərɪənt / par·turi·ent] *agg.* **1** partoriente **2** (*fig. rar.*) che sta per generare (un'idea ecc.) ◆ *s.* partoriente.

parturition [,pɑ:tjʊə'rɪʃn *amer.* ,pɑ:tʃʊ'rɪʃn / par·turi·tion] *s.* parto.

part work ['pɑ:twɜ:k] *s.* pubblicazione a dispense.

party[1] ['pɑ:tɪ] *s.* **1** partito, parte politica, fazione: *— leader*, capo di partito; *— man*, uomo di partito; *— politics*, politica di partito; *— spirit*, spirito di parte **2** squadra, gruppo; brigata, comitiva: *they were a big —*, erano una comitiva numerosa; *rescue* (o *search*) —, squadra di soccorso // (*mil.*): *firing —*, plotone d'esecuzione; *landing —*, pattuglia da sbarco; *storming —*, gruppo d'assalto; *fatigue —*, squadra di corvé **3** party, festa, ricevimento; riunione: *to give a —*, dare una festa; *birthday —*, festa di compleanno; *garden —*, ricevimento all'aperto; *house —*, festa della durata di alcuni giorni tenuta in una residenza di campagna (in cui gli ospiti si intrattengono anche per la notte) // *— dress* (o *frock*), abito da sera // *dinner —*, pranzo **4** (*dir.*, *comm.*) parte, parte in causa, parte interessata, parte contraente: *— concerned*, parte interessata; *— entitled*, parte avente diritto; *— at fault*, parte responsabile; *guilty —*, parte colpevole; *injured —*, parte lesa // *third —*, terzi, chi non è in causa; *for account of a third —*, per conto terzi: *to take action against a third —*, agire contro terzi; *third — insurance*, assicurazione della responsabilità civile // *to become — to an action*, costituirsi parte in un processo; *to become a — to an agreement*, firmare un contratto; *to be* (o *to become*) *a — to a crime*, rendersi complice in un delitto; *to make s.o. a — to an undertaking*, associare qlcu. a un'impresa **5** (*fam.*) individuo, persona: *the — in a white hat*, l'individuo dal cappello bianco **6** (*ant.*) partito, persona da sposare: *all men be not so wise, as to have respect to the virtuous conditions of the party*, (T. MORE) tutti gli uomini non son così saggi, da aver rispetto per le condizioni virtuose della persona da sposare.

to **party**[1] *v.intr.* (*fam. amer.*) divertirsi (alle feste); far festa.

party[2] *agg.* (*arald.*) diviso in parti di diverso colore.

party line ['pɑ:tɪlaɪn] *s.* **1** (*pol.*) linea, politica di partito **2** (*inform.*) linea multipunto, linea comune, linea condivisa **3** (*tel.*) linea comune (a due o più abbonati, con centralino privato).

party pooper ['pɑ:tɪ,pu:pə*] *s.* (*fam.*) **1** guastafeste **2** chi per primo abbandona una festa.

party wall ['pɑ:tɪwɔ:l] *s.* (*arch.*) muro comune divisorio (tra due proprietà).

parvenu ['pɑ:vənju: *amer.* 'pɑ:vənu: / par·venu] *agg.* e *s.* (da) parvenu, nuovo ricco.

parvis ['pɑ:vɪs / par·vis] *s.* sagrato.

pas [pɑ:] *s.* (*rar.*) **1** passo, precedenza **2** passo di danza.

Pascal ['pæskæl / Pas·cal] *s.* (*inform.*) pascal (linguaggio di programmazione).

paschal ['pɑ:skəl / pas·chal] *agg.* (*form.*) pasquale: *— lamb*, agnello pasquale.

pash [pæʃ] *s.* (*ant.*) testa: *thou want'st a rough pash and the shoots that I have / to be fully like me*, (SH. Winter's Tale) a te mancano una testa rozza e i miei germogli per somigliarmi interamente.

pasha ['pɑ:ʃə *amer.* 'pæʃə] *s.* pascià.

pasqueflower ['pɑ:sk,flaʊə* / pas·que·flower] *s.* (*bot.*) (*Anemone pulsatilla*) anemone pulsatilla.

pasquinade [,pæskwɪ'neɪd / pas·quin·ade] *s.* (*letter.*) pasquinata, satira.

to **pasquinade** *v.tr.* satireggiare.

pass[1] [pɑ:s *amer.* pæs] *s.* **1** passo; passaggio; valico; gola, strettoia // *to sell the —*, tradire il proprio paese, il proprio partito **2** passaggio navigabile.

pass[2] *s.* **1** passaggio // *to bring to —*, portare a compimento; *to come to —*, capitare, aver luogo **2** trapasso, decesso **3** sufficienza (voto) **4** posizione, situazione: *things came to such a — that...*, le cose giunsero a tal punto che... **5** lasciapassare; permesso; (*mil.*) certificato di licenza: *soldier on —*, soldato in permesso **6** (*free*) —, biglietto di viaggio gratuito; biglietto (di teatro ecc.) di favore **7** tessera, abbonamento: *rail —*, abbonamento ferroviario **8** proposta galante **9** (*metall.*) canale; (*miner.*) fornello di gettito **10** gesto (di prestigiatore, ipnotizzatore) **11** (*scherma*) botta, stoccata, passata, assalto **12** (*calcio*) passaggio **13** (*carte*) il passare, astensione temporanea dal gioco.

to **pass**[2] *pass.p.p.* **passed** [pɑ:st *amer.* pæst] *v.tr.* **1** passare; oltrepassare; superare, sorpassare; incrociare: *turn right after you — the school*, gira a destra superata la scuola; *we passed a small, red sportscar*, superammo, incrociammo una piccola auto sportiva rossa; *we passed the frontier at two in the morning*, oltrepassammo la frontiera alle due del mattino; *we've passed the planning stage*, abbiamo superato la fase di progettazione; *to — an exam*, superare, passare un esame; *his behaviour passes all comprehension*, il suo comportamento va al di là di ogni comprensione **2** passare, dare, porgere: *can you — me the salt, please?*, puoi passarmi il sale, per piacere? **3** passare (su una superficie): *he passed a handkerchief over his face*, si passò un fazzoletto sul viso **4** promuovere: *this year the examiners passed 80% of the students*, quest'anno gli esaminatori hanno promosso l'80% degli studenti **5** passare, trascorrere: *I've passed some happy days in Paris*, ho passato dei bei giorni a Parigi; *he passed the evening watching television*, passò la serata a guardare la televisione **6** pronunciare, esprimere: *to — an opinion*, esprimere un'opinione; *to — a remark, a comment*, fare un commento, un'osservazione **7** (*sport*) passare **8** (*med.*) espellere: *to — wind*, far aria **9** (*dir.*) pronunciare: *to — a sentence*, pronunciare, emettere una sentenza: *the judge passed a five-year sentence on him*, il giudice lo condannò a cinque anni **10** passare (una legge) ◆ *v.intr.* **1** passare, andare oltre; andare avanti: *the bus passed without stopping*, l'autobus è passato senza fermarsi; *let me —*, fammi passare; *a lot of traffic passes on the motorway*, passa molto traffico sull'autostrada; *we let the lorry —*, lasciammo passare il camion; *he passed from hope to despair in the course of an hour*, nel giro di un'ora passava dalla speranza alla disperazione; *his shares passed to his son*, la sua quota di azioni è passata al figlio // *to —*

along, passare per, percorrere // *to — between*, intercorrere: *words passed between us*, fra noi corsero parole grosse // *to — under the name of*, andare sotto il nome di // (*mil.*) *to — in review*, passare in rivista **2** passare, finire: *the feeling of happiness soon passed*, la sensazione di felicità ben presto passò **3** passare, trascorrere: *time passed in a rush*, il tempo passò in un lampo **4** accadere, succedere: *I know what has passed*, so quello che è accaduto **5** passare, essere promosso **6** passare, lasciar correre: *I let his feeble explanation —*, lasciai correre la sua debole spiegazione **7** morire, andarsene **8** passare, essere approvato: *the new law passed easily*, la nuova legge è passata senza difficoltà **9** *to — as, to — for*, passare per: *it could easily — for china*, potrebbe passare facilmente per porcellana; *to — for an artist*, passare per, essere considerato un artista **10** (*sport*) passare **11** (*carte*) passare **12** (*amer.*) passare per bianco (di un nero).

□ **pass away** *v.tr.* e *avv.* trascorrere; far trascorrere: *a good film passes an evening away pleasantly*, un buon film fa trascorrere la serata in modo piacevole ◆ *v.intr.* e *avv.* **1** morire **2** sparire, passare: *his anger soon passed away*, la sua collera è passata in fretta.

□ **pass by** *v.intr.* e *tr.* e *avv.* o *prep.* **1** passare vicino, passare a fianco di: *I had the impression that somebody was passing by (me)*, avevo l'impressione che qualcuno mi passasse vicino; *she felt life was passing her by*, si sentiva tagliata fuori dalla vita // *to — by on the other side*, rifiutarsi di aiutare, non curarsi di (chi è in stato di bisogno) **2** → to pass over 3.

□ **pass down** *v.tr.* e *avv.* passare, tramandare, trasmettere SIN. to hand down ◆ *v.intr.* e *avv.* spostarsi in avanti, verso la parte anteriore (di una vettura): *now, — right down inside, please*, per piacere spostarsi al centro della vettura.

□ **pass into** *v.intr.* e *prep.* **1** essere ammesso a: *he took an exam and passed into the military academy*, sostenne un esame e fu ammesso all'accademia militare **2** entrare, diventare parte di, passare in: *the phrase has passed into common use*, la locuzione è entrata nell'uso comune; *his words passed into history*, le sue parole passarono alla storia **3** passare, cadere: *to — into a trance*, cadere in trance.

□ **pass off** *v.intr.* e *avv.* **1** passare, finire, esaurirsi; svanire: *the novelty will soon — off*, la novità passerà presto **2** andare, funzionare, procedere: *how did the celebrations — off?*, come sono andati i festeggiamenti? ◆ *v.tr.* e *avv.* **1** passar sopra, non raccogliere: *he thought it better to — the allusion off*, pensò che fosse meglio non raccogliere l'allusione **2** (*as*) far passare per, spacciare per: *he passed himself off as a diplomat*, si fece passare per un diplomatico.

□ **pass on** *v.intr.* e *avv.* **1** → to pass away 1 **2** passare a (prossimo argomento, punto in discussione ecc.); andare avanti, procedere: *if there is no further objection we can — on*, se non ci sono altre obiezioni possiamo procedere ◆ *v.tr.* e *prep.* **1** (*dir.*) pronunciare, emettere (una sentenza) **2** (*to*) passare (qlco.) a: *he passed the letter on to his boss*, passò la lettera al suo capo // *there will be a reduction in the price of petrol, but only a small percentage will be passed on to the consumers*, ci sarà una riduzione del prezzo della benzina, ma i consumatori ne godranno solo in piccola parte.

□ **pass out** *v.tr.* e *avv.* **1** far circolare, offrire, distribuire: *he passed out the sandwiches*, fece circolare i panini SIN. to hand out **2** (*mil.*) finire un corso di addestramento ◆ *v.intr.* e *avv.* svenire.

□ **pass over** *v.tr.* e *avv.* **1** trascurare, lasciarsi sfuggire, sorvolare su: *he never passes over any mistakes*, non passa sopra a nessun errore **2** glissare su (argomento ecc.) **3** scartare: *he was passed over for promotion, for the job*, è stato scartato per la promozione, per quel lavoro **4** lasciarsi sfuggire, mancare: *it was a chance he couldn't afford to — over*, era un'opportunità che non poteva permettersi di lasciarsi sfuggire ◆ *v.intr.* e *avv.* morire.

□ **pass round** → to pass out 1.

□ **pass through** *v.intr.* e *prep.* o *avv.* **1** passare per: *we just passed through (Milan), we didn't stop there*, siamo solo passati (per Milano), non ci siamo fermati **2** fare, seguire un corso di studi: *he had to — through a specialist course to get the job*, ha dovuto fare un corso di specializzazione per avere quel posto **3** (*fig.*) passare attraverso, attraversare: *he passed through a bad period*, ha attraversato un brutto periodo; *to — through a crisis*, attraversare una crisi.

□ **pass up** *v.tr.* e *avv.* **1** passare (qlco. a qlcu. che sta in alto): *she was standing on the ladder and he was passing the decorations up to her*, lei stava in cima alla scala e lui le passava le decorazioni **2** (*fam.*) → to pass over 4.

passable ['pɑ:səbl *amer.* 'pæsəbl / pass·able] *agg.* **1** praticabile, transitabile; guadabile, navigabile **2** passabile, soddisfacente, discreto; adeguato **3** (*fin.*) corrente (di moneta).

passably ['pɑ:səblı *amer.* 'pæsəblı / pass·ably] *avv.* passabilmente; soddisfacentemente; discretamente; abbastanza (bene).

passage ['pæsıdʒ / pas·sage] *s.* **1** (*form.*) passaggio; transito; varco: *— of a ray of light*, passaggio di un raggio di luce; *to force one's —*, aprirsi a forza un varco // *the — of time*, (*fig.*) il passare del tempo // *bird of —*, uccello migratore **2** passaggio; corridoio; vicolo **3** (*geogr.*) passaggio navigabile: *Northwest Passage*, passaggio di nordovest **4** tragitto; traversata; viaggio su nave: *to have a bad, fine —*, avere, fare una cattiva, buona traversata; *to get free — in a ferryboat*, ottenere un passaggio gratuito sul traghetto: *to work one's —*, guadagnarsi la traversata lavorando; *— money*, costo della traversata **5** (*dir.*) approvazione; adozione: *the — of a bill*, iter di un progetto di legge **6** brano, passo: *selected passages from*, passi scelti da; *this — is extremely difficult*, questo brano è estremamente difficile **7** rapporto, scambio: *— of arms*, (*antiq.*) conflitto **8** (*letter.*) scambio (di parole, colpi, gentilezze ecc.) fra due persone **9** (*anat.*) condotto, dotto **10** (*med.*) incubazione **11** (*biol.*) escrezione.

to **passage** *v.intr.* **1** viaggiare; compiere una traversata **2** prendere parte a un combattimento, una lite.

passageway ['pæsıdʒweı / pas·sage·way] *s.* (*spec. amer.*) passaggio, corridoio.

passant ['pæsənt / pass·ant] *agg.* (*arald.*) passante.

passbook ['pɑ:sbʊk *amer.* 'pæsbʊk / pass·book] *s.* **1** libretto di risparmio **2** lasciapassare (che consentiva in Sudafrica alle persone di colore l'accesso in zone riservate ai bianchi).

passé ['pɑ:seı *amer.* pæ'seı] *agg.* **1** passato di moda, superato; antiquato **2** (*fig.*) sfiorito, passato.

passementerie [pæs'mentrı / passe·menterie] *s.* (*rar.*) passamaneria.

passenger ['pæsındʒə* / pas·sen·ger] *s.* **1** passeggero; viaggiatore: *— service*, servizio passeggeri; *— train*, treno passeggeri // *transfer passengers*, passeggeri che devono cambiare (mezzo di trasporto) **2** (*fam.*) scansafatiche, peso morto.

passer-by [,pɑ:sə'baı *amer.* pæsə'baı] *pl.* **passers-by** *s.* passante.

passerine ['pæsəraın / pas·ser·ine] *agg.* di, pertinente ai passeracei; simile a passero ◆ *s.* passeraceo.

passim ['pæsım] *avv.* (*lat.*) passim, qua e là.

passing ['pɑ:sıŋ *amer.* 'pæsıŋ / pass·ing] *s.* **1** passaggio; superamento // (*dir.*) *— of property*, passaggio di proprietà // *in —*, incidentalmente; tra parentesi; di passaggio **2** scomparsa; trapasso, morte // *— away*, morte **3** (*dir.*) approvazione (di legge ecc.); pronunciazione (di sentenza, di giudizio).

passing *agg.* **1** passante; di passaggio // *my memory gets worse with every — day*, la mia memoria peggiora ogni giorno che passa // (*mus.*) *— note*, nota di passaggio **2** passeggero, effimero; rapido, fuggevole; transitorio **3** casuale; superficiale; incidentale **4** sufficiente, che garantisce la promozione: *— grade*, voto sufficiente ◆ *avv.* (*ant.*) assai; eccessivamente; in sommo grado: *— rich*, straricco.

passing bell ['pɑ:sıŋbel *amer.* 'pæsıŋbel] *s.* campana a morto.

passion ['pæʃn / pas·sion] *s.* **1** passione, impeto, ardore: *he plays the violin with —*, suona il violino con passione **2** passione, passione d'amore: *he conceived a short but violent — for her*, concepì per lei un amore breve ma violento; *to give way (o to yield) to one's passions*, dar libero sfogo alle proprie passioni **3** accesso di collera, d'ira: *to fly into a —*, andar su tutte le furie; *I beg I may not throw your honour into another passion*, (FIELDING) mi auguro di non scatenare in vostro onore un altro accesso d'ira **4** passione, vivo interesse: *I have a — for music*, ho una passione per la musica // *he has a — for contradiction*, ama contraddire **5** (*relig.*) *the Passion*, la Passione // (*mus.*) *Saint Mathew Passion*, Passione secondo Matteo.

passional ['pæʃnl / pas·sional] *agg.* passionale ◆ *s.* (*eccl.*) passionario.

passionate ['pæʃənət / pas·sion·ate] *agg.* **1** appassionato; passionale; ardente; veemente: *a — lover*, un amante appassionato **2** irascibile, collerico **3** forte, intenso: *he developed a — interest in ecology*, sviluppò un forte interesse per l'ecologia **4** (*ant.*) in collera; dispiaciuto: *is great Mephistophilis so passionate / for being deprived of the joys of Heaven?*, (MARLOWE) il grande Mefistofele è così addolorato per essere stato privato delle gioie del cielo? // **-ly** *avv.* // **-ness** *s.*

passionflower ['pæʃn,flaʊə* / pas·sion·flower] *s.* (*bot.*) (*Passiflora quadrangularis*) passiflora; (*pop.*) fior di passione.

passionfruit ['pæʃn,fru:t / pas·sion·fruit] *s.* (*bot.*) frutto della passione.

Passionist ['pæʃənıst / Pas·sion·ist] *s.* (*eccl.*) passionista.

passionless [ˈpæʃnlıs / pas·sion·less] *agg.* impassibile, imperturbabile; calmo.

passion play [ˈpæʃn,pleı] *s.* (*st. letter.*) sacra rappresentazione della Passione.

Passion-Sunday [,pæʃnˈsʌndı] *s.* (*relig.*) Domenica di Passione.

Passion-tide [ˈpæʃntaıd] *s.* (*relig.*) tempo di Passione.

Passion-week [ˈpæʃnwi:k] *s.* (*relig.*) Settimana di Passione.

to **passivate** [ˈpæsıveıt / pas·siv·ate] *v.tr.* (*chim.*) passivare.

passivation [,pæsıˈveıʃn / pas·siva·tion] *s.* (*chim.*) passivazione.

passive [ˈpæsıv / pass·ive] *agg.* **1** passivo; inerte: — *resistance*, resistenza passiva // (*med.*) — *immunity*, immunità passiva // (*fis.*) — *device*, dispositivo passivo **2** (*gramm.*) passivo **3** (*econ.*) passivo, in passivo **4** (*chim.*) passivo, inerte, resistente alla corrosione: — *cell*, cella elettrochimica passiva ◆ *s.* (*gramm.*) passivo // **-ly** *avv.*

passiveness [ˈpæsıvnıs / pass·ive·ness] *s.* passività, inerzia.

passivism [ˈpæsıvızəm / pas·siv·ism] *s.* **1** passivismo; atteggiamento passivo **2** (*psic.*) passivismo.

passivity [pæˈsıvıtı / pas·siv·ity] *s.* passività, inerzia.

passkey [ˈpɑ:ski: *amer.* ˈpæski: / pass·key] *s.* **1** passe-partout, chiave universale **2** chiave (d'accesso, data a persone di fiducia).

passover [ˈpɑ:s,əʊvə* *amer.* ˈpæs,əʊvə* / pass·over] *s.* **1** (*ant.*) agnello pasquale; (*fig.*) Cristo: *to eat the* —, mangiar l'agnello pasquale **2** *Passover*, Pasqua ebraica.

passport [ˈpɑ:spɔ:t *amer.* ˈpæspɔ:t / pass·port] *s.* **1** passaporto **2** lasciapassare; salvacondotto // *hard study is the — to success*, (*fig.*) un duro studio è la chiave del successo.

pass-rate [ˈpɑ:sreıt *amer.* ˈpæsreıt] *s.* percentuale di candidati promossi.

pass-through [ˈpɑ:s,θru: *amer.* ˈpæs,θru:] *s.* (*amer.*) apertura in una parete; passavivande.

password [ˈpɑ:swɜ:d *amer.* ˈpæswɜ:d / pass·word] *s.* **1** (*mil.*) parola d'ordine **2** (*inform.*) chiave di identificazione, parola d'ordine.

past [pɑ:st *amer.* pæst] *agg.* **1** passato, trascorso; compiuto; finito; esaurito: — *experience has taught him to be careful*, l'esperienza (passata) gli ha insegnato a essere guardingo; *the — week has been very busy*, quest'ultima settimana è stata molto movimentata; *he's been out of work for the — two years*, è stato senza lavoro in questi ultimi due anni; *she's asked me three times in the — hour*, me l'ha chiesto già tre volte nell'ultima ora //Con uso predicativo: *your bedtime is long* —, dovevi essere già a letto da un pezzo; *he spoke of centuries long* —, parlò di secoli lontani; *in times — one travelled by coach, on horseback or on foot*, nei tempi passati si viaggiava in carrozza, a cavallo o a piedi **2** (*gramm.*) passato: *the simple — tense*, il passato remoto; *the — perfect*, il trapassato remoto, trapassato prossimo ◆ *s.* **1** passato: *their quarrel was a thing of the* —, la loro lite appartiene al passato, è cosa passata; *in the — there was a different attitude towards children*, in passato c'era un diverso atteggiamento nei riguardi dei figli; *he said we must forget the — and think of the future*, disse che dovevamo dimenticare il passato e pensare al futuro; *this is a city with a* —, questa è una città che ha un passato, una storia; *she was a woman with a* —, era una donna con un passato, con una dubbia reputazione **2** (*gramm.*) tempo passato: *the simple* —, il passato remoto.

past *avv.* vicino, presso; oltre: *the demonstrators marched — shouting*, i dimostranti passarono marciando e gridando; *the beggar limped* —, il mendicante passò zoppicando; *there was such a crowd I couldn't get* —, c'era una tale folla che non riuscii ad attraversarla, a passarci in mezzo ◆ *prep.* dopo, oltre; al di là di; senza: *it's half — ten, it's long — your bed time*, sono le dieci e mezzo, dovevi essere a letto già da un pezzo; *I'll see you at a quarter — eight, then*, allora ci vediamo alle otto e un quarto; *the trains leave at ten — the hour*, i treni partono ogni ora e dieci (minuti); *I saw him walk — the shop*, l'ho visto oltrepassare il negozio; *the dog ran straight — me*, il cane mi passò avanti correndo; *the supermarket was just — the cinema*, il supermercato era subito dopo il cinema; *he was looking — her out of the window*, guardava al di là della sua persona fuori dalla finestra; *you'll never get — the first chapter of that book*, non andrai mai oltre il primo capitolo di quel libro; *he must be — fifty*, deve aver superato i cinquanta (anni); *the heavy metal band was — its prime* (o *its best*), il complesso 'heavy metal' aveva ormai dato il meglio di sé, aveva superato il suo momento migliore; *we had our problems but we're — all that now*, abbiamo avuto i nostri problemi, ma ora è tutto superato; *the atrocities were — description*, le atrocità erano al di là di ogni descrizione; *the situation is — hope*, la situazione è senza speranza, è disperata // *he's — praying for*, è un caso disperato // *he's — it*, non è più all'altezza, è troppo vecchio // *I wouldn't put it — him to steal the money*, non mi sorprenderei se lui rubasse i soldi.

pasta [ˈpæstə] *s.* pasta, pastasciutta.

paste[1] [peıst] *s.* **1** pasta; impasto: *anchovy* —, pasta d'acciughe **2** colla; colla forte da pittore **3** vetro brillante al piombo; strass **4** (*elettr.*) pasta gelificante.

to **paste**[1] *v.tr.* **1** impastare **2** incollare, appiccicare: *to — sthg. to* (o *on*), incollare qlco. a, su // *they pasted it on him*, (*fam. amer.*) hanno appioppato la colpa a lui // (*inform.*) — *and copy*, copia e incolla.

to **paste**[2] *v.tr.* (*fam.*) picchiare, pestare.

pasteboard [ˈpeıstbɔ:d / paste·board] *agg.* di cartone; (*fig.*) inconsistente, fittizio ◆ *s.* **1** cartone accoppiato, incollato **2** (*sl. amer.*) biglietto d'ingresso; biglietto da visita **3** (*sl.*) carta da gioco **4** (*sl. antiq.*) biglietto ferroviario **5** (*cuc.*) asse per la pasta.

pastel[1] [ˈpæstl *amer.* pæˈstel / pas·tel] *s.* **1** pastello // — *crayon*, matita a pastello **2** quadro a pastello; l'arte di dipingere a pastello.

pastel[2] *s.* tintura azzurra ricavata dal guado.

pastern [ˈpæstɜ:n / pas·tern] *s.* pasturale, pastorale (del piede del cavallo).

paste-up [ˈpeıstʌp] *s.* (*tip.*) stampone.

pasteurism [ˈpæstərızəm / pas·teur·ism] *s.* (*med.*) metodo Pasteur (per la cura dell'idrofobia).

pasteurization [,pæstəraıˈzeıʃn *amer.* ,pæstərıˈzeıʃn / pas·teur·iza·tion] *s.* pastorizzazione.

to **pasteurize** [ˈpæstəraız / pas·teur·ize] *v.tr.* pastorizzare.

pastiche [pæsˈti:ʃ / pas·tiche] *s.* (*lett.*, *mus.*, *pitt.*) pastiche.

pastil(le) [ˈpæstıl *amer.* pæˈsti:l / pas·til(le)] *s.* **1** pastiglia, pasticca **2** pastiglia di resina da bruciare (per profumare, deodorare un ambiente).

pastime [ˈpɑ:staım *amer.* ˈpæstaım / pas·time] *s.* passatempo.

pasting [ˈpeıstıŋ / past·ing] *s.* (*fam.*) bastonatura: *to give s.o. a* —, pestare qlcu.

pastor [ˈpɑ:stə* *amer.* ˈpæstə* / pas·tor] *s.* **1** (*eccl.*) pastore **2** (*rar.*) pastore, guardiano di greggi; (*fig.*) guida, mentore **3** (*zool.*) (*Pastor roseus*) storno rosso.

pastoral [ˈpɑ:stərəl *amer.* ˈpæstərəl / pas·toral] *agg.* **1** pastorale: — *symphony*, sinfonia pastorale **2** rurale; tenuto a pascolo, pascolativo ◆ *s.* **1** (*poesia*) pastorale, idillio; (*mus.*) pastorale **2** (*eccl.*) lettera pastorale **3** pastorale (bastone vescovile).

pastorale [,pæstəˈrɑ:lı / pas·tor·ale] *s.* (*mus.*) pastorale.

pastorally [ˈpɑ:stərəlı *amer.* ˈpæstərəlı / pas·tor·ally] *avv.* in modo pastorale; (*fig.*) semplicemente.

pastorate [ˈpɑ:stərət *amer.* ˈpæstərət / pas·tor·ate] *s.* (*eccl.*) **1** ufficio di pastore **2** i pastori (collettivamente).

pastrami [pəˈstrɑ:mı / pas·trami] *s.* (*cuc. spec. amer.*) carne di manzo affumicata e speziata.

pastry [ˈpeıstrı / pas·try] *s.* **1** pasta (per dolci, pasticci): *puff* —, pasta sfoglia **2** pasticcino, dolce.

pastrycook [ˈpeıstrıkʊk / pas·try·cook] *s.* pasticciere.

pasturage [ˈpɑ:stʃərıdʒ *amer.* ˈpæstʃərıdʒ / pas·tur·age] *s.* pastura, pascolo.

pasture [ˈpɑ:stʃə* *amer.* ˈpæstʃə* / pas·ture] *s.* **1** pascolo, pastura; zona prativa: — *land*, (terreno da) pascolo; *mountain* —, alpeggio **2** foraggio, pastura.

to **pasture** *v.tr.* **1** condurre al pascolo, far pascere, pascolare **2** (*di terreno*) offrire pascolo a (bestiame) ◆ *v.intr.* pascolare, pascersi.

pasty [ˈpeıstı *come s.* ˈpæstı] *agg.* di pasta, pastoso (anche di colore); molle; scialbo ◆ *s.* (*cuc.*) pasticcio (gener. di carne).

pat [pæt] *agg.* opportuno, adatto; tempestivo; pronto; proprio; giusto; felice (di espressione ecc.): *he always had an excuse* —, aveva sempre una scusa pronta ◆ *avv.* a proposito; esattamente: *she had an alibi* (*off*) —, aveva pronto un alibi; *to know sthg.* (*off*) —, sapere qlco. a menadito, esattamente, a memoria // (*poker*) *to stand* —, essere servito; (*fig. sl. amer.*) rimaner saldo sulla propria posizione ◆ *s.* **1** buffetto, colpetto: *a — on the back*, un colpetto sulla spalla; (*fig.*) elogio, incoraggiamento **2** pallina (di sostanza malleabile); pane di burro **3** scalpiccio, ticchettio.

to **pat** *pass.p.p.* **patted** [ˈpætıd / pat·ted] *v.tr.* carezzare; toccare leggermente; dare un buffetto a: *to — s.o. on the back*, dare un colpetto sulla spalla a qlcu.; (*fig.*) congratularsi con qlcu.; *she patted* (*down*) *her hair*, si riassettò, si mise in ordine i capelli // *to — s.o. down*, (*fam.*) perquisire qlcu. ◆ *v.intr.* tamburellare, battere leggermente: *the rain patted against the window*, la pioggia batteva contro i vetri (della finestra).

Pat *s.* (*scherz.*) irlandese • Da *St. Patrick*, patrono d'Irlanda.

pat-a-cake ['pætə,keɪk] *s.* gioco di bambini (del tipo 'batti-batti le manine').

patch [pætʃ] *s.* **1** pezza, toppa // *it is not a — on this one*, (*fam.*) è molto inferiore rispetto a questo // *it was enjoyable in patches*, era piacevole (solo) in parte // *— pocket*, tasca applicata **2** macchia; chiazza: *we could see a — of blue (sky) through the clouds*, potevamo vedere un pezzetto di (cielo) azzurro fra le nuvole // *to strike* (o *go through* o *hit*) *a bad —*, attraversare un periodo sfortunato, un momentaccio **3** benda (su un occhio ferito); cerotto **4** neo posticcio **5** appezzamento: *a potato —*, un pezzo di terra coltivato a patate **6** (*inform.*) connessione elettrica; correzione fuori sequenza (cioè eseguita direttamente in linguaggio macchina).

to **patch** *v.tr.* **1** aggiustare; mettere una pezza a: *to — a jacket*, rattoppare, mettere una toppa a una giacca; *I must try to — the pieces of this vase together*, debbo cercare di mettere assieme i pezzi di questo vaso **2** applicare dei nei posticci a **3** (*inform.*) modificare la tastiera; correggere un programma.

□ **patch together** *v.tr.* e *avv.* raffazzonare; mettere insieme: *he patched together a presentation for the conference*, (*fig.*) mise insieme alla meglio una relazione per la conferenza.

□ **patch up** *v.tr.* e *avv.* rattoppare, rappezzare; accomodare (*anche fig.*): *you have got to — up your jacket*, devi accomodarti la giacca; *they will — up the roof*, accomoderanno il tetto; *this business is to be patched up at any cost*, bisogna accomodare la faccenda a tutti i costi // *to — up a quarrel*, comporre una lite.

patched [pætʃt] *agg.* **1** rappezzato, rattoppato **2** raffazzonato, fatto in tutta fretta.

patchiness ['pætʃɪnɪs / patchi·ness] *s.* **1** rappezzatura **2** disposizione a macchie, chiazze **3** (*fig.*) discontinuità.

patchouli ['pætʃʊlɪ / patch·ouli] **patchouly** *s.pl.* **1** (*bot.*) (*Pogostemon patchouly*) patchouli, paciulì, pasciuli **2** (*profumo*) patchouli.

patch test ['pætʃ,test] *s.* (*med.*) cutireazione; sensibilizzazione cutanea; test cutaneo.

patchwork ['pætʃwɜ:k / patch·work] *s.* **1** mescolanza di cose eterogenee, confuse, irregolari **2** patchwork, lavoro di cucito, di maglia formato da pezze di diversi colori **3** (*fig.*) mosaico.

patchy ['pætʃɪ] *agg.* **1** rappezzato, rattoppato **2** a macchie, a chiazze **3** (*fig.*) irregolare; vario; non uniforme: *he's got a — knowledge of French literature*, ha una conoscenza frammentaria della letteratura francese.

pate [peɪt] *s.* (*fam.*) **1** capo, zucca: *bald —*, testa pelata **2** cervello.

pâté ['pæteɪ *amer.* pɑ:'teɪ] *s.* (*cuc.*) pâté.

patella [pə'telə / pa·tel·la] *pl.* **patellae** [pə'teli: / pa·tel·lae] **patellas** *s.* **1** (*anat.*) rotula **2** (*zool.*) patella (mollusco) **3** (*archeol.*) piccola padella.

patellar [pə'telə* / pa·tel·lar] *agg.* (*anat.*) patellare, rotuleo.

paten ['pætən] *s.* **1** (*eccl.*) patena **2** piattino di metallo.

patency ['peɪtənsɪ *amer.* 'pætənsɪ / pa·tency] *s.* **1** (*non com.*) evidenza, chiarezza **2** (*med.*) pervietà.

patent ['peɪtənt *amer.* 'pætənt / pa·tent] *agg.* **1** manifesto, evidente, palese, ovvio; piano, chiaro: *a — absurdity*, un'evidente assurdità **2** brevettato, patentato; fabbricato in esclusiva // *— food*, specialità alimentare **3** privilegiato, che ha diritto, privilegio riconosciuto **4** (*fam.*) originale, ingegnoso: *he has a — device for avoiding seasickness*, ha un modo tutto suo per evitare il mal di mare **5** (*med.*) pervio, accessibile ♦ *s.* **1** (*dir.*) brevetto; cosa brevettata: *design —*, brevetto industriale; *— pending*, brevetto in corso di registrazione; *invention —*, brevetto di invenzione; *— law*, diritto dei brevetti; *to apply for a —*, chiedere un brevetto; *to grant s.o. a —*, concedere un brevetto a qlcu.; *to take out a —*, brevettare // *Patent Office*, ufficio brevetti **2** privilegio ufficiale: *a — of nobility*, una patente di nobiltà.

to **patent** *v.tr.* (*dir.*) brevettare.

patentable ['peɪtəntəbl *amer.* 'pætəntəbl / pa·tent·able] *agg.* (*dir.*) brevettabile.

patented ['peɪtəntɪd *amer.* 'pætəntɪd / pa·tented] *agg.* (*dir.*) brevettato.

patentee [,peɪtən'ti: *amer.* pætən'ti: / pa·tentee] *s.* (*dir.*) **1** detentore di brevetto **2** concessionario di brevetto, di patente.

patent leather [,peɪtənt'leðə*] *s.* pelle verniciata.

patent-leather *agg.* di pelle verniciata: *— shoes*, scarpe di vernice.

patently ['peɪtəntlɪ *amer.* 'pætəntlɪ / pa·tent·ly] *avv.* evidentemente, palesemente.

patent medicine [,peɪtənt'medsɪn *amer.* ,pætənt'medsɪn] *s.* (*med.*) specialità farmaceutica (coperta da brevetto).

patentor ['peɪtəntə* *amer.* 'pætəntə* / pa·tentor] *s.* (*dir.*) chi concede un brevetto.

patent-right ['peɪtənt,raɪt *amer.* 'pætənt ,raɪt] *s.* (*dir.*) diritto di brevetto; privativa industriale.

pater ['peɪtə* *amer.* 'pætə* / pa·ter] *s.* (*antiq.*) padre, papà.

paterfamilias [,peɪtəfə'mɪlɪæs *amer.* ,pætəfə'mɪlɪæs / pa·ter·fa·mi·lias] *s.* (*st.*) padre di famiglia, genitore; capo famiglia.

paternal [pə'tɜ:nl / pa·ter·nal] *agg.* **1** paterno **2** da parte di padre: *my — grandfather*, mio nonno paterno **3** paternalistico: *— government*, governo paternalistico // **-ly** *avv.*

paternalism [pə'tɜ:nlɪzəm / pa·ter·nal·ism] *s.* paternalismo.

paternity [pə'tɜ:nətɪ / pa·tern·ity] *s.* paternità (*anche fig.*) // *— test*, test di ricerca per la paternità.

paternoster [,pætə'nɒstə* / pa·ter·nos·ter] *s.* **1** padrenostro (preghiera) SIN. Lord's Prayer, Our Father **2** grano del padrenostro in un rosario; rosario.

paternoster line [,pætə'nɒstə,laɪn] *s.* (*pesca*) tirlindana.

path [pɑ:θ *amer.* pæθ] *s.* **1** sentiero, viottolo: *beaten —*, sentiero battuto; *cycle —*, pista ciclabile (in città) **2** via, strada (*anche fig.*): *to clear a — through the jungle, the crowd*, aprirsi un varco nella giungla, tra la folla; *the hurricane left a — of havoc behind it*, il ciclone lasciò una scia di distruzione dietro di sé; *the — of failure*, la strada verso il fallimento; *the — to success*, la strada del successo; *he was standing in my —*, mi bloccava la strada (del successo); *to cross s.o.'s —*, ostacolare qlcu. **3** traiettoria: *the — of a comet, a rocket*, la traiettoria di una cometa, di un razzo; *he was standing directly in the — of a lorry*, era fermo proprio sul percorso di un camion **4** orbita (di un pianeta ecc.) **5** (*inform.*) percorso, cammino (in schema a blocchi), circuito (dell'informazione), via di accesso (ai dati); (IBM) collegamento.

pathetic [pə'θetɪk / path·etic] *agg.* **1** patetico; commovente: *a — sight*, uno spettacolo commovente **2** (*spreg.*) ridicolo; inutile; penoso // **-ally** *avv.*

pathfinder ['pɑ:θ,faɪndə* *amer.* 'pæθ ,faɪndə* / path·finder] *s.* **1** esploratore; pioniere **2** (*aer. mil.*) battistrada **3** (*aer.*) radargoniometro.

pathless ['pɑ:θlɪs *amer.* 'pæθlɪs / path·less] *agg.* **1** privo di sentieri **2** inesplorato; impenetrabile.

pathogen ['pæθəʊdʒən / patho·gen] *s.* (*med.*) agente patogeno.

pathogenesis [,pæθəʊ'dʒenɪsɪs / pa·tho·gen·esis] *s.* (*med.*) patogenesi.

pathogenetic [,pæθəʊdʒɪ'netɪk / pa·tho·gen·etic] *agg.* (*med.*) patogenetico.

pathogenic [,pæθəʊ'dʒenɪk / pa·tho·genic] **pathogenous** [pə'θɒdʒɪnəs / pa·tho·gen·ous] *agg.* (*med.*) patogeno.

pathogeny [pə'θɒdʒɪnɪ / pa·tho·geny] *s.* (*med.*) → **pathogenesis**.

pathologic(al) [,pæθə'lɒdʒɪk(l) / pa·tho·lo·gic(al)] *agg.* **1** patologico **2** (*fam.*) patologico; morboso; anormale // **-ally** *avv.*

pathologist [pə'θɒlədʒɪst / patho·lo·gist] *s.* patologo.

pathology [pə'θɒlədʒɪ / patho·logy] *s.* patologia.

pathophobia [,pæθə'fəʊbɪə / patho·phobia] *s.* (*psic.*) patofobia.

pathophysiology [,pæθə,fɪzɪ'ɒlədʒɪ / patho·physi·ology] *s.* (*med.*) patofisiologia.

pathos ['peɪθɒs] *s.* pathos; commozione.

pathway ['pɑ:θweɪ *amer.* 'pæθweɪ / path·way] *s.* **1** sentiero **2** tracciato // (*biochim.*) *metabolic —*, sequenza metabolica.

patience ['peɪʃns / pa·tience] *s.* **1** pazienza, calma, sopportazione: *he wore out my —*, ha esaurito la mia pazienza; *to be out of — with s.o.*, non riuscire più a sopportare qlcu.; *to have no — with*, non aver pazienza con; *to lose — with s.o.*, perdere la pazienza con qlcu.; *to try s.o.'s —*, mettere alla prova la pazienza di qlcu. // *to have the — of Job*, avere la pazienza di Giobbe **2** perseveranza, costanza **3** (*carte*) solitario AMER. solitaire.

patience dock ['peɪʃns,dɒk] *s.* (*bot.*) (*Rumex patientia*) romice; (*pop.*) erba pazienza.

patient ['peɪʃnt / pa·tient] *agg.* **1** paziente; tollerante: *— of sthg.*, che sopporta qlco. **2** diligente, perseverante ♦ *s.* paziente, ammalato, degente.

patiently ['peɪʃntlɪ / pa·tient·ly] *avv.* pazientemente, con pazienza.

patina ['pætɪnə / pat·ina] *s.* patina.

patinated ['pætɪneɪtɪd / pat·in·ated] *agg.* patinato.

patination [,pætɪ'neɪʃn / pat·ina·tion] *s.* (*non com.*) patinatura.

patio ['pætɪəʊ] *pl.* **patios** *s.* patio.

patois ['pætwɑ: / pat·ois] *s.* dialetto, gergo.

patoot [pə'tu:t / pa·toot] *s.* (*sl. amer.*) sedere, deretano.

patrial ['peɪtrɪəl / pat·rial] *s.* che ha diritto di risiedere in Gran Bretagna (per via di parentela con un cittadino).

patriarch ['peɪtrɪɑ:k *amer.* 'pætrɪɑ:k / pat·ri·arch] *s.* patriarca; (*estens.*) vecchio venerando.

patriarchal [,peɪtrɪ'ɑ:kl *amer.* ,pætrɪ'ɑ:kl / pat·ri·archal] *agg.* **1** patriarcale **2** venerabile **3** (*eccl.*) patriarcale.

patriarchate ['peɪtrɪɑ:kɪt *amer.* 'pætrɪɑ:kɪt / pat·ri·arch·ate] *s.* (*eccl.*) patriarcato.

patriarchy ['peɪtrɪɑ:kɪ *amer.* 'pætrɪɑ:kɪ / pat·ri·archy] *s.* patriarcato (sistema sociale di governo); società patriarcale.

patrician [pə'trɪʃn / pa·tri·cian] *agg.* e *s.* **1** patrizio **2** (*estens.*) nobile; aristocratico.

patriciate [pə'trɪʃɪət / pa·tri·ci·ate] *s.* patriziato.

patricidal [,pætrɪ'saɪdl / pat·ri·cidal] *agg.* (*non com.*) parricida.

patricide ['pætrɪsaɪd / pat·ri·cide] *s.* **1** parricidio **2** parricida.

patrimonial [,pætrɪ'məʊnjəl / pat·ri·mo·nial] *agg.* patrimoniale, ereditario // (*dir.*) — *sea*, mare patrimoniale.

patrimony ['pætrɪmənɪ *amer.* 'pætrɪməʊnɪ / pat·ri·mony] *s.* **1** patrimonio, beni ereditari (*pl.*) **2** patrimonio (di una chiesa, di un'istituzione.).

patriot ['pætrɪət *amer.* 'peɪtrɪət / pat·riot] *s.* patriota.

patriotic [,pætrɪ'ɒtɪk *amer.* ,peɪtrɪ'ɒtɪk / pat·ri·otic] *agg.* patriottico // **-ally** *avv.*

patriotism ['pætrɪətɪzəm *amer.* 'peɪtrɪət ɪzəm / pat·ri·ot·ism] *s.* patriottismo.

patristic [pə'trɪstɪk / pa·tristic] *agg.* patristico, dei padri della chiesa.

patristics [pə'trɪstɪks / pa·tristics] *s.* U (*teol.*) patristica.

patrol [pə'trəʊl / pa·trol] *s.* **1** pattuglia; ronda **2** perlustrazione; (*mil.*) pattugliamento; (*aer.*) ricognizione: *on* —, di pattuglia **3** piccolo gruppo di scout.

to **patrol** *pass.p.p.* **patrolled** [pə'trəʊld / pa·trolled] *v.tr.* pattugliare; perlustrare (*anche mil.*) ◆ *v.intr.* fare la ronda.

patrol car [pə'trəʊl,kɑ:] *s.* autopattuglia, auto di ronda.

patrolman [pə'trəʊlmæn / pa·trol·man] *pl.* **patrolmen** [pə'trəʊlmen] *s.* chi è di pattuglia; (*amer.*) poliziotto (di servizio in una certa zona della città): *the A.A. — arrived 15 minutes after the car accident*, il meccanico dell'assistenza stradale arrivò 15 minuti dopo l'incidente.

patrol wagon [pə'trəʊl,wægən] *s.* (*amer.*) cellulare, furgone cellulare.

patron ['peɪtrən / pat·ron] *s.* **1** patrono; benefattore, mecenate; protettore: *a — of the arts*, un mecenate delle arti // *Patron Saint's Day*, festa del Santo Patrono **2** (*form.*) cliente (di negozio ecc.); ospite.

patronage ['pætrənɪdʒ *amer.* 'peɪtrənɪdʒ / pat·ron·age] *s.* **1** patronato, mecenatismo, patrocinio **2** facoltà di assegnare certi uffici (ecclesiastici), protezione, nomine ecc. **3** clientela: *the shop has a broad* —, il negozio ha una vasta clientela // *we thank you for your* —, la ringraziamo per la sua preferenza, per la preferenza che dimostra al nostro negozio.

patronal [pə'trəʊnl / pat·ronal] *agg.* patronale; protettivo.

patroness ['peɪtrənɪs / pat·ron·ess] *s.* **1** patronessa, patrocinatrice **2** patrona (santa).

to **patronize** ['pætrənaɪz *amer.* 'peɪtrənaɪz / pat·ron·ize] *v.tr.* **1** patrocinare; proteggere; favorire; incoraggiare **2** trattare con condiscendenza **3** essere cliente di (negozio).

patronizer ['pætrənaɪzə* *amer.* 'peɪtrənaɪzə* / pat·ron·izer] *s.* chi si dà arie di superiorità, chi tratta con condiscendenza.

patronizing ['pætrənaɪzɪŋ *amer.* 'peɪtrən aɪzɪŋ / pat·ron·iz·ing] *agg.* **1** protettivo; protettore **2** condiscendente // **-ly** *avv.*

patronymic [,pætrə'nɪmɪk / pat·ronymic] *agg.* e *s.* patronimico.

patroon [pə'tru:n / pa·troon] *s.* (*st. amer.*) possidente terriero sotto l'antica amministrazione olandese di New York e del New Jersey.

patsy ['pætsɪ] *s.* (*fam. amer.*) bersaglio facile, vittima designata, zimbello.

patten ['pætn / pat·ten] *s.* **1** sorta di soprascarpa con suola lignea per tenere il piede sollevato dal fango **2** (*arch. ant.*) zoccolo.

patter[1] ['pætə* / pat·ter] *s.* **1** gergo, linguaggio particolare **2** discorso rapido e meccanico (da imbonitori, ciarlatani ecc.) **3** parole di una canzone, commedia ecc.

to **patter**[1] *v.tr.* recitare (preghiere) meccanicamente ◆ *v.intr.* parlare in fretta e meccanicamente (a mo' di imbonitori, ciarlatani ecc.); borbottare.

patter[2] *s.* picchiettio; ticchettio (di pioggia); scalpiccio; successione di piccoli colpi // *are we going to hear the — of tiny feet?*, (*fam.*) stai aspettando un bambino?

to **patter**[2] *v.intr.* **1** picchiettare: *the rain was pattering against the roof*, la pioggia picchiettava sul tetto **2** camminare a passi corti e veloci; scalpicciare; sgambettare (detto di bambini ecc.).

pattern ['pætən / pat·tern] *s.* **1** modello, esempio; campione; tipo; ideale: *she cut her dress out on a paper* —, si tagliò il vestito su un modello di carta // — *book*, campionario (di stoffe ecc.); — *designer*, disegnatore di modelli **2** disegno (di stoffa, tappezzerie ecc.): *what a nice —!*, che bella fantasia!; *the dress had a — of red dots*, il vestito aveva un motivo a puntini rossi **3** schema (di comportamento) **4** (*inform.*) configurazione, modello, tipo, combinazione: — *recognition*, riconoscimento di forme, di configurazioni.

to **pattern** *v.tr.* **1** fare, disegnare, tagliare secondo un modello; modellare (*anche fig.*): *she patterned her life upon* (o *on* o *after*) *her mother's*, (*fig.*) costruì, impostò la sua vita sul modello di quella materna // (*stat.*) *patterned sampling*, campionamento sistematico // (*comm.*) *patterned interview*, intervista guidata **2** decorare (stoffe, tappezzerie ecc.) con disegni: *the shadows of leaves patterned the wall*, l'ombra delle foglie creava dei disegni sulla parete.

patty ['pætɪ] *s.* (*cuc.*) polpetta (di carne); (*spec. amer.*) pasticcio (di carne).

patzer ['pætsə* / pat·zer] *s.* (*fam. amer.*) giocatore di scacchi mediocre ma entusiasta • Termine di origine yiddish.

paucity ['pɔ:sətɪ / pau·city] *s.* (*form.*) scarsità; insufficienza.

Pauline ['pɔ:laɪn / Paul·ine] *agg.* paolino, di S. Paolo // *the — Epistles*, le lettere di S. Paolo.

paunch[1] [pɔ:ntʃ] *s.* **1** pancione, grossa pancia **2** (*zool.*) rumine.

to **paunch**[1] *v.tr.* (*non com.*) sventrare; sbudellare: *thou mayst brain him, / ...or paunch him with a stake, / or cut his wezand with thy knife*, (SH. The Tempest) tu puoi spaccargli la testa ...o aprirgli il ventre con un palo, o tagliargli la gola con un coltello.

paunch[2] *s.* (*mar.*) paglietto.

paunchy ['pɔ:ntʃɪ] *agg.* panciuto.

pauper ['pɔ:pə* / pau·per] *s.* **1** povero, indigente **2** (*dir.*) beneficiario di patrocinio gratuito.

pauperism ['pɔ:pərɪzəm / pau·per·ism] *s.* **1** povertà, indigenza **2** (*econ.*) pauperismo.

pauperization [,pɔ:pəraɪ'zeɪʃn *amer.* ,pɔ:pərɪ'zeɪʃn / pau·per·iza·tion] *s.* impoverimento.

to **pauperize** ['pɔ:pəraɪz / pau·per·ize] *v.tr.* (*non com.*) impoverire.

pause [pɔ:z] *s.* **1** pausa; intervallo; interruzione // — *dots*, puntini di sospensione **2** esitazione, indugio: *to give s.o.* —, (*form.*) far esitare qlcu.: *the weather was bad enough to give — to the most experienced sailor*, il tempo era brutto al punto da far esitare anche il marinaio più esperto **3** (*mus.*) pausa **4** (*poesia*) cesura.

to **pause** *v.intr.* fare una pausa; soffermarsi, indugiare.

pavan(e) ['pævən] *s.* pavana.

to **pave** [peɪv] *v.tr.* **1** pavimentare; lastricare (*anche fig.*): *the road to hell is paved with good intentions*, la strada dell'inferno è lastricata di buone intenzioni **2** (*fig.*) aprire la via, preparare il terreno: *they'll — the way for you*, essi ti apriranno la via.

pavement ['peɪvmənt / pave·ment] *s.* **1** marciapiede AMER. sidewalk // — *artist*, chi disegna figure sul marciapiede; chi espone e vende i propri lavori sul marciapiede **2** (*spec. amer.*) pavimentazione, selciato, lastricato // — *roadway* (o — *street*), strada selciata.

paver ['peɪvə*] *s.* **1** selciatore, lastricatore **2** pietra da selciato **3** (*road*) —, pavimentatrice stradale.

pavid ['pævɪd] *agg.* pavido.

pavilion [pə'vɪljən / pa·vil·ion] *s.* **1** padiglione, tenda **2** (*arch.*) padiglione (di ospedale, mostra ecc.): *the French — at the exhibition*, il padiglione francese alla mostra **3** (*anat.*) padiglione **4** padiglione (di gemma tagliata a brillante).

to **pavilion** *v.tr.* coprire con tende; erigere padiglioni su; rinchiudere in padiglioni.

paving ['peɪvɪŋ / pav·ing] *s.* pavimentazione; selciato; lastricato.

paving stone ['peɪvɪŋ,stəʊn] *s.* pietra da selciato.

paviour ['peɪvjə* / pa·viour] *s.* **1** selciatore,

lastricatore **2** pietra da selciato **3** mattone da pavimentazione **4** mazzapicchio.

paw [pɔ:] *s.* **1** zampa (*anche fig.*) **2** (*sl.*) mano **3** (*sl.*) scrittura.

to **paw** *v.tr.* **1** toccare, battere con la zampa (di animali); scalciare, dare zampate a (di cavallo): *the dog pawed (at) the door*, il cane grattava la porta con la zampa **2** (*fam.*) toccare, mettere le mani addosso a ◆ *v.intr.* scalpitare (del cavallo).

pawky ['pɔ:kɪ] *agg.* (*scoz.*) astuto, furbo, scaltro.

pawl [pɔ:l] *s.* (*mecc.*) nottolino, dente d'arresto; cricchetto.

pawn[1] [pɔ:n] *s.* pegno, garanzia (*anche dir.*): *at* — (o *in* —), in pegno, in garanzia; *loan on* — (o — *loan*), prestito su pegno.

to **pawn**[1] *v.tr.* **1** impegnare; dare in pegno, garanzia **2** (*fig.*) mettere in gioco, rischiare (vita, onore ecc.).

pawn[2] *s.* pedone (negli scacchi); (*fig.*) pedina.

pawnable ['pɔ:nəbl / pawn·able] *agg.* (*dir.*) pignorabile, che si può dare in pegno.

pawnbroker ['pɔ:n,brəʊkə* / pawn·broker] *s.* prestatore su pegno; titolare di agenzia di prestito su pegno.

pawner ['pɔ:nə*] *s.* debitore pignoratizio.

pawnshop ['pɔ:nʃɒp / pawn·shop] *s.* agenzia di prestiti su pegno.

pawnticket ['pɔ:ntɪkɪt / pawn·ticket] *s.* ricevuta, polizza di pegno.

pax[1] [pæks] *s.* **1** (*eccl.*) pace **2** (*eccl.*) bacio della pace **3** (*sl.*) tregua (nei giochi dei bambini).

pax[2] *s.* (*fam. amer.*) passeggero.

pay [peɪ] *s.* **1** paga; salario: *advance* —, anticipo sulla paga; — *office*, ufficio paga; *extra* —, extra, gratifica; *full* —, paga intera; *basic* —, paga base; — *negotiations* (o — *talks*), contrattazioni salariali; — *settlement*, accordo salariale // (*amm.*): — *formula*, schema retributivo; — *account*, conto retribuzioni // *in the* — *of*, al servizio di; (*spreg.*) al soldo di: *he is in the* — *of the enemy*, è al soldo del nemico **2** (*fig.*) compenso, indennità, ricompensa **3** prodotto utile, remunerativo (di miniere).

to **pay** *pass.p.p.* **paid** [peɪd] *v.tr.* **1** pagare; saldare; regolare; compensare; sborsare: *a well paid job*, un lavoro ben retribuito; *to* — *a bill*, pagare, regolare un conto; *to* — *in advance*, pagare in anticipo; *to* — *ready money* (o *cash down*), pagare in contanti; *to* — *s.o. for a thing*, pagare una cosa a qlcu.; *to* — *s.o. to do sthg.*, pagare qlcu. per fare qlco.: *he paid him a thousand pounds to hold his tongue*, ha comprato il suo silenzio con mille sterline; *to* — *to the order of ...*, pagare all'ordine di... // — *as you earn* (o *amer.* — *as you go*), ritenuta alla fonte dell'imposta sul reddito // *a promise to* —, un impegno di pagamento // *to* — *s.o. in his own coin*, rendere pan per focaccia // *to* — *one's way*, sbarcare il lunario, non fare debiti // *to* — *the piper*, (*fam.*) pagare le spese (per gli altri) **2** depositare, versare: *to* — *money into an account*, versare denaro su un conto **3** rendere; fruttare: *the job pays £ 40,000 a year*, quel posto rende 40.000 sterline l'anno; *all this exercise will* — *you in the end*, tutto questo esercizio fisico alla fine ti gioverà **4** fare, rendere: *to* — *a visit*, fare una visita; *to* — *homage*, rendere omaggio; *to* — *attention*, fare attenzione; *to* — *one's respects to s.o.*, (*form.*) porgere i propri ossequi a qlcu. ◆ *v.intr.* **1** pagare: *I've paid for you*, ho pagato io per te; *he has paid for his mistakes*, ha pagato per i suoi errori; *I'll* — *for the damage*, pagherò io i danni // *to* — *through the nose for sthg.*, (*fam.*) pagare qlco. un occhio della testa // *the new computer system will soon* — *for itself through savings on labour costs*, il nuovo computer si pagherà ben presto da solo con i risparmi sulla manodopera **2** convenire, rivelarsi utile, essere vantaggioso: *it pays to be early at the market*, conviene arrivare presto al mercato **3** rendere: *teaching doesn't* — *well*, l'insegnamento non è ben retribuito, non rende molto.

□ **pay back** *v.tr.* e *avv.* **1** rimborsare, ripagare: *this is the sum you are going to* — *back to the bank*, questa è la somma che dovrai restituire alla banca // *she paid him back with interest*, (*fig.*) l'ha ripagato con gli interessi **2** (*fig.*) ripagare con la stessa moneta.

□ **pay in** *v.tr.* e *avv.*, **pay into** *v.tr.* e *prep.* versare: *he paid his wages into his bank account*, versava il suo stipendio sul suo conto in banca; *have you paid the money in yet?*, hai già versato il denaro?

□ **pay off** *v.tr.* e *avv.* **1** saldare, liquidare: *he inherited a small sum of money and paid off all his debts*, ha ereditato qualche soldo e ha pagato tutti i suoi debiti **2** licenziare, liquidare: *at the end of the year he paid me off and I had to find another job*, alla fine dell'anno mi ha liquidato e ho dovuto trovarmi un altro lavoro **3** (*sl.*) pagare (un ricattatore ecc.) ◆ *v.intr.* e *avv.* avere successo: *did your journey to London* — *off?*, ti ha reso il tuo viaggio a Londra?

□ **pay out** *v.tr.* e *intr.* e *avv.* **1** sborsare: *the insurance had to* — *out a lot of money for the damage*, l'assicurazione ha dovuto sborsare un sacco di soldi per i danni **2** → to pay back 2 **3** mollare, far scorrere fra le mani (corda ecc.).

□ **pay over** *v.tr.* e *avv.* (*to*) pagare, versare (spec. a ente pubblico, fisco ecc.).

□ **pay up** *v.intr.* e *avv.* pagare: *you have to* — *up*, devi pagare.

pay *agg.* (*miner.*) economicamente estraibile.

payable ['peɪəbl / pay·able] *agg.* **1** pagabile; dovuto: *to make a cheque* — *to bearer*, fare un assegno pagabile al portatore **2** redditizio (di miniere ecc.).

payback ['peɪbæk / pay·back] *s.* (*econ.*) recupero: — *period*, periodo di recupero (riferito a un investimento).

paybed ['peɪbed / pay·bed] *s.* letto d'ospedale a pagamento.

paycheck ['peɪtʃek / pay·check] *s.* (*amer.*) → **pay packet** 2.

payday ['peɪdeɪ / pay·day] *s.* giorno di paga.

pay-desk ['peɪdesk] *s.* (*comm.*) (banco della) cassa.

pay dirt ['peɪdɜ:t] *s.* (*amer.*) **1** (*fam.*) (*miner.*) minerale utile **2** (*fig.*) miniera d'oro; fonte ricchissima: *to hit* —, avere successo negli affari; trovare il filone d'oro.

PAYE [,pi:eɪwaɪ'i:] *s.* (abbr. di *Pay As You Earn*) (*dir. fin.*) ritenuta alla fonte (sui salari) dell'imposta sul reddito.

payee [peɪ'i:] *s.* (*comm.*) **1** creditore; beneficiario **2** portatore (di un effetto).

pay envelope ['peɪ,envələʊp] *s.* (*amer.*) → **pay packet** 1.

payer ['peɪə*] *s.* pagatore.

paying-in [,peɪɪŋ'ɪn] *s.* (*banca*) versamento: — *slip*, distinta di versamento.

payload ['peɪləʊd / pay·load] *s.* **1** carico pagante, carico utile (di qualsiasi veicolo, anche spaziale) **2** carico utilizzabile, carica esplosiva (di siluro, di missile).

paymaster ['peɪ,mɑ:stə* *amer.* 'peɪ,mæstə* / pay·mas·ter] *s.* **1** (*mil.*) ufficiale pagatore **2** pagatore.

payment ['peɪmənt / pay·ment] *s.* **1** (*comm.*) pagamento; versamento: *part* —, pagamento parziale; *down* —, acconto; anticipo; primo versamento; — *under protest*, pagamento con riserva; (*econ.*) — *system*, sistema dei pagamenti; (*dir.*) *out-of-court* —, pagamento extragiudiziale; (*amm.*): *ex gratia* —, gratifica; *to cease payments*, cessare i pagamenti; *to demand* —, fare domanda di pagamento; *to meet payments*, fare fronte ai pagamenti **2** (*fig.*) ricompensa.

paynim ['peɪnɪm / pay·nim] *s.* (*ant.*) pagano; musulmano: *after having stood so many cuffs from Paynims*, (W. SCOTT) dopo aver sopportato così tanti scapaccioni dai pagani.

payoff ['peɪɒf *amer.* 'peɪɔ:f / pay·off] *s.* **1** (*comm.*) liquidazione, saldo // (*econ.*) — *period*, periodo di recupero (riferito a un investimento) // (*mat.*) — *matrix*, matrice dei guadagni (nella teoria dei giochi) **2** (*fig.*) resa dei conti; conclusione: *wait till you hear the* — *to the joke*, aspetta di sentire la conclusione della barzelletta.

payola [peɪ'əʊlə / pay·ola] *s.* U (*fam. amer.*) bustarella, sottomano (per corrompere).

payout ['peɪaʊt / pay·out] *s.* **1** sovvenzione // (*econ.*): — *ratio*, quota di utile distribuito; — *period*, periodo di recupero (riferito a un investimento) **2** indennizzo.

pay packet ['peɪ,pækɪt] *s.* (*amm.*) **1** busta paga AMER. pay envelope **2** paga AMER. paycheck.

pay phone ['peɪ,fəʊn] *s.* telefono pubblico a gettone.

payroll ['peɪrəʊl / pay·roll] *s.* (*amm.*) **1** libro paga; ruolo paga: *to be on the* —, essere sul libro paga; far parte di una impresa // (*trib.*) — *tax*, imposta sui ruoli paga **2** ammontare delle paghe.

pay-sheet ['peɪʃi:t] **payslip** ['peɪ,slɪp / pay·slip] *s.* (*amm.*) foglio paga, distinta degli elementi della retribuzione.

pay station ['peɪ,steɪʃn] *s.* (*amer.*) → **pay phone**.

pea [pi:] *pl.* **peas** *s.* **1** (*bot.*) (*Pisum sativum*) pisello: — *soup*, passato di piselli // *as like as two peas (in a pod)*, (*fam.*) somiglianti come due gocce d'acqua **2** cosa simile a pisello.

peace [pi:s] *s.* **1** pace // (*pol.*) — *party*, partito pacifista; — *of mind*, pace dello spirito; — *be with you!*, (*antiq.*) la pace sia con voi!; *to be at* —, essere, stare in pace; essere morto; *to make (one's)* —, fare la pace, riconciliarsi // *to hold one's* —, mantenere il silenzio, non protestare // *to be sworn justice of* —, essere nominato giudice di pace // *Rest in Peace*, riposa in pace **2** ordine pubblico: *to break the* —, violare l'ordine pubblico, schiamazzare; *to keep the* —, mantenere l'ordine pubblico // — *officer*, poliziotto, funzionario di polizia // *the King's (the Queen's)* —, l'ordine pubblico **3** armonia.

peaceable ['pi:səbl / peace·able] *agg.* pacifico, tranquillo.

peaceableness ['pi:səblnɪs / peace·able·ness] *s.* disposizione alla pace; pacatezza, tranquillità; pace, calma.

peaceably ['pi:səblɪ / peace·ably] *avv.* pacificamente, tranquillamente.

Peace corps ['pi:skɔ:*] *s.* (*amer.*) corpo di volontari per la pace.

peaceful ['pi:sfʊl / peace·ful] *agg.* **1** pacifico, tranquillo, quieto, calmo; sereno **2** senza guerra, pacifico // **-ly** *avv.* // **-ness** *s.*

peace-keeping force ['pi:ski:pɪŋ,fɔ:s] *s.* forze di pace: *the United Nations — in the Middle East*, le forze di pace dell'ONU nel Medio Oriente.

peacemaker ['pi:s,meɪkə* / peace·maker] *s.* **1** pacificatore; conciliatore **2** (*fam. amer.*) revolver.

peacemaking ['pi:s,meɪkɪŋ / peace·mak·ing] *agg.* pacificatorio: — *intervention*, intervento pacificatorio.

peacenik ['pi:snɪk / peace·nik] *s.* (*fam. amer.*) pacifista.

peace offering ['pi:s,ɒfərɪŋ *amer.* 'pi:s ,ɔ:fərɪŋ] *s.* **1** (*fam.*) dono di riconciliazione **2** (*rel.*) offerta, dono propiziatorio.

peace pipe ['pi:spaɪp] *s.* calumet della pace.

peacetime ['pi:staɪm / peace·time] *s.* periodo di pace, tempo di pace ◆ *agg.* del tempo di pace.

peach[1] [pi:tʃ] *s.* **1** (*bot.*) pesca: *the down of a* —, la peluria di una pesca **2** — (*tree*), (*Prunus persica*) pesco: — *blossom*, fiore di pesco; — *wood*, legno di fernambuco **3** color pesca **4** (*fam.*) tesoro, amore // *it's a* —!, (*fam.*) è un poema! **5** (*fam. amer.*) donna attraente; cosa di qualità superiore.

to **peach**[2] *v.tr.* (*sl.*) denunciare (i propri compagni) ◆ *v.intr.* (*sl.*) parlare, cantare: *to — on s.o.*, fare la spia su qlcu.

peacher ['pi:tʃə*] *s.* (*sl.*) accusatore (dei propri compagni).

Peach Melba [,pi:tʃ'melbə] *s.* pesca melba, gelato con pesca sciroppata.

peachy ['pi:tʃɪ] *agg.* **1** simile a pesca; soffice, vellutato **2** (*fig. fam.*) eccellente; fantastico.

peacock ['pi:kɒk / pea·cock] *s.* **1** pavone (maschio) **2** (*fig.*) persona vanitosa.

to **peacock** *v.intr.* pavoneggiarsi, fare il pavone.

peacock blue [,pi:kɒk'blu:] *agg.* e *s.* (color) blu pavone.

peacock-butterfly ['pi:kɒk,bʌtəflaɪ] *s.* (*zool.*) (*Vanessa io*) pavonia.

peacockery ['pi:,kɒkərɪ / pea·cock·ery] *s.* (*non com.*) vanità; fatuità.

peacockish ['pi:,kɒkɪʃ / pea·cock·ish] *agg.* (*non com.*) vanitoso; fatuo.

peacock ore ['pi:kɒk,ɔ:*] *s.* (*min.*) bornite, rame paonazzo, peacock.

peafowl ['pi:faʊl / pea·fowl] *s.* pavone (maschio e femmina).

peahen ['pi:hen / pea·hen] *s.* (*zool.*) pavonessa, femmina del pavone.

pea-jacket ['pi:,dʒækɪt] *s.* giaccotto da marinaio.

peak[1] [pi:k] *s.* **1** picco, cima, vetta, sommità, pizzo (di monte ecc.) **2** punta (della barba ecc.) **3** visiera (di cappello) **4** massimo, punta: *the — of efficiency*, il massimo del rendimento; (*econ.*) *all-time* —, massimo storico **5** (*fis.*) picco **6** (*mar.*) angolo di penna **7** (*mar.*) gavone ◆ *agg.* massimo; di punta: — *hours*, ore di punta; — *period*, periodo di massima attività (consumo, produzione ecc.); — *season*, alta stagione; (*mecc.*, *elettr.*) — *load*, carico massimo; (*fis.*) — *value*, valore di picco.

to **peak**[1] *v.intr.* **1** sporgere, innalzarsi a picco **2** raggiungere un picco, un massimo ◆ *v.tr.* spingere al massimo; accentuare.

to **peak**[2] *v.tr.* **1** (*mar.*) alzare (il pennone) verticalmente **2** disporre (i remi) a picco **3** drizzare (la coda) nell'immergersi a picco (di cetacei).

to **peak**[3] *v.tr.* (*ant.*) **1** deperire; languire; consumarsi: *yet I, / a dull and muddy-mettle rascal, peak*, (SH. Hamlet) ed io, canaglia fatta di pietra e di fango, sto qui a consumarmi // *to — and pine*, (*fam. antiq.*) languire, struggersi **2** avere l'aria malaticcia.

peak-a-boo ['pi:kəbu:] *s.* (*inform.*) ricerca documentaria eseguita cercando le perforazioni in una scheda.

peaked[1] [pi:kt] *agg.* **1** aguzzo, appuntito; a punta, a forma di picco **2** con visiera: — *cap*, cappello con visiera.

peaked[2], **peakish** ['pi:kɪʃ / peak·ish] *agg.* → **peaky**[2].

peaky[1] ['pi:kɪ] *agg.* (*rar.*) **1** dai (molti) picchi **2** appuntito, a forma di picco.

peaky[2] *agg.* (*fam.*) malaticcio; palliduccio.

peal [pi:l] *s.* **1** scampanio; scampanellio; suono (di campane, d'organo); concerto di campane, carillon // *at full* —, a distesa **2** salva d'artiglieria **3** scoppio; scroscio (di risa, applausi ecc.); fragore; rimbombo: *peals of thunder*, tuoni.

to **peal** *v.tr.* e *intr.* **1** (far) suonare a distesa **2** (far) rimbombare, tuonare; (far) rumoreggiare; (far) echeggiare: *his voice pealed out*, la sua voce rimbombò, riecheggiò.

peanut ['pi:nʌt / pea·nut] *s.* **1** (*bot. pop.*) arachide; (*fam.*) nocciolina (americana) → arachis // — *butter*, burro d'arachidi; — *oil*, olio di arachidi **2** *pl.* (*fam. fig.*) un'inezia; una miseria; pochissimo; niente: *I paid peanuts for the car*, ho speso una miseria per l'auto; *profits this year are peanuts compared to a year ago*, i profitti di quest'anno sono niente in confronto a quelli dell'anno scorso.

pear [peə*] *s.* (*bot.*) **1** pera **2** — (*tree*), (*Pyrus communis*) pero.

pearl[1] [pɜ:l] *s.* **1** perla (*anche fig.*): *culture pearls*, perle coltivate; *a string of pearls*, un filo di perle; *she is a — of girl*, è una perla di ragazza // — *drop*, orecchino con perla a goccia // — *grey*, grigio perla // *to cast pearls before swine*, gettare le perle ai porci **2** → mother-of-pearl **3** (*tip.*) corpo 5 **4** (*arald.*) argento.

to **pearl**[1] *v.tr.* **1** imperlare; ornare di perle **2** rendere perlaceo **3** perlare (riso, orzo ecc.) ◆ *v.intr.* **1** imperlarsi **2** pescare perle.

pearl[2] *s.* 'picot' (puntina di pizzo, bordura).

pearl-ash ['pɜ:læʃ] *s.* (*chim.*) perlassa, carbonato di potassio commerciale.

pearl diver ['pɜ:l,daɪvə*] **pearl fisher** ['pɜ:l,fɪʃə*] *s.* pescatore di perle.

pearled [pɜ:ld] *agg.* **1** adorno di perle **2** perlato (di orzo ecc.).

pearl hardening ['pɜ:l,hɑ:dnɪŋ] *s.* (*chim.*) solfato di calcio commerciale.

pearlies ['pɜ:lɪz] *s.pl.* **1** abito di venditore ambulante guarnito di molti bottoni di madreperla **2** (*sl.*) denti.

pearliness ['pɜ:lɪnɪs / pearli·ness] *s.* trasparenza di perla; color perla.

pearlite ['pɜ:laɪt / pearl·ite] *s.* (*geol.*) perlite.

pearl-oyster ['pɜ:lɔɪstə*] *s.* (*zool.*) (*Meleagrina margaritifera*) ostrica perlifera.

pearl-shell ['pɜ:lʃel] *s.* madreperla greggia.

pearlstone ['pɜ:lstəʊn / pearl·stone] → **perlite**.

pearly ['pɜ:lɪ] *agg.* **1** perlaceo **2** ricco, ornato di perle.

peasant ['peznt / peas·ant] *s.* **1** contadino **2** (*fam. spreg.*) zoticone, contadino.

peasantry ['pezntrɪ / peas·antry] *s.* **1** contadiname, gente di campagna **2** contadinanza; stato, condizione di contadino.

peas(e)cod ['pi:zkɒd / peas(e)·cod] *s.* baccello di pisello.

peashooter ['pi:,ʃu:tə* / pea·shooter] *s.* cerbottana.

pea souper [,pi:'su:pə*] *s.* (*sl.*) nebbione, nebbia molto fitta, smog.

peat [pi:t] *s.* (*geol.*) torba: *to dig* (o *to cut*) —, estrarre la torba; — *bank*, cava di torba.

peat bog ['pi:tbɒg] *s.* (*geol.*) torbiera.

peatery ['pi:tərɪ / peat·ery] *s.* (*miner.*) torbiera; cava di torba.

peat moor ['pi:tmʊə*] *s.* (*geol.*) torbiera.

peat-moss ['pi:tmɒs] *s.* (*bot.*) sfagno.

peaty ['pi:tɪ] *agg.* torboso.

pebble ['pebl] *s.* **1** ciottolo, sasso arrotondato, sassolino // *you're not the only — on the beach*, (*fam.*) non sei l'unico **2** cristallo di rocca.

to **pebble** *v.tr.* **1** acciottolare **2** zigrinare.

pebbled ['pebld] *agg.* **1** sassoso, ghiaioso **2** zigrinato.

pebbledash ['pebl,dæʃ / peb·ble·dash] *s.* (*edil.*) intonaco a pinocchino, intonaco con ghiaietto.

pebble-leather ['pebl,leðə*] *s.* zigrino, pelle zigrinata.

pebble-paving ['pebl,peɪvɪŋ] *s.* acciottolato.

pebble-stone ['peblstəʊn] *s.* → **pebble** 1.

pebbly ['peblɪ] *agg.* **1** ciottoloso, ricoperto di ciottoli **2** zigrinato.

pebrine ['peɪbri:n / pe·brine] *s.* (*vet.*) pebrina.

pec [pek] *s.* (*fam. amer.*) → **pectoral** 2.

pecan [pɪ'kæn *amer.* pɪ'kɑ:n / pe·can] *s.* (*bot.*) **1** (*Carya illinoensis*) pecan **2** noce americana, pecan.

peccability [,pekə'bɪlətɪ / pec·cab·il·ity] *s.* (*form.*) peccabilità.

peccadillo [,pekə'dɪləʊ / pec·ca·dillo] *s.* peccatuccio.

peccancy ['pekənsɪ / pec·cancy] *s.* (*rar.*) colpevolezza; peccato.

peccant ['pekənt / pec·cant] *agg.* (*rar.*) **1**

peccaminoso; colpevole **2** insalubre, che causa malattie.

peccary ['pekərɪ / pec·cary] *s.* (*zool.*) pecari.

peck[1] [pek] *s.* **1** 'peck' (misura di capacità per aridi = 9,09 dm³ circa nel Regno Unito, 8,81 dm³ circa negli Stati Uniti) **2** (*fam. antiq.*) sacco; mucchio; quantità: *she was in a — of troubles*, era in un mare di guai.

peck[2] *s.* **1** beccata, colpo di becco **2** (*fam.*) bacetto **3** (*sl.*) cibo.

to **peck**[2] *v.tr.* beccare ◆ *v.intr.* **1** dare una beccata **2** sbocconcellare, mangiare (di malavoglia): *to — at food*, mangiucchiare, piluccare **3** (*fam.*) dare un bacetto: *he pecked at her cheek*, le diede un bacetto sulla guancia.

pecker ['pekə*] *s.* **1** (*zool.*) picchio SIN. woodpecker **2** piccone **3** (*fam.*) naso; becco // *keep your — up!*, fatti coraggio! **4** (*volg. sl. amer.*) cazzo, uccello.

peckerwood ['pekəwʊd / pecker·wood] *s.* (*sl. dei neri d'America*) bianco povero (nelle zone rurali del Sud).

pecking order ['pekɪŋ,ɔ:də*] *s.* (*gener. scherz.*) gerarchia.

peckish ['pekɪʃ / peck·ish] *agg.* (*fam.*) languorino (di stomaco): *I feel —*, sento un certo languorino.

pectate ['pekteɪt / pect·ate] *s.* (*chim.*) pectato.

pecten ['pektən / pec·ten] *pl.* **pectines** ['pektɪni:z / pec·tines] *s.* (*zool.*) **1** pettine (mollusco) **2** organo simile a pettine.

pectic ['pektɪk / pec·tic] *agg.* (*biochim.*) pectico: *— acid*, acido pectico.

pectin ['pektɪn / pec·tin] *s.* (*biochim.*) pectina.

pectoral ['pektərəl / pec·toral] *agg.* pettorale: *— cross*, croce pettorale; (*anat.*) *— muscles*, muscoli pettorali ◆ *s.* **1** pettorale **2** (*anat.*) muscolo pettorale.

to **peculate** ['pekjʊleɪt / pecu·late] *v.tr.* (*dir.*) appropriarsi di (fondi pubblici avuti in custodia) ◆ *v.intr.* (*dir.*) commettere peculato.

peculation [,pekjʊ'leɪʃn / pec·ula·tion] *s.* (*dir.*) peculato.

peculator ['pekjʊleɪtə* / pecu·lator] *s.* (*dir.*) reo di peculato.

peculiar [pɪ'kju:ljə* / pe·cu·liar] *agg.* **1** strano, insolito, particolare: *a — flavour*, un odore, sapore strano; *this fish tastes —, I think it has gone off*, questo pesce ha uno strano sapore, credo che sia andato a male **2** (*form.*) peculiare, particolare, caratteristico; proprio; *his — charm*, il suo fascino particolare; *high unemployment is not — to Scotland*, l'alto tasso di disoccupazione non è soltanto della Scozia **3** strano, bizzarro, originale, curioso: *well, that's —!*, questo è strano davvero! // *he's a bit —*, (*fam.*) è un po' strano (non tanto normale) **4** (*fam.*) (che si sente) poco bene: *I'm feeling a bit — today*, oggi non mi sento molto bene, mi sento strano ◆ *s.* **1** proprietà, privilegio particolare, prerogativa **2** parrocchia, chiesa extragiurisdizionale // **-ly** *avv.*

peculiarity [pɪ,kju:lɪ'ærətɪ / pe·cu·li·ar·ity] *s.* **1** peculiarità, particolarità, caratteristica, singolarità **2** stranezza, bizzarria, eccentricità.

pecuniary [pɪ'kju:njərɪ *amer.* pɪ'kju:nɪerɪ / pe·cu·ni·ary] *agg.* pecuniario // (*dir.*) *— offence*, reato punito con pena pecuniaria.

ped- [ped] → **pedo-**[1] e [2].

-ped *suff.* di origine greca che indica rapporto con 'piede', 'zampa'; it. -pede: *palmiped*, palmipede.

pedagogic(al) [,pedə'gɒdʒɪk(l) / ped·agogic(al)] *agg.* pedagogico.

pedagogics [,pedə'gɒdʒɪks / ped·ago·gics] *s.* ⊡ pedagogia.

pedagogue ['pedəgɒg / ped·agogue] amer. **pedagog** *s.* pedagogo.

pedagogy ['pedəgɒgɪ / ped·agogy] *s.* pedagogia.

pedal ['pedl] *s.* pedale // *— bin*, pattumiera a pedale.

to **pedal** *pass.p.p.* **pedalled** ['pedld / pedalled] *v.tr.* e *intr.* **1** pedalare; condurre (una bicicletta) pedalando **2** (*mus.*) usare i pedali (di).

pedal pushers ['pedl,pʊʃəz] *s.pl.* (*amer.*) calzoni da donna a mezza gamba.

pedant ['pedənt / ped·ant] *s.* **1** pedante **2** (*ant.*) pedagogo, maestro: *I, that have been love's whip; / ... / a domineering pedant o'er the boy, / than whom no mortal so magnificent!*, (SH. Love's Labour's Lost) io che sono stato il flagello dell'amore; ... il pedagogo tiranno di quel fanciullo che per magnificenza non ha rivali tra i mortali.

pedantic [pɪ'dæntɪk / pe·dantic] *agg.* pedantesco, pedante // **-ally** *avv.*

pedantry ['pedəntrɪ / ped·antry] *s.* pedanteria, pedantismo.

to **peddle** ['pedl] *v.tr.* **1** (*comm.*) vendere al minuto (detto di ambulante); vendere porta a porta // *to — drugs*, spacciare droga // *to — jobs*, vendere incarichi, posti // *to — one's papers*, (*fam. amer.*) farsi gli affari propri **2** spargere, diffondere, mettere in giro (idee, informazioni ecc.) ◆ *v.intr.* (*comm.*) praticare il commercio ambulante.

□ **peddle out** *v.intr.* e *avv.* (*fam. amer.*) vendere oggetti, vestiti ecc. a un negozio di cose usate.

peddler → **pedlar**.

peddling ['pedlɪŋ / ped·dling] *agg.* futile; insignificante ◆ *s.* spaccio di droga.

pederast ['pedəræst / ped·er·ast] *s.* pederasta.

pederasty ['pedəræstɪ / ped·er·asty] *s.* pederastia.

pedestal ['pedɪstl / ped·es·tal] *s.* piedistallo, basamento.

to **pedestal** *pass.p.p.* **pedestalled** ['pedɪstld / ped·es·talled] *v.tr.* mettere su un piedistallo.

pedestrian [pɪ'destrɪən / ped·es·trian] *agg.* **1** che va a piedi **2** (*fig.*) pedestre, piatto, banale ◆ *s.* pedone; chi va a piedi.

pedestrian crossing [pɪ,destrɪən'krɒsɪŋ *amer.* pɪ,destrɪən'krɔ:sɪŋ] *s.* passaggio pedonale.

to **pedestrianize** [pɪ'destrɪənaɪz / ped·es·tri·an·ize] *v.tr.* convertire in zona pedonale.

pedestrian precinct [pɪ,destrɪən'pri:sɪŋkt] *s.* area, zona pedonale.

pediatric [,pi:dɪ'ætrɪk / pe·di·at·ric] *agg.* (*med.*) pediatrico.

pediatrician [,pi:dɪə'trɪʃn / pe·di·at·ri·cian] *s.* (*med.*) pediatra.

pediatrics [,pi:dɪ'ætrɪks / pe·di·at·rics] *s.* ⊡ (*med.*) pediatria.

pediatrist [,pi:dɪ'ætrɪst / pe·di·at·rist] *s.* (*med.*) pediatra.

pediatry ['pi:dɪətrɪ] → **pediatrics**.

pedicel ['pedɪsəl / pedi·cel] *s.* (*bot.*, *zool.*) pedicello.

pedicellate ['pedɪsəleɪt / pedi·cel·late] *agg.* (*bot.*, *zool.*) pedicellato.

pedicle ['pedɪkl / ped·icle] *s.* (*bot.*, *zool.*) pedicello.

pedicular [pɪ'dɪkjʊlə* / pe·di·cu·lar] *agg.* **1** di, da pidocchio **2** pidocchioso, infestato da pidocchi.

pediculate [pɪ'dɪkjʊlɪt / pe·di·cu·late] *agg.* (*zool.*) pedicellato.

pediculosis [pɪ,dɪkjʊ'ləʊsɪs / pe·di·cu·losis] *pl.* **pediculoses** [pɪ,dɪkjʊ'ləʊsi:z] *s.* (*med.*) pediculosi.

pediculous [pɪ'dɪkjʊləs / pe·di·cu·lous] *agg.* pidocchioso, infestato da pidocchi.

pediculus [pɪ'dɪkjʊləs / pe·di·culus] *pl.* **pediculi** [pɪ'dɪkjʊlaɪ / pe·di·culi] **pediculus** *s.* (*zool. scient.*) pidocchio → louse.

pedicure ['pedɪkjʊə* / pedi·cure] *s.* **1** pedicure, callista **2** cura dei piedi.

pedigree ['pedɪgri: / pedi·gree] *s.* **1** albero genealogico **2** lignaggio, ascendenza **3** origine, etimologia (di parola) **4** pedigree (di animale).

pediment ['pedɪmənt / pedi·ment] *s.* (*arch.*) frontone.

pedimental [,pedɪ'mentl / pedi·mental] **pedimented** ['pedɪmentɪd / pedi·men·ted] *agg.* (*arch.*) ornato di frontone; simile a frontone.

pedlar ['pedlə* / ped·lar] *s.* **1** venditore ambulante // *—'s French*, gergo dei ladri // *gossip —*, pettegolo **2** (*sl.*) spacciatore (di droga).

pedo-[1] ['pi:dəʊ] *pref.* di origine greca che indica relazione con 'bambino'; it. pedo-: *pedophilia*, pedofilia.

pedo-[2] ['pedəʊ] *pref.* di origine greca che indica relazione con 'suolo', 'terreno'; it. pedo-: *pedogenesis*, pedogenesi; *pedology*, pedologia.

pedogenesis [,pedə'dʒenɪsɪs / pedo·gen·esis] *s.* (*geol.*) pedogenesi, formazione dei suoli.

pedologic(al) [,pedə'lɒdʒɪk(l) / pe·do·lo·gic(al)] *agg.* (*geol.*) pedologico.

pedologist [pɪ'dɒlədʒɪst / pe·do·lo·gist] *s.* (*geol.*) pedologo.

pedology [pɪ'dɒlədʒɪ / pe·do·logy] *s.* (*geol.*) pedologia.

pedometer [pɪ'dɒmɪtə* / pe·do·meter] *s.* pedometro.

peduncle [pɪ'dʌŋkl / ped·uncle] *s.* (*scient.*) peduncolo.

peduncular [pɪ'dʌŋkjʊlə* / ped·un·cu·lar] *agg.* (*scient.*) peduncolare.

pedunculate [pɪ'dʌŋkjʊlɪt / ped·un·cu·late] *agg.* (*bot.*, *zool.*) peduncolato, sostenuto da peduncolo.

pee [pi:] *s.* (*fam.*) pipì.

to **pee** *v.intr.* (*fam.*) far (la) pipì ◆ *v.tr.* (*fam.*) pisciare, urinare.

peek [pi:k] *s.* sbirciata, sguardo furtivo, indiscreto: *to have* (o *to take*) *a —*, sbirciare, guardare di nascosto.

to **peek** *v.intr.* **1** gettare un'occhiata, sbirciare: *to — at s.o., sthg.*, guardare furtivamente, sbirciare qlcu., qlco.; *to — inside* (o *into a room*), dare un'occhiata all'interno di una stanza **2** mostrarsi, far capolino: *her curls peeked* (*out*) *from under her hat*, le spuntavano i riccioli dal cappello.

peekabo(o) ['pi:kə,bu: / peek·abo(o)] *s.* gioco del cucù; baucette.

peel[1] [pi:l] *s.* (*bot.*) buccia, corteccia, pelle: *lemon —*, scorza di limone.

to **peel**[1] *v.tr.* **1** sbucciare, pelare; scortecciare **2** (*sl.*) spogliare ◆ *v.intr.* **1** sbucciarsi; scorticarsi; squamarsi; spellarsi // *peeling wallpaper*, tappezzeria che viene via, che si scolla, si stacca dalla parete **2** (*sl.*) spogliarsi.

□ **peel off** *v.tr.* e *avv.* o *prep.* **1** sbucciare; spellare **2** togliere: *he peeled off the bandage*, si tolse la benda; *she peeled off her sweater*, si tolse il maglione ◆ *v.intr.* e *avv.* **1** sbucciarsi; spellarsi **2** staccarsi dal gruppo: *one of the escort cars peeled off and headed for the hospital*, una delle auto di scorta si staccò e prese la direzione dell'ospedale.

□ **peel out** *v.intr.* e *avv.* (*fam. amer.*) darsela a gambe, andarsene in fretta e furia.

peel[2] *s.* (*st. mil.*) torre fortificata (su confine scozzese).

peel[3] *s.* **1** pala (da fornaio) **2** (*tip.*) gruccia.

peeled [pi:ld] *agg.* **1** pelato, sbucciato; mondato **2** logoro **3** (*antiq.*) saccheggiato.

peeler[1] ['pi:lə*] *s.* **1** pelaverdure **2** strumento, macchina per sbucciare: *potato —*, sbucciapatate **3** (*bot.*) pianta depauperante **4** (*sl. amer.*) spogliarellista.

peeler[2] *s.* (*sl.*) poliziotto • Da Sir Robert Peel (riformatore della polizia britannica).

peeling ['pi:lɪŋ / peel·ing] *s.* **1** buccia: *potato peelings*, bucce di patate **2** (*bot.*) scortecciatura, scortecciamento.

peen [pi:n] *s.* penna (del martello).

to **peen** *v.tr.* (*metall.*) **1** martellare a penna **2** pallinare.

peep[1] [pi:p] *s.* sbirciata, occhiata furtiva: *to get a — at sthg.*, intravvedere qlco.; *to have* (o *to take*) *a — at sthg.*, gettare uno sguardo furtivo su qlco. // *the — (of dawn)*, l'alba, lo spuntare del giorno; *at the — of day*, all'alba.

to **peep**[1] *v.intr.* **1** sbirciare; guardare furtivamente; guardare attraverso un buco; lanciare occhiate: *to — at sthg.*, *at s.o.*, guardare furtivamente qlco., qlcu.; *to — in* (o *into*), dare un'occhiata all'interno; *he peeped into the room*, gettò uno sguardo furtivo nella stanza; *to — through the keyhole*, guardare dal buco della serratura **2** far capolino, mostrarsi; nascere, spuntare (del giorno, di fiore, di oggetto lontano): *they peeped through the foliage*, fecero capolino tra le foglie.

peep[2] *s.* pigolio; squittio; (*fam.*) parola, suono: *I don't want another — out of you, children!*, non un'altra parola, bambini!

to **peep**[2] *v.intr.* pigolare; squittire; (*fam.*) fare dei suoni, parlare.

peeper ['pi:pə*] *s.* **1** persona curiosa, indiscreta; spione **2** (*sl. spec. pl.*) occhio **3** *pl.* (*sl.*) occhiali, occhiali da sole **4** (*sl. amer.*) investigatore privato.

peephole ['pi:phəʊl / peep·hole] *s.* spioncino (di porta ecc.).

peeping Tom [,pi:pɪŋ'tɒm] *s.* voyeur, guardone.

peep-show ['pi:pʃəʊ] *s.* apparecchio contenente diapositive, brevi filmati di vario soggetto (anche erotici) visibili attraverso una lente.

peep-sight ['pi:psaɪt] *s.* mirino.

peer [pɪə*] *s.* **1** pari, persona dello stesso grado, rango: *without —*, senza pari; *where could you find his —?*, dove potreste trovare un suo pari? // (*dir.*) *the right to a jury of one's peers*, il diritto a una giuria di propri pari **2** Pari, membro della Camera dei Lords: *life —*, pari (d'Inghilterra) a vita // *spiritual peers*, vescovi appartenenti alla Camera dei Lords.

to **peer** *v.intr.* **1** far capolino, spuntare, apparire: *the sun peered through the clouds*, il sole si affacciò tra le nubi **2** guardare attentamente, scrutare: *he peered at her*, la guardò attentamente; *they were peering through the fog*, scrutavano nella nebbia.

peerage ['pɪərɪdʒ / peer·age] *s.* **1** i pari **2** nobiltà, aristocrazia **3** almanacco nobiliare inglese.

peeress ['pɪərɪs / peer·ess] *s.* **1** nobildonna **2** consorte di un pari.

peerless ['pɪəlɪs / peer·less] *agg.* (*letter.*) senza pari, impareggiabile // **-ly** *avv.*

peeve [pi:v] *s.* (*fam.*) motivo di fastidio, di disturbo.

to **peeve** *v.tr.* e *intr.* (*fam.*) irritare, irritarsi.

peeved [pi:vd] *agg.* (*fam.*) irritato.

peevish ['pi:vɪʃ / peev·ish] *agg.* irritabile, stizzoso, fastidioso // **-ly** *avv.* // **-ness** *s.*

peewee ['pi:wi: / pee·wee] *s.* (*fam. amer.*) persona, cosa molto piccola.

peewit ['pi:wɪt / pee·wit] *s.* (*zool.*) (*Vanellus vanellus*) pavoncella SIN. plover.

peg [peg] *s.* **1** piolo, caviglia, picchetto // *— pants*, (*fam. amer.*) pantaloni a tubo **2** attaccapanni // *to buy a dress* (o *a suit*) *off the —*, (*fam.*) comprare un abito già confezionato, pronto **3** (*clothes*) —, molletta per panni **4** zipolo (di botte) **5** (*tuning*) —, (*mus.*) bischero, spina, pirolo: *but I'll set down the pegs that make this music as honest as I am*, (SH. Othello), penserò io ad allentare i bischeri dello strumento che fa questa musica, come è vero che sono un uomo di parola // *to take s.o. down a — (or two)*, rimettere qlcu. al proprio posto, fargli abbassare la cresta **6** (*fam.*) gamba di legno **7** (*econ.*) sostegno, fissazione: *crawling —*, (sistema delle) parità mobili **8** (*fig.*) scusa, pretesto: *— to hang a grievance on*, pretesto di lamentela **9** bevanda alcolica (spesso con soda).

to **peg** *pass.p.p.* **pegged** [pegd] *v.tr.* **1** incavigliare, infiggere, picchettare, mettere un piolo a **2** appendere, stendere (il bucato) **3** (*non com.*) lanciare, tirare: *I pegged him a ball*, gli tirai una palla **4** (*fam. fig.*) classificare, catalogare: *I pegged him as a rebel*, lo classificai come un ribelle **5** (*econ.*) fissare, stabilizzare, sostenere (prezzi) **6** (*econ.*) agganciare, ancorare (una moneta a un'altra o a un paniere di monete) ◆ *v. intr.* **1** segnare i punti (con dei piccoli pioli) **2** affrettarsi.

□ **peg away** *v.intr.* e *avv.* (*at*) (*fam.*) persistere (in qlco.).

□ **peg down** *v.tr.* e *avv.* **1** fissare con caviglie, picchetti **2** (*at*) ancorare, agganciare (prezzi, salari ecc.) a un livello relativamente basso **3** (*to*) (*fam.*) impegnare, vincolare: *it's difficult to — him down to a deadline*, è difficile vincolarlo a una data di scadenza.

□ **peg out** *v.intr.* e *avv.* **1** (*fam.*) crollare; morire **2** *to — out a claim*, segnalare i limiti di proprietà di terreno.

pegboard ['pegbɔ:d / peg·board] *s.* **1** marcapunti; marcaspesa **2** (*elettr.*) pannello a spine.

pegged [pegd] *agg.* **1** munito di cavicchi; segnato da pioli **2** (*econ.*) fissato, stabilizzato (di prezzi ecc.): *— market*, mercato stabilizzato; *— rent*, affitto bloccato.

pegging ['pegɪŋ / peg·ging] *s.* (*econ.*) **1** fissazione di un prezzo (massimo o minimo) di titoli **2** ancoraggio di una moneta a un'altra moneta ecc.

peg leg ['pegleg] *s.* (*fam. antiq.*) gamba di legno; persona con una gamba di legno.

pegmatite ['pegmətaɪt / peg·mat·ite] *s.* (*geol.*) pegmatite.

peg-top ['pegtɒp] *s.* **1** trottola **2** *pl.* pantaloni stretti alle caviglie.

peignoir ['peɪnwɑ:*] *s.* **1** accappatoio **2** mantellina per pettinarsi.

to **peise**, to **peize** [peɪz] *v.tr.* (*ant.*) **1** pesare; equilibrare: *the world, who of itself is peized well...*, (SH. King John) il mondo che di suo sarebbe equilibrato... **2** (*fig.*) opprimere, appesantire: *lest leaden slumber peise me down tomorrow*, (SH. Richard III) per tema che una sonnolenza di piombo non mi appesantisca domani.

pejorative [pɪ'dʒɔ:rətɪv / pe·jor·at·ive] *agg.* peggiorativo.

pekan ['pekən] *s.* (*zool.*) → **fisher**.

peke [pi:k] *s.* (*fam.*) (abbr. di *Pekin(g)ese*) cane pechinese.

pekin [pi:'kɪn] *s.* seta di Pechino.

Pekinese [,pi:kɪ'ni:s / Pe·kin·ese] **Pekingese** [,pi:kɪŋ'i:z / Pe·king·ese] *agg.* pechinese ◆ *s.* **1** pechinese **2** cane pechinese.

pekoe ['pi:kəʊ / pe·koe] *s.* 'pekoe' (tè nero pregiato).

pelage ['pelɪdʒ / pel·age] *s.* pelame.

Pelagian [pə'leɪdʒɪən / Pe·la·gian] *agg.* e *s.* (*teol.*) pelagiano.

Pelagianism [pə'leɪdʒɪənɪzəm / Pe·la·gian·ism] *s.* (*teol.*) pelagianesimo.

pelagic [pə'lædʒɪk / pe·la·gic] *agg.* oceanico; pelagico.

pelargonic [,pelɑ:'gɒnɪk / pel·ar·gonic] *agg.* (*chim.*) pelargonico: *— acid*, acido pelargonico.

pelargonium [,pelə'gəʊnjəm / pel·ar·go·nium] *s.* (*bot.*) geranio, pelargonio.

Pelasgian [pe'læzgɪən / Pe·las·gian] *agg.* pelasgico.

Pelasgians [pe'læzgɪənz / Pe·las·gians] *s.pl.* (*st.*) Pelasgi.

Pelasgic [pe'læzgɪk / Pe·las·gic] *agg.* pelasgico.

pelerine ['pelərі:n / pel·er·ine] *s.* mantellina, pellegrina.

pelf [pelf] *s.* (*spreg.*) denaro, ricchezza.

pelican ['pelɪkən / pel·ican] *s.* (*zool.*) pellicano.

pelican crossing ['pelɪkən'krɒsɪŋ] → **Panda crossing**.

pelisse [pe'li:s / pe·lisse] *s.* **1** mantello di

pelliccia, bordato di pelliccia **2** soprabito per bambino **3** giacca guarnita di pelliccia.

pellagra [pe'leɪgrə / pel·lagra] *s.* (*med.*) pellagra.

pellagrous [pe'leɪgrəs / pel·lag·rous] *agg.* (*med.*) pellagroso.

pellet ['pelɪt / pel·let] *s.* **1** pallottolina (di carta, pane ecc.) **2** (*mil.*) pallottola **3** pillola **4** (*tecn.*) pellet, sferetta, cilindretto, tavoletta di materiale (spec. refrattario).

to **pellet** *pass.p.p.* **pelletted** ['pelɪtɪd / pel·letted] *v.tr.* **1** (*non com.*) colpire con pallottole **2** (*ant.*) appallottolare.

pelletization [,pelɪtaɪ'zeɪʃn *amer.* ,pelɪt ɪ'zeɪʃn / pel·let·iza·tion] *s.* (*tecn.*) pellettizzazione.

to **pelletize** ['pelətaɪz / pel·let·ize] *v.tr.* (*tecn.*) pellettizzare.

pellicle ['pelɪkl / pel·licle] *s.* pellicola, membrana.

pellicular [pə'lɪkjʊlə* / pel·li·cu·lar] *agg.* di pellicola, di membrana.

pell-mell [,pəl'mel] *avv.* (*antiq.*) confusamente, alla rinfusa.

pellucid [pe'lju:sɪd / pel·lu·cid] *agg.* (*letter.*) chiaro, limpido, traslucido; trasparente (*anche fig.*); pellucido (*anche biol.*).

pellucidity [,pelju:'sɪdɪtɪ / pel·lu·cid·ity] **pellucidness** [pe'lju:sɪdnɪs / pel·lu·cid·ness] *s.* limpidezza, traslucidità; trasparenza.

pelmet ['pelmɪt / pel·met] *s.* mantovana (di tendaggio).

Peloponnesian [,peləpə'ni:ʃn / Pelo·pon·ne·sian] *agg.* del Peloponneso ◆ *s.* abitante del Peloponneso.

pelota [pɪ'ləʊtə / pe·lota] *s.* (*sport*) pelota.

pelt[1] [pelt] *s.* **1** colpo (di proiettile, sasso ecc.); (*fig.*) frecciata // *at full* —, a tutta velocità **2** crepitio (di pioggia ecc.) **3** (*non com.*) attacco d'ira.

to **pelt**[1] *v.tr.* colpire (con proiettili, sassi ecc.); tempestare (di domande); *to — s.o. with stones*, tirar sassi contro qlcu. ◆ *v.intr.* **1** *to —* (*down*), piovere a dirotto **2** precipitarsi, affrettarsi.

pelt[2] *s.* pelle non conciata (di animale da pelliccia); (*scherz.*) pelle umana.

pelta ['peltə] *pl.* **peltae** ['pelti: / pel·tae] *s.* pelta (antico scudo).

peltast ['peltæst / pel·tast] *s.* (*st. greca*) peltasta.

peltate ['pelteɪt / pelt·ate] *agg.* (*bot.*) peltato, a forma di scudo.

pelting ['peltɪŋ / pelt·ing] *agg.* (*ant.*) piccolo, insignificante: *contagious fogs: which falling in the land, / hath every pelting river made so proud / that they have overborne their continents*, (SH. Midsummer Night's Dream) nebbie pestilenziali che, cadendo al suolo, hanno reso anche il più insignificante fiumiciattolo così fiero da superare i suoi confini.

pelvic ['pelvɪk / pel·vic] *agg.* (*anat.*) pelvico: *— girdle*, cinto pelvico.

pelvis ['pelvɪs / pel·vis] *pl.* **pelves** ['pelvi:z] *s.* (*anat.*) pelvi, bacino.

pe(m)mican ['pemɪkən / pe(m)·mican] *s.* **1** ⓤ 'pemmican' (carne seccata e compressa) • Vocabolo in origine degli Indiani d'America **2** (*fig. non com.*) pensiero, argomento estremamente sintetico.

pen[1] [pen] *s.* **1** penna (per scrivere): *a stroke of the —*, una riga, un tratto di penna // *he lives by his —*, vive della sua professione di letterato // *to put* (o *set*) *— to paper*, prendere la penna in mano, iniziare a scrivere // *he put his — through her name*, cancellò (con un tratto di penna) il suo nome dall'elenco // (*inform.*) *optical —*, penna ottica // *quill —*, penna d'oca (per scrivere) **2** penna (di uccello); calamo; aculeo di porcospino // *— feather*, penna di ala di uccello **3** (*fig. rar.*) scrittore; letterato, pseudonimo di letterato.

to **pen**[1] *pass.p.p.* **penned** [pend] *v.tr.* (*letter.*) scrivere, comporre: *she penned a letter*, scrisse una lettera.

pen[2] *s.* **1** recinto per animali domestici: *sheep —*, ovile **2** animali nel recinto; *submarine —*, bacino di carenaggio per sommergibili.

to **pen**[2] *v.tr.* rinchiudere (animali) in un recinto // *they penned up the pigs and the fowls*, chiusero in un recinto maiali e polli; *he felt penned in when he was in the city*, si sentiva in gabbia in città.

pen[3] *s.* (*zool.*) femmina del cigno.

pen[4] *s.* (*sl. amer.*) abbr. di → **penitentiary**.

penal ['pi:nl] *agg.* penale: *— code*, codice penale; *— law*, diritto penale; *— offence*, illecito penale; *— suit*, causa penale; *— servitude*, lavori forzati.

penalization [,pi:nəlaɪ'zeɪʃn *amer.* ,pi:nəl ɪ'zeɪʃn / pen·al·iza·tion] *s.* **1** penalizzazione **2** (*dir.*) criminalizzazione.

to **penalize** ['pi:nəlaɪz / pen·al·ize] *v.tr.* **1** penalizzare (*anche sport*) **2** (*dir.*) criminalizzare.

penally ['pi:nəlɪ / pen·ally] *avv.* penalmente.

penalty ['penltɪ / pen·alty] *s.* (*dir., sport*) penalità; ammenda; sanzione penale; multa; punizione // (*dir.*): *death —*, pena di morte; *— clause*, clausola penale // (*calcio*): *— area*, area di rigore; *— kick*, calcio di rigore // (*golf*) *— stroke*, colpo di ammenda.

penance ['penəns / pen·ance] *s.* (*eccl.*) penitenza: *to do —*, far penitenza.

pen-and-ink [,penənd'ɪŋk] *agg.* a china, a inchiostro, a penna: *— drawing*, disegno a china, a inchiostro, a penna ◆ *s.* **1** occorrente per scrivere **2** disegno a china, a inchiostro, a penna.

Penates [pe'nɑ:teɪz / Pe·na·tes] *s.pl.* (*relig. romana*) Penati.

pen-case ['penkeɪs] *s.* portapenne.

pence [pens] *pl.* di **penny**.

penchant ['pɑ:nʃɑ:n *amer.* 'pentʃənt / pen·chant] *s.* (*form.*) inclinazione; simpatia; gusto.

pencil ['pensl / pen·cil] *s.* **1** (*ant.*) pennello **2** matita: *propelling —*, matita automatica; *eye —*, matita per gli occhi **3** pennello (fascio sottile di raggi lievemente divergenti o convergenti) **4** (*fig.*) filo; raggio: *he directed a — of light on the keyhole with his torch*, indirizzò con la torcia un fascio di luce sul buco della serratura **5** (*mat.*) fascio (di curve).

to **pencil** *pass.p.p.* **pencilled** ['pensld / pen·cilled] *v.tr.* scrivere a matita; schizzare a matita.

□ **pencil in** *v.tr.* e *avv.* aggiungere a matita.

pencil and paper [,pensl ən'peɪpə*] *s.* (*inform.*) metodo manuale.

pencil-case ['penslkeɪs] *s.* portamatite.

pencilled ['pensld / pen·cilled] *agg.* disegnato a matita; segnato a matita: *— eyebrows*, sopracciglia disegnate.

pendant ['pendənt / pen·dant] *s.* **1** pendente; ciondolo **2** (*mar.*) penzolo, bracotto **3** (*elettr.*) calata **4** pendant ◆ *agg.* → **pendent**.

pendency ['pendənsɪ / pen·dency] *s.* pendenza (*anche dir.*).

pendent ['pendənt / pen·dent] *agg.* **1** (*form.*) pendente; sospeso: *— icicles*, ghiaccioli pendenti **2** sospeso; indeciso // (*dir.*) *— lawsuit*, causa pendente, ancora non decisa.

pendentive [pen'dentɪv / pen·dent·ive] *s.* (*arch.*) pennacchio.

pending ['pendɪŋ / pend·ing] *agg.* **1** pendente; vertente; non deciso; in sospeso: (*dir.*) *— lawsuit*, causa pendente, ancora non decisa **2** incombente; imminente.

pending *prep.* **1** durante: *— these discussions*, durante queste discussioni **2** fino a: *— his return*, fino al suo ritorno.

pendragon [pen'drægən / pen·dragon] *s.* (*st.*) capo, re (degli antichi Britanni e Gallesi).

pendular ['pendjʊlə* / pen·du·lar] *agg.* pendolare; oscillatorio; oscillante (*anche fig.*).

to **pendulate** ['pendjʊleɪt / pen·du·late] *v.intr.* oscillare (*anche fig.*).

penduline ['pendjʊlaɪn / pen·du·line] *agg.* (*zool.*) sospeso, pendulo (di nido) ◆ *s.* (*zool.*) (*Remiz pendulinus*) pendolino.

pendulous ['pendjʊləs *amer.* 'pendʒʊləs / pen·du·lous] *agg.* **1** pendente; cadente; cascante **2** oscillante **3** (*fig. non com.*) tentennante; indeciso.

pendulum ['pendjʊləm *amer.* 'pendʒʊləm / pen·du·lum] *pl.* **pendulums** (*rar.*) **pendula** ['pendjʊlə *amer.* 'pendʒʊlə / pen·dula] *s.* **1** pendolo: *— motion*, moto del pendolo **2** (*fig.*) oscillazione: *the — of public opinion has swung against capital punishment*, l'opinione pubblica si è orientata contro la pena capitale.

peneplain ['pi:nɪ,pleɪn / pe·ne·plain] *s.* (*geol.*) penepiano.

penetrability [,penɪtrə'bɪlətɪ / pen·et·rab·il·ity] *s.* penetrabilità.

penetrable ['penɪtrəbl / pen·et·rable] *agg.* penetrabile // **-ness** *s.*

penetralia [,penɪ'treɪljə / pe·ne·tra·lia] *s.pl.* (*letter.*) penetrali.

to **penetrate** ['penɪtreɪt / pen·et·rate] *v.tr.* **1** penetrare; entrare in, infiltrarsi in: *the knife penetrated his lung*, il coltello penetrò il polmone **2** pervadere; permeare; diffondersi in (*anche fig.*): *the smoke penetrated the room*, il fumo riempì, invase la stanza; *the ideals of the French Revolution soon penetrated Europe*, gli ideali della rivoluzione francese si diffusero ben presto in Europa **3** (*fig.*) percepire; scoprire; capire; afferrare: *we soon penetrated the mystery*, scoprimmo presto il mistero ◆ *v.intr.* **1** infiltrarsi; introdursi; addentrarsi; giungere; arrivare: *what I said didn't really —*, quello che ho detto non è stato percepito **2** (*fig.*) capire, comprendere qlco.

penetrating ['penɪtreɪtɪŋ / pen·et·rat·ing] *agg.* penetrante, acuto (*anche fig.*): *— gaze*, sguardo penetrante // **-ly** *avv.*

penetration [,penɪ'treɪʃn / pen·et·ra·tion] *s.* penetrazione (*anche fig.*).

penetrative ['penɪtrətɪv *amer.* 'penɪtreɪtɪv /

pen·et·rat·ive] *agg.* **1** penetrante **2** (*fig.*) acuto; incisivo // **-ly** *avv.*

pen friend ['penfrend] *s.* corrispondente, amico di penna SIN. pen pal.

penguin ['peŋgwɪn / pen·guin] *s.* pinguino: *king —*, (*Aptenodytes patagonica*) pinguino reale.

penial ['pi:nɪəl / pe·nial] *agg.* (*anat.*) del pene.

penicillin [,penɪ'sɪlɪn / pe·ni·cil·lin] *s.* penicillina.

penicillium [,penɪ'sɪlɪəm / pe·ni·cil·lium] *s.* (*biol.*) penicillio.

peninsula [pə'nɪnsjʊlə *amer.* pə'nɪnsələ / pen·in·sula] *s.* penisola.

peninsular [pə'nɪnsjʊlə* *amer.* pə'nɪnsələ* / pen·in·su·lar] *agg.* peninsulare.

penis ['pi:nɪs] *pl.* **penes** ['pi:ni:z] **penises** ['pi:nɪsɪz / pen·ises] *s.* (*anat.*) pene.

penitence ['penɪtəns / pen·it·ence] *s.* **1** penitenza **2** pentimento.

penitent ['penɪtənt / pen·it·ent] *agg.* e *s.* **1** penitente **2** pentito // **-ly** *avv.*

penitential [,penɪ'tenʃl / pen·it·en·tial] *agg.* penitenziale ◆ *s.* (*eccl.*) libro penitenziale // **-ly** *avv.*

penitentiary [,penɪ'tenʃərɪ / pen·it·en·tiary] *agg.* **1** penitenziale **2** penitenziario; da penitenziario; punibile con la detenzione in un penitenziario ◆ *s.* **1** (*eccl.*) penitenziere **2** (*eccl.*) penitenzieria **3** (*st.*) casa di redenzione per prostitute **4** (*amer.*) penitenziario; prigione.

penknife ['pənnaɪf / pen·knife] *pl.* **penknives** ['pənnaɪvz / pen·knives] *s.* temperino; coltellino tascabile a serramanico.

penman ['penmən / pen·man] *pl.* **penmen** *s.* **1** scrivano; scriba **2** calligrafo **3** (*non com.*) autore, scrittore.

penmanship ['penmənʃɪp / pen·man·ship] *s.* calligrafia; scrittura.

pen name ['penneɪm] *s.* pseudonimo (di scrittore, letterato).

pennant ['penənt / pen·nant] *s.* **1** (*mar.*) pennone **2** (*mar.*) fiamma **3** (*mar.*) bandierina da segnalazione **4** (*sport amer.*) stendardo, vessillo (di campionato).

pennate ['penɪt / pen·nate] *agg.* **1** pennuto; pennato **2** → pinnate.

pen-nib ['pennɪb] *s.* pennino.

penniless ['penɪlɪs / pen·ni·less] *agg.* senza un centesimo, al verde, poverissimo.

pennon ['penən / pen·non] *s.* **1** pennone, pennoncello **2** (*mar.*) fiamma **3** bandiera, vessillo **4** sommolo (di ala di uccello).

penny ['penɪ] *pl.* **pennies** (per indicare il numero di monete) **pence** [pens] (per indicare il valore) *s.* **1** penny (attualmente centesima parte di una sterlina): *a — for your thoughts*, pagherei per sapere a cosa pensi // *bad —*, persona con cattiva reputazione // *to turn up like a bad —*, farsi vivo quando non si è desiderati // *to be two* (o *ten*) *a —*, (*fam.*) essere molto comune; avere scarso valore // *the — dropped when I saw his new car*, (*fam.*) capii tutto quando vidi la sua auto nuova // *to spend a —*, (*fam.*) andare al bagno // *in for a —, in for a pound*, (*prov.*) chi è in ballo deve ballare **2** soldo, denaro: *that's a pretty —*, è una bella sommetta; *I haven't a —*, non ho un soldo; *I don't have two pennies to rub together*, (*fam.*) sono al verde; *to earn* (o *to turn*) *an honest —*, (*antiq.*) guadagnarsi onestamente da vivere // *to take care of the pence*, badare al centesimo **3** (*amer.*) centesimo • Delle due forme di *pl.* si usa *pennies* quando si fa riferimento alle singole monete: *I have some old pennies, would you be interested in them?*, ho delle vecchie monete da 1 penny, ti interessano? Per esprimere un prezzo si usa *pence* oppure, se è espressa la cifra, *p*: *it cost only a few pence, 70 p*, è costato solo pochi penny, 70 penny • Il singolare si esprime: *a* (o *one*) *penny, one pence, 1 p*, (*fam.*) *one p*.

penny-a-liner [,penɪə'laɪnə*] *s.* (*fam.*) giornalista da strapazzo.

penny ante [,penɪ'æntɪ] *s.* **1** (*poker*) apertura al buio di una piccola somma **2** (*fig. fam.*) affare, operazione economica da pochi soldi.

penny bank ['penɪbæŋk] *s.* salvadanaio.

penny dreadful [,penɪ'dredfʊl] *s.* (*fam.*) **1** romanzo giallo dell'epoca vittoriana (che in origine costava 1 penny) **2** (*estens.*) libro o rivista da pochi soldi contenente racconti gialli o del terrore.

penny-farthing [,penɪ'fɑ:ðɪŋ] *s.* biciclo.

penny pincher ['penɪ,pɪntʃə*] *s.* (*fam. spreg.*) spilorcio, taccagno.

penny-pinching ['penɪ,pɪntʃɪŋ] *s.* (*fam.*) avarizia, tirchieria ◆ *agg.* (*fam.*) taccagno, spilorcio, avaro.

penny-post [,penɪ'pəʊst] *s.* (*st.*) organizzazione del servizio postale (istituita nel 1840).

pennyroyal [,penɪ'rɔɪəl / penny·royal] *s.* (*bot.*) (*Mentha pulegium*) pulegio, mentuccia.

pennyweight ['penɪweɪt / penny·weight] *s.* 'pennyweight' (misura di peso per metalli preziosi e gioielli = 1,555 g).

penny-wise ['penɪ'waɪz] *agg.* attento alle più piccole spese // *— and pound-foolish*, taccagno nelle piccole spese, prodigo nelle grandi.

pennywort ['penɪwɜ:t / penny·wort] *s.* (*bot.*) (*Cotyledon umbilicus-veneris*) ombelico di Venere; (*pop.*) erba miseria SIN. Venus's navelwort.

pennyworth ['penəθ / penny·worth] *s.* (*antiq.*) **1** valore di un penny: *to buy a — of sweets*, comperare caramelle per un penny, un penny di caramelle **2** (*estens.*) un soldo; un'inezia.

penologist [pi:'nɒlədʒɪst / peno·lo·gist] *s.* (*dir.*) penalista; esperto in scienze criminali.

penology [pi:'nɒlədʒɪ / peno·logy] *s.* (*dir.*) scienze criminali; diritto penale.

pen pal ['pen,pæl] *s.* (*fam.*) → **pen friend**.

pen plotter ['pen,plɒtə*] *s.* (*inform.*) tracciatore.

pen pusher ['pen,pʊʃə*] *s.* (*fam.*) impiegato; scribacchino.

pensile ['pensaɪl / pens·ile] *agg.* **1** pensile **2** (*zool.*) che costruisce un nido pensile (di uccello pendolino).

pension ['penʃn *nel senso 2* 'pɑ:ŋsɪɔ:ŋ / pen·sion] *s.* **1** pensione: *old age —*, pensione di vecchiaia; *war —*, pensione di guerra; *widow's —*, pensione di reversibilità; *— contribution*, contributi pensionistici; *— system*, sistema pensionistico; *to draw one's —*, ritirare la pensione; *to draw a —*, avere, ricevere una pensione; *to retire on a —*, ritirarsi con una pensione; *to live on a —*, vivere di pensione // *top hat —*, trattamento pensionistico per l'alta dirigenza **2** pensione; pensionato: *we stayed in a — in Rome over night*, passammo la notte in una pensione a Roma.

to **pension** *v.tr.* assegnare una pensione a.
□ **pension off** *v.tr.* e *avv.* **1** pensionare; mandare in pensione **2** (*fig. fam.*) mettere a riposo: *I've pensioned my old tennis racket off*, ho messo a riposo la mia vecchia racchetta da tennis.

pensionable ['penʃənəbl / pen·sion·able] *agg.* **1** avente diritto a pensione **2** che dà diritto a pensione.

pensionary ['penʃənərɪ / pen·sion·ary] *agg.* **1** di pensione **2** pensionato **3** (*antiq.*) mercenario ◆ *s.* **1** pensionato **2** (*antiq.*) mercenario.

pensioner ['penʃənə* / pen·sioner] *s.* **1** pensionato **2** studente pagante (alle università di Cambridge, Dublino) **3** (*ant.*) gentiluomo della guardia del re: *the cowslips tall her pensioners be*, (SH. Midsummer-Night's Dream) le alte primavere odorose sono le sue guardie del corpo.

pensive ['pensɪv / pens·ive] *agg.* pensoso; pensieroso; triste; preoccupato: *and so he rested, on the lonely ground, / pensive, and full of painful jealousies*, (KEATS) si posò quindi sulla terra solitaria, preoccupato e colmo di penose gelosie // **-ly** *avv.* // **-ness** *s.*

penstock ['penstɒk / pen·stock] *s.* chiusa, diga.

pent [pent] *agg.* (*antiq.*) rinchiuso; (*fig.*) contenuto, represso: *to one who has been long in city pent, / 'tis very sweet to look into the fair / and open face of heaven*, (KEATS) a chi nella città fu a lungo rinchiuso è assai dolce osservare il volto aperto e leggiadro del cielo.

penta- ['pentə] *pref.* di origine greca che entra nella composizione di alcuni sostantivi e aggettivi con il significato di 'cinque'; it. penta-: *pentasyllabic*, pentasillabico; *pentapody*, pentapodia.

pentachord ['pentəkɔ:d / pen·ta·chord] *s.* (*mus.*) pentacordo.

pentacle ['pentəkl / pent·acle] *s.* pentacolo.

pentad ['pentæd] *s.* **1** numero, gruppo di cinque **2** periodo di cinque anni.

pentadactyl [,pentə'dæktl / pen·ta·dac·tyl] *agg.* (*zool.*) pentadattilo.

pentagon ['pentəgən *amer.* 'pentəgɒn / penta·gon] *s.* **1** (*mat.*) pentagono **2** *the Pentagon*, il Pentagono (Ministero della Difesa negli USA).

pentagonal [pen'tægənl / pen·ta·gonal] *agg.* (*mat.*) pentagonale.

pentagram ['pentəgræm / pen·ta·gram] *s.* pentacolo.

pentahedron [,pentə'hi:drən / pen·ta·hed·ron] *s.* (*mat.*) pentaedro.

pentameter [pen'tæmɪtə* / pen·ta·meter] *s.* (*metrica*) pentametro.

pentane ['penteɪn / pent·ane] *s.* (*chim.*) pentano.

pentaquine ['pentə,kwi:n / pen·ta·quine] *s.* (*chim.*) pentachina.

Pentateuch ['pentətju:k / Pen·ta·teuch] *s.* (*Bibbia*) Pentateuco.

pentathlete [ˌpent'æθli:t / pent·ath·lete] *s.* pentatleta, atleta specialista di pentathlon.

pentathlon [pen'tæθlɒn / pent·ath·lon] *s.* (*sport*) pentathlon.

pentavalent [ˌpentə'veɪlənt / pen·ta·val·ent] *agg.* (*chim.*) pentavalente.

Pentecost ['pentɪkɒst *amer.* 'pentɪkɔ:st / Pente·cost] *s.* Pentecoste.

Pentecostal [ˌpentɪ'kɒstl *amer.* ˌpentɪ'kɔ:stl / Pente·costal] *agg.* di Pentecoste.

penthouse ['penthaʊs / pent·house] *s.* **1** attico **2** piccolo fabbricato annesso **3** (*arch.*) tettoia a uno spiovente.

pentlandite ['pentlən,daɪt / pent·land·ite] *s.* (*min.*) pentlandite.

pentode ['pentəʊd / pent·ode] *s.* (*fis.*) pentodo.

pentosan ['pentəsæn / pen·to·san] *s.* (*chim.*) pentosano.

pentose ['pentəʊs / pent·ose] *s.* (*chim.*) pentosio, pentoso.

pentoside ['pentəsaɪd / pen·to·side] *s.* (*chim.*) pentoside.

pentothal® ['pentəθæl / pen·to·thal] *s.* pentotal®, siero della verità.

pent up ['pent,ʌp] *agg.* **1** rinchiuso: *he felt — in the tiny flat*, si sentiva in gabbia nel minuscolo appartamento **2** contenuto, represso: *he screamed to release his — frustration*, gridò per sfogare la sua frustrazione repressa.

pentyne ['pen,taɪn / pen·tyne] *s.* (*chim.*) pentino.

penultimate [pɪ'nʌltɪmɪt / pen·ul·tim·ate] *agg.* **1** penultimo **2** della penultima sillaba ◆ *s.* penultima sillaba.

penumbra [pɪ'nʌmbrə / pen·um·bra] *s.* penombra.

penumbral [pɪ'nʌmbrəl / pen·umb·ral] *agg.* in penombra.

penurious [pɪ'njʊərɪəs *amer.* pɪ'nʊrɪəs / pen·uri·ous] *agg.* (*form.*) **1** magro, sterile (di terreno) **2** miserabile, povero, indigente **3** economo, parsimonioso; avaro **4** meschino // **-ly** *avv.* // **-ness** *s.*

penury ['penjʊrɪ / pen·ury] *s.* povertà (*anche fig.*), penuria, indigenza, miseria: — *of ideas*, povertà di idee; *they lived in* —, vivevano nell'indigenza.

pen-wiper ['penwaɪpə*] *s.* nettapenne.

peon [pju:n *nel senso 1* 'pi:ən] *s.* **1** peón, lavoratore a giornata (nell'America Latina) **2** chi è costretto a lavorare per risarcire un debito (nel Messico) **3** soldato di fanteria; poliziotto indigeno; attendente (in India).

peonage ['pi:ənɪdʒ / pe·on·age] **peonism** ['pi:ənɪzəm / pe·on·ism] *s.* (*st. econ.*) peonaggio (lavoro forzato a risarcimento di un debito).

peony ['pɪənɪ / pe·ony] *s.* (*bot.*) (*Paeonia officinalis*) peonia.

people ['pi:pl] *s.* **1** popolo: *the peoples of Asia*, i popoli asiatici; *English-speaking peoples*, popoli di lingua inglese; *government by the* —, governo popolare; *measures directed against the* —, misure antipopolari; *the will of the* —, la volontà del popolo, della nazione **2** (*come pl.*) gente, persone: *most* —, la maggior parte della gente; *nice* —, gente simpatica; *old* —, *young* —, i vecchi, i giovani; — *are not always ready to help one another*, la gente non è sempre pronta ad aiutarsi reciprocamente; — *say*, la gente dice, si dice; *some hundred — were gathered there*, erano circa cento le persone radunate là; *there were 100,000 — in the stadium*, c'erano 100.000 persone nello stadio; *the gas — are coming tomorrow*, domani vengono gli operai, quelli del gas; *young — prefer young company*, i giovani preferiscono la compagnia dei giovani // *of all* —, in particolare: *why should they give the job to him, of all —?*, perché dovrebbero dare il lavoro proprio a lui? **3** genitori, famiglia // (*dir. amer.*) (*the counsel for*) *the* —, il pubblico ministero.

to **people** *v.tr.* **1** popolare: *to — an area*, popolare una regione; *densely peopled country*, paese molto popolato **2** riempire di: *the office was peopled with toadies and creeps*, l'ufficio era pieno di leccapiedi e gente servile.

pep [pep] *s.* (*fam.*) vigore, forza; iniziativa: *full of* —, pieno di iniziativa // — *talk*, discorsino di incoraggiamento; ramanzina.

to **pep** *pass. p.p.* **pepped** [pept] *v.tr.* (*fam.*) *to* — (*up*), stimolare; rinvigorire // *you need sthg. to — you* (*up*), hai bisogno di qlco. che ti tiri su il morale.

peplos ['peplɒs / pep·los] **peplus** ['pepləs] meno com. **peplum** ['pepləm / pep·lum] *s.* peplo.

pepper ['pepə* / pep·per] *s.* **1** pepe: *black, white* —, pepe nero, pepe bianco; *ground, whole* —, pepe in polvere, in grani **2** (*bot.*) (*Piper nigrum*) pepe (pianta) // — *tree*, (*Schinus molle*) pepe del Perù, falso pepe; albero del pepe **3** peperone: *green, red, yellow* —, peperone verde, rosso, giallo.

to **pepper** *v.tr.* **1** pepare, cospargere di pepe; condire con pepe // *she peppered the article with quotations*, (*fig.*) disseminò l'articolo di citazioni **2** colpire ripetutamente: *to — the enemy with machine-gun fire*, mitragliare il nemico; *to — s.o. with questions*, (*fig.*) tempestare qlcu. di domande **3** punire severamente.

pepper-and-salt [ˌpepərən'sɔ:lt] *agg.* color sale e pepe: — *beard*, barba color sale e pepe.

pepperbox ['pepəbɒks / pep·per·box] *s.* pepaiola SIN. pepper pot.

pepper-caster ['pepə,kɑ:stə* *amer.* 'pepə,kæstə*] **pepper-castor** *s.* pepaiola a spolvero, spargipepe.

peppercorn ['pepəkɔ:n / pep·per·corn] *s.* grano di pepe (nero) // (*dir.*) — *rent*, affitto nominale.

pepperiness ['pepərɪnɪs / pep·peri·ness] *s.* l'essere pepato (*anche fig.*).

pepper mill ['pepəmɪl] *s.* macinapepe, macinino per il pepe.

peppermint ['pepəmɪnt / pep·per·mint] *s.* **1** (*bot.*) (*Mentha piperita*) menta piperita **2** — (*oil*), olio di menta piperita **3** caramella di menta.

pepper pot ['pepəpɒt] *s.* pepaiola SIN. pepperbox.

pepper-wort ['pepəwɜ:t] *s.* (*bot.*) (*Marsilia quadrifolia*) quadrifoglio acquatico.

peppery ['pepərɪ / pep·pery] *agg.* **1** pepato **2** (*fig. fam.*) pungente, pepato **3** collerico, irascibile.

pep pill ['pep,pɪl] *s.* (*fam.*) (pillola) stimolante, eccitante in pillola.

peppiness ['pepɪnɪs / pep·pi·ness] *s.* (*fam. amer.*) energia, vigore, slancio.

peppy ['pepɪ] *agg.* (*fam. amer.*) pieno di energia.

pepsin ['pepsɪn / pep·sin] *s.* (*biochim.*) pepsina.

peptic ['peptɪk / pep·tic] *agg.* (*med.*) peptico, gastrico; digestivo // — *ulcer*, ulcera peptica ◆ *s.* digestivo.

peptidase ['peptɪdeɪs / pep·tid·ase] *s.* (*biochim.*) peptidasi.

peptide ['peptaɪd / pep·tide] *s.* (*biochim.*) peptide // — *bond*, legame peptidico.

to **peptize** ['peptaɪz / pep·tize] *v.tr.* e *intr.* (*chim.*) peptizzare.

peptone ['peptəʊn / pep·tone] *s.* (*biochim.*) peptone.

to **peptonize** ['peptənaɪz / pep·ton·ize] *v.tr.* (*biochim.*) peptonizzare.

per [pɜ:* (*forma forte*) pə* (*forma debole*)] *prep.* **1** per: *in the hostel there were six beds — room*, nell'ostello c'erano sei letti per stanza; *he spends at least £ 500 — year on electricity*, spende per lo meno 500 sterline l'anno in energia elettrica; *she was driving at 60 miles — hour*, andava a 60 miglia all'ora; *productivity — worker is lower than normal*, la produttività pro capite è inferiore alla norma; — *annum*, per anno; ogni anno; — *capita* (o — *head*), pro capite, a testa; — *cent*, per cento: *a five — cent discount*, uno sconto del cinque per cento; — *se*, per se stesso, per natura; — *yard*, alla yarda // *as* —, (*form.*), come da, secondo: *as — instructions*, come da istruzioni; (*comm.*) *as — enclosed account*, secondo l'acconto accluso; *as — sample*, come da campione, al campione; *as — usual*, (*fam.*) come al solito **2** per, attraverso, per mezzo di: — *post*, per posta; — *rail*, per ferrovia; — *procurationem* (abbr. *p. proc.*), per procura.

peracid ['pɜ:r,æsɪd / per·acid] *s.* (*chim.*) peracido, perossiacido.

peradventure [pɜ:rəd'ventʃə* / per·ad·ven·ture] *avv.* (*ant.*) **1** per caso **2** forse ◆ *s.* (*ant.*) dubbio, incertezza: *without* (o *beyond*) (*all*) —, senza alcun dubbio.

to **perambulate** [pə'ræmbjʊleɪt / per·am·bul·ate] *v.intr.* (*form.*) passeggiare ◆ *v.tr.* (*form.*) **1** passeggiare per, camminare attraverso **2** portare a spasso (un bambino) nella carrozzina **3** visitare ufficialmente; ispezionare (un territorio).

perambulation [pə,ræmbjʊ'leɪʃn / per·am·bu·la·tion] *s.* (*antiq.*) **1** passeggiata; giro **2** visita ufficiale; ispezione (di un territorio percorrendone l'ambito).

perambulator [pə'ræmbjʊleɪtə* / per·am·bu·lator] *s.* (*antiq.*) carrozzina per bambini.

perambulatory [pə'ræmbjʊleɪtərɪ / per·am·bu·lat·ory] *agg.* (*form.*) **1** vagante, mobile **2** ispettivo; di, da ispezionare.

perazine [pɜ:r'æzi:n / per·az·ine] *s.* (*chim.*) perazina.

perborate [pɜ:'bəʊreɪt *amer.* pɜ:'bɔ:reɪt / per·bor·ate] *s.* (*chim.*) perborato.

perboric [pɜ:'bɒrɪk *amer.* pɜ:'bɔ:rɪk / per·boric] *agg.* (*chim.*) perborico: — *acid*, acido perborico.

percale [pə'keɪl / per·cale] *s.* percalle (tessuto).

percaline [ˌpɜ:kə'li:n / per·cal·ine] *s.* percallina (tessuto).

perceivable [pə'si:vəbl / per·ceiv·able] *agg.*

percettibile (con la mente, coi sensi): *no — difference*, nessuna sensibile differenza, nessuna differenza rilevabile // **-bly** *avv.*

to **perceive** [pə'si:v / per·ceive] *v.tr.* **1** percepire (con la mente, coi sensi): *to — the futility of sthg.*, rendersi conto della futilità di qlco. **2** accorgersi, rendersi conto: *he perceived that he was being watched*, s'accorse che lo stavano osservando.

per cent [pə'sent] *agg.* percentuale ◆ *s.* percentuale, percento.

percentage [pə'sentɪdʒ / per·cent·age] *s.* percentuale: *only a small — of books are worth reading*, solo una piccola percentuale di libri è degna di essere letta // (*comm.*): *to allow a — on all transactions*, concedere un tanto per cento su tutte le operazioni; *banks cut their prime rates one — point*, le banche ridussero le prime rate dell'1%; *half a — point*, 0,5% // *there's no — in it for me*, (*fig. fam.*), non ne ricavo alcun vantaggio, alcun profitto.

percentile [pə'sentaɪl / per·cent·ile] *s.* (*stat.*) percentile.

percept ['pɜ:sept / per·cept] *s.* oggetto di percezione (*anche fil.*).

perceptibility [pə,septə'bɪlətɪ / per·cept·ib·il·ity] *s.* percettibilità.

perceptible [pə'septəbl / per·cept·ible] *agg.* percettibile (con la mente, coi sensi): *— to the eye*, visibile // **-bly** *avv.*

perception [pə'sepʃn / per·cep·tion] *s.* **1** percezione; intuizione; intuito: *the — of truth*, l'intuizione della verità; *a woman of great —*, una donna di grande intuito **2** (*dir.*) riscossione (di imposte, rendite).

perceptive [pə'septɪv / per·cept·ive] *agg.* percettivo.

perceptiveness [pə'septɪvnɪs / per·cept·ive·ness] **perceptivity** [,pɜ:sep'tɪvətɪ / per·cep·tiv·ity] *s.* percettività; intuito.

perch[1] [pɜ:tʃ] *s.* **1** gruccia; posatoio (per uccelli) // *to knock s.o. off his —*, (*fig.*) spodestare qlcu.; togliere qlcu. dal piedistallo **2** (*ant.*) pertica, bastone **3** pertica (misura di lunghezza = 5,0292 m); (*agr.*) *square —*, pertica (misura di superficie = 25,292 m^2).

to **perch**[1] *v.intr.* appollaiarsi, stare appollaiato: *the town was perched on a hill*, la città era appollaiata su di una collina; *to — on a stool*, appollaiarsi su di uno sgabello ◆ *v.tr.* collocare su sostegno, posatoio.

perch[2] *s.* (*zool.*) **1** (*Perca fluviatilis*) pesce persico **2** (*Perca flavescens*) perca dorata.

perchance [pə'tʃɑ:ns *amer.* pə'tʃæns / per·chance] *avv.* (*ant.*, *poet.*) **1** forse: *to sleep, perchance to dream*, (SH. Hamlet) dormire, forse sognare **2** per caso, per avventura.

perched [pɜ:tʃt] *agg.* **1** appollaiato **2** (*geol.*) sospeso (di acque superficiali o sotterranee): *— water table*, falda freatica sospesa.

perchlorate [pə'klɔ:reɪt / per·chlor·ate] *s.* (*chim.*) perclorato.

perchloric [pɜ:'klɒrɪk *amer.* pɜ:'klɔ:rɪk / per·chloric] *agg.* (*chim.*) perclorico: *— acid*, acido perclorico.

perchloride [pɜ:'klɒraɪd *amer.* pɜ:'klɔ:raɪd / per·chlor·ide] *s.* (*chim.*) cloruro contenente eccesso di cloro.

percipience [pə'sɪpɪəns / per·cipi·ence] **percipiency** [pə'sɪpɪənsɪ / per·cipi·ency] *s.* percettività, (facoltà di) percezione.

percipient [pə'sɪpɪənt / per·cipi·ent] *agg.* capace di percezione ◆ *s.* individuo che ha facoltà telepatiche.

to **percolate** ['pɜ:kəleɪt / per·col·ate] *v.intr.* **1** filtrare; infiltrarsi; penetrare (*anche fig.*): *rain percolates through sand*, la pioggia penetra nella sabbia; *after his death his ideas began to — among the intellectual community*, dopo la sua morte le sue idee iniziarono a penetrare, a diffondersi fra gli intellettuali **2** (*fam. amer.*) filare liscio, funzionare bene ◆ *v.tr.* filtrare: *to — the coffee*, filtrare, passare il caffè; *news of the revolt percolated the censorship imposed by the government*, notizie della rivolta filtrarono attraverso la censura imposta dal governo.

percolation [,pɜ:kə'leɪʃn / per·cola·tion] *s.* filtrazione; infiltrazione (*anche fig.*).

percolator ['pɜ:kəleɪtə* / per·col·ator] *s.* **1** filtro **2** macchinetta per il caffè.

to **percuss** [pɜ:'kʌs / per·cuss] *v.tr.* **1** (*med.*) battere (a scopo di diagnosi), sottoporre a percussione **2** (*ant.*) percuotere.

percussion [pɜ:'kʌʃn / per·cus·sion] *s.* **1** percussione (*anche med.*): *— gun*, fucile a percussione; (*mecc.*) *— drill*, perforatrice, sonda a percussione **2** (*mus.*) percussione; l'insieme degli strumenti a percussione: *— instrument*, strumento a percussione; *— player*, percussionista.

percussion cap [pɜ:'kʌʃn,kæp] *s.* **1** capsula (di cartuccia); detonatore primario **2** fulminante (di arma da fuoco giocattolo).

percussionist [pə'kʌʃənɪst / per·cus·sion·ist] *s.* (*mus.*) percussionista.

percussion pin [pə'kʌʃnpɪn] *s.* (*mecc.*) percussore.

percussive [pɜ:'kʌsɪv / per·cuss·ive] *agg.* che percuote; di percussione.

percutaneous [,pɜ:kju:'teɪnjəs / per·cu·tan·eous] *agg.* (*med.*) sottocutaneo.

perdition [pɜ:'dɪʃn / per·di·tion] *s.* **1** perdizione **2** (*teol.*) pena, castigo eterno; dannazione **3** (*ant.*) completa distruzione.

perdu(e) [pɜ:'dju: / per·due] *agg.* **1** (*rar.*) nascosto **2** (*mil. ant.*) in posizione avanzata e pericolosa; in missione disperata; in agguato: *to lie —*, tendere un'imboscata; stare in agguato ◆ *s.* (*ant.*) soldato in missione pericolosa, disperata; soldato in agguato.

perdurability [pɜ:,djʊrə'bɪlətɪ / per·dur·ab·il·ity] *s.* (*form.*) permanenza, persistenza.

perdurable [pɜ:'djʊərəbl / per·dur·able] *agg.* **1** (*form.*) perdurevole, durevole (di amicizia ecc.); stabile, permanente (di pace ecc.) **2** (*teol.*) eterno // **-bly** *avv.*

to **peregrinate** ['perɪgrɪneɪt / per·eg·rin·ate] *v.intr.* (*form.*) peregrinare; vagare, errare ◆ *v.tr.* (*form.*) attraversare.

peregrination [,perɪgrɪ'neɪʃn / per·eg·rina·tion] *s.* (*form.*) peregrinazione; vagabondaggio.

peregrin(e) ['perɪgrɪn / per·eg·rin(e)] *agg.* **1** (*ant.*) forestiero; peregrino **2** (*rar.*) errante **3** migratorio (di uccello) ◆ *s.* (*zool.*) — (*falcon*), (*Falco peregrinus*) falco, falcone pellegrino.

peremptory [pə'remptərɪ *amer.* 'perəmptɔ:rɪ / per·emp·tory] *agg.* **1** (*dir.*) perentorio: *— challenge*, diritto a escludere (senza motivazione) alcuni giurati; *— evidence*, prova liberatoria // *— writ*, mandato di comparizione **2** perentorio; imperioso, autoritario **3** dogmatico, cattedratico // **-ily** *avv.* // **-iness** *s.*

perennial [pə'renjəl / per·en·nial] *agg.* perenne: *— source, spring*, fonte, sorgente perenne; *— stream*, corso d'acqua permanente; *— plant*, pianta perenne, vivace ◆ *s.* (*bot.*) pianta perenne // *the problem is a hardy —*, è un problema trito e ritrito // **-ly** *avv.*

perfect ['pɜ:fɪkt / per·fect] *agg.* **1** perfetto; eccellente; ideale: *to be in — health*, essere in perfetta salute; *it is — weather for a trip*, è il tempo ideale per una gita // (*dir.*) *— obligation*, obbligazione perfetta, coercibile **2** perfetto; completo, intero; compiuto: *there is no such thing as — bliss*, non esiste la felicità assoluta; *to speak — English*, parlare un inglese perfetto; *he is a — stranger to me*, mi è del tutto sconosciuto; *the audience listened to the speech in — silence*, il pubblico ascoltò il discorso in perfetto silenzio **3** (*mat.*) perfetto: *— number, square*, numero, quadrato perfetto; *— power*, potenza perfetta **4** (*fis.*) perfetto: *— crystal, fluid, gas*, cristallo, fluido, gas perfetto **5** (*bot.*, *zool.*) tipico, caratteristico **6** (*gramm.*) perfetto **7** (*mus.*) giusto; perfetto **8** (*ant.*) certo, sicuro: *thou art perfect, then, our ship hath touch'd upon / the desert of Bohemia?*, (SH. Winter's Tale) sei dunque certo che la nostra nave abbia toccato le spiagge deserte della Boemia? ◆ *s.* (*gramm.*) il perfetto: *past —*, trapassato prossimo; *present —*, passato prossimo; *future —*, futuro anteriore.

to **perfect** [pə'fekt] *v.tr.* **1** perfezionare, migliorare; rendere perfetto: *to — oneself in a foreign language*, perfezionarsi in una lingua straniera **2** completare, terminare, dare l'ultimo tocco a; mettere a punto.

perfecta [pə'fektə / per·fecta] *s.* (*ippica amer.*) accoppiata.

perfectibility [pə,fektɪ'bɪlətɪ / per·fect·ib·il·ity] *s.* perfettibilità.

perfectible [pə'fektəbl / per·fect·ible] *agg.* perfettibile.

perfection [pə'fekʃn / per·fec·tion] *s.* **1** perfezione: *to attain —*, raggiungere la perfezione; *to do sthg. to —*, fare qlco. alla perfezione; *to succeed to —*, riuscire alla perfezione **2** perfezionamento; miglioramento; compimento: *the — of the design took many months*, la messa a punto del progetto richiese molti mesi **3** rappresentazione ideale; personificazione (di qualità): *to be the — of beauty*, essere la bellezza personificata **4** (*bot.*, *zool.*) sviluppo completo; maturità.

perfectionism [pə'fekʃənɪzəm / per·fec·tion·ism] *s.* perfezionismo.

perfectionist [pə'fekʃənɪst / per·fec·tion·ist] *s.* perfezionista.

perfective [pə'fektɪv / per·fect·ive] *agg.* (*gramm.*) perfettivo.

perfectly ['pɜ:fɪktlɪ / per·fect·ly] *avv.* **1** perfettamente, alla perfezione: *to do sthg. —*, fare qlco. alla perfezione **2** perfettamente, completamente, del tutto: *it is — ridiculous*, è assolutamente ridicolo.

perfectness ['pɜ:fɪktnɪs / per·fect·ness] *s.* perfezione.

perfervid [pɜ:'fɜ:vɪd / per·fer·vid] *agg.* (*letter.*) fervoroso, fervidissimo; ardente; intenso.

perfidious [pə'fɪdɪəs / per·fi·di·ous] *agg.* (*letter.*) perfido, sleale, infido // **-ly** *avv.*

perfidiousness [pə'fɪdɪəsnɪs / per·fi·di·

ous·ness] **perfidy** ['pɜ:fɪdɪ / per·fidy] *s.* (*letter.*) perfidia, slealtà: *an act of* —, una perfidia.

perfoliate [pɜ:'fəʊlɪɪt / per·fo·li·ate] *agg.* (*bot.*) perfogliato.

perforable ['pɜ:fərəbl / per·for·able] *agg.* perforabile.

to **perforate** ['pɜ:fəreɪt / per·for·ate] *v.tr.* **1** (*anche mecc.*) perforare; forare **2** punteggiare, praticare piccoli fori in ♦ *v.intr.* praticare un foro.

perforated ['pɜ:fəreɪtɪd / per·for·ated] *agg.* **1** perforato, forato // (*med.*) — *ulcer*, ulcera perforata // (*inform.*) — *tape*, banda perforata; nastro perforato **2** punteggiato; dentellato (di francobolli).

perforating ['pɜ:fəreɪtɪŋ / per·for·at·ing] *agg.* (*med.*) perforante: — *ulcer*, ulcera perforante.

perforation [,pɜ:fə'reɪʃn / per·fora·tion] *s.* **1** perforazione **2** foro; serie di fori **3** dentellatura (di francobolli).

perforator ['pɜ:fəreɪtə* / per·for·ator] *s.* **1** perforatore **2** (*tecn.*) perforatrice.

perforce [pə'fɔ:s / per·force] *avv.* (*form.*) per forza.

to **perform** [pə'fɔ:m / per·form] *v.tr.* **1** operare; svolgere; compiere, adempiere (*anche dir.*): *to — an experiment, a task*, compiere un esperimento, un compito; *to — one's duties*, adempiere ai propri doveri; (*med.*) *to — an operation on s.o.*, operare qlcu. **2** (*mus.*) eseguire **3** (*teatr.*) rappresentare; recitare, interpretare: *what play did they —?*, che commedia hanno recitato? ♦ *v.intr.* **1** dare una rappresentazione, interpretare una parte; eseguire brani musicali: *he entertained us by performing on the harp*, ci ha intrattenuti suonando l'arpa **2** rendere, funzionare; comportarsi: *the team performed well early in the game, then collapsed*, la squadra si è comportata bene all'inizio della partita poi è crollata; *the economy has been performing well*, l'economia ha un buon andamento; *this car performs well on curves*, questa auto tiene bene la strada in curva **3** dare spettacolo (di animali ammaestrati).

performable [pə'fɔ:məbl / per·form·able] *agg.* **1** eseguibile; fattibile **2** (*teatr.*) rappresentabile.

performance [pə'fɔ:məns / per·form·ance] *s.* **1** performance, interpretazione, esecuzione; esibizione; prestazione: *his — as Hamlet was very good*, la sua interpretazione dell'Amleto fu ottima; *her — of a violin sonata was the best of all*, la sua esecuzione di una sonata per violino fu la migliore di tutte; *his — in the 100 metres earned him a silver medal*, la sua prestazione nei 100 metri gli fece guadagnare una medaglia d'argento **2** rappresentazione, spettacolo teatrale: *at the afternoon —*, alla rappresentazione del pomeriggio, alla matinée; *there are two performances a day*, ci sono due rappresentazioni al giorno // *command —*, spettacolo richiesto dal capo dello stato **3** [U] prestazione, rendimento; risultato: *a high — car*, una macchina dalle elevate prestazioni; *the company's excellent — in reducing costs*, l'eccellente risultato della società nel ridurre i costi; (*econ.*) *working —*, rendimento del lavoro **4** (*form.*) adempimento, esecuzione (*anche dir.*) // (*comm., dir.*) — *bond*, garanzia di buona esecuzione **5** (*fam.*) impresa (eccezionale, difficile): *it's too much of a — to do it again*, è un'impresa troppo difficile rifarlo **6** (*fam. spreg.*) comportamento indegno, inaccettabile: *what a —!*, che modi!; che figura!; che spettacolo! **7** (*inform.*) prestazione.

performer [pə'fɔ:mə* / per·former] *s.* **1** esecutore, chi adempie (un compito, dovere ecc.): *he's a good — in parliamentary debates*, se la cava bene nei dibattiti parlamentari **2** attore; interprete; esecutore.

performing [pə'fɔ:mɪŋ / per·form·ing] *agg.* **1** ammaestrato // — *dog*, cane ammaestrato **2** di rappresentazione: — *rights*, diritti di rappresentazione, d'esecuzione // *the — arts*, le arti dello spettacolo.

perfume ['pɜ:fju:m / per·fume] *s.* profumo.

to **perfume** [pə'fju:m] *v.tr.* profumare.

perfumer [pə'fju:mə* / per·fumer] *s.* profumiere; chi crea profumi, essenze.

perfumery [pə'fju:mərɪ / per·fumery] *s.* **1** profumeria, laboratorio di profumi **2** profumi.

perfunctory [pə'fʌŋktərɪ / per·func·tory] *agg.* **1** meccanico, superficiale: *a — examination*, un esame superficiale **2** negligente, trascurato, noncurante: *a — lecturer*, un oratore svogliato // **-ily** *avv.* // **-iness** *s.*

to **perfuse** [pə'fju:z / per·fuse] *v.tr.* (*non com.*) aspergere; cospargere: *to — a bunch of flowers with water*, aspergere d'acqua un mazzo di fiori.

perfusion [pə'fju:ʒən / per·fu·sion] *s.* (*non com.*) aspersione; (*med.*) perfusione.

perfusive [pə'fju:sɪv / per·fus·ive] *agg.* (*non com.*) che effonde, sparge, versa.

pergola ['pɜ:gələ / per·gola] *s.* pergola, pergolato.

perhaps [pə'hæps / per·haps] *avv.* forse, probabilmente; magari: — *he's forgotten*, forse se n'è dimenticato; *he wasn't popular, — because he never spoke to people*, non era simpatico, forse perché non parlava con la gente; — *I'll see you, — not...*, forse ci vedremo, forse no...; *nobody knew her, except — Jimmy*, nessuno la conosceva, eccetto forse Jimmy; *why not invite one of our cousins, Doreen or Irene —?*, perché non invitare una delle nostre cugine, magari Doreen o Irene?; *he waited for — half an hour*, aspettò per circa mezz'ora; *there were — 50 in the audience*, c'era un pubblico sì e no di 50 persone; — *we'd better go now*, forse ci converrebbe andare ora; — *I can borrow this record?*, posso eventualmente prendere in prestito questo disco?; *would you like a drink... vodka —?*, gradireste qualcosa da bere... una vodka magari?; — *I'm wrong but I think that tip's too big*, potrei sbagliarmi, ma questa mancia è troppo alta; *the pianist wasn't on form this evening, —*, può darsi che il pianista non fosse in vena stasera; — *I ought to explain my research before I go on*, forse dovrei illustrare la mia ricerca prima di proseguire; — *the song is successful but I don't like it*, può darsi che la canzone abbia successo, ma a me non piace; *you're quite right but — you've forgotten a point...*, tu hai perfettamente ragione, ma forse hai dimenticato un punto...; *A brilliant speech? Well, —*, Un discorso brillante? Beh, forse...

peri- [perɪ] *pref.* di origine greca usato nella terminologia scientifica; it. peri-; significa: **1** 'intorno, esternamente; circa': *perimeter*, perimetro; *perigastritis*, perigastrite; *perilymph*, perilinfa **2** 'più vicino': *perihelion*, perielio; *perinatal*, perinatale.

perianth ['perɪænθ / peri·anth] *s.* (*bot.*) perianzio.

periapt ['perɪæpt / peri·apt] *s.* (*rar.*) amuleto, talismano.

periarthritis [,perɪɑ:'θraɪtɪs / peri·arth·ritis] *s.* (*med.*) periartrite.

periastron [,perɪ'æstrən / peri·astron] *s.* (*astr.*) periastro.

pericardial [,perɪ'kɑ:djəl / peri·car·dial] *agg.* (*anat.*) pericardico.

pericarditis [,perɪkɑ:'daɪtɪs / peri·card·itis] *s.* (*med.*) pericardite.

pericardium [,perɪ'kɑ:djəm / peri·car·dium] *pl.* **pericardia** [,perɪ'kɑ:djə / peri·car·dia] *s.* (*anat.*) pericardio.

pericarp ['perɪkɑ:p / peri·carp] *s.* (*bot.*) pericarpo.

pericline ['perɪklaɪn / peri·cline] *s.* (*min.*) periclino.

pericranium [,perɪ'kreɪnjəm / peri·cra·nium] *s.* **1** (*anat.*) pericranio **2** (*ant.*) cervello, intelligenza.

pericycle ['perɪ,saɪkl / peri·cycle] *s.* (*bot.*) periciclo.

pericynthion [,perɪ'sɪnθɪən / peri·cynthion] *s.* (*astr.*) → **perilune**.

periderm ['perɪdɜ:m / peri·derm] *s.* (*bot.*) periderma.

peridot ['perɪdɒt / peri·dot] *s.* (*min.*) crisolito.

peridotite [,perə'dəʊtaɪt / peri·dot·ite] *s.* (*geol.*) peridotite.

perigastric [,perɪ'gæstrɪk / peri·gast·ric] *agg.* (*anat.*) perigastrico.

perigee ['perɪdʒi: / peri·gee] *s.* (*astr.*) perigeo.

perigon ['perɪgɒn / peri·gon] *s.* (*mat.*) angolo giro.

perihelion [,perɪ'hi:ljən / peri·he·lion] *s.* (*astr.*) perielio.

peril ['perɪl] *s.* pericolo; rischio: *at the — of*, col rischio di; *at your —*, a vostro rischio; (*dir.*) *perils of the sea*, rischi della navigazione marittima.

perilous ['perɪləs / per·il·ous] *agg.* (*spec. letter.*) pericoloso // **-ly** *avv.* // **-ness** *s.*

perilune ['perɪlu:n / peri·lune] *s.* (*astr.*) perilunio SIN. pericynthion.

perilymph ['perɪ,lɪmf / peri·lymph] *s.* (*anat.*) perilinfa.

perimeter [pə'rɪmɪtə* / peri·meter] *s.* perimetro (*anche mat.*).

perimetric(al) [,perɪ'metrɪk(l) / peri·met·ric(al)] *agg.* perimetrico.

perinatal [,perɪ'neɪtl / peri·natal] *agg.* perinatale: — *mortality*, mortalità perinatale.

perineal [,perɪ'ni:əl / peri·neal] *agg.* (*anat.*) perineale, del perineo.

perineum [,perɪ'ni:əm / peri·neum] *pl.* **perinea** [,perɪ'ni:ə / peri·nea] *s.* (*anat.*) perineo.

period ['pɪərɪəd] *s.* **1** periodo, spazio di tempo; età, epoca, era: *a — of three months*, un periodo di tre mesi; *in the difficult periods of our lives*, nei momenti difficili della nostra vita; *we have maths second —*, abbiamo matematica alla seconda ora // (*comm.*): (*accounting*)

—, esercizio, periodo contabile; *long* —, periodo lungo, lungo periodo **2** (*astr., fis., geol., mat.*) periodo **3** (*med.*) stadio, fase di una malattia **4** *pl.* (*fisiologia*) mestruazioni **5** (*mus.*) periodo **6** (*gramm.*) frase, periodo: *keep it still, / lean on it safely, not a period / shall be unsaid*, (MILTON) ricorda, confidaci pure, non una sola frase verrà saltata **7** (*spec. amer.*) punto (segno ortografico) // *I told him no*, —, (*fig.*) gli ho detto di no, punto e basta **8** (*sport*) fase, tempo di una partita ◆ *agg.* di un periodo; caratteristico di un'epoca; d'epoca: — *furniture*, mobili antichi; — *pieces*, mobili d'epoca // — *play*, commedia di costume.

periodic [,pɪərɪ'ɒdɪk / peri·odic] *agg.* periodico: (*mat.*) — *function*, funzione periodica; (*fis.*) — *motion*, moto periodico // (*chim.*): — *acid*, acido periodico; — *system*, sistema periodico (degli elementi); — *table*, tavola periodica (degli elementi).

periodical [,pɪərɪ'ɒdɪkl / peri·od·ical] *agg.* e *s.* periodico // **-ly** *avv.*

periodicity [,pɪərɪə'dɪsətɪ / peri·od·icity] *s.* periodicità.

periodontal [pə,rɪə'dɒntl / peri·od·ontal] *agg.* (*anat.*) periodontale.

periosteal [,perɪ'ɒstɪəl / peri·os·teal] *agg.* (*anat.*) del periostio.

periosteum [,perɪ'ɒstɪəm / peri·os·teum] *pl.* **periostea** [,perɪ'ɒstɪə / peri·os·tea] *s.* (*anat.*) periostio.

periostitis [,perɪə'staɪtɪs / peri·ost·itis] *s.* (*med.*) periostite.

peripatetic [,perɪpə'tetɪk / peri·pat·etic] *agg.* peripatetico ◆ *s.* **1** (*fil.*) peripatetico **2** (*antiq.*) venditore ambulante.

peripateticism [,perɪpə'tetɪsɪzəm / peri·pat·et·icism] *s.* peripateticismo.

peripet(e)ia [,perɪpɪ'taɪə / peri·pet·(e)ia] *s.* (*rar.*) peripezia, vicissitudine; improvviso cambiamento di fortuna.

peripheral [pə'rɪfərəl / peri·pheral] *agg.* **1** periferico: — *nervous system*, sistema nervoso periferico **2** secondario, marginale: *don't waste your time on matters of — interest*, non perder tempo in questioni marginali ◆ *s.* (*inform.*) (unità) periferica, unità satellite // **-ly** *avv.*

periphery [pə'rɪfərɪ / peri·phery] *s.* circonferenza; perimetro; superficie (di oggetto sferico) // *a hut on the — of the built up area*, una capanna ai margini di un'area edificata.

periphrase ['perɪfreɪz / peri·phrase] **periphrasis** [pə'rɪfrəsɪs / peri·phrasis] *s.* perifrasi.

periphrastic [,perɪ'fræstɪk / peri·phrastic] *agg.* perifrastico // **-ally** *avv.*

periscope ['perɪskəʊp / peri·scope] *s.* periscopio: (*mar.*) *retractile* —, periscopio retrattile.

periscopic [,perɪ'skɒpɪk / peri·scopic] *agg.* periscopico: (*aer., mar.*) — *sextant*, sestante periscopico; (*mil.*) — *sight*, cannocchiale di mira periscopico.

to **perish** ['perɪʃ / per·ish] *v.intr.* **1** perire, morire (*anche fig.*): *to — from cold, starvation*, morire di freddo, di fame: *she was perishing with cold*, (*fig.*) moriva di freddo // — *the thought!*, (*fam.*) neanche per sogno! **2** rovinarsi; consumarsi; deteriorarsi: *this leather handle is beginning to* —, questo manico di pelle sta cominciando a consumarsi ◆ *v.tr.* (*rar.*) deteriorare, rovinare; distruggere.

perishability [,perɪʃə'bɪlətɪ / per·ish·ab·il·ity] *s.* deperibilità, deteriorabilità.

perishable ['perɪʃəbl / per·ish·able] *agg.* **1** mortale, effimero **2** deperibile; deteriorabile: — *goods*, merci deperibili.

perishableness ['perɪʃəblnɪs / per·ish·able·ness] → **perishability**.

perishables ['perɪʃəblz / per·ish·ables] *s.pl.* (*comm.*) prodotti deperibili.

peristalsis [,perɪ'stælsɪs / peri·stal·sis] *pl.* **peristalses** [,perɪ'stælsi:z] *s.* (*med.*) peristalsi.

peristaltic [,perɪ'stæltɪk / peri·staltic] *agg.* (*med.*) peristaltico.

peristoma [,perɪ'stəʊmə / peri·stoma] **peristome** ['perɪstəʊm / peri·stome] *s.* (*bot.*) peristoma.

peristyle ['perɪstaɪl / peri·style] *s.* (*arch.*) peristilio.

perithecium [,perɪ'θi:ʃɪəm / peri·the·cium] *pl.* **perithecia** [,perɪ'θi:ʃɪə / peri·thecia] *s.* (*bot.*) peritecio.

peritoneal [,perɪtəʊ'ni:əl / peri·ton·eal] *agg.* (*anat.*) peritoneale: — *dialysis*, dialisi peritoneale.

peritoneum [,perɪtəʊ'ni:əm / peri·ton·eum] *pl.* **peritoneums**, **peritonea** [,perɪtəʊ'ni:ə / peri·tonea] *s.* (*anat.*) peritoneo.

peritonitis [,perɪtə'naɪtɪs / peri·ton·itis] *s.* (*med.*) peritonite.

periwig ['perɪwɪg / peri·wig] *s.* parrucca (indossata dagli avvocati).

periwinkle[1] ['perɪ,wɪŋkl / peri·winkle] *s.* (*bot.*) (*Vinca minor*) pervinca SIN. sengreen.

periwinkle[2] *s.* (*zool.*) (*Littorina littorea*) littorina SIN. winkle.

to **perjure** ['pɜ:dʒə* / per·jure] *v.tr.*: mentire su (*anche dir.*) // *to — oneself*, spergiurare, rendersi spergiuro.

perjured ['pɜ:dʒəd / per·jured] *agg.* spergiuro (*anche dir.*).

perjurer ['pɜ:dʒərə* / per·jurer] *s.* spergiuro (*anche dir.*).

perjurious [pə'dʒʊərɪəs / per·juri·ous] *agg.* (*dir.*) spergiuro.

perjuriously [pə'dʒʊərɪəslɪ / per·juri·ous·ly] *avv.* da spergiuro.

perjury ['pɜ:dʒərɪ / per·jury] *s.* **1** spergiuro, giuramento falso **2** (*dir.*) falsa testimonianza; falsa dichiarazione giurata: *the crime of* —, il reato di falsa testimonianza.

perk ['pɜ:k] *s.* (*spec. pl.*) (*fam.*) (abbr. di *perquisite*) → **fringe benefit**.

to **perk up** [,pɜ:k'ʌp] *v.tr.* e *avv.* **1** rizzare, drizzare: *the dog perked up its ears*, il cane drizzò le orecchie **2** rianimare; infondere fiducia a: *the news perked me up no end*, (*fam.*) la notizia mi rallegrò infinitamente **3** (*ant.*) agghindare, ornare: *'tis better to be lowly born, / ... / than to be perk'd up in a glist'ring grief / and wear a golden sorrow*, (SH. Henry VIII) è meglio essere di umile origine... che adorni di uno sfarzoso dolore e portarsi in giro la propria angoscia dorata ◆ *v.intr.* e *avv.* **1** rianimarsi, riprendersi **2** avere un portamento fiero, altezzoso.

perky ['pɜ:kɪ] *agg.* (*fam.*) **1** vivace, pieno di vita; gaio **2** disinvolto; sicuro di sé.

perlite ['pɜ:laɪt / perl·ite] *s.* (*geol.*) perlite SIN. pearlstone.

perm[1] [pɜ:m] *s.* (*fam.*) abbr. di → **permanent wave**.

to **perm**[1] *v.tr.* (*fam.*) fare la permanente a.

perm[2] *s.* (*fam.*) (*Totocalcio*®) sistema; combinazione • Abbr. di *permutation*.

to **perm**[2] *v.tr.* (*fam.*) (*al Totocalcio*®) combinare.

permafrost ['pɜ:məfrɒst / per·ma·frost] *s.* (*geol.*) permagelo, permafrost.

permanence ['pɜ:mənəns / per·man·ence] **permanency** ['pɜ:mənənsɪ / per·man·ency] *s.* **1** permanenza, l'essere permanente **2** (*non com.*) cosa che rimane: *I can't offer you a* —, non posso offrirvi un'occupazione fissa.

permanent ['pɜ:mənənt / per·man·ent] *agg.* permanente, fisso: — *address*, indirizzo permanente; — *situation* (o *job* o *employment*), occupazione fissa; — *teeth*, denti permanenti; (*dir.*) — *disablement*, invalidità permanente; (*econ.*) — *income*, reddito permanente // (*fin.*) — *debt*, debito consolidato // (*fis.*) — *magnet*, magnete permanente // **-ly** *avv.*

permanent wave [,pɜ:mənənt'weɪv] amer. **permanent** ['pɜ:mənənt / per·man·ent] *s.* (*fam.*) (ondulazione) permanente.

permanganate [pɜ:'mæŋgəneɪt / per·man·gan·ate] *s.* (*chim.*) permanganato.

permanganic [,pɜ:mæŋ'gænɪk / per·man·ganic] *agg.* (*chim.*) permanganico: — *acid*, acido permanganico.

permeability [,pɜ:mjə'bɪlətɪ / per·meab·il·ity] *s.* **1** permeabilità **2** (*fis.*) permeabilità magnetica.

permeable ['pɜ:mjəbl / per·meable] *agg.* permeabile.

permeance ['pɜ:mɪəns / per·meance] *s.* (*elettr.*) permeanza.

to **permeate** ['pɜ:mɪeɪt / per·meate] *v.tr.* permeare, penetrare, pervadere: *a musty smell permeated the room*, un odore di muffa pervase la stanza ◆ *v.intr.* diffondersi, penetrare.

permeation [,pɜ:mɪ'eɪʃn / per·mea·tion] *s.* (*chim., fis.*) permeazione.

permed [pɜ:md] *agg.* ondulato con la permanente, che ha la permanente.

Permian ['pɜ:mɪən / Per·mian] *agg.* e *s.* (*geol.*) permiano, permico.

permissibility [pə,mɪsə'bɪlətɪ / per·miss·ib·il·ity] *s.* ammissibilità.

permissible [pə'mɪsəbl / per·miss·ible] *agg.* ammissibile, tollerabile, lecito // **-bly** *avv.*

permissible lamp [pə'mɪsəbl,læmp] *s.* (*amer.*) lampada di sicurezza.

permission [pə'mɪʃn / per·mis·sion] *s.* permesso, autorizzazione; licenza (*anche dir.*).

permissive [pə'mɪsɪv / per·miss·ive] *agg.* **1** (*spec. spreg.*) tollerante, indulgente, permissivo: *he has a very — attitude to(wards) sex and drugs*, è molto indulgente per quanto riguarda il sesso e la droga; — *society*, società permissiva // (*dir.*) — *legislation*, norme permissive **2** permesso, lecito **3** che permette; che autorizza **4** facoltativo // (*dir.*) — *joinder*, litisconsorzio facoltativo // **-ly** *avv.*

permissiveness [pə'mɪsɪvnɪs / per·miss·ive·ness] *s.* permissività; permissivismo, lassismo.

permit ['pɜ:mɪt / per·mit] *s.* permesso, autorizzazione; licenza: *work* —, permesso di lavoro.

to **permit** [pə'mɪt / per·mit] *pass.p.p.* **permitted** [pə'mɪtɪd / per·mit·ted] *v.tr.* **1** (III, IV) permettere, concedere, autorizzare: *my parents never permitted me to stay out late*, i miei genitori non mi hanno mai permesso di stare fuori fino a tardi; — *me to introduce Mr Green*, permettetemi di presentare il signor Green; *he was permitted to sit for the examination*, fu ammesso ufficialmente a sostenere l'esame; *no admission permitted on Sundays and holidays*, l'ingresso non è consentito le domeniche e i giorni festivi; *I was not permitted into the hospital ward until a week had passed*, finché non fu trascorsa una settimana, non mi lasciarono entrare nella corsia dell'ospedale; *my doctor permits me only brown sugar*, il mio medico mi permette di usare solo zucchero di melassa // *if time permits, he can visit the castle, too*, se c'è tempo, può anche visitare il castello // *weather permitting, we'll have a picnic in the afternoon*, tempo permettendo, faremo un picnic nel pomeriggio // La costruzione *to be permitted + inf.* sostituisce nelle forme mancanti *may*, nel significato di 'essere autorizzato, avere il permesso' [cfr. *may*]: *smoking will be permitted when the plane has taken off*, si potrà fumare quando l'aereo avrà decollato **2** permettersi, concedersi: *she permitted herself a little chuckle at his joke*, si concesse una risatina alla sua barzelletta; *I — myself coffee in the evening only on Saturdays*, mi concedo un caffè la sera solo al sabato ◆ *v.intr.* permettere, consentire: *the situation permits of no delay*, la situazione non consente indugi; *their crime is so horrible, it permits no defence*, il loro delitto è atroce, non ammette difesa.

permitter [pə'mɪtə* / per·mit·ter] *s.* (*non com.*) chi permette, chi autorizza (*anche dir.*).

permittivity [,pɜ:mɪ'tɪvətɪ / per·mit·tiv·ity] *s.* (*fis.*) permettività, costante dielettrica.

permutation [,pɜ:mju:'teɪʃn / per·mu·ta·tion] *s.* **1** (*mat.*) permutazione **2** (*dir.*) permuta **3** (*rar.*) cambiamento; trasformazione.

to **permute** [pə'mju:t / per·mute] *v.tr.* permutare, alterare, cambiare.

pern [pɜ:n] *s.* (*zool.*) falco pecchiaiolo → **honey-buzzard**.

pernicious [pɜ:'nɪʃəs / per·ni·cious] *agg.* (*form.*) pericoloso, nocivo; fatale // (*med.*) — *anaemia*, anemia perniciosa // **-ly** *avv.* // **-ness** *s.*

pernickety [pə'nɪkɪtɪ / per·nick·ety] *agg.* (*fam.*) **1** meticoloso; pignolo **2** delicato, che richiede precisione, accuratezza.

to **perorate** ['perəreɪt / per·or·ate] *v.intr.* **1** perorare **2** pronunciare un'arringa.

peroration [,perə'reɪʃn / per·ora·tion] *s.* **1** perorazione **2** arringa.

peroxidase [pə'rɒksɪdeɪs / per·ox·id·ase] *s.* (*biochim.*) perossidasi.

peroxide [pə'rɒksaɪd / per·ox·ide] *s.* (*chim.*) perossido: — *of hydrogen*, perossido di idrogeno, acqua ossigenata // — *number*, numero di perossido.

to **peroxide** *v.tr.* **1** (*chim.*) perossidare **2** ossigenare (capelli ecc.).

peroxide blonde [pə,rɒksaɪd'blɒnd] *s.* (*spec. spreg.*) bionda ossigenata.

to **perpend** [pɜ:'pend / per·pend] *v.tr.* e *intr.* (*ant.*) riflettere (su); ponderare (su).

perpendicular [,pɜ:pən'dɪkjʊlə* / per·pen·dic·ular] *agg.* **1** perpendicolare: — *line*, retta perpendicolare **2** verticale; (*scherz.*) in piedi **3** ripido **4** (*arch.*) perpendicolare ◆ *s.* **1** (*mat.*) perpendicolare **2** archipenzolo, filo a piombo // **-ly** *avv.*

perpendicularity ['pɜ:pən,dɪkjʊ'lærətɪ / per·pen·dic·ular·ity] *s.* perpendicolarità.

perpetrable ['pɜ:pɪtrəbl / per·pet·rable] *agg.* perpetrabile.

to **perpetrate** ['pɜ:pɪtreɪt / per·pet·rate] *v.tr.* perpetrare, consumare, commettere: *to — a crime*, commettere un reato // *who perpetrated that dreadful painting?*, (*scherz.*) chi è l'autore criminale di quell'orrendo quadro?

perpetration [,pɜ:pɪ'treɪʃn / per·pet·ration] *s.* perpetrazione, il perpetrare.

perpetrator ['pɜ:pɪtreɪtə* / per·pet·rator] *s.* perpetratore: (*dir.*) — *of a crime*, esecutore materiale del reato.

perpetual [pə'petjʊəl / per·petual] *agg.* **1** perpetuo, perenne, eterno **2** continuo; costante: — *nagging*, continuo lagnarsi **3** irredimibile: (*fin.*): — *bonds*, obbligazioni irredimibili; — *debt*, debito irredimibile // (*amm.*) — *inventory* (*method*), inventario permanente.

perpetually [pə'petjʊəlɪ / per·petu·ally] *avv.* **1** perpetuamente, eternamente **2** continuamente.

perpetuance [pə'petjʊəns / per·petu·ance] *s.* perpetuazione.

to **perpetuate** [pə'petjʊeɪt / per·petu·ate] *v.tr.* perpetuare, rendere perpetuo.

perpetuation [pə'petjʊ'eɪʃn / per·petu·ation] *s.* perpetuazione.

perpetuator [pə'petjʊeɪtə* / per·petu·ator] *s.* perpetuatore.

perpetuity [,pɜ:pɪ'tju:ətɪ *amer.* ,pɜ:pɪ'tu:ətɪ / per·petu·ity] *s.* **1** perpetuità, eternità; continuità: *in* —, in perpetuo, per sempre **2** proprietà a vita **3** (*dir.*) rendita vitalizia.

to **perplex** [pə'pleks / per·plex] *v.tr.* **1** rendere perplesso; mettere in imbarazzo **2** complicare, imbrogliare, ingarbugliare: *to — an issue*, complicare un problema.

perplexed [pə'plekst / per·plexed] *agg.* **1** perplesso, confuso, imbarazzato **2** incerto, dubbioso **3** intricato, complicato; ingarbugliato // **-ly** *avv.*

perplexing [pə'pleksɪŋ / per·plex·ing] *agg.* che rende perplesso; imbarazzante // **-ly** *avv.*

perplexity [pə'pleksətɪ / per·plex·ity] *s.* **1** perplessità; imbarazzo **2** complicazione, confusione.

perquisite ['pɜ:kwɪzɪt / per·quis·ite] *s.* **1** (*spec. pl.*) → fringe benefit **2** mancia abituale **3** (*dir.*) prerogativa, diritto.

perron ['perən / per·ron] *s.* (*arch.*) scalinata, gradinata esterna.

perry ['perɪ] *s.* sidro di pere.

persalt ['pɜ:sɔ:lt / per·salt] *s.* (*chim.*) persale.

per se [,pɜ:'seɪ] *locuz.avv.* in sé, da sé.

to **persecute** ['pɜ:sɪkju:t / per·se·cute] *v.tr.* **1** perseguitare **2** importunare; tormentare, molestare.

persecution [,pɜ:sɪ'kju:ʃn / per·se·cu·tion] *s.* persecuzione // — *mania*, mania di persecuzione.

persecutor ['pɜ:sɪkju:tə* / per·se·cutor] *s.* persecutore.

persecutory ['pɜ:sɪkju:tərɪ / per·se·cut·ory] *agg.* persecutore.

perseverance [pɜ:sɪ'vɪərəns / per·se·ver·ance] *s.* perseveranza, costanza.

to **persevere** [,pɜ:sɪ'vɪə* / per·se·vere] *v.intr.* perseverare, persistere: *to — with* (o *in* o *at*) *sthg.*, perseverare in qlco.; *to — in doing sthg.*, insistere, perseverare nel fare qlco.

persevering [,pɜ:sɪ'vɪərɪŋ / per·se·ver·ing] *agg.* perseverante // **-ly** *avv.*

Persian ['pɜ:ʃn *amer.* pɜ:ʒn / Per·sian] *agg.* persiano, della Persia // — *blinds*, persiane; — *carpet*, tappeto persiano ◆ *s.* persiano.

Persian cat ['pɜ:ʃn,kæt *amer.* 'pɜ:ʒn,kæt] *s.* gatto persiano.

persiflage ['peəsɪflɑ:ʒ / per·si·flage] *s.* (*form.*) canzonatura.

persimmon [pɜ:'sɪmən / per·sim·mon] *s.* (*bot.*) (*Japanese*) —, cachi → **kaki**.

to **persist** [pə'sɪst / per·sist] *v.intr.* **1** persistere; continuare, durare: *the pain persisted throughout the night*, il dolore durò per tutta la notte **2** ostinarsi; perseverare: *to — in sthg.*, ostinarsi in, impuntarsi su qlco.; *to — in doing sthg.*, ostinarsi a fare qlco.

persistence [pə'sɪstəns / per·sist·ence] **persistency** [pə'sɪstənsɪ / per·sist·ency] *s.* **1** persistenza, durata **2** perseveranza; ostinazione, tenacia.

persistent [pə'sɪstənt / per·sist·ent] *agg.* **1** persistente, duraturo; continuo **2** ostinato; tenace **3** (*bot.*, *zool.*) permanente, persistente.

persistently [pə'sɪstəntlɪ / per·sist·ent·ly] *avv.* **1** costantemente; in modo permanente **2** con ostinazione.

person ['pɜ:sn / per·son] *s.* **1** persona, individuo: *she seems a nice — to me*, mi sembra una brava persona; *who is that —?*, chi è quel tizio, quell'individuo?; *I'm not a* (o *the sort of*) — *who needs a lot of money to be happy*, non sono il tipo, uno che ha bisogno di tanti soldi per essere contento **2** (*form.*) corpo (umano), persona: *the man had a weapon concealed about his* —, l'uomo nascondeva un'arma su di sé // *in* —, di persona, personalmente **3** (*gramm.*) persona: *verb in the first* —, verbo alla prima persona **4** (*dir.*) persona: *artificial* (o *legal*) —, persona giuridica; *natural* —, persona fisica **5** (*teol.*) persona: *the three persons of the Godhead*, le tre persone della Trinità **6** (*ant.*) carattere, personaggio **7** (*biol.*) individuo (di colonia) • Il pl. di 'person' è *people*: *only one — saw him, many people saw him*, una sola persona lo vide, molte persone lo videro; nel linguaggio formale si può trovare il pl. *persons*: *murdered by a — unknown, by persons unknown*, assassinato da persona sconosciuta, da persone sconosciute.

persona [pɜ:'səʊnə / per·sona] *pl.* **personae** [pɜ:'səʊni: / per·sonae] *s.* **1** (*psic.*) persona, individuo **2** (*letter.*) personaggio.

personable ['pɜ:sənəbl / per·son·able] *agg.* bello, avvenente, di bell'aspetto.

personage ['pɜ:snɪdʒ / per·son·age] *s.* **1** (*form.*) personaggio, persona importante: *a high* —, una personalità **2** personaggio (di commedia, romanzo ecc.).

personal ['pɜ:snl / per·sonal] *agg.* **1** personale, individuale; privato: — *acquaintance*, conoscenza personale; — *business* (o — *matter*), affare privato; — *effects*, effetti personali; — *loan*, prestito personale; — *hygiene*, igiene personale // (*econ.*): — *consumption*, consumi delle famiglie; — *saving*, risparmio delle famiglie; — *sector*, settore delle famiglie // (*trib.*) — *income tax*, imposta personale sul reddito, IRPEF // — *columns*, colonne degli annunci personali (in un giornale) **2** personale, rivolto contro la persona: *a — insult*, un insulto personale; *to get* —, diventare offensivo: *we quarrelled and he got* —, abbiamo litigato e lui ha cominciato a offendere **3** (*gramm.*) personale: — *pronoun*, pronome personale ♦ *s.* **1** annuncio personale (in un giornale) **2** (*amer.*) cronaca mondana.

personal computer ['pɜ:snl,kəm'pju:tə*] *s.* (*inform.*) personal (computer), elaboratore per uso personale.

personal estate [,pɜ:snlɪ'steɪt] *s.* beni mobili (*pl.*).

personality [,pɜ:sə'nælətɪ / per·son·al·ity] *s.* **1** personalità: *to be lacking in* —, mancare di personalità; — *cult*, culto della personalità // (*psic.*) — *disorder*, disturbo della personalità **2** personaggio; personalità **3** *pl.* osservazioni, allusioni di carattere personale: *to indulge in personalities*, fare osservazioni di carattere personale, attaccare qlcu. sul piano personale.

personalization [,pɜ:sənəlaɪ'zeɪʃn *amer.* ,pɜ:sənəlɪ'zeɪʃn / per·son·al·iza·tion] *s.* personificazione.

to **personalize** ['pɜ:sənəlaɪz / per·son·al·ize] *v.tr.* **1** personalizzare, rendere personale **2** cifrare, contrassegnare col proprio nome // *personalized shirt*, camicia con le (proprie) cifre **3** portare su un piano personale (osservazioni, critiche ecc.) **4** impersonare, personificare.

personally ['pɜ:snəlɪ / per·son·ally] *avv.* **1** personalmente; di persona: *I'll take care of it* —, me ne occuperò (io) di persona, personalmente **2** personalmente; a livello personale: — *I don't like Swedish films*, personalmente non amo i film svedesi // *to take sthg.* —, (*fam.*) offendersi, prendersela per qlco.

personalty ['pɜ:snltɪ / per·son·alty] *s.* (*dir.*) beni mobili (*pl.*).

persona non grata [pɜ:,səʊnənɒn'grɑ:tə] *s.* (*form.*) persona non grata; ospite non gradito: *the foreign diplomat became — with the authorities*, il diplomatico straniero divenne ospite non gradito presso le autorità.

personate ['pɜ:snɪt / per·son·ate] *agg.* (*bot.*) personata (di corolla).

to **personate** ['pɜ:səneɪt] *v.tr.* **1** (*form.*) impersonare; interpretare; rappresentare **2** personificare; simboleggiare **3** (*dir.*) farsi passare (fraudolentemente) per; sostituirsi a ♦ *v.intr.* interpretare un ruolo.

personated ['pɜ:səneɪtɪd / per·son·ated] *agg.* finto, falso: *he has no longer the power to hold fellowship with such a personated mate*, (MILTON) non ha più il potere di mantenere l'amicizia con un compagno così falso.

personation [,pɜ:sə'neɪʃn / per·sona·tion] *s.* **1** (*antiq.*) interpretazione **2** (*dir.*) sostituzione di persona (per frode) **3** (*antiq.*) personificazione (di qualità ecc.).

personator ['pɜ:səneɪtə* / per·son·ator] *s.* (*non com.*) **1** attore; caratterista **2** chi si fa passare per un altro (*anche dir.*).

personification [pɜ:,sɒnɪfɪ'keɪʃn / per·soni·fica·tion] *s.* personificazione.

to **personify** [pɜ:'sɒnɪfaɪ / per·son·ify] *v.tr.* personificare.

personnel [,pɜ:sə'nel / per·son·nel] *s.* **1** *pl.* (*amm.*): — *turnover*, rotazione del personale; — *management*, gestione del personale // — *consultant*, intervistatore (di aspiranti a un lavoro) **2** [U] ufficio del personale.

perspective [pə'spektɪv / per·spect·ive] *agg.* prospettico; di, in prospettiva: (*mat.*) — *geometry*, (geometria) prospettiva ♦ *s.* **1** prospettiva, angolazione // *please try and see things in the right* —, per favore cerca di vedere le cose nella giusta prospettiva **2** disegno in prospettiva **3** vista; veduta: *a fine — opened out before his eyes*, una bella vista si apriva davanti ai suoi occhi.

perspectively [pə'spektɪvlɪ / per·spect·ively] *avv.* in prospettiva.

perspicacious [,pɜ:spɪ'keɪʃəs / per·spic·acious] *agg.* (*form.*) perspicace; acuto; percettivo // **-ly** *avv.*

perspicacity [,pɜ:spɪ'kæsətɪ / per·spi·ca·city] *s.* (*form.*) perspicacia; acutezza.

perspicuity [,pɜ:spɪ'kju:ətɪ / per·spi·cu·ity] *s.* perspicuità; chiarezza; lucidità.

perspicuous [pə'spɪkjʊəs / per·spic·uous] *agg.* (*non com.*) perspicuo; chiaro; evidente // **-ly** *avv.* // **-ness** *s.*

perspiration [,pɜ:spə'reɪʃn / per·spira·tion] *s.* sudore; sudorazione, traspirazione; (*med.*) perspirazione.

perspiratory [pə'spaɪrətərɪ / per·spir·at·ory] *agg.* traspiratorio.

to **perspire** [pə'spaɪə* / per·spire] *v.intr.* traspirare; sudare ♦ *v.tr.* sudare; trasudare.

persuadable [pə'sweɪdəbl / per·suad·able] *agg.* **1** persuasivo **2** persuadibile.

to **persuade** [pə'sweɪd / per·suade] *v.tr.* (IV) persuadere; convincere: *they will — him to do it*, lo persuaderanno a farlo; *to — s.o. into*, *out of doing sthg.*, persuadere qlcu. a fare, non fare qlco.; *I had to — him of the validity of my argument*, dovetti persuaderlo della validità della mia argomentazione.

persuader [pə'sweɪdə* / per·suader] *s.* **1** persuasore; chi persuade **2** (*sl.*) manganello.

persuasible [pə'sweɪsɪbl / per·suas·ible] *agg.* (*non com.*) **1** persuasivo **2** persuadibile.

persuasion [pə'sweɪʒn / per·sua·sion] *s.* **1** persuasione, convinzione // (*dir.*) *the burden of — is on the prosecutor*, l'onere della prova spetta al pubblico ministero **2** credo; fede **3** scuola; tipo; genere: *a writer of the postmodern* —, uno scrittore del genere postmoderno.

persuasive [pə'sweɪsɪv / per·suas·ive] *agg.* persuasivo, convincente ♦ *s.* (*non com.*) cosa, motivo, mezzo persuasivo; incentivo // **-ly** *avv.* // **-ness** *s.*

persulfate [pɜ:'sʌlfeɪt / per·sulf·ate] *s.* (*chim.*) persolfato.

pert [pɜ:t] *agg.* **1** impudente; impertinente **2** sbarazzino; brioso **3** (*ant.*) vivace, vivo; audace; abile: *stir up the Athenian youth to merriments / awake the pert and nimble spirit of mirth*, (SH. Midsummer-Night's Dream) sprona la gioventù ateniese ai giochi, sveglia l'audace e agile spirito dell'allegria // **-ly** *avv.* // **-ness** *s.*

to **pertain** [pɜ:'teɪn / per·tain] *v.intr.* (*form.*) pertenere; riguardare; essere di pertinenza; concernere; riferirsi; appartenere; spettare: *the enthusiasm pertaining to youth*, l'entusiasmo proprio della gioventù; *they discovered statues pertaining to the Gothic style*, scoprirono statue di stile Gotico.

perthite ['pɜ:θaɪt / perth·ite] *s.* (*geol.*) pertite.

pertinacious [,pɜ:tɪ'neɪʃəs *amer.* ,pɜ:tn'eɪʃəs / per·ti·na·cious] *agg.* (*form.*) **1** pertinace; tenace; ostinato, testardo **2** persistente; insistente; importuno // **-ly** *avv.*

pertinaciousness [,pɜ:tɪ'neɪʃəsnɪs *amer.* ,pɜ:tn'eɪʃəsnɪs / per·ti·na·cious·ness] **pertinacity** [,pɜ:tɪnæsətɪ *amer.* ,pɜ:tn'æsətɪ / per·ti·na·city] *s.* pertinacia; tenacia; ostinatezza, ostinazione.

pertinence ['pɜ:tɪnəns *amer.* 'pɜ:tənəns / per·tin·ence] **pertinency** ['pɜ:tɪnənsɪ *amer.* pɜ:tənənsɪ / per·tin·ency] *s.* (*form.*) pertinenza; attinenza.

pertinent ['pɜ:tɪnənt *amer.* 'pɜ:tənənt / per·tin·ent] *agg.* (*form.*) pertinente; attinente // **-ly** *avv.*

to **perturb** [pə'tɜ:b / per·turb] *v.tr.* (*form.*) turbare; preoccupare; allarmare; sconvolgere: *the government was perturbed by the public reaction to price increases*, il governo venne messo in allarme dalla reazione pubblica all'aumento dei prezzi.

perturbation [,pɜ:tə'beɪʃn / per·turba·tion] *s.* (*form.*) **1** turbamento; perturbazione; sconvolgimento; inquietudine **2** (*scient.*) perturbazione.

pertussis [pə'tʌsɪs / per·tussis] *s.* (*med.*) pertosse SIN. whooping cough.

peruke [pə'ru:k / per·uke] *s.* parrucca (dal XVII secolo all'inizio del XIX).

perusal [pə'ru:zəl / per·usal] *s.* (*form.*) **1** studio, esame attento; lettura attenta, accurata **2** lettura: *he gave the newspaper a quick* —, diede una rapida scorsa al giornale.

to **peruse** [pə'ru:z / per·use] *v.tr.* (*form.*) **1** studiare, esaminare, leggere attentamente, accuratamente **2** (*scherz.*) leggere.

peruser [pə'ru:zə* / per·user] *s.* lettore.

Peruvian [pə'ru:vjən / Pe·ru·vian] *agg.* e *s.* peruviano.

to **pervade** [pɜ:'veɪd / per·vade] *v.tr.* pervadere; permeare; saturare, riempire: *to become pervaded with*, compenetrarsi di, saturarsi di; *the air was pervaded with the smell of damp leaves*, l'aria era pervasa dall'odore delle foglie umide.

pervasion [pɜ:'veɪʒn / per·va·sion] *s.* penetrazione; diffusione.

pervasive [pɜ:'veɪsɪv / per·vas·ive] *agg.* penetrante (di profumo ecc.); che si diffonde // **-ly** *avv.* // **-ness** *s.*

perverse [pə'vɜ:s / per·verse] *agg.* **1** perverso, cattivo, malvagio; pervertito **2** capriccioso; intrattabile **3** ostinato; che contraddice per il gusto di contraddire; errato; (*dir.*) ingiusto (di verdetto).

perversely [pə'vɜ:slɪ / per·verse·ly] *avv.* perversamente.

perverseness [pə'vɜ:snɪs / per·verse·ness] → **perversity**.

perversion [pə'vɜ:ʃn *amer.* pə'vɜ:ʒn / per·ver·sion] *s.* **1** perversione (*anche psic.*); pervertimento **2** alterazione; corruzione.

perversity [pə'vɜ:sɪtɪ / per·vers·ity] *s.* **1** perversità; cattiveria **2** ostinazione; caparbietà.

perversive [pə'vɜ:sɪv / per·vers·ive] *agg.* (*rar.*) tendente a pervertire.

pervert ['pɜ:vɜ:t / per·vert] *s.* **1** persona pervertita; pervertito (sessuale) **2** (*relig.*) apostata.

to **pervert** [pə'vɜ:t] *v.tr.* **1** pervertire; corrompere **2** usare in modo improprio; fare cattivo uso di **3** travisare; snaturare, falsare (discorsi, fatti ecc.) // *to — the course of justice*, deviare il corso della giustizia.

perverted [pə'vɜ:tɪd / per·verted] *agg.* **1** pervertito; perverso: *a — mind*, uno spirito perverso, corrotto, snaturato **2** falsato, alterato; distorto // **-ly** *avv.*

perverter [pə'vɜ:tə* / per·ver·ter] *s.* pervertitore; corruttore.

pervicacious [,pɜ:vɪ'keɪʃəs / per·vi·ca·cious] *agg.* (*rar.*) pervicace, caparbio // **-ness** *s.*

pervious ['pɜ:vjəs / per·vi·ous] *agg.* **1** penetrabile; permeabile **2** (*fig. non com.*) accessibile; aperto: *heart — to love*, cuore sensibile all'amore // **-ness** *s.*

Pesa(c)h ['peɪsɑ:k / Pe·sa(c)h] *s.* Pasqua ebraica.

peseta [pə'setə / pe·seta] *s.* peseta (moneta).

pesky ['peskɪ] *agg.* (*fam. amer.*) noioso, fastidioso, scocciante: *what — weather!*, che tempo uggioso!

peso ['peɪsəʊ] *pl.* **pesos** *s.* **1** peso (moneta) **2** (*fam. amer.*) dollaro.

pessary ['pesərɪ / pess·ary] *s.* (*med.*) pessario.

pessimism ['pesɪmɪzəm / pess·im·ism] *s.* pessimismo.

pessimist ['pesɪmɪst / pess·im·ist] *s.* pessimista.

pessimistic [,pesɪ'mɪstɪk / pess·im·istic] *agg.* pessimistico: *to be — about sthg.*, essere pessimista su qlco. // **-ally** *avv.*

pest [pest] *s.* **1** pianta infestante; animale, insetto infestante: *— control*, controllo degli infestanti **2** (*fam.*) peste, flagello (di persona): *that child is a perfect —*, quel bambino è una peste **3** (*rar.*) peste, pestilenza: *— house*, lazzaretto.

to **pester** ['pestə* / pes·ter] *v.tr.* **1** importunare, seccare, tormentare **2** (*ant.*) infestare (un luogo).

pesticide ['pestɪsaɪd / pes·ti·cide] *s.* (*chim.*) pesticida.

pestiferous [pes'tɪfərəs / pes·ti·fer·ous] *agg.* **1** (*ant.*) pestifero, pestilenziale **2** (*fig. non com.*) pernicioso, malefico **3** (*fam.*) noioso, molesto // **-ly** *avv.*

pestilence ['pestɪləns / pes·ti·lence] *s.* (*letter.*) pestilenza.

pestilent ['pestɪlənt / pes·ti·lent] *agg.* **1** (*ant.*) pestilente; nocivo; esiziale; mortale **2** (*ant.*) pernicioso, corruttore **3** (*fam.*) noioso, molesto // **-ly** *avv.*

pestilential [,pestɪ'lenʃl / pes·ti·len·tial] *agg.* **1** (*antiq.*) pestilenziale **2** (*antiq.*) pernicioso, dannoso **3** (*fig. fam.*) irritante // **-ly** *avv.*

pestle ['pesl] *s.* pestello.

to **pestle** *v.tr.* pestare, polverizzare (con pestello) ◆ *v.intr.* usare il pestello.

pet[1] [pet] *agg.* **1** domestico: *a — dog, monkey*, un cane, una scimmia tenuti per compagnia // *— shop*, negozio che vende animali da compagnia **2** (*fig.*) prediletto; preferito: *— theory*, teoria preferita, personale; *he's my — aversion*, lo amo come il fumo negli occhi ◆ *s.* **1** animale domestico, animale da compagnia **2** (*spec. spreg.*) favorito, cocco, beniamino: *he's the teacher's —*, è il cocco del professore.

to **pet**[1] *pass.p.p.* **petted** ['petɪd / pet·ted] *v.tr.* **1** vezzeggiare, coccolare **2** (*fam.*) sbaciucchiare, pomiciare con ◆ *v.intr.* (*fam.*) pomiciare.

pet[2] *s.* (*fam.*) collera; stizza; cattivo umore: *to be in a —*, essere in collera.

petal ['petl] *s.* (*bot.*) petalo.

petal(l)ed ['petld / pet·al(l)ed] *agg.* (*bot.*) con petali.

petard [pe'tɑ:d / pe·tard] *s.* petardo.

petaurist [pɪ'tɔ:rɪst / pe·taur·ist] *s.* (*zool.*) petauro.

petechia [pə'ti:kɪə / pe·te·chia] *pl.* **petechiae** [pə'ti:kɪi: / pe·te·chiae] *s.* (*med.*) petecchia.

peteman ['pi:tmən / pete·man] → **peterman**.

Peter[1] ['pi:tə*] *no.pr.m.* Pietro // *to rob — to pay Paul*, fare un debito nuovo per pagarne uno vecchio // *— penny* (o *— 's penny* o *—'s pence*), obolo di S. Pietro; tributo volontario pagato al Papa ◆ *s.* (*sl. volg.*) pene.

peter[2] *s.* (*mar.*) → **blue peter**.

peterman ['pi:təmən / peter·man] *pl.* **petermen** *s.* (*sl.*) scassinatore (di casseforti).

to **peter out** [,pi:tə'raʊt] *v.intr.* e *avv.* **1** esaurirsi (di filone aurifero, impresa, corrente d'acqua ecc.) **2** (*estens.*) esaurirsi, venir meno: *interest began to — out*, l'interesse si affievolì.

petersham ['pi:təʃəm / peter·sham] *s.* gros grain (stoffa, nastro).

petiolar ['petɪəʊlə* / peti·olar] *agg.* di picciolo.

petiolate ['petɪəʊleɪt / peti·ol·ate] *agg.* picciolato; peduncolato.

petiole ['petɪəʊl / peti·ole] *s.* **1** (*bot.*) picciolo **2** (*zool.*) peduncolo.

petit ['petɪt] *agg.* (*ant.*) piccolo, insignificante.

petite [pə'ti:t / pe·tite] *agg.* piccola, piccina, minuta, graziosa (di donna, ragazza).

petition [pɪ'tɪʃn / pe·ti·tion] *s.* **1** petizione, supplica: *nearly a million people signed the —*, quasi un milione di persone firmarono la petizione; *to draw up a —*, stendere una petizione // *Petition of Right*, (*st.*) Petizione dei Diritti (1628) **2** (*dir.*) istanza, domanda; ricorso: *— in bankruptcy*, istanza di fallimento; *— of creditors*, istanza dei creditori; *to file a — for divorce*, presentare (una) domanda di divorzio; *— for rehearing of a case*, istanza per la riapertura di un processo.

to **petition** *v.tr.* e *intr.* fare, presentare una supplica, una petizione, un'istanza, un ricorso, un appello (*anche dir.*): *to — s.o. for sthg.*, *to do sthg.*, presentare una petizione a qlcu. per qlco., per fare qlco.

petitionary [pɪ'tɪʃnərɪ / pe·ti·tion·ary] *agg.* **1** di petizione **2** (*rar.*) supplicante.

petitioner [pɪ'tɪʃnə* / pe·ti·tioner] *s.* **1** supplicante, postulante **2** (*dir.*) ricorrente, richiedente, appellante.

petit mal [,petɪ'mæl] *s.* (*med.*) piccolo male (forma epilettica).

petitory ['petɪ,tɔ:rɪ / pe·ti·tory] *agg.* (*dir.*) petitorio: *— action*, azione petitoria.

petit point ['petɪ,pɔɪnt] *s.* piccolo punto, mezzo punto (ricamo).

pet name ['petneɪm] *s.* vezzeggiativo.

petrel ['petrəl / pet·rel] *s.* (*zool.*) **1** (*Hydrobates pelagicus*) procellaria, uccello delle tempeste SIN. storm(y) petrel, storm -bird, (*pop.*) Mother Carey's chicken **2** petrello.

petrifaction [,petrɪ'fækʃn / pet·ri·fac·tion] *s.* (*geol.*) pietrificazione.

petrifactive [,petrɪ'fæktɪv / pet·ri·fact·ive] *agg.* pietrificativo.

petrification [,petrɪfɪ'keɪʃn / pet·ri·fica·tion] → **petrifaction**.

petrified ['petrɪfaɪd / pet·ri·fied] *agg.* **1** pietrificato: *— wood*, legno fossile, silicizzato; *— forest*, foresta pietrificata **2** (*fam.*) impietrito: *I was — with fright*, ero impietrito dalla paura.

to **petrify** ['petrɪfaɪ / pet·rify] *v.intr.* **1** pietrificarsi; diventare di pietra **2** (*fig.*) impietrire, impietrirsi ◆ *v.tr.* **1** pietrificare **2** (*fig. fam.*) impaurire, terrorizzare: *my German teacher petrified me*, la mia insegnante di tedesco mi terrorizzava.

petro- ['petrəʊ] *pref.* di origine greca usato nella terminologia scientifica; significa **1** relazione con pietra, roccia; it. petro-: *petrogenesis*, petrogenesi **2** provenienza, derivazione dal petrolio; it. petrol-, petro-: *petrochemistry*, petrolchimica; *petrodollars*, petrodollari.

petrochemical[1] [,petrəʊ'kemɪkl / pet·ro·chem·ical] *agg.* (*geol.*) petrochimico.

petrochemical[2] *agg.* (*chim.*) petrolchimico ◆ *s.* (*chim.*) prodotto petrolchimico (derivato dal petrolio o dal gas naturale).

petrochemistry[1] [,petrəʊ'kemɪstrɪ / pet·ro·chem·istry] *s.* (*geol.*) petrochimica.

petrochemistry[2] *s.* (*chim.*) petrolchimica.

petrodollar ['petrəʊ,dɒlə* / pet·ro·dol·lar] *s.* (*econ.*) petrodollaro.

petrographer [pe'trɒgrəfə* / pet·ro·grapher] *s.* petrografo.

petrographic(al) [,petrəʊ'græfɪk(l) / pet·ro·graphic, pet·ro·graph·ical] *agg.* (*geol.*) petrografico.

petrography [pɪ'trɒgrəfɪ / pet·ro·graphy] *s.* petrografia.

petrol ['petrəl / pet·rol] *s.* benzina (per autotrazione) AMER. gasoline, gas.

petrolatum [,petrə'leɪtəm / pet·rol·atum] *s.* (*chim.*) petrolato.

petroleum [pɪ'trəʊljəm / pet·ro·leum] *s.* (*geol.*) petrolio: *crude —*, petrolio grezzo.

petroleum jelly [pɪ'trəʊljəm'dʒelɪ] *s.* (*chim.*) petrolato.

petroliferous [,petrə'lɪfərəs / pet·ro·lif·er·ous] *agg.* (*geol.*) petrolifero.

petrologic(al) [,petrəʊ'lɒdʒɪk(l) / pet·ro·lo·gic(al)] *agg.* (*geol.*) petrologico.

petrologist [pe'trɒlədʒɪst / pet·ro·lo·gist] *s.* (*geol.*) petrologo.

petrology [pe'trɒlədʒɪ / pet·ro·logy] *s.* (*geol.*) petrologia.

petrol station ['petrəl,steɪʃn] *s.* (*brit.*) stazione di servizio, autofficina con distributore di benzina SIN. filling station AMER. gas station.

petrol tank ['petrəl,tæŋk] *s.* serbatoio della benzina AMER. gas tank.

petrous ['petrəs / pet·rous] *agg.* **1** pietroso **2** (*anat.*) petroso.

petticoat ['petɪkəʊt / pet·ti·coat] *s.* sottoveste, sottana; sottogonna // — *government*, (*scherz.*) matriarcato.

to **pettifog** ['petɪfɒg / pet·ti·fog] *pass.p.p.* **pettifogged** ['petɪfɒgd / pet·ti·fogged] *v.intr.* occuparsi di cavilli legali, di cause poco oneste; cavillare; fare l'azzeccagarbugli.

pettifogger ['petɪfɒgə* / pet·ti·fog·ger] *s.* azzeccagarbugli, leguleio.

pettifoggery ['petɪfɒgərɪ / pet·ti·fog·gery] *s.* cavillosità; garbuglio; causa legale di poca importanza.

pettifogging ['petɪfɒgɪŋ / pet·ti·fog·ging] *agg.* **1** meschino; insignificante **2** cavilloso.

pettily ['petɪlɪ / pet·tily] *avv.* meschinamente.

pettiness ['petɪnɪs / pet·ti·ness] *s.* piccolezza; meschinità.

petting ['petɪŋ / pet·ting] *s.* petting, il pomiciare.

pettish ['petɪʃ / pet·tish] *agg.* (*fam.*) dispettoso; stizzoso; irascibile // **-ly** *avv.* // **-ness** *s.*

pettitoes ['petɪtəʊz / pet·ti·toes] *s.pl.* **1** (*cuc.*) piedini di maiale **2** (*fam.*) piedi (specialmente di bambini).

petty ['petɪ] *agg.* **1** piccolo; trascurabile; insignificante: *a — quarrel*, una lite per cose futili // (*dir.*): *— crime*, reato minore; *— offence*, contravvenzione, reato di lieve entità, illecito bagatellare **2** meschino; gretto **3** subalterno, subordinato; secondario.

petty officer [,petɪ'ɒfɪsə* *amer.* ,petɪ'ɔ:fɪsə*] *s.* (*mar. mil.*) sottufficiale di marina; capo, secondo capo: *Fleet Chief* —, (GB) capo di 1ª classe; *Master Chief* — (o USA *Senior Chief* —), capo di 2ª classe; *Chief* —, (GB e USA) capo di 3ª classe; — *1st, 2nd, 3rd class*, (USA) secondo capo di 1ª, 2ª, 3ª classe.

petulance ['petjʊləns / pet·ulance] **petulancy** ['petjʊlənsɪ / pet·ulancy] *s.* petulanza.

petulant ['petjʊlənt / pet·ulant] *agg.* petulante // **-ly** *avv.*

petunia [pɪ'tju:njə / pe·tu·nia] *s.* (*bot.*) petunia.

pew [pju:] *s.* banco (di chiesa): *family* —, banco di famiglia // *take a* —, (*fam.*) siediti pure.

pewit ['pi:wɪt / pe·wit] → **peewit**.

pewter ['pju:tə* / pew·ter] *s.* **1** peltro **2** oggetti di peltro.

pewterer ['pju:tərə* / pew·terer] *s.* fabbricante di oggetti di peltro, peltriere.

phaeton ['feɪtn] *s.* **1** 'phaeton' (carrozza scoperta a quattro ruote tirata da uno o due cavalli) **2** (*aut.*) torpedo.

phagocyte ['fægəsaɪt / pha·go·cyte] *s.* (*biol.*) fagocita.

phagocytic [,fægə'sɪtɪk / pha·go·cytic] *agg.* (*biol.*) fagocitario.

to **phagocytize** ['fægə,saɪtaɪz / pha·go·cyt·ize] to **phagocytose** ['fægə,saɪtəʊs / pha·go·cyt·ose] *v.tr.* (*biol.*) fagocitare, assorbire per fagocitosi.

phagocytosis [,fægəsaɪ'təʊsɪs / pha·go·cyt·osis] *s.* (*biol.*) fagocitosi.

-phagous ['fægəs] *suff.* di origine greca che significa 'mangiatore'; it. -fago: *anthropophagous*, antropofago.

phalangal [fə'læŋgəl / pha·lan·gal] *agg.* (*anat.*) di falange.

phalange ['fælændʒ / phal·ange] → **phalanx** 2 e 3.

phalangeal [fə'lændʒɪəl / pha·lan·geal] *agg.* (*anat.*) di falange.

phalanger [fə'lændʒə* / pha·lan·ger] *s.* (*zool.*) falangista.

phalangette [,fælən'ʒet / phal·an·get·te] *s.* (*anat.*) falangetta.

phalanstery ['fælənstərɪ / phal·an·stery] *s.* (*st.*) falansterio.

phalanx ['fælæŋks / phal·anx] *pl.* **phalanxes** ['fælæŋksɪz] *s.* **1** (*st. greca*) falange **2** falange, gruppo di persone unite da uno scopo comune; falansterio **3** (*anat.*) falange: *second* —, falangina.

phalarope ['fælərəʊp / phala·rope] *s.* (*zool.*) falaropo.

phallic ['fælɪk / phal·lic] *agg.* fallico.

phallus ['fæləs / phal·lus] *pl.* **phalli** ['fælaɪ] **phalluses** ['fæləsɪz] *s.* fallo.

phanerogam ['fænərəʊgæm / phan·ero·gam] *s.* (*bot.*) fanerogama.

phanerogamic [,fænərəʊ'gæmɪk / phan·ero·gamic] **phanerogamous** [,fænə'rɒgəməs / phan·ero·gam·ous] *agg.* (*bot.*) di fanerogama, fanerogamo.

Phanerozoic [,fænərə'zəʊɪk / Phan·ero·zoic] *s.* (*geol.*) fanerozoico.

phantasm ['fæntæzəm / phant·asm] *s.* **1** (*antiq.*) fantasma **2** (*fig.*) illusione; illusione ottica.

phantasma [fæn'tæzmə / phant·asma] *pl.* **phantasmata** [fæn'tæzmətə / phant·as·mata] *s.* (*ant.*) fantasma.

phantasmagoria [,fæntæzmə'gɒrɪə *amer.* ,fæntæzmə'gɔ:rɪə / phant·as·ma·goria] *s.* fantasmagoria.

phantasmagorial [,fæntæzmə'gɒrɪəl *amer.* ,fæntæzmə'gɔ:rɪəl / phant·as·ma·gor·ial] **phantasmagoric** [,fæntæzmə'gɒrɪk *amer.* ,fæntæzmə'gɔ:rɪk / phant·as·ma·goric] *agg.* fantasmagorico.

phantasmagory [fæn'tæzməgɒrɪ *amer.* fæn'tæzməgɔ:rɪ / phant·as·ma·gory] *s.* (*rar.*) fantasmagoria.

phantasmal [fæn'tæzml / phant·as·mal] *agg.* (*antiq.*) di fantasma; spettrale // **-ly** *avv.*

phantasmic [fæn'tæzmɪk / phant·as·mic] *agg.* di fantasma; spettrale.

phantasy → **fantasy**.

phantom ['fæntəm] *s.* **1** fantasma, spettro // — *ship*, vascello fantasma **2** (*fig.*) illusione; apparizione.

Pharaoh ['feərəʊ / Phar·aoh] *s.* (*st.*) faraone.

pharaonic [,feərə'ɒnɪk / phar·aonic] *agg.* faraonico.

pharisaic(al) [,færɪ'seɪɪk(l) / phar·isaic, phar·isa·ical] *agg.* farisaico (*anche fig.*) // **-ally** *avv.* // **-ness** *s.*

Pharisaism ['færɪseɪɪzəm / Phar·isa·ism] *s.* fariseismo.

Pharisee ['færɪsi: / Phar·isee] *s.* (*Bibbia*) fariseo (*anche fig.*).

pharmaceutic(al) [,fɑ:mə'sju:tɪk(l) *amer.* ,fɑ:mə'su:tɪk(l) / phar·ma·ceutic, phar·ma·ceut·ical] *agg.* farmaceutico: — *company*, industria farmaceutica ◆ *s.* farmaco, sostanza medicinale // **-ally** *avv.*

pharmaceuticals [,fɑ:mə'sju:tɪklz *amer.* ,fɑ:mə'su:tɪklz / phar·ma·ceut·ic·als] *s.pl.* prodotti farmaceutici; industria farmaceutica.

pharmaceutics [,fɑ:mə'sju:tɪks *amer.* ,fɑ:mə'su:tɪks / phar·ma·ceut·ics] *s.* [U] farmaceutica.

pharmacist ['fɑ:məsɪst / phar·ma·cist] *s.* farmacista.

pharmacologist [,fɑ:mə'kɒlədʒɪst / phar·ma·co·lo·gist] *s.* farmacologo.

pharmacology [,fɑ:mə'kɒlədʒɪ / phar·ma·co·logy] *s.* farmacologia.

pharmacopoeia [,fɑ:məkə'pi:ə / phar·ma·co·poeia] *s.* farmacopea.

pharmacy ['fɑ:məsɪ / phar·macy] *s.* farmacia.

pharos ['feərɒs] *s.* (*non com.*) faro.

pharyngal [fə'rɪŋgl / pha·ryn·gal] **pharyngeal** [,færɪ:n'dʒi:əl / pha·ryn·geal] *agg.* **1** (*anat.*) faringeo **2** (*ling.*) faringale.

pharyngitis [,færɪn'dʒaɪtɪs / pha·ryn·gitis] *s.* (*med.*) faringite.

pharyngoscope [fə'rɪŋgə,skəʊp / pha·ryn·go·scope] *s.* (*med.*) faringoscopio.

pharyngotomy [,færɪŋ'gɒtəmɪ / pha·ryn·go·tomy] *s.* (*med.*) faringotomia.

pharynx ['færɪŋks] *s.* (*anat.*) faringe.

phase [feɪz] *s.* **1** fase, periodo: *phases of an illness*, fasi di una malattia // (*dir.*) *pre-trial, post-trial* —, fase processuale anteriore, successiva al dibattimento // (*astr.*) *lunar phases*, fasi della luna **2** (*chim.*, *fis.*, *elettr.*, *rad.*) fase: — *convertor*, convertitore di fase; — *generator*, generatore di fase; — *modulator*, modulatore di fase; — *rule*, regola delle fasi; — *space*, spazio delle fasi; — *velocity*, velocità di fase // *out of* — (*with*), fuori fase (con); *in* — (*with*), in fase (con).

to **phase** *v.tr.* **1** programmare, concordare, fare (qlco.) a fasi, per gradi: *the superpowers want to — the withdrawal of missiles from Europe*, le superpotenze vogliono programmare il ritiro graduale dei missili dall'Europa **2** (*fis.*, *tecn.*) mettere in fase.

□ **phase in** *v.tr.* e *avv.* introdurre gradualmente.

□ **phase out** *v.tr.* e *avv.* eliminare, rimuovere gradualmente.

phase angle ['feɪz,æŋgl] *s.* **1** (*astr.*) angolo di fase **2** (*elettr.*) angolo di sfasamento, differenza di fase.

phase diagram ['feɪz,daɪəgræm] *s.* **1** (*chim.*, *fis.*) diagramma di stato, di equilibrio **2** (*fis.*) diagramma di fase, delle fasi **3** (*metall.*) diagramma di stato.

phase meter ['feɪz,mi:tə*] *s.* (*tecn.*) fasometro.

phase out ['feɪz'aʊt] *s.* eliminazione graduale.

phase transformer ['feɪztrænz,fɔ:mə*] *s.* (*elettr.*) trasformatore sfasatore.

phasis ['feɪsɪs] *pl.* **phases** ['feɪsi:z] *s.* (*astr.*) fase.

phasor ['feɪzə*] *s.* (*fis.*) fasore.

pheasant ['feznt / pheas·ant] *pl.* **pheasant(s)** *s.* fagiano: *hen* —, fagiana.

pheasant's eye ['fezntsaɪ] *s.* (*bot. pop.*) adonide gialla → **adonis** 2.

phellem ['felem / phel·lem] *s.* (*bot.*) fellema, sughero.

phelloderm ['felədɜ:m / phel·lo·derm] *s.* (*bot.*) felloderma.

phellogen ['felədʒən / phel·lo·gen] *s.* (*bot.*) fellogeno.

phenacaine ['fi:nəkeɪn / phena·caine] *s.* (*chim.*) fenacaina.

phenacetin [fɪ'næsɪtɪn / phen·acetin] *s.* (*chim.*) fenacetina.

phenakite ['fenəkaɪt / phen·akite] *s.* (*min.*) fenacite.

phenate ['fi:neɪt / phen·ate] *s.* (*chim.*) fenato.

phenazine ['fenəzi:n / phen·az·ine] *s.* (*chim.*) fenazina.

phenic ['fi:nɪk] *agg.* (*chim.*) fenico: — *acid*, acido fenico.

phenix (*amer.*) → **phoenix**.

phenobarbitone [,fi:nəʊ'bɑ:bɪtəʊn / phe·no·bar·bit·one] spec. amer. **phenobarbital** [,fi:nəʊ'bɑ:bɪtæl / phe·no·bar·bital] *s.* (*chim.*) fenobarbital, fenobarbitone, acido feniletilbarbiturico.

phenocryst ['fi:nəkrɪst / phe·no·cryst] *s.* (*geol.*) fenocristallo.

phenol ['fi:nɒl] *s.* (*chim.*) fenolo // — *red*, rosso fenolo.

phenolate ['fi:nəʊleɪt / phenol·ate] → **phenate**.

phenolic [fɪ'nəʊlɪk / phen·olic] *agg.* (*chim.*) fenolico: — *resin*, resina fenolica.

phenological [,fi:nə'lɒdʒɪkl / pheno·lo·gical] *agg.* (*biol.*) fenologico.

phenology [fɪ'nɒlədʒɪ / pheno·logy] *s.* (*biol.*) fenologia.

phenolphthalein [,fi:nɒl'fθælɪɪn / phenol·phthal·ein] *s.* (*chim.*) fenoftaleina.

phenomenal [fə'nɒmɪnl / phe·nom·enal] *agg.* **1** (*fil. scient.*) fenomenico **2** fenomenale; straordinario // **-ly** *avv.*

phenomenalism [fə'nɒmɪnəlɪzəm / phe·nom·en·al·ism] *s.* (*fil.*) fenomenismo.

to **phenomenalize** [fə'nɒmɪnəlaɪz / phe·nom·en·al·ize] *v.tr.* rendere, rappresentare fenomenicamente.

phenomenism [fə'nɒmɪnɪzəm / phe·nom·en·ism] *s.* (*fil.*) fenomenismo.

phenomenology [fə,nɒmɪ'nɒlədʒɪ / phe·nom·eno·logy] *s.* fenomenologia.

phenomenon [fə'nɒmɪnən / phe·nom·enon] *pl.* **phenomena** [fə'nɒmɪnə / phe·nom·ena] *s.* fenomeno (*anche fig.*).

phenothiazine [,fi:nəʊ'θaɪəzi:n / pheno·thiaz·ine] *s.* (*chim.*) fenotiazina.

phenotype ['fi:nətaɪp / phe·no·type] *s.* (*biol.*) fenotipo.

phenotypic(al) [,fi:nə'tɪpɪk(l) / phe·no·typic, phe·no·typ·ical] *agg.* (*biol.*) fenotipico.

phenoxide [fɪ'nɒksaɪd / phen·oxide] *s.* (*chim.*) fenossido.

phenoxy [fɪ'nɒksɪ / phen·oxy] *agg.* (*chim.*) fenossidico.

phenoxyacetic [fɪ,nɒksɪə'si:tɪk / phen·oxy·acetic] *agg.* (*chim.*) fenossiacetico: — *acid*, acido fenossiacetico.

phenyl ['fenɪl] *s.* (*chim.*) fenile.

phenylalanine [,fenɪl'æləni:n / phenyl·alanine] *s.* (*chim.*) fenilalanina.

phenylamine [,fenɪl'æmən / phenyl·am·ine] *s.* (*chim.*) fenilammina.

pheochromocytoma [,fi:əʊ,krəʊməʊsaɪ'təʊmə / pheo·chromo·cyt·oma] *s.* (*med.*) feocromocitoma.

pheromone ['ferəʊ,məʊn / phero·mone] *s.* (*biochim.*) ferormone, feromone.

phew [fju:] *inter.* (*sollievo*) ah!; (*sorpresa*) oh!; (*disgusto*) puah!

phial ['faɪəl] *s.* fiala; ampolla; provetta.

Phi Beta Kappa [,faɪ,bi:tə'kæpə] *s.* (*amer.*) Phi Beta Kappa (club riservato esclusivamente agli studenti laureatisi col massimo dei voti); membro del Phi Beta Kappa.

phil- [fɪl] → **philo-**.

to **philander** [fɪ'lændə* / phil·an·der] *v.intr.* (*form.*) essere un donnaiolo, un casanova.

philanderer [fɪ'lændərə* / phil·an·derer] *s.* (*form.*) cascamorto, donnaiolo, casanova.

philanthrope ['fɪlənθrəʊp / phil·an·thrope] *s.* (*form.*) filantropo.

philanthropic(al) [,fɪlən'θrɒpɪk(l) / phil·an·thropic(al)] *agg.* filantropico // **-ally** *avv.*

philanthropism [fɪ'lænθrəpɪzəm / phil·an·throp·ism] *s.* filantropia.

philanthropist [fɪ'lænθrəpɪst / phil·an·throp·ist] *s.* filantropo.

to **philanthropize** [fɪ'lænθrəpaɪz / phil·an·throp·ize] *v.intr.* fare il filantropo ♦ *v.tr.* beneficare.

philanthropy [fɪ'lænθrəpɪ / phil·an·thropy] *s.* filantropia.

philatelic(al) [,fɪlə'telɪk(l) / phil·atelic(al)] *agg.* filatelico.

philatelist [fɪ'lætəlɪst / phil·atel·ist] *s.* filatelico.

philately [fɪ'lætəlɪ / phil·ately] *s.* filatelia.

-phile [faɪl] *suff.* di origine greca usato per formare sostantivi o, più raramente, aggettivi; indica 'amore, passione per'; it. -filo: *bibliophile*, bibliofilo; *hydrophile*, idrofilo.

philharmonic [,fɪlɑ:'mɒnɪk / phil·har·monic] *agg.* e *s.* filarmonico.

philibeg ['fɪlɪbeg / phili·beg] *s.* (*scoz.*) kilt (gonnellino del costume tradizionale scozzese).

philippic [fɪ'lɪpɪk / phil·ip·pic] *s.* filippica; invettiva.

Philippine ['fɪlɪpi:n / Phil·ip·pine] *agg.* filippino.

Philistine ['fɪlɪstaɪn *amer.* 'fɪlɪsti:n / Phil·is·tine] *agg.* e *s.* filisteo (*anche fig.*).

philistinism ['fɪlɪstɪnɪzəm / phil·is·tin·ism] *s.* filisteismo.

philo- [fɪləʊ] *pref.* di origine greca che indica 'predilezione, simpatia'; it. filo-: *philhellene*, filelleno; *philanthropic*, filantropico.

philodendron [,fɪlə'dendrən / philo·den·dron] *s.* (*bot.*) filodendro.

philogyny [fɪ'lɒdʒɪnɪ / philo·gyny] *s.* filoginia.

philologer [fɪ'lɒlədʒə* / philo·lo·ger] **philologian** [,fɪlə'ləʊdʒɪən / philo·lo·gian] *s.* filologo.

philologic(al) [,fɪlə'lɒdʒɪk(l) / philo·lo·gic(al)] *agg.* filologico // **-ally** *avv.*

philologist [fɪ'lɒlədʒɪst / philo·lo·gist] *s.* filologo.

philology [fɪ'lɒlədʒɪ / philo·logy] *s.* filologia.

philoprogenitive [,fɪləprəʊ'dʒenɪtɪv / philo·pro·gen·it·ive] *agg.* (*form.*) prolifico (*anche fig.*).

philosopher [fɪ'lɒsəfə* / philo·sopher] *s.* filosofo // — *'s stone*, pietra filosofale // *moral* —, studioso di etica, moralista; *natural* —, filosofo della natura; (*antiq.*) fisico.

philosophic(al) [,fɪlə'sɒfɪk(l) / philo·sophic, philo·soph·ical] *agg.* filosofico // **-ally** *avv.*

philosophism [fɪ'lɒsəfɪzəm / philo·soph·ism] *s.* filosofismo.

philosophist [fɪ'lɒsəfɪst / philo·soph·ist] *s.* (*non com.*) pseudofilosofo.

to **philosophize** [fɪ'lɒsəfaɪz / philo·soph·ize] *v.intr.* filosofare.

philosophy [fɪ'lɒsəfɪ / philo·sophy] *s.* filosofia: *moral* —, filosofia morale; etica; // *to take sthg. with* —, (*fig.*) prendere qlco. con filosofia.

philtre ['fɪltə*] amer. **philter** *s.* filtro (d'amore).

phiz [fɪz] **phizog** [fɪ'zɒg] *s.* (*sl. antiq.*) abbr. di → **physiognomy**.

phlebitic [flɪ'bɪtɪk / phle·bitic] *agg.* (*med.*) flebitico.

phlebitis [flɪ'baɪtɪs / phle·bitis] *s.* (*med.*) flebite.

phlebo- ['fli:bəʊ, flɪ'bɒ] *pref.* di origine greca usato nella terminologia medica; significa 'vena'; it. flebo-: *phleboclysis*, fleboclisi; *phlebography*, flebografia; *phlebotomist*, flebotomo.

phlebotome ['fli:bətəʊm / phle·bot·ome] *s.* (*zool.*) (*Phlebotomus papatasii*) flebotomo.

to **phlebotomize** [flɪ'bɒtəmaɪz / phle·bot·om·ize] *v.tr.* (*med.*) salassare.

phlebotomy [flɪ'bɒtəmɪ / phle·bot·omy] *s.* (*med.*) flebotomia, salasso.

phlegm [flem] *s.* **1** (*med.*) muco; flemma **2** (*fig.*) imperturbabilità, calma, flemma, sangue freddo.

phlegmatic(al) [fleg'mætɪk(l) / phleg·matic(al)] *agg.* flemmatico, calmo, imperturbabile // **-ally** *avv.*

phlegmy ['flemɪ] *agg.* (*med.*) flemmatico.

phloem ['fləʊem] *s.* (*bot.*) floema, libro.

phlogistic [flɒ'dʒɪstɪk / phlo·gistic] *agg.* (*med., chim.*) flogistico, infiammatorio.

phlogiston [flɒ'dʒɪstən / phlo·gis·ton] *s.* flogisto.

phlogopite ['flɒgəʊpaɪt / phlogo·pite] *s.* (*min.*) flogopite.

phlox [flɒks] *s.* (*bot.*) flox.

-phobe [fəʊb] *suff.* di origine greca usato per formare sostantivi; indica 'odio, repulsione'; it. -fobo: *Francophobe*, francofobo.

phobia ['fəʊbjə / pho·bia] *s.* (*psic.*) fobia.

phobic ['fəʊbɪk] *agg.* (*psic.*) fobico.

phocine ['fəʊsaɪn / pho·cine] *agg.* di, relativo alla foca.

phocomelia [,fəʊkəʊ'mi:lɪə / phoco·melia] *s.* (*med.*) focomelia.

phocomelic [,fəʊkəʊ'mi:lɪk / pho·co·melic] *agg.* (*med.*) focomelico.

Phoenician [fɪ'nɪʃɪən / Phoe·ni·cian] *agg.* e *s.* fenicio.

phoenix ['fi:nɪks] *s.* (*mit.*) fenice.

pholas ['fəʊləs / pho·las] *pl.* **pholades** ['fəʊlədi:z / pho·la·des] *s.* (*zool.*) (*Pholas dactylus*) folade SIN. piddock.

phon [fɒn] *s.* (*fis.*) fon, phon (unità di misura).

to **phonate** [fəʊ'neɪt / phon·ate] *v.intr.* produrre suoni vocalici; emettere suoni.

phonation [fəʊ'neɪʃn / phona·tion] *s.* fonazione.

phone[1] [fəʊn] *s.* suono (di vocale, consonante).

phone[2] *s.* **1** telefono: *to be on the —*, essere al telefono; avere il telefono; *she spoke to him by —*, gli parlò per telefono **2** ricevitore telefonico.

to **phone**[2] *v.tr.* e *intr.* telefonare (a).
□ **phone in** *v.tr.* e *avv.* comunicare, riferire per telefono (al proprio posto di lavoro, a casa ecc.) ◆ *v.intr.* e *avv.* riferire, dare notizie, mettersi in contatto per telefono.
□ **phone up** *v.tr.* e *intr.* e *avv.* telefonare (a).

-phone [fəʊn] *suff.* di origine greca; in parole di origine recente significa 'che parla la lingua indicata nel primo termine'; it. -fono: *anglophone*, anglofono; *francophone*, francofono.

phone-answering service ['fəʊn,ɑ:nsərɪŋ,sɜ:vɪs *amer.* 'fəʊn,ænsərɪŋ,sɜ:vɪs] *s.* segreteria telefonica.

phone book ['fəʊn,bʊk] *s.* elenco telefonico SIN. telephone directory.

phone booth ['fəʊn,bu:ð] **phone box** ['fəʊn,bɒks] **phone kiosk** ['fəʊn,ki:ɒsk] *s.* cabina telefonica SIN. call box.

phone-in ['fəʊn,ɪn] *s.* trasmissione in cui il pubblico interviene per telefono AMER. call in.

phoneme ['fəʊni:m / phon·eme] *s.* (*ling.*) fonema.

phone-tapping ['fəʊn,tæpɪŋ] *s.* intercettazione (di telefonate).

phonetic [fəʊ'netɪk / phon·etic] *agg.* fonetico // **-ally** *avv.*

phonetician [,fəʊnɪ'tɪʃn / phon·eti·cian] *s.* studioso di fonetica, fonetista.

to **phoneticize** [fəʊ'netɪsaɪz / phon·eti·cize] *v.tr.* rendere fonetico; rappresentare foneticamente.

phonetics [fəʊ'netɪks / phon·et·ics] *s.* U fonetica.

phonetist ['fəʊnɪtɪst / phon·et·ist] *s.* studioso di fonetica, fonetista.

phoney ['fəʊnɪ / pho·ney] *agg.* **1** (*fam.*) falso, fasullo; contraffatto; *a — five-dollar note*, biglietto falso da cinque dollari; *he thinks the suicide is —*, crede che il suicidio sia falso **2** falso, ipocrita ◆ *s.* (*fam.*) **1** falsità, cosa falsa, falsificazione **2** ipocrita, impostore: *he is a —*, è un impostore, un ipocrita.

phoney war ['fəʊnɪ,wɔ:*] *s.* (*fam.*) i primi mesi della seconda guerra mondiale (durante i quali non si combatteva).

phonic ['fəʊnɪk] *agg.* fonico.

phonics ['fəʊnɪks / phon·ics] *s.* U **1** scienza dei suoni, acustica **2** metodo di insegnamento basato sulla fonetica.

phono- ['fəʊnəʊ] *pref.* di origine greca che indica relazione con 'suono, voce', it. fono-: *phonocardiogram*, fonocardiogramma.

phonogram ['fəʊnəgræm / phono·gram] *s.* (*ling.*) fonogramma.

phonograph ['fəʊnəgrɑ:f *amer.* 'fəʊnəgræf / phono·graph] *s.* (*spec. amer.*) fonografo.

phonographic [,fəʊnə'græfɪk / phono·graphic] *agg.* **1** fonografico **2** relativo alla grafia fonetica **3** stenografico (spec. il sistema Pitman).

phonography [fəʊ'nɒgrəfɪ / phono·graphy] *s.* **1** rappresentazione grafica della fonetica **2** stenografia (spec. il sistema Pitman).

phonolite ['fəʊnəlaɪt / phon·ol·ite] *s.* (*geol.*) fonolite.

phonologic(al) [,fəʊnə'lɒdʒɪk(l) / phono·lo·gic(al)] *agg.* fonologico // **-ally** *avv.*

phonologist [fəʊ'nɒlədʒɪst / phono·lo·gist] *s.* studioso di fonologia, fonologo.

phonology [fəʊ'nɒlədʒɪ / phono·logy] *s.* fonologia.

phonometer [fə'nɒmɪtə* / phono·meter] *s.* (*fis.*) fonometro.

phonon ['fəʊnɒn] *s.* (*fis.*) fonone.

phonoscope ['fəʊnəskəʊp / phono·scope] *s.* (*fis.*) fonoscopio.

phonotype ['fəʊnəʊtaɪp / phono·type] *s.* (*tip.*) carattere fonetico; fonotipo.

phony (*amer.*) → **phoney**.

phosgene ['fɒzdʒi:n / phos·gene] *s.* (*chim.*) fosgene.

phosgenite ['fɒzdʒə,naɪt / phos·gen·ite] *s.* (*min.*) fosgenite.

phosphatase ['fɒsfəteɪs / phos·phat·ase] *s.* (*biochim.*) fosfatasi.

phosphate ['fɒsfeɪt / phos·phate] *s.* (*chim.*) fosfato: *calcium —*, fosfato di calcio // (*geol.*) *— rock*, roccia fosfatica, fosforite.

to **phosphate** *v.tr.* (*metall.*) fosfatare.

phosphatic [fɒs'fætɪk / phos·phatic] *agg.* (*chim.*) fosfatico: *— fertilizers*, concimi fosfatici // (*geol.*) *— rock*, roccia fosfatica; fosforite.

phosphatide ['fɒsfə,taɪd / phos·phat·ide] → **phospholipid**.

phosphation [,fɒs'feɪʃn / phos·pha·tion] (*metall.*) fosfatazione.

phosphatization [,fɒsfətaɪ'zeɪʃn *amer.* ,fɒsfətɪ'zeɪʃn / phos·phat·iza·tion] (*chim.*) fosfatizzazione.

to **phosphatize** ['fɒsfətaɪz / phos·phat·ize] *v.tr.* (*chim.*) fosfatizzare.

phosphene ['fɒsfi:n / phos·phene] *s.* (*med.*) fosfene.

phosphide ['fɒsfaɪd / phos·phide] *s.* (*chim.*) fosfuro.

phosphine ['fɒsfi:n / phos·phine] *s.* (*chim.*) fosfina.

phosphite ['fɒsfaɪt / phos·phite] *s.* (*chim.*) fosfito.

phosphocreatine [,fɒsfəʊ'kri:əti:n / phos·pho·creat·ine] *s.* (*biochim.*) fosfocreatina, fosfoprotide.

phospholipid [,fɒsfəʊ'lɪpɪd / phos·pho·lipid] **phospholipide** [,fɒsfəʊ'lɪpaɪd / phos·pho·lipide] *s.* (*biochim.*) fosfolipide.

phosphonic [,fɒs'fɒnɪk / phos·phonic] *agg.* (*chim.*) fosfonico.

phosphonium [fɒs'fəʊnɪəm / phos·phon·ium] *s.* (*chim.*) fosfonio.

phosphoprotein [,fɒsfəʊ'prəʊti:n / phos·pho·pro·tein] *s.* (*biochim.*) fosfoproteina.

phosphor ['fɒsfɔ* / phos·phor] *s.* (*chim.*) fosforo: *— bronze*, bronzo al fosforo.

to **phosphorate** ['fɒsfəreɪt / phos·phor·ate] *v.tr.* fosforare, combinare con fosforo, impregnare di fosforo.

to **phosphoresce** [,fɒsfə'res / phos·phor·esce] *v.intr.* emanare luce fosforica, fosforeggiare.

phosphorescence [,fɒsfə'resns / phos·phor·es·cence] *s.* fosforescenza; luce fosforica.

phosphorescent [,fɒsfə'resnt / phos·phor·es·cent] *agg.* fosforescente.

phosphoret(t)ed ['fɒsfəretɪd / phos·phor·et(t)ed] *agg.* (*chim.*) fosforato.

phosphoric [fɒs'fɒrɪk *amer.* fɒs'fɔ:rɪk / phos·phoric] *agg.* **1** (*chim.*) fosforico: *— acid*, acido fosforico; *— anhydride*, anidride fosforica **2** fosforescente.

phosphorism ['fɒsfərɪzəm / phos·phor·ism] *s.* (*med.*) fosforismo.

phosphorite ['fɒsfəraɪt / phos·phor·ite] *s.* (*geol.*) fosforite.

phosphorization [,fɒsfəraɪ'zeɪʃn *amer.* ,fɒsfərɪ'zeɪʃn / phos·phor·iza·tion] (*chim.*) fosforizzazione.

to **phosphorize** ['fɒsfəraɪz / phos·phor·ize] *v.tr.* (*chim.*) fosforizzare.

phosphorolysis [,fɒsfə'rɒləsɪs / phos·phoro·lysis] *s.* (*biochim.*) fosforolisi.

phosphorous ['fɒsfərəs / phos·phor·ous] *agg.* (*chim.*) **1** fosforoso: *— acid*, acido fosforoso; *— pentoxide*, anidride fosforosa **2** fosforescente.

phosphorus ['fɒsfərəs / phos·phorus] *s.* (*chim.*) fosforo.

phosphorylase ['fɒsfərə,leɪs / phos·phory·lase] *s.* (*biochim.*) fosforilasi.

to **phosphorylate** ['fɒsfərə,leɪt / phos·phory·late] *v.tr.* (*chim.*) fosforilare.

photo ['fəʊtəʊ] *pl.* **photos** [pho·tos] *s.* fotografia, foto: *to take a —*, fare una fotografia, una foto.

to **photo** *v.tr.* fotografare.

photo- ['fəʊtəʊ] *pref.* di origine greca della terminologia scientifica e tecnica; indica **1** attinenza con la 'luce'; it. foto-: *photobiology*, fotobiologia; *photosensitization*, fotosensibilizzazione; *photophobic*, fotofobico **2** attinenza con la 'fotografia'; it. foto-: *photochrome*, fotografia a colori; *photoengraver*, fotoincisore.

photoacoustic [,fəʊtəʊə'ku:stɪk / pho·to·acous·tic] *agg.* fotoacustico.

photobiology [ˌfəʊtəʊˌbaɪˈɒlədʒɪ / pho·to·bio·logy] *s.* fotobiologia.

photocatalysis [ˌfəʊtəkəˈtælɪsɪs / pho·to·cata·lysis] *s.* (*fis., chim.*) fotocatalisi.

photocathode [ˌfəʊtəˈkæθəʊd / pho·to·cath·ode] *s.* (*fis.*) fotocatodo.

photocell [ˈfəʊtəsel / pho·to·cell] *s.* (*fis.*) fotocellula, cellula fotoelettrica.

photoceptor [ˈfəʊtəˌseptə* / pho·to·ceptor] *s.* (*biol.*) fotocettore, fotorecettore.

photochemical [ˌfəʊtəˈkemɪkl / pho·to·chem·ical] *agg.* fotochimico: — *reaction*, reazione fotochimica.

photochemistry [ˌfəʊtəˈkemɪstrɪ / pho·to·chem·istry] *s.* fotochimica.

photochromatic [ˌfəʊtəkrəʊˈmætɪk / pho·to·chrom·atic] *agg.* fotocromatico.

photochrome [ˈfəʊtəkrəʊm / pho·to·chrome] *s.* fotografia a colori.

photochromy [ˈfəʊtəˌkrəʊmɪ / pho·to·chromy] *s.* (*fot.*) fotocromia.

photochronograph [ˌfəʊtəˈkrɒnəgrɑːf *amer.* ˌfəʊtəˈkrɒnəgræf / pho·to·chro·no·graph] *s.* fotocronografo.

photocoagulation [ˌfəʊtəʊkəʊˌægjʊˈleɪʃn / pho·to·co·agu·la·tion] *s.* (*med.*) fotocoagulazione.

to **photocompose** [ˌfəʊtəʊkəmˈpəʊz / pho·to·com·pose] *v.tr.* (*tip.*) fotocomporre.

photocomposer [ˈfəʊtəʊkəmˌpəʊzə* / pho·to·com·poser] *s.* (*tip.*) **1** fotocompositore **2** (*mecc.*) fotocompositrice.

photocomposition [ˌfəʊtəˌkɒmpəˈzɪʃn / pho·to·com·posi·tion] *s.* (*tip.*) fotocomposizione.

photoconductive [ˌfəʊtəʊkənˈdʌktɪv / pho·to·con·duct·ive] *agg.* (*fis.*) fotoconduttivo.

photoconductivity [ˌfəʊtəˌkɒndʌkˈtɪvətɪ / pho·to·con·duct·iv·ity] *s.* (*fis.*) fotoconduttività.

photocopier [ˌfəʊtəʊˈkɒpɪə* / pho·to·copier] *s.* fotocopiatrice.

photocopy [ˈfəʊtəʊˌkɒpɪ / pho·to·copy] *s.* fotocopia.

to **photocopy** *v.tr.* fotocopiare.

photocopying [ˌfəʊtəʊˈkɒpɪɪŋ / pho·to·copy·ing] *s.* fotocopiatura.

photodiode [ˌfəʊtəʊˈdaɪəʊd / pho·to·di·ode] *s.* (*fis.*) fotodiodo.

photodisintegration [ˌfəʊtədɪsˌɪntɪˈgreɪʃn / pho·to·dis·in·teg·ra·tion] *s.* (*fis. nucleare*) fotodisintegrazione.

photodynamic(al) [ˌfəʊtədaɪˈnæmɪk(l) / pho·to·dy·namic(al)] *agg.* (*fis.*) fotodinamico.

photodynamics [ˌfəʊtədaɪˈnæmɪks / pho·to·dy·nam·ics] *s.* ⊡ (*fis.*) fotodinamica.

photoelectric(al) [ˌfəʊtəʊɪˈlektrɪk(l) / pho·to·elec·tric(al)] *agg.* (*fis.*) fotoelettrico: *photoelectric effect*, effetto fotoelettrico // *photoelectric cell*, cellula fotoelettrica.

photoelectricity [ˌfəʊtəʊɪˌlekˈtrɪsətɪ / pho·to·el·ec·tri·city] *s.* (*elettr.*) fotoelettricità.

photoelectron [ˌfəʊtəʊɪˈlektrɒn / pho·to·el·ec·tron] *s.* (*chim., fis.*) fotoelettrone // — *spectrography*, spettrografia fotoelettronica.

photoelectronics [ˌfəʊtəʊɪˌlekˈtrɒnɪks / pho·to·elec·tron·ics] *s.* ⊡ (*chim.*) fotoelettronica.

photoemission [ˌfəʊtəʊɪˈmɪʃn / pho·to·emis·sion] *s.* (*fis.*) emissione fotoelettrica, fotoemissione.

to **photoengrave** [ˈfəʊtəʊɪnˌgreɪv / pho·to·en·grave] *v.tr.* (*fot.*) fotoincidere.

photoengraver [ˌfəʊtəʊɪnˈgreɪvə* / pho·to·en·graver] *s.* (*fot.*) fotoincisore.

photoengraving [ˌfəʊtəʊɪnˈgreɪvɪŋ / pho·to·en·grav·ing] *s.* (*fot.*) fotoincisione.

photo finish [ˌfəʊtəʊˈfɪnɪʃ] *s.* (*sport*) foto-finish, ordine d'arrivo determinato con fotografia.

photoflash [ˌfəʊtəˈflæʃ / pho·to·flash] *s.* fotografia al lampo di magnesio: — *lamp*, lampada lampo (a combustione).

photog [ˈfɒtɒg / pho·tog] *s.* (*fam. amer.*) fotografo.

photogen [ˈfəʊtədʒen / pho·to·gen] *s.* (*fis., chim.*) fotogeno.

photogene [ˈfəʊtəˌdʒiːn / pho·to·gene] *s.* (*med.*) immagine residua SIN. after-image.

photogenic [ˌfəʊtəʊˈdʒenɪk / pho·to·genic] *agg.* **1** (*biol.*) fosforescente, fotogeno: — *epilepsy*, epilessia fotogena **2** fotogenico // **-ally** *avv.*

photogrammetric [ˌfəʊtəʊgræˈmetrɪk / pho·to·gram·metric] *agg.* (*cartografia*) fotogrammetrico.

photogrammetrist [ˌfəʊtəʊˈgræmətrɪst / pho·to·gram·metrist] *s.* (*cartografia*) fotogrammetrista.

photogrammetry [ˌfəʊtəʊˈgræmɪtrɪ / pho·to·gram·metry] *s.* (*cartografia*) fotogrammetria.

photograph [ˈfəʊtəgrɑːf *amer.* ˈfəʊtəgræf / pho·to·graph] *s.* fotografia: *to take a* — (*of s.o., sthg.*), fotografare (qlcu., qlco.).

to **photograph** *v.tr.* fotografare ◆ *v.intr.* **1** esercitare l'arte fotografica, fare il fotografo (di professione) **2** riuscire (bene, male) in fotografia: *I always — badly, well*, riesco sempre male, bene in fotografia.

photographer [fəˈtɒgrəfə* / pho·to·grapher] *s.* fotografo.

photographic [ˌfəʊtəˈgræfɪk / pho·to·graphic] meno com. **photographical** [ˌfəʊtəˈgræfɪkl / pho·to·graph·ical] *agg.* **1** fotografico, relativo alla fotografia: — *reproduction*, riproduzione fotografica **2** fotografico, del tutto fedele al modello // — *memory*, memoria fotografica // **-ally** *avv.*

photography [fəˈtɒgrəfɪ / pho·to·graphy] *s.* fotografia (arte fotografica): *colour* —, fotografia a colori; *still* —, posa fotografica; *trick* —, fotografia truccata.

photogravure [ˌfəʊtəgrəˈvjʊə* / pho·to·grav·ure] *s.* (*fot.*) fotoincisione.

to **photogravure** *v.tr.* (*fot.*) fotoincidere.

photoionization [ˌfəʊtəʊˌaɪənaɪˈzeɪʃn *amer.* ˌfəʊtəʊˌaɪənɪˈzeɪʃn / pho·to·ion·iza·tion] *s.* (*fis., chim.*) fotoionizzazione.

photojournalism [ˌfəʊtəʊˈdʒɜːnəlɪzm / pho·to·journ·al·ism] *s.* giornalismo fotografico, fotogiornalismo.

photolithograph [ˌfəʊtəˈlɪθəgrɑːf / pho·to·li·tho·graph] *s.* fotolitografia (riproduzione).

to **photolithograph** *v.tr.* fotolitografare, fare una fotolitografia di.

photolithography [ˌfəʊtəlɪˈθɒgrəfɪ / pho·to·litho·graphy] *s.* (*tip.*) fotolitografia (procedimento, arte).

photoluminescence [ˌfəʊtəʊˌluːmɪˈnesns / pho·to·lu·min·es·cence] *s.* (*fis.*) fotoluminescenza.

photolysis [fəʊˈtɒlɪsɪs / pho·to·lysis] *s.* (*chim., fis.*) fotolisi.

photomagnetic [ˌfəʊtəmægˈnetɪk / pho·to·mag·netic] *agg.* (*fis.*) fotomagnetico.

photomagnetism [ˌfəʊtəˈmægnɪtɪzəm / pho·to·mag·net·ism] *s.* (*fis.*) fotomagnetismo.

photomap [ˈfəʊtəˌmæp / pho·to·map] *s.* (*topografia*) carta fotogrammetrica.

photomechanical [ˌfəʊtəmɪˈkænɪkl / pho·to·mech·an·ical] *agg.* fotomeccanico.

photometer [fəˈtɒmɪtə* / pho·to·meter] *s.* (*fis.*) fotometro: *integrating* —, lumenometro.

photometric(al) [ˌfəʊtəˈmetrɪk(l) / pho·to·met·ric(al)] *agg.* (*fis.*) fotometrico.

photometry [fəˈtɒmɪtrɪ / pho·to·metry] *s.* (*fis.*) fotometria.

photomicrograph [ˌfəʊtəˈmaɪkrəgrɑːf / pho·to·mic·ro·graph] *s.* (*fot.*) microfotografia.

photomicrography [ˌfəʊtəmaɪˈkrɒgrəfɪ / pho·to·mic·ro·graphy] *s.* (*fot.*) microfotografia (procedimento).

photomontage [ˌfəʊtəʊmɒnˈtɑːʒ / pho·to·mont·age] *s.* fotomontaggio.

photomosaic [ˌfəʊtəʊˌməʊˈzeɪk / pho·to·mo·saic] *s.* (*cartografia*) fotomosaico.

photomultiplier [ˌfəʊtəʊˈmʌltɪplaɪə* / pho·to·multi·plier] *s.* (*fis.*) fotomoltiplicatore.

photon [ˈfəʊtɒn] *s.* (*fis.*) fotone.

photoneutron [ˌfəʊtəˈnjuːtrɒn / pho·to·neut·ron] *s.* (*fis. nucleare*) fotoneutrone.

photonuclear [ˌfəʊtəʊˈnjuːklɪə* *amer.* ˌfəʊtəʊˈnuːklɪə* / pho·to·nuc·lear] *agg.* (*fis.*) fotonucleare: — *reaction*, reazione fotonucleare.

photophily [fəˈtɒfɪlɪ / pho·to·phily] *s.* (*biol.*) fotofilia.

photophobia [ˌfəʊtəˈfəʊbjə / pho·to·pho·bia] *s.* (*bot., med.*) fotofobia.

photopigment [ˌfəʊtəʊˈpɪgmənt / pho·to·pig·ment] *s.* (*biochim.*) pigmento fotosensibile.

photoprint [ˈfəʊtəprɪnt / pho·to·print] *s.* fotostampa, stampa fotografica.

photoradio [ˌfəʊtəˈreɪdɪəʊ / pho·to·radio] *s.* (*fot.*) radiofototelegrafia.

photoreceptor [ˌfəʊtəʊrɪˈseptə* / pho·to·recep·tor] *s.* (*biol.*) fotorecettore.

photosensitivity [ˌfəʊtəʊˌsensɪˈtɪvətɪ / pho·to·sens·it·iv·ity] *s.* (*biol., fis.*) fotosensitività.

photosphere [ˈfəʊtəʊˌsfɪə* / pho·to·sphere] *s.* (*astr.*) fotosfera.

photostat® [ˈfəʊtəʊstæt / pho·to·stat] *s.* **1** photostat® (macchina fotocopiatrice) **2** copia fotostatica.

to **photostat** *v.tr.* fare una copia fotostatica di.

photostatic [ˌfəʊtəʊˈstætɪk / pho·to·static] *s.* fotostatico.

photosynthesis [ˌfəʊtəˈsɪnθɪsɪs / pho·to·syn·thesis] *s.* (*bot.*) fotosintesi.

phototaxis [ˌfəʊtəʊˈtæksɪs / pho·to·taxis] *s.* (*biol.*) fototassi, fototattismo.

phototechnic [ˌfəʊtəˈteknɪk / pho·to·tech·

nic] *agg.* fototecnico: — *lithography*, litografia fototecnica.

phototelegraphy [ˌfəʊtəʊtɪ'legrəfɪ / pho·to·tele·graphy] *s.* (*fot.*, *tel.*) fototelegrafia.

phototelescope [ˌfəʊtə'telɪskəʊp / pho·to·tele·scope] *s.* (*astr.*) fototelescopio.

phototherapeutics [ˌfəʊtəˌθerə'pju:tɪks / pho·to·thera·peutics] [U] **phototherapy** [ˌfəʊtə'θerəpɪ / pho·to·ther·apy] *s.* (*med.*) fototerapia.

phototopography [ˌfəʊtətə'pɒgrəfɪ / pho·to·to·po·graphy] *s.* fotogrammetria.

phototropism [fəʊ'tɒtrəpɪzəm / pho·to·trop·ism] *s.* (*bot.*) fototropismo.

phototube ['fəʊtətju:b / pho·to·tube] *s.* fotovalvola, valvola fotoelettrica.

phototype ['fəʊtətaɪp / pho·to·type] *s.* (*tip.*) fototipo.

phototypesetter [ˌfəʊtəʊ'taɪpsetə* / pho·to·type·setter] *s.* (*tip.*) fotocompositrice.

phototypesetting [ˌfəʊtəʊ'taɪpsetɪŋ / pho·to·type·set·ting] *s.* (*tip.*) fotocomposizione.

phototypography [ˌfəʊtətaɪ'pɒgrəfɪ / pho·to·ty·po·graphy] *s.* fototipografia.

phototypy ['fəʊtətaɪpɪ / pho·to·typy] *s.* (*tip.*) fototipia.

photovoltaic [ˌfəʊtəvɒl'teɪɪk / pho·to·vol·taic] *agg.* (*elettr.*) fotovoltaico: — *effect*, effetto fotovoltaico.

phrasal ['freɪzəl] *agg.* locuzionale, frasale // (*gramm.*) — *verb*, verbo fraseologico, frasale.

phrase [freɪz] *s.* **1** locuzione; espressione idiomatica; modo di dire; frase fatta; aforisma: *an adverbial* —, una locuzione avverbiale; *graceful* —, espressione elegante; *technical* —, locuzione tecnica; *it was Winston Churchill who coined the* — *'the Iron Curtain'*, fu Winston Churchill che coniò l'espressione 'la cortina di ferro'; *as the* — *goes*, come si suol dire // *to turn a* —, tornire una frase; usare una frase efficace (per esprimere concetti) **2** stile **3** (*mus.*) frase.

to **phrase** *v.tr.* **1** esprimere; formulare: *that is how he phrased it*, ecco come si è espresso, ecco l'espressione da lui usata **2** (*mus.*) fraseggiare.

phrasebook ['freɪzbʊk / phrase·book] *s.* raccolta di frasi idiomatiche; frasario.

phrasemonger ['freɪzˌmʌŋgə* / phrase·monger] *s.* fraseggiatore.

phraseogram ['freɪzɪəgræm / phras·eo·gram] *s.* simbolo (specialmente stenografico) che rappresenta una espressione.

phraseological [ˌfreɪzɪə'lɒdʒɪkl / phras·eo·lo·gical] *agg.* fraseologico.

phraseology [ˌfreɪzɪ'ɒlədʒɪ / phras·eo·logy] *s.* fraseologia, frasario.

phrasing ['freɪzɪŋ / phras·ing] *s.* **1** fraseologia, frasario **2** (*mus.*) fraseggio.

phratry ['freɪtrɪ] *s.* (*st. greca*) fratria.

phreatic [fri:'ætɪk / phre·atic] *agg.* (*geol.*) freatico: — *surface*, livello freatico.

phrenetic(al) [frɪ'netɪk(l) / phren·etic·(al)] *agg.* (*antiq.*) → **frenetic**.

phrenic ['frenɪk] *agg.* **1** (*anat.*) frenico: — *nerve*, nervo frenico **2** mentale, della mente.

phrenitis [frɪ'naɪtɪs / phren·itis] *s.* (*med.*) frenite; encefalite.

phrenologic(al) [ˌfrenə'lɒdʒɪk(l) / phreno·lo·gic(al)] *agg.* frenologico // **-ally** *avv.*

phrenologist [frɪ'nɒlədʒɪst / phreno·lo·gist] *s.* frenologo.

phrenology [frɪ'nɒlədʒɪ / phreno·logy] *s.* frenologia.

phrensy → **frenzy**.

Phrygian ['frɪdʒɪən / Phry·gian] *agg.* e *s.* frigio // (*st.*) — *cap*, berretto frigio.

phthalate ['θæleɪt / phthal·ate] *s.* (*chim.*) ftalato.

phthalein ['θælɪɪn / phthal·ein] *s.* (*chim.*) ftaleina.

phthalic ['θælɪk] *agg.* (*chim.*) ftalico: — *acid*, acido ftalico.

phthalocyanine [ˌθæləʊ'saɪəni:n / phthalo·cyanine] *s.* (*chim.*) ftalocianina.

phthalonitrile [ˌθæləʊ'naɪtrɪl / phthalo·ni·trile] *s.* (*chim.*) ftalonitrile.

phthisic(al) ['θaɪsɪk(l) / phthis·ical] *agg.* (*med.*) tisico.

phthisis ['θaɪsɪs] *s.* (*med.*) tisi, etisia.

phut [fʌt] *s.* (*fam.*) sibilo; rumore sordo // *to go* —, saltare (di lampadina); rompersi, andare in pezzi (di macchina, apparecchio); (*fig.*) fallire, andare a catafascio; andare in fumo.

phyletic [faɪ'letɪk / phy·letic] *agg.* (*biol.*) filetico: — *evolution*, evoluzione filetica.

phyllite ['fɪlaɪt / phyl·lite] *s.* (*geol.*) fillite, fillade.

phyllode ['fɪləʊd / phyl·lode] *s.* (*bot.*) fillodio.

phyllotaxis [ˌfɪlə'tæksɪs / phyl·lo·taxis] *s.* (*bot.*) fillotassi.

phylloxera [ˌfɪlɒk'sɪərə / phyl·lox·era] *s.* (*zool.*) fillossera.

phylogenetic [ˌfaɪləʊdʒɪ'netɪk / phylo·gen·etic] *agg.* (*biol.*) filogenetico.

phylogeny [faɪ'lɒdʒənɪ / phylo·geny] *s.* (*biol.*) filogenesi.

phylon ['faɪlən] *s.* (*antropologia*) tribù; stirpe.

phylum ['faɪləm] *pl.* **phyla** ['faɪlə] *s.* **1** (*bot.*, *zool.*) tipo, phylum **2** (*ling.*) ceppo linguistico.

physiatric [fɪzɪ'ætrɪk / phys·iat·ric] *agg.* (*med.*) fisiatrico.

physiatrics [fɪzɪ'ætrɪks / phys·iatr·ics] *s.* (*med.*) [U] fisiatria.

physiatrist ['fɪzɪətrɪst / phys·iat·rist] *s.* (*med.*) fisiatra.

physiatry ['fɪzɪətrɪ / phys·iat·ry] *s.* (*med.*) fisiatria.

physic ['fɪzɪk] *s.* (*ant.*) **1** medicina, scienza medica **2** (*fam.*, *antiq.*) farmaco, medicina; lassativo, purgante **3** (*fig.*) rimedio **4** → physics 1.

to **physic** *pass.p.p.* **physicked** ['fɪzɪkt / phys·icked] *v.tr.* (*ant.*) **1** somministrare (una medicina, spec. un purgante) **2** curare, guarire; alleviare: *some griefs are med'cinable; that is one of them / for it doth physic love*, (SH. Cymbeline) alcuni dolori sono medicinali; questo è uno di quelli perché cura l'amore.

physical ['fɪzɪkl / phys·ical] *agg.* **1** fisico: — *strength*, forza fisica; — *attraction*, attrazione fisica; — *beauty*, bellezza fisica; — *punishment*, punizione fisica, corporale; — *education*, educazione fisica; — *exercises* (o *jerks*), esercizi di ginnastica; — *exercise*, moto, movimento (come esercizio fisico) // *they had to use* — *force to convince him*, dovettero usare la forza bruta per convincerlo **2** (*fis.*, *scient.*) fisico, naturale: — *laws*, leggi fisiche; *the* — *sciences*, scienze della natura; — *chemistry*, chimica fisica; — *geography*, geografia fisica; *the force of gravitation is a* — *fact*, la forza di gravitazione è un fenomeno fisico; *gravity is a* — *force*, la gravità è una forza naturale **3** materiale; concreto, reale: *a* — *object*, un oggetto concreto; — *impossibility*, impossibilità materiale; — *presence*, presenza fisica // (*amm.*): — *assets*, attività reali; — *inventory*, inventario di fatto **4** (*ant.*) salutare: *the blood I drop is rather physical / than dangerous to me*, (SH. Coriolanus) il sangue che versai m'è più di giovamento che di danno ◆ *s.* visita medica: *to go for a* —, presentarsi a un esame medico.

physically ['fɪzɪkəlɪ / phys·ic·ally] *avv.* **1** fisicamente: *it is a* — *perfect specimen*, è un esemplare fisicamente perfetto **2** materialmente: *it is* — *impossible*, è materialmente impossibile.

physical medicine [ˌfɪzɪkl'medsɪn] → **physical therapy**.

physical therapist [ˌfɪzɪkl'θerəpɪst] *s.* (*med.*) fisioterapista.

physical therapy [ˌfɪzɪkl'θerəpɪ] *s.* (*med.*) fisioterapia SIN. physical medicine.

physician [fɪ'zɪʃn / physi·cian] *s.* (*amer.*, *brit. form.*) medico generico.

physicist ['fɪzɪsɪst / physi·cist] *s.* **1** fisico, studioso di fisica **2** (*fil.*) fisicista.

physics ['fɪzɪks / phys·ics] *s.* **1** [U] fisica: *applied* —, fisica applicata; *general* —, fisica generale; *nuclear* —, fisica nucleare; *condensed -matter* —, fisica degli stati condensati **2** [U] fenomeni fisici; proprietà fisiche: *the* — *of the cell*, le proprietà fisiche della cellula **3** manuale di fisica **4** (*ant.*) scienza, filosofia della natura: *Aristotle's* —, la fisica di Aristotele.

physiocracy [ˌfɪzɪ'ɒkrəsɪ / physi·ocracy] *s.* (*st. econ.*) fisiocrazia.

physiocrat ['fɪzɪəʊkræt / physio·crat] *s.* (*econ.*) fisiocratico, fisiocrate.

physiocratic [ˌfɪzɪəʊ'krætɪk / physio·cratic] *agg.* (*st. econ.*) fisiocratico.

physiognomic(al) [ˌfɪzɪə'nɒmɪk(l) *amer.* ˌfɪzɪɒg'nɒmɪk(l) / physio·gnomic, physio·gnom·ical] *agg.* **1** fisiognomico **2** fisionomico.

physiognomist [ˌfɪzɪ'ɒnəmɪst *amer.* fɪzɪ'ɒgnəmɪst / physi·ognom·ist] *s.* fisionomista.

physiognomy [ˌfɪzɪ'ɒnəmɪ *amer.* ˌfɪzɪ'ɒgnəʊmɪ / physi·ognomy] *s.* **1** fisiognomia, fisiognomica **2** fisionomia **3** (*fig.*) aspetto caratteristico; fisionomia: *the* — *of a town*, la fisionomia di una città.

physiography [ˌfɪzɪ'ɒgrəfɪ / physio·graphy] *s.* (*antiq.*) geografia fisica, geomorfologia.

physiologic(al) [ˌfɪzɪə'lɒdʒɪk(l) / physio·lo·gic(al)] *agg.* fisiologico // — *psychology*, psicofisiologia // **-ally** *avv.*

physiologist [ˌfɪzɪ'ɒlədʒɪst / physi·olo·gist] *s.* fisiologo.

physiology [ˌfɪzɪ'ɒlədʒɪ / physi·ology] *s.* fisiologia.

physiopathology [ˌfɪzɪəʊpə'θɒlədʒɪ / physio·patho·logy] *s.* (*med.*) fisiopatologia.

physiotherapist [ˌfɪzɪəʊ'θerəpɪst / physio·ther·ap·ist] *s.* (*med.*) fisioterapista.

physiotherapy [ˌfɪzɪəʊ'θerəpɪ / physio·ther·apy] *s.* (*med.*) fisioterapia.

physique [fɪ'ziːk / phys·ique] *s.* fisico, corporatura; costituzione fisica.

phytase ['faɪteɪs / phyt·ase] *s.* (*biochim.*) fitasi.

phytic ['faɪtɪk] *agg.* (*chim.*) fitico: — *acid*, acido fitico.

phyto- ['faɪtəʊ] *pref.* di origine greca usato nella terminologia scientifica che indica relazione con i vegetali; it. fito-: *phytoclimatology*, fitoclimatologia; *phytocoenosis*, fitocenosi; *phytogeology*, fitogeologia; *phytopal(a)eontology*, fitopaleontologia; *phytotomy*, fitotomia.

phytochemistry [ˌfaɪtəʊ'kemɪstrɪ / phyto·chem·istry] *s.* fitochimica.

phytogenesis [ˌfaɪtəʊ'dʒenɪsɪs / phyto·gen·esis] *s.* fitogenesi.

phytogenic [ˌfaɪtə'dʒenɪk / phyto·genic]
phytogenous [faɪ'tɒdʒɪnəs / phyto·gen·ous] *agg.* (*geol.*) fitogeno, fitogenico.

phytogeny [faɪ'tɒdʒɪnɪ / phyto·geny] → **phytogenesis**.

phytography [faɪ'tɒgrəfɪ / phyto·graphy] *s.* fitografia.

phytolite ['faɪtəlaɪt / phyto·lite] *s.* (*paleont.*) pianta fossile, fitolito.

phytology [faɪ'tɒlədʒɪ / phyto·logy] *s.* fitologia.

phytopathology [ˌfaɪtəʊpə'θɒlədʒɪ / phyto·patho·logy] *s.* fitopatologia.

phytophagous [faɪ'tɒfəgəs / phyto·phag·ous] *agg.* (*zool.*) fitofago.

phytoplankton [ˌfaɪtəʊ'plæŋktən / phyto·plank·ton] *s.* (*ecol.*) fitoplancton.

phytosterol [faɪ'tɒstərɒl / phyto·ste·rol] *s.* (*biochim.*) fitosterolo.

phytotoxic [ˌfaɪtəʊ'tɒksɪk / phyto·toxic] *agg.* fitotossico, nocivo alle piante.

pi[1] [paɪ] *agg.* (*sl. antiq.*) da santarello, da santarellina.

pi[2] *s.* (*geom.*) p greco (π).

piacular [paɪ'ækjʊlə* / pi·ac·ular] *agg.* (*rar.*) **1** espiatorio **2** che richiede espiazione; peccaminoso; malvagio.

piaffe [pɪ'æf / pi·affe] *s.* (*equitazione*) trotto sul posto.

to **piaffe**, to **piaffer** [pɪ'æfə* / pi·affer] *v.intr.* (*equitazione*) piaffare, far la ciambella.

pia mater ['paɪə'meɪtə* / pia ma·ter] *s.* (*anat.*) pia madre.

pianist ['pɪənɪst / pi·an·ist] *s.* pianista.

piano [pɪ'ænəʊ] *pl.* **pianos** *s.* (*mus.*) pianoforte, piano: *to play* (*on*) *the* —, suonare il pianoforte; *to set for the* —, adattare, fare un arrangiamento per pianoforte; *baby grand* —, pianoforte a mezza coda; *grand* —, pianoforte a coda; *upright* —, pianoforte verticale; *overstrung* —, pianoforte a corde incrociate // — *roll*, rullo di carta perforato per pianola.

piano accordion [pɪˌænəʊə'kɔːdjən] *s.* (*mus.*) fisarmonica.

pianoforte [pɪˌænəʊ'fɔːtɪ *amer.* pɪ'ænəfɔːt / pi·ano·forte] → **piano**.

Pianola® [pɪə'nəʊlə / Pi·an·ola] → **player piano**.

piano-organ [pɪ'ænəʊˌɔːgən] *s.* organetto.

piano player [pɪ'ænəʊˌpleɪə*] *s.* pianista, suonatore di pianoforte.

piano tuner [pɪ'ænəʊˌtjuːnə* *amer.* pɪ'ænəʊˌtuːnə*] *s.* accordatore (di pianoforti).

piano-wire [pɪ'ænəʊˌwaɪə*] *s.* (*metall.*) filo armonico.

piaster, **piastre** [pɪ'æstə* / pi·astre] *s.* piastra (moneta).

piazza [pɪ'ætsə / pi·azza] *s.* **1** piazza (in Italia) **2** (*amer.*) veranda.

pibroch ['piːbrɒk / pib·roch] *s.* variazioni per cornamusa generalmente su temi marziali.

pica[1] ['paɪkə] *s.* (*tip.*) corpo 12: *small* —, corpo 11.

pica[2] *s.* (*med.*) picacismo.

picaresque [ˌpɪkə'resk / pi·car·esque] *agg.* (*lett.*) picaresco.

picaroon [ˌpɪkə'ruːn / pi·car·oon] *s.* (*ant.*) **1** picaro; brigante; furfante; pirata **2** nave corsara.

picayune [ˌpɪkə'juːn / pica·yune] *agg.* (*amer.*) meschino, spregevole ◆ *s.* (*amer.*) **1** monetina da cinque centesimi **2** (*fam.*) cosa di poco valore; persona insignificante.

piccalilli ['pɪkəlɪlɪ / pic·ca·lilli] *s.* (*cuc.*) sottaceti con spezie.

piccaninny ['pɪkənɪnɪ / pic·ca·ninny] *agg.* piccino, neonato ◆ *s.* piccolo bimbo (di razza nera).

piccolo ['pɪkələʊ / pic·colo] *pl.* **piccolos** *s.* (*mus.*) ottavino.

piccoloist ['pɪkələʊɪst / pic·colo·ist] *s.* (*mus.*) suonatore di ottavino.

piceous ['pɪsɪəs / pice·ous] *agg.* piceo, color pece; di pece.

pick[1] [pɪk] *s.* **1** gravina, piccone **2** attrezzo a punta **3** stuzzicadenti **4** (*mus.*) plettro **5** (*ant.*) quadri (a carte).

to **pick**[1] *v.tr.* **1** cogliere, raccogliere (fiori, frutti): *we've picked some flowers for her* (o *we've picked her some flowers*), abbiamo raccolto dei fiori per lei; *to — apples on a tree*, raccogliere mele da un albero **2** prendere, tirar su, giù, via: *he picked the book off the shelf*, prese il libro dallo scaffale; *she picked a piece of carrot out of her soup*, tolse un pezzetto di carota dalla minestra; *he picked himself out of the mud*, si tirò fuori dal fango // *she picked him out of the gutter and set him on his feet again*, (*fig.*) l'ha tirato fuori dalla strada e l'ha rimesso in sesto **3** scegliere (con cura); cercare; selezionare: *she always picks the best*, sceglie sempre il meglio; *to — one's words carefully*, scegliere le proprie parole con cura; *to — one's way*, camminare lentamente, facendo attenzione; *to — a team*, selezionare una squadra // *to — quarrel*, attaccar briga; cercare la rissa **4** pulire, mondare; spennare: *to — a fowl*, spennare un pollo; *to — a bone*, spolpare un osso // *to have a bone to — with s.o.*, avere qlco. da rimproverare a qlcu. **5** (*non com.*) picconare; scavare, rompere col piccone **6** perforare; graffiare; grattare; scavare, scalfire; afferrare; togliere, rimuovere (con la punta delle dita o strumento appuntito): *to — one's nose*, mettersi le dita nel naso; *to — one's teeth*, usare lo stuzzicadenti; stuzzicarsi i denti (con); *he picked a piece of plaster off the wall*, scrostò un pezzo di intonaco dal muro // *to — a hole* (o *holes*) *in sthg.*, trovare da ridire su qlco.; trovare una falla, un punto debole in qlco.; *to — to pieces*, analizzare, criticare con malevolenza **7** aprire (una serratura); manomettere; forzare (con attrezzo a punta): *to — a lock*, forzare una serratura **8** rubare, rubacchiare, borseggiare: *they picked his pocket*, lo borseggiarono // *to — s.o.'s brains*, sfruttare l'intelligenza, le capacità di altri (a proprio profitto) **9** pizzicare le corde (di chitarra ecc. con plettro o con le dita) **10** (*tess.*) sfilacciare **11** (*ant.*) lanciare; *I'd make a quarry with thousands of these quarter'd slaves, as high as I could pick my lance*, (SH. Coriolanus) dopo averli squartati a migliaia farei di questi schiavi una catasta alta quanto il volo della mia lancia ◆ *v.intr.* **1** spicconare, lavorare con un piccone (o altro attrezzo a punta) **2** mangiucchiare, piluccare, sbocconcellare; beccare (di uccelli): *he picked at his food*, mangiava malvolentieri piluccando nel piatto; *turkeys were picking about the yard*, i tacchini razzolavano nell'aia **3** scegliere: *to — and choose*, scegliere con cura; fare il difficile.

□ **pick off** *v.tr.* e *avv.* abbattere: *they picked off the first of the line*, abbatterono il primo della fila; *he was picked off by a sniper*, fu abbattuto da un cecchino.

□ **pick on** *v.tr.* e *avv.* **1** (*fam. fig.*) prendersela con, maltrattare: *why is he always picking on me?*, perché se la prende sempre con me? **2** scegliere: *the firm picked on him as the most suitable candidate*, la ditta l'ha scelto come il candidato più adatto.

□ **pick out** *v.tr.* e *avv.* **1** scegliere: *he picked out a red glossy apple*, scelse una lucida mela rossa **2** individuare, riconoscere: *I tried to — him out among the crowd*, cercai di individuarlo tra la folla; *to — out a person in the twilight*, distinguere una persona nella penombra **3** mettere in risalto, evidenziare (con diverso colore): *the titles were picked out in red*, i titoli erano evidenziati in rosso **4** scucire, togliere: *to — out a seam*, scucire un orlo.

□ **pick over**, **pick through** *v.tr.* e *avv.* esaminare a uno a uno (prima di scegliere).

□ **pick up** *v.tr.* e *avv.* **1** prendere (su), tirare su; raccogliere; *he picked up the handkerchief from the floor*, raccolse il fazzoletto da terra **2** raccogliere; dare un passaggio a, prendere a bordo; salvare (dal mare): *a lorry picked me up*, un camion mi ha dato un passaggio; *they were picked up by a helicopter*, furono salvati da un elicottero **3** (*fig. fam.*) rimorchiare: *he picked her up at a party*, l'ha rimorchiata a una festa **4** prendere, ritirare: *I'll — up the laundry on my way home*, passerò in tintoria ritornando a casa **5** (*fam.*) guadagnare, mettere insieme: *you can — up to £ 50 week in that way*, puoi mettere insieme fino a £ 50 alla settimana in quel modo **6** acquistare, comprare; imparare, acquisire conoscenza di; scovare, raccogliere: *he picked up some German while going skiing there*, ha imparato un po' di tedesco andando là a sciare; *he picked it up in Florence*, l'ha comprato a Firenze; *I don't know where he picked up that information*, non so dove ha scovato quelle informazioni **7** prendere (con radio ecc.): *he picked up a Russian broadcast*, ha preso una stazione russa **8** (*fam.*) arrestare, pizzicare **9** riprendere, continuare: *he picked up the story where he had left off*, ha ripreso il racconto dove l'aveva interrotto **10** riprendere; far notare: *I misquoted and they picked me up on it*, ho sbagliato la citazione e me l'hanno fatto subito notare **11** (*fam.*) stimolare, rinvigorire ◆ *v.intr.* e *avv.* **1** rimettersi (in salute) **2** riprendersi (di economia ecc.)

pick[2] *s.* **1** scelta, selezione: *take* (o *have*) *your* —, scegli quello che vuoi **2** scelta, il meglio (di qlco.): *the big teams always get the — of the new players*, le squadre maggiori si assicurano sempre il fior fiore dei nuovi giocatori **3** raccolta di frutta **4** zappata **5** (*tip.*) macchia.

pick[3] *s.* (*tess.*) filo di trama.

pickaback ['pɪkəbæk / picka·back] → **piggyback** 1.

pickaninny → **piccaninny**.

pickax(e) ['pɪkæks / pick·ax(e)] *s.* gravina, piccone: — *worker*, picconatore.

to **pickax(e)** *v.tr.* e *intr.* picconare, lavorare, rimuovere con la gravina, col piccone.

picked[1] [pɪkt] *agg.* (*ant.*) acuminato, appuntito.

picked[2] *agg.* scelto: — *men*, uomini scelti.

picker ['pɪkə*] *s.* **1** grimaldello **2** (*tess.*) lancianavetta; sfilacciatrice **3** picconiere; zappatore **4** raccoglitore: *cotton* —, raccoglitore di cotone **5** (*ind. miner.*) cernitore.

pickerel ['pɪkərəl / pick·erel] *pl.* **pickerel(s)** *s.* (*zool.*) piccolo luccio.

picket ['pɪkɪt] *s.* **1** piolo; palo; picchetto (palo a cui si legano i cavalli) **2** (*mil.*) picchetto; sentinella: *to be on* —, essere di picchetto **3** picchetto (di scioperanti): — *line*, cordone di scioperanti che sono di picchetto; *flying* —, picchetto volante.

to **picket** *v.tr.* **1** circondare, proteggere con palizzata **2** legare (cavalli) a un palo **3** (*mil.*) mettere di picchetto **4** picchettare (di scioperanti): *the workers picketed the factory*, gli operai picchettavano la fabbrica ◆ *v.intr.* fare picchetto; essere di picchetto.

picket-fence ['pɪkɪtfens] *s.* palizzata.

picketing ['pɪkətɪŋ / pick·et·ing] *s.* picchettaggio, il picchettare (di scioperanti).

picking ['pɪkɪŋ / pick·ing] *s.* **1** raccolta, il raccogliere, raccolto: *hop* —, raccolta del luppolo **2** scelta, lo scegliere, cernita **3** *pl.* rimanenze, avanzi **4** *pl.* guadagni facili; profitti facili: *there are rich pickings to be had in military research*, si possono trarre ricchi profitti dalla ricerca militare **5** *pl.* (*dir.*) furtarello, furto di lieve entità **6** *pl.* bottino; oggetti rubati; refurtiva.

pickle [pɪkl] *s.* **1** salamoia **2** sottaceti, giardiniera **3** (*metall.*) decapaggio; bagno di decapaggio **4** (*fam.*) situazione spiacevole, difficile; pasticcio: *a pretty* (o *sad*) —, un bel pasticcio **5** (*fam.*) birichino (di bimbo).

to **pickle** *v.tr.* **1** conservare in salamoia; mettere sotto aceto; salare **2** (*metall.*) decapare **3** (*fam. amer.*) rovinare, distruggere.

pickled ['pɪkld] *agg.* **1** in salamoia; sottaceto: — *gherkin*, cetriolino sottaceto **2** (*fam.*) ubriaco.

pickling ['pɪklɪŋ / pick·ling] *s.* (*metall.*) decapaggio.

picklock ['pɪklɒk / pick·lock] *s.* (*antiq.*) **1** grimaldello **2** scassinatore, ladro.

pick-me-up ['pɪkmi:ʌp] *s.* (*fam.*) cordiale, bevanda stimolante, tonico.

pickpocket ['pɪk,pɒkɪt / pick·pocket] **pickpurse** ['pɪk,pɜ:s / pick·purse] *s.* ladro, borsaiolo.

pickthank ['pɪkθæŋk / pick·thank] *s.* (*ant.*) **1** adulatore **2** delatore.

pick-up ['pɪkʌp] *s.* **1** il raccogliere, il prendere // (*comm.*) — *service*, servizio di prelievo e consegna a domicilio **2** persona, cosa raccolta **3** (*fam.*) persona rimorchiata in un bar, per strada ecc. **4** (*mecc.*) accelerazione, ripresa **5** (*elettr.*) trasduttore, fonorivelatore, pick-up **6** (*tv*) dispositivo di presa (di telecamera); conversione dell'immagine in energia elettrica **7** — (*truck*), camioncino (a pianale basso).

picky ['pɪkɪ] *agg.* (*fam.*) esigente, difficile; schizzinoso.

picnic ['pɪknɪk / pic·nic] *s.* **1** picnic, scampagnata **2** (*sl.*) cosa facile, piacevole: *it is no* —, non è una passeggiata, uno scherzo.

to **picnic** *pass.p.p.* **picnicked** ['pɪknɪkt / pic·nicked] *v.intr.* fare un picnic, prendere parte a una scampagnata: *we are going picnicking*, stiamo andando a fare una scampagnata, un picnic.

picnicker ['pɪknɪkə* / pic·nicker] *s.* chi partecipa a un picnic.

pico- ['paɪkəʊ] *pref.* della terminologia scientifica usato per moltiplicare una unità di misura per 10^{-12}; it. pico-: *picocurie*, picocurie; *picofarad*, picofarad; *picosecond*, picosecondo.

picoline ['pɪkəli:n / picol·ine] *s.* (*chim.*) picoline.

picot ['pi:kəʊ / pi·cot] *s.* festoncino.

picotee [,pɪkə'ti: / pi·cotee] *s.* (*bot.*) garofano screziato (all'orlo dei petali).

picquet → **picket**.

picrate ['pɪkreɪt / pic·rate] *s.* (*chim.*) picrato.

picric ['pɪkrɪk / pic·ric] *agg.* (*chim.*) picrico: — *acid*, acido picrico.

picrite ['pɪkraɪt / pic·rite] *s.* (*geol.*) picrite.

picromerite [pɪ'krɒmərait / pi·cromer·ite] *s.* (*min.*) schönite.

Pict [pɪkt] *s.* (*st.*) appartenente alla tribù dei Pitti.

Pictish ['pɪktɪʃ / Pict·ish] *agg.* (*st.*) dei Pitti ◆ *s.* lingua dei Pitti.

pictograph ['pɪktəgrɑ:f / pic·to·graph] *s.* (*archeol.*) pittogramma.

pictorial [pɪk'tɔ:rɪəl / pic·tor·ial] *agg.* **1** illustrato: — *magazine*, rivista illustrata **2** pittorico **3** pittoresco ◆ *s.* (*antiq.*) giornale illustrato.

pictorially [pɪk'tɔ:rɪəlɪ / pic·tori·ally] *avv.* **1** con illustrazioni **2** pittoricamente **3** pittorescamente.

picture ['pɪktʃə* / pic·ture] *s.* **1** quadro, dipinto, pittura; immagine; disegno, vignetta, illustrazione; fotografia; fotogramma; (*tv*) immagine: *to paint a* —, fare un quadro; *to have one's — taken*, farsi fotografare; *what a pretty — the young couple make!*, (*fig.*) che bel quadretto fa la giovane coppia! // — *book*, libro illustrato // (*fot.*) — *size*, formato // (*carte*) — *card*, figura **2** ritratto (*anche fig.*): *he is the — of his father*, è il ritratto di suo padre; *he looks the — of health*, è il ritratto della salute **3** descrizione, resoconto, (*fig.*) quadro; immagine (mentale): *he gave us a very clear — of the whole thing*, ci fece un quadro molto chiaro della situazione; *to draw a mental — of sthg.*, immaginarsi qlco.; *to draw a — of human misery*, fare un quadro delle miserie umane **4** (*fig.*) situazione, complesso delle circostanze, quadro: *the political — is discouraging*, il quadro politico è sconfortante; *to put s.o. in the — (about sthg.)*, (*fam.*) mettere qlcu. al corrente (di qlco.); *to be in, out of the* —, (*fam.*) essere, non essere informato, essere, non essere coinvolto; *to get the* —, (*fam.*) capire come stanno le cose, cogliere la situazione **5** (*inform.*) immagine; modello (di scrittura dati); rappresentazione; (IBM) maschera **6** (*fam.*) film: *silent, talking* —, film muto, parlato // *the pictures*, (*fam.*) il cinema (*sing.*): *I'm going to the pictures tonight*, stasera vado al cinema.

to **picture** *v.tr.* **1** fare un quadro di, dipingere; disegnare; illustrare; rappresentare: *several painters have pictured this event*, parecchi pittori hanno rappresentato questo avvenimento **2** immaginare: *to — to oneself*, figurarsi, immaginarsi: — *to yourselves how I felt*, immaginatevi come mi sentivo.

picture frame ['pɪktʃə,freɪm] *s.* cornice (di un quadro).

picture gallery ['pɪktʃə,gælərɪ] *s.* pinacoteca.

picture-goer ['pɪktʃə,gəʊə*] *s.* assiduo frequentatore di cinema.

picture-hat ['pɪktʃə,hæt] *s.* ampio cappello da signora.

picture-house ['pɪktʃəhaʊs] **picture -palace** ['pɪktʃə,pælɪs] *s.* (*antiq.*) cinematografo.

picture postcard [,pɪktʃə'pəʊstkɑ:d] *s.* (*form.*) cartolina illustrata.

picturesque [,pɪktʃə'resk / pic·tur·esque] *agg.* **1** pittoresco **2** bizzarro, strambo (di persona) **3** espressivo, efficace (di linguaggio) // **-ly** *avv.* // **-ness** *s.*

picture-writing ['pɪktʃə,raɪtɪŋ] *s.* **1** scrittura per immagini **2** pittografia.

to **piddle** ['pɪdl] *v.intr.* **1** (*fam.*) fare pipì (di bambini) **2** (*ant.*) gingillarsi, perdere il tempo in cose di nessuna importanza **3** (*ant.*) mangiucchiare.

piddling ['pɪdlɪŋ / pid·dling] *agg.* futile, di scarsa importanza // *a — little man*, (*sl.*) un ometto.

piddock ['pɪdək / pid·dock] *s.* (*zool.*) → **pholas**.

pidgin ['pɪdʒɪn / pid·gin] *s.* **1** lingua molto semplificata (nata dall'incontro fra due lingue) // — *English*, pidgin, pidgin-english **2** (*fam.*) affare: *that's my* —, ciò è affare mio • Corruzione cinese di *business*.

pie[1] [paɪ] *s.* (*zool.*) gazza → **magpie**.

pie[2] *s.* **1** (*cuc.*) torta; pasticcio: *cherry* —, torta di ciliege; *meat* —, pasticcio di carne // *mud* —, formina di terra (fatta dai bambini) // *to eat humble* —, fare penitenza // *to have a finger in the* —, avere le mani in pasta, essere addentro in una faccenda // — *in the sky*, speranza illusoria, promessa che non verrà mantenuta **2** (*fam.*) gioco da ragazzi, lavoro molto facile: *it's as easy as* —, è un gioco da ragazzi, è uno scherzo.

pie[3] *s.* **1** (*tip.*) refuso **2** (*fig. antiq.*) confusione, disordine.

to **pie**[3] *v.tr.* (*fig. ant.*) scombinare; pasticciare.

piebald ['paɪbɔ:ld / pie·bald] *agg.* **1** pezzato, pomellato (di cavallo) **2** (*fig.*) eterogeneo, misto ◆ *s.* cavallo pezzato.

piece [pi:s] *s.* **1** pezzo, frammento, parte: *a — of land*, un appezzamento di terreno; *a —*

of paper, un pezzo di carta; *to break in pieces*, fare a pezzi; *to come* (o *to fall*) *to pieces*, andare in pezzi, andare in rovina (*anche fig.*); *to pull* (o *to tear*) *to pieces*, stracciare, lacerare, ridurre in pezzi, demolire (*anche fig.*): *to tear an argument to pieces*, demolire una tesi; *to take to pieces*, smontare, disfare (macchine, abiti); *he went to pieces after the death of his wife*, crollò (a pezzi) dopo la morte della moglie // *a* —, cadauno, ciascuno; — *by* —, pezzo per pezzo, un pezzo per volta; (*all*) *of a* —, tutto d'un pezzo, uniforme, omogeneo; coerente; *those two are* (*all*) *of a* —, quei due sono (molto) simili // *all in one* —, tutto intero, indenne: *he emerged from the accident all in one* —, uscì indenne dall'incidente // *to say one's* —, dire la propria // (*amm.*): — *rate* (o — *wage*), retribuzione a cottimo; *by the* —, a cottimo **2** *a* — *of*, (*solo con sostantivi* [U], *cioè che non possono essere preceduti da articolo indeterminato né formare il plurale*) un, uno, una; singola manifestazione, atto di: *a* — *of paper*, un foglio (di carta); *a* — *of advice*, un consiglio; *a* — *of bravery*, un atto di coraggio; *a* — *of furniture*, un mobile; *a* — *of luck*, una fortuna; *a* — *of music*, un brano musicale; *a* — *of news*, una notizia; *a* — *of nonsense*, una sciocchezza; *a* — *of wit*, un tratto di spirito; *a* — *of work*, un lavoro // *to give s.o. a* — *of one's mind*, dire a qlcu. il fatto suo **3** (*scacchi, dama ecc.*) pedina; pezzo **4** pezza (di tessuto); barile (di vino); rotolo (di carta da tappezzeria) **5** moneta: *a* — *of silver*, una moneta d'argento; *a fifty pence* —, una moneta da cinquanta pence **6** scultura, quadro, pezzo **7** (*mus.*) pezzo, brano **8** (*giornalismo*) pezzo **9** (*mil.*) pezzo (d'artiglieria); arma da fuoco: *to load one's* —, caricare la propria arma **10** (*sl.*) tipo: *he is a bossy* —, è un tipo autoritario; *she is a gorgeous* —, è un bel pezzo di ragazza.

to **piece** *v.tr.* **1** rappezzare, rattoppare, raggiustare, rammendare **2** unire, connettere.

□ **piece off** *v.tr.* e *prep.* (*fam. amer.*) **1** pagare (una tangente) **2** prestare (soldi) a un amico.

□ **piece out** *v.tr.* e *avv.* mettere insieme colmando le lacune (una storia, un racconto ecc.): *I could* — *out the gaps in his story from the testimony of others*, fui in grado di colmare le lacune della sua storia attraverso le testimonianze altrui.

□ **piece together** *v.tr.* e *avv.* mettere insieme: *she was able to* — *the watch together*, fu capace di mettere insieme i pezzi dell'orologio, di rimontare l'orologio; *over the weeks I was able to* — *together the fragments of her story*, col passare delle settimane mi riuscì di mettere insieme i frammenti della sua storia.

piece-goods ['pi:sgʊdz] *s.pl.* tessuti in pezza.

piece-list ['pi:slɪst] *s.* (*comm.*) distinta.

piecemeal ['pi:smi:l / piece·meal] *agg.* frammentario; fatto pezzo per pezzo: — *information* (o *news*), notizie frammentarie; *to work on a* — *plan*, lavorare senza metodo, senza organizzazione ◆ *avv.* a pezzi, pezzo per pezzo; a poco a poco, un poco alla volta.

piecer ['pi:sə*] *s.* rappezzatore; giuntatore.

piecework ['pi:swɜ:k / piece·work] *s.* (*comm.*) (lavoro a) cottimo: — *price*, tariffa di cottimo.

pieceworker ['pi:s,wɜ:kə* / piece·worker] *s.* cottimista.

pie chart ['paɪtʃɑ:t] *s.* (*stat.*) diagramma a torta, a settori, istogramma circolare SIN. pie diagram, pie graph.

piecrust ['paɪ,krʌst / pie·crust] *s.* pasta per torte con ripieno dolce o salato.

pied [paɪd] *agg.* **1** variegato, variopinto; macchiettato, screziato **2** pezzato (di cavallo).

pie diagram ['paɪ,daɪəgræm] → **pie chart**.

piedmont ['pi:dmənt / pied·mont] *agg.* (*geogr.*) pedemontano: — *glacier*, ghiacciaio pedemontano ◆ *s.* (*geogr.*) zona pedemontana.

Piedmontese [,pi:dmən'ti:z / Pied·montese] *agg.* e *s.* piemontese.

pie-eyed ['paɪ,aɪd] *agg.* (*fam.*) ubriaco, sbronzo.

pie graph ['paɪgrɑ:f *amer.* 'paɪgræf] → **pie chart**.

pier [pɪə*] *s.* **1** molo; banchina, pontile, imbarcadero // (*comm.*) — *dues*, diritti di banchina // — *head*, testa, punta di molo; antibecco, sprone di pila **2** frangiflutti; diga **3** (*arch.*) stipite, piedritto, pilastro; pila, pilone (di ponte).

pierage ['pɪərɪdʒ / pier·age] *s.* (*comm.*) diritti di banchina.

to **pierce** [pɪəs] *v.tr.* **1** forare; (*miner.*) perforare: *to* — *a hole in a wall*, fare un buco in un muro; *flashes of lightning pierced the night*, lampi squarciavano la notte **2** (*fig.*) trafiggere; commuovere; toccare: *his words pierced her to the heart*, le sue parole la commossero profondamente ◆ *v.intr.* penetrare; (*mil.*) sfondare: *to* — *into* (o *through*) *the enemy's lines*, incunearsi nelle linee nemiche.

pierceable ['pɪəsəbl / pierce·able] *agg.* forabile, perforabile; penetrabile.

pierced ['pɪəst] *agg.* forato, perforato, traforato; (*fig.*) trafitto: — *ears*, orecchie col buco (per l'orecchino).

piercer ['pɪəsə*] *s.* **1** punzone; utensile per forare **2** punzonatore, addetto alla punzonatrice.

piercing ['pɪəsɪŋ / pier·cing] *agg.* pungente; penetrante; perforante: *a* — *wind*, un vento pungente; — *sarcasm*, (*fig.*) sarcasmo pungente; *a* — *look*, uno sguardo penetrante; *a* — *sound*, un suono lacerante // **-ly** *avv.*

piercingness ['pɪəsɪŋnɪs / pier·cing·ness] *s.* acutezza (di freddo, suono ecc.); penetrazione.

pier-glass ['pɪəglɑ:s *amer.* 'pɪəglæs] *s.* specchiera (appesa fra due finestre).

pierrette [pɪə'ret / pier·rette] *s.* 'pierrette' (maschera carnevalesca femminile).

pierrot ['pɪərəʊ / pier·rot] *s.* pierrot (maschera carnevalesca maschile).

pietism ['paɪətɪzəm / pi·etism] *s.* **1** (*st. relig.*) pietismo **2** pietismo, bigottismo.

pietist ['paɪətɪst / piet·ist] *s.* **1** (*st. relig.*) pietista **2** bigotto.

pietistic(al) [,paɪə'tɪstɪk(l) / piet·istic·(al)] *agg.* pietista.

piety ['paɪətɪ] *s.* pietà, religiosità, devozione; reverenza, rispetto.

piezochemistry [paɪ,eɪzəʊ'kemɪstrɪ / piezo·chem·istry] *s.* piezochimica.

piezoelectric [paɪ,i:zəʊɪ'lektrɪk / pi·ezo·elec·tric] *agg.* piezoelettrico: (*fis.*) — *effect*, effetto piezoelettrico; — *transducer*, trasduttore piezoelettrico.

piezoelectricity [paɪ,i:zəʊɪ,lek'trɪsətɪ / pi·ezo·elec·tri·city] *s.* (*fis.*) piezoelettricità.

piezometer [,paɪɪ'zɒmɪtə* / pi·ezo·meter] *s.* (*fis.*) piezometro.

piffle ['pɪfl] *s.* (*fam.*) [U] futilità, sciocchezze (*pl.*); chiacchiere incoerenti (*pl.*): *to talk* —, dire delle sciocchezze.

to **piffle** *v.intr.* (*fam.*) **1** dire delle sciocchezze **2** agire da sciocco.

piffler ['pɪflə* / piff·ler] *s.* (*fam.*) **1** chi dice sciocchezze **2** persona inconcludente.

piffling ['pɪflɪŋ / piff·ling] *agg.* (*fam.*) futile, vano, insignificante.

pig[1] [pɪg] *s.* **1** maiale, porco; suino; (*scient.*) (*Sus scrofa*) maiale, porco: *sucking* —, maialino da latte // *wild* —, cinghiale // *he is as fat as a* —, è grasso come un maialino, un porcellino // *pigs might fly*, quando gli asini voleranno // *to buy a* — *in a poke*, comprare alla cieca, a scatola chiusa // *to make a* — *of oneself*, mangiare ingordamente // *to make a —'s ear of sthg.*, (*fam.*) fare qlco. male, in modo pasticciato // *to sleep like a* —, dormire come un ghiro **2** (*cuc.*) carne di maiale, maialino da latte: *roast* —, porchetta **3** (*fig. fam.*) persona ghiotta, sudicia, grossolana, maleducata: *don't be a* —, *let me see your photos*, (*sl.*) non fare la carogna, fammi vedere le tue fotografie; *dirty* —, maiale; sporcaccione **4** (*fam.*) cosa difficile; cosa spiacevole: *it's a* — *of a job*, è un lavoro molto difficile **5** (*sl. spreg.*) poliziotto **6** (*sl.*) razzista; bigotto; fascista **7** (*metall.*) lingotto, pane **8** (*metall.*) fossa, canale di colata per lingotti.

to **pig**[1] *pass.p.p.* **pigged** [pɪgd] *v.intr.* **1** figliare (dei maiali) **2** vivere come porci ◆ *v.tr.* **1** mangiare, divorare // *to* — *oneself on sthg.*, abbuffarsi di qlco. **2** (*metall.*) colare (la ghisa) in pani, in lingotti.

□ **pig out** *v.intr.* e *avv.* (*sl. amer.*) abbuffarsi, mangiare in modo smodato.

pig[2] *s.* (*scoz.*) **1** vaso, brocca **2** coccio, terracotta.

pig-bed ['pɪgbed] *s.* (*metall.*) letto di colata per lingotti.

pig boat ['pɪgbəʊt] *s.* (*sl. mar., mil.*) maiale.

pig-deer ['pɪgdɪə*] *s.* (*zool.*) babirussa → **babiroussa**.

pigeon[1] ['pɪdʒɪn / pi·geon] *s.* **1** piccione, colombo: *cock*—, piccione maschio; *hen* —, piccione femmina; *young* —, piccioncino // —*'s milk*, (*scherz.*) pesce d'Aprile **2** (*fig.*) sempliciotto, sciocco **3** (*fam.*) compito, lavoro: *that's my* —, è affar mio **4** (*stool*) —, (*fam. amer.*) canarino, informatore **5** (*sport*) (*clay*) —, piattello.

pigeon[2] → **pidgin**.

pigeonberry ['pɪdʒɪnberɪ / pi·geon·berry] *s.* (*bot. amer.*) → **poke**[4].

pigeon breast ['pɪdʒɪnbrest] *s.* (*anat.*) petto carenato, sporgente.

pigeon-breasted ['pɪdʒɪn,brestɪd] **pigeon-chested** ['pɪdʒɪn,tʃestɪd] *agg.* (*anat.*) dal petto carenato, con il torace carenato.

pigeon-hearted ['pɪdʒɪn,hɑ:tɪd] *agg.* timido; timoroso.

pigeonhole ['pɪdʒɪnhəʊl / pi·geon·hole] *s.* **1** casella **2** (*fig.*) scompartimento.

to **pigeonhole** *v.tr.* **1** incasellare, archiviare: *my request has been pigeonholed*, la mia domanda è stata archiviata, si è arenata **2** (*fam.*) classificare.

pigeon-house ['pɪdʒɪnhaʊs] *s.* colombaia, piccionaia.

pigeon-livered ['pɪdʒɪn,lɪvəd] *agg.* (*ant.*) mansueto, mite.

pigeon post ['pɪdʒɪn,pəʊst] *s.* **1** l'inviare messaggi per mezzo di piccioni **2** messaggi inviati per mezzo di piccioni.

pigeon-toed ['pɪdʒɪn,təʊd] *agg.* (*med.*) che ha il piede nero.

pig-eyed ['pɪgaɪd] *agg.* dagli occhi porcini.

piggery ['pɪgərɪ / pig·gery] *s.* **1** porcile (*anche fig.*) **2** allevamento di suini **3** sudiciume; grossolanità; golosità.

piggin ['pɪgɪn / pig·gin] *s.* secchiello a doghe di legno, con una doga più lunga per manico.

piggish ['pɪgɪʃ / pig·gish] *agg.* **1** porcino; di, da maiale **2** (*fig.*) sudicio; grossolano; goloso // **-ness** *s.*

piggy ['pɪgɪ] *s.* (*nel linguaggio infantile*) maialino, porcellino (*anche fig.*) // — *in the middle*, persona coinvolta involontariamente in una lite ◆ *agg.* **1** porcino, da maiale **2** goloso; ingordo, avido.

piggyback ['pɪgɪbæk / pig·gy·back] *avv.* e *agg.* **1** sul dorso, sulle spalle: *to ride — on s.o.*, montare a cavalluccio di qlcu. SIN. **pickaback** **2** (*med.*) riferito a un metodo di trapianto cardiaco nel quale il cuore del paziente non viene rimosso e continua a funzionare in tandem con quello del donatore **3** (*amer.*) riferito a sistema di trasporto per ferrovia di semirimorchi stradali (carichi o vuoti) **4** (*comm. amer.*) riferito a contratto di vendita di impianti che prevede il pagamento con prodotti degli impianti stessi **5** (*comm. amer.*) riferito a sistema di vendita di due prodotti in coppia di cui uno più noto e uno meno noto.

piggyback *s.* l'essere portato a cavalluccio: *to give s.o. a —* (o *to carry s.o. on a —*), portare qlcu. in spalla, a cavalluccio.

to **piggyback** *v.tr.* portare a cavalluccio.

piggybank ['pɪgɪbæŋk / pig·gy·bank] *s.* salvadanaio a forma di porcellino.

piggywig(gy) ['pɪgɪwɪg(ɪ) / pig·gy·wig(gy)] → **piggy**.

pigheaded [,pɪg'hedɪd / pig·headed] *agg.* (*fam.*) ostinato, testardo // **-ly** *avv.* // **-ness** *s.*

pig iron ['pɪg,aɪən] *s.* **1** ghisa di prima fusione, grezza, d'alto forno **2** ghisa in pani.

pig lead ['pɪgled] *s.* piombo in pani.

piglet ['pɪglɪt / pig·let] **pigling** ['pɪglɪŋ / pig·ling] *s.* maialino, porcellino.

pigmeat ['pɪgmi:t / pig·meat] *s.* [U] carne di maiale; suino; salumi (*pl.*).

pigment ['pɪgmənt / pig·ment] *s.* pigmento; colore.

to **pigment** *v.tr.* colorare; pigmentare ◆ *v.intr.* pigmentarsi.

pigmental [pɪg'mentl / pig·mental] **pigmentary** ['pɪgmentərɪ / pig·ment·ary] *agg.* pigmentario, pigmentale.

pigmentation [,pɪgmən'teɪʃn / pig·menta·tion] *s.* pigmentazione.

pigmy ['pɪgmɪ] *agg.* e *s.* pigmeo.

pig-nut ['pɪgnʌt] *s.* (*bot.*) castagna di terra, bulbocastano → **earth -nut**.

pigpen ['pɪgpen / pig·pen] *s.* (*amer.*) porcile (*anche fig.*).

pigskin ['pɪgskɪn / pig·skin] *s.* pelle di cinghiale: — *gloves*, guanti di cinghiale.

pig-sticker ['pɪg,stɪkə*] *s.* cacciatore di cinghiali.

pigsty ['pɪgstaɪ / pig·sty] *s.* porcile (*anche fig.*) AMER. **pigpen**.

pigswill ['pɪg,swɪl / pig·swill] *s.* brodaglia, sbobba (*anche estens.*).

pigtail ['pɪgteɪl / pig·tail] *s.* **1** codino di maiale **2** treccia; codino **3** treccia di tabacco.

pig typhoid ['pɪg,taɪfɔɪd] *s.* (*vet.*) peste suina.

pigweed ['pɪgwi:d / pig·weed] *s.* (*bot.*) (*Chenopodium album*) chenopodio bianco.

pi-jaw ['paɪ,dʒɔ:] *s.* (*sl. antiq.*) predica.

pika ['paɪkə] *s.* (*zool.*) (*Ochotona fusilla*) pika nano.

pike[1] [paɪk] *s.* **1** punta (di bastone ferrato ecc.) **2** (*agr.*) forcone, forca **3** (*ant.*) piccone; gravina **4** (*ant.*) spina; aculeo.

pike[2] *s.* **1** (*geogr.*) vetta, picco **2** (*agr.*) covone; bica **3** (*ant.*) torre, faro ecc. su sommità.

pike[3] *pl.* **pike(s)** *s.* (*zool.*) (*Exox lucius*) luccio.

pike[4] *s.* (*ant. mil.*) picca.

to **pike**[4] *v.tr.* trafiggere, uccidere con la picca.

pike[5] *s.* (*fam. amer.*) abbr. di → **turnpike** 2.

piked [paɪkt] *agg.* appuntito; munito di punta.

pikeman ['paɪkmən / pike·man] *pl.* **pikemen** *s.* (*ant. mil.*) picchiere.

piker ['paɪkə*] *s.* (*fam. amer.*) **1** avaro, taccagno **2** giocatore che punta piccole somme **3** piccolo speculatore.

pikestaff ['paɪkstɑ:f *amer.* 'paɪkstæf / pike·staff] *s.* asta di legno della picca: *as plain as a —*, (*fam.*) lapalissiano, molto evidente.

pilaff ['pɪlæf *amer.* pɪ'lɑ:f / pi·laff] → **pilau**.

pilaster [pɪ'læstə* / pi·las·ter] *s.* (*arch.*) lesena.

pilau, **pilaw** [pɪ'laʊ] *s.* pilaf (piatto orientale di riso con carne e spezie varie).

pilchard ['pɪltʃəd / pilch·ard] ant. **pilcher**[1] ['pɪltʃə*] *s.* (*zool.*) sardina, sarda → **sardine**.

pilcher[2] ['pɪltʃə*] *s.* (*ant.*) fodero: *will you pluck your sword of his pilcher by the ears?*, (SH. Romeo and Juliet) vuoi tirar fuori per gli orecchi la tua spada dal fodero?

pilcorn ['pɪlkɔ:n / pil·corn] *s.* (*bot.*) (*Avena nuda*) avena nuda.

pilcrow ['pɪlkrəʊ / pil·crow] *s.* (*inform.*) il simbolo grafico §.

pile[1] [paɪl] *s.* **1** pila, mucchio, ammasso, massa; catasta (di legna); fascio (d'armi) **2** (*fig.*) mucchio, grande quantità: *I've got a —* (o *piles*) *of things to do*, ho un sacco di cose da fare **3** (*fam.*) fortuna, grande quantità di denaro: *to make a —*, far fortuna, far molto denaro **4** (*letter.*) fabbricato, edificio **5** rogo, pira **6** (*fis.*) pila: *atomic —*, pila atomica; *voltaic —*, pila di Volta **7** (*metall.*) pacchetto (di ferro).

to **pile**[1] *v.tr.* **1** ammucchiare; ammassare; ammonticchiare; accatastare: *to — books on each other*, ammucchiare i libri uno sull'altro **2** coprire con un mucchio, una catasta di; caricare di: *the sink was piled high with plates*, il lavello era ricoperto di piatti ◆ *v.intr.* **1** ammonticchiarsi; ammucchiarsi **2** muoversi in massa; affollarsi: *they piled onto the train*, si affollarono sul treno; *the students piled into the lecture hall*, gli studenti si affollarono nell'aula; *to — on*, salire in massa (in); *to — off* (o *out*), scendere in massa (da) **3** (*metall.*) formare un pacchetto.

□ **pile on** *v.tr.* e *avv.* esagerare; aumentare: *to — it on*, esagerare // *to — on the agony*, divertirsi a peggiorare la situazione.

□ **pile up** *v.tr.* e *avv.* accatastare, accumulare (*anche fig.*): *to — up debts*, accumulare debiti ◆ *v.intr.* e *avv.* **1** ammassarsi, accumularsi; aumentare **2** tamponarsi (di veicoli).

pile[2] *s.* **1** (*edil.*) (*foundation*) —, palo di fondazione **2** palafitta **3** (*arald.*) pila.

to **pile**[2] *v.tr.* conficcare pali in; rafforzare con pali.

pile[3] *s.* **1** pelo umano, animale **2** pelo (di tessuto, tappeto ecc.).

pile[4] *s.* (*med.*) **1** nodulo emorroidario **2** *pl.* emorroidi.

pile-carpet ['paɪl,kɑ:pɪt] *s.* moquette, tappeto a pelo lungo.

pile driver ['paɪl,draɪvə*] *s.* **1** battipalo, berta **2** (*fam.*) colpo poderoso (spec. nella boxe).

pile-dwelling ['paɪl,dwelɪŋ] *s.* palafitta.

pileorhiza [,paɪlɪəʊ'raɪzə / pil·eo·rhiza] *s.* (*bot.*) pileoriza, caliptra.

pile shoe ['paɪlʃu:] *s.* (*edil.*) puntazza.

pileum ['paɪlɪəm / pi·leum] *pl.* **pilea** ['paɪlɪə / pi·lea] *s.* (*zool.*) pileo.

pileup ['paɪlʌp / pile·up] *s.* (*fam.*) tamponamento a catena.

pileus ['paɪlɪəs / pi·leus] *pl.* **pilei** ['paɪlɪaɪ / pi·lei] *s.* (*bot.*, *zool.*) pileo.

pilewort ['paɪlwɜ:t / pile·wort] *s.* (*bot.*) celidonia → **celandine**.

to **pilfer** ['pɪlfə* / pil·fer] *v.tr.* e *intr.* rubacchiare.

pilferage ['pɪlfərɪdʒ / pil·fer·age] *s.* piccolo furto, furtarello.

pilferer ['pɪlfərə* / pil·ferer] *s.* ladruncolo.

pilfering ['pɪlfərɪŋ / pil·fer·ing] *s.* il rubacchiare; furterello.

pilgrim ['pɪlgrɪm / pil·grim] *s.* pellegrino // (*st.*) *Pilgrim Fathers*, Padri Pellegrini.

pilgrimage ['pɪlgrɪmɪdʒ / pil·grim·age] *s.* pellegrinaggio; (*fig.*) viaggio della vita: *to go on* (*a*) —, andare in pellegrinaggio.

piliferous [paɪ'lɪfərəs / pi·li·fer·ous] *agg.* pilifero.

piling[1] ['paɪlɪŋ] *s.* **1** ammucchiamento // — *up*, accatastamento **2** (*metall.*) il formare un pacchetto.

piling[2] *s.* (*edil.*) palificazione (di sostegno): *foundation —*, palificazione di costipamento.

pill[1] [pɪl] *s.* **1** pillola // *sleeping —*, sonnifero; pillola per dormire // *it was a bitter — for him to swallow*, (*fig.*) per lui fu una pillola amara da ingoiare; *to sugar* (o *sweeten*) *the —*, addolcire la pillola; *to gild the —*, indorare la pillola **2** proiettile, pallottola **3** (*med.*) pillola (anticoncezionale), contraccettivo: *to be on the —*, prendere la pillola; *morning-after —*, pillola del giorno dopo **4** (*sl.*) palla; (*pl.*) biliardo **5** (*sl.*) persona pallosa, pizza.

to **pill**[2] *v.tr.* **1** (*ant.*) saccheggiare; depredare **2** (*ant.*) privare dei capelli; spellare; scorticare.

pillage ['pɪlɪdʒ / pil·lage] *s.* ⓤ **1** saccheggio; rapina; devastazione **2** bottino.

to **pillage** *v.tr.* saccheggiare, devastare, depredare.

pillager ['pɪlɪdʒə* / pil·la·ger] *s.* saccheggiatore, predone.

pillar ['pɪlə* / pil·lar] *s.* **1** pilastro; sostegno; colonna (*anche fig.*): *he was a — of the Academy*, (*fig.*) fu una colonna dell'Accademia // (*mit.*) *the Pillars of Hercules*, le colonne d'Ercole // *to drive s.o. from — to post*, mandare qlcu. da Erode a Pilato **2** (*estens.*) colonna: *a — of smoke*, una colonna di fumo **3** (*miner.*) pilastro (abbandonato).

to **pillar** *v.tr.* sostenere, rinforzare con pilastri.

pillar box ['pɪləbɒks] *s.* cassetta per (imbucare) le lettere (in GB).

pillar saint ['pɪləseɪnt] *s.* (*st. relig.*) stilita.

pillbox ['pɪlbɒks / pill·box] *s.* **1** scatoletta per pillole **2** (*mil.*) casamatta **3** (*scherz.*) piccola vettura; piccola costruzione.

pillhead ['pɪlhed / pill·head] *s.* (*fam. amer.*) chi fa uso abituale di farmaci, di psicofarmaci.

pillion ['pɪljən / pil·lion] *s.* **1** sella da donna **2** sellino posteriore (di motocicletta ecc.).

pillory ['pɪlərɪ / pil·lory] *s.* berlina, gogna (*anche fig.*): *to be in the —*, (*fig.*) essere alla berlina.

to **pillory** *v.tr.* mettere alla berlina (*anche fig.*); esporre al ridicolo.

pillow ['pɪləʊ / pil·low] *s.* **1** guanciale, cuscino; capezzale **2** (*mecc.*) cuscinetto; cuscino di supporto.

to **pillow** *v.tr.* posare, riposare su un guanciale; servire da guanciale a // *to — one's head on one's arms*, reclinare la testa sulle braccia ♦ *v.intr.* riposarsi con la testa reclinata su un cuscino.

pillowcase ['pɪləʊkeɪs / pil·low·case] *s.* federa SIN. **pillow slip**.

pillowed ['pɪləʊd / pil·lowed] *agg.* munito di cuscino.

pillow-lava ['pɪləʊ,lɑ:və] *s.* (*geol.*) lava a guanciale, pillow lava.

pillow slip ['pɪləʊslɪp] → **pillowcase**.

pilose ['paɪləʊs / pil·ose] *agg.* (*form.*) peloso.

pilosity [paɪ'lɒsətɪ / pil·os·ity] *s.* (*form.*) pelosità.

pilot ['paɪlət / pi·lot] *s.* **1** (*mar.*) pilota, timoniere, nocchiero; portolano // *deep-sea —*, alturiere, pilota d'alto mare **2** (*aer.*) pilota: *airline —*, pilota di linea; *he's a certified —*, ha il brevetto di pilota **3** (*fig. non com.*) consigliere; guida // *to drop the —*, non badare a chi dà buoni consigli **4** (*mecc.*) guida: *— pin*, perno di guida **5** (*fam.*) programma, filmato, registrazione sperimentale **6** (*ferr. amer.*) cacciapietre ♦ *agg.* pilota; di prova; sperimentale: *— balloon*, pallone pilota; *— burner* (o *light*), fiamma spia, fiamma pilota; *— lamp* (o *light*), lampada spia; *— plant*, impianto pilota; *— programme*, programma pilota.

to **pilot** *v.tr.* pilotare (*anche fig.*).

pilotage ['paɪlətɪdʒ / pi·lot·age] *s.* **1** pilotaggio **2** compenso dato al pilota.

pilot bar ['paɪlətbɑ:*] *s.* (*mecc.*) barra (del tornio).

pilot boat ['paɪlətbəʊt] *s.* (*mar.*) pilotina.

pilot cloth ['paɪlət,klɒθ *amer.* 'paɪlət,klɔ:θ] *s.* panno di lana blu per cappotti.

pilot engine ['paɪlət,endʒɪn] *s.* (*ferr.*) staffetta, locomotiva staffetta.

pilot-fish ['paɪlətfɪʃ] *s.* (*zool.*) (*Naucrates ductor*) pesce pilota SIN. **rudder-fish**.

pilotless ['paɪlətlɪs / pi·lot·less] *agg.* senza pilota.

pilous ['paɪləs / pil·ous] *agg.* (*form.*) peloso.

pilular ['pɪljʊlə* / pil·ular] *agg.* (*med.*) pillolare.

pilule ['pɪlju:l / pil·ule] *s.* (*non com.*) piccola pillola.

pilum ['paɪləm] *pl.* **pila** ['paɪlə] *s.* (*st.*) pilo, giavellotto.

pimento [pɪ'mentəʊ / pi·mento] *pl.* **pimento(s)** *s.* **1** (*bot.*) pepe della Giamaica → **allspice** **2** (*bot.*) pepe rosso → **paprika** **3** (*cuc.*) pimento.

pi-meson ['paɪ'mi:zɒn] *s.* (*fis.*) mesone pi greco.

pimp [pɪmp] *s.* protettore, magnaccia.

to **pimp** *v.intr.* fare il protettore, fare il magnaccia.

pimpernel ['pɪmpənel / pim·per·nel] *s.* (*bot.*) (*Anagallis arvensis coerulea*) anagallide azzurra; (*pop.*) mordigallina // *scarlet —*, (*Anagallis arvensis phoenicea*) primula rossa, anagallide rossa.

pimping ['pɪmpɪŋ / pimp·ing] *agg.* (*rar.*) **1** meschino; insignificante **2** malaticcio **3** (*dir.*) sfruttamento della prostituzione.

pimple ['pɪmpl] *s.* pustola; foruncolo, brufolo; bollicina.

pimpled ['pɪmpld] **pimply** ['pɪmplɪ] *agg.* foruncoloso.

pimpmobile ['pɪmpməʊbi:l / pimp·mo·bile] *s.* (*sl. amer.*) automobile vistosa • Letteralmente 'automobile da magnaccia'.

pin [pɪn] *s.* **1** (*mecc.*) spillo: *— valve*, valvola a spillo // *you could have heard a — fall*, si sarebbe sentita volare una mosca // *pins and needles*, formicolio: *to have pins and needles in one's foot*, sentirsi il formicolio a un piede // *to be on pins and needles*, essere sulle spine **2** (*fig.*) inezia: *he doesn't care a — for it*, non gliene importa un bel niente // *for two pins*, quasi **3** (*mecc.*) perno; spina; spinotto: *cranck —*, perno di manovella; (*piston*) *—*, spinotto // *— joint*, articolazione a perno, snodo; *— bar*, barra per spine **4** (*ferr.*) caviglia: *clamping —*, caviglia a becco **5** (*elettr.*) piedino terminale **6** 'pin' (misura di capacità = 20,46 l) **7** bischero (di strumento musicale) **8** *pl.* (*sl. antiq.*) gambe: *poor old chap, he's on his last pins, thought the boss*, (K. MANSFIELD) povero vecchio mio, è agli sgoccioli, pensò il capo **9** birillo **10** (*inform.*) ago di stampante a punti; spina; perno trascinatore **11** (*mil.*) linguetta (di granata) **12** (*amer.*) spilla BRIT. → **brooch** **13** (*ant.*) centro del bersaglio: *the very pin of his heart cleft with the blind bow-boy's butt -shaft*, (SH. Romeo and Juliet) il centro del suo cuore spaccato in due dal dardo del piccolo arciere bendato.

to **pin** *pass.p.p.* **pinned** [pɪnd] *v.tr.* puntare, appuntare, attaccare con spilli; (*estens.*) bloccare, fermare, fissare: *she pinned a flower on her dress*, si appuntò un fiore al vestito; *I had to — his arms to prevent him from hitting the policeman*, dovetti immobilizzargli le braccia per impedirgli di colpire il poliziotto // *to — the blame on s.o.*, affibbiare la colpa a qlcu.; *you can't — it on me*, (*fam.*) non puoi dare la colpa a me // *— back your ears* (o *lugholes*), (*fam.*) apri bene le orecchie.

□ **pin down** *v.tr.* e *avv.* **1** costringere a stare giù **2** (*fig.*) costringere, vincolare (a fare qlco.): *he was pinned down to his promise*, fu costretto a mantenere la sua promessa **3** definire con precisione: *I can't — it down in words*, non so come dirlo a parole; *it's difficult to — him down on this question*, è difficile dire come la pensa su questa questione.

□ **pin on** *v.tr.* e *avv.* appuntare; attaccare con uno spillo: *she pinned on her hat*, si fissò il cappello con uno spillone // *to — one's faith, hope on* (o *to*) *sthg.*, riporre la propria fede, la propria speranza in qlco.

□ **pin up** *v.tr.* e *avv.* appendere con spilli, puntine ecc.: *he pinned up a notice on the board in the hall*, ha appeso un avviso nel tabellone dell'atrio // *to — up a hem*, puntare un orlo con degli spilli.

pinafore ['pɪnəfɔ:* / pin·afore] *s.* grembiulino // *— dress*, scamiciato; grembiulino.

pinaster [paɪ'næstə* / pin·as·ter] *s.* (*bot.*) pinastro → **cluster-pine**.

pinball ['pɪnbɔ:l / pin·ball] *s.* **1** ⓤ gioco del biliardino **2** *—* (*machine*) flipper, biliardino.

pince-nez ['pænsneɪ] *s.* pince-nez, occhiali a molla.

pincers ['pɪnsəz / pin·cers] *s.pl.* **1** tenaglie; pinze: *a pair of —*, un paio di tenaglie // (*mil.*) *— movement*, movimento a tenaglia **2** (*zool.*) chele.

pinch [pɪntʃ] *s.* **1** pizzico, pizzicotto; *to give s.o. a —*, dare un pizzicotto a qlcu. **2** pizzico, presa (di tabacco ecc.): *he offered him a — of tobacco*, gli offrì una presa di tabacco; *with a — of salt*, con un pizzico di sale **3** (*fig.*) morso, morsa, stretta; angustia, miseria, pena, dolore; crisi: *to feel the —*, sentire la crisi, la stretta // *at* (o *in*) *a —*, (*fam.*) all'occorrenza **4** (*sl.*) furto // *to put the — on s.o.*, estorcere qlco. a qlcu. **5** (*sl.*) arresto.

to **pinch** *v.tr.* **1** pizzicare; stringere; serrare; schiacciare: *I've pinched my finger in the door*, mi sono schiacciato un dito nella porta; *she pinched his ear*, gli pizzicò un orecchio; *he pinched me*, mi ha dato un pizzicotto **2** stringere troppo, premere **3** (*fig.*) far soffrire, tormentare: *remorse pinched his conscience*, il rimorso gli rimordeva la coscienza **4** smagrire, assottigliare: *hunger had pinched his face*, la fame gli aveva incavato il viso **5** lesinare: *to — pennies*, lesinare sul centesimo **6** (*sl.*) rubare, grattare **7** (*sl.*) arrestare, prendere in custodia ♦ *v.intr.* **1** dare pizzicotti **2** stringere troppo, star stretto; (*estens.*) far male: *my left shoe pinches at the toes*, la scarpa sinistra mi stringe in punta; *the cold pinches*, (*fig.*) il freddo punge // *that is where the shoe pinches*, (*fig.*) questo è il punto dolente **3** lesinare, far economia: *she pinches on food*, lesina sul cibo // *to — and scrape*, (*fam.*) tirare la cinghia.

pinchbeck ['pɪntʃbek / pinch·beck] *s.* princisbecco, similoro ♦ *agg.* **1** di princisbecco, di similoro **2** (*estens.*) falso, di poco prezzo.

pinched [pɪntʃt] *agg.* **1** sciupato, smagrito; tirato **2** stretto, ristretto.

pinch effect ['pɪntʃɪ,fekt] *s.* (*fis.*) reostrizione.

pinchers ['pɪntʃəz / pinch·ers] *s.pl.* (*fam.*) tenaglie.

pinching ['pɪntʃɪŋ / pinch·ing] *agg.* **1** pungente (di freddo) **2** (*fig.*) urgente **3** parsimonioso ◆ *s.* parsimonia.

pincushion ['pɪn,kʊʃn / pin·cush·ion] *s.* puntaspilli.

pine[1] [paɪn] *s.* (*bot.*) **1** pino: — *clad*, rivestito, coperto di pini; — *forest* (o — *grove*), pineta; — *needle*, ago di pino; (*chim.*) — *needle oil*, essenza di pino // *parasol* — (o *umbrella* —), pino a ombrello // — *overcoat*, (*sl. amer.*) cappotto di legno, bara **2** → pineapple.

to **pine**[2] *v.intr.* **1** struggersi, languire; affliggersi, tormentarsi: *to — for s.o.*, struggersi per qlcu.; *to — with hunger*, languire dalla fame; *we look before and after, / and pine for what is not*, (P.B. SHELLEY) guardiamo avanti e indietro e ci preoccupiamo per quello che non c'è // *to — away*, struggersi, consumarsi dal dolore **2** anelare: *to — after* (o *for*) *s.o.*, desiderare ardentemente qlcu.; *to — to do sthg.*, struggersi, desiderare ardentemente di fare qlco.

pineal ['pɪnɪəl / pin·eal] *agg.* (*anat.*) pineale // (*anat.*) — *gland*, ghiandola pineale, epifisi.

pineapple ['paɪn,æpl / pine·apple] *s.* **1** (*bot.*) (*Ananas sativus*) ananasso, ananas **2** (*mil. sl. amer.*) bomba a mano **3** (*fig.*) quintessenza: *he is the very pineapple of politeness*, (R.B. SHERIDAN) è la quintessenza della gentilezza.

pinecone ['paɪnkəʊn / pine·cone] *s.* (*bot.*) pigna.

pine-kernel ['paɪn,kɜ:nl] *s.* (*bot.*) pinolo.

pine marten ['paɪn,mɑ:tən] *s.* (*zool.*) **1** (*Martes martes*) martora comune **2** (*Martes americana*) martora americana.

pinene ['paɪni:n / pin·ene] *s.* (*chim.*) pinene.

pine-seed ['paɪn,si:d] *s.* pinolo.

pine-thistle ['paɪn,θɪsl] *s.* (*bot.*) (*Eryngium alpinum*) cardo azzurro.

pinetree ['paɪntri: / pine·tree] *s.* (*bot.*) → **pine**[1].

pinetum [paɪ'ni:təm / pin·etum] *pl.* **pineta** [paɪ'ni:tə / pin·eta] *s.* pineta.

pinewood ['paɪnwʊd / pine·wood] *s.* **1** pineta **2** legna, legno di pino, di abete.

pin-feather ['pɪn,feðə*] *s.* penna nascente.

pinfold ['pɪnfəʊld / pin·fold] *s.* (*non com.*) recinto per animali.

to **pinfold** *v.tr.* (*non com.*) rinchiudere, mettere al chiuso (animali).

ping [pɪŋ] *s.* **1** impulso (acustico) **2** sibilo, fischio (come di pallottola) **3** colpo secco metallico, battimento.

to **ping** *v.intr.* sibilare, fischiare,emettere un segnale acustico ◆ *v.tr.* far fischiare; far produrre un suono metallico a.

ping-pong ['pɪŋpɒŋ] *s.* (*fam.*) ping-pong, tennis da tavolo.

pinguid ['pɪŋgwɪd / pin·guid] *agg.* (*rar.*) **1** pingue; grasso **2** fertile (di suolo).

pinguidity [pɪŋ'gwɪdɪtɪ / pin·guid·ity] *s.* (*rar.*) **1** pinguedine **2** fertilità (di suolo).

pinhead ['pɪnhed / pin·head] *s.* **1** capocchia di spillo **2** (*fig.*) testa di rapa; persona stupida, sciocca.

pinhole ['pɪnhəʊl / pin·hole] *s.* foro di spillo; foro per perno // (*fot.*) — *camera*, stenoscopio.

pinion[1] ['pɪnjən / pin·ion] *s.* **1** (*zool.*) punta dell'ala (di un uccello); penna dell'ala; penna remigante **2** (*poet.*) ala; penna: *Hail to thee, far above the rest / in joy of voice and pinion!*, (WORDSWORTH) Salve a te, al di sopra di tutti gli altri per la gioia della voce e del volo.

to **pinion**[1] *v.tr.* **1** tarpare le ali a (un uccello) **2** legare; immobilizzare; mettere i ceppi a (*anche fig.*): *he was pinioned to the chair*, venne immobilizzato alla sedia.

pinion[2] *s.* (*mecc.*) pignone: *bevel* —, pignone conico; *lantern* —, pignone a lanterna.

pinioned ['pɪnjənd / pin·ioned] *agg.* alato.

pinite ['pɪnaɪt / pin·ite] *s.* (*min.*) pinite.

pink[1] [pɪŋk] *s.* **1** colore rosa **2** (*bot.*) garofano **3** (*fig.*) fiore; quintessenza: *in the — of condition*, in condizioni eccellenti; *she is in the* —, (*fam.*) è in perfetta forma **4** giacca rossa, scarlatta (usata per partite di caccia): *to hunt in* —, cacciare con la giacca rossa.

pink[1] *agg.* **1** rosa: — *cheeks*, guance rosee; *he turned* —, arrossì // — *collar job*, (*fam. amer.*) lavoro tipico di donna che appartiene alla borghesia // — *slip*, (*fam. amer.*) avviso di licenziamento // (*fam.*) — *book*, libro rosa (pubblicazione del governo britannico sulla bilancia dei pagamenti) **2** progressista; liberale, radicale: — *socialism*, socialismo moderato.

to **pink**[1] *v.tr.* tingere di rosa ◆ *v.intr.* tingersi di rosa.

pink[2] *s.* (*zool.*) salmone giovane.

pink[3] *s.* (*mar.*) nave a poppa sottile.

pink[4] *s.* (*ant.*) pigmento giallo.

to **pink**[5] *v.tr.* **1** trafiggere; ferire (*anche fig.*) **2** traforare; decorare con trafori e smerli: *there was a haberdasher's wife... that railed upon me till her pink'd porringer fell off her head*, (SH. Henry VIII) c'era vicino a lui la moglie di un merciaio... che continuò a strillare contro di me finché quella scodella forata del suo cappello cadde a terra **3** tagliare con forbici da rifinitura per sarto.

to **pink**[6] *v.intr.* battere in testa, detonare (di motore).

pink-eye ['pɪŋkaɪ] *s.* (*med.*, *vet.*) congiuntivite batterica.

pinkie ['pɪŋkɪ] *s.* (*scoz.*, *amer.*) mignolo SIN. little finger.

pinking scissors ['pɪŋkɪŋ,sɪsəz] **pinking shears** ['pɪŋkɪŋ,ʃɪəz] *s.pl.* forbici da rifinitura (per sarto).

pinkish ['pɪŋkɪʃ / pink·ish] *agg.* **1** rosato; leggermente rosa **2** (*fam. pol. spreg.*) sinistroide.

pinko ['pɪŋkəʊ] *agg.* e *s.* (*fam.*) sinistroide.

pinky[1] ['pɪŋkɪ] *agg.* rosa; rosato.

pinky[2] *s.* → **pinkie**.

pin money ['pɪn,mʌnɪ] *s.* (*dir.*) spillatico.

pinna ['pɪnə] *pl.* **pinnae** ['pɪni: / pin·nae] **pinnas** *s.* **1** (*anat.*) conca auricolare; pinna nasale **2** pinna (di pesce) **3** (*bot.*) lobo di foglia pennata **4** (*zool.*) pinna (mollusco bivalve).

pinnace ['pɪnɪs / pin·nace] *s.* (*mar.*) scialuppa, imbarcazione di bordo.

pinnacle ['pɪnəkl / pin·nacle] *s.* **1** (*arch.*) pinnacolo **2** (*geogr.*) pinnacolo, cima, vetta **3** (*fig.*) culmine: *the — of glory*, il sommo della gloria.

to **pinnacle** *v.tr.* **1** sormontare, ornare con pinnacolo **2** (*non com.*) mettere su un piedistallo.

pinnate ['pɪnɪt / pin·nate] **pinnated** ['pɪneɪtɪd / pin·nated] *agg.* **1** (*bot.*) pennato **2** (*zool.*) fornito di pinne, di ali.

pinniped ['pɪnɪped / pin·ni·ped] *agg.* e *s.* (*zool.*) pinnipede.

pinnule ['pɪnju:l / pin·nule] *s.* **1** (*mecc.*) pinnula, aletta **2** (*bot.*) fogliolina secondaria (di foglia pennata) **3** (*zool.*) piccola pinna, pinnula.

pinochle ['pi:nəkl / pi·nochle] *s.* (*carte*) pinnacolo.

pinpoint ['pɪnpɔɪnt / pin·point] *s.* **1** punta di spillo **2** punto; puntino: *a — of light*, un puntino di luce **3** (*fig.*) inezia; nonnulla **4** punto identificato; posizione precisa; bersaglio **5** (*aer.*) punto di riferimento al suolo, posizione rispetto al suolo ◆ *agg.* **1** preciso; perfetto: — *accuracy*, esatta precisione; — *bombing*, bombardamento di precisione **2** piccolissimo; minuto.

to **pinpoint** *v.tr.* **1** localizzare, individuare con precisione; fissare, determinare con esattezza **2** (*estens.*) enfatizzare, dare risalto, rilievo.

pinprick ['pɪn,prɪk / pin·prick] *s.* **1** puntura (di spillo, pungiglione ecc.) **2** (*fig.*) seccatura.

pinstripe ['pɪnstraɪp / pin·stripe] *agg.* gessato.

pint [paɪnt] *s.* pinta (misura di capacità = 0,5683 1 nel Regno Unito; = 0,4732 1 negli Stati Uniti) // *dry* —, pinta per aridi (misura di capacità *amer.* = 0,5506 dm^3).

pin-table ['pɪnteɪbl] *s.* biliardino.

pintail ['pɪnteɪl / pin·tail] *s.* (*zool.*) **1** (*Anas acuta*) codone **2** (*Pedioecetes phasianellus*) tetraone codacuta **3** (*Pterocles alchata*) grandula mediterranea.

pintle ['pɪntl] *s.* **1** cardine; perno, pernetto **2** (*mar.*) agugliotto.

pinto ['pɪntəʊ] *agg.* e *s.* (*zool. amer.*) (cavallo) pezzato.

pinup ['pɪnʌp / pin·up] *s.* **1** fotografia da appendere (spec. raffigurante una donna procace) **2** modella (di tali fotografie), pin up (girl).

pinwheel ['pɪnwi:l / pin·wheel] *s.* **1** pignone a gabbia, ruota a pioli **2** (*amer.*) → windmill 3.

pinworm ['pɪnwɜ:m / pin·worm] *s.* (*zool.*) (*Enterobius vermicularis*) ossiuro.

piny ['paɪnɪ] *agg.* **1** ricco di pini **2** simile a pino, di pino: *a — smell*, un odore di pino.

piolet [,pi:ə'leɪ / pio·let] *s.* piccozza.

pion ['paɪ,ɒn] *s.* (*fis.*) pione.

pioneer [,paɪə'nɪə* / pi·on·eer] *s.* **1** pioniere (*anche fig.*): *a — of aviation*, un pioniere dell'aviazione **2** (*mil.*) artiere, soldato del genio ◆ *agg.* pionieristico: — *stage*, stadio sperimentale.

to **pioneer** *v.tr.* aprire la strada a; fare da pioniere in: *to — a cause*, fare da pioniere in una causa; *he pioneered heart surgery in England*, fu uno dei pionieri della chirurgia cardiaca in Inghilterra ◆ *v.intr.* essere pioniere; fare da guida; aprire la strada.

pious ['paɪəs / pi·ous] *agg.* **1** pio; devoto; religioso: *he is a — man*, è un uomo pio // — *hopes*, pie speranze; vane speranze **2** pietoso; a fin di bene **3** ipocrita; falso: *a — excuse*, una scusa falsa **4** (*ant.*) rispettoso, pieno di pietà filiale // **-ly** *avv.* // **-ness** *s.*

pip[1] [pɪp] *s.* **1** (*sl.*) malessere; indisposizione; depressione: *to have the —*, essere seccato; *it gives me the — to see him like that*, mi dà fastidio vederlo così **2** (*vet.*) pipita (dei polli).

to **pip**[1] *pass.p.p.* **pipped** [pɪpt] *v.tr.* rompere (il guscio) ◆ *v.intr.* pigolare, fare pio pio.

pip[2] *s.* **1** punto, puntino (su tessera di domino, su dado ecc.) **2** stelletta (di ufficiale) **3** (*bot.*) fiore (di infiorescenza a grappolo, a pannocchia).

to **pip**[2] *v.tr.* **1** (*fam.*) sconfiggere, battere // *to — s.o. at the post*, vincere, battere, superare qlcu. sul filo di lana, sul traguardo **2** (*sl.*) colpire con una fucilata.

pip[3] *s.* seme di frutto (mela, pera ecc.).

pip[4] *s.* suono breve (generalmente meccanico): *the pips*, segnale orario.

pipage ['paɪpɪdʒ / pip·age] *s.* **1** sistema di tubazioni, tubatura **2** trasporto mediante tubatura **3** costo del trasporto mediante tubatura.

pipe[1] [paɪp] *s.* **1** conduttura; tubazione; condotto; tubo; canna: *hot-water pipes*, tubi dell'acqua calda // *cross —*, tubo a croce; *elbow —*, tubo a gomito **2** canna (di organo) **3** (*mus.*) flauto, piffero; *pl.* cornamusa, zampogna **4** pipa; pipata: *he smokes a —*, fuma la pipa; *a — of tobacco*, una pipata // *put that in your — and smoke it*, (*fam.*) prendi e porta a casa **5** (*anat.*) condotto, canale **6** fischietto di nostromo **7** canto, suono alto (di voce umana, di uccello) **8** (*fam. amer.*) telefono **9** (*geol.*) camino vulcanico, condotto vulcanico **10** (*miner.*) vena di minerale: *diamond —*, camino, imbuto diamantifero **11** (*inform.*) concatenazione.

to **pipe**[1] *v.intr.* **1** suonare il piffero, il flauto ecc. **2** (*mar.*) dare ordini con il fischietto (del nostromo) **3** emettere un suono alto, acuto; parlare con voce alta, acuta; cinguettare; fischiare **4** (*metall.*) formarsi (di cavità di ritiro) ◆ *v.tr.* **1** convogliare mediante tubazioni; fornire di tubature: *hot water was piped to every room in the hotel*, acqua calda veniva convogliata in ogni stanza dell'albergo **2** suonare con il piffero, con il flauto ecc. **3** dire, esprimere con voce alta, acuta; emettere (suono alto, acuto) **4** (*mar.*) ordinare con il fischietto (da nostromo): *to — all hands on deck*, chiamare tutti i marinai in coperta; *to — s.o. on board*, rendere gli onori a qlcu. che sta salendo a bordo **5** (*rad.*, *tv*) trasmettere (via filo o cavo coassiale) **6** adornare, profilare (abiti) con cordoncino, bordino **7** ornare (dolci) con zucchero filato, crema ecc. **8** (*agr.*) riprodurre per talea.

□ **pipe down** *v.intr.* e *avv.* (*fam.*) tacere; smettere di far rumore: *— down, please!*, silenzio, per piacere!

□ **pipe up** *v.intr.* e *avv.* (*fam.*) dire, parlare improvvisamente e a voce alta.

pipe[2] *s.* **1** grosso barile; botte; pipa **2** misura di capacità (pari a circa 477 dm^3).

pipeclay ['paɪpkleɪ / pipe·clay] *s.* terra, argilla da pipe.

to **pipeclay** *v.tr.* **1** imbiancare, sbiancare con terra da pipe **2** (*fig.*) sistemare con cura; mettere in ordine.

piped music [,paɪpt'mju:zɪk] *s.* sottofondo musicale, musica di sottofondo.

pipe dream ['paɪpdri:m] *s.* vana speranza; sogno irrealizzabile, impossibile.

pipefish ['paɪpfɪʃ / pipe·fish] *s.* (*zool.*) pesce ago.

pipe-fitting ['paɪp,fɪtɪŋ] *s.* (*mecc.*) raccordo (per tubazioni).

pipeful ['paɪpfʊl / pipe·ful] *s.* pipata, contenuto di una pipa.

pipe-jockey ['paɪp,dʒɒkɪ] *s.* (*sl. amer.*) pilota di caccia.

pipeline ['paɪplaɪn / pipe·line] *s.* **1** conduttura; tubazione: *— walker*, (*amer.*) sorvegliante di oleodotto, metanodotto ecc. // *gas —*, gasdotto; *oil —*, oleodotto **2** (*fig.*) canale di informazione // *in the —*, (*fam.*) imminente **3** (*inform.*) catena di montaggio.

pipe organ ['paɪp,ɔ:gən] *s.* (*mus.*) organo (a canne).

piper ['paɪpə*] *s.* pifferaio, suonatore di piffero // *he who pays the — calls the tune*, (*prov.*) chi paga il pifferaio sceglie la musica.

pipe rack ['paɪpræk] *s.* portapipe, rastrelliera per pipe.

piperazine [pɪ'perəzi:n / pi·per·az·ine] *s.* (*chim.*) piperazina.

piperidine [pɪ'perɪdaɪn / pi·per·id·ine] *s.* (*chim.*) piperidina.

piperine ['pɪpəraɪn / pi·per·ine] *s.* (*chim.*) piperina.

piperonal [pɪ'perə,næl / pi·pero·nal] *s.* (*chim.*) piperonalio, eliotropina.

pipestem ['paɪpstem / pipe·stem] *s.* cannuccia di pipa.

pipe-tree ['paɪptri:] *s.* (*bot.*) lillà → **lilac**.

pipet(te) [pɪ'pet / pip·ette] *s.* (*chim.*) pipetta.

piping ['paɪpɪŋ / pip·ing] *agg.* **1** che suona il piffero, la zampogna ecc. **2** caratterizzato dal suono del piffero, della zampogna; (*estens.*) sereno: *the — times of peace*, (*letter.*) i giorni sereni della pace **3** acuto, alto, penetrante (di suono, voce).

piping *s.* **1** tubature, tubazioni (*pl.*); rete di tubazioni **2** cordoncino, profilo (per abiti) **3** (*cuc.*) decorazione di zucchero filato (su torte ecc.) **4** il suonare la cornamusa, la zampogna, il piffero **5** suono di cornamusa, zampogna, piffero **6** suono acuto, alto, penetrante **7** (*sl.*) pianto, lamento **8** (*bot.*) talea.

piping hot ['paɪpɪŋ'hɒt] *agg.* caldo bollente (di cibo).

pipit ['pɪpɪt] *s.* (*zool.*) motacillide: *meadow —*, (*Anthus pratensis*) pispola, calandro; *tree —*, (*Anthus trivialis*) prispolone.

pipkin ['pɪpkɪn / pip·kin] *s.* vaso, tegame di terracotta.

pipless ['pɪplɪs / pip·less] *agg.* senza semi.

pippin ['pɪpɪn / pip·pin] *s.* mela ranetta.

pip-pip ['pɪp'pɪp] *inter.* (*sl. antiq.*) ciao!, arrivederci!

pipsqueak ['pɪpskwi:k / pip·squeak] *s.* **1** (*sl.*) persona, cosa insignificante **2** (*sl. antiq.*) proiettile dal sibilo acuto.

piquancy ['pi:kənsɪ / pi·quancy] *s.* gusto piccante // *the story had a certain —*, (*fig.*) la storia aveva un che di piccante.

piquant ['pi:kənt / pi·quant] *agg.* **1** piccante **2** (*fig.*) frizzante, arguto; stimolante // **-ly** *avv.*

pique[1] [pi:k] *s.* picca, ripicca; animosità, risentimento // *in a fit of —*, per ripicca; *out of —*, per puntiglio.

to **pique**[1] *v.tr.* **1** ferire l'orgoglio di; offendere; irritare **2** stimolare (curiosità, interesse ecc.) **3** *to — oneself on*, piccarsi di.

to **pique**[2] *v.tr.* e *intr.* (*carte*) segnare trenta punti al picchetto (contro).

piqué ['pi:keɪ] *s.* (*tessuto*) piquè, picchè.

piquet [pɪ'ket / pi·quet] *s.* (*carte*) picchetto.

piracy ['paɪərəsɪ / pir·acy] *s.* **1** pirateria **2** plagio.

piragua [pɪ'rægwə / pi·ra·gua] → **pirogue**.

piranha [pɪ'rɑ:njə / pi·ranha] *s.* (*zool.*) (*Serrasalmus piraya*) piranha; (*pop.*) pesce tigre.

pirate ['paɪərɪt / pir·ate] *s.* **1** pirata; corsaro **2** chi riproduce, duplica abusivamente (dischi, cassette ecc.) **3** nave pirata ◆ *agg.* pirata: *— broadcast*, trasmissione non autorizzata, pirata; *— radio* (o *station*), radio pirata.

to **pirate** *v.tr.* riprodurre senza autorizzazione (dischi, cassette ecc.); compiere atti di pirateria commerciale: *the disc was soon pirated and selling abroad*, il disco fu subito copiato abusivamente e venduto all'estero ◆ *v.intr.* fare il pirata, compiere azioni piratesche.

piratic(al) [paɪ'rætɪk(l) / pir·atic, pir·at·ical] *agg.* pirata; piratico; piratesco // **-ally** *avv.*

pirn [pɜ:n] *s.* (*tess.*) cannetta // *— machine*, cannettiera, incannatoio.

pirogue [pɪ'rəʊg / pi·rogue] *s.* piroga.

pirouette [,pɪrʊ'et / pi·rou·ette] *s.* piroetta: *to perform a —*, fare una piroetta.

to **pirouette** *v.intr.* piroettare, fare piroette.

pisanite [pɪ'zɑ:naɪt / pi·san·ite] *s.* (*min.*) pisanite.

piscary ['pɪskərɪ / pis·cary] *s.* **1** (*dir.*) diritto di pesca in acque altrui // *common of —*, diritto di pesca pubblica **2** (*rar.*) luogo di pesca.

piscatorial [,pɪskə'tɔ:rɪəl / pis·cat·orial]
piscatory ['pɪskətərɪ / pis·cat·ory] *agg.* (*form.*) peschereccio; piscatorio.

Pisces ['paɪsi:z / Pis·ces] *no.pr.pl.* (*astr.*) Pesci.

pisciculture ['pɪsɪkʌltʃə* / pis·ci·cul·ture] *s.* piscicoltura.

pisciform ['pɪsɪfɔ:m / pis·ci·form] *agg.* pisciforme.

piscina [pɪ'si:nə / pis·cina] *pl.* **piscinae** [pɪ'si:ni: / pis·ci·nae] **piscinas** *s.* **1** (*st. romana*) piscina **2** (*eccl.*) bacile per l'acqua lustrale.

piscine ['pɪsaɪn / pis·cine] *agg.* (*rar. zool.*) di pesce.

piscivorous [pɪ'sɪvərəs / pis·ci·vor·ous] *agg.* (*zool.*) ittiofago.

pish [pɪʃ] *inter.* (*ant.*) puah!, puh!

to **pish** *v.intr.* (*ant.*) dire puah; esprimere impazienza, disgusto.

pisiform ['paɪsɪfɔ:m / pisi·form] *agg.* a forma di pisello // (*anat.*) *— bone*, osso pisiforme.

pismire ['pɪsmaɪə* / pis·mire] *s.* **1** (*ant.*) formica **2** (*fam. amer.*) persona insignificante.

pisolite ['paɪsəlaɪt / piso·lite] *s.* (*geol.*) calcare pisolitico, roccia pisolitica.

pisolith ['paɪsəlɪθ / piso·lith] *s.* (*geol.*) pisolite.

pisolitic [,paɪsə'lɪtɪk / piso·litic] *agg.* (*geol.*) pisolitico.

piss [pɪs] *s.* (*volg.*) **1** piscio // — *elegant*, (*fam. amer.*) vistosamente, ostentatamente elegante // *full of — and vinegar*, (*fam. amer.*) pieno di brio, di energia **2** pisciata // *to go on the —*, prendersi una sbornia.

to **piss** *v.intr.* (*volg.*) **1** pisciare // *pissing contest*, (*amer.*) dibattito faccia a faccia; discussione, scontro **2** bagnare di orina.

□ **piss about**, **around** *v.intr.* e *avv.* sprecare, buttar via il tempo.

□ **piss away** *v.tr.* e *avv.* sprecare, sciupare stupidamente.

□ **piss down** *v.intr.* e *avv.* scrosciare, venir giù a catinelle (di pioggia).

□ **piss off** *v.intr.* e *avv.* (*gener. imper.*) andar via: — *off!*, via! smamma! ◆ *v.tr.* e *avv.* **1** (*sl.*) irritare, seccare: *his sneering attitude pissed me off*, il suo atteggiamento sprezzante mi ha fatto incazzare **2** (*gener. pass.*) essere stufo di: *I think he is rather pissed off with the situation*, penso che sia piuttosto stufo della situazione.

pissant ['pɪsænt / piss·ant] *s.* (*sl. amer.*) persona deplorevole; disgraziato ◆ *agg.* insignificante, scialbo.

pissed [pɪst] *agg.* (*volg.*) **1** ubriaco fradicio **2** (*amer.*) scocciato, arrabbiato.

pissed off [,pɪst'ɒf *amer.* ,pɪst'ɔ:f] *agg.* (*volg.*) arrabbiato, incavolato.

piss-off ['pɪsɒf *amer.* 'pɪsɔ:f] *s.* (*sl. amer.*) rabbia, indignazione.

piss-take ['pɪsteɪk] *s.* (*volg.*) presa in giro, canzonatura.

piss-up ['pɪs,ʌp] *s.* (*volg.*) trincata, gran bevuta.

pistachio [pɪ'stɑ:ʃɪəʊ *amer.* pɪ'stæʃɪəʊ / pis·ta·chio] *pl.* **pistachios** *s.* **1** (*bot.*) (*Pistacia vera*) pistacchio (albero e frutto) **2** color pistacchio **3** gusto di pistacchio.

pistil ['pɪstɪl / pis·til] *s.* (*bot.*) pistillo.

pistillary ['pɪstɪlərɪ / pis·til·lary] *agg.* (*bot.*) di pistillo.

pistillate ['pɪstɪlɪt / pis·til·late] **pistilliferous** [,pɪstɪ'lɪfərəs / pis·til·li·fer·ous] *agg.* (*bot.*) pistillifero.

pistol ['pɪstl / pis·tol] *s.* pistola: *signal —*, pistola da segnalazione; *water —*, pistola ad acqua; — *shot*, colpo di pistola; gittata di pistola.

to **pistol** *pass.p.p.* **pistolled** ['pɪstld / pis·tolled] *v.tr.* colpire a colpi di pistola.

pistole [pɪ'stəʊl / pis·tole] *s.* pistola (antica moneta d'oro spagnola).

pistoleer [,pɪstəʊ'lɪə* / pis·tol·eer] **pistolier** *s.* (*ant.*) soldato armato di pistola.

to **pistol-whip** ['pɪstl,wɪp] *v.tr.* colpire con il calcio della pistola.

piston ['pɪstən / pis·ton] *s.* pistone, stantuffo: — *engine*, motore a pistoni, motore alternativo; — *stroke*, corsa del pistone, dello stantuffo // *floating —*, stantuffo flottante; *oval —*, pistone ovalizzato.

piston pin ['pɪstən,pɪn] *s.* (*mecc.*) spinotto (del pistone).

piston ring ['pɪstən,rɪŋ] *s.* (*mecc.*) fascia elastica, anello elastico, segmento.

piston rod ['pɪstənr,ɒd] *s.* (*mecc.*) biella.

pit[1] [pɪt] *s.* **1** fossa; buca: *they dug a — to hide the stolen goods*, scavarono una fossa per nascondervi la refurtiva // (*metall.*) *casting —*, fossa di colata // *saw —*, pozzo di segheria **2** (*antiq.*) inferno: *the bottomless —*, un inferno senza fondo **3** (*miner.*) miniera; miniera a cielo aperto, cava; pozzetto di prospezione: *to go down the —*, scendere in miniera; *clay —*, cava di argilla; *sand —*, cava di sabbia; *gravel —*, cava di ghiaia; — *village*, villaggio di minatori; — *pony*, cavallino usato nelle miniere **4** trappola (*anche fig.*): *to dig a — for s.o.*, tendere un tranello a qlcu. **5** arena (per combattimento di galli) **6** (*teatr.*) platea; pubblico di platea // *orchestra —*, golfo mistico **7** (*Borsa*) sala delle contrattazioni, recinto delle grida // *wheat —*, borsa del grano **8** (*anat.*) depressione, cavità, fossa: — *of the stomach*, bocca dello stomaco **9** (*med.*) buttero, cicatrice (da vaiolo) **10** (*metall.*) alveolo, puntinatura **11** *pl.* (*ant.*) box **12** *pl.* (*fam. spec. amer.*) la parte peggiore, la feccia: *this town is the pits*, questa città fa schifo, è una schifezza.

to **pit**[1] *pass.p.p.* **pitted** ['pɪtɪd] *v.tr.* **1** (*non com.*) infossare, sotterrare, mettere in un buco, in una fossa **2** fare buchi in **3** (*med.*) butterare: *smallpox had pitted his face*, il vaiolo aveva butterato il suo viso **4** mettere in gara, in competizione; contrapporre: *to — one's wits against s.o.*, misurarsi intellettualmente con qlcu.; *to — one person against another*, opporre una persona a un'altra **5** (*metall.*) mordere, erodere (di acidi) ◆ *v.intr.* **1** (*miner.*) scavare pozzi **2** (*metall.*) vaiolarsi.

pit[2] *s.* (*bot. amer.*) nocciolo; seme.

to **pit**[2] *v.tr.* (*amer.*) snocciolare, togliere il nocciolo a.

pit-a-pat ['pɪtə'pæt] *s.* **1** battito; ticchettio; picchiettio; scalpiccio **2** palpitazione, batticuore ◆ *avv.* picchiettando; palpitando; con scalpiccio // *to go —*, picchierellare (di pioggia); palpitare, fare tic-tac (del cuore); scalpicciare.

pitch[1] [pɪtʃ] *s.* **1** campo sportivo: *football —*, campo di calcio // *to queer s.o.'s —*, (*fig.*) sventare i piani di qlcu.; rompere le uova nel paniere a qlcu. **2** lancio, tiro (*anche sport*) **3** (*fis.*) tono; (*mus.*) intonazione, tonalità; altezza (di suono); timbro (di voce): *to rise in —*, crescere di tono; *to drop in —*, calare di tono; *perfect —*, intonazione giusta; *absolute —*, orecchio assoluto **4** punto, grado di elevazione, altezza (*anche fig.*): *excitement reached fever —*, l'eccitazione raggiunse uno stato febbrile; *to bring to a high — of excellence*, portare a un alto grado di perfezione **5** inclinazione, pendenza; declivio **6** (*arch.*) altezza di arco, di volta **7** (*mecc.*) passo: *propeller —*, passo dell'elica (di motore d'aviazione); *screw —*, passo della vite, passo dell'elica (di motore marino) **8** (*aer., mar.*) beccheggio **9** posteggio (di un venditore ambulante) **10** (*fam.*) loquacità, parlantina: *the salesman's — is often misleading*, la parlantina del venditore è spesso fuorviante; *to make a — for sthg.*, parlare energicamente a favore di qlco.

to **pitch**[1] *v.tr.* **1** piantare (campo, tenda ecc.); (*rar.*) conficcare: *where will they — camp?*, dove si accamperanno? **2** gettare, scagliare, lanciare: *he pitched a stone at the crow*, scagliò una pietra contro il corvo // *to be pitched off one's horse*, essere disarcionato **3** (*cricket, baseball*) lanciare **4** (*mus.*) impostare (la voce); intonare, dare il tono a **5** (*estens.*) impostare, dare il giusto tono a (discorso ecc.): *he pitched his sales talk skilfully*, ha impostato il suo discorso promozionale con molta abilità **6** (*fam.*) narrare, raccontare: *to — a yarn*, raccontare una storia, una frottola **7** (*mecc.*) ingranare, innestare **8** pavimentare, selciare **9** inclinare ◆ *v.intr.* **1** accamparsi, attendarsi **2** (*baseball, cricket*) lanciare; (*golf*) fare un approccio **3** cadere, precipitarsi, abbattersi: *to — forward*, cadere in avanti **4** (*mar., aer.*) beccheggiare.

□ **pitch in** *v.intr.* e *avv.* **pitch into** *v.intr.* e *prep.* darci dentro, dare addosso a (*anche fig.*): *he pitched into the job with great enthusiasm*, si è buttato nel lavoro con grande entusiasmo.

□ **pitch in with** *v.intr.* e *avv.* e *prep.* venire in supporto, venire in aiuto: *he pitched in with new statistics*, mi è venuto in aiuto con nuovi dati statistici.

pitch[2] *s.* **1** pece // *Burgundy —*, pece bianca, di Borgogna // — *coke*, coke di pece **2** (*fam.*) asfalto, bitume // — *coal*, lignite bituminosa.

to **pitch**[2] *v.tr.* (*non com.*) impeciare, incatramare.

pitch-and-toss [,pɪtʃən'tɒs] *s.* gioco simile al testa e croce (si lanciano delle monetine contro un segno fissato nel terreno, chi più si avvicina al segno ha il diritto di lanciare tutte le monetine, conquistando quelle che ricadono con la testa in alto).

pitch-black [,pɪtʃ'blæk] *agg.* completamente buio: *a — moonless night*, una notte senza luna, nera come la pece SIN. **pitch-dark**.

pitchblende ['pɪtʃblend / pitch·blende] *s.* (*min.*) pechblenda.

pitch circle ['pɪtʃ,sɜ:kl] *s.* (*mecc.*) circonferenza primitiva (di una ruota dentata) SIN. **pitch line**.

pitch-dark [,pɪtʃ'dɑ:k] → **pitch-black**.

pitched[1] [pɪtʃt] *agg.* **1** spiovente **2** (*mus.*) impostato; avente un particolare tono; (*nei composti*) dal tono, di tono...: *high- —*, *low- —*, acuto, grave.

pitched[2] *agg.* (*non com.*) impeciato, incatramato.

pitched battle [,pɪtʃt'bætl] *s.* **1** (*mil.*) battaglia campale **2** (*estens.*) scontro violento.

pitcher[1] ['pɪtʃə*] *s.* **1** (*spec. baseball*) lanciatore **2** venditore ambulante, posteggiatore **3** ciottolo (per selciato).

pitcher[2] *s.* **1** grosso vaso a due manici, anfora **2** (*amer.*) brocca, caraffa; bricco **3** (*bot.*) ascidio.

pitcher-plant ['pɪtʃə,plɑ:nt *amer.* 'pɪtʃə ,plænt] *s.* (*bot.*) (*Nepenthes distillatoria*) nepente.

pitchfork ['pɪtʃfɔ:k / pitch·fork] *s.* forcone (per il fieno).

to **pitchfork** *v.tr.* **1** rimuovere, caricare (fieno ecc.) con il forcone, inforcare **2** (*fig.*) spingere, mettere di punto in bianco: *he was pitchforked into office*, fu costretto volente o nolente ad accettare la carica; *he was pitchforked out of his job*, fu licenziato di punto in bianco.

pitching ['pɪtʃɪŋ / pitch·ing] *agg.* (*aer., mar.*) beccheggiante: — *ship*, nave che beccheggia ◆ *s.* **1** (*baseball*) lancio **2** (*aer., mar.*) beccheggio **3** pavimentazione, lastricatura; lastricato, selciato.

pitch line [ˈpɪtʃlaɪn] → **pitch circle**.

pitchpine [ˈpɪtʃpaɪn / pitch·pine] *s.* (*bot.*) **1** (*Pinus taeda*) abete rosso, pino rosso americano **2** pitchpine (legno).

pitch-pipe [ˈpɪtʃpaɪp] *s.* (*mus.*) diapason a fiato.

pitch setting [ˈpɪtʃˌsetɪŋ] *s.* (*aer.*) calettamento; passo di riferimento.

pitchy [ˈpɪtʃɪ] *agg.* **1** impeciato; pecioso **2** (*estens.*) appiccicaticcio, viscoso.

piteous [ˈpɪtɪəs / pit·eous] *agg.* **1** pietoso; compassionevole, miserando, deplorevole **2** (*rar.*) misericordioso // **-ly** *avv.* // **-ness** *s.*

pitfall [ˈpɪtfɔːl / pit·fall] *s.* **1** trappola; trappola coperta per animali **2** (*fig.*) inganno, tranello; insidia.

pith [pɪθ] *s.* **1** (*bot.*, *zool.*) midollo **2** (*bot.*) albedo **3** (*fig.*) essenza, quintessenza; sostanza, contenuto: *enterprises of great pith and moment*, (SH. Hamlet) imprese di grande importanza e significato **4** (*antiq.*) forza, vigore, nerbo: *his prose lacks* —, la sua prosa è priva di nerbo.

pithead [ˈpɪthed / pit·head] *s.* **1** (*miner.*) bocca di pozzo **2** insieme dei macchinari e degli edifici disposti in prossimità della bocca di un pozzo minerario.

pithecanthrope [ˌpɪθɪˈkænθrəʊp / pi·thec·an·thrope] *pl.* **pithecanthropi** [ˌpɪθɪˈkæn θrəpaɪ / pi·thec·an·thropi] *s.* (*paleont.*) pitecantropo.

pith helmet [ˈpɪθˌhelmɪt] *s.* casco coloniale.

pithily [ˈpɪθɪlɪ / pith·ily] *avv.* **1** concisamente; stringatamente **2** vigorosamente; efficacemente.

pithiness [ˈpɪθɪnɪs / pithi·ness] *s.* **1** essenzialità; concisione, stringatezza **2** (*biol.*) abbondanza di midollo.

pithy [ˈpɪθɪ] *agg.* **1** (*bot.*, *zool.*) pieno di midollo, midolloso; simile a midollo **2** (*fig.*) ridotto all'essenziale, conciso, succinto, epigrammatico **3** (*fig.*) efficace; vigoroso (di stile ecc.).

pitiable [ˈpɪtɪəbl / pi·ti·able] *agg.* pietoso, misero, commiserabile; deplorevole // **-ness** *s.* // **-bly** *avv.*

pitiful [ˈpɪtɪfʊl / pi·ti·ful] *agg.* **1** compassionevole, pietoso **2** miserando, deplorevole; meschino: — *wages*, misero salario; *a — lie*, una bugia meschina // **-ly** *avv.*

pitifulness [ˈpɪtɪfʊlnɪs / pi·ti·ful·ness] *s.* **1** (*ant.*) pietà, compassione **2** stato pietoso, compassionevole **3** stato miserando, deplorevole.

pitiless [ˈpɪtɪlɪs / pi·ti·less] *agg.* spietato, crudele, disumano // **-ly** *avv.* // **-ness** *s.*

pitman [ˈpɪtmən / pit·man] *pl.* **pitmen** *s.* **1** minatore (di miniera carbonifera) **2** (*amer.*, *mecc.*) biella.

pitometer [pɪˈtɒmətə* / pito·meter] *s.* (*tecn.*) pitometro, doppio tubo di Pitot.

piton [pɪˈtɒn] *s.* (*alpinismo*) chiodo.

Pitot tube [ˈpiːtəʊˌtjuːb *amer.* ˈpiːtəʊˌtuːb] *s.* (*tecn.*) tubo di Pitot, tubo d'impatto.

pitsaw [ˈpɪtsɔː / pit·saw] *s.* segone (da boscaiolo).

pitta bread [ˈpɪtəˌbred] *s.* pane azzimo.

pittance [ˈpɪtəns / pit·tance] *s.* **1** (*non com.*) elemosina **2** quantità esigua di denaro; magro salario: *to work for a* —, lavorare per una miseria, per un tozzo di pane **3** (*st.*) lascito a comunità religiose per razioni supplementari di cibo in speciali ricorrenze.

pitted[1] [ˈpɪtɪd / pit·ted] *agg.* **1** bucherellato: *the surface of the moon is — with craters*, la superficie della luna è coperta di crateri **2** (*med.*) butterato: *he is — with smallpox*, è butterato dal vaiolo.

pitted[2] *s.* (*amer.*) snocciolato: — *olives*, olive snocciolate.

pitter-patter [ˈpɪtəˈpætə*] *s.* picchiettio, ticchettio; scalpiccio ◆ *avv.* ticchettando; picchiettando.

pituita [pɪˈtjuːɪtə / pi·tu·ita] *pl.* **pituitae** [pɪˈtjuːɪtiː / pi·tu·itae] *s.* (*med.*) pituita, muco nasale.

pituitary [pɪˈtjʊɪtərɪ *amer.* pɪˈtuːəterɪ / pi·tu·it·ary] *agg.* (*anat.*) **1** pituitario, ipofisario: — *gland*, ghiandola pituitaria, ipofisi **2** (*non com.*) mucoso; che secerne muco: — *membrane*, membrana pituitaria.

pity [ˈpɪtɪ] *s.* [U] **1** compassione, pietà: *to feel — for s.o.*, provar pietà per qlcu.; *to have* (o *to take*) *— on s.o.*, aver compassione di qlcu.; *to move s.o. to* —, destare la compassione di qlcu. // *for pity's sake*, per pietà, di grazia; (*fam.*) per l'amor del cielo **2** peccato (espressione di rimpianto): *it's such a — you didn't come*, è proprio un peccato che tu non sia venuto; *what a —!*, che peccato // *more's the* —, (*fam.*) purtroppo, sfortunatamente: *we've got to finish by tomorrow, more's the* —, dobbiamo finire per domani, purtroppo.

to **pity** *v.tr.* compatire; provare pietà per; avere pietà di: *he's to be pitied*, bisogna avere pietà di lui.

pitying [ˈpɪtɪɪŋ / pity·ing] *agg.* compassionevole, pietoso // **-ly** *avv.*

pityriasis [ˌpɪtɪˈraɪəsɪs / pi·ty·ri·asis] *pl.* **pityriases** [ˌpɪtɪˈraɪəsiːz] *s.* (*med.*) pitiriasi.

pivot [ˈpɪvət] *s.* **1** cardine, perno (*anche fig.*): *to set on a* —, (*mecc.*) imperniare; *to turn upon a* —, girare su un perno **2** (*aut.*) fuso, perno a fuso **3** (*mil.*) soldato che funge da perno in manovre di rotazione **4** (*basket*) pivot.

to **pivot** *v.intr.* girare (come) su di un perno, pivottare ◆ *v.tr.* imperniare (*anche fig.*).

pivotal [ˈpɪvətl / piv·otal] *agg.* **1** che fa da perno **2** (*fig.*) importante, cruciale, centrale: *a — event*, un evento chiave.

pixel [ˈpɪksəl] *s.* (*inform.*) pixel, punti di risoluzione.

pixie [ˈpɪksɪ] *s.* fata; folletto.

pixil(l)ated [ˈpɪksɪleɪtɪd / pix·il(l)·ated] *agg.* **1** (*dial. amer.*) visionario, svitato, picchiatello **2** (*sl. amer.*) ubriaco.

pixy [ˈpɪksɪ] → **pixie**.

piz(z)azz [pəˈzæz / piz(z)·azz] *s.* (*fam. amer.*) vigore, energia, slancio.

pizzle [ˈpɪzl] *s.* (*antiq.*) pene (di animale).

placable [ˈplækəbl / plac·able] *agg.* placabile // **-bly** *avv.*

placard [ˈplækɑːd / plac·ard] *s.* manifesto, cartellone, affisso.

to **placard** *v.tr.* **1** affiggere, attaccare cartelli, manifesti su **2** annunciare con manifesti, su affissi.

to **placate** [pləˈkeɪt *amer.* ˈpleɪkeɪt / pla·cate] *v.tr.* **1** placare; pacificare; conciliare **2** (*amer.*) comperare la connivenza (degli avversari).

placation [pləˈkeɪʃn / pla·ca·tion] *s.* il placare, pacificazione; conciliazione.

placatory [pləˈkeɪtərɪ / pla·cat·ory] *agg.* tranquillizzante; conciliante.

place [pleɪs] *s.* **1** luogo, posto; località, zona: — *of birth*, luogo di nascita; — *of business*, (*form.*) luogo di affari; — *of residence*, (luogo di) residenza; (*dir.*) — *of jurisdiction*, foro competente; — *of worship*, (*form.*) luogo di culto; *meeting* —, luogo di raduno; *eating* —, ristorante, tavola calda; *is London a nice — to live in?*, Londra è un posto dove si vive bene? // *this is not the — to argue*, non è il posto per litigare // *all over the* —, (*fam.*) dappertutto // *to go places*, (*fam.*) avere successo (nel proprio lavoro) **2** punto, zona: *a sore — in one's arm*, un punto dolente sul braccio; *the car was damaged in several places*, l'auto era danneggiata in vari punti **3** posizione, posto, luogo; (*sport*) posto; piazzamento: *to put sthg. back in its* —, rimettere qlco. al suo posto; *to back a horse for a first, second* —, giocare un cavallo vincente, piazzato; — *kick*, calcio piazzato // *in the first* —, in primo luogo; *your personal happiness must take second* —, la tua felicità personale deve venire al secondo posto // *in* —, a posto (*anche fig.*); *out of* —, fuori posto (*anche fig.*) // *to fall* (o *to slot*) *into* —, andare a inserirsi al posto giusto; (*fig.*) diventar chiaro, quadrare // *I've lost my* —, ho perso il segno (di un libro) // *in — of*, invece di // *decimal* —, cifra decimale // *to put oneself in another's* —, mettersi al posto, nei panni di qlcu. // *to give — to*, cedere (il passo) a // *to take* —, aver luogo, accadere, verificarsi **4** posto a tavola; posto a sedere: *to change places*, scambiarsi di posto; *please, take your places*, prego, accomodatevi, sedetevi; *to lay a* — (*at table*), mettere, aggiungere un posto a tavola; *save me a — in the canteen*, tienimi un posto in mensa **5** (*comm.*) piazza **6** (*fam.*) posto, casa; casa in campagna; fattoria: *he has got a — near Rome*, ha una casa vicino a Roma **7** posto; impiego; lavoro: *she was offered a — as babysitter*, le è stato offerto un posto da babysitter **8** posizione sociale, rango, condizione; *high places*, alte sfere; *in a high* —, altolocato; *to know one's* —, saper stare al proprio posto; *to keep s.o. in his* —, tenere qlcu. al suo posto **9** compito, dovere: *it's not your — to tell me what to do*, non sta a te dirmi quello che devo fare.

to **place** *v.tr.* **1** collocare, situare, mettere, posare: — *this book on the table*, metti questo libro sul tavolo; (*comm.*) *he placed a big order with...*, egli collocò un grosso ordine presso...; *to — oneself*, mettersi: *he placed himself at my disposal*, si mise a mia disposizione; *your refusal places me in an embarrassing situation*, il tuo rifiuto mi mette in una situazione imbarazzante **2** collocare, piazzare; dirigere con precisione: *he placed the shot right in the bull's eye*, ha piazzato il colpo proprio al centro del bersaglio **3** procurare un posto, un impiego a: *he was placed in command of the regiment*, fu posto al comando del reggimento **4** riconoscere, identificare; classificare: *I could — his voice at once*, ho riconosciuto subito la sua voce; *to — a person*, ricordarsi chi sia una persona, dove la si sia conosciuta **5** investire, depositare (denaro); collocare: *can you tell me where I could — my money?*, sapete dirmi come potrei investire il mio denaro? **6** riporre (fede, fiducia in qlcu., qlco.): *to — confidence in s.o.*, riporre fiducia in qlcu.; *to — one's hopes on sthg.*, riporre le proprie speranze in qlco. **7** (*mil.*) postare (artiglierie) **8** (*sport*) piazzare; classificare, collocare in classifica (in un dato posto): *half-way through the race he was placed third*, a metà gara era terzo; *my horse wasn't even placed*, il mio cavallo non si è neppure piazzato.

placebo [plə'si:bəʊ / pla·cebo] *pl.* **placebos** *s.* (*med.*) placebo // — *effect*, effetto placebo.

place card ['pleɪskɑ:d] *s.* segnaposto.

placed [pleɪst] *agg.* **1** piazzato, messo: *how are you — for money?*, come sei messo a soldi? **2** piazzato (di cavallo).

placeman ['pleɪsmən / place·man] *pl.* **placemen** *s.* (*spreg. ant.*) impiegato governativo.

place mat ['pleɪsmæt] *s.* tovaglietta all'americana.

placement ['pleɪsmənt / place·ment] *s.* **1** collocazione, disposizione; sistemazione // — *bureau*, agenzia di collocamento **2** (*fin.*) impiego, investimento; collocamento: *private* —, collocamento privato.

placename ['pleɪsneɪm / place·name] *s.* nome di luogo, toponimo.

placenta [plə'sentə / pla·centa] *pl.* **placentae** [plə'senti: / pla·cen·tae] **placentas** *s.* placenta.

placental [plə'sentl / pla·cen·tal] *agg.* placentale ◆ *s.* (*zool.*) placentato.

placer ['pleɪsə* / pla·cer] *s.* (*geol.*) giacimento alluvionale, placer.

place setting ['pleɪs,setɪŋ] *s.* **1** coperto, posto apparecchiato a tavola **2** apparecchiatura (della tavola).

placet ['pleɪset] *s.* (*form.*) beneplacito.

placid ['plæsɪd / pla·cid] *agg.* placido, calmo; sereno // **-ly** *avv.*

placidity ['plæsɪdətɪ / pla·cid·ity] **placidness** ['plæsɪdnɪs / pla·cid·ness] *s.* placidità, calma; serenità.

placing ['pleɪsɪŋ / pla·cing] *s.* (*fin.*) collocamento.

placket ['plækɪt] *s.* **1** apertura (in una gonna) **2** tasca (spec. di una gonna) **3** (*ant.*) sottoveste.

placoid ['plækɔɪd / plac·oid] *agg.* (*zool.*) placoide.

plagal ['pleɪgəl] *agg.* (*mus.*) plagale.

plagiarism ['pleɪdʒjərɪzəm / pla·gi·ar·ism] *s.* plagio.

plagiarist ['pleɪdʒjərɪst / pla·gi·ar·ist] *s.* plagiario.

plagiaristic [,pleɪdʒjə'rɪstɪk / pla·gi·ar·istic] *agg.* plagiario, di plagio.

to **plagiarize** ['pleɪdʒjəraɪz / pla·gi·ar·ize] *v.tr.* plagiare.

plagiary ['pleɪdʒjərɪ / pla·giary] *s.* **1** plagio **2** plagiario.

plague [pleɪg] *s.* **1** peste, pestilenza: *bubonic* —, peste bubbonica // *a — on you*, (*ant.*) che ti venga un accidente **2** (*fig.*) piaga, flagello, afflizione; castigo: *have you heard about the — of grasshoppers in Africa?*, hai sentito dell'invasione delle cavallette in Africa?; *the — of child battering is increasing*, la piaga delle violenze ai bambini sta aumentando **3** (*fam.*) scocciatura, maledizione: *to avoid s.o. like the* —, evitare qlcu. come la peste.

to **plague** *v.tr.* **1** (*rar.*) appestare, infestare **2** affliggere, tormentare: *plagued with* (o *by*), afflitto da; *to — s.o. with questions*, tormentare qlcu. con domande.

plaguer ['pleɪgə*] *s.* tormentatore; seccatore.

plaguesome ['pleɪgsəm / plague·some] *agg.* (*antiq.*) seccante, noioso.

plague-spot ['pleɪgspɒt] *s.* **1** segno sulla pelle (caratteristico della peste) **2** località dove infuria la peste **3** (*fig.*) luogo malsano, corrotto.

plaguey ['pleɪgɪ / pla·guey] *agg.* (*ant.*) **1** pestifero, pestilenziale **2** seccante, scocciante **3** notevole; cospicuo: *a — nuisance*, una tremenda seccatura ◆ *avv.* (*ant.*) seccante.

plaguily ['pleɪgɪlɪ / pla·guily] *avv.* (*ant.*) fastidiosamente, maledettamente.

plaguy → **plaguey**.

plaice [pleɪs] *s.* (*zool.*) (*Pleuronectes platessa*) passera di mare, pianuzza, platessa.

plaid [plæd] *s.* **1** sciarpone di lana generalmente a scacchi che si porta sul costume scozzese **2** tessuto, spesso a quadri, usato per confezionare il costume scozzese.

plaided ['plædɪd] *agg.* fatto di stoffa scozzese; stampato, tessuto a quadri scozzesi.

plain[1] [pleɪn] *agg.* **1** piano, liscio: — *ground*, terreno piano **2** chiaro, evidente, ovvio: *the meaning is quite* —, il significato è del tutto chiaro; *to make sthg. — (to s.o.)*, mettere in chiaro qlco. (con qlcu.) // *as — as can be* (o *as — as daylight*), chiaro come il sole; *it is as — as a pikestaff* (o *as the nose on your face*), salta agli occhi, è evidente **3** semplice, non elaborato; liscio; disadorno: — *cooking*, cucina semplice; — *style*, stile disadorno // — *truth*, pura verità // — *vanilla*, (*amer.*) semplice, disadorno, essenziale **4** facile: *it is all — sailing*, (*fig.*) corre tutto liscio **5** ordinario, comune; insignificante, scialbo; bruttino: — *paper*, carta ordinaria; *a — face*, un viso comune, non bello **6** sincero, schietto, franco: — *dealing*, sincerità, lealtà; *to be — with s.o.*, essere schietti con qlcu. // *to use — language* (o *in — English*), per dirla francamente **7** indubbio, completo, puro: *it's just — foolishness to buy that car*, è una pura assurdità comprare quell'auto **8** (*lavoro a maglia*) diritto ◆ *s.* (*geogr.*) pianura; piana: *in the open* —, in pianura // *the Great Plains*, le Grandi Pianure (a ovest del Mississippi) // **-ly** *avv.* // **-ness** *s.*

plain[1] *avv.* **1** chiaramente **2** (*fam.*) semplicemente // *you're just — wrong*, hai torto, ti sbagli **3** francamente.

to **plain**[2] *v.intr.* (*ant.*) lamentarsi.

plain-clothes ['pleɪn,kləʊðz] *s.pl.* abiti borghesi ◆ *agg.* in borghese AMER. **soft-clothes**.

plainsman ['pleɪnzmən / plains·man] *pl.* **plainsmen** *s.* abitante della pianura.

plainsong ['pleɪnsɒŋ / plain·song] *s.* (*mus.*) canto gregoriano.

plainspoken [,pleɪn'spəʊkən / plain·spoken] *agg.* che non ha peli sulla lingua, franco.

plaint [pleɪnt] *s.* **1** (*poet.*) compianto, lamento **2** (*dir.*) querela, accusa; istanza, domanda giudiziale.

plaintful ['pleɪntfʊl / plaint·ful] *agg.* (*ant.*) lamentevole.

plaintiff ['pleɪntɪf / plaint·iff] *s.* (*dir.*) attore (in giudizio), ricorrente, querelante; parte civile: —*'s motion*, istanza dell'attore.

plaintive ['pleɪntɪv / plaint·ive] *agg.* lamentoso; triste // **-ly** *avv.* // **-ness** *s.*

plait [plæt] *s.* **1** piega **2** treccia (di paglia, nastri, capelli): *to wear plaits* (o *to wear one's hair in plaits*), portare le trecce.

to **plait** *v.tr.* **1** pieghettare (abiti, biancheria) **2** intrecciare (paglia, nastri, capelli).

plaited ['plætɪd] *agg.* **1** pieghettato, a pieghe (di abiti, biancheria) **2** intrecciato; attorcigliato (di paglia, nastri, capelli).

plaiting ['plætɪŋ / plait·ing] *s.* pieghettatura // *accordion* — (o *sunburst* —), pieghettatura a fisarmonica, a soleil.

plan [plæn] *s.* **1** piano, progetto, disegno, schema: — *of action*, piano d'azione; *a five year* —, un piano quinquennale; *town* —, piano, progetto urbanistico; *to carry out a* —, portare a termine un piano; *to put a — into operation*, rendere operativo un progetto; *I've plans for you*, ho dei progetti per te; *according to* —, secondo i piani; *what are your plans for the future?*, quali sono i tuoi progetti per l'avvenire? // *according to* —, secondo il previsto **2** pianta, disegno: *ground* —, pianta, planimetria del piano terreno.

to **plan** *pass.p.p.* **planned** [plænd] *v.tr.* **1** progettare; pianificare, programmare: *to — a trip to Bournemouth*, progettare una gita a Bournemouth // *to — out* (*sthg.*), pianificare (qlco.) in dettaglio **2** fare la pianta, il piano di; disegnare ◆ *v.intr.* far progetti, piani; fare previsioni: *to — for sthg.*, prevedere qlco.; *I hadn't planned for his reaction*, non avevo previsto la sua reazione; *to — on doing sthg.*, proporsi, progettare di fare qlco.; *I hadn't planned on it raining*, non m'aspettavo che piovesse.

planar ['pleɪnə*] *agg.* (*fis., mat.*) planare // — *diode*, diodo planare.

planchet ['plɑ:nʃɪt / plan·chet] *s.* plancia, disco di metallo su cui si imprime il conio.

planchette [plɑ:n'ʃet *amer.* plæn'ʃet / planch·ette] *s.* tavoletta per sedute spiritiche.

plane[1] [pleɪn] *agg.* piano, piatto; uguale; livellato // — *geometry*, geometria piana // (*mat.*): — *curve*, curva piana; — *surface*, superficie piana // (*fis.*) — *polarized wave*, onda polarizzata linearmente ◆ *s.* **1** piano, superficie piana // (*fis.*) — *of symmetry*, piano di simmetria // (*mat.*) *inclined* —, piano inclinato // (*ottica*) *focal* —, piano focale **2** (*fig.*) livello, stadio di sviluppo: *the discussion proceeded on a lofty* —, la discussione procedeva ad alto livello **3** (*mecc.*) piano di riscontro **4** (*aer.*) piano alare, superficie portante **5** aeroplano; (*fam.*) aereo: *cargo* —, aeroplano per trasporto merci; *combat* —, aeroplano da combattimento; *four-engined* —, quadrimotore; *passenger* —, aeroplano per trasporto passeggeri; *transport* —, aeroplano da trasporto.

to **plane**[1] *v.intr.* **1** planare **2** (*fam.*) viaggiare in aeroplano.

plane[2] *s.* pialla; pialletto: — *iron*, ferro da pialla.

to **plane**[2] *v.tr.* piallare, spianare; levigare, smerigliare, lamare // *planing machine*, piallatrice.

plane[3] *s.* (*bot.*) — (*tree*), (*Platanus orientalis*) platano SIN. platan.

planer ['pleɪnə*] *s.* **1** piallatore **2** (*mecc.*) piallatrice **3** (*tip.*) battitoio.

planet[1] ['plænɪt] *s.* (*astr.*) pianeta // *minor* —, pianetino, asteroide, planetoide.

planet[2] *s.* (*eccl.*) pianeta (veste sacerdotale).

plane table ['pleɪn,teɪbl] *s.* (*topografia*) tavoletta pretoriana.

planetarium [,plænɪ'teərɪəm / plan·et·arium] *pl.* **planetariums**, **planetaria** [,plænɪ'teərɪə / plan·et·aria] *s.* **1** (*edificio*) planetario **2** planetario meccanico.

planetary ['plænɪtərɪ *amer.* 'plænɪterɪ / plan·et·ary] *agg.* **1** planetario, di pianeta: — *influence*, influenza dei pianeti; — *system*, sistema planetario **2** (*estens.*) immenso: — *distance*, enorme distanza **3** terrestre **4** (*ant.*) errante; vagabondo.

planetoid ['plænɪtɔɪd / plan·et·oid] *s.* (*astr.*) planetoide, pianetino, asteroide.

planetology [,plænɪ'tɒlədʒɪ / plan·eto·logy] *s.* (*astr.*) planetologia.

plangency ['plændʒənsɪ / plan·gency] *s.* (*letter.*) **1** risonanza **2** suono lamentoso.

plangent ['plændʒənt / plan·gent] *agg.* **1** risonante, rumoroso **2** lamentoso // **-ly** *avv.*

planimeter [plæ'nɪmɪtə* / pla·ni·meter] *s.* (*mat.*) planimetro.

planimetric [,plænɪ'metrɪk / pla·ni·met·ric] *agg.* planimetrico.

planimetry [plæ'nɪmɪtrɪ / pla·ni·metry] *s.* planimetria.

planing machine ['pleɪnɪŋmə,ʃi:n] *s.* (*mecc.*) piallatrice.

to **planish** ['plænɪʃ / plan·ish] *v.tr.* **1** martellare **2** (*mecc.*) spianare.

planisher ['plænɪʃə* / plan·isher] *s.* **1** spianatore **2** (*mecc.*) utensile a spianare.

planisphere ['plænɪsfɪə* / plani·sphere] *s.* (*astr.*) planisfero.

plank [plæŋk] *s.* **1** tavola, tavolone; pancone // — *bed*, tavolaccio (di prigione) // *as thick as two* (*short*) *planks*, (*sl.*) assai stupido **2** (*fig.*) uno degli elementi alla base di un programma politico: *a — in the Tory platform*, un caposaldo del programma politico dei conservatori **3** (*mar.*) bordatura // *to walk the* —, (*ant.*) camminare a occhi bendati lungo un'asse sporgente in mare, fino a cadervi (di chi era prigioniero di pirati).

to **plank** *v.tr.* **1** coprire, pavimentare, rivestire di tavole // *to — down*, mettere giù (gener. sul tavolo) con energia **2** (*amer.*) cucinare alla griglia e servire su un'asse.

planking ['plæŋkɪŋ / plank·ing] *s.* **1** impalcatura; tavolato, assito **2** (*mar.*) fasciame // *bottom* —, fasciame della carena; *deck* —, tavolato del ponte.

plankton ['plæŋktən / plank·ton] *s.* (*biol.*) plancton.

planktonic [,plæŋ*k*'tɒnɪk / plank·tonic] *agg.* (*biol.*) planctonico.

planned [plænd] *agg.* pianificato: — *economy*, economia pianificata.

planner ['plænə* / plan·ner] *s.* **1** progettista; pianificatore, programmatore **2** (*town*) —, urbanista.

planning ['plænɪŋ / plan·ning] *s.* **1** progettazione; pianificazione, programmazione // — *chief*, capo progettazione, capo ufficio studi // (*econ.*) — *programming budgeting system*, sistema di bilancio per la pianificazione e la programmazione **2** (*town*) —, pianificazione urbanistica; — *office*, ufficio tecnico di pianificazione urbanistica // (*dir.*) — *permission*, licenza edilizia.

plant [plɑ:nt *amer.* plænt] *s.* **1** pianta; vegetale; piantina (da trapianto): *in* —, ancora in pianta; *take this — out of its pot*, togli questa pianta dal vaso; *pot* —, pianta da vaso; *hothouse* —, pianta da serra; (*fig.*) cosa, persona delicata // — *food*, fertilizzante // — *life*, flora, vita vegetale // *to miss* —, non germogliare **2** apparato; macchinario; impianto; stabilimento, fabbrica: *chemical* —, impianto, stabilimento chimico; *electric power* —, centrale elettrica; *heating* —, impianto di riscaldamento; — *utilization*, utilizzazione degli impianti // (*dir.*) — *bargaining*, contrattazione aziendale dei salari **3** atteggiamento; posa **4** (*sl.*) trappola, inganno **5** (*sl.*) infiltrato (agente ecc.) **6** (*sl. antiq.*) merce rubata, refurtiva **7** (*amer.*) ostrica d'allevamento.

to **plant** *v.tr.* **1** piantare, seminare: *we have planted some roses in the garden*, abbiamo piantato delle rose in giardino; *to — a field with corn*, piantare un campo a grano **2** piantare, fissare, conficcare; *to — a knife in s.o.'s chest*, conficcare un coltello nel petto di qlcu.; *to — an idea in s.o.'s mind*, ficcare un'idea in testa a qlcu. // *to — a kiss on s.o.'s cheek*, stampare un bacio sulla guancia di qlcu. **3** piantare, mettere, collocare: *a policeman was planted at the back door*, fu messo in appostamento un poliziotto all'uscita posteriore; *a bomb was planted in a telephone box*, fu collocata una bomba in una cabina telefonica; *to — oneself in front of s.o., sthg.*, piantarsi di fronte a qlcu., qlco. **4** (*fam.*) lasciare (qlco. di illegale) per incriminare qlcu.: *I'm sure he doesn't take drugs; the heroin must have been planted on him*, sono certo che non fa uso di droga; l'eroina deve avercela messa qualcuno per incriminarlo **5** fondare, colonizzare: *to — a colony*, fondare una colonia **6** piantare in asso: *there I was fairly planted*, ed eccomi là piantato in asso **7** (*fam. amer.*) seppellire.

Plantagenet [plæn'tædʒənɪt / Plan·ta·genet] *agg.* e *s.* (*st.*) Plantageneto.

plantain[1] ['plæntɪn / plan·tain] *s.* (*bot.*) (*Plantago major*) piantaggine, lanciola.

plantain[2] *s.* (*bot.*) (*Musa paradisiaca*) varietà di banano e il relativo frutto (consumato come legume).

plantain[3] *s.* (*bot.*) platano.

plantar ['plæntə*] *agg.* (*anat.*) plantare.

plantation [plæn'teɪʃn / planta·tion] *s.* **1** piantagione (di alberi, cotone ecc.) // — *song*, canzone dei neri (delle piantagioni) **2** albereto, bosco **3** (*sl.*) colonia; colonizzazione // *to send s.o. to the plantations*, mandare qlcu. in una colonia penale.

planter ['plɑ:ntə* *amer.* 'plæntə*] *s.* **1** piantatore; agricoltore; coltivatore **2** colonizzatore; pioniere **3** proprietario, conduttore di piantagione **4** macchina piantatrice **5** (*amer.*) fioriera.

plant hormone ['plɑ:nt,hɔ:məʊn *amer.* 'plænt,hɔ:məʊn] *s.* (*biochim.*) fitormone, ormone vegetale.

plantigrade ['plæntɪgreɪd / plan·ti·grade] *agg.* e *s.* (*zool.*) plantigrado.

planting ['plɑ:ntɪŋ *amer.* 'plæntɪŋ / plant·ing] *s.* piantagione; atto del piantare.

plantlike ['plɑ:ntlaɪk *amer.* 'plæntlaɪk / plant·like] *agg.* simile a pianta.

plant louse ['plɑ:nt,laʊs *amer.* 'plænt,laʊs] *pl.* **plant lice** ['plɑ:ntlaɪs *amer.* 'plænt,laɪs] *s.* (*zool.*) pidocchio delle piante, afide.

plaque [plɑ:k *amer.* plæk] *s.* **1** placca, piastra, targa (di bronzo, marmo ecc.) **2** placca (d'un ordine di cavalleria ecc.); decorazione **3** (*med.*) placca batterica (dei denti); macchia cutanea; placca arteriosclerotica.

plash [plæʃ] *s.* rumore di cosa che cade nell'acqua; rumore dell'acqua che cade sopra qlco.

plashy ['plæʃɪ] *agg.* (*letter.*) fangoso; acquitrinoso.

plasm ['plæzəm] *s.* (*biol.*) plasma; protoplasma.

plasma ['plæzmə] *s.* **1** (*biol.*) plasma; protoplasma // — *cell*, plasmocito, plasmacellula; *blood* —, plasma sanguigno **2** (*min.*) plasma, varietà di quarzo di colore verde **3** (*fis.*) plasma: — *oscillations*, oscillazioni del plasma.

plasmapheresis [,plæzmə'ferəsɪs / plas·ma·pher·esis] *pl.* **plasmaphereses** [,plæzmə'ferəsi:z] *s.* (*med.*) plasmaferesi.

plasmatic [plæz'mætɪk / plas·matic] **plasmic** ['plæzmɪk / plas·mic] *agg.* (*biol.*) plasmatico.

plasmid ['plæzmɪd / plas·mid] *s.* (*biol.*) plasmidio.

plasmin ['plæzmɪn / plas·min] *s.* (*biochim.*) plasmina, fibrinolisina.

plasmodium [plæz'məʊdɪəm / plas·mod·ium] *pl.* **plasmodia** [plæz'məʊdɪə / plas·modia] *s.* (*biol.*) plasmodio.

plaster ['plɑ:stə* *amer.* 'plæstə* / plas·ter] *s.* **1** (*sticking*) —, cerotto (adesivo) **2** impiastro **3** gesso; stucco; calcina; intonaco: *coat of* —, intonacatura // — *cast*, calco, modello in gesso; — *kiln*, fornace da gesso; — *of Paris*, gesso di Parigi **4** (*med.*) gesso: *he's got one arm in* —, ha un braccio ingessato.

to **plaster** *v.tr.* **1** applicare un cerotto a **2** (*med.*) ingessare **3** intonacare **4** ricoprire (*anche fig.*); affiggere, incollare: *to — with advertisements*, ricoprire di avvisi // *the government is trying to — over its difficulties*, il governo sta cercando di nascondere le proprie difficoltà **5** (*fam.*) picchiare, pestare, colpire **6** trattare (il vino) con solfato di calcio (per neutralizzarne l'acidità).

□ **plaster down** *v.tr.* e *avv.* impomatare: *hair plastered down over the forehead*, capelli impomatati sulla fronte.

plasterboard ['plɑ:stəbɔ:d *amer.* 'plæstə bɔ:d / plas·ter·board] *s.* pannello gessato, plasterboard.

plastered ['plɑ:stəd *amer.* 'plæstəd / plas·tered] *agg.* **1** ricoperto: *wall — with advertisements*, muro ricoperto di avvisi **2** (*fam.*) ubriaco, sbronzo.

plasterer ['plɑ:stərə* *amer.* 'plæstərə* / plas·terer] *s.* **1** stuccatore; intonacatore **2** modellatore di figure in gesso.

plastering ['plɑ:stərɪŋ *amer.* 'plæstərɪŋ / plas·ter·ing] *s.* **1** (*med.*) ingessatura **2** intonacatura, intonaco // — *trowel*, frattazzo.

plaster-work ['plɑːstə,wɜːk *amer.* 'plæstə ,wɜːk] *s.* intonaco.

plastic ['plæstɪk / plas·tic] *agg.* **1** plastico: — *cement*, sigillante plastico; — *clay*, argilla plastica; — *material*, materia plastica; (*fis.*) — *deformation* (o — *flow*), deformazione plastica **2** (*fig. form.*) plasmabile, malleabile: *he has a — character*, ha un carattere malleabile **3** plastico, in rilievo: (*arch.*) — *model*, plastico // — *arts*, arti plastiche **4** al plastico, contenente esplosivo plastico: — *bomb*, bomba al plastico; — *explosive*, (esplosivo) plastico ◆ *s.* **1** (*chim.*) materia plastica, (*fam.*) plastica **2** (*fam. amer.*) — (*money*), carta di credito // **-ally** *avv.*

plastic bullet [,plæstɪk'bʊlɪt] *s.* proiettile di plastica.

plasticine® ['plæstɪsiːn / plas·ti·cine] *s.* plastilina® AMER. play dough.

plasticity [plæ'stɪsətɪ / plas·ti·city] *s.* **1** plasticità (*anche fis.*) **2** (*fig.*) duttilità, plasticità, malleabilità **3** rilievo (di immagine); effetto plastico.

plasticization [,plæstɪsaɪ'zeɪʃn / plas·ti·ciza·tion] *s.* (*tecn.*) plastificazione, masticazione.

to **plasticize** ['plæstɪsaɪz / plas·ti·cize] *v.tr.* plastificare, rendere plastico ◆ *v.intr.* diventare plastico.

plastics ['plæstɪks / plas·tics] *s.pl.* (*tecn.*) materie plastiche // — *company*, azienda che produce, che lavora materie plastiche.

plastic surgeon [,plæstɪk'sɜːdʒən] *s.* chirurgo plastico.

plastic surgery [,plæstɪk'sɜːdʒərɪ] *s.* (*med.*) chirurgia plastica.

plastid ['plæstɪd / plas·tid] *s.* (*bot.*) plastidio.

plastron ['plæstrən / plas·tron] *s.* **1** (*scherma*) piastrone; piastra (di corazza) **2** piastrone (di tartaruga) **3** pettorina (d'abito femminile); plastron, sparato inamidato (di camicia da uomo).

plat[1] [plæt] *s.* **1** (*ant.*) piccolo appezzamento (di terreno): *to behold this flowery plat*, (MILTON) a guardare questa aiuola **2** (*amer.*) pianta, mappa; mappa catastale.

to **plat**[1] *pass.p.p.* **platted** ['plætɪd / plat·ted] *v.tr.* (*amer.*) fare la pianta di.

to **plat**[2] *v.tr.* intrecciare (capelli, paglia ecc.).

platan ['plætən] *s.* (*bot.*) platano → **plane**[3].

plate [pleɪt] *s.* **1** piatto (contenente e contenuto); (*amer.*) coperto: *he cleaned his* —, pulì il piatto; — *of meat*, piatto di carne; *a dinner at a hundred dollars a* —, (*amer.*) una cena a cento dollari a testa // *dinner* —, piatto (piano); *dessert* —, piatto da frutta; *soup* —, fondina **2** vasellame (di metallo, gener. oro, argento) **3** foglio, lamina; lamiera; lastra, piastra // (*fis.*) *half-wave*, *quarter-wave* —, lamina mezz'onda, quarto d'onda **4** (*elettr.*) placca, piastra **5** (*ferr.*) piastrina, disco **6** targa (di autoveicolo) **7** (*rad.*) placca, armatura **8** (*tip.*) lastra; incisione **9** tavola fuori testo (di libro) **10** (*edil.*) piano di posa; trave orizzontale **11** coppa (data in premio alle corse) **12** (*anat.*) rotula; lamina, membrana **13** (*zool.*) squama **14** (*med.*) placca di resina cui si applicano i denti artificiali; dentiera **15** (*geol.*) zolla litosferica // — *tectonics*, tettonica a zolle **16** (*baseball*) piatto, base.

to **plate** *v.tr.* **1** (*tecn.*) placcare **2** (*chim.*, *metall.*) metallizzare; ricoprire (galvanicamente) con metallo (spec. prezioso) **3** rivestire con piastre metalliche; corazzare **4** (*mar.*) fasciare **5** (*mecc.*) fissare con piastre **6** incamiciare (vasellame ecc.) **7** (*tip.*) eseguire la lastra di; preparare la matrice di.

plate-armour ['pleɪt,ɑːmə*] *s.* corazza, corazzatura di piastre.

plateau ['plætəʊ *amer.* plæ'təʊ / plat·eau] *pl.* **plateaux**, **plateaus** *s.* **1** (*geogr.*) altopiano **2** vassoio, piatto di portata decorato **3** placca **4** punto fermo, stabilizzazione (*anche econ.*).

plated ['pleɪtɪd] *agg.* (*spec. nei composti*) placcato: *silver-* —, placcato argento; — *wood*, legno placcato.

plateful ['pleɪtfʊl / plate·ful] *s.* piatto, la quantità contenuta in un piatto: *a — of soup*, un piatto di minestra.

plate glass [,pleɪt'glɑːs *amer.* ,pleɪt'glæs] *s.* lastra di cristallo, vetro per specchi, per vetrine (di negozio ecc.).

platelayer ['pleɪt,leɪə / plate·layer] *s.* (*ferr.*) addetto alla posa e alla manutenzione dei binari.

platelet ['pleɪtlɪt / plate·let] *s.* (*biol.*) piastrina.

platen ['plætən] *s.* **1** (*mecc.*) piastra metallica; tavola **2** rullo di macchina per scrivere **3** (*tip.*) platina: — *press*, macchina (da stampa) a platina.

plater ['pleɪtə*] *s.* **1** placcatore **2** (*fam. antiq.*) mediocre cavallo da corsa.

plate rack ['pleɪt,ræk] *s.* scolapiatti.

plate-warmer ['pleɪt,wɔːmə*] *s.* scaldapiatti.

platform ['plætfɔːm / plat·form] *s.* **1** piattaforma; terrazza; (*geogr.*) piattaforma (spec. sottomarina) **2** (*ferr.*) marciapiede; binario: *the train for Brighton leaves from — 14*, il treno per Brighton parte dal binario 14 **3** (*tecn.*) piattaforma: *loading* —, piattaforma di caricamento; *revolving* —, piattaforma girevole; *swinging* —, piattaforma mobile // (*ferr.*) — *car*, pianale **4** impalcatura; palco; tribuna **5** programma politico; piattaforma: *we must agree on a common* —, dobbiamo accordarci su una piattaforma comune **6** (*inform.*) piattaforma (hardware).

platforming ['plæt,fɔːmɪŋ / plat·form·ing] *s.* (*chim.*) platforming.

platform scale ['plaetfɔːm,skeɪl] *s.* bascula, pesa, bilancia a ponte.

platform shoes ['plætfɔːm,ʃuːz] *s.pl.* scarpe con zeppa.

platina [plə'tiːnə / pla·tina] *s.* (*metall.*) platina.

plating ['pleɪtɪŋ / plat·ing] *s.* **1** (*tecn.*) placcatura; placcaggio; trattamento galvanico: — *bath*, bagno di placcaggio; bagno galvanico **2** (*mecc.*) preparazione delle lamiere **3** (*aer.*) rivestimento **4** (*mar.*) fasciame metallico.

platinic [plə'tɪnɪk / pla·tinic] *agg.* (*chim.*) platinico.

to **platinize** ['plætɪnaɪz / plat·in·ize] *v.tr.* (*chim.*) **1** platinare **2** combinare con platino.

platinoid ['plætɪnɔɪd / plat·in·oid] *agg.* (*metall.*) platinoide, simile al platino ◆ *s.* (*chim.*) platinoide.

platinotype ['plætɪnəʊ,taɪp / plat·ino·type] *s.* (*fot.*) platinotipia.

platinous ['plætɪnəs / plat·in·ous] *agg.* **1** (*chim.*) platinico, di platino, platinoso **2** (*miner.*) platinifero.

platinum ['plætɪnəm / plat·inum] *s.* (*chim.*) platino: — *black*, nero di platino; — *metals*, platinoidi; — *plating*, platinatura; — *sponge*, spugna di platino // — *blonde*, (*fam.*) bionda platinata.

platitude ['plætɪtjuːd *amer.* 'plætɪtuːd / plat·it·ude] *s.* banalità, luogo comune, osservazione sciocca.

platitudinarian ['plætɪ,tjuːdɪ'neərɪən *amer.* 'plætɪ,tuːdɪ'neərɪən / plat·it·ud·in·arian] *s.* individuo che si compiace di banalità ◆ *agg.* (*non com.*) banale, piatto.

to **platitudinize** [,plætɪ'tjuːdɪnaɪz *amer.* ,plætɪ'tuːdɪnaɪz / plat·it·ud·in·ize] *v.intr.* dire banalità.

platitudinous [,plætɪ'tjuːdɪnəs *amer.* ,plætɪ'tuːdɪnəs / plat·it·ud·in·ous] *agg.* banale, piatto, comune.

Platonic [plə'tɒnɪk / Pla·tonic] *agg.* platonico // — *love*, amore platonico // **-ally** *avv.*

Platonism ['pleɪtənɪzəm / Pla·ton·ism] *s.* (*fil.*) platonismo.

Platonist ['pleɪtənɪst / Pla·ton·ist] *s.* (*fil.*) platonico.

to **Platonize** ['pleɪtənaɪz / Pla·ton·ize] *v.tr.* **1** rendere platonico, idealizzare **2** adattare, conformare (idee) alla dottrina platonica ◆ *v.intr.* seguire la filosofia platonica.

platoon [plə'tuːn / pla·toon] *s.* **1** (*mil.*) plotone, squadra **2** gruppo, squadra.

platter ['plætə* / plat·ter] *s.* **1** piatto grande, vassoio: *on a silver* —, su un vassoio d'argento, (*fig.*) con facilità // *cold cuts* —, piatto di carne fredda assortita **2** (*sl.*) disco fonografico **3** (*inform.*) piatto, disco.

platyhelminth [,plætɪ'helmɪnθ / platy·hel·minth] *s.* (*zool.*) platelminta SIN. flatworm.

platynite ['plætənaɪt / platy·nite] *s.* (*min.*) platinite.

platypus ['plætɪpəs / platy·pus] *pl.* **platypuses** ['plætɪpəsɪz] **platypi** ['plætɪpaɪ] *s.* (*zool.*) (*Ornithorhynchus anatinus*) ornitorinco SIN. duckbill, ornithorhynchus.

platyrrhine ['plætɪ,raɪn / platyr·rhine] *agg.* e *s.* (*zool.*) (scimmia) platirrina.

plaudit ['plɔːdɪt] *s.* (*gener. pl.*) (*form.*) plauso, applauso, acclamazione.

plausibility [,plɔːzə'bɪlətɪ / plaus·ib·il·ity] *s.* plausibilità.

plausible ['plɔːzəbl / plaus·ible] *agg.* **1** plausibile, credibile **2** apparentemente fidato, onesto (di persona) // **-ness** *s.* // **-bly** *avv.*

plausive ['plɔːsɪv / plaus·ive] *agg.* **1** plaudente **2** (*ant.*) piacevole: *his plausive words / he scattered not in ears, but grafted them, / to grow there and to bear*, (SH. All's Well) non riversava nelle orecchie le sue piacevoli parole, ma le innestava nell'animo dove germogliavano e davano frutto.

play [pleɪ] *s.* **1** [U] gioco; divertimento, ricreazione: — *of light*, scintillio, gioco di luce; — *on words*, gioco di parole; *in* —, per gioco, per scherzo; *we could hear the voices of children at* —, sentivamo le voci dei bambini che giocavano // *it is child's* —, è facile, è un gioco da bambini **2** [U] gioco, partita: *rain stopped* —, la pioggia fermò il gioco; *fair*, *foul* —, gioco leale, gioco scorretto; *the ball is in* —, *out of* —, la palla è buona, non è buona **3** [U] gioco d'azzardo: *the — was high*, si giocava forte **4** [U] mossa: *it's your* —, tocca a te muovere, giocare **5** [U] (*fig.*) attività, azione: *to be in full* —, essere in azione; *to come into* —, entrare in azione; *fair* —, lealtà, gioco pulito; *the police suspected foul* —, la polizia sospettava un delitto // *to make a — for a girl*, tentare di conquistare una ragazza **6** (*teatr.*) dramma, commedia, tragedia; produzione teatrale: *Oscar Wilde's plays*, il teatro di O. Wilde; *problem* —, dramma a tesi; *stock* —, rappresentazione di repertorio; *a Shaw* —, una commedia di Shaw; *to perform a* —, rappresentare un'opera teatrale **7** [U] (*mus.*) esecuzione **8** (*mecc.*) gioco, spazio libero, libertà di movimento.

to **play** *v.tr.* e *intr.* **1** giocare: *the children were playing in the garden*, i bambini giocavano in giardino; *to — (at) cops and robbers*, giocare a guardie e ladri; *to — chess, to — golf, to — bridge*, giocare a scacchi, a golf, a bridge; *will you — tennis with me tomorrow?*, giochi a tennis con me domani?; *Italy is playing England next Wednesday*, l'Italia gioca contro l'Inghilterra mercoledì prossimo; *our goalkeeper was injured in the last match and he won't — for a few weeks*, il nostro portiere si è infortunato durante l'ultima partita e non giocherà per alcune settimane; *while she spoke she played with her ring*, mentre parlava giocherellava con l'anello; *he played with the idea of refusing the job*, si trastullava con l'idea di rifiutare il lavoro // *her hair played in the wind*, i capelli fluttuavano nell'aria; *the sunlight played on the water*, il sole creava giochi di luce sull'acqua // *what do you think you are playing at?*, (*fig.*) a che gioco giochiamo? // *to — a trick on s.o.*, giocare un brutto tiro a qlcu.; beffarsi di qlcu. // *to — (up)on s.o.'s credulity*, approfittare della credulità di qlcu. // *to — (up)on words*, giocare sulle parole, equivocare // *to — with fire*, scherzare col fuoco; *to — with s.o.*, (*fig.*) divertirsi con qlcu., trattare qlcu. con leggerezza // *to — it cool*, (*fam.*) fingere indifferenza, disinvoltura // *to — (it) safe*, (*fam.*) andare cauti, andare sul sicuro // *to — games*, (*fam. amer.*) fare il furbo // *to — ball*, (*fam. amer.*) cominciare, dare inizio a (qlco.); collaborare (con polizia ecc.) // *to — truant*, marinare la scuola // *to — a fish*, stancare un pesce (trascinandolo con la lenza) // *to — the field*, (*fam.*) andare in camporella (appartarsi in campagna per fare l'amore) **2** suonare: *he plays the piano quite well*, suona il piano abbastanza bene; *who plays first violin?*, chi è il primo violino?; *she played a Chopin waltz*, suonò un valzer di Chopin; *why — the radio so loud?*, perché tieni il volume della radio così alto? // *to — second fiddle to s.o.*, (*fig.*) avere un ruolo di secondo piano (rispetto a qlcu.) **3** recitare; interpretare; essere in programmazione, essere, stare in cartellone: *who's playing Othello?*, chi interpreta (il ruolo di) Otello?; *she played in one of Fellini's films*, ha recitato in uno dei film di Fellini; *to — to a full house*, recitare a teatro esaurito; *we played two weeks in Brighton*, abbiamo recitato, siamo stati in cartellone due settimane a Brighton; *what is playing at the Royal Theatre?*, che cosa danno al Royal Theatre?; *'Pride and Prejudice' is playing at the Alhambra*, all'Alhambra è in programmazione 'Orgoglio e Pregiudizio' // *to — a role in...*, (*fig.*) giocare un ruolo, avere una parte in... // *she likes to — the great lady*, le piace atteggiarsi a gran signora // *he's always playing the fool*, si comporta sempre da sciocco // *the text plays beautifully*, questo testo è proprio adatto alla scena // *to — down to the crowd*, adeguarsi ai gusti del grosso pubblico **4** agire, comportarsi: *to — the man*, comportarsi da uomo; *to — foul*, agire in modo disonesto; *to — the game*, agire correttamente, lealmente; *to — s.o. fair*, (*antiq.*) agire lealmente verso qlcu.; *to — s.o. false*, agire slealmente verso qlcu. // *to — fast and loose*, comportarsi da irresponsabile **5** giocare (carta ecc.): *I don't know whether to — the ace or the king*, non so se giocare l'asso o il re; *he played the red*, ha giocato il rosso, ha puntato sul rosso; *to — the stock market*, giocare in Borsa // *to — one's cards well*, (*fig.*) giocare bene le proprie carte // *he played the meeting very skilfully*, ha condotto la riunione con molta abilità **6** dirigere, puntare: *he played a searchlight upon the bushes*, diresse la torcia sui cespugli; *to — a jet of water on a fire*, dirigere un getto d'acqua sul fuoco **7** scaricare (un'arma da fuoco) **8** (*fam.*) avere rapporti sessuali.

□ **play about**, **around** *v.intr.* e *avv.* **1** scherzare, prendere le cose alla leggera: *it's time he stopped playing around, and started looking for a job*, è ora che dia un addio alla bella vita e incominci a cercarsi un lavoro **2** (*with*) scherzare con: *it's not stuff you can — about with*, non è una sostanza con cui si possa scherzare.

□ **play along** *v.intr.* e *avv.* (*fam.*) (*with*) adeguarsi a, agire in conformità con: *he played along with my idea*, si è adeguato alla mia idea.

□ **play at** *v.intr.* e *prep.* **1** → to play 1 **2** non impegnarsi a fondo (in qlco.): *he hasn't a real interest in golf he just plays at it*, non ha un vero interesse per il golf; lo gioca senza impegnarsi.

□ **play back** *v.tr.* e *avv.* **1** riascoltare (una registrazione) **2** respingere (un tiro).

□ **play down** *v.tr.* e *avv.* minimizzare: *he's playing down his role in the success of the project*, minimizza il ruolo da lui avuto nella realizzazione del progetto.

□ **play in** *v.tr.* e *avv.* (*sport*) *to — oneself in*, scaldarsi, fare qualche tiro prima di incominciare a giocare; (*fig.*) rodarsi, fare un po' di rodaggio.

□ **play off** *v.intr.* e *avv.* (*sport*) disputare la partita di spareggio, disputare la bella ◆ *v.tr.* e *avv.* mettere uno contro l'altro: *he plays his mother off against his father*, mette su la madre contro il padre.

□ **play on** *v.intr.* e *avv.* (*sport*) riprendere, continuare il gioco ◆ *v.intr.* e *prep.* strumentalizzare (qlco., qlcu.), fare appello a: *he played too much on people's fear of unemployment*, ha troppo strumentalizzato il timore della disoccupazione diffuso in tutti.

□ **play out** *v.tr.* e *avv.* **1** svolgere, sviluppare: *the events are played out against the background of 18th century Venice*, le vicende hanno per sfondo la Venezia del 18° secolo **2** continuare a giocare fino ad avere un vincitore.

□ **play up** *v.tr.* e *avv.* **1** mettere in evidenza, enfatizzare **2** (*fam.*) creare dei fastidi a, dar fastidio a; tormentare: *my backbone has been playing (me) up recently*, la mia schiena è stata un tormento in questi ultimi tempi; *no wonder he divorced his wife, she was always playing him up*, non c'è da stupirsi che abbia chiesto il divorzio dalla moglie, lo tormentava a non finire ◆ *v.intr.* e *avv.* (*fam.*) (*to*) adulare: *he doesn't like being played up to*, non gli piacciono le adulazioni.

to **play-act** ['pleɪ,ækt] *v.intr.* **1** (*spreg.*) fingere, simulare **2** recitare.

playback ['pleɪbæk / play·back] *s.* ripetizione di qualcosa che si è registrato SIN. replay.

playbill ['pleɪbɪl / play·bill] *s.* (*teatr.*) **1** affisso, manifesto; locandina **2** programma.

playboy ['pleɪbɔɪ / play·boy] *s.* **1** (*fam.*) playboy **2** (*rar.*) buffone; furfantello **3** (*ant.*) giovane attore.

play-by-play ['pleɪbaɪ'pleɪ] *agg.* (*amer.*) dettagliato, minuto per minuto (di cronaca sportiva).

play dough ['pleɪ,dəʊ] *s.* (*amer.*) → **plasticine**®.

played-out [,pleɪd'aʊt] *agg.* (*fam.*) **1** stanco, esausto, esaurito **2** antiquato, superato (di idea, concetto ecc.).

player ['pleɪə*] *s.* **1** giocatore; giocatore di professione (spec. di cricket) **2** suonatore **3** (*letter.*) attore: *strolling* —, attore girovago.

player piano ['pleɪəpɪ,ænəʊ] *s.* (*mus.*) pianola SIN. Pianola®.

playfellow ['pleɪ,feləʊ / play·fellow] *s.* → **playmate**.

playful ['pleɪfʊl / play·ful] *agg.* **1** giocoso, gaio, allegro **2** scherzoso, non serio // **-ly** *avv.* // **-ness** *s.*

playgoer ['pleɪgəʊə* / play·goer] *s.* frequentatore assiduo di teatri.

playground ['pleɪgraʊnd / play·ground] *s.* **1** terreno annesso a una scuola usato per la ricreazione **2** luogo di svago, di villeggiatura: *Miami Beach is a famous summer* —, Miami Beach è un famoso luogo di villeggiatura estiva **3** (*amer.*) → recreation ground.

playgroup ['pleɪgru:p / play·group] *s.* asilo infantile SIN. playschool.

playhouse ['pleɪhaʊs / play·house] *s.* **1** teatro **2** (*amer.*) casetta per la ricreazione dei bambini **3** (*amer.*) casa delle bambole.

playing ['pleɪɪŋ / play·ing] *s.* interpretazione; (*mus.*) esecuzione.

playing card ['pleɪɪŋ,kɑ:d] *s.* carta da gioco.

playing field ['pleɪɪŋ,fi:ld] *s.* campo da gioco.

playlet ['pleɪlɪt / play·let] *s.* commediola.

playmaker ['pleɪ,meɪkə* / play·maker] *s.* (*sport*) playmaker, chi imposta e guida le azioni di attacco.

playmate ['pleɪmeɪt / play·mate] *s.* compagno di giochi SIN. playfellow.

play-off ['pleɪɒf *amer.* 'pleɪɔ:f] *s.* (*sport*) partita di spareggio.

play on words [,pleɪɒn'wɜ:dz] *pl.* **plays on words** *s.* gioco di parole.

playpen ['pleɪpen / play·pen] *s.* box, piccolo recinto per bambini.

playroom ['pleɪru:m / play·room] *s.* stanza dei giochi.

playschool ['pleɪsku:l / play·school] → **playgroup**.

playsuit ['pleɪsu:t / play·suit] *s.* tenuta sportiva o da gioco (per donne e bambini), tuta sportiva.

plaything ['pleɪθɪŋ / play·thing] *s.* giocattolo, balocco (*anche fig.*).

playtime ['pleɪtaɪm / play·time] *s.* ricreazione, ora della ricreazione.

playwright ['pleɪraɪt / play·wright] *s.* commediografo; drammaturgo.

plaza ['plɑ:zə] *s.* **1** piazza (spec. in paesi di lingua spagnola) **2** centro commerciale.

plea [pli:] *s.* **1** richiesta; appello: *the Prime Minister made a — for the quick release of the prisoner*, il primo ministro lanciò un appello per il rilascio immediato del prigioniero // (*dir.*) *— for mercy*, domanda di grazia **2** (*dir.*) dichiarazione processuale, difesa; eccezione (in causa): *dilatory —*, eccezione dilatoria; *incidental —*, eccezione incidentale; *special pleas*, eccezioni preclusive dell'azione penale; *guilty —* (o *— of guilt*), dichiarazione di colpevolezza // (*dir. ant.*) *common, crown —*, procedimento civile, penale **3** scusa, giustificazione: *on the — of*, con la scusa di.

plea bargaining ['pli:,bɑ:gɪnɪŋ] *s.* (*dir. amer.*) patteggiamento tra imputato (che si riconosce colpevole) e pubblico ministero (che in cambio derubrica il reato o procede per uno sconto di pena) nel processo penale.

to **pleach** [pli:tʃ] *v.tr.* (*poet.*) intrecciare: *her hedges even-pleached, / put forth disorder'd twigs*, (SH. Henry V) le sue siepi, un tempo accuratamente pareggiate, mettono fuori disordinati virgulti.

to **plead** [pli:d] *pass.p.p.* **pleaded** ['pli:dɪd] **pled** [pled] *v.tr.* **1** (*dir.*) patrocinare, perorare, difendere (una causa): *to — the cause of unemployed*, perorare la causa dei disoccupati **2** (*dir.*) dichiararsi: *to — guilty*, confessarsi reo, ammettere la propria colpa; *to — not guilty*, dichiararsi innocente, protestare la propria innocenza **3** addurre a pretesto: *he pleaded ignorance*, addusse a pretesto l'ignoranza // (*dir.*) *to — madness*, invocare (la esimente del) l'infermità mentale ◆ *v.intr.* **1** (*dir.*) difendersi, far valere le proprie ragioni in giudizio **2** implorare, supplicare: *to — for mercy*, implorare pietà; *to — for s.o.*, perorare a favore di qlcu.; *to — with s.o. for sthg., s.o.*, intercedere presso qlcu. per, a favore di qlco., qlcu.; *he pleaded with his creditors to give him one more chance*, implorò i creditori di dargli un'altra possibilità.

pleadable ['pli:dəbl / plead·able] *agg.* allegabile, adducibile.

pleader ['pli:də* / plead·er] *s.* **1** patrocinatore, difensore, avvocato difensore // *special —*, consulente legale **2** intercessore.

pleading ['pli:dɪŋ / plead·ing] *agg.* supplichevole, implorante // **-ly** *avv.*

pleading *s.* (*dir.*) **1** difesa, patrocinio (di causa) **2** arringa, discussione; conclusionale **3** disciplina delle dichiarazioni processuali delle parti **4** *pl.* dichiarazioni (delle due parti in un processo) **5** (*ant.*) *special —*, dichiarazione processuale contenente un nuovo e più specifico fatto.

pleasance ['plezəns / pleas·ance] *s.* (*ant.*) **1** piacevolezza, gaiezza **2** giardino (di fastosa dimora).

pleasant ['pleznt / pleas·ant] *agg.* **1** piacevole, amabile, gradevole; simpatico **2** gaio, allegro **3** bello (di tempo atmosferico) **4** (*ant.*) ameno, faceto.

pleasantly ['plezntlɪ / pleas·ant·ly] *avv.* **1** piacevolmente **2** gaiamente; affabilmente.

pleasantness ['plezntnɪs / pleas·ant·ness] *s.* **1** piacevolezza, amenità **2** giocondità; affabilità, amabilità.

pleasantry ['plezntrɪ / pleas·antry] *s.* (*form.*) **1** facezia, scherzo, arguzia; frizzo **2** piacevolezza; cordialità.

please [pli:z] *avv.* e *inter.* per favore, per piacere, prego: *—, stop it!*, per favore, smettetela; *come in, —!*, entrate, prego!; *"Shall I open the door?" "Yes —"*, "Posso aprire la porta?" "Sì prego"; *"Would you like a cup of coffee?" "Yes —"*, "Vuoi una tazza di caffè?" "Sì grazie".

to **please** *v.tr.* **1** piacere a, far piacere a; soddisfare: *it is difficult to — everybody*, è difficile soddisfare tutti; *— oneself*, fa come vuoi, come vuoi tu // *— God*, a Dio piacendo **2** desiderare; volere; aver voglia di: *it pleased him to do so*, volle fare così ◆ *v.intr.* **1** piacere; volere, desiderare: *he does as he pleases*, fa ciò che vuole // *if you —*, per favore, se permetti, se permettete (*anche iron.*): *he's just won first prize, if you —*, se permetti, ha vinto il primo premio **2** piacere, accontentare: *she's difficult to —*, è difficile accontentarla.

pleased [pli:zd] *agg.* contento, lieto, soddisfatto: *— to meet you*, lieto di conoscerla; *be — to accept these flowers*, La prego di accettare questi fiori; *to be — to do sthg.*, far qlco. volentieri, con gran piacere; *to be — with s.o.*, essere soddisfatto di qlcu.: *to be anything but —*, essere tutt'altro che soddisfatto // *as — as Punch*, contento come una pasqua.

pleasing ['pli:zɪŋ / pleas·ing] *agg.* **1** piacevole; amabile; simpatico **2** soddisfacente // **-ly** *avv.*

pleasurable ['pleʒərəbl / pleas·ur·able] *agg.* piacevole; divertente // **-ness** *s.* // **-bly** *avv.*

pleasure ['pləʒə* / pleas·ure] *s.* **1** piacere; compiacimento: *I have had the — of knowing him for many years*, ho il piacere di conoscerlo da molti anni; *I have much — in informing you that*, ho il piacere di informarLa che; *it is a — to have you*, è un piacere averti con noi; *to find* (o *to take*) *— in doing sthg.*, fare qlco. volentieri // *my —*, (*form.*) piacere mio // *with —*, (*form.*) con piacere // *the pleasures of reading*, il piacere della lettura **2** diletto, divertimento: *to travel for —*, viaggiare per diporto **3** (*form.*) desiderio, volontà: *at —*, a volontà, a piacere **4** voluttà, piacere sensuale // *a man of —*, un dissoluto.

to **pleasure** *v.tr.* (*non com.*) compiacere, far piacere a, piacere a ◆ *v.intr.* (*non com.*) prendere piacere, dilettarsi.

pleasure-boat ['pleʒəbəʊt] *s.* battello, imbarcazione da diporto.

pleasure-ground ['pleʒə,graʊnd] *s.* giardino, parco; luogo di ricreazione.

pleat [pli:t] *s.* piega.

to **pleat** *v.tr.* **1** pieghettare **2** (*ant.*) intrecciare (ghirlande, capelli).

pleb [pleb] *s.* (*fam.*) plebeo.

plebe [pli:b] *s.* (*fam. amer.*) allievo di primo corso (nell'Accademia militare di West Point e nell'Accademia navale di Annapolis).

plebeian [plɪ'bi:ən / ple·beian] *agg.* e *s.* (*form.*) plebeo.

plebiscitary [plɪ'bɪsɪtərɪ / ple·bis·cit·ary] *agg.* plebiscitario.

plebiscite ['plebɪsɪt *amer.* 'plebɪsaɪt / pleb·is·cite] *s.* plebiscito.

plebs [plebz] *pl.* **plebes** ['pli:bi:z] *s.* (*st. romana*) (la) plebe.

plectrum ['plektrəm / plec·trum] *pl.* **plectra** ['plektrə / plec·tra] **plectrums** *s.* (*mus.*) plettro.

pled *pass.p.p.* (*spec. amer.*) di to **plead**.

pledge [pledʒ] *s.* **1** pegno, garanzia (*anche dir.*): *to put sthg. in —*, impegnare qlco.; *to take sthg. as a —*, prendere qlco. in pegno **2** promessa, impegno, voto: *under — of secrecy*, con impegno di segretezza; *to fulfil a —*, onorare un impegno // *to take* (o *to sign*) *the —*, (*antiq.*) promettere di astenersi dall'alcool **3** brindisi.

to **pledge** *v.tr.* **1** impegnare, dare in pegno (*anche fig.*); garantire (*anche dir.*); promettere solennemente: *he pledged his watch*, impegnò l'orologio; *to — s.o. to do sthg.*, impegnare qlcu. a fare qlco.; *to — oneself to do sthg.*, impegnarsi a fare qlco.; *to — one's word*, dare, impegnare la propria parola; *to — one's support for sthg.*, promettere solennemente il proprio appoggio a qlco. **2** brindare alla salute di: *drink to me only with thine eyes, / and I will pledge with mine*, (B. JONSON) bevi alla mia salute solo con i tuoi occhi ed io risponderò con i miei ◆ *v.intr.* (*amer.*) sottoporsi al giudizio dei membri di una confraternita (allo scopo di esservi ammessi).

pledgee [ple'dʒi:] *s.* creditore pignoratizio.

pledger ['pledʒə*] *s.* debitore pignoratizio SIN. **pledgor**.

pledget ['pledʒɪt] *s.* tampone d'ovatta.

pledgor → **pledger**.

Pleistocene ['pli:stəʊsi:n / Pleis·to·cene] *agg.* (*geol.*) pleistocenico ◆ *s.* (*geol.*) pleistocene.

plenary ['pli:nərɪ / plen·ary] *agg.* plenario, completo, intero // *— indulgence*, indulgenza plenaria // *— meeting* (o *session*), seduta, assemblea plenaria.

plenipotentiary [,plenɪpə'tenʃərɪ / ple·ni·po·ten·ti·ary] *agg.* e *s.* plenipotenziario.

to **plenish** ['plenɪʃ / plen·ish] *v.tr.* **1** (*ant.*) riempire **2** (*scoz.*) ammobiliare, arredare (una stanza).

plenitude ['plenɪtju:d *amer.* 'plenɪtu:d / plen·it·ude] *s.* **1** (*form.*) pienezza, completezza **2** abbondanza, profusione, gran quantità.

plenteous ['plentjəs / plent·eous] *agg.* (*letter.*) abbondante, copioso // **-ly** *avv.* // **-ness** *s.*

plentiful ['plentɪfʊl / plen·ti·ful] *agg.* abbondante, copioso // **-ly** *avv.* // **-ness** *s.*

plenty ['plentɪ] *agg.* (*solo predicativo*) abbondante; più che sufficiente: *this money will be — for a pizza*, questi soldi sono più che sufficienti per una pizza; *the harvest was — last year*, il raccolto è stato abbondante lo scorso anno ◆ *s.* abbondanza: *don't worry, we've got — of time*, non temere, abbiamo (ancora) molto tempo; *there are — of jobs in the south*, c'è abbondanza di lavoro al sud; *they gave us — to eat and drink on the tour*, abbiamo mangiato e bevuto abbondantemente durante il giro turistico; *there was — happening during the festival*, c'era grande animazione nel corso del festival; *he has managerial qualities in —*, ha doti manageriali in abbondanza; *the government has promised us peace and —*, il governo ci ha promesso pace e prosperità; *there are — of problems in this job*, ci sono problemi a non finire in questo lavoro // *horn of —*, cornucopia // *land of —*, paese di cuccagna.

plenty *avv.* (*fam.*) molto, abbondantemente: *he enjoyed himself —*, si è molto divertito; *by accepting the offer, they were risking —*, accettando l'offerta, rischiavano parecchio // *it's — large enough*, è grande più che abbastanza // *he was — fast enough to win the race*, la sua velocità era più che sufficiente per vincere la corsa.

plenum ['pli:nəm] *s.* **1** pieno **2** assemblea plenaria **3** (*tecn.*) sovrappressione: *— chamber*, camera a pressione; *— system*, sistema a sovrappressione.

pleomorphic [,pliəʊ'mɔ:fɪk / pleo·morphic] *agg.* (*biol.*) pleomorfico.

pleomorphism [,pli:əʊ'mɔ:fɪzəm / pleo·morph·ism] *s.* (*biol.*) pleomorfismo, polimorfismo.

pleonasm ['pliəʊ,næzəm / ple·on·asm] *s.* (*ret.*) pleonasmo.

pleonastic [pliəʊ'næstɪk / ple·on·astic] *agg.* (*ret.*) pleonastico // **-ally** *avv.*

plesiosaur(us) [,pli:sɪə'sɔ:r(əs) / ple·sio·saur(us)] *s.* (*paleont.*) plesiosauro.

plethora ['pleθərə / pleth·ora] *s.* **1** (*form.*) pletora, sovrabbondanza, eccesso **2** (*med.*) pletora.

plethoric [ple'θɒrɪk / pleth·oric] *agg.* **1** (*non com.*) pletorico, sovrabbondante, eccessivo **2** (*med.*) pletorico, congesto // **-ally** *avv.*

pleura ['plʊərə] *pl.* **pleurae** ['plʊəri:] *s.* (*anat.*) pleura.

pleural ['plʊərəl] *agg.* (*anat.*) pleurico.

pleurisy ['plʊərəsɪ / pleur·isy] *s.* (*med.*) pleurite.

pleuritic [,plʊə'rɪtɪk / pleur·itic] *agg.* (*med.*) pleuritico.

plexus ['pleksəs] *s.* (*anat.*) plesso.

pliability [,plaɪə'bɪlətɪ / pli·ab·il·ity] *s.* **1** pieghevolezza, flessibilità **2** (*fig.*) docilità, arrendevolezza, sottomissione.

pliable ['plaɪəbl / pli·able] *agg.* **1** pieghevole, flessibile **2** (*fig.*) docile, arrendevole, conciliante // **-ness** *s.* // **-bly** *avv.*

pliancy ['plaɪənsɪ / pli·ancy] *s.* **1** pieghevolezza, flessibilità **2** (*fig.*) adattabilità, arrendevolezza.

pliant ['plaɪənt / pli·ant] *agg.* **1** pieghevole, flessibile **2** (*fig.*) adattabile; compiacente; influenzabile // **-ly** *avv.* // **-ness** *s.*

plica ['plaɪkə] *pl.* **plicae** ['plaɪki:] *s.* (*anat.*) plica; plica cutanea.

plicate ['plaɪkɪt / pli·cate] **plicated** ['plaɪkeɪtɪd / pli·cated] *agg.* **1** pieghettato; piegato **2** (*scient.*) plicato.

plication [plaɪ'keɪʃn / pli·ca·tion] **plicature** ['plɪkətʃə* / pli·ca·ture] *s.* piegatura; piega.

pliers ['plaɪəz / pli·ers] *s.pl.* pinze: *cutting —*, pinze universali; *flat* (*nose*) *—*, pinze piane, a becchi piatti.

plight[1] [plaɪt] *s.* stato, condizione, situazione (spec. negativa): *we must try to relieve the — of the homeless*, dobbiamo cercare di rendere meno pesante la situazione dei senzatetto.

plight[2] *s.* (*ant.*) impegno; promessa.

to **plight**[2] *v.tr.* impegnare; promettere: *to — one's troth*, (*letter.*) fare una promessa di matrimonio.

plighted ['plaɪtɪd] *agg.* (*letter.*) impegnato, promesso // *— faith*, fede giurata // *— lovers*, fidanzati.

plimsoll ['plɪmsəl / plim·soll] *s.* (*spec. pl.*) scarpa di tela con suola di gomma, scarpa da ginnastica SIN. trainer AMER. sneaker.

Plimsoll mark ['plɪmsəl,mɑ:k] **Plimsoll line** ['plɪmsəl,laɪn] *s.* (*mar.*) **1** anello (o occhio) di Plimsoll **2** marca di bordo libero.

plinth [plɪnθ] *s.* (*arch.*) plinto, zoccolo; basamento.

Pliocene ['plaɪəsi:n / Plio·cene] *agg.* (*geol.*) pliocenico ◆ *s.* (*geol.*) pliocene.

plod [plɒd] *s.* **1** il camminare faticoso **2** passo pesante **3** (*fam.*) lavoro faticoso.

to **plod** *pass.p.p.* **plodded** ['plɒdɪd / plod·ded] *v.intr.* *to — (one's way)*, arrancare, camminare lentamente e faticosamente: *the old man plodded home*, il vecchio procedeva a fatica verso casa; *we plodded across the field, up the hill*, arrancavamo per il campo, su per la collina // *to — along*, avanzare a fatica, a stento; (*fig. fam.*) tirare avanti: *to — along with a job*, proseguire un lavoro a fatica e senza interesse; *to — along* (*through life*), tirare avanti col solito trantran // *to — away*, (*fig.*) lavorare assiduamente e pazientemente: *to — away at one's lessons*, sgobbare sulle proprie lezioni // *to — on*, procedere, continuare a camminare; (*fig.*) (continuare a) fare qlco. a fatica e controvoglia: *to — on in the rain*, proseguire sotto la pioggia; *I'm tired but I must — on for another hour*, sono stanco ma devo tirare avanti ancora per un'ora.

plodder ['plɒdə* / plod·der] *s.* **1** chi cammina lentamente e faticosamente **2** (*fam.*) sgobbone.

ploddingly ['plɒdɪŋlɪ / plod·ding·ly] *avv.* a fatica.

ploidy ['plɔɪdɪ] *s.* (*genetica*) ploidia.

plonk[1] [plɒŋk] *s.* (*fam.*) suono cupo ◆ *avv.* (*fam.*) pesantemente, con un tonfo, con un rumore sordo.

to **plonk**[1] *v.tr.* (*fam.*) buttar giù in malo modo, lasciar cadere di peso: *he plonked himself down on the chair*, si lasciò cadere pesantemente sulla sedia ◆ *v.intr.* (*fam.*) cadere pesantemente // *to — away at* (o *on*) *the piano, the guitar*, strimpellare il pianoforte, la chitarra.

plonk[2] *s.* (*fam.*) vino scadente, di cattiva qualità.

plop [plɒp] *s.* tonfo, suono, rumore sordo ◆ *avv.* con un tonfo sordo.

to **plop** *pass.p.p* **plopped** [plɒpt] *v.tr.* gettare nell'acqua ◆ *v.intr.* cadere, lasciarsi cadere con un tonfo: *he plopped down beside me*, si lasciò cadere accanto a me.

plosion ['pləʊʒn / plo·sion] *s.* (*fon.*) esplosione.

plosive ['pləʊsɪv / plo·sive] *agg.* e *s.* (*fon.*) esplosiva.

plot [plɒt] *s.* **1** appezzamento; pezzo di terreno; lotto: *building —*, terreno da costruzione; *in some melodious plot of beechen green*, (KEATS) in qualche melodioso boschetto di verdi faggi **2** (*letter.*) trama, intreccio: *unravelling of the —*, scioglimento dell'intreccio; *the — thickens*, l'intreccio si complica **3** trama, complotto, congiura, cospirazione: *to hatch* (o *to lay*) *a —*, ordire una congiura **4** (*amer.*) carta, diagramma, mappa.

to **plot** *pass.p.p.* **plotted** ['plɒtɪd / plot·ted] *v.tr.* **1** fare la pianta di; fare il rilievo di (un terreno ecc.) **2** tracciare; seguire; segnare (su una mappa): *to — a diagram, a graph*, tracciare un diagramma, un grafico; *to — the graph of an equation*, tracciare il grafico di un'equazione **3** tramare, complottare, cospirare, macchinare: *they plotted his ruin*, concertarono la sua rovina; *what mischief are you plotting between you?*, cosa state complottando tra di voi? ◆ *v.intr.* tramare, complottare, cospirare: *the terrorists were plotting against the Prime Minister*, i terroristi stavano tramando contro il primo ministro; *they plotted to kidnap him*, tramavano di rapirlo.

plotless ['plɒtlɪs / plot·less] *agg.* senza trama, senza intreccio (di romanzo ecc.).

plottage ['plɒtɪdʒ / plot·tage] *s.* (*amer.*) area di terreno.

plotter ['plɒtə* / plot·ter] *s.* **1** cospiratore; congiuratore; chi ordisce intrighi **2** (*inform.*) plotter, tracciatore di grafici, di curve ecc.

plotting ['plɒtɪŋ / plot·ting] *s.* **1** il progettare **2** tracciato, grafico **3** complotto, trama.

plotting-paper ['plɒtɪŋ,peɪpə*] *s.* carta millimetrata.

plough[1] [plaʊ] *s.* **1** aratro: *breaking —*, dissodatrice, aratro dissodatore; *disk —*, aratro a dischi; *gang —*, aratro polivomere // *to put* (o *to lay* o *to set*) *one's hand to the —*, (*fig. letter.*) por mano all'opera **2** terreno arato **3** (*astr.*) *the Plough*, Grande Carro **4** (*legatoria*) blocco per la rifilatura **5** (*falegnameria*) incorsatoio.

to **plough**[1] *v.tr.* **1** arare; solcare, fendere; attraversare (*anche fig.*): *to — a field*, arare un campo; *the ship slowly ploughed the waves*, la nave solcava lentamente le onde // *to — one's way*, procedere faticosamente // *to — the sands*, (*fam.*) fare un lavoro inutile **2** rifilare (libri, nella rilegatura) ◆ *v.intr.* **1** arare **2** essere arabile **3** farsi strada; procedere faticosamente (*anche fig.*): *he ploughed on through the snow*, si fece strada faticosamente nella neve; *they ploughed on regardless of difficulties*, procedettero senza curarsi delle difficoltà.

□ **plough back** *v.tr.* e *avv.* reinvestire: *they ploughed back the profits into the business*, reinvestirono i loro profitti nell'azienda.

□ **plough in** *v.tr.* e *avv.* coprire, sotterrare arando; rovesciare ◆ *v.intr.* e *avv.* (*fig. fam.*) buttarsi dentro, mettersi (a fare qlco.): *everyone ploughed in and helped*, tutti insieme si buttarono a dare una mano.

□ **plough into** *v.intr.* e *prep.* **1** fendere; falciare: *the lorry ploughed into the crowd*, il camion falciò la folla **2** (*fig.*) assalire; buttarsi a capofitto in: *he rolled up his sleeves and ploughed into the work*, si tirò su le maniche e si buttò nel lavoro ◆ *v.tr.* e *prep.* investire molti soldi: *he is ploughing all his savings into the firm*, sta investendo tutti i suoi risparmi nella ditta.

□ **plough through** *v.intr.* e *prep.* aprirsi un

varco attraverso; fendere: *the car ploughed through the fence and into the field*, la macchina irruppe attraverso la staccionata nel campo // *I had to — through lists of statistics to get the information*, dovetti far passare, farmi strada fra elenchi di statistiche per trovare quell'informazione.

□ **plough under** *v.tr.* e *avv.* **1** coprire, sotterrare arando **2** (*fig.*) nascondere, sotterrare, far sparire.

□ **plough up** *v.tr.* e *avv.* **1** arare // *the cars ploughed up the lawn*, le automobili misero sottosopra il prato **2** scoprire, trovare, rinvenire arando: *the farmer ploughed up an unexploded bomb*, il contadino arando rinvenì una bomba inesplosa.

plough² *s.* (*sl. antiq.*) bocciatura di un candidato all'esame.

to **plough**² *v.tr.* (*sl. antiq.*) bocciare un candidato all'esame.

ploughable ['plaʊəbl / plough·able] *agg.* arabile.

ploughback ['plaʊbæk / plough·back] *s.* (*fin.*) reinvestimento: — *ratio*, quota di utile reinvestito.

ploughboy ['plaʊbɔɪ / plough·boy] *s.* **1** giovane aratore **2** contadinello.

plougher ['plaʊə*] *s.* aratore; bifolco.

ploughing ['plaʊɪŋ / plough·ing] *s.* aratura.

plough-iron ['plaʊaɪən] *s.* coltro.

ploughland ['plaʊlænd / plough·land] *s.* **1** (*st. medioevale*) unità di misura di terreno corrispondente all'area che otto buoi possono arare in un anno **2** terreno arabile.

ploughman ['plaʊmən / plough·man] *pl.* **ploughmen** *s.* aratore; contadino; agricoltore // —*'s lunch*, spuntino di mezzogiorno (a base di pane, formaggio e cipolle).

Plough Monday [,plaʊ'mʌndɪ] *s.* lunedì dopo l'Epifania.

ploughshare ['plaʊʃeə* / plough·share] *s.* **1** vomere **2** (*anat.*) vomere.

plough-staff ['plaʊstɑ:f *amer.* 'plaʊstæf] *s.* nettatoio (di aratro).

plough-tree ['plaʊtri:] *s.* manico (di aratro).

plover ['plʌvə*] *s.* (*zool.*) **1** piviere **2** (*pop.*) → peewit.

plow e *deriv.* (*amer.*) → **plough** e *deriv.*

ploy [plɔɪ] *s.* **1** manovra, stratagemma; sotterfugio: *it was a — to gain time*, fu uno stratagemma per guadagnare tempo **2** (*rar.*) occupazione, impiego **3** (*rar.*) passatempo **4** (*scoz.*) scappatella.

pluck [plʌk] *s.* **1** strappo, lo strappare; lo spennare; il tirare: *he gave my sleeve a —*, mi tirò la manica **2** frattaglie (*pl.*) (spec. cuore, fegato, polmoni) **3** (*fig. fam.*) coraggio, fegato: *he lacks —*, manca di coraggio, manca di fegato.

to **pluck** *v.tr.* e *intr.* **1** strappare (capelli, peli); spennare: *to — (at) one's hair*, strapparsi i capelli; *to — the eyebrows*, depilare le sopracciglia; *to — a goose*, spennare un'oca // *to — a pigeon*, (*fig.*) spennare un pollo **2** tirare: *to — (at) s.o.'s sleeve* (o *to — s.o. by the sleeve*), tirare qlcu. per la manica // *a fisherman plucked him out of the sea*, un pescatore lo salvò dal mare // *this author was plucked from obscurity to fame by accident*, questo autore fu strappato all'oscurità e portato al successo **3** (*mus.*) pizzicare (strumento a corde); suonare: *to — the strings of a guitar*, pizzicare le corde di una chitarra; *to — (at) a guitar, a mandolin*, suonare, strimpellare una chitarra, un mandolino **4** cogliere: *to — flowers*, cogliere fiori // *he plucks ideas out of the air*, (*fig.*) le idee gli vengono spontaneamente, senza che ci pensi **5** (*ant.*) bocciare (a un esame) **6** (*ant.*) accaparrare: *every man under certain titles and pretences draws and pluckes to himself as much as he can*, (T. MORE) ogni uomo sotto certi titoli e pretese tira a sé e si accaparra quanto più può.

□ **pluck up** *v.tr.* e *prep.* sradicare: *to — up a carrot*, raccogliere una carota // *to — up one's courage to do sthg.*, farsi coraggio, prendere il coraggio a due mani per fare qlco.

plucker ['plʌkə*] *s.* **1** chi strappa **2** raccoglitore, raccoglitrice **3** (*tess.*) sfeltratrice, macchina per sfeltrare.

pluckily ['plʌkɪlɪ / pluck·ily] *avv.* (*fam.*) coraggiosamente.

pluckiness ['plʌkɪnɪs / plucki·ness] *s.* (*fam.*) coraggio, ardimento.

plucky ['plʌkɪ] *agg.* **1** (*fam.*) coraggioso **2** (*fot.*) nitido, ben definito, dai contorni netti.

plug [plʌg] *s.* **1** tappo (di lavandino ecc.) // — *basin*, lavandino **2** (*elettr., tel., inform.*) spina; spina di connessione: *to pull the — out*, togliere la spina; *to put the — in the socket*, mettere, inserire la spina nella presa **3** pulsante di scarico dell'acqua (del W.C.): *to pull the —*, tirare la catena // *to pull the — on sthg., s.o.*, (*sl.*) interrompere improvvisamente qlco., qlcu. **4** (*mecc.*) (*spark*) —, candela (d'accensione) **5** (*fam.*) annuncio pubblicitario; pubblicizzazione, promozione (durante un'intervista, un programma ecc.): *to give a record a —*, pubblicizzare un disco; *to give a — to a new product*, pubblicizzare un nuovo prodotto **6** (*med.*) tampone; otturazione dentaria **7** tassello (di legno) **8** (*geol.*) guglia (di vulcano) **9** tavoletta di tabacco compresso; pezzo di tabacco da masticare **10** (*sl. antiq.*) vecchio ronzino; omuncolo **11** (*sl.*) pugno, ceffone.

to **plug** *pass.p.p.* **plugged** [plʌgd] *v.tr.* **1** tappare, turare, otturare, tamponare: *to — (up) an opening*, tappare; tamponare un'apertura **2** (*fam.*) cercare di rendere popolare (una canzone, teoria ecc.) ripetendola senza sosta o facendovi continuamente allusione // *to — an idea*, ribadire un'idea **3** pubblicizzare, reclamizzare **4** (*sl.*) sparare a; colpire: *to — a cop*, sparare contro un poliziotto **5** (*sl.*) colpire con pugni // *to — s.o.* (o *s.o.'s plans*), mettere i bastoni tra le ruote a qlcu.

□ **plug away** *v.intr.* e *avv.* (*fam.*) sgobbare, lavorare intensamente: *he had to — away at his maths*, dovette sgobbare sulla matematica.

□ **plug in** *v.tr.* e *avv.* inserire corrente (con una spina): — *the iron in!*, attacca il ferro da stiro!

plug-and-play [,plʌgən'pleɪ] *agg.* (*inform.*) subito funzionante.

plugger ['plʌgə* / plug·ger] *s.* **1** sostenitore entusiasta; propagandista **2** (*odontoiatria*) otturatore **3** installatore **4** (*fam.*) sgobbone (spec. studente).

plug-hat ['plʌghæt] *s.* (*sl. amer.*) cappello a cilindro.

plughole ['plʌghəʊl / plug·hole] *s.* **1** buco, foro di scarico // *to go down the —*, (*fig.*) andare perso, sprecato; **2** (*fam.*) orecchio **3** (*miner. rar.*) foro da mina.

plug-in ['plʌgɪn] *agg.* (*elettr.*) innestato, a innesto (con spina): — *unit*, apparecchio a spina.

plug-in [,plʌg'ɪn] *s.* (*inform.*) programma ausiliario.

plug-ugly [,plʌg'ʌglɪ] *s.* (*fam. amer.*) piccolo delinquente; gorilla; teppista.

plum [plʌm] *s.* **1** prugna; susina **2** (*bot.*) — (*tree*), (*Prunus domestica*) prugno, susino **3** uva secca, uva passa **4** (*fig.*) il meglio di qlco.; il fiore: *you've got the —*, ti è toccato il pezzo migliore **5** lavoro, incarico ambito **6** (*sl. antiq.*) centomila sterline.

plumage ['plu:mɪdʒ / plum·age] *s.* **1** piumaggio, piume, penne **2** (*fig. fam.*) vestiti sgargianti e stravaganti.

plumb [plʌm] *agg.* **1** a piombo, verticale, perpendicolare **2** (*fig. sl.*) completo, assoluto, bell'e buono: — *nonsense*, una vera sciocchezza ◆ *s.* **1** filo a piombo; piombino: *out of —*, non a piombo, fuori piombo; non verticale **2** (*mar.*) scandaglio.

to **plumb** *v.tr.* **1** misurare la profondità di; scandagliare; sondare (*anche fig.*): *by using drugs they — the unknown part of the mind*, (*fig.*) attraverso l'uso della droga scandagliano la parte sconosciuta della mente // *to — the depths (of)*, (*fig.*) toccare il fondo (di) **2** verificare la verticalità di **3** rendere verticale **4** installare, mettere tubazioni a: *to — a building*, installare le tubazioni in un edificio: *to — a sink*, installare le tubature di un lavandino **5** appesantire con piombo **6** impiombare, sigillare con piombini ◆ *v.intr.* fare lavori idraulici.

plumb *avv.* **1** a piombo, verticalmente, perpendicolarmente: *it hangs —*, cade a piombo **2** (*fig.*) esattamente: *the arrow hit the target — in the middle*, la freccia colpì il bersaglio proprio nel centro **3** (*sl. amer.*) completamente, assolutamente: *he was — crazy*, era proprio pazzo.

plumbaginous [plʌm'bædʒɪnəs / plum·ba·gin·ous] *agg.* **1** simile a grafite **2** che contiene grafite.

plumbago [plʌm'beɪgəʊ / plum·bago] *s.* **1** (*bot.*) (*Plumbago europaea*) piombaggine; (*pop.*) dentellaria **2** (*min.*) piombaggine, grafite.

plumb bob ['plʌm,bɒb] *s.* peso, piombo per filo a piombo.

plumbeous ['plʌmbjəs / plum·be·ous] *agg.* **1** (*chim.*) di piombo; simile al piombo; contenente piombo **2** (*non com.*) plumbeo.

plumber ['plʌmə*] *s.* idraulico.

plumbic ['plʌmbɪk / plum·bic] *agg.* **1** (*chim.*) piombico **2** (*med.*) dovuto al piombo.

plumbiferous [plʌm'bɪfərəs / plum·bi·fer·ous] *agg.* (*min.*) piombifero.

plumbing ['plʌmbɪŋ / plumb·ing] *s.* **1** piombatura **2** [U] tubi, tubazioni (*pl.*); impianto idraulico: *the — needs to be replaced*, l'impianto idraulico va sostituito **3** (*fam.*) stomaco, intestino.

plumbism ['plʌmbɪzəm / plum·bism] *s.* (*med.*) saturnismo.

plumb line ['plʌmlaɪn] *s.* filo a piombo.

plumbous ['plʌmbəs / plumb·ous] *agg.* (*chim.*) piomboso.

plumb-rule ['plʌmru:l] *s.* (*edil.*) archipendolo.

plumbum ['plʌmbəm / plum·bum] *s.* (*chim.*) piombo.

plum-cake [ˈplʌmkeɪk] *s.* plum-cake.

plum-duff [ˌplʌmˈdʌf] *s.* budino con uva passa.

plume [plu:m] *s.* **1** piuma, penna; piumaggio // *to wear borrowed plumes*, (*fig.*) vestire penne di pavone (il vantarsi di cose compiute da altri) // — *of water, smoke*, pennacchio d'acqua, di fumo **2** (*mil.*) pennacchio **3** (*non com.*) palma, trofeo.

to **plume** *v.tr.* **1** guarnire di penne **2** ripulirsi le penne (di uccelli) **3** pavoneggiarsi; vantarsi: *to — oneself on sthg.*, vantarsi di qlco. **4** (*ant.*) far trionfare: *...let me see now: / to get his place; and to plume up my will / in double knavery*, (SH. Othello) ...vediamo ora se posso soffiargli il posto e coronare il mio proposito con una doppia furfanteria.

plumed [plu:md] *agg.* piumato.

plumelet [ˈplu:mlɪt / plume·let] *s.* piccola piuma.

plummet [ˈplʌmɪt / plum·met] *s.* **1** piombino, piombo **2** (*fig.*) peso opprimente **3** filo a piombo **4** scandaglio.

to **plummet** *pass.p.p.* **plummeted** [ˈplʌmɪtɪd] *v.intr.* cadere precipitare (*anche fig.*): *last year prices plummeted*, l'anno scorso i prezzi sono precipitati.

plummy [ˈplʌmɪ] *agg.* **1** (*non com.*) simile a una prugna; ricco di prugne **2** (*fam. fig.*) succoso; vantaggioso; buono; desiderabile: *a — job*, un buon lavoro **3** (*di voce*) stentoreo in modo affettato.

plumose [plu:ˈməʊs / plum·ose] *agg.* piumoso; coperto di piume; simile a piuma, a forma di penna.

plump[1] [plʌmp] *agg.* paffuto, pienotto, grassottello: — *cheeks*, guance paffute; *a — turkey*, un tacchino grasso; — *cushions*, cuscini ben imbottiti // **-ness** *s.*

to **plump**[1] *v.tr.* gonfiare; (fare) ingrassare ◆ *v.intr.* gonfiarsi; ingrassare, diventare paffuto, arrotondarsi: *she has plumped up*, è ingrassata.

plump[2] *agg.* **1** diretto, netto; brusco; chiaro: *a — refusal*, un netto rifiuto **2** verticale, perpendicolare, a piombo ◆ *s.* (*fam.*) tonfo, caduta pesante; schianto, botto ◆ *avv.* **1** di peso, pesantemente, con un tonfo **2** (*antiq.*) chiaramente, chiaro e tondo **3** verticalmente, perpendicolarmente.

to **plump**[2] *v.intr.* cadere, lasciarsi cadere pesantemente, improvvisamente; piombare: *she plumped down panting on a chair*, ansando, ella si lasciò cadere su una sedia ◆ *v.tr.* far cadere pesantemente, improvvisamente; far piombare.

□ **plump for** *v.intr.* e *prep.* (*fam.*) **1** scegliere; preferire di gran lunga: *as expected he plumped for raspberries and ice-cream*, come previsto scelse i lamponi col gelato **2** dare il voto a un solo candidato: *they all plumped for him*, tutti votarono solo per lui.

plumpie [ˈplʌmpɪ] *s.* (*fam. amer.*) paffutello, cicciottello, rotondetto.

plum pudding [ˌplʌmˈpʊdɪŋ] *s.* budino, pudding a base di prugne o di uva passa // (*zool.*) — *dog*, cane dalmata.

plumule [ˈplu:mju:l / plum·ule] *s.* **1** (*bot.*) piumetta **2** (*zool.*) piuma piccola e soffice.

plumy [ˈplu:mɪ] *agg.* piumoso; pennuto.

plunder [ˈplʌndə* / plun·der] *s.* **1** saccheggio **2** bottino; guadagno (illecito).

to **plunder** *v.tr.* saccheggiare, depredare.

plunderer [ˈplʌndərə* / plun·der·er] *s.* saccheggiatore, predone; rapinatore.

plunge [plʌndʒ] *s.* **1** tuffo; immersione // — *bath*, piscina, vasca da bagno **2** (*fig.*) passo, decisione difficile // *to take the —*, (*fig.*) saltare il fosso **3** (*fam.*) scommessa, speculazione azzardata: *to have a — on the horses*, fare una scommessa azzardata sui cavalli **4** (*econ.*) brusca caduta, crollo: — *in interest rates*, brusca caduta dei tassi d'interesse.

to **plunge** *v.tr.* tuffare; immergere, affondare (*anche fig.*): *I plunged my hands into the cold water*, immersi le mani nell'acqua fredda; *to — the country into war*, precipitare il paese nella guerra; *to — a sword*, affondare una spada // *to — pots*, interrare vasi di fiori ◆ *v.intr.* **1** tuffarsi; immergersi; piombare (*anche fig.*): *the city plunged into darkness*, la città piombò nell'oscurità; *to — into business*, tuffarsi negli affari **2** gettarsi, precipitarsi (*anche fig.*): *to — downstairs*, precipitarsi giù dalle scale **3** slanciarsi in avanti (di cavallo) **4** beccheggiare (di nave) **5** (*fam.*) rischiare denaro; scommettere forte; giocare d'azzardo; indebitarsi.

plunger [ˈplʌndʒə* / plun·ger] *s.* **1** tuffatore **2** (*mecc.*) stantuffo, pistone **3** sturalavandini **4** cavallo che si slancia in avanti **5** (*sl.*) giocatore d'azzardo; speculatore **6** (*sl.*) soldato di cavalleria.

plunk [plʌŋk] *s.* **1** suono metallico; pizzicato (di strumento a corde) **2** (*fam.*) colpo forte **3** (*sl. amer.*) dollaro ◆ *avv.* **1** con suono metallico, sordo **2** esattamente, proprio: — *in the middle*, esattamente nel mezzo.

to **plunk** *v.tr.* **1** pizzicare (le corde di uno strumento) **2** buttare, gettare, scagliare violentemente ◆ *v.intr.* **1** emettere un suono metallico (di corda di strumento pizzicata) **2** cadere pesantemente **3** (*fam. amer.*) mollare un pugno.

pluperfect [ˌplu:ˈpɜ:fɪkt / plu·per·fect] *agg.* e *s.* (*gramm.*) piuccheperfetto, trapassato.

plural [ˈplʊərəl] *agg.* **1** (*gramm.*) plurale **2** formato da più persone, cose; formato da persone, cose di genere diverso // — *society*, società formata da più razze // — *vote*, (*st. brit.*) voto valido in più collegi ◆ *s.* (*gramm.*) plurale: *in the —*, al plurale.

pluralism [ˈplʊərəlɪzəm / plur·al·ism] *s.* **1** (*fil., pol.*) pluralismo **2** (*eccl.*) pluralismo, cumulo in una sola persona di benefici, uffici.

pluralist [ˈplʊərəlɪst / plur·al·ist] *s.* **1** (*eccl.*) chi possiede più di un beneficio **2** (*fil., pol.*) pluralista ◆ *agg.* pluralistico.

pluralistic [ˌplʊərəˈlɪstɪk / plur·al·istic] *agg.* pluralistico.

plurality [ˌplʊəˈrælətɪ / plur·al·ity] *s.* **1** pluralità; molteplicità **2** (*pol.*) maggioranza relativa **3** (*eccl.*) pluralismo, il possedere più di un beneficio **4** (*pol. amer.*) scarto di voti fra il candidato vincente e il secondo.

to **pluralize** [ˈplʊərəlaɪz / plur·al·ize] *v.tr.* **1** pluralizzare **2** (*eccl.*) detenere più di un beneficio.

plurisy [ˈplʊərɪsɪ / plur·isy] *s.* (*ant.*) sovrabbondanza: *for goodness, growing to a plurisy / dies in his own too-much*, (SH. Hamlet) perché la bontà, quando diventa eccessiva muore nel proprio eccesso.

plus [plʌs] *agg.* **1** addizionale, in più: — *quantity*, quantità addizionale **2** (*elettr., mat.*) positivo: — *electric charge*, carica elettrica positiva.

plus *pl.* **pluses** [ˈplʌsɪz] *s.* **1** (*mat.*) più (segno di addizione): — *sign*, segno più **2** quantità addizionale, aggiunta, extra; surplus: *service is a — you have to pay for*, il servizio è un extra che si deve pagare **3** quantità positiva; aspetto, fattore positivo; vantaggio: *on the — side*, dal lato positivo; *the new job has a lot of pluses*, il nuovo lavoro presenta parecchi vantaggi; *knowledge of English is a — for this job*, la conoscenza dell'inglese costituisce titolo preferenziale per questo lavoro.

plus *prep.* **1** più: *two — two makes four*, due più due fa quattro **2** (*fam.*) e anche, e inoltre, più: *you need courage — sense*, serve coraggio e anche buon senso.

plus-fours [ˌplʌsˈfɔ:z] *s.pl.* calzoni alla zuava.

plush [plʌʃ] *agg.* elegante, raffinato; costoso; di lusso: *a — car*, un'auto di lusso ◆ *s.* **1** peluche; felpa **2** *pl.* pantaloni della livrea di un valletto.

plushery [ˈplʌʃərɪ / plush·ery] *s.* (*fam. amer.*) locale (pubblico) raffinato, elegante.

plushy [ˈplʌʃɪ] *agg.* **1** felpato **2** (*fam.*) lussuoso.

plute [plu:t] *s.* (*sl. amer.*) riccone, nababbo • Abbr. di *plutocrat*.

Pluto [ˈplu:təʊ] *no.pr.* (*astr.*) Plutone.

plutocracy [plu:ˈtɒkrəsɪ / plu·to·cracy] *s.* plutocrazia.

plutocrat [ˈplu:təkræt / plu·to·crat] *s.* plutocrate.

plutocratic [ˌplu:təˈkrætɪk / plu·to·cratic] *agg.* plutocratico.

pluton [ˈplu:tɒn] *s.* (*geol.*) plutone.

Plutonian [plu:ˈtəʊnjən / Plu·to·nian] **Plutonic** [plu:ˈtɒnɪk / Plu·tonic] *agg.* **1** infernale; sotterraneo **2** (*astr.*) di Plutone, plutoniano.

plutonian [plu:ˈtəʊnjən / plu·to·nian] **plutonic** [plu:ˈtɒnɪk / plu·tonic] *agg.* (*geol.*) plutonico, plutoniano: — *rock*, roccia plutonica.

plutonism [ˈplu:tənɪzəm / plu·ton·ism] *s.* (*geol.*) plutonismo.

plutonium [plu:ˈtəʊnjəm / plu·to·nium] *s.* (*chim.*) plutonio.

pluvial [ˈplu:vjəl / plu·vial] **pluvian** [ˈplu:vjən / plu·vian] *agg.* pluviale.

pluvial *s.* (*eccl.*) piviale.

pluviograph [ˈplu:vjəʊgræf / plu·vio·graph] *s.* (*meteor.*) pluviografo.

pluviometer [ˌplu:vjˈɒmɪtə* / plu·vi·ometer] *s.* (*meteor.*) pluviometro SIN. rain gauge.

pluviometric(al) [ˌplu:vjəˈmetrɪk(l) / plu·vio·met·ric(al)] *agg.* (*meteor.*) pluviometrico.

pluviometry [ˌplu:vɪˈɒmətrɪ / plu·vio·metry] *s.* (*meteor.*) pluviometria.

pluvioscope [ˈplu:vɪəˌskəʊp / plu·vio·scope] *s.* (*meteor.*) pluvioscopio.

Pluviôse [ˈplu:vɪəʊs / Plu·viôse] *s.* (*st. francese*) piovoso.

ply [plaɪ] *s.* **1** piega **2** (*fig.*) piega, tendenza **3** capo, filo (di filato); trefolo (di corda): *3 — wool*, lana a tre fili **4** piallaccio; foglio, strato (di legno compensato, di cartone) **5** tela, strato di tele (di pneumatico).

to **ply** *pass.p.p.* **plied** [plaɪd] *v.tr.* **1** maneggiare, fare uso di, impiegare: *to — the oars*, remare **2** lavorare assiduamente a, attendere a (un compito): *to — a trade*, esercitare un mestiere **3** assediare, importunare (con richieste, domande, offerte): *they plied the doctor with questions*, assediarono di domande il dottore; *to — s.o. with drinks*, offrire insistentemente da bere a qlcu. **4** fare servizio di linea in: *a ship plying the west coast of south America*, una nave che fa servizio regolare sulla costa occidentale dell'America meridionale **5** (*letter.*) applicarsi attivamente, accudire: *or busy housewife ply her evening care*, (T. GRAY) o l'attiva massaia accudirà alle faccende serali ◆ *v.intr.* **1** lavorare con impegno **2** fare una linea, un percorso (di veicolo, nave) **3** (*mar.*) orzare; bordeggiare **4** frequentare un luogo in attesa di clienti (detto di tassista, facchino): *car plying for hire*, automobile che fa servizio pubblico.

plying ['plaɪɪŋ / ply·ing] *s.* **1** impiego, utilizzazione **2** esercizio, esecuzione (di un lavoro, un compito) **3** insistenza (nel chiedere, nell'offrire) **4** (*mar.*) l'andare all'orza; il bordeggiare **5** (*tecn.*) applicazione delle tele (nella fabbricazione dei pneumatici).

Plymouth ['plɪməθ / Ply·mouth] *no.pr.* (*geogr.*) Plymouth // — *Brethren*, confraternita di Plymouth (setta religiosa); — *Colony*, colonia fondata dai Padri Pellegrini sulla costa del Massachusetts; — *Rock*, la roccia di Plymouth nel Massachusetts dove approdarono i Padri Pellegrini.

plywood ['plaɪwʊd / ply·wood] *s.* **1** legno compensato **2** componenti (imballaggi ecc.); la relativa industria.

pneuma ['nju:mə *amer.* 'nu:mə] *s.* (*fil.*) pneuma, anima, spirito.

pneumatic [nju:'mætɪk *amer.* nu:'mætɪk / pneu·matic] *agg.* pneumatico: — *brake*, freno pneumatico; — *digger*, scavatrice pneumatica; — *drill*, perforatrice pneumatica; — *hammer*, martello pneumatico; — *tyre*, pneumatico ◆ *s.* pneumatico.

pneumatically [nju:'mætɪkəlɪ *amer.* nu:'mætɪkəlɪ / pneu·mat·ic·ally] *avv.* ad aria compressa.

pneumatics [nju:'mætɪks *amer.* nu:'mætɪks / pneu·matics] *s.* [U] (*fis.*) pneumatica.

pneumatology [,nju:mə'tɒlədʒɪ *amer.* ,nu:mə'tɒlədʒɪ / pneu·ma·to·logy] *s.* **1** (*fil.*) pneumatologia **2** (*fis. rar.*) pneumatica, fisica degli aeriformi.

pneumatometer [,nju:mə'tɒmɪtə* *amer.* ,nu:mə'tɒmɪtə* / pneu·ma·to·meter] *s.* (*med.*) spirometro.

pneumococcus [,nju:mə'kɒkəs *amer.* ,nu:mə'kɒkəs / pneu·mo·coc·cus] *pl.* **pneumococci** [,nju:mə'kɒksaɪ *amer.* ,nu:mə'kɒksaɪ / pneu·mo·cocci] *s.* (*biol.*) pneumococco.

pneumoconiosis [,nju:mə,kəʊnɪ'əʊsɪs *amer.* ,nu:mə,kəʊnɪ'əʊsɪs / pneu·mo·coni·osis] *s.* (*med.*) pneumoconiosi.

pneumogastric [,nju:mə'gæstrɪk *amer.* ,nu:mə'gæstrɪk / pneu·mo·gas·tric] *agg.* (*anat.*) pneumogastrico // — *nerve*, vago, nervo pneumogastrico.

pneumograph ['nju:məgrɑ:f *amer.* 'nu:məgræf / pneu·mo·graph] *s.* (*med.*) pneumografo.

pneumonectomy [,nju:mə'nektəmɪ *amer.* ,nu:mə'nektəmɪ / pneu·mon·ec·tomy] *s.* (*med.*) pneumonectomia, pneumectomia.

pneumonia [nju:'məʊnɪə *amer.* nu:'məʊnɪə / pneu·mo·nia] *s.* (*med.*) polmonite.

pneumonic [nju:'mɒnɪk *amer.* nu:'mɒnɪk / pneu·monic] *agg.* (*med.*) pneumonico; polmonare.

pneumothorax [,nju:mə'θɔ:ræks *amer.* ,nu:mə'θɔ:ræks / pneu·mo·thorax] *pl.* **pneumothoraces**, **pneumothoraxes** [,nju:mə'θɔ:rəsi:z *amer.* ,nu:mə'θɔ:rəsi:z / pneu·mo·thor·aces] *s.* (*med.*) pneumotorace.

to **poach**[1] [pəʊtʃ] *v.tr.* cuocere in bianco (pesce) // *poached eggs*, uova affogate, in camicia.

to **poach**[2] *v.tr.* **1** cacciare, pescare di frodo **2** (*estens.*) soffiare, portar via: *the company was accused of poaching its competitors' ideas*, la società fu accusata di soffiare le idee ai concorrenti **3** (*non com.*) entrare abusivamente su (fondo altrui) **4** (*non com.*) calpestare; sbriciolare (la terra con gli zoccoli) **5** (*non com.*) rendere soffice, fangoso; mescolare con acqua per ridurre a consistenza uniforme (p.e. creta) ◆ *v.intr.* **1** fare il bracconiere, cacciare di frodo **2** (*estens.*) sconfinare; invadere: *the Mafia killed a drug peddler who was poaching on their territory*, la mafia ha eliminato uno spacciatore che aveva sconfinato nel loro territorio **3** (*tennis*) colpire la palla del partner (nel doppio) **4** (*rar.*) diventare soffice, fangoso (di terra).

poacher ['pəʊtʃə*] *s.* **1** bracconiere; cacciatore, pescatore di frodo AMER. steamer **2** (*fig.*) chi porta via, si appropria (di idee, progetti ecc.).

poaching ['pəʊtʃɪŋ / poach·ing] *s.* caccia, pesca di frodo.

P.O. Box [,pi:'əʊ,bɒks] *s.* casella postale: *write to (P.O.) Box 34*, scrivere a Casella Postale 34.

pochard ['pəʊtʃəd / po·chard] *s.* (*zool.*) (*Aythya ferina*) moretta, moriglione.

pochette [pɒ'ʃet / poch·ette] *s.* pochette, (borsetta a) busta.

pock [pɒk] *s.* (*med.*) pustola vaiolosa; buttero.

to **pock** *v.tr.* butterare.

pocket ['pɒkɪt] *s.* **1** tasca (*anche fig.*); taschino: *this jacket has two pockets*, questa giacca ha due tasche; *he paid out of his own —*, ha pagato di tasca sua // *I am out of — by it*, ci ho rimesso di tasca mia // *to be in —*, aver guadagnato // *to have a deep —*, essere ricco; essere generoso // *to have a person in one's —*, poter disporre liberamente di una persona // *to keep one's hands in one's —*, stare con le mani in mano // *to line one's pockets*, farsi il gruzzolo // *to live in each other's pockets*, stare sempre appiccicati (di una coppia) // *to put one's pride in one's —*, soffocare il proprio orgoglio // *I want you to put your hands in your pockets for the homeless*, (*fam.*) voglio che tu dia soldi per i senzatetto // *to suit every —*, andar bene per ogni tasca **2** buca (di biliardo) **3** sacca, piccola area o gruppo **4** (*anat.*) sacco, sacca // *she had pockets under her eyes*, aveva le borse sotto gli occhi **5** pocket (misura di peso per fiori di luppolo, pari a circa 76 kg) **6** (*geol.*) tasca (di minerale nella roccia) **7** (*mil.*) sacca, zona isolata **8** (*inform.*) casella di raccolta; ricettore di schede; contenitore; tasca **9** (*amer.*) borsetta da donna.

pocket *agg.* tascabile, da tasca: — *edition*, *book*, edizione, libro tascabile; — *calculator*, calcolatrice da tasca, tascabile.

to **pocket** *v.tr.* **1** intascare, mettere in tasca; appropriarsi di: *he received the money for expenses, but he pocketed most of it*, ricevette del denaro in conto spese, ma ne intascò la maggior parte **2** (*fig.*) incassare, sopportare (insulti, offese ecc.) **3** nascondere, soffocare (sentimenti ecc.): *I — my pride*, soffoco il mio orgoglio **4** tagliar la strada a (concorrenti, in una corsa) **5** (*biliardo*) mettere (la palla) in buca.

pocketbook ['pɒkɪtbʊk / pock·et·book] *s.* **1** taccuino **2** (*amer.*) portafogli **3** (*antiq. amer.*) (borsetta a) busta.

pocketful ['pɒkɪtfʊl / pock·et·ful] *s.* tascata.

pocket-handkerchief ['pɒkɪt'hæŋkətʃɪf] *s.* (*form.*) fazzoletto da tasca // *a — garden*, (*fam.*) uno scampolo, un fazzoletto di giardino.

pocketknife ['pɒkɪtnaɪf / pock·et·knife] *pl.* **pocketknives** ['pɒkɪtnaɪvz] *s.* temperino, coltellino tascabile a serramanico.

pocket money ['pɒkɪt,mʌnɪ] *s.* **1** piccola somma di denaro corrisposta regolarmente ai propri figli; mancetta AMER. allowance **2** denaro per piccole spese.

pocket-perspective ['pɒkɪtpɜ:'spektɪv] *s.* (*ant.*) cannocchiale tascabile: *I took out my pocket-perspective*, (SWIFT) estrassi il mio cannocchiale tascabile.

pocket piece ['pɒkɪt,pi:s] *s.* moneta portafortuna.

pocket-sized ['pɒkɪt,saɪzd] *agg.* tascabile.

pocket teller ['pɒkɪt,telə*] *s.* (*amer.*) carta bancaria per prelievi automatici.

pockmark ['pɒkmɑ:k / pock·mark] *s.* buttero, cicatrice (spec. di vaiolo).

pockmarked ['pɒkmɑ:kt / pock·marked] **pocky** ['pɒkɪ] *agg.* butterato.

pod[1] [pɒd] *s.* **1** (*bot.*) baccello; guscio; capsula; siliqua **2** (*zool.*) bozzolo **3** nassa (per la pesca delle anguille) **4** (*aer.*) gondola, navicella; serbatoio sganciabile **5** (*sl. amer.*) marijuana.

to **pod**[1] *pass.p.p.* **podded** ['pɒdɪd / pod·ded] *v.intr.* produrre baccelli (di piante) ◆ *v.tr.* sgusciare (piselli); sgranare.

pod[2] *s.* (*mecc.*) **1** portapunta **2** scanalatura, cava // — *bit*, punta a sgorbia.

pod[3] *s.* (*zool.*) **1** piccolo branco (di foche, balene) **2** piccolo stormo (di uccelli).

to **pod**[3] *v.tr.* far riunire (foche, balene, uccelli) in un gruppo, spingere in branco.

podagra [pəʊ'dægrə / pod·agra] *s.* (*med.*) podagra.

podagral [pəʊ'dægrəl / pod·ag·ral] **podagric** [pəʊ'dægrɪk / pod·ag·ric] **podagrous** ['pɒdəgrəs / pod·ag·rous] *agg.* (*med.*) gottoso.

podge [pɒdʒ] *s.* (*fam.*) persona tozza, persona grassottella.

podginess ['pɒdʒɪnɪs / podgi·ness] *s.* (*fam.*) l'essere piccolo e tozzo.

podgy ['pɒdʒɪ] *agg.* (*fam.*) tozzo, piccolo e grasso.

podiatrist [pə'daɪətrɪst / po·dia·trist] *s.* (*amer.*) podologo; podiatra.

podiatry [pəʊ'daɪətrɪ / po·dia·try] *s.* podiatria, podologia.

podium ['pəʊdɪəm / po·dium] *pl.* **podiums, podia** ['pəʊdɪə] *s.* podio.

podology [pəʊ'dɒlədʒɪ / po·do·logy] *s.* (*med.*) podologia.

pod people ['pɒd,pi:pl] *s.* (*sl. amer.*) automi (*pl.*).

podspeak ['pɒdspi:k / pod·speak] *s.* (*amer.*) espressione priva di significato, bla bla.

Podunk ['pəʊdʌŋk / Pod·unk] *s.* (*fam. amer.*) piccola città fuori mano (per antonomasia).

poem ['pəʊɪm] *s.* poesia, composizione poetica; poema: *a short* —, una poesia breve; *prose* —, poema in prosa.

poesy ['pəʊɪzɪ] *s.* (*ant.*) poesia: *and every flower, not sweet perhaps, which grows / near thereabouts, into your poesy wring*, (P. SIDNEY) ed ogni fiore, pur non di dolce fragranza, che cresca nelle vicinanze, s'intreccia nella tua poesia.

to **poesy** *v.intr.* (*ant.*) poetare: *his erewhile timid lips grew bold, / and poesied with hers in dewy rhyme*, (KEATS) le sue labbra un tempo timide si fecero audaci, e con quelle di lei poetarono in rugiadose rime.

poet ['pəʊɪt] *s.* poeta // *Poets' Corner*, Angolo dei Poeti (transetto meridionale dell'Abbazia di Westminster a Londra, dove sono sepolti celebri poeti e scrittori).

poetaster [,pəʊɪ'tæstə* / po·et·as·ter] *s.* (*letter.*) poetastro.

poetess ['pəʊɪtɪs / po·et·ess] *s.* poetessa.

poetic [pəʊ'etɪk / po·etic] *s.* poetica.

poetic(al) [pəʊ'etɪk(l) / po·et·ic(al)] *agg.* poetico: — *description*, descrizione poetica; — *diction*, dizione poetica; — *inspiration*, ispirazione poetica; — *licence*, licenza poetica; — *soul*, anima poetica; *the — works of Walter Scott*, le opere in versi di Walter Scott // *poetic justice*, giustizia poetica, ideale // **-ally** *avv.*

poeticism [pəʊ'etɪsɪzm / po·et·icism] *s.* espressione poetica (gener. trita, risaputa).

to **poeticize** [pəʊ'etɪsaɪz / po·et·icize] *v.tr.* poeticizzare, rendere poetico ◆ *v.intr.* comporre versi, poetare, scrivere poesie.

poetics [pəʊ'etɪks / po·etics] *s.* ⓤ poetica.

poet laureate [,pəʊɪt'lɔ:rɪeɪt] *pl.* **poet laureates, poets laureate** *s.* poeta laureato (titolo in Inghilterra).

poetry ['pəʊɪtrɪ / po·etry] *s.* **1** poesia: — *and prose*, poesia e prosa; *Schiller's* —, l'opera poetica di Schiller **2** poeticità, poesia: *the — of a winter dawn*, la poesia di un'alba invernale.

poet's narcissus [,pəʊɪtsnɑ:'sɪsəs] *s.* (*bot.*) (*Narcissus poeticus*) narciso, giunchiglia bianca.

po-faced ['pəʊfeɪsd] *agg.* (*fam. spreg.*) dall'aspetto solenne ma vacuo; dall'aria melensa.

pogey ['pəʊgɪ] *s.* (*sl. amer.*) **1** ospizio, casa di riposo; ricovero **2** prigione.

pogey bait ['pəʊgɪ,beɪt] *s.* (*sl. amer.*) golosità; caramella.

poggie ['pɒgɪ *amer.* 'pɔ:gɪ] *s.* (*sl. amer.*) recluta.

pogo stick ['pəʊgəʊ,stɪk] *s.* «canguro» (sorta di trampolo con molla, in uso come giocattolo infantile).

pogrom ['pɒgrəm *amer.* pə'grɒm / pog·rom] *s.* pogrom (massacro organizzato, specialmente di ebrei in Russia).

pogue [pəʊg] *s.* (*sl. amer.*) **1** giovane omosessuale **2** teppistello.

poignancy ['pɔɪnənsɪ / poign·ancy] *s.* **1** amarezza; acutezza, intensità (del dolore) **2** mordacità.

poignant ['pɔɪnənt / poign·ant] *agg.* **1** acuto, intenso, vivo, cocente (spec. di dolore, situazione spiacevole ecc.); doloroso, amaro, commovente, toccante: — *tears*, lacrime cocenti; *they were deeply moved by his — words*, furono profondamente commossi dai suoi accenti di dolore **2** sarcastico, mordace, pungente: — *wit*, spirito sarcastico **3** (*ant.*) piccante (di cibo) // **-ly** *avv.*

poinsettia [pɔɪn'setɪə / poin·set·tia] *s.* (*bot.*) (*Euphorbia pulcherrima*) poinsettia; (*fam.*) stella di Natale.

point [pɔɪnt] *s.* **1** punto (nello spazio): *the — of intersection of two lines*, il punto di intersezione di due linee; — *at infinity*, punto all'infinito; — *of tangency*, punto di tangenza; — *of no return*, punto di non ritorno (*anche fig.*) // (*comm.*) — *of sale*, punto di vendita // (*inform.*): — *of origin*, origine (di un'informazione); — *to* —, punto a punto (di trasmissione) // (*geogr.*) *cardinal* —, punto cardinale **2** (*ortografia, tip., mus.*) punto: *decimal* —, virgola decimale // *three — five* (*3.5*), tre virgola cinque (3,5) **3** punto, grado; (*fin., econ.*) punto (di prezzo, indice ecc.): *the thermometer went up three points*, il termometro salì di tre gradi; *boiling* —, punto di ebollizione; *brittle* —, punto di fragilità; *burning* —, punto di accensione; *cloud* —, punto di intorbidimento; *freezing* —, punto di congelamento **4** (*sport, gioco ecc.*) punto: *to beat s.o. on points*, battere qlcu. ai punti; *to give points to s.o.*, dare dei punti a qlcu. (*anche fig.*) **5** punto (nel tempo), momento, istante: *at the — of death*, in punto di morte; *to be on the — of doing sthg.*, essere sul punto di fare qlco. // *turning* —, svolta decisiva **6** argomento, questione, rapporto; opinione: *a — of conscience*, una questione di coscienza; *a — of law*, una questione di diritto // *talking* —, argomento di conversazione // *a case in* —, un caso pertinente // *to stretch a* —, lasciar correre; fare un'eccezione // (*dir.*) — *of order*, mozione d'ordine, questione di procedura assembleare // *at all points*, completamente // *beside the* (o *off the*) —, non pertinente // *from all points of view*, sotto tutti i punti di vista; *to see s.o.'s* —, capire il punto di vista di qlcu. // *in — of fact*, in realtà // *to carry one's* —, sostenere, far prevalere la propria opinione // *to stick to the* —, (*fam.*) non divagare **7** caratteristica, singolarità, qualità essenziale, punto, nocciolo: *his strong* —, il suo punto forte // *the — of a joke*, il succo di una barzelletta // *to come to the* —, venire al sodo, al dunque; *to miss the* —, non cogliere il nocciolo, il punto della questione // *to make a — of doing sthg.*, farsi un dovere di fare qlco. **8** scopo; significato, senso: *what would be the — of doing that?*, quale sarebbe lo scopo di fare ciò?; *his remarks lacked* —, le sue osservazioni erano prive di significato **9** punta, estremità; punta delle corna (di un cervo): *the — of a knife*, la punta di un coltello; *at the — of the sword*, sulla punta della spada; (*fig.*) a mano armata: *to sharpen sthg. to a* —, fare la punta, aguzzare qlco.; *to be at gun* —, essere sotto tiro // *not to put too fine a — to it*, per dire esattamente come stanno le cose **10** (*geogr.*) punta (di costa), promontorio: (*mar.*) *to round a* —, doppiare un promontorio **11** (*mar.*) punto (della rosa dei venti); quarta **12** *pl.* zampe (di cavallo) **13** (*zool.*) il puntare (di cane) **14** (*mecc.*) punta; bulino **15** (*elettr.*) puntina, presa di corrente: *spark plug* —, puntina di candela **16** (*ferr.*) scambio; ago dello scambio **17** (*mar.*) matafione **18** — (*lace*), merletto a punto ago **19** (*tip.*) punto (tipografico) **20** (*mil.*) pattuglia di punta **21** (*ant.*) ordine: *Tullus Aufidius, / the second name of men, obeys his points / as if he were his officer*, (SH. Coriolanus) Tullio Aufidio, il secondo nome sulla bocca degli uomini, obbedisce ai suoi ordini come un qualunque ufficiale dipendente.

to **point** *v.tr.* **1** indicare; mostrare: *to — the way*, indicare la strada // *to — a moral*, servire di lezione **2** fare la punta a, appuntire: *to — a pencil*, fare la punta a una matita **3** puntare; orientare; dirigere (*anche inform.*): *to — a weapon*, puntare un'arma; *to — a telescope*, puntare un telescopio; *he pointed the canoe downstream*, diresse la canoa a valle // *to — one's finger at s.o.*, additare qlcu.; *to — the finger at s.o.*, (*fig.*) puntare il dito contro qlcu. **4** (*topografia*) collimare **5** (*edil.*) rifinire (i giunti in vista) con malta **6** punteggiare **7** puntare (di cane) **8** → to point up ◆ *v.intr.* **1** (*to*) dare, guardare su: *the back window points* (*to the*) *north*, la finestra posteriore è esposta a nord **2** (*to*) indicare; evidenziare: *he pointed to the door, to me*, indicò la porta, me; *the evidence points to his guilt*, le prove tendono a mettere in luce la sua colpevolezza.

□ **point out** *v.tr.* e *avv.* indicare, porre in rilievo; far notare, far rilevare: *he pointed out to me where his house was*, mi indicò dove era la sua casa; *they pointed out* (*to him*) *that there were risks in the plan*, (gli) fecero notare che il piano presentava dei rischi.

□ **point up** *v.tr.* e *avv.* accentuare, mettere in evidenza: *this points up even more clearly the difference between the two plans*, questo evidenzia con ancora maggiore chiarezza la diversità fra i due progetti.

point-blank [,pɔɪnt'blæŋk] *agg.* **1** netto, preciso, categorico: *a — refusal*, un rifiuto categorico **2** a bruciapelo: *to shoot at — range*, sparare a bruciapelo ◆ *avv.* **1** in modo categorico; chiaro e tondo: *to tell s.o. sthg.* —, dire qlco. chiaro e tondo a qlcu. **2** a bruciapelo, a distanza molto ravvicinata: *to shoot* —, sparare a bruciapelo.

point duty ['pɔɪnt,dju:tɪ *amer.* 'pɔɪnt,du:tɪ] *s.* ronda; servizio (di vigile, poliziotto addetto al traffico).

pointed ['pɔɪntɪd / poin·ted] *agg.* **1** appuntito, acuto, aguzzo // — *head*, (*fig. fam. amer.*) intellettuale **2** (*fig.*) arguto, piccante, frizzante: *a — epigram*, un epigramma mordace **3** chiaro, evidente, palese, esplicito; intenzionale, fatto di proposito: *a — allusion*, una allusione evidente **4** (*arch.*) ogivale, a sesto acuto: — *arch*, arco a sesto acuto.

pointedly ['pɔɪntɪdlɪ / point·edly] *avv.* **1** in modo arguto, mordacemente **2** chiaramente, esplicitamente; intenzionalmente, di proposito.

pointedness ['pɔɪntɪdnɪs / point·ed·ness] *s.* **1** l'essere appuntito, acutezza; (*fig.*) arguzia, spirito, mordacità **2** evidenza; carattere esplicito, intenzionale (di un'allusione).

pointer ['pɔɪntə*] *s.* **1** bacchetta (per indicazioni su carte geografiche ecc.); indice; lancetta (di orologio, bilancia ecc.) **2** (*zool.*) pointer (cane) **3** (*fam.*) indicazione, suggerimento **4** (*mil.*) puntatore (di cannone) **5** (*inform.*) puntatore, indicatore; cursore.

Pointers ['pɔɪntəz / Point·ers] *s.pl.* (*astr.*) le due stelle a e ß dell'Orsa Maggiore, il cui allineamento indica la direzione della stella polare.

pointillism ['pwɑːntɪlɪzm / poin·til·lism] *s.* (*pitt.*) divisionismo.

pointing ['pɔɪntɪŋ / point·ing] *s.* **1** (*gramm.*) punteggiatura **2** l'indicare; indicazione, suggerimento **3** (*edil.*) rifinitura (dei giunti in vista) con malta.

pointless ['pɔɪntlɪs / point·less] *agg.* **1** senza punta, spuntato; smussato **2** inutile, senza scopo; privo di senso, gratuito **3** (*sport*) che non ha segnato punti; terminata 0 a 0 (di partita).

pointlessly ['pɔɪntlɪslɪ / point·less·ly] *avv.* inutilmente, senza scopo; senza senso.

pointlessness ['pɔɪntlɪsnɪs / point·less·ness] *s.* inutilità; mancanza di significato, di senso.

pointsman ['pɔɪntsmən / points·man] *pl.* **pointsmen** *s.* **1** (*ferr.*) deviatore addetto agli scambi, scambista **2** poliziotto che regola il traffico.

point system ['pɔɪnt,sɪstəm] *s.* sistema a punti (per razionamento, remunerazione, valutazione).

point-to-point [,pɔɪntə'pɔɪnt] *s.* (*ippica*) corsa a ostacoli su tracciato fisso.

pointy ['pɔɪntɪ] *agg.* appuntito; con molte punte.

poise [pɔɪz] *s.* **1** equilibrio, stabilità; (*fig.*) posatezza, compostezza, calma, padronanza di sé **2** portamento.

to **poise** *v.tr.* **1** bilanciare, equilibrare, tenere in equilibrio **2** pesare, soppesare; (*fig. ant.*) ponderare ◆ *v.intr.* **1** essere in equilibrio **2** essere sospeso; librarsi; planare (di uccelli, specialmente da preda): *to — in mid-air*, librarsi a mezz'aria **3** posarsi: *and poised there in a bird so bold / sweet bird, thou wert enchanted!*, (COLERIDGE) e là si posava un uccello così ardito; dolce uccello, tu eri incantato!

poised [pɔɪzd] *agg.* **1** sospeso (*anche fig.*), sollevato, a mezz'aria; immobile: *he is — between life and death*, è sospeso fra la vita e la morte **2** in equilibrio, bilanciato; (*fig.*) equilibrato, posato, composto, calmo **3** pronto (ad agire); *the government is — to send troops to the area*, il governo è pronto a inviare truppe nella zona.

poison ['pɔɪzn] *s.* **1** veleno (*anche fig.*): *to hate s.o. like —*, odiare a morte qlcu.; *the — of racism*, il veleno del razzismo // *you're —*, (*antiq.*), sei una vipera **2** (*fam.*) bevanda alcolica: *what's your —?*, cosa bevi, cosa vuoi da bere?

to **poison** *v.tr.* **1** avvelenare; intossicare: *that man tried to — our cat's food*, quell'uomo cercò di mettere del veleno nel cibo del nostro gatto; *a poisoned arrow*, una freccia avvelenata; *the air in the city is poisoned by pollution*, nella città l'aria è avvelenata dall'inquinamento **2** (*fig.*) corrompere; rovinare: *to — a person's mind against s.o.*, istillare nella mente di una persona odio e sospetto verso qlcu.; *to — an atmosphere, a relationship*, avvelenare, rovinare un'atmosfera, un rapporto **3** infettare: *a poisoned wound*, una ferita infetta.

poisoner ['pɔɪznə*] *s.* avvelenatore.

poison-fang [,pɔɪzn'fæŋ] *s.* dente velenifero (di serpente).

poison gas [,pɔɪzn'gæs] *s.* gas tossico, asfissiante.

poisoning ['pɔɪznɪŋ / pois·on·ing] *s.* avvelenamento: *food —*, intossicazione alimentare // (*med.*) *blood —*, setticemia.

poison-ivy [,pɔɪzn'aɪvɪ] *s.* (*bot.*) (*Rhus toxicodendron*) edera del Canada.

poisonous ['pɔɪznəs / pois·on·ous] *agg.* **1** velenoso, tossico; avvelenato **2** (*fig.*) pernicioso, dannoso; maligno, malevolo, velenoso **3** (*fam.*) spiacevole, odioso; schifoso, disgustoso // **-ly** *avv.* // **-ness** *s.*

poison-pen ['pɔɪzn,pen] *s.* scrittore di lettere anonime offensive e diffamatorie: *— letter*, lettera anonima (diffamatoria).

poke[1] [pəʊk] *s.* (*dial.*) borsa, sacco; tasca // *to buy a pig in a —*, comperare a occhi chiusi.

poke[2] *s.* (*ant.*) falda, tesa, visiera di cappello da donna // *— bonnet*, cuffia a visiera, legata sotto il mento.

poke[3] *s.* **1** spinta; ditata, gomitata; urto; colpo (di punta), colpetto; pungolata; (*fam.*) pugno // *to give the fire a —*, attizzare il fuoco **2** giogo applicato agli animali perché non fuggano dai recinti **3** (*fam. amer.*) persona pigra, bighellone **4** (*amer.*) mandriano.

to **poke**[3] *v.tr.* **1** colpire (di punta); spingere, conficcare, infilare, cacciare innanzi; urtare; (*fam.*) dare un pugno a, colpire con un pugno: *you almost poked me in the eye with your finger*, mi hai quasi infilato il dito nell'occhio; *to — s.o. in the ribs*, dare una gomitata (nelle costole) a qlcu. (per richiamarne l'attenzione) // *to — holes in sthg.*, perforare qlco.; *to — a hole in s.o.'s argument*, (*fig.*) sottolineare i punti deboli, le mancanze di un'argomentazione // *to — fun at s.o.*, (*fam.*) mettere in ridicolo qlcu., prendersi gioco, beffarsi di qlcu. // *to — one's nose into s.o. else's business*, (*fam.*) ficcare il naso, intromettersi negli affari altrui **2** (*fig. ant.*) incitare; eccitare; irritare **3** sporgere: *to — one's head out of the window*, sporgere la testa dalla finestra **4** attizzare (il fuoco) ◆ *v.intr.* **1** dare un colpo, colpire (qlcu.) con qlco. di appuntito, pungolare (qlcu.) **2** sporgere, saltar fuori, spuntare: *his elbow was poking (out) from the hole in his sleeve*, gli usciva il gomito dal buco che aveva nella manica **3** frugare, curiosare: *to — in every corner*, frugare in ogni angolo // *to — and pry*, indagare.

□ **poke about, around** *v.intr.* e *avv.* (*fam.*) frugare, rovistare: *to — about for sthg.*, cercare qlco. a tastoni; *who poked about in my suitcase?*, chi ha rovistato nella mia valigia?

□ **poke along** *v.intr.* e *avv.* bighellonare, ciondolare; oziare, gingillarsi.

□ **poke up** *v.tr.* e *avv.* **1** attizzare (il fuoco) **2** rinchiudere, confinare: *to — oneself up in a tiny house*, rinchiudersi in una casetta.

poke[4] *s.* (*bot.*) — (*berry*), (*Phytolacca decandra*) fitolacca; (*pop.*) uva selvatica.

poker[1] ['pəʊkə*] *s.* **1** attizzatoio // *as stiff as a —*, rigido come se avesse ingerito un bastone, come un manico di scopa **2** pirografo.

to **poker**[1] *v.tr.* **1** (*non com.*) attizzare **2** pirografare.

poker[2] *s.* (*carte*) poker // *— face*, viso inscrutabile, impassibile, senza espressione, (*fam.*) faccia da poker.

poker[3] → **pochard**.

poker-faced ['pəʊkə,feɪst] *agg.* dal viso, dall'espressione inscrutabile, impassibile; (*fam.*) dalla faccia da poker.

pokerwork ['pəʊkə,wɜːk / poker·work] *s.* pirografia (su legno).

pok(e)y ['pəʊkɪ] *agg.* (*fam.*) **1** piccolo e stretto, scomodo e brutto, angusto, misero (di luogo, casa ecc.): *a — little room*, una stanzuccia **2** modesto, meschino, noioso, piatto (di occupazione) **3** logoro, sciatto, trasandato.

Polack ['pəʊlæk / Pol·ack] *agg.* e *s.* (*fam. amer.*, *brit. ant.*) polacco: *...to him appeared / to be a preparation 'gainst the Polack*, (SH. Hamlet) ...a lui sembravano preparativi contro i polacchi.

polar ['pəʊlə* / po·lar] *agg.* **1** polare; *— axis*, asse polare; *— cap*, calotta polare; *— circle*, circolo polare; *— compound*, composto polare; *— coordinates*, coordinate polari; *— flattening*, schiacciamento polare; *— projection*, proiezione polare; *— seas*, mari artici // *— hare*, lepre polare **2** (*elettr.*) magnetico, di polo magnetico **3** (*fig. form.*) antitetico, (diametralmente) opposto: *— opposites*, estremi opposti.

polarimeter [,pəʊlə'rɪmɪtə* / po·lari·meter] *s.* (*fis.*) polarimetro.

polarimetry [,pəʊlə'rɪmətrɪ / po·lari·metry] *s.* (*fis.*) polarimetria.

Polaris [pəʊ'lɑːrɪs / Po·laris] *no.pr.* Stella Polare SIN. **polestar**.

polariscope [pəʊ'lærɪskəʊp / po·lari·scope] *s.* (*fis.*) polariscopio.

polarity [pəʊ'lærətɪ / po·lar·ity] *s.* polarità (*anche fig.*) // (*elettr.*): *— cap*, spina a polarità predeterminata; *negative, positive —*, polarità negativa, positiva.

polarizability [,pəʊlə,raɪzə'bɪlətɪ / po·lar·iz·ab·il·ity] *s.* (*fis.*) polarizzabilità.

polarization [,pəʊləraɪ'zeɪʃn / po·lar·iza·tion] *s.* **1** (*fis.*) polarizzazione; polarizzazione dielettrica **2** (*fig.*) polarizzazione; separazione, divisione: *the growing — between North and South is a cause for grave concern*, la crescente divergenza fra nord e sud è motivo di seria preoccupazione.

to **polarize** ['pəʊləraɪz / po·lar·ize] *v.tr.* **1** (*fis.*) polarizzare **2** (*fig.*) polarizzare, accentrare; dividere: *public opinion has been polarized by the ecological problem*, il problema ecologico ha diviso, ha spaccato in due l'opinione pubblica ◆ *v.intr.* **1** (*fis.*) polarizzarsi **2** (*fig.*) polarizzarsi; dividersi.

polarizer ['pəʊləraɪzə* / po·lar·izer] *s.* (*fis.*) polarizzatore.

polarography [,pəʊlə'rɒgrəfɪ / po·laro·graphy] *s.* (*chim.*) polarografia.

Polaroid® ['pəʊlərɔɪd / Po·lar·oid] *s.* **1** polaroid (materiale in lastre trasparenti che ha la proprietà di polarizzare la luce) **2** fotografia fatta con una macchina fotografica polaroid **3** *pl.* occhiali da sole con lenti di polaroid.

Polaroid camera® [ˌpəʊlərɔɪd'kæmərə] *s.* polaroid, macchina fotografica polaroid.

polder ['pɒldə* / pol·der] *s.* polder (area bonificata dei Paesi Bassi).

pole[1] [pəul] *s.* **1** palo, paletto, pertica, asta: *to set a* —, piantare un palo; *tent* —, paletto da tenda; *barge* —, pertica da barcaiolo; *telegraph* —, palo telegrafico; *ski* —, racchetta da sci // *to be up the* —, (*fam.*) essere svitato **2** → **perch**[1] (unità di misura) **3** timone (di carro trainato da buoi) **4** (*mar.*) albero: *bare poles*, alberi senza vele.

to **pole**[1] *v.tr.* **1** mettere pali a, sostenere con pali **2** spingere (barca con una pertica) **3** (*ant.*) attaccare (animale) al carro ♦ *v.intr.* spingersi con una pertica; spingersi con le racchette (nello sci).

pole[2] *s.* polo; (*fig.*) antipode // *North Pole, South Pole*, Polo Nord, Polo Sud // *to be poles apart*, essere agli antipodi // (*elettr.*) — *face*, superficie polare // (*mecc.*) — *piece*, espansione polare // (*astr.*) *celestial* —, polo celeste // (*fis.*): *magnetic* —, polo magnetico; *negative* —, *positive* —, catodo, anodo.

Pole *s.* polacco.

poleaxe ['pəulæks / pole·axe] *s.* **1** ascia; scure **2** alabarda.

to **poleaxe** *v.tr.* **1** macellare con scure **2** (*fig.*) stendere, atterrare con un colpo secco.

polecat ['pəulkæt / pole·cat] *s.* (*zool.*) **1** (*Putorius foetidus*) puzzola europea **2** (*Mephitis mephitis*) (*amer.*) moffetta.

polemic [pəʊ'lemɪk / po·lemic] *agg.* polemico ♦ *s.* **1** polemica, disputa, controversia **2** → **polemics** **3** polemista; (*teol.*) controversista.

polemical [pəʊ'lemɪkl / po·lem·ical] *agg.* polemico // **-ly** *avv.*

polemicist [pəʊ'lemɪsɪst / po·lem·icist] **polemist** ['pɒlɪmɪst / po·lem·ist] *s.* polemista.

polemics [pə'lemɪks / po·lem·ics] *s.* [U] polemica, arte polemica; (*teol.*) controversia.

to **polemize** ['pɒlɪmaɪz / pol·em·ize] *v.intr.* (*rar.*) polemizzare.

pole position ['pəʊlpəˌzɪʃn] *s.* (*sport*) pole position.

poler ['pəʊlə*] *s.* (*fam. amer.*) secchione.

polestar ['pəʊlstɑ:* / pole·star] → **Polaris**.

pole vault ['pəulˌvɔ:lt] *s.* (*sport*) salto con l'asta.

polevaulter ['pəulˌvɔ:ltə* / pole·vaulter] *s.* (*sport*) astista.

police [pə'li:s / po·lice] *s.* (*con v. pl.*) polizia; ordine pubblico: *the — are on his tracks*, la polizia è sulle sue tracce; *railway* —, polizia ferroviaria; *traffic* —, (*in autostrada*) *motorway* —, polizia stradale // — *officer*, funzionario di polizia, poliziotto, agente di polizia; — *record*, fedina penale; — *dog*, cane poliziotto; — *force*, corpo di polizia; — *station*, posto di polizia; — *van*, furgone cellulare // (*dir. antiq.*) — *magistrate*, giudice (di carriera) di tribunale competente per reati minori.

to **police** *v.tr.* **1** mantenere l'ordine pubblico (per mezzo di agenti di polizia) in; fornire di agenti di polizia **2** (*fig.*) controllare, vigilare.

police action [pə'li:sˌækʃn] *s.* operazione militare locale (contro guerriglieri, terroristi ecc.).

police-court [pə'li:sˌkɔ:t] *s.* tribunale competente per i reati minori.

policeman [pə'li:smən / po·lice·man] *pl.* **policemen** *s.* poliziotto, agente.

police state [pə'li:ssteɪt] *s.* stato di polizia.

policewoman [pə'li:sˌwʊmən / po·lice·woman] *pl.* **policewomen** [pə'li:sˌwɪmɪn] *s.* donna poliziotto.

policy[1] ['pɒləsɪ / pol·icy] *s.* **1** politica (*anche fig.*); indirizzo politico; piano d'azione, linea di condotta: *domestic* (o *home*) —, politica interna; *foreign* —, politica estera; *our — is to satisfy our customers*, la nostra politica è di soddisfare i clienti; *the government's policies*, le linee politiche del governo // (*econ.*): *incomes* —, politica dei redditi; *budgetary* —, politica di bilancio; — *maker*, chi prende le decisioni politiche; — *mix*, combinazione di politiche **2** (*fig. form.*) accortezza, sagacia **3** (*rar.*) politica, arte del governo; diplomazia **4** *pl.* (*scoz.*) terre, proprietà, parco (intorno a un castello).

policy[2] *s.* polizza: *insurance* —, polizza di assicurazione; — *loan*, prestito su polizza // (*comm. mar.*) *open* —, polizza aperta.

policy-holder ['pɒləsɪˌhəʊldə*] **policy-owner** ['pɒləsɪˌəʊnə*] *s.* titolare di polizza, assicurato.

polio ['pəʊlɪəʊ / po·lio] **poliomyelitis** [ˌpəʊlɪəʊmaɪə'laɪtɪs / po·lio·my·el·itis] *s.* (*med.*) poliomielite.

poliovirus [ˌpəʊlɪəʊ'vaɪərəs / po·lio·virus] *s.* (*med.*) poliovirus.

Polish ['pəʊlɪʃ / Pol·ish] *agg.* polacco ♦ *s.* polacco (lingua).

polish ['pɒlɪʃ] *s.* **1** lucentezza, brillantezza (ottenuta strofinando) **2** lucidatura: *your shoes need a* —, le tue scarpe hanno bisogno di essere lucidate **3** lucido; lucidante; polish; (vernice di) finitura; lacca; smalto // *floor* —, cera da pavimenti; *nail* —, smalto per unghie; *shoe* —, lucido da scarpe **4** (*fig.*) raffinatezza, grazia, eleganza; belle maniere: *a writer of great* —, uno scrittore dallo stile raffinato.

to **polish** *v.tr.* **1** levigare; lucidare; lustrare; brillantare; ravvivare (colori) **2** (*fig.*) rendere elegante; ingentilire; dirozzare; civilizzare: *to — a speech*, ripulire, rifinire un discorso ♦ *v.intr.* **1** diventare lucido **2** (*fig.*) ingentilirsi; dirozzarsi, civilizzarsi.

□ **polish off** *v.tr.* e *avv.* finire; consumare; sbrigare: *to — off the enemy*, sbaragliare il nemico; *to — off a job*, portare a termine un lavoro in fretta; *to — off a plateful of meat*, mangiarsi un intero piatto di carne.

□ **polish up** *v.tr.* e *avv.* pulire, rendere lindo; (*fig.*) abbellire; perfezionare; raffinare.

polished ['pɒlɪʃt / pol·ished] *agg.* **1** ripulito; lucente, lucido **2** (*fig. letter.*) raffinato, distinto: — *manners*, modi distinti; — *style*, stile raffinato.

polisher ['pɒlɪʃə* / pol·isher] *s.* **1** lucidatore // *furniture* —, lucidatore di mobili **2** lucidatrice **3** lucido; liquido, pasta per lucidare.

polishing ['pɒlɪʃɪŋ / pol·ish·ing] *s.* lucidatura, lustratura; brillantatura.

polite [pə'laɪt / po·lite] *agg.* **1** educato, gentile, cortese, garbato: *a — answer*, una risposta garbata **2** raffinato, colto, elegante: — *society* (o *company*), gente perbene; *it's not a word I'd use in — society* (o *company*), non è una parola che userei fra gente perbene // **-ly** *avv.*

politeness [pə'laɪtnɪs / po·lite·ness] **politesse** [ˌpɒlɪ'tes / po·lit·esse] *s.* educazione, gentilezza, cortesia, belle maniere, garbo.

politic ['pɒlɪtɪk / pol·itic] *agg.* **1** (*form.*) prudente; abile, accorto; (*spreg.*) astuto **2** utile, opportuno, conveniente **3** (*rar.*) politico // *the body* —, lo Stato **4** (*rar. pol.*) costituzionale.

political [pə'lɪtɪkl / po·lit·ical] *agg.* **1** politico, relativo alla politica, allo Stato, al governo: — *economy*, economia politica; — *cycle*, ciclo politico; — *geography*, geografia politica; — *science*, scienze politiche; — *crime*, delitto, reato politico; — *prisoner*, prigioniero politico; — *rights*, diritti politici **2** che si interessa di politica, impegnato politicamente **3** (*rar.*) conveniente, opportuno ♦ *s.* agente politico.

politically [pə'lɪtɪkəlɪ / po·lit·ic·ally] *avv.* **1** politicamente **2** (*fig. ant.*) con astuzia, con accortezza, politicamente.

politician [ˌpɒlɪ'tɪʃn / po·li·ti·cian] *s.* **1** uomo politico, statista **2** politicante.

to **politicize** [pə'lɪtɪsaɪz / po·li·ti·cize] *v.intr.* far l'uomo politico; fare della politica ♦ *v.tr.* politicizzare, dare carattere politico a.

politicking ['pɒləˌtɪkɪŋ / pol·it·ick·ing] *s.* attivismo politico (spesso interessato).

politicly ['pɒlɪtɪklɪ / pol·it·ic·ly] *avv.* accortamente; astutamente.

politico [pə'lɪtɪkəʊ / po·lit·ico] *pl.* **politico(e)s** *s.* (*spreg.*) politicastro; politicante.

politics ['pɒlɪtɪks / pol·it·ics] *s.* **1** [U] politica: *party* —, politica di partito; *to dabble in* —, fare della politica; *to go into* —, dedicarsi alla politica; *to talk* —, parlare di politica **2** *pl.* politica, idee politiche: *what are your —?*, quali sono le vostre idee politiche? **3** *pl.* problemi, questioni: *the — of disarmament*, i problemi connessi al disarmo **4** *pl.* (*estens.*) macchinazioni, intrighi.

polity ['pɒlɪtɪ / pol·ity] *s.* (*form.*) **1** forma, sistema, organizzazione di governo **2** stato **3** (*rar.*) politica.

polka ['pɒlkə *amer.* 'pəʊlkə] *s.* **1** (*mus.*) polca **2** giacca da donna (generalmente lavorata a maglia).

polka dot ['pɒlkədɒt *amer.* 'pəʊlkədɒt] *s.* pallino, pois bianco (in un disegno su stoffa).

polka-dot *agg.* a pallini, a pois: *a blue — dress*, un abito blu a pallini, pois bianchi.

poll [pəul] *s.* **1** votazione; scrutinio; lista elettorale; voti: *the day before the* —, il giorno precedente le elezioni; *heavy, small* —, alta, bassa percentuale di votanti; *to declare the* —, proclamare i risultati della votazione; *to head the* —, riscuotere il maggior numero di voti // *to go to the poll(s)*, andare alle urne **2** *pl.* seggio elettorale **3** (*opinion*) —, sondaggio (d'opinione): *to take a* —, effettuare un sondaggio **4** (*dial. scherz.*) testa, zucca // *per* —, a testa **5** (*ant.*) cuoio capelluto, nuca: *all flaxen was his poll*, (SH. Hamlet) tutta bianca come il lino era la sua testa.

to **poll** *v.tr.* **1** ottenere (voti); raccogliere (voti), registrare (voti) **2** condurre alle urne **3** fare un'inchiesta, un sondaggio **4** (*non com.*) radere; tosare: *he will mow down all before him, and leave his passage polled*, (SH.

Coriolanus) falcerà tutto davanti a sé e lascerà la terra rasa al suo passaggio **5** svettare, cimare (alberi) **6** tagliare le corna a ◆ *v.intr.* votare, andare alle urne; *Brighton polls next Wednesday*, Brighton voterà mercoledì prossimo.

poll *agg.* **1** (*bot.*) senza cima (di albero) **2** senza corna: — *ox*, — *beast*, bue, animale senza corna.

pollack ['pɒlək / pol·lack] *pl.* **pollack(s)** *s.* (*zool.*) (*Pollachius virens*) merlano nero, gado.

pollard ['pɒləd / pol·lard] *agg.* (*bot.*) senza cima ◆ *s.* **1** (*bot.*) capitozza **2** (*zool.*) animale senza corna, dalle corna spezzate **3** miscuglio di farina e crusca.

to **pollard** *v.tr.* **1** (*bot.*) capitozzare, cimare **2** (*zool.*) privare delle corna.

polled [pəʊld] *agg.* **1** (*bot.*) cimato **2** (*zool.*) senza corna.

pollen ['pɒlən / pol·len] *s.* (*bot.*) polline // — *count*, determinazione della quantità di polline nell'atmosfera.

to **pollen** ['pɒlən] → to **pollinate**.

pollen-sac ['pɒlən,sæk] *s.* (*bot.*) sacco pollinico.

poller ['pəʊlə*] *s.* **1** chi cima alberi **2** votante **3** impiegato di ufficio elettorale **4** chi effettua sondaggi elettorali.

pollex ['pɒleks / pol·lex] *pl.* **pollices** ['pɒlɪsi:z / pol·li·ces] *s.* pollice.

to **pollinate** ['pɒlɪneɪt / pol·lin·ate] *v.tr.* (*bot.*) impollinare, ricoprire di polline.

pollination [,pɒlɪ'neɪʃn / pol·lina·tion] *s.* (*bot.*) impollinazione.

pollinator ['pɒlɪ,neɪtə* / pol·lin·at·or] *s.* impollinatore, trasportatore di polline.

polling ['pəʊlɪŋ / poll·ing] *agg.* votante ◆ *s.* votazione elettorale // — *booth*, cabina elettorale; — *clerk*, scrutatore; — *day*, giorno delle elezioni; — *station*, seggio elettorale.

pollinic [pə'lɪnɪk / pol·linic] *agg.* (*bot.*) pollinico.

polliniferous [,pɒlɪ'nɪfərəs / pol·lin·ifer·ous] *agg.* (*bot.*) pollinifero.

pollinosis [,pɒlɪ'nəʊsɪs / pol·lin·osis] *s.* (*med.*) pollinosi, febbre da fieno.

polliwog ['pɒlɪwɒg / polli·wog] *s.* (*zool. ant.*) girino → **tadpole**.

pollster ['pəʊlstə* / poll·ster] *s.* (*stat.*) esperto di indagini-campione.

poll tax ['pəʊl,tæks] *s.* **1** (imposta di) capitazione, testatico **2** (*st.*) tassa elettorale pro capite SIN. head money.

pollutant [pə'lu:tənt / pol·lut·ant] *s.* (sostanza) inquinante.

to **pollute** [pə'lu:t / pol·lute] *v.tr.* **1** inquinare; contaminare **2** violare; profanare.

polluted [pə'lu:tɪd / pol·luted] *agg.* **1** inquinato; contaminato **2** profanato; violato **3** (*fam. amer.*) ubriaco // **-ness** *s.*

polluter [pə'lu:tə* / pol·luter] *s.* **1** inquinatore; contaminatore **2** profanatore.

pollution [pə'lu:ʃn / pol·lu·tion] *s.* **1** inquinamento; contaminazione: *noise, industrial, air* —, inquinamento acustico, industriale, atmosferico **2** contaminazione; profanazione; violazione **3** (*fisiologia*) polluzione.

Pollux ['pɒləks / Pol·lux] *no.pr.* (*astr.*) Polluce.

poll watcher ['pəʊl,wɒtʃə*] *s.* scrutatore.

polly ['pɒlɪ] *s.* (*fam. amer.*) rumore, disturbo sonoro su disco o su cassetta; fruscio.

Pollyanna [,pɒlɪ'ænə / Pol·ly·anna] *s.* (*fam. amer.*) inguaribile ottimista.

polo ['pəʊləʊ] *s.* (*sport*) polo // *water* —, pallanuoto.

polonaise [,pɒlə'neɪz / pol·on·aise] *s.* **1** (*mus.*) polacca **2** polacca (abito per signora).

polo neck ['pəʊləʊ,nek] *agg.* a dolcevita, a collo alto ◆ *s.* dolcevita.

polonium [pə'ləʊnjəm / po·lo·nium] *s.* (*chim.*) polonio.

polony [pə'ləʊnɪ / po·lony] *s.* mortadella.

poltergeist ['pɒltəgaɪst / pol·ter·geist] *s.* (*spiritismo*) Poltergeist.

poltroon [pɒl'tru:n / pol·troon] *s.* (*ant.*) codardo, vigliacco.

poltroonery [pɒl'tru:nərɪ / pol·troon·ery] *s.* (*ant.*) codardia, vigliaccheria.

poly ['pɒlɪ] *s.* (*fam.*) abbr. di → **polytechnic**.

poly- *pref.* di origine greca che significa 'molto' e indica molteplicità; it. poli-: *polyembryony*, poliembrionia; *polygenetic*, poligenetico; *polypeptide*, polipeptide; *polycentric*, policentrico; *polyvinyl*, polivinile.

polyamide [,pɒlɪ'æmaɪd / poly·am·ide] *s.* (*chim.*) poliammide.

polyandrous [,pɒlɪ'ændrəs / poly·and·rous] *agg.* **1** che ha più mariti; che pratica la poliandria **2** (*bot.*) poliandro.

polyandry ['pɒlɪ,ændrɪ / poly·andry] *s.* poliandria (*anche bot.*).

polyanthus [,pɒlɪ'ænθəs / poly·anthus] *pl.* **polyanthuses** [,pɒlɪ'ænθəsəz] **polyanthi** [,pɒlɪ'ænθaɪ / poly·anthi] *s.* (*bot.*) **1** (*Primula elatior*) primula maggiore, polianto **2** (*Narcissus tazetta*) narciso a mazzetti.

polyarthritis [,pɒlɪɑ:'θraɪtɪs / poly·arth·ritis] *s.* (*med.*) poliartrite.

polybasic [,pɒlɪ'beɪsɪk / poly·basic] *agg.* (*chim.*) polibasico, poliprotico.

polybasite [,pɒlɪ'beɪsaɪt / poly·bas·ite] *s.* (*min.*) polibasite.

polybutadiene [,pɒlɪ,bju:tə'daɪi:n / poly·bu·ta·di·ene] *s.* (*chim.*) polibutadiene.

polycarbonate [,pɒlɪ'kɑ:bənɪt / poly·car·bon·ate] *s.* (*chim.*) policarbonato.

polycarpous [,pɒlɪ'kɑ:pəs / poly·carp·ous] *agg.* (*bot.*) policarpico.

polychromatic [,pɒlɪkrə'mætɪk / poly·chro·matic] *agg.* policromatico: (*fis.*) — *radiation*, radiazione policromatica.

polychrome ['pɒlɪkrəʊm / poly·chrome] *agg.* policromo ◆ *s.* **1** opera d'arte policroma **2** policromia.

polychromy ['pɒlɪ,krəʊmɪ / poly·chromy] *s.* uso della tecnica della policromia; arte policroma.

polyclinic [,pɒlɪ'klɪnɪk / poly·clinic] *s.* poliambulatorio (di ospedale); (ospedale) policlinico.

polycyclic [,pɒlɪ'saɪklɪk / poly·cyclic] *agg.* (*chim.*) policiclico.

polycystic [,pɒlɪ'sɪstɪk / poly·cys·tic] *agg.* (*med.*) policistico.

polycythemia [,pɒlɪsaɪ'θi:mɪə / poly·cy·themia] *s.* (*med.*) policitemia, poliglobulia.

polydactyl [,pɒlɪ'dæktɪl / poly·dac·tyl] *agg.* polidattilo.

polydactylism [,pɒlɪ'dæktɪlɪzəm / poly·dac·tyl·ism] *s.* polidattilia.

polyelectrolyte [,pɒlɪɪ'lektrəʊlaɪt / poly·elec·tro·lyte] *s.* (*chim.*) polielettrolita.

polyene ['pɒlɪ,i:n / poly·ene] *s.* (*chim.*) poliene.

polyester [,pɒlɪ'estə* / poly·es·ter] *s.* (*chim.*) poliestere // — *resin*, resina poliestere.

polyethylene [,pɒlɪ'eθɪli:n / poly·ethyl·ene] *s.* (*chim.*) polietilene.

polygala [pə'lɪgələ / poly·gala] *s.* (*bot.*) (*Polygala senega*) poligala.

polygamist [pə'lɪgəmɪst / poly·gam·ist] *s.* poligamo.

polygamous [pə'lɪgəməs / poly·gam·ous] *agg.* poligamo (*anche biol.*).

polygamy [pə'lɪgəmɪ / poly·gamy] *s.* poligamia (*anche biol.*).

polygene ['pɒlɪdʒi:n / poly·gene] *s.* (*biol.*) poligene.

polygenesis [,pɒlɪ'dʒenɪsɪs / poly·gen·esis] *s.* poligenesi.

polygenism [pə'lɪdʒɪnɪzəm / poly·gen·ism] *s.* poligenismo.

polygeny [pə'lɪdʒɪnɪ / poly·geny] *s.* poligenesi.

polyglot ['pɒlɪglɒt / poly·glot] *agg.* e *s.* poliglotta.

polyglottism ['pɒlɪ,glɒtɪzəm / poly·glot·tism] *s.* poliglottismo.

polygon ['pɒlɪgən *amer.* 'pɒlɪgɒn / poly·gon] *s.* (*mat.*) poligono // (*fis.*) — *of vectors*, poligono dei vettori.

polygonal [pɒ'lɪgənl / poly·gonal] *agg.* (*mat.*) poligonale: — *figure*, figura poligonale // (*geol.*) — *ground*, suolo poligonale ◆ *s.* (*mat.*) poligonale: *closed* —, poligonale chiusa.

polygraph ['pɒlɪgrɑ:f / poly·graph] *s.* **1** (*tip.*) poligrafo **2** poligrafo, chi scrive su svariati argomenti **3** (*med.*) sfigmografo **4** (*Keeler*) —, macchina della verità, lie detector.

polygraphic [,pɒlɪ'græfɪk / poly·graphic] *agg.* poligrafico.

polygyny [pə'lɪdʒɪnɪ / poly·gyny] *s.* poliginia (*anche biol.*).

polyhedral [,pɒlɪ'hedrəl / poly·hed·ral] *agg.* (*mat.*) poliedrale: — *angle*, angolo poliedrale.

polyhedron [,pɒlɪ'hedrən / poly·hed·ron] *pl.* **polyhedrons**, **polyhedra** [,pɒlɪ'hedrə / poly·hedra] *s.* (*mat.*) poliedro.

polyhistor [,pɒlɪ'hɪstə* / poly·his·tor] **polyhistorian** [,pɒlɪhɪ'stɔ:rɪən / poly·his·tor·ian] *s.* (*rar.*) dotto, erudito, persona (dalla cultura) enciclopedica.

polyhydric alcohol [,pɒlɪ,haɪdrɪk'ælkəhɒl] *s.* (*chim.*) polialcol, poliolo.

polymath ['pɒlɪmæθ / poly·math] → **polyhistor**, **polyhistorian**.

polymer ['pɒlɪmə* / poly·mer] *s.* (*chim.*) polimero.

polymerase ['pɒlɪmə,reɪs / poly·mer·ase] *s.* (*biochim.*) polimerasi.

polymeric [,pɒlɪ'merɪk / poly·meric] *agg.* (*chim.*) polimerico.

polymerism [pɒ'lɪmərɪzəm / poly·mer·ism] *s.* (*chim.*) polimeria.

polymerization [pɒ,lɪməraɪ'zeɪʃn / poly·mer·iza·tion] *s.* (*chim.*) polimerizzazione.

to **polymerize** ['pɒlɪməraɪz / poly·mer·ize] *v.tr.* e *intr.* (*chim.*) polimerizzare.

polymerous [pə'lɪmərəs / poly·mer·ous] *agg.* (*chim.*) polimero.

polymorph ['pɒlɪmɔ:f / poly·morph] *s.* (*biol., chim., min.*) polimorfo.

polymorphic [,pɒlɪ'mɔ:fɪk / poly·morphic] *agg.* (*biol., chim., min.*) polimorfo.

polymorphism [,pɒlɪ'mɔ:fɪzəm / poly·morph·ism] *s.* (*scient.*) polimorfismo.

polymorphous [,pɒlɪ'mɔ:fəs / poly·morph·ous] *agg.* (*biol., chim., min.*) polimorfo.

Polynesian [,pɒlɪ'ni:zjən *amer.* ,pɒlɪ'ni:ʒən / Poly·ne·sian] *agg.* e *s.* polinesiano.

polyneuritis [,pɒlɪnjʊə'raɪtɪs *amer.* ,pɒlɪ nʊə'raɪtɪs / poly·neur·itis] *s.* (*med.*) polineurite, polinevrite.

polynomial [,pɒlɪ'nəʊmjəl / poly·no·mial] *agg.* (*mat.*) polinomiale: — *equation*, equazione polinomiale ◆ *s.* polinomio.

polyp ['pɒlɪp] *s.* **1** (*zool.*) polipo **2** (*med.*) → **polypus**.

polypary ['pɒlɪpərɪ / pol·yp·ary] *s.* (*zool.*) polipaio.

polype → **polyp**.

polypeptide [,pɒlɪ'peptaɪd / poly·pep·tide] *s.* (*biochim.*) polipeptide.

polypetalous [,pɒlɪ'petələs / poly·pet·al·ous] *agg.* (*bot.*) polipetalo.

polyphagia [,pɒlɪ'feɪdʒɪə / poly·phagia] **polyphagy** [pə'lɪfədʒɪ / poly·phagy] *s.* (*biol., med.*) polifagia.

polyphagous [pə'lɪfəgəs / poly·phag·ous] *agg.* (*biol., med.*) polifago.

polyphase ['pɒlɪfeɪz / poly·phase] *agg.* (*fis.*) polifase: — *system*, sistema polifase.

polyphonic [,pɒlɪ'fɒnɪk / poly·phonic] **polyphonous** [pə'lɪfənəs / poly·phon·ous] *agg.* (*mus.*) polifonico.

polyphony [pə'lɪfənɪ / poly·phony] *s.* (*mus.*) polifonia.

polypite ['pɒlɪpaɪt / poly·pite] *s.* (*zool.*) polipo (di una colonia).

polyploid ['pɒlɪplɔɪd / poly·ploid] *agg.* (*biol.*) poliploide.

polyploidy ['pɒlɪ,plɔɪdɪ / poly·ploidy] *s.* (*biol.*) poliploidia.

polypod[1] ['pɒlɪpɒd / poly·pod] *agg.* che ha molti piedi.

polypod[2], **polypody** ['pɒlɪpədɪ / poly·pody] *s.* (*bot.*) (*common*) —, (*Polypodium vulgare*) felce dolce, polipodio.

polypoid ['pɒlɪpɔɪd / polyp·oid] **polypous** ['pɒlɪpəs / polyp·ous] *agg.* (*zool.*) di, da polipo, polipoide.

polyposis [,pɒlɪ'pəʊsɪs / polyp·osis] *s.* (*med.*) poliposi.

polypropylene [,pɒlɪ'prəʊpəli:n / poly·propy·lene] *s.* (*chim.*) polipropilene.

polyptyc(h) ['pɒlɪptɪk / po·lyp·tyc(h)] *s.* (*pitt.*) polittico.

polypus ['pɒlɪpəs / poly·pus] *pl.* **polypuses** ['pɒlɪpəsɪz] **polypi** ['pɒlɪpaɪ] *s.* **1** (*med.*) polipo **2** (*zool.*) → **polyp**.

polyrhythm ['pɒlɪrɪðəm / poly·rhythm] *s.* (*mus.*) poliritmia.

polyrhythmic [,pɒlɪ'rɪðmɪk / poly·rhyth·mic] *agg.* (*mus.*) poliritmico.

polysaccharid(e) [,pɒlɪ'sækərɪd / poly·sac·char·id(e)] *s.* (*chim.*) polisaccaride.

polysemous [,pɒlɪ'si:məs / poly·se·mous] *agg.* (*ling.*) polisemico.

polysemy [,pɒlɪ'si:mɪ / poly·semy] *s.* (*ling.*) polisemia.

polyspermia [,pɒlɪ'spɜ:mɪə / poly·spermia] **polyspermy** ['pɒlɪ,spɜ:mɪ / poly·spermy] *s.* (*biol.*) polispermia.

polystyrene [,pɒlɪ'staɪri:n / poly·sty·rene] *s.* (*chim.*) polistirene.

polysyllabic(al) [,pɒlɪsɪ'læbɪk(l) / poly·syl·labic(al)] *agg.* polisillabo, polisillabico.

polysyllable ['pɒlɪ,sɪləbl / poly·syl·lable] *s.* polisillabo.

polysyndeton [,pɒlɪ'sɪndɪtən / poly·syn·deton] *s.* (*gramm.*) polisindeto.

polysynthetic [,pɒlɪsɪn'θetɪk / poly·syn·thetic] *agg.* polisintetico: — *languages*, lingue incorporanti.

polytechnic [,pɒlɪ'teknɪk / poly·tech·nic] *agg.* e *s.* politecnico.

polytheism ['pɒlɪθi:ɪzəm / poly·the·ism] *s.* politeismo.

polytheist ['pɒlɪθi:ɪst / poly·the·ist] *s.* politeista.

polytheistic(al) [,pɒlɪθi:'ɪstɪk(l) / poly·the·istic(al)] *agg.* politeistico.

polythene ['pɒlɪθi:n / poly·thene] *s.* (*chim.*) politene, polietilene.

polytonality [,pɒlɪtə'nælətɪ / poly·ton·al·ity] *s.* (*mus.*) politonalità.

polyunsaturated [,pɒlɪʌn'sætʃəreɪtɪd / poly·un·sat·ur·ated] *agg.* (*chim.*) polinsaturo: — *fats*, grassi polinsaturi.

polyurethane [,pɒlɪ'jʊərɪθeɪn / poly·ureth·ane] *s.* (*chim.*) poliuretano.

polyuria [,pɒlɪ'jʊərɪə / poly·uria] *s.* (*med.*) poliuria.

polyuric [,pɒlɪ'jʊərɪk / poly·uric] *agg.* (*med.*) poliurico.

polyvalence [,pɒlɪ'veɪləns / poly·val·ence] *s.* (*chim.*) polivalenza.

polyvalent [,pɒlɪ'veɪlənt / poly·val·ent] *agg.* (*chim.*) polivalente // (*med.*) — *vaccine*, vaccino polivalente.

polyvinyl [,pɒlɪ'vaɪnl / poly·vi·nyl] *agg.* e *s.* (*chim.*) polivinile // — *resin*, resina polivinilica.

polyzoic [,pɒlɪ'zəʊɪk / poly·zoic] *agg.* (*zool.*) polizoico.

pom [pɒm] *s.* **1** (*austr.*) inglese **2** abbr. di → **Pomeranian** ◆ *agg.* (*austr.*) inglese.

pomace ['pʌmɪs / pom·ace] *s.* **1** polpa (di mele) **2** residui, scorie (di pesci) **3** residui di piante oleose dopo l'estrazione dell'olio (usati come fertilizzanti).

pomaceous [pəʊ'meɪʃəs / pom·ace·ous] *agg.* di mela.

pomade [pə'mɑ:d *amer.* pəʊ'meɪd / po·made] *s.* (*antiq.*) brillantina.

to **pomade** *v.tr.* impomatare, mettere la brillantina su.

pomander [pəʊ'mændə* / po·man·der] *s.* **1** sfera contenente sostanze aromatiche (per profumare gli ambienti) **2** (*st.*) sfera d'oro, d'argento, d'avorio contenente sostanze aromatiche che si riteneva preservassero dalle infezioni.

pomatum [pə'meɪtəm / po·ma·tum] *s.* (*antiq.*) pomata.

to **pomatum** *v.tr.* (*antiq.*) impomatare.

pome [pəʊm] *s.* **1** (*bot.*) pomo **2** globo (simbolo della potenza regale).

pomegranate ['pɒmɪ,grænɪt / pom·egran·ate] *s.* (*bot.*) **1** melagrana **2** — (*tree*), (*Punica granatum*) melograno.

pomelo ['pɒmɪləʊ / pom·elo] *pl.* **pomelos** *s.* (*bot. amer.*) pompelmo → **grapefruit**.

Pomeranian [,pɒmə'reɪnjən / Pom·er·anian] *agg.* della Pomerania ◆ *s.* **1** abitante della Pomerania **2** (*zool.*) — (*dog*), pomero, cane della Pomerania, volpino di Pomerania.

pomiferous [pəʊ'mɪfərəs / po·mi·fer·ous] *agg.* (*bot.*) pomifero.

pommel ['pʌml / pom·mel] *s.* pomo (della spada, della sella); pomello.

to **pommel** *pass.p.p.* **pommelled** ['pʌmld / pom·melled] → to **pummel**.

pommie ['pɒmɪ / pom·mie] *agg.* e *s.* (*austr.*) inglese.

pomologist [pəʊ'mɒlədʒɪst / po·mo·lo·gist] *s.* frutticoltore.

pomp [pɒmp] *s.* pompa, fasto, sfoggio.

pompadour ['pɒmpə,dʊə* / pom·pa·dour] *s.* pettinatura alla Pompadour.

Pompeian [pɒm'pi:ən / Pom·peian] *agg.* e *s.* pompeiano.

pompom ['pɒmpɒm / pom·pom] *s.* **1** pompon **2** (*sl. mil.*) mitragliera Maxim a tiro lungo; (*sl. mar.*) mitragliera antiaerea.

pompon ['pɔ:npɔ:ŋ / pom·pon] *s.* pompon, fiocco, nappa.

pomposity [pɒm'pɒsətɪ / pom·pos·ity] *s.* **1** pomposità; pompa; vanagloria **2** enfasi; ampollosità (di stile).

pompous ['pɒmpəs / pom·pous] *agg.* **1** pomposo, vanaglorioso, tronfio **2** enfatico; ampolloso (di stile) // **-ly** *avv.*

pompousness ['pɒmpəsnɪs / pom·pous·ness] → **pomposity**.

ponce [pɒns] *s.* (*sl.*) **1** magnaccia **2** uomo effeminato.

to **ponce** *v.intr.* **1** (*about, around*) (*sl. spreg.*) fare il magnaccia **2** bighellonare.

poncho ['pɒntʃəʊ / pon·cho] *pl.* **ponchos** *s.* poncio (mantello di lana usato nel Sud America).

poncy ['pɒnsɪ] *agg.* (*sl.*) da effeminato.

pond [pɒnd] *s.* **1** (*geogr.*) laghetto, stagno **2** bacino artificiale **3** peschiera, vivaio.

to **ponder** ['pɒndə*] *v.tr.* ponderare, considerare: *he pondered the situation*, valutò la situazione ◆ *v.intr.* meditare, riflettere: *he was pondering on his future*, stava meditando sul suo futuro.

ponderability [,pɒndərə'bɪlətɪ / pon·der·ab·il·ity] *s.* ponderabilità.

ponderable ['pɒndərəbl / pon·der·able] *agg.* ponderabile, valutabile // **-ness** *s.*

ponderation [ˌpɒndəˈreɪʃn / pon·dera·tion] *s.* (*non com.*) ponderazione.

ponderer [ˈpɒndərə* / pon·der·er] *s.* chi pondera, ponderatore.

ponderingly [ˈpɒndərɪŋlɪ / pon·der·ing·ly] *avv.* ponderatamente, con ponderazione.

ponderous [ˈpɒndərəs / pon·der·ous] *agg.* (*form.*) **1** ponderoso; pesante, massiccio; goffo, lento (*anche fig.*) **2** (*fig.*) monotono, pesante, ampolloso (di stile) // **-ly** *avv.* // **-ness** *s.*

pond-lily [ˈpɒnd,lɪlɪ] *s.* (*bot.*) (*Lilium pomponium*) giglio rosso.

pondweed [ˈpɒndwi:d / pond·weed] *s.* (*bot.*) **1** vegetazione d'acqua stagnante **2** (*Potamogeton natans*) naiade natante; (*pop.*) bietola d'acqua.

pong [pɒŋ] *s.* (*fam.*) puzzo, cattivo odore.

to **pong** *v.intr.* (*fam.*) puzzare.

pongee [pɒnˈdʒi: / pon·gee] *s.* varietà di seta cinese.

pongid [ˈpɒndʒɪd / pon·gid] *s.* (*zool.*) pongide.

pongo [ˈpɒŋgəʊ] *pl.* **pongos** *s.* (*sl.*) orangutan.

pongy [ˈpɒŋɪ] *agg.* (*fam.*) puzzolente.

poniard [ˈpɒnjəd / pon·iard] *s.* pugnale.

to **poniard** *v.tr.* (*ant.*) pugnalare.

pons [pɒnz] *pl.* **pontes** [ˈpɒnti:z / pon·tes] *s.* (*anat.*, *zool.*) ponte (di Varolio).

Pontic [ˈpɒntɪk / Pon·tic] *agg.* (*geogr.*, *st.*) pontico // *the — Sea*, il Ponto Eusino.

pontifex [ˈpɒntɪfeks / pon·ti·fex] *pl.* **pontifices** [ˌpɒnˈtɪfɪsi:z / pon·ti·fi·ces] *s.* (*st. romana*) pontefice.

pontiff [ˈpɒntɪf / pon·tiff] *s.* **1** pontefice; papa **2** alto prelato; vescovo.

pontifical [pɒnˈtɪfɪkl / pon·ti·fical] *agg.* pontificio; pontificale; (*fig.*) pomposo, (ostentatamente) solenne ◆ *s.* **1** pontificale (libro contenente il rituale dei vescovi) **2** *pl.* vestimenti e insegne episcopali // **-ly** *avv.*

pontificate [pɒnˈtɪfɪkɪt / pon·ti·fic·ate] *s.* pontificato.

to **pontificate** [pɒnˈtɪfɪkeɪt] to **pontify** [ˈpɒntɪfaɪ / pon·tify] *v.intr.* pontificare (*anche fig.*).

Pontine [ˈpɒntaɪn / Pon·tine] *agg.* (*geogr.*) pontino // *the — Marshes*, le Paludi Pontine.

ponton [ˈpɒntən] *s.* (*mil.*) pontone.

pontoneer, **pontonier** [ˌpɒntəʊˈnɪə* / pon·ton·eer, pon·ton·ier] *s.* (*mil.*) pontiere.

pontoon[1] [pɒnˈtu:n / pon·toon] *s.* **1** (*mar.*) pontone; chiatta; barca da ponte **2** — (*bridge*), ponte di barche, ponte galleggiante **3** galleggiante (di idrovolante).

to **pontoon**[1] *v.tr.* attraversare (un fiume) su un ponte di barche.

pontoon[2] *s.* ventuno (gioco di carte) AMER. twenty-one.

pony [ˈpəʊnɪ] *s.* **1** pony, cavallino, piccolo cavallo // — *edition*, edizione in formato ridotto // *Shanks's* —, (*scherz.*) il cavallo di san Francesco, le proprie gambe **2** (*sl.*) venticinque sterline **3** (*fam.*) bicchierino di, da liquore **4** (*fam. amer.*) bigino; traduttore **5** (*fam. amer.*) ballerina di fila.

to **pony** *v.tr.* (*sl. amer.*) **1** *to* — (*up*), pagare **2** tradurre (con bigino) ◆ *v.intr.* saldare un conto.

ponytail [ˈpəʊnɪ,teɪl / pony·tail] *s.* (pettinatura a) coda di cavallo.

pony-trekking [ˈpəʊnɪ,trekɪŋ] *s.* trekking a cavallo.

pooch [pu:tʃ] *s.* (*fam.*) cane.

pooched out [ˌpu:tʃtˈaʊt] *agg.* (*sl. amer.*) protuberante, sporgente, prominente.

poodle [ˈpu:dl] *s.* cane barbone, barboncino, cagnolino da compagnia // *to be s.o.'s* —, (*spreg.*) essere il tirapiedi, il leccapiedi di qlcu.

to **poodle** *v.tr.* tosare a mo' di barboncino (un cane).

poof [pu:f] *s.* (*sl. volg.*) checca ◆ *inter.* **1** puah! **2** tacchete.

poofy [pu:fɪ] *agg.* (*sl. spreg.*) omosessuale; effeminato.

pooh [pu:] *inter.* (*spreg.*) puah!, poh!, puh!

Pooh-Bah [ˈpu:ˈbɑ:] *s.* (*sl. antiq.*) **1** chi ricopre parecchie cariche allo stesso tempo **2** pezzo grosso.

to **pooh-pooh** [ˌpu:ˈpu:] *v.tr.* (*antiq.*) deridere; mettere in ridicolo; esprimere disprezzo per: *they pooh-poohed my suggestion*, derisero il mio suggerimento.

pool[1] [pu:l] *s.* **1** (*geogr.*) laghetto; polla **2** pozza; pozzanghera: *the body lay in a — of blood*, il corpo giaceva in una pozza di sangue // — *of light*, cono di luce **3** pozza; tonfano (punto dove un fiume è profondo) // *The London Pool*, il Tamigi a valle della City di Londra **4** sacca sotterranea (di petrolio o gas) **5** (*swimming*) —, piscina.

pool[2] *s.* **1** (*carte*) piatto **2** biliardo; gioco del biliardo; tipo di partita a biliardo: *to play, shoot* —, giocare a biliardo **3** (*econ.*) fondo comune **4** (*econ.*) pool, consorzio; sindacato: *steel* —, cartello dell'acciaio; *gold* —, pool dell'oro **5** (*estens.*) pool; team; équipe.

to **pool**[2] *v.tr.* **1** mettere in comune, insieme; raggruppare: *we must — our efforts*, dobbiamo riunire gli sforzi **2** (*inform.*) raggruppare; mettere insieme **3** mettere in un fondo comune; associare ◆ *v.intr.* formare un sindacato; consorziarsi.

pool-room [ˈpu:lru:m] *s.* sala da biliardo.

pools [pu:lz] *s.pl.* (*football*) —, totocalcio®.

poop[1] [pu:p] *s.* (*mar.*) **1** poppa: — *lantern*, fanale di poppa, di coronamento **2** — (*deck*), cassero di poppa; ponte di poppa, del cassero.

to **poop**[1] *v.tr.* **1** rompersi, frangersi contro la poppa di (una nave) (di onde) **2** prendere (l'onda) di poppa.

poop[2] *s.* (*sl. volg.*) peto, scoreggia.

to **poop**[2] *v.intr.* (*sl. volg.*) **1** scoreggiare, fare peti **2** cacare.

poop[3] *s.* Ⓤ (*fam. amer.*) informazioni, notizie ufficiali; informazioni, notizie ufficiose: — *sheet*, bollettino di informazioni.

to **poop**[4] *v.tr.* (*ant.*) raggirare, ingannare: *Ay, she quickly pooped him...*, (SH. Pericles) quella l'ha raggirato in fretta...

to **poop (out)** [ˌpu:p(ˈaʊt)] *v.tr.* (*fam.*) stancare; affaticare; rendere esausto.

pooped (out) [pu:pt(ˈaʊt)] *agg.* (*fam.*) stanchissimo; esausto; a pezzi.

pooper scooper [ˈpu:pə,sku:pə*] *s.* (*fam. amer.*) paletta e contenitore per rimuovere gli escrementi del proprio cane dalla strada.

to **poo-poo** [ˌpu:ˈpu:] *v.tr.* (*fam. amer.*) snobbare; guardare dall'alto in basso.

poor [pʊə*] *agg.* **1** povero, indigente, bisognoso: *the rich ought to help the* —, i ricchi dovrebbero aiutare i poveri; *to be as — as a churchmouse*, essere povero in canna // — *law*, (*st.*) legge per l'assistenza ai poveri // — *white*, bianco povero, del livello sociale più basso (negli Stati Uniti) **2** insufficiente, scarso; povero, magro: *the pay was* —, la paga era misera; *a — crop*, un magro raccolto **3** mediocre, scadente: *she is a — driver*, è una guidatrice mediocre; *he is very — at maths*, è scadente in matematica; — *soil*, terreno povero; *of — quality*, di qualità scadente; *in my — opinion*, secondo il mio modesto parere; *he's in — health*, è di salute cagionevole; — *eyesight, memory*, vista, memoria debole; *it's a — job*, non è un granché come lavoro // — *weather*, tempo piuttosto brutto // *to cut a — figure*, fare una magra figura **4** degno di pietà, sfortunato, povero: — *fellow* (o — *thing*)!, (*sl. amer.*) — *ass* (o — *fish*)!, poveretto!, povero diavolo!; — *me!*, povero me!; — *old Terry is very ill*, il povero Terry è molto ammalato // **-ness** *s.*

-poor *suff.* (*nei composti*) povero di *energy -poor*, povero di energia; *nitrogen-poor soil*, terreno povero di azoto.

poor-box [ˈpʊə,bɒks] *s.* cassetta per l'elemosina.

Poor Clare [ˌpʊəˈkleə*] *s.* (*st. eccl.*) clarissa.

poorhouse [ˈpʊəhaʊs / poor·house] *s.* (*st.*) ospizio per poveri.

poorly [ˈpʊəlɪ] *avv.* male; malamente; scarsamente; poveramente: *he was — dressed*, era vestito miseramente // *to think — of s.o.*, avere una scarsa, cattiva opinione di qlcu. ◆ *agg.* (*fam.*) malaticcio; indisposto: *he feels rather — today*, si sente piuttosto giù quest'oggi.

to **poormouth** [ˈpʊə,maʊð/ poor·mouth] *v.intr.* (*fam.*) piangere miseria.

poor-spirited [ˌpʊəˈspɪrɪtɪd] *agg.* pusillanime.

pootbutt [ˈpu:tbʌt / poot·butt] *s.* (*sl. amer.*) pivello; novellino; credulone.

pop[1] [pɒp] *s.* **1** schiocco; colpo; piccolo scoppio; piccola esplosione **2** (*fam.*) colpo (di arma da fuoco): *to take a — at s.o., sthg.*, tirare un colpo a qlcu., qlco. **3** (*sl.*) tentativo **4** (*sl. antiq.*) pistola **5** (*fam.*) bevanda gassata, effervescente **6** (*sl. antiq.*) il dare in pegno, l'impegnare: *to be in* —, avere impegnato qlco. (al Monte di Pietà).

to **pop**[1] *pass.p.p.* **popped** [pɒpt] *v.tr.* **1** far schioccare; far scoppiare: *to — a bottle of champagne*, far saltare il tappo di una bottiglia di champagne **2** (*fam.*) scaricare (un'arma da fuoco): *to — a gun*, tirare una fucilata // *to — the question to s.o.*, fare una proposta (di matrimonio) a qlcu., dichiararsi a qlcu. **3** soffiare (granoturco) **4** (*fam.*) ficcare; mettere velocemente: *to — sthg. into a drawer*, ficcare qlco. in un cassetto; *to — one's head out of the window*, sbucare con la testa dalla finestra; *to — down one's ideas on paper*, buttar giù le proprie idee sulla carta **5** (*sl.*) ingollare (pillole, dolci ecc.) **6** (*sl. antiq.*) impegnare, portare al banco dei pegni **7** (*fam. amer.*) catturare, acchiappare ◆ *v.intr.* **1** schioccare; saltare con un botto (di tappo): *it popped (out) like a cork*, è saltato via come un tappo **2** sparare: *to — at a bird*, sparare a un uccello **3** (*fam. amer.*) pagare, offrire: *I'll — for you*, pago io, offro io.

□ **pop (a)round** *v.intr.* e *avv.* fare una visitina: *he popped around last night*, ci ha fatto una visitina ieri sera.

□ **pop back** *v.intr.* e *avv.* (*mecc.*, *aut.*) avere un ritorno di fiamma.

□ **pop in** *v.intr.* e *avv.* **pop into** *v.intr.* e *prep.* (*fam.*) entrare, fare una capatina in: *he popped in* (o *into the room*) *for a minute*, è entrato un momento.

□ **pop off** *v.intr.* e *avv.* (*fam.*) **1** scappare; andare via; saltar via: *a button popped off*, è saltato via un bottone **2** (*fam.*) morire improvvisamente **3** (*sl. amer.*) (*at*) sbottare contro (qlcu.).

□ **pop on** *v.tr.* e *avv.* infilarsi, mettersi: *she popped on her hat and rushed out*, si infilò il cappello e corse fuori.

□ **pop out** *v.intr.* e *avv.* **1** saltar fuori; far capolino da: *to — out of the water*, far capolino dall'acqua **2** fare un salto fuori: *John's popped out to post a letter*, John è uscito un momento a imbucare una lettera.

□ **pop over** → to pop (a)round.

□ **pop up** *v.intr.* e *avv.* **1** saltar su, fare un balzo **2** fare un salto di sopra, al piano di sopra ◆ *v.tr.* e *avv.* (*inform.*) far risalire (qlco.) in una pila; estrarre l'elemento di testa di una pila.

pop[1] *avv.* improvvisamente, a un tratto.

pop[1] *inter.* pum!, pop!: *the cork went —*, il tappo saltò via con un pop.

pop[2] *s.* musica pop ◆ *agg.* pop: *— music*, *rock*, musica pop, rock di facile ascolto; *— singer*, cantante pop.

pop[3] *s.* club elitario a Eton.

pop[4] *s.* (*fam. spec. amer.*) papà, babbo; vecchio.

popadum ['pɒpədəm / popa·dum] → **poppadum**.

pop art ['pɒpɑ:t] *s.* pop-art.

popcorn ['pɒpkɔ:n / pop·corn] *s.* pop-corn, granoturco soffiato.

pope[1] [pəʊp] *s.* **1** (*eccl.*) papa // (*cuc.*) *— 's nose*, boccone del prete // *Pope Joan*, Papessa Giovanna; gioco di carte **2** (*eccl.*) patriarca ortodosso **3** (*fig.*) papa; autorità; capo **4** (*zool.*) (*Gymnocephalus cernua*) acerina SIN. ruff.

pope[2] *s.* sacerdote ortodosso; pope.

popery ['pəʊpərɪ] *s.* (*spreg.*) cattolicesimo; dottrina cattolica.

pop-eyed ['pɒpaɪd] *agg.* **1** con gli occhi in fuori, sporgenti **2** con gli occhi spalancati: *he was — with fear*, aveva gli occhi sbarrati per la paura.

popgun ['pɒpgʌn / pop·gun] *s.* pistola giocattolo.

popinjay ['pɒpɪndʒeɪ / pop·in·jay] *s.* **1** (*ant.*) bersaglio di legno raffigurante un pappagallo **2** (*fig. antiq.*) bellimbusto; zerbinotto; damerino.

popish ['pəʊpɪʃ / pop·ish] *agg.* (*spreg.*) papista; di tendenze papiste; cattolico romano.

poplar ['pɒplə* / pop·lar] *s.* — (*tree*), pioppo; *— grove*, pioppeto // *trembling —*, (*Populus tremula*) pioppo tremulo, tremolino; *white —* (o *silver —*), (*Populus alba*) pioppo bianco.

poplin ['pɒplɪn / pop·lin] *s.* popeline.

popliteal [pɒp'lɪtɪəl / pop·lit·eal] *agg.* (*anat.*) popliteo.

popliteus [pɒp'lɪtɪəs / pop·lit·eus] *pl.* **poplitei** [pɒp'lɪtɪaɪ / pop·litei] *s.* (*anat.*) muscolo popliteo, poplite.

popover ['pɒpəʊvə* / pop·over] *s.* (*cuc. amer.*) specie di 'muffin' molto soffice.

poppa ['pɒpə] *s.* (*fam. amer.*) papà.

poppadum ['pɒpədəm / pop·pa·dum] *s.* (tipo di) pane indiano molto sottile.

popper ['pɒpə* / pop·per] *s.* (*fam.*) **1** (*spec. brit.*) (bottone) automatico SIN. press-stud AMER. snap fastener **2** anfetamina; droga, eccitante in forma di pillola.

poppet ['pɒpɪt / pop·pet] *s.* **1** (*sl.*) piccino; piccolino; tesorino: *she is a —*, è una bimba graziosissima **2** (*mecc.*): *— (head)*, testa, toppo (di tornio); *— (valve)*, valvola verticale, a fungo **3** (*mar.*) vaso (dell'invasatura di vaso); scalmiera.

poppied ['pɒpɪd / pop·pied] *agg.* **1** coperto di papaveri **2** (*poet.*) soporifero, sonnolento; drogato.

poppy ['pɒpɪ] *s.* **1** (*bot.*) papavero: *opium —*, (*Papaver somniferum*) papavero officinale, papavero da oppio **2** estratto di papavero.

poppycock ['pɒpɪkɒk / pop·py·cock] *s.* [U] (*fam.*) stupidaggini (*pl.*); chiacchiere senza senso; sciocchezze.

poppy-head ['pɒpɪhed] *s.* **1** (*bot.*) testa, capsula di semi di papavero **2** (*arch.*) fiore cruciforme in legno (spec. negli stalli delle chiese gotiche).

popsicle® ['pɒpsɪkl / pop·sicle] *s.* (*fam. amer.*) → **ice lolly**.

popsy(-wopsy) ['pɒpsɪ('wɒpsɪ)] *s.* (*fam. antiq.*) ragazza; ragazzina; fidanzatina.

pop-top ['pɒptɒp] *agg.* apribile alla sommità ◆ *s.* (*fam. amer.*) camper o imbarcazione con il tetto sollevabile (per creare spazio).

populace ['pɒpjʊləs / pop·ulace] *s.* (*form.*) **1** popolazione; popolo; gente **2** (*spreg.*) volgo; massa; plebaglia; popolino.

popular ['pɒpjʊlə* / pop·ular] *agg.* **1** popolare: *— belief*, credenza popolare; *— prices*, prezzi popolari; *— press*, stampa popolare; *football is a — sport*, il calcio è uno sport popolare; *the law proved —*, la legge si dimostrò popolare, gradita a molti; *to make oneself —*, farsi benvolere **2** (*form.*) democratico; popolare: *— debate*, *movement*, dibattito, movimento democratico; *— front*, fronte popolare **3** (*ant.*) plebeo: *self-shown flamens / do press among the popular throngs*, (SH. Coriolanus) flamini, schivi a mostrarsi, si accalcano nella folla dei plebei // **-ly** *avv.*

popularity [,pɒpjʊ'lærətɪ / popu·lar·ity] *s.* popolarità; l'essere popolare.

popularization [,pɒpjʊləraɪ'zeɪʃn / pop·ular·iza·tion] *s.* popolarizzazione; divulgazione; volgarizzazione.

to **popularize** ['pɒpjʊləraɪz / pop·ular·ize] *v.tr.* **1** rendere popolare, gradito ai più **2** popolarizzare; volgarizzare, divulgare.

popularizer ['pɒpjʊləraɪzə* / pop·ular·izer] *s.* divulgatore; volgarizzatore.

to **populate** ['pɒpjʊleɪt / popu·late] *v.tr.* **1** popolare; abitare: *immigrants populated the area in the seventeenth century*, immigranti popolarono l'area nel diciassettesimo secolo **2** (*inform.*) inserire chip elettronici.

population [,pɒpjʊ'leɪʃn / popu·la·tion] *s.* **1** popolazione: *— increase*, aumento demografico; *— explosion*, esplosione demografica; *— pyramid*, piramide delle età; *working —*, popolazione attiva; (*fis. nucleare*) *— inversion*, inversione di popolazione **2** popolamento.

populism ['pɒpjʊlɪzəm / popu·lism] *s.* (*pol.*) populismo.

populist ['pɒpjʊlɪst / popu·list] *s.* (*pol.*) populista.

populous ['pɒpjʊləs / popu·lous] *agg.* **1** popoloso; densamente popolato, abitato **2** affollato // **-ness** *s.*

pop-up ['pɒp,ʌp] *agg.* che si solleva: *— toaster*, tostapane che espelle i toast automaticamente // (*inform.*) *— window*, finestra a comparsa.

porbeagle ['pɔ:,bi:gl / por·beagle] *s.* (*zool.*) (*Lamna nasus*) smeriglio (specie di squalo).

porcelain ['pɔ:səlɪn / por·cel·ain] *s.* **1** porcellana **2** (*estens.*) oggetti di porcellana.

to **porcelainize** ['pɔ:səlɪnaɪz / por·cel·ain·ize] *v.tr.* porcellanare.

porcel(l)aneous [,pɔ:sə'leɪnjəs / por·cel(l)·an·eous] *agg.* (*non com.*) di porcellana.

porch [pɔ:tʃ] *s.* **1** portico, porticato **2** (*amer.*) veranda.

porcine ['pɔ:saɪn / por·cine] *agg.* (*form.*) porcino, di porco, da porco.

porcupine ['pɔ:kjʊpaɪn / por·cu·pine] *s.* (*zool.*) **1** istrice; riccio; (*fam.*) porcospino **2** *— ant-eater* → echidna.

pore[1] [pɔ:*] *s.* poro: *enlarged pores*, pori dilatati.

to **pore**[2] *v.intr.* guardare fisso.

□ **pore over** *v.intr.* e *prep.* **1** studiare, esaminare pazientemente: *to — over a book*, essere immerso nella lettura di un libro **2** meditare, riflettere su.

to **porge** [pɔ:dʒ] *v.tr.* (*relig. ebraica*) purificare (carne di animale).

porgy ['pɔ:gɪ] *pl.* **porgy**, **porgies** ['pɔ:gɪz] *s.* (*zool.*) (*Pagrus pagrus*) pagro SIN. schnapper.

porifer ['pɒrɪfə* / pori·fer] **poriferan** [pə'rɪfərən / pori·feran] *s.* (*zool.*) porifero.

pork [pɔ:k] *s.* **1** carne di maiale: *— chop*, braciola di maiale; *— rind*, cotenna **2** (*ant.*) porco, maiale **3** (*fam. amer.*) denaro, posizione, incarichi ecc. ottenuti dai politici in cambio di favori.

pork barrel ['pɔ:k,bærəl] *s.* (*fam. amer.*) stanziamenti di fondi (o appalti) pubblici ottenuti con intrighi politici.

pork-butcher ['pɔ:k,bʊtʃə*] *s.* salumiere; macellaio (che tratta carne di maiale).

porker ['pɔ:kə*] **porket** ['pɔ:kɪt] **porkling** ['pɔ:klɪŋ / pork·ling] *s.* maialino da latte; porchetta.

to **pork out** [pɔ:kaʊt] *v.intr.* e *avv.* (*sl. amer.*) abbuffarsi, mangiare eccessivamente.

pork pie [,pɔ:k'paɪ] *s.* pasticcio di carne di maiale // *— hat*, cappello con cupola bassa e rotonda.

porky ['pɔ:kɪ] *agg.* **1** di, da, simile a porco, maiale **2** (*fam.*) ciccione, grasso.

porn [pɔ:n] **porno** ['pɔ:nəʊ] *agg.* e *s.* (*fam.*) abbr. di → **pornographic** e **pornography**.

pornographic [,pɔ:nəʊ'græfɪk / por·no·graphic] *agg.* pornografico.

pornography [pɔ:'nɒgrəfɪ / por·no·graphy] *s.* **1** pornografia **2** materiale pornografico.

porn shop ['pɔ:n,ʃɒp] *s.* negozio che vende materiale pornografico.

poromeric [,pɔ:rəʊ'merɪk / poro·meric] *agg.* (*chim.*) poromerico.

porosity [pɔ:'rɒsətɪ / por·os·ity] *s.* (*fis.*) porosità.

porous ['pɔ:rəs / por·ous] *agg.* (*fis.*) poroso; permeabile.

porousness ['pɔ:rəsnɪs / por·ous·ness] *s.* (*fis.*) porosità.

porphin ['pɔ:fɪn / por·phin] *s.* (*biochim.*) porfina.

porphyria [pɔ:'fɪrɪə / por·phyria] *s.* (*med.*) porfiria.

porphyrin ['pɔ:fərɪn / por·phyrin] *s.* (*biochim.*) porfirina.

porphyrite ['pɔ:fɪraɪt / por·phy·rite] *s.* (*geol.*) porfirite.

porphyritic [,pɔ:fɪ'rɪtɪk / por·phy·ritic] *agg.* (*geol.*) porfirico, porfiroide.

porphyroid ['pɔ:fərɔɪd / por·phyr·oid] *s.* (*geol.*) porfiroide (roccia).

porphyry ['pɔ:fɪrɪ / por·phyry] *s.* (*geol.*) porfido.

porpoise ['pɔ:pəs / por·poise] *s.* (*zool.*) **1** (*Phocaena phocaena*) focena, marsovino, porco marino **2** (*pop.*) → dolphin.

to **porrect** [pə'rekt / por·rect] *v.tr.* **1** (*ant.*) stendere orizzontalmente, distendere (parte del corpo) **2** (*dir. eccl.*) presentare (un documento).

porridge ['pɒrɪdʒ *amer.* 'pɔ:rɪdʒ / por·ridge] *s.* **1** porridge (pappa di fiocchi d'avena, o preparata con farina di altri cereali) // *keep your breath to cool your* —, (*fam.*) impicciati degli affari tuoi, non so che farmene dei tuoi consigli **2** (*sl.*) periodo di tempo passato in prigione.

porringer ['pɒrɪndʒə* *amer.* 'pɔ:rɪndʒə* / por·rin·ger] *s.* **1** scodella, ciotola per porridge **2** (*antiq.*) calotta, berretto con questa forma.

port[1] [pɔ:t] *s.* **1** porto (*anche fig.*); scalo: — *of call*, scalo; — *of loading, discharge*, porto di carico, scarico; — *of registry*, porto di immatricolazione; *naval* —, porto militare // *any — in a storm*, ogni porto è buono nella tempesta **2** città portuale; — *charges* (o — *dues*), tasse portuali; (*dir.*) — *regulations*, regolamenti portuali.

port[2] *s.* **1** (*mecc.*) portello, luce, apertura, foro: *inspection* —, portello, luce d'ispezione; apertura spia **2** (*mar.*) → porthole **3** (*mil.*) feritoia **4** (*fis. nucleare*) canale **5** (*inform.*) porta (di accesso): *game* —, porta di accesso per videogiochi.

port[3] *s.* **1** portamento; andatura **2** (*mil.*) posizione che si assume nel portare le armi ad armacollo.

to **port**[3] *v.tr.* (*mil.*) portare (le armi) ad armacollo // — *arms!*, portat'arm!

port[4] *s.* (*mar.*) babordo, fianco sinistro: *hard a* —, tutto a sinistra.

to **port**[4] *v.tr.* (*mar.*) girare (il timone) a babordo ◆ *v.intr.* **1** virare a babordo **2** poggiare a sinistra.

port[5] *s.* porto (vino rosso del Portogallo).

portability [,pɔ:tə'bɪlətɪ / port·ab·il·ity] *s.* l'essere portatile.

portable ['pɔ:təbl / port·able] *agg.* **1** portatile: — *radio*, radio portatile; — *typewriter*, macchina per scrivere portatile **2** (*ant.*) sopportabile.

portable phone [,pɔ:təbl'fəʊn] *s.* (telefono) cellulare.

portacrib® ['pɔ:təkrɪb / porta·crib] *s.* (*amer.*) culla portatile.

port-admiral ['pɔ:t,ædmərəl] *s.* ammiraglio comandante di porto.

portage ['pɔ:tɪdʒ / port·age] *s.* **1** trasporto // *mariner's* —, spazio concesso a bordo a un marinaio (che poteva darlo a nolo) in luogo di salario non corrisposto **2** trasporto via terra di imbarcazioni, merci da un corso navigabile a un altro **3** spese di trasporto, di porto **4** (*ant.*) feritoia: *let it pry through the portage of the head*, (SH. Henry V) lasciatelo scrutare attraverso le feritoie del capo.

to **portage** *v.tr.* trasportare (barche, merci) via terra da un corso navigabile a un altro.

portal ['pɔ:tl] *agg.* (*anat.*) portale, della vena porta: — *vein*, vena porta; — *system*, sistema portale ◆ *s.* **1** (*arch.*) portale; entrata **2** (*miner.*) portale, imbocco (di miniera o galleria) **3** (*spec. pl.*) (*fig. letter.*) soglia, inizio.

portamento [,pɔ:tə'mentəʊ / por·ta·mento] *s.* (*mus.*) portamento.

portative ['pɔ:tətɪv / port·at·ive] *agg.* **1** atto a portare, sostenere **2** portatile.

port authority [,pɔ:tɔ:'θɒrətɪ] *s.* (*mar.*) capitaneria di porto.

port captain [,pɔ:t'kæptɪn] *s.* (*mar.*) comandante della capitaneria di porto.

portcullis [pɔ:t'kʌlɪs / port·cul·lis] *s.* saracinesca (di fortezza, castello).

to **portcullis** *v.tr.* sbarrare, chiudere con saracinesca.

to **portend** [pɔ:'tend / por·tend] *v.tr.* (*form.*) **1** presagire, preannunciare: *wind that portends a storm*, vento che preannuncia una tempesta **2** (*rar.*) predire, pronosticare (di persona).

portent ['pɔ:tent / por·tent] *s.* (*form.*) **1** presagio, pronostico (specialmente negativo) **2** portento, prodigio.

portentous [pɔ:'tentəs / por·tent·ous] *agg.* (*form.*) **1** funesto; sinistro **2** portentoso, prodigioso **3** pomposo; solenne: — *silence*, silenzio solenne, pieno di attesa // **-ly** *avv.*

porter[1] ['pɔ:tə*] *s.* **1** facchino, portabagagli; portatore, scaricatore // — *'s knot*, cinghia da facchino **2** (*metall.*) agitatore, mescolatore **3** (*amer.*) conduttore di vagone letto **4** (*amer.*) uomo delle pulizie.

porter[2] *s.* custode, portiere, portinaio // *night* —, portiere di notte; guardiano notturno // — *'s lodge*, alloggio del custode, portineria.

porter[3] *s.* birra scura.

porterage ['pɔ:tərɪdʒ / port·er·age] *s.* **1** facchinaggio **2** spese di facchinaggio.

porterhouse ['pɔ:təhaʊs / port·er·house] *s.* **1** (*amer.*) birreria, osteria, trattoria **2** — (*steak*), bistecca, costata di manzo.

portfolio [,pɔ:t'fəʊljəʊ / port·fo·lio] *pl.* **portfolios** *s.* **1** cartella, busta (per carte, disegni ecc.) **2** portfolio **3** (*fin.*) portafoglio (attività detenute da un soggetto economico): — *behaviour, diversification, investment, risk*, scelte, diversificazione, investimento, rischio di portafoglio // (*Borsa*) *diversified* —, giardinetto **4** portafoglio, dicastero: *Minister without* —, ministro senza portafoglio.

porthole ['pɔ:thəʊl / port·hole] *s.* **1** (*mar.*) oblò; portellino **2** (*aer.*) oblò; finestrino **3** (*arch.*) feritoia **4** (*mecc.*) foro di spurgo, di lavaggio (dell'utensile).

portico ['pɔ:tɪkəʊ / por·tico] *pl.* **porticos**, **porticoes** *s.* portico; colonnato.

portiere [pɔ:'tjeə* / por·ti·ere] *s.* portiera, tenda pesante (posta di fronte a una porta).

portion ['pɔ:ʃn / por·tion] *s.* **1** parte; porzione; razione **2** (*dir.*) dote; parte di eredità **3** (*fig. letter.*) destino, fato: *suffering is our — here below*, il nostro destino quaggiù è di soffrire.

to **portion** *v.tr.* **1** *to* — (*out*), dividere, ripartire, distribuire **2** assegnare: *to — land to s.o.*, assegnare della terra a qlcu.

portionless ['pɔ:ʃnlɪs / por·tion·less] *agg.* (*dir.*) senza dote.

portly ['pɔ:tlɪ] *agg.* **1** corpulento; grosso **2** (*ant.*) dignitoso; maestoso; imponente: *loe where she comes along with portly pace*, (E. SPENSER) vedi come avanza con incedere dignitoso // **-iness** *s.*

portmanteau [,pɔ:t'mæntəʊ / port·man·teau] *pl.* **portmanteaus**, **portmanteaux** *s.* (*antiq.*) baule, armadio // — *word*, parola macedonia; parola costituita di frammenti di altre parole secondo un procedimento essenzialmente burocratico e commerciale; p.e. *brunch*, composta da *breakfast* e *lunch*, colazione del mattino consumata a mezzogiorno; *smog*, composta da *smoke* e *fog*, nebbia mista a fumo di città industriale.

portrait ['pɔ:trɪt / por·trait] *s.* **1** ritratto: *full-length* —, ritratto a figura intera; *half -length* —, ritratto a mezzo busto; *to sit for one's* —, posare per un ritratto // — *gallery*, galleria di ritratti // — *painter*, (pittore) ritrattista // — *photograph*, ritratto (fotografico) **2** (*fig.*) descrizione, quadro, ritratto.

portraitist ['pɔ:trɪtɪst / por·trait·ist] *s.* ritrattista (pittore e fotografo).

portraiture ['pɔ:trɪtʃə* *amer.* 'pɔ:trɪtʃʊə* / por·trait·ure] *s.* **1** ritrattistica **2** ritratto; pittura; rappresentazione **3** (*fig.*) descrizione, ritratto.

to **portray** [pɔ:'treɪ / por·tray] *v.tr.* **1** dipingere, ritrarre, fare il ritratto di, a **2** (*fig.*) descrivere, dipingere, ritrarre; rappresentare (sulla scena): *she was portrayed as a wicked woman*, era descritta come una donna cattiva; *in morality plays vices were portrayed by actors*, nelle moralità (medievali) i vizi erano rappresentati da attori.

portrayal [pɔ:'treɪəl / por·trayal] *s.* **1** il ritrarre; ritratto **2** (*fig.*) descrizione, ritratto; rappresentazione (sulla scena).

portrayer [pɔ:'treɪə* / por·tray·er] *s.* **1** (*non com.*) ritrattista, pittore **2** (*fig.*) descrittore: *he is a faithful — of the manners of his time*, egli ritrae in modo assai fedele i costumi dei suoi tempi.

portreeve ['pɔ:tri:v / port·reeve] *s.* (*st. inglese*) primo magistrato (di una città, distretto).

portress ['pɔːtrɪs / port·ress] *s.* (*rar.*) portinaia; suora portinaia.

portsider ['pɔːtsaɪdə* / port·sider] *s.* (*fam. amer.*) mancino.

Portuguese [,pɔːtʃʊ'giːz / Por·tu·guese] *agg.* e *s.* portoghese.

Portuguese man-of-war [,pɔːtʃʊ'giːz ,mænəv'wɔː*] *s.* (*zool.*) (*Physalia physalis*) fisalia, caravella portoghese.

portulaca [,pɔːtʃə'lækə / por·tu·laca] *s.* (*bot.*) (*Portulaca grandiflora*) portulaca .

pose[1] [pəʊz] *s.* **1** posa, posizione, atteggiamento (del corpo): *to strike a —*, mettersi in posa **2** posa, affettazione, atteggiamento **3** (*domino*) posa.

to **pose**[1] *v.tr.* **1** porre, sollevare, proporre (quesito, problema); avanzare (una pretesa, un reclamo): *he posed the problem of how to increase efficiency*, sollevò il problema di come aumentare l'efficienza **2** mettere in posa, far posare (modella ecc.) ♦ *v.intr.* **1** posare, mettersi in posa (per ritratto) **2** posare, atteggiarsi a; spacciarsi per, fingere di essere: *when he stayed in hotels he posed as a rich businessman*, quando era nei grandi alberghi si atteggiava a ricco uomo d'affari; *a policeman posing as a drug peddler*, un poliziotto che finge di essere uno spacciatore **3** (*domino*) porre il primo pezzo.

to **pose**[2] *v.tr.* imbarazzare, lasciare perplesso con un quesito, problema.

poser[1] ['pəʊzə*] → **poseur**.

poser[2] *s.* (*fam.*) quesito, domanda, situazione imbarazzante, problema: *it's a real —*, è un vero grattacapo.

poseur [pəʊ'zɜː* / pos·eur] *s.* posatore, persona affettata, che si dà delle arie.

posh [pɒʃ] *agg.* (*fam.*) elegante, chic; di lusso, alla moda; snob ♦ *avv.* (*fam.*) da snob // *to talk —*, parlare (con accento) da snob, in modo affettato.

posit ['pɒzɪt] *s.* (*form.*) presupposto, premessa.

to **posit** *v.tr.* **1** (*form.*) dare come postulato, presupporre; premettere **2** (*non com.*) mettere, collocare in un posto.

position [pə'zɪʃn / po·si·tion] *s.* **1** posizione, posa (del corpo): *upright —*, posizione eretta; *to sit in a comfortable —*, sedere in una posizione comoda **2** atteggiamento, punto di vista; asserzione: *the senator's — on international affairs*, l'atteggiamento del senatore verso le questioni internazionali; *to take up a —*, prendere posizione (per) **3** posto, posizione; condizione, situazione: *in —*, a posto, in posizione; *out of —*, fuori posizione; *to determine* (o *fix*) *the — of a ship*, determinare la posizione di una nave; *he's in a bad —*, si trova in una brutta posizione, situazione; *he's not in a — to explain that*, non è in condizione di spiegarlo **4** (*sport*) posizione, classifica; ruolo: *to play out of —*, giocare fuori ruolo **5** condizione, rango sociale: *he has a — to maintain*, ha una posizione da mantenere **6** (*amm.*) posizione, impiego, ufficio: *he has a high — in the Civil Service*, ha un'alta carica nell'amministrazione statale **7** (*Borsa*) posizione: *long —*, posizione attiva netta, posizione lunga; *short —*, posizione in vendita, allo scoperto; *short-spot —*, posizione a breve scoperta **8** (*mil.*) posizione: *the — was attacked*, la posizione fu attaccata.

to **position** *v.tr.* **1** collocare, disporre, mettere in posizione, sistemare: *she positioned herself near the window*, si piazzò, si sistemò vicino alla finestra **2** (*mil.*) piazzare **3** (*mecc.*) posizionare **4** determinare la posizione di, localizzare.

positional [pə'zɪʃənl / po·si·tional] *agg.* di posizione, posizionale.

positive ['pɒzətɪv / pos·it·ive] *agg.* **1** preciso, definitivo, assoluto; esplicito, chiaro, evidente: *he has — ideas*, ha idee precise; *the fact that she blushed was a — proof of her feelings*, il fatto che fosse arrossita fu la prova evidente dei suoi sentimenti // (*dir.*): *— evidence*, prova diretta, certa; *— law*, diritto positivo, scritto **2** convinto, certo; sicuro di sé: *I am — of this*, sono sicuro di quel che dico **3** effettivo, positivo; concreto, pratico: *there are — signs the economy is picking up*, vi sono segnali effettivi che l'economia si sta risollevando **4** costruttivo, utile; fiducioso, ottimistico: *a — criticism*, una critica costruttiva; *a — attitude towards life*, un atteggiamento positivo, ottimistico nei confronti della vita; *a — person*, una persona positiva, costruttiva, pratica **5** positivo, affermativo, favorevole: *a — reply*, una risposta affermativa; *a — result*, un risultato positivo **6** (*gramm.*, *mat.*, *elettr.*, *fot.*) positivo: (*mat.*) *— numbers*, numeri positivi **7** (*fam.*) vero (e proprio), reale: *he is a — nuisance*, è proprio un seccatore, è un vero seccatore ♦ *s.* **1** qualità, cosa positiva **2** (*gramm.*) (grado) positivo **3** (*fot.*) positiva, positivo.

positively ['pɒzətɪvlɪ / pos·it·ive·ly] *avv.* **1** positivamente; affermativamente; con sicurezza; certamente; chiaramente, esplicitamente; effettivamente, concretamente, praticamente **2** (*fam.*) assolutamente, del tutto, realmente: *this film is not just bad, it's — awful*, questo film non è soltanto brutto, è decisamente orribile **3** (*elettr.*) positivamente // *— charged*, elettrizzato con carica positiva.

positiveness ['pɒzətɪvnɪs / pos·it·ive·ness] *s.* **1** positività, l'essere positivo **2** sicurezza, certezza **3** tono deciso, perentorio; sicurezza di sé.

positivism ['pɒzɪtɪvɪzəm / pos·it·iv·ism] *s.* (*st. fil.*) positivismo.

positivist ['pɒzɪtɪvɪst / pos·it·iv·ist] *s.* (*st. fil.*) positivista.

positivistic [,pɒzɪtɪ'vɪstɪk / pos·it·iv·istic] *agg.* positivistico.

positon ['pɒzɪtɒn / posi·ton] **positron** ['pɒzɪtrɒn / posi·tron] *s.* (*fis. nucleare*) positone, positrone.

positronium [,pɒzɪ'trəʊnjəm / po·si·tro·nium] *s.* (*fis. nucleare*) positronio.

posological [,pɒsə'lɒdʒɪkl / po·so·lo·gical] *agg.* (*med.*) posologico.

posology [pəʊ'sɒlədʒɪ / po·so·logy] *s.* (*med.*) posologia.

posse ['pɒsɪ] *s.* **1** (*dir.*) corpo di uomini con autorità legale // *— comitatus*, gruppo di persone convocabili dallo sceriffo per far rispettare la legge in caso di disordini // *in —*, potenzialmente **2** (*estens.*) drappello, gruppo: *the guide was followed by a — of tourists*, la guida era seguita da un gruppo di turisti.

to **possess** [pə'zes / pos·sess] *v.tr.* **1** possedere, essere padrone di (*anche fig.*), avere: *that's all I —*, questo è tutto quello che ho; *to — a quality, a property*, avere, possedere una qualità, una proprietà; *she possesses a strong imagination*, è dotata di una fervida immaginazione; *to — oneself*, dominarsi, esser padrone di se stesso // *to be possessed of sthg.*, (*letter.*) possedere qlco. **2** impadronirsi, appropriarsi: *to — oneself of sthg.*, impadronirsi di qlco. **3** ossessionare; dominare: *possessed by* (o *with*) *an idea*, ossessionato da un'idea // *what on earth possessed you to take my car without asking first?*, che cosa ti ha preso: usare la mia macchina senza prima chiedermi il permesso?

possessed [pə'zest / pos·sessed] *agg.* indemoniato; invasato dal demonio.

possession [pə'zeʃn / pos·ses·sion] *s.* **1** possesso (*anche dir.*): *in — of*, in possesso di: *to come* (o *to enter*) *into — of*, entrare in possesso di; *to take* (o *to get*) *— of*, prendere possesso di; *to be in s.o.'s —*, essere in possesso di qlcu.; (*sport*): *to be in* (o *to have*) *— of the ball*, possedere la palla; *to remain in — of the field*, (*fig.*) rimanere padrone del campo // (*dir.*): *writ of —*, decreto di immissione in possesso; *order for —*, ordine (del giudice) di reintegrazione nel possesso, sfratto // *— is nine parts of the law*, (*pop.*) possedere è quasi come avere per diritto **2** cosa posseduta, bene; *pl.* (*dir.*) beni, possedimenti: *my personal possessions*, i miei beni personali; *this painting was his most precious —*, questo quadro era il suo bene più caro **3** padronanza, conoscenza approfondita **4** possessione demoniaca.

possessive [pə'zesɪv / pos·sess·ive] *agg.* **1** (*gramm.*) possessivo **2** possessivo, tendente al possesso: *don't be so — with your husband*, non essere tanto soffocante con tuo marito; *this mother is very —*, questa madre è molto possessiva ♦ *s.* (*gramm.*) aggettivo, pronome, caso possessivo // **-ly** *avv.* // **-ness** *s.*

possessor [pə'zesə* / pos·sessor] *s.* **1** possessore (*anche dir.*) **2** (*comm.*) portatore (di cambiale).

possessory [pə'zesərɪ / pos·sess·ory] *agg.* di possesso // (*dir.*) *— action*, (*tutela del possesso di beni*) manutenzione.

posset ['pɒsɪt / pos·set] *s.* (*st.*) bevanda calda di latte cagliato con vino.

possibility [,pɒsə'bɪlətɪ / pos·sib·il·ity] *s.* **1** possibilità, eventualità: *— of selling*, possibilità di vendere; *the — that he might come is remote*, l'eventualità che egli possa venire, è remota; *to foresee all possibilities*, prevedere tutte le eventualità **2** (il) possibile: *to be within the bounds of —*, essere entro i limiti del possibile **3** *pl.* possibilità di successo, riuscita: *the plan has possibilities*, il progetto offre possibilità di successo.

possible ['pɒsəbl / pos·sible] *agg.* possibile: *is it — that he knows nothing?*, possibile che non sappia nulla?; *she did everything — to avoid it*, fece tutto il possibile per evitarlo; *that's quite —*, è certamente possibile; *to insure against — accidents*, assicurare contro eventuali incidenti; *we've found a — buyer for the house*, abbiamo trovato un possibile acquirente per la casa // *as soon as —*, al più presto ♦ *s.* **1** possibile **2** persona, cosa accettabile, adatta.

possibly ['pɒsəblɪ / pos·sibly] *avv.* **1** forse: *the idea was — not very useful*, l'idea non è stata forse molto utile; *I was — responsible for the accident*, forse ero io responsabile dell'incidente; *I wonder if you could — help me*, chissà se tu potresti aiutarmi, potresti per caso aiutarmi? **2** in qualche modo, in un modo o nell'altro: *how can they — expect me to help them?*, come possono mai aspettarsi che io li aiuti?; *what could the director — want with me?*, che cosa diavolo può volere da me il direttore? **3** (*uso enfatico, come rafforzativo di* can, could): *he read everything he — could about the subject*, ha letto tutto ciò che gli era umanamente possibile sull'argomento; *I'll send you the goods as soon as I — can*, vi manderò le merci il più presto possibile **4** (*in frasi negative*) affatto, assolutamente: *I can't — remember all those details*, non posso assolutamente ricordare tutti quei particolari; *we couldn't — afford a new car*, non potremmo assolutamente permetterci una macchina nuova; *cover it with this cloth, so nobody can — see the stain*, ricoprilo con questa stoffa, così la macchia non si vede affatto.

possum ['pɒsəm / pos·sum] *s.* opossum // *to play* (o *to act*) —, (*fam.*) fingersi addormentato, morto • Aferesi di *opossum*.

post[1] [pəʊst] *prep.* dopo: — *meridiem* (abbr. *p.m.*), pomeriggio.

post[2] *s.* **1** posta; corrispondenza: *to send by* —, spedire per posta; *has the — come yet?*, è arrivata la posta?; *to answer one's* —, sbrigare la corrispondenza; *to catch the* —, imbucare prima della levata // *parcel* —, servizio pacchi (postali) // *by return of* —, a giro di posta **2** (*fam.*) ufficio postale, posta: *there's a parcel for you in the* —, c'è un pacco per te alla posta **3** vettura postale, postale **4** (*ant.*) messaggero, corriere: *Mr Valiant-for-Truth was taken... by the same post*, (J. BUNYAN) Il sig. 'Cercavero' fu preso... dallo stesso messaggero.

post[2] *avv.* **1** (*st.*) con cavalli da posta **2** velocemente, in fretta.

to **post**[2] *v.tr.* **1** imbucare, impostare; inviare per posta: *will you — this letter for me, please?*, mi imbuchi questa lettera, per favore? **2** (*amm.*) trascrivere, registrare, riportare nei libri contabili **3** mettere al corrente: *he posted me* (*up*) *with the latest news*, mi mise al corrente delle ultime novità; *to keep s.o. posted* (*up*), tenere qlcu. al corrente ◆ *v.intr.* **1** viaggiare in diligenza, con cavalli da posta **2** (*ant.*) affrettarsi: *...thousands at his bidding speed / and post o'er land and ocean without rest*, (MILTON)... migliaia a un suo cenno sfrecciano e si affrettano senza posa per mare e per terra.

post[3] *s.* **1** palo, pilastro; sostegno; puntello; montante; stipite // *between you and me and the* (*door-*) —, (*fam.*) in gran segreto // *she is as deaf as a* —, (*fam.*) è sorda come una campana // *to be tossed from pillar to* —, essere mandato da Erode a Pilato **2** (*sport*) traguardo: *to get beaten at the* —, essere battuto sul traguardo // *starting* —, punto di partenza // *winning* (o *finishing*) —, traguardo (di corse ippiche ecc.); *to the —!*, cavalli alla partenza! **3** (*mar.*) dritto **4** (*miner.*) puntello, butta **5** (*metall.*) carica di minerale.

to **post**[3] *v.tr.* **1** affiggere, affissare: *to — a wall*, coprire un muro con affissi; *to —* (*up*) *a notice on the board*, esporre un avviso sull'albo // — *no bills*, divieto d'affissione: *the posted speed limit*, il limite di velocità segnalato **2** pubblicare, annunciare (mediante affissi) **3** scrivere il nome di (un candidato) nella lista dei respinti (nelle università inglesi) **4** (*mar.*) iscrivere il nome di (una nave) come dispersa.

post[4] *s.* **1** (*mil.*) posto; postazione // *to be on* —, essere di sentinella // (*Borsa*) *trading* —, posto di contrattazione (alla Borsa di New York) **2** (*trading*) —, stazione commerciale **3** (*fig.*) posto del dovere: *to remain at one's* —, rimanere al proprio posto **4** ufficio, carica: *to take up a — as a secretary*, assumere la carica di segretario **5** (*mar.*) carica di capitano.

to **post**[4] *v.tr.* **1** (*mil.*) postare, collocare; mettere al comando di: *to — a sentry*, postare una sentinella **2** nominare, assegnare, destinare: *I've been posted to our Berlin office*, sono stato destinato al nostro ufficio di Berlino.

post- *pref.* di origine latina che esprime posteriorità **1** nel tempo: *post-modern*, postmoderno; *postwar*, postbellico **2** nello spazio: *post-nasal*, postnasale; *post-ocular*, postoculare.

postage ['pəʊstɪdʒ / post·age] *s.* spese postali, tariffa postale // — *paid*, porto pagato; — *unpaid*, tassa postale a carico; — *stamp*, francobollo // *additional* —, soprattassa postale.

postal ['pəʊstəl] *agg.* postale: — *order*, vaglia postale ◆ *s.* (*fam. amer.*) cartolina postale.

postal franker ['pəʊstl,fræŋkə*] *s.* affrancatrice.

postbag ['pəʊstbæg / post·bag] *s.* **1** borsa della corrispondenza (del postino) AMER. mailbag **2** [U] (*estens.*) lettere, corrispondenza (che riceve una singola persona): *after every TV appearance he receives a huge* —, dopo ogni comparsa in televisione riceve una valanga di lettere.

postbox ['pəʊstbɒks / post·box] *s.* buca delle lettere, cassetta delle lettere (pubblica) SIN. letterbox AMER. mailbox.

postcard ['pəʊstkɑ:d / post·card] *s.* cartolina.

post-chaise ['pəʊstʃeɪz] *s.* diligenza.

postcode ['pəʊst,kəʊd / post·code] *s.* codice postale AMER. zip code.

post-communion ['pəʊstkə'mju:nɪən] *s.* (*eccl.*) post-communio.

postdate ['pəʊst,deɪt / post·date] *s.* data posteriore alla data effettiva.

to **postdate** [,pəʊst'deɪt] *v.tr.* postdatare, datare con data posteriore: *to — a cheque, a letter*, posdatare un assegno, una lettera.

post-diluvian [,pəʊstdaɪ'lu:vjən] *agg.* postdiluviano.

poster ['pəʊstə*] *s.* **1** poster; manifesto; affisso, cartellone **2** attacchino.

poste restante [,pəʊst'restɑ:nt *amer.* ,pəʊst,re'stænt] *s.* fermo posta AMER. general delivery.

posterior [pɒ'stɪərɪə* / pos·ter·ior] *agg.* posteriore ◆ *s.* **1** *pl.* posteri **2** (*fam.*) sedere, deretano // **-ly** *avv.*

posteriority [pɒ,stɪərɪ'ɒrətɪ / pos·teri·or·ity] *s.* posteriorità.

posterity [pɒ'sterətɪ / pos·ter·ity] *s.* posterità; posteri (*pl.*).

postern ['pɒstən / pos·tern] *s.* posterla; porta posteriore, segreta // — *gate*, cancello posteriore.

post-free [,pəʊst'fri:] *agg.* e *avv.* che non richiede affrancatura; porto affrancato AMER. postpaid.

post-glacial [,pəʊst'gleɪsjəl] *agg.* (*geol.*) postglaciale.

postgraduate [,pəʊst'grædjʊɪt / post·gradu·ate] *agg.* dopo il diploma, la laurea: — *courses*, corsi di perfezionamento per laureati, diplomati ◆ *s.* diplomato, laureato che frequenta corsi di perfezionamento.

posthaste [,pəʊst'heɪst / post·haste] *avv.* in gran fretta.

posthumous ['pɒstjʊməs / post·hum·ous] *agg.* postumo // **-ly** *avv.*

postiche [pɒs'ti:ʃ / pos·tiche] *agg.* (*non com.*) posticcio, falso, artificiale ◆ *s.* (*non com.*) **1** aggiunta posticcia; capelli, baffi posticci **2** ornamento superfluo o inadatto.

postignition [,pəʊstɪg'nɪʃn / post·igni·tion] *s.* (*mecc.*) postaccensione.

postil(l)ion [pə'stɪljən / pos·til·(l)ion] *s.* postiglione.

Post-Impressionism [,pəʊstɪm'preʃənɪzəm] *s.* (*pitt.*) postimpressionismo.

Post-Impressionist [,pəʊstɪm'preʃənɪst] *s.* (*pitt.*) postimpressionista.

post-industrial [,pəʊstɪn'dʌstrɪəl] *agg.* postindustriale.

posting[1] [,pəʊstɪŋ / post·ing] *s.* **1** il viaggiare in diligenza, con cavalli di posta **2** spedizione per posta **3** (*amm.*) trascrizione, registrazione, aggiornamento (dei libri contabili): — *to an account*, registrazione in un conto **4** (*inform.*) registrazione, scrittura, annuncio, movimento.

posting[2] *s.* **1** affissione **2** pubblicazione, iscrizione.

posting[3] *s.* **1** collocazione **2** destinazione; incarico: *his — to Tokyo as ambassador*, il suo incarico di ambasciatore a Tokyo.

postliminium [,pəʊstlɪ'mɪnjəm / post·lim·in·ium] **postliminy** [,pəʊst'lɪmɪnɪ / post·lim·iny] *s.* (*st. dir.*) postliminio.

postlude ['pəʊstlju:d / post·lude] *s.* (*mus.*) postludio.

postman ['pəʊstmən / post·man] *pl.* **postmen** *s.* postino, portalettere.

postmark ['pəʊstmɑ:k / post·mark] *s.* timbro postale.

to **postmark** *v.tr.* apporre un timbro postale: *the postcard was postmarked London*, la cartolina recava il timbro postale di Londra.

postmaster ['pəʊst,mɑ:stə* *amer.* 'pəʊst ,mæstə* / post·mas·ter] *s.* direttore di ufficio postale.

post-meridian [,pəʊsmə'rɪdɪən] *agg.* pomeridiano.

postmistress ['pəʊst,mɪstrəs / post·mis·tress] *s.* direttrice di ufficio postale.

post-modern [,pəʊst'mɒdən] *agg.* e *s.* postmoderno.

post-modernism [,pəʊst'mɒdənɪzəm] *s.* postmodernismo.

postmortem [,pəʊs'mɔ:təm / post·mortem] *agg.* post mortem, (che avviene) dopo la morte: — *examination*, autopsia; (*fig.*) riesame degli avvenimenti ◆ *s.* autopsia.

postnatal [,pəʊst'neɪtl / post·natal] *agg.* successivo alla nascita: — *care*, assistenza, medicina perinatale.

post-nuptial [,pəʊst'nʌpʃl] *agg.* posteriore alle nozze.

post-obit [ˌpəʊst'ɒbɪt] *s.* (*dir.*) impegno formale preso da un futuro erede di pagare una somma al creditore dopo la morte del testatore.

post office ['pəʊst,ɒfɪs] *s.* ufficio postale.

Post Office Box ['pəʊstɒfɪs,bɒks] *s.* (*form.*) → **P.O. Box**.

post-operative [ˌpəʊst'ɒpərətɪv] *agg.* (*med.*) postoperatorio.

postpaid ['pəʊstpeɪd / post·paid] *agg.* e *avv.* che non richiede affrancatura; (*comm. spec. amer.*) porto pagato, in franchigia.

post(-)partum [ˌpəʊst'pɑ:təm] *agg.* (*med.*) successivo al parto: — *blues*, depressione puerperale.

postponable [ˌpəʊs/'pəʊnəbl / post·pon·able] *agg.* posponibile.

to **postpone** [ˌpəʊs/'pəʊn / post·pone] *v.tr.* **1** (I) posporre, rimandare, differire, procrastinare // (*dir.*) *to — a mortgage*, prorogare un'ipoteca **2** (*ant.*) subordinare, trattare da inferiore.

postponement [ˌpəʊs/'pəʊnmənt / post·pone·ment] *s.* rinvio, posposizione, differimento // (*dir.*) — *of a trial*, rinvio del dibattimento.

postposition [ˌpəʊs/pə'zɪʃn / post·po·si·tion] *s.* **1** posposizione **2** (*gramm.*) particella enclitica.

postpositive [ˌpəʊs/'pɒzɪtɪv / post·pos·it·ive] *agg.* (*gramm.*) enclitico ◆ *s.* (*gramm.*) particella enclitica.

postprandial [ˌpəʊs/'prændɪəl / post·pran·dial] *agg.* **1** (*spec. scherz.*) dopo un pranzo, un banchetto **2** (*med.*) postprandiale.

postscript ['pəʊsskrɪpt / post·script] *s.* poscritto.

poststructuralism [ˌpəʊst'strʌktʃərəlɪzəm / post·struc·tur·al·ism] *s.* poststrutturalismo.

poststructuralist [ˌpəʊst'strʌktʃərəlɪst / post·struc·tur·al·ist] *agg.* e *s.* postrutturalista.

post-tax ['pəʊst,tæks] *agg.* (*trib.*) al netto d'imposta: — *real interest rate*, tasso di interesse reale netto d'imposta.

postulant ['pɒstjʊlənt *amer.* 'pɒstʃʊlənt / pos·tu·lant] *s.* (*spec. eccl.*) postulante.

postulate ['pɒstjʊlət *amer.* 'pɒstʃʊlət / pos·tu·late] *s.* postulato; presupposto indispensabile.

to **postulate** ['pɒstjʊleɪt *amer.* 'pɒstʃʊleɪt] *v.tr.* **1** postulare, porre come postulato **2** presupporre, supporre; ipotizzare; ammettere **3** (*eccl.*) postulare.

postulation [ˌpɒstjʊ'leɪʃn *amer.* ˌpɒstʃʊ'leɪʃn / pos·tu·la·tion] *s.* postulazione (*anche eccl.*).

postulator ['pɒstjʊleɪtə* *amer.* 'pɒstʃʊleɪtə* / pos·tu·lator] *s.* **1** postulante, sollecitatore **2** (*eccl.*) postulatore.

posture ['pɒstʃə* / pos·ture] *s.* **1** posizione, atteggiamento (di corpo); attitudine (di mente) **2** posa (di modello) **3** (*fig.*) condizione, situazione (di affari ecc.); posizione, atteggiamento: *I can't understand the American defence — in Europe*, non riesco a capire l'atteggiamento dell'America nei confronti dell'Europa in materia di difesa militare.

to **posture** *v.tr.* mettere in una posizione; posare ◆ *v.intr.* **1** assumere una posizione **2** (*fig.*) assumere un atteggiamento, posare; atteggiarsi: *to — as a buffoon*, fare il buffone **3** mettere (il modello) in posa.

postvolcanic [ˌpəʊstvɒl'kænɪk / post·vol·canic] *agg.* (*geol.*) postvulcanico.

postwar [ˌpəʊst'wɔ:* / post·war] *agg.* postbellico, del dopoguerra: *the — period was tough on some people*, il dopoguerra fu duro per certe persone.

posy ['pəʊzɪ] *s.* **1** (*letter.*) mazzolino di fiori: *beds of roses / and a thousand fragrant posies*, (MARLOWE) letti di rose e mille fragranti mazzolini **2** (*ant.*) motto inciso (su anello, coltello ecc.).

pot [pɒt] *s.* **1** vaso; recipiente; barattolo, vasetto; pentola; boccale; brocca: *a — of jam*, un barattolo di marmellata; — *holder*, presina // *pots and pans*, batteria da cucina // — *liquor*, (*fam. amer.*) sugo di cottura (che rimane in pentola) // *it's the — calling the kettle back*, (*fig.*) da che pulpito viene la predica, senti chi parla // *to go to —*, (*fig. fam.*) andare in rovina // *to keep the — boiling*, (*fig.*) guadagnarsi da vivere **2** contenuto di pentola, recipiente ecc. **3** teiera; caffettiera **4** (oggetto di) terracotta **5** vasino da notte **6** (*sl.*) cavallo favorito (alle corse) **7** (*fam.*) tiro a casaccio: *to take a — at sthg.*, tirare a qlco. senza aver preso la mira **8** (*gioco d'azzardo*) piatto **9** (*metall.*) crogiuolo metallico **10** (*pesca*) nassa **11** (*speleologia*) → pothole 3 **12** (*sport fam.*) coppa, premio **13** (*fam.*) persona importante: *a big —*, un pezzo grosso **14** (*fam.*) grossa somma di denaro: *a — of money*, un mucchio di soldi **15** (*fam. amer.*) persona sgradevole, poco attraente **16** [U] (*sl.*) erba, marijuana.

to **pot** *pass.p.p.* **potted** ['pɒtɪd / pot·ted] *v.tr.* **1** conservare (in vaso, scatola) **2** piantare (in vaso), invasare **3** uccidere (selvaggina) per procurarsi cibo **4** mettere (un bambino) sul vasino **5** (*biliardo*) far buca, mandare la palla in buca ◆ *v.intr.* sparare (a casaccio): *to — at rabbits, crows*, sparare a casaccio a conigli, corvi.

potable ['pəʊtəbl / pot·able] *agg.* potabile; bevibile.

potamology [ˌpɒtə'mɒlədʒɪ / pot·amo·logy] *s.* (*geogr.*) potamologia.

potarite [pə'tɑ:raɪt / po·tar·ite] *s.* (*min.*) potarite.

potash ['pɒtæʃ / pot·ash] *s.* (*chim.*) **1** carbonato di potassio **2** idrossido di potassio, potassa caustica, potassa.

potass ['pɒtæs / pot·ass] *s.* (*antiq.*) → **potash**.

potassic [pəʊ'tæsɪk / po·tas·sic] *agg.* (*chim.*) potassico.

potassium [pə'tæsjəm / pot·as·sium] *s.* (*chim.*) potassio: — *carbonate, chlorate, chloride, cyanide, nitrate*, carbonato, clorato, cloruro, cianuro, nitrato di potassio.

potation [pəʊ'teɪʃn / po·ta·tion] *s.* **1** (*antiq.*) bevuta; sorso **2** bevanda alcolica.

potato [pə'teɪtəʊ / po·tato] *pl.* **potatoes** [po·ta·toes] *s.* patata: *fried potatoes*, patate fritte; *mashed potatoes*, purè di patate // *small potatoes*, (*fig. amer.*) bazzecole, cose da nulla // *hot —*, (*fig. fam.*) patata bollente; *to drop s.o., sthg. like a hot —*, sbarazzarsi di qlcu., qlco. come di una patata bollente.

potato beetle [pə'teɪtəʊ,bi:tl] *s.* (*zool.*) dorifora della patata → **Colorado beetle**.

potato starch [pə'teɪtəʊ,stɑ:tʃ] *s.* fecola di patate.

pot-bellied ['pɒt,belɪd] *agg.* panciuto, che ha un pancione.

potbelly ['pɒt,belɪ / pot·belly] *s.* (*fam.*) pancione, salvagente di grasso.

potboiler ['pɒt,bɔɪlə* / pot·boiler] *s.* (*fam. spreg.*) lavoro intellettuale di qualità scadente eseguito a scopo di lucro; opera commerciale: *my novel was only a —*, scrissi quel romanzo solo per far soldi.

potbound ['pɒtbaʊnd / pot·bound] *agg.* soffocata, costretta in vaso piccolo (di pianta).

pot-boy ['pɒtbɔɪ] *s.* barista.

potch [pɒtʃ] *s.* (*fam. amer.*) sberla, schiaffo; sculacciata.

to **potch** *v.tr.* **1** (*fam. amer.*) schiaffeggiare; sculacciare **2** (*ant.*) cacciare; inseguire: *I'll potch at him some way / or wrath or craft may get him*, (SH. Coriolanus) ora lo voglio beccare in qualunque modo, con l'ira o con l'astuzia lo colpirò.

poteen [pɒ'ti:n / po·teen] *s.* whisky (irlandese) distillato clandestinamente.

potence ['pəʊtəns / po·tence] *s.* (*non com.*) potenza, forza; abilità.

potency ['pəʊtənsɪ / po·tency] *s.* **1** potenza; potere, autorità; influenza **2** efficacia **3** potenza sessuale **4** potenzialità.

potent[1] ['pəʊtənt / po·tent] *agg.* (*form.*) **1** potente, forte, possente: *a — drink*, una bevanda forte **2** influente; convincente: *a — argument*, un argomento convincente; *a — factor*, un fattore determinante **3** efficace: *a — remedy*, una cura efficace **4** sessualmente potente // **-ly** *avv.*

potent[2] *s.* (*arald.*) potenza, croce di sant'Antonio.

potentate ['pəʊtənteɪt / po·tent·ate] *s.* potentato, autocrate, sovrano, dominatore.

potential [pə'tenʃl / po·ten·tial] *agg.* **1** potenziale; latente: — *criminals*, criminali in potenza; *a — danger*, un pericolo latente // (*econ.*) — *demand, market*, domanda, mercato potenziale // (*fis.*): — *energy*, energia potenziale; — *function*, funzione potenziale **2** (*gramm.*) potenziale ◆ *s.* **1** potenziale, potenzialità; capacità inespressa: *to achieve one's full —*, esprimere al massimo le proprie capacità // (*econ.*) *lending —*, credito potenziale **2** (*gramm.*) modo potenziale **3** (*fis., elettr.*) potenziale: — *barrier*, barriera di potenziale; — *curve*, curva del potenziale; — *difference*, differenza di potenziale; — *drop*, caduta di potenziale; — *gradient*, gradiente di potenziale; — *well*, buca di potenziale // **-ly** *avv.*

potentiality [pəʊ,tenʃɪ'ælətɪ / po·ten·ti·al·ity] *s.* potenzialità.

to **potentialize** [pə'tenʃəlaɪz / po·ten·ti·al·ize] *v.tr.* **1** rendere potenziale **2** convertire in energia potenziale.

to **potentiate** [pəʊ'tenʃɪeɪt / po·ten·ti·ate] *v.tr.* potenziare.

potentiometer [pəʊ,tenʃɪ'ɒmɪtə* / po·ten·ti·ometer] *s.* (*elettr.*) potenziometro.

potheen [pɒ'θi:n] → **poteen**.

pother ['pɒðə*] *s.* (*antiq.*) **1** polverone; fumo soffocante; nube di polvere **2** (*fig.*) agitazione, confusione, scompiglio; tumulto; chiasso: *...such a pother / as if that whatsoever god who leads him / were slily crept into his* *human powers*, (SH. Coriolanus) ...un tale scompiglio quasi che quel dio che lo guida si fosse furtivamente insinuato nelle sue facoltà umane; *all this — about nothing*, tante storie per niente; *to be in a —*, essere in agitazione; *to make* (o *to raise*) *a —*, sollevare un gran polverone.

to **pother** *v.tr.* (*antiq.*) infastidire, dar noia a ◆ *v.intr.* (*antiq.*) far confusione; creare scompiglio; far baccano; far storie.

pot-herbs ['pɒthɜ:bz *amer.* 'pɒtɜ:bz] *s.pl.* erbe aromatiche.

pot holder ['pɒt,həʊldə*] *s.* presina.

pothole ['pɒthəʊl / pot·hole] *s.* **1** buca **2** (*geol.*) marmitta dei giganti **3** (*speleologia*) inghiottitoio, pozzo (carsico) SIN. pot.

potholer ['pɒt,həʊlə* / pot·holer] *s.* (*fam.*) speleologo dilettante.

potholing ['pɒt,həʊlɪŋ / pot·hol·ing] *s.* (*fam.*) speleologia.

pothook ['pɒthʊk / pot·hook] *s.* **1** gancio per appendere il paiolo **2** asta a uncino.

pothouse ['pɒthaʊs / pot·house] *s.* (*antiq.*) birreria: *— manners*, modi da osteria.

pothunter ['pɒthʌntə* / pot·hunter] *s.* **1** chi caccia per riempire il carniere **2** (*spreg.*) cacciatore di medaglie, collezionatore di trofei **3** (*fam.*) archeologo dilettante.

potion ['pəʊʃn / po·tion] *s.* pozione // *a love —*, un filtro d'amore.

potluck [,pɒt'lʌk / pot·luck] *s.* **1** piatto alla buona, improvvisato: *to take —*, (*fam.*) mangiare quello che c'è in casa, accontentarsi **2** (*fig.*) sorte, fortuna: *I don't know anything about these novels, so I'll take —*, non conosco questi romanzi, perciò scelgo a caso **3** (*spec. amer.*) picnic, festa in cui ogni partecipante porta un contributo in cibo o bevanda.

pot marigold ['pɒt,mærɪgəʊld] *s.* (*bot.*) (*Calendula officinalis*) calendola, calendula; fiorrancio SIN. calendula.

pot marjoram [,pɒt'mɑ:dʒərəm] *s.* (*bot.*) origano → **origan**.

pot-pourri [,pəʊ'pʊri: *amer.* ,pəʊpə'ri:] *s.* **1** miscuglio di petali di fiori essiccati ed essenze tenuto in un vaso per profumare l'ambiente **2** (*mus.*, *lett.*) pot-pourri; scelta, selezione antologica **3** mescolanza, miscuglio.

potroast ['pɒt,rəʊst / pot·roast] *s.* (*cuc.*) brasato.

potsherd ['pɒtʃɜ:d / pot·sherd] *s.* (*archeol.*) frammento di vaso.

potshot ['pɒt,ʃɒt / pot·shot] *s.* (*fam.*) tiro, colpo sparato a casaccio: *to take a — at s.o., sthg.*, sparare a casaccio contro qlcu., qlco.

pottage ['pɒtɪdʒ / pot·tage] *s.* (*ant.*) minestra // *Esau sold his birthright for a mess of —*, Esaù vendette la sua primogenitura per un piatto di lenticchie.

potted ['pɒtɪd / pot·ted] *agg.* **1** invasato, collocato in un vaso (di pianta) **2** conservato, inscatolato (di cibo): *— foods*, derrate in conserva; *— meat*, carne conservata **3** ridotto in una pasta cremosa: *— anchovies*, pasta d'acciughe **4** (*fig.*) condensato, abbreviato: *— version*, versione ridotta.

potter[1] ['pɒtə* / pot·ter] *s.* vasaio: *—'s wheel*, tornio da vasaio; *—'s clay*, argilla per vasellame // *—'s field*, (*amer.*) cimitero per poveri, sconosciuti, criminali.

to **potter**[2] *v.intr.* lavorare poco e di malavoglia, lavoricchiare: *he spent the morning pottering about* (o *around*) *the garden*, ha passato la mattina facendo dei lavoretti in giardino.

pottery ['pɒtərɪ / pot·tery] *s.* **1** U ceramica, ceramiche, terracotte, terraglie **2** ceramica, arte della ceramica **3** luogo dove si producono ceramiche, terracotte ecc. ◆ *the Potteries*, distretto dello Staffordshire (dove si fabbricano ceramiche) ◆ *agg.* di ceramica, di terracotta, di terraglia: *a — dish*, un piatto di ceramica.

potting ['pɒtɪŋ / pot·ting] *s.* **1** invasatura (di piante) **2** conservazione in vasi.

potting shed ['pɒtɪŋʃed] *s.* (*giardinaggio*) ripostiglio per gli attrezzi.

pottle ['pɒtl] *s.* (*ant.*) **1** 'pottle' (misura di capacità = 2,272 l) **2** recipiente della capacità di un 'pottle' **3** cestino per la frutta.

potty[1] ['pɒtɪ] *agg.* (*sl.*) **1** insignificante; poco importante **2** pazzo, matto; bizzarro: *this deafening music is driving me —*, questa musica assordante mi fa impazzire; *to be — about s.o., sthg.*, andar pazzo per qlcu., qlco.

potty[2] *s.* (*fam.*) vasino (per i bambini).

potty-trained ['pɒtɪ,treɪnd] *agg.* (*fam.*) abituato a usare il vasino (di bambino).

potty-training ['pɒtɪ,treɪnɪŋ] *s.* (*fam.*) l'insegnare (a un bambino) a usare il vasino.

pouch [paʊtʃ] *s.* **1** tasca, borsa, sacca (*anche anat.*): *tobacco —*, borsa da tabacco **2** sacco postale; valigia diplomatica **3** (*ant.*) borsellino **4** (*mil.*) tascapane; giberna **5** (*zool.*) marsupio; tasca boccale, sacca guanciale **6** (*bot.*) baccello.

to **pouch** *v.tr.* **1** intascare, mettere in tasca **2** inviare tramite sacco postale o valigia diplomatica **3** (*zool.*) portare nel marsupio; immagazzinare nella sacca guanciale **4** gonfiare: *the monkey pouched its cheeks*, la scimmia gonfiò le gote **5** drappeggiare (un vestito) **6** (*sl.*) dare la mancia a ◆ *v.intr.* **1** gonfiarsi **2** formare un drappeggio, una borsa (in un vestito).

pouched [paʊtʃt] *agg.* che ha una o più borse.

pouchy ['paʊtʃɪ] *agg.* a forma di borsa, di tasca.

pouf(fe) [pu:f] *s.* **1** sgabello imbottito, pouf **2** sboffo, arricciatura (di vestito) **3** → poof.

poult [pəʊlt] *s.* giovane gallinaceo (fagianotto, pollastrello, tacchinotto).

poulterer ['pəʊltərə* / poult·erer] *s.* (*antiq.*) pollivendolo // *—'s measure*, metro poetico che alterna versi di 12 sillabe a versi di 14 sillabe.

poultice ['pəʊltɪs / poult·ice] *s.* impiastro, impacco, cataplasma.

to **poultice** *v.tr.* applicare un impiastro, un impacco a.

poultry ['pəʊltrɪ] *s.* pollame; gallinacei domestici.

poultry-farm ['pəʊltrɪ,fɑ:m] *s.* allevamento di polli, azienda avicola.

poultry-farmer ['pəʊltrɪ,fɑ:mə*] *s.* allevatore di polli, pollicoltore.

poultry-farming ['pəʊltrɪ,fɑ:mɪŋ] *s.* pollicoltura.

poultry pen ['pəʊltrɪ,pen] *s.*recinto per polli, pollaio.

pounce[1] [paʊns] *s.* artiglio (*anche fig.*).

to **pounce**[1] *v.tr.* afferrare con gli artigli, artigliare.

pounce[2] *s.* balzo improvviso (nell'atto di assalire qlcu. o qlco.); lo scagliarsi (su preda, vittima ecc.).

to **pounce**[2] *v.intr.* scagliarsi, avventarsi (per afferrare); saltare addosso; piombare (*anche fig.*): *the cat pounced upon its prey*, il gatto piombò sulla sua preda; *he pounced on the first opportunity to go to America*, afferrò al volo la prima occasione di andare in America // *to — upon a mistake*, afferrare, cogliere al volo un errore.

pounce[3] *s.* **1** pomice in polvere **2** polverino (per trasportare, spolverare disegni).

to **pounce**[3] *v.tr.* **1** lisciare, rasare con la pomice **2** trasportare, tracciare (un disegno) con polverino; spolverare (un disegno) **3** (*ant.*) spruzzare, cospargere di piccole macchie.

pound[1] [paʊnd] *s.* **1** (*abbr. sing.* lb., *pl.* lb., lbs.) (*avoirdupois*) —, libbra (misura di peso avoirdupois = 453,6 g); (*troy*) —, libbra (misura di peso troy = 373,242 g) **2** — (*sterling*) (*abbr.* £) lira sterlina: *five pounds*, cinque sterline; (*econ.*): *— cost*, costo in sterline; *— note*, banconota da 1 sterlina // (*st.*) *— Scots*, sterlina scozzese // *to demand one's — of flesh*, esigere il pagamento di una somma fino all'ultimo centesimo // *penny wise and — foolish*, taccagno nelle piccole spese e prodigo nelle grandi **3** lira turca ed egiziana.

to **pound**[1] *v.tr.* (*ant.*) controllare il peso delle monete pesandone quante ne occorrono per formare una libbra.

pound[2] *s.* **1** recinto per animali dispersi o randagi: *dog —*, canile municipale **2** parcheggio per le macchine rimosse col carro attrezzi **3** chiuso, recinto per il bestiame **4** confino **5** camera della morte (della tonnara) **6** tratto di canale compreso fra due chiuse **7** lago artificiale.

pound[3] *s.* **1** martellamento **2** colpo, martellata, botta **3** tonfo.

to **pound**[3] *v.tr.* **1** polverizzare, triturare, frantumare **2** colpire, battere, pestare, martellare: *who is pounding* (*on*) *the piano?*, chi sta pestando sul piano?; *her heart was pounding as she watched him*, il suo cuore batteva forte mentre lo guardava **3** (*fig.*) inculcare ◆ *v.intr.* **1** dare colpi, martellate, battere **2** muoversi, correre pesantemente: *he continued to — round the track*, continuò a correre pesantemente intorno alla pista **3** rollare (di nave ecc.).

poundage[1] ['paʊndɪdʒ / pound·age] *s.* **1** (*st.*) imposta sulle importazioni devoluta alla Corona (in Inghilterra) **2** commissione commisurata al peso (libbra) o al valore (sterlina) **3** tassa (un tanto per sterlina) da pagarsi per emettere un vaglia postale **4** prezzo per libbra.

poundage[2] *s.* il tenere il bestiame in un recinto.

pounder ['paʊndə*] *s.* (*gener. unito a un numerale*) oggetto che pesa 'n' libbre: *he caught a twenty- —*, ha preso un pesce di venti libbre // (*mil.*) *thirty- —*, pezzo da trenta (pezzo d'artiglieria che lancia proiettili da trenta libbre.

pounding ['paʊndɪŋ / pound·ing] *s.* **1** polverizzazione, triturazione **2** battito; martellio, martellamento; scalpitio; serie di tonfi **3**

(*fam.*) pesante sconfitta, batosta, stangata: *to get a* —, prendere una batosta.

pound-lock ['paʊnd,lɒk] *s.* (*idraulica*) chiusa.

pound net ['paʊnd,net] *s.* rete a camere; tonnara.

pour [pɔ:*] *s.* (*metall.*) colata.

to **pour** *v.tr.* **1** versare: *she poured some tea into the cup*, versò del tè nella tazza; *he poured away the water into the gutter*, buttò via l'acqua nel tombino; — *off* (o *away*) *excess water when the vegetables are cooked*, elimina l'acqua in eccesso quando la verdura sarà cotta; *we have been pouring money into that house*, abbiamo messo soldi a palate in quella casa // *to — cold water over s.o.'s idea*, bocciare l'idea di qlcu. // *to — oil upon troubled waters*, placare le acque **2** (*metall.*) colare ◆ *v.intr.* **1** riversarsi; entrare, uscire a fiotti (*anche fig.*): *the sunlight pours through the window*, il sole entra a fiotti dalla finestra; *water poured from the broken gutter*, l'acqua sgorgava dalla grondaia rotta; *people poured into the hall*, la folla si riversò nella sala; *blood poured from the wound*, il sangue sgorgava dalla ferita; *tourists — into London in summer*, i turisti si riversano, arrivano a frotte a Londra d'estate // *to — on the coal*, (*fam. amer.*) premere sull'acceleratore **2** *to* — (*down*), piovere a dirotto: *the rain is pouring down*, piove a dirotto.

□ **pour out** *v.intr.* e *avv.* uscire in gran quantità: *commuters were pouring out of the station*, i pendolari uscivano a frotte dalla stazione; *smoke was pouring out of the building*, colonne di fumo uscivano dall'edificio ◆ *v.tr.* e *avv.* **1** versare: *shall I — you out some tea?*, ti verso un po' di tè? **2** (*fig.*) riversare, sfogare: *he poured out his worries to his friend*, si sfogò delle sue preoccupazioni col suo amico.

pourparler [,pʊə'pɑ:leɪ / pour·parler] *s.* pourparler, trattative, colloqui preliminari.

pourpoint ['pʊəpɔɪnt / pour·point] *s.* (*st.*) farsetto imbottito.

pout[1] [paʊt] *s.* broncio // *in the pouts*, (*antiq.*) col broncio.

to **pout**[1] *v.intr.* sporgere le labbra; fare il broncio ◆ *v.tr.* sporgere (le labbra).

pout[2] *s.* entra nella composizione del nome di vari tipi di pesci.

pouter ['paʊtə*] *s.* **1** musone; chi fa, tiene il broncio **2** (*zool.*) piccione dal gozzo.

pouting ['paʊtɪŋ / pout·ing] *s.* broncio, il fare il broncio.

poutingly ['paʊtɪŋlɪ / pout·ing·ly] *avv.* col broncio.

poverty ['pɒvətɪ / pov·erty] *s.* povertà; miseria (*anche fig.*): *the — of his style, of his spirit*, la povertà del suo stile, del suo spirito // (*econ.*) — *trap*, trappola della povertà.

poverty-stricken ['pɒvətɪ,strɪkən] *agg.* molto povero.

powder ['paʊdə* / pow·der] *s.* **1** polvere: *to reduce sthg. to* —, ridurre qlco. in polvere; (*fig.*) annientare qlco. // *to take a* —, (*amer.*) fuggire **2** borotalco **3** cipria: — *puff*, piumino per cipria **4** polvere, polverina **5** polvere da sparo, polvere pirica // *to keep one's — dry*, essere pronto a ogni emergenza.

to **powder** *v.tr.* **1** polverizzare **2** incipriare: *to — one's nose*, incipriarsi; (*eufemismo*) andare in bagno **3** spolverizzare, cospargere di polvere ◆ *v.intr.* **1** polverizzarsi; ridursi in polvere: *some salts — easily*, alcuni sali si polverizzano facilmente **2** incipriarsi.

□ **powder off** *v.intr.* e *avv.* (*fam. amer.*) scappare, squagliarsela.

powder blue [,paʊdə'blu:] *s.* colore cobalto.

powder-blue *agg.* (di) color cobalto.

powder case ['paʊdəkeɪs] *s.* bossolo (di proiettile).

powdered ['paʊdəd / pow·dered] *agg.* **1** in polvere, polverizzato: — *sugar*, zucchero in polvere **2** cosparso di polvere **3** incipriato.

powder flask ['paʊdəflɑ:sk *amer.* 'paʊdə flæsk] **powder horn** ['paʊdəhɔ:n] *s.* (*ant. mil.*) fiasca, corno (della polvere).

powdering-tub ['paʊdərɪŋ,tʌb] *s.* (*ant.*) **1** recipiente dove si cosparge di sale la carne **2** tinozza per bagni bollenti (ritenuti rimedio contro la lue): *from the powdering-tub of infamy / fetch forth the lazar kite of Cressid's kind*, (SH. Henry V) dalla tinozza dell'infamia prenditi quell'avvoltoio impestato della razza di Cressida.

powder keg ['paʊdəkeg] *s.* **1** (*ant.*) barile contenente polvere da sparo **2** (*fig.*) polveriera: *they're sitting on a* —, sono seduti su una polveriera.

powder-magazine ['paʊdəmægə,zi:n] *s.* polveriera; santabarbara.

powder-monkey ['paʊdə,mʌŋkɪ] *s.* **1** (*st.*) ragazzo incaricato di portare la polvere da sparo dalla santabarbara (spec. di nave) al cannone **2** (*fam. amer.*) artificiere.

powder post-beetle [,paʊdə'pəʊst,bi:tl] *s.* (*zool.*) tignola → **bookworm**.

powder room ['paʊdə,ru:m] *s.* **1** toletta per signore **2** (*mar.*) santabarbara.

powdery ['paʊdərɪ / pow·dery] *agg.* **1** polverizzabile, friabile // — *snow*, neve farinosa **2** polveroso, coperto di polvere.

power ['paʊə*] *s.* **1** potere, autorità; influenza; ascendente: *to increase, to lose one's — over s.o.*, aumentare, perdere il proprio potere, ascendente su qlcu.; *he has no — over them*, non ha potere su di loro // *I haven't got the — to give you an advancement*, non ho il potere di promuoverti // *I've got them in my* —, li ho in mio potere // *to do everything in one's* —, fare quanto è in proprio potere // *with full powers*, con pieni poteri // *the police have been given special powers*, la polizia ha ricevuto pieni poteri // — *politics*, politica della forza // (*dir.*): — *of attorney*, procura; — *of arrest, of search*, potere di arresto, di perquisizione // — *strength*, prova di forza // — *trip*, (*amer.*) esibizione, sfoggio di potere **2** potere, governo: *to take* — (o *to come into* —), salire al potere, al governo; *the party in* —, il partito al governo, al potere // — *struggle*, lotta di potere **3** potenza; autorità: *air* —, *sea* —, potenza aerea, potenza navale; *a world* —, una potenza mondiale; *the western powers*, le potenze occidentali // *he's a — in the town*, è molto potente in città // *the powers that be*, l'autorità costituita // *the powers of darkness*, il potere delle tenebre // *the powers above*, gli dei; (*estens.*) le autorità **4** potenza, forza; intensità: *the — of a blow*, la forza di un colpo; *the — of a microscope*, la potenza di un microscopio; *a machine of high* —, macchina ad alto rendimento // (*fis.*): — *amplifier, reactor, transistor*, amplificatore, reattore, transistor di potenza; — *factor*, fattore di potenza; *heating* —, potere calorifico **5** abilità, capacità: *to have the — to see into the future*, avere la capacità di vedere nel futuro; *he's losing his powers*, sta perdendo le sue capacità intellettive // — *of speech*, facoltà, capacità di parola // *staying* —, resistenza, capacità di opporsi // (*econ.*): *purchasing* —, potere d'acquisto; *debt-paying* —, potere liberatorio (della moneta) **6** (*elettr.*) energia, forza; corrente (di alimentazione): — *cut*, interruzione di corrente (gener. volontaria); — *drain*, consumo (di corrente); — *failure*, black-out, interruzione di corrente (gener. per guasto); — *switch*, interruttore di alimentazione; — *take-off*, presa di forza; *electric* —, corrente elettrica; *water* —, energia idraulica; — *supply*, alimentazione elettrica; — *surge*, sovratensione; *moving* (o *propelling*) —, energia motrice; — *line*, linea elettrica; — *check*, arresto (per mancanza di alimentazione) **7** (*mat.*) potenza: *2 to the — of 8*, 2 alla potenza di 8; — *of a number*, potenza di un numero; — *series*, serie di potenze; — *set*, insieme di potenza **8** (*fam.*) un gran numero, una gran quantità: *he does a — of work*, fa una gran quantità di lavoro; *it will do you a — of good*, ti farà un gran bene.

power *agg.attr.* a motore; meccanico: — *drill*, trapano a motore; — *saw*, sega meccanica.

to **power** *v.tr.* **1** motorizzare, fornire di motore: *to — a boat*, motorizzare una barca **2** fornire di energia elettrica; alimentare ◆ *v.intr.* muoversi velocemente e con potenza.

power base ['paʊə,beɪs] *s.* (*econ. pol.*) forza di potere, base di potere.

powerboat ['paʊəbəʊt / power·boat] *s.* (*mar.*) **1** motoscafo veloce d'altura **2** → motorboat.

power broker ['paʊə,brəʊkə*] *s.* (*pol.*) intermediario; negoziatore.

power dive ['paʊədaɪv] *s.* (*aer.*) picchiata a motore, col motore acceso.

to **power dive** *v.intr.* (*aer.*) scendere in picchiata, picchiare col motore acceso ◆ *v.tr.* (*aer.*) fare scendere in picchiata col motore acceso.

power-driven ['paʊə,drɪvn] *agg.* motorizzato, a motore; elettrico.

powered ['paʊəd] *agg.* **1** a motore, motorizzato **2** (*spec. nei composti*): *nuclear -powered*, nucleare; *gas-powered*, a gas; *rocket -powered*, a razzo.

powerful ['paʊəfʊl / power·ful] *agg.* **1** potente, poderoso **2** potente, efficace **3** potente, forte, influente **4** (*fam.*) formidabile, forte // **-ly** *avv.* // **-ness** *s.*

powerhouse ['paʊəhaʊs / power·house] *s.* **1** centrale elettrica **2** (*estens.*) macchina; crogiolo: *a — of ideas*, un crogiolo di idee **3** persona forte e muscolosa; (*fig.*) persona energica ed efficiente.

powerless ['paʊəlɪs / power·less] *agg.* impotente; fiacco; inefficace: *we are — to help you, I'm afraid*, mi spiace, non siamo in grado di aiutarti // **-ly** *avv.* // **-ness** *s.*

power pack ['paʊə,pæk] *s.* (*elettr.*) alimentatore, gruppo di alimentazione.

power plant ['paʊə,plɑ:nt *amer.* 'paʊə ,plænt] *s.* **1** (*mecc.*) apparato motore, gruppo motopropulsore **2** (*elettr.*) gruppo elettrogeno **3** (*spec. amer.*) → power station.

power play ['paʊəpleɪ] *s.* (*sport*) offensiva (concentrata in un punto specifico).

power point ['paʊə,pɔɪnt] *s.* presa di corrente.

power shovel [,paʊə'ʃʌvl] *s.* escavatore meccanico a pala, a cucchiaia.

power station ['paʊə,steɪʃn] *s.* centrale elettrica.

power steering [,paʊə'stɪərɪŋ] *s.* (*aut.*) servosterzo.

powwow ['pauwau / pow·wow] *s.* **1** consiglio tribale (dei pellirosse) **2** (*fam.*) riunione, discussione **3** stregone (presso i pellirosse) **4** cerimonia dei pellirosse (con riti magici).

to **powwow** *v.intr.* **1** tenere il consiglio tribale (dei pellirosse) **2** (*fam.*) tenere una riunione **3** tenere una cerimonia sacra (dei pellirosse) **4** esercitare la medicina, la magia (dei pellirosse) ◆ *v.tr.* curare con arti magiche.

pox [pɒks] *s.* **1** (*med.*) malattia esantematica **2** (*fam.*) sifilide, malattia venerea **3** (*ant.*) vaiolo **4** (*ant.*) peste // *a — on you!*, ti venga un accidente!

to **pox** *v.tr.* (*ant.*) infettare con sifilide.

poxy ['pɒksɪ] *agg.* (*fam.*) impestato; (*fig.*) dannato.

pozz(u)olan(a) [,pɒts(w)əʊ'lɑːn(ə) / poz·z(u)o·lan(a)] *s.* (*geol.*) pozzolana.

pozz(u)olanic [,pɒts(əw)ə'lɑːnɪk / poz·z(u)ol·anic] *agg.* (*chim.*) pozzolanico.

practic ['præktɪk / prac·tic] *agg.* (*ant.*) pratico ◆ *s.* (*dir.*) pratica.

practicability [,præktɪkə'bɪlətɪ / prac·tic·ab·il·ity] *s.* **1** praticabilità **2** l'essere fattibile, attuabilità.

practicable ['præktɪkəbl / prac·tic·able] *agg.* **1** praticabile **2** fattibile; possibile, realizzabile // **-ness** *s.* // **-bly** *avv.*

practical ['præktɪkl / prac·tical] *agg.* **1** pratico; concreto; realistico: *useless for — purposes*, inutilizzabile in pratica; *he overcame the — difficulties of a scheme*, superò le difficoltà pratiche di un progetto **2** pratico, funzionale **3** reale; virtuale; effettivo: *the — owner*, il vero proprietario // *for all — purposes*, in realtà, realmente **4** pratico, esperto, abile **5** praticabile; fattibile **6** positivo; empirico ◆ *s.* esame pratico; prova pratica.

practicality [,præktɪ'kælətɪ / prac·tic·al·ity] *s.* praticità.

practical joke [,præktɪkəl'dʒəʊk] *s.* burla, tiro birbone.

practical joker [,præktɪkəl'dʒəʊkə*] *s.* burlone.

practically ['præktɪkəlɪ / prac·tic·ally] *avv.* **1** praticamente, in modo pratico **2** virtualmente; quasi: *we are — there*, siamo quasi arrivati.

practicalness ['præktɪklnɪs / prac·tic·al·ness] *s.* praticità; senso pratico.

practice ['præktɪs / prac·tice] *s.* **1** pratica: *in —*, in pratica; *to put into —*, mettere in pratica **2** abitudine, regola, norma; procedura: *to make a — of sthg.*, fare una regola di qlco. // (*comm.*) *restrictive trade practices*, pratiche restrittive della concorrenza **3** esercizio; (*sport*) allenamento; (*mil.*) esercizio di tiro; (*mus.*) esercizio, studio: *— makes perfect*, con l'esercizio si raggiunge la perfezione; *in, out of —*, in, fuori esercizio; *this is good —*, questo è un buon esercizio **4** esercizio di una professione: *Dr. Brown has retired from —*, il Dr. Brown si è ritirato dalla professione; *— of law*, esercizio della professione forense // *lawyer's —*, studio legale **5** clienti (*pl.*), clientela (di medico, avvocato): *has he got a large —?*, ha una vasta clientela? **6** *pl.* (*ant.*) intrighi, raggiri, trucchi **7** (*dir.*) procedura.

practice *agg.* di allenamento, di esercizio; di prova: *— match*, partita di allenamento; *— flight*, volo di prova.

to **practise** ['præktɪs / prac·tise] amer. to **practice** *v.tr.* **1** (I) esercitare, esercitarsi in, a: *she must — English an hour a day*, deve esercitarsi in inglese un'ora al giorno; *to — (on) the guitar*, esercitarsi alla chitarra **2** professare, esercitare (una professione): *to — medicine*, fare il medico; *to — law*, esercitare la professione legale **3** praticare, mettere in pratica: *— what you preach*, metti in pratica ciò che predichi; *they — the same method*, usano lo stesso metodo; *cannibalism is practised by the tribes of the interior*, il cannibalismo è praticato dalle tribù delle regioni interne **4** fare un'abitudine di ◆ *v.intr.* **1** fare esercizi; allenarsi; fare pratica **2** esercitare una professione **3** (*ant.*) ordire, complottare: *to — to deceive s.o.*, cospirare allo scopo di ingannare qlcu.: *he will practise against thee by poison*, (SH. As You Like It) tramerà ai tuoi danni ricorrendo al veleno.

practised ['præktɪst / prac·tised] *agg.* **1** esperto; abile **2** esercitato.

practiser ['præktɪsə* / prac·tiser] *s.* **1** praticante: *he is a — of what he preaches*, mette in pratica quello che predica **2** seguace.

practising ['præktɪsɪŋ / prac·tis·ing] *agg.* **1** che esercita la professione: *— barrister*, avvocato che esercita la professione // (*dir.*) *— certificate*, certificato di abilitazione all'esercizio della professione (legale) **2** (*relig.*) praticante.

practitioner [præk'tɪʃnə* / prac·ti·tioner] *s.* **1** professionista (specialmente medico) // *general —*, medico generico **2** chi fa qualcosa regolarmente **3** (*spreg.*) chi esercita un'arte.

praenomen [,priː'nəʊmen / prae·no·men] *s.* (*st. romana*) prenome.

praesidium → **presidium**.

praetor ['priːtə* / prae·tor] *s.* (*st. romana*) pretore.

praetorial [priː'tɔːrɪəl / praet·or·ial] *agg.* (*st. romana*) pretorio.

praetorian [priː'tɔːrɪən / praet·or·ian] *agg.* e *s.* (*st. romana*) pretoriano.

pragmatic [præg'mætɪk / prag·matic] *agg.* **1** pragmatico, pratico, realistico, concreto; attivo (negli affari, nel lavoro) **2** (*fil.*) pragmatistico **3** dogmatico, intransigente; presuntuoso **4** intrigante, invadente **5** (*st.*) prammatico; che riguarda gli affari di stato // *the Pragmatic Sanction*, la prammatica sanzione ◆ *s.* **1** (*st.*) prammatica sanzione **2** (*rar.*) persona attiva **3** (*rar.*) persona intrigante, piena di sé.

pragmatical [præg'mætɪkl / prag·mat·ical] *agg.* **1** pragmatico, realistico, concreto **2** (*rar.*) dogmatico, intransigente; presuntuoso **3** (*rar.*) intrigante, invadente **4** (*antiq.*) esperto **5** (*fil.*) pragmatistico // **-ly** *avv.* // **-ness** *s.*

pragmatics [præg'mætɪks / prag·matics] *s.* U (*fil.*) pragmatica.

pragmatism ['prægmətɪzəm / prag·mat·ism] *s.* **1** (*fil.*) pragmatismo **2** praticità, realismo **3** (*rar.*) pedanteria **4** (*rar.*) invadenza, inframmettenza.

pragmatist ['prægmətɪst / prag·mat·ist] *s.* **1** (*fil.*) pragmatista **2** persona pratica **3** (*rar.*) ficcanaso, impiccione.

to **pragmatize** ['prægmətaɪz / prag·mat·ize] *v.tr.* rappresentare come reale, materializzare, dare forma concreta a (miti ecc.); razionalizzare.

Prairial [,preɪriː'ɑːl] *s.* (*st., francese*) pratile.

prairie ['preərɪ] *s.* prateria (specialmente nel Nord America) // *— oyster*, (*fam.*) uovo all'ostrica // *— schooner*, (*amer.*) carro dei pionieri.

prairie chicken ['preərɪ,tʃɪkɪn] *s.* (*zool.*) (*Tympanuchus cupido*) tetraone delle praterie SIN. prairie hen.

prairie dog ['preərɪdɒg] *s.* (*zool.*) (*Cynomys ludovicianus*) cane delle praterie; cinomio.

prairie hen ['preərɪhen] *s.* (*zool.*) → **prairie chicken**.

prairie wolf ['preərɪwʊlf] *s.* (*zool.*) lupo delle praterie → **coyote**.

praise[1] [preɪz] *s.* **1** lode; elogio; encomio; approvazione; glorificazione: *this is beyond all —*, è superiore a ogni elogio // *to sing s.o.'s praises*, tessere, celebrare le lodi di qlcu.; *to sing one's own praises*, incensarsi, decantare i propri meriti // *to damn s.o., sthg. with faint —*, lodare qlcu., qlco. tiepidamente, con freddezza (con un senso implicito di critica, di disapprovazione) // *— be (to God)!*, Dio sia lodato! **2** (*eccl.*) gloria.

to **praise**[1] *v.tr.* **1** lodare; elogiare; encomiare: *they love being praised*, sono molto sensibili alle lodi // *to — s.o., sthg. to the skies*, portare qlcu., qlco. alle stelle **2** (*relig.*) glorificare, lodare.

to **praise**[2] *v.tr.* (*ant.*) valutare: *as you shall prove us, praise us*, (SH. Othello) ci valuterai quando ci conoscerai.

praiser ['preɪzə*] *s.* laudatore; (*non com.*) panegirista.

praiseworthy ['preɪz,wɜːðɪ / praise·worthy] *agg.* lodevole, encomiabile // **-ily** *avv.* // **-iness** *s.*

praline ['prɑːliːn / pra·line] *s.* (*fr.*) pralina, mandorla caramellata • Dal nome del maresciallo du Plessis Praslin (1598-1675), il cui cuoco inventò questa specialità dolciaria.

pram[1] [præm] *s.* (*spec. brit.*) (abbr. di *perambulator*) carrozzina per bambini AMER. Baby Buggy®, baby carriage.

pram[2] [prɑːm] *s.* (*mar.*) barchino di servizio, pram.

prance [prɑːns *amer.* præns] *s.* **1** impennata; salto; balzo **2** andatura baldanzosa.

to **prance** *v.intr.* **1** impennarsi, corvettare (dei cavalli) **2** cavalcare un cavallo che s'impenna **3** (*fig.*) camminare pavoneggiandosi, baldanzosamente **4** (*fig.*) saltellare; far capriole ◆ *v.tr.* far impennare (un cavallo).

prancing ['prɑːnsɪŋ *amer.* 'prænsɪŋ / pran·cing] *agg.* che si impenna; (*fig.*) baldanzoso ◆ *s.* impennata.

prandial ['prændɪəl / pran·dial] *agg.* (*antiq.*) di, del pranzo.

prang [præŋ] *s.* (*sl.*) **1** (*mil.*) bombardamento aereo **2** scontro, incidente, collisione; caduta di un aereo.

to **prang** *v.tr.* (*sl.*) **1** (*mil.*) bombardare pesantemente (da un aereo); far precipitare, abbattere (un aereo) **2** scontrarsi con, entrare in collisione con; fracassare (aeroplano, automobile) ◆ *v.intr.* (*sl. mil.*) distruggere un obiettivo, abbattere un aereo.

prank[1] [præŋk] *s.* **1** monelleria, birichinata; tiro, scherzo, burla: *he played one of his pranks*, ne ha fatta una delle sue; *to play a — on s.o.*, fare uno scherzo, giocare un tiro (mancino) a qlcu.; *to play all sorts of pranks*, farne di tutti i colori **2** (*rar.*) movimento strano, impennata (di animale) **3** (*rar.*) funzionamento irregolare (di macchina).

to **prank**[2] *v.tr.* (*non com.*) ornare, agghindare, vestire in modo vistoso: *to — oneself up*, vestirsi in modo vistoso, agghindarsi, farsi bello ◆ *v.intr.* (*non com.*) mettersi in mostra; vestirsi, vestire in modo vistoso.

to **prank**[3] *v.tr.* (*dial.*) → to **prance**.

prankish ['præŋkɪʃ / prank·ish] *agg.* birichino, burlone // **-ness** *s.*

prankster ['præŋkstə* / prank·ster] *s.* burlone.

prase [preɪz] *s.* (*min.*) prasio.

praseodymium [,preɪzɪə'dɪmjəm / pra·seo·dy·mium] *s.* (*chim.*) praseodimio.

prat [præt] *s.* (*sl.*) **1** sedere, culo **2** idiota, cretino, stupido, buono a nulla.

prate [preɪt] *s.* ⓤ (*antiq.*) chiacchiere, ciance (*pl.*); discorso inutile, ozioso: *she is all prate, you know, and loves to set me a prating*, (S. RICHARDSON) ella è tutta chiacchiere, sai, e ama far chiacchierare anche me.

to **prate** *v.intr.* (*antiq.*) chiacchierare, cianciare, pettegolare, fare discorsi inutili, oziosi ◆ *v.tr.* (*antiq.*) blaterare, dire (qlco.) tanto per parlare.

prater ['preɪtə*] *s.* (*antiq.*) chiacchierone.

pratfall ['prætfɔ:l / prat·fall] *s.* (*fam.*) **1** caduta sul sedere (spec. di clown o attori comici) **2** (*fig.*) incidente umiliante, umiliazione; sconfitta.

pratincole ['prætɪnkəʊl / prat·in·cole] *s.* (*zool.*) (*Glareola pratincola*) pernice di mare.

prating ['preɪtɪŋ / prat·ing] *agg.* (*antiq.*) loquace, chiacchierone ◆ *s.* ⓤ (*antiq.*) chiacchierio, cicaleccio.

pratique ['præti:k / prat·ique] *s.* (*mar.*) pratica (permesso di sbarco dopo la quarantena).

prattle ['prætl] *s.* ⓤ **1** balbettio, cinguettio (di bambini ecc.) **2** (*fam.*) chiacchiere, ciance, ciarle (*pl.*).

to **prattle** *v.intr.* **1** balbettare, cinguettare, ciangottare (di bambini ecc.); mormorare, gorgogliare (di acque) **2** (*fam.*) chiacchierare, cianciare; parlare a vanvera ◆ *v.tr.* (*fam.*) blaterare, dire (qlco.) a sproposito.

prattler ['prætlə* / prat·tler] *s.* chiacchierone.

prattling ['prætlɪŋ / prat·tling] *agg.* loquace, ciarliero; balbettante, cinguettante (di bambino) ◆ *s.* **1** balbettio, cinguettio (di bambini); mormorio, gorgoglio (di acque) **2** chiacchierio, ciarle (di donne) // **-ly** *avv.*

prawn [prɔ:n] *s.* (*zool.*) gambero, gamberetto, palemone; scampo.

praxis ['præksɪs] *s.* **1** prassi; pratica (consueta) **2** (*gramm.*) raccolta di esempi.

to **pray** [preɪ] *v.tr.* e *intr.* pregare; supplicare, implorare: *let us — (to) God that He may help us*, preghiamo Dio, affinché ci aiuti; *they prayed for rain*, invocarono la pioggia, pregarono per la pioggia.

pray *avv.* e *inter.* (*antiq.*) di grazia, per favore: *what is the use of that, —?*, scusa, ma a che cosa serve?

prayer[1] [preə*] *s.* **1** preghiera: *evening, morning —*, preghiera della sera, del mattino; *to say one's prayers*, dir le preghiere // *he hasn't got a —*, (*fam.*) non ha la minima possibilità (di riuscire ecc.) // *The Book of Common Prayer*, il rituale della Chiesa Anglicana // *the Lord's Prayer*, il Padre nostro // *— book*, libro di preghiere; *— carpet* (o *— mat*, o *— rug*), (tappeto) preghiera **2** desiderio; petizione, supplica: *her — has been granted*, il suo desiderio è stato esaudito **3** (*pl.*) incontro di preghiera **4** il pregare **5** (*dir.*) istanza, domanda giudiziale.

prayer[2] *s.* **1** fedele **2** chi prega, chiede.

prayer beads ['preəbi:dz] *s.pl.* → **rosary**.

prayerful ['preəfʊl / pray·er·ful] *agg.* (*non com.*) pio, devoto // **-ness** *s.*

prayer wheel ['preəwi:l] *s.* (*rel. buddista*) cilindro da preghiere, ruota, mulino da preghiere.

praying mantis [,preɪɪŋ'mæntɪs] *s.* (*zool.*) (*Mantis religiosa*) mantide religiosa SIN. mantis, rearhorse.

pre- [pri:] *pref.* di origine latina; it. pre-; è usato per indicare **1** anteriorità nel tempo o nello spazio: *prechristian*, precristiano; *preclassical*, preclassico; *preglacial*, preglaciale; *precooked*, precotto; *to prepay*, pagare in anticipo **2** supremazia: *preeminent*, preminente; *to prepose*, preporre.

preach [pri:tʃ] *s.* (*fam.*) sermone, predica.

to **preach** *v.intr.* **1** predicare, pronunciare un sermone; tenere un discorso **2** (*fig.*) ammonire, fare la predica: *don't — at him*, (*fam.*) non fargli la predica ◆ *v.tr.* predicare: *to — the Gospel*, predicare il Vangelo; *to — a sermon*, fare un sermone // *he practises what he preaches*, fa ciò che predica.

preacher ['pri:tʃə*] *s.* **1** predicatore **2** (*eccl.*) pastore.

preachership ['pri:tʃəʃɪp / preach·er·ship] *s.* ufficio di predicatore.

to **preachify** ['pri:tʃɪfaɪ / preach·ify] *v.intr.* (*spreg.*) **1** predicare in modo noioso **2** fare la morale, tenere predicozzi.

preaching ['pri:tʃɪŋ / preach·ing] *s.* predicazione; predica, sermone ◆ *agg.* che predica.

preachingly ['pri:tʃɪŋlɪ / preach·ing·ly] *avv.* in tono sentenzioso; da predicatore.

preachment ['pri:tʃmənt / preach·ment] *s.* predica, sermone; (*fam.*) ramanzina.

preachy ['pri:tʃɪ] *agg.* (*fam.*) incline a far prediche.

to **pre-admonish** [,pri:əd'mɒnɪʃ] *v.tr.* (*non com.*) preavvisare; preammonire.

pre-admonition ['pri:,ædmə'nɪʃn] *s.* (*non com.*) preavviso.

preamble [pri:'æmbl / pre·amble] *s.* preambolo, preliminare.

to **preamble** *v.intr.* (*non com.*) fare un preambolo.

to **preannounce** [,pri:ə'naʊns / pre·an·nounce] *v.tr.* preannunciare.

preannouncement [,pri:ə'naʊnsmənt / pre·an·nounce·ment] *s.* preannuncio.

to **prearrange** [,pri:ə'reɪndʒ / pre·arrange] *v.tr.* predisporre; prestabilire.

prearrangement [,pri:ə'reɪndʒmənt / pre·arrange·ment] *s.* predisposizione: *according to a —*, secondo quanto disposto in precedenza.

pre-atomic [,pri:ə'tɒmɪk] *agg.* preatomico.

preaudience [pri:'ɔ:djəns / pre·audi·ence] *s.* (*dir.*) diritto di precedenza di parola (tra avvocati).

prebend ['prebənd / preb·end] *s.* (*eccl.*) prebenda.

prebendal [prɪ'bendl / preb·endal] *agg.* (*eccl.*) di, relativo a prebenda // *— stalls*, stalli dei canonici.

prebendary ['prebəndərɪ *amer.* 'prebənderɪ / preb·end·ary] *s.* (*eccl.*) prebendario (chi gode di una prebenda).

Precambrian [pri:'kæmbrɪən / Pre·cam·brian] *agg.* e *s.* (*geol.*) precambriano, precambrico.

precarious [prɪ'keərɪəs / pre·car·ious] *agg.* precario; incerto; rischioso: *a — economic situation*, una situazione economica precaria // (*dir.*) *— right*, diritto revocabile // **-ly** *avv.* // **-ness** *s.*

precast [,pri:'kɑ:st *amer.* ,pri:'kæst / pre·cast] *agg.* (*edil.*) prefabbricato (di calcestruzzo): *— concrete block*, blocco di calcestruzzo prefabbricato.

precatory ['prekətərɪ / prec·at·ory] *agg.* (*rar.*) esprimente preghiera.

precaution [prɪ'kɔ:ʃn / pre·cau·tion] *s.* precauzione: *to take precautions against sthg., s.o.*, prendere precauzioni contro qlco., qlcu. // *air -raid precautions (A.R.P.)*, misure di protezione antiaerea; *fire precautions*, misure antincendio.

precautionary [prɪ'kɔ:ʃnərɪ *amer.* prɪ'kɔ:ʃənerɪ / pre·cau·tion·ary] *agg.* cautelativo, preventivo // (*econ.*) *— motive*, movente precauzionale.

to **precede** [,pri:'si:d / pre·cede] *v.tr.* e *intr.* precedere; venire prima (di): *we went on, preceded by our guide*, andammo avanti preceduti dalla nostra guida; *the discussion will be preceded by a video*, la discussione sarà preceduta dalla proiezione di un video.

precedence ['presɪdəns / pre·ced·ence] **precedency** ['pre'sɪdənsɪ / pre·ced·ency] *s.* precedenza, priorità: *to have, to take — over s.o.*, avere, prendere la precedenza su qlcu.; *to give — to s.o.*, dare la precedenza a qlcu.; *in order of —*, in ordine di precedenza.

precedent [prɪ'si:dənt / pre·ced·ent] *agg.* (*non com.*) **1** precedente, anteriore **2** precedente, che precede // **-ly** *avv.*

precedent ['presɪdənt] *s.* **1** precedente; (*dir.*) precedente (giudiziario): *without —*, senza precedenti; *to set a —*, creare un precedente; *doctrine of —*, regola della vincolatività di una precedente decisione giudiziale su un caso analogo **2** (*ant.*) originale, stesura originale: *the precedent was full as long a-doing*, (SH. Richard III) a stender l'originale ci volle altrettanto tempo.

precedential [ˌpresɪ'denʃl / pre·ced·en·tial] *agg.* (*rar.*) **1** che costituisce precedente **2** preliminare, antecedente.

preceding [ˌpri:'si:dɪŋ / pre·ced·ing] *agg.* precedente: *the year preceding his election*, l'anno prima della sua elezione.

to **precent** [ˌpri:'sent / pre·cent] *v.tr.* e *intr.* (*eccl.*) dirigere (il coro).

precentor [ˌpri:'sentə* / pre·centor] *s.* (*eccl.*) maestro del coro.

precept ['pri:sept / pre·cept] *s.* **1** (*form.*) precetto, massima; regola **2** (*dir.*) intimazione; mandato a comparire in giudizio.

preceptive [prɪ'septɪv / pre·cept·ive] *agg.* **1** (*form.*) istruttivo, didattico **2** (*dir.*) precettivo.

preceptor [prɪ'septə* / pre·ceptor] *s.* precettore; istitutore.

preceptorial [ˌpri:sep'tɔ:rɪəl / pre·cept·orial] *agg.* di precettore.

preceptorship [prɪ'septəʃɪp / pre·ceptor·ship] *s.* ufficio di precettore.

preceptory[1] [prɪ'septərɪ / pre·cept·ory] *s.* **1** comunità di Cavalieri Templari **2** beni appartenenti ai Cavalieri Templari.

preceptory[2] → **preceptorial**.

preceptress [prɪ'septrɪs / pre·cept·ress] *s.* istitutrice.

precession [prɪ'seʃn / pre·ces·sion] *s.* (*astr.*, *fis.*) precessione: — *of the equinoxes*, precessione degli equinozi.

precessional [prɪ'seʃənl / pre·ces·sional] *agg.* (*astr.*, *fis.*) di, della precessione: (*fis.*) — *motion*, moto di precessione.

prechristian [pri:'krɪstjən / pre·christ·ian] *agg.* precristiano.

precinct ['pri:sɪŋkt / pre·cinct] *s.* **1** area delimitata; area di città adibita a particolari funzioni: *shopping* —, zona commerciale; *pedestrian* —, isola pedonale **2** (*amer.*) suddivisione amministrativa di una città; distretto; commissariato di zona **3** *pl.* vicinanze, dintorni; (*letter.*) area circostante: *...he wings his way / not far off heaven, in the precincts of light*, (MILTON)... egli si apre la via non lontano dal cielo, nell'area circostante la luce **4** confine, limite.

preciosity [ˌpreʃɪ'ɒsətɪ / pre·ci·os·ity] *s.* preziosità, ricercatezza (di linguaggio).

precious ['preʃəs / pre·cious] *agg.* **1** prezioso (*anche fig.*); costoso; ricercato: *a — opportunity*, un'occasione preziosa; // — *metals*, metalli preziosi; — *stones*, pietre preziose **2** (*fam.*) perfetto, completo: *you made a — mess of everything*, di tutta la faccenda ne avete fatto proprio un bel pasticcio **3** prezioso, affettato ◆ *s.* (*fam.*) persona carissima, tesoro.

precious *avv.* (*fam.*) molto, eccezionalmente: *there is — little left of it*, ce n'è rimasto ben poco.

preciously ['preʃəslɪ / pre·cious·ly] *avv.* **1** preziosamente **2** con affettazione, ricercatezza **3** (*fam.*) estremamente.

preciousness ['preʃəsnɪs / pre·cious·ness] *s.* **1** preziosità, pregio, valore **2** ricercatezza, preziosismo.

precipice ['presɪpɪs / pre·cip·ice] *s.* strapiombo; precipizio (*anche fig.*): *to fall over a* —, cadere in un precipizio; *to be on the edge of the* —, (*anche fig.*) essere sull'orlo del precipizio.

precipitable [prɪ'sɪpɪtəbl / pre·cip·it·able] *agg.* (*chim.*) precipitabile.

precipitance [prɪ'sɪpɪtəns / pre·cip·it·ance] **precipitancy** [prɪ'sɪpɪtənsɪ / pre·cip·it·ancy] *s.* (*non com.*) **1** precipitazione, fretta, premura **2** avventatezza.

precipitant [prɪ'sɪpɪtənt / pre·cip·it·ant] *agg.* (*ant.*) → **precipitate** ◆ *s.* (*chim.*) precipitante.

precipitate [prɪ'sɪpɪtət / pre·cip·it·ate] *agg.* (*form.*) **1** precipitoso; affrettato **2** impulsivo, avventato **3** improvviso, inaspettato ◆ *s.* (*chim.*) precipitato.

to **precipitate** [prɪ'sɪpɪteɪt] *v.tr.* **1** (*form.*) precipitare, far precipitare; gettare; lanciare (*anche fig.*): *to — two countries into a conflict*, far precipitare due paesi in un conflitto; *to — s.o. into despair*, (far) precipitare qlcu. nella disperazione **2** (*form.*) precipitare, affrettare, accelerare: *to — s.o.'s ruin*, accelerare, affrettare la rovina di qlcu. **3** (*chim.*, *meteor.*) precipitare ◆ *v.intr.* **1** precipitarsi **2** (*chim.*) precipitare.

precipitately [prɪ'sɪpɪtətlɪ / pre·cip·it·ate·ly] *avv.* **1** a capofitto **2** precipitosamente, a precipizio **3** con precipitazione, avventatamente.

precipitation [prɪˌsɪpɪ'teɪʃn / pre·cip·ita·tion] *s.* **1** (*form.*) precipitazione **2** avventatezza **3** (*chim.*, *meteor.*) precipitazione.

precipitative [prɪ'sɪpɪtətɪv / pre·cip·it·at·ive] *agg.* (*chim.*) precipitativo, precipitatore.

precipitator [prɪ'sɪpɪˌteɪtə* / pre·cip·it·ator] *s.* (*chim.*) precipitatore.

precipitous [prɪ'sɪpɪtəs / pre·cip·it·ous] *agg.* **1** ripido, a picco, erto **2** (*rar.*) precipitoso; affrettato.

precipitously [prɪ'sɪpɪtəslɪ / pre·cip·it·ous·ly] *avv.* **1** a picco **2** (*non com.*) precipitosamente, a precipizio **3** improvvisamente.

precipitousness [prɪ'sɪpɪtəsnɪs / pre·cip·it·ous·ness] *s.* ripidezza, forte pendenza.

précis ['preɪsi: *amer.* preɪ'si: / pré·cis] *pl.* **precis** *s.* riassunto, sommario: *to write, to do a* —, scrivere, fare un riassunto.

to **précis** *v.tr.* fare un riassunto, un sommario di.

precise [prɪ'saɪs / pre·cise] *agg.* **1** preciso, esatto **2** preciso, chiaro **3** meticoloso, scrupoloso; pignolo.

precisely [prɪ'saɪslɪ / pre·cise·ly] *avv.* precisamente, esattamente // — (*so*)*!*, proprio così!

preciseness [prɪ'saɪsnɪs / pre·cise·ness] *s.* **1** precisione, esattezza **2** meticolosità, scrupolosità.

precisian [prɪ'sɪʒn / pre·ci·sian] *s.* **1** rigorista (spec. in materia religiosa); pedante **2** (*ant.*) puritano: *thus having triumph over you, I will set my countenance like a precisian*, (MARLOWE) e ora che ho trionfato su di voi, mi atteggerò a puritano.

precisianism [prɪ'sɪʒənɪzəm / pre·ci·sian·ism] *s.* rigorismo (spec. in materia religiosa).

precision [prɪ'sɪʒn / pre·ci·sion] *s.* **1** precisione, esattezza: — *instruments*, strumenti di precisione **2** meticolosità, scrupolosità.

precision casting [prɪ'sɪʒnˌkɑ:stɪŋ *amer.* prɪ'sɪʒnˌkæstɪŋ] *s.* (*metall.*) **1** microfusione **2** getto microfuso.

precisionist [prɪ'sɪʒənɪst / pre·ci·sion·ist] *s.* **1** chi ama la precisione **2** (*non com.*) purista, rigorista.

preclassical [pri:'klæsɪkl / pre·clas·sical] *agg.* preclassico.

to **preclude** [prɪ'klu:d / pre·clude] *v.tr.* precludere, impedire; escludere; rendere impossibile: *circumstances — my attendance*, le circostanze impediscono la mia presenza; *his poor health precludes a career in the police*, la sua cattiva salute gli impedisce di far carriera nella polizia; *to — any doubt, I'm bound to say...*, per evitare ogni possibile dubbio, devo dire...; *to be precluded from doing sthg.*, essere nell'impossibilità di fare qlco.

preclusion [prɪ'klu:ʒn / pre·clu·sion] *s.* preclusione (*anche dir.*).

preclusive [prɪ'klu:sɪv / pre·clus·ive] *agg.* che preclude; preclusivo: (*econ.*) — *buying*, acquisto preclusivo.

precocious [prɪ'kəʊʃəs / pre·co·cious] *agg.* precoce.

precociousness [prɪ'kəʊʃəsnɪs / pre·co·cious·ness] **precocity** [prɪ'kɒsətɪ / pre·co·city] *s.* precocità.

precognition [ˌpri:kɒg'nɪʃn / pre·cog·ni·tion] *s.* **1** precognizione, preconoscenza, prescienza **2** (*scoz. dir.*) istruttoria (di un processo); interrogatorio preliminare (dei testimoni); deposizione (di un testimonio in istruttoria).

to **preconceive** [ˌpri:kən'si:v / pre·con·ceive] *v.tr.* pensare, concepire anticipatamente; avere preconcetti su // *preconceived ideas*, preconcetti.

preconception [ˌpri:kən'sepʃn / pre·con·cep·tion] *s.* preconcetto; pregiudizio.

to **preconcert** [ˌpri:kən'sɜ:t / pre·con·cert] *v.tr.* predisporre, preordinare, prestabilire.

precondition [ˌpri:kən'dɪʃn / pre·con·di·tion] *s.* requisito indispensabile (*anche dir.*); presupposto.

to **precondition** *v.tr.* predisporre, preparare.

preconscious [pri:'kɒnʃəs / pre·con·scious] *agg.* e *s.* (*psic.*) preconscio.

preconsideration ['pri:kənˌsɪdə'reɪʃn / pre·con·sid·era·tion] *s.* considerazione antecedente, preliminare.

precontract [pri:'kɒntrækt / pre·con·tract] *s.* contratto preesistente.

precontractual [ˌpri:kən'træktʃʊəl / pre·con·trac·tual] *agg.* precontrattuale: (*dir.*) — *liability*, responsabilità precontrattuale.

precooked [pri:'kʊkt / pre·cooked] *agg.* precotto, precucinato.

precordium [ˌpri:'kɔ:dɪəm / pre·cord·ium] *pl.* **precordia** [ˌpri:'kɔ:dɪə / pre·cordia] *s.* (*anat.*) precordio.

precursive [ˌpri:'kɜ:sɪv / pre·curs·ive] *agg.* precursore.

precursor [ˌpri:'kɜ:sə* / pre·cursor] *s.* precursore; predecessore.

precursory [ˌpri:'kɜ:sərɪ / pre·curs·ory] *agg.* precursore; introduttivo, preliminare.

predaceous, **predacious** [prɪ'deɪʃəs / pre·da·cious] *agg.* (*zool.*) rapace, predace, predatore.

predaceousness, **predaciousness** [prɪ'deɪʃəsnɪs / pre·da·ceous·ness] **predacity**

[prɪ'dæsətɪ / pre·da·city] *s.* (*rar.*) rapacità; istinto di rapina.

to **predate** [pri:'deɪt / pre·date] *v.tr.* **1** predatare (lettera, assegno ecc.) **2** precedere (nel tempo) qlco.; essere antecedente a.

predator ['predətə* / pred·ator] *s.* predatore (*anche zool.*); predone.

predatorily ['predətərɪlɪ *amer.* 'predətɔ:rɪlɪ / pred·at·or·ily] *avv.* in modo predatorio; rapacemente.

predatoriness ['predətərɪnɪs *amer.* 'pred ətɔ:rɪnɪs / pred·at·ori·ness] *s.* rapacità.

predatory ['predətərɪ *amer.* 'predətɔ:rɪ / pred·at·ory] *agg.* predatorio; rapace (*anche fig.*): *a — animal*, un rapace; *— raid*, una razzia // (*econ.*): *— price*, prezzo predatorio; *— pricing*, fissazione predatoria del prezzo.

predecease [,pri:dɪ'si:s / pre·de·cease] *s.* premorienza (*anche dir.*).

to **predecease** *v.tr.* e *intr.* premorire (a).

predecessor ['pri:dɪsesə* *amer.* 'predɪ sesə* / pre·de·ces·sor] *s.* predecessore.

predella [prɪ'delə / pre·della] *pl.* **predelle** [prɪ'deli:] *s.* (*arch.*) predella.

predesignate [pri:'dezɪgnɪt / pre·des·ig·nate] *agg.* designato prima, predesignato.

to **predesignate** [pri:'dezɪgneɪt] *v.tr.* designare prima, predesignare.

predesignation ['pri:,dezɪg'neɪʃn / pre·des·ig·na·tion] *s.* predesignazione.

predestinarian ['pri:,destɪ'neərɪən / pre·des·tin·arian] *agg.* (*teol.*) che riguarda la predestinazione ◆ *s.* **1** (*st. relig.*) predestinaziano **2** fatalista.

predestinarianism ['pri:,destɪ'neərɪən ɪzəm / pre·des·tin·arian·ism] *s.* (*teol.*) dottrina della predestinazione.

predestinate [,pri:'destɪnɪt / pre·des·tin·ate] *agg.* predestinato.

to **predestinate** [,pri:'destɪneɪt] *v.tr.* (*teol.*) predestinare.

predestination [pri:,destɪ'neɪʃn / pre·des·tina·tion] *s.* (*teol.*) predestinazione.

to **predestine** [,pri:'destɪn / pre·des·tine] *v.tr.* preordinare; predestinare.

predetermination ['pri:dɪ,tɜ:mɪ'neɪʃn / pre·de·ter·mina·tion] *s.* **1** predeterminazione **2** (*teol.*) predestinazione.

to **predetermine** [,pri:dɪ'tɜ:mɪn / pre·de·ter·mine] *v.tr.* predeterminare, preordinare.

predial ['pri:dɪəl / pre·dial] *agg.* (*dir.*) prediale ◆ *s.* (*ant.*) servo della gleba.

predicability [,predɪkə'bɪlətɪ / pre·dic·ab·il·ity] *s.* (*fil.*) l'essere predicabile.

predicable ['predɪkəbl / pre·dic·able] *agg.* (*fil.*) predicabile.

predicament [prɪ'dɪkəmənt / pre·dica·ment] *s.* **1** stato, condizione, situazione (gener. difficile): *he was in a fine —!*, era in un bell'impiccio! **2** (*gener. pl.*) (*fil.*) predicamento, categoria (aristotelica).

predicant ['predɪkənt / pre·dic·ant] *agg.* (*non com.*) predicante ◆ *s.* (*non com.*) predicatore.

predicate ['predɪkɪt / pre·dic·ate] *agg.* (*log.*, *gramm.*) predicato.

to **predicate** ['predɪkeɪt] *v.tr.* **1** (*fil.*) predicare; fondare (un pensiero, un ragionamento ecc.): *this proposition was predicated (up)on the belief in man's perfectibility*, questa proposizione è fondata sulla fede nella perfettibilità dell'uomo **2** affermare, asserire: *to — the need for sthg.*, asserire la necessità di qlco.

predication [,predɪ'keɪʃn / pre·dica·tion] *s.* **1** (*ant.*) predicazione **2** (*log.*) affermazione.

predicative [prɪ'dɪkətɪv *amer.* 'predɪkeɪtɪv / pre·dic·at·ive] *agg.* **1** (*log.*, *gramm.*) predicativo **2** affermativo.

predicatory ['predɪkeɪtərɪ / pre·dic·at·ory] *agg.* predicatorio.

to **predict** [prɪ'dɪkt / pre·dict] *v.tr.* predire; profetizzare; pronosticare.

predictable [prɪ'dɪktəbl / pre·dict·able] *agg.* che si può predire; prevedibile.

prediction [prɪ'dɪkʃn / pre·dic·tion] *s.* predizione; profezia.

predictive [prɪ'dɪktɪv / pre·dict·ive] *agg.* che predice; profetico; premonitore // **-ly** *avv.*

predictor [prɪ'dɪktə* / pre·dictor] *s.* **1** indovino; profeta **2** (*mil.*) puntatore automatico (di cannone antiaereo).

to **predigest** [,pri:dɪ'dʒest / pre·di·gest] *v.tr.* **1** sottoporre a predigestione (un alimento) **2** (*med.*) predigerire.

predigestion [,pri:dɪ'dʒestʃən / pre·di·ges·tion] *s.* predigestione (*anche med.*).

predilection [,pri:dɪ'lekʃn / pre·di·lec·tion] *s.* (*form.*) predilezione.

to **predispose** [,pri:dɪ'spəʊz / pre·dis·pose] *v.tr.* (*form.*) predisporre.

predisposition ['pri:,dɪspə'zɪʃn / pre·dis·posi·tion] *s.* (*form.*) predisposizione.

prednisolone [pred'nɪsə,ləʊn / pred·niso·lone] *s.* (*biochim.*) prednisolone.

prednisone ['prednə,səʊn / pred·nis·one] *s.* (*biochim.*) prednisone.

predominance [prɪ'dɒmɪnəns / pre·dom·in·ance] **predominancy** [prɪ'dɒmɪnənsɪ / pre·dom·in·ancy] *s.* predominanza, predominio; preponderanza.

predominant [prɪ'dɒmɪnənt / pre·dom·in·ant] *agg.* predominante // **-ly** *avv.*

to **predominate** [prɪ'dɒmɪneɪt / pre·dom·in·ate] *v.intr.* (*form.*) predominare; preponderare; prevalere.

predomination [prɪ,dɒmɪ'neɪʃn / pre·dom·ina·tion] *s.* (*form.*) predominio.

pre-election [,pri:ɪ'lekʃn] *agg. attr.* preelettorale, antecedente alle elezioni: *— promises*, promesse preelettorali.

preem [pri:m] *s.* (*fam. amer.*) prima, prima rappresentazione di uno spettacolo.

preemie [pri:mɪ] *s.* (*fam. amer.*) neonato prematuro.

pre-eminence [,pri:'emɪnəns] *s.* preminenza; primato; superiorità.

pre-eminent [,pri:'emɪnənt] *agg.* preminente; superiore; in vista; eccellente // **-ly** *avv.*

to **pre-empt** [,pri:'empt] *v.tr.* **1** (*dir.*) acquistare per diritto di prelazione; (*amer.*) stabilirsi su (terreno pubblico) per acquistare diritto di prelazione **2** frustrare; mandare a vuoto: *they pre-empted the enemy attack by destroying the aircraft on the ground*, mandarono a vuoto l'attacco del nemico distruggendo gli aerei a terra **3** appropriarsi di; impadronirsi di.

pre-emption [,pri:'empʃn] *s.* **1** (*dir.*) prelazione, priorità // *— right*, diritto di prelazione; (*fin.*) diritto di opzione **2** (*inform.*) prelazione, sospensione forzata **3** (*form.*) appropriazione.

pre-emptive [,pri:'emptɪv] *agg.* **1** (*dir.*) di prelazione // (*fin.*) *— right*, diritto di opzione **2** preventivo: *— strike*, attacco preventivo.

to **preen** [pri:n] *v.tr.* **1** lisciarsi (le penne) col becco **2** (*fig.*) lisciarsi; agghindarsi: *she preened herself for hours before going out with her boyfriend*, si agghindò per delle ore prima di uscire col suo ragazzo **3** (*fig.*) pavoneggiarsi; compiacersi di sé.

to **pre-engage** [,pri:ɪn'geɪdʒ] *v.tr.* impegnare, occupare precedentemente.

pre-engagement [,pri:ɪn'geɪdʒmənt] *s.* impegno precedente.

to **pre-establish** [,pri:ɪs'tæblɪʃ] *v.tr.* (*non com.*) prestabilire.

pre-examination ['pri:ɪg,zæmɪ'neɪʃn] *s.* esame preliminare.

to **pre-examine** [,pri:ɪg'zæmɪn] *v.tr.* fare un esame preliminare.

to **pre-exist** [,pri:ɪg'zɪst] *v.intr.* preesistere.

pre-existence [,pri:ɪg'zɪstəns] *s.* preesistenza.

pre-existent [,pri:ɪg'zɪstənt] *agg.* preesistente.

prefab ['pri:fæb / pre·fab] *s.* (*fam.*) casa, struttura prefabbricata.

to **prefabricate** [,pri:'fæbrɪkeɪt / pre·fab·ric·ate] *v.tr.* prefabbricare (*anche fig.*): *prefabricated house*, casa prefabbricata.

prefabrication ['pri:,fæbrɪ'keɪʃn / pre·fab·rica·tion] *s.* prefabbricazione.

preface ['prefɪs / pre·face] *s.* **1** prefazione; introduzione **2** preludio; preambolo **3** (*eccl.*) prefazio.

to **preface** *v.tr.* **1** (*non com.*) fare, scrivere una prefazione a: *to — a book*, scrivere la prefazione di un libro **2** introdurre; fare precedere; iniziare: *the headmaster prefaced his remarks with a sharp rap on the table*, il direttore iniziò le sue osservazioni con un secco colpo sul tavolo **3** preludere a; preannunciare: *the events that prefaced the crisis*, gli eventi che prelusero alla crisi ◆ *v.intr.* scrivere una prefazione; fare osservazioni preliminari.

prefatorial [,prefə'tɔ:rɪəl / pre·fat·orial] *agg.* introduttivo; introduttorio; preliminare.

prefatory ['prefətərɪ *amer.* 'prefətɔ:rɪ / pre·fat·ory] *agg.* introduttivo; introduttorio; preliminare // **-ily** *avv.*

prefect ['pri:fekt / pre·fect] *s.* **1** prefetto **2** studente anziano con funzioni disciplinari.

prefectorial [,pri:fek'tɔ:rɪəl / pre·fect·orial] *agg.* prefettizio.

prefectship ['pri:fektʃɪp / pre·fect·ship] *s.* prefettura.

prefectural [prɪ'fektʃʊrəl / pre·fec·tural] *agg.* da, di prefettura.

prefecture ['pri:fek,tjʊə* / pre·fec·ture] *s.* prefettura.

to **prefer** [prɪ'fɜ:* / pre·fer] *pass.p.p.* **preferred** [prɪ'fɜ:d / pre·ferred] *v.tr.* **1** (II, IV) preferire: *I — working to doing nothing*, preferisco lavorare piuttosto che non far niente; *they — to die rather than submit*, preferiscono morire piuttosto che sottomettersi **2** (*form.*) promuovere; elevare: *he was preferred to the* *rank of admiral*, egli fu promosso, elevato al rango di ammiraglio **3** (*dir.*, *amm.*) presentare; avanzare (un'istanza): *a charge was preferred against her*, ella venne citata in giudizio; *to — a complaint*, presentare un reclamo; *to — a creditor*, effettuare un pagamento preferenziale.

preferability [ˌprefərəˈbɪlətɪ / pre·fer·ab·il·ity] *s.* preferibilità.

preferable [ˈprefərəbl / pre·fer·able] *agg.* preferibile // **-ness** *s.* // **-bly** *avv.*

preference [ˈprefərəns / pref·er·ence] *s.* preferenza: *— will be given to experienced teachers*, verrà accordata la preferenza a insegnanti esperti // (*fin.*): *— shares* (o *— stock*), azioni privilegiate; *— dividend*, dividendo di azioni privilegiate // (*econ.*): *rank ordering of preferences*, ordinamento delle preferenze; *— function*, relazione di preferenza.

preferential [ˌprefəˈrenʃl / pref·er·en·tial] *agg.* preferenziale; di favore: *— treatment*, trattamento di favore; (*trib.*) *— duty*, dazio preferenziale // (*comm.*): *— payments*, pagamenti preferenziali; *— claim* (o *— debt*), credito privilegiato // *— shop*, azienda che privilegia l'assunzione degli iscritti ai sindacati // **-ly** *avv.*

preferment [prɪˈfɜːmənt / pre·fer·ment] *s.* **1** promozione; avanzamento **2** (*non com.*) incarico; nomina (*spec. eccl.*).

preferred [prɪˈfɜːd / pre·ferred] *agg.* **1** preferito **2** privilegiato: *— shares* (o *— stock*), (*amer.*) azioni privilegiate // (*comm.*) *— claim* (o *— debt*, o *— credit*), credito privilegiato.

prefiguration [ˈpriːˌfɪgjʊˈreɪʃn / pre·fig·ur·at·ion] *s.* prefigurazione.

prefigurative [prɪˈfɪgjʊrətɪv / pre·fig·ur·at·ive] *agg.* preconizzatore; che prefigura.

to **prefigure** [prɪˈfɪgə* / pre·fig·ure] *v.tr.* **1** prefigurare **2** prevedere.

pre-financing [ˌpriːˈfaɪnænsɪŋ] *s.* (*fin.*) prefinanziamento.

prefix [ˈpriːfɪks / pre·fix] *s.* **1** (*gramm.*) prefisso **2** (*antiq.*) titolo (che precede un nome proprio): *now you have full right to the — of Doctor*, ora hai pieno diritto al titolo di dottore.

to **prefix** *v.tr.* **1** premettere; far precedere: *to — a paragraph to Chapter IX*, premettere un passo al Capitolo IX **2** mettere come prefisso: *to — a particle to a word*, apporre una particella come prefisso a una parola **3** prefissare; prestabilire.

pre-flight [priːˈflaɪt] *agg.* prevolo; anteriore, precedente al decollo.

prefloration [ˌpriːflɒˈreɪʃn / pre·flora·tion] *s.* (*bot.*) prefiorazione, estivazione.

to **preform** [ˌpriːˈfɔːm / pre·form] *v.tr.* preformare.

preformation [ˌpriːfɔːˈmeɪʃn / pre·forma·tion] *s.* preformazione // (*biol.*) *theory of —*, teoria della preformazione.

prefrontal [ˌpriːˈfrʌntl / pre·frontal] *agg.* (*anat.*) prefrontale: *the — lobe*, il lobo prefrontale (del cervello).

preggie [ˈpregɪ] *agg.* e *s.* (*fam. amer.*) (donna) incinta.

preglacial [priːˈgleɪʃəl / pre·gla·cial] *agg.* (*geol.*) preglaciale.

pregnable [ˈpregnəbl / preg·nable] *agg.* (*ant.*) **1** espugnabile; prendibile **2** (*fig.*) vulnerabile.

pregnancy [ˈpregnənsɪ / preg·nancy] *s.* **1** gestazione, gravidanza **2** (*fig. letter.*) pregnanza; potenzialità; creatività.

pregnant [ˈpregnənt / preg·nant] *agg.* **1** incinta, gravida (di donna); pregna, gravida (di femmina di animale): *a woman three months —*, una donna incinta di tre mesi **2** (*fig. letter.*) ricco; fertile; carico; gravido: *— with consequences*, gravido di conseguenze **3** (*fig.*) pregnante; significativo: *— events*, avvenimenti significativi: *how pregnant sometimes his replies are*, (SH. Hamlet) come sono geniali talvolta le sue parole **4** (*ant.*) ovvio, palese, manifesto: *most true if ever truth were pregnant by circumstance*, (SH. The Winter's Tale) verissimo, se mai verità fu resa chiara dalle circostanze.

pregnantly [ˈpregnəntlɪ / preg·nant·ly] *avv.* **1** fecondamente; fruttuosamente **2** (*fig.*) pregnantemente; significativamente.

to **preheat** [priːˈhiːt / pre·heat] *v.tr.* preriscaldare.

prehensile [priːˈhensaɪl / pre·hens·ile] *agg.* prensile.

prehensility [ˌpriːhenˈsɪlətɪ / pre·hens·il·ity] *s.* l'essere prensile.

prehension [prɪˈhenʃn / pre·hen·sion] *s.* **1** prensione **2** (*rar.*) comprensione; apprendimento.

prehistoric [ˌpriːhɪˈstɒrɪk *amer.* ˌpriːhɪˈstɔːrɪk / pre·his·toric] *agg.* preistorico.

prehistorically [ˌpriːhɪˈstɒrɪkəlɪ *amer.* ˌpriːhɪˈstɔːrɪkəlɪ / pre·his·tor·ic·ally] *avv.* in epoca preistorica; nella preistoria.

prehistory [ˌpriːˈhɪstərɪ / pre·his·tory] *s.* preistoria.

pre-human [ˌpriːˈhjuːmən] *agg.* anteriore alla comparsa dell'uomo.

preignitor [ˌpriːɪgˈnaɪtə* / pre·ig·nitor] *s.* dispositivo di preaccensione.

to **pre-instruct** [ˌpriːɪnˈstrʌkt] *v.tr.* istruire in precedenza.

to **prejudge** [ˌpriːˈdʒʌdʒ / pre·judge] *v.tr.* giudicare prima del tempo; dare un giudizio avventato su.

prejudgement [ˌpriːˈdʒʌdʒmənt / pre·judge·ment] *s.* (*non com.*) giudizio prematuro.

prejudice [ˈpredʒʊdɪs / pre·ju·dice] *s.* **1** pregiudizio, preconcetto, prevenzione: *racial —*, pregiudizio razziale; *free from —*, senza pregiudizi; *he has got a — against women in the office*, non gli va l'idea di avere donne nel suo ufficio **2** danno: *he continued to drink to the — of his career*, continuò a bere a danno della sua carriera.

to **prejudice** *v.tr.* **1** pregiudicare, danneggiare; compromettere **2** ispirare pregiudizi a, influenzare negativamente.

prejudiced [ˈpredʒʊdɪst / pre·ju·diced] *agg.* prevenuto // *to be — in favour of s.o., sthg.*, essere ben disposto nei confronti di qlcu., qlco.

prejudicial [ˌpredʒʊˈdɪʃl / pre·ju·di·cial] *agg.* (*form.*) pregiudizievole, dannoso: *to be — to s.o.'s interests*, nuocere agli interessi di qlcu. // **-ly** *avv.*

prelacy [ˈpreləsɪ / prel·acy] *s.* **1** prelatura **2** governo prelatizio.

prelate [ˈprelɪt / prel·ate] *s.* prelato.

prelatic(al) [prɪˈlætɪk(l) / pre·latic(al)] *agg.* prelatizio // **-ally** *avv.*

prelatism [ˈprelətɪzəm / pre·lat·ism] *s.* governo prelatizio.

to **prelatize** [ˈprelətaɪz / pre·lat·ize] *v.tr.* porre (la Chiesa) sotto il governo dei prelati.

prelature [ˈprelətjʊə* / pre·lat·ure] *s.* prelatura.

prelection [prɪˈlekʃn / pre·lec·tion] *s.* (*non com.*) conferenza; lezione universitaria.

prelector [prɪˈlektə* / pre·lector] *s.* (*non com.*) conferenziere; lettore.

prelibation [ˌpriːlaɪˈbeɪʃn / pre·li·ba·tion] *s.* (*rar.*) (*gener. fig.*) pregustazione.

preliminarily [prɪˈlɪmɪnərɪlɪ *amer.* prɪˈlɪmɪnerɪlɪ / pre·lim·in·ar·ily] *avv.* preliminarmente.

preliminary [prɪˈlɪmɪnərɪ *amer.* prɪˈlɪmɪnerɪ / pre·lim·in·ary] *agg.* preliminare // (*comm.*) *— agreement* (o *contract*), compromesso // (*dir.*): *— hearing*, udienza preliminare; *— investigation of a case*, istruttoria ◆ *s.* (*gener. pl.*) introduzione, premessa, preliminari (*pl.*): *you have to go through burocratic preliminaries before you get a visa*, devi passare attraverso i preliminari burocratici prima di ottenere un visto.

preliterate [priːˈlɪtərət / pre·lit·er·ate] *agg.* preletterario.

prelude [ˈpreljuːd / pre·lude] *s.* **1** introduzione, proemio **2** (*mus.*) preludio.

to **prelude** *v.tr.* e *intr.* **1** servire da preludio (a); preludere (a) **2** (*mus.*) preludiare (a); eseguire un preludio.

prelusion [prɪˈljuːʒn / pre·lu·sion] *s.* (*rar.*) preludio, introduzione.

prelusive [prɪˈljuːsɪv / pre·lus·ive] rar.
prelusory [prɪˈljuːsərɪ / pre·lus·ory] *agg.* preliminare, introduttivo.

premarital [ˌpriːˈmærɪtl / pre·mar·ital] *agg.* prematrimoniale.

premature [ˌpreməˈtjʊə* *amer.* ˌpriːməˈtʊə* / pre·ma·ture] *agg.* prematuro: *— decision*, decisione prematura // (*med.*): *— beat*, extrasistole; *— infant*, bambino prematuro // **-ly** *avv.*

prematureness [ˌpreməˈtjʊənɪs *amer.* ˌpriːməˈtʊənɪs / pre·ma·ture·ness] **prematurity** [ˌpreməˈtjʊərətɪ *amer.* ˌpriːməˈtʊərətɪ / pre·ma·tur·ity] *s.* l'essere prematuro, prematurità.

premed [priːˈmed / pre·med] *s.* **1** studente di medicina **2** corso propedeutico di medicina.

premedical [ˌpriːˈmedɪkl / pre·med·ical] *agg.* (*amer.*) propedeutico allo studio della medicina: *— course*, corso propedeutico di medicina.

premedication [priːˌmedɪˈkeɪʃn / pre·med·ica·tion] *s.* (*med.*) prenarcosi.

to **premeditate** [ˌpriːˈmedɪteɪt / pre·med·it·ate] *v.tr.* premeditare.

premeditated [ˌpriːˈmedɪteɪtɪd / pre·med·it·ated] *agg.* premeditato: *— murder*, omicidio premeditato // **-ly** *avv.*

premeditation [ˌpriːˌmedɪˈteɪʃn / pre·med·ita·tion] *s.* premeditazione (*anche dir.*).

premier [ˈpremjə* *amer.* ˈpriːmjə* / prem·ier] *agg.* (*spec. sl.*) primo (in ordine di importanza, tempo ecc.) ◆ *s.* (*pol.*) primo ministro, premier.

première [ˈpremɪeə* *amer.* prɪˈmɪə* / premi·ère] *s.* (*fr.*) **1** (*teatr.*, *cinem.*) prima **2** prima donna, prima attrice.

to **première** *v.tr.* rappresentare, proiettare per la prima volta (spettacolo teatrale, cinematografico) ◆ *v.intr.* essere la prima (di spettacolo teatrale, cinematografico).

premiership ['premjəʃɪp *amer.* 'pri:mjəʃɪp / prem·ier·ship] *s.* ufficio, dignità di primo ministro.

premise ['premɪs / pre·mise] *s.* **1** (*log.*) premessa: *major, minor* —, premessa maggiore, minore **2** (*pl.*) (*dir.*) premesse; l'oggetto di queste premesse **3** *pl.* immobile; edificio; stabile con terreni annessi: *business premises*, edificio a uso commerciale; *on the premises*, nello stabile, nell'edificio; *shops premises*, locale adibito a negozio; *off the premises*, fuori dallo stabile, dall'edificio; *licensed* (o *licenced*) *premises*, locale autorizzato alla vendita di alcolici; *to be drunk on the premises*, da bersi sul posto.

to **premise** [prɪ'maɪz] *v.tr.* (*form.*) premettere; far precedere: *to — a book with a few general remarks*, premettere alcune osservazioni generali a un libro ◆ *v.intr.* fare una premessa.

premiss ['premɪs / prem·iss] *s.* (*mat.*) premessa.

premium ['pri:mɪəm / pre·mium] *s.* **1** premio, ricompensa // *we put* (o *place*) *a high — on punctuality*, (*fig.*) diamo molta importanza alla puntualità **2** (*econ.*) premio, somma addizionale: (*insurance*) —, premio (di assicurazione); — *bonus system*, sistema di retribuzione a premio, a incentivo **3** (*fin.*) premio, sovrapprezzo, aggio: *at a* —, sopra la pari; *share* —, sovrapprezzo azioni; *share — account*, fondo sovrapprezzo azioni; *to sell shares at a* —, vendere azioni sopra la pari; *dollar* —, aggio del dollaro; *forward* —, premio forward; *call* —, premio pagato dall'emittente in caso di rimborso anticipato di obbligazioni (negli Stati Uniti); — *bond*, titolo di stato a premio (in Gran Bretagna) // *single rooms were at a* —, le stanze singole erano difficili da trovare **4** (*Borsa*) premio, compenso dovuto dal compratore di un contratto a termine a premio **5** (*comm.*) premio, omaggio: — *sale*, vendita a premio; — *offer*, offerta regalo.

premolar [,pri:'məʊlə* / pre·molar] *agg.* e *s.* (*anat.*) premolare.

premonition [,pri:mə'nɪʃn / pre·moni·tion] *s.* premonizione; presentimento.

premonitorily [prɪ'mɒnɪtərɪlɪ *amer.* prɪ 'mɒnɪtɔ:rɪlɪ / pre·mon·it·ori·ly] *avv.* in modo premonitorio.

premonitory [prɪ'mɒnɪtərɪ *amer.* prɪ 'mɒnɪtɔ:rɪ / pre·mon·it·ory] *agg.* premonitorio.

prenatal [,pri:'neɪtl / pre·natal] *agg.* (*amer.*) prenatale: — *care*, assistenza prenatale BRIT. **antenatal**.

prentice ['prentɪs / pren·tice] *s.* (*ant.*) apprendista.

preoccupation [,pri:,ɒkjʊ'peɪʃn / pre·oc·cu·pa·tion] *s.* **1** pensiero assillante; preoccupazione; cura **2** interessamento totale, coinvolgimento, partecipazione (*with*, a, per) // *his complete — isolated him from the rest of us*, l'essere sempre così immerso nei suoi pensieri lo isolava da tutti noi **3** (*non com.*) occupazione, lavoro precedente.

preoccupied [,pri:'ɒkjʊpaɪd / pre·oc·cu·pied] *agg.* **1** assorto, distratto, sovrappensiero; preoccupato **2** occupato in precedenza, già occupato.

preoccupiedly [,pri:'ɒkjʊpaɪdlɪ / pre·oc·cu·pied·ly] *avv.* con aria assorta, distratta.

to **preoccupy** [,pri:'ɒkjʊpaɪ / pre·oc·cupy] *v.tr.* **1** assorbire l'attenzione di; preoccupare: *to be preoccupied with sthg.*, preoccuparsi di qlco. **2** occupare in precedenza.

pre-operative [,pri:'ɒpərətɪv] *agg.* (*med.*) preoperatorio.

to **preordain** [,pri:ɔ:'deɪn / pre·or·dain] *v.tr.* (*form.*) preordinare; predeterminare.

preorder ['pri:,ɔ:də* / pre·or·der] *s.* (*mat.*) preordine.

preordered [pri:'ɔ:dəd / pre·or·dered] *agg.* (*mat.*) preordinato: — *relation*, relazione di preordine.

preordination [,pri:,ɔ:dɪ'neɪʃn / pre·or·dina·tion] *s.* preordinazione.

prep [prep] *agg.* (*sl. scolastico*) abbr. di → **preparatory** ◆ *s.* **1** abbr. di → **preposition** **2** abbr. di → **preparation 1** **3** (*fam.*) compiti a casa.

to **prep** *v.tr.* (*amer.*) preparare (qlcu. a qlco., spec. un esame o un'operazione chirurgica) ◆ *v.intr.* (*amer.*) **1** frequentare una 'preparatory school' **2** prepararsi (fare i compiti, studiare le lezioni).

to **prepack** [,pri:'pæk / pre·pack] to **prepackage** [,pri:'pækɪdʒ / pre·pack·age] *v.tr.* preconfezionare.

prepaid [,pri:'peɪd / pre·paid] *pass.p.p.* di to **prepay** ◆ *agg.* (*comm.*) franco di porto; pagato anticipatamente // *answer* —, risposta pagata (di lettere, telegrammi) // (*amm.*) — *expenses*, risconti attivi.

preparation [,prepə'reɪʃn / pre·para·tion] *s.* **1** preparazione; preparativo: *to make preparations for a trip*, fare i preparativi per un viaggio **2** (*med.*) preparato.

preparative [prɪ'pærətɪv / pre·par·at·ive] *agg.* preparatorio ◆ *s.* **1** preparatore (cosa, sostanza) **2** preparazione **3** (*mil.*) segnale preparatorio, primo segnale.

preparatively [prɪ'pærətɪvlɪ / pre·par·at·ive·ly] *avv.* in modo preparatorio; come preparazione.

preparatory [prɪ'pærətərɪ *amer.* prɪ'pær ətɔ:rɪ / pre·par·at·ory] *agg.* preparatorio // — *to*, (*form.*) prima di.

preparatory school [prɪ'pærətərɪ,sku:l *amer.* prɪ'pærətɔ:rɪ,sku:l] *s.* **1** (*in Gran Bretagna*) scuola privata di preparazione alla scuola superiore (spec. alla 'public school') **2** (*negli Stati Uniti*) scuola secondaria privata (costosa ed elitaria) di preparazione al 'college'.

to **prepare** [prɪ'peə* / pre·pare] *v.tr.* preparare; predisporre; organizzare; allestire: *I must — the dinner*, devo preparare il pranzo; *to — a plan*, elaborare un piano; *to — s.o. for a piece of bad news*, preparare qlcu. a una cattiva notizia ◆ *v.intr.* prepararsi: *he was preparing to leave*, si stava preparando a partire; *to — for an examination*, prepararsi a un esame.

prepared [prɪ'peəd / pre·pared] *agg.* **1** preparato, pronto **2** preparato, disposto.

preparedness [prɪ'peədnɪs / pre·pared·ness] *s.* l'esser pronto, preparato: *everything was in a state of* —, tutto era predisposto.

to **prepay** [,pri:'peɪ / pre·pay] *pass. p.p.* **prepaid** [,pri:'peɪd / pre·paid] *v.tr.* pagare anticipatamente.

prepayment [,pri:'peɪmənt / pre·pay·ment] *s.* pagamento anticipato // (*fin.*) — *clause*, clausola di rimborso anticipato.

prepense [prɪ'pens / pre·pense] *agg.* (*dir.*) deliberato, premeditato, intenzionale: *through malice* —, con premeditazione.

preponderance [prɪ'pɒndərəns / pre·pon·der·ance] **preponderancy** [prɪ'pɒndər ənsɪ / pre·pon·der·ancy] *s.* (*form.*) preponderanza.

preponderant [prɪ'pɒndərənt / pre·pon·der·ant] *agg.* (*form.*) preponderante // **-ly** *avv.*

to **preponderate** [prɪ'pɒndəreɪt / pre·pon·der·ate] *v.intr.* (*form.*) **1** predominare, prevalere: *to — in the voting*, aver la prevalenza nelle votazioni **2** (*ant.*) essere più pesante.

preponderating [prɪ'pɒndəreɪtɪŋ / pre·pon·der·at·ing] *agg.* (*form.*) preponderante.

to **prepose** [,pri:'pəʊz / pre·pose] *v.tr.* (*gramm.*) preporre.

preposition [,prepə'zɪʃn / pre·posi·tion] *s.* (*gramm.*) preposizione.

prepositional [,prepə'zɪʃənl / pre·posi·tional] *agg.* (*gramm.*) di preposizione, relativo a una preposizione: — *phrase*, locuzione preposizionale.

prepositive [prɪ'pɒzətɪv / pre·pos·it·ive] *agg.* (*gramm.*) prepositivo ◆ *s.* particella prepositiva.

to **prepossess** [,pri:pə'zes / pre·pos·sess] *v.tr.* **1** (*rar.*) occupare in precedenza **2** influire; predisporre **3** fare buona impressione a.

prepossessing [,pri:pə'zesɪŋ / pre·pos·sess·ing] *agg.* simpatico; attraente, che predispone favorevolmente: *he has a — face*, il suo viso ispira simpatia, ha un viso aperto; *his looks are not particularly* —, il suo aspetto non è particolarmente attraente // **-ly** *avv.*

prepossession [,pri:pə'zeʃn / pre·pos·ses·sion] *s.* **1** (*ant.*) occupazione precedente **2** buona predisposizione **3** prevenzione, pregiudizio **4** preoccupazione.

preposterous [prɪ'pɒstərəs / pre·pos·ter·ous] *agg.* **1** contrario alla natura, al buon senso; assurdo; irrazionale **2** sciocco, ridicolo: *what a — idea!*, che idea strampalata! // **-ly** *avv.* // **-ness** *s.*

prepotence [prɪ'pəʊtəns / pre·po·tence] **prepotency** [prɪ'pəʊtənsɪ / pre·po·tency] *s.* **1** (*non com.*) predominio, prevalenza; strapotenza **2** (*biol.*) predominanza dei caratteri genetici.

prepotent [pri:'pəʊtənt / pre·po·tent] *agg.* **1** predominante; strapotente **2** (*biol.*) dominante.

preppie → **preppy**.

prepping ['prepɪŋ / prep·ping] *s.* (*inform.*) formattamento.

preppy ['prepɪ] *s.* (*fam. amer.*) **1** allievo di una 'preparatory school' **2** (*estens.*) giovane benestante che veste firmato ◆ *agg.* da 'preppy', simile a un 'preppy'.

prep school ['prep,sku:l] *s.* (*fam.*) → **preparatory school**.

prepuberal [pri:'pju:bərəl / pre·pu·beral] *agg.* prepuberale.

prepuberty [pri:'pju:bəty / pre·pu·berty] *s.* prepubertà.

prepuce ['pri:pju:s / pre·puce] *s.* (*anat.*) prepuzio.

Pre-Raphaelite [,pri:'ræfəlaɪt] *agg.* e *s.* (*lett., pitt.*) preraffaellita.

Pre-Raphaelitism [,pri:'ræfəlaɪtɪzəm] *s.* (*lett., pitt.*) preraffaellismo.

to **prerecord** [,pri:rɪ'kɔ:d / pre·re·cord] *v.tr.* (*rad., tv*) registrare in anticipo, preregistrare.

prerelease [,pri:rɪ'li:s / pre·re·lease] *s.* anteprima.

prerequisite [,pri:'rekwɪzɪt / pre·requis·ite] *agg.* necessario, indispensabile ◆ *s.* presupposto, requisito primo, requisito indispensabile.

prerogative [prɪ'rɒgətɪv / pre·rog·at·ive] *agg.* **1** privilegiato; concesso in privilegio **2** (*st. romana*) avente il diritto di votare per primo ◆ *s.* **1** prerogativa, privilegio, facoltà: *the royal —*, il privilegio reale; *it is our — to do it*, è nostra prerogativa il farlo // (*st. inglese*) *— court*, corte arcivescovile per la verifica dei testamenti **2** (*rar.*) diritto di dare il primo voto e così influenzare i seguenti.

presage ['presɪdʒ / pres·age] *s.* presagio, pronostico; auspicio; presentimento: *evil —*, cattivo presagio.

to **presage** *v.intr.* **1** (*form.*) avere un presentimento; far presagi **2** presagire (bene, male), essere di buon, cattivo augurio: *this first success presages well for the future*, questo primo successo è di buon augurio per il futuro ◆ *v.tr.* (*form.*) presagire; predire; augurare.

presbyope ['prezbɪəʊp / pres·by·ope] *s.* (*med.*) presbite.

presbyopia [,prezbɪ'əʊpjə / pres·by·opia] *s.* (*med.*) presbiopia.

presbyopic [,prezbɪ'ɒpɪk / pres·by·opic] *agg.* (*med.*) presbite.

presbyter ['prezbɪtə* / pres·by·ter] *s.* (*eccl.*) **1** anziano che dirige e amministra la chiesa locale (nella Chiesa Cristiana primitiva) **2** sacerdote (nella Chiesa Anglicana) **3** anziano (nella Chiesa Presbiteriana).

presbyteral [prez'bɪtərəl / pres·by·teral] *agg.* (*eccl.*) presbiterale.

presbyterate [prez'bɪtərɪt / pres·by·ter·ate] *s.* (*eccl.*) presbiterato.

presbyterial [,prezbɪ'tɪərɪəl / pres·by·ter·ial] *agg.* (*eccl.*) presbiterale.

Presbyterian [,prezbɪ'tɪərɪən / Pres·by·ter·ian] *agg.* e *s.* (*relig.*) presbiteriano // *the — Church*, la Chiesa Presbiteriana.

Presbyterianism [,prezbɪ'tɪərɪənɪzəm / Pres·by·ter·ian·ism] *s.* (*relig.*) presbiterianismo.

presbytery ['prezbɪtərɪ *amer.* 'prezbɪterɪ / pres·by·tery] *s.* presbiterio.

preschool [,pri:'sku:l / pre·school] *s.* (*amer.*) asilo BRIT. nursery school ◆ *agg.* prescolastico: *— age*, età prescolastica.

prescience ['presɪəns / pres·ci·ence] *s.* (*form.*) preveggenza; prescienza.

prescient ['presɪənt / pres·ci·ent] *agg.* (*form.*) preveggente; presciente // **-ly** *avv.*

to **prescind** [prɪ'sɪnd / pre·scind] *v.intr.* (*non com.*) prescindere, fare astrazione: *to — from sthg.*, prescindere da qlco. ◆ *v.tr.* **1** (*non com.*) prescindere da, fare astrazione da, non tener conto di **2** (*rar.*) rescindere, staccare.

to **prescribe** [prɪ'skraɪb / pre·scribe] *v.tr.* **1** prescrivere, ordinare: *prescribed textbooks*, libri di testo adottati; *to — a line of action*, prescrivere, indicare una linea di azione **2** (*med.*) prescrivere **3** (*dir.*) comandare, pretendere in forza di prescrizione: *to — to* (o *for*) *a right*, pretendere un diritto in forza di prescrizione **4** (*dir.*) usucapire, acquisire per usucapione ◆ *v.intr.* **1** (*med.*) fare prescrizioni, ricette **2** (*dir.*) cadere in prescrizione.

prescript ['pri:skrɪpt / pre·script] *s.* (*form.*) ordinanza, legge (*anche dir.*).

prescriptibility [prɪ,skrɪptɪ'bɪlətɪ / pre·script·ib·il·ity] *s.* prescrittibilità.

prescriptible [prɪ'skrɪptəbl / pre·script·ible] *agg.* (*form.*) prescrittibile.

prescription [prɪ'skrɪpʃn / pre·scrip·tion] *s.* **1** ordine, prescrizione, istruzione **2** (*med.*) ricetta, prescrizione: *— drug*, farmaco con prescrizione medica obbligatoria **3** (*dir.*) prescrizione acquisitiva, usucapione.

prescriptive [prɪ'skrɪptɪv / pre·script·ive] *agg.* prescrittivo: *— grammar*, grammatica normativa.

presence ['prezns / pres·ence] *s.* **1** presenza: *in the — of*, alla presenza di; *an invisible —*, una presenza invisibile; *the — of fertilizers in the water is a serious ecological problem*, la presenza di fertilizzanti nell'acqua costituisce un serio problema ecologico; *to make one's — felt*, far notare la propria presenza, non passare inosservato; *your — is requested at*, (*form.*) Ella è invitata ad assistere a // *— of mind*, presenza di spirito, sangue freddo // *to be admitted to the Presence*, essere ammesso alla Augusta Presenza **2** carisma, comunicativa: *he has a great stage —*, è (un attore) dotato di grande comunicativa, presenza scenica **3** (*antiq.*) aspetto, sembianza: *physical —*, prestanza; *a man of noble —*, un uomo di nobile aspetto **4** (*ant.*) adunanza, assemblea.

presence-chamber ['prezns,tʃeɪmbə*] *s.* sala delle udienze.

present[1] ['preznt / pres·ent] *agg.* **1** presente: *all the people —*, tutti i presenti; *to be — at*, essere presente, assistere a **2** presente, questo; *in the — case*, in questo caso; *the — volume*, questo volume **3** (*gramm.*) presente: *— participle*, participio presente **4** attuale: *his — address*, il suo indirizzo attuale; *in the — fashion*, alla moda del giorno; (*econ.*) *— value*, valore attuale, valore attualizzato; *up to the — day*, fino a oggi **5** corrente, in corso // *the — month*, il corrente mese; *the — year*, l'anno in corso // *the — day* (o *time*), il giorno d'oggi **6** (*antiq.*) attento; presente a se stesso **7** (*ant.*) immediato; efficace.

present[1] *s.* **1** presente, tempo presente: *at — he is abroad*, attualmente è all'estero; *I don't want any more lessons at —*, per ora non voglio più lezioni; *this will do for the —*, questo basterà per il momento; *until the —*, *up to the —*, sino a ora, fino a oggi **2** (*gramm.*) tempo presente: *historical —*, presente storico **3** (*gener. pl.*) documento: (*dir.*) *these presents*, questo documento.

present[2] *s.* dono, regalo: *as a — to*, in dono a; *to make s.o. a — of sthg.*, far dono, regalare qlco. a qlcu.; *Christmas presents*, regali di Natale, strenne natalizie; *going-away —*, regalo d'addio.

to **present**[2] [prɪ'zent / pre·sent] *v.tr.* **1** regalare, donare, offrire, fare omaggio a: *to — s.o. with sthg.*, regalare qlco. a qlcu.; *to — an award*, conferire un premio // *to — one's apologies to s.o.*, offrire le proprie scuse a qlcu. **2** presentare: *to — s.o.*, presentare qlcu. (al pubblico); *he presented himself at* (o *for*) *an examination*, si presentò a un esame; *to — a programme*, presentare, introdurre un programma; *to — a bill*, presentare un progetto di legge; *the next time an opportunity presents itself, take it*, la prossima volta che si presenta un'opportunità, prendila; *to be presented with a choice*, presentarsi una scelta; (*mil.*) *to — arms*, presentare le armi, rendere onore a qlcu.; *to — a cheque for payment*, presentare un assegno all'incasso; (*dir.*) *to — a plea*, presentare una istanza; (*dir.*) *to — oneself for trial*, comparire in giudizio; **3** presentare, mostrare, rivelare: *the case presented some difficulties*, il caso presentava delle difficoltà; *it presents several vulnerable points*, rivela parecchi punti deboli.

presentability [prɪ,zentə'bɪlətɪ / pre·sent·ab·il·ity] *s.* presentabilità.

presentable [prɪ'zentəbl / pre·sent·able] *agg.* presentabile // **-bly** *avv.*

present arms [prɪ'zent'ɑ:mz] *inter.* e *s.* (*mil.*) presentat'arm.

presentation [,prezən'teɪʃn *amer.* ,pri:zən'teɪʃn / pre·senta·tion] *s.* **1** presentazione, modo di presentare // (*med.*) *cephalic, foot —*, presentazione cefalica, podalica (del feto) **2** discorso, relazione **3** (*fil., teatr.*) rappresentazione **4** (*form.*) dono, omaggio: *to make a — to s.o.*, fare un dono a qlcu. // *— copy*, copia omaggio **5** (*comm.*) presentazione; dimostrazione: *payable on — of the coupon*, pagabile contro presentazione del tagliando; *the — of a new product*, la presentazione di un nuovo prodotto **6** (*eccl.*) collazione (di beneficio).

present-day [,prezənt'deɪ] *agg.* attuale; contemporaneo, del giorno d'oggi.

presentee [,prezən'ti: / pre·sentee] *s.* (*non com.*) **1** persona raccomandata (per ottenere un incarico) **2** debuttante (a Corte) **3** chi riceve un dono **4** (*eccl.*) beneficiario.

presenter [prɪ'zentə* / pre·senter] *s.* **1** presentatore **2** donatore.

presentient [prɪ'senʃɪənt / pre·sen·tient] *agg.* che presagisce, che prevede.

presentiment [prɪ'zentɪmənt / pre·sen·ti·ment] *s.* (*form.*) presentimento.

presently ['prezntlɪ / pres·ently] *avv.* **1** tra poco, a momenti; quanto prima; di lì a poco: *the President will be here —*, il Presidente arriverà a momenti; *— he opened his eyes and smiled*, poco dopo aprì gli occhi e sorrise **2** (*spec. amer. o scoz.*) attualmente **3** (*ant.*) immediatamente, subito: *that shall we presently know*, (MARLOWE) questo lo sapremo subito.

presentment [prɪ'zentmənt / pre·sent·ment] *s.* **1** (*fil., pitt., teatr.*) rappresentazione **2** (*non com.*) presentazione, esposizione, descrizione **3** (*dir.*) dichiarazione emessa dai giurati sotto giuramento **4** (*eccl.*) esposto al vescovo **5** (*comm.*) presentazione (di titolo di credito).

preservable [prɪ'zɜ:vəbl / pre·serv·able] *agg.* conservabile; che può essere preservato.

preservation [,prezə'veɪʃn / pre·ser·va·tion] *s.* preservazione, conservazione: *— of peace*, mantenimento della pace; *these paintings are in an excellent state of —*, questi quadri sono in ottimo stato di conservazione // (*dir.*)

— *order*, ordinanza di conservazione di cose d'arte.

preservative [prɪ'zɜ:vətɪv / pre·ser·vat·ive] *agg.* preservante, preservativo; conservante, conservativo ◆ *s.* **1** sostanza preservatrice, conservante **2** (*non com.*) preservativo, profilattico.

preserve [prɪ'zɜ:v / pre·serve] *s.* **1** marmellata; *pl.* conserva di frutta **2** (*game*) —, riserva (di caccia, pesca); bandita **3** (*estens.*) appannaggio, diritto esclusivo: *traditionally polo is a — of the very rich*, il polo è tradizionalmente appannaggio dei più ricchi **4** *pl.* occhiali protettivi.

to **preserve** *v.tr.* **1** preservare, proteggere: *to — appearances*, salvaguardare le apparenze; *Saints — us!*, che i Santi ci proteggano! **2** conservare; mantenere: *the role of the police is to — public order*, il ruolo della polizia è di mantenere l'ordine pubblico; *bodies which — heat*, corpi che mantengono il calore; *a well -preserved old man*, un vecchio ben portante **3** fare conserve di, mettere in conserva **4** sottoporre a riserva: *to — a river*, riservare il diritto di pesca in un fiume ◆ *v.intr.* **1** fare conserve (di frutta) **2** tenere una riserva (di selvaggina, di pesci ecc.) // **-er** *s.*

to **preset** [,pri:'set / pre·set] *pass.p.p.* **preset** *v.tr.* programmare; (*inform.*) predisporre; preposizionare; assegnare un valore a (un contatore): *he — the video recorder for 5 o'clock*, programmò il videoregistratore per le 5.

presetting [,pri:'setɪŋ / pre·set·ting] *s.* programmazione (di apparecchio); (*inform.*) predisposizione.

pre-shrunk [,pri:'ʃrʌŋk] *agg.* già ristretto: — *jeans*, jeans già ristretti (da un pre-lavaggio).

to **preside** [prɪ'zaɪd / pres·ide] *v.intr.* presiedere: *to — at* (o *over*) *sthg.*, presiedere a qlco., essere a capo di qlco. (*anche fig.*) // *to — at the organ, piano*, suonare l'organo, il piano (in pubblico).

presidency ['prezɪdənsɪ / pres·id·ency] *s.* presidenza.

president ['prezɪdənt / pres·id·ent] *s.* **1** presidente: *President Wilson*, il Presidente Wilson; *the — of a company*, (*spec. amer.*) il presidente di una società // *President of the Board of Trade*, ministro del Commercio (in Inghilterra) // — *of a trade union*, segretario generale di un sindacato operaio **2** rettore (di università).

president-elect [,prezɪdəntɪ'lekt] *s.* (*pol. spec. amer.*) presidente eletto (ma non ancora entrato in carica).

presidential [,prezɪ'denʃl / pres·id·en·tial] *agg.* presidenziale // — *year*, (*amer.*) anno delle elezioni presidenziali // **-ly** *avv.*

presidentship ['prezɪdəntʃɪp / pres·id·ent·ship] *s.* presidenza.

presiding [prɪ'zaɪdɪŋ / pres·id·ing] *agg.* che presiede.

presidium [prɪ'sɪdɪəm / pre·si·dium] *pl.* **presidiums, presidia** [prɪ'sɪdɪə / pre·si·dia] *s.* (*pol.*) presidium.

to **presignify** [prɪ'sɪgnɪfaɪ / pre·sig·nify] *v.tr.* (*non com.*) **1** notificare in precedenza **2** presagire.

press[1] [pres] *s.* **1** stampa, giornalisti: *local, international* —, stampa locale, internazionale; *freedom of the* —, libertà di stampa; *the — was* (o *were*) *not admitted*, la stampa non era ammessa // *gutter* —, stampa scandalistica // — *advertising*, pubblicità a mezzo stampa; — *campaign*, campagna giornalistica; — *gallery*, tribuna stampa (al Parlamento ecc.) // — *laws*, leggi sulla stampa // *to have* (o *to get*) *a good* —, (*fig.*) godere di buona stampa // — *officer*, addetto stampa **2** stampa, lo stampare: *to go to* —, andare in stampa (di libro), andare in macchina (di giornale); *at* —, in stampa // — *corrector*, correttore di bozze **3** (*printing*) —, macchina da stampa: *to be in the* —, essere in macchina, in (corso di) stampa **4** tipografia, stamperia **5** pressione (*spec. fig.*); stretta: *the — of work*, la pressione del lavoro // (*mar.*) — *of sail* (o *of canvas*), forze di vela, superficie di vela // *full court* —, (*amer.*) pressing a zona (nella pallacanestro) **6** (*fam.*) colpo di ferro, stiratura, stirata: *I must give your trousers a* —, devo dare un colpo di ferro ai tuoi pantaloni **7** (*tecn.*) pressa, torchio: *copperplate* —, torchio calcografico; *wine* —, pressa enologica; *hydraulic* —, pressa idraulica, torchio idraulico; *engine* —, pressa meccanica **8** (*non com.*) armadio a muro; armadietto **9** (*ant.*) ressa, calca, mischia, pigia pigia.

to **press**[1] *v.tr.* **1** premere, schiacciare, comprimere; stringere: *he pressed his face against the window-pane*, schiacciò il viso contro il vetro della finestra; *she pressed her child to her breast*, strinse al seno il suo bambino; *to — the button*, premere il bottone; *to — the trigger*, premere il grilletto **2** spremere: *to — the juice out of sthg.*, spremere il succo da qlco. **3** stirare **4** stampare (da matrice) **5** (*fig.*) esercitare pressione; imporre, costringere; mettere alle strette; insistere su: *he pressed fifty thousand lire upon her*, la costrinse ad accettare cinquantamila lire; *to — sthg. on s.o.*, offrire, imporre con insistenza qlco. a qlcu.; *to — s.o. to do sthg.*, insistere perché qlcu. faccia qlco., spingere qlcu. a fare qlco.; *to — the point, one's claim*, insistere sul punto, nelle proprie rivendicazioni; *to — the enemy*, incalzare il nemico; *to — s.o. hard*, mettere qlcu. alle strette ◆ *v.intr.* **1** incalzare: *time presses*, il tempo incalza **2** affollarsi; accalcarsi; *his friends pressed close round him*, i suoi amici gli si affollarono intorno **3** tormentare, opprimere: *these preoccupations pressed upon his mind*, queste preoccupazioni lo tormentavano; *he's always pressing for money*, insiste sempre per avere del denaro.

□ **press on** *v.intr.* e *avv.* continuare, proseguire: — *on* (o *ahead*) *with your work!*, avanti col tuo lavoro!

press[2] *s.* (*st.*) (*mil. spec. mar.*) arruolamento forzato // — *money*, premio per l'arruolamento forzato; (*st. mar.*) — *warrant*, permesso d'arruolamento forzato.

to **press**[2] *v.tr.* (*st.*) (*mil. spec. mar.*) arruolare forzatamente: *to — men for the army*, procedere a un arruolamento forzato per l'esercito.

press agency ['pres,eɪdʒənsɪ] *s.* **1** agenzia stampa **2** agenzia di pubblicità (per attori ecc.).

press agent ['pres,eɪdʒənt] *s.* press agent, agente pubblicitario (di attore, cantante ecc.).

press box ['presbɒks] *s.* tribuna stampa.

press conference ['pres,kɒnfərəns] *s.* conferenza stampa: *to give a* —, tenere una conferenza stampa SIN. news conference.

press corps ['pres,kɔ:*] *pl.invar. s.* (*amer.*) corrispondenti, (*pl.*) insieme di giornalisti che lavorano presso un determinato organismo.

press cutting ['pres,kʌtɪŋ] *s.* ritaglio di giornale.

pressed [prest] *agg.* **1** schiacciato, compresso, pressato, pigiato // — *beef*, manzo in scatola, pressato // *a carefully — dress*, un abito ben stirato **2** oppresso; a corto (di): *to be hard* —, essere in difficoltà // *to be — for money*, essere a corto di denaro; *to be — for time*, avere pochissimo tempo **3** stampato alla pressa.

presser ['presə*] *s.* **1** chi stira **2** chi manovra una pressa; pressatore **3** premistoffa (di machina per cucire) **4** (*tess.*) pressoio.

pressgang ['presgæŋ / press·gang] *s.* (*st. mar.*) squadra che provvedeva all'arruolamento forzato.

to **pressgang** *v.tr.* **1** (*st. mar.*) arruolare forzatamente **2** (*fam.*) forzare, costringere: *to — s.o. into doing sthg.*, costringere qlcu. a fare qlco.

press handout ['pres,hændaʊt] → **press release**.

pressing[1] ['presɪŋ / press·ing] *agg.* **1** insistente, pressante; incalzante: *since you are so* —, poiché sei così insistente **2** pressante, urgente: *to have nothing more — to do than*, non avere niente di più urgente da fare che; — *issue*, questione urgente; (*comm.*) — *bill*, cambiale da pagare ◆ *s.* **1** insistenza, sollecitazione: *he wanted no* —, non si fece pregare **2** pressione; pressatura; spremitura, pigiatura: — *cage*, gabbia di spremitura **3** (*gener. pl.*) succo spremuto **4** (*mecc.*) stampaggio alla pressa: *metal sheet* —, stampaggio di lamiera metallica alla pressa **5** disco (fonografico) // **-ly** *avv.*

pressing[2] *s.* (*st. mar.*) arruolamento forzato.

pressman ['presmən / press·man] *pl.* **pressmen** *s.* **1** (*fam. brit.*) giornalista; cronista **2** (*tip.*) stampatore.

pressmark ['presmɑ:k / press·mark] *s.* segnatura, collocazione (di libro appartenente a una biblioteca).

press-proof ['pres,pru:f] *s.* (*tip.*) bozza di stampa.

press release ['presrɪ,li:s] *s.* comunicato stampa SIN. press handout.

press-room ['presrʊm *amer.* 'presru:m] *s.* **1** sala stampa **2** (*tip.*) sala macchine.

press-run ['pres,rʌn] *s.* tiratura (di giornale): *that paper has a — of 400,000 copies*, quel giornale ha una tiratura di 400.000 copie.

press-stud ['pres,stʌd] *s.* (bottone) automatico SIN. popper AMER. snap fastener.

press-up ['presʌp] *s.* flessioni sulle braccia AMER. push-up.

pressure ['preʃə* / pres·sure] *s.* **1** pressione (*anche fis., med.*), compressione: *tyre* —, pressione di un pneumatico; *atmospheric* —, pressione atmosferica // — *gauge*, manometro **2** (*fig.*) pressione; oppressione, afflizione; situazione opprimente: *to be under* —, essere sotto pressione; *to be under — from s.o. to do sthg.*, ricevere delle continue pressioni da parte di qlcu. per fare qlco. // *to bring — to bear on s.o.* (o *to put — on s.o.*), fare pressione su qlcu., mettere qlcu. sotto pressione // *the —'s* *on*, siamo (tutti) sotto pressione // *the — of work*, lo stress del lavoro // (*econ.*): *downward —*, pressione al ribasso; *upward —*, spinta al rialzo **3** (*elettr.*) forza elettromotrice.

to **pressure** *v.tr.* (*spec. amer.*) fare pressione su, premere su: *to — s.o. into doing* (o *to do*) *sthg.*, fare pressione su qlcu. perché faccia qlco.

pressure cabin ['preʃə,kæbɪn] *s.* (*aer.*) cabina pressurizzata.

pressure casting ['preʃə,kɑ:stɪŋ *amer.* 'preʃə,kæstɪŋ] *s.* (*metall.*) pressofusione.

pressure cooker ['preʃə,kʊkə*] *s.* pentola a pressione.

pressure group ['preʃə,gru:p] *s.* (*pol.*) gruppo di pressione, gruppo di interesse SIN. interest group.

pressure point ['preʃə,pɔɪnt] *s.* (*med.*) punto di compressione (per bloccare un'emorragia).

pressure suit ['preʃə,su:t] *s.* (*aer.*, *mar.*) tuta pressurizzata, scafandro pressurizzato.

to **pressurize** ['preʃəraɪz / pres·sur·ize] *v.tr.* **1** fare pressione su, premere su **2** (*aer.*, *mar.*) pressurizzare.

press-work ['preswɜ:k] *s.* **1** stampa, lo stampare; lavoro di stampa **2** giornalismo.

prestidigitation [,prestɪ,dɪdʒɪ'teɪʃn / pres·ti·di·gita·tion] *s.* (*form.*) prestidigitazione.

prestidigitator [,prestɪ,dɪdʒɪteɪtə* / pres·ti·di·git·ator] *s.* (*form.*) prestidigitatore, prestigiatore.

prestige [pres'ti:ʒ / pres·tige] *agg.* prestigioso, di prestigio ◆ *s.* prestigio: *man of —*, uomo di prestigio.

prestigious [pre'stɪdʒəs / pres·ti·gi·ous] *agg.* prestigioso // **-ly** *avv.*

presto[1] ['prestəʊ] *pl.* **prestos** *s.* (*mus.*) presto.

presto[2] *agg.* rapido, svelto ◆ *avv.* rapidamente, presto, alla svelta.

to **prestore** ['pri:stɔ:* / pre·store] *v.tr.* (*inform.*) preregistrare.

to **prestress** [,pri:'stres / pre·stress] *v.tr.* (*edil.*) precomprimere.

prestressed concrete [,pri:,strest'kɒŋkri:t] *s.* (*edil.*) calcestruzzo precompresso.

presumable [prɪ'zju:məbl *amer.* prɪ'zu:məbl / pre·sum·able] *agg.* presumibile // **-bly** *avv.*

to **presume** [prɪ'zju:m *amer.* prɪ'zu:m / pre·sume] *v.tr.* **1** presumere; supporre, ritenere: *let us — that*, supponiamo che; *I — you to be John's brother*, (*form.*) suppongo che lei sia il fratello di John; *he is presumed to be hiding in South America*, si presume che si nasconda in Sud America; (*dir.*) *the accused is presumed innocent*, l'imputato è presunto innocente // *he was missing, presumed dead*, era scomparso, presunto morto **2** (*form.*) permettersi, avere la presunzione di, osare: *he presumed to compare himself with you*, si è permesso di paragonarsi a lei **3** (*form.*) presupporre, implicare: *the creation presumes a Creator*, la creazione presuppone un Creatore ◆ *v.intr.* **1** agire da, fare il presuntuoso; prendersi delle libertà: *he was presuming too much*, si stava prendendo troppe libertà, si stava dando troppe arie **2** presumere, fare delle supposizioni: *you're the husband, I —*, lei è il marito, presumo, presumibilmente.

□ **presume on**, **upon** *v.intr.* e *prep.* (*form.*) **1** abusare, approfittare: *I don't want to — (up)on your hospitality, but...*, non voglio approfittare della vostra ospitalità, ma... **2** dare per scontato; fare (troppo) affidamento, contare (troppo) su: *do not — too much on his kindness*, non fare troppo affidamento sulla sua gentilezza.

presumedly [prɪ'zju:mɪdlɪ *amer.* prɪ'zu:mɪdlɪ / pre·sumed·ly] *avv.* (*non com.*) presumibilmente.

presuming [prɪ'zju:mɪŋ *amer.* prɪ'zu:mɪŋ / pre·sum·ing] *agg.* presuntuoso; arrogante // **-ly** *avv.*

presumption [prɪ'zʌmpʃn / pre·sump·tion] *s.* **1** supposizione, congettura; il presumere; (*dir.*) presunzione: *the — is that he is not telling the truth*, si presume che non stia dicendo la verità // (*dir.*) *— of innocence*, presunzione di innocenza **2** (*form.*) presunzione, arroganza: *he had the — to tell me how to do my job*, ebbe la presunzione di dirmi come dovevo fare il mio lavoro.

presumptive [prɪ'zʌmptɪv / pre·sumpt·ive] *agg.* presunto, presuntivo // (*dir.*): *— death*, morte presunta; *— evidence*, prova presuntiva, deduttiva // **-ly** *avv.*

presumptuous [prɪ'zʌmptjʊəs / pre·sump·tu·ous] *agg.* presuntuoso; arrogante // **-ly** *avv.* // **-ness** *s.*

to **presuppose** [,pri:sə'pəʊz / pre·sup·pose] *v.tr.* **1** presupporre; dare per scontato **2** presupporre, comportare come condizione necessaria.

presupposition [,pri:,sʌpə'zɪʃn / pre·sup·posi·tion] *s.* **1** presupposizione **2** presupposto, congettura.

preteen [,pri:'ti:n / pre·teen] *s.* (*spec. amer.*) preadolescente.

pretence [prɪ'tens / pre·tence] *s.* **1** simulazione; finzione; falsa apparenza: *he makes a — of protecting you*, finge di proteggerti // (*dir.*) *on* (o *under*) *false pretence(s)*, con truffa **2** pretesa, pretenziosità: *free from pretences*, senza pretese; *I make no — to style*, non ho pretese di stile; *this bibliography has no — at completeness*, questa bibliografia non ha alcuna pretesa di essere completa **3** pretesto, scusa: *under the — of religion*, con il pretesto della religione **4** (*ant.*) progetto: *nor did you think it folly / to keep your great pretences veil'd till when / they needs must show themselves*, (SH. Coriolanus) né giudicaste follia tener segreti i vostri grandi piani finché non si fossero inevitabilmente rivelati da sé.

to **pretend** [prɪ'tend / pre·tend] *v.tr.* **1** fingere, simulare: *he pretends to be very tired*, finge di essere stanchissimo; *let us — we are kings and queens*, facciamo finta di essere re e regine; *to — friendship, illness*, fingere amicizia, una malattia **2** avere la presunzione di; pretendere; vantarsi di: *he does not — to know much about art*, non pretende di intendersi molto d'arte ◆ *v.intr.* **1** fingere: *he's only pretending*, non fa sul serio **2** aspirare (a), pretendere (a); *the duke pretended to the throne*, il duca rivendicò un preteso diritto al trono.

pretended [prɪ'tendɪd / pre·tended] *agg.* **1** falso, simulato: *a — illness*, una finta malattia; *her — virtue*, la sua falsa virtù **2** preteso, presunto: *— father*, padre putativo.

pretendedly [prɪ'tendɪdlɪ / pre·tended·ly] *avv.* falsamente.

pretender [prɪ'tendə* / pre·tender] *s.* **1** simulatore **2** pretendente (al trono, alla mano di qlcu.).

pretense → **pretence**.

pretension [prɪ'tenʃn / pre·ten·sion] **pretention** [pre·ten·tion] *s.* **1** pretensione; pretesa: *she has pretensions to taste*, pretende di aver buon gusto **2** presunzione, arroganza **3** diritto **4** pretenziosità **5** (*mecc.*) precompressione.

pretentious [prɪ'tenʃəs / pre·ten·tious] *agg.* pretenzioso // **-ly** *avv.* // **-ness** *s.*

preterhuman [,pri:tə'hju:mən / pre·ter·hu·man] *agg.* (*rar.*) sovrumano.

preterit(e) ['pretərɪt / pret·er·it(e)] *agg.* (*gramm.*) preterito: *— tense*, tempo passato ◆ *s.* (*gramm.*) preterito.

preterition [,pri:tə'rɪʃn / pre·ter·ition] *s.* (*form.*) preterizione, omissione.

pretermission [,pri:tə'mɪʃn / pre·ter·mis·sion] *s.* (*rar.*) **1** pretermissione, omissione **2** interruzione, sospensione: *without —*, senza requie.

to **pretermit** [,pri:tə'mɪt / pre·ter·mit] *pass.p.p.* **pretermitted** [,pri:tə'mɪtɪd / pre·ter·mit·ted] *v.tr.* (*rar.*) **1** omettere; tralasciare **2** interrompere, sospendere.

preternatural [,pri:tə'nætʃrəl / pre·ter·nat·ural] *agg.* **1** preternaturale, soprannaturale **2** straordinario, eccezionale // **-ly** *avv.*

pretext ['pri:tekst / pre·text] *s.* pretesto, scusa: *on* (o *under*) *the — of*, col pretesto di; *to give sthg. as a —*, addurre qlco. a pretesto.

to **prettify** ['prɪtɪfaɪ / pret·tify] *v.tr.* (*fam.*) rendere grazioso; illeggiadrire.

prettily ['prɪtɪlɪ / pret·tily] *avv.* **1** graziosamente, gentilmente, leggiadramente **2** meritatamente, giustamente.

prettiness ['prɪtɪnɪs / pret·ti·ness] *s.* **1** grazia, leggiadria **2** affettazione (di stile ecc.).

pretty ['prɪtɪ] *agg.* **1** grazioso, attraente, carino; piacevole; leggiadro: *— girl*, ragazza carina; *— child*, bambino grazioso; *— flowers*, bei fiori **2** (*spreg.*) effeminato (spec. di giovane, ragazzo) **3** acuto; sottile; intelligente: *he has a — wit*, ha uno spirito acuto **4** (*iron.*) bello: *a — mess*, un bel pasticcio; *I have heard some — tales about him*, ne ho sentite di belle sul suo conto // *to come to a — pass*, (*fig.*) toccare quasi il fondo **5** (*ant.*) bello, robusto: *a — fellow*, un bel pezzo d'uomo **6** considerevole (in estensione, valore): *he earns a — penny*, guadagna una bella somma ◆ *s.* **1** (*non com.*) persona, cosa bella, graziosa **2** (*non com.*) ninnolo, gingillo **3** scanalatura, bordo lavorato (di coppa, bicchiere): *fill it up to the —!*, riempilo fino al bordo **4** (*fam.*) (*golf*) percorso libero **5** *pl.* (*fam.*) biancheria intima ◆ *avv.* piuttosto; abbastanza, moderatamente: *— good*, piuttosto bene; *I am — well*, sto abbastanza bene; *you had better do it — quick*, sarebbe meglio che tu lo facessi piuttosto in fretta // *it is — much the same*, è quasi la stessa cosa // *I've — nearly finished*, ho quasi finito.

pretty-pretty ['prɪtɪ'prɪtɪ] *agg.* (*fam.*) leziosamente carino, leziosamente grazioso ◆ *s.* ninnolo.

to **prevail** [prɪ'veɪl / pre·vail] *v.intr.* **1** prevalere; persistere; essere diffuso: *German names — here*, i nomi tedeschi prevalgono qui; *these customs still —*, queste usanze persistono an-

cora **2** predominare; prevalere, vincere // *to — against* (o *over*) *s.o.*, trionfare su qlcu.
□ **prevail on, upon** *v.intr.* e *prep.* (*form.*) persuadere (qlcu.), convincere (qlcu.).

prevailing [prɪ'veɪlɪŋ / pre·vail·ing] *agg.* **1** prevalente, dominante, predominante: — *wind*, vento dominante **2** corrente, comune: *the — custom of the country*, l'abitudine generale del paese.

prevalence ['prevələns / pre·val·ence] **prevalency** ['prevələnsɪ / pre·val·ency] *s.* prevalenza.

prevalent ['prevələnt / pre·val·ent] *agg.* prevalente, predominante; comune: — *practice*, uso prevalente // **-ly** *avv.*

to **prevaricate** [prɪ'værɪkeɪt / pre·var·ic·ate] *v.intr.* **1** tergiversare; equivocare **2** mentire **3** (*dir.*) prevaricare.

prevarication [prɪ,værɪ'keɪʃn / pre·var·ica·tion] *s.* **1** tergiversazione **2** menzogna **3** (*dir.*) prevaricazione.

prevaricator [prɪ'værɪkeɪtə* / pre·var·ic·ator] *s.* **1** chi tergiversa **2** mentitore **3** (*dir.*) prevaricatore.

prevenient [prɪ'vi:njənt / pre·veni·ent] *agg.* **1** che anticipa // (*teol.*) — *grace*, grazia preveniente **2** (*med.*) preventivo **3** (*rar.*) preliminare, antecedente.

to **prevent** [prɪ'vent / pre·vent] *v.tr.* **1** impedire; ostacolare: *he was prevented from leaving*, gli si impedì di partire; *snow prevented her coming* (o *her from coming*), la neve le impedì di venire **2** evitare: *to — war*, evitare la guerra **3** *to — oneself*, trattenersi: *he couldn't — himself from crying out*, non poté trattenersi dal gridare **4** (*ant.*) anticipare, prevenire (desiderio, domanda ecc.) **5** (*teol.*) guidare: *God prevents us with His grace*, Iddio ci guida con la sua grazia.

preventable [prɪ'ventəbl / pre·vent·able] *agg.* evitabile, che può essere prevenuto, impedito.

preventative [prɪ'ventətɪv / pre·vent·at·ive] → **preventive**.

preventer [prɪ'ventə* / pre·venter] *s.* (*mar.*) elemento (cavo ecc.) ausiliario provvisorio.

preventible → **preventable**.

prevention [prɪ'venʃn / pre·ven·tion] *s.* prevenzione; misura preventiva, carcere preventivo; — *of crime*, prevenzione del delitto; — *of disease*, difesa preventiva contro le malattie, profilassi // *Royal Society for the Prevention of Cruelty to Animals*, Società protettrice degli animali // — *is better than cure*, (*prov.*) è meglio prevenire che curare.

preventive [prɪ'ventɪv / pre·vent·ive] *agg.* preventivo; profilattico: — *measures*, misure preventive // (*dir.*): — *attachment*, sequestro conservativo; — *detention*, carcerazione preventiva, carcere preventivo; — *custody*, custodia cautelare // *Preventive Service*, servizio guardia costiera (addetta alla prevenzione del contrabbando) ◆ *s.* **1** rimedio preventivo, misura preventiva // *rust* —, antiruggine **2** medicina profilattica.

preventively [prɪ'ventɪvlɪ / pre·vent·ive·ly] *avv.* preventivamente.

preview ['pri:vju: / pre·view] *s.* **1** (*cinem.*, *teatr.*) anteprima **2** trailer, prossimamente (di film) **3** anticipazione.

to **preview** [,pri:'vju:] *v.tr.* vedere in anteprima, presentare in anteprima (film, spettacolo teatrale).

previous ['pri:vjəs / pre·vi·ous] *agg.* **1** previo, preliminare; precedente, antecedente, anteriore: *a — appointment*, un precedente appuntamento; *according to a — letter...*, secondo una lettera precedente... // — *question*, questione pregiudiziale (in parlamento) // (*dir.*) — *offender*, recidivo, pregiudicato **2** (*sl.*) precipitoso; prematuro: *he was too — in spending it all before he received a penny*, è stato troppo precipitoso a spendere tutto prima di incassare un solo penny ◆ *avv.* — *to*, prima di: — *to calling I wrote to him*, gli scrissi prima di passare da lui.

previously ['pri:vjəslɪ / pre·vi·ous·ly] *avv.* prima, precedentemente, anteriormente; in precedenza: — *he had had some working experience in Africa*, precedentemente aveva avuto esperienze di lavoro in Africa; *she was — secretary to the director of an export company*, prima era segretaria del direttore di una ditta di esportazioni; *I had met him two months —*, lo avevo incontrato due mesi prima.

previousness ['pri:vjəsnɪs / pre·vi·ous·ness] *s.* (*non com.*) **1** precedenza, priorità, antecedenza, anteriorità **2** (*sl.*) precipitazione.

prevision [,pri:'vɪʒn / pre·vi·sion] *s.* (*non com.*) **1** previsione **2** profezia; pronostico.

previsional [,pri:'vɪʒənl / pre·vi·sional] *agg.* (*non com.*) **1** previsto **2** profetico.

prewar [,pri:'wɔ:* / pre·war] *agg. attr.* prebellico, di anteguerra ◆ *avv.* prima della guerra.

prey [preɪ] *s.* **1** preda, rapina: *beasts of —*, animali da preda; *bird of —*, uccello di rapina, rapace **2** (*fig.*) preda, vittima: *to be, fall a — to sthg.*, essere, cadere in preda a qlco. **3** (*ant.*) bottino.

to **prey** *v.intr.* **1** predare, cacciare (di animali): *cats — on mice*, i gatti cacciano i topi **2** depredare, saccheggiare; derubare; vivere alle spalle di: *he lives by preying on his relations*, vive alle spalle dei suoi conoscenti // *the strong — on the weak*, (*prov.*) i pesci grossi mangiano i piccoli **3** (*fig.*) devastare, consumare; tormentare, rodere: *grief preyed on her mind*, il dolore la distrusse.

priapic [praɪ'æpɪk / pri·apic] *agg.* **1** fallico **2** priapeo; di, relativo alla virilità.

priapism ['praɪəpɪzəm / pri·ap·ism] *s.* **1** (*med.*) priapismo **2** (*rar.*) lascivia, libidine.

price [praɪs] *s.* **1** prezzo: *the — of petrol, of a house*, il prezzo del petrolio, di una casa; *it's a fair, a high —*, è un prezzo equo, alto; *to cut prices*, ridurre i prezzi; *to rise in —*, rincarare, aumentare di prezzo; *to quote* (o *to name*) *a —*, fare, stabilire un prezzo; *to set a — on an article*, fissare, stabilire il prezzo di un articolo; *just to put a — to it, let's say 1000 dollars*, tanto per azzardare un prezzo diciamo mille dollari // *auction —*, prezzo di aggiudicazione; *bid —*, prezzo offerto (nelle aste) // (*econ.*, *comm.*): — *estimate*, preventivo; *cost —*, prezzo di costo; *selling —*, prezzo di vendita; *current —*, prezzo corrente; *factory* (o *manufacturer's*) —, prezzo di fabbrica; *consumer* (o *retail*) —, prezzo al consumo, al minuto; *fixed* (o *set*) *price*, prezzo fisso; *dictated —* (o *specified —*), prezzo imposto; *gross, net —*, prezzo lordo, netto; *market* (o *trade*) —, prezzo di mercato; *supply —*, prezzo d'offerta; *common support prices*, prezzi agricoli comunitari; *trigger prices*, prezzi d'intervento // (*Borsa*): *asked —*, prezzo di offerta, prezzo lettera; prezzo di emissione; *asking —*, prezzo di domanda; *closing —*, prezzo di chiusura; — *after-hours*, quotazioni al dopoborsa; *share prices*, quotazioni azionarie; *close —*, margine ristretto; *stop —*, prezzo limite; *strike —*, prezzo base, prezzo di esercizio (di opzioni) **2** (*ippica*) quotazione: *"What is the — on Silver Cloud?" "3 to 2"*, "A quanto è dato Nuvola d'Argento?" "A 3 a 2".
◆ FRASEOLOGIA: *above* (*beyond* o *without*) —, senza prezzo, inestimabile // *not at any —*, per nulla al mondo; *it must be done at any —*, deve essere fatto a qualunque costo // *at a —*, a prezzo molto caro, (*fig.*) a caro prezzo // *of a —*, più o meno dello stesso prezzo: *all these books are of a —*, tutti questi libri hanno più o meno lo stesso prezzo // *to put a — on sthg.*, (*fig.*) dare un prezzo a: *you can't put a — on fidelity*, non puoi dare un prezzo alla fedeltà // *to put* (o *set*) *a — on s.o.'s head*, mettere una taglia sulla testa di qlcu. // *to set a high — on s.o., sthg.*, attribuire molto valore a qlcu., qlco. // *what — going out for a walk?*, che cosa ne dici di fare una passeggiata?; *what — telling him again? He won't do it*, perché mai ridirglielo? Non lo farà mai.

to **price** *v.tr.* **1** stabilire il prezzo di, stimare: *this book is priced at twenty pounds*, questo libro si vende al prezzo di venti sterline; *to — oneself out of the market*, praticare prezzi esagerati, non competitivi **2** valutare **3** chiedere il prezzo di.

price-cutting ['praɪs,kʌtɪŋ] *s.* ribasso, riduzione dei prezzi.

priced down [,praɪsd'daʊn] *agg.* ribassato.

priceless ['praɪslɪs / price·less] *agg.* **1** inestimabile; senza prezzo **2** (*sl. antiq.*) impagabile, divertente; assurdo: *that is a — story!*, è una storiella divertentissima!

pricelessness ['praɪslɪsnɪs / price·less·ness] *s.* valore inestimabile.

price tag ['praɪs,tæg] *s.* **1** etichetta, cartellino del prezzo // (*inform.*) — *scanner*, lettore di etichette **2** (*econ.*) costo, spesa (prevista): *to put a — on sthg.*, stabilire il costo di qlco.

pricing ['praɪsɪŋ / pri·cing] *s.* (*econ.*) politica dei prezzi: *cost-plus —*, metodo di formazione del prezzo consistente nell'aggiungere un margine di profitto al costo totale unitario, metodo del markup; *competitive —*, politica di prezzi concorrenziali.

prick [prɪk] *s.* **1** puntura **2** punta, puntina; aculeo; pungiglione **3** (*fig.*) pungolo; rimorso: *pricks of conscience*, rimorsi di coscienza **4** (*mecc.*) puntinatura // — *bar*, attizzatoio; riavolo; — *punch*, punzone, punteruolo; puntizzatore, puntino (d'acciaio) **5** (*volg.*) cazzo **6** (*volg.*) coglione, minchione.

to **prick** *v.tr.* **1** pungere: *he pricked his finger with a pin*, si è punto un dito con uno spillo; *he felt a sharp pain pricking his neck*, sentì un dolore pungente al collo // *to — s.o.'s confidence*, sgonfiare qlcu., togliergli la sicurezza **2** (*fig.*) tormentare, rimordere: *my conscience was pricking me*, mi rimordeva la coscienza **3** aguzzare, rizzare: *to —* (*up*) *one's ears*, rizzare le orecchie **4** (*ant.*) spronare, incitare ◆ *v.intr.* **1** pizzicare, formicolare: *my arm was pricking*, avevo un formicolio al braccio // *my ears are* *pricking*, (*fig.*) mi fischiano le orecchie **2** inacidire, inacetire (di vino).

□ **prick in**, **off**, **out** *v.tr.* e *avv.* trapiantare (piccole piante).

prick-eared [ˌprɪk'ɪəd] *agg.* (*zool.*) con orecchie appuntite (di cane).

pricker ['prɪkə*] *s.* oggetto appuntito.

pricket ['prɪkɪt] *s.* **1** cerbiatto, daino di due anni **2** punta di candeliere su cui si infila la candela.

pricking ['prɪkɪŋ / prick·ing] *s.* **1** puntura, punzecchiatura **2** pizzicore, formicolio.

prickle ['prɪkl] *s.* **1** spina, pungiglione, aculeo **2** (*fig.*) pungolo.

to **prickle** *v.tr.* pungere; punzecchiare; solleticare ◆ *v.intr.* pizzicare, formicolare (di parti del corpo).

prickleback ['prɪkl,bæk / prickle·back] *s.* (*zool.*) spinarello → **stickleback**.

prickliness ['prɪklɪnɪs / prick·li·ness] *s.* **1** spinosità **2** (*fig.*) permalosità.

prickling ['prɪklɪŋ / prick·ling] *agg.* che punzecchia, pungente ◆ *s.* punzecchiatura.

prickly ['prɪklɪ] *agg.* **1** spinoso, pungente, che pizzica **2** (*fig.*) irritabile, permaloso.

prickly broom [ˌprɪklɪ'brʊm *amer.* ˌprɪklɪ'bru:m] *s.* (*bot.*) (*Ulex europaeus*) ginestrone.

prickly-heat [ˌprɪklɪ'hi:t] *s.* (*med.*) miliaria, lichen dei tropici.

prickly lettuce [ˌprɪklɪ'letɪs] *s.* (*bot.*) (*Lactuca scariola*) scarola.

prickly pear [ˌprɪklɪ'peə*] *s.* (*bot.*) (*Opuntia ficus-indica*) fico d'India.

prick-song ['prɪksɒŋ] *s.* (*ant.*) discanto, contrappunto.

prickwood ['prɪkwʊd / prick·wood] *s.* (*bot.*) fusaggine → **spindle-tree**.

pride[1] [praɪd] *s.* **1** orgoglio, fierezza, amor proprio: *to have* (o *to take*) *— in* (*doing*) *sthg.*, gloriarsi di (fare) qlco.; *to hurt* (o *to wound*) *s.o.'s —*, ferire l'amor proprio di qlcu. // *— of place*, posto d'onore // (*arald.*) *in its*, *their —*, roteante, roteanti (di pavone) **2** superbia, presunzione: *to swallow one's —*, (*fig.*) abbassare la cresta **3** orgoglio, vanto: *Mary is her parents' — and joy*, Maria è l'orgoglio dei suoi genitori **4** (*poet.*) splendore, fasto, pompa **5** colmo, apogeo: *in the — of years*, nel fiore dell'età **6** foga, ardore (di cavallo) **7** branco, gruppo (di leoni).

to **pride**[1] *v.tr.*: *to — oneself* (*up*)*on* (*sthg.*, *doing sthg.*), essere orgoglioso di, vantarsi di (qlco., fare qlco.).

pride[2] *s.* (*zool.*) lampreda.

prideful ['praɪdfʊl / pride·ful] *agg.* (*scoz.*) orgoglioso, altezzoso, sprezzante.

prie-dieu ['pri:djɜ:] *s.* inginocchiatoio.

prier ['praɪə*] *s.* ficcanaso; curiosone.

priest ['pri:st] *s.* **1** prete, sacerdote: *to become a —*, farsi prete // *high —*, sommo sacerdote, (*fig.*) massimo esponente, rappresentante **2** mazza, maglio per uccidere pesci.

priestcraft ['pri:st,krɑ:ft / priest·craft] *s.* (*spreg.*) clericalismo.

priestess ['pri:stɪs / priest·ess] *s.* sacerdotessa.

priesthood ['pri:sthʊd / priest·hood] *s.* **1** clero **2** sacerdozio: *to enter the —*, farsi prete.

priestly ['pri:stlɪ] *agg.* di prete, sacerdotale.

prig [prɪg] *s.* **1** chi si dà arie di sufficienza; moralista **2** (*ant.*) ladro: *prig, for my life, prig: he haunts wakes, fairs and bear-baitings*, (SH. Winter's Tale) ladro, in verità, ladro: egli bazzica le feste, le fiere e i combattimenti di orsi.

to **prig** *pass.p.p.* **prigged** [prɪgd] *v.tr.* (*ant.*) rubare, rubacchiare.

priggery ['prɪgərɪ / prig·gery] *s.* atteggiamento di chi si dà arie di sufficienza, atteggiamento da moralista.

priggish ['prɪgɪʃ / prig·gish] *agg.* che si dà arie di sufficienza, moralista // **-ly** *avv.* // **-ness** *s.*

prim [prɪm] *agg.* **1** compassato; cerimonioso; smorfioso: *a — and proper person*, una persona piena di sussiego **2** ordinato, lindo // **-ly** *avv.* // **-ness** *s.*

to **prim** *pass.p.p.* **primmed** [prɪmd] *v.tr.* **1** atteggiare (viso, labbra) a disgusto **2** rassettare; agghindare: *to — oneself* (*up*), agghindarsi ◆ *v.intr.* assumere un'aria altezzosa, di disgusto.

primacy ['praɪməsɪ / pri·macy] *s.* **1** primato, supremazia **2** (*eccl.*) carica del primate; suprema autorità del Papa (nella Chiesa Cattolica).

primaeval *agg.* → **primeval**.

primage[1] ['praɪmɪdʒ / prim·age] *s.* (*mar. comm.*) percentuale sul nolo a beneficio del proprietario.

primage[2] *s.* (*mecc.*) acqua di adescamento.

primal ['praɪml] *agg.* **1** originale; primitivo **2** primario, principale **3** (*ant.*) primo, primiero: *it hath the primal eldest curse upon't / a brother's murder*, (SH. Hamlet) ha addosso la più antica maledizione, il fratricidio // **-ly** *avv.*

primaquine ['pri:mə,kwi:n / pri·ma·quine] *s.* (*chim.*) primaquine.

primarily ['praɪmərəlɪ *amer.* praɪ'merəlɪ / prim·ar·ily] *avv.* **1** in primo luogo; originalmente **2** essenzialmente; fondamentalmente.

primary ['praɪmərɪ *amer.* 'praɪmerɪ / prim·ary] *agg.* **1** primo; primario; primitivo; originale; originario: *— meaning of a word*, il significato originario di una parola; *— tooth*, dente da latte // (*geol.*): *— rocks*, rocce primarie; *Primary*, (*antiq.*) primario, paleozoico **2** principale; fondamentale; primario: *of — importance*, di importanza fondamentale // (*econ.*): *— commodities*, prodotti di base; *— products*, materie prime; *— sector*, settore primario // (*banca*): *— bank reserves*, riserve bancarie di prima linea; *— liquidity*, liquidità primaria; *— money*, moneta ad alto potenziale, moneta primaria // (*Borsa*) *— dealer*, operatore principale // (*inform.*) *— store* (o *storage*), memoria centrale **3** elementare; basilare: *— education*, educazione elementare // (*inform.*) *— instruction*, istruzione elementare ◆ *s.* **1** (*spec. amer.*) elezioni primarie; riunione di elettori di un partito per eleggere delegati, candidati **2** elemento più importante; fondamento; principio **3** (*astr.*) pianeta primario; stella primaria **4** (*zool.*) penna maestra (di uccello) **5** scuola elementare **6** (*elettr.*) (conduttore) primario **7** (*fis.*) *— (colour)* colore fondamentale // **-ily** *avv.*

primate ['praɪmət / prim·ate] *s.* **1** (*eccl.*) primate **2** (*zool.*) primate.

primateship ['praɪmət,ʃɪp / prim·ate·ship] *s.* (*eccl.*) dignità e ufficio di primate.

prime[1] [praɪm] *agg.* **1** primo, primario, originale, fondamentale: *it's of — importance*, è di primaria importanza; *— cause*, motivo principale // (*amm.*): *— cost*, costo primo; *— entry*, prima nota // (*comm.*) *— bankbill*, cambiale bancaria di prim'ordine // (*banca*) *— rate*, prime rate, tasso attivo minimo // (*dir.*) *— contractor*, appaltatore diretto // *— time*, fascia oraria di massimo ascolto **2** eccellente, di prima qualità: *— cut of meat*, pezzo di carne di prima scelta // *P.G. Wodehouse is a — example of English humour*, P.G. Wodehouse è un classico esempio di humour inglese.

prime[1] *s.* **1** principio, primordio **2** fiore; forza; rigoglio; splendore; perfezione: *— of perfection*, colmo della perfezione; *— of youth*, fiore della giovinezza; *fruit in its —*, frutta di stagione; *in the — of life* (o *in one's —*), nel fiore degli anni; *she is past her —*, non è più nel fiore degli anni; non è più quella di una volta // *Lycidas is dead, dead ere his prime*, (MILTON) Lycidas è morto, morto prima del fiorire degli anni **3** (*fig. letter.*) primavera: *the teeming Autumn big with rich increase, / bearing the wanton burthen of the prime*, (SH. Sonnets) il fervido autunno, fecondo di ricchi prodotti, che porta in seno lo sregolato peso della primavera **4** scelta, merci scelte **5** (*liturgia*) ora di prima **6** minuto primo; il segno (apice) che denota il minuto primo (′) **7** (*mat.*) (numero) primo **8** (*mus.*) suono fondamentale **9** (*scherma*) prima.

to **prime**[1] *v.tr.* **1** caricare, innescare (arma da fuoco, mina); adescare (pompa) **2** (*fig.*) dare l'imbeccata; mettere al corrente; preparare, istruire: *he must be well primed with the particulars beforehand*, deve essere messo prima al corrente dei particolari; *to — s.o. for a speech*, preparare qlcu. a fare un discorso **3** (*fam.*) riempire; imbottire (di cibo ecc.): *to — s.o. with liquor*, (*sl.*) far bere qlcu.

prime[2] *s.* (*pitt.*) mestica.

to **prime**[2] *v.tr.* (*pitt.*) mesticare.

Prime Minister [ˌpraɪ'mɪnɪstə*] *s.* primo ministro.

primer[1] ['praɪmə*] *s.* **1** libro di preghiere (usato prima della Riforma) **2** sillabario; piccolo manuale, testo elementare: *Latin —*, testo elementare di latino.

primer[2] *s.* **1** (*mil.*) innesco, fulminante: *electrical —*, innesco elettrico // *— case*, capsula **2** (*mecc.*) iniettore **3** (*pitt.*) mestica; prima mano (di vernice ecc.).

primeval [praɪ'mi:vl / prim·eval] *agg.* primevo, primordiale: *— forest*, foresta primordiale; *— tribe*, tribù primitiva; *— instinct*, istinto primordiale; (*astr.*) *— nebula*, nebulosa primordiale, fondamentale // **-ly** *avv.*

primigenial [ˌpraɪmɪ'dʒi:njəl / pri·mi·genial] *agg.* primigenio; (*ant.*) primitivo.

priming ['praɪmɪŋ / prim·ing] *s.* **1** adescamento (di arma da fuoco, caldaia, mina, pompa ecc.) **2** polvere da sparo, innesco **3** (*pitt.*) mestica; mano di fondo; prima mano **4** (*fig.*) insegnamento frettoloso.

primipara [praɪ'mɪpərə / pri·mi·para] *pl.* **primiparas**, **primiparae** [praɪ'mɪpəri:] *s.* (*med.*) primipara.

primiparous [ˌpraɪ'mɪpərəs / pri·mi·par·ous] *agg.* (*med.*) primiparo.

primitive ['prɪmɪtɪv / prim·it·ive] *agg.* **1** primitivo // *the Primitive Church*, la Chiesa primitiva 2 semplice, rozzo ◆ *s.* 1 (*pitt.*) primitivo 2 (*mat.*) primitiva (di funzione) // **-ly** *avv.* // **-ness** *s.*

primitivism ['prɪmɪtɪvɪzəm / prim·it·iv·ism] *s.* primitivismo.

primogenitor [,praɪməʊ'dʒenɪtə* / pri·mo·gen·itor] *s.* progenitore.

primogeniture [,praɪməʊ'dʒənɪtʃə* / pri·mo·gen·it·ure] *s.* primogenitura.

primordial [praɪ'mɔ:djəl / prim·or·dial] *agg.* primordiale // **-ly** *avv.*

primp [prɪmp] *agg.* (*amer.*) elegante, ricercato.

to **primp** *v.tr.* e *intr.* vestire, vestirsi in modo ricercato: *to — oneself* (*up*), adornarsi, farsi elegante.

primrose ['prɪmrəʊz / prim·rose] *agg.* giallo pallido, color primula ◆ *s.* (*bot.*) (*Primula veris*) primula odorosa; (*pop.*) occhio di civetta.

primula ['prɪmjʊlə / prim·ula] *s.* (*bot.*) primula.

primus® **(stove)** ['praɪməs (,stəʊv)] *s.* stufa a cherosene.

prince [prɪns] *s.* 1 principe: *Prince Consort*, principe consorte; *crown* —, principe ereditario; *Prince of the Church*, principe della Chiesa, cardinale; *Prince of Darkness* (o *of this World*), il principe delle tenebre, il demonio, Satana; *Prince of Peace*, Gesù; *Prince of Wales*, Principe di Galles (titolo dell'erede al trono britannico) // *Prince Albert* (*coat*), (*amer.*) finanziera, 'redingote' 2 (*fig.*) principe, esponente sovrano: *he is the — of liars*, è il principe dei bugiardi.

Prince Charming [,prɪns'tʃɑ:mɪŋ] *s.* principe azzurro.

princedom ['prɪnsdəm / prince·dom] *s.* principato.

princeliness ['prɪnslɪnɪs / prince·li·ness] *s.* 1 dignità di principe 2 magnificenza, munificenza.

princeling ['prɪnslɪŋ / prince·ling] *s.* (*spreg.*) principotto.

princely ['prɪnslɪ] *agg.* 1 principesco; sontuoso 2 splendido, magnifico; generoso: *a — sum*, una somma generosa ◆ *avv.* principescamente, in modo principesco.

princess [prɪn'ses / prin·cess] *s.* principessa: — *royal*, principessa reale (primogenita del sovrano di Gran Bretagna) // — *dress*, princesse (abito da donna).

principal ['prɪnsəpl / prin·cipal] *agg.* principale, essenziale, fondamentale: *the — towns in Tuscany*, le città principali della Toscana // (*fis.*) — *quantum number*, numero quantico principale ◆ *s.* 1 capo, principale, titolare, direttore di scuola ecc. 2 (*dir.*) colui che tra più complici esegue materialmente il reato: — *and accessory*, autore e complice nel reato; — *and agent*, rappresentato e rappresentante; — *in the second degree*, chi presta aiuto nella commissione di un reato; mandante; istigatore 3 duellante (in quanto distinto dal suo padrino o secondo) 4 (*edil.*) capriata 5 (*econ.*) capitale, somma capitale 6 (*mus.*) registro d'organo 7 (*teatr.*) primo attore, ruolo principale: — *boy*, protagonista (gener. un'attrice in vesti maschili) di una pantomima // **-ly** *avv.*

principality [,prɪnsɪ'pælətɪ / prin·cip·al·ity] *s.* 1 principato: *the Principality of Monaco*, il Principato di Monaco // *the Principality*, il Galles 2 sovranità; autorità suprema 3 *pl.* (*teol.*) principati (ordine angelico).

principle ['prɪnsəpl / prin·ciple] *s.* 1 principio; legge; teoria: *the — of natural selection*, la teoria della selezione naturale; *the principles of political economy*, i principi di economia politica; *first principles of geometry*, principi fondamentali di geometria // *in* —, in linea di principio, di massima // — *of law*, principio di diritto // (*biochim.*) *active* —, principio attivo 2 principio, legge morale: *man of no principles*, uomo senza principi; *it's a matter of* —, è una questione di principio; *on* —, per principio.

principled ['prɪnsəpld / prin·cipled] *agg.* 1 di principio; basato sui principi: *a — rejection of any compromise*, un rifiuto di principio di qualunque compromesso 2 (*gener. nei composti*) avente principi morali: *high-* —, moralissimo, retto; *loose-* —, di dubbia moralità.

to **prink** [prɪŋk] *v.tr.* rendere elegante, adornare, agghindare: *to — oneself* (*up*), (*fam.*) adornarsi, mettersi in ghingheri; lisciarsi le penne (di uccello) ◆ *v.intr.* vestirsi con eleganza; agghindarsi; mettersi in ghingheri.

print [prɪnt] *s.* 1 stampa; carattere: *small* (o *fine*), *large*, *clear* —, caratteri piccoli, grandi, chiari; *to go into* —, andare in stampa, essere stampato; *catalogue of books in* —, catalogo dei libri in commercio; *this book is out of* —, questo libro è esaurito // (*inform.*): — *member*, elemento di stampa, elemento portacaratteri; — *check*, (IBM) errore di stampa // *I won't believe it until I see it in* —, non ci crederò finché non lo vedrò nero su bianco // *to read the small* —, (*fig.*) essere molto prudente, cauto 2 impronta, orma; segno; traccia (*anche fig.*): *the — of a naked foot*, l'orma di un piede nudo; *the murderer had left his prints on the knife*, l'assassino aveva lasciato le sue impronte sul coltello; *the — of his age*, (*fig.*) l'impronta del suo secolo 3 copia (di fotografia): *I want five prints of each negative*, vorrei cinque copie di ciascun negativo 4 stampa: *an old — of London Bridge*, una vecchia stampa del London Bridge // — *seller*, venditore di stampe; — *shop*, negozio di stampe 5 stampatello, carattere stampatello: *write the address in —, please*, scrivere l'indirizzo in stampatello, per piacere 6 tessuto (gener. di cotone) stampato 7 stampo, forma.

to **print** *v.tr.* 1 (*anche intr.*) (*tip.*) stampare: *many publishers — (their books) in Hong Kong*, molti editori stampano i loro libri in Hong Kong; *we printed* (*off*) *5000 copies of that title*, abbiamo stampato 5000 copie di quel libro; *how many copies of each negative shall I — (off) for you?*, quante copie di ciascun negativo volete che vi stampi?; *the book is being printed* (o *is printing*), il libro è in corso di stampa 2 imprimere (*anche fig.*): *he printed his seal in wax*, impresse il suo sigillo nella ceralacca; *the heart-rending scene printed itself indelibly upon his mind*, quella scena straziante si impresse indelebilmente nella sua mente 3 stampare (stoffe ecc.) 4 scrivere a stampatello.

□ **print out** *v.tr.* e *avv.* (*inform.*) stampare.

printable ['prɪntəbl / print·able] *agg.* stampabile; imprimibile.

printed ['prɪntɪd] *agg.* stampato, pubblicato; impresso: (*elettr.*) — *circuit*, circuito stampato; — *fabrics*, tessuti stampati; *the mark of a tyre was — in the mud*, il segno di uno pneumatico era impresso nel fango // — *in*, stampato a // — *for the author*, stampato a spese dell'autore.

printed matter ['prɪntɪd'mætə*] *s.* U stampe (*pl.*), stampati (*pl.*): — *can be sent by special cheap rate*, le stampe vengono spedite con una speciale tariffa ridotta.

printer ['prɪntə*] *s.* 1 tipografo; stampatore // —*'s devil*, apprendista tipografo, fattorino di tipografia // —*'s error*, errore di stampa // —*'s ink*, inchiostro da stampa // —*'s reader*, correttore di bozze 2 (*mecc.*) stampatrice 3 (*inform.*) stampante: *dot*, *needle* —, stampante a punti, ad aghi.

printery ['prɪntərɪ / print·ery] *s.* (*amer.*) tipografia; stamperia.

print head ['prɪnt,hed] *s.* (*inform.*) testina rotante.

printing ['prɪntɪŋ / print·ing] *s.* 1 stampa // — *ink*, inchiostro tipografico, da stampa // — *machine*, macchina da stampa, per stampare // — *press*, torchio tipografico; macchina da stampa, per stampare; stampatrice // — *types*, caratteri da stampa // — *and publishing*, industrie grafiche ed editoriali 2 tiratura; ristampa 3 stampatello.

printout ['prɪnt,aʊt / print·out] *s.* (*inform.*) tabulato; listato, uscita su stampante.

prior ['praɪə*] *agg.* 1 precedente, anteriore, antecedente 2 prioritario, più importante, che ha la precedenza ◆ *s.* (*eccl.*, *st.*) priore.

priorate ['praɪərɪt / pri·or·ate] *s.* 1 priorato 2 → priory.

prioress ['praɪərɪs / pri·or·ess] *s.* (*eccl.*) priora, superiora.

priority [praɪ'ɒrətɪ *amer.* praɪ'ɔ:rətɪ / pri·or·ity] *s.* priorità, anteriorità, (diritto di) precedenza (anche stradale); trattamento preferenziale; ordine di precedenza: *according to* —, secondo l'ordine di precedenza; *to give*, *to take* —, dare, avere la precedenza // *you must get your priorities right*, devi occuparti prima delle cose più importanti // *top* —, precedenza assoluta.

priorship ['praɪəʃɪp / pri·or·ship] *s.* (*eccl.*) priorato.

prior to ['praɪə,tu:] *prep.* (*form.*) prima di: *it happened — my arrival*, accadde prima del mio arrivo.

priory ['praɪərɪ / pri·ory] *s.* prioria, monastero retto da priore (o da priora).

to **prise** [praɪz] → to **prize**[3].

priser ['praɪzə*] *s.* (*rar.*) concorrente; vincitore (di una competizione): *why would you be so fond to overcome / the bony priser of the humorous duke?*, (SH. As You Like it) perché avete voluto essere tanto ingenuo da vincere il prestante campione dell'irascibile duca?

prism ['prɪzəm] *s.* (*mat.*, *fis.*) prisma.

prismatic(al) [prɪz'mætɪk(l) / pris·matic, pris·mat·ical] *agg.* 1 (*mat.*, *fis.*) prismatico: *prismatic surface*, superficie prismatica 2 brillante, vivace (di colore, luce ecc.).

prismoid ['prɪzmɔɪd / pris·moid] *s.* (*mat.*) prismoide.

prison ['prɪzn] *s.* 1 prigione, carcere: *to go to* —, andare in prigione; — *breaking*, evasione; — *sentence*, pena detentiva; — *van*, cellulare // *State Prison*, (*amer.*) prigione di Stato 2 carcerazione, detenzione.

to **prison** *v.tr.* (*letter.*) imprigionare, incarcerare.

prison camp ['prɪzn,kæmp] *s.* campo di concentramento.

prisoner ['prɪznə*] *s.* prigioniero (*anche fig.*); detenuto: (*dir.*) — *at the bar*, accusato; — *of conscience*, detenuto politico; — *of war*, (*abbr.* POW) prigioniero di guerra: // *to hold* (o *to keep*) *s.o.* —, tenere qlcu. prigioniero // *to take s.o.* —, far prigioniero, catturare, imprigionare qlcu.

prissy ['prɪsɪ] *agg.* (*fam.*) **1** formalista; affettato; lezioso; smorfioso **2** effeminato.

pristine ['prɪsti:n / pris·tine] *agg.* (*form.*) **1** antico, primitivo **2** intatto, incontaminato, puro // *in — condition*, in ottime condizioni, ben conservato.

prithee ['prɪðɪ / pri·thee] *inter.* (*ant. poet.*) ti prego, di grazia • Contr. di *I pray thee*.

privacy ['prɪvəsɪ *amer.* 'praɪvəsɪ / priv·acy] *s.* **1** intimità, privacy; vita privata: *there is no — in this house*, in questa casa non si può star mai da soli // (*dir.*) *right to* —, diritto alla riservatezza **2** riserbo, riservatezza, segretezza; solitudine: *he achieved his object with great privacy*, ha raggiunto il suo scopo in gran segretezza.

private ['praɪvɪt / pri·vate] *agg.* **1** privato: — *clinic*, clinica privata; — *house*, casa privata; *you mustn't interfere in people's — lives*, non devi interferire nella vita privata degli altri; — *meeting*, riunione privata; — *visit*, visita privata // — *school*, scuola privata // *in* —, in privato // (*dir.*): — *property*, proprietà privata; — *act*, scrittura privata; — *individual*, persona fisica // (*econ.*) — *sector*, settore privato **2** riservato, segreto; personale, particolare: *this letter was marked* —, su questa lettera c'era scritto confidenziale; *to keep the news* —, tener segreta la notizia; *my — opinion is that...*, la mia opinione personale è che... **3** isolato, appartato; solitario (di persona): *to be* —, stare da solo, essere soli; *here we are quite* —, qui siamo completamente appartati; *a very — person*, una persona molto solitaria, ritirata **4** semplice (di soldato) ◆ *s.* **1** (*mil.*) soldato semplice // *buck* —, (*amer.*) soldato semplice // — *first class*, (USA) soldato scelto **2** *pl.* (*fam.*) genitali, parti intime // **-ly** *avv.*

private detective [,praɪvɪtdɪ'tektɪv] *s.* investigatore privato SIN. private eye, private investigator.

privateer [,praɪvə'tɪə* / pri·vat·eer] *s.* **1** nave corsara **2** capitano di nave corsara; corsaro.

to **privateer** *v.intr.* fare il corsaro.

privateering [,praɪvə'tɪərɪŋ / pri·vat·eer·ing] *s.* spedizione corsara: *to go* —, far la guerra di corsa.

private eye [,praɪvɪt'aɪ] **private investigator** [,praɪvɪtɪn'vestɪgeɪtə*] → **private detective**.

private member [,praɪvɪt'membə*] *s.* (*pol.*) deputato (non facente parte del governo) // —*'s bill*, proposta di legge presentata da un deputato a titolo personale.

privateness ['praɪvɪtnɪs / pri·vate·ness] *s.* (*rar.*) **1** intimità, privatezza **2** segretezza, riservatezza.

private parts [,praɪvɪt'pɑ:ts] *s.pl.* parti intime, genitali.

privation [praɪ'veɪʃn / pri·va·tion] *s.* (*form.*) privazione: *to live in* —, condurre una vita di stenti.

privatisation [,praɪvətaɪ'zeɪʃn / pri·vat·isa·tion] **privatization** *s.* privatizzazione.

to **privatise** ['praɪvətaɪz / pri·vat·ise] to **privatize** *v.tr.* privatizzare.

privative ['prɪvətɪv / priv·at·ive] *agg.* privativo (*anche gramm.*) // **-ly** *avv.*

privet ['prɪvɪt] *s.* (*bot.*) (*Ligustrum vulgare*) ligustro.

privilege ['prɪvɪlɪdʒ / priv·il·ege] *s.* **1** privilegio; prerogativa, vantaggio: *breach of* —, infrazione di privilegio parlamentare; *going to Oxford and Cambridge confers certain privileges*, andare a Oxford e Cambridge conferisce un certo tipo di privilegi; *the privileges of belonging to the upper classes*, i vantaggi di appartenere alle classi elevate; *to grant s.o. a* —, accordare un privilegio a qlcu. // *it's a — for me to be with you*, è un onore per me stare con Lei // (*banca*) — *of issue*, privilegio di emissione **2** (*dir.*) immunità, prerogativa, diritto; diritto a non produrre alcuni tipi di prova in giudizio: — *against self-incrimination*, diritto a non essere testimoni contro se stessi; *marital* — (o *sponsal* —), diritto a non utilizzare in giudizio comunicazioni fra coniugi; *writ of* —, mandato di scarcerazione per persona immune // *client -attorney* —, diritto al segreto professionale (del cliente e dell'avvocato) **3** (*inform.*) privilegio, diritto di esecuzione.

to **privilege** *v.tr.* privilegiare, accordare privilegi a // *to — from*, esentare, esonerare da.

privileged ['prɪvɪlɪdʒd / priv·il·eged] *agg.* **1** privilegiato: *the* — (*classes*), le classi privilegiate; (*comm.*) — *debt*, debito privilegiato // *we are — to have you here tonight*, siamo molto onorati di averla qui stasera **2** riservato, confidenziale: *this is — information*, informazioni confidenziali, riservate.

privity ['prɪvɪtɪ / priv·ity] *s.* **1** (*rar.*) conoscenza segreta: *without my* —, a mia insaputa; *to have — to sthg.*, essere a conoscenza di qlco. (di segreto) **2** (*dir.*) vincolo (di sangue ecc.) **3** (*dir.*) rapporto contrattuale.

privy ['prɪvɪ] *agg.* (*antiq.*) **1** (*form.*) al corrente (di un segreto), informato: *to be — to sthg.*, essere a conoscenza, consapevole di qlco. **2** nascosto; segreto; appartato; privato // *Privy Council*, consiglio privato (di sovrano) // — *purse*, appannaggio reale // *Privy Seal*, sigillo privato ◆ *s.* **1** (*dir.*) parte interessata **2** (*antiq.*) latrina // **-ily** *avv.*

prize[1] [praɪz] *s.* **1** premio; trofeo; ricompensa: *first* —, primo premio; *to win* (o *to carry off*) *a* —, vincere un premio // — *fellowship*, premio assegnato a studenti che eccellono negli esami // *no prizes for guessing it*, (*fam.*) non ci vuole molto a capirlo **2** (*fig.*) dono (del cielo); gioiello, tesoro: *she's a — of a girl*, è un tesoro di ragazza **3** (*fig.*) meta, scopo **4** (*ant.*) valutazione, stima: *Caesar's no merchant, to make prize with you of things that merchants sold*, (SH. Antony and Cleopatra) Cesare non è un mercante da patteggiare con te sul prezzo della roba che i mercanti vendono ◆ *agg.* **1** premiato, che ha vinto un premio; da concorso, da premio: *have you seen my — roses?*, hai visto le mie rose vincitrici (del concorso), da concorso? **2** premio, dato come premio: *a — cup*, una coppa premio **3** a premio, a premi: — *competition*, gara a premi **4** (*fam.*) prediletto, favorito (di cose cui si attribuisce gran valore): *his — collection of butterflies*, la sua prediletta, amata collezione di farfalle **5** (*fam.*) classico, perfetto, tipico: *he's the — example of an introvert*, è il tipico esempio dell'introverso.

to **prize**[1] *v.tr.* **1** apprezzare, stimare, avere caro, tenere in gran conto **2** valutare, stimare.

prize[2] *s.* (*mar.*) preda (di guerra), bottino (*anche estens.*): *to make — of a ship*, catturare una nave // *Prize Court*, dipartimento dell'Ammiragliato soraintendente alle catture sul mare (per diritto di guerra).

to **prize**[3] *v.tr.* far leva su: *to — a box open*, aprire una scatola (facendo leva) AMER. to pry.

□ **prize out** *v.tr.* e *avv.* estorcere, carpire: *in the end we succeeded in prizing the information, the secret out of him*, alla fine ce l'abbiamo fatta a tirargli fuori, a estorcergli l'informazione, il segreto.

prize-crew ['praɪz,kru:] *s.* (*mar.*) equipaggio che conduce in porto una nave catturata.

prizefight ['praɪzfaɪt / prize·fight] *s.* **1** incontro di pugilato fra professionisti **2** gara di pugilato a premio (in cui i contendenti gareggiavano a mani nude).

prizefighter ['praɪz,faɪtə* / prize·fighter] *s.* pugile professionista (che combatte per il premio).

prizefighting ['praɪz,faɪtɪŋ / prize·fight·ing] *s.* pugilato professionistico.

prizegiving ['praɪz,gɪvɪŋ / prize·giv·ing] *s.* distribuzione dei premi, premiazione (spec. scolastica, dei migliori studenti dell'anno).

prize money ['praɪz,mʌnɪ] *s.* **1** (*mar.*) quota personale derivante dalla spartizione del bottino **2** montepremi.

pro[1] [prəʊ] *prep.* (*lat.*) pro; per; in favore di ◆ *agg.* che è a favore di, favorevole: *are you — nuclear power?*, sei favorevole al nucleare? ◆ *s.* (*pl.*) **pros** **1** persona che vota in favore **2** pro: *pros and cons*, il pro e il contro, le ragioni a favore e a sfavore.

pro[2] *pl.* **pros** *s.* **1** (abbr. *sl.* di *professional*) professionista: *he's a* —, è un giocatore professionista; *as a singer she's a real* —, come cantante è davvero una professionista // *golf* —, istruttore, maestro di golf **2** (abbr. di *prostitute*) prostituta **3** (abbr. di *probationer*) allieva infermiera.

pro- *pref.* di origine latina che entra in composizione di sostantivi e aggettivi col valore di **1** 'a favore di'; it. pro, filo-: *pro-American*, filoamericano; *pro-communist*, filocomunista; *pro-fascist*, filofascista **2** sostituto, vice: *pro -chancellor*, facente funzione di rettore.

proa ['prəʊə] *s.* (*mar.*) canotto malese a vela.

pro-am [,prəʊ'æm] *s.* (*fam.*) gara (spec. di golf) in cui partecipano sia professionisti che dilettanti ◆ *agg.* di, relativo alla gara in cui partecipano sia professionisti che dilettanti • Abbr. di *professional* e *amateur*.

probabilism ['prɒbəbɪlɪzəm / prob·ab·il·ism] *s.* (*fil.*) probabilismo.

probabilist ['prɒbəbɪlɪst / prob·ab·il·ist] *s.* (*fil.*) probabilista.

probabilistic [,prɒbəbɪ'lɪstɪk / prob·ab·il·istic] *agg.* **1** probabilistico **2** relativo al probabilismo.

probability [,prɒbə'bɪlətɪ / prob·ab·il·ity] *s.* **1** probabilità, possibilità: *in all* —, con tutta probabilità; *there is no — of his coming*, non c'è nessuna probabilità che venga **2** (*mat.*, *fis.*) probabilità: — *theory*, teoria delle probabilità.

probable ['prɒbəbl / prob·able] *agg.* probabile, verosimile // (*dir.*) — *cause*, fondati, ragionevoli elementi di prova (dell'avvenuta commissione di un reato) ♦ *s.* (*fam.*) un candidato, una scelta ecc., probabile.

probably ['prɒbəblı / prob·ably] *avv.* probabilmente.

probang ['prəʊbæŋ / pro·bang] *s.* (*med.*) sonda, specillo.

probate ['prəʊbıt / pro·bate] *s.* (*dir.*) **1** omologazione: *to take — of a will*, fare omologare un testamento // — *duty*, tassa di successione // — *court*, organo competente per l'autenticazione dei testamenti // *The Probate, Divorce and Admiralty Division*, la sezione dell'Alta Corte di Giustizia competente in materia di testamenti, divorzi e diritto marittimo **2** copia autenticata di testamento.

to **probate** ['prəʊbeıt] *v.tr.* (*dir.*) autenticare.

probation [prə'beıʃn *amer.* prəʊ'beıʃn / pro·ba·tion] *s.* **1** esame, prova, esperimento: *on* —, in prova, in esperimento **2** tirocinio; (*eccl.*) probandato; noviziato **3** (*dir.*) sospensione condizionale della pena; libertà vigilata; affidamento (in prova) al servizio sociale // — *officer*, assistente sociale che segue gli affidati (in prova) al servizio sociale **4** (*ant.*) prova, esame, investigazione: *he, sir, was lapp'd / in a most curious mantle... / ...which, for more probation, / I can with ease produce*, (SH. Cymbeline) era, signore, avvolto in uno stranissimo mantello... che, per darvi una prova più certa, posso agevolmente mostrarvi.

probational [prə'beıʃənl / pro·ba·tional] **probationary** [prə'beıʃnərı *amer.* prəʊ'beıʃənerı / pro·ba·tion·ary] *agg.* probatorio.

probationer [prə'beıʃnə* / pro·ba·tioner] *s.* **1** tirocinante, apprendista **2** allieva infermiera **3** (*eccl.*) novizio **4** (*dir.*) chi beneficia di libertà vigilata.

probationership [prə'beıʃnəʃıp / pro·ba·tioner·ship] *s.* **1** tirocinio, apprendistato **2** (*eccl.*) noviziato.

probative ['prəʊbətıv / pro·bat·ive] *agg.* probativo, atto a provare.

probatory ['prəʊbətərı / pro·bat·ory] *agg.* probatorio, che ha valore di prova.

probe [prəʊb] *s.* **1** (*med.*) sonda, specillo **2** (*miner.*) sonda **3** sonda spaziale **4** (*fig.*) investigazione, indagine.

to **probe** *v.tr.* **1** (*med.*) sondare, specillare **2** (*fig.*) sondare, indagare; esplorare; scandagliare ♦ *v.intr.* **1** (*med.*) usare lo specillo **2** fare ricerche; fare un sondaggio: *to — for information*, indagare.

probity ['prəʊbətı / prob·ity] *s.* (*form.*) probità.

problem ['prɒbləm / prob·lem] *s.* **1** problema (*anche fig.*): *the — of unemployment*, il problema della disoccupazione **2** persona difficile **3** (*inform.*) problema: — *chip*, circuito integrato difettoso; — *program*, programma utente; — *solving power*, potenza di calcolo, capacità di risolvere i problemi; — *board*, quadro delle connessioni; — *oriented language*, linguaggio per l'elaborazione.

problematic(al) [,prɒblə'mætık(l) / prob·lem·atic, prob·lem·at·ical] *agg.* problematico // **-ally** *avv.*

proboscidean [,prəʊbə'sıdıən / pro·bos·cid·ean] **proboscidian** *agg.* (*zool.*) proboscidato.

proboscis [prəʊ'bɒsıs / pro·bos·cis] *pl.* **proboscides** [prəʊ'bɒsıdi:z / pro·bos·cides] **proboscises** *s.* (*zool.*) proboscide.

procacity [prəʊ'kæsətı / pro·cac·ity] *s.* (*ant.*) petulanza; impertinenza.

procaine ['prəʊ,keın / pro·caine] *s.* (*chim.*) procaina®.

procaryote e *deriv.* → **prokaryote** e *deriv.*

procedural [prə'si:dʒərəl / pro·ced·ural] *agg.* **1** (*dir.*) procedurale **2** (*inform.*) di procedura, procedurale, di trattamento: — *step*, fase di elaborazione.

procedure [prə'si:dʒə* / pro·ced·ure] *s.* **1** procedimento, metodo, procedura: *landing* —, procedura d'atterraggio **2** comportamento, modo di agire **3** (*dir.*) procedura: *criminal* —, procedura penale // *relating to* —, procedurale **4** (*inform.*) procedura.

to **proceed** [prə'si:d / pro·ceed] *v.intr.* **1** procedere, avanzare; proseguire; continuare: — *with what you were doing*, continua a fare ciò che stavi facendo; *negotiations are now proceeding*, i negoziati sono ora in corso; *the play proceeded without further interruption*, la rappresentazione continuò senza ulteriori interruzioni // *they were proceeding down the High Street*, (*form.*) proseguivano per High Street // *the path proceeds through the wood and across the field*, il sentiero passa per il bosco e attraversa il campo **2** agire: *to — cautiously*, agire con prudenza // **3** derivare, provenire: *sounds proceeding from a room*, suoni provenienti da una stanza **4** (*dir.*) (*against*) procedere, agire: *to — against s.o.*, intentare causa contro qlcu.

proceeding [prə'si:dıŋ / pro·ceed·ing] *s.* **1** procedimento, corso; comportamento; azione **2** *pl.* riunione, seduta; dibattiti; deliberazioni **3** *pl.* (*dir.*) azione legale: *to institute* (o *start* o *take*) *legal proceedings*, dar inizio a una causa, procedere per vie legali; *proceedings at law*, procedura legale **4** *pl.* atti; verbale.

proceeds ['prəʊsi:dz / pro·ceeds] *s.pl.* profitto, provento, ricavo, ricavato: *the — will be devoted to charity*, il ricavato sarà devoluto a opere di beneficenza; *net* —, ricavo netto.

process[1] ['prəʊses *amer.* 'prɒses / pro·cess] *s.* **1** andamento, corso, svolgimento; progresso (di tempo): *in — of time*, col passare del tempo; *changes are in* —, sono in corso cambiamenti **2** processo, azione, operazione: *I banged on the door and in the — broke a finger*, diedi un colpo alla porta e così mi ruppi un dito **3** (*tecn.*) metodo, processo, procedimento: *it is made by a new* —, è fatto con un nuovo procedimento **4** processo, sviluppo; (serie di) mutamenti: *the — of growth*, il processo della crescita **5** (*anat.*) apofisi **6** (*bot., zool.*) appendice **7** (*dir.*) procedimento // — *server*, ufficiale giudiziario **8** (*dir.*) citazione in giudizio, mandato a comparire **9** (*tip.*) procedimento fotomeccanico **10** (*inform.*) processo; elaborazione; operazione.

to **process**[1] *v.tr.* **1** (*dir.*) istruire un processo; intentare giudizio contro **2** sottoporre a processo; a procedimento particolare; trattare: *to — sulphur*, raffinare lo zolfo **3** (*inform.*) elaborare; eseguire (un programma); trattare: *to — data*, elaborare **4** stampare una foto da (un negativo) **5** esaminare; vagliare; considerare attentamente: *to — an application*, esaminare una domanda di lavoro.

to **process**[2] [prə'ses] *v.intr.* (*fam.*) andare, camminare in processione.

process-block ['prəʊses,blɒk *amer.* 'prɒ ses,blɒk] *s.* (*tip.*) cliché fotomeccanico.

processed ['prəʊsest *amer.* 'prɒsest / pro·cessed] *agg.* (*tecn.*) trattato; ottenuto con procedimento particolare: — *rubber*, gomma artificiale.

process engraving ['prəʊsesın,greıvıŋ *amer.* 'prɒsesın,greıvıŋ] *s.* fotoincisione.

processing ['prəʊsesıŋ *amer.* 'prɒsesıŋ / pro·cess·ing] *s.* **1** (*tecn.*) lavorazione; trattamento: *the — of metals*, la lavorazione dei metalli // (*trib.*) — *tax*, imposta di fabbricazione **2** (*inform.*) elaborazione; esecuzione (di un programma): — *program*, programma elaborativo; (*central*) — *unit* (abbr. CPU), (IBM) unità centrale, elaboratore.

procession [prə'seʃn / pro·ces·sion] *s.* **1** processione, corteo, sfilata **2** (*fig.*) andirivieni, viavai **3** (*teol.*) processione.

processional [prə'seʃənl / pro·ces·sional] *agg.* di, per processione ♦ *s.* (*eccl.*) innario per processioni.

processionary moth [prə'seʃənrı,mɒθ] **procession caterpillar** [prə'seʃn,kætəpılə*] **procession moth** [prə'seʃn,mɒθ] *s.* (*zool.*) (*Thaumetopoea processionea*) processionaria delle querce.

processor ['prəʊsesə* *amer.* 'prɒsesə* / pro·cessor] *s.* **1** (*inform.*) unità centrale; elaboratore, processore, microprocessore; programma compilatore: — *check*, errore unità centrale; — *storage*, memoria di elaborazione // *front-end* —, calcolatore di gestione di linee di trasmissione // (*tel.*) *host* —, elaboratore principale, elaboratore centrale **2** persona addetta al trattamento, alla preparazione di qualcosa.

proclaim [prə'kleım / pro·claim] *s.* (*non com.*) proclama.

to **proclaim** *v.tr.* **1** proclamare, promulgare, dichiarare, bandire: *peace was proclaimed in 1918*, la pace fu proclamata nel 1918 **2** rivelare; indicare: *his manners proclaimed him a gentleman*, i suoi modi rivelavano in lui l'aristocratico **3** lodare, esaltare **4** (*ant.*) proibire (comizi ecc.) **5** (*ant.*) mettere sotto interdetto: *the whole county is proclaimed*, tutta la contea è sotto interdetto.

proclamation [,prɒklə'meıʃn / pro·clama·tion] *s.* **1** proclamazione **2** proclama, editto, bando.

proclitic [prəʊ'klıtık / pro·clitic] *agg.* (*ling.*) proclitico ♦ *s.* (*ling.*) particella proclitica.

proclivity [prə'klıvətı / pro·cliv·ity] *s.* (*form.*) proclività, propensione, tendenza naturale, inclinazione: — *to vice*, inclinazione al vizio.

pro-communist [,prəʊ'kɒmjʊnıst] *agg.* e *s.* filocomunista.

proconsul [,prəʊ'kɒnsəl / pro·con·sul] *s.* **1** (*st. romana*) proconsole **2** governatore di una colonia moderna.

proconsular [,prəʊ'kɒnsjʊlə* *amer.* ,prəʊ'kɒnsələ* / pro·con·su·lar] *agg.* proconsolare.

proconsulate [,prəʊ'kɒnsələt / pro·con·

su·late] **proconsulship** [,prəʊ'kɒnsəlʃɪp / pro·con·sul·ship] *s.* proconsolato.

to **procrastinate** [prəʊ'kræstɪneɪt / pro·cras·tin·ate] *v.tr.* e *intr.* (*form.*) procrastinare.

procrastination [prəʊ,kræstɪ'neɪʃn / pro·cras·tina·tion] *s.* (*form.*) procrastinazione.

procrastinator [prəʊ'kræstɪneɪtə* / pro·cras·tin·ator] *s.* (*form.*) procrastinatore; temporeggiatore.

to **procreate** ['prəʊkrɪeɪt / pro·cre·ate] *v.tr.* (*form.*) procreare, generare.

procreation [,prəʊkrɪ'eɪʃn / pro·cre·ation] *s.* procreazione.

procreative ['prəʊkrɪeɪtɪv / pro·cre·at·ive] *agg.* **1** che procrea; generativo **2** relativo alla procreazione.

procreator ['prəʊkrɪeɪtə* / pro·cre·ator] *s.* chi procrea.

Procrustean [prəʊ'krʌstɪən / Pro·crus·tean] *agg.* **1** di Procuste **2** (*fig.*) ferreo, drastico.

proctitis [prɒk'taɪtɪs / proc·ti·tis] *s.* (*med.*) proctite.

proctology [prɒk'tɒlədʒɪ / proc·to·logy] *s.* (*med.*) proctologia.

proctor ['prɒktə* / proc·tor] *s.* **1** censore funzionario (nelle università e nei college inglesi, incaricato di sorvegliare la disciplina e la condotta morale degli studenti dentro e fuori dell'istituto) // *—'s* (*bull*)*dogs*, sorveglianti che accompagnano tali funzionari nell'ispezione notturna **2** (*dir. eccl.*) procuratore // *King's Proctor*, Procuratore Generale (nelle cause di divorzio).

proctorship ['prɒktəʃɪp / proc·tor·ship] *s.* **1** ufficio di 'proctor', di censore **2** (*dir. eccl.*) ufficio di procuratore.

procumbent [prəʊ'kʌmbənt / pro·cumb·ent] *agg.* **1** (*rar.*) giacente prono, bocconi **2** (*bot.*) procombente, rasente terra.

procurable [prə'kjʊərəbl / pro·cur·able] *agg.* procurabile.

procuration [,prɒkjʊə'reɪʃn / pro·cura·tion] *s.* **1** (*dir.*) procura: *to sign by* — (o *per* —), firmare per procura // *— holder*, procuratore **2** (*eccl.*) procurazione **3** (*dir.*) lenocinio.

procurator ['prɒkjʊəreɪtə* / pro·cur·ator] *s.* (*dir.*) procuratore // (*dir. scoz.*) — *fiscal*, Pubblico Ministero.

procuratorial [,prɒkjʊərə'tɔːrɪəl / pro·cur·at·orial] *agg.* (*dir.*) procuratorio.

procuratorship ['prɒkjʊəreɪtəʃɪp / pro·cur·ator·ship] *s.* (*dir.*) procuratorato.

procuratory ['prɒkjʊərətərɪ / pro·cur·at·ory] *s.* (*dir.*) procura: *letter of* —, lettera di procura.

procuratrix [,prɒkjʊə'reɪtrɪks / pro·cur·at·rix] *s.* (*eccl.*) economa.

to **procure** [prə'kjʊə* / pro·cure] *v.tr.* (*form.*) **1** procurare, procurarsi; ottenere **2** (*ant.*) causare (la morte di qlcu.) ◆ *v.intr.* adescare donne a scopo di prostituzione.

procurement [prə'kjʊəmənt / pro·cure·ment] *s.* **1** conseguimento; ottenimento // *defence* —, commessa militare **2** (*amer.*) raccolta di viveri ecc. da parte dello Stato **3** (*dir.*) lenocinio.

procurer [prə'kjʊərə* / pro·curer] *s.* lenone, mezzano.

procuress [prə'kjʊərɪs / pro·curess] *s.* mezzana.

procuring [prə'kjʊərɪŋ / pro·cur·ing] *s.* (*dir.*) lenocinio.

prod [prɒd] *s.* **1** pungolo **2** il pungolare **3** (*fig.*) stimolo, incitamento, sprone: *let's give him a* —, punzecchiamolo un po'.

to **prod** *pass.p.p.* **prodded** ['prɒdɪd / prod·ded] *v.tr.* **1** *to* — (*at*), pungolare, spingere con un pungolo **2** (*fig.*) stimolare, incitare; sollecitare: *to — s.o. on*, stimolare qlcu.

prodigal ['prɒdɪgl / prod·igal] *agg.* prodigo, che dissipa; che scialacqua // *the — son*, il figliol prodigo ◆ *s.* dissipatore; scialacquatore // **-ly** *avv.*

prodigality [,prɒdɪ'gælətɪ / prod·ig·al·ity] *s.* (*form.*) prodigalità; generosità, liberalità.

prodigious [prə'dɪdʒəs / pro·di·gi·ous] *agg.* **1** prodigioso, meraviglioso; enorme; sorprendente: *a — sum of money*, un'enorme quantità di denaro **2** (*ant.*) mostruoso, inconcepibile, impensabile: *therefore, to enjoy the indissoluble keeping of a marriage... is... to make it a trascendent command above both the second and the first table, which is a most prodigious doctrine*, (MILTON) perciò, comandare l'indissolubilità del matrimonio... significa... farne un ordine trascendente, al di sopra della seconda e della prima tavola della legge, dottrina questa assai mostruosa // **-ly** *avv.* // **-ness** *s.*

prodigy ['prɒdɪdʒɪ / prod·igy] *s.* prodigio; fenomeno: *nature's prodigies*, le meraviglie della natura // *infant* —, (*fam.*) bambino prodigio.

prodromal ['prɒdrəməl / pro·dromal] *agg.* **1** (*med.*) prodromico **2** (*rar.*) preliminare.

prodrome ['prɒdrəm / pro·drome] *s.* (*med.*) prodromo.

produce ['prɒdjuːs *amer.* 'prɒduːs / pro·duce] *s.* [U] **1** prodotto; rendimento, risultato: *the — of much work*, il risultato di molto lavoro **2** (*econ.*) produzione agricola (spec. di uso industriale), materie prime, derrate: *farm* —, prodotti agricoli; *home* —, prodotto locale, nostrano; *raw* —, materie prime // *— broker*, operatore di borsa merci; — *exchange*, borsa merci.

to **produce** [prə'djuːs *amer.* prə'duːs] *v.tr.* **1** generare, produrre (di terra, piante); figliare **2** produrre (*anche fig.*); fabbricare; fruttare, rendere: *Fiat produces agricultural machinery on a large scale*, la Fiat produce macchine agricole su vasta scala; *our research should — results soon*, la nostra ricerca dovrebbe dare presto dei risultati; *he's such a good cook that he can — a delicious meal out of nothing*, è un cuoco così bravo che può creare un pasto squisito dal nulla **3** presentare, esibire; estrarre; (*dir.*) esibire, produrre in giudizio: *he produced a book from a drawer*, tirò fuori un libro da un cassetto; *to — witnesses*, produrre testimoni **4** (*teatr.*) mettere in scena; (*cinem.*) produrre: *when will the new comedy be produced?*, quando sarà messa in scena la nuova commedia?

producer [prə'djuːsə* *amer.* prə'duːsə* / pro·du·cer] *s.* **1** produttore; fabbricante // (*econ.*): *— goods*, beni strumentali; *—'s surplus*, rendita del produttore; *—'s price*, prezzo ex fabbrica // (*dir.*) — *liability*, responsabilità del produttore **2** (*cinem., teatr.*) produttore, direttore di produzione; (*antiq.*) regista **3** (*gas*) —, gasogeno; — *gas*, gas di gasogeno.

producible [prə'djuːsəbl *amer.* prə'duːsəbl / pro·du·cible] *agg.* producibile.

product ['prɒdəkt / prod·uct] *s.* **1** prodotto: (*comm.*) — *line, mix*, linea, mix di prodotti; *eco-friendly* —, prodotto ecologico // (*econ.*): *gross domestic* —, prodotto interno lordo; *gross national* —, prodotto nazionale lordo; (*constant*) — *curve*, isoquanto; *secondary* —, sottoprodotto **2** (*fig.*) frutto; effetto: *it was a — of his imagination*, era frutto della sua immaginazione **3** (*mat.*) prodotto.

production [prə'dʌkʃn / pro·duc·tion] *s.* **1** esibizione (di documenti ecc.); (*dir.*) produzione (di testimoni ecc.) **2** produzione, fabbricazione; elaborazione; prodotto: *as a firm we export 50% of our* —, come azienda esportiamo il 50% della nostra produzione, dei nostri prodotti // (*amm.*): — *schedule*, programma di produzione; — *cost*, costo industriale, costo di produzione; — *account*, conto della produzione; — *line*, linea (di produzione) // (*econ.*): — *factors, coefficient, function*, fattori, coefficiente, funzione di produzione; — *process*, processo produttivo; — *capacity*, capacità produttiva; — *curve*, isoquanto; — *bonus*, premio di produzione **3** produzione letteraria, artistica **4** (*cinem., teatr.*) produzione.

productive [prə'dʌktɪv / pro·duct·ive] *agg.* produttivo; fecondo, fertile // (*econ.*): — *activities*, attività produttive; — *consumption*, consumo produttivo // **-ly** *avv.*

productivity [,prɒdʌk'tɪvətɪ / pro·duc·tiv·ity] meno com. **productiveness** [prə'dʌktɪvnɪs / pro·duct·ive·ness] *s.* produttività; rendimento // (*econ.*): *productivity gain*, incremento di produttività; *productivity of labour*, produttività del lavoro.

proem [prəʊem] *s.* proemio, esordio, prefazione.

profanation [,prɒfə'neɪʃn / prof·ana·tion] *s.* profanazione, atto profano.

profane [prə'feɪn *amer.* prəʊ'feɪn / pro·fane] *agg.* **1** profano: — *art*, arte profana **2** pagano (di rito ecc.): — *practices*, cerimonie pagane **3** blasfemo, empio: — *language*, lingua sacrilega // **-ly** *avv.* // **-ness** *s.*

to **profane** *v.tr.* profanare, violare.

profaner [prə'feɪnə* *amer.* prəʊ'feɪnə* / pro·faner] *s.* profanatore.

profanity [prə'fænətɪ *amer.* prəʊ'fænətɪ / pro·fan·ity] *s.* **1** profanità, l'essere profano **2** empietà **3** linguaggio blasfemo: *a string of profanities*, una serie di bestemmie.

to **profess** [prə'fes / pro·fess] *v.tr.* (*form.*) **1** professare; dichiarare, esprimere; fare professione di: *he professed his deep regret*, espresse il suo profondo rammarico; *he professed himself happy with the work*, si dichiarò contento del lavoro **2** fingere di, pretendere di, far mostra di: *I don't — to understand contemporary music*, non pretendo di capire la musica contemporanea **3** professare, esercitare: *to — medicine*, esercitare la professione di medico **4** (*eccl.*) professare **5** insegnare (a livello universitario): *to — history*, insegnare storia ◆ *v.intr.* esercitare una professione, la propria professione.

professed [prə'fest / pro·fessed] *agg.* **1** dichiarato: *a — atheist*, un ateo dichiarato; *a —*

enemy, un nemico dichiarato **2** preteso, sedicente: *a — friend*, un sedicente amico **3** (*eccl.*) professo: *a — nun*, una suora professa **4** (*non com.*) esperto.

professedly [prə'fesɪdlɪ / pro·fessed·ly] *avv.* apertamente, dichiaratamente, pubblicamente: *he is — a freethinker*, dichiara di essere un libero pensatore.

profession [prə'feʃn / pro·fes·sion] *s.* **1** professione // *the learned professions*, le professioni liberali (teologia, legge e medicina) **2** professionisti (*pl.*) **3** mestiere, occupazione **4** dichiarazione: *insincere —*, dichiarazione poco sincera; *— of faith*, professione di fede **5** (*eccl.*) il pronunciare voti; i voti.

professional [prə'feʃənl / pro·fes·sional] *agg.* **1** di professione, professionale: *a — footballer*, un calciatore professionista // *— classes*, i professionisti // *— man, woman*, professionista // (*dir.*): *— corporation*, società tra professionisti; *— negligence*, negligenza professionale // (*amm.*) *— accountant*, commercialista // *he's a — nuisance*, (*fam.*) è un rompiscatole di professione **2** professionale, da professionista: *— services*, prestazioni professionali; *conduct which is not —*, condotta non professionale ◆ *s.* professionista (*anche sport*): *to turn —*, passare al professionismo.

professionalism [prə'feʃnəlɪzəm / pro·fes·sion·al·ism] *s.* professionismo (*anche sport*).

to **professionalize** [prə'feʃnəlaɪz / pro·fes·sion·al·ize] *v.tr.* trasformare in professione.

professionally [prə'feʃnəlɪ / pro·fes·sion·ally] *avv.* professionalmente.

professor [prə'fesə* / pro·fessor] *s.* **1** professore (universitario) **2** maestro, esperto (di un'arte, di una scienza) **3** (*non com.*) chi professa (una dottrina ecc.).

professorial [,prɒfə'sɔːrɪəl / pro·fess·or·ial] *agg.* di professore, professorale // **-ly** *avv.*

professorship [prə'fesəʃɪp / pro·fess·or·ship] *s.* professorato.

proffer ['prɒfə* / prof·fer] *s.* (*rar.*) proposta; offerta, profferta.

to **proffer** *v.tr.* (*form.*) offrire, profferire.

proficiency [prə'fɪʃnsɪ / pro·fi·ciency] *s.* abilità, perizia, competenza; conoscenza: *— in English*, buona conoscenza dell'inglese; *to attain* (o *to reach*) *—*, arrivare a una buona competenza // (*mil.*) *— pay*, premio di specialità.

proficient [prə'fɪʃnt / pro·fi·cient] *agg.* abile, esperto, competente: *— at* (o *in*) *sthg.*, esperto in qlco.; *she's — in four languages*, conosce molto bene quattro lingue ◆ *s.* (*rar.*) esperto, conoscitore // **-ly** *avv.*

profile ['prəʊfaɪl / pro·file] *s.* **1** profilo, contorno; sagoma: *she has a beautiful —*, ha un bel profilo; *the — of a distant hill*, il profilo di una collina lontana; *drawn in —*, disegnato di profilo // (*mecc.*) *— cutter*, fresa sagomata // (*aer.*) *— drag*, resistenza di profilo; *wing —*, profilo alare **2** profilo, descrizione: *— of an author*, profilo d'un autore **3** (*fig.*) rilievo, risalto, importanza // *to keep a low —*, non mettersi in rilievo **4** (*arch.*) sezione **5** (*teatr.*) spezzato **6** (*geol.*) profilo, sezione.

to **profile** *v.tr.* **1** profilare; ritrarre in profilo **2** scrivere il profilo di **3** (*tecn.*) sagomare, profilare.

profit ['prɒfɪt] *s.* **1** profitto; guadagno; vantaggio; beneficio: *I have read it to my great —*, l'ho letto con grande profitto; *there is no — in recrimination*, è inutile recriminare; *to turn sthg. to —*, trarre profitto da qlco. **2** (*econ.*) profitto, guadagno, utile: *gross —*, ricavo lordo: *net —*, utile netto; *— and loss*, profitti e perdite; *— expectations*, aspettative di profitto; *— motive*, il movente del profitto; *— squeeze*, compressione dei profitti; *operating —* (o *trading —*), utile di gestione; *non-operating —* (o *non-trading —*), utili finanziari; *retained —*, utile non distribuito; *super normal —*, sovraprofitto // *— equalization reserve*, fondo stabilizzazione dividendi // *— contribution*, margine lordo di contribuzione // *—-to-turnover ratio*, rapporto utile fatturato; *— sharing*, compartecipazione agli utili // (*dir.*) *missing —* (o *— lost*), lucro cessante.

to **profit** *v.intr.* approfittare, trarre vantaggio, guadagnare: *he profited by* (o *from*) *their confusion to run away*, approfittò della loro confusione per scappar via; *I shall — by* (o *from*) *your experience*, trarrò profitto dalla tua esperienza ◆ *v.tr.* (*form.*) essere di vantaggio, giovare a: *it won't — him much to read the original version*, non gli sarà di molto vantaggio leggere la versione originale.

profitability [,prɒfɪtə'bɪlətɪ / prof·it·ab·il·ity] *s.* (*econ.*) redditività; *— index*, indice di redditività.

profitable ['prɒfɪtəbl / prof·it·able] *agg.* **1** vantaggioso, utile; proficuo: *it is more — for us to sell it*, è più vantaggioso per noi venderlo **2** rimunerativo; lucroso: *— transaction*, affare rimunerativo // **-ness** *s.* // **-bly** *avv.*

profit-bearing ['prɒfɪt,beərɪŋ] *agg.* remunerativo.

profiteer [,prɒfɪ'tɪə* / prof·it·eer] *s.* profittatore // *war —*, profittatore di guerra.

to **profiteer** *v.intr.* arricchirsi in modo disonesto (spec. in tempo di guerra o di calamità), essere un profittatore.

profiteering [,prɒfɪ'tɪərɪŋ / prof·it·eer·ing] *s.* arricchimento disonesto.

profitless ['prɒfɪtlɪs / prof·it·less] *agg.* non remunerativo, senza profitto; inutile.

profitlessness ['prɒfɪtlɪsnɪs / prof·it·less·ness] *s.* inutilità; mancanza di profitto.

profit-taking ['prɒfɪt,teɪkɪŋ] *s.* (*fin.*) presa di beneficio (vendita di azioni per realizzare l'apprezzamento).

profligacy ['prɒflɪgəsɪ / prof·lig·acy] *s.* (*form.*) **1** sregolatezza; libertinaggio; depravazione **2** sperpero; spreco.

profligate ['prɒflɪgət / prof·lig·ate] *agg.* (*form.*) **1** sregolato; dissoluto; depravato **2** dissipatore; sperperatore ◆ *s.* **1** libertino, persona dissoluta **2** scialacquatore.

profligately ['prɒflɪgətlɪ / prof·lig·ate·ly] *avv.* **1** dissolutamente **2** con sperpero.

profligateness ['prɒflɪgətnɪs / prof·lig·ate·ness] → **profligacy**.

pro forma [,prəʊ'fɔːmə] *agg.* e *s.* pro forma.

profound [prə'faʊnd / pro·found] *agg.* **1** profondo: *— bow*, inchino profondo; *the — depths of the ocean*, le profondità dell'oceano; *a — sigh*, un sospiro profondo **2** profondo, intenso; vivamente sentito: *— silence*, profondo silenzio; *the bombing of Hiroshima has had a — effect on mankind*, il bombardamento di Hiroshima ha suscitato una profonda emozione nell'umanità; *to listen to s.o. with — interest*, ascoltare qlcu. con profondo interesse **3** profondo, approfondito: *a — study*, uno studio profondo **4** profondo, completo, vasto; totale ◆ *s.* (*poet.*) profondità // **-ly** *avv.*

profoundness [prə'faʊndnɪs / pro·found·ness] **profundity** [prə'fʌndətɪ / pro·fund·ity] *s.* profondità (di abisso, scienza, pensiero ecc.).

profuse [prə'fjuːs / pro·fuse] *agg.* **1** abbondante, copioso: *— sweat*, sudore abbondante **2** generoso, prodigo: *to be — in one's apologies*, sprofondarsi in scuse; *to be — in praise*, essere prodigo di lodi // **-ly** *avv.* // **-ness** *s.*

profusion [prə'fjuːʒn / pro·fu·sion] *s.* **1** abbondanza, profusione, sovrabbondanza: *there were flowers in —*, c'erano fiori a profusione **2** prodigalità; spreco.

prog [prɒg] (*sl. antiq.*) → **proctor** 1.

progenitor [prəʊ'dʒenɪtə* / pro·gen·itor] *s.* (*form.*) **1** progenitore, antenato **2** (*fig.*) precursore; predecessore.

progeny ['prɒdʒənɪ / pro·geny] *s.pl.* (*form.*) **1** progenie, prole, discendenza // *calculators, digital watches and all other — of the microchip*, (*fig.*) calcolatori, orologi digitali e tutta la restante progenie del microchip **2** (*fig.*) prodotto, risultato, esito.

progestational [,prəʊdʒes'teɪʃnl / pro·gesta·tional] *agg.* (*biochim.*) progestinico.

progesterone [prəʊ'dʒestə,rəʊn / pro·ges·ter·one] *s.* (*biochim.*) progesterone.

progestin [prəʊ'dʒestɪn / pro·gestin] *s.* (*biochim.*) progestina.

progestogenic [prəʊ,dʒestə'dʒenɪk / pro·ges·to·genic] *agg.* (*biochim.*) → **progestational**.

proglottis [prɒ'glɒtɪs / pro·glot·tis] *pl.* **proglottides** [prɒ'glɒtɪdiːz / pro·glot·tides] *s.* (*zool.*) proglottide.

prognathism ['prɒgnəθɪzəm / pro·gnath·ism] *s.* (*anat.*) prognatismo.

prognathous [prɒg'neɪθəs / pro·gnath·ous] *agg.* (*anat.*) prognato.

prognosis [prɒg'nəʊsɪs / pro·gnosis] *pl.* **prognoses** [prɒg'nəʊsiːz] *s.* **1** (*med.*) prognosi **2** (*form.*) pronostico; previsione.

prognostic [prɒg'nɒstɪk / pro·gnostic] *agg.* profetico; rivelatore: *— symptoms*, sintomi rivelatori ◆ *s.* **1** pronostico; presagio **2** (*med.*) sintomo.

to **prognosticate** [prɒg'nɒstɪkeɪt / pro·gnost·ic·ate] *v.tr.* (*form.*) pronosticare.

prognostication [prɒg,nɒstɪ'keɪʃn / pro·gnost·ica·tion] *s.* (*form.*) pronostico, predizione.

prognosticator [prɒg'nɒstɪkeɪtə* / pro·gnost·ic·ator] *s.* pronosticatore.

program ['prəʊgræm / pro·gram] *s.* **1** (*amer.*) → programme **2** (*inform.*) programma, applicazione: *— in operation*, programma in corso di esecuzione; *— counter*, contatore di istruzioni; *— checkout*, prova del programma; *— load*, caricamento di un programma; *— storage*, area di programma.

to **program** *v.tr.* **1** (*amer.*) → to programme **2** (*inform.*) programmare ◆ *v.intr.* (*inform.*) programmare.

programer ['prəʊgræmə* / pro·gramer] → **programmer**.

programme ['prəʊgræm / pro·gramme] amer. **program** *s.* **1** programma; piano; progetto: *a political —*, un programma politico; *what is the — for tomorrow?*, qual è il programma per domani? // (*fin.*): — *trading*, program trading, programma computerizzato di acquisto e di vendita; — *budget*, budget operativo (nella contabilità pubblica degli Stati Uniti); *European recovery —*, piano per la ricostruzione economica europea, piano Marshall **2** (*tv, rad.*) programma, spettacolo **3** (*teatr., mus.*) programma: *he read the — to see who the actors were*, lesse il programma per sapere chi erano gli attori // *ball —*, carnet di ballo.

to **programme** amer. to **program** *v.tr.* progettare, programmare, pianificare.

programme music ['prəʊgræm,mju:zɪk] *s.* musica descrittiva.

programmer ['prəʊgræmə* / pro·gram·mer] *s.* (*inform.*) programmatore.

programming ['prəʊgræmɪŋ / pro·gram·ming] *s.* programmazione // (*inform.*): — *flowchart*, schema di flusso; — *school*, scuola di informatica.

progress ['prəʊgres *amer.* 'prɒgres / pro·gress] *s.* ⓤ **1** avanzata; avanzamento; carriera; (*econ.*) avanzamento della produzione: *the — of the enemy was violently checked*, l'avanzata nemica fu bruscamente arrestata **2** andamento, corso: *the — of events*, il corso degli avvenimenti: *road works in —*, lavori stradali in corso; *an inquiry is now in —*, è in corso un'inchiesta; *preparations are in —*, continuano i preparativi **3** sviluppo; progresso, miglioramento: *the — of civilization*, il progresso della civiltà; — *of thought*, sviluppo del pensiero; *to make —*, fare progressi; *he's making rapid — after his operation*, sta facendo rapidi progressi dopo l'operazione **4** (*inform.*) avanzamento; svolgimento di un programma: — *board*, tabella di pianificazione; — *report*, stato di avanzamento (di lavoro, ricerca ecc.). **5** (*ant.*) viaggio ufficiale (di sovrano ecc.); cammino: *the sylphs behold it kindling as it flies, / and pleased pursue its progress through the skies*, (POPE) le silfidi lo vedono accendersi mentre vola e felice continuare il suo viaggio nei cieli.

to **progress** [prəʊ'gres] *v.intr.* avanzare, progredire; fare progressi; migliorare; svilupparsi: *the patient is progressing satisfactorily*, il malato fa progressi soddisfacenti; *to — with one's work*, avanzare nel proprio lavoro; *the discussion became more heated as the meeting progressed*, la discussione si faceva più accesa mano a mano che la riunione andava avanti.

progression [prəʊ'greʃn / pro·gres·sion] *s.* **1** (*form.*) avanzamento; successione; progressione **2** (*mat., mus.*) progressione: *arithmetic, geometric —*, progressione aritmetica, geometrica.

progressionist [prəʊ'greʃnɪst / pro·gres·sion·ist] **progressist** [prəʊ'gresɪst / pro·gress·ist] *s.* (*pol.*) progressista.

progressive [prəʊ'gresɪv / pro·gress·ive] *agg.* **1** progressivo: — *decay*, decadenza progressiva; — *disease*, malattia progressiva // (*mat.*) — *number*, numero progressivo // (*fis.*) — *wave*, onda progressiva // (*med.*) — *muscular atrophy*, paralisi muscolare progressiva // (*trib.*): — *rate*, aliquota progressiva; — *taxation*, imposizione fiscale progressiva **2** progressista: *the — parties*, i partiti progressisti; — *ideas*, idee progressiste ◆ *s.* progressista // **-ly** *avv.* // **-ness** *s.*

to **prohibit** [prə'hɪbɪt *amer.* prəʊ'hɪbɪt / pro·hibit] *v.tr.* **1** proibire, vietare: *the sale of liquors is prohibited*, è proibita la vendita degli alcolici; **2** impedire: *the flames prohibited them from entering*, le fiamme impedirono loro di entrare.

prohibition [,prəʊɪ'bɪʃn / pro·hibi·tion] *s.* **1** proibizione, veto **2** proibizionismo **3** (*dir.*) dichiarazione di incompetenza.

prohibitionist [,prəʊɪ'bɪʃnɪst / pro·hibi·tion·ist] *s.* proibizionista.

prohibitive [prə'hɪbɪtɪv *amer.* prəʊ'hɪbɪtɪv / pro·hib·it·ive] *agg.* proibitivo: — *prices*, prezzi proibitivi // **-ly** *avv.*

prohibitory [prə'hɪbɪtərɪ *amer.* prəʊ'hɪbɪtɔ:rɪ / pro·hib·it·ory] *agg.* (*dir.*) proibitivo: — *laws*, leggi coercitive.

project ['prɒdʒekt / pro·ject] *s.* progetto, piano // (*econ.*) — *evaluation, financing*, valutazione, finanziamento di progetti.

to **project** [prə'dʒekt] *v.tr.* **1** progettare: *to — a new waterworks*, progettare un nuovo impianto idraulico **2** proiettare (*anche fig.*): *to — an image on a screen*, proiettare un'immagine su uno schermo; *to — a missile into space*, lanciare un missile nello spazio; *to — one's thoughts into the future*, proiettare i propri pensieri nel futuro; *he projects his tension on others*, proietta le sue tensioni sugli altri // *he doesn't — himself as a conservative*, non dà l'impressione di essere un conservatore // *to — oneself into a person's feelings*, (*fig.*) mettersi nei panni di qlcu. **3** (*mat.*) proiettare, fare la proiezione di ◆ *v.intr.* sporgere, aggettare: *these stones — from the wall*, queste pietre sporgono dal muro.

projectile [prəʊ'dʒektaɪl *amer.* prə'dʒektl / pro·ject·ile] *agg.* **1** propulsivo, propellente: — *force*, forza propulsiva, di proiezione **2** proiettabile **3** (*zool.*) protrattile ◆ *s.* proietto, proiettile; missile.

projection [prə'dʒekʃn / pro·jec·tion] *s.* **1** proiezione // *map —*, proiezione cartografica // — *machine*, macchina per proiezioni; — *room*, cabina di proiezione **2** progetto **3** (*arch.*) aggetto, sporto **4** (*non com.*) lancio, getto.

projectionist [prə'dʒekʃnɪst / pro·jec·tion·ist] *s.* (*cinem.*) proiezionista, operatore cinematografico.

projective [prə'dʒektɪv / pro·ject·ive] *agg.* proiettivo // (*mat.*): — *geometry*, geometria proiettiva; — *line*, linea proiettiva; — *space*, spazio proiettivo.

projectivity [,prəʊdʒek'tɪvətɪ / pro·jec·tiv·ity] *s.* (*mat.*) proiettività.

projector [prə'dʒektə* / pro·jector] *s.* **1** (*mecc., elettr.*) proiettore **2** progettista **3** promotore; fondatore (di una compagnia) **4** (*non com.*) macchinatore, intrigante.

prokaryote [,prəʊ'kærɪəʊt / pro·kary·ote] *s.* (*biol.*) procariote.

prokaryotic [prəʊ,kærɪ'ɒtɪk / pro·kary·otic] *agg.* (*biol.*) procariotico.

prolactin [prəʊ'læktɪn / pro·lac·tin] *s.* (*biochim.*) prolattina.

prolamin ['prəʊləmɪn / pro·lamin] **prolamine** ['prəʊləmi:n / pro·lam·ine] *s.* (*biochim.*) prolammina.

prolapse ['prəʊlæps / pro·lapse] *s.* (*med.*) prolasso.

to **prolapse** *v.intr.* (*med.*) prolassare.

prolapsus [prəʊ'læpsəs / pro·lap·sus] *s.* (*med.*) → **prolapse**.

prolate ['prəʊleɪt / pro·late] *agg.* allungato; esteso.

prole [prəʊl] *s.* (*fam. spreg.*) proletario.

prolegomena [,prəʊlə'gɒmɪnə / pro·leg·om·ena] *s.pl.* prolegomeni.

prolepsis [prəʊ'lepsɪs / pro·lep·sis] *pl.* **prolepses** [prəʊ'lepsi:z] *s.* (*ret.*) prolessi.

proleptic(al) [prəʊ'leptɪk(l) / pro·lep·tic(al)] *agg.* (*ret.*) prolettico // **-ally** *avv.*

proletarian [,prəʊlɪ'teərɪən / pro·let·arian] *agg.* e *s.* proletario.

proletarianism [,prəʊlɪ'teərɪənɪzəm / pro·let·ari·an·ism] *s.* proletariato (condizione e classe dei proletari).

proletariat, **proletariate** [,prəʊlɪ'teərɪət / pro·let·ariat(e)] *s.* **1** (*pol., econ.*) proletariato **2** (*st. romana*) le classi inferiori.

prolicide ['prəʊlɪsaɪd / proli·cide] *s.* (*dir.*) infanticidio.

pro-life [,prəʊ'laɪf] *agg.*: — *movement*, movimento per la vita, movimento antiabortista.

pro-lifer [,prəʊ'laɪfə*] *s.* membro di un movimento per la vita, antiabortista.

to **proliferate** [prəʊ'lɪfəreɪt / pro·lif·er·ate] *v.intr.* **1** (*biol.*) prolificare **2** (*estens.*) proliferare; moltiplicarsi: *fast-food restaurants are proliferating at an incredible rate*, i fast food proliferano a una velocità impressionante ◆ *v.tr.* far proliferare.

proliferation [prəʊ,lɪfə'reɪʃn / pro·lif·era·tion] *s.* proliferazione (*anche biol.*).

prolific [prəʊ'lɪfɪk / pro·lific] *agg.* **1** prolifico; fecondo; fertile; produttivo: *a — writer*, uno scrittore fecondo **2** abbondante, copioso // **-ally** *avv.*

prolificacy [prəʊ'lɪfɪkəsɪ / pro·lif·ic·acy] *s.* prolificità (*anche biol.*).

prolificity [,prəʊlɪ'fɪsətɪ / pro·li·fi·city] **prolificness** [prəʊ'lɪfɪknɪs / pro·li·fic·ness] *s.* prolificità.

proline ['prəʊli:n / pro·line] *s.* (*biochim.*) prolina.

prolix [prəʊ'lɪks / pro·lix] *agg.* (*form.*) prolisso: *a — speech*, un discorso prolisso // **-ly** *avv.* // **-ness** *s.*

prolixity [prəʊ'lɪksətɪ / pro·lix·ity] *s.* (*form.*) prolissità.

prolocutor [prəʊ'lɒkjʊtə* / pro·locu·tor] *s.* **1** portavoce **2** presidente di un'assemblea (spec. nella chiesa anglicana).

to **prologize** ['prəʊlədʒaɪz / pro·lo·gize] *v.intr.* (*non com.*) comporre, pronunciare un prologo.

prologue ['prəʊlɒg *amer.* 'prəʊlɔ:g / pro·logue] *s.* **1** prologo; introduzione; prefazione **2** (*ant.*) chi recita il prologo.

to **prolong** [prəʊ'lɒŋ *amer.* prə'lɔ:ŋ / pro·long] *v.tr.* **1** prolungare: *to — a visit*, protrarre una visita **2** (*comm.*) prorogare: *to — a bill*, prorogare la scadenza di una cambiale.

to **prolongate** ['prəʊlɒŋgeɪt / pro·long·ate] *v.tr.* prolungare.

prolongation [,prəʊlɒŋ'geɪʃn *amer.* ,prəʊlɔ:ŋ'geɪʃn / pro·longa·tion] *s.* **1** prolungamento **2** (*comm.*) proroga.

prolusion [prəʊ'lju:ʒən *amer.* prəʊ'lu:ʒən /

pro·lu·sion] *s.* **1** (*form.*) prolusione; saggio introduttivo **2** preludio.

prolusory [prəʊ'lju:sərɪ *amer.* prəʊ'lu:sərɪ / pro·lus·ory] *agg.* (*form.*) preliminare; introduttivo.

prom [prɒm] *s.* **1** (*fam.*) abbr. di → promenade **2** (*fam.*) concerto a cui il pubblico può assistere stando in piedi **3** (*fam. amer.*) ballo studentesco.

promenade [,prɒmə'nɑ:d *amer.* ,prɒm ə'neɪd / prom·en·ade] *s.* **1** (*form.*) passeggiata **2** passeggiata; passeggio pubblico; lungomare: — *concert*, concerto a cui molti assistono stando in piedi; (*mar.*) — *deck*, ponte di passeggio.

to **promenade** *v.intr.* (*form.*) passeggiare ♦ *v.tr.* (*form.*, *antiq.*) condurre a passeggio.

Promethean [prə'mi:θjən / Pro·meth·ean] *agg.* **1** di, simile a Prometeo **2** (*fig.*) creativo; ardito.

promethium [prə'mi:θjəm / pro·meth·ium] *s.* (*chim.*) prometeo.

prominence ['prɒmɪnəns / prom·in·ence] *s.* **1** prominenza; sporgenza; risalto **2** (*fig.*) cospicuità; importanza: *a figure of* —, una figura importante // *to come into* —, (*fig.*) salire alla ribalta **3** (*astr.*) protuberanza (spec. solare).

prominency ['prɒmɪnənsɪ / prom·in·ency] → **prominence** 1 e 2.

prominent ['prɒmɪnənt / prom·in·ent] *agg.* **1** prominente; sporgente **2** (*fig.*) cospicuo; importante, notevole: *a — politician*, un illustre uomo politico // **-ly** *avv.*

promiscuity [,prɒmɪ'skju:ətɪ / pro·mis·cu·ity] *s.* **1** promiscuità; confusione **2** promiscuità sessuale.

promiscuous [prə'mɪskjʊəs / pro·mis·cu·ous] *agg.* **1** promiscuo; confuso; indiscriminato **2** sessualmente promiscuo, che ha molti partner sessuali **3** casuale, accidentale // **-ly** *avv.* // **-ness** *s.*

promise ['prɒmɪs / prom·ise] *s.* **1** promessa: *nobody believed in his — of help* (o *to help*), nessuno credette alla sua promessa d'aiuto; *he surrendered on the — that his life would be spared*, si arrese dietro la promessa d'aver salva la vita, *to make*, *break a* —, fare, rompere una promessa; *to keep*, *fulfil a* —, mantenere una promessa; *an empty* —, una promessa vana; — *of marriage*, promessa di matrimonio; (*dir.*) — *to the public*, promessa al pubblico **2** speranza, promessa: *the land of* —, la terra promessa; *writer of great* —, scrittore promettente; *to show* —, promettere bene.

to **promise** *v.tr.* **1** promettere: *the clouds — rain*, le nubi promettono pioggia; *to — s.o. sthg.* (o *sthg. to s.o.*), promettere qlco. a qlcu.; *to — to do sthg.*, promettere di fare qlco. // *to — (s.o.) the moon* (o *the earth*), promettere mari e monti, promettere la luna **2** assicurare: *I — you, it will not be so easy*, ti assicuro che non sarà così facile **3** *to — oneself sthg.*, ripromettersi qlco. ♦ *v.intr.* fare una promessa, promettere.

promised ['prɒmɪst / prom·ised] *agg.* promesso // *the Promised Land*, la Terra Promessa.

promisee ['prɒmɪ'si: / prom·isee] *s.* (*dir.*) promissario.

promising ['prɒmɪsɪŋ / prom·is·ing] *agg.* promettente // **-ly** *agg.*

promisor ['prɒmɪsə* / prom·isor] *s.* (*dir.*) promettitore; persona che fa una promessa.

promissory ['prɒmɪsərɪ *amer.* 'prɒmɪsɔ:rɪ / prom·is·sory] *agg.* implicante una promessa; promettente // (*comm.*) — *note*, pagherò (cambiario), vaglia cambiario.

promo ['prəʊməʊ] (*amer.*) *s.* abbr. di → promotion 2 ♦ *agg.* abbr. di → promotional.

promontory ['prɒməntrɪ *amer.* 'prɒmən tɔ:rɪ / prom·on·tory] *s.* (*geogr.*, *anat.*) promontorio.

to **promote** [prə'məʊt / pro·mote] *v.tr.* **1** promuovere: *he was promoted sergeant*, fu promosso sergente **2** promuovere, incoraggiare, favorire, sostenere: *to — a bill in Parliament*, promuovere un progetto di legge in Parlamento; *to — learning*, dare impulso alla cultura; *the record companies got together to — a concert against apartheid*, le compagnie discografiche si unirono per promuovere un concerto contro l'apartheid // (*dir.*) *to — the office of judge*, sollecitare l'esercizio dell'azione penale **3** fare promozione a (un prodotto), pubblicizzare: *the product was promoted throughout the UK*, il prodotto fu pubblicizzato in tutto il Regno Unito **4** (*scacchi*, *dama*) scambiare (un pezzo) con uno di importanza maggiore.

promoter [prə'məʊtə* / pro·moter] *s.* **1** promotore **2** socio fondatore (di società commerciali).

promotion [prə'məʊʃn / pro·mo·tion] *s.* **1** promozione; avanzamento: *to get* —, ottenere una promozione; *there will be no chance of* (*a*) — *this year*, per quest'anno non c'è nessuna probabilità di un avanzamento **2** promozione, pubblicità; campagna promozionale: *they spent a lot of money on the — of the film*, spesero molto denaro per la promozione del film **3** incoraggiamento, impulso **4** (*econ.*) fondazione (di società commerciali).

promotional [prə'məʊʃnl / pro·mo·tional] *agg.* (*comm.*) promozionale: — *activity*, *budget*, attività, budget promozionale.

promotive [prə'məʊtɪv / pro·mot·ive] *agg.* promotore.

prompt [prɒm*p*t] *agg.* **1** pronto, lesto, sollecito: *a — reaction*, una reazione pronta; *a — reply*, una risposta sollecita, a giro di posta // (*fis. nucleare*) — *neutron*, neutrone istantaneo **2** (*comm.*) a pronti, in contanti: — *cash*, a pronta cassa; — *payment*, pagamento in contanti; pronta consegna e pronta cassa ♦ *s.* **1** (*comm.*) termine di pagamento **2** (*teatr.*) suggerimento **3** (*inform.*) suggerimento ♦ *avv.* in punto, esattamente: *the meeting will start at seven o'clock* —, l'incontro inizierà alle sette in punto // **-ly** *avv.*

to **prompt** *v.tr.* **1** spingere, incitare: *to — s.o. to action*, spingere qlcu. all'azione **2** suggerire, dettare, consigliare: *envy prompted her words*, l'invidia le dettò quelle parole **3** (*teatr.*) suggerire; (*estens.*) suggerire a, imbeccare: *to — a witness*, imbeccare un testimone.

prompt-book ['prɒmptbʊk] *s.* (*teatr.*) testo del suggeritore.

prompt-box ['prɒmptbɒks] *s.* (*teatr.*) buca del suggeritore.

prompter ['prɒm*p*tə*] *s.* **1** (*teatr.*) suggeritore **2** (*inform.*) programma di chiamata del compilatore, programma guida.

promptitude ['prɒm*p*tɪtju:d *amer.* 'prɒm*p*t ɪtu:d / prompt·it·ude] *s.* prontezza; sollecitudine; sveltezza.

promptness ['prɒm*p*tnɪs / prompt·ness] *s.* prontezza; sollecitudine; sveltezza.

prompt-note ['prɒmptnəʊt] *s.* (*comm.*) promemoria del termine di pagamento.

to **promulgate** ['prɒmlgeɪt / pro·mul·gate] *v.tr.* **1** promulgare, proclamare (legge, dogma ecc.) **2** (*form.*) diffondere, propagare: *to — a new belief*, diffondere un nuovo credo.

promulgation [,prɒml'geɪʃn / pro·mul·ga·tion] *s.* **1** (*dir.*) promulgazione, proclamazione **2** (*form.*) propagazione, diffusione.

promulgator ['prɒmlgeɪtə* / pro·mul·gator] *s.* **1** promulgatore **2** (*form.*) chi diffonde.

pronaos [prəʊ'neɪɒs / pro·naos] *pl.* **pronaoi** [prəʊ'neɪɔɪ / pro·naoi] *s.* (*arch.*) pronao.

to **pronate** ['prəʊneɪt / pro·nate] *v.tr.* (*med.*) mettere (mano, avambraccio) in posizione prona.

pronation [prəʊ'neɪʃn / prona·tion] *s.* (*med.*) pronazione.

pronator [prəʊ'neɪtə* / pron·ator] *s.* (*anat.*) pronatore (muscolo).

prone [prəʊn] *agg.* **1** prono, bocconi (di persona): *he fell — on the floor*, cadde bocconi sul pavimento **2** (*non com.*) inclinato, ripido (di terreno) **3** (*fig.*) incline, propenso, proclive: *he is — to error*, è incline all'errore.

pronely ['prəʊnlɪ / prone·ly] *avv.* bocconi; in posizione prona.

proneness ['prəʊnnɪs / prone·ness] *s.* (*fig.*) inclinazione, propensione, disposizione.

pronephros [prəʊ'nefrɒs / pro·nephros] *pl.* **pronephroi** [prəʊ'nefrɔɪ / pro·nephroi] *s.* (*biol.*) pronefro.

prong [prɒŋ *amer.* prɔ:ŋ] *s.* **1** forca **2** rebbio, dente (di forcone, forchetta) **3** (*zool.*) ramo, ramificazione (delle corna di un cervo).

to **prong** *v.tr.* **1** infilzare con la forca; sollevare, rivoltare con la forca **2** munire di rebbi.

pronged [prɒŋd *amer.* prɔ:ŋd] *agg.* munito di punte, di rebbi: *three- — fork*, tridente.

pronghorn ['prɒŋhɔ:n *amer.* 'prɔ:ŋhɔ:n / prong·horn] *pl.* **pronghorn(s)** *s.* (*zool.*) — (*antelope*), (*Antilocapra americana*) antilocapra.

pronominal [prəʊ'nɒmɪnl / pro·nom·inal] *agg.* (*gramm.*) pronominale // **-ly** *avv.*

pronoun ['prəʊnaʊn / pro·noun] *s.* (*gramm.*) pronome.

to **pronounce** [prə'naʊns / pro·nounce] *v.tr.* **1** dire; pronunciare: *the child can't — my name*, il bimbo non sa dire il mio nome **2** (*form.*) proferire; enunciare; dichiarare: *he was pronounced dead*, fu dichiarato morto; *the judge pronounced the sentence*, il giudice proferì la sentenza ♦ *v.intr.* (*form.*) pronunciarsi, dichiararsi: *I — in his favour*, mi dichiaro favorevole a lui; *to — on sthg.*, dare un parere su qlco. // (*dir.*) *to — for*, *against s.o.*, emettere sentenza in favore, contro qualcuno.

pronounceable [prə'naʊnsəbl / pro·nounce·able] *agg.* pronunciabile.

pronounced [prə'naʊnst / pro·nounced] *agg.* **1** pronunciato, detto **2** pronunciato, forte, marcato: *a — tendency*, una tendenza marcata; *she had a — English accent*, aveva un forte accento inglese // **-ly** *avv.*

pronouncement [prə'naʊnsmənt / pro·nounce·ment] *s.* (*form.*) dichiarazione solenne, pronunciamento.

pronouncing [prə'naʊnsɪŋ / pro·noun·cing] *s.* pronuncia: *English — dictionary*, dizionario della pronuncia inglese.

pronto ['prɒntəʊ] *avv.* subito, immediatamente, in fretta.

pronunciation [prə,nʌnsɪ'eɪʃn / pro·nun·ci·ation] *s.* pronuncia: *his — is perfect, mine is often faulty*, la sua pronuncia è perfetta, la mia è spesso errata.

proof [pru:f] *agg.* **1** (*spec. nei composti*) a prova di: *— against temptation*, a prova di, resistente alle tentazioni; *bullet- —*, a prova di proiettile, antiproiettile; blindato; *burglar- —*, a prova di scasso **2** *pred.* di gradazione alcolica...: *this whisky is about 40% —*, questo whisky ha circa 40 gradi // *— spirit*, gradazione alcolica standard.

proof *s.* **1** prova; evidenza: *in* (o *as a*) *— of*, a prova di; *— of guilt*, prova di colpevolezza; *the police have strong grounds for suspicion, but no proof(s)*, la polizia ha seri motivi di sospetto, ma nessuna prova; *to give — of one's gratitude to s.o.*, dare prova della propria gratitudine a qlcu.; *to have — of sthg.*, avere la prova di qlco.; *to put s.o., sthg., to the —*, mettere qlcu., qlco., alla prova **2** (*mat.*) dimostrazione: *— by absurd*, dimostrazione per assurdo // (*log.*) *— theory*, teoria della dimostrazione **3** (*fis.*) dimostrazione, prova **4** (*tip.*) bozza (di stampa): *clean —*, bozza corretta; *foul —*, bozza scorretta; *press —*, bozza, foglio di macchina **5** (*fot.*) provino.

to **proof** *v.tr.* **1** rendere impermeabile, resistente **2** (*tip.*) tirare una bozza, una prova di.

proof press ['pru:f,pres] *s.* (*tip.*) torchio per bozze, tirabozze.

proof puller ['pru:f,pʊlə*] *s.* (*tip.*) tirabozze.

proofreader ['pru:f,ri:də* / proof·reader] *s.* correttore di bozze.

prop[1] [prɒp] *s.* **1** puntello, sostegno: (*pit*) —, trave di sostegno **2** (*fig.*) sostegno, aiuto, appoggio: *he relies on tranquillizers as a —*, cerca aiuto nei tranquillanti.

to **prop**[1] *pass.p.p.* **propped** [prɒpt] *v.tr.* **1** appoggiare: *to — a ladder against the wall*, appoggiare una scala contro il muro **2** puntellare; sostenere (*anche fig.*): *to — a patient against* (o *on*) *his pillows*, sostenere un malato con guanciali **3** (*miner.*) puntellare ◆ *v.intr.* arrestarsi improvvisamente (di cavallo).

□ **prop up** *v.tr.* e *avv.* **1** puntellare, sostenere: *to — up a tree with a pole*, puntellare un albero con un palo **2** (*fig.*) sostenere, appoggiare: *the dictatorship was kept propped up by foreign intervention*, la dittatura fu tenuta in piedi con l'appoggio di paesi stranieri.

prop[2] *s.* (*fam. teatr.*) abbr. di → **property** 5.

prop[3] *s.* (*fam.*) abbr. di → **propeller** 2.

propaedeutic(al) [,prəʊpi:'dju:tɪk(l) *amer.* ,prəʊpi:'du:tɪk(l) / pro·pae·deutic, pro·pae·deut·ical] *agg.* (*form.*) propedeutico.

propaedeutics [,prəʊpi:'dju:tɪks *amer.* ,prəʊpi:'du:tɪks / pro·pae·deut·ics] *s.* ⓤ propedeutica.

propagable ['prɒpəgəbl / prop·ag·able] *agg.* propagabile.

propaganda [,prɒpə'gændə / pro·pa·ganda] *s.* propaganda: *for — purposes*, a scopo di propaganda, per propaganda.

propagandism [,prɒpə'gændɪzəm / pro·pa·gand·ism] *s.* (*non com.*) proselitismo.

propagandist [,prɒpə'gændɪst / pro·pa·gand·ist] *s.* propagandista.

propagandistic [,prɒpəgæn'dɪstɪk / pro·pa·gand·istic] *agg.* propagandistico // **-ally** *avv.*

to **propagandize** [,prɒpə'gændaɪz / pro·pa·gand·ize] *v.tr.* propagandare, fare propaganda di, a.

to **propagate** ['prɒpəgeɪt / prop·ag·ate] *v.tr.* **1** (*biol.*) riprodurre, moltiplicare **2** (*bot.*) propagare, propagginare **3** (*form.*) trasmettere, propagare, diffondere, (*anche fig.*): *a disease propagated from generation to generation*, una malattia trasmessa di generazione in generazione; *to — one's views*, diffondere le proprie idee ◆ *v.intr.* **1** (*zool.*) riprodursi, moltiplicarsi **2** (*bot.*) propagarsi **3** (*form.*) trasmettersi, propagarsi, diffondersi.

propagation [,prɒpə'geɪʃn / pro·pa·ga·tion] *s.* **1** (*biol.*) riproduzione, propagazione **2** (*bot.*) propagazione; propagginazione **3** (*form.*) propagazione, trasmissione, diffusione (*anche fig.*).

propagator ['prɒpəgeɪtə* / pro·pag·ator] *s.* propagatore.

propane ['prəʊpeɪn / pro·pane] *s.* (*chim.*) propano.

proparoxytone [,prəʊpə'rɒksɪtəʊn / pro·par·oxy·tone] *agg.* (*gramm.*) proparossitono ◆ *s.* parola proparossitona.

to **propel** [prə'pel / pro·pel] *pass.p.p.* **propelled** [prə'peld / pro·pelled] *v.tr.* spingere in avanti, sospingere, propellere; muovere; azionare: *propelled by steam*, azionato a vapore.

propellant [prə'pelənt / pro·pel·lant] *agg.* propellente, propulsore ◆ *s.* **1** (*chim.*) propellente **2** (*mil.*) carica di lancio.

propellent [prə'pelənt / pro·pel·lent] *agg.* motore, propulsore: *— force*, forza motrice ◆ *s.* **1** (*mecc.*) propulsore **2** (*chim.*) propellente.

propeller [prə'pelə* / pro·pel·ler] *s.* **1** propulsore **2** (*aer.*, *mar.*) (*screw*) —, elica: *adjustable pitch —*, elica a passo regolabile a terra; *feathering —*, elica a pale articolate; *variable pitch —*, elica a passo variabile; *— blades*, pale dell'elica; *— noise*, rombo dell'elica; *— turbine engine*, motore a turboelica.

propellerhead [,prəʊ'peləhed / pro·pel·ler·head] *s.* (*inform.*) fanatico di computer.

propeller shaft [prə'pelə,ʃɑ:ft *amer.* prə'pelə,ʃæft] *s.* **1** (*mecc.*) albero di trasmissione **2** (*aer.*, *mar.*) albero portaelica.

propelling machinery [prə'pelɪŋmə ,ʃi:nərɪ] *s.* apparato motore.

propene ['prəʊpi:n / pro·pene] *s.* (*chim.*) propene.

prop-engine ['prɒp,endʒɪn] *s.* (*aer.*) motore a elica.

propension [prə'penʃn / pro·pen·sion]
propensity [prə'pensətɪ / pro·pen·sity] *s.* (*form.*) propensione; tendenza, inclinazione: *— to* (o *towards*) *sthg.*, *— for doing sthg.*, inclinazione verso qlco., a fare qlco.; (*econ.*) *marginal propensity to consume, to save, to import*, propensione marginale al consumo, al risparmio, all'importazione.

proper ['prɒpə*] *agg.* **1** proprio, appropriato, esatto, giusto, corretto: *it requires — treatment*, richiede un trattamento appropriato; *it must be done in the — way*, bisogna farlo nel modo giusto; *the — authorities*, le autorità preposte; *in the — sense of the word*, nel vero senso della parola // (*dir.*) *— law of the contract*, legge regolatrice del contratto **2** proprio, conveniente, confacente; decoroso, rispettabile, per bene: *— behaviour*, contegno decoroso; *she's very prim and —*, è molto per bene; *it's only right and — that your wife should be present*, sarebbe bene che tua moglie fosse presente; *it's not — to wear red to a funeral*, è sconveniente vestirsi di rosso per un funerale **3** (*form.*) — (*to*), proprio di, caratteristico di: *he shows the imagination — to a writer*, mostra l'immaginazione propria di uno scrittore **4** (*talvolta messo dopo il s.*) vero e proprio: *a — scoundrel*, un vero e proprio mascalzone; *I've never had — job*, non ho mai avuto un vero lavoro; *poetry — is quite a different thing*, la poesia vera e propria è tutta un'altra cosa; *when we got to the town —*, quando giungemmo alla città vera e propria **5** (mio, tuo, suo ecc.) proprio, peculiare: *— name*, nome proprio; (*astr.*) *— motion*, moto proprio; *thyself and thy belongings / are not thine own so proper, ...*, (SH. Measure for Maeasure) te stesso e le tue doti non sono tue in modo così peculiare... **6** (*mat.*) proprio: *— fraction*, frazione propria; *— subset*, sottoinsieme proprio **7** (*ant.*) bello, grazioso: *this Lodovico is a proper man*, (SH. Othello) questo Lodovico è un bell'uomo **8** (*arald.*) al naturale: *tiger —*, tigre al naturale.

properly ['prɒpəlɪ / proper·ly] *avv.* **1** bene, correttamente; opportunamente: *you haven't added the bill up —*, non hai fatto il conto in maniera corretta; *he quite — refused to answer their questions*, si è rifiutato di rispondere alle loro domande e ha fatto bene **2** in modo conveniente, in modo rispettabile: *to be — dressed*, essere vestito convenientemente **3** propriamente, in senso stretto: *he is not, — speaking, a lawyer*, non è, per l'esattezza, un avvocato **4** (*fam.*) completamente: *he was — drunk*, era completamente ubriaco.

propertied ['prɒpəti:d / prop·er·tied] *agg.* **1** (*form.*) possidente **2** (*ant.*) dotato: *his voice was propertied / as all the tuned spheres*, (SH. Antony and Cleopatra) la sua voce possedeva la qualità della musica delle stelle.

property ['prɒpətɪ / prop·erty] *s.* **1** proprietà, diritto di proprietà: *acquisition of —*, acquisizione della proprietà; *title to —*, titolo alla proprietà; *private —*, proprietà privata; *public —*, proprietà pubblica; *of common* (o *public*) *—*, di dominio pubblico (*anche fig.*); *literary —*, proprietà letteraria **2** proprietà, beni mobili e immobili: *he has got several properties in London*, possiede parecchi immobili a Londra; *— market*, mercato immobiliare; *— abroad*, beni all'estero; *personal —*, beni mobili; *— damage*, danno materiale patrimoniale // (*econ.*) *— and entrepreneurial income*, redditi da capitale e da impresa (nella contabilità nazionale) // (*amm.*): *— accounts*, conti patrimoniali; *— plant and equipment*, immobilizzazioni tecniche // (*trib.*) — *tax*, imposta sul patrimonio; imposta fondiaria // *a man of* —, un possidente **3** proprietà, qualità, caratteristica: *hardness is a — of diamonds*, la durezza è una caratteristica dei diamanti **4** (*ant.*) proprietà, precisione; l'essere adatto, conveniente (di linguaggio, modo di vestire ecc.) **5** (*spec. pl.*) (*teatr.*) costumi, oggetti per la scena, materiale scenico **6** (*inform.*) attributo (di un file o di un oggetto).

to **property** *v.tr.* (*ant.*) appropriarsi di, usare per i propri scopi: *they have propertied me: keep me in darkness*, (SH. Twelfth Night) mi trattano come se fossi di loro proprietà: mi tengono all'oscuro.

property man ['prɒpətɪ,mæn] *s.* (*teatr.*) trovarobe.

property-room ['prɒpətɪ,rʊm *amer.* 'prɒp ətɪ,ru:m] *s.* (*teatr.*) ripostiglio per materiale di scena.

prop-fan ['prɒp,fæn] *s.* (*tecn.*) ventola, ventilatore (elicoidale).

prophecy ['prɒfɪsɪ / proph·ecy] *s.* profezia, predizione.

prophesier ['prɒfɪsaɪə* / proph·esier] *s.* profeta.

to **prophesy** ['prɒfɪsaɪ / proph·esy] *v.tr.* profetizzare, predire ◆ *v.intr.* **1** essere profeta **2** (*ant.*) interpretare le Sacre Scritture.

prophet ['prɒfɪt] *s.* indovino; profeta: — *of evil*, profeta di sventura; *the Prophet*, il Profeta, Maometto.

prophetess ['prɒfɪtɪs / proph·et·ess] *s.* profetessa.

prophetic(al) [prə'fetɪk(l) / proph·etic, proph·et·ical] *agg.* profetico // **-ally** *avv.*

prophylactic [,prɒfɪ'læktɪk / pro·phy·lactic] *agg.* (*med.*) profilattico, preventivo ◆ *s.* (*med.*) **1** profilattico, preservativo **2** misura profilattica // **-ally** *avv.*

prophylaxis [,prɒfɪ'læksɪs / pro·phy·laxis] *pl.* **prophylaxes** [,prɒfɪ'læksi:z] *s.* (*med.*) profilassi.

propinquity [prə'pɪŋkwətɪ / pro·pin·quity] *s.* (*form.*) **1** vicinanza; prossimità (di tempo, spazio) **2** parentela.

propionate ['prəʊpɪəneɪt / pro·pi·on·ate] *s.* (*chim.*) propionato.

propionic [,prəʊpɪ'ɒnɪk / pro·pi·onic] *agg.* (*chim.*) propionico.

propitiable [prə'pɪʃɪəbl / pro·pi·ti·able] *agg.* propiziabile.

to **propitiate** [prə'pɪʃɪeɪt / pro·pi·ti·ate] *v.tr.* **1** propiziare, render propizio: *to — the gods*, propiziarsi gli dei **2** calmare, rabbonire.

propitiation [prə,pɪʃɪ'eɪʃn / pro·pi·ti·ation] *s.* **1** propiziazione **2** espiazione **3** (*ant.*) dono, sacrificio propiziatorio.

propitiator [prə'pɪʃɪeɪtə* / pro·pi·ti·ator] *s.* propiziatore.

propitiatory [prə'pɪʃɪətərɪ *amer.* prə'pɪ ʃɪətɔ:rɪ / pro·pi·ti·at·ory] *agg.* propiziatorio ◆ *s.* (*eccl.*) propiziatorio (tavola nell'Arca della Santa Alleanza, per la preghiera).

propitious [prə'pɪʃəs / pro·pi·tious] *agg.* (*form.*) propizio, favorevole: — *omens*, presagi favorevoli; *the weather was* —, il tempo era propizio // **-ly** *avv.* // **-ness** *s.*

prop-jet ['prɒp,dʒet] *agg.* e *s.* (aeroplano) con motore a turboelica.

prop man ['prɒp,mæn] *s.* (*teatr.*) → **property man**.

propolis ['prɒpəlɪs / pro·polis] *s.* propoli SIN. bee-glue.

proponent [prə'pəʊnənt / pro·ponent] *agg.* e *s.* proponente.

proportion [prə'pɔ:ʃn / pro·por·tion] *s.* **1** proporzione, rapporto: *in — to* (o *with*), in proporzione a; *in fair* —, in giusta proporzione; *out of — to*, sproporzionato a; *out of all* —, fuori misura; *a sense of* —, senso di misura; *the proportions of the building are faulty*, le proporzioni dell'edificio sono sbagliate **2** *pl.* misure, dimensioni: *a ship of majestic proportions*, una nave di dimensioni imponenti **3** parte: *to divide profits in equal proportions*, dividere i profitti in parti uguali **4** (*mat.*) proporzione.

to **proportion** *v.tr.* **1** proporzionare, rendere proporzionato **2** dividere in parti proporzionate.

proportionable [prə'pɔ:ʃnəbl / pro·por·tion·able] *agg.* proporzionabile // **-ness** *s.* // **-bly** *avv.*

proportional [prə'pɔ:ʃənl / pro·por·tional] *agg.* proporzionale // (*pol.*) — *representation*, rappresentanza proporzionale // (*trib.*): — *income tax*, imposta proporzionale sul reddito; — *rate*, aliquota, tariffa proporzionale; — *taxation*, imposizione fiscale proporzionale // (*fis.*) — *counter*, contatore proporzionale ◆ *s.* (*mat.*) *fourth* —, quarto proporzionale // **-ly** *avv.*

proportionality [prə,pɔ:ʃə'nælətɪ / pro·por·tion·al·ity] *s.* proporzionalità.

proportionate [prə'pɔ:ʃnət / pro·por·tion·ate] *agg.* proporzionato // **-ly** *avv.*

proportionateness [prə'pɔ:ʃnətnɪs / pro·por·tion·ate·ness] *s.* proporzionalità; buone proporzioni.

proposal [prə'pəʊzl / pro·posal] *s.* **1** proposta, offerta; progetto: *the — was never carried out*, la proposta non fu mai realizzata; *to make a* —, fare una proposta **2** proposta, offerta di matrimonio: *she had a* —, ebbe una domanda di matrimonio.

to **propose** [prə'pəʊz / pro·pose] *v.tr.* **1** proporre, suggerire: *I — leaving at noon*, suggerisco di partire a mezzogiorno; *to — a plan*, proporre un progetto; *to — s.o. as a candidate*, proporre qlcu. come candidato **2** fare un brindisi a: *to — the health of s.o.*, bere alla salute di qlcu. **3** (II) intendere, prefiggersi: *I — to finish my work by tomorrow*, mi prefiggo di finire il lavoro per domani ◆ *v.intr.* **1** proporre // *man proposes, God disposes*, (*prov.*) l'uomo propone e Dio dispone **2** fare richiesta di matrimonio: *he proposed to her*, le chiese di sposarlo **3** (*ant.*) conversare, parlare: *there shalt thou find my cousin Beatrice / proposing with the prince*, (SH. Much Ado About Nothing) là troverai mia cugina Beatrice che conversa col principe.

proposer [prə'pəʊzə* / pro·poser] *s.* proponente.

proposition [,prɒpə'zɪʃn / pro·posi·tion] *s.* **1** asserzione: *an absurd* —, un'asserzione infondata **2** proposta, progetto, affare: *it's an expensive* —, è un progetto un po' caro; *it's not a paying* —, non è un buon affare, un affare che rende **3** proposta, suggerimento **4** (*gramm.*, *log.*) proposizione **5** (*mat.*) proposizione **6** (*fam.*) faccenda, affare, impresa // *she's a difficult* —, è un'impresa trattare con lei **7** (*fam.*) proposta oscena, indecente.

to **proposition** *v.tr.* **1** fare una proposta a **2** (*fam.*) fare delle proposte (oscene, indecenti) a.

propositional [,prɒpə'zɪʃənl / pro·posi·tional] *agg.* **1** di proposizione **2** di proposta.

to **propound** [prə'paʊnd / pro·pound] *v.tr.* **1** (*form.*) proporre; offrire **2** (*dir.*) far omologare (un testamento).

proprietary [prə'praɪətərɪ *amer.* prə'praɪ ətерɪ / pro·pri·et·ary] *agg.* **1** di proprietà (riservata); esclusivo; brevettato, patentato: (*comm.*) — *article* (o *product*), articolo in esclusiva; (*dir. comm.*) — *rights*, diritti di proprietà; — *medicine*, specialità medicinale (protetta da brevetto) **2** di, da proprietario; di possesso: *he showed his friends the house with a — air*, mostrò agli amici la casa con l'aria compiaciuta del proprietario // (*comm.*) — *interest*, capitale proprio ◆ *s.* **1** proprietario, titolare **2** proprietà, l'insieme dei proprietari **3** stato, diritto di proprietà **4** possesso, proprietà: *the — of a building*, il possesso, la proprietà di un edificio.

proprietary company [prə'praɪətərɪ ,kʌmpənɪ] *s.* società, casa madre.

proprietary name [prə'praɪətərɪ,neɪm] *s.* marchio di fabbrica.

proprietor [prə'praɪətə* / pro·pri·etor] *s.* proprietario; titolare // *joint* —, comproprietario.

proprietorial [prə,praɪə'tɔ:rɪəl / pro·pri·et·or·ial] *agg.* (*form.*) di proprietario.

proprietorship [prə'praɪətəʃɪp / pro·pri·et·or·ship] *s.* **1** condizione di proprietario **2** proprietà: — *of a copyright*, proprietà di un diritto d'autore.

proprietress [prə'praɪətrɪs / pro·pri·et·ress] *s.* proprietaria.

propriety [prə'praɪətɪ / pro·pri·ety] *s.* **1** proprietà, correttezza: *I doubt of the — of the term*, dubito della proprietà della parola **2** decoro, decenza: *his behaviour was a real breach of* —, la sua condotta era un vero affronto alla morale **3** opportunità: *I doubt of the — of making such a request*, dubito sull'opportunità di fare una simile richiesta **4** *pl.* convenienze: *proprieties must be observed*, bisogna osservare le regole della buona educazione.

proptosis [prɒp'təʊsɪs / prop·tosis] *s.* (*med.*) proptosi, esoftalmo.

propulsion [prə'pʌlʃn / pro·pul·sion] *s.* **1** propulsione // *jet* —, propulsione a getto, a reazione **2** (*fig.*) spinta.

propulsive [prə'pʌlsɪv / pro·puls·ive] **propulsory** [prə'pʌlsərɪ / pro·puls·ory] *agg.* propulsivo.

propyl ['prəʊpɪl / pro·pyl] *s.* (*chim.*) propile.

propylaeum [,prɒpɪ'li:əm / pro·pyl·aeum] *pl.* **propylaea** ['prɒpɪli:ə / pro·pyl·aea] *s.* (*arch.*) propileo.

propylene ['prəʊpɪli:n / pro·pyl·ene] *s.* (*chim.*) propilene: — *glycol*, glicol propilenico; — *oxide*, ossido di propilene.

propylic [prəʊ'pɪlɪk / pro·pylic] *agg.* (*chim.*) propilico.

propylite ['prəʊpɪlaɪt / pro·pyl·ite] *s.* (*geol.*) profilite.

propylon ['prɒpɪlɒn / pro·pylon] → **propylaeum**.

pro rata [ˌprəʊˈrɑːtə] *s.* (*lat.*) (*comm.*) pro rata, proporzionale.

to **prorate** [prəʊˈreɪt / pro·rate] *v.tr.* e *intr.* (*amer.*) dividere, distribuire proporzionalmente; (*comm.*) ripartire proporzionalmente.

prorogation [ˌprəʊrəˈgeɪʃn / pro·roga·tion] *s.* **1** proroga; prolungamento **2** (*dir.*) rinvio.

to **prorogue** [prəˈrəʊg / pro·rogue] *v.tr.* **1** prorogare (una legislatura) **2** (*form.*) ritardare, rimandare; sospendere ◆ *v.intr.* (*form.*) essere differito, rinviato.

prosaic [prəʊˈzeɪɪk / pro·saic] *agg.* prosaico, prosastico; comune, banale // **-ally** *avv.* // **-ness** *s.*

prosaicism [prəʊˈzeɪɪsɪzəm / pro·sai·cism] *s.* **1** prosaicismo **2** espressione prosaica.

proscenium [prəʊˈsiːnjəm / pro·scen·ium] *pl.* **proscenia** [prəʊˈsiːnjə / pro·scenia] *s.* (*teatr.*) proscenio; (*ant.*) palcoscenico, scena.

to **proscribe** [prəʊˈskraɪb / pro·scribe] *v.tr.* **1** (*form.*) proscrivere; esiliare; bandire (*anche fig.*) **2** condannare; vietare // **-er** *s.*

proscribed [prəʊˈskraɪbd / pro·scribed] *agg.* (*form.*) proscritto.

proscription [prəʊˈskrɪpʃn / pro·scrip·tion] *s.* (*form.*) **1** proscrizione, bando, esilio **2** proibizione, divieto.

proscriptive [prəʊˈskrɪptɪv / pro·script·ive] *agg.* (*form.*) che proscrive; di proscrizione.

prose [prəʊz] *s.* **1** prosa // — *poem*, poema in prosa; — *works*, opere in prosa; — *writer*, prosatore **2** prosaicità **3** (*eccl.*) sequenza **4** esercizio di traduzione **5** (*antiq.*) discorso noioso.

to **prose** *v.intr.* **1** scrivere in prosa **2** parlare, scrivere prosaicamente ◆ *v.tr.* mettere in prosa; volgere in prosa.

prosector [prəʊˈsektə* / pro·sector] *s.* (*med.*) prosettore, chi esegue l'autopsia.

to **prosecute** [ˈprɒsɪkjuːt / pro·sec·ute] *v.tr.* **1** proseguire; continuare: — *your studies*, continuate i vostri studi; *to — an inquiry*, condurre un'inchiesta **2** (*dir.*) perseguire (un'azione legale); accusare: *to — a crime*, perseguire un reato; *trespassers will be prosecuted*, i contravventori verranno processati a termine di legge; *to — the charge*, sostenere l'accusa **3** (*non com.*) esercitare (un mestiere ecc.) ◆ *v.intr.* **1** (*dir.*) intentare giudizio, esercitare l'azione penale // *to — in a civil case*, costituirsi parte civile **2** (*non com.*) investigare.

prosecuting [ˈprɒsɪkjuːtɪŋ / pro·sec·ut·ing] *agg.* che persegue un'azione legale // — *witness*, testimone per l'accusa; — *attorney*, pubblico ministero.

prosecution [ˌprɒsɪˈkjuːʃn / pro·secu·tion] *s.* **1** proseguimento; prosecuzione **2** (*dir.*) accusa, processo: *to start a — against*, intentare un processo contro **3** parte agente, querelante: *witness for the —*, testimone d'accusa **4** esercizio (di un mestiere ecc.).

prosecutor [ˈprɒsɪkjuːtə* / pro·secu·tor] *s.* **1** prosecutore; continuatore **2** (*dir.*) accusatore, querelante, attore // *public —* (o *— for the Crown*), pubblico accusatore, pubblico ministero **3** (*dir. amer.*) pubblico ministero (organo dell'accusa nel processo penale).

proselyte [ˈprɒsɪlaɪt / pros·elyte] *s.* proselito.

proselytism [ˈprɒsɪlɪtɪzəm / pros·elyt·ism] *s.* proselitismo.

to **proselytize** [ˈprɒsɪlɪtaɪz / pros·elyt·ize] *v.intr.* fare proseliti ◆ *v.tr.* convertire // **-er** *s.*

prosenchyma [prɒsˈeŋkɪmə / pros·en·chyma] *s.* (*bot.*) prosenchima.

prosenchymatous [ˌprɒseŋˈkɪmətəs / pros·en·chym·at·ous] *agg.* (*bot.*) prosenchimatico.

proser [ˈprəʊzə*] *s.* **1** (*non com.*) prosatore **2** (*fam. antiq.*) narratore tedioso; chiacchierone noioso.

prosily [ˈprəʊzɪlɪ / pro·sily] *avv.* **1** prosaicamente **2** tediosamente.

prosiness [ˈprəʊzɪnɪs / pro·si·ness] *s.* **1** prosaicità **2** banalità.

prosodic(al) [prəˈsɒdɪk(l) / pros·odic(al)] non com. **prosodiac(al)** [ˌprɒsəʊˈdaɪək(l) / pros·odiac(al)] *agg.* prosodico // **-ally** *avv.*

prosodist [ˈprɒsədɪst / pros·od·ist] *s.* studioso di prosodia.

prosody [ˈprɒsədɪ / pros·ody] *s.* prosodia, metrica.

prosopopoeia [prəˌsəʊpəˈpiːjə / pros·opo·poeia] *s.* (*ret.*) prosopopea.

prospect [ˈprɒspekt / pro·spect] *s.* **1** panorama, vista; prospettiva: *after the storm the country offered a sad —*, dopo l'uragano la campagna aveva un aspetto desolante; *from my window I see a fine —*, dalla mia finestra vedo un bel panorama **2** (*fig.*) visione, idea; prospettiva, eventualità: *I don't like the — of doing his work*, non mi va l'idea di fare il suo lavoro; *travelling opens new prospects to a man's mind*, il viaggiare apre nuove prospettive alla mente dell'uomo // *to have a lot of work in —*, avere in vista parecchio lavoro **3** (*gener. pl.*) possibilità; speranza, aspettativa; avvenire: *the prospects of the harvest are excellent*, si prevede un eccellente raccolto; *his prospects are brilliant*, ha un brillante avvenire **4** possibile cliente, candidato **5** (*miner.*) zona mineralizzata, giacimento; luogo per esplorazione mineraria.

to **prospect** [prəˈspekt *amer.* ˈprɒspekt] *v.tr.* **1** esplorare (in cerca di minerali): *they prospected (the district) for gold, silver*, esplorarono la regione in cerca di giacimenti d'oro, d'argento **2** promettere: *that mine prospects well*, si spera che quella miniera sia ricca // *v.intr.* fare prospezioni (in cerca di minerali).

prospecting [prəˈspektɪŋ *amer.* ˈprɒspektɪŋ / pro·spect·ing] *s.* (*miner.*) prospezione.

prospective [prəsˈpektɪv / pro·spect·ive] *agg.* **1** concernente il futuro: *the law was exclusively —*, la legge riguardava esclusivamente il futuro **2** futuro; probabile, eventuale: *the firm is worried about the — loss of two senior partners*, la ditta è preoccupata per la probabile perdita di due soci anziani; *a — customer*, un eventuale cliente; *the — bridegroom*, il futuro sposo // **-ly** *avv.*

prospector [prəˈspektə* *amer.* ˈprɒspektə* / pro·spector] *s.* (*miner.*) prospettore, cercatore (spec. d'oro).

prospectus [prəˈspektəs / pro·spectus] *pl.* **prospectuses** [prəˈspektəsɪz / pro·spect·uses] *s.* **1** prospetto, programma: *a — of the courses*, prospetto dei corsi (di una scuola) **2** (*comm.*) prospetto informativo **3** (*fin.*) manifesto di emissione (di azioni, obbligazioni).

to **prosper** [ˈprɒspə* / pros·per] *v.tr.* far prosperare; rendere prospero ◆ *v.intr.* prosperare.

prosperity [prɒˈsperətɪ / pros·per·ity] *s.* prosperità.

prosperous [ˈprɒspərəs / pros·per·ous] *agg.* **1** prospero; fiorente; benestante **2** favorevole, propizio // **-ly** *avv.* // **-ness** *s.*

prostaglandin [ˌprɒstəˈglændɪn / pros·ta·glandin] *s.* (*biochim.*) prostaglandina.

prostate [ˈprɒsteɪt / pro·state] *agg.* e *s.* (*anat.*) prostata, ghiandola prostatica.

prostatectomy [ˌprɒstəˈtektəmɪ / pro·sta·tec·tomy] *s.* (*med.*) prostatectomia.

prostatic [prɒˈstætɪk / pro·static] *agg.* (*anat.*) prostatico.

prostatism [ˈprɒstətɪzm / pro·stat·ism] *s.* (*med.*) prostatismo.

prostatitis [ˌprɒstəˈtaɪtɪs / pro·stat·itis] *s.* (*med.*) prostatite.

prosthesis [ˈprɒsθɪsɪs / pros·thesis] *pl.* **prostheses** [ˈprɒsθɪsiːz] *s.* **1** (*gramm.*) prostesi **2** (*med.*) protesi.

prosthetic [prɒˈsθetɪk / pros·thetic] *agg.* **1** (*gramm.*) prostetico **2** (*med.*) protesico **3** (*chim.*) prostetico: — *group*, gruppo prostetico.

prostitute [ˈprɒstɪtjuːt *amer.* ˈprɒstɪtuːt / pros·ti·tute] *agg.* (*rar.*) prostituito; corrotto ◆ *s.* **1** prostituta; che si prostituisce **2** (*fig.*) persona corrotta.

to **prostitute** *v.tr.* prostituire (*anche fig.*): *to — one's talents*, prostituire il proprio talento.

prostitution [ˌprɒstɪˈtjuːʃn *amer.* ˌprɒstɪˈtuːʃn / pros·ti·tu·tion] *s.* prostituzione.

prostitutor [ˈprɒstɪtjuːtə* *amer.* ˈprɒstɪtuːtə* / pros·ti·tutor] *s.* chi induce alla prostituzione.

prostodontics [ˌprɒstəʊˈdɒntɪks / prost·odont·ics] *s.* ⓤ (*med.*) prostodonzia.

prostrate [ˈprɒstreɪt / pros·trate] *agg.* **1** prosternato, bocconi **2** (*fig.*) prostrato, abbattuto; sopraffatto: — *with grief*, prostrato dal dolore **3** (*bot.*) procombente, prostrato.

to **prostrate** [prɒˈstreɪt] *v.tr.* **1** prosternare; distendere per terra: *to — oneself before s.o.*, prosternarsi davanti a qlcu. **2** (*fig.*) prostrare, abbattere; sopraffare: *prostrated by the heat*, prostrato dal caldo // *to be prostrated*, essere completamente esausto.

prostration [prɒˈstreɪʃn / pros·tra·tion] *s.* **1** prosternazione **2** (*fig.*) prostrazione, abbattimento, avvilimento; sopraffazione.

prostyle [ˈprəʊstaɪl / pro·style] *agg.* e *s.* (*arch.*) prostilo.

prosy [ˈprəʊzɪ] *agg.* **1** prosaico **2** noioso, monotono; banale.

protactinium [ˌprəʊtækˈtɪnɪəm / prot·ac·tin·ium] *s.* (*chim., fis.*) protoattinio.

protagonist [prəʊˈtægənɪst / prot·ag·on·ist] *s.* protagonista.

protamine [ˈprəʊtəmiːn / prot·am·ine] *s.* (*biochim.*) protammina.

protasis [ˈprɒtəsɪs / prot·asis] *pl.* **protases** [ˈprɒtəsiːz] *s.* (*gramm.*) protasi.

protean [prəʊˈtiːən / pro·tean] *agg.* (*form.*) proteiforme; versatile.

protease [ˈprəʊtiːeɪs / pro·tease] *s.* (*biochim.*) proteasi.

to **protect** [prəˈtekt / pro·tect] *v.tr.* **1** proteggere, tutelare, salvaguardare (*anche econ.*):

to — s.o. from (o *against*) *sthg.*, proteggere qlcu. da qlco. // (*dir.*) *protected earnings*, salario impignorabile // (*Borsa*): *protected bear*, ribassista coperto; *protected preferred shares*, azioni privilegiate protette **2** (*comm.*) onorare: *to — a bill*, onorare una cambiale.

protecting [prə'tektɪŋ / pro·tect·ing] *agg.* protettivo.

protection [prə'tekʃn / pro·tec·tion] *s.* **1** protezione, difesa, salvaguardia, tutela; *she wore a scarf as — against the cold*, indossava una sciarpa per difendersi dal freddo **2** protettore **3** salvacondotto **4** (*econ.*) protezione, protezionismo **5** (*mar.*) certificato di nazionalità americana **6** (*sl.*) — (*money*), tangente.

protectionism [prə'tekʃənɪzəm / pro·tec·tion·ism] *s.* (*econ.*) protezionismo.

protectionist [prə'tekʃənɪst / pro·tec·tion·ist] *s.* (*econ.*) protezionista.

protective [prə'tektɪv / pro·tect·ive] *agg.* protettivo, difensivo: *a — coat of paint*, una mano di vernice protettiva; *to wear — clothing*, indossare indumenti di protezione; *a — attitude*, un atteggiamento protettivo; *she's too — of her daughter*, è troppo protettiva nei confronti di sua figlia; (*econ.*) *— tariff*, tariffa protettiva, protezionistica // *— custody*, carcere preventivo // **-ly** *avv.*

protectiveness [prə'tektɪvnɪs / pro·tect·ive·ness] *s.* **1** atteggiamento protettivo, protezione, difesa: *a mother's —*, l'atteggiamento protettivo di una madre **2** (*st. econ.*) protezionismo.

protector [prə'tektə* / pro·tector] *s.* **1** protettore; mecenate **2** reggente // *Lord Protector of the Commonwealth*, (*st.*) Lord Protettore della Repubblica (titolo di Oliver e Richard Cromwell) **3** protezione, difesa **4** (*mecc.*) dispositivo di protezione.

protectorate [prə'tektərət / pro·tect·or·ate] *s.* protettorato.

protectorship [prə'tektəʃɪp / pro·tect·or·ship] *s.* protettorato.

protectress [prə'tektrɪs / pro·tect·ress] *s.* protettrice; patrona; patronessa.

protégé ['prəʊteʒeɪ *amer.* ,prəʊtɪ'ʒeɪ / pro·tégé] *s.* protetto.

proteid(e) ['prəʊti:d / pro·teid(e)] *s.* (*biochim.*) protide, proteina.

protein ['prəʊti:n / pro·tein] *s.* (*biochim.*) proteina: *— synthesis*, sintesi proteica.

proteinase ['prəʊti:neɪs / pro·tein·ase] *s.* (*biochim.*) proteinasi.

proteinate ['prəʊti:neɪt / pro·tein·ate] *s.* (*biochim.*) composto proteinico.

proteinoid ['prəʊti:nɔɪd / pro·tein·oid] *s.* (*chim.*) proteinoide.

proteolysis [,prəʊtɪ'ɒlɪsɪs / pro·teo·lysis] *s.* (*biochim.*) proteolisi.

proteolytic [,prəʊtɪə'lɪtɪk / pro·teo·lytic] *agg.* (*biochim.*) proteolitico.

proteose ['prəʊtɪəʊs / pro·teose] *s.* (*biochim.*) proteosio.

Proterozoic [,prɒtərə'zəʊɪk / Prot·ero·zoic] *agg.* e *s.* (*geol.*) proterozoico.

protest ['prəʊtest / pro·test] *s.* **1** protesta, reclamo: *to make a — against sthg.*, protestare contro qlco.; *to raise a —*, elevare protesta; *— march*, marcia di protesta // (*mar.*) *ship's —*, dichiarazione d'avaria **2** (*dir.*) riserva: *— in writing*, riserva; *under —*, sotto riserva **3** (*dir. comm.*) protesto: *— on dishonour*, protesto per mancato pagamento.

to **protest** [prə'test] *v.tr.* **1** protestare, affermare, dichiarare: *to — one's innocence, one's good faith*, protestare la propria innocenza, la propria buona fede **2** (*spec. amer.*) protestare contro, contestare **3** (*dir. comm.*) protestare, mandare in protesto (una cambiale) ◆ *v.intr.* **1** protestare, elevare protesta, reclamare: *to — against sthg., s.o.*, protestare contro qlco., qlcu. **2** fare una dichiarazione.

protestant ['prɒtɪstənt / prot·est·ant] *agg.* **1** (*rar.*) che protesta **2** (*relig.*) *Protestant*, protestante ◆ *s.* **1** (*rar.*) chi protesta **2** (*relig.*) *Protestant*, protestante **3** (*ant.*) corteggiatore, pretendente: *bid me to live, and I will live / thy Protestant to be*, (R. HERRICK) ordinami di vivere e vivrò per essere il tuo corteggiatore.

Protestantism ['prɒtɪstəntɪzəm / Prot·est·ant·ism] *s.* (*relig.*) protestantesimo.

to **protestantize** ['prɒtɪstəntaɪz / prot·est·ant·ize] *v.tr.* (*relig.*) (*rar.*) convertire al protestantesimo, rendere protestante.

protestation [,prɒte'steɪʃn / prot·esta·tion] *s.* **1** affermazione solenne, dichiarazione: *he was arrested despite his protestations of innocence*, fu arrestato nonostante le sue dichiarazioni di innocenza **2** protesta.

protester [prə'testə* / pro·tester] *s.* **1** chi protesta; contestatore; dimostrante **2** (*dir. comm.*) creditore che fa eseguire il protesto, protestatore.

protestingly [prə'testɪŋlɪ / pro·test·ing·ly] *avv.* per protesta; in tono di protesta.

protestor → **protester**.

proteus ['prəʊtju:s / pro·teus] *s.* **1** (*non com.*) persona volubile, che cambia sovente atteggiamento e modi **2** (*non com.*) persona versatile **3** (*zool.*) (*Proteus anguineus*) proteo.

prothalamion [,prəʊθə'leɪmɪən / pro·tha·lam·ion] **prothalamium** [,prəʊθə'leɪmɪəm / pro·tha·lam·ium] *pl.* **prothalamia** [,prəʊθə'leɪmɪə / pro·tha·lamia] *s.* (*poesia*) epitalamio.

prothallium [prə'θælɪəm / pro·thal·lium] *pl.* **prothallia** [prə'θælɪə / pro·thal·lia] *s.* (*bot.*) protallo.

prothesis ['prɒθɪsɪs / pro·thesis] *s.* **1** (*gramm., eccl.*) protesi **2** (*Chiesa Orientale Ortodossa*) ostensione.

prothonotary [,prəʊθə'nəʊtərɪ / pro·tho·notary] *s.* (*eccl., st.*) protonotario.

prothorax [prəʊ'θɔ:ræks / pro·thorax] *pl.* **prothoraxes, prothoraces** [prəʊ'θɔ:rəsi:z / pro·thor·aces] *s.* (*zool.*) protorace.

prothrombin [prɒ'θrɒmbɪn / pro·thrombin] *s.* (*biochim.*) protrombina.

protium ['prəʊʃəm / pro·tium] *s.* (*chim.*) prozio.

proto- ['prəʊtəʊ] *pref.* di origine greca che entra nella composizione di sostantivi e aggettivi; it. proto-; significa **1** primo, anteriore (nello spazio e nel tempo); primitivo: *protofascism*, fascismo allo stadio iniziale; *protocanonical*, protocanonico; *protogermanic*, protogermanico; *protohistory*, protostoria **2** nella vecchia terminologia chimica indica i composti in cui un elemento compare nella valenza più bassa: *protoxide*, protossido.

protoactinium [,prəʊtəʊ,æk'tɪnɪəm / pro·to·ac·tin·ium] → **protactinium**.

protocol ['prəʊtəkɒl *amer.* 'prəʊtəkɔ:l / pro·to·col] *s.* protocollo // (*med.*) *therapeutic —*, protocollo terapeutico.

to **protocol** *pass.p.p.* **protocolled** ['prəʊtəkɒld *amer.* 'prəʊtəkɔ:ld / pro·to·colled] *v.tr.* protocollare ◆ *v.intr.* redigere protocolli.

protomartyr ['prəʊtəʊ,mɑ:tə* / pro·to·mar·tyr] *s.* protomartire.

proton ['prəʊtɒn / pro·ton] *s.* (*fis. nucleare*) protone.

protonema [,prəʊtə'ni:mə / pro·to·nema] *pl.* **protonemata** [,prəʊtə'ni:mətə / pro·to·nem·ata] *s.* (*bot.*) protonema.

protonium [prəʊ'təʊnɪəm / pro·tonium] *s.* (*fis. nucleare*) protonio.

protonotary [,prəʊtəʊ'nəʊtərɪ / pro·to·not·ary] → **prothonotary**.

proton-synchrotron ['prəʊtɒn'sɪŋkrətrɒn] *s.* (*fis. nucleare*) protosincrotrone.

protoplasm ['prəʊtəʊ,plæzəm / pro·to·plasm] *s.* (*biol.*) protoplasma.

protoplasmatic [,prəʊtəʊplæz'mætɪk / pro·to·plas·matic] **protoplasmic** [,prəʊtəʊ'plæzmɪk / pro·to·plas·mic] *agg.* (*biol.*) protoplasmatico; del protoplasma.

protoplast ['prəʊtəʊplæst / pro·to·plast] *s.* **1** (*rar.*) prototipo; archetipo **2** (*zool.*) protoplasto.

protoplastic [,prəʊtəʊ'plæstɪk / pro·to·plastic] *agg.* **1** (*rar.*) prototipo; archetipo **2** (*zool.*) protoplastico.

protostar ['prəʊtəʊstɑ:* / pro·to·star] *s.* (*astr.*) protostella.

prototype ['prəʊtəʊtaɪp / pro·to·type] *s.* **1** prototipo, archetipo: *— airplane*, aeroplano prototipo **2** modello, prototipo (di persona).

prototypic(al) [,prəʊtəʊ'tɪpɪk(l) / pro·to·typic, pro·to·typ·ical] *agg.* prototipo.

protoxide [prəʊ'tɒksaɪd / prot·oxide] *s.* (*chim.*) protossido.

protozoan [,prəʊtəʊ'zəʊən / pro·to·zoan] *agg.* (*zool.*) dei protozoi, protozoario ◆ *s.* (*zool.*) protozoo.

protozoon [,prəʊtəʊ'zəʊən / pro·to·zoon] *pl.* **protozoa** [,prəʊtəʊ'zəʊə / pro·to·zoa] *s.* (*zool.*) protozoo.

to **protract** [prə'trækt *amer.* prəʊ'trækt / pro·tract] *v.tr.* **1** protrarre, prolungare: *to — a visit*, protrarre una visita **2** protendere, estendere (antenne ecc., di animale) **3** (*ant.*) differire, dilazionare **4** rilevare; riprodurre in scala (un terreno).

protracted [prə'træktɪd *amer.* prəʊ'træktɪd / pro·tracted] *agg.* **1** protratto, prolungato **2** (*ant.*) differito, dilazionato **3** riprodotto in scala.

protractedly [prə'træktɪdlɪ *amer.* prəʊ'træktɪdlɪ / pro·tract·ed·ly] *avv.* prolungatamente, a lungo; in modo prolisso.

protractile [prə'træktaɪl *amer.* prəʊ'træktaɪl / pro·tract·ile] *agg.* protrattile (di organo di animale).

protraction [prə'trækʃn *amer.* prəʊ'trækʃn / pro·trac·tion] *s.* **1** protrazione, prolungamento **2** (*ant.*) dilazione, differimento **3** rilievo; disegno in scala (di un terreno).

protractor [prə'træktə* *amer.* prəʊ'træktə* / pro·tractor] *s.* **1** chi protrae, chi prolunga **2**

(*geom.*) goniometro **3** (*anat.*) muscolo estensore **4** (*med.*) estrattore.

to **protrude** [prəˈtruːd *amer.* prəʊˈtruːd / pro·trude] *v.tr.* sporgere, protendere, tirar fuori: *to — one's tongue*, tirar fuori la lingua ♦ *v.intr.* sporgersi, sporgere: *protruding eyes*, occhi sporgenti.

protrusible [prəˈtruːsəbl, prəʊˈtruːsəbl / pro·trus·ible] *agg.* estensibile; che si può spingere fuori.

protrusile [prəʊˈtruːsɪl / pro·trus·ile] *agg.* (*zool.*) protrattile (di arto ecc.).

protrusion [prəˈtruːʒn *amer.* prəʊˈtruːʒn / pro·tru·sion] *s.* **1** lo sporgere, l'essere sporgente, il far sporgere in fuori **2** prominenza, sporgenza **3** (*med.*) protrusione.

protrusive [prəˈtruːsɪv *amer.* prəʊˈtruːsɪv / pro·trus·ive] *agg.* **1** sporgente, prominente **2** (*med.*) protundente.

protuberance [prəˈtjuːbərəns *amer.* prəʊˈtuːbərəns / pro·tu·ber·ance] **protuberancy** [prəˈtjuːbərənsɪ *amer.* prəʊˈtuːbərənsɪ / pro·tu·ber·ancy] *s.* protuberanza, prominenza (*anche anat.*).

protuberant [prəˈtjuːbərənt *amer.* prəʊˈtuːbərənt / pro·tu·ber·ant] *agg.* protuberante, prominente, sporgente // **-ly** *avv.*

to **protuberate** [prəˈtjuːbəreɪt *amer.* prəʊˈtuːbəreɪt / pro·tu·ber·ate] *v.intr.* (*non com.*) essere prominente, sporgere in fuori; formare una protuberanza.

proud [praʊd] *agg.* **1** fiero, orgoglioso: *too — to complain*, troppo fiero per lamentarsi **2** orgoglioso, compiaciuto, soddisfatto: *to be — of sthg.*, gloriarsi, compiacersi di qlco.; *to be — to do sthg.*, considerare un onore fare qlco. // *to do oneself —*, (*fam.*) non privarsi di niente; *to do s.o. —*, (*fam.*) trattare qlcu. con tutti i riguardi **3** superbo, altero; presuntuoso, arrogante: *he is too — to accept our help*, è troppo superbo per accettare il nostro aiuto **4** (*letter.*) imponente, magnifico, superbo (di paesaggio, città ecc.): *a — sight*, una veduta splendida **5** in piena (di acque): *— waters*, acque ingrossate.

proud flesh [ˈpraʊdˈfleʃ] *s.* (*med.*) granulazione esuberante.

proudly [ˈpraʊdlɪ] *avv.* **1** fieramente, orgogliosamente **2** con compiacimento, con orgoglio **3** superbamente, arrogantemente.

proudness [ˈpraʊdnɪs / proud·ness] *s.* orgoglio; superbia.

proustite [pruːˈstaɪt / proust·ite] *s.* (*min.*) proustite.

provable [ˈpruːvəbl / prov·able] *agg.* provabile; dimostrabile // **-ness** *s.* // **-bly** *avv.*

to **prove** [pruːv] *v.tr.* **1** provare; dimostrare (*anche dir.*): *he proved his innocence*, dimostrò la sua innocenza; *the prosecution has to — guilt beyond any reasonable doubt*, l'accusa deve provare la colpevolezza oltre ogni ragionevole dubbio // *the exception proves the rule*, (*prov.*) l'eccezione conferma la regola **2** provare, mettere alla prova, verificare: *to — gold*, saggiare l'oro; *to — the patience of s.o.*, mettere alla prova la pazienza di qlcu. // (*dir.*) *proved debt*, credito ammesso (al passivo fallimentare) **3** (*mat.*) dimostrare, verificare, fare la prova di: *to — a sum*, verificare una somma **4** (*dir.*) omologare, convalidare: *to — a will*, omologare un testamento **5** (*log.*) dimostrare ♦ *v.intr.* risultare; dimostrarsi: *the manuscript proved to be a forgery*, il manoscritto si rivelò una contraffazione; *the news proved false*, le notizie risultarono false.

proven [ˈpruːvən] *agg.* **1** provato, dimostrato: *he is a person of — ability*, è una persona di provata abilità **2** (*dir. scoz.*) provato: *not — verdict*, assoluzione per mancanza di prove.

provenance [ˈprɒvənəns / prov·en·ance] *s.* provenienza, origine.

Provençal [ˌprɒvɑːnˈsɑːl / Pro·ven·çal] *agg.* e *s.* provenzale.

provender [ˈprɒvɪndə* / prov·ender] *s.* U **1** foraggio, biada **2** (*scherz.*) provvigioni, cibo.

to **provender** *v.tr.* foraggiare, nutrire con foraggio.

provenience [prəˈviːnjəns / pro·veni·ence] *s.* provenienza, origine.

proverb [ˈprɒvɜːb / pro·verb] *s.* proverbio, detto, massima // *the Book of Proverbs*, i Proverbi (libro biblico).

proverbial [prəˈvɜːbjəl / pro·ver·bial] *agg.* **1** proverbiale, di proverbio **2** proverbiale, noto a tutti // **-ly** *avv.*

to **provide** [prəˈvaɪd / pro·vide] *v.tr.* **1** provvedere, fornire, procurare: *the hotel can — conference facilities*, l'hotel offre ambienti e attrezzature adatte per conferenze; *to — an opportunity for s.o. to do sthg.*, procurare a qlcu. l'occasione di fare qlco. **2** fornire, rifornire, corredare: *to — s.o. with sthg.*, dotare qlcu. di qlco. **3** (*dir.*) prevedere, stabilire, contemplare; stipulare (in un atto): *the contract provides that cases of dispute shall go to arbitration*, il contratto stabilisce che in caso di dispute si ricorrerà ad arbitraggio; *the law provides that...*, la legge stabilisce che... // *unless otherwise provided...*, salvo convenzione contraria... ♦ *v.intr.* **1** provvedere, occuparsi di, pensare a: *to — for one's children's educations*, provvedere all'educazione dei figli; *the Lord will —*, Dio provvederà **2** premunirsi; tener conto di, contemplare (qlco.): *to — against sthg.*, premunirsi contro qlco.; *the timetable doesn't — for unexpected delays*, il calendario non tiene conto dei ritardi imprevisti; *the architect's plan provides for a degree of choice in the layout of the interiors*, il progetto dell'architetto offre una certa possibilità di scelta nella disposizione degli interni.

provided [prəˈvaɪdɪd / pro·vided] *agg.* **1** provvisto, munito: *— with sthg.*, provvisto di qlco. **2** (*antiq.*) preparato: *— for all eventualities*, preparato a ogni eventualità.

provided (that) [prəˈvaɪdɪd(ðət)] *cong.* purché, a patto che, a condizione che: *he said we could use his office — (that) we didn't touch the computer*, disse che potevamo usare il suo ufficio a patto che non toccassimo il computer; *— they keep very quiet the children can come to the lecture*, i bambini possono venire alla conferenza, purché stiano in silenzio.

providence [ˈprɒvɪdəns / prov·id·ence] *s.* **1** provvidenza **2** (*form.*) previdenza **3** (*form.*) parsimonia, economia.

provident [ˈprɒvɪdənt / prov·id·ent] *agg.* previdente; economo; provvidente // **-ly** *avv.*

providential [ˌprɒvɪˈdenʃl / prov·id·en·tial] *agg.* provvidenziale; opportuno // **-ly** *avv.*

provider [prəˈvaɪdə* / pro·vider] *s.* chi provvede; fornitore // *he's a good — (for his family)*, non fa mancare niente alla sua famiglia.

providing [prəˈvaɪdɪŋ / prov·id·ing] *cong.*: *— (that)*, purché, a patto che.

province [ˈprɒvɪns / prov·ince] *s.* **1** regione, territorio **2** *pl.* provincia: *in the provinces*, in provincia **3** (*dir.*) giurisdizione **4** (*eccl.*) diocesi **5** (*fig.*) sfera, campo d'attività: *this is not (within) our —*, questo non è di nostra competenza.

provincial [prəˈvɪnʃl / pro·vin·cial] *agg.* **1** provinciale, della provincia **2** (*spreg.*) provinciale, di idee ristrette ♦ *s.* **1** provinciale **2** (*spreg.*) persona di idee ristrette **3** (*eccl.*) padre provinciale // **-ly** *avv.*

provincialism [prəˈvɪnʃəlɪzəm / prov·in·cial·ism] *s.* provincialismo.

to **provincialize** [prəˈvɪnʃəlaɪz / pro·vin·cial·ize] *v.tr.* rendere provinciale.

proving [ˈpruːvɪŋ / prov·ing] *s.* **1** (*dir.*) dichiarazione di autenticità **2** (*inform.*) controllo, verifica.

proving ground [ˈpruːvɪŋˌgraʊnd] *s.* **1** terreno di prova **2** (*fig.*) banco di prova.

provision [prəˈvɪʒn / pro·vi·sion] *s.* **1** fornitura; il fornire **2** provvedimento; preparativo: *to make — against sthg.*, premunirsi contro qlco.; *to make — for one's family*, provvedere ai bisogni della propria famiglia; *he made — for his mother in his will*, ha provveduto a sua madre nel suo testamento **3** (*pl.*) provviste, viveri, provvigioni // *— dealer*, commerciante di generi alimentari // (*mar.*) *— room*, cambusa **4** (*amm.*) accantonamento, riserva: *— for bad debts*, fondo svalutazione crediti; *— for pension fund*, fondo di previdenza del personale; *— for taxation*, fondo imposte e tasse // (*fin.*) *— of capital*, raccolta di fondi **5** (*dir.*) clausola, articolo, condizione: *the provisions of military law*, le vigenti leggi militari **6** (*eccl.*) nomina sub condicione.

to **provision** *v.tr.* approvvigionare.

provisional [prəˈvɪʒənl / pro·vi·sional] *agg.* **1** provvisorio, temporaneo // (*dir.*): *— liquidator*, liquidatore provvisorio; *— arrest*, arresto cautelare, fermo; *— contract*, contratto provvisorio; *— remedy*, misura conservativa **2** (*dir.*) *— liquidator*, liquidatore provvisorio; provvisionale **3** (*eccl.*) sub condicione ♦ *s.* provisional, estremista dell'Ira (in Irlanda).

provisionally [prəˈvɪʒnəlɪ / pro·vi·sion·ally] *avv.* **1** provvisoriamente **2** (*eccl.*) sub condicione.

provisioner [prəˈvɪʒənə* / pro·vi·sioner] *s.* approvvigionatore.

proviso [prəˈvaɪzəʊ / pro·viso] *pl.* **proviso(e)s** *s.* **1** (*dir.*) clausola condizionale **2** condizione: *the committee approved of the plan, with various provisos*, la commissione approvò il progetto a varie condizioni; *he agreed with the — that...*, egli accettò a condizione, a patto che...

provisory [prəˈvaɪzərɪ / pro·vis·ory] *agg.* **1** provvisorio **2** (*dir.*) condizionale.

provocation [ˌprɒvəˈkeɪʃn / pro·voca·tion] *s.* provocazione (*anche dir.*); stimolo.

provocative [prəˈvɒkətɪv / pro·voc·at·ive] *agg.* provocatorio, provocante; eccitante, stimolante // **-ly** *avv.*

provocative *s.* stimolante.

provokable [prə'vəʊkəbl / pro·vok·able] *agg.* provocabile.

to **provoke** [prə'vəʊk / pro·voke] *v.tr.* **1** provocare, causare; incitare: *to — laughter*, provocare il riso **2** irritare, contrariare, esasperare: *don't — me!*, non mi esasperare!; *his manner provoked me into replying angrily*, il suo tono mi ha fatto perdere la pazienza **3** (*ant.*) evocare: *can Honour's voice provoke the silent dust...?*, (T. GREY) può la voce dell'onore evocare la polvere silenziosa...?

provoker [prə'vəʊkə* / pro·voker] *s.* provocatore.

provoking [prə'vəʊkɪŋ / pro·vok·ing] *agg.* provocante; irritante; esasperante: *a — child*, un bambino esasperante, insopportabile // **-ly** *avv.*

provost ['prɒvəst / prov·ost] *s.* **1** (*eccl.*) prevosto (nella Chiesa Protestante) **2** rettore (di collegio) **3** (*scoz.*) sindaco // *The Lord Provost of Glasgow*, il Sindaco di Glasgow **4** soprintendente.

provost marshal [prə,vəʊ'mɑ:ʃl] *s.* (*mil.* GB) capo della polizia militare.

provostship ['prɒvəstʃɪp / prov·ost·ship] *s.* **1** (*eccl.*) prepositura **2** rettorato **3** ufficio del sindaco (in Scozia).

prow [praʊ] *s.* (*mar.*, *aer.*) prua, prora.

prowess ['praʊɪs / prow·ess] *s.* [U] **1** prodezza, valore, bravura **2** (*ant.*) coraggio.

prowl [praʊl] *s.* l'aggirarsi (furtivamente) in cerca di preda, di bottino: *on the —*, in cerca di preda (*anche fig.*) // *— car*, automobile della polizia (in pattugliamento), pantera.

to **prowl** *v.intr.* muoversi furtivamente, andare in cerca di bottino; cercar la preda (di fiere) // *to — about* (o *around*), (*fam.*) vagare ◆ *v.tr.* attraversare furtivamente, vagare per (un luogo) in cerca di preda, di bottino.

prowler ['praʊlə*] *s.* **1** predatore **2** (*fam.*) chi vaga in cerca di preda, predatore; malintenzionato: *she closed the shutters for fear of prowlers*, chiuse le imposte per paura di malintenzionati (ladruncoli, maniaci ecc.).

proximal ['prɒksɪml / prox·imal] *agg.* (*anat.*) prossimale.

proximate ['prɒksɪmət / prox·im·ate] *agg.* **1** (*non com.*) prossimo, vicino; immediato; recente; imminente: (*dir.*) *— cause*, causa prossima **2** approssimativo // **-ly** *avv.*

proximity [prɒk'sɪmətɪ / prox·im·ity] *s.* (*form.*) prossimità, vicinanza: *— of blood*, consanguineità // *in the — of*, in prossimità di.

proximo ['prɒksɪməʊ / prox·imo] *avv.* (gener. abbr. in *prox.*) del mese prossimo, venturo: *I shall ship the goods on the 10th prox.*, spedirò la merce il 10 del mese prossimo.

proxy ['prɒksɪ] *s.* (*dir.*) **1** procuratore; mandatario **2** procura; mandato, delega: *married by —*, sposato per procura ◆ *agg.* per procura: *a — vote*, un voto per procura.

to **proxy** *v.intr.* votare, agire per procura (*anche dir.*).

prude [pru:d] *s.* persona prude, eccessivamente pudica, affettatamente modesta; puritana.

prudence ['pru:dns / pru·dence] *s.* prudenza; assennatezza, giudizio; avvedutezza, accortezza.

prudent ['pru:dnt / pru·dent] *agg.* prudente, cauto, accorto; avveduto; circospetto; giudizioso, assennato // **-ly** *avv.*

prudential [prʊ'denʃl / pruden·tial] *agg.* (*form.*) prudenziale // *— insurance*, assicurazione industriale // **-ly** *avv.*

prudery ['pru:dərɪ] *s.* pruderie, pudicizia eccessiva e affettata; moralismo eccessivo.

prudish ['pru:dɪʃ / prud·ish] *agg.* prude, eccessivamente pudibondo, affettatamente modesto; moralista, puritano // **-ly** *avv.* // **-ness** *s.*

prune[1] [pru:n] *s.* **1** prugna secca **2** color prugna **3** (*sl. amer.*) sciocco.

to **prune**[2] *v.tr.* **1** potare, scapezzare; sfrondare, sfoltire **2** (*fig.*) sfrondare: *to — a speech*, sfrondare un discorso.

to **prune**[3] → to **preen**.

pruneface ['pru:nfeɪs / prune·face] *s.* (*fam. amer.*) persona brutta, che ha un'espressione triste e un aspetto dimesso.

prunella [pru:'nelə / pru·nella] *s.* (*bot.*) **1** prunella **2** prugna secca pelata.

prune-picker ['pru:n,pɪkə*] *s.* (*sl. amer.*) californiano.

pruner ['pru:nə*] *s.* potatore.

pruning ['pru:nɪŋ / prun·ing] *s.* potatura // *— bill* (o *hook*), roncola, potatoio; *— knife*, coltello da potatore, roncolo; *— shears*, forbici da potatore, da giardino.

prurience ['prʊərɪəns / pruri·ence] **pruriency** ['prʊərɪənsɪ / pruri·ency] *s.* **1** libidine, lascivia **2** (*ant.*) prurito, pizzicore (*anche fig.*).

prurient ['prʊərɪənt / pruri·ent] *agg.* **1** lascivo, pruriginoso **2** (*ant.*) che pizzica, pruriginoso // **-ly** *avv.*

pruriginous [prʊ'rɪdʒɪnəs / pruri·gin·ous] *agg.* (*med.*) pruriginoso.

prurigo [prʊ'raɪgəʊ / prur·igo] *s.* (*med.*) prurigo, prurigine.

pruritic [prʊ'rɪtɪk *amer.* pru:'rɪtɪk / prur·itic] *agg.* (*med.*) pruriginoso.

pruritus [prʊ'raɪtəs *amer.* pru:'raɪtəs / prur·itus] *s.* (*med.*) prurito.

Prussian ['prʌʃn / Prus·sian] *agg.* e *s.* prussiano.

Prussian blue [,prʌʃən'blu:] *s.* (*chim.*) blu di Prussia.

prussiate ['prʌʃɪət / prus·siate] *s.* (*chim.*) prussiato.

prussic ['prʌsɪk] *agg.* (*chim.*) prussico: *— acid*, acido prussico.

pry[1] [praɪ] *s.* **1** lo scrutare, l'indagare; lo spiare **2** individuo indiscreto, curioso.

to **pry**[1] *v.intr.* indagare; spiare, scrutare // *to — into sthg.*, impicciarsi di qlco.; ficcare il naso in qlco.

pry[2] *s.* (*mecc.*) palanchino, leva.

to **pry**[2] *v.tr.* (*spec. amer.*) **1** (*mecc.*) forzare con un palanchino, con una leva **2** far leva su, aprire facendo leva, con difficoltà **3** (*fig.*) carpire, estorcere: *to — information out of s.o.*, estorcere informazioni a qlcu.

prying ['praɪɪŋ / pry·ing] *agg.* **1** curioso; ficcanaso indiscreto **2** scrutatore // **-ly** *avv.*

prytaneum [,prɪtə'ni:əm / pryt·aneum] *s.* (*st. greca*) pritaneo.

psalm [sɑ:m] *s.* salmo.

psalmist ['sɑ:mɪst / psalm·ist] *s.* salmista // *The Psalmist*, (*Bibbia*) Re Davide il Salmista.

psalmodic [sæl'mɒdɪk / psalm·odic] *agg.* salmodico.

psalmodist ['sælmədɪst / psalm·od·ist] *s.* salmista.

psalmody ['sælmədɪ / psalm·ody] *s.* **1** salmodia **2** raccolta di salmi.

Psalter ['sɔ:ltə* / Psal·ter] *s.* (*Bibbia*) Salterio, libro dei salmi.

psaltery ['sɔ:ltərɪ / psal·tery] *s.* (*mus.*) salterio.

psammon ['sæmɒn / psam·mon] *s.* (*biol.*, *ecol.*) psammon.

psammophyte ['sæməʊfaɪt / psam·mo·phyte] *s.* (*bot.*) psammofita.

psephologist [se'fɒlədʒɪst / pseph·o·lo·gist] *s.* esperto di psefologia.

psephology [se'fɒlədʒɪ / psepho·logy] *s.* (*pol.*) psefologia.

pseud [psju:d *amer.* su:d] *s.* (*fam. spreg.*) pseudoletterato.

pseudepigrapha [,psju:dɪ'pɪgrəfə *amer.* ,su:dɪ'pɪgrəfə / pseud·epi·grapha] *s.pl.* pseudoepigrafi, i libri esclusi dal canone biblico (gli Apocrifi dei cattolici).

pseud(o)- [psju:d(əʊ) *amer.* su:d(əʊ)] *pref.* di origine greca usato con il valore di 'falso; fittizio'; it. pseudo-: *pseudopregnancy*, pseudogravidanza; *pseudomonas*, pseudomonade; *pseudonym*, pseudonimo.

pseudo ['psju:eəʊ *amer.* 'su:dəʊ] *agg.* finto, falso; contraffatto.

pseudograph ['psju:dəʊgrɑ:f *amer.* 'su:dəʊgræf / pseudo·graph] *s.* opera letteraria spuria; scritto spurio, falso.

pseudoionone [,sju:dəʊ'aɪənəʊn *amer.* ,su:dəʊ'aɪənəʊn / pseudo·io·none] *s.* (*chim.*) pseudoionone.

pseudomorph ['psju:dəʊmɔ:f *amer.* 'su:dəʊmɔ:f / pseudo·morph] *s.* **1** (*min.*) cristallo pseudomorfo **2** forma irregolare.

pseudomorphic [,psju:də'mɔ:fɪk *amer.* ,su:də'mɔ:fɪk / pseudo·morphic] **pseudomorphous** [,psju:də'mɔ:fəs *amer.* ,su:də'mɔ:fəs / pseudo·morph·ous] *agg.* (*min.*) pseudomorfo.

pseudonym ['psju:dənɪm *amer.* 'su:dənɪm / pseud·onym] *s.* pseudonimo.

pseudonymous [psju:'dɒnɪməs *amer.* su:'dɒnɪməs / pseud·onym·ous] *agg.* **1** che usa uno pseudonimo **2** pseudonimo (detto di scritto, opera).

pseudonymously [psju:'dɒnɪməslɪ *amer.* su:'dɒnɪməslɪ / pseud·onym·ous·ly] *avv.* sotto pseudonimo.

pseudopod ['psju:dəʊpɒd *amer.* 'sju:dəʊpɒd / pseudo·pod] **pseudopodium** [,psju:dəʊ'pəʊdɪəm *amer.* ,su:dəʊ'pəʊdɪəm / pseudo·pod·ium] *pl.* **pseudopodia** [,psju:dəʊ'pəʊdɪə *amer.* ,su:dəʊ'pəʊdɪə / pseudo·po·dia] *s.* (*zool.*) pseudopodio.

pseudopregnancy [,psju:dəʊ'pregnənsɪ *amer.* ,su:dəʊ'pregnənsɪ / pseudo·preg·nancy] *s.* (*med.*, *psic.*) pseudogravidanza.

pseudorandom [,psju:dəʊ'rændəm *amer.* ,su:dəʊ'rændəm / pseudo·ran·dom] *agg.* (*stat.*) pseudocasuale: *— number*, numero pseudocasuale.

pseudosalt ['psjudəusɔ:lt *amer.* 'su:dəusɒlt / pseudo·salt] *s.* (*chim.*) pseudosale.

pseudoscience [,psju:dəu'saɪəns *amer.* ,su:dəu'saɪəns / pseudo·sci·ence] *s.* pseudoscienza.

pseudoscientific [,psju:dəu,saɪən'tɪfɪk *amer.* 'su:dəu,saɪən'tɪfɪk / pseudo·sci·ent·ific] *agg.* pseudoscientifico.

pseudoscope ['psju:dəuskəup *amer.* 'su:dəuskəup / pseudo·scope] *s.* (*fis.*) pseudoscopio.

pshaw [pʃɔ:] *inter.* (*antiq.*) puah; uff (esprimente disprezzo, impazienza).

psilomelane [,saɪləu'meleɪn / psilo·mel·ane] *s.* (*min.*) psilomelano.

psittacosis [,psɪtə'kəusɪs / psit·tac·osis] *pl.* **psittacoses** [,psɪtə'kəusi:z] *s.* (*med., vet.*) psittacosi.

psoas ['psəuəs] *s.* (*anat.*) muscolo psoas, lombare.

psora ['psɔ:rə] **psoriasis** [psɒ'raɪəsɪs / psori·asis] *pl.* **psoriases** [psɒ'raɪəsi:z] *s.* (*med.*) psoriasi.

psychasthenia [,psaɪkəs'θi:njə / psych·as·the·nia] *s.* (*med.*) psic(o)astenia; nevrosi.

psyche ['saɪki:] *s.* **1** psiche, anima, spirito, mente **2** psiche, specchiera girevole.

psychedelic [,saɪkɪ'delɪk / psy·che·delic] *agg.* psichedelico // — *art*, arte psichedelica.

psyched-up [,saɪkd'ʌp] *agg.* (*fam. amer.*) carico, concentrato, pronto (psicologicamente).

psychiatric(al) [,saɪkɪ'ætrɪk(l) / psy·chi·at·ric(al)] *agg.* psichiatrico.

psychiatrist [saɪ'kaɪətrɪst *amer.* sɪ'kaɪətrɪst / psy·chi·at·rist] *s.* psichiatra.

psychiatry [saɪ'kaɪətrɪ *amer.* sɪ'kaɪətrɪ / psy·chi·atry] *s.* psichiatria.

psychic ['saɪkɪk] *agg.* **1** psichico **2** paranormale; medianico: — *forces*, forze soprannaturali ◆ *s.* medium; sensitivo.

psychical ['saɪkɪkl / psych·ical] *agg.* **1** (*psic.*) psichico **2** della mente, dell'animo **3** medianico; paranormale // **-ly** *avv.*

psychism ['saɪkɪzəm / psych·ism] *s.* psichismo.

psycho- ['saɪkəu] *pref.* di origine greca usato nella terminologia scientifica per indicare relazione con la 'psiche'; it. psico-: *psychopharmacology*, psicofarmacologia; *psychokynesis*, psicocinesi; *psychobiology*, psicobiologia.

psycho ['saɪkəu / psy·cho] *pl.* **psychos** *agg.* e *s.* (*fam.*) psicopatico.

psychoactive [,saɪkəu'æktɪv / psy·cho·act·ive] *agg.* (*med.*) psicoattivo, psicotropo (di farmaco).

to **psychoanalyse** [,saɪkəu'ænəlaɪz / psy·cho·ana·lyse] *v.tr.* (*psic.*) psic(o)analizzare.

psychoanalysis [,saɪkəuə'næləsɪs / psy·cho·ana·lysis] *s.* psic(o)analisi.

psychoanalyst [,saɪkəu'ænəlɪst / psy·cho·ana·lyst] *s.* psic(o)analista, analista.

psychoanalytic(al) ['saɪkəu,ænə'lɪtɪk(l) / psy·cho·ana·lytic, psy·cho·ana·lyt·ical] *agg.* psic(o)analitico.

to **psychoanalyze** → to **psychoanalyse**.

psychodrama ['saɪkəu,drɑ:mə / psy·cho·drama] *s.* psicodramma.

psychodynamic ['saɪkəu,daɪ'næmɪk / psy·cho·dy·namic] *agg.* psicodinamico.

psychodynamics ['saɪkəu,daɪ'næmɪks / psy·cho·dy·nam·ics] *s.* [U] psicodinamica.

psychogenesis [,saɪkəu'dʒenɪsɪs / psy·cho·gen·esis] *s.* psicogenesi.

psychograph ['saɪkəugrɑ:f *amer.* 'saɪkəu græf / psy·cho·graph] *s.* (*psic.*) psicografo.

psychography [saɪ'kɒgrəfɪ / psy·cho·graphy] *s.* **1** (*psic.*) psicografia **2** psicobiografia.

psychologic(al) [,saɪkə'lɒdʒɪk(l) / psy·cho·lo·gic(al)] *agg.* psicologico: — *warfare*, guerra psicologica // *at the — moment*, (*fam.*) proprio al momento giusto // **-ally** *avv.*

psychologist [saɪ'kɒlədʒɪst / psy·cho·lo·gist] *s.* psicologo.

to **psychologize** [saɪ'kɒlədʒaɪz / psy·cho·lo·gize] *v.intr.* **1** studiare psicologia **2** fare della psicologia ◆ *v.tr.* analizzare (dal punto di vista psicologico).

psychology [saɪ'kɒlədʒɪ / psy·cho·logy] *s.* psicologia.

psychometric [,saɪkəu'metrɪk / psy·cho·met·ric] *agg.* psicometrico.

psychometrics [,saɪkəu'metrɪks / psy·cho·met·rics] [U] **psychometry** [saɪ'kɒmɪtrɪ / psy·cho·metry] *s.* (*psic.*) psicometria.

psychomotor [,saɪkəu'məutə* / psy·cho·mo·tor] *agg.* (*med.*) psicomotorio.

psychoneurosis [,saɪkəunjuə'rəusɪs *amer.* ,saɪkəunu'rəusɪs / psy·cho·neur·osis] *s.* (*med.*) psiconeurosi.

psychopath ['saɪkəupæθ / psy·cho·path] *s.* (*med.*) psicopatico.

psychopathic [,saɪkəu'pæθɪk / psy·cho·pathic] *agg.* (*med.*) psicopatico.

psychopathist [saɪ'kɒpəθɪst / psy·cho·path·ist] → **psychopathologist**.

psychopathologic(al) [,saɪkəu,pæθə'lɒdʒɪk(l) / psy·cho·patho·lo·gic(al)] *agg.* psicopatologico.

psychopathologist [,saɪkəupə'θɒlədʒɪst / psy·cho·patho·lo·gist] *s.* psicopatologo.

psychopathology [,saɪkəupə'θɒlədʒɪ / psy·cho·patho·logy] *s.* psicopatologia.

psychopathy [saɪ'kɒpəθɪ / psy·cho·pathy] *s.* (*med.*) psicopatia.

psychophysical [,saɪkəu'fɪzɪkl / psy·cho·phys·ical] *agg.* psicofisico.

psychophysics [,saɪkəu'fɪzɪks / psy·cho·phys·ics] *s.* [U] psicofisica.

psychophysiology [,saɪkəu,fɪzɪ'ɒlədʒɪ / psy·cho·physi·ology] *s.* psicofisiologia.

psychosexual [,saɪkəu'seksjuəl / psy·cho·sexual] *agg.* (*med.*) psicosessuale: — *development*, sviluppo psicosessuale.

psychosis [saɪ'kəusɪs / psych·osis] *pl.* **psychoses** [saɪ'kəusi:z] *s.* (*med.*) psicosi.

psychosomatic [,saɪkəusəu'mætɪk / psycho·so·matic] *agg.* psicosomatico: — *medicine*, medicina psicosomatica.

psychosomatics [,saɪkəusəu'mætɪks / psy·cho·so·matics] *s.* [U] psicosomatica.

psychotherapeutic [,saɪkəu,θerə'pju:tɪk / psy·cho·thera·peutic] *agg.* (*med.*) psicoterapeutico.

psychotherapeutics [,saɪkəu,θerə'pju:tɪks / psy·cho·thera·peutics] *s.* [U] → **psychotherapy**.

psychotherapist [,saɪkəu'θerəpɪst / psy·cho·ther·ap·ist] *s.* (*med.*) psicoterapeuta, psicoterapista.

psychotherapy [,saɪkəu'θerəpɪ / psy·cho·ther·apy] *s.* psicoterapia.

psychotic [saɪ'kɒtɪk / psych·otic] *agg.* e *s.* (*med.*) psicotico.

psychotoxic [,saɪkəu'tɒksɪk / psy·cho·toxic] *agg.* psicotossico.

psychotropic [,saɪkəu'trɒpɪk / psy·cho·tropic] *agg.* e *s.* (*med.*) (farmaco) psicotropo, psicoattivo.

to **psych out** [,saɪk'aut] *v.tr.* e *avv.* (*fam. spec. amer.*) **1** innervosire, irritare, impaurire (un avversario, contendente ecc.) **2** comprendere, capire, intuire, indovinare: *I psyched him out immediately, when I first met him*, appena lo vidi, capii che tipo fosse, con chi avessi a che fare.

psychrometer [saɪ'krɒmɪtə* / psych·ro·meter] *s.* (*meteor.*) psicrometro.

to **psych up** [,saɪk'ʌp] *v.tr.* e *avv.* (*fam. spec. amer.*) preparare psicologicamente: *to — oneself up*, prepararsi, concentrarsi (prima di una gara, un esame, un concerto ecc.).

ptarmigan ['tɑ:mɪgən / ptar·migan] *s.* (*zool.*) (*Lagopus mutus*) pernice bianca SIN. snow grouse.

pteris ['pterɪs] *s.* (*bot.*) pteride.

pterodactyl [,pterəu'dæktɪl / ptero·dac·tyl] *s.* (*paleont.*) pterodattilo.

pteroic [tə'rəuɪk] *agg.* (*biochim.*) pteroico: — *acid*, acido pteroico.

pteropod ['pterəpɒd / ptero·pod] *s.* (*zool.*) pteropodo.

pterosaur ['pterəsɔ:* / ptero·saur] *s.* (*paleont.*) pterosauro.

pterygoid ['pterɪgɔɪd / pteryg·oid] *agg.* (*anat.*) pterigoideo: — *process*, apofisi pterigoidea.

ptisan [tɪ'zæn] *s.* (*rar.*) tisana, decotto d'orzo.

Ptolemaic [,tɒlɪ'meɪɪk / Ptol·em·aic] *agg.* (*st.*) tolemaico // (*astr.*) — *system*, sistema tolemaico.

ptomaine ['təumeɪn / pto·maine] *s.* (*chim. antiq.*) ptomaina // (*med.*) — *poisoning*, intossicazione alimentare (da batteri).

ptosis ['ptəusɪs] *pl.* **ptoses** ['ptəusi:z] *s.* (*med.*) ptosi.

ptyalin ['ptaɪəlɪn / pty·alin] *s.* (*biochim.*) ptialina.

ptyalism ['ptaɪəlɪzəm / pty·al·ism] *s.* (*med.*) ptialismo.

pub [pʌb] *s.* (*fam.*) bar (di tipo inglese), pub.

pub-crawl ['pʌb,krɔ:l] *s.* (*fam.*) giro dei bar.

to **pub-crawl** *v.intr.* (*fam.*) fare il giro dei bar.

puberal ['pju:bərəl / pu·beral] **pubertal** ['pju:bətəl / pu·ber·tal] *agg.* puberale.

puberty ['pju:bətɪ / pu·berty] *s.* pubertà.

pubes ['pju:bi:z] *s.* (*anat.*) pube.

pubescence [pju:'besns / pu·bes·cence] *s.* (*anat., bot.*) pubescenza.

pubescent [pju:'besnt / pu·bes·cent] *agg.* (*anat., bot.*) pubescente.

pubic ['pju:bɪk / pu·bic] *agg.* (*anat.*) pubico.

pubis ['pju:bɪs / pu·bis] *pl.* **pubes** ['pju:bi:z] *s.* (*anat.*) pube, osso della pelvi.

public ['pʌblɪk / pub·lic] *agg.* **1** pubblico: — *garden*, giardino pubblico; — *library*, biblioteca pubblica; — *place*, luogo pubblico; — *transport*, mezzi (di trasporto) pubblici; — *opinion*, opinione pubblica; — *concern*, preoccupazione generale, di tutti; *can we talk somewhere less —?*, possiamo parlare in un posto più riservato? // — *assistance*, (*amer.*) assistenza sociale // — *school*, collegio e scuola privata di tipo liceale (in Inghilterra); scuola governativa (in America e altrove) // (*dir.*): — *act*, atto pubblico; — *auction*, asta pubblica; — *office*, ufficio pubblico, funzione pubblica; — *order* (o — *policy*), ordine pubblico; — *safety*, sicurezza pubblica // (*econ.*): — *sector*, settore pubblico; — *debt*, debito pubblico; — *utilities*, (amer. — *utilities undertaking*), imprese di pubblici servizi; — *works*, lavori pubblici; — *spending*, spesa pubblica; — *offering*, offerta di sottoscrizione al pubblico **2** noto, pubblico: *to make sthg.* —, rendere noto, di dominio pubblico qlco.; pubblicare; — *image*, immagine pubblica // *to go* —, uscire allo scoperto ◆ *s.* pubblico: *the general* —, il pubblico, il gran pubblico; *the reading* —, il pubblico che legge, i lettori; *a member of the* —, l'uomo della strada, una persona qualunque // *in* —, in pubblico.

public-address system [,pʌblɪkə'dres 'sɪstəm] *s.* impianto di amplificazione del suono, sistema di altoparlanti.

publican ['pʌblɪkən / pub·lican] *s.* **1** oste; proprietario di birreria, locanda **2** (*st.*) pubblicano.

publication [,pʌblɪ'keɪʃn / pub·lica·tion] *s.* pubblicazione.

public house [,pʌblɪk'haʊs] *s.* bar (di tipo inglese), pub.

publicist ['pʌblɪsɪst / pub·li·cist] *s.* **1** pubblicitario **2** esperto di diritto pubblico (spec. internazionale).

publicity [pʌb'lɪsətɪ / pub·li·city] *s.* pubblicità.

to **publicize** ['pʌblɪsaɪz / pub·li·cize] *v.tr.* fare la pubblicità a.

publicly ['pʌblɪklɪ / pub·lic·ly] *avv.* pubblicamente.

publicness ['pʌblɪknɪs / pub·lic·ness] *s.* pubblicità, notorietà.

public relations [,pʌblɪkrɪ'leɪʃnz] *s.pl.* pubbliche relazioni, relazioni pubbliche: — *officer* (*abbr.* PR), persona che si occupa di pubbliche relazioni.

to **publish** ['pʌblɪʃ / pub·lish] *v.tr.* **1** pubblicare (libri, riviste ecc.): *the newspaper published his letter*, il giornale pubblicò la sua lettera // *to — counterfeit paper*, (*amer.*) mettere in circolazione denaro falso **2** promulgare **3** rendere noto, divulgare: *the government will — the official balance of payments next week*, il governo renderà pubblici i dati ufficiali sulla bilancia dei pagamenti la settimana prossima ◆ *v.intr.* **1** (*antiq.*) uscire, essere pubblicato: *the book is now publishing*, il libro è in corso di pubblicazione **2** avere pubblicazioni: *if you haven't published don't bother to apply for the job*, se non hai pubblicazioni, non darti la pena di far domanda per il lavoro.

publishable ['pʌblɪʃəbl / pub·lish·able] *agg.* pubblicabile.

published ['pʌblɪʃt / pub·lished] *agg.* pubblicato: *just* —, appena pubblicato, uscito (di libro).

publisher ['pʌblɪʃə* / pub·lisher] *s.* editore.

publishing ['pʌblɪʃɪŋ / pub·lish·ing] *s.* U editoria: *computer* —, editoria elettronica.

publishing house ['pʌblɪʃɪŋ,haʊs] *s.* casa editrice.

puce [pju:s] *agg.* e *s.* (di) color pulce.

pucelle [pjʊ'sel] *s.* (*rar.*) pulzella; vergine.

puck[1] [pʌk] *s.* folletto, diavoletto (*anche fig.*).

puck[2] *s.* (*zool.*) caprimulgo → **goatsucker**.

puck[3] *s.* (*hockey su ghiaccio*) disco.

pucker ['pʌkə*] *s.* **1** ruga; grinza **2** piega (delle vesti).

to **pucker** *v.tr.* **1** corrugare, aggrottare; raggrinzire: *to — one's brow*, corrugare la fronte; *he puckered his lips and started to cry*, arricciò le labbra e si mise a piangere **2** pieghettare; drappeggiare ◆ *v.intr.* corrugarsi, aggrottarsi; prendere un'aria corrucciata.

puckish ['pʌkɪʃ / puck·ish] **pucklike** ['pʌklaɪk / puck·like] *agg.* da folletto; malizioso.

pudder ['pʌdə*] *s.* (*ant.*) confusione; subbuglio; agitazione: *the superstitious man... all in a pudder shuffles up to himself such a god and such a worship as is most agreeable to remedy his fear*, (MILTON) l'uomo superstizioso... tutto agitato si modella un Dio e un culto come più gli si confà per porre rimedio alla sua paura.

pudding ['pʊdɪŋ / pud·ding] *s.* **1** budino; pasticcio, sformato: *black* —, sanguinaccio; *Christmas* —, budino di Natale; *milk* —, budino al latte (con riso, tapioca ecc.) // *the proof of the — is in the eating*, (*prov.*) provare per credere **2** tipo di salsiccia **3** (*fam.*) ciccione, grassone **4** (*fam.*) dolce, dessert **5** (*mar.*) baderna.

pudding-faced ['pʊdɪŋ,feɪsd] *agg.* dalla faccia larga e grassa.

pudding-headed ['pʊdɪŋ,hedɪd] *agg.* stupido, ottuso.

pudding-stone ['pʊdɪŋstəʊn] *s.* (*geol.*) puddinga.

puddle ['pʌdl] *s.* **1** pozzanghera **2** (*edil.*) malta.

to **puddle** *v.intr.* **1** fare la malta **2** sguazzare nel fango ◆ *v.tr.* **1** rendere impermeabile spalmando di malta **2** rendere fangoso **3** (*metall.*) puddellare, sottoporre a puddellaggio.

puddler ['pʌdlə* / pud·dler] *s.* (*metall.*) **1** rimestatore, puddellatore **2** forno di puddellaggio.

puddling ['pʌdlɪŋ / pud·dling] *s.* (*metall.*) puddellaggio: — *furnace*, forno di puddellaggio.

puddly ['pʌdlɪ / pud·dly] *agg.* **1** con pozzanghere **2** (*ant.*) fangoso, melmoso.

pudenda [pju:'dendə / pu·denda] *s.pl.* (*form.*) parti genitali.

pudgy ['pʌdʒɪ] *agg.* grasso e tozzo // **-iness** *s.*

pueblo [pʊ'ebləʊ] *pl.* **pueblos** *s.* **1** cittadina, villaggio (in Spagna, nell'America Latina) **2** (*amer.*) villaggio (di indiani negli Stati del sud-ovest).

puerile ['pjʊəraɪl *amer.* 'pjʊərəl / pu·er·ile] *agg.* puerile // **-ly** *avv.*

puerilism ['pjʊərɪlɪzəm / pu·er·il·ism] *s.* (*med.*, *psic.*) infantilismo.

puerility [pjʊə'rɪlətɪ / pu·er·il·ity] *s.* puerilità.

puerpera [pju:'ɜ:pərə / puer·pera] *pl.* **puerperae** [pju:'ɜ:pəri:] *s.* puerpera.

puerperal [pju:'ɜ:pərəl / pu·er·peral] *agg.* (*med.*) puerperale: — *fever*, febbre puerperale.

puerperium [,pju:ə'perɪəm / pu·er·per·ium] *pl.* **puerperia** [pju:ə'pɪrɪə / pu·er·peria] *s.* (*med.*) puerperio.

Puerto Rican ['pwɜ:təʊ'ri:kən] *agg.* e *s.* portoricano.

puff [pʌf] *s.* **1** soffio, sbuffo: *puffs of smoke from a pipe*, sbuffi di fumo da una pipa // *the least — would knock it over*, il più leggero soffio lo abbatterebbe; — —, (*linguaggio infantile*) treno **2** (*fam.*) respiro: *I'm out of* —, sono senza fiato **3** puff! (esclamazione onomatopeica) **4** ciuffo (di capelli) **5** sboffo (di manica, veste) **6** sfogliatella **7** (*fam.*) elogio; pezzo elogiativo; lancio promozionale **8** (*powder*) —, piumino per la cipria.

to **puff** *v.intr.* **1** soffiare, sbuffare; ansare: *to — and blow*, ansimare; *the engine puffed away*, la locomotiva si mosse sbuffando **2** emettere, tirare boccate: *he was nervously puffing at his cigarette*, tirava boccate nervose alla sua sigaretta ◆ *v.tr.* (*fam.*) tessere lodi esagerate di, esaltare.

□ **puff out** *v.tr.* e *avv.* **1** gonfiare **2** spegnere con un soffio: *to — out a candle*, spegnere con un soffio una candela.

□ **puff up** *v.tr.* o *intr.* e *avv.* gonfiare, gonfiarsi; (*fig.*) insuperbirsi: *to be puffed up with pride*, essere gonfio d'orgoglio.

puff-adder ['pʌf,ædə*] *s.* (*zool.*) (*Bitis arietans*) vipera soffiante.

puff artist ['pʌf,ɑ:tɪst] *s.* (*fam. amer.*) imbonitore, persona che fa le lodi di un prodotto per venderlo.

puffball ['pʌfbɔ:l / puff·ball] *s.* (*bot.*) (*Bovista plumbea*) vescia di lupo.

puffed [pʌft] *agg.* **1** gonfio, gonfiato: *your left ankle looks* —, la tua caviglia sinistra è gonfia // — *sleeve(s)*, maniche a sbuffo **2** (*fam.*) affannato, ansimante, senza fiato: *I was a bit — after all that running*, (*fam.*) avevo il fiatone dopo tutto quel correre **3** soffiato (di cereali): — *rice*, — *wheat*, riso, frumento soffiato.

puffery ['pʌfərɪ / puff·ery] *s.* (*rar.*) **1** lode sperticata **2** pubblicità eccessiva.

puffin ['pʌfɪn / puf·fin] *s.* (*zool.*) (*Fratercula arctica*) puffino, pulcinella di mare, fraticella.

puffiness ['pʌfɪnɪs / puf·fi·ness] *s.* **1** gonfiezza **2** ampollosità.

puffing ['pʌfɪŋ / puff·ing] *s.* **1** il soffiare, lo sbuffare **2** lode esagerata; il prodigare lodi esagerate.

puff pastry ['pʌf'peɪstrɪ] *s.* pasta sfoglia.

puffy ['pʌfɪ] *agg.* **1** gonfio: *eyes — with sleep*, occhi gonfi di sonno **2** paffuto, grasso, obeso **3** ansimante, dal fiato corto.

pug[1] [pʌg] *s.* **1** (*zool.*) — (*dog*), carlino (specie di cane) **2** (*non com.*) piccolo animale domestico; cagnetto; scimmietta; volpe **3** orma di belva, traccia (di selvaggina) **4** (*non com.*) folletto, spiritello.

pug[2] *s.* impasto di materiale edilizio (creta, argilla, sabbia ecc.): — *mill*, impastatrice.

to **pug**[2] *pass.p.p.* **pugged** [pʌgd] *v.tr.* **1** impastare materiale edilizio **2** riempire (interstizi ecc.) con un impasto di materiale edilizio.

pug[3] *s.* (*sl.*) pugile • Abbr. di *pugilist*.

pugg(a)ree ['pʌg(ə)ri: / pug·g(a)ree] *s.* (*angloindiano*) **1** leggero turbante **2** sciarpa di seta avvolta attorno al casco e pendente sul dietro.

pugilism ['pju:dʒılızəm / pu·gil·ism] *s.* pugilato.

pugilist ['pju:dʒılıst / pu·gil·ist] *s.* pugile.

pugilistic [,pju:dʒı'lıstık / pu·gil·istic] *agg.* pugilistico, del pugilato.

pugnacious [pʌg'neıʃəs / pug·na·cious] *agg.* pugnace, combattivo; litigioso // **-ly** *avv.*

pugnaciousness [pʌg'neıʃəsnıs / pug·na·cious·ness] **pugnacity** [pʌg'næsətı / pug·na·city] *s.* combattività, indole battagliera; litigiosità.

pug-nose ['pʌgnəʊz] *s.* naso rincagnato; naso da pugile.

puisne ['pju:nı] *agg.* (*dir.*) più recente; più giovane (in carica) ◆ *s.* giudice subalterno.

puisny ['pju:nı] *agg.* **1** → puisne **2** (*ant.*) inesperto: *as a puisny tilter that spurs his horse but on one side*, (SH. As You Like It) come un giostratore in erba che sprona il suo cavallo su un fianco solo.

puissance ['pju:ısns / puis·sance] *s.* (*ant.*) potenza, possanza.

puissant ['pju:ısnt / puis·sant] *agg.* (*ant.*) potente, poderoso // **-ly** *avv.*

puke [pju:k] *s.* (*fam.*) **1** vomito **2** emetico.

to **puke** *v.tr.* e *intr.* vomitare.

pukka ['pʌkə] *agg.* (*fam.*) buono; genuino; come si deve; come deve essere.

pulchritude ['pʌlkrıtju:d *amer.* 'pʌlkrıtu:d / pulch·rit·ude] *s.* (*letter.*) bellezza.

to **pule** [pju:l] *v.intr.* (*antiq.*) gemere; piagnucolare.

puling ['pju:lıŋ / pul·ing] *agg.* (*antiq.*) piagnucoloso ◆ *s.* (*antiq.*) piagnucolamento.

pull [pʊl] *s.* **1** tiro, tirata, strappo: *he gave a — on the rope*, diede uno strappo alla fune **2** tiro, boccata (di sigaretta e simili); sorso, sorsata (di bibita): *he took a — on his cigarette*, diede una boccata alla sigaretta **3** sforzo, tirata: *it was a long — to the top of the mountain!*, fu una bella tirata arrivare in cima a quella montagna! **4** (*fig.*) influenza, pressione; ascendente, peso: *he has a lot of — with the manager*, ha una grande influenza sul direttore; (*fig.*) richiamo; attrazione; fascino: *she has a lot of — at the box office*, è un forte richiamo per il pubblico; *he felt a strange — to go there*, sentì uno strano impulso ad andare là **5** forza di attrazione; (*mecc.*) tensione, trazione **6** vogata, colpo di remo: *we went for a — on the lake*, andammo a remare sul lago **7** maniglia (di cassetto); tirante, cordone (di campanello).

to **pull** *v.tr.* **1** tirare, tendere: *to — a rope*, tirare, tendere la corda; *to — s.o.'s ears*, tirare le orecchie a qlcu.; *she pulled a muscle in the game*, si stirò un muscolo durante la partita **2** trascinare, tirare, trainare: *the murderer pulled the body into the bushes*, l'assassino trascinò il corpo fra i cespugli; *he pulled himself across the floor*, si trascinò sul pavimento **3** (*fig.*) attrarre; attirare: *the performance pulled (in) a large crowd*, la rappresentazione attirò molto pubblico; *our candidate pulled (in) a lot of votes*, il nostro candidato ha ottenuto molti voti // *to — a girl*, (*sl.*) attrarre una ragazza **4** estrarre, tirar fuori; strappare; sradicare; spillare: *they pulled the net out of the water*, tirarono la rete fuori dall'acqua; *he had two teeth pulled (out)*, gli hanno tolto due denti; *I've pulled (out* o *up) most of the weeds*, ho strappato quasi tutte le erbacce; *to — a cork*, estrarre il turacciolo; *to — a pint of beer*, spillare una pinta di birra; *to — the trigger*, premere sul grilletto // *he pulled an A in geography*, (*fam. amer.*) ha strappato un ottimo in geografia **5** estrarre, tirar fuori; sfoderare, sguainare: *he pulled a gun on me*, estrasse una pistola e la puntò contro di me **6** (*ippica*) trattenere (un cavallo, per non farlo vincere) **7** indossare → pull on **8** (*antiq.*) spingere con i remi: *to — a boat*, remare, vogare **9** (*fam. spec. amer.*) commettere (qlco. di losco): *to — a robbery* (o sl. *a job*), commettere una rapina; *to — a fast one on s.o.*, (*fam.*) mettere nel sacco qlcu. **10** (*sl.*) arrestare: *the law has pulled Tony for the bank job*, i poliziotti hanno arrestato Tony per la rapina alla banca **11** (*tip.*) tirare, stampare: *to — three copies of proofs*, tirare tre copie di bozze **12** (*amer.*) (*sport*) espellere **13** (*amer.*) levare, togliere: *to — camp*, levare il campo **14** (*cricket, golf*) mandare la palla sulla sinistra (o sulla destra se si è mancini) ◆ *v.intr.* **1** tirare: *he pulled at my arm*, mi tirò per il braccio **2** bere un sorso; dare un tiro (a una sigaretta): *he pulled furtively at* (o *on*) *a bottle of whisky*, attinse furtivamente alla bottiglia di whisky **3** trascinarsi, arrancare: *they pulled up the hill*, si trascinarono su per la collina; *the train pulled into the station*, il treno entrò in stazione **4** (*antiq.*) remare, vogare **5** (*di cavallo*) tirare il morso **6** (*cricket, golf*) tirare verso: *to — to the left, to the right*, tirare verso sinistra, verso destra ◆ (*fraseologia*): *to — a (wry) face*, fare una smorfia // *to — s.o.'s leg*, prendere in giro qlcu.; *— the other leg* (o *the other one*)*!*, ma va', scherzi! // *to — strings*, (*fig.*) esercitare la propria influenza; *to — the string*, (*amer.*) dire brutalmente come stanno le cose // *to — s.o. to pieces*, (*fig.*) fare a pezzi, ridurre in briciole qlcu. // *to — a boner*, (*amer.*) prendere una cantonata // *to — a line*, (*amer.*) imbrogliare, raggirare (qlcu.) con una storia // *to —* (o *rattle*) *s.o.'s chain*, (*amer.*) far perdere la calma a, sconvolgere, fare arrabbiare qlcu. // *to — the plug*, (*amer.*) metter fine a (combattimento, aiuto ecc.).

□ **pull about** *v.tr.* e *avv.* maltrattare; bistrattare.

□ **pull ahead** *v.intr.* e *avv.* portarsi avanti a, (*anche fig.*): *you'd better — ahead of the lorry*, farai meglio a portarti avanti al camion, a superare il camion.

□ **pull alongside** *v.intr.* e *avv.* accostare (a), mettersi di fianco (a).

□ **pull apart** *v.tr.* e *avv.* **1** smontare **2** (*fig.*) fare a pezzi, ridurre in briciole (con critiche e simili).

□ **pull around** → to pull about.

□ **pull aside** *v.tr.* e *avv.* tirare da parte, scostare SIN. to draw aside: *— aside the curtains, please*, scosta le tende, per favore.

□ **pull away** *v.intr.* e *tr.* e *avv.* allontanarsi, allontanare.

□ **pull back** *v.tr.* e *avv.* (*mil.*) far ritirare ◆ *v.intr.* e *avv.* ritirarsi: *the infantry pulled back at dawn*, la fanteria si ritirò all'alba.

□ **pull down** *v.tr.* e *avv.* **1** abbassare, tirar giù, calare: *she pulled down the blinds*, tirò giù le tapparelle **2** demolire, fare a pezzi, indebolire, buttar giù: *that bout of influenza pulled him down*, quell'attacco di influenza l'ha indebolito **3** (*fam. amer.*) guadagnare, ricevere.

□ **pull in** *v.tr.* e *avv.* (*fam.*) **1** guadagnare, portare a casa: *he's pulling in £ 1500 a month*, porta a casa 1500 sterline al mese **2** attrarre, attirare → to pull 3 **3** portare in questura, fermare: *they were pulled in on suspicion*, furono fermati perché sospetti.

□ **pull in** *v.intr.* e *avv.* **pull into** *v.intr.* e *prep.* **1** entrare in stazione (di treno e simili): *he pulled into the service station*, entrò nella stazione di servizio **2** accostare a: *the boat pulled in towards the shore*, l'imbarcazione accostò alla riva.

□ **pull off** *v.tr.* e *avv.* **1** togliere, togliersi: *he quickly pulled his coat off*, si tolse in fretta il cappotto **2** (*fam.*) mettere a segno: *they pulled off a big bank robbery*, hanno messo a segno una grossa rapina in banca; *we've pulled it off!*, ce l'abbiamo fatta!

□ **pull on** *v.tr.* e *avv.* indossare: *she quickly pulled a dress on*, indossò in fretta un abito.

□ **pull out** *v.tr.* e *avv.* **1** estrarre, togliere (denti ecc.) **2** staccare: *you can — out the inner pages if you want*, puoi staccare le pagine interne se vuoi // *to — one's finger out*, (*fam.*) darsi da fare, darsi una mossa **3** ritirare: *to — out a diplomatic representative*, ritirare un rappresentante diplomatico ◆ *v.intr.* e *avv.* **1** uscire, lasciare: *then the train pulled out (of the station)*, poi il treno lasciò la stazione **2** (*di auto*) buttarsi fuori (da una fila): *suddenly a big grey Volvo pulled out just as I came up*, all'improvviso una grossa Volvo grigia si è buttata fuori proprio mentre io arrivavo **3** uscire (da uno stato di debolezza, malattia ecc.): *I hope he will soon — out of his depression*, spero che uscirà presto dal suo stato depressivo **4** ritirarsi; allontanarsi (da un gruppo ecc.): *the enemy troops were pulling out of the occupied territory*, le truppe nemiche si stavano ritirando dai territori occupati; *finally he pulled out of the project*, alla fine si è ritirato dal progetto.

□ **pull over** *v.intr.* o *tr.* e *avv.* accostare: *the lorry pulled over and let me overtake*, il camion accostò e mi lasciò superare; *the driver pulled his lorry over to the side of the motorway*, l'autista accostò il camion al bordo dell'autostrada.

□ **pull round** *v.tr.* e *avv.* **1** far fare dietrofront **2** far ritornare in sé; far rinvenire **3** (*estens.*) risanare (azienda ecc.) ◆ *v.intr.* e *avv.* ritornare in sé, riacquistare conoscenza.

□ **pull through** *v.intr.* e *avv.* o *prep.* superare una crisi, riprendersi: *the injured man had little chance of pulling through*, il ferito aveva poche probabilità di farcela ◆ *v.tr.* e *avv.* superare (crisi ecc.): *he succeeded in pulling the company through*, riuscì a far superare la crisi alla ditta, a risanare la ditta.

□ **pull together** *v.intr.* e *avv.* lavorare insieme, unire gli sforzi ◆ *v.tr.* e *avv.* riunire, mettere insieme (*anche fig.*) // *to — oneself together*, riacquistare il proprio controllo: *— yourself together!*, controllati!

□ **pull under** *v.tr.* e *avv.* tirar sotto (di gorgo, corrente).

□ **pull up** *v.intr.* e *tr.* e *avv.* **1** fermare, fermarsi: *he pulled up (his car) just in front of the shop*, si fermò, fermò l'auto proprio di fronte al negozio // *his remark pulled me up short*, la sua osservazione mi ha dato di che riflettere **2** (*to, with*) far risalire, risalire in una graduatoria al livello di; migliorare **3** (*fam.*) prendersela un po' più comoda, rallentare il proprio ritmo ♦ *v.tr.* e *avv.* **1** avvicinare (a sé) SIN. to draw up **2** *to — s.o. up on sthg.*, sgridare, criticare qlcu. per qlco.

pull-back ['pʊl,bæk] *s.* **1** (*mil.*) ritirata **2** (*fam.*) impedimento, ostacolo.

puller ['pʊlə*] *s.* **1** chi tira **2** (*mecc.*) estrattore **3** (*fam. amer.*) contrabbandiere.

pullet ['pʊlɪt / pul·let] *s.* pollastrella, pollastra.

pulley ['pʊlɪ / pul·ley] *s.* (*mecc.*) puleggia; carrucola.

pull-in ['pʊlɪn] *s.* (*fam.*) autogrill®, bar-ristorante ai bordi di una strada.

pulling ['pʊlɪŋ / pull·ing] *s.* (*inform.*) estrazione manuale di schede da un archivio.

Pullman (car) ['pʊlmən(kɑ:*) / Pull·man(car)] *s.* (*ferr.*) vettura pullman, carrozza di lusso.

pull-off ['pʊl,ɒf *amer.* 'pʊl,ɔ:f] *s.* (*amer.*) corsia d'emergenza.

pull-on ['pʊlɒn] *agg.attr.* da infilare, senza allacciatura (di indumento).

pull-out ['pʊlaʊt] *s.* **1** supplemento; inserto (di rivista e simili) **2** (*mil.*) ritirata.

pullover ['pʊl,əʊvə* / pull·over] *s.* pullover, maglione.

pull strategy ['pʊl,strætɪdʒɪ] *s.* (*comm.*) 'pull strategy', strategia di marketing diretta al consumatore finale.

pullulant ['pʌljʊlənt / pul·lu·lant] *agg.* (*bot.*) pullulante, in piena germogliazione.

to **pullulate** ['pʌljʊleɪt / pul·lu·late] *v.intr.* (*bot.*) pullulare, germogliare.

pullulation [,pʌljʊ'leɪʃn / pul·lu·la·tion] *s.* (*bot.*) pullulazione, germogliazione.

pulmonary ['pʌlmənərɪ *amer.* 'pʌlmənerɪ / pul·mon·ary] *agg.* **1** (*anat.*) polmonare: — *artery*, arteria polmonare; — *stenosis*, stenosi polmonare **2** sofferente ai polmoni; soggetto a malattie polmonari.

pulmonate ['pʌlmənɪt / pul·mon·ate] *agg.* (*zool.*) fornito di polmoni.

pulmonic [pʌl'mɒnɪk / pul·monic] *agg.* (*anat.*) polmonare ♦ *s.* (*rar.*) affetto da malattia polmonare.

pulp [pʌlp] *s.* **1** polpa: *fruit* —, polpa di frutta; *dental* —, polpa dentale **2** pasta (di legno, per fare la carta) **3** minerale macinato misto con acqua **4** — (*fiction*), — (*magazine*), libro, rivista da quattro soldi • Perché in origine erano stampati su carta di qualità molto scadente.

to **pulp** *v.tr.* ridurre in polpa, in pasta, spappolare ♦ *v.intr.* diventare polposo; spappolarsi.

pulper ['pʌlpə*] *s.* (*tecn. cartaria*) impastatrice.

pulpit ['pʊlpɪt / pul·pit] *s.* **1** pulpito, pergamo **2** (*antiq.*) cattedra; tribuna.

to **pulpiteer** [,pʊlpɪ'tɪə* / pul·pit·eer] *v.intr.* (*antiq. spreg.*) predicare; moraleggiare dal pulpito.

pulpwood ['pʌlp,wʊd / pulp·wood] *s.* **1** (*tecn. cartaria*) pasta di legno **2** legname per cartiere.

pulpy ['pʌlpɪ] *agg.* **1** (*bot.*) polposo, carnoso **2** molle; flaccido; floscio.

pulsar ['pʌlsə*] *s.* (*astr.*) pulsar.

to **pulsate** [pʌl'seɪt *amer.* 'pʌlseɪt / puls·ate] *v.intr.* pulsare; palpitare; vibrare (*anche fig.*).

pulsatile ['pʌlsətaɪl / puls·at·ile] *agg.* **1** (*rar.*) pulsatile **2** (*mus.*) a percussione.

pulsation [pʌl'seɪʃn / pulsa·tion] *s.* **1** pulsazione; battito; vibrazione **2** (*mat., fis., elettr.*) pulsazione, frequenza angolare **3** (*med.*) pulsazione.

pulsator [pʌl'seɪtə* / puls·ator] *s.* pulsometro.

pulsatory ['pʌlsətərɪ / puls·at·ory] *agg.* pulsante; pulsatile.

pulse[1] [pʌls] *s.* **1** (*med.*) polso, battito, pulsazione: *accelerated, rapid* —, polso accelerato, rapido; *febrile* —, polso febbrile; *slow, weak* —, polso lento, debole; *to feel* (o *take*) *s.o.'s* —, sentire il polso a qlcu. // — *curve*, sfigmogramma **2** (*fig.*) polso; condizione; tendenza; inclinazione: *to have* (o *keep*) *one's finger on the — of sthg.*, tenersi informato, aggiornato su qlco.; *what's the political — of the country at the moment?*, qual è la tendenza politica della nazione al momento? **3** (*fig.*) vitalità; energia **4** (*mus.*) ritmo; cadenza **5** (*fis.*) impulso: — *generator*, generatore di impulsi; — *modulation*, modulazione di impulsi; *sawtooth* —, impulso a dente di sega.

to **pulse**[1] *v.intr.* pulsare; vibrare (*anche fig.*): *his pictures — with life*, i suoi quadri pulsano di vita ♦ *v.tr.* far pulsare, vibrare.

pulse[2] *s.* (*bot.*) **1** pianta leguminosa **2** *pl.* legumi (semi): *a good diet always contains pulses*, una buona dieta prevede sempre dei legumi.

pulser ['pʌlsə*] *s.* **1** (*rad.*) generatore d'impulsi **2** (*tecn.*) pulsatore.

pulsimeter [pʌl'sɪmɪtə* / pul·si·meter] *s.* (*med.*) pulsimetro.

pulsometer [pʌl'sɒmɪtə* / pul·so·meter] *s.* (*mecc.*) pulsometro.

pulverable ['pʌlvərəbl / pul·ver·able] *agg.* (*non com.*) polverizzabile.

pulverizable ['pʌlvəraɪzəbl / pul·ver·iz·able] *agg.* polverizzabile.

pulverization [,pʌlvəraɪ'zeɪʃn / pul·ver·iza·tion] *s.* polverizzazione.

to **pulverize** ['pʌlvəraɪz / pul·ver·ize] *v.tr.* polverizzare (*anche fig.*) ♦ *v.intr.* polverizzarsi.

pulverizer ['pʌlvəraɪzə* / pul·ver·izer] *s.* polverizzatore.

pulverulent [pʌl'verjʊlənt / pul·veru·lent] *agg.* **1** (*rar.*) pulverulento; polveroso; coperto di polvere **2** friabile (di roccia).

pulvinate ['pʌlvɪnɪt / pul·vin·ate] **pulvinated** ['pʌlvɪneɪtɪd / pul·vin·ated] *agg.* **1** (*arch.*) a faccia convessa **2** (*bot.*) simile a cuscinetto; pulvinato (di gambo).

puma ['pju:mə] *s.* puma → cougar.

pumice ['pʌmɪs / pum·ice] *s.* (*geol.*) — (*stone*), (pietra) pomice.

to **pumice** *v.tr.* pulire, levigare con la pomice.

pumiceous [pjʊ'mɪʃəs / pu·mi·ceous] *agg.* **1** relativo alla (pietra) pomice; pomicioso **2** pomicoso.

to **pummel** ['pʌml / pum·mel] *pass.p.p.* **pummelled** ['pʌmld / pum·melled] *v.tr.* prendere a pugni; dare colpi fitti con i pugni a; colpire ripetutamente: *he massaged and pummelled her back till she felt completely relaxed*, le massaggiò e picchiettò la schiena finché si sentì completamente rilassata.

pump[1] [pʌmp] *s.* **1** pompa: *bicycle* —, pompa da bicicletta; *feed* —, pompa di alimentazione; *force* —, pompa premente; *hand* —, pompa a mano; *oil* —, pompa dell'olio; *primer* —, pompa di adescamento; *suction* —, pompa aspirante; — *feed*, alimentazione a pompa; — *shot*, colpo di pompa **2** (*med.*) *heart* —, pompa cardiaca **3** (*fam.*) vigorosa stretta di mano.

to **pump**[1] *v.tr.* **1** pompare; muovere, premere, pigiare ritmicamente, con movimento a stantuffo: *to — a well dry*, prosciugare un pozzo; *to — out the hold of a ship*, prosciugare la stiva di una nave; *we're pumping oil from a depth of 5000 metres*, stiamo estraendo petrolio da una profondità di 5000 metri; *he kept pumping on the brake*, continuava a premere sul freno // *to — capital into a firm*, immettere capitali in una ditta // *to — a person's hand*, stringere vigorosamente la mano di una persona // *to — iron*, (*fam. amer.*) fare sollevamento pesi **2** (*fig.*) essere insistente, sottoporre a pressione per ottenere informazioni; torchiare: *to — s.o. for information*, spremere informazioni a qlcu. **3** (*fig.*) sparare, tirare: *to — bullets* (o *shots*) *into s.o.*, sparare ripetutamente su qlcu. ♦ *v.intr.* **1** pompare; pulsare: *his heart was pumping wildly*, il suo cuore batteva selvaggiamente **2** azionare una pompa **3** (*mar.*) delfinare (di sommergibile).

□ **pump up** *v.tr.* e *avv.* gonfiare: *to — up a tyre*, gonfiare un pneumatico.

pump[2] *s.* scarpa da ballo; scarpa scollata, décolleté.

pump-action ['pʌmpækʃn] *agg.* a pompa: — *rifle*, fucile a pompa.

pumper ['pʌmpə* / pump·er] *s.* chi, cosa che pompa.

pumpernickel ['pumpənɪkl / pum·per·nickel] *s.* pane di segala.

pumpkin ['pʌmpkɪn / pump·kin] *s.* (*bot.*) (*Cucurbita pepo*) zucca.

pump priming ['pʌmp,praɪmɪŋ] *s.* **1** (*tecn.*) adescamento della pompa **2** (*econ.*) sostegno (di un'economia depressa) mediante investimenti pubblici in nuovi progetti.

pun[1] [pʌn] *s.* gioco di parole; bisticcio di parole.

to **pun**[1] *pass.p.p.* **punned** [pʌnd] *v.intr.* fare giochi di parole.

to **pun**[2] *v.tr.* **1** (*edil.*) compattare, comprimere, costipare **2** (*metall.*) pigiare **3** (*mil.*) calcare **4** (*ant.*) picchiare, pestare: *he would pun thee into shivers with his fist, as a sailor breaks a biscuit*, (SH. Troilus and Cressida) ti pesterebbe col pugno fino a ridurti in briciole, come fa un marinaio con una galletta.

Punch ['pʌntʃ] *s.* (*fig.*) fantoccio, burattino // — *and Judy* (*show*), (teatrino di) burattini

// *I am as pleased as* —, sono felice come una pasqua.

punch[1] *s.* **1** (*Suffolk*) —, piccolo e robusto cavallo da traino, con zampe corte **2** (*sl. antiq.*) uomo basso e tarchiato.

punch[2] *s.* **1** pugno: *to give* (o *to deal*) *s.o. a — on the nose*, dare un pugno sul naso a qlcu. // *to pull one's punches*, smorzare, attutire i (propri) colpi; *he didn't pull any punches*, (*fig.*) ha parlato chiaro e tondo **2** (*fig. fam.*) efficacia; vigore; mordente: *style with — in it*, stile incisivo, pieno di mordente.

to **punch**[2] *v.tr.* dare un pugno a; colpire con pugni.

punch[3] *s.* **1** ponce, punch: — *bowl*, grossa coppa da punch **2** (*non com.*) ricevimento durante il quale si beve ponce.

punch[4] *s.* **1** punteruolo; punzone; stampino; stampo: *centre* —, punzone a guida; *nail* —, punzone per chiodi **2** cacciachiodi **3** perforatrice **4** (*inform.*) perforazione; perforatore, macchina perforatrice.

to **punch**[4] *v.tr.* **1** perforare; punzonare: *to — tickets*, forare i biglietti; *to — the clock*, timbrare il cartellino // (*inform.*): *punched card*, scheda perforata; *punched tape*, nastro perforato, banda perforata **2** spingere il bestiame.

□ **punch in** *v.intr.* e *avv.* timbrare il cartellino in entrata (al lavoro).

□ **punch out** *v.intr.* e *avv.* timbrare il cartellino in uscita (dal lavoro).

punchball ['pʌntʃbɔ:l / punch·ball] **punch(ing) bag** ['pʌntʃ(ɪŋ),bæg] *s.* (*boxe*) sacco; punching ball, pera.

punch card ['pʌntʃ,kɑ:d] *s.* (*inform.*) scheda perforata: — *shop* (o — *department*), reparto meccanografico.

punch clock ['pʌntʃ,klɒk] *s.* orologio marcatempo.

punch-drunk ['pʌntʃdrʌŋk] *agg.* (*fam.*) suonato: *at the press conference it was clear he was* —, alla conferenza stampa fu chiaro che egli era completamente rimbambito.

puncheon ['pʌntʃən / pun·cheon] *s.* **1** punteruolo; punzone; stampo **2** montantino; paletto di sostegno.

puncher ['pʌntʃə*] *s.* **1** punzone **2** (*amer.*) chi spinge il bestiame: *cow* —, bovaro.

punchinello [,pʌntʃɪ'neləʊ / pun·chin·ello] *s.* (*rar.*) **1** persona tozza **2** clown, buffone, pulcinella.

punching machine ['pʌntʃɪŋmə,ʃi:n] *s.* (*mecc.*) punzonatrice; perforatrice.

punching press ['pʌntʃɪŋ,pres] *s.* (*mecc.*) punzonatrice.

punch line ['pʌntʃlaɪn] *s.* clou, punto culminante di una barzelletta.

punch press ['pʌntʃ,pres] *s.* (*mecc.*) pressa meccanica.

punch-up ['pʌntʃʌp] *s.* (*fam.*) rissa.

punchy[1] ['pʌntʃɪ] *agg.* grosso, tarchiato, tozzo.

punchy[2] *agg.* **1** incisivo; vigoroso; efficace **2** (*fam.*) suonato; rimbambito.

punctate ['pʌŋkteɪt / punct·ate] **punctated** ['pʌŋkteɪtɪd / punct·ated] *agg.* (*bot.*, *zool.*) maculato, macchiettato, punteggiato.

punctation [,pʌŋk'teɪʃn / puncta·tion] *s.* (*bot.*, *zool.*) macchiettatura, punteggiatura.

punctilio [pʌŋk'tɪlɪəʊ / punc·tilio] *pl.* **punctilios** *s.* (*form.*) **1** correttezza di modi; formalismo **2** meticolosità; puntiglio.

punctilious [pʌŋk'tɪlɪəs / punc·tili·ous] *agg.* **1** cerimonioso **2** scrupoloso; puntiglioso; minuzioso // **-ly** *avv.* // **-ness** *s.*

punctual ['pʌŋktjʊəl / punc·tual] *agg.* puntuale; esatto // **-ly** *avv.* // **-ness** *s.*

punctuality [,pʌŋktjʊ'ælətɪ / punc·tu·al·ity] *s.* puntualità; esattezza.

to **punctuate** ['pʌŋktjʊeɪt / punc·tu·ate] *v.tr.* **1** punteggiare; introdurre la punteggiatura in **2** interrompere ripetutamente: *his speech was frequently punctuated by applause*, il suo discorso era spesso interrotto da applausi **3** dare enfasi a ♦ *v.intr.* usare la punteggiatura.

punctuation [,pʌŋktjʊ'eɪʃn / punc·tu·ation] *s.* punteggiatura, interpunzione // — *marks*, segni d'interpunzione // (*inform.*) — *bit*, bit di fermo, di punteggiatura.

puncture ['pʌŋktʃə* / punc·ture] *s.* **1** (*med.*) puntura, iniezione **2** trafittura, perforazione; foratura (di pneumatico): *he got a* —, ha forato una gomma.

to **puncture** *v.tr.* **1** pungere; perforare **2** bucare, forare **3** (*fig.*) togliere completamente, distruggere: *to — s.o.'s pride*, smontare, sgonfiare qlcu. **4** (*rar.*) tatuare ♦ *v.intr.* bucarsi, forarsi (di pneumatico).

punctured ['pʌŋktʃəd / punc·tured] *agg.* **1** perforato **2** (*fig.*) distrutto: — *pride*, orgoglio distrutto.

pundit ['pʌndɪt / pun·dit] *s.* esperto, sapientone: *he soon acquired a reputation as a — on foreign affairs*, si guadagnò presto la reputazione di esperto in politica estera • Da una voce indiana usata come titolo di rispetto per una persona colta.

pungency ['pʌndʒənsɪ / pun·gency] *s.* **1** gusto piccante; odore forte, acuto **2** (*fig.*) acutezza (di dolore); asprezza, acrimonia; mordacità.

pungent ['pʌndʒənt / pun·gent] *agg.* **1** (*bot.*) pungente, spinoso **2** (*non com.*) cocente, acuto: *a — sorrow*, un dolore acuto **3** mordace, caustico: *a — style*, uno stile mordace **4** piccante; forte, pungente (di odore) // **-ly** *avv.*

Punic ['pju:nɪk] *agg.* e *s.* punico.

puniness ['pju:nɪnɪs / pu·ni·ness] *s.* piccolezza, magrezza, gracilità.

to **punish** ['pʌnɪʃ / pun·ish] *v.tr.* punire, penalizzare: *to — s.o. for sthg.*, punire qlcu. per qlco.; *Liverpool punished every defensive mistake and scored six goals*, il Liverpool ha penalizzato ogni errore della difesa e ha segnato sei goal.

punishability [,pʌnɪʃə'bɪlətɪ / pun·ish·ab·il·ity] *s.* punibilità.

punishable ['pʌnɪʃəbl / pun·ish·able] *agg.* punibile.

punisher ['pʌnɪʃə* / pun·ish·er] *s.* punitore.

punishing ['pʌnɪʃɪŋ / pun·ish·ing] *agg.* **1** faticoso, pesante: *it was a — race*, è stata una gara massacrante **2** potente, forte, possente: *a — blow to the ribs*, un forte colpo nelle costole ♦ *s.* **1** punizione **2** (*fam.*) pesante sconfitta, batosta, danno.

punishment ['pʌnɪʃmənt / pun·ish·ment] *s.* **1** punizione; correzione **2** ⓤ (*fam.*) colpi (*pl.*); maltrattamenti (*pl.*): *a boxer capable of taking a lot of* —, un pugile che sa incassare; *this car is so strongly built it can take any amount of* —, quest'auto è così robusta che sopporta di tutto **3** ⓤ (*dir.*) pena: *corporal* —, punizione corporale; *capital* —, pena capitale.

punitive ['pju:nətɪv / pun·it·ive] rar. **punitory** ['pju:nɪtərɪ / pun·it·ory] *agg.* punitivo // (*dir.*) *punitive damages*, (condanna civile al) pagamento di una somma più alta rispetto al danno cagionato.

punk [pʌŋk] *agg.* **1** punk: — *fashion*, moda punk **2** (*sl. spec. amer.*) da due soldi, malmesso **3** (*non com.*) marcio, fradicio (di frutta, legno) ♦ *s.* **1** punk **2** (*spec. amer.*) teppistello **3** ⓤ (*fam. amer.*) sciocchezze (*pl.*): *to talk a lot of* —, dire un mucchio di sciocchezze **4** (*spec. amer.*) legno marcio, fungo che cresce sul legno (usati come esca); esca (per fuochi d'artificio) **5** incenso cinese **6** (*ant.*) prostituta.

punka(h) ['pʌŋkə / pun·kah] *s.* (*angloindiano*) grande ventaglio appeso al soffitto e azionato a mano; scacciamosche.

punner[1] ['pʌnə* / pun·ner] *s.* **1** mazzeranga **2** calcatoio.

punner[2] → **punster**.

punnet ['pʌnɪt / pun·net] *s.* canestro (per frutta).

punningly ['pʌnɪŋlɪ / pun·ning·ly] *avv.* con giochi di parole, usando giochi di parole.

punster ['pʌnstə* / pun·ster] *s.* chi fa giochi di parole; freddurista.

punt[1] [pʌnt] *s.* barchino; zatterino; barca a fondo piatto.

to **punt**[1] *v.tr.* **1** spingere (un barchino ecc.) con una pertica da barcaiolo **2** trasportare con un barchino ecc. ♦ *v.intr.* andare con un barchino ecc.

punt[2] *s.* il colpire al volo il pallone (senza farlo rimbalzare a terra); (*calcio*) rinvio (del portiere).

to **punt**[2] *v.tr.* colpire al volo (il pallone); (*calcio*) rinviare (di portiere).

punt[3] → **punty**.

to **punt**[4] *v.intr.* (*carte*) puntare contro il banco; (*fam.*) puntare su un cavallo.

punter ['pʌntə*] *s.* **1** puntatore (al gioco, alle corse di cavalli) **2** (*sl.*) utente, cliente.

punt-gun ['pʌntgʌn] *s.* spingarda.

punt-pole ['pʌntpəʊl] *s.* pertica da barcaiolo.

punty ['pʌntɪ] *s.* (*tecn. del vetro*) pontello.

puny ['pju:nɪ] *agg.* **1** piccino; sparuto; gracile; malaticcio **2** (*ant.*) minorenne.

pup [pʌp] *s.* **1** cucciolo: *to be in* (o *with*) —, essere pregna (di cagna) // *to sell a person a* —, (*fam.*) raggirare una persona; vendere qlco. che non vale il prezzo pagato **2** (*fam.*) gradasso, pivello pieno di sé • Dim. di *puppy*.

to **pup** *pass.p.p.* **pupped** [pʌpt] *v.tr.* e *intr.* figliare, partorire (di cagna).

pupa ['pju:pə] *pl.* **pupae** ['pju:pi: / pu·pae] **pupas** *s.* (*zool.*) pupa, crisalide.

pupal ['pju:pəl / pu·pal] *agg.* (*zool.*) di crisalide.

to **pupate** ['pju:peɪt / pu·pate] *v.intr.* (*zool.*) diventare una crisalide.

pupation [pju:'peɪʃn / pu·pa·tion] *s.* (*zool.*) trasformazione in pupa.

pupil[1] ['pju:pl / pu·pil] *s.* **1** allievo; scolaro; discepolo **2** (*dir.*) pupillo; (*scoz.*) minorenne.

pupil[2] *s.* (*anat.*) pupilla.

pupil(l)age ['pju:pɪlɪdʒ / pu·pil·(l)age] *s.* **1** (*form.*) condizione di discente; periodo in cui si riceve la propria educazione **2** (*dir.*) minorità: *child in* —, bambino sotto tutela.

pupil(l)ar[1] ['pju:pɪlə* / pu·pil·(l)ar] *agg.* **1** di allievo **2** (*dir.*) pupillare, di pupillo.

pupil(l)ar[2] *agg.* (*anat.*) pupillare.

pupil(l)arity [,pju:pɪ'lærətɪ / pu·pil·(l)ar·ity] *s.* (*dir.*) condizione di pupillo.

pupil(l)ary[1] ['pju:pɪlərɪ / pu·pil·(l)ary] *agg.* **1** di allievo **2** (*dir.*) pupillare, di pupillo.

pupil(l)ary[2] *agg.* (*anat.*) pupillare, della pupilla.

pupilship ['pju:pɪlʃɪp / pu·pil·ship] *s.* (*dir.*) minorità.

puppet ['pʌpɪt / pup·pet] *s.* burattino, fantoccio, marionetta (*anche fig.*) // — *show*, rappresentazione di marionette; — *government*, governo fantoccio.

puppeteer [,pʌpɪ'tɪə* / pup·pet·eer] *s.* burattinaio.

puppetry ['pʌpɪtrɪ / pup·petry] *s.* **1** burattinata; mascherata **2** rappresentazione di burattini.

puppy ['pʌpɪ] *s.* **1** cucciolo // — *fat*, (*fam.*) pinguedine infantile // — *love*, (*fam.*) cotta adolescenziale **2** (*fig.*) giovane gradasso, bullo.

puppy-dog ['pʌpɪdɒg *amer.* 'pʌpɪdɔ:g] *s.* (*fam.*) cagnolino.

puppyish ['pʌpɪɪʃ / pup·py·ish] *agg.* di, da gradasso.

pup-tent ['pʌptent] *s.* tenda canadese.

purblind ['pɜ:blaɪnd / pur·blind] *agg.* (*non com.*) **1** miope, mezzo cieco **2** (*fig.*) cieco; ottuso // **-ness** *s.*

purchasable ['pɜ:tʃəsəbl / pur·chas·able] *agg.* acquistabile.

purchase ['pɜ:tʃəs / pur·chase] *s.* **1** acquisto; compera: *he filled the car with his purchases*, riempì l'automobile con le compere fatte // (*comm.*): — *deed*, contratto di compravendita; — *money* (o — *price*), prezzo d'acquisto; — *order*, ordine d'acquisto; *volume* —, acquisto in massa; *forward* —, acquisto a termine; — *on credit*, acquisto a credito; *spot* —, acquisto a pronti // (*trib.*) — *tax*, imposta sugli acquisti **2** valore (specialmente rendita annua di proprietà): *this land is sold at twenty years'* —, questo terreno è in vendita al prezzo equivalente al reddito di venti anni **3** presa, punto d'appoggio; morsa: *to gain a — on sthg.*, raggiungere un punto d'appoggio su qlco. **4** (*mecc.*) attrezzo, dispositivo, mezzo meccanico // (*mar.*): — *block*, bozzello di calorna; *twofold* —, paranco doppio **5** (*ant.*) preda: *I'll find him out, / and force him to restore his purchase back*, (MILTON) lo scoverò, e lo obbligherò a restituire la sua preda **6** (*dir.*) acquisizione, acquisto (spec. di immobili).

to **purchase** *v.tr.* **1** comperare; acquistare (*anche fig.*): *to — freedom with one's blood*, acquistare la libertà a prezzo del proprio sangue **2** (*dir.*) rilevare; acquisire (spec. beni immobili): *to — a business*, rilevare un'azienda **3** (*mecc.*) sollevare, spostare con un mezzo meccanico // (*mar.*) sollevare (l'àncora) con l'argano **4** (*ant.*) inseguire la preda.

purchase-bill ['pɜ:tʃəs,bɪl] *s.* (*comm.*) cambiale commerciale.

purchaser ['pɜ:tʃəsə* / pur·chaser] *s.* acquirente, compratore.

purchasing ['pɜ:tʃəsɪŋ / pur·chas·ing] *s.* ⊔ acquisto: (*econ.*) — *power*, potere d'acquisto; — *power parity*, parità dei poteri d'acquisto.

purdah ['pɜ:dɑ: / pur·dah] *s.* **1** tenda che ripara le donne indiane dalla vista di estranei **2** sistema indiano di tener recluse le donne di un certo rango.

pure [pjʊə*] *agg.* **1** puro; schietto: — *alcohol*, alcol puro; — *water*, acqua pura; — *gold*, *silk*, oro puro, seta pura // (*econ.*): — *competition*, concorrenza perfetta; — *rent*, rendita economica // — *mathematics*, matematica pura **2** puro, casto: *a — woman*, una donna casta **3** chiaro, distinto (di suono, colore): — *note*, nota pura **4** mero, semplice, puro: — *mischief*, pura cattiveria; *by — chance*, per puro caso // — *and simple*, puro e semplice; *that's luck — and simple*, questa è pura e semplice fortuna // **-ness** *s.*

pure-blooded [,pjʊə'blʌdɪd] *agg.* di, dal sangue puro; purosangue.

purebred [,pjʊə'bred / pure·bred] *agg.* (*zool.*) di razza (pura) ◆ *s.* (*zool.*) purosangue.

puree ['pjʊəreɪ *amer.* pjʊə'reɪ] *s.* (*fr.*) (*cuc.*) purè, passato.

to **puree** *v.tr.* ridurre a purè.

purely ['pjʊəlɪ / pure·ly] *avv.* **1** puramente, semplicemente, unicamente, solo, esclusivamente, completamente, interamente: *done — by accident*, fatto solamente per sbaglio // — *and simply*, soltanto **2** (*rar.*) con purezza.

purgation [pɜ:'geɪʃn / pur·ga·tion] *s.* **1** (*med.*) purga **2** (*st. dir.*) purgazione; dimostrazione d'innocenza **3** (*fig. non com.*) purificazione **4** (*relig.*) purgazione.

purgative ['pɜ:gətɪv / pur·gat·ive] *agg.* (*med.*) purgativo, purgante ◆ *s.* (*med.*) purgante.

purgatorial [,pɜ:gə'tɔ:rɪəl / pur·gat·orial] *agg.* del purgatorio.

purgatory ['pɜ:gətərɪ *amer.* 'pɜ:gətɔ:rɪ / pur·gat·ory] *agg.* purgatorio; espiatorio ◆ *s.* purgatorio.

purge [pɜ:dʒ] *s.* **1** (*med.*) purga, purgante **2** (*pol.*) epurazione; purga.

to **purge** *v.tr.* **1** purgare; purificare; chiarificare **2** (*med.*) purgare; purgarsi **3** (*dir.*) prosciogliere; espiare; pagare: *to — oneself from a charge of robbery*, dimostrare la propria innocenza per il reato di rapina // *to — a mortgage*, estinguere un'ipoteca **4** (*pol.*) epurare: *five reactionary members have been purged*, cinque membri reazionari sono stati epurati **5** (*chim.*) spurgare, purificare, depurare **6** (*inform.*) togliere (alcuni elementi) da un archivio; svuotare (un nastro) ◆ *v.intr.* purgarsi (*anche med.*), purificarsi.

purger ['pɜ:dʒə*] *s.* (*chim.*) spurgo.

purging ['pɜ:dʒɪŋ / pur·ging] *agg.* **1** purgativo; epurante **2** (*chim.*) spurgante ◆ *s.* **1** purga **2** purificazione **3** (*dir.*) proscioglimento; espiazione; pagamento **4** (*chim.*) spurgo.

purification [,pjʊərɪfɪ'keɪʃn / puri·fica·tion] *s.* **1** purificazione **2** (*chim.*) depurazione.

purificatory [,pjʊərɪfɪ'keɪtərɪ *amer.* pjʊə'rɪfɪkətɔ:rɪ / puri·fic·at·ory] *agg.* purificatore.

purifier ['pjʊərɪfaɪə* / puri·fier] *s.* **1** purificatore **2** depuratore.

to **purify** ['pjʊərɪfaɪ / pur·ify] *v.tr.* **1** purificare **2** (*chim.*) depurare ◆ *v.intr.* **1** purificarsi **2** (*chim.*) depurarsi.

purifying ['pjʊərɪfaɪɪŋ / puri·fy·ing] *agg.* purificante ◆ *s.* **1** purificazione **2** (*chim.*) depurazione.

Purim ['pjʊərɪm] *s.* (*relig.*) Purim (festa ebraica).

purine [pju:'ri:n / pur·ine] *s.* (*biochim.*) purina.

purism ['pjʊərɪzəm / pur·ism] *s.* purismo.

purist ['pjʊərɪst / pur·ist] *s.* purista.

puristic(al) [pjʊə'rɪstɪk(l) / pur·istic(al)] *agg.* di, da purista.

Puritan ['pjʊərɪtən / Pur·itan] *agg.* puritano ◆ *s.* **1** (*st. relig.*) puritano **2** (*con iniziale minuscola*) (*fig.*) puritano, persona di rigidi principi morali.

puritanic(al) [,pjʊərɪ'tænɪk(l) / pur·it·anic, pur·it·an·ical] *agg.* di, da puritano; rigido, severo // **-ally** *avv.*

Puritanism ['pjʊərɪtənɪzəm / Pur·it·an·ism] *s.* **1** (*st. relig.*) puritanesimo **2** (*fig.*) puritanesimo, rigidezza, severità di costumi.

to **puritanize** ['pjʊərɪtənaɪz / pur·it·an·ize] *v.intr.* (*non com.*) predicare il puritanesimo; comportarsi da puritano; fingersi puritano ◆ *v.tr.* (*non com.*) convertire al puritanesimo.

purity ['pjʊərɪtɪ / pur·ity] *s.* purezza, purità.

purl[1] [pɜ:l] *s.* **1** smerlo; bordatura fatta con fili d'oro e argento intrecciati **2** punto rovescio (a maglia).

to **purl**[1] *v.tr.* orlare con bordure d'oro e argento, con smerli ecc. ◆ *v.intr.* lavorare a maglia a punto rovescio.

to **purl**[2] *v.intr.* (*letter.*) **1** scorrere mormorando, gorgogliare (di acqua) **2** incresparsi; scorrere in vortici (di acqua).

purler ['pɜ:lə*] *s.* (*fam. antiq.*) colpo, forte spinta che fa cadere a capofitto.

purlieu ['pɜ:lju: / pur·lieu] *s.* **1** (*st. dir.*) tratto di terra al limite di una foresta (in parte soggetto alle leggi forestali) **2** *pl.* (*letter.*) dintorni, vicinanze; quartieri periferici.

purlin ['pɜ:lɪn / pur·lin] *s.* (*edil.*) arcareccio.

to **purloin** [pɜ:'lɔɪn / pur·loin] *v.tr.* (*form.*) sottrarre, rubare.

purloiner [pɜ:'lɔɪnə* / pur·loiner] *s.* (*form.*) frodatore, ladro.

puromycin [,pju:rəʊ'maɪsɪn / pu·ro·my·cin] *s.* (*biochim.*) puromicina.

purple ['pɜ:pl] *agg.* **1** violaceo **2** color porpora; porporino, purpureo; (*estens.*) imperiale, regale **3** paonazzo: *to become — with rage*, diventar paonazzo dalla rabbia **4** ornato, elaborato, fiorito: — *passages* (o *patches*), passi (di un libro) elaborati ◆ *s.* **1** violaceo (colore), viola **2** porpora (colore) **3** (*fig.*) porpora (emblema), veste regale, cardinalizia: *to be raised to the* —, essere innalzato alla porpora; *was he born in what the Radical papers call the purple of commerce...?*, (O. WILDE) era nato in quello che i giornali radicali chiamano il porporato del commercio...?

to **purple** *v.tr.* **1** tingere color porpora **2** (*fig.*) imporporare ◆ *v.intr.* **1** diventare color porpora **2** (*fig.*) imporporarsi.

Purple Heart [ˌpɜːpl'hɑːt] *s.* medaglia al valore (per ferite riportate in guerra).

purple heart *s.* (*sl.*) compressa (a forma di cuore) a base di anfetamina.

purplish ['pɜːplɪʃ / purp·lish] *agg.* porporino, purpureo; violaceo.

purport ['pɜːpət *amer.* pɜː'pɔːt / pur·port] *s.* (*form.*) **1** tenore; senso, significato, valore (di un discorso ecc.) **2** (*letter.*) mira; scopo; intento; proposito: *with solemn step an awful Goddess came, / and there was purport in her looks for him*, (KEATS) avanzava con solenne passo una terribile dea, e con intento lo guardava.

to **purport** [pɜː'pɔːt] *v.tr.* (*form.*) **1** significare; mostrare; far apparire; implicare **2** avere la pretesa di, pretendere di; supporre, presumere di: *to — to be sthg.*, avere la pretesa d'essere qlco.; *she purports to be able to communicate with the other world*, pretende di riuscire a comunicare con l'altro mondo; *he sold the museum what is purported to be an Aztec carving*, vendette al museo una presunta scultura azteca; *a map purporting to date from the 12th century*, una carta geografica che si suppone risalga al XII secolo.

purported [pɜː'pɔːtɪd / pur·por·ted] *agg.* supposto, presunto: *the — original manuscript of a Greek play*, il presunto manoscritto originale di una commedia greca.

purportedly [pɜː'pɔːtɪdlɪ / pur·por·ted·ly] *avv.* a quanto si dice: *he is — fluent in six languages*, a quanto si dice conosce bene sei lingue; *he stole the statue from the museum, — to return it to its rightful owners*, ha rubato la statua dal museo, a quanto si dice per restituirla ai legittimi proprietari.

purpose ['pɜːpəs / pur·pose] *s.* **1** scopo, fine, mira; intenzione: *the — of my life*, la ragione della mia vita; *he wrote a novel with a —*, scrisse un romanzo a tesi; *it won't answer your —*, non servirà al vostro scopo; *not to the —*, inutile, non pertinente, non a proposito; *to what —?*, a che scopo? // *he did it on —*, l'ha fatto apposta; *she came on — to see Mary*, è venuta apposta per vedere Mary // *to be at cross purposes*, fraintendersi; *we're talking at cross purposes*, non ci capiamo, parliamo di due cose diverse **2** risultato, effetto; funzione: *to no, little, some, good —*, con nessun, scarso, qualche, un buon risultato; *my car is rather old but it serves its —*, la mia auto è piuttosto vecchia ma serve allo scopo; *I haven't got any sellotape but a paper clip will answer the same —*, non ho del nastro adesivo, ma una graffetta andrà bene lo stesso // *for all practical purposes*, a tutti gli effetti // *he is to all intents and purposes the boss*, è il capo a tutti gli effetti **3** fermezza, proposito: *he is weak, he is always wanting in —*, è debole, manca sempre di fermezza; *infirm of —*, irresoluto, senza carattere **4** (*dir.*) dolo intenzionale.

to **purpose** *v.tr.* (*form.*) (II) proporre, proporsi di; avere intenzione di; avere in animo di: *I did not know what he purposed to do*, non sapevo che cosa avesse in animo di fare.

purpose-built [ˌpɜːpəs'bɪlt] *agg.* fatto, progettato, costruito, fabbricato appositamente: *— flats for old people*, appartamenti appositamente studiati per persone anziane.

purposeful ['pɜːpəsfʊl / pur·pose·ful] *agg.* **1** fatto di proposito, intenzionalmente; premeditato **2** pieno di significato **3** risoluto, deciso, determinato // **-ly** *avv.* // **-ness** *s.*

purposeless ['pɜːpəslɪs / pur·pose·less] *agg.* **1** inutile; senza significato, scopo, meta: *the — violence of hooligans*, l'insensata violenza dei teppisti; *— doodling*, scarabocchi privi di senso; *he was bored and —*, era annoiato e la sua vita era priva di scopo **2** senza intenzione // **-ly** *avv.* // **-ness** *s.*

purposely ['pɜːpəslɪ / pur·pose·ly] *avv.* di proposito, volutamente, intenzionalmente.

purposive ['pɜːpəsɪv / pur·pos·ive] *agg.* (*spec. amer.*) **1** premeditato, intenzionale **2** utile **3** risoluto.

purpura ['pɜːpjʊrə / pur·pura] *s.* **1** (*med.*) porpora **2** (*zool.*) porpora.

purpure ['pɜːpjʊə* / pur·pure] *s.* (*arald.*) porpora.

purpuric [pɜː'pjʊərɪk / pur·puric] *agg.* **1** di porpora, purpureo **2** (*med.*) relativo alla porpora, affetto da porpora **3** (*chim.*) purpurico: *— acid*, acido purpurico.

purpurin ['pɜːpjʊrɪn / pur·purin] *s.* (*chim.*) purpurina.

purpurite ['pɜːpjʊraɪt / pur·pur·ite] *s.* (*min.*) purpurite.

purr [pɜː*] *s.* fusa.

to **purr** *v.intr.* **1** fare le fusa **2** (*fig.*) rallegrarsi, esprimere soddisfazione // *she purred with happiness*, fece le fusa per la felicità **3** (*estens.*) ronzare (di motore) ◆ *v.tr.* (*fig.*) esprimere (un sentimento) facendo le fusa; mormorare.

purse [pɜːs] *s.* **1** borsellino, portamonete; portafoglio; (*amer.*) borsa da donna: *it is beyond my —*, è al di sopra delle mie possibilità economiche // *public* (o *State*) *—*, erario // *privy —*, appannaggio **2** (*sport*) borsa.

to **purse** *v.tr.* **1** contrarre (le labbra); corrugare (la fronte); increspare: *she pursed* (*up*) *her mouth in disgust*, contrasse le labbra in una smorfia di disgusto **2** (*ant.*) mettere in borsa.

purse-bearer ['pɜːsˌbeərə*] *s.* tesoriere.

purse-net ['pɜːsnet] → **purse-seine**.

purser ['pɜːsə*] *s.* (*mar.*) commissario di bordo.

pursership ['pɜːsəʃɪp / purser·ship] *s.* commissariato di bordo.

purse-seine ['pɜːsˌseɪn] *s.* sciabica, senna a sacco.

purse-snatcher ['pɜːsˌsnætʃə*] *s.* (*amer.*) scippatore.

purse strings ['pɜːsstrɪŋz] *s.pl.* cordoni della borsa: *to hold the —*, (*fig.*) tenere i cordoni della borsa; *to loosen the —*, (*fig.*) aprire la borsa, mostrarsi generoso; *to tighten the —*, (*fig.*) tirare i cordoni della borsa.

pursiness ['pɜːsɪnɪs / pursi·ness] *s.* (*antiq.*) obesità.

purslane ['pɜːslɪn / purs·lane] *s.* (*bot.*) (*Portulaca oleracea*) porcellana.

pursuance [pə'sjʊəns *amer.* pə'suːəns / pur·su·ance] *s.* (*form.*) **1** inseguimento; perseguimento; ricerca **2** esecuzione, adempimento: *he did it in the — of his duty*, lo fece nell'adempimento del suo dovere.

pursuant [pə'sjʊənt *amer.* pə'suːənt / pur·su·ant] *agg.* che persegue // *— to*, conforme a, in seguito a.

to **pursue** [pə'sjuː *amer.* pə'suː / pur·sue] *v.tr.* (*form.*) **1** seguire (per catturare, uccidere), inseguire; (*fig.*) perseguitare: *the police pursued him for weeks*, la polizia lo ha inseguito per settimane; *he was pursued by a sense of guilt*, era perseguitato da un senso di colpa **2** ricercare, aspirare a, perseguire: *they — their aims*, essi perseguono i loro scopi **3** continuare, proseguire; procedere con: *I won't — the matter further*, non voglio spingere oltre la questione; *I want to — my profession*, voglio continuare a esercitare la mia professione **4** (*dir. scoz.*) perseguire per legge; intentare un giudizio a.

pursuer [pə'sjuːə* *amer.* pə'suːə* / pur·suer] *s.* **1** inseguitore **2** (*dir. scoz.*) attore.

pursuit [pə'sjuːt *amer.* pə'suːt / pur·suit] *s.* (*form.*) **1** inseguimento; caccia; ricerca: *the child ran off with his irate father in hot —*, il ragazzo scappò via rincorso accanitamente dall'adirato padre // (*dir.*): *hot —*, inseguimento in flagranza; *fresh —*, inseguimento in flagrante **2** occupazione, impiego; carriera **3** (*dir. scoz.*) procedimento legale.

pursuivant ['pɜːsɪvənt / pur·suiv·ant] *s.* **1** (*st.*) attendente dell'araldo **2** (*ant.*) seguace.

pursy ['pɜːsɪ] *agg.* (*ant.*) **1** ansante **2** grasso, obeso.

purulence ['pjʊərʊləns / puru·lence] **purulency** ['pjʊərʊlənsɪ / puru·lency] *s.* purulenza, suppurazione.

purulent ['pjʊərʊlənt / puru·lent] *agg.* purulento, marcio.

to **purvey** [pɜː'veɪ / pur·vey] *v.tr.* (*form.*) provvedere; approvvigionare ◆ *v.intr.* (*form.*) far provvigioni.

purveyance [pɜː'veɪəns / pur·vey·ance] *s.* (*form.*) **1** approvvigionamento **2** U provvigioni (*pl.*).

purveyor [pɜː'veɪə* / pur·veyor] *s.* (*form.*) approvvigionatore.

purview ['pɜːvjuː / pur·view] *s.* **1** (*dir.*) testo, dispositivo (di legge) **2** (*form.*) limite; scopo; intenzione: *questions outside the — of our enquiry*, domande al di fuori dei limiti della nostra inchiesta **3** (*form.*) vista; (*fig.*) campo, sfera: *to come within the — of s.o.*, giungere alla portata della vista di qlcu.; (*fig.*) rientrare nelle competenze di qlcu.

pus [pʌs] *s.* (*med.*) pus.

push [pʊʃ] *s.* **1** spinta (*anche fig.*), spintone; cozzo, urto; botta; colpo // *to get the —*, (*fam.*) essere licenziato; *to give s.o. the —*, licenziare qlcu. // *— money*, incentivo; *— strategy*, strategia di marketing **2** pressione: *the machine stopped at the — of a button*, la macchina si fermò premendo un pulsante **3** (*fig.*) influenza, pressione; stimolo, impulso **4** sforzo: *make a — to get it done*, fai uno sforzo per finirlo **5** (*fam.*) grinta; energia; iniziativa **6** bisogno, momento critico: *at a —*, in caso di emergenza, di necessità; *when it came to the —*, quando arrivò il momento critico **7** (*elettr.*) pulsante, bottone **8** (*mil.*) offensiva **9** (*spec. amer.*) banda, cricca.

to **push** *v.tr.* **1** spingere; premere, schiacciare: *to — s.o. into the room*, spingere qlcu. nella stanza; *— the button*, premi il pulsante; *don't —*, non spingete; *he pushed the door open, shut*, aprì, chiuse la porta con una spinta

// *don't — it pal!*, (*fam.*) non esagerare amico! // *to — one's way*, farsi strada a forza; *to — (one's way) through the crowd*, aprirsi un varco tra la folla // *to — oneself*, farsi avanti **2** spingere a, esercitare pressione su: *don't — me*, non fare pressioni su di me; *he pushed me into making a decision*, insistette perché mi decidessi, mi spinse a prendere una decisione; *his mother is pushing him to marry*, sua madre insiste perché si sposi // *to — for payment*, insistere per essere pagato // *don't — yourself too hard*, non strafare, non lavorare troppo // *to be pushed for money, time*, essere a corto di soldi, tempo // *to — one's luck*, sfidare la propria fortuna // *to — one's advantage*, sfruttare il vantaggio **3** spingere, lanciare, propagandare, pubblicizzare: *they are pushing their new washing machine hard*, fanno una gran pubblicità alla loro nuova lavatrice **4** (*letter.*) spingersi, addentrarsi: *the explorers pushed into the jungle*, gli esploratori si addentrarono nella giungla **5** (*sl.*) spacciare (droga) **6** (*fam.*) *to be pushing*, avvicinarsi a: *she's pushing forty*, si avvicina ai 40 (anni) **7** (*fam. amer.*) guidare: *to — a taxi*, guidare un taxi **8** (*sl. amer.*) uccidere.

□ **push about** *v.tr.* e *avv.* (*fam.*) ordinare questo e quello; dare ordini a destra e a manca: *tell him to stop pushing me about as if I were a child*, digli che la smetta di darmi ordini come se fossi un bambino.

□ **push ahead** *v.intr.* e *avv.* avanzare con determinazione; andare avanti.

□ **push along** *v.intr.* e *avv.* (*fam.*) andarsene (di ospite): *it's time I was pushing along*, è ora che vada.

□ **push around** → to push about.

□ **push aside** *v.tr.* e *avv.* spingere da parte: *he roughly pushed me aside*, mi spinse sgarbatamente da parte.

□ **push back** *v.tr.* e *avv.* spingere indietro, respingere: *the police pushed back the demonstrators*, la polizia respinse i dimostranti; *she kept pushing back her hair*, continuava a buttare indietro i capelli.

□ **push by** *v.intr.* e *avv.* avanzare spintonando, spingendo da parte.

□ **push forward** *v.intr.* e *avv.* **1** → to push ahead **2** presentare, mettere avanti: *to — forward one's claims*, far valere i propri diritti // *to — oneself forward*, farsi avanti.

□ **push in** *v.intr.* e *avv.* **1** mettersi in testa (in una coda) **2** intromettersi, interloquire maleducatamente.

□ **push off** *v.intr.* e *avv.* **1** (*gener. imp.*) andar via: *— off!*, via! **2** prendere il largo (con una barca).

□ **push on** → to push ahead.

□ **push out** *v.tr.* e *avv.* **1** buttar fuori in gran quantità **2** buttar fuori, cacciare.

□ **push throught** *v.tr.* e *prep.* far passare (a fatica).

□ **push up** *v.tr.* e *avv.* far salire (prezzi e simili) // *he was pushed up*, ha avuto molte spinte, è stato raccomandato // *to — up the daisies*, essere morto.

pushbike ['pʊʃbaɪk / push·bike] *s.* (*fam.*) bicicletta.

push-button ['pʊʃ,bʌtn] *agg.attr.* a pulsante; a pressione: *— starter*, avviamento a pressione; *— telephone*, telefono a tasti; *warfare*, guerra dei bottoni // *— panel*, pulsantiera.

push button *s.* pulsante.

pushcart ['pʊʃkɑ:t / push·cart] *s.* (*spec. amer.*) carretto a mano.

pushchair ['pʊʃtʃeə* / push·chair] *s.* passeggino (per bambini) SIN. **stroller** AMER. **go -cart**.

pushed [pʊʃt] *agg.* (*fam.*) **1** in difficoltà: *you'll be hard — if you want to finish by six*, sarai molto in difficoltà se vuoi finire per le sei **2** occupato, impegnato.

pusher ['pʊʃə*] *s.* **1** chi spinge **2** (*fig.*) chi vuole farsi strada nel mondo; arrivista **3** (*fam.*) spacciatore di droga **4** piccolo arnese usato per spingere il cibo su un cucchiaio (usato dai bambini durante i pasti) **5** (*mecc.*) dispositivo di spinta **6** (*ferr.*) locomotiva ausiliaria di spinta **7** (*aer.*) aeroplano con elica spingente.

pusher-screw ['pʊʃəskru:] *s.* (*aer.*) elica spingente.

pushful ['pʊʃfʊl / push·ful] *agg.* (*spec. amer.*) **1** energico; intraprendente **2** aggressivo.

pushiness ['pʊʃɪnɪs / pushi·ness] *s.* rampantismo.

pushing ['pʊʃɪŋ / push·ing] → **pushy**.

pushover ['pʊʃ,əʊvə* / push·over] *s.* (*fam.*) **1** avversario non temibile; vittoria facile; cosa facilissima **2** preda facile.

push rod ['pʊʃ,rɒd] *s.* (*mecc.*) asta della punteria.

push-up ['pʊʃʌp] *s.* (*amer.*) → **press-up**.

pushy ['pʊʃɪ] *agg.* (*spreg.*) aggressivo, grintoso; invadente, assillante.

pusillanimity [,pju:sɪlə'nɪmətɪ / pu·sil·lan·im·ity] *s.* (*form.*) pusillanimità.

pusillanimous [,pju:sɪ'lænɪməs / pu·sil·lan·im·ous] *agg.* (*form.*) pusillanime // **-ly** *avv.* // **-ness** *s.*

puss[1] [pʊs] *s.* **1** micio, micino // *Puss in Boots*, il Gatto con gli stivali **2** ragazza **3** (*ant.*) lepre.

puss[2] *s.* (*fam. amer.*) **1** viso, volto **2** bocca.

pussy[1] ['pʊsɪ] *s.* → **puss**[1].

pussy[2] *s.* **1** (*volg.*) figa, passera **2** (*volg.*) scopata **3** (*spreg.*) donna, femmina.

to **pussyfoot** ['pʊsɪfʊt / pussy·foot] *v.intr.* (*fam.*) (*spreg.*) **1** non osare esprimere le proprie opinioni; non compromettersi **2** muoversi con cautela.

pussyfooter ['pʊsɪfʊtə* / pussy·footer] *s.* **1** persona che non si compromette, che non prende posizione **2** (*amer.*) proibizionista.

pussy willow ['pʊsɪ,wɪləʊ] *s.* (*bot.*) **1** salice **2** (*Salix discolor*) salice americano.

pustulant ['pʌstjʊlənt *amer.* 'pʌstʃʊlənt / pus·tu·lant] *agg.* (*med.*) **1** pustoloso **2** che produce pustole.

pustular ['pʌstjʊlə* / pus·tu·lar] **pustulate** ['pʌstjʊlɪt / pus·tu·late] *agg.* (*med.*) pustoloso.

pustulation [,pʌstjʊ'leɪʃn / pus·tu·la·tion] *s.* (*med.*) **1** formazione di pustole **2** pustola.

pustule ['pʌstju:l *amer.* 'pʌstʃu:l / pus·tule] *s.* **1** (*med.*) pustola **2** (*bot.*) gonfiore, escrescenza.

pustulous ['pʌstjʊləs *amer.* 'pʌstʃʊləs / pus·tu·lous] *agg.* pustoloso.

put[1] [pʊt] *s.* **1** spinta; (*sport*) lancio del peso **2** (*Borsa*): *— (option)*, opzione put, opzione di vendita, contratto a premio put; *— premium*, premio per consegnare, put; *— and call (option)*, stellage, opzione doppia; contratto a doppia facoltà; *— of more*, contratto noch per consegnare, contratto a premio di aggiunta.

to **put**[1] *pass.p.p.* **put** *v.tr.* **1** mettere, collocare, porre; posare: *he — the cup on the table*, posò, mise la tazza sul tavolo; *he — his hand in his pocket*, mise la mano in tasca; *— the car in the garage*, metti l'auto in garage; *you — too much sugar in my coffee*, mi hai messo troppo zucchero nel caffè // *to — a play on the stage*, mettere in scena un'opera teatrale // *— the coffee on my bill*, mettete il caffè sul mio conto // *the Russians — a dog in space in the fifties*, i Russi hanno mandato un cane nello spazio negli anni '50 // *to — money above* (o *before*) *all else*, mettere il denaro prima di tutto **2** mettere, apporre; applicare; imporre: *to — one's signature to a document*, apporre la firma a un documento; *to — a button on a shirt*, mettere un bottone a una camicia; *the government has — a tax on cigarettes*, il governo ha imposto una tassa sulle sigarette **3** sottoporre, esporre: *to — a case before s.o.*, sottoporre un caso a qlcu.; *to — a question to s.o.* (o *to — s.o. a question*), rivolgere una domanda a qlcu.; *to — sthg. to the vote*, mettere qlco. ai voti; *to — one's case*, esporre il proprio punto di vista // *I — it to you that...*, poniamo l'ipotesi che...; la invito a considerare il fatto che... **4** esprimere; tradurre; adattare: *he found it difficult to — his feelings into words*, gli riusciva difficile tradurre in parole i suoi sentimenti; *I don't know how to — this... you're fired*, non so come dirtelo... sei licenziato; *to — a poem into English*, tradurre una poesia in inglese **5** stimare, valutare: *I — its value at about £ 500*, stimo il suo valore a circa £ 500 **6** mettere, puntare; investire: *I want to — £ 600 on the favourite*, voglio mettere £ 600 sul favorito; *he — most of his money in gold*, ha investito quasi tutto il suo denaro in oro **7** (*antiq.*) destinare (a una professione) **8** dirigere, indirizzare: *she — her horse at the gate*, diresse il cavallo verso il cancello **9** piantare, conficcare: *she — a knife between his ribs*, gli piantò un coltello tra le costole; *he — a bullet into my arm*, mi conficcò una pallottola nel braccio **10** (*sport*) lanciare: *to — the shot*, eseguire il lancio del peso, lanciare il peso ◆ *v.intr.* (*mar.*) *to — (to sea)*, salpare, prendere il largo.

◆ FRASEOLOGIA: *to — in order*, mettere in ordine; *to — sthg. right*, mettere a posto, aggiustare qlco. (*anche fig.*) // *to — oneself at ease*, mettersi a proprio agio, mettersi comodo // *— yourself in her shoes*, mettiti al suo posto // *to — sthg. into s.o.'s hands*, mettere qlco. nelle mani di qlcu. // *to — to death*, mettere a morte; *to — to the sword*, passare a fil di spada // *to — to bed*, mettere a letto; *to — to sleep*, far addormentare // *to — it mildly*, per usare un eufemismo; *to — it briefly*, per dirla in breve // *to — s.o. through an examination*, sottoporre qlcu. a un esame // *to — oneself on a diet*, mettersi a dieta // *to — a field under* (o *to*) *wheat*, mettere un campo a grano // *to — the blame on s.o.*, gettare la colpa su qlcu. // *to — a move on*, (*fam. amer.*) fare un approccio, abbordare // *to — one's foot in one's mouth*, (*fam. amer.*) fare un commento imbarazzante, stupido // *to — the pedal to the metal*, (*fam. amer.*) accelerare al massimo, andare a tutta birra // *to — the squeeze on s.o.*, fare pressione su qlcu. • Cfr. anche sotto gli altri vocaboli che compaiono nei modi di dire.

□ **put about** *v.tr.* e *avv.* **1** (*fam.*) mettere in giro, far circolare (notizie ecc.) **2** (*mar.*) far cambiar rotta **3** *to — oneself about*, (*fam.*) darsi da fare (spec. con le donne) ◆ *v.intr.* e *avv.* (*mar.*) cambiar rotta.

□ **put across** *v.tr.* e *avv.* comunicare (ad altri): *it was a very difficult idea to — across*, non era un'idea facile da trasmettere, da far capire ◆ *v.tr.* e *prep.* (*fam.*) rifilare (bugia, notizia falsa ecc.): *you can't — that across me*, non me la dai a bere.

□ **put aside** *v.tr.* e *avv.* **1** mettere giù, mettere da parte: *she — aside her knitting and went into the kitchen*, smise di lavorare a maglia e andò in cucina **2** mettere da parte, risparmiare **3** (*fig.*) mettere da parte, dimenticare: *try to — aside all that has happened*, cerca di dimenticare quanto è successo.

□ **put away** *v.tr.* e *avv.* **1** mettere via, riporre: *when you have finished with the scissors — them away in the drawer*, quando hai finito con le forbici riponile nel cassetto **2** risparmiare, mettere da parte SIN. to put by **3** (*fam.*) mettere (in prigione o in manicomio) **4** (*fam.*) mangiare, far fuori (grandi quantità di cibo): *he — away a whole chicken at one sitting*, si è fatto fuori un intero pollo in una volta **5** (*fam.*) eliminare, sopprimere (cani, gatti): *Sugar was suffering a lot and had to be — away*, Sugar soffriva molto e abbiamo dovuto farlo sopprimere **6** (*fam. amer.*) battere, sconfiggere **7** (*Bibbia*) ripudiare.

□ **put back** *v.tr.* e *avv.* **1** rimettere al suo posto **2** spostare, mettere indietro (un orologio) **3** spostare in avanti (data, appuntamento); posticipare: *the wedding was — back from May to September*, il matrimonio fu spostato da maggio a settembre **4** ritardare, rallentare; ostacolare: *illness — back his plans*, la malattia ha ritardato i suoi progetti **5** (*anche intr.*) (*mar.*) (far) ritornare indietro.

□ **put before** *v.tr.* e *prep.* presentare: *he — his project before the committee*, presentò il suo progetto alla commissione.

□ **put by** *v.tr.* e *avv.* risparmiare, mettere da parte: *he has some money — by*, ha un po' di denaro da parte.

□ **put down** *v.tr.* e *avv.* **1** posare, mettere giù: *he finished the book and — it down on the table*, finì il libro e lo posò sul tavolo **2** far scendere, scaricare (passeggeri): *the bus stops at the factory gate to — down the workmen*, l'autobus si ferma al cancello dello stabilimento per far scendere gli operai **3** sopprimere; distruggere; abbattere; ridurre al silenzio: *it's difficult to — down organized crime*, è difficile distruggere il crimine organizzato; *his excellent work succeeded in putting down adverse criticism*, il suo ottimo lavoro mise a tacere le critiche; *to — down a revolt*, sedare una rivolta **4** umiliare, mortificare **5** dare come anticipo **6** annotare, scrivere; mettere per iscritto: *I'm sure I — his address down somewhere but I can't find it*, sono sicuro di aver annotato il suo indirizzo da qualche parte, ma non riesco a trovarlo // *she was — down at the hotel as Mrs Brown*, era registrata in albergo come Mrs Brown // *you can — me down for ten tickets*, puoi segnarmi per dieci biglietti // *— it down on my account*, segnalo sul mio conto **7** (*form.*) iscrivere **8** (*to*) imputare, attribuire: *I saw he was a bit nervous but I — it down to overwork*, ho visto che era un po' nervoso, ma l'ho attribuito al troppo lavoro **9** far atterrare (un aereo) **10** presentare in parlamento ecc. **11** (*form.*) (*fam. amer.*) riconoscere a prima vista; identificare: *I — him down as a bungler*, ho visto subito che era un pasticcione ◆ *v.intr.* e *avv.* atterrare: *the plane — down on a strip of land*, atterrò su un lembo di terra.

□ **put forth** *v.tr.* e *avv.* **1** (*di piante*) mettere fuori; buttare **2** (*form.*) fare sfoggio di **3** → to put forward 1.

□ **put forward** *v.tr.* e *avv.* **1** proporre, avanzare, suggerire: *his name was — forward for the job*, per quel lavoro fu fatto il suo nome // *to — one's best foot forward*, affrettarsi **2** mettere avanti (un orologio) **3** anticipare: *the meeting has been — forward to this morning*, la riunione è stata anticipata a questa mattina **4** porre (qlcu.) all'attenzione.

□ **put in** *v.intr.* e *avv.* **1** intromettersi (interrompendo qlcu. che sta parlando): *"I'll came with you", I — in*, "Vengo anch'io", dissi interrompendolo **2** fare domanda per ◆ *v.tr.* e *avv.* **1** inserire, includere: *don't forget to — in the clause about delayed payment*, non dimenticarti di inserire la clausola relativa al pagamento rateale **2** dedicare (del tempo): *I try to — in an hour's work every day in the garden*, cerco di riservare un'ora al giorno al giardinaggio, di trovare un'ora al giorno per il giardinaggio **3** installare: *they are going to — in a new alarm system*, installeranno un nuovo sistema di allarme **4** portare al potere **5** (*form.*) iscrivere (a una gara); proporre (per una ricompensa, un lavoro ecc.) **6** (*form.*) presentare (reclamo, domanda).

□ **put in** *v.intr.* e *tr.* e *avv.* **put into** *v.intr.* e *tr.* e *prep.* **1** attraccare; far scalo a: *the Mary Victoria — in at Naples for supplies*, la Mary Victoria ha attraccato a Napoli per rifornirsi **2** dedicare, spendere, metterci (per la riuscita di qlco.): *he — in a lot of energy*, ci ha messo tutte le sue energie.

□ **put inside** *v.tr.* e *avv.* (*fam.*) mettere dentro, mettere in prigione.

□ **put off** *v.tr.* e *avv.* **1** (I) rimandare, rinviare, differire; aggiornare: *the meeting has been — off*, l'incontro è stato rinviato; *I had to — off going to Rome*, ho dovuto rimandare il mio viaggio a Roma **2** allontanare, respingere: *she — him off with an excuse*, l'ha respinto con una scusa **3** impedire (di fare qlco.); distrarre: *the noise — him off his work*, il rumore gli ha impedito di concentrarsi nel lavoro **4** (I) far passare la voglia di; scoraggiare, dissuadere: *his story about snakes — me off going to Africa*, quanto ha detto sui serpenti mi ha fatto passare la voglia di andare in Africa **5** sbarcare, far scendere: *can you — me off at the bank?*, puoi lasciarmi giù alla banca? **6** (*form.*) liberarsi, sbarazzarsi di **7** sconcertare: *his remark — me off*, la sua osservazione mi ha sconcertato.

□ **put on** *v.tr.* e *avv.* **1** vestirsi SIN. to get on: *— on a coat, it's cold outside*, mettiti un cappotto, fa freddo fuori // *to — on the chill*, (*fam. amer.*) assumere un atteggiamento freddo (con qlcu.) **2** accendere SIN. to turn on: *— the light on, please*, accendi la luce, per favore; *shall I — the gas, the radio on?*, accendo il gas, la radio? **3** mettere su (peso): *I've — on five kilos since last year*, ho messo su cinque chili dall'anno scorso; *to — on weight*, ingrassare **4** aggiungere: *the new tax will — 5% on the price of electricity*, la nuova tassa aggiungerà un 5% al costo dell'elettricità; *they are going to — on extra trains for Xmas*, metteranno treni supplementari per Natale **5** imporre, mettere (una tassa) → to put 2 **6** mettere in scena; allestire; (*fig.*) fingere // *to — on an act*, recitare una parte; *she does — it on, doesn't she?*, sta fingendo, vero? **7** mettere avanti (un orologio) **8** puntare, scommettere → to put 6 **9** *to — s.o. on*, (*fam. amer.*) prendere in giro qlcu. **10** (*to*) mettere in comunicazione telefonica (con); mettere sulle tracce di; informare, mettere a conoscenza (di); mettere in contatto con **11** (*ant.*) indurre: *when devils will the blackest sins put on, they do suggest at first with heavenly shows*, (SH. Othello) quando vogliono indurre ai più neri peccati, i diavoli cominciano a tentare facendo sfoggio di dottrina celeste.

□ **put out** *v.intr.* e *avv.* salpare ◆ *v.tr.* e *avv.* **1** mettere fuori; esporre: *to — out the washing to dry*, mettere fuori il bucato ad asciugare **2** buttar fuori, espellere, cacciare **3** allungare, estendere (braccia ecc.) **4** (*di piante*) buttare, mettere (germogli ecc.) **5** diramare, trasmettere (per radio, tv): *a description of the murderer was — out by the police*, la polizia ha diramato una descrizione dell'assassino **6** far uscire, pubblicare **7** produrre: *the factory puts out 200 cars a day*, lo stabilimento produce 200 auto al giorno **8** dar fuori (un lavoro), dare a domicilio (del lavoro) **9** spegnere (luce, fuoco): *— out the light, the gas, the candle*, spegni la luce, il gas, la candela; *Put out the light, and then put out the light*, (SH. Othello) Spegnere la luce e poi spegnere la luce **10** far perdere i sensi; mettere KO; fare un'anestesia totale **11** (*med.*) lussare; slogare **12** sballare, far sballare: *a rise in temperature might have — out the final result*, un rialzo della temperatura può aver fatto sballare il risultato finale **13** contrariare; offendere **14** creare disturbo a; *don't — yourself out for me*, non disturbarti (per me) **15** prestare a interesse.

□ **put over** *v.tr.* e *avv.* **1** (*fam.*) (*on*) rifilare, affibbiare, appioppare SIN. to put across **2** (*to*) comunicare, rendere partecipe, infondere SIN. to put across **3** (*ant.*) indirizzare: *but for the certain knowledge of that truth I put you o'er to heaven*, (SH. King John) ma per la conoscenza certa di quella verità io vi indirizzo al cielo.

□ **put through** *v.tr.* e *avv.* **1** completare, realizzare: *the reorganization of the department was — through in record time*, la riorganizzazione del reparto fu realizzata a tempo di record **2** far passare attraverso varie tappe; far approvare (legge, riforma ecc.) SIN. to get through 2 **3** far frequentare (una determinata scuola, corso di studi ecc.): *single-handed, she — her three children through college*, da sola è riuscita a far laureare tre figli **4** mettere in comunicazione (telefonica): *— me through to the manager*, mi passi il direttore // *to — a call through to*, passare la comunicazione a; chiamare al telefono.

□ **put to** *v.tr.* e *prep.* → to put 3.

□ **put together** *v.tr.* e *avv.* mettere insieme, riunire; assemblare // *to — two and two together*, (*fig.*) fare due più due, trarre le debite conclusioni.

□ **put towards** *v.tr.* e *prep.* destinare (a uno scopo specifico): *John is putting half his weekly pocket money towards a trip to London*, John sta mettendo da parte metà della sua mancia settimanale per un viaggio a Londra.

□ **put up** *v.tr.* e *avv.* **1** alzare, sollevare; issare: *to — up a tent*, alzare una tenda; *to — up a flag*, issare una bandiera **2** appendere, mettere su: *to — up a notice on the board*, appendere un avviso in bacheca **3** erigere, innalzare, costruire: *these buildings were — up in the late fifties*, questi edifici furono costruiti alla fine degli anni '50 **4** aumentare, accrescere: *the tax on alcohol was — up a little*, la tassa sugli alcolici è stata un po' aumentata **5** ospitare, sistemare: *you don't need to go to a hotel, we can — you up*, non occorre che tu vada in albergo, ti possiamo ospitare noi **6** opporre, offrire: *he — up stout resistance*, oppose una strenua resistenza **7** porre, offrire in vendita: *a lot of houses are being — up for sale in this area*, molte case sono in vendita in questa zona **8** fornire, tirar fuori (denaro): *somebody will have to — up the money for it*, qualcuno dovrà tirar fuori i soldi **9** proporre (un candidato): *he — up John for goalkeeper*, propose John come portiere **10** stanare (selvaggina) **11** (*to*) istigare, indurre, spingere (a fare qlco. di riprovevole): *somebody must have — him up to doing that*, qualcuno deve averlo indotto a farlo ◆ *v.intr.* e *avv.* sistemarsi, alloggiare: *we'll — up at my parents' for the night*, passeremo la notte dai miei genitori.

□ **put upon** *v.intr.* e *prep.* creare noie, inconvenienti, imbarazzare: *of course you aren't putting upon us if you stay for the night!*, ma certo che non ci dai fastidio, se passi la notte da noi!

□ **put up with** *v.intr.* e *avv.* e *prep.* (*fam.*) sopportare; rassegnarsi a: *I can't — up with his bad temper*, non sopporto il suo cattivo carattere; *to have a lot to — up with*, dover passar sopra a molte cose.

(to) **put**[2] → (to) **putt**.

putative ['pju:tətɪv / pu·tat·ive] *agg.* (*form.*) putativo, apparente // (*dir.*): *— father*, padre putativo; *— marriage*, matrimonio putativo // **-ly** *avv.*

put-down ['pʊtdaʊn] *s.* (*fam.*) **1** smacco **2** parole umilianti.

puteal ['pju:tɪəl] *s.* (*archeol.*) puteale.

putlock ['pʌtlɒk / put·lock] **putlog** ['pʌtlɒg / put·log] *s.* (*edil.*) traversa orizzontale di ponteggio.

put-off ['pʊt,ɒf] *s.* (*fam. spec. amer.*) **1** ritardo **2** pretesto, scusa; scappatoia.

put-on ['pʊt,ɒn] *agg.* (*fam.*) **1** affettato; ricercato **2** alterato, camuffato ◆ *s.* (*amer.*) **1** vezzo, affettazione, leziosità **2** (*fam.*) scherzo, burla.

put-put ['pʌt'pʌt] *s.* (*fam. amer.*) **1** barca a motore **2** veicolo a motore di piccole dimensioni; piccola utilitaria.

putrefaction [,pju:trɪ'fækʃn / pu·tre·fac·tion] *s.* (*form.*) **1** putrefazione **2** (*fig.*) marciume, corruzione morale.

to **putrefy** ['pju:trɪfaɪ / pu·trefy] *v.tr.* (*form.*) **1** putrefare, far andare in putrefazione **2** (*fig.*) corrompere ◆ *v.intr.* (*form.*) **1** putrefare, putrefarsi **2** (*fig.*) corrompersi.

putrescence [pju:'tresns / pu·tres·cence] *s.* (*form.*) **1** putrescenza; marciume **2** (*fig.*) corruzione, putredine.

putrescent [pju:'tresnt / pu·tres·cent] *agg.* (*form.*) **1** putrescente **2** (*fig.*) corrotto.

putrescine [pju:'tresi:n / pu·tres·cine] *s.* (*biochim.*) putrescina.

putrid ['pju:trɪd / pu·trid] *agg.* **1** (*form.*) putrido // (*med.*) *— fever*, tifo **2** (*fig.*) corrotto **3** (*sl.*) schifoso, orribile.

putridity [pju:'trɪdətɪ / pu·trid·ity] **putridness** ['pju:trɪdnɪs / pu·trid·ness] *s.* (*form.*) **1** putridità **2** (*fig.*) corruzione, putridume.

putsch [pʊtʃ] *s.* putsch.

putt [pʌt] *s.* (*golf*) 'put(t)' (tiro per far entrare la palla in buca).

to **putt** *v.tr.* e *intr.* (*golf*) pattare, tirare in buca.

puttee ['pʌtɪ / put·tee] *s.* mollettiera, fascia.

putter ['pʌtə*] *s.* (*golf*) **1** 'putter' (mazza usata per eseguire un 'putt' per il golf) **2** giocatore che esegue il 'putt'.

putting green ['pʌtɪŋ,gri:n] *s.* (*golf*) campo per praticare il 'putt'.

putting-out system [,pʊtɪŋ'aʊt,sɪstəm] *s.* (*st. econ.*) sistema di lavoro a domicilio, industria a domicilio.

putty ['pʌtɪ] *s.* **1** mastice; stucco da vetraio; stucco per legno // *she was like — in his hands*, era come (la) creta nelle sue mani **2** (*edil.*) intonachino a gesso.

to **putty** *v.tr.* stuccare.

put-up ['pʊt,ʌp] *agg.attr.* combinato, concertato segretamente: *— job*, (*fam.*) affare losco, imbroglio, intrallazzo, macchinazione // *— bed*, letto di fortuna, branda.

put-upon ['pʊtəpɒn] *agg.* (*fam.*) **1** maltrattato, bistrattato **2** sfruttato: *she felt —*, sentiva che approfittavano di lei.

puzzle ['pʌzl] *s.* **1** problema; enigma, puzzle, rompicapo; indovinello: *crossword —*, parole incrociate; *jigsaw —*, puzzle (gioco di pazienza a incastro); *your sister is a real — to me*, tua sorella è per me un vero enigma **2** imbarazzo, confusione, perplessità: *to be in a —*, essere confuso.

to **puzzle** *v.tr.* **1** imbarazzare, confondere; rendere perplesso: *his behaviour puzzled me*, il suo comportamento mi imbarazzò, mi sconcertò; *to — one's brains*, spremersi le meningi, scervellarsi **2** (*rar.*) imbrogliare ◆ *v.intr.* **1** essere perplesso, sconcertato **2** rompersi la testa, scervellarsi; *to — about* (o *over*) (*sthg.*), rompersi la testa per capire (qlco.).

□ **puzzle out** *v.tr.* e *avv.* decifrare; capire; risolvere: *to — out a safe combination*, scoprire la combinazione di una cassaforte; *it took time to — out how to use the dishwasher*, ci volle del tempo per capire come funziona la lavastoviglie.

puzzled ['pʌzld] *agg.* perplesso: *a — expression*, un'espressione di perplessità.

puzzledom ['pʌzldəm / puz·zle·dom] **puzzlement** ['pʌzlmənt / puz·zle·ment] *s.* perplessità; imbarazzo.

puzzle-headed ['pʌzl,hedɪd] *agg.* che ha le idee confuse.

puzzler ['pʌzlə* / puzz·ler] *s.* **1** mistero, persona difficile, impenetrabile **2** appassionato di giochi di pazienza.

puzzling ['pʌzlɪŋ / puzz·ling] *agg.* strano, enigmatico; sconcertante, che lascia perplessi // **-ly** *avv.*

puzzolana [,pʌtsəʊ'lɑ:nə / puzzo·lana] *s.* (*min.*) pozzolana.

pyaemia [paɪ'i:mjə / py·aemia] *s.* (*med.*) piemia.

pye-dog ['paɪdɒg] *s.* (*angloindiano*) cane randagio.

pyelitis [,paɪɪ'laɪtɪs / py·el·itis] *s.* (*med.*) pielite.

pyelonephritis [,paɪə,ləʊnə'fraɪtɪs / py·elo·neph·ritis] *s.* (*med.*) pielonefrite.

pyemia [paɪ'i:mjə / py·emia] → **pyaemia**.

pygmean [pɪg'mi:ən / pyg·mean] *agg.* (*antropologia*) pigmeo.

pygmy ['pɪgmɪ] *agg.* e *s.* pigmeo.

pyjamas [pə'dʒɑ:məz *amer.* pə'dʒæməz / py·ja·mas] *s.pl.* pigiama.

pylon ['paɪlən / py·lon] *s.* **1** pilone (nei templi egizi) **2** (*aer.*) pilone **3** (*elettr.*) pilone, palo a traliccio.

pyloric [paɪ'lɒrɪk / pyl·oric] *agg.* (*anat.*) pilorico.

pylorus [paɪ'lɔ:rəs / pyl·orus] *pl.* **pylori** [paɪ'lɔ:raɪ / pyl·ori] *s.* (*anat.*) piloro.

pyoderma [,paɪə'dɜ:mə / pyo·derma] *s.* (*med.*) piodermite.

pyogen ['paɪədʒən / pyo·gen] *s.* (*med.*) piogeno.

pyogenic [,paɪə'dʒenɪk / pyo·genic] *agg.* (*med.*) piogeno.

pyorrh(o)ea [,paɪə'rɪə / py·or·rh(o)ea] *s.* (*med.*) piorrea.

pyracantha [,paɪrə'kænθə / pyr·acan·tha] *s.* (*bot.*) piracanta.

pyralidid [pɪ'rælɪdɪd / pyral·idid] *agg.* e *s.* (*zool.*) piralide.

pyramid ['pɪrəmɪd / pyr·amid] *s.* **1** (*arch., mat.*) piramide **2** (*estens.*) piramide, mucchio, albero ecc. a forma di piramide **3** (*econ.*) reinvestimento di guadagni conseguiti nell'acquisto di titoli al rialzo **4** (*econ.*) moltiplicazione del capitale controllato; sistema delle scatole cinesi.

to **pyramid** *v.tr.* e *intr.* (*econ.*) **1** reinvestire guadagni conseguiti nell'acquisto di titoli al rialzo per acquisire altri titoli **2** moltiplicare il capitale controllato attraverso partecipazioni in holding che controllano altre holding.

pyramidal [pɪ'ræmɪdl / pyr·am·idal] *agg.* (*form.*) piramidale // (*mat.*) *— surface*, superficie piramidale // **-ly** *avv.*

pyran ['paɪræn] *s.* (*chim.*) pirano.

pyrargyrite [paɪ'rɑ:dʒəraɪt / pyr·ar·gyr·ite] *s.* (*min.*) pirargirite.

pyre ['paɪə*] *s.* (*letter.*) pira, rogo.

pyrene [paɪ'ri:nɪ / pyr·ene] *s.* (*chim.*) pirene.

Pyrenean [,pɪrə'ni:ən / Pyr·en·ean] *agg.* dei Pirenei.

pyrethrin [paɪ'ri:θrɪn / pyr·eth·rin] *s.* (*chim.*) piretrina.

pyrethrum [paɪ'ri:θrəm / pyr·eth·rum] *s.* (*bot., chim.*) (*Chrysanthemum cinerariae -folium*) piretro.

pyretic [paɪ'retɪk / pyr·etic] *agg.* (*med.*) piretico, febbrile.

Pyrex® ['paɪreks / Py·rex] *s.* Pyrex®: *— glass*, vetro Pirex.

pyrexia [paɪ'reksɪə / pyr·exia] *s.* (*med.*) piressia.

pyrexial [paɪ'reksɪəl / pyr·exial] **pyrexic** [paɪ'reksɪk / pyr·exic] *agg.* (*med.*) febbrile.

pyrheliometer [paɪ,hi:lɪ'ɒmɪtə* / pyr·hel·io·meter] *s.* pireliometro.

pyridine ['paɪrɪdɪn / pyr·id·ine] *s.* (*chim.*) piridina.

pyriform ['pɪrɪfɔ:m / pyr·iform] *agg.* a forma di pera, piriforme.

pyrimidine [pɪ'rɪmədi:n / pyr·imid·ine] *s.* (*biochim.*) pirimidina.

pyrite ['paɪraɪt / pyr·ite] *s.* (*min.*) **1** (*iron*) —, pirite (solfuro di ferro nativo) **2** (*pl.*) piriti (solfuri metallici nativi).

pyritic(al) [paɪ'rɪtɪk(l) / pyr·itic(al)] *agg.* (*min.*) piritico.

pyroclastic [,paɪrəʊ'klæstɪk / pyro·clas·tic] *agg.* (*geol.*) piroclastico.

pyroelectricity [,paɪrəʊɪ,lek'trɪsətɪ / pyro·elec·tri·city] *s.* (*fis.*, *min.*) piroelettricità.

pyrogallic [,paɪrəʊ'gælɪk / pyro·gal·lic] *agg.* (*chim.*) pirogallico: — *acid*, acido pirogallico, pirogallite.

pyrogen ['paɪrəʊdʒən / pyro·gen] *s.* (*med.*) pirogeno.

pyrogenic [,paɪrə'dʒenɪk / pyro·genic] *agg.* **1** che produce febbre **2** prodotto dalla febbre **3** (*geol.*) igneo.

pyrogenous [paɪ'rɒdʒɪnəs / pyro·gen·ous] → **pyrogenic** 3.

pyrography [paɪ'rɒgrəfɪ / pyro·graphy] *s.* pirografia.

pyroligneous [,paɪrə'lɪgni:əs / pyro·lig·neous] *agg.* (*chim.*) pirolegnoso: — *acid*, acido pirolegnoso.

pyrolusite [,paɪrəʊ'lju:saɪt *amer.* ,paɪrəʊ'lu:saɪt / pyro·lus·ite] *s.* (*min.*) pirolusite.

pyrolysis [paɪ'rɒləsɪs / pyro·lysis] *s.* (*chim.*) pirolisi.

pyromancy ['paɪrəʊ,mænsɪ / pyro·mancy] *s.* piromanzia.

pyromania [,paɪrəʊ'meɪnɪə / pyro·mania] *s.* (*psic.*) piromania.

pyromaniac [,paɪrə'meɪnɪæk / pyro·ma·niac] *s.* (*psic.*) piromane.

pyrometer [paɪ'rɒmɪtə* / pyro·meter] *s.* pirometro.

pyrometry [paɪ'rɒmɪtrɪ / pyro·metry] *s.* (*fis.*) pirometria.

pyromorphite [,paɪrə'mɔ:faɪt / pyro·morph·ite] *s.* (*min.*) piromorfite.

pyromucic [,paɪrə'mju:sɪk / pyro·mucic] *agg.* (*chim.*) piromucico.

pyrone ['paɪrəʊn / pyr·one] *s.* (*chim.*) pirone.

pyronine ['paɪrəni:n / pyro·nine] *s.* (*chim.*) pironina.

pyrope ['paɪrəʊp / pyr·ope] *s.* (*min.*) piropo.

pyrophanite [paɪ'rɒfənaɪt / pyro·phan·ite] *s.* (*min.*) pirofanite.

pyrophillite [,paɪrə'fɪlaɪt / pyro·phil·lite] *s.* (*min.*) pirofillite.

pyrophosphate [,paɪrə'fɒsfeɪt / pyro·phos·phate] *s.* (*chim.*) pirofosfato.

pyrophosphoric [,paɪrəfəs'fɒrɪk / pyro·phos·phoric] *agg.* (*chim.*) pirofosforico: — *acid*, acido pirofosforico.

pyrosis [paɪ'rəʊsɪs / pyr·osis] *s.* (*med.*) pirosi.

pyrosphere ['paɪrəʊ,sfɪə* / pyro·sphere] *s.* (*geol.*) pirosfera.

pyrosulphate [,paɪrə'sʌlfeɪt / pyro·sulph·ate] *s.* (*chim.*) pirosolfato.

pyrosulphuric [,paɪrəsʌl'fju:rɪk / pyro·sulph·uric] *agg.* (*chim.*) pirosolforico: — *acid*, acido pirosolforico.

pyrotechnic(al) [,paɪrəʊ'teknɪk(l) / pyro·tech·nic(al)] *agg.* **1** pirotecnico **2** (*fig.*) brillante, stupefacente.

pyrotechnics [,paɪrəʊ'teknɪks / pyro·tech·nics] *s.* **1** [U] pirotecnica **2** *pl.* spettacolo pirotecnico **3** *pl.* (*fig.*) estrema bravura.

pyrotechnist [,paɪrəʊ'teknɪst / pyro·tech·nist] *s.* (*non com.*) pirotecnico.

pyrotechny ['paɪrəteknɪ / pyro·techny] *s.* pirotecnica.

pyroxene ['paɪrɒksi:n / pyr·ox·ene] *s.* (*min.*) pirosseno.

pyroxenite [paɪ'rɒksənaɪt / pyr·oxen·ite] *s.* (*geol.*) pirossenite.

pyroxenoid [paɪ'rɒksənɔɪd / pyr·oxen·oid] *s.* (*min.*) pirossenoide.

pyroxylin(e) [paɪ'rɒksɪlɪn / pyr·oxy·lin(e)] *s.* (*chim.*) pirossilina, nitrocellulosa solubile.

Pyrrhic ['pɪrɪk / Pyr·rhic] *agg.* (*st.*) pirrico, di Pirro: — *victory*, (*fig.*) vittoria di Pirro.

pyrrhic *agg.* pirrico ◆ *s.* (danza) pirrica.

pyrrhonism ['pɪrənɪzəm / pyr·rhon·ism] *s.* (*fil.*) pirronismo, scetticismo.

pyrrhonist ['pɪrənɪst / pyr·rhon·ist] *s.* (*fil.*) pirronista, scettico.

pyrrhotite ['pɪrətaɪt / pyr·rhot·ite] *s.* (*min.*) pirrotite, pirrotina.

pyrrole ['pɪrəʊl / pyr·role] *s.* (*chim.*) pirrolo.

pyruvate [paɪ'ru:veɪt / pyr·uv·ate] *s.* (*chim.*) piruvato.

pyruvic [paɪ'ru:vɪk / pyr·uvic] *agg.* (*chim.*) piruvico: — *acid*, acido piruvico.

Pythagorean [paɪ,θægə'ri:ən / Py·thag·or·ean] *agg.* pitagorico // (*mat.*): — *theorem*, teorema di Pitagora; — *number*, numero pitagorico ◆ *s.* (*fil.*) pitagorico, seguace di Pitagora.

Pythagorism [paɪ'θægərɪzəm / Py·thag·or·ism] *s.* (*fil.*) pitagorismo.

Pythian ['pɪθɪən / Pyth·ian] *agg.* pitico ◆ *s.* **1** abitante di Delfi **2** Pizia, sacerdotessa di Apollo **3** Apollo.

python[1] ['paɪθən / py·thon] *s.* (*mit.*, *zool.*) pitone.

python[2] *s.* (*rar.*) **1** demone, spirito **2** ossesso.

pythoness ['paɪθənes / py·thon·ess] *s.* (*st. greca*) pitonessa.

pythonic [paɪ'θɒnɪk / py·thonic] *agg.* pitonico, divinatore.

pyuria [paɪ'ju:rɪə / py·uria] *s.* (*med.*) piuria.

pyx [pɪks] *s.* **1** coppella (per monete di metalli preziosi) **2** (*eccl.*) pisside.

pyxis ['pɪksɪs] *pl.* **pyxides** ['pɪksɪdi:z / pyx·ides] *s.* **1** piccola scatola, cofano; pisside **2** (*bot.*) pisside.

Qq

q [kju:] *pl.* **qs**, **q's** [kju:z] *s.* (*diciassettesima lettera dell'alfabeto inglese*) q // (*tel.*) — *for Queenie* (o amer. *Queen*), q come Quarto.

Qatari [kə'tɑ:rı / Qa·tari] *agg.* e *s.* (nativo, abitante) del Qatar.

Q-boat ['kju:,bəʊt] **Q-ship** ['kju:ʃıp] *s.* (*mar.*) nave civetta (nave da guerra camuffata da mercantile).

q.t. [,kju:'ti:] *s.* (*fam.*) solo nella locuz.: *on the q.t.*, in segreto, segretamente • Dalla prima e ultima lettera della parola *quiet*.

qua [kweı] *cong.* (*form.*) (*lat.*) come; in quanto.

quack[1] [kwæk] *s.* **1** — (*doctor*), ciarlatano, medico empirico **2** (*fam.*) medico, dottore.

to **quack**[1] *v.intr.* (*antiq.*) fare il ciarlatano; parlare da ciarlatano.

quack[2] *s.* il qua qua (delle anatre).

to **quack**[2] *v.intr.* fare qua qua, schiamazzare (di anitra).

quackery ['kwækərı / quack·ery] *s.* ciarlataneria; empirismo.

quackish ['kwækıʃ / quack·ish] *agg.* ciarlatanesco; empirico.

quacksalver ['kwæksælvə* / quack·sal·ver] *s.* (*ant.*) ciarlatano.

quad[1] [kwɒd] abbr. di → **quadrangle**.

quad[2] abbr. di → **quadrat**.

quad[3] *agg.* abbr. di → **quadruple**.

quad[4] *s.* abbr. di → **quadruplet**.

quadragenarian [,kwɒdrədʒı'neərıən / quad·ra·gen·arian] *agg.* e *s.* (*non com.*) quadragenario.

Quadragesima [,kwɒdrə'dʒesımə / Quad·ra·ges·ima] *s.* (*eccl.*) quadragesima.

quadragesimal [,kwɒdrə'dʒesıml / quad·ra·ges·imal] *agg.* (*eccl.*) quadragesimale.

quadrangle ['kwɒ,dræŋgl / quad·rangle] *s.* **1** (*mat.*) quadrangolo **2** corte quadrangolare interna (di palazzo, scuola).

quadrangular [kwɒ'dræŋgjʊlə* / quad·ran·gu·lar] *agg.* quadrangolare.

quadrant ['kwɒdrənt / quad·rant] *s.* **1** (*mat., astr.*) quadrante **2** (*mecc.*) settore, quadrante: *tooth* —, settore dentato // (*fis.*) — *electrometer*, elettrometro a quadranti.

quadrantal [kwɒ'dræntl / quad·rantal] *agg.* di, a forma di quadrante.

quadraphonic [,kwɒdrə'fɒnık / quad·ra·phonic] *agg.* quadrifonico.

quadrat ['kwɒdrət / quad·rat] *s.* (*tip.*) quadrato.

quadrate ['kwɒdrıt / quad·rate] *agg.* (*spec. anat.*) quadrato ◆ *s.* **1** quadrato **2** (*anat.*) osso quadrato.

to **quadrate** ['kwɒdreıt] *v.tr.* quadrare, squadrare ◆ *v.intr.* (*rar.*) quadrare, adattarsi.

quadratic [kwə'drætık / quad·ratic] *agg.* (*mat.*) quadratico: — *equation*, equazione quadratica, di secondo grado.

quadrature ['kwɒdrətʃə* / quad·rat·ure] *s.* (*mat., astr.*) quadratura: *the — of the circle*, la quadratura del cerchio; — *formula*, formula di quadratura.

quadrennial [kwɒ'drenjəl / quad·ren·nial] *agg.* (*non com.*) quadriennale // **-ly** *avv.*

quadr(i)- ['kwɒdr(ı)] **quadru-** ['kwɒdrʊ] *pref.* di origine latina che significa 'di quattro, costituito di quattro, avente quattro'; it. quadri-; tetra-: *quadripartition*, quadripartizione; *quadrivalent*, tetravalente.

quadric ['kwɒdrık / quad·ric] *agg.* (*mat.*) quadrico: — *surface*, superficie quadrica ◆ *s.* (*mat.*) quadrica: *central* —, quadrica a centro.

quadriceps ['kwɒdrıseps / quad·ri·ceps] *s.* (*anat.*) quadricipite.

quadriennium [,kwɒdrı'enıəm / quad·ri·enn·ium] *pl.* **quadriennia** [,kwɒdrı'enıə / quad·ri·ennia] *s.* (*form.*) quadriennio.

quadrifoliate [,kwɒdrı'fəʊlııt / quad·ri·fo·li·ate] *agg.* (*bot.*) quadrifogliato.

quadriga [kwə'dri:gə / quad·riga] *pl.* **quadrigas**, **quadrigae** [kwə'dri:gi:] *s.* quadriga.

quadrilateral [,kwɒdrı'lætərəl / quad·ri·lat·eral] *agg.* e *s.* (*mat.*) quadrilatero.

quadrille[1] [kwə'drıl / quad·rille] *s.* quadriglia (danza e musica).

quadrille[2] *s.* quadriglio (gioco di carte).

quadrillion [kwɒ'drıljən / quad·ril·lion] *s.* quadrilione.

quadrinomial [,kwɒdrı'nəʊmıəl / quad·ri·no·mial] *agg.* (*mat.*) quadrinomiale ◆ *s.* (*mat. antiq.*) quadrinomio.

quadripartite [,kwɒdrı'pɑ:taıt / quad·ri·par·tite] *agg.* (*form.*) quadripartito.

quadriplegia [,kwɒdrı'pli:dʒə / quad·ri·ple·gia] *s.* (*med.*) quadriplegia.

quadriplegic [,kwɒdrı'pli:dʒık / quad·ri·ple·gic] *agg.* e *s.* (*med.*) quadriplegico.

quadrireme ['kwɒdrıri:m / quad·ri·reme] *s.* (*st. mar.*) quadrireme.

quadrisyllabic ['kwɒdrısı'læbık / quad·ri·syl·labic] *agg.* quadrisillabo.

quadrisyllable ['kwɒdrı'sıləbl / quad·ri·syl·lable] *s.* quadrisillabo.

quadrivalence [kwɒd'rıvələns / quad·ri·val·ence] **quadrivalency** [,kwɒdrı'veılənsı / quad·ri·val·ency] *s.* (*chim.*) tetravalenza.

quadrivalent [kwɒd'rıvələnt / quad·ri·val·ent] *agg.* (*chim.*) tetravalente.

quadrivium [kwɒ'drıvıəm / quad·ri·vium] *pl.* **quadrivia** [kwɒ'drıvıə] *s.* (*st.*) quadrivio (delle arti medievali).

quadroon [kwɒ'dru:n / quad·roon] *s.* (*non com.*) incrocio di bianco e mulatto; persona che ha un quarto di sangue negro.

quadru- *pref.* → **quadr(i)-**.

quadrumane ['kwɒdru:meın / quad·ru·mane] *s.* (*zool.*) quadrumane.

quadrumanous [kwɒ'dru:mənəs / quad·ru·man·ous] *agg.* (*zool.*) quadrumane.

quadruped ['kwɒdrʊped / quad·ru·ped] *agg.* e *s.* (*zool.*) quadrupede.

quadrupedal [kwɒd'ru:pıdl / quad·ru·pedal] *agg.* (*zool.*) quadrupede.

quadruple ['kwɒdrʊpl *amer.* kwɒ'dru:pl / quad·ruple] *agg.* quadruplo; quadruplice ◆ *s.* quadruplo.

to **quadruple** [kwɒ'dru:pl] *v.tr.* quadruplicare ◆ *v.intr.* quadruplicarsi.

quadruplet ['kwɒdrʊplıt *amer.* kwɒ'dru:plıt / quad·ru·plet] *s.* **1** ogni combinazione di quattro cose unite, operanti insieme **2** *pl.* parto gemellare di quattro neonati **3** bicicletta a quattro posti.

quadruplicate [kwɒ'dru:plıkıt / quad·ru·plic·ate] *agg.* quadruplice, quadruplo ◆ *s.*: *in* —, in quattro copie.

to **quadruplicate** [kwɒ'dru:plıkeıt] *v.tr.* (*non com.*) **1** quadruplicare **2** fare quattro copie di **3** piegare in quattro.

quadruplication [kwɒ,dru:plı'keıʃn / quad·ru·plica·tion] *s.* quadruplicazione.

quadrupole ['kwɒdrʊpəʊl / quad·ru·pole] *s.* (*fis.*) quadrupolo.

quad-speed ['kwɒd,spi:d] *agg.* (*inform.*) a quadrupla velocità: — *drive*, drive a quadrupla velocità.

quaere ['kwıərı] *s.* (*rar.*) domanda, quesito.

quaere *v.imp.* (*lat.*) di', dimmi un po' (con valore interrogativo); (*in margine a documenti*) prego informarsi, assicurarsi: —, *is this true?*, prego verificare se questo è esatto.

quaestor ['kwi:stə* / quaes·tor] *s.* (*st. romana*) questore.

quaestorial [kwiː'stɔːrɪəl / quaes·tor·ial] *agg.* (*st. romana*) di, da questore.

quaestorship ['kwiːstəʃɪp / quaes·tor·ship] *s.* (*st. romana*) questura (funzione, ufficio, carica di questore).

quaff [kwɒf *amer.* kwæf] *s.* (*form.*) lungo sorso.

to **quaff** *v.tr.* (*form.*) tracannare ◆ *v.intr.* (*form.*) bere a lunghi sorsi.

quaffer ['kwɒfə* *amer.* 'kwæfə* / quaf·fer] *s.* (*rar.*) beone.

quag [kwæg] *s.* (*ant.*) palude, luogo fangoso, paludoso: ...*behold, on the left hand, there was a very dangerous quag*, (J. BUNYAN) ...guarda, a sinistra, c'era una palude molto pericolosa.

quagga ['kwægə] *s.* (*zool.*) (*Equus quagga*) quagga.

quaggy ['kwægɪ] *agg.* (*ant.*) fangoso, paludoso.

quagmire ['kwægmaɪə* / quag·mire] *s.* **1** pantano, acquitrino **2** (*fig.*) situazione difficile, complicata: *to be in a* —, essere nei pasticci.

quail[1] [kweɪl] *pl.* **quail(s)** *s.* **1** (*zool.*) quaglia // — *pipe*, quagliere **2** (*fam. amer.*) ragazza attraente: — *roost*, collegio femminile, pollaio **3** (*mus. amer. jazz*) tromba.

to **quail**[2] *v.intr.* sgomentarsi, avvilirsi: *his heart quailed*, il suo cuore tremò ◆ *v.intr.* (*rar.*) sottomettere; intimidire.

quaint [kweɪnt] *agg.* **1** pittoresco, caratteristico; d'altri tempi: *a — old village*, un pittoresco paese d'altri tempi **2** bizzarro, buffo, curioso: *she wears — little hats*, indossa dei buffi cappellini **3** (*ant.*) geniale, saggio (di persona); bello, abile, virtuoso: *Fine apparition! My quaint Ariel*, (SH. The Tempest) Magnifica entrata! Mio geniale Ariele; *the doting lover in his quaintest strain / did there complain*, (H. VAUGHAN) l'amante in adorazione si lamentò col canto suo più virtuoso // **-ly** *avv.* // **-ness** *s.*

quake [kweɪk] *s.* tremito; scossa; (*fam.*) terremoto.

to **quake** *v.intr.* **1** avere i brividi; tremare: *to — with fear*, tremare di paura **2** tremare (di terra).

Quaker ['kweɪkə*] *s.* (*relig.*) quacchero (membro della «Società degli Amici», setta fondata da George Fox verso la metà del sec. XVII, che si distingue per la semplicità del culto e dei costumi e prescrive una vita fraterna).

Quakerdom ['kweɪkədəm / Quaker·dom] *s.* quaccherismo.

Quakeress ['kweɪkərɪs / Quaker·ess] *s.* quacchera.

Quakerish ['kweɪkərɪʃ / Quaker·ish] *agg.* alla quacchera.

Quakerism ['kwekərɪzəm / Quaker·ism] *s.* (*relig.*) quaccherismo.

Quakerly ['kweɪkəlɪ] *agg.* (*relig.*) di, simile a quacchero ◆ *avv.* (*relig.*) da quacchero.

qualifiable ['kwɒlɪfaɪəbl / quali·fi·able] *agg.* qualificabile.

qualification [,kwɒlɪfɪ'keɪʃn / quali·fica·tion] *s.* **1** qualificazione, abilitazione **2** capacità; qualifica, requisito, titolo: *he showed he had the necessary qualifications for that post*, mostrò di avere i requisiti necessari a quell'impiego; *send in all the qualifications you have*, presenta tutti i titoli che hai; — *for jury*, requisiti richiesti per la nomina a membro della giuria **3** condizione, restrizione; riserva (*anche amm.*): *he accepted my offer without* —, accettò la mia offerta senza riserva, incondizionatamente **4** (*rar.*) qualifica, definizione.

qualificatory ['kwɒlɪfɪkətərɪ *amer.* 'kwɒlɪfɪkətɔːrɪ / quali·fic·at·ory] *agg.* qualificativo.

qualified ['kwɒlɪfaɪd / quali·fied] *agg.* **1** qualificato; competente; atto, idoneo: *he is fully — to be sales manager*, ha tutti i requisiti necessari per fare il direttore alle vendite **2** modificato; limitato; incompleto: — *acceptance*, accettazione con riserva (*anche comm.*); — *stock option*, diritto di opzione condizionato **3** (*dir.*) legittimato, in possesso dei requisiti necessari: — *endorsement*, girata sottoposta a condizione; — *voter*, elettore legittimato al voto **4** (*ant.*) fornita di buone doti: *this gentleman at that time vouching... / his to be more fair, virtuous, wise, chaste, constant, / qualified*, (SH. Cymbeline) questo cavaliere allora affermava... che la sua [dama] era più bella, virtuosa, saggia, casta, fedele e ricca di doti.

qualifier ['kwɒlɪfaɪə* / quali·fier] *s.* **1** chi si qualifica (in una gara ecc.) **2** (*gramm.*) parola che specifica (aggettivo, avverbio).

to **qualify** ['kwɒlɪfaɪ / qual·ify] *v.tr.* **1** qualificare (*anche gramm.*); definire **2** qualificare; rendere adatto; abilitare; diplomare; (*fig.*) autorizzare: *her previous experience qualifies her for this kind of job*, la sua esperienza precedente la rende adatta per questo tipo di lavoro; *your experience doesn't — you to pass judgements on other people*, la tua esperienza non ti autorizza a criticare le altre persone **3** (*dir.*) autorizzare; abilitare, legittimare **4** avanzare riserve; modificare; limitare; rettificare: *with this statement he qualified his earlier version*, con questa affermazione egli rettificò la sua precedente versione; *your scope is as mine own, / so to enforce or qualify the laws / as to your soul seems good*, (SH. Measure for Measure) avete lo stesso mio ufficio, applicare e mitigare le leggi come appaia giusto al vostro cuore **5** (*non com.*) miscelare, correggere (bevande); *to — a cup of tea with brandy*, correggere una tazza di tè con acquavite ◆ *v.intr.* qualificarsi; rendersi adatto; abilitarsi; diplomarsi: *he qualified as a dentist last year*, prese la specializzazione in odontoiatria l'anno scorso; *I don't — for that job*, non sono abilitato per quel lavoro; *my nephew wants to — as a pilot*, mio nipote vuole prendere il brevetto di pilota; *our team qualified for the final*, la nostra squadra si qualificò per la finale.

qualifying ['kwɒlɪfaɪɪŋ / qual·ify·ing] *agg.* abilitativo.

qualitative ['kwɒlɪtətɪv / qual·it·at·ive] *agg.* qualitativo: (*stat.*) — *interview*, intervista qualitativa // (*banca*) — *credit restriction*, restrizione selettiva del credito // (*chim.*) — *analysis*, analisi qualitativa.

quality ['kwɒlətɪ / qual·ity] *s.* **1** qualità; grado di eccellenza: *of good, high, poor* —, di qualità buona, superiore, inferiore; *of first* —, di prima qualità **2** qualità, caratteristica: *the qualities of a dictator*, le caratteristiche di un dittatore **3** (*antiq.*) posizione sociale; classe elevata: *people of* —, gente d'alto rango **4** qualità (di suono, voce, sillaba ecc.) **5** (*ant.*) professione, occupazione (spec. di attori): *Come, give us a taste of your quality*, (SH. Hamlet) Via, dateci un saggio della vostra arte ◆ *agg.* di qualità, di buona qualità: — *work*, lavoro di qualità.

qualm [kwɑːm] *s.* **1** rimorso, scrupolo, preoccupazione: *to feel some qualms about the future*, avere delle inquietudini per l'avvenire **2** nausea; malessere; breve svenimento: *the doctor seemed seized with a qualm of faintness*, (STEVENSON) il dottore sembrò preso da un attacco improvviso di debolezza.

qualmish ['kwɑːmɪʃ / qualm·ish] *agg.* **1** scrupoloso **2** che ha la nausea; soggetto a nausee **3** nauseante, nauseabondo **4** inquieto; che si sente a disagio // **-ly** *avv.* // **-ness** *s.*

quandary ['kwɒndərɪ / quan·dary] *s.* dilemma, difficoltà.

quango ['kwæŋgəʊ] *pl.* **quangos** *s.* (*pol. pop.*) ente parastatale (finanziato dallo stato) • Abbr. di *quasi autonomous non-governmental organization*.

quant [kwænt] *s.* pertica da barcaiolo (con un disco a un'estremità per impedire che affondi nel fango).

to **quant** *v.tr.* e *intr.* spingere (la barca) con una pertica a disco.

quantic ['kwɒntɪk / quan·tic] *agg.* quantico, dei quanti, quantistico.

quantifiable ['kwɒntɪfaɪəbl / quan·ti·fi·able] *agg.* quantificabile.

quantification [,kwɒntɪfɪ'keɪʃn / quan·ti·fica·tion] *s.* quantificazione.

quantifier ['kwɒntɪfaɪə* / quan·ti·fier] *s.* (*log., mat., gramm.*) quantificatore: *universal, existential* —, quantificatore universale, esistenziale.

to **quantify** ['kwɒntɪfaɪ / quant·ify] *v.tr.* quantificare.

quantile ['kwɒntaɪl / quant·ile] *s.* (*stat.*) quantile.

quantitative ['kwɒntɪtətɪv *amer.* 'kwɒntɪteɪtɪv / quant·it·at·ive] *agg.* quantitativo: (*stat.*) — *interview*, intervista quantitativa // (*banca*) — *credit restriction*, restrizione quantitativa del credito // (*chim.*) — *analysis*, analisi quantitativa // **-ly** *avv.*

quantity ['kwɒntɪtɪ / quant·ity] *s.* **1** quantità: *he generally buys goods in great quantities*, di solito compra grandi quantitativi di merci // (*edil.*): — *survey*, computo metrico ed estimativo dei materiali; — *surveyor*, misuratore, chi fa il computo metrico ed estimativo dei materiali // (*econ.*): — *equation*, equazione degli scambi; — *of money*, quantità di moneta; — *theory of money*, teoria quantitativa della moneta **2** (*mat., elettr.*) quantità, grandezza: — *of electricity*, quantità di elettricità; *scalar* —, grandezza scalare **3** (*mus. ant.*) quantità; durata **4** (*prosodia ant.*) quantità, lunghezza: — *mark*, segno di quantità (posto su vocali per indicarne la lunghezza) **5** (*rar.*) peso, valore: *things base and vile, holding no quantity, / love can transpose to form and dignity*, (SH. Midsummer Night's Dream) cose vili e indegne, di nessun valore, l'amore può dar loro forma e dignità.

to **quantize** ['kwɒntaɪz / quant·ize] *v.tr.* (*fis.*) quantizzare.

quantum ['kwɒntəm] *pl.* **quanta** ['kwɒntə] *s.* **1** (*fis.*) quanto (di azione, di energia ecc.): — *of action*, quanto di azione; — *theory*, teoria dei quanti, teoria quantistica // — *discontinuity*, discontinuità quantistica; — *electrodynamics, mechanics, statistics*, elettrodinamica, meccanica, statistica quantistica; — *number*, numero quantico; — *jump* (o — *leap*), salto quantico; (*fig.*) cambiamento radicale **2** quantità piccola // (*econ.*) — *change*, variazione quantitativa **3** (*med.*) quantità; dose.

quaquaversal [ˌkweɪkwəˈvɜːsəl / qua·qua·versal] *agg.* (*geol.*) periclinale.

quarantine [ˈkwɒrəntiːn / quar·ant·ine] *s.* quarantena.

to **quarantine** *v.tr.* mettere in quarantena (*anche fig.*).

quark [kwɑːk] *s.* (*fis.*) quark.

quarrel[1] [ˈkwɒrəl / quar·rel] *s.* lite, controversia, disputa, contesa: *to have a* —, litigare; *to make up a* —, fare la pace, appianare una divergenza; *to pick a — with s.o.*, attaccar briga con qlcu.; *my — is with your methods not your aims*, il mio disaccordo riguarda i tuoi metodi non i tuoi obiettivi.

to **quarrel**[1] *pass.p.p.* **quarrelled** [ˈkwɒrəld / quar·relled] *v.intr.* litigare, attaccar briga; bisticciare, discutere; questionare: *to — with s.o. over* (o *about*) *sthg.*, litigare con qlcu. per qlco.; *they can't — with the pay*, non possono aver niente da ridire sulla paga; *they quarrelled with his approach to the problem*, avevano da ridire sul suo modo di affrontare il problema.

quarrel[2] *s.* **1** quadrello, dardo per balestra **2** (*edil.*) quadrello (elemento costruttivo di forma quadrata o romboidale: vetro per finestra, pietra da costruzione o da pavimentazione) **3** quadrello (scalpello a sezione quadrata da tagliapietre) **4** tagliavetro, diamante da vetraio.

quarreller [ˈkwɒrələ* / quar·rel·ler] *s.* attaccabrighe; contendente.

quarrelling [ˈkwɒrəlɪŋ / quar·rel·ling] *s.* disputa, lite, contesa.

quarrelsome [ˈkwɒrəlsəm / quar·rel·some] *agg.* attaccabrighe, litigioso, rissoso; irascibile // **-ly** *avv.* // **-ness** *s.*

quarrier [ˈkwɒrɪə* / quar·rier] *s.* cavapietre, cavatore.

quarry[1] [ˈkwɒrɪ] *s.* **1** cava: *marble* —, cava di marmo; *stone* —, cava di pietra **2** (*fig.*) fonte, miniera (di informazioni): *family papers are often a — of information for historians*, le carte di famiglia sono spesso una miniera di informazioni per gli storici.

to **quarry**[1] *v.tr.* **1** (*miner.*) cavare (marmo, pietre ecc.); coltivare a giorno (un giacimento) **2** (*fig.*) ricavare informazioni da.

quarry[2] *s.* **1** preda **2** oggetto della ricerca di qlcu.: *our — was a sports shop*, l'oggetto delle nostre ricerche era un negozio sportivo.

to **quarry**[2] *v.tr.* (*non com.*) inseguire (una preda).

quarryman [ˈkwɒrɪmən / quar·ry·man] *pl.* **quarrymen** *s.* cavatore.

quart[1] [kwɔːt] *s.* **1** 'quart' (misura di capacità = 1,1365 l, cioè un quarto di gallone britannico, oppure = 0,9463 l, cioè un quarto di gallone statunitense) **2** boccale della capacità di un quarto di gallone.

quart[2] [kɑːt] *s.* **1** (*scherma*) quarta **2** (*carte*) sequenza di quattro carte.

to **quart**[2] *v.tr.* (*scherma*) essere, mettersi in quarta ◆ *v.intr.* (*scherma*) tirare indietro (la testa) nella posizione di quarta.

quartan [ˈkwɔːtn] *agg.* (*med.*) di (febbre) quartana, quartana ◆ *s.* (*med.*) (febbre) quartana.

quartation [kwɔːˈteɪʃn / quarta·tion] *s.* (*metall.*) inquartazione.

quarter [ˈkwɔːtə* / quar·ter] *s.* **1** quarto, quarta parte: *a — of an apple*, un quarto di mela; *a — of a century*, un quarto di secolo; *a — of an hour*, un quarto d'ora; *he had a bad — of an hour*, (*fig.*) passò un brutto quarto d'ora; *it is a — to five*, sono le cinque meno un quarto; *this clock strikes the quarters*, questo orologio batte i quarti // — *bell*, campana che batte i quarti **2** trimestre: *the results from the first — have just come in*, i risultati del primo trimestre sono appena arrivati **3** quarto (di animale macellato): *fore* —, *hind* —, quarto anteriore, quarto posteriore **4** (*mar.*) anca, giardinetto: *wind on the* —, vento all'anca, al giardinetto **5** (*arald.*) quarto, quartiere **6** (*abbr.* qr) 'quarter' (misura di peso = 12,70 kg nel Regno Unito e 11,37 kg negli Stati Uniti); 'quarter' (misura di capacità per cereali = 2,909 hl) **7** (*astr.*) quarto (spec. della Luna): *the moon is in its last* —, la Luna è all'ultimo quarto **8** quadrante della bussola **9** punto cardinale **10** (*amer.*) quarto di dollaro **11** direzione, parte, regione (*anche fig.*): *the four quarters of the globe*, le quattro parti del mondo; *the solution to our problem came from an unusual* —, la soluzione del nostro problema ha avuto un'insolita provenienza; *the wind blows from all quarters at once*, il vento soffia da tutte le parti // *at close quarters*, da vicino **12** quartiere, rione: *he lives in the Chinese* —, abita nel quartiere cinese **13** *pl.* alloggio, quartiere, appartamentino; stanze d'abitazione; (*mil.*) acquartieramento; posto di combattimento: *sleeping quarters*, zona notte (di abitazione); *these are our living quarters*, queste sono le stanze dove abitiamo normalmente; *officers and men at once took up quarters*, ufficiali e uomini andarono subito ai loro posti di combattimento **14** (*form.*) grazia (concessa al nemico che si arrende): *to cry* —, (*antiq.*) chiedere grazia.

to **quarter** *v.tr.* **1** dividere in quattro parti: *to — an apple*, dividere una mela in quattro **2** smembrare, squartare **3** alloggiare; (*mil.*) acquartierare **4** (*arald.*) inquartare **5** battere, perlustrare (spec. di cani in cerca di preda) **6** (*mecc.*) mettere, disporre ad angolo retto ◆ *v.intr.* **1** alloggiare; (*mil.*) acquartierarsi **2** battere un terreno, perlustrare una zona (spec. di cani in cerca di preda) **3** (*mar.*) navigare con il vento al giardinetto (di nave); soffiare al giardinetto (di vento).

quarterage [ˈkwɔːtərɪdʒ / quar·ter·age] *s.* **1** (*non com.*) pagamento, affitto, pensione trimestrale **2** (*mil.*) acquartieramento.

quarterback [ˈkwɔːtəbæk / quart·er·back] *s.* (*amer.*) nel football americano, giocatore che conduce l'offensiva.

to **quarterback** *v.* (*amer.*) **1** condurre l'offensiva (nel football americano) **2** (*estens.*) dirigere, dare ordini.

quarter-binding [ˈkwɔːtəˌbaɪndɪŋ] *s.* rilegatura con il dorso in pelle, con il dorso in tela.

quarter-bound [ˈkwɔːtəˌbaʊnd] *agg.* rilegato con il dorso in pelle, con il dorso in tela.

quarter day [ˈkwɔːtədeɪ] *s.* primo giorno di ogni trimestre (in cui si effettuano i pagamenti trimestrali: affitto ecc.).

quarterdeck [ˈkwɔːtədek / quar·ter·deck] *s.* (*mar.*) cassero di poppa, casseretto.

quarterfinal [ˌkwɔːtəˈfaɪnl / quar·ter·final] *s.* quarto di finale.

quartergallery [ˈkwɔːtəˌgælərɪ / quar·ter·gal·lery] *s.* (*mar.*) balconata di poppa.

quarter-ill [ˈkwɔːtərɪl] *s.* (*vet.*) antrace sintomatico.

quartering [ˈkwɔːtərɪŋ / quar·ter·ing] *s.* **1** il dividere in quattro parti **2** squartamento **3** (*mil.*) acquartieramento, alloggiamento **4** (*arald.*) inquartamento.

quarterly [ˈkwɔːtəlɪ / quar·terly] *agg.* trimestrale ◆ *s.* pubblicazione trimestrale ◆ *avv.* **1** trimestralmente **2** (*arald.*) a quarti alternati.

quartermaster [ˈkwɔːtəˌmɑːstə* *amer.* ˈkwɔːtəˌmæstə* / quar·ter·mas·ter] *s.* **1** (*mil.*) commissario; furiere; (*st.*) quartiermastro // *Quartermaster General* (*Q.M.G.*), (*mil.*) capo del dipartimento amministrazione e alloggi **2** (*mar.*) secondo capo timoniere.

quartern [ˈkwɔːtən / quar·tern] *s.* **1** 'quartern' (misura di capacità = un quarto di varie unità di misura, spec. di peck, stone, libbra, pinta) **2** (*ant.*) — (*-loaf*), pane, pagnotta di 4 libbre circa.

quarter note [ˈkwɔːtəˌnəʊt] *s.* (*amer.*) (*mus.*) → **crotchet**.

quarter sessions [ˈkwɔːtəˌseʃnz] *s.pl.* (*st. dir.*) udienze trimestrali: *court of* —, corti di giustizia locali (che si riunivano trimestralmente per cause civili e penali).

quarterstaff [ˈkwɔːtəstɑːf *amer.* ˈkwɔːtəstæf / quar·ter·staff] *s.* randello (usato un tempo come arma dai contadini).

quarter-tone [ˈkwɔːtəˌtəʊn] *s.* (*mus.*) quarto di tono.

quarter-wind [ˈkwɔːtəˌwɪnd] *s.* (*mar.*) vento all'anca, al giardinetto.

quartet [kwɔːˈtet / quar·tet] *s.* **1** (*mus.*) quartetto: *string* —, quartetto d'archi **2** gruppo di quattro cose o persone.

quartic [ˈkwɔːtɪk] *agg.* (*mat.*) quartico; di quarto grado.

quartile [ˈkwɔːtaɪl / quart·ile] *s.* (*stat.*) quartile.

quarto [ˈkwɔːtəʊ] *pl.* **quartos** [quar·tos] *agg.* e *s.* (*tip.*) (volume) in quarto: *a — edition*, edizione in quarto.

quartz [kwɔːts] *s.* **1** (*min.*) quarzo: — *glass*, vetro di quarzo, quarzo fuso **2** (*elettr.*) — (*crystal*), quarzo piezoelettrico, (cristallo di) quarzo; — *clock*, orologio al quarzo; — *lamp*, lampada al quarzo ◆ *agg.* (*geol.*) quarzifero: — *diorite*, diorite quarzifera, tonalite; — *porphyry*, porfido quarzifero.

quartz-crystal [ˈkwɔːtzˌkrɪstl] *agg.* (*elettr.*) a cristallo di quarzo, al quarzo piezoelettrico: — *oscillator*, oscillatore al quarzo, piezooscillatore; — *resonator*, piezorisonatore.

quartziferous [kwɔːtˈsɪfərəs / quartz·if·er·ous] *agg.* (*geol.*) quarzifero.

quartz-iodine [ˌkwɔːtzˈaɪəʊdiːn *amer.* ˌkwɔːtzˈaɪəʊdaɪn] *agg.* (*elettr.*) alogeno, al quarzo-iodio: — *lamp*, lampada alogena.

quartzite [ˈkwɔːtsaɪt / quartz·ite] *s.* (*geol.*) quarzite.

quartzitic [ˌkwɔːtzˈɪtɪk / quartz·itic] *agg.* (*geol.*) quarzoso, quarzifero.

quartzose [ˈkwɔːtsəʊs / quartz·ose]
quartzous [ˈkwɔːtsəs / quartz·ous]

quartzy ['kwɔ:tsɪ] *agg.* (*geol.*) quarzoso, quarzifero.

quasar ['kweɪzɑ:*] *s.* (*astr.*) quasar // Deriv. da *quas(i-stell)ar* (*radio source*), radiosorgente quasi stellare.

to **quash** [kwɒʃ] *v.tr.* **1** schiacciare, sopprimere **2** (*form.*) annullare, invalidare (*anche dir.*): *to — a decision, a verdict*, annullare una sentenza; *to — the array*, annullare la composizione di una giuria.

quasi ['kweɪzaɪ] *pref.* di origine latina, usato davanti ad *agg.* e *s.*; indica 'approssimazione, somiglianza'; it. semi-, quasi: *a — -official post*, un incarico semiufficiale; *she's had this — -mystical experience*, ha avuto questa esperienza per così dire mistica; *this African State is a — -democracy*, questo stato africano è una semi-democrazia // (*comm.*): *quasi-corporate private enterprise*, quasi società privata; *quasi -corporate public enterprise*, quasi società pubblica // (*econ.*): *quasi-money*, quasi-moneta; *quasi-monopoly*, quasi-monopolio; *quasi-rent*, quasi-rendita.

Quasimodo [,kweɪsaɪ'məʊdəʊ / Quasi·modo] *s.* (*eccl.*) domenica in Albis.

quassia ['kwɒʃə / quas·sia] *s.* (*bot.*) (*Quassia amara*) quassia.

quat [kwɒt] *s.* (*ant.*) foruncolo; (*fig.*) nullità, semplicione: *I have rubb'd this young quat almost to the sense, / and he grows angry*, (SH. Othello) ho sfregato questo piccolo bubbone un po' sul vivo, ed ecco che si irrita.

quatercentenary [,kwætəsen'ti:nərɪ *amer.* ,kwɒtə'sentənerɪ / quat·er·cen·ten·ary] *s.* quarto centenario.

quaternary [kwə'tɜ:nərɪ / qua·tern·ary] *agg.* (*chim., mat.*) quaternario: — *ammonium base*, base ammonica quaternaria; — *ammonium compound*, composto ammonico quaternario ◆ *s.* (*form.*) **1** gruppo di quattro **2** (*rar.*) il numero quattro.

Quaternary *agg.* e *s.* (*geol. antiq.*) (periodo) quaternario, neozoico.

quaternion [kwə'tɜ:nɪən / qua·ter·nion] *s.* (*mat.*) quaternione.

quatrain ['kwɒtreɪn / quat·rain] *s.* (*poesia*) quartina.

quatrefoil ['kætrəfɔɪl / quatre·foil] *s.* **1** (*arch.*) quadrifoglio: — *window*, quadrilobo, finestra a quadrifoglio **2** (*araldica*) quattrofoglie.

quaver ['kweɪvə* / qua·ver] *s.* **1** trillo, vibrazione **2** tremolio, voce tremula **3** (*mus.*) croma.

to **quaver** *v.intr.* vibrare, tremare (di voce) ◆ *v.tr.* gorgheggiare, trillare; cantare con voce tremula: *to — (out) an air*, cantare un'aria con voce tremolante.

quaveringly ['kweɪvərɪŋlɪ / qua·ver·ing·ly] *avv.* **1** con trilli, vibrazioni **2** con voce malsicura.

quavery ['kweɪvərɪ / qua·very] *agg.* **1** trillante; vibrante **2** tremolante.

quay [ki:] *s.* banchina, molo // (*comm.*) — *dues*, diritto di banchina.

quayage ['ki:ɪdʒ / quay·age] *s.* tassa, diritto di banchina.

quean [kwi:n] *s.* **1** (*rar.*) ragazza impudente, sfrontata; sgualdrina **2** (*scoz.*) ragazza.

queasy ['kwi:zɪ] *agg.* **1** nauseabondo, nauseante, stomachevole **2** delicato (di stomaco); che ha lo stomaco in disordine **3** inquieto, a disagio; che desta disagio; scabroso: *and I have one thing, of a queasy question, / which I must act*, (SH. King Lear) ed io ho una parte, in una faccenda scabrosa, che devo mettere in atto **4** scrupoloso // **-ily** *avv.* // **-iness** *s.*

queen [kwi:n] *s.* **1** regina: — *consort*, regina consorte; — *mother*, regina madre // *Queen Anne's Bounty*, lascito a beneficio dei sacerdoti poveri (della Chiesa d'Inghilterra) // *Mary, Queen of Scots*, Maria Stuarda // *to take the —'s shilling*, (*antiq.*) arruolarsi // (*arch.*) *Queen Anne style*, stile regina Anna **2** (*fig.*) regina: *beauty —*, reginetta di bellezza; *Queen of Grace*, Regina delle Grazie; *Venice, the — of the Adriatic*, Venezia, la regina dell'Adriatico **3** regina (a carte, scacchi): — *of hearts*, regina di cuori; *to go to —*, andare a regina, chiedere regina **4** (*zool.*) regina (di api, termiti ecc.) **5** (*sl.*) checca, frocio.

to **queen** *v.tr.* **1** (*antiq.*) fare regina, incoronare regina // *to — it*, (*fam. spreg.*) darsi arie, comportarsi come una regina **2** (*scacchi*) chiedere regina a ◆ *v.intr.* regnare (in qualità di regina).

queen-dowager [,kwi:n'daʊədʒə*] *s.* regina (vedova di re).

queenliness ['kwi:nlɪnɪs / queen·li·ness] *s.* regalità.

queenly ['kwi:nlɪ] *agg.* regale; degno di una regina.

queen-of-the-meadows [,kwi:nəvðə 'medəʊz] *s.* (*bot. pop.*) olmaria → **meadow -sweet**.

queen-post ['kwi:n,pəʊst] *s.* (*edil.*) monaco.

queen-regent [,kwi:n'ri:dʒənt] *s.* reggente.

queen-regnant [,kwi:n'regnənt] *s.* regina regnante.

Queen's Bench [,kwi:nz'bentʃ] *s.* (*dir.*) Alta giurisdizione di Common Law.

Queensberry rules [,kwi:nzbərɪ'ru:lz] *s.pl.* (*sport*) regole della boxe; (*fig.*) gioco leale.

queenship ['kwi:nʃɪp / queen·ship] *s.* dignità, condizione di regina.

queen's metal ['kwi:nzmetl] *s.* (*metall.*) peltro.

queen's pincushion [,kwi:nz'pɪnkʊʃn] *s.* (*bot.*) palla di neve → **viburnum**.

queer [kwɪə*] *agg.* **1** strano, bizzarro, eccentrico; capriccioso // *he is a — fish*, (*fam.*) è un individuo eccentrico // *to be in Queer Street*, (*antiq.*) avere debiti; essere in difficoltà finanziaria **2** dubbio, sospetto **3** (*fam.*) debole, indisposto: *to feel —*, non sentirsi molto bene **4** (*fam.*) un po' pazzo, mezzo matto: *to be — in the head*, essere tocco nel cervello // *to be — in the attic*, (*sl.*) avere qualche rotella in meno **5** (*fam. spreg.*) frocio **6** (*fam.*) falso: — *money*, denaro falso ◆ *s.* (*fam. spreg.*) frocio // **-ly** *avv.* // **-ness** *s.*

to **queer** *v.tr.* (*sl.*) **1** mettere in ridicolo **2** ingannare; rovinare // *to — s.o.'s pitch*, rompere le uova nel paniere a qlcu.

queerish ['kwɪərɪʃ / queer·ish] *agg.* alquanto strano, piuttosto bizzarro.

to **quell** [kwel] *v.tr.* **1** reprimere; soffocare; schiacciare; domare: *to — a rebellion*, soffocare una rivolta **2** calmare: *to — s.o.'s doubts*, placare i dubbi di qlcu.

queller ['kwelə*] *s.* (*antiq.*) **1** chi reprime, soffoca **2** chi calma.

quench [kwentʃ] *s.* **1** (*elettr.*) estinzione; innesco: — *frequency*, frequenza d'estinzione; — *oscillator*, oscillatore d'innesco **2** (*metall.*) tempra: — *bath*, bagno di tempra; — *hardening*, indurimento per tempra.

to **quench** *v.tr.* **1** spegnere, estinguere: *to — a fire*, spegnere un fuoco; *to — s.o.'s thirst*, dissetare qlcu. **2** (*fig.*) calmare; spegnere; smorzare: *to — passions*, calmare le passioni; *I gain the cove with pushing prow, / and quench its speed in the slushy sand*, (R. BROWNING) raggiungo la piccola baia con la prua protesa in avanti, e smorzo la velocità nell'umida sabbia **3** (*metall.*) raffreddare rapidamente (con un liquido), temprare **4** (*fam. non com.*) ridurre al silenzio (un avversario).

quenchable ['kwentʃəbl / quench·able] *agg.* **1** estinguibile, domabile **2** (*metall.*) temprabile; che può essere raffreddato bruscamente.

quencher ['kwentʃə* / quench·er] *s.* **1** estintore, spegnitore **2** (*fam. antiq.*) bibita dissetante; bevanda **3** (*metall.*) tempratore.

quenching ['kwentʃɪŋ / quench·ing] *s.* **1** (*fis. nucleare*) 'quenching', estinzione, spegnimento **2** (*metall.*) raffreddamento rapido, tempra.

quenelle [kə'nel / que·nelle] *s.* (*non com.*) polpettina di carne, pesce.

quenselite ['kwensəlaɪt / quen·sel·ite] *s.* (*min.*) quenselite.

quercetin ['kwɜ:sətən / quer·ce·tin] *s.* (*biochim.*) quercetina.

quercitol ['kwɜ:sətɒl / quer·ci·tol] *s.* (*chim.*) quercite, quercitolo.

quern [kwɜ:n] *s.* **1** macinatoio a mano **2** macinapepe, macinino.

querulous ['kwerʊləs / queru·lous] *agg.* querulo, lamentevole, gemebondo // **-ly** *avv.* // **-ness** *s.*

query ['kwɪərɪ] *s.* **1** domanda, quesito: *to raise a —*, porre un quesito **2** (*gener. abbr.* qy.; per introdurre una domanda): —, *was he really tried?*, scusate, fu veramente processato? **3** (*abbr.* qu.) punto interrogativo **4** (*inform.*) interrogazione.

to **query** *v.tr.* **1** chiedere, interrogare; indagare su; chiamare in causa **2** metter in dubbio; esprimere dubbio: *I — very much whether it is wise to act so hastily*, mi chiedo proprio se è saggio agire così affrettatamente **3** mettere un punto interrogativo a (per esprimere dubbio) ◆ *v.intr.* fare domande, esprimere dubbi.

quest [kwest] *s.* **1** (*letter.*) ricerca: *the dogs go in — of their prey*, i cani seguono le tracce della preda; *to go in — of s.o.*, andare alla ricerca di qlcu. **2** (*dir. ant. dial.*) inchiesta: *the coroner's —*, l'inchiesta del 'coroner' **3** (*eccl.*) questua.

to **quest** *v.intr.* **1** cercare (di cane) **2** andare in cerca **3** (*rar.*) questuare ◆ *v.tr.* cercare.

question ['kwestʃən / ques·tion] *s.* **1** domanda, interrogazione: — *and answer*, botta e risposta; *direct, indirect* (o *oblique*) —, domanda, interrogazione diretta, indiretta; *rhetorical —*, domanda retorica; *to ask s.o. a —* (o *to put a — to s.o.*), fare una domanda a qlcu.; *to ask a — of s.o.*, (*form.*) formulare una domanda a qlcu. // (*radio, tv*) — *and answer* *show*, programma a quiz; *sixty-four-thousand -dollar —*, (*fam.*) domanda da un milione di dollari // *— time*, fase dedicata alle interpellanze (in Parlamento) **2** dubbio, obiezione: *this point is open to —*, su questo punto ci sono dubbi; *there is no — of his ability*, non ci sono dubbi sulle sue capacità; *there's no — of your going*, il fatto che tu vada è fuori discussione; *he called* (o *brought*) *into — our approach to the problem*, sollevò obiezioni sul nostro modo d'affrontare il problema; *his going is beyond —*, la sua andata è indubbia, fuori questione; *to be out of the —*, essere impossibile, inammissibile, fuori questione; *they made no — about* (o *of*) *the result of the game*, non fecero obiezioni al risultato del gioco **3** problema, questione; discussione; soggetto di discussione: *the Eastern —*, la questione, il problema dell'Oriente; *his rise to the top is only a — of time*, la sua carriera è solo questione di tempo; *it is a — of limits*, è questione di limiti; *our staying here came into —*, sorse il problema della nostra permanenza qui; *that is the —*, ecco il problema; *the point in —*, il punto, il problema in questione; *what he said is not the —*, quel che disse è trascurabile, senza importanza; *to put the —*, sollevare una discussione // *—!*, all'argomento! (per richiamare al punto della discussione) // *to beg the —*, fare una petizione di principio; dare per scontato ciò che andrebbe dimostrato; *that's begging the —!*, non stai dimostrando niente! // *it is a — whether...*, rimane da sapere se... // (*dir.*) *— of fact, of law*, questione di fatto, di diritto **4** tortura (per strappare una confessione): *he was put to the —*, fu sottoposto alla tortura **5** (*ant.*) conversazione; *I met the duke yesterday and had much question with him*, (SH. As You Like It) incontrai il duca ieri ed ebbi una lunga conversazione con lui.

to **question** *v.tr.* **1** interrogare, fare domande a: *he was questioned by the police*, fu interrogato dalla polizia; (*dir.*) *to — a witness*, interrogare, escutere un testimone **2** contestare, dubitare di, mettere in dubbio: *it cannot be questioned*, non c'è dubbio; *to — the accuracy of sthg.*, mettere in dubbio l'esattezza di qlco. **3** (*form.*) interrogare, consultare (libri, fenomeni ecc.): *to — the Scriptures*, consultare le Scritture **4** (*ant.*) conversare: *...after supper long he questioned / with modest Lucrece*, (SH. The Rape of Lucrece) ...dopo cena a lungo conversò con la modesta Lucrezia.

questionable ['kwestʃənəbl / ques·tion·able] *agg.* **1** dubbio, incerto **2** contestabile, discutibile **3** (*ant.*) che invita a conversare: *Thou com'st in such a questionable shape / that I will speak to thee*, (SH. Hamlet) Tu vieni in una forma così invitante alla conversazione che io ti parlerò // **-ness** *s.* // **-bly** *avv.*

questionary ['kwestʃənərı / ques·tion·ary] *s.* (*rar.*) questionario.

questioner ['kwestʃənə* / ques·tion·er] *s.* interrogatore; esaminatore.

questioning ['kwestʃənıŋ / ques·tion·ing] *agg.* interrogativo; dubbioso ◆ *s.* inchiesta, domanda (*anche dir.*) // **-ly** *avv.*

question mark ['kwestʃən,mɑ:k] *s.* punto interrogativo (*anche fig.*): *there's still a big — over the future of our firm*, (*fig.*) c'è ancora un grosso punto interrogativo sul futuro della nostra azienda.

question master ['kwestʃən'mɑ:stə* *amer.* 'kwestʃən'mæstə*] *s.* conduttore di giochi a quiz. AMER. quizmaster.

questionnaire [,kwestıə'neə* / ques·tion·naire] *s.* questionario.

question tag ['kwestʃən,tæg] → **tag**[1] 13.

questor ['kwestə* / ques·tor] *s.* (*st. romana*) questore.

quetzal ['kwetsl *amer.* ket'sæl / quet·zal] *s.* **1** (*zool.*) (*Pharomachrus mocino*) quetzal, trogone splendido **2** 'quetzal' (unità di moneta del Guatemala).

queue [kju:] *s.* **1** coda, codino **2** coda (fila di persone) SIN. line: *to stand in a —*, fare la coda // *the dole —*, i disoccupati **3** (*inform.*) coda: *print —*, coda di documenti in stampa.

to **queue** *v.intr.* **1** formare una coda; fare la coda // (*mat.*): *queueing problem*, problema delle code di attesa; *queueing theory*, teoria delle code (nella ricerca operativa) **2** *to — up*, mettersi in coda.

to **queue-jump** ['kju:,dʒʌmp] *v.intr.* saltare una coda, passare davanti a chi è in coda, non rispettare la coda.

queue-jumper ['kju:,dʒʌmpə*] *s.* chi passa davanti agli altri (che stanno facendo la coda), chi non rispetta le code.

quezal [ke'sɑ:l / que·zal] → **quetzal**.

quibble ['kwıbl] *s.* **1** cavillo, sofisma **2** (*ant.*) gioco di parole, bisticcio, doppio senso **3** (*ant.*) scappatoia, sotterfugio.

to **quibble** *v.intr.* **1** cavillare, sofisticare: *I won't — if you are a few minutes late*, non farò storie se arrivi un po' in ritardo **2** (*ant.*) fare giochi di parole.

quibbler ['kwıblə* / quib·bler] *s.* **1** cavillatore **2** (*ant.*) chi fa giochi di parole.

quibbling ['kwıblıŋ / quib·bling] *agg.* **1** insignificante: *this is a — difference*, è una differenza insignificante **2** (*ant.*) a doppio senso **3** (*ant.*) elusivo ◆ *s.* [U] **1** sofisticheria, cavillo **2** (*ant.*) equivocazione // **-ly** *avv.*

quick [kwık] *agg.* **1** rapido, veloce, svelto: *a — train*, un treno veloce; *be — about it!*, sbrigati!; *as — as a flash*, veloce come un lampo // *he has a very — way of doing things*, ha un modo lesto, sbrigativo di fare le cose // *a — one*, (*sl.*) bevuta veloce; (*volg.*) sveltina **2** vivace; pronto; acuto; intelligente, perspicace: *that child is not very —*, quel bambino non è molto sveglio // *— off the mark* (o *— on the uptake*), sveglio, svelto di mente **3** suscettibile; permaloso; irritabile: *a — temper*, un carattere irascibile **4** (*ant.*) vivo // *the — and the dead*, i vivi e i morti **5** (*ant.*) pregna, gravida: *she's quick; the child brags in her belly already*, (SH. Love's Labour's Lost) è incinta; già il bambino s'agita nel suo seno ◆ *s.* **1** carne viva: *he bit his fingernails to the —*, si mangiò le unghie fino al vivo, fino all'osso **2** (*fig.*) punto vivo: *he is a Tory to the —*, è conservatore fino al midollo; *her sharp words stung* (o *cut*) *him to the —*, le sue dure parole lo colpirono nel vivo.

quick *avv.* presto, rapidamente; in fretta: *—!*, presto!; *come —!*, vieni in fretta, presto!

quick-and-dirty [,kwıkən'dɜ:tı] *s.* (*fam. amer.*) tavola calda, ristorante economico ◆ *avv.* (*fam. amer.*) alla carlona.

quick-change-actor [,kwık'tʃeındʒ ,æktə*] *s.* (*teatr.*) trasformista.

to **quicken** ['kwıkən] *v.tr.* **1** affrettare, accelerare: *to — the step*, affrettare il passo **2** (*form.*) animare, ridare vita a; ravvivare; vivificare; stimolare; eccitare: *to — s.o.'s interest*, destare l'interesse di qlcu.; *good literature quickens the imagination*, la buona letteratura stimola l'immaginazione ◆ *v.intr.* **1** affrettarsi; accelerare **2** (*form.*) animarsi; vivificarsi; diventare vivo: *the audience's interest only quickened at the end*, l'interesse del pubblico si destò soltanto alla fine **3** muoversi (di feto).

quickener ['kwıkənə* / quick·en·er] *s.* (*rar.*) **1** animatore **2** stimolante, eccitante.

quickening ['kwıknıŋ / quick·en·ing] *agg.* (*form.*) eccitante, stimolante ◆ *s.* **1** accelerazione: *a — of the pulse*, accelerazione del polso **2** movimento (del feto).

quick-eyed ['kwıkaıd] *agg.* dagli occhi vivaci, penetranti.

quick-fire ['kwıkfaıə*] *agg.* **1** a ripetizione (di fucile) **2** a tiro rapido (di cannone).

quick-firer ['kwık,faıərə*] *s.* **1** fucile a ripetizione **2** cannone a tiro rapido.

to **quick-freeze** ['kwıkfri:z] *pass.* **quick -froze** ['kwıkfrəʊz] *p.p.* **quick-frozen** ['kwık,frəʊzn] *v.tr.* surgelare.

quick-frozen *agg.* surgelato.

quickie ['kwıkı] *s.* (*fam.*) **1** cosa fatta in fretta: *"Let's have a —", he said, pouring some whisky*, "Facciamoci un bicchierino", disse, versandosi del whisky **2** sveltina, rapporto sessuale consumato rapidamente.

quicklime ['kwıklaım / quick·lime] *s.* calce viva.

quick-lunch counter ['kwıklʌntʃ ,kaʊntə*] *s.* (*spec. amer.*) tavola calda.

quickly ['kwıklı / quick·ly] *avv.* presto, rapidamente; senza indugio, prontamente.

quickness ['kwıknıs / quick·ness] *s.* rapidità, celerità; (*fig.*) prontezza; vivacità; acutezza; penetrazione.

quicksand ['kwıksænd / quick·sand] *s.* (*geol.*) sabbie mobili (*pl.*).

quickset ['kwıkset / quick·set] *agg.* (*bot.*) di sempreverdi; di talee o piante vive da siepe ◆ *s.* (*bot.*) siepe di sempreverdi; talea o pianta viva da siepe.

quick-setting ['kwık,setıŋ] *agg.* a presa rapida (di adesivo, cemento ecc.).

quick-sighted [,kwık'saıtıd] *agg.* **1** dalla vista acuta **2** (*fig.*) perspicace, acuto.

quick-sightedness [,kwık'saıtıdnıs] *s.* **1** vista acuta **2** (*fig.*) perspicacia.

quicksilver ['kwık,sılvə* / quick·sil·ver] *s.* mercurio; argento vivo (*anche fig.*).

to **quicksilver** *v.tr.* trattare con mercurio; rivestire di mercurio.

quickstep ['kwıkstep / quick·step] *s.* **1** (*mil.*) passo cadenzato **2** (*danza*) quickstep (fox-trot veloce).

quick tempered [,kwık'tempəd] *agg.* irascibile, collerico.

quickthorn ['kwıkθɔ:n / quick·thorn] *s.* biancospino → **hawthorn**.

quick-witted [,kwık'wıtıd] *agg.* svelto di mente, pronto d'ingegno // **-ness** *s.*

quid[1] [kwıd] *s.* (*non com.*) quid, elemento caratteristico.

quid[2] *s.* (*pl. invar.*) (*fam.*) sterlina: *it set me back ninety —*, mi è costato novanta sterline.

quid[3] *s.* cicca (di tabacco da masticare).

to **quid**[3] *pass.p.p.* **quidded** ['kwɪdɪd / quid·ded] *v.intr.* (*non com.*) ciccare, masticare tabacco ♦ *v.tr.* (*non com.*) lasciar cadere dalla bocca (il cibo) mezzo masticato (di cavallo).

quiddity ['kwɪdɪtɪ / quid·dity] *s.* **1** (*fil.*) quiddità, essenza **2** (*letter.*) cavillo, sottigliezza: *where be his quiddities now, his quillities, / his cases...?*, (SH. Hamlet) dove sono ora le sue sottigliezze, le sue quisquiglie, le sue querele...?

quid pro quo ['kwɪdprəʊ'kwəʊ] *s.* **1** compenso, contraccambio **2** (*rar.*) qui pro quo, equivoco, sbaglio.

quiescence [kwaɪ'esns / qui·es·cence] **quiescency** [kwaɪ'esnsɪ / qui·es·cency] *s.* **1** (*form.*) quiescenza; quiete **2** (*bot.*) quiescenza, dormienza.

quiescent [kwaɪ'esnt / qui·es·cent] *agg.* **1** (*form.*) quiescente, tranquillo **2** (*bot.*) quiescente, dormiente // **-ly** *avv.*

quiet ['kwaɪət] *agg.* **1** quieto, tranquillo, pacifico, calmo: *to live in a — way*, vivere in modo tranquillo // *be —!*, stai zitto! // *all — on the western front*, niente di nuovo sul fronte occidentale **2** dolce, docile: *a — disposition*, un carattere dolce **3** semplice, sobrio; dimesso: *a — style*, uno stile sobrio; *— clothes*, vestiti semplici **4** tenue, pallido, pastello (di colore) **5** intimo, segreto: *to keep sthg. —* (o *to keep — about sthg.*), tenere qlco. segreto ♦ *s.* **1** quiete, tranquillità: *the — of the evening*, la quiete della sera **2** riposo **3** calma, pace, serenità: *I need some peace and —*, ho bisogno di un po' di pace e tranquillità **4** *on the —*, di nascosto: *to do sthg. on the —*, (*fam.*) fare qlco. di nascosto; *to tell s.o. sthg. on the —*, (*fam.*) dire qlco. a quattr'occhi a qlcu. // **-ly** *avv.*

to **quiet** *v.tr.* acquietare, calmare; pacificare ♦ *v.intr.* calmarsi, acquietarsi.

□ **quiet down** *v.intr.* e *avv.* (*amer.*) calmarsi; placarsi.

to **quieten** ['kwaɪətn / qui·eten] *v.tr.* acquietare, calmare ♦ *v.intr.* acquietarsi, calmarsi.

□ **quieten down** *v.intr.* e *avv.* calmarsi; placarsi ♦ *v.tr.* e *avv.* calmare; placare.

quietism ['kwaɪətɪzəm / quiet·ism] *s.* (*st. relig.*) quietismo.

quietist ['kwaɪətɪst / quiet·ist] *agg.* (*st. relig.*) quietistico ♦ *s.* (*st. relig.*) quietistica.

quietness ['kwaɪətnɪs / quiet·ness] meno com. **quietude** ['kwaɪətju:d *amer.* 'kwaɪətu:d / quiet·ude] *s.* quiete, tranquillità; (*fig.*) calma; riposo; pace.

quietus [kwaɪ'i:təs / qui·etus] *s.* (*rar.*) **1** quietanza **2** morte; liberazione finale; (*fig.*) colpo di grazia; *to give s.o. his —*, regolare i conti con qlcu.; mandare qlcu. all'altro mondo; *to give sthg. its —*, dare a qlco. il colpo di grazia.

quiff [kwɪf] *s.* ciuffo, ciocca di capelli sulla fronte.

quill [kwɪl] *s.* **1** penna; calamo; aculeo (del porcospino) **2** (*tess.*) cannello; tubetto **3** penna d'oca; calamo (per scrivere) **4** galleggiante a penna (per canna da pesca) **5** (*mus.*) penna, plettro.

to **quill** *v.tr* **1** pieghettare; increspare **2** (*tess.*) incannare.

quill-driver ['kwɪldraɪvə*] *s.* (*spreg.*) scribacchino.

quilled [kwɪld] *agg.* a forma di penna; fornito di penna.

quillet ['kwɪlɪt / quil·let] *s.* (*ant.*) sottigliezza, cavillo: *crack the lawyer's voice, / that he may never more false title plead, / nor sound his quillets shrilly*, (SH. Timon of Athens) date la voce fessa all'avvocato / perché non possa più accampare falsi titoli e strillare i suoi cavilli.

quilt[1] [kwɪlt] *s.* trapunta, coperta imbottita; piumino.

to **quilt**[1] *v.tr.* **1** trapuntare; imbottire; foderare di tessuto trapuntato **2** comporre (opera letteraria) facendo uso della contaminazione; contaminare.

to **quilt**[2] *v.tr.* (*fam. antiq.*) percuotere; picchiare; frustare; battere.

quilting ['kwɪltɪŋ / quilt·ing] *s.* imbottitura per trapunta, piumino, coperta; tessuto trapuntato; stoffa per trapunta.

quin [kwɪn] *s.* abbr. di → **quintuplet**.

quinacrine ['kwɪnə,kri:n / quin·ac·rine] *s.* (*chim.*) chinacrina.

quinaldine [kwɪ'nældi:n / quin·ald·ine] *s.* (*chim.*) chinaldina.

quinalizarin [,kwɪnə'lɪzərɪn / quin·aliz·arin] *s.* (*chim.*) chinalizarina.

quinary ['kwaɪnərɪ / quin·ary] *agg.* (*rar.*) quinario.

quince [kwɪns] *s.* (*bot.*) **1** (mela) cotogna // *— jam*, marmellata di cotogne **2** *— (-tree)*, (*Cydonia oblonga*) cotogno.

quinhydrone [kwɪn'haɪ,drəʊn / quin·hy·drone] *s.* (*chim.*) chinidrone.

quinic ['kwɪnɪk] *agg.* (*chim.*) chinico: *— acid*, acido chinico.

quinidine ['kwɪnədi:n / quin·id·ine] *s.* (*chim.*) chinidina.

quinine [kwɪ'ni:n *amer.* 'kwaɪnaɪn / quin·ine] *s.* **1** (*chim.*) chinina: *— salt*, sale di chinina, chinino **2** (*bot.*) *—(-tree)*, (*Cinchona officinalis*) albero della china.

quinoid ['kwɪnɔɪd / quin·oid] *agg.* (*chim.*) simile al chinone.

quinoidine [kwɪ'nɔɪdi:n / quin·oid·ine] *s.* (*chim.*) chinoidina.

quinoline ['kwɪnəli:n / quin·ol·ine] *s.* (*chim.*) chinolina.

quinone [kwɪ'nəʊn / quin·one] *s.* (*chim.*) chinone.

quinoxalin(e) [kwɪn'ɒksəlɪn / quin·oxa·lin, quin·oxal·ine] *s.* (*chim.*) chinossalina.

quinquagenarian [,kwɪŋkwədʒɪ'neərɪən / quin·qua·gen·arian] **quinquagenary** [kwɪŋ 'kwædʒɪnərɪ / quin·qua·gen·ary] *agg.* quinquagenario.

Quinquagesima [,kwɪŋkwə'dʒesɪmə / Quin·qua·ges·ima] *s.* (*eccl.*) Quinquagesima, domenica di quinquagesima.

quinquennial [kwɪŋ'kwenɪəl / quin·quen·nial] *agg.* (*non com.*) quinquennale // **-ly** *avv.*

quinquennium [kwɪŋ'kwenɪəm / quin·quen·nium] *pl.* **quinquenniums**, **quinquennia** [kwɪŋ'kwenɪə / quin·quen·nia] *s.* (*form.*) quinquennio.

quinquereme ['kwɪŋkwɪri:m / quin·que·reme] *s.* (*st. mar.*) quinquereme.

quinquina [kwɪŋ'kwaɪnə / quin·quina] *s.* (*bot. antiq.*) corteccia di china.

quinsy ['kwɪnzɪ] *s.* (*med.*) tonsillite; angina.

quint [kwɪnt] *s.* **1** (*mus.*) quinta **2** quinta (al picchetto, gioco delle carte).

quintain ['kwɪntɪn / quint·ain] *s.* (*st.*) fantoccio girevole usato come bersaglio nella quintana: *to tilt at the —*, correr la quintana: *that which here stands up / is but a quintain, a mere lifeless block*, (SH. As You Like It) questo mio corpo non è che una quintana, niente più che un ceppo senza vita.

quintal ['kwɪntl / quin·tal] *s.* **1** quintale (misura di peso = 100 kg) **2** → **hundredweight**.

quintan ['kwɪntən / quin·tan] *agg.* e *s.* (*med.*) (febbre) quintana.

quinte [kæŋt] *s.* (*scherma*) quinta.

quintessence [kwɪn'tesns / quint·es·sence] *s.* **1** (*form.*) quintessenza **2** essenza concentrata.

quintessential [,kwɪntɪ'senʃl / quint·es·sen·tial] *agg.* **1** (*form.*) di quintessenza, che è la quintessenza **2** purissimo; concentrato // **-ly** *avv.*

quintet [kwɪn'tet / quin·tet] *s.* (*mus.*) quintetto.

quintillion [kwɪn'tɪljən / quin·til·lion] *s.* quintilione; (*amer.*) un milione elevato al cubo.

quintuple ['kwɪntjʊpl *amer.* kwɪn'tu:pl / quin·tuple] *agg.* e *s.* quintuplo.

to **quintuple** [kwɪn'tu:pl] *v.tr.* quintuplicare ♦ *v.intr.* quintuplicarsi.

quintuplet ['kwɪntjʊplɪt *amer.* kwɪn'tu:plɪt / quin·tu·plet] *s.* **1** ciascuno dei cinque nati da un medesimo parto **2** serie di cinque.

quip [kwɪp] *s.* **1** frizzo, battuta di spirito: *and notwithstanding all her sudden quips, / ... / the more she spurns my love, / the more it grows*, (SH. Two Gentlemen of Verona) e nonostante i suoi sarcasmi, ... più disprezza il mio amore, più esso aumenta **2** (*antiq.*) cavillo, arzigogolo **3** curiosità, stranezza.

to **quip** *pass.p.p.* **quipped** [kwɪpt] *v.tr.* lanciare frecciate a; canzonare ♦ *v.intr.* **1** fare delle battute di spirito **2** (*rar.*) cavillare, arzigogolare.

quipster ['kwɪpstə* / quip·ster] *s.* persona spiritosa, arguta.

quire[1] ['kwaɪə*] *s.* **1** (*legatoria*) gruppo di quattro fogli piegati, quaderno **2** mazzetta di ventiquattro fogli di carta (ventesima parte di una risma).

quire[2] → **choir**.

quirk [kwɜ:k] *s.* **1** combinazione, coincidenza: *a — of fate*, un capriccio del destino **2** peculiarità; stranezza (di carattere); mania **3** (*non com.*) cavillo; sotterfugio; scappatoia **4** (*antiq.*) infiorettatura, svolazzo (di penna) **5** (*mus. ant.*) variazione improvvisa **6** (*arch.*) scanalatura.

quirky ['kwɜ:kɪ] *agg.* **1** strano, eccentrico: *his — character never ceased to surprise me*, il suo carattere eccentrico non ha mai smesso di sorprendermi **2** furbo, astuto **3** (*rar.*) sinuoso (di strada).

quirt [kwɜ:t] *s.* frustino (di cavaliere).

quisling ['kwɪzlɪŋ / quis·ling] *s.* collaborazionista • Da Vidkun Quisling, uomo politico norvegese che durante la seconda guerra mondiale collaborò con gli invasori nazisti.

quit [kwɪt] *agg.* **1** liberato; libero // (*comm.*) *— of charges* (o *— of expenses*), dedotte, defalcate le spese **2** disobbligato; sdebitato: *to get — of sthg.*, (*fam.*) sdebitarsi di qlco.

to **quit** *pass.p.p.* **quitted** ['kwɪtɪd / quit·ted] *spec. amer.* **quit** [kwɪt] *v.tr.* **1** abbandonare, lasciare; (*inform.*) uscire, abbandonare (un programma), chiudere (un'applicazione): *to — a place*, abbandonare un luogo; *to — office*, dimettersi; *to — one's job*, dare le dimissioni, lasciare il proprio lavoro **2** cessare, smettere: *I quitted smoking cigars*, ho smesso di fumare sigari **3** (*amer.*) lasciar andare: *to — hold of sthg.*, lasciar andare qlco. **4** quietanzare; pagare; saldare **5** (*poet.*) ripagare: *to — love with hate*, ricambiare l'amore con l'odio **6** (*ant.*) comportarsi: *— yourselves like men*, comportatevi da uomini **7** (*ant.*) liberarsi di, sbarazzarsi di ◆ *v.intr.* **1** cedere, arrendersi; darsi per vinto: *he was winning easily, so I —*, vinceva con facilità, così mi arresi **2** dare le dimissioni **3** sloggiare // *to give notice to —*, dare la disdetta (a un inquilino) **4** (*ant.*) andarsene.

quitch (grass) [kwɪtʃ(grɑ:s) *amer.* kwɪtʃ (græs)] *s.* (*bot.*) gramigna officinale → **couch**[2].

quitclaim [ˈkwɪtkleɪm / quit·claim] *s.* (*dir.*) rinuncia a un diritto.

to **quitclaim** *v.tr.* (*dir.*) rinunciare a un diritto (su).

quite [kwaɪt] *avv.* **1** piuttosto, abbastanza: *he solved the problem — easily*, ha risolto abbastanza facilmente il problema; *she was — young when she wrote the book*, era piuttosto giovane quando scrisse il libro; *these biscuits are — nice*, questi biscotti sono abbastanza buoni; *he — liked the visit to the museum*, la visita al museo gli è piaciuta abbastanza; *rain is — likely in the next 24 hours*, è abbastanza probabile che piova nelle prossime 24 ore; *she felt — well after her convalescence*, si sentiva abbastanza bene dopo la convalescenza **2** completamente, del tutto; proprio: *are you — sure she's coming?*, sei proprio sicuro che venga?; *he stood — still as the tailor measured him*, stava completamente immobile mentre il sarto gli prendeva le misure; *— frankly, I think you're wrong*, molto francamente, credo che tu abbia torto; *he's — right about the traffic being dangerous*, ha proprio ragione quando dice che il traffico è pericoloso; *we can't do it, he said, it's — impossible*, non possiamo farlo, disse, è del tutto impossibile; *don't worry, I — understand*, non preoccuparti, capisco perfettamente; *she didn't — follow the lecturer's comments*, non ha ben capito i commenti del docente; *my new shoes don't — fit*, le scarpe nuove non mi vanno del tutto bene; *I didn't — understand, explain it to me again*, non ho capito bene, spiegamelo di nuovo **3** esattamente, precisamente: *he didn't — know how to solve the problem*, non sapeva bene come risolvere il problema; *we aren't — sure where to go for our holidays*, non abbiamo un'idea precisa di dove andare per le vacanze; *nobody — understood the instructions*, nessuno ha capito esattamente le istruzioni // *— a, — some*, proprio un (uno, una): *it was — a shock*, è stato un vero shock; *when she had dressed for the ceremony, she was — a sight*, quando si era vestita per la cerimonia era uno spettacolo; *that was — some party*, (*fam.*) che bella festa; *their success was — something*, (*fam.*) il loro successo era notevole // *— (so)*, sì, esatto, proprio così: *"So they refused to sign the contract" "Quite"*, "Allora si sono rifiutati di firmare il contratto" "Esattamente".

quits [kwɪts] *agg. pred.* (*fam.*) pari: *to be —*, essere pari // *to cry —*, rinunciare a competere // *to call it —*, considerarsi (in) pari; averne abbastanza, farla finita: *give me £ 10 and we'll call it —*, dammi 10 sterline e siamo a posto, e la facciamo finita; *he'd lost £ 50 at cards, so he called it —*, disse basta solo dopo aver perso 50 sterline al gioco.

quittance [ˈkwɪtəns / quit·tance] *s.* **1** (*comm.*) ricevuta, quietanza; saldo; esecuzione // *omittance is no —*, il fatto di non richiedere un pagamento non significa che il debito abbia cessato di esistere **2** ricompensa **3** rappresaglia.

quitter [ˈkwɪtə* / quit·ter] *s.* (*fam.*) chi tralascia, rinunzia facilmente, chi si dà subito per vinto; codardo, vigliacco.

quiver[1] [ˈkwɪvə*] *s.* faretra // *to have an arrow left in one's —*, (*fig.*) avere ancora qualche risorsa, delle frecce al proprio arco.

quiver[2] *agg.* (*ant.*) attivo; agile; svelto; vivace.

quiver[3] *s.* fremito, brivido, tremito.

to **quiver**[3] *v.intr.* tremare, fremere, palpitare, avere i brividi, rabbrividire: *he quivered with cold*, tremava di freddo; *her voice quivered*, le tremò la voce ◆ *v.tr.* agitare, battere, far fremere, far tremare: *the skylark quivered its wings*, l'allodola agitava, faceva vibrare le ali.

quivering [ˈkwɪvərɪŋ / quiver·ing] *agg.* fremente, tremolante, tremante ◆ *s.* brivido, tremito, tremolio // **-ly** *avv.*

qui vive [ˌki:ˈvi:v] *s.* chi va là // *to be on the —*, stare sul chi vive, stare all'erta.

quixote [ˈkwɪksət / quix·ote] *s.* visionario entusiasta, donchisciotte.

quixotic [kwɪkˈsɒtɪk / quix·otic] *agg.* donchisciottesco; idealista, stravagante // **-ally** *avv.*

quixotism [ˈkwɪksətɪzəm / quix·ot·ism] **quixotry** [ˈkwɪksətrɪ / quix·otry] *s.* donchisciottismo, atteggiamento donchisciottesco.

quiz[1] [kwɪz] *pl.* **quizzes** [ˈkwɪzɪz] *s.* (*non com.*) **1** burlone **2** scherzo, burla **3** (*ant.*) persona strana, eccentrica.

to **quiz**[1] *pass.p.p.* **quizzed** [kwɪzd] *v.tr.* (*non com.*) burlare, canzonare.

quiz[2] *pl.* **quizzes** *s.* **1** indovinello; quiz; quesito; questionario **2** — (*programme, show*), quiz, gioco a quiz, programma di quiz **3** (*spec. amer.*) interrogazione scolastica; breve esame (orale o scritto).

to **quiz**[2] *pass.p.p.* **quizzed** *v.tr.* **1** porre quesiti, indovinelli a; interrogare, fare delle domande a; sottoporre a interrogatorio **2** (*spec. amer.*) interrogare, esaminare (studenti).

quizmaster [ˈkwɪzˌmɑ:stə* *amer.* ˈkwɪz ˌmæstə* / quiz·mas·ter] *s.* (*spec. amer.*) → **question master**.

quizzical [ˈkwɪzɪkəl / quiz·zical] *agg.* **1** interrogativo, interrogatorio: *he threw her a — glance*, le lanciò uno sguardo interrogativo **2** scherzoso; canzonatorio; faceto **3** curioso, eccentrico, strambo // **-ly** *avv.*

quod [kwɒd] *s.* (*fam. antiq.*) prigione, galera.

to **quod** *pass.p.p.* **quodded** [ˈkwɒdɪd / quod·ded] *v.tr.* (*fam.*) imprigionare, mettere dentro.

quoin [kɔɪn] *s.* **1** cuneo, zeppa **2** (*tip.*) serraforme **3** (*edil.*) immorsatura; concio d'angolo; chiave di volta.

to **quoin** *v.tr.* **1** rialzare, bloccare con cunei, con zeppe **2** (*tip.*) serrare (la forma).

quoit [kɔɪt] *s.* **1** anello di corda, di metallo piatto usato per giocare **2** *pl.* gioco in cui si deve infilare un anello in un piolo fisso.

quondam [ˈkwɒndæm / quon·dam] *agg.* (*form. lat.*) di un tempo: *a — acquaintance*, una conoscenza del passato.

Quonset hut® [ˌkwɒnsetˈhʌt] *s.* (*amer.*) baracca prefabbricata in lamiera ondulata.

quorate [ˈkwɔ:rət / quor·ate] *agg.* che ha raggiunto un quorum, un numero legale di presenze (detto di assemblee, riunioni ecc.).

quorum [ˈkwɔ:rəm] *s.* (*lat.*) **1** quorum, numero legale: *to form a —*, raggiungere il numero legale **2** (*ant.*) adunanza di conciliatori.

quota [ˈkwəʊtə] *s.* **1** (*comm.*) quota: *— agreement*, accordo di quota (tra le imprese di un cartello) // (*stat.*) *— sampling*, campionamento proporzionale **2** (*econ.*) contingente di importazione: *to establish quotas*, contingentare; *immigration —*, quota di immigrazione; *— country*, paese soggetto a quota di immigrazione **3** (*fig.*) parte, quota: *everybody needs their — of happiness*, ciascuno ha bisogno della propria parte di felicità.

quotable [ˈkwəʊtəbl / quot·able] *agg.* citabile.

quotation [kwəʊˈteɪʃn / quo·ta·tion] *s.* **1** citazione // *— marks*, virgolette **2** (*Borsa*) quotazione: *application for —*, domanda di ammissione alle quotazioni **3** preventivo **4** quadratone.

quote [kwəʊt] *s.* (*fam.*) **1** citazione // (*inform.*) *— field*, campo contenente una dicitura **2** *pl.* virgolette: *end of quotes*, chiuse le virgolette **3** preventivo ◆ *avv.* aperte le virgolette, tra le virgolette (nel discorso per indicare l'inizio di una citazione): *the minister said, —, "there are no immediate plans to change the law", unquote*, il ministro disse, aperte le virgolette, "non c'è alcun progetto immediato di cambiare la legge", chiuse le virgolette.

to **quote** *v.tr.* **1** citare, addurre, riportare; *to — an instance*, citare un esempio; *to — Milton*, citare Milton **2** (*tip.*) mettere fra virgolette, virgolettare **3** (*Borsa, comm.*) quotare // *quoted company*, società quotata; *quoted shares*, azioni quotate; *quoted securities*, valori mobiliari **4** fare un preventivo di; (*ant.*) valutare: *I have with exact view perus'd thee, Hector, / and quoted joint by joint*, (SH. Troilus and Cressida) ti ho scrutato con uno sguardo preciso, Ettore, e ti ho valutato membro per membro **5** (*inform.*) citare (in e-mail, riportare un messaggio per la risposta) ◆ *v.intr.* fare delle citazioni, citare: *to — from Shakespeare, from an author, from a book*, fare delle citazioni da Shakespeare, da un autore, da un libro.

quoth [kwəʊθ] *v.tr.* (*ant.*): *— I, — he*, dissi, disse; *"and is hunting after every shy doe in the country", quoth a second*, (W. SCOTT) "e va a caccia di ogni timida daina in campagna", disse un secondo.

quotha [ˈkwəʊθə] *inter.* (*ant.*) davvero!

quotidian [kwɒˈtɪdɪən / quo·ti·dian] *agg.* (*form.*) quotidiano, giornaliero; normale, ordinario ◆ *s.* (*med.*) febbre malarica.

quotient [ˈkwəʊʃnt / quo·tient] *s.* (*mat.*) quoziente.

Qur'an [kuːˈrɑ:n] → **Koran**.

qwerty [ˈkwɜ:tɪ] *agg.* del tipo ordinario, standard (di tastiera di macchina per scrivere, computer) • Dalle prime lettere della 2ª riga nella tastiera standard inglese.

Rr

r [ɑ:*] *pl.* **rs**, **r's** [ɑ:z] *s.* (*diciottesima lettera dell'alfabeto inglese*) r: *to roll one's r's*, parlare con l'erre vibrante; accentuare le proprie erre // (*tel.*) — *for Robert* (o amer. *Roger*), r come Roma // *the* — *months*, i mesi con l'erre (da settembre ad aprile) // *the three R's* (*reading*, (*w*)*riting*, (*a*)*rithmetic*), le tre erre (leggere, scrivere e far di conto, come base dell'istruzione elementare).

rabbet [ˈræbɪt / rab·bet] *s.* (*mecc.*) **1** scanalatura; battura **2** listello a battente **3** — (*joint*), giunto a battuta **4** — (*plane*), sponderuola.

to **rabbet** *v.tr.* (*mecc.*) **1** scanalare; munire di battuta **2** unire con giunto a battuta ◆ *v.intr.* (*mecc.*) essere uniti con giunto a battuta.

rabbi [ˈræbaɪ] *s.* **1** rabbino // *Chief Rabbi*, Gran Rabbino **2** (*fam. amer. spreg.*) persona influente in qualità di padrino o garante.

rabbinate [ˈræbɪnət / rab·bin·ate] *s.* **1** carica di rabbino **2** l'insieme dei rabbini, rabbinato.

rabbinic(al) [ræˈbɪnɪk(l) / rab·bin·ic(al)] *agg.* rabbinico, di rabbino // **-ally** *avv.*

rabbinism [ˈræbɪnɪzəm / rab·bin·ism] *s.* **1** rabbinismo **2** espressione linguistica rabbinica.

rabbinist [ˈræbɪnɪst / rab·bin·ist] *s.* rabbinista.

rabbit [ˈræbɪt / rab·bit] *s.* **1** (*zool.*) (*Oryctolagus cuniculus*) coniglio: — *warren*, garenna, conigliera; — *shooting*, caccia al coniglio // — *ears*, (*amer.*) antenna televisiva a V **2** (*fam.*) schiappa (nel gioco).

to **rabbit** *v.intr.* **1** andare a caccia di conigli **2** (*fam. amer.*) fuggire, darsela a gambe **3** (*fam.*) parlare a lungo in modo noioso, farla lunga: *he is always rabbiting* (*on*) *about his family*, la fa sempre lunga a proposito della sua famiglia.

rabbit fever [ˈræbɪt,fi:və*] *s.* (*vet.*, *med.*) tularemia.

rabbit fish [ˈræbɪt,fɪʃ] *s.* (*zool.*) pesce gatto → **hornpout**.

rabbit-foot [ˈræbɪt,fʊt] *s.* (*fam. amer.*) evaso.

rabbit foot clover [,ræbɪtfʊtˈkləʊvə*] *s.* (*bot.*) (*Trifolium arvense*) trifoglio sottile; (*pop.*) piè di lepre.

rabbit punch [ˈræbɪt,pʌntʃ] *s.* colpo, pugno alla nuca.

to **rabbit-punch** *v.tr.* colpire alla nuca.

rabbity [ˈræbɪtɪ / rab·bity] *agg.* **1** pieno di conigli **2** simile a coniglio.

rabble[1] [ˈræbl] *s.* (*spreg.*) folla, calca, ressa // *the* —, la massa, la plebaglia, la feccia.

rabble[2] *s.* (*metall.*) **1** raschiatoio **2** agitatore, mescolatore.

to **rabble**[2] *v.tr.* (*metall.*) **1** raschiare **2** rimescolare.

rabble-rouser [ˈræbl,raʊzə*] *s.* sobillatore, istigatore, demagogo.

rabble-rousing [ˈræbl,raʊzɪŋ] *s.* sobillazione, istigazione; demagogia ◆ *agg.* sobillatore, istigatore; demagogico.

Rabelaisian [,ræbəˈleɪzjən *amer.* ,ræbəˈleɪʒən / Rab·el·ais·ian] *agg.* **1** rabelesiano, nello stile di Rabelais **2** (*estens.*) sboccato, licenzioso ◆ *s.* ammiratore, studioso, imitatore di Rabelais.

rabid [ˈræbɪd / ra·bid] *agg.* **1** (*vet.*, *med.*) rabbioso, malato di rabbia, idrofobo: — *dog*, cane idrofobo **2** rabbioso, furioso, violento: — *enemy*, nemico feroce **3** fanatico, accanito: *a* — *communist*, un comunista arrabbiato // **-ly** *avv.*

rabidity [rəˈbɪdətɪ / ra·bid·ity] **rabidness** [ˈræbɪdnɪs / ra·bid·ness] *s.* **1** rabbia, furia, furore **2** fanatismo, accanimento; ostinazione.

rabies [ˈreɪbi:z / ra·bies] *s.* (*vet.*, *med.*) idrofobia, rabbia.

raccoon [rəˈku:n / rac·coon] *s.* (*zool.*) (*Procyon lotor*) procione, orso lavatore AMER. coon.

race[1] [reɪs] *s.* **1** corsa, gara; competizione (*anche fig.*): *horse* —, corsa di cavalli; — *card*, programma delle corse; *ski* —, gara di sci; — *meeting*, concorso ippico; *boat* —, gara di canottaggio, (*fam. amer.*) corsa truccata (spec. di cavalli) // *egg-and-spoon* —, corsa nella quale i concorrenti portano un uovo in un cucchiaio // *a* — *against time*, una corsa contro il tempo // *arms* —, corsa agli armamenti // *his* — *is nearly run*, è quasi giunto alla fine dei suoi giorni **2** *pl.* concorso ippico; le corse (dei cavalli) **3** (*letter.*) corso (di un astro, spec. della luna) **4** (*geogr.*) corrente molto veloce (spec. di marea) **5** (*idraulica*) canale di adduzione, condotta d'acqua, gora **6** (*aer. amer.*) flusso **7** (*mecc.*) gola (di puleggia); guida di scorrimento; anello (di cuscinetto a sfere) **8** (*mecc. amer.*) sede di rotolamento, pista, gola (di cuscinetto a sfere) **9** (*tess.*) corsa (della spola).

to **race**[1] *v.intr.* **1** prender parte a una corsa; correre, gareggiare **2** correre; andare a gran velocità: *they raced to the end of the road and back*, fecero una corsa fino alla fine della strada e ritorno; *his mind raced on until he found a solution*, (*fig.*) la sua mente lavorò freneticamente finché non trovò una soluzione **3** (*mecc.*) girare a vuoto, imballarsi (di motore) ◆ *v.tr.* **1** gareggiare con (in una corsa); correre con **2** (*sport*) far correre, far partecipare a una corsa: *he races his horses at all the big meetings*, fa correre i suoi cavalli in tutte le corse più importanti **3** portare in macchina velocemente **4** (*mecc.*) far girare a vuoto, imballare (il motore).

race[2] *s.* **1** razza; etnia; discendenza, stirpe: *the human* —, la razza umana; — *riot*, scontro razziale; — *discrimination*, discriminazione razziale **2** (*estens.*) categoria, classe, razza: *this* — *of person is bound always to succeed*, è una razza di persone destinata ad aver successo **3** (*zool.*) razza: *we produced a new improved* — *of sheep*, abbiamo prodotto una nuova e perfezionata razza di pecore.

race[3] *s.* (*bot.*) radice di zenzero.

racecourse [ˈreɪskɔ:s / race·course] *s.* **1** ippodromo **2** (*amer.*) pista (per corse ippiche, automobilistiche, ciclistiche, di atletica ecc.).

racehorse [ˈreɪshɔ:s / race·horse] *s.* cavallo da corsa.

racemase [ˈræsəmeɪs / racem·ase] *s.* (*biochim.*) racemasi.

racemate [ˈræsəmeɪt / race·mate] *s.* (*chim.*) racemato.

raceme [rəˈsi:m *amer.* reɪˈsi:m / ra·ceme] *s.* (*bot.*) racemo.

racemic [rəˈsi:mɪk / ra·cemic] *agg.* (*bot.*, *chim.*) racemico: — *acid*, acido racemico.

racemization [,ræsəmaɪˈzeɪʃn *amer.* ,ræsəmɪˈzeɪʃn / ra·cem·iza·tion] *s.* (*chim.*) racemizzazione.

racemose [ˈræsɪməʊs / ra·cem·ose] *agg.* (*bot.*) racemoso.

racer [ˈreɪsə* / ra·cer] *s.* **1** (*non com.*) corridore **2** cavallo da corsa **3** automobile, bicicletta da corsa; imbarcazione da regata; aeroplano da competizione **4** (*zool.*) (*Coluber constrictor*) serpente corridore **5** (*tess.*) aspo **6** (*mil.*) piattaforma girevole (di cannone).

race relations [ˈreɪsrɪ,leɪʃnz] *s.pl.* rapporti, relazioni interrazziali // — *board*, comitato per le relazioni interrazziali.

racetrack [ˈreɪstræk / race·track] *s.* (*sport*) pista; ippodromo.

raceway [ˈreɪsweɪ / race·way] *s.* **1** (*idraulica*) canale di adduzione, condotta d'acqua, gora **2** (*elettr.*) canaletta **3** (*mecc. amer.*) sede di rotolamento, pista, gola (di cuscinetto a sfere).

rachis ['reɪkɪs / ra·chis] *pl.* **rachises, rachides** ['reɪkɪdiːz / ra·chides] *s.* **1** (*anat.*) rachide, colonna vertebrale **2** rachide (di foglie o piume).

rachischisis [rə'kɪskɪsɪs / ra·chis·chisis] *pl.* **rachischises** [rə'kɪskɪsiːz] *s.* (*med.*) spina bifida, rachischisi.

rachitic [ræ'kɪtɪk / rach·itic] *agg.* (*med.*) rachitico: *a — child*, un bimbo rachitico.

rachitis [ræ'kaɪtɪs / rach·itis] *s.* (*med.*) rachitismo.

racial ['reɪʃl / ra·cial] *agg.* razziale: *— discrimination*, discriminazione razziale.

racialism ['reɪʃəlɪzəm / ra·cial·ism] *s.* (*non com.*) razzismo.

racialist ['reɪʃəlɪst / ra·cial·ist] *s.* (*non com.*) razzista.

racially ['reɪʃəlɪ / ra·cially] *avv.* dal punto di vista razziale; per razza.

racing ['reɪsɪŋ / ra·cing] *agg.* da corsa: *— bike*, bicicletta da corsa; *— car*, automobile da corsa; *— craft*, aereo da competizione; imbarcazione da regata; *— pigeon*, piccione viaggiatore (da competizione); *— stud*, scuderia di cavalli da corsa // *the — world*, il mondo dell'ippica ◆ *s.* **1** [U] corsa; corse: *motor —*, corse automobilistiche; *road —*, corse su strada; *track —*, corse su pista **2** (*mecc.*) fuga, imballata (di motore).

racism ['reɪsɪzəm / ra·cism] *s.* razzismo.

racist ['reɪsɪst / ra·cist] *agg.* e *s.* razzista.

rack[1] [ræk] *s.* **1** rastrelliera; stenditoio; attaccapanni (a pioli): *plate —* (o *dish —*), scolapiatti **2** (*luggage*) *—*, reticella portabagagli (su treni, autobus); (*roof*) *—*, portabagagli, portapacchi (sul tetto di veicolo) **3** scaffale (per esposizione di merci): *— jobber*, grossista (che rifornisce il punto vendita) **4** rastrelliera (per foraggio) **5** (*mecc.*) cremagliera **6** (*inform.*) cestello, contenitore.

to **rack**[1] *v.intr.* (*up*) riempire di foraggio la rastrelliera ◆ *v.tr.* (*up*) **1** mettere del foraggio nella rastrelliera per (un cavallo) **2** legare (un cavallo) alla rastrelliera **3** (*fam.*) fare, segnare (punti), racimolare un punteggio di (in una competizione ecc., spec. a fatica): *halfway through the season, Tottenham had managed to — up 11 points*, a metà stagione la squadra del Tottenham era riuscita a racimolare 11 punti.

rack[2] *s.* ruota (strumento di tortura); tortura (*anche fig.*) // *to be on the —*, essere alla tortura; (*fig.*) essere sulle spine.

to **rack**[2] *v.tr.* **1** mettere alla tortura, torturare (*anche fig.*): *he was racked with fever*, era tormentato dalla febbre **2** sforzare; sfruttare // *to — one's brains*, scervellarsi ◆ *v.intr.* (*sl. amer.*) dormire, schiacciare un pisolino.

rack[3] *s.* ambio (andatura del cavallo).

to **rack**[3] *v.intr.* ambiare, correre all'ambio.

rack[4] *s.* nembo, nuvolaglia.

rack[5] *s.* rovina, distruzione // *to go to — and ruin*, andare in rovina, in malora.

rack[6] *s.* arrack (liquore orientale).

to **rack**[7] *v.tr.* travasare (vino).

to **rack**[8] *v.tr.* (*mar.*) legare alla portoghese, strangolare.

rack-and-pinion steering [,rækənd 'pɪnjən,stɪərɪŋ] *s.* (*aut.*) sterzo a (pignone e) cremagliera.

rack car ['ræk,kɑː*] *s.* (*amer.*) **1** (*ferr.*) carro per trasporto autovetture **2** (*sl. mil.*) branda, letto.

racket[1] ['rækɪt] *s.* racchetta (da tennis, sci, neve ecc.).

racket[2] *s.* **1** confusione; chiasso; frastuono; baccano: *to kick up* (o *to make*) *a —*, creare confusione, fare baccano, casino **2** (*rar.*) bella vita; mondanità, vita mondana: *he went on the —*, si diede alla bella vita **3** racket; organizzazione criminosa; attività criminosa organizzata: *the numbers —*, lotteria illegale; *to run a —*, gestire un racket, una attività criminosa **4** (*fam.*) attività; occupazione; affari (*pl.*): *what's your —, then?*, allora, di che cosa ti occupi? **5** (*fam.*) prova, esperienza dura, ardua: *to stand the —*, affrontare una dura esperienza.

to **racket**[2] *v.intr.* **1** (*fam.*) muoversi rumorosamente; fare casino, confusione, baccano **2** fare la bella vita; condurre una vita mondana, fare vita mondana.

racketeer [,rækɪ'tɪə* / rack·et·eer] *s.* chi fa parte di un racket; malvivente, delinquente.

to **racketeer** *v.intr.* far parte di un racket.

racketeering [,rækɪ'tɪərɪŋ / rack·et·eer·ing] *s.* il far parte di un racket; l'esercitare attività criminose in modo organizzato.

rackets ['rækɪts / rack·ets] *s.* [U] gioco di palla e racchetta praticato al chiuso (può essere giocato come il tennis o come lo squash).

rackety ['rækətɪ / rack·ety] *agg.* **1** chiassoso, rumoroso **2** (*rar.*) amante della bella vita; gaudente; dissipato.

racking ['rækɪŋ / rack·ing] *agg.* tormentoso; tormentante; torturante; doloroso.

rack-rail ['ræk,reɪl] *s.* (*ferr.*) rotaia a dentiera, a cremagliera.

rack-railway ['ræk'reɪlweɪ] *s.* (*ferr.*) ferrovia a dentiera, a cremagliera.

rack-rent ['ræk,rent] *s.* affitto esorbitante.

to **rack-rent** *v.tr.* affittare, dare in affitto a un prezzo esorbitante.

rack-renter ['ræk,rentə*] *s.* chi affitta, dà in affitto a un prezzo esorbitante; padrone di casa esoso.

raconteur [,rækɒn'tɜː* / ra·con·teur] *s.* persona che racconta bene, che ha una bella conversazione: *he's a fine —!*, è un piacere starlo a sentire!

racoon → **raccoon**.

racquet → **racket**[1].

racquets → **rackets**.

racy ['reɪsɪ] *agg.* **1** (*non com.*) originale; tipico; naturale: *a — flavour*, un aroma caratteristico **2** vivace; vivo; vivido; pungente: *— humour*, umorismo pungente **3** malizioso, osé, audace // **-ily** *avv.* // **-iness** *s.*

rad [ræd] *s.* **1** abbr. di → radiator **2** abbr. di → radical.

radar ['reɪdə* / ra·dar] *s.* radar: *ship equipped with —*, nave fornita di radar; *— screen*, schermo (di) radar // *— beacon*, radar di aeronavigazione, radiofaro a impulsi; *— return*, eco radar; *— astronomy*, radar astronomia // *— meteorology*, radar meteorologia • Acrostico di *Radio Detection And Ranging*.

radarscope ['reɪdɑː,skəʊp / ra·dar·scope] *s.* schermo radar.

radarsonde ['reɪdɑː,sɒnd / ra·dar·sonde] *s.* radarsonda.

radar trap ['reɪdɑː,træp] *s.* autovelox, multometro; apparecchiatura per il controllo della velocità.

raddle[1] ['rædl] *s.* (*antiq.*) ocra rossa.

to **raddle**[1] *v.tr.* **1** dipingere con ocra rossa **2** imbellettare, truccare con ocra rossa, argilla.

raddle[2] *s.* **1** vimine **2** (*non com.*) struttura di vimini; canniccio.

to **raddle**[2] *v.tr.* intrecciare.

raddled ['rædld] *agg.* (*fam. amer.*) **1** confuso **2** logoro; frusto; consumato.

radial ['reɪdjəl / ra·dial] *agg.* **1** (*anat.*) radiale **2** radiale, di raggio; a raggiera: *— axle*, asse radiale; *— location*, sistemazione a raggiera; *— rotor*, rotore a pale radiali (di elicottero); *— engine*, motore stellare; a stella, a cilindri radiali; (*fis.*) *— velocity*, velocità radiale.

radial-flow [,reɪdjəl'fləʊ] *s.* (*tecn.*) a flusso radiale // *— turbine*, turbina (a flusso) radiale.

radially ['reɪdjəlɪ / ra·di·ally] *avv.* a raggiera; radialmente.

radian ['reɪdjən / ra·dian] *s.* (*mat.*) radiante.

radiance ['reɪdjəns / ra·di·ance] **radiancy** ['reɪdjənsɪ] *s.* **1** radiosità; splendore; fulgore (*anche fig.*) **2** (*fis.*) radianza.

radiant ['reɪdjənt / ra·di·ant] *agg.* **1** raggiante, che emana raggi: *— sun*, sole raggiante **2** (*fig.*) radioso, raggiante; gioioso: *— eyes*, occhi raggianti; *a face — with joy*, un volto raggiante, radioso di gioia **3** (*fis.*) radiante: *— energy, flux, intensity, heat*, energia, flusso, intensità, calore radiante ◆ *s.* (*astr.*) radiante, punto radiante // **-ly** *avv.*

radiant heating [,reɪdjənt'hiːtɪŋ] *s.* riscaldamento a pannelli radianti.

radiate ['reɪdɪɪt / ra·di·ate] *agg.* (*form.*) radiato, raggiato, a raggi, radiale // **-ly** *avv.*

to **radiate** ['reɪdɪeɪt] *v.intr.* emanare; effondersi; diffondersi; irradiarsi: *corridors — out from the central meeting room*, i corridoi si irradiano a partire dalla sala centrale delle riunioni // *great happiness radiated from her face*, (*fig.*) dal suo viso emanava una grande contentezza ◆ *v.tr.* emanare; irradiare: *the fireplace radiated heat and light*, il caminetto diffondeva luce e calore // *he radiated good humour*, (*fig.*) emanava buonumore.

radiation [,reɪdɪ'eɪʃn / ra·di·ation] *s.* **1** radiazione // (*fis.*): *ultraviolet —*, radiazione ultravioletta; *soft —*, radiazione molle; *hard —*, radiazione dura, penetrante; *— damage*, danno da radiazione; *— pressure*, pressione di radiazione // (*med.*): *homogeneous, heterogeneous —*, radiazione omogenea, eterogenea; *— sickness*, malattia da radiazioni **2** irradiazione, irraggiamento.

radiative ['reɪdɪɪtɪv / ra·di·at·ive] *agg.* (*fis. nucleare*) radiativo: *— collision*, collisione radiativa.

radiator ['reɪdɪeɪtə* / ra·di·ator] *s.* **1** calorifero, radiatore, termosifone: *hot water —*, radiatore ad acqua calda; *panel —*, radiatore a pannelli **2** (*aut., aer.*) radiatore: *honeycomb —*, radiatore a nido d'ape; *wing —*, radiatore alare **3** (*rad.*) radiatore, antenna trasmittente, trasmettitore.

radical ['rædɪkl / rad·ical] *agg.* **1** radicale: *a — change*, un mutamento radicale // *the — party*, il partito radicale // (*mat.*) *— axis, equation,* *number*, asse, equazione, numero radicale // (*econ. amer.*) — *economics*, economia radicale **2** (*bot.*) radicale **3** (*med.*) radicale, non conservativo (di intervento chirurgico, di terapia) ◆ *s.* (*mat.*, *chim.*, *pol.*) radicale // **-ly** *avv.*

radicalism ['rædɪkəlɪzəm / rad·ic·al·ism] *s.* (*pol.*) radicalismo (*anche fig.*).

to **radicate** ['rædɪkeɪt / rad·ic·ate] *v.tr.* (*form.*) far radicare, far attecchire (*anche fig.*) ◆ *v.intr.* (*agr.*) radicare.

radication [,rædɪ'keɪʃn / rad·ica·tion] *s.* (*bot.*) abbarbicamento, radicamento.

radicle ['rædɪkl / rad·icle] *s.* **1** (*bot.*) radichetta **2** (*anat.*) radicula (di nervo, vena).

radic-lib ['rædɪk'lɪb] *s.* (*pol. amer.*) sinistroide; radicale; radical-chic.

radicular [ræ'dɪkjʊlə* / ra·dicu·lar] *agg.* (*med.*) radicolare.

radio ['reɪdɪəʊ / ra·dio] *agg.* di radio; radiofonico; per mezzo della radio; radio-: — *program*, programma radiofonico; — *amateur*, radioamatore; — *broadcasting*, radiodiffusione, radiotrasmissione; — *contact*, contatto radio; — *engineer*, radiotecnico; — *engineering*, radiotecnica; — *licence*, abbonamento alle radioaudizioni, alla radio; — *link*, ponte radio; — *receiver*, radioricevitore; — *signal*, radiosegnale, segnale radio; — *transmitter*, radiotrasmettitore, radiotrasmittente; — *wave*, onda radio.

radio *pl.* **radios** *s.* **1** radio (radiotelegrafia; radiotelefonia) **2** radiotelegramma **3** — (*set*), radio, apparecchio radiofonico; *car* —, autoradio **4** (*fam. amer.*) panino al tonno.

to **radio** *v.tr.* comunicare, diramare via radio: *the ship radioed its position*, la nave comunicò via radio la sua posizione ◆ *v.intr.* radiotrasmettere, diramare, comunicare via radio.

radio- *pref.* di origine lat. della terminologia scientifica e tecnica; it. radio-; indica **1** relazione con energia raggiante o radiazioni; *radioactivity*, radioattività; *radiotherapist*, radioterapista; *radio -chemistry*, radiochimica; *radiogeology*, radiogeologia; *radionuclide*, radionuclide; *radiostrontium*, stronzio radioattivo **2** relazione con radioonde o con apparecchi radioriceventi o radiotrasmittenti: *radio -goniometer*, radiogoniometro; *radiotelegraphy*, radiotelegrafia.

radioactive [,reɪdɪəʊ'æktɪv / ra·dio·act·ive] *agg.* radioattivo: — (o *radiometric*) *dating*, datazione con radioisotopi; — *decay*, decadimento radioattivo, disintegrazione radioattiva; — *series*, serie, famiglia radioattiva; — *well*, *logging*, carotaggio radioattivo.

radioactivity [,reɪdɪəʊæk'tɪvətɪ / ra·dio·ac·tiv·ity] *s.* radioattività.

radio alarm ['reɪdɪəʊə,lɑ:m] *s.* **1** radiosveglia SIN. alarm-radio **2** radioallarme, allarme dato per radio.

radio altimeter ['reɪdɪəʊ,æltɪmi:tə*] *s.* (*aer.*) radioaltimetro.

radio astronomy ['reɪdɪəʊə,strɒnəmɪ] *s.* (*astr.*) radioastronomia.

radiobiology [,reɪdɪəʊbaɪ'ɒlədʒɪ / ra·dio·bio·logy] *s.* radiobiologia.

radiocarbon [,reɪdɪəʊ'kɑ:bən / ra·dio·car·bon] *s.* radiocarbonio.

radiochronology [,reɪdɪəʊ,krə'nɒlədʒɪ / ra·dio·chrono·logy] *s.* (*geol.*) radiocronologia.

radioclimatology [,reɪdɪəʊ,klaɪmə'tɒlədʒɪ / ra·dio·cli·ma·to·logy] *s.* (*climatologia*) radioclimatologia.

radioconductor [,reɪdɪəʊkən'dʌktə* / ra·dio·con·ductor] *s.* radioconduttore.

radio control ['reɪdɪəʊ,kən'trəʊl] *s.* radiocomando.

to **radio-control** *v.tr.* radiocomandare.

radioecology [,reɪdɪəʊ,i:'kɒlədʒɪ / ra·dio·eco·logy] *s.* radioecologia.

radioelement ['reɪdɪəʊ,elɪmənt / ra·dio·ele·ment] *s.* elemento radioattivo, radioelemento.

radio frequency ['reɪdɪəʊ,fri:kwənsɪ] *s.* (*fis.*) radiofrequenza.

radio galaxy [,reɪdɪəʊ'gæləksɪ] *s.* (*astr.*) radiogalassia.

radiogoniometer ['reɪdɪəʊ,gəʊnɪ'ɒmɪtə* / ra·dio·goni·ometer] *s.* radiogoniometro.

radiogram ['reɪdɪəʊgræm / ra·dio·gram] *s.* **1** radiogramma, marconigramma **2** (abbr. di *radio-gramophone*) radiogrammofono **3** (*med.*) radiogramma; radiografia.

radiograph ['reɪdɪəʊgrɑ:f *amer.*'reɪdɪəʊgræf / ra·dio·graph] *s.* **1** radiografia **2** (*antiq.*) telegrafo senza fili, radiografo.

to **radiograph** *v.tr.* fare la radiografia di; radiografare.

radiographer [,reɪdɪ'ɒgrəfə* / ra·dio·grapher] *s.* radiologo.

radiographic(al) [,reɪdɪəʊ'græfɪk(l) / ra·dio·graphic·(al)] *agg.* radiografico // **-ally** *avv.*

radiography [,reɪdɪ'ɒgrəfɪ / ra·dio·graphy] *s.* radiografia.

radioisotope [,reɪdɪəʊ'aɪsəʊtəʊp / ra·dio·iso·tope] *s.* (*chim.*, *fis.*) radioisotopo.

radiolarian [,reɪdɪəʊ'leərɪən / ra·dio·larian] *agg.* (*geol.*) radiolare: — *ooze*, fango a radiolari.

radiolarite [,reɪdɪəʊ'læraɪt / ra·dio·lar·ite] *s.* (*geol.*) radiolarite.

radiolocation [,reɪdɪəʊləʊ'keɪʃn / ra·dio·loca·tion] *s.* radiolocalizzazione, localizzazione mediante radar.

radiolocator [,reɪdɪəʊləʊ'keɪtə* / ra·dio·loca·tor] *s.* radiolocalizzatore, radar.

radiologic(al) [,reɪdɪəʊ'lɒdʒɪk(l) / ra·dio·lo·gic(al)] *agg.* radiologico.

radiologist [,reɪdɪ'ɒlədʒɪst / ra·di·olo·gist] *s.* radiologo.

radiology [,reɪdɪ'ɒlədʒɪ / ra·di·ology] *s.* radiologia.

radiolysis [,reɪdɪ'ɒləsɪs / ra·di·oly·sis] *s.* (*chim.*) radiolisi.

radiometer [,reɪdɪ'ɒmɪtə* / ra·dio·meter] *s.* radiometro.

radiometric [,reɪdɪəʊ'metrɪk / ra·dio·metric] *agg.* radiometrico // — *dating*, datazione con misure di radiazione.

radiometry [,reɪdɪ'ɒmətrɪ / ra·dio·metry] *s.* (*chim.*) radiometria.

radionuclide [,reɪdɪəʊ'nju:kleɪd *amer.* ,reɪdɪəʊ'nu:kleɪd / ra·dio·nuc·lide] *s.* (*fis.*) radionuclide.

radio-operator ['reɪdɪəʊ,ɒpəreɪtə*] *s.* radiotelegrafista.

radiopaque [,reɪdɪəʊ'peɪk / ra·di·opaque] *agg.* (*med.*) radiopaco: — *agent*, mezzo di contrasto.

radiophone ['reɪdɪəʊfəʊn / ra·dio·phone] *s.* radiotelefono.

radiophonic [,reɪdɪəʊ'fɒnɪk / ra·dio·phonic] *agg.* radiofonico.

radiophony [,reɪdɪ'ɒfənɪ / ra·dio·phony] *s.* radiofonia.

radiophoto ['reɪdɪəʊ,fəʊtəʊ / ra·dio·photo] *s.* radiofoto.

radiophotography [,reɪdɪəʊfə'tɒgrəfɪ / ra·dio·pho·to·graphy] *s.* radiofotografia.

radioscopic(al) [,reɪdɪəʊ'skɒpɪk(l) / ra·dio·scopic(al)] *agg.* radioscopico.

radioscopy [,reɪdɪ'ɒskəpɪ / ra·dio·scopy] *s.* radioscopia.

radiosensitive [,reɪdɪəʊ'sensɪtɪv / ra·dio·sens·it·ive] *agg.* (*med.*) sensibile alle radiazioni; radiosensibile.

radiosensitivity [,reɪdɪəʊ,sensɪ'tɪvətɪ / ra·dio·sens·it·iv·ity] *s.* (*med.*) radiosensibilità.

radiosonde ['reɪdɪəʊ,sɒnd / ra·dio·sonde] *s.* (*meteor.*) radiosonda.

radio source ['reɪdɪəʊ,sɔ:s] *s.* (*astr.*) radiosorgente, radiostella.

radio star ['reɪdɪəʊ,stɑ:*] *s.* (*astr.*) radiostella, radiosorgente discreta.

radio storm ['reɪdɪəʊ,stɔ:m] *s.* (*geofisica*) tempesta magnetica.

radiostrontium [,reɪdɪəʊ'strɒntɪəm / ra·dio·stron·tium] *s.* (*chim.*) stronzio radioattivo.

radiotelegram [,reɪdɪəʊ'telɪgræm / ra·dio·tele·gram] *s.* radiotelegramma, marconigramma.

radiotelegraphy [,reɪdɪəʊtɪ'legrəfɪ / ra·dio·tele·graphy] *s.* radiotelegrafia.

radio telephone [,reɪdɪəʊ'telɪfəʊn] *s.* radiotelefono.

radiotelephony [,reɪdɪəʊtɪ'lefənɪ / ra·dio·tele·phony] *s.* radiotelefonia.

radioteleprinter ['reɪdɪəʊ,telɪ'prɪntə* / ra·dio·tele·printer] *s.* radiotelescrivente.

radio telescope [,reɪdɪəʊ'telɪskəʊp] *s.* (*astr.*) radiotelescopio.

radiotherapeutic ['reɪdɪəʊ,θerə'pju:tɪk / ra·dio·thera·peutic] *agg.* radioterapico.

radiotherapeutics ['reɪdɪəʊ,θerə'pju:tɪks / ra·dio·thera·peutics] *s.* Ⓤ → **radiotherapy**.

radiotherapist [,reɪdɪəʊ'θerəpɪst / ra·dio·thera·pist] *s.* (*med.*) radioterapista.

radiotherapy [,reɪdɪəʊ'θerəpɪ / ra·dio·therapy] **radium-therapy** ['reɪdɪəm ,θerəpɪ] *s.* radioterapia.

radiothorium [,reɪdɪəʊ'θɔ:rɪəm / ra·dio·thor·ium] *s.* (*chim.*) torio radioattivo, torio 228.

radio wave ['reɪdɪəʊ,weɪv] *s.* radioonda, onda radio.

radish ['rædɪʃ / rad·ish] *s.* (*bot.*) **1** (*Raphanus sativus*) ravanello **2** rafano **3** *wild* —, (*Raphanus raphanistrum*) ramolaccio selvatico.

radium ['reɪdjəm / ra·dium] *s.* (*chim.*) radio // — *emanation*, radon.

radius ['reɪdjəs / ra·dius] *pl.* **radii** ['reɪdɪaɪ / ra·dii] *s.* **1** raggio: *I know everybody within a — of five miles*, conosco tutti nel raggio di cinque miglia // *the* (*four-mile*) —, area londinese che si estende per un raggio di quattro miglia da Charing Cross // (*fis.*) — *of curvature*, raggio di curvatura // (*mat.*) — *of a circle*, raggio di un cerchio // (*scient.*) — *vector*, raggio vettore 2 (*fig.*) ambito; campo: *within the — of one's experience*, nell'ambito della propria esperienza 3 (*anat.*) radio.

radix ['reɪdɪks / ra·dix] *pl.* **radixes** ['reɪdɪksɪz / ra·di·xes] **radices** ['reɪdɪsi:z / ra·di·ces] *s.* 1 (*mat.*) radice 2 (*bot.*, *anat.*) radice 3 (*ant.*) radice, origine (di un male ecc.).

radon ['reɪdɒn / ra·don] *s.* (*chim.*) radon.

radula ['rædʒu:lə / rad·ula] *pl.* **radulae** ['rædʒu:li:] *s.* (*zool.*) radula.

raffia ['ræfɪə / raf·fia] *s.* (*bot.*) (*Raphia ruffia*) rafia, raffia // — *goods*, oggetti in rafia.

raffinose ['ræfɪnəʊs / raf·fin·ose] *s.* (*chim.*) raffinosio.

raffle[1] ['ræfl] *s.* riffa, lotteria.

to **raffle**[1] *v.tr.* mettere in palio come premio di una riffa: *the club raffled (off) a car to raise money for charity*, l'associazione ha messo in palio una macchina come premio della lotteria in raccolta di fondi per beneficenza ◆ *v.intr.* (*rar.*) prender parte a una riffa; comprare i biglietti di una lotteria.

raffle[2] *s.* [U] (*non com.*) rifiuti, detriti.

raft [rɑ:ft *amer.* ræft] *s.* 1 zattera 2 massa, insieme di materiale galleggiante (tronchi d'albero, erba, ghiaccio ecc.) 3 (*edil.*) fondazione continua 4 (*amer.*) grande quantità.

to **raft** *v.tr.* trasportare con una zattera; attraversare (un corso d'acqua) su una zattera ◆ *v.intr.* usare una zattera come mezzo di trasporto.

raft-bridge ['rɑ:ft,brɪdʒ *amer.* 'ræft,brɪdʒ] *s.* ponte galleggiante.

rafter[1] ['rɑ:ftə* *amer.* 'ræftə* / raf·ter] *s.* (*edil.*) travetto, travicello (del tetto).

to **rafter**[1] *v.tr.* (*edil.*) fornire di travetti.

rafter[2] *s.* 1 zatteriere 2 chi si occupa della flottazione dei tronchi d'albero.

raftsman ['rɑ:ftsmən *amer.* 'ræftsmən / rafts·man] *pl.* **raftsmen** *s.* chi lavora su zattere; zatteriere.

rag[1] [ræg] *s.* 1 cencio, brandello, straccio; avanzo di stoffa: *in rags*, a brandelli // *a — doll* (o *baby*), una bambola di stoffa // *to feel like a wet —*, (*fig.*) essere esausto // *to be like a red — to a bull*, (*fam.*) far vedere rosso: *arrogant manners are like a red — to a bull to me*, le maniere arroganti mi fanno vedere rosso // *to be on the —*, (*fam. amer.*) essere arrabbiato, irritato 2 (*fig.*) brandello, frammento: *Love, all alike, no season knows, nor clime, / nor hours, days, months, which are the rags of time*, (DONNE) L'amore, tutto uguale, non conosce stagioni, né latitudini, né ore, giorni, mesi, che sono i brandelli del tempo 3 (*gener. pl.*) abito vecchio; vestito a brandelli // *I haven't got a — to wear*, non ho neppure uno straccio da mettermi // *from rags to riches*, dalla miseria alla ricchezza 4 (*fam. spreg.*) giornalaccio, giornale di contenuto scadente 5 (*amer.*) operaio addetto agli scambi ferroviari 6 abbr. di → ragtime 7 brano di musica ragtime 8 (*volg.*) assorbente igienico, tampone.

to **rag**[1] *v.intr.* *to — out*, (*fam. amer.*) mettersi in ghingheri.

rag[2] *s.* 1 (*non com.*) pietra dura 2 (*edil.*) lastra di ardesia (per copertura di tetto) 3 (*geol.*) roccia friabile.

to **rag**[2] *pass.p.p.* **ragged** [rægd] *v.tr.* (*non com.*) frantumare (un minerale) con un martello.

rag[3] *s.* (*sl.*) 1 (*nelle università inglesi*) corteo, manifestazione di studenti allo scopo di raccogliere fondi per opere di beneficenza // — *day*, *week*, giorno, settimana in cui gli studenti universitari organizzano manifestazioni, cortei ecc. a scopo benefico 2 scherzo innocente // *for* (o *as*) *a —*, per scherzo.

to **rag**[3] *v.tr.* 1 (*fam. antiq.*) rimproverare, sgridare severamente 2 (*fam.*) prendere in giro, stuzzicare, tormentare, fare scherzi grossolani a ◆ *v.intr.* essere rumoroso, attaccabrighe.

ragamuffin ['rægə,mʌfɪn / rag·amuf·fin] *s.* (*antiq.*) pezzente, straccione; monello di strada // **-ly** *avv.*

rag-and-bone man [,rægən'bəʊn,mæn] **rag-and-bone merchant** [,rægən'bəʊn 'mɜ:tʃənt] *s.* rigattiere ambulante.

ragbag ['rægbæg / rag·bag] *s.* 1 sacco per gli stracci 2 (*fig.*) confusione, guazzabuglio.

ragbolt ['rægbəʊlt / rag·bolt] *s.* (*mecc.*) bullone di fondazione.

rag-chewing ['ræg,tʃu:ɪŋ] *s.* (*fam. amer.*) il chiacchierare.

rage [reɪdʒ] *s.* 1 rabbia, collera, furore; ardore, furore (bellico): *in the — of the battle*, nell'ardore della battaglia; *to be in a — with s.o.*, essere in collera con qlcu.; *to fly* (o *to get*) *into a —*, andare in collera 2 furia (degli elementi) 3 furore, ispirazione poetica; ispirazione profetica; frenesia musicale 4 mania, passione 5 (*fam.*) moda, oggetto alla moda; persona assai popolare // *to be (all) the —*, essere di gran moda, essere in voga, furoreggiare, far furore 6 (*ant.*) follia.

to **rage** *v.intr.* 1 andare in collera, infuriarsi: *to — against* (o *at*) *s.o.*, essere furioso con qlcu.; *rage, rage against the dying of the light*, (D. THOMAS) infuria, infuria contro il morire della luce 2 infierire; scatenarsi; infuriare (degli elementi): *the plague raged through the land*, nel paese infieriva la peste.

ragged ['rægɪd / rag·ged] *agg.* 1 logoro, lacero, stracciato, cencioso, pezzente: *a — beggar*, un mendicante cencioso; *a — coat*, una giacca a brandelli // *to run s.o. —*, (*fam.*) ridurre qlcu. uno straccio // (*st.*) — *school*, scuola gratuita per bambini poveri 2 scabro, aspro; frastagliato: *a — edge*, un orlo frastagliato 3 ispido, irsuto; spettinato: — *hair*, capelli spettinati 4 rozzo; imperfetto; non uniforme: — *rhymes*, rime imperfette; *a — line of children*, una fila disordinata di bambini; *the choir's singing was —*, il coro andava come voleva 5 stridente, aspro: — *voice*, voce rotta // **-ly** *avv.* // **-ness** *s.*

ragged-lady [,rægɪd'leɪdɪ] *s.* (*bot.*) (*Nigella damascena*) fanciullaccia.

ragged-Robert [,rægɪd'rɒbət] *s.* (*bot.*) (*Geranium robertianum*) geranio roberziano.

ragged-Robin [,rægɪd'rɒbn] *s.* (*bot.*) (*Lychnis flos-cuculi*) fior di cuculo.

raggedy ['rægɪdɪ / rag·gedy] *agg.* non uniforme; frangiato; disordinato.

raggedy-ass ['rægɪdɪ'æs] *agg.* (*fam. amer.*) trasandato; sudicio; sciatto; scadente.

ragging ['rægɪŋ / rag·ging] *s.* 1 (*fam.*) presa in giro; scherzo grossolano: *to get a —*, essere vittima di uno scherzo; *to give s.o. a —*, prendere in giro qlcu. 2 (*fam. amer.*) ramanzina, rimprovero.

raggle-taggle ['rægl'tægl] *agg.* (*fam.*) eterogeneo: *a — crowd of people*, un'accozzaglia di gente.

raghead ['ræghed / rag·head] *s.* (*fam. amer.*) indù, orientale, mediorientale.

raging ['reɪdʒɪŋ / ra·ging] *agg.* furioso; infuriato, impetuoso; violento: *the — ocean*, l'oceano tempestoso // — *fever*, febbre da cavallo // — *mad*, pazzo da legare ◆ *s.* furia, furore; violenza; impeto // **-ly** *avv.*

raglan ['ræglən / rag·lan] *agg.* e *s.* raglan: — *sleeves*, maniche alla raglan • Da lord Raglan, comandante supremo durante la guerra di Crimea.

ragman ['rægmæn / rag·man] *pl.* **ragmen** ['rægmen] *s.* straccivendolo.

rag-money ['ræg,mʌnɪ] *s.* (*fam.*) moneta cartacea.

ragout ['rægu: *amer.* ræ'gu: / rag·out] *s.* (*cuc.*) ragù.

rag-paper ['ræg,peɪpə*] *s.* carta di stracci.

rag-tag ['ræg,tæg] *s.* (*fam. antiq.*) plebaglia, feccia.

ragtime ['rægtaɪm / rag·time] *s.* (*mus.*) ragtime.

rag-trade ['ræg,treɪd] *s.* (*fam.*) industria dell'abbigliamento.

ragwheel ['rægwi:l / rag·wheel] *s.* (*mecc.*) ruota dentata.

ragwort ['rægwɜ:t / rag·wort] *s.* (*bot.*) (*Senecio jacobaea*) erba di San Giacomo.

'rah [rɑ:] *inter.* urrà.

raid [reɪd] *s.* 1 irruzione, incursione, raid; scorreria; rapina (a mano armata); furto: *gangsters made a — on a bank*, malviventi assaltarono una banca; *pirate —*, scorreria di pirati; *the children made a — on the kitchen and took all the cakes*, i bambini fecero irruzione in cucina e presero tutti i dolci 2 irruzione della polizia in ambienti sospetti // *drug —*, retata antidroga 3 incursione aerea 4 (*econ.*, *Borsa*) scalata; aggiotaggio: *a — on a company*, una scalata a una società 5 viaggio (nella realtà virtuale).

to **raid** *v.intr.* fare una scorreria; fare un raid, un'incursione (*anche fig.*); compiere una rapina: *he raided across the border*, fece un'incursione oltre il confine ◆ *v.tr.* 1 fare irruzione in (*anche fig.*); invadere; assalire; attaccare; rapinare (a mano armata): *bandits raided the bank*, dei banditi assaltarono la banca; *the children raided the fridge*, i bambini razziarono il frigorifero; *the police raided the nightclub*, la polizia fece irruzione nel nightclub 2 (*econ.*, *Borsa*) compiere la scalata a (una società ecc.).

raider ['reɪdə*] *s.* 1 invasore; razziatore; predone 2 (*Borsa*) razziatore, scalatore: — *firm* (o — *company*), società che rastrella azioni di un'altra società.

rail[1] [reɪl] *s.* 1 traversa; barra 2 inferriata; cancellata, stecconata 3 parapetto; sponda; ringhiera; balaustra 4 (*mar.*) battagliola, orlo di murata 5 (*ferr.*) rotaia: — *gauge*, scartamento (distanza fra le due rotaie del binario); *central contact —*, (terza) rotaia centrale; *check —*, controrotaia // *by —*, su rotaia, per ferrovia, in treno // *to go off the rails*, deragliare, (*fig.*) uscire dai binari 6 → railway.

to **rail**[1] *v.tr.* 1 fornire di cancelli; provvedere di sbarre // *to — in*, rinchiudere con inferriate ecc.; *to — off*, circondare con inferriate; separare con inferriate ecc. **2** (*non com.*) spedire, trasportare per ferrovia ◆ *v.intr.* (*antiq.*) posare le rotaie.

rail[2] *s.* (*zool.*) rallo.

rail[3] *s.* (*ant.*) rimprovero.

to **rail**[3] *v.intr.* (*form.*) inveire, imprecare (*against*, *at*, contro).

railbird ['reılbɜ:d / rail·bird] *s.* (*fam. amer.*) appassionato di corse di cavalli.

rail-car ['reıl,kɑ:*] *s.* (*amer.*) **1** vagone ferroviario **2** automotrice.

railed [reıld] *agg.* **1** a rotaie **2** chiuso da cancellata **3** (*fam. amer.*) ubriaco.

railhead ['reılhed / rail·head] *s.* **1** estremità di linea ferroviaria in costruzione **2** capolinea; ultima stazione.

railing[1] ['reılıŋ / rail·ing] *agg.* ingiurioso ◆ *s.* ⓤ invettive (*pl.*), imprecazioni (*pl.*) // **-ly** *avv.*

railing[2] *s.* **1** barra, sbarra; *pl.* inferriata; grata; cancellata **2** parapetto; ringhiera; balaustra **3** armamento ferroviario **4** insieme delle rotaie; rete di binari **5** (*elettr.*) grata; disturbo (intenzionale) a palizzata.

raillery ['reılərı / rail·lery] *s.* ⓤ (*form.*) invettive (*pl.*), imprecazioni (*pl.*).

railman ['reılmən / rail·man] *pl.* **railmen** *s.* ferroviere.

rail-motor ['reıl,məʊtə*] *s.* automotrice.

rail post ['reılpəʊst] *s.* (*edil.*) colonnino di ringhiera.

railroad ['reılrəʊd / rail·road] *s.* (*amer.*) → **railway**.

to **railroad** *v.tr.* (*amer.*) **1** trasportare per ferrovia **2** far approvare, far passare con procedura d'urgenza **3** forzare (qlcu.) a fare qlco. **4** (*fam.*) condannare, processare sommariamente **5** (*fam.*) risolvere (una situazione) con un colpo di mano ◆ *v.intr.* fare il ferroviere.

railroad car ['reılrəʊd,kɑ:*] *s.* (*amer.*) vagone ferroviario.

railroader ['reıl,rəʊdə* / rail·roader] *s.* (*amer.*) ferroviere.

railroad ferry ['reılrəʊd,ferı] *s.* (*amer.*) nave traghetto.

railway ['reılweı / rail·way] *s.* **1** ferrovia, strada ferrata: — *cabin*, casello ferroviario; — *company*, compagnia ferroviaria; — *network*, rete ferroviaria; — *rates*, tariffe ferroviarie; — *section*, tronco ferroviario; — *tariff*, tariffa ferroviaria // *scenic* —, ferrovia in miniatura **2** (*amer.*) binario (anche di mezzi di trasporto urbani): *light* —, binario a scartamento ridotto.

railway-carriage ['reılweı,kærıdʒ] *s.* carrozza ferroviaria, vagone passeggeri.

railway-chair ['reılweı,tʃeə*] *s.* ganascia della rotaia.

railway-crossing ['reılweı,krɒsıŋ] *s.* incrocio ferroviario.

railwayman ['reılweımən / rail·way·man] *pl.* **railwaymen** *s.* ferroviere.

railway-sleeper ['reılweı,sli:pə*] *s.* traversina ferroviaria, di binario.

railway station ['reılweı,steıʃn] *s.* stazione ferroviaria.

railway-switch ['reılweı,swıtʃ] *s.* (*ferr.*) scambio.

railway-turnplate ['reılweı,tɜ:npleıt] *s.* piattaforma (ferroviaria) girevole.

raiment ['reımənt / rai·ment] *s.* ⓤ (*letter.*) veste, vesti; abbigliamento: *he saw himself... in the fair raiment of a king...*, (O. WILDE) si vide... nella bella veste di un re...

rain [reın] *s.* **1** pioggia (*anche fig.*): *driving* (o *pelting*) —, pioggia scrosciante; *in the* —, sotto la pioggia; *to be caught in the* —, essere sorpreso dalla pioggia; *to be drenched with* —, essere inzuppato di pioggia; *to go out in the* —, uscire sotto la pioggia; *it looks like* —, vuol piovere; *a — of bullets*, una pioggia di proiettili // (*come*) — *or shine*, con il brutto o con il bel tempo; (*fig.*) accada quel che accada // *to be as right as* —, (*fam.*) sentirsi in forma, in ottima salute // (*teatr.*) — *box*, macchina per imitare la pioggia **2** *pl.* piogge; stagione delle piogge.

to **rain** *v.intr.* e *tr. impers.* piovere: *it has been raining all day*, ha piovuto tutto il giorno; *it's raining cats and dogs*, piove a catinelle; *it is raining in torrents*, piove a dirotto // *it never rains but it pours*, (*prov.*) le disgrazie non vengono mai sole; piove sempre sul bagnato // *it rained on his parade*, (*fam. amer.*) gli hanno guastato la festa ◆ *v.intr.* (*fig.*) piovere; riversarsi; scorrere: *bombs were raining down*, le bombe piovevano dal cielo; *tears rained down her cheeks*, le lacrime scorrevano sulle sue guance ◆ *v.tr.* **1** *to get rained on*, bagnarsi di pioggia: *the washing got rained on*, il bucato si è bagnato **2** (*fig.*) coprire, ricoprire: *she rained insults on him*, lo coprì di insulti.

□ **rain down** *v.tr.* e *intr.* e *avv.* (*on*) riversare, riversarsi.

□ **rain off** *v.tr.* e *avv.* rimandare, sospendere per pioggia: *the match was rained off*, la partita fu rimandata per la pioggia.

□ **rain** (**down**) **on** → to rain down.

□ **rain out** *v.intr.* e *tr.* e *avv.* **1** smettere di piovere: *it soon rained* (*itself*) *out*, ben presto smise di piovere **2** (*spec. amer.*) → to rain off.

rain-bird ['reınbɜ:d] *s.* (*zool.*) picchio verde → **green woodpecker**.

rainbow ['reınbəʊ / rain·bow] *s.* arcobaleno.

rain check ['reıntʃek] *s.* (*fam. amer.*) buono che in caso di maltempo dà diritto all'ingresso in altra data // *to take a* —, rifiutare un invito ma conservare la possibilità di avvalersene in altra data.

raincloud ['reınklaʊd / rain·cloud] *s.* nembo.

raincoat ['reınkəʊt / rain·coat] *s.* impermeabile.

raindrop ['reındrɒp / rain·drop] *s.* goccia di pioggia.

rainfall ['reınfɔ:l / rain·fall] *s.* **1** pioggia **2** (*meteor.*) precipitazione; piovosità: *annual* —, piovosità annuale.

rain forest ['reın,fɒrıst *amer.* 'reın,fɔ:rıst] *s.* foresta pluviale.

rain gauge ['reın,geıdʒ] amer. **rain gage** *s.* (*meteor.*) pluviometro SIN. ombrometer, pluviometer, udometer.

rainless ['reınlıs / rain·less] *agg.* senza pioggia, secco.

rainmaker ['reın,meıkə* / rain·maker] *s.* **1** mago della pioggia (presso gli indiani o i popoli primitivi) **2** (*sl. amer.*) avvocato particolarmente abile.

rainmaking ['reın,meıkıŋ / rain·mak·ing] *s.* (*meteor.*) stimolazione artificiale della pioggia.

rainproof ['reınpru:f / rain·proof] *agg.* impermeabile: — *fabric*, *material*, tessuto, materiale impermeabile.

to **rainproof** *v.tr.* impermeabilizzare, rendere impermeabile.

rain-shadow ['reın,ʃædəʊ] *s.* zona poco piovosa (perché riparata dalle colline).

rainstorm ['reınstɔ:m / rain·storm] *s.* temporale.

rainwater ['reınwɔ:tə* / rain·water] *s.* acqua piovana.

rain-worm ['reınwɜ:m] *s.* (*zool.*) lombrico, verme di terra SIN. dew -worm, earthworm AMER. night crawler.

rainy ['reını] *agg.* piovoso, di pioggia: — *season*, stagione piovosa; stagione delle piogge; — *weather*, *climate*, tempo, clima piovoso; — *day*, giorno piovoso; (*fig.*) avversità, tempi duri (*pl.*): *to save sthg. for* (o *against*) — *day*, mettere qlco. da parte per i momenti di bisogno // **-ily** *avv.* // **-iness** *s.*

raise[1] [reız] *s.* **1** aumento **2** (*fam. amer.*) aumento di salario.

to **raise**[1] *v.tr.* **1** alzare, levare; elevare, innalzare; sollevare, tirar su, rialzare: *he raised a great weight*, sollevò un grosso peso; *to — one's eyes*, alzare gli occhi; *to — one's eyebrows*, aggrottare le sopracciglia; (*fig.*) esprimere sorpresa; esprimere un dubbio; *to — one's glass to*, brindare alla salute di; *to — one's hat*, levarsi il cappello (per salutare); *to — one's hand to* (o *against*) *s.o.*, alzare la mano su qlcu.; *to — to the throne*, elevare al trono; *he was raised to the rank of colonel*, fu promosso colonnello; *inflation is raising its* (*ugly*) *head again*, l'inflazione sta facendo la sua riapparizione // *to — s.o. from the dead*, fare risuscitare qlcu. (*anche fig.*) // (*mat.*) *to — a number to the* n^{th} *power*, elevare un numero all'ennesima potenza **2** (*fig.*) levare, sollevare; proporre; suscitare, causare, provocare; evocare: *to — a claim*, avanzare una pretesa; *to — memories*, evocare dei ricordi; *to — a laugh*, suscitare una risata; *to — an objection*, sollevare una obiezione (*anche dir.*); *to — a question*, fare una domanda; *to — a shout*, levare un grido; *to — one's voice*, alzare la voce; *to — s.o.'s spirits*, sollevare il morale a qlcu.; *he raised a weak smile*, accennò a un sorriso // *to — Cain* (o *the devil* o *hell* o *the roof*), (*fam.*) scatenare un putiferio **3** (*form.*) costruire; erigere: *they raised a palace*, costruirono un palazzo **4** (*edil.*) rialzare, sopraelevare **5** allevare (*anche zool.*); (*bot.*) coltivare; produrre: *she raised a large family*, allevò ed educò una numerosa famiglia; *to — cattle*, allevare bestiame; *to — corn*, coltivare grano **6** procurarsi (denaro); riscuotere (imposte): *to — capital*, procurarsi, raccogliere capitali **7** far salire, aumentare, elevare (prezzo, valore, potenza ecc.): *they raised the price of the goods*, aumentarono il prezzo della merce; *to — the power on an engine*, elevare la potenza di un motore **8** (*tess.*) garzare **9** togliere, levare (un assedio, una proibizione): *to — a siege*, *a blockade*, togliere l'assedio, il blocco **10** (*mil.*) raccogliere (nuove leve), arruolare **11** (*rad.*, *tel.*) mettersi in contatto con, contattare **12** (*elettr.*, *inform.*) azionare (un interruttore); eccitare (una linea di trasmissione); inserire, applicare (uno stato); alzare (la penna del plotter); generare (un segnale) **13** (*carte*) rilanciare, aumentare (la posta).

raise[2] *s.* **1** (*ind. miner.*) fornello: *finger* —, fornello di spillamento // — *boring machine* (o — *borer* o — *drill*), fornellatrice **2** → cairn.

raised [reɪzd] *agg.* **1** sollevato, alzato // (*banca*) — *cheque*, assegno corretto (in più) **2** in rilievo: — *embroidery*, ricamo in rilievo **3** (*cuc.*) lievitato.

raiser ['reɪzə*] *s.* **1** chi solleva, innalza **2** allevatore (di bestiame); coltivatore **3** (*trib.*) ricevitore (di imposte).

raisin ['reɪzn] *s.* (*spec. pl.*) uva passa, zibibbo // — *bread*, pane con l'uva.

raising ['reɪzɪŋ / rais·ing] *s.* **1** innalzamento, sollevamento; aumento (di prezzi) **2** allevamento (di bestiame); coltivazione **3** (*trib.*) riscossione (di imposte) **4** educazione (di bambini) **5** (*edil.*) erezione, costruzione; sopraelevazione **6** (*tess.*) garzatura.

raison d'être [,reɪzɔ:ŋ'deɪtrə*] *s.* (*form.*) scopo; giustificazione.

raj [rɑ:dʒ] *s.* (*angloindiano*) sovranità; dominio; regno.

raja(h) ['rɑ:dʒə] *s.* rajah, ragià.

rake[1] [reɪk] *s.* **1** rastrello // *as lean as a* —, magro come un chiodo **2** persona molto magra.

to **rake**[1] *v.tr.* **1** rastrellare; raccogliere (*anche fig.*): *to — the leaves, the garden*, rastrellare le foglie, il giardino; *police raked together convincing evidence*, la polizia raccolse prove convincenti **2** attizzare (il fuoco) **3** raschiare, grattare; sfiorare **4** rastrellare, setacciare, cercare a fondo; scandagliare (*anche fig.*): *the detective raked the town to find a witness*, il detective rastrellò, setacciò la città per trovare un testimone **5** agire a ventaglio (su un'area determinata); sparare a ventaglio; illuminare a ventaglio: *after the escape the searchlights raked the concentration camp*, dopo l'evasione le fotoelettriche perlustrarono il campo di concentramento; *the rescue team raked the sea with powerful binoculars*, la squadra di salvataggio esplorava il mare con potenti binocoli **6** percorrere rapidamente con lo sguardo: *the teacher raked the class from end to end*, l'insegnante scrutò rapidamente la classe da cima a fondo **7** inseguire la preda al volo (di falco).

□ **rake about, rake around** *v.tr.* e *avv.* cercare con attenzione: *he raked around among the leaves for clues to the crime*, cercò con attenzione in mezzo alle foglie per trovare indizi del crimine.

□ **rake in** *v.tr.* e *avv.* guadagnare, racimolare (molto denaro): *his new film is really raking in the money*, il suo nuovo film sta facendo un sacco di soldi.

□ **rake off** *v.tr.* e *avv.* prendere una percentuale, una tangente: *the Mafia rakes off ten per cent from all the businesses in the market*, la mafia prende tangenti del dieci per cento da tutti gli esercenti del mercato.

□ **rake out** *v.tr.* e *avv.* **1** togliere, raccogliere **2** scovare, trovare (dopo una ricerca): *the newspaper had raked out some confidential information*, il giornale aveva scovato alcune informazioni confidenziali.

□ **rake over** *v.tr.* e *avv.* rivangare, rievocare, ricordare (spec. cose spiacevoli): *to — over old ashes*, rivangare il passato.

□ **rake round** *v.tr.* e *avv.* → to rake around.

□ **rake through** *v.tr.* e *avv.* esaminare attentamente (documenti, libri, prove ecc.); perquisire: *they raked through the files*, esaminarono con cura l'archivio.

□ **rake up** *v.tr.* e *avv.* **1** raccogliere, tirar su **2** attizzare (fuoco ecc.).

rake[2] *s.* **1** (*mar.*) slancio: — *of the stem*, slancio del dritto di prua **2** inclinazione, pendenza (*anche mar.*) **3** (*mecc.*) angolo di inclinazione, di spoglia.

to **rake**[2] *v.intr.* (*mar.*) pendere, inclinarsi; avere un'inclinazione ◆ *v.tr.* inclinare, dare una inclinazione a.

rake[3] *s.* individuo scapestrato; libertino.

to **rake**[3] *v.intr.* (*antiq.*) essere un libertino; condurre una vita dissipata.

rakehell ['reɪkhel / rake·hell] *s.* (*ant.*) individuo scostumato; libertino.

rake-off ['reɪkɒf *amer.* 'reɪkɔ:f] *s.* **1** provvigione (del mediatore) **2** (*dir. sl.*) tangente; sconto illegale; compenso illecito.

raking ['reɪkɪŋ / rak·ing] *s.* (*agr.*) allineamento (di piante).

rakish[1] ['reɪkɪʃ / rak·ish] *agg.* **1** scostumato, dissoluto, libertino **2** sbarazzino; provocante: *her — charm bewitched everyone*, il suo fascino provocante ammaliava tutti // **-ly** *avv.* // **-ness** *s.*

rakish[2] *agg.* slanciato, dalla forma snella (di nave); di tipo corsaro (di nave).

rally[1] ['rælɪ] *s.* **1** comizio; manifestazione; dimostrazione; adunata: *an electoral* —, un comizio elettorale; *an anti-apartheid* —, una manifestazione antiapartheid **2** ripresa, recupero (di prestazioni): *to make a* —, recuperare **3** (*Borsa*) recupero in controtendenza (di prezzo di azioni e simili) **4** (*sport*) rally, gara automobilistica **5** scambio ripetuto di colpi veloci (a tennis, squash ecc.).

to **rally**[1] *v.tr.* **1** raccogliere, chiamare a raccolta; radunare; riunire: *he rallied his fleeing troops*, radunò le sue truppe in fuga **2** rianimare, incoraggiare: *his words rallied his supporters*, le sue parole infusero coraggio nei suoi sostenitori ◆ *v.intr.* **1** riunirsi; radunarsi: *the demonstrators rallied in the main square*, i dimostranti si radunarono nella piazza principale; *the party rallied to the support of the Prime Minister*, il partito fece quadrato intorno al Primo Ministro **2** recuperare i sensi; riprendere coraggio; rianimarsi; rimettersi in forze; riprendersi: *despite the initial setbacks, we rallied and eventually took the hill*, nonostante i ripiegamenti iniziali ci riprendemmo e conquistammo infine la collina.

□ **rally round** *v.intr.* e *avv.* o *prep.* venire in aiuto (di), raccogliersi, stringersi intorno (a): *on that occasion his friends rallied round (him)*, in quella circostanza i suoi amici si strinsero intorno a lui.

rally[2] *s.* (*ant.*) canzonatura; motteggio.

to **rally**[2] *v.tr.* (*ant.*) canzonare, motteggiare.

rallying ['rælɪɪŋ / ral·ly·ing] *agg.* che raduna // *a — cry*, grido di guerra; (*fig.*) motto, slogan.

to **ralph** [rælf] *v.tr.* e *intr.* (*fam. amer.*) vomitare.

ram[1] [ræm] *s.* **1** (*zool.*) ariete, montone // (*astr.*) *the Ram*, l'Ariete **2** (*mil.*) ariete **3** (*mar.*) sperone (di nave); nave munita di sperone **4** (*mecc.*) slittone; pistone; mazza battente.

to **ram**[1] *pass.p.p.* **rammed** [ræmd] *v.tr.* **1** speronare (*anche mar.*) **2** conficcare con forza: *he rammed his hat down on his head*, si ficcò il cappello in testa // *to — sthg. home*, premere, conficcare fino in fondo; (*fig.*) far capire, mettere in evidenza, ficcare bene in testa: *the alarming increase in drug-deaths rammed home the need for new measures* (o *rammed the need for new measures home*), l'allarmante aumento dei morti per droga fece capire la necessità di nuove misure // *to — sthg. down s.o.'s throat*, (*fig.*) imporre con la forza, far ingoiare qlco. a qlcu. **3** (*non com.*) spianare (il terreno) con mazza di legno.

ram[2] *s.* (*mar.*) lunghezza completa di un veliero.

Ramadan [,ræmə'dæn / Ram·adan] *s.* Ramadan (nono mese del calendario arabo, epoca di digiuno religioso).

ramal ['reɪməl] *agg.* (*bot.*) di ramo, appartenente a ramo.

ramble ['ræmbl] *s.* passeggiata (senza meta); gita; escursione: *nature* —, passeggiata naturalistica.

to **ramble** *v.intr.* **1** gironzolare; vagare: *to — through the streets*, vagare per le strade **2** (*fig.*) divagare; vaneggiare: *he spent all afternoon rambling on about his days in the army*, passò tutto il pomeriggio a raccontare di quando era sotto le armi **3** estendersi senza ordine (di vegetazione).

rambler ['ræmblə* / ram·bler] *s.* **1** chi passeggia, percorre un paese senza meta **2** (*fig.*) chi divaga **3** (*bot.*) rampicante // — (*rose*), rosa rampicante.

rambling ['ræmblɪŋ / ram·bling] *agg.* **1** errante, errabondo, girovago, vagante // — *thoughts*, divagazioni **2** sconnesso; incoerente; inconseguente **3** (*bot.*) rampicante **4** (*di edificio*) a struttura irregolare; ampio, esteso: *she lived in a — old mansion*, viveva in una vecchia casa irregolarmente articolata.

ramblingly ['ræmblɪŋlɪ / ram·bling·ly] *avv.* **1** errando qua e là **2** (*fig.*) sconnessamente; incoerentemente.

rambunctious [ræm'bʌŋkʃəs / ram·bunc·tious] *agg.* (*fam.*) rumoroso; turbolento; sfrenato.

ramie ['ræmɪ] *s.* **1** (*bot.*) (*Boehmeria nivea*) ramia, ramie; (*pop.*) ortica bianca **2** (*tess.*) ramia, ramié.

ramification [,ræmɪfɪ'keɪʃn / ra·mi·fica·tion] *s.* (*form.*) ramificazione, diramazione; implicazione: *ramifications of a problem, a decision*, le implicazioni di un problema, di una decisione.

to **ramify** ['ræmɪfaɪ / ram·ify] *v.tr.* (*form.*) ramificare ◆ *v.intr.* ramificarsi.

ramjet (engine) ['ræmdʒet(,endʒɪn)] *s.* (*aer.*) statoreattore; autoreattore.

rammer ['ræmə* / ram·mer] *s.* **1** pestello **2** (*edil.*) pillo; battipalo; mazzapicchio **3** (*mil.*) calcatoio; cacciaproietti.

rammy ['ræmɪ] *agg.* (*sl. amer.*) eccitato (sessualmente), arrapato.

ramose [rə'məʊs / ram·ose] **ramous** ['reɪməs / ram·ous] *agg.* (*bot.*) (*non com.*) ramoso, ramificato.

ramp [ræmp] *s.* **1** rampa (di accesso a garage ecc.); pendio; piano inclinato // *launching* —, rampa di lancio **2** dislivello **3** (*aer.*) scaletta (d'accesso).

to **ramp** *v.intr.* **1** (*arald.*) rampare **2** (*scherz. antiq.*) infuriare, tempestare **3** (*antiq.*) gesticolare in modo minaccioso **4** (*arch. mil.*) costruire a rampa **5** (*dial.*) arrampicarsi, scalare.

rampage [ræm'peɪdʒ / ram·page] *s.* azione, contegno violento, sfrenato: *to be on the* —, (*fam.*) prendersela con tutti; comportarsi da matto; *to go on the* —, (*fam.*) comportarsi violentemente, scatenarsi.

to **rampage** *v.intr.* (*fam.*) comportarsi in modo violento, sfrenato; scatenarsi.

rampageous [ræm'peɪdʒəs / ram·pa·geous] *agg.* (*form.*) violento; furioso; sfrenato // **-ly** *avv.* // **-ness** *s.*

rampancy ['ræmpənsɪ / ramp·ancy] *s.* (*non com.*) **1** violenza; aggressività; sfrenatezza **2** rigoglio; esuberanza.

rampant ['ræmpənt / ramp·ant] *agg.* **1** dilagante, che imperversa; — *political corruption*, una dilagante corruzione politica **2** esuberante, lussureggiante (di piante ecc.) **3** (*arald., arch.*) rampante // **-ly** *avv.*

rampart ['ræmpɑ:t / ram·part] *s.* **1** bastione **2** (*fig.*) difesa.

to **rampart** *v.tr.* (*non com.*) circondare di bastioni, fortificare.

rampike ['ræmpaɪk / ram·pike] *s.* (*amer.*) albero morto (spec. per incendio).

rampion ['ræmpjən / ram·pion] *s.* (*bot.*) (*Campanula rapunculus*) raperonzolo.

ramrod ['ræmrɒd / ram·rod] *s.* bacchetta (di fucile); scovolo (di pezzo d'artiglieria) // *stiff* (o *straight*) *as a* —, dritto come un fuso, dal portamento eretto ◆ *agg.* impalato, teso in posizione verticale.

ramshackle ['ræm,ʃækl / ram·shackle] *agg.* decrepito, che cade in rovina, instabile, sgangherato (di costruzione, veicolo): — *old house*, vecchia casa cadente.

ramson ['ræmsən / ram·son] *s.* (*bot.*) (*Allium ursinum*) aglio orsino.

ran *pass.* di to **run**.

ranch [rɑ:ntʃ *amer.* ræntʃ] *s.* **1** ranch, grande fattoria con allevamento di bestiame (negli Stati Uniti) **2** (*amer.*) fattoria a monoproduzione.

to **ranch** *v.intr.* (*amer.*) dirigere un ranch.

rancher ['rɑ:ntʃə* *amer.* 'ræntʃə*] *s.* chi possiede, dirige un ranch.

ranch house ['rɑ:ntʃhaʊs *amer.* 'ræntʃ'haʊs] *s.* casa in un ranch; casa a un piano.

ranchman ['rɑ:ntʃmən *amer.* 'ræntʃmən / ranch·man] *pl.* **ranchmen** → **rancher**.

rancid ['rænsɪd / ran·cid] *agg.* rancido // **-ly** *avv.* // **-ness** *s.*

rancidity [ræn'sɪdətɪ / ran·cid·ity] *s.* rancidità.

rancor *s.* (*amer.*) → **rancour**.

rancorous ['ræŋkərəs / ran·cor·ous] *agg.* (*form.*) acrimonioso, pieno di rancore, astioso // **-ly** *avv.* // **-ness** *s.*

rancour ['ræŋkə* / ran·cour] *s.* (*form.*) rancore, acrimonia, astio, livore.

rand[1] [rænd] *s.* **1** soletta (di scarpa) **2** (*ant. dial.*) orlo, margine (spec. di campo, prato) **3** altopiano sui fianchi della valle di un fiume (in Sudafrica).

rand[2] *s.pl.invar.* rand, unità monetaria della Repubblica Sudafricana • Da *Rand*, abbr. di *Witwatersrand*, nome del più importante distretto aurifero del Transvaal.

randan ['rændæn / ran·dan] *s.* imbarcazione da regata a tre.

randem ['rændəm / ran·dem] *s.* (*non com.*) tiro a tre.

random ['rændəm / ran·dom] *agg.* **1** (fatto) a caso; casuale, fortuito; a casaccio: *a — shot*, un tiro a caso // (*med.*) — *controlled trial*, sperimentazione casuale controllata // (*fis.*) — *noise*, rumore casuale // (*mat.*) — *number, variable*, numero, variabile casuale // (*stat.*): — *walk*, passeggiata casuale; — *sampling*, campionamento casuale; — *error*, errore casuale // (*inform.*): — *access*, accesso casuale; — *access memory* (RAM), memoria ad accesso casuale; — *by key access*, (IBM) accesso diretto per chiave; — *logic*, logica a circuiti discreti; — *check*, controllo casuale, mediante sondaggio // (*tecn.*) — *inspection*, controllo, collaudo casuale, di pezzi scelti a caso **2** (*edil.*) irregolare, con pietre di diversa forma ◆ *s.* (*rar.*) caso // comune la locuz. *at* —, a caso, a casaccio; sbadatamente // **-ly** *avv.* // **-ness** *s.*

randomization [,rændəmaɪz'eɪʃn / ran·dom·iza·tion] *s.* **1** (*stat.*) randomizzazione **2** (*inform.*) inserimento di un elemento a indirizzo calcolato.

to **randomize** ['rændəmaɪz / ran·dom·ize] *v.tr.* (*stat.*) randomizzare.

randy ['rændɪ] *agg.* **1** (*scoz.*) vociante, rumoroso; volgare **2** (*scoz.*) selvatico (di animale) **3** (*fam.*) lascivo, libidinoso; sessualmente eccitato // **-ily** *avv.* // **-iness** *s.*

ranee [rɑ:'ni:] *s.* moglie di ragià.

rang *pass.* di to **ring** 2.

range [reɪndʒ] *s.* **1** gittata, tiro, portata; (*mar., aer.*) autonomia (di percorso): *within a — of twenty miles*, nel raggio di venti miglia; *speak to me as soon as you think I'm within* —, parlami appena ritieni che io sia a portata di voce; *the enemy were out of* —, il nemico era fuori tiro; *a rifle that has a — of...*, fucile che ha una portata di... // (*radar*) — *indication*, indicazione della distanza, della portata **2** ambito, campo, raggio (d'azione), sfera; gamma: — *of action*, campo di attività; *a wide — of colours*, una vasta gamma di colori; *a complete — of cooking equipment*, una serie completa, un assortimento completo di utensili da cucina; *within, beyond my* —, alla, fuori della mia portata; *the — of her reading was astonishing*, le sue letture abbracciavano un campo molto vasto // *operating* —, raggio d'azione // (*econ.*): *the firm's — of activities*, il campo di attività dell'impresa; — *of salary*, fascia retributiva // *audio* —, gamma delle audiofrequenze **3** (*inform.*) campo di variabilità; gamma, ventaglio (di prodotti); zona di regolazione; insieme di regole; capacità di un elaboratore; dominio, estensione, portata; limiti estremi; banda **4** (*fis.*) escursione, campo d'azione; scala, gradazione; variazione, oscillazione (di barometro ecc.) **5** (*mus.*) estensione **6** fila, schiera; catena (di montagne); (*amer.*) serie di agglomerati urbani: *mountain* —, catena montuosa; *that great face of war, whose several ranges / frighted each other*, (SH. Antony and Cleopatra) quell'immane fronte della guerra, i cui opposti schieramenti si atterrivano a vicenda **7** spazio, distesa; habitat (di animale, pianta); (*amer.*) pascolo aperto, libero // — *cattle*, bestiame al pascolo libero // (*ecol.*) — *zone*, zona di distribuzione (di una specie) **8** cucina economica **9** poligono, campo di tiro; poligono sperimentale; rampa di lancio per missili **10** (*mat.*) immagine: — *of a function*, immagine di una funzione.

to **range** *v.tr.* **1** allineare, disporre, ordinare; schierare: *they ranged the troops*, allinearono le truppe; *to — oneself with, against s.o.*, schierarsi con, contro qlcu. **2** errare, vagare per; (*mar.*) costeggiare: *to — the woods*, errare per i boschi **3** (*form.*) classificare, annoverare: *he is ranged among the best novelists*, è annoverato tra i migliori romanzieri **4** (*mil.*) puntare per il tiro; dare l'alzo a **5** (*spec. amer.*) pascolare, portare al pascolo ◆ *v.intr.* **1** variare, oscillare: *temperatures ranging from ten to thirty degrees*, temperature che oscillano fra i dieci e i trenta gradi; *houses here — from the modest cottage to the manor house*, le case qui vanno dal piccolo villino alla casa padronale **2** estendersi, allungarsi: *hills ranging towards the sea*, colline che si estendono verso, che si allungano fino al mare **3** girovagare, errare, vagare: *we ranged over the Pennines*, vagammo per i monti Pennini **4** (*fig.*) spaziare: *his book ranges over five centuries of Greek history*, il suo libro spazia su cinque secoli di storia greca **5** (*mil.*) avere una gittata, una portata di: *his gun ranges over a mile*, il suo fucile ha una portata di oltre un miglio.

ranged [reɪndʒd] *agg.* (*ant.*) vasto, esteso: *Let Rome in Tiber melt, and the wide arch / of the ranged empire fall!*, (SH. Antony and Cleopatra) Si dissolva Roma nel Tevere, e crolli l'ampio arco del vasto impero!

range finder ['reɪndʒ,faɪndə*] *s.* telemetro (per il puntamento di armi da fuoco).

rangeland ['reɪndʒlənd / range·land] *s.* (*amer.*) (terreno adatto a) pascolo.

ranger ['reɪndʒə*] *s.* **1** guardia forestale; guardaboschi; guardiano di un parco, di una foresta reale (in Gran Bretagna) **2** (*ant.*) vagabondo **3** bracco, segugio **4** poliziotto, guardia a cavallo (nell'America del Nord) **5** giovane esploratrice anziana **6** componente di un commando, di un reparto di truppe d'assalto (negli USA).

rangership ['reɪndʒəʃɪp / ranger·ship] *s.* carica di guardia forestale.

rangy ['reɪndʒɪ] *agg.* **1** capace di coprire lunghe distanze; che ama girovagare **2** dalle gambe lunghe; slanciato, sottile **3** (*non com.*) spazioso (di luogo).

rani → **ranee**.

rank[1] [ræŋk] *agg.* **1** lussureggiante, rigoglioso; (troppo) fertile: — *vegetation*, vegetazione lussureggiante; — *weeds*, erbacce rigogliose **2** rozzo, volgare; triviale; indecente **3** puzzolente, fetido; rancido; forte (di odore) **4** completo, totale, bell'e buono, vero e proprio: — *nonsense*, idiozia estrema // **-ly** *avv.* // **-ness** *s.*

rank[2] *s.* **1** (*mil.*) fila, rango, schiera; *pl.* soldati semplici, truppa: *to break* (*the*) *ranks*, rompere le file, le righe; (*fig.*) uscire dai ranghi, contravvenire a patti, norme ecc.; *to close* (*the*) *ranks*, serrare le file; (*fig.*) serrare i ranghi; *to keep* (*the*) *ranks*, restare allineati, stare in riga; *to rise from the* —, diventare ufficiale (da soldato semplice); (*fig.*) venire dalla gavetta; *to serve in the ranks*, essere soldato semplice // *the — and file*, la truppa; (*fig.*) la base, i militanti (di un sindacato ecc.): (*pol.*) — *-and-file members*, la base // *reduction to the ranks*, degradazione **2** rango; classe sociale; ordine; grado (gerarchico): *the — of admiral*, il grado di ammiraglio; *a writer of the first* (o *front* o *top*) —, uno scrittore di primo piano; *he is a person of* (*high*) —, è una persona di alto rango // *to pull — on s.o.*, (*fam.*) far pesare il proprio grado, la propria autorità su qlcu. // (*stat.*) *— correlation*, cograduazione **3** fila; linea **4** posteggio, stazione (di taxi) **5** (*mat., inform.*) rango: *— of a matrix*, rango, caratteristica di una matrice **6** *pl.* massa, schiera, file: *many graduates have swelled the ranks of the unemployed*, parecchi laureati hanno ingrossato le file dei disoccupati.

to **rank**[2] *v.tr.* **1** allineare; schierare; mettere in fila, in riga; disporre in ordine, ordinare, sistemare **2** classificare, assegnare un posto a, collocare nel rango, nel novero, nel numero; considerare, reputare: *he is ranked the second -best tennis player in the world*, è considerato il secondo tennista del mondo **3** (*mil. amer.*) essere più elevato in grado di **4** (*sl. amer.*) rivelare la colpa di, tradire (la colpevolezza di) ◆ *v.intr.* **1** allinearsi; schierarsi, mettersi in fila, in riga **2** classificarsi; collocarsi; essere nel rango, nel novero, nel numero: *he ranks next to the president*, il suo grado è inferiore solo a quello del presidente; *he ranks among the great artists*, si colloca nel numero dei grandi artisti; *to — above the average*, collocarsi al di sopra della media.

ranker [ˈræŋkə*] *s.* (*mil.*) **1** soldato semplice **2** ufficiale proveniente dalla gavetta.

ranking [ˈræŋkɪŋ / rank·ing] *s.* posizione (in una graduatoria, in una classifica) ◆ *agg.* **1** (*mil. amer.*) di grado più elevato: *the — officer*, l'ufficiale di grado più elevato **2** (*spec. amer.*) importante, celebre, eminente, illustre: *a — tennis player*, un famoso tennista **3** (*nei composti*) di grado; in una determinata posizione (in una graduatoria, classifica ecc.): *high- —*, di alto grado, di rango elevato; *fifth- —*, in quinta posizione, al quinto posto.

to **rankle** [ˈræŋkl] *v.intr.* **1** (*non com.*) infiammarsi, essere infiammato; bruciare; dolere; suppurare (di ferita) **2** (*fig.*) bruciare, scottare, far male: *her words rankled in his mind*, le parole di lei lo ferirono profondamente; *his behaviour still rankles with me*, il suo comportamento mi fa ancora male; *envy rankles with* (o *in*) *him*, si rode d'invidia ◆ *v.tr.* **1** (*non com.*) infiammare; far suppurare (una ferita) **2** (*fig.*) irritare, affliggere, amareggiare.

to **ransack** [ˈrænsæk *amer.* rænˈsæk / ran·sack] *v.tr.* **1** frugare, rovistare **2** saccheggiare, depredare; svaligiare: *to — a city*, saccheggiare una città; *to — a safe*, svaligiare, svuotare una cassaforte.

ransacker [ˈrænsækə* / ran·sacker] *s.* saccheggiatore; predone.

ransom [ˈrænsəm / ran·som] *s.* riscatto; prezzo del riscatto; *to hold s.o. to —*, tenere qlcu. prigioniero, in ostaggio fino al pagamento del riscatto; *the country will not be held to — by a small group of strikers*, il paese non subirà il ricatto di un pugno di scioperanti; *to pay the —*, pagare il riscatto // (*dir.*) *kidnapping for —*, sequestro di persona a scopo di estorsione // *to be worth a king's —*, (*fam.*) essere di grande valore.

to **ransom** *v.tr.* **1** riscattare: *to — a prisoner*, riscattare un prigioniero **2** (*teol.*) redimere; salvare.

ransomer [ˈrænsəmə* / ran·somer] *s.* riscattatore, chi riscatta, chi paga un riscatto.

rant [rænt] *s.* (*form. spreg.*) declamazione; linguaggio vuoto e ampolloso; discorso enfatico, esaltato; farneticamento.

to **rant** *v.intr.* parlare in modo vuoto e ampolloso, declamare; strepitare; farneticare: *the preacher was ranting about* (o *on*) *the decadence in our society*, il predicatore tuonava a proposito della decadenza della nostra società // *to — and rave*, far fuoco e fiamme; strepitare farneticando, delirare ◆ *v.tr.* declamare, dire in tono vuoto e ampolloso, enfatico, esaltato.

ranter [ˈræntə*] *s.* (*form.*) declamatore ampolloso; predicatore esaltato; esaltato.

ranting [ˈræntɪŋ / rant·ing] *agg.* declamatorio; ampolloso, altisonante; esaltato; farneticante ◆ *s.* [U] declamazione vuota e ampollosa; discorso enfatico, esaltato; farneticante // **-ly** *avv.*

ranunculus [rəˈnʌŋkjʊləs / ra·nun·cu·lus] *pl.* **ranunculuses** [rəˈnʌŋkjʊləsɪz / ra·nun·cu·lu·ses] **ranunculi** [rəˈnʌŋkjʊlaɪ / ra·nun·culi] *s.* (*bot.*) ranuncolo.

rap[1] [ræp] *s.* **1** colpo (secco), colpetto; bussata: *a — on the knuckles*, un colpo sulle nocche delle dita; *she heard a — on the door*, sentì un colpo alla porta **2** (*fig.*) rimprovero, aspra critica; punizione, condanna, (*amer.*) richiamo (ufficiale): *a — over the knuckles*, una tirata d'orecchi, una lavata di capo // *to take the —*, (*fam.*) prendere la colpa, essere punito // *to beat the —*, (*spec. amer.*) farla franca, sfuggire alla condanna // *— sheet*, (*fam. amer.*) fedina penale.

to **rap**[1] *pass.p.p.* **rapped** [ræpt] *v.intr.* picchiare, battere, dare dei colpetti, bussare: *he rapped at the door*, egli bussò alla porta; *to — on the table*, battere dei colpetti sul tavolo ◆ *v.tr.* **1** colpire, battere, picchiare, dare dei colpetti a, su **2** (*fig.*) rimproverare, sgridare; criticare, disapprovare, biasimare.

□ **rap out** *v.tr.* e *avv.* **1** esclamare, lasciarsi sfuggire (un'esclamazione ecc.), dire bruscamente: *to — out an order*, dare un ordine secco **2** *to — out a message*, comunicare per mezzo di colpi (nelle sedute spiritiche).

rap[2] *s.* (*tess.*) matassa di 120 yarde (= 103 m).

rap[3] *s.* **1** (*st. irl.*) moneta falsa da mezzo penny **2** (*fam.*) nulla, niente // *I don't care a —*, non me ne importa un bel niente, un soldo bucato.

to **rap**[4] *pass.p.p.* **rapped**, **rapt** [ræpt] *v.tr.* (*non com.*) **1** afferrare; strappare; portare via **2** (*fig.*) estasiare, rapire.

rap[5] *s.* **1** (*fam. spec. amer.*) discussione, chiacchierata // *— club*, casa d'appuntamenti (che si spaccia per luogo d'incontri e di scambi d'opinione) // *— session*, discussione (di gruppo) **2** (*mus.*) rap (musica molto ritmata il cui testo è recitato velocemente più che cantato).

to **rap**[5] *v.intr.* **1** (*fam. spec. amer.*) fare quattro chiacchiere, discutere, conversare **2** (*mus.*) recitare il testo di una musica rap **3** (*sl. amer.*) simpatizzare, sentirsi in sintonia.

rapacious [rəˈpeɪʃəs / ra·pa·cious] *agg.* (*form.*) rapace, avido; ingordo // **-ly** *avv.* // **-ness** *s.*

rape[1] [reɪp] *s.* **1** violenza carnale, stupro (*anche dir.*): *statutory —*, violenza carnale con minorenne (anche consenziente) **2** (*form.*) devastazione, rovina, saccheggio **3** (*poet.*) ratto, rapimento // *the Rape of Lucrece*, il ratto di Lucrezia.

to **rape**[1] *v.tr.* **1** violentare, stuprare **2** (*rar.*) rubare, saccheggiare **3** (*poet.*) rapire.

rape[2] *s.* (*bot.*) (*Brassica napus oleifera*) ravizzone; (*Brassica napus arvensis*) colza: *— cake*, concime di semi di ravizzone; *— oil*, olio di ravizzone, olio di colza.

rape[3] *s.* **1** (*bot.*) raspo **2** recipiente in cui si forma l'aceto.

rapeseed [ˈreɪpsiːd / rape·seed] *s.* seme di ravizzone; seme di colza.

raphide [ˈreɪfɪd / raph·ide] *s.* (*chim.*) rafidio (ossalato di calcio in cristalli aciculari).

rapid [ˈræpɪd] *agg.* rapido, celere, svelto, veloce ◆ *s.* (*gener. pl.*) rapida (di fiume) // **-ly** *avv.* // **-ness** *s.*

rapid-fire [ˌræpɪdˈfaɪə*] *agg.* **1** a tiro rapido (di arma da fuoco) **2** (*fig.*) in rapida successione, uno dopo l'altro: *— questions*, un fuoco di fila di domande.

rapidity [rəˈpɪdətɪ / ra·pid·ity] *s.* rapidità, celerità, sveltezza, velocità.

rapid-transit [ˌræpɪdˈtrænsɪt] *agg.* veloce; espresso; con mezzi rapidi: *— transport system*, sistema di trasporto con mezzi rapidi.

rapier [ˈreɪpjə* / ra·pier] *s.* stocco; spadino.

rapier-thrust [ˈreɪpjəˌθrʌst] *s.* stoccata (*anche fig.*).

rapine [ˈræpaɪn / ra·pine] *s.* (*letter.*) rapina, saccheggio.

rapist [ˈreɪpɪst / rap·ist] *s.* violentatore, stupratore.

rap-music [ˈræpˌmjuːsɪk] → **rap**[5] 2.

rapparee [ˌræpəˈriː / rap·paree] *s.* **1** (*st. irl.*) soldato irregolare, avventuriero del XVII secolo **2** (*estens.*) predone; rapinatore.

rappee [ræˈpiː / rap·pee] *s.* rapè (tabacco da fiuto).

rappel [raːˈpel / rap·pel] *s.* **1** (*ant.*) rullo di tamburo (che chiama a raccolta i soldati) **2** (*alpinismo*) discesa a corda doppia.

rapper[1] [ˈræpə* / rap·per] *s.* **1** chi batte, picchia, bussa **2** battente (di porta) **3** (*ant.*) bugia; cattiva scusa.

rapper[2] *s.* **1** (*fam. amer.*) parlatore; chi chiacchiera, conversa **2** (*mus.*) chi fa musica rap.

rapping [ˈræpɪŋ / rap·ping] *s.* colpo (alla porta).

rapport [ræˈpɔː* / rap·port] *s.* rapporto, comunicazione, relazione: *the singer established an immediate — with his audience*, il cantante stabilì un contatto immediato con il suo pubblico.

rapprochement [ræˈprɒʃmɒŋ / rap·proche·ment] *s.* (*form.*) riavvicinamento, riconciliazione.

rapscallion [ræpˈskæljən / rap·scal·lion] *s.* (*antiq.*) mascalzone, birbante.

rapt [ræpt] *agg.* rapito, estasiato, estatico; assorto: *he listened with — attention*, ascoltava rapito, con profonda attenzione.

raptor [ˈræptə* / rap·tor] *s.* (*form.*) (uccello) rapace.

raptorial [ræp'tɔ:rɪəl / rap·tor·ial] *agg.* (*zool.*) rapace, da preda.

rapture ['ræptʃə* / rap·ture] *s.* **1** (*form.*) estasi, rapimento; trasporto: *to be in raptures*, essere in estasi; *to go into raptures*, andare in estasi **2** (*ant.*) convulsione: *...your prattling nurse / into a rapture lets her baby cry*, (SH. Coriolanus) ...la nutrice ciarliera lascia che il bambino pianga fino alle convulsioni.

rapturous ['ræptʃərəs / rap·tur·ous] *agg.* estasiato, estatico; rapito; entusiastico: *— applause*, applauso frenetico // **-ly** *avv.* // **-ness** *s.*

raptus ['ræptəs / rap·tus] *s.* (*psic.*) raptus (*anche estens.*).

rare[1] [reə*] *agg.* **1** raro; non comune; insolito, eccezionale: *a — occurrence*, un avvenimento insolito; *it is — for a person to be so unselfish*, è raro che una persona sia così altruista // (*chim.*) *— earths*, terre rare **2** rarefatto: *— atmosphere*, atmosfera rarefatta **3** (*form.*) meraviglioso; incomparabile; prelibato // *we had a — old time*, (*fam.*) ci siamo divertiti un mondo // **-ness** *s.*

rare[2] *agg.* poco cotto (specialmente di carne): *I want my steak —*, voglio la mia bistecca al sangue.

rarebit ['reəbɪt / rare·bit] → **welsh rabbit**.

rare-earth [,reər'ɜ:θ] *agg.* delle terre rare: (*chim.*) *— element, metal*, elemento, metallo delle terre rare // (*min.*) *— mineral*, minerale delle terre rare // (*metall.*) *— alloy*, lega di metalli delle terre rare.

raree-show ['reəri:ʃəʊ] *s.* (*non com.*) → **peep-show**.

rarefaction [,reərɪ'fækʃn / rar·efac·tion] *s.* (*form.*) rarefazione.

rarefactive [,reərɪ'fæktɪv / rar·efact·ive] *agg.* (*form.*) rarefattivo.

rarefied ['reərɪfaɪd / rar·efied] *agg.* **1** rarefatto (*anche fis.*) **2** (*fam.*) riservato, esclusivo.

to **rarefy** ['reərɪfaɪ / rar·efy] *v.tr.* rarefare, rendere sottile, acuto (idea ecc.) ♦ *v.intr.* rarefarsi.

rarely ['reəlɪ / rare·ly] *avv.* **1** di rado; raramente; insolitamente **2** ottimamente; in modo eccellente.

raring ['reərɪŋ / rar·ing] *agg.* (*fam.*) impaziente: *he was — to go on holiday*, non vedeva l'ora di andare in vacanza.

rarity ['reərətɪ / rar·ity] *s.* **1** rarità, rarezza; eccezionalità: *here a fine day is a —*, qui le belle giornate sono una rarità **2** rarefazione **3** eccellenza.

rascal ['rɑ:skl *amer.* 'ræskl / ras·cal] *agg.* (*ant.*) **1** disonesto **2** meschino ♦ *s.* **1** (*antiq.*) briccone, furfante, mascalzone **2** (*scherz.*) birbantello, monello **3** (*ant.*) cervo troppo magro (che i cacciatori disdegnano): *Horns? ... / the noblest deer hath them as huge as the rascal*, (SH. As You Like It) le corna? ...il più nobile cervo le ha grandi quanto il più macilento.

rascally ['rɑ:skəlɪ *amer.* 'ræskəlɪ / ras·cally] *agg.* bricconesco, furfantesco; ignobile, disonesto: *a — trick*, un tiro birbone.

to **rase** → to **raze**.

rash[1] [ræʃ] *agg.* avventato, sconsiderato; imprudente; temerario: *a — act*, un colpo di testa; *— words*, parole sconsiderate // **-ly** *avv.* // **-ness** *s.*

rash[2] *s.* **1** esantema; eruzione, irritazione cutanea: *happy —*, (*amer.*) *diaper —*, rossore da pannolini (nei neonati) **2** (*fig.*) serie, valanga, pletora: *a — of complaints*, una valanga di proteste.

rasher ['ræʃə*] *s.* fetta sottile di prosciutto, pancetta.

rasp ['rɑ:sp *amer.* 'ræsp] *s.* **1** raspa **2** stridore, stridio.

to **rasp** *v.tr.* **1** raspare; raschiare; grattare **2** (*fig.*) irritare, innervosire; dire con voce stridula ♦ *v.intr.* **1** raspare, raschiare **2** emettere un suono stridulo, stridere.

raspatory ['rɑ:spətərɪ *amer.* 'ræspətɔ:rɪ / rasp·at·ory] *s.* (*med.*) raschia-periostio.

raspberry ['rɑ:zbərɪ *amer.* 'ræzberɪ / rasp·berry] *s.* **1** lampone (frutto): *— jam*, marmellata di lamponi **2** — (*-bush*), (*Rubus idaeus*) lampone (pianta) **3** (*fam.*) pernacchia: *to blow a — at s.o.*, fare una pernacchia a qlcu.

rasper ['rɑ:spə* *amer.* 'ræspə*] *s.* **1** raschiatore **2** ostacolo alto e difficile (a caccia).

rasping ['rɑ:spɪŋ *amer.* 'ræspɪŋ / rasp·ing] *agg.* stridente, stridulo, aspro: *a — voice*, una voce stridula.

raspy ['rɑ:spɪ *amer.* 'ræspɪ] *agg.* (*non com.*) **1** stridente; aspro **2** irritabile.

rasse [ræs] *s.* (*zool.*) (*Viverricula indica*) viverricola indiana.

Rasta ['ræstə] **Rastafarian** [,ræstə'feərɪən / Ras·ta·far·ian] *s.* (*relig.*) rasta, rastafariano.

raster ['ræstə* / ras·ter] *s.* (*inform.*, *tv*) percorso di scansione, raster.

rat [ræt] *s.* **1** topo; (*zool.*) (*Rattus rattus*) ratto, topo: *to clear a house of rats*, derattizzare una casa // *water* — (o *brown* —), (*Rattus norvegicus*) topo di fogna, surmolotto; (*fam.*) marinaio; pirata // *gym —*, (*fam. amer.*) persona che frequenta assiduamente una palestra // *rats!*, (*fam.*) dannazione! // *he looked like a drowned —*, sembrava un pulcino bagnato // *to be caught like a — in a trap*, essere preso come un topo in trappola // *to die like a — in a hole*, morire come un cane // *to see rats* (o *to have got the rats*), (*fam.*) vaneggiare, avere allucinazioni (come chi è affetto da delirium tremens); essere pazzo da legare // *to smell a —*, nutrire un sospetto, subodorare un inganno **2** (*fam.*) disertore, traditore **3** canaglia.

to **rat** *pass.p.p.* **ratted** ['rætɪd / rat·ted] *v.intr.* **1** andare a caccia di topi; uccidere topi **2** defezionare, disertare **3** dare informazioni segrete (su qlcu.) // *to — on s.o.*, tradire qlcu. // *to — on a promise*, rompere una promessa.

□ **rat around** *v.intr.* e *avv.* (*amer.*) bighellonare.

□ **rat out** *v.tr.* e *avv.* (*amer.*) abbandonare; togliersi da.

ratability [,reɪtə'bɪlətɪ / rat·ab·il·ity] *s.* (*trib.*) imponibilità, tassabilità.

ratable ['reɪtəbl / rat·able] *agg.* **1** (*trib.*) imponibile, tassabile: *— value*, valore imponibile; *— property*, proprietà imponibile **2** (*ant.*) proporzionale.

ratably ['reɪtəblɪ / rat·ably] *avv.* (*trib.*) in modo imponibile, tassabile.

ratafee [,rætə'fi: / ra·ta·fee] **ratafia** [,rætə'fɪə / ra·ta·fia] *s.* **1** ratafià **2** biscotto simile all'amaretto **3** (*bot.*) ciliegia visciola.

ratal ['reɪtl] *s.* (*trib.*) imponibile.

ratan → **rattan**.

rataplan [,rætəplæn / ra·ta·plan] *s.* rataplan, rullo di tamburo.

rat-a-tat [,rætə'tæt] → **rat-tat**.

ratbag ['rætbæg / rat·bag] *s.* canaglia, furfante, farabutto; essere spregevole.

rat-catcher ['ræt,kætʃə*] *s.* acchiappatopi, cacciatore di topi.

to **ratch** [rætʃ] → to **ratchet**.

rat cheese ['ræt,tʃi:z] *s.* (*fam. amer.*) formaggio (tipo sottiletta).

ratchet ['rætʃɪt] *s.* **1** (*mecc.*) dente di arresto, nottolino di arresto, cricco, cricchetto // (*econ.*) *— effect*, effetto di irreversibilità **2** (*mecc.*) — (*wheel*), ruota a cricco, a cricchetto; ruota di arpionismo; arpionismo.

to **ratchet** *v.tr.* (*mecc.*) munire di arpionismo ♦ *v.intr.* (*mecc.*) funzionare mediante un arpionismo.

ratchet-gear ['rætʃɪt,gɪə*] *s.* (*mecc.*) arpionismo.

ratchet-mouth ['rætʃɪt,maʊθ] *s.* (*fam. amer.*) chiacchierone.

rate[1] [reɪt] *s.* **1** saggio, tasso: (*econ.*) *profit —* (o *— of profit*), tasso di profitto; *unemployment —* (o *— of unemployment*), tasso di disoccupazione; *— of return of investment*, tasso di redditività; (*stat.*) *— of growth*, tasso di crescita; (*dir.*) *crime —*, tasso di reati **2** corso, saggio, tasso: *exchange —*, tasso di cambio; *trade-weighted exchange —*, tasso di cambio effettivo (ponderato per il volume degli scambi); *wage —*, saggio di salario; *at the — of...*, al tasso di... **3** prezzo; quota; tariffa; aliquota: *ordinary rates*, tariffe ordinarie; *railway rates*, tariffe ferroviarie; *subscription rates*, quote di abbonamento; *— book*, prontuario delle tariffe; *— table*, tariffario // (*inform.*) *— card*, scheda tariffaria // (*trib.*): *— of the income tax*, aliquota dell'imposta sul reddito; *flat —*, aliquota costante; *flat — tax*, imposta proporzionale // *at any —*, a qualunque costo; in ogni caso, comunque; *at that* (o *this*) —, se è così; così, in tal modo: *I can't go on at this —*, non posso andare avanti così **4** (*spec. pl.*) imposta, tassa; contributo, imposta locale: *rates and taxes*, imposte e tasse **5** stima, valutazione: *to value sthg. at a low —*, stimare poco qualcosa **6** percentuale, proporzione **7** andamento, passo, ritmo, cadenza; velocità: *at the — of sixty miles an hour*, alla velocità di sessanta miglia all'ora; *juvenile delinquency is increasing at a fearful —*, la delinquenza minorile cresce a un ritmo impressionante; *at a — of knots*, (*fam.*) molto veloce // (*med.*): *heart —*, frequenza del battito cardiaco; *pulse —*, frequenza del polso // (*inform.*) *document —*, velocità di trattamento dei documenti // (*chim.*) *reaction —*, velocità di reazione **8** (*ant.*) classe, rango **9** (*amer.*) classifica (di alunno).

to **rate**[1] *v.tr.* **1** stimare, valutare (*anche fig.*): *the film is rated high by the critics*, il film è molto apprezzato dai critici; *I don't — him much*, non lo stimo molto **2** (*econ.*) tassare: *we are highly rated*, siamo fortemente tassati **3** annoverare; considerare: *he rated me among his benefactors*, mi annoverava tra i suoi benefattori **4** classificare: *to — a student second*, (*amer.*) classificare un allievo al secondo posto **5** regolare, verificare (cronometro) **6** meritare, essere degno di: *the flower show rated a short article in the local paper*, la mostra di fiori ha meritato un breve articolo nel giornale locale ◆ *v.intr.* **1** essere classificato **2** essere valutato, stimato: *he rates highly as a novelist*, è molto stimato come romanziere; *she doesn't — much with him*, lui non la stima molto.

to **rate**[2] *v.tr.* e *intr.* (*antiq.*) sgridare, rimproverare vivacemente: *to — s.o. soundly*, dare una lavata di capo a qlcu.

rateable e *deriv.* → **ratable** e *deriv.*

to **rate-cap** ['reɪt,kæp] *v.tr.* limitare le tasse (imposte dagli enti locali, detto di governo centrale).

ratel ['reɪtel / ra·tel] *s.* (*zool.*) (*Mellivora capensis*) ratele, mellivora.

ratepayer ['reɪt,peɪə* / rate·payer] *s.* (*trib.*) contribuente.

rater ['reɪtə*] *s.* **1** chi stima, valuta **2** panfilo (di un dato tonnellaggio): *ten —*, panfilo di dieci tonnellate **3** (*nei composti*) *first - —*, asso, campione, persona di una data classe, di un dato grado.

rather ['rɑːðə* *amer.* 'ræðə* / ra·ther] *avv.* **1** piuttosto: *it's misty — than foggy*, c'è piuttosto foschia che nebbia; *I didn't make any big mistakes, — a number of small slips...*, non ho fatto grossi errori, ma piuttosto vari piccoli lapsus...; *I — think that...*, sono dell'idea che...; // *or —*, o piuttosto, o meglio: *those were his last words or — the last words I could grasp*, quelle furono le sue ultime parole, o meglio le ultime parole che riuscii ad afferrare **2** piuttosto, un po'; abbastanza: *she was — depressed*, era un po' depressa; *he came — early*, venne abbastanza presto; *the film was — good*, il film era piuttosto bello; *this suitcase is — heavier than that one*, questa valigia è un po' più pesante di quella; *the result was — better than I expected*, l'esito è stato un po' migliore di quanto pensassi; *he worked — more quickly than before*, lavorava un po' più in fretta di prima **3** di preferenza, piuttosto che: *he'd* (o *he would*) *— die than apologize*, preferirebbe morire piuttosto che chiedere scusa; *would you — go home?*, preferiresti andare a casa?; *"Shall I read it to you?" "I'd — you didn't"*, "Devo leggertelo io?" "Preferisco di no" // *"Shall we eat out this evening?" "I'd — not"*, "Mangiamo fuori stasera?" "Preferirei di no" **4** (*fam.*) altro che, eccome: *"Did you enjoy yourself?" "Rather!"*, "Ti sei divertito?" "Eccome!"

ratherish ['rɑːðərɪʃ *amer.* 'ræðərɪʃ / ra·ther·ish] *avv.* (*fam. amer.*) un tantino, un pochino.

rathole ['ræthəʊl / rat·hole] *s.* **1** tana di topo, topaia **2** cunicolo; tunnel **3** (*fam. amer.*) topaia, stamberga.

ratification [,rætɪfɪ'keɪʃn / rati·fica·tion] *s.* ratifica; sanzione.

ratifier ['rætɪfaɪə* / rati·fier] *s.* ratificatore, sanzionatore.

to **ratify** ['rætɪfaɪ / rat·ify] *v.tr.* ratificare; sanzionare.

ratine [ræ'tiːn / rat·ine] *s.* (*tess.*) ratina, ratiné.

rating[1] ['reɪtɪŋ / rat·ing] *s.* **1** valutazione, classificazione; stima; posizione (in una graduatoria) **2** classe, categoria, grado (*anche mil.*) **3** (*mar.*) componente (esclusi gli ufficiali) di un equipaggio **4** (*tecn.*) prestazioni; limiti d'impiego; potenza nominale **5** (*trib.*) imposta locale; imponibile **6** (*fin.*) rating; graduazione di affidabilità, valutazione della solidità finanziaria (di una società): *credit —*, posizione creditizia **7** *pl.* (*tv*) ratings, indici di ascolto dei programmi televisivi **8** (*fam.*) classe sociale **9** classe, categoria (di panfili da corsa).

rating[2] *s.* (*antiq.*) sgridata.

ratio ['reɪʃɪəʊ / ra·tio] *pl.* **ratios** *s.* **1** (*mat.*) rapporto: *— of 1 to 11*, rapporto di 1 a 11; *— of increment*, rapporto incrementale // *in direct —*, direttamente proporzionale **2** rapporto, relazione, quoziente, indice // (*fin.*): *financial —*, indice finanziario; *current —*, quoziente di liquidità **3** (*dir.*) ratio, ragione: *— decidendi*, ragione giuridica di una sentenza, fondamento di una decisione.

to **ratiocinate** [,rætɪ'ɒsɪneɪt / ra·ti·ocin·ate] *v.intr.* (*form.*) raziocinare, ragionare.

ratiocination [,rætɪɒsɪ'neɪʃn / ra·ti·ocina·tion] *s.* (*form.*) raziocinio, ragionamento.

ratiocinative [,rætɪ'ɒsɪnətɪv / ra·ti·ocin·at·ive] *agg.* (*form.*) raziocinante, ragionante.

ratiocinator [,rætɪ'ɒsɪneɪtə* / ra·ti·ocin·ator] *s.* (*form.*) raziocinatore, ragionatore.

ration ['ræʃn / ra·tion] *s.* **1** razione, porzione: *we've had our — of troubles this year*, (*fig.*) abbiamo avuto la nostra razione di guai quest'anno **2** *pl.* (*mil.*) provvigioni: *iron rations*, razioni di sopravvivenza.

to **ration** *v.tr.* razionare: *petrol was rationed during the war*, la benzina era razionata durante la guerra // *we were rationed to one egg a week*, avevamo in razione un uovo alla settimana // *he rationed himself to five cigarettes a week*, si concesse una razione di cinque sigarette alla settimana.

□ **ration out** *v.tr.* e *avv.* distribuire in razioni.

rational ['ræʃənl / ra·tional] *agg.* **1** razionale (*anche mat.*): *— number, function*, numero, funzione razionale **2** ragionevole; sensato // **-ly** *avv.* // **-ness** *s.* (*non com.*).

rationale [,ræʃə'nɑːl / ra·tion·ale] *s.* **1** base, fondamento logico; ragione effettiva **2** (*rar.*) analisi ragionata, spiegazione logica.

rationalism ['ræʃnəlɪzəm / ra·tion·al·ism] *s.* (*fil.*) razionalismo.

rationalist ['ræʃnəlɪst / ra·tion·al·ist] *s.* razionalista (*anche fil.*) ◆ *agg.* razionalista (*anche fil.*).

rationalistic [,ræʃnə'lɪstɪk / ra·tion·al·istic] *agg.* (*fil.*) razionalistico.

rationalistically [,ræʃnə'lɪstɪkəlɪ / ra·tion·al·istic·ally] *avv.* (*fil.*) in modo razionalistico, razionalisticamente; da razionalista.

rationality [,ræʃə'nælətɪ / ra·tion·al·ity] *s.* **1** razionalità **2** ragionevolezza; sensatezza.

rationalization [,ræʃnəlaɪ'zeɪʃn *amer.* ,ræʃnɪəlɪ'zeɪʃn / ra·tion·al·iza·tion] *s.* **1** razionalizzazione (*anche psic., mat.*) **2** (*econ.*) razionalizzazione (dell'organizzazione del lavoro, della produzione).

to **rationalize** ['ræʃnəlaɪz / ra·tion·al·ize] *v.tr.* **1** razionalizzare; rendere razionale (*anche mat.*) **2** spiegare, interpretare su basi razionali **3** (*econ.*) razionalizzare (l'organizzazione del lavoro, della produzione) ◆ *v.intr.* (*non com.*) essere, agire da razionalista.

ration-book ['ræʃən,bʊk] *s.* tessera di razionamento.

rationing ['ræʃənɪŋ / ra·tion·ing] *s.* razionamento; contingentamento: (*econ.*) *— system*, sistema di razionamento; *— of credit*, restrizione valutaria.

ratlin(e)s ['rætlɪnz / rat·lin(e)s] **ratlings** ['rætlɪŋz / rat·lings] *s.pl.* (*mar.*) griselle.

ratoon [rə'tuːn / ra·toon] *s.* germoglio di canna da zucchero.

rat-poison ['ræt,pɔɪzn] *s.* veleno per topi.

rat race ['rætreɪs] *s.* (*fam. spreg.*) corsa al successo, competizione sfrenata.

rat's ass ['rætsæs] *s.* (*sl. amer.*) niente, molto poco.

ratsbane ['rætsbeɪn / rats·bane] *s.* (*antiq.*) veleno per topi.

rat('s)-tail ['ræt(s),teɪl] *s.* **1** coda di topo; qualcosa a forma di coda di topo **2** (*vet.*) ugnella.

rattan [rə'tæn / rat·tan] *s.* **1** (*bot.*) (*Calamus rotang*) canna d'India, malacca; fusto della canna **2** bastone di malacca.

rat-tat ['ræt'tæt] *s.* toc-toc, suono prodotto dal bussare (spec. alla porta).

to **ratten** ['rætn / rat·ten] *v.tr.* (*dir.*) agire illegalmente (a sostegno di un'azione sindacale) contro (qlco., qlcu.).

rattener ['rætənə* / rat·tener] *s.* (*dir.*) chi agisce illegalmente a sostegno di un'azione sindacale.

rattening ['rætənɪŋ / rat·ten·ing] *s.* (*dir.*) azione illegale a sostegno di un'azione sindacale.

ratter ['rætə* / rat·ter] *s.* chi caccia topi; cane o gatto che caccia i topi.

rattle[1] ['rætl] *s.* **1** sonaglio, sonaglino; giocattolo che riproduce il rumore di un sonaglio; raganella **2** rumore sordo prolungato; acciottolio; picchiettio, forte tintinnio // *death —*, rantolo **3** fracasso, frastuono; baldoria **4** chiacchierio vuoto, cicaleccio **5** chiacchierone; chi parla a vuoto, a vanvera **6** (*bot.*) (*yellow*) *—*, *—* (*weed*), (*Celosia cristata*) cresta di gallo **7** *pl.* (*med. fam.*) crup.

to **rattle**[1] *v.intr.* **1** scuotersi rumorosamente, sbatacchiare; tintinnare; battere rumorosamente; picchiettare; sferragliare: *the buggy rattled along the cobbled streets*, il calesse procedeva rumorosamente lungo la strada selciata // *to — s.o.'s cage*, (*sl.*) fare una scenata a qlcu. **2** (*fam.*) confondere, sconcertare; innervosire; spaventare: *to get rattled*, innervosirsi ◆ *v.tr.* scuotere rumorosamente; acciottolare (le stoviglie), far tintinnare; far sbatacchiare.

□ **rattle away** *v.intr.* e *avv.* ticchettare, picchiettare rumorosamente.

□ **rattle off** *v.tr.* e *avv.* dire, ripetere velocemente; (*fam.*) sparar fuori, snocciolare: *the girl rattled off her poem*, la ragazzina snocciolò la sua poesia.

□ **rattle on** *v.intr.* e *avv.* chiacchierare, parlare senza smettere mai: *the woman rattled on for hours*, la donna chiacchierò per ore.

to **rattle**[2] *v.tr.* (*mar.*) fornire di griselle.

rattle-brain ['rætl,breɪn] *s.* (*fam.*) scervellato, testa vuota; chiacchierone.

rattle-brained ['rætl,breɪnd] *agg.* (*fam.*) scervellato; stolto; chiacchierone.

rattler ['rætlə* / rat·tler] *s.* **1** chi, ciò che produce un rumore sordo e prolungato **2** (*fam.*) treno merci **3** (*fam. amer.*) serpente a sonagli **4** (*fam. antiq.*) persona, cosa eccezionale.

rattlesnake ['rætlsneɪk / rattle·snake] *s.* (*zool.*) serpente a sonagli, crotalo SIN. **castanet**.

rattletrap ['rætltræp / rattle·trap] *s.* (*fam.*) **1** veicolo traballante e sconnesso, macinino **2** *pl.* cianfrusaglie; curiosità **3** bocca.

rattling ['rætlɪŋ / rat·tling] *agg.* **1** tintinnante, risuonante **2** (*fam. antiq.*) vivace, brioso; vigoroso: *a — wind*, un vento impetuoso **3** (*fam. antiq.*) di prima qualità, splendido ◆ *avv.* (*fam. antiq.*) molto: *— good*, molto buono.

rat trap ['ræt,træp] *s.* **1** trappola per topi **2** (*amer.*) catapecchia **3** (*mecc.*) — (*pedal*), pedale (da bicicletta) dentato.

ratty ['rætɪ] *agg.* **1** infestato da topi **2** (*fam.*) irritabile, nervoso: *to get — at* (o *with*) *s.o.*, prendersela con qlcu. **3** (*fam.*) malandato; logoro, sciupato **4** (*sl.*) disgraziato, vile.

raucity ['rɔ:sətɪ / rauc·ity] *s.* (*non com.*) raucedine; afonia.

raucous ['rɔ:kəs / rauc·ous] *agg.* rauco; aspro, cupo (di suono) // **-ly** *avv.*

raucousness ['rɔ:kəsnɪs / rauc·ous·ness] *s.* raucedine.

to **raunch** [rɔ:ntʃ] *v.intr.* (*sl. amer.*) scopare, fare l'amore.

raunchy ['rɔ:ntʃɪ] *agg.* (*fam.*) salace; sexy, eccitante // **-ily** *avv.* // **-iness** *s.*

ravage ['rævɪdʒ / rav·age] *s.* **1** (*form.*) rovina; devastazione **2** (*pl.*) danni: *the ravages of time*, i danni prodotti dal tempo.

to **ravage** *v.tr.* devastare, saccheggiare; distruggere (*anche fig.*): *his face was ravaged by grief*, il suo volto era devastato dall'angoscia; *the whole peninsula was ravaged in the war*, l'intera penisola fu devastata durante la guerra ◆ *v.intr.* compiere devastazioni.

ravager ['rævɪdʒə* / rav·ager] *s.* devastatore, distruttore.

rave[1] [reɪv] *s.* (*non com.*) **1** sponda di carro **2** (*pl.*) sponde a rastrello di carro.

rave[2] *s.* **1** delirio, vaneggiamento **2** (*fam.*) lode smisurata, sperticata: *he received raves from all the critics for his new musical*, ricevette grandi elogi da tutti i critici per il suo nuovo spettacolo musicale **3** (*fam.*) moda ◆ *agg.* pieno di lode, ricco d'elogi; entusiastico: *to get — notices* (o *reviews*) *in the papers*, ottenere recensioni entusiastiche.

to **rave**[2] *v.intr.* **1** delirare, vaneggiare; gridare in delirio **2** (*fam. fig.*) andare pazzo, andare in estasi **3** infuriare (di mare, vento ecc.) ◆ *v.tr.* gridare in delirio; pronunciare farneticando.

□ **rave up** *v.tr.* e *prep.* (*fam. antiq.*) festeggiare: *after winning the match the players raved it up*, dopo aver vinto la partita i giocatori fecero festa.

ravel ['rævl] *s.* (*non com.*) **1** groviglio, nodo, complicazione **2** lembo sfilacciato.

to **ravel** *pass.p.p.* **ravelled** ['rævld] *v.tr.* **1** ingarbugliare; intralciare; confondere; complicare **2** sfilacciare, sfrangiare (stoffa) **3** sbrogliare, districare (*anche fig.*) // *to — sthg. out*, dipanare, sbrogliare qlco. (*anche fig.*): *let the bloat king... /... / make you ravel all this matter out*, (SH. Hamlet) lascia che il re pancione... ti faccia sbrogliare tutta la faccenda ◆ *v.intr.* **1** ingarbugliarsi, imbrogliarsi **2** (*rar.*) sfilacciarsi, sfrangiarsi (di stoffa).

ravelin ['rævlɪn / rav·elin] *s.* (*edil. mil.*) rivellino.

ravelling ['rævlɪŋ / rav·el·ling] *s.* (*tess.*) filaccia.

raven[1] ['reɪvn] *s.* (*zool.*) (*Corvus corax*) corvo imperiale ◆ *agg.* corvino, nero: *— hair*, capelli corvini.

to **raven**[2] ['rævn] *v.tr.* (*letter.*) **1** saccheggiare, depredare **2** divorare, mangiare con avidità.

ravening ['rævənɪŋ / rav·en·ing] *agg.* vorace; famelico.

ravenous ['rævənəs / rav·en·ous] *agg.* **1** affamato, famelico **2** vorace; ingordo **3** (*rar.*) rapace // **-ly** *avv.* // **-ness** *s.*

raver ['reɪvə*] *s.* (*fam.*) gaudente; (*fam.*) vitaiolo.

rave-up ['reɪv,ʌp] *s.* (*fam.*) festa scatenata.

ravin ['rævɪn] *s.* (*poet.*) rapina; furto: *into his dark(e) abyss(e) all ravin fell*, (SPENSER) nel suo oscuro abisso la preda tutta precipitò // *beast of —*, animale da preda.

ravine [rə'vi:n / ra·vine] *s.* burrone; (*geogr.*) calanco, gola.

ravined [rə'vi:nd / ra·vined] *agg.* (*non com.*) pieno di burroni.

raving ['reɪvɪŋ / rav·ing] *agg.* **1** delirante, frenetico; furioso: *— mad*, pazzo furioso, matto da legare **2** che suscita ammirazione; notevole: *his latest book is a — success*, (*fam.*) il suo ultimo libro ha un enorme successo ◆ *s.* delirio, vaneggiamento // **-ly** *avv.*

to **ravish** ['rævɪʃ / rav·ish] *v.tr.* (*form.*) **1** rapire, strappare con violenza **2** (*fig.*) estasiare, incantare **3** (*antiq.*) violentare (donna).

ravisher ['rævɪʃə* / rav·isher] *s.* **1** rapitore; predone **2** (*antiq.*) violentatore, stupratore.

ravishing ['rævɪʃɪŋ / rav·ish·ing] *agg.* **1** affascinante, incantevole: *— sight*, spettacolo affascinante **2** (*antiq.*) che rapisce // **-ly** *avv.*

ravishment ['rævɪʃmənt / rav·ish·ment] *s.* (*non com.*) **1** ratto, rapimento **2** (*fig.*) estasi, incanto **3** (*antiq.*) stupro, violazione.

raw [rɔ:] *agg.* **1** crudo: *— meat, vegetables*, carne, verdura cruda **2** greggio; naturale: *— cotton*, cotone greggio; *— silk*, seta cruda, greggia // *— materials*, materie prime // *— statistics data*, dati statistici non elaborati **3** (*fig.*) inesperto, immaturo; alle prime armi: *a — recruit*, una recluta inesperta **4** scorticato; a nudo; infiammato (di pelle): *a — wound*, una ferita aperta **5** umido, freddo (di vento, clima ecc.): *a — wind*, un vento umido, freddo ◆ *s.* **1** *in the —*, allo stato naturale, originario, greggio; (*fam.*) nudo **2** punto sensibile, parte viva // *to touch (a person) on the —*, toccare (una persona) sul vivo // **-ly** *avv.* // **-ness** *s.*

raw-boned ['rɔ:bəʊnd] *agg.* ossuto, scarno, sparuto.

raw deal [,rɔ:'di:l] *s.* trattamento ingiusto, scorretto.

rawhide ['rɔ:haɪd / raw·hide] *s.* **1** cuoio greggio **2** frusta, correggia.

rawlplug® ['rɔ:lplʌg / rawl·plug] *s.* tassello a espansione.

ray[1] [reɪ] *s.* **1** raggio: *— of light*, raggio luminoso; *ultraviolet rays*, raggi ultravioletti **2** (*fig.*) lampo; filo: *a — of courage*, un filo di coraggio; *a — of genius*, un lampo di genio; *a — of hope*, (*fam.*) un filo di speranza // *to bring a — of sunshine into s.o.'s life*, portare un raggio di sole nella vita di qlcu.

ray[2] *s.* (*zool.*) razza, raia.

rayed [reɪd] *agg.* raggiato, a raggi (*anche bot., zool.*).

ray-fungus ['reɪ,fʌŋgəs] *s.* (*biol.*) fungo ifomicete.

rayon ['reɪɒn] *s.* raion, seta artificiale // *— fabrics*, tessuti di raion.

to **raze** [reɪz] *v.tr.* (*form.*) **1** radere al suolo, distruggere completamente: *the town was razed to the ground*, la città fu rasa al suolo **2** (*ant.*) scalfire, ferire leggermente; sfiorare: *repent, and they shall never raze thy skin*, (MARLOWE) pentiti, e non sfioreranno la tua pelle **3** (*ant.*) cancellare: *to — s.o.'s. name from remembrance*, cancellare dalla memoria il nome di qlcu.

razor ['reɪzə*] *s.* rasoio: *— edge*, filo del rasoio (*anche fig.*); *cut-throat —*, rasoio a mano libera // *as sharp as a —*, tagliente come un rasoio // *to be on a — ('s) edge*, essere, trovarsi sul filo del rasoio // *safety —*, rasoio di sicurezza.

to **razor** *v.tr.* (*ant.*) radere, rasare.

razor-back ['reɪzə,bæk] *s.* (*zool.*) pecari; (*amer.*) maiale semiselvatico.

razor-bill ['reɪzəbɪl] *s.* (*zool.*) **1** smergo **2** (*Alca torda*) gazza marina.

razor blade ['reɪzəbleɪd] *s.* lametta da barba.

razor-clam ['reɪzəklæm] **razor-shell** ['reɪzəʃel] *s.* (*zool.*) (*Solen vagina*) cannolicchio, cappalunga, cannello SIN. **solen**.

razor-strop ['reɪzəstrɒp] *s.* coramella, cuoio per affilare il rasoio.

razz [ræz] *s.* (*sl.*) pernacchia.

to **razz** *v.tr.* e *intr.* (*fam. amer.*) prendersi gioco (di), deridere (qlcu.).

razzamatazz ['ræzəmə,tæz / razza·ma·tazz] *s.* [U] (*fam.*) strombazzata, strombazzamento (elettorale, pubblicitario ecc.).

razzle ['ræzl] *s.* (*fam.*) baldoria: *to go on the —*, fare baldoria.

razzle-dazzle ['ræzl,dæzl] *s.* **1** → razzle **2** (*rar.*) giostra a moto ondulatorio **3** (*fam. amer.*) frode ingegnosa, imbroglio.

razzmatazz → **razzamatazz**.

re[1] [reɪ] *s.* (*mus.*) re.

re[2] [ri:] *prep.* (*comm., dir.*) con riferimento a, riguardo a, circa, in merito a: *— your letter of the 1st inst.*, con riferimento alla vostra lettera del 1° corr.; *in — Smith*, nella causa riguardante Smith.

're *contr.* di *are*: *you're* [jɔ:*], tu sei, voi siete; *we're* [wɪə*], noi siamo; *they're* [ðeə*], essi sono: *you're the new secretary, aren't you?*, lei è la nuova segretaria, vero?; *we're going to meet him tomorrow*, lo incontreremo domani; *they're not used to getting up early, are they?*, non sono abituati ad alzarsi presto, vero?

re- [ri:, re, rə] *pref.* di origine latina che premesso generalmente a verbi o sostantivi indica 'ripetizione' o 'duplicazione'; it. ri-, re-: *rewrite*, riscrivere, scrivere di nuovo; *reconsideration*, riconsiderazione.

to **reabsorb** ['ri:əb'sɔ:b / re·ab·sorb] *v.tr.* riassorbire.

reabsorption [,ri:əb'sɔ:pʃn / re·ab·sorp·tion] *s.* riassorbimento.

to **reaccustom** [,ri:ə'kʌstəm / re·ac·cus·

tom] *v.tr.* riabituarsi a, abituarsi nuovamente a.

reach[1] [ri:tʃ] *s.* **1** portata, estensione; distanza: *the book is out of my* —, non arrivo a prendere il libro; *it was within easy* — (*of*), era a breve distanza (da), facilmente raggiungibile (da); *to be within — of*, essere alla portata di; *to be out of* — (*of*), essere distanti (da) **2** (*fig.*) potere, capacità, possibilità; limite, sfera: *it is above* (o *beyond* o *out of*) *my* —, va oltre le mie possibilità, non ci arrivo; *it is within my* —, rientra nelle mie possibilità **3** tratto diritto di corso d'acqua (specialmente di fiume tra due curve, di canale fra due chiuse); insenatura lunga e stretta, canale (di mare) **4** (*mil.*) tiro: *the town was within — of the guns*, la città era sotto il tiro dei cannoni **5** (*sport*) portata, lunghezza (di tiro); (*boxe*) allungo **6** (*ant.*) promontorio.

to **reach**[1] *v.tr.* **1** giungere a, pervenire a, raggiungere, arrivare a: *some places can be reached only by plane*, si possono raggiungere alcuni luoghi solo per via aerea; *we reached home a few minutes later*, giungemmo a casa alcuni minuti dopo; *your cheque has reached us*, ci è pervenuto il vostro assegno; *to — an agreement*, raggiungere un accordo; *he reached the age of eighty*, arrivò all'età di ottant'anni // *to — for the stars*, cercare di raggiungere l'impossibile **2** passare, porgere **3** stendere; estendere; allungare: *he reached out his hand for his gloves*, stese la mano per prendersi i guanti; *she reached her hand across the table*, allungò la mano al di sopra del tavolo **4** raggiungere, colpire (obiettivo): *to — the mark*, colpire nel segno **5** toccare: *to — land*, toccare terra **6** contattare, mettersi in contatto con: *you can — me on this number*, mi puoi contattare a questo numero ♦ *v.intr.* **1** estendersi; stendersi; allungarsi: *a desert reaching* (*out*) *from east to west*, un deserto che si estende da oriente a occidente; *he reached down a box from the shelf*, si allungò per prendere una scatola dallo scaffale // *as far as the eye can* —, sin dove l'occhio può spaziare **2** stendere il braccio, le braccia; allungare la mano: *he reached for his glass*, allungò la mano per prendere il suo bicchiere // — *for the sky!*, (*fam.*) mani in alto!

to **reach**[2] *v.intr.* (*non com.*) avere conati di vomito; vomitare.

reachable ['ri:tʃəbl / reach·able] *agg.* raggiungibile; alla portata.

reach-me-down ['ri:tʃmɪ,daʊn] *s.* (*gener. pl.*) → **hand-me-down**.

to **react** [rɪ'ækt / re·act] *v.intr.* **1** reagire: *how did she —?*, come reagì?; *she reacted with a smile to the news of his promotion*, reagì con un sorriso alla notizia della sua promozione; *to — against*, reagire contro **2** (*chim.*) reagire: *some substances — upon each other*, alcune sostanze reagiscono reciprocamente **3** interagire, avere influenza reciproca **4** tornare a uno stato (o situazione) precedente **5** (*mil.*) contrattaccare.

reactance [rɪ'æktəns / re·act·ance] *s.* (*fis.*) reattanza.

reactant [rɪ'æktənt / re·act·ant] *s.* (*chim.*) reagente.

reaction [rɪ'ækʃn / re·ac·tion] *s.* **1** reazione; risposta: *action and* —, azione e reazione; *what was her — to the news?*, quale fu la sua reazione alla notizia?; — *time*, tempo di reazione // (*econ.*) — *curve*, curva di reazione (nella teoria del duopolio) **2** (*chim.*, *fis.*) reazione **3** interazione, influenza reciproca **4** ritorno a una condizione precedente **5** (*pol.*) reazione: *we must fight the forces of* —, dobbiamo combattere le forze della reazione, i reazionari.

reactionary [rɪ'ækʃnərɪ *amer.* rɪ'ækʃnerɪ / re·ac·tion·ary] meno com. **reactionist** [rɪ'ækʃənɪst / re·ac·tion·ist] *agg.* e *s.* (*pol.*) reazionario.

to **reactivate** [,rɪ'æktɪveɪt / re·act·iv·ate] *v.tr.* e *intr.* riattivare; riattivarsi.

reactivation ['rɪ,æktɪ'veɪʃn / re·act·iva·tion] *s.* riattivazione.

reactive [rɪ'æktɪv / re·act·ive] *agg.* **1** reattivo, reagente **2** che ha tendenza a reagire, che risponde agli stimoli **3** (*chim.*, *fis.*) reattivo.

reactively [rɪ'æktɪvlɪ / re·act·ive·ly] *avv.* per, con reazione.

reactiveness [rɪ'æktɪvnɪs / re·act·ive·ness] **reactivity** [,ri:æk'tɪvətɪ / re·act·iv·ity] *s.* (*fis. nucleare, chim.*) reattività.

reactor [rɪ'æktə* / re·actor] *s.* **1** (*chim.*, *fis.*) reattore: *nuclear* —, reattore nucleare; *batch* —, reattore a tino; *catalytic* —, reattore catalitico; *fluidized bed* —, reattore a letto fluidizzato; *multiphase* —, reattore polifase **2** (*elettr.*) reattore; reattanza.

read [red] *agg.* colto, istruito: *well — in philosophy*, versato in filosofia.

read [ri:d] *s.* **1** lettura, il leggere // (*inform.*): — *alert*, incidente di lettura; — *only access*, consultazione; — *write access*, consultazione e aggiornamento; — *winding*, filo di lettura **2** (*estens.*) lettura, libro che si legge: *his latest novel is a really good* —, il suo ultimo romanzo è davvero una buona lettura.

to **read** *pass.p.p.* **read** [red] *v.tr.* e *intr.* **1** leggere: *the child reads well*, il bambino legge bene; *I can — German but I can't speak it*, leggo il tedesco ma non lo parlo; *we — about it in yesterday's paper*, abbiamo letto in merito sul giornale di ieri; *to —* (*aloud*) *to s.o.*, leggere a qlcu. (ad alta voce) // *to — oneself hoarse*, leggere fino a diventare rauco // *to — s.o. a lesson*, fare la predica a qlcu. // *to — s.o. to sleep*, leggere fino a far addormentare qlcu. // *to — to oneself*, leggere in silenzio // *to — s.o.'s face, heart, thoughts*, leggere in viso, nel cuore, nei pensieri di qlcu. // *to — between the lines*, leggere tra le righe // *to — too much into sthg.*, leggere in qlco. quello che non c'è // *to — dreams*, interpretare i sogni // *to — a riddle*, risolvere un indovinello // *this play reads better than it acts*, questo dramma è più adatto alla lettura che alla rappresentazione **2** leggere, interpretare; suonare; dire: *my silence is not to be — as consent*, il mio silenzio non va interpretato come consenso; *his letter — as follows...*, la sua lettera suonava così...; *for 5 — 6* (o *— 5 as 6*), leggi 6 al posto di 5; *his words — like a threat*, le sue parole suonano come una minaccia **3** segnare (di strumento): *the thermometer reads thirty-five degrees*, il termometro segna 35 gradi **4** (*fam. amer.*) capire: *I — you loud and clear*, ti ho capito benissimo **5** (*pol. amer.*) espellere da un partito.

□ **read for** *v.intr.* e *prep.* studiare: *to — for a degree in mathematics*, studiare matematica; *to — for the bar*, studiare legge.

□ **read in** *v.tr.* e *avv.* (*inform.*) mettere in memoria.

□ **read out** *v.tr.* e *avv.* **1** leggere ad alta voce: *the instructions were — out to the boys*, le istruzioni furono lette ad alta voce ai ragazzi **2** (*inform.*) richiamare alla memoria, estrarre.

□ **read over**, **through** *v.tr.* e *avv.* leggere da cima a fondo: *he — the message over* (o *through*) *a second time*, lesse l'intero messaggio una seconda volta.

□ **read up** *v.tr.* o *intr.* e *avv.* leggere, documentarsi (su) un argomento: *I didn't know much about the subject but I could — up enough on it in the local library*, non sapevo molto su quell'argomento ma ho potuto trovare le informazioni che mi servivano alla biblioteca locale.

readability [,ri:də'bɪlətɪ / read·ab·il·ity] *s.* leggibilità.

readable ['ri:dəbl / read·able] *agg.* **1** leggibile, interessante, piacevole a leggersi: *is it —?*, si può leggere?, è interessante? **2** (*rar.*) leggibile // **-ness** *s.* // **-bly** *avv.*

to **readapt** [,ri:ə'dæpt / re·adapt] *v.tr.* e *intr.* riadattare, riadattarsi.

to **readdress** [,ri:ə'dres / re·ad·dress] *v.tr.* **1** cambiare l'indirizzo (su una busta, un pacco); scrivere un nuovo indirizzo su **2** rispedire.

reader ['ri:də*] *s.* **1** lettore, chi legge: *he's a fast* —, è un lettore veloce **2** correttore di bozze; lettore di manoscritti **3** docente universitario (il cui grado corrisponde approssimativamente a quello di vice direttore di istituto, o di facoltà o di dipartimento) **4** (*tecn.*) lettore: *microfilm* —, lettore per microfilm; (*inform.*) *bar code* —, lettore di codice a barre **5** libro di lettura, raccolta di brani (gener. in lingua straniera) **6** *pl.* (*amer.*) carte da gioco segnate.

readership ['ri:dəʃɪp / read·er·ship] *s.* carica di reader → **reader** 3.

readily ['redɪlɪ / read·ily] *avv.* **1** prontamente, sollecitamente **2** volentieri; senza difficoltà: *the facts were — ascertained*, i fatti furono facilmente accertati.

readiness ['redɪnɪs / readi·ness] *s.* (*form.*) **1** prontezza, speditezza **2** buona volontà; buona disposizione **3** facilità; vivacità (di spirito): — *of speech*, facilità di parola; — *of wit*, prontezza di spirito **4** *in* —: *all is in* —, tutto è pronto; *everything was put in — for the attack*, ogni cosa fu preparata per l'attacco.

reading ['ri:dɪŋ / read·ing] *agg.* **1** che legge: *the — public*, il pubblico dei lettori, il pubblico che legge // (*inform.*) — *brushes*, spazzole di lettura **2** di lettura, da leggere: *I've bought a lot of — matter for the journey*, ho comprato un sacco di roba da leggere per il viaggio // (*inform.*) — *track*, pista di lettura.

reading *s.* **1** lettura: — *and writing are taught to children*, ai bambini viene insegnato a leggere e scrivere; *her novels are* (o *make*) *good* —, i suoi romanzi costituiscono una buona lettura; *to give a poetry* —, tenere una lettura pubblica di poesia; *this is difficult — for non -experts*, questa è una lettura difficile per persone non esperte // — *of a bill*, lettura di un progetto di legge in Parlamento **2** indicazione (di contatore, termometro ecc.); valore: *last week's readings showed a drop in temperature*, i valori della scorsa settimana hanno mostrato un calo di temperatura **3** (*non com.*) cultura, erudizione: *he is a man of vast* —, è un uomo che ha letto molto **4** lezione, versione (di manoscritto, testo) **5** interpretazione: *there are numberless readings of Hamlet*, vi sono infinite interpretazioni di Amleto; *what is your — of the facts?*, qual è la tua interpretazione dei fatti?

reading-desk ['ri:dɪŋ,desk] *s.* leggio.

reading lamp ['ri:dɪŋ,læmp] *s.* lampada da scrivania, da comodino.

reading room ['ri:dɪŋ,rʊm *amer.* 'ri:dɪŋ ,ru:m] *s.* sala di lettura.

to **readjourn** [,ri:ə'dʒɜ:n / re·ad·journ] *v.tr.* prorogare nuovamente.

to **readjust** [,ri:ə'dʒʌst / re·ad·just] *v.tr.* **1** riaggiustare; riassettare: *to — oneself*, riassettarsi, rimettersi in ordine **2** (*econ.*) riaggiustare, ritoccare: *to — prices*, ritoccare i prezzi.

readjustment [,ri:ə'dʒʌstmənt / re·ad·just·ment] *s.* **1** riordinamento; riassestamento: *a period of —*, un periodo di riassestamento **2** (*econ.*) ritocco (di prezzi).

readme ['ri:d,mi: / read·me] *s.* (*inform.*): *— file*, file leggimi.

readmission [,ri:əd'mɪʃn / re·ad·mis·sion] *s.* riammissione.

to **readmit** [,ri:əd'mɪt / re·ad·mit] *pass.p.p.* **readmitted** [,ri:əd'mɪtɪd / re·ad·mit·ted] *v.tr.* riammettere.

readmittance [,ri:əd'mɪtəns / re·ad·mit·tance] *s.* riammissione.

read-out ['ri:daʊt] *s.* (*inform.*) **1** estrazione, uscita **2** unità di affissione, schermo.

readsorption [,rɪəd'sɔ:pʃn / re·ad·sorp·tion] *s.* (*chim.*) riadsorbimento, readsorbimento.

to **readvertize** [ri:'ædvətaɪz / re·ad·vert·ize] *v.tr.* e *intr.* reclamizzare ulteriormente, fare dell'altra pubblicità (a).

ready ['redɪ] *agg.* **1** pronto, preparato; disposto: *breakfast is —*, la colazione è pronta; *to make* (o *to get*) *everything —*, preparare ogni cosa; *the house is nowhere near —*, la casa non è per niente pronta; *are you —?, go!*, pronti? via!; *get —, it's late*, preparati, è tardi; *I wasn't — for his reaction*, non ero preparato alla sua reazione // *— when you are!*, sono pronto quando vuoi! **2** pronto, incline; disposto: *he is always — for a joke*, è sempre pronto a scherzare; *I'm not — to be treated like that*, non sono disposto a farmi trattare così; *he was quite — to help us*, era disposto ad aiutarci // *she was — to scream with frustration*, era sul punto di urlare per la frustrazione **3** pronto, svelto: *he is very — with his money*, (*fam.*) è di tasca facile; *he's very — with his hands*, è sempre pronto a menar le mani; *he's — with his tongue*, ha la lingua sciolta, la parlantina facile; *— to act*, pronto ad agire; *a — answer*, una risposta pronta // *a — sale*, un rapido smercio // *a — workman*, un operaio volonteroso ◆ *s.* **1** (*fam.*) denaro contante **2** (*mil.*) pronto al fuoco ◆ *avv.* (*davanti a p.p.*) prima: *— cut*, già tagliato; *it's a — -cooked dinner*, è un pasto precotto.

to **ready** *v.tr.* **1** preparare **2** (*sl. ippica*) assicurare un buon handicap a (un cavallo).

ready-made [,redɪ'meɪd] *agg.* fatto, confezionato, preconfezionato, bell'e pronto: *— clothes*, abiti fatti, confezionati; confezioni.

ready-to-wear [,redɪtə'weə*] *agg.* confezionato, fatto (di vestito).

to **reaffirm** [,ri:ə'fɜ:m / re·af·firm] *v.tr.* riaffermare.

reaffirmation ['ri:,æfə'meɪʃn / re·af·firma·tion] *s.* riaffermazione.

to **reafforest** [,ri:ə'fɒrɪst *amer.* ,ri:ə'fɔ:rɪst / re·af·for·est] *v.tr.* (*non com.*) rimboschire; rimboscare.

reafforestation ['ri:æ,fɒrɪ'steɪʃn *amer.* ,ri:ə,fɔ:rɪ'steɪʃn / re·af·for·esta·tion] *s.* rimboschimento.

reagency [ri:'eɪdʒənsɪ / re·agency] *s.* (*chim.*) (capacità di) reazione.

reagent [ri:'eɪdʒənt / re·agent] *s.* (*chim.*) reagente, reattivo.

real[1] [rɪəl] *agg.* **1** reale; vero, effettivo; genuino, autentico; sincero, schietto: *— flowers and paper ones*, fiori veri e di carta; *— friend*, amico sincero; *— value*, valore effettivo // (*dir.*) *— evidence*, prova reale, materiale // (*comm.*) *— sector*, settore reale (non monetario) // (*fis.*) *— gas*, gas naturale // (*mat.*) *— axis, number, variable*, asse, numero, variabile reale // *this isn't a bad dream, it's the — thing!*, non è un incubo, è la realtà! **2** (*econ.*) reale (contrapposto a nominale), a prezzi costanti: *— GDP* (*gross domestic product*), PIL (prodotto interno lordo) a prezzi costanti; *— income*, reddito reale; *— wage*, salario reale; *— valuation*, valutazione a prezzi costanti; *— exchange rates*, tasso di cambio reale **3** (*dir.*) immobile, immobiliare: *— property*, proprietà immobiliare; *— estate*, beni immobili: *— estate agent, agency*, agente, agenzia immobiliare; *— estate mortgage bonds*, obbligazioni ipotecarie; *— estate investment trust*, fondo comune di investimento immobiliare; *she owned a piece of — estate in town*, aveva un immobile in città ◆ *s.* **1** (*fil.*) (il) reale: *the — and the ideal*, il reale e l'ideale **2** *for —*, (*fam. amer.*) (*agg.*) autentico, reale; (*avv.*) davvero, sul serio: *I'm for — sorry*, sono davvero dispiaciuto ◆ *avv.* (*fam.*) molto, veramente: *— good*, buonissimo; *— smart*, molto furbo.

real[2] [reɪ'ɑ:l] *s.* reale (antica moneta spagnola).

realgar [ri:'ælgə* / re·al·gar] *s.* (*min.*) realgar.

realia [reɪ'ɑ:ljə] *s.pl.* **1** (*filos.*) cose reali, realtà **2** (*didattica*) oggetti usati in classe dagli insegnanti per collegare le materie di insegnamento scolastico alla vita reale (p.e. costumi antichi, oggetti tipici di popoli stranieri).

to **realign** [,ri:ə'laɪn / re·align] *v.tr.* e *intr.* riallineare, riallinearsi.

realignment [,ri:ə'laɪnmənt / re·align·ment] *s.* riallineamento.

realism ['rɪəlɪzəm / real·ism] *s.* realismo.

realist ['rɪəlɪst / real·ist] *s.* realista.

realistic [,rɪə'lɪstɪk / real·istic] *agg.* realistico // **-ally** *avv.*

reality [rɪ'ælətɪ / real·ity] *s.* **1** realtà: *in —*, in realtà; *we are faced with realities*, ci troviamo di fronte a delle realtà // (*inform.*) *virtual —*, realtà virtuale **2** (*non com.*) realismo; verosimiglianza: *reproduced with surprising —*, riprodotto con sorprendente realismo.

realizable ['rɪəlaɪzəbl / real·iz·able] *agg.* realizzabile.

realization [,rɪəlaɪ'zeɪʃn *amer.* ,rɪəlɪ'zeɪʃn / real·iza·tion] *s.* **1** percezione, comprensione, consapevolezza **2** realizzazione; attuazione, compimento: *the — of one's hopes*, il compimento delle proprie speranze **3** (*comm.*, *econ.*) realizzo, realizzazione.

to **realize** ['rɪəlaɪz / real·ize] *v.tr.* **1** capire; accorgersi di, rendersi conto di: *don't you — that you're wrong?*, non ti rendi conto di avere torto?; *he didn't — the absurd position he was in*, non si rendeva conto della posizione assurda in cui era; *I — I am old now*, capisco di essere ormai vecchio; *when he realized what he had done he felt sorry*, quando si accorse di ciò che aveva fatto ne provò dispiacere **2** realizzare, effettuare, attuare: *to — one's hopes*, attuare le proprie speranze; *to — a project*, realizzare un progetto **3** (*comm.*, *econ.*) realizzare: *to — large profits*, realizzare dei forti guadagni // *to — securities*, convertire titoli in denaro contante.

realized ['rɪəlaɪzd / real·ized] *agg.* realizzato: *to feel —*, sentirsi realizzato.

to **reallocate** [,ri:'æləkeɪt / re·al·loc·ate] *v.tr.* (*inform.*) cambiare l'assegnamento di.

really ['rɪəlɪ] *avv.* realmente, in realtà; veramente; davvero: *do you — think so?*, lo pensi davvero?; *I am — sorry*, sono veramente dispiaciuto; *what do you — think about it?*, cosa ne pensi, in realtà?; *—?*, davvero?!

realm [relm] *s.* **1** (*poet.*, *letter.*) reame, regno; *much have I travell'd in the realms of gold*, (KEATS) molto ho viaggiato nei regni dorati [delle lettere] **2** (*fig. letter.*) regno, dominio: *the — of fancy*, il regno della fantasia.

realpolitik [reɪ'ɑ:lpəʊlɪ'ti:k / real·pol·itik] *s.* realpolitik.

real-time ['rɪəltaɪm] *agg.* e *s.* (*inform.*) (in) tempo reale.

realtor ['ri:əltə* / real·tor] *s.* (*amer.*) agente immobiliare.

realty ['rɪəltɪ / re·alty] *s.* U (*dir. amer.*) proprietà immobiliare; beni immobili.

ream[1] [ri:m] *s.* **1** risma (circa 500 fogli di carta) **2** *pl.* enorme quantità (di versi, scritti, carta stampata): *he wrote reams and reams of useless poems*, ha scritto pagine e pagine di inutili poesie.

to **ream**[2] *v.tr.* **1** (*mecc.*) svasare (un foro) **2** alesare (un foro) **3** (*mar.*) aprire (le commessure) per calafatare **4** spremere (frutta) **5** (*fam. amer.*) trattare male; truffare (in affari).

reamer ['ri:mə*] *s.* **1** (*mecc.*) alesatore **2** (*amer.*) spremiagrumi.

to **reanimate** [,ri:'ænɪmeɪt / re·an·im·ate] *v.tr.* (*form.*) rianimare; rincuorare.

reanimation ['ri:,ænɪ'meɪʃn / re·an·ima·tion] *s.* (*form.*) rianimazione.

to **reannex** [,ri:ə'neks / re·an·nex] *v.tr.* (*form.*) riannettere.

reannexation ['ri:,ænek'seɪʃn / re·an·nexa·tion] *s.* riannessione.

to **reap** [ri:p] *v.tr.* e *intr.* **1** mietere (il grano ecc.): *to — a field*, mietere un campo // *to — laurels*, (*fig.*) mietere allori **2** raccogliere (*anche fig.*): *to — the fruits of sthg.*, raccogliere i frutti di qlco.; *to — a reward*, ricevere una ricompensa // *he who sows the wind, shall — the whirlwind*, (*prov.*) chi semina vento raccoglie tempesta // *as they sow so shall they —*, (*prov.*) chi semina raccoglie // *to — where one has not sown*, approfittare della fatica altrui.

reaper ['ri:pə*] *s.* **1** mietitore **2** (*mecc.*) mietitrice.

reaping ['ri:pɪŋ / reap·ing] *s.* mietitura; messe, raccolto.

reaping-hook ['ri:pɪŋ,hʊk] *s.* falce.

reaping-machine ['ri:pɪŋmə,ʃi:n] *s.* (*mecc.*) mietitrice.

to **reappear** [,ri:ə'pɪə* / re·appear] *v.intr.* riapparire, ricomparire; ripresentarsi.

reappearance [,ri:ə'pɪərəns / re·appear·ance] *s.* riapparizione, ricomparsa.

to **reapply** [,ri:ə'plaɪ / re·apply] *v.tr.* **1** riapplicare **2** *to — oneself* (o *one's mind*), applicarsi, dedicarsi di nuovo **3** riazionare ◆ *v.intr.* inoltrare nuovamente domanda, rivolgersi di nuovo.

to **reappoint** [,ri:ə'pɔɪnt / re·appoint] *v.tr.* **1** nominare di nuovo; reintegrare nelle proprie funzioni **2** fissare, stabilire di nuovo **3** prescrivere, assegnare nuovamente.

reappointment [,ri:ə'pɔɪntmənt / re·appoint·ment] *s.* **1** reintegrazione **2** nuova nomina; rielezione.

rear[1] [rɪə*] *agg.* posteriore; ultimo: *— rank*, ultima fila // *— sight*, alzo (di arma da fuoco) ◆ *s.* **1** parte posteriore, retro: *the — of the buildings*, il retro degli edifici; *at the — of*, dietro a, sul retro di **2** (*mil.*) retroguardia, retrovia; coda: *he was sent to the — because of his age*, fu inviato alle retrovie a causa dell'età; *to bring* (o *take*) *up the —*, formare la retroguardia, venire per ultimo, essere in coda **3** (*fam.*) sedere **4** (*sl.*) latrina, gabinetto.

rear[2] *agg.* (*non com.*) cotto male, poco cotto.

to **rear**[3] *v.tr.* **1** (*antiq.*) innalzare, elevare, erigere **2** alzare, sollevare: *to — one's head, one's voice*, (*anche fig.*) alzare il capo, la voce; *to—* (o *to raise*) *one's ugly head again*, (*fig.*) rialzare la testa, farsi sentire di nuovo **3** educare, crescere (prole); allevare (bestiame); coltivare (piante) ◆ *v.intr.* **1** innalzarsi, sovrastare **2** *to —* (*up*), impennarsi, alzarsi sulle gambe posteriori.

Rear-Admiral [,rɪər'ædmərəl] *s.* (*mar. mil.*, GB, USA) contrammiraglio.

rear-arch ['rɪərɑ:tʃ] *s.* (*arch.*) arco interno.

rearer ['rɪərə*] *s.* **1** (*form.*) allevatore; educatore **2** cavallo che si impenna.

rearguard ['rɪəgɑ:d / rear·guard] *s.* retroguardia: *to fight a — action*, combattere un'azione di retroguardia; (*fig.*) resistere fino all'ultimo.

rearhorse ['rɪəhɔ:s / rear·horse] *s.* (*zool.*) mantide religiosa → **praying mantis**.

rear light ['rɪə,laɪt] *s.* → **taillight**.

to **rearm** [,ri:'ɑ:m / re·arm] *v.tr.* e *intr.* (*mil.*) riarmare, riarmarsi.

rearmament [,ri:'ɑ:məmənt / re·arma·ment] *s.* (*mil.*) riarmo; riarmamento.

rearmost ['rɪəməʊst / rear·most] *agg.* il più arretrato, l'ultimo.

to **rearrange** [,ri:ə'reɪndʒ / re·arrange] *v.tr.* **1** ridisporre, risistemare; riordinare **2** fissare di nuovo (un appuntamento).

rearrangement [,ri:ə'reɪndʒmənt / re·arrange·ment] *s.* **1** nuova disposizione; riordinamento **2** cambiamento (di data, ora ecc.) **3** (*chim.*) riarrangiamento.

rearward ['rɪəwəd / rear·ward] *agg.* **1** posteriore, situato verso il fondo, sul fondo **2** che appartiene alla retroguardia.

rearward(s) ['rɪəwəd(z) / rear·ward(s)] *avv.* verso la retroguardia; indietro, in fondo; verso il fondo.

to **reascend** [,ri:ə'send / re·as·cend] *v.tr.* riascendere; risalire ◆ *v.intr.* riascendere; risalire: *to — the throne*, riascendere al trono.

reascent [,ri:ə'sent / re·as·cent] *s.* risalita.

reason ['ri:zn] *s.* **1** causa, motivo, ragione: *by — of*, a causa di; *I shall never understand the — for her decision*, non capirò mai il motivo della sua decisione; *for reasons of safety*, per motivi di sicurezza; *for reasons best known to himself he left for a life aboard ship*, per motivi che non ci è dato sapere lasciò tutto e si imbarcò; *for some — he left early*, per qualche motivo se ne è andato presto; *all the more — to take the job*, ragione in più per accettare il lavoro; *you had every* (o *good*) *— to be mad*, avevi tutte le ragioni per essere arrabbiato // *to give reasons for*, addurre ragioni per, motivare // *reasons of State*, ragion di Stato **2** ragione; raziocinio: *the use of —*, l'uso della ragione; *to be restored to —*, rinsavire, tornare in sé; *to lose, to regain one's —*, perdere, riacquistare il lume della ragione; *to listen to —*, ascoltare la voce della ragione; *to see —*, diventare ragionevole, cominciare a ragionare; lasciarsi persuadere **3** ragionevolezza; buon senso // *within —*, ragionevole, nei limiti del possibile: *I will do anything within — for him*, farò per lui tutto quanto è ragionevole che io faccia // *beyond —*, oltre ogni ragionevolezza; *it stands to — that*, è evidente che // *without rhyme or —*, senza capo né coda **4** (*log.*) premessa minore (di un sillogismo).

to **reason** *v.intr.* ragionare, riflettere: *to — about* (o *of* o *upon*) *a subject*, ragionare, riflettere su un argomento // *to — with s.o.*, cercare di convincere, di far ragionare qlcu.; *I reasoned with him, but he still wouldn't help me*, cercai di convincerlo ma non volle aiutarmi ◆ *v.tr.* **1** valutare razionalmente, calcolare, ponderare: *we reasoned that they would attack just after dawn*, calcolammo che avrebbero attaccato appena passata l'alba; *a reasoned conclusion*, una conclusione ragionata **2** persuadere, convincere (col ragionamento); *we reasoned them into coming with us*, li convincemmo a venire con noi.

reasonable ['ri:znəbl / reas·on·able] *agg.* **1** ragionevole; logico // (*dir.*) *— man standard* (o *— man test*), parametro dell'uomo ragionevole, dell'agente modello, del buon padre di famiglia **2** (*comm.*) moderato (di prezzo) // **-ness** *s.* // **-bly** *avv.*

reasoner ['ri:znə* / reas·oner] *s.* ragionatore, chi ragiona.

reasoning ['ri:znɪŋ / reas·on·ing] *s.* ragionamento; modo di ragionare: *it's difficult to follow your —*, è difficile seguire il tuo modo di ragionare; *his — is at fault*, il suo ragionamento non sta in piedi.

reasonless ['ri:znlɪs / reason·less] *agg.* **1** senza ragione, senza motivo **2** irragionevole.

to **reassemble** [,ri:ə'sembl / re·as·semble] *v.tr.* **1** adunare di nuovo; riunire **2** (*mecc.*) rimontare ◆ *v.intr.* adunarsi di nuovo; riunirsi.

to **reassert** [,ri:ə'sɜ:t / re·as·sert] *v.tr.* (*form.*) riaffermare, riasserire; imporre nuovamente: *he reasserted his authority over the group*, impose nuovamente la sua autorità al gruppo.

reassertion [,ri:ə'sɜ:ʃn / re·as·ser·tion] *s.* (*form.*) riasserzione, riaffermazione.

to **reassess** [,ri:ə'ses / re·as·sess] *v.tr.* **1** rivedere, correggere, valutare di nuovo: *to — one's ideas*, rivedere le proprie idee **2** (*comm.*) valutare di nuovo (un danno, una proprietà).

reassessment [,ri:ə'sesmənt / re·as·sess·ment] *s.* **1** revisione, correzione, nuova valutazione **2** (*comm.*) il valutare di nuovo (un danno, una proprietà).

to **reassign** [,ri:ə'saɪn / re·as·sign] *v.tr.* **1** riassegnare **2** (*dir.*) trasferire; cedere di nuovo **3** rifissare (una data, un orario).

reassignment [,ri:ə'saɪnmənt / re·as·sign·ment] *s.* **1** rinomina; nuovo incarico **2** riassegnazione; nuovo stanziamento (di denaro); (*dir.*) ritrasferimento, nuova cessione **3** (*inform.*) nuova assegnazione.

to **reassimilate** [,ri:ə'sɪmɪleɪt / re·as·sim·il·ate] *v.tr.* **1** assimilare di nuovo **2** reintegrare ◆ *v.intr.* **1** assimilarsi di nuovo **2** reintegrarsi.

reassurance [,ri:ə'ʃʊərəns / re·as·sur·ance] *s.* **1** rassicurazione **2** (*dir.*) riassicurazione.

to **reassure** [,ri:ə'ʃʊə* / re·as·sure] *v.tr.* **1** rassicurare; tranquillizzare **2** (*dir.*) riassicurare.

reassuring [,ri:ə'ʃʊərɪŋ / re·as·sur·ing] *agg.* rassicurante // **-ly** *avv.*

to **reave** [ri:v] *pass.p.p.* **reaved** [ri:vd] **reft** [reft] *v.tr.* e *intr.* (*ant.*) rapire; rapinare; depredare; saccheggiare.

to **reawaken** [,ri:ə'weɪkən / re·awaken] *v.tr.* risvegliare; riattizzare (*anche fig.*): *to — s.o.'s interest*, risvegliare l'interesse di qlcu. ◆ *v.intr.* risvegliarsi (*anche fig.*).

reawakening [,ri:ə'weɪknɪŋ / re·awaken·ing] *s.* risveglio (*anche fig.*).

rebarbative [rɪ'bɑ:bətɪv / re·barb·at·ive] *agg.* (*form.*) repellente, ripugnante.

rebate[1] ['ri:beɪt / re·bate] *s.* (*comm.*) **1** rimborso: *— on taxes paid*, rimborso di tasse pagate **2** riduzione, sconto; abbuono.

to **rebate**[1] [rɪ'beɪt] *v.tr.* **1** rimborsare **2** (*comm.*) ribassare, ridurre (il prezzo) // *rebated bill*, cambiale ritirata (prima della scadenza) **3** (*non com.*) spuntare, ottundere, rintuzzare; diminuire l'effetto di: *one who... / ...doth rebate and blunt his natural edge / with profits of the mind*, (SH. Measure for Measure) uno che... attenua e ottunde l'istinto con i piaceri dello spirito.

(to) **rebate**[2] → (to) **rabbet**.

rebec(k) ['ri:bek / re·bec(k)] *s.* (*mus.*) ribeca.

rebel ['rebl] *s.* **1** ribelle **2** (*st. amer.*) sudista ◆ *agg.* ribelle; dei ribelli.

to **rebel** [rɪ'bel] *pass.p.p.* **rebelled** [rɪ'beld / re·belled] *v.intr.* **1** ribellarsi; rivoltarsi: *adolescents often — against possessive parents*, gli adolescenti spesso si ribellano ai genitori possessivi; *his mind rebels at the prospect of such drudgery*, la sua mente si ribella all'idea di una simile fatica // *I carried her until my arms rebelled*, la portai in braccio finché i muscoli si ribellarono; *my nose rebelled against her sweetish perfume*, il mio naso si ribellava al suo profumo dolciastro **2** sollevarsi, sorgere in armi: *the country rebelled against the military rule*, la nazione si sollevò contro il potere militare.

rebellion [rɪ'beljən / re·bel·lion] *s.* ribellione.

rebellious [rɪ'beljəs / re·bel·li·ous] *agg.* ribelle; refrattario // **-ly** *avv.* // **-ness** *s.*

rebirth [,ri:'bɜ:θ / re·birth] *s.* rinascita: — *of learning*, rinascita della cultura.

reboant ['rebəʊənt / re·boant] *agg.* (*ant.*) rimbombante, risonante, riecheggiante.

to **reboot** [rɪ'bu:t / re·boot] *v.tr.* (*inform.*) reinizializzare, riavviare.

reborn [,ri:'bɔ:n / re·born] *agg.* rinato.

rebound ['ri:baʊnd / re·bound] *s.* rimbalzo; ripercussione: *on the* —, di rimbalzo; (*fig.*) per reazione, per ripicca // *to take s.o. on the* —, approfittare della reazione di qlcu.

to **rebound** *v.intr.* **1** rimbalzare; ricadere; ripercuotersi: *your evil actions will — upon you*, le tue cattive azioni ricadranno su di te **2** riecheggiare **3** risalire, ristabilizzarsi, ritornare ai valori precedenti (spec. di prezzi).

rebuff [rɪ'bʌf / re·buff] *s.* rifiuto, diniego.

to **rebuff** *v.tr.* respingere, rifiutare.

to **rebuild** [,ri:'bɪld / re·build] *pass.p.p.* **rebuilt** [,ri:'bɪlt / re·built] *v.tr.* ricostruire, riedificare.

rebuilding [,ri:'bɪldɪŋ / re·build·ing] *s.* ricostruzione, riedificazione.

rebuke [rɪ'bju:k / re·buke] *s.* (*form.*) sgridata, rimprovero: *to administer a* —, fare un rimprovero.

to **rebuke** *v.tr.* sgridare, rimproverare.

rebukingly [rɪ'bju:kɪŋlɪ / re·buk·ing·ly] *avv.* (*form.*) con tono di rimprovero.

rebus ['ri:bəs / re·bus] *s.* rebus.

to **rebut** [rɪ'bʌt / re·but] *pass.p.p.* **rebutted** [rɪ'bʌtɪd / re·but·ted] *v.tr.* (*form.*) **1** respingere; rifiutare: *to — a person's offers*, rifiutare le offerte di una persona **2** (*dir.*) confutare, ribattere; rigettare, contraddire: *to — a piece of evidence*, confutare una prova; *to — a presumption*, rovesciare una presunzione.

rebutment [rɪ'bʌtmənt / re·but·ment] *s.* (*non com.*) → **rebuttal**.

rebuttable [rɪ'bʌtəbl / re·but·table] *agg.* (*dir.*) confutabile, contraddicibile: — *presumption*, presunzione relativa, rovesciabile (di cui è possibile fornire la prova contraria).

rebuttal [rɪ'bʌtl / re·but·tal] *s.* (*form.*) **1** rifiuto **2** (*dir.*) confutazione; diniego (di un'istanza); rigetto.

rebutter [rɪ'bʌtə* / re·but·ter] *s.* **1** (*form.*) difesa (*anche dir.*) **2** confutazione.

recalcitrance [rɪ'kælsɪtrəns / re·cal·cit·rance] **recalcitrancy** [rɪ'kælsɪtrənsɪ / re·cal·cit·rancy] *s.* (*non com.*) recalcitramento; (*fig.*) ostinata opposizione.

recalcitrant [rɪ'kælsɪtrənt / re·cal·cit·rant] *agg.* (*form.*) ricalcitrante; (*fig.*) restio.

recalcitration [rɪ,kælsɪ'treɪʃn / re·cal·cit·ra·tion] *s.* (*non com.*) resistenza, opposizione; contrasto.

recalescence [,ri:kə'lesns / re·cal·es·cence] *s.* (*metall.*) recalescenza.

recall [rɪ'kɔ:l / re·call] *s.* **1** richiamo, il richiamare (spec. di funzionario) **2** capacità di ricordare, di riportare alla memoria; ricordo; memoria: *he has total — of what happened*, ha un ricordo perfetto di ciò che successe; *the origin of this custom is beyond* (o *past*) —, si è persa la memoria dell'origine di questa usanza **3** revoca: *it is beyond* (o *past*) —, è irrevocabile, non può essere cambiato, annullato // (*dir.*) — *of a judgment*, annullamento di una sentenza per errore di fatto **4** (*dir.*) rimozione (da un ufficio) **5** (*mil.*) segnale di ritirata; segnale d'adunata.

to **recall** ['rɪkɔ:l] *v.tr.* **1** richiamare, far ritornare: *the ambassador was recalled for briefing*, l'ambasciatore fu richiamato in patria per consultazioni; *the ambassador was recalled and war was declared*, l'ambasciatore fu ritirato e fu dichiarata la guerra // *to — Parliament*, riconvocare il Parlamento **2** ritirare (un prodotto) dal mercato (perché difettoso ecc.) **3** richiamare alla mente; far ricordare: *the photograph recalled memories of his youth*, la fotografia gli ricordò la sua giovinezza **4** ricordarsi: *to — sthg.* (*to mind*), ricordarsi di qlco.; *I don't — his words*, non mi ricordo le sue parole; *I can't — writing* (o *that I wrote*) *this sentence*, non ricordo di aver scritto questa frase **5** richiamare (al servizio militare) **6** annullare (un giudizio); revocare (un decreto); ritrattare (una promessa): (*dir.*) *to — a judgment*, annullare una sentenza per errore di fatto.

recallable [rɪ'kɔ:ləbl / re·call·able] *agg.* **1** richiamabile **2** revocabile.

recanalization [,ri:,kænəlaɪ'zeɪʃn / re·canal·iza·tion] *s.* (*med.*) ricanalizzazione.

to **recanalize** [,ri:'kænəlaɪz / re·can·al·ize] *v.tr.* (*med.*) ricanalizzare.

to **recant** [rɪ'kænt / re·cant] *v.tr.* **1** ritrattare, revocare, ripudiare (idea, opinione) **2** abiurare; fare una pubblica sconfessione di.

recantation [,ri:kæn'teɪʃn / re·canta·tion] *s.* (*form.*) **1** ritrattazione **2** abiura.

recanter [rɪ'kæntə* / re·cant·er] *s.* (*form.*) **1** chi ritratta **2** chi abiura.

recap[1] ['ri:kæp / re·cap] *s.* (*fam.*) abbr. di → **recapitulation**.

to **recap**[1] [,ri:'kæp] → to **recapitulate**.

recap[2] ['ri:kæp] *s.* (*amer.*) → **retread**.

to **recap**[2] [,ri:'kæp] → to **retread**.

recapitalization [,ri:,kæpɪtəlaɪ'zeɪʃn / re·cap·it·al·iza·tion] *s.* (*fin.*) ricapitalizzazione.

to **recapitalize** [,ri:'kæpɪtəlaɪz / re·cap·it·al·ize] *v.tr.* (*fin.*) ricapitalizzare.

to **recapitulate** [,ri:kə'pɪtjʊleɪt / re·cap·itu·late] *v.tr.* ricapitolare; riepilogare.

recapitulation [,ri:kə,pɪtjʊ'leɪʃn / re·cap·itu·la·tion] *s.* ricapitolazione; riepilogo.

recapitulative [,ri:kə'pɪtjʊleɪtɪv / re·cap·itu·lat·ive] **recapitulatory** [,ri:kə'pɪtjʊlətərɪ / re·cap·itu·lat·ory] *agg.* riassuntivo.

recaption [ri:'kæpʃn / re·cap·tion] *s.* (*dir.*) reintegrazione nel possesso di beni mobili (sottratti illecitamente).

recapture [,ri:'kæptʃə* / re·cap·ture] *s.* riconquista.

to **recapture** *v.tr.* riconquistare; riprendere; ricatturare; (*fig.*) richiamare alla memoria; ritrovare (emozioni, sensazioni ecc.).

to **recast** [,ri:'kɑ:st *amer.* ,ri:'kæst / re·cast] *pass.p.p.* **recast** *v.tr.* **1** (*metall.*) rifondere **2** rimaneggiare, ricomporre (cose, opere letterarie ecc.) **3** (*teatr.*) allestire con nuovi attori: *the play has been entirely* —, la commedia è stata allestita con nuovi attori; *the part of Ophelia had to be* —, la parte di Ofelia dovette essere assegnata a un'altra interprete; *the part of Ferdinand was taken from Jones and he was — as Gonzalo*, a Jones fu tolta la parte di Ferdinando e gli fu assegnata quella di Gonzalo.

recce ['rekɪ] *s.* (*mil. sl.*) perlustrazione, ricognizione.

to **recede**[1] [rɪ'si:d / re·cede] *v.intr.* **1** ritirarsi, recedere, indietreggiare; allontanarsi: *as the ship headed for the open sea, the coast gradually receded*, mentre la nave si dirigeva verso l'alto mare, la costa si allontanava a poco a poco // *to — from sthg.*, ritirarsi da, rinunciare a qlco. **2** diminuire, calare; svanire; declinare: *to — in importance*, perdere importanza **3** cominciare a cadere (di capelli): *his hair began to* —, cominciava a stempiarsi.

to **recede**[2] *v.tr.* restituire (territori ecc.).

receding [rɪ'si:dɪŋ / re·ced·ing] *agg.* rientrante; sfuggente: — *chin*, mento sfuggente; *to have a — hairline*, essere un po' stempiato.

receipt [rɪ'si:t / re·ceipt] *s.* **1** (*form.*) ricezione, ricevimento: *on — (of goods)*, al ricevimento (della merce); *we are in — of your letter*, abbiamo ricevuto la vostra (lettera); *to acknowledge — of*, accusare ricevuta di **2** ricevuta; quietanza: *to sign a* —, firmare una ricevuta // (*comm.*): — *book*, registro delle ricevute; *consignment* —, ricevuta di spedizione // (*dir.*) *warehouse* —, fede di deposito // (*banca*) ricevuta bancaria **3** *gener. pl.* introiti, entrate: *the gross receipts*, gli introiti lordi; *receipts and payments account*, conto dei movimenti di cassa **4** (*ant.*) → recipe // *every defect of the mind may have a special receipt*, (F. BACON) ogni difetto della mente può avere un rimedio speciale **5** (*ant.*) ricevitoria.

to **receipt** *v.tr.* (*comm.*) quietanzare.

receivable [rɪ'si:vəbl / re·ceiv·able] *agg.* **1** ricevibile; accettabile: — *certificates*, certificati accettabili **2** (*comm.*) esigibile: *bills* —, cambiali esigibili ◆ *s.pl.* (*amm.*) debitori.

to **receive** [rɪ'si:v / re·ceive] *v.tr.* **1** ricevere: *she received a good education*, ricevette una buona istruzione; *she received a wonderful gift*, ricevette un dono meraviglioso; *they received nothing but insults*, non ricevettero altro che insulti; *to — a heavy blow*, ricevere un duro colpo; *to — medical treatment*, ricevere cure mediche // (*dir.*) *to — stolen goods* (o *property*), ricettare merce rubata, commettere ricettazione // *to — thirty days*, essere condannati a un mese di prigione **2** ricevere, accogliere: *he received us in his study*, ci ricevette nel suo studio; *his suggestion was received coldly*, il suo suggerimento fu accolto con freddezza; *Professor Smith receives on Mondays*, (*form.*) il professor Smith riceve il lunedì; *he received us with open arms*, ci accolse a braccia aperte **3** (*tel.*, *rad.*) ricevere: *our TV receives twenty-three different channels*, la nostra TV riceve ventitré canali diversi; *are you receiving me?*, mi senti?, mi ricevi? **4** (*ant.*) contenere; servire da recipiente per: *this boat is large enough to — ten men*, questa barca è abbastanza grossa per portare dieci uomini **5** dar credito a, accettare come vero: *it is an axiom universally received*, è un assioma universalmente accettato **6** (*non com.*) sostenere, sopportare: *the arch receives the weight of the roof*, l'arco sostiene il peso del tetto.

receiver [rɪ'si:və* / re·ceiver] *s.* **1** chi riceve; (*comm.*) destinatario; cassiere **2** ricevitore, cornetta (del telefono) **3** (*tel.*, *rad.*) apparecchio (radio) ricevente, ricevitore **4** (*dir.*) ricettatore (di merci rubate) **5** (*dir.*) curatore fallimentare; liquidatore: *to be in the hands of the official* —, essere in mano al curatore fallimentare **6** (*dir.*) amministratore fiduciario, custode, consegnatario; agente (in genere) **7** (*chim.*) serbatoio, recipiente di accumulo.

receivership [rɪ'si:vəʃɪp / re·ceiv·er·ship] *s.* (*dir.*) **1** curatela; ufficio di curatore fallimentare, di liquidatore **2** amministrazione fiduciaria; ufficio di agente, custode, consegnatario.

receiving [rɪ'si:vɪŋ / re·ceiv·ing] *agg.* ricevente // *they were on the — end of some nasty accusations*, erano oggetto di pesanti accuse ◆ *s.* **1** (*form.*) ricezione **2** (*dir.*) ricettazione.

receiving-order [rɪ'si:vɪŋ,ɔ:də*] *s.* (*dir.*) provvedimento di sequestro dei beni del fallito e di contestuale nomina del curatore fallimentare.

recency ['ri:snsɪ / re·cency] *s.* (*non com.*) l'essere recente; freschezza.

recension [rɪ'senʃn / re·cen·sion] *s.* (*form.*) recensione (*anche in filologia*).

recensionist [rɪ'senʃənɪst / re·cen·sion·ist] *s.* (*form.*) recensore.

recent ['ri:snt / re·cent] *agg.* **1** recente; fresco; moderno: — *news*, notizie fresche; *it is a — event*, è un avvenimento recente **2** (*geol.*) *Recent*, olocenico: *the Recent epoch*, l'olocene.

recently ['ri:sntlɪ / re·cent·ly] *avv.* recentemente, di recente.

recentness ['ri:sntnɪs / re·cent·ness] *s.* attualità; novità.

receptacle [rɪ'septəkl / re·cept·acle] *s.* (*form.*) ricettacolo.

reception [rɪ'sepʃn / re·cep·tion] *s.* **1** il ricevere: *the rooms were prepared for his* —, i locali furono preparati per riceverlo **2** ricevimento: *after the ceremony there will be a* —, dopo la cerimonia ci sarà un ricevimento; *to give a* —, dare un ricevimento; *a wedding* —, ricevimento di nozze **3** ricezione: *he has a great faculty of* —, ha una grande capacità di ricezione **4** accoglienza: *a cold, a warm* —, un'accoglienza fredda, cordiale; *the book had a favourable* —, il libro ebbe un'accoglienza favorevole // — *centre*, centro accoglienza (per persone in difficoltà) **5** (*rad., tel.*) ricettività, ricezione: *to get good, bad* —, ricevere bene, male **6** accettazione, reception (di albergo, ospedale, ditta ecc.).

reception class [rɪ'sepʃn,klɑ:s *amer.* rɪ'sepʃn,klæs] *s.* la prima classe in cui vanno i bambini all'inizio della scuola materna.

receptionist [rɪ'sepʃənɪst / re·cep·tion·ist] *s.* receptionist, addetto alla ricezione.

reception room [rɪ'sepʃn,rʊm *amer.* rɪ'sepʃn,ru:m] *s.* **1** sala d'aspetto (di studio professionale) **2** soggiorno, salone (di casa privata).

receptive [rɪ'septɪv / re·cept·ive] *agg.* ricettivo: *he has a very — mind*, ha una mente molto ricettiva // **-ly** *avv.*

receptiveness [rɪ'septɪvnɪs / re·cept·ive·ness] **receptivity** [rɪ,sep'tɪvətɪ / re·cep·tiv·ity] *s.* ricettività.

receptor [rɪ'septə* / re·cep·tor] *s.* (*form.*) **1** persona, cosa che riceve **2** (*anat.*) recettore.

recess [rɪ'ses / re·cess] *s.* **1** intervallo; vacanza // *parliamentary* —, tregua parlamentare **2** (*dir.*) breve sospensione (di udienza processuale) **3** rientranza; nicchia; alcova **4** (*letter.*) recesso, luogo ritirato, appartato: *the inmost recesses of the heart*, (*fig.*) gli intimi recessi del cuore **5** (*geogr.*) ritiro (di ghiacciaio, terra, acque).

to **recess** *v.tr.* (*form.*) **1** mettere in una nicchia; recludere, segregare, nascondere **2** aprire una nicchia, una rientranza in: *to — a wall*, aprire una nicchia in un muro ◆ *v.intr.* (*form.*) sospendere le attività, chiudere per le vacanze (di Parlamento, Corte, Università); aggiornarsi (di Parlamento).

recession [rɪ'seʃn / re·ces·sion] *s.* **1** (*econ.*) recessione **2** ritiro; arretramento, retrocessione: (*geol.*) *the — of the sea from the coast-line*, la regressione del mare dalla linea di costa **3** (*astr.*) recessione: — *of the galaxies*, recessione delle galassie.

recessional [rɪ'seʃənl / re·ces·sional] *agg.* fatto in un intervallo (di seduta parlamentare) ◆ *s.* (*eccl.*) — (*hymn*), inno (cantato all'uscita del clero e del coro dopo il servizio).

recessionary [rɪ'seʃnrɪ / re·ces·sion·ary] *agg.* (*econ.*) recessivo.

recessive [rɪ'sesɪv / re·cess·ive] *agg.* **1** retrocedente, regressivo: (*fon.*) — *accent*, accento che si sposta dall'ultima alla prima sillaba (di una parola) **2** (*biol.*) recessivo, non dominante: — *traits*, caratteri recessivi ◆ *s.* (*biol.*) carattere, gene recessivo.

Rechabite ['ri:kæbaɪt / Rech·ab·ite] *s.* **1** recabita (appartenente a una setta votata all'astinenza; da Recab, personaggio biblico) **2** astemio.

to **rechannel** [,ri:'tʃænl / re·chan·nel] *v.tr.* rincanalare.

recharge [,ri:'tʃɑ:dʒ / re·charge] *s.* ricarica.

to **recharge** *v.tr.* **1** caricare di nuovo, ricaricare (*anche fig.*) **2** (*dir.*) accusare di nuovo, riaccusare ◆ *v.intr.* tornare alla carica (*anche mil.*).

recherché [rə'ʃeəʃeɪ / re·cher·ché] *agg.* (*fr.*) ricercato, raffinato.

to **rechristen** [,ri:'krɪsn / re·christen] *v.tr.* ribattezzare; dare un nuovo nome a.

recidivism [rɪ'sɪdɪvɪzəm / re·cid·iv·ism] *s.* recidiva, recidività (*anche dir.*).

recidivist [rɪ'sɪdɪvɪst / re·cid·iv·ist] *s.* recidivo (*anche dir.*).

recidivity [,resɪ'dɪvətɪ / re·cid·iv·ity] *s.* recidività.

recipe ['resɪpɪ / re·cipe] *s.* **1** (*cuc.*) ricetta: *the — for the cake*, la ricetta per la torta **2** (*med.*) prescrizione, ricetta **3** (*fig.*) formula, ricetta // *the — for happiness*, la chiave della felicità.

recipiency [rɪ'sɪpɪənsɪ / re·cipi·ency] *s.* (*form.*) **1** il ricevere **2** ricettività.

recipient [rɪ'sɪpɪənt / re·cipi·ent] *agg.* (*form.*) ricevente; ricettivo ◆ *s.* chi riceve, ricevente; destinatario; beneficiario.

reciprocal [rɪ'sɪprəkl / re·cip·rocal] *agg.* (*form.*) reciproco, scambievole, inverso: — *affection*, affetto reciproco; — *agreement*, accordo reciproco; — *pole*, antipolo; (*gramm.*) — *pronoun*, pronome reciproco; (*mat.*) — *ratio*, rapporto inverso; (*comm.*) — *trade agreements*, accordi commerciali di reciprocità; (*dir.*) — *contract* (o — *agreement*), contratto sinallagmatico, a prestazioni corrispettive ◆ *s.* (*mat.*) numero reciproco.

reciprocality [rɪ,sɪprə'kælətɪ / re·cip·roc·al·ity] → **reciprocity**.

reciprocally [rɪ'sɪprəkəlɪ / re·cip·roc·ally] *avv.* reciprocamente, scambievolmente, vicendevolmente.

to **reciprocate** [rɪ'sɪprəkeɪt / re·cip·roc·ate] *v.tr.* **1** (*mecc.*) muovere con moto alterno, alternativo **2** (*form.*) contraccambiare, ricambiare; scambiare: *George reciprocates her affection*, Giorgio contraccambia il suo affetto; *he reciprocated by wishing her a pleasant journey*, ricambiò augurandole buon viaggio; *he reciprocated with a birthday present*, ricambiò con un regalo per il suo compleanno ◆ *v.intr.* (*mecc.*) muoversi con moto alterno, alternativo.

reciprocating [rɪ'sɪprəkeɪtɪŋ / re·cip·roc·at·ing] *agg.* (*mecc.*) alternativo: — *compressor, engine*, compressore, motore alternativo; — *motion*, moto alternativo.

reciprocation [rɪ,sɪprə'keɪʃn / re·cip·roca·tion] *s.* **1** (*mecc.*) moto alterno, alternativo **2** (*form.*) ricambio, contraccambio; scambio: — *of kindnesses*, scambio di gentilezze.

reciprocity [,resɪ'prɒsətɪ / re·ci·pro·city] *s.* (*form.*) reciprocità, scambievolezza // (*mecc.*) — *of displacements*, reciprocità degli spostamenti // (*comm.*): — *provision*, clausola di reciprocità; — *principle*, principio di reciprocità // (*mat.*): — *law*, legge di reciprocità; *quadratic* —, reciprocità quadratica.

recision [rɪ'sɪʒən / re·ci·sion] *s.* (*rar.*) potatura.

recital [rɪ'saɪtl / re·cital] *s.* **1** (*form.*) racconto; relazione; elenco **2** (*di attore ecc.*) recital: *piano* —, recital di pianoforte **3** (*dir.*) parte (iniziale) di un documento in cui si espongono i fatti.

recitation [,resɪ'teɪʃn / re·cita·tion] *s.* **1** recitazione; recita **2** (*form.*) narrazione **3** (*amer.*) ripetizione della lezione (da parte degli alunni).

recitative [,resɪtə'ti:v / re·cit·at·ive] *agg.* e *s.* (*mus.*) recitativo.

to **recite** [rɪ'saɪt / re·cite] *v.tr.* **1** recitare, declamare: *to — a poem*, declamare una poesia **2** (*amer.*) *to — a lesson*, ripetere la lezione **3** enumerare: *he angrily recited a list of the car's defects*, enumerò con rabbia la lista di difetti dell'automobile **4** fare una relazione; esporre (i fatti) per iscritto (*anche dir.*) ◆ *v.intr.* **1** recitare: *will you — to us?*, volete recitare qlco. per noi? **2** (*amer.*) ripetere la lezione.

reciter [rɪ'saɪtə* / re·citer] *s.* **1** recitatore; dicitore **2** (*antiq.*) libro di recitazione; raccolta di monologhi.

to **reck** [rek] *v.tr.* e *intr.* (*ret., poet., solo in frasi interrogative, negative*) preoccuparsi: *I — not my life*, non mi preoccupo molto della mia vita; *what recks it* (*me*) *that?*, che (m')importa?; *to —* (*but*) *little of sthg.*, far poco caso a, curarsi poco di qlco.; *it recks her not*, non è cosa che la riguarda.

reckless ['reklɪs / reck·less] *agg.* **1** noncurante, sprezzante; incauto, imprudente; avventato, sconsiderato: *he is a — sort of person*, è una persona sconsiderata; *a — driver*, un guidatore spericolato; — *of danger*, (*form.*) incurante del pericolo, temerario **2** (*dir.*) deliberatamente imprudente: — *crime*, reato commesso con deliberata imprudenza (o con colpa cosciente o con dolo eventuale) // **-ly** *avv.* // **-ness** *s.*

to **reckon** ['rekən] *v.tr.* **1** considerare, reputare, stimare: *he was reckoned a clever boy*, era considerato un ragazzo sveglio; *I reckoned her a true friend, among my best friends*, la consideravo una vera amica, una fra le mie migliori amiche **2** (*form.*) contare, calcolare, computare, enumerare; (*estens.*) concludere, dedurre: *to — the costs*, calcolare i costi; *the experts reckoned that we would exhaust our stock of coal by the end of the year*, la conclusione degli esperti fu che entro la fine dell'anno avremmo esaurito le scorte di carbone **3** (*fam.*) credere, supporre, pensare; aspettarsi: *I — he'll have difficulty selling his house*, credo che incontrerà delle difficoltà nel vendere la sua casa; *they — to sell everything at once*, si aspettano di vendere tutto immediatamente ◆ *v.intr.* **1** (*form.*) contare, fare di conto, fare dei calcoli: *to — on one's fingers*, contare sulle dita **2** (*fam.*) credere, supporre.

□ **reckon in** *v.tr.* e *avv.* (*form.*) mettere in conto, includere (in un conto): *everything reckoned in, it wasn't so expensive*, tenendo conto di tutto, mettendo tutto in conto, non è stato poi così caro.

□ **reckon up** *v.tr.* e *avv.* (*form.*) addizionare, sommare, calcolare il totale di: *to — up a bill*, fare il totale di un conto.

□ **reckon (up)on** *v.intr.* e *prep.* (*fam.*) contare, fare assegnamento su: *I — on your coming*, conto sulla vostra venuta.

□ **reckon with** *v.intr.* e *prep.* **1** tener conto, prevedere, considerare, prendere in considerazione: *we hadn't reckoned with a delay of 45 minutes*, non avevamo previsto un ritardo di 45 minuti **2** affrontare, avere a che fare con, fare i conti con: *he will have to — with me if he doesn't come on time*, dovrà fare i conti con me se non viene in orario // *Korea has become an industrial power to be reckoned with*, la Corea è diventata una potenza industriale con cui bisogna fare i conti.

□ **reckon without** *v.intr.* e *prep.* non fare i conti, non tener conto, non considerare // *to — without one's host*, fare i conti senza l'oste.

reckoner ['rekənə* / reck·oner] *s.* **1** contabile; computista **2** (*amm.*) (*ready*) —, prontuario dei conti fatti.

reckoning ['reknɪŋ / reck·on·ing] *s.* **1** conto, computo; calcolo: *to be out in one's —*, sbagliare i conti, i calcoli; *by my — she'll be here by twelve o'clock*, secondo i miei calcoli sarà qui entro mezzogiorno // *short reckonings make long friends*, (*prov.*) patti chiari amicizia lunga **2** (*antiq.*, *amm.*) conto (da pagare), nota; resa dei conti (*anche fig.*): *sooner or later there will have to be a —*, presto o tardi si arriverà a una resa dei conti // *day of —*, giorno della resa dei conti, del Giudizio Universale **3** (*mar.*, *aer.*) determinazione della posizione.

reclaim [rɪ'kleɪm / re·claim] *s.* (*rar.*) **1** recupero, redenzione, riabilitazione // *beyond* (o *past*) —, irrecuperabile, incorreggibile **2** rivendicazione (di terre).

to **reclaim** *v.tr.* **1** rivendicare; reclamare; chiedere in restituzione: *she reclaimed the money she had sent with the order*, chiese la restituzione del denaro inviato con l'ordine **2** ritirare (bagagli e simili) **3** correggere, redimere, riabilitare, recuperare: *to — a confirmed criminal*, redimere un criminale incallito; *to — s.o. from vice*, redimere qlcu. dal vizio **4** bonificare (terreni, quartieri ecc.) **5** incivilire; addomesticare, domare **6** (*tecn.*) ricuperare (un sottoprodotto, uno scarto di lavorazione); rigenerare (un materiale usato, deteriorato).

reclaimable [rɪ'kleɪməbl / re·claim·able] *agg.* **1** rivendicabile **2** (*form.*) correggibile, ricuperabile **3** civilizzabile **4** bonificabile **5** (*tecn.*) ricuperabile; rigenerabile.

reclaimer [rɪ'kleɪmə* / re·claim·er] *s.* (*chim.*) ricuperatore, rigeneratore.

reclamation [,reklə'meɪʃn / re·clama·tion] *s.* (*form.*) **1** rivendicazione, richiesta **2** ritiro, recupero **3** (*form.*) correzione, redenzione **4** bonifica (di terreni, quartieri ecc.) **5** (*non com.*) civilizzazione **6** (*tecn.*) recupero.

to **reclassify** [ri:'klæsɪfaɪ / re·class·ify] *v.tr.* riclassificare.

reclinate ['reklɪneɪt / re·clin·ate] *agg.* (*bot.*) reclinato.

to **recline** [rɪ'klaɪn / re·cline] *v.intr.* (*form.*) adagiarsi, appoggiarsi; distendersi; giacere; inclinarsi; reclinarsi ◆ *v.tr.* (*form.*) appoggiare; distendere; reclinare.

reclining [rɪ'klaɪnɪŋ / re·clin·ing] *agg.* reclinato, inclinato; chinato; coricato, disteso // — *seat*, sedile reclinabile.

to **reclothe** [,ri:'kləʊð/ re·clothe] *v.tr.* rivestire.

recluse [rɪ'klu:s / re·cluse] *agg.* isolato; separato; appartato; solitario ◆ *s.* anacoreta, eremita.

reclusion [rɪ'klu:ʒn / re·clus·ion] *s.* **1** reclusione, isolamento **2** (*non com.*) eremo.

reclusive [rɪ'klu:sɪv / re·clus·ive] *agg.* (*form.*) ritirato, solitario.

recognition [,rekəg'nɪʃn / re·cog·ni·tion] *s.* **1** riconoscimento (*anche fig.*); identificazione: *she has altered past* (o *beyond* o *out of all*) —, è diventata irriconoscibile; — *of one's dependence on cigarettes is the first step towards giving up*, il riconoscere la propria dipendenza dalle sigarette è il primo passo per smettere di fumare; — *of a state*, riconoscimento di uno stato; *voice* —, riconoscimento vocale // (*inform.*) *handwrite* —, riconoscimento della calligrafia **2** riconoscimento, apprezzamento, ricompensa: *let me give you this in — of your help*, mi permetta di darle questo in riconoscimento del suo aiuto.

recognizability ['rekəg,naɪzə'bɪlətɪ / re·cog·niz·ab·il·ity] *s.* riconoscibilità, l'essere riconoscibile.

recognizable ['rekəgnaɪzəbl / re·cog·niz·able] *agg.* riconoscibile // **-bly** *avv.*

recognizance [rɪ'kɒgnɪzəns / re·cog·niz·ance] *s.* **1** (*dir.*) impegno assunto di fronte a un magistrato di osservare delle condizioni **2** (*dir.*) cauzione **3** (*rar.*) riconoscimento (di persone) **4** (*ant.*) simbolo, segno, indizio.

recognizant [rɪ'kɒgnɪzənt / re·cog·niz·ant] *agg.* (*form.*) riconoscente, memore: — *of past favours*, memore di passati favori.

to **recognize** ['rekəgnaɪz / re·cog·nize] *v.tr.* **1** riconoscere; individuare, distinguere: *I could hardly — you*, stentavo a riconoscerti; *I recognized him by his walk*, lo riconobbi dalla camminata; *I — a good picture, when I see one*, riconosco un buon quadro quando ne vedo uno **2** riconoscere, ammettere, dichiarare: *I — his superiority*, riconosco la sua superiorità; *to — one's mistakes*, riconoscere i propri errori; *we — you are in a difficult situation*, ci rendiamo conto che siete in una situazione difficile **3** riconoscere, approvare ufficialmente o pubblicamente: *to — a government, a country*, riconoscere un governo, un paese; *to — s.o. as king*, riconoscere qlcu. come re; *the prime minister told him his services would be recognized*, il primo ministro gli disse che i servigi da lui resi alla patria sarebbero stati riconosciuti // *recognized banks*, banche riconosciute ufficialmente **4** (*amer.*) dare la parola a (in parlamento, in una riunione).

recoil ['ri:kɔɪl / re·coil] *s.* **1** balzo indietro, arretramento (dettato da paura, disgusto ecc.) **2** disgusto, orrore, ripugnanza **3** (*mecc.*) contraccolpo; rinculo (spec. di arma da fuoco) **4** (*fig.*) ripercussione **5** (*rar. mil.*) ritirata.

to **recoil** [rɪ'kɔɪl] *v.intr.* **1** indietreggiare, retrocedere (inorridito): *to — from difficult decisions*, tirarsi indietro di fronte alle decisioni difficili; *he recoiled from the thought of hurting her*, inorridiva al pensiero di farle del male **2** rimbalzare, rinculare (spec. di arma da fuoco) **3** (*fig.*) ricadere, ritornare, ritorcersi; ripercuotersi: *evil will — on the evildoer*, il male ricadrà su chi lo ha fatto.

to **recollect**[1], to **re-collect** [,ri:kə'lekt / re·col·lect] *v.tr.* raccogliere, radunare, riunire (di nuovo), rimettere insieme: *to — one's strength*, ricuperare, ritrovare le forze; *to — one's thoughts*, raccogliere i propri pensieri // *to — oneself*, riaversi, riprendersi, rimettersi; ricomporsi ◆ *v.intr.* radunarsi (di nuovo).

to **recollect**[2] [,rekə'lekt] *v.tr.* (*form.*) (II) ricordare, ricordarsi, rammentare, rammentarsi di: *I — her words, that she said so*, (mi) ricordo le sue parole, che disse così; *I don't — having ever met your father*, non mi ricordo d'aver mai incontrato tuo padre; *I — saying...*, ricordo d'aver detto... ◆ *v.intr.* (*form.*) ricordare, ricordarsi; rammentare, rammentarsi: *as far as I can —*, per quanto mi ricordi, possa ricordare.

recollection[1] [,ri:kə'lekʃn / re·col·lec·tion] *s.* (*form.*) **1** il raccogliersi, il radunarsi (di nuovo) **2** ricapitolazione.

recollection[2] [,rekə'lekʃn] *s.* (*form.*) **1** memoria; reminiscenza; ricordo: *he has a dim — of his illness*, ha un confuso ricordo della sua malattia; *that day is one of my happiest recollections*, quel giorno è uno dei miei ricordi più felici // *to the best of my —*, se ben ricordo **2** concentrazione (religiosa) di pensiero; raccoglimento.

recombinant [ri:'kɒmbɪnənt / re·com·bin·ant] *agg.* e *s.* (*biol.*) ricombinante: — DNA *technology*, tecnica del DNA ricombinante.

recombination [ri:,kɒmbɪ'neɪʃn / re·comb·ina·tion] *s.* (*biol.*, *fis.*) ricombinazione.

to **recombine** [,ri:kəm'baɪn / re·com·bine] *v.tr.* e *intr.* (*form.*) ricombinare, ricombinarsi.

to **recommence** [,ri:kə'mens / re·com·mence] *v.tr.* e *intr.* (*form.*) ricominciare, riprendere.

recommencement [,ri:kə'mensmənt / re·com·mence·ment] *s.* (*form.*) ricominciamento, il ricominciare.

to **recommend** [,rekə'mend / re·com·mend] *v.tr.* raccomandare, consigliare, segnalare: *he was recommended to us as the best doctor in town*, ci è stato raccomandato come il miglior medico della città; *to — s.o. for a job*, raccomandare qlcu. per un lavoro; *I can — the roast beef*, le consiglio il roastbeef; *his last film was highly recommended by the critics*, il suo ultimo film era caldamente raccomandato dalla critica; *he recommended us to go* (o *our going*) *at once*, ci consigliò di andarci subito // *recommended price*, prezzo consigliato // *to — oneself to God*, raccomandarsi a Dio.

recommendable [,rekə'mendəbl / re·com·mend·able] *agg.* raccomandabile.

recommendation [,rekəmen'deɪʃn / re·com·menda·tion] *s.* **1** raccomandazione **2** (*letter of*) —, lettera di raccomandazione **3** indicazione, segnalazione (*anche dir.*).

recommendatory [,rekə'mendətərɪ *amer.* ,rekə'mendətɔ:rɪ / re·com·mend·at·ory] *agg.* (*form.*) raccomandatorio, di raccomandazione; commendatizio.

recommender [,rekə'mendə* / re·com·mender] *s.* chi raccomanda.

to **recommission** [,ri:kə'mɪʃn / re·com·mis·sion] *v.tr.* (*mar.*) riarmare (una nave).

to **recommit** [,ri:kə'mɪt / re·com·mit] *pass.p.p.* **recommitted** [,ri:kə'mɪtɪd / re·com·mit·ted] *v.tr.* **1** rinviare a una commissione: *to — a bill to a committee*, rinviare un progetto di legge a un comitato, a una commissione **2** (*non com.*) affidare di nuovo, riaffidare: *to — a criminal to prison*, incarcerare nuovamente un criminale **3** (*non com.*) commettere di nuovo.

recommitment [,ri:kə'mɪtmənt / re·com·mit·ment] **recommittal** [,ri:kə'mɪtl / re·com·mit·tal] *s.* (*form.*) **1** rinvio (di un progetto di legge) a una commissione **2** nuova incarcerazione.

recompense ['rekəmpens / re·com·pense] *s.* (*form.*) ricompensa, compenso; rimunerazione; risarcimento // *in* (o *as*) *— for*, come compenso per, in risarcimento di.

to **recompense** *v.tr.* ricompensare, compensare; rimunerare; risarcire.

to **recompose** [,ri:kəm'pəʊz / re·com·pose] *v.tr.* **1** ricomporre; riordinare **2** (*fig.*) rasserenare, calmare: *to — one's feelings*, ricomporsi **3** (*tip.*) ricomporre.

recomposition ['ri:,kɒmpə'zɪʃn / re·com·posi·tion] *s.* ricomposizione.

reconcilability ['rekən,saɪlə'bɪlətɪ / re·con·cil·ab·il·ity] *s.* (*form.*) riconciliabilità.

reconcilable ['rekənsaɪləbl / re·con·cil·able] *agg.* riconciliabile // **-ness** *s.*

to **reconcile** ['rekənsaɪl / re·con·cile] *v.tr.* **1** riconciliare: *to — one person to* (o *with*) *another*, riconciliare due persone; *husband and wife were finally reconciled*, alla fine il marito e la moglie si riconciliarono **2** conciliare, comporre: *to — differences*, comporre dissidi; *to — two points of view*, conciliare due punti di vista **3** *to — oneself*, rassegnarsi: *to — oneself to doing sthg.*, rassegnarsi a fare qlco. **4** (*eccl.*) riconsacrare (un luogo sacro profanato).

reconcilement ['rekənsaɪlmənt / re·con·cile·ment] meno com. **reconciliation** [,rekənsɪlɪ'eɪʃn / re·con·cili·ation] *s.* **1** riconciliazione, riavvicinamento **2** conciliazione, composizione; (*amm.*) concordanza tra due conti // *reconciliation statement*, rendiconto di concordanza **3** rassegnazione **4** (*eccl.*) riconsacrazione (di luogo sacro).

recondite [rɪ'kɒndaɪt / re·con·dite] *agg.* (*form.*) **1** recondito **2** oscuro; astruso: *a — author*, un autore sconosciuto; *— studies*, studi astrusi // **-ly** *avv.* // **-ness** *s.*

to **recondition** [,ri:kən'dɪʃn / re·con·di·tion] *v.tr.* **1** ripristinare; rimettere a nuovo, in efficienza; (*mecc.*) revisionare, rifare **2** (*inform.*) rimettere in condizione di ricostruire (una macchina); lasciare un supporto (nastro, scheda ecc.) nell'ambiente di utilizzazione.

reconditioned [,ri:kən'dɪʃnd / re·con·di·tioned] *agg.* ripristinato; rimesso a nuovo, in efficienza; revisionato, rifatto: *— engine*, motore rifatto, revisionato; *a — fridge*, un frigorifero rigenerato.

to **reconduct** [,ri:kən'dʌkt / re·con·duct] *v.tr.* (*non com.*) ricondurre (*anche fig.*).

to **reconfirm** [,ri:kən'fɜ:m / re·con·firm] *v.tr.* riconfermare.

reconfirmation ['ri:,kɒnfə'meɪʃn / re·con·firma·tion] *s.* riconferma.

reconnaissance [rɪ'kɒnɪsəns / re·con·nais·sance] *s.* **1** (*spec. mil.*) ricognizione, esplorazione, perlustrazione: *— in force*, ricognizione in massa: *to go on a —*, andare in ricognizione **2** (*mil.*) pattuglia di ricognizione **3** esame preliminare; sopralluogo.

to **reconnect** [,ri:kə'nekt / re·con·nect] *v.tr.* riconnettere, ricollegare, ricongiungere; (*elettr.*) riallacciare.

reconnection [,ri:kə'nekʃn / re·con·nec·tion] *s.* riconnessione, ricollegamento; (*elettr.*) riallacciamento.

to **reconnoitre** [,rekə'nɔɪtə* / re·con·noitre] *v.tr.* (*spec. mil.*) perlustrare; esplorare, fare una ricognizione di; fare una indagine, un esame preliminare di ◆ *v.intr.* (*mil.*) fare una ricognizione, andare, essere in ricognizione.

reconnoitrer [,rekə'nɔɪtrə* / re·con·noitrer] *s.* ricognitore; esploratore.

reconnoitring [,rekə'nɔɪtərɪŋ / re·con·noit·ring] *agg.* esplorativo ◆ *s.* ricognizione; perlustrazione.

to **reconquer** [,ri:'kɒŋkə* / re·con·quer] *v.tr.* riconquistare.

reconquest [,ri:'kɒŋkwest / re·con·quest] *s.* riconquista.

to **reconsecrate** [,ri:'kɒnsɪkreɪt / re·con·sec·rate] *v.tr.* riconsacrare.

to **reconsider** [,ri:kən'sɪdə* / re·con·sider] *v.tr.* riconsiderare; riesaminare, riprendere in esame.

reconsideration ['ri:kən,sɪdə'reɪʃn / re·con·sid·era·tion] *s.* nuovo esame, revisione, riconsiderazione.

reconstituent [,ri:kən'stɪtjʊənt / re·con·stit·uent] *agg.* e *s.* (*med.*) ricostituente.

to **reconstitute** [,ri:'kɒnstɪtju:t / re·con·stit·ute] *v.tr.* **1** ricostituire, costituire di nuovo; riorganizzare **2** riportare (una sostanza secca o disidratata) alla forma liquida aggiungendo acqua.

reconstitution ['ri:,kɒnstɪ'tju:ʃn / re·con·stitu·tion] *s.* (*form.*) ricostituzione.

to **reconstruct** [,ri:kən'strʌkt / re·con·struct] *v.tr.* ricostruire (*anche fig.*).

reconstruction [,ri:kən'strʌkʃn / re·con·struc·tion] *s.* **1** ricostruzione **2** (*st. amer.*) periodo che seguì la sconfitta del Sud nella Guerra di Secessione.

reconstructive [,ri:kən'strʌktɪv / re·con·struct·ive] *agg.* ricostruttivo (*anche med.*): *— operation*, intervento ricostruttivo.

to **recontract** [,ri:kən'trækt / re·con·tract] *v.tr.* (*comm.*) ricontrattare.

to **reconvene** [,ri:kən'vi:n / re·con·vene] *v.tr.* e *intr.* (*dir.*) riconvenire.

reconvention [,ri:kən'venʃn / re·con·ven·tion] *s.* (*dir.*) azione riconvenzionale, riconvenzione.

reconversion [,ri:kən'vɜ:ʃn / re·con·ver·sion] *s.* **1** riconversione **2** (*econ.*) riconversione (produttiva).

to **reconvert** [,ri:kən'vɜ:t / re·con·vert] *v.tr.* riconvertire (*anche econ.*).

reconveyance [,ri:kən'veɪəns / re·con·vey·ance] *s.* (*dir.*) retrocessione, ritrasferimento di immobile (dal creditore ipotecario al debitore).

record ['rekɔ:d *amer.* 'rekəd / rec·ord] *s.* **1** nota, registrazione; documento, documentazione (*anche dir.*); testimonianza (*anche dir.*): *failing of —*, mancata produzione di documenti; *matter of —*, è un fatto documentato, accertato; *we can find no — of it*, non vi è alcuna documentazione in merito; *keep a — of all your expenses*, prendi nota di tutte le spese; *to keep a detailed — of sthg.*, tenere una documentazione particolareggiata di qlco.; *to keep to the —*, attenersi ai fatti; *to put* (o *set*) *the — straight*, rettificare ciò che è stato detto o scritto // *for the —*, per la cronaca // *off the —*, (*fam.*) ufficioso, non ufficiale // *on —*, registrato: *this is the hottest summer on —*, questa è l'estare più calda che sia mai stata registrata // *to put oneself* (o *to go*) *on —*, dichiarare pubblicamente: *he put himself on — as saying he was opposed to any kind of intervention*, dichiarò pubblicamente che era contrario a qualsiasi tipo di intervento **2** (*inform.*) registrazione, record, articolo; voce completa (di data base); *pl.* registrazioni, elementi di un archivio: *logical —*, articolo; *physical —*, blocco; *— key*, chiave di record; *— definition*, delimitazione di registrazione; *— block*, blocco dei record; *— keeping*, conservazione, tenuta degli archivi **3** documento, atto pubblico (*anche dir.*); *pl.* annali, archivi; (*amm.*) documentazione contabile: *the earliest records extant*, i più antichi documenti che ci siano pervenuti // (*dir.*): *records of a trial*, verbali di un processo; *court of —*, (*st.*) corte i cui procedimenti sono verbalizzati e hanno valore di prova // *Record Office*, Archivio di Stato **4** curriculum vitae; (*estens.*) passato; operato; precedenti (*pl.*): *he has a good —*, il suo stato di servizio è buono; *your — is against you*, il tuo passato ti è sfavorevole; *track —*, carriera; operato; curriculum // (*dir.*) *criminal —*, fedina penale; *to have* (o *to show*) *a clean —*, avere la fedina pulita **5** (*sport*) record, primato: *to beat* (o *to break*) *a —*, battere un primato; *speed —*, primato di velocità; *world —*, record mondiale // *— prices*, prezzi imbattibili **6** disco (fonografico): *flexible*, *hard —*, disco flessibile, rigido.

to **record** [rɪ'kɔ:d] *v.tr.* **1** registrare; prendere atto di; mettere a verbale (*anche dir.*); mettere per iscritto: *I recorded everything Albert said in this notebook*, ho preso nota in questo taccuino di tutto ciò che Alberto ha detto; *the result is worth recording*, il risultato merita di essere segnalato, (*dir.*) *to have a deed recorded*, protocollare un atto **2** ricordare, perpetuare; narrare, riportare: *Livy records* *how...*, Tito Livio racconta, ci dice che... **3** indicare, registrare, segnare, marcare: *the temperature recorded was* 5 °C below zero, la temperatura registrata era di 5 °C sotto zero **4** incidere, registrare: *to — an opera*, incidere un'opera; *to — on tape*, registrare su nastro // *recorded music*, musica riprodotta ◆ *v.intr.* **1** registrare qualcosa **2** (*ant.*) cantare sommessamente (di uccelli).

recordable [rɪ'kɔ:dəbl / re·cord·able] *agg.* **1** registrabile; degno di essere ricordato **2** che può essere inciso.

record-breaker ['rekɔ:d,breɪkə* *amer.* 'rekəd,breɪkə*] *s.* (*sport*) primatista.

record-breaking ['rekɔ:d,breɪkɪŋ *amer.* 'rekəd,breɪkɪŋ] *agg.* da primato, da record.

record deck ['rekɔ:d,dek *amer.* 'rekəd ,dek] *s.* piastra del giradischi (senza amplificatore).

recorded [rɪ'kɔ:dɪd / re·corded] *agg.* **1** registrato: — *music*, musica registrata; *a — message*, un messaggio registrato (su nastro) **2** — *delivery*, raccomandata con ricevuta di ritorno.

recorder[1] [rɪ'kɔ:də* / re·corder] *s.* **1** (*dir.*) magistrato onorario nominato dalla Corona **2** cancelliere; archivista **3** registratore; apparecchio registratore.

recorder[2] *s.* (*mus.*) flauto dolce.

record holder ['rekɔ:d,həʊldə* *amer.* 'rekəd,həʊldə*] *s.* detentore di un primato.

recording [rɪ'kɔ:dɪŋ / re·cord·ing] *agg.* **1** che registra, registrante, registratore: — *equipment*, apparecchio registratore; — *rain gauge*, pluviometro registratore, pluviografo **2** di incisione, di registrazione: — *room*, sala di registrazione; — *speed*, velocità d'incisione ◆ *s.* registrazione; incisione fonografica: *a new — of Beethoven's quartets*, una nuova incisione fonografica dei quartetti di Beethoven; *tape* —, registrazione su nastro // (*tel.*) *automatic call* —, contabilizzazione automatica delle chiamate telefoniche.

record library ['rekɔ:d,laɪbrərɪ *amer.* 'rekəd,laɪbrerɪ] *s.* discoteca.

record player ['rekɔ:d,pleɪə* *amer.* 'rekərd,pleɪə*] *s.* giradischi, piatto giradischi.

to **recount**[1] [rɪ'kaʊnt / re·count] *v.tr.* (*form.*) raccontare dettagliatamente; fare una relazione dettagliata di.

recount[2] ['ri:kaʊnt] *s.* nuovo conteggio, nuovo computo (*anche pol.*): *to call for*, *to hold a* —, chiedere, procedere a una verifica dei voti.

to **recount**[2] [,ri:'kaʊnt] *v.tr.* contare di nuovo.

to **recoup** [rɪ'ku:p / re·coup] *v.tr.* **1** risarcire, indennizzare **2** (*dir.*) dedurre, trattenere (parte di una somma) **3** recuperare, riprendere, riacquistare: *to — one's money*, recuperare il proprio denaro; *to — a loss*, rifarsi di una perdita; *he recouped his health*, riacquistò la salute ◆ *v.intr.* (*dir.*) fare una deduzione.

recoupment [rɪ'ku:pmənt / re·coup·ment] *s.* (*non com.*) **1** indennizzo, rimborso, risarcimento **2** (*dir.*) trattenuta (di parte di somma dovuta).

recourse [rɪ'kɔ:s / re·course] *s.* (*form.*) **1** ricorso: *to have — to*, far ricorso a, ricorrere a: *to have — to legal proceedings*, ricorrere alle vie legali, adire il tribunale **2** risorsa, espediente: *his usual — is wit*, l'umorismo è la sua solita risorsa **3** (*dir. comm.*) regresso, azione di regresso: *with*, *without* —, con, senza azione di regresso (di cambiale); con, senza rivalsa.

recover[1] [rɪ'kʌvə* / re·cover] *s.* (*scherma*) ripresa di attacco.

to **recover**[1] *v.tr.* **1** (*form.*) ricuperare; riacquistare; riguadagnare; riprendere; riavere: *the man recovered consciousness after the accident*, l'uomo riprese conoscenza dopo l'incidente; *the child recovered his appetite*, il bambino ritrovò il suo appetito; *she recovered his affection*, riguadagnò il suo affetto; *to — lost time*, ricuperare il tempo perduto; *he recovered his health after a short convalescence*, dopo una breve convalescenza riacquistò la salute; *for a moment she hesitated but recovered herself and went on with her story*, esitò un momento poi si riprese e continuò col suo racconto **2** ritrovare, recuperare; riscoprire: *he managed to — the umbrella he had lost*, riuscì a recuperare l'ombrello che aveva perso **3** (*dir.*) ottenere (risarcimenti ecc.): *to — damages*, ottenere il risarcimento dei danni **4** (*ant.*) raggiungere, far ritorno a ◆ *v.intr.* **1** ristabilirsi, rimettersi, guarire; riprendersi: *he recovered from a bad cold*, si riprese da un brutto raffreddore; *to — from one's grief*, *unhappiness*, riprendersi da un dolore, da una situazione di infelicità; *the market has not recovered from the crash*, il mercato non si è ripreso dal crollo **2** (*dir.*) ottenere un giudizio a proprio favore; vincere una causa.

to **re-cover**[2] [,ri:'kʌvə*] *v.tr.* ricoprire, coprire di nuovo.

recoverable [rɪ'kʌvərəbl / re·cov·er·able] *agg.* **1** ricuperabile; ritrovabile **2** guaribile **3** (*inform.*) riparabile (di errore); ricostruibile (di macchina).

recovery [rɪ'kʌvərɪ / re·cov·ery] *s.* **1** ricupero, ritrovamento **2** guarigione: *a prompt* —, una pronta guarigione // *past* —, incurabile // — *room*, sala di risveglio postoperatorio **3** (*comm.*, *dir.*) ricupero, reintegro; miglioramento; ripresa economica: — *of a credit*, ricupero di un credito; *liable to* —, suscettibile di miglioramento **4** (*scherma*) ripresa d'attacco **5** (*amm.*) copertura di un costo: — *cost*, costo residuale (di un'attività fissa ammortizzata) **6** (*inform.*) recupero; correzione, ripristino: — *area*, area di ripristino.

recreance ['rekrɪəns / rec·re·ance] **recreancy** ['rekrɪənsɪ / rec·re·ancy] *s.* (*antiq.*) **1** viltà, codardia **2** slealtà, infedeltà **3** apostasia.

recreant ['rekrɪənt / rec·re·ant] *agg.* e *s.* (*antiq.*) **1** vile, codardo **2** infedele, sleale **3** rinnegato // **-ly** *avv.*

to **recreate**[1] ['rekrɪeɪt / re·cre·ate] *v.tr.* (*non com.*) **1** divertire; svagare **2** rianimare ◆ *v.intr.* (*non com.*) divertirsi, svagarsi.

to **recreate**[2] [,ri:krɪ'eɪt] *v.tr.* **1** ricreare, creare di nuovo **2** riprodurre, ricreare, ricostruire.

recreation[1] [,rekrɪ'eɪʃn / re·cre·ation] *s.* ricreazione, divertimento, svago; passatempo.

recreation[2] [,ri:krɪ'eɪʃn] *s.* **1** ricreazione; rifondazione **2** ricostruzione; riproduzione.

recreational [,rekrɪ'eɪʃənl / re·cre·ational] *agg.* ricreativo: — *activities*, attività ricreative.

recreation ground [,rekrɪ'eɪʃn,graʊnd] *s.* campo giochi AMER. **playground**.

recreation room [,rekrɪ'eɪʃn,rʊm *amer.* ,rekrɪ'eɪʃn,ru:m] *s.* **1** sala di ricreazione **2** (*amer.*) stanza dei giochi.

recreative ['rekrɪeɪtɪv / re·cre·at·ive] *agg.* (*form.*) ricreativo; divertente.

to **recriminate** [rɪ'krɪmɪneɪt / re·crim·in·ate] *v.intr.* (*form.*) recriminare.

recrimination [rɪ,krɪmɪ'neɪʃn / re·crim·ina·tion] *s.* recriminazione.

recriminative [rɪ'krɪmɪnətɪv / re·crim·in·at·ive] **recriminatory** [rɪ'krɪmɪnətərɪ *amer.* rɪ'krɪmɪnətɔ:rɪ / re·crim·in·at·ory] *agg.* recriminatorio.

to **recross** [,ri:'krɒs / re·cross] *v.tr.* riattraversare.

recrudescence [,ri:kru:'desns / re·cru·des·cence] **recrudescency** [,ri:kru:'desnsɪ / re·cru·des·cency] *s.* (*form.*) recrudescenza.

recrudescent [,ri:kru:'desnt / re·cru·des·cent] *agg.* (*form.*) che rincrudisce, che ha una recrudescenza.

recruit [rɪ'kru:t / re·cruit] *s.* **1** (*mil.*) recluta: — *depot*, (*amer.*) centro di addestramento reclute **2** (*estens.*) recluta; proselito; principiante, novizio, novellino.

to **recruit** *v.tr.* **1** (*mil.*) reclutare, arruolare // *to — an army*, reclutare un esercito **2** (*estens.*) assumere (qlcu.) per un'attività; raccogliere (seguaci, proseliti) **3** (*antiq.*) rinforzare; rinvigorire; ovviare a deficienze in **4** (*ant.*) ricuperare, riacquistare (la salute) ◆ *v.intr.* **1** arruolare, reclutare uomini **2** rimettersi, ristabilirsi, riacquistare la salute.

recruital [rɪ'kru:tl / re·cruital] *s.* (*ant.*) **1** ricupero, riacquisto (di forza, salute ecc.) **2** rifornimento, approvvigionamento.

recruitment [rɪ'kru:tmənt / re·cruit·ment] *s.* **1** reclutamento **2** (*antiq.*) rinvigorimento.

rectal ['rektəl] *agg.* (*anat.*) rettale.

rectangle ['rek,tæŋgl / rect·angle] *s.* (*mat.*) rettangolo.

rectangular [rek'tæŋgjʊlə* / rect·an·gu·lar] *agg.* (*mat.*) rettangolare.

rectangularly [rek'tæŋgjʊləlɪ / rect·an·gu·lar·ly] *avv.* in forma rettangolare.

rectifiable ['rektɪfaɪəbl / rec·ti·fi·able] *agg.* (*form.*) rettificabile.

rectification [,rektɪfɪ'keɪʃn / rec·ti·fica·tion] *s.* (*form.*) **1** rettifica **2** (*chim.*) rettifica: — *distillation*, distillazione con rettifica, rettifica **3** rettificazione; correzione **4** (*mat.*) rettificazione: *arc* —, rettificazione dell'arco.

rectifier ['rektɪfaɪə* / rec·ti·fier] *s.* **1** rettificatore **2** (*elettr.*) raddrizzatore **3** (*rad.*) rivelatore.

to **rectify** ['rektɪfaɪ / rect·ify] *v.tr.* (*form.*) **1** rettificare; correggere; rimediare // (*amm.*) *to — an entry*, rettificare una posta contabile **2** (*chim.*, *mecc.*, *mat.*) rettificare **3** (*elettr.*, *rad.*) raddrizzare.

rectifying column ['rektɪfaɪɪŋ,kɒləm] *s.* (*chim.*) colonna di rettifica.

rectilinear [,rektɪ'lɪnɪə* / rec·ti·lin·ear] meno com. **rectilineal** [,rektɪ'lɪnɪəl / rec·ti·lin·eal] *agg.* (*form.*) rettilineo: (*fis.*) — *propagation*, propagazione rettilinea.

rectilinearity ['rektɪ,lɪnɪ'ærətɪ / rec·ti·lin·ear·ity] *s.* (*form.*) l'essere rettilineo.

rectilinearly [,rektɪ'lɪnɪəlɪ / rec·ti·lin·ear·ly] *avv.* (*form.*) in linea retta.

rectitude ['rektɪtju:d *amer.* 'rektɪtu:d / rect·it·ude] *s.* (*form.*) **1** rettitudine; integrità; dirittura **2** (*rar.*) correttezza; giustezza.

recto ['rektəʊ] *s.* (*tip.*) recto, pagina anteriore.

rector ['rektə*] *s.* **1** rettore di parrocchia anglicana; parroco; superiore (di istituto religioso) **2** rettore (di università); direttore, preside (di scuola, collegio).

rectorate ['rektərət / rect·or·ate] *s.* rettorato.

rectorial [rek'tɔ:rɪəl / rect·orial] *agg.* di rettore; rettorale.

rectorship ['rektəʃɪp / rect·or·ship] *s.* rettorato.

rectory ['rektərɪ / rect·ory] *s.* **1** canonica; presbiterio **2** beneficio, prebenda.

rectress ['rektrɪs / rect·ress] *s.* (*ant.*) direttrice, preside (di scuola).

rectum ['rektəm] *pl.* **rectums**, **recta** ['rektə] *s.* (*anat.*) retto.

rectus ['rektəs] *pl.* **recti** ['rektaɪ] *s.* (*anat.*) muscolo retto.

recumbency [rɪ'kʌmbənsɪ / re·cum·bency] *s.* (*form.*) **1** l'essere appoggiato, sdraiato, coricato **2** (*fig.*) l'appoggiarsi.

recumbent [rɪ'kʌmbənt / re·cum·bent] *agg.* (*form.*) **1** appoggiato; adagiato; sdraiato **2** inoperoso; inattivo // **-ly** *avv.*

to **recuperate** [rɪ'kju:pəreɪt / re·cu·per·ate] *v.intr.* **1** ristabilirsi; riprendersi; riaversi; guarire **2** (*amm.*) rifarsi; migliorare ◆ *v.tr.* (*amm.*) riguadagnare: *to — a loss*, ricuperare una perdita.

recuperation [rɪˌkju:pə'reɪʃn / re·cu·pera·tion] *s.* (*form.*) **1** ricupero **2** ripresa; guarigione.

recuperative [rɪ'kju:pərətɪv / re·cu·per·at·ive] *agg.* **1** ristoratore; rigeneratore; ritemprante; rigenerativo **2** (*mecc.*) a ricupero ◆ *s.* (*agr.*) sostanza fertilizzante.

recuperator [rɪ'kju:pəreɪtə* / re·cu·per·ator] *s.* **1** (*mecc.*) ricuperatore: *spring —*, ricuperatore a molla **2** (*tecn.*) ricuperatore (di calore), preriscaldatore a ricupero.

to **recur** [rɪ'kɜ:* / re·cur] *pass.p.p.* **recurred** [rɪ'kɜ:d / re·curred] *v.intr.* **1** ritornare; ripetersi; ricorrere; ripresentarsi: (*mat.*) *to — periodically*, essere periodico (di numero); *a problem which recurs periodically*, un problema che ricorre periodicamente **2** ritornare in mente; ripresentarsi alla memoria **3** (*form.*) ricorrere; fare ricorso: *to — to the authorities*, ricorrere alle autorità.

recurrence [rɪ'kʌrəns / re·cur·rence] *s.* **1** (*form.*) ricorso; riapparizione; ripetizione; ricorrenza; ritorno (periodico): *a — of hostilities*, un ritorno di ostilità **2** (*form.*) ricorso: *we must avoid any — to violence*, dobbiamo evitare ogni ricorso alla violenza **3** (*med.*) ricaduta.

recurrent [rɪ'kʌrənt / re·cur·rent] *agg.* **1** ricorrente; periodico **2** (*bot.*, *med.*) ricorrente, periodico // *— fever*, febbre periodica // **-ly** *avv.*

recurring [rɪ'kɜ:rɪŋ / re·cur·ring] *agg.* ricorrente; periodico: *— decimals*, decimali periodici // (*amm.*) *— expenses*, spese ordinarie.

recursive [rɪ'kɜ:sɪv / re·curs·ive] *agg.* (*log.*) ricorsivo: *— function*, funzione ricorsiva; *— set*, insieme ricorsivo // **-ness** *s.*

recurvate [ri:'kɜ:vɪt / re·curv·ate] *agg.* (*form.*, *bot.*) ricurvo.

recurvature [ri:'kɜ:vətʃə* / re·curv·at·ure] *s.* (*form.*) curva, curvatura all'indietro.

recusance ['rekjʊzəns / re·cus·ance] **recusancy** ['rekjʊzənsɪ / re·cus·ancy] *s.* **1** (*non com.*) rifiuto di ubbidire all'autorità (costituita) **2** (*st. inglese*) rifiuto di assistere alle funzioni religiose della Chiesa Anglicana.

recusant ['rekjʊzənt / re·cus·ant] *agg.* (*non com.*) dissidente; dissenziente ◆ *s.* **1** (*st. inglese*) chi si rifiutava di assistere alle funzioni religiose della Chiesa Anglicana **2** (*non com.*) chi rifiuta di sottomettersi a un'autorità (costituita); dissenziente.

to **recuse** [rɪ'kju:z / re·cuse] *v.tr.* (*dir.*) ricusare (un giudice, un membro della giuria).

recyclable [ˌri:'saɪkləbl / re·cycl·able] *agg.* riciclabile.

to **recycle** [ˌri:'saɪkl / re·cycle] *v.tr.* riciclare: *to — dirty money*, riciclare denaro sporco; (*fig. fam.*) *to — oneself*, riciclarsi.

recycle bin [rɪ'saɪklbɪn] *s.* **1** pattumiera per la raccolta differenziata dei rifiuti **2** (*inform.*) cestino.

recycling [ri:'saɪklɪŋ / re·cyc·ling] *s.* riciclaggio.

red [red] *comp.* **redder** ['redə* / red·der] *superl.* **reddest** ['redɪst / red·dest] *agg.* **1** rosso: *— with anger*, rosso di collera; *to turn* (o *to go*) *—*, arrossire (di persona); diventar rosso (di cosa) // *— paint* (*fam. amer.*) ketchup // *— hands*, (*letter.*) mani insanguinate // *— flag*, bandiera rossa (come segnale di pericolo e vessillo dell'URSS) // *— light*, luce rossa (di pericolo); semaforo rosso; *red-light district*, quartiere a luci rosse // *Red Cross*, Croce Rossa // *Red Crescent*, Mezzaluna Rossa (l'equivalente islamica della Croce Rossa) // *Red Ensign*, bandiera della Marina mercantile Britannica // *The Red Sea*, il Mar Rosso **2** (*fam.*) comunista; rivoluzionario; radicale; sovietico // *the Red Army*, l'Armata Rossa // **-ness** *s.*

red *s.* **1** rosso, colore rosso: *the reds and yellows of autumn leaves*, i rossi e i gialli delle foglie d'autunno; *cherry —*, rosso ciliegia; *to be* (*dressed*) *in —*, essere vestito di rosso; *a woman in —*, una donna in rosso // *the —, white and blue*, (*fam.*) la bandiera britannica // *to see —*, (*fig.*) veder rosso **2** fard; rossetto **3** indiano dell'America del Nord, pellerossa **4** (*fam.*) rosso, comunista; sovversivo; rivoluzionario // *the Reds*, i comunisti **5** (*amm.*) rosso, posizione di debito in un conto: *to be in the —*, essere in rosso; avere il conto scoperto; presentare un debito o un perdita **6** palla rossa (di biliardo).

to **redact** [rɪ'dækt / re·dact] *v.tr.* (*non com.*) redigere; sistemare per la pubblicazione.

redaction [rɪ'dækʃn / re·dac·tion] *s.* (*non com.*) redazione; revisione; adattamento; edizione; versione.

red admiral [ˌred'ædmərəl] *s.* (*zool.*) (*Vanessa atalanta*) vanessa atalanta.

red alert ['redələ:t] *s.* allarme rosso.

redan [rɪ'dæn / re·dan] *s.* (*mil.*) saliente.

red-baiting ['redˌbeɪtɪŋ] *s.* (*fam.*) il tacciare di comunismo.

red ball ['redˌbɔ:l] *s.* (*amer.*) treno, o altro mezzo di trasporto, veloce, con diritto di precedenza.

red blood cell [ˌred'blʌdsel] *s.* (*anat.*) eritrocita, globulo rosso.

red-blooded [ˌred'blʌdɪd] *agg.* vigoroso; energico; virile.

redbreast ['redbrest / red·breast] *s.* (*zool.*) **1** → robin **2** (*Calidris canutus*) piovanello maggiore SIN. knot.

redbrick ['redbrɪck / red·brick] *agg.* **1** di mattoni rossi **2** di recente costruzione; provinciale: *a — university*, università fondata di recente ◆ *s.* università fondata di recente, provinciale.

red bud ['redbʌd] *s.* (*bot.*) albero di Giuda → **Judas tree**.

redcap ['redkæp / red·cap] *s.* **1** (*sl. mil.*) soldato della polizia militare **2** (*ferr. amer.*) facchino portabagagli.

redcoat ['redkəʊt / red·coat] *s.* (*st.*) soldato inglese; giubba rossa.

redcurrant [ˌred'kʌrənt / red·cur·rant] *s.* (*bot.*) (*Ribes rubrum*) ribes rosso.

red deer [ˌred'dɪə*] *s.* (*zool.*) (*Cervus elaphus*) cervo europeo.

to **redden** ['redn / red·den] *v.intr.* **1** arrossire **2** diventare rosso: *the sky reddened in the evening*, il cielo diventava rosso di sera ◆ *v.intr.* **1** rendere rosso; arrossare **2** fare arrossire.

reddish ['redɪʃ / red·dish] *agg.* rossiccio, rossastro.

reddle ['redl] *s.* ocra rossa.

to **reddle** *v.tr.* colorare, tingere, marchiare con ocra rossa.

rede [ri:d] *s.* (*ant.*) **1** consiglio: *like a puff'd and reckless libertine / himself the primrose path of dalliance treads, / and recks not his own rede*, (SH. Hamlet) come un libertino impudente e sfrenato calpesta la via fiorita del piacere, e non tiene in considerazione i suoi stessi consigli **2** piano, progetto **3** racconto.

to **rede** *v.tr.* (*ant.*) **1** consigliare **2** interpretare (sogni); spiegare (indovinelli).

to **redecorate** [ˌri:'dekəreɪt / re·dec·or·ate] *v.tr.* e *intr.* rimbiancare; ritinteggiare; ridecorare.

redecoration ['ri:ˌdekə'reɪʃn / re·dec·ora·tion] *s.* ritinteggiatura; rimbiancatura.

to **redeem** [rɪ'di:m / re·deem] *v.tr.* (*form.*) **1** riscattare, svincolare; estinguere (*anche dir.*): *to — a bond*, riscattare un'obbligazione; *to — a debt*, rimborsare un debito; *to — a mortgage*, estinguere un'ipoteca; *to — one's watch from pawn*, riscattare il proprio orologio **2** liberare; redimere; salvare: *Christ redeemed us*, Cristo ci ha redenti **3** riscattare; compensare, controbilanciare: *he has one redeeming feature*, ha un particolare che lo salva **4** (*non com.*) mantenere (una promessa).

redeemable [rɪ'di:məbl / re·deem·able] *agg.* (*form.*) redimibile, riscattabile; rimborsabile; ricuperabile: (*dir.*) *— bond* (o *debenture* o *stock*), obbligazione redimibile.

redeemer [rɪ'di:mə* / re·deem·er] *s.* (*form.*) redentore; liberatore // *the Redeemer*, il Redentore.

to **redefine** [ˌri:dɪ'faɪn / re·de·fine] *v.tr.* ridefinire.

redefinition [ˌri:ˌdefɪ'nɪʃn / re·de·fini·tion] *s.* ridefinizione.

redemption [rɪ'dempʃn / re·demp·tion] *s.*

1 (*relig.*) redenzione: // *in the 500th year of our* —, nell'anno di grazia 500 2 (*form.*) liberazione; riscatto; salvezza // *he is beyond* (o *past*) —, è incorreggibile 3 (*comm., fin.*) rimborso; estinzione; ammortamento; riscatto (di un'obbligazione): — *of a loan*, rimborso, ammortamento di un prestito; — *premium*, premio di rimborso; — *yield*, rendimento alla scadenza; — *price*, prezzo alla scadenza; — *before due date*, rimborso anticipato.

redemptive [rɪ'demptɪv / re·dempt·ive] *agg.* (*form.*) che redime.

redemptor [rɪ'demptə* / re·demp·tor] *s.* (*form.*) redentore.

to **redeploy** [,ri:dɪ'plɔɪ / re·deploy] *v.tr.* 1 dislocare altrove: *the missiles have been redeployed on the eastern border*, i missili sono stati dislocati lungo il confine orientale 2 (*estens.*) reimpiegare; dare un nuovo impiego a, affidare una nuova mansione a; trasferire a una nuova mansione: *the labour force should be redeployed in industries with a future*, la forza lavoro dovrebbe venir reimpiegata in industrie con un futuro.

redeployment [,ri:dɪ'plɔɪmənt / re·deploy·ment] *s.* 1 dislocazione, dislocamento, ridistribuzione: — *of labour*, ristrutturazione delle forze di lavoro 2 reimpiego.

redesign [,ri:dɪ'zaɪn / re·design] *s.* riprogettazione; nuovo disegno, progetto, piano.

to **redesign** *v.tr.* ridisegnare, riprogettare, ripianificare.

to **redesignate** [,ri:'dezɪgneɪt / re·des·ig·nate] *v.tr.* ridesignare, riproporre, rinominare.

to **redevelop** [,ri:dɪ'veləp / re·develop] *v.tr.* (*urbanistica*) adibire ad altro uso.

redeye ['redaɪ / red·eye] *s.* (*sl. amer.*) whisky di qualità scadente e ad elevata gradazione alcolica.

redfish ['redfɪʃ / red·fish] *pl.* **redfish(es)** *s.* (*zool.*) 1 salmone maschio (nel periodo della riproduzione) 2 (*Onchorhynchus nerka*) salmone rosso.

red giant [,red'dʒaɪənt] *s.* (*astr.*) stella gigante rossa, gigante rossa.

red-haired [,red'heəd] *agg.* dai capelli rossi: *a — girl*, una rossa.

red-handed [,red'hændɪd] *agg.* in flagrante, con le mani nel sacco: *the police caught them — robbing the bank*, la polizia li sorprese con le mani nel sacco mentre svaligiavano la banca.

redhead ['redhed / red·head] *s.* (*fam.*) persona dai capelli rossi, rossa: *who was the beautiful — you were dining with last night?*, chi era quella bellissima rossa con cui hai cenato ieri sera?

red heat [,red'hi:t] *s.* (*metall.*) calor rosso.

red herring [,red'herɪŋ] *s.* 1 aringa affumicata 2 (*fig.*) falsa pista; considerazione volta a distogliere, sviare l'attenzione: *to throw in a —*, fare azione di depistaggio; cercare di sviare l'attenzione.

redhibition [,redhɪ'bɪʃn / red·hibi·tion] *s.* (*dir.*) azione redibitoria.

redhibitory [red'hɪbɪtərɪ *amer.* red'hɪbɪtɔ:rɪ / red·hib·it·ory] *agg.* (*dir.*) redibitorio.

red-hot [,red'hɒt] *agg.* 1 (*metall.*) al calor rosso; (*estens.*) rovente: — *iron*, ferro rovente, scaldato al calor rosso 2 (*fig.*) ardente; appassionato; entusiastico // (*sl. amer.*) — *mama*, donna vivace e attraente; cantante volgare e appariscente (negli anni '20) 3 (*fig.*) recentissimo; fresco: — *news*, notizie fresche.

redhot poker [,redhɒt'pəʊkə*] *s.* (*bot.*) kniphophia.

redingote ['redɪŋgəʊt / red·in·gote] *s.* 1 redingote (sorta di soprabito da signora) 2 prefettizia, finanziera.

red ink [,red'ɪŋk] *s.* 1 inchiostro rosso // (*amm.*): — *entry*, registrazione in rosso; — *interest*, interesse sui numeri rossi 2 deficit; perdita finanziaria 3 (*fam. amer.*) vino rosso scadente.

to **redintegrate** [re'dɪntɪgreɪt / red·in·teg·rate] *v.tr.* reintegrare; ristabilire: *to — s.o. in his possessions*, reintegrare qlcu. nei suoi possedimenti.

redintegration [re,dɪntɪ'greɪʃn / red·in·teg·ra·tion] *s.* reintegrazione (*anche dir.*).

to **redirect** [,ri:dɪ'rekt / re·dir·ect] *v.tr.* indirizzare di nuovo.

redirection [,ri:dɪ'rekʃn / re·dir·ec·tion] *s.* nuovo indirizzo.

rediscount [,ri:'dɪskaʊnt / re·dis·count] *s.* (*banca*) risconto: — *rate*, saggio ufficiale di sconto.

to **rediscover** [,ri:dɪ'skʌvə* / re·dis·cover] *v.tr.* riscoprire; ritrovare.

rediscovery [,ri:dɪ'skʌvərɪ / re·dis·cov·ery] *s.* riscoperta.

red lead [,red'led] *s.* (*chim.*) minio.

to **redlight** [,red'laɪt / red·light] *v.tr.* (*fam. amer.*) scaraventare (qlcu.) da un'automobile.

red-lining [,red'laɪnɪŋ] *s.* (*amer.*) speculazione immobiliare (consistente nell'acquisto di aree urbane deprezzate).

redneck ['rednek / red·neck] *s.* (*fam. amer.*) 1 persona che proviene dalle zone agricole del Sud 2 (*estens.*) razzista; conservatore; persona di mentalità gretta.

to **redo** [,ri:'du:] *pass.* **redid** [,ri:,dɪd / re·did] *p.pass.* **redone** [,ri:'dʌn / re·done] *v.tr.* 1 rifare 2 rimbiancare; ritinteggiare.

redolence ['redəʊləns / red·ol·ence] *s.* (*form.*) profumo, fragranza.

redolent ['redəʊlənt / red·ol·ent] *agg.* (*form.*) 1 profumato, fragrante: — *of Spring*, fragrante di primavera 2 (*fig.*) suggestivo.

to **redouble** [rɪ'dʌbl / re·double] *v.tr.* raddoppiare, aumentare, intensificare ◆ *v.intr.* 1 diventare il doppio; intensificarsi 2 (*bridge*) surcontrare.

redoubt [rɪ'daʊt / re·doubt] *s.* (*mil.*) ridotto; fortino.

redoubtable [rɪ'daʊtəbl / re·doubt·able] *agg.* (*form.*) formidabile; temibile.

to **redound** [rɪ'daʊnd / re·dound] *v.intr.* (*form.*) 1 contribuire; tornare (a vantaggio); risultare: *it will — to your advantage, to your credit*, tornerà a vostro vantaggio, a vostro credito 2 ricadere.

redox ['redɒks] *agg.* (*chim.*) redox, di ossidoriduzione: — *reaction*, reazione di ossidoriduzione.

red pepper [,red'pepə*] *s.* (*bot.*) pepe di Caienna → **cayenne**.

redpoll ['red,pɒl / red·poll] *s.* (*zool.*) 1 (*Carduelis flammea*) organetto 2 (*Carduelis cannabina*) fanello, montanello.

redraft ['ri:drɑ:ft *amer.* 'ri:dræft / re·draft] *s.* (*dir., comm.*) rivalsa; cambiale di rivalsa.

redress [rɪ'dres / re·dress] *s.* (*form.*) riparazione (di un torto); soddisfazione; risarcimento, indennizzo (*anche dir.*): *injury beyond* —, torto irreparabile.

to **redress** *v.tr.* (*form.*) 1 riparare; rettificare, rimediare: *to — wrongs*, riparare torti // *a fault confessed is half redressed*, (*prov.*) peccato confessato è mezzo perdonato 2 correggere; raddrizzare // *to — the balance*, ristabilire l'equilibrio, riportare le cose in parità.

redskin ['redskɪn / red·skin] *s.* (*spreg. antiq.*) pellerossa.

redstart ['red,stɑ:t / red·start] *s.* (*zool.*) (*Phoenicurus phoenicurus*) codirosso.

red tape [,red'teɪp] *s.* U burocrazia: *applying for a passport involves a great deal of* —, la richiesta di un passaporto comporta un sacco di lungaggini burocratiche • L'espressione trae origine dall'antico uso, negli uffici statali, di legare i documenti con un nastro (*tape*) rosso (*red*).

to **reduce** [rɪ'dju:s *amer.* rɪ'du:s / re·duce] *v.tr.* 1 ridurre (di formato, di numero ecc.): *the new government will — taxes*, il nuovo governo ridurrà le imposte 2 ridurre (in una determinata condizione): *the revolted towns were reduced to submission*, le città ribelli furono ridotte alla sottomissione 3 costringere, ridurre a: *he was reduced to borrowing clothes*, fu costretto a prendere vestiti a prestito 4 (*med., chim.*) ridurre: *to — a broken bone*, ridurre una frattura; *to — an element, a substance*, ridurre un elemento, una sostanza 5 (*mat.*) semplificare; ridurre: *to — a fraction*, ridurre, semplificare una frazione 6 (*mil.*) degradare; retrocedere di rango: *to — a sergeant to the ranks*, degradare un sergente a soldato semplice 7 (*ant.*) ricondurre: *traitors... / that would reduce these bloody days again*, (SH. Richard III) traditori... che vorrebbero far tornare queste giornate di sangue ◆ *v.intr.* ridursi (di formato, numero ecc.).

reduced [rɪ'dju:st *amer.* rɪ'du:st / re·duced] *agg.* ridotto: — *prices*, prezzi ridotti; — *scale*, scala ridotta; (*fis.*) — *mass*, massa ridotta // *in — circumstances*, (*antiq.*) in povertà; in strettezze.

reducer [rɪ'dju:sə* *amer.* rɪ'du:sə* / re·du·cer] *s.* 1 riduttore, dispositivo di riduzione 2 (*idraulica*) giunto di riduzione 3 (*chim.*) riducente.

reducibility [rɪ'dju:səbɪlətɪ *amer.* rɪ'du:səbɪlətɪ / re·du·cib·il·ity] *s.* (*form.*) riducibilità.

reducible [rɪ'dju:səbl *amer.* rɪ'du:səbl / re·du·cible] *agg.* riducibile: (*mat.*) — *polynomial*, polinomio riducibile // **-bly** *avv.*

reducing [rɪ'dju:sɪŋ *amer.* rɪ'du:sɪŋ / re·du·cing] *agg.* (*chim.*) riducente: — *agent*, (agente) riducente.

reductase [rɪ'dʌkteɪs / re·duct·ase] *s.* (*biochim.*) riduttasi.

reduction [rɪ'dʌkʃn / re·duc·tion] *s.* 1 riduzione; ribasso: *great reductions in prices*, grandi ribassi dei prezzi 2 riproduzione su piccola scala (di disegno, carta geografica) 3 dimagrimento 4 (*med., chim.*) riduzione 5 (*mil.*) degradazione 6 (*mat.*) semplificazione.

reductive [rɪ'dʌktɪv / re·duct·ive] *agg.* (*form.*) che serve a ridurre; tendente a ridurre; riduttivo // **-ly** *avv.*

reductor [rɪ'dʌktə* / re·duct·or] *s.* (*chim.*) apparato per reazioni di riduzione.

redundancy [rɪ'dʌndənsɪ / re·dund·ancy] meno com. **redundance** [rɪ'dʌndəns / re·dund·ance] *s.* **1** sovrabbondanza, esuberanza, eccedenza; *pl.* licenziamenti per esuberanza di personale: — *of labour*, esuberanza di personale; *voluntary* —, dimissioni volontarie; — *payment*, indennità di licenziamento; — *fund*, cassa integrazione guadagni **2** ridondanza.

redundant [rɪ'dʌndənt / re·dund·ant] *agg.* **1** eccedente, esuberante, in soprannumero: — *workers*, operai (licenziati perché) in soprannumero // *to be made* —, essere licenziato (perché ritenuto in soprannumero) **2** sovrabbondante, ridondante: — *style*, *words*, stile, parole ridondanti // **-ly** *avv.*

reduplicate [rɪ'dju:plɪkɪt *amer.* rɪ'du:plɪkɪt / re·du·plic·ate] *agg.* (*form.*) doppio; raddoppiato.

to **reduplicate** [rɪ'dju:plɪkeɪt *amer.* rɪ'du:plɪkeɪt / re·du·plic·ate] *v.tr.* (*form.*) raddoppiare; ripetere.

reduplication [rɪ,dju:plɪ'keɪʃn *amer.* rɪ,du:plɪ'keɪʃn / re·du·plica·tion] *s.* (*form.*) raddoppiamento; ripetizione.

reduplicative [rɪ'dju:plɪkətɪv *amer.* rɪ'du:plɪkətɪv / re·du·plic·at·ive] *agg.* (*form.*) tendente al raddoppiamento, alla ripetizione.

red weed ['red,wi:d] *s.* (*bot.*) **1** (*Papaver rhoeas*) rosolaccio **2** fitolacca → poke[4].

redwing ['redwɪŋ / red·wing] *s.* (*zool.*) **1** (*Turdus musicus*) tordo sassello **2** (*Agelaius phoeniceus*) alarossa orientale.

redwood ['redwʊd / red·wood] *s.* (*bot.*) **1** — (*tree*), (*Sequoia sempervirens*) sequoia SIN. sequoia **2** legno rosato (di sandalo); legno rosso di California; legno di sequoia.

reebok ['ri:bɒk / ree·bok] *s.* (*zool.*) (*Pelea espreolus*) pelea (specie di antilope).

to **re-echo** [ri:'ekəʊ] *v.intr.* riecheggiare ◆ *v.tr.* far riecheggiare.

reed [ri:d] *s.* **1** (*bot.*) (*Arundo donax*) canna, giunco // *to lean on a* —, (*fig.*) fare assegnamento su cosa, persona molto debole // *broken* —, (*fig.*) persona, cosa infida **2** cannicci, canne per costruire tetti **3** (*poet.*) dardo, strale **4** (*poet.*) zampogna; (*fig.*) poesia pastorale **5** (*mecc.*, *elettr.*) lamina, lamella: — *relay*, relè reed, a lamine flessibili, ad ampolla; — *switch*, interruttore reed, a lamelle **6** (*mus.*) linguetta, ancia **7** (*tess.*) pettine (di telaio).

reed *agg.* (*ant.*) stridulo: *I'll.../...speak between the change of man and boy / with a reed voice*, (SH. Merchant of Venice) parlerò con quella voce stridula che marca il passaggio del ragazzo a uomo.

reediness ['ri:dɪnɪs / reedi·ness] *s.* **1** abbondanza di canne **2** (*fig.*) esilità; debolezza **3** acutezza (di voce).

reed-instrument ['ri:d,ɪnstrʊmənt] *s.* (*mus.*) strumento ad ancia.

re-edition [,ri:ɪ'dɪʃn] *s.* riedizione, nuova edizione.

reedling ['ri:dlɪŋ / reed·ling] → **reed-pheasant**.

reed-mace ['ri:d,meɪs] *s.* (*bot.*) (*Typha latifolia*) sala, stiancia, tifa; (*pop.*) coda di gatto, mazza di palude.

reed-organ ['ri:d,ɔ:gən] *s.* (*mus.*) armonium.

reed-pheasant ['ri:d,feznt] *s.* (*zool.*) (*Panurus biarmicus*) basettino, cincia barbuta SIN. reedling.

reed-pipe ['ri:d,paɪp] *s.* (*mus.*) zampogna; canna d'organo.

to **re-educate** [,ri:'edju:keɪt] *v.tr.* rieducare.

re-education ['ri:,edju:'keɪʃn] *s.* rieducazione.

reedwarbler ['ri:d,wɔ:blə* / reed·warb·ler] **reedwren** ['ri:d,ren / reed·wren] *s.* (*zool.*) (*Acrocephalus scirpaceus*) cannaiola.

reedy ['ri:dɪ] *agg.* **1** denso, folto di canne **2** (*non com.*) fatto di canne **3** (*fig. non com.*) esile; debole **4** acuto (di voce).

reef[1] [ri:f] *pl.* **reefs** *s.* (*mar.*) terzarolo: — *point*, matafione di terzarolo // *to take in a* —, (*fig.*) agire con cautela; ridurre il tenore di vita.

to **reef**[1] *v.tr.* (*mar.*) terzarolare; ammainare parzialmente.

reef[2] *s.* **1** scogliera (spec. corallina); frangente; secca, banco di sabbia: *coral* —, banco di coralli // *barrier* —, barriera corallina **2** (*miner.*) livello mineralizzato; filone di quarzo aurifero (spec. d'Australia).

reefer ['ri:fə*] *s.* **1** (*mar.*) chi fa terzarolo **2** giaccone, giacca alla marinara **3** (*mar.*) nodo di terzarolo **4** (*fam. antiq.*) sigaretta alla marijuana **5** (*sl. amer.*) autofurgone, autocarro frigorifero; carro, vagone frigorifero; nave frigorifera.

reef knot ['ri:fnɒt] *s.* (*mar.*) nodo piano.

reek [ri:k] *s.* **1** (*scoz. letter.*) fumo; vapore; esalazione **2** puzzo, fetore.

to **reek** *v.intr.* **1** puzzare: *he reeks of whisky*, puzza di whisky // *this story reeks of murder*, (*fig.*) questa storia puzza di assassinio **2** (*non com.*) fumare, emettere fumo **3** (*non com.*) evaporare; esalare vapore; trasudare ◆ *v.tr.* (*non com.*) **1** affumicare **2** trasudare; esalare.

reekie, **reeky** ['ri:kɪ] *agg.* **1** (*scoz. letter.*) affumicato; fumoso // *Auld Reekie*, (*scoz. fam.*) la Vecchia Fumosa (Edimburgo) **2** (*non com.*) puzzolente, fetido: *with reeky shanks and yellow chapless skulls*, (SH. Romeo and Juliet) con fetidi stinchi e teschi ingialliti senza mandibole.

reel[1] [ri:l] *s.* **1** rocchetto, bobina: (*inform.*) *feed* —, bobina svolgitrice **2** (*tess.*) arcolaio; aspo **3** mulinello (di canna da pesca) **4** (*cinem.*) rotolo, bobina (di pellicola); pizza.

to **reel**[1] *v.tr.* **1** avvolgere, arrotolare, bobinare **2** (*tess.*) innaspare ◆ *v.intr.* frinire (di cavallette, grilli).

□ **reel in** *v.tr.* e *avv.* tirar su con il mulinello: *to — in a fish*, tirar su un pesce.

□ **reel off** *v.tr.* e *avv.* **1** dipanare, srotolare **2** (*fig.*) dire velocemente, senza interruzioni: *to — off a list of names*, snocciolare una lista di nomi.

reel[2] *s.* **1** giro vorticoso **2** barcollamento; vacillamento; oscillazione; ondeggiamento.

to **reel**[2] *v.intr.* girare, roteare, turbinare: *the news sent his mind reeling*, la notizia gli diede alla testa, lo stordì; *my head is reeling*, mi gira la testa ◆ *v.tr.* **1** far girare, roteare **2** barcollare; vacillare; oscillare: *he was reeling about under the effect of the wine*, se ne andava in giro barcollando sotto l'effetto del vino.

reel[3] *s.* 'reel' (vivace danza scozzese).

to **reel**[3] *v.intr.* ballare un 'reel'.

to **re-elect** [,ri:ɪ'lekt] *v.tr.* rieleggere.

re-election [,ri:ɪ'lekʃn] *s.* rielezione.

reeler ['ri:lə*] *s.* **1** (*spec. nei composti*) pellicola cinematografica, rotolo di pellicola: *two-* —, *three-* —, *four-* —, film composto di due, tre, quattro pizze **2** (*fam. amer.*) baldoria; giro di bar, di osterie.

reeling ['ri:lɪŋ / reel·ing] *agg.* **1** barcollante, vacillante **2** roteante; vorticante // **-ly** *avv.*

to **re-emerge** [,ri:ɪ'mɜ:dʒ] *v.intr.* riemergere, riaffiorare; riapparire.

to **re-enact** [,ri:ɪ'nækt] *v.tr.* **1** (*dir.*) rimettere in vigore (una legge) **2** ricostruire (una scena); rappresentare nuovamente (un'opera teatrale): *the police re-enacted the murder*, la polizia ha ricostruito l'omicidio.

re-enactment [,ri:ɪ'næktmənt] *s.* (*dir.*) rimessa in vigore (di legge); ricostruzione (di delitto, rapina ecc).

to **re-enforce** [,ri:ɪn'fɔ:s] *v.tr.* **1** → to reinforce **2** (*dir.*) rimettere in vigore (una legge).

re-enforcement [,ri:ɪn'fɔ:smənt] *s.* **1** → reinforcement **2** (*dir.*) rimessa in vigore di legge.

to **re-engage** [,ri:ɪn'geɪdʒ] *v.tr.* **1** riassumere, reingaggiare **2** (*form.*) riservare, fissare nuovamente (un posto a teatro, una camera): *we re-engaged the same room*, riservammo di nuovo la stessa camera **3** ricatturare (l'attenzione); riguadagnare, accattivarsi nuovamente (l'affetto) **4** (*mil.*) reingaggiare; impegnare in una nuova battaglia **5** occupare, impegnare nuovamente **6** (*mecc.*) reinnestare; reingranare: *to — a gear*, reingranare una marcia ◆ *v.intr.* **1** (*mil.*) attaccare nuovamente **2** (*mecc.*) impegnarsi nuovamente, riprendere un'occupazione: *he re-engaged in politics*, è rientrato in politica **3** reinnestarsi, reingranare.

re-engineering [rɪ,endʒɪ'nɪərɪŋ] *s.* (*inform.*) riprogettazione.

to **re-enlist** [,ri:ɪn'lɪst] *v.tr.* (*mil.*) arruolare nuovamente; reingaggiare ◆ *v.intr.* arruolarsi nuovamente.

re-enlistment [,ri:ɪn'lɪstmənt] *s.* (*mil.*) nuovo arruolamento, reingaggio.

to **re-enter** [,ri:'entə*] *v.tr.* **1** rientrare in **2** reiscriversi a; ridiventare membro di; partecipare nuovamente a: *to — a race*, partecipare nuovamente a una gara **3** (*amm.*) riscrivere; reinserire; registrare di nuovo ◆ *v.intr.* **1** rientrare **2** reiscriversi: *to — for an examination*, presentarsi di nuovo a un esame.

re-entry [ri:'entrɪ] *s.* **1** rientro: *his — in politics*, il suo rientro in politica // (*aer.*): — *vehicle*, veicolo (spaziale) di, per rientro (nell'atmosfera terrestre); — *window*, finestra di rientro **2** (*amm.*) nuova registrazione.

to **re-equip** [,ri:ɪ'kwɪp] *v.tr.* **1** equipaggiare, allestire nuovamente; (*mar. mil.*) riarmare **2** arredare di nuovo (un ufficio, una cucina); riattrezzare (un'officina).

re-equipment [,ri:ɪ'kwɪpmənt] *s.* **1** nuovo equipaggiamento; (*mar. mil.*) riarmamento **2** nuova attrezzatura; nuovo impianto.

to **re-establish** [,ri:ɪ'stæblɪʃ] *v.tr.* **1** ristabilire; restaurare; istituire nuovamente: *to — the king's authority*, restaurare l'autorità del re; *to — s.o. in public esteem*, riabilitare qlcu. agli occhi dell'opinione pubblica // *to — one's health*, ristabilirsi **2** rifondare, ricostituire **3** *to — oneself*, ristabilirsi, istallarsi nuovamente (in campagna, casa) **4** riaffermare (diritto, potere ecc.); (*dir.*) riconfermare.

re-establishment [,ri:ɪ'stæblɪʃmənt] *s.* **1** ristabilimento; restaurazione; rifondazione; ricostituzione **2** riaffermazione; riconferma (*anche dir.*).

reet [ri:t] *agg.* (*sl. amer.*) buono; eccellente; giusto; perfetto.

reeve[1] [ri:v] *s.* **1** (*st.*) alto magistrato (di città, provincia) **2** amministratore (di tenuta ecc.) **3** presidente del consiglio municipale in zone rurali (in Canada) **4** (*eccl.*) piccolo funzionario.

to **reeve**[2] *pass.p.p.* **rove** [rəʊv] **reeved** [ri:vd] *v.tr.* (*mar.*) **1** infilare, passare (una cima, un cavo) in un anello **2** assicurare (con una cima, un cavo infilato in un anello) **3** superare (secca, banchisa di ghiacci).

re-examination [,ri:ɪg,zæmɪ'neɪʃn] *s.* **1** riesame, nuovo esame **2** (*dir.*) nuovo interrogatorio.

to **re-examine** [,ri:ɪg'zæmɪn] *v.tr.* **1** riesaminare **2** (*dir.*) interrogare di nuovo (un testimonio).

re-export [,ri:'ekspɔ:t] *s.* riesportazione.

to **re-export** [,ri:ek'spɔ:t] *v.tr.* riesportare.

re-exportation ['ri:,ekspɔ:'teɪʃn] *s.* riesportazione.

to **re-express** [,ri:ɪk'spres] *v.tr.* esprimere nuovamente: *can you — your meaning in this sentence?*, puoi riformulare il tuo pensiero in questa frase?

ref[1] [ref] *s.* (*sport*) (*fam.*) arbitro • Abbr. di → **referee**.

to **ref**[1] *v.tr.* e *intr.* (*sport*) (*fam.*) arbitrare.

ref[2] abbr. di → **reference** 4.

to **reface** [,ri:'feɪs / re·face] *v.tr.* **1** (*edil.*) rinnovare la facciata di (un edificio) **2** (*mecc.*) rispianare, ripassare il piano di (una superficie).

to **refashion** [,ri:'fæʃn / re·fash·ion] *v.tr.* **1** rifoggiare, rimodellare **2** rimodernare.

refection [rɪ'fekʃn / re·fec·tion] *s.* (*antiq.*) refezione; ristoro, rinfresco; spuntino, pasto leggero.

refectory [rɪ'fektərɪ / re·fect·ory] *s.* refettorio.

to **refell** [rɪ'fel / re·fell] *v.tr.* (*ant.*) rifiutare: *how he refell'd me, and how I replied*, (SH. Measure for Measure) come egli mi respinse, e come io risposi.

to **refer** [rɪ'fɜ:* / re·fer] *pass.p.p.* **referred** [rɪ'fɜ:d / re·ferred] *v.intr.* **1** riferirsi, fare riferimento, alludere; riguardare, concernere: *is this the place you referred to?*, è questo il luogo a cui ti riferivi?; *that table refers to unemployment figures*, la tabella si riferisce ai dati relativi alla disoccupazione // *referring to your letter*, con riferimento alla vostra lettera **2** ricorrere, far ricorso; consultare, appellarsi: *to — to one's notes*, consultare, ricorrere ai propri appunti; *to — to an authority*, appellarsi, ricorrere a un'autorità; *for further information, please — to Mrs Smith*, per ulteriori informazioni rivolgetevi a Mrs Smith ◆ *v.tr.* **1** rinviare, rimandare, indirizzare (per informazioni, consultazione ecc.); inoltrare: *to — the reader to a footnote*, rinviare il lettore a una nota a piè di pagina **2** rimettere, inoltrare: *we will — the matter to a tribunal*, rimetteremo la questione a un tribunale; *I'll — your suggestion to the manager*, inoltrerò il vostro suggerimento al direttore **3** (*non com.*) attribuire, ascrivere, assegnare: *to — the origins of sculpture to Egypt*, attribuire le origini della scultura all'Egitto; *this kind of painting is often referred to as 'fauvism'*, questo genere pittorico va spesso sotto il nome di fauvismo.

referable [rɪ'fɜ:rəbl / re·fer·able] *agg.* riferibile; attribuibile; assegnabile.

referee [,refə'ri: / ref·eree] *s.* **1** (*sport*) arbitro, giudice **2** (*dir.*) giudice; arbitro **3** (*comm.*) garante; referenza (chi dà referenze).

to **referee** *pass.p.p.* **refereed** [,refə'ri:d / ref·er·eed] *v.tr.* e *intr.* (*sport*) arbitrare.

reference ['refrəns / ref·er·ence] *s.* **1** (*dir.*) il deferire, il sottomettere (una questione) ad autorità per la decisione; ricorso ad arbitrato; compromesso arbitrale **2** riferimento; relazione, rapporto: (*form.*) *in* (o *with*) *— to*, con riferimento a; *for future —*, per riferimenti futuri; (*comm.*) *— sample*, campione di riferimento // (*econ.*) *— cycle*, ciclo di riferimento; *— bank*, banca di riferimento; *— price*, prezzo di riferimento **3** allusione, menzione, accenno; riferimento; richiamo: *— was made to your new book*, si accennò al tuo nuovo libro; *to make a passing — to sthg.*, accennare brevemente a qlco. **4** consultazione: *for easy — entries are organized in chronological order*, per facilitare la consultazione le voci sono sistemate in ordine cronologico // *— book*, libro di consultazione // *— library*, biblioteca di consultazione **5** raccomandazione; benservito; referenza; informazione: *I allowed him to use my name as —*, gli permisi di usare il mio nome come referenza; *to take up s.o.'s references*, prendere informazioni su qlcu. // *these gentlemen are my references*, questi signori sono miei garanti **6** (*rar.*) competenza, potere: *this is outside the — of our committee*, ciò esula dalla competenza della nostra commissione **7** (*inform.*) riferimento.

reference-mark ['refrəns,mɑ:k] *s.* segno di rimando.

referendum [,refə'rendəm / ref·er·en·dum] *pl.* **referenda** [,refə'rendə / ref·er·enda] **referendums** *s.* referendum: *to call a —*, indire un referendum.

referential [,refə'renʃl / ref·er·en·tial] *agg.* **1** di riferimento, che contiene un riferimento **2** di, usato come referenza.

referral [rɪ'fɜ:rəl / ref·er·ral] *s.* (*form.*) **1** riferimento, il riferirsi **2** il rimandare, l'indirizzare; il rimettere (una questione a qlcu. ecc.) // (*comm.*) *— selling*, tecnica di vendita con sconti al compratore che procura nuovi clienti.

refill ['ri:fɪl / re·fill] *s.* **1** ricambio; refil; cartuccia: *ball-point pen —*, ricambio di penna a sfera **2** (*fam.*) secondo giro (di cibo, bevande): *I took my glass to the bar to get a —*, andai al banco col mio bicchiere per fare rifornimento.

to **refill** [,ri:'fɪl] *v.tr.* riempire (di nuovo); rifornire; ricaricare ◆ *v.intr.* riempirsi (di nuovo).

refinancing [,ri:'faɪnænsɪŋ / re·fin·an·cing] *s.* (*fin.*) rifinanziamento.

to **refine** [rɪ'faɪn / re·fine] *v.tr.* **1** raffinare, purificare: *to — sugar*, raffinare lo zucchero **2** (*fig.*) raffinare; perfezionare: *to — one's mind, one's style, one's taste*, raffinare la propria mente, il proprio stile, il proprio gusto ◆ *v.intr.* **1** raffinarsi, purificarsi **2** (*fig.*) raffinarsi; perfezionarsi.

□ **refine on** (o *upon*) *v.intr.* e *prep.* migliorare, perfezionare (qlco.): *he refined on the existing heating system by adding a thermostat*, ha migliorato il preesistente impianto di riscaldamento aggiungendo un termostato.

refined [rɪ'faɪnd / re·fined] *agg.* **1** raffinato, purificato: *— sugar*, zucchero raffinato **2** (*fig.*) raffinato, perfezionato; fine; forbito; ricercato: *— manners*, modi ricercati, raffinati // **-ly** *avv.* // **-ness** *s.*

refinement [rɪ'faɪnmənt / re·fine·ment] *s.* **1** (*tecn.*) raffinamento, raffinazione **2** miglioramento, miglioria, perfezionamento: *there have been many refinements in the system of production*, ci sono stati molti miglioramenti nel sistema di produzione // *a — on sthg.*, un miglioramento rispetto a qlco. **3** (*fig.*) raffinatezza, finezza, ricercatezza: *the refinements of luxury*, le raffinatezze del lusso; *a person of —*, una persona raffinata **4** (*non com.*) finezza, sottigliezza (di ragionamento).

refiner [rɪ'faɪnə* / re·finer] *s.* (*tecn.*) raffinatore, chi raffina.

refinery [rɪ'faɪnərɪ / re·finery] *s.* raffineria.

refit [,ri:'fɪt / re·fit] *s.* **1** riparazione **2** (*mar.*) raddobbo.

to **refit** *pass.p.p.* **refitted** ['ri:'fɪtɪd / re·fit·ted] *v.tr.* **1** riparare, riattare **2** (*mar.*) raddobbare ◆ *v.intr.* **1** essere sottoposto a riparazione **2** (*mar.*) essere sottoposto a raddobbo.

refitment [,ri:'fɪtmənt / re·fit·ment] → **refit**.

to **reflate** [,ri:'fleɪt / re·flate] *v.tr.* (*econ.*) reflazionare.

reflation [rɪ'fleɪʃn / re·fla·tion] *s.* (*econ.*) **1** reflazione (ripresa dopo una deflazione) **2** azione di stimolo dell'economia.

to **reflect** [rɪ'flekt / re·flect] *v.tr.* **1** riflettere; rispecchiare: *the mirror reflected his smile*, lo specchio rifletteva il suo sorriso; *to shine with reflected light*, (*anche fig.*) brillare di luce riflessa **2** (*fig.*) riflettere; rispecchiare; esprimere: *the play reflects the ideas of the period*, il dramma esprime le idee del periodo **3** (*ant.*) ripiegare: *to — the corner of the paper*, ripiegare l'angolo del foglio ◆ *v.intr.* **1** riflettersi (*anche fis.*) **2** (*fig.*) ripercuotersi; riflettersi; ricadere: *this accusation reflected upon the entire police force*, questa accusa ricadde sull'intero corpo di polizia; *this will — badly upon you*, questo ricadrà su di voi **3** riflettere; meditare; pensare: *I reflected (up)on the matter*, ho riflettuto sulla questione; *to — how, whether, why*, domandarsi come, se, perché.

reflectance [rɪ'flektəns / re·flect·ance] *s.* (*fis.*) riflettanza, indice di riflessione.

reflecting [rɪ'flektɪŋ / re·flect·ing] *agg.* riflettente: (*fis.*) *— prisma*, prisma a riflessione // *— telescope*, telescopio a riflessione.

reflection [rɪ'flekʃn / re·flec·tion] *s.* **1** riflessione (*anche fis.*); riflesso, riverbero; immagine riflessa: *angle of —*, angolo di riflessione; *to see one's — in a mirror*, vedere la propria immagine riflessa in uno specchio **2** (*med. non com.*) riflesso **3** conseguenza, ripercussione: *drug addiction is a — of an unstable society*, la tossicodipendenza è conseguenza di una società instabile; *his behaviour is the — of a troubled childhood*, il suo comportamento è il risultato di un'infanzia travagliata **4** riflessione, meditazione: *on —*, riflettendovi **5** censura, biasimo, critica: *to cast reflections on s.o.*, criticare, biasimare qlcu. 6 *pl.* pensieri, considerazioni: *reflections (up)on history*, considerazioni sulla storia.

reflective [rɪ'flektɪv / re·flect·ive] *agg.* 1 riflessivo, meditativo, pensoso 2 (*form.*) indicativo: *his comments are — of his new attitude towards marriage*, i suoi commenti sono indicativi del suo nuovo atteggiamento nei confronti del matrimonio 3 (*fis.*) riflettente 4 (*rar.*) riflesso 5 (*gramm.*) riflessivo // **-ly** *avv.* // **-ness** *s.*

reflector [rɪ'flektə* / re·flector] *s.* 1 superficie riflettente (luce, suono ecc.); (*fis.*) riflettore // *parabolic* —, riflettore parabolico 2 (*astr.*) telescopio a riflessione 3 catarifrangente 4 (*fig. rar.*) specchio: *literature is a — of the age*, la letteratura è lo specchio di un'epoca.

reflex ['ri:fleks / re·flex] *agg.* 1 riflesso, indiretto (*anche fig.*): — *influence*, influenza riflessa; — *light*, luce riflessa // (*fot.*) — *camera*, macchina fotografica reflex 2 (*med.*) riflesso: — *action*, azione riflessa, movimento riflesso 3 introspettivo 4 (*gramm. rar.*) riflessivo 5 (*rar.*) ricurvo ◆ *s.* 1 (*non com.*) riflesso (*anche fig.*); immagine riflessa: *his fame is but a pale — of that of his father*, la sua fama non è che un pallido riflesso di quella di suo padre 2 (*med.*) riflesso: *the doctor tested his patient's reflexes*, il dottore provò i riflessi del paziente; *conditioned, inborn* —, riflesso condizionato, innato // *she's got quick reflexes*, (*fig.*) ha i riflessi pronti.

to **reflex** [rɪ'fleks] *v.tr.* (*non com.*) 1 riflettere 2 flettere all'indietro.

reflexed [rɪ'flekst / re·flexed] *agg.* (*bot.*) riflesso, ricurvo.

reflexibility [rɪ,fleksɪ'bɪlətɪ / re·flex·ib·il·ity] *s.* (*form.*) riflessibilità, l'esser riflessibile.

reflexion → **reflection**.

reflexive [rɪ'fleksɪv / re·flex·ive] *agg.* 1 (*mat.*) riflessivo: — *law*, riflessività, proprietà riflessiva; — *relation*, relazione riflessiva 2 (*gramm.*) riflessivo ◆ *s.* (*gramm.*) pronome riflessivo; verbo riflessivo // **-ly** *avv.*

reflexivity [ri:,flek'sɪvətɪ / re·flex·iv·ity] *s.* (*mat.*) riflessività.

reflexotherapy [rɪ,fleksəʊ'θerəpɪ / re·flexo·ther·apy] *s.* (*med.*) riflessoterapia.

to **refloat** [,ri:'fləʊt / re·float] *v.tr.* rimettere a galla (*anche fig.*): *after much hard work, we managed to — the company*, dopo aver lavorato molto duramente riuscimmo a riportare a galla la società.

to **reflourish** [ri:'flʌrɪʃ / re·flour·ish] *v.intr.* (*bot.*) rifiorire.

refluent ['reflʊənt / re·flu·ent] *agg.* (*non com.*) rifluente: (*mar.*) — *tide*, riflusso.

reflux ['ri:flʌks / re·flux] *s.* riflusso (*anche med.*): *the flux and — of the tide*, il flusso e il riflusso della marea.

to **reforest** [,ri:'fɒrɪst / re·for·est] *v.tr.* (*spec. amer.*) rimboschire, ricoprire di bosco.

reforestation [,ri:fɒrɪ'steɪʃn / re·for·esta·tion] *s.* (*spec. amer.*) rimboschimento.

reform [rɪ'fɔ:m / re·form] *s.* 1 riforma 2 (*amer.*) — *school* → approved school.

to **reform** *v.tr.* 1 riformare, sottoporre a riforma 2 riformare; correggere, emendare: *to — oneself*, correggersi 3 (*chim.*) riformare, sottoporre a trattamento termico (prodotti petroliferi pesanti) ◆ *v.intr.* correggersi; emendarsi.

to **re-form** [,ri:'fɔ:m] *v.tr.* e *intr.* riformare, riformarsi; radunare, radunarsi: *he reformed the troops and held the front*, radunò le truppe e tenne il fronte.

reformable [rɪ'fɔ:məbl / re·form·able] *agg.* riformabile; correggibile.

to **reformat** [ri:'fɔ:mæt / re·for·mat] *v.tr.* (*inform.*) riformattare.

reformation[1] [,refə'meɪʃn / re·forma·tion] *s.* 1 riforma // (*st. relig.*) *the Reformation*, la Riforma 2 emendamento, correzione.

reformation[2] [,ri:fɔ:'meɪʃn] *s.* nuova formazione, riformazione.

reformational [,refə'meɪʃənl / re·forma·tional] *agg.* (*non com.*) relativo a riforma; correttivo.

reformative [rɪ'fɔ:mətɪv / re·form·at·ive] *agg.* (*non com.*) riformativo; riformatore.

reformatory [rɪ'fɔ:mətərɪ *amer.* rɪ'fɔ:mətɔ:rɪ / re·form·at·ory] *agg.* (*non com.*) riformativo; riformatore ◆ *s.* (*spec. amer.*) riformatorio, casa di correzione BRIT. approved school.

reformed [rɪ'fɔ:md / re·formed] *agg.* 1 riformato; corretto; emendato // *Reformed Churches*, Chiese riformate 2 (*chim.*) riformato, di reforming: — *gas*, gas riformato, di reforming; — *gasoline*, benzina di reforming.

reformer [rɪ'fɔ:mə* / re·former] *s.* riformatore.

reformist [rɪ'fɔ:mɪst / re·form·ist] *s.* (*pol.*) riformista.

to **reformulate** [,ri:'fɔ:mjʊleɪt / re·formu·late] *v.tr.* riformulare.

reformulation ['ri:,fɔ:mjʊ'leɪʃn / re·form·ula·tion] *s.* riformulazione.

to **refract** [rɪ'frækt / re·fract] *v.tr.* 1 (*fis.*) rifrangere 2 misurare il grado di rifrazione di (un occhio, una lente ecc.).

refracting [rɪ'fræktɪŋ / re·fract·ing] *agg.* (*fis.*) rifrangente, che rifrange: — *angle*, angolo di rifrazione // — *telescope*, telescopio a rifrazione.

refraction [rɪ'frækʃn / re·frac·tion] *s.* (*fis.*) rifrazione: *angle of* —, angolo di rifrazione.

refractional [rɪ'frækʃənl / re·frac·tional] *agg.* (*fis.*) relativo a rifrazione.

refractive [rɪ'fræktɪv / re·fract·ive] *agg.* (*fis.*) rifrattivo, rifrangente: — *index*, indice di rifrazione.

refractivity [,rɪfræk'tɪvətɪ / re·fract·iv·ity] *s.* (*fis.*) potere di rifrazione.

refractometer [,ri:fræk'tɒmɪtə* / re·frac·to·meter] *s.* (*fis.*) rifrattometro.

refractor [rɪ'fræktə* / re·fractor] *s.* 1 (*fis.*) rifrattore 2 (*astr.*) telescopio a rifrazione.

refractorily [rɪ'fræktərɪlɪ / re·fract·or·ily] *avv.* 1 (*rar.*) ostinatamente, caparbiamente 2 (*chim., min., med.*) refrattariamente.

refractoriness [rɪ'fræktərɪnɪs / re·fract·ori·ness] *s.* 1 (*rar.*) ostinazione; caparbietà 2 (*chim., min., med.*) refrattarietà.

refractory [rɪ'fræktərɪ / re·fract·ory] *agg.* 1 (*form.*) ostinato, caparbio; indocile, difficile 2 (*chim., min., tecn.*) refrattario ◆ *s.* sostanza refrattaria.

refrain[1] [rɪ'freɪn / re·frain] *s.* ritornello.

to **refrain**[2] *v.intr.* trattenersi, fermarsi; astenersi: *to — from doing sthg.*, trattenersi dal fare qlco.; *some dry brown sugar from an old store which he had refrained from using for himself*, (G. ELIOT) dello zucchero di canna di una vecchia dispensa che si era trattenuto dall'usare per sé ◆ *v.tr.* (*non com.*) frenare, trattenere: *to — oneself*, frenarsi, trattenersi.

refrangibility [rɪ,frændʒɪ'bɪlətɪ / re·fran·gib·il·ity] *s.* (*fis.*) rifrangibilità.

refrangible [rɪ'frændʒɪbl / re·fran·gible] *agg.* (*fis.*) rifrangibile.

to **refresh** [rɪ'freʃ / re·fresh] *v.tr.* 1 rinfrescare; ristorare; rinvigorire; rianimare: *a cold beer will — you*, una birra fresca ti rinfrescherà; *to — oneself*, ristorarsi; *to — the eye, the mind*, riposare lo sguardo, la mente 2 (*fig.*) rinfrescare, ravvivare: *to — one's memory*, rinfrescarsi la memoria 3 ricaricare (una batteria elettrica ecc.) 4 rifornire, riempire ◆ *v.intr.* 1 rinvigorirsi; rianimarsi; ristorarsi 2 rinfrescare (di aria ecc.).

refresh [rɪ'freʃ] *s.* (*inform.*) operazione di ripristino, aggiornamento.

refresher [rɪ'freʃə* / re·fresher] *s.* 1 (*non com.*) chi, cosa che rinfresca, ravviva 2 onorario supplementare (di avvocato, per prolungamento di causa) 3 (*fam. antiq.*) rinfresco, bibita: *let's have a* —, andiamo a bere qlco. di fresco.

refresher course [rɪ'freʃəkɔ:s] *s.* corso di aggiornamento.

refreshing [rɪ'freʃɪŋ / re·fresh·ing] *agg.* rinfrescante; ristoratore: *a — breeze*, una brezza rinfrescante; *a — sleep*, un sonno ristoratore; *it is — to hear s.o. criticize the boss for once*, è confortante sentire qlcu. che critica il capo, tanto per cambiare; *it's — to see a film with people who know how to act*, fa piacere vedere un film con attori che sanno recitare; *it was quite — to hear him*, faceva bene ascoltarlo // **-ly** *avv.*

refreshment [rɪ'freʃmənt / re·fresh·ment] *s.* 1 ristoro; riposo; ricreazione; sollievo: *to have some* —, rifocillarsi; — *car*, vagone ristorante; — *room*, buffet (di stazione ferroviaria ecc.) 2 (*gener. pl.*) rinfresco.

refrigerant [rɪ'frɪdʒərənt / re·fri·ger·ant] *agg.* refrigerante ◆ *s.* 1 (*chim., fis.*) refrigerante 2 (*med.*) antipiretico.

to **refrigerate** [rɪ'frɪdʒəreɪt / re·fri·ger·ate] *v.tr.* refrigerare; raffreddare: *to — food*, refrigerare cibo ◆ *v.intr.* (*rar.*) raffreddarsi, diventar freddo.

refrigeration [rɪ,frɪdʒə'reɪʃn / re·fri·gera·tion] *s.* refrigerazione.

refrigerative [rɪ'frɪdʒərətɪv / re·fri·ger·at·ive] *agg.* refrigerativo.

refrigerator [rɪ'frɪdʒəreɪtə* / re·fri·ger·ator] *s.* 1 refrigerante 2 frigorifero; cella frigorifera // — *van* (o — *car*), carro, vagone frigorifero.

refrigeratory [rɪ'frɪdʒərətərɪ / re·fri·ger·at·ory] *agg.* e *s.* (*non com.*) refrigerante.

reft *pass.p.p.* di to **reave** ◆ *agg.* (*ant.*) privato.

to **refuel** [,ri:'fjʊəl / re·fuel] *pass.p.p.* **refuelled** [,ri:'fjʊəld / re·fu·elled] *v.tr.* e *intr.* (*aer., mar.*) rifornire, rifornirsi di carburante.

refuge ['refju:dʒ / ref·uge] *s.* 1 rifugio (*anche fig.*); asilo, riparo: *to seek* —, cercare rifugio; *to take — in*, rifugiarsi in; *to take — in* *silence*, (*fig.*) rifugiarsi nel silenzio // *house of* —, (*antiq.*) asilo per i senza tetto, ospizio **2** persona che dà rifugio; persona che dà conforto **3** salvagente (stradale); spartitraffico.

to **refuge** *v.intr.* (*rar.*) rifugiarsi.

refugee [ˌrefju:ˈdʒi: / re·fu·gee] *s.* rifugiato, profugo: *political* —, rifugiato politico; — *government*, governo in esilio // (*econ.*) — *capital*, capitali vaganti.

refulgence [rɪˈfʌldʒəns / re·ful·gence] **refulgency** [rɪˈfʌldʒənsɪ / re·ful·gency] *s.* (*form.*) fulgidezza, fulgore, splendore.

refulgent [rɪˈfʌldʒənt / re·ful·gent] *agg.* (*form.*) rifulgente, fulgido, risplendente // **-ly** *avv.*

refund[1] [ˈri:fʌnd / re·fund] *s.* rimborso.

to **refund**[1] [ri:ˈfʌnd] *v.tr.* rifondere; rimborsare; restituire (denaro) ◆ *v.intr.* effettuare un rimborso.

to **refund**[2] *v.tr.* (*econ.*) rifinanziare; ricostituire (un fondo); riconvertire (un prestito); investire nuovamente.

to **refurbish** [ˌri:ˈfɜ:bɪʃ / re·fur·bish] *v.tr.* rinnovare, sistemare, mettere a posto: *this old house has just been refurbished*, questa vecchia casa è appena stata messa a posto // *I'll need to — my German before going to Germany*, avrò bisogno di rispolverare il mio tedesco prima di andare in Germania.

refurbishment [ˌri:ˈfɜ:bɪʃmənt / re·fur·bish·ment] *s.* rinnovo; rinnovamento.

to **refurnish** [ˌri:ˈfɜ:nɪʃ / re·furn·ish] *v.tr.* **1** riammobiliare; arredare di nuovo **2** rifornire.

refusable [ˌri:ˈfju:zəbl / re·fus·able] *agg.* **1** rifiutabile **2** (*dir.*) ricusabile.

refusal [rɪˈfju:zl / re·fusal] *s.* **1** rifiuto, diniego (*anche dir.*): — *of payment*, rifiuto di pagamento; — *of goods*, rifiuto di merci; *he will take no* —, non ammette rifiuti; *to give a flat* —, dare un netto rifiuto; *to meet a* —, ottenere un rifiuto // — *of further performance*, rifiuto di continuare l'adempimento di un'obbligazione **2** diritto di opzione: *to have first — on sthg.*, avere il diritto di opzione su qlco.

refuse [ˈrefju:s / re·fuse] *agg.* di rifiuto, di scarto ◆ *s.* [U] rifiuti (*pl.*), spazzatura.

to **refuse** [rɪˈfju:z] *v.tr.* **1** rifiutare, non accettare, rifiutarsi di: *he refused to go*, rifiutò di andare; *the horse refused the fence*, il cavallo rifiutò l'ostacolo; *to — an invitation, a present*, rifiutare un invito, un regalo; *to — obedience*, rifiutarsi di obbedire; *he was refused permission to leave*, non gli fu permesso di partire // *to — s.o.*, rifiutare (di sposare) qlcu. // (*comm.*) *refused goods*, merci protestate **2** (*mil.*) ritirare (truppe) dalla prima linea ◆ *v.intr.* **1** rifiutare, rifiutarsi: *we asked Joe to come with us, but he flatly refused*, domandammo a Joe di venire con noi ma egli rifiutò categoricamente **2** (*carte*) passare.

refutability [ˌrefjʊtəˈbɪlətɪ *amer.* rɪˌfju:təˈbɪlətɪ / re·fut·ab·il·ity] *s.* (*rar.*) confutabilità; oppugnabilità.

refutable [ˈrefjʊtəbl *amer.* rɪˈfju:təbl / re·fut·able] *agg.* (*form.*) confutabile, oppugnabile.

refutal [rɪˈfju:təl / re·futal] **refutation** [ˌrefju:ˈteɪʃn / re·futa·tion] *s.* confutazione (*anche dir.*).

to **refute** [rɪˈfju:t / re·fute] *v.tr.* confutare (*anche dir.*): *to — a charge*, confutare, negare un'accusa.

refuter [rɪˈfju:tə* / re·futer] *s.* confutatore, chi confuta.

reg [reg] *s.* (*geogr.*) reg, deserto ciottoloso.

to **regain** [rɪˈgeɪn / re·gain] *v.tr.* **1** riguadagnare, riconquistare, recuperare: *he regained the lead in the third lap*, riguadagnò il comando al terzo giro; *to — consciousness*, riprendere conoscenza; *to — one's footing*, riprendere l'equilibrio; (*fig.*) riguadagnare la propria posizione **2** (*dir.*) riacquistare il possesso di **3** (*form.*) raggiungere di nuovo (un luogo); tornare a.

regal [ˈri:gl] *agg.* **1** regale; splendido; magnifico **2** reale, regio ◆ *s.* **1** (*rar.*) gioiello della corona **2** privilegio reale **3** calice eucaristico usato durante l'incoronazione dei sovrani inglesi // **-ly** *avv.*

to **regale** [rɪˈgeɪl / re·gale] *v.tr.* **1** intrattenere piacevolmente (*anche iron.*): *he regaled us with his wit*, ci intrattenne con la sua brillante conversazione **2** (*form.*) rallegrare; deliziare: *flowers to — our eyes*, fiori per i nostri occhi // *he regaled himself with caviar*, si concesse del caviale.

regalement [rɪˈgeɪlmənt / re·gale·ment] *s.* (*non com.*) **1** festino **2** l'intrattenere piacevolmente; il rallegrare **3** leccornia.

regalia [rɪˈgeɪljə / re·galia] *s.pl.* **1** insegne reali **2** insegne di ordine, classe **3** (*rar.*) prerogative regie.

regalism [ˈri:gəlɪzəm / re·gal·ism] *s.* (*st.*) supremazia del sovrano (specialmente in materia ecclesiastica).

regality [rɪˈgælətɪ / re·gal·ity] *s.* **1** regalità, sovranità **2** regno, reame.

regard [rɪˈgɑ:d / re·gard] *s.* (*form.*) **1** considerazione, rispetto, riguardo: *he has no — for the feelings of others*, egli non ha alcun riguardo per i sentimenti altrui **2** stima, considerazione, ammirazione: *to hold a person in high, low* —, avere grande, poca stima di una persona **3** *pl.* saluti, ossequi: *my best regards to your parents*, i miei migliori saluti ai tuoi genitori; *give him my regards*, salutamelo; *with kind regards*, con cordiali saluti **4** relazione, rispetto, punto di vista: *in* (o *with*) — *to*, riguardo a, in merito a; *in this* —, a questo proposito **5** (*antiq.*) sguardo, occhiata.

to **regard** *v.tr.* **1** considerare, stimare: *I — him as a dangerous competitor*, lo considero un concorrente pericoloso; *I — the offer as absurd*, considero l'offerta assurda; *we — the matter with horror*, consideriamo con orrore la faccenda **2** (*form.*) riguardare, concernere: *as regards* (o *regarding*) *money, your offer...*, per quanto riguarda il denaro, la vostra offerta...; *the matter does not — you*, la faccenda non vi riguarda **3** (*form.*) guardare con sguardo intento; osservare: *she regarded him with curiosity*, lo osservò con curiosità.

regardant [rɪˈgɑ:dənt / re·gard·ant] *agg.* **1** (*ant.*) che osserva con occhio intento, fissamente **2** (*arald.*) che guarda indietro.

regardful [rɪˈgɑ:dfʊl / re·gard·ful] *agg.* (*form.*) riguardoso; rispettoso; attento: — *of expenses*, attento alle spese // **-ly** *avv.* // **-ness** *s.*

regarding [rɪˈgɑ:dɪŋ / re·gard·ing] *prep.* (*form.*) per quanto riguarda.

regardless [rɪˈgɑ:dlɪs / re·gard·less] *agg.* incurante, noncurante, senza riguardo, indifferente: *he was — of expenses*, non badava a spese ◆ *avv.* senza riguardo: *he did it — of what I said*, lo fece senza tener conto di quanto dicevo.

regardlessness [rɪˈgɑ:dlɪsnɪs / re·gard·less·ness] *s.* (*non com.*) noncuranza, negligenza, trascuratezza; mancanza di riguardo; indifferenza (*of*, a).

regatta [rɪˈgætə / re·gatta] *s.* regata: *Henley* —, la regata di Henley; *yachting* —, regata di panfili.

regency [ˈri:dʒənsɪ / re·gency] *s.* reggenza // *the Regency*, (*st. inglese*) la Reggenza (di Giorgio, principe di Galles, 1810-1820); *Regency style*, stile Reggenza.

to **regenerate** [rɪˈdʒenəreɪt / re·gen·er·ate] *v.tr.* (*form.*) **1** rigenerare (*anche fig.*): *the nervous system does not — its cells when they die*, il sistema nervoso non rigenera le sue cellule quando muoiono **2** (*teol.*) redimere **3** (*tecn.*) recuperare; rigenerare **4** (*rad.*) amplificare, rigenerare ◆ *v.intr.* rigenerarsi, rinascere, riformarsi; ricrescere: *a lizard's tail regenerates after it has been detached*, la coda di una lucertola ricresce dopo che è stata staccata.

regeneration [rɪˌdʒenəˈreɪʃn / re·gen·era·tion] *s.* **1** (*form.*) rigenerazione; rinascita **2** (*med.*) rigenerazione (di tessuti, organi) **3** (*tecn.*) rigenerazione; ricupero **4** (*rad.*) amplificazione, rigenerazione.

regenerative [rɪˈdʒenərətɪv / re·gen·er·at·ive] *agg.* **1** (*form.*) rigenerativo, rigeneratore; tendente alla rigenerazione **2** (*tecn.*) a ricupero: — *air heater*, riscaldatore d'aria a ricupero; (*mecc.*) — *brake*, freno a ricupero.

regenerator [rɪˈdʒenəreɪtə* / re·gen·er·ator] *s.* (*form.*) **1** rigeneratore **2** (*tecn.*) preriscaldatore a ricupero.

regent [ˈri:dʒənt / re·gent] *agg.* (*non com.*) reggente ◆ *s.* **1** reggente // *Prince Regent*, principe reggente **2** (*amer.*) membro di consiglio amministrativo (di università di stato).

regentship [ˈri:dʒəntˌʃɪp / re·gent·ship] *s.* (*non com.*) reggenza.

reggae [ˈregeɪ / reg·gae] *s.* (*mus.*) reggae.

regicidal [ˌredʒɪˈsaɪdl / re·gi·cidal] *agg.* regicida.

regicide[1] [ˈredʒɪsaɪd / re·gi·cide] *s.* regicida.

regicide[2] *s.* regicidio.

regime [reɪˈʒi:m / re·gime] **régime** *s.* **1** regime, forma di governo; sistema sociale, amministrativo **2** (*non com.*) regime; dieta **3** (*geogr.*) regime (di corso d'acqua o ghiacciaio) **4** regime climatico.

regimen [ˈredʒɪmən / re·gi·men] *s.* **1** regime; dieta; programma di esercizi **2** (*rar.*) regime, sistema di governo **3** (*gramm.*) reggenza.

regiment [ˈredʒɪmənt / re·gi·ment] *s.* **1** (*mil.*) reggimento **2** gran numero, moltitudine **3** (*ant.*) governo; impero: *only the adulterous Antony... / ...gives his potent regiment to a trull*, (SH. Antony and Cleopatra) solo l'adultero Antonio... dà il suo potente impero a una baldracca.

to **regiment** *v.tr.* **1** (*mil.*) irreggimentare; (*amer.*) assegnare a un reggimento **2** disciplinare; irreggimentare.

regimental [ˌredʒɪ'mentl / re·gi·mental] *agg.* di reggimento.

regimentals [ˌredʒɪ'mentlz / re·gi·mentals] *s.pl.* divisa di un particolare reggimento; uniforme: *in full* —, in alta uniforme.

Regina [rɪ'dʒaɪnə / Re·gina] *s.* regina regnante: (*dir.*) — *v. Jones*, la Regina contro Jones (formula usata in atti legali).

region ['ri:dʒən / re·gion] *s.* **1** regione, zona; (*pianificazione urbanistica*) territorio: *the — between the Elbe and the Rhine*, la regione tra l'Elba e il Reno; *a desert, fertile —*, una regione deserta, fertile; *the Arctic Regions*, le regioni artiche // *in the — of*, all'incirca: *a holiday in Brazil costs in the region of 2000 pounds*, una vacanza in Brasile costa all'incirca 2000 sterline **2** (*non com.*) sfera, regno, campo: *the — of metaphysics*, la sfera della metafisica **3** (*anat.*) regione: *the lumbar —*, la regione lombare.

regional ['ri:dʒənl / re·gional] *agg.* regionale; territoriale // (*econ.*) — *accounts, planning*, contabilità, programmazione regionale.

register[1] ['redʒɪstə* / re·gis·ter] *s.* **1** registro: *the registers of births, marriages and deaths*, i registri di stato civile; *property* (o *land*) —, catasto // — *of members*, libro dei soci; — *of directors*, libro degli amministratori; — *of charges*, registro delle ipoteche; *counterport* —, registro a matrice; *discount* —, giornale di portafoglio; copiacambiali // *Register House*, (*scoz.*) gli Archivi // *Commercial* (o *Trade*) *Register*, Registro del Commercio; *Companies Register*, Registro delle Società // *Federal Register*, (*amer.*) Gazzetta Ufficiale // *Lloyd's Register*, Registro del Lloyd **2** (*mecc.*) registro, valvola di regolazione: *gas* —, regolatore, valvola del gas **3** (*ling., mus., tip.*) registro: (*tip.*) *in —, out of —*, a registro, fuori registro; — *marks*, crocette di registro **4** (*pol.*) lista (elettorale) **5** (*inform.*) registro.

to **register**[1] *v.tr.* **1** registrare, protocollare; iscrivere; immatricolare: *to — a birth*, registrare una nascita; *to — a car*, immatricolare un'automobile; (*dir.*) *to — a deed*, registrare un atto; *to — a fact*, registrare un fatto; *to — a name*, iscrivere un nome; *to — a trademark*, depositare un marchio di fabbrica **2** esprimere: *his face registered fear*, la paura era dipinta sul suo viso **3** raccomandare (lettere); assicurare (bagaglio) **4** (*form.*) indicare: *the thermometer registered 38 °C*, il termometro segnava 38 °C **5** (*mecc.*) registrare, regolare **6** (*tip.*) mettere a registro ◆ *v.intr.* **1** iscriversi: *to — with the unemployment office*, iscriversi nella lista dei disoccupati, all'ufficio di collocamento **2** (*fig. form.*) rimanere impresso: *her tone was ironical, but it didn't really — with them*, il suo tono era ironico ma non è stato colto come tale **3** (*pol.*) iscriversi nella lista elettorale.

register[2] (*amer.*) → **registrar**.

registered ['redʒɪstəd / re·gis·tered] *agg.* **1** registrato, iscritto, immatricolato; *Registered Nurse* (abbr. *RN*), infermiera diplomata; — *trademark*, marchio di fabbrica depositato // (*dir.*): — *holder*, intestatario di titoli; — *office*, sede legale di una società // (*fin.*): — *stock* (o *bonds*), obbligazioni nominative; — *security*, azione nominativa // — *unemployed*, disoccupati iscritti nelle liste del collocamento **2** raccomandato, assicurato: — *letter*, (lettera) raccomandata.

register office ['redʒɪstəˌrɒfɪs *amer.* 'redʒɪstəˌrɔ:fɪs] → **registry office**.

registrable ['redʒɪstrəbl / re·gis·trable] *agg.* registrabile.

registrant ['redʒɪstrənt / re·gis·trant] *s.* (*form.*) chi registra.

registrar [ˌredʒɪs'trɑ:* / re·gis·trar] *s.* **1** segretario; cancelliere; archivista **2** ufficiale di stato civile **3** (*amer.*) supervisore del registro delle obbligazioni **4** (*med. spec. brit.*) assistente medico, medico specializzando.

registrarship ['redʒɪstrɑ:ˌʃɪp / re·gis·trar·ship] *s.* (*non com.*) ufficio, mansioni di segretario, cancelliere, archivista, ufficiale di stato civile.

registration [ˌredʒɪ'streɪʃn / re·gis·tra·tion] *s.* **1** registrazione; iscrizione: — *day*, giorno di iscrizione (a scuola); — *duty*, tassa di iscrizione **2** raccomandazione (di lettera); assicurazione (di bagaglio) **3** (*dir.*) tassa di registro **4** (*inform.*) allineamento, inquadramento (di perforazioni, carta): — *gauge*, indicatore, misuratore di inquadramento **5** → registration number.

registration document [ˌredʒɪ'streɪʃn ˌdɒkjʊmənt] *s.* (*form.*) → **logbook** 2.

registration number [ˌredʒɪ'streɪʃn ˌnʌmbə*] *s.* numero di targa, di matricola.

registry ['redʒɪstrɪ / re·gis·try] *s.* **1** registrazione: (*mar.*) *certificate of —*, certificato d'immatricolazione (delle navi) **2** archivio, ufficio di registrazione: *land —*, ufficio del catasto, catasto **3** → registry office.

registry office ['redʒɪstrɪˌɒfɪs *amer.* 'redʒɪstrɪˌɔ:fɪs] *s.* ufficio del registro; ufficio di stato civile; anagrafe: *they got married at a —*, si sposarono civilmente SIN. register office.

Regius ['ri:dʒjəs / Re·gius] *agg.* (*lat.*) Regio (titolo assegnato ai professori delle università britanniche fondate dai sovrani).

regnal ['regnl / reg·nal] *agg.* (*non com.*) di regno: — *day*, anniversario dell'assunzione al trono di un re; — *year*, anno che ha inizio con l'assunzione al trono di un re.

regnant ['regnənt / reg·nant] *agg.* (*form.*) **1** regnante: *queen —*, regina regnante (per successione diretta al trono) **2** (*fig.*) predominante, prevalente.

to **regorge** [ˌri:'gɔ:dʒ / re·gorge] *v.tr.* (*non com.*) **1** vomitare; rigurgitare (*anche fig.*) **2** inghiottire di nuovo ◆ *v.intr.* (*non com.*) **1** rigurgitare (*anche fig.*) **2** rifluire (di fiume).

to **regrate** [rɪ'greɪt / re·grate] *v.tr.* **1** incettare, accaparrare **2** vendere al minuto.

regrating [rɪ'greɪtɪŋ / re·grat·ing] *s.* accaparramento.

regress ['ri:gres / re·gress] *s.* **1** (*form.*) retrocessione; regresso **2** (*astr.*) retrogradazione.

to **regress** [rɪ'gres] *v.intr.* **1** (*form.*) retrocedere; regredire **2** (*astr.*) retrogradare.

regression [rɪ'greʃn / re·gres·sion] *s.* **1** (*form.*) regresso, regressione **2** (*geol.*) regressione marina **3** (*med., psic.*) regressione.

regressive [rɪ'gresɪv / re·gress·ive] *agg.* regressivo // (*trib.*): — *tax*, imposta regressiva; — *taxation*, sistema fiscale regressivo // **-ly** *avv.* // **-ness** *s.*

regret [rɪ'gret / re·gret] *s.* **1** rimpianto, rammarico; rincrescimento; dispiacere: — *for the loss of a relative*, il dispiacere per la perdita di un parente; *much to my —*, con mio grande dispiacere; *he expressed his — at not being able to come*, espresse il suo rammarico di non poter venire; *to have no regrets*, non avere rimpianti **2** *pl.* scuse: *please accept my regrets*, vi prego di accettare le mie scuse.

to **regret** *pass.p.p.* **regretted** [rɪ'gretɪd / re·gret·ted] *v.tr.* **1** rammaricarsi di; dolersi di; pentirsi di: *he regretted he had spoken so rudely*, si pentì di aver parlato in modo così villano; *I — deceiving him*, mi dispiace di averlo ingannato; *we — to inform you that we are unable to trace your application*, (*form.*) ci duole informarLa che non riusciamo a rintracciare la sua istanza **2** (*form.*) rimpiangere.

regretful [rɪ'gretfʊl / re·gret·ful] *agg.* pieno di rimpianto, di rincrescimento // **-ness** *s.*

regretfully [rɪ'gretfʊlɪ / re·gret·fully] *avv.* purtroppo; con rimpianto, con rincrescimento: —, *we can do nothing to help him*, purtroppo non possiamo fare niente per aiutarlo.

regrettable [rɪ'gretəbl / re·gret·table] *agg.* spiacevole, deplorevole, increscioso.

regrettably [rɪ'gretəblɪ / re·gret·tably] *avv.* **1** spiacevolmente, deplorevolmente, incresciosamente **2** purtroppo; sfortunatamente.

to **regroup** [ˌri:'gru:p / re·group] *v.tr.* **1** raggruppare di nuovo **2** (*mil.*) riorganizzare (una formazione) ◆ *v.intr.* **1** formare un nuovo gruppo **2** (*mil.*) radunarsi.

to **regrow** [ˌri:'grəʊ / re·grow] *pass.* **regrew** [ˌri:'gru: / re·grew] *p.p.* **regrown** [ˌri:'grəʊn / re·grown] *v.tr.* far crescere; rigenerare ◆ *v.intr.* ricrescere; rigenerarsi.

regulable ['regjʊləbl / regu·lable] *agg.* (*form.*) regolabile.

regular ['regjʊlə* / regu·lar] *agg.* **1** regolare; normale; regolato; ripetuto; costante: — *habits*, abitudini fisse; — *intervals*, intervalli regolari; *the — tick of the clock*, il ticchettio regolare dell'orologio; — *readers*, lettori abituali; *he has no — work*, non ha un lavoro fisso; *to live a — life*, condurre una esistenza regolata; *we meet on a — basis*, ci incontriamo regolarmente; *he keeps — hours*, è abitudinario // *as — as a clockwork*, (*fam.*) preciso come un orologio **2** regolare; armonioso; simmetrico: — *features*, lineamenti regolari // (*mat.*) — *polygon*, poligono regolare **3** (*gramm.*) regolare **4** regolare, formale **5** regolare, qualificato: — *army*, esercito regolare, permanente; — *clergy*, clero regolare **6** (*fam. antiq.*) vero e proprio, completo; perfetto: *he is a — rascal*, è un briccone matricolato **7** (*fam.*) corretto, giusto, esatto **8** (*fam. med.*) che evacua l'intestino regolarmente; che ha un mestruo regolare **9** (*spec. amer.*) medio, normale; (*comm.*) — *size*, formato normale **10** (*spec. amer.*) bravo, onesto; piacevole: *a — guy*, (*fam.*) un uomo a modo ◆ *s.* **1** soldato regolare **2** membro del clero regolare **3** (*fam.*) cliente abituale; visitatore abituale **4** (*fam.*) impiegato fisso; dipendente.

regularity [ˌregjʊ'lærətɪ / re·gul·ar·ity] *s.* regolarità.

regularization [ˌregjʊləraɪ'zeɪʃn *amer.* ˌregjʊlərɪ'zeɪʃn / regu·lar·iza·tion] *s.* regolarizzazione.

to **regularize** ['regjʊləraɪz / regu·lar·ize] *v.tr.* regolarizzare; rendere regolare.

regularly ['regjʊləlɪ / regu·lar·ly] *avv.* regolarmente: *we go — to the cinema*, andiamo regolarmente al cinema; *she has — shaped features*, ha lineamenti regolari.

to **regulate** ['regjʊleɪt / regu·late] *v.tr.* **1** regolare, disciplinare, regolamentare: *to — one's conduct*, regolare la propria condotta; *to — the traffic*, regolare il traffico **2** regolare, mettere a punto: *to — a watch*, regolare un orologio.

regulated ['regjʊleɪtɪd / regu·lated] *agg.* (*comm.*) regolamentato: *— commodities*, merci regolamentate; *— prices*, prezzi controllati.

regulation [,regjʊ'leɪʃn / re·gu·la·tion] *s.* **1** regolazione; controllo **2** disposizione, regolamento, norma: *to exceed the — speed*, superare la velocità regolamentare; *the regulations in force*, le disposizioni vigenti // (*econ.*) *— q*, direttiva q **3** (*mecc., elettr., rad.*) regolazione.

regulative ['regjʊlətɪv / regu·lat·ive] → **regulatory**.

regulator ['regjʊleɪtə* / regu·lator] *s.* **1** (*mecc., elettr.*) regolatore; registro: *voltage —*, regolatore di tensione **2** (*non com.*) regolatore, persona che regola.

regulatory ['regjʊlətərɪ *amer.* 'regjʊlə,tɔ:rɪ / regu·lat·ory] *agg.* (*form.*) regolatore.

regulus ['regjʊləs / regu·lus] *pl.* **reguli** ['regjʊlaɪ] *s.* **1** (*zool.*) regolo **2** (*chim.*) *— of antimony*, regolo (di antimonio) **3** (*astr.*) *Regulus*, Regolo (stella della costellazione del Leone).

to **regurgitate** [rɪ'gɜ:dʒɪteɪt / re·gur·git·ate] *v.tr.* e *intr.* rigurgitare; rigettare (*anche fig.*).

regurgitation [rɪ,gɜ:dʒɪ'teɪʃn / re·gur·gita·tion] *s.* rigurgito (*anche fig.*).

rehab ['ri:hæb / re·hab] *s.* (*fam. amer.*) abbr. di → **rehabilitation**.

to **rehabilitate** [,ri:ə'bɪlɪteɪt / re·hab·il·it·ate] *v.tr.* **1** riabilitare, rieducare (un malato, un organo) **2** (*dir.*) riabilitare (un fallito, un condannato) **3** (*fig.*) riabilitare, rendere la stima a **4** ripristinare, ricostruire.

rehabilitation ['ri:ə,bɪlɪ'teɪʃn / re·hab·il·ita·tion] *s.* **1** riabilitazione, rieducazione **2** (*dir.*) riabilitazione (di un fallito, di un condannato): *— of offenders*, riabilitazione dei condannati **3** ripristino: *the — of the railway network*, il ripristino della rete ferroviaria.

rehash ['ri:hæʃ / re·hash] *s.* (*fam. spreg.*) rimaneggiamento; rifacimento: *his ideas are a — of badly-understood Freudian psychology*, le sue idee sono un rimasticamento della psicologia freudiana che già aveva capito poco.

to **rehash** [,ri:'hæʃ] *v.tr.* (*fam. spreg.*) rimaneggiare; rifare.

to **rehear** [,ri:'hɪə* / re·hear] *pass.p.p.* **reheard** [,ri:'hɜ:d / re·heard] *v.tr.* (*dir.*) riesaminare: *to — a case*, riesaminare una causa; giudicare in appello.

rehearing [,ri:'hɪərɪŋ / re·hear·ing] *s.* (*dir.*) **1** nuovo esame della causa, giudizio d'appello **2** nuova udienza.

rehearsal [rɪ'hɜ:sl / re·hearsal] *s.* **1** prova (di rappresentazione teatrale, concerto, danza ecc.) **2** (*form.*) ripetizione; narrazione; enumerazione; recitazione.

to **rehearse** [rɪ'hɜ:s / re·hearse] *v.tr.* **1** provare; fare le prove di: *to — a play, a concert*, fare le prove di una commedia, un concerto **2** far provare a, far fare le prove a **3** (*form.*) ripetere; raccontare; enumerare **4** recitare (preghiere ecc.).

rehearser [rɪ'hɜ:sə* / re·hearser] *s.* **1** chi conduce le prove (di un pezzo teatrale, un concerto ecc.) **2** (*form.*) chi recita, chi ripete.

to **rehouse** [,ri:'haʊz / re·house] *v.tr.* fornire nuove abitazioni a, dare un nuovo alloggio a.

to **rehydrate** [,ri:'haɪdreɪt / re·hy·drate] *v.tr.* reidratare (*anche chim.*).

reification [,ri:ɪfɪ'keɪʃn / re·ifica·tion] *s.* (*form.*) reificazione.

to **reify** ['ri:ɪfaɪ / re·ify] *v.tr.* (*form.*) reificare.

reign [reɪn] *s.* **1** regno (*anche fig.*): *in the — of*, sotto il regno di; *the Reign of Terror*, (*st. fr.*) il (regno del) Terrore **2** (*form.*) dominio, influenza: *the — of rationalism came to a close toward the end of the eighteenth century*, l'influenza del razionalismo cominciò a esaurirsi verso la fine del diciottesimo secolo.

to **reign** *v.intr.* **1** regnare: *to — over France*, regnare sulla Francia **2** (*fig. form.*) regnare, dominare; prevalere: *silence reigned*, regnava il silenzio.

reigning ['reɪnɪŋ / reign·ing] *agg.* **1** regnante: *when the — monarch is a woman...*, quando regna una donna... **2** (*estens.*) in carica: *the — champion meets his biggest challenge next month*, il campione in carica incontrerà il suo maggior rivale il mese prossimo **3** dominante.

reimbursable [,ri:ɪm'bɜ:səbl / re·im·burs·able] *agg.* rimborsabile.

to **reimburse** [,ri:ɪm'bɜ:s / re·im·burse] *v.tr.* rimborsare: *they will — him for his losses*, gli rimborseranno le perdite.

reimbursement [,ri:ɪm'bɜ:smənt / re·im·burse·ment] *s.* rimborso.

reimport [,ri:ɪm'pɔ:t / re·im·port] *s.* reimportazione.

to **reimport** *v.tr.* reimportare.

reimportation ['ri:,ɪmpɔ:'teɪʃn / re·im·porta·tion] *s.* reimportazione.

rein[1] [reɪn] *s.* (*gener. pl.*) redine, briglia (*anche fig.*): *to assume, to give up the reins of government*, assumere, abbandonare le redini del governo; *to draw —*, tirare le redini; (*fig.*) ridurre le spese; *to give (free) — to one's imagination*, dare libero corso alla propria immaginazione; *to give a horse free — (o the reins)*, dare briglia sciolta al cavallo; *to keep a tight — on s.o., sthg.*, controllare qlcu., qlco. da vicino.

to **rein**[1] *v.tr.* (*non com.*) **1** guidare con le redini; (*fig.*) governare, controllare, guidare **2** frenare, trattenere; fermare; rallentare ◆ *v.intr.* frenarsi, trattenersi; fermarsi.

□ **rein back** *v.tr.* e *avv.* far rinculare (un cavallo); (*fig.*) trattenere.

□ **rein in** *v.tr.* e *avv.* rimettere al passo (un cavallo); (*fig.*) controllare; diminuire.

□ **rein up** *v.tr.* e *avv.* arrestare (un cavallo) tirando le redini.

rein[2] *s.* (*zool.*) → **reindeer**.

reincarnate [,ri:ɪn'kɑ:nɪt / re·in·carn·ate] *agg.* incarnato.

to **reincarnate** [,ri:ɪn'kɑ:neɪt] *v.tr.* reincarnare.

reincarnation [,ri:ɪnkɑ:'neɪʃn / re·in·carna·tion] *s.* reincarnazione.

to **reincorporate** [,ri:ɪn'kɔ:pəreɪt / re·in·cor·por·ate] *v.tr.* (*non com.*) incorporare di nuovo, reincorporare.

reindeer ['reɪndɪə* / rein·deer] *pl.* **reindeer(s)** *s.* (*zool.*) (*Rangifer tarandus*) renna: *buck —, doe —*, maschio, femmina di renna SIN. **rein**.

reindeer moss ['reɪndɪə,mɒs] *s.* (*bot.*) (*Cladonia rangiferina*) lichene delle renne.

reinflation [,ri:ɪn'fleɪʃn / re·in·fla·tion] *s.* (*econ.*) → **reflation**.

reinforce [,ri:ɪn'fɔ:s / re·in·force] *s.* (*rar.*) rinforzo; (*mil.*) truppe, materiale di rinforzo.

to **reinforce** *v.tr.* **1** rinforzare; rafforzare; consolidare **2** (*fig.*) avvalorare (un argomento); rafforzare.

reinforcement [,ri:ɪn'fɔ:smənt / re·in·force·ment] *s.* **1** rinforzo; rafforzamento: *— bars*, ferri dell'armatura; (*mecc.*) *— ring*, cerchiatura di rinforzo; *— of prejudices*, rafforzamento dei pregiudizi **2** (*spec. pl.*) (*mil.*) rinforzi.

to **reinsert** [,ri:ɪn'sɜ:t / re·in·sert] *v.tr.* reinserire.

reinsertion [,ri:ɪn'sɜ:ʃn / re·in·ser·tion] *s.* reinserimento.

to **reinstate** [,ri:ɪn'steɪt / re·in·state] *v.tr.* (*form.*) ristabilire; ripristinare; reintegrare.

reinstatement [,ri:ɪn'steɪtmənt / re·in·state·ment] *s.* (*form.*) ristabilimento; ripristino; reintegrazione.

reinsurance [,ri:ɪn'ʃʊərəns / re·in·sur·ance] *s.* riassicurazione: *— company*, società riassicuratrice.

to **reinsure** [,ri:ɪn'ʃʊə* / re·in·sure] *v.tr.* riassicurare, assicurare di nuovo.

to **reintegrate** [,ri:'ɪntɪgreɪt / re·in·teg·rate] *v.tr.* (*form.*) reintegrare.

reintegration ['ri:,ɪntɪ'greɪʃn / re·in·teg·ra·tion] *s.* (*form.*) reintegrazione.

reintegrative [,ri:'ɪntɪgreɪtɪv / re·in·teg·rat·ive] *agg.* (*form.*) reintegrativo.

to **reinter** [,ri:ɪn'tɜ:* / re·in·ter] *v.tr.* (*non com.*) riseppellire, seppellire di nuovo.

to **reinvent** [,ri:ɪn'vent / re·in·vent] *v.tr.* reinventare // *to — the wheel*, (*fam. amer.*) scoprire l'acqua calda.

to **reinvest** [,ri:ɪn'vest / re·in·vest] *v.tr.* (*econ.*) **1** reinvestire, investire di nuovo **2** impiegare, convertire di nuovo (denaro ecc.).

reinvestiture [,ri:ɪn'vestɪtʃə* / re·in·vest·it·ure] *s.* nuova investitura.

reinvestment [,ri:ɪn'vesmənt / re·in·vest·ment] *s.* (*econ.*) reinvestimento: *— risk*, rischio di reinvestimento.

to **reinvigorate** [,ri:ɪn'vɪgəreɪt / re·in·vig·or·ate] *v.tr.* (*form.*) rinvigorire.

reinvigoration ['ri:ɪn,vɪgə'reɪʃn / re·in·vig·ora·tion] *s.* (*form.*) rinvigorimento.

reissue [,ri:'ɪʃu: / re·is·sue] *s.* ristampa (di libro, disco ecc.).

to **reissue** *v.tr.* **1** ristampare **2** (*fin.*) riemettere.

to **reiterate** [,ri:'ɪtəreɪt / re·it·er·ate] *v.tr.* (*form.*) ripetere, reiterare.

reiteration [ri:,ɪtə'reɪʃn / re·it·era·tion] *s.* (*form.*) ripetizione insistente; reiterazione.

reiterative [ri:'ɪtərətɪv / re·it·er·at·ive] *agg.* (*form.*) ripetuto insistentemente; reiterato.

to **reive** → to **reave**.

reiver ['ri:və*] *s.* (*ant.*) rapinatore; saccheggiatore.

rejaser [ˌri:ˈdʒeɪzə* / re·jaser] *s.* (*fam. amer.*) persona che ricicla oggetti usati.

reject [ˈri:dʒəkt / re·ject] *s.* **1** persona, cosa rifiutata, scartata; scarto: *social rejects*, emarginati **2** (*econ.*) scarto di produzione: *export* —, articolo difettoso (non adatto all'esportazione) **3** (*inform.*) scarto: — *pocket*, casella di scarto; — *tape*, nastro di errori.

to **reject** [rɪˈdʒekt] *v.tr.* **1** rigettare; rifiutare; respingere; emarginare: *to — a suitor*, respingere un corteggiatore; *he rejected the offer of a job*, rifiutò l'offerta di lavoro; *many of the young rejected the traditions of their tribe*, molti dei giovani rinnegavano le tradizioni della tribù; *the dog rejected the bone*, il cane rifiutò l'osso; *Congress rejected the bill*, il Congresso respinse, bocciò la proposta di legge **2** scartare: *the blue model was rejected by the designer*, il modello blu fu scartato dallo stilista; *the employer rejected almost every candidate*, il datore di lavoro scartò quasi tutti i candidati **3** (*med.*) rigettare (un organo) **4** (*rar.*) vomitare; evacuare.

rejecter [rɪˈdʒektə* / re·jecter] *s.* chi rigetta, respinge.

rejection [rɪˈdʒekʃn / re·jec·tion] *s.* **1** rigetto (*anche med.*); rifiuto, scarto **2** emarginazione **3** (*pl.*) escrementi.

rejector [rɪˈdʒektə* / re·jector] *s.* chi rigetta, respinge.

to **rejig** [ˌri:ˈdʒɪg / re·jig] to **rejigger** [ˌri:ˈdʒɪgə* / re·jig·ger] *v.tr.* rimodernare, rinnovare (il macchinario, gli impianti); ristrutturare (il reparto, la fabbrica).

to **rejoice** [rɪˈdʒɔɪs / re·joice] *v.intr.* **1** rallegrarsi, allietarsi: *she rejoiced at* (o *over*) *the good news*, si rallegrò della buona notizia; *he rejoiced at* (o *over*) *his wife's promotion*, si rallegrò della promozione della moglie; *they rejoiced to see him again*, (*form.*) furono contenti di rivederlo; *rejoice, for the kingdom of Heaven is at hand*, (Vangelo) esultate perché il Regno dei Cieli è vicino **2** (*form.*) gioire, godere, essere felice: *she rejoices in her role of mother*, è felice nel suo ruolo di madre // *to — in the name of, in the title of*, (*scherz.*) avere il (buffo, strano) nome, titolo di; essere conosciuto con il nome, titolo di.

rejoicing [rɪˈdʒɔɪsɪŋ / re·joi·cing] *s.* **1** (*form.*) allegria, gioia, giubilo, esultanza (di un gruppo di persone): *the — over* (o *at*) *their election win*, l'esultanza per la loro vittoria alle elezioni **2** (*gener. pl.*) feste pubbliche, festeggiamenti.

rejoicingly [rɪˈdʒɔɪsɪŋlɪ / re·joi·cing·ly] *avv.* (*form.*) allegramente, gioiosamente.

to **rejoin**[1] [rɪˈdʒɔɪn / re·join] *v.tr.* e *intr.* replicare, rispondere.

to **rejoin**[2] [ˌri:ˈdʒɔɪn] *v.tr.* **1** raggiungere; ricongiungersi, riunirsi a: *the platoon rejoined the company after the attack*, il plotone si riunì alla compagnia dopo l'attacco; *emigrants often dream of rejoining their families*, gli emigranti spesso sognano di ricongiungersi alle loro famiglie **2** ricongiungere, riunire; riattaccare: *he rejoined the two ends of the rope*, riunì i due capi della fune ◆ *v.intr.* ricongiungersi, riunirsi.

rejoinder [rɪˈdʒɔɪndə* / re·join·der] *s.* risposta, replica (*anche dir.*).

to **rejourn** [rɪˈdʒɜ:n / re·journ] *v.tr.* (*ant.*) rinviare, aggiornare: *and then rejourn the controversy of threepence to a second day of audience*, (SH. Coriolanus) e alla fine rinviate il dibattito da due soldi a una seconda udienza.

to **rejuvenate** [rɪˈdʒu:vɪneɪt / re·ju·ven·ate] *v.tr.* e *intr.* ringiovanire.

rejuvenation [rɪˌdʒu:vɪˈneɪʃn / re·ju·vena·tion] *s.* ringiovanimento.

to **rejuvenesce** [ˌri:dʒu:vɪˈnes / re·ju·ven·esce] *v.intr.* **1** (*rar.*) ringiovanire **2** (*biol.*) acquistare nuova vitalità ◆ *v.tr.* **1** ringiovanire **2** (*biol.*) dare nuova vita a.

rejuvenescence [ˌri:dʒu:vɪˈnesns / re·ju·ven·es·cence] *s.* (*non com.*) ringiovanimento.

rejuvenescent [ˌri:dʒu:vɪˈnesnt / re·ju·ven·es·cent] *agg.* (*non com.*) che ringiovanisce.

to **rekindle** [ˌri:ˈkɪndl / re·kindle] *v.tr.* riaccendere (*anche fig.*) ◆ *v.intr.* riaccendersi (*anche fig.*): *our hopes rekindled*, le nostre speranze si riaccesero.

relaid, **re-laid** *pass.p.p.* di to **relay**[2], to **re-lay**.

relapse [rɪˈlæps / re·lapse] *s.* **1** ricaduta **2** (*med.*) ricaduta, recidiva **3** (*dir.*) recidiva.

to **relapse** *v.intr.* **1** ricadere: *to — into error*, ricadere nell'errore **2** (*med.*) avere una ricaduta, recidivare.

relapsing fever [rɪˈlæpsɪŋˌfi:və*] *s.* (*med.*) febbre ricorrente, borreliosi.

to **relate** [rɪˈleɪt / re·late] *v.tr.* (*form.*) **1** narrare, raccontare; riferire // *strange to* —, strano a dirsi **2** mettere in relazione: *I cannot — it to* (o *with*) *what happened last year*, non posso metterlo in relazione con quanto avvenne l'anno scorso ◆ *v.intr.* **1** avere rapporto, avere attinenza: *she is interested in nothing but what relates to herself*, si interessa esclusivamente di ciò che la riguarda **2** andare d'accordo con; avere un buon rapporto con: *he doesn't — very well to his parents*, non ha un buon rapporto con i suoi genitori; *I can't — to her ideas*, non riesco a essere d'accordo con le sue idee.

related [rɪˈleɪtɪd / re·lated] *agg.* **1** imparentato, legato da vincoli di parentela: *we are* —, siamo parenti; *they are — by marriage*, sono parenti acquisiti **2** legato, connesso, collegato // (*comm.*): — *banking services*, servizi bancari collaterali; — *companies*, società affiliate // **-ness** *s.*

relater [rɪˈleɪtə* / re·later] *s.* (*form.*) chi narra, racconta.

relating [rɪˈleɪtɪŋ / re·lat·ing] *agg.* relativo, concernente: *information — to a given subject*, informazioni relative a un dato argomento.

relation [rɪˈleɪʃn / re·la·tion] *s.* **1** narrazione, racconto, relazione: *the — of his adventures*, il racconto delle sue avventure **2** relazione (*anche mat.*); rapporto, connessione, attinenza: *the relations between husband and wife*, i rapporti fra marito e moglie; *this bears no — to the subject*, non c'è alcuna attinenza con l'argomento; *relations between him and his assistant were strained*, i rapporti fra lui e il suo assistente erano tesi // *labour relations*, relazioni industriali // (*inform.*) — *test*, (COBOL) analisi di relazione // *in* (o *with*) — *to*, in relazione a **3** parente, congiunto, consanguineo: *a — of ours*, un nostro parente; *is he any — to you?*, è imparentato con voi? **4** (*dir.*) esposto (del querelante) **5** retrodatazione (di atto, documento).

relational [rɪˈleɪʃənl / re·la·tional] *agg.* (*non com.*) relativo, affine // (*inform.*) — *database*, base di dati relazionale.

relationship [rɪˈleɪʃnʃɪp / re·la·tion·ship] *s.* **1** rapporto; relazione (amorosa); rapporto d'amicizia: *he has a close — with his children*, ha un buon rapporto coi figli **2** relazione, connessione, nesso, rapporto // *love-hate* —, rapporto di odio-amore **3** parentela: *what is your — to her?*, qual è il vostro rapporto di parentela?

relatival [ˌreləˈtaɪvl / re·lat·ival] *agg.* (*gramm.*) relativo.

relative [ˈrelətɪv / rel·at·ive] *agg.* **1** relativo: *everything is* —, tutto è relativo; *with — coolness*, con relativo sangue freddo; (*gramm.*): — *clause*, frase relativa; — *pronoun*, pronome relativo; (*mat.*) — *number*, *error*, numero, errore relativo; (*fis.*) — *density*, *velocity*, densità, velocità relativa; (*econ.*) — *prices*, prezzi relativi **2** *relative to* → **relatively 2** // **-ness** *s.*

relative *s.* **1** parente **2** (*gramm.*) pronome relativo.

relatively [ˈrelətɪvlɪ / rel·at·ive·ly] *avv.* **1** relativamente, abbastanza: *it's — easy*, è relativamente facile **2** in rapporto a, relativamente a: *the number of students has increased — to last year's figures*, il numero degli studenti è aumentato rispetto ai dati dell'anno scorso.

relativism [ˈrelətɪvɪzəm / rel·at·iv·ism] *s.* (*fil.*) relativismo.

relativist [ˈrelətɪvɪst / rel·at·iv·ist] *s.* (*fil.*) relativista.

relativistic [ˌrelətɪˈvɪstɪk / re·lat·iv·istic] *agg.* **1** (*fil.*) relativistico, del relativismo **2** (*fis.*) relativistico, della relatività: — *mass*, *mechanics*, *velocity*, massa, meccanica, velocità relativistica.

relativity [ˌreləˈtɪvətɪ / re·lat·iv·ity] *s.* relatività (*anche fis.*): (*Einstein 's*) *theory of relativity*, teoria della relatività (di Einstein).

relator [rɪˈleɪtə* / re·lator] *s.* **1** (*dir.*) relatore **2** (*rar.*) narratore.

to **relax** [rɪˈlæks / re·lax] *v.tr.* **1** rilassare; riposare: *to — the muscles*, rilassare i muscoli **2** allentare; mitigare, moderare; ridurre: *he relaxed his grasp*, allentò la stretta; *to — discipline*, rendere meno severa la disciplina ◆ *v.intr.* **1** rilassarsi; riposarsi: *try to — now*, ora cerca di rilassarti; *he relaxes by playing chess*, si rilassa giocando a scacchi // *to — in one's efforts*, diminuire i propri sforzi **2** attenuarsi; allentarsi, ridursi: *the discipline relaxed*, la disciplina si attenuò.

relaxant [rɪˈlæksənt / re·lax·ant] *agg.* e *s.* (*med.*) tranquillante; antispastico.

relaxation [ˌri:lækˈseɪʃn / re·laxa·tion] *s.* **1** rilassamento, distensione: (*med.*) — *test*, prova di rilassamento // (*fis.*): — *oscillations*, oscillazioni di rilassamento; — *time*, tempo di rilassamento **2** riposo, distensione, relax; svago, distrazione: *you need a period of* —, hai bisogno di un periodo di riposo; *the cinema is my favourite form of* —, il cinema è il mio svago preferito **3** mitigazione; moderazione; diminuzione, remissione (di pena, ammenda ecc.).

relaxed [rɪˈlækst / re·laxed] *agg.* rilassato, disteso; sciolto; tranquillo: *he always looks* —, ha sempre un aspetto rilassato; *a — atmosphere*, un'atmosfera distesa // (*med.*) — *movement*, esercizio passivo.

relaxin [rɪˈlæksɪn / re·laxin] *s.* (*biochim.*) relassina, relaxina.

relaxing [rɪ'læksɪŋ / re·lax·ing] *agg.* rilassante, distensivo.

relay[1] ['ri:leɪ *nel significato 4* rɪ'leɪ / re·lay] *s.* **1** — (*race*), corsa a staffetta **2** turno (di operai ecc.): *to work in* (o *by*) *relays*, lavorare a turni **3** (*elettr.*) relè **4** (*rad.*) collegamento **5** cavalli di ricambio **6** muta di cani di ricambio.

to **relay**[1] *v.tr.* **1** fornire, rifornire **2** portare per mezzo di cavalli **3** (*elettr.*) controllare, comandare mediante relè **4** (*tel.*) ritrasmettere, ripetere **5** riferire, comunicare: *the news was relayed throughout the building by gossiping secretaries*, la notizia fece il giro dell'edificio grazie ai pettegolezzi delle segretarie ◆ *v.intr.* rifornirsi (di cavalli, materiale ecc.).

to **relay**[2], to **re-lay** [,ri:'leɪ] *pass.p.p.* **relaid**, **re-laid** [,ri:'leɪd] *v.tr.* porre di nuovo; posare di nuovo.

releasable [rɪ'li:səbl / re·leas·able] *agg.* **1** (*dir.*) che si può liberare, scarcerabile **2** che può esser rimesso (di debito ecc.) **3** (*dir.*) cedibile, rinunciabile **4** che può venir distribuito; divulgabile **5** (*mecc.*) che si può rilasciare, liberare; disinnestabile.

release [rɪ'li:s / re·lease] *s.* **1** (*dir.*) liberazione, scarcerazione: — *on bail*, libertà provvisoria; *conditional* —, libertà vigilata; *order of* —, ordine di scarcerazione **2** permesso, autorizzazione **3** quietanza; remissione (di debito ecc.); esenzione (da tasse) **4** (*dir.*) cessione (di proprietà, diritto) **5** distribuzione: — *of a film*, distribuzione di un film // *new* —, novità (discografica ecc.) // *on general* —, in distribuzione presso tutte le sale cinematografiche **6** (*mecc.*) dispositivo di sgancio, disinnesto; scarico, scappamento; rilascio (di un tasto); scatto, rilascio (di una molla) // (*fot.*) *automatic* —, autoscatto **7** (*inform.*) diffusione; versione di software.

to **release** *v.tr.* **1** liberare, rilasciare, scarcerare: *to — a prisoner*, rilasciare un prigioniero **2** concedere un permesso a; autorizzare (qlcu.) ad assentarsi (da lavoro, scuola ecc.) **3** distribuire, autorizzare la distribuzione di; diffondere, lanciare (un prodotto); rendere pubblico, rilasciare (notizie ecc.): *to — a film*, distribuire un film; *the news of the royal wedding was released this morning*, la notizia del matrimonio reale fu rilasciata questa mattina **4** (*dir.*) cedere (proprietà, diritto) **5** (*mecc.*) sganciare; liberare; rilasciare; sbloccare; far scattare: *to — the handbrake*, togliere il freno a mano; *to — the clutch*, innestare la frizione; *to — a spring*, scaricare una molla; (*fot.*) *to — the shutter*, far scattare l'otturatore.

releaser [rɪ'li:sə* / re·leaser] *s.* (*non com.*) **1** distributore di film **2** (*mecc.*) dispositivo di scatto, di sgancio; disinnesto.

releasor [rɪ'li:sə* / re·leasor] *s.* (*dir.*) **1** chi rimette un debito **2** chi cede una proprietà, un diritto.

relegable ['relɪgəbl / re·leg·able] *agg.* (*form.*) **1** che si può rimandare **2** trasferibile.

to **relegate** ['relɪgeɪt / re·leg·ate] *v.tr.* **1** relegare; esiliare, bandire: *he was relegated to the Welsh branch*, fu relegato alla filiale del Galles // (*calcio*) *to — a team*, retrocedere una squadra **2** (*rar.*) rimettere, rimandare: *to — a matter to s.o.*, affidare un affare a qlcu.

relegation [,relɪ'geɪʃn / re·lega·tion] *s.* **1** relegazione, esilio **2** rinvio; (*calcio*) retrocessione.

to **relent** [rɪ'lent / re·lent] *v.intr.* placarsi (*anche fig.*); addolcirsi; diventare meno severo; intenerirsi: *late in the evening the storm relented a little*, nella tarda serata la tempesta si placò un poco; *she relented and let him in*, s'intenerì e lo fece entrare.

relentingly [rɪ'lentɪŋlɪ / re·lent·ing·ly] *avv.* con minor severità.

relentless [rɪ'lentlɪs / re·lent·less] *agg.* inflessibile; inesorabile, implacabile; spietato: — *pain*, dolore che non dà tregua // **-ly** *avv.* // **-ness** *s.*

relevance ['relɪvəns / rel·ev·ance] meno com. **relevancy** ['relɪvənsɪ / rel·ev·ancy] *s.* **1** relazione, rapporto; pertinenza; attinenza **2** l'essere attuale, legata al tempo presente: *the need for — in education*, la necessità che l'istruzione sia attuale, legata ai tempi.

relevant ['reləvənt / rel·ev·ant] *agg.* **1** relativo; pertinente; attinente: *the — documents*, i documenti relativi; — *to*, relativo a; *the point is not* —, il punto non è pertinente **2** attuale; legato ai tempi; specifico, adatto (al problema, alla situazione): *there is a need for literature to be* —, si sente il bisogno che la letteratura tratti di problemi attuali; *the government must devise — policies, not panaceas*, il governo deve adottare dei provvedimenti specifici, non panacee // **-ly** *avv.*

reliability [rɪ,laɪə'bɪlətɪ / re·li·ab·il·ity] *s.* **1** attendibilità; fidatezza; affidabilità; (*fin.*) solvibilità **2** regolarità (di funzionamento ecc.) // (*aut.*) — *trials*, prove di collaudo; prove di resistenza.

reliable [rɪ'laɪəbl / re·li·able] *agg.* fidato, degno di fiducia, affidabile; attendibile: *I had it from a — source*, l'ho saputo da una fonte attendibile; (*dir.*) — *evidence*, prova attendibile // **-bly** *avv.*

reliableness [rɪ'laɪəblnɪs / re·li·able·ness] → **reliability**.

reliance [rɪ'laɪəns / re·li·ance] *s.* **1** fiducia, affidamento; fede: — (*up*)*on* (o *in*), fede in **2** (*dir.*) affidamento.

reliant [rɪ'laɪənt / re·li·ant] *agg.* fiducioso, che ha fiducia, che fa assegnamento; che dipende: *the maintenance of the world's ecosystem is — upon our ability to curb pollution*, la conservazione dell'ecosistema mondiale dipende dalla nostra capacità di contenere l'inquinamento.

relic ['relɪk] *s.* **1** reliquia (*anche eccl.*); resto, vestigio: *relics of the past*, vestigia del passato **2** (*geol.*) → **relict**.

relict ['relɪkt / rel·ict] *agg.* (*geol.*, *biol.*) relitto, residuo: — *lake*, lago relitto ◆ *s.* **1** (*geol.*, *biol.*) relitto **2** (*ant.*) vedova.

relief[1] [rɪ'li:f / re·lief] *s.* **1** sollievo; conforto; ristoro: *the doctor's treatment brought him some* —, la cura del medico gli diede un certo sollievo; *he heaved a sigh of* —, tirò un sospiro di sollievo; *to my great — we managed to get over the crisis*, con mio grande sollievo siamo riusciti a superare la crisi; *to find — in work*, trovar conforto nel lavoro // *light* (o *comic*) —, momento divertente; calo di tensione (in un'opera teatrale, un libro) **2** soccorso, aiuto; sussidio: — *of old people*, assistenza ai vecchi; *to go to s.o.'s* —, portar soccorso a qlcu.; *to live on public* —, (*antiq.*) essere a carico dell'assistenza pubblica; — *fund*, fondo di soccorso // — *work*, lavori pubblici organizzati per dar lavoro ai disoccupati // *indoor* —, (*antiq.*) assistenza in sede; assistenza ai poveri in ospizio; *outdoor* —, (*antiq.*) assistenza a domicilio // — *train*, treno sussidiario; — *road*, strada di alleggerimento (del traffico); — *valve*, valvola di sfogo, di sicurezza; — *well*, pozzo di drenaggio **3** (*mil.*) liberazione; soccorso: — *troops*, truppe di soccorso **4** (*dir.*) riparazione di un torto; condono **5** (*trib.*) sgravio, detrazione: *tax — on mortgages*, sgravio fiscale sui mutui **6** cambio; persona che dà il cambio; sostituto, supplente: — *driver*, autista sostituto; *the — of a sentry*, il cambio della sentinella.

relief[2] *s.* **1** rilievo (*anche fig.*): *in* —, in rilievo; (*fig.*) in risalto: *this generous provision stands out in sharp* (o *bold* o *clear*) — *to the rest of the government's tax proposals*, (*fig.*) questo generoso provvedimento è in forte contrasto con tutte le altre proposte di legge fiscale del governo // (*geogr.*) — *map*, carta orografica **2** (*scult.*) rilievo: *high* —, altorilievo; *low*, *bas* —, bassorilievo **3** (*pitt.*) prospettiva.

relievable [rɪ'li:vəbl / re·liev·able] *agg.* che si può alleviare; rimediabile; soccorribile; che si può aiutare; sostituibile.

to **relieve** [rɪ'li:v / re·lieve] *v.tr.* **1** alleviare, mitigare, sollevare: *he was very relieved to hear it*, fu molto sollevato nell'udir ciò; *to — pain*, alleviare il dolore // *to — one's feelings*, sfogarsi **2** aiutare, soccorrere: *to — the distressed*, soccorrere gli afflitti **3** liberare: *it relieves me of all responsibility*, mi solleva da ogni responsabilità; *the town will be relieved*, la città sarà liberata; *to — s.o. from an obligation*, sgravare, liberare qlcu. da un obbligo **4** alleggerire (*anche fig.*): *to — s.o. of a burden*, alleggerire qlcu. di un peso; *he was relieved of his purse*, (*scherz.*) fu alleggerito del portafoglio; *he was relieved of his job as foreign minister*, (*form.*) fu sollevato dall'incarico di ministro degli esteri; *to — the tedium of the journey*, ingannare la noia del viaggio // *to — oneself*, urinare; defecare; (*fam.*) liberarsi **5** dare il cambio a; sostituire; supplire: (*mil.*) *to — the watch*, cambiare il quarto di guardia.

reliever [rɪ'li:və* / re·liever] *s.* **1** confortatore; soccorritore // *pain* —, (*fam.*) medicinale antidolorifico **2** liberatore.

relieving [rɪ'li:vɪŋ / re·liev·ing] *agg.* che allevia, soccorre // — *officer*, incaricato di opere assistenziali // (*arch.*) — *arch*, arco di scarico, di sostegno.

relievo [rɪ'li:vəʊ / re·lievo] *pl.* **relievos** *s.* (*scult.*) rilievo.

religion [rɪ'lɪdʒən / re·li·gion] *s.* **1** religione; confessione, fede religiosa: *established* —, religione di stato // *to get* —, (*amer. fam.*) convertirsi (alla fede) **2** vita monastica **3** dovere; passione: *she makes a — of relieving the poor*, si fa un dovere di aiutare i poveri.

religionist [rɪ'lɪdʒənɪst / re·li·gion·ist] *s.* (*non com.*) persona pia; zelante, bigotto; fanatico (nel culto religioso).

religiose [rɪ,lɪdʒɪ'əʊs / re·li·gi·ose] *agg.* (*form.*) morbosamente religioso, esaltato, fanatico.

religiosity [rɪ,lɪdʒɪ'ɒsətɪ / re·li·gi·os·ity] *s.* **1** religiosità **2** fanatismo religioso.

religious [rɪ'lɪdʒəs / re·li·gious] *agg.* **1** religioso: — *liberty*, libertà religiosa; — *wars*, guerre di religione; — *book*, libro di devozione; — *exercises*, esercizi spirituali **2** osservante; pio, devoto **3** scrupoloso ◆ *s.* (*invar. al* *pl.*) (*non com.*) religioso, monaco // **-ly** *avv.* // **-ness** *s.*

to **reline** [ˌriːˈlaɪn / re·line] *v.tr.* rifoderare.

to **relinquish** [rɪˈlɪŋkwɪʃ / re·lin·quish] *v.tr.* (*form.*) **1** abbandonare, lasciare; cedere, rinunziare a, desistere da: *to — all hopes*, abbandonare ogni speranza; *to — a plan*, rinunziare a un progetto; *to — a right*, rinunziare a un diritto; *the army has been forced to — control of the occupied city to the police*, l'esercito è stato costretto a cedere alla polizia il controllo della città occupata **2** allentare la presa su.

relinquishment [rɪˈlɪŋkwɪʃmənt / re·lin·quish·ment] *s.* (*form.*) abbandono; rinuncia (*anche dir.*).

reliquary [ˈrelɪkwərɪ *amer.* ˈrelɪkwerɪ / rel·iquary] *s.* reliquiario.

reliques [rɪˈliːks / rel·iques] *s.pl.* (*ant.*) resti, reliquie.

reliquiae [rɪˈlɪkwɪiː / re·li·quiae] *s.pl.* (*form.*) **1** reliquie, resti **2** (*geol.*) fossili (di animali, piante) **3** (*bot.*) foglie avvizzite su una pianta.

relish [ˈrelɪʃ / rel·ish] *s.* **1** gusto; piacere; soddisfazione; attrattiva: *he showed little — for his new job*, mostrò poco entusiasmo per il suo nuovo lavoro; *to eat, to read with great —*, mangiare, leggere con gusto **2** (*cuc.*) condimento, salsa, spezia, contorno (sottaceti, verdura cruda) **3** (*non com.*) sapore; profumo, aroma, fragranza **4** (*antiq.*) piccola dose, pizzico.

to **relish** *v.tr.* **1** gustare, godere, apprezzare; pregustare: *he relished this simple family life*, egli apprezzava questa semplice vita di famiglia; *to — the prospect, the idea of sthg.*, pregustare, carezzare l'idea, la prospettiva di qlco. **2** mangiare con appetito, assaporare, gustare **3** (*non com.*) dar sapore a, rendere saporito ◆ *v.intr.* (*non com.*) aver sapore: *to — of sthg.*, avere un leggero sapore di qlco.

relishable [ˈrelɪʃəbl / rel·ish·able] *agg.* (*form.*) appetitoso, saporito, ghiotto.

to **relive** [ˌriːˈlɪv / re·live] *v.tr.* e *intr.* rivivere.

to **reload** [ˌriːˈləʊd / re·load] *v.tr.* caricare di nuovo, ricaricare.

relocatable [ˌriːləʊˈkeɪtəbl / re·lo·cat·able] *agg.* (*inform.*) rilocabile: *— address*, indirizzo rilocabile.

to **relocate** [ˌriːləʊˈkeɪt / re·lo·cate] *v.tr.* **1** sistemare altrove; trasferire **2** (*inform.*) trasferire, rilocare (un programma ecc.) ◆ *v.intr.* **1** sistemarsi altrove; trasferirsi **2** (*inform.*) traslare (di programma).

relocation [ˌriːləʊˈkeɪʃn / re·lo·ca·tion] *s.* **1** trasferimento, nuova sistemazione **2** (*inform.*) rilocazione, traslazione, reindirizzamento: *— constant*, costante di traslazione.

reltney [ˈreltnɪ / relt·ney] *s.* (*sl. amer.*) pene.

relucent [rɪˈluːsnt / re·lu·cent] *agg.* (*rar.*) rilucente, brillante.

reluctance [rɪˈlʌktəns / re·luct·ance] **reluctancy** [rɪˈlʌktənsɪ / re·luct·ancy] *s.* riluttanza; ritrosia; ripugnanza: *to show — to do sthg.*, mostrarsi poco disposto a fare qlco.

reluctant [rɪˈlʌktənt / re·luct·ant] *agg.* riluttante, restio; che agisce a malincuore, di malavoglia, forzatamente: *to be — to do sthg.*, essere riluttante, mal disposto a fare qlco. // **-ly** *avv.*

to **rely** [rɪˈlaɪ] *v.intr.* **1** fare assegnamento; fidarsi, aver fiducia: *to — (up)on s.o., sthg.*, fare assegnamento, affidamento su qlcu., su qlco.; *don't — on him*, non fidarti di lui; *you can — on me to do it*, potete contare su di me per fare ciò; *I shouldn't — on getting promoted*, non dovrei fare assegnamento sulla promozione **2** dipendere, essere dipendente: *we — on them for all our stationery supplies*, dipendiamo da loro per i nostri rifornimenti di cancelleria.

rem [rem] *s.* (*fis.*) rem (unità di misura di radiazione ionizzante) • Acronimo di *r*(*oentgen*) *e*(*quivalent*) *m*(*an*).

remade *pass.p.p.* di to **remake**.

remain [rɪˈmeɪn / re·main] *s.* **1** (*gener. pl.*) resto, avanzo; rovina; vestigia: *the remains of a Greek temple*, i ruderi, le rovine di un tempio greco **2** *pl.* reliquie; spoglie mortali, cadavere (*sing.*) **3** *pl.* (*non com.*) opere postume.

to **remain** *v.intr.* (*form.*) rimanere, restare; avanzare: *at least one thing remains certain*, almeno una cosa resta certa; *nothing remains but to sign the agreement*, non resta che firmare il contratto; *it remains to be seen just how good he is!*, resta da dimostrare quanto sia bravo! // *I — yours truly*, sono il vostro devotissimo (formula di chiusura di una lettera).

remainder [rɪˈmeɪndə* / re·main·der] *agg.* (*ant.*) restante, rimanente // (*dir.*) *— man*, nudo proprietario ◆ *s.* **1** resto, residuo, avanzo; (*comm.*) rimanenza, giacenza: *the — of his life*, il resto della sua vita **2** persone rimanenti: *twenty people came in and the — stayed outside*, entrarono venti persone e le rimanenti rimasero fuori **3** *pl.* libri nuovi a prezzo scontato **4** (*dir.*) reversione: *the estate is left to A with — to B*, la successione passa ad A con reversione su B **5** (*mat.*) resto: *division with no —*, divisione senza resto.

to **remainder** *v.tr.* liquidare, svendere, vendere a prezzo scontato (libri).

remaining [rɪˈmeɪnɪŋ / re·main·ing] *agg.* restante, che resta: *his — days*, il resto dei suoi giorni.

remake [ˈriːmeɪk / re·make] *s.* remake, nuova versione (di film).

to **remake** [ˌriːˈmeɪk] *pass.p.p.* **remade** [ˌriːˈmeɪd / re·made] *v.tr.* rifare.

to **reman** [ˌriːˈmæn / re·man] *pass.p.p.* **remanned** [ˌriːˈmænd / re·manned] *v.tr.* **1** riequipaggiare, fornire di nuovi uomini **2** (*antiq.*) ridare coraggio a.

remand [rɪˈmɑːnd *amer.* rɪˈmænd / re·mand] *s.* (*dir.*) rinvio (di imputato) in carcere (al termine di un appello di habeas corpus non accolto): *to be on —*, essere trattenuto a disposizione della legge // *— home*, carcere preventivo; *— centre*, carcere minorile.

to **remand** *v.tr.* **1** (*dir.*) rinviare (imputato) in carcere (al termine di un appello di habeas corpus non accolto): *remanded in custody*, detenuto in attesa di giudizio **2** (*rar.*) restituire, rinviare.

remanent [ˈremənənt / re·man·ent] *agg.* (*form.*) rimanente, residuo // (*fis.*) *— magnetization*, magnetismo residuo.

remanet [ˈremənet / re·manet] *s.* **1** (*ant.*) parte rimanente, residuo **2** (*dir.*) causa, progetto di legge rinviato ad altra sessione; parte non scontata di pena.

remanié [rɪˌmɑːnˈjeɪ / re·manié] *agg.* (*fr.*) (*geol.*) rimaneggiato.

remark [rɪˈmɑːk / re·mark] *s.* **1** nota, attenzione: *worthy of —*, degno di nota; *let the matter pass without —*, lascia passare la cosa inosservata; *to escape —*, sfuggire all'attenzione **2** osservazione, appunto; commento: *his remarks are often interesting*, le sue osservazioni sono spesso interessanti; *to make remarks about* (o *to pass remarks upon*) *s.o.*, fare delle osservazioni su qlcu.

to **remark** *v.tr.* osservare; considerare con attenzione; notare; far notare; far rimarcare: *as H.A. Gleason remarked, 'dictionary making is tedious in the extreme'*, come osservò H.A. Gleason, fare un dizionario è estremamente noioso; *he remarked that the dinner was awful*, fece notare che la cena era orribile.

□ **remark upon** *v.intr.* e *prep.* fare osservazioni, fare commenti: *s.o. remarked loudly upon her scanty dress*, qlcu. fece commenti ad alta voce sul suo vestito succinto.

remarkable [rɪˈmɑːkəbl / re·mark·able] *agg.* notevole; ragguardevole; eccezionale, straordinario; sorprendente: *— event*, avvenimento eccezionale; *a man — for his courage*, un uomo notevole per il suo coraggio // **-ness** *s.* // **-bly** *avv.*

remarriage [ˌriːˈmærɪdʒ / re·mar·riage] *s.* nuovo matrimonio; seconde nozze (*to*, con).

to **remarry** [ˌriːˈmærɪ / re·marry] *v.tr.* e *intr.* unire, unirsi di nuovo in matrimonio; risposarsi.

to **remast** [ˌriːˈmɑːst / re·mast] *v.tr.* (*mar.*) rialberare, rifare l'alberatura a (una nave).

remediable [rɪˈmiːdjəbl / re·medi·able] *agg.* (*form.*) rimediabile // **-ness** *s.* // **-bly** *avv.*

remedial [rɪˈmiːdjəl / re·med·ial] *agg.* atto a rimediare; riparatore: *— course for students in maths*, un corso di recupero di matematica per studenti; (*med.*) *— exercises, — shoes*, esercizi correttivi, scarpe correttive.

remedy [ˈremɪdɪ / rem·edy] *s.* **1** rimedio, riparo; medicina; cura: *a good — for a cold*, una buona medicina per il raffreddore; *we have to find a — for the technological invasion*, dobbiamo trovare un rimedio per l'invasione tecnologica // *to be past* (o *beyond*) *—*, essere irrimediabile, irreparabile; incurabile **2** (*dir.*) azione giudiziaria a tutela di diritti soggettivi; risarcimento, adempimento specifico, riparazione **3** tolleranza (limite legale di variabilità sul peso e sul titolo delle monete): *coinage —*, tolleranza di coniazione.

to **remedy** *v.tr.* **1** (*form.*) rimediare, porre rimedio a; correggere **2** (*rar.*) guarire; curare.

to **remember** [rɪˈmembə* / re·mem·ber] *v.tr.* **1** ricordare; ricordarsi di; rammentare; rammentarsi di: *he'll always — his first day in the army*, si ricorderà sempre il suo primo giorno da militare; *she remembered (that) she had left the lights on*, si ricordò di aver lasciato le luci accese; *do you — me?*, ti ricordi di me?; *he remembered me in his will, prayers*, si ricordò di me nel suo testamento, nelle sue preghiere; *I shall always — you*, ti ricorderò per sempre; *I — him as a good teacher*, lo ricordo come un bravo insegnante; *I don't — how this gadget works*, non mi ricordo come funziona questo aggeggio; *I can't — where I bought it*, non ricordo dove l'ho comprato; *do you — who was at the party?*, ricordi chi c'era alla festa? // *to — doing sthg.*, ricordarsi di aver fatto qlco.; *I perfectly well — telling him about it*, ricordo perfettamente di avergliene parlato; *my* *friends — me tumbling off the fence*, i miei amici si ricordano di quando sono caduto dalla staccionata // *to — to do sthg.*, ricordarsi di fare qlco.; *— to tell him*, ricordati di dirglielo; *thanks to your note I remembered to book two seats for the theatre*, grazie al tuo appunto mi sono ricordato di prenotare due posti a teatro // *— me to your parents*, saluta i tuoi genitori da parte mia **2** ricordare, commemorare: *on November 4th we — the end of the First World War*, il 4 di novembre commemoriamo la fine della prima guerra mondiale **3** (*non com.*) ricordare; sapere a memoria: *I — every date in English history*, so a memoria tutte le date della storia inglese **4** (*ant.*) rammentare a (qlcu.): *since thou dost give me pains, let me remember thee what thou hast promis'd*, (SH. The Tempest) dal momento che mi assegni altre fatiche, lascia che ti ricordi ciò che hai promesso ◆ *v.intr.* ricordarsi, rammentarsi: *as far as I can —*, per quanto mi ricordo; *he didn't — about the flowers for his wife*, non si ricordò dei fiori per sua moglie; *did he — about meeting her?*, si ricordò di averla incontrata?; *will you — about feeding the cat?*, ti ricorderai di dar da mangiare al gatto?

remembrance [rɪ'membrəns / re·mem·brance] *s.* **1** ricordo, memoria: *in — of*, in ricordo di, alla memoria di; *Remembrance Day*, 11 novembre (anniversario dell'armistizio del 1918) **2** (*antiq.*) ricordo, oggetto dato o preso in ricordo: *she gave a ring to him as a —*, ella gli diede un anello come ricordo **3** *pl.* ossequi, saluti (inviati a mezzo di terza persona): *give my best remembrances to him*, porgigli i miei migliori saluti.

remembrancer [rɪ'membrənsə* / re·mem·bran·cer] *s.* **1** (*rar.*) 'souvenir', ricordo, ricordino **2** (*rar.*) promemoria **3** rammentatore **4** *City Remembrancer*, rappresentante della City di Londra presso il Parlamento; *King's*, *Queen's Remembrancer*, segretario del tesoro reale.

remex ['ri:meks / re·mex] *pl.* **remiges** ['remɪdʒi:z / rem·iges] *s.* (*zool.*) remigante (penna di uccelli).

to **remilitarize** [,ri:'mɪlɪtəraɪz / re·mil·it·ar·ize] *v.tr.* militarizzare di nuovo.

to **remind** [rɪ'maɪnd / re·mind] *v.tr.* ricordare a, far ricordare a, rammentare a; richiamare alla mente: *— everybody that we are leaving in a few minutes*, ricorda a tutti che fra pochi minuti si parte; *— him of his promise*, ricordagli la sua promessa; *— me to settle this account today*, ricordami di saldare questo conto oggi; *that reminds me of a joke I once heard*, ciò mi fa venire in mente una barzelletta che udii una volta; *you should — her about tomorrow's lecture*, dovresti ricordarle la conferenza di domani; *you — me of your father*, mi ricordi tuo padre // *that reminds me!*, a proposito!

reminder [rɪ'maɪndə* / re·minder] *s.* **1** ricordo, promemoria **2** (*comm.*) lettera di sollecito // *— advertising*, pubblicità che richiama il prodotto alla mente del potenziale compratore.

remindful [rɪ'maɪndfʊl / re·mind·ful] *agg.* (*non com.*) che fa ricordare, che ravviva la memoria.

to **reminisce** [,remɪ'nɪs / re·min·isce] *v.intr.* raccontare i propri ricordi; abbandonarsi ai propri ricordi: *at the party everyone was reminiscing about their schooldays*, alla festa tutti si abbandonarono al ricordo dei giorni di scuola.

reminiscence [,remɪ'nɪsns / re·min·is·cence] *s.* **1** reminiscenza; rimembranza; ricordo: *the scene awakens reminiscences of my youth*, la scena risveglia i ricordi della mia giovinezza **2** *pl.* (*non com.*) memorie: *to write one's reminiscences*, scrivere le proprie memorie.

reminiscent [,remɪ'nɪsnt / re·min·is·cent] *agg.* **1** che richiama alla mente: *a landscape — of Turner's paintings*, paesaggio che rammenta i quadri di Turner **2** che si abbandona ai ricordi: *he gave a — smile at the mention of her name*, sentendo il nome di lei sorrise al ricordo.

remise[1] [rɪ'mi:z / re·mise] *s.* **1** (*scherma*) rimessa **2** (*ant.*) rimessa (per vettura); carrozza presa a nolo.

remise[2] *s.* (*dir.*) cessione di proprietà, rinuncia a un diritto.

to **remise**[2] [rɪ'maɪz] *v.tr.* (*dir.*) rinunciare a, cedere (diritti, proprietà).

remiss [rɪ'mɪs / re·miss] *agg.* (*form.*) negligente, trascurato; lento; fiacco, svogliato: *we had all been greatly remiss*, (O. GOLDSMITH) eravamo stati tutti molto negligenti // **-ly** *avv.* // **-ness** *s.*

remissible [rɪ'mɪsɪbəl / re·miss·ible] *agg.* (*form.*) remissibile; perdonabile.

remission [rɪ'mɪʃn / re·mis·sion] *s.* **1** remissione, perdono; (*dir.*) condono: *— of a debt*, remissione di un debito; *— of sentence*, condono della pena; *to grant s.o. — of his sins*, assolvere qlcu. dai suoi peccati **2** (*non com.*) rinuncia (a rivendicazione, diritto); annullamento (di imposta, debito); esonero (da imposte ecc.); rimborso (di imposte pagate in eccesso) // (*dir.*) *— of a claim*, rinuncia a far valere una pretesa **3** (*form.*) abbassamento, diminuzione; (*dir.*) riduzione; sconto di pena **4** (*dir.*) rinvio (della causa da una corte a un'altra) **5** (*med.*) remittenza; remissione (di sintomi).

remissive [rɪ'mɪsɪv / re·miss·ive] *agg.* (*form.*) **1** remissivo, che perdona **2** caratterizzato da abbassamento, diminuzione.

to **remit** [rɪ'mɪt / re·mit] *pass.p.p.* **remitted** [rɪ'mɪtɪd / re·mit·ted] *v.tr.* (*form.*) **1** rimettere, perdonare; (*dir.*) condonare: *God will — your sins*, Dio perdonerà i vostri peccati **2** diminuire; mitigare; rallentare; (*dir.*) ridurre una pena **3** rimettere, sottomettere (a una autorità); (*dir.*) rinviare (una causa, da una corte a un'altra): *to — sthg. to s.o.*, *sthg.*, rimettere, sottomettere, rimandare qlco. a qlcu., qlco. **4** mettere di nuovo, ristabilire **5** (*comm.*) rimettere; inviare (denaro); effettuare (un pagamento): *kindly — your payment*, favorite effettuare il pagamento **6** rimandare; differire; rinviare ◆ *v.intr.* **1** (*non com.*) diminuire; mitigarsi; rallentare; regredire (di sintomi ecc.) **2** effettuare un pagamento; pagare.

remittal [rɪ'mɪtl / re·mit·tal] *s.* (*form.*) **1** remissione, perdono; (*dir.*) condono **2** (*dir.*) rinvio di processo (ad altro tribunale).

remittance [rɪ'mɪtəns / re·mit·tance] *s.* (*comm.*, *econ.*) rimessa: *— of balance*, invio del saldo; *to send s.o. a —*, fare una rimessa a qlcu.; *remittances made by emigrants*, rimesse degli emigranti.

remittee [rɪ,mɪ'ti: / re·mit·tee] *s.* (*comm.*) destinatario (di rimessa).

remittent [rɪ'mɪtənt / re·mit·tent] *agg.* (*med.*) remittente.

remitter[1] [rɪ'mɪtə* / re·mit·ter] *s.* **1** (*rar.*) chi rimette; chi assolve, chi perdona **2** (*comm.*) chi effettua una rimessa.

remitter[2] *s.* (*dir.*) **1** rinvio del processo ad altra corte **2** rinvio al migliore titolo di acquisto.

remittor [rɪ'mɪtə* / re·mit·tor] *s.* (*comm. amer.*) → **remitter**[1] 2.

remnant ['remnənt / rem·nant] *agg.* (*non com.*) rimanente, rimasto ◆ *s.* **1** avanzo, resto, residuo: *the remnants of an ancient church*, i resti di un'antica chiesa **2** scampolo; frammento; rimanenza: *— sale*, liquidazione, saldo di giacenze.

to **remodel** [,ri:'mɒdl / re·model] *pass.p.p.* **remodelled** [,ri:'mɒdld / re·mod·elled] *v.tr.* rimodellare; ricomporre, rimaneggiare; ricostruire (anche chirurgicamente).

to **remonetize** [ri:'mʌnɪtaɪz / re·mon·et·ize] *v.tr.* ridare corso legale a (una moneta).

remonstrance [rɪ'mɒnstrəns / re·mon·strance] *s.* (*form.*) rimostranza.

remonstrant [rɪ'mɒnstrənt / re·mon·strant] *agg.* e *s.* (*form.*) che, chi fa rimostranze // **-ly** *avv.*

to **remonstrate** ['remənstreɪt / re·mon·strate] *v.tr.* (*form.*) obiettare; protestare: *the boy remonstrated that the teacher was unjust*, il ragazzo protestò che l'insegnante era ingiusto ◆ *v.intr.* fare rimostranze; obiettare; protestare: *to — against sthg.*, protestare contro qlco.; *to — with s.o. about sthg.*, protestare con qlcu. per qlco.

remonstratingly [,remən'streɪtɪŋlɪ / re·mon·strat·ing·ly] *avv.* (*form.*) con rimostranze; con proteste.

remonstration [,remən'streɪʃn / re·mon·stra·tion] → **remonstrance**.

remonstrative [rɪ'mɒnstrətɪv / re·mon·strat·ive] *agg.* (*form.*) rimostrante; di rimostranza, di protesta.

remonstrator ['remənstreɪtə* / re·mon·strator] *s.* (*form.*) chi fa rimostranze, protestatore.

remontant [rɪ'mɒntənt / re·mont·ant] *agg.* rifiorente (spec. di rosa) ◆ *s.* pianta che fiorisce più volte (spec. rosa).

remora ['remərə / rem·ora] *s.* **1** (*zool.*) remora **2** (*rar.*) remora, indugio; impedimento, ostacolo.

remorse [rɪ'mɔ:s / re·morse] *s.* rimorso: *— for* (o *over*) *sthg.*, *for doing sthg.*, rimorso per qlco., per aver fatto qlco.

remorseful [rɪ'mɔ:sfʊl / re·morse·ful] *agg.* **1** tormentato dal rimorso, pieno di rimorso **2** (*ant.*) compassionevole: *O Eglamour, thou art a gentleman / ... / valiant, wise, remorseful*, (SH. Two Gentlemen of Verona) O Eglamour, tu sei un gentiluomo... valoroso, saggio, compassionevole // **-ly** *avv.* // **-ness** *s.*

remorseless [rɪ'mɔ:slɪs / re·morse·less] *agg.* **1** senza rimorsi; spietato, crudele **2** inesorabile, che non dà tregua // **-ly** *avv.* // **-ness** *s.*

remote [rɪ'məʊt / re·mote] *agg.* **1** remoto; distante; lontano: *he is a — relative of mine*, è un mio lontano parente; *the house is — from the town*, la casa è lontana dalla città **2** effettuato a distanza, comandato a distanza; tele -: — *alarm*, teleallarme; — *banking*, servizi telebancari; — *diagnostic*, telediagnostico // (*inform.*): — *batch processing*, teleelaborazione a lotti; — *computing*, elaborazione a distanza; — *connection*, connessione di linee; — *console*, console periferica; — *job entry*, sottomissione di lavori da una periferica; — *station* (o *terminal*), terminale remoto // (*geofisica*) — *sensing*, telerilevamento, rilevamento a distanza **3** (*fig.*) estraneo, alieno: *sciences — from each other*, scienze estranee l'una all'altra **4** leggero, vago: *a — resemblance*, una vaga rassomiglianza; *he hasn't got the remotest idea*, non ne ha la più pallida idea **5** assente: *she had a rather — look on her face*, aveva sul viso un'espressione assente.

remote control [rɪˌməʊtkən'trəʊl] *s.* telecomando.

remotely [rɪ'məʊtlɪ / re·mote·ly] *avv.* **1** remotamente; lontanamente; alla lontana **2** leggermente; vagamente.

remoteness [rɪ'məʊtnɪs / re·mote·ness] *s.* distanza; lontananza.

remotion [rɪ'məʊʃn / re·mot·ion] *s.* (*rar.*) rimozione, allontanamento; eliminazione.

remould ['ri:məʊld / re·mould] *s.* pneumatico ricostruito SIN. retread AMER. recap.

to **remould** [ˌri:'məʊld] *v.tr.* **1** riplasmare; rimodellare **2** ricostruire (pneumatici).

remount ['ri:maʊnt / re·mount] *s.* **1** cavallo fresco, riposato; nuova cavalcatura **2** rimonta.

to **remount** [ˌri:'maʊnt] *v.tr.* e *intr.* **1** rimontare su, risalire su (cavallo, bicicletta ecc.) **2** risalire (una collina ecc.) **3** (*mil.*) rifornire di cavalli freschi **4** (*fot.*) rimontare, rifare la montatura a.

removability [rɪˌmu:və'bɪlətɪ / re·mov·ab·il·ity] *s.* (*non com.*) amovibilità.

removable [rɪ'mu:vəbl / re·mov·able] *agg.* **1** amovibile **2** rimovibile; trasportabile // (*inform.*) — *disc*, disco estraibile ◆ *s.* (*non com.*) magistrato amovibile (in Irlanda).

removal [rɪ'mu:vl / re·moval] *s.* **1** rimozione; eliminazione; allontanamento **2** (*dir.*) destituzione, rimozione (da un ufficio); abolizione, soppressione; avocazione (di una causa) **3** (*med.*) ablazione, asportazione **4** trasferimento; trasloco: — *company*, impresa traslochi // — *expenses*, spese di trasferta **5** movimentazione, spostamento con mezzi meccanici.

remove [rɪ'mu:v / re·move] *s.* **1** classe intermedia **2** grado, passo: *to be one — from*, essere a un passo da, vicino a **3** (*non com.*) portata (a tavola) **4** (*ant.*) promozione (a scuola) **5** (*ant.*) grado di parentela: *our cousins too, even to the fortieth remove, all remembered their affinity*, (O. GOLDSMITH) i nostri cugini, anche del quarantesimo grado, si ricordavano tutti della loro parentela **6** (*rar.*) rimozione; trasferimento.

to **remove** *v.tr.* **1** rimuovere, spostare; togliere, levare: *I was removed from III B to III C*, sono stato spostato dalla III B alla III C; *this will — all traces of blood*, ciò eliminerà ogni traccia di sangue **2** destituire, congedare (da ufficio, impiego); dare il cambio a: *the corrupt minister was removed from office*, il ministro corrotto è stato destituito; *to — a sentry*, dare il cambio a una sentinella **3** (*form.*) traslocare // *to — furniture*, fare traslochi (per mestiere) **4** sopprimere, togliere di mezzo, assassinare: *he was removed by poison*, fu ucciso col veleno ◆ *v.intr.* (*form.*) traslocare, trasferirsi; allontanarsi: *to — from one place to another*, trasferirsi da un posto all'altro.

removed [rɪ'mu:vd / re·moved] *agg.* lontano; estraneo: *his feeling was not far — from pity*, il suo sentimento era molto simile alla pietà // *cousin once, twice —*, cugino di secondo, terzo grado // **-ness** *s.*

remover [rɪ'mu:və* / re·mover] *s.* **1** chi, cosa che rimuove, allontana, toglie // (*nei composti*) *stain-* —, smacchiatore; *paint-* —, sverniciatore; *hair-* —, depilatore **2** (*furniture*) —, chi per mestiere effettua traslochi **3** (*dir.*) trasferimento di un processo da una corte a un'altra.

to **remunerate** [rɪ'mju:nəreɪt / re·mu·ner·ate] *v.tr.* (*form.*) rimunerare, ricompensare.

remuneration [rɪˌmju:nə'reɪʃn / re·mu·nera·tion] *s.* (*form.*) rimunerazione, ricompensa.

remunerative [rɪ'mju:nərətɪv / re·mu·ner·at·ive] *agg.* (*form.*) rimunerativo // **-ly** *avv.*

remunerator [rɪ'mju:nəreɪtə* / re·mu·ner·ator] *s.* (*non com.*) rimuneratore.

renaissance [rə'neɪsəns / re·nais·sance] *s.* rinascimento // *the Renaissance*, il Rinascimento.

renal ['ri:nəl] *agg.* (*anat.*) renale: — *failure*, blocco renale.

to **rename** [ˌri:'neɪm / re·name] *v.tr.* rinominare; dare un nome nuovo a, ribattezzare.

renardite [rə'nɑ:daɪt / renard·ite] *s.* (*min.*) renardite.

renascence [rɪ'næsns / re·nas·cence] *s.* (*non com.*) rinascita, rinascenza; rinascimento; rinnovamento // *the Renascence*, il Rinascimento.

renascent [rɪ'næsnt / re·nas·cent] *agg.* (*form.*) rinascente.

rencontre [ren'kɒntə* / ren·contre] **rencounter** [ren'kaʊntə* / ren·counter] *s.* (*rar.*) **1** scontro; scaramuccia; battaglia; duello **2** incontro casuale.

to **rend** [rend] *pass.p.p.* **rent** [rent] *v.tr.* (*form.*) **1** strappare; stracciare; lacerare: *to — one's garments*, strapparsi le vesti; *to — sthg. apart* (o *asunder*), strappare, fare a pezzi qlco. **2** (*fig.*) lacerare; squarciare: *the screams rent the air*, le urla laceravano l'aria; *the country was rent by anarchy*, la nazione era dilaniata dall'anarchia **3** fendere ◆ *v.intr.* (*non com.*) strapparsi; lacerarsi; fendersi.

render ['rendə* / ren·der] *s.* **1** (*ant.*) restituzione (*anche dir.*) **2** (*st.*) tributo **3** (*edil.*) rinzaffo (primo strato di intonaco).

to **render** *v.tr.* **1** (*form.*) rendere; restituire: *all passes must be rendered at the end of the shift*, tutti i lasciapassare devono essere restituiti alla fine del turno // — *(un)to Caesar the things that are Caesar's*, date a Cesare quello che è di Cesare **2** (*form.*) rendere; tributare; dare: *to — homage*, rendere omaggio; *to — service*, rendere servizio **3** (*form.*) presentare; sottomettere; trasmettere: *he rendered a report to the committee*, presentò una relazione al comitato // (*comm.*) *to — an account*, presentare un conto **4** (*form.*) rendere; far diventare; far risultare: *the heavy snowfall rendered the new road impassable*, la pesante nevicata rese la nuova strada impraticabile **5** (*form.*) rendere; rappresentare; interpretare: *she rendered Chopin enchantingly*, interpretò Chopin in modo incantevole **6** (*form.*) riformulare; esprimere; tradurre: *poetry cannot be adequately rendered in another language*, non si può adeguatamente tradurre la poesia in un'altra lingua **7** (*edil.*) rinzaffare (applicare il primo strato di intonaco a).

□ **render down** *v.tr.* e *avv.* sciogliere (grasso); raffinare (olio).

□ **render up** *v.tr.* e *avv.* **1** (*form.*) innalzare (una preghiera) **2** (*antiq.*) consegnare (una città) al nemico.

rendering ['rendərɪŋ / ren·der·ing] *s.* **1** (*non com.*) restituzione; resa (*anche dir.*) **2** traduzione **3** interpretazione; esecuzione **4** (*edil.*) rinzaffo; rinzaffatura **5** (*inform.*) resa tridimensionale (di immagine).

to **renderset** ['rendəset / render·set] *pass.p.p.* **renderset** *v.tr.* (*edil.*) intonacare (con due strati di intonaco).

rendezvous ['rɒndɪvu: / ren·dez·vous] *pl.* **rendezvous** *s.* **1** (*mar.*, *mil.*) luogo di raduno **2** luogo, punto di incontro; convegno **3** appuntamento.

to **rendezvous** *v.intr.* riunirsi; incontrarsi ◆ *v.tr.* fare incontrare; radunare.

rendition [ren'dɪʃn / ren·di·tion] *s.* **1** interpretazione, esecuzione (teatrale, musicale) **2** (*rar.*) traduzione **3** (*rar.*) resa (di fortezza ecc.).

renegade ['renɪgeɪd / ren·eg·ade] *s.* **1** rinnegato, apostata **2** traditore; disertore; rinnegato.

to **renegade** *v.intr.* (*non com.*) diventare un rinnegato.

renegation [ˌrenɪ'geɪʃn / ren·ega·tion] *s.* (*non com.*) **1** abiura, apostasia **2** rinnegamento; tradimento.

to **renege** [rɪ'ni:g / re·nege] *v.intr.* **1** (*carte*) → to revoke **2** (*form.*) venir meno: *he reneged on his promise*, violò la sua promessa **3** (*ant.*) negare: *such smiling rogues as these... / renege, affirm, and turn their halcyon beaks / with every gale...*, (SH. King Lear) mascalzoni sorridenti come questi... negano, affermano e volgono i loro becchi d'alcioni secondo il vento... ◆ *v.tr.* **1** negare; ritrattare **2** rifiutare; declinare.

to **renew** [rɪ'nju: *amer.* rɪ'nu: / re·new] *v.tr.* rinnovare, rimettere a nuovo, ripristinare; cambiare, sostituire: *to — a bill*, rinnovare una cambiale; *to — a lease*, rinnovare un contratto d'affitto; *with renewed attention*, con rinnovata attenzione; *to — one's complaints*, rinnovare le proprie lagnanze; *to — one's strength*, rinvigorire le proprie forze; *to — a promise*, rinnovare una promessa; *to — the water in the vases*, rinnovare, sostituire l'acqua nei vasi; *to — a book at the library*, rinnovare il prestito di un libro in biblioteca; *to — the equipment*, rinnovare, sostituire l'attrezzatura ◆ *v.intr.* (*rar.*) rinnovarsi; fare un rinnovo.

renewable [rɪ'nju:əbl *amer.* rɪ'nu:əbl / re·new·able] *agg.* rinnovabile: (*econ.*) — *resource*, risorsa rinnovabile; (*comm.*) — *contract*, contratto rinnovabile // — *energy* (o *source*), risorsa rinnovabile.

renewal [rɪ'nju:əl *amer.* rɪ'nu:əl / re·newal] *s.* **1** rinnovo; rinnovamento // (*dir. comm.*): — *of a bill*, rinnovo di una cambiale; — *bill*, rivalsa cambiaria // (*banca*) — *coupon*, cedola di affogliamento **2** ripresa: — *of negotiations*, ripresa dei negoziati **3** (*econ.*) costo di rinnovo (degli impianti di un'impresa).

renewer [rɪ'nju:ə* *amer.* rɪ'nu:ə* / re·newer] *s.* rinnovatore.

reniform ['ri:nɪfɔ:m / reni·form] *agg.* (*non com.*) reniforme.

renin ['ri:nɪn] *s.* (*biochim.*) renina.

renitency [rɪ'naɪtənsɪ / re·nit·ency] *s.* (*non com.*) renitenza; riluttanza; resistenza.

renitent [rɪ'naɪtənt / re·nit·ent] *agg.* (*non com.*) renitente; restio, riluttante; recalcitrante.

rennet[1] ['renɪt / ren·net] *s.* **1** presame, caglio **2** abomaso (di ruminanti).

rennet[2] *s.* mela ranetta, renetta.

rennin ['renɪn / ren·nin] *s.* (*biochim.*) rennina, chimosina.

reno ['reɪnəʊ] *pl.* **renos** *s.* (*fam. amer.*) casa ristrutturata.

to **renominate** [,ri:'nɒmɪneɪt / re·nom·in·ate] *v.tr.* **1** nominare di nuovo **2** riproporre la candidatura di.

renounce [rɪ'naʊns / re·nounce] *s.* (*carte*) rifiuto.

to **renounce** *v.tr.* (*form.*) **1** rinunciare a: (*dir.*) *to — a right*, rinunciare a un diritto; *to — the throne*, rinunciare al trono; *to — the world*, rinunciare al mondo, ai piaceri mondani **2** rinnegare: *to — one's faith, one's son*, rinnegare la propria fede, il proprio figlio ◆ *v.intr.* (*carte*) rifiutare, non rispondere con lo stesso seme.

renouncement [rɪ'naʊnsmənt / re·nounce·ment] *s.* (*non com.*) rinuncia.

renouncer [rɪ'naʊnsə* / re·nouncer] *s.* **1** chi rinuncia **2** (*dir.*) rinunciatario.

to **renovate** ['renəʊveɪt / ren·ov·ate] *v.tr.* **1** rinnovare; ripristinare; ristrutturare **2** (*antiq.*) rinvigorire.

renovation [,renəʊ'veɪʃn / re·nova·tion] *s.* rinnovazione; rinnovamento.

renovator ['renəʊveɪtə* / ren·ov·ator] *s.* rinnovatore.

renown [rɪ'naʊn / re·nown] *s.* (*form.*) rinomanza, celebrità, fama: *man of great —*, uomo di chiara fama.

renowned [rɪ'naʊnd / re·nowned] *agg.* rinomato, celebre, famoso.

rent[1] [rent] *s.* **1** pigione; affitto; canone; nolo: *we pay a high —*, paghiamo un affitto alto; *— control*, equo canone; *— freeze*, blocco degli affitti; *— strike*, insolvenza nell'affitto (per protesta), autoriduzione del canone // *for —*, affittasi **2** (*ant.*) reddito; entrata; rendita (del proprietario fondiario) // (*econ.*) (*economic*) —, rendita // *life —*, rendita vitalizia.

to **rent**[1] *v.tr.* **1** affittare, prendere in affitto; dare in affitto: *to — a house*, affittare una casa **2** noleggiare: *to — a car, a* TV, noleggiare un'automobile, un televisore ◆ *v.intr.* venire (a costare) d'affitto; costare d'affitto: *this room rents for a hundred pounds a week*, questa camera viene cento sterline alla settimana.

□ **rent out** *v.tr.* e *avv.* (*spec. amer.*) dare in affitto, affittare.

rent[2] *s.* **1** strappo; lacerazione; squarcio **2** spaccatura; fessura; fenditura **3** (*rar.*) (*fig.*) rottura, scisma.

rent[2] *pass.p.p.* di to **rend** ◆ *agg.* strappato; lacerato.

to **rent**[2] (*ant.*) → to **rend**.

rent-a- ['rentə] *pref.* che affitta: *rent-a-car*, che affitta auto; *rent -a-rep*, rappresentante per prestazioni temporanee.

rentable ['rentəbl / rent·able] *agg.* affittabile.

rental ['rentl] *s.* **1** introito derivante da affitti; reddito di fabbricati; valore locativo **2** somma pagata, ricevuta come affitto; canone, affitto **3** casa, appartamento offerto in affitto **4** noleggio.

rental library ['rentl,laɪbrərɪ *amer.* 'rentl ,laɪbrerɪ] *s.* (*amer.*) biblioteca circolante BRIT. lending library.

rent-a-pig ['rentəpɪg] *s.* (*sl. amer.*) guardia privata in divisa.

rent boy ['rent,bɔɪ] *s.* (*fam.*) giovane prostituto; gigolo.

renter ['rentə*] *s.* **1** fittavolo **2** (*non com.*) distributore di film **3** affittuario, locatario; inquilino **4** locatore.

rent-free ['rent,fri:] *agg.* gratuito (di alloggio) ◆ *avv.* gratis (di alloggio).

rentier ['rɒntɪeɪ / ren·tier] *s.* **1** (*spreg.*) chi vive di rendita **2** (*fin.*) rentier, redditiere.

rent-roll ['rentrəʊl] *s.* lista degli affitti, ruolo dei censi (pagati a un unico proprietario).

to **renumber** [,ri:'nʌmbə* / re·num·ber] *v.tr.* rinumerare, rifare la numerazione di.

renunciation [rɪ,nʌnsɪ'eɪʃn / re·nun·ci·ation] *s.* **1** rinuncia; abbandono: (*dir.*) *— of property*, cessione di proprietà **2** (*fig.*) rinuncia; sacrificio **3** ripudio, rinnegamento: *— of oath*, abiura.

renunciative [rɪ'nʌnʃɪətɪv / re·nun·ci·at·ive] **renunciatory** [rɪ'nʌnʃɪətərɪ / re·nun·ci·at·ory] *agg.* (*form.*) rinunciante.

to **reoccupy** [,ri:'ɒkju:paɪ / re·oc·cupy] *v.tr.* rioccupare.

to **reopen** [,ri:'əʊpən / re·open] *v.tr.* e *intr.* riaprire, riaprirsi (*anche fig.*).

reopening [,ri:'əʊpnɪŋ / re·open·ing] *s.* riapertura.

reorganization ['ri:,ɔ:gənaɪ'zeɪʃn / re·or·gan·iza·tion] *s.* riorganizzazione, riassetto; ristrutturazione.

to **reorganize** [,ri:'ɔ:gənaɪz / re·or·gan·ize] *v.tr* riorganizzare; ristrutturare ◆ *v.intr.* riorganizzarsi.

rep[1] [rep] *s.* reps, tessuto a coste.

rep[2] *s.* (*fam.*) **1** compagnia a repertorio fisso **2** teatro che ospita una compagnia a repertorio fisso **3** → repertory.

rep[3] *s.* (*fam.*) → **representative** 3.

to **rep**[3] *v.intr.* (*fam.*) (*comm.*) fare il rappresentante: *to — for a company*, fare il rappresentante per una società.

rep[4] *s.* (*fam. spec. amer.*) abbr. di → **reputation**.

Rep *s.* abbr. di → **Republican**.

to **repackage** [,ri:'pækɪdʒ / re·pack·age] *v.tr.* (*inform.*) riorganizzare.

repaid *pass.p.p.* di to **repay**.

to **repaint** [,ri:'peɪnt / re·paint] *v.tr.* ridipingere.

repair[1] [rɪ'peə* / re·pair] *s.* **1** (*ant.*) riparo, rifugio, ritiro **2** (*rar.*) affluenza (di persone): *place of great —*, luogo molto frequentato.

to **repair**[1] *v.intr.* (*antiq.*) **1** riparare; rifugiarsi: *to — to a place*, riparare, trovare rifugio in un luogo **2** affluire; recarsi abitualmente.

repair[2] *s.* **1** riparazione: *beyond —*, irreparabile; *broken beyond —*, irrimediabilmente rotto; *our telephone is out of —*, il nostro telefono è guasto; *the road is under —*, la strada è in riparazione; *this house needs a lot of repairs*, questa casa ha bisogno di molti restauri // *repairs done while you wait*, riparazioni rapide **2** stato: *in bad —*, in cattivo stato; *in good —*, in buono stato **3** (*mar.*) raddobbo.

to **repair**[2] *v.tr.* **1** riparare; aggiustare; restaurare; fare riparazioni a: *to — a bike*, aggiustare una bicicletta; *to — a house*, restaurare una casa **2** (*fig. form.*) riparare; rimediare: *he repaired his past misdeeds*, ha rimediato alle malefatte del passato.

repairable [rɪ'peərəbl / re·pair·able] *agg.* riparabile.

repairer [rɪ'peərə* / re·pairer] *s.* riparatore, chi ripara: *shoe —*, calzolaio; *watch —*, orologiaio (riparatore).

repairman [rɪ'peəmæn / re·pair·man] *pl.* **repairmen** [rɪ'peəmen] *s.* riparatore, tecnico riparatore.

repand [rɪ'pænd / re·pand] *agg.* **1** (*non com.*) ondulato **2** (*bot.*) col margine ondulato (di foglia).

to **repaper** [,ri:'peɪpə* / re·pa·per] *v.tr.* ritappezzare.

reparable ['repərəbl / rep·ar·able] *agg.* riparabile // **-bly** *avv.*

reparation [,repə'reɪʃn / re·para·tion] *s.* (*form.*) **1** riparazione: *to make — for the ill done*, riparare al male fatto **2** risarcimento (*anche dir.*) **3** *pl.* riparazioni di guerra.

reparative [rɪ'pærətɪv / rep·ar·at·ive] *agg.* (*form.*) **1** di riparazione; che ripara **2** che risarcisce (*anche dir.*).

repartee [,repɑ:'ti: / re·par·tee] *s.* **1** risposta pronta e spiritosa; replica arguta **2** abilità nel dare risposte spiritose.

to **repartee** *v.intr.* (*rar.*) replicare, rispondere in modo spiritoso, argutamente.

repartition [,repɑ:'tɪʃn / re·par·ti·tion] *s.* (*non com.*) **1** ripartizione; suddivisione **2** nuova suddivisione; nuova distribuzione.

to **repartition** *v.tr.* (*non com.*) ripartire; suddividere.

to **repass** [,ri:'pɑ:s *amer.* ,ri:'pæs / re·pass] *v.tr.* e *intr.* (*non com.*) ripassare (per un luogo); riattraversare.

repassage [,ri:'pæsɪdʒ / re·pass·age] *s.* (*non com.*) successivo passaggio, il passare nuovamente (per un luogo).

repast [rɪ'pɑ:st *amer.* rɪ'pæst / re·past] *s.* (*form.*) pasto: *a rich —*, un ricco pasto.

repatriate [,ri:'pætrɪeɪt / re·pat·ri·ate] *s.* rimpatriato.

to **repatriate** *v.tr.* e *intr.* rimpatriare.

repatriation [,ri:pætrɪ'eɪʃn / re·pat·ri·ation] *s.* rimpatrio.

to **repay** [ri:'peɪ / re·pay] *pass.p.p.* **repaid** [ri:'peɪd / re·paid] *v.tr.* **1** ripagare; restituire: *this money will soon be repaid to you*, questo denaro ti sarà presto restituito; *to — a visit*, restituire una visita **2** ricompensare; risarcire: *it will — you for your trouble*, ciò ti ricompenserà per il tuo disturbo; *she repaid them by* (o *with) babysitting once a week*, li ricompensò facendo la baby-sitter una volta alla settimana **3** meritare (attenzione): *this book repays close attention*, questo libro merita un'attenzione particolare ◆ *v.intr.* effettuare un rimborso, una restituzione.

repayable [ri:'peɪəbl / re·pay·able] *agg.* **1** rimborsabile, restituibile **2** ricompensabile.

repayment [ri:'peɪmənt / re·pay·ment] *s.* **1** rimborso, restituzione **2** ricompensa **3** rata (di pagamento).

repeal [rɪ'pi:l / re·peal] *s.* revoca, abrogazione; annullamento: (*dir.*) — *of a statute*, abrogazione di una legge; — *by implication*, abrogazione tacita.

to **repeal** *v.tr.* revocare, abrogare; abolire, annullare: (*dir.*) *to — a law*, abrogare una legge; *to — a will*, annullare un testamento.

repealable [rɪ'pi:ləbl / re·peal·able] *agg.* revocabile, abrogabile (*anche dir.*).

repealer [rɪ'pi:lə* / re·pealer] *s.* **1** abrogatore; abolitore **2** (*dir.*) provvedimento abrogativo **3** (*st. irl.*) oppositore all'unione con la Gran Bretagna.

repeat [rɪ'pi:t / re·peat] *s.* **1** ripetizione; (*tv, rad.*) replica // (*comm.*) — *order*, ordine ripetitivo (di merce dello stesso genere) **2** (*mus.*) ripresa.

to **repeat** *v.tr.* ripetere: *she repeated that she didn't want to see him any more*, ripeté che non voleva più vederlo; *he repeated the test twice*, ripeté il test due volte; *to — oneself*, ripetersi // *it doesn't bear repeating*, non si può ripetere (di parolaccia); studiare, recitare a memoria ◆ *v.intr.* **1** ripetere, dire di nuovo **2** ricorrere; ritornare **3** tornare alla gola (di cibo) **4** (*amer.*) votare più volte in una stessa elezione.

repeatable [rɪ'pi:təbl / re·peat·able] *agg.* ripetibile.

repeated [rɪ'pi:tɪd / re·peated] *agg.* ripetuto // **-ly** *avv.*

repeater [rɪ'pi:tə* / re·peater] *s.* **1** ripetitore, chi ripete **2** arma da fuoco a ripetizione **3** orologio a ripetizione; bussola ripetitrice; (*tel.*) ripetitore **4** (*non com.*) ripetente (a scuola) **5** (*non com.*) delinquente recidivo **6** (*amer.*) elettore fraudolento (che vota due volte) **7** (*mat.*) numero periodico.

repeating [rɪ'pi:tɪŋ / re·peat·ing] *agg.* a ripetizione: — *rifle*, fucile a ripetizione; — *watch*, orologio a ripetizione // (*mat.*) — *decimal*, decimale periodico.

repechage ['repeʃɑ:ʒ / re·pech·age] *s.* (*sport*) ripescaggio.

to **repel** [rɪ'pel / re·pel] *pass.p.p.* **repelled** [rɪ'peld / re·pelled] *v.tr.* **1** respingere: *to — the enemy*, respingere il nemico; *to — a suitor*, respingere un corteggiatore **2** (*fis., chim.*) respingere; essere incapace di combinarsi con: *water repels oil*, l'acqua non si combina con l'olio **3** ripugnare a; ispirare ripugnanza a; disgustare: *dirty jokes — me*, le barzellette spinte mi ripugnano ◆ *v.intr.* (*fis., chim.*) respingersi.

repellent [rɪ'pelənt / re·pel·lent] *agg.* **1** repellente, che respinge **2** repellente, ripulsivo, ripugnante: *to be — to s.o.*, ripugnare a qlcu. // **-ly** *avv.*

repellent *s.* sostanza repellente: *insect —*, insettifugo.

repent[1] ['ri:pənt / re·pent] *agg.* **1** (*zool.*) strisciante **2** (*bot.*) rampicante.

to **repent**[2] [rɪ'pent] *v.intr.* (*form.*) (I) pentirsi: *he had nothing to — of*, non aveva nulla di cui pentirsi ◆ *v.tr.* (*form.*) (I): *he repented having been so rude*, si pentì di essere stato così maleducato; *he repented his offer*, si pentì della sua offerta.

repentance [rɪ'pentəns / re·pent·ance] *s.* pentimento, contrizione.

repentant [rɪ'pentənt / re·pent·ant] *agg.* pentito, contrito // **-ly** *avv.*

repenter [rɪ'pentə* / re·penter] *s.* (*non com.*) penitente.

to **repeople** [,ri:'pi:pl / re·people] *v.tr.* ripopolare.

repercussion [,ri:pə'kʌʃn / re·per·cus·sion] *s.* ripercussione, conseguenza.

repercussive [,ri:pə'kʌsɪv / re·per·cuss·ive] *agg.* ripercussivo.

repertoire ['repətwɑ:* / rep·er·toire] *s.* repertorio.

repertory ['repətərɪ *amer.* 'repətɔ:rɪ / rep·er·tory] *s.* **1** repertorio; lista, catalogo (*anche inform.*) **2** (*teatr.*) repertorio; teatro di repertorio: *to perform in —*, fare teatro di repertorio.

repetend ['repɪtend / rep·et·end] *s.* **1** (*mat.*) periodo (di numero periodico) **2** (*non com.*) ritornello; motivo ricorrente.

repetition [,repɪ'tɪʃn / re·pe·ti·tion] *s.* ripetizione; copia; replica.

repetitious [,repɪ'tɪʃəs / re·pe·ti·tious] *agg.* che (si) ripete, pieno di ripetizioni; noioso, ripetitivo // **-ness** *s.*

repetitive [rɪ'petɪtɪv / re·pet·it·ive] *agg.* che (si) ripete, caratterizzato da ripetizioni; ripetitivo, noioso // **-ly** *avv.* // **-ness** *s.*

to **rephrase** [,ri:'freɪz / re·phrase] *v.tr.* esprimere, formulare di nuovo; riformulare (in modo diverso o più comprensibile).

to **repine** [rɪ'paɪn / re·pine] *v.intr.* (*form.*) dolersi; lamentarsi; lagnarsi; affliggersi: *to — at* (o *against*) *one's fate*, dolersi del proprio destino.

repiningly [rɪ'paɪnɪŋlɪ / re·pin·ing·ly] *avv.* (*form.*) lamentosamente, con tono scontento, insoddisfatto.

to **replace** [rɪ'pleɪs / re·place] *v.tr.* **1** rimpiazzare; sostituire; prendere il posto di; succedere a: *to — a lost book with a new one*, sostituire un libro perso con uno nuovo; *to be replaced by s.o.*, essere sostituito da qlcu. **2** (*form.*) ricollocare, rimettere a posto; restituire.

replaceable [rɪ'pleɪsəbl / re·place·able] *agg.* **1** sostituibile **2** (*dir. comm.*) fungibile: — *goods*, cose, beni fungibili.

replacement [rɪ'pleɪsmənt / re·place·ment] *s.* **1** sostituzione (*anche geol.*) // (*econ.*) — *cost*, costo di sostituzione, di rimpiazzo // *a — heart valve*, una valvola cardiaca artificiale **2** ricollocamento **3** sostituto **4** ricambio, pezzo di ricambio.

to **replant** [,ri:'plɑ:nt *amer.* ,ri:'plænt / re·plant] *v.tr.* (*non com.*) ripiantare; trapiantare (piante).

replay ['ri:pleɪ / re·play] *s.* **1** partita ripetuta; spareggio **2** ripetizione (di qlco. che si è registrato), replay: *they saw an action — of the goal*, videro il replay dell'azione del goal SIN. playback.

to **replay** [,ri:'pleɪ] *v.tr.* **1** rigiocare, ripetere (una partita) **2** ripetere, riascoltare, rivedere (qlco. che si è registrato): *he replayed the song*, riascoltò la canzone.

repleader [,ri:'pli:də* / re·plead·er] *s.* (*dir.*) **1** replica, diritto di replica **2** rinnovazione di atti processuali (per ordine del giudice).

to **replenish** [rɪ'plenɪʃ / re·plen·ish] *v.tr.* **1** (*form.*) riempire; rifornire: *to — stocks*, rifornire le scorte; *to — with water*, riempire di acqua **2** (*ant.*) ripopolare.

replenished [rɪ'plenɪʃt / re·plen·ished] *avv.* (*ant.*) interamente, completamente: *we smothered / the most replenished sweet work of Nature*, (SH. Richard III) abbiamo soffocato la più squisitamente dolce opera del creato.

replenishment [rɪ'plenɪʃmənt / re·plen·ish·ment] *s.* (*form.*) riempimento; rifornimento.

replete [rɪ'pli:t / re·plete] *agg.* (*form.*) **1** pieno, ripieno, zeppo, colmo: — *with*, pieno di **2** sazio, satollo // **-ness** *s.*

repletion [rɪ'pli:ʃn / re·ple·tion] *s.* **1** (*form.*) pienezza; sazietà: *full to —*, satollo; pieno zeppo **2** (*med.*) pletora, replezione.

replevin [rɪ'plevɪn / re·plevin] *s.* (*dir.*) **1** restituzione sotto cauzione **2** decreto concedente tale restituzione **3** azione derivante da tale restituzione.

to **replevy** [rɪ'plevɪ / re·plevy] *v.tr.* (*dir.*) recuperare sotto cauzione.

replica ['replɪkə / rep·lica] *s.* **1** riproduzione (di un'opera d'arte) **2** fac-simile, copia; duplicato.

replicate ['replɪkɪt / rep·lic·ate] *agg.* (*bot.*) ripiegato su se stesso.

replicate *s.* (*mus.*) motivo ripetuto in ottava più alta, più bassa.

to **replicate** ['replɪkeɪt] *v.tr.* **1** replicare; ripetere: *to — an experiment*, ripetere un esperimento **2** (*rar.*) piegare all'indietro ◆ *v.intr.* (*biol.*) moltiplicarsi; replicarsi (di cellule e molecole organiche).

replication [,replɪ'keɪʃn / rep·lica·tion] *s.* **1** (*rar.*) risposta; (*dir.*) replica **2** (*non com.*) ripercussione, eco **3** riproduzione, copia **4** (*biol.*) moltiplicazione, replicazione **5** (*rar.*) piega, ripiegatura.

replier [rɪ'plaɪə* / re·plier] *s.* chi replica, risponde.

reply [rɪ'plaɪ / re·ply] *s.* **1** risposta: *what did she say in —?*, che cosa disse in risposta? // — *card*, cartolina con risposta pagata; ricevuta di ritorno (di raccomandata) **2** (*dir.*) replica **3** (*comm.*) riscontro: *in — to your letter*, facendo riscontro alla vostra lettera.

to **reply** *v.tr.* e *intr.* rispondere, replicare: *replying to your letter*, in risposta alla vostra lettera; *to — in the affirmative*, (*form.*) rispondere di sì; *to — an e-mail*, rispondere a un messaggio di posta elettronica.

reply-paid [rɪ'plaɪ'peɪd] *agg.* con risposta pagata (di telegramma, cartolina).

repo ['ri:pəʊ] *s.* **1** (*fam. amer.*) automobile espropriata all'acquirente insolvente: — *man*, persona incaricata di espropriare l'automobile all'acquirente insolvente **2** (*fin.*) operazione pronti contro termine • Contr. di *repurchase operation*, 'operazione di riacquisto'.

to **repopulate** [ˌri:'pɒpju:leɪt / re·popu·late] *v.tr.* ripopolare.

repopulation ['ri:ˌpɒpjʊ'leɪʃn / re·popu·lation] *s.* ripopolamento.

report [rɪ'pɔ:t / re·port] *s.* **1** voce (pubblica), notizia, diceria: — *has it that he won a fortune in a lottery*, corre voce che abbia vinto una fortuna alla lotteria **2** (*form.*) reputazione, fama **3** rapporto, verbale, relazione; servizio (giornalistico); libro bianco: *to make a* —, fare un rapporto // (*amm.*): *financial* —, relazione finanziaria; *feasibility* —, relazione di fattibilità // *law reports*, cronaca giudiziaria; (*dir.*) raccolta di giurisprudenza **4** pagella, giudizio scolastico: — *card*, (*amer.*) pagella **5** (*form.*) rumore; scoppio, rimbombo, detonazione: *a loud* —, una forte detonazione **6** (*inform.*) rapporto, relazione; (IBM) prospetto, situazione, stato (di stampa meccanografica): — *writer*, programma di redazione; — *file*, archivio.

to **report** *v.tr.* **1** riportare, riferire; fare la relazione di: *an attack was reported on the northern frontier*, fu riferito di un attacco alla frontiera settentrionale; *to — a trial*, fare la cronaca di un processo **2** riportare, denunciare // (*trib.*) *to — one's income*, dichiarare i propri redditi ◆ *v.intr.* **1** riferire; fare rapporto: *they — weekly on the situation*, fanno rapporto ogni settimana sulla situazione **2** essere corrispondente, cronista: *he reports for The Times*, è corrispondente del Times **3** presentarsi: *you must — for work on Monday*, dovete presentarvi al lavoro lunedì.

□ **report back** *v.tr.* e *avv.* fare rapporto, riferire: *the journalist reported back that the strike was over*, il giornalista riferì che lo sciopero era finito ◆ *v.intr.* e *avv.* **1** presentare un rapporto, riferire: *the government committee reported back on the cause of the race riots*, il comitato governativo ha presentato un rapporto sulle cause dei disordini razziali **2** ripresentarsi.

reportable [rɪ'pɔ:təbl / re·port·able] *agg.* **1** riferibile: *one's — income*, il reddito da dichiarare (al fisco) **2** che merita di essere riportata, riferita (di notizia).

reportage [ˌrepɔ:'tɑ:ʒ / re·port·age] *s.* **1** reportage, servizio giornalistico **2** stile giornalistico.

reportedly [rɪ'pɔ:tɪdlɪ / re·por·ted·ly] *avv.* da quanto viene riferito, da quel che si dice.

reporter [rɪ'pɔ:tə* / re·porter] *s.* **1** reporter, cronista: *crime* —, cronista di (cronaca) nera; *sports* —, cronista sportivo // *the Reporters' Gallery*, tribuna della stampa (in Parlamento) **2** stenografo (al Parlamento) // (*dir.*) *court* —, cancelliere che verbalizza il processo.

reportorial [ˌrepə'tɔ:rɪəl / re·port·orial] *agg.* (*spec. amer.*) di, da cronista.

reposal [rɪ'pəʊzl / re·posal] *s.* (*form.*): — *of trust* (o *confidence*) *in s.o.*, fiducia in qlcu.

repose[1] [rɪ'pəʊz / re·pose] *s.* (*form.*) **1** riposo; quiete, tranquillità **2** pacatezza; compostezza **3** armonia (di colori, proporzioni ecc.).

to **repose**[1] *v.tr.* (*ant.*) posare; riposare, dare riposo a: *to — oneself*, riposarsi ◆ *v.intr.* (*form.*) **1** riposare, riposarsi; giacere: *his body reposes under this stone*, il suo corpo riposa sotto questa lapide **2** basarsi: *to — on sthg.*, basarsi su qlco.

to **repose**[2] *v.tr.* (*form.*) **1** porre, riporre (fiducia ecc.): *to — one's trust in s.o.*, riporre la propria fiducia in qlcu. **2** (*rar.*) porre, riporre, depositare.

reposeful [rɪ'pəʊzfʊl / re·pose·ful] *agg.* (*form.*) riposante; tranquillo // **-ly** *avv.*

repository [rɪ'pɒzɪtərɪ *amer.* rɪ'pɒzɪtɔ:rɪ / re·pos·it·ory] *s.* **1** deposito; magazzino; ripostiglio **2** (*non com.*) museo, collezione **3** (*fig.*) miniera (d'informazioni ecc.) **4** (*non com.*) tomba **5** (*fig. form.*) confidente.

to **repossess** [ˌri:pə'zes / re·pos·sess] *v.tr.* rientrare in possesso di; riprendersi (un oggetto per inadempienza dell'acquirente): *they are threatening to — all the furniture*, minacciano di riprendersi tutto il mobilio.

repossession [ˌri:pə'zeʃn / re·pos·ses·sion] *s.* (*dir.*) riacquisto, ripresa del possesso: — *order*, ordine di reintegrazione del possesso.

to **repot** [ˌri:'pɒt / re·pot] *pass.p.p.* **repotted** [ˌri:'pɒtɪd / re·pot·ted] *v.tr.* rinvasare.

repotting [ˌri:'pɒtɪŋ / re·pot·ting] *s.* (*agr.*) rinvasatura.

repoussé [rə'pu:seɪ / re·poussé] *agg.* (*fr.*) sbalzato, a sbalzo, martellato ◆ *s.* metallo lavorato a sbalzo.

repp → **rep**[1].

to **reprehend** [ˌreprɪ'hend / rep·re·hend] *v.tr.* (*form.*) riprendere, rimproverare, biasimare, censurare.

reprehensible [ˌreprɪ'hensəbl / rep·re·hens·ible] *agg.* (*form.*) riprensibile, biasimevole // **-bly** *avv.*

reprehension [ˌreprɪ'henʃn / rep·re·hen·sion] *s.* (*form.*) biasimo, critica; rimprovero.

to **represent** [ˌreprɪ'zent / rep·res·ent] *v.tr.* **1** rappresentare, sostituire, fare le veci di: *the Queen was represented by the Duke of Edinburgh*, la regina era rappresentata dal duca di Edimburgo **2** (*dir.*) rappresentare (una parte in causa, un soggetto in genere) **3** significare, avere valore di: *these words — nothing*, queste parole non significano nulla **4** simboleggiare **5** rappresentare, raffigurare, dipingere (*anche fig.*): *picture representing a hunting scene*, quadro raffigurante una scena di caccia; *he represents himself as a model of virtue*, si presenta come, parla di sé come se fosse un modello di virtù; *exactly as represented*, conforme alla descrizione **6** (*form.*) far notare, far presente; dichiarare: *they must — their urgent need to the government*, devono far presenti al governo le loro urgenti necessità **7** (*non com.*) rappresentare (una commedia); recitare (una parte) **8** (*ant.*) spiegare.

to **re-present** [ˌri:prɪ'zent] *v.tr.* ripresentare.

representable [ˌreprɪ'zentəbl / rep·res·ent·able] *agg.* rappresentabile.

representation [ˌreprɪzen'teɪʃn / rep·res·enta·tion] *s.* **1** rappresentazione, raffigurazione; immagine **2** rappresentanza: (*pol.*) *proportional* —, rappresentanza proporzionale (in Parlamento ecc.), proporzionalismo **3** (*teatr.*) (*non com.*) rappresentazione; interpretazione **4** (*form.*) istanza; esposto; rimostranza, protesta: *the diplomat made representations on behalf of the Indian government to the local authorities*, il diplomatico ha presentato le rimostranze formali da parte del governo indiano alle autorità locali **5** *pl.* (*assicurazioni*) dichiarazioni dell'assicurato.

representational [ˌreprɪzen'teɪʃənl / rep·res·enta·tional] *agg.* (*arte*) che rappresenta la realtà.

representative [ˌreprɪ'zentətɪv / rep·res·ent·at·ive] *agg.* **1** rappresentativo; rappresentante: — *government*, governo rappresentativo; — *body*, organo rappresentativo; (*stat.*) — *sample*, campione rappresentativo; (*econ.*) — *firm*, impresa rappresentativa; — *office*, rappresentanza (estera) **2** che rappresenta, che simbolizza: *allegory — of charity*, allegoria che rappresenta la carità **3** tipo; tipico, caratteristico: *a — modern play*, una tipica commedia moderna ◆ *s.* **1** esempio tipico, campione **2** delegato; rappresentante (*anche dir., pol.*) // *the House of Representatives*, la Camera dei Rappresentanti (al Congresso degli Stati Uniti) **3** (*comm.*) rappresentante (di commercio), agente // **-ly** *avv.* // **-ness** *s.*

to **repress** [rɪ'pres / re·press] *v.tr.* **1** reprimere; frenare: *to — a rising*, reprimere una rivolta **2** (*psic.*) rimuovere.

repressed [rɪ'prest / re·pressed] *agg.* represso, contenuto // — *inflation*, inflazione repressa // (*psic.*) — *experience*, *content*, il rimosso.

repressible [rɪ'presəbl / re·press·ible] *agg.* reprimibile.

repression [rɪ'preʃn / re·pres·sion] *s.* **1** repressione **2** (*psic.*) rimozione.

repressive [rɪ'presɪv / re·press·ive] *agg.* **1** repressivo **2** (*psic.*) di rimozione.

repressively [rɪ'presɪvlɪ / re·press·ive·ly] *avv.* in modo repressivo.

repressiveness [rɪ'presɪvnɪs / re·press·ive·ness] *s.* carattere repressivo.

repricing [ˌri:'praɪsɪŋ / re·pri·cing] *s.* (*fin.*) revisione dei tassi (nei titoli a tasso variabile).

reprieve [rɪ'pri:v / re·prieve] *s.* **1** dilazione **2** sospensione, commutazione di pena capitale.

to **reprieve** *v.tr.* **1** accordare una dilazione a; concedere una tregua a **2** sospendere l'esecuzione di; commutare la pena capitale a (un condannato), graziare.

reprimand ['reprɪmɑ:nd *amer.* 'reprɪmænd / rep·rim·and] *s.* rimprovero, sgridata.

to **reprimand** *v.tr.* rimproverare, riprendere, sgridare.

reprint [ˌri:'prɪnt / re·print] *s.* ristampa; nuova tiratura.

to **reprint** *v.tr.* ristampare.

reprisal [rɪ'praɪzl / re·prisal] *s.* rappresaglia: *to carry out* (o *to take*) *reprisals*, compiere rappresaglie; *in — for*, in rappresaglia, come rappresaglia per.

reprise [rɪ'praɪz / re·prise] *s.* **1** (*dir.*) detrazione annua **2** (*mus.*) ripresa, ritornello **3** ripresa; ricorrenza: *in several reprises*, a più riprese **4** (*ant.*) rappresaglia.

reproach [rɪ'prəʊtʃ / re·proach] *s.* **1** rimprovero, biasimo: *her conduct was above* (o *beyond*) —, la sua condotta fu ineccepibile **2** rimprovero, sgridata, rabbuffo: *she ignored his reproaches*, ignorò i suoi rimproveri **3** (*form.*) vituperio, obbrobrio; vergogna, disonore: *a — to civilization*, una vergogna per la civiltà.

to **reproach** *v.tr.* **1** rimproverare, biasimare, riprovare, censurare: *to — s.o. with sthg.*, rimproverare qlcu. di qlco.; *he had nothing to — himself with, it wasn't his fault*, non aveva niente da rimproverarsi, non era colpa sua 2 (*rar.*) screditare; esporre ai rimproveri, al biasimo.

reproachable [rɪ'prəʊtʃəbl / re·proach·able] *agg.* riprovevole // **-bly** *avv.*

reproachful [rɪ'prəʊtʃfʊl / re·proach·ful] *agg.* 1 di rimprovero 2 riprovevole; vergognoso // **-ly** *avv.* // **-ness** *s.*

reprobate ['reprəʊbeɪt / rep·rob·ate] *agg.* 1 (*antiq.*) empio, reprobo, dannato 2 (*form.*) dissoluto; immorale; sregolato ♦ *s.* 1 (*antiq.*) (*teol.*) reprobo, dannato 2 (*form.*) scapestrato; immorale; libertino.

to **reprobate** *v.tr.* (*ant.*) 1 riprovare; biasimare; censurare 2 (*teol.*) dannare.

reprobation [,reprəʊ'beɪʃn / rep·roba·tion] *s.* (*form.*) 1 riprovazione; biasimo: *the fear of public* —, il timore del biasimo pubblico 2 (*teol.*) condanna, dannazione: *...did he live now, / this sight would make him... / ...fall to reprobation*, (SH. Othello) ...se fosse vivo, questa vista lo manderebbe... alla perdizione.

to **reproduce** [,ri:prə'dju:s *amer.* ,ri:prə'du:s / re·pro·duce] *v.tr.* e *intr.* riprodurre, riprodursi.

reproduceable [,ri:prə'dju:səbl *amer.* ,ri:prə'du:səbl / re·pro·duce·able] *agg.* (*rar.*) riproducibile.

reproducer [,ri:prə'dju:sə* *amer.* ,ri:prə'du:sə* / re·pro·du·cer] *s.* 1 chi riproduce, riproduttore (*anche biol.*) 2 (*elettr.*) sonoro; apparecchio riproduttore del suono 3 (*inform.*) riproduttore.

reproducible [,ri:prə'dju:səbl *amer.* ,ri:prə'du:səbl / re·pro·du·cible] *agg.* (*non com.*) riproducibile.

reproduction [,ri:prə'dʌkʃn / re·pro·duc·tion] *s.* 1 riproduzione, generazione; procreazione 2 riproduzione, il riprodurre (qlco.): — *cost*, costo di riproduzione; *my stereo gives poor* (*sound*) —, il mio stereo dà una cattiva riproduzione del suono 3 riproduzione, copia (riprodotta); imitazione.

reproductive [,ri:prə'dʌktɪv / re·pro·duct·ive] *agg.* riproduttivo; riproduttore: (*anat.*) — *system*, apparato riproduttivo // **-ly** *avv.* // **-ness** *s.*

reproof [rɪ'pru:f / re·proof] *s.* (*form.*) rimprovero; biasimo.

to **reprove** [rɪ'pru:v / re·prove] *v.tr.* (*form.*) riprovare, rimproverare; biasimare: *to — s.o. for his faults*, riprendere qlcu. per le sue colpe.

reproving [rɪ'pru:vɪŋ / re·prov·ing] *agg.* (*form.*) di rimprovero; di biasimo: *a — glance*, un'occhiata di rimprovero // **-ly** *avv.*

reps [reps] *s.* reps, tessuto a coste.

reptant ['reptənt / rept·ant] *agg.* 1 (*zool.*) strisciante, reptante 2 (*bot.*) rampicante, strisciante.

reptile ['reptaɪl *amer.* 'reptl / rep·tile] *agg.* 1 (*bot., zool.*) strisciante 2 (*fig.*) servile // *the — press*, la stampa asservita, prezzolata ♦ *s.* (*zool.*) rettile.

reptilian [rep'tɪlɪən / rep·ti·lian] *agg.* 1 di, simile a rettile 2 (*fig.*) servile, strisciante; vile ♦ *s.* rettile.

republic [rɪ'pʌblɪk / re·pub·lic] *s.* repubblica // *the — of letters*, la repubblica delle lettere.

republican [rɪ'pʌblɪkən / re·pub·lican] *agg.* e *s.* 1 repubblicano 2 *Republican*, repubblicano, che, chi vota, sostiene il partito repubblicano (spec. negli Stati Uniti).

republicanism [rɪ'pʌblɪkənɪzəm / re·pub·lic·an·ism] *s.* 1 repubblicanesimo 2 *Republicanism*, ideologia del partito repubblicano (negli Stati Uniti).

to **republicanize** [rɪ'pʌblɪkənaɪz / re·pub·lic·an·ize] *v.tr.* 1 (*non com.*) trasformare in repubblica 2 rendere repubblicano.

republication ['ri:,pʌblɪ'keɪʃn / re·pub·lica·tion] *s.* 1 (*non com.*) ripubblicazione; nuova edizione 2 (*dir.*) nuova pubblicazione (di legge, decreto); nuova stesura (di testamento).

to **republish** [,ri:'pʌblɪʃ / re·pub·lish] *v.tr.* 1 ripubblicare; preparare una nuova edizione di (libro ecc.) 2 (*dir.*) emanare nuovamente (una legge); cambiare, redigere nuovamente (un testamento).

to **repudiate** [rɪ'pju:dɪeɪt / re·pu·di·ate] *v.tr.* 1 negare, respingere: *I — every insinuation he made against me*, respingo qualsiasi sua insinuazione contro di me; *to — a charge*, respingere un'accusa 2 respingere, rifiutare: *to — an offer*, rifiutare un'offerta 3 rifiutarsi di pagare (un debito) 4 (*antiq.*) ripudiare, rinnegare.

repudiation [rɪ,pju:dɪ'eɪʃn / re·pu·di·ation] *s.* 1 negazione, rifiuto 2 (*antiq.*) disconoscimento, ripudio (di persona) 3 (*dir. econ.*) ripudio: — *of the foreign debts*, ripudio dei debiti esteri.

repudiator [rɪ'pju:dɪeɪtə* / re·pu·di·ator] *s.* (*non com.*) ripudiatore, rinnegatore.

to **repugn** [rɪ'pju:n / re·pugn] *v.tr.* e *intr.* (*ant.*) opporsi (a), resistere (a); contrastare.

repugnance [rɪ'pʌgnəns / re·pug·nance] *s.* 1 (*form.*) ripugnanza, antipatia; avversione 2 (*rar.*) incompatibilità; contraddittorietà: — *of sthg. to* (o *with*) *sthg.*, incompatibilità di qlco. con qlco. 3 (*ant.*) resistenza, opposizione.

repugnancy [rɪ'pʌgnənsɪ / re·pug·nancy] *s.* 1 (*ant.*) resistenza, opposizione: *...sleep upon't, / and let the foes quietly cut their throats / without repugnancy?*, (SH. Timon of Athens) ci dormono sopra e lasciano che i nemici taglino loro la gola senza opporsi? 2 (*dir.*) contrasto tra clausola negoziale e norma di legge.

repugnant [rɪ'pʌgnənt / re·pug·nant] *agg.* 1 (*form.*) ripugnante; disgustoso, schifoso: *his presence was — to her*, la sua presenza le ripugnava 2 (*rar.*) incompatibile, contrario 3 (*rar.*) opposto, antagonistico: — *forces*, forze antagonistiche.

repulse [rɪ'pʌls / re·pulse] *s.* 1 ripulsa; rifiuto: *to suffer a* —, ricevere un rifiuto 2 (*mil.*) il respingere (il nemico che attacca); sconfitta; scacco (*anche fig.*).

to **repulse** *v.tr.* 1 (*form.*) respingere; ricusare: *to — a suitor*, respingere un corteggiatore; (*dir.*) *to — a charge* (o *an accusation*), respingere un'accusa 2 respingere (un attacco nemico).

repulsion [rɪ'pʌlʃn / re·pul·sion] *s.* 1 repulsione, ripugnanza, avversione 2 (*fis.*) repulsione.

repulsive [rɪ'pʌlsɪv / re·puls·ive] *agg.* 1 ripulsivo, repellente, ributtante 2 (*ant.*) scostante, freddo, distante (di persona, atteggiamento ecc.) 3 (*fis.*) repulsivo // **-ly** *avv.* // **-ness** *s.*

repurchase [,ri:'pɜ:tʃəs / re·pur·chase] *s.* (*form.*) riacquisto, riscatto: (*fin.*) — *price*, prezzo di riscatto; — *agreement*, operazione pronti contro termine.

to **repurchase** *v.tr.* (*form.*) riacquistare, riscattare: *repurchased stock*, azioni riscattate.

reputability [,repjʊtə'bɪlətɪ / rep·ut·ab·il·ity] *s.* 1 buona reputazione 2 attendibilità.

reputable ['repjʊtəbl / rep·ut·able] *agg.* che ha una buona reputazione; rispettabile, onorato, onorevole: *a — company*, un'azienda di buona reputazione // *a — source of information*, una fonte di informazioni attendibile // **-bly** *avv.*

reputation [,repjʊ'teɪʃn / re·pu·ta·tion] *s.* reputazione; rispettabilità; fama: *I know him only by* —, lo conosco solo di fama; *she has got a good* —, gode di una grande considerazione; *to acquire* (o *to make*) *a* — (*for oneself*), farsi un nome; *to have a — for integrity, for generosity*, goder fama di essere integro, generoso; *to have the — of being stingy*, aver fama di essere tirchio; *to lose one's* —, perdere la (propria) reputazione.

repute [rɪ'pju:t / re·pute] *s.* (*form.*) 1 reputazione; fama: *a place of ill* —, un luogo malfamato; *he is a doctor of* —, è un medico di fama; *these wines are held in high* —, questi vini sono molto rinomati; *to know s.o. by* —, conoscere qlcu. di fama 2 buona reputazione: *a restaurant of* —, un ristorante di buona fama.

to **repute** *v.tr.* (*gener. al passivo*) reputare, stimare, giudicare: *she is reputed to be the most beautiful of the three sisters*, è ritenuta, passa per la più bella delle tre sorelle.

reputed [rɪ'pju:tɪd / re·puted] *agg.* (*form.*) 1 supposto, presunto, ipotetico: *she is — to be very rich*, si pensa sia molto ricca; *his — leniency*, la sua supposta clemenza 2 (*dir.*) putativo: — *father*, padre putativo // **-ly** *avv.*

request [rɪ'kwest / re·quest] *s.* 1 domanda, richiesta; petizione; preghiera: *the government is considering the opposition's — for a debate on the Third World*, il governo sta considerando la richiesta dell'opposizione di un dibattito sul Terzo Mondo; *at s.o.'s* —, su richiesta, domanda di qlcu.; *on* (o *by*) —, su richiesta, a richiesta: *to grant a* —, accogliere una richiesta; *to make a — for sthg.*, richiedere, sollecitare qlco. // (*inform.*) — *for control*, domanda, richiesta di intervento 2 (*dir.*) istanza 3 (*form.*) richiesta: (*comm.*) *article in great* —, articolo molto richiesto // *to be in* —, (*antiq.*) essere richiesto; essere di moda 4 brano richiesto (alla radio): *the next — is for Mrs Brown of Shoreham*, la prossima richiesta è per la signora Brown di Shoreham.

to **request** *v.tr.* (*form.*) (IV) richiedere; domandare; sollecitare; pregare: *the president requested that Congress should reconsider his proposal*, il presidente richiese che il Congresso riconsiderasse la sua proposta; *passengers are requested to refrain from smoking during take-off*, i signori passeggeri sono pregati di non fumare durante il decollo; *your presence is requested*, si richiede la vostra presenza; *to — sthg. of s.o.*, chiedere qlco. a qlcu.; *to — to do sthg.*, chiedere di poter fare qlco. // (*comm.*) *as requested*, come da istruzioni.

request stop [rɪ'kwest,stɒp] *s.* fermata a richiesta, fermata facoltativa (di autobus, tram ecc.).

requiem ['rekwɪem / re·quiem] *s.* 1 messa di requiem 2 requiem.

requirable [rɪ'kwaɪərəbl / re·quir·able] *agg.* (*form.*) **1** esigibile **2** occorrente, necessario.

to **require** [rɪ'kwaɪə* / re·quire] *v.tr.* (*form.*) **1** richiedere; esigere; pretendere: *an oath is required when giving evidence*, ai testimoni si richiede di giurare; *a passport is required to travel abroad*, si richiede il passaporto per viaggiare all'estero **2** (IV) ordinare, costringere, obbligare; domandare, chiedere: *I was required to go to the chemist's*, mi si chiese di andare dal farmacista; *they required him to go away*, gli ordinarono di andarsene **3** richiedere, aver bisogno di, rendere necessario: *the development of industry requires investment in new technologies*, lo sviluppo dell'industria richiede investimenti in nuove tecnologie; *it required all my courage to tell her*, ci volle tutto il mio coraggio per dirglielo; *it requires a lot of work*, richiede molto lavoro; *this machine requires little care*, questa macchina non ha bisogno di molta manutenzione **4** (*gramm.*) reggere: *this verb requires the preposition 'to'*, questo verbo regge la preposizione 'to'.

required [rɪ'kwaɪəd / re·quired] *agg.* richiesto, domandato; obbligatorio; necessario: *— classes* (o *courses*), (*amer.*) corsi obbligatori (in scuole); *— reading*, lettura obbligatoria // (*banca*) *— reserves*, riserve obbligatorie.

requirement [rɪ'kwaɪəmənt / re·quire·ment] *s.* **1** richiesta, esigenza; bisogno, necessità: *this sum will meet my requirements*, questa somma soddisferà le mie necessità; *to meet all the requirements*, rispondere a tutte le esigenze // (*dir.*) *— contract*, contratto di somministrazione **2** fabbisogno: (*econ.*) *public sector borrowing —*, fabbisogno complessivo del settore pubblico // (*banca*) *reserve requirements*, riserva obbligatoria // (*inform.*) *storage requirements*, ingombro, esigenze di memoria **3** requisito: *the requirements for university entrance*, i requisiti per l'ammissione all'università.

requisite ['rekwɪzɪt / re·quis·ite] *agg.* (*form.*) richiesto; necessario; indispensabile ◆ *s.* requisito; oggetto, cosa necessaria: *toilet requisites*, articoli da toletta.

requisiteness ['rekwɪzɪtnɪs / re·quis·ite·ness] *s.* (*non com.*) necessità; qualità indispensabile.

requisition [,rekwɪ'zɪʃn / re·quisi·tion] *s.* **1** (*non com.*) richiesta, istanza, domanda; ordine; richiesta di fornitura: *— for materials, for supplies*, richiesta di materiali, di rifornimenti; *— form*, modulo per richiesta di forniture **2** (*mil.*) requisizione: *to call into* (o *to put in*) *—*, requisire; ricorrere a requisizione **3** (*non com.*) requisito **4** (*non com.*) domanda di estradizione.

to **requisition** *v.tr.* **1** requisire (specialmente per scopi militari) **2** fare richiesta di, fare domanda scritta di.

requital [rɪ'kwaɪtl / re·quital] *s.* (*form.*) **1** ricambio, contraccambio: *as a — for*, in contraccambio di **2** ricompensa: *a poor — for his sacrifices*, una misera ricompensa per i suoi sacrifici **3** vendetta, rappresaglia.

to **requite** [rɪ'kwaɪt / re·quite] *v.tr.* (*form.*) **1** ricompensare, ripagare: *to — s.o. for sthg.*, ricompensare qlcu. per qlco. **2** contraccambiare, ricambiare: *her love was requited with disloyalty*, il suo amore fu ricambiato, ripagato con l'infedeltà **3** vendicare.

to **reread** [,ri:'ri:d / re·read] *pass.p.p.* **reread** [,ri:'red] *v.tr.* **1** rileggere **2** fare una nuova lettura, reinterpretare (un testo).

reredos ['rɪədɒs *amer.* 'rerədɒs / rere·dos] *s.* (*arch.*) **1** dossale (in una chiesa dietro l'altare) **2** muro di fondo di camino.

rerun ['ri:rʌn / re·run] *s.* **1** presentazione di film in seconda visione; seconda, o successiva, proiezione (di film); replica **2** rifacimento (di gara, competizione).

to **rerun** [,ri:'rʌn] *pass.* **reran** [,ri:'ræn / re·ran] *p.p.* **rerun** *v.tr.* **1** ridare, riproiettare (un film); replicare (una trasmissione); dare in seconda visione (un film) **2** ripetere (una gara, una competizione).

resalable [,ri:'seɪləbl / re·sal·able] *agg.* rivendibile.

resale ['ri:,seɪl / re·sale] *s.* rivendita // (*comm.*): *— price*, prezzo al dettaglio; *— price maintenance*, prezzo imposto.

to **reschedule** [ri:'ʃedju:l *amer.* ri:'skedʒʊl / re·sched·ule] *v.tr.* **1** (*fin.*) ristrutturare, riscadenzare (i crediti) **2** riprogrammare (orari, appuntamenti); modificare gli orari di (treni ecc. per emergenza).

rescheduling [ri:'ʃedju:lɪŋ *amer.* ri:'skedʒʊlɪŋ / re·sched·ul·ing] *s.* **1** (*fin.*) ristrutturazione, riscadenzamento dei crediti **2** riprogrammazione.

to **rescind** [rɪ'sɪnd / res·cind] *v.tr.* rescindere, abrogare, annullare; revocare; disdettare; disdire: *to — a contract*, rescindere un contratto // *rescinding clause*, clausola risolutiva.

rescission [rɪ'sɪʒn / res·cis·sion] *s.* rescissione; abrogazione; revoca; annullamento; disdetta.

to **rescript** [,ri:'skrɪpt / re·script] *v.tr.* riscrivere, scrivere di nuovo il copione, la sceneggiatura di (un film ecc.).

rescuable ['reskju:əbl / res·cu·able] *agg.* (*non com.*) salvabile.

rescue ['reskju: / res·cue] *s.* **1** liberazione; salvezza; scampo; salvataggio, soccorso: *the lifeboat went to the yacht's —*, la scialuppa di salvataggio andò in soccorso dello yacht; *to come to the —*, venire in soccorso, in aiuto // *— team*, squadra di salvataggio; *— services*, (servizi di) protezione civile **2** (*dir.*) liberazione illegale (di prigioniero).

to **rescue** *v.tr.* **1** liberare; salvare: *they rescued the kitten from the river*, salvarono il gattino dal fiume; *the company was rescued from bankruptcy*, la compagnia fu salvata dalla bancarotta; *to — s.o., sthg. from danger, from evil*, liberare qlcu., qlco. dal pericolo, dal male **2** (*dir.*) liberare illegalmente (un prigioniero).

rescuer ['reskju:ə* / res·cuer] *s.* liberatore; salvatore; soccorritore.

research [rɪ'sɜ:tʃ *amer.* 'rɪsɜ:tʃ / re·search] *s.* ricerca; indagine; studio dettagliato: *— after* (o *for*) *sthg.*, ricerca di qlco.; *scientific researches*, ricerche scientifiche; *to be engaged in —*, essere impegnato in ricerche; *they are doing* (o *carrying out*) *— in* (o *into* o *on*) *population movements in the seventeenth century*, stanno facendo delle ricerche sugli spostamenti delle popolazioni nel diciassettesimo secolo // *— department*, ufficio, servizio ricerche; *— work*, lavori di ricerca; ricerche, investigazioni.

to **research** *v.intr.* fare ricerche, fare studi dettagliati: *I was researching in* (o *into* o *on*) *non-ferric magnetic materials*, facevo ricerche sui materiali magnetici non ferrosi ◆ *v.tr.* investigare su, svolgere ricerche su.

researcher [rɪ'sɜ:tʃə* *amer.* 'rɪsɜ:tʃə* / re·searcher] *s.* ricercatore, chi fa un lavoro di ricerca.

to **reseat** [,ri:'si:t / re·seat] *v.tr.* **1** fornire di nuove sedie, poltrone (una chiesa, un teatro) **2** rifare il sedile (di sedie, divani ecc.) **3** (*form.*) rimettere a sedere.

to **resect** [ri:'sekt / re·sect] *v.tr.* (*med.*) resecare.

resection [ri:'sekʃn / re·sec·tion] *s.* (*med.*) resezione.

reseda ['resɪdə / res·eda] *s.* **1** (*bot.*) reseda **2** (*rar.*) color verde pallido.

to **reseed** [,ri:'si:d / re·seed] *v.tr.* **1** riseminare **2** (*sport*) riselezionare (i concorrenti di un torneo).

resemblance [rɪ'zembləns / re·semb·lance] *s.* rassomiglianza, somiglianza: *the — between them is striking*, la somiglianza tra di loro è sorprendente; *to bear a strong — to*, avere una forte rassomiglianza con; *he doesn't bear much — to the man I met in California*, non rassomiglia molto all'uomo che ho incontrato in California.

resemblant [rɪ'zemblənt / re·semb·lant] *agg.* (*rar.*) rassomigliante.

to **resemble** [rɪ'zembl / re·semble] *v.tr.* **1** assomigliare a: *the two brothers — each other*, i due fratelli si assomigliano; *he resembles his father in character*, assomiglia a suo padre per il carattere **2** (*ant.*) paragonare.

to **resent** [rɪ'zent / re·sent] *v.tr.* **1** risentirsi di; prendersela per; offendersi per: *to — s.o.'s behaviour*, offendersi per il comportamento di qlcu. **2** provare dispiacere per; provare irritazione per: *you — my being here, don't you?*, la mia presenza ti irrita, non è vero?

resentful [rɪ'zentfʊl / re·sent·ful] *agg.* pieno di risentimento, risentito; offeso; sdegnato: *she felt — at being left out*, provò (del) risentimento per essere stata esclusa // **-ly** *avv.* // **-ness** *s.*

resentment [rɪ'zentmənt / re·sent·ment] *s.* risentimento; rancore: *I bear no — against* (o *towards*) *him*, non gli serbo alcun rancore; *to harbour — against* (o *towards*) *s.o.*, nutrire rancore per qlcu.

reserpine [rə'sɜ:pɪn / re·ser·pine] *s.* (*chim.*) reserpina.

reservation [,rezə'veɪʃn / re·ser·va·tion] *s.* **1** riserva; restrizione: *with reservations*, con riserve, con beneficio d'inventario; *she accepted my offer without —*, accettò la mia offerta senza riserve **2** (*dir., eccl.*) riserva **3** prenotazione: *— of a seat in a train, of a room in a hotel*, prenotazione di un posto in treno, una camera in albergo **4** (*spec. amer.*) riserva, terreno riservato: *Indian —*, riserva (per indiani) **5** riserva, scorta; provvista // (*econ.*): *— wage*, salario di riserva; *— price*, prezzo di riserva.

reserve [rɪ'zɜ:v / re·serve] *s.* **1** riserva, scorta: *— of candles*, scorta di candele; *— of energy*, riserva di energie; *to keep sthg. in —*, tenere qlco. di riserva **2** riserva, limitazione, restrizione: *without —*, senza riserve, (*dir.*) senza condizioni **3** riserbo, riservatezza; discrezione: *with his usual — he held back from criticism*, con la sua solita riservatezza si astenne da ogni critica **4** terreno riservato, riserva: *nature* (o *wildlife*) *—*, riserva naturale

5 (*mil.*, *sport*) riserva: *the reserves*, le riserve; — *troops*, truppe di riserva 6 (*comm.*, *amm.*) riserva, fondo: — *for bad debts*, fondo svalutazione crediti; — *for depreciation*, fondo ammortamento; — *capital*, capitale di riserva // *under* —, salvo buon fine // (*banca*): *primary*, *secondary bank* —, riserva bancaria di prima, di seconda linea; — *cash*, scorta monetaria; — *ratio*, quoziente di riserva; (*econ.*) — *assets*, attività di riserva, riserve ufficiali // (*fin.*) *inner* (o *secret*) *reserves*, riserve occulte // (*assicurazioni*): *actuarial* —, riserva matematica; — *against unsettled claims*, riserva sinistri.

to **reserve** *v.tr.* 1 serbare, conservare, mettere da parte; destinare: — *your energy for later*, conserva le tue energie per un'altra occasione; — *your question for the last speaker*, riservi la sua domanda per l'ultimo oratore; *these seats are reserved for handicapped persons*, questi posti sono riservati ai portatori di handicap 2 prenotare: *I want to — a seat on the 9.45 train to Edinburgh*, vorrei prenotare un posto sul treno delle 9.45 per Edimburgo 3 riservare, riservarsi: *I — the right to decide later*, mi riservo il diritto di decidere più tardi // (*comm.*) *reserving due payment*, salvo buon fine.

reserved [rɪ'zɜ:vd / re·served] *agg.* 1 riservato, prenotato: — *seats*, posti riservati 2 (*fig.*) riservato; contegnoso; chiuso, poco comunicativo // **-ly** *avv.* // **-ness** *s.*

reservist [rɪ'zɜ:vɪst / re·serv·ist] *s.* (*mil.*) riservista.

reservoir ['rezəvwɑ:* / res·er·voir] *s.* 1 cisterna; bacino di riserva 2 (*geol.*) giacimento (petrolifero); serbatoio magmatico: — *rock*, roccia magazzino, roccia serbatoio 3 (*anat.*) cavità; sacco 4 (*fig.*) riserva, raccolta: *history is a great — of facts*, la storia è una miniera di fatti // — *of infection*, focolaio di infezione.

to **reset** [,ri:'set / re·set] *pass.p.p.* **reset** *v.tr.* 1 incassare, incastonare di nuovo (pietre ecc.) 2 regolare: *remember to — your watch when you get to New York*, ricordati di regolare l'orologio quando arrivi a New York 3 (*non com.*) ripreparare, ripiantare: *to — a rosebush*, ripiantare un rosaio 4 rimettere a posto, aggiustare: (*med.*) *to — a limb*, aggiustare, ingessare un arto 5 (*tip.*) ricomporre 6 (*inform.*) ripristinare; resettare; (IBM) sbloccare; azzerare.

to **resettle** [,ri:'setl / re·settle] *v.tr.* 1 risistemare, rimettere in sesto 2 insediare, far insediare (una popolazione, un gruppo ecc.) in un territorio: *victims of the disaster were resettled in nearby countries*, le vittime della calamità vennero sistemate nei paesi limitrofi 3 colonizzare di nuovo (un paese) ◆ *v.intr.* 1 risistemarsi, riassestarsi 2 insediarsi: *after the First World War many Chinese people resettled in France*, dopo la prima guerra mondiale molti cinesi si insediarono in Francia 3 depositarsi di nuovo (di liquidi).

resettlement [,ri:'setlmənt / re·set·tle·ment] *s.* 1 risistemazione; ristabilimento 2 sistemazione (in un territorio, un'area ecc.): *they work for the — of Vietnamese refugees*, si occupano della sistemazione dei profughi vietnamiti 3 ricolonizzazione 4 nuovo deposito (di liquidi).

to **reshape** [,ri:'ʃeɪp / re·shape] *v.tr.* dare nuova forma a, rifoggiare.

to **reship** [,ri:'ʃɪp / re·ship] *pass.p.p.* **reshipped** [,ri:'ʃɪpt / re·ship·ped] *v.tr.* (*comm.*, *mil.*) 1 rimbarcare 2 trasportare su altra nave 3 (*comm.*) rispedire; spedire indietro ◆ *v.intr.* rimbarcarsi.

reshipment [,ri:'ʃɪpmənt / re·ship·ment] *s.* (*comm.*, *mil.*) rimbarco; nuova spedizione.

reshuffle [,ri:'ʃʌfl / re·shuffle] *s.* 1 il mescolare di nuovo (carte) 2 (*pol. fam.*) rimaneggiamento; rimpasto.

to **reshuffle** *v.tr.* 1 rimescolare (le carte) 2 (*pol. fam.*) rimaneggiare; rimpastare: *he reshuffled the cabinet four times while in office*, rimpastò il gabinetto quattro volte mentre era in carica.

to **reside** [rɪ'zaɪd / res·ide] *v.intr.* (*form.*) 1 risiedere, dimorare, abitare: *he resides abroad*, risiede all'estero 2 trovarsi, essere presente: *all powers — in Parliament*, tutti i poteri sono nelle mani del parlamento.

residence ['rezɪdəns / res·id·ence] *s.* 1 residenza, soggiorno; (*dir.*) residenza legale: *to be in* —, essere in residenza, in sede, abitare, risiedere; *when the students are not in — we rent the rooms*, quando gli studenti non ci sono affittiamo le camere; *to take up* —, prendere residenza, andare ad abitare; — *of a company*, sede legale di una società // — *permit*, permesso di soggiorno // *poet in* —, *writer in* —, poeta, scrittore che risiede e lavora presso un'istituzione, un'università 2 dimora, abitazione, casa signorile.

residency ['rezɪdənsɪ / res·id·ency] *s.* residenza ufficiale (spec. di rappresentante di governo); il territorio amministrato (da tale rappresentante).

resident ['rezɪdənt / res·id·ent] *agg.* 1 residente (*anche dir.*): *to be — in a place*, risiedere in un luogo; — *alien*, straniero residente 2 non migratorio (di uccello) 3 interno (insegnante, medico ecc.) 4 inerente; localizzato: *powers of sensation — in the nerves*, poteri di sensazione localizzati nei nervi 5 (*inform.*) residente (di programma) ◆ *s.* 1 residente, abitante 2 membro interno (di collegio ecc.) 3 (*pol.*) residente (specialmente in India).

residential [,rezɪ'denʃl / res·id·en·tial] *agg.* 1 adatto per, occupato da abitazioni, residenziale: — *area*, quartiere residenziale 2 relativo ad abitazioni: — *investment*, investimento in abitazioni 3 residenziale (di studio, lavoro ecc.): *he attended a — course at Cambridge University*, ha frequentato un corso residenziale all'università di Cambridge // (*dir.*) — *requirement*, obbligo della residenza 4 (*econ.*) residente: — *unit*, unità residenti (nella contabilità nazionale).

residentiary [,rezɪ'denʃərɪ / res·id·en·tiary] *agg.* (*form.*) residente; obbligato alla residenza: *canon* —, canonico residente ◆ *s.* ecclesiastico che ha obbligo di residenza.

residual [rɪ'zɪdjʊəl *amer.* rɪ'zɪdʒʊəl / re·sid·ual] *agg.* (*form.*) residuo; restante // (*fin.*): — *maturity*, vita, durata residua (di un prestito); — *income*, reddito disponibile // (*econ.*) — *error*, errore residuo (contabilità nazionale) ◆ *s.* 1 (*chim.*) residuo: — *oil*, asfalto, bitume da petrolio 2 (*elettr.*) residuo: — *magnetism*, magnetismo residuo.

residuary [rɪ'zɪdjʊərɪ *amer.* rɪ'zɪdʒʊerɪ / re·sid·uary] *agg.* (*rar.*) rimanente, restante, residuo // — *legatee*, legatario universale.

residue ['rezɪdju: *amer.* 'rezɪdu: / res·idue] *s.* 1 residuo, resto: *there was a — of guilt in his conscience*, c'era un residuo di colpa nella sua coscienza // (*mat.*) — *class*, classe dei resti 2 (*chim.*) sostanza residua 3 (*dir.*) residuo, attivo netto (di patrimonio dopo aver pagato debiti, spese e legati).

residuum [rɪ'zɪdjʊəm / re·siduum] *pl.* **residua** [rɪ'zɪdjʊə / re·sidua] *s.* 1 (*form.*) residuo, avanzo; errore residuo (nei calcoli) 2 (*chim.*) sostanza residua.

to **resign**[1] [rɪ'zaɪn] *v.tr.* 1 dimettersi da, rassegnare le dimissioni da: *she resigned that post one year ago*, si è dimessa da quel lavoro un anno fa 2 rinunciare a: *I will not — my rights!*, non rinuncerò ai miei diritti! 3 *to — oneself*, rassegnarsi; sottomettersi: *I have resigned myself to my fate*, mi sono rassegnato al mio destino; *they couldn't — themselves to living alone*, non potevano rassegnarsi a vivere soli 4 (*rar.*) consegnare, affidare ◆ *v.intr.* dimettersi, rassegnare le dimissioni: *the president resigned*, il presidente diede le dimissioni; *he resigned from the cabinet*, si dimise dalla carica di ministro; *she resigned as the secretary of the golf club*, si dimise dalla carica di segretaria del golf club.

to **resign**[2], to **re-sign** [,ri:'saɪn] *v.tr.* e *intr.* firmare di nuovo.

resignation [,rezɪg'neɪʃn / resig·na·tion] *s.* 1 dimissioni (*pl.*): *to send in* (o *to give* o *to hand*) *one's* —, rassegnare, dare le dimissioni; *he accepted my —, their resignations*, accettò le mie, le loro dimissioni 2 rassegnazione: *to accept one's fate with* —, accettare il proprio destino con rassegnazione 3 (*non com.*) abbandono, rinuncia.

resigned [rɪ'zaɪnd] *agg.* rassegnato: *she accepted with a — sigh*, accettò con un sospiro di rassegnazione; *they felt — to losing everything*, erano rassegnati a perdere tutto // **-ly** *avv.*

to **resile** [rɪ'zaɪl / re·sile] *v.intr.* (*non com.*) 1 rimbalzare (di corpi elastici) 2 riassumere forma, misura primitiva (dopo dilatazione, compressione) 3 avere, mostrare elasticità, potere di ricupero 4 ritirarsi: *to — from a contract*, rescindere un contratto.

resilience [rɪ'zɪlɪəns / re·si·li·ence] **resiliency** [rɪ'zɪlɪənsɪ / re·si·li·ency] *s.* 1 rimbalzo; elasticità 2 (*fis.*) resilienza 3 capacità di ricupero: *to have* —, avere capacità di ripresa (*anche fig.*).

resilient [rɪ'zɪlɪənt / re·si·li·ent] *agg.* 1 rimbalzante; elastico 2 (*fis.*) resiliente 3 che ha capacità di ricupero (da una malattia, uno shock) (*anche fig.*) // **-ly** *avv.*

resin ['rezɪn] *s.* resina.

to **resin** *v.tr.* trattare con resina; applicare resina a.

resinate ['rezɪnət / res·in·ate] *s.* (*chim.*) resinato.

to **resinate** ['rezɪneɪt] *v.tr.* (*chim.*) impregnare di resina.

to **resinify** ['rezɪnɪfaɪ / res·in·ify] *v.tr.* e *intr.* resinificare, resinificarsi.

resinoid ['rezɪnɔɪd / res·in·oid] *agg.* e *s.* (*chim.*) resinoide.

resinol ['rezɪnɒl / res·inol] *s.* (*chim.*) resinolo.

resinous ['rezɪnəs / res·in·ous] *agg.* 1 resinoso (*anche bot.*) 2 (*chim.*) simile a resina.

resist [rɪ'zɪst / res·ist] *s.* (*chim.*) sostanza che impedisce l'azione di agenti chimici.

to **resist** *v.tr.* **1** resistere a (*anche fig.*); opporsi a: *to — cold*, resistere al freddo; *to — the enemy*, opporsi al nemico; *to — temptation*, resistere alla tentazione; *to — arrest*, fare resistenza all'arresto **2** (I) trattenersi dal; fare a meno di: *I could not — telling him my secret*, non potei trattenermi dal dirgli il mio segreto **3** resistere a; essere resistente a: *this plastic resists acids*, questa plastica è resistente agli acidi.

resistance [rɪ'zɪstəns / res·ist·ance] *s.* **1** resistenza: *the plan met with —*, il progetto ha incontrato delle resistenze; *— to acid, diseases*, resistenza agli acidi, alle malattie; *— to modernization*, resistenza alla modernizzazione; *passive —*, resistenza passiva; *wind —*, resistenza del vento // *to take the line of least —*, (*fig.*) prendere la via più facile **2** (*pol.*) — (*movement*), (movimento della) resistenza **3** (*elettr.*) resistenza; resistore: *— box*, cassetta di resistenze, di resistori // *— coupling*, accoppiamento resistivo // *— drop*, caduta di tensione chimica (per sola resistenza) **4** (*mecc.*) resistenza meccanica.

resistance meter [rɪ'zɪstəns,mi:tə*] *s.* (*fis.*) ohmmetro.

resistant [rɪ'zɪstənt / res·ist·ant] **resistent** *agg.* resistente; tenace; che si oppone: *this plastic is — to acid*, questa plastica è resistente all'acido; *the government was — to any new reform*, il governo si opponeva a ogni nuova riforma // (*spesso nei composti*) *disease- —*, resistente alle malattie; *acid- —*, resistente agli acidi.

resister [rɪ'zɪstə* / res·ister] *s.* chi resiste; oppositore; elemento, forza resistente: *passive —*, chi oppone resistenza passiva.

resistibility [rɪ,zɪstɪ'bɪlətɪ / res·ist·ib·il·ity] *s.* (*non com.*) capacità di opporre resistenza; resistenza.

resistible [rɪ'zɪstəbl / res·ist·ible] *agg.* a cui si può resistere.

resistivity [rə,zɪs'tɪvətɪ / res·is·tiv·ity] *s.* (*fis.*) resistività elettrica.

resistless [rɪ'zɪstlɪs / res·ist·less] *agg.* **1** (*antiq.*) irresistibile; inevitabile **2** (*form.*) incapace di, senza resistenza.

resistor [rə'zɪstə* / res·istor] *s.* (*elettr.*) resistore, resistenza.

resit [,ri:'sɪt / re·sit] *s.* il ridare un esame, il ripetere un esame.

to **resit** *v.tr.* ridare, ripetere (un esame).

res judicata [,reɪs,ju:dɪ'kɑ:tə] *s.* (*dir.*) giudicato.

to **resole** [,ri:'səʊl / re·sole] *v.tr.* risolare.

resoluble [rɪ'zɒljʊbl / re·sol·uble] *agg.* **1** risolubile, risolvibile: *— problem*, problema risolvibile **2** scomponibile, analizzabile.

resolute ['rezəlu:t / res·ol·ute] *agg.* (*form.*) risoluto, deciso, fermo, determinato: *a — man*, un uomo deciso // **-ly** *avv.* // **-ness** *s.*

resolution [,rezə'lu:ʃn / res·olu·tion] *s.* **1** risolutezza, fermezza, decisione: *lack of —*, mancanza di fermezza; *to show great —*, mostrare grande risolutezza **2** risoluzione, decisione: *to make a —*, prendere una decisione // *New Year('s) —*, proponimento per l'anno nuovo **3** deliberazione, ordine del giorno: *to pass* (o *to carry*) *a —*, approvare un ordine del giorno, una deliberazione **4** (*form.*) soluzione, risposta: *the — of the problem*, la soluzione del problema **5** scomposizione; analisi **6** (*chim.*) scissione, decomposizione, scomposizione **7** (*fot.*) definizione (di immagine) **8** (*mus.*) risoluzione **9** (*dir.*) risoluzione (di un contratto) **10** (*fis.*) risoluzione, potere risolutivo **11** (*med.*) risoluzione, superamento (di crisi) **12** (*inform.*) risoluzione.

resolutive ['rezəlu:tɪv / res·ol·ut·ive] **resolutory** [,rezə'lu:tərɪ *amer.* ,rezə'lu:tɔ:rɪ / res·olu·tory] *agg.* (*dir.*) risolutivo: *— clause*, clausola risolutiva.

resolvability [rɪ,zɒlvə'bɪlətɪ / re·solv·ab·il·ity] *s.* (*form.*) risolvibilità.

resolvable [rɪ'zɒlvəbl / re·solv·able] *agg.* (*form.*) **1** risolvibile, che può essere risolto **2** che si può dividere in parti, scomponibile.

resolve [rɪ'zɒlv / re·solve] *s.* (*form.*) **1** risoluzione; decisione **2** determinazione, fermezza, decisione.

to **resolve** *v.tr.* (*form.*) **1** risolvere; decidere, deliberare (di parlamento, comitato): *he resolved he would go*, decise che sarebbe andato; *to — oneself*, risolversi; decidersi; *to — to do sthg.*, risolversi a fare qlco. **2** risolvere; spiegare, chiarire: *to — a doubt, a riddle*, risolvere un dubbio, un indovinello; *to — a problem, a difficulty*, risolvere un problema, una difficoltà **3** (*antiq.*) indurre, persuadere **4** risolversi in, sfociare in: *the quarrel resolved itself into a discussion*, il litigio si risolse in una discussione **5** scomporre; analizzare: *to — sthg. into its elements*, scomporre qlco. nei suoi elementi **6** (*chim.*) separare (i componenti otticamente attivi di una miscela otticamente inattiva) **7** (*chim.*) definire la struttura cristallografica di (una molecola) **8** (*fot.*) definire **9** (*mus.*) risolvere ◆ *v.intr.* **1** (*form.*) prendere una decisione, decidersi; deliberare: *Parliament resolved on setting up a commission of inquiry*, il parlamento decise di formare una commissione di inchiesta **2** essere scomposto, essere analizzato **3** (*chim.*) separarsi; definirsi **4** (*ant.*) dissolversi: *O that this too sullied flesh would melt, / thaw and resolve itself into a dew*, (SH. Hamlet) O se questa carne troppo contaminata si potesse sciogliere e dissolvere nella rugiada.

resolved [rɪ'zɒlvd / re·solved] *agg.* risoluto, deciso, determinato // **-ly** *avv.* // **-ness** *s.*

resolvent [rɪ'zɒlvənt / re·sol·vent] *agg.* **1** risolvente, che risolve **2** (*med.*) risolvente (di farmaco) ◆ *s.* **1** soluzione **2** farmaco risolvente.

resolving power [rɪ'zɒlvɪŋ,paʊə*] *s.* (*fis.*) potere risolvente.

resonance ['rezənəns / res·on·ance] *s.* **1** risonanza // (*fis.*): *— curve*, curva di risonanza; *electron spin —* (o *electron paramagnetic —*), risonanza paramagnetica elettronica // (*rad.*) *— factor*, coefficiente di risonanza **2** l'essere risonante (di voce).

resonant ['rezənənt / res·on·ant] *agg.* **1** risonante, sonoro: *a — voice*, una voce risonante **2** risonante, echeggiante: *a place — with laughter*, un luogo risonante di risa **3** (*fis., elettr.*) risonante; a, di risonanza: *— cavity*, cavità risonante; *— circuit*, circuito risonante; *— detector*, rivelatore di risonanza; *— frequency*, frequenza di risonanza // **-ly** *avv.*

to **resonate** ['rezəneɪt / res·on·ate] *v.intr.* (*form.*) **1** echeggiare, risonare; essere risonante **2** (*fis.*) risonare, entrare in risonanza.

resonator ['rezəneɪtə* / res·on·ator] *s.* **1** (*fis.*) risonatore **2** (*rad.*) circuito di risonanza **3** (*acustica*) cassa di risonanza.

resorcin [re'zɔ:sɪn / re·sor·cin] *s.* (*chim.*) resorcina.

resorcinol [rə'zɔ:sɪnɒl / re·sor·cinol] *s.* (*chim.*) resorcinolo.

resorption [rɪ'sɔ:pʃn / re·sorp·tion] *s.* (*chim., fis.*) riassorbimento.

resort [rɪ'zɔ:t / re·sort] *s.* **1** luogo di soggiorno, stazione climatica: *boating —*, centro di canottaggio; *fishing —*, luogo di pesca; *health —*, stazione climatica, luogo di cura; *holiday —*, luogo di villeggiatura; *mountain —*, luogo di villeggiatura in montagna; *seaside —*, stazione balneare; *summer —, winter —*, luogo di villeggiatura estiva, invernale; *ski(ing) —*, stazione sciistica **2** (*form.*) ricorso: *to have — to force*, ricorrere alla forza **3** risorsa: *as a* (o *in the*) *last —*, come ultima risorsa **4** (*antiq.*) afflusso; ritrovo, convegno.

to **resort** *v.intr.* **1** ricorrere, far ricorso: *he resorted to force, to violence*, fece ricorso alla forza, alla violenza **2** (*antiq.*) recarsi, andare; affluire.

to **re-sort** [,ri:'sɔ:t] *v.tr.* scegliere di nuovo, selezionare di nuovo.

to **resound** [rɪ'zaʊnd / re·sound] *v.intr.* risonare; echeggiare (di voce, suono, strumento); riecheggiare: *the room resounded with the children's laughter*, la stanza risonava delle risa dei bambini // *his fame resounded through* (o *throughout*) *the world*, la sua fama si diffondeva in tutto il mondo ◆ *v.tr.* **1** far riecheggiare, far risonare **2** proclamare, celebrare.

resounding [rɪ'zaʊndɪŋ / re·sound·ing] *agg.* **1** risonante, echeggiante **2** (*fig.*) clamoroso, enorme: *the play was a — success*, lo spettacolo fu un successo clamoroso // **-ly** *avv.*

resource [rɪ'sɔ:s / re·source] *s.* **1** (*gener. pl.*) risorse; mezzi: *natural, mineral resources*, risorse naturali, minerarie; *financial resources*, risorse finanziarie, mezzi; *at the end of one's resources*, alla fine delle proprie risorse; *the nation's resources*, le risorse nazionali **2** espediente, ripiego, rimedio **3** (*fig.*) risorsa; ingegnosità; abilità: *a person of great —*, una persona piena di risorse // *to leave s.o. to their own resources*, lasciare che qlcu. se la cavi da solo **4** (*non com.*) passatempo, distrazione **5** (*inform.*) risorsa.

resourceful [rɪ'sɔ:sfʊl / re·source·ful] *agg.* pieno di risorse; ingegnoso; intraprendente // **-ly** *avv.* // **-ness** *s.*

resourceless [rɪ'sɔ:slɪs / re·source·less] *agg.* senza risorse, privo di risorse // **-ness** *s.*

respect [rɪ'spekt / re·spect] *s.* **1** rispetto, riguardo; stima: *I did it out of — for her feelings*, lo feci per riguardo verso i suoi sentimenti; *with all* (*due*) *— for his learning, I think he is wrong*, con tutta la stima per la sua cultura, credo che abbia torto; *to have — for s.o., sthg.*, aver stima per qlcu., qlco.; *she has no — for the feelings of others*, non ha considerazione per i sentimenti altrui; *without — to*, senza considerare, senza badare a; *to hold s.o. in —*, tenere qlcu. in considerazione; *to command* (o *win*) *the — of s.o.*, guadagnarsi la stima di qlcu. **2** (*form.*) relazione, riferimento: *in — of* (o *to*), riguardo a; *with — to*, in riferimento a, in merito a **3** punto di vista; punto; aspetto: *in all respects*, da tutti i punti di vista; *in every* —, sotto ogni aspetto; *in one — he is wrong*, in un solo punto ha torto; *in that — he is right*, da quel punto di vista, egli ha ragione; *they are like each other in many respects*, sotto molti aspetti si rassomigliano **4** *pl.* (*form.*) saluti; ossequi: *give your parents my respects*, porgete i miei ossequi ai vostri genitori; *to pay one's last respects to*, ossequiare, rendere omaggio a; *to send* (o *to pay*) *one's respects to*, inviare i propri saluti a.

to **respect** *v.tr.* **1** rispettare, considerare, avere riguardo per: *to — the law, s.o.'s sorrow*, rispettare la legge, il dolore di qlcu. // *to — oneself*, avere rispetto per se stesso, mostrare dignità **2** (*rar.*) riguardare, concernere, riferirsi a: *a treaty respecting international relations*, un trattato riguardante le relazioni internazionali **3** (*ant.*) considerare, giudicare, stimare // *to — persons*, mostrare parzialità verso persone ricche e potenti.

respectability [rɪˌspektəˈbɪlətɪ / re·spect·ab·il·ity] *s.* **1** rispettabilità **2** *pl.* (*non com.*) convenzioni sociali: *to observe the respectabilities*, rispettare le convenienze.

respectable [rɪˈspektəbl / re·spect·able] *agg.* **1** rispettabile; degno di stima **2** (*fam.*) discreto, abbastanza buono; considerevole: *a — number of people*, un discreto numero di persone; *a — painter*, un pittore abbastanza buono; *— weather*, tempo passabile; *a — score*, un buon punteggio **3** onesto, decoroso (di intenti, abiti ecc.) // **-bly** *avv.*

respecter [rɪˈspektə* / re·specter] *s.* chi, che rispetta: *death is no — of persons*, la morte non rispetta nessuno; *to be no — of*, non tener conto di; non aver parzialità per.

respectful [rɪˈspektfʊl / re·spect·ful] *agg.* rispettoso; deferente // **-ly** *avv.* // **-ness** *s.*

respecting [rɪˈspektɪŋ / re·spect·ing] *prep.* (*form.*) rispetto a, riguardo a, relativamente a: *legislation — property*, legislazione relativa alla proprietà; *we could not agree — the price*, non ci siamo potuti mettere d'accordo sul prezzo.

respective [rɪˈspektɪv / re·spect·ive] *agg.* **1** rispettivo; relativo: *put them in their — places*, mettili ai loro rispettivi posti **2** (*ant.*) rispettoso; prudente: *away to heaven, respective lenity*, (SH. Romeo and Juliet) va in paradiso, prudente mitezza // **-ly** *avv.*

to **respell** [ˌriːˈspel / re·spell] *pass.p.p.* **respelled** [ˌriːˈspeld / re·spelled] **respelt** [ˌriːˈspelt / re·spelt] *v.tr.* (*non com.*) **1** sillabare, compitare di nuovo **2** modificare l'ortografia di (una parola).

respirable [ˈrespɪrəbl / res·pir·able] *agg.* (*non com.*) respirabile.

respiration [ˌrespəˈreɪʃn / res·pira·tion] *s.* (*form.*) **1** respirazione: *artificial —*, respirazione artificiale **2** respiro.

respirator [ˈrespəreɪtə* / res·pir·ator] *s.* **1** respiratore (*anche med.*) **2** (*mil.*) maschera antigas.

respiratory [rɪˈspaɪrətərɪ *amer.* rɪˈspaɪərətɔːrɪ / res·pir·at·ory] *agg.* respiratorio: *— system*, apparato respiratorio; *— quotient*, quoziente respiratorio; *— failure*, arresto, blocco respiratorio; *— disease*, affezione respiratoria; *— centre*, centro della respirazione; *— tract*, (*anat.*) vie aeree, respiratorie.

to **respire** [rɪˈspaɪə* / re·spire] *v.tr.* e *intr.* (*form.*) respirare.

respite [ˈrespaɪt *amer.* ˈrespɪt / res·pite] *s.* **1** dilazione, proroga, rinvio // (*dir.*): *— of appeal*, differimento dell'appello; *— of debt*, dilazione di pagamento; *— of execution*, sospensione dell'esecuzione; *— of sentence*, differimento dell'esecuzione penale **2** tregua, pausa, respiro, sollievo: *she worked all night without* (*a moment's*) —, lavorò tutta la notte senza un attimo di respiro.

to **respite** *v.tr.* (*non com.*) **1** concedere una dilazione, un rinvio a (*anche dir.*); concedere una tregua a **2** apportare sollievo a; dar respiro a.

resplendence [rɪˈsplendəns / re·splen·dence] **resplendency** [rɪˈsplendənsɪ / re·splen·dency] *s.* (*form.*) splendore, fulgore.

resplendent [rɪˈsplendənt / re·splen·dent] *agg.* (*form.*) splendente, risplendente, brillante; smagliante // **-ly** *avv.*

respond [rɪˈspɒnd / re·spond] *s.* **1** (*eccl.*) responsorio **2** (*arch.*) colonnino appaiato.

to **respond** *v.intr.* **1** rispondere, replicare: *to — to a toast*, rispondere a un brindisi **2** rispondere; essere sensibile; obbedire: *the disease doesn't — to treatment with antibiotics*, la malattia non risponde al trattamento con antibiotici; *the car responds well on bends*, la macchina risponde bene in curva; *to — to music*, essere sensibile alla musica **3** (*eccl.*) recitare, cantare il responsorio **4** (*form.*) corrispondere, essere analogo **5** (*dir. amer.*) rispondere, essere responsabile.

respondence [rɪˈspɒndəns / re·spond·ence] **respondency** [rɪˈspɒndənsɪ / re·spond·ency] *s.* (*form.*) rispondenza, corrispondenza.

respondent [rɪˈspɒndənt / re·spond·ent] *agg.* (*form.*) **1** che risponde **2** rispondente; sensibile; che reagisce ♦ *s.* **1** chi sostiene una tesi **2** (*dir.*) convenuto, imputato.

response [rɪˈspɒns / re·sponse] *s.* **1** risposta, replica, responso: *a letter which brought no —*, una lettera senza risposta **2** reazione; risposta (*anche med.*): *there was an enormous — to the appeal*, l'appello suscitò una forte reazione **3** corrispondenza **4** (*eccl.*) responsorio.

responsibility [rɪˌspɒnsəˈbɪlətɪ / re·spons·ib·il·ity] *s.* responsabilità: *on one's own —*, sotto la propria responsabilità; *she took* (*full*) *— for what had happened*, si assunse la (piena) responsabilità per quanto era successo; *nobody has claimed — for the attempt to kill the minister*, nessuno ha ancora rivendicato la paternità dell'attentato al ministro; *without — on our part*, senza impegno né responsabilità da parte nostra; (*dir.*) *criminal —*, responsabilità penale.

responsible [rɪˈspɒnsəbl / re·spons·ible] *agg.* **1** responsabile: *he is not — for his actions*, non è responsabile delle sue azioni; (*dir.*) *to be — for a crime*, essere responsabile di un reato **2** di, che comporta responsabilità: *a — position*, una posizione di responsabilità **3** competente; capace; degno di fiducia.

responsibly [rɪˈspɒnsəblɪ / re·spons·ibly] *avv.* responsabilmente.

responsions [rɪˈspɒnʃnz / re·spons·ions] *s.pl.* il primo di tre esami per ottenere a Oxford il titolo di 'Bachelor of Arts'.

responsive [rɪˈspɒnsɪv / re·spons·ive] *agg.* **1** di risposta; rispondente: *he expressed his sympathy and she gave him a — smile*, espresse la sua simpatia ed ella rispose con un sorriso **2** che reagisce, risponde (prontamente): *the disease is not — to cortisone*, la malattia non reagisce al cortisone; *the car's engine is surprisingly — even in hilly country*, il motore dell'automobile risponde straordinariamente bene persino su terreno collinoso; *at first the class wasn't very — to his teaching*, all'inizio la classe non rispondeva molto al suo insegnamento **3** sensibile; disponibile (a dare una risposta): *the public is always — to a good cause*, il pubblico è sempre sensibile a una buona causa; *when asked about his first marriage he proved unusually —*, interrogato sul suo primo matrimonio si dimostrò insolitamente disponibile a parlarne **4** (*eccl.*) con, caratterizzato da responsorio // **-ly** *avv.* // **-ness** *s.*

responsory [rɪˈspɒnsərɪ / re·spons·ory] *s.* (*eccl.*) responsorio.

rest[1] [rest] *s.* **1** riposo; sonno: *— is necessary after work*, il riposo è necessario dopo il lavoro; *to give s.o., sthg. a —*, far riposare qlcu., qlco.; *to have* (o *to take*) *a —*, riposare, riposarsi; *a well-earned —*, un meritato riposo // *give it a —!*, (*fam.*) piantala!, finiscila! (di parlare, fare rumore ecc.) // *— cure*, cura del riposo // *— day*, giorno di riposo // *at —*, in stato di riposo; in pace; morto: *the poor woman is now at —*, la povera donna ora riposa in pace; *to set a question at —*, definire, sistemare una questione; *to set s.o.'s mind at —*, tranquillizzare qlcu. // *to lay to —*, seppellire **2** posizione di riposo: *then the ball came to —*, poi la palla si fermò **3** ricovero, alloggio; ospizio **4** supporto, appoggio **5** (*mus.*, *ret.*) pausa; (*poesia*) cesura **6** (*fis.*) riposo: *— energy, mass*, energia, massa di riposo.

to **rest**[1] *v.tr.* **1** riposare; far riposare, lasciar riposare: *God — his soul*, che Dio conceda pace alla sua anima; *this colour rests my eyes*, questo colore mi riposa gli occhi // (*dir.*) *to — one's case*, terminare la produzione delle proprie prove (alla corte) **2** appoggiare; posare; basare: *he rested his elbow on the table*, appoggiò il gomito sul tavolo ♦ *v.intr.* **1** riposarsi: *let him — in peace*, lasciatelo riposare in pace; *lie down and —*, sdraiati e riposa // *to — on one's laurels*, riposarsi sugli allori // *to — on one's oars*, smettere di remare; (*fig.*) prendersi un periodo di riposo **2** appoggiarsi, posarsi; basarsi; confidare: *to — in God*, confidare in Dio **3** lasciar perdere, lasciar cadere (un argomento, una discussione): *we let the disagreement —*, ponemmo fine alla discussione.

rest[2] *s.* **1** resto, residuo: *take what you want and throw the — away*, prendine quanto vuoi e getta il resto // *and* (*all*) *the —* (*of it*), eccetera, e così via // *for the —*, quanto al resto **2** (*con v.pl.*) i rimanenti, gli altri: *the — were busy*, gli altri erano occupati **3** (*banca*) saldo, chiusura; scadenza (in cui si contabilizzano gli interessi su un prestito) **4** (*banca*) fondo di riserva (della Banca d'Inghilterra).

to **rest**[2] *v.intr.* essere, rimanere, stare: *what rested was a sense of disenchantment*, restò solo un senso di disillusione // *to — with s.o.*, toccare a, dipendere da, essere nelle mani di: *the responsibility for this rests with the marketing director*, la responsabilità di ciò è del direttore commerciale // *I — your faithful friend*, (*antiq.*) mi dico il vostro fedele amico.

rest[3] *s.* resta: *lance in —*, lancia in resta.

restart [ˌri:ˈstɑ:t / re·start] *s.* **1** nuovo inizio; ripresa; nuova partenza **2** rimessa in moto (di motore).

to **restart** *v.tr.* **1** ricominciare; riprendere **2** (*sport*) ridare il via **3** rimettere in moto (un motore) ◆ *v.intr.* **1** ricominciare, riprendere **2** ripartire, rimettersi in moto.

to **restate** [ˌri:ˈsteɪt / re·state] *v.tr.* riesporre, enunciare di nuovo; esprimere in altra forma: *the question needs to be restated*, il problema ha bisogno di essere messo a punto.

restatement [ˌri:ˈsteɪtmənt / re·state·ment] *s.* riaffermazione.

restaurant [ˈrestərɒnt / res·taur·ant] *s.* ristorante // — *car*, vagone ristorante.

restaurateur [ˌrestɒrəˈtɜ:* / res·taur·at·eur] *s.* proprietario di ristorante; chi gestisce un ristorante.

restful [ˈrestfʊl / rest·ful] *agg.* riposante; tranquillo, quieto // **-ly** *avv.* // **-ness** *s.*

restharrow [ˈrest,hærəʊ / rest·har·row] *s.* (*bot.*) (*Ononis repens*) ononide; (*pop.*) restabue.

rest home [ˈrest,həʊm] *s.* casa di riposo (per anziani); ospizio; casa di convalescenza.

resting [ˈrestɪŋ / rest·ing] *agg.* in riposo // (*Borsa*) — *order*, ordine debordant ◆ *s.* riposo.

resting-place [ˈrestɪŋ,pleɪs] *s.* luogo di riposo, rifugio // *the last* —, la tomba.

to **restitute** [ˈrestɪtju:t *amer.* ˈrestɪtu:t / res·ti·tute] *v.tr.* (*form.*) **1** restituire, rifondere **2** restaurare; riabilitare.

restitution [ˌrestɪˈtju:ʃn *amer.* ˌrestɪˈtu:ʃn / res·ti·tu·tion] *s.* (*form.*) restituzione; risarcimento: *to make* —, fare ammenda // (*dir.*): — *of conjugal rights*, reintegrazione dei diritti coniugali; — *in kind*, restituzione in natura; — *of stolen goods*, restituzione di beni rubati.

restive [ˈrestɪv / rest·ive] *agg.* **1** restio, recalcitrante; caparbio, indocile: *a — horse*, un cavallo recalcitrante **2** irrequieto, nervoso // **-ly** *avv.* // **-ness** *s.*

restless [ˈrestlɪs / rest·less] *agg.* **1** irrequieto; inquieto, agitato: *a — boy*, un ragazzo irrequieto; *a — night*, una notte agitata **2** incessante, senza riposo: — *activity*, attività incessante **3** insoddisfatto, scontento: *for some time the masses had been* —, da qualche tempo le masse erano scontente // **-ly** *avv.* // **-ness** *s.*

to **restock** [ˌri:ˈstɒk / re·stock] *v.tr.* **1** rifornire; (*comm.*) ricostituire le scorte di **2** ripopolare (vivaio, stagno ecc.).

restorable [rɪˈstɔ:rəbl / re·stor·able] *agg.* (*form.*) **1** restituibile **2** restaurabile; ripristinabile.

restoration [ˌrestəˈreɪʃn / res·tora·tion] *s.* **1** restituzione; indennizzo (*anche dir.*) **2** restauro (di edificio, quadro ecc.) **3** ripristino; ristabilimento; restaurazione: *the — of order*, il ristabilimento dell'ordine // (*st. inglese*) *the Restoration*, la Restaurazione (degli Stuart, nel 1660) **4** ristabilimento (di salute).

restorative [rɪˈstɒrətɪv / res·tor·at·ive] *agg.* (*antiq.*) ristorativo, corroborante ◆ *s.* (*antiq.*) ricostituente, tonico; cordiale.

to **restore** [rɪˈstɔ:* / re·store] *v.tr.* **1** (*form.*) restituire, rendere: *they restored the car to its rightful owner*, restituirono l'automobile al legittimo proprietario **2** restaurare; riparare: *to — a church, a picture*, restaurare una chiesa, un quadro **3** ristabilire; riportare; rimettere: *to — order*, ristabilire l'ordine; *to — a statue to its pedestal*, rimettere una statua sul suo piedistallo **4** reintegrare; restaurare: *to — a king* (*to the throne*), rimettere un re sul trono; *to — an officer to his command*, reintegrare un ufficiale nel suo grado **5** ristorare; rinvigorire; rimettere in salute **6** (*inform.*) ripristinare.

restorer [rɪˈstɔ:rə* / re·storer] *s.* **1** restauratore (di edifici, opere d'arte ecc.) **2** restauratore; reintegratore; ripristinatore.

to **restrain** [rɪˈstreɪn / re·strain] *v.tr.* **1** reprimere; controllare; frenare; trattenere: *I could hardly — myself from laughing*, potevo appena trattenermi dal ridere; *to — one's emotions*, controllare le proprie emozioni **2** (*form.*) limitare, restringere; contenere: *to — trade*, limitare il commercio **3** (*non com.*) imprigionare: *to — the insane*, confinare gli alienati.

restrainable [rɪˈstreɪnəbl / re·strain·able] *agg.* reprimibile; frenabile.

restrained [rɪˈstreɪnd / re·strained] *agg.* **1** calmo; controllato; misurato: — *style*, stile misurato **2** sobrio: — *elegance*, eleganza sobria // **-ly** *avv.*

restrainer [rɪˈstreɪnə* / re·strain·er] *s.* (*fot.*) ritardante, ritardatore.

restraint [rɪˈstreɪnt / re·straint] *s.* **1** moderazione; misura; controllo; ritegno **2** limitazione; costrizione; restrizione: *without* —, senza limitazione, liberamente **3** relegamento; detenzione; costrizione fisica (di malati mentali): *to be kept under* —, essere tenuto sotto controllo (con farmaci o sistemi meccanici) // (*dir. comm.*): — *of trade*, limitazioni alla concorrenza economica; restrizione degli scambi; — *on alienation*, limitazioni al diritto di vendita **4** (*dir.*) divieto, limitazione; arresto.

to **restrict** [rɪˈstrɪkt / re·strict] *v.tr.* restringere, limitare; ridurre; imporre controlli su: *they restricted his power to act on his mother's behalf*, limitarono la sua facoltà di agire per conto di sua madre; *they restricted his powers to acting only when an emergency occurred*, limitarono i suoi poteri all'entrare in azione solo al verificarsi di una emergenza // (*comm.*) *restricted fund*, fondo vincolato.

restricted [rɪˈstrɪktɪd / re·stricted] *agg.* **1** costretto, legato, vincolato: *to feel* —, sentirsi in gabbia; essere a disagio **2** limitato; riservato: — *document*, documento riservato; (*mil.*) — *zone*, zona riservata; (*mar.*) — *area*, zona regolamentata; — *waters*, acque ristrette; (*tecn.*) — *adhesive*, adesivo non strutturale (d'impiego limitato) // **-ly** *avv.*

restriction [rɪˈstrɪkʃn / re·stric·tion] *s.* restrizione; limitazione; costrizione: *to place restrictions on trade*, imporre restrizioni al commercio // (*biol.*) — *enzyme*, enzima di restrizione.

restrictive [rɪˈstrɪktɪv / re·strict·ive] *agg.* restrittivo: (*comm.*) — (*trade*) *practices*, pratiche restrittive della concorrenza // **-ly** *avv.* // **-ness** *s.*

rest room [ˈrest,rʊm *amer.* ˈrest,ru:m] *s.* (*spec. amer.*) toilette.

to **restructure** [ˌri:ˈstrʌktʃə* / re·struc·ture] *v.tr.* **1** ristrutturare, riorganizzare (un'impresa, una società) **2** ristrutturare (edificio).

to **restuff** [ˌri:ˈstʌf / re·stuff] *v.tr.* imbottire di nuovo (materasso, cuscino ecc.).

to **resubmit** [ˌri:səbˈmɪt / re·sub·mit] *v.tr.* risottomettere; risottoporre; ripresentare.

result [rɪˈzʌlt / res·ult] *s.* **1** risultato; esito; effetto; conseguenza: *as a* — (*of*), come risultato (di); *without* —, senza risultato, inutilmente; *that's the — of the way he was brought up*, è la conseguenza della sua educazione; *end* —, risultato finale; *to give out the results*, comunicare i risultati; *a man who gets results*, un uomo che ottiene dei risultati // (*gramm.*) — *clause*, proposizione consecutiva **2** (*amm.*) risultato di gestione **3** (*mat.*) risultato, soluzione.

to **result** *v.intr.* **1** derivare, risultare: *most of his problems resulted from his bad manners*, la maggior parte dei suoi problemi derivavano dalla sua maleducazione **2** risolversi, concludersi: *the accident resulted in his death*, l'incidente ebbe come conseguenza la sua morte; *it may — in a large profit*, potrebbe risolversi in un gran guadagno.

resultant [rɪˈzʌltənt / res·ult·ant] *agg.* e *s.* risultante (*anche fis., mat.*): — (*force*), (forza) risultante.

resumable [rɪˈzju:məbl *amer.* rɪˈzu:məbl / re·sum·able] *agg.* (*non com.*) recuperabile.

to **resume** [rɪˈzju:m *amer.* rɪˈzu:m / re·sume] *v.tr.* **1** riprendere; ricominciare: *to — the thread of one's discourse*, riprendere il filo del discorso; *the House resumed* (*work*) *yesterday*, la Camera ha ripreso i lavori ieri **2** (*form.*) riprendere; rioccupare; ricuperare: — *your seats, please*, riprendete i vostri posti, per favore **3** riassumere, ricapitolare ◆ *v.intr.* riprendere; ricominciare.

résumé [ˈrezju:meɪ *amer.* ˌrezʊˈmeɪ / ré·sumé] *s.* **1** riassunto **2** (*amer.*) curriculum vitae.

resumption [rɪˈzʌmpʃən / re·sump·tion] *s.* (*form.*) ripresa: — *of production*, ripresa di produzione; (*dir.*) — *of residence*, reintegrazione di domicilio.

resumptive [rɪˈzʌmptɪv / re·sumpt·ive] *agg.* **1** riassuntivo **2** (*form.*) ricominciabile.

resupinate [rɪˈsju:pɪneɪt / re·su·pin·ate] *agg.* (*bot.*) invertito, capovolto, resupinato.

resupination [rɪ,sju:pɪˈneɪʃn / re·su·pina·tion] *s.* (*bot.*) inversione, capovolgimento.

to **resupply** [ˌri:səˈplaɪ / re·supply] *v.tr.* rifornire di approvvigionamenti.

resurgence [ri:ˈsɜ:dʒəns / re·sur·gence] *s.* **1** (*form.*) rinascita; ripresa; rinnovarsi: *the 1970s saw the — of terrorism throughout Europe*, gli anni Settanta videro una ripresa del terrorismo in tutta Europa **2** (*geol.*) risorgente.

resurgent [ˌri:ˈsɜ:dʒənt / re·sur·gent] *agg.* (*form.*) risorgente; rinascente.

to **resurrect** [ˌrezəˈrekt / re·sur·rect] *v.tr.* **1** risuscitare; riportare in vita; far rivivere (*anche fig.*): *to — an old use*, far rivivere una vecchia usanza **2** esumare, riesumare ◆ *v.intr.* risuscitare; risorgere.

resurrection [ˌrezəˈrekʃn / re·sur·rec·tion] *s.* **1** risurrezione // (*relig.*) *the Resurrection*, la Resurrezione **2** (*fig.*) rinascita, ripresa, revival (di moda, abitudine ecc.) **3** (*rar.*) esumazione // — *man*, chi esumava cadaveri per venderli agli anatomisti.

resurrectional [ˌrezəˈrekʃənl / re·sur·rec·

tional] *agg.* (*form.*) di, relativo a(lla) risurrezione.

resurrectionist [,rezə'rekʃənɪst / re·sur·rec·tion·ist] *s.* (*form.*) **1** (*st.*) chi disseppelliva clandestinamente cadaveri per venderli agli anatomisti; ladro di cadaveri **2** chi fa rivivere, opera un revival di moda, abitudini ecc. **3** chi crede nella resurrezione di Cristo.

resurvey [,ri:'sɜ:veɪ / re·sur·vey] *s.* riesame, nuova valutazione.

to **resuscitate** [rɪ'sʌsɪteɪt / re·sus·cit·ate] *v.tr.* far rinvenire; rianimare; far riprendere i sensi a ◆ *v.intr.* rinvenire; rianimarsi; risuscitare.

resuscitation [rɪ,sʌsɪ'teɪʃn / re·sus·cita·tion] *s.* **1** risuscitamento, richiamo in vita **2** (*med.*) rianimazione **3** (*fig.*) riproponimento; ripristinamento: *the — of s.o.'s reputation*, la riabilitazione di qlcu.

resuscitative [rɪ'sʌsɪteɪtɪv / re·sus·cit·at·ive] *agg.* (*non com.*) che richiama in vita; rianimativo.

resuscitator [rɪ'sʌsɪteɪtə* / re·sus·cit·ator] *s.* risuscitatore; apparecchio per la rianimazione.

reswitching [,ri:'swɪtʃɪŋ / re·switch·ing] *s.* (*econ.*) ritorno delle tecniche.

to **ret** [ret] *pass.p.p.* **retted** ['retɪd / ret·ted] *v.tr.* **1** macerare **2** far marcire ◆ *v.intr.* **1** macerarsi **2** marcire, decomporsi.

retable [rɪ'teɪbl / re·table] *s.* retablo.

retail ['ri:teɪl / re·tail] *s.* vendita al minuto, al dettaglio: *at —*, al minuto ◆ *agg.* al minuto, al dettaglio: *— outlet*, negozio (che vende) al minuto; *— dealer*, dettagliante; *— price*, prezzo al minuto; *— price index*, indice dei prezzi al consumo; *— society*, cooperativa di consumo; *— trade*, commercio al minuto.

retail *avv.* al minuto, al dettaglio: *did you buy this wholesale or —?*, l'hai comprato all'ingrosso o al dettaglio?; *to sell —*, vendere al dettaglio.

to **retail** *v.tr.* **1** vendere al minuto, al dettaglio **2** raccontare in modo particolareggiato ◆ *v.intr.* essere venduto al minuto, al dettaglio: *this article retails at five pounds*, questo articolo si vende al dettaglio a cinque sterline.

retailer [ri:'teɪlə* / re·tailer] *s.* **1** dettagliante **2** (*fam. antiq.*) chiacchierone; divulgatore di notizie.

to **retain** [rɪ'teɪn / re·tain] *v.tr.* (*form.*) **1** ritenere, trattenere: *the waters are retained by a dyke*, le acque sono trattenute da una diga **2** mantenere; conservare, serbare: *to — all one's faculties*, conservare tutte le proprie facoltà; *to — a clear memory of sthg.*, conservare un chiaro ricordo di qlco. **3** prendere, fissare: *to — a barrister, a counsel*, scegliere un avvocato, un consulente legale; *to — s.o.'s services*, assicurarsi i servigi di qlcu.

retainable [rɪ'teɪnəbl / re·tain·able] *agg.* (*form.*) che si può ritenere, serbare, ricordare.

retainer[1] [rɪ'teɪnə* / re·tainer] *s.* **1** onorario versato a un avvocato (o all'atto in cui gli si affida la causa o regolarmente) **2** (*rar.*) diritto di ritenzione.

retainer[2] *s.* **1** chi, che conserva, trattiene: *a brick is a — of heat*, il mattone conserva il calore **2** (*antiq.*) dipendente, servitore di un signore **3** (*mecc.*) ritegno, fermo; staffa; gabbia (di cuscinetto a sfere).

retaining [rɪ'teɪnɪŋ / re·tain·ing] *agg.* che ritiene // (*dir.*) *— fee*, anticipo sull'onorario (a un avvocato) // *— wall*, muro di sostegno.

retake [,ri:'teɪk / re·take] *s.* (*cinem.*, *tv*) replica di una ripresa.

to **retake** *pass.* **retook** [,ri:'tʊk / re·took] *p.p.* **retaken** [,ri:'teɪkən / re·taken] *v.tr.* **1** riprendere, riconquistare: *to — a town from the enemy*, riconquistare una città al nemico **2** (*cinem.*, *tv*) ripetere la ripresa di (una scena).

to **retaliate** [rɪ'tælɪeɪt / re·tali·ate] *v.intr.* **1** rendere pan per focaccia; rendere la pariglia // (*dir.*) *to — against a transgressor*, rivalersi sull'autore di un fatto illecito **2** (*mil.*) far rappresaglie **3** (*econ.*) colpire, per ritorsione, le importazioni con dazi doganali ◆ *v.tr.* ricambiare (insulto, offesa); ritorcere (un'accusa).

retaliation [rɪ,tælɪ'eɪʃn / re·tali·ation] *s.* pariglia; rappresaglia; (*dir.*) ritorsione: *in — for their attack, our air force bombarded the capital city*, come rappresaglia per il loro attacco la nostra forza aerea bombardò la capitale // *law of —*, legge del taglione.

retaliative [rɪ'tælɪətɪv / re·tali·at·ive] meno com. **retaliatory** [rɪ'tælɪətərɪ *amer.* rɪ'tælɪətɔ:rɪ / re·tali·at·ory] *agg.* **1** (*form.*) di rappresaglia; vendicativo **2** (*dir.*, *econ.*) di ritorsione: *retaliatory duty*, dazio di ritorsione.

retard [rɪ'tɑ:d / re·tard] *s.* **1** (*form.*) ritardo, indugio: *— of the tide*, ritardo della marea **2** (*fam. amer.*) ritardato mentale.

to **retard** *v.tr.* (*form.*) ritardare; rallentare; tardare ◆ *v.intr.* (*form.*) ritardare, essere in ritardo; indugiare.

retardant [rɪ'tɑ:dənt / re·tard·ant] *agg.* e *s.* (*chim.*) ritardante, ritardatore.

retardation [,ri:tɑ:'deɪʃn / re·tarda·tion] *s.* **1** (*form.*) ritardo; rallentamento; indugio **2** (*mus.*) ritardo.

retardative [rɪ'tɑ:dətɪv / re·tard·at·ive] **retardatory** [rɪ'tɑ:dətərɪ / re·tard·at·ory] *agg.* (*form.*) che causa ritardo, rallentamento.

retarded [rɪ'tɑ:dɪd / re·tarded] *agg.* ritardato, che presenta ritardo mentale.

retardee [,ri:tɑ:'di: / re·tardee] *s.* (*amer.*) ritardato mentale.

retarder [rɪ'tɑ:də* / re·tard·er] *s.* (*chim.*) ritardante, ritardatore.

retch [retʃ] *s.* conato di vomito.

to **retch** *v.intr.* avere conati di vomito.

retd *agg.* abbr. di → **retired** 1.

rete ['ri:tɪ] *pl.* **retia** ['ri:tɪə] *s.* (*anat.*) rete (di vasi sanguigni, terminazioni nervose).

to **retell** [,ri:'tel / re·tell] *pass.p.p.* **retold** [,ri:'təʊld / re·told] *v.tr.* ripetere; raccontare di nuovo, raccontare in altra lingua.

retention [rɪ'tenʃn / re·ten·tion] *s.* **1** ritenzione (*spec. med.*): *— cyst*, cisti da ritenzione // (*chim.*) *— time*, tempo di ritenzione **2** (*form.*) conservazione (di un uso, un'autorità ecc.) **3** (*form.*) facoltà di ritenere; memoria **4** (*comm.*) trattenuta; *pl.* utili non distribuiti.

retentive [rɪ'tentɪv / re·tent·ive] *agg.* **1** ritentivo, tenace (di memoria) **2** che conserva; che trattiene, ritiene liquidi (*anche med.*): *a — soil*, terreno che trattiene l'acqua **3** ritenitivo (di fasciatura ecc.) // **-ly** *avv.* // **-ness** *s.*

retentivity [,ri:ten'tɪvətɪ / re·tent·iv·ity] *s.* **1** ritentività **2** (*fis.*) induzione residua massima.

rethink [,ri:'θɪŋk / re·think] *s.* riconsiderazione, il considerare di nuovo.

to **rethink** *v.tr.* e *intr.* riconsiderare, riprendere in considerazione.

retiary ['ri:ʃɪərɪ / re·tiary] *s.* ragno tessitore, ragno orbitello.

reticence ['retɪsəns / re·ti·cence] **reticency** ['retɪsənsɪ / re·ti·cency] *s.* reticenza; riservatezza; taciturnità.

reticent ['retɪsənt / re·ti·cent] *agg.* reticente; riservato; taciturno: *— witness*, testimone reticente // **-ly** *avv.*

reticle ['retɪkl / ret·icle] *s.* (*fis.*) reticolo.

reticular [rɪ'tɪkjʊlə* / re·ticu·lar] *agg.* (*form.*) **1** reticolare (*anche anat.*) **2** (*rar.*) ingarbugliato, intricato.

reticulate [rɪ'tɪkjʊlɪt / re·ticu·late] *agg.* (*form.*) reticolato; retiforme.

to **reticulate** [rɪ'tɪkjʊleɪt] *v.tr.* (*form.*) reticolare, dare l'aspetto di rete a ◆ *v.intr.* (*form.*) diventare reticolare, assumere aspetto di rete.

reticulation [rɪ,tɪkjʊ'leɪʃn / re·ticu·la·tion] *s.* (*form.*) **1** reticolazione; struttura, forma reticolata **2** (*fot.*, *pitt.*) reticolatura.

reticule ['retɪkju:l / ret·ic·ule] *s.* **1** (*fis.*) reticolo **2** (*non com.*) borsetta a rete.

reticulum [rɪ'tɪkjʊləm / re·ticu·lum] *pl.* **reticula** [rɪ'tɪkjʊlə / re·tic·ula] *s.* **1** (*biol.*) reticolo **2** (*zool.*) reticolo, cavità dello stomaco dei ruminanti.

retiform ['ri:tɪfɔ:m / re·ti·form] *agg.* (*rar.*) retiforme, a guisa di rete.

retina ['retɪnə *amer.* 'retənə / ret·ina] *pl.* **retinas**, **retinae** ['retɪni: *amer.* 'retəni: / ret·inae] *s.* (*anat.*) retina.

retinal ['retɪnl / ret·inal] *agg.* (*anat.*) della retina.

retinene ['retəni:n / ret·in·ene] *s.* (*biochim.*) retinene.

retinite ['retɪnaɪt / ret·in·ite] *s.* (*min.*) retinite.

retinitis [,retɪ'naɪtɪs / ret·in·itis] *s.* (*med.*) retinite.

retinoblastoma [,retɪnəʊ,blæs'təʊmə / ret·ino·blast·oma] *s.* (*med.*) retinoblastoma.

retinoid ['retɪnɔɪd / ret·in·oid] *s.* (*biochim.*) retinoide.

retinol ['retɪnɒl / ret·inol] *s.* (*biochim.*) retinolo.

retinopathy [,retɪn'ɒpəθɪ / ret·ino·pathy] *s.* (*med.*) retinopatia.

retinoscopy [,retɪn'ɒskəpɪ / ret·ino·scopy] *s.* (*med.*) retinoscopia.

retinue ['retɪnju: *amer.* 'retənu: / ret·inue] *s.* seguito; corteo; scorta.

retire [rɪ'taɪə* / re·tire] *s.* (*rar. mil.*) ritirata.

to **retire** *v.intr.* **1** ritirarsi; dare le dimissioni; andare in pensione: *he will soon —*, andrà presto in pensione; *to — from business*, ritirarsi dagli affari **2** ritirarsi: *the jury retired to consider the case*, la giuria si ritirò per esaminare il caso; *he retired (to bed) before ten*, (*form.*) si ritirò (andò a letto) prima delle dieci; *to — from the world*, ritirarsi dal mondo // *to — into oneself*, rinchiudersi in se stesso **3** (*mil.*) battere in ritirata: *our army retired in good order*, il nostro esercito si ritirò in buon ordine ◆ *v.tr.* **1** far andare in pensione **2** far ritirare (*anche mil.*)

3 (*comm.*) ritirare: *to — a bill*, ritirare una cambiale.

retired [rɪ'taɪəd / re·tired] *agg.* **1** a riposo, in pensione: *a — general*, un generale a riposo; *— person*, pensionato; *— list*, lista degli ufficiali in pensione **2** (*antiq.*) ritirato; appartato, solitario; nascosto: *a — life*, una vita ritirata; *a — valley*, una valle solitaria **3** (*comm.*) ritirato (di cambiali, azioni).

retiredly [rɪ'taɪədlɪ / re·tired·ly] *avv.* ritiratamente, appartatamente; privatamente.

retiredness [rɪ'taɪədnɪs / re·tired·ness] *s.* ritiro; solitudine.

retirement [rɪ'taɪəmənt / re·tire·ment] *s.* **1** collocamento a riposo, pensionamento: *he was given a gold watch on his —*, quando andò in pensione gli regalarono un orologio d'oro; *early —*, pensionamento anticipato // *— pension*, pensione di vecchiaia // *— fund*, fondo pensione // *— tables*, tavole di mortalità **2** isolamento; solitudine; ritiro **3** (*non com.*) luogo appartato; dimora solitaria **4** (*mil. non com.*) ritirata **5** (*comm.*) ritiro (di cambiale) **6** *pl.* costi di smobilizzo.

retiring [rɪ'taɪərɪŋ / re·tir·ing] *agg.* **1** riservato; schivo; timido **2** che si ritira, uscente **3** (*mil.*) che batte in ritirata.

retiringly [rɪ'taɪərɪŋlɪ / re·tir·ing·ly] *avv.* (*non com.*) riservatamente, modestamente.

to **retool** [,ri:'tu:l / re·tool] *v.tr.* **1** riattrezzare (un reparto, una fabbrica); convertire (a una diversa produzione) **2** ristrutturare, riorganizzare (un'azienda).

retooling [,ri:'tu:lɪŋ / re·tool·ing] *s.* **1** riattrezzamento; riconversione **2** ristrutturazione, riorganizzazione.

retorsion [rɪ'tɔ:ʃn / re·tor·sion] *s.* (*dir.*) ritorsione; rappresaglia.

retort[1] [rɪ'tɔ:t / re·tort] *s.* **1** risposta secca **2** (*rar.*) ritorsione.

to **retort**[1] *v.tr.* **1** ritorcere (accusa); ribattere (argomento); ricambiare (insulto); replicare; rispondere **2** (*rar.*) far indietreggiare **3** (*non com.*) riflettere (luce, suono) ◆ *v.intr.* **1** rispondere per le rime; ribattere **2** indietreggiare.

retort[2] *s.* (*chim.*) storta.

to **retort**[2] *v.tr.* (*chim.*) distillare in una storta.

retortion [rɪ'tɔ:ʃn / re·tor·tion] *s.* **1** (*form.*) ripiegamento; rivolgimento all'indietro **2** (*dir., pol.*) ritorsione; rappresaglia.

retouch [,ri:'tʌtʃ / re·touch] *s.* ritocco (a dipinto, fotografia ecc.).

to **retouch** *v.tr.* ritoccare (dipinto, fotografia ecc.).

to **retrace** [rɪ'treɪs / re·trace] *v.tr.* **1** rintracciare; risalire alle origini di; ricostruire: *to — one's origins*, ricostruire le proprie origini **2** ripercorrere, rifare il cammino di (*anche fig.*): *to — one's steps*, ritornare sui propri passi.

to **retract** [rɪ'trækt / re·tract] *v.tr.* **1** ritrarre, tirare indietro, far rientrare: *a cat can — its claws*, un gatto può ritrarre le unghie **2** ritrattare, riconoscere la falsità di ◆ *v.intr.* **1** ritrarsi, rientrare **2** ritrattare; riconoscere un errore.

retractable [rɪ'træktəbl / re·tract·able] *agg.* **1** (*tecn., zool.*) retrattile **2** ritrattabile.

retractation [,ri:træk'teɪʃən / re·trac·ta·tion] *s.* **1** ritrattazione **2** (*dir.*) ritrattazione; revoca dell'offerta contrattuale.

retractile [rɪ'træktaɪl *amer.* rɪ'træktl / re·tract·ile] *agg.* retrattile.

retractility [,ri:træk'tɪlətɪ / re·tract·il·ity] *s.* retrattilità.

retraction [rɪ'trækʃn / re·trac·tion] *s.* (*form.*) **1** ritiro, ritrazione **2** retrazione, contrazione (*anche med.*) **3** ritrattazione.

retractive [rɪ'træktɪv / re·tract·ive] *agg.* che ritrae; retrattile.

retractor [rɪ'træktə* / re·tractor] *s.* (*med.*) **1** divaricatore **2** muscolo retrattore.

to **retrain** [,ri:'treɪn / re·train] *v.tr.* riqualificare ◆ *v.intr.* riqualificarsi.

retraining [,ri:'treɪnɪŋ / re·train·ing] *s.* riqualificazione.

retread [,ri:'tred / re·tread] *s.* (*aut.*) **1** battistrada ricostruito SIN. remould AMER. recap **2** pneumatico con il battistrada ricostruito.

to **retread** *pass.* **retrod** [,ri:'trɒd / re·trod] *p.p.* **retrodden** [,ri:'trɒdn / re·trod·den] *v.tr.* ricostruire il battistrada di (uno pneumatico).

retreat [rɪ'tri:t / re·treat] *s.* **1** (*mil.*) ritirata (*anche fig.*): *our army intercepted the — of the enemy*, il nostro esercito tagliò la ritirata al nemico; *to be in full —*, essere in rotta; *to beat a —*, battere in ritirata, ritirarsi; *to sound the —*, suonare la ritirata **2** ritiro; luogo appartato; eremo; asilo; casa di cura **3** ritiro (di acque, ghiacciaio ecc.) **4** (*eccl.*) ritiro **5** (*arch.*) rientro **6** (*miner.*) coltivazione in ritirata.

to **retreat** *v.intr.* **1** ritirarsi, indietreggiare (*anche fig.*) **2** (*mil.*) battere in ritirata.

retreating [rɪ'tri:tɪŋ / re·treat·ing] *agg.* **1** che si ritira, si allontana, indietreggia **2** (*mil.*) in ritirata **3** sfuggente, rientrante: *a — chin*, un mento sfuggente ◆ *s.* (*mil.*) ritirata.

to **retrench**[1] [rɪ'trentʃ / re·trench] *v.tr.* (*form.*) **1** togliere; tagliar via; sopprimere **2** restringere; diminuire ◆ *v.intr.* (*form.*) ridurre, tagliare le spese.

to **retrench**[2] *v.tr.* (*mil.*) trincerare (la seconda linea di difesa).

retrenchment[1] [rɪ'trentʃmənt / re·trench·ment] *s.* (*form.*) limitazione, diminuizione, restrizione; riduzione (di spese).

retrenchment[2] *s.* (*mil.*) trinceramento, trincea interna.

retrial ['ri:'traɪəl / re·trial] *s.* (*dir.*) nuovo processo.

retribution [,retrɪ'bju:ʃn / re·tri·bu·tion] *s.* (*form.*) **1** castigo, punizione: (*relig.*) *the day of retribution*, il giorno del giudizio universale **2** ricompensa.

retributive [rɪ'trɪbjʊtɪv / re·tribu·tive] *agg.* (*form.*) **1** punitivo **2** retributivo // **-ly** *avv.*

retributory [rɪ'trɪbjʊtərɪ / re·tribu·tory] → **retributive**.

retrievable [rɪ'tri:vəbl / re·triev·able] *agg.* (*form.*) **1** recuperabile (*anche inform.*) **2** riparabile, rimediabile.

retrieval [rɪ'tri:vl / re·trieval] *s.* **1** (*form.*) recupero (di beni) **2** (*form.*) riparazione, rimedio (a errore ecc.) // *beyond* (o *past*) *—*, senza rimedio, irrecuperabile **3** (*inform.*) reperimento, recupero; ricerca: *information — system*, sistema di recupero delle informazioni.

retrieve [rɪ'tri:v / re·trieve] *s.* (*non com.*) recupero.

to **retrieve** *v.tr.* **1** rintracciare e riportare (la selvaggina) (di cani da caccia) **2** ricuperare: *I retrieved the book I had forgotten in the classroom*, ho recuperato il libro che avevo dimenticato in classe **3** riparare, rimediare a: *he retrieved his errors*, riparò le sue colpe **4** (*rar.*) richiamare alla mente **5** salvare: *she retrieved him from ruin*, lo salvò dalla rovina.

retriever [rɪ'tri:və* / re·triever] *s.* cane da presa, da riporto.

retro- ['retrəʊ] *pref.* di origine latina che significa 'dietro, all'indietro'; it. retro-: *retrospective*, retrospettivo; *retrograde*, retrogrado.

to **retroact** [,retrəʊ'ækt / ret·ro·act] *v.intr.* **1** reagire; operare in senso contrario **2** (*dir.*) avere effetto retroattivo.

retroaction [,retrəʊ'ækʃn / ret·ro·ac·tion] *s.* **1** (*non com.*) reazione **2** (*dir.*) azione retroattiva.

retroactive [,retrəʊ'æktɪv / ret·ro·act·ive] *agg.* (*dir.*) retroattivo // **-ly** *avv.*

retroactivity ['retrəʊ,æk'tɪvətɪ / ret·ro·act·iv·ity] *s.* (*dir.*) retroattività.

to **retrocede**[1] [,retrəʊ'si:d / ret·ro·cede] *v.intr.* (*non com.*) retrocedere; recedere; indietreggiare, tornare indietro.

to **retrocede**[2] *v.tr.* (*form.*) restituire (territori).

retrocession[1] [,retrəʊ'seʃn / ret·ro·ces·sion] *s.* **1** (*form.*) retrocessione; indietreggiamento **2** (*med.*) retrocessione (di eruzione, gotta ecc.).

retrocession[2] *s.* (*form.*) restituzione (di territori); retrocessione (di diritti).

retrochoir ['ri:trəʊkwaɪə* / ret·ro·choir] *s.* (*arch.*) coro (dietro l'altare maggiore).

retroflection [,retrəʊ'flekʃn / ret·ro·flec·tion] → **retroflexion**.

retroflex ['retrəʊfleks / ret·ro·flex] *agg.* **1** (*med., fon.*) retroflesso **2** (*form.*) flesso all'indietro; ripiegato all'indietro.

retroflexion [,retrəʊ'flekʃn / ret·ro·flex·ion] *s.* **1** (*med., fon.*) retroflessione: *uterine —*, retroflessione uterina **2** flessione all'indietro; ripiegamento all'indietro.

retrogradation [,retrəʊgrə'deɪʃn / ret·ro·grada·tion] *s.* **1** (*form.*) regressione, ritorno, movimento all'indietro **2** (*form.*) regresso; declino, decadimento; degenerazione **3** (*astr.*) retrogradazione.

retrograde ['retrəʊgreɪd / ret·ro·grade] *agg.* **1** (*form.*) retrogrado (*anche fig.*): *— policy*, politica retrograda // (*med.*) *— amnesia*, amnesia retrograda // (*astr.*) *— motion*, moto retrogrado **2** inverso; contrario: *in — order*, in ordine inverso ◆ *s.* **1** (*rar.*) degenerato **2** tendenza retrograda.

to **retrograde** *v.intr.* **1** retrocedere; ritirarsi **2** (*astr.*) retrogradare **3** declinare; degenerare.

to **retrogress** [,retrəʊ'gres / ret·ro·gress] *v.intr.* (*form.*) **1** regredire; retrocedere **2** degenerare.

retrogression [,retrəʊ'greʃn / ret·ro·gres·sion] *s.* (*form.*) **1** → retrogradation **2** (*med.*) regressione.

retrogressive [,retrəʊ'gresɪv / ret·ro·gress·ive] *agg.* (*form.*) regressivo; retrogrado // (*geol.*) *— erosion*, erosione regressiva // **-ly** *avv.*

retropulsion [,retrəʊ'pʌlʃn / ret·ro·pul·sion] *s.* (*med.*) retropulsione.

retro-rocket ['retrəʊ,rɒkɪt] *s.* (*aer.*) retrorazzo.

retrorse [rɪ'trɔ:s / ret·rorse] *agg.* **1** (*non com.*) volto all'indietro, retroverso **2** (*bot.*) retrorso // **-ly** *avv.*

retrospect ['retrəʊspekt / ret·ro·spect] *s.* esame, sguardo retrospettivo; visione retrospettiva // *in* —, ripensandoci, a posteriori.

retrospection [,retrəʊ'spekʃn / ret·ro·spec·tion] *s.* (*form.*) esame, sguardo retrospettivo.

retrospective [,retrəʊ'spektɪv / ret·ro·spect·ive] *agg.* **1** retrospettivo: — *exhibition*, mostra retrospettiva **2** (*dir.*) retroattivo ◆ *s.* retrospettiva // **-ly** *avv.*

retroussé [rə'tru:seɪ / re·troussé] *agg.* rivolto all'insù, alla francese (di naso).

retroversion [,retrəʊ'vɜ:ʃn *amer.* ,retrəʊ'vɜ:ʒn / ret·ro·ver·sion] *s.* (*spec. med.*) retroversione.

to **retrovert** [,retrəʊ'vɜ:t / ret·ro·vert] *v.tr.* (*spec. med.*) voltare all'indietro.

retroverted [,retrəʊ'vɜ:tɪd / ret·ro·verted] *agg.* (*spec. med.*) retroverso.

retrovirus ['retrəʊ,vaɪərəs / ret·ro·virus] *s.* (*biol.*) retrovirus.

to **retry** [,ri:'traɪ / re·try] *v.tr.* **1** ritentare, riprovare; rifare (una esperienza) **2** (*dir.*) riprocessare (un imputato).

retting ['retɪŋ / ret·ting] *s.* macerazione (di canapa, cotone).

return [rɪ'tɜ:n / re·turn] *s.* **1** ritorno: *on my* —, al mio ritorno; — *journey*, viaggio di ritorno; *there's a — of the miniskirt in this year's fashions*, c'è un ritorno della minigonna nella moda di quest'anno // (*aer.*) *point of no* —, punto di non ritorno (*anche fig.*) // (*edil.*) — *wall*, muro di risvolto, d'accompagnamento // (*comm.*) *by* — (*of post*), a giro di posta // *many happy returns of the day!*, cento di questi giorni! **2** restituzione; resa (di libri, giornali invenduti); rinvio: *ask for the — of the book*, chiedi la restituzione del libro // *in — for*, in cambio di, in compenso per **3** *gener. pl.* provento, profitto, guadagno, utile: — *to scale*, rendimenti di scala; *normal competitive* —, rendimento normale di concorrenza, profitto normale; *law of diminishing returns*, legge dei rendimenti decrescenti; — *on assets*, (tasso di) rendimento delle attività; — *on equity* (abbr. ROI), (tasso di) redditività del capitale proprio; — *on investment* (abbr. ROE), (tasso di) redditività del capitale investito; — *on sales* (abbr. ROS), (tasso di) redditività delle vendite **4** relazione, rapporto, rendiconto (ufficiale) // *tax* —, dichiarazione dei redditi **5** *pl.* prospetti statistici; risultati (di un'elezione) **6** (*sport*) risposta, rimando: — *of service*, risposta a un servizio // — *match*, incontro di ritorno; rivincita **7** *pl.* tabacco dolce da pipa **8** — (*ticket*), biglietto di andata e ritorno; — *half*, parte di un biglietto riservata al viaggio di ritorno **9** (*inform.*) ritorno, rinvio del trattamento di un sottoprogramma alla sequenza principale; indicazione (di uno stato).

to **return** *v.intr.* **1** ritornare: *to — home*, ritornare a casa; *to — to London*, ritornare a Londra; *I'll — to this point of the discussion later*, ritornerò su questo punto della discussione più tardi; *to — to one's old ways*, ritornare alle proprie vecchie abitudini // *returned emigrant*, emigrante rimpatriato // *returned soldier*, reduce **2** replicare, rispondere: *"And you are as lazy as your father", she returned*, "E tu sei pigro come tuo padre", replicò lei ◆ *v.tr.* **1** ritornare, restituire, rendere; rimandare: *to — a book, a sum*, restituire un libro, una somma // (*mil.*) *to — fire*, rispondere al fuoco; (*fig.*) ribattere **2** rimettere, riporre: *they returned the glasses to their place in the cupboard*, rimisero i bicchieri al loro posto nella credenza // *to — a weapon*, rinfoderare, riporre un'arma **3** ricambiare, contraccambiare; ripagare: *to — a compliment, a visit*, ricambiare un complimento, una visita; *to — s.o.'s love*, contraccambiare l'amore di qlcu. // *to — like for like*, (*form.*) rendere pan per focaccia **4** produrre, rendere, dare: *this estate returns little profit*, questa proprietà rende poco **5** (*sport*) rinviare, rimandare (palla ecc.) **6** riportare, riferire, comunicare ufficialmente: *they returned the list of the wounded*, comunicarono la lista dei feriti // (*dir.*): *to — a list of jurors*, comunicare un elenco di giurati; *to — a verdict*, emettere un verdetto, una sentenza **7** (*pol.*) eleggere: *to — members to Parliament*, eleggere deputati al parlamento.

returnable [rɪ'tɜ:nəbl / re·turn·able] *agg.* **1** restituibile; da restituire // — *bottle*, vuoto a rendere **2** (*pol.*) eleggibile **3** (*dir.*) (di mandato) di rinvio.

returning officer [rɪ'tɜ:nɪŋ'ɒfɪsə* *amer.* rɪ'tɜ:nɪŋ'ɔ:fɪsə*] *s.* presidente di seggio (elettorale).

retuse [rɪ'tju:s / re·tuse] *agg.* (*bot.*) retuso; intaccato.

reunion [,ri:'ju:njən / re·union] *s.* **1** riunione: *a — of old friends*, una riunione di vecchi amici **2** il rivedersi, il reincontrarsi: *there won't be a chance of a — between me and John*, non ci sarà la possibilità di un nuovo incontro fra me e John // *an old boys', old girls'* —, una rimpatriata fra ex compagni di scuola **3** nuova unione, nuovo patto.

to **reunite** [,ri:ju:'naɪt / re·unite] *v.tr.* **1** riunire **2** (*fig.*) riconciliare ◆ *v.intr.* **1** riunirsi **2** (*fig.*) riconciliarsi.

to **re-up** [,ri:'ʌp] *v.intr.* (*mil.*) (*sl. amer.*) rinnovare la ferma.

re-use [,ri:'ju:s] *s.* riuso, nuovo uso; riciclaggio.

to **re-use** [,ri:'ju:z] *v.tr.* riusare; riciclare: *re-used wool fibres*, lana rigenerata.

rev [rev] *s.* (*ant.*) (*fam., spec. pl.*) giri al minuto.

to **rev** *pass.p.p.* **revved** [revd] *v.tr.* (anche con *up*) **1** (*aut.*) (*fam.*) mandare su di giri (un motore) **2** (*fig. fam.*) far salire, aumentare ◆ *v.intr.* andare su di giri (di motore).

to **revaccinate** [,ri:'væksɪneɪt / re·vac·cin·ate] *v.tr.* rivaccinare.

revalorization ['ri:,vælərаɪ'zeɪʃn / re·val·or·iza·tion] *s.* (*form.*) rivalorizzazione, rivalutazione.

revaluation ['ri:,væljʊ'eɪʃn / re·valu·ation] *s.* (*form.*) rivalutazione: *a — of medieval art*, una rivalutazione dell'arte medievale // (*amm.*): — *reserve*, riserva di rivalutazione; — *of assets*, rivalutazione delle attività // (*econ.*) — *of a currency*, rivalutazione di una moneta.

to **revalue** [,ri:'vælju: / re·value] *v.tr.* rivalutare (*anche econ.*).

to **revamp** [,ri:'væmp / re·vamp] *v.tr.* **1** (*non com.*) aggiustare; rattoppare **2** (*fig.*) rimodernare, rinnovare; riorganizzare: *I'm going to — my flat*, ho intenzione di rimodernare il mio appartamento.

revascularization [,ri:,væskjʊlərаɪ'zeɪʃn / re·vas·cu·lar·iza·tion] *s.* (*med.*) rivascolarizzazione.

rev counter ['rev,kaʊntə*] *s.* (*mecc.*) contagiri.

to **reveal** [rɪ'vi:l / re·veal] *v.tr.* **1** rivelare; svelare; far conoscere: *to — a secret*, rivelare un segreto: *to — oneself*, (*form.*) rivelarsi // *revealed religion*, religione rivelata // (*econ.*) *revealed preferences theory*, teoria delle preferenze rivelate **2** mostrare, rivelare.

revealable [rɪ'vi:ləbl / re·veal·able] *agg.* (*form.*) rivelabile.

reveille [rɪ'vælɪ *amer.* 'revəlɪ / re·veille] *s.* (*mil.*) sveglia, diana.

revel ['revl] *s.* (*antiq.*) **1** festa (chiassosa), baldoria, gozzoviglia; orgia **2** (*gener. pl.*) festeggiamenti; divertimenti.

to **revel** *pass.p.p.* **revelled** ['revld / rev·el·led] *v.intr.* **1** (*antiq.*) divertirsi (con chiasso); far baldoria, fare delle orge; gozzovigliare **2** (*antiq.*) festeggiare; banchettare **3** deliziarsi, crogiolarsi; trovare diletto, piacere: *to — in sthg.*, trovare diletto in qlco.

□ **revel away** *v.tr.* e *avv.* sperperare, sprecare: *he revelled his money away*, egli sprecò il suo denaro in divertimenti.

revelation [,revə'leɪʃn / rev·ela·tion] *s.* rivelazione (*anche teol.*): *what a —!*, che rivelazione! // *the Revelation* (*of St. John*), l'Apocalisse.

revelational [,revə'leɪʃənl / rev·ela·tion·al] *agg.* (*non com.*) relativo alla rivelazione.

revelationist [,revə'leɪʃənɪst / rev·ela·tion·ist] *s.* credente nella rivelazione divina // *the Revelationist*, l'autore dell'Apocalisse.

reveller ['revlə* / rev·el·ler] *s.* chi si dà a orge, piaceri; festaiolo.

revelling ['revlɪŋ / rev·el·ling] **revelry** ['revlrɪ / rev·elry] *s.* baldoria, gozzoviglia; orgia.

revenant ['revənənt / re·ven·ant] *s.* (*non com.*) **1** chi ritorna dopo lunga assenza **2** spettro, fantasma, ombra.

revendication [rɪ,vendɪ'keɪʃən / re·ven·dica·tion] *s.* rivendicazione (*anche dir.*).

revenge [rɪ'vendʒ / re·venge] *s.* **1** vendetta, spirito di vendetta: *out of* —, per vendetta; *he was still harbouring thoughts of* —, nutriva ancora pensieri di vendetta; *to take — on s.o. for sthg.*, vendicarsi di qlco. su qlcu.; *they bombed the town in — for our sea-attack*, bombardarono la città per vendicarsi del nostro attacco dal mare // *Montezuma's* —, (*fam. amer.*) la vendetta, maledizione di Montezuma (diarrea che coglie i turisti in viaggio specialmente in Messico) **2** rivincita (al gioco): *to give s.o. his* —, dare la rivincita a qlcu.

to **revenge** *v.tr.* vendicare: *to — oneself (up)on s.o.*, vendicarsi su qlcu. ◆ *v.intr.* vendicarsi, trarre vendetta.

revengeful [rɪ'vendʒfʊl / re·venge·ful] *agg.* **1** vendicativo **2** vendicatore // **-ly** *avv.* // **-ness** *s.*

revenger [rɪ'vendʒə* / re·veng·er] *s.* vendicatore.

revenue ['revənju: *amer.* 'revənu: / rev·enue] *s.* **1** entrata, entrate; reddito // (*amm.*) — *account*, conto economico // (*econ.*): *average*

—, ricavo medio; *marginal* —, ricavo marginale // (*fin.*) (*amer.*) — *bonds*, 'revenue bonds', obbligazioni emesse da enti locali **2** *gener. pl.* entrate dello Stato **3** fisco; erario: — *authorities*, autorità fiscali, (il) fisco; (*brit.*) *Inland Revenue*, (il) fisco; — *case*, controversia tributaria // — *tax* (o *tariff*), tassa erariale // (*trib.*): — *tariffs*, dazi a fini fiscali; — *tax*, imposta fiscale; *Revenue Officer*, funzionario doganale.

revenue-cutter ['revənju:,kʌtə* *amer.* 'revənu:,kʌtə*] *s.* (*mar.*) guardacoste; motovedetta, motoscafo anticontrabbando.

revenue stamp ['revənju:,stæmp *amer.* 'revənu:,stæmp] *s.* marca da bollo.

reverberant [rɪ'vɜ:bərənt / re·ver·ber·ant] *agg.* **1** che riverbera **2** che risuona, risonante, sonoro.

to **reverberate** [rɪ'vɜ:bəreɪt / re·ver·ber·ate] *v.tr.* e *intr.* **1** (far) riverberare // *reverberating furnace*, forno a riverbero **2** (far) risuonare, (far) riecheggiare.

reverberation [rɪ,vɜ:bə'reɪʃn / re·ver·bera·tion] *s.* **1** riverbero (*anche fis.*) **2** (*fis.*) riverberazione; coda sonora.

reverberator [rɪ'vɜ:bəreɪtə* / re·ver·ber·ator] *s.* **1** (*non com.*) riflettore; lampada a riverbero **2** (*fis.*) superficie riverberante.

reverberatory [rɪ'vɜ:bərətərɪ / re·ver·ber·at·ory] *agg.* a, di riverbero ◆ *s.* — (*furnace*), forno a riverbero.

to **revere** [rɪ'vɪə* / re·vere] *v.tr.* (*form.*) riverire; venerare.

reverence ['revərəns / rev·er·ence] *s.* **1** (*form.*) riverenza; venerazione; rispetto: *to be held in* —, essere rispettato; *to pay* — *to*, rendere onore a; *to regard with* —, considerare con rispetto // *saving your* —, (*ant.*) con rispetto parlando // (*irl.*) *your* —, reverendo **2** (*antiq.*) riverenza, inchino.

to **reverence** *v.tr.* (*form. rar.*) riverire, considerare con riverenza.

reverend ['revərənd / rev·er·end] *agg.* **1** venerando **2** (*eccl.*) reverendo // *Reverend* (abbr. *Rev.*), reverendo: *Very Reverend*, molto reverendo (riferito a decano); *Right Reverend*, reverendissimo (riferito a vescovo) // *Reverend Mother*, reverenda madre (superiora) ◆ *s.* reverendo, ecclesiastico, prete.

reverent ['revərənt / rev·er·ent] *agg.* riverente; pieno di venerazione; rispettoso // **-ly** *avv.*

reverential [,revə'renʃl / rev·er·en·tial] *agg.* riverente; reverenziale: — *fear*, timore reverenziale // **-ly** *avv.*

reverer [rɪ'vɪərə* / re·verer] *s.* (*rar.*) veneratore.

reverie ['revərɪ / rev·erie] *s.* (*form.*) rêverie, sogno a occhi aperti, fantasticheria: *she was lost in* (*a*) —, sognava ad occhi aperti.

revers [rɪ'vɪə* / re·vers] *pl.* **revers** *s.* revers, risvolto (di giacca, abito).

reversal [rɪ'vɜ:sl / re·versal] *s.* **1** rovesciamento, capovolgimento; inversione: *his plans met with continuous reversals*, i suoi piani incorsero in continui capovolgimenti // (*fis.*) — *spectrum*, spettro di inversione **2** (*amm.*) scrittura di storno **3** (*comm.*) rovescio (andamento negativo) **4** (*dir.*) annullamento, revoca (della sentenza impugnata, da parte del giudice d'appello).

reverse [rɪ'vɜ:s / re·verse] *agg.* rovescio, inverso; opposto, contrario: *in* — *order*, in ordine inverso // (*chim.*) — *osmosis*, osmosi inversa // (*fin.*) — *swap*, swap inverso // (*geol.*) — *fault*, faglia inversa // — *charge call*, comunicazione telefonica (interurbana) a carico del ricevente ◆ *s.* **1** il rovescio, l'inverso; l'opposto, il contrario: *the* — *of a coin*, il rovescio di una moneta // *quite the* —, al contrario **2** (*form.*) disgrazia; rovescio finanziario; disfatta militare: *to suffer a* —, subire un rovescio finanziario **3** (*aut.*) — (*gear*), retromarcia; (*mecc.*) invertitore di marcia: *on the* —, a marcia indietro // **-ly** *avv.*

to **reverse** *v.tr.* **1** rovesciare, ribaltare, capovolgere // *to* — *the charges*, fare una telefonata con addebito al ricevente **2** far agire in senso contrario; (*elettr.*) invertire (corrente) **3** (*dir.*) revocare, cassare, annullare: *to* — *a judgement*, annullare una sentenza (di un giudice inferiore) ◆ *v.intr.* **1** agire, funzionare in senso contrario; (*elettr.*) invertire la corrente **2** (*aut.*) innestare la retromarcia; fare retromarcia **3** fare il 'renversé', girare in senso inverso (nella danza).

reversibility [rɪ,vɜ:sə'bɪlətɪ / re·vers·ib·il·ity] *s.* **1** reversibilità **2** revocabilità.

reversible [rɪ'vɜ:səbl / re·vers·ible] *agg.* **1** reversibile; rovesciabile; ribaltabile // (*fis.*) — *change*, variazione reversibile // (*chim.*): — *chemical reaction*, reazione chimica reversibile; — *process*, processo reversibile **2** (*dir.*) revocabile **3** a due diritti, double-face (di tessuto) **4** (*mecc.*) a inversione di marcia ◆ *s.* (soprabito) double-face.

reversion [rɪ'vɜ:ʃn *amer.* rɪ'vɜ:ʒn / re·ver·sion] *s.* **1** (*form.*) reversione, ritorno (a stato precedente) **2** (*dir.*) reversione; diritto di reversione **3** (*biol.*) reversione, regressione.

reversional [rɪ'vɜ:ʃənl / re·ver·sional] *agg.* **1** (*form.*) di, da reversione **2** (*dir.*) reversibile; di reversione // **-ly** *avv.*

reversionary [rɪ'vɜ:ʃənərɪ *amer.* rɪ'vɜ:ʒənerɪ / re·ver·sion·ary] *agg.* **1** (*form.*) reversibile (a stato precedente) **2** (*dir.*) reversibile; di riversione // — *annuity*, rendita vitalizia reversibile **3** atavico.

to **revert** [rɪ'vɜ:t / re·vert] *v.intr.* **1** tornare, ritornare: *to* — *to a topic*, ritornare su un argomento // *to* — *to type*, (*spreg.*) tornare al solito comportamento, a comportarsi come prima **2** (*biol.*) regredire, ritornare allo stato primitivo (di pianta o animale) **3** (*dir.*) spettare (per reversione).

reverter [rɪ'vɜ:tə* / re·verter] *s.* **1** (*dir.*) reversione; diritto di reversione **2** proprietà reversibile.

revertible [rɪ'vɜ:təbl / re·vert·ible] *agg.* (*dir.*) reversibile.

to **revet** [rɪ'vet / re·vet] *pass.p.p.* **revetted** [rɪ'vetɪd / re·vet·ted] *v.tr.* (*edil.*) rivestire, applicare un rivestimento di sostegno, di protezione a.

revetment [rɪ'vetmənt / re·vet·ment] *s.* (*edil.*) **1** rivestimento di sostegno, di protezione **2** contrafforte.

review [rɪ'vju: / re·view] *s.* **1** esame, analisi; revisione; (*amer.*) ripasso (di lezioni): *to be under* —, essere oggetto d'analisi, di osservazione; *to come under* —, venir preso in esame **2** recensione, critica; rassegna: — *copy*, copia per recensione **3** rivista, periodico: *a quarterly* —, una rivista trimestrale **4** (*mil.*) rivista: *to pass in* —, passare in rivista // (*mil.*) — *order*, alta uniforme, uniforme da parata **5** (*dir.*) revisione **6** (*teatr.*) → revue.

to **review** *v.tr.* **1** esaminare; passare in rassegna, in rivista (*anche mil.*); fare una panoramica di **2** fare la rassegna di **3** recensire: *to* — *a novel*, recensire un romanzo **4** (*dir.*) sottoporre a revisione **5** (*amer.*) → to revise 2 ◆ *v.intr.* fare recensioni.

reviewable [rɪ'vju:əbl / re·view·able] *agg.* **1** rivedibile; riesaminabile **2** recensibile **3** (*mil.*) da passare in rivista **4** (*dir.*) da sottoporre a revisione.

reviewal [rɪ'vju:əl / re·viewal] *s.* **1** → review 1 **2** (*dir.*) revisione, riesame.

reviewer [rɪ'vju:ə* / re·viewer] *s.* recensore, critico (letterario, teatrale ecc.).

to **revile** [rɪ'vaɪl / re·vile] *v.tr.* (*form.*) ingiuriare, insultare: *blessed are ye, when men shall revile you*, (*Bibbia*) beati sarete quando gli uomini vi insulteranno ◆ *v.intr.* (*non com.*) servirsi di linguaggio oltraggioso.

reviler [rɪ'vaɪlə* / re·viler] *s.* (*form.*) oltraggiatore, offensore.

revisable [rɪ'vaɪzəbl / re·vis·able] *agg.* (*form.*) rivedibile // (*econ.*) — *basket*, paniere rivedibile.

revisal [rɪ'vaɪzl / re·visal] *s.* (*non com.*) revisione; correzione.

revise [rɪ'vaɪz / re·vise] *s.* **1** (*tip.*) seconda bozza **2** (*rar.*) revisione.

to **revise** *v.tr.* **1** rivedere; riesaminare: *I revised my opinion of him*, ho cambiato l'opinione che avevo di lui **2** ripassare (una lezione) **3** modificare, ritoccare; (*tip.*) correggere (bozze) ◆ *v.intr.* ripassare una lezione.

Revised Version [rɪ,vaɪzd'vɜ:ʃn *amer.* rɪ,vaɪzd'vɜ:ʒn] *s.* versione riveduta (1870-84) della Bibbia Anglicana.

reviser [rɪ'vaɪzə* / re·viser] *s.* **1** revisore **2** (*tip.*) correttore (di bozze).

revision [rɪ'vɪʒn / re·vi·sion] *s.* **1** revisione // (*amm.*) — *of a budget*, revisione di un bilancio **2** (*tip.*) correzione (di bozze) **3** ripasso (di una lezione).

revisional [rɪ'vɪʒənl / re·vi·sion·al] *agg.* (*non com.*) di revisione.

revisionism [rɪ'vɪʒənɪzəm / re·vi·sion·ism] *s.* (*pol.*) revisionismo.

revisionist [rɪ'vɪʒnɪst / re·vi·sion·ist] *s.* (*pol.*) revisionista ◆ *agg.* (*pol.*) revisionistico.

to **revisit** [,ri:'vɪzɪt / re·visit] *v.tr.* rivisitare, visitare di nuovo.

revisory [rɪ'vaɪzərɪ / re·vis·ory] *agg.* (*non com.*) che rivede, corregge.

to **revitalize** [,ri:'vaɪtəlaɪz / re·vit·al·ize] *v.tr.* rivitalizzare, dare nuova vita a.

revivable [rɪ'vaɪvəbl / re·viv·able] *agg.* (*form.*) che si può rianimare, resuscitare, far rivivere.

revival [rɪ'vaɪvl / re·vival] *s.* **1** revival, ripresa; ripristino; risveglio: *the* — *of a custom*, il ripristino di un'usanza **2** ripresa di un lavoro teatrale **3** rinascita, nuova fioritura: *the* — *of letters*, la rinascita delle lettere; *the* — *of trade*, il rifiorire del commercio // *the Revival of Learning*, il Rinascimento **4** — (*meeting*), risveglio (religioso); ritorno (alla religione) **5** ritorno alla vita; ripresa dei sensi, delle forze.

revivalism [rɪ'vaɪvəlɪzəm / re·viv·al·ism] *s.* revivalismo, movimento promotore di un risveglio religioso.

revivalist [rɪ'vaɪvəlɪst / re·viv·al·ist] *s.* esponente del revivalismo; promotore di un risveglio religioso.

to **revive** [rɪ'vaɪv / re·vive] *v.tr.* **1** far rivivere; far riprendere i sensi a **2** ravvivare; rianimare; rinvigorire: *meeting his friend revived memories of his schooldays*, l'incontro con il suo amico ravvivò i ricordi dei suoi giorni di scuola **3** riprendere, rimettere in scena (un lavoro teatrale) **4** rimettere in uso: *an old custom was revived*, una vecchia consuetudine fu rimessa in uso ◆ *v.intr.* **1** rivivere, ritornare in vita; riprendere i sensi: *a glass of whisky helped him to* —, un bicchiere di whisky lo aiutò a riprendersi **2** ravvivarsi, rianimarsi; rinvigorirsi: *his hopes revived*, le sue speranze si ravvivarono.

reviver [rɪ'vaɪvə* / re·viver] *s.* **1** chi fa rivivere, rianima **2** chi rimette in voga **3** preparato per ravvivare colori sbiaditi **4** (*sl.*) cicchetto (sorsata di liquore).

revivification [rɪ,vɪvɪfɪ'keɪʃn / re·vivi·fica·tion] *s.* (*form.*) ritorno in vita; richiamo in vita; rinvigorimento.

to **revivify** [rɪ'vɪvɪfaɪ / re·viv·ify] *v.tr.* **1** (*form.*) ravvivare; rianimare; rinvigorire **2** (*chim.*) riportare allo stato chimicamente attivo, riattivare.

reviviscence [,revɪ'vɪsns / re·viv·is·cence] *s.* (*rar.*) reviviscenza; ritorno alla vita.

reviviscent [,revɪ'vɪsnt / re·viv·is·cent] *agg.* (*rar.*) reviviscente; che torna in vita, in forze.

revivor [rɪ'vaɪvə* / re·vivor] *s.* (*dir.*) ripresa di causa, lite (dopo la morte di una delle parti).

revocable ['revəkəbl *nel senso commerciale* rɪ'vəʊkəbl / re·voc·able] *agg.* (*form.*) revocabile: (*comm.*) — *letter of credit*, lettera di credito revocabile // (*Borsa*) — *order*, ordine valido revoca // **-bility** *s.* // **-bly** *avv.*

revocation [,revə'keɪʃn / re·voca·tion] *s.* (*form.*) revoca, abrogazione; annullamento; ritiro: (*aut.*) — *of driving licence*, ritiro di patente // (*dir.*): — *by order of the judge*, revoca per ordine del giudice; — *in law*, revoca ope legis, revoca per opera di legge; — *of offer*, revoca della proposta (contrattuale).

revocatory ['revəkətərɪ / re·voc·at·ory] *agg.* (*form.*) revocatorio.

revoke [rɪ'vəʊk / re·voke] *s.* **1** (*rar.*) revoca // *beyond* —, irrevocabile; irrevocabilmente **2** (*a carte*) mancata risposta a seme.

to **revoke** *v.tr.* revocare; abrogare; annullare; ritirare (una promessa) ◆ *v.intr.* (*a carte*) non rispondere a seme.

revolt [rɪ'vəʊlt / re·volt] *s.* **1** rivolta; ribellione: *in* —, in rivolta **2** (*ant.*) disgusto, ripugnanza **3** (*ant.*) ribelle: *you ingrate revolts, / ... blush for shame*, (SH. King John) voi ingrati ribelli, ...avvampate di vergogna.

to **revolt** *v.intr.* **1** rivoltarsi, ribellarsi: *to — against s.o., sthg.*, ribellarsi a qlcu., qlco. **2** rifuggire; provare orrore, ripugnanza ◆ *v.tr.* rivoltare, disgustare: *the scene revolted him*, la scena lo disgustò; *to be revolted by*, avere un moto di ribellione contro.

revolter [rɪ'vəʊltə* / re·volt·er] *s.* (*non com.*) rivoltoso; ribelle, insorto.

revolting [rɪ'vəʊltɪŋ / re·volt·ing] *agg.* **1** rivoltante, disgustoso, ributtante **2** in rivolta // **-ly** *avv.*

revolution [,revə'lu:ʃn / re·volu·tion] *s.* **1** rivoluzione; ribellione // *the French Revolution*, la Rivoluzione Francese **2** trasformazione; rivolgimento // *palace* —, (*fig.*) cambio della guardia (al vertice) **3** giro, rotazione: *that wheel makes three revolutions a second*, quella ruota compie tre giri al secondo **4** (*astr.*) rivoluzione (dei corpi celesti) // (*mat.*) *solid of* —, solido di rivoluzione.

revolutionary [,revə'lu:ʃənərɪ *amer.* ,revə'lu:ʃənerɪ / re·volu·tion·ary] *agg.* **1** rivoluzionario, di rivoluzione **2** rivoluzionario, rinnovatore **3** (*mecc.*) rotatorio ◆ *s.* rivoluzionario, fautore di una rivoluzione.

revolutionism [,revə'lu:ʃnɪzəm / re·volu·tion·ism] *s.* rivoluzionarismo.

revolutionist [,revə'lu:ʃnɪst / re·volu·tion·ist] *s.* (*non com.*) rivoluzionario, fautore di una rivoluzione.

to **revolutionize** [,revə'lu:ʃnaɪz / re·volu·tion·ize] *v.tr.* rivoluzionare; mutare radicalmente.

to **revolve** [rɪ'vɒlv / re·volve] *v.intr.* **1** rotare, girare: *the planets — round the Sun*, i pianeti ruotano intorno al Sole; *to — on a spindle*, girare su un asse **2** (*form. rar.*) imperniarsi, rivolgersi: *their home lives — around their children*, la loro vita familiare è tutta imperniata sui figli **3** ricorrere, ritornare: *the seasons — incessantly*, le stagioni si avvicendano senza posa ◆ *v.tr.* **1** far rotare, far girare **2** meditare, ponderare: *to — a problem* (*in one's mind*), ponderare un problema.

revolver [rɪ'vɒlvə* / re·volver] *s.* revolver, rivoltella.

revolving [rɪ'vɒlvɪŋ / re·volv·ing] *agg.* **1** rotante; che gira intorno **2** ricorrente (di stagioni ecc.) **3** (*tecn.*) girevole; rotante; rotatorio // — *door*, porta girevole **4** (*comm.*) rotativo: — *credit*, credito rotativo.

revue [rɪ'vju: / re·vue] *s.* (*teatr.*) rivista.

revulsant [rɪ'vʌlsənt / re·vul·sant] *agg.* (*med.*) revulsivo.

revulsion [rɪ'vʌlʃn / re·vul·sion] *s.* **1** disgusto, repulsione **2** (*rar.*) ritiro **3** (*med.*) revulsione.

revulsive [rɪ'vʌlsɪv / re·vuls·ive] *agg.* e *s.* (*med.*) revulsivo.

reward [rɪ'wɔ:d / re·ward] *s.* **1** ricompensa; premio; rimunerazione; compenso: *as a — for her good behaviour she got a new toy*, come premio per essersi comportata bene ottenne un giocattolo nuovo // *we can't expect anything in* —, non possiamo aspettarci niente in cambio **2** taglia; ricompensa: *there's a — on his head*, c'è una taglia sulla sua testa.

to **reward** *v.tr.* ricompensare; premiare; rimunerare; compensare.

rewardable [rɪ'wɔ:dəbl / re·ward·able] *agg.* (*non com.*) ricompensabile.

rewarder [rɪ'wɔ:də* / re·ward·er] *s.* rimuneratore.

rewarding [rɪ'wɔ:dɪŋ / re·ward·ing] *agg.* rimunerativo; gratificante.

to **rewire** [,ri:'waɪə* / re·wire] *v.tr.* **1** rifare l'impianto elettrico a **2** telegrafare di nuovo.

to **reword** [,ri:'wɜ:d / re·word] *v.tr.* **1** ridire, riscrivere con altre parole **2** (*rar.*) ripetere con le stesse parole.

to **rework** [,ri:'wɜ:k / re·work] *v.tr.* **1** rimodellare, riplasmare (argilla, cera ecc.) **2** modificare, rimaneggiare.

reworked [,ri:'wɜ:kt / re·worked] *agg.* (*geol.*) rimaneggiato.

reworking [,ri:'wɜ:kɪŋ / re·work·ing] *s.* (*geol.*) rimaneggiamento.

to **rewrite** [,ri:'raɪt / re·write] *pass.* **rewrote** [,ri:'rəʊt / re·wrote] *p.p.* **rewritten** [,ri:'rɪtn / re·writ·ten] *v.tr.* riscrivere; rimaneggiare (uno scritto).

Rex [reks] *s.* (*lat.*) titolo usato negli scritti ufficiali dopo il nome del re britannico regnante // (*dir.*) — *v. Smith*, la corona, lo stato contro Smith.

rhabdomancy ['ræbdəʊ,mænsɪ / rhab·do·mancy] *s.* rabdomanzia.

rhabdomantist ['ræbdəʊ,mæntɪst / rhab·do·mant·ist] *s.* rabdomante.

rhabdophane ['ræbdəʊ,feɪn / rhab·do·phane] *s.* (*min.*) rhabdofane.

Rhaetian ['ri:ʃɪən / Rhae·tian] *agg.* retico ◆ *s.* abitante della Rezia.

Rhaetic ['ri:tɪk / Rhae·tic] *agg.* retico.

rhagas ['rægəs] *pl.* **rhagades** ['rægədi:z / rhaga·des] *s.* (*med.*) ragade.

rhamnose ['ræmnəʊs / rham·nose] *s.* (*chim.*) ramnosio.

rhapsode ['ræpsəʊd / rhaps·ode] *s.* (*non com.*) → **rhapsodist**.

rhapsodic(al) [ræp'sɒdɪk(l) / rhaps·odic, rhaps·od·ical] *agg.* **1** rapsodico **2** (*fam.*) entusiastico // **-ally** *avv.*

rhapsodist ['ræpsədɪst / rhaps·od·ist] *s.* **1** rapsodo **2** (*fam.*) chi parla o scrive in modo elogiativo.

to **rhapsodize** ['ræpsədaɪz / rhaps·od·ize] *v.tr.* recitare come un rapsodo ◆ *v.intr.* **1** recitare rapsodie **2** (*mus.*) comporre rapsodie **3** (*fam.*) entusiasmarsi, andare in estasi: *she rhapsodized about* (o *over*) *her new house*, era molto entusiasta della sua nuova casa.

rhapsody ['ræpsədɪ / rhaps·ody] *s.* **1** (*letter., mus.*) rapsodia **2** (*fam.*) entusiasmo.

rhea ['rɪə] *s.* (*zool.*) (*Rhea americana*) nandù.

Rhenish ['ri:nɪʃ / Rhen·ish] *agg.* renano ◆ *s.* vino del Reno.

rhenium ['ri:njəm / rhe·nium] *s.* (*chim.*) renio.

rheometer [rɪ'ɒmɪtə* / rheo·meter] *s.* (*elettr.*) reometro.

rheomorphosis [,rɪəʊ'mɔ:fəsɪs / rheo·morph·osis] *s.* (*biol.*) reomorfosi.

rheophore ['ri:əʊfɔ:* / rheo·phore] *s.* (*elettr.*) reoforo.

rheoscope ['ri:əskəʊp / rheo·scope] *s.* (*elettr.*) reoscopio, galvanoscopio.

rheostat ['ri:əstæt / rheo·stat] *s.* (*elettr.*) reostato.

rhesus ['ri:səs] *s.* (*zool.*) — (*monkey*), (*Macaca mulatta*) reso.

Rhesus factor ['ri:səs,fæktə*] *s.* (*biol.*) fattore Rh (del sangue).

rhetoric ['retərɪk / rhet·oric] *s.* **1** retorica **2** trattato di retorica.

rhetorical [rɪ'tɔ:rɪkl / rhet·or·ical] *agg.* retorico: — *question*, domanda retorica // **-ly** *avv.*

rhetorician [ˌretəˈrɪʃn / rhet·or·ician] *s.* (*form.*) retore.

rheum [ru:m] *s.* **1** (*med.*) (*ant.*) catarro; muco **2** (*poet.*) lacrime.

rheumatic [ru:ˈmætɪk / rheum·atic] *agg.* (*med.*) reumatico: — *fever*, febbre reumatica ◆ *s.* chi soffre di reumatismi.

rheumaticky [ru:ˈmætɪkɪ / rheum·at·icky] *agg.* (*fam.*) reumatico.

rheumatism [ˈru:mətɪzəm / rheum·at·ism] *s.* reumatismo.

rheumatoid [ˈru:mətɔɪd / rheum·at·oid] *agg.* (*med.*) reumatoide.

rheumatologist [ˌru:məˈtɒlədʒɪst / rheum·ato·lo·gist] *s.* (*med.*) reumatologo.

rheumatology [ˌru:məˈtɒlədʒɪ / rheum·ato·logy] *s.* (*med.*) reumatologia.

rheumy [ˈru:mɪ] *agg.* **1** (*ant.*) catarrale; catarroso **2** (*non com.*) umido (specialmente dell'aria).

Rh factor [ˌɑ:rˈeɪtʃˌfæktə*] → **Rhesus factor**.

rhinal [ˈraɪnl] *agg.* (*anat.*) delle narici, del naso.

rhinestone [ˈraɪnstəʊn / rhine·stone] *s.* diamante artificiale; strass.

rhinitis [raɪˈnaɪtɪs / rhin·itis] *s.* (*med.*) rinite.

rhino[1] [ˈraɪnəʊ] *s.* (*sl. antiq.*) denaro.

rhino[2] *s.* **1** → rhinoceros **2** (*mar. amer.*) pontone da sbarco con motore fuoribordo.

rhino- *pref.* di origine greca usato nella terminologia scientifica per indicare il "naso" o "relazione con il naso"; it. rino-: *rhinopharyngeal*, rinofaringeo; *rhinopharyngitis*, rinofaringite; *rhinology*, rinologia; *rhinoscopy*, rinoscopia.

rhinoceros [raɪˈnɒsərəs / rhi·no·ceros] *pl.* **rhinoceroses** [raɪˈnɒsərəsɪz / rhi·no·cer·oses] *s.* rinoceronte.

rhinoplasty [ˈraɪnəˌplæstɪ / rhi·no·plasty] *s.* (*med.*) rinoplastica.

rhinorrhea [ˌraɪnəˈri:ə / rhi·nor·rhea] *s.* (*med.*) rinorrea.

rhinoscope [ˈraɪnəskəʊp / rhi·no·scope] *s.* (*med.*) rinoscopio.

rhinovirus [ˈraɪnəʊˌvaɪərəs / rhi·no·virus] *s.* (*biol.*) rinovirus.

rhizoid [ˈraɪzɔɪd / rhiz·oid] *s.* (*bot.*) rizoide.

rhizome [ˈraɪzəʊm / rhiz·ome] *s.* (*bot.*) rizoma.

rhodamine [ˈrəʊdəmi:n / rhod·am·ine] *s.* (*chim.*) rodammina.

rhodanine [ˈrəʊdəni:n / rhod·an·ine] *s.* (*chim.*) rodanina.

Rhodesian [rəʊˈdi:zjən *amer.* rəʊˈdi:ʒjən / Rho·des·ian] *agg.* e *s.* rhodesiano.

Rhodian [ˈrəʊdjən / Rho·dian] *agg.* rodio; rodiese ◆ *s.* rodiota; rodiese.

rhodic [ˈrəʊdɪk] *agg.* (*chim.*) rodico.

rhodium [ˈrəʊdjəm / rho·dium] *s.* (*chim.*) rodio.

rhodochrosite [ˌrəʊdəˈkrəʊsaɪt / rho·do·chros·ite] *s.* (*min.*) rodocrosite.

rhododendron [ˌrəʊdəˈdendrən / rho·do·den·dron] *s.* (*bot.*) rododendro.

rhodolite [ˈrəʊdəlaɪt / rhodo·lite] *s.* (*min.*) rodolite, pirandino.

rhodonite [ˈrəʊdənaɪt / rhodon·ite] *s.* (*min.*) rodonite.

rhodoxantin [ˌrəʊdəˈzæntɪn / rhodo·xantin] *s.* (*biochim.*) rodoxantina.

rhomb [rɒm] *s.* (*mat.*) → **rhombus**.

rhombic [ˈrɒmbɪk / rhom·bic] *agg.* **1** (*mat.*) rombico **2** (*min.*) ortorombico.

rhomboclase [ˈrɒmbəʊˌkleɪs / rhom·bo·clase] *s.* (*min.*) romboclasio.

rhombohedral [ˌrɒmbəʊˈhi:drəl / rhom·bo·hedral] *agg.* (*min.*) romboedrico.

rhombohedron [ˌrɒmbəʊˈhi:drən / rhom·bo·hed·ron] *pl.* **rhombohedra** [ˌrɒmbəʊˈhi:drə / rhom·bo·hedra] *s.* (*mat.*) romboedro.

rhomboid [ˈrɒmbɔɪd / rhomb·oid] *agg.* romboide: (*anat.*) — *muscle*, muscolo romboide ◆ *s.* (*mat.*) parallelogramma obliquo, romboide.

rhomboidal [rɒmˈbɔɪdl / rhomb·oidal] *agg.* romboidale, a forma di rombo; (*di muscolo*) romboide.

rhombus [ˈrɒmbəs / rhom·bus] *pl.* **rhombuses** [ˈrɒmbəsɪz], **rhombi** [ˈrɒmbaɪ] *s.* **1** (*zool.*) rombo **2** (*mat.*) rombo.

rhubarb [ˈru:bɑ:b / rhu·barb] *s.* **1** (*bot.*) (*Rheum officinalis*) rabarbaro **2** (*fam.*) rabarbaro (parola che, ripetuta dagli attori sulla scena, imita il parlottio di una conversazione) **3** (*fam. amer.*) litigio, discussione accesa, baruffa **4** *pl.* (*fam. amer.*) paesini, cittadine rurali.

rhumb [rʌm] *s.* **1** (*mar.*) rombo **2** (*cartografia*) — (*line*), linea lossodromica, lossodromia; (*mar.*) rotta lossodromica: *to sail by the* —, navigare seguendo la linea lossodromica.

rhyme [raɪm] *s.* **1** rima: *imperfect* —, rima imperfetta; *to put in* —, mettere in rima; *I prefer blank verse to* —, preferisco il verso sciolto al verso rimato; *funny is a — for money*, 'funny' fa rima con 'money' // *without — or reason*, senza senso, assurdo, senza capo né coda **2** verso; poesia: *here are some rhymes of mine*, ecco alcuni miei versi; *this is an old English* —, questa è una vecchia poesia inglese // *nursery* —, poesia, filastrocca per bambini.

to **rhyme** *v.tr.* metter in rima; far rimare: *to — one word with another*, far rimare una parola con un'altra ◆ *v.intr.* **1** rimare, far rima **2** (*antiq.*) comporre versi, rime.

rhymer [ˈraɪmə*] *s.* **1** rimatore; verseggiatore **2** (*mecc.*) alesatore.

rhymester [ˈraɪmstə* / rhyme·ster] *s.* (*spreg. antiq.*) poetastro.

rhyming [ˈraɪmɪŋ / rhym·ing] *agg.* in rima; che fa rima: — *couplets*, distici rimati // — *dictionary*, rimario // — *slang*, gergo dei cockney in cui alcune parole vengono sostituite con altre che fanno rima con esse: *apples and pears is — slang for stairs*, pere e mele (in gergo) sta per scale.

rhyolite [ˈraɪəlaɪt / rhy·ol·ite] *s.* (*geol.*) riolite.

rhythm [ˈrɪðəm] *s.* ritmo; (*fig.*) successione, cadenza regolare: *the — of the seasons*, il ritmo, il succedersi delle stagioni // (*mus.*): — *section*, sezione ritmica (di un'orchestra); — *guitar*, chitarra ritmica // (*med.*) — *method*, metodo contraccettivo ritmico (Ogino-Knauss ecc.).

rhythm and blues [ˌrɪðəmənˈblu:z] *s.* (abbr. *R and B*) (*mus.*) rhythm and blues (musica popolare afroamericana che si richiama al blues e al boogie woogie e dalla quale è derivato il rock and roll).

rhythmic(al) [ˈrɪðmɪk(l) / rhyth·mic(al)] *agg.* ritmico // **-ally** *avv.*

ria [ˈri:ə] *s.* (*geogr.*) ria: — *coast*, costa a rias.

rib[1] [rɪb] *s.* **1** (*anat.*) costola: *in that accident he fractured his ribs*, in quell'incidente riportò una frattura alle costole; *to poke s.o. in the ribs*, dare una gomitata nelle costole a qlcu. (per richiamarne l'attenzione) // — *cage*, gabbia toracica // *false* —, falsa costola // *Adam's* —, (*fig.*) la costola di Adamo, Eva // — *joint*, (*sl. amer.*) bordello **2** costoletta, cotoletta: *prime ribs*, cotolette di prima scelta **3** costa (di tessuto, lavoro a maglia); costola, dorso (di libro); costa (di lama) // — *fabric*, tessuto a coste **4** stecca (di ombrello, di violino) **5** cresta (di monte) **6** (*aer.*) centina **7** (*arch.*) costolone, nervatura; centina **8** (*mar.*) costa, corba **9** (*bot.*) nervatura (della foglia) **10** (*agr.*) porca **11** (*mecc.*) nervatura; alettatura; scanalatura **12** (*miner.*) pilastro, pilastro abbandonato.

to **rib**[1] *pass.p.p.* **ribbed** [rɪbd] *v.tr.* **1** munire di, rinforzare con coste, costoloni, nervature **2** alettare **3** scanalare **4** lavorare a coste (un tessuto, un lavoro a maglia).

to **rib**[2] *v.tr.* (*fam.*) prendere in giro, per i fondelli.

ribald [ˈrɪbəld / rib·ald] *agg.* (*form.*) licenzioso, osceno; sboccato, scurrile, volgare ◆ *s.* (*non com.*) individuo triviale, che si compiace di scherzi volgari.

ribaldry [ˈrɪbəldrɪ / rib·aldry] *s.* (*form.*) oscenità, scurrilità, trivialità; linguaggio sboccato; scherzo volgare.

riband [ˈrɪbənd / rib·and] → **ribbon**.

ribaudred [rɪˈbɔ:dəd / ri·baudred] *agg.* (*ant.*) osceno, indecente: *yon ribaudred nag of Egypt*, (SH. Antony and Cleopatra) quella baldracca oscena d'una egizia.

ribband [ˈrɪbənd / rɪb·band] *s.* (*mar.*) longherina.

ribbed [rɪbd / rib·bed] *agg.* **1** rigato, scanalato **2** a coste (di tessuto) **3** (*arch.*) a nervature, a costoloni **4** (*bot.*) nervato (di foglie) **5** (*mecc.*) nervato; alettato.

ribbing[1] [ˈrɪbɪŋ / rib·bing] *s.* **1** (*arch.*) armatura (di volta); costolatura, nervatura **2** (*bot.*) nervatura **3** coste, rigature (di tessuto) **4** (*mecc.*) nervatura.

ribbing[2] *s.* (*form.*) presa in giro: *they gave him a good* —, lo hanno preso ben bene per i fondelli.

ribbon [ˈrɪbən / rib·bon] *s.* **1** nastro; fettuccia; striscia (*anche fig.*): *to tie up one's hair with a* —, annodarsi i capelli con un nastro; *silk* —, nastro di seta; *a — of smoke*, una striscia di fumo // (*inform.*) — *loop*, anello del nastro **2** (*typewriter*) —, nastro della macchina per scrivere **3** nastrino, cordone (di decorazione) // (*st.*) *Ribbon Society*, (*st.*) società segreta irlandese fomentatrice di disordini agrari // *Blue Ribbon*, nastro, insegna dell'Ordine della Giarrettiera; nastro azzurro, riconoscimento prestigioso; primo premio // *Red Ribbon*, insegna dell'Ordine del Bagno **4** *pl.* brandelli: *to be* (o *to hang*) *in ribbons*, essere a brandelli; *to tear* (o *to cut* o *to slash*) *to ribbons*, ridurre a brandelli **5** *pl.* (*rar.*) redini: *to handle* (o *to take*) *the ribbons*, prendere le redini, guidare.

ribbon building [ˈrɪbənˌbɪldɪŋ] **ribbon**

development ['rɪbəndɪ,veləpmənt] *s.* (*urbanistica*) sviluppo edilizio lungo le principali vie di comunicazione (in uscita da una città).

ribbon-grass ['rɪbəŋgrɑ:s *amer.* 'rɪbəŋgræs] *s.* (*bot.*) canaria.

ribbon-saw ['rɪbənsɔ:] *s.* (*tecn.*) sega a nastro.

ribes ['raɪbi:z] *s.* (*bot.*) ribes → **currant**.

riboflavin ['raɪbəʊ,fleɪvɪn / ri·bo·flavin] *s.* (*biochim.*) riboflavina, vitamina B2.

ribonuclease [,raɪbəʊ'nju:kli:eɪs *amer.* ,raɪbəʊ'nu:kli:eɪs / ri·bo·nucle·ase] *s.* (*biochim.*) ribonucleasi.

ribonucleic [,raɪbəʊnju:'kli:ɪk *amer.* ,raɪbəʊnu:'kli:ɪk / ri·bo·nuc·leic] *agg.* (*biochim.*) ribonucleico: — *acid*, acido ribonucleico (RNA).

ribose ['raɪbəʊs / rib·ose] *s.* (*chim.*) ribosio.

riboside ['raɪbəsaɪd / ribos·ide] *s.* (*biochim.*) riboside.

ribosome ['raɪbəsəʊm / ri·bo·some] *s.* (*biol.*) ribosoma.

rib-tickler ['rɪb,tɪklə*] *s.* (*fam. antiq.*) cosa, situazione, storia divertente, spassosa; spasso.

ribwork ['rɪbwɜ:k / rib·work] *s.* (*mecc.*) struttura nervata.

ribwort ['rɪbwɜ:t / rib·wort] *s.* (*bot.*) — (*plantain*), (*Plantago lanceolata*) arnoglossa.

rice [raɪs] *s.* riso; (*bot.*) (*Oryza Sativa*) riso: *brown* —, risone; *husked* —, riso brillato; — *is one of the most important agricultural products of Northern Italy*, il riso è uno dei prodotti agricoli più importanti dell'Italia settentrionale // — *mill*, pileria di riso // — *paper*, carta di riso // — *pudding*, budino di riso.

rice-bird ['raɪs,bɜ:d] *s.* (*zool.*) **1** (*Padda oryzivora*) passero di Giava; padda **2** → bobolink.

rice paddy ['raɪs,pædɪ] *s.* risaia SIN. paddy -field.

rich [rɪtʃ] *agg.* **1** ricco (*anche fig.*): *a — man*, un uomo ricco; *a — life*, una vita piena, ricca; — *in ideas*, ricco di idee; *a town — in monuments*, una città ricca di monumenti; *this invention made him* —, questa invenzione lo arricchì // *the — and the poor*, i ricchi e i poveri // *the vulgar* —, gli arricchiti **2** costoso; lussuoso, sontuoso, sfarzoso: — *clothes*, vesti sontuose **3** abbondante; fertile: — *crop*, raccolto abbondante; — *soil*, terreno fertile **4** nutriente, sostanzioso, molto condito (di cibo); generoso (di vino): — *cream*, crema grassa; — *food*, cibo nutriente; *this dish is too — for me*, questo piatto è troppo pesante, ricco per me **5** vivido, smagliante, intenso (di colore); pieno (di voce); molto forte, intenso (di profumo) **6** (*fam.*) divertente, comico, spassoso; ridicolo: *that's —!*, questa è bella! // **-ness** *s.*

riches ['rɪtʃɪz] *s.pl.* (*form.*) ricchezza, ricchezze (*anche fig.*): *he had great* —, era molto ricco; *to heap up* —, accumulare ricchezze; *the artistic — of our country need to be protected*, il patrimonio artistico del nostro paese ha bisogno di essere protetto // *natural* —, risorse naturali.

richly ['rɪtʃlɪ / rich·ly] *avv.* **1** riccamente, sontuosamente: — *decorated, dressed*, riccamente, sontuosamente decorato, vestito // — *coloured*, dai colori vivaci, vividi, vividamente colorato **2** abbondantemente; ampiamente; grandemente: *he — deserves punishment*, merita bene una punizione.

ricin ['raɪsɪn] *s.* (*chim.*) ricina.

ricinoleic [,rɪsɪnə'li:ɪk / ricino·leic] *agg.* (*chim.*) ricinoleico: — *acid*, acido ricinoleico.

ricinolein [,rɪsɪ'nəʊlɪən / rici·nol·ein] *s.* (*chim.*) ricinoleina.

ricinus ['rɪsɪnəs / rici·nus] *s.* (*bot.*) ricino → **castor-oil plant**.

rick[1] [rɪk] *s.* mucchio (di grano, fieno ecc.); bica: — *barton*, pagliaio; fienile; granaio.

to **rick**[1] *v.tr.* formare mucchi di (grano, fieno ecc.); accatastare.

rick[2] *s.* storta, distorsione // *I've got a — in my neck*, ho il torcicollo.

to **rick**[2] *v.tr.* storcere; stortare; lussare.

rickets ['rɪkɪts / rick·ets] *s.* (*med.*) rachitismo, rachitide.

rickettsia [rɪ'ketsɪə / rick·ett·sia] *pl.* **rickettsiae** [rɪ'ketsɪi: / rick·ett·siae] **rickettsias** *s.* (*biol.*) rickettsia.

rickety ['rɪkɪtɪ / rick·ety] *agg.* **1** (*med.*) rachitico **2** fragile, traballante, malsicuro (di persone, mobili ecc.).

rickshaw ['rɪkʃɔ* / rick·shaw] *s.* risciò.

ricky-tick ['rɪkɪ,tɪk] *agg.* (*fam. amer.*) 'ricky-tick', caratteristico della musica ritmata e veloce (spec. degli anni Venti).

ricochet ['rɪkəʃeɪ / ri·co·chet] *s.* **1** rimbalzo (di proiettile, pietra ecc.) **2** oggetto rimbalzato **3** rumore del rimbalzo (di proiettile, pietra ecc.).

to **ricochet** *v.intr.* rimbalzare: *the bullet ricocheted upwards*, la pallottola rimbalzò verso l'alto; *the echo ricocheted off the cliffs*, l'eco rimbalzò giù per le scogliere ◆ *v.tr.* colpire di rimbalzo.

to **rid** [rɪd] *pass.* **rid**, **ridded** ['rɪdɪd / rid·ded] *p.p.* **rid** *v.tr.* **1** liberare, sbarazzare: *I — him of his fears*, lo liberai dai suoi timori; *to — oneself of*, liberarsi di; *to get — of*, liberarsi da, sbarazzarsi di; mandare via; eliminare **2** (*ant.*) abolire **3** (*ant.*) distruggere; uccidere: *the red plague rid you / for learning me your language*, (SH. The Tempest) vi distrugga la peste rossa per avermi insegnato la vostra lingua.

riddance ['rɪdəns / rid·dance] *s.* (*fam.*) liberazione // *good —!*, che liberazione!

ridden *p.p.* di to **ride**.

riddle[1] ['rɪdl] *s.* **1** indovinello; enigma: *you are always talking* (o *speaking*) *in riddles!*, parli sempre per enigmi! **2** (*fig.*) enigma, persona, cosa, fatto enigmatico.

to **riddle**[1] *v.intr.* parlare per enigmi; proporre indovinelli ◆ *v.tr.* risolvere (un indovinello, un enigma): *to — (out) a dream*, spiegare un sogno.

riddle[2] *s.* crivello; setaccio; vaglio.

to **riddle**[2] *v.tr.* **1** vagliare, setacciare (*anche fig.*) **2** crivellare, riempire di buchi: *he opened fire, riddling the car with bullets*, fece fuoco crivellando l'auto di proiettili // *riddled with arthritis*, pieno di artrite // *bureaucracy riddled with corruption*, burocrazia corrotta.

riddler ['rɪdlə*] *s.* chi compone enigmi; chi parla per enigmi.

riddlingly ['rɪdlɪŋlɪ / rid·dling·ly] *avv.* con indovinelli; enigmaticamente.

ride [raɪd] *s.* **1** cavalcata, passeggiata (a cavallo); giro, corsa (su un veicolo): *we had a — in the new car*, abbiamo fatto un giro con l'automobile nuova; *to go for a* —, fare una passeggiata a cavallo, fare un giro (in bici, in macchina ecc.); *would you give me a — to the cinema?*, mi daresti un passaggio fino al cinema?; *to have a — on the merry-go-round*, fare un giro sulla giostra; *to steal a* — (*on a lorry, on a train etc.*), farsi trainare abusivamente, viaggiare senza biglietto, fare il portoghese // *to take s.o. for a* —, (*fam.*) prendere in giro, ingannare qlcu.; prelevare qlcu., col proposito di ucciderlo // *to be along for the* —, (*fam.*) essere presente ma non partecipare attivamente // *to be in for a bumpy* —, (*fam.*) andare incontro a delle difficoltà **2** tragitto, percorso (a cavallo, su un veicolo): *it is only a quarter of an hour's* —, non è che un percorso di un quarto d'ora; *the office is a short bus — from here*, l'ufficio è a poche fermate di autobus da qui **3** pista, sentiero (tra i boschi) per cavalcare **4** (*mil.*) gruppo di reclute a cavallo.

to **ride** *pass.* **rode** [rəʊd] (*ant.*) **rid** [rɪd] *p.p.* **ridden** ['rɪdn / rid·den] (*ant.*) **rid** *v.intr.* **1** andare, passeggiare a cavallo; andare in bicicletta, in moto ecc.: *he used to — when he was younger*, andava a cavallo quando era più giovane; *she was riding full speed*, cavalcava a tutta velocità; *to — side-saddle*, cavalcare all'amazzone; *to — a bicycle*, andare in bicicletta; *to — in a race*, (di fantino, centauro) partecipare a, fare una corsa; *witches — on broomsticks*, le streghe vanno a cavallo di una scopa; *to — on s.o.'s knee, shoulders*, stare a cavalcioni sulle ginocchia, sulle spalle di qlcu. // *the moon is riding high*, la luna è alta nel cielo; *to — high*, (*fig.*) avere successo, andare bene // *to let sthg.* —, (*fam.*) lasciare che qlco. vada come va; lasciar perdere // *to — for a fall*, rischiare; andare incontro a grossi guai // *to — roughshod over sthg., s.o.*, non aver rispetto per qlco., per (i sentimenti di) qlcu.; *to — roughshod over the laws*, calpestare le leggi // *to — to hounds*, andare alla caccia alla volpe **2** andare, viaggiare (su veicoli ecc.); andare, procedere, correre (di veicoli): *they will — back in my car*, torneranno con la mia automobile; *this car rides smoothly, hard*, questa automobile è ben molleggiata, poco molleggiata; *to — bodkin*, (*antiq.*) viaggiare schiacciati tra due persone; *he rode to power on a wave of popular support*, arrivò al potere grazie a un'ondata di favore popolare **3** pesare (di fantino): *he rides 9 stone*, pesa 57 chili **4** (*mar.*) fluttuare, galleggiare; essere all'ancora, alla fonda: *the ship rides at anchor*, la nave è alla fonda; *the ship rides on the waves*, la nave fende i flutti // *to — out the storm*, uscire illesi da una burrasca (*anche fig.*) **5** accavallarsi, sovrapporsi (di ossa, funi ecc.) **6** (*non com.*) essere praticabile, cavalcabile (di terreno) **7** (*amer. jazz*) improvvisare liberamente su un tema **8** (*fam. volg.*) scopare ◆ *v.tr.* **1** cavalcare; montare (cavallo, bicicletta ecc.); percorrere (a cavallo): *let me — your bicycle!*, fammi montare la tua bicicletta!; *to — a horse, a bicycle*, andare a cavallo, in bicicletta; *we rode 80 miles*, percorremmo 80 miglia (a cavallo); *to — a prairie*, attraversare una prateria a cavallo; *to — one's horse at a fence*, dirigere il cavallo su un ostacolo; *to — herd on s.o.*, (*fam. amer.*) guidare qlcu.; *to — a race*, competere in una corsa (a cavallo) // *to — the high horse*, darsi delle arie // *to — a horse to death*, sfiancare un cavallo; *to — a joke to death*, ripetere una barzelletta fino alla noia // *to — shotgun*, fare la guardia **2** (*spec. amer.*) viaggiare in, su // *to — a gray train*, (*fam. amer.*) fare la bella vita, spassarsela // *to — the arm*, (*fam. amer.*) (di tassista) stabilire il prezzo della corsa senza aver attivato il tassametro // *to — the rods*, (*fam. amer.*) viaggiare clandestinamente sui treni (detto dei barboni) **3** (*mar.*) galleggiare su // *to — the whirlwind*, uscire indenne dalla tempesta (*anche fig.*) **4** (*fig.*) opprimere, dominare: *he is ridden by prejudices*, è dominato da pregiudizi; *to be ridden by fear*, essere oppresso, dominato dalla paura **5** (*spec. amer.*) scocciare, seccare, importunare **6** (*boxe*) indietreggiare per attutire (un colpo): *he rode that punch well*, ha attutito bene quel pugno indietreggiando.

□ **ride down** *v.tr.* e *avv.* travolgere; calpestare; caricare (la folla); sorpassare (a cavallo): *the squadron rode them down*, lo squadrone passò sui loro corpi.

□ **ride on** *v.intr.* e *prep.* (*fam.*) dipendere da: *my entire career is riding on it*, tutta la mia carriera dipende da questo.

□ **ride out** *v.tr.* e *avv.* (*mar.* e *fig.*) superare una tempesta.

□ **ride up** *v.intr.* e *avv.* (*di abito*) salire, montare: *this skirt tends to — up*, questa gonna tende a salire.

rider ['raɪdə*] *s.* **1** cavaliere; fantino; cavallerizzo: *to be a good —*, cavalcare bene; *lady —*, cavallerizza, amazzone // (*econ.*) *free —*, 'free rider' (chi beneficia gratuitamente di un bene pubblico) **2** viaggiatore (in veicolo); ciclista; motociclista; (*ant.*) viaggiatore di commercio **3** codicillo; clausola addizionale (di progetto di legge, contratto ecc.); correttivo (di una formula) **4** (*mar.*) rinforzo dell'ordinata; ordinata supplementare **5** cavaliere (di bilancia).

riderless ['raɪdəlɪs / rider·less] *agg.* senza cavaliere.

ridge [rɪdʒ] *s.* **1** spigolo (tra due superfici inclinate); sporgenza (*anche anat.*) **2** (*edil.*) colmo (del tetto): *— beam*, trave di colmo **3** (*geogr.*) cresta (di monti); crinale; catena di montagne; linea di scogli affioranti: (*mid- —*) *oceanic —*, dorsale oceanica **4** (*agr.*) porca **5** (*meteor.*) promontorio, cuneo (di alta pressione).

to **ridge** *v.tr.* **1** (*agr.*) formare porche in (un campo) **2** corrugare, increspare ◆ *v.intr.* corrugarsi; incresparsi (specialmente del mare).

ridge-bone ['rɪdʒ,bəʊn] *s.* (*anat.*) spina dorsale.

ridgepole ['rɪdʒpəʊl / ridge·pole] *s.* **1** (*edil.*) trave di colmo **2** traversa di tenda.

ridgeway ['rɪdʒweɪ / ridge·way] *s.* strada lungo il crinale.

ridgy ['rɪdʒɪ] *agg.* **1** (*agr.*) solcato **2** pieno di creste; collinoso (di terreno) **3** increspato.

ridicule ['rɪdɪkju:l / ri·di·cule] *s.* ridicolo; scherno; derisione: *to be held up to —*, essere messo in ridicolo; *to lay oneself open to —*, esporsi al ridicolo.

to **ridicule** *v.tr.* ridicolizzare, rendere ridicolo; mettere in ridicolo; beffare, canzonare, schernire.

ridiculous [rɪ'dɪkjʊləs / ri·dicu·lous] *agg.* ridicolo; assurdo // *a — price*, un prezzo irrisorio // **-ly** *avv.* // **-ness** *s.*

riding[1] ['raɪdɪŋ / rid·ing] *s.* **1** corsa (su un veicolo); cavalcata **2** maneggio; equitazione: *to go in for —*, montare a cavallo; *— boots*, stivali da equitazione; *— breeches*, calzoni da cavallerizzo; *— ground*, galoppatoio; *— habit*, abito da amazzone; *— school*, scuola d'equitazione; *— whip* (o *crop*), frustino **3** (*non com.*) sentiero percorribile a cavallo **4** (*mar.*) ancoraggio: *— boom*, asta di posta; *— lamp* (o *light*), fanale di fonda.

riding[2] *s.* una delle tre divisioni amministrative nello Yorkshire.

riebeckite ['ri:,bekaɪt / rie·beck·ite] *s.* (*min.*) osannite.

to **rif** [rɪf] to **r.i.f.** [,ɑ:raɪ'ef] *v.tr.* (*sl. amer.*) licenziare; comunicare il licenziamento a: *he's been riffed* (o *r.i.f.'d*), è stato licenziato • Acronimo di *reduction in force*, riduzione di personale.

rife [raɪf] *agg.pred.* **1** dominante; comune; corrente; diffuso: *superstition is still — in the country*, la superstizione è ancora diffusa nelle campagne **2** abbondante, ricco: *to be — with sthg.*, abbondare di qlco.; *the administration was — with corruption*, l'amministrazione era davvero corrotta.

riff [rɪf] *s.* (*mus.*) riff (breve frase melodica ossessivamente ripetuta).

riffle ['rɪfl] *s.* (*amer.*) **1** bassofondo, barra, secca (di fiume) **2** (*fam.*) piccola rapida (causata da un'ostruzione) **3** piccola onda, increspatura **4** (*miner.*) traversino.

to **riffle** *v.tr.* (*fam.*) **1** sfogliare (un giornale, un libro) **2** increspare (acqua) ◆ *v.intr.* (*fam.*) sfogliare un libro, una rivista: *he riffled through the book looking for a photo of his father*, sfogliò il libro cercando una foto di suo padre.

riffler ['rɪflə*] *s.* (*mecc.*) lima arcuata per stampi.

riffraff ['rɪfræf / riff·raff] *s.* (*fam.*) **1** canaglia; plebaglia **2** scarto, robaccia; immondizia.

rifle[1] ['raɪfl] *s.* **1** (*dial. amer.*) legnetto per affilare la falce **2** (*dial. brit.*) parte ricurva del manico della falce.

rifle[2] *s.* **1** fucile a canna rigata; carabina: *— shot*, (portata di) colpo di fucile **2** rigatura (dell'anima delle armi da fuoco) **3** *pl.* fucilieri: *— corps*, corpo di fucilieri volontari; *— pit*, trincea per fucilieri.

to **rifle**[2] *v.tr.* rigare (l'anima di un'arma da fuoco).

to **rifle**[3] *v.tr.* rapinare; svaligiare ◆ *v.intr.* frugare: *she was rifling through her handbag for the keys*, stava frugando nella borsetta per cercare le chiavi.

rifle green [,raɪfl'gri:n] *agg.* e *s.* grigioverde.

rifleman ['raɪflmən / rifle·man] *pl.* **riflemen** *s.* **1** fuciliere **2** persona abile nell'usare un fucile; tiratore.

rifler ['raɪflə*] *s.* (*non com.*) predone, ladrone; saccheggiatore.

rifle range ['raɪfl,reɪndʒ] *s.* poligono di tiro (per fucili).

rifleshot ['raɪflʃɒt / rifle·shot] *s.* tiratore scelto (con il fucile).

rifling ['raɪflɪŋ / rif·ling] *s.* rigatura (dell'anima di un'arma da fuoco).

rift[1] [rɪft] *s.* **1** crepa; crepaccio; spaccatura; fessura; fenditura **2** (*fig.*) incrinatura; spaccatura (tra persone, gruppi ecc.): *a — in the trade unions*, una spaccatura nei sindacati; *the — between Peter and Lucy can't be healed*, la rottura tra Peter e Lucy è insanabile.

to **rift**[1] *v.tr.* (*non com.*) spaccare; fendere.

rift[2] *s.* cateratta; rapida.

rift valley ['rɪft,vælɪ] *s.* (*geol.*) **1** fossa tettonica, valle tettonica **2** solco longitudinale che percorre la cresta delle dorsali oceaniche.

rig[1] [rɪg] *s.* **1** (*fam.*) tiro; scherzo; imbroglio; inganno **2** (*Borsa*) aggiotaggio.

to **rig**[1] *pass.p.p.* **rigged** [rɪgd] *v.tr.* (*sl.*) manipolare, truccare; manovrare: *to — the election*, manovrare le elezioni; *the cards were rigged*, le carte erano truccate; (*Borsa*) *to — the market*, manipolare, manovrare il mercato.

rig[2] *s.* **1** (*mar.*) attrezzatura **2** (*sl.*) modo di vestire; tenuta, abbigliamento: *to be in full —*, essere in gran tenuta, in ghingheri **3** (*mecc.*) installazione, impianto, attrezzatura; (*miner.*) impianto di perforazione, di trivellazione; (*in mare*) piattaforma (di trivellazione) **4** vettura a cavalli **5** (*amer.*) autotreno.

to **rig**[2] *v.tr.* **1** (*mar.*) attrezzare (una nave) **2** attrezzare, equipaggiare; (*fam.*) vestire **3** sistemare, disporre: *they rigged a curtain to divide the room*, sistemarono una tenda per dividere la stanza.

□ **rig out** *v.tr.* e *avv.* (*fam.*) **1** vestire in modo inconsueto, eccentrico: *he rigged himself out as Count Dracula*, si vestì da conte Dracula **2** vestire in modo particolare; equipaggiare: *she rigged her children out in boots for the snow*, mise ai suoi bambini gli stivali perché c'era la neve.

□ **rig up** *v.tr.* e *avv.* montare, assemblare; sistemare: *they rigged the tents up in few minutes*, montarono le tende in pochi minuti.

rigger ['rɪgə* / rig·ger] *s.* **1** (*aer.*) montatore **2** (*mar.*) attrezzatore; tipo di attrezzatura di nave: *square —*, nave a vela quadra **3** (*mecc.*) puleggia a cinghia piana **4** (*edil.*) ponteggio di protezione **5** (*mar.*) → outrigger.

rigging ['rɪgɪŋ / rig·ging] *s.* **1** (*mar.*) attrezzatura; sartiame; cordame; manovre (*pl.*) **2** (*aer.*) assemblaggio finale // *— (lines)*, sistema, fascio funicolare.

rigging-loft ['rɪgɪŋ,lɒft] *s.* **1** (*mar.*) impalcatura (negli arsenali) per l'attrezzatura (delle navi) **2** (*teatr.*) galleria (sopra il palcoscenico) per la manovra degli scenari.

riggish ['rɪgɪʃ / rigg·ish] *agg.* (*ant.*) lussurioso: *vilest things / become themselves in her, that the holy priests / bless her when she is riggish*, (SH. Antony and Cleopatra) le cose più vili acquistano tanto pregio in lei che i santi sacerdoti la benedicono anche nella sua lascivia.

right [raɪt] *agg.* **1** retto; giusto; onesto: *always do the — thing, what is —*, fate sempre ciò che è giusto; *it is quite — of you to do so*, è giusto da parte tua agire così // *it's only — to visit him*, è più che giusto andare a trovarlo **2** giusto, corretto, esatto: *the — answer*, la risposta giusta; *the — time*, l'ora esatta; *is this clock —?*, è giusto questo orologio?; *is this the — bus for the town centre?*, va bene per il centro quest'autobus?; *there's something not quite — about his explanation*, c'è qualcosa che non quadra nella sua spiegazione // *all —*, va bene, d'accordo; *his last film was all —, but nothing special*, (*fam.*) il suo ultimo film era così così, niente di speciale; *is everything all —, sir?*, va tutto bene, signore? // *quite —!*, esatto!, ci mancherebbe altro!; *"I'm not prepared to put up this situation" "Quite —!"*, "Non sono disposto a tollerare questa situazione" "Hai ragione, ci mancherebbe altro!"; *to be (quite) —*, avere (assolutamente, perfettamente) ragione // *— you are* (o *— oh*)*!*, (*fam.*) d'accordo, va bene, sì! // *you're Italian, —?*, sei italiano, vero? **3** giusto, adatto, appropriato, conveniente: *— price*, prezzo giusto; *he is the — man in the — place*, è l'uomo giusto al posto giusto; *he knows the — people*, conosce la gente che conta; *this is the — time to do it*, questo è il momento adatto per farlo; *to do sthg. in the — way*, fare qlco. nel modo appropriato, come si deve // *that whisky came from the — bottle*, (*fam.*) è proprio buono quel whisky // *the — side of a fabric*, il diritto di un tessuto // *to be on the — side of forty*, (*fam.*) essere al di sotto della quarantina, avere meno di quarant'anni // *to get on the — side of s.o.*, insinuarsi nelle buone grazie di qlcu. **4** (*mat.*) retto; rettangolo; perpendicolare: *— angle*, angolo retto; *— triangle*, triangolo rettangolo, retto; *at — angles*, ad angolo retto, perpendicolare // (*astr.*) *— ascension*, ascensione retta **5** destro: *take it with your — hand*, prendilo con la mano destra // *to be at s.o.'s — hand*, essere alla destra di qlcu., essere il luogotenente di qlcu. // *I'd give my — arm to know what happened*, (*fam.*) darei un occhio, non so cosa darei per sapere che cosa è successo **6** sano, in buone condizioni (fisiche, mentali): *he is not* (*quite*) *— in the head*, non ha la testa a posto, è un po' pazzo; *she is not in her — mind*, non è in possesso delle sue facoltà mentali, è fuori di testa // *as — as rain*, (*fam.*) in perfetto stato, in ottima forma **7** (*fam.*) vero, genuino: *you're a — fool, aren't you?*, sei proprio un cretino, sai?; *this homework is a — mess*, questo compito è un vero pasticcio.

right *s.* **1** il giusto, il bene: *— and wrong*, il giusto e l'ingiusto, il bene e il male; *to know — from wrong*, saper distinguere il bene dal male; *to be in the —*, essere nel giusto, dalla parte della ragione; *to do —*, fare il bene // *to do a person —*, rendere giustizia a una persona // *to put* (o *to set*) *to rights*, mettere in ordine (*anche fig.*): *he always thinks he can set the world to rights*, pensa sempre di poter cambiare il mondo **2** (*dir.*) diritto; pretesa soggettiva, facoltà: *rights and duties*, i diritti e i doveri; *— and might*, il diritto e la forza; *women's rights*, i diritti della donna; *existing and accruing rights*, diritti esistenti e futuri; *— to work*, diritto al lavoro; *— to hire and fire*, diritto di assumere e licenziare; *— of search*, diritto di perquisizione; *— without remedy*, diritto sfornito di azione, di tutela; *— in action*, diritto di credito; *I have the — to do it*, ho il diritto di farlo; *to assert one's rights*, sostenere il proprio buon diritto // (*comm.*) *with rights*, con opzione // *by* (o *as of*) *—*, di, per diritto: *by — he should be king*, di diritto dovrebbe essere re; *the house belongs to him by —*, la casa gli appartiene di diritto // *by rights he should have been here already*, (*fam.*) a dire la verità, avrebbe già dovuto essere qui // *in one's own —*, di diritto; per nascita; (*estens.*) per i propri meriti // *you are within your rights to claim compensation*, è nei tuoi diritti chiedere una ricompensa **3** destra; mano destra; lato destro: *from left to —*, da sinistra a destra; *on your —*, alla vostra destra; *to the —*, a destra // *bottom —, top —*, (*nelle didascalie*) in basso, in fondo a destra // *he was somewhere to the — of the party*, si collocava più o meno alla destra del partito **4** destro, colpo con la mano destra: *he slogged me with a — to the jaw*, mi colpì con un destro alla mascella // *a — and a left*, un destro doppiato da un sinistro **5** (*pol.*) la destra; i conservatori: *the Right and the Left*, la destra e la sinistra **6** diritto (di tessuto ecc.).

right *avv.* **1** rettamente, giustamente, bene; correttamente, esattamente: *if I remember —*, se ben ricordo; *to act —*, agire rettamente; *to go —*, andare bene, andare secondo i piani; *to put* (o *to set*) (*sthg.*) *—*, correggere, mettere a posto, sistemare (qlco.) // *it serves him —!*, (*fam.*) gli sta bene!, se lo merita! // *— on!, too —!*, (*fam.*) mi sembra giusto, hai ragione, sono d'accordo! **2** appropriatamente, convenientemente: *hold your pen —*, tieni la penna come si deve; *he got the answer —*, ha imbroccato la risposta giusta **3** in linea retta; direttamente: *go — on*, proseguite diritto; *he went — at* (o *for*) *him*, (*fam.*) gli si buttò addosso, lo aggredì // *to be — behind s.o.*, essere proprio alle spalle di qlcu.; (*fig.*) appoggiare, sostenere, essere al fianco di qlcu.: *she was — behind us*, era proprio alle nostre spalle, (*fig.*) ci sostenne fino in fondo **4** (*uso enfatico*) precisamente, proprio; completamente: *— now*, subito, immediatamente, (proprio) in questo momento; *— here and now*, proprio qui ed ora; *— in the middle*, proprio nel mezzo; *— round the house*, tutt'intorno alla casa **5** a destra: *turn — before the hotel*, voltare a destra prima dell'albergo // *— and left, —, left and centre*, a destra e a manca, ovunque; in ogni modo: *they're buying up shares —, left and centre*, stanno rastrellando azioni dappertutto **6** (*uso enfatico*) immediatamente, senza indugio: *— away, off*, immediatamente; senza esitazione; *come — in*, (*fam.*) entra pure; *I'll be — back*, torno subito **7** (*dial.*) molto: *I'm — glad to meet you*, (*fam.amer.*) sono molto contento di conoscerti // *the Right Reverend*, il molto Reverendo **8** va bene!: *—! let's go!*, va bene! andiamo **9** dunque, allora: *—! open your books*, dunque, aprite il libro **10** facilmente, senza difficoltà: *I got to the cathedral all —, but then I lost my way*, sono arrivato al duomo senza difficoltà, ma poi mi sono perso **11** sicuramente, senza dubbio: *he'll do the job for you all —, but I couldn't say when*, ti farà il lavoro sicuramente, ma non saprei dirti quando [cfr. rightly].

to **right** *v.tr.* **1** drizzare; raddrizzare (*anche mar.*): *to — oneself*, raddrizzarsi, ricuperare l'equilibrio **2** (*form.*) rendere giustizia; riparare: *to — wrongs*, fare giustizia, riparare dei torti **3** correggere (un errore) **4** (*non com.*) aggiustare, sistemare; mettere in ordine: *he promised to — matters*, promise di sistemare la faccenda.

right-about (face) ['raɪtəbaʊt('feɪs)] **right-about (turn)** ['raɪtəbaʊt('tɜ:n)] *s.* **1** (*mil.*) dietro front **2** cambiamento di direzione **3** (*fig.*) voltafaccia.

right-angled ['raɪt,æŋgld] *agg.* (*mat.*) **1** rettangolo **2** ad angolo retto, perpendicolare.

righteous ['raɪtʃəs / right·eous] *agg.* (*letter.*) **1** retto; virtuoso; giusto **2** giusto, giustificato: *— anger*, giusta collera **3** (*sl. amer.*) tipico (della società) dei bianchi: *— moss*, capelli lisci // **-ly** *avv.* // **-ness** *s.*

righter ['raɪtə*] *s.* (*non com.*) chi fa giustizia; riparatore (di torti).

rightful ['raɪtfʊl / right·ful] *agg.* (*form.*) **1** legittimo (*anche dir.*); vero: *— heir*, erede legittimo; *— claim*, legittima pretesa **2** giusto; retto, equo; virtuoso // **-ly** *avv.* // **-ness** *s.*

right-hand ['raɪthænd] *agg.* **1** destro, situato a destra: *— page*, la pagina di destra; *— drive*, (posto di) guida a destra; *on the — side*, a destra, alla destra, sul lato destro // *— man*, braccio destro, uomo di fiducia **2** fatto con la mano destra: *— stroke*, colpo inferto con la mano destra **3** da usare con la mano destra; fatto per la mano destra: *— glove*, guanto destro.

right-handed [,raɪt'hændɪd] *agg.* **1** destrimano, che usa la mano destra **2** da usare con la mano destra; fatto per la mano destra: *— scissors*, forbici per la mano destra, per destrimani **3** (*sl. amer.*) eterosessuale.

right-hander [,raɪt'hændə*] *s.* **1** chi usa di preferenza la mano destra, destrimano **2** destro, colpo inferto con la mano destra.

rightio [,raɪtɪ'əʊ] **righto** [,raɪt'əʊ] *inter.* (*fam.*) va bene, d'accordo, sì.

rightist ['raɪtɪst / right·ist] *agg.* e *s.* (*pol.*) conservatore; (sostenitore) della destra.

right-lined [,raɪt'laɪnd] *agg.* rettilineo.

rightly ['raɪtlɪ / right·ly] *avv.* **1** rettamente, giustamente // *— or wrongly...*, a ragione o a torto... **2** (*fam.*) esattamente, correttamente: *I don't — know*, non so esattamente.

right-minded [,raɪt'maɪndɪd] *agg.* onesto, retto; corretto // **-ly** *avv.* // **-ness** *s.*

rightness ['raɪtnɪs / right·ness] *s.* **1** dirittura, rettitudine **2** correttezza, esattezza; giustezza.

right of way [,raɪtəv'weɪ] *s.* **1** precedenza; diritto di precedenza **2** diritto di transito **3** passaggio (per il pubblico su proprietà privata) **4** servitù di passaggio.

right-thinking ['raɪt,θɪŋkɪŋ] *agg.* saggio; giudizioso.

right-to-life ['raɪt,tə'laɪf] *agg.attr.* (*pol.*) del diritto alla vita: *— movement*, movimento per il diritto alla vita, movimento antiabortista.

right-to-lifer ['raɪt,tə'laɪfə*] *s.* (*pol.*) antiabortista.

rightward ['raɪtwəd / right·ward] *agg.* e *avv.* a, verso destra.

rightwards ['raɪtwədz / right·wards] *avv.* a, verso destra.

right wing [,raɪt'wɪŋ] *agg.* **1** (*pol.*) di destra, conservatore **2** (*calcio*) di ala destra; della parte destra del campo ◆ *s.* **1** (*pol.*) corrente di destra (di un partito ecc.) **2** (*calcio*) ala destra.

right-winger [,raɪt'wɪŋə*] *s.* **1** (*pol.*) conservatore; appartenente alla destra **2** (*calcio*) ala destra.

rigid ['rɪdʒɪd / ri·gid] *agg.* **1** rigido: *she held her arm —*, teneva il braccio teso, rigido; (*fis.*) *— body*, corpo rigido; (*mat.*) *— motion*, movimento rigido **2** rigido, inflessibile, intransigente; rigoroso: *he adopted a — attitude*, prese un atteggiamento rigido, inflessibile // **-ly** *avv.* // **-ness** *s.* (*non com.*).

rigidity [rɪ'dʒɪdətɪ / ri·gid·ity] *s.* **1** rigidità **2** inflessibilità; intransigenza; rigore.

rigmarole ['rɪgmərəʊl / rig·mar·ole] *s.* (*fam. spreg.*) **1** lungagnata, tiritera; discorso senza capo né coda **2** formalità; rituale, cerimoniale.

rigmatick ['rɪgmətɪk / rig·ma·tick] *s.* (*amer.*) → **rigmarole**.

rigor ['raɪgɔ:* *amer.* 'rɪgə*] *s.* (*med.*) **1** brivido **2** rigidità: *— mortis*, rigidità cadaverica, rigor mortis.

rigorous [ˈrɪgərəs / rig·or·ous] *agg.* **1** rigoroso, rigido, intransigente **2** rigoroso, preciso, esatto, scrupoloso // **-ly** *avv.* // **-ness** *s.*

rigour [ˈrɪgə* / rig·our] *s.* **1** rigore; intransigenza; austerità (di vita, ecc.); rigorismo **2** esattezza, precisione **3** difficoltà; carestia **4** rigore, inclemenza (di tempo): *the rigours of winter*, i rigori dell'inverno.

rig-out [ˈrɪgaʊt] *s.* (*fam.*) abbigliamento stravagante; modo di conciarsi: *you can't go to the party in that* —, non puoi andare al ricevimento conciata in quel modo.

to **rile** [raɪl] *v.tr.* (*fam.*) **1** far arrabbiare, irritare **2** intorbidire.

□ **rile up** *v.intr.* e *avv.* (*fam.*) arrabbiarsi.

rill [rɪl] *s.* **1** (*poet.*) rigagnolo, ruscello: *the stag at eve had drank his fill, where danced the Moon on Monan's rill*, (W. SCOTT) il cervo alla sera aveva bevuto a sazietà, dove danzava la luna sul ruscello di Monan **2** (*astr.*) solco (sulla superficie lunare).

to **rill** *v.intr.* (*poet.*) **1** scorrere (come un ruscello) **2** (*fig.*, *non com.*) fluire (di note, di canto).

rille [rɪl] *s.* (*astr.*) → **rill** 2.

rim[1] [rɪm] *s.* **1** bordo, orlo, margine **2** montatura (degli occhiali) **3** (*mecc.*) cerchio, cerchione (di ruota); corona (di volano) **4** (*poet.*) linea dell'orizzonte.

to **rim**[1] *pass.p.p.* **rimmed** [rɪmd] *v.tr.* **1** bordare, orlare **2** (*mecc.*) cerchiare.

rim[2] *s.* (*anat. ant.*) peritoneo // *I will fetch thy rim out at the throat*, (SH. Henry V) ti caverò le budella fuor dalla gola.

(to) **rime**[1] → (to) **rhyme**.

rime[2] [raɪm] *s.* (*letter.*) brina.

to **rime**[2] *v.tr.* (*letter.*) ricoprire di brina.

rimless [ˈrɪmlɪs / rim·less] *agg.* **1** senza bordo, orlo **2** senza montatura (di occhiali) **3** senza cerchio; senza cerchiatura.

rimmed [rɪmd] *agg.* **1** bordato, orlato **2** montato (di occhiali) **3** cerchiato.

rimshot [ˈrɪmʃɒt / rim·shot] *s.* (*mus.*) percussione dell'anello metallico del rullante della batteria.

rind [raɪnd] *s.* **1** corteccia; scorza; buccia; crosta (di formaggio); cotenna (di lardo) **2** (*rar.*) aspetto esteriore, apparenza.

rinderpest [ˈrɪndəpest / rin·der·pest] *s.* (*vet.*) peste bovina.

ring[1] [rɪŋ] *s.* **1** anello: *fingers covered with rings*, dita coperte di anelli **2** anello; cerchio; bordo, orlo (di moneta); cerchio, cerchione (di ruota); (*chim.*) anello (di atomi); disco, rotella (di racchetta da sci); alone (della Luna); metamero (di verme ecc.); collare (di uccelli): *smoke rings*, anelli di fumo // *to have rings round one's eyes*, avere le occhiaie // *annual* —, anello di crescita annuale (di albero) // (*mat.*) — *theory*, teoria degli anelli // (*inform.*) *file protect* (o *protection*) —, anello di scrittura **3** circolo, movimento circolare: *the children danced in a* —, i bambini danzavano in cerchio **4** recinto; (*sport*) pista; (*boxe*) ring, quadrato // *to throw one's hat into the* —, (*fig.*) entrare in lizza, in gara **5** pista (di circo): *a three — circus*, un circo a tre piste // *to run rings round s.o.*, (*fam.*) superare di gran lunga qlcu. **6** (*Borsa*) sala di contrattazione, recinto delle grida; la borsa (per antonomasia) **7** (*ippica*) gli allibratori **8** banda; organizzazione (criminale) // *the drug* —, il giro, il traffico della droga **9** (*comm.*) sindacato di imprese, cartello **10** (*gas*) —, fornello a gas **11** (*mecc.*) ghiera; anello: *lock* —, anello di sicurezza; *oil* —, anello raschiaolio; *snap* —, anello elastico.

to **ring**[1] *v.tr.* **1** cerchiare; circondare; cingere: *a paved footpath ringed the pond*, un sentiero lastricato cingeva il laghetto **2** ornare di anello; mettere un anello a: *to — a bull*, mettere l'anello al naso di un toro; *to — a bird*, mettere un anello a un uccello (per identificarlo) **3** accerchiare a cavallo (bestiame, selvaggina, per radunarli) ◆ *v.intr.* levarsi in volo (di falchi); correre in cerchio (di volpi, lepri braccate).

□ **ring about**, **round** *v.tr.* e *avv.* **1** fare cerchio, quadrato intorno a; proteggere **2** accerchiare, circondare; mettere alle strette.

ring[2] *s.* **1** scampanio **2** scampanellata; squillo: *a loud — at the door*, una forte scampanellata alla porta **3** timbro (di voce); (*fig.*) accento: *there was a — of truth in his promise*, vi era un accento di sincerità nella sua promessa **4** tintinnio (di vetri, monete ecc.) **5** (*fam.*) telefonata; colpo di telefono: *give me a* —, dammi un colpo di telefono.

to **ring**[2] *pass.* **rang** [ræŋ] *p.p.* **rung** [rʌŋ] *v.tr.* **1** suonare: *to — the alarm*, suonare l'allarme; *to — the bell*, suonare il campanello; (*fam. amer.*) raggiungere il successo // *to — (the) changes on sthg.*, introdurre variazioni sul tema // *to — the death of sthg.*, segnare la fine di qlco. // *to — one's bell*, (*fam. amer.*) essere attratto sessualmente da qlcu. // *to — a bell*, (*fam.*) suonar familiare, ricordare qlco. // *to — up*, *down the curtain*, alzare, abbassare il sipario **2** telefonare: *I'll — you tonight at about 6*, ti telefono stasera verso le 6 ◆ *v.intr.* **1** suonare, squillare: *the bells rang*, suonarono le campane; *the cyclist didn't* —, il ciclista non suonò il campanello **2** tintinnare; risuonare; riecheggiare; vibrare: *the air rang with their cries*, l'aria risuonava delle loro grida; *his voice rings in my ears*, la sua voce mi risuona nelle orecchie; *his words — with emotion*, le sue parole vibrano di emozione; *to — false*, *true*, risuonare falso, vero (di affermazione ecc.) // *to — hollow*, suonare falso, insincero **3** telefonare: *to — for a table at 7*, telefonare per prenotare un tavolo per le 7.

□ **ring around** *v.intr.* e *tr.* e *avv.* fare un giro di telefonate (a): *you'd better start ringing around to call off the party*, farai bene a incominciare a telefonare a tutti per disdire la festa.

□ **ring back** *v.tr.* e *intr.* e *avv.* ritelefonare, telefonare di nuovo (a): *I'll — you back tonight to confirm the appointment*, ti ritelefonerò stasera per confermarti l'appuntamento.

□ **ring in** *v.intr.* e *avv.* chiamare, telefonare (a casa, in ufficio ecc.): *Mr Johnson's secretary has just rung in to say he'll be late*, ha appena telefonato la segretaria di Mr Johnson per dire che egli farà tardi ◆ *v.tr.* e *avv.* celebrare l'arrivo di (con suono di campane): *to — the New Year in*, festeggiare l'arrivo dell'Anno Nuovo.

□ **ring off** *v.intr.* e *avv.* mettere fine a una telefonata, riattaccare, metter giù (il telefono): *she rang off without even saying goodbye*, ha riattaccato senza neppure dire ciao.

□ **ring out** *v.intr.* e *avv.* risuonare (di voce, suono, comando) ◆ *v.tr.* e *avv.* dare l'addio a (con suono di campane): *to — out the Old Year*, salutare l'anno che se ne va.

□ **ring round** → to ring around.

□ **ring up** *v.tr.* e *avv.* **1** (*anche intr.*) telefonare: *I'll — (you) up tomorrow*, (ti) telefonerò domani **2** registrare, battere (in cassa): *he rang up 5 pounds* (*on the till*), ha battuto cinque sterline (in cassa).

ring-binder [ˈrɪŋ,baɪndə*] *s.* quaderno ad anelli.

ringbolt [ˈrɪŋbəʊlt / ring·bolt] *s.* (*mecc.*) bullone a occhio con anello.

ringcraft [ˈrɪŋkrɑːft *amer.* ˈrɪŋkræft / ring·craft] *s.* (*boxe*) tattica, strategia e abilità (di un pugile).

ring-dove [ˈrɪŋ,dʌv] *s.* (*zool.*) **1** (*Columba palumbus*) colombaccio SIN. **wood-pigeon** **2** (*Streptopelia risoria*) tortora domestica.

ringed [rɪŋd] *agg.* inanellato (di dita); cerchiato (di occhi); con il collare (di uccello); ad anelli; circondato da anello; a forma di anello.

ringer[1] [ˈrɪŋə*] *s.* anello di ferro (nel gioco dei 'quoits').

ringer[2] *s.* **1** chi suona; campanaro **2** (*mecc.*) soneria **3** (*sport*) concorrente in gara sotto il nome di un altro **4** (*dead*) —, sosia: *to be a dead — for s.o.*, essere il sosia di qlcu.

ring finger [ˈrɪŋ,fɪŋgə*] *s.* (dito) anulare.

ring-gauge [ˈrɪŋ,geɪdʒ] *s.* (*mecc.*) calibro ad anello.

ringing[1] [ˈrɪŋɪŋ / ring·ing] *agg.* risonante; sonoro: *a — laugh*, una risata sonora ◆ *s.* suono, tintinnio; scampanio.

ringing[2] *s.* **1** (*bot.*) margotta **2** (*zool.*) inanellamento.

ringleader [ˈrɪŋ,liːdə* / ring·leader] *s.* capo di rivoltosi; capobanda; basista.

ringlet [ˈrɪŋlɪt / ring·let] *s.* **1** ricciolo **2** (*non com.*) anellino; cerchietto.

ringmaster [ˈrɪŋmɑːstə* *amer.* ˈrɪŋmæstə* / ring·mas·ter] *s.* direttore di circo equestre.

ring-neck [ˈrɪŋnek] *s.* (*zool.*) uccello, serpente dal collare colorato.

ring pull [ˈrɪŋpʊl] *s.* linguetta (di lattina con apertura a strappo).

ringpull can [ˈrɪŋpʊl,kæn] *s.* lattina con apertura a strappo.

ring road [ˈrɪŋrəʊd] *s.* circonvallazione; tangenziale AMER. **beltway**.

ringside [ˈrɪŋsaɪd / ring·side] *agg.* e *s.* (di, in) prima fila; (di) bordo ring: *a — seat*, un posto di bordo ring; un posto in prima fila (*anche fig.*).

ring-snake [ˈrɪŋ,sneɪk] *s.* (*zool.*) (*Natrix natrix*) biscia dal collare.

ring spanner [ˈrɪŋ,spænə*] *s.* chiave poligonale, chiave a stella.

ring-tail [ˈrɪŋ,teɪl] **ring-tailed** [ˈrɪŋ,teɪld] *agg.* (*zool.*) che ha la coda ad anelli colorati.

ringworm [ˈrɪŋwɜːm / ring·worm] *s.* (*med.*, *vet.*) tricofizia, tigna.

rink [rɪŋk] *s.* **1** (*ice-skating*) —, pista per pattinaggio sul ghiaccio **2** (*roller-skating*) —, pista per schettinare **3** campo di ghiaccio (per il gioco del 'curling') **4** squadra di giocatori di 'curling'.

rinky-dink [,rɪŋkɪˈdɪŋk] *agg.* e *s.* (*fam. amer.*) (oggetto) di seconda mano; (merce) di qualità scadente, in cattivo stato.

rinse [rɪns] *s.* **1** risciacquata, risciacquo **2** cachet (per capelli).

to **rinse** *v.tr.* sciacquare, risciacquare; togliere sciacquando: *to — one's hands*, sciacquarsi le mani; *to — the soap out of a shirt*, sciacquare una camicia.

□ **rinse down** *v.tr.* e *avv.* (*fam. non com.*) annaffiare (cibo con vino, birra).

□ **rinse out** *v.tr.* e *avv.* sciacquare, risciacquare.

rinsing ['rɪnsɪŋ / rins·ing] *s.* risciacquatura.

riot ['raɪət] *s.* **1** rivolta, sommossa; disordine; tumulto: *the riots were put down by the police*, i disordini furono sedati dalla polizia // — *squad* (o *police*), (squadra) volante, celere // (*st.*) *Riot Act*, legge contro gli assembramenti // *to read the — act*, (*spec. fam.*) ammonire severamente; fare una ramanzina **2** sfrenatezza; orgia, gozzoviglia; intemperanza, licenza; vandalismo, violenza: *to run —*, abbandonarsi a eccessi, perdere ogni freno **3** profusione; abbondanza (di vegetazione, colori): *the fields were a — of colour*, i campi erano una profusione di colori **4** (*fam.*) spasso, divertimento: *Have you met Sue? She's a —*, Hai conosciuto Sue? È uno spasso.

to **riot** *v.intr.* **1** tumultuare; insorgere; rivoltarsi **2** (*non com.*) gozzovigliare; darsi ai piaceri **3** (*rar.*) perdere ogni freno ◆ *v.tr.* (*non com.*) *to — (away)*, sprecare (tempo, denaro) in gozzoviglie.

rioter ['raɪətə*] *s.* **1** rivoltoso **2** (*ant.*) chi si dà a orge e piaceri.

riotous ['raɪətəs / ri·ot·ous] *agg.* **1** tumultuante, sedizioso // — *assembly*, adunata sediziosa **2** sregolato, intemperante, dissoluto, licenzioso, sfrenato // **-ly** *avv.* // **-ness** *s.*

rip[1] [rɪp] *s.* lacerazione; strappo; scucitura.

to **rip**[1] *pass.p.p.* **ripped** [rɪpt] *v.tr.* **1** strappare, lacerare, squarciare: *to — a shirt to pieces* (o *shreds* o *ribbons*), fare a pezzi una camicia; *they ripped my argument to pieces*, (*fig.*) smontarono completamente la mia argomentazione; *to — a parcel open*, aprire un pacco strappando l'involucro // *to — along the seams*, scucire, strappare le cuciture a **2** portar via; strappare: *he ripped the bag from her hand*, le strappò di mano la borsetta **3** segare per il lungo **4** scoperchiare (un tetto) ◆ *v.intr.* **1** strapparsi; lacerarsi; squarciarsi **2** *to let —*, (*fam.*) lasciar andare: (*aut.*) *to let it —*, andare a tutta birra, a tutto gas, a tavoletta // *let it —!*, incominciamo!, incominciate! // *let things —*, lasciate andare le cose come vogliono.

□ **rip across** *v.tr.* e *avv.* strappare di traverso, in due.

□ **rip apart** *v.tr.* e *avv.* **1** fare a pezzi **2** mettere sottosopra: *the police ripped the office apart looking for documents*, la polizia ha messo sottosopra l'ufficio alla ricerca di documenti.

□ **rip away** *v.tr.* e *avv.* togliere, strappar via.

□ **rip down** *v.tr.* e *avv.* strappar via, strappar giù: *they ripped down the posters of their political opponents*, strapparono i manifesti dei loro avversari politici.

□ **rip into** *v.intr.* e *prep.* attaccare, assalire; colpire: *the press really ripped into his new play*, la stampa ha proprio attaccato la sua nuova commedia.

□ **rip off** *v.tr.* e *avv.* **1** strappar via **2** (*sl.*) rubare; derubare, rapinare (*anche fig.*): *the old lady was ripped off in the street*, la vecchia signora fu rapinata in strada; *the mechanic ripped us off*, il meccanico ci ha rapinato, ci ha fatto pagare un'esagerazione.

□ **rip on** *v.tr.* e *avv.* (*fam. amer.*) insultare, ingiuriare; infastidire.

□ **rip out** *v.tr.* e *avv.* **1** strappar via; sventrare (vecchi quartieri) **2** (*fam. antiq.*) pronunciare: *to — out an oath*, prorompere in una bestemmia.

□ **rip up** *v.tr.* e *avv.* **1** strappare **2** sfilacciare, ridurre in filacce.

rip[2] *s.* (*geogr.*) turbolenza (in acque marine): — *current*, corrente di risucchio.

rip[3] *s.* (*non com.*) **1** vecchio ronzino **2** persona dissoluta; libertino **3** (*ant.*) prostituta **4** persona di poco valore.

riparian [raɪ'peərɪən / ri·par·ian] *agg.* (*non com.*) rivierasco // (*dir.*): — *rights*, diritti rivieraschi; — *tenement*, terreno confinante con un fiume ◆ *s.* (*non com.*) chi vive, abita sulle sponde di un fiume o di un lago.

ripcord ['rɪpkɔ:d / rip·cord] *s.* **1** corda di strappo, cavo di spiegamento (di paracadute) **2** fune di strappamento (di aerostato).

ripe [raɪp] *agg.* **1** maturo: — *fruit*, frutto maturo; — *beauty*, bellezza matura; *she reached success at the — old age of sixty*, arrivò al successo alla bell'età di sessant'anni // — *lips*, labbra piene, turgide // *soon —, soon rotten*, (*prov.*) rosso di fuoco dura poco **2** stagionato: — *cheese*, formaggio stagionato **3** (*fig.*) pronto: — *for change*, pronto per un cambiamento; *the time is — to launch a new product*, i tempi sono maturi per lanciare un nuovo prodotto **4** (*med.*) maturo: *growth — for operation*, tumore maturo per essere operato **5** (*fam. antiq.*) salace, scurrile // **-ness** *s.*

to **ripen** ['raɪpən] *v.tr.* e *intr.* **1** maturare (*anche fig.*) **2** stagionare.

ripidolite [rɪ'pɪdəlaɪt / ri·pido·lite] *s.* (*min.*) ripidolite.

rip-off ['rɪpɒf *amer.* 'rɪpɔ:f] *s.* **1** (*fam. fig.*) fregatura; furto, prezzo, conto esagerato; *the watch is a real —*, il prezzo di quell'orologio è un vero e proprio furto **2** (*sl.*) plagio, scopiazzatura; furto: *the melody is a — of an old Beatles song*, la melodia è una scopiazzatura di una vecchia canzone dei Beatles.

riposte [rɪ'pəʊst / ri·poste] *s.* **1** (*scherma*) replica **2** (*fig. form.*) risposta incisiva; replica.

to **riposte** *v.intr.* **1** (*scherma*) rispondere, eseguire una risposta **2** (*fig. form.*) dare una risposta incisiva; replicare.

ripped [rɪpt] *agg.* (*sl. amer.*) sotto l'effetto di alcool o di narcotici.

ripper ['rɪpə* / rip·per] *s.* **1** chi strappa, lacera, squarcia // *Jack the Ripper*, Jack lo Squartatore **2** (*mecc.*) strappachiodi **3** (*agr.*) scarificatore **4** → **ripsaw** **5** (*fam. antiq.*) persona, cosa straordinaria; bellezza; cannonata.

ripping ['rɪpɪŋ / rip·ping] *agg.* (*fam. antiq.*) bello; straordinario; divertente.

ripple ['rɪpl] *s.* **1** increspamento, increspatura **2** ondulazione (*anche elettr.*): — *mark*, solco ondulato (in sabbia, fango, roccia prodotto dall'acqua, dal vento) **3** gorgoglio, mormorio: *a — of applause*, un accenno di applauso **4** (*amer.*) piccola rapida (di fiume).

to **ripple** *v.intr.* **1** incresparsi; ondularsi (di acqua ecc.): *the snake rippled across the path*, la biscia attraversò il sentiero strisciando // *the muscles rippled under his skin*, i muscoli gli guizzavano sotto la pelle **2** gorgogliare, mormorare **3** (*fig.*) diffondersi, propagarsi: *laughter rippled among the audience*, il riso si diffuse fra il pubblico.

riprap ['rɪpræp / rip·rap] *s.* (*edil.*) pietrame per fondazioni subacquee; fondazioni in pietrame alla rinfusa.

rip-roaring ['rɪp,rɔ:rɪŋ] *agg.* (*fam.*) rumoroso, chiassoso; sfrenato.

ripsaw ['rɪpsɔ:* / rip·saw] *s.* segaccio, saracco (per segare il legno secondo il verso delle fibre).

riptide ['rɪptaɪd / rip·tide] *s.* (*geogr.*) corrente di marea turbolenta.

rise [raɪz] *s.* **1** levata, sorgere (del sole ecc.); alzata; (*aer.*) ascensione: *the — of the curtain*, l'alzarsi del sipario; *the — of the moon*, il sorgere della luna // *to be on the —*, abboccare (di pesce) // *to get* (o *to take*) *a — out of s.o.*, (*fig. fam.*) canzonare qlcu.; far uscire qlcu. dai gangheri **2** ascesa; progresso; promozione, miglioramento sociale: *the — and fall of an empire*, l'ascesa e la caduta di un impero; *the — to power*, l'ascesa al potere **3** aumento, rialzo, rincaro: *the — of stock*, il rialzo delle azioni; *ask for a —*, chiedi un aumento (di stipendio); *prices are on the —*, i prezzi sono in rialzo **4** crescita, innalzamento di livello (di acque); flusso (di marea); aumento (di temperatura, pressione): *the — and fall of the sea*, il flusso e il riflusso del mare; *the — of the tide*, il flusso della marea; *a sudden — in temperature*, un improvviso aumento di temperatura **5** salita; rampa: *a steep —*, una salita ripida **6** (*geogr.*) altura, pendio in salita; altura sottomarina; sorgente (di un corso d'acqua): *the villa stood on a —*, la villa era situata su un'altura; (*mus.*) *a — of a semitone*, una crescita di un semitono **7** (*non com.*) sorgente; origine, principio (*anche fig.*): *the river has* (o *takes*) *its — in...*, il fiume ha origine a...; *to give — to*, dare origine a **8** (*edil.*) freccia (di ponte); alzata (di gradino) // (*arch.*) — *of an arch*, freccia, monta di un arco.

to **rise** *pass.* **rose** [rəʊz] *p.p.* **risen** ['rɪzn] *v.intr.* **1** sorgere, levarsi, alzarsi; (*fig.*) risorgere: *the sun is rising*, sta sorgendo il sole; *a column of smoke rose into the sky*, una colonna di fumo si levò nel cielo; *the wind rose*, si levò il vento; *to — to one's feet*, alzarsi in piedi; *to — with the lark*, alzarsi al canto del gallo, prestissimo; *to — from one's seat*, (*form.*) alzarsi dal proprio posto; *to — from table*, (*form.*) alzarsi da tavola; *Christ is risen*, Cristo è risorto; *to — from ashes*, risorgere dalle (proprie) ceneri // *the House rose just before Christmas*, (*form.*) la Camera sospese i suoi lavori poco prima di Natale **2** salire; crescere, aumentare: *interest in this novel rises with every page*, l'interesse per questo romanzo aumenta a ogni pagina; *prices are rising*, i prezzi aumentano; *the tide, the barometer is rising*, la marea, il barometro sale; *the Po is rising*, il Po è in piena **3** elevarsi, ergersi (*anche fig.*): *a tower rises behind the church*, una torre si erge dietro la chiesa; *these trees — to over 18 feet*, questi alberi superano i sei metri; *our spirits rose*, il nostro spirito si risollevò // *to — from the ranks*, venire dalla gavetta // *to — in the world*, farsi strada nel mondo; *he rose to an important position in the firm*, raggiunse una posizione importante nella ditta; *to — to greatness*, assurgere a grandezza // *to — to the occasion*, mostrarsi all'altezza della situazione **4** gonfiarsi; lievitare: *blisters rose on his hands*, le sue mani si coprirono di vesciche; *the dough* *will not* —, la pasta non lievita **5** sollevarsi, insorgere: *to — in arms*, sollevarsi in armi // *my stomach rises*, mi si rivolta lo stomaco **6** aver origine, nascere, provenire (*anche geogr.*): *where does the Thames —?*, dove nasce il Tamigi? **7** (*pesca*) venire in superficie: *the fish were rising that morning*, i pesci nuotavano in superficie quella mattina // *to — to the bait*, abboccare (all'amo); (*fig.*) cascarci.

□ **rise above** *v.intr.* e *prep.* essere, mostrarsi superiore a; superare: *to — above some meanness*, mostrarsi superiore a certe meschinità.

□ **rise up** *v.intr.* e *avv.* alzarsi; sollevarsi.

riser ['raɪzə*] *s.* **1** chi si alza (da letto): *I'm an early —*, sono mattiniero **2** (*rar.*) ribelle, rivoltoso **3** alzata (di gradino) **4** (*tecn.*) montante **5** (*miner.*) fornello.

risibility [,rɪzɪ'bɪlətɪ / ris·ib·il·ity] *s.* (*form.*) risibilità.

risible ['rɪzɪbl / ris·ible] *agg.* (*form.*) **1** risibile, ridicolo **2** (*non com.*) incline, facile al riso.

rising ['raɪzɪŋ / ris·ing] *agg.* **1** sorgente, nascente: *the — sun*, il sole nascente, levante // *the — generation*, la nuova generazione **2** ascendente; in salita: *— ground*, terreno in salita **3** crescente, in aumento: *— price*, prezzo in aumento; *— tide*, marea crescente **4** che progredisce; che migliora: *a — young actor*, un giovane attore emergente **5** che si avvicina a: *— twenty*, vicino ai vent'anni; *— twenty thousand*, circa ventimila // *— of ten thousand*, più di diecimila ◆ *s.* **1** il sorgere; il levarsi; l'alzarsi: *the — of the moon*, il sorgere della luna // *the — of Parliament was discussed at length*, (*form.*) si discusse lungamente circa la sospensione dei lavori in Parlamento **2** sollevamento, insurrezione, rivolta: *— of the people*, sommossa popolare **3** salita; ascesa; elevazione (di astro, terreno); innalzamento di livello (di acque) **4** crescita; aumento **5** progresso; miglioramento **6** (*med.*) foruncolo.

risk [rɪsk] *s.* rischio, pericolo imprevisto: *at the — of failure, of punishment, of one's life*, a rischio di fallire, di essere punito, della propria vita; *at one's own —*, a proprio rischio (e pericolo); *old people living alone are often at —*, gli anziani che vivono da soli sono spesso esposti al pericolo // *security —*, minaccia alla sicurezza; *to run* (o *to incur*) *the — of losing sthg.*, correre il rischio di perdere qlco.; *to take risks*, correre dei rischi // (*med.*): *— factors*, fattori di rischio; *— pregnancy*, gravidanza a rischio // (*comm.*) *insurance covering all risks*, assicurazione che copre tutti i rischi // (*econ.*): *— aversion*, avversione al rischio; *— bearing*, assunzione di rischi; *— capital*, capitale di rischio; *market liquidity —*, rischio di illiquidità; *— adjusted discount rate*, tasso di attualizzazione corretto per il rischio; *— / return trade -off*, correlazione rischio / rendimento; *— of default*, rischio di insolvenza // (*fin.*) *mismatch —*, rischio connesso all'asimmetria delle scadenze.

to **risk** *v.tr.* (I) rischiare; mettere a repentaglio: *I dare not — it, it is too dangerous*, non oso arrischiare, è troppo pericoloso; *let's — it!*, tentiamo!; *to — one's neck*, rischiare il collo, la vita; *I won't — losing my money by investing in your firm*, non rischierò di perdere il mio denaro investendo nella tua ditta; *to — one's reputation*, mettere a repentaglio la propria reputazione.

risky ['rɪskɪ] *agg.* rischioso, arrischiato; pericoloso // **-ily** *avv.* // **-iness** *s.*

risqué ['ri:skeɪ *amer.* rɪ'skeɪ] *agg.* (*form.*) scabroso, osé, spinto.

rissole ['rɪsəʊl / ris·sole] *s.* (*cuc.*) polpetta, crocchetta (di carne, pesce).

rite [raɪt] *s.* rito; cerimonia: *the Anglican —*, il rito anglicano; *burial rites*, riti funebri; (*antropologia*) *rites of passage*, riti di passaggio.

ritual ['rɪtjʊəl / rit·ual] *agg.* secondo il rito; rituale (*anche fig.*) ◆ *s.* **1** rituale; cerimoniale (*anche fig.*) **2** riti, cerimonie // **-ly** *avv.*

ritualism ['rɪtjʊəlɪzəm / ritu·al·ism] *s.* ritualismo.

ritualist ['rɪtjʊəlɪst / ritu·al·ist] *s.* ritualista.

ritualistic [,rɪtjʊə'lɪstɪk / ritu·al·istic] *agg.* ritualistico; relativo, conforme al rituale // **-ally** *avv.*

to **ritualize** ['rɪtjʊəlaɪz / ritu·al·ize] *v.tr.* ritualizzare, rendere rituale ◆ *v.intr.* partecipare a riti.

ritz [rɪts] *s.* (*fam. amer.*) lusso; eleganza.

ritzy ['rɪtsɪ] *agg.* (*fam.*) lussuoso; elegante, sciccoso.

rival ['raɪvl / ri·val] *agg.* rivale; che compete // (*econ.*) *— commodities*, beni alternativi ◆ *s.* **1** rivale, avversario; competitore **2** (*ant.*) sodale, compagno: *if you do meet Horatio and Marcellus, / the rivals of my watch, bid them make haste*, (SH. Hamlet) se incontri Orazio e Marcello, i miei compagni di guardia, fa' loro fretta.

to **rival** *pass.p.p.* **rivalled** ['raɪvld / ri·valled] *v.tr.* rivaleggiare con, gareggiare con; eguagliare; emulare ◆ *v.intr.* (*rar.*) essere rivale.

rivalry ['raɪvlrɪ / ri·valry] meno com. **rivality** [raɪ'vælətɪ / ri·val·ity] **rivalship** ['raɪvlʃɪp / ri·val·ship] *s.* rivalità; concorrenza; emulazione.

to **rive** [raɪv] *pass.* **rived** [raɪvd] *p.p.* **rived**, **riven** ['rɪvən] *v.tr.* (*form.*) spezzare, spaccare; strappare; lacerare (*anche fig.*): *to — sthg. from s.o.*, strappare qlco. a qlcu.; *to — off a branch*, strappare un ramo; *it rives my heart*, (*fig.*) mi spezza il cuore ◆ *v.intr.* (*form.*) spezzarsi, spaccarsi; strapparsi, lacerarsi.

riven *p.p.* di to **rive**.

river ['rɪvə*] *s.* fiume (*anche fig.*): *the River Thames*, il fiume Tamigi; *the Hudson River*, il fiume Hudson; *rivers of blood, of tears*, (*fig.*) fiumi di sangue, di lacrime // *down* (*the*) —, a valle; *up* (*the*) —, a monte // (*geogr.*): *— capture*, cattura fluviale; *— terrace*, terrazzo fluviale.

river bank ['rɪvəbæŋk] *s.* sponda, riva di fiume.

river basin ['rɪvə,beɪsn] *s.* bacino idrografico.

riverbed ['rɪvəbed / riv·er·bed] *s.* alveo, letto di fiume.

river crawfish ['rɪvə,krɔ:fɪʃ] *s.* (*zool.*) gambero di fiume.

river-front ['rɪvə,frʌnt] *agg.* che si svolge sulla riva di un fiume, lungo un fiume, rivierasco ◆ *s.* riva di fiume, lungofiume.

river-head ['rɪvəhed] *s.* sorgente di fiume.

river-horse ['rɪvəhɔ:s] *s.* (*non com.*) ippopotamo → **hippopotamus**.

riverine ['rɪvəraɪn / riv·er·ine] *agg.* fluviale: *— plants*, piante fluviali.

riverside ['rɪvəsaɪd / riv·er·side] *agg.* lungo il fiume ◆ *s.* lungofiume; sponda, riva (di fiume).

rivet ['rɪvɪt] *s.* chiodo (per lamiere), rivetto, ribattino: *buttonhead, flathead countersunk —*, chiodo a testa tonda, a testa svasata piana.

to **rivet** *pass.p.p.* **rivet(t)ed** ['rɪvɪtɪd / riv·et(t)ed] *v.tr.* **1** (*mecc.*) chiodare, inchiodare, rivettare; ribadire (*anche fig.*): *we were riveted to the spot*, rimanemmo inchiodati all'istante **2** (*fig.*) fissare, concentrare: *everybody's attention will be riveted on you*, l'attenzione di tutti sarà concentrata su di voi.

riveter ['rɪvɪtə*] *s.* **1** chi inchioda, ribadisce **2** (*mecc.*) chiodatrice, rivettatrice, ribaditrice.

riveting ['rɪvɪtɪŋ / riv·et·ing] *agg.* (*fig.*) che inchioda, che tiene fissa l'attenzione; affascinante, incantevole: *his speech was —*, il suo discorso era molto coinvolgente ◆ *s.* (*mecc.*) chiodatura; rivettatura; ribaditura: *cold, hot —*, chiodatura a freddo, a caldo; *— hammer*, martello per ribadire; *— machine*, chiodatrice; *— press*, pressa per rivettare.

riviere [ri:'vjeə* / ri·vi·ere] *s.* collana di gemme (generalmente a più giri).

rivulet ['rɪvjʊlɪt / rivu·let] *s.* **1** (*letter.*) fiumicello, ruscelletto **2** (*geogr.*) ruscello.

rix-dollar [,rɪks'dɒlə*] *s.* tallero (antica moneta).

RNA [,ɑ:r,en'eɪ] *s.* (*biochim.*) RNA (acido ribonucleico): *— messenger*, RNA messaggero; *— transfer*, RNA di trasferimento • Da *Ribonucleic Acid*.

roach[1] [rəʊtʃ] *pl.* **roach(es)** *s.* **1** (*zool.*) lasca → dace // *to be as sound as a —*, essere sano come un pesce **2** (*sl.*) mozzicone di spinello.

roach[2] *s.* lunata (di vela).

to **roach**[2] *v.tr.* **1** fornire (una vela) di lunate **2** tagliare (capelli, criniera) a spazzola.

roach[3] *s.* **1** (*zool.*) blatta, scarafaggio → cockroach **2** (*sl. amer.*) ufficiale di polizia.

road [rəʊd] *s.* **1** strada; via; *across the —*, dall'altra parte della strada; *main —*, strada principale; *side —*, strada secondaria; *high -crown —*, strada a dorso di mulo; *carriage —*, rotabile; *country —*, strada di campagna; *dirt —*, strada di terra battuta; *unsurfaced —*, strada sterrata // *Linda's new address is* (*number*) *one Beaconsfield Road*, il nuovo indirizzo di Linda è Beaconsfield Road (numero) uno // *car that holds the — well*, automobile che tiene bene la strada // *the rule of the —*, il codice della strada; *— markings*, segnaletica stradale; *— sign*, cartello, segnale stradale; (*dir.*) *— offence*, reato previsto dal codice della strada // *on the —*, per strada, in viaggio; *I've been on the — all day*, sono stato in macchina tutto il giorno, è tutto il giorno che viaggio // *by —*, in automobile; *it will take only one hour by —*, ci vorrà solo un'ora di macchina **2** cammino, percorso; strada, via (*anche fig.*): *the — to London*, la strada per Londra; *I'm not certain of our —*, non sono sicura che questa sia la strada giusta; *to be on the right —*, (*anche fig.*) essere sulla strada giusta; *to be on the — to success*, (*fig.*) essere sulla via del successo // *the royal — to*, la strada più facile per // *to get in s.o.'s —*, (*anche fig.*) impedire, ostacolare il cammino a qlcu.; mettere i bastoni fra le ruote a qlcu.; *get out of my —!*, (*fam.*) togliti di mezzo! // *let's get this show on the —*, (*fam.*

fig.) incominciamo! **3** (*gener. pl.*) (*mar.*) rada: *in the roads*, in rada; *to leave the roads*, andare al largo // *I should be still... peering in maps for ports, and piers, and roads*, (SH. The Merchant of Venice) sarei sempre occupato... a scrutar mappe per trovarvi porti, moli e approdi **4** (*miner.*) galleria **5** (*amer.*) strada ferrata.

roadbed ['rəʊdbed / road·bed] *s.* massicciata.

roadblock ['rəʊdblɒk / road·block] *s.* blocco stradale; (*fig.*) ostacolo.

road carrier ['rəʊd,kærɪə*] *s.* (*comm.*) vettore stradale.

road gang ['rəʊdgæŋ] *s.* squadra di operai addetti ai lavori stradali.

road hog ['rəʊdhɒg] *s.* (*fam.*) pirata della strada; automobilista spericolato.

roadholding ['rəʊd,həʊldɪŋ / road·hold·ing] *s.* (*aut.*) tenuta di strada.

roadhouse ['rəʊdhaʊs / road·house] *s.* posto di ristoro (lungo una strada); motel.

roadie ['rəʊdɪ] *s.* (*fam.*) operaio, tecnico specializzato al seguito di una compagnia in tournée.

road manager ['rəʊd,mænɪdʒə*] *s.* capogruppo (di comitiva in viaggio).

road-manners ['rəʊd,mænəz] *s.pl.* cortesia stradale.

roadmanship ['rəʊdmənʃɪp / road·man·ship] *s.* abilità, sicurezza di guida.

road-race ['rəʊdreɪs] *s.* corsa automobilistica su strada.

road roller ['rəʊd,rəʊlə*] *s.* rullo compressore.

roadshow ['rəʊdʃəʊ / road·show] *s.* spettacolo teatrale in tournée.

roadside ['rəʊdsaɪd / road·side] *agg.* e *s.* (sul) bordo della strada.

road-stake ['rəʊd,steɪk] *s.* (*amer.*) denaro necessario per viaggiare (termine usato da vagabondi che si spostano da una città all'altra).

roadstead ['rəʊdsted / road·stead] *s.* (*mar.*) → **road** 3.

roadster ['rəʊdstə* / road·ster] *s.* **1** (*mar.*) nave in rada **2** (*antiq.*) cavallo da tiro **3** (*antiq.*) bicicletta da turismo; auto scoperta a due posti, spider **4** (*rar.*) viaggiatore esperto **5** (*fam. amer.*) bandito di strada; vagabondo.

road tax ['rəʊdtæks] *s.* tassa di circolazione.

road test ['rəʊdtest] *s.* prova su strada (di veicolo).

to **road-test** ['rəʊd,test] *v.tr.* provare su strada (un veicolo).

roadway ['rəʊdweɪ / road·way] *s.* carreggiata, piano stradale.

road works ['rəʊdwɜːks] *s.pl.* lavori stradali.

roadworthy ['rəʊd,wɜːðɪ / road·wor·thy] *agg.* (*aut.*) efficiente; in grado di viaggiare (su strada) // **-iness** *s.*

roam [rəʊm] *s.* vagabondaggio; cammino senza meta.

to **roam** *v.intr.* errare, vagabondare, vagare: *to — about the world*, vagabondare per il mondo ◆ *v.tr.* percorrere, vagare per: *to — the seas*, solcare i mari.

roamer ['rəʊmə*] *s.* vagabondo; nomade.

roan[1] [rəʊn] *agg.* e *s.* roano.

roan[2] *s.* (*legatoria*) pelle di pecora uso marocchino.

roar [rɔː*] *s.* **1** ruggito **2** urlo (di dolore, di rabbia) **3** scoppio; scroscio: *roars of laughter*, scoppi di risa **4** rombo (di cannone, di tuono); rimbombo; boato; frastuono; strepito; il mugghiare (del vento, del mare).

to **roar** *v.intr.* **1** ruggire: *the lion roars*, il leone ruggisce // *the car roared by*, la macchina passò rombando **2** urlare; vociare; strepitare; (*fam.*) piangere rumorosamente, singhiozzare (di bambino): *to — with pain*, urlare di dolore; *to — off in anger*, uscire urlando di rabbia // *to — with laughter*, (*fam.*) scoppiare dalle risa **3** tuonare; rumoreggiare, mugghiare (di vento, di mare); rimbombare **4** respirare rumorosamente (di cavallo bolso) ◆ *v.tr.* urlare, gridare a squarciagola: *to — (out) an order*, gridare un ordine // *the audience roared its approval*, il pubblico manifestò a gran voce la sua approvazione // *to — oneself hoarse*, diventare rauco a furia di urlare // *to — s.o. down*, soverchiare le grida di qlcu. a furia di urlare.

roaring ['rɔːrɪŋ / roar·ing] *agg.* **1** ruggente, che ruggisce; mugghiante (*anche fig.*) // *the — twenties*, gli anni ruggenti // *the — forties*, la fascia di oceani tempestosi fra il 40° e il 50° di latitudine sud **2** urlante **3** rumoroso, fragoroso; rombante; scrosciante; tempestoso; tumultuoso: *— applause*, un applauso scrosciante; *a — fire*, un fuoco crepitante; *a — wind*, un vento di tempesta // *a — night*, (*fig.*) una notte di bagordi // *a — success*, (*fig. fam.*) un successo strepitoso // *what a — time I had!*, (*fig.*) quanto mi sono divertito! **4** (*fam.*) fiorente, prospero: *we did a — trade*, abbiamo fatto affari d'oro; *to be in — health*, scoppiare di salute ◆ *avv.* (*fam.*) completamente: *— drunk*, ubriaco fradicio ◆ *s.* **1** ruggito; mugghio **2** strepito; baccano; rombo **3** (*vet.*) bolsaggine.

roast [rəʊst] *agg.* arrosto, arrostito: *— beef*, roast beef, carne di manzo arrostita; *— chicken*, pollo arrosto ◆ *s.* **1** arrosto **2** arrostitura; arrostimento **3** (*metall.*) arrostimento **4** tostatura (di caffè) **5** (*fam. antiq.*) burla, beffa.

to **roast** *v.tr.* **1** arrostire; cuocere al forno, alla griglia, ai ferri: *to — a chicken on a spit*, arrostire un pollo allo spiedo **2** tostare (caffè ecc.) **3** (*metall.*) arrostire **4** (*fam. antiq.*) deridere, burlarsi di, farsi beffe di ◆ *v.intr.* **1** arrostirsi, cuocersi al forno, alla griglia, ai ferri: *to — in the sun*, (*fig.*) arrostirsi al sole **2** (*fam.*) bollire, crepare di caldo: *I'm roasting*, sto bollendo, morendo dal caldo.

roaster ['rəʊstə*] *s.* **1** chi arrostisce; rosticciere **2** girarrosto; casseruola, forno per arrostire **3** tostino, tostacaffè **4** carne, pollame, selvaggina da arrosto **5** (*metall.*) arrostitore: *flash —*, arrostitore istantaneo **6** (*fam.*) giornata torrida.

roasting ['rəʊstɪŋ / roast·ing] *agg.* **1** rovente, cocente; torrido **2** (*metall.*) di arrostimento: *— furnace*, forno di arrostimento ◆ *avv.* da crepare, da morire (di temperatura): *it's — hot here*, qui dentro si crepa dal caldo, c'è un caldo da morire ◆ *s.* **1** arrostimento; arrostitura **2** torrefazione **3** (*metall.*) arrostimento **4** (*fam.*) lavata di capo, ramanzina **5** (*fam. antiq.*) beffa, burla, canzonatura.

to **rob** [rɒb] *pass.p.p.* **robbed** [rɒbd] *v.tr.* **1** rubare; derubare, rapinare (*anche dir.*); svaligiare, saccheggiare: *to — s.o.* (*of sthg.*), rubare (qlco.) a qlcu., derubare qlcu. (di qlco.); *to — a bank, a shop*, svaligiare una banca, un negozio // *the boxer said he'd been robbed of the match*, (*fig. fam.*) il pugile disse che lo avevano defraudato dell'incontro // *to — Peter to pay Paul*, (*fig.*) fare un buco per tapparne un altro; *to — the cradle*, (*fam. amer.*) uscire con, sposare qlcu. molto più giovane **2** privare; togliere: *she robbed me of all possible enjoyment*, mi ha privato di ogni piacere ◆ *v.intr.* rubare, commettere furti, rapine.

robber ['rɒbə* / rob·ber] *s.* rapinatore (*anche dir.*); ladro // (*econ.*) *— economy*, economia di rapina // (*st.*) *— baron*, (*st.*) signorotto feudale che depredava chiunque passasse per le sue terre.

robber fly ['rɒbə,flaɪ] *s.* (*zool.*) (*Asilus crabroniformis*) asilide calabrone, assillo.

robbery ['rɒbərɪ / rob·bery] *s.* rapina (*anche dir.*); furto; estorsione: *a bank —*, una rapina in banca; *armed —*, rapina a mano armata; *— with violence*, rapina aggravata // *highway —*, brigantaggio // *Twenty pounds for it? That's daylight —!*, (*fam.*) Venti sterline per questo? Ma è un furto!

robbing ['rɒbɪŋ / rob·bing] *s.* (*miner.*) coltivazione di rapina.

robe [rəʊb] *s.* **1** abito lungo e sciolto **2** vestaglia, veste da camera; accappatoio **3** (*anche pl.*) toga; abito (indicante carica, professione ecc.): *magistrates in their robes*, magistrati in toga; *a judge's robes*, una toga da giudice // *the Coronation Robes*, gli abiti e le insegne usati per l'incoronazione // *gentlemen of the —*, i giuristi // *priest's —*, abito talare **4** *pl.* (*non com.*) vestiti, vesti: *and one behind the other stepped serene, / in placid sandals, and in white robes graced*, (J. KEATS) e l'una dietro l'altra avanzavano serene, piene di grazia con le bianche vesti e i placidi sandali **5** mantello.

to **robe** *v.tr.* (*rar.*) **1** vestire; rivestire, coprire (*anche fig.*): *to — oneself*, vestirsi; *she was robed in such a strange way*, era vestita in un modo così strano **2** mettere la toga a ◆ *v.intr.* (*rar.*) **1** vestirsi; rivestirsi (*anche fig.*) **2** vestire la toga.

robin ['rɒbɪn] *s.* (*zool.*) **1** (*Erithacus rubecula*) pettirosso SIN. redbreast **2** (*American*) —, (*Turdus migratorius*) tordo americano.

robinia [rəʊ'bɪnjə / ro·binia] *s.* (*bot.*) robinia.

robin-run-the-hedge [,rɒbɪn'rʌnθə,hedʒ] *s.* (*bot.*) (*Glechoma hederacea*) edera terrestre.

roborant ['rəʊbərənt / ro·bor·ant] *agg.* e *s.* corroborante, tonico.

robot ['rəʊbɒt / ro·bot] *s.* **1** robot, automa (*anche fig.*) **2** dispositivo automatico // *— bomb*, (*antiq.*) missile balistico giroguidato, bomba volante.

robotic [rəʊ'bɒtɪk / ro·botic] *agg.* da, come un robot, da automa.

robotics [rəʊ'bɒtɪks / ro·bot·ics] *s.* ⊡ robotica.

robotism ['rəʊbətɪzəm / ro·bot·ism] *s.* **1** automazione **2** (*fig.*) comportamento da automa.

to **robotize** ['rəʊbətaɪz / ro·bot·ize] *v.tr.* **1** robotizzare, automatizzare **2** (*fig.*) far diventare (qlcu.) un robot, un automa.

robust [rəʊ'bʌst / ro·bust] *agg.* **1** robusto; sano; vigoroso; florido, fiorente (*anche fig.*): *a — young fellow*, un giovane gagliardo; *— economy*, economia fiorente, sana **2** (*fig.*) robusto, efficace, forte (di critica, discorso, stile ecc.); retto, saldo, equilibrato (di intelletto): *a — defence*, una difesa robusta, efficace; *a — mind*, una mente solida, equilibrata **3** faticoso, pesante, duro: *— work*, lavoro pesante **4** forte, intenso, robusto, (di cibo, sapore, vino ecc.) **5** (*rar.*) rozzo, grossolano // **-ly** *avv.* // **-ness** *s.*

robustious [rəʊ'bʌstjəs / ro·bus·tious] *agg.* **1** (*non com.*) turbolento, rumoroso; millantatore, presuntuoso **2** (*non com.*) violento (di vento ecc.); rigido (di clima) **3** (*ant.*, *scherz.*) robusto; vigoroso.

roc [rɒk] *s.* gigantesco uccello da preda (nella mitologia orientale).

rocambole ['rɒkəmbəʊl / roc·am·bole] *s.* (*bot.*) (*Allium scorodoprasum*) aglio di Spagna.

rochet[1] ['rɒtʃɪt] *s.* (*eccl.*) rocchetto.

rochet[2] *s.* (*zool.*) capone rosso.

rock[1] [rɒk] *s.* **1** roccia: *as hard* (o *as solid*) *as —*, duro come la roccia; *built on the —*, costruito sulla roccia, (*fig.*) sicuro; *they climbed up the rocks*, si arrampicarono su per le rocce // *— solid*, (*fig.*) sicuro // *— crusher*, (*fam. amer.*) forzato, ex-forzato **2** scoglio; *pl.* scogliera, scogli: *the ship struck a — and sank*, la nave urtò contro uno scoglio e affondò; *to run upon the rocks*, naufragare (*anche fig.*) // *on the rocks*, 'on the rocks', con ghiaccio (di alcolici); (*fam. fig.*) al verde: *to go on the rocks*, andare in malora; fallire, naufragare (di matrimonio ecc.) **3** rupe; rocca // *the Rock* (*of Gibraltar*), (la Rocca di) Gibilterra; *Rock English*, dialetto anglo-arabo-spagnolo di Gibilterra **4** macigno, masso; (*amer.*) pietra, sasso: *we sat down on a flat —*, sedemmo su un masso piatto **5** croccante; (bastoncino di) zucchero candito: *almond —*, croccante di mandorle // *— candy*, bastoncino di zucchero candito **6** (*sl. amer.*) diamante; moneta.

rock[2] *s.* **1** dondolio; oscillazione **2** (*mus.*) rock and roll; rock (genere derivato dal rock and roll): *— concert*, concerto rock; *— group*, gruppo, complesso rock // *hard —*, hard rock (genere di musica rock con una forte base ritmica e sonorità molto violente); *punk —*, punk rock (genere di musica rock basato sul gusto punk, con ritmi e sonorità violenti e provocazioni spettacolari); *soft —*, soft rock (stile di rock con sonorità meno violente e ritmi meno incalzanti).

to **rock**[2] *v.tr.* **1** dondolare, far oscillare; cullare: *the boat was rocked by the waves*, la barca era cullata dalle onde; *to — a baby to sleep* (o *asleep*), cullare un bimbo finché si addormenta // *to — the boat*, (*fam. fig.*) combinar guai, rompere gli equilibri **2** far vibrare; scuotere (*anche fig.*): *the explosion rocked the house*, l'esplosione fece vibrare la casa; *the country was rocked by news of the scandal*, il paese fu scosso, turbato dalla notizia dello scandalo ◆ *v.intr.* **1** dondolare, dondolarsi; oscillare, cullarsi: *the boat rocked to and fro*, la barca ondeggiava avanti e indietro; *the flowers rocked in the breeze*, i fiori oscillavano nella brezza **2** vibrare, tremare: *the buildings rocked during the earthquake*, gli edifici tremarono durante il terremoto // *to — with laughter*, torcersi dalle risa **3** (*dial.*) vacillare, barcollare **4** suonare, ballare il rock and roll.

rockabilly ['rɒkəbɪlɪ / rocka·billy] *s.* rockabilly (genere musicale sorto negli Stati Uniti che fonde elementi del rock and roll e della musica country).

rock and roll [,rɒkən'rəʊl] *s.* **1** rock and roll (genere musicale sorto negli anni '50 negli Stati Uniti, derivante dal jazz e dal blues con forte accentuazione del ritmo e uso di strumenti elettrici) **2** rock and roll (ballo a tempo di rock and roll, molto movimentato e acrobatico) // *a rock-and-roll dancer*, un ballerino di rock and roll.

rock-bed ['rɒkbed] *s.* fondo roccioso.

rock-bird ['rɒkbɜ:d] *s.* (*zool.*) (*Rupicola rupicola*) rupicola.

rock bottom [,rɒk'bɒtəm] *s.* fondo; livello, punto più basso (*anche fig.*): *to touch —*, toccare il fondo // *a rock-bottom price*, un prezzo bassissimo, minimo, stracciato.

rockbound ['rɒkbaʊnd / rock·bound] *agg.* circondato da rocce; roccioso (di litorale, costa).

rock-climber ['rɒk,klaɪmə*] *s.* rocciatore, scalatore.

rock crystal ['rɒk,krɪstl] *s.* (*min.*) cristallo di rocca.

rock-dove ['rɒkdʌv] *s.* (*zool.*) (*Columba livia*) piccione selvatico, colombo torraiolo.

rock drill ['rɒkdrɪl] *s.* (*mecc.*) perforatrice da roccia.

rocker ['rɒkə*] *s.* **1** assicella ricurva (di culla, sedia, cavallo a dondolo ecc.) // *to be off one's —*, (*fam.*) essere un po' tocco **2** cavallo a dondolo; culla; (*amer.*) sedia a dondolo BRIT. rocking chair **3** (*ant.*) chi dondola, culla **4** (*mecc.*) bilanciere **5** (*mil.*) affustino **6** (*non com.*) pattino con lama ricurva **7** (*spesso con la maiuscola*) rocker (membro di un gruppo giovanile inglese degli anni '60 i cui componenti indossavano giubbotti di pelle, andavano su grosse motociclette e ascoltavano musica rock) **8** (*fam.*) rocker, chi compone, esegue musica rock **9** (*fam.*) rocker, chi ascolta assiduamente musica rock e ne condivide il sostrato culturale.

rocker arm ['rɒkərɑ:m] *s.* (*mecc.*) **1** leva, braccio oscillante **2** bilanciere.

rockery ['rɒkərɪ / rock·ery] *s.* giardino roccioso SIN. rock garden.

rocket[1] ['rɒkɪt] *s.* (*bot.*) **1** (*Eruca sativa*) ruca, ruchetta, rucola **2** (*Hesperis matronalis*) viola matronale **3** (*Barbarea vulgaris*) barbarea.

rocket[2] *s.* **1** (*aer.*) razzo; missile: *carrier —*, razzo vettore; *multistage —*, razzo (o missile) pluristadio; *nuclear-power —*, razzo atomico, a propulsione atomica // *— bomb*, bomba volante, bomba a razzo; *— engine*, motore a razzo, endoreattore; *— launcher*, lanciarazzi; *— plane*, aerorazzo, aeroplano a razzo; *— propulsion*, propulsione a razzo; *— range*, poligono sperimentale per missili **2** (*mecc.*) endoreattore, propulsore a razzo: *— fuel*, combustibile per endoreattori **3** razzo (fuoco artificiale) **4** (*fam.*) lavata di capo, ramanzina, sgridata: *she gave me a — for forgetting the bread*, mi ha sgridato perché avevo dimenticato il pane.

to **rocket**[2] *v.intr.* **1** dare un balzo in avanti (di cavallo); elevarsi in volo verticale (di uccelli); (*aer.*) salire in candela **2** salire, andare alle stelle, aumentare vertiginosamente (di prezzi) **3** sfrecciare; salire, arrivare, partire a razzo (*anche fig.*): *after his first book he rocketed to fame*, dopo il suo primo libro fu proiettato verso la celebrità ◆ *v.tr.* **1** inviare con un razzo **2** (*mil.*) bombardare con razzi.

rocketeer [,rɒkɪ'tɪə* / rock·et·eer] *s.* **1** esperto in missilistica **2** pilota di razzo vettore.

rocketry [,rɒkɪtrɪ / rock·etry] *s.* missilistica.

rockfall ['rɒkfɔ:l / rock·fall] *s.* frana; caduta di massi.

rock fish ['rɒkfɪʃ] *s.* (*zool.*) scorfano, scorpena; pesce di scoglio.

rock garden ['rɒk,gɑ:dn] → **rockery**.

rock goat ['rɒkgəʊt] *s.* (*zool.*) (*Capra ibex ibex*) stambecco delle Alpi.

rockhead ['rɒkhed / rock·head] *s.* (*fam. amer.*) idiota.

rockiness ['rɒkɪnɪs / rocki·ness] *s.* rocciosità.

rocking ['rɒkɪŋ / rock·ing] *agg.* **1** a dondolo; dondolante **2** vacillante, barcollante, traballante: *a — gait*, un'andatura traballante **3** (*mecc.*) oscillante: *— lever*, leva oscillante ◆ *s.* dondolio; oscillazione; scosse (*pl.*).

rocking chair ['rɒkɪŋ,tʃeə*] *s.* sedia a dondolo AMER. rocker.

rocking horse ['rɒkɪŋ,hɔ:s] *s.* cavallo a dondolo.

rock'n'roll → **rock and roll**.

rock-oil ['rɒkɔɪl] *s.* petrolio.

rock plant ['rɒkplɑ:nt *amer.* 'rɒkplænt] *s.* (*bot.*) pianta rupestre.

rock rabbit ['rɒk,ræbɪt] *s.* (*zool.*) irace, procavia → **hyrax**.

rock rose ['rɒkrəʊz] *s.* (*bot.*) **1** (*Helianthemum vulgare*) eliantemo SIN. frost-weed **2** cisto.

rock salmon ['rɒk,sæmən] *s.* succedaneo del salmone.

rock salt [,rɒk'sɔ:lt] *s.* salgemma, alite, sale naturale.

rockslide ['rɒkslaɪd / rock·slide] *s.* frana (di scivolamento).

rock whistler ['rɒk,wɪslə*] *s.* (*zool.*) (*Marmota marmota*) marmotta delle Alpi.

rock wool ['rɒkwʊl] *s.* (*tecn.*) lana di roccia.

rocky[1] ['rɒkɪ] *agg.* **1** roccioso; scoglioso; sassoso: *a — coast*, una costa rocciosa // (*geogr.*) *the Rocky Mountains* (o *the Rockies*), le Montagne Rocciose **2** (*fig.*) saldo come roccia, sicuro; fermo, irremovibile **3** duro come roccia (*anche fig.*).

rocky[2] *agg.* (*fam.*) **1** malfermo, traballante, instabile, vacillante (*anche fig.*) // *to face a — road ahead*, avere di fronte una strada in salita, un futuro incerto, irto di difficoltà **2** debole, malconcio, malridotto **3** (*amer.*) ubriaco.

rococo [rəʊ'kəʊkəʊ / ro·coco] *agg.* e *s.* (*st. arte*) rococò.

rod [rɒd] *s.* **1** bastone; mazza; verga, bacchetta; (*fig.*) punizione, castigo // *Black Rod*, usciere della Camera dei Pari, del Lord Ciambellano // *to have a — in pickle for s.o.*, (*fam.*) avere in serbo una punizione per qlcu. // *to* *kiss the* —, sottomettersi a una punizione senza protestare // *to make a — for one's own back*, scavarsi la fossa, impiccarsi con le proprie mani // *spare the — and spoil the child*, (*prov.*) il medico pietoso fa la piaga purulenta **2** (*fishing*) —, canna da pesca **3** (*mecc.*) asta; barra: *boring* —, asta di perforazione; *connecting* (o *piston*) —, biella; *feed* —, barra d'alimentazione, candela (del tornio); — *mill*, mulino a barre **4** (*metall.*) (ferro) tondo: *iron* —, tondino (di ferro); — *mill*, laminatoio per tondi, per barre **5** (*Bibbia*) razza, tribù: *the — of Jesse*, la discendenza di Jesse **6** → **perch**[1] (unità di misura) **7** (*anat.*) bastoncello della retina **8** (*fam. amer.*) pistola **9** (*sl. amer.*) automobile truccata.

rode *pass.* di to **ride**.

rodent ['rəʊdənt / ro·dent] *agg.* e *s.* (*zool.*) roditore.

rodeo [rəʊ'deɪəʊ *amer.* 'rəʊdɪəʊ / ro·deo] *pl.* **rodeos** *s.* **1** rodeo (spettacolo di abilità dei 'cow-boys') **2** rodeo (riunione del bestiame per la marcatura) **3** recinto per rodeo.

rodomontade [,rɒdəmɒn'teɪd / ro·do·mont·ade] *agg.* rodomontesco ◆ *s.* rodomontata, smargiassata.

roe[1] [rəʊ] *pl.* **roe(s)** *s.* (*zool.*) — (*deer*), (*Capreolus capreolus*) capriolo // — *buck*, capriolo maschio.

roe[2] *s.* (*hard*) —, (complesso di) uova (nelle ovaie) dei pesci // *soft* —, latte di pesce.

roe-corn ['rəʊkɔ:n] *s.* (*non com.*) uovo (di aringa, salmone).

roentgen ['rɒntjən / roent·gen] *agg.* e *s.* (*fis.*) roentgen (unità di misura della dose di esposizione di una radiazione X o Y).

roentgenogram ['rɒntjənəʊ,græm / roent·geno·gram] *s.* (*med.*) radiografia, lastra.

roentgenotherapy [,rɒntjənəʊ'θerəpɪ / roent·geno·ther·apy] *s.* (*med.*) roentgenterapia.

roe-stone ['rəʊstəʊn] *s.* (*geol.*) oolite.

rogation [rəʊ'geɪʃn / roga·tion] *s.* **1** (*st. romana*) rogazione **2** (*gener. pl.*) (*eccl.*) rogazione.

rogatory ['rɒgətərɪ / rog·at·ory] *agg.* (*dir.*) rogatorio: — *letters*, commissioni rogatorie.

Roger[1] ['rɒdʒə*] *inter.* **1** (*rad.*, *tel.*) ricevuto! **2** bene!

to **roger**[2] *v.tr.* (*fam.*) avere rapporti sessuali con, andare a letto con.

rogue [rəʊg] *s.* **1** briccone, mariuolo, furfante, canaglia, farabutto, mascalzone; (*scherz.*) bricconcello, birbante: *a rogues' gallery*, schedario fotografico dei criminali; (*fig. fam.*) una sfilza di facce da delinquente **2** (*ant.*) vagabondo **3** animale che vive appartato dal branco; elefante, bufalo solitario **4** (*bot.*) erbaccia, mala erba **5** cavallo restio, scontroso ◆ *agg.* **1** solitario, che vive appartato dal branco; nervoso, pericoloso (di animale): — *elephant*, elefante solitario **2** trasgressivo, ribelle; che fa parte a sé: — *politician*, uomo politico che si distacca dalla linea del partito, dissidente.

roguery ['rəʊgərɪ] *s.* **1** bricconeria, furfanteria; birbonata, bricconata; mascalzonata **2** birichinata, marachella.

roguish ['rəʊgɪʃ] *agg.* **1** bricconesco, furfantesco **2** (*scherz.*) birboncello, birichino, furbo, smaliziato: — *eyes*, occhi furbi // **-ly** *avv.* // **-ness** *s.*

to **roil** [rɔɪl] *v.tr.* (*amer.*) **1** intorbidire **2** (*fig.*) irritare; far arrabbiare.

to **roister** ['rɔɪstə* / rois·ter] *v.intr.* (*antiq.*) **1** far baccano; far baldoria **2** fare lo spaccone.

roisterer ['rɔɪstərə* / rois·terer] *s.* (*antiq.*) chiassone; buontempone; spaccone.

roistering ['rɔɪstərɪŋ / rois·ter·ing] *agg.* (*antiq.*) chiassoso, rumoroso ◆ *s.* (*antiq.*) chiasso, baccano; baldoria.

roisting ['rɔɪstɪŋ / roist·ing] *agg.* (*ant.*) spavaldo, ardito: *I have a roisting challenge sent amongst / the dull and factious nobles of the Greeks*, (SH. Troilus and Cressida) ho inviato ai torpidi e faziosi nobili della Grecia una spavalda sfida.

Roland ['rəʊlənd / Ro·land] *no.pr.m.* Rolando, Orlando // *to give a — for an Oliver*, (*ant.*) rendere pan per focaccia.

role [rəʊl] *s.* **1** (*teatr.*) ruolo, parte **2** ruolo, parte, funzione, ufficio // — *model*, modello di comportamento.

to **role play** ['rəʊl,pleɪ] *v.intr.* (*fig.*) sostenere un ruolo, recitare un ruolo (nella vita ecc.).

role play, **role playing** ['rəʊl,pleɪɪŋ] *s.* il recitare un ruolo, il sostenere un ruolo.

roll[1] [rəʊl] *s.* **1** rotolo: *a — of butter*, un rotolino di burro; *a — of cloth*, *of paper*, un rotolo di tela, di carta; *a — of film*, un rotolo di pellicola, un rullino // *she has rolls of fat on her*, ha dei rotolini di grasso // *detail* —, nastro di controllo dei registratori di cassa **2** panino; rotolo (di pan di spagna); tortina (rotonda); rollé: — *and butter*, panino imburrato; *cheese*, *crusty*, *soft rolls*, panini al formaggio, ben cotti, morbidi // (*cuc. cinese*) *spring* —, involtino primavera **3** (*arch.*) cartoccio (di capitello ionico) **4** ruolo, registro, lista, elenco // — *call*, appello (nominale), adunata; *to call the* —, fare l'appello // — *of honour*, lista d'onore // (*st.*) *the Rolls*, l'Archivio di stato a Londra // *the Roll(s)*, elenco ufficiale degli avvocati: *to strike s.o. off the Rolls*, radiare qlcu. dall'albo degli avvocati **5** (*dir.*) ruolo di causa, verbale **6** (*tecn.*) rullo; cilindro // (*metall.*) *finishing* —, cilindro finitore // (*mecc.*) *nip* —, rullo di compressione.

roll[2] *s.* **1** rotolamento, rotolio; il rotolare, il rotolarsi: *the — of the dice*, il rotolio dei dadi **2** (*mar.*, *aer.*) rollio; rollata: *angle of* —, angolo di rollio **3** ondeggiamento (di andatura) **4** (*aer.*) (*barrel*) —, vite orizzontale; *half* —, mezza vite orizzontale; *half slow* —, virata rovescia **5** rullo (di tamburo); rombo (di cannone, tuono) // *press* —, (*sl. amer.*) rullata di batteria (che aumenta gradualmente d'intensità) **6** ondulazione (di terreno).

to **roll**[2] *v.intr.* **1** rotolare, rotolarsi: *the ball rolled under the bed*, *on the floor*, *into the goal*, la palla rotolò sotto il letto, sul pavimento, in porta; *the boys were rolling in the hay*, i bambini si rotolavano nel fieno // *the train rolled slowly to a stop*, il treno si fermò lentamente // *the waves rolled against the boat*, le onde s'infrangevano contro la barca // *to* — (*about*) *in the aisles*, (*fam.*) rotolarsi dal ridere // *heads will* —, (*fig.*) cadranno delle teste // *to — in it* (o *in money*), (*fig. fam.*) sguazzare nel denaro **2** avvolgersi: *the hedgehog rolled into a ball*, il porcospino si appallottolò **3** tirare i dadi **4** roteare, ruotare: *the Earth rolls round the Sun*, la Terra ruota intorno al Sole; *his eyes rolled with amazement*, roteò gli occhi per lo stupore **5** (*mar.*, *aer.*) rollare: *the ship rolled and pitched*, la nave rollava e beccheggiava **6** (*estens.*) camminare dondolando: *the drunkard rolled home*, l'ubriacone raggiunse casa barcollando **7** rullare (di tamburi); rimbombare (di tuono, voce ecc.) **8** essere ondulato, avere una superficie ondulata (di paesaggio ecc.): *the hills rolled away into the distance*, le colline si perdevano in lontananza **9** essere in funzione (di telecamera ecc.) // *the scheme should be rolling by July*, il progetto dovrebbe diventare operativo entro luglio **10** (*fam. amer.*) darsi una mossa, muoversi, sbrigarsi ◆ *v.tr.* **1** far rotolare: *he rolled a barrel along the road*, faceva rotolare un barile lungo la via // *to — a sleeping traveller*, (*sl. amer.*) derubare un viaggiatore che dorme // *to — one's r's*, arrotare le erre **2** arrotolare, avvolgere; appallottolare: *he rolled the drawing in a piece of paper*, avvolse il disegno in un pezzo di carta; *to — a cigarette*, arrotolare una sigaretta; *to — one's own*, (*fam.*) farsi da sé le sigarette; *he rolled his trousers above his knees*, si arrotolò i pantaloni fin sopra le ginocchia; *to — snow into a ball*, fare una palla di neve; *the porcupine rolled itself into a ball*, l'istrice si avvolse su se stesso, si appallottolò // *rolled into one*, tutto in uno, messi insieme: *it is a videocassette recorder and a* TV *rolled into one*, è un televisore con videoregistratore incorporato **3** lanciare (i dadi) **4** roteare, (far) ruotare: *to — one's eyes*, roteare gli occhi **5** rullare, spianare con un rullo: *to — a lawn*, spianare un prato; (*cuc.*) *to* — (*out*) *pastry*, stendere la pasta; *to — a road*, rullare, cilindrare una strada **6** (*mecc.*) rullare; filettare con la rullatrice **7** (*metall.*) laminare **8** (*tip.*) inchiostrare a rullo.

□ **roll back** *v.tr.* e *avv.* **1** tirar via arrotolando **2** ricacciare; far arretrare (il nemico) ◆ *v.intr.* e *avv.* **1** ritirarsi **2** scorrere all'indietro (di anni ecc.).

□ **roll down** *v.tr.* e *avv.* tirar giù; srotolare: *he rolled his sleeves down*, si tirò giù le maniche; *to — down the car windows*, far scendere, aprire i finestrini dell'automobile ◆ *v.intr.* e *avv.* rotolare giù, scendere giù rotolando: *the tears rolled down her face*, le lacrime le rotolavano giù per le guance.

□ **roll in** *v.intr.* e *avv.* **1** affluire **2** (*fam. amer.*) infilarsi nel letto ◆ *v.tr.* e *avv.* **1** far affluire **2** (*mecc.*) mandrinare.

□ **roll off** *v.intr.* e *avv.* (*tip.*) (*fam.*) tirare, fare: *I'll — you off some extra copies*, te ne tirerò delle copie in più.

□ **roll on** *v.intr.* e *avv.* (*fam.*) (*per esprimere un desiderio*) affrettarsi: — *on holidays!*, venite in fretta vacanze!

□ **roll out** *v.tr.* e *avv.* **1** stendere con un rullo **2** srotolare ◆ *v.intr.* e *avv.* (*fam. amer.*) buttarsi giù dal letto.

□ **roll over** *v.intr.* e *avv.* **1** rivoltarsi, rovesciarsi **2** girarsi (nel letto) ◆ *v.tr.* e *avv.* **1** rivoltare, rovesciare **2** (*amer.*) reinvestire (titoli appena scaduti); rinnovare (un prestito).

□ **roll up** *v.tr.* e *avv.* **1** arrotolare; tirar su: *to — up the car windows*, tirar su, chiudere i vetri di un'auto **2** (*fam.*) arrivare in gruppo, in buon numero: *the whole family rolled up for Christmas*, l'intera famiglia è arrivata per Natale.

rollback ['rəʊlbæk / roll·back] *s.* (*amer.*) **1** riduzione dei prezzi (per intervento governativo); azione di contenimento **2** (*fam.*) ritirata (*anche fig.*): *the — has already begun*, la ritirata è già cominciata.

roll bar ['rəʊlbɑ:*] *s.* (*aut.*) barra di sicurezza, rollbar.

roll-cage ['rəʊlkeɪdʒ] *s.* (*aut.*) gabbia di protezione (dell'abitacolo).

rolled ['rəʊld] *agg.* **1** arrotolato **2** (*metall.*) laminato: *— gold*, oro laminato; *cold — steel*, acciaio laminato a freddo **3** cilindrato, rullato: *— glass*, vetro cilindrato, rullato **4** (*mecc.*) mandrinato: *— joint*, giunzione mandrinata (ottenuta con allargatubi).

roller[1] ['rəʊle*] *s.* **1** rullo; rullino; rotella; cilindro: *— bearing*, cuscinetto a rulli; *— skates*, pattini a rotelle; *— waste*, cascame dei cilindri **2** rullo compressore: *road —*, compressore stradale: *steam —*, rullo compressore stradale a vapore **3** bigodino **4** onda lunga **5** chi rotola, chi arrotola **6** (*sl. amer.*) guardia carceraria.

roller[2] *s.* (*zool.*) (*Coracies garrulus*) ghiandaia marina.

roller bandage ['rəʊlə,bændɪdʒ] *s.* benda arrotolata, rotolo di garza.

roller blind ['rəʊlə,blaɪnd] *s.* tendina avvolgibile; avvolgibile AMER. shades.

roller coaster ['rəʊlə,kəʊstə*] *s.* montagne russe (*pl.*).

to **roller-skate** ['rəʊlə,skeɪt] *v.intr.* schettinare.

roller skates ['rəʊlə,skeɪts] *s.pl.* pattini a rotelle, schettini.

roller-skating ['rəʊlə,skeɪtɪŋ] *s.* pattinaggio a rotelle, schettinaggio.

roller towel ['rəʊlə,taʊəl] *s.* bandinella, asciugamano a rullo.

to **rollick** ['rɒlɪk / rol·lick] *v.intr.* essere gioviale, allegro oltre misura; far baldoria.

rollicking ['rɒlɪkɪŋ / rol·lick·ing] **rollicksome** ['rɒlɪksəm / rol·lick·some] *agg.* gioviale, spensierato; allegro oltre misura, chiassoso.

rollicking *s.* (*fam.*) lavata di capo, sgridata: *the boss gave him a right —*, il capo gli ha dato una bella lavata di testa.

rolling ['rəʊlɪŋ / roll·ing] *agg.* **1** rotolante: *a — stone*, (*fig.*) una persona che non ha radici // *— in money*, danaroso, straricco **2** ondulato (di terreno): *a — plain*, una pianura ondulata **3** oscillante, barcollante: *a — gait*, un'andatura traballante **4** ruotante, roteante: *— eyes*, occhi roteanti **5** ricorrente: *the — seasons*, le stagioni ricorrenti **6** rombante, rimbombante (di tuono, voce, suono) **7** graduale, costante e inarrestabile: *the — advance of popular American culture*, l'avanzata costante e inarrestabile della cultura popolare americana ◆ *s.* **1** rotolamento, rotolio **2** arrotolamento.

rolling mill ['rəʊlɪŋ,mɪl] *s.* laminatoio.

rolling pin ['rəʊlɪŋ,pɪn] *s.* matterello, mattarello.

rolling press ['rəʊlɪŋ,pres] *s.* (*mecc.*) calandra.

rolling stock ['rəʊlɪŋ,stɒk] *s.* (*ferr.*) materiale rotabile.

rollmop ['rəʊlmɒp / roll·mop] *s.* filetto d'aringa arrotolato e marinato.

roll-on ['rəʊlɒn] *s.* **1** — (*deodorant*), deodorante 'roll-on', a sfera **2** panciera (da donna).

roll-on roll-off [rəʊl'ɒnrəʊl'ɒf *amer.* rəʊl'ɒnrəʊl'ɔ:f] *agg.* (*mar.*) a caricamento e scaricamento diretto: *— ferry*, nave traghetto che consente agli autisti di caricare e scaricare direttamente il proprio automezzo guidandolo sulla rampa di collegamento con la banchina; *— system*, sistema di trasporto a caricamento e scaricamento diretto.

roll-over ['rəʊləʊvə*] *agg.* (*econ.*): *— certificate of deposit*, certificato di deposito 'roll-over', certificato di deposito rinnovabile; *— loan*, prestito a tasso di interesse variabile.

rolltop desk [,rəʊltɒp'desk] *s.* scrittoio con alzata chiusa da saracinesca a scomparsa.

roll up ['rəʊlʌp] *s.* (*fam.*) sigaretta fatta a mano.

roly-poly [,rəʊlɪ'pəʊlɪ] *agg.* (*fam.*) grassoccio, pienotto (spec. di bambino) ◆ *s.* **1** — (*pudding*), sfoglia arrotolata con marmellata **2** persona grassoccia, pienotta.

Romaic [rəʊ'meɪɪk / Ro·maic] *agg.* romaico, neogreco ◆ *s.* lingua neogreca; greco moderno.

Roman ['rəʊmən / Ro·man] *agg.* e *s.* **1** romano: *— calendar*, calendario romano // *— candle*, candela romana (tipo di fuoco d'artificio) // *— nose*, naso aquilino // *— numeral*, numero romano // (*st.*) *the Holy — Empire*, il Sacro Romano Impero **2** (*tip.*) (carattere) romano.

Roman Catholic [,rəʊmən'kæθəlɪk] *agg.* e *s.* cattolico (romano): *— Church*, Chiesa Cattolica Apostolica Romana.

Romance [rəʊ'mæns / Ro·mance] *agg.* romanzo, neolatino: *— languages*, lingue romanze ◆ *s.* romanzo, lingua romanza.

romance *s.* **1** romanzo cavalleresco; racconto fantastico, sentimentale **2** avventura romanzesca, episodio romanzesco: *our meeting was quite a —*, il nostro incontro fu romanzesco; *to travel in search of —*, viaggiare in cerca d'avventura **3** avventura sentimentale; flirt; idillio: *— between two young people*, idillio tra due giovani **4** (*non com.*) romanticheria, esagerazione fantasiosa: *a girl full of —*, una ragazza piena di romanticherie **5** fascino romantico, poesia; atmosfera fantasiosa **6** (*mus.*) romanza.

to **romance** *v.intr.* (*rar.*) **1** romanzare, esagerare, alterare la verità **2** *to —* (*with*), vivere un'avventura sentimentale.

romancer [rə'mænsə* / ro·man·cer] *s.* (*non com.*) **1** autore di racconti cavallereschi, di opere romanzesche **2** chi abbellisce, arricchisce, esagera i fatti nel raccontarli.

Romanesque [,rəʊmə'nesk / Ro·man·esque] *agg.* **1** (*arch.*) romanico **2** (*non com.*) romanzo (di lingua) ◆ *s.* **1** (*arch.*) stile romanico **2** (*non com.*) lingua romanza.

Romanian [rəʊ'meɪnɪən / Ro·ma·nian] *agg.* e *s.* romeno.

Romanic [rəʊ'mænɪk / Ro·manic] *agg.* e *s.* (*non com.*) → **Romance**.

Romanism ['rəʊmənɪzəm / Ro·man·ism] *s.* (*non com.*) **1** romanismo **2** cattolicesimo.

Romanist ['rəʊmənɪst / Ro·man·ist] *s.* **1** romanista, esperto o studioso di Roma **2** (*non com.*) cattolico romano.

Romanization [,rəʊmənaɪ'zeɪʃn / Ro·man·iza·tion] *s.* **1** (*st. eccl.*) romanizzazione **2** (*tip.*) trascrizione in caratteri latini.

to **Romanize** ['rəʊmənaɪz / Ro·man·ize] *v.tr.* **1** latinizzare; romanizzare **2** convertire alla religione cattolica romana **3** trascrivere in caratteri latini ◆ *v.intr.* **1** atteggiarsi ad antico romano **2** convertirsi alla religione cattolica romana.

Roman Law ['rəʊmən,lɔ:] *s.* (*dir.*) diritto romano; diritto dei paesi dell'Europa continentale.

Romans(c)h [rəʊ'mænʃ / Ro·mans(c)h] *agg.* e *s.* ladino.

romantic [rəʊ'mæntɪk / ro·man·tic] *agg.* **1** romantico; sentimentale: *a — girl*, una ragazza romantica **2** romanzesco; fantastico; irreale: *a — situation*, una situazione irreale; *a — tale*, un racconto fantastico **3** (*spesso maiuscolo*) (*arte, lett., mus.*) romantico: *Shelley was a — poet*, Shelley era un poeta romantico **4** fortemente irreale, non pratico ◆ *s.* **1** persona romantica **2** (*arte, lett., mus.*) romantico, seguace del romanticismo // **-ally** *avv.*

romanticism [rə'mæntɪsɪzəm / ro·man·ti·cism] *s.* (*spesso maiuscolo*) (*lett., mus.*) romanticismo.

romanticist [rə'mæntɪsɪst / ro·man·ti·cist] *s.* (*lett., mus.*) (*non com.*) romantico, seguace del romanticismo.

to **romanticize** [rə'mæntɪsaɪz / ro·man·ti·cize] *v.tr.* romanzare ◆ *v.intr.* (*non com.*) fare il romantico, assumere atteggiamenti romantici.

Romany ['rɒmənɪ / Ro·many] *agg.* (*non com.*) zingaresco // *— rye*, chi simpatizza per gli zingari ◆ *s.* (*non com.*) **1** zingaro **2** dialetto degli zingari.

Rome [rəʊm] *no.pr.* (*geogr.*) Roma // *all roads lead to —*, tutte le strade conducono a Roma // *when in —, do as the Romans do*, (*prov.*) paese che vai usanze che trovi // *— penny*, obolo di San Pietro.

Romish ['rəʊmɪʃ / Rom·ish] *agg.* (*gener. spreg.*) cattolico romano; papista.

romp [rɒmp] *s.* **1** gioco violento, rumoroso **2** (*fam.*) divertimento **3** (*sl. ippica*) andatura veloce // *to win in a —*, vincere con facilità **4** (*non com.*) bambino chiassoso **5** (*non com.*) ragazza rumorosa, maschiaccio.

to **romp** *v.intr.* **1** giocare in modo rumoroso, violento **2** (*sl. ippica*) correre velocemente // *to — in* (o *home*), vincere facilmente. □ **romp through** *v.intr.* e *prep.* (*fam.*) fare (qlco.) senza difficoltà: *to — through an examination*, passare un esame senza il minimo sforzo.

rompers ['rɒmpəz] **romper suit** ['rɒmpəsu:t] *s.pl.* pagliaccetto.

rondeau ['rɒndəʊ / ron·deau] *pl.* **rondeaus**, **rondeaux** ['rɒndəʊz / ron·deaux] *s.* **1** (*poesia*) rondeau **2** (*mus.*) rondò, rondello.

rondel ['rɒndl / ron·del] *s.* **1** (*poesia*) rondeau, rondò **2** oggetto circolare, a forma di anello.

rondo ['rɒndəʊ] *pl.* **rondos** *s.* (*mus.*) rondò.

rondure ['rɒndʒə* / ron·dure] *s.* (*poet.*) **1** rotondità **2** oggetto rotondo; cerchio; globo.

röntgen → **roentgen**.

roo [ru:] *s.* (*fam.*) abbr. di → **kangaroo**.

rood [ru:d] *s.* **1** croce; crocifisso: *— beam*, putrella di sostegno del crocifisso; *— cloth*, velo per ricoprire la croce durante la quaresima // *the Holy Rood*, la Santa Croce **2** (*agr.*) rood (misura di superficie = 1011,68 m²); (*fig.*) piccola estensione di terreno: *not even a — was left to him*, non gli restò neppure un palmo di terra.

rood loft ['ru:d,lɒft] *s.* (*arch.*) galleria (sovrastante la parete divisoria tra la navata e il coro).

rood screen ['ru:d,skri:n] *s.* (*arch.*) parete divisoria fra la navata e il coro.

roof [ru:f] *s.* **1** tetto, volta (*anche fig.*): *flat* —, tetto a terrazza; *lantern* —, tetto a lucernario; *mansard* —, tetto a mansarda; *slate* —, tetto di ardesia; (*aut.*) *sliding* —, capote // — *of the mouth*, palato duro // *the — of the world*, il tetto del mondo, il Pamir // *to be under s.o.'s* —, essere sotto il tetto di qlcu., essere ospite di qlcu. // *to have a, no — over one's head*, avere, non avere un tetto sopra la testa // *to go through the* —, (*fam.*) andare alle stelle (di prezzi); arrabbiarsi // *to lift* (o *raise*) *the* —, (*fig.*) applaudire fragorosamente **2** imperiale (di veicolo).

to **roof** *v.tr.* **1** ricoprire con tetto **2** ospitare; alloggiare.

□ **roof in, over** *v.tr.* e *avv.* coprire, chiudere (luogo aperto).

roof-deck ['ru:fdek] *s.* (*amer.*) (*edil.*) terrazza sul tetto.

roof garden ['ru:f,gɑ:dn] *s.* giardino pensile.

roofing ['ru:fɪŋ / roof·ing] *agg.* da tetto: — *slate*, ardesia; — *tile*, tegola ♦ *s.* **1** materiale da costruzione per tetti **2** costruzione del tetto **3** (*non com.*) tetto; (*fig.*) rifugio.

roofless ['ru:flɪs / roof·less] *agg.* senza tetto.

roof rack ['rufræk] *s.* portapacchi (di autoveicolo).

rooftop ['ru:ftɒp / roof·top] *s.* tetto: *to shout* (o *to proclaim*) *sthg. from the rooftops*, (*fig.*) divulgare; annunciare, gridare a tutti i venti.

rook[1] [rʊk] *s.* **1** (*zool.*) (*Corvus frugilegus*) corvo nero, cornacchia **2** (*fam.*) truffatore, imbroglione.

to **rook**[1] *v.tr.* (*fam.*) truffare; imbrogliare; far pagare prezzi esorbitanti: *he's been rooked*, è stato truffato.

rook[2] *s.* (*scacchi*) torre.

rookery ['rʊkərɪ / rook·ery] *s.* **1** gruppo d'alberi su cui vive una colonia di cornacchie **2** colonia di cornacchie; (*estens.*) colonia di altri uccelli o animali gregari (aironi, pinguini, foche) **3** (*antiq. spreg.*) gruppo di case malandate, malfamate, sovrappopolate.

rookie ['rʊkɪ] *s.* (*fam. amer.*) recluta, marmittone; novellino.

rooky ['rʊkɪ] *agg.* (*non com.*) abitato da cornacchie, da corvi neri.

room [rʊm *amer.* ru:m] *s.* **1** spazio, posto, luogo: *plenty of* —, spazio in abbondanza; *is there — for two more?*, c'è ancora posto per due?; *to leave* (o *to make*) — *for*, far posto a (*anche fig.*): *the old should retire to make — for young people*, gli anziani dovrebbero andare in pensione e far spazio ai giovani; *to take up little, much* —, prendere poco, molto posto // *there isn't enough — to swing a cat*, (*sl.*) non c'è spazio per girarsi **2** camera, stanza, locale; *pl.* (*form.*) appartamento: *spare* (o form. *guest*) —, camera degli ospiti; *single* —, camera singola; *double* —, camera doppia, camera per due; *I have rooms in town*, ho un appartamento in città // — *and board*, vitto e alloggio // — *furniture*, (industria dei) mobili per la casa // *at — temperature*, a temperatura ambiente **3** occasione, possibilità: *there is no — for doubt*, non c'è possibilità di dubbio; *it leaves — for a number of differing interpretations*, lascia posto a varie possibilità di interpretazione // *there is — for improvement in your work*, potresti fare di meglio **4** (*ant.*) posizione, rango.

to **room** *v.tr.* e *intr.* (*amer.*) alloggiare: *he is rooming with my friend*, egli alloggia con il mio amico.

room-and-pillar [,rʊmən'pɪlə* *amer.* ,ru:mən'pɪlə*] *s.* (*miner.*) coltivazione a camere e pilastri.

roomer ['ru:mə*] *s.* (*amer.*) inquilino, affittuario BRIT. lodger.

room-fellow ['rʊm,feləʊ *amer.* 'ru:m,feləʊ] → **roommate**.

roomful ['rʊmfʊl *amer.* 'ru:mfʊl / room·ful] *s.* **1** camera piena: *a — of children*, una stanza piena di bambini **2** gente, oggetti in una camera.

rooming house ['ru:mɪŋ,haʊs] *s.* (*amer.*) pensione.

roommate ['rʊm,meɪt *amer.* 'ru:m,meɪt / room·mate] *s.* compagno di stanza.

room service ['ru:m,sɜ:vɪs] *s.* **1** servizio in camera **2** addetti al servizio in camera.

roomy ['ru:mɪ] *agg.* spazioso, ampio // **-iness** *s.*

roost [ru:st] *s.* **1** posatoio (di uccelli, polli) // *at* —, appollaiato **2** pollaio // *to rule the* —, (*fig.*) comandare, spadroneggiare, dettar legge (spec. in casa) **3** (*non com., fam.*) giaciglio, letto: *at* —, a letto; *to go to* —, andare a riposare.

to **roost** *v.intr.* **1** appollaiarsi **2** (*non com. fam.*) andare a dormire; sistemarsi per la notte; alloggiare // *come home to* —, (*fig.*) ricadere sull'autore: *problems caused by our hasty decision-making were coming home to* —, (*fig.*) i problemi causati dalle nostre decisioni affrettate si stavano ritorcendo su di noi.

rooster ['ru:stə*] *s.* (*amer.*) → **cock**[1].

root[1] [ru:t] *s.* **1** radice (*anche fig.*): *to pull up by the roots*, sradicare (*anche fig.*); *to take* (o *to strike*) —, attecchire, mettere radici (*anche fig.*) // — *and branch*, (*form.*) completamente, da cima a fondo // (*bot.*) — *nodule*, nodulo radicale // (*med.*) — *canal*, canale radicolare (di dente) // (*filologia*): *the — of a word*, la radice di una parola; — *syllable*, sillaba radicale **2** (*fig.*) causa; origine; fondamento, base; sorgente: *the — of all evil*, la causa, l'origine di tutti i mali; *to get to the roots of things*, andare a fondo nelle cose; — *idea*, idea base; — *cause*, causa prima **3** (*mat.*) radice; soluzione: *square* —, radice quadrata; *cube* —, radice cubica **4** (*mus.*) nota fondamentale **5** (*geol.*) radice (di falda di ricoprimento) **6** (*mecc.*) fondo (di una filettatura, di una dentatura): — *circle* (o — *line*), cerchio di fondo, cerchio interno, circonferenza di troncatura interna **7** (*inform.*) cartella, directory principale.

to **root**[1] *v.intr.* **1** mettere radice, attecchire: *some plants — freely*, alcune piante attecchiscono facilmente **2** (*fig.*) radicarsi, allignare; stabilirsi; fissarsi ♦ *v.tr.* **1** far attecchire **2** (*fig.*) stabilire; fissare: *fear rooted him to the spot*, il timore lo inchiodò sul posto.

□ **root out** *v.tr.* e *avv.* (*fig.*) estirpare, sradicare.

□ **root up** *v.tr.* e *avv.* sradicare, svellere (piante).

to **root**[2] *v.intr.* **1** grufolare, razzolare // —, *hog, or die*, (*amer.*) lotta o muori **2** (*fig.*) grufolare, frugare: *who's been rooting around* (o *about*) *in my drawers?*, chi ha rovistato nei miei cassetti? ♦ *v.tr.* trovare grufolando.

□ **root for** *v.intr.* e *prep.* (*fam.*) fare il tifo per, sostenere (qlcu.).

□ **root out, up** *v.tr.* e *avv.* (*fam.*) snidare, trovare.

root beer ['ru:t,bɪə*] *s.* (*amer.*) bevanda frizzante a base di estratti di radici.

root-bound ['ru:tbaʊnd] *agg.* fissato a terra da radici.

root-cap ['ru:tkæp] *s.* (*bot.*) cuffia.

root-climber ['ru:t,klaɪmə*] *s.* (*bot.*) rampicante.

root crop ['ru:t,krɒp] *s.* radice commestibile.

root-eater ['ru:t,i:tə*] *s.* (*zool.*) rizofago.

rooted ['ru:tɪd] *agg.* **1** radicato (*anche fig.*): *her affection is deeply* —, il suo affetto è profondamente radicato // *to be, to stand* —, essere, stare immobile, bloccato; — *to the spot*, inchiodato sul posto **2** (*fig.*) basato, fondato, radicato: *his ideas are — in Platonism*, le sue idee affondano le radici nel platonismo.

rootedness ['ru:tɪdnɪs / rooted·ness] *s.* radicamento; l'essere radicato (*anche fig.*).

rooter ['ru:tə*] *s.* (*sl. amer.*) tifoso; sostenitore.

root-fast ['ru:t'fɑ:st *amer.* 'ru:t'fæst] *agg.* radicato saldamente.

root-hair ['ru:theə*] *s.* (*bot.*) pelo radicale.

rootless ['ru:tlɪs / root·less] *agg.* **1** senza radice: *he had a —, wandering life until he arrived in Virginia City*, condusse una vita vagabonda, senza fissa dimora, finché non arrivò a Virginia City **2** infondato: *a — fear*, una paura infondata // **-ness** *s.*

rootlet ['ru:tlɪt / root·let] *s.* (*bot.*) radichetta, radicetta.

root-parasite ['ru:t,pærəsaɪt] *s.* (*bot.*) pianta parassita delle radici.

root-sign ['ru:tsaɪn] *s.* (*mat.*) radicale.

rootstock ['ru:tstɒk / root·stock] *s.* **1** (*bot.*) rizoma **2** (*fig.*) origine, ceppo **3** (*agr.*) portainnesto.

rootsucker ['ru:t,sʌkə* / root·sucker] *s.* (*agr.*) pollone.

rope [rəʊp] *s.* **1** fune, corda; canapo; (*mar.*) cavo, cima: *throw him a* —, gettagli una fune // (*sport*) *on the ropes*, in cordata // *to give s.o.* (*plenty of*) —, (*fam.*) dar corda a qlcu., lasciarlo fare // *to know the ropes*, (*fam.*) saperla lunga // *money for old* —, denaro guadagnato facilmente; *to give someone enough — to hang himself with*, dare abbastanza corda a qualcuno perché s'impicchi **2** *pl.* (*sport*) corde (che limitano un ring): *to be on the ropes*, essere alle corde (*anche fig.*) **3** capestro: *the* —, la forca **4** lazo **5** (*fig.*) cordata **6** filza, filo (di perle); resta (di cipolle ecc.) **7** filamento (di liquido viscoso).

to **rope** *v.tr.* **1** legare con fune: *to — s.o. to a tree*, legare qlcu. a un albero **2** rimorchiare,

trainare con una fune **3** prendere al lazo ◆ *v.intr.* **1** diventar viscoso **2** mettersi in cordata.
□ **rope in** *v.tr.* e *avv.* **1** (*fam.*) indurre a iscriversi, ad entrare a far parte di **2** trattenere (un cavallo) per non farlo vincere **3** cintare (un terreno) con corde.
□ **rope into** *v.tr.* e *prep.* → to rope in 1.
□ **rope off** *v.tr.* e *avv.* isolare (un'area) con corde.
□ **rope up** *v.tr.* e *avv.* legare con funi, corde.

ropedancer ['rəʊp,dɑ:nsə* *amer.* 'rəʊp ,dænsə* / rope·dan·cer] **ropedancing** ['rəʊp,dɑ:nsɪŋ *amer.* 'rəʊp,dænsɪŋ / rope·dan·cing] → **ropewalker**, **ropewalking**.

rope ladder ['rəʊp,lædə*] *s.* scala di corda, biscaglina.

ropewalk ['rəʊpwɔ:k / rope·walk] *s.* corderia.

ropewalker ['rəʊp,wɔ:kə* / rope·walker] *s.* (*amer.*) funambolo BRIT. tightrope walker.

ropewalking ['rəʊp,wɔ:kɪŋ / rope·walk·ing] *s.* (*amer.*) funambolismo BRIT. tightrope walking.

ropeway ['rəʊpweɪ / rope·way] *s.* teleferica.

ropey ['rəʊpɪ] *agg.* **1** viscoso, fibroso **2** (*fam.*) scadente, di poco pregio // *to feel* —, sentirsi male.

rope yarn ['rəʊpjɑ:n] *s.* filaccia.

ropy → **ropey**.

ropy lava ['rəʊpɪ,lɑ:və] *s.* (*geol.*) lava a corda.

to **roquet** ['rəʊkɪ / ro·quet] *v.tr.* e *intr.* (*croquet*) colpire (la palla dell'avversario) con la propria.

rosaceous [rəʊ'zeɪʃəs / ros·aceous] *agg.* (*bot.*) rosaceo.

rosaniline [rəʊz'ænɪli:n / ros·an·il·ine] *s.* (*chim.*) rosanilina, fucsina.

rosary ['rəʊzərɪ / ros·ary] *s.* **1** rosario SIN. prayer beads **2** (*non com.*) roseto.

rosasite ['rəʊzə,saɪt / rosas·ite] *s.* (*min.*) rosasite.

rose[1] [rəʊz] *agg.* rosa, di color rosa ◆ *s.* **1** rosa: *bed of roses* (o — *bed*), roseto; *a path strewn with roses*, un sentiero cosparso di rose // — *diagram*, diagramma a rosa // *compass* —, rosa della bussola // *Rose of Jericho*, rosa di Gerico // *under the* —, in segreto, confidenzialmente // (*st.*) *the Wars of the Roses*, la guerra delle due Rose // *to gather roses*, (*fig.*) ricercare il piacere // *no — without a thorn*, (*prov.*) non c'è rosa senza spine // *life is not a bed of roses*, (*fig.*) la vita non è tutta rose e fiori; *to come up roses*, riuscire nel modo migliore **2** (colore) rosa: *to put the roses back in s.o.'s cheeks*, far tornare il colorito sulle guance di qlcu. **3** rosetta: — *cut*, taglio a rosetta (di pietre preziose) **4** bocchetta (di innaffiatoio) **5** (*med.*) erisipela.

rose[2] *pass.* di to **rise**.

rose-apple ['rəʊz,æpl] *s.* (*bot.*) (*Eugenia jambos*) melarosa, giambo.

roseate ['rəʊzɪɪt / ros·eate] *agg.* (*letter.*) roseo, rosato.

rose-bay ['rəʊzbeɪ] *s.* (*bot. pop.*) **1** oleandro → oleander **2** rododendro.

rose-beetle ['rəʊz,bi:tl] *s.* (*zool.*) → **rose -chafer**.

rose-bud ['rəʊzbʌd] *s.* **1** bocciolo di rosa **2** (*sl. amer.*) ano (per gli omosessuali).

rose-bush ['rəʊzbʊʃ] *s.* cespuglio, pianta di rose.

rose-campion ['rəʊz,kæmpjən] *s.* (*bot.*) (*Lychnis coronaria*) coronaria.

rose-chafer ['rəʊz,tʃeɪfə*] *s.* (*zool.*) (*Cetonia aurata*) cetonia (dorata), (*pop.*) moscon d'oro SIN. rose-beetle, goldsmith beetle.

rose-coloured ['rəʊz,kʌləd] *agg.* di color rosa; (*fig.*) roseo, ottimista: *to see* (o *look at*) *things through — glasses* (o *spectacles*), vedere tutto rosa.

rose fever ['rəʊz,fi:və*] *s.* (*med.*) febbre da fieno.

rose gall ['rəʊzgɔ:l] *s.* (*bot.*) galla di rosa canina.

rose-garden ['rəʊz,gɑ:dn] *s.* rosaio, roseto.

rose hip ['rəʊz,hɪp] *s.* (*bot.*) falso frutto della rosa.

rose-laurel ['rəʊz,lɒrəl *amer.* 'rəʊz,lɔ:rəl] *s.* (*bot. pop.*) oleandro → **oleander**.

rose-leaf ['rəʊzli:f] *s.* petalo di rosa; foglia di rosa.

roselite ['rəʊzəlaɪt / ro·se·lite] *s.* (*min.*) roselite.

rosella [rəʊ'zelə / ro·sella] *s.* (*zool.*) (*Platycercus elegans*) rosella.

rosemary ['rəʊzmərɪ *amer.* 'rəʊzmerɪ / rose·mary] *s.* (*bot.*) **1** (*Rosmarinus officinalis*) rosmarino **2** (*Chrysanthemum balsamita*) erba amara.

roseola [rəʊ'zi:ələ / ros·eola] **rose-rash** ['rəʊzræʃ] *s.* (*med.*) roseola // *epidemic* —, rosolia.

rosette [rəʊ'zet / ros·ette] *s.* **1** rosetta, coccarda **2** (*arch.*) rosone **3** (*min.*) rosetta, cristalli a rosetta **4** (*metall.*) rosetta grafitica.

rosewater ['rəʊz,wɔ:tə* / rose·water] *s.* acqua di rose.

rose window ['rəʊz,wɪndəʊ] *s.* (*arch.*) rosone.

rosewood ['rəʊzwʊd / rose·wood] *s.* **1** (*bot.*) palissandro **2** legno di palissandro.

Rosicrucian [,rəʊzɪ'kru:ʃjən / Ro·si·cru·cian] *agg.* e *s.* (di) Rosacroce (membro di una società fondata nel XV secolo dedita a ricerche magico-alchimistiche, o di una associazione a carattere massonico).

rosily ['rəʊzɪlɪ / ros·ily] *avv.* in modo roseo.

rosin ['rɒzɪn] *s.* resina, colofonia, pece greca: — *essence*, olio di colofonia; — *oil*, olio di resina.

to **rosin** *v.tr.* strofinare con resina, pece greca (spec. i crini dell'archetto del violino ecc.).

rosinante [,rɒzɪ'næntɪ / ros·in·ante] *s.* ronzino.

rosiness ['rəʊzɪnɪs / rosi·ness] *s.* l'essere roseo, color roseo.

rosinous ['rɒzənəs / ros·in·ous] **rosiny** ['rɒzɪnɪ / ros·iny] *agg.* resinoso.

rosolio [rəʊ'zəʊlɪəʊ / ro·solio] *s.* rosolio.

roster ['rɒstə* / ros·ter] *s.* **1** (*mil., mar.*) ruolino, turno di servizio: *duty* —, ruolino di servizio **2** (*amm.*) lista, elenco, ruolo: *promotion* —, ruolo di promozione (di personale).

rostral ['rɒstrəl / rost·ral] *agg.* rostrale: (*st. romana*) — *column*, colonna rostrata.

rostrate(d) ['rɒstreɪt(ɪd) / rost·rate(d)] *agg.* rostrato.

rostriform ['rɒstrə,fɔ:m / rost·ri·form] *agg.* rostriforme.

rostrum ['rɒstrəm / rost·rum] *pl.* **rostra** ['rɒstrə] **rostrums** *s.* **1** podio, tribuna **2** rostro, becco **3** (*st. romana*) rostro (di nave) **4** (*st.*) (*gener. pl.*) rostri, tribuna.

rosy ['rəʊzɪ] *agg.* **1** roseo, rosato, di color rosa (*anche fig.*): *a — future*, un roseo futuro; *to paint a — picture*, (*fam.*) vedere tutto rosa **2** fatto, cosparso di rose; (*antiq.*) profumato di rosa.

rosy-cheeked [,rəʊzɪ'tʃi:kt] *agg.* dalle guance rosee.

rot [rɒt] *s.* **1** putrefazione; deterioramento; marciume **2** carie: *dry* —, carie del legno **3** malattia al fegato (di pecore) **4** decadimento; peggioramento; rovina: *the — set in with McAlister's appointment*, il decadimento è cominciato con la comparsa di Mac Alister; *to stop the* —, metter fine al processo di decadimento **5** (*fam. antiq.*) stupidaggine: *to talk* (*tommy*) —, dire delle stupidaggini.

to **rot** *pass.p.p.* **rotted** ['rɒtɪd / rot·ted] *v.tr.* far imputridire, far marcire (*anche fig.*) ◆ *v.intr.* **1** imputridire, marcire; putrefarsi, deteriorarsi (*anche fig.*): *he rotted away in prison for 15 years*, marcì in prigione 15 anni **2** essere affetto da malattia del fegato (di pecore).

rota ['rəʊtə] *s.* **1** orario dei turni (di lavoro, studio ecc.) **2** (*dir. eccl.*) *the Rota*, la (Sacra) Rota.

Rotarian [rəʊ'teərɪən / Ro·tar·ian] *agg.* e *s.* rotariano, (membro) del 'Rotary Club'.

rotary ['rəʊtərɪ / ro·tary] *agg.* rotante, rotatorio; a rotazione: — *traffic*, traffico rotatorio // (*miner.*): — *drill*, sonda a rotazione; — *drilling*, perforazione a rotazione // (*agr. amer.*) — *tiller*, erpice a dischi // (*mecc.*): — *engine*, motore rotativo; — *motion*, movimento rotatorio; — *table*, tavola rotante, girevole; — *valve*, valvola rotativa ◆ *s.* (*tip.*) — (*machine* o — *press*), rotativa.

rotary hoe ['rəʊtərɪ,həʊ] *s.* (*agr.*) motozappatrice, motozappa.

rotate ['rəʊtɪt / ro·tate] *agg.* (*bot.*) rotato, a forma di ruota.

to **rotate** [rəʊ'teɪt] *v.tr.* **1** ruotare **2** coltivare a rotazione: *to — crops*, fare la rotazione delle colture ◆ *v.intr.* ruotare; succedersi.

rotating [rəʊ'teɪtɪŋ / ro·tat·ing] *agg.* rotante, rotatorio; a rotazione: (*econ.*) — *shifts*, turni a rotazione.

rotation [rəʊ'teɪʃn / ro·ta·tion] *s.* **1** rotazione; successione (periodica e regolare): *crop* —, rotazione delle colture; *the — of seasons*, il succedersi delle stagioni; *in* (o *by*) —, a rotazione // *clockwise* —, rotazione a destra, in senso orario **2** (*scient.*) rotazione: (*fis.*) — *of plane of polarization*, rotazione del piano di polarizzazione; (*mat.*) — *of coordinate system*, rotazione del sistema di coordinate.

rotational [rəʊ'teɪʃənl / ro·ta·tional] *agg.* **1** (*non com.*) rotatorio **2** (*fis.*) rotazionale: — *field*, *motion*, campo, moto rotazionale.

rotative ['rəʊtətɪv / ro·tat·ive] *agg.* (*non com.*) rotatorio.

rotator [rəʊ'teɪtə* / ro·tator] *s.* **1** (*anat.*) muscolo rotatorio **2** (*mecc.*) motorino elettrico a elevato numero di giri **3** (*tv*) servomotore di antenna **4** (*elettr.*) rotatore.

rotatory ['rəʊtətərɪ *amer.* 'rəʊtətɔ:rɪ / ro·tat·ory] *agg.* rotatorio.

rotch(e) ['rɒtʃ] *s.* (*zool.*) (*Plautus alle*) gazza marina minore.

rote [rəʊt] *s.* (*form.*) abitudine meccanica; memoria meccanica: *to do sthg. by* —, fare qlco. meccanicamente; *to learn sthg. by* —, imparare qlco. a memoria, a pappagallo.

rote-learning ['rəʊt,lɜ:nɪŋ] *s.* apprendimento meccanico.

rotenone ['rəʊtənəʊn / roten·one] *s.* (*chim.*) rotenone.

rotgut ['rɒtgʌt / rot·gut] *s.* (*fam.*) torcibudella.

rother ['rɒðə*] *s.* (*ant.*) bue: *it is the pasture lards the rother's sides, / the want that makes him lean*, (SH. Timon of Athens) è la pastura che impingua i fianchi del bue, la mancanza di essa lo smagrisce.

rotifer ['rəʊtəfə* / ro·ti·fer] *s.* (*zool.*) rotifero.

rotisserie [rəʊ'tɪsərɪ / ro·tis·serie] *s.* (*fr.*) **1** girarrosto **2** rosticceria.

rotogravure [,rəʊtəʊgrə'vjʊə* / ro·to·grav·ure] *s.* (*tip.*) rotocalcografia; rotocalco.

rotor ['rəʊtə* / ro·tor] *s.* **1** (*mecc.*) girante (di pompa rotativa); girante, ruota (di turbina) **2** (*elettr.*) rotore, indotto **3** (*aer.*, *fis.*) rotore: *lifting* —, elica di quota, rotore principale (di elicottero).

rotovator® ['rəʊtə,veɪtə* / ro·to·vator] *s.* (*agr.*) coltivatore a lame rotanti • Da *rot*(*ary*) (*culti*)*vator*.

rotten ['rɒtn / rot·ten] *agg.* **1** marcio, fradicio, putrido, putrefatto, in decomposizione // *to feel* —, (*fam.*) sentirsi male; sentirsi a pezzi **2** (*fig.*) corrotto: *there is something rotten in the state of Denmark*, (SH. Hamlet) c'è del marcio in Danimarca **3** (*fam.*) sgradevole, disgustoso; abominevole // *what — luck!*, che scalogna! **4** affetto da malattia di fegato (di pecora) // **-ly** *avv.* // **-ness** *s.*

rotten borough [,rɒtn'bʌrə] *s.* (*st. inglese*) uno dei collegi elettorali con pochissimi votanti (aboliti nel 1832).

rottenstone ['rɒtn,stəʊn / rot·ten·stone] *s.* farina fossile (usata come abrasivo).

rotter ['rɒtə* / rot·ter] *s.* (*fam. antiq.*) farabutto, mascalzone.

rotula ['rɒtjʊlə / rot·ula] *s.* (*anat.*) rotula.

rotund [rəʊ'tʌnd / ro·tund] *agg.* (*form.*) **1** paffuto, rotondetto **2** sonoro, pieno (di voce); (*di discorso, stile*) altisonante, magniloquente // **-ity** *s.*

rotunda [rəʊ'tʌndə / ro·tunda] *s.* (*arch.*) rotonda.

rouble ['ru:bl] *s.* rublo.

roué [ru:'eɪ] *s.* (*ant.*) libertino.

rouge [ru:ʒ] *s.* **1** rossetto; fard **2** (*chim.*) rossetto (polvere fine, a base di ossidi di ferro, usata per lucidare metalli, vetro, gioielli).

to **rouge** *v.tr.* imbellettare ◆ *v.intr.* imbellettarsi, mettersi il rossetto; mettersi il fard.

rouge-et-noir [,ru:ʒeɪ'nwɑ:] *s.* (*carte*) trenta e quaranta.

rough [rʌf] *agg.* **1** irregolare, disuguale; ruvido, scabro: — *hands*, mani ruvide; — *road*, strada accidentata **2** tempestoso, burrascoso; violento, impetuoso: *a — passage*, una traversata burrascosa; — *sea*, mare grosso; — *weather*, tempo burrascoso **3** grezzo, naturale: — *pasture*, pascoli naturali, terreni da pascolo // — *rice*, riso non brillato **4** rudimentale, approssimativo: *a — translation*, una traduzione approssimativa; *give me a — idea of what you are doing*, dammi un'idea approssimativa di ciò che stai facendo // — *justice*, giustizia sommaria **5** rude, sgarbato; rozzo, zotico: — *handling*, trattamento rude; — *manners*, modi bruschi; — *words*, parole sgarbate **6** aspro, acre: *a — wine*, un vino aspro; *a — voice*, una voce roca **7** disagevole, scomodo; difficile: *a — life*, una vita difficile; *a — day*, una brutta giornata // *what — luck!*, che scalogna! // *to have a — time*, passarne di tutti i colori // — *and ready*, alla buona, senza sottigliezze **8** male: *you are looking rather —, anything wrong?*, hai un brutto aspetto, c'è qualcosa che non va? **9** (*sl. amer.*) osceno, salace, sporco ◆ *s.* **1** terreno accidentato: (*golf*) erba alta **2** giovinastro, teppista; (*sl. amer.*) stronzo **3** stato grezzo // *in the* —, allo stato grezzo: *he explained his ideas in the* —, espose le sue idee per sommi capi **4** lato spiacevole delle cose // *to take the — with the smooth*, prendere le cose come vengono // **-ly** *avv.* // **-ness** *s.*

rough *avv.* **1** rudemente: *they treated him* —, lo trattarono rudemente // *to cut up* —, (*fam.*) arrabbiarsi **2** in modo semplice, senza comfort: *to sleep* —, dormire all'aperto, sul pavimento.

to **rough** *v.tr.* **1** (*tecn.*) sbozzare, sgrossare **2** *nella locuz.*: *to — it*, (*fam.*) vivere primitivamente, in modo semplice, senza comfort **3** ferrare a ramponi (cavalli).

□ **rough out** *v.tr.* e *avv.* rappresentare per sommi capi; fare uno schizzo di, abbozzare.

□ **rough up** *v.tr.* e *avv.* **1** (*fam.*) maltrattare; attaccare, assalire, picchiare **2** arruffare; increspare: *to — up s.o.'s hair*, arruffare i capelli di qlcu.

roughage ['rʌfɪdʒ / rough·age] *s.* crusca di cereali.

rough-and-tumble [,rʌfən'tʌmbl] *agg.* violento; disordinato ◆ *s.* zuffa, mischia, lotta (*anche fig.*).

roughcast ['rʌfkɑ:st *amer.* 'rʌfkæst / rough·cast] *s.* **1** intonaco rustico **2** abbozzo.

to **roughcast** *pass.p.p.* **roughcast** *v.tr.* **1** intonacare a rustico **2** abbozzare, sbozzare.

to **roughen** ['rʌfən] *v.tr.* **1** irruvidire, rendere ruvido **2** rendere grossolano ◆ *v.intr.* **1** irruvidirsi **2** diventare grossolano.

rough-footed [,rʌf'fʊtɪd] *agg.* (*zool.*) dalle zampe coperte di penne.

to **rough-hew** ['rʌfhju:] *v.tr.* (*ant.*) sbozzare, tagliare grossolanamente.

rough-hewn [,rʌf'hju:n] *agg.* (*non com.*) appena sbozzato; grossolano; non levigato (*anche fig.*).

roughhouse ['rʌfhaʊs / rough·house] *s.* (*fam. antiq.*) rissa, lite violenta.

rough-legged [,rʌf'legd] *s.* (*zool.*) dalle zampe pelose (di cavallo).

roughneck ['rʌfnek / rough·neck] *s.* **1** operaio addetto all'estrazione del petrolio **2** (*fam.*) attaccabrighe; teppista.

rough-rider ['rʌf,raɪdə*] *s.* **1** domatore di cavalli **2** (*st. mil.*) soldato irregolare di cavalleria.

roughshod ['rʌfʃɒd / rough·shod] *avv.* ferrato a ramponi // *to ride — over s.o.*, (*fig.*) agire senza rispettare i sentimenti altrui.

rough-spoken [,rʌf'spəʊkən] *agg.* aspro, brusco nel parlare.

rough stuff ['rʌf,stʌf] *s.* (*fam.*) **1** violenza; comportamento violento; rissa **2** (*amer.*) oscenità.

roulade [ru:'lɑ:d / roul·ade] *s.* (*mus.*) trillo, gorgheggio.

rouleau [ru:'ləʊ / roul·eau] *pl.* **rouleaux**, **rouleaus** *s.* (*non com.*) rotolo di monete d'oro.

roulette [ru:'let / roul·ette] *s.* **1** roulette (gioco) **2** (*mecc.*) rotella dentata.

Roumanian [ru:'meɪnjən / Rou·man·ian] *agg.* e *s.* romeno.

round [raʊnd] *agg.* **1** rotondo; circolare; sferico, globulare: *a — plate*, un piatto rotondo; *as — as a ball*, tondo come una palla; *it's — not flat*, è sferico non piatto // — *angle*, angolo giro; — *dance*, danza imperniata su movimenti circolari // (*inform.*) *out of* —, ovalizzato **2** rotondo, rotondeggiante; paffuto: *a — face*, un viso rotondo; viso paffuto; *a — hand*, una calligrafia rotondeggiante **3** (*di arco*) a tutto sesto **4** (*di somma, quantità*) intero, completo: *a — dozen*, una intera dozzina; *in — figures*, in cifre tonde; — *sum*, somma arrotondata; *that is a good — sum*, è una somma considerevole // (*comm.*) — *lot*, unità di contrattazione // (*Borsa*) — *tripping*, acquisto per rivendere immediatamente **5** scorrevole (di stile) **6** vigoroso; sonoro, pieno (di voce): *to go at a good — pace*, andare di buon passo **7** (*ant.*) franco, sincero: *to be — with*, parlar chiaro con: *Sir Toby, I must be round with you*, (SH. Twelfth Night) Sir Toby, devo essere franco con voi **8** pronunciata arrotondando le labbra (di vocale).

round *avv.* **1** intorno, attorno; in giro, all'intorno: *the children gathered* —, i bambini si radunarono intorno; *the garden had a wall all the way* —, il giardino aveva un muro tutt'intorno; *he turned — and faced us*, si voltò e ci guardò in faccia; *he knew everybody for five miles* —, conosceva tutti nel raggio di cinque miglia; *the new got — quickly*, la notizia si è divulgata rapidamente; *we invited the new teacher* —, abbiamo invitato a casa la nuova insegnante // *his friend came — last night*, il suo amico è venuto a farci visita ieri sera // *we didn't have enough chairs to go* —, non avevamo abbastanza sedie per tutti // *she's moved the furniture — again*, ha di nuovo spostato i mobili // *the time for paying taxes has come — again*, è venuto di nuovo il momento di pagare le tasse; *the taxi-driver brought us a long way* —, il tassista ci ha fatto fare un giro lungo // — *and* —: *the top went — and* —, la trottola continuava a girare; *the roundabout made my head go — and* —, la giostra mi fece girare la testa; *I couldn't stop the tune going — and — in my head*, non riuscivo a togliermi il motivo dalla testa // — *and about*, in giro, qua e là: *in the woods, there were snowdrops scattered — and about*, nei boschi, c'erano bucaneve sparsi qua e là // *he's got his pullover on the wrong way* —, si è messo il pullover al rovescio, col davanti dietro // *he slept the clock* —, ha dormito 12 (o 24) ore di fila // *all the year* —, tutto l'anno // (*taken*) *all* —, (*fam.*) nell'insieme **2** Si usa per formare 'phrasal verbs' (p.e. *to come* —, *to turn* —, *to look* — ecc.); cfr. tali verbi.

round *prep.* **1** intorno a, attorno a [cfr. *around*]: *we sat down — the table*, ci siamo seduti intorno al tavolo; *he put his arm — her shoulders*, le mise il braccio intorno alle spalle; *there was a hedge all — the garden*, c'era una siepe tutt'attorno al giardino; *the snow was falling all — me*, la neve cadeva tutt'intorno a me; *we must find a way — this obstacle*, dobbiamo trovare un modo per aggirare l'ostacolo; *there aren't any public phones — here*, non ci sono telefoni pubblici nei dintorni; *he was very clever at getting — the rules*, era molto abile nel trovare scappatoie; *there's a tobacconist's just — the corner*, c'è un tabaccaio proprio girato l'angolo; *the shops are scattered — the town*, i negozi sono sparsi un po' per tutta la città; *she had a necklace — her neck*, portava al collo una collana; *the Earth goes — the Sun in 24 hours*, la Terra gira attorno al Sole in 24 ore; *she walked — the garden*, passeggiò per il giardino; fece il giro del giardino // *the swallows flew — and — the tower*, le rondini volteggiavano in giro alla torre // *we bring you news from — the world*, vi portiamo notizie da tutte le parti del mondo // *I'm going — the bend*, (*fam.*) sto impazzendo **2** circa: *I'll pick you up — 4 o'clock*, verrò a prenderti verso le 4; *he bought a house and — 4 acres of farmland*, ha acquistato una casa e circa 4 acri di terreno agricolo // — *about*, circa: *he worked there for — about ten years*, ha lavorato là per circa dieci anni.

round *s.* **1** cerchio; sfera, globo; oggetto con forma circolare; tondello: *to dance in a* —, ballare in cerchio // *the — of heaven*, (*antiq.*) la volta celeste **2** (*non com.*) piolo (di sedia, scala): *rounds of a ladder*, pioli di una scala **3** corso, ciclo, serie: *a — of talks*, una serie di consultazioni **4** giro; (*mil.*) ronda: *to go the rounds, to make* (o *to do*) *one's rounds*, fare il solito giro di visite, di consegne, di ispezione (di dottore, poliziotto); (*fam.*) il diffondersi, il circolare (di notizia, malattia) // *the daily* —, il trantran quotidiano; *a — of drinks*, un giro (di bevute); *it's my* —, tocca a me pagare (da bere) **5** (*rar. fig.*) ambito, cerchia: *in the — of my friends*, nell'ambito delle mie amicizie **6** (*scult.*) tutto tondo, tutto rilievo: *statue in the* —, statua a tutto rilievo **7** (*carte*) mano, giro **8** (*sport*) turno; (*boxe*) round, ripresa; (*golf*) giro: *qualifying* —, turno di qualificazione **9** (*mus.*) canone **10** scoppio, scroscio (di risa, applausi) **11** carica, salva, scarica; colpo, proiettile: *to fire — after* —, sparare un proiettile dopo l'altro; *101 rounds were fired in his honour*, risuonarono 101 salve in suo onore **12** (*cuc.*) panino imbottito; fetta di pane **13** (*macelleria*) girello.

to **round** *v.tr.* **1** arrotondare, levigare: *stones and pebbles rounded by the action of water*, pietre e ciottoli arrotondati dall'azione dell'acqua // *to — a dog's ears*, mozzare le orecchie a un cane **2** girare, ruotare; (*mar.*) doppiare: *he rounded the corner and stopped*, girò l'angolo e si fermò; *the ship rounded the Cape*, la nave doppiò il Capo **3** (*fon.*) labializzare ◆ *v.intr.* **1** arrotondarsi **2** girare, fare il giro, curvare.

□ **round down** *v.tr.* e *avv.* arrotondare alla cifra inferiore.

□ **round in** *v.tr.* e *avv.* (*mar.*) alare.

□ **round off** *v.tr.* e *avv.* **1** (*mat.*) arrotondare **2** smussare; levigare **3** (*with*) corredare di; completare con.

□ **round on, upon** *v.intr.* e *prep.* aggredire verbalmente, scagliarsi a parole contro (qlcu.).

□ **round out** *v.tr.* e *avv.* arricchire (una storia, un progetto ecc.).

□ **round to** *v.intr.* e *prep.* (*mar.*) orzare, venire al vento.

□ **round up** *v.tr.* e *avv.* **1** raccogliere, riunire **2** arrotondare alla cifra superiore **3** (*mar.*) alare dall'alto al basso.

roundabout ['raʊndəbaʊt / round·about] *agg.* **1** indiretto, non diretto (*anche fig.*): *she told him in a — way*, glielo disse in modo indiretto; (*econ.*) — *production*, produzione indiretta **2** grassoccio ◆ *s.* **1** (*spartitraffico*) rondò AMER. traffic circle **2** giostra; carosello: — *attendant*, giostraio **3** (*amer.*) giacca corta, attillata da uomo.

roundaboutness ['raʊndə,baʊtnɪs / round·about·ness] *s.* **1** obliquità; tortuosità **2** (*econ.*) proprietà dei metodi di produzione più indiretti e perciò più produttivi.

rounded ['raʊndɪd / roun·ded] *agg.* **1** arrotondato; tondeggiante; levigato **2** limato, fluente (di stile) **3** (*fon.*) arrotondato, labializzato.

roundel ['raʊndl] *s.* **1** tondo, medaglione decorativo **2** stemma rotondo che indica la nazionalità di un aereo **3** (*mus.*, *poesia*) rondò **4** (*ant.*) girotondo, cerchio: *come now, a roundel and a fairy song*, (SH. Midsummer Night's Dream) suvvia, ora un girotondo e un canto delle fate.

roundelay ['raʊndɪleɪ / round·elay] *s.* **1** (*mus.*, *poesia*) rondò; canzonetta con ritornello **2** danza fatta in cerchio.

rounder ['raʊndə*] *s.* **1** *pl.* gioco simile al baseball **2** (*tecn.*) attrezzo per arrotondare **3** (*antiq.*) chi fa la ronda, guardiano **4** (*fam. amer.*) gaudente, festaiolo; dissoluto.

round-eye ['raʊndaɪ] *s.* (*sl. amer.*) persona di razza caucasica (dalla forma dell'occhio, in opposizione agli occhi a mandorla degli asiatici).

round-fish ['raʊndfɪʃ] *s.* (*zool.*) carpa → **carp**[1].

round game ['raʊndgeɪm] *s.* qualsiasi gioco in cui i partecipanti giocano a turno.

Roundhead ['raʊndhed / Round·head] *s.* (*st.*) testa tonda, puritano (detto degli aderenti al partito parlamentare durante la guerra civile inglese).

roundhouse ['raʊndhaʊs / round·house] *s.* **1** (*amer.*) rotonda, deposito circolare per locomotive **2** (*mar.*) tuga.

rounding off [,raʊndɪŋ'ɒf *amer.* ,raʊndɪŋ'ɔ:f] *s.* (*mat.*) arrotondamento: — *to the n-th decimal place*, arrotondamento all'n-ma cifra decimale.

roundish ['raʊndɪʃ / round·ish] *agg.* quasi rotondo; tondeggiante.

roundly ['raʊndlɪ] *avv.* **1** (*non com.*) in tondo; in giro, circolarmente **2** completamente, totalmente **3** (*form.*) vigorosamente; severamente **4** (*form.*) francamente; esplicitamente: *shall we clap into't roundly, without hawking or spitting*, (SH. As You Like It) attaccheremo subito con decisione, senza raschiarci la gola o sputare **5** (*non com.*) fluentemente.

roundness ['raʊndnɪs / round·ness] *s.* **1** rotondità, sfericità **2** scorrevolezza; tornitura (di stile) **3** (*non com.*) franchezza.

round robin [,raʊnd'rɒbɪn] *s.* **1** petizione con le firme disposte a cerchio (per mantenere l'anonimato del promotore o primo firmatario) **2** (*amer.*) torneo sportivo che combina il girone all'italiana e l'eliminazione diretta.

round-shouldered [,raʊnd'ʃəʊldəd] *agg.* dalle spalle curve, cadenti.

roundsman ['raʊndzmən / rounds·man] *pl.* **roundsmen** *s.* **1** fattorino **2** (*amer.*) poliziotto di ronda, poliziotto in giro di perlustramento.

round table [,raʊnd'teɪbl] *s.* **1** discussione, tavola rotonda; conferenza // *round-table discussion*, tavola rotonda **2** i partecipanti a una tavola rotonda.

round-the-clock [,raʊndðə'klɒk] *agg.* continuo, che dura ventiquattr'ore ◆ *avv.* ventiquattr'ore su ventiquattro.

round trip [,raʊnd'trɪp] *s.* viaggio di andata e ritorno // *round-trip ticket*, biglietto di andata e ritorno.

roundup ['raʊndʌp / round·up] *s.* **1** raccolta, riunione (di cose, bestiame, persone); battuta a cavallo per radunare il bestiame **2** (*fam.*) retata **3** riepilogo, sommario; riassunto.

roup [ru:p] *s.* (*vet.*) difterite aviaria.

to **rouse**[1] [raʊz] *v.tr.* (*form.*) **1** svegliare, destare (*anche fig.*): *I was roused by the ringing of a bell*, fui svegliato dal suono di un campanello; *to — s.o. from indolence*, scuotere qlcu. dall'indolenza // *he wants rousing*, (*fig.*) è indolente **2** stanare (selvaggina ecc.) **3** risvegliare (sentimenti ecc.) **4** sollevare; agitare; provocare, irritare: *when roused he is dangerous*, provocato diventa pericoloso **5** (*mar.*) alare con forza ◆ *v.intr.* (*form.*) **1** alzarsi; svegliarsi, destarsi (*anche fig.*) **2** (*di selvaggina*) uscire allo scoperto.

rouse[2] *s.* (*ant.*) **1** sorso, bicchiere di liquore **2** brindisi; gozzoviglia: *to give a* —, proporre un brindisi, fare un brindisi; *and the King's rouse the heaven shall bruit again, / re-speaking earthly thunder*, (SH. Hamlet) e il cielo riecheggerà il brindisi del re ripetendo il tuonare della terra.

rouser ['raʊzə*] *s.* **1** chi stimola **2** chi ridesta **3** → rudder 3 **4** (*fam. antiq.*) bugia oltraggiosa **5** (*non com.*) forte rumore; persona rumorosa.

rousing ['raʊzɪŋ / rous·ing] *agg.* eccitante, stimolante.

to **roust** [raʊst] *v.tr.* (*fam. amer.*) arrestare; compiere una retata.

roustabout ['raʊstəbaʊt / roust·about] *s.* **1** (*amer.*) scaricatore di porto; uomo adatto a lavori saltuari e di fatica **2** (*austr.*) galoppino.

rout[1] [raʊt] *s.* **1** folla tumultuante; plebaglia **2** (*dir.*) radunata sediziosa **3** (*ant.*) tumulto, sommossa; rissa: *give me to know / how this foul rout began*, (SH. Othello) fatemi sapere come ebbe inizio questa sconcia rissa **4** (*rar.*) branco, mandria; (*estens.*) compagnia, brigata: *...if you know / that I profess myself in banqueting / to all the rout, then hold me dangerous*, (SH. Julius Caesar) se sapeste che mi sprofondo in voti d'amicizia nei banchetti a tutta la compagnia, allora dovreste considerarmi pericoloso.

to **rout**[1] *v.tr.* (*dir.*) radunarsi sediziosamente.

rout[2] *s.* (*mil.*) **1** sconfitta, disfatta; rotta: *to put to* —, mettere in rotta **2** (*ant.*) esercito sconfitto in fuga.

to **rout**[2] *v.tr.* **1** mettere in rotta, sconfiggere: *at last they routed the enemy*, alla fine sconfissero il nemico e lo indussero alla ritirata **2** (*fam. amer.*) buttare giù dal letto.
□ **rout out** *v.tr.* e *avv.* **1** scacciare; buttar fuori **2** (*fam. amer.*) → to rout[2] 2.

to **rout**[3] → to **root**[2].

route [ru:t] *s.* **1** via, rotta, itinerario; cammino, strada: *en* —, in cammino, per strada // — *map*, carta, pianta per seguire un dato itinerario // (*aer.*) *air* —, rotta aerea **2** (*mil.*) ordini di marcia: *to get, to give the* —, ricevere, dare gli ordini di marcia **3** (*amer.*) strada statale; autostrada **4** (*amer.*) giro di consegne.

to **route** *v.tr.* spedire; instradare: *the troops will be routed to Venice via Milan*, le truppe saranno instradate per Venezia via Milano; *to* — *goods*, spedire merci.

route march ['ru:tmɑ:tʃ] *s.* (*mil.*) marcia di addestramento.

router ['ru:tə*] *s.* (*inform.*) instradatore, dispositivo di base in Internet per l'indirizzamento.

route-step ['ru:tstep] *s.* (*mil.*) passo di strada.

routine [ru:'ti:n / rou·tine] *s.* **1** routine; pratica, abitudine meccanica: *to do sthg. as a matter of* —, fare qlco. d'abitudine // — *work*, lavoro routinario // — *diagram*, diagramma di routine // *company* —, la prassi di un'azienda // — *maintenance*, manutenzione ordinaria // (*med.*) — *treatment*, terapia comune **2** (*teatr.*) numero, pezzo **3** (*inform.*) routine; passata in macchina; programma: — *control*, controllo periodico; *automatic* —, programma automatico.

to **routinize** [ru:'ti:naɪz / rou·tin·ize] *v.tr.* (*amm.*) rendere routinario.

rove[1] [rəʊv] *s.* (*mecc.*) rondella (per ribattini).

rove[2] *s.* **1** (*rar.*) vagabondaggio: *to be on the* —, (*fam.*) vagabondare **2** (*dial.*) metodo per arare in superficie.

to **rove**[2] *v.intr.* errare, vagare (*anche fig.*); vagabondare: *his eyes roved from one to the other*, i suoi occhi erravano dall'uno all'altro; *his mind roved back to his youth*, il suo pensiero ritornò alla giovinezza // *to* — *over sea and land*, vagare per mare e per terra ◆ *v.tr.* (*antiq.*) vagare per; percorrere, attraversare: *he roved the seven seas in search of fortune*, vagò per i sette mari in cerca di fortuna.

rove[3] *s.* (*tess.*) stoppino, lucignolo.

to **rove**[3] *v.tr.* (*tess.*) torcere (per formare lo stoppino).

rover[1] ['rəʊvə*] *s.* **1** (*letter.*) vagabondo, giramondo **2** (*scoutismo*) 'rover' **3** (*tiro all'arco*) bersaglio lontano ed indeterminato // *to shoot at rovers*, (*fam. antiq.*) tirare a casaccio, sparare alla cieca.

rover[2] *s.* **1** pirata **2** nave corsara.

rover[3] *s.* (*tess.*) banco a fusi.

roving[1] ['rəʊvɪŋ / rov·ing] *agg.* **1** nomade; errante: *a* — *tribe*, una tribù nomade // *he has a* — *eye*, guarda sempre le donne **2** itinerante (di commissione, missione ufficiale) ◆ *s.* **1** viaggio senza meta; vagabondaggio **2** (*non com.*) tiro a un bersaglio casuale.

roving[2] *s.* (*tess.*) torsione (per formare lo stoppino).

roving commission ['rəʊvɪŋkə'mɪʃn] *s.* **1** mandato **2** (*fam.*) lavoro che porta spesso fuori casa, in trasferta.

row[1] [rəʊ] *s.* **1** fila, riga (di persone, cose ecc.): *sitting in a* — (o *in rows*), seduti in fila; *in the first* —, in prima fila (a teatro ecc.) // *in a* —, di seguito, di fila; *she won the championship three times in a* —, ha vinto il campionato per tre volte di fila// *a hard* — *to hoe*, (*fig.*) un osso duro, una cosa difficile da eseguire **2** *Row*, usato in toponomastica per indicare una via fiancheggiata da file ininterrotte di case, una simile all'altra **3** (*agr.*) filare: *a* — *of plants*, un filare di piante **4** (*mat.*) riga: — *vector*, vettore riga.

row[2] [raʊ] *s.* (*sl.*) baruffa, rissa, zuffa; tafferuglio; schiamazzo: *to make* (o *to kick up*) *a* —, far baccano; protestare; *to have a* — *with s.o.*, litigare, aver un battibecco con qlcu. // *what's all the* — *about?*, che cavolo succede?

to **row**[2] *v.tr.* (*sl.*) sgridare, rimproverare ◆ *v.intr.* azzuffarsi, partecipare a una rissa; litigare: *they're always rowing*, litigano sempre.

row[3] *s.* giro in barca; remata.

to **row**[3] *v.intr.* **1** remare, vogare: *they rowed to the other side of the lake*, attraversarono il lago remando; *to* — *down to*, arrivare remando a // *to* — *with one oar*, (*fam. amer.*) comportarsi in modo assurdo **2** essere canottiere: *he rows N° 2 in our crew*, è il secondo vogatore del nostro equipaggio **3** (*non com.*) essere attrezzato con un certo numero di remi ◆ *v.tr.* spingere, trasportare a forza di remi; trasportare in barca (a remi): *shall I* — *you across the river?*, vuoi che ti porti con la barca all'altra sponda del fiume?; *to* — *a boat*, condurre una barca remando; (*canottaggio*) *to* — *a race*, fare una regata // *to* — *a fast stroke*, remare a ritmo accelerato // *they were completely rowed out*, erano stremati dal lungo remare.

rowan ['rəʊən] *s.* (*bot. scoz.*) **1** — (*tree*), (*Sorbus aucuparia*) sorbo selvatico **2** — *berry*, sorba selvatica.

row-barge ['rəʊbɑ:dʒ] *s.* canotto, barca a remi.

rowboat ['rəʊbəʊt / row·boat] *s.* (*amer.*) → **rowing boat**.

rowdy ['raʊdɪ] *agg.* turbolento; chiassoso ◆ *s.* attaccabrighe; persona turbolenta // **-ily** *avv.* // **-iness** *s.*

rowdyism ['raʊdɪɪzəm / row·dy·ism] *s.* turbolenza; teppismo.

rowel ['raʊəl] *s.* **1** stella di sperone **2** (*vet.*) setone.

to **rowel** *pass.p.p.* **rowelled** ['raʊəld / row·elled] *v.tr.* **1** spronare (un cavallo) **2** (*vet.*) applicare un setone a (un cavallo).

rowen ['raʊən] *s.* (*amer.*) secondo taglio (di erba, fieno ecc.).

rower ['rəʊə*] *s.* rematore; canottiere, vogatore.

row house ['rəʊhaʊs] *s.* (*amer.*) → **terraced house**.

rowing boat ['rəʊɪŋ,bəʊt] *s.* barca a remi.

rowlock ['rɒlək / row·lock] *s.* (*mar.*) scalmo, scalmiera AMER. oarlock.

royal ['rɔɪəl] *agg.* **1** reale, regale; regio: *the* — *family*, la famiglia reale; *a* — *princess*, una principessa di sangue reale // *Princess Royal*, principessa (primogenita di sovrano) // *His, Her Royal Highness*, Sua Altezza Reale // *Royal Air Force* (RAF), Aviazione militare britannica // *the Royal Navy*, la Marina britannica // *blood* —, stirpe reale // — *prerogative*, privilegio reale // (*dir.*): — *commission*, commissione investigativa di nomina reale; — *grant*, concessione reale; — *proclamation*, proclama reale **2** regale, splendido, magnifico: *a* — *welcome*, un'accoglienza splendida // *to be in* — *spirits*, (*antiq.*) essere di ottimo umore ◆ *s.* **1** (*fam.*) membro di famiglia reale **2** (*zool.*) — (*stag*), cervo maschio di otto o più anni, cervo reale **3** *the Royals*, primo reggimento di fanteria britannica **4** (*mar.*) — (*sail*), controvelaccio // **-ly** *avv.*

royal blue [,rɔɪəl'blu:] *s.* blu savoia.

royal fern ['rɔɪəl,fɜ:n] *s.* (*bot.*) (*Osmunda regalis*) osmunda.

royal flush [,rɔɪəl'flʌʃ] *s.* (*poker*) scala reale.

royalism ['rɔɪəlɪzəm / roy·al·ism] *s.* attaccamento alla monarchia.

royalist [rɔɪəlɪst / roy·al·ist] *s.* realista, monarchico.

royal jelly [,rɔɪəl'dʒelɪ] *s.* pappa reale.

royalty ['rɔɪəltɪ / roy·alty] *s.* **1** dignità regale; regalità, sovranità **2** membro di famiglia reale; i reali: *the play was performed in the presence of* —, la commedia fu rappresentata alla presenza dei reali **3** (*non com.*) *pl.* prerogative, privilegi reali **4** (*gener. pl.*) royalties; diritti d'autore // (*comm.*) — *rent*, canone di concessione.

roynish ['rɔɪnɪʃ / royn·ish] *agg.* (*ant.*) meschino: *my lord, the roynish clown... is also missing*, (SH. As You Like It) mio signore, anche quel rognoso di un buffone... è assente.

rozzer ['rɒzə* / roz·zer] *s.* (*fam. antiq.*) poliziotto.

rpm [,ɑ:,pi:'em] *s.* giri al minuto • Abbr. di *revolutions per minute*.

rub [rʌb] *s.* **1** fregamento; frizione; massaggio: *give that silver bowl a good* —, pulisci bene quella coppa d'argento; — *parlor*, (*fam. amer.*) salone equivoco per massaggi // (*med.*) *pleural* —, sfregamento pleurico **2** asperità, irregolarità, ineguaglianza (del terreno) **3** (*fig.*) impedimento; ostacolo; difficoltà // *'twill make me think the world full of rubs, / and that my fortune runs against the bias*, (SH. Richard II) mi farà pensare che il mondo è pieno d'inciampi e che la mia fortuna corre in direzione avversa **4** (*fig. non com.*) offesa bruciante; rimprovero.

to **rub** *pass.p.p.* **rubbed** [rʌbd] *v.tr.* **1** fregare, frizionare; strofinare: *you must have rubbed your dress against some wet paint*, devi esserti strusciato (il vestito) contro della vernice fresca // *to* — *one's hands*, fregarsi le mani (*anche fig.*) // *to* — *shoulders with s.o.*, (*fig.*) essere a contatto con qlcu.; entrare in confidenza con qlcu. // *to* — *s.o.'s nose in it*, (*fig.*) rinfacciare a qlcu. i suoi errori **2** strofinare; spalmare; far penetrare fregando: *to* — *some garlic on the bread*, strofinare dell'aglio sul pane **3** (*fig.*) irritare; seccare **4** lustrare; lucidare, pulire fregando: *to* — *a surface dry*, asciugare una superficie strofinandola **5** riprodurre su carta (una figura, un testo a rilievo) mediante sfregamento (con una matita, un carboncino ecc.) ◆ *v.intr.* **1** sfregare; strusciare **2** causare irritazione (*anche fig.*): *this*

shoe rubs, questa scarpa mi fa male, mi scortica il piede **3** (*bocce*) incontrare un ostacolo che ritarda e devia il percorso (della boccia).
□ **rub along** *v.intr. e avv.* andare d'accordo: *they — along together*, vivono insieme d'amore e d'accordo.
□ **rub away** *v.tr.* e *avv.* **1** logorare, consumare **2** eliminare (con massaggi, frizioni).
□ **rub down** *v.tr.* e *avv.* **1** cartavetrare (una parete); pulire (un quadro) **2** asciugare strofinando, massaggiando, frizionando.
□ **rub in** *v.tr.* e *avv.*, **rub into** *v.tr.* e *prep.* (*fam.*) **1** far penetrare fregando: *take this cream and — it in well* (o *into your skin*), prendi questa crema e falla penetrare bene (nella pelle) // *to — salt into the wound*, (*fig.*) girare il coltello nella piaga **2** (*fig.*) ricordare, ripetere continuamente; martellare: *don't — it in, I know*, lo so, smettila di ricordarmelo.
□ **rub off** *v.tr.* e *prep.* **1** cancellare: *— those drawings off the blackboard*, cancella quei disegni dalla lavagna **2** logorare, consumare **3** (*fig.*) offuscare ◆ *v.intr.* e *avv.* **1** logorarsi, consumarsi **2** (*fig.*) offuscarsi **3** (*fam.*) trasmettersi, passare (da una persona a un'altra): *his enthusiasm rubbed off onto the others*, trasmise il suo entusiasmo agli altri.
□ **rub out** *v.tr.* e *avv.* **1** togliere fregando, strofinando: *to — out a stain*, togliere una macchia **2** (*sl. amer.*) uccidere, far fuori ◆ *v.intr.* e *avv.* togliersi, andar via: *the stain doesn't — out*, la macchia non va via.
□ **rub up** *v.tr.* e *avv.* **1** pulire, lucidare: *to — up silver*, pulire, lucidare l'argento **2** (*fam.*) rinfrescare; ripassare: *you'd better — up your French*, faresti meglio a rinfrescare il tuo francese **3** *to — s.o. up the right, the wrong way*, (*fam.*) prendere qlcu. per il verso giusto, sbagliato.

rub-a-dub ['rʌbə,dʌb] *s.* rataplan (di tamburo).

rubber[1] ['rʌbə* / rub·ber] *s.* **1** strofinaccio; cancellino; spazzola dura **2** (*bot.*) caucciù, gomma **3** gomma (per cancellare) **4** *pl.* (*amer.*) galosce **5** (*fam.*) profilattico ◆ *agg.* di gomma: *— gloves, boots*, guanti, stivali di gomma; *— bullet*, proiettile, pallottola di gomma.

rubber[2] *s.* (*bridge ecc.*) rubber: *to have a —*, fare una partita *the —*, la bella, la partita decisiva.

rubber band [,rʌbə'bænd] *s.* elastico: *I need a — to keep the papers together*, mi serve un elastico per tenere insieme i fogli.

rubber-cheque [,rʌbə'tʃek] *s.* (*fam. amer.*) assegno a vuoto.

rubber dinghy [,rʌbə'dɪŋgɪ] *s.* canotto di gomma, gommone.

to **rubberize** ['rʌbəraɪz / rub·ber·ize] *v.tr.* gommare; rivestire, ricoprire di gomma; impregnare di gomma.

rubberneck ['rʌbənek / rub·ber·neck] *s.* (*fam. amer.*) **1** curioso; ficcanaso **2** turista: *— bus*, pullman da turismo.

rubber plant ['rʌbə,plɑ:nt *amer.* 'rʌbə ,plænt] *s.* (*bot.*) ficus.

rubber solution ['rʌbəsə,lu:ʃn] *s.* soluzione di gomma, mastice.

rubber stamp [,rʌbə'stæmp] *s.* **1** timbro di gomma **2** (*fam. fig.*) tirapiedi, chi approva incondizionatamente **3** (*fam. fig.*) gruppo, esecutivo, organo fantoccio.

to **rubber-stamp** *v.tr.* **1** timbrare **2** (*fig.*) approvare senza sollevare obiezioni, senza troppo riflettere.

rubber tree ['rʌbətri:] *s.* (*bot.*) (*Hevea brasiliensis*) albero della gomma.

rubber-tyre [,rʌbə'taɪə*] *s.* pneumatico.

rubbery ['rʌbərɪ / rub·bery] *agg.* (*chim.*) gommoso, simile a gomma // **-iness** *s.*

rubbing ['rʌbɪŋ / rub·bing] *s.* **1** sfregamento **2** riproduzione (di una figura, di un testo a rilievo) su carta mediante sfregamento (con una matita, un carboncino ecc.).

rubbish ['rʌbɪʃ / rub·bish] *s.* [U] **1** spazzatura; immondizie; scarti; rifiuti (*pl.*) // *good riddance to bad —!*, grazie a Dio ce ne siamo liberati! **2** rottami; macerie, calcinacci (*pl.*) **3** (*fig.*) schifezza; porcheria; robaccia: *this book is complete —*, questo libro è una vera schifezza **4** (*fig.*) sciocchezze; stupidaggini (*pl.*): *stop talking —*, smettila di dire stupidaggini; *—!*, sciocchezze!

to **rubbish** *v.tr.* (*fam.*) criticare aspramente.

rubbish bin ['rʌbɪʃ,bɪn] *s.* pattumiera; bidone della spazzatura.

rubbish-heap ['rʌbɪʃ,hi:p] *s.* **1** mucchio di immondizie (*anche fig.*) **2** discarica.

rubbishy ['rʌbɪʃɪ / rub·bishy] *agg.* **1** di scarto; senza valore **2** (*fig.*) senza senso, stupido.

rubble ['rʌbl] *s.* [U] **1** macerie; calcinacci (*pl.*) **2** (*edil.*) pietrisco, breccia **3** pietra grezza, da sbozzare **4** (*geol.*) detrito grossolano, breccione.

rubbly ['rʌblɪ / rub·bly] *agg.* (*non com.*) frantumato.

rubdown ['rʌbdaʊn / rub·down] *s.* **1** massaggio: *after the race his trainer gave him a good —*, dopo la gara il suo allenatore gli fece un bel massaggio **2** frizione; fregamento; (*di quadro*) pulitura.

rube [ru:b] *s.* (*sl. amer. spreg.*) contadino; zotico; persona rozza.

to **rubefy** ['rubəfaɪ / ru·befy] *v.tr.* (*med.*) far arrossare.

rubella [ru:'belə / ru·bella] *s.* (*med.*) rosolia.

rubellite [ru:'belaɪt / ru·bel·lite] *s.* (*min.*) rubellite.

rubeola [ru:'bi:ələ / ru·beola] *s.* (*med.*) morbillo.

Rubicon ['ru:bɪkən / Ru·bi·con] *s.* Rubicone // *to cross* (o *to pass*) *the —*, (*fig.*) passare il Rubicone.

rubicund ['ru:bɪkənd / rubi·cund] *agg.* rubicondo.

rubicundity [,ru:bɪ'kʌndətɪ / rubi·cund·ity] *s.* aspetto rubicondo.

rubidium [ru:'bɪdɪəm / ru·bid·ium] *s.* (*chim.*) rubidio.

rubied ['ru:bɪd] *agg.* di color rubino.

rubiginous [ru:'bɪdʒɪnəs / ru·bi·gin·ous] *agg.* (*rar.*) rugginoso, di coloro ruggine.

rubious ['ru:bɪəs / ru·bi·ous] *agg.* (*ant.*) di color rubino.

rub joint ['rʌb,dʒɔɪnt] *s.* (*sl. amer.*) locale, night-club di infimo ordine.

ruble *s.* → **rouble**.

rubric ['ru:brɪk / rub·ric] *s.* **1** (*form.*) rubrica; titolo, sommario dei capitoli di un libro **2** (*form.*) glossa, commento esplicativo **3** (*ant.*) ocra rossa.

rubrical ['ru:brɪkl / rub·rical] *agg.* **1** marcato, segnato in rosso **2** festivo **3** relativo a, di rubrica.

to **rubricate** ['ru:brɪkeɪt / rub·ric·ate] *v.tr.* **1** (*ant.*) rubricare; marcare, segnare in rosso **2** aggiungere, fornire di rubrica.

rubrication [,ru:brɪ'keɪʃn / rub·rica·tion] *s.* (*ant.*) rubricazione.

ruby ['ru:bɪ] *agg.* di color rubino, rosso rubino: *— wine*, vino rosso rubino ◆ *s.* **1** (*min.*) rubino: *balas —*, rubino balascio; *spinel —*, rubino spinello **2** color rubino **3** (*mecc.*) rubino, pietra (di orologio).

ruche [ru:ʃ] *s.* ruche; gala.

ruck[1] [rʌk] *s.* **1** mucchio (di legna, cereali ecc.) **2** (*fig.*) mucchio; massa: *to come out of the —*, emergere dalla massa **3** (*fig.*) mediocrità, routine quotidiana **4** (*rugby*) mischia **5** (*ippica*) gruppo (lasciato indietro da chi è in testa alla corsa).

ruck[2] *s.* spiegazzatura, sgualcitura; piega falsa.

to **ruck**[2] *v.intr.*: *to — up*, spiegazzarsi, sgualcirsi.

rucksack ['rʌksæk / ruck·sack] *s.* zaino SIN. backpack, haversack.

ruckus ['rʌkəs] *s.* (*fam. amer.*) putiferio, cagnara, finimondo.

ruction ['rʌkʃn / ruc·tion] *s.* (*fam.*) putiferio, finimondo; tumulto; disordine; lite: *there'll be ructions if...*, succederà il finimondo se...

rudd [rʌd] *s.* (*zool.*) (*Scardinius erythrophthalmus*) scardola.

rudder ['rʌdə* / rud·der] *s.* **1** (*mar., aer.*) timone **2** (*fig.*) guida **3** agitatore (nella fabbricazione della birra) **4** *pl.* (*zool.*) penne timoniere (di uccello).

rudder-fish ['rʌdəfɪʃ] *s.* (*zool.*) pesce pilota → **pilot-fish**.

rudderhole ['rʌdəhəʊl / rud·der·hole] *s.* (*mar.*) losca.

rudderless ['rʌdəlɪs / rud·der·less] *agg.* (*form.*) senza timone; senza guida; alla deriva (*anche fig.*).

ruddle ['rʌdl] *s.* argilla rossa, ocra rossa.

to **ruddle** *v.tr.* marcare con ocra rossa.

ruddock ['rʌdək / rud·dock] *s.* (*ant.*) pettirosso: *the ruddock would, /* with *charitable bill... bring thee all this*, (SH. Cymbeline) il pettirosso col suo becco pietoso... ti porterebbe tutto questo.

ruddy ['rʌdɪ] *agg.* **1** rosso, rubicondo **2** rossastro **3** vivido; intenso **4** (*fam. antiq.*) maledetto; malefico ◆ *avv.* (*fam. antiq.*) maledettamente: *where do you think you're — well going?*, dove cavolo credi di stare andando? // **-ily** *avv.* // **-iness** *s.*

to **ruddy** *v.tr.* e *intr.* (far) diventare rosso.

rude [ru:d] *agg.* **1** villano, maleducato, scortese, sgarbato: *don't be —*, non essere villano; *to be — to s.o.*, insultare qlcu. **2** brusco; duro: *a — awakening*, un brusco risveglio **3** (*antiq.*) rude; grossolano; incolto: *— people*, gente incolta **4** (*form.*) incivile; barbaro; selvaggio: *those were — times when no one could feel safe*, erano tempi barbari quando nessuno poteva sentirsi sicuro **5** primitivo; grezzo; rudimentale: *a — tool*, un utensile rudimentale **6** volgare; osceno; sporco: *a — joke*, una barzelletta sporca; *he said some — words*, disse delle parole oscene **7** (*antiq.*) vigoroso; florido: — *health*, salute ottima **8** (*rar.*) dissonante; disarmonico // **-ly** *avv.* // **-ness** *s.*

rudesby ['ru:dzbɪ / rudes·by] *s.* (*ant.*) zoticone: *I must, forsooth, be forc'd / to give my hand oppos'd against my heart / unto a mad-brain rudesby, full of spleen*, (SH. The Taming of the Shrew) sono obbligata, in verità, a concedere la mia mano contro le inclinazioni del mio cuore, ad uno strambo zoticone, pieno di capricci.

rudiment ['ru:dɪmənt / ru·di·ment] *s.* **1** *pl.* rudimenti, elementi fondamentali (di arti, scienze ecc.) **2** (*biol.*) rudimento, abbozzo (di arto ecc.).

rudimental [,ru:dɪ'mentl / ru·di·ment·al] *agg.* (*rar.*) rudimentale.

rudimentary [,ru:dɪ'mentərɪ / ru·di·ment·ary] *agg.* (*form.*) **1** rudimentale, elementare: *she has only a — knowledge of French*, ha solo una conoscenza rudimentale del francese **2** rudimentale, semplice, primitivo: *they use — bows and arrows to hunt*, usano degli archi e delle frecce rudimentali, primitivi per cacciare **3** (*biol.*) rudimentale; primitivo // **-ily** *avv.* // **-iness** *s.*

rudisdit [ru:'dɪsdɪt / ru·dis·dit] *s.* (*paleont.*) rudista.

rue[1] [ru:] *s.* (*antiq.*) **1** dolore; pentimento; rammarico **2** pietà, compassione.

to **rue**[1] *v.tr.* (*ant.*) pentirsi di; rammaricarsi di; rimpiangere; lamentare, deplorare // *I'll make you — the day you were born*, ti farò rimpiangere di essere nato, il giorno in cui sei nato // *long, long shall I rue thee*, (BYRON) a lungo, a lungo mi dorrò di te.

rue[2] *s.* (*bot.*) (*Ruta graveolens*) ruta SIN. herb-of-grace, herb-of -repentance.

rueful ['ru:fʊl / rue·ful] *agg.* lamentevole, deplorevole; doloroso, pietoso; contrito; dispiaciuto; dolente, mesto // **-ly** *avv.* // **-ness** *s.*

ruff[1] [rʌf] *s.* **1** gorgiera, lattuga **2** collare (di uccello) **3** (*zool.*) piccione dal collare.

to **ruff**[1] *v.tr.* (*rar.*) fornire di gorgiera.

ruff[2] *s.* (*zool.*) acerina → **pope**[1] 4.

ruff[3] *s.* (*carte*) il tagliare con un atout.

ruff[4] *s.* (*zool.*) (*Philomachus pugnax*) pavoncella combattente.

ruffed [rʌft] *agg.* (*zool.*) dal collare, che porta il collare (detto di uccello).

ruffian ['rʌfjən / ruf·fian] *agg.* (*non com.*) brutale, crudele ◆ *s.* (*antiq.*) ribaldo, furfante, mascalzone.

ruffianly ['rʌfjənlɪ / ruf·fi·anly] *agg.* (*antiq.*) scellerato, brutale.

ruffle[1] ['rʌfl] *s.* **1** balza, guarnizione increspata, gala, ruche // *to draw patterns for ruffles*, (R. SHERIDAN) far disegni per merletti **2** (*non com.*) collare (di uccello) **3** (*non com.*) increspatura (di acqua, superficie) **4** (*non com.*) sconvolgimento; turbamento, agitazione; esperienza sconvolgente **5** (*non com.*) il mescolare velocemente le carte (da gioco).

to **ruffle**[1] *v.tr.* **1** increspare; pieghettare; guarnire, ornare di pieghettature, increspature **2** sbucciarsi (la pelle) **3** increspare (acqua, superficie): *the wind ruffled the water*, il vento increspò la superficie dell'acqua **4** arruffare (penne), scompigliare (capelli) // *to — s.o.'s feathers*, (*fig. fam.*) far arruffare il pelo a, irritare qlcu. **5** (*fig.*) agitare; irritare, infastidire; conturbare, mettere in agitazione **6** (*non com.*) sfogliare affrettatamente (le pagine di un libro); mescolare velocemente (le carte da gioco) ◆ *v.intr.* **1** incresparsi (di acqua, superficie) **2** arruffarsi (di penne); drizzare le penne (di un uccello in segno d'ira) **3** (*fig.*) scomporsi; turbarsi; irritarsi.

ruffle[2] *s.* (*non com.*) tumulto, rissa; schermaglia; contesa, disputa.

to **ruffle**[2] *v.intr.* (*ant.*) **1** scatenarsi, infuriare, imperversare (di venti): *the night comes on, and the bleak winds / do sorely ruffle*, (SH. King Lear) la notte avanza, e i gelidi venti imperversano crudelmente **2** combattere, lottare, contendere **3** darsi delle arie, essere borioso, fare lo spaccone.

ruffler ['rʌflə*] *s.* (*ant.*) vanaglorioso; borioso, arrogante, spaccone.

rufous ['ru:fəs / ruf·ous] *agg.* (*non com.*) rossastro; rosso bruno; rossiccio.

rug [rʌg] *s.* **1** tappetino: *bedside —*, scendiletto; *hearth —*, tappetino da camino // *to pull the — out from under s.o.*, (*fam.*) far mancare il terreno sotto i piedi a qlcu. **2** plaid, coperta (spec. da viaggio) **3** (*fam. amer.*) toupet.

rug ape ['rʌgeɪp] *s.* (*fam. amer.*) scimmiotto, bambinetto.

rugby ['rʌgbɪ] form. **rugby football** [,rʌgbɪ'fʊtbɔ:l] *s.* (*sport*) rugby, pallaovale // *Rugby League*, associazione per il gioco del rugby che prevede squadre di 13 giocatori // *Rugby Union*, associazione per il gioco del rugby che prevede squadre di 15 giocatori.

rug cutter ['rʌg,kʌtə*] *s.* (*fam. amer.*) ballerino di swing.

rugged ['rʌgɪd / rug·ged] *agg.* **1** ruvido, scabro, irregolare; aspro, accidentato, disagevole (di territorio) (*anche fig.*): *a — coast*, una costa dirupata, scoscesa; *a — life*, una vita dura, disagiata **2** duro, marcato (di lineamenti) **3** ispido, irsuto, rugoso **4** austero, inflessibile, rigido; scontroso **5** robusto, resistente (di materiale, attrezzatura ecc.); vigoroso, forte; (*fig.*) ardito, coraggioso: *a — off -road vehicle*, un robusto fuoristrada // *his — good looks*, la sua bellezza virile // *the — independence of the hill tribes*, l'orgogliosa indipendenza delle tribù delle colline **6** (*non com.*) rozzo, rude, incivile, sgarbato // **-ly** *avv.* // **-ness** *s.*

rugger ['rʌgə* / rug·ger] *s.* (*sport fam.*) → **rugby**.

rug-headed ['rʌg,hedɪd] *agg.* (*ant.*) scarruffato: *we must supplant those rough rug -headed kerns, / which live like venom*, (SH. Richard II) dobbiamo sterminare quei soldatacci scarruffati che vivono come il veleno.

rugose ['ru:gəʊs / rug·ose] *agg.* (*spec. bot.*) rugoso, grinzoso.

rugous ['ru:gəs / rug·ous] *agg.* rugoso.

ruin [rʊɪn] *s.* rovina (*anche fig.*): *to go to —*, andare in rovina // *the ruins of Rome*, le rovine, i ruderi di Roma // *in ruins*, in rovina; (*fig.*) rovinato: *his career is in ruins*, la sua carriera è rovinata; *to bring to —*, portare alla rovina; *this will be the — of us*, questo sarà la nostra rovina.

to **ruin** *v.tr.* rovinare; danneggiare; distruggere, mandare in rovina (*anche fig.*): *a ruined city*, una città in rovina; *he ruined himself*, si rovinò; *to — a competitor*, far fallire un concorrente; *after the Wall Street crash he was ruined*, dopo il crollo di Wall Street era rovinato // *to — s.o.'s hopes*, far naufragare le speranze di qlcu. ◆ *v.intr.* (*rar.*) rovinare, crollare, andare in rovina (*anche fig.*).

ruination [rʊɪ'neɪʃn / ru·ina·tion] *s.* (*non com.*) rovina, distruzione; perdita completa (*anche fig.*).

ruined [rʊɪnd / ru·ined] *agg.* in rovina; (*fig.*) rovinato.

ruiner ['rʊɪnə* / ru·iner] *s.* (*non com.*) distruttore, chi rovina, chi manda in rovina (*anche fig.*).

ruinous ['rʊɪnəs / ru·in·ous] *agg.* **1** rovinoso, dannoso: *— expenses*, spese che mandano in rovina; *a — flood*, un'inondazione rovinosa **2** in rovina, in stato di rovina // **-ly** *avv.* // **-ness** *s.*

rule [ru:l] *s.* **1** regola, regolamento, norma, precetto (*anche dir.*): *by —*, secondo le regole; *against the rules*, contro le regole; *rules and regulations*, normativa; *it's a good — never to use old medicines*, è buona norma non usare mai medicinali vecchi, scaduti; *the rules of behaviour*, le regole di comportamento; *to break, to keep the rules*, infrangere, attenersi alle regole; *to bend* (o *to stretch*) *the rules*, fare uno strappo alle regole, un'eccezione alla regola; *to make (it) a — to do sthg.*, farsi un dovere di fare qlco. // *— of thumb*, regola empirica approssimativa // *hard and fast —*, regola fissa // *ground rules*, regole di base, fondamentali // *to work to —*, fare uno sciopero bianco, fare ostruzionismo (applicando alla lettera il regolamento) // (*dir.*): *— of construction*, canone di interpretazione; *— of court*, regola procedurale (solitamente) di origine giurisprudenziale; *— of law*, principio di legalità // (*Borsa*) *under the —*, forzato (riferito a esecuzione coattiva) // *the exception proves the —*, (*prov.*) l'eccezione conferma la regola **2** regola, abitudine, consuetudine: *as a (general) —*, di norma, di regola, generalmente, abitualmente; *my — is to have breakfast at seven o'clock*, d'abitudine faccio la prima colazione alle sette **3** governo, regime, dominio, autorità: *many countries were under the — of Rome*, molti paesi erano sotto il dominio di Roma; *the — of Elizabeth I*, il regno di Elisabetta I **4** (*dir.*) ordinanza **5** (*eccl.*) regola: *the — of St. Dominic*, la regola di S. Domenico **6** riga (graduata, righello) **7** (*tip.*) filetto // *wave —*, filetto ondulato.

to **rule** *v.tr.* **1** governare, reggere; (*fig.*) dominare, controllare: *to — a country, a people*, governare una nazione, un popolo; *to — one's passions*, controllare, dominare le proprie passioni // *to — a country, s.o. with a rod of iron* (o *with an iron hand*), governare un paese col pugno di ferro, avere il pugno di ferro con qlcu. **2** (*fig.*) guidare, consigliare: *be ruled by me*, lasciati guidare da me, ascolta il mio consiglio; *avarice rules his every thought*, la brama di ricchezza è al centro di ogni suo pensiero // *to let one's heart — one's head*, lasciarsi guidare dal cuore (più che dalla ragione) **3** (*dir.*) decidere, decretare **4** rigare; tracciare (linee) // (*mat.*) *ruled surface*, superficie rigata ◆ *v.intr.* **1** governare: *he ruled over England for many years*, tenne il governo dell'Inghilterra per parecchi anni **2** predominare, prevalere: *as usual, self interest rules*, come al solito prevale l'interesse // *Milan rules O.K.*, *Bob Marley rules O.K.*, (*sl. usato nelle scritte murali*) W il Milan, Bob Marley è il migliore **3** (*dir.*) emettere decreti, decidere: *the judge ruled in favour* *of the defendant*, il giudice decise in favore del convenuto, dell'imputato; *this court can — on the merit*, questa corte può decidere nel merito (della controversia) **4** (*comm.*) mantenersi a un certo livello: *prices are ruling high*, i prezzi restano elevati.

□ **rule off** *v.tr.* e *avv.* **1** tracciare una riga, una linea; separare con una riga **2** (*comm.*) chiudere, regolare (un conto).

□ **rule out** *v.tr.* e *avv.* scartare, escludere; impedire, precludere: *possibility that cannot be ruled out*, possibilità che non si può escludere; *the noise ruled out any possibility of conversation*, il rumore precluse ogni possibilità di conversazione.

rulebook ['ru:lbʊk / rule·book] *s.* regolamento // *to do sthg. by the —*, (*fam.*) fare qlco. secondo le regole, attenendosi alla regola.

ruled [ru:ld] *agg.* rigato, a righe (di carta, quaderno ecc.).

ruler ['ru:lə*] *s.* **1** governatore; sovrano; signore, padrone; (*fig.*) dominatore **2** regolo; riga, righello.

rulership ['ru:ləʃɪp / ruler·ship] *s.* (*rar.*) governo; sovranità; (*fig.*) dominio.

ruling ['ru:lɪŋ / rul·ing] *agg.* che governa; dirigente; (*fig.*) dominante, predominante: *— party*, il partito al governo; *— classes*, classi dirigenti; *— passion*, passione dominante // *— prices*, prezzi correnti // (*dir.*) *— cases*, precedenti giurisprudenziali (particolarmente autorevoli) ◆ *s.* (*non com.*) **1** (*dir.*) decisione, ordinanza: *the — of the chairman*, la decisione del presidente **2** (*non com.*) governo; dominazione; (*fig.*) dominio.

rum[1] [rʌm] *s.* **1** rum **2** (*amer.*) qualsiasi liquore molto forte // *— runner*, (*fam.*) contrabbandiere di alcolici; *— running*, (*fam.*) contrabbando di alcolici.

rum[2] *agg.* (*fam. antiq.*) strano, strambo, originale; curioso: *a — customer*, un individuo, un tipo bizzarro; *— joke*, scherzo di cattivo gusto.

Rumanian [ru:'meɪnjən / Ru·man·ian] *agg.* e *s.* romeno.

rumba ['rʌmbə] *s.* (*mus.*) rumba.

rum-bag ['rʌmbæg] *s.* (*fam. amer.*) ubriacone.

rumble[1] ['rʌmbl] *s.* **1** rombo; rimbombo (di tuono); mormorio, borbottio; brontolio, rumore sordo **2** sedile posteriore per la servitù (in carrozze ecc.) **3** (*amer.*) *— (seat)*, sedile posteriore di fortuna, ribaltabile, in auto a due posti scoperte ('posto della suocera') **4** (*fam.*) rissa, tafferuglio (spec. tra appartenenti a bande rivali).

to **rumble**[1] *v.intr.* rombare; rimbombare; rumoreggiare; brontolare, borbottare: *his stomach was rumbling*, gli brontolava lo stomaco; *the waggon rumbled down the road*, il carro avanzava rumorosamente lungo la strada ◆ *v.tr.* **1** borbottare; dire con voce sorda **2** muovere con rumore sordo.

to **rumble**[2] *v.tr.* (*fam.*) scoprire, smascherare; capire, accorgersi di.

rumbling ['rʌmblɪŋ / rum·bling] *agg.* che romba; che rimbomba; che brontola ◆ *s.* **1** rombo; rimbombo; brontolio **2** *pl.* avvisaglie, segnali, indizi (di qlco. di negativo).

rumbustious [rʌm'bʌstʃəs / rum·bus·tious] *agg.* (*fam.*) indisciplinato, chiassoso; vivace, allegro.

rum-dum ['rʌm,dʌm] *agg.* (*fam. amer.*) stupido, lento a capire.

rumen ['ru:mən / ru·men] *pl.* **rumens**, **rumina** ['ru:mənə / ru·mina] *s.* (*zool.*) rumine, primo stomaco (dei ruminanti).

ruminant ['ru:mɪnənt / ru·min·ant] *agg.* **1** (*zool.*) ruminante **2** (*fig. form.*) meditativo ◆ *s.* (*zool.*) ruminante.

to **ruminate** ['ru:mɪneɪt / ru·min·ate] *v.tr.* **1** (*zool.*) ruminare; (*estens.*) masticare a lungo **2** (*fig. form.*) ruminare, rimuginare ◆ *v.intr.* **1** (*zool.*) ruminare il bolo alimentare **2** (*fig. form.*) meditare, riflettere.

rumination [,ru:mɪ'neɪʃn / ru·mina·tion] *s.* **1** (*zool.*) ruminazione **2** (*fig. form.*) meditazione, riflessione.

ruminative ['ru:mɪnətɪv *amer.* 'ru:mɪneɪtɪv / ru·min·at·ive] *agg.* **1** (*zool.*) ruminante **2** (*fig. form.*) meditativo, riflessivo // **-ly** *avv.*

ruminator ['ru:mɪneɪtə* / ru·min·ator] *s.* **1** (*zool. non com.*) ruminante **2** (*fig. form.*) chi rumina; chi rimugina; chi medita.

rummage ['rʌmɪdʒ / rum·mage] *s.* **1** (*fam.*) il frugare, il rovistare; ricerca, rovistio **2** (*non com.*) perquisizione doganale (a una nave) **3** (*rar.*) confusione **4** [U] (*fam. spec. amer.*) accozzaglia, insieme di oggetti vecchi, di poco valore, di cianfrusaglie // *— sale*, (*amer.*) vendita di merce non ritirata (da magazzino, porto ecc.); vendita di cianfrusaglie, articoli vari per beneficenza.

to **rummage** *v.tr.* **1** (*fam.*) frugare; rovistare; cercare buttando all'aria **2** (*non com.*) perquisire ◆ *v.intr.* frugare.

□ **rummage out** *v.tr.* e *avv.* scovare.

rummer ['rʌmə* / rum·mer] *s.* grosso bicchiere da vino.

rummy[1] ['rʌmɪ] *agg.* (*fam. antiq.*) strano, strambo, originale // **-ily** *avv.* // **-iness** *s.*

rummy[2] *s.* ramino (gioco di carte).

rumness ['rʌmnɪs / rum·ness] *s.* (*fam. antiq.*) stranezza.

rumor *s.* (*amer.*) → **rumour**.

rumour ['ru:mə* / ru·mour] *s.* **1** chiacchiera, diceria, voce; pettegolezzo: *the news was based on —*, la notizia era basata su voci di corridoio; *— has it that the teacher is leaving*, corre voce, si dice in giro che il professore se ne andrà // *public —*, voce pubblica **2** (*ant.*) rumore.

to **rumour** *v.tr.* (*gener. al passivo*) far correre la voce, spargere la voce su: *it is rumoured that...*, corre voce, si vocifera che...; *they are rumoured to be*, si dice che essi siano, corre voce che siano.

rumoured ['ru:məd / ru·moured] *agg.* presunto, supposto: *the — secret agreement between liberals and social-democrats*, il presunto accordo segreto fra liberali e socialdemocratici.

rumourmonger ['ru:mə,mʌŋgə* / ru·mour·mon·ger] *s.* (*spreg.*) chi sparge notizie false e tendenziose, pettegolezzi.

rump [rʌmp] *s.* **1** (*zool.*) posteriore, groppa; codrione, codione (di uccello): *— steak*, bistecca di scamone o culaccio **2** (*scherz.*) sedere, deretano **3** gruppo superstite di partito, parlamento dopo la scissione di esso // *the Rump (Parliament)*, (*st.*) i membri del 'Long Parliament' che rimasero dopo l'espulsione dei Presbiteriani (1648).

rump-bone ['rʌmp,bəʊn] *s.* (*anat.*) coccige.

rumple ['rʌmpl] *s.* (*rar.*) piega; grinza; ruga.

to **rumple** *v.tr.* **1** spiegazzare; sgualcire; raggrinzire **2** arruffare, scompigliare (capelli).

rumpless ['rʌmplɪs / rump·less] *agg.* senza coda.

rumpus ['rʌmpəs / rum·pus] *s.* (*fam.*) putiferio, finimondo; cagnara: *there was a —*, è successo il finimondo // *to kick up a —*, far cagnara.

rumpus room ['rʌmpəs,rʊm *amer.* 'rʌmpəs,ru:m] *s.* (*amer.*) tavernetta.

rumpy ['rʌmpɪ] *s.* (*zool.*) (*Felis catus ecaudatus*) gatto (dell'isola) di Man.

run [rʌn] *s.* **1** il correre, corsa: *it was a good —*, è stata una bella corsa; *he went for a —*, è andato a correre, a fare una corsa; *he took his dog for a —*, portò il cane a correre; *to break into a —*, mettersi a correre // *cross-country —*, corsa campestre // *at a —*, correndo, di corsa // *on the —*, in fuga: *the enemy is on the —*, il nemico è in fuga; *she is always on the —*, è sempre di corsa; *his — for the presidency didn't last long*, la sua candidatura alla presidenza non è durata a lungo // *to take a short —*, prendere una piccola rincorsa // *a — on sthg.*, una corsa all'acquisto o alla vendita di qlco.; *there was a — on the bank*, ci fu un assalto, una corsa agli sportelli // *to give s.o. a — for his money*, dare del filo da torcere a qlcu.; *he's had a good — for his money*, è stato ben ripagato per i suoi sforzi // *to make a — at s.o.*, buttarsi, gettarsi su qlcu. **2** gita, breve viaggio in auto; tragitto, percorso regolare; rotta; giro: *let's go for a — in your car*, facciamo un giro con la tua auto; *this boat was on the Folkestone to Brighton —*, questo battello faceva servizio regolare tra Folkestone e Brighton; *she was the fastest clipper on the West Indies —*, era il veliero più veloce sulla rotta delle Indie Occidentali; *the milkman has finished his —*, il lattaio ha finito il suo giro **3** corso, andamento; ritmo, cadenza (di versi): *the — of events was unusual*, gli avvenimenti si susseguivano in modo insolito; *what is the — of the market like?*, com'è l'andamento del mercato? **4** programmazione (di film, lavoro teatrale ecc.): *his play had a — of six months*, il suo lavoro è stato in cartellone sei mesi // *first —*, prima **5** serie, sequenza; periodo: *a — of bad weather*, un periodo di brutto tempo; *a — of good, bad luck*, una serie di eventi fortunati, sfortunati // *this model had a production — of only 3500*, di questo modello ne sono stati prodotti solo 3500 esemplari // *in the long —*, a lungo andare; *in the short —*, a breve // (*econ.*) *long —*, lungo andare, lungo periodo **6** libero uso: *I have the — of his cottage at Newport*, ho libero accesso al suo cottage a Newport; *he allowed me the — of his house*, mi ha messo a disposizione la sua casa **7** orientamento, direzione: *the — of a curve*, l'andamento di una curva; *the — of the mountains*, l'orientamento delle montagne **8** categoria, classe: *above the common* (o *general*) *—*, al di sopra della media; *the common — of men*, la media degli uomini **9** recinto (per animali): *a chicken —*, un pollaio, un recinto per polli **10** discesa, pista: *a ski —*, una pista di sci **11** (*carte*) scala; serie **12** (*amer.*) smagliatura (nelle calze) BRIT. ladder **13** (*tip.*) tiratura **14** (*aer.*) rullaggio, corsa a terra; rotta d'approccio (prima di sganciare la bomba) **15** (*mus.*) volata **16** (*mar.*) stellato di poppa **17** (*arch.*) distanza fra due alzate consecutive (di gradino) **18** (*tecn.*) colatura (di vernice, tempera ecc.) **19** (*cricket, baseball*) corsa (del battitore); punto **20** (*mecc., aut.*) marcia, corsa; percorso **21** (*inform.*) fase di elaborazione: — *unit*, unità di esecuzione **22** (*amer.*) corso d'acqua, ruscello **23** (*non com.*) rampa di scale **24** *pl.* (*fam.*) diarrea.

to **run** *pass.* **ran** [ræn] *p.p.* **run** *v.intr.* (in alcune frasi fatte anche *tr.*) **1** correre; affrettarsi: *the child ran to meet his mother*, il bambino corse incontro a sua madre; *he ran to help him*, si precipitò in suo aiuto; *his horse ran in the Derby*, il suo cavallo partecipò al Derby; *to — past s.o.*, sorpassare qlcu. correndo // *to — for Parliament*, essere candidato al Parlamento // *to — like a hare* (o *like blazes* o *like the devil*), correre a gambe levate, correre come il vento // *this tune keeps running in my head*, ho sempre in mente questo motivo; *various thoughts ran through his head*, vari pensieri attraversavano la sua mente **2** fuggire, scappare: *as soon as we fired the enemy ran*, appena aprimmo il fuoco il nemico fuggì // *— for it*, (*fam.*) scappa, scappate; *— for your lives*, scappate // *to — a blockade*, forzare il blocco **3** correre, andare; passare, partire; far servizio (di veicoli): *buses — every three minutes*, gli autobus passano ogni tre minuti; *to — on snow*, andare sulla neve (di veicoli); *trains — at eighty miles an hour*, i treni corrono a ottanta miglia all'ora; *trains running between Rome and Milan*, treni che fanno servizio tra Roma e Milano **4** (*estens.*) andare, scorrere; fluire; spandersi, versarsi; colare, gocciolare; liquefarsi; fondere, fondersi; piangere (di occhi); fluire, trascorrere (di tempo): *with inflation running at 7%*, con l'inflazione che marcia al 7%; *the tap was running*, il rubinetto era aperto; *his nose was running*, gli gocciolava il naso; *the river ran quickly*, il fiume scorreva impetuoso; *rivers running into the sea*, fiumi che sfociano nel mare; *several weeks ran smoothly*, varie settimane passarono tranquillamente; *these lines do not — well*, questi versi non sono molto scorrevoli; *the ice cream began to —*, il gelato cominciò a sciogliersi // *money runs through his fingers like water through a sieve*, (*fam.*) ha le mani bucate **5** diventare, trasformarsi in: *my blood ran cold*, mi si agghiacciò il sangue; *the river is running dry*, il fiume sta asciugandosi; *to — high*, aumentare (di prezzo ecc.); ingrossarsi (di mare); accendersi (di sentimento ecc.): *words ran high*, volarono parole grosse; *to — low*, diminuire, venire a mancare; *to — riot*, scatenarsi, dare in eccessi; imboschire (di piante); *to — short* (*of sthg.*), finire (qlco.): *petrol was running short*, la benzina stava finendo; *I ran short of money*, finii il denaro **6** correre, estendersi; spandersi (di colore); stingere: *the coast runs North and South*, la costa si estende da nord a sud; *a hedge runs round the villa*, una siepe circonda la villa **7** funzionare: *she left the engine running*, lasciò il motore acceso; *the heating runs on gas*, il riscaldamento funziona a gas; *the office was soon running smoothly*, l'ufficio incominciò ben presto a funzionare senza intoppi **8** (*mar.*) far rotta, dirigersi **9** durare; avere validità: *the contract will — for two more years*, il contratto sarà valido per altri due anni; *the interest will — from next month*, gli interessi decorreranno dal prossimo mese **10** essere in cartellone; essere in programmazione: *his play will — (for) several weeks*, la sua commedia terrà il cartellone per molte settimane; *is Ben Hur still running at the Astoria?*, danno ancora Ben Hur all'Astoria?; *the musical just ran and ran*, (*fam.*) quel musical è stato su una vita **11** risalire i fiumi (di trote, salmoni ecc.) **12** smagliarsi (di calze) **13** suppurare (di ferita) **14** (*fam.*) avere la diarrea ◆ *v.tr.* **1** far correre; correre, fare: *are you going to — your horse?*, farai correre il tuo cavallo?; *he ran a good race*, ha fatto una buona corsa; *she ran the mile in under four minutes*, ha corso il miglio in meno di quattro minuti // *to — the street*, vivere per la strada (di ragazzi) // *to — a candidate*, presentare un candidato **2** far muovere, far andare; guidare, dirigere: *he ran his car slowly out of the garage*, portò lentamente l'auto fuori dal garage; *to — s.o. out of town*, cacciare qlcu. dalla città; *he ran me home*, (*fam.*) mi portò a casa; *they ran a line out to the drowning man*, buttarono, allungarono una corda al l'uomo che stava annegando // *to — ship aground*, incagliare una nave **3** gestire, dirigere, amministrare: *to — a business*, dirigere un'azienda; *to — a country*, governare un paese; *to — a school*, dirigere una scuola; *to — a family on a low income*, mantenere la famiglia con un magro stipendio; *to — a home and family*, mandare avanti casa e famiglia; *to — the drug ring*, controllare il giro della droga // *to — the show*, (*fam.*) essere il capo, tenere le fila **4** far funzionare: *car that can be — at low cost*, automobile economica; *to — a car on gas*, far funzionare un'auto a gas // (*inform.*) *to — a program*, elaborare, dare esecuzione a un programma **5** seguire, inseguire: *things must — their course*, le cose devono seguire il loro corso; *to — to earth*, inseguire (un animale) fino alla tana; (*fig.*) scoprire dopo lunghe ricerche; *to — a scent*, seguire una pista; *to — s.o. close* (o *hard*), incalzare, inseguire qlcu. da vicino; essere quasi alla pari con qlcu. **6** passare, far passare: *he ran his fingers through his hair*, si passò le dita fra i capelli; *he ran his eyes over the page*, scorreva la pagina con lo sguardo; *his fingers ran over the keys of the piano*, le sue dita scorrevano sui tasti del piano // *to — a sword through s.o.*, trafiggere qlcu. con la spada **7** pubblicare: *the paper ran a story on his shady dealing*, il giornale pubblicò una notizia sui suoi affari poco chiari // *the story runs that...*, si dice che...

□ **run across** *v.intr.* e *prep.* incontrare, imbattersi in: *I ran across an old friend at the party*, ho incontrato un vecchio amico alla festa.

□ **run after** *v.intr.* e *prep.* **1** rincorrere, correre dietro a: *to — after a thief*, rincorrere un ladro **2** (*fam.*) correre dietro a, fare la corte a.

□ **run along** *v.intr.* e *avv.* (*fam.*) (*spec. imp.*) andar via: *— along, I'm fed up with you!*, vai via, mi hai stancato!

□ **run around** *v.intr.* e *avv.* (*fam.*) passare da un flirt all'altro.

□ **run at** *v.intr.* e *prep.* assalire (qlcu.), gettarsi su (qlcu., qlco.): *he ran at her with a knife*, la assalì brandendo un coltello.

□ **run away** *v.intr.* e *avv.* **1** scappare, andar via: *to — away from home*, scappare di casa; *he ran away with a sixteen-year-old girl*, scappò di casa con una ragazza di sedici anni **2** consumare: *the new water heater runs away with a lot of electricity*, il nuovo scaldacqua consuma molta elettricità **3** vincere con facilità: *to — away with the first match*, vincere con facilità la prima partita **4** impadronirsi di, prendere il controllo di: *don't let your feelings — away with you*, non lasciare che i sentimenti prendano il sopravvento // *don't — away with idea that it's an easy job*, non credere che sia un lavoro facile.

□ **run back** *v.tr.* e *avv.* far scorrere indietro un nastro, una pellicola ◆ *v.intr.* e *avv.* tornare indietro (su), riconsiderare (qlco.): *let's — back over his past career*, riconsideriamo la sua passata carriera.

□ **run behind** *v.intr.* e *avv.* o *prep.* essere, rimanere indietro (sul previsto): *we must make up for lost time, we are running behind schedule*, dobbiamo recuperare il tempo perso, siamo indietro rispetto al programma.

□ **run down** *v.tr.* e *avv.* **1** scaricare (batteria ecc.) **2** (*fig.*) indebolire **3** investire: *she has been — down by a car*, è stata investita da un'auto **4** rintracciare; scovare: *the escaped prisoners were — down after a long search*, i fuggitivi furono rintracciati dopo lunghe ricerche **5** (*fam.*) criticare, sparlare di ◆ *v.intr.* e *avv.* **1** scaricarsi (di batteria ecc.) **2** (*fig.*) indebolirsi **3** (*to*) estendersi (fino a).

□ **run in** *v.tr.* e *avv.* **1** (*fam.*) fermare, condurre al commissariato di polizia: *to — s.o. in for drunkenness*, fermare, arrestare qlcu. per ubriachezza **2** rodare (un'auto).

□ **run into** *v.tr.* o *intr.* e *prep.* **1** (far) collidere con, (far) entrare in collisione con; (far) sbattere contro **2** portare a; imbattersi in: *his wild expenditure ran the firm into financial difficulties*, le sue spese poco oculate portarono la ditta a serie difficoltà economiche; *to — into debt*, indebitarsi, indebitare ◆ *v.intr.* e *prep.* **1** imbattersi: *to — into a friend*, imbattersi in un amico; *we ran into a storm*, ci imbattemmo in un temporale **2** ammontare a: *the expense will — into hundreds of pounds*, la spesa sarà di alcune centinaia di sterline // *his book ran into four editions*, il suo libro ha avuto quattro edizioni.

□ **run off** *v.tr.* e *avv.* **1** far uscire **2** duplicare; copiare; stampare: *— me off some copies of this*, fammene alcune copie **3** (*sport*) disputare ◆ *v.intr.* e *avv.* **1** scorrere via (di liquido) **2** scappare: *she ran off with Mary's husband*, è scappata col marito di Mary; *he ran off with my money*, è scappato col mio denaro.

□ **run on** *v.intr.* e *avv.* **1** continuare senza sosta **2** (*tip.*) andare di seguito **3** trattare di, riguardare: *the discussion ran on holidays abroad*, la discussione verteva sulle vacanze all'estero.

□ **run out** *v.intr.* e *avv.* **1** esaurirsi; esaurire (qlco.): *water was running out*, l'acqua si stava esaurendo; *we've — out of milk*, siamo senza latte; *I'm running out of patience*, sto esaurendo la mia pazienza **2** scadere: *the contract runs out next month*, il contratto scade il mese prossimo **3** (*fam.*) (*at*) ammontare (a): *what does the estimate — out at?*, a quanto ammonta il preventivo? **4** (*fam.*) (*on*) abbandonare: *to — out on a friend*, abbandonare un amico.

□ **run over** *v.intr.* e *avv.* **1** traboccare **2** (*fig.*) traboccare, scoppiare di: *to be running over with enthusiasm*, essere pieno di entusiasmo **3** ripetere velocemente: *he ran over his speech in his mind*, ripeté velocemente il suo discorso nella sua mente ◆ *v.tr.* e *avv.* investire e passar sopra: *he was — over by a lorry*, fu investito e schiacciato da un camion.

□ **run through** *v.intr.* e *prep.* **1** attraversare (*anche fig.*) **2** esaminare, scorrere; sfogliare (un libro): *let's — through the main points of your speech*, scorriamo i punti salienti del tuo discorso **3** riprovare (una parte) **4** sperperare (denaro), dar fondo a.

□ **run to** *v.intr.* e *prep.* **1** bastare per: *my savings won't — to a holiday abroad*, i miei risparmi non bastano per una vacanza all'estero **2** tendere a: *to — to coarseness*, tendere alla volgarità; *to — to extremes*, tendere agli estremi // *to — to seed*, andare in seme (di piante); (*fig.*) deteriorarsi // *to — to fat*, ingrassare.

□ **run up** *v.tr.* e *avv.* **1** alzare: *to — up a flag*, alzare una bandiera **2** mettere insieme (in una situazione d'emergenza), improvvisare: *to — up a shelter*, improvvisare un rifugio // *she runs up her dresses*, si fa gli abiti da sola **3** accumulare (debiti, conti ecc.) ◆ *v.intr.* e *avv.* **1** (*sport*) prendere la rincorsa **2** (*against*) incontrare, imbattersi in: *he expected to — up against some difficulties*, si aspettava di dover affrontare alcune difficoltà.

runabout ['rʌnəbaʊt / run·about] *s.* **1** (*fam.*) utilitaria, vettura piccola; (*amer.*) spider **2** piccolo motoscafo **3** (*non com.*) vagabondo **4** (*gener. pl.*) (*austr.*) bestiame allo stato brado.

runagate ['rʌnəgeɪt / run·agate] *s.* (*ant.*) **1** vagabondo; fuggiasco **2** rinnegato; apostata: *there let him sink, and be the seas on him / white-liver'd runagate!*, (SH. Richard III) che sprofondi e il mare lo copra, vile rinnegato!

run-around ['rʌnə,raʊnd] *s.* (*fam.*) spiegazione evasiva: *she asked in several offices but they just gave her the —*, ha chiesto in diversi uffici ma l'hanno spedita da un posto all'altro senza darle una risposta precisa // *she's been giving her husband the —*, fa le corna a suo marito.

runaway ['rʌnəweɪ / run·away] *agg.attr.* **1** fuggiasco, fuggitivo **2** sfuggito al controllo; che prende la mano (di cavallo): *a — car*, macchina di cui si è perso il controllo // *a — success*, (*fig.*) un successo clamoroso **3** fatto fuggendo, di corsa; *— knock*, *— ring*, bussata, scampanellata data per scherzo da persona che poi fugge // *they made a — match* (o *marriage*), dopo essere fuggiti si sposarono **4** decisivo: *— victory*, vittoria decisiva **5** (*econ.*) in rapido rialzo: *— market*, mercato in rapido rialzo; *— inflation*, inflazione galoppante ◆ *s.* **1** fuggitivo, disertore **2** cavallo che ha preso la mano **3** fuga: *— speed*, velocità di fuga.

runcinate ['rʌnsɪnɪt / run·cin·ate] *agg.* (*bot.*) roncinato.

rundle ['rʌndl] *s.* (*rar.*) **1** piolo (di scala) **2** tamburo (di argano ecc.).

run-down [,rʌn'daʊn] *agg.* **1** diroccato, in rovina **2** esausto, spossato; esaurito **3** scarico; inefficiente **4** malandato; in ribasso ◆ *s.* **1** ridimensionamento; diminuzione, cessazione di attività (di un'azienda ecc.) **2** (*fam.*) resoconto; riassunto.

rune [ru:n] *s.* **1** runa, carattere runico **2** simbolo misterioso, magico **3** (*non com.*) antica poesia finnica, scandinava.

rung[1] [rʌŋ] *s.* piolo; raggio (di ruota); traversa (di sedia): *the bottom* (o *first*) *— of the ladder*, il primo piolo della scala; (*fig.*) il livello più basso; il grado, la posizione inferiore.

rung[2] *p.p.* di to **ring**[2].

runic ['ru:nɪk / ru·nic] *agg.* **1** runico **2** (*fig. non com.*) magico, misterioso.

run-in ['rʌnɪn] *agg.* (*non com.*) inserito ◆ *s.* **1** (*non com.*) inserzione **2** (*fam.*) battibecco, lite **3** periodo di prova; (*aut.*) rodaggio.

runlet ['rʌnlɪt / run·let] *s.* (*amer.*) ruscelletto, torrentello.

runnel ['rʌnl / run·nel] *s.* (*letter.*) **1** ruscello, ruscelletto; rigagnolo **2** scolatoio, canaletto.

runner ['rʌnə* / run·ner] *s.* **1** corridore; cavallo da corsa **2** fattorino; corriere, messo; (*mil.*) portaordini **3** (*comm.*) collettore; procuratore; procacciatore di affari, piazzista **4** contrabbandiere; nave contrabbandiera: *gun —*, contrabbandiere di armi da fuoco **5** passatoia; striscia ornamentale (su un tavolo ecc.) **6** (*bot.*) stolone, rampollo; viticcio **7** (*zool.*) rallo acquatico **8** pattino di slitta; lama di pattino; (*aer.*) pattino **9** (*mecc.*) guida di scorrimento; girante (di turbina idraulica) **10** (*metall.*) canale di colata **11** (*mar.*) bozzello mobile, amante **12** macina, mola **13** (*amer.*) macchinista di treno **14** (*st.*) (*Bow-Street*) —, ufficiale di polizia.

runner bean [,rʌnə'bi:n] *s.* (*bot.*) (*Phaseolus coccineus*) fagiolo rampicante, fagiolo di Spagna SIN. scarlet runner.

runner-up [,rʌnər'ʌp] *s.* **1** (*sport*) secondo classificato **2** chi rilancia (a un'asta).

running ['rʌnɪŋ / run·ning] *agg.* **1** che corre, in corsa // (*econ.*) *— yield*, rendimento immediato // (*comm. amer.*) *— account*, conto corrente, conto aperto (in un negozio) **2** da corsa: *— shoes*, *shorts*, scarpe, calzoncini da corsa **3** corrente (di acqua ecc.); fluente, scorrevole (di stile): *hot and cold — water*, acqua corrente calda e fredda // (*tip.*) *— titles*, titoli correnti, testatine // (*mecc.*) *— cable*, fune portante **4** che gocciola, che cola: *— nose*, naso gocciolante **5** continuo; regolare; consecutivo: *— battle*, battaglia incessante; continua schermaglia // *— commentary*, radiocronaca, telecronaca in diretta **6** (*mecc.*) in marcia, funzionante: *in — order*, efficiente; con un buon rendimento; *— gear*, parti mobili **7** d'emergenza, improvvisato: *— repairs*, lavoretti di manutenzione corrente, riparazioni improvvisate **8** purulento: *— sore*, ferita purulenta ◆ *s.* **1** il correre; corsa: *I go — every morning*, vado a correre tutte le mattine // *— dog*, (*fam. amer.*) galoppino; servo // *to be in*, *out of the —*, avere, non avere probabilità di vittoria // *to make the —*, fare l'andatura (*anche fig.*) // *to take up the —*, condurre la corsa // (*dir.*) *— of limitation*, decorrenza della prescrizione **2** esercizio, direzione amministrativa (di albergo, ferrovia ecc.) **3** (*non com.*) scolo, flusso, scorrimento (d'acqua ecc.) // (*metall.*) *— channel*, canale di colata **4** (*mecc.*) marcia, funzionamento: *ahead*, *astern —*, marcia avanti, indietro; *slow —*, minimo, marcia lenta **5** contrabbando **6** (*inform.*) esecuzione, svolgimento, passata (di un programma); gestione della biblioteca programmi: *— count*, cumulo; *— head*, titolo corrente ◆ *avv.* consecutivamente; di seguito: *he won three times —*, vinse per tre volte consecutivamente.

running-board ['rʌnɪŋ,bɔ:d] *s.* (*aut.*) pedana.

running-in [,rʌnɪŋ'ɪn] *s.* (*mecc.*) rodaggio.

running jump [,rʌnɪŋ'dʒʌmp] *s.* salto con rincorsa: *to take a —*, prendere la rincorsa per saltare // *take a —!*, (*fig. fam.*) piantala!; levati di torno!

running-knot ['rʌnɪŋ,nɒt] *s.* nodo scorsoio.

running mate ['rʌnɪŋ,meɪt] *s.* (*amer.*) **1** (*sport*) galoppino **2** (*sport*) compagno di squadra; chi fa la lepre **3** (*fig. pol.*) candidato alla meno importante di due cariche abbinate.

running-on [,rʌnɪŋ'ɒn] *s.* (*mecc.*) funzionamento ad accensione disinserita.

running-out [,rʌnɪŋ'aʊt] *s.* (*mecc.*) funzionamento per inerzia.

running-powers ['rʌnɪŋ,paʊəz] *s.* (*ferr.*) diritti di passaggio.

running track ['rʌnɪŋ,træk] *s.* (*sport*) pista.

runny ['rʌnɪ] *agg.* **1** troppo liquido; liquefatto: *— butter*, burro squagliato **2** che gocciola, che cola: *— nose*, naso che cola; *— eyes*, occhi che lacrimano // **-ily** *avv.* // **-iness** *s.*

run-off ['rʌnɒf *amer.* 'rʌnɔ:f] *s.* **1** (*sport*) spareggio **2** (*geogr.*) deflusso superficiale (delle acque piovane).

run-of-the-mill [,rʌnəvðə'mɪl] *agg.* ordinario, comune; mediocre; banale.

run-on ['rʌnɒn] *agg.* **1** (*tip.*) stampato di seguito **2** (*poesia*) con enjambement.

run-out ['rʌnaʊt] *s.* **1** (*metall.*) fuga del metallo fuso dalla forma; getto incompleto **2** (*amer.*) fuga, diserzione.

runt [rʌnt] *s.* **1** animale o pianta inferiore al normale; l'animale più piccolo di una figliata (spec. di maiali) **2** (*fam. spreg.*) persona troppo piccola; mezza cartuccia **3** razza di mucche (spec. della Scozia e del Galles) più piccole del normale **4** varietà di piccione domestico **5** (*rar.*) tronco d'albero morto.

run-through ['rʌnθru:] *s.* (*fam.*) ripasso; prova (teatrale): *let's give that number one more —*, proviamo ancora, un'altra volta il numero.

run time ['rʌn,taɪm] *s.* (*inform.*) tempo di elaborazione (di un elaboratore).

runty ['rʌntɪ] *agg.* più piccolo del normale; inferiore al normale.

run-up ['rʌnʌp] *s.* **1** (*sport*) rincorsa: *he took a long — before the jump*, prese una lunga rincorsa prima del salto **2** (*fig.*) periodo precedente, di preparazione a un evento importante: *in the — before* (o *to*) *the election we were three points ahead*, nella corsa alle elezioni eravamo in vantaggio di tre punti.

runway ['rʌnweɪ / run·way] *s.* **1** (*aer.*) pista di decollo, di atterraggio; scivolo (per idrovolanti) **2** (*non com.*) pista, sentiero (spec. frequentato da animali) **3** (*non com.*) canale; letto (di fiume) **4** pendio (lungo il quale vengono fatti scivolare i tronchi) **5** (*sport*) pista per la rincorsa (di salto, volteggio) **6** (*teatr.*) passerella **7** (*mecc.*) via di corsa, piano di scorrimento (di gru a carroponte).

rupee [ru:'pi: / ru·pee] *s.* rupia (moneta indiana).

rupestral [ru:'pestrl / ru·pes·tral]
rupestrine [ru:'pestrɪn / ru·pes·trine] *agg.* (*bot.*) rupestre, rupicolo.

rupia ['ru:pɪə] *s.* (*med.*) rupia.

rupicola [ru:'pɪkələ / ru·pic·ola] *s.* (*zool.*) (*Rupicola peruviana*) rupicola (peruviana), galletto di roccia peruviano.

rupicolous [ru:'pɪkəʊləs / ru·pic·ol·ous] *agg.* (*zool.*) rupicolo.

rupture [ˈrʌptʃə* / rup·ture] *s.* **1** (*form.*) rottura (*anche fig.*) **2** (*med.*) ernia; rottura.

to **rupture** *v.tr.* **1** (*form.*) rompere, strappare; far scoppiare **2** (*fig. form.*) rompere; distruggere **3** (*med.*) rompere, far scoppiare (membrana, vena): *to — a ligament*, strappare un legamento, un tendine ◆ *v.intr.* **1** rompersi, strapparsi; scoppiare **2** (*med.*) rompersi; scoppiare; provocare un'ernia.

rural [ˈrʊərəl] *agg.* rurale; campestre, campagnolo; rustico: *— occupations*, lavori campestri; *— accent*, accento da campagnolo // **-ly** *avv.*

ruralization [ˌrʊərəlaɪˈzeɪʃn *amer.* ˌrʊərəlɪˈzeɪʃn / rur·al·iza·tion] *s.* (*form.*) ruralizzazione.

to **ruralize** [ˈrʊərəlaɪz / rur·al·ize] *v.tr.* (*form.*) ruralizzare ◆ *v.intr.* ruralizzarsi.

ruscus [ˈrʌskəs] *s.* (*bot.*) rusco, pungitopo → **butcher's broom**.

ruse [ru:z] *s.* (*form.*) stratagemma, astuzia, trucco.

rush[1] [rʌʃ] *s.* **1** (*bot.*) (*Juncus conglomeratus*) giunco dei contadini, festuca; (*fam.*) paglia (per sedie): *— candle*, candela di midollo di giunco **2** (*fig. non com.*) inezia; cosa di poco o nessun valore: *I don't care a —*, non m'importa assolutamente nulla; *it is not worth a —*, non vale proprio un bel niente.

to **rush**[1] *v.tr.* (*non com.*) impagliare (sedie); ricoprire di giunchi.

rush[2] *s.* **1** corsa precipitosa; assalto; impeto (*anche fig.*): *there was a — for the door*, ci fu una corsa precipitosa verso la porta // *to give s.o. the bum's —*, (*sl.*) buttar fuori qlcu. da un locale **2** fretta, premura: *what's the —? there's plenty of time*, che fretta c'è? abbiamo molto tempo; *a — job*, un lavoro fatto in fretta, raffazzonato; *to do sthg. in a —*, far qlco. in fretta e furia **3** attività febbrile; trambusto **4** afflusso, flusso (*anche med.*): *— of blood to the head*, flusso di sangue alle testa; *— of people*, afflusso di gente **5** (*comm.*) grande richiesta **6** *pl.* (*cinem.*) prima stampa.

to **rush**[2] *v.intr.* **1** precipitarsi; sfrecciare: *he rushed up the stairs*, si precipitò su per le scale; *I've been rushing all day*, ho corso tutto il giorno; *they rushed out of the room*, si precipitarono fuori dalla stanza; *the soldiers rushed forward*, i soldati si precipitarono innanzi; *the memory of the past rushed into her mind*, (*fig.*) le balzò in mente il ricordo del passato: *the ambulance rushed past us*, l'ambulanza sfrecciò accanto a noi // *to — to conclusions*, balzare alle conclusioni **2** affrettarsi: *don't —, there's plenty of time*, non occorre che ti affretti, abbiamo molto tempo **3** scorrere impetuosamente, irrompere, affluire: *tears rushed to his eyes*, gli salirono le lacrime agli occhi; *the blood rushed to his head*, il sangue gli salì alla testa ◆ *v.tr.* **1** mandare, inviare, spostare in tutta fretta // *fresh troops were rushed up to the front*, truppe di rinforzo furono subito mandate in prima linea; *we rushed him home*, lo mandammo a casa in tutta fretta // *to be rushed* (*off one's feet*), non aver tempo di respirare; *they rushed the book into print*, hanno dato il libro alla stampa in fretta e furia // *the kind Prince / taking thy part, hath rushed aside the law*, (SH. Romeo and Juliet) il buon principe, parteggiando per te, ha messo da parte la legge **2** affrettare, fare in fretta (qlco.), accelerare: *don't — this work*, non fare questo lavoro in fretta; *he rushed his dinner and went out*, mangiò in fretta il pranzo e uscì **3** far fretta a (qlcu.): *don't — me!*, non mettermi fretta!; *he doesn't like to be rushed*, non vuole che gli si faccia fretta **4** avventarsi, buttarsi su (qlcu.): *they rushed the thief and tied him up*, si buttarono sul ladro e lo legarono **5** (*mil.*) occupare d'assalto: *to — the enemy's trenches*, irrompere nelle trincee nemiche **6** (*fam.*) chiedere prezzi esorbitanti: *how much did they — you for this?*, quanto ti hanno chiesto per questo? **7** (*amer.*) colmare di attenzioni, di gentilezze.

□ **rush into** *v.intr.* e *prep.* buttarsi sconsideratamente, affrettatamente in (qlco.): *it isn't wise to — into buying a house*, bisogna pensarci bene prima di comperare una casa ◆ *v.tr.* e *prep.* spingere a (fare qlco.): *don't let anybody — you into doing it, take your time*, non lasciare che nessuno ti faccia fretta, pensaci bene.

□ **rush through** *v.tr.* e *avv.* far passare in fretta e furia (una legge e simili); (*estens.*) evadere con sollecitudine (un ordine ecc.) ◆ *v.intr.* e *prep.* fare in modo frettoloso: *he rushed through the job*, ha fatto il lavoro frettolosamente.

rush-hour [ˈrʌʃˌaʊə*] *s.* ora di punta.

rushlight [ˈrʌʃlaɪt / rush·light] *s.* candela di giunco; (*estens.*) luce debole.

rusk [rʌsk] *s.* (fetta di) pane dolce biscottato.

russet [ˈrʌsɪt / rus·set] *agg.* **1** (*letter.*) ruggine; rosso bruno **2** (*rar.*) rustico, casalingo, semplice ◆ *s.* **1** (*st.*) veste da contadino **2** (*letter.*) color ruggine **3** (*bot.*) mela ruggine.

Russian [ˈrʌʃn / Rus·sian] *s.* **1** russo // *White —*, russo bianco **2** lingua russa ◆ *agg.* russo.

Russian roulette [ˌrʌʃənru:ˈlet] *s.* roulette russa.

Russian thistle [ˌrʌʃənˈθɪsl] *s.* (*bot.*) erba cali → **kali**.

Russophil [ˈrʌsəʊfɪl / Rus·so·phil] **Russophile** [ˈrʌsəʊfaɪl / Rus·so·phile] *agg.* e *s.* russofilo.

Russophobe [ˈrʌsəʊfəʊb / Rus·so·phobe] *agg.* e *s.* russofobo.

rust [rʌst] *s.* **1** ruggine: *to get* (o *become*) *covered with —*, coprirsi di ruggine; *to rub the — off*, togliere la ruggine (*anche fig.*); *— preventer*, antiruggine; *— prevention* (o *— preventive treatment*), trattamento antiruggine; *— remover*, solvente per la ruggine **2** (*colore*) ruggine **3** (*bot.*) ruggine (malattia delle piante).

to **rust** *v.intr.* **1** arrugginirsi; corrodersi **2** arrugginirsi, deteriorarsi; diventare inattivo // *better wear out than — out*, (*prov.*) è meglio esaurirsi lavorando che languire oziando **3** (*non com.*) diventare color ruggine **4** (*bot.*) essere affetto da ruggine ◆ *v.tr.* **1** arrugginire; corrodere **2** deteriorare: *idleness rusts the mind*, l'ozio arrugginisce la mente.

□ **rust away** *v.intr.* e *avv.* essere completamente corroso dalla ruggine.

rust-coloured [ˈrʌstˌkʌləd] *agg.* color ruggine.

rust-eaten [ˈrʌstˌi:tən] *agg.* roso, corroso dalla ruggine.

rustic [ˈrʌstɪk / rus·tic] *agg.* **1** rustico, campestre **2** (*non com.*) semplice; rozzo, grossolano: *— speech, manners*, linguaggio, modi rozzi **3** (*non com.*) grezzo, non rifinito ◆ *s.* campagnolo, contadino.

rustically [ˈrʌstɪkəlɪ / rus·tic·ally] *avv.* rusticamente; rozzamente.

to **rusticate** [ˈrʌstɪkeɪt / rus·tic·ate] *v.intr.* (*form.*) vivere in campagna; condurre una vita rustica; ritirarsi in campagna ◆ *v.tr.* (*form.*) **1** relegare, mandare in campagna **2** rendere rustico **3** sospendere temporaneamente (studente universitario) **4** (*arch.*) bugnare.

rustication [ˌrʌstɪˈkeɪʃn / rus·tica·tion] *s.* (*form.*) **1** (*non com.*) vita rustica, campestre **2** espulsione temporanea (dall'università) **3** (*arch.*) bugnato.

rusticity [rʌsˈtɪsətɪ / rus·ti·city] *s.* (*form.*) **1** rusticità; semplicità **2** (*non com.*) rozzezza, rustichezza.

rusting [ˈrʌstɪŋ / rust·ing] *s.* (*chim.*) arrugginimento.

rustle[1] [ˈrʌsl] *s.* fruscio (di carta, seta ecc.); stormire (di foglie); picchiettio (di pioggia); mormorio (di vento ecc.).

to **rustle**[1] *v.intr.* frusciare (di carta); stormire (di foglie); picchiettare (di pioggia); mormorare (di vento ecc.) ◆ *v.tr.* far frusciare (carta); far stormire (foglie).

rustle[2] *s.* (*fam. amer.*) furto, rapina (spec. di bestiame).

to **rustle**[2] *v.intr.* (*sl. amer.*) darsi da fare; affrettarsi; sbrigarsi ◆ *v.tr.* **1** (*amer.*) ammassare dandosi da fare (p.e. quattrini) // *to — one's bustle*, darsi una mossa, sbrigarsi **2** rubare (bestiame).

□ **rustle up** *v.tr.* e *avv.* (*fam.*) mettere insieme, preparare velocemente (un pasto, qualcosa da mangiare).

rustler [ˈrʌslə* / rust·ler] *s.* (*sl. amer.*) **1** ladro di bestiame **2** persona attiva, energica.

rustless [ˈrʌstlɪs / rust·less] *agg.* **1** senza ruggine **2** inossidabile.

rustling[1] [ˈrʌslɪŋ / rust·ling] *agg.* frusciante; mormorante ◆ *s.* fruscio; mormorio.

rustling[2] *s.* (*amer.*) furto di bestiame.

rustproof [ˈrʌstpru:f / rust·proof] *agg.* resistente alla ruggine; inossidabile.

to **rustproof** *v.tr.* proteggere dalla ruggine, rendere inossidabile.

rust-resistant [ˈrʌstrɪˌzɪstənt] *agg.* → **rustproof**.

rusty[1] [ˈrʌstɪ] *agg.* **1** rugginoso, arrugginito (*anche fig.*): *to get* (o *become*) *—*, arrugginirsi (*anche fig.*) **2** antiquato; vecchio (di abiti) **3** di color ruggine, rugginoso; scolorito (di tessuti neri) **4** (*bot.*) affetto da ruggine // **-ily** *avv.* // **-iness** *s.*

rusty[2] *agg.* (*non com.*) **1** ombroso (di cavallo) **2** intrattabile, arrabbiato, offeso (di persona): *to turn* (o *to cut up*) *—*, arrabbiarsi, fare l'offeso.

rusty-dusty [ˈrʌstɪˈdʌstɪ] *s.* (*fam. amer.*) sedere, deretano.

rut[1] [rʌt] *s.* (*zool.*) fregola (di animali).

to **rut**[1] *pass.p.p.* **rutted** [ˈrʌtɪd / rut·ted] *v.intr.* (*zool.*) essere in fregola (di animali).

rut[2] *s.* **1** rotaia, carreggiata, solco **2** (*fig.*) routine, trantran; abitudine inveterata: *to get in a* (o *the*) *—*, cadere nella solita routine // *to settle* (o *to sink*) *into a —*, fossilizzarsi.

to **rut**[2] *pass.p.p.* **rutted** *v.tr.* (*non com.*) solcare.

rutabaga [ˈru:təˌbeɪgə / ru·ta·baga] *s.* **1**

(*bot.*) (*Brassica napobrassica*) navone, rutabaga SIN. swede **2** (*fam. amer.*) dollaro.

ruth [ru:θ] *s.* **1** (*ant.*) pietà, compassione: *would the nobility lay aside their ruth*, (SH. Coriolanus) volessero i nobili metter da parte la loro pietà **2** (*rar.*) pentimento; rimorso **3** (*ant.*) dolore, sofferenza, angoscia.

ruthenic [ru:'θi:nɪk / ruth·enic] *agg.* (*chim.*) rutenico.

ruthenious [ru:'θi:nɪəs / ruth·eni·ous] *agg.* (*chim.*) rutenoso.

ruthenium [ru:'θi:njəm / ruth·enium] *s.* (*chim.*) rutenio.

rutherford ['rʌðəfəd / ruth·er·ford] *s.* (*fis.*) rutherford (unità di misura dell'attività di una sostanza radioattiva).

ruthless ['ru:θlɪs / ruth·less] *agg.* **1** spietato, crudele, duro, inumano **2** fermo, deciso // **-ly** *avv.* // **-ness** *s.*

rutile ['ru:taɪl / ru·tile] *s.* (*min.*) rutilo.

ruttish ['rʌtɪʃ / rut·tish] *agg.* in fregola; lascivo.

rutty ['rʌtɪ] *agg.* (*non com.*) pieno di solchi (di strada).

Rwandan [rʊ'ændən / Rwan·dan] *agg.* e *s.* ruandese.

rye [raɪ] *s.* **1** (*bot.*) (*Secale cereale*) segale, segala: — *bread*, pane di segale **2** — (*whisky*), (*fam.*) whisky ottenuto dalla segale.

rye-grass ['raɪ,grɑ:s *amer.* 'raɪ,græs] *s.* (*bot.*) (*Lolium multiflorum*) loglio.

ryot ['raɪət] *s.* (*angloindiano*) contadino, coltivatore della terra.

Ss

s [es] *pl.* **ss, s's** ['esɪz] *s.* **1** (*diciannovesima lettera dell'alfabeto inglese*) s: (*tel.*) — *for Sugar*, s come Savona **2** (*usato come attr.*) a forma di S, a esse: *an — bend*, una curva a S // *an — shaped pattern*, un disegno, motivo a forma di esse.

s. abbr. di → **shilling(s), second(s), section**.

S. abbr. di → **south**.

's **1** (*usato per formare il caso poss. dei s. sing. e dei pl. irregolari*): *the boy's*, del ragazzo; *men's*, degli uomini; *St. James's Park*, il parco di St. James **2** (*usato per indicare il pl. di numeri o lettere*): *5's*, *t's*, i 5, le t; *the 30's*, gli anni trenta **3** (*fam.*) contr. di *is*, *has*, *us*: *he's here*, egli è qui; *he's written*, egli ha scritto; *let's go*, andiamocene; *what's your name?*, come ti chiami?

sabadilla [,sæbə'dɪlə / sa·ba·dilla] *s.* (*bot.*) (*Schoenocaulon officinale*) sabadiglia.

Sabaean [sə'bi:ən / Sa·baean] *agg.* (*st.*) sabeo.

Sabbatarian [,sæbə'teərɪən / Sab·bat·arian] *agg.* e *s.* (*relig.*) sabbatario.

Sabbatarianism [,sæbə'teərɪənɪzəm / Sab·bat·ari·an·ism] *s.* (*relig.*) pratica, dottrina dei sabbatari.

Sabbath ['sæbəθ / Sab·bath] *s.* **1** (*antiq.*) il settimo giorno della settimana dedicato al riposo (sabato per gli ebrei, domenica per i cristiani): *to keep*, *to break the* —, osservare, non osservare il sabato **2** (*fig. non com.*) periodo di riposo **3** (*witches'*) *sabbath*, sabba.

sabbatical [sə'bætɪkl / sab·bat·ical] *agg.* sabbatico: — *year*, (*Bibbia*) anno sabbatico; — *leave* (o *year*), anno sabbatico (congedo concesso ogni sette anni ai professori universitari per studio, ricerca, aggiornamento) ◆ *s.* anno sabbatico: *to be on* —, essere in anno sabbatico.

Sabean [sə'bi:ən / Sa·bean] *agg.* (*st.*) sabeo.

Sabellian[1] [sə'belɪən / Sa·bel·lian] *agg.* e *s.* (*st.*) sabellico.

Sabellian[2] *agg.* e *s.* (*teol.*) sabelliano.

saber *s.* (*amer.*) → **sabre**.

Sabian ['seɪbɪən / Sa·bian] *agg.* e *s.* (*st. relig.*) sabeo.

Sabine ['sæbaɪn / Sab·ine] *agg.* e *s.* (*st.*) sabino.

sable ['seɪbl] *agg.* **1** di zibellino **2** (*poet.*) oscuro, fosco, nero ◆ *s.* **1** (*zool.*) (*Martes zibellina*) zibellino; pelliccia di zibellino **2** (*artig.*) pennello (di martora) **3** (*arald.*) colore nero **4** *pl.* abiti da lutto.

to **sable** *v.tr.* (*ant.*) **1** oscurare, offuscare **2** vestire a lutto.

sable antelope ['seɪbl'æntɪləʊp] *s.* (*zool.*) (*Hippotragus niger*) antilope nera.

sabot ['sæbəʊ *amer.* sæ'bəʊ] *s.* zoccolo (tipo olandese).

sabotage ['sæbətɑ:ʒ / sab·ot·age] *s.* sabotaggio.

to **sabotage** *v.tr.* sabotare (*anche fig.*).

saboteur [,sæbə'tɜ:* / sa·bot·eur] *s.* sabotatore.

sabra ['sɑ:brə] *s.* sabra, israeliano nato in Israele.

sabre ['seɪbə*] *s.* sciabola.

to **sabre** *v.tr.* (*non com.*) sciabolare, colpire, ferire con la sciabola.

sabre-rattling ['seɪbə,rætlɪŋ] *s.* minaccia di guerra, dimostrazione di forza.

sabre-toothed tiger [,seɪbətu:θt'taɪgə*] *s.* (*paleont.*) tigre dai denti a sciabola.

sabulous ['sæbjələs / sab·ul·ous] *agg.* (*rar.*) **1** sabbioso; arenoso **2** (*med.*) sabbioso, granuloso.

saburra [sə'bɜ:rə / sab·urra] *s.* (*med.*) saburra.

saburral [sə'bɜ:rəl / sab·ur·ral] *agg.* (*med.*) **1** saburrale, della saburra; relativo alla saburra **2** di sabbiatura; relativo alla sabbiatura.

saburration [,sæbə'reɪʃn / sab·urra·tion] *s.* (*med.*) sabbiatura.

sac [sæk] *s.* (*anat.*, *bot.*, *zool.*) sacco // (*anat.*): *lachrymal* —, sacco lacrimale; *amniotic* —, sacco amniotico.

saccate ['sækeɪt / sac·cate] *agg.* (*bot.*) a forma di sacco; contenuto in un sacco.

saccharase ['sækəreɪs / sac·char·ase] *s.* (*biochim.*) saccarasi, invertasi.

saccharate ['sækəreɪt / sac·char·ate] *s.* (*chim.*) saccarato.

saccharic [sə'kærɪk / sac·charic] *agg.* (*chim.*) saccarico: — *acid*, acido saccarico.

saccharide ['sækəraɪd / sac·char·ide] *s.* (*chim.*) saccaride.

sacchariferous [,sækə'rɪfərəs / sac·char·ifer·ous] *agg.* saccarifero.

saccharification [sə,kærɪfɪ'keɪʃn / sac·chari·fica·tion] *s.* (*chim.*) saccarificazione.

to **saccharify** [sə'kærəfaɪ / sac·char·ify] *v.tr.* (*chim.*) saccarificare.

saccharimeter [,sækə'rɪmɪtə* / sac·chari·meter] *s.* (*chim.*) (*polarimetro*) saccarimetro, saccarometro.

saccharin(e) ['sækərɪn / sac·charin(e)] *s.* saccarina.

saccharine ['sækəraɪn / sac·char·ine] *agg.* **1** (*chim.*) zuccherino; che ha natura di zucchero **2** dolciastro, mieloso, sdolcinato.

saccharinity [,sækə'rɪnətɪ / sac·char·in·ity] *s.* (*chim.*) saccarinità.

saccharoid(al) ['sækərɔɪd(l) / sac·char·oid(al)] *agg.* (*geol.*) saccaroide.

saccharometer [,sækə'rɒmɪtə* / sac·charo·meter] *s.* (*chim.*) (*densimetro*) saccarimetro, saccarometro.

saccharose ['sækərəʊs / sac·char·ose] *s.* (*biochim.*) saccarosio.

sacciform ['sæksɪfɔ:m / sac·ci·form] *agg.* (*non com.*) sacciforme, a forma di sacco, di sacca.

saccular ['sækjʊlə* / sac·cu·lar] *agg.* (*anat.*) sacciforme: — *gland*, ghiandola acinosa; — *aneurysm*, aneurisma sacciforme, ampollare.

saccule ['sækju:l / sac·cule] *s.* (*anat.*) sacculo; piccolo sacco.

sacerdotal [,sæsə'dəʊtl / sa·cer·dotal] *agg.* (*form.*) sacerdotale // **-ly** *avv.*

sacerdotalism [,sæsə'dəʊtəlɪzəm / sa·cer·dot·al·ism] *s.* (*spreg.*) **1** credenza che il sacerdozio assicuri speciali diritti e poteri **2** clericalismo.

sachem ['seɪtʃəm / sa·chem] *s.* (*amer.*) **1** capo pellerossa **2** (*fig.*) personaggio importante, capo.

sachet ['sæʃeɪ *amer.* sæ'ʃeɪ] *s.* **1** sacchetto profumato (per biancheria) **2** bustina (di zucchero, shampoo ecc.).

sack[1] [sæk] *s.* **1** sacco: *a jute* —, un sacco di juta // — *race*, corsa nei sacchi // *sad* —, (*sl. amer.*) perdente, fallito; pasticcione **2** sacco (contenuto di un sacco, usato talvolta come unità di misura di capacità variabile): *a — of beans*, un sacco di fagioli **3** (*fam.*) licenziamento, congedo: *to get the* —, essere licenziato, congedato; *to give s.o. the* —, licenziare qlcu. **4** (*sl.*) letto; giaciglio // *to hit the* —, andare a letto // — *duty* (o — *time*), (*sl. amer. mil.*) orario di andare a dormire, il silenzio // — *artist*, pigrone **5** (*baseball*) base.

to **sack**[1] *v.tr.* **1** insaccare **2** (*sl.*) licenziare, congedare **3** (*sl.*) sconfiggere in una gara.

□ **sack out** *v.intr.* e *avv.* (*sl. amer.*) andare a dormire, infilarsi nel letto.

□ **sack up** *v.tr.* e *avv.* (*amer.*) incassare.

sack[2] *s.* (*mil.*) sacco, saccheggio.

to **sack**[2] *v.tr.* **1** (*mil.*) saccheggiare, mettere a sacco **2** spogliare dei beni.

sack[3] *s.* vino bianco delle Canarie, della Spagna.

sackbut ['sækbʌt / sack·but] *s.* (*mus.*) strumento simile al trombone.

sackcloth ['sæk,klɒθ *amer.* 'sæk,klɔ:θ / sack·cloth] *s.* **1** tela da sacco **2** (tela di) sacco // *in — and ashes*, (*fig.*) col capo cosparso di cenere.

sacker[1] ['sækə*] *s.* **1** chi fabbrica sacchi **2** chi riempie sacchi.

sacker[2] *s.* saccheggiatore.

sackful ['sækfʊl / sack·ful] *s.* **1** saccata, (il contenuto di un) sacco **2** (*fam.*) sacco, grande quantità.

sacking[1] ['sækɪŋ / sack·ing] *s.* **1** tela da sacco, iuta **2** insaccamento **3** licenziamento.

sacking[2] *s.* (*non com.*) saccheggio.

sackload ['sækləʊd / sack·load] *s.* quantità (contenuta in un sacco), sacco: *sackloads of Christmas cards were sent last December*, grandi quantità di biglietti natalizi sono stati spediti lo scorso dicembre.

sacral[1] ['seɪkrəl / sac·ral] *agg.* (*anat.*) sacro; sacrale: *— bone*, osso sacro; *— nerves*, nervi sacrali.

sacral[2] *agg.* (*non com.*) rituale.

sacrament ['sækrəmənt / sac·ra·ment] *s.* **1** sacramento: *to administer the last sacraments to s.o.*, somministrare gli ultimi sacramenti a qlcu.; *to receive the sacraments*, ricevere i sacramenti **2** cosa misteriosa di significato sacro; simbolo sacro **3** giuramento.

sacramental [,sækrə'mentl / sac·ra·mental] *agg.* sacramentale ◆ *s.pl.* (*eccl.*) sacramentali // **-ly** *avv.*

sacramentarian [,sækrəmən'teərɪən / sac·ra·ment·ar·ian] *agg.* e *s.* (*st. relig.*) sacramentario.

sacramentarianism [,sækrəmən'teər ɪənɪzəm / sac·ra·ment·ar·ian·ism] *s.* (*st. relig.*) dottrina dei sacramentari.

sacrarium [sə'kreərɪəm / sac·rar·ium] *pl.* **sacraria** [sə'kreərɪə / sac·raria] *s.* (*st. romana, eccl.*) sacrario.

sacred ['seɪkrɪd / sac·red] *agg.* **1** sacro; religioso: *— book*, libro sacro; *— music*, musica sacra // *the — orders*, gli ordini sacri **2** sacro; inviolabile: *a — duty*, un sacro dovere // *my Sunday nap is —*, per me il pisolino della domenica è sacro **3** consacrato, dedicato: *— to the memory of*, dedicato alla memoria di // **-ly** *avv.* // **-ness** *s.*

sacred cow [,seɪkrɪd'kaʊ] *s.* vacca sacra; (*fig. spreg.*) dogma, principio indiscutibile, intoccabile: *redistribution of wealth was one of the party's sacred cows*, la ridistribuzione della ricchezza era uno dei dogmi del partito.

sacrifice ['sækrɪfaɪs / sac·ri·fice] *s.* **1** sacrificio: *a sheep was offered* (*up*) *as a —*, una pecora venne offerta in sacrificio **2** sacrificio; rinuncia, abnegazione: *she showed a spirit of —*, mostrò spirito di abnegazione ; *the last —*, il sacrificio supremo // (*trib.*) *equal — tax theory*, principio del sacrificio uguale.

to **sacrifice** *v.tr.* **1** sacrificare, immolare: *he sacrificed an ox to the gods*, immolò un bue agli dei **2** sacrificare; rinunziare a: *he sacrificed himself for his country*, egli si sacrificò per il suo paese; *he sacrificed his life to save the drowning child*, egli sacrificò la sua vita per salvare il bambino che stava annegando.

sacrificer ['sækrɪfaɪsə* / sac·ri·ficer] *s.* sacrificatore.

sacrificial [,sækrɪ'fɪʃl / sac·ri·fi·cial] *agg.* propiziatorio; espiatorio; sacrificale // **-ly** *avv.*

sacrilege ['sækrɪlɪdʒ / sac·ri·lege] *s.* sacrilegio (*anche fig.*).

sacrilegious [,sækrɪ'lɪdʒəs / sac·ri·le·gious] *agg.* sacrilego (*anche fig.*) // **-ly** *avv.*

sacring ['seɪkrɪŋ / sac·ring] *s.* (*ant.*) (*eccl.*) consacrazione // campanella suonata al momento dell'elevazione (durante la messa): *I'll startle you / worse than the sacring bell*, (SH. Henry VIII) vi farò sobbalzare peggio della campanella dell'elevazione.

sacrist ['seɪkrɪst / sac·rist] non com. **sacristan** ['sækrɪstən / sac·ristan] *s.* (*eccl.*) sagrestano.

sacristy ['sækrɪstɪ / sac·risty] *s.* (*eccl.*) sagrestia.

sacroiliac [,sækrəʊ'ɪlɪæk / sac·ro·iliac] *agg.* e *s.* (*anat.*) sacroiliaco (osso).

sacrolumbar [,sækrəʊ'lʌmbə* / sac·ro·lum·bar] *agg.* (*anat.*) sacrolombare.

sacrosanct ['sækrəʊsænkt / sac·ro·sanct] *agg.* sacrosanto, inviolabile (*anche fig.*) // **-ly** *avv.*

sacrosanctity [,sækrəʊ'sænktɪtɪ / sac·ro·sanct·ity] *s.* (*form.*) inviolabilità; santità (*anche fig.*).

sacrum ['seɪkrəm / sac·rum] *pl.* **sacra** ['seɪkrə] *s.* (*anat.*) osso sacro.

sad [sæd] *agg.* **1** triste, mesto; lugubre, fosco, grave: *to become* (o *to grow*) *—*, rattristarsi; *to make s.o. —*, rattristare qlcu. // *sadder but wiser*, (*fam.*) che ha imparato a proprie spese // *— to say*, purtroppo **2** opaco, smorto; neutro (di colore) **3** deplorevole, brutto; scadente; meschino: *a — fellow*, un povero diavolo; *his last book is — stuff*, il suo ultimo libro fa pietà; *to make a — mistake*, commettere un errore deplorevole // *a — dog*, una canaglia **4** (*ant.*) serio, sobrio, rispettabile: *a sad and an honest matron showeth the woman, be she maid or widow, naked to the wooer*, (T. MORE) una seria e buona matrona mostra la donna, sia essa vergine o vedova, nuda al pretendente.

to **sadden** ['sædn / sad·den] *v.tr.* **1** rattristare: *it saddens me to see you so down*, mi rattrista vederti così giù **2** (*rar.*) scolorire ◆ *v.intr.* rattristarsi.

saddle ['sædl] *s.* **1** sella; sellino (di bicicletta ecc.): *to vault into the —*, montare, balzare in sella; *to be in the —*, (*fam.*) essere in sella; *to get into the — again*, (*fam.*) rimettersi in sella (*anche fig.*) // *hunting —*, sella all'inglese; *stock —*, sella da cowboy // *to put the — on the right* (*wrong*) *horse*, (*antiq.*) criticare o biasimare una persona giustamente (ingiustamente) // (*mat.*) *— point*, punto di sella **2** (*geogr.*) sella (di monti) **3** (*cuc.*) sella (di montone ecc.) **4** (*mecc.*) slitta, carrello (di macchina utensile).

to **saddle** *v.tr.* **1** sellare; mettere la sella a **2** (*fig.*) gravare, caricare: *to — s.o. with sthg.*, *to — sthg. on s.o.*, addossare qlco. a qlcu., gravare qlcu. di qlco.

□ **saddle up** *v.tr.* e *avv.* sellare ◆ *v.intr.* e *avv.* montare in sella.

□ **saddle with** *v.tr.* e *prep.* incaricare di; rifilare (un lavoro gravoso o spiacevole) a: *I've been saddled with looking after the kids again*, mi hanno rifilato di nuovo la custodia dei bambini.

saddleback ['sædlbæk / sad·dle·back] *s.* **1** (*edil.*) tetto a due falde **2** (*geogr.*) sella **3** (*zool.*) animale, insetto dal dorso ricurvo **4** (*med.*) lordosi.

saddlebacked ['sædlbækt / sad·dle·backed] *agg.* a schiena d'asino.

saddlebag ['sædlbæg / sad·dle·bag] *s.* bisaccia (da sella); borsa (per bicicletta, motocicletta), borsetta dei ferri.

saddle-cloth ['sædlklɒθ *amer.* 'sædlklɔ:θ] *s.* gualdrappa.

saddle-girth ['sædlgɜ:θ] *s.* sottopancia.

saddle-horse ['sædlhɔ:s] *s.* cavallo da sella.

saddle-joint ['sædldʒɔɪnt] *s.* (*anat.*) articolazione a sella.

saddler ['sædlə* / sad·dler] *s.* **1** sellaio **2** (*amer.*) cavallo da sella.

saddle-roof ['sædlru:f] *s.* tetto a due falde.

saddle-room ['sædlru:m] *s.* selleria (locale della scuderia adibito a deposito di selle e finimenti).

saddlery ['sædlərɪ / sad·dlery] *s.* **1** selleria **2** (*fam.*) oggetti di selleria **3** arte del sellaio, selleria.

saddle soap ['sædl,səʊp] *s.* sapone per cuoio.

saddle-sore ['sædl,sɔ:*] *agg.* indolenzito, dolorante (per essere stato a lungo in sella).

saddle sore *s.* **1** piaga causata dalla sella (al cavallo) **2** indolenzimento dovuto allo stare in sella.

Sadducean [,sædjʊ'si:ən / Sad·du·cean] *agg.* (*st. ebraica*) sadduceo.

Sadducee ['sædjʊsi: / Sad·du·cee] *s.* (*st. ebraica*) sadduceo.

sadhu ['sɑ:du:] *s.* (*relig.*) santone indù.

sadism ['seɪdɪzəm / sad·ism] *s.* sadismo.

sadist ['seɪdɪst / sad·ist] *s.* sadico.

sadistic [sə'dɪstɪk / sad·istic] *agg.* sadico.

sadly ['sædlɪ] *avv.* **1** tristemente, mestamente **2** deplorevolmente; meschinamente **3** (*spec. antiq.*) grandemente; molto: *I need it —*, ne ho un grande bisogno; *to be — afraid*, aver gran timore; *if you think I'm coming, you're — mistaken*, se credi che io venga, ti sbagli di grosso; *I found him — changed*, lo trovai cambiato in peggio.

sadness ['sædnɪs / sad·ness] *s.* tristezza, mestizia, melanconia // *in —*, (*antiq.*) seriamente.

sadomasochism [,seɪdəʊ'mæsəkɪzəm / sado·masoch·ism] *s.* sadomasochismo.

safari [sə'fɑ:rɪ / sa·fari] *s.* safari: *to go on a —*, fare un safari; *photo —*, safari fotografico.

safari park [sə'fɑ:rɪ,pɑ:k] *s.* zoosafari.

safari suit [sə'fɑ:rɪ,su:t] *s.* tenuta da safari (giacca sahariana e pantaloni).

safe [seɪf] *agg.* **1** sicuro, al riparo, al sicuro; protetto: *a — place*, un luogo sicuro; *at last we are —*, infine siamo al sicuro // *to be on the — side*, per non correre rischi // *to play —*, (*fam.*) andare sul sicuro // *— as the Bank of England* (o — *as houses*), (*fam.*) sicurissimo **2** salvo; illeso; intatto: *his honour is* —, il suo onore è salvo // — *and sound*, sano e salvo **3** innocuo; (*di animale*) inoffensivo, non mordace, non pericoloso **4** cauto, prudente; non rischioso: *a — form of travel*, un modo sicuro di viaggiare; *a — topic*, un argomento che non crea disaccordo, che non suscita polemiche; *a — driver*, un guidatore prudente; *he is a — judge of men*, è cauto nel giudicare gli uomini; *is it — to leave him alone?*, è prudente lasciarlo solo? **5** fido, fidato: *a — friend*, un amico fidato; *to be in — hands*, essere in buone mani **6** certo, sicuro, indubbio: *it's — to say* (o *a — bet*), è cosa certa // — *seat*, seggio (in parlamento) che si è sicuri di vincere // *no single soul / can we set eye on; but in all safe reason / he must have some attendants*, (SH. Cymbeline) non abbiam visto neanche un'anima; ma con ogni ragionevole certezza doveva avere qualcuno al seguito // **-ly** *avv.* // **-ness** *s.*

safe *s.* **1** cassaforte; scrigno **2** moscaiola.

safeblower ['seɪf,bləʊə* / safe·blower] *s.* scassinatore di casseforti (con esplosivo).

safebreaker ['seɪf,breɪkə* / safe·breaker] *s.* scassinatore di casseforti AMER. safecracker.

safe-conduct [,seɪf'kɒndʌkt] *s.* salvacondotto; lasciapassare.

safecracker ['seɪf,krækə* / safe·cracker] *s.* (*amer.*) → **safebreaker**.

safe cracking ['seɪf,krækɪŋ / safe·crack·ing] *s.* furto da cassaforte con effrazione.

safe-deposit box ['seɪfdə,pɒzɪt,bɒks] *s.* (*banca*) cassetta di sicurezza.

safeguard ['seɪfgɑ:d / safe·guard] *s.* **1** salvaguardia, tutela, difesa; scorta **2** (*dir.*) tutela giuridica; garanzia, protezione.

to **safeguard** *v.tr.* salvaguardare, difendere, proteggere: *to — one's interest*, salvaguardare i propri interessi; *to be safeguarded against*, essere al riparo da.

safeguarding interests ['seɪfgɑ:dɪŋ ,ɪntrɪsts] *s.pl.* (*Borsa*) curando (*sing.*).

safe-keeping [,seɪf'ki:pɪŋ] *s.* custodia, buona guardia: *the children were left in our* —, i bambini ci furono lasciati in custodia; *can I leave my silver with you for — when I go away?*, posso lasciarti l'argenteria per maggior sicurezza quando vado via?

safe room ['seɪfrʊm *amer.* 'seɪfru:m] *s.* camera blindata.

safety ['seɪftɪ] *s.* **1** sicurezza; salvezza; scampo: *for —'s sake*, per maggior sicurezza; *to seek — in flight*, cercar scampo nella fuga // — *first !*, sicurezza innanzitutto! (slogan di campagna pubblicitaria) // (*st.*) *Committee of Public Safety*, Comitato di Salute Pubblica // *there is — in numbers*, (*prov.*) l'unione fa la forza // — *appliance, device, feature*, dispositivo di sicurezza; — *factor*, coefficiente di sicurezza; — *measures*, misure di sicurezza // (*inform.*) — *hazard*, rischio di guasto // (*comm.*): — *inventory*, scorte di sicurezza; — *level*, livello di sicurezza **2** (*mecc.*) sicura, dispositivo di sicurezza **3** (*amer.*) preservativo.

safety belt ['seɪftɪbelt] *s.* **1** cintura di salvataggio SIN. life belt **2** cintura di sicurezza SIN. seat belt.

safety bolt ['seɪftɪbəʊlt] *s.* **1** sicura (di arma da fuoco) **2** chiavistello.

safety catch ['seɪftɪkætʃ] *s.* **1** sicura (di arma da fuoco) **2** sicura (di porta, cancello) **3** arresto di sicurezza.

safety curtain ['seɪftɪ,kɜ:tn] *s.* (*teatr.*) sipario di sicurezza, sipario tagliafuoco.

safety-deposit box ['seɪftɪdə,pɒzɪt,bɒks] → **safe-deposit box**.

safety film ['seɪftɪ,fɪlm] *s.* pellicola non infiammabile.

safety-first [,seɪftɪ'fɜ:st] *agg.* cauto; (eccessivamente) prudente.

safety glass ['seɪftɪglɑ:s *amer.* 'seɪftɪglæs] *s.* vetro di sicurezza.

safety helmet ['seɪftɪ,helmɪt] *s.* casco di sicurezza.

safety island ['seɪftɪ,aɪlənd] *s.* (*amer.*) → **island** 3.

safety lamp ['seɪftɪlæmp] *s.* lampada di sicurezza, lampada Davy.

safety lock ['seɪftɪlɒk] *s.* serratura di sicurezza.

safety net ['seɪftɪnet] *s.* **1** rete di sicurezza **2** (*fig.*) salvezza, ancora di salvezza.

safety pin ['seɪftɪpɪn] *s.* spilla di sicurezza, spilla da balia.

safety razor ['seɪftɪ,reɪzə*] *s.* rasoio di sicurezza.

safety stop ['seɪftɪstɒp] *s.* dispositivo di arresto automatico, arresto di sicurezza.

safety valve ['seɪftɪvælv] *s.* valvola di sicurezza (*anche fig.*).

safe vault ['seɪfvɔ:lt] → **safe room**.

safflower ['sæflaʊə* / saf·flower] *s.* **1** (*bot.*) (*Carthamus tinctorius*) cartamo, zafferanone; (*pop.*) zafferano falso SIN. saffron bastard **2** (*chim.*) cartamo: — *oil*, olio di cartamo.

saffron ['sæfrən / saf·fron] *s.* **1** (*bot.*) (*Crocus sativus*) zafferano; la droga stessa **2** (*bot. pop.*) — *bastard* → safflower 1 **3** color zafferano ◆ *agg.* di color zafferano.

safranin(e) ['sæfrənɪn / saf·ranin(e)] *s.* **1** (*chim.*) safranina **2** (*non com.*) colore rossogiallastro.

safrole ['sæfrəʊl / saf·role] *s.* (*chim.*) safrolo.

sag [sæg] *s.* **1** abbassamento; ripiegamento; cedimento **2** (*comm.*) diminuzione, flessione dei prezzi **3** (*edil.*) cedimento, avvallamento **4** (*mar., aer.*) deriva **5** (*aer.*) insellamento (in un dirigibile, cedimento centrale dell'asse longitudinale).

to **sag** *pass.p.p.* **sagged** [sægd] *v.intr.* **1** piegarsi; chinarsi; curvarsi; abbassarsi; cedere sotto il peso **2** sformarsi, pendere (di vestito) **3** calare, diminuire; (*fig.*) smorzarsi, attenuarsi; spegnersi: *our enthusiasm sagged when we lost the first race*, il nostro entusiasmo si smorzò quando perdemmo la prima corsa **4** (*amer.*) indebolirsi **5** (*comm.*) cedere (di prezzi) **6** (*mar.*) *to — to leeward*, andare alla deriva, a scarroccio ◆ *v.tr.* far curvare, far piegare.

saga ['sɑ:gə] *s.* **1** saga **2** romanzo fiume **3** (*spreg.*) storia (personale) lunga e noiosa.

sagacious [sə'geɪʃəs / sa·ga·cious] *agg.* (*form.*) acuto, perspicace; sagace // **-ly** *avv.*

sagacity [sə'gæsətɪ / sa·ga·city] meno com. **sagaciousness** [sə'geɪʃəsnɪs / sa·ga·cious·ness] *s.* sagacia, perspicacia.

sagamore ['sægəmɔ:* / saga·more] *s.* capo di tribù pellirosse.

sage[1] [seɪdʒ] *s.* (*bot.*) (*Salvia officinalis*) salvia // — *cheese*, formaggio inglese aromatizzato con salvia; — *tea*, decotto di foglie di salvia (usato come tonico).

sage[2] *agg.* (*form.*) saggio; sapiente; esperto ◆ *s.* (*letter.*) saggio, dotto, sapiente (dell'antichità) // *the seven sages*, i sette savi // **-ly** *avv.*

sagebrush ['seɪdʒ,brʌʃ / sage·brush] *s.* **1** (*bot.*) (*Artemisia tridentata*) artemisia tridentata **2** (*geogr.*) steppa desertica (nell'ovest degli Stati Uniti).

sage-cock ['seɪdʒkɒk] *s.* (*zool.*) gallinaceo del Nord America SIN. sage-grouse.

sage-green [,seɪdʒ'gri:n] *agg.* e *s.* (di) color grigio-verde, color salvia.

sage-grouse ['seɪdʒ,graʊs] → **sage-cock**.

sageness ['seɪdʒnɪs / sage·ness] *s.* (*non com.*) saggezza.

sage-rabbit ['seɪdʒ,ræbɪt] *s.* (*zool.*) leprotto del Nord America.

saggar ['sægə* / sag·gar] *s.* **1** cassetta di cottura (della porcellana) **2** (*metall.*) cassetta di ricottura; cassetta di cementazione.

Sagittarius [,sædʒɪ'teərɪəs / Sa·git·tarius] *no.pr.* (*astr.*) Sagittario.

sagittate ['sædʒɪteɪt / sa·git·tate] *agg.* (*bot.*) sagittato, a forma di freccia.

sago ['seɪgəʊ] *s.* (*bot.*) **1** sago, sagù **2** — (*palm*), (*Metroxylon sagu*) palma da sagù.

Saharan [sə'hɑ:rən / Sa·haran] *agg.* sahariano // — *blend*, miscela sahariana (il greggio algerino).

Sahib [sɑ:b *amer.* 'sɑ:ɪb] *s.* (*antiq.*) sahib, signore (titolo di rispetto per indicare un europeo).

said *pass.p.p.* di to **say** ◆ *agg.* (*dir.*) sopracitato.

saiga ['saɪgə] *s.* (*zool.*) (*Saiga tatarica*) saiga.

sail [seɪl] *s.* **1** (*mar.*) vela; velatura: *to hoist, to lower a* —, issare, abbassare una vela; *to make more* —, aumentare la velatura; *to set* —, spiegare le vele, salpare; *to strike* —, ammainare le vele; (*fig. antiq.*) abbassare le pretese // *to take — to*, far vela per, dirigersi verso // *to crowd all sails*, far forza di vele // *in full* —, a vele spiegate // *we crossed the gulf under* —, attraversammo il golfo a vela // *main* —, vela maestra; *fore* —, vela di trinchetto; *fore-and -aft* —, vela aurica, di taglio; *fore-topgallant* —, velaccino; *main-topgallant* —, velaccio; *mizzen-topgallant* —, belvedere **2** (*form.*) (imbarcazione a) vela: *there were a dozen sails in the bay*, c'era una dozzina di barche a vela nella baia // — *ho!*, nave in vista! **3** gita, escursione su imbarcazione a vela: *to go for a* —, fare una gita in barca a vela **4** durata di traversata: *it's an hour's — from Dover to Calais*, la traversata da Dover a Calais dura un'ora **5** ala, pala (di mulino) **6** larga pinna dorsale (di pesce).

to **sail** *v.intr.* **1** veleggiare, navigare; costeggiare; muoversi sull'acqua: *to — along a headland*, costeggiare un promontorio; *to — before the wind*, navigare col vento in poppa; *to — against the wind*, andare contro corrente (*anche fig.*); *to — close* (o *near*) *to the wind*, navigare controvento, orzare; (*fig.*) agire al limite della legalità, delle norme di comportamento, rasentare il codice // *to — through sthg.*, (*fig.*) fare qlco. senza difficoltà; *she sailed through all her exams*, passò tranquillamente tutti gli esami **2** salpare; iniziare un viaggio: *we — next week*, salpiamo la settimana prossima **3** volare; veleggiare (di uccelli, nubi ecc.) **4** incedere (spec. di donna): *she sailed happily in her ball gown*, veleggiava gaiamente con il suo abito da ballo **5** volare, sorvolare: *the plane sailed over the city*, l'aereo sorvolò la città; *his bike crashed into a car and he went sailing up in the air*, la sua bici urtò una macchina ed egli fu sbalzato in aria ◆ *v.tr.* **1** condurre, governare (una barca); controllare la navigazione di **2** percorrere navigando: *to — the Pacific Ocean*, navigare sull'oceano Pacifico.

□ **sail in** *v.intr.* e *avv.* (*fam.*) intromettersi (in una discussione).

□ **sail into** *v.intr.* e *prep.* (*fam.*) attaccare violentemente; assalire; inveire contro: *he sailed into his neighbour accusing him of breaking the window*, assalì il suo vicino accusandolo di aver rotto la finestra.

sailboard ['seɪlbɔ:d / sail·board] *s.* tavola da windsurf.

sailboat ['seɪlbəʊt / sail·boat] *s.* (*amer.*) → **sailing boat**.

sailcloth ['seɪlklɒθ *amer.* 'seɪlklɔ:θ / sail·cloth] *s.* (*mar.*) tela da vele.

sailer ['seɪlə*] *s.* (*non com.*) **1** veliero **2** barca a vela.

sailflying ['seɪl,flaɪɪŋ / sail·fly·ing] *s.* (*aer.*) volo a vela.

sailing ['seɪlɪŋ / sail·ing] *s.* **1** navigazione, traversata: *fast* —, navigazione veloce // (*mar.*) — *master*, ufficiale di rotta // *it's all plain* —, (*fam.*) la cosa va da sé, la faccenda non fa una grinza **2** partenza (di navi): *list of sailings*, elenco delle partenze **3** (*sport*) vela.

sailing boat ['seɪlɪŋ,bəʊt] *s.* barca a vela.

sailing cruiser ['seɪlɪŋ,kru:zə*] *s.* cabinato a vela.

sail loft ['seɪl,lɒft] *s.* (*mar.*) veleria, fabbrica di vele.

sail maker ['seɪl,meɪkə*] *s.* (*mar.*) velaio.

sailor ['seɪlə*] *s.* **1** marinaio, navigatore // —*'s knot*, nodo da marinaio; *are you a good — or a bad one?*, soffri o no il mal di mare? **2** (*mar. mil.*) marinaio, membro dell'equipaggio di una nave **3** chi viaggia sull'acqua **4** velista **5** (*fam. scherz.*) omosessuale.

sailor suit ['seɪlə,su:t] *s.* vestito alla marinara.

sailplane ['seɪlpleɪn / sail·plane] *s.* (*aer.*) veleggiatore.

to **sailplane** *v.intr.* (*aer.*) veleggiare, volare con un veleggiatore.

sail-room ['seɪlrʊm *amer.* 'seɪlru:m] *s.* (*mar.*) magazzino, deposito vele.

sail yard ['seɪl,jɑ:d] *s.* (*mar.*) pennone.

to **sain** [seɪn] *v.tr.* (*ant.*) **1** fare il segno della croce a, benedire **2** guarire, risanare.

sainfoin ['sænfɔɪn / sain·foin] *s.* (*bot.*) (*Onobrychis sativa*) lupinella, cedrangola; (*pop.*) fieno santo.

saint [seɪnt (*forma forte*) sənt, snt (*forme deboli*)] *agg.* (abbr. *St.*) San, Santo: *St. Michael*, San Michele; *St. Paul's*, la cattedrale di S. Paolo (a Londra) ◆ *s.* santo: *patron* —, santo patrono; *to live like a* —, vivere da santo; *to provoke* (o *to try*) *the patience of a* —, (*fam.*) far scappare la pazienza ad un santo // *he must be a — with such a wife*, (*fam. fig.*) con una moglie così deve essere proprio un santo // *young saints old devils*, (*prov.*) chi non fa pazzie in gioventù le fa in vecchiaia.

to **saint** *v.tr.* (*non com.*) canonizzare, santificare.

Saint Bernard [snt'bɜ:nəd] *s.* (cane) San Bernardo.

saintdom ['seɪntdəm / saint·dom] *s.* (*non com.*) santità.

sainted ['seɪntɪd] *agg.* **1** santo; canonizzato, santificato // *my — aunt!*, (*fam. antiq.*) oh mio Dio! **2** consacrato; sacro (di luogo).

sainthood ['seɪnthʊd / saint·hood] *s.* santità.

saintliness ['seɪntlɪnɪs / saint·li·ness] *s.* santità.

saintly ['seɪntlɪ / saint·ly] *agg.* santo; di, da santo: *he lived a — life*, visse da santo // *she puts on such a — air!*, (*iron.*) prende certe arie da santarellina!

saintpaulia [,seɪnt'pɔ:lɪə / saint·paulia] *s.* (*bot.*) (*Saintpaulia jonantha*) violetta africana, saintpaulia.

saint's day ['seɪnts,deɪ] *s.* onomastico.

Saint Valentine's Day [snt'væləntaɪnz 'deɪ] *s.* (il giorno di) San Valentino.

saith [seθ] (*ant.*) *3ª persona sing. pres.* di to **say**.

sake[1] [seɪk] *s.* **1** fine, intento; motivo, ragione: *for safety's — we must check every bag*, per motivi di sicurezza dobbiamo controllare ogni bagaglio **2** gusto, piacere; interesse: *to strike for the — of striking*, scioperare (solo) per il gusto di scioperare; *is it possible to study only for knowledge's —?*, è possibile studiare solo per il piacere del conoscere? // *let's assume, for the — of argument, that I would like to marry...*, ammesso e non concesso che mi voglia sposare... **3** interesse, utilità, beneficio, vantaggio: *for his own* —, nel suo interesse; *he didn't do it for her* —, non lo fece per riguardo verso di lei; *she saved money for the — of her family*, risparmiò del denaro per il bene della sua famiglia.

◆ FRASEOLOGIA: *for Christ's —, for God's —, for goodness' —*, per l'amor di Dio; *for heaven's —*, per amor del cielo; *for pity's —!*, per pietà!, (*iron.*) per amor del cielo!; *for old times' —*, in ricordo dei tempi passati // *art for art's —*, l'arte per l'arte.

sake[2] ['sɑ:kɪ] *s.* sakè (bevanda alcolica giapponese ottenuta dalla fermentazione del riso).

saker ['seɪkə*] *s.* **1** (*zool.*) (*Falco cherrug*) falco sacro, sagro (spec. femmina) **2** (*artiglieria*) sagro, falconetto.

sakeret ['seɪkərɪt] *s.* (*zool.*) (*Falco cherrug*) falco sacro, sagro (maschio).

sal [sæl] *s.* (*ant. chim.*) sale // — *ammoniac*, cloruro d'ammonio; — *soda*, carbonato di sodio decaidrato cristallizzato; — *volatile*, miscela di bicarbonato e carbonato di ammonio, carbonato di ammonio.

salaam [sə'lɑ:m / sa·laam] *s.* riverenza, salamelecco, inchino (saluto orientale).

to **salaam** *v.tr.* e *intr.* fare salamelecchi (a); far riverenze (a).

salable e *deriv.* → **saleable** e *deriv.*

salacious [sə'leɪʃəs / sa·la·cious] *agg.* (*form.*) salace; lascivo, lussurioso; sensuale // **-ly** *avv.* // **-ness** *s.*

salad ['sæləd] *s.* **1** insalata: *mixed* —, insalata mista; *green* —, insalata verde; *potato* —, patate in insalata **2** insalata, miscuglio di verdure, carni e ingredienti vari: *chicken* —, insalata di pollo; *seafood* —, insalata di mare; *Russian* —, insalata russa.

salad bowl ['sæləd,bəʊl] *s.* insalatiera.

salad cream ['sæləd,kri:m] *s.* salsa per condire l'insalata.

salad days [,sæləd'deɪz] *s.* (*antiq.*) anni giovanili; giorni della gioventù e dell'inesperienza.

salad dressing [,sæləd'dresɪŋ] *s.* condimento per l'insalata.

salad servers ['sæləd,sɜ:vəz] *s.pl.* posate da insalata.

salad spinner ['sæləd,spɪnə*] *s.* centrifuga per insalata.

salamander ['sælə,mændə* / sala·mander] *s.* (*zool.*) salamandra.

salamandrian [,sælə'mændrɪən / sa·la·man·drian] **salamandrin(e)** [,sælə'mændrɪn / sa·la·man·drin(e)] *agg.* simile a una salamandra.

salami [sə'lɑ:mɪ / sa·lami] *s.* Ⓤ salame.

salangane ['sæləŋgeɪn / sal·an·gane] *s.* (*zool.*) salangana.

salaried ['sælərɪd / sal·ar·ied] *agg.* stipendiato; retribuito: — *workers*, lavoratori stipendiati; impiegati.

salary ['sælərɪ / sal·ary] *s.* stipendio: — *increase*, aumento di stipendio; — *level*, livello retributivo.

to **salary** *v.tr.* (*non com.*) stipendiare.

sale [seɪl] *s.* **1** vendita: *on* —, in vendita (nei negozi); *for* —, in vendita (negli annunci di vendita); *to set* (o *to put*) *sthg. up for* —, mettere qlco. in vendita; *sales are up, down this year*, quest'anno si vende molto, poco // (*comm.*): *bill of* — (o *of sales*), fattura; *conditions of* —, condizioni di vendita; — *for cash* (o *cash* —), vendita in contanti; — *on credit*, vendita a credito; *instalment* —, vendita a rate, rateale; — *by description*, vendita su descrizione; — *by private contract*, vendita a trattative private; — *by sample*, vendita su campione; *sales drive* (o *sales campaign*), campagna di vendita; *sales manager*, direttore delle vendite, direttore commerciale; *sales sheet*, foglio illustrativo // (*comm., fin.*): *short* —, vendita allo scoperto; *forward* —, vendita per consegna differita; — *and purchase agreement*, operazione pronti contro termine; *wash* —, (*sl. amer.*) vendita fittizia (in Borsa); — *and lease back*, leasing immobiliare; *on — or return*, in conto deposito; *subject to* —, salvo (il) venduto // (*econ.*) *sales maximization hypothesis*, teoria della massimizzazione delle vendite // (*dir.*): — *by the court* (o — *in execution*), vendita giudiziaria; — *of consignment*, contratto estimatorio; — *on approval* (o — *on trial*), vendita con riserva di gradimento // (*inform.*): — *pattern*, profilo della vendita; — *point*, argomento di vendita **2** liquidazione, saldo; svendita: — *price*, prezzo di liquidazione; *January* —, saldi di gennaio; *end-of-season sales*, vendite di fine stagione, saldi; *I bought this jacket in* (o *at*) *a* —, ho comprato questa giacca in saldo **3** asta, vendita all'incanto: — *by auction*, vendita all'asta; *there will be a — of all the furniture in this house*, tutto il mobilio di questa casa sarà venduto all'asta; *to put sthg. up for* —, offrire all'asta **4**

pl. punto di vendita; negozio; spaccio **5** *pl.* (*comm.*) ricavo delle vendite, fatturato.

saleability [,seɪlə'bɪlətɪ / sale·ab·il·ity] *s.* facilità di smercio, vendibilità.

saleable ['seɪləbl / sale·able] *agg.* vendibile, che si vende, commerciabile.

saleratus [,sælə'reɪtəs / sale·ra·tus] *s.* (*chim.*) bicarbonato (di sodio o di potassio).

saleroom ['seɪlrʊm *amer.* 'seɪlru:m / sale·room] *s.* salone per vendite all'asta.

salesclerk ['seɪlz,klɑ:k *amer.* 'seɪlz,klɜ:k / sales·clerk] *s.* (*amer.*) commesso, commessa (di negozio) BRIT. shop assistant.

salesgirl ['seɪlzgɜ:l / sales·girl] *s.* commessa (di negozio) SIN. shop assistant.

salesite ['seɪlzaɪt / sales·ite] *s.* (*min.*) salesite.

salesman ['seɪlzmən / sales·man] *pl.* **salesmen** *s.* **1** venditore, commesso **2** commesso viaggiatore, rappresentante; propagandista.

salesmanship ['seɪlzmənʃɪp / sales·man·ship] *s.* arte del vendere; abilità nel vendere.

salesperson ['seɪlz,pɜ:sn / sales·per·son] *s.* **1** addetto alle vendite; commesso **2** rappresentante.

sales pitch ['seɪlz,pɪtʃ] *s.* (*fam.*) (la) parlantina di un venditore; (la) strategia di vendita (di una campagna di vendita).

sales rep ['seɪlz,rep] *s.* abbr. di → **sales representative**.

sales representative ['seɪlz,reprɪ'zentətɪv] *s.* (*comm.*) rappresentante; propagandista.

sales resistance ['seɪlz,rɪ'zɪstəns] *s.* resistenza all'acquisto (di prodotti offerti).

salesroom ['seɪlzrʊm *amer.* 'seɪlzru:m / sales·room] *s.* sala esposizione e vendita.

sales slip ['seɪlz,slɪp] *s.* (*amer.*) ricevuta; scontrino.

sales talk ['seɪlz,tɔ:k] → **sales pitch**.

sales tax ['seɪlz,tæks] *s.* imposta sulle vendite.

saleswoman ['seɪlz,wʊmən / sales·wo·man] *pl.* **saleswomen** ['seɪlz,wɪmɪn] *s.* **1** commessa, venditrice **2** rappresentante; propagandista.

Salic ['sælɪk] *agg.* (*st.*) salico // *the — law*, la legge salica.

salicin ['sælɪsɪn / sali·cin] *s.* (*chim.*) salicina.

salicylate [sæ'lɪsɪleɪt / sa·li·cyl·ate] *s.* (*chim.*) salicilato.

salicylic [,sælɪ'sɪlɪk / sa·li·cylic] *agg.* (*chim.*) salicilico: *— acid*, acido salicilico.

salience ['seɪlɪəns / sa·li·ence] meno com. **saliency** ['seɪlɪənsɪ / sa·li·ency] *s.* (*rar.*) **1** prominenza, sporgenza **2** (*fig.*) significato, importanza.

salient ['seɪljənt / sa·li·ent] *agg.* (*form.*) **1** (*rar.*) sporgente, prominente: *— eyes*, occhi sporgenti **2** (*fig.*) saliente, notevole; principale; cospicuo: *the — features of his work*, le caratteristiche salienti della sua opera **3** (*arald.*) saliente **4** (*rar.*) che salta, saltatore (di animale) ◆ *s.* (*mil.*) saliente.

saliently ['seɪljəntlɪ / sa·li·ent·ly] *avv.* (*fig. rar.*) in modo saliente, notevole.

saliferous [sə'lɪfərəs / sa·li·fer·ous] *agg.* (*chim.*) salifero.

salifiable ['sælɪfaɪəbl / sa·li·fi·able] *agg.* (*chim.*) salificabile.

salification [,sælɪfɪ'keɪʃn / sa·li·fica·tion] *s.* (*chim.*) salificazione.

to **salify** ['sælɪfaɪ / sa·lify] *v.tr.* e *intr.* (*chim.*) salificare.

salimeter [sə'lɪmɪtə* / sa·li·meter] *s.* (*chim.*) salimetro.

saline [sə'laɪn *amer.* 'seɪli:n *come s.* 'seɪlaɪn *amer.* 'seɪli:n / sa·line] *agg.* salino, salso; salato: *a — taste*, un sapore salato; *a — solution*, una soluzione salina ◆ *s.* **1** sorgente salina; salina **2** soluzione salina **3** sale purgativo **4** (*rar.*) palude salata; lago salato.

salinity [sə'lɪnɪtɪ / sa·lin·ity] *s.* salsedine; salinità.

salinometer [,sælɪ'nɒmɪtə* / sa·lino·meter] *s.* salinometro.

salite ['sælaɪt / sal·ite] *s.* (*min.*) salite.

saliva [sə'laɪvə / sa·liva] *s.* saliva.

salival [sə'laɪvəl / sa·lival] *agg.* (*non com.*) salivare.

salivant ['sælɪvənt / sa·liv·ant] *agg.* (*non com.*) salivatorio ◆ *s.* (*non com.*) sostanza salivatoria.

salivary ['sælɪvərɪ *amer.* 'sælɪverɪ / sa·liv·ary] *agg.* salivare: *— digestion*, digestione salivare; *— glands*, ghiandole salivari.

to **salivate** ['sælɪveɪt / sal·iv·ate] *v.tr.* e *intr.* (far) salivare // *I was salivating at the thought of the cheesecake*, al pensiero della torta al formaggio mi veniva l'acquolina in bocca.

salivation [,sælɪ'veɪʃn / sal·iva·tion] *s.* (*med.*) salivazione.

sallet ['sælɪt / sal·let] *s.* celata.

sallow[1] ['sæləʊ / sal·low] *agg.* giallastro; olivastro; pallido (di pelle, colorito) // **-ness** *s.*

to **sallow**[1] *v.tr.* (*non com.*) rendere giallastro, olivastro, pallido ◆ *v.intr.* (*non com.*) diventare giallastro, olivastro, pallido.

sallow[2] *s.* (*bot.*) **1** (*Salix caprea*) salice **2** legno di salice.

sally[1] ['sælɪ] *s.* **1** (*mil.*) sortita **2** (*non com.*) escursione, gita **3** slancio, balzo; impeto; (*fig.*) scoppio (di passioni) **4** (*fig. form.*) motto di spirito, facezia, frizzo **5** (*arch.*) aggetto.

to **sally**[1] *v.intr.* (*mil.*) fare una sortita.

□ **sally forth**, **out** *v.intr.* e *avv.* (*antiq.*, *scherz.*) uscire; precipitarsi fuori; mettersi in viaggio: *they packed their lunch in a basket and sallied forth into the country*, misero la colazione in un cestino e se ne andarono a fare una gita in campagna.

sally[2] *s.* **1** movimento iniziale di campana **2** impugnatura di corda di campana.

salmagundi [,sælmə'gʌndɪ / sal·ma·gundi] *s.* **1** insalata di carne, uova, cipolle e acciughe **2** (*fig. non com.*) guazzabuglio; miscuglio.

salmi ['sælmɪ] *s.* (*cuc.*) salmì.

salmon ['sæmən / sal·mon] *s.pl.invar.* **1** (*zool.*) (*Salmo salar*) salmone // *smoked —*, salmone affumicato **2** (color) salmone ◆ *agg.* di color salmone: *— pink*, rosa salmone.

salmonella [,sælmə'nelə / sal·mon·ella] *pl.* **salmonella(s)**, **salmonellae** [,sælmə'neli: / sal·mon·ellae] *s.* (*biol.*) salmonella.

salmonellosis [,sælmənel'əʊsɪs / sal·mon·el·losis] *s.* (*med.*) salmonellosi.

salmonoid ['sælmənɔɪd / sal·mon·oid] *agg.* (*zool.*) simile a salmone ◆ *s.* (*zool.*) salmonide.

salmon trout ['sæmən,traʊt] *s.* trota salmonata.

salon ['sælɒn *amer.* sə'lɒn] *s.* **1** salone (da ricevimento, esposizione) **2** negozio di lusso, alla moda: *hairdressing —*, salone, negozio di parrucchiere // *beauty —*, salone, istituto di bellezza **3** salotto (letterario, mondano) // *— mush*, (*sl. amer.*) musica di sottofondo (in un bar, ricevimento ecc.) **4** galleria d'arte; mostra, esposizione.

saloon [sə'lu:n / sa·loon] *s.* **1** salone, sala da ricevimento, esposizione ecc. (spec. di luogo pubblico); salone delle feste (di una nave) **2** (*spec. amer.*) salone, negozio: *hairdressing —*, salone, negozio di parrucchiere; *shaving —*, salone, bottega di barbiere **3** (*aut.*) *— (car)*, berlina AMER. sedan **4** (*ferr.*) *— (carriage)*, vettura, carrozza salone **5** saloon, bar del West.

saloon bar [sə'lu:n,bɑ:*] *s.* sala interna (di pub, bar ecc.) con arredamento più elegante e prezzi più alti; bar (di un albergo).

saloon deck [sə'lu:n,dek] *s.* (*mar.*) ponte di prima classe.

saloonkeeper [sə'lu:n,ki:pə* / sa·loon·keeper] *s.* (*amer.*) gestore di bar.

saloop [sə'lu:p / sa·loop] *s.* **1** (*bot.*) salep (farina di tuberi di orchidee) **2** infuso caldo di salep.

Salopian [sə'ləʊpjən / Sa·lo·pian] *agg.* e *s.* (abitante) dello Shropshire.

salpingian [sæl'pɪndʒɪən / sal·ping·ian] *agg.* (*anat.*) di salpinge.

salpingitis [,sælpɪn'dʒaɪtɪs / sal·ping·itis] *s.* (*med.*) salpingite.

salpinx ['sælpɪŋks / sal·pinx] *pl.* **salpinges** [sæl'pɪndʒi:z / sal·pin·ges] *s.* **1** (*mus.*) salpinge (antica tromba greca) **2** (*anat.*) salpinge uterina, tromba di Falloppio **3** (*anat.*) salpinge uditiva, tromba di Eustachio.

salsify ['sælsɪfaɪ / sal·sify] *s.* (*bot.*) (*Tragopogon porrifolius*) salsefica, sassefrica, salsefrica; (*pop.*) barba di becco // *black —*, (*Scorzonera hispanica*) scorzonera.

salsuginous [sæl'sju:dʒɪnəs / sal·su·gin·ous] *agg.* (*bot.*) che cresce in terreno salmastro.

salt [sɔ:lt] *s.* **1** sale (da cucina): *common* (o *cooking*) *—*, sale grosso, da cucina; *white —*, sale bianco, fino; *table —*, sale da tavola; *a pinch of —*, un pizzico di sale; *to take sthg. with a pinch* (o *a grain*) *of —*, (*fig.*, *fam.*) prendere qlco. con un grano di sale, con discernimento, buonsenso, con le dovute riserve // *in —*, sotto sale // (*Bibbia*, *fig.*) *you are the — of the earth*, voi siete il sale della terra // *to eat — with s.o.*, (*antiq.*) essere ospite di qlcu. // *to sit above the —*, (*ant.*) sedere tra i convitati di riguardo; *to sit below the —*, (*ant.*) sedere in fondo alla tavola, tra i servi e famigli // *— and pepper*, (*fam. amer.*) interraziale **2** (*fig.*, *non com.*) sale, frizzo, spirito, mordacità, arguzia // *Attic —*, spirito attico **3** (*chim.*) sale: *copper sulphate and sodium chloride are salts*, il solfato di rame e il cloruro di sodio sono sali; *mineral —*, sale minerale // *Epsom —*, epsomite, sale inglese, sale amaro, sale purgativo **4** *pl.* sali (volatili, per rianimare persone svenute) // *smelling salts*, sali (da fiuto) **5** (*fam.*, *antiq.*) lupo di mare: *he is an old —*, egli è un vecchio lupo di mare **6** salina (naturale, artificiale) ◆ *agg.attr.* **1** salato, salso: — *water*, acqua salata, salsa **2** conservato sotto sale: — *beef, pork*, carne di manzo, di maiale salata **3** (*fig. non com.*) amaro; piccante; mordace: *she wept — tears*, versò lacrime amare **4** (*non com.*) che cresce nel mare, in acqua salata (di piante): — *plant*, pianta marina.

to **salt** *v.tr.* **1** salare, condire con sale; cospargere, impregnare di sale; conservare sotto sale: *to — (down) butter, meat*, salare burro, carne; *after the heavy snow they salted the roads*, dopo la forte nevicata cosparsero le strade di sale // *salted biscuits, water*, biscotti salati, acqua salata (a cui è stato aggiunto il sale) **2** (*fig.*) condire, dar sapore a, rendere piccante: *to — one's conversation with wit*, condire la propria conversazione con delle arguzie **3** (*comm.*) alterare, falsare (conti) // *to — a mine*, (*fam.*) far apparire una miniera più ricca (apportandovi minerale greggio).

□ **salt away** *v.tr.* e *avv.* **1** conservare, mettere sotto sale **2** (*fam.*) mettere da parte, via, economizzare: *he had £ 2,000,000 salted away*, aveva 2.000.000 di sterline da parte.

□ **salt out** *v.tr.* e *intr.* e *avv.* (*chim., non com.*) (far) precipitare (una soluzione).

saltant ['sɔ:ltənt / sal·tant] *agg.* (*arald.*) saliente (gener. scoiattolo, gatto).

saltation [sæl'teɪʃn / sal·ta·tion] *s.* **1** (*rar.*) il saltare; salto **2** (*biol.*) mutazione **3** (*rar.*) movimento brusco; cambiamento improvviso.

saltatorial [,sæltə'tɔ:rɪəl / salt·at·orial] *agg.* (*rar.*) saltatore.

saltatory ['sæltətərɪ / salt·at·ory] *agg.* (*rar.*) **1** saltatore **2** che procede a balzi, a scatti.

salt bush ['sɔ:lt,bʊʃ] *s.* (*bot.*) (*Kochia aphylla*) granata.

salt cake ['sɔ:ltkeɪk] *s.* (*chim.*) solfato sodico impuro.

saltcellar ['sɔ:lt,selə* / salt·cellar] *s.* saliera.

salt desert ['sɔ:lt,dezət] *s.* (*geogr.*) deserto salato.

salt dome ['sɔ:lt,dəʊm] *s.* (*geol.*) cupola salina, duomo salino.

salter ['sɔ:ltə*] *s.* **1** salatore **2** produttore, venditore di sale **3** salinaio.

saltern ['sɔ:ltən / salt·ern] *s.* **1** raffineria di sale **2** salina.

salt flat ['sɔ:lt,flæt] *s.* (*geogr.*) piana di sale, letto asciutto di lago salato.

salt-free diet [,sɔ:ltfri:'daɪət] *s.* (*med.*) dieta aclorurata; (*fam.*) dieta senza sale.

salt glaze ['sɔ:lt,gleɪz] *s.* smaltatura a sale (di ceramiche).

salt horse ['sɔ:lt,hɔ:s] *s.* (*sl.*) carne di manzo salata.

saltier ['sæltɪə* / sal·tier] *s.* (*arald. ant.*) → **saltire**.

saltigrade ['sæltɪgreɪd / sal·ti·grade] *agg.* e *s.* (*zool.*) saltigrado.

salting ['sɔ:ltɪŋ / salt·ing] *s.* insalatura, salatura.

saltire ['sæltaɪə* / sal·tire] *s.* (*arald.*) croce di Sant'Andrea.

salt junk ['sɔ:lt,dʒʌŋk] *s.* (*sl. mar.*) → **salt horse**.

salt lake ['sɔ:lt,leɪk] *s.* (*geogr.*) lago salato.

saltlick ['sɔ:ltlɪk / salt·lick] *s.* **1** terreno ricco di salgemma **2** terreno salato (per il bestiame).

salt marsh ['sɔ:lt,mɑ:ʃ] *s.* (*geogr.*) palude costiera, maremma.

salt meadow ['sɔ:lt,medəʊ] *s.* prato salato.

saltmine ['sɔ:ltmaɪn / salt·mine] *s.* salina, miniera di sale.

saltness ['sɔ:ltnɪs / salt·ness] *s.* (*non com.*) **1** salsedine, salinità **2** (*fig.*) asprezza, mordacità.

saltpan ['sɔ:ltpæn / salt·pan] *s.* (*geogr.*) (bacino di) salina; stagno salato.

saltpetre ['sɔ:lt,pi:tə* / salt·petre] *s.* nitrato di potassio, salnitro: — *bed*, deposito di salnitro; — *rot*, muffa su muri umidi che ne disintegra la malta // *Chile* —, nitrato di sodio; nitro del Cile.

salt pit ['sɔ:ltpɪt] *s.* salina.

salt rising ['sɔ:lt,raɪzɪŋ] *s.* (*amer.*) lievito.

saltshaker ['sɔ:lt,ʃeɪkə* / salt·shaker] *s.* (*amer.*) spargisale.

salt-spoon ['sɔ:lt,spu:n] *s.* cucchiaino per il sale.

saltwater ['sɔ:lt,wɔ:tə* / salt·water] *agg.attr.* (d'acqua) di mare, d'acqua salata: — *fish*, pesce di mare.

salt-works ['sɔ:lt,wɜ:ks] *s.* raffineria di sale.

salt-wort ['sɔ:ltwɜ:t] *s.* (*bot.*) salicornia → **glasswort**.

salty ['sɔ:ltɪ] *agg.* **1** salato; salmastro; incrostato di sale: *the main dish was a bit too —*, la pietanza era un po' troppo salata **2** (*antiq.*) piccante (*anche fig.*) // **-ily** *avv.* // **-iness** *s.*

salubrious [sə'lu:brɪəs / sa·lu·bri·ous] *agg.* **1** rispettabile **2** (*form.*) salubre, sano // **-ly** *avv.*

salubriousness [sə'lu:brɪəsnɪs / sa·lu·bri·ous·ness] **salubrity** [sə'lu:brɪtɪ / sa·lu·brity] *s.* salubrità.

salutary ['sæljʊtərɪ *amer.* 'sæljʊterɪ / sal·ut·ary] *agg.* salutare // **-ily** *avv.* // **-iness** *s.*

salutation [,sæljʊ'teɪʃn / sa·lu·ta·tion] *s.* (*form.*) **1** saluto **2** formula introduttiva (di una lettera ecc.) AMER. **greeting**.

salutatory [sə'ljʊtətərɪ / sa·lut·at·ory] *agg.* (*form.*) di saluto ◆ *s.* (*amer.*) orazione letta da uno studente all'inizio del corso.

salute [sə'lu:t / sa·lute] *s.* **1** (*form.*) saluto; gesto di saluto **2** (*mar., mil.*) saluto; salva: — *with cheers*, saluto alla voce; *to fire a —*, tirare una salva, rendere saluto con le artiglierie; *to stand at (the) —*, fare il saluto; *to take the —*, rispondere al saluto; *royal —*, saluto a salve (con 21 colpi di cannone) **3** (*scherma*) saluto.

to **salute** *v.tr.* **1** (*form.*) salutare; dare il benvenuto a **2** (*mar., mil.*) salutare **3** onorare, rendere onore a **4** (*rar.*) colpire (l'orecchio); offrirsi (allo sguardo): *the first object that salutes the eye*, il primo oggetto che si offre allo sguardo ◆ *v.intr.* (*mar., mil.*) fare il saluto militare: *to — with 10 guns*, sparare 10 colpi a salve.

saluter [sə'lu:tə*] *s.* chi saluta.

salvable ['sælvəbl / salv·able] *agg.* (*non com.*) salvabile; ricuperabile.

Salvadorian [,sælvə'dɔ:rɪən / Sal·va·dorian] *agg.* e *s.* salvadoregno.

salvage ['sælvɪdʒ / sal·vage] *s.* U **1** salvataggio, ricupero (di merci danneggiate in naufragio, incendio ecc.): — *operation*, operazione di ricupero **2** indennità di ricupero **3** merci ricuperate **4** ricupero di una nave.

to **salvage** *v.tr.* **1** ricuperare, salvare (da naufragio, incendio ecc.) **2** ricuperare, salvare (reputazione, onore): *he managed to — what was left of his reputation*, riuscì a salvare ciò che era rimasto della sua reputazione.

salvation [sæl'veɪʃn / sal·va·tion] *s.* **1** salvezza; salvataggio **2** (*teol.*) salvezza, salute eterna; redenzione: *to work out one's —*, assicurarsi la salvezza eterna.

Salvation Army [sæl,veɪʃn'ɑ:mɪ] *s.* Esercito della Salvezza.

Salvationist [sæl'veɪʃnɪst / Sal·va·tion·ist] *s.* membro dell'Esercito della Salvezza.

salve[1] [sælv *amer.* sæv] *s.* **1** unguento, balsamo; pomata // *lip —*, burro di cacao, pomata per le labbra **2** (*fig. form.*) rimedio, balsamo; conforto: *her kind words were a — for him*, le sue gentili parole furono un balsamo per lui; *sleep is pain's easiest salve*, (DONNE) il sonno è il miglior balsamo del dolore.

to **salve**[1] *v.tr.* **1** (*rar.*) ungere con balsamo ecc. **2** (*fig. form.*) calmare, placare: *to — one's conscience*, mettersi a posto la coscienza.

salve[2] ['sælvɪ] *s.* **1** (*rar.*) salve! (forma di saluto) **2** (*eccl.*) Salve Regina.

to **salve**[3] [sælv] *v.tr.* (*rar.*) salvare (da un naufragio, un incendio ecc.).

salver ['sælvə*] *s.* vassoio, piatto (per cibi, bevande, lettere, carte ecc.).

salvo[1] ['sælvəʊ] *pl.* **salvos** *s.* **1** (*dir.*) (clausola di) riserva **2** (*rar.*) scappatoia; pretesto, scusa **3** (*rar.*) espediente (per salvare la reputazione, per tranquillizzare la coscienza).

salvo[2] *pl.* **salvo(e)s** *s.* **1** (*mil.*) salva **2** scroscio: — *of applause*, scroscio di applausi.

samara ['sæmərə / sam·ara] *s.* (*bot.*) samara.

Samaritan [sə'mærɪtən / Sa·mar·itan] *agg.* samaritano ◆ *s.* samaritano // *the good —*, il buon Samaritano // *the Samaritans*, organizzazione di volontari cui possono rivolgersi (spec. per telefono) persone bisognose di aiuto, conforto ecc.; 'telefono amico'.

samarium [sə'meərɪəm / sa·mar·ium] *s.* (*chim.*) samario.

samba ['sæmbə] *s.* samba (danza).

sambur ['sæmbə* / sam·bur] *s.* (*zool.*) (*Cervus unicolor*) sambar, cervo unicolore.

same [seɪm] *agg.* stesso, medesimo: *we stayed at the — hotel as last time*, siamo stati nello stesso albergo della volta scorsa; *his car is the — colour as mine*, la sua macchina è dello stesso colore della mia; *they both come from the — place*, vengono tutt'e due dal medesimo luogo; *it's the — film we saw last week*, è lo stesso film che abbiamo visto la scorsa settimana; *he's made the — old mistake as ever*, ha fatto lo stesso errore di sempre // *at the — time*, nello stesso tempo; tuttavia: *she was knitting and watching TV at the — time*, lavorava a maglia e allo stesso tempo guardava la TV; *it's a good song but, at the — time, I think it's too long*, è una bella canzone ma, allo stesso tempo, penso che sia troppo lunga // *he told me the very — story*, mi raccontò esattamente la stessa storia // *"But he comes from Sweden not Norway" "Same difference"*, "Ma viene dalla Svezia, non dalla Norvegia" "Non fa niente".

same *pron.* lo stesso, il medesimo; la stessa

cosa: *it's the — for all of us*, è la stessa cosa per tutti; *...and the — is true of any other language*, ...e lo stesso dicasi per qualsiasi altra lingua; *both dresses look the — to me*, i due abiti mi sembrano uguali; *I did the — as everybody else*, ho fatto come tutti gli altri; *you must say the — as the others*, devi dire quello (la stessa cosa) che dicono gli altri; *petrol is dear here the — as it is in France*, la benzina è cara qui né più né meno come in Francia; *after the accident, he was never the — again*, dopo l'incidente, non è stato più lo stesso // (*comm.*) *estimate for new door and painting of —*, preventivo per la nuova porta e verniciatura della stessa // *the — to you*, altrettanto: *"Merry Christmas!" "The — to you!"*, "Buon Natale!" "Altrettanto!" // *all the —, just the —*, lo stesso; ugualmente: *he wasn't interested but she told him all the —*, la cosa non gli interessava ma lei glielo disse lo stesso; *go where you like, it's all the — to me*, vai dove vuoi, per me fa lo stesso; *"Do you need a loan?" "No, but thanks all the —"*, "Ti occorre un prestito?" "No, ma grazie lo stesso" // *one and the —*, lo stesso; preciso identico: *I think the two problems are one and the —*, penso che i due problemi siano identici // *the (very) —*, proprio quello: *"Do you mean the girl in the blue skirt?" "The very —"*, "Vuoi dire la ragazza con la gonna azzurra?" "Proprio quella" // *much the —*, più o meno lo stesso: *the patient is much the — as last week*, il paziente è più o meno come la settimana scorsa // *— here*, (siamo) d'accordo; anche da parte mia: *"I thought the play was boring" "Same here"*, "La commedia mi è sembrata noiosa" "Anche a me" // *— again, please!*, un altro bicchiere dello stesso (vino), per favore!

same *avv.* proprio come, allo stesso modo (di): *I've got my rights, — as you*, ho i miei diritti, così come li hai tu.

sameness ['seɪmnɪs / same·ness] *s.* **1** identità; somiglianza **2** (*spreg.*) uniformità, monotonia.

samey ['seɪmɪ] *agg.* (*fam.*) monotono, senza varietà.

samite ['sæmaɪt / sam·ite] *s.* sciamito (tessuto medievale di seta pesante).

samlet ['sæmlɪt / sam·let] *s.* (*zool.*) salmone giovane.

sammy ['sæmɪ] *s.* 'sammy', soprannome dato ai soldati americani (nella guerra 1915-18).

Samnites ['sæmnaɪts / Sam·nites] *s.pl.* (*st.*) Sanniti.

Samoan [sə'məʊən / Sa·moan] *agg.* samoano ◆ *s.* **1** abitante delle isole Samoa **2** lingua di Samoa.

samovar ['sæməvɑ:* / samo·var] *s.* samovar.

Samoyed(e) [,sæmɔɪ'ed / Sam·oyed(e)] *agg.* samoiedo ◆ *s.* **1** samoiedo **2** (cane) samoiedo.

Samoyedic [,sæmɔɪ'edɪk / Sam·oy·edic] *agg.* samoiedo ◆ *s.* lingua samoieda.

samp [sæmp] *s.* (*amer.*) granoturco macinato grossolanamente e fatto bollire nel latte.

sampan ['sæmpæn / sam·pan] *s.* sampang.

samphire ['sæmfaɪə* / sam·phire] *s.* (*bot.*) **1** (*Crithmum maritimum*) finocchio marino; (*pop.*) erba S. Pietro SIN. **sea fennel** **2** salicornia → **glasswort**.

sample ['sɑ:mpl *amer.* 'sæmpl] *s.* campione, modello; saggio, esemplare: *up to —*, conforme a campione; *to buy sthg. from —*, comprare su campione; *as per —*, come da campione; *— only*, campione senza valore; *free —*, campione gratuito; *samples on collection*, campioni su richiesta // *to give a — of one's bad temper*, dare un saggio del proprio cattivo carattere // (*stat.*) *random —*, campione casuale // (*inform.*) *— coding*, esempio di programmazione; *— data*, dati di prova; *— problem*, problema esemplificativo; *— survey*, indagine campionario.

to **sample** *v.tr.* **1** campionare **2** assaggiare, provare (un vino, un cibo ecc.).

sampler[1] ['sɑ:mplə* *amer.* 'sæmplə* / sam·pler] *s.* **1** imparaticcio (saggio, modello di ricamo) **2** (*ant.*) archetipo.

sampler[2] *s.* chi prepara, esamina campioni // (*mecc.*) (*soil*) —, sonda campionatrice (per terreno).

sampling ['sɑ:mplɪŋ *amer.* 'sæmplɪŋ / sam·pling] *s.* **1** (*stat.*) campionamento: *— theory*, teoria del campionamento; *patterned —*, campionamento sistematico **2** (*non com.*) campionatura.

Samson('s) post [,sæmsn(z)'pəʊst] *s.* (*mar.*) puntale; puntone di sostegno.

sanative ['sænətɪv / san·at·ive] *agg.* (*rar.*) salutare, curativo.

sanatorium [,sænə'tɔ:rɪəm / san·at·orium] *pl.* **sanatoria** [,sænə'tɔ:rɪə / san·at·oria] **sanatoriums** *s.* sanatorio, casa di cura.

sanatory ['sænətərɪ / san·at·ory] *agg.* (*non com.*) sanativo, curativo.

sanctification [,sæŋ*k*tɪfɪ'keɪʃn / sanc·ti·fica·tion] *s.* santificazione; canonizzazione.

sanctified ['sæŋ*k*tɪfaɪd / sanc·ti·fied] *agg.* santificato; santo, sacro; consacrato.

sanctifier ['sæŋ*k*tɪfaɪə* / sanc·ti·fier] *s.* santificatore, santificatrice.

to **sanctify** ['sæŋ*k*tɪfaɪ / sanc·tify] *v.tr.* **1** santificare, consacrare, purificare **2** sanzionare, sancire.

sanctimonious [,sæŋ*k*tɪ'məʊnɪəs / sanc·ti·mo·ni·ous] *agg.* (*form. spreg.*) che affetta devozione; ipocrita // **-ly** *avv.* // **-ness** *s.*

sanctimony ['sæŋ*k*tɪmənɪ *amer.* 'sæŋ*k*tɪ,məʊnɪ / sanc·ti·mony] *s.* santimonia.

sanction ['sæŋ*k*ʃn / sanc·tion] *s.* **1** (*form.*) autorizzazione, approvazione, permesso: *with the — of the author*, con l'autorizzazione dell'autore **2** (*dir.*) ratifica, decreto // (*st.*) *the pragmatic —*, la prammatica sanzione **3** sanzione, pena (*anche dir.*): *punitive —*, sanzione punitiva; *remuneratory —*, provvedimento remunerativo; *criminal —*, sanzione penale; *economic sanctions*, sanzioni economiche.

to **sanction** *v.tr.* (*form.*) **1** autorizzare, approvare **2** ratificare, decretare **3** (*dir.*) aggiungere sanzioni penali a (una legge).

sanctionary ['sæŋ*k*ʃnərɪ / sanc·tion·ary] *agg.* (*form.*) sanzionario.

sanctity ['sæŋ*k*tɪtɪ / sanc·tity] *s.* **1** santità, religiosità **2** carattere sacro (d'un terreno, d'un giuramento ecc.); inviolabilità (di terreno, della vita privata ecc.).

sanctuary ['sæŋ*k*tjʊərɪ *amer.* 'sæŋ*k*tʃʊerɪ / sanc·tu·ary] *s.* **1** santuario, tempio **2** asilo, rifugio: *right of —*, diritto d'asilo; *to take —*, (*anche fig.*) trovare rifugio, rifugiarsi **3** riserva (di uccelli e animali selvatici).

sanctum ['sæŋ*k*təm // sanc·tum] *s.* **1** luogo sacro, santuario // (*eccl.*) *Sanctum Sanctorum*, Tabernacolo **2** (*fam.*) studio privato; ritiro, rifugio: *the inner —*, (*fig.*) rifugio intimo.

Sanctus ['sæŋ*k*təs / Sanc·tus] *s.* (*eccl.*, *mus.*) sanctus.

sand [sænd] *s.* **1** sabbia, rena; *pl.* granelli di sabbia // *to build on —*, (*fig.*) costruire sulla sabbia **2** *pl.* spiaggia; banco di sabbia: *children playing on the sands*, bambini che giocano sulla spiaggia **3** (*fam. amer.*) coraggio, fegato: *a guy with plenty of —*, un tipo che ha fegato **4** (*med.*) sabbia **5** *pl.* (*fig.*) scadenza di tempo (nella clessidra): *the sands of time*, lo scorrere del tempo.

to **sand** *v.tr.* **1** coprire, cospargere di sabbia **2** mescolare, alterare con sabbia **3** insabbiare, arenare **4** (*tecn.*) smerigliare; carteggiare. □ **sand down** *v.tr.* e *avv.* smerigliare.

sandal[1] ['sændl / san·dal] *s.* **1** sandalo **2** (*non com.*) cinturino (di calzature).

sandal[2] *s.* (*bot.*) sandalo (albero e legno).

sandalled ['sændld / san·dalled] *agg.* (*non com.*) che indossa sandali, calzato di sandali.

sandalwood ['sændlwʊd / san·dal·wood] *s.* legno di sandalo.

sandarac ['sændəræk / san·darac] *s.* **1** (*min.*) realgar **2** *gum —, — resin*, sandracca.

sandbag ['sæn*d*bæg / sand·bag] *s.* **1** sacchetto di sabbia (per zavorra, fortificazioni ecc.) **2** sacchetto di sabbia usato come arma **3** (*amer.*) salvagente.

to **sandbag** *pass.p.p.* **sandbagged** ['sæn*d* bægd / sand·bagged] *v.tr.* **1** munire, zavorrare con sacchetti di sabbia **2** colpire con un sacchetto di sabbia **3** (*fam. amer.*) costringere, forzare, obbligare: *he was sandbagged into leaving the house*, fu obbligato a lasciare la casa **4** (*alpinismo*) (*spec. amer.*) mandare (qlcu.) a fare una scalata difficile facendogli credere che è facile.

sandbank ['sæn*d*bæŋk / sand·bank] *s.* banco di sabbia.

sandbar ['sæn*d*bɑ:* / sand·bar] *s.* (*geogr.*) cordone litorale, barra di sabbia.

sand-bath ['sæn*d*bɑ:θ *amer.* 'sæn*d*bæθ] *s.* **1** (*chim.*) bagno a sabbia **2** sabbiatura.

sandblast ['sæn*d*,blɑ:st *amer.* 'sæn*d*,blæst / sand·blast] *s.* (*mecc.*, *metall.*) sabbiatura.

to **sandblast** *v.tr.* (*mecc.*, *metall.*) sabbiare, sottoporre a sabbiatura.

sand-blind ['sæn*d*,blaɪnd] *agg.* (*ant.*) mezzo cieco: *this is my true-begotten father, who, being more than / sand-blind, high-gravel blind, knows me not*, (SH. Merchant of Venice) questo è il mio legittimo padre, che essendo mezzo cieco, anzi cieco come una talpa, non mi riconosce.

sandbox ['sændbɒks / sand·box] *s.* **1** (*ferr.*) sabbiera **2** (*amer.*) → **sandpit**.

sandcastle ['sæn*d*,kɑ:sl *amer.* 'sæn*d*,kæsl / sand·castle] *s.* castello di sabbia.

sand-crack ['sænd,kræk] *s.* (*vet.*) malattia dello zoccolo dei cavalli.

sand dune ['sændju:n *amer.* 'sændu:n] *s.* duna (di sabbia).

sander ['sændə*] *s.* **1** (*tecn.*) sabbiatrice **2** (*ferr.*) lanciasabbia; sabbiera **3** (*mecc.*) levigatrice: *orbital —*, levigatrice orbitale.

sanderling ['sændəlɪŋ / san·der·ling] *s.* (*zool.*) (*Calidris alba*) piovanello tridattilo.

sand fly ['sænd*flaɪ] *s.* (*zool.*) flebotomo, pappataci, simulio.

sand-hill ['sænd,hɪl] *s.* duna.

sand-hopper ['sænd,hɒpə*] *s.* (*zool.*) (*Talitrus locusta*) pulce di mare SIN. beach-flea.

sanding ['sændɪŋ / sand·ing] *s.* (*tecn.*) **1** sabbiatura **2** levigatura (con abrasivi): — *disk*, disco abrasivo; — *machine*, levigatrice **3** carteggiatura: *dry* —, carteggiatura a secco; *hand* —, carteggiatura a mano.

sandman ['sænd*mæn / sand·man] *pl.* **sandmen** ['sænd*men] *s.* (*amer.*) (*nel linguaggio infantile*) omino del sonno (che fa addormentare i bambini gettando loro la sabbia negli occhi).

sand-martin ['sænd,mɑːtɪn] *s.* (*zool.*) (*Riparia riparia*) rondine riparia; (*pop.*) topino.

sandpaper ['sænd*,peɪpə* / sand·pa·per] *s.* carta vetrata.

to **sandpaper** *v.tr.* cartavetrare; carteggiare.

sandpiper ['sænd*,paɪpə* / sand·piper] *s.* (*zool.*) uccello caradriforme (p.e. piovanello, piro-piro, gambecchio).

sandpit ['sænd*,pɪt / sand·pit] *s.* **1** cava di sabbia **2** piccolo recinto pieno di sabbia dove giocano i bambini AMER. sandbox.

sandshoe ['sænd*,ʃuː / sand·shoe] *s.* scarpa di tela leggera.

sandstone ['sænd*stəʊn / sand·stone] *s.* (*geol.*) arenaria.

sandstorm ['sænd*stɔːm / sand·storm] *s.* (*meteor.*) tempesta di sabbia.

sand trap ['sænd*,træp] *s.* (*golf amer.*) ostacolo di sabbia, bunker BRIT. bunker.

sandwich ['sænwɪdʒ *amer.* 'sænwɪtʃ / sand·wich] *s.* **1** sandwich, tramezzino **2** torta farcita con crema o marmellata.

to **sandwich** *v.tr.* inserire; ficcare (tra due cose o persone); mettere in mezzo: *I was sandwiched between two very fat ladies*, ero schiacciato in mezzo a due signore molto grasse.

sandwich board ['sænwɪdʒ,bɔːd *amer.* 'sænwɪtʃ,bɔːd] *s.* cartellone pubblicitario portato da un uomo sandwich.

sandwich course ['sænwɪdʒ,kɔːs *amer.* 'sænwɪtʃ,kɔːs] *s.* studio all'università che prevede un periodo (da tre a sei mesi) di pratica presso una ditta.

sandwich man ['sænwɪdʒ,mæn *amer.* 'sænwɪtʃ,mæn] *pl.* **sandwich men** ['sænwɪdʒ ,men *amer.* 'sænwɪtʃ,men] *s.* uomo sandwich.

sandwort ['sændwɜːt / sand·wort] *s.* (*bot.*) (*Arenaria serpyllifolia*) arenaria comune.

sandy ['sændɪ] *agg.* **1** sabbioso, arenoso **2** biondorosso (di capelli) // **-iness** *s.*

sandyacht ['sænd,jɒt / sand·yacht] *s.* catamarano a vela, su ruote, usato per correre sulla sabbia.

sane [seɪn] *agg.* **1** sano di mente **2** che ha buon senso, sensato; equilibrato // **-ly** *avv.* // **-ness** *s.*

sanforized® ['sænfəraɪzd / san·for·ized] *agg.* sanforizzato®.

sang *pass.* di to **sing**.

sangaree [,sæŋgə'riː / san·garee] *s.* (*non com.*) → **sangria**.

sangfroid [,sɒŋ'frwɑː / sang·froid] *s.* (*fr.*) sangue freddo.

Sangrail, **Sangreal** [sæŋ'greɪl / San·grail] *s.* (*relig.*) Santo Gral.

sangria [sæŋ'griːə / san·gria] *s.* sangria (bevanda).

sanguification [,sæŋgwɪfɪ'keɪʃn / san·gui·fica·tion] *s.* (*med.*) sanguificazione, emopoiesi.

sanguinaria [,sæŋgwɪ'neərɪə / san·guin·aria] *s.* (*bot.*) (*Sanguinaria canadensis*) sanguinaria SIN. bloodroot.

sanguinary ['sæŋgwɪnərɪ *amer.* 'sæŋgwɪn erɪ / san·guin·ary] *agg.* (*form.*) **1** (*med.*) di, del sangue; sanguigno: — *stream*, flusso sanguigno **2** sanguinario, crudele // **-ily** *avv.* // **-iness** *s.*

sanguine ['sæŋgwɪn / san·guine] *agg.* (*form.*) **1** sanguigno **2** ottimistico, fiducioso: *to be of a — disposition*, essere portato all'ottimismo; *to feel* (o *to be*) — *about the future*, aver fiducia nell'avvenire **3** (*rar.*) sanguinario; assetato di sangue ◆ *s.* (*arte, min.*) sanguigna // **-ly** *avv.*

sanguineness ['sæŋgwɪnnɪs / san·guine·ness] *s.* (*rar.*) **1** ottimismo, fiducia, speranza **2** temperamento sanguigno.

sanguineous [sæŋ'gwɪnɪəs / san·guin·eous] *agg.* **1** (*non com.*) del sangue, sanguigno **2** (*spec. bot.*) sanguigno, rosso sangue **3** (*med.*) pletorico, sanguigno **4** speranzoso; ottimistico, fiducioso.

sanguinolent [sæŋ'gwɪnələnt / san·guin·olent] *agg.* (*form.*) sanguinolento.

Sanhedrim ['sænɪdrɪm / San·hed·rim] **Sanhedrin** ['sænɪdrɪn] *s.* (*st. ebraica*) Sinedrio.

sanicle ['sænɪkl / san·icle] *s.* (*bot.*) (*Sanicula europaea*) sanicola, erba fragolina.

sanidine ['sænɪdiːn / sanid·ine] *s.* (*min.*) sanidino.

sanies ['seɪniiːz / sa·nies] *s.* (*med.*) pus, sanie.

sanitarian [,sænɪ'teərɪən / san·it·arian] *agg.* (*form.*) igienico; sanitario ◆ *s.* (*form.*) igienista.

sanitarium [,sænɪ'teərɪəm / san·it·arium] *pl.* **sanitariums**, **sanitaria** [,sænɪ'teərɪə / san·it·aria] *s.* (*amer.*) → **sanatorium**.

sanitary ['sænɪtərɪ *amer.* 'sænɪterɪ / san·it·ary] *agg.* **1** sanitario: — *inspector*, ufficiale sanitario **2** igienico // — *napkin* (o *pad* o *towel*), assorbente igienico // **-ily** *avv.* // **-iness** *s.*

to **sanitate** ['sænɪteɪt / san·it·ate] *v.tr.* (*form.*) **1** rendere igienico **2** fornire di materiale sanitario.

sanitation [,sænɪ'teɪʃn / san·ita·tion] *s.* **1** misure igieniche (a salvaguardia della salute pubblica); igiene; fognature (*pl.*) **2** (*rar.*) selezione naturale (ad opera dei predatori sugli animali più deboli).

sanitation worker [,sænɪ'teɪʃn,wɜːkə*] *s.* (*spec. amer.*) netturbino.

sanity ['sænətɪ / san·ity] *s.* **1** sanità di mente **2** (*estens.*) buon senso, equilibrio, ragionevolezza.

sank *pass.* di to **sink**.

sans [sænz] *prep.* (*ant.*) senza.

Sanskrit ['sænskrɪt / Sans·krit] *agg.* e *s.* sanscrito.

sans serif [,sæn'serɪf] *s.* (*tip.*) bastone.

Santa Claus ['sæntə,klɔːz] *no.pr.m.* Santa Claus (personaggio corrispondente a Babbo Natale).

santalol ['sæntəlɒl / san·ta·lol] *s.* (*chim.*) santalolo, areolo.

santonica [,sæn'tɒnɪkə / san·ton·ica] *s.* (*bot.*) (*Artemisia pauciflora*) santonica; (*pop.*) seme santo.

santonin ['sæntənɪn / san·tonin] *s.* (*chim.*) santonina.

sap[1] [sæp] *s.* **1** (*biol.*) linfa; succo; *cell* —, ialoplasma; *nuclear* —, cariolinfa **2** (*fig. form.*) linfa vitale; vigore; energia; vitalità **3** (*fig.*) sempliciotto; stupido.

to **sap**[1] *pass.p.p.* **sapped** [sæpt] *v.tr.* essiccare (legno ecc.); togliere la linfa a (*anche fig.*).

sap[2] *s.* **1** (*mil.*) trincea d'avvicinamento **2** (*fig. non com.*) subdolo processo di indebolimento.

to **sap**[2] *v.tr.* **1** (*antiq.*) scavare alle fondamenta; scavare sotterraneamente **2** (*fig.*) minare; indebolire: *overwork sapped his strength, his health*, il superlavoro minò le sue forze, la sua salute ◆ *v.intr.* **1** scavare trincee **2** avvicinare la posizione nemica scavando trincee.

sap[3] *s.* (*sl. scolastico*) secchione, sgobbone.

sap[4] *s.* (*fam. amer.*) randello, manganello.

to **sap**[4] *v.tr.* (*fam. amer.*) colpire con un manganello.

sap-happy ['sæp,hæpɪ] *agg.* (*fam. amer.*) ubriaco.

saphead ['sæphed / sap·head] *s.* (*fam.*) citrullo.

saphena [sə'fiːnə / sap·hena] *s.* (*anat.*) safena.

saphenous [sə'fiːnəs / sa·phen·ous] *agg.* (*anat.*) safeno: — *vein*, vena safena; — *nerve*, nervo safeno.

sapid ['sæpɪd] *agg.* (*rar.*) **1** sapido; gustoso **2** (*fig.*) piacevole; gradevole.

sapidity [sə'pɪdətɪ / sa·pid·ity] **sapidness** ['sæpɪdnɪs / sa·pid·ness] *s.* saporosità; gusto.

sapience ['seɪpjəns / sapi·ence] *s.* **1** (*ant.*) sapienza, saggezza **2** (*fam. scherz.*) scienza.

sapient ['seɪpjənt / sapi·ent] *agg.* (*letter.*) sapiente, savio // **-ly** *avv.*

sapiential [,seɪpj'enʃl / sa·pien·tial] *agg.* (*rar.*) sapienziale.

sapindus [sə'pɪndəs / sa·pin·dus] *s.* (*bot.*) (*Sapindus saponaria*) sapindo; (*pop.*) albero del sapone.

sapless ['sæplɪs / sap·less] *agg.* **1** (*bot.*) senza linfa **2** secco **3** fiacco, senza vigore; privo di vitalità **4** scialbo; insignificante; banale.

sapling ['sæplɪŋ / sap·ling] *s.* **1** alberello, giovane albero **2** (*fig.*) giovane inesperto **3** cucciolo di levriero.

sapodilla [,sæpəʊ'dɪlə / sa·po·dilla] *s.* (*bot.*) (*Achras sapota*) sapota, sapotiglia.

saponaceous [,sæpəʊ'neɪʃəs / sa·po·na·ceous] *agg.* (*rar.*) saponaceo, saponoso.

saponaria [,sæpəʊ'neərɪə / sa·pon·aria] *s.* (*bot.*) saponaria.

saponifiable [sə'pɒnɪ,faɪəbl / sa·poni·fi·able] *agg.* (*chim.*) saponificabile.

saponification [sə,pɒnɪfɪ'keɪʃn / sa·poni·fica·tion] *s.* (*chim.*) saponificazione: — *number*, numero, indice di saponificazione.

to **saponify** [sə'pɒnɪfaɪ / sa·pon·ify] *v.tr.* (*chim.*) saponificare ◆ *v.intr.* (*chim.*) saponificare, saponificarsi.

saponin ['sæpənɪn / sap·onin] *s.* (*chim.*) saponina.

saponite ['sæpənaɪt / sap·on·ite] *s.* (*min.*) saponite.

sap(p)an ['sæpən] **sap(p)an-wood** ['sæpən,wʊd] *s.* (*bot.*) **1** (*Caesalpinia sappan*) brasiletto, verzino **2** legno di sapan.

sapper ['sæpə* / sap·per] *s.* (*mil.*) geniere; artiere.

Sapphic ['sæfɪk / Sap·phic] *agg.* e *s.* (*poesia, metrica*) saffico.

sapphire ['sæfaɪə* / sap·phire] *agg.* di colore azzurro, blu zaffiro ◆ *s.* **1** (*min.*) zaffiro **2** (blu) zaffiro.

sapphirine ['sæfɪraɪn / sap·phir·ine] *agg.* (*form.*) zaffirino ◆ *s.* (*min.*) saffirina.

sapphism ['sæfɪzəm / sap·phism] *s.* saffismo.

sappy ['sæpɪ] *agg.* **1** (*bot.*) ricco di linfa; succoso **2** (*fig.*) energico; vigoroso **3** (*fam. amer.*) sciocco, fatuo // **-iness** *s.*

sapropel ['sæprəpel / sap·ro·pel] *s.* (*geol.*) sapropel, sapropelite.

sapropelic [,sæprə'pelɪk / sap·ro·pelic] *agg.* (*geol.*) sapropelico.

sapropelite [,sæprə'pelaɪt / sap·ro·pel·ite] → **sapropel**.

saprophyte ['sæprəʊfaɪt / sap·ro·phyte] *s.* (*bot.*) saprofito, saprofita.

saprophytic [,sæprəʊ'fɪtɪk / sap·ro·phytic] *agg.* (*bot.*) saprofitico.

sapwood ['sæpwʊd / sap·wood] *s.* (*bot.*) alburno SIN. alburnum.

saraband ['særəbænd / sara·band] *s.* sarabanda (musica, danza spagnola).

Saracen ['særəsn / Sara·cen] *agg.* e *s.* saraceno.

Saracenic [,særə'senɪk / Sa·ra·cenic] *agg.* saraceno.

sarcasm ['sɑ:kæzəm / sar·casm] *s.* sarcasmo.

sarcastic [sɑ:'kæstɪk / sar·castic] *agg.* sarcastico // **-ally** *avv.*

sarcenet → **sarsenet**.

sarco- ['sɑ:kəʊ] *pref.* di origine greca della terminologia scientifica con significato di 'carne, muscolo'; it. sarco-: *sarcoplasm*, sarcoplasma; *sarcomere*, sarcomero.

sarcocele ['sɑ:kəʊsi:l / sar·co·cele] *s.* (*med.*) sarcocele.

sarcocolla [,sɑ:kə'kɒlə / sar·co·colla] *s.* (*bot.*) sarcocolla.

sarcode ['sɑ:kəʊd / sar·code] *s.* (*biol.*) sarcode.

sarcoid ['sɑ:kɔɪd / sarc·oid] *s.* (*med.*) sarcoide.

sarcoidosis [,sɑ:kɔɪ'dəʊsɪs / sarc·oid·osis] *pl.* **sarcoidoses** [,sɑ:kɔɪ'dəʊsi:z] *s.* (*med.*) sarcoidosi.

sarcolemma [,sɑ:kəʊ'lemə / sar·co·lemma] *s.* (*anat.*) sarcolemma.

sarcology [sɑ:'kɒlədʒɪ / sar·co·logy] *s.* (*med.*) sarcologia.

sarcoma [sɑ:'kəʊmə / sar·coma] *pl.* **sarcomas**, **sarcomata** [sɑ:'kəʊmətə / sar·co·mata] *s.* (*med.*) sarcoma.

sarcomatosis [sɑ:,kəʊmə'təʊsɪs / sar·co·mat·osis] *pl.* **sarcomatoses** [sɑ:,kəʊmə'təʊsi:z] *s.* (*med.*) sarcomatosi.

sarcomatous [sɑ:'kəʊmətəs / sar·co·mat·ous] *agg.* (*med.*) sarcomatoso.

sarcomycin [,sɑ:kəʊ'maɪsɪn / sar·co·my·cin] *s.* (*biochim.*) sarcomicina.

sarcophagus [sɑ:'kɒfəgəs / sar·co·phagus] *pl.* **sarcophagi** [sɑ:'kɒfəgaɪ / sar·co·phagi] **sarcophaguses** [sɑ:'kɒfəgəsɪs] *s.* sarcofago.

sarcopside [sɑ:'kɒpsɪd / sar·co·pside] *s.* (*min.*) sarcopside.

sarcosine ['sɑ:kəsi:n / sar·cos·ine] *s.* (*chim.*) sarcosina.

sard [sɑ:d] *s.* (*min.*) sarda.

sardelle [sɑ:'del / sar·delle] *s.* (*zool.*) (*Sardinella aurita*) sardella.

sardine [sɑ:'di:n / sar·dine] *pl.* **sardine(s)** *s.* (*zool.*) (*Sardina pilchardus*) sardina, sarda: *we were packed like sardines in a can*, eravamo pigiati come sardine in scatola SIN. pilchard.

Sardinian [sɑ:'dɪnjən / Sar·din·ian] *agg.* e *s.* sardo.

sardonic [sɑ:'dɒnɪk / sar·donic] *agg.* sardonico // **-ally** *avv.*

sardonyx ['sɑ:dənɪks / sard·onyx] *s.* (*min.*) sardonice, sardonica.

sargasso [sɑ:'gæsəʊ / sar·gasso] *pl.* **sargassos** *s.* (*bot.*) (*Sargassum bacciferum*) sargasso; (*pop.*) uva di mare // *Sargasso Sea*, Mar dei Sargassi.

sarge [sɑ:dʒ] *s.* (*fam.*) sergente.

sari ['sɑ:ri:] *s.* sari (indumento femminile indiano).

sarin [zɑ:'ri:n] *s.* (*chim.*) gas nervino.

sarkinite ['sɑ:kɪnaɪt / sar·kin·ite] *s.* (*min.*) sarkinite.

sarky ['sɑ:kɪ] *agg.* (*fam.*) → **sarcastic**.

Sarmatian [sɑ:'meɪʃjən / Sar·ma·tian] *agg.* sarmatico ◆ *s.* sarmata.

sarmentose [sɑ:'məntəʊs / sar·ment·ose] **sarmentous** [sɑ:'mentəs / sar·ment·ous] *agg.* (*bot.*) sarmentoso.

sarnie ['sɑ:nɪ] *s.* (*fam.*) → **sandwich**.

sarong [sə'rɒŋ *amer.* sə'rɔ:ŋ / sa·rong] *s.* sarong (indumento malese).

saros ['særɒs] *s.* (*astr.*) saros.

sarsaparilla [,sɑ:səpə'rɪlə / sar·sa·par·illa] *s.* (*bot., med.*) salsapariglia.

sarsenet ['sɑ:snɪt / sar·senet] *s.* tessuto sottile di seta (usato specialmente per fodere), ermesino.

sartorial [sɑ:'tɔ:rɪəl / sar·tor·ial] *agg.* **1** (*form.*) di, da sarto; di sartoria **2** (*anat.*) del muscolo sartorio.

sartorius [sɑ:'tɔ:rɪəs / sar·tor·ius] *s.* (*anat.*) (muscolo) sartorio.

sash[1] [sæʃ] *s.* fascia, sciarpa, fusciacca (portata in vita o a tracolla).

sash[2] *s.* **1** telaio del pannello vetrato (di porta o finestra) **2** pannello vetrato scorrevole (di finestra a ghigliottina).

to **sashay** [sæ'ʃeɪ] *v.intr.* (*fam. amer.*) muoversi scioltamente, armoniosamente.

sash cord ['sæʃkɔ:d] *s.* corda del contrappeso (nelle finestre a ghigliottina).

sash line ['sæʃlaɪn] *s.* cavo per l'erezione dei pali telegrafici.

sash pulley ['sæʃ,pʊlɪ] *s.* puleggia su cui scorre la corda del contrappeso (nelle finestre a ghigliottina).

sash weight ['sæʃweɪt] *s.* contrappeso (nelle finestre a ghigliottina).

sash window ['sæʃ,wɪndəʊ] *s.* finestra a ghigliottina.

sasin ['seɪsən] *s.* (*zool.*) (*Antilope cervicapra*) antilope cervicapra.

sass [sæs] *s.* (*fam. amer.*) impudenza, sfacciataggine; rispostaccia.

to **sass** *v.tr.* (*fam. amer.*) dire impertinenze a, essere impertinente con; rispondere male a.

sassaby ['sæsəbɪ / sas·saby] *s.* (*zool.*) (*Damaliscus lunatus*) damalisco di Sassaby.

sassafras ['sæsəfræs / sas·sa·fras] *s.* (*bot.*) (*Sassafras officinale*) sassofrasso, sassafrasso.

Sassanian [sæ'seɪnjən / Sas·sa·nian] **Sassanid** ['sæsənɪd / Sas·sanid] *agg.* e *s.* (*st.*) sassanide.

Sassenach ['sæsənæk / Sas·sen·ach] *agg.* e *s.* (*scoz., irl.*) inglese; scozzese della Scozia meridionale.

sassolite ['sæsəlaɪt / sasso·lite] *s.* (*min.*) sassolite.

sassy ['sæsɪ] *agg.* (*fam. amer.*) impertinente, sfacciato, sfrontato.

sat *pass.p.p.* di to **sit**.

satanic(al) [sə'tænɪk(l) *amer.* seɪ'tænɪk(l) / sa·tanic, sa·tan·ical] *agg.* satanico; diabolico; perfido // **-ally** *avv.*

satanism ['seɪtənɪzəm / sa·tan·ism] *s.* satanismo.

satchel ['sætʃl] *s.* cartella (da scolaro).

to **sate** [seɪt] *v.tr.* (*form.*) saziare, satollare; (*fig.*) appagare, soddisfare.

sateen [sæ'ti:n / sat·een] *s.* rasatello, tessuto di cotone satinato.

satellite ['sætəlaɪt / sat·el·lite] *s.* **1** (*astr.*) satellite: *artificial* —, satellite artificiale // *weather* —, meteosat **2** (paese, città, quartiere) satellite **3** (*fig.*) seguace ossequioso e servile, satellite ◆ *agg.attr.* **1** satellite: — *state, town*, stato, città satellite **2** satellitare: — *TV, telephone*, TV, telefono satellitare.

satellite dish ['sætəlaɪt,dɪʃ] *s.* antenna parabolica, parabola.

satellitic [,sætə'lɪtɪk / sat·el·litic] *agg.* (*rar.*) di satellite.

satiable ['seɪʃjəbl / sa·ti·able] *agg.* (*non com.*) saziabile, appagabile (*anche fig.*).

satiate ['seɪʃɪeɪt / sa·tiate] *agg.* (*rar.*) sazio, satollo (*anche fig.*).

to **satiate** *v.tr.* saziare, satollare; appagare (*anche fig.*).

satiation [,seɪʃɪ'eɪʃn / sa·ti·ation] **satiety** [sə'taɪətɪ / sa·ti·ety] *s.* (*form.*) sazietà, appagamento (*anche fig.*).

satin ['sætɪn] *s.* raso, satin ◆ *agg.attr.* di raso, simile a raso; satinato // — *paper*, carta satinata // (*mecc.*) — *finish*, finitura satinata.

satinet ['sætɪnɪt / sat·inet] *s.* rasatello.

satinflower ['sætɪn,flaʊə* / sat·in·flo·wer] *s.* (*bot.*) medaglia, lunaria → **moonwort** 2.

satin stitch ['sætɪn,stɪtʃ] *s.* punto raso.

satinwood ['sætɪnwʊd / sat·in·wood] *s.* **1**

(*bot.*) (*Parinarium guyanense*) ferolia **2** legno, seta, satin.

satiny ['sætɪnɪ / sat·iny] *agg.* satinato (*anche fig.*): — *skin*, pelle satinata, di seta.

satire ['sætaɪə* / sat·ire] *s.* satira: *he wrote a — on his critics*, scrisse una satira contro i suoi critici.

satiric(al) [sə'tɪrɪk(l) / sa·tiric, sa·tir·ical] *agg.* satirico // **-ally** *avv.*

satirist ['sætərɪst / sat·ir·ist] *s.* autore di satire.

to **satirize** ['sætəraɪz / sat·ir·ize] *v.tr.* satireggiare.

satisfaction [,sætɪs'fækʃn / sat·is·fac·tion] *s.* **1** soddisfazione, appagamento: *to have the — of doing sthg.*, provare la soddisfazione di fare qlco. **2** soddisfacimento: *he proved his innocence to the — of the police*, la polizia fu pienamente convinta della sua innocenza **3** (*form.*) riparazione: *to demand — for an insult*, domandare riparazione per un insulto; *to make full — to s.o.*, concedere piena riparazione a qlcu. **4** (*dir.*) adempimento; pagamento; riparazione, indennizzo: — *of judgement*, esecuzione volontaria della sentenza (da parte dell'obbligato); — *on the roll*, annotazione di avvenuta esecuzione in calce alla sentenza; — *of mortgage*, estinzione di ipoteca; *to enter —*, registrare l'avvenuto pagamento.

satisfactory [,sætɪs'fæktərɪ / sat·is·fact·ory] *agg.* soddisfacente; esauriente: *your excuse is not —*, la tua scusa lascia a desiderare // **-ily** *avv.* // **-iness** *s.*

satisfiable ['sætɪs,faɪəbl / sat·is·fi·able] *agg.* (*non com.*) che può essere soddisfatto.

satisficing ['sætɪsfaɪsɪŋ / sat·is·fi·cing] *s.* (*econ.*) livello soddisfacente (contrapposto a massimizzazione).

to **satisfy** ['sætɪsfaɪ / sat·isfy] *v.tr.* **1** soddisfare; appagare, accontentare: *nobody is satisfied with his own lot*, nessuno è soddisfatto della propria condizione; *to be hard to —*, essere di difficile contentatura // *to — the examiners*, superare un esame (universitario) con votazione minima **2** convincere, persuadere; assicurare **3** (*comm.*) pagare, compensare **4** fare ammenda a; (*eccl. teol.*) riparare.

satisfying ['sætɪsfaɪɪŋ / sat·is·fy·ing] *agg.* soddisfacente // **-ly** *avv.*

satrap ['sætrəp *amer.* 'seɪtræp / sat·rap] *s.* (*st.*) satrapo.

saturable ['sætʃərəbl / sat·ur·able] *agg.* saturabile.

saturant ['sætʃərənt / sat·ur·ant] *s.* (*chim.*) saturante.

saturate ['sætʃərɪt / sat·ur·ate] → **saturated**.

to **saturate** ['sætʃəreɪt] *v.tr.* **1** impregnare, inzuppare, imbibire **2** saturare, rendere saturo, riempire al massimo: *the Japanese have saturated the market with pocket calculators*, i giapponesi hanno saturato il mercato di calcolatrici **3** (*chim.*, *fis.*) saturare.

saturated ['sætʃəreɪtɪd / sat·ur·ated] *agg.* **1** (*chim.*, *fis.*) saturo, saturato: — *compound*, composto saturo; — *fats*, grassi saturi; — *solution*, soluzione satura **2** saturo; colmo, pieno: — *with moisture*, saturo di umidità **3** (*di colore*) non schiarito, non mescolato con il bianco.

saturation [,sætʃə'reɪʃn / sat·ura·tion] *s.* saturazione // (*chim.*): — *point*, punto di saturazione; — *temperature*, temperatura di saturazione // (*fis.*): — *current*, corrente di saturazione; — *vapour pressure*, pressione di saturazione del vapore; — *voltage*, tensione di saturazione // (*econ.*) — *of the market*, saturazione del mercato.

saturator ['sætʃəreɪtə* / sat·ur·at·or] *s.* (*chim.*) saturatore.

Saturday ['sætədɪ / Sat·ur·day] *s.* sabato: *he arrived last —*, arrivò sabato scorso // — *week*, sabato a otto.

Saturn ['sætən / Sat·urn] *no.pr.* (*astr.*) Saturno: — *'s rings*, gli anelli di Saturno.

Saturnalia [,sætə'neɪljə / Sat·ur·na·lia] *s.pl.* **1** (*st.*) Saturnali **2** (*letter.*) orgia, gozzoviglia.

saturnalian [,sætə'neɪljən / sat·ur·na·lian] *agg.* **1** (*st.*) saturnale **2** (*letter.*) licenzioso.

Saturnian [sæ'tɜ:njən / Sat·ur·nian] *agg.* (*astr.*, *mit.*) di Saturno; saturnio.

saturnic [sə'tɜ:nɪk / sat·urnic] *agg.* (*med.*) affetto da saturnismo.

saturnine ['sætɜ:naɪn / sat·ur·nine] *agg.* **1** (*letter.*) triste, mesto **2** (*med.*) saturnino.

saturnism ['sætɜ:nɪzəm / sat·urn·ism] *s.* (*med.*) saturnismo.

satyr ['sætə*] *s.* (*mit.*) satiro (*anche fig.*).

satyriasis [,sætɪ'raɪəsɪs / sa·tyri·asis] *s.* (*med.*) satiriasi.

satyric [sə'tɪrɪk / sa·tyric] *agg.* (*non com.*) di, da satiro, satiresco.

sauce [sɔ:s] *s.* **1** salsa; sugo; intingolo: *tomato —*, salsa di pomodoro, sugo; *tartar —*, salsa tartara // *hunger is the best —*, l'appetito è il miglior condimento // — *for the goose is — for the gander*, ciò che vale per uno vale per tutti **2** (*fam.*) impertinenza: *none of your —, my girl!*, niente impertinenze, ragazzina! **3** (*fam. amer.*) liquore, alcolico: *to be on the —*, bere parecchio.

to **sauce** *v.tr.* **1** condire; rendere piccante (*anche fig.*) **2** (*fam.*) dire impertinenze a.

sauce-boat ['sɔ:sbəʊt] *s.* salsiera.

saucepan ['sɔ:spən *amer.* 'sɔ:spæn / sauce·pan] *s.* casseruola.

saucer ['sɔ:sə* / sau·cer] *s.* piattino; sottocoppa.

saucy ['sɔ:sɪ] *agg.* **1** sfacciato, insolente; impertinente **2** (*fam.*) piccante, salace **3** (*fam.*) elegante (di nave, automobile ecc.) // **-ily** *avv.* // **-iness** *s.*

Saudi ['saʊdɪ] *agg.* saudita: — *Arabia*, Arabia Saudita.

sauerkraut ['saʊəkraʊt / sauer·kraut] *s.* (*cuc.*) crauti.

sauna (bath) ['sɔ:nə(,bɑ:θ)] *s.* sauna.

saunter ['sɔ:ntə* / saun·ter] *s.* passeggiatina, giretto.

to **saunter** *v.intr.* bighellonare; andare a zonzo.

saunterer ['sɔ:ntərə* / saun·ter·er] *s.* (*non com.*) bighellone; girandolone.

saurian ['sɔ:rɪən / saur·ian] *agg.* (*zool.*) sauro, appartenente all'ordine dei sauri.

saury ['sɔ:rɪ] *s.* (*zool.*) (*Scomberesox saurus*) costardella, luccio sauro SIN. **skipper**.

sausage ['sɒsɪdʒ *amer.* 'sɔ:sɪdʒ / saus·age] *s.* **1** salsiccia; salame **2** (*fam. amer.*) pugile.

sausage dog ['sɒsɪdʒ,dɒg *amer.* 'sɔ:sɪdʒ ,dɔ:g] *s.* (*fam.*) cane bassotto, dachshund.

sausage roll [,sɒsɪdʒ'rəʊl *amer.* ,sɔ:sɪdʒ 'rəʊl] *s.* salatino di pasta arrotolata ripiena di carne.

sauté ['səʊteɪ *amer.* səʊ'teɪ] *agg.* (*cuc.*) sauté, saltato, rosolato velocemente.

to **sauté** *v.tr.* (*cuc.*) far saltare, rosolare velocemente.

savable ['seɪvəbl / sav·able] *agg.* salvabile.

savage ['sævɪdʒ / sav·age] *agg.* **1** selvaggio, barbaro; primitivo **2** feroce; crudele; violento: *a — dog*, un cane feroce **3** (*fam.*) furioso, arrabbiato **4** selvaggio, non coltivato ◆ *s.* **1** selvaggio, barbaro **2** persona crudele, brutale **3** (*fam. amer.*) poliziotto inesperto e zelante // **-ly** *avv.*

to **savage** *v.tr.* **1** attaccare, mordere (spec. di animale), assalire **2** (*fig.*) attaccare violentemente.

savageness ['sævɪdʒnɪs / sav·age·ness]
savagery ['sævɪdʒərɪ / sav·agery] *s.* **1** stato selvaggio; selvatichezza **2** ferocia; crudeltà.

savanna(h) [sə'vænə / sa·vanna, sa·van·nah] meno com. **savana** [sa·vana] *s.* savana.

savant ['sævənt *amer.* sæ'vɑ:nt / sav·ant] *s.* (*form.*) dotto, erudito.

save [seɪv] *prep.* (*antiq.*) salvo, eccetto, fuorché, a eccezione di: *all the crew were drowned — one man*, tutto l'equipaggio perì tranne un uomo ◆ *cong.* (*ant. letter.*) eccetto, tranne: *he was a good man — that he had one great fault*, era un brav'uomo, però aveva un gran difetto.

save *s.* **1** (*sport*) salvataggio (del portiere); parata **2** (*carte*) condotta di gioco per evitare gravi perdite.

to **save** *v.tr.* **1** salvare, difendere, proteggere (*anche fig.*): *he saved me from being killed*, egli impedì che venissi ucciso; *to — appearances*, salvare le apparenze; *to — face*, salvare la faccia; *to — one's skin* (o *neck* o *bacon*), (*fam.*) salvare la pelle; *to — a person's life*, salvare la vita a una persona; *he can't play the piano to — his life*, è del tutto negato per il pianoforte // *to — the day*, salvare una situazione disperata // — *your reverence*, (*form. antiq.*) con rispetto parlando // *God — me from my friends!*, dagli amici mi guardi Iddio! // *God — the Queen!*, Dio salvi la Regina! **2** conservare, mettere da parte; risparmiare: *could you — me a place at your table?*, potresti tenermi un posto al tuo tavolo?; *he saved* (*up*) *a lot of money*, mise da parte un sacco di soldi; *his secretary saved him a lot of time*, la sua segretaria gli faceva risparmiare molto tempo // *a penny saved is a penny gained*, (*prov.*) quattrino risparmiato due volte guadagnato // *a stitch in time saves nine*, (*prov.*) un punto in tempo ne salva cento **3** (*inform.*) (PERT, IBM) memorizzare, preservare, conservare, salvaguardare, salvare; immagazzinare; risparmiare, ridurre (l'occupazione di memoria) **4** (*sport*) parare: *he saved three shots at the goal*, ha parato tre tiri in porta **5** (*relig.*) redimere ◆ *v.intr.* **1** fare risparmi, economie: *a car that saves on petrol*, una macchina che consuma poco // (*econ.*) *Save As You Earn* (abbr. *SAYE*), sistema di risparmio con ritenuta alla fonte **2** (*sport*) parare, fare una parata.

□ **save up** *v.intr.* e *prep.* risparmiare, fare economie: *to — up for the holidays*, mettere da parte i soldi per le vacanze.

save-all ['seɪvɔ:l] *s.* **1** (*mecc.*, *mar.*) raccoglitore **2** (*mar.*) vela posta sotto un'altra vela (per ricuperare il vento).

saveloy ['sævɪlɔɪ / sav·eloy] *s.* (*cuc.*) cervellata.

saver ['seɪvə*] *s.* **1** risparmiatore, economizzatore **2** apparecchio economizzatore **3** (*spec. nei composti*) dispositivo che fa risparmiare: *time-* —, dispositivo che fa risparmiare tempo; *money-saver*, accorgimento che fa risparmiare denaro.

savin ['sævɪn] **savine** [sav·ine] *s.* **1** (*bot.*) (*Juniperus sabina*) sabina, savina **2** (*bot.*) (*Juniperus virginiana*) ginepro della Virginia **3** (*med.*) essenza di sabina.

saving ['seɪvɪŋ / sav·ing] *agg.* **1** che salva, che redime **2** economo, parsimonioso **3** economico **4** (*dir.*) restrittivo: — *clause*, clausola restrittiva ◆ *s.* **1** (*rar.*) liberazione; salvezza **2** (*gener. pl.*) (*fin.*) risparmio, economia // (*econ.*): *ex ante, ex post* —, risparmio programmato, risparmio realizzato; *savings certificates*, buoni fruttiferi, buoni postali; *forced* —, risparmio forzato; *personal* —, risparmio delle famiglie **3** (*dir.*) riserva, eccezione ◆ *prep.* e *cong.* tranne, eccetto // — *your presence*, con tutto il rispetto che vi devo.

saving grace ['seɪvɪŋ'greɪs] *s.* unica buona qualità: *his paintings have the — of being dynamic*, i suoi quadri hanno l'unica buona qualità di essere dinamici.

Savings and Loan Association [,seɪvɪŋzənd'ləʊnə,səʊsɪ'eɪʃn] *s.* (*econ. amer.*) cassa di risparmio.

savings bank ['seɪvɪŋz,bæŋk] *s.* cassa di risparmio: *mutual* —, cassa di risparmio cooperativa; *trustee* —, cassa di risparmio fiduciaria.

saviour ['seɪvjə* / sa·viour] *s.* **1** salvatore, redentore // *the Saviour*, il Redentore **2** salvezza.

savoir-faire [,sævwɑ:'feə*] *s.* (*fr.*) savoir -faire, capacità di dire e fare sempre la cosa giusta in ogni circostanza.

savory ['seɪvərɪ / sa·vory] *s.* **1** (*bot.*) (*Satureja hortensis*) satureia, santoreggia **2** (*amer.*) → savoury 2.

savour ['seɪvə* / sa·vour] *s.* sapore, gusto (*anche fig.*); aroma.

to **savour** *v.tr.* **1** gustare, assaporare, sentire il sapore di **2** (*fig.*) assaporare, gustare, godere.

□ **savour of** *v.intr.* e *prep.* sapere, avere sapore (*anche fig.*): *this fact savours of rebellion*, questo fatto sa di ribellione.

savoury ['seɪvərɪ / sa·voury] *agg.* **1** saporito; piccante; appetitoso // — *herbs*, erbe aromatiche **2** delizioso, squisito ◆ *s.* **1** salatino, stuzzichino piccante **2** pietanza appetitosa.

savoy [sə'vɔɪ / sa·voy] *s.* **1** (*bot.*) (*Brassica oleracea sabauda*) cavolo cappuccino, verza **2** — *cake*, (biscotto) savoiardo.

Savoyard [sə'vɔɪɑ:d / Sa·voy·ard] *agg.* e *s.* savoiardo.

savvy ['sævɪ] *s.* (*fam.*) senso pratico; buon senso.

to **savvy** *v.intr.* (*fam.*) capire, cogliere al volo un concetto, un'idea.

saw[1] [sɔ:] *s.* sega: *band* —, sega a nastro; *circular* —, sega circolare; *butcher's* —, sega da macellaio; — *frame*, telaio di sega.

to **saw**[1] *pass.* **sawed** [sɔ:d] *p.p.* **sawn** [sɔ:n] amer. **sawed** *v.tr.* segare // *to — the air*, (*fam. rar.*) gesticolare ◆ *v.intr.* **1** tagliare, segare, usare la sega **2** essere, venire segato: *wood that saws easily*, legna che si sega facilmente **3** fare movimenti avanti e indietro, gesticolare.

□ **saw off** *v.tr.* e *avv.* segare, tagliare via.

□ **saw up** *v.tr.* e *avv.* segare completamente, tagliare in piccoli pezzi: *to — up timber*, segare il legname.

saw[2] *s.* massima; detto; proverbio: *an old* —, una massima antica.

saw[3] *pass.* di to **see**.

sawbones ['sɔ:bəʊnz / saw·bones] *s.* (*fam. amer.*) medico, chirurgo.

sawbuck ['sɔ:bʌk / saw·buck] *s.* **1** cavalletto **2** (*fam. amer.*) banconota da dieci dollari.

sawdust ['sɔ:dʌst / saw·dust] *s.* segatura.

saw-fish ['sɔ:fɪʃ] *s.* (*zool.*) (*Pristis pristis*) pesce sega.

saw-fly ['sɔ:flaɪ] *s.* (*zool.*) tentredine.

saw-horse ['sɔ:hɔ:s] *s.* cavalletto per segare la legna.

sawing ['sɔ:ɪŋ / saw·ing] *s.* segaggio, segatura, taglio con la sega: — *machine*, segatrice, sega meccanica.

sawmill ['sɔ:mɪl / saw·mill] *s.* segheria.

sawn *p.p.* di to **saw**.

Sawney ['sɔ:nɪ / Saw·ney] *s.* (*ant. scherz.*) scozzese.

sawney *s.* (*rar.*) sempliciotto; sciocco.

sawpit ['sɔ:pɪt / saw·pit] *s.* (*tecn.*) buca (fossa nella quale sta in piedi l'operaio addetto alla sega per tronchi d'albero, il cui piano di lavoro è a livello del terreno).

sawset ['sɔ:set / saw·set] *s.* (*tecn.*) stradasega, licciaiola.

saw-toothed ['sɔ:tu:θt] *agg.* a dente, a denti di sega.

saw-wort ['sɔ:wɜ:t] *s.* (*bot.*) (*Serratula tinctoria*) serratula.

sawyer ['sɔ:jə* / saw·yer] *s.* **1** segatore, segantino **2** (*amer.*) albero galleggiante su un fiume.

sax [sæks] *s.* abbr. fam. di → **saxophone**.

saxhorn ['sækshɔ:n / sax·horn] *s.* (*mus.*) saxhorn.

saxicoline [sæk'sɪkəlaɪn / saxi·col·ine] **saxicolous** [sæk'sɪkələs / saxi·col·ous] *agg.* (*zool.*) che cresce, che vive tra le rocce.

saxifrage ['sæksɪfrɪdʒ / saxi·frage] *s.* (*bot.*) (*Saxifraga cotyledon*) sassifraga, sannicola SIN. stone-break.

Saxon ['sæksn] *agg.* **1** anglosassone **2** sassone: — *blue*, blu di Sassonia ◆ *s.* **1** anglosassone **2** sassone **3** lingua sassone.

saxony ['sæksənɪ] *s.* (stoffa di) lana di Sassonia.

saxophone ['sæksəfəʊn / saxo·phone] *s.* (*mus.*) sassofono.

saxophonist [sæk'sɒfənɪst *amer.* 'sæksəfəʊnɪst / saxo·phon·ist] *s.* sassofonista, chi suona il sassofono.

saxtuba ['sæks,tju:bə *amer.* 'sæks,tu:bə / sax·tuba] *s.* (*mus.*) basso tuba.

say[1] [seɪ] *s.* il dire; detto, parola: *let him have his* —, lasciatelo parlare; lasciate che dica la sua in merito; *she always has to have her* —, deve sempre dire la sua; *to have no — in the matter*, non avere voce in capitolo.

to **say**[1] *pass.p.p.* **said** [sed]; *3ª pers. sing. pres. indic.* **says** [sez] (*ant.*) **saith** [seθ] *v.tr.* e *intr.* **1** dire, affermare; esprimere un'opinione: *he has only to — one word to me*, basta che mi dica una parola; *I have heard it said that*, ho sentito dire che; *in her letter she said she would come*, nella lettera diceva che sarebbe venuta; *"What would you — to a cup of coffee?" "Yes, please", he said*, "Che ne dici di una tazza di caffè?" "Sì, grazie", rispose; *what do you —?*, (*fam.*) che ne dici? // *this says a lot for his character*, questo dà un'idea del suo buon carattere; *there's a lot to be said for it*, ha molti aspetti positivi // *it says a lot about the situation in that country*, questo rivela molto sulla situazione in quel paese // *what did he — for himself?*, che cosa ti ha detto di sé?; come si è giustificato? // *to — the least*, a dire poco // *needless to* — (o *it goes without saying that*) *he arrived late*, inutile a dirsi, arrivò in ritardo // *you don't —!*, (*fam.*) ma no! non dirmi!; *I —!*, (*antiq. scherz.*) senti, senti! ma non dirmi! // *I dare* —, direi // *so, to* —, per così dire // *I'll —!*, altro che!, eccome!; *you've said it!*, l'hai detto! // *he was happy, not to — delirious, at the thought of meeting her*, era felice, addirittura fuori di sé dalla gioia, al pensiero di incontrarla // *enough said* (o — *no more*), basta così! non occorre dire altro! // *I'll buy it, — what you like*, io lo compero, dì quello che vuoi (anche se non sei d'accordo) // *there is no saying where he'll be now*, nessuno può dire dove sia adesso // *you can — that again!*, (*fam.*) a chi lo dici!, puoi ben dirlo! // *if we meet at, —, half past six, would that be all right?*, se ci incontriamo, diciamo, alle sei e mezza, andrebbe bene per te? // *25 quid for the lot; you can't — fairer than that, can you?*, (*fam.*) venticinque sterline per il tutto; mi sembra un prezzo più che onesto, no? // — *when*, di' quando basta (versando da bere) // *I wouldn't — no to a drink*, (*fam.*) non direi di no a qualcosa da bere // *to — s.o. nay*, (*antiq.*) negare a qlcu. il permesso di fare qlco. // *it goes without saying*, va da sé // *when all is said and done*, alla fin fine, alla fine della fiera, in fin dei conti // *it's sooner said than done!*, si fa presto a parlare! // *no sooner said than done!*, detto fatto! **2** recitare, ripetere, dire: *he said his lines well*, ha detto le sue battute bene; *prayers are said at 9 a.m.*, alle 9 si recitano le preghiere **3** credere, ritenere: *I should — not*, direi di no, ritengo di no; *and so — all of us*, (*fam.*) anche noi la pensiamo così.

say[2] *s.* (*tess.*) saia (armatura per tessuti pregiati).

sayer ['seɪə*] *s.* (*rar.*) dicitore.

saying ['seɪɪŋ / say·ing] *s.* proverbio, detto, massima: *as the — goes*, come dice il proverbio // *doings and sayings*, (*antiq.*) vita, morte e miracoli.

say-so ['seɪsəʊ] *s.* (*fam.*) **1** affermazione senza prove, parola: *he wouldn't believe it just on my* —, non mi crederebbe solo sulla mia parola **2** permesso, approvazione: *nothing happens in this company without his* —, non accade nulla in questa ditta senza la sua approvazione.

scab [skæb] *s.* **1** crosta (di piaga ecc.) **2** (*vet., bot.*) rogna, scabbia **3** (*fam.*) poco di buono; pitocco **4** (*fam.*) crumiro **5** (*metall.*) sfoglia.

to **scab** *pass.p.p.* **scabbed** [skæbd] *v.intr.* **1** ricoprirsi di croste, di scabbia **2** fare il crumiro.

scabbard ['skæbəd / scab·bard] *s.* fodero, guaina (di spada ecc.) // *to throw away the* —, (*fam. antiq.*) dichiarare guerra a oltranza.

to **scabbard** *v.tr.* mettere nel fodero, nella guaina.

scabbed [skæbd] *agg.* **1** (*non com.*) coperto di croste **2** (*vet., bot.*) scabbioso, rognoso **3** (*fam. non com.*) meschino; inutile; basso.

to **scabble** ['skæbl] *v.tr.* (*rar.*) sbozzare (pietre ecc.).

scabby ['skæbı] *agg.* coperto di croste.

scabies ['skeıbi:z / sca·bies] *s.* (*med.*) scabbia.

scabious ['skeıbjəs / sca·bi·ous] *s.* (*bot.*) scabbiosa, scabiosa.

scabrous ['skeıbrəs *amer.* 'skæbrəs / scab·rous] *agg.* (*letter.*) **1** scabro **2** scabroso // **-ness** *s.*

scad [skæd] *s.* (*zool.*) (*Trachurus trachurus*) sugherello, scombro bastardo.

scads [skædz] *s.pl.* (*fam. amer.*) una grande quantità, un sacco.

scaffold ['skæfəld / scaf·fold] *s.* **1** (*edil.*) ponte; ponteggio, impalcatura; tribuna **2** patibolo, forca.

scaffolding ['skæfəldıŋ / scaf·fold·ing] *s.* (*edil.*) impalcatura, incastellatura, ponteggio.

scag [skæg] *s.* (*fam.*) eroina.

scagliola [skæl'jəʊlə / scagli·ola] *s.* decorazione di gesso imitante il marmo.

scalable ['skeıləbl / scal·able] *agg.* (*non com.*) scalabile // (*inform.*) — *font*, fonte scalabile.

scalade [skə'lɑ:d / scal·ade] **scalado** [skə'lɑ:dəʊ / scal·ado] *pl.* **scalados** *s.* (*mil. ant.*) scalata.

scalar ['skeılə*] *agg.* e *s.* (*mat.*) scalare: — *product*, prodotto scalare.

scalariform [skə'lɑ:rıfɔ:m / scal·ari·form] *agg.* (*bot., zool.*) scalariforme.

scalawag ['skæləwæg / scala·wag] *s.* **1** (*fam. antiq.*) buono a nulla, fannullone; birbante, scavezzacollo, combinaguai **2** (*amer.*) sudista passato al servizio del governo dopo la guerra civile.

scald[1] [skɔ:ld] *s.* (*st. lett.*) scaldo, bardo.

scald[2] *s.* scottatura.

to **scald**[2] *v.tr.* **1** scottare (*anche fig.*); ustionare; bruciare **2** portare a temperatura di poco inferiore a quella di ebollizione **3** sterilizzare con acqua bollente.

scald[3] *agg.* (*ant.* o *dial.*) **1** tignoso: *...scald rimers / [will] ballad us out o' tune*, (SH. Antony and Cleopatra) ...rognosi versaioli ci canteranno nelle loro ballate con voce stonata **2** meschino, spregevole.

scalding ['skɔ:ldıŋ / scald·ing] *agg.* bollente; bruciante, scottante (*anche fig.*) ◆ *s.* **1** scottatura **2** (*tess.*) cottura, lisciviatura.

scale[1] [skeıl] *s.* piatto (di bilancia); (*gener. pl.*) bilancia: (*pair of*) *scales*, bilancia; *bathroom scales*, bilancia pesa-persone; *baby scales*, bilancia pesa-bambini; *the scales of justice*, la bilancia della giustizia; (*ippica*) *to go* (o *to ride*) *to* —, andare al peso; *to tip* (o *to turn*) *the* —, fare pendere la bilancia (*anche fig.*).

to **scale**[1] *v.tr.* (*non com.*) pesare; soppesare; bilanciare: *...but you have found, /* scaling his present bearing with his past, */ that he's your fixed enemy*, (SH. Coriolanus) ma voi avete scoperto, mettendo sulla bilancia la sua condotta presente e quella passata, che è vostro ostinato nemico ◆ *v.intr.* (*non com.*) pesare.

scale[2] *s.* **1** scaglia, squama, lamella **2** scoria, incrostazione, ossido (sui metalli) **3** (*med.*) tartaro dei denti; squama (di pelle) **4** (*fig.*) velo: *to remove the scales from s.o.'s eyes*, togliere il velo dagli occhi di qlcu., mostrare la verità a qlcu.

to **scale**[2] *v.tr.* **1** squamare; sfaldare: *to* — *a fish*, squamare un pesce **2** incrostare (pentole, caldaie ecc.) **3** pulire (i denti) dal tartaro **4** pulire (la canna di un fucile) sparando un colpo ◆ *v.intr.* **1** squamarsi; sfaldarsi; sfogliarsi **2** (*non com.*) incrostarsi (di pentole, caldaie ecc.).

□ **scale off** *v.tr.* e *intr.* e *avv.* scrostare, scrostarsi: *the paint scaled off*, la vernice si è scrostata.

scale[3] *s.* **1** scala; misura, gradazione: *in* —, in gradazione; *to* —, secondo le proporzioni; *a study on a larger* —, uno studio su più vasta scala; — *model*, modello in scala // (*metrol.*) *Celsius* —, scala di Celsius, scala centigrada // (*fis.*) — *of temperature*, scala delle temperature // (*econ.*) *sliding* —, scala mobile // (*amm.*) — *of depreciation*, tavola di ammortamento // (*trib.*) *tax* —, progressione dell'imposta **2** (*mus.*) scala: *to practise scales on the piano*, fare esercizi di scale al pianoforte **3** (*non com.*) gamma: *a* — *of colours*, una gamma di colori **4** ordine; scala; graduatoria: *high, low in the social* —, alto, basso nella scala sociale **5** salario minimo (garantito dal sindacato).

to **scale**[3] *v.tr.* **1** assalire con scale, dare la scalata a, montare su **2** scalare, raggiungere il sommo di (monte, muro) **3** graduare, regolare ◆ *v.intr.* salire, montare (con scale).

□ **scale down** *v.tr.* e *avv.* diminuire progressivamente; scalare: *prices have been scaled down to meet the needs of the ordinary citizen*, i prezzi sono stati scalati per venire incontro ai bisogni del cittadino medio.

□ **scale up** *v.tr.* e *avv.* aumentare progressivamente.

scale armour ['skeıl,ɑ:mə*] *s.* armatura a squame, a scaglie.

scale board ['skeılbɔ:d] *s.* piallaccio.

scaled [skeıld] *agg.* **1** a scaglie, a squame; scaglioso, squamoso **2** embricato.

scale-fern ['skeılfɜ:n] *s.* (*bot.*) asplenio SIN. spleenwort.

scale-insect ['skeıl,ınsekt] *s.* (*zool.*) coccide, cocciniglia.

scalene ['skeıli:n / sca·lene] *agg.* e *s.* (*mat., anat.*) scaleno.

scalepan ['skeılpæn / scale·pan] *s.* piatto della bilancia.

scaler ['skeılə*] *s.* chi, ciò che squama; chi, ciò che scrosta; raschietto: *dental* —, ablatore (del tartaro).

scale-wing ['skeılwıŋ] *s.* (*zool.*) lepidottero.

scale-work ['skeılwɜ:k] *s.* ornamentazione, lavorazione a squame.

scaling[1] ['skeılıŋ / scal·ing] *s.* (*non com.*) **1** incrostazione **2** scrostamento; desquamazione.

scaling[2] *s.* **1** scalata **2** (*non com.*) graduazione.

scall [skɔ:l] *s.* (*ant.*) tigna; scabbia, rogna.

scallawag → **scalawag**.

scallion ['skæljən / scal·lion] *s.* (*bot.*) **1** (*Allium ascalonicum*) scalogno SIN. shallot, shalot, eschalot **2** porro → leek **3** (*amer.*) cipollina BRIT. spring onion.

scallop ['skɒləp *amer.* 'skæləp / scal·lop] *s.* **1** (*zool.*) pettine **2** → scallop-shell **3** chiglia, recipiente a forma di conchiglia per cuocere il pesce **4** dentellatura; festone, smerlo (su tessuto).

to **scallop** *v.tr.* **1** tagliare a festone; smerlare **2** (*cuc.*) cuocere (pesce) in conchiglia.

scallop-shell ['skɒləp,ʃel *amer.* 'skæləp ,ʃel] *s.* (*zool.*) conchiglia di pettine.

scallywag ['skælıwæg *amer.* 'skæləwæg / scal·ly·wag] → **scalawag**.

scalp [skælp] *s.* **1** (*anat.*) cuoio capelluto; (*rar.*) cranio **2** scalpo; (*fig.*) trofeo // *to be out* (o *to call*) *for s.o.'s* —, (*fig.*) volere, domandare la testa di qlcu. **3** (*fam. amer.*) (*Borsa*) speculazione fulminea che sfrutta ogni movimento delle quotazioni **4** (*fig. rar.*) cima nuda, tondeggiante (di montagna).

to **scalp** *v.tr.* **1** scalpare **2** (*fam. fig.*) imbrogliare, derubare **3** sconfiggere, distruggere (un avversario) **4** (*fam. amer.*) fare il bagarino **5** (*Borsa*) effettuare fulminee speculazioni **6** (*tecn.*) vagliare, crivellare **7** (*metall.*) sgrossare in superficie, pareggiare.

scalpel ['skælpəl / scal·pel] *s.* (*med.*) bisturi; scalpello.

scalper ['skælpə*] *s.* **1** chi scalpa **2** vaglio, crivello **3** (*non com.*) scalpello (da incisore) **4** (*fam. amer.*) bagarino BRIT. ticket tout **5** (*Borsa*) chi fa speculazioni fulminee.

scalp-hunter ['skælp,hʌntə*] *s.* cacciatore di teste.

scalp-lock ['skælp,lɒk] *s.* (*amer.*) ciuffo rimasto sulla testa rasata di un pellerossa.

scaly ['skeılı] *agg.* **1** (*zool.*) scaglioso, squamoso **2** incrostato dal calcare; coperto di incrostazioni **3** (*fam. amer.*) meschino; gretto **4** (*agr.*) infestato da coccidi.

scaly anteater [,skeılı'ænti:tə*] *s.* (*zool.*) pangolino → **pangolin**.

scam [skæm] *s.* **1** (*sl.*) raggiro, truffa, imbroglio; macchinazione **2** (*sl. amer.*) informazioni (*pl.*), notizie confidenziali.

scammony ['skæmənı / scam·mony] *s.* (*bot.*) (*Convolvulus tricolor*) bella di giorno.

scamp[1] [skæmp] *s.* (*fam.*) **1** birichino, monello **2** (*non com.*) farabutto, furfante, mascalzone.

to **scamp**[2] *v.tr.* (*amer. non com.*) abborracciare, eseguire male, in modo superficiale.

scamper ['skæmpə*] *s.* (*non com.*) corsa rapida.

to **scamper** *v.intr.* **1** correre, sgambettare, scorrazzare; saltellare: *the kittens were scampering about the garden*, i micini zampettavano qua e là nel giardino **2** svignarsela // *to* — *away*, darsela a gambe.

scampish ['skæmpıʃ / scamp·ish] *agg.* da furfante; da birbante.

scan ['skæn] *s.* **1** esame attento, accurato **2** (*med.*) esplorazione diagnostica (con mezzo di contrasto) **3** scorsa; rapida lettura **4** (*metrica*) scansione **5** (*tecn.*) scansione, esplorazione.

to **scan** [skæn] *pass.p.p.* **scanned** [skænd] *v.tr.* **1** (*metrica*) misurare, scandire: *this line doesn't* —, questo verso non si può scandire regolarmente **2** esaminare, scrutare, sondare: *to — the horizon*, scrutare l'orizzonte; *I scanned his face in search of an answer*, scrutai il suo volto in cerca di una risposta **3** scorrere in fretta con gli occhi: *to — the newspaper*, scorrere velocemente il giornale **4** (*inform.*) analizzare, esaminare, scandire; (IBM) esplorare **5** (*tecn.*) analizzare, esplorare, scandire ◆ *v.intr.* **1** (*metrica*) essere metricamente regolare **2** (*inform.*) percorrere un listato; (IBM) eseguire una scansione.

scandal ['skændl / scan·dal] *s.* **1** scandalo; onta, vergogna: *he was the — of his family*, era la vergogna della famiglia; *to create* (o *to give rise to*) *a* —, provocare uno scandalo **2** maldicenza: *to talk* —, fare della maldicenza; *to talk — about s.o.*, sparlare di qlcu.; — *sheet*, rivista scandalistica **3** scandalo, notizia scandalistica **4** (*dir.*) diffamazione; mancanza di rispetto.

to **scandalize** ['skændəlaɪz / scan·dal·ize] *v.tr.* **1** scandalizzare, disgustare: *to be scandalized*, scandalizzarsi **2** (*rar.*) diffamare, sparlare di.

scandalmonger ['skændəl,mʌŋgə* / scan·dal·monger] *s.* (*spreg.*) seminatore di scandali.

scandalous ['skændələs / scan·dal·ous] *agg.* **1** scandaloso, vergognoso **2** (*dir.*) diffamatorio, calunnioso // **-ly** *avv.* // **-ness** *s.*

scandent ['skændənt / scan·dent] *agg.* **1** (*bot.*) rampicante, scandente **2** (*zool.*) che si arrampica.

scandia ['skændɪə / scan·dia] *s.* (*chim.*) ossido di scandio.

Scandinavian [,skændɪ'neivjən / Scan·din·avian] *agg.* e *s.* scandinavo.

scandium ['skændjəm / scan·dium] *s.* (*chim.*) scandio.

scank [skæŋk] *s.* (*sl. amer.*) ragazza poco attraente, (*fam.*) scorfano.

scanner ['skænə* / scan·ner] *s.* **1** (*tecn.*) scanner, analizzatore d'immagini, esploratore: *belt* —, analizzatore a nastro **2** (*inform.*) scanner, periferica per scansioni: *bar code* —, lettore di codice a barre.

scanning ['skænɪŋ / scan·ning] *s.* **1** (*metrica*) scansione **2** (*tecn.*) analisi, esplorazione, scansione; lettura a scansione: (*tv*) — *beam*, fascio esploratore; — *line*, linea di scansione; — (*electron*) *microscope*, microscopio elettronico a scansione; — *sonar*, sonar esplorante **3** (*inform.*) scansione: *optical* —, analisi ottica.

scansion ['skænʃn / scan·sion] *s.* (*metrica*) scansione.

scansorial [skæn'sɔ:rɪəl / scan·sorial] *agg.* rampicante (detto del piede di alcuni uccelli).

scant [skænt] *agg.* **1** scarso, insufficiente; povero: *we were paying — attention to what the teacher was saying*, facevamo poca attenzione a ciò che stava dicendo l'insegnante **2** (*rar.*) avaro, parco: *to be — of speech*, essere avaro di parole // **-ly** *avv.*

to **scant** *v.tr.* (*rar.*) **1** ridurre, restringere, limitare; fornire in quantità insufficiente; lesinare: *I have hope / you less know how to value her desert / than she to scant her duty*, (SH. King Lear) ho la speranza che siate voi a valutare meno i suoi meriti che non lei a lesinare le sue premure **2** considerare, trattare inadeguatamente (un argomento ecc.).

scant *avv.* (*dial.*) appena, scarsamente.

scanties ['skænti:z / scant·ies] *s.pl.* mutandine, slip.

scantily-clad [,skæntɪlɪ'klæd] *agg.* vestito succintamente.

scantling ['skæntlɪŋ / scant·ling] *s.* **1** (*ant.*) campione **2** (*edil.*) misura, dimensione (di materiali da costruzione) **3** *pl.* (*mar.*) dimensioni delle strutture di una nave; dimensionamento delle strutture: — *number* (o — *numeral*), numero di classificazione (della nave) **4** (*ant.*) piccola quantità.

scanty ['skæntɪ] *agg.* **1** scarso, insufficiente; limitato: — *meal*, pasto frugale **2** angusto, esiguo, ristretto // **-ily** *avv.* // **-iness** *s.*

scape[1] [skeɪp] *s.* **1** (*bot.*) scapo **2** (*zool.*) cannello di penna (d'uccello) **3** (*arch.*) scapo (di colonna).

scape[2] *s.* panorama, veduta.

scape[3] *s.* (*ant.*) fuga.

to **scape**[3] (*ant.*) → to **escape**[1].

scapegoat ['skeɪpgəʊt / scape·goat] *s.* capro espiatorio.

scapegrace ['skeɪpgreɪs / scape·grace] *s.* (*non com.*) scapestrato; persona senza scrupoli.

scaphoid ['skæfɔɪd / scaph·oid] *agg.* e *s.* (*anat.*) scafoide.

scapolite ['skæpəlaɪt / scapo·lite] *s.* (*min.*) scapolite.

scapula ['skæpjʊlə / scap·ula] *pl.* **scapulas**, **scapulae** ['skæpjʊli: / scapu·lae] *s.* (*anat.*) scapola.

scapular ['skæpjʊlə* / scapu·lar] *agg.* (*anat.*) scapolare.

scapular, **scapulary** ['skæpjʊlərɪ / scapu·lary] *s.* (*eccl.*) scapolare.

scar[1] [skɑ:*] *s.* cicatrice (*anche fig.*); graffio, sfregio; segno di bruciatura: *the accident left a big — on the side of the car*, dopo l'incidente è rimasto un grosso segno sulla fiancata della macchina; *she still bears the scars of the tragic loss of her husband*, porta ancora i segni, le cicatrici della tragica perdita di suo marito.

to **scar**[1] *pass.p.p.* **scarred** [skɑ:d] *v.tr.* sfregiare, deturpare, graffiare; butterare; (*fig.*) segnare, lasciare il segno: *his face was badly scarred by the explosion*, l'esplosione gli deturpò gravemente il viso; *the experience scarred him for life*, quell'esperienza lo segnò a vita ◆ *v.intr.* cicatrizzare, cicatrizzarsi.

scar[2] *s.* (*non com.*) rupe; scogliera.

scar[3] *s.* (*zool.*) scaro.

scarab ['skærəb] *s.* **1** (*zool.*) — (*beetle*), (*Scarabaeus sacer*) scarabeo sacro **2** (*archeol.*) scarabeo.

scarabaeid [,skærə'bi:ɪd / sca·ra·baeid] *agg.* (*zool.*) di, relativo a scarabeide.

scarabaeoid [,skærə'bi:ɔɪd / sca·ra·bae·oid] *agg.* (*zool.*) simile a scarabeo; di scarabeo, scarabeide ◆ *s.* **1** (*archeol.*) scaraboide, gemma scaraboide **2** (*zool.*) scarabeide.

scarabaeus [,skærə'bi:əs / sca·ra·baeus] *pl.* **scarabaeuses** [,skærə'bi:əsɪz] **scarabaei** [,skærə'bi:aɪ / sca·ra·baei] → **scarab**.

scaramouch ['skærəmu:tʃ / sca·ra·mouch] *s.* (*ant.*) smargiasso, fanfarone; canaglia, furfante.

scarce [skeəs] *agg.* scarso, insufficiente; raro, difficile a trovarsi // *to make oneself* —, (*fam.*) tagliare la corda ◆ *avv.* (*antiq.*, *letter.*) appena, a fatica, a malapena: *but I have scarce set foot in your dominions*, (STERNE) ma tocco appena i vostri domini.

scarcely ['skeəslɪ] *avv.* **1** appena; a fatica, a malapena, a stento: *I — know him*, lo conosco appena; — *anyone*, quasi nessuno; — *ever*, raramente, quasi mai; *he could — speak*, poteva a malapena parlare; *he is — fifteen years old*, non ha più di quindici anni, ha sì e no quindici anni; — *had we started to eat when the doorbell rang*, avevamo appena iniziato a mangiare quando suonò il campanello della porta **2** (quasi) certamente non, probabilmente non: *he could — have got to London in three hours*, è quasi impossibile, è altamente improbabile che abbia raggiunto Londra in tre ore; *I could — wake him up after he'd been working so hard, could I?*, non potevo certo svegliarlo dopo che aveva lavorato tanto, no?

scarcement ['skeəsmənt / scarce·ment] *s.* **1** (*rar.*) aggetto, sporgenza (di muro, roccia) **2** (*edil.*) riduzione di spessore; risega.

scarceness ['skeəsnɪs / scarce·ness] **scarcity** ['skeəsətɪ / scar·city] *s.* scarsezza, scarsità, insufficienza, penuria.

scare [skeə*] *s.* **1** terrore, sgomento, spavento, panico, allarme: *to raise a* —, provocare panico // *he did give me a —!*, (*fam.*) che spaghetto mi ha fatto prendere! // *the children were sent home this morning because there was a bomb — at the school*, stamattina i bambini sono stati mandati a casa perché si temeva, si sospettava ci fosse una bomba nella scuola **2** (*sl. amer.*) estorsione attuata con minacce ◆ *agg.* spaventoso, pauroso, terrificante: *there were — stories in the popular press about the effects of disafforestation*, nella stampa popolare circolavano voci allarmistiche, terrificanti sugli effetti del disboscamento.

to **scare** *v.tr.* spaventare, sgomentare, atterrire; far fuggire (per lo spavento): *the sight of the supposed ghost scared him away*, la vista di quel che credeva uno spettro lo fece scappar via dallo spavento; *they put a scarecrow to — off the birds*, hanno messo uno spaventapasseri per tenere lontano gli uccelli; *high prices have scared away potential buyers*, (*estens.*) i prezzi elevati hanno scoraggiato, hanno fatto desistere potenziali compratori // *to be scared to death*, (*fam.*) avere una paura da morire, essere spaventato a morte; *to* — (*the*) *hell out of s.o.*, (*fam.*) far prendere a qlcu. una paura del diavolo, spaventare a morte qlcu. // *to be scared stiff of* (o *silly by* o *out of one's wits by*) *sthg.*, (*fam.*) avere una paura matta di qlco. // *to* — (*the*) *shit out of s.o.*, (*volg.*) far cacare qlcu. addosso, sotto dalla paura ◆ *v.intr.* spaventarsi, sgomentarsi, atterrirsi.

□ **scare up** *v.tr.* e *avv.* (*sl. amer.*) scovare, far saltar fuori: *she scared up a working team out of practically nothing*, ha messo insieme, ha creato un gruppo, un team di lavoro praticamente dal nulla.

scarecrow ['skeəkrəʊ / scare·crow] *s.* **1** spaventapasseri **2** (*fig. fam.*, *scherz.*) straccione, spaventapasseri; spauracchio.

scaredy cat ['skeədɪ,kæt] *s.* (*fam. spreg.*)

coniglio, persona paurosa, timorosa (spec. nel linguaggio infantile).

scare-head(ing) ['skeə,hed(ɪŋ)] **scare-line** ['skeə,laɪn] *s.* (*giornalismo*) titolo allarmistico.

scaremonger ['skeə,mʌŋgə* / scare·mon·ger] *s.* chi diffonde notizie allarmanti, allarmista.

scarey → **scary**.

scarf[1] [skɑ:f] *pl.* **scarfs**, **scarves** [skɑ:vz] *s.* **1** sciarpa; scialle; foulard **2** cravatta; cravattone **3** (*eccl.*) stola.

to **scarf**[1] *v.tr.* **1** (*non com.*) drappeggiare, mettere a mo' di sciarpa **2** (*fig.*) coprire; velare.

scarf[2] *s.* (*tecn.*) ammorsatura: — *joint*, giunto ad ammorsatura.

to **scarf**[2] *v.tr.* **1** (*mecc.*) rastremare; smussare **2** ammorsare, giuntare con un'ammorsatura ◆ *v.intr.* (*tecn.*) fare un giunto ad ammorsatura.

scarf[3] *s.* (*zool.*) cormorano → **cormorant**.

scarf[4] *s.* incisione longitudinale fatta nel corpo di una balena.

to **scarf**[4] *v.tr.* fare una incisione nel (corpo di una balena).

scarf-pin ['skɑ:fpɪn] *s.* spilla da cravatta.

scarfskin ['skɑ:fskɪn / scarf·skin] *s.* (*non com.*) epidermide; cute.

scarification [,skeərɪfɪ'keɪʃn / scari·fica·tion] *s.* **1** (*med.*) scarificazione **2** (*agr.*) scarificatura.

scarificator ['skeərɪfɪ,keɪtə* / scari·fic·ator] *s.* (*med.*) scarificatore.

scarifier ['skeərɪ,faɪə* / scari·fier] *s.* (*agr.*, *med.*) scarificatore.

to **scarify** ['skeərɪfaɪ / scar·ify] *v.tr.* **1** (*med.*) scarificare **2** (*agr.*) scarificare, disgregare in superficie **3** (*fig.*) criticare severamente.

scarious ['skeərɪəs / scar·ious] *agg.* (*bot.*) sottile; secco; membranoso; scarioso.

scarlatina [,skɑ:lə'ti:nə / scar·lat·ina] → **scarlet fever**.

scarlet ['skɑ:lɪt / scar·let] *agg.* scarlatto, porporino: *to blush* —, arrossire ◆ *s.* **1** color scarlatto **2** stoffa, abito scarlatti.

scarlet fever [,skɑ:lɪt'fi:və*] *s.* (*med.*) scarlattina.

scarlet hat [,skɑ:lɪt'hæt] *s.* galero, cappello cardinalizio.

scarlet oak [,skɑ:lɪt'əʊk] *s.* (*bot.*) (*Quercus coccinea*) quercia americana.

scarlet rash [,skɑ:lɪt'ræʃ] *s.* (*med.*) esantema da scarlattina.

scarlet runner [,skɑ:lɪt'rʌnnə*] *s.* (*bot.*) fagiolo rampicante, di Spagna → **runner bean**.

scarlet woman [,skɑ:lɪt'wʊmən] *s.* (*antiq.*) **1** prostituta **2** (*spreg.*) la Chiesa di Roma.

scaroid ['skærɔɪd / scar·oid] *agg.* (*zool.*) simile a scaride ◆ *s.* → scarus.

scarp[1] [skɑ:p] *s.* (*arald.*) traversa.

scarp[2] *s.* **1** scarpata; declivio **2** (*edil.*) scarpa; sperone: — *wall*, muro di scarpa, barbacane.

to **scarp**[2] *v.tr.* **1** (*non com.*) rendere scosceso; costruire, tagliare a scarpata **2** (*edil.*) rinforzare con un muro di scarpa.

to **scarper** ['skɑ:pə*] *v.intr.* (*fam.*) scappar via, svignarsela, tagliare la corda: *Quick! The cops! Let's* —*!*, La polizia! Presto! Squagliamocela!

scarred [skɑ:d / scar·red] *agg.* sfregiato, deturpato, pieno di cicatrici; (*estens.*) segnato, graffiato: *a — wardrobe*, un armadio segnato, graffiato.

scarus ['skeərəs] *s.* (*zool.*) (*Sparisoma cretense*) scaro di Creta, scaride; (*pop.*) pesce pappagallo SIN. parrot-fish, scaroid.

scary ['skeərɪ] *agg.* (*fam.*) **1** allarmante; pauroso, terrificante **2** timido, pauroso, timoroso.

scat[1] [skæt] *s.* imposta fondiaria (nelle isole Shetland e Orkney); (*st.*) tassa, tributo.

scat[2] *inter.* (*fam.*) vattene!, va' via!, smamma!

to **scat**[2] *v.intr.* (*fam.*) andarsene via (velocemente), smammare,telare, svignarsela.

scathe [skeɪð] *s.* (*ant.*) guasto, danno: *without* —, sano e salvo.

to **scathe** *v.tr.* (*non com.*) **1** (*ant.*) danneggiare; distruggere; guastare **2** fulminare (*anche fig.*); ustionare, bruciare **3** (*fig.*) criticare aspramente, stroncare (con satira, invettiva ecc.).

scathing ['skeɪðɪŋ / scath·ing] *agg.* sarcastico, pungente, caustico: — *irony*, ironia pungente, sarcasmo; *he can be very* —, egli sa essere molto caustico; *he wrote a — criticism of the play*, sottopose la commedia ad una critica pungente // **-ly** *avv.*

scatological [,skætə'lɒdʒɪkl / scato·lo·gical] *agg.* scatologico.

scatology [skə'tɒlədʒɪ / scato·logy] *s.* scatologia.

scatophagous [skæ'tɒfəgəs / sca·to·phag·ous] *agg.* scatofago, coprofago.

scatter ['skætə* / scat·ter] *s.* **1** spargimento; sparpagliamento **2** piccola quantità, numero ridotto.

to **scatter** *v.tr.* **1** spargere; sparpagliare; disseminare: *to — seeds*, seminare; *cushions were scattered about the floor*, c'erano dei cuscini sparsi qua e là sul pavimento; *the table was scattered with books*, il tavolo era disseminato di libri // *to — money about*, spendere e spandere // *to — sthg. to the four winds*, gettare, buttare qlco. da tutte le parti **2** mettere in fuga; disperdere: *the police scattered the crowd*, la polizia disperse la folla; *the shot scattered the birds*, lo sparo mise in fuga gli uccelli ◆ *v.intr.* **1** spargersi; sparpagliarsi **2** disperdersi; separarsi: *the refugees scattered to avoid attack*, i fuggiaschi si separarono per evitare un assalto.

scatterbrain ['skætəbreɪn / scat·ter·brain] *s.* (*fam.*) persona che ha la testa fra le nuvole, scervellato, sventato, sbadato.

scatterbrained ['skætəbreɪnd / scat·ter·brained] *agg.* scervellato, sventato, sbadato, che ha la testa fra le nuvole.

scatter chart diagram ['skætətʃɑ:t ,daɪəgræm] *s.* (*econ.*) diagramma a (nube di) punti, diagramma a dispersione.

scattered ['skætəd / scat·tered] *agg.* sparso, disseminato; sparpagliato: — *light*, luce diffusa; *the villas lay — on the slopes*, le ville erano disseminate per i pendii // — *showers*, piogge sparse.

scattering ['skætərɪŋ / scat·ter·ing] *s.* **1** spargimento; sparpagliamento **2** quantità, numero ridotto e sparso: *he has a mere — of supporters*, i suoi sostenitori sono pochi e senza coesione **3** (*fis.*) scattering, diffusione: — *amplitude*, ampiezza di diffusione; — *coefficient*, coefficiente di diffusione // **-ly** *avv.*

scatterling ['skætəlɪŋ / scat·ter·ling] *s.* (*ant.*) vagabondo.

scatty ['skætɪ] *agg.* (*fam.*) svitato; scervellato; distratto.

scaup(-duck) ['skɔ:p(dʌk)] *s.* (*zool.*) (*Aythya marila*) moretta grigia.

to **scavenge** ['skævɪndʒ / scav·enge] *v.tr.* **1** spazzare; pulire dai rifiuti **2** cercare (materiale utilizzabile) tra i rifiuti, gli scarti ecc.; scovare: *I scavenged this old bottle at a second-hand shop*, ho scovato questa vecchia bottiglia da un rigattiere **3** cercare (cibo) tra i rifiuti (spec. di animali) **4** (*mecc.*) lavare (il cilindro); evacuare (i gas di combustione) **5** (*chim.*) purificare, decontaminare **6** (*metall.*) disossidare ◆ *v.intr.* **1** cercare cibo tra i rifiuti (spec. di animali); cibarsi di carogne **2** cercare materiale utilizzabile (tra i rifiuti).

scavenger ['skævɪndʒə* / scav·en·ger] *s.* **1** persona che cerca materiale utilizzabile tra i rifiuti, gli scarti ecc. **2** (*zool.*) animale, insetto che si ciba di rifiuti, saprofago // — *beetle*, idrofilo **3** (*chim.*) decontaminante, scavenger **4** (*fis.*) spazzatore (di sostanze radioattive).

to **scavenger** *v.intr.* **1** fare lo spazzino **2** (*di animali*) cibarsi di rifiuti, di carogne.

scavenging ['skævɪndʒɪŋ / scav·en·ging] *s.* **1** il cercare materiale utilizzabile tra i rifiuti, gli scarti ecc. **2** (*mecc.*) lavaggio (del cilindro); evacuazione (dei gas di combustione) **3** (*metall.*) degassamento **4** (*fis.*) spazzamento, espulsione.

scazon ['skeɪzɒn] *s.* (*metrica*) scazonte; coliambo.

scenario [sɪ'nɑ:rɪəʊ *amer.* sɪ'nærɪəʊ / scen·ario] *pl.* **scenarios** *s.* **1** (*cinem.*, *teatr.*) sceneggiatura; scenario **2** simulazione.

scenarist ['si:nərɪst / scen·ar·ist] *s.* (*cinem. non com.*) sceneggiatore.

scend *s.* → **send**[2].

scene [si:n] *s.* **1** scena (*anche teatr.*); episodio: *the ghost — in 'Hamlet'*, la scena dello spettro nell'"Amleto'; *Act II — three*, atto secondo scena terza; *a distressing* —, un episodio spiacevole; *bad* —, (*fam. amer.*) esperienza, scena, episodio sgradevole **2** (*teatr.*) scena; scenario, quinta (*anche fig.*): *to set the* —, montare, preparare la scena; (*fig.*) descrivere, ricreare, far rivivere un ambiente; creare le premesse; *to come* (o *to appear*) *on the* —, (*fam.*) *to make the* —, (*fam. amer.*) entrare in scena, fare la propria comparsa; *to disappear* (o *to depart*) *from the* —, (*fam.*) uscire di scena; *to be behind the scenes*, essere, agire dietro le quinte **3** scena, luogo: *the — of operations*, il teatro delle operazioni; *the — of the crime*, la scena del delitto // *to be on the* —, essere presente sul luogo, sul posto **4** vista, veduta, panorama; colpo d'occhio; spettacolo **5** scenata, scena: *don't make a —!*, non fare una scenata! **6** (*fam.*) area, ambiente, mondo: *the prostitution* —, il mondo della prostituzione; *the political* —, la scena politica; *I need a change of* —, ho bisogno di un cambiamento d'ambiente **7** (*fam.*) cosa preferita: *country* *music is not my* —, non vado pazzo per la musica country.

scene dock ['si:n,dɒk] *s.* magazzino di scenari.

scene-painter ['si:n,peɪntə*] *s.* scenografo.

scenery ['si:nərɪ] *s.* **1** scena, scenario **2** prospettiva, veduta; paesaggio; panorama: *he has a passion for mountain* —, ha la passione dei paesaggi di montagna.

sceneshifter ['si:n,ʃɪftə* / scene·shifter] *s.* macchinista di scena.

scenic ['si:nɪk] *agg.* **1** panoramico; pittoresco: *the* — *route*, la (strada) panoramica **2** scenico; teatrale // **-ally** *avv.*

scenographer [si:'nɒgrəfə* / sceno·grapher] *s.* scenografo.

scenographic [,si:nə'græfɪk / sceno·graphic] *agg.* scenografico // **-ally** *avv.*

scenography [si:'nɒgrəfɪ / scen·o·graphy] *s.* scenografia.

scent [sent] *s.* **1** odore; profumo, fragranza (di fiori ecc.): *the* — *of roses*, il profumo delle rose **2** essenza, profumo: *she put some* — *on her handkerchief*, mise del profumo sul fazzoletto **3** scia, traccia (di odore d'animale); pista (*anche fig.*): *to get* — *of sthg.*, aver sentore di qlco.; *to throw off the* —, far perdere le tracce; deviare i sospetti; *to follow a false* —, seguire una pista falsa // (*zool.*) — *gland*, ghiandola odorifera **4** odorato, fiuto (*anche fig.*): *to have a good* —, (*fam.*) aver buon fiuto.

to **scent** *v.tr.* **1** fiutare, annusare; seguire la traccia di **2** (*fig.*) fiutare, subodorare, sospettare; intuire: *he scented danger*, fiutava il pericolo **3** profumare: *the air was scented with her luscious perfume*, l'aria era pervasa dal suo profumo inebriante.

scentless ['sentlɪs / scent·less] *agg.* **1** inodoro **2** privo di fiuto (di animali).

scepsis ['skepsɪs / scep·sis] *s.* (*fil.*) scepsi; dubbio filosofico.

sceptic ['skeptɪk / scep·tic] *s.* scettico (*anche fil.*).

sceptical ['skeptɪkl / scep·tical] *agg.* scettico (*anche fil.*): *we were all* — *of* (o *about*) *his reelection*, eravamo tutti scettici riguardo alla sua rielezione // **-ly** *avv.*

scepticism ['skeptɪsɪzəm / scep·ti·cism] *s.* scetticismo (*anche fil.*).

sceptre ['septə*] *s.* **1** scettro **2** (*fig. form.*) autorità monarchica.

to **sceptre** *v.tr.* (*form.*) **1** munire, fornire di scettro; (*fig.*) conferire sovranità a **2** toccare con lo scettro (in segno di assenso).

schedule ['ʃedju:l *amer.* 'skedʒʊl / sched·ule] *s.* **1** catalogo; distinta, elenco, lista, tabella; scaletta // (*fin.*) — *of rates*, scaletta dei tassi // (*econ.*) *tax schedules*, categorie d'imposta **2** programma, piano, prospetto; orario: *sales* —, programma di vendita; (*according*) *to* —, secondo il previsto, all'ora prevista; *ahead of*, *behind* —, in anticipo, in ritardo rispetto al previsto, rispetto alla tabella di marcia; *on* —, in orario; *I've got a tight* — *today*, ho una giornata fitta di appuntamenti **3** (*dir.*) appendice, allegato a legge o documento legale.

to **schedule** *v.tr.* **1** programmare, mettere in programma: *the next round of peace talks is scheduled for May*, il prossimo giro di comizi per la pace è programmato per maggio **2** compilare una lista, un catalogo di; includere in una lista, un catalogo **3** mettere in orario, in servizio regolare: *scheduled flight*, volo di linea **4** (*dir.*) inserire (un allegato) a legge o documento legale **5** (*inform.*) (IBM) schedulare; programmare; organizzare, pianificare; prevedere.

scheduled maintenance ['ʃedju:ld 'meɪntənəns *amer.* 'skedʒʊld 'meɪntənəns] *s.* (*inform.*) manutenzione periodica.

scheduler ['ʃedju:lə* *amer.* 'skedʒʊlə* / sched·uler] *s.* (*inform.*) sistema per stabilire l'ordine di elaborazione dei vari processi.

scheduling ['ʃedju:lɪŋ *amer.* skedjʊlɪŋ / sched·ul·ing] *s.* **1** programmazione **2** compilazione di una lista, un catalogo; inserimento in una lista, un catalogo, un orario **3** (*inform.*) pianificazione, ordinamento; avvicendamento.

scheelite ['ʃeɪlaɪt / scheel·ite] *s.* (*min.*) scheelite.

schema ['ski:mə] *pl.* **schemata** ['ski:mətə / sche·mata] *s.* **1** schema, abbozzo; diagramma (*spec. tecn.*) **2** (*inform.*) schema.

schematic(al) [skɪ'mætɪk(l) / schem·atic(al)] *agg.* schematico // **-ally** *avv.*

schematism ['ski:mətɪzəm / schem·at·ism] *s.* (*form.*) schematismo.

to **schematize** ['ski:mətaɪz / schem·at·ize] *v.tr.* schematizzare; esporre in modo schematico.

scheme [ski:m] *s.* **1** schema; progetto, disegno; piano, programma: *he drew up a* — *of work*, tracciò un piano di lavoro // (*dir.*) — *of composition*, concordato preventivo // (*econ.*): *import deposit* —, deposito previo sulle importazioni; *pension* —, programma di pensionamento **2** sistema; ordine, disposizione; combinazione: *colour* —, combinazione di colori // *the* — *of things*, lo stato delle cose **3** macchinazione, intrigo, complotto: *to lay a* —, ordire un intrigo **4** schema; abbozzo; diagramma.

to **scheme** *v.tr.* **1** (*non com.*) progettare, programmare **2** macchinare, tramare ◆ *v.intr.* **1** (*non com.*) ideare un piano, un progetto **2** complottare; tramare un inganno, un intrigo.

schemer ['ski:mə*] *s.* **1** (*non com.*) chi fa piani, calcoli, progetti **2** affarista; intrigante, chi trama inganni, complotti.

scheming ['ski:mɪŋ / schem·ing] *agg.* **1** (*non com.*) che progetta **2** intrigante; astuto, scaltro.

schiller ['ʃɪlə* / schil·ler] *s.* gioco di colore causato da diffrazione della luce.

schism ['sɪzəm] *s.* (*relig.*) scisma (*anche estens.*): *their behaviour provoked a* — *in the party*, il loro comportamento provocò uno scisma in seno al partito.

schismatic [sɪz'mætɪk / schis·matic] *agg.* e *s.* (*relig.*) scismatico (*anche estens.*).

schismatical [sɪz'mætɪkl / schis·mat·ical] *agg.* (*relig.*) scismatico // **-ly** *avv.*

to **schismatize** ['sɪzmətaɪz / schis·mat·ize] *v.intr.* (*rar.*) **1** agire da scismatico **2** produrre uno scisma.

schist [ʃɪst] *s.* (*geol.*) scisto.

schistose ['ʃɪstəʊs / schist·ose] *agg.* (*geol.*) scistoso.

schistosity [ʃɪs'tɒsɪtɪ / schist·os·ity] *s.* (*geol.*) scistosità.

schistosoma [ʃɪstə'səʊmə / schis·to·soma] *s.* (*biol.*) schistosoma; bilarzia.

schistosomiasis [,ʃɪstəsəʊ'maɪəsɪs / schis·to·so·mi·asis] *pl.* **schistosomiases** [,ʃɪstəsəʊ'maɪəsi:z] *s.* (*med.*) schistosomiasi; bilarziosi.

schistous ['ʃɪstəs / schist·ous] → **schistose**.

schizo ['skɪtsəʊ] *pl.* **schizos** *agg.* e *s.* (*fam.*) schizofrenico.

schizocarp ['skɪzəkɑ:p / schizo·carp] *s.* (*bot.*) schizocarpo.

schizoid ['skɪtsɔɪd / schiz·oid] *agg.* e *s.* (*psic.*) schizoide: — *personality*, personalità schizoide.

schizomycete [,skɪzəʊ'maɪsi:t / schizo·my·cete] *s.* (*biol.*) schizomicete.

schizophrenia [,skɪtsəʊ'fri:njə / schizo·phre·nia] *s.* (*psic.*) schizofrenia.

schizophrenic [,skɪtsəʊ'frenɪk / schizo·phrenic] *agg.* e *s.* **1** (*psic.*) schizofrenico **2** (*fig. fam.*) contraddittorio; incompatibile; diviso; discordante.

to **schiz out** [,skɪts'aʊt] *v.intr.* (*fam. amer.*) dare i numeri, impazzire.

schlemiel [ʃlə'mi:l / schle·miel] *s.* (*fam. amer.*) semplicione, credulone; tonto.

to **schlep** [ʃlep] *v.tr.* (*fam. amer.*) trascinare, strascicare, tirarsi dietro ◆ *v.intr.* (*fam. amer.*) avanzare a fatica, strascicarsi, trascinarsi.

schlepper ['ʃlepə* / schlep·per] *s.* (*fam. amer.*) affarista; piccolo intrallazzatore; opportunista.

schlock [ʃlɒk] *s.* (*fam. amer.*) merce di poco valore, cianfrusaglia, chincaglieria.

schlockmeister ['ʃlɒk,maɪstə* / schlock·meister] *s.* (*fam. amer.*) venditore di cianfrusaglie, di chincaglieria.

schlong [ʃlɒŋ] *s.* (*fam. amer.*) pene.

schloomp [ʃlu:mp] *s.* (*fam. amer.*) tardo di mente, stupido, imbecille.

schmaltz [ʃmɑ:lts] *s.* (*fam., amer.*) **1** sdolcinatezza, smanceria, svenevolezza **2** opera artistica eccessivamente sentimentale, sdolcinata (*spec. mus.*).

schmaltzy ['ʃmɑ:ltsɪ] *agg.* (*fam. amer.*) sentimentale, sdolcinato, svenevole.

schmatte [ʃmæt] *s.* (*fam. amer.*) abito logoro e dimesso, straccetto.

schmear [ʃmɪə*] *s.* (*fam. amer.*) bustarella; tangente.

to **schmear** *v.tr.* (*fam. amer.*) **1** adulare **2** ungere; corrompere.

schmeck [ʃmek] *s.* (*fam. amer.*) **1** assaggio, morso **2** eroina.

schmo [ʃməʊ] *pl.* **schmo(e)s** *s.* (*fam. amer.*) **1** sciocco, stupido, allocco **2** tizio, tipo, tale.

schmuck [ʃmʌk] *s.* (*fam. amer.*) persona spregevole, bastardo, figlio di buona donna.

schmucky ['ʃmʌkɪ] *agg.* (*fam. amer.*) sgradevole; spregevole, bastardo.

schnapper ['ʃnæpə* / schnap·per] *s.* (*zool.*) pagro → **porgy**.

schnap(ps) [ʃnæp(s)] *s.* superalcolico (spec. gin simile all'olandese).

to **schneider** ['ʃnaɪdə*] *v.tr.* (*fam. amer.*) mettere knock-out; sconfiggere fulmineamente.

schnook [ʃnu:k] *s.* (*fam. amer.*) sempliciotto, credulone, tonto (spesso additato come vittima designata).

schnorkel ['ʃnɔ:kl] **schnorkle** → **snorkel**.

schnozzle ['ʃnɒzəl] *s.* (*fam. amer.*) naso.

scholar ['skɒlə*] *s.* **1** studioso, letterato; erudito; dotto **2** (*fam.*) persona colta, istruita: *he's never been much of a —*, non è mai stato un pozzo di scienza **3** borsista, vincitore di una borsa di studio **4** (*antiq.*) scolaro, discepolo.

scholarly ['skɒləlɪ / schol·arly] *agg.* **1** istruito, colto; erudito; dotto **2** da studioso; accademico.

scholarship ['skɒləʃɪp / schol·ar·ship] *s.* **1** (*form.*) dottrina, sapere, scienza; erudizione **2** competenza, cultura (in una disciplina specifica) **3** borsa di studio: *to apply for, to win a —*, richiedere, vincere una borsa di studio; *to award a —*, dare, assegnare una borsa di studio.

scholastic [skə'læstɪk / schol·astic] *agg.* (*form.*) **1** scolastico; relativo allo studio // *— agency*, (*antiq.*) agenzia di collocamento per insegnanti **2** relativo a uno studioso, un letterato; accademico **3** (*fil.*) scolastico; appartenente, relativo alla scolastica ◆ *s.* **1** (*rar.*) scolastico; pedante; formalista **2** (*fil.*) seguace della dottrina scolastica // **-ally** *avv.*

scholasticism [skə'læstɪsɪzəm / schol·as·ti·cism] *s.* **1** (*fil.*) scolastica **2** (*non com.*) scolasticheria, scolasticismo.

scholiast ['skəʊlɪæst / scho·li·ast] *s.* scoliaste, chiosatore.

scholium ['skəʊljəm / scho·lium] *pl.* **scholia** ['skəʊljə / scho·lia] *s.* (*letter.*) scolio; nota esplicativa.

school[1] [sku:l] *s.* **1** scuola: *to go to —*, andare a scuola; essere in età scolare; *to leave —*, lasciare, finire la scuola; *primary —*, scuola primaria, elementare; *secondary —*, scuola secondaria; *special —*, scuola speciale, differenziale (per alunni portatori di handicap) **2** scuola; gli allievi della scuola: *the whole — assembled in the playground*, tutti gli allievi della scuola si riunirono in cortile // *old — tie*, la cravatta con i colori della propria scuola; (*fig.*) amicizia, legami tra ex-compagni di scuola **3** scuola, lezione; ora di lezione: *there was no — yesterday*, ieri non c'è stata lezione **4** istituto; accademia **5** facoltà universitaria: *— of law*, facoltà di giurisprudenza // *the Schools*, le università medioevali **6** scuola; indirizzo, corrente; gruppo: (*fil.*) *the Aristotelian —*, la scuola aristotelica; (*pitt.*) *the Venetian —*, la scuola veneta; *— of thought*, scuola di pensiero; *an artist that created a —*, un artista che ha fatto scuola; *he has left no — behind him*, non ha lasciato discepoli // *of the old —*, di vecchio stampo **7** (*fam. amer.*) università **8** breve corso (di studi): *summer —*, corso estivo.

to **school**[1] *v.tr.* **1** (*rar.*) mandare a scuola **2** (*form.*) istruire, addestrare, ammaestrare: *he was well schooled in all the latest techniques*, era ben addestrato in tutte le tecniche più moderne **3** controllare.

school[2] *s.* (*zool.*) banco, gruppo (di pesci, delfini, balene).

to **school**[2] *v.intr.* raggrupparsi; muoversi in banchi, frotte (di pesci, delfini, balene).

school-age ['sku:leɪdʒ] *agg.* in età scolare.

school age ['sku:l,eɪdʒ] *s.* età scolare.

schoolbag ['sku:lbæg / school·bag] *s.* cartella.

school-bell ['sku:lbel] *s.* campana di inizio delle lezioni.

school board ['sku:l,bɔ:d] *s.* comitato scolastico.

school-book ['sku:l,bʊk] *s.* libro scolastico; libro di testo ◆ *agg.* (*fam. amer.*) elementare, semplificato.

schoolboy ['sku:lbɔɪ / school·boy] *s.* scolaro; allievo // *—'s French*, francese scolastico.

school-child ['sku:l,tʃaɪld] *pl.* **school-children** ['sku:l,tʃɪldrən] *s.* scolaro.

school-dame ['sku:l,deɪm] *s.* (*ant.*) maestra (di scuola).

school-days ['sku:ldeɪz] *s.* giorni di scuola.

school-divine ['sku:ldɪ,vaɪn] *s.* (*fil.*) scolastico.

school-divinity [,sku:ldɪ'vɪnətɪ] *s.* (*fil.*) scolastica.

school-doctor [,sku:l'dɒktə*] *s.* medico scolastico.

schoolfellow ['sku:l,feləʊ / school·fel·low] *s.* (*antiq.*) compagno di scuola.

school-friend ['sku:l,frend] *s.* compagno di scuola.

schoolgirl ['sku:lgɜ:l / school·girl] *s.* scolara; allieva.

schoolhouse ['sku:lhaʊs / school·house] *s.* scuola (edificio).

schooling ['sku:lɪŋ / school·ing] *s.* **1** (*antiq.*) istruzione; disciplina scolastica **2** scolarità **3** (*rar.*) tasse scolastiche; retta (di convitto) **4** (*ant.*) castigo; rimprovero.

school-inspector ['sku:lɪn,spektə*] *s.* ispettore scolastico.

schoolkid ['sku:lkɪd / school·kid] *s.* (*fam.*) scolaro, alunno.

school-leaver ['sku:l,li:və*] *s.* chi ha finito un corso di studi; chi ha assolto l'obbligo scolastico (per età).

schoolman ['sku:lmən / school·man] *pl.* **schoolmen** *s.* **1** (*fil.*) scolastico **2** (*amer.*) insegnante **3** (*st.*) professore di università medievale.

schoolmarm ['sku:lmɑ:m / school·marm] *s.* (*fam.*) **1** professoressa **2** (*spreg.*) donna che si dà arie di professoressa, saccente, pedante.

schoolmaster ['sku:l,mɑ:stə* *amer.* 'sku:l,mæstə* / school·mas·ter] *s.* **1** (*antiq.*) maestro, insegnante **2** (*ant.*) precettore, istitutore.

schoolmate ['sku:lmeɪt / school·mate] *s.* compagno di scuola.

schoolmistress ['sku:l,mɪstrɪs / school·mis·tress] *s.* (*antiq.*) maestra, insegnante.

school report [,sku:lrɪ'pɔ:t] *s.* pagella.

schoolroom ['sku:lrʊm *amer.* 'sku:lru:m / school·room] *s.* classe, aula (scolastica).

schoolteacher ['sku:l,ti:tʃə* / school·teacher] *s.* insegnante.

school-teaching ['sku:l,ti:tʃɪŋ] *s.* insegnamento (scolastico).

school-term ['sku:ltɜ:m] *s.* periodo in cui viene suddiviso l'anno scolastico; trimestre; quadrimestre.

school-time ['sku:ltaɪm] *s.* orario scolastico; periodo scolastico.

schoolwork ['sku:lwɜ:k / school·work] *s.* lavoro, compito in classe; compiti di scuola.

school year [,sku:l'jɜ:* *amer.* ,sku:l'jɪə*] *s.* anno scolastico.

schooner[1] ['sku:nə*] *s.* (*mar.*) goletta // *prairie —*, carro coperto, tipico dei pionieri americani.

schooner[2] *s.* **1** bicchiere da sherry **2** (*amer., austr.*) boccale (da birra).

schorl(ite) [ʃɔ:l(aɪt) / schorl·ite] *s.* (*min.*) sciorlo, sciorlite, tormalina nera.

schottische [ʃɒ'ti:ʃ / schot·tische] *s.* danza, musica scozzese simile alla polca.

schtick [ʃtɪk] *s.* (*fam. amer.*) talento, dote (di persona).

schwa [ʃwɑ:] *s.* (*fon.*) schwa (indicato da 'e' capovolta, ə).

sciagram ['saɪəgræm / scia·gram] **sciagraph** ['saɪəgrɑ:f *amer.* 'saɪəgræf / scia·graph] *s.* (*astr.*) sciografia.

sciagraphic [,saɪə'græfɪk / scia·graphic] *agg.* (*astr.*) sciografico.

sciagraphy [saɪ'ægrəfɪ / scia·graphy] *s.* (*astr.*) sciografia.

sciatica [saɪ'ætɪkə / sci·at·ica] *s.* (*med.*) sciatica.

sciatic(al) [saɪ'ætɪk(l) / sci·atic(al)] *agg.* (*anat.*) sciatico: *— nerve*, nervo sciatico; *— pains*, dolori da sciatica, sciatalgia.

science ['saɪəns / sci·ence] *s.* **1** scienza: *exact —*, scienza esatta; *social sciences*, scienze sociali **2** (*ant.*) tecnica, abilità (in uno sport ecc.) // *he's got time-wasting down to a —*, (*fam.*) è un perditempo patentato **3** (*ant.*) conoscenza.

science fiction [,saɪəns'fɪkʃn] *s.* fantascienza.

science park ['saɪəns,pɑ:k] *s.* polo di ricerca scientifica applicata.

scienter [saɪ'entə* / sci·en·ter] *avv.* (*dir.*) scientemente, intenzionalmente.

sciential [saɪ'enʃl / sci·en·tial] *agg.* (*rar.*) **1** relativo alla conoscenza, alla scienza **2** che sa **3** (*ant.*) che produce conoscenza: *whose presence had infused / into the plant sciential sap*, (MILTON) la cui presenza aveva infuso nella pianta linfa sapienziale.

scientific [,saɪən'tɪfɪk / sci·ent·ific] *agg.* scientifico; sistematico; accurato: *— game*, gioco scientifico; *to have — training*, avere una preparazione in campo scientifico // (*amm.*) *— management*, organizzazione scientifica del lavoro // (*inform.*) *— data processing* (o *application*), applicazione scientifica // **-ally** *avv.*

scientism ['saɪəntɪzəm / sci·ent·ism] *s.* (*fil.*) scientismo.

scientist ['saɪəntɪst / sci·ent·ist] *s.* **1** scienziato **2** (*fil.*) scientista.

scientologist [,saɪən'tɒlədʒɪst / sci·ento·lo·gist] *s.* membro, adepto della 'scientology'.

scientology [,saɪən'tɒlədʒɪ / sci·ento·logy] *s.* (*relig.*) 'scientology' (comunità religiosa di origine americana che si propone di accrescere il benessere psicofisico dell'uomo con metodi scientifici).

sci-fi [,saɪ'faɪ] *s.* (*fam.*) fantascienza ◆ *agg.* fantascientifico.

scilicet ['saɪlɪset / sci·li·cet] *avv.* (*form.*) cioè, vale a dire.

scilla ['sɪlə] *s.* (*bot.*) scilla.

scimitar ['sɪmɪtə* / scim·itar] *s.* scimitarra.

scintigraphy [sɪn'tɪgrəfɪ / scin·ti·graphy] *s.* (*med.*) scintigrafia.

scintilla [sɪn'tɪlə / scin·tilla] *pl.* **scintillas**, **scintillae** [sɪn'tɪli: / scin·til·lae] *s.* (*form.*) scintilla; minimo; barlume: *a — of genius*, una scintilla di genio; *a — of evidence*, un minimo di evidenza.

to **scintillate** ['sɪntɪleɪt *amer.* 'sɪntəleɪt / scin·til·late] *v.intr.* (*letter.*) scintillare, brillare (*anche fig.*).

scintillating ['sɪntɪleɪtɪŋ / scin·til·lat·ing] *agg.* scintillante, brillante: *a — comedy*, una commedia brillante, scintillante.

scintillation [,sɪntɪ'leɪʃn / scin·til·la·tion] *s.* **1** (*letter.*) (*anche fig.*) scintillio; sfavillio **2** (*astr.*) scintillazione // (*fis.*) *— counter*, rivelatore a scintillazione.

scintillator ['sɪntɪleɪtə* / scin·til·lator] *s.* (*fis.*) scintillatore.

sciolism ['saɪəlɪzəm / sci·ol·ism] *s.* (*form.*) conoscenza superficiale; infarinatura.

sciolist ['saɪəlɪst / sci·ol·ist] *s.* (*form.*) saccente, saputo; saputello.

sciomancy ['saɪə,mænsɪ / scio·mancy] *s.* (*form.*) sciomanzia, negromanzia.

sciomantic [,saɪə'mæntɪk / scio·man·tic] *agg.* (*form.*) negromantico.

scion ['saɪən] *s.* **1** (*agr.*) pollone; innesto, marza, nesto **2** (*form.*) rampollo; discendente.

scire facias [,saɪərɪ'feɪʃɪæs] *s.* (*dir.*) mandato di comparizione.

scirocco → **sirocco**.

scirrhoid ['sɪrɔɪd / scir·rhoid] *agg.* (*med.*) simile a scirro.

scirrhous ['sɪrəs / scir·rhous] *agg.* (*med.*) scirroso.

scirrhus ['sɪrəs / scir·rhus] *s.* (*med.*) scirro.

scissile ['sɪsaɪl / scis·sile] *agg.* (*form.*) scissile.

scission ['sɪʒən / scis·sion] *s.* (*form.*) scissione, divisione.

to **scissor** ['sɪzə* / scis·sor] *v.tr.* (*non com.*) tagliare con le forbici.

scissors ['sɪzəz / scis·sors] *s.pl.* **1** (*a pair of*) —, forbici; cesoie // *nail —*, forbicine da unghie **2** (*col v. al sing.*) (*sport*) forbice (nella ginnastica); presa a forbice (nella lotta); salto a forbice (nel salto in alto) // *— kick* (o *movement*), sforbiciata.

scissors-and-paste [,sɪzəzənd'peɪst] *agg.* (*fam.*) fatto con ritagli di altri scritti (di materiale stampato o da stampare); (*fig.*) fatto con le forbici, di mera compilazione (di uno scritto, di un'opera ecc.): *— job*, lavoro fatto con le forbici, messo insieme scopiazzando qua e là.

scissors-bill ['sɪzəz,bɪl] *s.* (*zool.*) (*Rynchops nigra*) rincope nero, becco a forbice nero SIN. shearwater.

scissure ['sɪʃə* / scis·sure] *s.* (*non com.*) scissura, fessura.

sciurine ['saɪjʊrɪn / sci·ur·ine] *agg.* (*zool.*) di scoiattolo, di sciuridi; da scoiattolo ♦ *s.* (*zool.*) scoiattolo.

sciuroid [saɪ'ju:rɔɪd / sci·ur·oid] *agg.* (*zool.*) **1** simile allo scoiattolo **2** degli sciuridi.

sclera ['sklɪərə] *s.* (*anat.*) sclera, sclerotica.

scleral ['sklɪərəl] *agg.* (*anat.*) sclerale, della sclera.

sclereid ['sklɪəreɪd / scler·eid] *s.* (*bot.*) sclereide.

sclerenchyma [sklɪə'reŋkɪmə / scler·en·chyma] *pl.* **sclerenchymas**, **sclerenchymata** [,sklɪə,reŋ'kɪmətə / scler·en·chym·ata] *s.* (*bot.*, *zool.*) sclerenchima.

scleritis [sklɪə'raɪtɪs / scler·itis] *s.* (*med.*) sclerite.

sclero- ['sklɪərəʊ] *pref.* di origine greca usato nella terminologia scientifica che significa **1** duro; it. sclero-: *sclerophyllous*, sclerofillo; *sclerenchyma*, sclerenchima **2** relativo alla sclera; it. sclero-: *sclerotomy*, sclerotomia.

scleroderma [,sklɪərəʊ'dɜ:mə / sclero·derma] *pl.* **sclerodermas**, **sclerodermata** [,sklɪərəʊ'dɜ:mətə / sclero·derm·ata] *s.* (*med.*) sclerodermia.

sclerodermatous [,sklɪərəʊ'dɜ:mətəs / sclero·derm·atous] *agg.* (*med.*) sclerodermatoso.

scleroma [sklɪə'rəʊmə / scler·oma] *pl.* **scleromas**, **scleromata** [sklɪə'rəʊmətə / scler·omata] *s.* (*med.*) scleroma.

sclerophyll ['sklɪərəʊfɪl / sclero·phyll] *s.* (*bot.*) sclerofilla.

scleroprotein [,sklɪərə'prəʊti:n / sclero·pro·tein] *s.* (*biochim.*) scleroproteina.

sclerosing [sklə'rəʊsɪŋ / scler·os·ing] *agg.* (*med.*) sclerosante.

sclerosis [sklɪə'rəʊsɪs / scler·osis] *pl.* **scleroses** [sklɪə'rəʊsi:z] *s.* (*med.*) sclerosi: *multiple —*, sclerosi multipla.

sclerotic [sklɪə'rɒtɪk / scler·otic] *agg.* (*med.*) sclerotico: *— coat*, sclera ♦ *s.* (*anat.*) sclerotica.

sclerotium [sklə'rəʊʃɪəm / sclero·tium] *pl.* **sclerotia** [sklə'rəʊʃɪə] *s.* (*bot.*) sclerozio.

sclerotomy [sklɪə'rɒtəmɪ / sclero·tomy] *s.* (*med.*) sclerotomia.

sclerous ['sklɪərəs / scler·ous] *agg.* (*anat.*, *bot.*, *zool.*) duro; ispessito.

scoff[1] [skɒf *amer.* skɔ:f] *s.* **1** beffa; derisione; scherno, dileggio **2** (*non com.*) zimbello; oggetto di scherno.

to **scoff**[1] *v.intr.* farsi beffe, beffarsi: *to — at s.o., at sthg.*, farsi beffe di qlcu., di qlco.; *to be scoffed*, essere deriso.

scoff[2] *s.* (*fam.*) cibo, roba da mangiare.

to **scoff**[2] *v.tr.* (*fam.*) mangiare avidamente, ingollare, sbafare.

scoffer ['skɒfə* *amer.* 'skɔ:fə*] *s.* derisore, dileggiatore, schernitore.

scoffing ['skɒfɪŋ *amer.* 'skɔ:fɪŋ / scoff·ing] *agg.* derisorio; beffardo ♦ *s.* derisione, dileggio, scherno // **-ly** *avv.*

scold ['skəʊld] *s.* (*antiq.*) bisbetica, brontolona; megera.

to **scold** *v.tr.* (*antiq.*) sgridare; rimproverare: *the boy was scolded for being late*, il ragazzo fu rimproverato per il suo ritardo ♦ *v.intr.* (*antiq.*) parlare in tono adirato; dare una sgridata, una lavata di capo.

scolder ['skəʊldə*] *s.* chi rimprovera.

scolding ['skəʊldɪŋ / scold·ing] *agg.* che rimprovera ♦ *s.* sgridata; rimprovero: *to give s.o. a good —*, dare una bella sgridata, dare una lavata di capo a qlcu. // **-ly** *avv.*

scolecite ['skɒləsaɪt / scole·cite] *s.* (*min.*) scolecite.

scolex ['skəʊleks / sco·lex] *pl.* **scoleces** [skə'li:si:z / sco·leces] **scolices** ['skəʊləsi:z / sco·lices] *s.* (*zool.*) scolice.

scoliosis [,skɒlɪ'əʊsɪs / sco·li·osis] *s.* (*med.*) scoliosi.

scoliotic [,skɒlɪ'ɒtɪk / sco·li·otic] *agg.* (*med.*) scoliotico.

(to) **scollop** → (to) **scallop**.

scolopendra [,skɒlə'pendrə / sco·lo·pen·dra] *s.* (*zool.*) scolopendra; (*pop.*) millepiedi, centopiedi.

scolopendriform [,skɒlə'pendrɪfɔ:m / sco·lo·pen·dri·form] **scolopendrine** [,skɒlə'pendrɪn / sco·lo·pen·drine] *agg.* (*zool.*) a forma di, simile a scolopendra.

scolopendrium [,skɒlə'pendrɪəm / sco·lo·pen·drium] *s.* (*bot.*) (*Scolopendrium vulgare*) scolopendrio.

scolymus ['skɒlɪməs / scoly·mus] *s.* (*bot.*) (*Scolymus hispanicus*) scardaccione; (*pop.*) guardabue.

scomber ['skɒmbə* / scom·ber] *s.* (*zool.*) scombro, maccarello → **mackerel**.

scombrid ['skrɒmbrɪd / scom·brid] *s.* (*zool.*) pesce degli scombridi.

sconce[1] [skɒns] *s.* **1** (*antiq.*) bugia; candelabro a muro **2** bocciolo del candeliere.

sconce[2] *s.* (*antiq. scherz.*) testa, zucca; cervello, senno // *why does he suffer this mad knave now to knock him about the sconce with a dirty shovel*, (SH. Hamlet) perché ora lascia che quel tanghero matto lo picchi sulla zucca con un badile lurido.

sconce[3] *s.* **1** contrafforte, baluardo **2** riparo, protezione **3** (*ant.*) fortino: *such fellows are perfect in the great commanders' names... at such and such a sconce, at such a breach*, (SH. Henry V) gente di tal fatta è formidabile nel ricordare i nomi dei grandi comandanti... a quel tal fortino, a quella breccia.

sconce[4] *s.* penalità di un boccale di birra imposta agli studenti di Oxford per infrazione alle regole d'etichetta a tavola.

scon(e) [skɒn *amer.* skəʊn] *s.* (*cuc.*) 'scone', focaccina, pasticcino da tè.

scoop [sku:p] *s.* **1** paletta (per zucchero, farina ecc.); mestolo, cucchiaione; cucchiaio dosatore (per palline di gelato) **2** palettata; mestolata; cucchiaiata; pallina (di gelato) // *at* (o *in*) *one —*, d'un sol colpo: *they earned one thousand dollars in one —*, guadagnarono mille dollari in un colpo solo **3** bacino; cavità **4** (*mar.*) gottazza **5** (*mecc.*) tazza, secchia; cucchiaia **6** (*aer.*, *aut.*) *air —*, presa d'aria **7** scoop, colpo giornalistico, notizia sensazionale pubblicata da un giornale in esclusiva o prima di tutti i concorrenti **8** (*fam.*) grosso affare, colpo di fortuna.

to **scoop** *v.tr.* **1** (*rar.*) prendere, raccogliere (con paletta, mestolo, cucchiaio ecc.); vuotare: *to — a boat dry*, toglier l'acqua da, sgottare una barca; *he scooped up a measure of flour*, prese un po' di farina con la paletta // *she scooped her books up off the table*, raccolse i suoi libri dal tavolo **2** scavare: *to — (out) a hole in the sand*, scavare una buca nella sabbia

3 battere, spiazzare (gli altri giornali) con uno scoop, un colpo giornalistico 4 (*fam. estens.*) battere sul tempo (la concorrenza).

scooper ['sku:pə*] *s.* (*zool. pop.*) avocetta → **avocet**.

scoopful ['sku:pfʊl / scoop·ful] *s.* palettata; mestolata; cucchiaiata; pallina (di gelato).

scoopnet ['sku:pnet / scoop·net] *s.* **1** (*pesca*) rete a sacco **2** draga a rete (per dragare il letto dei fiumi).

scoot [sku:t] *s.* (*fam.*) **1** movimento rapido e precipitoso: *I took a quick — down the road to pick up the latest editions*, ho fatto una scappata giù in strada per trovare le ultime edizioni **2** il darsela a gambe, fuga precipitosa **3** (*amer.*) dollaro.

to **scoot** *v.intr.* (*fam.*) correre, precipitarsi; andarsene rapidamente: darsela a gambe, filar via di corsa, svignarsela.

scooter ['sku:tə*] *s.* **1** monopattino **2** scooter, motoretta **3** (*amer.*) scooter, imbarcazione a vela capace di slittare sul ghiaccio.

scop [skɒp] *s.* (*st. lett.*) bardo (anglosassone).

scope [skəʊp] *s.* **1** possibilità, opportunità, spazio (per migliorare): *his new job gave him all the — he needed to exercise his vast managerial skills*, il suo nuovo lavoro gli ha dato tutto lo spazio di cui aveva bisogno per esprimere le sue vaste capacità manageriali // *economies of —*, economie di scopo **2** prospettiva; portata; sfera, campo, raggio (d'azione): *to extend the — of one's activities*, allargare il proprio campo d'azione; *to give free* (o *full*) *—*, dare piena libertà d'azione **3** (*mar.*) tratto non immerso del cavo dell'ancora **4** (*ant.*) scopo, proposito, intenzione.

to **scope on** ['skəʊpɒn] *v.tr.* e *prep.* to **scope out** [,skəʊp'aut] *v.tr.* e *avv.* (*sl. amer.*) osservare, esaminare; cercare informazioni.

scopolamine [skə'pɒləmi:n / sco·pol·amine] *s.* (*chim.*) scopolammina, L-ioscina.

scopoline ['skəʊpəli:n / sco·pol·ine] *s.* (*chim.*) scopolina.

scops owl ['skɒpsaʊl] *s.* (*zool.*) (*Otus scops*) assiolo.

-scopy [skəpɪ] *suff.* di origine greca usato nella terminologia scientifica per indicare esame compiuto con l'ausilio di mezzi ottici; it. -scopia: *amnioscopy*, amnioscopia; *radioscopy*, radioscopia; *bronchoscopy*, broncoscopia.

scorbutic [skɔ:'bju:tɪk / scor·bu·tic] *agg.* e *s.* (*med.*) scorbutico.

scorbutus [skɔ:'bju:təs / scor·bu·tus] *s.* (*med.*) scorbuto.

scorch [skɔ:tʃ] *s.* **1** bruciacchiatura, bruciatura, scottatura superficiale **2** (*bot.*) imbrunimento dei tessuti vegetali (per malattia, parassiti, insetticidi) **3** (*fam.*) corsa pazza; volata (di automobile, bicicletta ecc.).

to **scorch** *v.tr.* **1** bruciacchiare **2** riardere, inaridire, seccare (piante, terreno ecc.) **3** (*fig.*) scottare; ferire i sentimenti di, offendere, urtare; criticare con osservazioni caustiche **4** (*mil.*) devastare (un territorio prima di abbandonarlo al nemico), rendere (un territorio) terra bruciata ◆ *v.intr.* **1** bruciacchiarsi **2** (*fam.*) correre all'impazzata, andare a forte velocità (di automobilista, ciclista ecc.).

scorched earth [,skɔ:tʃt'ɜ:θ] *s.* (*mil.*) terra bruciata // *— policy*, tattica della terra bruciata.

scorcher ['skɔ:tʃə*] *s.* **1** chi brucia; cosa che brucia **2** (*fam.*) giornata caldissima, torrida: *today is a —*, oggi si va arrosto **3** (*fam.*) aspro rimprovero; osservazione caustica, pungente **4** (*fam.*) automobilista, ciclista che va a pazza velocità **5** (*fam.*) persona, cosa sensazionale, straordinaria; tipo in gamba; (*fig.*) cannonata // *she's a real —!*, che schianto!

scorching ['skɔ:tʃɪŋ / scorch·ing] *agg.* **1** bruciante; ardente, cocente: *a — day*, una giornata cocente; *— weather*, un clima torrido **2** (*fig.*) caustico; mordace, pungente: *— criticism*, critica pungente ◆ *avv.* terribilmente, estremamente: *— hot*, terribilmente caldo ◆ *s.* **1** bruciacchiatura, bruciatura, scottatura superficiale **2** (*bot.*) imbrunimento dei tessuti vegetali // **-ly** *avv.*

score [skɔ:*] *s.* **1** tacca; scanalatura; sfregio, graffio: *the rock was covered with scores*, la roccia era coperta di scanalature // *— mark*, sfregio, incisione, graffio **2** linea; segno: *the scores of the whip showed on that man's back*, i segni della frusta erano visibili sulla schiena di quell'uomo; *he made a — through my name with a pencil*, cancellò il mio nome con la matita **3** linea di partenza, limite (in giochi, corse) **4** (*sport*) punti (*pl.*), punteggio; segnatura, punto: *what's the —?*, qual è il punteggio?; *to keep* (*the*) *—*, segnare il punteggio; *to make a good —*, fare un bel punto, una bella segnatura; avere un buon punteggio **5** (*estens.*) voto, votazione, punto (in esami, test ecc.) **6** (*fig., fam.*) bel colpo, colpo di fortuna; punto a favore; *what a —!*, che fortuna!, che colpo!; *his speech made a big — with the audience*, il suo discorso gli fece guadagnare molti punti presso l'uditorio // *to make a —*, (*sl. amer.*) vincere una scommessa; fare un colpo grosso (di ladri, rapinatori ecc.) **7** conto, debito (*anche fig.*): *he paid his — at the butcher's*, pagò il suo debito dal macellaio; *death pays all scores*, (*fig.*) la morte salda tutti i conti; *she's got a — to settle with him*, (*fig.*) aveva dei conti da regolare con lui; *to settle old scores*, (*fig.*) regolare vecchi conti **8** (*mus.*) spartito, partitura; colonna sonora, musica da film // *full —*, partitura d'orchestra **9** (*pl. invar.*) venti, ventina: *half a —*, una decina; *two — of handkerchiefs*, quaranta fazzoletti // *three — (years) and ten*, settant'anni // *by the —*, in gran numero **10** (*pl.*) grande quantità, mucchio // *scores of*, un sacco, un mucchio di **11** ragione, causa, motivo: *on this, that —*, per questa ragione; a questo riguardo; *we can rest easy on that —*, in quanto a questo possiamo stare tranquilli **12** (*fam.*) fatti (spiacevoli) (*pl.*); situazione: *to know the —*, conoscere la realtà dei fatti; *what's the —?*, com'è la situazione?

to **score** *v.tr.* **1** intaccare; intagliare; incidere: *face scored with scars*, volto segnato da cicatrici **2** marcare; segnare: *the translation was scored with corrections and crossings-out*, la traduzione era piena di correzioni e cancellature **3** (*sport*) segnare, fare (un punto, un goal ecc.); dare un punteggio di; realizzare un punteggio di: *we scored five points*, facemmo cinque punti; *to — a goal*, segnare un goal; *the judges scored him 9.95*, i giudici gli assegnarono un punteggio di 9,95 **4** (*estens.*) prendere (un voto), riportare una votazione, un punteggio di (in esami, test ecc.) **5** (*fig.*) ottenere, riportare (un successo, una vittoria ecc.); guadagnare, segnare (un punto a proprio favore): *his speech scored him an important point*, il suo discorso gli fece guadagnare un importante punto a suo favore **6** (*mus.*) orchestrare; arrangiare **7** (*fam. amer.*) rimproverare, sgridare; criticare, fare osservazioni su **8** (*sl.*) (riuscire a) trovare una dose di droga ◆ *v.intr.* **1** (*sport*) segnare, fare un punto; segnare il punteggio: *they failed to —*, non fecero neanche un punto; *will you —, please?*, vuoi segnare il punteggio, per favore? **2** (*estens.*) prendere un voto, riportare una votazione, un punteggio (in esami, test ecc.): *to — badly, well*, riportare un cattivo, un buon punteggio **3** (*fig.*) avere fortuna, successo; sfondare; assicurarsi un vantaggio, segnare un punto a proprio favore **4** (*sl. volg.*) scopare **5** (*sl.*) (riuscire a) trovare una dose di droga.

□ **score off** *v.intr.* e *avv.* (*fam.*) avere la meglio (su); umiliare: *they were continually scoring each other off*, si beccavano in continuazione ◆ *v.tr.* e *prep.* segnare: *he was trying to — points off his opponent*, cercava di guadagnare terreno a scapito del suo avversario ◆ *v.tr.* e *avv.* → score out.

□ **score out, through** *v.tr.* e *avv.* (*form.*) tirare una riga su (parole).

□ **score under** *v.tr.* e *avv.* (*form.*) sottolineare.

□ **score up** *v.tr.* e *avv.* mettere in conto: *to — up sthg. to* (o *against*) *a customer*, mettere in conto qlco. a un cliente.

scoreboard ['skɔ:bɔ:d / score·board] *s.* tabellone segnapunti.

scorebook ['skɔ:bʊk / score·book] *s.* (taccuino, libretto) segnapunti.

scorecard ['skɔ:kɑ:d / score·card] *s.* (cartoncino, scheda) segnapunti.

scorer ['skɔ:rə*] *s.* (*sport*) **1** chi segna i punti, il punteggio; segnapunti **2** chi segna, chi fa un punto, marcatore.

scoresheet ['skɔ:ʃi:t / score·sheet] → **scorecard**.

scoria ['skɔ:rɪə] *pl.* **scoriae** ['skɔ:rɪi: / scoriae] *s.* (*rar.*) scoria; (*geol.*) scoria vulcanica.

scoriaceous [,skɔ:rɪ'eɪʃəs / scori·aceous] *agg.* (*rar.*) di scoria.

scorification [,skɔ:rɪfɪ'keɪʃn / scori·fication] *s.* (*metall.*) scorificazione.

scorifier ['skɔ:rɪfaɪə* / scori·fier] *s.* (*metall.*) scorificatoio.

to **scorify** ['skɔ:rɪfaɪ / scor·ify] *v.tr.* (*rar.*) ridurre in scorie; (*metall.*) scorificare.

scoring ['skɔ:rɪŋ / scor·ing] *s.* **1** (*mus.*) orchestrazione; trascrizione; arrangiamento **2** (*sport*) punteggio, punti (*pl.*) **3** (*amer.*) correzione, valutazione (di elaborati, compiti ecc.) **4** (*fam. amer.*) critiche, rimproveri (*pl.*).

scorn [skɔ:n] *s.* **1** (*form.*) disprezzo; dileggio, scherno: *eyes full of —*, occhi pieni di disprezzo: *to laugh to —*, beffarsi di, deridere, schernire; ridicolizzare **2** (*non com.*) oggetto di disprezzo; zimbello; *to pour* (o *to heap*) *— on s.o.*, mostrare disprezzo per, trattare con disprezzo qlcu.

to **scorn** *v.tr.* **1** (*form.*) disprezzare; disdegnare, sdegnare: *to — to do* (o *doing*) *sthg.*, disdegnare di fare qlco. **2** (*ant.*) schernire, farsi beffe di.

scorner ['skɔ:nə*] *s.* sprezzatore; derisore, dileggiatore, schernitore.

scornful ['skɔ:nfʊl / scorn·ful] *agg.* sprezzante; sdegnoso: *to be — of sthg.*, disdegnare, disprezzare qlco. // **-ly** *avv.* // **-ness** *s.*

Scorpio ['skɔ:pɪəʊ / Scor·pio] *no.pr.* (*astr.*) Scorpione SIN. Scorpius.

scorpioid ['skɔ:pɪɔɪd / scor·pi·oid] *agg.* **1** (*zool.*) di scorpione **2** (*bot.*) scorpioide.

scorpion ['skɔ:pjən / scor·pion] *s.* **1** (*zool.*) (*Buthus europaeus*) scorpione **2** (*mil.*) scorpione; catapulta **3** (*biblico*) flagello, frusta.

scorpion-fish ['skɔ:pjən,fɪʃ] *s.* (*zool.*) scorpena, scorfano.

scorpion-fly ['skɔ:pjən,flaɪ] *s.* (*zool.*) (*Panorpa communis*) panorpa, mosca scorpione.

scorpion-grass ['skɔ:pjən,grɑ:s *amer.* 'skɔ:pjən,græs] *s.* (*bot.*) nontiscordardimé → **forget-me-not**.

Scorpius ['skɔ:pɪəs / Scor·pius] → **Scorpio**.

Scot [skɒt] *s.* scozzese; (*st.*) scoto: *the Picts and the Scots*, i Pitti e gli Scoti; *Mary, Queen of Scots*, Maria (Stuarda), regina di Scozia.

scot *s.* (*st.*) scotto; tassa // (*st.*) — *and lot*, tassa proporzionale richiesta da una corporazione ai suoi membri; *to pay — and lot*, pagare le tasse (al Comune ecc.); (*fig.*) regolare i conti.

Scotch[1] [skɒtʃ] *agg.* (*a volte spreg.*) scozzese // *the* —, gli Scozzesi ◆ *s.* **1** scozzese **2** — (*whisky*), scotch, whisky scozzese; bicchiere di whisky: — *and soda*, whisky e soda; *give me a* —, dammi uno scotch.

scotch[2] *s.* (*non com.*) taglio; ferita; graffio.

to **scotch**[2] *v.tr.* **1** (*rar.*) intaccare **2** (*rar.*) graffiare; ferire; tagliare // *before Corioli he scotched him and notched him like a carbonado*, (SH. Coriolanus) davanti a Corioli lo pestò e lo tagliuzzò come una braciola **3** colpire, abbattere (*anche fig.*) **4** (*fig.*) mettere la parola fine a; chiudere la bocca a; stroncare sul nascere: *to — a rumour*, mettere a tacere un pettegolezzo.

scotch[3] *s.* **1** zeppa, calzatoia **2** (*fig.*) ostacolo; impedimento.

to **scotch**[3] *v.tr.* **1** bloccare (una ruota ecc.) con una zeppa, con una calzatoia (per impedirne il rotolamento) **2** (*fig.*) impedire; ostacolare ◆ *v.intr.* (*rar. dial.*) esitare.

Scotch broth [,skɒtʃ'brɒθ] *s.* zuppa di orzo, verdure e carne.

Scotch egg [,skɒtʃ'eg] *s.* uovo sodo avvolto in un impasto di carne trita, uovo e pangrattato e fritto.

Scotch elm [,skɒtʃ'elm] *s.* (*bot.*) (*Ulmus glabra*) olmo montano.

Scotch fir [,skɒtʃ'fɜ:*] → **Scotch pine**.

Scotch kale [,skɒtʃ'keɪl] → **sea kale**.

Scotchman ['skɒtʃmən / Scotch·man] *pl.* **Scotchmen** *s.* (uomo) scozzese.

Scotch mist [,skɒtʃ'mɪst] *s.* nebbia densa, fitta, mista a pioggia // *what do you think this is then, —?*, (*fig. fam.*) e questo che cosa sarebbe allora, un frutto della (mia) fantasia?

Scotch pebble [,skɒtʃ'pebl] *s.* (*min.*) quarzo criptocristallino (p.e. agata, calcedonio) usato come pietra ornamentale.

Scotch pine [,skɒtʃ'paɪn] *s.* (*bot.*) (*Pinus sylvestris*) pino silvestre.

Scotch tape® [,skɒtʃ'teɪp] *s.* (*amer.*) nastro adesivo BRIT. sellotape.

to **scotch tape** *v.tr.* (*amer.*) fissare con nastro adesivo.

Scotch thistle [,skɒtʃ'θɪsl] *s.* **1** (*bot.*) (*Onopordum acanthium*) cardo asinino **2** (*fig.*) cardo, emblema nazionale scozzese.

Scotchwoman ['skɒtʃ,wʊmən / Scotch·wo·man] *pl.* **Scotchwomen** ['skɒtʃ,wɪmɪn] *s.* (donna) scozzese.

scoter ['skəʊtə*] *s.* (*zool.*) (*Melanitta nigra*) orchetto marino SIN. surf-duck.

scot-free [,skɒt'fri:] *agg.* **1** esente da pagamento; esentasse **2** incolume, illeso **3** (*fig.*) impunito: *to get off, to go* —, farla franca.

scotia ['skəʊʃə / sco·tia] *s.* (*arch.*) scozia.

Scoticism → **Scotticism**.

Scotism ['skəʊtɪzəm / Scot·ism] *s.* (*fil.*) scotismo.

Scotland Yard [,skɒtlənd'jɑ:d] *s.* Scotland Yard, sede centrale della polizia metropolitana di Londra.

scotoma [skəʊ'təʊmə / sco·toma] *pl.* **scotomas**, **scotomata** [skəʊ'təʊmətə / sco·tomata] *s.* (*med.*) scotoma.

scotopic [skə'təʊpɪk / sco·topic] *agg.* (*med.*) scotopico: — *vision*, visione scotopica, notturna.

Scots [skɒts] *agg.* scozzese: — *law*, diritto scozzese ◆ *s.* (dialetto) scozzese.

Scotsman ['skɒtsmən / Scots·man] *pl.* **Scotsmen** *s.* (uomo) scozzese.

Scotswoman ['skɒts,wʊmən / Scots·wo·man] *pl.* **Scotswomen** ['skɒts,wɪmɪn] *s.* (donna) scozzese.

Scotticism ['skɒtɪsɪzəm / Scot·ti·cism] *s.* frase idiomatica, parola, espressione, pronuncia (tipicamente) scozzese.

Scottish ['skɒtɪʃ / Scot·tish] *agg.* scozzese: — *dance*, *literature*, danza, letteratura scozzese; — *rite*, rito scozzese (nella Massoneria) ◆ *s.* dialetto scozzese.

scoundrel ['skaʊndrəl / scoun·drel] *s.* (*antiq.*) fellone; manigoldo; furfante; ribaldo.

scoundrelism ['skaʊndrəlɪzəm / scoun·drel·ism] *s.* (*non com.*) furfanteria; ribalderia.

scoundrelly ['skaʊndrəlɪ / scoun·drelly] *agg.* (*non com.*) infame; spregevole; ignobile.

scour[1] ['skaʊə*] *s.* **1** pulizia; lavaggio **2** dilavamento; erosione (spec. glaciale) **3** (*gener. pl.*) diarrea; dissenteria (del bestiame).

to **scour**[1] *v.tr.* **1** strofinare; pulire fregando; lucidare: *she scoured the pot till it shone*, lucidò la pentola sino a farla brillare **2** pulire; smacchiare **3** erodere; dilavare; trascinare via (con acqua): *the rocks had been scoured by the action of wind and rain*, le rocce erano state erose dall'azione del vento e della pioggia **4** mondare (grano) **5** purgare ◆ *v.intr.* **1** venir pulito, lucido: *this pot scours well*, è una pentola che si pulisce facilmente **2** soffrire di diarrea.

to **scour**[2] *v.intr.* **1** essere in perlustrazione **2** scorrazzare ◆ *v.tr.* **1** attraversare, percorrere rapidamente **2** battere; perlustrare: *the police scoured the city for the murderer*, la polizia perlustrò la città alla ricerca dell'assassino **3** esaminare attentamente; svolgere una ricerca minuziosa su.

scourer[1] ['skaʊərə*] *s.* **1** chi smacchia, lucida, pulisce **2** smacchiatore **3** paglietta (per pulire, lucidare pentole ecc.).

scourer[2] *s.* (*ant.*) disturbatore della quiete pubblica.

scourge [skɜ:dʒ] *s.* **1** sferza, staffile, frusta **2** (*fig.*) flagello; causa di sventura, di calamità collettiva; male sociale: *TB is no longer a* —, la tbc non è più un flagello // *the — of God*, il flagello di Dio, Attila **3** (*fig.*) fustigatore; flagellatore; castigatore.

to **scourge** *v.tr.* **1** frustare, sferzare, fustigare (*anche fig.*) **2** affliggere, tormentare, devastare.

scourger ['skɜ:dʒə*] *s.* (*st.*) fustigatore (*anche fig.*).

scouse[1] [skaʊs] *s.* (*fam.*) **1** abitante di Liverpool e dintorni **2** dialetto di Liverpool.

scouse[2] *s.* **1** → lobscouse **2** (*fam. amer.*) piatto povero e insipido.

scout[1] [skaʊt] *s.* **1** esploratore; ricognitore (*anche mil.*) **2** esplorazione; ricognizione (*anche mil.*) **3** scout, giovane appartenente allo scoutismo **4** scopritore di talenti, talent-scout **5** (*fam. amer.*) tipo, individuo: *good* —, buon uomo **6** (*mar.*) nave da ricognizione **7** (*aer.*) ricognitore, aereo da ricognizione.

to **scout**[1] *v.intr.* **1** andare in esplorazione, in perlustrazione, in ricognizione: *to be out scouting*, essere in esplorazione, ricognizione **2** andare in cerca, alla ricerca **3** lavorare da talent-scout ◆ *v.tr.* **1** perlustrare; esplorare **2** osservare in veste di talent-scout.

□ **scout about**, **around** *v.intr.* e *avv.* (*for*) andare in cerca (di).

scout[2] *s.* inserviente (nelle università di Oxford, Yale, Harvard).

to **scout**[3] *v.tr.* (*non com.*) **1** deridere; farsi beffe di; schernire **2** disdegnare; respingere sdegnosamente: *to — a proposal*, respingere sdegnosamente una proposta.

scouter ['skaʊtə*] *s.* ricognitore (*anche aer.*).

scout hole ['skaʊt,həʊl] *s.* (*miner.*) sondaggio esplorativo.

scouting ['skaʊtɪŋ / scout·ing] *s.* **1** esplorazione; ricognizione **2** scoutismo.

scoutmaster ['skaʊt,mɑ:stə* *amer.* 'skaʊt,mæstə* / scout·mas·ter] *s.* capo di un gruppo scout.

scow [skaʊ] *s.* barcone a fondo piatto.

scowl [skaʊl] *s.* cipiglio; sguardo arcigno.

to **scowl** *v.intr.* aggrottare le ciglia; avere il cipiglio, un'espressione minacciosa: *the teacher scowled at the cheeky boy*, l'insegnante guardò con cipiglio il ragazzaccio insolente ◆ *v.tr.* **1** guardare con cipiglio **2** esprimere con cipiglio.

scowling ['skaʊlɪŋ / scowl·ing] *agg.* torvo, accigliato // **-ly** *avv.*

to **scrabble** ['skræbl] *v.intr.* **1** raspare; grattare: *the cat scrabbled at the door*, il gatto diede una grattatina alla porta (per entrare) **2** cercare a tentoni; rovistare, frugare: *he was scrabbling about on the floor looking for his lost contact lens*, tastava tutt'attorno sul pavimento in cerca della lente a contatto che aveva perso **3** scarabocchiare ◆ *v.tr.* **1** raspare, grattare **2** (*fig.*) racimolare, raggranellare **3** cercare a tentoni, rovistare, frugare **4** scarabocchiare.

scrag[1] [skræg] *s.* **1** persona, animale scarno, scheletrico **2** collo, collottola di montone, vitello **3** (*sl. antiq.*) collo di persona **4** (*sl. amer.*) donna poco attraente.

to **scrag**[1] *pass.p.p.* **scragged** [skrægd] *v.tr.* **1** (*fam. antiq.*) afferrare per il collo; torcere il collo a; strangolare **2** (*fam.*) attaccare rabbiosamente; picchiare.

scrag[2] *s.* (*non com.*) **1** tronco, ceppo d'albero **2** prominenza, sporgenza (di roccia, albero ecc.) **3** terreno roccioso e sterile.

scrag end [ˌskræg'end] *s.* (*cuc.*) magro di collo di montone, vitello.

scraggily ['skrægɪlɪ / scrag·gily] *avv.* (*rar.*) ruvidamente; irregolarmente.

scragginess[1] ['skrægɪnɪs / scrag·gi·ness] *s.* magrezza scheletrica.

scragginess[2] *s.* ruvidezza; scabrosità; irregolarità.

scraggly ['skræglɪ / scrag·gly] *agg.* (*fam. amer.*) di forma irregolare, storto (perché cresciuto male).

scraggy[1] ['skrægɪ] *agg.* ossuto; scarno; scheletrico.

scraggy[2] *agg.* ruvido, scabro; irregolare.

to **scram** [skræm] *v.intr.* (*fam. gener. all'imp.*) andarsene, battersela; levar le tende: *—!*, togliti dai piedi!

scramble ['skræmbl] *s.* **1** arrampicata; scalata **2** contesa, gara, lotta; mischia, tafferuglio, parapiglia: *there was a — for the door as the alarm went off*, ci fu un assalto alla porta non appena scattò l'allarme **3** (*motociclismo*) gara di motocross.

to **scramble** *v.intr.* **1** arrampicarsi con mani e piedi, inerpicarsi; avanzare carponi; strisciare: *he scrambled up the hill*, si arrampicò su per la collina **2** muoversi in fretta; affrettarsi; scattare: *to — out of the way*, togliersi di torno rapidamente; *he scrambled out of his clothes*, si liberò in fretta dei vestiti **3** lottare, battersi, accapigliarsi; affannarsi: *he scrambles for a living*, lotta per guadagnarsi da vivere; *the players scrambled for the ball*, i giocatori si contendevano la palla **4** (*aer.*) decollare rapidamente (per far fronte a un probabile attacco nemico) **5** (*motociclismo*) prendere parte a una gara di motocross ◆ *v.tr.* **1** mescolare alla rinfusa; accozzare **2** (*cuc.*) strapazzare: *scrambled eggs*, uova strapazzate **3** (*tel.*) rendere incomprensibile (agli estranei), codificare: *the messages were scrambled*, i messaggi erano trasmessi in codice **4** (*aer.*) far decollare rapidamente (per far fronte a un probabile attacco nemico).

scram money ['skræmˌmʌnɪ] *s.* (*amer.*) denaro tenuto da parte nell'eventualità di una partenza improvvisa.

scrannel ['skrænl / scran·nel] *agg.* (*ant.*) **1** magro; gracile **2** aspro, stridente; sgradevole (di voce).

scrap[1] [skræp] *s.* **1** pezzetto, frammento; brandello: *a — of paper*, un pezzo di carta // *not a —*, niente affatto // *there was not a — of light*, non c'era un filo di luce **2** frammento; brano; estratto: *I read scraps of the essay*, lessi alcuni brani del saggio **3** *pl.* rimasugli, avanzi (di cibo); ritagli (di giornali ecc.) **4** scarti; rottame: *— value*, prezzo di rottame; *to break up for —*, rottamare.

to **scrap**[1] *pass.p.p.* **scrapped** [skræpt / scrap·ped] *v.tr.* **1** demolire; ridurre in rottami, rottamare; smantellare, mettere fuori servizio: *to — old machinery*, demolire vecchio macchinario **2** scartare; accantonare, mettere da parte: *all plans to revamp the Health Service were scrapped*, tutti i progetti per riorganizzare il servizio sanitario sono stati scartati.

scrap[2] *s.* (*fam.*) bisticcio, litigio; contesa; zuffa.

to **scrap**[2] *v.intr.* (*fam.*) bisticciare, litigare; azzuffarsi.

scrapbook ['skræpbʊk / scrap·book] *s.* **1** album (di ritagli di giornale, fotografie ecc.) **2** (*amm.*) prima nota.

scrape [skreɪp] *s.* **1** graffio, scalfittura: *a — on the elbow*, un graffio al gomito // *a — of the pen*, un tratto di penna // *bread and —*, (*sl. antiq.*) pane leggermente imburrato **2** raschiatura **3** suono prodotto da una raschiatura; stridore **4** (*fam. fig.*) impiccio, imbroglio, difficoltà: *he is always getting into scrapes*, si mette sempre nei guai; *to get out of a —*, togliersi da un impiccio.

to **scrape** *v.tr.* **1** raschiare; scrostare; grattare; pelare: *to — paint off a door*, grattare la vernice da una porta; *to — a potato*, pelare una patata // *to — one's chin*, radersi // *to — one's plate*, (*scherz.*) leccare il piatto // *to — a living*, sbarcare il lunario **2** sfregare; strisciare; graffiare, escoriare, spellare: *the boat scraped her side against a rock*, la barca strisciò il fianco contro una roccia; *the boy scraped his knee*, il ragazzo si sbucciò il ginocchio **3** far stridere, far grattare **4** strimpellare: *to — a violin*, strimpellare il violino ◆ *v.intr.* **1** sfregare, strisciare; graffiarsi, escoriarsi, spellarsi // *to bow and —*, fare salamelecchi; fare il leccapiedi **2** stridere, grattare **3** far economia.

□ **scrape along**, **scrape by** *v.intr.* e *avv.* (*on*) vivacchiare; tirare avanti (con); *he managed to — along* (o *by*) *on a few pounds a week*, riusciva a sbarcare il lunario con poche sterline alla settimana; *he doesn't make much, but somehow he scrapes by*, non guadagna molto, ma in qualche modo riesce a tirare avanti.

□ **scrape in** *v.intr.* e *avv.* **scrape into** *v.intr.* e *prep.* (*fam.*) essere ammessi per il rotto della cuffia (all'università, nell'esercito ecc.).

□ **scrape out** *v.tr.* e *avv.* ripulire.

□ **scrape through** *v.intr.* e *avv.* o *prep.* passare per il rotto della cuffia: *he barely scraped through in maths*, in matematica è passato per il rotto della cuffia.

□ **scrape together**, **scrape up** *v.tr.* e *avv.* raggranellare, racimolare: *he scraped a few pounds together* (o *he scraped up a few pounds*), racimolò alcune sterline.

scrape-good ['skreɪpˌgʊd] *s.* (*ant.*) avaro, tirchio.

scrape-gut ['skreɪpˌgʌt] *s.* violinista da strapazzo.

scraper ['skreɪpə*] *s.* **1** (*tecn.*) raschiatoio; raschietto // (*aut.*) *— ring*, anello raschiaolio // *shoe —*, zerbino, stoino **2** (*edil.*) ruspa **3** strimpellatore **4** (*rar.*) spilorcio **5** (*spreg.*) barbiere.

scrap-heap ['skræpˌhi:p] *s.* mucchio di rifiuti; mucchio di rottami: *to throw s.o., sthg. on the —*, (*fig.*) disfarsi di qlcu., qlco.; mettere qlcu., qlco. nel dimenticatoio.

scraping ['skreɪpɪŋ / scrap·ing] *s.* **1** raschiatura; scrostatura; (*mecc.*) raschiettatura **2** raschio, stridore **3** *pl.* (materiale risultante da) raschiatura, scrostatura, raschiettatura **4** *pl.* risparmi.

scrap metal ['skræpˌmetl] *s.* rottame; ferraglia: *— dealer* (o *merchant*), rottamaio.

scrapper ['skræpə* / scrap·per] *s.* (*fam.*) **1** attaccabrighe **2** pugile che ha del fegato.

scrapping ['skræpɪŋ / scrap·ping] *s.* rottamazione.

scrappy[1] ['skræpɪ] *agg.* frammentario; sconnesso (*anche fig.*): *his knowledge is a bit —*, la sua conoscenza è un po' lacunosa // **-ily** *avv.* // **-iness** *s.*

scrappy[2] *agg.* (*fam. amer.*) **1** combattivo, battagliero; aggressivo **2** determinato; che ha del fegato.

scratch [skrætʃ] *agg.* messo insieme in fretta, a caso, raffazzonato; improvvisato; eterogeneo; raccogliticcio; *a — dinner*, una cena improvvisata; *— team*, squadra eterogenea, raccogliticcia // (*inform.*): *— file*, archivio di lavoro; *— tape*, nastro di manovra, nastro di lavoro; *— volume*, (IBM) volume di lavoro.

scratch *s.* **1** graffiatura; graffio; scalfittura: *she survived the terrible accident without a —*, in quello spaventoso incidente se la cavò senza un graffio; *the table was covered with scratches*, il tavolo era coperto di graffi **2** scarabocchio; sgorbio: *a — of the pen*, un tratto di penna; una firma // *— pad*, (*fam. amer.*) blocco per appunti; *— paper*, (*fam. amer.*) carta per appunti, per brutta copia **3** suono stridulo (spec. di un disco che gratta) **4** grattata, grattatina: *the cat was having a —*, il gatto si stava grattando **5** linea di partenza; (*fig.*) zero: *to start from —*, cominciare da capo, partire da zero // (*sport*) *— race*, corsa senza handicap // *to be* (o *to come*) *up to —*, essere, dimostrarsi all'altezza della situazione: *his work isn't up to —*, il suo lavoro non è del livello richiesto; *he needs to get his maths up to —*, deve portare la sua matematica a un livello accettabile **6** (*sport*) colpo che comporta una penalità **7** (*golf*) giocatore con zero di handicap.

to **scratch** *v.tr.* **1** graffiare; scalfire: *the cat scratched the child*, il gatto graffiò il bambino; *he scratched himself on the thorns*, si graffiò con le spine; *the table was badly scratched*, il tavolo era pieno di graffi // (*agr.*) *to — the surface*, arare, zappare in superficie **2** (*fig.*) scalfire, sfiorare: *the speaker only scratched (the surface of) the problem*, il conferenziere sfiorò appena l'argomento **3** grattare: *to — one's head*, grattarsi la testa (in segno di perplessità) // *you — my back and I'll — yours*, una mano lava l'altra **4** (*fam.*) scribacchiare, buttar giù **5** ritirare da una gara (cavallo, concorrente): *the horse was scratched*, il cavallo fu ritirato ◆ *v.intr.* **1** graffiare; grattare; raspare: *the dog was scratching at the door*, il cane grattava alla porta **2** grattarsi **3** stridere; grattare **4** ritirarsi (da una competizione): *she scratched on the morning of the game*, si ritirò la mattina della gara.

□ **scratch about** *v.intr.* e *avv.* razzolare: *the hen scratched about for food*, la gallina razzolava in cerca di cibo.

□ **scratch along**, **by** *v.intr.* e *avv.* vivacchiare.

□ **scratch out** *v.tr.* e *avv.* raschiar via, rimuovere, cancellare: *to — s.o.'s eyes out*, cavare gli occhi a qlcu.

□ **scratch up** *v.tr.* e *avv.* raggranellare, racimolare: *he managed to — up enough money*, riuscì a racimolare abbastanza denaro.

Scratch *s.* (*non com.*) (*Old*) —, il diavolo, Satana.

scratch-brush ['skrætʃˌbrʌʃ] *s.* (*tecn.*) grattapugia.

scratch-wig ['skrætʃˌwɪg] *s.* parrucchino.

scratch-work ['skrætʃ,wɜ:k] *s.* (*pitt.*) decorazione a graffito.

scratchy ['skrætʃɪ] *agg.* **1** graffiato; scalfito: *a — record*, un disco graffiato **2** scarabocchiato; irregolare: *a — drawing*, un disegno mal fatto **3** (*fig.*) ineguale; discordante: *a — performance*, un'esecuzione ineguale **4** stridente; che gratta: *a — pen*, una penna che stride **5** ruvido; rozzo; che gratta (di stoffa ecc.) // **-ily** *avv.* // **-iness** *s.*

scraunched ['skrɔ:ntʃd] *s.* (*fam. amer.*) sbronzo, ciucco.

scrawl [skrɔ:l] *s.* (*fam.*) **1** scarabocchio, sgorbio; messaggio scritto con grafia illeggibile **2** calligrafia illeggibile.

to **scrawl** *v.tr.* e *intr.* **1** scarabocchiare; imbrattare: *to — (all) over a piece of paper*, scarabocchiare, imbrattare un foglio **2** scribacchiare; scrivere malamente, in modo illeggibile.

scrawler ['skrɔ:lə* / scrawl·er] *s.* chi scarabocchia, imbratta; scribacchino.

scrawly ['skrɔ:lɪ] *agg.* scarabocchiato; tutto sgorbi // *— writing*, (*fam.*) scrittura a zampe di gallina.

scrawny ['skrɔ:nɪ] *agg.* (*fam. spreg.*) magro; scarno; ossuto, pelle e ossa // **-iness** *s.*

scray(e) [skreɪ] *s.* (*zool.*) (*Sterna hirundo*) rondine di mare SIN. sea swallow, shear-tail, common tern.

screak [skri:k] *s.* (*non com.*) stridore; scricchiolio, cigolio; strillo, grido stridulo.

scream [skri:m] *s.* **1** grido acuto, strillo, urlo: *a — of pain*, un urlo di dolore **2** stridore; scricchiolio; cigolio **3** (*fam.*) persona, cosa buffa, spassosa: *he did his impersonation of the P.M. and was a real —*, ha fatto l'imitazione del primo ministro ed è stato uno spasso.

to **scream** *v.intr.* **1** gridare, strillare, urlare (*anche fig.*): *the baby screamed all night*, il neonato strillò tutta la notte; *to — for help*, gridare aiuto // *it's a play that screams for a comic touch*, (*fig.*) è un'opera teatrale che esige un tocco di comicità **2** stridere, cigolare **3** fischiare (di locomotiva ecc.) **4** ridere senza ritegno; ridere istericamente: *to — (with laughter)*, ridere a crepapelle **5** risaltare, spiccare in modo vistoso ◆ *v.tr.* gridare, strillare, urlare: *to — (out) an order*, gridare un ordine; *to — oneself hoarse*, strillare fino a divenire rauco.

screamer ['skri:mə*] *s.* **1** che strilla, urla **2** (*fam.*) persona, cosa spassosa, buffa; spasso, schianto **3** (*amer.*) titolo sensazionale **4** (*amer.*) film, libro giallo; film, libro dell'orrore **5** (*sl.*) punto esclamativo **6** (*zool.*) (*Anhima cornuta*) palamedea.

screaming ['skri:mɪŋ / scream·ing] *agg.* **1** strillante, urlante // *— meemies*, (*fam. amer.*) nervosismo isterico **2** sguaiato; chiassoso; urlato; stridente **3** (*fam.*) che fa scoppiare dalle risa, spassoso: *a — farce*, una farsa molto spassosa ◆ *s.* grida, strilli, urla.

screamingly ['skri:mɪŋlɪ / scream·ing·ly] *avv.* (*fam.*) da urlare; (*fam.*) da far scoppiare dalle risa: *the farce was — funny*, la farsa era terribilmente buffa.

scree [skri:] *s.* (*geol.*) detrito di falda; falda detritica.

screech [skri:tʃ] *s.* **1** grido; strillo scuto **2** stridio, stridore **3** (*fig.*) lo stridere; stonatura.

to **screech** *v.intr.* **1** gridare; strillare: *to — in fright, in terror*, urlare dalla paura, dal terrore **2** stridere: *the brakes screeched*, i freni stridettero.

screeching ['skri:tʃɪŋ / screech·ing] *agg.* (*zool.*) che stride ◆ *s.* (*zool.*) stridio, stridore.

screech owl ['skri:tʃ,aʊl] *s.* (*zool.*) (*Asio flammeus*) allocco di palude.

screechy ['skri:tʃɪ] *agg.* stridulo; acuto; stridente (*anche fig.*).

screed [skri:d] *s.* **1** (*fam.*) discorso, scritto lungo e noioso **2** (*fam. antiq.*) scritto informale **3** (*edil.*) guida (per intonaco); rasiera.

screen [skri:n] *s.* **1** paravento; divisorio; cortina **2** parafuoco **3** siepe (di protezione) **4** (*fig.*) schermo; paravento: *her apparent good intentions were in fact no more than a — for her malice*, quelle che apparivano come buone intenzioni non erano altro che uno schermo per la sua malignità **5** (*arch.*) transenna; parete divisoria **6** (*mil.*) truppe di copertura **7** (*mar.*) scorta (di convoglio) **8** (*mecc.*) vaglio, crivello **9** (*cinem., tv*) schermo // *the —*, il cinema; *the stars of the —*, le dive e i divi dello schermo; *the small —*, il piccolo schermo **10** (*fis.*) schermo **11** (*inform.*) schermo; videata; maschera di raccolta dei dati.

to **screen** *v.tr.* **1** riparare; proteggere; fare da riparo a; coprire: *he screened her from the crowd*, la protesse dalla folla; *a blind screened out the sunlight from the room*, una tenda riparava la stanza dal sole **2** (*elettr., fis.*) schermare: *to — a valve*, schermare una valvola; *screening effect*, effetto schermante **3** setacciare **4** (*fig.*) vagliare; selezionare; scremare **5** (*med.*) controllare, esaminare, sottoporre a esami di laboratorio **6** (*cinem.*) proiettare; dare al cinema: *they are screening a Hitchcock film tonight*, danno un film di Hitchcock stasera al cinema ◆ *v.intr.* venire proiettato; essere in programmazione (di film).

□ **screen off** *v.tr.* e *avv.* separare (con paravento ecc.).

screen builder ['skri:n,bɪldə*] *s.* (*inform.*) programma per creare maschere.

screen door [,skri:n'dɔ:*] *s.* (*amer.*) **1** porta a zanzariera **2** porta scorrevole; porta a soffietto; porta a libro.

screening ['skri:nɪŋ / screen·ing] *s.* **1** schermatura; schermaggio **2** proiezione cinematografica, televisiva **3** selezione; vaglio; screening; (*econ.*) selezione preliminare: *— devices*, meccanismi selettivi, strumenti selettivi **4** (*med.*) controllo, test (a scopo diagnostico) **5** *pl.* (*tecn.*) (materiale) vagliato **6** *pl.* (*tecn.*) vagliatura; residui, scarti di vagliatura.

screenplay ['skri:npleɪ / screen·play] *s.* sceneggiatura.

screen printing ['skri:n,prɪntɪŋ] → **silk screen**.

screensaver ['skri:n,seɪvə* / screen·saver] *s.* (*inform.*) salvaschermo.

screen shield ['skri:n,ʃi:ld] *s.* (*inform.*) schermo di protezione.

screen test ['skri:n,test] *s.* (*cinem.*) provino.

to **screen-test** *v.tr.* (*cinem.*) sottoporre a provino; fare un provino a.

screenwriter ['skri:n,raɪtə* / screen·writer] *s.* (*cinem.*) sceneggiatore.

screw [skru:] *s.* **1** (*mecc.*) vite: *clamp —*, vite di fissaggio; *differential —*, vite differenziale; *drive* (o *selftapping*) *—*, vite autofilettante; *endless —*, vite senza fine; *perpetual —*, vite perpetua; *lead —*, vite madre (del tornio); *left-handed —*, vite sinistra, sinistrorsa; *wood —*, vite da legno // *— cap*, coperchio a vite; *— pile*, palo a vite; *— plug*, tappo a vite // *to have a — loose*, (*fig., fam.*) avere una rotella fuori posto, essere un po' svitato // *to put, tighten the — on s.o.*, fare, esercitare (pesanti) pressioni su qlcu.; *to give another turn of the —*, dare un altro giro di vite **2** avvitata, giro di vite: *he gave another —*, diede un'altra avvitata, un altro giro di vite **3** (*aer., mar.*) *— (propeller)*, elica: *— ship*, nave a elica **4** (*fig., sl.*) strozzino **5** (*sl.*) secondino; guardia carceraria; poliziotto **6** (*sl. volg.*) scopata; chiavata **7** (*sl. volg.*) partner sessuale **8** (*sl.*) ronzino **9** (*sl.*) paga; salario **10** (*biliardo ecc.*) effetto **11** piccolo cartoccio (per tabacco, sale ecc.).

to **screw** *v.tr.* **1** avvitare; fissare con viti: *to — two pieces of wood together*, avvitare insieme due pezzi di legno **2** torcere; contorcere; girare: *to — one's head (round) to see sthg.*, girare la testa per vedere qlco. **3** accartocciare; appallottolare: *he screwed her letter up into a ball*, appallottolò la sua lettera **4** (*fig., fam.*) imbrogliare; frodare; fregare **5** (*fig.*) estorcere; cavare: *to — sthg. out of s.o.*, estorcere qlco. a qlcu. **6** (*sl. volg.*) scopare // *— you!*, fottiti! ◆ *v.intr.* **1** avvitarsi **2** (*rar.*) fare lo strozzino **3** (*sl. amer.*) partire; andarsene.

□ **screw around** *v.intr.* e *avv.* (*sl. amer.*) **1** bighellonare **2** scherzare: *quit screwing around!*, sii serio! **3** (*with*) concedersi scappatelle (con), flirtare **4** (*with*) scherzare con: *if I were you I wouldn't — around with her*, se fossi in te non scherzerei tanto con lei.

□ **screw up** *v.tr.* e *avv.* **1** → to screw 3 **2** strizzare (gli occhi) // *to — up one's face*, fare una smorfia **3** tendere le corde (di un violino) **4** (*fam.*) rendere nervoso, rendere teso **5** (*fam.*) rovinare, far fallire; buttare all'aria: *this screwed up all my plans*, questo buttò all'aria tutti i miei progetti **6** *to — up one's courage*, farsi coraggio.

screwball ['skru:bɔ:l / screw·ball] *s.* **1** (*baseball*) tiro a effetto interno **2** (*sl.*) svitato; eccentrico; testa matta ◆ *agg.* (*fam.*) eccentrico; stravagante; mezzo matto.

screw-cutting machine ['skru:,kʌtɪŋmə,ʃi:n] *s.* (*mecc.*) filettatrice.

screwdriver ['skru:,draɪvə* / screw·driver] *s.* **1** cacciavite **2** cocktail di vodka e spremuta d'arancia.

screwed ['skru:d] *agg.* **1** a vite **2** avvitato **3** (*fig. sl.*) ubriaco.

screwed up [,skru:d'ʌp] *agg.* (*fam.*) **1** accartocciato; strizzato **2** nevrotico; isterico; nevrastenico; molto nervoso, teso: *he's really — about the way his wife cheated him*, il modo come sua moglie l'ha ingannato lo fa impazzire.

screwer ['skru:ə*] *s.* **1** (*mecc.*) avvitatrice **2** (*mar.*) nave a elica.

screw eye ['skru:,aɪ] *s.* (*tecn.*) occhiello a vite.

screw-pine ['skru:paɪn] *s.* (*bot.*) pandano.

screw press ['skru:pres] *s.* (*mecc.*) bilanciere, torchio a vite; pressa a vite.

screw spanner ['skru:,spænə*] *s.* (*mecc.*) chiave (regolabile) a rullo, a rollino AMER. screw wrench.

screw thread ['skru:,θred] *s.* filettatura.

screw top ['skru:tɒp] *s.* tappo a vite ◆ *agg.* con tappo a vite: *a — bottle*, una bottiglia con tappo a vite.

screw-up ['skru:ʌp] *s.* (*fam. amer.*) **1** inetto; incapace; buono a nulla **2** fallimento.

screw wheel ['skru:wi:l] *s.* (*mecc.*) ruota (dentata) elicoidale, ruota a dentatura elicoidale.

screw wrench ['skru:,rentʃ] *s.* (*mecc. amer.*) → **screw spanner**.

screwy ['skru:ɪ] *agg.* **1** (*fam.*) bizzarro; eccentrico; stravagante: *he is the screwiest old guy I've ever met*, è il vecchietto più bizzarro che io abbia mai conosciuto **2** bizzoso, capriccioso (di cavallo).

scribal ['skraɪbl] *agg.* di, relativo a scrivano, copista, scriba: *a — error*, un errore del copista.

scribble ['skrɪbl] *s.* **1** sgorbio; scarabocchio **2** (*fig.*) scritto di poco valore, scarabocchio.

to **scribble** *v.tr. e intr.* scarabocchiare: *he sat down and scribbled a reply*, si sedette e scarabocchiò una risposta // **-er** *s.*

scribe [skraɪb] *s.* **1** amanuense; scriba **2** (*Bibbia*) scriba; dottore della legge **3** (*st.*) scrivano pubblico; segretario **4** (*scherz.*) scrittore; giornalista **5** (*mecc.*) punta per tracciare.

to **scribe** *v.intr.* fare lo scriba, l'amanuense, lo scrivano ◆ *v.tr.* (*mecc.*) tracciare, incidere (legno, metalli ecc.).

scriber ['skraɪbə*] *s.* (*mecc.*) punta per tracciare: *timber —*, graffietto (da falegname).

scrim [skrɪm] *s.* **1** (*non com.*) canovaccio (da ricamo) **2** (*non com.*) tessuto rado, a rete (per tende) **3** (*teatr.*) trasparente.

scrimmage ['skrɪmɪdʒ / scrim·mage] *s.* **1** (*fam.*) rissa; baruffa; zuffa **2** (*sport*) mischia.

to **scrimp** [skrɪmp] → to **skimp**.

scrimpy ['skrɪmpɪ] *agg.* (*fam.*) **1** scarso; povero; misero **2** parsimonioso; parco; frugale.

to **scrimshank** ['skrɪm,ʃæŋk / scrim·shank] *v.intr.* (*sl. antiq.*) sottrarsi al proprio dovere, ai propri obblighi.

scrimshanker ['skrɪm,ʃæŋkə* / scrim·shanker] *s.* (*sl. antiq.*) scansafatiche.

scrimshaw ['skrɪmʃɔ: / scrim·shaw] *s.* Ⓤ **1** decorazione, incisione, intaglio (su conchiglia, avorio ecc.) **2** oggetto, o oggetti (di avorio ecc.) intagliato, decorato.

to **scrimshaw** *v.tr.* intagliare, incidere (avorio, conchiglie ecc.) ◆ *v.intr.* lavorare all'incisione, all'intaglio, alla decorazione (di avorio, conchiglie ecc.).

scrip[1] [skrɪp] *s.* (*st.*) bisaccia (di pellegrino, pastore, questuante ecc.).

scrip[2] *s.* **1** (*non com.*) breve scritto; nota; lista; ricetta **2** (*non com.*) pezzetto di carta **3** (*amer.*) banconota di piccolo taglio.

scrip[3] *s.* Ⓤ (*fin.*) **1** cedola; polizza; buono frazionario **2** — (*certificate*), certificato provvisorio (di sottoscrizione titoli) **3** azioni; obbligazioni; titoli.

script [skrɪpt] *s.* **1** testo; scritto; manoscritto; copione **2** alfabeto; caratteri (*pl.*) **3** esame scritto **4** (*dir.*) documento originale **5** (*tip.*) calligrafo **6** (*non com.*) calligrafia **7** (*inform.*) documento originale; sequenza di istruzioni.

to **script** *v.tr.* **1** scrivere (un copione, una sceneggiatura) **2** sceneggiare.

scripted ['skrɪptɪd] *agg.* prestabilito; previsto dal copione; secondo copione.

scriptorium [skrɪp'tɔ:rɪəm / scrip·torium] *pl.* **scriptoria** [skrɪp'tɔ:rɪə / scrip·toria] *s.* sala di scrittura (spec. in monastero).

scriptural ['skrɪptʃərəl / scrip·tural] *agg.* scritturale; contenuto nella Sacra Scrittura.

scripturalist ['skrɪptʃərəlɪst / scrip·tur·al·ist] *s.* scritturale.

scripture ['skrɪptʃə* / scrip·ture] *s.* **1** la Sacra Scrittura // *the Holy Scriptures*, le Sacre Scritture, la Bibbia **2** (*estens.*) testo sacro **3** passo della (Sacra) Scrittura, della Bibbia **4** (*ant.*) scritto, documento; iscrizione.

scriptwriter ['skrɪpt,raɪtə* / script·writer] *s.* sceneggiatore; soggettista.

scrivener ['skrɪvnə* / scriv·ener] *s.* (*ant.*) **1** scrivano; scriba; impiegato // *—'s palsy*, crampo dello scrivano **2** notaio.

scrobiculate [skrəʊ'bɪkjʊlɪt / scro·bicu·late] **scrobiculated** [skrəʊ'bɪkjʊleɪtɪd] *agg.* (*bot., zool.*) pieno di fossette.

scrod [skrɒd] *s.* (*amer.*) (*cuc.*) giovane merluzzo (pulito e pronto per essere cucinato).

scrofula ['skrɒfjʊlə / scrof·ula] *s.* (*med.*) scrofola.

scrofulosis [,skrɒfjʊ'ləʊsɪs / scrofu·losis] *pl.* **scrofuloses** [,skrɒfjʊ'ləʊsi:z] *s.* (*med.*) scrofolosi.

scrofulous ['skrɒfjʊləs / scrofu·lous] *agg.* **1** (*med.*) scrofoloso **2** (*fig.*) malmesso; conciato.

to **scrog** [skrɒg] *v.tr.* (*sl. amer. volg.*) scopare.

scroll [skrəʊl] *s.* **1** rotolo (di pergamena, carta) **2** rotolo; volume; testo, documento avvolto a rotolo **3** voluta; ornamento, decorazione in forma di voluta; decorazione a spirale, voluta, cartoccio; cartiglio **4** svolazzo (nella firma) **5** riccio, codolo, chiocciola (del violino) **6** (*ant.*) lista **7** (*mecc.*) chiocciola, coclea **8** (*tess.*) lumaca.

to **scroll** *v.tr.* **1** (*non com.*) scrivere, iscrivere su rotolo **2** adornare di volute **3** (*inform.*) far scorrere sul video ◆ *v.intr.* avvolgersi in volute, svolgersi in forma di voluta (*anche fig.*).

scrolled [skrəʊld] *agg.* **1** decorato con volute; a forma di spirale, di voluta **2** a svolazzi (di firma ecc.).

scrollhead ['skrəʊlhed / scroll·head] *s.* voluta alla prua della nave.

scrolling ['skrəʊlɪŋ / scroll·ing] *s.* (*inform.*) spostamento: *— down, up*, spostamento verso il basso, verso l'alto; *— key*, tasto di spostamento.

scroll saw ['skrəʊl,sɔ:] *s.* (*mecc.*) sega a svolgere.

scrollwork ['skrəʊlwɜ:k / scroll·work] *s.* voluta; ornamento in forma di voluta.

scrooge [skru:dʒ] *s.* (*form.*) spilorcio; taccagno.

scrophularia [,skrɒfjʊ'leərɪə / scroph·ul·aria] *s.* (*bot.*) scrofularia.

scrotal ['skrəʊtl / scro·tal] *agg.* (*anat.*) scrotale.

scrotum ['skrəʊtəm / scro·tum] *pl.* **scrotums**, **scrota** ['skrəʊtə] *s.* (*anat.*) scroto.

scrounge ['skraʊndʒ] *s.* (*fam.*) scrocco: *he's always on the — for cigarettes*, è sempre a caccia di sigarette a scrocco.

to **scrounge** *v.tr.* (*fam.*) **1** rubacchiare; fare sparire **2** scroccare; elemosinare ◆ *v.intr.* (*fam.*) **1** andare alla ricerca // *to — around for sthg.*, andare alla ricerca di qlco. **2** (*fig.*) elemosinare; scroccare denaro: *to — off s.o.*, scroccare denaro a qlcu.

scrounger ['skraʊndʒə* / scroun·ger] *s.* **1** ladruncolo **2** scroccone.

scroyle ['skrɔɪəl] *s.* (*ant.*) screanzato: *by heaven, these scroyles of Angiers flout you, kings*, (SH. King John) perdio, questi screanzati di Angiers si fan beffe delle maestà vostre.

scrub[1] [skrʌb] *s.* **1** pianta stentata **2** (*geogr.*) steppa; macchia; boscaglia **3** animale di razza mista **4** bovino di razza piccola **5** (*fig.*) individuo scialbo, povero diavolo.

scrub[2] *s.* **1** spazzolata; lavata; pulitura a fondo **2** spazzola (a setole corte); scopa **3** (*non com.*) donna, uomo di fatica **4** (*non com.*) pezzente **5** (*fam. amer.*) (*sport*) giocatore di riserva; partita ridotta (di baseball): *— game*, partita improvvisata.

to **scrub**[2] *pass.p.p.* **scrubbed** [skrʌbd] *v.tr.* **1** pulire fregando forte, strofinare, fregare: *to — a floor*, pulire, fregare un pavimento **2** (*chim.*) lavare (un gas) **3** (*fam.*) mandare a monte, annullare: *to — a plan*, mandare a monte un progetto ◆ *v.intr.* strofinare, pulire sfregando: *to — at a stain*, togliere una macchia strofinandola.

scrubbed *agg.* (*ant.*) striminzito, poco sviluppato: *I gave it to a youth, / a kind of boy, a little scrubbed boy*, (SH. Merchant of Venice) l'ho dato a un giovane, una specie di ragazzo, un piccolo tappetto.

scrubber ['skrʌbə* / scrub·ber] *s.* **1** chi pulisce, spazzola **2** (*chim.*) lavatore di gas, assorbitore di gas, scrubber **3** (*sl.*) prostituta, donna facile.

scrubbing ['skrʌbɪŋ / scrub·bing] *s.* strofinamento, fregamento, lavaggio energico: *the child's knees needed a good —*, le ginocchia del bambino avevano bisogno di una buona lavata.

scrubbing board ['skrʌbɪŋ,bɔ:d] *s.* asse per lavare.

scrubbing brush ['skrʌbɪŋ,brʌʃ] amer. **scrub brush** ['skrʌb,brʌʃ] *s.* spazzola dura; bruschino; spazzolone.

scrubby ['skrʌbɪ] *agg.* **1** coperto di boscaglia, di arbusti **2** cresciuto male, stentato (di arbusto o pianta) **3** (*fam. spreg.*) insignificante, striminzito.

scrub-land ['skrʌblænd] *s.* steppa.

scrub pine ['skrʌbpaɪn] *s.* (*bot.*) pino nano.

scruff[1] [skrʌf] *s.* **1** (*non com.*) crosta, strato, rivestimento sottile **2** rifiuto, scarto.

scruff[2] *s.* **1** nuca; collottola: *to take s.o. by the — of the neck*, prendere qlcu. per la collottola **2** (*fam.*) persona sporca e disordinata.

scruffy ['skrʌfɪ] *agg.* **1** (*di persona*) sporco e disordinato, trasandato **2** (*di luogo*) squallido.

scrum [skrʌm] *s.* **1** (*rugby, football*) mischia **2** folla disordinata.

scrummage ['skrʌmɪdʒ / scrum·mage] *s.* (*rugby, football*) mischia.

to **scrump** [skrʌmp] *v.tr.* e *intr.* (*sl.*) rubare (frutta) dall'albero.

scrumptious ['skrʌmpʃəs / scrump·tious] *agg.* (*sl.*) delizioso, squisito, eccezionale (spec. di cibo).

scrumpy ['skrʌmpɪ] *s.* sidro (prodotto nel sud-ovest dell'Inghilterra).

scrunch [skrʌntʃ] *s.* (*fam.*) il crocchiare (di cibo sotto i denti, ghiaia sotto i piedi ecc.).

to **scrunch** *v.intr.* scricchiolare: *the frozen snow scrunched under the wheels*, la neve gelata scricchiolava sotto le ruote ◆ *v.tr.* **1** appallottolare, accartocciare **2** far scricchiolare.

scrunge [skrʌndʒ] *s.* U (*sl. amer.*) sporcizia, lerciume.

scruple ['skru:pl] *s.* **1** scrupolo; preoccupazione; dubbio, incertezza: *man of no scruples*, uomo senza scrupoli; *to have scruples about* (o *in*) *doing sthg.* (o *to make — to do sthg.*), farsi scrupolo di fare qlco.; *to have* (o *to make*) *no — about doing sthg.*, non farsi scrupolo di fare qlco. **2** scrupolo (misura di peso = circa 1,29 g) **3** (*ant.*) (minuto) primo, un sessantesimo di ora, grado **4** (*ant.*) scrupolo, quantità minima.

to **scruple** *v.intr.* avere scrupoli; farsi scrupolo (gener. in frase negativa): *she would not — to tell lies*, non si farebbe scrupolo di dire bugie ◆ *v.tr.* (*ant.*) esitare davanti a (qlco.).

scrupulosity [,skru:pjʊ'lɒsətɪ / scru·pu·los·ity] *s.* scrupolosità.

scrupulous ['skru:pjʊləs / scru·pu·lous] *agg.* scrupoloso // **-ly** *avv.* // **-ness** *s.*

scrutator [skru:'teɪtə* / scru·tator] *s.* (*form.*) investigatore.

scrutineer [,skru:tɪ'nɪə* / scru·tin·eer] *s.* scrutatore (di seggio elettorale).

to **scrutinize** ['skru:tɪnaɪz *amer.* 'skru:tənaɪz / scru·tin·ize] *v.tr.* scrutare; esaminare minuziosamente: *to — a proposal*, esaminare a fondo una proposta; *to — s.o.'s face*, scrutare qlcu.

scrutinizer ['skru:tɪnaɪzə* *amer.* 'skru:tənaɪzə* / scru·tin·izer] *s.* scrutatore.

scrutiny ['skru:tɪnɪ *amer.* 'skru:tənɪ] *s.* esame minuzioso; esame critico: *his record does not bear —*, il suo passato non è senza macchia.

scuba ['sku:bə] *s.* autorespiratore // *— diver*, sommozzatore, sub(acqueo) con autorespiratore // *— diving*, immersione con autorespiratore • Abbr. di *S(elf)-C(ontained) U(nderwater) B(reathing) A(pparatus)*, apparecchio autonomo per la respirazione subacquea.

scud [skʌd] *s.* **1** (*letter.*) rapida corsa; fuga **2** (*meteor.*) nubi basse portate dal vento.

to **scud** *pass.p.p.* **scudded** ['skʌdɪd / scud·ded] *v.tr.* (*letter.*) correre velocemente; guizzar via, fuggir via // (*mar.*) *to — along* (o *before the wind*), navigare velocemente (perché spinto dal vento).

scuff[1] [skʌf] *s.* segnaccio, frego: *there was a nasty — on his shoes*, c'era un brutto segnaccio sulle sue scarpe.

to **scuff**[2] *v.tr.* **1** trascinare, strascicare (i piedi); scalpicciare su (pavimento ecc.) **2** fare freghi, segnacci su (piastrelle ecc.); imbrattare: *the walls were scuffed with dirty handmarks*, i muri erano imbrattati da impronte di mani sporche **3** consumare (scarpe) ◆ *v.intr.* **1** camminare strascicando i piedi **2** consumarsi (di scarpe).

scuffle[1] ['skʌfl] *s.* **1** zuffa; tafferuglio; rissa; mischia **2** strascichio (di piedi).

to **scuffle**[1] *v.intr.* **1** azzuffarsi; fare la lotta **2** (*non com.*) agire affrettatamente, superficialmente: *to — through a task*, portare a termine un compito in fretta e furia **3** strascicare i piedi.

scuffle[2] *s.* (*agr.*) (*non com.*) sarchio.

to **scuffle**[2] *v.tr.* (*agr.*) (*non com.*) sarchiare.

to **sculk** (*antiq.*) → to **skulk**.

scull [skʌl] *s.* (*mar.*) **1** palella; bratto: *a pair of sculls*, un paio di palelle **2** voga a bratto **3** canoa.

to **scull** *v.tr.* spingere (un'imbarcazione) con palelle, col bratto ◆ *v.intr.* vogare a bratto.

sculler ['skʌlə*] *s.* **1** vogatore a bratto **2** sandolino.

scullery ['skʌlərɪ / scull·ery] *s.* retrocucina, parte della cucina dove si rigoverna.

scullery-maid ['skʌlərɪ,meɪd] *s.* sguattera.

scullion ['skʌljən / scull·ion] *s.* (*ant.*) sguattero.

sculpin ['skʌlpɪn / scul·pin] *s.* **1** (*zool.*) (*Scorpaena guttata*) scorpena californiana **2** (*zool.*) (*Callionymus lyra*) callionimo lira, dragoncello **3** (*fam. rar.*) buono a nulla.

to **sculpt** [skʌlpt] → to **sculpture**.

sculptor [skʌlptə*] *s.* scultore.

sculptress ['skʌlptrɪs / sculp·tress] *s.* scultrice.

sculptural ['skʌlptʃərəl / sculp·tural] *agg.* scultoreo, statuario; di scultura: *— beauty*, bellezza scultorea // **-ly** *avv.*

sculpture ['skʌlptʃə* / sculp·ture] *s.* **1** scultura **2** (*bot., zool.*) solchi (*pl.*); rilievi (*pl.*).

to **sculpture** *v.tr.* scolpire // *rocks sculptured by erosion*, rocce scolpite dall'erosione // *the sand was sculptured into strange shapes by the wind*, la sabbia spostata dal vento assumeva strane forme.

sculpturesque [,skʌlptʃə'resk / sculp·tur·esque] *agg.* (*form.*) scultoreo; statuario.

scum [skʌm] *s.* U **1** schiuma, spuma (sgradevole); strato, pellicola d'impurità che si forma sulla superficie di un liquido **2** (*fig. fam.*) feccia; gentaglia, rifiuti umani (*pl.*); essere spregevole: *the — of the earth*, la feccia della terra, della società **3** (*metall.*) scoria **4** (*sl. amer.*) sperma, sborra.

to **scum** *pass.p.p.* **scummed** [skʌmd] *v.tr.* (*ant.*) schiumare, liberare dalla schiuma ◆ *v.intr.* **1** far schiuma, ricoprirsi di schiuma, d'impurità **2** (*metall.*) produrre scorie.

scumbag ['skʌmbæg / scum·bag] *s.* (*sl. amer.*) preservativo.

scumble ['skʌmbl] *s.* (*pitt.*) smorzatura di tinte; sfumatura di contorni.

to **scumble** *v.tr.* (*pitt.*) smorzare (le tinte); sfumare (i contorni).

scumming ['skʌmɪŋ / scum·ming] *s.* (*non com.*) **1** lo schiumare **2** *pl.* scorie, impurità (che emergono alla superficie di un liquido).

scummy ['skʌmɪ] *agg.* **1** coperto di schiuma (sgradevole), di uno strato d'impurità **2** (*fig. fam.*) disprezzabile, spregevole; basso; meschino.

scungy ['skʌndʒɪ] *agg.* (*fam.*) schifoso, repellente.

scunner ['skʌnə* / scun·ner] *s.* (*fam. amer.*) avversione; ripugnanza: *to take a — at* (o *against*) *s.o.*, avere una forte antipatia per qlcu., prendere qlcu. in antipatia.

to **scunner** *v.tr.* (*fam. amer.*) disgustare, nauseare (*anche fig.*) ◆ *v.intr.* (*fam. amer.*) sentir nausea; provare disgusto (*anche fig.*).

scupper[1] ['skʌpə* / scup·per] *s.* **1** (*arch.*) sbocco di scarico (dell'acqua piovana) **2** (*mar.*) ombrinale.

to **scupper**[2] *v.tr.* **1** (*mar.*) autoaffondare (la propria nave, aprendovi delle falle) **2** (*sl. mil.*) attaccare di sorpresa, tendere un agguato a **3** (*fig. fam.*) rovinare, far naufragare; mettere, lasciare nei guai, in difficoltà: *he scuppered all our plans telling Mum*, dicendolo alla mamma, ha rovinato tutti i nostri piani.

scuppernong ['skʌpənɒŋ / scup·per·nong] *s.* (*amer.*) **1** varietà di uva americana **2** vino ottenuto da tale uva.

scurf[1] [skɜ:f] *s.* **1** squame (*pl.*); forfora **2** (*bot.*) incrostazione, pellicola (sulle foglie di alcune piante).

to **scurf**[1] *v.tr.* **1** grattar via (squame, forfora ecc.) **2** togliere (incrostazioni).

scurf[2] *s.* (*zool.*) (*Salmo trutta trutta*) trota di mare SIN. **sea trout**.

scurfy ['skɜ:fɪ] *agg.* **1** squamoso; forforoso **2** incrostato.

scurrility [skʌ'rɪlɪtɪ / scur·ril·ity] *s.* (*form.*) scurrilità, volgarità, trivialità.

scurrilous ['skʌrɪləs / scur·ril·ous] *agg.* (*form.*) scurrile, volgare, triviale // **-ly** *avv.* // **-ness** *s.*

scurry ['skʌrɪ] *s.* **1** movimento affrettato; fretta, precipitazione **2** rumore di passi affrettati.

to **scurry** *v.intr.* correr via (a piccoli passi); muoversi velocemente.

scurvy ['skɜ:vɪ] *agg.* (*antiq.*) spregevole, meschino, basso, vile: *a — action*, una vile azione; *a — trick*, un tiro mancino ◆ *s.* (*med.*) scorbuto // **-ily** *avv.* // **-iness** *s.*

scurvy-grass ['skɜ:vɪgrɑ:s *amer.* 'skɜ:vɪgræs] *s.* (*bot.*) (*Cochlearia officinalis*) coclearia SIN. **spoonwort**.

scut [skʌt] *s.* **1** coda corta (spec. di lepre, coniglio) **2** lepre **3** (*sl. amer.*) individuo spregevole, detestabile **4** (*sl. amer.*) novellino, pivellino, recluta: *— work*, lavoro manuale, del tipo che si dà a chi è alle prime armi.

scutage ['skju:tɪdʒ / scut·age] *s.* (*st.*) 'scutagium' (somma pagata dal vassallo invece di prestazioni personali).

scutch[1] [skʌtʃ] *s.* **1** (*tess.*) gramola, maciulla, scotola **2** martellina da muratore.

to **scutch**[1] *v.tr.* (*tess.*) **1** gramolare, maciullare, scotolare (i fusti delle piante tessili) **2** aprire (le fibre di cotone).

to **scutch**[2] *v.tr.* (*dial.*) colpire con un bastone; sferzare.

scutcheon ['skʌtʃən / scutch·eon] → **escutcheon**.

scute [skju:t] *s.* (*anat.*) lamina, piastra.

scutellar [skju:'telə* / scu·tel·lar]

scutellate ['skju:təleɪt / scu·tel·late] *agg.* (*zool.*) a forma di scudo.

scutellum [skju:'teləm / scu·tel·lum] *pl.* **scutella** [skju:'telə / scu·tella] *s.* (*bot.*, *zool.*) scutello, scudetto.

scutiform ['skju:tɪfɔ:m / scu·ti·form] *agg.* (*form.*) scudiforme.

(to) **scutter** ['skʌtə* / scut·ter] (*non com.*) → (to) **scurry**.

scuttle[1] ['skʌtl] *s.* **1** (*coal*) —, secchio del carbone **2** cesto, cesta **3** (*sl. amer.*) negro; passeggero negro di un taxi.

scuttle[2] *s.* **1** (*mar.*) portellino, boccaportella **2** (*non com.*) botola; sportello **3** (*aut.*) cappottatura del cruscotto.

to **scuttle**[2] *v.tr.* **1** produrre falle in (una nave per affondarla) **2** (*fig.*) far naufragare, distruggere, rovinare.

scuttle[3] *s.* corsa, fuga precipitosa.

to **scuttle**[3] *v.intr.*: *to* — (*away*, *off*), correr via, fuggire; svignarsela; eclissarsi.

scutum ['skju:təm / scu·tum] *pl.* **scutums**, **scuta** ['skju:tə] *s.* **1** (*st. romana*) scudo **2** (*anat.*) → scute **3** (*zool.*) scaglia.

to **scuzz out** [,skʌz'aʊt] *v.tr.* e *avv.*: *to — s.o. out*, (*spec. fig. fam. amer.*) disgustare, nauseare qlcu.

scuzzy ['skʌzɪ] *agg.* (*fam. amer.*) sporco, sozzo; disgustoso, repellente.

Scylla ['sɪlə] *no.pr.* (*mit.*, *geogr.*) Scilla // *to be between — and Charybdis*, (*fig.*) essere tra Scilla e Cariddi.

scyphus ['saɪfəs] *pl.* **scyphi** ['saɪfaɪ] *s.* (*archeol.*, *bot.*) scifo.

scythe [saɪð] *s.* falce fienaia.

to **scythe** *v.tr.* falciare (*anche fig.*): *the tanks scythed through our infantry*, i carri armati hanno falciato la nostra fanteria.

scytheman ['saɪðmən / scythe·man] *pl.* **scythemen** *s.* falciatore.

Scythian ['sɪðɪən / Scyth·ian] *agg.* scitico ◆ *s.* scita.

'sdeath [zdeθ] *inter.* (*ant.*) (abbr. di *God's death*) perdinci!, maledizione!

sea [si:] *s.* **1** mare: *closed* —, mare chiuso; *inland* —, mare interno; *in* (o *on*) *the open* —, in mare aperto; *at the bottom of the* —, in fondo al mare; — *air*, aria di mare // *at* —, in mare; in navigazione; (*fig.*) smarrito, disorientato: *to be all at* —, essere disorientato, perdere la bussola, non sapere che pesci pigliare // *to be out at* —, essere in alto mare (*anche fig.*) // *by* —, per mare: *by land and* —, per terra e per mare; *to travel by* —, viaggiare per mare // *by the* —, (vicino) al mare: *he lives by the* —, vive (vicino) al mare // *on the* —, sul mare: *the boat is on the* —, la barca è in mare; *Bournemouth is on the* —, Bournemouth è sul mare // *to be between the devil and the deep blue* —, essere fra l'incudine e il martello // *to follow the* —, fare il marinaio; *to go to* —, diventar marinaio // *to go* (o *to put*) *out to* —, prendere il largo // *to keep the* —, tenere il mare (di nave durante la tempesta) // *to stand out to* —, dirigersi al largo; partire // *Sea Lord*, membro dell'Ammiragliato // (*geogr.*, *dir.*) *high seas*, mare aperto **2** (*geogr.*) *Sea*, Mare: *the Black Sea*, il Mar Nero; *the Caspian Sea*, il Mar Caspio; *the Dead Sea*, il Mar Morto; *the Mediterranean Sea*, il Mare Mediterraneo; *the North Sea*, il Mare del Nord **3** (*gener. pl.*) mare (condizione, moto): *heavy* (o *strong* o *high*) —, mare grosso, mosso, agitato; *calm*, *short*, *stormy*, *very rough*, *smooth seas*, mare calmo, corto, tempestoso, molto agitato, piatto; *the — was like a looking-glass* (o *sheet of glass*), il mare era una tavola, liscio come l'olio **4** (*fig.*) mare, grande quantità: *a — of faces*, un mare di facce; *a — of troubles*, un mare di guai // *a — of blood*, sangue a fiumi **5** (*astr.*) mare (lunare o di altro corpo celeste).

sea anchor ['si:,æŋkə*] *s.* (*mar.*) ancora galleggiante.

sea anemone ['si:ə,nemənɪ] *s.* (*zool.*) attinia, anemone di mare → **actinia**.

sea bass ['si:bæs] *s.* (*zool.*) (*Labrax lupus*) spigola, branzino.

sea bear ['si:beə*] *s.* (*zool.*) **1** orso polare **2** artocefalo **3** (*Callorhinus alaskanus*) callorino dell'Alaska.

seabed ['si:bed / sea·bed] *s.* (*geogr.*) fondo marino.

seabird ['si:bɜ:d / sea·bird] *s.* (*zool.*) uccello marino.

sea biscuit ['si:,bɪskɪt] *s.* galletta.

seaboard ['si:bɔ:d / sea·board] *agg.* marittimo; costiero ◆ *s.* costa; zona costiera.

seaborne ['si:bɔ:n / sea·borne] *agg.* marittimo, navale: *a — attack*, un attacco dal mare.

sea bream ['si:bri:m] *s.* (*zool.*) pagello.

sea calf ['si:kɑ:f *amer.* 'si:kæf] *s.* (*zool.*) (*Phoca vitulina*) foca comune SIN. sea dog.

sea canary ['si:kə,neərɪ] *s.* (*zool.*) (*Delphinapterus leucas*) balena bianca.

sea captain ['si:,kæptɪn] *s.* capitano di marina.

sea change ['si:tʃeɪndʒ] *s.* (*fig.*) inversione di rotta, svolta radicale.

sea chestnut ['si:,tʃesnʌt] → **sea urchin**.

seacoast ['si:kəʊst / sea·coast] *s.* **1** (*geogr.*) zona costiera **2** (*dir.*) litorale marittimo.

sea cob ['si:kɒb] *s.* (*zool.*) gabbiano → **gull**[1].

sea cow ['si:kaʊ] *s.* (*zool.*) **1** tricheco → walrus **2** dugongo → dugong **3** (*Trichechus manatus*) manato, lamantino **4** ippopotamo → hippopotamus.

sea crow ['si:krəʊ] *s.* (*zool.*) **1** (*Pyrrhocorax pyrrhocorax*) gracchio corallino **2** cormorano, marangone → cormorant.

sea cucumber ['si:,kju:kʌmbə*] *s.* (*zool.*) oloturia, cetriolo di mare SIN. bêche-de-mer.

sea dog ['si:dɒg] *s.* **1** (*letter.*, *scherz.*) lupo di mare **2** (*zool.*) → sea calf **3** (*zool.*) (*Zalophus californianus*) leone marino della California, zalofo.

seadrome ['si:drəʊm / sea·drome] *s.* (*aer.*) **1** idroscalo **2** aeroporto galleggiante.

sea eagle ['si:,i:gl] *s.* (*zool.*) **1** aquila di mare → erne **2** falco pescatore.

sea elephant ['si:,elɪfənt] *s.* (*zool.*) elefante marino → **elephant seal**.

sea fan ['si:fæn] *s.* (*zool.*) gorgonia a ventaglio.

seafarer ['si:,feərə* / sea·farer] *s.* (*letter.*, *mar.*) navigante; navigatore; uomo di mare.

seafaring ['si:,feərɪŋ / sea·far·ing] *agg.* (*letter.*) di mare, marinaro ◆ *s.* viaggi (*pl.*) per mare.

sea fennel ['si:fenl] → **samphire** 1.

sea fire ['si:faɪə*] *s.* fosforescenza del mare.

sea floor ['si:flɔ:*] → **seabed**.

sea foam ['si:fəʊm] *s.* schiuma del mare.

seafood ['si:fu:d / sea·food] *s.* **1** frutti di mare (*pl.*) **2** (*sl. amer.*) whisky.

sea fox ['si:fɒks] *s.* (*zool.*) volpe di mare, pesce volpe → thrasher.

seafront ['si:frʌnt / sea·front] *s.* lungomare; litorale.

seagirt ['si:gɜ:t / sea·girt] *agg.* (*poet.*) circondato dal mare.

Sea Goat ['si:gəʊt] *no.pr* (*astr.*) Capricorno.

seagoing ['si:,gəʊɪŋ / sea·go·ing] *agg.* (*mar.*) d'alto mare, d'altura, alturiero: — *vessel*, bastimento d'alto mare; — *tug*, rimorchiatore d'altura.

sea green [,si:'gri:n] *s.* verde mare.

seagull ['si:gʌl / sea·gull] *s.* gabbiano → **gull**[1].

sea hare ['si:heə*] *s.* (*zool.*) (*Aplysia punctata*) aplisia, lepre di mare.

sea hedgehog ['si:,hedʒhɒg] → **sea urchin**.

sea hog ['si:hɒg] *s.* (*zool.*) **1** (*Phocaena phocaena*) focena comune **2** cefalorinco, marsovino.

seahorse ['si:hɔ:s / sea·horse] *s.* (*zool.*) **1** ippocampo, cavalluccio marino → hippocampus **2** tricheco → walrus **3** (*ant.*) ippopotamo.

sea island (cotton) [,si:aɪlənd('kɒtn)] *s.* cotone 'Sea Island' (varietà pregiata di cotone a fibra lunga e morbida, coltivato negli Stati Uniti [isole della costa atlantica] e nelle Indie Occidentali).

sea kale ['si:keɪl] *s.* (*bot.*) cavolo marino SIN. Scotch kale.

seal[1] [si:l] *s.* **1** foca **2** pelle di foca; pelliccia di foca.

to **seal**[1] *v.intr.* andare a caccia di foche.

seal[2] *s.* **1** sigillo; timbro: *removal of the seals*, rimozione dei sigilli; *to affix* (o *to put*) *the* —, apporre il sigillo // *given under my hand and* —, da me sottoscritto e sigillato // (*dir.*) *deed under* —, atto solenne, notarile // *lead* —, piombino, sigillo di piombo // *Great Seal of England*, Gran Sigillo d'Inghilterra; *Keeper of the Seal*, Guardasigilli; *Privy Seal*, Sigillo Reale **2** (*fig.*) sigillo, suggello: *to give sthg. the — of approval*, approvare qlco. // *to set the — on sthg.*, suggellare; concludere qlco. **3** (*mecc.*) (dispositivo di) tenuta; guarnizione (di tenuta); giunto a tenuta: *labyrinth* —, tenuta a labirinto; *wet* —, tenuta idraulica.

to **seal**[2] *v.tr.* **1** sigillare; chiudere ermeticamente; bollare: *to — an envelope*, sigillare una busta // *my lips are sealed*, (*fig.*) le mie labbra sono sigillate **2** (*dir.*) sigillare, apporre sigilli a **3** suggellare; ratificare: *to — a bargain*, suggellare un patto **4** (*fig.*) segnare; destinare; determinare: *to — s.o.'s fate* (o *doom*), segnare il destino di qlcu. **5** (*mecc.*) rendere stagno, chiudere a tenuta; piombare **6** (*elettr.*) mettere bene in contatto

□ **seal in** *v.tr.* e *avv.* bloccare, chiudere dentro: *the ship was sealed in by ice*, la nave era bloccata dal ghiaccio.

□ **seal off** *v.tr.* e *avv.* isolare; bloccare l'accesso, l'uscita a: *the police sealed off the stadium*, la polizia isolò lo stadio.

□ **seal up** *v.tr.* e *avv.* sigillare; chiudere ermeticamente.

sea lane ['si:leɪn] *s.* (*mar.*) rotta.

sealant ['si:lənt / seal·ant] *s.* (*chim.*) sigillante.

sealed [si:ld] *agg.* **1** sigillato; piombato: — *wagon*, vagone piombato // *signed, — and delivered*, firmato, sigillato e spedito // (*mil.*) *under — orders*, con ordini operativi sigillati (da aprire in un determinato tempo e luogo opportuno) **2** ermetico, misterioso: *algebra is a — book to many people*, l'algebra è un mistero per molta gente // (*comm.*) — *bid* (o *tender*), offerta segreta **3** (*mecc.*) a chiusura ermetica, stagno: — *against dust*, impermeabile alla polvere; — *compartment*, compartimento stagno.

sea legs ['si:legz] *s.pl.* assuefazione al moto ondoso (su barca): *to find* (o *to get*) *one's —*, abituarsi al movimento della barca.

sea lemon ['si:,lemən] *s.* (*zool.*) doride.

sea leopard ['si:,lepəd] *s.* (*zool.*) **1** (*Hydrurga leptonix*) foca leopardo **2** (*Leptonychotes weddelli*) foca di Weddel.

sealer[1] ['si:lə*] *s.* **1** cacciatore di foche **2** imbarcazione per la caccia alla foca.

sealer[2] *s.* **1** chi appone un sigillo a un documento **2** ispettore di pesi e misure **3** (*chim.*) sigillante; turapori, mano di fondo.

sealery ['si:lərɪ / seal·ery] *s.* (luogo di) caccia alla foca.

sea level ['si:,levl] *s.* livello del mare: *mean —*, livello medio del mare, livello del mare; *above —*, sul, sopra il livello del mare; *below —*, sotto il livello del mare.

sea lily ['si:,lɪlɪ] *s.* (*zool.*) crinoide SIN. crinoid.

sea line ['si:laɪn] *s.* linea d'orizzonte sul mare.

sealing[1] ['si:lɪŋ / seal·ing] *s.* caccia alla foca.

sealing[2] *s.* **1** impronta del sigillo **2** sigillatura; piombatura; chiusura dei pori: — *compound*, mastice di sigillatura.

sealing wax ['si:lɪŋ,wæks] *s.* ceralacca.

sea lion ['si:,laɪən] *s.* (*zool.*) **1** zalofo **2** otaria, leone marino SIN. eared seal.

seal ring ['si:lrɪŋ] *s.* anello con sigillo.

sealskin ['si:lskɪn / seal·skin] *agg.* di foca; di pelle di foca ◆ *s.* pelle di foca; pelliccia di foca.

seam [si:m] *s.* **1** cucitura; giuntura, linea di giunzione: *to come apart at the seams*, cedere, rompersi nelle cuciture; (*fig.*) cadere a pezzi; *to be bursting at the seams*, (*fig.*) essere pieno zeppo **2** (*med.*) (*non com.*) sutura; cicatrice **3** (*geol., miner.*) strato, livello (carbonifero): — *of coal* (o *coal —*), giacimento di carbone **4** (*mar.*) comento; commessura **5** (*metall.*) bava, riccio; giunto freddo **6** (*ant.*) grasso: *shall the proud lord / that bastes his arrogance with his own seam / ...be worshipped?*, (SH. Troilus and Cressida) dovrà il superbo signore che unge la sua arroganza col proprio grasso... essere venerato?

to **seam** *v.tr.* **1** cucire, unire con cucitura; segnare con cuciture **2** rigare, segnare: *her face was seamed with sorrow*, il suo viso era segnato dal dolore **3** lavorare a punto costa (nei lavori a maglia).

seaman ['si:mən / sea·man] *pl.* **seamen** *s.* (*mar. mil.*) marinaio; marinaio ordinario, (*sl.*) marò: *Junior —* (GB), *Recruit —* (USA), marinaio comune di 2ª classe; *Ordinary —* (GB), *Apprentice —* (USA), marinaio comune di 1ª classe (graduato); *Able —* (GB), — (USA), sottocapo; *Leading —* (GB), sergente.

seamanlike ['si:mənlaɪk / sea·man·like] *agg.* marinaresco; da marinaio.

seamanship ['si:mənʃɪp / sea·man·ship] *s.* arte della navigazione; nautica: *it was a fine piece of —*, fu una bella manovra.

seamark ['si:mɑ:k / sea·mark] *s.* (*mar.*) segnale fisso, meda.

sea mew ['si:,mju:] *s.* (*zool.*) (*Larus canus*) gavina.

seam folding machine ['si:mfəʊldɪŋ mə,ʃi:n] *s.* (*mecc.*) aggraffatrice.

sea mile ['si:maɪl] *s.* miglio marino (unità di misura delle distanze nautiche = 1853,184 m).

seaming ['si:mɪŋ / seam·ing] *s.* (*mecc.*) aggraffatura.

sea mist ['si:mɪst] *s.* nebbia di vapore (proveniente dal mare).

seamless ['si:mlɪs / seam·less] *agg.* senza giunzioni, senza cuciture: — *stockings*, calze da donna senza cucitura.

seamount ['si:maʊnt / sea·mount] *s.* (*geogr.*) montagna sottomarina.

sea mouse ['si:maʊs] *s.* (*zool.*) (*Aphrodite aculeata*) afrodite.

seamstress ['si:mstrɪs / seam·stress] *s.* cucitrice; cucitrice di bianco.

seam welding ['si:m,weldɪŋ] *s.* (*tecn.*) saldatura continua.

seamy ['si:mɪ] *agg.* **1** provvisto di cuciture; simile a cucitura: *the — side*, il rovescio **2** (*fig.*) squallido, sordido: *the — side of life*, il lato squallido, l'aspetto sordido della vita.

séance ['seɪɑ:ns / sé·ance] *s.* (*fr.*) **1** seduta **2** seduta spiritica.

sea parrot ['si:,pærət] *s.* (*zool.*) (*Fratercula arctica*) pulcinella di mare.

sea pen ['si:pen] *s.* (*zool.*) penna di mare, pennatula.

sea pie ['si:paɪ] *s.* (*zool.*) **1** beccaccia di mare → oystercatcher **2** gazza marina.

sea piece ['si:pi:s] *s.* (*pitt.*) marina.

sea pike ['si:paɪk] *s.* (*zool.*) luccio di mare.

seaplane ['si:pleɪn / sea·plane] *s.* idrovolante.

seaport ['si:pɔ:t / sea·port] *s.* (*geogr.*) città portuale, porto.

sea power ['si:,paʊə*] *s.* potenza navale.

seaquake ['si:kweɪk / sea·quake] *s.* (*geofisica*) terremoto sottomarino.

sear[1] [sɪə*] *agg.* → **sere**[1].

to **sear**[1] *v.tr.* **1** disseccare; inaridire; far appassire **2** abbrustolire; bruciacchiare; bruciare; cauterizzare; marchiare a fuoco **3** (*fig.*) inaridire; indurire; rendere insensibile.

sear[2] *s.* dente d'arresto (del cane delle armi da fuoco).

search [sɜ:tʃ] *s.* **1** ricerca (*anche inform.*); indagine; investigazione: *a fruitless —*, una ricerca infruttuosa; *to be in — of sthg., s.o.*, essere in cerca, alla ricerca di qlco., qlcu. // (*econ.*) — *cost*, costo di ricerca **2** perquisizione; visita doganale // *right of —*, diritto di perquisizione (del belligerante nei riguardi delle navi neutrali) // (*dir.*): *police —*, perquisizione di polizia; — *and seizure*, perquisizione e sequestro.

to **search** *v.tr.* **1** perquisire; perlustrare; ispezionare: *they searched the prisoner*, perquisirono il prigioniero; *they searched the town for the murderer*, perlustrarono la città in cerca dell'assassino; *to — a house*, perquisire una casa **2** (*fig.*) ricercare; esaminare; esplorare; investigare, indagare: *to — one's memory*, frugare nella memoria // — *me!*, (*fam.*) chi lo sa! **3** (*med.*) sondare, scandagliare (*anche fig.*): *to — one's heart, men's hearts, one's conscience*, sondare il proprio cuore, il cuore degli uomini, la propria coscienza ◆ *v.intr.* andare in cerca, cercare; ricercare: *he searched for a place to park his car*, cercava un posto per parcheggiare la macchina; *to — into the cause of sthg.*, ricercare la causa di qlco.; *to — after truth*, (*form.*) ricercare la verità; *she searched through her pockets for the keys*, si frugò in tasca per cercare le chiavi.

□ **search out** *v.intr.* e *avv.* scoprire, scovare.

searchable ['sɜ:tʃəbl / search·able] *agg.* investigabile; indagabile.

search engine [,sɜ:tʃ'endʒɪn] *s.* (*inform.*) motore di ricerca (in Internet).

searcher ['sɜ:tʃə*] *s.* **1** ricercatore; investigatore **2** doganiere perquisitore **3** (*med.*) sonda.

searching ['sɜ:tʃɪŋ / search·ing] *agg.* **1** indagatore, inquisitorio, scrutatore: *a — glance*, uno sguardo indagatore **2** perspicace; penetrante; acuto: *a — question*, una domanda acuta **3** approfondito; minuzioso; rigoroso; completo: *a — examination*, un esame minuzioso ◆ *s.* (*form.*) **1** ricerca; esame; investigazione, indagine, inchiesta // (*inform.*) — *process*, operazione di ricerca **2** perlustrazione; perquisizione **3** (*med.*) esplorazione (con sonda); sondaggio (*anche fig.*) // **-ly** *avv.* // **-ness** *s.*

searchlight ['sɜ:tʃlaɪt / search·light] *s.* **1** riflettore **2** fascio di luce (proiettata da riflettore).

search party ['sɜ:tʃ,pɑ:tɪ] *s.* squadra di ricerca.

search warrant ['sɜ:tʃ,wɒrənt] *s.* (*dir.*) mandato di perquisizione.

searing ['sɪərɪŋ / sear·ing] *agg.* **1** che brucia, che scotta **2** (*fam.*) eccitante; emozionante.

searing-iron ['sɪərɪŋ,aɪən] *s.* cauterio.

sea room ['si:rʊm *amer.* 'si:,ru:m] *s.* (*mar.*) spazio per manovrare.

sea rover ['si:,rəʊvə*] *s.* **1** pirata **2** nave pirata.

sea salt ['si:,sɔ:lt] *s.* sale marino.

seascape ['si:skeɪp / sea·scape] *s.* **1** veduta, panorama di mare **2** (*pitt.*) marina.

sea serpent ['si:,sɜ:pənt] *s.* **1** (*zool.*) serpente marino; idrofide **2** (*fig.*) serpente di mare, mostro marino.

seashore ['si:ʃɔ:* / sea·shore] *s.* spiaggia; lido; litorale, costa, riva del mare.

seasick ['si:sɪk / sea·sick] *agg.* che soffre di mal di mare.

seasickness ['si:sɪknɪs / sea·sick·ness] *s.* mal di mare, nausea.

seaside ['si:saɪd / sea·side] *s.* (*geogr.*) costa, riva del mare, spiaggia; marina: *to go to the —*, andare al mare (in villeggiatura) ◆ *agg.* sul, del mare; sulla, della spiaggia: — *resort*, stazione balneare.

sea sleeve ['si:,sli:v] *s.* (*zool.*) seppia → **cuttlefish**.

sea-snipe ['si:snaɪp] *s.* (*zool.*) (*Macrorhamphosus scolopax*) pesce trombetta, beccaccia di mare.

season ['si:zn / sea·son] *s.* **1** stagione: *the four seasons*, le quattro stagioni **2** epoca, stagione (caratterizzata da particolare attività): *the rainy* —, la stagione delle piogge; *the football* —, la stagione calcistica; *the fishing* —, la stagione della pesca; *holiday* —, stagione di villeggiatura; *strawberry* —, stagione delle fragole; *theatre* —, stagione teatrale; *high, low* —, alta, bassa stagione; *dead* (o *off*) —, stagione morta; *in* —, di stagione; in alta stagione; in calore (di animali); che si possono cacciare (di animali): *in — and out of* —, in tutte le stagioni, sempre; (*fig.*) a proposito e a sproposito; *to come into* —, diventare di stagione, arrivare a maturazione; *out of* —, fuori stagione; (*fig.*) a sproposito, intempestivo // *in due* —, a tempo debito // *the — of good cheer*, periodo di Natale // *Season's Greetings*, auguri di Natale **3** (*non com.*) periodo di tempo: *a — of inaction*, un periodo di inattività; *you should rest for a* —, dovreste riposarvi per un po' di tempo **4** (*fam.*) → season ticket.

to **season** *v.tr.* **1** condire; rendere più saporito, più gustoso; rendere piccante: *highly seasoned food*, cibo assai piccante, saporito **2** stagionare; far maturare, far invecchiare: *this wood is well seasoned*, questo legno è ben stagionato **3** abituare; acclimatare; allenare **4** (*ant.*) temperare: *mercy should — justice*, la misericordia dovrebbe temperare la giustizia ♦ *v.intr.* stagionarsi; maturarsi, invecchiarsi: *timber seasons well in the open air*, il legname stagiona bene all'aria aperta.

seasonable ['si:znəbl / sea·son·able] *agg.* **1** di stagione: — *weather*, clima di stagione **2** opportuno; tempestivo; a proposito: — *advice*, consigli opportuni.

seasonableness ['si:znəblnɪs / sea·son·able·ness] *s.* opportunità; tempestività (di consiglio, obiezione ecc.).

seasonably ['si:znəblɪ / sea·son·ably] *avv.* opportunamente; tempestivamente; a proposito.

seasonal ['si:zənl / sea·son·al] *agg.* stagionale, di stagione // — *unemployment*, disoccupazione stagionale; — *fluctuation*, fluttuazioni stagionali // (*stat.*) — *adjustment*, destagionalizzazione // **-ly** *avv.*

seasoned ['si:zənd / sea·son·ed] *agg.* **1** stagionato: — *wine*, vino vecchio // (*fin.*): — *issue*, emissione stagionata; — *security*, titolo stagionato **2** condito; piccante **3** allenato; abituato: *a — traveller*, un viaggiatore esperto.

seasoner ['si:zənə* / sea·son·er] *s.* **1** stagionatore **2** condimento.

seasoning ['si:zənɪŋ / sea·son·ing] *s.* **1** condimento (*anche fig.*) **2** stagionatura (di legno ecc.) **3** (*fin.*) stagionatura, acclimatamento.

season ticket ['si:zn,tɪkɪt] *s.* abbonamento, tessera.

sea sparrow ['si:,spærəʊ] *s.* (*zool.*) alca crestata → **auklet**.

sea squill ['si:,skwɪl] *s.* (*bot.*) (*Pancratium maritimum*) pancrazio.

sea squirt ['si:,skwɜ:t] *s.* (*zool.*) ascidia.

sea star ['si:stɑ:*] → **starfish**.

sea stock ['si:stɒk] *s.* provviste di bordo.

sea strand ['si:strænd] *s.* (*geogr.*) spiaggia, costa (marina).

sea swallow ['si:,swɒləʊ] *s.* (*zool.*) rondine di mare → **scray**.

seat [si:t] *s.* **1** sedile; posto (a sedere); sedia; sgabello: *first-class* —, posto di prima classe; *front, back* —, sedile anteriore, posteriore; *emergency* (o *folding*) —, strapuntino; *keep your seats*, rimanete seduti, state al vostro posto; *these seats are uncomfortable*, questi posti sono scomodi; *won't you take a —?*, non volete accomodarvi? // *take your seats!*, sedetevi!; in vettura! // *to take a back* —, (*fig.*) mettersi in disparte, non esporsi in prima persona // *in the driving* —, (*fig.*) al posto di comando **2** sedere, deretano; fondo di sedia, di pantaloni // *by the — of one's pants*, (*fam.*) secondo il proprio istinto, la propria esperienza **3** seggio; diritto a un seggio: *to give up* (o *to resign*) *one's* —, dare le dimissioni; *to have a — in Parliament*, avere un seggio in Parlamento; *to win, to lose a* —, vincere, perdere un seggio **4** (*mecc.*) battuta; sede (di una valvola): *conical, flat* —, sede conica, piana; (*ferr.*) *rail* —, sede per la rotaia **5** (*form.*) residenza di campagna; villa; castello: *he has a country — near Bedford*, ha una residenza di campagna vicino a Bedford **6** modo di stare in sella: *she has a graceful* —, sta in sella con grazia **7** (*form.*) sede; centro: *Westminster is the — of government*, Westminster è la sede del governo; *Harvard is a famous — of learning*, Harvard è un famoso centro culturale; — *of a corporation*, sede di una società.

to **seat** *v.tr.* **1** mettere a sedere; far sedere: *please be seated*, (*form.*) accomodatevi, prego; *is everybody seated?*, volete prendere posto per piacere?; *she seated the child on a chair*, ella mise il bambino a sedere su una seggiola; *to — oneself*, mettersi a sedere, accomodarsi **2** insediare, collocare; installare; fissare: *to — a candidate*, insediare un candidato in Parlamento: *to — machinery*, installare macchinario; *to — oneself in a country*, stabilirsi in un paese **3** fornire, essere fornito di (posti a sedere): *this cinema can — two thousand people*, questo cinema ha, offre duemila posti a sedere **4** riparare il fondo di (sedie, pantaloni ecc.): *to — a chair*, rifare il fondo di una sedia.

sea tangle ['si:,tæŋgl] *s.* (*bot.*) (*Laminaria saccharina*) laminaria.

seat belt ['si:tbelt] *s.* cintura di sicurezza // *inertia reel* —, cintura (di sicurezza) inerziale SIN. safety belt 2.

seated ['si:tɪd] (*nei composti*): *double* —, a due posti; *single* —, a un posto.

seater ['si:tə*] *s.* **1** chi fa accomodare i clienti **2** (*nei composti*) posto: (*aut.*) *four-* —, automobile a quattro posti; (*aer.*, *aut.*): *single-* —, automobile, aeroplano monoposto; *two-* —; aeroplano, automobile a due posti.

seating ['si:tɪŋ / seat·ing] *s.* **1** modo di sistemare le sedie, i posti per una cerimonia ecc. // — *accommodation* (o — *capacity*), numero di posti a sedere **2** (*form.*) l'atto di sedere, di far sedere: *the — of the guests took a long time*, ci volle molto tempo per far sedere gli ospiti **3** tessuto per ricoprire sedili **4** (*mecc.*) sede.

sea trout ['si:traʊt] → **scurf**[2].

sea urchin ['si:,ɜ:tʃɪn] *s.* (*zool.*) echino, riccio di mare SIN. sea chestnut, sea hedgehog.

seawall ['si:wɔ:l / sea·wall] *s.* diga marittima, argine.

seaward ['si:wəd / sea·ward] *agg.* che va verso il mare ♦ *s.* direzione verso il mare: (*to*) —, in direzione del mare: *five leagues to* —, cinque leghe nella direzione del mare.

seaward(s) ['si:wəd(z) / sea·ward(s)] *avv.* verso il mare, in direzione del mare.

seaway ['si:weɪ / sea·way] *s.* **1** rotta (di nave) **2** fiume, canale percorribile, transitabile da navi.

seaweed ['si:wi:d / sea·weed] *s.* (*bot.*) alga marina.

sea-wolf ['si:wʊlf] *s.* (*zool.*) lupo di mare → **swine-fish**.

seaworthy ['si:,wɜ:ðɪ / sea·wor·thy] *agg.* atto a tenere il mare (di nave) // **-iness** *s.*

sebaceous [sɪ'beɪʃəs / se·ba·ceous] *agg.* (*med.*) sebaceo: — *gland*, ghiandola sebacea; — *cyst*, cisti sebacea.

sebacic [sɪ'bæsɪk / se·ba·cic] *agg.* (*chim.*) sebacico: — *acid*, acido sebacico.

seborrh(o)ea [,sebə'ri:ə / se·bor·rh(o)ea] *s.* (*med.*) seborrea.

seborrh(o)eic [,sebə'ri:ɪk / se·bor·rh(o)eic] *agg.* (*med.*) seborroico.

sebum ['si:bəm / se·bum] *s.* sebo.

sec[1] [sek] *agg.* secco (di vino).

sec[2] *s.* (*fam.*) **1** abbr. di → second[1] **2** abbr. di → secretary 1.

secant ['si:kənt / sec·ant] *agg.* e *s.* (*mat.*) secante.

secateurs ['sekətɜ:z / se·ca·teurs] *s.pl.* cesoie (per potare).

secco ['sekəʊ] *s.* — (*painting*), pittura a secco.

to **secede** [sɪ'si:d / se·cede] *v.intr.* (*form.*) separarsi, ritirarsi (da associazione politica, religiosa): *six deputies seceded from the party*, sei deputati uscirono dal partito.

seceder [sɪ'si:də* / se·ceder] *s.* (*form.*) secessionista, separatista; dissenziente.

to **secern** [sɪ'sɜ:n / se·cern] *v.tr.* **1** (*form.*) separare; discriminare **2** (*biol.*) secernere.

secernent [sɪ'sɜ:nənt / se·cern·ent] *agg.* secretorio ♦ *s.* (*biol.*) **1** organo secretorio **2** sostanza che stimola la secrezione.

secernment [sɪ'sɜ:nmənt / se·cern·ment] *s.* (*biol.*) secrezione.

secession [sɪ'seʃn / se·ces·sion] *s.* secessione; scissione, separazione // *War of Secession*, (*amer.*) Guerra di Secessione (1861-65).

secessionism [sɪ'seʃnɪzəm / se·ces·sion·ism] *s.* secessionismo; separatismo.

secessionist [sɪ'seʃnɪst / se·ces·sion·ist] *s.* secessionista; separatista.

to **seclude** [sɪ'klu:d / se·clude] *v.tr.* (*form.*) appartare; isolare; rinchiudere: *to — oneself from society*, appartarsi dalla società.

secluded [sɪ'klu:dɪd / se·cluded] *agg.* appartato; isolato; ritirato; solitario: *a — life*, una vita ritirata; *a — valley*, una valle isolata, solitaria // **-ly** *avv.* // **-ness** *s.*

seclusion [sɪ'klu:ʒn / se·clu·sion] *s.* **1** isolamento: *the — of prisoners in cells*, l'isolamento dei prigionieri in celle **2** solitudine; stato appartato: *to live in* —, vivere in solitudine; *to live in the — of one's own home*, vivere nella solitudine della propria casa **3** ritiro; clausura.

seclusive [sɪ'klu:sɪv / se·clus·ive] *agg.* **1** che tende, serve a isolare **2** che ama l'isolamento.

second[1] ['sekənd / sec·ond] *s.* **1** (minuto) secondo; (*fig.*) istante: *I will be ready in a —*, sarò pronto in un istante **2** (*mat.*) secondo.

second[2] *agg.num.ord.* **1** secondo: *— floor*, secondo piano; (*amer.*) primo piano; *June 2nd, 2nd June* (letto *the second of June* o *June the second*), il 2 giugno; *the — largest town in Italy*, la seconda città (per grandezza) d'Italia; *Charles the Second*, Carlo II; *Norah is her — daughter*, Nora è la sua seconda figlia; (*aut.*) *— gear*, seconda (marcia); (*mus.*) *— violin*, secondo violino // *— cousin*, secondo cugino // *in the — place*, in secondo luogo; *every — month*, ogni due mesi // (*pol.*) *— chamber*, camera alta **2** secondo, inferiore, secondario: *to be — to s.o.*, essere inferiore a qlcu. **3** secondo, altro, nuovo: *— ballot*, seconda votazione; *he was a — father*, fu un secondo padre; *I need a — pair of trousers*, ho bisogno di un secondo paio di pantaloni // *— Coming*, Secondo Avvento (di Cristo) // *— childhood*, seconda infanzia // *— self*, alter ego.

second[2] *s.* **1** secondo: *— to none*, non secondo a nessuno, primo in assoluto; *you are the — to ask me that*, sei il secondo a domandarmelo; *she's — only to her mother when it comes to spending money*, quando si tratta di spendere soldi è seconda solo a sua madre; (*sport*) *a good —*, un buon secondo **2** secondo, padrino (in un duello) **3** secondo livello di merito (nelle votazioni di laurea) **4** (*mus.*) seconda, intervallo di seconda.

second[2] *avv.* secondariamente; al secondo posto: *to come (in) —*, arrivare secondo // *— off*, (*fam. amer.*) in secondo luogo; *I'm not going to America, first off because I don't like it, and — off because I haven't got enough money*, non ho intenzione di andare in America, primo perché non mi piace e poi perché non ho abbastanza soldi.

to **second**[2] *v.tr.* **1** assecondare, favorire, incoraggiare, appoggiare, spalleggiare: *to — a motion*, appoggiare una mozione **2** fare da secondo a (in un duello).

to **second**[3] [sɪ'kɒnd *amer.* 'sekənd] *v.tr.* spostare ad altro incarico.

secondary ['sekəndərɪ *amer.* 'sekənderɪ / sec·ond·ary] *agg.* **1** secondario: *— accent* (o *stress*), accento secondario; *— cause*, causa secondaria // *— education*, istruzione secondaria; *— school*, scuola media inferiore e superiore // (*dir.*) *— liability*, obbligazione accessoria // (*chim.*): *— alcohol*, alcol secondario; *— amine*, ammina secondaria **2** (*geol.*) *Secondary*, secondario; mesozoico ◆ *s.* **1** subalterno; delegato; (*eccl.*) membro secondario del capitolo **2** (*astr.*) pianeta minore, satellite **3** (*di uccelli*) remigante secondaria; (*di insetti*) ala posteriore // **-ily** *avv.* // **-iness** *s.*

secondary modern [,sekəndərɪ'mɒdən] *s.* scuola media inferiore e/o superiore a indirizzo tecnico (nel vecchio ordinamento scolastico britannico).

second best [,sekənd'best] *agg.* secondo (per qualità), il migliore dopo il primo: *I won't accept — merchandise*, non sono disposto ad accettare merce di seconda categoria // *to come off —*, avere la peggio // (*comm.*) *— theory*, teoria del second best ◆ *s.* secondo (in una scala di valori); soluzione di ripiego.

second-class [,sekənd'klɑ:s *amer.* ,sekənd 'klæs] *agg.* **1** di seconda classe: *a — ticket*, un biglietto di seconda classe **2** di seconda categoria; (*fig.*) (di qualità) inferiore, scadente: *women, immigrantsare often treated as — citizens*, le donne, gli immigranti sono spesso considerati cittadini di seconda categoria.

second class *s.* **1** (*ferr.*) seconda classe **2** servizio postale normale **3** (*form.*) → **second**[2] 3.

second-degree ['sekənddɪ'gri:] *agg.* di secondo grado: *— burn*, ustione di secondo grado; (*mat.*) *— equation*, equazione di secondo grado.

seconde [sɪ'kɒnd / se·conde] *s.* (*scherma*) seconda.

seconder [sɪ'kɒndə* / sec·onder] *s.* chi asseconda; sostenitore: *to be the — of a proposal*, appoggiare una proposta.

to **second-guess** [,sekənd'ges] *v.tr.* (*fam. amer.*) **1** giudicare col senno di poi **2** predire, indovinare.

second-hand [,sekənd'hænd] *agg.* **1** di seconda mano, usato: *a — car*, un'auto di seconda mano; *a — book*, un libro usato **2** di seconda mano, non originale: *a — piece of news*, una notizia di seconda mano **3** che tratta merce di seconda mano: *a — shop*, un negozio dell'usato ◆ *avv.* di seconda mano: *to buy sthg. —*, comprare qlco. di seconda mano // *at —*, per sentito dire.

second-in-command [,sekəndɪnkə 'mɑ:nd *amer.* ,sekəndɪnkə'mænd] *s.* (*mar.*) ufficiale in seconda; (*mil.*) vicecomandante.

to **second line** ['sekənd,laɪn] *v.tr.* (*fam. amer.*) seguire le idee, i comportamenti ecc. del capo (al fine di ottenere promozioni).

secondly ['sekəndlɪ / sec·ondly] *avv.* in secondo luogo; secondariamente.

second-mark ['sekəndmɑ:k] *s.* segno (″) che indica i secondi.

secondment [sɪ'kɒndmənt / se·cond·ment] *s.* trasferta: *she's on — to the New York branch*, è in trasferta presso la filiale di New York.

second nature [,sekənd'neɪtʃə*] *s.* abitudine (ben radicata): *it's — to him to lie*, mentire è come una seconda natura per lui.

second-rate [,sekənd'reɪt] *agg.* scadente, di second'ordine; di seconda qualità, di seconda scelta.

second-rater [,sekənd'reɪtə*] *s.* (*fam.*) mezza cartuccia, (persona) mediocre.

seconds ['sekəndz / sec·onds] *s.pl.* **1** merce di seconda scelta **2** (*fam.*) seconda porzione, bis (di una portata): *can I have some —, please?*, posso fare il bis, per favore?

second sight [,sekənd'saɪt] *s.* preveggenza; chiaroveggenza.

second-storey man [,sekənd'stɔ:rɪ,mæn] *s.* (*fam. amer.*) topo d'appartamento.

second string [,sekənd'strɪŋ] *s.* [U] riserva, riserve (*pl.*) (di una squadra, un gruppo ecc.): *the team has got very strong —*, la squadra ha delle riserve molto forti.

second-string *agg.attr.* di riserva: *a — player*, una riserva.

second thought(s) [,sekənd'θɔ:t(s)] *s.* ripensamento // *on —*, ripensandoci (meglio).

second wind [,sekənd'wɪnd] *s.* forza recuperata, vigore ritrovato, nuova energia.

secrecy ['si:krɪsɪ / se·crecy] *s.* **1** segretezza: *their discussions were held in great —*, i loro colloqui avvennero in gran segreto **2** riserbo; discrezione: *to bind s.o. to —*, impegnare qlcu. al segreto; *to be sworn to —*, essere vincolato al segreto.

secret ['si:krɪt / se·cret] *agg.* **1** segreto: *a — treaty*, trattato segreto; *— marriage*, matrimonio segreto // *the Secret Service*, servizio segreto britannico (di spionaggio) **2** nascosto; intimo // *the — parts*, parti intime del corpo **3** discreto; riservato; personale **4** isolato, appartato (di luogo) ◆ *s.* **1** segreto (*anche fig.*): *the — of happiness, of success*, il segreto della felicità, del successo; *to keep a —*, mantenere un segreto; *to let s.o. into the —*, mettere qlcu. a parte del segreto // *in —*, in privato; in segreto // *an open —*, un segreto di Pulcinella **2** mistero: *the secrets of Nature*, i misteri della natura **3** (*eccl.*) secreta.

secretaire [,sekrə'teə* / sec·ret·aire] *s.* (*rar.*) scrittoio; scrivania.

secretarial [,sekrə'teərɪəl / sec·ret·arial] *agg.* segretariale.

secretariat [,sekrə'teərɪət / sec·ret·ariat] *s.* segretariato.

secretary ['sekrətrɪ *amer.* 'sekrəterɪ / sec·ret·ary] *s.* **1** segretario; segretaria: *I left a message to his —*, ho lasciato un messaggio alla sua segretaria // *honorary —*, segretario onorario; *private —*, segretaria privata **2** ministro preposto a un dicastero // *Secretary of State*, Ministro Segretario di Stato (in Gran Bretagna); Ministro degli Esteri (negli Stati Uniti) // *Home Secretary*, Ministro degli Interni (in Gran Bretagna) **3** (*non com.*) scrivania, scrittoio **4** (*tip.*) corsivo.

secretary-bird ['sekrətrɪ,bɜ:d] *s.* (*zool.*) (*Sagittarius serpentarius*) serpentario SIN. **serpent-eater**.

secretary-general [,sekrətrɪ'dʒenərəl] *s.* segretario generale: *the Secretary-General of the United Nations*, il Segretario Generale delle Nazioni Unite.

secretaryship ['sekrətrɪʃɪp *amer.* 'sekrəterɪʃɪp / sec·ret·ary·ship] *s.* segretariato.

to **secrete**[1] [sɪ'kri:t / se·crete] *v.tr.* (*biol.*) secernere.

to **secrete**[2] *v.tr.* (*form.*) **1** occultare, nascondere **2** sottrarre.

secreted [sɪ'kri:tɪd / se·creted] *agg.* (*biol.*) secreto.

secretin [sɪ'kri:tɪn / se·cretin] *s.* (*biochim.*) secretina.

secreting [sɪ'kri:tɪŋ / se·cret·ing] *agg.* → **secretory**.

secretion[1] [sɪ'kri:ʃn / se·cre·tion] *s.* (*biol.*) secrezione.

secretion[2] *s.* (*form.*) **1** occultamento **2** sottrazione.

secretive ['si:krətɪv / se·cret·ive] *agg.* riservato, taciturno, poco comunicativo; reticente // **-ly** *avv.* // **-ness** *s.*

secretly ['si:krɪtlɪ / se·cret·ly] *avv.* segretamente, in segreto; in modo reticente.

secretness ['si:krɪtnɪs / se·cret·ness] *s.* segretezza.

secretory [sɪ'kri:tərɪ / se·cret·ory] *agg.* (*biol.*) secretore; secretorio ◆ *s.* (*med.*) organo secretore.

sect [sekt] *s.* setta.

sectarial [sek'teərɪəl / sect·ar·ial] *agg.* (*non com.*) settario.

sectarian [sek'teərɪən / sec·tar·ian] *agg.* settario, di setta ◆ *s.* settario.

sectarianism [sek'teərɪənɪzəm / sec·tari·an·ism] *s.* settarismo.

to **sectarianize** [sek'teərɪənaɪz / sec.·tari·an·ize] *v.tr.* rendere settario.

sectary ['sektərɪ / sect·ary] *s.* (*form.*) settario; affiliato a una setta.

sectile ['sektɪl, 'sektaɪl / sect·ile] *agg.* (*min.*) settile, tagliabile, segabile.

section ['sekʃn / sec·tion] *s.* **1** parte; sezione; pezzo; porzione; fetta; tratto: *machine built in sections*, macchina costruita in pezzi **2** (*med.*) sezione; (*rar.*) taglio, divisione, separazione **3** paragrafo; (*dir.*) paragrafo, articolo (di legge) // — *mark*, segno di paragrafo (§) **4** parte (di popolazione); regione, quartiere, distretto **5** (*mat.*) sezione: *cross* — (o *transverse* —), sezione trasversale; *vertical* —, sezione verticale **6** (*bot.*, *zool.*) suddivisione (di gruppo, famiglia ecc.) **7** (*mil.*) plotone **8** (*ferr.*) tronco (di linea); scompartimento (di vagone letto) // — *gang*, (*amer.*) squadra di operai addetti ai lavori di manutenzione delle ferrovie // — *house*, (*amer.*) casello ferroviario **9** (*metall.*) profilato.

to **section** *v.tr.* **1** sezionare (*anche med.*); suddividere; fare la sezione di **2** (*disegno*) tratteggiare.

sectional ['sekʃənl / sec·tional] *agg.* **1** parziale; di classe, di partito: — *interests*, interessi di classe, di gruppo, campanilistici **2** a sezioni, in sezioni **3** componibile (di mobile): — *furniture*, mobili componibili // **-ly** *avv.*

sectionalism ['sekʃnəlɪzəm / sec·tion·al·ism] *s.* spirito di parte; campanilismo; localismo.

Section Eight [,sekʃn'eɪt] *s.* **1** (*mil. amer.*) congedo anticipato (a causa di disturbi psichici) **2** (*estens.*) militare congedato anticipatamente (a causa di disturbi psichici) **3** (*fam. amer.*) nevrotico, pazzo, folle • Dal numero che contraddistingueva la sezione dell'esercito che si occupava di questi casi.

sectioning ['sekʃnɪŋ / sec·tion·ing] *s.* **1** (*elettr.*) sezionamento **2** (*disegno*) tratteggio.

sector ['sektə* / sec·tor] *s.* **1** settore (*anche mat.*, *inform.*): — *of a circle*, settore circolare; *spherical* —, settore sferico; *the American — of Berlin*, il settore americano, la zona americana di Berlino **2** (*fig.*) settore; ambito, campo: *his policy appeals to all sectors of the party*, la sua linea di condotta soddisfa tutti i settori del partito; *head of* —, capostruttura // (*econ.*, *contabilità nazionale*): *company* —, settore imprese; *household* —, settore famiglie; *public* —, settore pubblico; *overseas* —, (settore) estero.

to **sector** *v.tr.* dividere in settori.

sectoral ['sektərəl / sec·toral] *agg.* di, relativo a un settore; settoriale.

sectorial [,sek'tɔːrɪəl / sec·tor·ial] *agg.* **1** settoriale, di settore **2** (*zool.*) premolare (di dente) ◆ *s.* (*zool.*) (dente) premolare.

sectorialization ['sektə,raɪlaɪ'zeɪʃn / sec·tor·ial·iza·tion] *s.* settorializzazione.

secular ['sekjʊlə* / secu·lar] *agg.* **1** secolare, laico // — *arm*, braccio secolare // — *clergy*, clero secolare // — *school*, scuola laica **2** mondano, profano, secolare: — *music*, musica profana **3** (*non com.*) secolare: *a — tree*, una pianta secolare **4** (*astr.*, *fis.*) secolare: (*fis.*) — *magnetic variation*, variazione magnetica secolare ◆ *s.* (sacerdote) secolare; laico // **-ly** *avv.*

secularism ['sekjʊlərɪzəm / secu·lar·ism] *s.* (*form.*) laicismo.

secularist ['sekjʊlərɪst / secu·lar·ist] *agg.* e *s.* laico; laicista.

secularity [,sekjʊ'lærətɪ / secu·lar·ity] *s.* (*form.*) laicità.

secularization [,sekjʊləraɪ'zeɪʃn *amer.* ,sekjʊlərɪ'zeɪʃn / secu·lar·iza·tion] *s.* secolarizzazione.

to **secularize** ['sekjʊləraɪz / secu·lar·ize] *v.tr.* secolarizzare; laicizzare.

secund [sɪ'kʌnd / se·cund] *agg.* (*bot.*, *zool.*) unilaterale.

secundines ['sekʌndaɪnz / se·cund·ines] *s.pl.* (*med.*) secondamento; seconda (*sing.*).

secundogeniture [sɪ,kʌndə'dʒenɪtʃə* / se·cundo·gen·it·ure] *s.* secondogenitura.

securable [sɪ'kjʊərəbl / se·cur·able] *agg.* **1** (*form.*) ottenibile, conseguibile **2** garantibile.

secure [sɪ'kjʊə* / se·cure] *agg.* **1** sicuro, certo; assicurato: *a — future*, *job*, un avvenire, un lavoro sicuro; *a — victory*, una vittoria sicura; *his place among the all-time footballing greats is now* —, il suo posto fra i più grandi giocatori di calcio di tutti i tempi è ormai assicurato **2** (*dir.*, *comm.*) garantito: — *debt*, *claim*, debito, credito garantito **3** sicuro, salvo: — *against assaults*, sicuro da assalti; — *from foes*, salvo da nemici // — *retreat*, asilo sicuro **4** sicuro, ben saldo, solido; ben fermato, assicurato: *this ladder is* —, questa scala è sicura; *he checked that all the doors were* —, controllò che tutte le porte fossero ben fermate **5** sicuro, tranquillo; solido: *a — family background*, un ambiente famigliare rassicurante; *I feel — among my friends*, tra i miei amici mi sento sicuro, tranquillo; *our friendship has a — foundation*, la nostra amicizia è fondata su solide basi // **-ly** *avv.* // **-ness** *s.*

to **secure** *v.tr.* **1** assicurare; difendere, salvaguardare; proteggere; rafforzare; (*mil.*) fortificare: *the town was secured against flooding by a complex system of dykes*, la città era protetta dalle inondazioni da un complesso sistema di dighe; *to — a country from the danger of an invasion*, difendere una nazione dal pericolo di un'invasione; *he secured his family's future*, assicurò il futuro della sua famiglia; *he secured himself in his position*, rese più sicura la sua posizione **2** (*non com.*) mettere al sicuro: *to — a prisoner*, mettere al sicuro, rinchiudere, catturare un prigioniero; *to — valuables*, mettere al sicuro oggetti di valore **3** (*dir.*, *comm.*) garantire: *secured by mortgage*, garantito da ipoteca; *to — a loan*, garantire un prestito **4** assicurare, fissare, fermare; chiudere saldamente, serrare (porte, finestre, fibbie) **5** (*form.*) assicurarsi; procurarsi, ottenere: *to — information, a prize, seats at a theatre*, assicurarsi informazioni, un premio, dei posti a teatro; *he secured for himself a place in history*, si è assicurato un posto nella storia; *he managed to — an interview for his friend*, riuscì ad ottenere un'intervista per il suo amico.

securitization [sɪ,kjʊərətaɪ'zeɪʃn *amer.* sɪ,kjʊərətɪ'zeɪʃn / se·cur·it·iza·tion] *s.* (*econ.*) securitizzazione.

security [sɪ'kjʊərətɪ / se·cur·ity] *s.* **1** sicurezza: *the — of passengers is a priority*, la sicurezza dei passeggeri ha la priorità; *for — reasons*, per motivi di sicurezza; — *measures*, *net*, misure, rete di sicurezza // — *forces*, forze di sicurezza, dell'ordine; — *service*, servizio di sicurezza, d'ordine // — *guard*, guardia giurata; — *officer* (o *administrator*), addetto alla sicurezza // — *device*, dispositivo di sicurezza; sicura // — *lock*, serratura di sicurezza; (*inform.*) chiave di sicurezza // (*dir.*) *maximum* (o *top*) — *prison*, carcere di massima sicurezza **2** *Security*, (ufficio, reparto di) Sicurezza (di ente, banca, grande magazzino ecc.) **3** protezione, (senso di) sicurezza, tranquillità: *the — of a close family*, il senso di protezione, di sicurezza di una famiglia unita // — *blanket*, 'coperta di Linus', oggetto a cui ci si affeziona per il senso di sicurezza che comunica (spec. nell'infanzia) // (*financial*) —, sicurezza, tranquillità economica **4** certezza, sicurezza: — *of judgement*, sicurezza di giudizio **5** difesa, protezione, salvaguardia: *I've bought a house as — against inflation*, ho comprato una casa per difendermi dall'inflazione **6** garanzia; cauzione: *in — for*, a garanzia di; *to give* —, versare cauzione // (*dir.*): — *for costs*, cauzione per le spese di giudizio; — *for good behaviour*, cauzione versata come garanzia di buona condotta (quando viene concessa la libertà provvisoria) **7** (*spec. pl.*) (*fin.*) titolo, valore mobiliare: *securities listed on the Stock Exchange*, titoli quotati, ammessi alla quotazione ufficiale in borsa; — *issue*, emissione di titoli; *eligible* —, titolo stanziabile; *gilt-edged securities*, titoli di stato, garantiti dallo stato; titoli di prim'ordine; *government securities*, titoli di stato; securities; *mortgage-backed securities*, titoli assistiti da ipoteca; *non-callable* —, titolo non riscattabile; *pass-through securities*, titoli pass-through; (*amer.*) titoli atipici // — *exchange*, borsa valori // — *holding company*, società finanziaria; *securities holding*, portafoglio, portfolio titoli // *Securities Commission*, (*amer.*) Commissione governativa di controllo sui titoli e le obbligazioni quotati in Borsa **8** (*ant.*) noncuranza, eccessiva sicurezza: *security / is mortals' chiefest enemy*, (SH. Macbeth) l'eccessiva fiducia dei mortali in se stessi è la lor prima nemica.

Security Council [sɪ'kjʊərətɪ,kaʊnsl] *s.* (*pol.*) Consiglio di Sicurezza (dell'ONU).

security risk [sɪ'kjʊərətɪ,rɪsk] *s.* persona, situazione che può costituire un pericolo per la sicurezza dello stato.

sedan [sɪ'dæn / se·dan] *s.* **1** (*aut. amer.*) berlina BRIT. saloon **2** — (*chair*), portantina.

sedate [sɪ'deɪt / sed·ate] *agg.* posato; composto; pacato; calmo, tranquillo; sereno // **-ly** *avv.* // **-ness** *s.*

to **sedate** *v.tr.* (*med.*) somministrare sedativi a, sedare.

sedation [sɪ'deɪʃn / seda·tion] *s.* (*med.*) somministrazione di sedativi // *under* —, sotto (l'effetto di un) sedativo.

sedative ['sedətɪv / sed·at·ive] *agg.* e *s.* (*med.*) sedativo, calmante.

sedentary ['sedntərɪ *amer.* 'sednterɪ / sed·ent·ary] *agg.* **1** sedentario: — *life*, vita sedentaria **2** (*zool.*) stanziale // **-ily** *avv.* // **-iness** *s.*

sedge [sedʒ] *s.* (*bot.*) **1** carice, falasco **2** (*Acorus calamus*) calamo aromatico.

sedge-warbler ['sedʒ,wɔ:blə*] *s.* (*zool.*) (*Acrocephalus shoenobaenus*) forapaglie, forasiepe.

sedgy ['sedʒɪ] *agg.* (*bot.*) coperto di, fiancheggiato da falaschi.

sedilia [se'daɪljə / se·dilia] *s.pl.* (*eccl.*) stalli di pietra (per gli officianti).

sediment ['sedɪmənt / sedi·ment] *s.* sedimento, deposito (*anche geol.*); fondo (di liquido), feccia.

sedimentary [,sedɪ'mentərɪ / sedi·ment·ary] *agg.* (*geol.*) sedimentario: — *rocks*, rocce sedimentarie.

sedimentation [,sedɪmen'teɪʃn / sedi·menta·tion] *s.* sedimentazione.

sedimentologic(al) [,sedɪmentə'lɒdʒɪk(l) / sedi·men·to·logic·(al)] *agg* (*geol.*) sedimentologico.

sedimentologist [,sedɪmen'tɒlədʒɪst / sedi·men·to·logist] *s.* (*geol.*) sedimentologo.

sedimentology [,sedɪmen'tɒlədʒɪ / sedi·men·to·logy] *s.* (*geol.*) sedimentologia.

sedition [sɪ'dɪʃn / se·di·tion] *s.* sedizione.

seditionary [sɪ'dɪʃənərɪ *amer.* sɪ'dɪʃənerɪ / se·di·tion·ary] *s.* sedizioso.

seditionist [sɪ'dɪʃənɪst / se·di·tion·ist] *s.* (*non com.*) sedizioso.

seditious [sɪ'dɪʃəs / se·di·tious] *agg.* sedizioso // **-ly** *avv.* // **-ness** *s.*

to **seduce** [sɪ'dju:s *amer.* sɪ'du:s / se·duce] *v.tr.* sedurre; corrompere; tentare, allettare: *to — a woman*, sedurre una donna; *to — s.o. from his duty*, distogliere qlcu. dal proprio dovere; *he was seduced by a better offer into leaving his job*, lasciò il suo lavoro allettato da un'offerta migliore.

seducement [sɪ'dju:smənt *amer.* sɪ'du:s mənt / se·duce·ment] *s.* (*non com.*) seduzione.

seducer [sɪ'dju:sə* *amer.* sɪ'du:sə* / se·du·cer] *s.* seduttore.

seducible [sɪ'dju:səbl *amer.* sɪ'du:səbl / se·du·cible] *agg.* seducibile.

seduction [sɪ'dʌkʃn / se·duc·tion] *s.* seduzione; tentazione, allettamento; attrattiva.

seductive [sɪ'dʌktɪv / se·duct·ive] *agg.* seducente; allettante // **-ly** *avv.* // **-ness** *s.*

seductress [sɪ'dʌktrɪs / se·duct·ress] *s.* seduttrice.

sedulity [sɪ'dju:lətɪ / se·du·lity] *s.* (*form.*) assiduità; solerzia; diligenza.

sedulous ['sedjʊləs *amer.* 'sedʒʊləs / sedu·lous] *agg.* (*form.*) assiduo, solerte; diligente // **-ly** *avv.* // **-ness** *s.*

to **see**[1] [si:] *pass.* **saw** [sɔ:] *p.p.* **seen** [si:n] *v.tr.* **1** (I, V, VI) vedere, scorgere, osservare: *you* (o *one*) *can — the lake from the house*, dalla casa si vede il lago; *I saw him knock on the door*, l'ho visto bussare alla porta; *I saw him knocking on the door*, l'ho visto che bussava alla porta; *he was seen to run* (o *running*) *home*, fu visto correre a casa; *they saw the thief arrested*, videro arrestare il ladro; *God knows what he sees in her*, chissà che cosa vede in lei; *I can't — myself working in an office for the rest of my days*, non posso vedermi a, pensare di lavorare in un ufficio per il resto dei miei giorni // *the nineteenth century saw many wars*, l'Ottocento ha visto, nell'Ottocento ci sono state molte guerre; *this coat has seen better days*, questo cappotto ha visto giorni migliori // *you won't — me for* (*the*) *dust*, (*fam.*) me ne andrò così velocemente che non riuscirai a vedermi // *to — the back* (o *the last*) *of s.o.*, (*fam.*) vedere per l'ultima volta qlcu.; liberarsi di qlcu. // *she can't — the wood for the trees*, (*fam.*) si perde nei particolari // *to — red*, (*fam.*) vedere rosso, arrabbiarsi; *to — everything black*, (*fam.*) vedere tutto nero, essere pessimista // *to — stars*, (*fig.*) vedere le stelle; *to — things*, avere delle allucinazioni, le traveggole // *to — the light*, vedere la, venire alla luce // *she will never — thirty again*, ha trent'anni suonati // *to — the colour of s.o.'s money*, (*fam.*) far tirar fuori i soldi a qlcu. // *to — the chaplain*, (*fam. amer.*) smetterla di lamentarsi **2** capire, afferrare; rendersi conto di; accorgersi; notare: *I — what you mean*, capisco quello che vuoi dire; *I saw he didn't understand me*, mi sono reso conto che non mi capiva // *to — daylight*, cominciare a capire; essere quasi al termine di un lavoro // *to — the light*, capire, accettare un'idea come vera // *to — the joke, the point, s.o.'s point*, capire; *to — the reason why*, capire (il) perché // *to — one's way* (*clear*) *to doing sthg.*, capire come si deve fare qlco. // *to — things*, vedere, capire le cose: *how do you — things?*, come vedi la faccenda? **3** esaminare, osservare; considerare; giudicare: *I shall — what I can do*, vedrò che cosa posso fare; *we shall — who is right!*, vedremo chi ha ragione! // *to — eye to eye*, essere della stessa opinione // *to — s.o. fit for, to do sthg.*, ritenere qlcu. adatto a, per fare qlco. // *to — s.o. right*, provvedere a qlcu. **4** visitare, frequentare, vedere: *he sees a great deal of the Browns*, frequenta molto i Brown; *come and — me next week*, vieni a trovarmi la settimana prossima; *I'll go to — the doctor tomorrow*, domani andrò dal dottore // *— you later*, a più tardi // *I'll be seeing you!*, ciao! **5** accompagnare: *to — s.o. home*, accompagnare qlcu. a casa ◆ *v.intr.* **1** vedere; vederci: *let me —*, fammi vedere, vediamo; *without glasses I can't — well* (o *clearly*), senza occhiali non ci vedo bene // *as far as the eye can —*, a perdita d'occhio // *to — into the future*, vedere, scrutare nel futuro // *he can't — beyond his nose*, non vede al di là del suo naso // *seeing is believing*, vedere per credere **2** capire, afferrare; rendersi conto, accorgersi: *as far as I can —*, per quanto io possa capire; *you can — for yourself*, puoi vedere, capire da te // (*do you*) *—?*, vedi, capisci?; *I —*, capisco // *don't mess with him, he's tough, —?*, con lui non si scherza, è un duro, sai? // *that's a very good business but, you —, I haven't got any money*, è un ottimo affare ma, vedi, non ho soldi **3** vedere; pensare; avere un'opinione: ... *but the boss saw differently*, ...ma il capo (la) pensava diversamente **4** fare in modo; assicurarsi: *— that the child has some food*, assicurati che il bambino abbia da mangiare // *— you're home by midnight*, vedi, bada di tornare per mezzanotte.

□ **see about** *v.intr.* e *prep.* occuparsi di; provvedere a: *I'll — about it*, ci penso io; ne riparliamo.

□ **see across** *v.tr.* e *prep.* e *avv.* accompagnare, scortare; far attraversare: *ask s.o. to — you across* (*the street*), chiedi a qlcu. che ti faccia attraversare (la strada).

□ **see of** *v.tr.* e *prep.* incontrarsi, vedersi: *we should — more of each other*, dovremmo vederci più spesso; *we saw nothing of him for three months*, non lo vedemmo per tre mesi.

□ **see off** *v.tr.* e *avv.* **1** salutare (alla partenza): *we went to the station to — him off*, andammo a salutarlo alla stazione **2** scacciare, cacciar via: *the dog saw the intruder off*, il cane cacciò via l'intruso.

□ **see out** *v.tr.* e *avv.* **1** accompagnare (all'uscita, alla porta) // *to — the Old Year out* (o *the New Year in*), salutare l'anno vecchio (o nuovo), fare capodanno **2** sopravvivere: *he is very old but he may — us all out*, è molto vecchio ma ci seppellirà tutti.

□ **see over**, **round** *v.intr.* e *prep.* ispezionare, esaminare accuratamente.

□ **see through** *v.intr.* e *prep.* vedere attraverso; (*fam. fig.*) capire, indovinare: *I can — through him, through his game*, ho capito che tipo è, ho capito il suo gioco ◆ *v.tr.* e *avv.* e *prep.* aiutare (a superare): *his friendship saw her through* (*bad times*), la sua amicizia la aiutò (a superare tempi difficili).

□ **see to** *v.intr.* e *prep.* badare a, avere cura di; occuparsi di: *will you — to the luggage?*, vuoi occuparti dei bagagli? // *to — to it that...*, assicurarsi che...; provvedere a che...

see[2] *s.* (*eccl.*) sede; diocesi, vescovado; arcivescovado // *the Holy See* (o *the See of Rome* o *the Apostolic See*), la Santa Sede.

see[3] *s.* (*fam. amer.*) riconoscimento, lode da parte di un superiore (in polizia) • Trascrizione alfabetica della lettera C, iniziale di *commendation*, lode, elogio.

seed [si:d] *s.* **1** seme; semenza, semente: *seeds of a grape*, vinaccioli; *to keep potatoes for —*, riservare le patate per la semina // *to run* (o *to go*) *to —*, sementire (di pianta); inselvatichirsi (di terreno); (*fig. fam.*) indebolirsi; sciuparsi (di persona) **2** (*amer.*) → **pip**[3] **3** (*fig.*) seme, principio, germe: *the seeds of violence*, il seme della violenza; *to sow the seeds of rebellion*, seminare il germe della rivolta **4** (*zool.*) sperma **5** (*letter.*) stirpe, discendenza: *the — of Abraham*, la stirpe di Abramo **6** (*spec. tennis*) giocatore selezionato in un torneo, testa di serie.

to **seed** *v.tr.* **1** seminare **2** inseminare: *to — a cloud with silver iodide crystals in an attempt to produce rain*, inseminare una nuvola con cristalli di ioduro d'argento per cercare di far piovere **3** togliere i semi da, sgranare **4** (*sport*) selezionare ◆ *v.intr.* sementire, produrre semi; tallire.

seed-ball ['si:dbɔ:l] *s.* (*bot.*) capsula.

seedbed ['si:dbed / seed·bed] *s.* **1** semenzaio, vivavio SIN. **seed-plot** **2** (*fig.*) vivaio.

seedcake ['si:dkeɪk / seed·cake] *s.* (*cuc.*) dolce con semi di carvi.

seed-case ['si:dkeɪs] *s.* (*bot.*) → **seed -vessel**.

seedcoat ['si:dkəʊt / seed·coat] *s.* tegumento del seme, testa.

seedcorn ['si:dkɔ:n / seed·corn] *s.* **1** (*bot.*) grano da semina, semente; (*amer.*) granturco da semina **2** (*fig.*) germe, seme.

seed-drill ['si:d,drɪl] *s.* (*agr.*) seminatrice di precisione.

seed-eater ['si:d,i:tə*] *s.* (*zool.*) uccello granivoro.

seeder ['si:də*] *s.* (*mecc.*) **1** seminatrice **2** sgranatrice.

seed-fish ['si:dfɪʃ] *s.* (*zool.*) pesce pronto a deporre le uova.

seeding ['si:dɪŋ / seed·ing] *s.* seminagione, semina // (*meteor.*) — *of clouds*, stimolazione artificiale della pioggia // — *machine*, seminatrice.

seed-leaf ['si:dli:f] *s.* (*bot.*) foglia seminale; germoglio; cotiledone.

seedless ['si:dlɪs / seed·less] *agg.* (*bot.*) senza semi.

seedling ['si:dlɪŋ / seed·ling] *s.* (*bot.*) pianticella; alberello, piantina di semenzaio, plantula.

seed-lobe ['si:dləʊb] → **seed-leaf**.

seed-pearl ['si:dpɜ:l] *s.* perlina, perla scaramazza.

seed-plant ['si:dplɑ:nt *amer.* 'si:dplænt] *s.* pianta da semina.

seed-plot ['si:dplɒt] → **seedbed** 1.

seed-plough ['si:d,plaʊ] *s.* aratro seminatore.

seedsman ['si:dzmən / seeds·man] *pl.* **seedsmen** *s.* 1 venditore di semi 2 seminatore.

seedtime ['si:dtaɪm / seed·time] *s.* tempo della semina.

seed-vessel ['si:d,vesl] *s.* (*bot.*) pericarpo SIN. seed-case.

seed-wool ['si:dwʊl] *s.* (*bot.*) cotone grezzo (prima che sian tolti i semi).

seedy ['si:dɪ] *agg.* 1 pieno di semi 2 (*bot.*) tallito; germogliato 3 (*fam.*) frusto, logoro (di abiti); cadente, in rovina, squallido (di luogo); trasandato, sciatto (di persona) 4 (*fam. antiq.*) sofferente, indisposto; depresso: *I feel a bit — today*, oggi non mi sento in forma // **-ily** *avv.* // **-iness** *s.*

to **seek** [si:k] *pass.p.p.* **sought** [sɔ:t] *v.tr.* 1 (*anche v.intr.* con *for*) cercare; andare alla ricerca di: *he sought peace, shelter*, cercava pace, rifugio; *to — employment*, cercare un impiego; *to — the solution of a problem, of a mystery*, cercare la soluzione di un problema, di un mistero; *he sought (for) the reasons behind her behaviour*, cercava le ragioni che stavano dietro al suo comportamento; *to — (for) glory*, cercare la gloria // *he is going to — his fortune in America*, va a cercar fortuna in America // *the compass needle always seeks the north*, l'ago della bussola punta sempre a nord 2 chiedere, domandare; ricorrere a: *we should — legal advice*, dovremmo sentire il parere di un avvocato; *he sought his father's advice*, chiese consiglio a suo padre; *to — an interview*, chiedere un'intervista // *to — satisfaction from s.o.*, chiedere soddisfazione a qlcu. 3 tentare; cercare di: *I sought to help him*, cercavo di aiutarlo; *they are seeking to clean up their image*, cercano di presentare un'immagine pulita di sé 4 (*inform.*) posizionare.

□ **seek after** *v.intr.* e *prep.* ricercare, richiedere: *old watches are much sought after*, i vecchi orologi sono molto richiesti.

□ **seek out** *v.tr.* e *avv.* scovare, trovare.

seeker ['si:kə*] *s.* (*form.*) cercatore; investigatore.

seek time ['si:ktaɪm] *s.* (*inform.*) tempo di posizionamento.

to **seel** [si:l] *v.tr.* 1 (*rar.*) accecare (un falco) cucendo le palpebre 2 (*ant.*) accecare; ingannare // *come seeling night, / scarf up the tender eye of pitiful day*, (SH. Macbeth) vieni, notte che tutto nascondi, benda il tenero occhio del giorno pietoso.

to **seem** [si:m] *v.intr.* 1 (*costr. pers.*) sembrare; apparire, mostrarsi; aver l'aria di: *he seemed very old*, sembrava molto vecchio; *he seems to be happy*, sembra felice; *how does it — to you?*, che ve ne sembra?; *I — to remember her from some where*, mi sembra di averla già vista da qualche parte; *you — tired*, hai l'aria stanca // *I can't — to wake up early in the morning*, non riesco a svegliarmi presto la mattina 2 (*costr. impers.*) sembrare: *it seemed as though* (o *as if*) *he didn't understand*, sembrava che non capisse; *it would — not*, (*form.*) sembrerebbe di no; *it would — so*, (*form.*) sembrerebbe così.

seeming ['si:mɪŋ / seem·ing] *agg.* apparente; esteriore: *his — willingness was merely a guise*, la sua apparente buona volontà era solo una posa ◆ *s.* (*rar.*) apparenza; esteriorità // **-ly** *avv.*

seemly ['si:mlɪ] *agg.* (*antiq.*) 1 decoroso, decente; che si addice, proprio; adatto 2 piacevole, gradevole // *a seemly man our Hoste was withalle*, (CHAUCER) un bell'uomo era inoltre il nostro ospite ◆ *avv.* (*rar.*) decorosamente // **-iness** *s.*

seen *p.p.* di to **see**.

to **seep** [si:p] *v.intr.* 1 gocciolare; colare; filtrare: *water was seeping through the roof*, l'acqua filtrava attraverso il tetto 2 (*fig.*) trapelare; diffondersi: *information about their new missiles began to — out*, cominciarono a trapelare notizie sui loro nuovi missili.

seepage ['si:pɪdʒ / seep·age] *s.* 1 gocciolamento; infiltrazione 2 (*geol.*) trasudamento superficiale (di petrolio, di acqua).

seer[1] ['si:ə*] *s.* 1 (*rar.*) chi vede, veggente 2 profeta.

seer[2] [sɪə*] *s.* seer (misura di peso indiana = 0,93 kg).

seersucker ['sɪə,sʌkə* / seer·sucker] *s.* tessuto indiano di lino (o cotone) a strisce crespe e lisce.

see-safe ['si:seɪf] *s.* (*comm.*) vendita in conto deposito.

seesaw ['si:sɔ: / see·saw] *agg.* 1 fluttuante, ondeggiante 2 (*mecc.*) a moto alternativo, che si muove con moto alternativo: — *motion*, moto alternativo ◆ *s.* altalena (asse collocata sopra un sostegno) AMER. teeter-totter.

to **seesaw** *v.intr.* 1 giocare all'altalena 2 oscillare, ondeggiare, andare su e giù; (*fig.*) vacillare, esitare 3 (*mecc.*) muoversi con moto alternativo.

to **seethe** [si:ð] *pass.p.p.* **seethed** [si:ðd] (*ant.*) *pass.* **sod** [sɒd] (*ant.*) *p.p.* **sodden** ['sɒdn / sod·den] *v.intr.* 1 (*non com.*) ribollire, bollire 2 (*fig.*) essere in subbuglio, in fermento, in agitazione: *the mob was seething with excitement*, la folla era sovreccitata; *the whole country was seething with discontent*, l'intero paese era in subbuglio, in fermento ◆ *v.tr.* far bollire; lessare.

seething ['si:ðɪŋ / seeth·ing] *agg.* 1 (*non com.*) in ebollizione 2 (*fig.*) in subbuglio, in fermento, in agitazione; arrabbiato: *she's — with you, you'd better apologize*, è arrabbiata con te, faresti meglio a scusarti ◆ *s.* 1 (*non com.*) ebollizione 2 (*fig.*) subbuglio, fermento, agitazione.

see-through ['si:θru:] *agg.* trasparente (spec. di abito, tessuto).

segment ['segmənt / seg·ment] *s.* 1 segmento (*anche mat.*); sezione; fetta, spicchio: — *of a line*, segmento di una linea; *the — of an orange*, lo spicchio di un'arancia; (*comm.*) *market —*, segmento di mercato; — *saw*, sega a segmenti 2 segmento, anello, metamero (di insetti ecc.): *the — of a worm*, il segmento di un verme 3 (*inform.*) frazione, segmento di programma; intervallo (di tempo).

to **segment** [seg'ment] *v.tr.* dividere in segmenti ◆ *v.intr.* 1 dividersi in segmenti; (*bot.*) dividersi in spicchi 2 (*biol.*) riprodursi per scissione, divisione.

segmental [seg'mentl / seg·mental] *agg.* 1 segmentale: (*med.*) — *reflex*, riflesso segmentale 2 a segmenti: (*mecc.*) — *wheel*, mola a settori.

segmentary [seg'mentərɪ / seg·ment·ary] *agg.* segmentario.

segmentation [,segmən'teɪʃn / seg·menta·tion] *s.* 1 (*mat., econ., zool.*) segmentazione 2 (*biol.*) scissione, divisione.

segregable ['segrɪgəbl / se·greg·able] *agg.* segregabile.

segregate ['segrɪgɪt / se·greg·ate] *agg.* 1 (*ant.*) segregato; separato 2 (*bot., zool.*) semplice, non composto.

to **segregate** ['segrɪgeɪt] *v.tr.* segregare; separare; allontanare; scindere (cristalli) ◆ *v.intr.* separarsi; allontanarsi; scindersi (di cristalli).

segregated ['segrɪgeɪtɪd / se·greg·ated] *agg.* 1 riservato a persone di un'unica razza: — *schools*, scuole che possono essere frequentate da allievi di un'unica razza (solo neri o solo bianchi) 2 segregato; isolato.

segregation [,segrɪ'geɪʃn / se·grega·tion] *s.* 1 segregazione; separazione 2 segregazione razziale 3 (*biol.*) segregazione.

segregationist [,segrɪ'geɪʃnɪst / se·grega·tion·ist] *s.* segregazionista ◆ *agg.* segregazionistico.

Seidlitz powder ['sedlɪts,paʊdə*] *s.* (*chim.*) polvere di Seidlitz.

seigneur [seɪ'njɜ:* / sei·gneur] *s.* (*st.*) feudatario, signore.

seigneurial [seɪ'njɜ:rɪəl / sei·gneur·ial] *agg.* (*st.*) signorile, di, da signore, da feudatario.

seignior ['seɪnjə* / sei·gnior] *s.* (*st.*) feudatario, signore.

seigniorage ['seɪnjərɪdʒ / sei·gnior·age] *s.* 1 (*st.*) diritto feudale, sovrano (spec. il diritto della corona di prelevare una parte del metallo portato alla zecca per il conio) 2 (*econ.*) signoraggio.

seigniorial ['seɪnjərɪəl / sei·gnior·ial] *agg.* (*st.*) signorile, di, da signore.

seigniory ['seɪnjərɪ / sei·gniory] *s.* (*st.*) 1 signoria, dominio di un signore feudale 2 diritto feudale.

to **seine** [seɪn] *v.tr.* pescare con la scorticaria.

seine (net) [seɪn(net)] *s.* scorticaria (grande rete da pesca).

seisin ['si:zɪn] *s.* (*dir.*) presa di possesso; possesso.

seism ['saɪzəm] *s.* (*geol.*) sisma, scossa tellurica.

seismal ['saɪzməl / seis·mal] meno com.

seismic(al) ['saɪzmɪk(l) / seis·mic(al)] *agg.* (*geol.*) sismico: *seismic exploration*, esplorazione sismica.

seismicity [saɪz'mɪsətɪ / seis·mi·city] **seismism** ['saɪzmɪzm / seis·mism] *s.* (*geol.*) sismicità.

seismo- ['saɪzməʊ] *pref.* di origine greca usato nella terminologia scientifica per indicare 'terremoto, scossa tellurica'; it. sismo-: *seismography*, sismografia; *seismometry*, sismometria; *seismoscopic*, sismoscopico.

seismogram ['saɪzməgræm / seis·mo·gram] *s.* (*geol.*) sismogramma.

seismograph ['saɪzməgrɑ:f *amer.* 'saɪzmə græf / seis·mo·graph] *s.* (*geol.*) sismografo.

seismographic [,saɪzmə'græfɪk / seis·mo·graphic] *agg.* (*geol.*) sismografico.

seismologic(al) [,saɪzmə'lɒdʒɪk(l) / seis·mo·lo·gic(al)] *agg.* (*geol.*) sismologico.

seismologist [saɪz'mɒlədʒɪst / seis·mo·lo·gist] *s.* (*geol.*) sismologo.

seismology [saɪz'mɒlədʒɪ / seis·mo·logy] *s.* (*geol.*) sismologia.

seismometer [saɪz'mɒmɪtə* / seis·mo·meter] *s.* (*geol.*) sismometro.

seismoscope ['saɪzməskəʊp / seis·mo·scope] *s.* (*geol.*) sismoscopio.

seizable ['si:zəbl / seiz·able] *agg.* **1** afferrabile **2** (*dir.*) sequestrabile, confiscabile: — *chattels* (o — *goods*), beni pignorabili.

to **seize** [si:z] *v.tr.* **1** afferrare, prendere, impadronirsi di (*anche fig.*): *he seized a knife on the table and stabbed her*, afferrò un coltello sulla tavola e la pugnalò; *she seized all she could get hold of*, arraffò tutto ciò che poteva prendere; *to — an opportunity*, afferrare un'opportunità, un'occasione; *to — the throne, power*, impadronirsi del trono, del potere; *to be seized with amazement, terror, wonder*, essere preso da stupore, terrore, meraviglia; *to be seized with fever, a desire to do sthg.*, essere preso dalla febbre, dal desiderio di fare qlco. // *to — the meaning of sthg.*, afferrare il significato di qlco. **2** (*dir.*) mettere in possesso; (*fig.*) informare: *to be* (o *to stand*) *seized of a property*, essere investito di una proprietà; *to be seized of some facts*, essere reso edotto di alcuni fatti **3** (*dir.*) confiscare, pignorare, sequestrare: *all his goods were seized*, tutta la sua merce fu confiscata **4** (*mar.*) legare.

□ **seize up** *v.intr.* e *avv.* **1** (*mecc.*) gripparsi: *the engine seized up*, il motore si è grippato **2** (*estens.*) bloccarsi; andare in tilt.

□ **seize (up)on** *v.intr.* e *prep.* appigliarsi a; cogliere al volo: *he seized (up)on an excuse not to come*, si appigliò a una scusa per non venire; *any little fault in his plan will be promptly seized upon to disgrace him*, ogni piccolo difetto nel suo piano sarà subito fatto notare per metterlo in cattiva luce.

seizin *s.* (*dir.*) → **seisin**.

seizing ['si:zɪŋ / seiz·ing] *s.* **1** atto dell'afferrare, del prendere **2** conquista; cattura **3** (*dir.*) sequestro, confisca **4** — (*up*), (*mecc.*) grippaggio, bloccaggio, ingranamento **5** (*mar.*) legatura: *round* —, legatura piana.

seizure ['si:ʒə* / seiz·ure] *s.* **1** (*dir.*) confisca, sequestro; presa di possesso **2** conquista, cattura; (*dir.*) immissione in possesso **3** (*med.*) attacco, crisi: *convulsive* —, attacco epilettico; convulsione **4** (*fig. fam.*) colpo: *Dad had a — when he found Tom stone drunk*, a papà venne un colpo quando trovò Tom ubriaco fradicio **5** (*mecc.*) bloccaggio, grippaggio, ingranamento **6** (*mar.*) legatura.

sejant ['si:dʒənt / se·jant] *agg.* (*arald.*) sedente.

selachian [sɪ'leɪkjən / se·lach·ian] *agg.* (*zool.*) dei, relativo ai selaci ◆ *s.* (*zool.*) selace.

seld [seld] *avv.* (*ant.*) → **seldom**.

seldom ['seldəm / sel·dom] *avv.* raramente, di rado: *I am — out, I — go out*, sono raramente fuori, esco di rado; *he very — saw his brother*, vedeva assai di rado suo fratello // All'inizio di frase richiede l'inversione del sogg.: — *did she remember to lock the door*, si ricordava raramente di chiudere la porta a chiave; — *have they told the whole truth*, raramente hanno detto tutta la verità // — *or never*, quasi mai.

select [sɪ'lekt / se·lect] *agg.* (*form.*) scelto, selezionato; eccellente: — *company*, compagnia scelta, formata da persone di prestigio; — *club*, circolo esclusivo; — *wines*, vini pregiati; — *produce*, prodotti di primissima qualità // — *committee*, comitato ristretto; commissione d'inchiesta (in Parlamento).

to **select** *v.tr.* (*form.*) **1** selezionare, scegliere; eleggere **2** (*inform.*) estrarre; selezionare (col mouse).

selectee [sɪ,lek'ti: / se·lectee] *s.* (*mil. amer. ant.*) recluta, coscritto.

selection [sɪ'lekʃn / se·lec·tion] *s.* **1** selezione, scelta: (*biol.*) *natural* —, selezione naturale; (*dir.*) *jury* —, selezione della giuria // (*inform.*): — *card*, scheda selezione; — *handle*, maniglia di selezione // (*fis.*) — *rule*, regola di selezione // (*econ.*) *adverse* —, adverse selection, selezione avversa **2** (*comm.*) assortimento **3** *pl.* brani scelti: *selections from...*, brani scelti da...

selective [sɪ'lektɪv / se·lect·ive] *agg.* selettivo: (*fis.*) — *absorption*, assorbimento selettivo; — *reflection*, riflessione selettiva; (*econ.*) — *price control*, controllo selettivo dei prezzi // (*mil. amer.*) — *service*, servizio militare, coscrizione // **-ly** *avv.* // **-ness** *s.*

selectivity [,sɪlek'tɪvətɪ / se·lect·iv·ity] *s.* selettività.

select-man [sɪ'lektmən] *s.* (*amer.*) consigliere municipale (nel New England).

selector [sɪ'lektə* / se·lector] *s.* selezionatore; sceglitore; selettore.

selenate ['selɪnɪt / sel·en·ate] *s.* (*chim.*) seleniato.

selenic [sɪ'lenɪk / sel·enic] *agg.* (*chim.*) selenico: — *acid*, acido selenico.

selenide ['selə,naɪd / sel·en·ide] *s.* (*chim.*) seleniuro.

selenious [sɪ'li:njəs / sel·eni·ous] *agg.* (*chim.*) selenioso: — *acid*, acido selenioso.

selenite ['selɪnaɪt / sel·en·ite] *s.* (*min.*) selenite.

selenitic [,selɪ'nɪtɪk / sel·en·itic] *agg.* (*min.*) selenitico.

selenium [sɪ'li:njəm / sel·en·ium] *s.* (*chim.*) selenio.

selenographer [,selɪ'nɒgrəfə* / sel·eno·grapher] *s.* (*astr.*) selenografo.

selenographic [se,lɪnəʊ'græfɪk / sel·eno·graphic] *agg.* (*astr.*) selenografico.

selenography [,selɪ'nɒgrəfɪ / sel·eno·graphy] *s.* (*astr.*) selenografia.

selenological [sə,li:nə'lɒdʒɪkl / sel·eno·lo·gical] *agg.* (*astr.*) selenologico.

selenologist [,selə'nɒlədʒɪst / sel·eno·lo·gist] *s.* (*astr.*) selenologo.

selenology [,selɪ'nɒlədʒɪ / sel·eno·logy] *s.* (*astr.*) selenologia.

selenoxide [,selɪ'nɒksaɪd / sel·en·ox·ide] *s.* (*chim.*) selenossido.

self [self] *pl.* **selves** [selvz] *pron.* (*comm., fam.* per *oneself, myself, himself ecc.*): — *and wife*, (*fam.*) io e mia moglie // (*comm.*): — *contracting*, contratto con se stesso; *payable to* —, pagabile a se stesso, al firmatario ◆ *s.* **1** l'io, la personalità, l'individuo: *in schizophrenia, the — is split into different parts*, nella schizofrenia, la personalità si scinde in diverse parti; *he's not interested in anything but* —, non s'interessa ad altro che al proprio tornaconto **2** (*preceduto da agg.*): *the higher, lower* —, i sentimenti più elevati, più bassi della nostra natura; *his second* —, il suo 'alter ego', il suo amico più caro; *my better* —, la parte migliore di me stesso; *it was his very* —, era proprio lui in persona; *after a good bath and dinner, they felt their usual selves again*, dopo un buon bagno e una buona cena si sentirono di nuovo bene come prima; *now I feel my old — again*, ora ho ritrovato me stesso; ora mi sento bene come prima.

self *agg.* **1** della stessa materia, sostanza: *a straw hat with — trimming*, un cappello di paglia con guarnizioni della stessa paglia **2** di un solo colore; in tinta unita: *a — flower*, un fiore monocolore **3** (*ant.*) medesimo: *but if you please / to shoot another arrow that self way*, (SH. The Merchant of Venice) ma se vi aggrada scoccare un'altra freccia nella stessa direzione.

-self *suff.* di origine anglosassone che entra nella formazione dei *pron. rifl.*, col significato di '(sé) stesso'; it. 'stesso': *oneself*, se stesso; *myself*, io, me stesso; *yourself*, tu, te stesso; *himself*, egli, lui stesso; *herself*, ella, lei stessa; *itself*, esso stesso.

self- *pref.* di origine anglosassone che entra nella formazione di aggettivi o sostantivi composti, col significato di 'da sé (stesso)'; it. 'auto-': *self-closing*, che si chiude da sé; *self-control*, autocontrollo.

self-abasement [,selfə'beɪsmənt] → **self-debasement**.

self-abnegation ['self,æbnə'geɪʃn] → **self-denial**.

self-absorbed [,selfəb'sɔ:bd *amer.* ,self əb'zɔ:bd] *agg.* che pensa solo a se stesso, ai propri affari.

self-abuse [,selfə'bju:s] *s.* **1** abuso, uso scorretto delle proprie capacità, delle proprie forze **2** masturbazione.

self-accusation [,self,ækju:'zeɪʃn] *s.* (*dir.*) autoaccusa.

self-acting [,self'æktɪŋ] *agg.* automatico.

self-addressed [,selfə'drest] *agg.* con il proprio indirizzo.

self-adhesive [,selfəd'hi:sɪv] *agg.* autoadesivo.

self-adjusting [,selfə'dʒʌstɪŋ] *agg.* ad autoregolazione, a regolazione automatica.

self-admiration [ˌselfˌædməˈreɪʃn] *s.* ammirazione di sé, narcisismo.

self-advancement [ˌselfədˈvɑːnsmənt *amer.* ˌselfədˈvænsmənt] *s.* l'agire in funzione della propria carriera.

self-aggrandizement [ˌselfəˈgrændɪz mənt] *s.* esaltazione, celebrazione di se stesso, della propria potenza.

self-analysis [ˌselfəˈnæləsɪs] *pl.* **self -analyses** [ˌselfəˈnæləsiːz] *s.* (*psic.*) autoanalisi.

self-applauding [ˌselfəˈplɔːdɪŋ] *agg.* che si elogia, autoelogiativo, che si compiace di sé.

self-applause [ˌselfəˈplɔːz] *s.* lode, compiacimento di sé.

self-appointed [ˌselfəˈpɔɪntɪd] *agg.* autonominatosi.

self-assembly [ˌselfəˈsemblɪ] *agg.* da montare, da assemblare (da parte del compratore).

self-assertion [ˌselfəˈsɜːʃn] *s.* il farsi valere.

self-assertive [ˌselfəˈsɜːtɪv] *agg.* che si impone; perentorio; arrogante, borioso.

self-assessment [ˌselfəˈsesmənt] *s.* (*trib.*) autotassazione SIN. **self-taxation**.

self-assurance [ˌselfəˈʃʊərəns] *s.* sicurezza di sé, fiducia in se stesso.

self-assured [ˌselfəˈʃʊəd] *agg.* sicuro di sé.

self-aware [ˌselfəˈweə*] *agg.* consapevole di sé // **-ness** *s.*

self-binder [ˈselfˌbaɪndə*] *s.* (*agr.*) mietitrice legatrice, mietilega.

self-catering [ˌselfˈkeɪtərɪŋ] *agg.* con uso di cucina.

self-centred [ˌselfˈsentəd] *agg.* egocentrico.

self-closing [ˌselfˈkləʊzɪŋ] *agg.* che si chiude da sé, a chiusura automatica.

self-collected [ˌselfkəˈlektɪd] *agg.* calmo, sereno; controllato, padrone di sé; dotato di sangue freddo.

self-coloured [ˌselfˈkʌləd] *agg.* **1** monocolore, monocromatico; in tinta unita **2** di colore naturale.

self-command [ˌsəlfkəˈmɑːnd *amer.* ˌself kəˈmænd] *s.* autocontrollo.

self-communion [ˌselfkəˈmjuːnjən] *s.* raccoglimento.

self-complacence [ˌselfkəmˈpleɪsns] **self -complacency** [ˌselfkəmˈpleɪsnsɪ] *s.* autocompiacimento.

self-complacent [ˌselfkəmˈpleɪsnt] *agg.* autocompiaciuto, compiaciuto di sé.

self-conceit [ˌselfkənˈsiːt] *s.* presunzione.

self-conceited [ˌselfkənˈsiːtɪd] *agg.* presuntuoso, pieno di sé.

self-condemned [ˌselfkənˈdemd] *agg.* che si condanna da sé.

self-confessed [ˌselfkənˈfest] *agg.* confesso, che ha confessato.

self-confidence [ˌselfˈkɒnfɪdəns] *s.* fiducia in sé.

self-confident [ˌselfˈkɒnfɪdənt] *agg.* che ha fiducia in se stesso.

self-congratulation [ˌselfkənˌgrætjʊ ˈleɪʃn] *s.* il congratularsi con se stesso.

self-congratulatory [ˌselfkənˈgrætjʊ lətərɪ *amer.* ˌselfkənˈgrætʃələtɔːrɪ] *agg.* che si congratula con se stesso.

self-conscious [ˌselfˈkɒnʃəs] *agg.* **1** impacciato; insicuro; vergognoso; imbarazzato **2** (*fil.*) cosciente di sé, del proprio essere; autocosciente // **-ly** *avv.* // **-ness** *s.*

self-consistent [ˌselfkənˈsɪstənt] *agg.* coerente.

self-consumption [ˌselfkənˈsʌmpʃn] *s.* (*econ.*) autoconsumo.

self-contained [ˌselfkənˈteɪnd] *agg.* **1** (con entrata) indipendente (di appartamento) **2** autosufficiente.

self-contempt [ˌselfkənˈtempt] *s.* disprezzo di sé.

self-contradiction [ˌselfˌkɒntrəˈdɪkʃn] *s.* **1** il contraddirsi; incoerenza **2** contraddizione in termini.

self-contradictory [ˌselfˌkɒntrəˈdɪktərɪ] *agg.* **1** che si contraddice, incoerente **2** che è in contraddizione.

self-control [ˌselfkənˈtrəʊl] *s.* autocontrollo, padronanza di sé; sangue freddo.

self-controlled [ˌselfkənˈtrəʊld] *agg.* dotato di autocontrollo, controllato.

self-cooled [ˌselfˈkuːld] *agg.* autoraffreddato, a raffreddamento automatico.

self-critical [ˌselfˈkrɪtɪkl] *agg.* autocritico // **-ly** *avv.*

self-criticism [ˌselfˈkrɪtɪsɪzəm] *s.* autocritica.

self-debasement [ˌselfdɪˈbeɪsmənt] *s.* autoumiliazione; autodegradazione.

self-deceived [ˌselfdɪˈsiːvd] *agg.* illuso.

self-deception [ˌselfdɪˈsepʃn] *s.* illusione, autoinganno; l'illudersi, l'ingannarsi.

self-defeating [ˌselfdɪˈfiːtɪŋ] *agg.* controproducente.

self-defence [ˌselfdɪˈfens] *s.* **1** la boxe; (*antiq.*) la scherma **2** autodifesa, difesa personale // *in* —, per legittima difesa.

self-delusion [ˌselfdɪˈluːʒn] *s.* illusione, l'ingannare se stesso.

self-denial [ˌselfdɪˈnaɪəl] *s.* sacrificio, abnegazione; rinuncia.

self-denying [ˌselfdɪˈnaɪɪŋ] *agg.* pieno di abnegazione; che accetta, si impone rinunce; frugale, parco.

self-deprecating [ˌselfˈdeprəkeɪtɪŋ] *agg.* modesto.

to **self-destruct** [ˌselfdɪˈstrʌkt] *v.intr.* (*tecn.*) autodistruggersi.

self-destruction [ˌselfdɪˈstrʌkʃn] *s.* autodistruzione; suicidio.

self-destructive [ˌselfdɪˈstrʌktɪv] *agg.* autodistruttivo; che tende ad annientarsi, suicida.

self-determination [ˌselfdɪˌtɜːmɪˈneɪʃn] *s.* autodeterminazione, autodecisione: (*pol.*) *right of* —, diritto di autodeterminazione.

self-development [ˌselfdɪˈveləpmənt] *s.* **1** sviluppo delle proprie capacità, possibilità **2** (*econ.*) sviluppo autonomo (spec. nei paesi in via di sviluppo).

self-discipline [ˌselfˈdɪsɪplɪn] *s.* autodisciplina.

self-doubt [ˌselfˈdaʊt] *s.* mancanza di fiducia in se stesso; insicurezza.

self-drive [ˈselfdraɪv] *agg.* (automobile) da noleggio senza autista.

self-educated [ˌselfˈedjʊkeɪtɪd *amer.* ˌself ˈedʒkeɪtɪd] *agg.* che ha una cultura da autodidatta.

self-effacement [ˌselfɪˈfeɪsmənt] *s.* modestia; riservatezza, riserbo.

self-effacing [ˌselfɪˈfeɪsɪŋ] *agg.* modesto; riservato, schivo.

self-elected [ˌselfɪˈlektɪd] *agg.* **1** autoelettosi **2** scelto spontaneamente: *he set to work at his — task*, si mise a fare il lavoro che si era scelto.

self-elective [ˌselfɪˈlektɪv] *agg.* che ha il diritto di eleggere i propri membri (di assemblea ecc.).

self-employed [ˌselfɪmˈplɔɪd] *agg.* che lavora in proprio, autonomo.

self-employment [ˌselfɪmˈplɔɪmənt] *s.* (*econ.*) lavoro in proprio, autonomo.

self-esteem [ˌselfɪˈstiːm] *s.* stima di sé; amor proprio, orgoglio.

self-evident [ˌselfˈevɪdənt] *agg.* evidente, lampante: — *truth*, verità lapalissiana.

self-examination [ˌselfɪgˌzæmɪˈneɪʃn] *s.* esame di coscienza; introspezione.

self-executing [ˌselfˈeksɪkjuːtɪŋ] *agg.* (*dir.*) precettivo, di immediata esecuzione.

self-explanatory [ˌselfɪkˈsplænətərɪ *amer.* ˌselfɪkˈsplænətɔːrɪ] *agg.* ovvio, che si spiega da sé.

self-expression [ˌselfɪkˈspreʃn] *s.* espressione di se stesso.

self-fertilization [ˌselfˌfɜːtɪlaɪˈzeɪʃn *amer.* ˌselfˌfɜːtɪlɪˈzeɪʃn] *s.* (*biol.*) autofecondazione.

self-financed [ˌselffaɪˈnænst] *agg.* autofinanziato.

self-financing [ˌselffaɪˈnænsɪŋ] *s.* (*econ.*) autofinanziamento: — *ratio*, tasso di autofinanziamento ◆ *agg.* che si autofinanzia; autofinanziato.

self-forgetful [ˌselffəˈgetfʊl] *agg.* dimentico di sé; disinteressato.

self-fulfilling [ˌselfʊlˌfɪlɪŋ] *agg.* che si realizza perché annunciato: *predictions of race riots tend to be — as they increase tensions*, previsioni di disordini razziali tendono a realizzarsi in quanto acuiscono le tensioni.

self-funding [ˌselfˈfʌndɪŋ] *agg.* che si autofinanzia; autofinanziato.

self-governing [ˌselfˈgʌvnɪŋ] *agg.* che si autogoverna, indipendente, autonomo.

self-government [ˌselfˈgʌvnmənt] *s.* autogoverno, indipendenza, autonomia.

self-gratification [ˌselfˌgrætɪfɪˈkeɪʃn] *s.* autogratificazione.

self-heal [ˈselfhiːl] *s.* (*bot.*) (*Brunella vulgaris*) brunella.

self-help [ˌselfˈhelp] *s.* il contare sulle proprie forze: — *groups*, gruppi di solidarietà in cui l'individuo viene aiutato a sviluppare le proprie potenzialità (per risolvere determinati problemi).

selfhood [ˈselfhʊd / self·hood] *s.* (*rar.*) **1** personalità; individualità **2** egoismo, egocentrismo.

self-ignition [ˌselfɪgˈnɪʃn] *s.* autocombustione; autoaccensione.

self-importance [ˌselfɪmˈpɔːtəns] *s.* alta opinione di sé, presunzione; prosopopea.

self-important [,selfɪm'pɔ:tənt] *agg.* presuntuoso; arrogante.

self-imposed [,selfɪm'pəʊzd] *agg.* che ci si è imposto; assunto volontariamente.

self-incrimination [,selfɪn,krɪmɪ'neɪʃn] *s.* (*dir.*) autoincriminazione.

self-indulgence [,selfɪn'dʌlʒəns] *s.* indulgenza verso se stesso; l'indulgere ai piaceri.

self-indulgent [,selfɪn'dʌlʒənt] *agg.* che indulge verso se stesso; che indulge ai piaceri.

self-inflicted [,selfɪn'flɪktɪd] *agg.* causato da sé: (*mil.*) — *wound*, autolesione.

self-instructed [,selfɪn'strʌktɪd] *agg.* che ha una cultura da autodidatta.

self-instructor [,selfɪn'strʌktə*] *s.* manuale, guida (per autodidatti).

self-interest [,self'ɪntrɪst] *s.* interesse personale; (*econ.*) tornaconto.

self-interested [,self'ɪntrɪstɪd] *agg.* interessato.

selfish ['selfɪʃ / self·ish] *agg.* egoista, egoistico; interessato // **-ly** *avv.* // **-ness** *s.*

self-justification [,self,dʒʌstɪfɪ'keɪʃn] *s.* il giustificarsi.

self-justifying [,self'dʒʌstɪfaɪɪŋ] *agg.* che si giustifica.

self-knowledge [,self'nɒlɪdʒ] *s.* consapevolezza di sé.

selfless ['selflɪs / self·less] *agg.* disinteressato, altruistico // **-ly** *avv.* // **-ness** *s.*

self-limited [,self'lɪmɪtɪd] *agg.* (*med.*) che ha un decorso stabilito (di malattia).

self-liquidating [,self'lɪkwɪdeɪtɪŋ] *agg.* (*comm.*) autoliquidantesi (detto di debito).

self-locking [,self'lɒkɪŋ] *agg.* che si chiude da sé; (*tecn.*) autobloccante, a bloccaggio automatico.

self-love [,self'lʌv] *s.* egoismo; amore di sé.

self-made [,self'meɪd] *agg.* che si è fatto da sé: *a — man*, un uomo che si è fatto da sé.

self-management [,self'mænɪdʒmənt] *s.* (*econ.*) autogestione.

self-mastery [,self'mɑ:stərɪ *amer.* ,self 'mæstərɪ] *s.* padronanza, dominio di sé; autocontrollo..

self-moving [,self'mu:vɪŋ] *agg.* (*tecn.*) semovente.

self-murder [,self'mɜ:də*] *s.* suicidio.

self-neglect [,selfnɪ'glekt] *s.* trascuratezza.

self-obsessed [,selfəb'sest] *agg.* ossessionato da se stesso; narcisistico.

self-opinionated [,selfə'pɪnɪəneɪtɪd] *agg.* che ha un'alta opinione di sé; presuntuoso.

self-perpetuating [,selfpə'petʃʊeɪtɪŋ] *agg.* che si perpetua.

self-pity [,self'pɪtɪ] *s.* autocommiserazione.

self-pitying [,self'pɪtɪɪŋ] *agg.* che si autocommisera.

self-pollination [,self,pɒlɪ'neɪʃn] *s.* (*bot.*) autoimpollinazione.

self-portrait [,self'pɔ:trɪt] *s.* autoritratto.

self-possessed [,selfpə'zest] *agg.* padrone di sé; calmo; flemmatico // **-ly** *avv.*

self-possession [,selfpə'zeʃn] *s.* padronanza di sé; calma; flemma.

self-preservation [,self,prezə'veɪʃn] *s.* autoconservazione: *instinct, spirit of —*, istinto, spirito di conservazione.

self-proclaimed [,selfprə'kleɪmd] *agg.* che si autoproclama, che si è autoproclamato.

self-promotion [,selfprə'məʊʃn] *s.* promozione, propaganda di sé.

self-propelled [,selfprə'peld] *agg.* (*tecn.*) autopropulso; con, dotato di motore proprio; semovente; motorizzato: — *missile*, missile autopropulso; — *machine*, macchina dotata di motore proprio; — *gun*, cannone (su affusto) motorizzato.

self-raising flour ['self,reɪzɪŋ'flaʊə*] *s.* farina autolievitante (che contiene una certa percentuale di lievito).

self-regard [,selfrɪ'gɑ:d] *s.* rispetto di sé, amor proprio.

self-reliance [,selfrɪ'laɪəns] *s.* fiducia in se stesso; indipendenza, autonomia.

self-reliant [,selfrɪ'laɪənt] *agg.* fiducioso in se stesso; indipendente, autonomo.

self-reproach [,selfrɪ'prəʊtʃ] *s.* autoaccusa; rimorso.

self-respect [,selfrɪ'spekt] *s.* amor proprio, fierezza, dignità.

self-respecting [,selfrɪ'spektɪŋ] *agg.* **1** che ha rispetto, stima per se stesso, che ha amor proprio **2** che si rispetti; degno di tal nome: *every — teacher would use this method*, ogni insegnante che si rispetti userebbe questo metodo.

self-righteous [,self'raɪtʃəs] *agg.* che si considera più giusto e virtuoso degli altri; che ha una morale ristretta; bigotto, moralistico // **-ly** *avv.* // **-ness** *s.*

self-rising flour ['self,raɪzɪŋ'flaʊə*] *s.* (*amer.*) → **self-raising flour**.

self-rule [,self'ru:l] → **self-government**.

self-ruling [,self'ru:lɪŋ] *agg.* che si autogoverna.

self-sacrifice [,self'sækrɪfaɪs] *s.* abnegazione; altruismo.

self-sacrificing [,self'sækrɪfaɪsɪŋ] *agg.* che si sacrifica per gli altri, altruista.

selfsame ['selfseɪm / self·same] *agg.* (*letter.*) stesso, identico, medesimo: *the selfsame song that found a path / through the sad heart of Ruth*, (KEATS) lo stesso canto che trovò la sua strada nel triste cuore di Ruth.

self-satisfaction [,selfsætɪs'fækʃn] *s.* autocompiacimento.

self-satisfied [,self'sætɪsfaɪd] *agg.* contento di sé, compiaciuto.

self-seeker [,self'si:kə*] *s.* chi fa solo il proprio interesse; egoista.

self-seeking [,self'si:kɪŋ] *agg.* egoistico, egoista ◆ *s.* Ⓤ egoismo.

self-service [,self'sɜ:vɪs] *agg.* e *s.* self -service.

self-sown [,self'səʊn] *agg.* spontaneo, cresciuto spontaneamente (di pianta).

self-starter [,self'stɑ:tə*] *s.* **1** avviamento automatico; motorino di avviamento **2** macchina ad avviamento automatico **3** persona efficiente, che si organizza da sola.

self-styled [,self'staɪld] *agg.* sedicente.

self-sufficiency [,selfsə'fɪʃnsɪ] *s.* **1** autosufficienza: *national —*, autarchia **2** presunzione; sicurezza (eccessiva) di sé.

self-sufficient [,selfsə'fɪʃnt] *agg.* **1** autosufficiente **2** presuntuoso.

self-suggestion [,selfsə'dʒestʃən] *s.* autosuggestione.

self-supporting [,selfsə'pɔ:tɪŋ] *agg.* che si mantiene da sé; indipendente; autonomo.

self-surrender [,selfsə'rendə*] *s.* arrendevolezza; accondiscendenza.

self-sustained [,selfsə'steɪnd] *agg.* (*econ.*) autosostentato: — *growth*, crescita autosostentata.

self-tanning [,self'tænɪŋ] *agg.* autoabbronzante: — *cream*, crema autoabbronzante.

self-taught [,self'tɔ:t] *agg.* autodidatta; per autodidatti.

self-taxation [,selftæk'seɪʃn] → **self -assessment**.

self-test ['selftest] *s.* (*inform.*) prova automatica.

self-timer [,self'taɪmə*] *s.* (*fot.*) autoscatto.

self-will [,self'wɪl] *s.* ostinatezza; caparbietà.

self-willed [,self'wɪld] *agg.* ostinato, caparbio.

self-winding [,self'waɪndɪŋ] *agg.* a carica automatica: — *wrist-watch*, orologio (da polso) automatico, a carica automatica.

sell [sel] *s.* (*fam.*) delusione, disappunto; imbroglio: *what a —!*, che bidone!, che fregatura!

to **sell** *pass.p.p.* **sold** [səʊld] *v.tr.* **1** vendere: *he sold his car easily*, ha venduto la macchina agevolmente; *to — cheap, dear*, vendere a basso, caro prezzo; *to — for cash*, vendere pronta cassa, in contanti; *to — on credit*, vendere a credito; *to — forward*, vendere per consegna differita; *to — on commission*, vendere su commissione; *to — by instalments*, vendere a rate; *to — by auction*, vendere all'asta; *to — at a loss*, vendere in perdita, svendere; *to — wholesale, retail*, vendere all'ingrosso, al minuto, al dettaglio // *to — oneself*, (*fig.*) vendersi, abdicare ai propri principi; valorizzarsi // *to — one's life dearly*, (*fig.*) vender cara la pelle // *to — one's soul to the devil*, (*fig.*) vendere l'anima al diavolo // *to — short*, tenere in scarsa considerazione; (*Borsa*) vendere allo scoperto **2** (*fam., rar.*) ingannare; dar(la) a bere a: *you can't — me like that*, non me la dai ad intendere // *sold again!*, me l'hanno fatta ancora // *to — s.o. a pup*, (*fam., antiq.*) raggirare qlcu. // *to — s.o. down the river*, (*fig.*) tradire, ingannare qlcu.; mettere nei guai qlcu. ◆ *v.intr.* **1** avere smercio; essere venduto: *this book is selling well*, questo libro vende bene, è un successo di vendita // *to — like hot cakes*, andare a ruba **2** costare: *tickets were selling at £ 25 each*, i biglietti costavano 25 sterline l'uno **3** (*fam.*) essere accettato; aver successo: *do you think the idea will —?*, credi che l'idea avrà successo?

□ **sell off** *v.tr.* e *avv.* (*comm.*) liquidare, mettere in liquidazione: *to — off a line of products*, mettere in liquidazione una linea di prodotti.

□ **sell out** *v.intr.* e *avv.* **1** esaurirsi, andare esaurito: *all the copies of his new book sold out fast*, tutte le copie del suo nuovo libro sono andate subito esaurite; *we have sold out of your cigarettes, sir*, le sue sigarette sono esaurite, signore **2** (*fam., fig.*) vendersi: *they were accused of selling out to the enemy*, furono accusati di essersi venduti al nemico.

□ **sell up** *v.tr.* e *intr.* e *avv.* vendere (tutto), liquidare; svendere: *we sold up and retired to the country*, abbiamo venduto tutto e ci siamo ritirati in campagna.

sellaite ['selәaɪt / sella·ite] *s.* (*min.*) sellaite.

sell-by date ['selbaɪ,deɪt] *s.* data di scadenza (di prodotti alimentari).

sell down ['seldaʊn] *s.* (*fin.*) **1** cessione di quota di titoli emessi a operatori esterni al sindacato finanziario **2** l'ammontare della quota.

seller ['selә*] *s.* **1** venditore // (*econ.*) —*'s market*, mercato del venditore // (*Borsa*) —*'s option to double*, (contratto) noch per consegnare **2** articolo che si vende: *a good, bad* —, articolo che si vende bene, male.

selling ['selɪŋ / sell·ing] *s.* **1** vendita, smercio: *direct* —, vendita diretta; *mail-order* —, vendita per posta, per corrispondenza; — *off* (o — *out*), liquidazione // (*dir.*) — *up*, vendita forzata (dei beni di un debitore insolvente) **2** (*fin.*) collocamento (di titoli di nuova emissione): — *fee*, commissione di collocamento; — *syndicate*, consorzio di collocamento; — *short*, vendita allo scoperto.

selling point ['selɪŋ,pɔɪnt] *s.* caratteristica specifica che favorisce la vendita di un prodotto.

sell off ['selɒf] *s.* (*comm.*) svendita, esaurimento di scorte.

sellotape® ['selәʊteɪp / sel·lo·tape] *s.* scotch®, nastro adesivo AMER. Scotch tape.

to **sellotape** *v.tr.* unire, aggiustare con il nastro adesivo AMER. to scotch tape.

sell-out ['selaʊt] *s.* **1** spettacolo, partita ecc. i cui biglietti sono esauriti: *his concert was a* —, il suo concerto registrò il tutto esaurito **2** (*fam.*) tradimento **3** (*comm.*) svendita, esaurimento di scorte **4** (*Borsa*) liquidazione (coattiva) di Borsa.

seltzer (-water) ['seltsә*('wɔ:tә*)] *s.* (acqua di) seltz.

selvage ['selvɪdʒ / sel·vage] **selvedge** *s.* **1** (*tess.*) cimosa; vivagno **2** bocchetta (di serratura).

selves *pl.* di **self**.

semantic [sɪ'mæntɪk / se·mantic] *agg.* semantico // **-ally** *avv.*

semantics [sɪ'mæntɪks / se·mant·ics] *s.* U semantica.

semaphore ['semәfɔ:* / sema·phore] *s.* **1** qualsiasi sistema di segnalazione **2** sistema di comunicazione con bandierine **3** (*ferr.*) semaforo: — *arm* (o amer. — *blade*), braccio del semaforo; — *signal*, semaforo, segnalatore a braccio mobile.

to **semaphore** *v.tr.* e *intr.* segnalare, trasmettere (una comunicazione) per mezzo di bandierine.

semasiology [sɪ,meɪsɪ'ɒlәdʒɪ / se·ma·si·ology] **sematology** [,semә'tɒlәdʒɪ / se·ma·to·logy] *s.* (*non com.*) semantica.

semblance ['semblәns / semb·lance] *s.* **1** (*form.*) aspetto, apparenza, parvenza: *she managed to restore some — of order*, riuscì a dare un'apparenza di ordine **2** (*form.*) somiglianza; immagine; copia: *to bear the — of sthg.*, rassomigliare a qlco. **3** finzione.

semé(e) ['semeɪ] *agg.* (*arald.*) seminato, punteggiato: *shield — of* (o *with*) *stars*, scudo punteggiato, seminato di stelle.

semen ['si:mәn / se·men] *s.* U sperma, seme, liquido seminale.

semester [sɪ'mestә* / se·mes·ter] *s.* semestre.

semi- ['semɪ] *pref.* di origine latina che entra nella composizione di aggettivi e sostantivi; it. semi-; bi- **1** semi, mezzo, metà: *semicircumference*, semicirconferenza **2** semi, in parte, non completamente, in modo imperfetto, quasi: *semi-darkness*, penombra, semioscurità; *semi-rigid*, semirigido; *semi-official*, semiufficiale, ufficioso; *semi-conscious*, semicosciente, che sta per perdere, riprendere conoscenza; *semi-skilled*, semiqualificato; *semi-transparent*, semitrasparente, translucido **3** (*non com.*) due volte (in un periodo determinato): *semi-annual*, semestrale; *semi-monthly*, bimensile, quindicinale (di pubblicazione); *semi-weekly*, (*amer.*) bisettimanale.

semi *s.* **1** (*fam.*) → semidetached **2** (*amer.*) autocarro articolato.

semi-arid [,semɪ'ærɪd] *agg.* (*geogr.*) subdesertico.

semiautomatic [,semɪ,ɔ:tә'mætɪk / semi·auto·matic] *agg.* semiautomatico: — *pistol*, pistola semiautomatica; — *telephone system*, rete telefonica semiautomatica; (*aut.*) — *transmission*, cambio semiautomatico.

semiaxis [,semɪ'æksɪs / semi·axis] *pl.* **semiaxes** [,semɪ'æksi:z] *s.* (*mat.*, *fis.*) semiasse.

semi-beam ['semɪbi:m] *s.* (*edil.*) trave a sbalzo.

semibreve ['semɪbri:v / semi·breve] *s.* (*mus.*) semibreve AMER. whole note.

semicarbazide [,semɪ'kɑ:bәzaɪd / semi·car·baz·ide] *s.* (*chim.*) semicarbazide.

semicircle ['semɪ,sɜ:kl / semi·circle] *s.* **1** semicerchio **2** oggetto a forma di semicerchio.

semicircular [,semɪ'sɜ:kjʊlә* / semi·cir·cu·lar] *agg.* semicircolare // (*arch.*) — *arch*, arco a tutto sesto // (*anat.*) — *canals*, canali semicircolari (dell'orecchio).

semicolon [,semɪ'kәʊlәn *amer.* 'semɪ,kәʊlәn / semi·co·lon] *s.* punto e virgola.

semiconductor [,semɪkәn'dʌktә* / semi·con·ductor] *s.* (*fis.*, *elettr.*) semiconduttore: — *diode*, diodo a semiconduttore; — *junction*, giunzione fra semiconduttori.

semicustom chip [,semɪ'kʌstәm,tʃɪp] *s.* (*inform.*) chip prediffuso, circuito integrato prediffuso.

semidetached [,semɪdɪ'tætʃt / semi·de·tached] *agg.* con muro divisorio in comune con un'altra casa ◆ *s.* casa, villa bifamiliare AMER. duplex.

semi-diurnal [,semɪdaɪ'ɜ:nl] *agg.* semidiurno.

semi-durable [,semɪ'djʊәrәbl *amer.* ,semɪ'dʊәrәbl] *agg.* semidurevole: (*econ.*) — *goods*, beni di consumo semidurevole.

semifinal [,semɪ'faɪnl / semi·final] *agg.* e *s.* semifinale.

semifinalist [,semɪ'faɪnәlɪst / semi·fin·al·ist] *s.* semifinalista.

semifinished [,semɪ'fɪnɪʃt / semi·fin·ished] *agg.* (*tecn.*) semilavorato // — *products*, semilavorati // (*metall.*) — *steel*, semilavorati d'acciaio.

semifluid [,semɪ'flu:ɪd / semi·fluid] *agg.* semifluido.

semi-grand ['semɪgrænd] *s.* pianoforte a mezza coda.

semi-lunar [,semɪ'lu:nә*] *agg.* (*anat.*, *bot.*, *zool.*) semilunare, a forma di mezzaluna.

seminal ['semɪnl / sem·inal] *agg.* **1** seminale; che contiene seme, sperma; riproduttivo // (*anat.*) — *duct*, dotto spermatico // (*biol.*): — *filament*, spermatozoo; — *fluid*, seme, sperma **2** simile a seme; germinale, originario, embrionale: *in the — state*, allo stato embrionale, latente **3** (*fig. form.*) *a — figure*, una personalità di grosso rilievo.

seminar ['semɪnɑ:* / sem·inar] *s.* seminario (di università): *a — for teachers of English*, un seminario per insegnanti di inglese.

seminarist ['semɪnәrɪst / sem·in·ar·ist] *s.* (*eccl.*) seminarista.

seminary ['semɪnәrɪ *amer.* 'semɪnerɪ / sem·in·ary] *s.* **1** (*eccl.*) seminario **2** vivaio (*anche fig.*): *slums are seminaries of crime*, i bassifondi sono i vivai del crimine **3** (*antiq.*) scuola privata, collegio (spec. per ragazze).

semination [,semɪ'neɪʃn / sem·in·ation] *s.* **1** (*bot.*) seminatura; propagazione, spargimento di seme **2** disseminazione (*anche bot.*) **3** (*med.*) inseminazione: *artificial* —, inseminazione artificiale.

seminivorous [,semɪ'nɪvәrәs / semi·ni·vor·ous] *agg.* (*zool.*) granivoro.

seminoma [,semɪ'nәʊmә / semi·noma] *pl.* **seminomas**, **seminomata** [,semɪ'nәʊmәtә / semi·no·mata] *s.* (*med.*) seminoma.

semiologist [,semɪ'ɒlәdʒɪst / se·mi·olo·gist] *s.* **1** studioso di semiologia, di semiotica **2** (*med.*) semiologo.

semiology [,semɪ'ɒlәdʒɪ / se·mi·ology] *s.* **1** semiotica, semiologia **2** (*med.*) semeiotica, semiologia, sintomatologia.

semiotic [,semɪ'ɒtɪk / se·mi·otic] *agg.* **1** relativo alla semiotica **2** (*med.*) semeiotico, sintomatico.

semiotics [,semɪ'ɒtɪks / se·mi·ot·ics] *s.* U → **semiology**.

semiparasite [,semɪ'pærәsaɪt / semi·para·site] *agg.* e *s.* semiparassita.

semiprecious [,semɪ'preʃәs / semi·pre·cious] *agg.* semiprezioso: — *materials*, materiali semipreziosi; — *stones*, pietre semipreziose, pietre dure.

semiprivate [,semɪ'praɪvɪt / semi·pri·vate] *agg.* (*amer.*) semiprivato (spec. di camera d'ospedale).

semiprocessed [,semɪ'prәʊsest *amer.* ,semɪ'prɒsest / semi·pro·cessed] *agg.* semilavorato.

semiprofessional [,semɪprә'feʃәnl / semi·pro·fes·sional] *agg.* semiprofessionale ◆ *s.* semiprofessionista.

semiquaver ['semɪ,kweɪvә* / semi·quaver] *s.* (*mus.*) semicroma AMER. sixteenth note.

semisolid [,semɪ'sɒlɪd / semi·solid] *agg.* semisolido.

semi-sparkling [,semɪ'spɑ:klɪŋ] *agg.* frizzantino (di vino).

semisteel ['semɪsti:l / semi·steel] *s.* (*metall.*) ghisa acciaiosa.

Semite ['si:maɪt / Sem·ite] *agg.* (*non com.*) semitico ◆ *s.* **1** semita **2** ebreo.

Semitic [sɪ'mɪtɪk / Sem·itic] *agg.* **1** semitico **2** delle lingue semitiche **3** ebreo.

Semitics [sɪ'mɪtɪks / Sem·itics] *s.* ▢ studio della lingua, letteratura, civiltà dei semiti.

Semitism ['semɪtɪzəm / Sem·it·ism] *s.* lingua, caratteristica, modo di pensare semitico.

semitone ['semɪtəʊn / semi·tone] *s.* (*mus.*) semitono.

semitonic [,semɪ'tɒnɪk / semi·tonic] *agg.* (*mus.*, *fon.*) semitonico // (*mus.*) — *scale*, scala cromatica.

semitrailer ['semɪ,treɪlə* / semi·trailer] *s.* (*amer.*) semirimorchio.

semivowel ['semɪ,vaʊəl / semi·vowel] *s.* (*fon.*) semivocale.

semolina [,semə'li:nə / se·mo·lina] *s.* semolino // — *pudding*, budino di semolino.

sempiternal [,sempɪ'tɜ:nl / sem·pi·ter·nal] *agg.* (*rar.*) sempiterno, eterno, perpetuo // **-ly** *avv.*

sempstress ['sempstrɪs / semp·stress] → **seamstress**.

sen [sen] *s.* sen (moneta divisionale giapponese corrispondente a 1/100 di yen).

senaite ['senə,aɪt / sena·ite] *s.* (*min.*) senaite.

senarius [sɪ'neərɪəs / sen·arius] *pl.* **senarii** [sɪ'neərɪaɪ / sen·arii] *s.* (*metrica*) senario.

senary ['si:nərɪ / sen·ary] *agg.* (*non com.*) composto da sei elementi; (*metrica*) senario.

senate ['senɪt / sen·ate] *s.* **1** senato **2** senato, consiglio accademico (nelle università) // *Senate House*, Palazzo del Senato (anche nelle università).

senator ['senətə* / sen·ator] *s.* senatore.

senatorial [,senə'tɔ:rɪəl / sen·at·orial] *agg.* senatoriale; senatorio: — *dignity*, dignità senatoriale // — *district*, (*amer.*) regione qualificata a eleggere un senatore.

senatorship ['senətəʃɪp / sen·at·or·ship] *s.* carica, ufficio, dignità senatoriale.

to **send**[1] [send] *pass.p.p.* **sent** [sent] *v.tr.* **1** mandare, inviare, spedire: *to — a child to school*, mandare un bambino a scuola; *why don't you — him a telegram?*, perché non gli mandi un telegramma?; *he had breakfast sent up to his room*, si fece servire in camera la colazione; *I'll — my daughter to collect them*, manderò mia figlia a ritirarli; *who sent you?*, chi ti ha mandato?; *I'll have to — my coat to the cleaner's*, devo mandare il mio cappotto in tintoria; *to — a member to Parliament*, eleggere un deputato al Parlamento; *the blow sent him against the wall*, il colpo l'ha gettato contro il muro; *we sent word that the mission had been successfully completed*, mandammo a dire che la missione era stata felicemente conclusa // *to — coals to Newcastle*, portare vasi a Samo, mandare acqua al mare // *to — s.o. about his business*, (*fam.*) mandare qlcu. al diavolo, a quel paese // *to — s.o., sthg. flying*, far volare qlcu., qlco. // *to — s.o. packing*, far fare fagotto a qlcu. // *to — s.o. to sleep*, fare addormentare qlcu. // *to — to the bottom*, (*mar.*) colare a picco // *to be sent into the world*, essere messo al mondo // *to — s.o. to the showers*, (*fam. amer.*) licenziare qlcu. // *to — s.o. up the wall*, (*fam.*) far infuriare qlcu. **2** far diventare; rendere: *to — s.o. mad* (o *crazy*), far impazzire qlcu.; *to — s.o. into a fit* (o *into fits*), mandar qlcu. fuori dai gangheri; *this record sends me*, (*fam.*) questo disco mi fa impazzire **3** (*fam.*) concedere; accordare: ... — *her victorious*, (dall'inno nazionale inglese) ... le conceda la vittoria ♦ *v.intr.* mandare un messaggio, un messaggero: — *to me tomorrow morning*, (*form.*) mandami a dire qualcosa domani mattina; *Mary has sent to ask, to see if...*, Maria ha mandato a chiedere, a vedere se...

□ **send across** *v.tr.* e *avv.* o *prep.* mandare al di là di (fiume, strada ecc.).

□ **send after** *v.tr.* o *intr.* e *prep.* far seguire, rincorrere qlcu.: *I had left my passport at the hotel but a boy was sent after me with it*, avevo dimenticato il passaporto in albergo e un fattorino mi è corso dietro per darmelo.

□ **send ahead** *v.tr.* e *avv.* mandare avanti: *I'm sending Mary and the children ahead, I'll follow later*, mando avanti Mary e i bambini, io li seguirò poi.

□ **send along** *v.tr.* e *avv.* mandare, inviare (da qlcu.): — *him along*, mandamelo.

□ **send away** *v.tr.* e *avv.* mandar via; scacciare, congedare: — *him away at once*, mandalo via subito ♦ *v.intr.* e *avv.* (*for*) ordinare (per posta): *he sent away to the publisher for a full catalogue*, ha fatto richiesta alla casa editrice di un catalogo completo.

□ **send back** *v.tr.* e *avv.* restituire; ritornare (a); rimandare (a): *I had to — back the skirt to the cleaner's because the stain hadn't come out*, ho dovuto rimandare la gonna in tintoria perché la macchia non era venuta via; *he sent back the fish because it wasn't good*, ha mandato indietro il pesce perché non era buono; *I sent her back home*, la rimandai a casa.

□ **send down** *v.tr.* e *avv.* **1** far scendere, far calare (gener. di prezzo, quotazione) **2** cacciare dall'università **3** (*fam.*) mandare in prigione: *he was sent down for three years*, è stato mandato dentro per tre anni ♦ *v.intr.* e *avv.* (*to*) farsi portare (qlco.) da un piano più basso: *I'll — down to room-service for some sandwiches*, mi farò portare su in camera dei tramezzini.

□ **send for** *v.tr.* o *intr.* e *prep.* **1** mandare a chiamare, far venire: *they sent for reinforcements*, chiesero dei rinforzi; *you'd better — for the doctor*, è meglio che tu chiami un medico; *have the police been sent for?*, è stata chiamata la polizia? **2** ordinare; richiedere: *why don't you — for a catalogue?*, perché non richiedi un catalogo?

□ **send forth** *v.tr.* e *avv.* (*antiq.*) **1** (*comm.*) esportare, mandare all'estero **2** pubblicare, fare uscire (libri ecc.) **3** esalare, spandere (odore ecc.); lanciare, gettare, emettere (suoni, raggi ecc.) **4** (*bot.*) emettere, buttar fuori (germogli ecc.).

□ **send in** *v.tr.* e *avv.* far pervenire, inviare: *applications should be sent in to the local library*, le domande devono essere fatte pervenire alla locale biblioteca // (*comm.*) *to — in an order*, fare un'ordinazione.

□ **send off** *v.tr.* e *avv.* **1** spedire: *have you sent off the parcel yet?*, hai già spedito il pacco? // *have the children been sent off with warm sweaters?*, hai dato ai ragazzi un bel golf caldo da portare con sé? // (*sport*) *to — s.o. off the field*, espellere qlcu. dal campo **2** salutare (qlcu. che parte): *all his friends were at the station to — him off*, tutti i suoi amici erano alla stazione a salutarlo ♦ *v.intr.* e *avv.* → to send away.

□ **send on** *v.tr.* e *avv.* **1** inoltrare (lettere ecc.); trasmettere (ordine ecc.): *she asked us to — on any letters to her new address*, ci ha chiesto che la corrispondenza le fosse inoltrata al nuovo indirizzo **2** mandare avanti: *something unexpected turned up so I sent John on to the meeting*, capitò un imprevisto per cui ho mandato avanti John alla riunione ♦ *v.intr.* e *prep.* mandare in, a: *he was sent on an intensive course of speed reading*, fu mandato a un corso intensivo di lettura veloce.

□ **send out** *v.tr.* e *avv.* mandar fuori; emettere; far uscire: *a circular was sent out to all the departments*, fu mandata una circolare a tutti i reparti; *the trees are sending out leaves*, gli alberi stanno mettendo le foglie; *he was sent out of the room*, fu mandato fuori dalla stanza ♦ *v.intr.* o *tr.* e *avv.* mandare (qlcu.) a prendere (qlco.): *could you send* (*somebody*) *out for some sandwiches and coffee, please?*, puoi mandare (qualcuno) a prendere dei panini e del caffè, per piacere?

□ **send up** *v.tr.* e *avv.* **1** far salire (costi, valori) **2** (*fam.*) prendere in giro, canzonare; satireggiare: *the new film sends up British holiday-makers abroad*, il nuovo film prende in giro i vacanzieri inglesi all'estero **3** (*fam. amer.*) mandare in prigione, mandar dentro **4** distruggere; far saltare in aria: *to — up in flames*, mandare in fiamme.

send[2] *s.* **1** (*rar.*) impeto, spinta di un'onda **2** (*mar.*) beccheggio.

sendal ['sendl] *s.* zendale, zendado.

sender ['sendə*] *s.* **1** mittente, mandante // *returned to* —, respinto al mittente **2** (*tel. rad.*) chi segnala, segnalatore; apparecchio trasmettitore, emettitore **3** (*comm.*) speditore, spedizioniere; rimettitore (di denaro).

sending ['sendɪŋ / send·ing] *s.* **1** invio; spedizione (*anche comm.*); rimessa (di denaro) **2** (*tel. rad.*) trasmissione.

sending station ['sendɪŋ,steɪʃn] *s.* stazione trasmittente (*anche inform.*).

send-off ['sendɒf *amer.* 'sendɔ:f] *s.* (*fam.*) festa d'addio; commiato; auguri, espressioni cordiali (per qlcu. che parte, inizia una carriera): *to give s.o. a good* —, salutare affettuosamente qlcu. che parte; organizzare una festa d'addio per qlcu.

send-up ['sendʌp] *s.* (*fam.*) parodia, imitazione.

senecio [sɪ'ni:ʃɪəʊ / se·ne·cio] *s.* (*bot.*) senecione, cineraria → **groundsel**.

senega ['senɪgə / sen·ega] *s.* (*bot.*) (*Polygala senega*) poligala.

Senegalese [,senɪgə'li:z / Sen·egal·ese] *agg.* e *s.* senegalese.

senescence [sɪ'nesns / sen·es·cence] *s.* senescenza.

senescent [sɪ'nesnt / sen·es·cent] *agg.* (*non com.*) senescente.

seneschal ['senɪʃl / sen·es·chal] *s.* (*st.*) siniscalco, maggiordomo.

sengierite ['seŋɪəraɪt / sen·gier·ite] *s.* (*min.*) sengierite.

sengreen ['sengri:n / sen·green] *s.* (*bot.*) **1** sedo **2** (*Sempervivum tectorum*) semprevivo **3** pervinca → periwinkle.

senile ['si:naɪl / sen·ile] *agg.* **1** senile: — *decay*, decadimento senile // (*med.*) — *dementia*, demenza senile **2** decrepito, cadente; mentalmente confuso (per la vecchiaia).

senility [sɪ'nɪlətɪ / sen·il·ity] *s.* senilità.

senior ['si:njə* / se·nior] *agg.* **1** più vecchio, più anziano: *she is three years my* —, ha tre anni più di me **2** (abbr. *sen.*, amer. *sr.*): senior, padre, fratello maggiore: *John Smith* —, John Smith senior **3** superiore, più ragguardevole; che ha più anzianità (di ufficio): — *clerk*, impiegato con più anzianità; capufficio; — *partner*, socio dirigente // *the — master*, il professore con più anzianità // (*mil.*): — *officer*, ufficiale superiore; — *officers*, gli ufficiali superiori (come categoria); *he's my — officer*, è l'ufficiale mio superiore diretto; *the — officer*, l'ufficiale più anziano (di grado o di anzianità di grado) **4** (*amer.*) dell'ultimo anno, più anziano (di studente di scuola superiore o di università): — *high school*, scuola media superiore **5** (*fin.*) di primo grado: — *issue*, emissione di primo grado ◆ *s.* **1** decano, anziano: *he is my — by two years*, ha due anni più di me // *the seniors*, gli allievi più anziani; (*amer.*) studenti licenziandi (di scuola superiore o università) **2** il superiore, il più ragguardevole.

senior citizen [ˌsiːnjə'sɪtɪzn] *s.* persona anziana; pensionato.

seniority [ˌsiːnɪ'ɒrətɪ *amer.* ˌsiːnɪ'ɔːrətɪ / se·ni·or·ity] *s.* anzianità (d'anni, di grado, di servizio); superiorità (di grado, posizione): *right of* —, diritto di anzianità; — *list*, ordine d'anzianità.

senna ['senə] *s.* (*bot.*) (*Cassia angustifolia*) sena, senna // — *tea*, infuso di sena.

sennet ['senɪt / sen·net] *s.* (*teatr.*) (*ant.*) fanfara, suono di tromba (per annunciare l'entrata in scena di personaggi importanti).

sennight ['senaɪt / sen·night] *s.* (*ant.*) settimana; sette giorni: *this day* —, oggi a otto.

sennit ['senɪt / sen·nit] *s.* (*mar.*) garzetta, gaschetta, treccia (di corda, paglia ecc.).

sensation [sen'seɪʃn / sen·sa·tion] *s.* **1** senso; sensibilità (fisica); sensazione, impressione: *he had a — of falling*, gli sembrava di cadere; *he lost all — in his legs*, ha perso ogni sensibilità nelle gambe; *it gave me a strange — to go back to my old school*, mi diede un strana sensazione il ritornare alla mia vecchia scuola **2** sensazione, effetto sensazionale, colpo, impressione: *to create* (o *to make* o *to cause*) *a* —, far colpo, impressionare, creare un effetto.

sensational [sen'seɪʃənl / sen·sa·tional] *agg.* **1** che dipende dai sensi, sensoriale **2** sensazionale, di grande effetto, che fa colpo: *a — event*, un avvenimento sensazionale; *a — invention*, un'invenzione strabiliante; *a — piece of news*, una notizia che fa colpo **3** (*fam.*) eccezionale, fantastico // **-ly** *avv.*

sensationalism [sen'seɪʃnəlɪzəm / sen·sa·tion·al·ism] *s.* **1** ricerca del sensazionale **2** (*st. fil.*) sensismo.

sensationalist [sen'seɪʃnəlɪst / sen·sa·tion·al·ist] *s.* **1** chi cerca di far colpo, sensazione **2** (*st. fil.*) sensista ◆ *agg.* che vuol far colpo, a sensazione, a forti tinte.

sense [sens] *s.* **1** senso: *the five senses*, i cinque sensi; *the sixth* —, il sesto senso, l'intuito; *to have a keen — of hearing*, aver l'udito fine; *to kindle the senses of s.o.*, eccitare i sensi di qlcu. **2** *pl.* comprensione, facoltà mentali: *to be in one's right senses*, essere in (pieno) possesso delle proprie facoltà mentali; *have you taken leave of your senses?*, hai perso la testa?; *to bring s.o. to his senses*, far rinsavire qlcu.; *to drive s.o. out of his senses*, fare impazzire qlcu. **3** conoscenza: *to come to one's senses*, rinvenire, riprendere conoscenza; *to lose one's senses*, perdere conoscenza **4** senso, sensazione: — *of colour*, senso del colore; *to have a — of direction*, avere il senso dell'orientamento; *to have a high — of duty*, avere un alto senso del dovere; *to have a — of humour*, avere il senso dell'umorismo; *a — of infinite well-being*, un senso, una sensazione di infinito benessere **5** buon senso, saggezza: *common* —, buon senso, senso comune; *to take a common — view of things*, vedere il lato pratico delle cose; *there is no* (o *little*) *— in that!*, non vi è senso comune!; *what is the — of talking like that?*, che ragione c'è di parlare a quel modo?; *to talk* —, parlare con saggezza // *he has more — than to do that*, è troppo avveduto per fare ciò **6** senso, significato: *figurative* —, senso figurato; *in a* —, in un certo senso; *in a very real —, in the full — of the word*, nel vero senso della parola, letteralmente; *in no* —, per niente; *I can't make — out of this passage*, non riesco a capire il significato di questo brano // *it makes — to do as he is saying*, conviene fare come dice lui // *it doesn't make* —, non ha senso, è insensato; non quadra // *to make — out of nonsense*, trovare per forza un senso dove non c'è **7** opinione comune; indirizzo; orientamento: *the — of the meeting was that no sanctions should be taken*, l'orientamento del convegno era che non si dovessero comminare sanzioni.

to **sense** *v.tr.* **1** intuire, avere la sensazione di; capire, rendersi conto **2** (*fil.*) percepire attraverso i sensi **3** sondare; rilevare (per mezzo di sensori): *this device senses radiation*, questo apparecchio rileva le radiazioni.

sense byte ['sensbaɪt] *s.* (*inform.*) byte rilevatore.

sense datum ['sens,deɪtəm] *pl.* **sense data** ['sens,deɪtə] *s.* dato sensoriale.

senseless ['senslɪs / sense·less] *agg.* **1** inanimato, senza conoscenza (di persone): *to fall* —, cadere privo di sensi; *to knock s.o.* —, tramortire, atterrare qlcu. **2** insensato; senza senno; stupido, insulso; assurdo (di persone e cose): *a — custom*, un'abitudine stupida; *a — remark*, una osservazione sciocca **3** insensibile, privo di facoltà sensorie // **-ly** *avv.* // **-ness** *s.*

sense organ ['sens,ɔːgən] *s.* organo sensorio.

sensibility [ˌsensɪ'bɪlətɪ / sens·ib·il·ity] *s.* **1** sensibilità: *tactile* —, sensibilità tattile; — *to pain*, sensibilità al dolore **2** (*form.*) sensibilità, finezza di percezione: *musical, poetic* —, sensibilità musicale, poetica; *her — to the subtleties of language*, la sua sensibilità per le finezze della lingua; *'Sense and Sensibility' by Jane Austen*, 'Buon senso e sensibilità' di Jane Austen **3** (*spec. pl.*) suscettibilità: *to outrage s.o.'s sensibilities*, ferire la suscettibilità di qlcu.

sensible ['sensəbl / sens·ible] *agg.* **1** sensato, giudizioso, assennato, saggio; razionale, pratico: — *clothing*, indumenti pratici; — *furniture*, mobili razionali; *a — person*, una persona giudiziosa, piena di buon senso; *be* —, sii ragionevole **2** sensibile, percettibile, che può essere percepito attraverso i sensi: — *heat*, calore sensibile **3** (*form.*) notevole, considerevole, rilevante: *a — fall in temperature*, un notevole abbassamento di temperatura **4** (*antiq.*) consapevole, conscio: *to be — of the fact that*, apprezzare il fatto che **5** (*non com.*) cosciente: *he was still — despite his fall*, non aveva perso i sensi malgrado la caduta **6** (*form.*) sensibile: *he was — to her influence*, si lasciava molto influenzare da lei.

sensibleness ['sensəblnɪs / sens·ible·ness] *s.* buon senso; giudizio; intelligenza: *the — of their choice*, la loro saggia scelta.

sensibly ['sensəblɪ / sens·ibly] *avv.* **1** assennatamente; giudiziosamente; razionalmente: *she was — dressed*, era vestita in modo pratico **2** (*form.*) sensibilmente; percettibilmente; intensamente (di sentimenti).

sensing ['sensɪŋ / sens·ing] *s.* (*inform.*) rilevazione.

sensitive ['sensɪtɪv / sens·it·ive] *agg.* **1** sensibile; sensorio: — *skin*, pelle delicata; — *tooth*, dente sensibile; *he is — to cold*, è freddoloso, sente molto il freddo; *to be — to* (o *of*) *sthg.*, essere sensibile a qualcosa // — *nerves*, nervi sensori // (*fot.*) — *layer* (o *plate*), lastra sensibile // (*inform.*) — *data*, (IBM) dati significativi **2** (*fig.*) sensibile, suscettibile, permaloso; impressionabile: *don't be so* —, non essere così permaloso; *she is too — to what people say about her*, è troppo suscettibile a ciò che la gente dice di lei // (*comm.*) — *market*, mercato, piazza sensibile ◆ *s.* persona sensibile alle influenze psichiche; soggetto sensibile // **-ly** *avv.* // **-ness** *s.*

sensitive plant ['sensɪtɪv,plɑːnt *amer.* 'sensɪtɪv,plænt] *s.* (*bot.*) (*Mimosa pudica*) sensitiva, mimosa sensitiva, mimosa pudica.

sensitivity [ˌsensɪ'tɪvətɪ / sens·it·iv·ity] *s.* **1** sensibilità; delicatezza: *lack of* —, mancanza di sensibilità **2** suscettibilità, emotività **3** sensibilità; reattività: (*econ.*) — *of demand*, reattività della domanda; (*fin.*) — *analysis*, analisi di sensitività; (*fot.*) — *of an emulsion*, impressionabilità di un'emulsione.

sensitizable ['sensɪtaɪzəbl / sens·it·iz·able] *agg.* (*fot.*) sensibilizzabile (di carta).

sensitization [ˌsensɪtaɪ'zeɪʃn *amer.* ˌsensɪtɪ'zeɪʃn / sens·it·iza·tion] *s.* **1** (*fot.*) sensibilizzazione **2** (*biol.*) sensibilizzazione (con allergeni).

to **sensitize** ['sensɪtaɪz / sens·it·ize] *v.tr.* sensibilizzare, rendere sensibile; acuire la sensibilità.

sensitizer ['sensɪtaɪzə* / sens·it·izer] *s.* (*fot.*) sensibilizzatore.

sensitizing ['sensɪtaɪzɪŋ / sens·it·iz·ing] *agg.* sensibilizzatore // (*fot.*) — *bath*, bagno sensibilizzatore ◆ *s.* sensibilizzazione.

sensitometer [ˌsensɪ'tɒmɪtə* / sens·ito·meter] *s.* (*fot.*) sensitometro.

sensor ['sensə*] *s.* (*tecn.*) sensore // (*inform.*) — *glove*, guanto sensore.

sensorial [sen'sɔːrɪəl / sen·sor·ial] *agg.* sensorio.

sensorium [sen'sɔːrɪəm / sen·sor·ium] *pl.* **sensoria** [sen'sɔːrɪə / sen·soria] **sensoriums** *s.* (*med.*) apparato sensorio.

sensory ['sensərɪ / sens·ory] *agg.* sensoriale // (*med.*): — *area*, area sensitiva; — *learning*, apprendimento sensoriale // (*psic.*) — *deprivation*, deprivazione sensoriale.

sensual ['sensjʊəl / sen·sual] *agg.* **1** sensorio **2** sensuale; animale; voluttuoso; carnale; libidinoso: — *enjoyment*, voluttà; — *expression*, espressione voluttuosa, sensuale; — *instinct*, istinto animale // **-ly** *avv.*

sensualism ['sensjʊəlɪzəm / sen·su·al·ism]

s. **1** (*st. fil.*) sensualismo; edonismo **2** (*non com.*) sensualità.

sensualist ['sensjʊəlɪst / sen·su·al·ist] *s.* **1** (*st. fil.*) sensualista; edonista **2** (*non com.*) persona sensuale.

sensualistic [,sensjʊə'lɪstɪk / sen·su·al·ist·ic] *agg.* **1** (*st. fil.*) sensualistico; edonistico **2** (*non com.*) sensuale.

sensuality [,sensjʊ'ælətɪ / sen·su·al·ity] *s.* sensualità; voluttà.

to **sensualize** ['sensjʊəlaɪz / sen·su·al·ize] *v.tr.* rendere sensuale.

sensuous ['sensjʊəs / sen·su·ous] *agg.* dei sensi, sensuale; voluttuoso • Si noti la differenza fra *sensuous* e *sensual*: il primo si riferisce a qlco. che desta i sensi in modo piacevole; è spesso usato nel linguaggio artistico-letterario; il secondo riguarda invece la sfera del piacere sessuale // **-ly** *avv.* // **-ness** *s.*

sent *pass. p.p.* di to **send**.

sentence ['sentəns / sen·tence] *s.* **1** giudizio, sentenza; condanna; pena: *life* —, ergastolo; *death* —, condanna a morte; *to be under — of death*, essere condannato a morte; *commutation of* —, commutazione di pena; *to pass* (*a*) —, pronunciare una sentenza, una condanna: *the judge passed* (o *pronounced*) *— on the burglar*, il giudice condannò lo scassinatore; *to undergo a* —, scontare una condanna **2** (*gramm.*) frase: *well-constructed* —, frase ben costruita; *complex* —, periodo; *compound* —, frase composta **3** (*non com.*) massima, detto **4** (*ant.*) opinione.

to **sentence** *v.tr.* giudicare, pronunciare una sentenza, una condanna contro; condannare: *he was sentenced to a term of 5 years*, fu condannato a 5 anni di reclusione; *to — s.o. to two months' imprisonment, to death*, condannare qlcu. a due mesi di carcere, a morte; *he felt he was sentenced to a life of poverty*, si sentiva come condannato a una vita di miseria.

sentencing ['sentənsɪŋ / sen·ten·cing] *s.* (*dir.*) commisurazione e irrogazione della pena (nel processo penale).

sententious [sen'tenʃəs / sen·ten·tious] *agg.* sentenzioso; aforistico: *a — man*, un uomo sentenzioso, (*iron.*) uno sputasentenze; *— speech*, discorso sentenzioso // **-ly** *avv.* // **-ness** *s.*

sentience ['senʃəns / sen·tience] *s.* (*form.*) sensibilità, facoltà di sentire.

sentient ['senʃnt / sen·tient] *agg.* (*form.*) senziente, sensibile, cosciente // **-ly** *avv.*

sentiment ['sentɪmənt / sen·ti·ment] *s.* **1** (*form.*) sentimento, senso: *— of pity*, sentimento di pietà; *noble, base sentiments*, sentimenti nobili, volgari; *— should be controlled by reason*, il sentimento dovrebbe essere controllato dalla ragione **2** (*form.*) opinione, parere, idea: *those are my sentiments exactly*, ecco esattamente la mia opinione, come la penso; *to change one's sentiments*, cambiare parere // (*comm.*) *consumer* —, intenzione (di spesa) del consumatore **3** (*spreg.*) sentimentalità, sentimentalismo: *there's no room for — in business*, non c'è posto per i sentimentalismi negli affari **4** (*arte*) sentimento artistico **5** (*form.*) formula augurale.

sentimental [,sentɪ'mentl / sen·ti·mental] *agg.* **1** sentimentale, tenero, romantico: *a — girl*, una ragazza sentimentale; *— poetry*, poesia sentimentale, romantica; *— reasons*, ragioni sentimentali; *— value*, valore affettivo **2** (*spreg.*) sentimentale, lacrimoso: *a trashy — novel*, un romanzo sdolcinato da quattro soldi // (*letter.*) *the — comedy*, la commedia sentimentale // **-ly** *avv.*

sentimentalism [,sentɪ'mentəlɪzəm / sen·ti·ment·al·ism] *s.* sentimentalismo.

sentimentalist [,sentɪ'mentəlɪst / sen·ti·ment·al·ist] *s.* (persona) sentimentale, romantico.

sentimentality [,sentɪmen'tælətɪ / sen·ti·ment·al·ity] *s.* sentimentalità.

to **sentimentalize** [,sentɪ'mentlaɪz / sen·ti·ment·al·ize] *v.intr.* fare del sentimentalismo, affettare sensibilità: *he was sentimentalizing about* (o *over*) *his day sin the war*, stava facendo del sentimentalismo sui suoi giorni trascorsi in guerra ◆ *v.tr.* rendere sentimentale.

sentinel ['sentɪnl / sen·tinel] *s.* (*antiq.*) sentinella, guardia, vedetta: *to stand* —, montare la guardia, stare di sentinella, essere di vedetta.

to **sentinel** *pass.p.p.* **sentinelled** ['sentɪnld / sen·tinel·led] *v.tr.* (*antiq.*) **1** collocare, disporre sentinelle a; mettere di sentinella **2** vigilare, vegliare su.

sentry ['sentrɪ / sen·try] *s.* sentinella, guardia, vedetta: *to relieve a* —, dare il cambio a una sentinella // *advanced* — (o *outlying* —), sentinella avanzata // *to come off* —, smontare di guardia; *to force a* —, forzare la consegna; *to stand* (o *to be on*) —, montare la sentinella, essere di vedetta.

sentry box ['sentrɪ,bɒks] *s.* garitta.

sepal ['sepəl] *s.* (*bot.*) sepalo.

separability [,sepərə'bɪlətɪ / sep·ar·ab·il·ity] *s.* (*form.*) separabilità.

separable ['sepərəbl / sep·ar·able] *agg.* (*form.*) separabile // **-bly** *avv.* // **-ness** *s.*

separate ['seprət / sep·ar·ate] *agg.* **1** separato, staccato; isolato, appartato; individuale, distinto: *keep this — from the rest*, tienilo separato dal resto; *after the party everyone went their — ways*, al termine della festa ognuno andò per la sua strada; *entered in a — column*, registrato in una colonna a parte, distinta; *everyone has a — tooth-brush*, ognuno ha uno spazzolino da denti personale; *my room has a — entrance*, la mia camera ha un'entrata indipendente; *they wanted — rooms, beds*, volevano camere, letti separati // (*dir.*): *— estate*, beni della moglie (sui quali il marito non ha diritti); *— maintenance*, alimenti **2** diverso, distinto: *this issue, matter is quite — from the previous one*, questa questione è ben distinta dalla precedente ◆ *s.* **1** (*tip.*) pubblicazione a parte **2** *pl.* (abiti) coordinati // **-ly** *avv.* // **-ness** *s.*

to **separate** ['sepəreɪt] *v.tr.* separare; dividere; disunire; spartire: *the Channel separates France from England*, la Manica separa la Francia dall'Inghilterra; *to — the milk*, scremare, centrifugare il latte; *to — two quarrellers*, dividere due litiganti; (*agr.*) *to — a layer*, distaccare un margotto, piantare per talea ◆ *v.intr.* separarsi; dividersi, lasciarsi: *cream separates from milk*, la panna si separa dal latte; *he separated from the party*, si staccò dalla compagnia; *she separated from her husband last year*, l'anno scorso si è separata dal marito.

separation [,sepə'reɪʃn / sep·ara·tion] *s.* **1** separazione; divisione; rottura (*anche fig.*) // (*dir.*) *judicial* —, separazione legale **2** (*amer.*) interruzione del rapporto di lavoro: *— rate*, indice di interruzione (del rapporto di lavoro).

separationist [,sepə'reɪʃənɪst / sep·ara·tion·ist] *s.* (*st. pol.*) separatista; (*relig.*) scismatico.

separatism ['sepərətɪzəm / sep·ar·at·ism] *s.* (*st. pol.*) separatismo; (*relig.*) tendenza scismatica, dissidenza.

separatist ['sepərətɪst / sep·ar·at·ist] *agg.* e *s.* (*st. pol.*) separatista; (*relig.*) scismatico, dissidente.

separative ['sepərətɪv / sep·ar·at·ive] *agg.* separativo, separatore.

separator ['sepəreɪtə* / sep·ar·ator] *s.* separatore, divisore // (*tecn.*): *baffle* —, separatore a diaframma; *centrifugal* —, separatore centrifugo; *magnetic* —, separatore (elettro)magnetico // (*cream*) —, scrematrice // *directional* —, spartitraffico.

Sephard(i) [sə'fɑ:d(i:) / Seph·ard(i)] *pl.* **Sephardim** [sə'fɑ:dɪm / Seph·ardim] *s.* sefardita.

Sephardic [sə'fɑ:dɪk / Seph·ardic] *agg.* sefardita.

sepia ['si:pjə / se·pia] *s.* **1** (*zool.*) seppia → cuttlefish **2** inchiostro di seppia **3** (*pitt.*) nero di seppia: *— drawing*, disegno a nero di seppia **4** color seppia.

sepiolite ['sepɪəlaɪt / se·piolite] *s.* (*min.*) sepiolite, schiuma di mare.

sepoy ['si:pɔɪ / se·poy] *s.* (*st.*) sepoy (soldato indigeno dell'esercito angloindiano).

sepsis ['sepsɪs / sep·sis] *pl.* **sepses** ['sepsi:z] *s.* (*med.*) sepsi.

sept [sept] *s.* **1** (*spec. irl.*) clan, tribù **2** (*ant.*) recinto **3** (*edil.*) tramezzo.

septal ['septl] *agg.* (*anat., bot., zool.*) del setto, relativo al setto, settale.

septate ['septeɪt / sept·ate] *agg.* (*bot., zool.*) con setti; diviso a setti; ripartito.

septation [sep'teɪʃn / sep·ta·tion] *s.* (*non com.*) divisione a setti.

September [sep'tembə* / Sep·tem·ber] *s.* settembre.

Septembrist [sep'tembrɪst / Sep·tem·brist] *s.* (*st.*) settembrista.

septemvir [sep'temvə* / sep·tem·vir] *pl.* **septemviri** [sep'temvɪraɪ / sep·tem·viri] *s.* (*st. romana*) settenviro.

septemvirate [sep'temvɪrɪt / sep·tem·vir·ate] *s.* (*st. romana*) settenvirato.

septennate [sep'tenɪt / sep·ten·nate] *s.* (*non com.*) settennato, settennio.

septennial [sep'tenjəl / sept·en·nial] *agg.* (*non com.*) settennale // **-ly** *avv.*

septentrional [sep'tentrɪənl / sep·ten·trional] *agg.* (*rar.*) settentrionale.

septet [sep'tet / sep·tet] *s.* **1** (*mus.*) settimino **2** (*form.*) gruppo di sette persone.

septfoil ['setfɔɪl / sept·foil] *s.* **1** (*arch.*) figura divisa in sette cuspidi **2** (*bot.*) tormentilla → tormentil.

septic ['septɪk / sep·tic] *agg.* (*med.*) settico.

septic(a)emia [,septɪ'si:mɪə / sep·ti·c(a)emia] *s.* (*med.*) setticemia.

septic(a)emic [,septɪ'si:mɪk / sep·ti·c(a)emic] *agg.* (*med.*) setticemico.

septicidal [,septɪ'saɪdl / sep·ti·cidal] *agg.* (*bot.*) setticida.

septicity [sep'tɪsətɪ / sep·ti·city] *s.* (*med.*) tendenza a infezione settica.

septic tank [,septɪk'tæŋk] *s.* (*edil.*) fossa settica.

septillion [sep'tɪljən / sep·til·lion] *s.* (*mat.*) (*brit.*) il numero 1 seguito da 42 zeri; (*amer.*) settilione (1 seguito da 24 zeri).

septime ['septi:m / sep·time] *s.* (*scherma*) parata di settima.

septuagenarian [,septjʊədʒɪ'neərɪən *amer.* ,septʃʊədʒə'neərɪən / sep·tua·gen·arian] *agg.* e *s.* (*form.*) settuagenario.

Septuagesima [,septjʊə'dʒesɪmə *amer.* ,septʃʊə'dʒesɪmə / Sep·tua·ges·ima] *s.* (*eccl.*) Settuagesima.

septuagint ['septjʊədʒɪnt *amer.* 'septʃʊədʒɪnt / sep·tua·gint] *s.* versione dei settanta (versione greca del Vecchio Testamento, III sec. a.C.).

septum ['septəm / sep·tum] *pl.* **septa** ['septə] **septums** *s.* (*anat.*, *bot.*, *zool.*) setto, diaframma.

septuple ['septjʊpl / sep·tuple] *agg.* (*form.*) settuplo.

to **sepulcher** (*amer.*) → to **sepulchre**.

sepulchral [sɪ'pʌlkrəl / se·pul·chral] *agg.* (*form.*) sepolcrale (*anche fig.*): — *look*, (*fig.*) aspetto funereo; — *monuments*, monumenti sepolcrali; — *voice*, (*fig.*) voce sepolcrale.

sepulchre ['sepəlkə* / sep·ul·chre] *s.* (*letter.*) sepolcro // *the Holy Sepulchre*, il Santo Sepolcro // *whited* —, (*fig.*) sepolcro imbiancato, persona ipocrita.

to **sepulchre** *v.tr.* (*letter.*) seppellire.

sepulture ['sepəltʃə* / sep·ul·ture] *s.* (*rar.*) **1** sepoltura, seppellimento **2** sepolcro.

sequacious [sɪ'kweɪʃəs / se·qua·cious] *agg.* **1** (*ant.*) che segue docilmente o acriticamente; poco originale; influenzabile; servile: *Orpheus could lead the savage race, / and trees uprooted left their place, / sequacious of the lyre*, (DRYDEN) Orfeo guidava la corsa selvaggia e gli alberi sradicati lasciavano il loro posto e seguivano docilmente la lira **2** (*rar.*) coerente (di ragionamento, pensiero) // **-ly** *avv.* // **-ness** *s.*

sequel ['si:kwəl / se·quel] *s.* **1** seguito, continuazione (di romanzo, film ecc.): *after the success of his first book he wrote a best-selling* —, dopo il successo del suo primo libro, ne scrisse un seguito che fu campione d'incassi **2** conseguenza, effetto, risultato: *the present crisis is the — of inordinate spending*, la crisi attuale è il risultato, la conseguenza di spese smodate; *that action had an unfortunate* —, quell'azione ebbe una triste conseguenza // *by way of* —, in conseguenza.

sequela [sɪ'kwi:lə / se·quela] *pl.* **sequelae** [sɪ'kwi:li: / se·que·lae] *s.* (*med.*) postumo (di malattia).

sequence ['si:kwəns / se·quence] *s.* **1** sequela, sequenza, serie (ininterrotta), catena; successione (*anche mat.*), ordine: *the historical — of events*, la successione storica degli eventi; *the recent — of air crashes has shocked public opinion*, la recente sequela di incidenti aerei ha molto colpito l'opinione pubblica // *in* —, in ordine (successivo); *in chronological, alphabetical* —, in ordine cronologico, alfabetico // (*gramm.*) *the — of tenses*, la correlazione dei tempi **2** (*mus.*, *cinem.*, *tv*) sequenza: *the opening — displays the Rockies in all their grandeur*, la sequenza iniziale mostra le Montagne Rocciose in tutta la loro grandiosità **3** (*inform.*) sequenza; ordine: — *number*, numero d'ordine; — *check*, controllo sequenziale (*o* di sequenza).

to **sequence** *v.tr.* (*form.*) sistemare, ordinare in una sequenza.

sequencer ['si:kwənsə* / se·quencer] *s.* (*inform.*) elaboratore in sequenza.

sequencing ['si:kwənsɪŋ / se·quen·cing] *s.* **1** (*inform.*) ordinamento **2** (*tecn.*) lo stabilire l'ordine di esecuzione (dei lavori) **3** (*ferr.*) lo stabilire l'ordine di precedenza (dei treni).

sequent ['si:kwənt / se·quent] *agg.* (*non com.*) **1** seguente, successivo **2** conseguente, derivante, risultante; consequenziale.

sequential [sɪ'kwenʃl / se·quen·tial] *agg.* **1** → sequent 1 **2** → sequent 2 **3** (*form.*) che forma una successione, una serie (ininterrotta); in successione **4** (*tecn.*) sequenziale: (*elettr.*) — *circuit*, circuito sequenziale; — *colour television*, televisione a colori sequenziali, a sequenza di trame // (*agr.*) — *cropping*, coltivazione sequenziale // (*inform.*): — *access*, *operation*, accesso, operazione sequenziale; — *computer*, elaboratore sequenziale; — *scheduling*, avvicendamento sequenziale, (IBM) schedulazione sequenziale // **-ly** *avv.*

to **sequester** [sɪ'kwestə* / se·ques·ter] *v.tr.* **1** isolare, appartare, segregare: *to live a sequestered life*, vivere una vita appartata **2** (*dir.*) sequestrare, confiscare **3** (*dir.*) rinunciare ai diritti su (proprietà del defunto marito) **4** (*chim.*) sequestrare: *sequestering agent*, agente sequestrante.

sequestered [sɪ'kwestəd / se·ques·tered] *agg.* (*antiq.*) riparato, appartato: *in this sequestered nook how sweet / to sit*, (W. WORDSWORTH) com'è dolce sedere in questo angolo appartato.

sequestrable [sɪ'kwestrəbl / se·quest·rable] *agg.* (*non com.*) sequestrabile.

sequestrant [sɪ'kwestrənt / se·quest·rant] *s.* (*chim.*) sequestrante.

to **sequestrate** [sɪ'kwestreɪt / se·quest·rate] *v.tr.* (*dir.*) → to **sequester**.

sequestration [,si:kwe'streɪʃn / se·quest·ra·tion] *s.* **1** (*dir.*) sequestro, confisca **2** (*rar.*) isolamento **3** (*chim.*) sequestrazione **4** (*econ. amer.*) taglio automatico (della spesa pubblica).

sequestrator ['si:kwestreɪtə* / se·quest·rator] *s.* (*dir.*) sequestratario.

sequin ['si:kwɪn / se·quin] *s.* **1** lustrino, paillette **2** zecchino (moneta).

sequoia [sɪ'kwɔɪə / se·quoia] *s.* (*bot.*) **1** sequoia → redwood 1 **2** *giant* —, (*Sequoia gigantea*) albero del mammut, sequoia gigante.

serac ['seræk] *s.* (*geol.*) seracco, ghiaccione.

seraglio [se'rɑ:lɪəʊ / se·ra·glio] *pl.* **seraglios** *s.* (*non com.*) serraglio; harem.

serai [se'raɪ / se·rai] *s.* (*non com.*) caravanserraglio.

serandite ['serəndaɪt / ser·and·ite] *s.* (*min.*) serandite.

seraph ['serəf / ser·aph] *pl.* **seraphim** ['serəfɪm / ser·aphim] **seraphs** *s.* (*relig.*) serafino.

seraphic(al) [se'ræfɪk(l) / ser·aphic·(al)] *agg.* (*form.*) **1** serafico **2** (*fig.*) serafico, calmo; angelico; candido: *a — smile*, un sorriso serafico // **-ally** *avv.*

Serb [sɜ:b] **Serbian** ['sɜ:bjən / Ser·bian] *agg.* e *s.* serbo.

Serbo-Croat [,sɜ:bəʊ'krəʊæt] **Serbo-Croatian** [,sɜ:bəʊkrəʊ'eɪʃn] *agg.* e *s.* serbocroato.

sere[1] [sɪə*] *agg.* (*poet.*) disseccato; avvizzito, appassito: *ivy never sere*, (MILTON) edera che non appassisce mai.

sere[2] *s.* (*ecol.*) 'sere'.

serenade [,serə'neɪd / ser·en·ade] *s.* serenata.

to **serenade** *v.tr.* e *intr.* fare una serenata (a).

serenader [,serə'neɪdə* / ser·en·ader] *s.* chi fa una serenata.

serendipitous [,serən'dɪpɪtəs / se·ren·dip·it·ous] *agg.* (*letter.*) fortunatissimo (nel trovare cose di valore senza cercarle).

serendipity [,serən'dɪpətɪ / se·ren·dip·ity] *s.* serendipità, fortuna strepitosa (nel trovare cose di valore senza cercarle).

serene [sɪ'ri:n / se·rene] *agg.* **1** sereno, tranquillo: *a — atmosphere*, un'atmosfera serena; *a — old age*, una serena vecchiaia **2** sereno, senza nubi, limpido: *the sky is* —, il cielo è sereno **3** (*form.*) *Serene*, Serenissimo: *His* (*o Her*) *Serene Highness*, Sua Altezza Serenissima ◆ *s.* **1** serenità (del cielo) **2** calma (del mare) // **-ly** *avv.*

serenity [sɪ'renətɪ / se·ren·ity] *s.* **1** serenità, tranquillità **2** serenità, limpidezza (di cielo) **3** (*form.*) *Serenity*, Serenità: *Your Serenity*, Vostra Serenità.

serf [sɜ:f] *s.* **1** (*st.*) servo della gleba **2** (*fig.*) servo, schiavo.

serfdom ['sɜ:fdəm / serf·dom] *s.* **1** (*st.*) servitù della gleba **2** (*fig.*) servaggio, schiavitù.

serge [sɜ:dʒ] *s.* serge (tessuto molto resistente di lana pettinata).

sergeancy ['sɑ:dʒənsɪ / ser·geancy] *s.* funzione, grado di sergente.

sergeant ['sɑ:dʒənt / ser·geant] *s.* **1** (*mil.*) sergente: *Staff — Major*, (*mil.* GB) maresciallo aiutante; *Chief Master* —, (*aer.* USA) maresciallo di 1ª classe; — *Major*, (*mil.* USA) maresciallo capo; *First* —, (*mil.* USA) maresciallo ordinario; *Senior Master* —, (*aer.* USA) maresciallo di 2ª classe; *Staff* — (*mil.* GB, *marines* USA), *Master* — (*mil.*, *aer.* USA), *Flight* — (*aer.* GB), — *1st class* (*mil.* USA), *Colour* — (*marines* GB), sergente maggiore; *Technical* —, *Staff* —, (*mil.*) sottufficiale di maggiorità; (*mil.*, *aer.* USA) sergente // *quartermaster* —, sergente di fureria **2** (*polizia*) brigadiere.

sergeant-at-arms [,sɑ:dʒəntət'ɑ:mz] → **serjeant-at-arms**.

sergeant-drummer [,sɑ:dʒənt'drʌmə*] *s.* (*mil.*) tamburo maggiore.

sergeant fish ['sɑ:dʒənt,fɪʃ] *s.* (*zool.*) (*Rachycentron canadus*) pesce sergente.

sergeantship ['sɑ:dʒəntʃɪp / ser·geant·ship] *s.* grado, funzione di sergente.

serial ['sɪərɪəl] *agg.* **1** seriale, disposto in serie: *in — order*, ordinato secondo una serie **2** a puntate; a dispense, a fascicoli: — *story*, romanzo a puntate **3** (*inform.*) seriale: — *computer*, elaboratore, computer seriale; — *access*, accesso sequenziale; — *addition*, addizione seriale **4** (*mus.*) seriale; dodecafonico ◆ *s.* **1** romanzo a puntate; pubblicazione periodica // (*dir.*) — *rights*, diritti di riproduzione su giornali ecc., di un romanzo a puntate **2** (*rad.*, *tv*) sceneggiato a puntate, serial.

serialism ['sɪərɪəlɪzəm / seri·al·ism] *s.* (*mus.*) serialismo; dodecafonia.

serialist ['sɪərɪəlɪst / seri·al·ist] *s.* (*mus.*) compositore di musica dodecafonica.

to **serialize** ['sɪərɪəlaɪz / seri·al·ize] *v.tr.* **1** pubblicare a puntate **2** trasmettere a puntate.

serially ['sɪərɪəlɪ / seri·ally] *avv.* **1** in serie **2** periodicamente, a puntate.

serial number ['sɪərɪəl,nʌmbə*] *s.* numero di serie (di banconote ecc.).

seriate ['sɪərɪɪt / seri·ate] *agg.* (*non com.*) in serie, in successione // **-ly** *avv.*

to **seriate** ['sɪərɪeɪt] *v.tr.* disporre in serie.

seriated ['sɪərɪeɪtɪd / seri·ated] *agg.* in serie, in successione.

seriatim [,sɪərɪ'eɪtɪm / seri·atim] *avv.* (*form.*) in successione, in ordine regolare, punto per punto.

sericeous [sɪ'rɪʃɪəs / se·ri·ceous] *agg.* **1** di seta, simile a seta **2** (*bot.*, *zool.*) setoso, sericeo.

sericite ['serəsaɪt / seri·cite] *s.* (*min.*) sericite.

sericultural [,serɪ'kʌltʃərəl / seri·cul·tural] *agg.* sericolo.

sericulture ['serɪ,kʌltʃə* / seri·cul·ture] *s.* sericoltura.

sericulturist [,serɪ'kʌltʃərɪst / seri·cul·tur·ist] *s.* sericoltore.

seriema [,serɪ'i:mə / se·ri·ema] *s.* (*zool.*) (*Cariama cristata*) seriema.

series ['sɪəri:z] *pl.* **series** *s.* **1** serie, sequela; successione: *a — of misfortunes*, una serie di disgrazie; *a — of stamps*, una serie di francobolli // (*econ.*, *stat.*) *time —*, serie storica **2** (*scient.*) serie: (*mat.*) *power —*, serie di potenze // (*elettr.*) *in —*, in serie **3** serie, collana (di libri) **4** (*rad.*, *tv*) serie: *— of documentaries*, serie di documentari **5** (*sport*) serie.

serif ['serɪf] *s.* (*tip.*) grazia.

serin ['serɪn] *s.* (*zool.*) (*Serinus canarius*) crespolino, verzellino.

serine ['seri:n / ser·ine] *s.* (*biochim.*) serina.

seriocomic [,sɪərɪəʊ'kɒmɪk / serio·comic] *agg.* semiserio.

serious ['sɪərɪəs / ser·ious] *agg.* **1** serio, scrupoloso: *a — worker*, un lavoratore serio **2** serio; che non scherza: *are you — about not coming?*, dici sul serio che non verrai?; *you look very — today*, hai un'aria molto seria oggi **3** grave, serio; importante: *— illness*, malattia grave; (*dir.*) *— offence*, *damage*, reato, danno grave **4** serio, impegnativo **5** (*sl. dei neri d'America*) ottimo, eccellente: *we're talking — music, brother*, si tratta di musica di prima qualità, amico.

seriously ['sɪərɪəslɪ / ser·ious·ly] *avv.* **1** (*fam.*) sul serio, seriamente: *— though, what will you do?*, scherzi a parte, cosa vuoi fare?; *to take things —*, prendere le cose seriamente **2** gravemente, seriamente.

serious-minded [,sɪərɪəs'maɪndɪd] *agg.* riflessivo, serio.

seriousness ['sɪərɪəsnɪs / ser·ious·ness] *s.* **1** serietà (di aspetto, comportamento ecc.) // *in all —*, in tutta serietà, seriamente **2** gravità: *the — of the news*, la gravità della notizia.

serjeant ['sɑ:dʒənt / ser·jeant] *s.* **1** (*st.*) avvocato di ordine superiore **2** → **sergeant**.

serjeant-at-arms [,sɑ:dʒəntət'ɑ:mz] *s.* funzionario addetto alle cerimonie della Corte, del Parlamento, della Camera dei Pari.

sermon ['sɜ:mən / ser·mon] *s.* **1** sermone, predica: *to preach a —*, fare una predica // *the Sermon on the Mount*, (*Bibbia*) il Discorso della Montagna **2** (*fam.*) predicozzo, ramanzina.

to **sermonize** ['sɜ:mənaɪz / ser·mon·ize] *v.intr.* **1** predicare; tenere un sermone **2** (*fam.*) fare la predica, un predicozzo ◆ *v.tr.* **1** predicare a **2** (*fam.*) fare un predicozzo a.

sermonizer ['sɜ:mənaɪzə* / ser·mon·izer] *s.* (*rar.*) **1** predicatore **2** chi fa la predica, un predicozzo.

sero- [sɪərəʊ] *pref.* della terminologia scientifica usato per indicare presenza di siero o relazione con il siero; it. siero-, sero-: *serodiagnosis*, sierodiagnosi; *seronegative*, sieronegativo; *seropositive*, sieropositivo; *serotonin*, serotonina.

serologic(al) [,sɪərə'lɒdʒɪk(l) / sero·logic, sero·lo·gical] *agg.* (*med.*) sierologico.

serology [sɪə'rɒlədʒɪ / sero·logy] *s.* (*med.*) sierologia.

seronegative [,sɪərəʊ'negətɪv / sero·neg·at·ive] *agg.* (*med.*) sieronegativo.

seropositive [,sɪərəʊ'pɒzətɪv / sero·pos·it·ive] *agg.* (*med.*) sieropositivo.

serosa [sɪə'rəʊsə / se·rosa] *pl.* **serosas**, **serosae** [sɪə'rəʊsi: / se·ro·sae] *s.* (*anat.*) (membrana) sierosa.

serosity [sɪ'rɒsətɪ / ser·os·ity] *s.* sierosità.

serotherapy [,sɪərəʊ'θerəpɪ / sero·ther·apy] *s.* (*med.*) sieroterapia.

serotine ['serətaɪn / ser·ot·ine] *agg.* (*bot.*) serotino, tardivo (di frutto) ◆ *s.* (*zool.*) (*Eptesicus serotinus*) pipistrello serotino.

serotonin [,sɪərə'təʊnɪn / sero·tonin] *s.* (*biochim.*) serotonina.

serotype ['sɪərəʊtaɪp / sero·type] *s.* (*med.*) sierotipo.

serous ['sɪərəs / ser·ous] *agg.* (*med.*) sieroso: (*anat.*) *— membrane*, membrana sierosa.

serpent ['sɜ:pənt / ser·pent] *s.* **1** (*letter.*) serpente, serpe (*anche fig.*) **2** (*mus.*) serpentone.

serpent-eater ['sɜ:pənt,i:tə*] *s.* (*zool.*) → **secretary-bird**.

serpent-grass ['sɜ:pənt,grɑ:s *amer.* 'sɜ:pənt,græs] *s.* (*bot.*) serpentina.

serpentiform [sə'pentɪfɔ:m / ser·pen·ti·form] *agg.* (*non com.*) serpentiforme.

serpentine ['sɜ:pəntaɪn *amer.* 'sɜ:pənti:n / ser·pent·ine] *agg.* (*letter.*) **1** serpentino **2** serpeggiante, sinuoso, tortuoso: *the — turnings of the road*, le curve tortuose della strada; *— windings*, sinuosità (di fiume, lago, sentiero) **3** (*fig.*) subdolo; infido ◆ *s.* (*min.*, *chim.*) serpentino.

serpentine rock ['sɜ:pəntaɪn,rɒk] *s.* (*geol.*) serpentina.

serpentinite ['sɜ:pən,ti:naɪt / ser·pent·in·ite] *s.* (*geol.*) serpentina.

serpent-lizard ['sɜ:pənt,lɪzəd] *s.* (*zool.*) (*Chalcides chalcides*) luscengola, sepa.

serpent's tongue ['sɜ:pənts,tʌŋ] *s.* (*bot.*) ofioglossa.

serpierite ['sɜ:pɪəraɪt / ser·pier·ite] *s.* (*min.*) serpierite.

serpiginous [sə'pɪdʒɪnəs / ser·pi·gin·ous] *agg.* (*med.*) serpiginoso.

serpigo [sə'paɪgəʊ / ser·pigo] *pl.* **serpigoes**, **serpigines** [sə,pɪdʒɪni:z / ser·pi·gines] *s.* (*med.*) serpigine.

serpula ['sɜ:pjʊlə / ser·pula] *pl.* **serpulae** ['sɜ:pjʊli: / ser·pu·lae] *s.* (*zool.*) (*Serpula vermicularis*) serpula.

serrate ['serɪt / ser·rate] **serrated** [se'reɪtɪd *amer.* 'sereɪtɪd / ser·rated] *agg.* (*anat.*, *bot.*, *zool.*) dentellato, seghettato.

serration [sə'reɪʃn / ser·ra·tion] **serrature** ['serətjʊə* / ser·ra·ture] *s.* (*anat.*, *bot.*, *zool.*) dentellatura, seghettatura.

serried ['serɪd / ser·ried] *agg.* serrato, compatto; fitto.

serrulate(d) ['serjʊleɪt(ɪd) / ser·ru·late(d)] *agg.* (*anat.*, *bot.*, *zool.*) (*antiq.*) finemente dentellato, seghettato.

serum ['sɪərəm] *pl.* **sera** ['sɪərə] **serums** *s.* **1** (*med.*) siero: *— sickness*, malattia da siero // *— albumin*, *globulin*, sieroalbumina, sieroglobulina **2** (*bot.*) linfa.

serval ['sɜ:vəl / ser·val] *s.* (*zool.*) (*Felis serval*) servalo, gattopardo africano SIN. **bush-cat**.

servant ['sɜ:vənt / ser·vant] *s.* **1** persona di servizio, domestico: *a large staff of servants*, personale di servizio numeroso **2** (*fig.*) servo, servitore: *a — of God*, un servitore di Dio // *your humble —*, (*ant.*) servitor vostro umilissimo; *your obedient —*, vostro devotissimo (a chiusura di lettere ufficiali) // *money is a good —, but a bad master*, il denaro è buon servitore, ma cattivo padrone **3** impiegato; dipendente, lavoratore subordinato: *civil —*, impiegato statale, dipendente pubblico; *public —*, funzionario pubblico.

serve [sɜ:v] *s.* (*sport*) servizio // *—!*, palla!; *it's your —!*, a te la palla!

to **serve** *v.tr.* **1** servire (cliente, avventore): *to — a client*, servire un cliente; *are you being served?*, la stanno servendo?; *to — s.o. with soup*, servire la minestra a qlcu. // *she served him with the same sauce*, lo ripagò della stessa moneta **2** servire; offrire: *he first served her an aperitif*, per prima cosa le servì un aperitivo; *she served an excellent roastbeef to us*, ci servì un ottimo arrosto // *they served him a dirty trick*, gli giocarono un brutto tiro **3** servire, essere al servizio di; essere a servizio da: *she has served that family many years*, è a servizio presso quella famiglia da molti anni // *to — one's country*, servire la patria // *to — one's apprenticeship*, far tirocinio // *to — s.o. hand and foot*, servire qlcu. di barba e parrucca // *to — God*, servire il Signore // *to — mass*, servir messa **4** servire, essere utile a; andar bene a: *this table will — me as a desk*, questo tavolo mi servirà da scrivania; *to — a purpose*, servire allo scopo // *if my memory serves me right*, se la memoria non m'inganna // *serves you right!*, (*fam.*) ben ti sta! **5** scontare, espiare (*anche dir.*): *to — a sentence*, scontare una condanna // *to — time*, essere in prigione **6** servire (di linee ferroviarie ecc.); provvedere a (qlcu.): *a hospital that serves the entire city*, un ospedale che è al servizio di tutta la città; *many localities in this country are badly served by the railways*, molte località in questo paese sono mal servite dalle ferrovie **7** trattare, comportarsi con: *see how I am served!*, (*antiq.*) guarda come mi trattano!; *she was cruelly served*, fu trattata in modo crudele **8** (*dir.*) notificare: *to — a summons on s.o.*, notificare una citazione a qlcu.; *to — a warrant of arrest*, presentare un mandato d'arresto **9** montare, fecondare (bestiame) **10** (*mar.*) fasciare, proteggere con fasciatura: *to — a rope*, fasciare una gomena, un cavo **11** (*mil.*) servire, caricare, sparare con (un pezzo di artiglieria) **12** (*sport*) battere (il servizio), mandare in campo (la palla di servizio) ◆ *v.intr.* **1** servire, prestare servizio, lavorare; (*antiq.*) essere schiavo: *he serves behind the counter*, fa il commesso; *he has served as a waiter in this restaurant for two years*, fa il cameriere in questo ristorante da due anni // *to — at table*, servire in, a tavola **2** servire; essere utile; fungere: *this box can — as a table*, questa scatola può servire da tavolo; *to — as a guidance*, servire da indicazione; *to — as a pretext*, servire da pretesto **3** prestare servizio militare, essere sotto le armi; militare: *he has served five years in the navy*, è in marina da cinque anni; *they served under Napoleon*, militarono sotto Napoleone; *to — in the army*, prestar servizio nell'esercito **4** avere ruolo, funzione, carica; far parte: *he has served under several governments as a minister*, ha ricoperto la carica di ministro sotto molti governi; *to — on the jury, on a committee*, far parte della giuria, di un comitato **5** (*sport*) servire, battere il servizio.

□ **serve out** *v.tr.* e *avv.* **1** portare a termine (un lavoro): *he served out his apprenticeship*, ha finito l'apprendistato **2** distribuire; servire: *they served out the rations*, distribuirono le razioni // *to — s.o. out*, (*fam.*) servire qlcu., dirgli il fatto suo: *I'll — him out*, gliela farò pagare.

□ **serve up** *v.tr.* e *avv.* servire, mettere in tavola: *this dish should be served up hot*, questo piatto andrebbe servito caldo.

server ['sɜːvə*] *s.* **1** chi serve **2** (*eccl.*) chierico, chierichetto **3** (*sport*) chi ha il servizio **4** vassoio **5** *pl.* posate: *fish servers, salad servers*, posate per il pesce, per l'insalata **6** (*inform.*) server (computer riservato alle risorse comuni di una rete).

service[1] ['sɜːvɪs / ser·vice] *s.* **1** servizio, prestazione: *the meals are good, but the — is very bad*, si mangia bene, ma il servizio è pessimo; *to be in —*, essere in servizio; *to be on* (o *in*) *active —*, essere in servizio attivo; *to be out of —*, essere fuori servizio; *telephone —*, servizio telefonico; *postal —*, servizio postale; *train —*, servizio ferroviario // *after-sales —*, servizio assistenza; *motorway —*, stazione di servizio // *information —*, servizio informazioni; *secret services*, servizi segreti; *On His* (*Her*) *Majesty's Service* (abbr. *OHMS*), Servizio di Stato (detto di corrispondenza proveniente da uffici governativi che usufruisce di franchigia postale) // *Civil Service*, amministrazione pubblica // *— call*, chiamata di servizio, di controllo // *— record*, stato di servizio // (*mil.*): *to do one's military —*, fare il servizio militare; *these aeroplanes saw — in North Africa*, questi aeroplani hanno prestato servizio, sono stati impiegati in Nordafrica; *he saw — in front-line*, è reduce dal fronte; *which branch of the services do you expect to enter?*, in quale arma pensi di arruolarti?; (*fighting*) *services*, forze armate; *— dress*, uniforme d'ordinanza; *— rifle*, fucile d'ordinanza // (*mar.*) *merchant —*, marina mercantile // (*inform.*): *— bureau*, centro di elaborazione a fattura; centro di riparazione; *— hours*, ore di utilizzazione **2** servigio, favore; utilità: *can I be of — to you?*, posso essere utile?; *will you do me a —?*, mi vuoi fare un piacere? // *at your —*, per servirla **3** funzione religiosa: *are you going to the —?*, vai alla funzione?; *marriage —*, cerimonia nuziale; *burial —*, servizio funebre **4** *pl.* servizi: *service*(*s*) *sector* (o *service*(*s*) *industry*), settore dei servizi, terziario; *public services*, servizi pubblici **5** (*dir.*) notificazione, notifica: *— by publication*, notifica mediante inserzione sui quotidiani; *personal —*, notificazione in mani proprie; *substituted —*, notificazione non in mani proprie **6** (*comm.*) attività ausiliaria; assistenza; manutenzione, assistenza tecnica; servizio assistenza clienti // (*dir.*) *— contract*, contratto di manutenzione // *— centre*, centro servizi; *— department*, reparto servizi (di un'azienda); servizi generali; *— engineer*, capo del servizio di manutenzione **7** servizio di stoviglie, posate: *tea —*, servizio da tè **8** (*sport*) servizio: *whose — is it?*, a chi tocca servire? **9** (*zool.*) monta (di bestiame) **10** (*mar.*) fasciatura ◆ *agg.* di servizio: *— entrance*, entrata di servizio.

to **service**[1] *v.tr.* **1** revisionare; provvedere alla manutenzione di: *I have my car serviced twice a year*, faccio revisionare la macchina due volte l'anno **2** fornire, provvedere di; servire **3** (*econ.*) pagare gli interessi su: *to — a debt*, pagare gli interessi su un debito **4** montare (di animali) **5** (*inform.*) prendere in carico (interruzione del programma).

service[2] *s.* (*bot.*) **1** — (*tree*), (*Sorbus domestica*) sorbo **2** — *berry*, sorba.

serviceable ['sɜːvɪsəbl / ser·vice·able] *agg.* **1** utile, pratico (di cosa) **2** durevole; robusto **3** (*antiq. rar.*) servizievole (di persona) // **-ness** *s.* // **-bly** *avv.*

service book ['sɜːvɪs,bʊk] *s.* **1** rituale **2** libro di preghiere.

service ceiling ['sɜːvɪs,siːlɪŋ] *s.* (*aer.*) quota massima operativa; tangenza pratica.

service charge ['sɜːvɪs,tʃɑːdʒ] *s.* servizio (percentuale del conto di albergo, ristorante ecc.); (*banca*) commissione.

service flat ['sɜːvɪs,flæt] *s.* appartamento in un residence (il cui affitto comprende alcuni servizi di pulizia).

service hatch ['sɜːvɪs,hætʃ] *s.* passavivande.

serviceman ['sɜːvɪsmən / ser·vice·man] *pl.* **servicemen** *s.* militare.

service provider ['sɜːvɪsprəʊ'vaɪdə*] *s.* (*inform.*) fornitore di servizi (per Internet).

service road ['sɜːvɪs,rəʊd] *s.* controviale.

service speed ['sɜːvɪs,spiːd] *s.* (*mar.*) velocità di crociera.

service station ['sɜːvɪs,steɪʃn] *s.* **1** officina meccanica **2** stazione di servizio.

service wire ['sɜːvɪs,waɪə*] *s.* (*elettr.*) conduttore d'alimentazione.

servicing ['sɜːvɪsɪŋ / ser·vi·cing] *s.* **1** manutenzione, assistenza **2** (*fin.*) servizio (del debito) **3** (*econ.*) *— industry*, settore dei servizi, terziario.

serviette [,sɜːvɪ'et / ser·vi·ette] *s.* (*fr.*) tovagliolo.

servile ['sɜːvaɪl *amer.* 'sɜːvl / serv·ile] *agg.* **1** servile; di servo // (*eccl.*) *— works*, lavori servili **2** (*spreg.*) servile, abietto; vile **3** pedante, pedissequo // **-ly** *avv.*

servility [sɜː'vɪlətɪ / serv·il·ity] *s.* **1** servitù **2** (*spreg.*) servilismo, servilità; bassezza.

serving ['sɜːvɪŋ / ser·ving] *agg.* **1** che serve; per servire: *— spoon, fork*, cucchiaio, forchetta per servire **2** (*mil.*) che è in servizio: *he's a — officer*, è un ufficiale in servizio attivo ◆ *s.* **1** porzione: *would you like another — of pie?*, vuoi un'altra fetta di torta? **2** il servire, servizio (a tavola) **3** (*dir.*) notifica: *the — of a writ*, la notifica di un mandato **4** (*tecn.*) rivestimento, protezione **5** (*mar.*) fasciatura: *— mallet*, maglietto per fasciare (gomene, cavi).

servingman ['sɜːvɪŋmæn / ser·ving·man] *pl.* **servingmen** ['sɜːvɪŋmen] *s.* (*ant.*) domestico.

servingwoman ['sɜːvɪŋ,wʊmən / ser·ving·wo·man] *pl.* **servingwomen** ['sɜːvɪŋ,wɪmɪn] *s.* (*ant.*) domestica.

servitor ['sɜːvɪtə* / ser·vitor] *s.* **1** (*ant.*) servitore, servo **2** (*ant.*) apprendista **3** (*st.*) borsista (all'Università di Oxford).

servitude ['sɜːvɪtjuːd *amer.* 'sɜːvɪtuːd / ser·vit·ude] *s.* **1** servitù, servaggio; schiavitù, asservimento: *to deliver a country from —*, liberare un popolo dalla schiavitù **2** (*dir.*) servitù // *penal — for life*, lavori forzati a vita // *praedial —*, servitù prediale.

servo ['sɜːvəʊ] *agg.* (*tecn.*) servo: *— amplifier*, servoamplificatore ◆ *s.* (*mecc.*) **1** → servomechanism **2** → servomotor.

servo- *pref.* di origine latina che indica asservimento, dipendenza da un dispositivo esterno; it. servo-: *servomultiplier*, servomoltiplicatore.

servo-assisted [,sɜːvəʊə'sɪstɪd] *agg.* servocomandato.

servo brake ['sɜːvəʊ,breɪk] *s.* (*aut.*) servofreno.

servo control ['sɜːvəʊkən,trəʊl] *s.* (*mecc.*) servocomando.

servomechanism ['sɜːvəʊ,mekənɪzəm / servo·mech·an·ism] *s.* (*mecc.*) servomeccanismo.

servomotor ['sɜːvəʊ,məʊtə* / servo·motor] *s.* (*mecc.*) servomotore.

servo system ['sɜːvəʊ,sɪstəm] *s.* servomeccanismo.

sesame ['sesəmɪ / ses·ame] *s.* (*bot.*) (*Sesamum indicum*) sesamo SIN. til // *open —!*, apriti sesamo!

sesamoid ['sesəmɔɪd / ses·am·oid] *agg.* e *s.* (*anat.*) sesamoide.

seseli ['sesɪlɪ / ses·eli] *s.* (*bot.*) seseli, seselio.

sesquipedal [ses'kwɪpɪdl / ses·qui·pedal]
sesquipedalian [,seskwɪpɪ'deɪljən / ses·qui·peda·lian] *agg.* (*rar.*) sesquipedale; molto lungo; pedantesco.

sessile ['sesɪl / sess·ile] *agg.* (*bot.*, *zool.*, *med.*) sessile.

session ['seʃn / ses·sion] *s.* **1** seduta, assemblea, riunione: *sessions of a committee*, riunioni di una commissione; *at the opening of the —*, all'apertura della seduta; *to go into secret —*, convocare una seduta segreta // (*pol.*): *the House is in —*, la Camera è in seduta; *joint — of Parliament*, seduta congiunta delle due Camere // *recording —*, seduta di registrazione; *— musician*, musicista libero professionista chiamato a partecipare a sedute di registrazione // *drinking* —, bevuta **2** (*dir.*) udienza: *general sessions*, sessioni, udienze per illeciti penali; *petty sessions*, udienze dei giudici di pace per reati minori; *quarter sessions*, sessioni, udienze trimestrali; *special* —, udienza per reati speciali // *in closed* —, a porte chiuse **3** trimestre; sessione universitaria (negli Stati Uniti); anno accademico (in Scozia e negli Stati Uniti).

sessional ['seʃənl / ses·sional] *agg.* di sessione.

sesterce ['sestɜ:s / ses·terce] *s.* sesterzio (moneta romana).

sestertium [ses'tɜ:tjəm / ses·ter·tium] *pl.* **sestertia** [se'stɜ:tjə / ses·ter·tia] *s.* (*st. romana*) mille sesterzi.

sestertius [ses'tɜ:tjəs / ses·ter·tius] *pl.* **sestertii** [se'stɜ:tjaɪ / ses·ter·tii] *s.* sesterzio (moneta romana).

sestet [ses'tet / ses·tet] *s.* **1** (*mus.*) sestetto **2** (*poesia*) le due terzine di un sonetto.

set[1] [set] *agg.* **1** posto, collocato: *a house — on a hill, in a beautiful park*, una casa (posta) su una collina, in un bellissimo parco **2** stabilito; prestabilito; prescritto: — *task*, compito assegnato; *at a — time*, a un'ora prestabilita // *this is the list of — books for the exam*, ecco la lista delle letture obbligatorie per l'esame // *a — lunch*, (*al ristorante*) menù fisso, menù turistico **3** studiato, preparato; formale, convenzionale: *a — speech*, un discorso preparato; *in — phrases*, con frasi fatte; *a — smile*, un sorriso formale **4** ostinato; deciso, risoluto: *a man of — opinions*, un uomo ostinato // *if you are really — on going...*, se sei davvero deciso ad andare... // *I'm dead — against your idea*, sono decisamente contrario alla tua idea // *to be — in one's ways*, avere delle abitudini ben radicate; (*fig.*) essere inflessibile **5** (*fam.*) pronto: *are you —?*, sei pronto?; *everything is — for the party*, tutto è pronto per la festa // *get —, go!*, pronti, via! **6** probabile: *the temperature is — to rise tomorrow*, è probabile che domani la temperatura aumenti; *his resignation is — to cause the government great embarrassment*, è probabile che le sue dimissioni causino serio imbarazzo al governo.

set[1] *s.* **1** modo di atteggiare, modo di stare; posizione: *I knew her by the — of her head*, la riconobbi dall'atteggiamento del capo **2** messa in piega: *shampoo and* —, shampoo e piega **3** (*inform.*) posizionamento: — *pulse*, impulso di posizionamento **4** direzione; (*fig.*) tendenza: *the — of the current*, la direzione della corrente **5** (*teatr.*) scenografia, scene (*pl.*); (*cinem.*) set **6** ferma (di cane da caccia) // *to make a dead — at*, puntare con determinazione a; sferrare un attacco a fondo a; fare una corte accanita a **7** trappola; laccio **8** (*bot.*) pianticella; talea **9** (*edil.*) stabilitura **10** (*tip.*) larghezza (del carattere) **11** allicciatura, strada (della dentatura di una sega) **12** presa, indurimento (di cemento, colla ecc.) **13** (*poet.*) tramonto.

to **set**[1] *pass.p.p.* **set** *v.tr.* **1** mettere, porre, collocare: *she — the flowers in water*, mise i fiori in acqua; *she — her hand on his shoulder*, gli mise la mano sulla spalla; *to — one's name* (o *signature*) *to a document*, apporre la propria firma a un documento; *to — s.o. amongst the great writers*, collocare qlcu. fra i grandi scrittori; *to — a man to saw wood*, mettere un uomo a segar legna; *to — oneself to work*, mettersi al lavoro // *to be* —, essere situato; essere ambientato (di racconto ecc.) // *to — the axe to*, accingersi a tagliare, distruggere // *to — eyes on*, vedere: *I had never — eyes on him before*, non l'avevo mai visto prima // *to — foot in*, mettere piede in, andare a // *to — s.o. free*, liberare qlcu. // *to — going*, mettere in moto // *to — s.o. thinking*, dar da pensare a qlcu. // *to — on fire* (o *to — fire to*), appiccare fuoco a, incendiare // *to — one's hand to the plough*, (*letter.*) mettersi all'opera, incominciare // *to — one's mind at rest*, togliersi una preoccupazione // *to — one's mind* (o *one's heart*) *on sthg.*, rivolgere i propri desideri a qlco. // *to — pen to paper*, scrivere // *to — s.o. at ease*, mettere qlcu. a proprio agio // *to — s.o. on his feet*, (*fig.*) rimettere in piedi qlcu. // *to — s.o. right*, correggere qlcu. // *to — s.o.'s doubts at rest*, risolvere i dubbi di qlcu. // *to — (much) store by*, tenere in gran conto // *to — straight* (o *right*), mettere a posto // *to — the table*, apparecchiare la tavola // *to — words to music*, mettere in musica // *to — a hen*, far covare una gallina **2** ambientare: *he — his novel in Spain*, ha ambientato il suo romanzo in Spagna **3** sistemare; mettere a punto, regolare: *to — an alarm clock*, mettere la sveglia; (*med.*) *to — a fracture, a broken leg*, mettere a posto una frattura, una gamba rotta; *to — a razor*, affilare un rasoio; (*mar.*) *to — the sails*, spiegare le vele; *to — a saw*, allicciare una sega; *to — a trap*, tendere una trappola; *to — a watch*, regolare un orologio // *to — one's hair*, mettersi in piega i capelli **4** assegnare: *the teacher — them a difficult exercise*, l'insegnante assegnò loro un esercizio difficile **5** piantare, conficcare: *he — the stake firmly into the ground*, piantò saldamente il palo nel terreno **6** fissare, stabilire: *to — a date*, fissare una data; *to — limits*, fissare dei limiti; *to — a price for a new product*, fissare il prezzo di un nuovo prodotto // (*mar.*) *to — the course*, tracciare la rotta // *to — the fashion*, lanciare la moda // *to — the pace*, segnare il passo, (*fig.*) essere all'avanguardia, servire da modello **7** solidificare, far rapprendere, coagulare: *cold sets jellies*, il freddo fa rapprendere la gelatina **8** irrigidire, contrarre: *to — one's lips*, serrare le labbra **9** rendere fisso, fissare, assicurare: *to — a diamond*, incastonare un diamante; *to — the glass in a window*, fissare il vetro a una finestra **10** sviluppare, fare assumere forma definitiva: *excessive exercise — his muscles prematurely*, l'eccessivo esercizio fisico sviluppò prematuramente i suoi muscoli **11** (*inform.*) posizionare; impostare; mettere a valore logico: *to — to zero*, azzerare **12** (*tip.*) comporre **13** (*di cane*) puntare (la selvaggina) ♦ *v.intr.* **1** tramontare (*anche fig.*): *the sun is setting*, il sole sta tramontando; *his star has* —, la sua stella è tramontata **2** dirigersi; muoversi: *the river sets southwards*, il fiume scorre verso sud; *the wind sets from the south*, il vento soffia dal sud // *the tide has — in his favour*, (*fam.*) va a gonfie vele **3** (*di abito*) cadere: *her new dress sets very well*, l'abito nuovo le cade benissimo **4** puntare (di cane da caccia) **5** solidificarsi; coagularsi **6** dare frutto (di piante).

□ **set about** *v.intr.* e *prep.* **1** incominciare a, accingersi a: *after the party we — about cleaning the room*, finita la festa ci demmo da fare a pulire la stanza **2** affrontare, trattare: *I think she — about the business badly*, penso che ha trattato la faccenda in modo sbagliato **3** (*fam.*) attaccare: *his dog — about the thief*, il suo cane attaccò il ladro ♦ *v.tr.* e *avv.* far circolare, diffondere.

□ **set against** *v.tr.* e *prep.* **1** mettere contro: *to — father against son*, mettere il padre contro il figlio **2** opporre, contrapporre: *this coat is quite expensive but you can — against that the fact that it will last*, questo cappotto è piuttosto caro ma in compenso durerà a lungo.

□ **set apart** *v.tr.* e *avv.* contraddistinguere: *what sets him apart as an artist is his sense of colour*, ciò che lo contraddistingue come artista è il suo senso del colore.

□ **set aside** *v.tr.* e *avv.* **1** mettere da parte: *she'd — aside some money for a holiday in Spain*, aveva messo da parte del denaro per una vacanza in Spagna **2** tralasciare, lasciare da parte: *setting aside what I like, what would you prefer?*, lasciando da parte quello che vorrei io, tu che cosa preferisci? **3** (*dir.*) annullare (verdetto ecc.).

□ **set back** *v.tr.* e *avv.* **1** ostacolare, bloccare; rallentare: *bad weather — back our schedule*, il cattivo tempo non ci ha permesso di rispettare il calendario dei lavori **2** (*fam.*) costare: *that trip to the Bahamas — him back a fair bit*, quel viaggio alle Bahamas gli è costato un bel po' **3** collocare, situare in posizione arretrata: *they — the new block of buildings well back from the street*, il nuovo centro residenziale sorge arretrato rispetto alla strada.

□ **set by** → to set aside 1.

□ **set down** *v.tr.* e *avv.* **1** far scendere (passeggeri) **2** (*antiq.*) buttar giù, mettere giù (sulla carta); scrivere, annotare **3** (*dir.*) stabilire, fissare (data di processo ecc.).

□ **set forth** *v.intr.* e *avv.* (*form.*) **1** avviarsi, partire per **2** mettere in evidenza, sottolineare.

□ **set in** *v.intr.* e *avv.* iniziare; stabilirsi, instaurarsi: *the weather is setting in fine*, il tempo si mette al bello; *if an infection doesn't — in...*, se non si instaura un'infezione...; *a new fashion is setting in*, si sta instaurando una nuova moda.

□ **set off** *v.tr.* e *avv.* **1** far esplodere, far saltare: *what — off the bomb?*, che cosa ha fatto esplodere la bomba? **2** dare il via a, scatenare: *the news — off a prompt reaction*, la notizia scatenò una pronta reazione // *that — us off laughing*, questo ci fece scoppiare a ridere **3** mettere in evidenza; esaltare, dare risalto a: *the white dress — off her dark hair*, l'abito bianco faceva risaltare i suoi capelli neri **4** *to — off* (*against*), compensare (con qlco.); controbilanciare: *you must — the cost off against the quality*, il costo è compensato dalla qualità ♦ *v.intr.* e *avv.* *to — off* (*on*), partire, muoversi; lanciarsi; iniziare un viaggio: *the cyclists — off on a second lap*, i ciclisti si lanciarono in un secondo giro di pista; *it's time to — off*, è l'ora di muoversi.

□ **set on** *v.tr.* e *avv.* aizzare, scagliare contro: *he — his dog on me*, mi aizzò contro il cane ♦ *v.intr.* e *avv.* scagliarsi contro.

□ **set out** *v.intr.* e *avv.* **1** *to — out* (*on*) → to set off **2** partire con l'idea di; proporsi di: *they — out to change the furniture of the bedroom and ended up refurnishing the house*, sono partiti con l'idea di cambiare l'arredamento della camera da letto e alla fine hanno rinnovato tutta la casa; *I think he was deliberately setting out to drive me crazy*, penso che intendesse proprio farmi impazzire ♦ *v.tr.* e *avv.* **1** disporre: *the gifts were — out on a long table*, i doni erano disposti su un lungo tavolo **2** esporre, enunciare: *the terms are — out in the report*, le condizioni sono esposte nella relazione.

□ **set to** *v.intr.* e *avv.* (*fam antiq.*) **1** lavorare con impegno; darci sotto **2** venire alle mani; incominciare a litigare.

□ **set up** *v.tr.* e *avv.* **1** innalzare; erigere; costituire, istituire: *to — up a statue to s.o.*, erigere una statua a qlcu.; *to — up a committee*, istituire un comitato; *he — up an import -export business*, ha messo in piedi un ufficio di import-export // *to — (oneself) up as a judge*, erigersi a giudice **2** montare, allestire, preparare: *to — up a stand*, allestire, montare uno stand **3** causare; dare il via a, dare avvio a: *to — up a reaction*, causare una reazione; *to — up inflammation*, causare infiammazione; *he — up a row*, ha sollevato un pandemonio **4** provvedere, dotare, fornire, munire (del necessario per): *an uncle — him up in business*, uno zio gli ha dato il denaro necessario per mettersi in affari **5** (*fam.*) rimettere in forze, tirar su: *a holiday will — you up*, una vacanza ti rimetterà in sesto **6** (*fam.*) incastrare; montare un'accusa, prove ecc. contro: *the thief claimed he had been — up*, il ladro sosteneva che erano state montate delle prove contro di lui **7** (*sport*) stabilire (un primato).

set[2] *s.* **1** serie completa, insieme, assortimento; collana, collezione; servizio; batteria (da cucina); parure (di biancheria ecc.); completo (di capi d'abbigliamento): *a — of ashtrays*, una serie di portacenere; *a — of books*, una collezione di libri; *a coffee —*, un servizio da caffè; *china —*, servizio di porcellana; *a — of diamonds*, una parure di diamanti; *a full — of teeth*, una dentatura completa // *— of threads*, (*fam. amer.*) abito nuovo, alla moda // *— of wheels*, (*fam. amer.*) automobile **2** gruppo (di persone); circolo; cricca; classe: *a — of actors*, un gruppo di attori; *— of thieves*, banda di ladri; *I don't belong to their —*, non appartengo al loro ambiente // *the smart —*, (*fig.*) il bel mondo **3** (*rad.*) apparecchio ricevente: *telephone —*, apparecchio telefonico; *television —*, televisore; *wireless —*, apparecchio radio; *crystal —*, radio a galena; *receiving —*, apparecchio radioricevente; *telegraph —*, apparecchio telegrafico **4** (*tennis*) set **5** (*mat.*) insieme: *empty —*, insieme vuoto; *ordered —*, insieme ordinato **6** (*inform.*) serie; insieme completo di caratteri, di dati; archivio; coppia (di parentesi); gamma (di linguaggi) **7** (*mus.*) sequenza di brani, di pezzi (in un concerto) **8** numero di coppie necessario per danzare una quadriglia **9** insieme di figure di danza **10** covata **11** (*sl. amer.*) festicciola, riunione tra amici.

setaceous [sɪ'teɪʃəs / se·ta·ceous] *agg.* **1** setoloso **2** a forma di setola.

setback ['setbæk / set·back] *s.* **1** contrattempo, imprevisto **2** battuta d'arresto, blocco, arresto (di un avanzamento ecc.), regresso; ricaduta (di malattia) **3** (*edil.*) arretramento (di muri perimetrali) **4** (*mecc.*) concussione, reazione.

set-designer ['setdɪ,zaɪnə*] *s.* scenografo.

set-down ['setdaʊn] *s.* battuta di rimprovero, lavata di capo.

set-in ['setɪn] *s.* **1** inizio **2** inserto ◆ *agg.* inserito: *a — pocket*, una tasca inserita; *a — book case*, una libreria inserita nel muro, a muro.

setoff ['setɒf *amer.* 'setɔ:f / set·off] *s.* **1** compenso; (*dir.*) compensazione: *— clause*, clausola di compensazione // (*trib.*) *loss —*, compensazione fiscale delle perdite **2** messa in rilievo, risalto **3** ornamento, decorazione **4** (*arch.*) aggetto, sporto **5** (*tip.*) controstampa // *— sheet*, foglio antiscartino.

set piece [,set'pi:s] *s.* **1** opera artistica convenzionale **2** parte, sezione a effetto (di un'opera); (*fig.*) pezzo di bravura, pezzo forte: *his speech about the dangers of nuclear war is one of his set pieces*, il suo discorso sui pericoli della guerra nucleare è un suo cavallo di battaglia **3** (*teatr.*) uso di fuochi d'artificio in scena **4** (*mil.*, *sport*) operazione, azione pianificata, preventivamente studiata nei particolari.

set point ['setpɔɪnt] *s.* **1** (*tennis*) punto decisivo per la vittoria del set **2** (*tecn.*) punto di regolazione.

set square ['setskweə*] *s.* squadra (da disegno).

sett [set] *s.* **1** → **set**[1], **set**[2] **2** blocco di pietra o di legno per pavimentazione.

settee [se'ti: / set·tee] *s.* divano.

setter ['setə* / set·ter] *s.* **1** chi pone, chi colloca; chi mette in opera (*spec. nei composti*): *trendsetter*, chi lancia una moda; *price —*, azienda che determina i prezzi (sul mercato) **2** (*ant.*) informatore, spia della polizia **3** (*zool.*) setter.

setterwort ['setəwɜ:t / set·ter·wort] *s.* (*bot.*) (*Helleborus foetidus*) elleboro puzzolente, fetido.

set theory ['set,θɪərɪ] *s.* (*mat.*) teoria degli insiemi, insiemistica.

setting ['setɪŋ / set·ting] *s.* **1** messa in opera, installazione, posa; disposizione, montaggio // (*aer.*) *— angle*, angolo di calettamento; (*mecc.*) angolo di posizione // *— board*, box, tavoletta, cassetta da entomologo; *— needle*, spillo per insetti // (*edil.*) *— coat*, stabilitura **2** (*tecn.*) messa a punto, registrazione, regolazione, taratura; (*di controlli*) posizione **3** (*mus.*) adattamento; arrangiamento: *— for piano*, arrangiamento per pianoforte **4** ambientazione; messa in scena **5** (*estens.*) ambiente; sfondo, scenario: *politics is the perfect — for his ambition*, la politica è il terreno ideale per la sua ambizione **6** montatura (di gioielli), incastonatura (di gemme) **7** (*tip.*) composizione: *— stick*, compositoio **8** (*med.*) riduzione (di frattura) **9** il tramontare, tramonto **10** (*chim.*) coagulazione (di albumine ecc.): *— point*, punto di gelo (di olio lubrificante) **11** presa, indurimento (di adesivi, cemento ecc.): *quick —*, presa rapida; *— temperature*, *time*, temperatura, tempo di presa, di indurimento **12** covata.

setting lotion ['setɪŋ,ləʊʃn] *s.* fissatore (per messa in piega).

setting up [,setɪŋ'ʌp] *s.* (*amm.*) costo di avviamento.

settle ['setl] *s.* panca (con alta spalliera e braccioli); cassapanca.

to **settle** *v.tr.* **1** fissare; decidere, stabilire: *everything* (o *the matter*) *is settled*, l'affare è fatto; *the terms were settled*, si stabilirono le condizioni; *what have you settled (on)?*, che cosa avete deciso?; *to — the day*, fissare la data **2** saldare, regolare, liquidare (conti, questioni ecc.): *to — a bill*, saldare un conto; *to — a question*, sistemare una questione // (*dir.*) *to — a controversy* (o *a case*), definire un processo per transazione // *to — (up) accounts with s.o.*, (*fam.*) saldare i conti con qlcu.; *to — an account* (o *a score*) *with s.o.*, vendicarsi di qlcu. // *to — s.o.'s hash*, (*sl.*) dare una bella lezione a qlcu. **3** sistemare; mettere a posto; aggiustare: *to — one's affairs*, sistemare i propri affari; *to — oneself in an armchair*, accomodarsi in una poltrona; *to — pillows*, aggiustare, sistemare i cuscini; *to — a gun*, mettere in assetto un fucile // *to — one's daughter*, (*form.*) accasare una figlia // *that settles it, I'm not coming*, non se ne parla neanche, non vengo **4** sistemare; far risiedere: *he settled his family in London*, sistemò la famiglia a Londra **5** colonizzare; fondare colonie in: *the Dutch settled South Africa*, gli olandesi colonizzarono il Sudafrica **6** calmare; ricomporre; stabilizzare (il tempo): *give me sthg. to — my stomach*, datemi qlco. per mettere a posto lo stomaco; *a good thunder storm would — the weather*, un bel temporale potrebbe stabilizzare il tempo; *to — one's nerves*, calmare i propri nervi **7** far depositare (la polvere); far precipitare (sedimenti); far sedimentare **8** schiarire; far diventare limpido (un liquido) **9** abbassare: *to — a sail*, abbassare una vela **10** (*dir.*) legare, lasciare per legge: *to — an annuity on a person*, fissare a una persona una rendita annua; *to — one's property on one's son*, legare i propri beni al proprio figlio **11** (*amer.*) imprigionare (spec. a vita) ◆ *v.intr.* **1** accordarsi; trovare un accordo: *to — with one's creditors*, accordarsi con i creditori **2** sistemarsi; mettersi a posto; accomodarsi: *the bird settled on a branch*, l'uccello si posò su un ramo; *to — to work*, mettersi al lavoro **3** stabilirsi, andare a stare; insediarsi: *I shall — in London*, mi stabilirò a Londra; *many Poles settled in Britain after the war*, molti polacchi si stabilirono in Gran Bretagna dopo la guerra **4** calmarsi; ricomporsi; stabilizzarsi (di tempo): *let the excitement — (down)*, lasciate calmare l'agitazione **5** depositarsi (di polvere); precipitare (di sedimenti); sedimentare: *the dust settles everywhere*, la polvere si deposita dappertutto; *to let sthg. —*, lasciar depositare, precipitare qlco. **6** schiarirsi; diventare limpido **7** abbassarsi; cedere per assestamento (di terreno); (*mar.*) affondare: *the foundations of the house settled*, le fondamenta della casa si assestarono; *the ship was settling*, la nave affondava.

□ **settle back** *v.intr.* e *avv.* sdraiarsi comodamente, mettersi comodo, sdraiarsi: *to — back in one's armchair*, sdraiarsi in poltrona.

□ **settle down** *v.intr.* e *avv.* **1** calmarsi, placarsi, sopirsi: *when all the excitement had settled down, the film started*, quando i clamori si furono placati, il film incominciò **2** adagiarsi, sedersi comodamente; accingersi: *to — down to a leisurely discussion*, accingersi a una discussione pacifica // *to — down to a job*, dedicarsi a un lavoro con impegno // *to — down to dinner*, mettersi a tavola **3** metter su famiglia; sistemarsi (trovando un lavoro): *I don't feel like settling down yet*, ancora non me la sento di metter su famiglia; *to — down for life*, sposarsi **4** stabilirsi, sistemarsi: *to — down in the country*, stabilirsi, andare a vivere in campagna **5** stabilizzarsi: *as soon as the market settles down*, non appena il mercato si stabilizza ◆ *v.tr.* e *avv.* calmare, placare.

□ **settle for** *v.intr.* e *prep.* accontentarsi: *she doesn't want to — for being an ordinary* *housewife*, non si accontenta di essere una casalinga qualsiasi.

□ **settle in** *v.intr.* e *avv.* stabilirsi; sistemarsi (in una nuova casa): *come and see us when we've settled in*, vieni a trovarci quando ci saremo sistemati.

□ **settle into** *v.tr.* e *prep.* adattarsi: *it took a while to — into village life*, ci volle un po' (di tempo) per adattarsi alla vita di paese; *by now the children are settled into their new routine*, per i bambini non è più una novità.

□ **settle on** *v.intr.* e *prep.* decidere; fissare, stabilire: *to — on a date, a meeting-place*, fissare, stabilire una data, il luogo di una riunione.

□ **settle up** *v.intr.* e *avv.* pagare, saldare un conto: *let's — up and go*, paghiamo e andiamocene.

□ **settle with** *v.intr.* e *prep.* pagare; saldare (un conto): *I'll — with him before the end of the month*, gli salderò il conto entro la fine del mese.

settled ['setld] *agg.* **1** stabile, fisso, fermo: — *government*, governo stabile; — *habit*, abitudine radicata, inveterata **2** fissato, stabilito, deciso: *our plans were more or less* —, i nostri piani erano più o meno stabiliti **3** permanente; stabile (di tempo): — *weather*, tempo stabile **4** che ha dimora fissa, sistemato; stanziale: — *people*, popolo stanziale **5** saldato, pagato (di conto).

settlement ['setlmənt / set·tle·ment] *s.* **1** risoluzione; sistemazione, accordo; riconciliazione, accomodamento, composizione; (*dir.*) transazione: *they hope for a — of all these troubles*, essi confidano in un accomodamento di tutte queste controversie; *to make* (o *to reach*) *a — with s.o.*, venire a un accordo con qlcu.; *the government wants a quick — to the crisis*, il governo vuole una veloce risoluzione della crisi // *wage settlements*, accordi salariali // (*dir.*): *legal* —, concordato; *out of court* —, transazione stragiudiziale **2** saldo, liquidazione; regolamento: (*Borsa*) — *day*, giorno di liquidazione, giorno dei compensi // (*comm.*): — *discount*, sconto di cassa; *yearly* —, liquidazione di fine anno // *Bank of international settlements*, Banca dei regolamenti internazionali // *in full* —, a saldo **3** lo stabilirsi, stanziamento (in un luogo); colonizzazione **4** colonia, distretto; insediamento: *penal* —, colonia penale **5** (*antiq.*) centro d'assistenza sociale nei quartieri poveri **6** (*dir.*) assegnazione, costituzione di rendita, vitalizio: — *of an annuity on*, costituzione di un vitalizio a beneficio di // *marriage* —, dote **7** (*edil.*) assestamento, sistemazione; cedimento (di assestamento); *pl.* rotture di assestamento.

settler ['setlə* / set·tler] *s.* **1** chi stabilisce, decide **2** abitante di un nuovo insediamento; colono **3** (*fam.*) colpo, argomento decisivo: *this was a — for him*, questo lo ha messo a tacere **4** (*tecn.*) decantatore.

settling ['setlɪŋ / set·tling] *s.* **1** risoluzione; sistemazione, accomodamento; accordo **2** colonizzazione **3** insediamento; sistemazione (in un luogo) **4** (*comm.*) saldo, liquidazione, pagamento // (*Borsa*) — *day*, giorno di liquidazione, giorno dei compensi (*pl.*) **5** (*chim.*, *fis.*) sedimentazione, deposito; decantazione: — *tank*, vasca di sedimentazione; (*tecn. cartaria*) decantatore // (*idraulica*) — *pits*, pozzi filtranti **6** *pl.* sedimenti, feccia **7** (*edil.*) cedimento, assestamento, sistemazione **8** (*mil.*) assestamento: — *rounds*, tiri di assestamento.

set-to ['se'tu:] *s.* scontro, conflitto violento; rissa; disputa, litigio: *they had a real — yesterday*, hanno avuto un bel battibecco ieri.

set-top box ['set,tɒpbɒks] *s.* (*inform.*) dispositivo in grado di trasformare la televisione in computer.

set-up ['setʌp] *s.* **1** situazione: *the — looked dangerous*, la situazione si presentava pericolosa **2** organizzazione; sistemazione; disposizione // (*inform.*) — *program*, programma di configurazione **3** (*comm.*) impresa commerciale **4** (*sl. amer.*) appartamento; ufficio **5** (*fam.*) trucco, inganno **6** (*amer.*) (*boxe*) incontro truccato; (*fig.*) meta, scopo facilmente raggiungibile **7** (*amer.*) occorrente per preparare una bevanda alcolica (bicchiere, acqua, soda ecc.).

setwall ['setwɔ:l / set·wall] *s.* (*bot.*) valeriana → **valerian**.

seven ['sevn] *agg.num.card.* e *s.* sette: *in sevens*, sette per volta, a sette a sette, in gruppi di sette // (*astr.*) *Seven Sisters*, Pleiadi // *at sixes and sevens*, in gran confusione; sottosopra.

sevenfold ['sevnfəʊld / sev·en·fold] *agg.* **1** composto di sette parti **2** settuplo ◆ *avv.* sette volte tanto.

seven gills ['sevn,gɪlz] *s.* (*zool.*) notidanide.

seventeen [,sevn'ti:n / sev·en·teen] *agg. num.card.* e *s.* diciassette.

seventeenth [,sevn'ti:nθ / sev·en·teenth] *agg.num.ord.* e *s.* diciassettesimo.

seventh ['sevnθ / sev·enth] *agg.num.ord.* settimo // *the Seventh Day*, il Sabato degli Ebrei // *Seventh Avenue*, la Settima Strada a New York; (*fig. fam.*) industria della moda, dell'abbigliamento ◆ *s.* **1** settima parte **2** (*mus.*) settima: *dominant* —, settima dominante; — *chord*, accordo di settima.

seventieth ['sevntɪɪθ / sev·en·ti·eth] *agg. num.ord.* e *s.* settantesimo.

seventy ['sevntɪ / sev·enty] *agg.num.card.* e *s.* settanta // *in the seventies*, negli anni '70; *she's in her seventies*, ha passato la settantina, è fra i settanta e gli ottant'anni.

seventy-eight [,sevntɪ'eɪt] *agg.num.card.* settantotto ◆ *s.* **1** (il numero) settantotto **2** (*mus.*) disco a settantotto giri.

seventy-four [,sevntɪ'fɔ:*] *s.* (*st.*) nave da guerra con settantaquattro cannoni.

seventy-'leven [,sevntɪ'levn] *s.* (*fam. amer.*) numero grandissimo, miriade.

seven-year itch [,sevnjɜ:r'ɪtʃ *amer.* ,sevnjɪər'ɪtʃ] *s.* (*fam.*) crisi del settimo anno (di matrimonio).

to **sever** ['sevə*] *v.tr.* **1** staccare; tagliare; dividere, disgiungere, separare (*anche fig.*): *to — the head from the body*, staccare la testa dal corpo; *to — one's connections with s.o.*, troncare ogni relazione con qlcu.; *to — a rope with a knife*, recidere una corda con un coltello; *she severed all relations with her family*, tagliò i ponti con la sua famiglia **2** (*dir.*) separare ◆ *v.intr.* **1** staccarsi; tagliarsi; dividersi; disgiungersi; separarsi (*anche fig.*) **2** (*dir.*) separarsi.

severable ['sevərəbl / sev·er·able] *agg.* staccabile; separabile, divisibile.

several ['sevrəl / sev·eral] *agg.* **1** (*usato con s. al pl.*) diversi, diverse; parecchi, parecchie: *I have — friends*, ho diversi amici; — *people were killed in the accident*, nell'incidente morirono diverse persone; *I've been there — times*, ci sono stato varie volte **2** (*form.*) differente, distinto; rispettivo: *they went their — ways*, se ne andarono ognuno per la sua strada **3** (*dir.*) individuale: — *estate*, proprietà individuale // — *liability*, responsabilità individuale; (*dir.*) *joint and — bond*, obbligazione, responsabilità solidale ◆ *pron.indef.pl.* diversi, diverse; parecchi, parecchie: — (*of them*) *saw me*, parecchi (di loro) mi videro; *I already have* —, ne ho già diversi; — *of these letters have never been published*, parecchie di queste lettere non sono mai state pubblicate.

severally ['sevrəlɪ / sev·er·ally] *avv.* (*form.*) separatamente, distintamente; individualmente; rispettivamente.

severalty ['sevərəltɪ / sev·er·alty] *s.* **1** (*ant.*) individualità; l'essere distinto, separato **2** (*dir.*) bene personale; proprietà individuale: *estate held in* —, proprietà posseduta per diritto individuale.

severance ['sevərəns / sev·er·ance] *s.* (*form.*) separazione, disgiunzione; distacco; rottura (di relazioni ecc.): *the — from my family lasted many years*, la separazione dalla mia famiglia durò molti anni // — *pay*, indennità di licenziamento; liquidazione, trattamento di fine rapporto // (*amm.*) — *fund*, fondo liquidazione personale // (*dir.*) *rules of joinder and* —, disciplina della riunione e separazione dei procedimenti.

severe [sɪ'vɪə* / se·vere] *agg.* **1** severo, austero; duro, rigoroso: — *discipline*, disciplina rigorosa; *a — look*, uno sguardo severo; *to be — with one's children*, essere severo coi propri figli; — *criticism*, una dura critica **2** violento, forte; intenso; grave; rigido (di clima): *a — cold*, un forte raffreddore; *a — illness*, una malattia grave; *a — pain*, un dolore violento; — *competition*, una forte competizione; *his hopes received a — setback*, le sue speranze incontrarono un grave ostacolo; *a — storm*, una tempesta violenta; — *winter*, inverno rigido **3** difficile, arduo: *a — test*, un test difficile **4** severo; sobrio, disadorno: — *architecture*, architettura severa; — *style*, stile sobrio.

severely [sɪ'vɪəlɪ / se·vere·ly] *avv.* **1** severamente; duramente; rigorosamente **2** violentemente; gravemente: — *damaged*, gravemente danneggiato // *to leave sthg. — alone*, (*form.*) stare alla larga da qlco.: *I advise you to leave hard liquor — alone*, ti consiglio di stare alla larga dai superalcolici.

severeness [sɪ'vɪənɪs / se·vere·ness] *s.* **1** severità; durezza, rigore **2** gravità.

severity [sɪ'verətɪ / se·ver·ity] *s.* **1** severità; durezza, rigore **2** rigore; precisione, esattezza **3** violenza; intensità, gravità **4** difficoltà; complessità **5** sobrietà **6** *pl.* (*ant.*) critiche, giudizi severi.

Seville orange [sə,vɪl'ɒrɪndʒ *amer.* sə,vɪl 'ɔ:rɪndʒ] *s.* arancia amara.

Sèvres ['seɪvrə] *agg.* di, fatto a Sèvres ◆ *s.* porcellana di Sèvres.

to **sew**[1] [səʊ] *pass.* **sewed** [səʊd] *p.p.* **sewn** [səʊn] *v.tr.* e *intr.* cucire.

□ **sew on(to)** *v.tr.* e *prep.* attaccare (bottoni ecc.).

□ **sew up** *v.tr.* e *avv.* **1** cucire; ricucire, rammendare **2** (*fam.*) concludere, portare a termine: *to — up a business deal*, concludere un affare **3** (*fam.*) monopolizzare, accaparrarsi: *they've got the Italian market sewn up*, si sono accaparrati il mercato italiano.

to **sew**[2] [sju: *amer.* su:] *v.intr.* **1** (*mar.*) rimanere in secca **2** (*dial.*) far scolare; stillare.

sewage ['sju:ɪdʒ *amer.* 'su:ɪdʒ / sew·age] *s.* acque di rifiuto; acque luride; liquame: *— disposal plant*, impianto di trattamento delle acque luride, dei liquami; *— farm*, azienda (agraria) che utilizza i liquami come concime; *— system*, (sistema di) fognatura.

sewer[1] ['səʊə*] *s.* cucitore, cucitrice.

sewer[2] ['sju:ə* *amer.* 'su:ə*] *s.* **1** fogna, cloaca (*anche fig.*) // *— rat*, topo di fogna **2** canale artificiale di drenaggio.

sewer[3] ['sju:ə* *amer.* 'su:ə*] *s.* (*st.*) valletto (per il servizio a tavola).

sewerage ['sjʊərɪdʒ *amer.* 'su:ərɪdʒ / sew·er·age] *s.* **1** drenaggio **2** scarico, fognatura **3** rete fognaria **4** → **sewage**.

sewer gas ['sjʊə,gæs *amer.* 'su:ə,gæs] *s.* (*chim.*) gas mefitico.

sewing ['səʊɪŋ / sew·ing] *s.* **1** il cucire // (*legatoria*) *— press*, cucitrice // (*tess.*) *— thread*, cucirino **2** cucito; lavoro di cucito: *I have got my — to do*, devo fare il mio lavoro di cucito.

sewing machine ['səʊɪŋmə,ʃi:n] *s.* macchina per cucire.

sewn *p.p.* di to **sew**[1].

sex [seks] *s.* **1** sesso // *the fair* (o *gentle*) *—*, il bel sesso; *the sterner —*, il sesso forte; *the weaker* (o *softer*) *—*, il sesso debole **2** rapporti sessuali: *to have — with s.o.*, avere rapporti sessuali con qlcu. **3** organi genitali ◆ *agg.* sessuale: *— organ*, organo sessuale; *— change* (o *reversal*), cambiamento di sesso; *— discrimination*, discriminazione sessuale // *— object*, oggetto sessuale // (*biol.*): *— hormone*, ormone sessuale; *— chromosome*, cromosoma del sesso; *— determination*, determinazione del sesso; *— linkage*, legame sessuale (di malattie ereditarie).

to **sex** *v.tr.* (*zool.*) sessare, stabilire il sesso di.

sexagenarian [,seksədʒɪ'neərɪən / sexa·gen·arian] *agg.* sessagenario ◆ *s.* chi è nella sessantina.

sexagenary [sek'sædʒɪnərɪ *amer.* sek'sædʒɪnerɪ / sexa·gen·ary] *agg.* sessagenario; sessagesimale.

Sexagesima [,seksə'dʒesɪmə / Sexa·ges·ima] *s.* (*eccl.*) sessagesima.

sexagesimal [,seksə'dʒesɪml / sexa·ges·imal] *agg.* sessagesimale.

sex appeal ['seksə,pi:l] *s.* sex-appeal.

sex cell ['seks,sel] *s.* (*biol.*) gamete.

sexed [sekst] *agg.* **1** sessuato **2** sessualmente attraente **3** (*nei composti*) che ha istinti sessuali: *highly-sexed*, che ha forti impulsi sessuali.

sexfid ['seksfɪd / sex·fid] *agg.* (*bot. rar.*) diviso in sei.

sexism ['seksɪzəm / sex·ism] *s.* discriminazione sessuale.

sexist ['seksɪst / sex·ist] *agg.* che è caratterizzato da discriminazione sessuale ◆ *s.* chi attua la discriminazione sessuale.

sex job ['seksdʒɒb] *s.* (*sl. amer.*) persona sessualmente attraente.

sex kitten ['seks,kɪtn] *s.* (*fam.*) ninfetta.

sexless ['sekslɪs / sex·less] *agg.* **1** asessuato **2** che non ha attrattive sessuali, non sexy // **-ness** *s.*

sex-linked ['seks,lɪŋkt] *agg.* **1** che viene trasmesso con il gene che determina il sesso **2** che è legato al sesso.

sexologist [,sek'sɒlədʒɪst / sex·olo·gist] *s.* sessuologo.

sexology [,sek'sɒlədʒɪ / sex·ology] *s.* sessuologia.

sexpert ['sekspɜ:t / sex·pert] *s.* (*fam. amer.*) sessuologo, esperto in terapie sessuali.

sexploitation [,seksplɔɪ'teɪʃn / sex·ploita·tion] *s.* (*fam.*) strumentalizzazione del sesso a scopi commerciali.

sexpot ['sekspɒt / sex·pot] *s.* (*fam.*) bomba erotica, bomba del sesso.

sex shop ['seksʃɒp] *s.* sex-shop.

sex symbol ['seks,sɪmbl] *s.* sex symbol.

sext [sekst] *s.* (*eccl.*) sesta.

sextain ['sekstein / sex·tain] *s.* (*poesia*) sestina.

sextan ['sekstən / sex·tan] *agg.* (*med.*) sestano (di febbre).

sextant ['sekstənt / sex·tant] *s.* (*astr.*) sestante.

sextet(te) [seks'tet / sex·tet(te)] *s.* **1** (*mus.*) sestetto, composizione per sei voci, o strumenti **2** gruppo di sei cantanti o musicisti che eseguono un sestetto **3** gruppo di sei (persone, cose).

sextile ['sekstaɪl / sex·tile] *agg.* (*astr.*) sestile ◆ *s.* (*astr.*) aspetto, posizione sestile.

sextillion [seks'tɪljən / sex·til·lion] *s.* (*mat.*) **1** il numero 1 seguito da 36 zeri **2** (*amer.*) sestilione (1 seguito da 21 zeri).

sexto ['sekstəʊ] *s.* (*tip.*) (libro in) sesto.

sextodecimo [,sekstəʊ'desɪməʊ / sex·to·de·cimo] *s.* (*tip.*) (libro in) sedicesimo.

sexton ['sekstən / sex·ton] *s.* **1** sagrestano **2** becchino **3** (*zool.*) *—* (*-beetle*), necroforo, becchino.

sextuple ['sekstjʊpl / sex·tuple] *agg.* e *s.* sestuplo.

to **sextuple** *v.tr.* sestuplicare, moltiplicare per sei ◆ *v.intr.* diventare sei volte maggiore.

sexual ['seksjʊəl] *agg.* sessuale: *— reproduction*, riproduzione sessuata, gamia // (*dir.*) *— crimes* (o *offences*), reati sessuali.

sexualism ['seksjʊəlɪzəm / sexu·al·ism] *s.* erotismo.

sexuality [,seksjʊ'ælətɪ / sexu·al·ity] *s.* sessualità.

sexualization [,seksjʊəlaɪ'zeɪʃn *amer.* ,seksjʊəlɪ'zeɪʃn / sexu·al·iza·tion] *s.* attribuzione del sesso.

to **sexualize** ['seksjʊəlaɪz / sexu·al·ize] *v.tr.* investire di sessualità (un sentimento ecc.).

sexually ['seksjʊəlɪ / sexu·ally] *avv.* sessualmente: *— transmitted disease*, malattia trasmessa per via sessuale.

sexy ['seksɪ] *agg.* (*fam.*) **1** erotico **2** sexy, eroticamente conturbante **3** interessante, che attrae l'interesse // **-ily** *avv.* // **-iness** *s.*

Seychellois [seɪ'ʃelwɑ: / Seychel·lois] *agg.* e *s.* (nativo, abitante) delle Seychelles.

shabby ['ʃæbɪ] *agg.* **1** male in arnese, cencioso, stracciato; logoro; trasandato: *— room*, stanza squallida **2** (*fig.*) spregevole; meschino, gretto: *it is very — of him*, è molto meschino da parte sua // *to play s.o. a — trick*, giocare a qlcu. un brutto tiro // *— treatment*, trattamento ignobile // **-ily** *avv.* // **-iness** *s.*

shabby-genteel [,ʃæbɪdʒen'ti:l] *agg.* che tenta di salvare le apparenze.

shack [ʃæk] *s.* **1** baracca; capanna **2** (*ferr. amer.*) carro di servizio.

to **shack** [ʃæk] *v.intr.* (*fam.*) (*up*) convivere, abitare insieme, coabitare (detto di una coppia non sposata): *he's shacked up with a girl from Glasgow*, convive con una ragazza di Glasgow.

shackle ['ʃækl] *s.* **1** *pl.* manette; ceppi; catene (*anche fig.*): *the shackles of the past*, le restrizioni del passato; *the shackles of rhyme*, le restrizioni imposte dalla rima **2** anello (di manette) **3** gambo (di lucchetto) **4** (*mecc., mar.*) maniglia, maniglione, grillo (anello a U chiuso da un perno): *— bolt*, perno di grillo; perno del maniglione.

to **shackle** *v.tr.* **1** mettere in catene, in ceppi; ammanettare **2** (*fig.*) ostacolare, impedire: *shackled by convention*, soffocato dalle convenzioni **3** (*mar.*) ammanigliare.

shackle-bone ['ʃæklbəʊn] *s.* (*dial. scoz.*) polso.

shad [ʃæd] *s.* (*zool.*) (*Alosa alosa*) alosa.

shaddock ['ʃædək / shad·dock] *s.* (*bot.*) (*Citrus maxima*) pummelo (varietà di pompelmo).

shade [ʃeɪd] *s.* **1** ombra (*anche fig.*): *the pleasant — of those trees*, la piacevole ombra di quegli alberi; *without light or —*, senza luce né ombra; (*fig.*) monotono, uniforme; *light and —*, luce e ombra // *in the —*, all'ombra // *— plant*, pianta che cresce all'ombra; *— tree*, albero ombrifero // *a —*, un po', un pochino: *he is a — better*, sta un pochino meglio; *the hat is a — small for me*, il cappello è un po' piccolo per me // *to throw* (o *put*) *s.o. into the —*, (*fig.*) mettere in ombra qlcu., eclissare qlcu. **2** sfumatura, nuance (di colore, significato ecc.): *delicate shades of meaning*, delicate sfumature di significato; *she wants the same colour in a lighter —*, vuole lo stesso colore in una sfumatura più chiara **3** spirito, ombra: *the — of Anchises*, l'ombra di Anchise; *he went down to the shades*, (*poet.*) morì **4** (*spec. nei composti*) schermo, riparo: *lampshade*, paralume; *eyeshade*, visiera **5** *pl.* → **shades**.

to **shade** *v.tr.* **1** ombreggiare; proteggere, riparare (da luce, calore): *he shaded his eyes from the sun*, si riparò gli occhi dal sole; *a huge oak shaded the house*, una grande quercia ombreggiava la casa **2** velare, oscurare (*anche fig.*): *a gloomy look shaded her face*, (*fig.*) un'espressione melanconica le offuscava il viso; *to — the light*, velare la luce **3** (*pitt.*) ombreggiare **4** (*mus.*) modulare il tono di **5** (*comm. amer.*) ridurre gradualmente (i prezzi) ◆ *v.intr.* sfumare, tendere; confondersi: *a green that shades* (*off*) *into blue*, un verde che tende al blu, che sfuma nel blu.

shaded ['ʃeɪdɪd] *agg.* **1** ombreggiato, ombroso **2** (*pitt.*) ombreggiato; sfumato.

shade deck ['ʃeɪd,dek] *s.* (*mar.*) ponte tenda.

shadeless ['ʃeɪdlɪs / shade·less] *agg.* **1** senza ombra **2** (*pitt.*) senza ombreggiatura, senza sfumatura.

shades [ʃeɪdz] *s.pl.* **1** (*fam.*) → sunglasses **2** (*amer.*) → roller blind **3** — *of*, (*fam. antiq.*) ricordi di: — *of war-time Paris*, mi ricorda Parigi in tempo di guerra.

shadily [ˈʃeɪdɪlɪ / sha·dily] *avv.* **1** ombrosamente **2** (*fig.*) in modo losco, poco chiaro.

shadiness [ˈʃeɪdɪnɪs / sha·di·ness] *s.* **1** ombrosità **2** (*fig.*) dubbia reputazione; aspetto losco.

shading [ˈʃeɪdɪŋ / shad·ing] *s.* **1** protezione, riparo (dalla luce, dal calore) **2** (*pitt.*) ombreggiatura; sfumatura, gradazione (di colori) **3** sfumatura, differenza (di significato) **4** (*mus.*) modulazione di tono **5** (*comm.*) riduzione graduale dei prezzi.

shadow [ˈʃædəʊ] *s.* **1** ombra (*anche fig.*): *the clouds cast shadows on the field*, le nuvole gettavano ombre sul campo; *the — of death*, l'ombra della morte; *this cast a — over the festivities*, questo gettò un'ombra di tristezza sui festeggiamenti // *to be afraid of one's own* —, aver timore della propria ombra // *he lives in the — of his predecessors*, vive all'ombra dei suoi predecessori **2** (*gener. pl.*) (*letter.*) oscurità: *the shadows of evening*, l'oscurità della sera **3** ombra, immagine; spettro: *he is only a — of his former self*, è solo l'ombra di se stesso // *worn to a* —, esausto **4** segno, traccia; barlume: *not a — of doubt*, non un'ombra di dubbio **5** compagno inseparabile **6** pedinatore; spia **7** protezione; (*rar.*) rifugio: *under the — of the American flag*, sotto la protezione della bandiera americana **8** velo, ombra di barba: *five o'clock* —, barba non rasata di fresco ◆ *agg.* fantasma, fantomatico; sommerso // (*pol.*): — *government*, governo ombra; — *minister*, ministro ombra // (*econ.*): — *economy*, economia sommersa; — *price*, prezzo ombra.

to **shadow** *v.tr.* **1** oscurare, far ombra a **2** pedinare; seguire come un'ombra; sorvegliare: *the detective shadowed the suspect*, l'investigatore seguì il sospettato **3** ombreggiare, sfumare (un disegno).

□ **shadow forth** *v.tr.* e *avv.* (*letter.*) rappresentare allegoricamente, simboleggiare.

to **shadow-box** [ˈʃædəʊ,bɒks] *v.intr.* **1** (*boxe*) allenarsi con l'ombra **2** (*fig.*) combattere contro un nemico immaginario **3** (*fig.*) far finta, fingere; parlare, agire aggirando il problema reale.

shadow-boxing [ˈʃædəʊ,bɒksɪŋ] *s.* (*boxe*) allenamento con l'ombra.

shadowiness [ˈʃædəʊɪnɪs / shad·owi·ness] *s.* ombrosità; oscurità.

shadowing [ˈʃædəʊɪŋ / shad·ow·ing] *s.* **1** ombreggiamento **2** simbolo, rappresentazione allegorica.

shadow play [ˈʃædəʊ,pleɪ] *s.* teatro delle ombre.

shadowy [ˈʃædəʊɪ / shad·owy] *agg.* **1** ombroso, ombreggiato: — *woods*, boschi ombrosi **2** indistinto, oscuro, vago: *a — form*, una forma indistinta **3** chimerico, irreale: *a — hope*, una speranza illusoria.

shady [ˈʃeɪdɪ] *agg.* **1** ombreggiato, all'ombra: *the — side of the street*, il lato ombreggiato della strada **2** che fa ombra, ombroso: *a — tree*, un albero che fa ombra **3** (*fam.*) disonesto, infido, losco: *a — person*, una persona infida; *a — business*, un losco affare.

shaft [ʃɑ:ft *amer.* ʃæft] *s.* **1** lancia, giavellotto; freccia, dardo, strale: *the shafts of Cupid*, gli strali di Cupido; *the shafts of satire*, gli strali della satira **2** (*fig.*) battuta arguta e pungente; frecciata: *his witty shafts were always directed against the government*, le sue frecciate erano sempre dirette contro il governo **3** fulmine; raggio (di luce) **4** gambo, stelo; fusto: *the — of a candlestick*, lo stelo di un candeliere; *the — of a column*, il fusto di una colonna **5** comignolo; fumaiolo **6** asta, bastone; pertica, palo; manico: *the — of an axe*, il manico di un'ascia **7** stanga (di veicoli a trazione animale): *pair of shafts*, stanghe di una carrozza **8** (*arch.*) colonnina; (*amer.*) colonna commemorativa; obelisco **9** (*volg.*) cazzo, uccello **10** (*sl.*) fregatura; maltrattamento: *to get the* —, farsi fregare, venire maltrattato; *to give s.o. the* —, fregare qlcu., fare un bidone a qlcu. **11** (*mecc.*) albero, asse: — *horsepower*, potenza all'asse; *axle* —, semiasse; *drive* —, albero motore; *driven* —, albero condotto; *hollow* —, albero cavo; *lay* —, albero di rinvio; *main* —, albero primario; *propeller* —, albero di propulsione; (*aer.*, *mar.*) albero dell'elica; (*aut.*) albero di trasmissione **12** sfiatatoio; condotto; (*miner.*) pozzo: *downcast* —, pozzo di ventilazione discendente; *upcast* —, pozzo di ventilazione ascendente; *lift* (o *elevator*) —, pozzo dell'ascensore.

to **shaft** *v.tr.* **1** munire di asta, di manico, di stanghe ecc. **2** munire di albero, di asse **3** (*sl.*) maltrattare; imbrogliare, fregare: *we got* (o *were*) *shafted at the sale*, ci hanno fregato a quella svendita.

shafted [ˈʃɑ:ftɪd *amer.* ˈʃæftɪd] *agg.* **1** munito di asta, di manico, di stanga **2** (*mecc.*) munito di albero, di asse **3** (*arch.*) ornato di colonnine **4** (*sl.*) fregato, bastonato.

shafting [ˈʃɑ:ftɪŋ *amer.* ˈʃæftɪŋ / shaft·ing] *s.* **1** (*mecc.*) sistema di trasmissione ad alberi **2** (*arch.*) colonnine ornamentali **3** sistema di sfiatatoi; (*miner.*) sistema di pozzi.

shag[1] [ʃæg] *s.* **1** pelo ispido **2** tessuto peloso ruvido **3** tabacco forte (trinciato) **4** viluppo (di erbacce).

to **shag**[1] *pass.p.p.* **shagged** [ʃægd] *v.tr.* rendere peloso, rendere ispido.

to **shag**[2] *v.tr.* (*fam. amer.*) seguire, pedinare, stare alle calcagna ◆ *v.intr.* (*fam. amer.*) partire, andarsene alla svelta, filarsela // *to — ass*, (*sl.*) filare via, alzare le chiappe.

shag[3] *s.* (*volg.*) tizio; canaglia, mascalzone.

to **shag**[3] *v.tr.* (*volg.*) scopare; chiavare.

shagged[1] [ʃægd] → **shaggy**.

shagged[2] *agg.* (*sl.*) esausto; fottuto.

shaggedness [ˈʃægɪdnɪs / shag·ged·ness]
shagginess [ˈʃægɪnɪs / shag·gi·ness] *s.* **1** (*non com.*) ispidezza; villosità; ruvidezza **2** (*rar.*) scabrosità.

shagged off [,ʃægdˈɒf *amer.* ,ʃægdˈɔ:f] *agg.* (*volg.*) incazzato; che ne ha piene le palle.

shagged out [,ʃægdˈaʊt] *agg.* (*sl.*) esausto; stanco morto; fottuto.

shaggy [ˈʃægɪ] *agg.* **1** di pelo lungo, ispido, irsuto; incolto, arruffato (di capelli) **2** peloso, ruvido (di tessuto) **3** incolto, coperto di sterpi, sterposo (di terreno) **4** (*bot.*) vellutato, peloso.

shaggy-dog story [,ʃægɪˈdɒg,stɔ:rɪ *amer.* ,ʃægɪˈdɔ:g,stɔ:rɪ] *s.* lunga storiella, barzelletta con finale paradossale.

shagreen [ʃæˈgri:n / sha·green] *s.* zigrino; pelle di zigrino.

to **shagreen** *v.tr.* zigrinare (la pelle).

Shah [ʃɑ:] *s.* scià (di Persia).

shake [ʃeɪk] *s.* **1** scossa, scuotimento (*anche fig.*); urto: *to give s.o. a good* —, scuotere qlcu. (*anche fig.*); *a — of the hand*, una stretta di mano; *a — of the head*, una scrollata di capo **2** tremore, tremito, tremolio: *with a — in his voice*, con voce tremula // *to be all of a* —, (*fam.*) tremare in tutte le membra // *to have the shakes*, avere la tremarella // *he is no great shakes*, non è un gran che **3** *pl.* (*med.*) delirium tremens; malaria **4** (*amer.*) frappé **5** trattamento: *to give s.o. a fair* —, agire lealmente con qlcu. **6** (*mus.*) trillo **7** (*fam.*) istante, attimo, momento: *in two shakes* (*of a lamb's tail*), in un batter d'occhio **8** fenditura, fessura (di legno) **9** (*ballo*) shake.

to **shake** *pass.* **shook** [ʃʊk] *p.p.* **shaken** [ˈʃeɪkən] *v.tr.* **1** scuotere; scrollare; agitare (liquidi): — *the bottle*, agitare il flacone; *he shook his head at my question*, scrollò il capo alla mia domanda; *to — a carpet*, sbattere un tappeto // —*!*, (*amer.*) felicitazioni! // *to — hands over a bargain*, concludere un affare; *to — hands with s.o.* (o *s.o. by the hand* o *s.o.'s hand*), stringere la mano a qualcuno (in segno di saluto, di accordo) // *to — one's finger, one's fist at s.o.*, minacciare qlcu. col dito, col pugno // *to — a wicked calf*, (*fam. amer.*) danzare bene // *to — the money tree*, fare grossi guadagni **2** far tremare; far vacillare (*anche fig.*): *a series of explosions shook the building*, l'edificio fu scosso da una serie di esplosioni; *you won't — me with your threats*, le tue minacce non mi faranno tremare; *this fact shook the witness's evidence*, questo fatto infirmò la deposizione del testimone **3** turbare, impressionare: *he was badly shaken by the news*, fu molto impressionato dalla notizia **4** (*fam.*) scrollarsi di dosso, liberarsi di: *to — one's pursuers*, liberarsi dei propri inseguitori ◆ *v.intr.* **1** scuotersi, agitarsi; tremare: *the earth shook*, la terra tremò; *to — with fear*, tremare di paura; *to — in one's shoes*, (*fam.*) avere la tremarella, aver fifa **2** barcollare, traballare **3** darsi la mano, suggellare (qlco.) con una stretta di mano: *let's — on it*, qua la mano! **4** (*mus.*) trillare.

□ **shake down** *v.intr.* e *avv.* **1** assestarsi; adattarsi (*anche fig.*): *to — down to a routine*, adattarsi alla routine **2** (*fam.*) trovare una sistemazione di fortuna (per dormire): *he says he can — down on the carpet*, dice che può dormire sul tappeto ◆ *v.tr.* e *avv.* **1** far cadere scuotendo **2** (*fam. amer.*) spillare denaro a, mungere; perquisire minuziosamente.

□ **shake off** *v.tr.* e *avv.* scrollarsi di dosso, liberarsi di: *I wish I could — him off*, vorrei riuscire a liberarmi di lui; *to — off a cold*, liberarsi da un raffreddore // *he couldn't wait to — the dust of New York off his feet*, non vedeva l'ora di scuotersi di dosso la polvere di New York.

□ **shake out** *v.intr.* e *avv.* **1** (*mil.*) spiegarsi, presentarsi in ordine sparso **2** (*mar.*) mollare, spiegare **3** (*metall.*) distaffare.

□ **shake up** *v.tr.* e *avv.* **1** scuotere, mescolare scuotendo (liquidi): — *up well before using*, scuotere bene prima dell'uso **2** sprimacciare **3** scuotere, far subire scossoni a **4** (*fig.*) scuotere; risvegliare; dare nuovo impulso a.

shakedown [ˈʃeɪkdaʊn / shake·down] *agg.* di collaudo, di prova: (*tecn.*) — *test*, collaudo durante l'installazione // (*mar.*) — *cruise*, viaggio di collaudo e addestramento (dell'equipaggio) // (*aer.*) — *flight*, volo di prova finale ◆ *s.* **1** (*tecn.*, *aer.*, *mar.*) collaudo di messa a punto; prova di affidabilità (dell'impianto, della macchina ecc.), di addestramento (del personale) **2** letto di fortuna **3** (*amer.*) esazione, estorsione di denaro, ricatto **4** (*amer.*) perquisizione, ispezione accurata.

shaken *p.p.* di to **shake**.

shakeout ['ʃeɪkaʊt / shake·out] *s.* **1** (*econ.*) crisi; ristrutturazione **2** (*metall.*) distaffatura, sformatura: — *sand*, terra di sformatura.

shaker ['ʃeɪkə*] *s.* **1** chi scuote **2** shaker per cocktail **3** contenitore forato (per sale, pepe ecc.): *salt* —, saliera **4** (*tecn.*) trasportatore a scosse **5** (*tess.*) lupo battitore // — *pins*, aste a scosse **6** (*agr.*) scuotipaglia **7** *Shaker*, (*amer.*) membro di una setta che sostiene il secondo avvento di Cristo.

shakerism ['ʃeɪkərɪzəm / shaker·ism] *s.* (*amer.*) dottrina che sostiene il secondo avvento di Cristo.

Shakespearian [ʃeɪk'spɪərɪən / Shake·spear·ian] *agg.* (*st. lett.*) shakespeariano.

shake-up ['ʃeɪkʌp] *s.* **1** (*fam.*) scossone; (*fig.*) rimaneggiamento, rimpasto: *a — in the government*, un rimpasto nel governo **2** (*econ.*) riorganizzazione, ristrutturazione totale.

shaking ['ʃeɪkɪŋ / shak·ing] *agg.* **1** che scuote; che agita: (*tecn.*) — *machine*, agitatore **2** traballante; vacillante; tremulo: *a — voice*, una voce tremula ◆ *s.* **1** scossone; sballottamento: *to get a* —, prendere scossoni, essere sballottato // (*mecc.*) — *screen*, vaglio a scosse **2** tremore; tremolio **3** (*tess.*) scuotimento **4** *pl.* (*mar.*) scarti di cavi vecchi.

shaking palsy [,ʃeɪkɪŋ'pɔ:lzɪ] *s.* (*med.*) morbo di Parkinson.

shako ['ʃækəʊ] *pl.* **shakos** *s.* chepì.

shaky ['ʃeɪkɪ] *agg.* **1** traballante; tremolante; vacillante; incerto, malsicuro; precario (di salute): *a — table*, un tavolo traballante; *a — hand*, una mano tremolante; *I feel — today*, oggi non sto in piedi; *to be — on one's legs*, (*fam.*) tremare sulle gambe, avere un'andatura incerta **2** (*fig.*) traballante; debole: *his English is* —, il suo inglese è traballante; *your argument is rather* —, il tuo ragionamento non mi convince, non regge // **-ily** *avv.* // **-iness** *s.*

shale [ʃeɪl] *s.* (*geol.*) argillite; scisto: — *clay*, argilla scistosa; — *oil*, olio di scisto.

shall [ʃæl (*forma forte*) ʃəl (*forma debole*)] *forma negativa* **shall not** [ʃæl'nɒt] *forma contr.* **shan't** [ʃɑ:nt *amer.* ʃænt] *forma abbr.* **'ll** *pass.* **should** [ʃʊd] *modal verb* (V) **1** (*ausiliare per la 1ª pers. sing. e pl. del futuro semplice*): *I — get soaking wet if I don't take an umbrella*, mi bagnerò tutto se non prendo l'ombrello; *I — never forget that song*, non dimenticherò mai quella canzone; *we — be glad if you can come*, saremo felici se potrai venire; *we — probably never see him again*, probabilmente non lo vedremo più; *I shan't hear from her till next week*, non avrò sue notizie fino alla settimana ventura; — *we get there in time?*, arriveremo a tempo?; *we — have reached Hong Kong by 7 o'clock*, per le 7 avremo raggiunto Hong Kong // In *tail questions* e *short answers*: *we shan't get there late, — we?*, non arriveremo in ritardo, no?; *I — see you on Tuesday, shan't I?*, ti vedrò martedì, vero?; *let's go to the cinema, — we?*, andiamo al cinema, eh?; *let's not invite him, — we?*, non invitiamolo, che ne dici?; *"Will you need the car?" "No, I shan't"*, "Avrai bisogno della macchina?" "No"; *"Will you take your holidays in August?" "Yes, I —"*, "Prenderai le ferie in agosto? "Sì" // Dopo *so*, *nor*, *neither*, per esprimere conferma o assenso: *"They'll never forget that party" "Nor* (o *neither*) *— I"*, "Non dimenticheranno mai quella festa" "Neppure io"; *"We'll visit Peter in Los Angeles" "So — we"*, "Andremo a trovare Peter a Los Angeles" "Anche noi" **2** (*ausiliare per la 1ª pers. sing. e pl. del futuro volitivo; nella 2ª e 3ª pers. sing. e pl. assume il significato di 'dovere'*): *you — go to bed at once*, devi andare subito a letto; *They — come immediately, he thundered*, Devono venire immediatamente, egli tuonò; *I promise you shan't be forced to sing at the party*, prometto che non sarai costretto a cantare alla festa; *I shan't let you go*, non ti lascerò andare; *we — be leaving soon*, partiremo presto; *I — explain this point in my next lecture*, spiegherò questo punto nella mia prossima conferenza; *he shan't leave until he's finished his report*, non se ne andrà (non deve andarsene) finché non avrà finito la sua relazione; *we — be hearing from our New York correspondent later in the programme*, ci collegheremo con il nostro corrispondente da New York nel corso del programma; *it is a regulation that there — be no smoking in the library*, a norma di regolamento non si deve fumare in biblioteca **3** (*in forme interr. di cortesia per la 1ª pers. sing. e pl.*): — *I draw the curtains?*, devo tirare le tende?; — *I ask for an estimate?*, devo chiedere una stima?; — *we phone you next week?*, dobbiamo telefonarvi la prossima settimana?; — *I get a taxi for you?*, devo chiamarti un taxi?

shallop ['ʃæləp / shal·lop] *s.* scialuppa.

shallot [ʃə'lɒt / shal·lot] *s.* (*bot.*) → **scallion** 1.

shallow ['ʃæləʊ / shal·low] *agg.* **1** basso, poco profondo: — *water*, acqua bassa, poco profonda **2** (*fig.*) leggero, superficiale **3** (*mar.*) di poco pescaggio: *the boat has a — draught*, la barca pesca poco ◆ *s.pl.* (*geogr.*) bassofondo // **-ly** *avv.* // **-ness** *s.*

to **shallow** *v.intr.* **1** divenire meno profondo **2** (*form. fig.*) divenire superficiale.

shalot [ʃə'lɒt / sha·lot] *s.* (*bot.*) → **scallion** 1.

shalt [ʃælt (*forma forte*) ʃəlt (*forma debole*)] *2ª pers. sing. pres.* (*ant.*, *poet.*) di *shall*: (*Bibbia*) *thou — not steal*, non rubare, tu non ruberai; *And death shall be no more, Death thou shalt die*, (J. DONNE) E la morte non esisterà più, Morte tu morirai.

shaly ['ʃeɪlɪ] *agg.* scistoso.

sham [ʃæm] *agg.* finto, falso; simulato; fittizio: — *fight*, combattimento simulato; — *pearls*, perle false; (*dir.*) — *plea*, pretesto (per guadagnar tempo); (*comm.*) — *corporation*, società fittizia ◆ *s.* **1** finta; inganno; mistificazione; imitazione: *are those real diamonds or only shams?*, sono diamanti veri o solo imitazioni?; *his love was a mere* —, il suo amore era tutta una finta; *it's all —, he is only afraid*, è tutta una finta, ha soltanto paura **2** ipocrita; impostore; imbroglione, ciarlatano: *he is a* —, è un ipocrita.

to **sham** *pass.p.p.* **shammed** [ʃæmd] *v.tr.* fingere, simulare: *to — illness*, simulare una malattia; *to — sleep*, fingere di dormire ◆ *v.intr.* fingersi: *to — dead*, far finta di essere morto // *to — Abraham*, (*sl. mar.*) far finta di essere ammalato.

shaman ['ʃæmən] *s.* sciamano.

shamanism ['ʃæmənɪzəm / sham·an·ism] *s.* sciamanismo.

shamanistic [,ʃæmə'nɪstɪk / sham·an·istic] *agg.* sciamanistico.

shamateur ['ʃæmətə* / sham·at·eur] *s.* (*fam. spreg.*) (atleta) finto dilettante.

shamble ['ʃæmbl] *s.* passo strascicato; andatura dinoccolata.

to **shamble** *v.intr.* camminare con passo strascicato, con andatura dinoccolata.

shambles ['ʃæmblz] *s.* **1** mattatoio; (*fig.*) carneficina; scena di sangue **2** (*fam.*) macello, sconquasso; caos: *the children left the house a* —, i bambini lasciarono un gran macello in casa.

shambling ['ʃæmblɪŋ / sham·bling] *agg.* **1** dinoccolato; strascicato: *a — gait*, un'andatura dinoccolata **2** zoppicante (di verso, stile).

shame [ʃeɪm] *s.* **1** vergogna; pudore: *he is quite without* —, è uno svergognato; *to die of* —, morire di, dalla vergogna; *to have no* —, non aver vergogna // *to put s.o. to* —, svergognare, fare arrossire qlcu.; *to put s.o., sthg. to* —, far scomparire, far sfigurare, far fare brutta figura a qlcu., qlco. **2** vergogna, disonore; infamia: *the scandal brought — on the whole family*, lo scandalo precipitò nel disonore l'intera famiglia, travolse tutta la famiglia // — *on you!*, vergognati!; *for —!* vergogna! **3** (*fam.*) peccato, vergogna: *it's a — that they were cheated*, è una vergogna che siano stati ingannati; *it is a — to laugh at him*, non è giusto prendersi gioco di lui // *what a —!*, che peccato!

to **shame** *v.tr.* **1** far vergognare; far arrossire di vergogna **2** disonorare **3** indurre, costringere (per vergogna, rimprovero): *he shamed her into apologizing*, la costrinse a chiedere scusa; *he was shamed out of his bad habits*, fu costretto ad abbandonare le sue cattive abitudini.

shamefaced [,ʃeɪm'feɪst / shame·faced] *agg.* **1** vergognoso; imbarazzato; confuso **2** timido; modesto // **-ly** *avv.* // **-ness** *s.*

shameful ['ʃeɪmfʊl / shame·ful] *agg.* vergognoso; disonorevole; infame // **-ly** *avv.* // **-ness** *s.*

shameless ['ʃeɪmlɪs / shame·less] *agg.* **1** svergognato; sfacciato, sfrontato; impudico **2** vergognoso, indecente // **-ly** *avv.* // **-ness** *s.*

shammer ['ʃæmə* / sham·mer] *s.* simulatore; impostore.

shammy ['ʃæmɪ] **shamoy** ['ʃæmɔɪ] *s.* pelle di daino.

shampoo [ʃæm'pu: / sham·poo] *s.* **1** shampoo (preparato per lavare i capelli): *dry* —, shampoo secco // — *powder*, shampoo in polvere **2** shampoo, lavatura dei capelli.

to **shampoo** *v.tr.* lavare (i capelli) con lo shampoo: *to — one's hair*, lavarsi i capelli.

shamrock ['ʃæmrɒk / sham·rock] *s.* (*bot.*) (*Trifolium pratense*) trifoglio d'Irlanda.

shamus ['ʃæməs] *s.* (*fam. amer.*) **1** poliziotto; poliziotto privato, detective; guardia del corpo **2** informatore della polizia.

shandrydan ['ʃændrɪdæn / shan·dry·dan] *s.* **1** calesse **2** (*rar.*) carretta, vecchio veicolo sgangherato.

shandy [ˈʃændɪ] *s.* bevanda composta di birra e ginger o birra e gassosa.

to **shanghai** [ʃæŋˈhaɪ / shang·hai] *v.tr.* (*sl. mar.*) **1** arruolare, imbarcare a forza **2** (*estens.*) costringere: *to — s.o. into doing sthg.*, costringere qlcu. a fare qlco.

Shangri-La [ˌʃæŋgrɪˈlɑː] *s.* (*fig.*) eden, paradiso terrestre • Nome tratto dal romanzo *Lost Horizon* di James Hilton.

shank [ʃæŋk] *s.* **1** gamba; (*anat.*) tibia, stinco // *to go on Shanks's pony* (o *mare*), (*scherz.*) andare a piedi, andare col cavallo di San Francesco **2** fusto (di colonna) **3** manico (di cucchiaio ecc.) **4** (*mecc.*) gambo, stelo, codolo **5** canna, fusto (di chiave) **6** (*bot.*) gambo, stelo **7** (*cuc.*) stinco **8** gambo (sporgenza forata dei bottoni, spec. metallici, in cui si passa il filo per attaccarli) **9** (*mar.*) fuso (di ancora).

to **shank** *v.tr.* (*golf*) colpire (la palla) col tacco della mazza.

□ **shank off** *v.intr.* e *avv.* (*bot.*) avvizzire, cadere per malattia dello stelo.

shanked [ʃæŋkt] *agg.* (*spec. nei composti*) provvisto di gambo, stelo, fusto: *short- —*, dalle gambe corte; con canna corta (di chiave).

shan't [ʃɑːnt *amer.* ʃænt] contr. di *shall not.*

shantung [ˌʃænˈtʌŋ / shan·tung] *s.* shantung (tessuto di seta).

shanty[1] [ˈʃæntɪ] *s.* **1** capanna, baracca **2** (*sl.*) bettola, osteria.

to **shanty**[1] *v.intr.* **1** vivere in una capanna **2** (*sl.*) frequentare osterie.

shanty[2] *s.* canto di marinai, celeuma.

shantytown [ˈʃæntɪˌtaʊn / shanty·town] *s.* bidonville, baraccopoli.

shape [ʃeɪp] *s.* **1** forma; foggia; figura; struttura; sagoma; modello: *clouds of different shapes*, nuvole di varie forme; *this skirt has lost its —*, questa gonna (si) è tutta sformata; *a devil in human —*, un diavolo sotto sembianza umana // *in the — of*, sotto forma di; *in any — or form*, di qualsiasi tipo // *to take —*, prender forma, (*fig.*) concretarsi // *to lick* (o *to knock*) *into —*, (*fig. fam.*) portare al livello desiderato // *to put an article into —*, (*giornalismo*) mettere a punto un articolo // (*mat.*) *— theory*, teoria della forma **2** forma (fisica); condizione (di salute): *to be in —*, essere in forma; *to be out of —*, essere giù di forma, non essere in forma **3** ombra, figura, sagoma; spettro: *two shapes loomed up in the darkness*, due ombre si profilarono nell'oscurità **4** stampo // *hat —*, stampo per cappelli // *jelly —*, stampo per gelatina **5** (*metall.*) profilato di forma.

to **shape** *v.tr.* **1** dar forma a; formare, sagomare, modellare: *before I had time to — my answer*, prima che avessi tempo di formulare la mia risposta; *to — s.o.'s character*, formare il carattere di qlcu.; *to — s.o.'s thinking*, plasmare il pensiero di qlcu. **2** adattare: *— your plans to your abilities*, adatta i tuoi piani alle tue capacità **3** dirigere, regolare (vita, condotta ecc.) **4** (*mecc.*) limare a macchina; sagomare **5** (*gener. costr. passiva*) tagliare, modellare (abiti): *a dress shaped at the waist*, un abito tagliato in vita ◆ *v.intr.* prender forma, concretarsi // *to — well*, promettere bene: *he is shaping well at Latin*, promette bene in latino; *our plans are shaping well*, i nostri piani promettono bene.

□ **shape up** *v.intr.* e *avv.* (*fam.*) **1** procedere, svilupparsi: *my novel is shaping up well*, il mio romanzo procede bene **2** darsi da fare: *— up if you want to get ahead*, datti da fare se vuoi fare carriera.

shaped [ʃeɪpt] *agg.* (*spec. nei composti*) formato, modellato, sagomato, a forma di: *leaf- —*, a forma di foglia; *queer- —*, di forma bizzarra; *well- —*, benfatto.

shapeless [ˈʃeɪplɪs / shape·less] *agg.* **1** informe; confuso **2** deforme // **-ly** *avv.* // **-ness** *s.*

shapely [ˈʃeɪplɪ] *agg.* ben fatto; di bell'aspetto e proporzione // **-iness** *s.*

shaper [ˈʃeɪpə*] *s.* **1** modellatore **2** (*mecc.*) limatrice.

shard[1] [ʃɑːd] *s.* coccio, frammento: *to break into shards*, ridurre in frammenti.

shard[2] *s.* (*zool.*) elitra.

share[1] [ʃeə*] *s.* **1** parte, porzione, quota: *a fair —*, una parte equa; *I took more than my — of the burden*, ho fatto più del mio dovere // *— and — alike*, in parti uguali // *lion's —*, la parte del leone // *to go shares*, dividere equamente **2** (*fin.*) azione, titolo azionario: *to hold shares in a company*, possedere azioni di una società; *ordinary —*, azione ordinaria; *registered —*, azione nominativa; *voting —*, azione con diritto di voto; *a —* (o *voteless —*), azione senza diritto di voto; *discount —*, azione emessa sotto la pari; *dividend* (o *redeemed*) *—*, azione di godimento; *fully-paid —*, azione interamente liberata; *qualification* (o *qualifying*) *shares*, azioni di garanzia; *collateral trustee —*, parte di fondo comune di investimento // *— option*, diritto di comprare o di vendere // *— capital*, capitale azionario; *— certificate*, certificato azionario, manto; *— index*, indice azionario; *— list*, listino (di borsa); *— parcel*, pacchetto azionario.

to **share**[1] *v.tr.* **1** dividere (in parti uguali), spartire (equamente): *he shared his icecream with his sister*, divise il gelato con sua sorella; *we shared 500 pounds among five men*, dividemmo 500 sterline tra cinque uomini // (*econ.*) *to — the market, the profits*, ripartirsi il mercato, i profitti **2** condividere; partecipare a, prender parte a: *to — a flat with s.o.*, dividere un appartamento con qlcu.; *to — s.o.'s opinion*, condividere l'opinione di qlcu. **3** (*inform.*) condividere (cartelle) ◆ *v.intr.* partecipare, prender parte: *to — in* (*sthg.*), partecipare a (qlco.); *you should — in the washing -up*, anche tu dovresti dare una mano a lavare i piatti // *to — and — alike*, partecipare in egual misura.

□ **share out** *v.tr.* e *avv.* distribuire: *to — out food to the poor*, distribuire cibo ai poveri.

share[2] *s.* (*agr.*) vomere.

sharebroker [ˈʃeəˌbrəʊkə* / share·broker] *s.* (*fin.*) agente di cambio.

to **sharecrop** [ˈʃeəkrɒp / share·crop] *v.tr.* e *intr.* lavorare (la terra) a mezzadria.

sharecropper [ˈʃeəˌkrɒpə* / share·cropper] *s.* mezzadro.

sharecropping [ˈʃeəˌkrɒpɪŋ / share·cropping] *s.* mezzadria.

shareholder [ˈʃeəˌhəʊldə* / share·holder] *s.* (*amm.*) azionista: *ordinary —*, detentore di azioni ordinarie; *majority —*, azionista di riferimento; *shareholders' equity*, capitale proprio, capitale netto; *shareholders' register*, libro dei soci.

shareholding [ˈʃeəˌhəʊldɪŋ / share·hold·ing] *s.* (*comm.*) **1** azionariato **2** partecipazione azionaria.

share-out [ˈʃeəraʊt] *s.* **1** distribuzione (di cibo ecc. fatta da un istituto di beneficenza) **2** (*comm.*) distribuzione (degli utili).

share-pusher [ˈʃeəˌpʊʃə*] *s.* (*fin. fam.*) venditore porta a porta di quote di fondi comuni di investimento.

share-pushing [ˈʃeəˌpʊʃɪŋ] *s.* (*fin. fam.*) vendita porta a porta di quote di fondi comuni di investimento.

sharer [ˈʃeərə*] *s.* partecipante, compartecipe.

shareware [ˈʃeəˌweə* / share·ware] *s.* (*inform.*) software a disposizione di tutti.

sharing [ˈʃeərɪŋ / shar·ing] *s.* **1** divisione, distribuzione; spartizione: (*econ.*) *market —*, divisione del mercato **2** (*comm.*) partecipazione, compartecipazione (agli utili); cointeressenza.

shark [ʃɑːk] *s.* **1** squalo; pescecane **2** (*fig.*) profittatore; truffatore; usuraio **3** (*sl. amer.*) persona in gamba; studente brillante.

to **shark** *v.tr.* (*antiq.*) truffare; scroccare ◆ *v.intr.* (*antiq.*) fare truffe.

sharker [ˈʃɑːkə*] *s.* truffatore.

sharkskin [ˈʃɑːkskɪn / shark·skin] *s.* zigrino, sagrì.

sharp [ʃɑːp] *agg.* **1** tagliente; affilato; appuntito; acuminato; aguzzo: *a — knife*, un coltello affilato; *a — pencil*, una matita appuntita; *— edge*, spigolo acuto // *— features*, lineamenti angolosi, marcati // *— sight*, (*fig.*) vista acuta **2** scosceso; ripido: *a — ascent*, una salita ripida; *a — descent*, una discesa ripida, scoscesa **3** (*fig.*) acuto; pungente; intenso: *— frost*, gelo pungente; *— pain*, dolore acuto; *— appetite*, (gran) fame; fame acuta **4** netto; chiaro; distinto: *a — difference*, una netta differenza; *a — outline*, un profilo nitido **5** (*fig.*) improvviso; brusco; secco: *a — turn*, una curva brusca; *there was a — burst of gunfire*, ci fu una secca detonazione **6** (*fig.*) notevole; acuto: *a — fall in inflation*, un notevole calo dell'inflazione **7** agro; aspro; (*fig.*) severo; tagliente; aspro: *— taste*, gusto agro; *— criticism*, critica tagliente; *to give s.o. the — edge of one's tongue*, essere tagliente, aspro nei confronti di qlcu. // *— temper*, carattere irascibile **8** (*fig.*) sveglio; acuto; intelligente: *a — child*, un bambino sveglio, intelligente; *to be — at arithmetic*, essere bravo in aritmetica // *he is as — as a needle*, è molto sveglio **9** (*fig.*) vigile; attento // *to keep a — look-out*, star bene in guardia **10** (*fig.*) scaltro; privo di scrupoli; poco onesto, opportunista: *a — operator*, un operatore opportunista; *— practice*, pratica poco onesta; *he was too — for me*, era troppo scaltro per me **11** (*fig.*) violento; energico; impetuoso: *a — struggle*, una lotta accanita; *a — walk*, una camminata energica **12** (*fig. fam.*) elegante; raffinato **13** (*fig.*) alto; acuto (*anche mus.*): *a — cry*, un grido acuto **14** (*mus.*) diesis **15** (*fon.*) sordo ◆ *s.* **1** (*mus.*) diesis **2** (*fon.*) consonante sorda **3** sottile ago per cucire **4** (*fam.*) truffatore; baro **5** (*sl. amer.*) esperto, conoscitore **6** *pl.* crusca // **-ly** *avv.* // **-ness** *s.*

to **sharp** *v.tr.* **1** (*mus.*) diesare; diesizzare **2** imbrogliare, truffare ◆ *v.intr.* **1** suonare, cantare in una tonalità più alta del dovuto **2** barare; truffare: *he sharps at cards*, bara al gioco.

sharp *avv.* **1** esattamente; precisamente: *at ten o'clock —*, alle dieci in punto **2** bruscamente; improvvisamente: *the road turns — right*, la strada svolta bruscamente a destra **3** (*mus.*) in una tonalità troppo alta **4** (*fam.*) elegantemente; raffinatamente.

sharp-cut [ˈʃɑːpkʌt] *agg.* (ben) definito; netto; nitido.

sharp-eared [ˌʃɑːpˈɪəd] *agg.* dall'udito fine.

sharp-edged [ˌʃɑːpˈedʒd] *agg.* tagliente (*anche fig.*).

to **sharpen** [ˈʃɑːpən] *v.tr.* **1** affilare; appuntire; aguzzare: *to — a pencil*, far la punta a una matita // *he sharpened (up) his attacks*, (*fig.*) i suoi attacchi si fecero più taglienti **2** acuire, acutizzare: *to — one's wits*, aguzzare l'ingegno **3** (*mus.*) diesare ♦ *v.intr.* **1** diventare tagliente (*anche fig.*) **2** acuirsi; acutizzarsi.

sharpener [ˈʃɑːpnə* / sharp·ener] *s.* **1** affilatore; arrotino **2** (*mecc.*) affilatoio; affilatrice: *blade —*, affilatrice per lame **3** (*pencil*) —, temperamatite.

sharpening [ˈʃɑːpənɪŋ / sharp·en·ing] *s.* (*mecc.*) affilatura // *— machine*, affilatrice.

sharper [ˈʃɑːpə*] *s.* imbroglione; baro.

sharp-eyed [ˌʃɑːpˈaɪd] *agg.* **1** dalla vista acuta **2** (*fig.*) sveglio.

sharpie [ˈʃɑːpɪ] *s.* **1** (*mar.*) sharpie (imbarcazione da regata, a una o due vele triangolari, a chiglia piatta o quasi piatta) **2** imbroglione; baro **3** persona sveglia **4** (*fam. amer.*) elegantone.

sharp-set [ˌʃɑːpˈset] *agg.* **1** posto, posizionato ad angolo acuto, a spigolo **2** vorace; famelico (*anche fig.*).

sharpshooter [ˈʃɑːpˌʃuːtə* / sharp·shooter] *s.* **1** tiratore scelto **2** (*basket*) cecchino.

sharp-sighted [ˌʃɑːpˈsaɪtɪd] *agg.* **1** dalla vista acuta **2** (*fig.*) acuto; perspicace // **-ness** *s.*

sharp-tongued [ˌʃɑːpˈtʌŋd] *agg.* dalla lingua tagliente; ipercritico.

sharp-witted [ˌʃɑːpˈwɪtɪd] *agg.* sveglio; acuto.

shat *pass.p.p.* di to **shit**.

shatter [ˈʃætə* / shat·ter] *s.* (*spec. pl.*) frammento; frantume, scheggia: *the vase lay in shatters on the floor*, il vaso era a terra, in frantumi.

to **shatter** *v.tr.* **1** frantumare; infrangere: *he shattered the window with a brick*, infranse la finestra con un mattone **2** danneggiare; rovinare; demolire; distruggere (*anche fig.*): *her peace of mind had been shattered by the divorce*, il divorzio ha mandato in frantumi il suo equilibrio interiore **3** (*fig.*) scuotere; sconvolgere: *this fact shattered his faith in him*, questo fatto scosse la sua fiducia in lui ♦ *v.intr.* **1** frantumarsi; infrangersi: *the glass shattered*, il bicchiere andò in frantumi **2** sparpagliarsi; disseminarsi.

shattered [ˈʃætəd / shat·tered] *agg.* **1** frantumato; infranto **2** (*fig. fam.*) distrutto, a terra: *you look —*, hai un'aria distrutta.

shatterproof [ˈʃætəpruːf / shatter·proof] *agg.* infrangibile: *— glass*, vetro infrangibile.

shave [ʃeɪv] *s.* **1** rasatura: *to have a —*, farsi la barba // *to have a close* (o *narrow*) *—*, (*fig. fam.*) cavarsela, farcela per un pelo **2** fetta sottile **3** (*mecc.*) truciolo // *— hook*, raschietto **4** (*ant. fig.*) truffa; imbroglio.

to **shave** *v.tr.* **1** radere; rasare; sbarbare **2** affettare: *to — a slice off a piece of meat*, tagliare una fetta da un pezzo di carne **3** radere; pareggiare: *he shaved the lawn every morning*, pareggiava l'erba del prato tutte le mattine **4** (*estens.*) abbassare, ridurre leggermente: *to — prices*, abbassare leggermente i prezzi; *he shaved a quarter of a second off the record*, abbassò il record di venticinque centesimi di secondo **5** rasentare; radere; sfiorare: *the wheel of the car shaved the kerb*, la ruota dell'automobile sfiorò, rasentò l'orlo del marciapiede **6** (*mecc.*) rasare, lisciare, sbavare; piallare **7** (*eccl.*) tonsurare **8** (*sl. amer.*, *fig.*) pelare; truffare **9** (*comm.*) scontare (una cambiale) a un tasso più alto ♦ *v.intr.* radersi; sbarbarsi, rasarsi; farsi la barba.

shaved [ʃeɪvd] *agg.* **1** rasato; sbarbato **2** affettato **3** (*eccl.*) tonsurato **4** (*fam. amer.*) ubriaco.

shave-grass [ˈsheɪvgrɑːs *amer.* ˈsheɪvgræs] *s.* (*bot.*) equiseto.

shaveling [ˈʃeɪvlɪŋ / shave·ling] *s.* **1** (*ant. spreg.*) tonsurato; prete; frate **2** giovincello; sbarbatello.

shaven [ˈʃeɪvn] *agg.* **1** rasato **2** (*eccl.*) tonsurato.

shaver [ˈʃeɪvə*] *s.* **1** rasoio (spec. elettrico) **2** barbiere **3** (*fig. antiq.*) truffatore **4** (*fam. spec. amer.*) ragazzo; giovinetto.

Shavian [ˈʃeɪvjən / Sha·vian] *agg.* di, come, alla Shaw ♦ *s.* seguace, ammiratore di G.B. Shaw.

shaving [ˈʃeɪvɪŋ / shav·ing] *s.* **1** rasatura; sbarbatura **2** (*mecc.*) rasatura, sbarbatura, sbavatura: *— cutter*, coltello sbarbatore; *gear — machine*, sbarbatrice per ingranaggi **3** truciolo: *metal —*, truciolo metallico; *wood —*, truciolo di legno **4** scaglietta; scheggia: *chocolate shavings*, scagliette di cioccolato.

shaving brush [ˈsheɪvɪŋˌbrʌʃ] *s.* pennello da barba.

shaving cream [ˈsheɪvɪŋˌkriːm] *s.* crema da barba.

shaving foam [ˈsheɪvɪŋˌfəʊm] *s.* schiuma da barba.

shaving soap [ˈsheɪvɪŋˌsəʊp] *s.* sapone da barba.

shaving stick [ˈsheɪvɪŋˌstɪk] *s.* sapone da barba in stick, stick da barba.

shaw [ʃɔː] *s.* (*antiq.*) boschetto, bosco ceduo.

shawl [ʃɔːl] *s.* scialle.

to **shawl** *v.tr.* coprire con, avvolgere in uno scialle.

shay [ʃeɪ] *s.* calesse.

shazam [ʃəˈzæm] *inter.* (*amer.*) e voilà.

she [ʃiː] *pron. pers. 3ª pers. f. sing.* (*con funzione di sogg.*; *in it. è spesso sottinteso*) **1** ella, lei: *— knows my address*, (lei) sa il mio indirizzo; *— will tell us tomorrow*, ce lo dirà domani; *— said — would phone*, disse che avrebbe telefonato; *when I saw her, — was wearing a hat*, quando la vidi, portava un cappello; *— hasn't forgotten to get the tickets*, non si è dimenticata di prendere i biglietti; *if — had seen them, — would have told me*, se li avesse visti, me l'avrebbe detto; *did — give you her address?*, vi ha dato il suo indirizzo?; *how long has — been working here?*, da quanto tempo lavora qui?; *if — were here, — would be shocked*, se (lei) fosse qui, sarebbe scioccata; *"Who is it?" "It's her"*, (*form.*) *"It's —"*, "Chi è?" "È lei"; *you are as late as — is*, sei in ritardo quanto lei // Nelle forme contratte: *she's his sister*, è sua sorella; *she's seen this film already*, lei ha già visto questo film; *she'll never forget their kindness*, ella non dimenticherà mai la loro gentilezza; *she'd lend you the money if you asked her*, (ella) ti presterebbe il denaro se glielo chiedessi; *she'd never been to Scotland before*, era la prima volta che andava in Scozia // In *tail questions* e *short answers*: *she's leaving tomorrow isn't —?*, (lei) parte domani, vero?; *she's phoned him, hasn't —?*, (lei) gli ha telefonato, vero?; *she doesn't believe him, does —?*, (lei) non gli crede, vero?; *Ellen wasn't invited, was —?*, Ellen non è stata invitata, vero?; *she'll arrive tonight, won't —?*, (ella) arriverà stasera, non è vero?; *she'd never met him before, had —?*, non lo aveva mai conosciuto, vero?; *she can't remember the number, can —?*, (ella) non ricorda il numero, vero?; *she would have told you, wouldn't —?*, (lei) te l'avrebbe detto, no?; *"Has she got a brother?" "Yes, — has"*, "Ha (ella) un fratello?" "Sì"; *"Did she see the film?" "No, — didn't"*, "Lei ha visto il film?" "No, (non l'ha visto)"; *"Is she waiting for you?" "Yes, — is"*, "Ti sta aspettando?" "Sì"; *"Had she been working there long?" "Yes, — had"*, "Era da molto che (lei) lavorava là?" "Sì"; *"Can she play the piano?", "No, — can't"*, "Sa suonare il piano?" "No (non lo sa suonare)" // Dopo *so*, *nor*, *neither*, per esprimere conferma o assenso: *"They can speak Russian" "So can —"*, "Loro parlano russo" "Anche lei"; *"I didn't have any luck" "Nor did —* (o *Neither did —*)*"*, "Non ho avuto fortuna" "Neppure lei"; *"They won't get there late" "Nor will —"*, "Loro non arriveranno in ritardo" "Nemmeno lei" • Usato anche per animali, nazioni, navi: *the lioness had four cubs which — defended fiercely*, la leonessa aveva quattro cuccioli che difendeva strenuamente; *Spain was so powerful that — dominated Europe*, la Spagna era così potente che dominò l'Europa; *the ship was damaged but — was still afloat*, la nave era danneggiata ma stava ancora a galla // Talvolta, in tono affettivo, riferito a oggetti personali (automobili, macchinari ecc.): *my car's pretty old now but —'s done splendid trips in her time*, la mia auto è vecchiotta ma ai suoi tempi ha fatto splendidi viaggi; *our computer's out of action, —'s gone crazy with the new program*, il nostro computer non funziona, è impazzito con il nuovo programma **2** (*letter.*) *— who*, colei che, chi: *— who entered was not the person I had expected*, colei che entrò non era la persona che mi attendevo **3** (*come primo termine nei nomi composti*) femmina: *a — -bear*, un'orsa; *a — -goat*, una capra // *a — -devil*, una diavolessa, un'indemoniata ♦ *s.* femmina: *it's a —!*, è una bambina, è una femmina!

shea [ʃɪə] *s.* (*bot.*) *—* (*butter tree*), *—* (*-tree*), (*Butyrospermum parkii*) albero del burro // *— butter*, burro di Galam, burro di shea.

sheaf [ʃiːf] *pl.* **sheaves** [ʃiːvz] *s.* **1** covone **2** fascio (*anche estens.*); (*di spighe, paglia*) mannello: *a — of flowers*, un fascio di fiori; *a — of papers*, un fascio di carte **3** (*mat.*) fascio: *— theory*, teoria dei fasci **4** gruppo di frecce (generalmente 24) contenute in una faretra.

to **sheaf** *v.tr.* raccogliere e legare in covoni, in fasci.

shear [ʃɪə*] *s.* **1** *pl.* cesoie, forbici: *a pair of shears*, un paio di cesoie // *garden shears*, forbici da giardinaggio; *hedge shears*, cesoie per le siepi **2** (*dial.*) tosatura **3** (*mecc.*) cesoia: *power* —, cesoia meccanica **4** (*fis.*, *mecc.*) deformazione di taglio: — *strain*, deformazione di taglio, sforzo di scorrimento; — *strength*, resistenza al taglio; — *stress*, sforzo di taglio; — *test*, prova di taglio **5** (*geol.*) taglio: — *joint*, diaclasi di taglio; — *folding*, piegamento per taglio **6** (*mar.*) biga: — *hulk*, pontone a biga.

to **shear** *pass.* **sheared** [ʃɪəd] (*ant.*) **shore** [ʃɔ:*] *p.p.* **shorn** [ʃɔ:n] *v.tr.* **1** cesoiare; tranciare; recidere **2** tagliare; rasare; pareggiare: *to — a hedge*, pareggiare una siepe **3** tosare // *he came home shorn*, arrivò a casa ripulito, spennato **4** (*letter.*) tagliare (capelli) **5** cimare (lana) **6** (*fig.*) privare: *the king was shorn of his authority*, il re fu privato della sua autorità **7** (*fis.*, *mecc.*) sottoporre a sforzo di taglio **8** (*mecc.*) troncare ◆ *v.intr.* recidersi; tranciarsi.

shearer ['ʃɪərə*] *s.* **1** (*mecc.*) tranciatore **2** tosatore **3** trancia, tranciatrice (meccanica) **4** tosatrice (meccanica).

shear-grass ['ʃɪəgrɑ:s *amer.* 'ʃɪəgræs] *s.* (*bot.*) gramigna dei medici → **couch**[2].

shearing ['ʃɪərɪŋ / shear·ing] *s.* **1** recisione; taglio // (*fis.*, *mecc.*): — *strength*, resistenza al taglio; — *stress*, sforzo di taglio **2** tosatura; stagione della tosatura: — *machine*, tosatrice (meccanica), macchina per tosare **3** *pl.* i resti della tosatura, della cimatura; lana tosata **4** (*dial.*) pecora tosata una sola volta **5** (*mecc.*) tranciatura: — *die*, stampo di tranciatura; — *machine*, trancia, tranciatrice (meccanica); — *punch*, tagliolo.

shearling ['ʃɪəlɪŋ / shear·ling] *s.* pecora di un anno tosata una sola volta.

shear pin ['ʃɪəpɪn] *s.* (*tecn.*) spina di sicurezza.

shear-tail ['ʃɪəteɪl] *s.* (*zool.*) **1** rondine di mare → scray **2** colibrì SIN. hummingbird.

shearwater ['ʃɪə,wɔ:tə* / shear·water] *s.* (*zool.*) **1** puffino, berta SIN. hacklet **2** → scissors-bill.

sheat-fish ['ʃi:tfɪʃ] *s.* (*zool.*) (*Silurus glanis*) siluro d'Europa.

sheath [ʃi:θ] *s.* **1** fodero; guaina **2** abito femminile molto aderente; guaina **3** condom; profilattico; preservativo **4** (*anat.*, *bot.*) guaina **5** (*zool.*) elitra **6** (*tecn.*) guaina, fodero, involucro **7** (*edil.*) rivestimento (protettivo) **8** (*elettr.*) guaina (di protezione).

to **sheathe** [ʃi:ð] *v.tr.* **1** inguainare; rinfoderare; mettere nel fodero // *the cat sheathed its claws*, il gatto ritrasse, rinfoderò gli artigli // *to — the sword*, (*fig. letter.*) rinfoderare la spada, fare la pace **2** affondare; far penetrare (lama, coltello ecc.) **3** (*bot.*) inguainare: *the leaves — the stem*, le foglie inguainano lo stelo **4** rivestire; ricoprire: *the window was sheathed with ice*, la finestra fu ricoperta dal ghiaccio; *they sheathed the ship's bottom with copper*, rivestirono di rame il fondo della nave.

sheathing ['ʃi:ðɪŋ / sheath·ing] *s.* **1** inguainamento **2** rivestimento; copertura; (*mecc.*) guaina di protezione; (*mar.*) fasciame; fodera // (*elettr.*): *cable* —, protezione per cavi; — *paper*, carta per rivestimenti (isolanti) // (*bot.*) — *leaves*, foglie con il picciolo inguainato.

sheath knife ['ʃi:θnaɪf] *s.* coltello a lama fissa con fodero.

sheath-winged [,ʃi:θ'wɪŋd] *agg.* (*zool.*) munito di elitre.

sheave [ʃi:v] *s.* (*mecc.*) carrucola; puleggia a gola.

sheaves *pl.* di **sheaf**.

shebang [ʃɪ'bæŋ / she·bang] *s.* (*sl.*) affare; questione // *the whole* —, il tutto; *they are going to sell the whole* —, stanno per vendere baracca e burattini.

shebeen [ʃɪ'bi:n / she·been] *s.* squallida rivendita abusiva di superalcolici; (*estens.*) bettola.

shed[1] [ʃed] *s.* **1** (*tess.*) passo d'ordito **2** (*dial.*) scriminatura **3** spartiacque.

to **shed**[1] *pass.p.p.* **shed** *v.tr.* **1** versare; spargere: *to — tears*, versare lacrime; *to — blood*, spargere sangue // *to — light on a matter*, (*fig.*) far luce su una questione **2** emanare; effondere; diffondere: *roses — their fragrance*, le rose diffondono la loro fragranza **3** perdere; lasciar cadere: *the tree sheds leaves*, l'albero perde le (sue) foglie; *the snake sheds its skin*, il serpente perde la pelle; *the cat is shedding hair everywhere*, il gatto sta perdendo peli dappertutto; *in the accident the lorry — its load*, nell'incidente il camion perse il suo carico **4** levarsi; togliersi; disfarsi di; liberarsi da: *he — his tie*, si tolse la cravatta; *she — all her fears*, si liberò da tutte le sue paure **5** repellere: *oilcloth sheds water*, la tela cerata non lascia penetrare l'acqua ◆ *v.intr.* perdere, lasciar cadere foglie, pelli ecc.: *the trees are beginning to* —, gli alberi cominciano a perdere le foglie.

shed[2] *s.* **1** capanno; casotto **2** tettoia; capannone; hangar **3** capannone, riparo (per il bestiame).

shedder ['ʃedə* / shed·der] *s.* **1** spargitore; disseminatore **2** (*zool.*) crostaceo che si sta liberando del guscio **3** (*zool.*) salmone che ha deposto le uova.

shedding ['ʃedɪŋ / shed·ding] *s.* **1** spargimento; versamento **2** (*bot.*) caduta (di foglie ecc.) **3** (*zool.*) muta (di animali) **4** (*tess.*) formazione del passo d'ordito.

sheen [ʃi:n] *s.* splendore, lucentezza.

sheeny ['ʃi:nɪ] *agg.* splendente, rilucente.

sheep [ʃi:p] *s.* (*pl. invar.*) **1** pecora; (*zool.*) (*Ovis aries*) pecora; ovino: — *farm*, allevamento di pecore; — *station*, azienda per l'allevamento degli ovini (in Australia) // *the black — of the family*, (*fig.*) la pecora nera della famiglia // *lost* (o *stray*) —, (*fig.*) pecorella smarrita // *a wolf in —'s clothing*, un lupo in veste di agnello // *one may as well be hanged for a — as a lamb*, tanto vale commettere un crimine grave che uno lieve (se la punizione è la stessa) // *to follow like* —, seguire come pecore // *to separate the — from the goats*, (*fig.*) separare i buoni dai cattivi **2** (*fig.*) persona debole, timida, mite; persona sottomessa.

sheepcote ['ʃi:pkəʊt / sheep·cote] *s.* recinto per pecore.

sheepdip ['ʃi:pdɪp / sheep·dip] *s.* bagno antiparassitario disinfestante per pecore.

sheepdog ['ʃi:pdɒg / sheep·dog] *s.* cane pastore.

sheepfold ['ʃi:pfəʊld / sheep·fold] *s.* ovile chiuso.

sheepherder ['ʃi:p,hɜ:də* / sheep·herder] *s.* allevatore di pecore; pecoraio, pastore.

sheep-hook ['ʃi:phʊk] *s.* bastone da pastore, vincastro.

sheepish ['ʃi:pɪʃ / sheep·ish] *agg.* **1** imbarazzato; vergognoso; impacciato: *he looked rather* —, sembrava piuttosto imbarazzato **2** mite, remissivo, docile // **-ly** *avv.* // **-ness** *s.*

sheeplike ['ʃi:plaɪk / sheep·like] *agg.* da, simile a pecora; docile.

sheepman ['ʃi:pmən / sheep·man] *pl.* **sheepmen** *s.* (*amer.*) allevatore di pecore; pecoraio, pastore.

sheep-run ['ʃi:prʌn] *s.* pascolo per le pecore.

sheepshead ['ʃi:pshed / sheeps·head] *s.* (*ant. fig.*) persona stupida.

sheepshearing ['ʃi:p,ʃɪərɪŋ / sheep·shearing] *s.* tosatura.

sheepskin ['ʃi:pskɪn / sheep·skin] *s.* **1** pelle di pecora **2** indumento, tappeto di pelle di pecora: *a — coat*, cappotto di montone **3** pergamena, cartapecora **4** documento; (*fam. amer.*) diploma; laurea.

sheer[1] [ʃɪə*] *agg.* **1** puro, semplice, mero; assoluto: *a — waste of time*, una semplice perdita di tempo; *by — accident*, per mero caso; *it is — madness*, è una pura follia **2** puro, liscio, non diluito (di bevande) **3** sottile, leggero, diafano (di tessuti): *stockings of — silk*, calze di seta sottile **4** perpendicolare, a piombo, a picco (di muro, rocce ecc.): *a — cliff*, una falesia; *a — drop*, uno strapiombo.

to **sheer**[1] *v.intr.* (*rar.*) innalzarsi verticalmente (di rocce).

sheer[1] *avv.* **1** del tutto, assolutamente, completamente: *he went — out of his mind!*, era completamente impazzito! **2** a piombo, perpendicolarmente, a picco: *the cliff rises — from the sea*, lo scoglio sorge a picco sul mare.

sheer[2] *s.* **1** (*mar.*) virata, cambio di rotta **2** deviazione, cambio di direzione **3** (*mar.*) posizione di nave ormeggiata a ruota.

to **sheer**[2] *v.tr.* **1** deviare; cambiar rotta, direzione (*anche mar.*) **2** (*mar.*) *to — off*, scostarsi, allargarsi; (*fig.*) svignarsela, fuggire, prendere il largo ◆ *v.tr.* far deviare (*anche mar.*).

sheer[3] *s.* (*mar.*) insellatura, curvatura del ponte (della nave).

sheet[1] [ʃi:t] *s.* **1** lenzuolo // *to get between the sheets*, andare a letto // *as white as a* —, bianco come un lenzuolo **2** foglio: *a — of paper*, un foglio di carta; *a book in sheets*, un libro non rilegato; *grid* —, foglio quadrettato; *fact* —, foglio informativo; *labor engagement* —, (*amer.*) modulo di assunzione // — *rubber*, gomma in fogli **3** (*fam.*) giornale, quotidiano **4** (*mecc.*, *metall.*) lamiera, lastra: *brass* —, lamiera, lastra d'ottone; *iron* —, lamiera, lastra di ferro; *tank* —, lamiera per serbatoi // — *bar*, bidone; — *gauge*, calibro per lamiere; — *metal*, lamierino; — *metal worker*, battilastra, lattoniere **5** lastra, lamina: — *frost*, lamina di brina; — *glass*, lastra di vetro; — *ice*, lastra di ghiaccio **6** (*mar.*) vela **7** (*geol.*) filone: *cone* —, filone conico **8** (*filatelia*) foglio **9** lastra del forno **10** (*spec. pl.*) massa; scroscio (d'acqua); cortina (di fuoco): *the rain came in sheets*, la pioggia cadeva a scrosci; *the house* *was cut off by a — of flame*, la casa era isolata da una cortina di fuoco.

to **sheet**[1] *v.tr.* **1** coprire con, avvolgere in un lenzuolo **2** fornire di lenzuolo **3** foderare, rivestire: (*miner.*) *to — a gallery*, rivestire una galleria **4** coprire (con lastra, strato): *river was sheeted with ice*, il fiume era ricoperto di ghiaccio.

sheet[2] *s.* (*mar.*) scotta: — *bend*, nodo di scotta, nodo di bandiera; *to let a — fly*, mollare una scotta // *three sheets in the wind*, (*fam.*) ubriaco.

to **sheet**[2] *v.tr.* (*mar.*) bordare; legare al bordo (le scotte) // *to — home*, stringere il vento alando le scotte.

sheet anchor ['ʃi:t,æŋkə*] *s.* (*mar.*) ancora di salvezza (*anche fig.*).

sheeted ['ʃi:tɪd] *agg.* **1** avvolto in un lenzuolo **2** foderato; laminato.

sheetful ['ʃi:tfʊl / sheet·ful] *s.* foglio pieno (di figure, numeri ecc.).

sheeting ['ʃi:tɪŋ / sheet·ing] *s.* **1** tela per lenzuola **2** rivestimento, copertura con fogli e lamiere **3** (*tecn.*) materiale in fogli: — *mill*, mescolatore per foglie.

sheet lightning ['ʃi:t,laɪtnɪŋ] *s.* [U] (*meteor.*) bagliore di fulmini tra le nubi.

sheet piling ['ʃi:t,paɪlɪŋ] *s.* (*edil.*) palancolata.

sheikdom ['ʃeɪkdəm *amer.* 'ʃi:kdəm / sheik·dom] *s.* sceiccato.

sheik(h) [ʃeɪk *amer.* ʃi:k] *s.* **1** sceicco **2** (*non com.*) leader religioso; insegnante di religione.

sheila ['ʃi:lə] *s.* (*fam. austr.*) ragazza; donna.

shekel ['ʃekl] *s.* **1** siclo (moneta, peso ebraico) **2** *pl.* (*sl.*) denaro.

sheldrake ['ʃeldreɪk / shel·drake] *s.* (*zool.*) (*Tadorna tadorna*) volpoca (maschio).

shelduck ['ʃeldʌk / shel·duck] *s.* (*zool.*) (*Tadorna tadorna*) volpoca (femmina).

shelf [ʃelf] *pl.* **shelves** [ʃelvz] *s.* **1** palchetto, ripiano; mensola; scaffale, scansia // *to be on the —*, (*fig., fam.*) essere messo in disparte; non aver prospettive matrimoniali // (*comm.*): — *items*, prodotti di banco; — *life*, durata (di prodotto) // *to buy sthg. off the —*, servirsi da soli // — *catalogue*, catalogo di biblioteca ordinato per ripiani; — *mark*, segnatura (dei libri di una biblioteca) **2** (*edil.*) — *angle*, angolare dormiente **3** (*geol.*) *continental —*, piattaforma continentale.

shell [ʃel] *s.* **1** conchiglia; guscio; baccello; scorza; crosta; squama, scaglia: *they used to gather shells on the seashore*, erano soliti raccogliere conchiglie sulla spiaggia // *in the —*, nel guscio, non ancora nato; (*fig.*) in embrione // *to come* (o *crawl*) *out of one's —*, uscire dal proprio guscio (*anche fig.*); *to retire* (o *crawl*) *into one's —*, ritirarsi nel proprio guscio (*anche fig.*) **2** involucro; carcassa; ossatura (di nave, edificio): *the — of a boiler*, l'involucro, il corpo di una caldaia; *after the fire only the — of the house was left*, dopo l'incendio era rimasta solo lo scheletro della casa // (*aut.*) *radiator —*, intelaiatura esterna del radiatore // (*mar.*) — *plating*, fasciame esterno (in ferro) **3** (*comm.*) 'scatola vuota', società esistente solo di nome **4** apparenza, parvenza: *a mere — of religion*, (*fam.*) una mera parvenza di religione **5** timidezza; riservatezza **6** schema (di progetto ecc.) **7** bossolo (di cartuccia); (*amer.*) cartuccia **8** (*artiglieria*) proiettile; granata **9** fuoco d'artificio **10** (*cuc.*) fondo di pastafrolla **11** bara interna; bara provvisoria **12** (*racing*) —, leggera imbarcazione da corsa, schifo **13** (*ant.*) guardamano (di spada) **14** classe intermedia (di scuola) **15** (*poet.*) lira **16** (*chim., fis. nucleare*) orbita, guscio, strato elettronico: — *model*, modello a strati **17** (*tortoise*) —, tartaruga (il materiale) **18** (*metall.*) conchiglia, guscio: — *casting*, colata in conchiglia; — *moulding*, formatura a guscio **19** (*fam. amer.*) cassaforte **20** (*inform.*) software operante tra l'utente e il sistema operativo.

to **shell** *v.tr.* **1** sgusciare, sgranare: *to — peas*, sgranare piselli **2** (*artiglieria*) bombardare ♦ *v.intr.* **1** (*zool.*) uscire dal guscio; aprirsi (di ostriche) **2** (*bot.*) sgranarsi, sgusciarsi, aprirsi, sbaccellarsi.

□ **shell out** *v.intr.* e *tr.* e *avv.* **1** (*fam.*) sborsare (denaro), tirare fuori (denaro): *I really had to — out for my daughter's wedding*, il matrimonio di mia figlia mi è costato un bel po' **2** (*inform.*) uscire temporaneamente.

she'll [ʃi:l] contr. di *she will, she shall.*

shellac [ʃə'læk / shel·lac] *s.* (*chim.*) gommalacca.

to **shellac** *pass.p.p.* **shellacked** [ʃə'lækt / shel·lacked] *v.tr.* **1** verniciare con gommalacca **2** (*fam. amer.*) battere, sconfiggere; picchiare.

shellacking [ʃə'lækɪŋ / shel·lack·ing] *s.* (*fam.*) **1** il battere, il picchiare **2** disfatta, sconfitta completa.

shelled [ʃeld] *agg.* (*bot., zool.*) (*nei composti*) dal guscio: *soft-shelled*, dal guscio tenero; *hard-shelled*, dal guscio duro.

shellfire ['ʃel,faɪə* / shell·fire] *s.* bombardamento.

shellfish ['ʃelfɪʃ / shell·fish] *pl.* **shellfish(es)** *s.* **1** (*zool.*) mollusco; crostaceo **2** (*gastronomia*) frutti di mare (*pl.*).

shelling ['ʃelɪŋ / shell·ing] *s.* **1** sbucciatura, sgranamento **2** bombardamento, cannoneggiamento.

shell-limestone ['ʃel,laɪmstəʊn] *s.* calcare fossilifero.

shellproof ['ʃelpru:f / shell·proof] *agg.* a prova di bomba.

shell-sand ['ʃelsænd] *s.* sabbia calcarea.

shellshock ['ʃelʃɒk / shell·shock] *s.* (*med.*) psicosi traumatica (dovuta a bombardamento).

shelter ['ʃeltə* / shel·ter] *s.* riparo, tettoia; rifugio, ricovero; (*fig.*) difesa, protezione: *under —*, al riparo, al coperto; *to find —*, trovar rifugio, riparo; trovar asilo; *to give —*, riparare; proteggere; *to run for —*, correre a cercar riparo, rifugio; *to take —*, ripararsi, rifugiarsi // *air-raid —*, rifugio antiaereo // — *tent*, (*amer.*) tenda a due teli // (*trib.*) *tax —*, rifugio fiscale.

to **shelter** *v.tr.* riparare; mettere al coperto, al riparo; (*fig.*) dar asilo a, proteggere: *the trenches sheltered the soldiers from enemy fire*, le trincee riparavano i soldati dal fuoco nemico; *the house is sheltered by the trees*, la casa è protetta dagli alberi; *to — a refugee*, dare asilo a un rifugiato politico; *to lead a sheltered life*, condurre una vita protetta, al riparo dalle preoccupazioni // *sheltered accommodation*, rifugio, sistemazione (per persone anziane, inabili, handicappati ecc. che garantisce loro l'indipendenza e al tempo stesso assicura aiuto e assistenza in caso di bisogno) // *sheltered trade*, commercio protetto contro la concorrenza straniera // (*econ.*) *sheltered industries*, industrie protette ♦ *v.intr.* ripararsi, rifugiarsi; trovare riparo, protezione.

shelterer ['ʃeltərə* / shel·ter·er] *s.* **1** chi offre un asilo; protettore **2** chi cerca rifugio.

shelterless ['ʃeltəlɪs / shel·ter·less] *agg.* privo di riparo, di protezione; che non offre riparo, protezione, asilo.

sheltie ['ʃeltɪ / shel·tie] **shelty** *s.* (*zool.*) pony delle isole Shetland.

to **shelve**[1] ['ʃelv] *v.tr.* **1** (*form.*) mettere negli scaffali **2** (*fig.*) accantonare, lasciare da parte; differire, rimandare, rinviare (soluzione, decisione, progetto ecc.) **3** (*form.*) fornire, munire di scaffali **4** licenziare.

to **shelve**[2] *v.intr.* digradare (di declivio).

shelves *pl.* di **shelf**.

shelving[1] ['ʃelvɪŋ / shel·ving] *s.* [U] **1** scaffalatura, scaffali (*pl.*); sistemazione a ripiani; materiale per scaffalature **2** disposizione negli scaffali **3** (*fig.*) accantonamento; differimento, rinvio **4** licenziamento.

shelving[2] *agg.* degradante, in pendio ♦ *s.* pendio, declivio; pendenza.

shemozzle [ʃɪ'mɒzl / she·mozzle] *s.* [U] (*fam.*) imbroglio, guaio, pasticcio; mischia; rissa.

shenanigan [ʃɪ'nænəgən / she·nan·igan] *s.* (*gener. pl.*) (*fam.*) trucco; imbroglio, trappola; birichinata, monelleria; buffoneria, buffonata.

to **shend** [ʃend] *pass.p.p.* **shent** [ʃent] *v.tr.* **1** (*ant.*) screditare, infamare, infangare **2** (*ant.*) biasimare, riprovare; riprendere **3** (*rar.*) danneggiare, oltraggiare, rovinare.

to **shepardize** ['ʃepədaɪz / shep·ard·ize] *v.tr.* (*dir.*) (*amer.*) *to — a case*, effettuare ricerche di precedenti giurisprudenziali nella pubblicazione periodica Shepard.

shepherd ['ʃepəd / shep·herd] *s.* **1** pastore, pecoraio // *—'s crook*, bastone da pastore, vincastro // *—'s plaid*, stoffa di lana a quadretti bianchi e neri **2** (*fig.*) ministro del culto; pastore, prete // *the Good Shepherd*, il Buon Pastore.

to **shepherd** *v.tr.* **1** guardare, custodire (pecore) **2** (*fig.*) guidare (anche spiritualmente); aver cura di: *to — school-children through the town*, (*fam.*) guidare, accompagnare gli scolari per la città.

shepherd dog ['ʃepəd,dɒg *amer.* 'ʃepəd ,dɔ:g] *s.* cane (da) pastore.

shepherdess ['ʃepədɪs / shep·herd·ess] *s.* pastora, pecoraia: *young —*, pastorella.

shepherd's club ['ʃepədz,klʌb] *s.* (*bot.*) (*Verbascum thapsus*) verbasco, tassobarbasso.

shepherd's purse ['ʃepədz,pɜ:s] *s.* (*bot.*) (*Capsella bursa-pastoris*) borsa da pastore; (*pop.*) borsacchina.

sherbet ['ʃɜ:bət / sher·bet] *s.* **1** (*brit.*) polvere granulare dolce e frizzante che può essere consumata direttamente o sciolta in acqua come bevanda **2** bevanda ghiacciata a base di succo di frutta **3** (*spec. amer.*) tipo di sorbetto a cui si aggiunge gelatina o bianco d'uovo e latte BRIT. **sorbet** **4** succo di frutta.

sherd [ʃɜ:d] *s.* coccio; frammento.

sheriff ['ʃerɪf / sher·iff] *s.* **1** sceriffo (negli

USA organo eletto con funzioni di tutela dell'ordine ed amministrative, in Gran Bretagna organo di nomina regia con funzioni amministrative e giudiziarie) // *deputy* —, viceseriffo **2** (*st.*) (*High*) *Sheriff*, rappresentante del re in varie contee.

sheriff-clerk ['ʃerɪf,klɑ:k *amer.* 'ʃerɪf ,klɜ:k] *s.* (*scozz.*) cancelliere di tribunale.

sheriff-officer ['ʃerɪf,ɒfɪsə* *amer.* 'ʃerɪf ,ɔ:fɪsə*] *s.* (*scozz.*) ufficiale giudiziario.

sherry ['ʃerɪ] *s.* sherry.

she's [ʃi:z] contr. di *she is*, *she has*.

to **shew** → to **show**.

Shia(h) ['ʃi:ə] *s.pl.invar.* (*st. relig.*) sciita.

shibboleth ['ʃɪbəleθ / shib·bol·eth] *s.* (*form.*) **1** parola, attitudine (comprovanti l'appartenenza a una particolare classe, partito, setta) **2** formula, parola d'ordine **3** dottrina, idea, principio antiquati e screditati • Parola d'ordine usata dagli uomini di Gilead (Libro dei Giudici) per riconoscere gli Efraimiti in fuga, poiché essi pronunciavano 'sh' iniziale come una 's'.

shield [ʃi:ld] *s.* **1** scudo **2** (*fig.*) scudo, riparo, protezione, difesa **3** (*mecc.*) schermo protettivo: *heat* —, scudo termico **4** (*arald.*) stemma; scudo **5** (*sport*) scudetto **6** (*zool.*) guscio, scudo **7** (*geol.*) scudo (continentale).

to **shield** *v.tr.* **1** proteggere, difendere, riparare; salvare (nascondendo qlco.), coprire (per evitare a qlcu. una punizione): *the wall shielded him from the wind*, il muro lo riparava dal vento; *to — s.o. with one's own body*, fare scudo a qlcu. del proprio corpo; *I told a lie to — my friend*, ho detto una bugia per salvare il mio amico **2** (*mecc.*) schermare.

shielding ['ʃi:ldɪŋ / shield·ing] *s.* (*fis.*) schermatura.

shift [ʃɪft] *s.* **1** cambiamento (*anche fig.*); spostamento; sostituzione; avvicendamento: *there was a — in the wind*, c'è stato un cambiamento nel vento; *a — in public opinion*, un mutamento nell'opinione pubblica; **2** turno; squadra (di lavoro): — *work*, lavoro a turni; — *worker*, turnista; *swing* —, turno di lavoro dalle 16 alle 24; *night* —, turno di notte; *he works the night* —, fa il turno di notte; *the day — arrives at 8 a.m.*, la squadra del turno di giorno arriva alle 8 // (*econ.*) — *and share analysis*, analisi di quota e spostamento (negli studi sullo sviluppo regionale) // (*fis.*) *red* —, spostamento verso il rosso **3** (*antiq.*) camicia (da donna); camicia da notte; sottoveste **4** risorsa; espediente; sotterfugio: *to live by shifts*, vivere di espedienti // *to be at one's last* —, essere all'estremo delle proprie risorse // *to make (a)* —, arrangiarsi // *to make — with*, accontentarsi di **5** — (*key*), tasto maiuscole (di macchina per scrivere) // — *lock*, (tasto) fissamaiuscole **6** (*ling.*) mutazione, trasformazione fonetica // *Great Vowel Shift*, grande rotazione vocalica (mutazione dal sistema vocalico del *Middle English* a quello del *Modern English*) **7** (*inform.*) spostamento, scorrimento; (IBM) scambio; gruppo di lavoro // — *register*, registro traslatore **8** (*fis.*) effetto // *Doppler* —, effetto Doppler **9** (*aut. amer.*) leva del cambio.

to **shift** *v.tr.* **1** spostare; trasferire; cambiare (*anche fig.*): *he shifted the rifle from his right to his left shoulder*, spostò il fucile dalla spalla destra alla sinistra; *the resurgence of terrorism has shifted public opinion towards the death penalty*, la recrudescenza del terrorismo ha fatto propendere l'opinione pubblica verso la pena di morte; *to — the blame onto s.o. else*, scaricare la responsabilità su qlcu. altro // *to — one's ground*, (*fig.*) cambiare le carte in tavola // (*mar.*) *to — the helm*, spostare la barra **2** togliere, rimuovere: *to — a stain*, far sparire una macchia **3** liberarsi, sbarazzarsi di: *the thieves couldn't — the stolen goods*, i ladri non riuscirono a disfarsi della, a vendere la merce rubata **4** (*ling.*) mutare foneticamente **5** (*aut. amer.*) cambiare (marcia) ◆ *v.intr.* **1** spostarsi; trasferirsi; cambiare (*anche fig.*): *the scene shifted*, la scena cambiò; *people's tastes have shifted away from horror films*, i gusti della gente si sono allontanati dai film dell'orrore // *to — about*, spostarsi in continuazione **2** (*antiq.*) arrangiarsi, ingegnarsi, ricorrere ad espedienti: *they had to — for themselves*, dovettero cavarsela da soli **3** (*fam.*) andar veloce, correre, volare **4** (*aut. amer.*) cambiare marcia // *to — down*, scalare una marcia // *to — up*, innestare una marcia più alta.

shifter ['ʃɪftə*] *s.* **1** chi cambia, sposta (scene ecc.) **2** persona evasiva, elusiva **3** (*fam. amer.*) ricettatore **4** (*antiq.*) persona malfida; imbroglione **5** (*mecc.*) dispositivo spostatore // *belt* —, spostacinghia.

shifting ['ʃɪftɪŋ / shift·ing] *agg.* **1** mobile, movibile // — *sands*, sabbie mobili **2** (*fig.*) mutevole, incostante, volubile ◆ *s.* cambiamento, spostamento // (*dir.*) — *of the burden of proof*, inversione dell'onere della prova // (*trib.*) — (*of*) *tax*, traslazione di imposta // (*fin.*) — *of funds*, dislocazione di fondi // **-ly** *avv.*

shiftless ['ʃɪftlɪs / shift·less] *agg.* inetto; inconcludente; indolente // **-ly** *avv.* // **-ness** *s.*

shift stick ['ʃɪft,stɪk] *s.* (*aut. amer.*) leva del cambio SIN. gear shift BRIT. gear lever, gear stick.

shifty ['ʃɪftɪ] *agg.* ambiguo; equivoco; infido; furtivo: — *glance*, sguardo furtivo // **-ily** *avv.* // **-iness** *s.*

Shiite ['ʃi:aɪt / Shi·ite] *s.* (*st. relig.*) sciita.

shill [ʃɪl] *s.* (*fam. amer.*) compare (di un truffatore), uomo esca (che finge di scommettere o di fare un'offerta su qlco. per invogliare altre persone).

shillelagh [ʃɪ'leɪlə / shil·le·lagh] *s.* (*irl.*) bastone, randello.

shilling ['ʃɪlɪŋ / shil·ling] *s.* scellino (in Gran Bretagna moneta pari a 1/20 di sterlina, dal 1971 non più in corso legale) // (*st.*) *to take the King's* (o *Queen's*) —, arruolarsi nell'esercito.

shillingsworth ['ʃɪlɪŋzwɜ:θ / shil·lings·worth] *s.* valore di uno scellino.

to **shilly-shally** ['ʃɪlɪ,ʃælɪ] *v.intr.* (*fam.*) esitare, tentennare, titubare; nicchiare.

shim [ʃɪm] *s.* (*mecc.*) spessore.

to **shim** *pass.p.p.* **shimmed** [ʃɪmd] *v.tr.* (*mecc.*) inserire spessori in, spessorare.

shimmer ['ʃɪmə* / shim·mer] *s.* bagliore; luccichio, brillio, scintillio, tremolio.

to **shimmer** *v.intr.* luccicare, brillare, scintillare; tremolare.

shimmy[1] ['ʃɪmɪ] *s.* (*fam.*) camicia (da donna).

shimmy[2] *s.* **1** shimmy (danza in voga negli anni '20) **2** (*aut.*) shimmy, sfarfallamento.

to **shimmy**[2] *v.intr.* **1** ballare lo shimmy **2** (*aut.*) fare lo shimmy, sfarfallare.

shin [ʃɪn] *s.* **1** (*anat.*) cresta tibiale, stinco **2** (*cuc.*) garretto di bue.

to **shin** *pass.p.p.* **shinned** [ʃɪnd] *v.intr.* **1** arrampicarsi: *to — up a tree*, arrampicarsi su un albero; *to — down a drainpipe*, calarsi da, scivolare lungo una grondaia **2** (*amer.*) correre qua e là.

shinbone ['ʃɪnbəʊn / shin·bone] *s.* (*anat.*) tibia SIN. tibia.

shindig ['ʃɪndɪg / shin·dig] *s.* (*fam.*) **1** baldoria, festa rumorosa **2** litigio, discussione rumorosa.

shindy ['ʃɪndɪ] *s.* **1** (*fam.*) chiasso, baccano // *to kick up a* —, fare un gran baccano, fare il diavolo a quattro **2** baldoria.

shine[1] [ʃaɪn] *s.* **1** splendore; luminosità, lucentezza // *to take the — off*, togliere la lucentezza a; (*fig.*) eclissare, diminuire lo splendore di // *to take a — to s.o.*, (*fam.*) prendere una scuffia per qlcu. **2** (luce del) sole, bel tempo // *rain or* —, qualunque sia il tempo **3** lucidatura, lucidata (di scarpe): *to give one's shoes a good —,* (*fam.*) dare una buona lucidata alle proprie scarpe **4** (*sl. amer. spreg.*) negro.

to **shine**[1] *pass.p.p.* **shone** [ʃɒn *amer.* ʃəʊn] *v.intr.* **1** splendere, brillare (*anche fig.*); emettere, riflettere luce: *the sun is shining*, il sole brilla, c'è il sole; *a cat's eyes — in the dark*, gli occhi del gatto brillano nell'oscurità; *his face shone with gratitude*, il suo viso brillava di gratitudine // *to — up to s.o.*, (*fam. amer.*) cercare di accattivarsi la simpatia di qlcu.; cercare di ingraziarsi qlcu. **2** essere brillante, eccellere: *he does not — in conversation*, non è brillante nella conversazione ◆ *v.tr. pass.p.p. nel senso 2* **shined** [ʃaɪnd] **1** fare luce su; puntare la luce su: *the policeman shone his torch on the door*, il poliziotto puntò la torcia sulla porta **2** pulire, lucidare, lustrare: *to — one's shoes*, lucidarsi le scarpe.

shine[2] *s.* **1** (*sl. ant.*) festa, riunione conviviale **2** *pl.* (*ant.*) rissa; baccano, rumore **3** *pl.* (*amer.*) scherzi, burle.

shiner ['ʃaɪnə*] *s.* **1** cosa che splende, che brilla; (*fam.*) moneta d'oro; *pl.* denaro **2** (*sl.*) occhio nero, pesto **3** (*zool. pop.*) maccarello → mackerel.

shingle[1] ['ʃɪŋgl] *s.* **1** (*edil.*) elemento di copertura **2** (*fam. amer.*) targa, insegna: *to hang out one's* —, esporre una targa, aprire uno studio (detto spec. di medici e avvocati) **3** taglio dei capelli alla garçonne.

to **shingle**[1] *v.tr.* **1** (*edil.*) collocare, sistemare gli elementi di copertura **2** tagliare (i capelli) alla garçonne.

shingle[2] *s.* [U] **1** ciottoli (*pl.*) **2** greto ciottoloso.

to **shingle**[3] *v.tr.* (*metall.*) disincrostare al maglio, eliminare le scorie da (con colpi di maglio).

shingles ['ʃɪŋglz] *s.pl.* (*med.*) fuoco di Sant'Antonio, herpes zoster.

shingly ['ʃɪŋglɪ] *agg.* **1** ciottoloso **2** simile a ciottolo.

shin-guard ['ʃɪngɑ:d] *s.* parastinchi.

shining ['ʃaɪnɪŋ / shin·ing] *agg.* **1** risplendente, brillante; luminoso **2** brillante, eccellente; splendido: *a — achievement*, uno splendido risultato.

shinplaster ['ʃɪnplɑ:stə* *amer.* 'ʃɪnplæstə* /

shin·plas·ter] *s.* (*fam. amer.*) banconota di piccolo taglio; moneta fortemente svalutata.

Shinto ['ʃɪntəʊ] **Shintoism** ['ʃɪntəʊɪzəm / Shin·to·ism] *s.* (*relig.*) scintoismo.

Shintoist ['ʃɪntəʊɪst / Shin·to·ist] *s.* (*relig.*) scintoista.

shiny ['ʃaɪnɪ] *agg.* rilucente, splendente; scintillante; lustro, lucido: — *shoes*, scarpe lucide; *a — day*, un giorno radioso; *clothes made — by long wear*, abiti lucidi per l'uso.

ship [ʃɪp] *s.* **1** nave; bastimento; vascello: — *lying at anchor*, nave alla fonda; *to launch a —*, varare una nave // *to take —*, imbarcarsi // — *of the desert*, cammello // *when his — comes in* (o *home*), (*fig.*) quando farà fortuna // *merchant —*, nave mercantile; *coast* (o *defence*) —, (nave) guardacoste; *repair —*, nave officina; *sister —*, nave gemella; *landing —*, mezzo da sbarco; *sailing —*, veliero // —*'s papers*, documenti di bordo **2** (*fam. antiq.*) astronave **3** (*amer.*) aeroplano; dirigibile.

to **ship** *v.tr.* **1** imbarcare; caricare; prendere a bordo; ingaggiare: *to — a crew*, ingaggiare un equipaggio // *to — water*, imbarcare acqua **2** trasportare, spedire (per nave): *to — goods to America*, spedire delle merci in America **3** (*fam. fig.*) spedire, mandare, inviare: *the son was shipped off to boarding school immediately*, il figlio fu mandato immediatamente in collegio **4** (*mar.*) montare, mettere in posizione // *to — the oars*, disarmare i remi ♦ *v.intr.* **1** imbarcarsi: *he shipped as a cook*, si imbarcò come cuoco **2** partire (per nave): *we — from Marseilles tomorrow*, partiamo da Marsiglia domani.

-ship *suff.* di origine anglosassone usato per formare sostantivi astratti; indica **1** qualità; condizione; rango: *friendship*, amicizia; *membership*, funzione di socio, di membro (di un'associazione); *governorship*, governatorato; *his lordship*, sua signoria **2** abilità: *penmanship*, abilità di scrittore **3** collettivamente tutti i membri di un gruppo: *the readership of that newspaper*, i lettori di quel giornale.

shipboard ['ʃɪpbɔ:d / ship·board] *s.* (*mar.*) bordo: *on —*, a bordo.

ship-boy ['ʃɪpbɔɪ] *s.* (*mar.*) mozzo.

ship breaker ['ʃɪp,breɪkə*] *s.* demolitore navale.

shipbroker ['ʃɪp,brəʊkə* / ship·broker] *s.* agente di navigazione; agente di assicurazione marittima.

shipbuilder ['ʃɪp,bɪldə* / ship·builder] *s.* costruttore navale; ingegnere navale.

shipbuilding ['ʃɪp,bɪldɪŋ / ship·build·ing] *s.* costruzione di navi.

ship canal ['ʃɪpkə,nɑ:l *amer.* 'ʃɪpkə,næl] *s.* canale navigabile.

ship-fever ['ʃɪp,fi:və*] *s.* (*med.*) tifo.

shipload ['ʃɪpləʊd /ship·load] *s.* carico completo di una nave.

shipman ['ʃɪpmən / ship·man] *pl.* **shipmen** *s.* (*ant.*) **1** marinaio **2** capitano; pilota (di nave).

shipmaster ['ʃɪp,mɑ:stə* *amer.* 'ʃɪp,mæstə* / ship·mas·ter] *s.* capitano (di nave).

shipmate ['ʃɪpmeɪt / ship·mate] *s.* compagno di bordo, di navigazione.

shipment ['ʃɪpmənt / ship·ment] *s.* **1** imbarco, spedizione (di merci) // *drop —*, spedizione diretta **2** carico; partita.

ship-money ['ʃɪp,mʌnɪ] *s.* (*st.*) tassa imposta alle città di mare.

ship-of-the-line [,ʃɪpəvθə'laɪn] *s.* (*st.*) vascello di linea.

shipowner ['ʃɪp,əʊnə* / ship·owner] *s.* armatore.

shippen ['ʃɪpən / ship·pen] *s.* (*ant.*) stalla.

shipper ['ʃɪpə* / ship·per] *s.* spedizioniere, mittente marittimo; proprietario della merce trasportata: (*dir.*) —*'s certificate*, dichiarazione d'imbarco.

shipping ['ʃɪpɪŋ / ship·ping] *s.* U **1** forze navali; marina mercantile; navi (*pl.*): — *agent*, agente di navigazione; — *company*, compagnia di navigazione; — *master*, commissario di bordo; — *office*, agenzia di navigazione **2** imbarco; spedizione // (*comm.*): — *agent*, spedizioniere; — *bill*, dichiarazione di sortita, bolletta di uscita (per merci soggette a dazio); — *articles*, contratto di ingaggio; — *documents*, documenti di imbarco; — *trade*, commercio marittimo.

ship's articles [,ʃɪps'ɑ:tɪkəlz] *s.pl.* (*mar.*) contratto d'imbarco, contratto d'arruolamento.

ship('s) biscuit [,ʃɪp(s)'bɪskɪt] *s.* galletta (mangiata specialmente dai marinai) SIN. **hard tack**.

ship('s)-carpenter [,ʃɪp(s)'kɑ:pəntə*] *s.* carpentiere navale.

ship's chandler [,ʃɪps'tʃɑ:ndlə* *amer.* ,ʃɪps'tʃændlə*] *s.* fornitore navale.

ship's company [,ʃɪps'kʌmpənɪ] *s.* (*mar.*) equipaggio (esclusi gli ufficiali).

shipshape ['ʃɪpʃeɪp / ship·shape] *agg.* ordinato; pulito ♦ *avv.* in perfetto ordine.

ship's husband ['ʃɪps,hʌzbənd] *s.* (*mar.*) raccomandatario.

shipway ['ʃɪpweɪ / ship·way] *s.* (*mar.*) **1** scalo di costruzione **2** canale navigabile.

ship-worm ['ʃɪpwɜ:m] *s.* (*zool.*) (*Teredo navalis*) teredine; (*pop.*) verme del legno SIN. **teredo**.

shipwreck ['ʃɪprek / ship·wreck] *s.* **1** naufragio: *to suffer —*, far naufragio **2** relitto di nave naufragata **3** (*fig.*) rovina, distruzione: *the — of one's hopes*, il crollo delle proprie speranze.

to **shipwreck** *v.tr.* far naufragare (*anche fig.*): *he was shipwrecked*, fece naufragio ♦ *v.intr.* naufragare (*anche fig.*).

shipwright ['ʃɪpraɪt / ship·wright] *s.* (*mar.*) maestro d'ascia.

shipyard ['ʃɪpjɑ:d / ship·yard] *s.* cantiere navale.

shire ['ʃaɪə* *come suffisso* ʃɪə*, ʃə*] *s.* contea (*spec. nei composti*): *Oxfordshire*, contea di Oxford; *Hertfordshire*, contea di Hertford // *the Shires*, le contee dell'Inghilterra.

shire horse ['ʃaɪə,hɔ:s] *s.* grosso cavallo da tiro.

shire-moot ['ʃaɪəmu:t] *s.* (*ant.*) tribunale di contea.

shire-reeve ['ʃaɪəri:v] *s.* (*ant.*) sceriffo.

shirk [ʃɜ:k] *s.* **1** scansafatiche, lazzarone **2** lo scansare fatiche: *to have a —*, fare il lazzarone.

to **shirk** *v.tr.* schivare, evitare; eludere; sottrarsi a: *to — the question*, eludere la domanda; *to — responsibility*, sottrarsi alla responsabilità.

shirker ['ʃɜ:kə*] *s.* scansafatiche; imboscato.

shirt [ʃɜ:t] *s.* **1** camicia (da uomo) // *to keep one's — on*, mantenersi calmo // *to lose one's —*, rimetterci anche la camicia // *to put one's — on* (o *upon*), (*fam.*) scommettere fino all'ultimo soldo su **2** camicetta di foggia maschile.

shirt collar ['ʃɜ:t,kɒlə*] *s.* colletto di camicia.

shirtfront ['ʃɜ:tfrʌnt / shirt·front] *s.* sparato (di camicia).

shirting ['ʃɜ:tɪŋ / shirt·ing] *s.* tela per camicie.

shirtsleeves ['ʃɜ:tsli:vz / shirt·sleeves] *s.* maniche di camicia: *in one's —*, in maniche di camicia.

shirttail ['ʃɜ:tteɪl / shirt·tail] *agg.* (*fam. amer.*) misero, povero, meschino ♦ *s.* lembo di camicia.

shirtwaister ['ʃɜ:t,weɪstə* / shirt·waister]
shirtwaist ['ʃɜ:tweɪst / shirt·waist] *s.* **1** (*abito*) chemisier **2** (*amer.*) blusa, camicetta.

shirty ['ʃɜ:tɪ] *agg.* (*fam.*) irascibile, irritabile; incollerito.

shish kebab [,ʃɪʃkə'bæb *amer.* 'ʃɪʃkəbæb] *s.* → **kebab**.

shit [ʃɪt] *s.* (*volg.*) **1** merda, cacca: *to be in the —*, (*fig.*) essere nella merda; *to scare* (o *to beat* o *to kick* o *to knock*) *the — out of s.o.*, fare a pezzi, picchiare a sangue qlcu.; *the — will really hit the fan*, (*volg.*) saremo nella merda fino al collo; succederà un finimondo // *tough —*, cavoli tuoi! **2** il cacare, cacata **3** discorso insensato, stupidaggini, cazzate (*pl.*) **4** niente, nulla: *to know — about sthg.*, (*volg. sl. amer.*) non sapere un cazzo di qlco.; *not to give a —*, fregarsene **5** (*volg.*) stronzo, merda: *he's a right —*, è un emerito stronzo; — *list*, (*sl. amer.*) lista nera, elenco di persone sgradite **6** *pl.* cacarella ♦ *inter.* merda!

to **shit** *pass.p.p.* **shit**, **shitted** [ʃɪtɪd] **shat** [ʃæt] *v.intr.* (*volg.*) cacare // *to — all over s.o.*, dare una cazziata, un duro rimprovero a qlcu.; smerdare qlcu. ♦ *v.tr.* **1** (*volg.*) insozzare, sporcare con escrementi // *to — oneself*, farsela addosso **2** (*sl. amer.*) esagerare; tentare di ingannare (con bugie).

shit-all [,ʃɪt'ɔ:l] *agg.* (*volg. amer.*) nessuno, il benché minimo; niente.

shitface ['ʃɪtfeɪs / shit·face] *s.* (*volg.*) faccia di merda.

shithead ['ʃɪthed / shit·head] *s.* (*volg.*) pezzo di merda, stronzo.

shithouse ['ʃɪthaʊs / shit·house] *s.* (*volg.*) cesso (*anche fig.*).

shittim wood ['ʃɪtɪm,wʊd] *s.* (*bot.*) (*Bumelia lanuginosa*) bumelia lanifera.

shitty ['ʃɪtɪ] *agg.* (*volg.*) di merda, merdoso.

shiver[1] ['ʃɪvə*] *s.* scheggia, frammento: *the glass fell and broke into shivers*, il bicchiere cadde e andò in frantumi.

to **shiver**[1] *v.tr.* frantumare; fracassare, mandare in pezzi // — *my timbers* (o *me*)!, (*fam.*) alla malora! ♦ *v.intr.* frantumarsi, andare in pezzi.

shiver[2] *s.* **1** brivido, fremito: *it sends shivers* *(up and) down my spine*, mi fa rabbrividire **2** *pl.* (*fam.*) brividi di raccapriccio: *it gives me shivers*, mi fa venire i brividi **3** *pl.* brividi di febbre, febbre malarica.

to **shiver**[2] *v.intr.* **1** rabbrividire; tremare: *to — with cold, with fear*, rabbrividire dal freddo, dalla paura **2** (*mar.*) fileggiare; ralingare ◆ *v.tr.* **1** far rabbrividire, far tremare **2** (*mar.*) far fileggiare.

shivering [ˈʃɪvərɪŋ / shiv·er·ing] *agg.* tremante; tremolante.

shivery [ˈʃɪvərɪ / shiv·ery] *agg.* tremante; in preda ai brividi: *to feel —*, avere i brividi; aver freddo; sentirsi febbricitante.

shoal[1] [ʃəʊl] *agg.* poco profondo ◆ *s.* **1** secca, bassofondo **2** *gener. pl.* (*fig.*) insidie, pericoli nascosti.

to **shoal**[1] *v.intr.* diminuire di profondità (di fondo marino).

shoal[2] *s.* **1** moltitudine, gran quantità: *shoals of tourists*, (*spreg.*) orde di turisti // *in shoals*, in gran quantità **2** (*zool.*) branco, frotta (di pesci).

to **shoal**[2] *v.intr.* affollarsi, riunirsi in banchi (di pesci).

shoaly [ˈʃəʊlɪ] *agg.* poco profondo; pieno di secche.

shock[1] [ʃɒk] *s.* **1** collisione, cozzo; colpo: *the — of a fall*, il colpo di una caduta **2** shock, forte impressione, colpo, violenta emozione: *it gave me a dreadful —*, mi diede una forte emozione; *to have a —*, avere uno shock; *to recover from a —*, riprendersi da uno shock // *culture —*, shock culturale (dovuto all'approccio ad una cultura differente dalla propria) // (*econ.*): *oil —*, crisi petrolifera; *— model*, modello con funzioni affette da errori accidentali **3** (*med.*) shock: *insulin, traumatic —*, shock insulinico, traumatico; *toxic — syndrome*, sindrome tossica, shock tossico da batteri **4** (*geol.*) scossa (di terremoto) **5** (*elettr.*) scossa // (*fis.*) *— wave*, onda d'urto // (*rad.*) *— excitation*, eccitazione da impulso **6** (*mil.*) scontro, assalto: *— troop*, truppe d'assalto; *— tactics*, tattica d'urto, attacco di sorpresa.

to **shock**[1] *v.tr.* **1** colpire; scuotere; scandalizzare: *a film that is shocking the public*, un film che scandalizza il pubblico; *he is easily shocked*, si scandalizza con facilità; *he was shocked at* (o *by*) *the news of his friend's death*, fu colpito dalla notizia della morte del suo amico **2** (*med.*) provocare uno shock **3** dare una scossa elettrica a ◆ *v.intr.* collidere, scontrarsi (violentemente).

shock[2] *s.* bica, mucchio di covoni di grano.

shock[3] *s.* folta chioma.

shock absorber [ˈʃɒkəb,sɔːbə*, ˈʃɒkəb,zɔːbə*] *s.* (*mecc.*) ammortizzatore.

shocker[1] [ˈʃɒkə*] *s.* **1** chi colpisce **2** cosa che colpisce (riferito a libri, notizie, spettacoli ecc.) **3** (*fam.*) film dell'orrore **4** (*fam., antiq.*) mascalzone.

shocker[2] *s.* **1** persona che ammucchia covoni **2** macchina per ammucchiare covoni.

shock-headed [ˈʃɒkhedɪd] *agg.* dai capelli arruffati.

shocking [ˈʃɒkɪŋ / shock·ing] *agg.* **1** che colpisce; vistoso; brillante, molto vivace: *— pink*, rosa shocking **2** scandaloso, riprovevole, sconveniente: *— behaviour*, comportamento scandaloso **3** (*fam.*) pessimo, disgustoso, abominevole: *a — lunch*, una colazione orribile; *— weather*, un tempo infame ◆ *avv.* terribilmente, molto: *— bad*, (*fam. antiq.*) terribilmente cattivo // **-ly** *avv.* // **-ness** *s.*

shockproof [ˈʃɒkpruːf /shock·proof] *agg.* a prova d'urto; antiurto; antishock.

shock-resistant [ˈʃɒkrɪ,zɪstənt] *agg.* resistente agli urti.

shock therapy [ˈʃɒk,θerəpɪ] *s.* (*med.*) (terapia) elettroshock.

shod [ʃɒd] *pass.p.p.* di to **shoe** ◆ *agg.* **1** calzato **2** ferrato (di cavallo) **3** rivestito, ricoperto.

shoddy [ˈʃɒdɪ] *agg.* **1** scadente, fatto male; pretenzioso (di cosa) **2** scialbo, insignificante (di persona) **3** scorretto; sleale ◆ *s.* (*tess.*) lana rigenerata; cascame.

shoe [ʃuː] *s.* **1** scarpa, calzatura: *to put on, lace up, take off one's shoes*, mettersi, allacciarsi, togliersi le scarpe // *ballet shoes*, scarpette da ballo // *to step into* (o *to fill*) *s.o.'s shoes*, rimpiazzare qlcu.; *he'll probably step into the boss's shoes*, è il candidato più probabile alla poltrona del capo // *to be in s.o.'s shoes*, essere nei panni di qlcu. // *to put the — on the right foot*, biasimare con ragione // *that's where the — pinches*, questo è il punto dolente // *to shake in one's shoes*, tremare di paura **2** ferro di cavallo: *to cast a —*, perdere un ferro **3** puntale **4** (*elettr., ferr.*) pattino **5** (*mecc.*) ceppo: *— brake*, freno a ceppi **6** (*fam. amer.*) poliziotto in borghese **7** (*sl. amer.*) passaporto falso **8** (*per carte da gioco*) sabot.

to **shoe** *pass.p.p.* **shod** [ʃɒd] *v.tr.* **1** calzare, mettere le scarpe a **2** ferrare (cavalli) **3** coprire, rivestire.

shoeblack [ˈʃuːblæk / shoe·black] *s.* lustrascarpe.

shoe-brush [ˈʃuːbrʌʃ] *s.* spazzola per scarpe.

shoe-buckle [ˈʃuː,bʌkl] *s.* fibbia di scarpa.

shoe cream [ˈʃuː,kriːm] *s.* lucido da scarpe.

shoehorn [ˈʃuːhɔːn / shoe·horn] *s.* corno (da scarpe), calzascarpe.

shoelace [ˈʃuːleɪs / shoe·lace] *s.* laccio, stringa per scarpa.

shoe-leather [ˈʃuː,leðə*] *s.* cuoio per calzature.

shoeless [ˈʃuːlɪs / shoe·less] *agg.* **1** senza scarpe, scalzo **2** non ferrato (di animale).

shoemaker [ˈʃuːmeɪkə* / shoe·maker] *s.* calzolaio, ciabattino.

shoemaking [ˈʃuːmeɪkɪŋ / shoe·mak·ing] *s.* calzoleria, arte del calzolaio.

shoer [ˈʃuːə*] *s.* maniscalco.

shoeshine [ˈʃuːʃaɪn / shoe·shine] *s.* il pulire, il lustrare le scarpe.

shoestring [ˈʃuːstrɪŋ / shoe·string] *s.* **1** (*spec. amer.*) → shoelace **2** quattro soldi, pochi soldi: *he made all his films on a —*, fece tutti i suoi film con quattro soldi ◆ *agg.* **1** esiguo, ridotto, con pochi soldi: *— budget*, un budget ridotto **2** (*amer.*) lungo e sottile: *— potatoes*, patatine fritte a forma di fiammifero.

shoetree [ˈʃuːtriː / shoe·tree] *s.* forma per scarpe.

to **shog** [ʃɒg] *v.intr.* (*antiq.*) muoversi a balzelloni // *will you shog off? I would have you solus*, (SH. Henry V) vogliamo uscire? Vorrei stare con te a quattr'occhi.

shogun [ˈʃəʊgʌn / sho·gun] *s.* shogun (regime, epoca degli shogun).

shogunate [ˈʃəʊgənɪt / sho·gun·ate] *s.* shogunato (capo militare-feudale giapponese).

shone *pass.p.p.* di to **shine**.

shoo [ʃuː] *inter.* sciò.

to **shoo** *v.tr.* e *intr.* far sciò (per spaventare, allontanare animali, persone ecc.).

shoo-in [ˈʃuːɪn] *s.* (*fam. amer.*) vittoria facile, scontata (*spec. pol.* e *sport*) ◆ *agg.* che vince facilmente, favorito, dalla vittoria scontata: *— candidate*, candidato molto favorito, che vince sicuramente.

shook[1] [ʃʊk] *s.* **1** (*spec. amer.*) fascio di doghe e fondi (per la costruzione di botti ecc.) **2** bica, covone (di grano).

to **shook**[1] *v.tr.* (*spec. amer.*) raccogliere in fasci.

shook[2] *pass.* di to **shake**.

shook-up [,ʃʊkˈʌp] *agg.* (*fam.*) molto agitato, sconvolto; disperato.

shoot [ʃuːt] *s.* **1** (*bot.*) germoglio, virgulto, pollone; parte aerea di una pianta **2** rapida (di fiume) **3** (*tecn.*) condotto inclinato, scivolo **4** partita, spedizione di caccia **5** riserva di caccia **6** puntura; fitta **7** getto d'acqua, zampillo **8** (*miner.*) filone **9** (*edil.*) spinta (di arco) **10** (*amer.*) lancio (di missile o razzo vettore).

to **shoot** *pass.p.p.* **shot** [ʃɒt] *v.tr.* **1** sparare a (qlcu., qlco.); sparare con (un'arma da fuoco): *to — s.o. dead*, sparare a qlcu. uccidendolo; *he shot him with a revolver, he shot him in the arm*, gli ha sparato con una rivoltella, gli ha sparato al braccio; *he was shot by the police*, è stato raggiunto dagli spari della polizia; *to — sparrows*, sparare ai passeri; *his father taught him to — a rifle*, fu il padre a insegnargli a sparare col fucile // *to — the lights*, (*fam.*) bruciare il semaforo (passare col rosso) **2** sparare; lanciare, tirare; proiettare: *to — an arrow*, lanciare una freccia; *he shot three bullets at him*, gli sparò tre colpi; *the lift shot us to the top floor in seconds*, l'ascensore ci proiettò all'ultimo piano in pochi secondi; *the impact of the crash shot him out of his seat*, l'impatto dello scontro lo sbalzò dal sedile // *to — coal into the cellar*, scaricare il carbone in cantina // *to — dice*, gettare i dadi // *to — a glance*, lanciare un'occhiata // *to — questions at s.o.*, sparare domande a qlcu. **3** (*fot., cinem.*) riprendere (una scena); girare: *the film will be shot on location in Rome*, gli esterni saranno girati a Roma **4** (*amer.*) giocare una partita di (biliardo e simili) **5** (*sl.*) iniettarsi (droga) **6** (*bot.*) mettere, buttar fuori (germogli) **7** (*astr.*) determinare l'altezza di (una stella) **8** (*mecc.*) far scorrere, azionare: *he slammed the door and shot the bolt*, sbatté la porta e tirò il paletto **9** (*tecn.*) piallare a misura ◆ *v.intr.* **1** sparare; mirare; tirare: *to — to kill*, sparare per uccidere; *to — on sight*, sparare a vista; *he shoots well*, spara bene; *to — straight*, tirare diritto; *don't —!*, non sparate!; *he had shot at the pheasant but missed it*, aveva mirato, sparato al fagiano, ma l'ha mancato // *"I've got something to tell you" "Shoot!"*, "Ho qualcosa da dirti" "Spara!" // *to — wide of the mark*, mancare il bersaglio (*anche fig.*) **2** andare a caccia: *he has gone shooting in Scotland*, è andato a caccia in Scozia **3** (*cinem.*) girare: *they'll be ready to — next week*, la settimana

prossima saranno pronti a girare **4** (*fam.*) sfrecciare, passare velocemente: *the dog shot past us*, il cane ci superò veloce come un lampo; *the rabbit shot into the air*, il coniglio balzò in aria **5** (*sport*) tirare: *he was in a good position to — but missed the goal*, era in buona posizione per tirare ma mancò il goal **6** (*di pianta*) germogliare **7** (*sl. amer.*) vomitare; rigettare.
◆ FRASEOLOGIA: *to have shot one's bolt* (o amer. *one's wad*), (*fig.*) avere sparato tutte le proprie cartucce; *to — a line*, (*fam.*) vantarsi; *to — it out with s.o.*, (*fam.*) farla finita con qlcu.; *to — the bull* (o *the breeze*), (*fam. amer.*) chiacchierare, fare quattro chiacchiere; *to — one's mouth off*, (*fam.*) fare delle rivelazioni, rivelare qlco.
□ **shoot at** *v.intr.* e *prep.* **1** → to shoot *v.intr.* 1 **2** (*fam. spec. amer.*) mirare a, avere come obiettivo: *they are shooting at* (o *for*) *control of the market*, hanno come obiettivo il controllo del mercato.
□ **shoot down** *v.tr.* e *avv.* **1** abbattere: *the antiaircraft defence shot down three enemy bombers*, l'antiaerea ha abbattuto tre bombardieri nemici **2** (*fam.*) bocciare (proposta ecc.) **3** (*fam.*) dire, sostenere che qlcu. ha torto: *I say it's a good idea, and — me down if you like*, io dico che è una buona idea, tu pensala come vuoi.
□ **shoot for** → to shoot at 2.
□ **shoot through** *v.intr.* e *avv.* (*spec. austr.*) **1** (*fam.*) filarsela, squagliarsela **2** morire.
□ **shoot up** *v.intr.* e *avv.* **1** crescere in fretta: *costs have shot up since last year*, i costi sono balzati alle stelle dall'anno scorso; *this child is really shooting up*, questo ragazzo sta crescendo a vista d'occhio **2** (*sl.*) bucarsi, farsi una pera ◆ *v.tr.* e *avv.* **1** ferire, o danneggiare, con colpi di arma da fuoco **2** (*sl.*) farsi (una dose, una pera).

shooter ['ʃu:tə*] *s.* **1** cacciatore; tiratore **2** cannoniere; arciere **3** rivoltella.

shooting ['ʃu:tɪŋ / shoot·ing] *s.* **1** spari, colpi, scariche (di armi da fuoco): *we heard —*, udimmo degli spari **2** scontro a fuoco, sparatoria; uccisione o ferimento (a colpi di arma da fuoco) **3** caccia **4** riserva di caccia **5** spasimo; fitta; dolore lancinante **6** il fotografare; il girare un film **7** germoglio; il germogliare.

shooting box ['ʃu:tɪŋ,bɒks] *s.* casino di caccia.

shooting gallery ['ʃu:tɪŋ,gælərɪ] *s.* sala di tiro al bersaglio.

shooting iron ['ʃu:tɪŋ,aɪən *amer.* 'ʃu:tɪŋ ,aɪərn] *s.* (*fam. amer.*) arma da fuoco.

shooting jacket ['ʃu:tɪŋ,dʒækɪt] *s.* giacca da cacciatore.

shooting lodge ['ʃu:tɪŋ,lɒdʒ] → **shooting box**.

shooting match ['ʃu:tɪŋ,mætʃ] *s.* (*fam.*) gara di tiro.

shooting party ['ʃu:tɪŋ,pɑ:tɪ] *s.* partita di caccia.

shooting pocket ['ʃu:tɪŋ,pɒkɪt] *s.* carniere.

shooting range ['ʃu:tɪŋ,reɪndʒ] *s.* tiro a segno.

shooting script ['ʃu:tɪŋ,skrɪpt] *s.* (*cinem.*) sceneggiatura.

shooting stick ['ʃu:tɪŋ,stɪk] *s.* bastone-sedile.

shoot-out ['ʃu:taʊt] *s.* sparatoria; duello (con armi da fuoco).

shop [ʃɒp] *s.* **1** bottega, negozio; esercizio; spaccio: *clothes —*, negozio di abbigliamento; *record —*, negozio di dischi; *— front*, facciata di negozio; *— hours*, orario di negozio; *to go from — to —*, fare il giro dei negozi; *to keep a —*, tenere un negozio // *to set up —*, metter su bottega; *to shut up —*, chiudere bottega, smettere di lavorare // *to talk —*, parlare di lavoro // *all over the —*, (*fam.*) dappertutto; in disordine // *you have come to the wrong —*, (*fam.*) sei capitato male **2** officina, reparto; laboratorio, fucina: (*mecc.*) *— equipment*, attrezzatura di officina; *repair —*, officina di riparazione // (*aut.*): *body —*, reparto lastratura (della scocca); reparto carrozzeria // (*metall.*) *pattern —*, reparto modellisti // *closed —*, azienda che assume solo persone iscritte al sindacato **3** (*sl. antiq.*) istituzione; edificio (dove si svolge un'attività) **4** (*fam.*) spesa: *I'll do a big — tomorrow*, domani farò la spesa grossa.

to **shop** *pass.p.p.* **shopped** [ʃɒpt] *v.intr.* andare in giro per negozi (per far compere); far compere, fare acquisti: *to go shopping*, andare a far spese, fare lo shopping; *I shopped for a new bag but I couldn't find anything I liked*, ho girato un sacco di negozi per comprare una borsa, ma non ho trovato niente che mi piacesse ◆ *v.tr.* (*sl.*) tradire facendo una soffiata alla polizia, far imprigionare.
□ **shop around** *v.intr.* e *avv.* guardarsi in giro (confrontando prezzi, possibilità ecc.).

shop assistant ['ʃɒpə,sɪstənt] *s.* (*comm.*) commesso, commessa; addetto alla vendita (in un negozio).

shop-at-home ['ʃɒpəthəʊm] *s.* teleacquisti.

shopboard ['ʃɒpbɔ:d / shop·board] *s.* (*ant.*) banco, bancone (di negozio).

shop boy ['ʃɒpbɔɪ] *s.* commesso.

shop committee ['ʃɒpkə,mɪtɪ] *s.* commissione interna.

shop floor [,ʃɒp'flɔ:*] *s.* **1** area di una fabbrica in cui lavorano gli operai comuni **2** (*estens.*) le maestranze, la base operaia; la componente operaia.

shop girl ['ʃɒpgɜ:l] *s.* commessa.

shopkeeper ['ʃɒpki:pə* / shop·keeper] *s.* negoziante AMER. storekeeper.

shopkeeping ['ʃɒpki:pɪŋ / shop·keep·ing] *s.* commercio al minuto.

to **shoplift** ['ʃɒplɪft / shop·lift] *v.intr.* e *tr.* taccheggiare, rubare nei negozi.

shoplifter ['ʃɒp,lɪftə* / shop·lifter] *s.* taccheggiatore.

shoplifting ['ʃɒp,lɪftɪŋ / shop·lift·ing] *s.* taccheggio.

shopman ['ʃɒpmən / shop·man] *pl.* **shopmen** *s.* **1** commesso di negozio **2** (*rar.*) bottegaio **3** (*amer.*) operaio d'officina.

shopper ['ʃɒpə* / shop·per] *s.* acquirente, compratore; cliente.

shopping ['ʃɒpɪŋ / shop·ping] *s.* [U] **1** compere, acquisti; shopping: *to do one's —*, far spese, far compere, fare lo shopping **2** spesa, acquisto di generi alimentari; le provviste acquistate: *to do the —*, fare la spesa; *put the — on the table*, metti la spesa sul tavolo // *— bag*, sporta, borsa della spesa // *— list*, lista della spesa.

shopping centre ['ʃɒpɪŋ,sentə*] **shopping mall** ['ʃɒpɪŋ,mɔ:l *amer.* 'ʃɒpɪŋ,mæl] *s.* (*comm.*) centro commerciale, shopping center.

shopping precinct ['ʃɒpɪŋ,pri:sɪŋkt] *s.* zona commerciale.

shopsoiled ['ʃɒpsɔɪld / shop·soiled] *agg.* sciupato, stinto (di merce rimasta esposta in vetrina); (*fig. spreg.*) logoro.

shop steward [,ʃɒp'stjʊəd *amer.* ,ʃɒp 'stu:əd] *s.* rappresentante sindacale, delegato di fabbrica.

shoptalk ['ʃɒptɔ:k / shop·talk] *s.* [U] il parlare di lavoro: *most of the conversation was —*, si è parlato quasi esclusivamente di lavoro.

shopwalker ['ʃɒp,wɔ:kə* / shop·walker] *s.* caporeparto (in un grande magazzino) AMER. floorwalker.

shop window [,ʃɒp'wɪndəʊ] *s.* vetrina (di negozio) // *the festival was the perfect — for his talents*, (*fig.*) il festival è stato l'occasione perfetta per mostrare le sue capacità.

shopworn ['ʃɒpwɔ:n /shop·worn] *agg.* (*amer.*) → **shopsoiled**.

shore[1] [ʃɔ:*] *s.* **1** spiaggia, lido; litorale, costa; riva, sponda; battigia; (*mar.*) terra: *on the —*, sulla spiaggia // *in —*, vicino alla costa; *off —*, al largo; *on —*, a terra: *to set foot on —*, sbarcare, scendere a terra// *to hug the —*, costeggiare **2** (*spec. pl.*) (*letter.*) lidi; paesi; terra: *foreign shores*, terra straniera **3** (*dir.*) tratto di spiaggia delimitato dai segni di alta e bassa marea.

shore[2] *s.* (*edil.*) puntello, sostegno: *flying —*, puntello orizzontale; (*mar.*) *bilge —*, puntello di sentina.

to **shore**[2] *v.tr.* (*edil., miner.*) puntellare (*anche fig.*): *to — (up) a wall*, puntellare un muro.

shore[3] *pass.* (*ant.*) di to **shear**.

shore bird ['ʃɔ:bɜ:d] *s.* (*zool.*) uccello di ripa, piviere.

shore-crab ['ʃɔ:kræb] *s.* (*zool.*) granchio ripario.

shore fast ['ʃɔ:,fɑ:st *amer.* 'ʃɔ:,fæst] *s.* (*mar.*) cavo d'ormeggio.

shore leave ['ʃɔ:li:v] *s.* (*mar.*) permesso di scendere a terra.

shoreless ['ʃɔ:lɪs / shore·less] *agg.* senza sponda; illimitato, sconfinato.

shoreline ['ʃɔ:laɪn / shore·line] *s.* (*geogr.*) linea di spiaggia; linea di costa, costiera.

shoreward(s) ['ʃɔ:wəd(z) / shore·ward(s)] *avv.* verso la spiaggia, verso riva.

shoring ['ʃɔ:rɪŋ / shor·ing] *s.* (*edil.*) puntellamento.

shorn [ʃɔ:n] *p.p.* di to **shear** ◆ *agg.* tosato, rasato.

short [ʃɔ:t] *agg.* **1** corto; breve: *— hair*, capelli corti; *— steps*, piccoli passi; (*fonet.*) *— syllable*, sillaba breve; *a — winter*, un inverno breve; *the string is —*, lo spago è corto // *a — time ago*, poco tempo fa // *a — way off*, poco lontano, a breve distanza // *at — notice*, con breve preavviso // *to make — work of sthg.*, finire in fretta, sbrigare qlco. rapidamente // (*ippica*) *to win by a — head*, vincere per una mezza testa; (*fig.*) vincere per un pelo **2** basso, piccolo (di statura): *a — man*, un uomo basso; *of — stature*, di bassa statura, piccolo di statura **3** conciso, breve, serrato: *to make* *one's answers* —, rispondere in modo conciso // — *answer*, risposta breve // — *and sweet*, conciso ed efficace // *in — order*, in scioltezza // *he is called Bob for* —, il suo diminutivo è Bob; *Bob is — for Robert*, Bob è il diminutivo di Robert // *to cut a long story* —, a farla breve // *in* —, in breve **4** brusco, rude, sgarbato: *he was very — with me*, è stato molto brusco nei miei riguardi; *to have a — temper*, essere irascibile; — *fuse*, irascibilità; scatto d'ira **5** scarso, insufficiente; mancante: *a — ten miles*, dieci miglia scarse; *he never gives — weight*, non fa mai peso scarso; *we are three radios* —, ci mancano tre radio; *to be — on brains*, essere corto (di cervello) // — *of breath*, senza fiato // *to be in — supply*, scarseggiare // *to be — of*, essere a corto di // *he is one — of a hundred goals in his career*, nella sua carriera gli manca un gol per arrivare a cento **6** friabile: — *pastry*, pasta frolla **7** (*metall.*) fragile: — *iron*, ferro fragile **8** (*comm.*) a breve scadenza (di tratta) **9** (*econ.*) non disponibile (di merce ecc.): *copper is — today*, il rame non è disponibile oggi **10** (*Borsa, comm.*) (allo) scoperto: — *selling*, vendita allo scoperto; — *hedging* (o amer. — *covering*), acquisto di copertura; — *position*, posizione in vendita allo scoperto; *to be £ 100* —, essere sotto, scoperti di 100 sterline **11** (*fam.*) forte; non diluito, liscio: *a — whisky*, un whisky liscio; *she wanted sthg.* —, aveva bisogno di qlco. di forte.

short *s.* **1** vocabolo, sillaba breve: *longs and shorts*, le lunghe e le brevi **2** (*cinem.*) cortometraggio; short, film pubblicitario **3** *pl.* (*fin.*) titoli di stato a breve **4** *pl.* pantaloncini, calzoni corti; (*amer.*) mutande da uomo **5** bicchierino (di whisky, gin ecc.) **6** (*giornalismo*) trafiletto **7** abbr. di short circuit.

short *avv.* **1** bruscamente; improvvisamente: *he brought* (o *pulled*) *up* —, si fermò di botto; *she took him up* —, lo interruppe; *to stop sthg., s.o.* —, fermare bruscamente qlco., interrompere qlcu.; *to stop — of doing sthg.*, fermarsi prima di fare qlco. // *to cut* —, tagliar corto **2** in modo scarso, insufficiente: *to go* — (*of food*), avere poco (cibo); *to run* —, scarseggiare; *our petrol is running* —, stiamo per finire la benzina; *to run — of*, essere a corto di // *to fall* —, essere insufficiente; non raggiungere la meta, cadere prima: *to fall* (o *to come*) — *of*, mancare, fallire **3** (*comm.*) allo scoperto: *to sell* —, vendere allo scoperto (azioni, merci ecc.) **4** — *of*, all'infuori di, eccetto, tranne: — *of taking a taxi I can't see any other solution*, non vedo altra soluzione tranne che prendere un taxi.

to **short** *v.tr.* (*fam., elettr.*) mandare, mettere in corto (circuito) ◆ *v.intr.* andare in corto (circuito).

shortage [ˈʃɔːtɪdʒ / short·age] *s.* deficienza, mancanza, carenza, penuria, scarsità: — *of food*, carenza di cibo; — *of staff*, scarsità di personale // (*econ.*): *to make up the* —, ripianare il deficit; *to make up for the — of natural resources*, far fronte alla penuria di risorse naturali.

shortbread [ˈʃɔːtbred / short·bread] **shortcake** [ˈʃɔːtkeɪk / short·cake] *s.* biscotto di pasta frolla.

to **short-change** [ˌʃɔːtˈtʃeɪndʒ] *v.tr.* dare il resto sbagliato a; (*fig.*) truffare; imbrogliare.

short-circuit [ˌʃɔːtˈsɜːkɪt] *s.* (*elettr.*) cortocircuito.

to **short-circuit** *v.tr.* **1** (*elettr.*) cortocircuitare, mandare, mettere in cortocircuito: *to — the motor*, chiudere il motore in corto circuito **2** (*fig.*) aggirare; eliminare, passar sopra a (formalità ecc.) **3** (*fig.*) rovinare; ostacolare ◆ *v.intr.* (*elettr.*) andare in cortocircuito.

shortcoming [ˈʃɔːtˌkʌmɪŋ / short·com·ing] *s.* **1** mancanza, insufficienza, deficit: *a — in money*, una mancanza di denaro **2** (*spec. pl.*) difetto, imperfezione; lato negativo: *the — of the fact*, il lato negativo della faccenda.

short cut [ˌʃɔːtˈkʌt] *s.* scorciatoia (*anche inform. e fig.*): *a — to the station*, una scorciatoia per la stazione.

short-dated [ˌʃɔːtˈdeɪtɪd] *agg.* (*amm.*) a breve (scadenza).

to **shorten** [ˈʃɔːtn] *v.tr.* **1** accorciare; ridurre, diminuire, abbreviare: (*comm.*) *to — a price*, ridurre, diminuire un prezzo // (*mar.*) *to — sails*, ridurre le vele // (*mil.*) *to — step*, accorciare il passo **2** rendere friabile, rendere frolla (la pasta) ◆ *v.intr.* accorciarsi; ridursi, diminuire.

shortener [ˈʃɔːtnə* / short·en·er] *s.* **1** chi abbrevia **2** ciò che abbrevia.

shortening [ˈʃɔːtnɪŋ / short·en·ing] *agg.* che diminuisce; che si accorcia ◆ *s.* **1** accorciamento, abbreviazione; diminuzione **2** grasso usato in pasticceria (per fare la pasta frolla).

shortfall [ˈʃɔːtfɔːl / short·fall] *s.* **1** calo, diminuzione (rispetto al previsto): *a — in the student intake*, una diminuzione di iscrizioni (di studenti) **2** (*econ.*) caduta di produzione.

short-haired [ˌʃɔːtˈheəd] *agg.* dal pelo corto (di animale).

shorthand [ˈʃɔːthænd / short·hand] *s.* stenografia: *to take down in* —, stenografare; — *typist*, stenodattilografo.

shorthanded [ˌʃɔːtˈhændɪd / short·handed] *agg.* (*econ.*) carente di manodopera; sottorganico.

short-haul [ˈʃɔːtˌhɔːl] *agg.* a, su breve distanza: — *aircraft for domestic flights*, aeroplano a breve raggio per rotte interne; — *run*, viaggio a breve distanza; (*mar.*) — *convoy*, convoglio costiero.

shorthorn [ˈʃɔːthɔːn / short·horn] *s.* (*zool.*) bue dalle corna corte.

short list [ˈʃɔːtˌlɪst] *s.* lista ristretta (di candidati); rosa di nomi.

to **short-list** [ˌʃɔːtˈlɪst] *v.tr.* inserire il nome di (qlcu.) in una rosa di candidati.

short-lived [ˌʃɔːtˈlɪvd] *agg.* che ha vita breve; (*bot., zool.*) di breve vita, di breve durata, caduco.

shortly [ˈʃɔːtlɪ] *avv.* **1** presto, fra breve; — *after*, poco dopo **2** concisamente; brevemente **3** seccamente, bruscamente.

shortness [ˈʃɔːtnɪs / short·ness] s. **1** brevità, cortezza: — *of sight*, miopia **2** asprezza (di carattere) **3** mancanza, scarsezza **4** friabilità **5** (*metall.*) fragilità.

short-range [ˌʃɔːtˈreɪndʒ] *agg.* **1** a corto raggio; a breve gittata, portata; a distanza ravvicinata: — *ballistic missile*, missile balistico a corto raggio; — *order*, ordine a breve distanza; — *radar*, radar a breve portata **2** a breve termine: — *plans*, progetti a breve termine.

to **shortsheet** [ˈʃɔːtˌʃiːt / short·sheet] *v.tr.* fare (il letto) a sacco: *to — a bed*, fare il sacco nel letto.

shortsight [ˌʃɔːtˈsaɪt / short·sight] *s.* (*med.*) → **shortsightedness**.

shortsighted [ˌʃɔːtˈsaɪtɪd / short·sighted] *agg.* miope.

shortsightedly [ˌʃɔːtˈsaɪtɪdlɪ / short·sight·ed·ly] *avv.* da miope.

shortsightedness [ˌʃɔːtˈsaɪtɪdnɪs / short·sight·ed·ness] *s.* (*med.*) miopia.

short-spoken [ˌʃɔːtˈspəʊkən] *agg.* laconico.

shortstop [ˈʃɔːtstɒp / short·stop] *s.* (*baseball*) interbase.

short story [ˌʃɔːtˈstɔːrɪ] *s.* racconto; novella // *short* —, racconto molto breve (che occupa una sola pagina).

short-term [ˌʃɔːtˈtɜːm] *agg.* a breve scadenza, a breve termine: (*fin.*) — *advances*, finanziamenti a breve; — *capital*, capitali a breve // (*econ.*) — *job*, lavoro a termine.

short time [ˈʃɔːtˌtaɪm] *s.* (*econ.*) orario ridotto (di lavoro): *to work* —, lavorare a orario ridotto.

short-wave [ˈʃɔːtweɪv] *agg.* (*rad.*) a onde corte, sulle onde corte.

shot[1] [ʃɒt] *s.* **1** sparo, colpo; scarica: *without firing a* —, senza colpo ferire; *to fire a* —, sparare un colpo; *to have a — at sthg.*, sparare contro qlco.; *pistol* —, colpo di pistola; *blank* —, sparo a salve; *high* —, colpo in aria // *it's a — at you*, (*fig.*) è una frecciata contro di te **2** tiro, portata (di arma da fuoco) (*anche fig.*): *within pistol* —, a tiro (di pistola) **3** tiratore: *a crack* —, un esperto tiratore **4** (*mil.*) pallottola; proiettile; (*ant.*) palla (da cannone) // *to be off like a* —, (*fig.*) partire come una freccia // *a big* —, (*fig. fam.*) un grosso calibro; un pezzo grosso **5** (*gener. invariato al pl.*) pallini (di piombo): — *cartridge*, cartuccia a pallini **6** (*mecc.*) graniglia (d'acciaio): — *blasting*, sabbiatura metallica, pallinatura; — *peening*, pallinatura **7** mina; carica esplosiva; granata **8** (*sport*) colpo, tiro, lancio: *to have a — at goal*, tirare in porta; *good —!*, bel colpo!; *to make a bad* — (*at sthg.*), mancare il colpo, tirare male // *backhand* —, (tiro di) rovescio // *to call the shots*, (*fig. fam.*) comandare **9** (*atletica*) peso: *to put the* —, lanciare il peso **10** (*fig. fam.*) tentativo, prova: *long* —, ultima risorsa, tentativo in extremis; *it's your* —, tocca a te (provare); *I'll have a — at it*, tenterò il colpo; ci proverò **11** (*estens.*) congettura, supposizione: *a — in the dark*, una scommessa; una tesi azzardata, senza fondamento **12** (*fot. fam.*) foto **13** (*cinem.*) ripresa; sequenza; inquadratura; piano: *angle* —, ripresa inclinata; angolazione (di presa); *close* —, mezzo primopiano; *exterior* —, esterno; *long* —, campo lungo; *panning* —, panoramica; *running* — (o *travel* —), carrellata; presa mobile **14** (*fam.*) iniezione; dose (di droga, vaccino); goccio, sorso; boccata: *a— of heroin*, una dose di eroina; *a — of whisky*, un sorso di whisky // *a — in the arm*, (*fig.*) una boccata di ossigeno **15** probabilità: *five to one* —, una probabilità su cinque // (*comm.*) *mail* —, spedizione di materiale pubblicitario a potenziali clienti **16** (*fam.*) lancio (di missile, di razzo vettore): *a moon* —, un lancio sulla luna **17** (*tess.*) lunghezza del filo di trama; trama che attraversa l'ordito.

shot[2] *s.* conto; quota: *to pay one's —*, pagare la propria parte.

shot[3] *pass.p.p.* di to **shoot** ◆ *agg.* **1** (*fam.*) libero: *to get* (o *be*) *— of sthg.*, sbarazzarsi di qlco. **2** cangiante: *— silk*, seta cangiante **3** (*fam.*) distrutto, a pezzi: *my nerves are —*, ho i nervi a pezzi.

shotgun ['ʃɒtgʌn / shot·gun] *s.* fucile da caccia; schioppo; doppietta: *sawn-off —* (o amer. *sawed-off —*), fucile a canne mozze, lupara // *— wedding*, (*fam.*) matrimonio riparatore.

shot-hole ['ʃɒthəʊl] *s.* **1** foro per mina **2** tarlatura.

shot put ['ʃɒt,pʊt] *s.* (*sport*) lancio del peso.

shot-putter ['ʃɒt,pʊtə*] *s.* (*sport*) lanciatore di peso.

shotten ['ʃɒtn / shot·ten] *agg.* che ha deposto le uova (di pesce).

should [ʃʊd (*forma forte*) ʃəd (*forma debole*)] *modal verb* (V), *pass.* di **shall**; *forma negativa* **should not** [ʃʊdnɒt]; *forma contr.* **shouldn't** ['ʃʊdnt] **1** (*ausiliare per la 1ª pers. sing. pl. del cond.*): *I — be very happy to see you*, sarei felicissimo di vederti; *we — buy it if we had enough money*, lo compreremmo se avessimo abbastanza soldi; *if I were you, I — phone her*, se fossi in te, le telefonerei; *we — be surprised if he won the race*, saremmo sorpresi se vincesse lui la gara; *I shouldn't worry about that if I were you*, non me ne preoccuperei se fossi in te; *it will cost, I — say, about £ 1000*, costerà, credo, circa 1000 sterline; *I — think it happened some twenty years ago*, penso che sia successo circa vent'anni fa // *I — think so*, penso, penserei di sì **2** (*nel significato di* 'dovere' *per esprimere suggerimento o probabilità, in tutte le pers. sing. pl. del cond.*): *he — arrive at any moment*, dovrebbe arrivare da un momento all'altro; *it — be so*, dovrebbe essere così; *you — be ashamed of yourself*, dovresti vergognarti di te stesso; *my socks shouldn't be in this drawer*, i miei calzini non dovrebbero essere in questo cassetto; *— we tell him?*, dovremmo dirglielo?; *he really shouldn't tell such lies*, non dovrebbe proprio dire simili bugie; *where — I meet you?*, dove dovrei incontrarti?; *you — apply at once*, dovresti, dovreste fare domanda subito; *— I open the window?*, dovrei, devo aprire la finestra?; *"I'm sorry" "So you — be"*, "Mi dispiace" "Lo credo bene"; *that book — go on the top shelf*, quel libro dovrebbe andare sull'ultimo scaffale; *you — be at the airport by now*, dovresti essere all'aeroporto a quest'ora; *I — be going soon*, dovrei andar via presto; *why — I do what you tell me?*, perché dovrei fare quello che mi dici tu?; *how the hell — I know?*, come diavolo dovrei saperlo?; *they — have been in by this time*, avrebbero dovuto essere a casa a quest'ora; *you — see the way she treats him!*, dovresti vedere come lo tratta!; *you — have come to the concert*, avresti dovuto venire al concerto; *he — have won the race*, avrebbe dovuto vincere la gara; *they — have arrived yesterday*, sarebbero dovuti arrivare ieri; *you — have thought of that before!*, avresti dovuto pensarci prima! // *who — I meet at the station but Jean?*, chi dovevo incontrare alla stazione se non Jean? **3** (*ausiliare per tutte le pers. sing. pl. del cong.*): *it's funny you — say that*, strano che tu dica ciò; *he was anxious that I — feel at home*, si preoccupava che mi sentissi a mio agio; *I've agreed that he — go tomorrow*, ho accettato che vada domani; *I gave him my history book so that he — read it*, gli diedi il mio libro di storia perché lo leggesse; *it is better you — know it*, è meglio che tu lo sappia **4** (*nel significato di* 'dovere', *per esprimere supposizione in tutte le pers. sing. pl. dell'imperf. cong.*): *if we — be seen together, it would look suspicious*, se ci vedessero insieme, desteremmo dei sospetti; *suppose he — have an accident...*, supponi che abbia (che dovesse avere) un incidente...; *— they refuse our offer, we can ask someone else*, se dovessero rifiutare la nostra offerta, potremmo rivolgerci a qualcun altro; *— it rain, I shall stay in*, dovesse piovere, resterò a casa; *if he — come, tell him I am in the living room*, se dovesse venire, digli che sono nel soggiorno; *if you — see him, give him my regards*, se dovessi vederlo, portagli i miei saluti.

shoulda ['ʃʊdə] (*fam.*) contr. di *should have*.

shoulder ['ʃəʊldə* / shoul·der] *s.* **1** spalla: *— to —*, spalla a spalla, fianco a fianco; (*fig.*) in stretta collaborazione; *across* (o *over*) *the —*, a tracolla; *he has round shoulders*, ha le spalle curve; *to bring the gun to one's —*, imbracciare il fucile; *— weapons*, armi da spalla // (*med.*) *dislocation of the —*, lussazione della scapola // *old head on young shoulders*, giovane assennato // *he shifted all the responsibility onto my shoulders*, gettò tutta la responsabilità sulle mie spalle // *to give* (o *to turn*) *s.o. the cold —*, trattare qlcu. con freddezza, dall'alto in basso // *a — to cry on*, (*fam. fig.*) una spalla su cui piangere // *to have broad shoulders*, (*fig.*) avere le spalle larghe // *to hit out straight from the —*, colpire in pieno; *to tell s.o. sthg. straight from the —*, dire chiaramente qlco. a qlcu. // *to put one's — to the wheel*, mettersi all'opera, darci dentro **2** bordo, margine (di strada); spalla (di collina, bastione ecc.) // (*hard*) *—*, corsia di emergenza **3** attaccapanni **4** (*cuc.*) spalla **5** (*tip.*) spalla **6** (*mecc.*) spallamento.

to **shoulder** *v.tr.* **1** spingere con le spalle // *to — one's way*, farsi largo con le spalle **2** portare sulle spalle, caricarsi di; (*fig.*) sobbarcarsi, addossarsi: *he shouldered his son's debts*, si sobbarcò i debiti di suo figlio; *to — the responsibility, blame*, addossarsi la responsabilità, la colpa // (*mil.*) *— arms!*, spall'arm! ◆ *v.intr.* spingere con le spalle; farsi largo a spallate.

shoulder bag ['ʃəʊldə,bæg] *s.* borsa a tracolla.

shoulder belt ['ʃəʊldə,belt] *s.* tracolla.

shoulder blade ['ʃəʊldə,bleɪd] *s.* (*anat.*) scapola.

shoulder knot ['ʃəʊldə,nɒt] *s.* cordone (sulla livrea di un domestico).

shoulder loop ['ʃəʊldə,lu:p] *s.* (*mil. amer.*) spallina.

shoulder mark ['ʃəʊldə,mɑ:k] *s.* (*mar.*) spallina.

shoulder padding ['ʃəʊldə,pædɪŋ] *s.* spallina, imbottitura.

shoulder screw ['ʃəʊldə,skru:] *s.* (*mecc.*) vite a perno.

shoulder strap ['ʃəʊldə,stræp] *s.* spallina (di indumento).

shouldn't ['ʃʊdnt] contr. di *should not.*

shouldst [ʃʊdst] (*ant., poet.*) *seconda pers. sing. pass.* di *shall*; nell'inglese moderno, *should*: *is't not strange / that thou shouldst weep, so gifted?*, (KEATS) non è strano che tu, con un simile dono, pianga?

shout [ʃaʊt] *s.* **1** grido; grida; urlo **2** (*sl.*) turno di offrire: *it's my —*, offro io.

to **shout** *v.tr.* **1** gridare; urlare: *to — (out) an order*, gridare un ordine // *to — oneself hoarse*, sgolarsi; urlare fino a rimanere senza voce **2** chiamare ad alta voce **3** (*sl.*) offrire (al pub) ◆ *v.intr.* **1** gridare; urlare; strepitare; parlare ad alta voce: *he shouted with pain*, gridò di dolore; *to — at s.o.*, gridare contro qlcu. **2** (*sl.*) pagare da bere.

□ **shout down** *v.tr.* e *avv.* far tacere a forza di grida; fischiare (oratore ecc.)

shouter ['ʃaʊtə*] *s.* chi grida; (cantante) urlatore; (*fam.*) strillone.

shouting ['ʃaʊtɪŋ / shout·ing] *s.* U grida; acclamazioni; vocio // *it is all over bar the —*, il risultato è scontato; hanno già vinto // *within — distance*, a portata di voce; *he's within — distance of being honest, for a politician*, (*fig.*) per essere un politico, è abbastanza onesto.

shove [ʃʌv] *s.* spinta; spintone; urto: *to give a — off*, dare una spinta in avanti.

to **shove** *v.tr.* **1** spingere; far avanzare **2** (*fam.*) ficcare, cacciare: *to — one's nose into s.o.'s business*, ficcare il naso negli affari altrui; *to — sthg. into a drawer*, ficcare qlco. in un cassetto // *to — down s.o.'s throat*, cacciare in gola, rinfacciare; cacciare in testa **3** allontanare; respingere // *— it!*, (*fam.*) lascia perdere ◆ *v.intr.* **1** spingere, dare spinte; farsi largo a spintoni **2** spostarsi: *— over!*, spostati in là!

□ **shove around** *v.tr.* e *avv.* (*fam.*) **1** spintonare **2** essere sgarbato con.

□ **shove off** *v.intr. e avv.* **1** spingere una barca al largo; partire, andare al largo **2** (*fam.*) andarsene, togliersi di mezzo: *— off!*, vattene, togliti di mezzo!

shovel ['ʃʌvl] *s.* pala; paletta // *power —*, (*amer.*) pala meccanica.

to **shovel** *pass.p.p.* **shovelled** ['ʃʌvld] *v.tr.* spalare; prendere con la pala // *to — food into one's mouth*, mangiare a quattro palmenti.

shovel-board ['ʃʌvlbɔ:d] → **shuffle -board**.

shovelful ['ʃʌvlfʊl / shov·el·ful] *s.* palata, palettata.

shoveller ['ʃʌvlə* / shov·el·ler] *s.* **1** chi lavora con la pala; spalatore **2** (*zool.*) (*Anas clypeata*) mestolone.

show [ʃəʊ] *s.* **1** mostra, esibizione; esposizione; dimostrazione: *the — is open in the afternoon*, la mostra è aperta al pomeriggio; *motor —*, salone dell'automobile // *Lord Mayor's Show*, processione solenne del sindaco di Londra // *to vote by — of hands*, votare per alzata di mano **2** apparenza, sembiante: *— of resistance*, apparenza di resistenza; *he made a — of going out*, fece finta di uscire; *to make a — of friendship*, fingere amicizia **3** parata, pompa (*anche zool.*); ostentazione: *for —*, per figura; *to be fond of —*, amare le esteriorità; *to make a — of courage*, ostentare coraggio; *to make a fine —*, fare un bell'effetto **4** parvenza, segno, traccia: *there is no — of common sense in his speech*, non c'è traccia di buon senso nel suo discorso; *you can see a — of oil on the floor*, puoi vedere una traccia di petrolio sul pavimento **5** spettacolo; rivista // *news —*, programma d'attualità giornalistica // *to put on a poor* —, (*fig.*) dare una prestazione scadente // *let's get this* — *on the road!*, (*fam.*) incominciamo! // (*jolly*) *good* —!, bel lavoro!, ben fatto! **6** (*fam.*) affare; faccenda: *who's running the* —, chi è a capo della faccenda; *to boss the* —, assumere il controllo di un affare // *to give the whole* — *away*, rivelare tutti i difetti, le manchevolezze (di qlco.).

to **show** *pass.* **showed** [ʃəʊd] *p.p.* **shown** [ʃəʊn] (*spec. amer.*) **showed** *v.tr.* **1** mostrare, far vedere; esporre: *just* — *me your drawings*, mostrami i tuoi disegni; *to* — *s.o. how to do sthg.*, far vedere a qlcu. come si fa qlco.; *what can I* — *you, madam?*, la signora desidera? (nei negozi); *to* — *the goods on sale*, esporre la merce in vendita; *to* — *oneself*, mostrarsi (in pubblico); *to* — *one's ticket*, esibire il proprio biglietto // *I'll* — *you!*, ti faccio vedere io! // *to* — *a clean pair of heels*, (*fam. fig.*) darsela a gambe // *to* — *daylight*, (*fam.*) essere bucherellato (di vestito) // *to* — *the cloven hoof*, mostrare cattive intenzioni // *to* — *fight*, mostrarsi bellicoso, non cedere facilmente // *to* — *one's cards, one's hand*, mettere le carte in tavola; (*fig.*) giocare a carte scoperte // *to* — *mercy*, mostrare pietà // *to* — *s.o. favour*, essere parziale nei confronti di qlcu. **2** rappresentare, figurare, indicare: *as shown above*, come sopra indicato; *this picture shows an imaginary island*, questa illustrazione rappresenta un'isola immaginaria; *to* — *the time*, indicare l'ora (di orologio); *the figures* — *a small increase* (*in profits*), le cifre indicano un piccolo aumento dei profitti **3** dimostrare, provare; rivelare: *it only shows the falsity of his version*, questo non dimostra che la falsità del suo racconto; *she shows her age*, dimostra la sua età; *to* — *one's right*, (*dir.*) far valere i propri diritti; *to* — *reason*, addurre ragioni valide // *time will* —, (*prov.*) chi vivrà vedrà **4** proiettare (film); rappresentare (opera teatrale); esibire: *they're showing a Fellini film next week*, la settimana prossima daranno un film di Fellini; *his paintings have been shown in many art galleries*, i suoi quadri sono stati esposti in molte gallerie **5** condurre, accompagnare: *to* — *s.o. downstairs, upstairs*, far scendere, far salire qlcu.; *to* — *s.o. home*, accompagnare qlcu. a casa ◆ *v.intr.* **1** apparire, vedersi: *the tear doesn't* —, lo strappo non si vede; *buds are showing*, si cominciano a vedere i boccioli **2** (*fam. spec. amer.*) farsi vedere: *after an hour he still hadn't showed*, dopo un'ora non si era ancora fatto vedere, non era ancora comparso.

□ **show around** *v.tr.* e *avv.* far da guida a (qlcu.); far visitare (qlco.): *if you want I'll* — *you around the factory*, se vuoi ti faccio visitare lo stabilimento.

□ **show in** *v.tr.* e *avv.* **show into** *v.tr.* e *prep.* far entrare (qlcu.), accompagnare dentro (qlcu.).

□ **show off** *v.tr.* e *avv.* **1** valorizzare; mettere in risalto; sottolineare **2** farsi bello di; mettere in mostra, far sfoggio di: *he showed off his knowledge*, faceva sfoggio della sua cultura ◆ *v.intr.* e *avv.* mettersi in mostra.

□ **show out** *v.tr.* e *avv.* far uscire; accompagnare alla porta, all'uscita.

□ **show over** *v.tr.* e *prep.* far visitare (qlco.): *he showed me over the exhibition*, mi ha fatto visitare la mostra.

□ **show round** → to show around.

□ **show through** *v.intr.* e *prep.* o *avv.* trasparire (*anche fig.*): *the old colour shows through still*, la vecchia tinta traspare ancora.

□ **show up** *v.tr.* e *avv.* **1** rivelare; mettere in luce (*anche fig.*): *the scandal showed up the government's weakness*, lo scandalo ha messo in luce la debolezza del governo **2** (*fam.*) mettere in imbarazzo, far fare brutta figura a: *he works so hard he really shows the rest of them up*, lavora così tanto che fa fare brutta figura a tutti gli altri ◆ *v.intr.* farsi vivo, arrivare: *did he* — *up eventually?*, alla fine si è fatto vivo?

show-and-tell [,ʃəʊən'tel] *s.* (*fam. amer.*) abile manovra per attirare compratori, clienti ecc. • Dal nome di un metodo d'insegnamento usato nelle scuole elementari che consiste nel far mostrare e descrivere vari oggetti dai bambini.

show bill ['ʃəʊbɪl] *s.* cartello pubblicitario.

show biz ['ʃəʊbɪz] *s.* (*fam.*) → **show business**.

showboat ['ʃəʊbəʊt / show·boat] *s.* (*fam. amer.*) **1** show-boat, battello fluviale a bordo del quale si svolgono spettacoli teatrali, di varietà ecc. **2** esibizionista, persona cui piace mettersi in mostra.

to **showboat** *v.intr.* (*fam. amer.*) dare spettacolo, mettersi in mostra, dare nell'occhio.

show business ['ʃəʊ,bɪznɪs] *s.* industria, mondo dello spettacolo.

show card ['ʃəʊkɑ:d] → **show bill**.

showcase ['ʃəʊkeɪs / show·case] *s.* **1** bacheca; vetrinetta **2** (*fig.*) vetrina: *the new musical is an excellent* — *for his comic talents*, il nuovo musical è un'ottima vetrina per il suo talento comico.

showdown ['ʃəʊdaʊn / show·down] *s.* (*fam.*) chiarimento, chiarificazione: *to have a* — *over sthg.*, mettere le carte in tavola (riguardo a qlco.).

shower[1] ['ʃaʊə*] *s.* **1** acquazzone, rovescio, scroscio (di pioggia); (*fig.*) tempesta passeggera: *a heavy* —, un diluvio // *April* —, acquazzone d'aprile **2** (*fig.*) pioggia, grande quantità, tempesta, scarica, nugolo: *a* — *of blows*, una gragnola di colpi; *a* — *of reproaches*, una valanga di rimproveri **3** doccia: *to have a* —, farsi la doccia **4** (*fis.*) sciame: (*fis. nucleare*) *cosmic-ray* —, sciame cosmico **5** — (*party*), (*amer.*) ricevimento in cui ognuno porta un dono all'ospite d'onore **6** (*fam.*) gente incompetente, stupida: *what a* — *they are!*, che branco di imbecilli sono!

to **shower**[1] *v.tr.* **1** versare, far cadere (acqua); bagnare **2** (*fig.*) dare in gran quantità, far piovere, coprire di: *to* — *blows on s.o.*, (*fam.*) far grandinare colpi su qlcu., tempestare qlcu. di colpi; *to* — *s.o. with honours*, coprire qlcu. di onori; *the bride was showered with rice*, la sposa fu inondata di riso ◆ *v.intr.* **1** piovere a dirotto, diluviare **2** (*fig.*) piovere, riversarsi: *wreckage from the satellite showered over a large area*, i resti del satellite si sparsero su una vasta area; *dust and dirt showered down on him*, gli piovvero addosso lo sporco e la polvere **3** fare la doccia.

shower[2] ['ʃəʊə*] *s.* chi mostra; espositore.

shower-bath ['ʃaʊə,bɑ:θ *amer.* 'ʃaʊə,bæθ] → **shower**[1] 3.

showerproof ['ʃaʊə,pru:f / shower·proof] *agg.* impermeabile.

showery ['ʃaʊərɪ] *agg.* piovoso, temporalesco.

showgirl ['ʃəʊgɜ:l / show·girl] *s.* showgirl, ballerina, artista di varietà.

showing ['ʃəʊɪŋ / show·ing] *s.* presentazione; esposizione; esibizione; rappresentazione, spettacolo (di film e simili): *private* —, mostra, esposizione privata; proiezione privata (di film); *to make a good* —, dare una buona prova di sé, fare una bella figura; *we went to the late night* — *of the film*, andammo all'ultimo spettacolo (del film) // (*dir.*) — *of evidence*, esibizione delle prove.

showing off [,ʃəʊɪŋ'ɒf *amer.* ,ʃəʊɪŋ'ɔ:f] *s.* esibizionismo, posa.

showman ['ʃəʊmən / show·man] *pl.* **showmen** *s.* **1** presentatore, organizzatore (di spettacoli spec. da circo); imbonitore (nelle fiere) **2** (*teatr.*) impresario.

showmanship ['ʃəʊmənʃɪp / show·man·ship] *s.* **1** arte di presentare; capacità di interessare, d'intrattenere il pubblico **2** (*fig.*) il saper vendere la propria merce.

shown *p.p.* di to **show**.

show-off ['ʃəʊɒf *amer.* 'ʃəʊɔ:f] *s.* (*fam.*) esibizionista, persona cui piace mettersi in mostra.

showpiece ['ʃəʊpi:s / show·piece] *s.* **1** pezzo, oggetto da esposizione **2** pezzo forte ◆ *agg.* modello, da imitare: *a* — *housing estate*, un quartiere modello.

showroom ['ʃəʊrʊm *amer.* 'ʃəʊru:m / show·room] *s.* sala, salone d'esposizione.

show up ['ʃəʊʌp] *s.* (*dir.*) confronto (tra la vittima, o un testimone, e il sospettato).

show window ['ʃəʊ,wɪndəʊ] *s.* (*amer.*) vetrina (di negozio).

showy ['ʃəʊɪ] *agg.* fastoso; sfarzoso; appariscente, vistoso // **-ily** *avv.* // **-iness** *s.*

shrank *pass.* di to **shrink**.

shrapnel ['ʃræpnl / shrap·nel] *s.* [U] (*mil.*) **1** shrapnel, granata a pallette **2** schegge (*pl.*), frammenti di un proiettile esploso.

shred [ʃred] *s.* ritaglio; striscia; frammento; brandello; (*fig.*) briciolo, rimasuglio: *her dress was all in shreds*, il suo abito era a brandelli; *to cut sthg. into shreds*, tagliare qlco. a strisce; *there isn't a* — *of evidence of his guilt*, (*fig.*) non c'è un briciolo di prova della sua colpevolezza; *to tear sthg. to shreds*, ridurre a brandelli, sbrindellare qlco.; *to tear s.o., sthg. to shreds*, (*fig. fam.*) fare a pezzi, stroncare qlcu., qlco.; *to tear s.o.'s reputation to shreds*, (*fig.*) rovinare la reputazione di qlcu.

to **shred** *pass.p.p.* **shredded** ['ʃredɪd / shred·ded] *v.tr.* stracciare, lacerare, fare, ridurre a brandelli; (*cuc.*) tagliuzzare, trinciare: *they shredded all the compromising documents*, distrussero tutti i documenti compromettenti (con la macchina distruggi-documenti) ◆ *v.intr.* sfilacciarsi, ridursi a brandelli.

shredder ['ʃredə* / shred·der] *s.* **1** chi riduce a brandelli **2** grattugia per verdure **3** macchina distruggi-documenti **4** (*tecn.*) trinciatrice, spezzettatrice.

shrew [ʃru:] *s.* **1** donna brontolona, pettegola, bisbetica // (*lett.*) *'The Taming of the Shrew'*, 'La bisbetica domata' **2** (*zool.*) — (*mouse*), toporagno, sorcide.

shrewd [ʃru:d] *agg.* **1** sagace, accorto, acuto, perspicace: *a* — *glance*, uno sguardo penetrante; *a — observer*, un osservatore acuto, perspicace; *a — politician*, un politico accorto, sagace; *a — reply*, una risposta acuta // *a — suspicion*, un sospetto fondato **2** scaltro, astuto, furbo **3** (*non com.*) forte; pungente, penetrante: *a — blow to the head*, un forte colpo in testa; *a — wind*, un vento pungente **4** (*ant.*) malefico, pungente, amaro: *every of this happy number / that hath endur'd shrewd days and nights with us, / shall share the good of our returned fortune*, (SH. As You Like It) ognuno della felice compagnia che ha condiviso con noi giorni e notti amare parteciperà della fortuna a noi restituita.

shrewdly ['ʃru:dlɪ / shrewd·ly] *avv.* **1** sagacemente, accortamente **2** astutamente, in modo scaltro **3** (*ant.*) in modo acuto, pungente: *the air bites shrewdly; it is very cold*, (SH. Hamlet) l'aria punge acutamente; fa molto freddo.

shrewdness ['ʃru:dnɪs / shrewd·ness] *s.* **1** accortezza, perspicacia, sagacia, sottigliezza **2** astuzia.

shrewish ['ʃru:ɪʃ / shrew·ish] *agg.* brontolone; petulante; bisbetico // **-ly** *avv.* // **-ness** *s.*

shriek [ʃri:k] *s.* grido; strillo, urlo; fischio; suono lacerante: *a — of anguish, of pain*, un grido di angoscia, di dolore; *the — of a locomotive*, il fischio di una locomotiva; *shrieks of delight*, gridolini di piacere; *to give a —*, fare, dare un urlo.

to **shriek** *v.intr.* gridare; strillare; stridere // *to — with laughter*, fare una risata stridula, isterica // *to — with pain*, urlare dal dolore ◆ *v.tr.* gridare, urlare; dire con voce stridula.

shrievalty ['ʃri:vəltɪ / shriev·alty] *s.* **1** giurisdizione di uno sceriffo **2** carica di sceriffo.

shrift [ʃrɪft] *s.* (*relig.*) confessione e assoluzione // *short —*, breve periodo di tempo concesso al condannato a morte per confessarsi; *to give s.o., sthg. short —*, prestare poca attenzione, dare poco credito a qlcu., qlco.; tenere qlcu., qlco. in poco conto.

shrike [ʃraɪk] *s.* (*zool.*) (*Lanius excubitur*) averla maggiore SIN. butcher-bird.

shrill [ʃrɪl] *agg.* **1** stridulo; acuto; penetrante; lacerante **2** (*fig.*) importuno; petulante; insistente: *a — complaint*, una lagna, un lamento noioso e insistente **3** (*non com.*) intenso; lancinante: *a — light*, una luce intensa; *a — pain*, un dolore intenso, lancinante // **-ness** *s.* // **-y** *avv.*

to **shrill** *v.intr.* strillare; stridere; emettere suono stridulo, acuto; cantare, parlare con voce stridula ◆ *v.tr.* dire con voce stridula.

shrimp [ʃrɪmp] *s.* **1** (*zool.*) gamberetto (di mare); granchiolino **2** (*fig.*) omiciattolo, nano, nanerottolo, pigmeo, piccoletto.

to **shrimp** *v.intr.* pescare gamberetti (di mare).

shrimper ['ʃrɪmpə*] *s.* **1** pescatore di gamberetti (di mare) **2** barca per la pesca di gamberetti.

shrimping net ['ʃrɪmpɪŋ,net] *s.* gamberana.

shrine [ʃraɪn] *s.* **1** reliquiario, teca; tomba (di santo) **2** altare; tempio; santuario, luogo sacro (*anche fig.*): *— of knowledge*, culla del sapere; *the shrines of the October Revolution*, i luoghi sacri della rivoluzione d'ottobre.

to **shrine** *v.tr.* **1** (*ant.*) racchiudere in un reliquiario **2** (*fig.*) considerare come sacro.

shring [ʃrɪŋ] *s.* (*tecn.*) imballaggio con pellicola termocontrattile; cellofanatura • Contr. di *shrink wrapping*, imballaggio a ritiro, con materiale che si ritira.

shrink [ʃrɪŋk] *s.* **1** restringimento; contrazione; (*tecn.*) ritiro **2** (*fam.*) psichiatra; psicoanalista, 'strizzacervelli'.

to **shrink** *pass.* **shrank** [ʃræŋk] *p.p.* **shrunk** [ʃrʌŋk] (*ant.*) **shrunken** ['ʃrʌŋkən / shrun·ken] *v.intr.* **1** contrarsi, restringersi, ridursi (*anche fig.*); ritirarsi; accorciarsi: *this cloth does not —*, questa stoffa è irrestringibile; *the number of members has shrunk*, (*fig.*) il numero degli iscritti si è ridotto, è diminuito // *to — with cold*, essere rattrappito per il freddo; *to — with pain*, contorcersi dal dolore **2** indietreggiare, allontanarsi; (*fig.*) rifuggire, evitare: *to — into a corner*, rincantucciarsi, andarsene in un angolo; *to — into oneself*, (*fig.*) chiudersi in se stesso; *he shrank away in horror*, indietreggiò inorridito; *he never shrank from danger*, non indietreggiò mai di fronte al pericolo; *a shy man shrinks from meeting strangers*, una persona timida rifugge dai contatti con estranei; *you didn't — from telling me*, non ti sei trattenuto dal dirmi ◆ *v.tr.* far restringere, ritirare, accorciare: *ordinary soap will — your jumpers*, il sapone comune farà restringere i tuoi golfini.

□ **shrink back** *v.intr.* e *avv.* ritirarsi, ritrarsi: *to — back from violence*, rifuggire dalla violenza.

□ **shrink on** *v.tr.* e *avv.* (*mecc.*) calettare a caldo: *to — on a tyre*, calettare un cerchione.

□ **shrink up** *v.intr.* e *avv.* ritrarsi, farsi piccolo: *she always shrinks up when other people look at her*, si ritrae sempre quando gli altri la guardano.

shrinkage ['ʃrɪŋkɪdʒ / shrink·age] *s.* **1** diminuzione; restringimento; rimpicciolimento; contrazione // (*metall.*) *— porosity*, porosità di ritiro **2** (*comm.*) deprezzamento; calo, contrazione.

shrinker ['ʃrɪŋkə*] *s.* (*mecc.*) **1** macchina per calettare a caldo **2** operaio addetto alla calettatura a caldo.

shrink fitting ['ʃrɪŋk,fɪtɪŋ] *s.* (*mecc.*) calettamento a caldo.

shrinking ['ʃrɪŋkɪŋ / shrink·ing] *agg.* **1** che si restringe, che si contrae **2** timido; riluttante ◆ *s.* contrazione; diminuzione; ritiro // **-ly** *avv.*

shrinkproof ['ʃrɪŋkpru:f / shrink·proof] *agg.* irrestringibile.

shrink ring ['ʃrɪŋkrɪŋ] *s.* (*mecc.*) anello di forzamento.

to **shrive** [ʃraɪv] *pass.* **shrove** [ʃrəʊv] *p.p.* **shriven** ['ʃrɪvn] *v.tr.* (*ant.*) confessare e assolvere: *to — oneself*, confessarsi // *I cannot live / another night, and not my passion shrive*, (KEATS) non posso vivere un'altra notte senza confessarti la mia passione.

to **shrivel** ['ʃrɪvl] *pass.p.p.* **shrivelled** ['ʃrɪvld] *v.tr.* accartocciare; (r)aggrinzire, (r)aggrinzare; corrugare; far avvizzire: *the heat shrivelled (up) the flowers*, il caldo fece avvizzire i fiori; *a shrivelled old woman*, una vecchia grinzosa ◆ *v.intr.* accartocciarsi; (r)aggrinzirsi, (r)aggrinzarsi; corrugarsi; avvizzire.

shriver ['ʃraɪvə*] *s.* confessore.

shriving ['ʃraɪvɪŋ / shriv·ing] s. confessione e assoluzione.

shroff [ʃrɒf] *s.* **1** banchiere; cambiavalute (in Oriente) **2** esperto nel distinguere monete false.

shroud [ʃraʊd] *s.* **1** sudario, lenzuolo funebre **2** (*fig.*) velo, coltre, manto: *— of mist*, velo, coltre di nebbia; *in a — of mystery*, in un alone di mistero **3** schermo; riparo // *run to your shrouds within these brakes and trees*, (MILTON) corri al riparo tra questi cespugli e alberi **4** (*aut.*) pannello di separazione tra vano anteriore e abitacolo **5** (*mar.*) *gener.pl.* sartia.

to **shroud** *v.tr.* **1** avvolgere nel sudario **2** (*fig.*) nascondere, velare: *the country was shrouded in mist*, la campagna era avvolta nella nebbia; *a fact shrouded in mystery*, un fatto avvolto nel mistero **3** (*ant.*) proteggere, riparare ◆ *v.intr.* (*ant.*) ripararsi.

shrouded ['ʃraʊdɪd] *agg.* **1** avvolto nel sudario **2** (*fig.*) velato, nascosto **3** riparato, protetto.

shrove [ʃrəʊv] *pass.* di to **shrive**.

Shrovetide ['ʃrəʊvtaɪd / Shrove·tide] *s.* gli ultimi tre giorni di carnevale.

Shrove Tuesday [,ʃrəʊv'tju:zdɪ *amer.* ,ʃrəʊv'tu:zdeɪ] *s.* martedì grasso.

shrub[1] [ʃrʌb] *s.* arbusto, arboscello; cespuglio.

shrub[2] *s.* **1** bibita di succo di agrumi e acquavite **2** (*amer.*) bibita di succo di frutta e aceto.

shrubbery ['ʃrʌbərɪ / shrub·bery] *s.* piantagione d'arbusti, boschetto.

shrubby ['ʃrʌbɪ] *agg.* **1** cespuglioso, coperto di arbusti **2** arbustivo; simile ad arbusto.

shrug [ʃrʌg] *s.* spallucciata, alzata di spalle.

to **shrug** *pass.p.p.* **shrugged** [ʃrʌgd] *v.tr.* scrollare (le spalle): *she shrugged her shoulders*, fece spallucce; *to — one's shoulders at sthg.*, infischiarsi di qlco. ◆ *v.intr.* scrollare, alzare le spalle, fare spallucce; stringersi nelle spalle.

□ **shrug off** *v.tr.* e *avv.* prendere alla leggera, minimizzare; infischiarsi di: *I envy the way she can just — off insults, tiredness*, la invidio per il modo in cui riesce a non dar peso agli insulti, alla stanchezza; *this is an affront that can't be shrugged off*, non si può passar sopra a un simile affronto.

shrunk *p.p.* di to **shrink**.

shrunken *p.p.* (*ant.*) di to **shrink** ◆ *agg.* **1** raggrinzito, rattrappito; contratto **2** (*bot.*) accartocciato (di foglia).

shuck [ʃʌk] *s.* **1** baccello; guscio; valva **2** conchiglia d'ostrica **3** (*spec. pl.*) (*amer.*) cosa di poco valore; bazzecola, inezia: *this is not worth shucks*, non vale niente, un fico secco **4** (*fam. amer.*) truffa, fregatura, imbroglio.

to **shuck** *v.tr.* **1** sgusciare, sgranare; sbaccellare **2** (*fam. amer.*) imbrogliare, fregare, truffare.

□ **shuck off** *v.tr.* e *avv.* (*amer.*) levare, togliere: *to — one's clothes off*, togliersi i vestiti (di dosso).

shucker ['ʃʌkə* / shuck·er] *s.* chi sgrana, sguscia; chi apre valve, gusci.

shucks ['ʃʌks] *inter.* (*fam. amer.*) sciocchezze!; uffa!

shudder ['ʃʌdə* / shud·der] *s.* **1** brivido; tremito; fremito (d'orrore, paura, disgusto ecc.): *the film gave me the shudders*, il film mi fece venire i brividi **2** sussulto, vibrazione: *the engine came to a halt with a —*, il motore si fermò sussultando.

to **shudder** *v.intr.* **1** rabbrividire, avere i brividi; tremare; fremere (d'orrore, di paura, di disgusto), raccapricciare: *to — to think* (o *at the thought*) *of sthg.*, rabbrividire al pensiero di qlco.; *I — to think what will happen, how awful the consequences will be*, tremo al solo pensiero di ciò che accadrà, delle terribili conseguenze **2** vibrare (di motore, veicolo ecc.).

shuddering ['ʃʌdərɪŋ / shud·der·ing] *agg.* tremante, che rabbrividisce ♦ *s.* brivido; tremito; fremito // **-ly** *avv.*

shuffle ['ʃʌfl] *s.* **1** mescolata di carte da gioco: *it's your —*, tocca a te mescolare le carte // *cabinet —*, rimpasto ministeriale **2** passo (di danza) strascicato; ballo con lo striscio **3** (*non com.*) scompiglio, confusione; tramestio **4** sotterfugio, artificio, inganno; equivoco.

to **shuffle** *v.tr.* **1** mescolare, mischiare; scompigliare: *to — the cards*, mescolare le carte (*anche fig.*) **2** trascinare, strascicare: *to — one's feet*, trascinare i piedi **3** muovere, spostare ♦ *v.intr.* **1** trascinarsi, muoversi a fatica: *the old woman shuffled along*, la vecchia si trascinava a fatica **2** ballare con lo striscio **3** tergiversare; agire in modo equivoco **4** introdursi; insinuarsi **5** (*sl. amer.*) partecipare a una rissa (tra bande).

□ **shuffle off** *v.tr.* e *avv.* liberarsi di, sottrarsi a // *to — off responsibility on others*, riversare la responsabilità sugli altri.

□ **shuffle on** *v.tr.* e *avv.* buttar (addosso) in modo disordinato: *to — on one's clothes*, buttarsi addosso i vestiti.

shuffleboard ['ʃʌflbɔ:d / shuffle·board] *s.* **1** 'shuffleboard' (specie di gioco delle piastrelle) **2** asse, tavola per giocare a 'shuffleboard'.

shuffler ['ʃʌflə*] *s.* **1** chi mescola le carte **2** (*rar.*) truffatore, ingannatore.

shuffling ['ʃʌflɪŋ / shuff·ling] *agg.* **1** che strascica, trascina i piedi; (passo) strascicato **2** evasivo, che tergiversa // **-ly** *avv.*

shufti ['ʃʌftɪ] *s.* (*fam.*) occhiata.

to **shun** [ʃʌn] *pass.p.p.* **shunned** [ʃʌnd] *v.tr.* sfuggire, scansare, evitare, schivare: *she shuns responsibility*, evita le responsabilità; *to — s.o. like the plague*, sfuggire qlcu. come la peste.

'shun *inter.* (*mil.*) attenti! • Contr. di *attention.*

to **shunpike** ['ʃʌnpaɪk / shun·pike] *v.intr.* (*amer.*) evitare di prendere l'autostrada (e percorrere invece strade normali) per non pagare il pedaggio.

shunt [ʃʌnt] *s.* **1** (*elettr.*) derivatore, shunt; derivazione, parallelo: *— circuit*, circuito derivato, shuntato; *— connection*, collegamento in derivazione; *— loading*, carico in parallelo, in derivazione; *— regulator*, regolatore in derivazione; *— terminal*, morsetto di derivazione; *— transition*, commutazione serie-parallelo; *— wire*, filo di derivazione **2** (*ferr.*) scambio **3** (*med.*) deviazione.

to **shunt** *v.tr.* **1** (*elettr.*) inserire in derivazione, in parallelo; derivare, shuntare **2** (*ferr.*) smistare **3** (*fam.*) mettere da parte, mettere in disparte, accantonare (*anche fig.*); spostare, spingere: *the old man was shunted aside in the rush for the door*, il vecchio venne spinto da parte dalla folla che si accalcava alla porta ♦ *v.intr.* **1** (*elettr.*) andare in parallelo **2** spostarsi di lato.

shunter ['ʃʌntə* / shunt·er] *s.* (*ferr.*) **1** deviatore **2** locomotiva di manovra, di smistamento.

shunting ['ʃʌntɪŋ / shunt·ing] *s.* **1** (*elettr.*) derivazione, shuntaggio; inserimento di un derivatore // *field —*, derivazione di campo **2** (*ferr.*) smistamento: *— engine*, locomotiva di manovra, di smistamento; *— lines*, binari di smistamento; *— official*, capomanovratore.

shush [ʃʌʃ] *inter.* st!, sst!

to **shush** *v.tr.* zittire.

shut [ʃʌt] *agg.* **1** (ben) chiuso // *to get — of sthg.*, (*fam.*) sbarazzarsi di qlco. **2** (*fon.*) occlusivo ♦ *s.* **1** portello, sportello **2** momento di chiusura **3** atto del chiudere **4** (*mecc.*) linea di saldatura **5** (*metall.*) sovrapposizione, piega, sovradosso.

to **shut** *pass.p.p.* **shut** *v.tr.* chiudere, serrare: *please — the door*, per favore chiudi la porta; *to — a book, a fan, an umbrella*, chiudere un libro, un ventaglio, un ombrello; *he — himself in his room and refused to see anybody*, si chiuse nella sua stanza e non volle vedere nessuno; *to — one's dress in the door*, chiudersi il vestito nella porta; *to — one's eyes*, chiudere gli occhi; *to — one's eyes to sthg.*, (*fig.*) chiudere gli occhi davanti a qlco.; *to — one's mouth*, tacere // *to — the door on proposals*, rifiutare delle proposte ♦ *v.intr.* chiudere; chiudersi: *the window won't —*, la finestra non si chiude; *the pubs — at eleven*, i pub chiudono alle undici.

□ **shut away** *v.tr.* e *avv.* ritirarsi (in un posto isolato): *when he retired he — himself away in a village in Scotland*, quando è andato in pensione si è ritirato in un villaggio della Scozia.

□ **shut down** *v.tr.* e *avv.* chiudere; cessare l'attività, chiudere i battenti: *our company shuts down for three weeks in August*, la nostra ditta chiude tre settimane in agosto; *he lost his job when the school — down six months ago*, perse il posto quando la scuola chiuse i battenti sei mesi fa.

□ **shut off** *v.tr.* e *avv.* interrompere (l'erogazione di); chiudere: *during the strike the power supply was — off*, durante lo sciopero è stata sospesa l'erogazione di energia elettrica; *don't forget to — off the water and the gas before going on holiday*, non dimenticarti di chiudere l'interruttore centrale dell'acqua e del gas prima di andare in vacanza ♦ *v.intr.* e *avv.* chiudersi, bloccarsi; spegnersi: *the machine shuts itself off*, il meccanismo si stacca, si spegne da sé.

□ **shut out** *v.tr.* e *avv.* **1** escludere; tener lontano; tener fuori, non far entrare: *to — out the noise*, tener lontano il rumore; *he tried to — all his worries out of his mind*, cercò di escludere dalla sua mente tutte le preoccupazioni **2** lasciare a zero (la squadra avversaria).

□ **shut up** *v.tr.* e *avv.* **1** chiudere (bene), serrare: *— up the windows and the front door*, chiudi bene le finestre e la porta d'ingresso **2** rinchiudere: *to — s.o. up in prison*, rinchiudere, mettere qlcu. in prigione; *he — himself up at home*, si chiuse in casa; *the jewels were — up in a safe*, i gioielli erano rinchiusi in cassaforte **3** (*fam.*) far tacere; mettere a tacere: *— him up!*, digli di stare zitto!; *they offered him 1000 dollars to — him up*, gli hanno offerto 1000 dollari perché tenesse la bocca chiusa ♦ *v.intr.* (*fam.*) tacere: *— up!*, taci, chiudi il becco!; *to — up like an oyster*, tenere la bocca chiusa, stare muto come un pesce.

shutdown ['ʃʌtdaʊn / shut·down] *s.* interruzione, sospensione; chiusura temporanea (di azienda).

shut-eye ['ʃʌtaɪ] *s.* (*fam.*) pisolino: *why don't you have a bit of —?*, perché non fai un pisolino?; *I need some —*, ho bisogno di dormire un po'.

shutout ['ʃʌtaʊt / shut·out] *s.* (*sport amer.*) partita in cui una delle due parti in gara non fa punti: *a five goal —*, una partita chiusa cinque a zero.

shutter ['ʃʌtə* / shut·ter] *s.* **1** imposta; persiana; saracinesca: *to put up the —*, abbassare la saracinesca; (*fig.*) ritirarsi dagli affari, chiudere bottega // *folding —*, persiana pieghevole; *roller —*, (persiana) avvolgibile, tapparella; *roller — box*, cassonetto (della tapparella); *sliding —*, persiana scorrevole **2** (*fot.*) otturatore: *curtain —*, otturatore a tendina; *diaphragm —*, otturatore a diaframma, a iride **3** (*mar.*) portello: *tube —*, portellone (di sommergibile).

to **shutter** *v.tr.* **1** mettere le imposte, le persiane, le saracinesche a **2** chiudere le imposte, le persiane, le saracinesche di, chiudere con imposte.

shutterbug ['ʃʌtəbʌg / shut·ter·bug] *s.* (*fam.*) fanatico di fotografia; patito della fotografia.

shuttle[1] ['ʃʌtl] *s.* **1** (*tess.*) spola, navetta **2** (*mecc.*) moto di va e vieni: *— conveyor*, trasportatore a va e vieni // (*aer.*) *— service*, servizio spola // (*ferr.*) *— train*, treno navetta **3** (*space*) —, shuttle, navetta spaziale **4** → shuttlecock 1.

to **shuttle**[1] *v.tr.* muovere alternatamente ♦ *v.intr.* fare la spola; andare avanti e indietro.

shuttle[2] *s.* chiusa idraulica.

shuttlecock ['ʃʌtlkɒk / shut·tle·cock] *s.* **1** volano; giuoco del volano **2** (*fig. antiq.*) persona volubile.

shy[1] [ʃaɪ] *compar.* **shyer** (*ant.*) **shier** ['ʃaɪə*] *superl.* **shyest** ['ʃaɪɪst / shy·est] (*ant.*) **shiest** *agg.* **1** timido; riservato; schivo; timoroso: *a — little boy*, un ragazzino timido; *a — person*, una persona timida, schiva; *he makes me —*, mi intimidisce; *she is — of crowds*, la folla la intimidisce; *to be — of doing sthg.*, esitare a fare qlco. // *once bitten twice —*, chi si è scottato teme l'acqua calda // *to be — of money*, (*fam. amer.*) essere a corto di soldi, non avere soldi a sufficienza (per fare qlco.) **2** ombroso: *a — horse*, un cavallo ombroso **3** diffidente: *to fight — of s.o., sthg.*, tenersi alla larga da qlcu., qlco. **4** poco produttivo, sterile (di piante): *a — tree*, un albero che produce poco // **-ly** *avv.* // **-ness** *s.*

shy[1] *s.* scarto, scartata di cavallo.

to **shy**[1] *pass.p.p.* **shied** [ʃaɪd] *v.intr.* **1** spaventarsi; esitare a fare qualche cosa **2** fare uno scarto; impennarsi (di cavallo): *the horse shied at the car*, il cavallo fece uno scarto davanti all'automobile.

□ **shy away** *v.intr.* e *avv.* (*form.*) evitare di, essere riluttante a: *she shied away from committing herself fully*, evitò di impegnarsi del tutto.

□ **shy off** *v.intr.* e *avv.* evitare di, rifiutare, scartare (una proposta ecc.): *they wanted me to go on holiday with them but I managed to —*

off, volevano che andassi in vacanza con loro ma sono riuscito a rifiutare la proposta.

shy[2] *s.* (*fam.*) getto, lancio // *to have a — at*, tentare di ottenere.

to **shy**[2] *v.tr.* (*fam. antiq.*) gettare, lanciare (pietra, palla).

shyster [ˈʃaɪstə* / shy·ster] *s.* (*fam.*) disonesto, imbroglione: — *lawyer*, avvocato senza scrupoli.

si [si:] *s.* (*mus.*) si.

sial [ˈsaɪəl] *s.* (*geol.*) sial.

sialic [saɪˈælɪk] *agg.* (*geol.*) sialico: (*chim.*) — *acid*, acido sialico.

Siamese [ˌsaɪəˈmi:z / Si·am·ese] *agg.* e *s.* siamese // — *cat*, gatto siamese // — *twins*, fratelli siamesi.

Siberian [saɪˈbɪərɪən / Si·ber·ian] *agg.* e *s.* siberiano.

sibilance [ˈsɪbɪləns / sib·il·ance] **sibilancy** [ˈsɪbɪlənsɪ / sib·il·ancy] *s.* sibilo.

sibilant [ˈsɪbɪlənt / sib·il·ant] *agg.* e *s.* (*spec. fon.*) sibilante.

to **sibilate** [ˈsɪbɪleɪt / sib·il·ate] *v.tr.* pronunciare sibilando ◆ *v.intr.* sibilare.

sibilation [ˌsɪbɪˈleɪʃn / sib·ila·tion] *s.* sibilo; fischio.

sibling [ˈsɪblɪŋ / sib·ling] *s.* (*form. spec. pl.*) **1** fratello; sorella: — *rivalry*, rivalità fra fratelli **2** fratellastro; sorellastra.

sibyl [ˈsɪbɪl] *s.* **1** (*st.*) sibilla **2** fattucchiera; strega.

sibylline [ˈsɪbɪlaɪn / sibyl·line] *agg.* sibillino // *the — books*, (*st.*) i libri sibillini.

siccative [ˈsɪkətɪv / sic·cat·ive] *agg.* essiccante, siccativo: — *oil*, olio siccativo ◆ *s.* sostanza essiccante, siccativo.

sice [saɪs] *s.* (*ant.*) sei (ai dadi).

Sicilian [sɪˈsɪljən / Si·cil·ian] *agg.* e *s.* siciliano.

sick [sɪk] *agg.* **1** malato, ammalato; indisposto, sofferente: *he visited his — mother in hospital*, è andato a trovare sua madre malata in ospedale // *the —*, i malati // *to fall —*, ammalarsi // (*mil.*) *to report —*, darsi ammalato **2** (*pred.*) che sta male, che ha la nausea, nauseato: *to be —*, star male (di stomaco); (stare per) vomitare; *to get —*, ammalarsi; vomitare; *it makes me —*, mi fa star male, mi dà la nausea (*anche fig.*); *she's — with flu*, ha l'influenza **3** (*pred.*) (*fig.*) disgustato; stanco, stufo; depresso: *I am — (and tired) of it*, non ne posso più // *to be — at heart*, essere abbattuto // *to be — for home*, aver nostalgia di casa // *to be worried —*, essere molto preoccupato **4** di, da, per ammalato: — *diet*, dieta per ammalati **5** nauseante, disgustoso: *a — smell*, un odore nauseante; *a — feeling*, un senso di disgusto **6** (*fig.*) malato, morboso, corrotto: *he has — ideas about sex*, ha idee morbose sul sesso; *a — mind*, una mente malata **7** (*scherz.*) rotto, guasto: *this car is —*, questa macchina è rotta.

sickbay [ˈsɪkbeɪ / sick·bay] *s.* infermeria.

sickbed [ˈsɪkbed / sick·bed] *s.* letto (di ammalato).

sick call [ˈsɪkkɔ:l] *s.* (*mil. amer.*) → **sick parade**.

to **sicken** [ˈsɪkən] *v.tr.* **1** far ammalare **2** far stare male, far vomitare **3** (*fig.*) disgustare: *he was sickened by all the quarrelling*, era disgustato da tutti quei litigi ◆ *v.intr.* **1** ammalarsi: *he's sickening for sthg.*, sta covando qlco., si sta ammalando **2** sfiorire, ingiallire (di piante) **3** sentir nausea; disgustarsi: *to — at the sight of blood*, sentir nausea alla vista del sangue **4** essere sazio, stanco; annoiarsi: *he soon sickened of his wife*, si stancò presto di sua moglie.

sickener [ˈsɪkənə* / sicken·er] *s.* cosa che nausea, disgusta; esperienza spiacevole.

sickening [ˈsɪkənɪŋ / sicken·ing] *agg.* nauseabondo, stomachevole; rivoltante; sgradevole // **-ly** *avv.*

sickle [ˈsɪkl] *s.* falce; falcetto.

sickle cell [ˈsɪklˌsel] *s.* (*biol.*) cellula a falce // (*med.*) *sickle-cell anaemia*, anemia falcemica, anemia mediterranea.

sickleman [ˈsɪklmən / sickle·man] *pl.* **sicklemen** *s.* (*non com.*) mietitore.

sickliness [ˈsɪklɪnɪs / sick·li·ness] *s.* **1** salute delicata **2** pallore **3** scipitezza **4** nausea (*anche fig.*).

sickly [ˈsɪklɪ] *agg.* **1** malaticcio; debole **2** pallido, delicato: *a — pink*, un rosa pallido **3** nauseante; insalubre, malsano: *a — smell*, un odore nauseante.

sickness [ˈsɪknɪs / sick·ness] *s.* **1** malattia, malessere (*anche fig.*) // — *benefit*, indennità di malattia **2** nausea, vomito: *morning —*, nausea e vomito mattutini (di gestante); *motion —*, mal d'aria, d'auto, di mare; *mountain —*, mal di montagna // (*med.*): *bleeding —*, emofilia; *falling —*, epilessia.

sicknurse [ˈsɪknɜ:s / sick·nurse] *s.* infermiera.

sicko [ˈsɪkəʊ] *agg.* e *s.* (*fam. amer.*) psicopatico.

to **sick on** [ˌsɪkˈɒn] *v.tr.* (*fam.*) incitare ad attaccare: *to — a dog on to s.o.*, incitare un cane ad attaccare qlcu.

sick parade [ˈsɪkpəˌreɪd] *s.* (*mil.*) **1** ora della visita medica **2** chiamata dei soldati che marcano visita AMER. sick call.

sick pay [ˈsɪkpeɪ] *s.* indennità di malattia (da parte del datore di lavoro).

sickroom [ˈsɪkru:m / sick·room] *s.* camera dell'ammalato.

to **sick up** [ˌsɪkˈʌp] *v.tr.* e *intr.* e *avv.* (*fam.*) vomitare.

side[1] [saɪd] *s.* **1** lato, fianco: *right, left —*, lato destro, sinistro; *the — of a ship*, il fianco di una nave; — *by —*, fianco a fianco; *I have a pain in my right —*, ho un dolore al fianco destro; *she never left his —*, gli fu sempre accanto // *to split one's sides with laughter*, ridere a crepapelle // *he sells books on the —*, vende libri come attività secondaria **2** sponda, riva; margine; versante: *by the — of the river*, sulla sponda del fiume; *by the — of the road*, sul margine della strada; *the French — of the Alps*, il versante francese delle Alpi // *the other —*, (*amer.*) l'altra sponda dell'Atlantico **3** (*mat.*) lato; faccia; (*sport*) lato (del campo): *the sides of a triangle*, i lati di un triangolo; *the sides of a cube*, le facce di un cubo **4** parte; lato: *on either —*, da entrambe le parti; *on every —* (o *on all sides*), da tutte le parti; *on the other —*, d'altra parte; *from — to —*, da una parte all'altra; avanti e indietro // *the right, wrong —*, il lato buono, cattivo; il dritto, rovescio (di stoffe); *right — out*, al dritto; *wrong — out*, al rovescio; *to be on the right, wrong — of 40*, avere meno, più di quarant'anni; *he's on the wrong — of 40 for the job*, ha più di quarant'anni ed è troppo vecchio per il posto // *to get on the wrong — of s.o.*, farsi un nemico di qlcu.; prendere qlcu. dalla parte sbagliata; *to get s.o. on the right —*, prendere qlcu. per il verso giusto; ingraziarsi qlcu. // *to take s.o. on one —*, prendere da parte qlcu. (per parlargli) // *to put sthg. to one —*, mettere qlco. da parte (per il futuro) // *to be on the safe —*, (per) essere più sicuro, (per) non correre rischi // *to be on the small, large —*, essere piccolo, grande **5** facciata: *use both sides of the paper*, usa entrambe le facciate del foglio; *the A — of a record*, il lato, la facciata A di un disco **6** (*fig.*) aspetto, lato, parte: *that's only one — of the problem*, quello è solo un aspetto del problema; *there are two sides to the question*, ci sono dei pro e dei contro nella faccenda; *the — of his character you didn't know*, il lato del suo carattere che non conoscevi **7** partito, parte, fazione: *he is on our —*, è dei nostri, del nostro partito; *to change sides*, cambiare partito; *to hear both sides*, sentire le due parti; sentire entrambe le campane; *to join the winning —*, accodarsi al partito vincente; *to take s.o.'s —*, prender partito per qlcu. // *to let the — down*, deludere le aspettative (di familiari, amici ecc.) **8** (*sport*) squadra: *to pick up sides*, formare le squadre; *the — that won the World Cup*, la squadra che vinse la Coppa del Mondo **9** discendenza, parte: *on one's mother's —*, per parte di madre **10** (*macelleria*) mezzena: *a — of beef*, una mezzena di manzo **11** (*biliardo*) effetto (dato alla palla) **12** (*econ.*) sezione (di un conto): *credit —*, sezione avere; *debit —*, sezione dare ◆ *agg.* **1** laterale, di lato, di fianco: — *door, road* (o *street*), porta, strada laterale; — *box*, palco laterale (a teatro); — *glance*, occhiata in tralice; *the — façade of a building*, la facciata laterale di un edificio; (*rad.*) — *band*, banda laterale; (*disegno*) — *view*, veduta di fianco **2** (*fig.*) marginale; secondario: — *note*, nota a margine, marginale; — *order*, ordinazione aggiunta (alla portata principale) // (*comm.*) — *line* (o *business*), attività collaterale.

to **side**[1] *v.intr.* schierarsi, essere dalla parte (di), parteggiare: *we found out he sided with the opposite party*, scoprimmo che parteggiava per il partito avversario ◆ *v.tr.* sgrossare, squadrare (legname da lavoro).

side[2] *s.* (*fam. antiq.*) boria, arroganza: *he was putting on too much — for my liking, and I told him so*, si dava troppe arie per i miei gusti, e glielo dissi.

sidearm [ˈsaɪdɑ:m / side·arm] *s.* (*gener. pl.*) arma da fianco (pugnale, pistola ecc.).

sidebar [ˈsaɪdbɑ:* / side·bar] *agg.* (*fam. amer.*) supplementare, ausiliario.

sideboard [ˈsaɪdbɔ:d / side·board] *s.* credenza.

sideboards [ˈsaɪdbɔ:dz / side·boards] **sideburns** [ˈsaɪdbɜ:nz / side·burns] *s.pl.* basette.

sidecar [ˈsaɪdkɑ: / side·car] *s.* sidecar.

side cutting [ˈsaɪdˌkʌtɪŋ] *s.* (*edil.*) materiale di scavo laterale.

sided [ˈsaɪdɪd] *agg.* (*spec. nei composti*) a lati, a facce // *twelve- — polyhedron*, dodecaedro.

side dish [ˈsaɪddɪʃ] *s.* contorno.

side face [ˈsaɪdfeɪs] *s.* profilo.

sidekick [ˈsaɪdkɪk / side·kick] *s.* (*fam.*) **1**

amico del cuore, compagno fedele **2** assistente, aiuto.

sidelight ['saɪdlaɪt / side·light] *s.* **1** luce laterale; (*fig.*) spiegazione, informazione aggiuntiva: *to throw — on a subject*, gettare nuova luce su un argomento **2** (*aut.*) luce di posizione **3** (*aer.*) luce di navigazione **4** (*mar.*) fanale di via.

sideline ['saɪdlaɪn / side·line] *s.* **1** linea laterale, secondaria **2** (*spec. pl.*) (*sport*) bordi del campo da gioco: *to stay on the sidelines*, (*fig.*) stare in panchina, fare da spettatore **3** attività secondaria: *he's got an interesting — selling second-hand personal computers*, ha un'interessante occupazione secondaria: vende personal computer di seconda mano.

sidelock ['saɪdlɒk / side·lock] *s.* boccolo, ricciolo sulla guancia (portato da alcuni ebrei ortodossi).

sidelong ['saɪdlɒŋ / side·long] *agg.* laterale; obliquo: *to cast a — glance at s.o.*, guardare qlcu. con la coda dell'occhio ◆ *avv.* lateralmente, obliquamente; con la coda dell'occhio.

side meat ['saɪdmi:t] *s.* (*amer.*) maiale salato.

side-on [,saɪd'ɒn] *agg.* e *avv.* di lato: *to crash — into a car*, andare a sbattere contro la fiancata di una macchina.

side post ['saɪdpəʊst] *s.* stipite.

sidereal [saɪ'dɪərɪəl / si·der·eal] *agg.* (*astr.*) sidereo, siderale: *— day*, *year*, giorno, anno siderale.

siderite ['saɪdəraɪt / sid·er·ite] *s.* (*geol.*) siderite; meteorite metallica.

sideritic [sɪdə'rɪtɪk / sid·er·itic] *agg.* (*chim.*) sideritico.

siderography [,saɪdə'rɒgrəfɪ / sid·ero·graphy] *s.* siderografia.

siderolite ['sɪdərəʊ,laɪt / sid·ero·lite] *s.* (*geol.*) siderolite; meteorite metallico-litoide.

sidesaddle ['saɪd,sædl / side·saddle] *s.* sella da amazzone ◆ *avv.* all'amazzone: *to ride —*, cavalcare all'amazzone.

sideshow ['saɪdʃəʊ / side·show] *s.* **1** attrazione (in un luna park) **2** evento secondario.

sideslip ['saɪdslɪp / side·slip] *s.* **1** slittamento; sbandata (di auto ecc.); (*aer.*) scivolata d'ala **2** (*fig. fam.*) figlio illegittimo.

to **sideslip** *v.intr.* slittare, sbandare (di auto ecc.); (*aer.*) scivolare d'ala.

sidesman ['saɪdzmən / sides·man] *pl.* **sidesmen** *s.* (*eccl.*) fabbriciere aggiunto.

sidesplitting ['saɪd,splɪtɪŋ / side·split·ting] *agg.* irresistibile, che fa ridere a crepapelle.

sidestep ['saɪdstep / side·step] *s.* passo obliquo; schivata.

to **sidestep** *v.intr.* fare un passo di lato ◆ *v.tr.* scansare, schivare (*anche fig.*).

sidestroke ['saɪdstrəʊk / side·stroke] *s.* nuoto alla marinara.

sideswipe ['saɪdswaɪp / side·swipe] *s.* **1** strisciata **2** (*fig. fam.*) frecciata: *to take a — at s.o.*, tirare una frecciata a qlcu.

to **sideswipe** *v.tr.* **1** colpire, urtare di striscio **2** (*fig. fam.*) tirare una frecciata a.

side table ['saɪd,teɪbl] *s.* tavolino spostabile, di servizio.

sidetrack ['saɪdtræk / side·track] *s.* (*ferr.*) binario di raccordo.

to **sidetrack** *v.tr.* **1** deviare su binario morto **2** (*fig.*) deviare; sviare, depistare (indagini ecc.) **3** (*sl. amer.*) arrestare ◆ *v.intr.* divagare.

sidewalk ['saɪdwɔ:k / side·walk] *s.* (*amer.*) marciapiede BRIT. pavement.

sidewalk superintendent ['saɪdwɔ:k ,su:pərɪn'tendənt] *s.* (*fam.*) osservatore, critico dilettante.

sidewall ['saɪdwɔ:l / side·wall] *s.* **1** (*tecn.*) fianco (di pneumatico) **2** (*miner.*) parete (di galleria).

sideways ['saɪdweɪz / side·ways] *avv.* lateralmente; obliquamente; a sghembo.

side-wheeler ['saɪd,wi:lə*] *s.* **1** (*mar.*) battello a ruote **2** (*fam. amer.*) mancino.

side whiskers ['saɪd,wɪskəz] *s.pl.* basette, favoriti.

side wind ['saɪdwɪnd] *s.* (*mar.*) vento di traverso.

sidewinder ['saɪd,waɪndə* / side·winder] *s.* (*zool.*) (*Crotalus cerastes*) crotalo ceraste.

sidewise ['saɪdwaɪz / side·wise] *avv.* → **sideways**.

siding ['saɪdɪŋ / sid·ing] *s.* (*ferr.*) binario di raccordo.

to **sidle** ['saɪdl] *v.intr.* **1** muoversi furtivamente, con cautela: *to — along the wall*, camminare rasente il muro; *to — up to s.o.*, accostarsi con esitazione, timore a qlcu. **2** camminare (a) sghembo, di fianco.

siege [si:dʒ] *s.* **1** assedio (*anche fig.*); accerchiamento: *state of —*, stato d'assedio; *to lay —*, assediare, cingere d'assedio; *to raise the —*, togliere l'assedio; *to stand a —*, sostenere un assedio // (*mil.*) *— train*, equipaggio d'assedio; (*artiglieria*) *— works*, opere d'assedio **2** (*ant.*) seggio: *upon the very siege of justice, / Lord Angelo hath... / professed the contrary*, (SH. Measure for Measure) proprio sul seggio della giustizia Lord Angelo... ha professato il contrario **3** (*ant.*) escremento: *how cam'st thou to be the siege of this moon-calf?*, (SH. The Tempest) com'è che sei diventato lo stronzo di questo idiota?

sienna [sɪ'enə / si·enna] *s.* (*chim.*) terra di Siena.

Siennese [,sɪe'ni:z / Si·en·nese] *agg.* e *s.* senese.

sierra ['sɪərə / si·erra] *s.* (*geogr.*) catena montuosa, sierra.

Sierra Leonean [sɪ,erəlɪ'əʊnɪən] *agg.* e *s.* (nativo, abitante) della Sierra Leone.

siesta [sɪ'estə / si·esta] *s.* siesta: *to take a —*, fare la siesta.

sieve [sɪv] *s.* setaccio, crivello, vaglio: *to pass sthg. through a —*, passare qlco. al setaccio // *to have a memory* (o *mind*) *like a —*, (*fig.*) essere smemorato // (*mat.*) *— of Eratosthenes*, crivello di Eratostene // (*chim.*) *— plate* (o *— tray*), piatto forato.

to **sieve** *v.tr.* e *intr.* setacciare, passare al setaccio.

to **sift** [sɪft] *v.tr.* **1** setacciare, passare al setaccio **2** (*fig.*) setacciare, vagliare: *to — the evidence*, vagliare le prove; *to — (out) the truth from the falsehood*, distinguere, separare il vero dal falso **3** (*ant.*) mettere alla prova: *Satan begins to sift me with his pride*, (MARLOWE) Satana comincia a mettermi alla prova col suo orgoglio ◆ *v.intr.* **1** usare un setaccio **2** (*fig.*) fare un esame scrupoloso **3** filtrare (di luce, polvere ecc.).

sifter ['sɪftə*] *s.* **1** chi setaccia, chi vaglia (*anche fig.*) **2** setaccio; buratto.

sifting ['sɪftɪŋ / sift·ing] *s.* **1** setacciatura, vagliatura; (*fig.*) esame minuzioso **2** (*pl.*) residui, mondiglia.

sigh [saɪ] *s.* sospiro: *she breathed* (o *heaved* o *let out*) *a deep — of relief*, diede un profondo sospiro di sollievo.

to **sigh** *v.intr.* **1** sospirare, emettere sospiri: *to — with relief*, respirare di sollievo **2** sibilare, soffiare: *the wind sighs through the trees*, il vento sibila tra le piante **3** struggersi, provare struggimento, rimpianto: *he sighed for his lost youth*, rimpiangeva la sua gioventù passata ◆ *v.tr.* esprimere sospirando.

sigher ['saɪə*] *s.* chi sospira.

sighful ['saɪfʊl / sigh·ful] *agg.* (*non com.*) sospiroso.

sighing ['saɪɪŋ / sigh·ing] *s.* il sospirare; sospiri (*pl.*).

sighingly ['saɪɪŋlɪ / sigh·ing·ly] *avv.* sospirosamente.

sight [saɪt] *s.* **1** vista, facoltà visiva: *to lose one's —*, perdere la vista, diventare cieco; *to have good —*, avere la vista buona, vederci bene // *far —*, (*fig.*) vista lunga, lungimiranza; *short —*, (*fig.*) vista corta, imprevidenza **2** visione: *at first —*, a prima vista; *at the — of*, alla vista di; *out of —*, fuori di vista; *to be within —*, essere in vista (*anche fig.*); *to be in —*, (*fig.*) essere in vista, essere probabile; *to come in — of s.o., sthg.*, arrivare in vista di qlcu., qlco.; *to come into —*, apparire (alla vista); *to catch — of sthg.*, intravedere qlco.; *to lose — of s.o.*, perdere di vista qlcu.; *to keep in —*, mantenersi in vista; *keep out of —!*, non farti vedere; *to shoot at* (o *on*) *—*, sparare a vista; *my brother can't bear* (o *stand*) *the — of snakes*, mio fratello non sopporta la vista dei serpenti // *— for sore eyes*, (*fam.*) un piacere a vedersi // *— unseen*, senza la possibilità di controllare, a scatola chiusa // (*comm.*): *— bill*, cambiale a vista; *— draft*, tratta a vista; *days* (o *days'*) *after —*, a giorni vista; *payable at —*, pagabile a vista // *out of —, out of mind*, (*prov.*) lontano dagli occhi, lontano dal cuore **3** vista, veduta, panorama: *a fine —*, una bella vista; *what a —!*, che vista, che panorama!; *what a beautiful — the young couple make!*, che bella (visione) quella giovane coppia! // *to look a —*, essere ridicolo; essere trasandato **4** occhiata; sguardo: *to have a — of sthg.*, dare un'occhiata a qlco. **5** mira: *to take a — before shooting*, prendere la mira prima di sparare // *to set one's sights on sthg.*, puntare tutto su qlco., dirigere i propri sforzi su qlco. **6** mirino: *to have sthg. in one's —*, avere qlco. nel mirino **7** giudizio, punto di vista: *in the — of the law*, dal punto di vista della legge **8** *pl.* cose notevoli (da vedere): *to see the sights*, visitare i monumenti, le cose interessanti (di un luogo) **9** (*fam.*) grande quantità: *it costs a — of money*, costa un sacco di soldi // *not by a long —*, per niente // *he's a — too relaxed given the circumstances, if you ask me*, viste le circostanze è fin troppo rilassato, per me.

to **sight** *v.tr.* **1** avvistare: *to — land*, avvistare terra **2** osservare: *to — a star*, osservare una stella **3** (*comm.*) presentare (una cambiale) per l'accettazione **4** prendere di mira;

mirare a 5 fornire di mirino ◆ *v.intr.* prendere la mira.

sighted ['saɪtɪd] *agg.* (*spec. nei composti*) 1 fornito di vista; vedente: *clear-* —, dalla vista buona; (*fig.*) perspicace; *short-* —, miope 2 fornito di mirino (di arma da fuoco).

sighting ['saɪtɪŋ / sight·ing] *s.* avvistamento (di cosa, persona).

sightless ['saɪtlɪs / sight·less] *agg.* 1 non vedente, cieco 2 (*poet.*) invisibile 3 (*ant.*) disgustoso: *if thou, that bidd'st me be content, wert grim, ... / full of un-pleasing blots and sightless stains*, (SH. King John) se tu che mi chiedi di accontentarmi fossi un mostro ... coperto di piaghe e macchie disgustose.

sightlessly ['saɪtlɪslɪ / sight·less·ly] *avv.* ciecamente.

sightlessness ['saɪtlɪsnɪs / sight·less·ness] *s.* cecità.

sightly ['saɪtlɪ] *agg.* 1 avvenente; seducente; di bella presenza 2 (*amer.*) che offre una bella vista, panoramico // **-iness** *s.*

to **sight-read** ['saɪt,ri:d] *v.tr.* e *intr.* suonare, cantare (musica) a prima vista.

sight-reader ['saɪt,ri:də*] *s.* chi suona, canta a prima vista.

sight-reading ['saɪt,ri:dɪŋ] *s.* il suonare, il cantare a prima vista.

sightseeing ['saɪt,si:ɪŋ / sight·seeing] *s.* visita turistica.

sightseer ['saɪt,si:ə* / sight·seer] *s.* chi va in visita turistica, turista.

sightworthy ['saɪt,wɜ:ðɪ / sight·worthy] *agg.* degno di essere visto.

sigil ['sɪdʒɪl] *s.* 1 suggello; sigillo 2 segno occulto.

sigillaria [,sɪdʒɪ'leərɪə / si·gil·la·ria] *s.* (*bot.*) sigillaria.

sigillate ['sɪdʒɪlɪt / sig·il·late] *agg.* a disegni impressi (di ceramica).

sigma ['sɪgmə] *s.* sigma (lettera dell'alfabeto greco).

sigmate ['sɪgmɪt / sig·mate] *agg.* a forma di sigma, sigmatico.

sigmoid ['sɪgmɔɪd / sig·moid] *agg.* (*anat.*) sigmoideo: — *flexure*, colon sigmoideo.

sigmoiditis [,sɪgmɔɪ'daɪtɪs / sig·moid·itis] *s.* (*med.*) sigmoidite.

sign [saɪn] *s.* 1 segno, cenno; gesto: *to make signs to s.o.*, far cenni a qlcu. // *to make the — of the cross*, fare il segno della croce 2 segno, sintomo; indicazione; indizio; traccia: *there's no — of Harry*, non c'è traccia di Harry; *to show signs of*, mostrare i sintomi di; *his whistling is a sure — that he is happy*, il fatto che fischi è un segno sicuro che è felice; *a — of affection*, una prova d'affetto; *a — of the times*, un segno dei tempi 3 segnale, cartello; insegna (di albergo ecc.): *the — says "silence"*, il cartello dice "silenzio"; *traffic* —, segnale stradale; *give-way* —, segnale (stradale) di precedenza; *to put up at the — of the Golden Lion*, alloggiare all'insegna del Leon d'Oro // — (*board*), insegna pubblicitaria; — *painter*, pittore di insegne (pubblicitarie) 4 (*mat.*) segno: *negative, positive* —, segno negativo, positivo; *plus, minus* —, segno più, meno 5 (*relig.*) segno, miracolo; simbolo: *sacred* —, simbolo sacro 6 (*astrologia*) segno zodiacale.

to **sign** *v.tr.* 1 segnare; firmare; sottoscrivere: *to — one's name*, fare la propria firma; *to — a contract*, firmare, sottoscrivere un contratto // *signed and sealed*, definito, sicuro 2 assumere; ingaggiare (un giocatore) ◆ *v.intr.* 1 firmare, mettere la firma 2 fare un gesto; dare un segnale; usare la mimica dei sordomuti.

□ **sign away** *v.tr.* e *avv.* cedere per iscritto, firmando un documento: *he didn't know what he had signed away*, non sapeva a che cosa aveva rinunciato firmando (quel documento).

□ **sign for** *v.tr.* e *prep.* mettere una firma di ricevuta su.

□ **sign in** *v.tr.* e *avv.* far entrare (nel proprio club ecc. facendo da garante) ◆ *v.intr.* e *avv.* 1 registrare il proprio nome 2 timbrare il cartellino; firmare la presenza.

□ **sign off** *v.intr.* e *avv.* (*fam.*) 1 terminare una trasmissione radiofonica, televisiva (con una sigla di chiusura) 2 chiudere una lettera (con la propria firma).

□ **sign on** *v.intr.* e *avv.* 1 mettere la propria firma, sottoscrivere un contratto, un impegno; (*mil.*) arruolarsi 2 iscriversi nelle liste di collocamento ◆ *v.tr.* e *avv.* far sottoscrivere un contratto, un impegno a; assumere; (*mil.*) arruolare.

□ **sign out** *v.intr.* e *avv.* firmare l'uscita (dal luogo di lavoro ecc.) ◆ *v.tr.* e *avv.* registrare l'uscita di (qlcu., qlco.): *to — out a book*, segnalare che un libro (di biblioteca) è fuori, è in prestito.

□ **sign over** *v.tr.* e *avv.* cedere (diritti, proprietà) firmando un documento.

□ **sign to** *v.tr.* e *prep.* fare cenni a: *he signed for us to enter*, ci fece cenno di entrare.

□ **sign up** *v.tr.* e *avv.* assumere; arruolare ◆ *v.intr.* e *avv.* firmare, mettere la firma.

signal ['sɪgnl / sig·nal] *agg.* notevole; cospicuo; esemplare: *a — defeat*, una sconfitta totale ◆ *s.* segnale, segno (*anche fig.*): *danger* —, segnale di pericolo; *smoke signals*, segnali di fumo; *television* —, segnale televisivo; *radar* —, segnale radar; *the riots are a clear — of public discontent*, i tumulti sono un chiaro segnale di malcontento generale // **-ly** *avv.*

to **signal** *pass.p.p.* **signalled** ['sɪgnld / signalled] *v.intr.* far segnali; fare gesti ◆ *v.tr.* 1 segnalare; esprimere 2 segnare, essere segno di.

signal box ['sɪgnlbɒks] *s.* 1 (*ferr.*) cabina di blocco 2 cabina di segnalazione AMER. signal tower.

to **signalize** ['sɪgnəlaɪz / sig·nal·ize] *v.tr.* (*form.*) segnalare, distinguere: *to — oneself*, distinguersi.

signaller ['sɪgnələ* / sig·nal·ler] *s.* segnalatore.

signal light ['sɪgnl,laɪt] *s.* segnalazione luminosa.

signalman ['sɪgnlmən / sig·nal·man] *pl.* **signalmen** *s.* (*ferr.*, *mil.*, *mar.*) segnalatore.

signalment ['sɪgnlmənt / sig·nal·ment] *s.* (*amer.*) descrizione con dati segnaletici (di un ricercato).

signal-to-noise ratio [,sɪgnəltə'nɔɪz,reɪʃɪəʊ] *s.* (*fis.*) rapporto segnale / rumore.

signal tower ['sɪgnltaʊə*] *s.* (*amer.*) → **signal box** 2.

signatory ['sɪgnətərɪ *amer.* 'sɪgnətɔ:rɪ / signat·ory] *s.* firmatario.

signature ['sɪgnɪtʃə* / sig·na·ture] *s.* 1 firma; sigla: *to put one's — on sthg.*, firmare qlco. // (*dir.*): — *by mark*, firma con segno di croce; — *by procuration* (o *proxy*), sottoscrizione per procura 2 (*dir.*) vidimazione 3 (*tip.*) segnatura 4 (*mus.*) indicazione (del tono, del tempo): *time* —, indicazione del tempo; *key* —, segnatura in chiave 5 (*ant.*) marchio, segno 6 (*inform.*) firma.

signature tune ['sɪgnətʃə,tʃu:n *amer.* 'sɪgnətʃə,tu:n] *s.* (*tv*, *rad.*) sigla musicale (di una trasmissione, di un complesso).

signboard ['saɪnbɔ:d / sign·board] *s.* cartello, cartellone; insegna.

signer ['saɪnə*] *s.* firmatario.

signet ['sɪgnɪt / sig·net] *s.* 1 sigillo: — *ring*, anello con sigillo 2 segno fatto da un sigillo // *Writer to the Signet*, (*scoz.*) procuratore.

significance [sɪg'nɪfɪkəns / sig·ni·fic·ance] **significancy** [sɪg'nɪfɪkənsɪ / sig·ni·fic·ancy] *s.* 1 significato, senso: *the real — of his words was not grasped*, il vero significato delle sue parole non fu afferrato 2 importanza, rilievo; valore: *incident of no* —, incidente di nessuna importanza.

significant [sɪg'nɪfɪkənt / sig·ni·fic·ant] *agg.* 1 espressivo, significativo; eloquente: — *look*, sguardo significativo, eloquente 2 significante, importante, di rilievo // **-ly** *avv.*

signification [,sɪgnɪfɪ'keɪʃn / sig·nif·ica·tion] *s.* (*form.*) significato, senso.

significative [sɪg'nɪfɪkətɪv *amer.* sɪg'nɪfɪkeɪtɪv / sig·ni·fic·at·ive] *agg.* 1 significativo, espressivo 2 importante, di rilievo // **-ly** *avv.*

significatory [sɪg'nɪfɪkətərɪ / sig·ni·fic·at·ory] *agg.* (*non com.*) significativo.

signified ['sɪgnɪfaɪd / sig·ni·fied] *s.* (*ling.*) significato.

signifier ['sɪgnɪfaɪə* / sig·ni·fier] *s.* (*ling.*) significante.

to **signify** ['sɪgnɪfaɪ / sig·nify] *v.tr.* 1 significare, voler dire; rappresentare: *what does this word —?*, cosa significa questa parola? 2 denotare, indicare; segnalare: *a broad forehead signifies intelligence*, una fronte ampia è segno di intelligenza; *a red flag signifies danger*, una bandiera rossa segnala il pericolo 3 far conoscere, far sapere: *he yawned ostentatiously to — that the conversation was at an end*, sbadigliò ostentatamente per far sapere che la conversazione era finita ◆ *v.intr.* 1 avere un significato; essere significativo 2 importare, avere importanza 3 (*sl. amer.*) burlarsi, farsi beffe 4 (*sl. amer.*) fare lo spaccone.

signing ['saɪnɪŋ / sign·ing] *s.* 1 firma, sottoscrizione 2 chi ha firmato un contratto, nuovo acquisto (spec. nel calcio).

signing judgement ['saɪnɪŋ,dʒʌdʒmənt] *s.* (*dir.*) deposito della sentenza.

sign language ['saɪn,læŋwɪdʒ] *s.* linguaggio mimico; linguaggio dei sordomuti.

sign manual ['saɪn,mænjʊəl] *s.* (*dir.*) firma autografa.

Signor ['si:njɔ:* / Si·gnor] **Signior** *s.* signore // (*st.*) *The Grand* —, il Sultano di Turchia.

sign painter ['saɪn,peɪntə*] *s.* pittore d'insegne, di cartelloni pubblicitari.

signpost ['saɪnpəʊst / sign·post] *s.* 1 indicatore, cartello, segnale stradale 2 (*fig.*) indicazione, guida.

to **signpost** *v.tr.* 1 fornire di segnali, cartelli stradali 2 indicare con un segnale, cartello stradale **3** (*fig.*) indicare, indirizzare: *to — the way* (o *the path*) *for s.o.*, indicare il cammino da seguire a qlcu.

sign writer ['saɪn,raɪtə*] *s.* grafico pubblicitario.

sign writing ['saɪn,raɪtɪŋ] *s.* grafica pubblicitaria.

Sikh [si:k] *s.* e *agg.* sikh (seguace del sikhismo).

silage ['saɪlɪdʒ / sil·age] *s.* (*agr.*) **1** insilamento, conservazione di foraggio in silos **2** foraggio conservato in silos.

to **silage** *v.tr.* (*agr.*) insilare, riporre in silos.

silane ['sɪleɪn / sil·ane] *s.* (*chim.*) silano.

silence ['saɪləns / si·lence] *s.* silenzio: *the — of the night*, il silenzio della notte; *a dead —*, un silenzio di tomba; *they listened in —*, ascoltarono in silenzio; *to reduce s.o. to —*, ridurre, costringere qlcu. al silenzio; *the candidate's — on his past was widely criticized*, il silenzio del candidato sul suo passato sollevò molte critiche; *to pass over sthg. in —*, passare qlco. sotto silenzio // (*dir.*) *right to —*, diritto a non testimoniare contro se stessi // *— gives consent*, (*prov.*) chi tace acconsente // *— is golden*, (*prov.*) il silenzio è d'oro.

to **silence** *v.tr.* **1** far tacere, imporre il silenzio a; costringere al silenzio: *to — one's conscience*, (*fig.*) far tacere la propria coscienza **2** far cessare, far tacere (il fuoco del nemico).

silencer ['saɪlənsə* / si·len·cer] *s.* **1** silenziatore (di arma da fuoco) **2** (*aut.*) silenziatore, marmitta: *catalytic —* (o *muffler*), marmitta catalitica.

silent ['saɪlənt / si·lent] *agg.* **1** silenzioso, quieto, tranquillo **2** taciturno, poco loquace, silenzioso; zitto: *he kept —*, rimase zitto // (*dir.*) *right to remain —*, diritto a non testimoniare contro se stessi **3** che tace, che non si esprime: *history is — on these events*, la storia tace questi fatti **4** muto (*anche gramm.*): *a — l*, una l muta; *— film*, film muto ◆ *s.* (*fam.*) film muto.

silently ['saɪləntlɪ / si·lent·ly] *avv.* in silenzio, silenziosamente.

silentness ['saɪləntnɪs / si·lent·ness] *s.* silenziosità; taciturnità.

silent partner [,saɪlənt'pɑ:tnə*] (*amer.*) → **sleeping partner**.

silesia [saɪ'li:zjə / si·lesia] *s.* silesia, tessuto di cotone per fodere.

Silesian [saɪ'li:zjən / Si·les·ian] *agg.* e *s.* (nativo, abitante) della Slesia.

silex ['saɪleks] *s.* vetro di silice, di quarzo.

silhouette [,sɪlu:'et / sil·hou·ette] *s.* silhouette, sagoma; contorno: *in —*, in controluce.

to **silhouette** *v.tr.* proiettare la silhouette, la sagoma di: *the skyscraper stood silhouetted against the sky*, il profilo del grattacielo si stagliava contro il cielo.

silica ['sɪlɪkə / sil·ica] *s.* (*min.*) silice: *— gel*, gel di silice.

silicate ['sɪlɪkɪt / sil·ic·ate] *s.* (*min.*, *chim.*) silicato.

silication [,sɪlɪ'keɪʃn / sil·ic·ation] *s.* (*geol.*) silicatizzazione.

siliceous [sɪ'lɪʃəs / si·li·ceous] *agg.* (*geol.*) siliceo.

silicic [sɪ'lɪsɪk / si·li·cic] *agg.* (*chim.*) silicico: *— acid*, acido silicico.

silicide ['sɪlɪsaɪd / si·li·cide] *s.* (*chim.*) siliciuro.

siliciferous [,sɪlɪ'sɪfərəs / si·li·ci·fer·ous] *agg.* (*chim.*) che contiene, che produce silice.

silicification [sɪ,lɪsɪfɪ'keɪʃn / si·li·ci·fica·tion] *s.* (*geol.*) silicizzazione, silicificazione.

silicified [sɪ'lɪsɪfaɪd / si·li·ci·fied] *agg.* (*geol.*) silicizzato: *— wood*, opale xiloide, legno silicizzato.

to **silicify** [sɪ'lɪsɪfaɪ / si·li·ci·fy] *v.tr.* silicizzare, trasformare in silice; impregnare di silice ◆ *v.intr.* silicizzarsi, trasformarsi in silice.

silicious [sɪ'lɪʃəs / si·li·cious] *agg.* (*geol.*) siliceo.

silicle ['sɪlɪkəl / sili·cle] *s.* (*bot.*) siliquetta.

silicomanganese [,sɪlɪkəʊ'mæŋgəni:z / si·li·co·man·gan·ese] *s.* (*metall.*) siliciomanganese.

silicon ['sɪlɪkən / sil·icon] *s.* **1** (*chim.*) silicio: *— carbide*, carburo di silicio **2** (*inform. sl.*) — (*chip*), chip; *— software*, software su chip.

silicone ['sɪlɪkəʊn / sil·ic·one] *s.* (*chim.*) silicone: *— rubber*, gomma al silicone.

siliconized ['sɪlɪkənaɪzd / sil·ic·on·ized] *agg.* siliconato: *— breast*, seno siliconato.

silicosis [,sɪlɪ'kəʊsɪs / sil·ic·osis] *pl.* **silicoses** [,sɪlɪkəʊsi:z] *s.* (*med.*) silicosi.

siliqua ['sɪlɪkwə / sili·qua] **silique** [sɪ'li:k / si·li·que] *s.* (*bot.*) siliqua.

siliquose ['sɪlɪkwəʊs / sili·quose] meno com. **siliquous** ['sɪlɪkwəs / sili·quous] *agg.* (*bot.*) siliquiforme.

silk [sɪlk] *s.* **1** seta, tessuto di seta: *natural, artificial —*, seta naturale, artificiale; *hard, raw —*, seta grezza, cruda **2** *spec.pl.* articolo di seta **3** filo (del ragno) **4** (*bot.*) barba (del granoturco) **5** (*dir.*) toga di un avvocato patrocinante per la corona; (*fig.*) avvocato patrocinante per la corona: *to take —*, essere nominato 'King's, Queen's Counsel' **6** *pl.* (*ippica*) colori dell'uniforme (di un fantino) ◆ *agg.* di seta, serico.

silk breeding ['sɪlk,bri:dɪŋ] *s.* sericoltura.

silken ['sɪlkən] *agg.* (*non com.*) **1** serico, di seta; vestito di seta **2** setoso; morbido; lucente **3** (*fig.*) dolce; gentile; insinuante, suadente **4** (*fig.*) lussuoso, elegante.

silkgrower ['sɪlk,grəʊə* / silk·grower] *s.* sericoltore.

silk screen ['sɪlkskri:n] *s.* **1** serigrafia **2** matrice per serigrafia.

silk-screen *agg.* serigrafico: *— printing*, stampa serigrafica, serigrafia; *— process*, procedimento serigrafico, serigrafia.

to **silk screen** ['sɪlk,skri:n] *v.tr.* stampare in serigrafia, serigrafare.

silk thrower ['sɪlk,θrəʊə*] *s.* torcitore di seta.

silkworm ['sɪlkwɜ:m / silk·worm] *s.* baco da seta, filugello // *— breeder*, sericoltore; *— breeding*, sericoltura; *— house* (o *nursery*), bigattiera; *— rot*, calcino (malattia del baco da seta).

silky ['sɪlkɪ] *agg.* **1** di seta, serico **2** setoso; morbido, lucente: *her hair was soft and —*, i suoi capelli erano soffici e lucenti come seta **3** (*fig.*) dolce, delicato; insinuante, suadente // **-iness** *s.*

sill [sɪl] *s.* **1** (*edil.*) soglia (di porta); davanzale (di finestra) **2** (*miner.*) soletta (di galleria) **3** (*geol.*) sill, filone-strato.

sillabub ['sɪləbʌb / sil·la·bub] *s.* (*cuc.*) quagliata con zucchero e vino.

sillenite ['sɪlənaɪt / sil·len·ite] *s.* (*min.*) sillenite.

sillimanite ['sɪləmə,naɪt / sil·li·man·ite] *s.* (*min.*) sillimanite.

silly ['sɪlɪ] *agg.* e *s.* sciocco, stupido, scemo: *don't be —*, non fare lo stupido // *a — billy*, uno sciocchino // *to laugh, to drink oneself —*, (*fam.*) ridere, bere smodatamente; *to knock s.o. —*, picchiare qlcu. fino a intontirlo, intontire qlcu. di botte // **-ily** *avv.* // **-iness** *s.*

silo ['saɪləʊ] *pl.* **silos** *s.* silo.

siloxane [sɪ'lɒkseɪn / si·lox·ane] *s.* (*chim.*) silossano, silanolo.

silt [sɪlt] *s.* (*geol.*) limo, silt.

siltstone ['sɪltstəʊn / silt·stone] *s.* (*geol.*) siltite.

to **silt up** [,sɪlt'ʌp] *v.tr.* e *intr.* (*geol.*) riempire, riempirsi di sedimenti.

silty ['sɪltɪ] *agg.* siltoso; melmoso; fangoso.

Silurian [saɪ'ljʊərɪən / Si·lur·ian] *agg.* e *s.* (*geol.*) siluriano.

silurus [sɪ'ljʊərəs / si·lu·rus] *s.* (*zool.*) siluro.

silvan ['sɪlvən / sil·van] *agg.* (*letter.*) silvano, della selva.

silver ['sɪlvə* / sil·ver] *agg.* **1** (*chim.*) d'argento: *— bromide*, bromuro d'argento; *— chloride*, cloruro d'argento; *— nitrate*, nitrato d'argento **2** d'argento; argenteo; argentino; color argento: *a — ring*, un anello d'argento; *— hair*, capelli d'argento // *— jeff*, (*amer.*) moneta da 25 centesimi (con l'effigie di Jefferson) // (*econ.*) *— standard*, monometallismo argenteo; regime (monetario) argenteo // *to be born with a — spoon in one's mouth*, essere nato con la camicia // *to have a — tongue*, essere molto eloquente ◆ *s.* **1** (*chim.*, *metall.*) argento: *coin —*, argento da conio; *fine —*, argento fino **2** [U] (oggetto d') argento; argenteria: *flat —*, posate d'argento **3** (*econ.*) moneta d'argento **4** → silver medal.

to **silver** *v.tr.* **1** argentare; inargentare **2** (*metall.*) argentare; ricoprire con (un sottile strato d') argento ◆ *v.intr.* diventare argenteo; inargentarsi.

silver bath [,sɪlvə'bɑ:θ *amer.* ,sɪlvə'bæθ] *s.* (*fot.*) bagno di nitrato d'argento.

silver birch [,sɪlvə'bɜ:tʃ] *s.* (*bot.*) (*Betula verrucosa*) betulla bianca.

silvered ['sɪlvəd / sil·vered] *agg.* argentato.

silver fir [,sɪlvə'fɜ:*] *s.* (*bot.*) (*Abies alba*) abete bianco.

silverfish ['sɪlvəfɪʃ / silver·fish] *s.* (*pl. invar.*) (*zool.*) **1** tarpone atlantico → tarpon **2** (*Lepisma saccharina*) pesciolino d'argento, lepisma.

silver foil ['sɪlvəfɔɪl] → **silver paper**.

silver fox [,sɪlvə'fɒks] *s.* (*Vulpes fulva*) volpe argentata.

silver gilt [,sɪlvə'gɪlt] *s.* argento dorato.

silver glance ['sɪlvə'glɑ:ns *amer.* 'sɪlvə 'glæns] *s.* (*min.*) argentite.

silver-grey [,sɪlvə'greɪ] *s.* grigio argento // *a — scarf*, una sciarpa grigio argento.

silvering ['sɪlvərɪŋ / sil·ver·ing] *s.* **1** argentatura; inargentatura; ricopertura con argento **2** argentatura, rivestimento d'argento.

silver lining [ˌsɪlvəˈlaɪnɪŋ] *s.* motivo di speranza, di conforto // *every cloud has a — lining*, (*prov.*) dopo il brutto viene il bello.

silver medal [ˌsɪlvəˈmedl] *s.* medaglia d'argento.

silvern [ˈsɪlvən / sil·vern] *agg.* (*ant.*) d'argento, argenteo: *speech is silvern but silence is golden*, (*prov.*) la parola è d'argento, ma il silenzio è d'oro.

silver paper [ˌsɪlvəˈpeɪpə*] *s.* carta argentata SIN. **silver foil**.

silver plate [ˌsɪlvəˈpleɪt] *s.* **1** metallo placcato d'argento, argentato elettroliticamente; silver plate **2** oggetto di silver plate.

to **silver-plate** *v.tr.* (*metall.*) placcare d'argento; argentare elettroliticamente.

silver plating [ˌsɪlvəˈpleɪtɪŋ] *s.* placcatura d'argento, argentatura elettrolitica.

silversmith [ˈsɪlvəsmɪθ / silver·smith] *s.* argentiere.

silver stick [ˈsɪlvəstɪk] *s.* ufficiale della guardia a palazzo reale.

silver-tongued [ˌsɪlvəˈtʌŋd] *agg.* (*letter.*) eloquente; che fa bei discorsi.

silverware [ˈsɪlvəweə* / silver·ware] *s.* U argenteria.

silver wedding (anniversary) [ˌsɪlvə ˈwedɪŋ(ænɪˌvɜːsərɪ)] *s.* nozze d'argento.

silverweed [ˈsɪlvəwiːd / sil·ver·weed] *s.* (*bot.*) (*Potentilla anserina*) argentina, anserina.

silvery [ˈsɪlvərɪ / sil·very] *agg.* d'argento; argenteo; argentino.

silvicultural [ˌsɪlvɪˈkʌltʃərəl / sil·vi·cul·tural] *agg.* della selvicoltura.

silviculture [ˈsɪlvɪˌkʌltʃə* / sil·vi·cul·ture] *s.* selvicoltura, silvicoltura.

silviculturist [ˌsɪlvɪˈkʌltʃərɪst / sil·vi·cul·tur·ist] *s.* selvicoltore, silvicoltore.

sima [ˈsaɪmə] *s.* (*geol.*) sima.

simatic [saɪˈmætɪk / si·matic] *agg.* (*geol.*) simatico.

simazine [ˈsɪməziːn / simaz·ine] *s.* (*chim.*) simazina.

simian [ˈsɪmɪən / sim·ian] *agg.* scimmiesco, simile a scimmia ◆ *s.* scimmia.

similar [ˈsɪmɪlə* / sim·ilar] *agg.* simile; similare; analogo: — *triangles*, triangoli simili; *his shirt is — to mine*, la sua camicia è simile alla mia ◆ *s.* (*non com.*) **1** cosa simile, analoga **2** (persona) equivalente, corrispondente.

similarity [ˌsɪmɪˈlærətɪ / sim·il·ar·ity] *s.* **1** somiglianza, rassomiglianza **2** elemento simile; caratteristica comune.

simile [ˈsɪmɪlɪ / sim·ile] *s.* (*ret.*) similitudine, paragone.

similitude [sɪˈmɪlɪtjuːd *amer.* sɪˈmɪlɪtuːd / si·mil·it·ude] *s.* **1** (*ret.*, *mat.*) similitudine, paragone **2** (persona) equivalente, corrispondente **3** (*non com.*) immagine, somiglianza.

simmer [ˈsɪmə* / sim·mer] *s.* inizio di ebollizione; stato di lenta ebollizione: *at a* (o *on the*) —, al punto di ebollizione: *to bring to a* —, portare a ebollizione.

to **simmer** *v.intr.* **1** sobbollire; bollire lentamente **2** (*fig.*) fremere, ribollire: *to — with rage, with excitement*, fremere di rabbia, di eccitazione **3** (*fam.*) scoppiare dal caldo ◆ *v.tr.* **1** far sobbollire **2** (*fig.*) contenere, reprimere (ira, indignazione ecc.).

□ **simmer down** *v.intr.* e *avv.* (*fam.*) calmarsi.

simnel-cake [ˈsɪmnlˌkeɪk] *s.* (*cuc.*) 'simnel-cake' (dolce con uvette, canditi ecc. coperto di pasta di mandorle).

simoleon [sɪˈməʊlɪən / si·mo·leon] *s.* (*fam. amer.*) dollaro.

simoniac [saɪˈməʊnɪæk / si·mo·niac] *agg.* e *s.* simoniaco.

simoniacal [ˌsaɪməˈnaɪəkl / si·mo·ni·acal] *agg.* simoniaco // **-ly** *avv.*

simony [ˈsaɪmənɪ / si·mony] *s.* simonia.

simoom [sɪˈmuːm / sim·oom] *s.* simun (vento del deserto).

simp [sɪmp] *s.* (*fam. amer.*) abbr. di → **simpleton**.

simper [ˈsɪmpə* / sim·per] *s.* sorriso affettato; smorfia.

to **simper** *v.intr.* sorridere in modo affettato, lezioso ◆ *v.tr.* esprimere sorridendo, dire con un sorriso affettato, lezioso.

simperer [ˈsɪmpərə* / sim·per·er] *s.* persona leziosa, affettata.

simperingly [ˈsɪmpərɪŋlɪ / sim·per·ing·ly] *avv.* affettatamente; smorfiosamente.

simple [ˈsɪmpl] *agg.* **1** semplice, elementare, facile: *it was a very — problem*, era un problema di assai facile soluzione // (*stat.*) — *mean*, media semplice **2** semplice, sobrio, disadorno: *a — dress*, un vestito semplice **3** semplice; sincero; naturale, non sofisticato: *she has — tastes*, ha dei gusti semplici; — *folk*, gente semplice // *the — life*, (*fam.*) la vita semplice **4** (*chim.*) elementare; non mescolato **5** autentico: *such an act was — madness*, un tale atto fu vera e propria pazzia; *the — truth*, la pura verità // *pure and* —, puro e semplice **6** ignorante, senza esperienza; ingenuo; credulone: *he is not as — as you believe*, non è ingenuo come credi **7** umile; di basso rango // — *soldier*, soldato semplice **8** semplice, che consiste di un solo elemento ◆ *s.* **1** persona ignorante; ingenuo, credulone **2** elemento singolo, semplice **3** *gener.pl.* (*bot. antiq.*) semplice (erba medicinale): *I do remember an apothecary, / ... culling of simples*, (SH. Romeo and Juliet) mi ricordo di uno speziale ... che sceglieva delle erbe.

simple-hearted [ˌsɪmplˈhɑːtɪd] *agg.* semplice, sincero, non affettato.

simple-lifer [ˌsɪmplˈlaɪfə*] *s.* (*fam.*) chi conduce una vita semplice.

simple-minded [ˌsɪmplˈmaɪndɪd] *agg.* **1** ingenuo; sprovveduto, sciocco **2** → **simple-hearted** **3** che è un ritardato mentale // **-ness** *s.*

simple-natured [ˌsɪmplˈneɪtʃəd] *agg.* semplice, di carattere semplice.

simpleness [ˈsɪmplnɪs / sim·ple·ness] → **simplicity**.

simpleton [ˈsɪmpltən / sim·ple·ton] *s.* (*antiq.*) sempliciotto.

simplex [ˈsɪmpleks / sim·plex] *s.* **1** (*mat.*) simplesso: — *method*, metodo del simplesso **2** (*inform.*) semplice, monodirezionale.

simplicial [sɪmˈplɪʃəl / sim·pli·cial] *s.* (*mat.*) simpliciale.

simplicity [sɪmˈplɪsətɪ / sim·pli·city] *s.* **1** semplicità; candore, ingenuità **2** semplicità, sobrietà **3** chiarezza; facilità: *using this computer is — itself*, l'uso di questo computer è di una semplicità estrema.

simplification [ˌsɪmplɪfɪˈkeɪʃn / sim·pli·fica·tion] *s.* semplificazione.

to **simplify** [ˈsɪmplɪfaɪ / sim·plify] *v.tr.* semplificare.

simplistic [sɪmˈplɪstɪk / simp·listic] *agg.* semplicistico // **-ally** *avv.*

simply [ˈsɪmplɪ] *avv.* **1** semplicemente, con semplicità; con naturalezza: *to dress* —, vestirsi semplicemente **2** facilmente; chiaramente **3** semplicemente; solamente: *I was — trying to help*, cercavo solo di aiutare **4** completamente, assolutamente, del tutto.

simpsonite [ˈsɪmpsənaɪt / simp·son·ite] *s.* (*min.*) simpsonite.

simulacrum [ˌsɪmjʊˈleɪkrəm / si·mu·lac·rum] *pl.* **simulacrums**, **simulacra** [ˌsɪmjʊˈleɪkrə / si·mu·lacra] *s.* simulacro.

to **simulate** [ˈsɪmjʊleɪt / simu·late] *v.tr.* **1** simulare, fingere **2** imitare l'apparenza di, prendere l'aspetto di; imitare **3** riprodurre, ricreare: *they have designed an experiment to — conditions on Mars*, in un esperimento di laboratorio sono state riprodotte le condizioni ambientali di Marte.

simulated [ˈsɪmjʊleɪtɪd / simu·lated] *agg.* simulato; finto: — *sale*, vendita simulata.

simulation [ˌsɪmjʊˈleɪʃn / simu·la·tion] *s.* **1** simulazione (*anche inform.*), finzione: — *of crime*, simulazione di reato; (*econ.*) — *games for business*, simulazione di gestione **2** riproduzione **3** contraffazione, falsificazione **4** somiglianza.

simulator [ˈsɪmjʊleɪtə* / simu·lator] *s.* simulatore.

simultaneity [ˌsɪməltəˈnɪətɪ *amer.* ˌsaɪməl təˈnɪətɪ / sim·ul·tan·eity] *s.* simultaneità.

simultaneous [ˌsɪməlˈteɪnjəs *amer.* ˌsaɪməl ˈteɪnjəs / sim·ul·tan·eous] *agg.* simultaneo, contemporaneo // (*dir.*) — *death*, commorienza // **-ly** *avv.* // **-ness** *s.*

sin [sɪn] *s.* **1** peccato, colpa: *to fall into, to live in* —, cadere in, vivere nel peccato; *deadly, capital* —, peccato mortale, capitale; *the forgiveness of sins*, la remissione dei peccati; *original* —, peccato originale; *the seven deadly sins*, i sette peccati capitali // *as ugly as* —, brutto come il peccato // *Maurice is still working in the bank, for his sins*, (*iron.*) Maurizio sta scontando i suoi peccati lavorando in banca **2** (*estens.*) offesa; errore; peccato: *it is a — against good taste*, è un'offesa al buon gusto.

to **sin** *pass.p.p.* **sinned** [sɪnd] *v.intr.* **1** peccare; macchiarsi col peccato: *to — against propriety*, trasgredire le convenienze **2** offendere, fare torto (a): *he's more sinned against than sinning*, è più vittima che colpevole.

Sinanthropus [ˌsaɪnænˈθrəʊpəs / Sin·an·thropus] *s.* (*antropologia*) sinantropo.

sinapism [ˈsɪnəpɪzəm / sin·ap·ism] *s.* (*med.*) senapismo.

since [sɪns] *avv.* da allora; da allora in poi: *he was in the office last Tuesday but I've not seen him* —, era in ufficio martedì scorso, ma da allora non l'ho più visto; *we moved to Glasgow in 1975 and have lived there ever* —, ci siamo trasferiti a Glasgow nel 1975 e da allora abitiamo lì; *she was a manager at that time but has*

— *become a director*, a quell'epoca era dirigente ma ormai è diventato direttore; ... *the town has — been rebuilt*, ... da allora la città è stata ricostruita // *long* —, da tempo, da un pezzo: *the time has long — passed when you could buy a newspaper for a few pennies*, è passata da un pezzo l'epoca in cui si poteva comprare un giornale per qualche penny; *it has long — been clear that he's not up to the job*, è evidente da un pezzo che egli non è all'altezza del lavoro // *many years* —, molti anni fa ◆ *cong.* **1** da quando, dal tempo in cui: *I've been playing the piano — I was ten*, suono il pianoforte da quando avevo dieci anni; *they've been out of work ever — they left school*, sono senza lavoro da quando hanno lasciato la scuola; *it's a long time — I saw them*, è tanto che non li vedo **2** poiché, dato che, dal momento che: — *it was Sunday, the shops weren't open*, dato che era domenica, i negozi non erano aperti; *you can help me fold these sheets — you're doing nothing*, dal momento che non stai facendo niente, puoi aiutarmi a piegare queste lenzuola.

since *prep.* da: *she's been working — 7 a.m.*, lavora dalle 7; — *leaving home, he's had five different jobs*, da quando se n'è andato di casa, ha fatto cinque lavori diversi; — *the second world war, there have been profound changes in Europe*, a partire dalla seconda guerra mondiale, si sono avuti in Europa sensibili cambiamenti; *I've known her — 1962*, la conosco dal 1962; *he must be the greatest president — Lincoln*, dev'essere il più grande presidente dopo Lincoln; *she went to Australia and — then I've not heard from her*, è andata in Australia, e da allora non ho più avuto sue notizie; — *when have you been giving orders around here?*, da quando ti sei messo a dare ordini qui?

sincere [sɪn'sɪə* / sin·cere] *agg.* sincero, schietto; genuino, onesto.

sincerely [sɪn'sɪəlɪ / sin·cere·ly] *avv.* sinceramente // *yours* —, cordialmente vostro (nelle lettere).

sincerity [sɪn'serətɪ / sin·cer·ity] *s.* sincerità, franchezza; buona fede: *in all* —, con tutta sincerità; in assoluta buona fede.

sinciput ['sɪnsɪpʌt / sin·ci·put] *s.* (*anat.*) sincipite.

sine [saɪn] *s.* (*mat.*) seno.

sinecure ['saɪnɪkjʊə* / sine·cure] *s.* sinecura.

sinecurist ['saɪnɪ,kju:rɪst / sine·cur·ist] *s.* (*eccl.*) chi ha una sinecura.

sine die [,saɪnɪ'daɪi:] *avv.* (*lat.*) sine die, a tempo indeterminato.

sinew ['sɪnju:] *s.* **1** (*anat.*) tendine, nervo **2** (*fig.*) nerbo, forza, vigore; sostegno: *his poetry is full of muscle and* —, la sua poesia è carica di forza e vigore // *the sinews of war*, il nerbo della guerra (il denaro).

to **sinew** *v.tr.* (*non com.*) sostenere, servire da sostegno a.

sine wave ['saɪn,weɪv] *s.* onda sinusoidale.

sinewiness ['sɪnju:ɪnɪs / sin·ew·iness] *s.* muscolosità; vigore, forza.

sinewless ['sɪnju:lɪs / sin·ew·less] *agg.* **1** senza tendini, nervi **2** (*fig.*) senza nerbo, senza vigore.

sinewy ['sɪnju:ɪ / sin·ewy] *agg.* **1** tendinoso, fibroso **2** (*fig.*) nerboruto, muscoloso; vigoroso, energico.

sinful ['sɪnfʊl / sin·ful] *agg.* peccaminoso; colpevole; corrotto // **-ly** *avv.* // **-ness** *s.*

sing [sɪŋ] *s.* (*fam. amer.*) **1** canto (corale) **2** sibilo.

to **sing** *pass.* **sang** [sæŋ] *p.p.* **sung** [sʌŋ] *v.tr.* e *intr.* **1** cantare, intonare: *to — in tune, out of tune*, cantare intonato, stonato; *to learn to* —, imparare a cantare; *to — opera*, cantare l'opera; *to — Mass*, cantare Messa; *to — s.o. to sleep*, far addormentare qlcu. cantando // *she's always singing the same old song*, (*fam. fig.*) dice sempre le stesse cose **2** cantare, celebrare, narrare (in versi): *arms and the man I* —, canto le armi e l'eroe; *the poet sang the deeds of the king*, il poeta cantò le gesta del re **3** accompagnare con il canto: *to — the old year out, the new year in*, salutare l'anno vecchio con canti, inneggiare all'anno nuovo ◆ *v.intr.* **1** cantare; ronzare (di uccelli, insetti ecc.): *the mosquitoes — round my head*, le zanzare mi ronzano attorno **2** fischiare, sibilare, ronzare: *the kettle sings on the fire*, il bollitore fischia sul fuoco; *bullets sang past my head*, i proiettili mi passavano sibilando vicino alla testa; *my ears were singing*, mi fischiavano, ronzavano le orecchie **3** risuonare, echeggiare: *her words sang in my ears all day*, le sue parole mi risuonarono nelle orecchie tutto il giorno **4** (*fam. amer.*) cantare, parlare; fare una soffiata **5** gioire, rallegrarsi: *this music makes my heart* —, questa musica fa gioire il mio cuore.

□ **sing out** *v.intr.* e *avv.* cantare a squarciagola, gridare.

□ **sing up** *v.intr.* e *avv.* cantare più forte, in tono più elevato.

singable ['sɪŋəbl / sing·able] *agg.* cantabile; facile da cantare.

Singaporean [,sɪŋəpɔ:'ri:ən / Sin·ga·porean] *agg.* e *s.* singaporiano, (nativo, abitante) di Singapore.

singe [sɪndʒ] *s.* (*rar.*) bruciacchiatura; strinatura: — *mark*, (segno di) bruciatura.

to **singe** *v.tr.* **1** bruciacchiare, bruciacchiarsi, strinare (*anche fig.*): *his reputation is a little singed*, la sua reputazione è intaccata; *to — one's wings* (o *feathers*), bruciarsi le ali **2** (*tess.*) gazare.

singer ['sɪŋə*] *s.* **1** cantante **2** (*letter.*) cantore, poeta.

Sing(h)alese [,sɪŋgə'li:z / Sin·g(h)al·ese] *agg.* e *s.* singalese.

singing ['sɪŋɪŋ / sing·ing] *agg.* **1** che canta, canoro **2** che sibila, che ronza ◆ *s.* **1** canto: — *bird*, uccello canoro; — *lesson*, lezione di canto; — *master*, maestro di canto **2** fischio (di vento ecc.); ronzio.

single ['sɪŋgl] *agg.* **1** solo, unico; semplice: *he did not know a — soul*, non conosceva anima viva; *the nation spoke with a — voice*, la nazione si espresse unanime; — *file*, fila indiana; *every — day*, tutti i giorni // (*ferr.*) — *ticket*, biglietto semplice // (*econ.*): — *entry*, partita semplice; — *figure inflation*, inflazione a una cifra; — *standard*, sistema monometallico; — *product firm*, impresa a prodotto singolo // (*inform.*): — *circuit*, circuito a semi duplex; — *space*, interlinea semplice; — *chip*, singolo componente // (*chim.*) — *bond*, legame unico, legame semplice **2** individuale, singolo, particolare: *a — room*, una stanza singola **3** celibe, nubile: *are you married or —?*, sei sposato o celibe? **4** sincero, semplice, onesto: *a — heart*, un cuore sincero ◆ *s.* **1** singolo, individuo **2** single, persona che vive da sola; persona non sposata **3** oggetto singolo **4** stanza singola (in albergo) **5** biglietto semplice, di sola andata **6** banconota, moneta da una sterlina, da un dollaro **7** quarantacinque giri, disco singolo **8** (*cricket*) colpo che permette di segnare un solo punto.

to **single** *v.tr.* separare; distinguere; scegliere: *we will be singled from the barbarous*, (SH. Love's Labour's Lost) saremo separati dai barbari.

□ **single out** *v.tr.* e *avv.* scegliere, selezionare: *five students were singled out for the race*, furono scelti cinque studenti per la gara.

single-barrelled [,sɪŋgl'bærəld] *agg.* a una canna: — *gun*, fucile a una canna.

single-breasted [,sɪŋgl'brestɪd] *agg.* a un petto solo (di vestiti).

single-decker ['sɪŋgl,dekə*] *agg.* a un piano solo (di autobus); a un ponte solo (di nave).

single-eyed [,sɪŋgl'aɪd] *agg.* **1** con un occhio solo **2** (*fig.*) onesto, leale, fedele.

single-handed [,sɪŋgl'hændɪd] *agg.* **1** che ha una mano sola, monco **2** che si usa con una mano sola, che si manovra con una mano sola **3** solo, solitario: *a — voyage around the world*, una circumnavigazione solitaria del globo ◆ *avv.* da solo, senza aiuto.

single-hearted [,sɪŋgl'hɑ:tɪd] *agg.* sincero, senza secondi fini; ligio.

single-jack ['sɪŋgl,dʒæk] *s.* (*fam. amer.*) mendicante (con un arto mancante).

single-minded [,sɪŋgl'maɪndɪd] *agg.* **1** che ha un unico scopo, deciso, risoluto (*non com.*) **2** onesto, leale, sincero.

singleness ['sɪŋglnɪs / sin·gle·ness] *s.* **1** unicità **2** sincerità; onestà **3** l'avere un unico fine; il convogliare i propri sforzi verso un unico scopo: *with — of purpose*, con determinazione.

singles ['sɪŋglz] *s.* (*pl. invar.*) (*tennis, badminton ecc.*) singolo: *to play* —, giocare il singolo; *she's the women's — champion*, è la campionessa mondiale di singolo.

single-seater ['sɪŋgl,si:tə*] *agg.* monoposto (di veicolo).

single-sex ['sɪŋglseks] *agg.* non misto: *a — school*, una scuola non mista.

singlestick ['sɪŋglstɪk / sin·gle·stick] *s.* **1** spada di legno, bastone simile a una spada **2** (*sport*) scherma praticata con tale bastone.

singlet ['sɪŋglɪt / sing·let] *s.* camiciola, maglia (senza maniche); (*sport*) canottiera.

singleton ['sɪŋgltən / sin·gle·ton] *s.* **1** (*carte*) carta unica di una serie **2** unico nato.

singly ['sɪŋglɪ] *avv.* **1** separatamente, ad uno ad uno (*anche inform.*) **2** da solo; senza aiuto **3** (*ant.*) solamente, unicamente **4** (*non com.*) sinceramente.

singsong ['sɪŋsɒŋ / sing·song] *agg.* cantilenato, noioso ◆ *s.* **1** cantilena **2** (*fam.*) riunione per cantare; concerto improvvisato: *they like to have a — in the evening*, a loro piace fare una cantatina alla sera.

to **singsong** *v.tr.* e *intr.* parlare, recitare con ritmo monotono, cantilenato.

singular ['sɪŋgjʊlə* / sin·gu·lar] *agg.* **1** singolare; solo **2** (*form.*) sorprendente; eccezionale **3** singolare; bizzarro, strano; eccentrico **4** (*gramm.*) singolare ◆ *s.* (*gramm.*) singolare.

singularity [ˌsɪŋgjʊ'lærətɪ / sin·gu·lar·ity] *s.* **1** singolarità; rarità **2** (*form.*) particolarità **3** stranezza; eccentricità.

to **singularize** ['sɪŋgjʊləraɪz / sin·gu·lar·ize] *v.tr.* rendere singolo.

singularly ['sɪŋgjʊləlɪ / sin·gu·lar·ly] *avv.* **1** singolarmente **2** (*gramm.*) al singolare.

sinister ['sɪnɪstə* / sin·is·ter] *agg.* **1** sinistro, funesto; di cattivo augurio: — *smile*, un sorriso sinistro; — *behaviour*, comportamento sinistro **2** infame, malvagio **3** disastroso, rovinoso **4** (*rar.*) sinistro, di sinistra // **-ly** *avv.*

sinistral ['sɪnɪstrəl / sin·is·tral] *agg.* **1** (*rar.*) sinistro **2** (*zool.*) sinistrorso, con spire sinistrorse (di conchiglia) ◆ *s.* mancino.

sinistrorse ['sɪnɪstrɔːs / sin·is·trorse] *agg.* (*bot.*, *zool.*) sinistrorso.

sink [sɪŋk] *s.* **1** lavandino, acquaio: *double* —, lavello a due vasche **2** scolo; fogna, sentina (*anche fig.*) **3** (*fis.*) pozzo: *heat* —, pozzo di calore **4** (*geol.*) foiba, voragine **5** (*teatr.*) botola.

to **sink** *pass.* **sank** [sæŋk] (*rar.*) **sunk** [sʌŋk] *p.p.* **sunk** *v.intr.* **1** affondare, andare a fondo, colare a picco, inabissarsi: *the ship sank*, la nave affondò; *to — like a stone*, colare a picco; *to — without trace*, scomparire senza lasciar tracce // *— or swim*, o la va o la spacca **2** sprofondare; penetrare; immergersi; conficcarsi: *the car sank into the mud*, l'automobile sprofondò nel fango; *her words sank into my mind*, le sue parole mi si impressero nella mente; *to — into decay*, andare in rovina; *to — into an armchair*, sprofondare in una poltrona; *to — into a deep sleep*, sprofondare nel sonno; *to — into vice*, sprofondare nel vizio **3** discendere; abbassarsi; calare; diminuire: *the ground sinks abruptly*, il terreno scende di colpo, s'affossa; *his voice sank*, la sua voce si abbassò; *prices are sinking*, i prezzi cedono; *the river has sunk below its normal level*, il fiume è sceso al di sotto del suo livello normale; *the sun is sinking*, il sole sta calando, tramonta **4** cadere; cedere (di muro, terreno); crollare, abbattersi; peggiorare; indebolirsi: *his legs sank under him*, gli cedettero le gambe; *my heart* (o *spirits*) *sank at the news*, a quella notizia mi sentii mancare; *to — into one's chair*, lasciarsi cadere su una sedia; *to — on one's knees*, cadere in ginocchio; *the patient is sinking fast*, il paziente sta peggiorando in fretta **5** incavarsi; infossarsi: *his cheeks have sunk after his illness*, gli si sono incavate le guance dopo la malattia ◆ *v.tr.* **1** affondare, mandare a picco: *two enemy ships were sunk*, due navi nemiche furono affondate **2** (*fig.*) far naufragare, far crollare, far fallire: *to — s.o.'s hopes*, far naufragare le speranze di qlcu. **3** affondare, conficcare: *the dog sank his teeth into my leg*, il cane affondò i denti nella mia gamba **4** dimenticare, ignorare, mettere da parte: *they sank their differences*, misero da parte le loro controversie **5** abbassare, chinare, reclinare, abbandonare **6** abbassare: *he sank his voice to a whisper*, ridusse la voce a un sussurro **7** scavare: *to — a shaft*, scavare un pozzo **8** incassare: *to — a pipe in the wall*, incassare un tubo nella parete **9** investire (denaro) **10** (*golf*, *biliardo*) imbucare, mandare in buca **11** (*fam.*) tracannare, ingollare: *to — a glass of beer*, scolarsi un bicchiere di birra.

□ **sink in** *v.intr.* e *avv.* **1** penetrare: *let the dye — in*, lascia penetrare il colore **2** (*fig.*) far presa; essere digerito.

sinker ['sɪŋkə*] *s.* **1** scavatore (di pozzi ecc.) **2** piombo, peso (per lenza) **3** (*fam. amer.*) frittella, ciambella // *sinkers and suds*, frittelle e caffè.

sinkhole ['sɪŋkhəʊl / sink·hole] *s.* (*geol.*) inghiottitoio.

sinking ['sɪŋkɪŋ / sink·ing] *s.* **1** affondamento; immersione **2** cedimento, abbassamento; abbattimento; indebolimento (*anche fig.*) **3** scavo, sterro **4** ammortamento; investimento // — *plan*, piano di ammortamento; — *fund*, fondo di ammortamento (finanziario).

sinless ['sɪnlɪs / sin·less] *agg.* senza peccato, innocente, puro // **-ly** *avv.* // **-ness** *s.*

sinner ['sɪnə* / sin·ner] *s.* peccatore.

Sinn Fein [ˌʃɪn'feɪn] *s.* (*irl.*) 'Sinn Fein' (movimento separatista irlandese, fondato nel 1905).

Sino- ['saɪnəʊ] *pref.* di origine latina che indica 'Cina' o fa riferimento alla Cina; it. cino-, sino-: *sinology*, sinologia; *Sino-Tibetan*, cino -tibetano.

sinologist [sɪn'ɒlədʒɪst / si·no·lo·gist] meno com. **sinologue** ['sɪnəlɒg / si·no·logue] *s.* sinologo.

sinology ['sɪnɒlədʒɪ / si·no·logy] *s.* sinologia.

sinter ['sɪntə* / sin·ter] *s.* **1** (*metall.*) agglomerato per sinterizzazione **2** (*amer. metall.*) scoria.

to **sinter** *v.tr.* (*metall.*) sinterizzare ◆ *v.intr.* (*metall.*) sinterizzarsi.

sintering ['sɪntərɪŋ / sin·ter·ing] *s.* (*metall.*) sinterizzazione.

sinuate ['sɪnjʊɪt / sinu·ate] *agg.* **1** (*non com.*) sinuoso, serpeggiante **2** (*bot.*) dentellato, frastagliato, sinuato.

sinuosity [ˌsɪnjʊ'ɒsətɪ / sin·uos·ity] *s.* sinuosità.

sinuous ['sɪnjʊəs / sinu·ous] *agg.* sinuoso, tortuoso // **-ly** *avv.*

sinus ['saɪnəs / si·nus] *pl.* **sinuses** ['saɪnəsɪz] *s.* **1** (*bot.*) sinuosità (tra due lobi di foglie) **2** (*anat.*) seno, cavità **3** (*med.*) fistola.

sinusitis [ˌsaɪnə'saɪtɪs / si·nus·itis] *s.* (*med.*) sinusite.

sinusoid ['saɪnəsɔɪd / si·nus·oid] *s.* (*anat.*, *mat.*) sinusoide.

sinusoidal [ˌsaɪnə'sɔɪdəl / si·nus·oidal] *agg.* sinusoidale: — *curve*, curva sinusoidale; — *wave*, onda sinusoidale // (*elettr.*) — *oscillator*, oscillatore sinusoidale.

sip [sɪp] *s.* sorso.

to **sip** *pass.p.p.* **sipped** [sɪpt] *v.tr.* sorseggiare, centellinare ◆ *v.intr.* sorseggiare, bere a sorsi: *he sipped at his tea*, sorseggiava il tè.

siphon ['saɪfn / si·phon] *s.* sifone: *soda* —, sifone del seltz; — *barometer*, barometro a sifone; (*idraulica*) — *spillway*, sfioratore a sifone.

to **siphon** *v.tr.* travasare con un sifone; far fluire, far defluire (*anche fig.*) ◆ *v.intr.* fluire attraverso un sifone.

□ **siphon off** *v.tr.* e *avv.* **1** travasare, prendere travasando **2** deviare; dirottare: *to — off traffic from the town centre*, deviare il traffico dal centro (della città); *to — off public money into private pockets*, dirottare denaro pubblico nelle tasche di privati.

siphuncle ['saɪˌfʌŋkl / siph·uncle] *s.* **1** (*zool.*) sifone, sifoncino **2** (*bot.*) nettario.

sipper ['sɪpə* / sip·per] *s.* (*amer.*) cannuccia (per bevande).

sippet ['sɪpɪt / sip·pet] *s.* **1** crostino di pane **2** piccolo pezzo; frammento.

sir [sɜː*] *s.* **1** signore (al vocativo): *thank you* —, grazie, signore // (*mil.*): *yes* —, signor sì, sissignore; (*fam. amer.*) certo, sicuramente; *no* —, signor no, nossignore; (*fam. amer.*) assolutamente no // *Dear Sir*, *Dear Sirs*, Egregio Signore, Spettabile Ditta **2** *Sir*, 'Sir' (titolo premesso al nome di battesimo di un cavaliere, di un baronetto) **3** *Sir*, (*fam.*) insegnante, prof.

sirdar ['sɜːdɑː* / sir·dar] *s.* **1** capo indigeno (in India) **2** (*st.*) comandante in capo dell'esercito anglo-egiziano.

sire ['saɪə*] *s.* **1** (*zool.*) genitore (*spec.* stallone) **2** (*poet.*) padre; antenato: *which to our general sire gave prospect large / into his nether empire*, (MILTON) questo dava al nostro comune antenato un'ampia visione del suo impero inferiore **3** *Sire*, (*ant.*) Sire, Maestà (al vocativo).

to **sire** *v.tr.* generare (*spec.* di stalloni).

siren ['saɪərɪn] *s.* **1** (*mit.*) sirena; (*fig.*) donna affascinante, incantatrice **2** (*mecc.*) sirena **3** (*zool.*) (*Siren lacertina*) sirena.

sirenian [saɪ'riːnjən / siren·ian] *agg.* (*zool.*) dei sirenidi ◆ *s.* (*zool.*) sirenide (dugongo, lamantino ecc.).

siriasis [sɪ'raɪəsɪs / si·ri·asis] *s.* (*med.*) colpo di sole.

sirloin ['sɜːlɔɪn / sir·loin] *s.* lombo di manzo // (*cuc.*) — *steak*, lombata.

sirocco [sɪ'rɒkəʊ / si·rocco] *pl.* **siroccos** meno com. **siroc** ['sɪrɒk / si·roc] *s.* (*meteor.*) scirocco.

sirrah ['sɪrə / sir·rah] *s.* (*ant. spreg.*) messere; servo (al vocativo): *sirrah, go fetch him drink*, (R. GREENE) servo, va' a prendergli da bere.

sirree [ˌsɜː'riː / sir·ree] *s.* (*fam. amer.*) signore // *no*, —, no e poi no; nossignore // *yes*, —, sì, eccome; sissignore.

sirup ['sɪrəp] → **syrup**.

sirvente [ˌsiː'vɑːŋt / sir·vente] *s.* (*poesia*) sirventese.

sisal ['saɪsl] *s.* **1** (*bot.*) (*Agave sisalana*) agave sisalana, sisal **2** (*tess.*) — *grass* (o — *hemp*), sisal, canapa sisal, fibra d'agave.

siskin ['sɪskɪn / sis·kin] *s.* (*zool.*) (*Carduelis spinus*) lucherino SIN. aberdevine.

sissy ['sɪsɪ] *s.* (*fam. spreg.*) femminuccia, donnicciola, codardo, vigliacco.

sister ['sɪstə* / sis·ter] *s.* **1** sorella: *big*, *little* —, sorella maggiore, minore // (*mit.*) *the three Sisters*, le Parche // *to be like sisters*, essere come sorelle, amiche intime **2** compagna, donna membro di una stessa organizzazione **3** suora: *Sister Barbara*, suor Barbara // — *of mercy*, suora di carità **4** (ward) —, caposala, infermiera capo-reparto: *Sister Smith*, la caposala Smith; *I want to speak to the ward* —, voglio parlare con la caposala **5** (*fig.*) cosa affine **6** (*sl. amer.*) ragazza; donna ◆ *agg.* (*fig.*) sorella, gemella: — *ship*, nave gemella; — *plane*, aereo gemello // (*mar.*): — *block*, bozzello(a) vergine; — *keelson*, paramezzale laterale // (*mecc.*) — *hook*, gancio doppio.

sister company [ˈsɪstə,kʌmpənɪ] *s.* (*comm.*) consociata, azienda facente parte di un gruppo.

sisterhood [ˈsɪstəhʊd / sis·ter·hood] *s.* **1** sorellanza **2** congregazione religiosa; comunità di donne.

sister-in-law [ˈsɪstərɪnlɔ:] *pl.* **sisters -in-law** [ˈsɪstəzɪnlɔ:] *s.* cognata.

sisterly [ˈsɪstəlɪ / sis·terly] *agg.* di sorella; amorevole ◆ *avv.* da sorella; amorevolmente // **-iness** *s.*

sistrum [ˈsɪstrəm / sis·trum] *pl.* **sistra** [ˈsɪstrə / sis·tra] *s.* (*mus.*) sistro.

Sisyphean [,sɪsɪˈfi:ən / Si·sy·phean] *agg.* di Sisifo; (*fig.*) senza fine, interminabile (di lavoro).

sit [sɪt] *s.* (*fam.*) **1** lo stare seduto, tempo passato a sedere **2** modo di cadere (di abito).

to **sit** [sɪt] *pass.p.p.* **sat** [sæt] *v.intr.* **1** sedere, essere seduto, stare seduto: *he was sitting on a chair, at table, in an armchair*, era seduto su una sedia, a tavola, in poltrona; *they were sitting round the table*, sedevano intorno al tavolo; *I'd rather — in one of the back seats*, preferisco sedermi in uno dei posti in fondo; *would you rather — here?*, preferisci sederti qui?; *we were sitting at tea*, stavamo prendendo il tè; *to — over a book*, starsene seduti a leggere un libro; *to — over a pipe*, starsene seduti a fumare la pipa; *they sat looking at each other*, stavano seduti a guardarsi // *to — in Parliament*, sedere in Parlamento, essere deputato // *to — for a constituency*, rappresentare un collegio elettorale • Attenzione alle preposizioni: to — *at* table, *on* a chair (or a bench or a sofa), *in* an armchair **2** essere in seduta; tenere seduta, riunirsi in seduta: *the court sits on Mondays*, il tribunale tiene seduta il lunedì; *Parliament is sitting*, il Parlamento è in seduta **3** posare (per un ritratto o una fotografia) **4** appollaiarsi, stare appollaiato (di uccelli); accovacciarsi (di animali) **5** covare: *hens — in summer*, le galline covano d'estate **6** stare, cadere (bene, male, di abiti): *this skirt sits well*, questa gonna cade bene **7** spirare (di vento): *how sits the wind?*, da dove spira il vento?; (*fam.*) che vento tira? ◆ *v.tr.* dare (un esame scritto): *to — mathematics*, dare lo scritto di matematica • Confrontate le differenze d'uso fra i seguenti verbi; *to sit* significa 'sedere' nel senso di 'essere, stare seduto': *he sat there alone and sad*, se ne stava là seduto solo e triste; *to be seated* significa 'essere seduto' in contrapposizione a 'essere in piedi': *he was seated but when I came in he stood up*, era seduto ma quando entrai si alzò; *I don't know if everybody will be seated*, non so se ci sarà posto a sedere per tutti, se tutti potranno sedersi; *to seat* significa generalmente 'offrire un determinato numero di posti a sedere': *the lecture hall can seat only 300 people*, la sala ha solo 300 posti a sedere.

◆ FRASEOLOGIA: *to — at home*, stare a casa, starsene in casa // *to — tight*, non muoversi; (*fig.*) tener duro, non cambiare opinione: *his wife wants a mink coat but he's sitting tight*, sua moglie vuole una pelliccia di visone ma lui tiene duro // *to — (a horse) well, badly*, stare bene, male in sella; *to — on one's hands*, (*amer.*) non applaudire; stare con le mani in mano // *to be sitting pretty*, (*fam.*) passarsela bene: *with 50,000 pounds year he's sitting pretty*, con 50.000 sterline all'anno se la passa bene; *after winning the first three matches they are sitting pretty at the top of the list*, avendo vinto i primi tre incontri sono ben saldi in cima alla classifica // *to — at the feet of s.o.*, (*form.*) pendere dalle labbra di qlcu.

□ **sit about** *v.intr.* e *avv.* (*fam.*) starsene senza far niente, starsene in ozio, starsene con le mani in mano.

□ **sit back** *v.intr.* e *avv.* **1** rilassarsi, riposarsi: *most of the work is done, now we can — back*, il lavoro è quasi finito, possiamo riposarci **2** rimanere inattivo: *we can't just — back and watch him ruin his life*, non possiamo stare a guardarlo mentre si rovina la vita e non far niente.

□ **sit down** *v.intr.* e *avv.* (*alla forma progressiva*) **1** essere seduto, stare seduto: *he was sitting down in an armchair*, era seduto in una poltrona **2** mettersi a sedere, sedersi: *he sat down on the sofa*, si sedette sul divano; *would you like to — down to table?*, (*form.*) volete accomodarvi a tavola? ◆ *v.tr.* e *avv.* far accomodare, far sedere: *he sat us down on a bench against the wall*, ci fece sedere su una panca contro il muro.

□ **sit for** *v.tr.* e *prep.* sostenere (un esame): *he will — for mathematics next week*, sosterrà lo scritto di matematica la prossima settimana ◆ *v.intr.* e *prep.* → to baby-sit.

□ **sit in** *v.intr.* e *avv.* **1** fare un sit-in, partecipare a un sit-in **2** (*for, as*) sostituire, prendere il posto di (come presidente di un'assemblea) **3** (*on*) assistere: *to — in on a lesson*, assistere a una lezione.

□ **sit on** *v.intr.* e *prep.* **1** far parte di (un comitato, una giuria ecc.) **2** (*fam.*) insabbiare, bloccare, non dar corso a: *the government was accused of sitting on the report*, il governo fu accusato di insabbiare l'inchiesta **3** gravare, pesare: *dinner is sitting heavy on my stomach*, il pranzo mi pesa sullo stomaco; *taxes sit heavy on the taxpayers*, le tasse gravano sui contribuenti **4** (*fig.*) mettere a posto, sistemare: *we sat on him because he was getting too big for his boots*, l'abbiamo messo a posto perché si dava troppe arie.

□ **sit out** *v.tr.* e *avv.* **1** saltare (un ballo) **2** resistere fino alla fine di: *we sat out the chairman's speech*, abbiamo ascoltato fino alla fine il discorso del primo ministro.

□ **sit through** → to sit out 2.

□ **sit up** *v.intr.* e *avv.* **1** mettersi in posizione eretta; drizzarsi a sedere: *he's much better now; he can — up in bed for short periods*, sta molto meglio ora; può mettersi a sedere nel letto per brevi intervalli; — *up!*, stai dritto! // *to — up and take notice*, drizzare le orecchie // *to make s.o. — up*, (*fig.*) far fare un salto a qlcu.; *the news made him — up*, la notizia l'ha fatto saltare per aria; *you ought to make your employees — up a bit*, dovresti mettere in riga, sull'attenti i tuoi impiegati **2** stare alzato: *I sat up late for him last night*, l'ho aspettato alzato fino a tardi la notte scorsa.

sitar [sɪˈtɑ:] *s.* (*mus.*) sitar.

sitcom [ˈsɪtkɒm / sit·com] *s.* contr. di → **situation comedy**.

sit-down [ˈsɪtdaʊn] *agg.attr.* a sedere; al tavolo (di pasto): *I prefer — lunches to buffet lunches*, preferisco far colazione al tavolo piuttosto che in piedi ◆ *s.* (*fam.*) **1** il sedersi (per un po'): *let's have a —*, sediamoci un momento **2** manifestazione di protesta che consiste nell'occupare un luogo pubblico sedendosi a terra **3** — (*strike*), occupazione del posto di lavoro (come forma di protesta).

site [saɪt] *s.* **1** sito, luogo; posizione **2** luogo, scena (di delitto, di evento importante); teatro (di battaglia ecc.) **3** area (fabbricabile) **4** (*inform.*) sito: — *licence*, licenza di duplicazione (per uso interno); *web —*, sito web.

to **site** *v.tr.* porre; situare, collocare; localizzare (anche attività economiche) ◆ *v.intr.* (*non com.*) essere situato, trovarsi.

sith [sɪθ] *avv.* (*ant.*) → since // *sith she is dead*, (SPENSER) siccome è morta.

sit-in [ˈsɪtɪn] *s.* sit-in: *he took part in a —*, prese parte a un sit-in.

siting [ˈsaɪtɪŋ / sit·ing] *s.* ubicazione, collocazione, posizione: *the — of the house is splendid*, la casa è in una splendida posizione.

sitology [saɪˈtɒlədʒɪ / si·to·logy] *s.* dietetica.

sitter [ˈsɪtə* / sit·ter] *s.* **1** chi sta seduto **2** chi prende parte a una seduta **3** (*pitt., scult. ecc.*) modello **4** baby-sitter **5** chioccia, gallina che cova **6** (*sport*) occasione fortunata per segnare un punto; (*caccia*) colpo facile.

sitting [ˈsɪtɪŋ / sit·ting] *agg.* **1** seduto; da seduto: — *position*, posizione da seduto **2** presente a una seduta **3** (che è) in carica: — *member*, membro del parlamento in carica **4** che cova ◆ *s.* **1** tempo passato a sedere; posa; seduta: *he finished my portrait in three sittings*, finì il mio ritratto in tre pose // *to finish a job at one —*, finire un lavoro in una volta sola, facendo tutta una tirata **2** adunanza, riunione; sessione // (*dir.*) *the sittings*, le sessioni dell'anno giudiziario **3** (*dir.*) udienza: — *of a court*, udienza di un organo giudiziario; — *in camera*, udienza a porte chiuse; — *en banc*, (*amer.*) udienza a sezioni unite **4** turno (di pasto): *the first lunch — is from 12 to 1*, il primo turno per la colazione è dalle 12 alla 1 **5** cova **6** posto (in autobus ecc.); banco riservato (in una chiesa).

sitting duck [,sɪtɪŋˈdʌk] *s.* (*fam. fig.*) preda, bersaglio facile; persona indifesa.

sitting room [ˈsɪtɪŋ,rʊm *amer.* ˈsɪtɪŋ,ru:m] *s.* salotto.

sitting tenant [,sɪtɪŋˈtenənt] *s.* (*dir.*) affittuario attuale, l'occupante (di un immobile).

situate [ˈsɪtjʊeɪt / situ·ate] *agg.* (*ant.*) → **situated**.

to **situate** *v.tr.* situare, collocare, porre.

situated [ˈsɪtjʊeɪtɪd / situ·ated] *agg.* **1** situato, collocato, posto (di luogo): *a badly — town*, una città situata male **2** in una certa posizione, situazione (di persona): *this is how I am —*, questa è la situazione in cui mi trovo; *how are you — for money?*, come va la tua situazione finanziaria?

situation [,sɪtjʊˈeɪʃn / situ·ation] *s.* **1** situazione, circostanza; posizione, stato, condizione: *the political — seems calm*, la situazione politica appare tranquilla // *crisis —*, una crisi; *holiday —*, una vacanza **2** (*fam.*) problema, situazione preoccupante: *you've got quite a — there*, hai un bel problema **3** (*form.*) ubicazione, situazione, posizione, collocazione: — *rent*, rendita di posizione **4** (*form.*) posto, impiego: *he found a — as a gardener*, trovò un posto di giardiniere // *situations wanted*, richieste di impiego; *situations vacant*, offerte di impiego.

situation comedy [,sɪtjʊˈeɪʃn,kɒmɪdɪ] *s.*

(*tv*) 'situation comedy' (telefilm brillante in cui dei personaggi fissi affrontano situazioni di vita comune).

situation room [ˌsɪtjʊ'eɪʃn,rʊm *amer.* ˌsɪtjʊ'eɪʃn,ru:m] *s.* stanza dei bottoni.

sit-up ['sɪtʌp] *s.* (*ginnastica*) alzarsi a sedere.

six [sɪks] *agg.num.card.* e *s.* sei // — *of one and half a dozen of the other*, se non è zuppa è pan bagnato // *at sixes and sevens*, in disordine, sottosopra ◆ *s.* (*cricket*) colpo da sei punti.

sixfold ['sɪksfəʊld / six·fold] *agg.* **1** composto da sei parti **2** sestuplo ◆ *avv.* sei volte tanto.

six-footer [ˌsɪks'fʊtə*] *s.* persona alta sei piedi; (*fam.*) persona alta.

sixpence ['sɪkspəns / six·pence] *s.* moneta da sei penny.

sixpenny ['sɪkspənɪ / six·penny] *agg.* che vale sei penny: — *piece*, moneta da sei penny.

six-shooter [ˌsɪks'ʃu:tə*] *s.* (*amer.*) rivoltella a sei colpi.

sixte [sɪkst] *s.* (*scherma*) posizione di sesta.

sixteen [ˌsɪks'ti:n / six·teen] *agg.num.card.* e *s.* sedici.

sixteenmo ['sɪks'ti:nməʊ / six·teenmo] *agg.* e *s.* (*tip.*) (formato, volume) in sedicesimo.

sixteenth [ˌsɪks'ti:nθ / six·teenth] *agg. num.ord.* e *s.* sedicesimo.

sixteenth note [ˌsɪks'ti:nθnəʊt] (*amer.*) → **semiquaver**.

sixth [sɪksθ] *agg.num.ord.* sesto ◆ *s.* **1** sesta parte **2** (*mus.*) sesta.

sixthly ['sɪksθlɪ] *avv. num.* in sesto luogo.

sixtieth ['sɪkstɪɪθ / six·tieth] *agg.num.ord.* e *s.* sessantesimo.

sixty ['sɪkstɪ] *agg.num.card.* e *s.* sessanta: *he is not far off* —, egli non è lontano dalla sessantina // *the sixties*, gli anni fra il '60 e il '70; gli anni sessanta // *like* —, (*fam. amer.*) a tutta birra, di gran carriera.

sizable ['saɪzəbl / siz·able] *agg.* piuttosto grande.

sizar ['saɪzə*] *s.* studente universitario che usufruisce di una 'sizarship'.

sizarship ['saɪzəʃɪp / siz·ar·ship] *s.* borsa di studio (a Cambridge, Dublino).

size[1] [saɪz] *s.* **1** grandezza, dimensione; statura: *all of a* —, tutti della stessa grandezza; *the main problem is the — of the deficit*, il problema principale sono le dimensioni del deficit // *that's about the — of it*, (*fam.*) è proprio così, le cose stanno così **2** taglia; misura; numero: *I take a — 43 shoe*, porto il numero 43 di scarpe; *out of* —, fuori misura; *these shoes are a — too big*, queste scarpe sono di una misura più grande; *what is your —?*, che taglia hai?; *to try sthg. on for* —, provare qlco. per vedere se la taglia va bene // *try this* (*on*) *for* —, (*fig. fam.*) assaggia questo, tanto per cominciare // *to cut s.o. down to* —, ridimensionare qlcu. **3** formato: *the — of that paper is too big*, il formato di quel foglio è troppo grande **4** calibro **5** (*fig.*) valore, capacità **6** (*miner.*) pezzatura del carbone **7** (*inform.*) lunghezza (di un codice); capacità (di memoria); formato (di documento); volume (di un archivio); occupazione (di un programma in memoria) **8** (*ant.*) somma dovuta, denaro che spetta: *Tis not in thee / ... to scant my sizes*, (SH. King Lear) Tu non saresti capace ... di lesinarmi il dovuto.

to **size**[1] *v.tr.* misurare, graduare, classificare secondo la misura // *to — down*, graduare in ordine decrescente.

□ **size up** *v.tr.* e *avv.* (*fam.*) esaminare, valutare (persona, situazione).

size[2] *s.* **1** (*tecn.*) turapori **2** (*tess.*) bozzima.

to **size**[2] *v.tr.* **1** (*tecn.*) trattare con un turapori **2** (*tess.*) imbozzimare.

siz(e)able ['saɪzəbl / siz(e)·able] *agg.* piuttosto grande; considerevole.

sized [saɪzd] *agg.* **1** (*nei composti*) di una certa statura, grandezza, dimensione: *small -sized*, di piccole dimensioni **2** classificato per grandezza, statura, dimensione.

sizer[1] ['saɪzə*] *s.* (*miner.*) pezzatore.

sizer[2] *s.* (*tess.*) **1** imbozzimatore **2** imbozzimatrice (macchina).

sizing[1] ['saɪzɪŋ / siz·ing] *s.* (*mecc.*) controllo delle dimensioni, calibratura.

sizing[2] *s.* incollatura; (*tess.*) imbozzimatura: — *machine*, imbozzimatrice.

sizzle ['sɪzl] *s.* (*fam.*) sfrigolio.

to **sizzle** *v.intr.* **1** (*fam.*) sfrigolare **2** scoppiare dal caldo **3** (*fig.*) fremere (di rabbia).

sizzler ['sɪzlə* / sizz·ler] *s.* (*fam.*) giorno di caldo torrido.

ska [skɑ:] *s.* (*mus.*) ska, ritmo in cui si fondono il calypso giamaicano e il rock.

skald → **scald**[1].

skank [skæŋk] *s.* (*sl. amer.*) persona racchia, scorfano.

skate[1] [skeɪt] *s.* **1** pattino (da ghiaccio) // *get* (o *put*) *your skates on*, (*fam.*) sbrigati, muoviti **2** schettino, pattino a rotelle.

to **skate**[1] *v.intr.* **1** pattinare (su ghiaccio) // *to — on thin ice*, (*fig. fam.*) camminare sul filo del rasoio **2** schettinare, andare sui pattini a rotelle, sugli schettini // *to — around* (o *over*) *a problem*, evitare, glissare su un problema **3** (*sl. amer.*) non saldare un debito ◆ *v.tr.* (*fig. fam.*) far andare liscio: *you'll — (through) the exam*, passerai l'esame senza problemi.

skate[2] *s.* (*zool.*) razza, raia.

skateboard ['skeɪtbɔ:d / skate·board] *s.* skate-board.

to **skateboard** *v.intr.* andare in skate -board // **-er** *s.*

skater ['skeɪtə*] *s.* **1** pattinatore **2** schettinatore.

skating ['skeɪtɪŋ / skat·ing] *s.* **1** pattinaggio **2** schettinaggio.

skating-rink ['skeɪtɪŋ,rɪŋk] *s.* **1** pista per pattinaggio **2** pista per schettinaggio.

skatole ['skætəʊl / skat·ole] *s.* (*chim.*) scatolo.

skean → **skene**.

skedaddle [skɪ'dædl / ske·daddle] *s.* (*fam.*) fuga precipitosa.

to **skedaddle** *v.intr.* (*fam.*) scappare; svignarsela; squagliarsela.

skeet [ski:t] *s.* (*mar.*) gottazza.

skeeter ['ski:tə*] (*fam. amer.*) → **mosquito**.

skeet shooting ['ski:t,ʃu:tɪŋ] *s.* (*sport*) tiro al piattello.

skeg [skeg] *s.* (*mar.*) calcagnolo.

skein [skeɪn] *s.* **1** matassa **2** (*fig.*) confusione, scompiglio, situazione intricata **3** (*zool.*) stormo (di oche selvatiche).

skeletal ['skelɪtl / skel·etal] *agg.* **1** (*anat.*) scheletrico **2** (*fig.*) scheletrico, ridotto all'essenziale, molto conciso.

skeleton ['skelɪtn / skel·eton] *s.* **1** (*anat.*) scheletro (*anche fig.*): *he is a living* —, sembra uno scheletro, è magrissimo; *she is reduced to a* —, è ridotta uno scheletro // *a — at a feast*, un guastafeste // *a — in the cupboard* (o *the family* — o amer. *a — in the closet*), uno scheletro nell'armadio, un fatto che si vuol celare per vergogna **2** (*arch.*, *mar.*) ossatura; intelaiatura: *building* —, ossatura muraria **3** (*bot.*) venatura **4** canovaccio; schema; abbozzo: — *essay*, canovaccio di composizione ◆ *agg.* **1** essenziale, ridotto all'essenziale // (*mil.*): — *crew*, equipaggio ridotto; — *drill*, esercitazione dei quadri **2** (*edil.*) di intelaiatura: — *construction*, struttura a telai.

to **skeletonize** ['skelɪtənaɪz / skel·et·on·ize] *v.tr.* (*non com.*) **1** scheletrire; ridurre all'essenziale; ridurre al minimo **2** schematizzare, fare uno schema di; fare uno schizzo di.

skeleton key ['skelɪtn,ki:] *s.* grimaldello; passe-partout.

to **skelter** ['skeltə*] *v.intr.* correr via; precipitarsi; sfrecciare.

skene [ski:n] *s.* (*st.*) pugnale scozzese, irlandese.

skene-dhu [ˌski:ən'du:] *s.* pugnale (elemento del costume scozzese).

skep [skep] *s.* **1** canestro; paniere **2** alveare (di paglia, vimini).

skepsis ['skepsɪs / skep·sis] *s.* (*amer.*) → **scepsis**.

skeptic e *deriv.* (*amer.*) → **sceptic** e *deriv.*

skerrick ['skerɪk / sker·rick] *s.* (*fam. austr.*) traccia; pezzetto, briciola.

skerry ['skerɪ] *s.* (*scoz.*) scoglio.

sketch [sketʃ] *s.* **1** (*pitt.*) schizzo; abbozzo: *to make a — of a scene*, fare lo schizzo di una scena; — *block* (o — *book*) album per schizzi **2** descrizione sommaria; profilo generale **3** (*teatr.*) sketch, scenetta; (*lett.*) bozzetto; (*mus.*) breve composizione (per pianoforte) **4** (*inform.*) abbozzo, descrizione.

to **sketch** *v.intr.* fare un abbozzo; fare uno schizzo ◆ *v.tr.* **1** abbozzare; schizzare, fare uno schizzo di **2** descrivere a grandi linee, delineare.

□ **sketch in, out** *v.tr.* e *avv.* descrivere sommariamente; delineare (un progetto).

sketcher ['sketʃə* / sketch·er] *s.* disegnatore.

sketchily ['sketʃɪlɪ / sketch·ily] *avv.* sommariamente, per sommi capi.

sketchiness ['sketʃɪnɪs / sketchi·ness] *s.* mancanza di finitura, di dettagli: *the — of his knowledge*, la superficialità della sua cultura.

sketchpad ['sketʃ,pæd / sketch·pad] *s.* blocco per schizzi.

sketch plate ['sketʃ,pleɪt] *s.* (*metall.*) lamiera speciale (prodotta nelle dimensioni richieste dal cliente).

sketchy ['sketʃɪ] *agg.* sommario; vago, impreciso.

skew [skju:] *agg.* obliquo; sbieco; sghembo; asimmetrico: — *chisel*, scalpello a taglio obliquo; — *eyes*, occhi strabici; (*aer.*) — *aileron*, alettone sghembo; (*inform.*) — *factor*, fattore di traslazione; (*mecc.*) — *gear*, ingranaggio conico ad assi sghembi; (*arch.*) — *wall*, parete sbieca // (*mat.*): — *line*, *curve*, retta, curva sghemba; — *symmetric matrix*, matrice emisimmetrica; — *field*, corpo, campo sghembo // (*stat.*) — *distribution*, distribuzione asimmetrica ◆ *s.* **1** obliquità; disallineamento; inclinazione **2** (*mecc.*) ingranaggio sghembo.

to **skew** *v.tr.* **1** mettere di traverso **2** rendere obliquo **3** deflettere, deviare; sviare **4** (*fig.*) distorcere, alterare, travisare ◆ *v.intr.* **1** mettersi di traverso **2** guardare di traverso: *to — at s.o.*, guardare qlcu. di traverso **3** deviare.

skewback ['skju:bæk / skew·back] *s.* (*arch.*) cuscinetto d'imposta (di un arco).

skewbald ['skju:bɔ:ld / skew·bald] *agg.* (*zool.*) pomellato (di cavallo).

skewer ['skju:ə*] *s.* spiedo; schidione.

to **skewer** *v.tr.* infilare sullo spiedo.

skew-whiff [,skju:'wɪf] *agg.* (*fam.*) storto; di traverso; scompigliato: *the wind had blown her hat, her hair —*, il vento le aveva buttato il cappello di traverso, scompigliato i capelli.

ski [ski:] *s.* sci.

to **ski** *v.intr.* sciare.

skiagram ['skaɪəgræm / skia·gram] *s.* (*med.*) radiografia.

skiagraph ['skaɪəgrɑ:f *amer.* 'skaɪəgræf / skia·graph] *s.* (*med.*) radiografia.

skiascope ['skaɪəskəʊp / skia·scope] *s.* (*med.*) schiascopio, fluoroscopio, retinoscopio.

skiascopy [skaɪ'æskəpɪ / skia·scopy] *s.* (*med.*) schiascopia, fluoroscopia, retinoscopia.

ski boot ['ski:bu:t] *s.* scarpone da sci.

skid [skɪd] *s.* **1** slittamento (di ruota): (*aut.*, *aer.*) *side —*, sbandamento **2** (*tecn.*) scivolo // *to be on the skids*, (*fig. fam.*) andare in rovina **3** (*mecc.*) pattino **4** (*aer.*) pattino di coda (di aeroplano); pattino d'atterraggio (di elicottero).

to **skid** *pass.p.p.* **skidded** ['skɪdɪd / skid·ded] *v.tr.* **1** far scivolare **2** (*amer.*) trascinare ◆ *v.intr.* **1** scivolare, slittare; sbandare **2** (*aut.*, *aer.*, *sci*) derapare.

skid chain ['skɪdtʃeɪn] *s.* (*aut.*) (*amer.*) catena da neve, antineve.

to **skidoo** [skɪ'du:] *v.intr.* (*sl. amer.*) andarsene.

skid row ['skɪd,rəʊ] *s.* (*fam. amer.*) quartiere malfamato // — *bum*, vagabondo, barbone; *to end up on —*, finire sotto i ponti.

skier ['ski:ə*] *s.* sciatore.

skiff [skɪf] *s.* (*mar.*) schifo, skiff; scialuppa.

skiffle ['skɪfl] *s.* (*mus.*) musica jazz che si suona con chitarre e strumenti a percussione improvvisati.

skiing ['ski:ɪŋ / ski·ing] *s.* (*sport*) sci.

ski jump ['ski:dʒʌmp] *s.* salto (con gli sci); trampolino.

skilful ['skɪlfʊl / skil·ful] *agg.* abile, esperto, destro: *to be — in doing sthg.*, essere abile nel fare qlco. // **-ly** *avv.* // **-ness** *s.*

ski lift ['ski:lɪft] *s.* ski-lift, sciovia.

skill [skɪl] *s.* **1** abilità, destrezza, capacità; perizia // (*amm.*) — *valuation*, valutazione delle capacità professionali **2** mestiere: *to learn a new —*, imparare un nuovo mestiere // — *centre*, centro di riqualificazione professionale.

to **skill** *v.intr.* (*in frasi negative o interr.*) essere importante, far differenza: *as a madman's epistles are no gospels, so it skills not much when they are delivered*, (SH. Twelfth Night) siccome le lettere dei pazzi non sono vangelo, non è tanto importante se vengono recapitate presto o tardi.

skilled [skɪld] *agg.* esperto, versato, abile: — *labour*, mano d'opera specializzata; — *worker*, operaio specializzato; — *jobs*, posti di lavoro specializzato // (*dir.*) — *witness*, perito.

skillet ['skɪlɪt / skil·let] *s.* **1** casseruola con lungo manico // *let housewives make a skillet of my helm*, (SH. Othello) le massaie si facciano una pentola del mio elmo **2** (*spec. amer.*) → frying pan.

skillful → **skilful**.

skilly ['skɪlɪ] *s.* brodaglia; zuppa di avena.

skim [skɪm] *agg.* schiumato; scremato: — *milk*, latte scremato ◆ *s.* **1** schiuma **2** coltello superiore dell'aratro **3** (*sl. amer.*) entrate (*pl.*) in nero.

to **skim** *pass.p.p.* **skimmed** [skɪmd] *v.tr.* **1** schiumare; scremare: *to — the cream off*, scremare; (*fig.*) prendere il meglio di **2** sfiorare, rasentare; far passare rasente: *the birds were skimming the ground*, gli uccelli volavano raso terra; *a plane skimmed the houses*, un aeroplano sfiorò le case; *he skimmed a stone on the water*, fece rimbalzare un sasso sull'acqua; *she skimmed the subject*, trattò l'argomento superficialmente **3** scorrere, sfogliare; leggere superficialmente: *to — a novel*, scorrere un romanzo ◆ *v.intr.* **1** passare rasente: *to — over the ground*, sfiorare il terreno **2** coprirsi di uno strato sottile (di schiuma, ghiaccio) **3** dare una scorsa: *to — through a novel*, scorrere un romanzo.

skimble-skamble ['skɪmbl,skæmbl] *agg.* (*sl. antiq.*) stravagante, strampalato, incoerente.

skim coulter ['skɪm,kəʊltə*] *s.* (*agr.*) avanvomere.

skimmer ['skɪmə* / skim·mer] *s.* **1** schiumaiola, schiumarola; (*mecc.*) scrematrice **2** lancia (imbarcazione) **3** (*amer.*) vestito dal taglio semplice generalmente senza maniche.

skimming ['skɪmɪŋ / skim·ming] *s.* **1** scrematura **2** *gener.pl.* (*metall.*) scorie d'affioramento.

skimmington ['skɪmɪŋtən / skim·ming·ton] *s.* (*st.*) corteo farsesco (anticamente in uso nelle campagne inglesi per svergognare adulteri); marito o moglie protagonista del corteo.

to **skimp** [skɪmp] *v.tr.* risparmiare, economizzare: *my dressmaker is very good at skimping materials*, la mia sarta è abilissima nel far economia di stoffa ◆ *v.intr.* **1** lesinare: *to — on sthg.*, lesinare su qlco. **2** fare economie; essere parsimonioso.

skimping ['skɪmpɪŋ / skimp·ing] *agg.* parsimonioso, economo // **-ly** *avv.*

skimpy ['skɪmpɪ] *agg.* scarso; striminzito: *a — dress*, un abito succinto; *a — meal*, un pasto frugale // **-ily** *avv.* // **-iness** *s.*

skin [skɪn] *s.* **1** pelle, cute: *to have a fair, dark —*, avere una carnagione chiara, scura // *inner —* (o *true —*), derma; *outer —*, epidermide // *soaked to the —*, bagnato fino alle ossa // *to be only — and bone*, essere pelle e ossa // *to save one's —*, salvare la pelle; *to come off with a whole —*, uscirne sano e salvo // *to escape by the — of one's teeth*, cavarsela per il rotto della cuffia // *to fear for one's —*, temere per la propria pelle // *to have a thin, thick —*, essere sensibile, insensibile // *to jump out of one's — at a noise*, (*fam.*) spaventarsi per un rumore // *to get under s.o.'s —*, (*fam.*) irritare qlcu.; colpire qlcu. nel profondo // *it's no — off my nose*, (*fam.*) non me ne importa niente **2** pelle (di animale); pellame: *raw skins*, pelli grezze; *tanned skins*, pelli conciate, cuoio **3** otre **4** (*bot.*) buccia, scorza; pelle **5** involucro; pellicola (del latte ecc.) **6** (*sl.*) → skinhead **7** (*sl. amer.*) mano: *give me some —, brother!*, qua la mano, amico! **8** (*sl. antiq.*) persona, tipo: *he isn't a bad —*, è un brav'uomo **9** (*mar.*) fasciame **10** (*aer.*) rivestimento **11** (*metall.*) crosta.

to **skin** *pass.p.p.* **skinned** [skɪnd] *v.tr.* **1** scuoiare, scorticare, spellare; sbucciare: *my foot was skinned in several places*, avevo il piede scorticato in parecchi punti; *they skinned the tiger*, scuoiarono la tigre; *to — alive*, scorticare vivo // *to — a flint*, (*fam. ant.*) essere spilorcio // *to keep one's eyes skinned*, (*fam.*) tenere gli occhi bene aperti **2** (*sl. spec. amer.*) truffare, frodare, pelare **3** (*sl.*) battere, dare una batosta a ◆ *v.intr.* **1** ricoprirsi di una pellicola **2** (*sl. amer.*) filarsela, fare un fugone.

□ **skin over** *v.intr.* e *avv.* cicatrizzare, cicatrizzarsi, rimarginarsi.

skin beater ['skɪn,bi:tə*] *s.* (*fam. amer.*) batterista.

skin-deep [,skɪn'di:p] *agg.* superficiale; a fior di pelle // *beauty is —*, la bellezza non è tutto.

skin disease ['skɪndɪ,zi:z] *s.* (*med.*) dermatosi; malattia della pelle.

skin diver ['skɪn,daɪvə*] → **free diver**.

skin diving ['skɪn,daɪvɪŋ] *s.* nuoto subacqueo senza attrezzature.

skin effect ['skɪnɪ,fekt] *s.* (*elettr.*) effetto pelle.

skin flick ['skɪn,flɪk] *s.* (*sl.*) film porno.

skinflint ['skɪnflɪnt / skin·flint] *s.* (*fam.*) taccagno, spilorcio.

skinful ['skɪnfʊl / skin·ful] *s.* (*fam.*) **1** scorpacciata **2** gran bevuta: *I've had a — of beer*, ho fatto il pieno di birra.

skin game ['skɪngeɪm] *s.* (*sl.*) truffa.

skin graft ['skɪngrɑ:ft *amer.* 'skɪngræft] *s.* (*med.*) innesto epidermico; trapianto cutaneo.

skinhead ['skɪnhed / skin·head] *s.* (*sl.*) **1** 'skinhead' (teppista con la testa rapata) **2** persona con la testa pelata o rapata **3** (*amer.*) recluta.

skink [skɪŋk] *s.* (*zool.*) scinco.

skinned [skɪnd] *agg.* **1** scorticato **2** (*spec. nei composti*) dalla pelle: *fair- —*, di pelle chiara; *dark- —*, di pelle scura.

skinner ['skɪnə* / skin·ner] *s.* **1** conciapelli, cuoiaio **2** (*sl.*) imbroglione **3** (*amer.*) chi guida bestie da tiro: *mule —*, conducente di muli, mulattiere.

skinniness ['skɪnɪnɪs / skin·ni·ness] *s.* magrezza; macilenza.

skinny ['skɪnɪ] *agg.* **1** magro; scarno; macilento **2** (*non com.*) avaro, taccagno ◆ *s.* [U] (*fam. amer.*) informazioni; fatti: *the —*, i fatti, la verità; *are you giving me the —?*, me la stai contando giusta?

skinny-dip ['skını,dıp] *s.* (*fam. amer.*) bagno senza costume.

to **skinny down** [,skını'daʊn] *v.tr.* e *avv.* (*fam.*) ridurre, tagliare: *we had to — the budget down*, abbiamo dovuto ridurre il bilancio.

skint [skınt] *agg.* (*fam.*) al verde, senza una lira.

skin-tight ['skıntaıt] *agg.* aderente: — *jeans*, jeans aderenti.

skip[1] [skıp] *s.* **1** salto, balzo **2** omissione **3** (*inform.*) salto; tabulazione orizzontale, verticale.

to **skip**[1] *pass.p.p.* **skipped** [skıpt] *v.tr.* **1** saltare (*anche fig.*): *to — a few lines*, saltare qualche riga; *to — lunch*, saltare il pranzo **2** (*fam.*) lasciare di nascosto: *to — school*, marinare la scuola ◆ *v.intr.* **1** saltare (*anche fig.*): *to — from one subject to another*, saltare di palo in frasca **2** saltellare, ballonzolare; saltellare **3** saltare la corda: *children skipping in the street*, bambini che saltano la corda in strada **4** (*fam.*) svignarsela, tagliare la corda.

skip[2] *s.* **1** (*miner.*) gabbia, skip **2** benna di carico **3** cassone per macerie.

skipjack ['skıpdʒæk / skip·jack] *s.pl.invar.* **1** (*zool.*) pesce che balza fuori dall'acqua (spec. il tonno bonita) **2** (*zool.*) elateride **3** — *(tuna)*, tonno (in scatola).

ski plane ['ski:pleın] *s.* aeroplano da neve (con carrello d'atterraggio munito di sci).

ski pole ['ski:pəʊl] *s.* racchetta da sci.

skipper[1] ['skıpə* / skip·per] *s.* **1** chi salta la corda **2** (*zool.*) esperia, esperidio **3** (*zool.*) → saury.

skipper[2] *s.* **1** (*mar.*) capitano, comandante (di nave mercantile) // (*fam. mar.*) *—'s daughters*, onde altissime con la cresta bianca **2** (*aer. amer.*) comandante **3** (*sport*) capitano (di squadra) **4** (*fam.*) capo, padrone.

skipping ['skıpıŋ / skip·ping] *s.* Ⓤ **1** il saltare la corda **2** (*tip.*) salto di uno spazio.

skippingly ['skıpıŋlı / skip·ping·ly] *avv.* saltellando, a balzi.

skipping rope ['skıpıŋ,rəʊp] *s.* corda per saltare AMER. jump(ing) rope.

to **skirl** [skɜ:l] *v.intr.* mandare un suono come di cornamusa.

skirmish ['skɜ:mıʃ / skir·mish] *s.* scaramuccia; (*fig.*) schermaglia.

to **skirmish** *v.intr.* scaramucciare.

skirmisher ['skɜ:mıʃə* / skir·mish·er] *s.* chi prende parte a una scaramuccia.

skirmishing ['skɜ:mıʃıŋ / skir·mish·ing] *s.* scaramuccia.

skirret ['skırıt / skir·ret] *s.* (*bot.*) (*Sium sisarum*) sisaro.

skirt [skɜ:t] *s.* **1** gonna: *divided* —, gonna pantaloni **2** sottogonna **3** falda (di giacca ecc.) **4** (*sl.*) femmina; ragazza; donna: *a piece of* —, una bella donna **5** *pl.* confine; periferia: *the skirts of the town*, i sobborghi della città **6** (*tecn.*) fascia, banda // (*mecc.*) *the — of a piston*, il mantello di un pistone // (*edil.*) — *roof*, marcapiano.

to **skirt** *v.tr.* **1** costeggiare; fiancheggiare; circondare: *the path skirts the wood*, il sentiero costeggia il bosco **2** evitare, scansare; schivare ◆ *v.intr.* passare costeggiando, fiancheggiando.

skirt chaser ['skɜ:t,tʃeısə*] *s.* (*fam. amer.*) donnaiolo.

skirting ['skɜ:tıŋ / skirt·ing] *s.* Ⓤ **1** orlo; bordo; fascia **2** tessuto per gonne **3** zoccolatura.

skirting board ['skɜ:tıŋ,bɔ:d] *s.* battiscopa; zoccolo (di parete) AMER. baseboard, mopboard SIN. wainscot.

ski run ['ski:rʌn] **ski slope** ['ski:sləʊp] *s.* pista da sci.

ski stick ['ski:stık] *s.* racchetta da sci.

skit [skıt] *s.* **1** (*non com.*) sarcasmo **2** sketch; parodia; presa in giro.

ski touring ['skı,tʊərıŋ] *s.* sci-alpinismo.

to **skitter** ['skıtə* / skit·ter] *v.intr.* **1** correre agilmente **2** svolazzare sull'acqua (d'uccello) **3** far schizzare l'acqua nell'alzarsi, nel posarsi (di uccelli acquatici) **4** pescare tenendo l'esca sul pelo dell'acqua.

skittish ['skıtıʃ / skit·tish] *agg.* **1** superficiale; leggero; frivolo **2** volubile; incostante **3** ombroso (di cavallo) **4** giocherellone (di gattino) // **-ly** *avv.* // **-ness** *s.*

skittle ['skıtl] *s.* **1** birillo **2** *pl.* gioco dei birilli // *life is not all beer and skittles*, (*fig. fam.*) la vita non è tutta rose e fiori.

skittle-alley ['skıtl,ælı] *s.* campo per il gioco dei birilli.

skittle-ball ['skıtl,bɔ:l] *s.* palla, disco per il gioco dei birilli.

skive[1] [skaıv] *s.* mola per tagliatori di diamanti.

to **skive**[2] *v.tr.* (*tecn.*) **1** trasportare, tagliare in strisce sottili (pelli, gomma ecc.) **2** spaccare (una pelle, per separare il fiore dallo strato sottostante) **3** assottigliare, pareggiare, scarnire (una pelle).

skive[3] *s.* (*fam.*) il non lavorare; il tirare in lungo (per far passare il tempo e non lavorare): *this morning he had a* —, stamattina non aveva voglia di lavorare, ha buttato via tutta la mattina.

to **skive**[3] *v.intr.* (*fam.*) non lavorare; tirare in lungo; gingillarsi // *to — off school*, bigiare, marinare la scuola.

skiver[1] ['skaıvə*] *s.* **1** fiore (di una pelle) **2** spaccatrice (macchina che separa il fiore dallo strato sottostante di una pelle) **3** trincetto **4** chi spacca, assottiglia, pareggia, scarnisce una pelle.

skiver[2] *s.* (*fam.*) scansafatiche; fannullone.

skivvy[1] ['skıvı] *s.* (*fam.*) sguattera.

skivvy[2] *s.* (*fam. amer.*) **1** maglia della salute; maglietta intima (da uomo) **2** *pl.* biancheria intima da uomo.

ski wax ['ski:wæks] *s.* sciolina.

skua ['skju:ə] *s.* (*zool.*) stercorario, skua.

skulduggery [skʌl'dʌgərı / skul·dug·gery] *s.* Ⓤ (*fam.*) traffico, comportamento losco.

skulk [skʌlk] *s.* (*non com.*) imboscato.

to **skulk** *v.intr.* **1** muoversi furtivamente; appostarsi **2** nascondersi; imboscarsi **3** sottrarsi al dovere; evitare il lavoro.

skulker ['skʌlkə*] *s.* (*non com.*) imboscato.

skulkingly ['skʌlkıŋlı / skulk·ing·ly] *avv.* (*non com.*) furtivamente.

skull [skʌl] *s.* **1** (*anat.*) cranio; teschio // — *and crossbones*, teschio e tibie incrociate (simbolo della morte), bandiera dei pirati **2** (*fam.*) mente; testa, cranio; zucca: *can't you get it into that thick — of yours, that you must be on time*, non riesci a ficcarti in quella zucca dura che devi essere puntuale.

skull buster ['skʌl,bʌstə*] *s.* (*fam. amer.*) poliziotto.

skullcap ['skʌlkæp / skull·cap] *s.* **1** papalina; zucchetto **2** (*bot.*) scutellaria **3** (*anat.*) calotta cranica.

skull practice ['skʌl,præktıs] *s.* (*sport amer.*) studio di schemi di gioco alla lavagna, a tavolino.

skull session ['skʌl,seʃn] *s.* (*fam. amer.*) corso di aggiornamento; seminario intensivo.

skunk [skʌŋk] *s.* **1** (*zool.*) (*Mephitis mephitis*) moffetta **2** pelliccia di moffetta **3** (*fig. fam.*) mascalzone, farabutto.

sky [skaı] *s.* **1** cielo; volta celeste; firmamento: *clear* —, cielo sereno; *overcast* —, cielo coperto; *mackerel* —, cielo a pecorelle; *to sleep under the open* —, dormire all'aperto, sotto le stelle // *out of a clear* —, (*fig.*) inaspettatamente // *buy any dress you like: the —'s the limit!*, (*fig.*) compra qualsiasi vestito ti piaccia senza badare al prezzo! // (*dir. amer.*) *blue- — laws*, leggi che tutelano chi investe nei confronti delle speculazioni di borsa; *pieces of blue* —, titoli privi di valore **2** (*fig.*) *pl.* cielo; paradiso **3** (*gener. pl.*) clima; tempo.

sky blue [,skaı'blu:] *s.* celeste, azzurro (cielo).

sky-blue *agg.* celeste, azzurro (cielo).

skycap ['skaıkæp / sky·cap] *s.* (*fam. amer.*) facchino, portabagagli dell'aeroporto.

sky diver ['skaı,daıvə*] *s.* paracadutista acrobatico.

sky diving ['skaı,daıvıŋ] *s.* paracadutismo acrobatico.

Skye (terrier) [skaı('terıə*)] *s.* (*zool.*) terrier dell'isola di Skye.

sky-high [,skaı'haı] *agg.* altissimo; alle stelle: — *prices*, prezzi alle stelle ◆ *avv.* **1** alle stelle **2** a pezzi, in pezzi: *to blow sthg.* —, far saltare, esplodere qlco.

to **skyjack** ['skaıdʒæk / sky·jack] *v.tr.* dirottare.

skyjacker ['skaıdʒækə* / sky·jacker] *s.* dirottatore, pirata dell'aria.

skyjacking ['skaıdʒækıŋ / sky·jack·ing] *s.* dirottamento, pirateria aerea.

skylark ['skaılɑ:k / sky·lark] *s.* allodola.

to **skylark** *v.intr.* far cagnara, chiasso, baldoria.

skylight ['skaılaıt / sky·light] *s.* **1** (*edil.*) lucernario; lanterna **2** (*mar.*) osteriggio.

skyline ['skaılaın / sky·line] *s.* **1** linea, profilo (di monti, colline, città ecc.) contro il cielo **2** orizzonte.

sky pilot ['skaı,paılət] *s.* (*sl.*) prete.

skyrocket ['skaı,rɒkıt / sky·rocket] *s.* razzo (fuoco artificiale).

to **skyrocket** ['skaırɒkıt] *v.tr.* (*fig.*) mandare alle stelle; far salire alle stelle ◆ *v.intr.* andare, salire alle stelle: *gold prices have skyrocketed in the last two weeks*, nelle ultime due settimane l'oro è salito alle stelle.

skysail ['skaıseıl / sky·sail] *s.* (*mar.*) decontrovelaccio, decontrovelaccino, decontrobelvedere.

skyscraper ['skaɪ,skreɪpə* / sky·scraper] *s.* grattacielo.

skyward ['skaɪwəd / sky·ward] *agg.* rivolto, volto verso il cielo ◆ *avv.* verso il cielo, in direzione del cielo.

skywards ['skaɪwədz / sky·wards] *avv.* verso il cielo; in direzione del cielo.

sky wave ['skaɪweɪv] *s.* (*rad.*) onda spaziale, onda ionosferica.

skyway ['skaɪweɪ / sky·way] *s.* rotta (aerea).

skywriting ['skaɪ,raɪtɪŋ / sky·writ·ing] *s.* scrittura aerea (eseguita da piccoli aeroplani con emissione di fumo).

slab[1] [slæb] *s.* **1** lastra; piastra; lastrone. **2** (*edil.*) piastra; soletta: *concrete* —, piastra (di fondazione) di calcestruzzo, soletta di calcestruzzo **3** tavolo (dell'obitorio) **4** fetta; grossa fetta: *a — of plum-cake*, una fetta di plum-cake **5** sciavero **6** (*metall.*) slebo **7** (*fam. amer.*) letto.

slab[2] *s.* (*non com.*) fanghiglia; melma ◆ *agg.* (*ant.*) semi-solido; viscido.

(to) **slabber** ['slæbə* / slab·ber] e *deriv.* → (to) **slobber** e *deriv.*

slab-sided [,slæb'saɪdɪd] *agg.* (*fam. amer.*) alto e magro; allampanato.

slack[1] [slæk] *agg.* **1** lento; allentato; molle, (*mar.*) lasco: *the rope was too* —, la fune era troppo lenta **2** lento; pigro **3** indolente; negligente; inerte: *to be — at sthg.*, essere negligente nei confronti di qlco. **4** rilassato; fiacco; debole; poco fermo, poco deciso **5** (*comm.*) debole; fiacco; morto; calmo; stagnante: *business is* —, gli affari languono; *the market is* —, il mercato è fiacco; *summer is a — season for antique dealers*, l'estate è una stagione morta per gli antiquari // — *period*, periodo morto; — *capacity*, capacità produttiva inutilizzata // **-ly** *avv.* // **-ness** *s.*

slack[1] *s.* **1** allentamento; rilassamento **2** periodo morto, stagione morta **3** (*econ.*) ristagno; sottoutilizzazione di capacità produttiva **4** *pl.* pantaloni **5** (*geogr.*) acqua morta, morta (di fiume); stanca **6** (*mecc.*) gioco, lasco **7** (*mar.*) imbando.

to **slack**[1] *v.tr.* **1** allentare; diminuire; ridurre; rilassare **2** trascurare **3** spegnere (la calce) ◆ *v.intr.* **1** allentarsi; diminuire; calare; rallentare **2** (*fam.*) rilassarsi; riposarsi **3** battere la fiacca **4** (*comm.*) ristagnare; languire **5** spegnersi (di calce).

□ **slack off** *v.tr.* o *intr.* e *avv.* allentare, rilasciare, mollare.

slack[2] *s.* polverino (di carbone).

to **slacken** ['slækən] *v.tr.* **1** allentare; mollare: *to — the reins*, allentare le briglie; *to — the sails*, mollare le vele **2** diminuire; moderare; ridurre: *to — speed*, diminuire la velocità ◆ *v.intr.* **1** allentarsi; smorzarsi; ridursi: *business is slackening*, gli affari ristagnano **2** spegnersi (di calce).

slacker ['slækə* / slack·er] *s.* (*fam.*) fannullone; scansafatiche.

slag [slæg] *s.* ⓤ scoria, scorie; loppa: (*metall.*) *basic* —, scoria basica; — *cement*, cemento di scoria // (*geol.*) *volcanic* —, scoria vulcanica.

to **slag** *pass.p.p.* **slagged** [slægd] *v.intr.* (*metall.*) scorificare.

□ **slag off** *v.tr.* e *avv.* (*sl.*) criticare, parlare male di.

slagheap ['slæghi:p / slag·heap] *s.* cumulo di scorie.

slain *p.p.* di to **slay**.

to **slake** [sleɪk] *v.tr.* **1** estinguere, spegnere, smorzare: *to — one's thirst*, estinguere la propria sete; *to — lime*, spegnere la calce // *Yea, she alone and none other, / shall... / slake earth's hunger and thirst*, (A.C. SWINBURNE) Sì, ella sola e nessun'altra... spegnerà la fame e sete di giustizia **2** (*fig.*) appagare, soddisfare ◆ *v.intr.* estinguersi, spegnersi, smorzarsi.

slakeless ['sleɪklɪs / slake·less] *agg.* (*letter.*) inestinguibile; insaziabile.

slalom ['sleɪləm /sla·lom] *s.* (*sport*) slalom: *giant* —, slalom gigante.

slam[1] [slæm] *s.* sbatacchiamento: *the door closed with a* —, la porta si chiuse sbatacchiando.

to **slam**[1] *pass.p.p.* **slammed** [slæmd] *v.tr.* **1** sbattere, sbatacchiare; chiudere violentemente e sbattendo **2** spingere, pigiare con forza; scagliare, scaraventare: *he slammed the book (down) on the table*, sbatté il libro sul tavolo // *to — the brakes on*, frenare bruscamente **3** (*fam.*) criticare aspramente ◆ *v.intr.* sbattere (di porta e simili).

slam[2] *s.* (*bridge*) slam: *grand* —, grande slam, cappotto; *little* —, piccolo slam, stramazzo.

slam-bang [,slæm'bæŋ] *avv.* (*fam. amer.*) **1** d'impeto; di colpo; di botto; avventatamente **2** proprio, esattamente.

slammer ['slæmə* / slam·mer] *s.* (*sl. amer.*) **1** gattabuia, prigione **2** porta.

slander ['slɑ:ndə* *amer.* 'slændə* / slan·der] *s.* **1** calunnia, maldicenza **2** (*dir.*) ingiuria, diffamazione: *action for* —, azione giudiziaria a tutela dell'onore; — *of title*, messa in dubbio della proprietà altrui.

to **slander** *v.tr.* calunniare; (*dir.*) diffamare, ingiuriare.

slanderer ['slɑ:ndərə* *amer.* 'slændərə* / slan·der·er] *s.* calunniatore, maldicente; (*dir.*) diffamatore.

slanderous ['slɑ:ndərəs *amer.* 'slændərəs / slan·der·ous] *agg.* calunnioso, maldicente; (*dir.*) diffamatorio, ingiurioso // **-ly** *avv.*

slanderousness ['slɑ:ndərəsnɪs *amer.* 'slændərəsnɪs / slan·der·ous·ness] *s.* carattere diffamatorio, calunnioso.

slang [slæŋ] *s.* slang, gergo: *he likes using* —, gli piace parlare in slang; *schoolboy* —, gergo scolastico; *rhyming* —, slang (spec. usato dai Cockney londinesi) in cui alle parole da usare se ne sostituiscono altre che rimano con esse (p.e. *apples and pears* al posto di *stairs: I saw him coming up the apples and pears*, l'ho visto salire le scale; *trouble and strife* al posto di *wife*).

to **slang** *v.tr.* (*fam.*) vituperare, ingiuriare; insultare.

slanging match ['slæŋɪŋ,mætʃ] *s.* (*fam.*) scambio d'insulti.

slangy ['slæŋɪ] *agg.* **1** di slang, di gergo **2** che usa slang, gergo // **-ily** *avv.* // **-iness** *s.*

slank *pass.* (*rar.*) di to **slink**.

slant [sla:nt *amer.* slænt] *agg.* sghembo; inclinato ◆ *s.* **1** inclinazione, pendenza; pendio, china // *to draw a line at* (o *on*) *a* —, tracciare una linea di traverso **2** angolazione, angolatura; punto di vista **3** (*cinem.*) prospettiva **4** (*fam. amer.*) occhiata: *to take a — at sthg.*, dare un'occhiata a qlco.

to **slant** *v.intr.* **1** essere in pendenza; inclinarsi; deviare **2** propendere: *his views — towards liberalization of commerce*, le sue idee propendono per la liberalizzazione del commercio ◆ *v.tr.* **1** inclinare; deviare, far deviare obliquamente **2** (*spec. giornalismo*) presentare in modo tendenzioso; dare un taglio particolare a: *they slanted the programme towards the government's views*, diedero al programma un taglio in linea con le idee del governo.

slant-eyed ['slɑ:ntaɪd *amer.* 'slæntaɪd] *agg.* (*spreg.*) dagli occhi a mandorla.

slanting ['slɑ:ntɪŋ *amer.* 'slæntɪŋ / slant·ing] *agg.* inclinato; obliquo; sghembo // — *eyes*, occhi a mandorla // **-ly** *avv.*

slantwise ['slɑ:ntwaɪz *amer.* 'slæntwaɪz / slant·wise] *agg.* obliquo, trasversale ◆ *avv.* obliquamente, di traverso.

slap [slæp] *s.* **1** pacca; schiaffo, ceffone // *a — on the back*, (*fam.*) una pacca sulla spalla // *a — in the face*, (*fam.*) uno schiaffo in pieno viso **2** (*fig.*) affronto; rabbuffo; rimprovero: *a — on the wrist*, un leggero rimprovero.

to **slap** *pass.p.p.* **slapped** [slæpt] *v.tr.* **1** schiaffeggiare; colpire; dare una pacca a: *to — s.o. on the back*, dare pacche sulle spalle a qlcu. **2** sbattere; mettere (senza cura): *they slapped him into jail*, lo sbatterono in prigione **3** (*fam. fig.*) appioppare, piazzare: *the judge slapped a $ 3000 fine on him*, il giudice gli appioppò una multa di 3000 dollari ◆ *v.intr.* sbattere (rumorosamente): *waves slapped against the rocks*, le onde s'infrangevano rumorosamente contro le rocce; *the wet sail was slapping in the wind*, la vela bagnata sbatteva al vento.

□ **slap down** *v.tr.* e *avv.* posare con violenza, buttare (giù); (*fig.*) stroncare, reprimere; (*fig. fam.*) dare una lavata di capo a, sgridare: *she slapped the dictionary down on the table*, sbatté il dizionario sul tavolo; *every time I make a suggestion she slaps it down*, tutte le volte che faccio una proposta lei me la stronca.

slap (-bang) [slæp('bæŋ)] *avv.* (*fam.*) **1** violentemente; improvvisamente **2** in pieno, proprio: *they've built a car park — in the middle of the town*, hanno costruito un parcheggio in pieno centro.

slapdash ['slæpdæʃ / slap·dash] *agg.* avventato; affrettato; noncurante ◆ *s.* cosa fatta a casaccio; lavoro affrettato.

slaphappy [,slæp'hæpɪ / slap·happy] *agg.* (*fam.*) **1** euforico; irresponsabile **2** (*amer.*) sbilanciato ◆ *avv.* (*fam.*) *to knock s.o.* —, spiazzare qlcu.

slapjack ['slæpdʒæk / slap·jack] *s.* (*amer.*) frittella.

slapman ['slæpmæn / slap·man] *pl.* **slapmen** ['slæpmen] *s.* (*sl. amer.*) poliziotto in borghese.

slapstick ['slæpstɪk / slap·stick] *s.* **1** spatola d'Arlecchino **2** (*fig.*) farsa grossolana.

slap-up ['slæpʌp] *agg.* (*fam.*) eccellente, di prima qualità, di prim'ordine: *a — dinner*, un pranzo coi fiocchi.

slash [slæʃ] *s.* **1** taglio, apertura, squarcio **2** frustata, sferzata, scudisciata **3** (*sartoria*) spacco, taglio ornamentale, sfondo piega (spec. su maniche) **4** — (*mark*), barra **5** radura (ricoperta di resti d'alberi abbattuti) **6** (*sl. volg.*) pisciata: *to have a* —, fare una pisciata.

to **slash** *v.tr.* **1** tagliare; fendere; sfregiare **2** frustare, sferzare **3** ridurre nettamente, abbattere: *to — prices*, abbattere i prezzi **4** criticare aspramente: *the paper had an editorial slashing the government's economic policy*, sul giornale c'era un articolo di fondo che criticava aspramente la politica economica del governo ◆ *v.intr.* **1** fare un'apertura, un taglio, uno sfregio **2** abbattersi con violenza (di pioggia ecc.); colpire violentemente: *the rain slashed across the windscreen*, la pioggia scrosciava con violenza sul parabrezza; *to — at s.o.*, cercare di colpire qlcu. con violenza.

slashed [slæʃt] *agg.* **1** sfregiato **2** che presenta tagli profondi **3** a, con fenditure // *— sleeves*, maniche con aperture (per lasciare trasparire una fodera di altro colore).

slasher ['slæʃə*] *s.* (*tecn.*) raschietto; taglierina; sega circolare (per tagliare legna da ardere).

slashing ['slæʃɪŋ / slash·ing] *agg.* tagliente, sferzante (*anche fig.*) mordace, spietato // *a — criticism*, (*fam.*) una critica feroce, una stroncatura // *a — success*, (*fam.*) un successo strepitoso.

slat [slæt] *s.* **1** assicella; asticella; stecca // (*mecc.*) *— conveyor*, trasportatore a piastre **2** (*aer.*) aletta ipersostentatrice, alula.

to **slat** *pass.p.p.* **slatted** ['slætɪd] *v.tr.* fornire di asticelle, fare con assicelle.

slate[1] [sleɪt] *s.* **1** ardesia // *— quarry*, cava d'ardesia **2** tegola d'ardesia // *to have a — loose*, (*sl.*) essere un po' tocco **3** lavagnetta // *to clean the —* (o *to wipe the — clean*), (*fig.*) cominciare una nuova vita // *to start with a clean —*, (*fig.*) incominciare da zero **4** color ardesia **5** lista provvisoria di candidati.

to **slate**[1] *v.tr.* **1** coprire con tegole d'ardesia **2** prevedere: *the new car is slated to be a great success*, si prevede che la nuova automobile sarà un grande successo; *he is slated to be the next managing director*, si prevede che sarà il nuovo direttore generale **3** (*amer.*) designare, proporre come candidato, candidare.

to **slate**[2] *v.tr.* (*fam.*) **1** sgridare; punire **2** criticare severamente (spec. libri, autori).

slather ['slæðə*] *s.* (*spec. pl.*) (*sl. amer.*) grande quantità, sacco, mucchio: *slathers of money*, un mucchio di soldi.

slating ['sleɪtɪŋ / slat·ing] *s.* **1** rimbrotto: *he gave him a good —*, egli gli ha dato una buona lavata di testa **2** critica severa; stroncatura.

slats [slæts] *s.pl.* (*fam. amer.*) costole.

slatted ['slætɪd] *agg.* a stecche.

slattern ['slætən / slat·tern] *s.* (*antiq.*) sudiciona, sciattona.

to **slattern** *v.intr.* (*non com.*) essere sciatto, trascurato.

□ **slattern away** *v.intr.* e *prep.* buttar via, sprecare (tempo, occasioni).

slatternliness ['slætənlɪnɪs / slat·tern·li·ness] *s.* sporcizia; sciatteria.

slatternly ['slætənlɪ / slat·ternly] *agg.* sudicio; sciatto ◆ *avv.* sudiciamente; sciattamente.

slaty ['sleɪtɪ] *agg.* **1** di ardesia **2** color ardesia **3** (*geol.*) fissile.

slaughter ['slɔ:tə* / slaugh·ter] *s.* **1** macello **2** carneficina, massacro, strage.

to **slaughter** *v.tr.* **1** macellare **2** massacrare; far strage di (*anche fig.*) // *we have been slaughtered 5-0*, ci hanno stracciati 5-0.

slaughterer ['slɔ:tərə* / slaugh·ter·er] *s.* **1** macellatore **2** massacratore.

slaughterhouse ['slɔ:təhaʊs / slaugh·ter·house] *s.* mattatoio.

slaughterous ['slɔ:tərəs / slaugh·ter·ous] *agg.* (*letter.*) sanguinario; micidiale // **-ly** *avv.*

Slav [slɑ:v] *agg.* e *s.m.* slavo.

slave [sleɪv] *s.* **1** schiavo (*anche fig.*): *a — of prejudice*, schiavo di pregiudizi; *to be the — of*, essere schiavo di; *to become a — to duty*, diventare schiavo del dovere // *— labour*, lavoro da schiavi // *— traffic* (o *— trade*), tratta degli schiavi; *white — trade*, tratta delle bianche // *— trader*, commerciante di schiavi // (*st. amer.*) *— States*, stati schiavisti // (*inform.*) *— hard disk*, hard disk secondario **2** (*non com.*) persona meschina, abietta.

to **slave** *v.intr.* **1** lavorare come uno schiavo; sgobbare: *I have been slaving at this work for four years*, sgobbo su questo lavoro da quattro anni **2** trattare, commerciare schiavi ◆ *v.tr.* (*ant.*) rendere schiavo.

slave-born ['sleɪvbɔ:n] *agg.* nato in schiavitù.

slave driver ['sleɪv,draɪvə*] *s.* negriero (*anche fig.*).

slaver[1] ['sleɪvə*] *s.* **1** schiavista; negriero **2** nave negriera.

slaver[2] ['slævə*] *s.* **1** saliva; bava **2** (*fig.*) adulazione servile.

to **slaver**[2] *v.intr.* **1** far bava, sbavare **2** (*fig.*) comportarsi in modo servile ◆ *v.tr.* (*ant.*) imbavare.

slaverer ['slævərə* / slaver·er] *s.* **1** persona bavosa **2** (*fig.*) adulatore servile.

slavery ['sleɪvərɪ] *s.* **1** schiavitù (*anche fig.*) **2** lavoro faticoso.

slave-ship ['sleɪvʃɪp] *s.* nave negriera.

slavey ['sleɪvɪ] *s.* (*fam.*) serva.

Slavic ['slævɪk] *agg.* slavo: *— languages*, lingue slave ◆ *s.* slavo, lingua slava.

slavish ['sleɪvɪʃ / slav·ish] *agg.* **1** di schiavo; servile: *a — imitation*, una imitazione servile **2** abietto // **-ly** *avv.* // **-ness** *s.*

Slavonian [slə'vɒnɪən / Sla·vo·nian] *agg.* e *s.* (abitante, originario) della Slavonia.

Slavonic [slə'vɒnɪk / Slav·onic] → **Slavic**.

Slavophil ['slævəʊfɪl / Sla·vo·phil] **Slavophile** ['slævəʊfaɪl / Sla·vo·phile] *agg.* e *s.* slavofilo.

Slavophobe ['slævəʊfəʊb / Sla·vo·phobe] *agg.* e *s.* slavofobo.

slaw [slɔ:] *s.* (*cuc.*) abbr. di → **coleslaw**.

to **slay** [sleɪ] *pass.* **slew** [slu:] *p.p.* **slain** [sleɪn] *v.tr.* (*letter., amer.*) ammazzare, assassinare; trucidare // *he really slays me, that guy*, mi fa proprio morire dal ridere quello lì.

slayer ['sleɪə* / slay·er] *s.* (*letter., amer.*) uccisore; assassino.

slaying ['sleɪɪŋ / slay·ing] *s.* (*letter., amer.*) uccisione; assassinio; massacro.

sleazy ['sli:zɪ] *agg.* **1** squallido; sordido **2** (*non com.*) inconsistente; leggero (di tessuto) // **-iness** *s.*

sled [sled] *s.* slitta; slittino.

to **sled** *pass.p.p.* **sledded** ['sledɪd / sled·ded] *v.tr.* trasportare su slitta, slittino ◆ *v.intr.* andare su slitta, slittino.

sledding ['sledɪŋ / sled·ding] *s.* **1** trasporto (su slitta); corsa (su slittino) // *hard —*, (*fig.*) impresa difficile **2** pendio nevoso (adatto al passaggio di slitte).

sledge[1] [sledʒ] *s.* slitta.

to **sledge**[1] *v.tr.* trasportare su slitta ◆ *v.intr.* **1** andare su slitta **2** gareggiare su slitta.

sledge[2] *s.* → **sledgehammer**.

sledgehammer ['sledʒhæmə* / sledge·hammer] *s.* mazza, martello da fabbro ◆ *agg.* poderoso, potente.

to **sledgehammer** *v.tr.* battere con la mazza, con il martello da fabbro ◆ *v.intr.* usare la mazza, il martello da fabbro.

sleek [sli:k] *agg.* **1** liscio; levigato; lustro; lucente (di capelli): *— coat*, pelo lucido **2** florido, fiorente **3** (*fig.*) sdolcinato; mellifluo **4** di lusso; elegante, bello: *he was driving a — red sportscar*, guidava una bella macchina sportiva rossa // **-ly** *avv.* // **-ness** *s.*

to **sleek** *v.tr.* lisciare; lustrare: *he sleeked his hair with oil*, si lisciava i capelli col gel.

sleep [sli:p] *s.* **1** sonno; (*fig.*) riposo: *heavy* (o *sound*), *light —*, sonno pesante, leggero; *a restless —*, sonno inquieto; *broken —*, sonno interrotto; *to go to —*, addormentarsi; (*fig.*) morire; *my leg has gone to —*, mi si è addormentata la gamba; *I could not get to —*, non riuscivo ad addormentarmi; *to put to —*, (*fam.*) far addormentare; (*fig.*) uccidere, far morire (senza far soffrire); *she put* (o *sent*) *her child to —*, fece addormentare il bambino; *to fall into a deep* (o *into a sound*) *—*, cadere in un sonno profondo; *to lose one's — over sthg.*, perdere il sonno per qlco.; *to have one's — out* (o *to be between — and waking*), essere tra il sonno e la veglia, non essere del tutto sveglio; *to rouse s.o. from his —*, svegliare qlcu.; *to walk in one's —*, essere sonnambulo // (*med.*) *— disorders*, disturbi del sonno // *the last —*, (*fig.*) il sonno eterno, l'ultimo sonno, la morte **2** dormita; periodo di riposo: *to have a good —*, fare una buona dormita **3** (*zool.*) letargo (invernale): *winter —*, ibernazione.

to **sleep** *pass.p.p.* **slept** [slept] *v.intr.* dormire, riposare (*anche fig.*): *— well*, dormi bene, buon riposo // *to — rough*, dormire all'aperto // *I shall — in London tonight*, dormirò, passerò la notte a Londra // *I did not — a wink all night*, non ho chiuso occhio tutta la notte // *to — the clock round*, dormire dodici ore di fila // *to — like a dog* (o *a top*), (*fam.*) dormire come un sasso // *to — with one eye open*, dormire con un occhio solo; (*fig.*) stare in guardia // *to — on a matter*, rimandare la soluzione di un problema; *— on it*, dormirci sopra // *to — the sleep of the just*, dormire il sonno del giusto // *to — one's last sleep*, essere morto // *let sleeping dogs lie*, (*prov.*) non svegliare il can che dorme ◆ *v.tr.* dare da dormire a: *this hotel sleeps 100 people*, questo albergo ha 100 letti.

□ **sleep around** *v.intr.* e *avv.* (*fam. spreg.*) andare a letto con tutti.

□ **sleep in** *v.intr.* e *avv.* **1** dormire fino a tardi; alzarsi tardi **2** dormire, abitare nel luogo di lavoro.

□ **sleep off** *v.tr.* e *avv.* (*fam.*) smaltire (sbornia, pasto troppo abbondante) dormendo // *to — it off*, farsela passare, dormirci su.

□ **sleep out** *v.intr.* e *avv.* **1** dormire fuori (di casa) **2** non dormire, non abitare nel luogo di lavoro.

□ **sleep through** *v.intr.* e *prep.* continuare a

dormire nonostante: *how can you — through all that noise?*, come fai a dormire con tutto quel rumore?

□ **sleep together** *v.intr.* e *avv.* andare a letto assieme.

□ **sleep with** *v.intr.* e *prep.* andare a letto con.

sleeper ['sli:pə*] *s.* **1** dormiente; dormiglione; (*fig.*) persona indolente: *to be a light, heavy* (o *sound*) —, avere il sonno leggero, pesante **2** travetto; (*ferr.*) traversina AMER. tie **3** (*ferr.*) vagone letto **4** anellino usato per mantenere aperto il buco per un orecchino **5** (*spec. amer.*) libro, spettacolo, opera ecc. che ha un successo tardivo e inatteso **6** (*amer.*) spia occulta, senza incarichi (per farsi credere una persona comune e poi agire) **7** (*fam. amer.*) sedativo, calmante.

sleepily ['sli:pılı / sleep·ily] *avv.* con aria assonnata.

sleep-in [,sli:p'ın] *agg.* che dorme nel posto di lavoro, fisso: — *maid*, cameriera fissa.

sleepiness ['sli:pınıs / sleepi·ness] *s.* sopore, sonnolenza.

sleeping ['sli:pıŋ / sleep·ing] *agg.* dormiente; addormentato; assopito // *Sleeping Beauty*, la Bella Addormentata ♦ *s.* sonno; riposo.

sleeping bag ['sli:pıŋbæg] *s.* sacco a pelo.

sleeping berth ['sli:pıŋbɜ:θ] *s.* (*mar., ferr.*) posto letto, cuccetta.

sleeping car ['sli:pıŋkɑ:*] *s.* (*ferr.*) vagone letto.

sleeping draught ['sli:pıŋdrɑ:ft *amer.* 'sli:pıŋdræft] *s.* bevanda con sonnifero.

sleeping partner [,sli:pıŋ'pɑ:tnə*] *s.* (*comm.*) socio accomandante, socio non operante AMER. silent partner.

sleeping pill ['sli:pıŋpıl] *s.* sonnifero, pillola per dormire.

sleeping policeman [,sli:pıŋpə'li:smən] *s.* ostacolo messo di traverso su una strada per rallentare il traffico.

sleeping quarters ['sli:pıŋ,kwɔ:təz] *s.* dormitorio; camerata.

sleeping sickness ['sli:pıŋ,sıknıs] *s.* (*med.*) **1** malattia del sonno **2** encefalite letargica.

sleepless ['sli:plıs / sleep·less] *agg.* **1** insonne; agitato; tormentato: *a — night*, una notte bianca, in bianco **2** incapace di dormire; che soffre d'insonnia **3** instancabile; attivo // **-ly** *avv.* // **-ness** *s.*

sleepville ['sli:pvıl / sleep·ville] *agg.* (*fam. amer.*) in stato di sonnolenza; in stato comatoso.

sleepwalker ['sli:p,wɔ:kə* / sleep·walker] *s.* sonnambulo.

sleepy ['sli:pı] *agg.* **1** assonnato, sonnolento: *to be* —, aver sonno; *a — look*, un'aria addormentata **2** apatico; indolente; molle **3** tranquillo: *a — village*, un tranquillo paesino.

sleepyhead ['sli:pıhed / sleepy·head] *s.* (*fam.*) dormiglione; pigrone.

sleet [sli:t] *s.* **1** nevischio **2** (*amer.*) grandine.

to **sleet** *v.intr.impers.* **1** nevischiare: *it is sleeting*, nevischia **2** (*amer.*) grandinare.

sleety ['sli:tı] *agg.* **1** di nevischio; simile a nevischio **2** (*amer.*) di grandine; simile a grandine.

sleeve [sli:v] *s.* **1** manica: *to pluck s.o.'s* —, tirare qlcu. per la manica; *to roll up one's sleeves*, rimboccarsi le maniche (*anche fig.*) // *to have* (o *to keep*) *something up one's* —, (*fig.*) avere un asso nella manica // *to laugh in one's* —, ridere sotto i baffi // *to wear one's heart on one's* —, avere il cuore in mano **2** copertina, custodia (di un disco) AMER. jacket **3** (*mecc.*) manicotto; bussola: — *collar*, collarino, fascetta; — *coupling*, giunto a manicotto; — *valve*, valvola a fodero **4** (*elettr.*) tubetto isolante.

sleeveboard ['sli:vbɔ:d / sleeve·board] *s.* stiramaniche.

sleeved [sli:vd] *agg.* (*spec. nei composti*) con maniche: *short-* —, a maniche corte; *wide-* —, a maniche larghe.

sleeveless ['sli:vlıs / sleeve·less] *agg.* senza maniche.

sleeve link ['sli:vlıŋk] *s.* (*gener. pl.*) (*amer.*) → **cufflink**.

sleigh [sleı] *s.* slitta.

to **sleigh** *v.intr.* andare in slitta ♦ *v.tr.* trasportare con slitta.

sleight [slaıt] *s.* **1** abilità, destrezza **2** gioco di abilità; furberia.

sleight of hand [,slaıtəv'hænd] *s.* **1** gioco di prestigio **2** prestidigitazione.

slender ['slendə* / slen·der] *agg.* **1** magro; snello, sottile: *a — girl*, una ragazza snella; *she has a very — waist*, ha la vita molto sottile **2** debole, fiacco; esiguo, scarso: — *hopes*, deboli speranze; — *income*, rendita esigua; — *means* (o *resources*), mezzi insufficienti.

to **slenderize** ['slendəraız / slen·der·ize] *v.intr.* (*fam. amer.*) dimagrire; mantenere la linea ♦ *v.tr.* (*fam. amer.*) dimagrire; snellire.

slenderly ['slendəlı / slen·der·ly] *avv.* **1** sottilmente: — *built*, di corporatura snella **2** modestamente; modicamente; scarsamente.

slenderness ['slendənıs / slen·der·ness] *s.* **1** magrezza; snellezza **2** esiguità; modicità; scarsità.

slept *pass.p.p.* di to **sleep**.

sleuth [slu:θ] *s.* (*fam. antiq.*) detective, investigatore.

to **sleuth** *v.tr.* (*fam. antiq.*) pedinare ♦ *v.intr.* (*fam. antiq.*) fare l'investigatore.

sleuth-hound ['slu:θhaʊnd] *s.* (*ant.*) segugio; cane poliziotto.

to **slew**[1] [slu:] *v.intr.* girare; deviare; sbandare: *to — round*, sbandare, fare testa-coda ♦ *v.tr.* **1** far girare; far sbandare: *he slewed the car round*, fece testa-coda con la macchina **2** (*mil.*) brandeggiare AMER. to slue.

slew[2] *pass.* di to **slay**.

slew[3] *s.* (*fam. amer.*) grande quantità: *a whole — of difficulties*, un mare di guai.

slewed [slu:d] *agg.* (*fam.*) sbronzo.

slewfoot ['slu:fʊt / slew·foot] *s.* (*fam. amer.*) persona goffa, impacciata.

sley [sleı] *s.* (*tess.*) battente (di telaio).

slice [slaıs] *s.* **1** pezzo, parte; fetta, porzione; spicchio: — *of bread*, fetta di pane; — *of cake*, fetta di torta; — *of territory*, porzione, parte di terreno // *a — of luck*, (*fig.*) un po' di fortuna // — *of life*, (*fig.*) tranche de vie (realistico quadro di vita vissuta) **2** spatola, paletta: *cake* —, paletta per dolci **3** (*sport*) colpo tagliato.

to **slice** *v.tr.* **1** affettare, tagliare, dividere in parti: *he sliced off a piece of ham*, tagliò una fetta di prosciutto // *any way you — it*, (*fam. amer.*) comunque tu consideri la cosa **2** (*sport*) tagliare (la palla) ♦ *v.intr.* fare un taglio: *he sliced through* (o *into*) *his finger*, si tagliò un dito; *the blade sliced into his arm*, la lama gli tagliò un braccio.

slicer ['slaısə*] *s.* affettatrice.

slick[1] [slık] *agg.* **1** liscio, levigato; sdrucciolevole, scivoloso: *a — tyre*, uno pneumatico liscio, consumato; *a — road*, una strada sdrucciolevole **2** (*fig.*) liscio, scorrevole; disinvolto, sciolto: *he gave a very — presentation*, fece una presentazione molto spigliata **3** abile, svelto, ingegnoso; furbo, scaltro: *a — alibi*, un alibi ben congegnato; *a — sales pitch*, un'abile parlantina da venditore **4** falso, untuoso, viscido **5** leggero, superficiale: *the film was nice, even if a little too* —, il film era piacevole anche se un po' troppo leggerino **6** eccellente, ottimo // — *chick*, (*fam. amer.*) pollastrella, bella ragazza ♦ *avv.* abilmente, ingegnosamente: *he played it very* —, ha giocato d'astuzia // **-ly** *avv.* // **-ness** *s.*

to **slick**[1] *v.tr.* **1** lisciare, levigare; lucidare **2** *to — (up)*, (*fam. amer.*) agghindare; abbellire; rendere presentabile: *we slicked the whole place up*, abbiamo lustrato il locale da cima a fondo.

□ **slick down** *v.tr.* e *avv.* impomatare: *to — down one's hair*, impomatarsi i capelli.

slick[2] *s.* **1** (*oil*) —, chiazza di petrolio (sulla superficie del mare) **2** (*amer.*) rivista stampata su carta patinata.

slickenside ['slıkənsaıd / slicken·side] *s.* (*geol.*) liscione di faglia, specchio di faglia.

slicker ['slıkə*] *s.* **1** (*city*) —, (*fam.*) dritto; imbroglione ben vestito e dalla parola pronta **2** (*amer.*) impermeabile lungo e ampio di tela cerata.

to **slicker** *v.tr.* (*sl. amer.*) imbrogliare, fregare.

slide [slaıd] *s.* **1** scivolata, scivolone; (*fig.*) crollo, caduta (di prezzi); slittamento (di una moneta): — *of the dollar*, scivolone del dollaro **2** (*mecc.*) scorrimento **3** scivolo (anche per bambini); piano inclinato **4** pista ghiacciata, su ghiaccio **5** (*mecc.*) guida (di scorrimento): — *bar*, asta di guida **6** (*mecc.*) corsoio, cursore, pattino, slitta: — *gauge*, calibro a corsoio; — *depth gauge*, calibro (a corsoio) di profondità; — *rest*, slitta portautensile **7** (*mecc.*) carrello (anche di arma da fuoco automatica) **8** vetrino (per microscopio) **9** (*fot.*) diapositiva: — *projector*, proiettore per diapositive, diascopio; — *tray*, caricatore **10** (*geol.*) frana (di terra); slavina, valanga (di neve) **11** fermacapelli, fermaglio per capelli **12** (*mus.*) note scivolate (*pl.*) **13** (*mus.*) coulisse (del trombone a tiro).

to **slide** *pass.p.p.* **slid** [slıd] *v.intr.* **1** scivolare (*anche fig.*); sdrucciolare; scorrere: *the book slid off my knee*, il libro mi scivolò dalle ginocchia; *the car slid over the ice, on the icy road*, la macchina scivolò sul ghiaccio, sulla strada ghiacciata; *the boys slid along the icy path*, i ragazzi si lasciavano scivolare per il sentiero ghiacciato; *the sword slides into its scabbard*, la spada scorre nel fodero; *he slid into vice*, scivolò nel vizio; *to — over a delicate subject*, sorvolare, glissare su un argomento delicato // *to let things* —, lasciar correre (le cose) // *time slides by* (o *past*), il tempo scorre, scivola via **2** andarsene, entrare, uscire furtivamente: *to — out of a room*, uscire da una stanza alla chetichella; *she slid into the car*, s'infilò zitta zitta in macchina; *the car slid away*, la macchina scivolò via silenziosamente **3** slittare (di una moneta): *prices slid after the company reported a loss*, i costi slittarono quando la società registrò una perdita ◆ *v.tr.* far scivolare (*anche fig.*); far scorrere; infilare: *he slid the glass across the table*, fece scivolare il bicchiere sul tavolo; *he slid a coin into the porter's hand*, fece scivolare una moneta nella mano del facchino; *he slid the record into its sleeve*, infilò il disco nella copertina; *he slid the sword out of its scabbard*, sfilò la spada dal fodero.

slide fastener ['slaɪd,fɑːsnə* *amer.* 'slaɪd ,fæsnə*] *s.* (*amer.*) cerniera lampo.

slider ['slaɪdə*] *s.* **1** chi scivola, sdrucciola **2** (*mecc.*) corsoio, cursore, scorrevole **3** mattonella (gelato tra due cialde).

slide rule ['slaɪdruːl] *s.* regolo calcolatore.

slide valve ['slaɪdvælv] *s.* **1** cassetto di distribuzione; valvola a cassetto **2** valvola a saracinesca.

slide way ['slaɪdweɪ] *s.* guida di scorrimento.

sliding ['slaɪdɪŋ / slid· ing] *agg.* scorrevole; mobile: — *door*, porta scorrevole; — *panel*, pannello scorrevole; (*aut.*) — *roof*, tetto apribile; — *seat*, sedile scorrevole.

sliding scale [,slaɪdɪŋ'skeɪl] *s.* scala mobile (delle retribuzioni).

slight [slaɪt] *agg.* **1** magro; minuto; esile, delicato; smilzo: *a — girl*, una ragazza esile **2** (*fig.*) leggero, lieve; scarso: *he had a — French accent*, aveva un leggero accento francese; *a — change*, un piccolo cambiamento; *his lectures were of — interest*, le sue lezioni erano di scarso interesse // *I haven't the slightest idea what he's talking about*, non ho la minima, la più pallida idea di che cosa stia parlando // *in the slightest*, per niente, per nulla affatto, minimamente: *"Do you mind my smoking?" "No, not in the slightest"*, "Le dà fastidio se fumo?" "No, per niente" **3** superficiale; inconsistente, insignificante, di poca importanza (spec. di libri, musica ecc.): *compared to his former work, this book is very —*, paragonato alla sua produzione precedente, questo libro è del tutto inconsistente // (*dir.*) — *evidence*, prova di minimo valore, tenue indizio ◆ *s.* **1** disprezzo; affronto; mancanza di riguardo: *he took my doubts as a — to him*, prese i miei dubbi come un affronto personale; *she didn't mean it as a — on your work*, non voleva che ciò sembrasse una mancanza di considerazione per il tuo lavoro **2** trascuratezza, negligenza.

to **slight** *v.tr.* **1** disprezzare; guardare dall'alto in basso; mancare di riguardo a, verso **2** trascurare: *to — one's duties*, trascurare i propri doveri.

slighting ['slaɪtɪŋ / slight·ing] *agg.* sprezzante, sdegnoso; offensivo, irriguardoso; *a — remark*, un commento offensivo // **-ly** *avv.*

slightly ['slaɪtlɪ / slight·ly] *avv.* **1** leggermente, lievemente; un poco: *I feel — better*, mi sento un pochino meglio; — *drunk*, un po' brillo; *this meat is — too salty*, questa carne è leggermente troppo salata **2** poco; scarsamente: *I know him —*, lo conosco poco **3** delicatamente; esilmente: — *built*, di costituzione delicata, dalla figura esile.

slightness ['slaɪtnɪs / slight·ness] *s.* **1** leggerezza; inconsistenza; irrilevanza **2** magrezza; esilità; fragilità.

slim [slɪm] *agg.* **1** snello, sottile, magro; affusolato (di dita) **2** (*fig.*) debole, tenue; leggero; scarso: — *chance*, scarsa probabilità; — *profits*, magri profitti; — *excuse*, magra scusa // (*inform.*) — *line*, linea a profilo sottile **3** (*non com.*) furbo; astuto; scaltro // **-ly** *avv.* // **-ness** *s.*

to **slim** *pass.p.p.* **slimmed** [slɪmd] *v.intr.* **1** dimagrire (con dieta e ginnastica) **2** fare la dieta: *please, don't offer me any chocolate; I'm slimming!*, per favore non offritemi della cioccolata, sono in dieta! ◆ *v.tr.* **1** far dimagrire (con dieta e ginnastica) **2** snellire, far sembrare snello: *that black dress slims her a lot*, quel vestito nero la fa sembrare molto più snella **3** (*fig.*) ridurre, snellire: *to — (down) the personnel*, ridurre il personale.

slime [slaɪm] *s.* **1** melma, limo; fanghiglia; viscidume (*anche fig.*) **2** bava (di lumaca, di serpente); umore viscoso (dei pesci) **3** (*ant.*) bitume.

to **slime** *v.tr.* **1** ricoprire di melma **2** (*zool.*) coprire di bava (di serpente, di lumaca) ◆ *v.intr.* diventare melmoso, limaccioso, viscido.

slimebag ['slaɪmbæg /. slime·bag] *s.* (*sl. amer.*) persona disgustosa, ripugnante, deprecabile; verme.

slimmer ['slɪmə* / slim·mer] *s.* chi fa la cura dimagrante (con dieta e ginnastica); chi è in dieta.

slimming ['slɪmɪŋ / slim·ming] *agg.* dimagrante, che fa dimagrire: — *diet, pill*, cura, pillola dimagrante ◆ *s.* il seguire una cura dimagrante; l'essere in dieta.

slimy ['slaɪmɪ] *agg.* **1** limaccioso; fangoso **2** viscoso; sdrucciolevole; viscido **3** (*fig. spreg.*) servile, ossequioso, viscido // **-ily** *avv.* // **-iness** *s.*

sling [slɪŋ] *s.* **1** fionda, frombola // (*letter.*) *slings and arrows*, guai, tribolazioni (dall'identica espressione dell''Amleto' di W. Shakespeare) **2** (*mil. st.*) catapulta; balista **3** tracolla; spallaccio **4** (*med.*) bendaggio a fionda: *he had his arm in a —*, portava il braccio al collo **5** cappio; imbracatura; (*mar.*) braca.

to **sling** *pass.p.p.* **slung** [slʌŋ] *v.tr.* **1** scagliare con la fionda: *to — a stone*, lanciare un sasso con la fionda **2** (*fam.*) buttare, gettare; lanciare, tirare: *he slung his pack onto the back of the lorry*, buttò il suo zaino nel retro del camion; *he slung the raincoat over the back of the chair*, buttò l'impermeabile sulla spalliera della sedia // *he was so drunk that he was slung out of the pub*, era così ubriaco che fu buttato fuori dal pub // *to — one's hook*, (*sl.*) andarsene, tagliare la corda // *to — mud at*, (*fig.*) lanciare fango su // *to — the bat*, (*antiq.*) parlare la lingua locale // *to — ink*, scribacchiare, scrivere (per giornali ecc.) // *to — words*, parlare, perorare // *to — beer*, (*amer.*) fare il barista // *to — it*, (*sl. amer.*) esagerare **3** sospendere; appendere: *to — a hammock between two trees*, sospendere un'amaca fra due alberi **4** portare a tracolla: *to — sthg. over one's shoulder* (o *one's back*), portare qlco. a tracolla, ad armacollo **5** imbracare: *to — (up) a load with a crane*, issare un carico con la gru (dopo averlo imbracato).

slinger ['slɪŋə*] *s.* **1** fromboliere; lanciatore di pietre **2** (*fam. amer.*) cameriere.

slingshot ['slɪŋʃɒt / sling·shot] *s.* (*amer.*) fionda BRIT. catapult.

slink [slɪŋk] *agg.* **1** nato prematuramente (di animale) **2** (*dial.*) magro, esile ◆ *s.* **1** aborto (di animale); vitello nato prematuramente **2** (*fam. antiq.*) codardo.

to **slink** *pass.intr.* **slunk** [slʌŋk] (*rar.*) **slank** [slæŋk] *p.p.* **slunk** *v.intr.* sgattaiolare, svignarsela; muoversi furtivamente ◆ *v.tr.* (*zool.*) partorire (un cucciolo) prematuramente.

slinky ['slɪŋkɪ] *agg.* **1** furtivo **2** (*fam.*) aderente, attillato (di abito) // **-ily** *avv.* // **-iness** *s.*

slip[1] [slɪp] *s.* (*ceramica*) argilla semiliquida.

slip[2] *s.* **1** scontrino, tagliando, talloncino: (*comm.*) *deposit —*, distinta di versamento; ricevuta di deposito // (*amm.*) — *bookkeeping*, contabilità a fogli mobili **2** striscia (di carta, tessuto, terra ecc.) **3** (*bot.*) innesto **4** (*fam. antiq.*) persona giovane e snella: *she's still a — of a girl*, è ancora una ragazzina, un fiorellino **5** (*zool.*) piccola sogliola **6** (*tip.*) bozza in colonna.

slip[3] *s.* **1** scivolata, scivolone // *to give s.o. the —*, (*fam.*) evitare qlcu. // *there's many a — 'twixt the cup and the lip*, (*prov.*) tra il dire e il fare c'è di mezzo il mare **2** errore; lapsus; svista; passo falso: *to make a —*, commettere un errore; *a — of the tongue*, un lapsus linguae **3** (*mar.*) scivolo; molo; imbarcadero; ponte d'approdo **4** sottoveste **5** federa **6** guinzaglio **7** *pl.* (*teatr.*) quinte **8** *pl.* (*antiq.*) calzoncini da bagno.

to **slip**[3] *pass.p.p.* **slipped** [slɪpt] *v.intr.* **1** scivolare, sdrucciolare: *he slipped into the water*, scivolò in acqua; *my foot slipped*, mi è scivolato il piede; *the ball slipped out of my hand*, la palla mi è scivolata di mano; *the lorry slipped on the icy road*, il camion è slittato sulla strada ghiacciata // *to — on a banana skin*, scivolare su una buccia di banana **2** sgusciare, sgattaiolare (dentro, fuori ecc.); infilarsi: *he slipped in by the back door*, è sgusciato dentro dalla porta sul retro; *to — into bed*, infilarsi nel letto; *I'm going to — down to the supermarket*, faccio un salto al supermercato // *she slipped quickly out of her dress*, si tolse in fretta il vestito; *to — into a garment*, infilarsi un indumento **3** perdere di qualità, di livello; peggiorare; calare, perdere terreno: *the quality of the food is slipping in that restaurant*, la qualità del cibo sta peggiorando in quel ristorante; *profits are slipping*, i profitti stanno calando ◆ *v.tr.* **1** far scivolare, infilare, mettere; allungare, dare furtivamente: *he slipped a note into my hand*, mi ha fatto scivolare un biglietto in mano; *she slipped a banknote into his pocket*, gli infilò una banconota in tasca; *to — the film*, far scorrere la pellicola; *to — s.o. some information*, soffiare delle informazioni a qlcu.; *to — s.o. a bribe*, dare una bustarella a qlcu. // *to — sthg. over on s.o.*, (*fam. amer.*) imbrogliare qlcu., giocare un brutto tiro a qlcu. **2** liberarsi, sciogliersi da: *the dog slipped its chain*, il cane si liberò dalla catena; *the boat slipped the moorings*, l'imbarcazione si sciolse dagli ormeggi **3** (*fig.*) sfuggire di (mente ecc.): *it has slipped my memory, my mind*, mi è sfuggito di mente, non lo ricordo **4** *to let —*, lasciarsi sfuggire: *he let — a good opportunity*, si è lasciato sfuggire una buona occasione; *she let — that she was looking for another job*, si lasciò sfuggire che stava cercando un altro impiego **5** (*lavoro a maglia*) passare (un punto) senza lavorarlo **6** abortire (*di animali*) **7** (*mar.*) sciogliere, allentare, mollare: *to — the anchor*, mollare l'ancora; (*ferr.*) *to — a carriage*, sganciare una carrozza // *to — one's trolley*, (*fam. amer.*) perdere la bussola, la tramontana.

□ **slip away** *v.intr.* e *avv.* **1** scorrere, sfuggire (di tempo) **2** eclissarsi, squagliarsela: *you'd better — away before the speeches begin*, farai meglio a squagliartela prima che inizino i discorsi.

□ **slip off** *v.tr.* e *avv.* sfilare, togliere (un indumento): *to — one's shoes off*, togliersi le scarpe.

□ **slip on** *v.tr.* e *avv.* infilare, mettere: *to — a coat on*, infilarsi un cappotto.

□ **slip up** *v.intr.* e *avv.* **1** scivolare **2** (*fig.*) sbagliare; fare una gaffe; fallire, far fiasco: *he slipped up badly*, ha fatto un grosso errore; *the plan slipped up badly*, il progetto è fallito miseramente.

slipcase ['slɪpkeɪs / slip·case] *s.* custodia, cofanetto (per libri).

slip-coach ['slɪpkəʊtʃ] *s.* (*ferr.*) vagone sganciabile in corsa.

slipcover ['slɪpkʌvə* / slip·cover] *s.* **1** (*amer.*) fodera lavabile (di poltrona, divano) **2** (*legatoria*) sopracoperta (di libro).

slip galley ['slɪpgælɪ] *s.* (*tip.*) vantaggio.

slip-hook ['slɪphʊk] *s.* gancio a cerniera.

slip-in ['slɪpɪn] *s.* (*amer.*) scivolo, rampa (di accesso).

slip joint ['slɪpdʒɔɪnt] *s.* (*mecc.*) giunto scorrevole.

slipknot ['slɪpnɒt / slip·knot] *s.* nodo scorsoio, laccio.

slip-on ['slɪp,ɒn] *agg.* che s'infila facilmente, senza lacci, bottoni ecc. (di indumento, scarpe) ◆ *s.* **1** indumento facile da indossare **2** scarpa non stringata **3** fascetta elastica.

slipover ['slɪp,əʊvə* / slip·over] *s.* pullover, golf senza maniche.

slipper ['slɪpə* / slip·per] *s.* **1** pantofola; pianella; ciabatta **2** (*mecc.*) — (*brake*), rallentatore, pattino; (*ferr.*) scarpa di frenatura, freno sulla rotaia.

slippered ['slɪpəd] *agg.* in pantofole.

slipperwort ['slɪpəwɜ:t / slip·per·wort] *s.* (*bot.*) (*Calceolaria hybrida*) calceolaria.

slippery ['slɪpərɪ / slip·pery] *agg.* **1** sdrucciolevole, scivoloso; viscido: *a — deck*, un ponte sdrucciolevole // *as — as an eel*, viscido come un'anguilla // *to be on* (o *to go down*) *the — slope*, (*fig. fam.*) essere su una brutta china, precipitare in un baratro **2** (*fig.*) incerto, instabile, precario **3** (*fam. fig.*) ambiguo, sfuggente; evasivo; infido, viscido: *he's a — customer*, è un tipo di cui non ci si può fidare // **-ily** *avv.* // **-iness** *s.*

slip-proof ['slɪp,pru:f] *s.* (*tip.*) prima bozza.

slippy ['slɪpɪ] *agg.* (*fam.*) **1** scivoloso, sdrucciolevole **2** *to look —*, fare in fretta, sbrigarsi; essere veloce, vivace.

slip ring ['slɪp,rɪŋ] *s.* (*elettr.*) anello (di contatto).

slip road ['slɪp,rəʊd] *s.* svincolo (di autostrada); rampa (d'accesso o d'uscita).

slipshod ['slɪpʃɒd / slip·shod] *agg.* **1** (*fam.*) in ciabatte **2** (*estens.*) disordinato, scalcagnato, scalcinato; sciatto, trasandato: *a — little girl*, una bambinetta male in arnese **3** (*fig.*) trascurato, sciatto, impreciso (di stile, lavoro ecc.): *a — piece of work*, un lavoro tirato via.

slipslop ['slɪpslɒp / slip·slop] *agg.* (*fam.*) **1** insipido **2** (*fig.*) incoerente, insulso ◆ *s.* **1** broda, brodaglia, sbobba, risciacquatura **2** vino, liquore leggero, dozzinale **3** (*fig.*) discorso incoerente; chiacchiera; scritto sdolcinato **4** (*letter.*) sproposito.

slipstream ['slɪpstri:m / slip·stream] *s.* **1** (*aer.*) flusso, scia (dell'elica); getto, scia (di un motore a getto) **2** (*aut.*) scia.

to **slipstream** *v.tr.* e *intr.* sfruttare la scia (del veicolo che precede); succhiare le ruote (di).

slipstream smoking ['slɪpstri:m,sməʊkɪŋ] *s.* fumo passivo.

slip-up ['slɪpʌp] *s.* (*fam.*) errore, sbaglio; contrattempo: *because of a —, the meeting had to be cancelled*, a causa di un contrattempo la riunione è stata annullata.

slipway ['slɪpweɪ / slip·way] *s.* (*mar.*) invasatura.

slit [slɪt] *s.* fessura; crepa, fenditura; spacco: *— of a letter-box*, feritoia di una buca delle lettere; *— skirt*, gonna con lo spacco // *— eyes*, occhi socchiusi a fessura; occhi a mandorla.

to **slit** *pass.p.p.* **slit** *v.tr.* fendere; spaccare; tagliare; incidere // *to — s.o.'s throat*, tagliare la gola a qlcu. // *to — open an envelope*, aprire una busta con un tagliacarte, con il pollice ◆ *v.intr.* fendersi; spaccarsi.

slit-eyed ['slɪtaɪd] *agg.* (*spreg.*) dagli occhi a mandorla.

slither ['slɪðə*] *s.* **1** scivolata, scivolone **2** lo strisciare.

to **slither** *v.intr.* **1** scivolare, sdrucciolare **2** strisciare: *the wounded man slithered along the ground*, il ferito si trascinava strisciando per terra ◆ *v.tr.* far scivolare.

slithery ['slɪðərɪ / slith·ery] *agg.* **1** scivoloso, sdrucciolevole **2** strisciante; ondeggiante.

sliver ['slɪvə*] *s.* **1** scheggia; frammento **2** (*ant.*) ramoscello: *an envious sliver broke, / when down her weedy trophies and herself / fell in the weeping brook*, (SH. Hamlet) un ramoscello maligno si spezzò quando lei e i suoi trofei verdi precipitarono nel ruscello lamentoso.

to **sliver** *v.tr.* scheggiare ◆ *v.intr.* scheggiarsi.

slob [slɒb] *s.* (*sl.*) persona pigra e sporca, sciattone; zoticone.

slobber ['slɒbə* / slob·ber] *s.* **1** bava **2** (*fig.*) sdolcinatura, svenevolezza.

to **slobber** *v.intr.* **1** sbavare **2** (*fig.*) comportarsi in modo sdolcinato, sdilinquirsi: *to — over s.o.*, fare lo svenevole con qlcu., sdilinquirsi per qlcu. ◆ *v.tr.* bagnare con la saliva.

slobberer ['slɒbərə* / slob·ber·er] *s.* chi sbava.

slobbery ['slɒbərɪ / slob·bery] *agg.* **1** bavoso **2** (*fig.*) sdolcinato, svenevole // **-iness** *s.*

sloe [sləʊ] *s.* (*bot.*) **1** prugnola, susina di macchia // *— gin*, liquore di prugnole **2** (*Prunus spinosa*) prugnolo, susino di macchia.

sloe-eyed ['sləʊaɪd] *agg.* **1** dagli occhi scuri **2** dagli occhi a mandorla.

slog [slɒg] *s.* (*fam.*) **1** colpo violento (*anche sport*) **2** lavoro faticoso e prolungato, faticata, sgobbata: *it was a hard —*, è stata proprio una faticaccia **3** camminata lunga e stancante.

to **slog** *pass.p.p.* **slogged** [slɒgd] *v.intr.* (*fam.*) **1** tirare colpi violenti (*anche sport*) **2** lavorare tenacemente, sgobbare: *to — away at sthg.*, sgobbare, faticare su qlco.; *at university I had to — through Wittgenstein*, all'università ho dovuto fare una sgobbata su Wittgenstein **3** camminare, procedere a fatica, trascinarsi: *to — along*, avanzare a fatica, con passo pesante, arrancare ◆ *v.tr.* (*fam.*) **1** colpire fortemente (*anche sport*) // *to — it out*, prendersi a pugni, scazzottarsi **2** percorrere a fatica: *to — one's way through sthg.*, farsi strada a fatica attraverso qlco. (*anche fig.*).

slogan ['sləʊgən / slo·gan] *s.* **1** slogan, motto pubblicitario, di propaganda politica **2** parola d'ordine; motto **3** (*st.*) grido di guerra (scozzese).

sloganeer [,sləʊgə'nɪə* / slo·gan·eer] *s.* (*amer.*) inventore di slogan.

to **sloganize** ['sləʊgənaɪz / slo·gan·ize] *v.tr.* esprimere in slogan; (*fig.*) ridurre (un argomento serio) a slogan, trattare in modo semplicistico, banalizzare.

slogger ['slɒgə* / slog·ger] *s.* (*fam.*) **1** (*sport*) chi colpisce forte (nel cricket); picchiatore (nella boxe) **2** sgobbone.

slo-mo ['sləʊ'məʊ] *avv.* (*sl. amer.*) al rallentatore • Abbr. di *slow-motion*.

sloop [slu:p] *s.* (*mar.*) **1** corvetta **2** cutter con vela Marconi.

slop [slɒp] *s.* **1** (*anche pl.*) broda, brodaglia, sbobba; cibo liquido **2** (*anche pl.*) avanzi di liquidi; fondi; acqua sporca, risciacquatura di piatti **3** (*anche pl.*) avanzi di cibo (che si danno ad animali); pastone **4** fanghiglia; neve mista a fango **5** (*fam.*) sdolcinatura, svenevolezza; sdilinquimento; romanticume.

to **slop** *pass.p.p.* **slopped** [slɒpt] *v.tr.* **1** versare, rovesciare, spandere: *she slopped some coffee into the saucer*, fece cadere del caffè nel piattino; *he slopped wine all over his shirt*, si rovesciò del vino su tutta la camicia **2** spruzzare, schizzare ◆ *v.intr.* **1** traboccare, versarsi: *the water slopped over the edge of the pail*, fuoriuscì dell'acqua dal bordo del secchio **2** camminare nella fanghiglia **3** (*fam.*) prodigarsi in effusioni; essere sdolcinato.

□ **slop about**, **around** *v.intr.* e *avv.* (*fam.*) **1** vagare, ciondolare, gironzolare **2** sguazzare, rotolarsi (nel fango, in uno stagno ecc.).

□ **slop out** *v.intr.* e *avv.* vuotare il bugliolo (di carcerato).

slop-basin ['slɒp,beɪsn] *s.* scodella per i fondi del tè lasciati nelle tazze.

slope [sləʊp] *s.* **1** pendio, declivio, fianco (di montagna): *steep —*, pendio ripido // *ski slopes*, campi, piste da sci **2** pendenza (*anche mat.*), inclinazione; (*mat.*) inclinazione (della curva di una funzione): *the — of the demand curve*, la pendenza della curva della domanda **3** scarpata (di strada o ferrovia) **4** (*aer.*) inclinazione **5** (*mil.*) spallarm.

to **slope** *v.intr.* essere in pendenza, pendere, inclinarsi; declinare: *the garden slopes down to the river*, il giardino declina verso il fiume; *the ceiling slopes down*, il soffitto è inclinato verso il basso; *my handwriting slopes to the right*, la mia calligrafia tende verso destra ◆ *v.tr.* **1** inclinare, far pendere, dare una pendenza da **2** mettere a spallarm: *to — arms*, mettere il fucile a spallarm // *— arms!*, spallarm!

□ **slope off**, **away** *v.intr.* e *avv.* (*fam.*) sparire; svignarsela, filarsela.

sloping ['sləʊpɪŋ / slop·ing] *agg.* inclinato;

obliquo; in pendenza: — *handwriting*, calligrafia inclinata // **-ly** *avv.*

slop-pail ['slɒp,peɪl] *s.* secchio per l'acqua sporca.

sloppy ['slɒpɪ] *agg.* **1** trascurato, sciatto; abborracciato: *a — piece of writing*, uno scritto buttato giù, fatto in modo approssimativo **2** (*fam.*) sciatto, trasandato, trascurato (di persona); sudicio, logoro, dimesso (di vestito) // — *Joe*, (*fam. amer.*) panino a più strati (che è difficile mangiare senza sporcarsi); — *Joe's*, (*fam. amer.*) ristorante infimo, scadente **3** bagnato di pioggia; fangoso; pieno di pozzanghere **4** bagnato (di tavolo, pavimento ecc.) **5** (*fam.*) sdolcinato, svenevole: — *sentimentality*, sentimentalismo sdolcinato // **-ily** *avv.* // **-iness** *s.*

slops [slɒps] *s.pl.* **1** abiti confezionati **2** corredo completo (per marinai).

slosh [slɒʃ] *s.* **1** fango, poltiglia **2** (*fam.*) brodaglia, bevanda annacquata **3** sciacquio; gorgoglio: *he heard the — of the waves against the hull*, sentiva il frangersi delle onde sullo scafo **4** piccola quantità (di liquido); goccio; sorso **5** (*fam.*) colpo; pugno **6** (*fam.*) sdolcinatezza, sdolcinatura.

to **slosh** *v.tr.* **1** agitare, scuotere (liquidi); spruzzare **2** versare, rovesciare (liquidi); sciacquare **3** (*sl.*) battere; picchiare; colpire: *the angry woman sloshed him with her umbrella*, la donna arrabbiata lo picchiò con l'ombrello ◆ *v.intr.* **1** sguazzare, diguazzare (nell'acqua, fango ecc.) **2** gorgogliare; sciabordare **3** (*amer.*) oziare, ciondolare.

sloshed ['slɒʃt] *agg.* (*fam.*) ubriaco, sbronzo.

sloshy ['slɒʃɪ] *agg.* fangoso, pantanoso.

slot[1] [slɒt] *s.* **1** fessura; scanalatura; taglio (di vite) **2** spazio, posto; posizione: *he occupies a top — in the company*, occupa un posto di alto livello nella società **3** (*rad.*, *tv*) spazio; fascia oraria: *advertising* —, spazio pubblicitario; *the best — on a programme*, il momento di massimo indice di ascolto di un programma **4** (*inform.*) fessura, intervallo di tempo; spazio disponibile su disco; scanalatura.

to **slot**[1] *pass.p.p.* **slotted** ['slɒtɪd / slot·ted] *v.tr.* **1** fare una fessura in; scanalare **2** introdurre (una moneta) in un distributore automatico **3** (*fig.*) inserire (in un orario, una agenda); programmare: *we've slotted your speech* (*in*) *after the president's*, abbiamo inserito il tuo discorso dopo quello del presidente.

slot[2] *s.pl.invar.* (*rar.*) traccia, pista, orme (di animali, spec. cervi).

sloth [sləʊθ] *s.* **1** pigrizia, indolenza; accidia **2** (*zool.*) bradipo.

sloth-bear ['sləʊθ,beə*] *s.* (*zool.*) (*Melursus ursinus*) orso giocoliere, orso labiato SIN. honey-bear.

slothful ['sləʊθfʊl / sloth·ful] *agg.* pigro, indolente; accidioso // **-ly** *avv.* // **-ness** *s.*

sloth monkey ['sləʊθ,mʌŋkɪ] *s.* (*zool.*) (*Loris gracilis*) lori gracile.

slot machine ['slɒtmə,ʃi:n] *s.* **1** slot-machine, macchina mangiasoldi **2** → vending machine.

slot meter ['slɒt,mi:tə*] *s.* contatore a moneta.

slouch [slaʊtʃ] *s.* **1** andatura stanca **2** posizione stanca, scomposta **3** pigrone; (*sl. amer.*) persona inefficiente // *to be no* —, essere in gamba, cavarsela bene.

to **slouch** *v.intr.* **1** muoversi, camminare stancamente, trascinarsi **2** stare, sedersi in posizione scomposta; stravaccarsi ◆ *v.tr.* tirare giù, abbassare (la tesa del cappello).

□ **slouch about**, **around** *v.intr.* e *avv.* ciondolare, bighellonare, gironzolare.

slouch hat ['slaʊtʃ,hæt] *s.* cappello a cencio.

slough[1] [slaʊ] *s.* (*rar.*) **1** pozzanghera; pantano; acqua stagnante // (*letter.*) *the — of despair*, *of despond*, l'abisso della disperazione, del dolore **2** (*miner.*) cedimento, franamento (delle pareti di una cava o di un pozzo); materiale franato.

to **slough**[1] *v.intr.* (*miner.*) sprofondare, cedere, franare (delle pareti di una cava, di un pozzo) ◆ *v.tr.* sommergere; immergere.

□ **slough in**, **up** *v.tr.* e *avv.* (*sl. amer.*) arrestare, imprigionare.

slough[2] [slʌf] *s.* **1** spoglia, scaglia (di serpe); parte del corpo che un animale perde **2** muta **3** crosta, escara.

to **slough**[2] *v.intr.* **1** cambiare pelle; squamarsi; fare la muta; spogliarsi **2** staccarsi (di croste); liberarsi di (abitudini, vizi ecc.) ◆ *v.tr.* *to* — (*off*) **1** mutare (la pelle); spogliarsi di **2** (*fig.*) spogliarsi di, abbandonare.

sloughy[1] [slaʊɪ] *agg.* pantanoso, fangoso.

sloughy[2] ['slʌfɪ] *agg.* **1** che si sfalda; che si squama, squamoso **2** pieno di croste, di squame.

Slovak ['sləʊvæk / Slo·vak] **Slovakian** [sləʊ'vækɪən / Slo·vakian] *agg.* e *s.* slovacco.

sloven ['slʌvn] *s.* (*non com.*) sudicione; sciattone; pigrone.

Slovene ['sləʊvi:n / Slo·vene] **Slovenian** [sləʊ'vi:njən / Slo·ven·ian] *agg.* e *s.* sloveno.

slovenly ['slʌvnlɪ / slov·enly] *agg.* sciatto; sudicio; negligente; scialbo; trascurato; sporco // **-iness** *s.*

slow [sləʊ] *agg.* **1** lento: *at a — pace*, a passo lento; — *lane*, corsia per veicoli lenti (in autostrada); — *speed*, bassa velocità; *to cook in a — oven*, cuocere in forno a bassa temperatura; *he was — to answer* (o *in answering*), non aveva la risposta pronta; *she is — to anger*, non si arrabbia facilmente // — *on the draw*, lento nell'estrarre la pistola dal fodero; (*fam. fig.*) lento di comprendonio // — *and steady wins the race*, (*prov.*) chi va piano va sano e va lontano **2** tardo, ottuso // — *off the mark* (o *on the uptake*), lento, tardo di comprendonio **3** noioso: *the party was* —, il ricevimento fu noioso **4** in ritardo, indietro: *my watch is ten minutes* —, il mio orologio è indietro di dieci minuti **5** fiacco: *the market is* —, il mercato è fiacco **6** pesante (di terreno ecc.) **7** (*fot.*) lento (di pellicola).

to **slow** *v.intr.* *to* — (*down*), rallentare; frenare: *the train was slowing* (*down*), il treno rallentava; *the bus slowed* (*down*) *to let the schoolboys cross the road*, l'autobus rallentò per fare attraversare la strada agli scolari ◆ *v.tr.* rallentare; ritardare; diminuire: *after the accident I've slowed my speed* (*down*) *a lot*, dopo l'incidente vado molto più adagio; *I want you to slow* (*down*) *your breathing*, voglio che tu riprenda fiato.

□ **slow down**, **up** *v.tr.* e *intr.* e *avv.* rallentare; calare; diminuire: *he has slowed down* (o *up*) *a lot after his heart attack*, ha rallentato molto la sua attività dopo l'attacco di cuore; *he's seventy, but he doesn't — up*, ha settant'anni, ma non molla.

slow *avv.* (*spec. nei composti*) lentamente, piano, adagio: *go* —, va' piano; (*fig.*) sii cauto; — *-moving traffic*, traffico lento.

slowcoach ['sləʊkəʊtʃ / slow·coach] *s.* (*fam.*) **1** posapiano, trottapiano, lumaca **2** persona ottusa, tarda di mente.

slowdown ['sləʊdaʊn / slow·down] *s.* **1** rallentamento: *productivity* —, rallentamento della produttività **2** (*amer.*) sciopero bianco BRIT. go-slow.

slowly ['sləʊlɪ / slow·ly] *avv.* lentamente; adagio.

slow match ['sləʊ,mætʃ] *s.* miccia lenta, a lenta combustione.

slow motion [,sləʊ'məʊʃn] *s.* (*cinem.*) ripresa, proiezione al rallentatore: *in* —, al rallentatore.

slow-motion *agg.* e *avv.* al rallentatore.

slowness ['sləʊnɪs / slow·ness] *s.* **1** lentezza; andatura lenta **2** lentezza; pigrizia, indolenza, ignavia **3** ottusità mentale **4** ritardo (di orologio).

slowpoke ['sləʊpəʊk / slow·poke] *s.* (*fam. amer.*) → **slowcoach**.

slow-witted [,sləʊ'wɪtɪd] *agg.* lento, tardo di comprendonio, ottuso // **-ly** *avv.* // **-ness** *s.*

slowworm ['sləʊwɜ:m / slow·worm] *s.* (*zool.*) **1** (*Anguis fragilis*) orbettino **2** cecilia → blindworm 1.

slub [slʌb] *s.* (*tess.*) ringrosso.

to **slub** *pass.p.p.* **slubbed** [slʌbd] *v.tr.* (*tess.*) torcere (lo stoppino).

slubber ['slʌbə*] *s.* (*tess.*) torcitoio.

to **slubber** *v.tr.* (*ant.*) compromettere, pregiudicare; sconvolgere, buttare all'aria: *slubber not business for my sake, Bassanio, / but stay the very riping of the time*, (SH. Merchant of Venice) non sconvolgete i vostri piani per me, mio Bassanio, ma attendete che i tempi siano maturi.

slubbing ['slʌbɪŋ / slub·bing] *s.* (*tess.*) torcitura (dello stoppino).

sludge [slʌdʒ] *s.* **1** fango, melma **2** acque sudice, di scolo **3** poltiglia di ghiaccio galleggiante **4** morchia.

sludgeball ['slʌdʒbɔ:l / sludge·ball] *s.* (*fam. amer.*) persona sciatta.

sludgy ['slʌdʒɪ] *agg.* fangoso, melmoso.

to **slue** [slu:] *v.tr.* e *intr.* (*amer.*) → to **slew**.

slug[1] [slʌg] *s.* **1** (*zool.*) lumacone (senza guscio), limaccia, lumaca **2** (*fig.*) persona viscida, che suscita ripugnanza; (*non com.*) persona pigra; fannullone; lumacone // *get up, sweet slug-a-bed, and see / the dew bespangling herb and tree!*, (R. HERRICK) alzati, soave pigra fanciulla, e guarda la rugiada che imperla l'erba e l'albero!

to **slug**[1] *pass.p.p.* **slugged** [slʌgd] *v.intr.* (*rar.*) **1** muoversi lentamente; indugiare **2** poltrire.

slug[2] *s.* **1** (*metall.*) spezzone di semilavorato **2** pallottola, proiettile a palla **3** pepita **4** gettone; tondello **5** (*tip.*) lingotto; interlinea; riga di piombo (composta a macchina) **6** (*fam.*) sorso (di liquore); misura (di liquore): *he took a — of whisky*, prese un sorso di whisky.

to **slug**[2] *v.tr.* caricare a palla (arma da fuoco).

(to) **slug**[3] → (to) **slog**.

sluggard ['slʌgəd / slug·gard] *agg.* indolente, fannullone, pigro ♦ *s.* persona indolente; fannullone.

slugger ['slʌgə* / slug·ger] *s.* (*fam.*) chi colpisce duro; pugile; (*baseball, cricket*) forte battitore.

sluggish ['slʌgɪʃ / slug·gish] *agg.* pigro, tardo, indolente; lento (di movimento, attività): *a — digestion*, una digestione lenta, difficile; *a — fellow*, un individuo pigro, indolente; *a — river*, un fiume dal corso lento; *business is —*, l'attività commerciale è stagnante // **-ly** *avv.* // **-ness** *s.*

sluice [slu:s] *s.* **1** chiusa, cateratta **2** canale con chiusa; canale di scarico; scolmatore.

to **sluice** *v.tr.* **1** munire di chiusa, chiuse **2** far scorrere, trasportare (per mezzo di chiuse) **3** inondare, allagare (per mezzo di chiuse) ♦ *v.intr.* scorrere violentemente, riversarsi (come da una chiusa).

□ **sluice down, out** *v.tr.* e *avv.* lavare, risciacquare in acqua corrente, con un getto d'acqua: *he sluiced down the pathway to get rid of the mud*, lavò con un getto d'acqua il passaggio per togliere il fango.

sluice gate ['slu:sgeɪt] *s.* saracinesca, chiusa, paratoia.

slum [slʌm] *s.* **1** (*gener. pl.*) (zona dei) bassifondi, quartieri poveri **2** abitazione nei bassifondi, catapecchia, tugurio: *they live in a —*, vivono in una topaia.

to **slum** *pass.p.p.* **slummed** [slʌmd] *v.intr.* visitare, frequentare i bassifondi: *they're slumming (it) tonight in Brixton*, scorrazzano per i bassifondi di Brixton questa sera.

slumber ['slʌmbə* / slum·ber] *s.* sonno; assopimento profondo.

to **slumber** *v.intr.* (*letter.*) **1** dormire; sonnecchiare **2** essere in uno stato di inattività, oziare.

slumberer ['slʌmbərə* / slum·berer] *s.* (*letter.*) chi dorme, sonnecchia.

slumbering ['slʌmbərɪŋ / slum·ber·ing] *agg.* addormentato, sonnecchiante, assopito.

slumberous ['slʌmbərəs / slum·ber·ous] *agg.* (*rar.*) **1** che dorme; assopito **2** calmo, tranquillo **3** soporifero // **-ly** *avv.*

slummer ['slʌmə* / slum·mer] *s.* chi bazzica, abita nei bassifondi di una città.

slump[1] [slʌmp] *s.* **1** (*comm.*) crollo, caduta, forte calo (dei prezzi, della domanda) **2** (*econ.*) depressione, recessione, congiuntura bassa **3** (*geol.*) frana, scoscendimento.

to **slump**[1] *v.intr.* **1** (*comm.*) crollare (di prezzi, domanda ecc.) **2** crollare, accasciarsi: *he slumped into the armchair exhausted*, crollò nella poltrona esausto.

slump[2] *s.* (*scoz.*) grande quantità.

to **slump**[2] *v.tr.* (*scoz.*) ammucchiare, ammassare.

slung *pass.p.p.* di to **sling**.

slunk *pass.p.p.* di to **slink**.

slur [slɜ:*] *s.* **1** insulto, affronto, accusa; macchia: *to cast a — on s.o.'s reputation*, macchiare la reputazione di qlcu. **2** modo di parlare confuso, farfugliato **3** (*mus.*) legatura **4** (*tip.*) doppia stampa.

to **slur** *pass.p.p.* **slurred** [slɜ:d] *v.tr.* **1** calunniare, denigrare, macchiare **2** trascurare, tralasciare; sorvolare: *to — (over) details*, trascurare i dettagli **3** farfugliare, pronunciare in modo confuso: *after a few drinks he began to — his words*, dopo qualche bicchiere cominciò a biascicare le parole **4** (*mus.*) legare due note ♦ *v.intr.* (*tip.*) causare una doppia stampa.

slurb [slɜ:b] *s.* (*sl. amer.*) quartiere periferico povero, di grossi caseggiati popolari.

slurp [slɜ:p] *s.* sorsata, bevuta rumorosa: *he drank the beer in great slurps*, bevve la birra con lunghe sorsate rumorose.

to **slurp** *v.intr.* **1** trangugiare, bere rumorosamente **2** gorgogliare (di liquido) ♦ *v.tr.* **1** trangugiare, bere rumorosamente **2** far gorgogliare.

slurring ['slɜ:rɪŋ / slur·ring] *s.* **1** calunnia, maldicenza **2** modo di parlare confuso, farfugliato **3** (*mus.*) legatura **4** (*tip.*) doppia stampa.

slurry ['slɜ:rɪ] *s.* **1** fanghiglia, melma **2** (*tecn.*) impasto semiliquido.

slush [slʌʃ] *s.* [U] **1** neve sciolta mista a fango; ghiaccio parzialmente sciolto; fanghiglia **2** (*fig.*) sdolcinatezza **3** (*mecc.*) protezione antiruggine **4** (*metall.*) *— casting*, colata a rigetto.

to **slush** *v.tr.* **1** schizzare di fango **2** (*mecc.*) lubrificare; proteggere con antiruggine **3** lavare, risciacquare (con molta acqua) ♦ *v.intr.* camminare faticosamente (nella neve parzialmente sciolta, nel fango): *we slushed through the melting snow*, avanzavamo a fatica nella neve che si scioglieva.

slush fund ['slʌʃfʌnd] **slush money** ['slʌʃmʌnɪ] *s.* (*fin.*) fondi neri.

slushy ['slʌʃɪ] *agg.* **1** ridotto in fanghiglia (di neve); fangoso, melmoso **2** (*fig.*) sentimentale, sdolcinato.

slut [slʌt] *s.* **1** sudiciona, sciattona **2** sgualdrina; prostituta **3** cagna **4** (*ant.*) birba.

sluttish ['slʌtɪʃ / slut·tish] *agg.* **1** sporco, sudicio; sciatto, trascurato **2** sguaiato, volgare // **-ly** *avv.* // **-ness** *s.*

sly [slaɪ] *agg.* **1** scaltro, furbo, astuto, malizioso // *a — dog*, (*fig.*) un sornione, un furbacchione // *a — old fox*, (*fig.*) una vecchia volpe **2** allusivo, velato; furtivo // *on the —*, furtivamente, in sordina **3** infido, insincero, sleale // **-ly** *avv.* // **-ness** *s.*

slyboots ['slaɪbu:ts / sly·boots] *s.* (*antiq. scherz.*) sornione; furbacchione.

smack[1] [smæk] *s.* **1** aroma; sapore (*anche fig.*): *his story has the — of truth to it*, la sua storia sa di vero **2** (*ant.*) infarinatura, modesta conoscenza: *he hath a smack of all neighbouring languages*, (SH. All's Well That Ends Well) ha un'infarinatura delle lingue delle nazioni confinanti.

to **smack**[1] *v.intr.* sapere (di), avere il gusto (di); (*fig.*) far pensare a, ricordare: *this wine smacks of cork*, questo vino sa di tappo; *this whole affair smacks of bribery*, (*fig.*) l'intera faccenda puzza di corruzione.

smack[2] *s.* **1** schiocco (di labbra, frusta); rumore secco, colpo: *we could hear the — of ball against racket*, potevamo sentire il colpo di palla contro la racchetta **2** bacio con lo schiocco **3** schiaffo, colpo (dato con la mano aperta): *a — in the face*, uno schiaffo in faccia; (*fig.*) uno smacco // *a — in the eye*, una delusione inaspettata **4** (*fam.*) tentativo, prova: *have a — at it!*, provaci, fai un tentativo!

to **smack**[2] *v.tr.* **1** schioccare, far schioccare (labbra, frusta): *to — one's lips*, far schioccare le labbra; (*fig.*) aver l'acquolina in bocca **2** schioccare baci a, baciare con lo schiocco **3** schiaffeggiare (con la mano aperta); colpire, battere producendo un rumore secco ♦ *v.intr.* **1** schioccare, produrre uno schiocco **2** schioccare baci.

smack[2] *avv.* (*fam.*) violentemente, in pieno; direttamente; esattamente, proprio: *I drove — into a lorry*, sono andato a sbattere in pieno contro un camion; *she hit him — on the nose*, lo colpì proprio sul naso.

smack[3] *s.* peschereccio.

smack[4] *s.* (*sl.*) eroina.

smack-dab ['smæk'dæb] *avv.* (*fam. amer.*) direttamente; esattamente, proprio, giusto.

smacked out [,smækt'aʊt] *agg.* (*sl.*) che ha appena assunto una dose di eroina, fatto.

smacker ['smækə*] *s.* **1** bacio con lo schiocco **2** (*non com.*) schiaffo sonoro **3** (*sl.*) (*spec. pl.*) sterlina, dollaro.

smackhead ['smæk,hed / smack·head] *s.* (*sl.*) eroinomane.

small [smɔ:l] *agg.* **1** piccolo; minuto; minuscolo: *a — room*, una stanza piccola; *— letter*, (lettera) minuscola // *the — hours*, le ore piccole; *to stay up until the — hours*, fare le ore piccole **2** piccolo, che ha pochi anni: *I have a — boy*, ho un bambino piccolo **3** leggero; lieve; debole: *— mistakes*, errori lievi, non gravi; *— beer*, birra debole, con gradazione minore di quella dichiarata; (*fig.*) persona insignificante; *— voice*, voce debole; *the still — voice of conscience*, la (voce della) coscienza // *it's — wonder*, non c'è da stupirsi, c'è poco da meravigliarsi **4** piccolo, scarso, limitato; *a — amount of money*, una piccola somma di denaro; *he showed — interest in that film*, ha mostrato scarso interesse per quel film // *he's a — eater*, mangia poco **5** piccolo, di poca importanza; insignificante; *a — shopkeeper*, un piccolo commerciante; *— worries*, piccole preoccupazioni, preoccupazioni di poco conto; *a — matter*, una faccenduola **6** modesto; umile, oscuro; povero; *to look —*, avere l'aspetto dimesso; *to feel —*, farsi piccolo per la vergogna; *to live in a — way*, vivere modestamente // *in my — way*, nel mio piccolo **7** meschino, gretto: *he's a — man*, è un uomo meschino; *that's very — of you*, è ingeneroso da parte tua ♦ *s.* **1** parte piccola // *the — of the back*, le reni **2** carbone minuto **3** *pl.* (*fam. antiq.*) biancheria personale; articoli di biancheria piccoli ♦ *avv.* **1** poco; in piccola quantità; a pezzetti **2** a bassa voce: *to sing —*, cantare a bassa voce **3** in piccolo, con una grafia minuta: *she writes —*, ha una scrittura minuta.

smallage ['smɔ:lɪdʒ / smal·lage] *s.* (*bot.*) (*Apium graveolens*) sedano, appio.

small-arms ['smɔ:lɑ:mz] *s.* armi leggere, armamento leggero (*sing.*).

small-bore ['smɔ:lbɔ:*] *agg.* **1** (*di arma da fuoco*) di piccolo calibro **2** (*fam. amer.*) insignificante, insulso, da poco.

small change [,smɔ:l'tʃeɪndʒ] *s.* [U] spiccioli (*pl.*).

smallholder ['smɔ:l,həʊldə* / small·holder] *s.* piccolo proprietario terriero; proprietario di una piccola fattoria.

smallholding ['smɔ:l,həʊldɪŋ / small·hold·

ing] *s.* piccola proprietà terriera; piccola fattoria di campagna.

small-minded [,smɔ:l'maɪndɪd] *agg.* dalla mentalità ristretta; gretto, meschino.

smallness ['smɔ:lnɪs / small·ness] *s.* **1** piccolezza, esiguità, scarsità; ristrettezza **2** meschinità, grettezza: *the — of his mind*, la sua piccineria.

smallpox ['smɔ:lpɒks / small·pox] *s.* (*med.*) vaiolo.

small screen ['smɔ:l'skri:n] *s.* televisione, piccolo schermo.

small shot ['smɔ:lʃɒt] *s.* **1** [U] cartuccia (da caccia) a pallini di piccolo calibro **2** (*fam.*) mezzacartuccia.

small talk ['smɔ:ltɔ:k] *s.* [U] chiacchiere (*pl.*); conversazione futile.

small-time ['smɔ:ltaɪm] *agg.* in piccolo; di poca importanza, insignificante.

small-timer [,smɔ:l'taɪmə*] *s.* persona mediocre, di poco valore, di mezza tacca.

small wares ['smɔ:lweəz] *s.pl.* merceria; chincaglieria.

smalt [smɔ:lt] *s.* **1** (*chim.*) azzurro di cobalto; smaltino **2** (colore) blu cobalto.

smaltite ['smɔ:ltaɪt / smalt·ite] *s.* (*min.*) smaltina.

smalto ['smɔ:ltəʊ] *s.* **1** vetro colorato (per mosaico) **2** mosaico (di vetri colorati).

smaragdite [smə'rægdaɪt / sma·ragd·ite] *s.* (*min.*) smaragdite.

to **smarm** [smɑ:m] *v.tr.* (*fam.*) impiastrare; ungere; imbrattare ◆ *v.intr.* fare lo svenevole: *to — over s.o.*, adulare, lisciare qlcu.

smarmy ['smɑ:mɪ] *agg.* (*fam. fig.*) untuoso, strisciante; ipocrita.

smart [smɑ:t] *agg.* **1** elegante; alla moda // *the — set*, il bel mondo **2** (*fam.*) sveglio, intelligente, abile; furbo; brillante, spiritoso: *a — pupil*, un allievo sveglio; *a — talker*, un oratore brillante; *he thinks he's really —*, crede di essere molto furbo, in gamba // *— practice*, furberia // *— apple*, (*fam. amer.*) persona in gamba // *— mouth*, (*fam. amer.*) petulante // *— card*, carta intelligente; tessera magnetica a memoria **3** forte; secco: *a — tap on a lid*, un colpo secco su un coperchio **4** rapido, veloce: *a — pace*, un'andatura veloce **5** (*fam.*) grande, considerevole ◆ *s.* **1** dolore acuto; bruciore; sofferenza (fisica, morale) **2** *pl.* (*fam. amer.*) acutezza; intelligenza: *he's got lots of smarts*, è molto sveglio.

to **smart** *v.intr.* **1** dolere, far male; bruciare: *his wound smarts*, gli fa male la ferita; *my eyes — from smoke*, mi bruciano gli occhi per il fumo **2** soffrire: *to — from an insult*, soffrire per un insulto.

smart aleck ['smɑ:t,ælək] *s.* (*fam.*) saccente, sapientone; furbacchione.

smartarse ['smɑ:tɑ:s / smart·arse] *s.* (*sl.*) saccente, saputello; furbacchione.

to **smarten** ['smɑ:tn] *v.tr.* *to — (up)* **1** abbellire; rinfrescare; riordinare: *to — up the house*, riordinare, mettere a posto la casa; *to — oneself*, agghindarsi **2** svegliare; ravvivare ◆ *v.intr.* (*up*) **1** mettersi in ordine, farsi bello **2** svegliarsi, sveltirsi.

smartie ['smɑ:tɪ] *s.* (*fam.*) saccente, sapientone; furbacchione.

smarting ['smɑ:tɪŋ / smart·ing] *agg.* doloroso; cocente; pungente, acuto ◆ *s.* dolore acuto; bruciore.

smartish ['smɑ:tɪʃ / smart·ish] *agg.* **1** elegante, bello **2** importante, considerevole ◆ *avv.* (*fam.*) velocemente, alla svelta: *you'd better get here —*, faresti meglio a venire qui alla svelta.

smartly ['smɑ:tlɪ / smart·ly] *avv.* **1** elegantemente, con eleganza; alla moda: *— dressed*, elegante, vestito con eleganza **2** velocemente, rapidamente; prontamente: *he walked — up the path*, risalì il sentiero a rapidi passi **3** brillantemente; abilmente; in modo intelligente: *very —, he sold all his shares just before the stock exchange crashed*, molto intelligentemente vendette tutte le sue azioni appena prima del crollo in borsa.

smart money ['smɑ:tmʌnɪ] *s.* **1** risarcimento, indennizzo **2** (*fig.*) scommessa da parte di coloro che se ne intendono, che hanno buone informazioni: *the — is on Jones*, i bene informati puntano su Jones.

smartness ['smɑ:tnɪs / smart·ness] *s.* **1** acutezza; abilità; prontezza **2** spirito, arguzia **3** eleganza.

smartweed ['smɑ:twi:d / smart·weed] *s.* (*bot.*) (*Polygonum hydropiper*) pepe d'acqua, persicaria; (*pop.*) erba pepe.

smarty pants ['smɑ:tɪpænts] → **smart aleck**.

smash [smæʃ] *s.* **1** urto; scontro, collisione: *car —*, scontro automobilistico **2** rovina; bancarotta, fallimento: *to go to —*, andare in rovina, a catafascio **3** *— (hit)*, (*fam.*) successo strepitoso (di disco, libro ecc.) **4** (*tennis*) smash **5** (*amer.*) bevanda alcolica a base di menta **6** (*sl. amer.*) denaro falso ◆ *agg.* che è un successo strepitoso.

to **smash** *v.tr.* **1** fracassare, sfasciare; frantumare (*anche fig.*): *each succeeding wave smashed the boat against the rocks*, a ogni ondata la barca sbatteva contro gli scogli; *sales smashed all records*, le vendite polverizzarono tutti i record; *the scandal smashed her career*, lo scandalo distrusse la sua carriera // *to — a door open*, sfondare una porta **2** sconfiggere, annientare **3** (*tennis*) colpire (la palla) con uno smash, schiacciare (la palla) ◆ *v.intr.* **1** fracassarsi, sfasciarsi; frantumarsi; schiantarsi: *the glass hit the ground and smashed*, il bicchiere cadde a terra e andò in frantumi; *the car smashed into a wall*, l'automobile andò a sbattere contro un muro; *the car smashed through the barrier*, l'auto sfondò la barriera **2** (*fam.*) fallire, far bancarotta.

□ **smash down** *v.tr.* e *avv.* sfondare; abbattere, far cadere con un colpo.

□ **smash in** *v.tr.* e *avv.* spaccare; sfondare: *he smashed the door in*, sfondò la porta; *to — s.o.'s head* (o *face*) *in*, (*fam.*) spaccare la testa a qlcu.

□ **smash up** *v.tr.* e *avv.* distruggere completamente.

smash-and-grab [,smæʃənd'græb] *agg.* commesso asportando merci da una vetrina dopo averla infranta (di furto).

smashed ['smæʃt] *agg.* **1** (*fam.*) ubriaco fradicio, sbronzo **2** (*fam.*) fatto, sotto l'effetto della droga **3** rotto, infranto, frantumato.

smasher ['smæʃə*] *s.* **1** chi frantuma, fracassa **2** (*fam.*) cosa molto bella, eccezionale; cannonata **3** (*fam.*) fusto (uomo); schianto (donna) **4** spaccapietre **5** (*legatoria*) pressatoio, pressa da legatore.

smashing ['smæʃɪŋ / smash·ing] *agg.* **1** che fracassa, che rompe tutto **2** (*fam.*) straordinario, formidabile; ottimo.

smash-up ['smæʃʌp] *s.* **1** (*fam.*) grave incidente stradale, scontro serio **2** fallimento completo; rovina; catastrofe.

to **smatter** ['smætə* / smat·ter] *v.tr.* (*non com.*) **1** avere un'infarinatura di; conoscere superficialmente: *to — a language*, avere una vaga conoscenza di una lingua **2** parlare senza competenza su (un argomento).

smattering ['smætərɪŋ / smat·ter·ing] *s.* **1** numero limitato; piccola quantità **2** infarinatura, conoscenza superficiale: *he has a — of German*, ha una infarinatura di tedesco.

smaze [smeɪz] *s.* (*amer.*) aria afosa e fumosa • Contr. di *smoke* e *haze*.

smear [smɪə*] *s.* **1** macchia (gener. di unto); imbrattatura; patacca **2** (*fig.*) calunnia, diffamazione **3** (*med.*) striscio: *vaginal —*, striscio vaginale.

to **smear** *v.tr.* **1** macchiare, ungere; insudiciare; imbrattare **2** ungersi con; spalmare **3** (*fig.*) calunniare, diffamare **4** (*sl. amer.*) sconfiggere, stracciare **5** (*med.*) fare uno striscio di ◆ *v.intr.* **1** macchiarsi, ungersi; insudiciarsi; imbrattarsi **2** macchiare: *wet paint smears*, la pittura fresca macchia.

smear test ['smɪətest] *s.* (*med.*) citodiagnosi.

smear word ['smɪəwɜ:d] *s.* epiteto, titolo offensivo; insulto.

smeary ['smɪərɪ] *agg.* **1** grasso, untuoso; vischioso **2** macchiato, imbrattato.

smell [smel] *s.* **1** (*sense of*) —, odorato, olfatto; fiuto: *to have a keen sense of —*, avere l'odorato fine **2** odore; cattivo odore, puzza; buon odore, profumo: *bad* (o *nasty*) —, puzzo; *a sweet —*, un buon profumo **3** atto dell'annusare, del fiutare: *have a — of this!*, annusa questo! **4** (*fam.*) traccia, sfumatura; sentore.

to **smell** *pass.p.p.* **smelled** [smeld] **smelt** [smelt] *v.tr.* (I) fiutare, annusare; sentire l'odore, il profumo di: *to — a flower*, sentire il profumo di un fiore; *the dog smelt the meat from far off*, il cane sentì l'odore della carne da lontano; *I can — sthg. burning*, sento odore di bruciato; *I can't — anything*, non sento alcun odore // *to — danger*, fiutare il pericolo // *to — a rat*, (*fig.*) sospettare, fiutare un imbroglio ◆ *v.intr.* **1** avere il senso dell'olfatto, dell'odorato: *not all animals can —*, non tutti gli animali hanno l'olfatto **2** odorare, aver odore, profumo; puzzare: *these flowers don't —*, questi fiori non hanno profumo; *to — sour*, avere odore di acido; *it smells like plastic*, ha odore di plastica; *this room smells of smoke*, in questa stanza c'è odore di fumo // *to — to high heaven*, (*fam.*) puzzare terribilmente // *his plan smells*, (*fam.*) il suo piano puzza, sa di imbroglio; *it smells of the lamp*, (*fig. antiq.*) sa di tavolino, è stantio (di romanzo, saggio ecc.).

□ **smell out** *v.tr.* e *avv.* scovare, scoprire col fiuto; (*fig.*) scoprire (segreto ecc.).

□ **smell round** *v.intr.* e *avv.* (*fam.*) cercare di ottenere informazioni.

smelling ['smelɪŋ / smell·ing] *agg.* odorifero; odoroso ◆ *s.* atto dell'annusare, del fiutare.

smelling bottle ['smelɪŋ,bɒtl] *s.* boccetta dei sali (ammoniacali).

smelling salts ['smelɪŋ,sɔ:lts] *s.pl.* sali (ammoniacali).

smelly ['smelɪ] *agg.* (*fam.*) che manda cattivo odore; puzzolente.

smelt[1] [smelt] *s.* (*zool.*) **1** (*Osmerus eperlanus*) sperlano SIN. sparling **2** (*Osmerus mordax*) osmero americano.

to **smelt**[2] *v.tr.* (*metall.*) **1** fondere (minerali metallici) **2** affinare, ridurre; scorificare.

smelt[3] *pass.p.p.* di to **smell**.

smelter ['smeltə*] *s.* **1** fonditore **2** fonderia.

smeltery ['smeltərɪ / smelt·ery] *s.* fonderia.

smelting ['smeltɪŋ / smelt·ing] *s.* fusione.

smelting-furnace ['smeltɪŋ,fɜ:nɪs] *s.* (*metall.*) forno fusorio.

smelting-house ['smeltɪŋ,haʊs] *s.* (*metall.*) fonderia.

smew [smju:] *s.* (*zool.*) (*Mergus albellus*) smergo bianco, monaca bianca; (*pop.*) pesciaiola SIN. nun.

smidgen ['smɪdʒən] **smidgin** *s.* (*fam.*) poco, piccola quantità; pizzico.

smilax ['smaɪlæks / smi·lax] *s.* (*bot.*) (*Smilax aristolochiaefolia*) salsapariglia, smilace.

smile [smaɪl] *s.* **1** sorriso: *a scornful —*, un sorriso di derisione; *she was wreathed in smiles*, era tutta un sorriso; *to be all smiles*, (*fam.*) essere molto contento **2** il sorridere **3** *pl.* favori, disposizione favorevole: *the smiles of fortune*, i favori della fortuna.

to **smile** *v.intr.* sorridere, essere sorridente: *he smiled broadly*, fece un ampio sorriso; *to — at sthg.*, sorridere di qlco. ♦ *v.tr.* esprimere con un sorriso: *he smiled an affected smile*, sorrise con affettazione // *to — consent*, approvare con un sorriso.

□ **smile away** *v.tr.* e *avv.* alleviare col sorriso sulle labbra, non far pesare (difficoltà, ostacoli).

□ **smile on** *v.intr.* e *avv.* (*fam.*) sorridere, essere favorevole: *the occasion smiles on us*, l'occasione ci è favorevole.

smiler ['smaɪlə*] *s.* chi sorride.

smiley ['smaɪlɪ] *s.* (*inform.*) faccina (creata con i caratteri ASCII.

smiling ['smaɪlɪŋ / smil·ing] *agg.* sorridente; sereno: *a — face*, un viso sorridente // **-ly** *avv.*

smirch [smɜ:tʃ] *s.* (*form.*) macchia (*anche fig.*).

to **smirch** *v.tr.* macchiare (*anche fig.*).

smirk [smɜ:k] *s.* sorriso affettato, ammiccante; sorriso compiaciuto.

to **smirk** *v.intr.* sorridere affettatamente, ammiccando; sorridere in modo compiaciuto.

smite [smaɪt] *s.* (*antiq.*) **1** colpo; percossa **2** tentativo.

to **smite** *pass.* **smote** [sməʊt] *p.p.* **smitten** ['smɪtn / smit·ten] *v.tr.* **1** (*antiq.*) colpire; percuotere; battere con violenza (*anche fig.*): *he was smitten with a serious disease*, fu colpito da una grave malattia **2** sconfiggere, sgominare; distruggere: *to — the enemy hip and thigh*, sconfiggere definitivamente il nemico **3** affliggere, castigare: *God smites the bad*, Dio punisce i cattivi **4** (*mus. poet.*) (*ant.*) pizzicare (uno strumento): *to — a harp*, pizzicare, suonare l'arpa ♦ *v.intr.* (*antiq.*) menar colpi violenti.

□ **smite off** *v.tr.* e *avv.* (*antiq.*) tagliare: *to — off s.o.'s head*, decapitare qlcu.

smiter ['smaɪtə*] *s.* chi colpisce, batte.

smith [smɪθ] *s.* fabbro.

smithereens [,smɪðə'ri:nz / smith·er·eens] *s.pl.* frammenti, pezzetti: *to smash sthg. to —*, ridurre qlco. in briciole.

smithery ['smɪðərɪ / smith·ery] rar. **smithy** ['smɪðɪ] *s.* fucina.

smithsonite ['smɪθsənaɪt / smith·son·ite] *s.* (*min.*) smithsonite.

smitten ['smɪtn / smit·ten] *p.p.* di to **smite** ♦ *agg.* (*fam.*) innamorato cotto; entusiasta: *to be — with s.o.*, essere cotto di qlcu.

smock [smɒk] *s.* **1** sopravveste; grembiule da bambino; blusa, camiciotto da lavoro **2** (*ant.*) camicia da donna, blusa.

smock(-frock) ['smɒk(frɒk)] *s.* camiciotto, blusa da contadino.

smocking ['smɒkɪŋ / smock·ing] *s.* (*ricamo*) punto smock.

smog [smɒg] *s.* smog • Contr. di *smoke* e *fog*.

smoke [sməʊk] *s.* **1** fumo: *the room was full of —*, la stanza era piena di fumo // *to go up in —*, essere distrutto dal fuoco; (*fig.*) finire in fumo, sfumare // *there's no — without fire*, (*prov.*) non c'è fumo senza arrosto **2** fumata: *let's have a —*, facciamoci una fumatina **3** (*fam.*) sigaro, sigaretta **4** (*fam. amer.*) marijuana **5** (*sl. amer.*) nero, negro.

to **smoke** *v.tr.* **1** fumare: *to — a cigarette*, fumare una sigaretta // *he has smoked himself sick*, ha fumato tanto da sentirsi male // *put that in your pipe and — it!*, prendi su e porta a casa! **2** affumicare; annerire di fumo: *the lamp has smoked the ceiling*, la lampada ha annerito il soffitto; *there was smoked cod for breakfast*, c'era merluzzo affumicato per colazione **3** (*ant.*) sospettare; aver sentore di: *he smoked the plot*, ebbe sentore della congiura ♦ *v.intr.* **1** fumare, emettere fumo, vapore: *the lamp is still smoking*, la lampada fumiga ancora **2** fumare: *do you —?*, fumi? // (*mil.*) *to — and joke*, (*fam. amer.*) rilassarsi, prendersela comoda, oziare.

□ **smoke out** *v.tr.* e *avv.* **1** cacciare, far venire allo scoperto usando il fumo: *masses of bees were smoked out*, gran quantità di api furono cacciate col fumo **2** (*fig.*) stanare: *the secret police were trying to — out foreign spies*, la polizia segreta cercava di stanare spie straniere.

smoke-black [,sməʊk'blæk] *s.* (*chim.*) nerofumo.

smoke bomb ['sməʊkbɒm] *s.* bomba fumogena, candelotto fumogeno.

smoke-box ['sməʊkbɒks] *s.* (*mecc.*) cassa a fumo.

smoke-bush ['sməʊkbʊʃ] → **sumach**.

smoke-dried ['sməʊkdraɪd] *agg.* affumicato.

smoke-hole ['sməʊkhəʊl] *s.* (*geol.*) fumarola.

smoke-house ['sməʊkhaʊs] *s.* affumicatoio.

smokeless ['sməʊklɪs / smoke·less] *agg.* senza fumo: *— fuel*, combustibile che non fa fumo; *— zone*, zona dove è proibito l'uso di combustibili che fanno fumo.

smoke-pot ['sməʊkpɒt] *s.* (*mil.*) bidone fumogeno.

smoker ['sməʊkə*] *s.* **1** fumatore **2** (*ferr.*) carrozza, scompartimento per fumatori **3** (*fam. amer.*) locomotiva a vapore, vaporiera.

smokescreen ['sməʊkskri:n / smoke·screen] *s.* (*mil.*, *aer.*) cortina fumogena (*anche fig.*).

smokestack ['sməʊkstæk / smoke·stack] *s.* ciminiera // (*fin. amer.*) *— America stocks*, titoli industriali.

smokestack industry ['sməʊkstæk ,ɪndəstrɪ] *s.* industria a tecnologia matura.

smoke-stone ['sməʊkstəʊn] *s.* (*min.*) quarzo affumicato.

smokiness ['sməʊkɪnɪs / smo·ki·ness] *s.* fumosità.

smoking ['sməʊkɪŋ / smok·ing] *agg.* fumante, che fuma ♦ *s.* fumo; il fumare // *no —* (*allowed*), vietato fumare; *— car*(*riage*), *— compartment*, carrozza, scompartimento per fumatori; *— room*, sala fumatori; *— section*, reparto fumatori.

smoking-concert ['sməʊkɪŋ,kɒnsət] *s.* (*antiq.*) concerto in cui è permesso fumare.

smoking gun [,sməʊkɪŋ'gʌn] *s.* (*fam. amer.*) prove evidenti, inconfutabili.

smoking jacket ['sməʊkɪŋ,dʒækɪt] *s.* giacca da casa.

smoking mixture ['sməʊkɪŋ,mɪkstʃə*] *s.* miscela di tabacco da pipa.

smoky ['sməʊkɪ] *agg.* **1** fumoso, che fa fumo **2** affumicato, annerito dal fumo; pieno di fumo **3** (color) fumo // (*min.*) *— quartz*, quarzo affumicato **4** che sa di fumo **5** (*sl. amer.*) agente di polizia stradale.

(to) **smolder** ['sməʊldə* / smol·der] (*amer.*) → (to) **smoulder**.

smolt [sməʊlt] *s.* (*zool.*) salmone giovane che scende dal fiume al mare.

to **smooch** [smu:tʃ] *v.tr.* (*amer.*) **1** imbrattare **2** (*sl.*) rubare ♦ *v.intr.* (*fam.*) sbaciucchiarsi.

smooth [smu:ð] *agg.* **1** liscio, levigato; piano: *— surface*, superficie liscia; *— skin*, pelle liscia; *— muscle*, muscolo liscio // *— curve*, curva monotòna (di prezzi, produzione ecc.) **2** ben amalgamato, omogeneo: *— paste*, pasta ben amalgamata **3** armonioso (di suono ecc.); gradevole, dolce (di sapore): *a — line*, un verso scorrevole; *a — wine*, un vino amabile **4** dolce, affabile; mellifluo: *— manners*, modi melliflui // (*sl. amer.*) *— operator*, persona di buone maniere; persona subdola **5** calmo, tranquillo: *the sea is — today*, il mare è calmo oggi; *we had a — crossing*, abbiamo avuto una traversata tranquilla // *to be in — waters*, (*fig.*) essere tranquillo, al sicuro **6** spianato, facile; semplice: *— path*, sentiero facile; *it was a — operation*, l'operazione è andata liscia, senza difficoltà **7** liscio, consumato: *— tyres*, gomme lisce **8** agevole, scorrevole; *this car has a — ride*, questa macchina è comoda, non fa sentire le asperità del terreno **9** monotono, uniforme: *a — flow of words*, un flusso monotono di parole ♦ *s.* **1** lisciata: *she gave her hair a —*, si ravviò i capelli **2** parte liscia; terreno uniforme.

to **smooth** *v.tr.* **1** lisciare; levigare; spianare; (*fig.*) facilitare; appianare: *to — the way* (o *path*) *for s.o.*, (*fig.*) appianare la strada a qlcu. **2** (*ant.*) adulare, lisciare: *because I cannot flatter, ...smooth, deceive*, (SH. Richard III) perché io non so adulare ... lisciare, ingannare.

□ **smooth down** *v.tr.* e *avv.* **1** lisciare, sistemare (capelli ecc.) **2** calmare, placare.

□ **smooth out** *v.tr.* e *avv.* **1** lisciare; distendere: *to — out wrinkles*, distendere le rughe **2** risolvere, appianare: *to — out difficulties*, appianare le difficoltà.

□ **smooth over** *v.tr.* e *avv.* **1** placare; appianare, ricomporre: *he tried everything in his power to — over their differences*, tentò tutto il possibile per appianare le loro divergenze **2** minimizzare: *he tried to — over his mistake*, tentò di minimizzare il suo errore.

smooth-bore ['smu:ðbɔ:*] *agg.* e *s.* (*arma da fuoco*) ad anima liscia.

smooth-faced ['smu:ðfeɪst] *agg.* imberbe; (*fig.*) dall'espressione melliflua.

smoothie ['smu:ðɪ] **smoothy** *s.* (*sl. amer.*) **1** persona attraente **2** persona manierata, affettata, subdola.

smoothing ['smu:ðɪŋ / smooth·ing] *s.* (*stat.*) perequazione.

smoothing iron ['smu:ðɪŋ,aɪən *amer.* 'smu:ðɪŋ,aɪərn] *s.* ferro da stiro.

smoothing plane ['smu:ðɪŋpleɪn] *s.* pialletto finitore.

smoothly ['smu:ðlɪ / smooth·ly] *avv.* **1** pianamente; facilmente **2** soavemente, armonicamente **3** in modo conciliante; in modo mellifluo **4** agevolmente, scorrevolmente: *the engine is running —*, il motore gira bene.

smoothness ['smu:ðnɪs / smooth·ness] *s.* **1** levigatezza; regolarità **2** scorrevolezza, armonia (di verso, suono) **3** dolcezza, affabilità **4** calma, tranquillità.

smooth-tempered [,smu:ð'tempəd] *agg.* di carattere dolce.

smooth-tongued [,smu:ð'tʌŋd] *agg.* dalle parole adulatrici, melliflue.

smorgasbord ['smɔ:gəsbɔ:d] *s.* (*cuc.*) buffet con grande varietà di cibi.

smote [sməʊt] *pass.* di to **smite**.

to **smother** ['smʌðə*] *v.tr.* **1** soffocare (*anche fig.*); opprimere; reprimere (*anche fig.*): *he smothered the fire with a blanket*, soffocò il fuoco con una coperta; *the scandal was smothered up*, lo scandalo fu soffocato; *to — s.o. with kisses*, soffocare qlcu. di baci; *he smothered his anger*, represse la sua rabbia; *to — a yawn*, soffocare uno sbadiglio **2** ricoprire: *strawberries smothered in* (o *with*) *cream*, fragole ricoperte di panna ◆ *v.intr.* **1** soffocare; respirare a fatica **2** (*rar.*) morire soffocato **3** subire una repressione.

smothering ['smʌðərɪŋ / smother·ing] *agg.* soffocante, opprimente (*anche fig.*) // **-ly** *avv.*

smothery ['smʌðərɪ / smoth·ery] *agg.* soffocante, opprimente.

smoulder ['sməʊldə* / smoul·der] *s.* **1** (fumo di) combustione senza fiamma **2** brace.

to **smoulder** *v.tr.* soffocare ◆ *v.intr.* **1** bruciare senza fiamma **2** bruciare sotto la cenere; (*fig.*) covare sotto la cenere: *for a long time hatred smouldered in her heart*, l'odio covò a lungo nel suo cuore.

smudge[1] [smʌdʒ] *s.* **1** macchia; imbrattatura; sbavatura; sgorbio: *there is a — of lipstick on your collar*, hai una macchia di rossetto sul colletto **2** massa confusa.

to **smudge**[1] *v.tr.* macchiare, insudiciare; scarabocchiare ◆ *v.intr.* macchiare; sbavare; spandersi (di inchiostro).

smudge[2] *s.* (*amer.*) **1** fumo denso **2** fuoco all'aperto che produce molto fumo (per allontanare gli insetti).

smudge-proof ['smʌdʒ,pru:f] *agg.* indelebile: *— lipstick*, rossetto indelebile.

smudgy ['smʌdʒɪ] *agg.* macchiato, imbrattato // **-iness** *s.*

smug [smʌg] *agg.* **1** soddisfatto di sé; compiaciuto **2** (*non com.*) azzimato **3** (*ant.*) di aspetto rispettabile ◆ *s.* persona soddisfatta di sé // **-ly** *avv.* // **-ness** *s.*

to **smuggle** ['smʌgl] *v.tr.* **1** contrabbandare: *to — sthg. into, out of a country*, introdurre in, far uscire da un paese merce di contrabbando **2** portare, mandare di nascosto ◆ *v.intr.* praticare, fare il contrabbando.

smuggler ['smʌglə* / smug·gler] *s.* **1** contrabbandiere **2** nave contrabbandiera.

smuggling ['smʌglɪŋ / smug·gling] *s.* contrabbando.

smut [smʌt] *s.* **1** (granellino di) fuliggine **2** macchia prodotta da fuliggine **3** Ⓤ (*fig. fam.*) linguaggio, discorso, libro osceno; oscenità, sconcezze (*pl.*) **4** (*bot.*) carbone (malattia).

to **smut** *pass.p.p.* **smutted** ['smʌtɪd / smut·ted] *v.tr.* **1** annerire, imbrattare di fuliggine **2** (*bot.*) infettare (cereali) col carbone ◆ *v.intr.* (*bot.*) essere colpito dal carbone (di cereali).

smutch [smʌtʃ] *s.* (*ant.*) **1** macchia (di fuliggine) **2** fuliggine; nerume, sudiciume.

smutty ['smʌtɪ] *agg.* **1** annerito; sporco; fuligginoso **2** (*fig. fam.*) sboccato, osceno, sconcio **3** (*bot.*) (di cereali) colpito dal carbone // **-ily** *avv.* // **-iness** *s.*

snack [snæk] *s.* **1** spuntino, snack: *to take a —*, fare uno spuntino **2** boccone; porzione; parte **3** *pl.* stuzzichini.

to **snack** *v.intr.* (*amer.*) fare uno spuntino.

snack bar ['snækbɑ:*] *s.* tavola calda, fredda; snack bar.

snaffle ['snæfl] *s.* — (*bit*), morso snodato (del cavallo), filetto // *to ride s.o. on* (o *with*) *the —*, (*fig.*) guidare qlcu. con delicatezza.

to **snaffle** *v.tr.* **1** tenere a freno (un cavallo col morso snodato) **2** (*fam.*) portar via, rubare, fregare; arraffare.

snafu [snæ'fu:] *s.* (*fam. amer.*) **1** caos, casino **2** disastro, fiasco, fallimento completo • Acronimo di *situation normal all fouled up*.

snag [snæg] *s.* **1** sporgenza; protuberanza **2** piccolo strappo; filo tirato; smagliatura **3** (*bot.*) troncone (di ramo); tronco, ramo sommerso **4** (*fig.*) intoppo, inconveniente; difficoltà, ostacolo imprevisto: *the radio is fantastic, the only — is it doesn't get the short-wave band*, la radio è bellissima, l'unico neo è che non prende le onde corte **5** dente rotto, irregolare.

to **snag** *pass.p.p.* **snagged** [snægd] *v.tr.* **1** far impigliare, prendere dentro con; tirare un filo di; smagliare (calze ecc.): *he snagged his pullover on the barbed wire*, rimase impigliato col pullover nel filo spinato **2** portare (un'imbarcazione) a urtare contro un ostacolo sommerso: *to be snagged*, urtare contro un ostacolo sommerso **3** ripulire (un fiume) da ostacoli sommersi **4** (*fig.*) ostacolare, intralciare **5** tagliare in modo grossolano lasciando spuntoni **6** (*pesca*) agganciare (con l'amo) per il corpo (invece che per la bocca) **7** (*fam. amer.*) prendere al volo (un taxi, un treno ecc.); acchiappare, acciuffare (una persona) // *to — a nice profit*, ricavarci un buon guadagno.

snagged [snægd] **snaggy** ['snægɪ] *agg.* **1** nodoso, pieno di protuberanze (di ramo, albero) **2** pieno di ostacoli imprevisti (di fiume ecc.).

snaggle-toothed ['snægl,tu:θt] *agg.* che ha i denti irregolari; dalla dentatura irregolare.

snail [sneɪl] *s.* chiocciola, lumaca SIN. limax // *to go at a —'s pace*, andare, avanzare a passo di lumaca.

snail clover ['sneɪl,kləʊvə*] **snail trefoil** ['sneɪl,trefɔɪl] *s.* (*bot.*) (*Medicago scutellata*) trifoglio chiocciola.

snail-fish ['sneɪlfɪʃ] *s.* (*zool.*) conchiglia.

snail mail ['sneɪl,meɪl] *s.* (*sl. inform.*) posta tradizionale • Vista come lumaca dagli utenti di posta elettronica.

snail wheel ['sneɪlwi:l] *s.* (ruota a) chiocciola.

snake [sneɪk] *s.* **1** serpente, serpe (*anche fig.*); biscia // *— charmer*, incantatore di serpenti // *snakes and ladders*, gioco simile a quello dell'oca // *a — in the grass*, (*fig.*) un pericolo, un nemico in agguato // *to see snakes*, (*sl. amer.*) avere il delirium tremens **2** (*mecc.*) mandrino flessibile **3** (*econ.*) — (*in the tunnel*), serpente monetario.

to **snake** *v.intr.* serpeggiare, procedere tortuosamente; strisciare ◆ *v.tr.* (*fam. amer.*) rubare (il fidanzato, la fidanzata): *she snaked Johnny from Clarissa*, ha rubato Johnny a Clarissa.

snakebird ['sneɪkbɜ:d / snake·bird] *s.* (*zool.*) uccello serpente.

snakebite ['sneɪkbaɪt / snake·bite] *s.* morso di serpente.

snake-bitten ['sneɪk,bɪtn] *agg.* (*fig. fam. amer.*) incapace, imbranato.

snake-fence ['sneɪk,fens] *s.* (*amer.*) staccionata di tronchi d'albero disposti a zig-zag.

snakeroot ['sneɪkru:t / snake·root] *s.* (*bot.*) **1** (*Aristolochia serpentaria*) radice colubrina **2** (*Polygala senega*) poligala **3** bistorta, serpentaria → bistort.

snake's-head ['sneɪkshed] *s.* (*bot. pop.*) fritillaria → **fritillary** 1.

snakeskin ['sneɪkskɪn / snake·skin] *s.* (pelle di) serpente.

snakestone ['sneɪkstəʊn / snake·stone] *s.* (*paleont.*) ammonite.

snakeweed ['sneɪkwi:d / snake·weed] *s.* (*bot.*) bistorta, serpentaria → bistort.

snaky ['sneɪkɪ] *agg.* **1** serpentino **2** serpeggiante; sinuoso, tortuoso (di strada) **3** (*fig.*) perfido; infido, sleale, ingannatore // **-ily** *avv.* // **-iness** *s.*

snap [snæp] *agg.* (*attr.*) **1** affrettato; improvviso: *a — decision*, una decisione presa sul momento; *— judgement*, un giudizio affrettato; *— vote*, votazione improvvisa; *— debate*, dibattito inatteso **2** a scatto, a molla: *— lock*, serratura a scatto.

snap *inter.* (*fam.*) proprio uguale!, identico!, tale e quale!

snap *s.* **1** colpo secco coi denti; morso, morsicata: *to make a — at sthg.*, cercare di azzannare, addentare qlco. // *to speak with a —*, parlare con tono tagliente **2** rottura improvvisa, rumorosa; schiocco, colpo secco, schianto: *the — of a twig*, lo spezzarsi improvviso di un ramoscello; *the stick broke with a —*, il bastone si spezzò con un colpo secco; *a — of one's fingers*, uno schiocco con le dita **3** fermaglio (a molla), fibbia; (*amer.*) bottone automatico **4** (*fot.*) → snapshot 1 **5** biscotto croccante **6** (*meteor.*) ondata improvvisa: *a cold —*, un'ondata improvvisa di freddo **7** (*fam.*) energia, vigore; vivacità: *his style is full of —*, il suo stile è pieno di brio **8** semplice gioco di carte simile al rubamazzo **9** (*fam. amer.*) bazzecola, cosa facilissima, gioco da ragazzi: *it's a soft —*, è un lavoretto da niente // *— course*, corso di studi molto facile.

to **snap** *pass.p.p.* **snapped** [snæpt] *v.intr.* **1** spezzarsi con un colpo secco, spezzarsi di colpo **2** scattare, fare uno scatto (*anche fig.*) schioccare: *the lock snapped shut*, la serratura si chiuse di scatto; *the whip snapped*, la frusta schioccò; *the fire is snapping*, il fuoco scoppietta; *my nerves snapped*, (*fig.*) mi sono saltati i nervi; *he is a man who snaps easily under pressure*, (*fig.*) è un uomo che scatta facilmente quando è sotto pressione // *to — to attention*, scattare sull'attenti // *— to it !*, (*fam.*) sbrigati!, muoversi!, scattare! **3** *to —* (*at*), addentare, azzannare, tentare di mordere: *the dog snapped at his calves*, il cane cercava di mordergli i polpacci // *to — at the bait*, addentare l'esca; abboccare (di pesce) // *to — at a chance*, (*fig.*) afferrare, cogliere un'occasione al volo **4** (*fig.*) parlare bruscamente, dire in tono brusco: *"Go away!" she snapped*, "Vattene via!" disse in malo modo; *he tends to — at people when he is nervous*, ha la tendenza ad aggredire le persone quando è nervoso ♦ *v.tr.* **1** spezzare con un colpo secco, spezzare di colpo: *he snapped the stick over his knee*, spezzò il bastone sul ginocchio; *he snapped off a square of chocolate for himself*, si spezzò un quadratino di cioccolato **2** schioccare, far schioccare; far scattare: *he snapped the lid shut*, chiuse il coperchio con uno scatto; *to — one's fingers*, schioccare le dita; *he comes running whenever she snaps her fingers*, (*fig.*) accorre subito non appena lei apre bocca, ad ogni suo minimo cenno // *to — one's fingers at s.o., sthg.*, (*fig.*) infischiarsi di qlcu., qlco. **3** addentare, azzannare, mordere: *the shark snapped his leg off*, il pescecane gli staccò la gamba con un morso // *to — s.o.'s head off*, (*fig. fam.*) rispondere male a qlcu.; trattare qlcu. in malo modo **4** (*fig.*) dire bruscamente, in modo brusco: *the sergeant snapped out an order*, il sergente diede seccamente un ordine **5** (*fam.*) fare una fotografia a.

□ **snap out of** *v.intr.* e *prep.* (*fam.*) scuotersi, uscire rapidamente (da uno stato d'animo negativo): *you need to — out of this depression*, devi liberarti immediatamente da questo stato depressivo // *— out of it!*, scuotiti!, smuoviti!, reagisci!

□ **snap up** *v.tr.* e *avv.* (*fam.*) **1** prendere al volo, comprare sul momento; non lasciarsi sfuggire (un affare, un'occasione ecc.) **2** *— it up!*, (*amer.*) sbrigati!, spicciati!, muoversi!

snapdragon ['snæp,drægən / snap·dragon] *s.* **1** (*bot.*) (*Antirrhinum majus*) bocca di leone **2** consuetudine natalizia consistente nell'immergere uvetta nel cognac ardente e nel mangiarla calda.

snap fastener ['snæp,fɑ:snə* *amer.* 'snæp,fæsnə*] *s.* (*amer.*) (bottone) automatico BRIT. popper, press-stud.

snap-hook ['snæphʊk] **snap-link** ['snæp lɪŋk] *s.* (*mecc.*) gancio a molla, moschettone.

snapper ['snæpə* / snap·per] *s.* **1** persona stizzosa; persona che dà risposte mordaci, caustiche **2** osservazione, battuta mordace, caustica **3** fotografo che scatta istantanee **4** (*fam. amer.*) clou, punto cruciale di una barzelletta **5** *pl.* (*fam. amer.*) denti.

snapping turtle ['snæpɪŋ,tɜ:tl] *s.* (*zool.*) (*Chelydra serpentina*) tartaruga azzannatrice.

snappish ['snæpɪʃ / snap·pish] *agg.* stizzoso, ringhioso, irritabile; brusco, sgarbato; mordace, caustico // **-ly** *avv.* // **-ness** *s.*

snappy ['snæpɪ] *agg.* **1** stizzoso, irritabile, iroso; aspro, brusco **2** vivace, brillante (di stile, spettacolo ecc.) **3** (*fam.*) elegante, alla moda **4** *make it* (*look*) *—!*, (*fam.*) sbrigati!, spicciati! // **-ily** *avv.* // **-iness** *s.*

snapshot ['snæpʃɒt / snap·shot] *s.* **1** (*fot.*) istantanea: *to take a —*, scattare una istantanea **2** colpo sparato senza prendere la mira; colpo al volo.

snap-switch ['snæpswɪtʃ] *s.* (*elettr.*) interruttore a scatto.

snare [sneə*] *s.* **1** trappola; rete; laccio (d'uccellatore); tagliola: *to lay* (o *to set*) *a —*, preparare una trappola, (*fig.*) tendere una trappola **2** (*fig. form.*) trappola, insidia; tentazione: *popularity is a —*, la popolarità è un'insidia **3** (*med.*) ansa metallica (per l'escisione di polipi e tumori) **4** (*mus.*) timbro (di tamburo).

to **snare** *v.tr.* **1** prendere al laccio, in trappola (*anche fig.*) **2** (*fig. fam.*) procurarsi, ottenere: *to — a good job*, trovarsi un buon lavoro.

snare drum ['sneə,drʌm] *s.* tamburo militare.

snarer ['sneərə*] *s.* chi prepara trappole; (*fig.*) chi tende trappole.

snarky ['snɑ:kɪ] *agg.* (*fam. amer.*) irascibile; irritabile.

snarl[1] [snɑ:l] *s.* **1** intrico, viluppo, groviglio, garbuglio **2** arruffatura, nodo **3** (*tess.*) arricciatura **4** (*fig.*) confusione, disordine, groviglio.

to **snarl**[1] *v.tr.* **1** aggrovigliare, ingarbugliare (*anche fig.*) **2** (*fig.*) prendere in trappola ♦ *v.intr.* aggrovigliarsi, ingarbugliarsi (*anche fig.*).

□ **snarl up** *v.tr.* e *avv.* bloccare; intasare (il traffico).

snarl[2] *s.* **1** ringhio (del cane) **2** voce irosa; (*fam.*) brontolio iroso, grugnito.

to **snarl**[2] *v.intr.* **1** ringhiare (del cane) **2** parlare con acredine; pronunciare parole dure, irose; (*fam.*) brontolare, grugnire.

snarling ['snɑ:lɪŋ / snarl·ing] *agg.* **1** ringhioso (di cane) **2** stizzoso, irascibile // **-ly** *avv.*

snarl-up ['snɑ:lʌp] *s.* (*fam.*) blocco; ingorgo, intasamento (del traffico).

snarly ['snɑ:lɪ] *agg.* **1** ringhioso (di cane) **2** stizzoso.

snatch [snætʃ] *s.* **1** strappo, strattone, presa: *to make a — at sthg.*, ghermire qlco. **2** (*sl.*) scippo; sequestro di persona **3** brano, frammento: *short snatches of songs*, brevi brani di canzoni **4** breve periodo (di tempo): *to work in* (o *by*) *snatches*, lavorare saltuariamente **5** (*non com.*) pasto affrettato; spuntino **6** (*volg. amer.*) vagina.

to **snatch** *v.tr.* **1** afferrare, ghermire (*anche fig.*), agguantare, acchiappare; strappare (*anche fig.*): *he snatched the book from her hand*, le strappò il libro di mano; *the wind snatched his hat off*, il vento gli portò via il cappello; *he snatched the opportunity*, (*fig.*) colse (al volo) l'occasione; *to — a half-hour's rest*, prendersi mezz'ora di riposo; *to — a kiss*, carpire, rubare un bacio **2** strappare a viva forza; arraffare, rubare; (*sl.*) sequestrare, rapire: *to — s.o.'s handbag*, strappare a qlcu. la borsetta, scippare qlcu. ♦ *v.intr.* (*at*) **1** cercare di prendere, di afferrare; (*sl.*) cercare di rubare, di scippare: *to — at the ball*, cercare di prendere la palla **2** (*fig.*) afferrare, cogliere al volo: *to — at an opportunity*, afferrare un'occasione.

□ **snatch away** *v.tr.* e *avv.* portar via (*anche fig.*): *all hope of happiness was snatched away*, (*fig.*) ogni speranza di felicità fu tolta.

□ **snatch up** *v.tr.* e *avv.* raccogliere in fretta: *he snatched his basket up from the ground*, raccolse velocemente il suo paniere da terra.

snatcher ['snætʃə* / snatch·er] *s.* **1** chi afferra, chi agguanta **2** ladro; rapinatore; (*fam.*) scippatore // *body —*, (*ant.*) dissotterratore di cadaveri.

snatchy ['snætʃɪ] *agg.* frammentario, irregolare, discontinuo; (fatto) a strappi // **-ily** *avv.*

snazzy ['snæzɪ] *agg.* (*fam.*) elegante; sgargiante, appariscente: *what a — dress!*, che lusso il tuo vestito! // **-ily** *avv.*

sneak [sni:k] *s.* **1** persona vile, abietta; chi agisce furtivamente // *to take a —*, dare un'occhiata furtiva **2** (*sl. scolastico*) spia.

to **sneak** *v.intr.* **1** insinuarsi; introdursi furtivamente; strisciare: *to — into a place*, entrare furtivamente in un luogo // *to — away*, andar via di soppiatto // *to — up on s.o.*, arrivare di soppiatto alle spalle di qlcu. **2** (*sl. scolastico*) fare la spia: *to — on s.o.*, fare la spia nei confronti di qlcu. ♦ *v.tr.* **1** (*fam.*) rubare, prendere furtivamente: *the man was caught sneaking secret information from the computer*, l'uomo fu sorpreso mentre s'impossessava d'informazioni segrete dal computer // *to — a look*, dare un'occhiata furtiva; *to — a comment*, fare un'osservazione senza farsi notare **2** (*sl. amer.*) contrabbandare.

sneaker ['sni:kə*] *s.* (*spec. pl.*) (*amer.*) scarpa di tela con suola di gomma, scarpa da ginnastica BRIT. plimsoll, trainer.

sneaking ['sni:kɪŋ / sneak·ing] *agg.* **1** servile; vile; abietto **2** furtivo; nascosto; celato: *a — idea*, un'idea vaga, un sospetto; *a — suspicion*, un lieve sospetto; *to have a — affection for s.o.*, nutrire un affetto inconfessato per qlcu. // **-ly** *avv.*

sneak preview [,sni:k'pri:vju:] *s.* anteprima (non preannunciata).

sneak thief ['sni:kθi:f] *s.* ladruncolo.

sneaky ['sni:kɪ] *agg.* **1** basso, servile **2** (*sl. scolastico*) che ha la tendenza a fare la spia.

sneaping ['sni:pɪŋ / sneap·ing] *agg.* (*ant.*) tagliente: *Berowne is like an envious sneaping frost / that bites the first-born infants of the* *spring*, (SH. Love's Labour's Lost) Berowne è come l'invidioso gelo pungente che divora i teneri germogli della primavera.

sneck up [ˌsnekˈʌp] *inter.* (*ant.*): *We did keep time, sir, in our catches. Sneck up!*, (SH. Twelfth Night) Noi abbiamo cantato i nostri ritornelli a tempo, signore. Andate al diavolo!

sneer [snɪə*] *s.* **1** sogghigno beffardo; tono canzonatorio, osservazione sarcastica **2** motteggio, canzonatura.

to **sneer** *v.intr.* **1** sorridere beffardamente, sogghignare **2** *to — at* (*s.o.*), guardare con un sogghigno, con derisione; schernire, canzonare, burlarsi di (qlcu.) ◆ *v.tr.* esprimere sogghignando.

sneerer [ˈsnɪərə*] *s.* schernitore, beffeggiatore.

sneering [ˈsnɪərɪŋ / sneer·ing] *agg.* beffardo; canzonatorio ◆ *s.* sarcasmo; derisione; beffa // **-ly** *avv.*

sneeze [sni:z] *s.* starnuto.

to **sneeze** *v.intr.* starnutire: *this is an offer I wouldn't — at*, (*fam.*) è un'offerta su cui non sputerei.

snell [snel] *s.* (*amer.*) (*pesca*) setale.

snick [snɪk] *s.* **1** taglietto, piccola incisione; tacca **2** (*cricket*) colpo che fa deviare la palla.

to **snick** *v.tr.* **1** incidere; fare piccole intaccature in **2** (*cricket*) far deviare leggermente (la palla) con la mazza.

snicker [ˈsnɪkə*] *s.* **1** nitrito **2** risatina, risolino.

to **snicker** *v.intr.* **1** nitrire **2** ridacchiare, ridere sotto i baffi.

snide [snaɪd] *agg.* (*sl.*) **1** maligno; sprezzante **2** disonesto **3** falso, contraffatto ◆ *s.* **1** persona maligna **2** [U] gioielli, monete false (*pl.*) // **-ly** *avv.* // **-ness** *s.*

sniff [snɪf] *s.* **1** l'annusare, il fiutare **2** annusata, fiutata // *he didn't get a — of the ball for the entire match*, (*fam. fig.*) non ha toccato la palla per tutta la partita **3** singhiozzo (di pianto).

to **sniff** *v.intr.* **1** aspirare rumorosamente aria col naso; tirar su col naso; singhiozzare: *stop sniffing and blow your nose!*, smettila di tirare su col naso e soffiatelo!; *she was sniffing into a handkerchief with tears in her eyes*, singhiozzava col naso nel fazzoletto e le lacrime agli occhi // *to — up*, inspirare, fiutare **2** *to — at s.o., sthg.*, annusare qlcu., qlco.; (*fig. fam.*) dimostrare disapprovazione, disprezzo per qlcu., qlco. ◆ *v.tr.* **1** aspirare rumorosamente col naso; fiutare, annusare; (*fam.*) sniffare: *to — cocaine*, fiutare cocaina; *an offer not to be sniffed at*, (*fam. fig.*) un'offerta da non disprezzare **2** (*fig.*) presagire, prevedere; fiutare: *to — danger*, fiutare il pericolo.

sniffle [ˈsnɪfl] *s.* **1** il tirar su col naso **2** singhiozzo (di pianto) **3** *pl.* (*fam.*) raffreddore di testa.

to **sniffle** *v.intr.* **1** tirar su col naso, aspirare rumorosamente col naso **2** singhiozzare, piangere singhiozzando.

sniffler [ˈsnɪflə*] *s.* (*fam.*) chi tira su col naso, chi aspira rumorosamente col naso.

sniffy [ˈsnɪfɪ] *agg.* **1** (*fam.*) sprezzante, sdegnoso **2** maleodorante **3** (*fam. amer.*) schizzinoso.

snifter [ˈsnɪftə* / snif·ter] *s.* (*fam. antiq.*) **1** cicchetto, liquorino; bicchierino **2** (*amer.*) bicchiere da brandy, napoleone.

snifting valve [ˈsnɪftɪŋˌvælv] *s.* (*mecc.*) valvola di sfiato.

snigger [ˈsnɪgə* / snig·ger] *s.* risolino malizioso, cinico.

to **snigger** *v.intr.* ridere sotto i baffi; ridacchiare.

to **sniggle** [ˈsnɪgl] *v.intr.* pescare anguille (introducendo l'amo nella loro tana).

snip [snɪp] *s.* **1** forbiciata **2** ritaglio; scampolo; (*fig.*) pezzettino, avanzo **3** (*fam. fig.*) persona presuntuosa, meschina **4** (*pl.*) forbici da lattoniere **5** (*ant.*) sarto **6** (*fam.*) affare, buona occasione: *it's a —*, è un affare **7** (*sl. ippico*) certezza; vincitore sicuro.

to **snip** *pass.p.p.* **snipped** [snɪpt] *v.tr.* tagliuzzare, (con forbici, cesoie ecc.) // *to — off the ends of s.o.'s hair*, spuntare i capelli a qlcu. ◆ *v.intr.* fare dei tagli (con forbici, cesoie ecc.), dare una forbiciata.

snipe [snaɪp] *s.* **1** (*zool.*) (*Capella gallinago*) beccaccino **2** (*fig. rar.*) sciocco, stupido **3** (*amer.*) mozzicone (di sigaretta) **4** (*mil.*) colpo sparato da un cecchino.

to **snipe** *v.intr.* **1** andare a caccia di beccaccini **2** (*mil.*) praticare il cecchinaggio: *to — at the enemy*, colpire il nemico con azioni di cecchinaggio **3** (*fig.*) lanciare attacchi; muovere critiche: *his appointment was an easy target for the press to — at*, la sua nomina fu un facile bersaglio per le critiche della stampa ◆ *v.tr.* (*mil.*) sparare da luogo nascosto a.

snipe-fish [ˈsnaɪpfɪʃ] *s.* (*zool.*) pesce trombetta.

sniper [ˈsnaɪpə*] *s.* (*mil.*) cecchino; franco tiratore.

snipper [ˈsnɪpə* / snip·per] *s.* (*fam.*) **1** (*antiq.*) sarto **2** *pl.* forbici.

snippet [ˈsnɪpɪt / snip·pet] *s.* **1** pezzetto; ritaglio **2** *pl.* frammenti (di notizie, di opere letterarie ecc.) **3** (*fam. amer.*) mezza cartuccia.

snippety [ˈsnɪpɪtɪ / snip·pety] *agg.* frammentario; scucito (di stile).

snip-snap [ˈsnɪpˌsnæp] *s.* **1** colpo di forbici, forbiciata **2** (*fig.*) dialogo vivace, spiritoso.

snit [snɪt] *s.* (*fam. amer.*) attacco di nervi, accesso di rabbia: *to go into a —*, (*fig.*) perdere le staffe.

snitch [snɪtʃ] *s.* (*sl.*) **1** naso **2** informatore; spia.

to **snitch** *v.intr.* (*sl.*) fare la spia ◆ *v.tr.* (*sl.*) rubacchiare.

snivel [ˈsnɪvl] *s.* **1** moccio **2** piagnucolamento.

to **snivel** *pass.p.p.* **snivelled** [ˈsnɪvld / sniv·elled] *v.intr.* **1** moccicare, lasciar colare il moccio **2** (*estens.*) piagnucolare, frignare (tirando su col naso) **3** (*rar.*) simulare commozione.

sniveller [ˈsnɪvlə* / sniv·el·ler] *s.* piagnucolone.

snivelling [ˈsnɪvlɪŋ / sniv·el·ling] *agg.* **1** moccioso **2** piagnucoloso ◆ *s.* piagnucolio.

snivelly [ˈsnɪvlɪ / sniv·el·ly] *agg.* → **snivelling**.

snob [snɒb] *s.* **1** snob // *inverted —*, snob alla rovescia (chi si vanta d'avere origini più umili di quanto siano in realtà), persona di umile origine **2** (*ant.*) persona di umile origine.

snobbery [ˈsnɒbərɪ / snob·bery] *s.* snobismo.

snobbish [ˈsnɒbɪʃ / snob·bish] *agg.* snobistico; affettato // **-ly** *avv.*

snobbishness [ˈsnɒbɪʃnɪs / snob·bish·ness] **snobbism** [ˈsnɒbɪzəm / snob·bism] *s.* snobismo.

snockered [ˈsnɒkəd / snock·ered] *s.* (*fam. amer.*) ubriaco.

to **snog** [snɒg] *v.intr.* (*fam.*) sbaciucchiarsi; pomiciare.

snood [snu:d] *s.* **1** reticella da chignon **2** nastro per i capelli **3** lenza.

snook[1] [snu:k] *s.* (*zool.*) (*Sphyrena sphyrena*) luccio di mare.

snook[2] *s.* (*sl.*) maramao: *to cock* (o *to cut* o *to make*) *a —*, fare maramao.

snooker [ˈsnu:kə*] *s.* (gioco del) biliardo.

to **snooker** *v.tr.* **1** (*biliardo*) ostacolare (l'avversario) coprendo la palla **2** (*fam. fig.*) ostacolare, impedire: *I'm snookered*, mi trovo in difficoltà.

snookums [ˈsnu:kəmz / snook·ums] *s.* (*fam. amer.*) gioia, tesorino, amore mio.

to **snoop** [snu:p] *v.intr.* (*fam.*) interessarsi dei fatti altrui, ficcare il naso ◆ *v.tr.* spiare per cogliere in flagrante.

snooper [ˈsnu:pə*] *s.* **1** (*fam.*) ficcanaso, spione **2** (*sl.*) ispettore.

snoot [snu:t] *s.* (*fam. amer.*) naso.

snooty [ˈsnu:tɪ] *agg.* (*fam.*) borioso, altezzoso, sdegnoso // **-ily** *avv.* // **-iness** *s.*

snooze [snu:z] *s.* **1** pisolino, sonnellino: *to have a —*, fare un sonnellino **2** (*fam. amer.*) persona, cosa noiosa e soporifera: *the concert was a —*, il concerto era una noia terribile.

to **snooze** *v.intr.* sonnecchiare, schiacciare, fare un pisolino.

snore [snɔ:*] *s.* il russare.

to **snore** *v.intr.* russare // *he snored away the morning*, ha passato tutta la mattina a dormire come un ghiro.

snorer [ˈsnɔ:rə*] *s.* persona che russa.

snoring [ˈsnɔ:rɪŋ / snor·ing] *s.* il russare.

snorkel [ˈsnɔ:kl / snor·kel] *s.* **1** 'snorkel' (presa d'aria per sommergibili) **2** tubo, boccaglio.

snort [snɔ:t] *s.* **1** sbuffo; sbuffata; rumore sbuffante (di locomotiva, motore ecc.) **2** (*sl. amer.*) sorsata di liquore; sniffata (di cocaina).

to **snort** *v.intr.* sbuffare ◆ *v.tr.* **1** esprimere sbuffando (ira, disprezzo ecc.): *to — out one's opinion*, esprimere la propria opinione sbuffando **2** (*sl.*) fiutare, sniffare: *to — cocaine*, sniffare cocaina.

snorter [ˈsnɔ:tə*] *s.* **1** chi sbuffa **2** (*sl.*) forte vento **3** (*sl.*) cicchetto, bicchierino di liquore **4** (*sl. antiq.*) cosa strabiliante, eccezionale.

snot [snɒt] *s.* (*volg.*) **1** muco, moccio **2** individuo spregevole.

to **snot** *v.tr.* (*fam. amer.*) snobbare, guardare dall'alto in basso.

snotnose [ˈsnɒtnəʊz / snot·nose] *s.* (*fam.*) pivellino, moccioso; impertinente; saccente.

snotty [ˈsnɒtɪ] *agg.* **1** (*fam.*) moccioso **2** (*sl.*) arrogante; pieno di sé.

snout [snaʊt] *s.* **1** muso; grugno; ceffo; grifo **2** (*spreg.*) naso **3** (*mecc.*) becco; cannello.

snout beetle ['snaʊt,bi:tl] *s.* (*zool.*) curculione, rincoforo.

snow [snəʊ] *s.* **1** neve: *eternal* —, nevi perenni; *powdery* —, neve farinosa; *a fall of* —, una nevicata; — *report*, bollettino della neve; — *shovel*, pala da neve; — *clearer*, (operaio) spalaneve // *driven* —, neve accumulata dal vento; *her hands are as white as* —, le sue mani sono bianche come la neve; *as pure as the driven* —, (*fig.*) puro come un giglio // *Snow White*, Biancaneve **2** (*sl.*) neve, cocaina; eroina **3** (*radar*, *tv*) effetto neve **4** (*letter.*) capelli bianchi.

to **snow** *v.intr.impers.* nevicare: *it's snowing*, nevica, sta nevicando ◆ *v.tr.* (*sl. amer.*) far colpo su: *I was really snowed by his manners and wild stories*, sono rimasto molto colpito dai suoi modi e dalle sue storie incredibili.

□ **snow in**, **up** *v.tr.* e *avv.* (*gener. passivo*) (*di neve*) bloccare (traffico, strada ecc.).

□ **snow under** *v.tr.* e *avv.* **1** (*with*) sommergere (di): *I'm completely snowed under with things to do*, sono sommerso dalle cose da fare **2** (*fam. amer.*) sconfiggere clamorosamente **3** (*fam. amer.*) assillare con eccessive pretese.

snowball ['snəʊbɔ:l / snow·ball] *s.* palla di neve // *a* —*'s chance in hell*, (*fam.*) neanche la minima speranza.

to **snowball** *v.tr.* lanciare palle di neve a: *to* — *s.o.*, tirare palle di neve a qlcu. ◆ *v.intr.* **1** fare a palle di neve **2** diventare sempre più grande, aumentare; ingrandirsi (di problema, progetto): *his debts began to* —, i suoi debiti aumentavano sempre più.

snow-berry ['snəʊbərɪ *amer.* 'snəʊ,berɪ] *s.* (*bot.*) (*Symphoricarpos albus*) sinforicarpo bianco.

snowbird ['snəʊbɜ:d / snow·bird] *s.* **1** (*zool.*) passero cantore; (*Montifringilla nivalis*) fringuello alpino **2** (*fam. amer.*) vagabondo, o lavoratore stagionale, che d'inverno emigra al sud per sfuggire al freddo **3** (*sl. amer.*) cocainomane.

snow-blind ['snəʊblaɪnd] *agg.* accecato dal riverbero della neve.

snow blindness ['snəʊ,blaɪndnɪs] *s.* (*med.*) fotofobia da neve.

snow-blink ['snəʊ,blɪŋk] *s.* riflesso della neve.

snow-boot ['snəʊbu:t] *s.* scarpa, scarpone da neve.

snowbound ['snəʊbaʊnd / snow·bound] *agg.* bloccato dalla neve.

snow-bunting ['snəʊ,bʌntɪŋ] *s.* (*zool.*) (*Plectrophenax nivalis*) zigolo delle nevi.

snow-capped ['snəʊkæpt] *agg.* nevoso, incappucciato di neve.

snow clearer ['snəʊ,klɪ:rə*] *s.* (operaio) spalaneve.

snowdrift ['snəʊdrɪft / snow·drift] *s.* **1** cumulo di neve **2** raffica di neve.

snowdrop ['snəʊdrɒp / snow·drop] *s.* (*bot.*) (*Galanthus nivalis*) bucaneve.

snowfall ['snəʊfɔ:l / snow·fall] *s.* **1** nevicata, il nevicare **2** quantità di neve caduta **3** velocità di accumulo della neve.

snowfield ['snəʊfi:ld / snow·field] *s.* campo di neve.

snowflake ['snəʊfleɪk / snow·flake] *s.* **1** fiocco di neve; cristallo di ghiaccio **2** (*bot.*) specie di bucaneve.

snow gauge ['snəʊgeɪdʒ] *s.* (*meteor.*) nivometro.

snowgoggles ['snəʊ,gɒgəlz / snow·goggles] *s.pl.* occhiali da neve.

snow-goose ['snəʊgu:s] *s.* (*zool.*) (*Anser caerulescens*) oca delle nevi, oca polare.

snow grouse ['snəʊgraʊs] *s.* (*zool.*) pernice bianca → **ptarmigan**.

snow job ['snəʊdʒɒb] *s.* (*fam. amer.*) (tentativo di) inganno, adulazione; balle (*pl.*), frottole (*pl.*).

snow leopard ['snəʊ,lepəd] *s.* (*zool.*) (*Panthera uncia*) leopardo delle nevi, irbis SIN. ounce.

snowline ['snəʊlaɪn / snow·line] *s.* linea delle nevi perenni.

snowman ['snəʊmæn / snow·man] *pl.* **snowmen** ['snəʊmen] *s.* **1** pupazzo di neve **2** uomo delle nevi: *the Abominable Snowman*, l'abominevole uomo delle nevi.

snowmobile ['snəʊ,məʊbi:l / snow·mobile] *s.* gatto delle nevi; motoslitta.

snow-plant ['snəʊplɑ:nt *amer.* 'snəʊplænt] *s.* (*bot.*) (*Sarcodes sanguinea*) sarcode (alga contenente eritrina).

snowplough ['snəʊplaʊ / snow·plough] amer. **snowplow** [snow·plow] *s.* spazzaneve; spalaneve.

snowshoe ['snəʊʃu: / snow·shoe] *s.* racchetta da neve.

snowstorm ['snəʊstɔ:m / snow·storm] *s.* (*meteor.*) tempesta, bufera di neve.

snow-tyre ['snəʊ,taɪə*] *s.* pneumatico da neve.

snow-white [,snəʊ'waɪt] *agg.* bianco come la neve, niveo.

snowy ['snəʊɪ] *agg.* **1** nevoso, di neve, coperto di neve: *the* — *season*, la stagione delle nevi **2** candido, bianco come la neve; puro: — *handkerchief*, fazzoletto immacolato, candido; — *hair*, capelli candidi // **-ily** *avv.* // **-iness** *s.*

snowy owl [,snəʊɪ'aʊl] *s.* (*zool.*) (*Nyctea nyctea*) civetta delle nevi.

snub[1] [snʌb] *agg.* camuso, rincagnato: — *nose*, naso camuso.

snub[2] *s.* **1** rimprovero; mortificazione; affronto: *to suffer a* —, subire un rimprovero, un affronto **2** atteggiamento sprezzante **3** arresto improvviso.

to **snub**[2] *pass.p.p.* **snubbed** [snʌbd] *v.tr.* **1** rimproverare; umiliare, mortificare **2** trattare con disprezzo; snobbare **3** interrompere bruscamente **4** (*mar.*) arrestare improvvisamente **5** (*amer.*) spegnere (una sigaretta).

snubbing ['snʌbɪŋ / snub·bing] *s.* **1** il rimproverare; l'umiliare, il mortificare **2** (*mar.*) arresto improvviso.

snubbingly ['snʌbɪŋlɪ / snub·bing·ly] *avv.* con aria di rimprovero; in modo umiliante.

snubbing-post ['snʌbɪŋ,pəʊst] *s.* (*mar.*) bitta.

snubby ['snʌbɪ] *agg.* **1** camuso, schiacciato **2** che umilia; che tratta con disprezzo.

snuff[1] [snʌf] *s.* **1** tabacco da fiuto: *a pinch of* —, una presa di tabacco; *to take* —, fiutare tabacco // *to be up to* —, (*sl. antiq.*) essere all'altezza; essere in forma **2** fiutata; l'aspirare col naso **3** odore **4** (*ant.*) litigio: *what hath been seen, / either in snuffs and packings of the dukes / or the hard rein*, (SH. King Lear) lo si è capito dagli scoppi di risentimento e dagli intrighi dei duchi; oppure dalla mano dura.

to **snuff**[1] *v.tr.* annusare, fiutare; aspirare col naso ◆ *v.intr.* fiutare tabacco.

snuff[2] *s.* **1** moccolaia, lucignolo (di candela) **2** smoccolatura **3** (*ant.*) moccolo: *"Let me not live" quoth he, / "after my flame lacks oil, to be the snuff / of younger spirits"*, (SH. All's Well That Ends Well) "Che io non viva" diceva "quando la mia lucerna mancherà d'olio, come un moccolo agli occhi dei più giovani".

to **snuff**[2] *v.tr.* **1** smoccolare (una candela) **2** spegnere (una candela) con le dita // *he's snuffed it!*, (*fam.*) è morto! **3** (*fam. amer.*) uccidere.

□ **snuff out** *v.tr.* e *avv.* **1** spegnere (una candela) con le dita **2** soffocare (una rivolta, una speranza): *his dreams were snuffed out*, i suoi sogni furono soffocati.

snuffbox ['snʌfbɒks / snuff·box] *s.* tabacchiera.

snuff-coloured ['snʌf,kʌləd] *agg.* color tabacco, che ha il colore del tabacco.

snuffer ['snʌfə*] *s.* **1** spegnitoio **2** smoccolatoio **3** (*rar.*) chi smoccola.

snuff film ['snʌf,fɪlm] *s.* (*fam. amer.*) film in cui viene mostrata l'uccisione reale di una persona.

snuffle ['snʌfl] *s.* **1** il respirare rumorosamente col naso; l'annusare **2** voce nasale **3** (*fam.*) leggero raffreddore // *to have the snuffles*, avere il naso chiuso, essere raffreddato.

to **snuffle** *v.tr.* pronunciare con voce nasale ◆ *v.intr.* **1** respirare rumorosamente col naso; annusare **2** parlare con voce nasale.

snug [snʌg] *agg.* **1** comodo; caldo; tranquillo; accogliente; riparato: *I am longing to be* — *at home*, non vedo l'ora di essere a casa tranquillo; *it is very* — *in here*, si sta bene qui; *to lie* — *in bed*, stare al calduccio sotto le coperte; *to make oneself* —, mettersi comodo, a proprio agio // *to be as* — *as a bug in a rug*, stare da papa, comodissimo **2** attillato, aderente; comodo (di vestito) **3** ordinato; ben organizzato **4** non esposto; nascosto: *to lie* —, rimanere nascosto **5** discreto, abbastanza buono: *a* — *little income*, una discreta rendita **6** (*mar.*) preparato a ogni evenienza, atto alla navigazione (di nave).

to **snug** *pass.p.p.* **snugged** [snʌgd / snug·ged] *v.intr.* ripararsi; rannicchiarsi; mettersi al coperto ◆ *v.tr.* **1** mettere in ordine **2** (*mar.*) *to* — (*down*), preparare (una nave) ad affrontare il cattivo tempo.

snug(gery) ['snʌg(ərɪ) / snug·gery] *s.* stanzetta, luogo, cantuccio comodo e tranquillo (spec. in un bar).

to **snuggle** ['snʌgl] *v.intr.* rannicchiarsi, accomodarsi, accovacciarsi, mettersi in posizione rilassante ◆ *v.tr.* abbracciare, stringere, coccolare: *the mother snuggled her child close to her heart*, la madre si strinse al seno il bambino.

snugly ['snʌglɪ] *avv.* **1** comodamente; tranquillamente; a bell'agio **2** in modo aderente, attillato **3** al sicuro.

snugness ['snʌgnɪs / snug·ness] *s.* **1** comodità; comodo; agio **2** l'essere aderente, attillato **3** sicurezza.

so [səʊ] *avv.* **1** così, tanto: *"It's impossible"*

"Who says —?", "È impossibile" "Chi lo dice?"; *the library is closed and will remain — till January*, la biblioteca è chiusa e lo resterà fino a gennaio; *he's pleased with his job, even more — when he thinks of the money he's getting*, è contento del suo lavoro, tanto più quando pensa ai soldi che guadagna; *I want to know why this is —*, voglio sapere perché è così; *"How tall is your son?" "About — tall"*, "Quant'è alto tuo figlio?" "Pressappoco così"; *watch me closely now, add the egg-yoke like — and...*, stammi ben attento, ora, aggiungi il tuorlo in questo modo e...; *they got divorced two years ago, or — she said*, hanno divorziato due anni fa, o almeno lei ha detto così; *...and — that's all from Channel 4 this evening, good night*, ...e con questo, è tutto da Canale 4 per stasera, buona notte // *"Look, it's snowing!" "So it is!"*, "Guarda, nevica!" "Davvero!" // *"The plate's broken" "So I see"*, "Il piatto è rotto" "Lo vedo" // *"He feels ashamed" "And — he should"*, "Si vergogna" "E fa bene" // *"You're being stupid" "Is that —?"*, (*iron.*) "Stai facendo lo stupido" "Dici?" // *and — to bed*, e poi andammo a letto // *or —*, all'incirca: *I've only got an hour or — before I leave*, ho solo un'ora o poco più alla partenza // *if —*, in tal caso: *Do you like westerns? If —, there is one on tonight*, Ti piacciono gli westerns? In tal caso, ne danno uno stasera // *how —?*, come mai? // *why —?*, perché mai? // *that being —*, stando così le cose // *and — on* (o *and — forth*), eccetera, e così via **2** allora; così: *— are you ready to start work now?*, allora, sei pronto a iniziare il lavoro adesso?; *— it wasn't an accident after all!*, in fondo, allora, non è stato un incidente!; *— that's why she wouldn't tell me*, allora ecco perché non voleva dirmelo; *— that's it!*, ecco perché!, ho capito!; *— how much does he want for it?*, allora quanto vuole?; *— do you want to lend it to me or not?*, e allora, vuoi prestarmelo o no?; *— I've made a mistake, it's not a crime!*, e allora, ho fatto un errore, non è un delitto!; *— this is New York!*, dunque questa è New York; *"He always looks worried" "So?"*, "Ha sempre l'aria preoccupata" "E allora?" // *— what?*, e allora?, e con questo?: *"Someone will see us" "So what?"*, "Qualcuno ci vedrà" "E allora?" **3** (*per esprimere un parere o una conferma a una domanda*): *"Is it raining again?" "I'm afraid —"*, "Piove ancora?" "Temo di sì"; *"Will you get there in time?" "I hope —"*, "Arriverete in tempo?" "Spero di sì"; *"Is that clock right?" "I think —"*, "È giusto quell'orologio?" "Credo di sì"; *"Have you got enough milk left for breakfast?" "I suppose —"*, "Vi è rimasto abbastanza latte per la colazione?" "Penso di sì"; *"Is she coming to the meeting?" "I don't think —"*, "Viene alla riunione?" "Penso di no"; *"Will they accept our offer?" "I don't suppose —"*, "Accetteranno la nostra offerta?" "Suppongo di no" **4** (*uso enfatico*) così; molto; (così) tanto: *I'm — sorry I didn't meet him*, sono così dispiaciuto di non averlo incontrato; *she's — glad you came*, è così contenta che siate venuti; *he feels — enthusiastic*, è veramente entusiasta; *he'd never felt — cold in his life*, non aveva mai sentito tanto freddo in vita sua; *what's — funny about that?*, che cosa c'è di tanto divertente?; *she hadn't expected — great a success* (o *such a great success*), non si aspettava tanto successo; *don't drive — fast*, non andare così forte; *she dislikes him —*, lo trova così terribilmente antipatico; *why do you always shout —?*, perché gridi sempre (così) tanto?; *it wasn't — long ago*, non era poi così tanto tempo fa; *the exam wasn't — difficult after all*, l'esame non era poi così difficile // *"You didn't tell me" "I did —!"*, "Non me l'hai detto" "Te l'ho detto, eccome!" **5** *not — ...as*, non così (tanto) ...come: *they're not — clever as they think*, non sono tanto intelligenti come si crede; *his shoes aren't — clean as mine*, le sue scarpe non sono (così) lucide come le mie; *she didn't run — quickly as the others*, lei non correva così veloce come gli altri **6** *— much*, (così) tanto; *— many*, (così) tanti: *we mustn't stop, there's — much work to do*, non dobbiamo fermarci, c'è tanto lavoro da fare; *I've heard — many different stories about him*, ho sentito tante versioni diverse sul suo conto; *we'll give them — much and no more*, gli daremo tanto e non di più; *she could stand only — much before losing her temper*, la sua pazienza aveva un limite; *there's not an infinite number af galaxies in the universe, there are only — many*, non ci sono un'infinità di galassie nell'universo, ce ne sono soltanto un certo numero; *the team stood still for the national anthem like — many statues*, i giocatori stavano immobili come (tante) statue durante l'esecuzione dell'inno nazionale; *he's been working — much*, ha lavorato tanto; *it isn't the profit — much as the prestige they've gained from the contract*, non è tanto il guadagno quanto il prestigio che hanno ottenuto dal contratto; *his reaction was not — much of disgust as of despair*, la sua reazione non fu tanto di disgusto quanto di disperazione; *she did not scream — much as howl*, il suo non era tanto un grido quanto un ululato; *he didn't have — much as a penny in his pocket*, non aveva un soldo in tasca; *he's — arrogant, he wouldn't — much as say hello to you*, è così superbo che non si degnerebbe neppure di dire buongiorno **7** (*in* 'short answers', *per esprimere conferma o assenso*): *"She looks pale" "So do you"*, "È pallida" "Anche tu"; *"He went to the stadium" "So did I"*, "È andato allo stadio" "Anch'io (ci sono andato)"; *"John's got a cold" "So has she"*, "John ha il raffreddore" "Anche lei (ce l'ha)"; *"They're going on holiday" "So are we"*, "Loro vanno in vacanza" "Anche noi"; *"I was very tired" "So were the rest of us"* "Io ero molto stanco" "Anche noi altri"; *"He'll be there tomorrow" "So will we"*, "Lui sarà là domani" "Ci saremo anche noi"; *"He looks very depressed" "So would you if you had his problems"*, "Ha l'aria assai depressa" "L'avresti anche tu se avessi i suoi problemi" // *just as the railways are making a loss — are the airlines*, come le ferrovie, così le linee aeree sono in deficit.

so *cong.* perciò, così: *he didn't understand English, — I asked him in French*, non capiva l'inglese, perciò glielo chiesi in francese; *the computer program was too complicated — we asked him for help*, il programma del computer era troppo complicato, perciò gli abbiamo chiesto aiuto; *this is very important, — listen!*, questo è molto importante, perciò ascoltate!; *there's nothing I can do here, — I'll go home now*, non c'è nulla che io possa fare qui, perciò ora me ne andrò a casa; *neither side wanted an armistice — the war went on and on*, nessuna delle due parti voleva l'armistizio, così la guerra si trascinava avanti // *— that*, cosicché, in modo che: *he put on his glasses — that he could read the letter*, si mise gli occhiali in modo che potesse leggere la lettera; *I parked the car across the road — that I can see it from the window*, ho parcheggiato la macchina sull'altro lato della strada in modo che possa vederla dalla finestra // *— ...that*, così ...che: *this ice-cream is — good that I'd like another*, questo gelato è così buono che ne vorrei un altro; *the damage is — widespread* (o *— widespread is the damage*) *that the government has taken special measures*, il danno è così ingente che il governo ha dovuto prendere speciali misure; *— successful is the band that they are going on tour in the* U.S., il complesso ha avuto così grande successo che farà una tourneé negli Stati Uniti; *the machine was — designed that anybody could use it*, la macchina è stata progettata in modo che chiunque possa usarla // *— as, — ...as*, così da, in modo da: *she tiptoed into the room — as not to wake the baby*, ella entrò nella stanza in punta di piedi per, in modo da non svegliare il bambino; *he stood near the door — as to see everyone that came in*, stava in piedi vicino alla porta in modo da vedere tutti quelli che entravano; *would you be — kind as to let me know soon?*, volete essere così cortesi da farmelo sapere presto? // *— much — that*, così tanto che, fino a tal punto che: *he insisted on describing his project, — much — that everybody got bored with it*, insisteva tanto nel descrivere il suo progetto che tutti si annoiarono.

soak [səʊk] *s.* **1** immersione, bagnatura; inzuppamento, imbevimento: *to be* (o *to lie*) *in —*, essere a bagno (di biancheria ecc.); *to put sthg. in —*, mettere qlco. a bagno; (*sl. amer.*) impegnare qlco. **2** (*sl.*) bevuta, sbornia **3** (*sl.*) ubriacone, spugna **4** (*austr.*) terreno paludoso.

to **soak** *v.tr.* **1** immergere; bagnare; inzuppare; macerare; (*fis.*) saturare: *the rain soaked me to the skin*, la pioggia mi ha bagnato fino alle ossa; *the cook soaked the sponge cake in cherry brandy*, il cuoco imbevve il pan di Spagna col cherry brandy; *to — the beans*, mettere a bagno i fagioli // *to — oneself in the classics*, (*fig.*) imbeversi di letteratura classica **2** (*fam.*) tassare fortemente; estorcere denaro a: *to — the rich*, tassare fortemente i ricchi ◆ *v.intr.* **1** immergersi; bagnarsi; inzupparsi; (*fis.*) saturarsi **2** penetrare, infiltrarsi **3** (*sl.*) ubriacarsi, bere come una spugna.

□ **soak away** *v.intr.* e *avv.* assorbirsi: *all the water has soaked away*, l'acqua si è tutta assorbita.

□ **soak off**, **out** *v.tr.* e *avv.* e *prep.* togliere bagnando: *to — a stamp off* (*the envelope*), staccare un francobollo (dalla busta); *to — out a stain*, smacchiare immergendo in acqua.

□ **soak through** *v.tr.* e *avv.* inzuppare: *I was soaked through*, ero tutto inzuppato ◆ *v.intr.* e *prep.* infiltrarsi: *the rain has soaked through the ceiling*, la pioggia aveva provocato delle infiltrazioni sul soffitto.

□ **soak up** *v.tr.* e *avv.* assorbire (*anche fig.*); impregnarsi di: *the earth soaked up all the water*, la terra ha assorbito tutta l'acqua.

soakage ['səʊkɪdʒ / soak·age] *s.* **1** inzuppatura; saturazione **2** liquido assorbito; acqua d'infiltrazione **3** infiltrazione.

soaked ['səʊkt] *agg.* **1** inzuppato, imbevuto, impregnato: *— ground*, terreno fradicio; *— to the skin* (o *through*), bagnato fino alle ossa **2** (*fig.*) immerso; impregnato: *a place —*

in (o *with*) *sunshine*, un luogo molto soleggiato, pieno di sole.

soaker ['səʊkə*] *s.* **1** chi bagna, immerge **2** ubriacone **3** acquazzone, diluvio.

so-and-so ['səʊənsəʊ] *s.* **1** tale; persona, cosa non specificata: *he tells me to do —*, (*fam.*) egli mi dice di fare così e così // *Mr So -and -so*, il Signor Tal dei Tali **2** (*eufemismo*) figlio di buona donna; tipo odioso.

soap [səʊp] *s.* **1** sapone: *cake of —*, pezzo di sapone, saponetta; *— bubble*, bolla di sapone; *toilet —*, sapone da toletta; *washing —*, sapone da bucato **2** (*fam.*) adulazione // *I tried to persuade him, but no —*, (*fam. amer.*) ho cercato di convincerlo, ma non c'è stato niente da fare **3** (*sl. amer.*) denaro (spec. usato per corrompere) **4** → soap opera.

to **soap** *v.tr.* **1** insaponare **2** (*sl.*) adulare, lodare.

soapbox ['səʊpbɒks / soap·box] *s.* **1** (scatola) portasapone **2** cassa per sapone **3** (*fam.*) podio, palco improvvisato: *— orator*, oratore improvvisato, demagogico.

soap dish ['səʊpdɪʃ] *s.* portasapone.

soap flakes ['səʊpfleɪks] *s.* sapone in scaglie.

soap freak ['səʊpfri:k] *s.* (*fam. amer.*) patito di teleromanzi.

soap opera ['səʊp,ɒpərə] *s.* soap opera, sceneggiato televisivo, radiofonico a puntate, serial (*anche comm.*).

soap powder ['səʊp,paʊdə*] *s.* sapone in polvere, detersivo.

soapstone ['səʊpstəʊn / soap·stone] *s.* (*min.*) steatite, talco.

soapsuds ['səʊpsʌdz / soap·suds] *s.pl.* saponata.

soap works ['səʊpwɜ:ks] *s.* (*pl. invar.*) saponificio.

soapwort ['səʊpwɜ:t / soap·wort] *s.* (*bot.*) — (*plant*), (*Saponaria officinalis*) saponaria.

soapy ['səʊpɪ] *agg.* **1** saponoso; impregnato di sapone **2** che sa di sapone **3** (*fig. fam.*) adulatore, insinuante, untuoso // **-ily** *avv.* // **-iness** *s.*

to **soar** [sɔ:*] *v.intr.* **1** librarsi in aria, in volo; (*aer.*) veleggiare **2** spiccare il volo; salire rapidamente: *prices soared on the news of the takeover bid*, i prezzi salirono rapidamente alla notizia dell'offerta pubblica di acquisto (di azioni) **3** innalzarsi, elevarsi; svettare: *skyscrapers — above the streets of New York*, i grattacieli svettano sulle strade di New York.

soaring ['sɔ:rɪŋ / soar·ing] *agg.* **1** innalzantesi; librantesi: *— spire*, guglia slanciata **2** che spicca il volo; che sale rapidamente (di prezzi ecc.) // *— ambition*, (*fig.*) ambizione sfrenata ◆ *s.* **1** volo **2** (*fig.*) volo, slancio **3** (*zool.*) volo planato **4** elevazione (in volo); (*aer.*) volo a vela, volo veleggiato.

sob [sɒb] *s.* singhiozzo: *he choked down a —*, soffocò un singhiozzo.

to **sob** *pass.p.p.* **sobbed** [sɒbd] *v.tr.* **1** piangere singhiozzando: *he sobbed his heart out when the dog died*, (*fam.*) ha pianto l'anima quando gli è morto il cane **2** dire singhiozzando: *the girl sobbed* (*out*) *her sad story*, la fanciulla raccontò tra i singhiozzi la sua triste storia ◆ *v.intr.* **1** singhiozzare **2** gemere (di vento).

sobbing ['sɒbɪŋ / sob·bing] *agg.* singhiozzante ◆ *s.* il singhiozzare; singhiozzi (*pl.*) // **-ly** *avv.*

sober ['səʊbə*] *agg.* **1** sobrio; moderato nel bere; astemio // *he slept himself —*, smaltì la sbornia dormendo // *to be as — as a judge*, essere lucido **2** composto; misurato; equilibrato, assennato: *a — judgement*, un giudizio assennato; *a — estimate*, un preventivo ragionevole, sensato; *the — truth*, la pura verità // *in — fact*, in realtà, stando ai fatti **3** sobrio, discreto (di colore) // **-ly** *avv.*

to **sober** *v.tr.* **1** rendere sobrio; far passare la sbornia a **2** calmare; far rinsavire ◆ *v.intr.* **1** smaltire la sbornia **2** (*fig.*) calmarsi; mettere la testa a posto.

□ **sober up** *v.tr.* e *avv.* far passare la sbornia a: *a cup of coffee will — him up*, una tazza di caffè gli farà passare la sbornia ◆ *v.intr.* e *avv.* smaltire la sbornia.

soberness ['səʊbənɪs / sober·ness] **sobriety** [səʊ'braɪətɪ / sob·ri·ety] *s.* **1** sobrietà; moderazione **2** calma; assennatezza, equilibrio.

sobriquet ['səʊbrɪkeɪ / so·bri·quet] *s.* (*fr.*) soprannome, nomignolo.

sob sister ['sɒb,sɪstə*] *s.* (*fam. amer.*) cronista di casi strappalacrime.

sob story ['sɒb,stɔ:rɪ] *s.* (*fam.*) storia strappalacrime.

sob stuff ['sɒbstʌf] *s.* (*fam. amer.*) sentimentalismo; scritto, film ecc. lacrimevole, sentimentale, strappalacrime.

so-called [,səʊ'kɔ:ld] *agg.attr.* cosiddetto, così chiamato.

soc(c)age ['sɒkɪdʒ / soc(c)·age] *s.* sistema feudale di affitto della terra.

soccer ['sɒkə* / soc·cer] *s.* calcio, football.

soch [səʊʃ] *s.* (*sl. amer.*) arrampicatore sociale.

sociability [,səʊʃə'bɪlətɪ / so·ci·ab·il·ity] *s.* socievolezza.

sociable ['səʊʃəbl / so·ci·able] *agg.* socievole; comunicativo; amichevole: *— animals*, animali socievoli // *— evening*, serata animata // **-ness** *s.* // **-bly** *avv.*

sociable *s.* **1** giardiniera (carrozza scoperta con sedili affacciati) **2** amorino (divano a due posti a S) **3** triciclo, aereo a due posti affiancati **4** (*amer.*) riunione sociale.

social ['səʊʃl / so·cial] *agg.* **1** sociale, della società: *— problems*, problemi di ordine sociale; *— reform*, riforma sociale; *the — good*, il bene comune; *— science*, scienze sociali; *the — system*, il sistema sociale // (*econ.*): *— choice*, scelta sociale (branca della teoria economica); *— cost*, costo sociale; *— disease*, malattia sociale; *— discount rate*, tasso di sconto sociale; *— relations of production*, rapporti sociali di produzione **2** socievole, che vive in gruppi; (*zool.*) gregario: *man is essentially a — animal*, l'uomo è essenzialmente un animale socievole **3** sociale, mondano: *— club*, circolo sociale; *— evening*, serata mondana // *to reach the top of the — ladder*, raggiungere la cima della scala sociale **4** (*st. greca, romana*) sociale // *the Social Wars*, le guerre sociali.

social democracy ['səʊʃl,dɪ'mɒkrəsɪ] *s.* (*pol.*) socialdemocrazia.

social democrat ['səʊʃl'deməkræt] *s.* (*pol.*) socialdemocratico.

social democratic ['səʊʃl,demə'krætɪk] *agg.* socialdemocratico.

socialism ['səʊʃəlɪzəm / so·cial·ism] *s.* socialismo.

socialist ['səʊʃəlɪst / so·cial·ist] *agg.* e *s.* socialista.

socialistic [,səʊʃə'lɪstɪk / so·cial·istic] *agg.* socialistico, socialista.

socialite ['səʊʃəlaɪt / so·cial·ite] *s.* (*fam. amer.*) persona che fa vita mondana.

sociality [,səʊʃɪ'ælətɪ / so·ci·al·ity] *s.* **1** socievolezza **2** socialità.

socialization [,səʊʃəlaɪ'zeɪʃn *amer.* ,səʊʃəlɪ'zeɪʃn / so·cial·iza·tion] *s.* socializzazione (*anche econ.*).

to **socialize** ['səʊʃəlaɪz / so·cial·ize] *v.tr.* e *intr.* socializzare (*anche econ.*).

socially ['səʊʃəlɪ / so·ci·ally] *avv.* socialmente // (*econ.*) *— necessary labour*, lavoro socialmente necessario.

social security ['səʊʃl,sɪ'kjʊərətɪ] *s.* previdenza sociale: *— funds* (o *agencies*), enti di previdenza (e assistenza) sociale; *— plan*, sistema previdenziale; *— cushion*, ammortizzatore sociale.

social work [,səʊʃl'wɜ:k] *s.* assistenza sociale, servizi sociali (*pl.*).

social worker [,səʊʃl'wɜ:kə*] *s.* assistente sociale, operatore sociale.

societal [sə'saɪətl / so·ci·etal] *agg.* societario, della società.

society [sə'saɪətɪ / so·ci·ety] *s.* **1** società: *a danger to —*, un pericolo per la società; *Western —*, la società occidentale; *affluent —*, società opulenta, società affluente **2** società, compagnia; associazione: *cooperative —*, società cooperativa; *charitable —*, associazione benefica, istituto di beneficenza; *building —*, istituto per il risparmio casa // *Society of Friends*, associazione dei quaccheri // *Society of Jesus*, Compagnia di Gesù // *the Royal Society*, accademia fondata nel 1668 in Inghilterra per l'incremento degli studi scientifici e delle arti **3** [U] società, (bel) mondo: *to introduce a girl into —*, presentare una ragazza in società; *high —*, alta società; *fashionable —*, il bel mondo; *polite —*, la buona società; *— people*, gente di mondo; *— gossip*, *— news*, pettegolezzi, notizie mondane; *— column*, rubrica di cronaca mondana **4** [U] (*form.*) compagnia: *I enjoy her —*, mi piace la sua compagnia; *to be fond of —*, amare la compagnia.

Socinian [səʊ'sɪnɪən / So·cin·ian] *agg.* e *s.* (*st. relig.*) sociniano.

Socinianism [səʊ'sɪnɪənɪzəm / So·cin·ian·ism] *s.* (*st. relig.*) socinianismo.

socio-economic ['səʊsɪəʊ,i:kə'nɒmɪk] *agg.* socioeconomico.

sociological [,səʊsjə'lɒdʒɪkl / so·ci·olo·gical] *agg.* sociologico // **-ly** *avv.*

sociologist [,səʊsɪ'ɒlədʒɪst / so·ci·olo·gist] *s.* sociologo.

sociology [,səʊsɪ'ɒlədʒɪ / so·ci·ology] *s.* sociologia: *— of law*, sociologia del diritto.

sock[1] [sɒk] *s.* **1** calza corta, calzino: *he's wearing odd socks*, ha le calze spaiate // *to pull one's socks up*, (*fig. fam.*) rimboccarsi le maniche, darsi da fare, impegnarsi // *put a — in it*, (*fam.*) chiudi il becco, stai zitto // *the socks off*, (*fam. amer.*) da cima a fondo, del tutto, completamente; *she bored the socks off me*, mi ha annoiato a morte **2** soletta **3** socco; (*fig.*) commedia.

sock[2] *s.* (*fam.*) colpo, pugno (*anche fig.*): *John gave him a powerful — on the nose*, John gli diede un potente pugno sul naso.

to **sock**[2] *v.tr.* (*sl.*) **1** colpire violentemente; percuotere: *to — s.o.*, picchiare qlcu., suonarle a qlcu. // *to — it to s.o.*, (*fam. amer.*) farsi valere; *it was a great performance, you really socked it to them*, è stata una grande interpretazione, hai proprio fatto vedere chi sei **2** (*fam. amer.*) risparmiare, mettere da parte.

sockdolager [,sɒk'dɒlədʒə* / sock·dola·ger] **sockdologer** *s.* (*sl. amer.*) **1** colpo di grazia **2** argomento decisivo **3** cosa enorme, eccezionale.

socket ['sɒkɪt] *s.* **1** cavità, incavo **2** (*mecc.*) alloggiamento, cava; manicotto: *— chisel*, scalpello a codolo cavo; *— head screw*, vite a testa cava; *— punch*, fustella; *— wrench*, chiave a bussola **3** (*elettr.*) presa, attacco (femmina), portalampada, zoccolo: *bayonet —*, attacco, portalampada a baionetta; *flush —*, presa incassata; *surface —*, presa sporgente, esterna; *there's no bulb in the — of this lamp*, manca la lampadina in questo portalampada **4** (*anat.*) orbita; cavità: *tooth —*, alveolo dentario; *— joint*, enartrosi.

sockeye ['sɒkaɪ / sock·eye] *s.* (*zool.*) **1** (*Onchorhyncus nerka*) salmone rosso **2** salmone dal dorso azzurro.

socking ['sɒkɪŋ / sock·ing] *avv.* (*fam.*) molto, estremamente (riferito a grandezza): *a — great amount of money*, una somma ingente di denaro.

socko ['sɒkəʊ] *agg.* (*fam. amer.*) potentissimo, eccezionale, sbalorditivo; di grande successo.

socle [sɒkl] *s.* (*arch.*) zoccolo, piedistallo.

Socratic [sɒ'krætɪk / Soc·ratic] *agg.* socratico.

socratically [sɒ'krætɪkəlɪ / soc·ratic·ally] *avv.* socraticamente.

sod[1] [sɒd] *s.* piota; zolla erbosa; tappeto erboso // *under the —*, (*fam.*) morto, sepolto.

to **sod**[1] *pass.p.p.* **sodded** ['sɒdɪd / sod·ded] *v.tr.* coprire di zolle, piotare ◆ *v.intr.* coprirsi di zolle.

sod[2] *s.* (*volg.*) **1** sodomita **2** stronzo, bastardo // *poor —*, poveraccio, povero cristo • Abbr. di *sodomite*.

to **sod**[2] *v.tr.* (*sl. volg.*) andare, mandare a fare in culo.

□ **sod off** *v.intr.* e *avv.* levarsi dalle palle; togliersi dai coglioni.

soda ['səʊdə] *s.* **1** (*chim.*) carbonato di sodio; idrossido di sodio, soda caustica: *baking —* (o *cooking —*), bicarbonato di sodio; *caustic —*, soda caustica; *washing —*, soda, carbonato di sodio idrato (per detersivi); *— ash*, soda, carbonato di sodio; *— lime*, calce sodata **2** (*rar.*) ossido di sodio; bicarbonato di sodio: *— cake*, torta lievitata con bicarbonato di sodio; *— biscuits*, (*amer.*) gallette sottili **3** (acqua di) soda: *— fountain*, sifone (per acqua di seltz); *— water*, acqua di seltz **4** bevanda gassata; (*amer.*) bar, rivendita di bibite: *— jerk*, persona che lavora in una rivendita di bibite.

sodalite ['səʊdəlaɪt / soda·lite] *s.* (*min.*) sodalite.

sodality [səʊ'dælətɪ / so·dal·ity] *s.* (*form.*) congregazione, confraternita; sodalizio.

sodden ['sɒdn / sod·den] *agg.* **1** inzuppato d'acqua; fradicio (di terreno) **2** istupidito (per il troppo bere): *he is — with drink*, è abbrutito dall'alcol **3** (*fig.*) senza fantasia, privo di fantasia.

to **sodden** *v.tr.* e *intr.* (*rar.*) bagnare, bagnarsi; inzuppare, inzupparsi (d'acqua ecc.).

soddenness ['sɒdnɪs / sod·den·ness] *s.* **1** umidità; l'essere inzuppato, impregnato **2** (*fig.*) stupidità, ottusità (spec. causata da ubriachezza).

sodding ['sɒdɪŋ / sod·ding] *agg.* (*sl. volg.*) schifoso; di merda: *why don't you turn that — radio off? I'm trying to study*, perché non spegni quella radio di merda? Sto cercando di studiare.

soddy ['sɒdɪ] *agg.* (*bot.*) erboso, coperto di zolle ◆ *s.* (*amer.*) capanna di terriccio e sterpi.

sodium ['səʊdjəm / so·dium] *s.* (*chim.*) sodio: *— carbonate*, carbonato di sodio; *— chloride*, cloruro di sodio, salgemma; *— cyanide*, cianuro di sodio; *— hydroxide*, idrossido di sodio, soda caustica; *— perborate*, perborato di sodio; *— peroxide*, perossido di sodio; *— sulfate*, solfato di sodio; *— vapor lamp*, lampada a vapori di sodio.

sodomite ['sɒdəmaɪt / sod·om·ite] *s.* sodomita.

sodomitic(al) [,sɒdə'mɪtɪk(l) / sod·om·itic, sod·om·it·ical] *agg.* sodomitico.

sodomy ['sɒdəmɪ / sod·omy] *s.* sodomia.

sofa ['səʊfə] *s.* divano, sofà: *— bed*, divano letto.

soffit ['sɒfɪt / sof·fit] *s.* (*arch.*) intradosso.

soft [sɒft *amer.* sɔ:ft] *agg.* **1** molle, tenero; morbido, soffice: *— cheese*, formaggio molle; *as — as butter*, tenero come il burro; *to lie on a — bed*, giacere su un letto morbido; *a skein of — wool*, una matassa di lana soffice, morbida; *a — pencil*, una matita morbida // *to have a — spot for s.o.*, (*fam.*) avere un debole per qlcu. // *to be — on s.o.*, (*fam.*) avere del tenero per qlcu. **2** liscio, tenero, delicato: *the — skin of a baby*, la pelle morbida, delicata di un bambino; *— hair*, capelli morbidi **3** sommesso, tenue, attenuato; leggero, delicato: *in a — whisper*, in un sussurro; *he spoke in a voice so — I could hardly hear*, parlò con una voce così sommessa che lo udivo appena; *— sweet music came in from the window*, una musica dolce e sommessa giungeva dalla finestra; *she likes — colours*, ama i colori delicati, le tinte pastello **4** leggero, debole, non violento; gentile, delicato: *a — tap on the door*, un leggero colpo alla porta; *a — breeze*, una leggera brezza; *— rain*, pioggia fine, leggera // *— technology*, tecnologia leggera **5** amabile, gentile; tenero; persuasivo: *— manners*, modi gentili; *— answer*, risposta gentile **6** (*fam.*) debole, non abbastanza severo; arrendevole: *the judge was — with him*, il giudice ha avuto la mano troppo leggera con lui; *to take a — line with*, essere troppo deboli con, assumere una linea debole con **7** debole, fiacco; rammollito; sciocco: *to get —*, rammollirsi; *you — thing! Why do you keep on saying yes to everybody?*, (*fam.*) rammollito, perché continui a dire di sì a tutti? // *to be — in the head*, (*fam.*) essere toccato, picchiatello **8** (*fam.*) umanistico: *a — science*, una disciplina umanistica **9** (*fam.*) facile: *that's a — job*, è un lavoro non impegnativo **10** leggero, non forte; analcolico: *— drink*, bevanda analcolica; *— drug*, droga leggera // *— porn*, pornografia leggera **11** (*chim.*) dolce: *— water*, acqua dolce (con pochi sali) **12** (*metall.*) dolce: *— solder*, lega per brasatura dolce, stagno per saldature; *— soldering*, brasatura dolce, saldatura a stagno; *— steel*, acciaio dolce **13** (*inform.*) temporaneo, mutevole ◆ *s.* **1** il morbido, la parte morbida (di qlco.) **2** (*fam.*) sciocco, persona sciocca, debole.

soft *inter.* (*ant.*) piano!, adagio!

soft-ass ['sɒftɑ:s *amer.* 'sɔ:ftæs] *agg.* (*sl. amer.*) debole; insignificante; molliccio (di persona).

soft-boiled [,sɒft'bɔɪld *amer.* ,sɔ:ft'bɔɪld] *agg.* à la coque (di uovo).

soft-clothes ['sɒft,kləʊðz *amer.* ,sɔ:ft ,kləʊðz] *agg.* (*amer.*) in borghese → plain-clothes.

soft commodities [,sɒftkə'mɒdətɪz *amer.* ,sɔ:ftkə'mɒdətɪz] *s.pl.* (*econ.*) materie prime non metallifere.

to **soften** ['sɒfn *amer.* 'sɔ:fn] *v.tr.* **1** ammorbidire: *I need a cream to — dry skin*, ho bisogno di una crema per ammorbidire la pelle secca **2** indebolire; snervare; rammollire **3** calmare; lenire; placare; alleviare; attenuare, attutire: *to — the blow* (*for s.o.*), attutire il colpo (a qlcu.) (*anche fig.*); *to — a contrast*, attenuare un contrasto; *to — a pain*, alleviare un dolore **4** abbassare, diminuire, attenuare; smorzare (luce, colore, suono ecc.) **5** raddolcire, intenerire; calmare: *the baby's smile softened her*, il sorriso del piccolo la intenerì; *to — s.o.'s heart*, intenerire il cuore di qlcu. ◆ *v.intr.* **1** rammollirsi; ammorbidirsi: *this piece of leather will never —*, questo pezzo di pelle non si ammorbidirà mai **2** indebolirsi, snervarsi: *his muscles softened as he grew older*, con il passare degli anni i suoi muscoli si indebolirono **3** calmarsi; placarsi; alleviarsi; attenuarsi: *the weather was softening*, la stagione si faceva più clemente **4** abbassarsi, attenuarsi; smorzarsi (di luce, colore, suono ecc.): *the light softened as the afternoon wore on*, la luce si attenuava col trascorrere del pomeriggio **5** addolcirsi; intenerirsi: *to — at the sight of sthg.*, commuoversi alla vista di qlco.

□ **soften up** *v.tr.* e *avv.* **1** fiaccare la resistenza di, indebolire; rendere malleabile: *I softened the boss up before asking him for a rise*, mi sono lavorato il capo prima di chiedergli un aumento **2** (*mil.*) indebolire (il nemico): *before sending in the paratroopers they softened the enemy up by bombing*, prima di mandare i paracadutisti, indebolirono il nemico con bombardamenti.

softener ['sɒfnə* *amer.* 'sɔ:fnə* / soft·ener] *s.* **1** ammorbidente **2** (*cosmesi*) emolliente **3** (*cosmesi*) pennello morbido **4** (*chim.*) depuratore: *water —*, depuratore, addolcitore d'acqua.

softening ['sɒfnɪŋ *amer.* 'sɔ:fnɪŋ / soft·en·ing] *agg.* che rende molle, dolce; emolliente ◆ *s.* **1** mollificazione, ammorbidimento; rammollimento **2** intenerimento, addolcimento **3** attenuazione.

soft-footed [,sɒft'fʊtɪd *amer.* ,sɔ:ft'fʊtɪd] *agg.* dal passo felpato.

softgoods ['sɒftgʊdz *amer.* 'sɔ:ftgʊdz /

soft·goods] *s.pl.* beni di consumo deperibili (spec. prodotti tessili).

softhead ['sɒfthed *amer.* 'sɔ:fthed / soft·head] *s.* (*non com.*) persona stupida, sciocca.

softhearted [,sɒft'hɑ:tɪd *amer.* ,sɔ:ft'hɑ:tɪd / soft·hearted] *agg.* dal cuore tenero, sensibile.

softie *s.* (*fam.*) → **softy**.

softly ['sɒftlɪ *amer.* 'sɔ:ftlɪ / soft·ly] *avv.* **1** teneramente; dolcemente, delicatamente **2** sommessamente **3** pian piano; adagio.

softly-softly [,sɒftlɪ'sɒftlɪ *amer.* ,sɔ:ftlɪ 'sɔ:ftlɪ] *agg.* molto cauto, paziente.

softness ['sɒftnɪs *amer.* 'sɔ:ftnɪs / soft·ness] *s.* **1** morbidezza, delicatezza **2** dolcezza, mitezza: — *of manner*, affabilità **3** stupidità **4** debolezza, effeminatezza.

soft-pedal ['sɒft,pedl *amer.* 'sɔ:ft,pedl] *s.* sordina (del pianoforte).

to **soft-pedal** *v.intr.* e *tr.* (*fam.*) **1** suonare con la sordina **2** (*fig. fam.*) minimizzare, smorzare; rallentare.

soft rot ['sɒft,rɒt *amer.* 'sɔ:ft,rɔ:t] *s.* marciume batterico (delle piante).

soft sell [,sɒft'sell *amer.* ,sɔ:ft'sel] **soft selling** [,sɒft'selɪŋ *amer.* ,sɔ:ft'selɪŋ] *s.* (*comm.*) tecnica di vendita che fa appello alla persuasione.

soft soap ['sɒftsəʊp *amer.* 'sɔ:ftsəʊp] *s.* [U] (*sl. amer.*) adulazioni, complimenti; discorsi persuasivi (*pl.*).

to **soft-soap** *v.tr.* adulare; persuadere: *they soft-soaped him into agreeing to go with them*, lo persuasero ad andare con loro.

soft spoken [,sɒft'spəʊkən *amer.* ,sɔ:ft'spəʊkən] *agg.* dalla voce calma, gentile e piacevole.

software ['sɒftweə* *amer.* 'sɔ:ftweə* / soft·ware] *s.* [U] (*inform.*) software; (IBM) componenti di programmazione // *third-party* —, software realizzato da società di professionisti // — *bug*, errore di programmazione // *chip* —, software su chip // — *company*, società di servizi e di consulenza // — *driver*, programma di gestione, di comando // — *piracy*, pirateria del software // — *writer*, creatore di programmi, autore.

softwood ['sɒftwʊd *amer.* 'sɔ:ftwʊd / soft·wood] *s.* legno dolce, legno di conifere.

softy ['sɒftɪ *amer.* 'sɔ:ftɪ] *s.* (*fam.*) **1** persona debole, sciocca; senza carattere **2** persona troppo sensibile; cuore tenero.

to **sog** [sɒg] *v.intr.* inzupparsi, impregnarsi.

soggy ['sɒgɪ] *agg.* **1** bagnato fradicio, inzuppato, zuppo; saturo d'umidità (di atmosfera) **2** mal cotto; molle e umido (di pane) **3** (*fig.*) monotono, pesante // **-ily** *avv.* // **-iness** *s.*

soho [səʊ'həʊ] *inter.* ohi là!; suvvia!, ecco!, buono! (per calmare i cavalli ecc.).

soi-disant [,swɑ:dɪ'zɑ:n] *agg.* (*fr.*) sedicente.

soil[1] [sɔɪl] *s.* **1** suolo, terra, terreno: *good, poor, rich, sandy* —, terreno buono, povero, ricco, sabbioso; *to work the* —, lavorare la terra // *a man of the* —, un uomo di campagna **2** paese, terra, territorio; *British* —, territorio britannico.

soil[2] *s.* **1** macchia, sporcizia, sudiciume (*anche fig.*) **2** sterco; (*agr.*) concime naturale, letame // — *pipe*, tubo di scarico (di gabinetto ecc.) **3** luogo paludoso (in cui si rifugiano gli animali inseguiti dai cacciatori).

to **soil**[2] *v.tr.* (*form.*) **1** macchiare, sporcare (*anche fig.*): *I'm afraid the baby has soiled the sheet*, temo che il bambino abbia macchiato il lenzuolo; *I would never — my hands with* (o *on*) *his money*, non vorrei mai e poi mai sporcarmi le mani col suo denaro **2** concimare ◆ *v.intr.* (*form.*) sporcarsi, macchiarsi (*anche fig.*).

to **soil**[3] *v.tr.* nutrire (il bestiame) con foraggio fresco.

soilage ['sɔɪlɪdʒ / soil·age] *s.* (*agr.*) foraggio fresco.

soil-bound ['sɔɪlbaʊnd] *agg.* attaccato alla terra.

soiled [sɔɪld] *agg.* sporco, macchiato (*anche fig.*): — *linen*, biancheria sporca; *his reputation is rather* —, ha una reputazione alquanto dubbia.

soil science ['sɔɪl,saɪəns] *s.* (*geol.*) pedologia.

soirée ['swɑ:reɪ] *s.* soirée, serata mondana.

sojourn ['sɒdʒɜ:n *amer.* 'səʊdʒɜ:n / so·journ] *s.* (*antiq.*) soggiorno; dimora temporanea.

to **sojourn** *v.intr.* (*antiq.*) soggiornare.

sojourner ['sɒdʒɜ:nə* *amer.* 'səʊdʒɜ:nə* / so·journer] *s.* (*antiq.*) ospite di passaggio.

soke [səʊk] *s.* (*st. dir.*) diritto di giurisdizione locale; distretto all'interno di una particolare giurisdizione.

sol[1] [sɒl] *s.* (*mus.*) sol.

sol[2] *s.* (*chim., fis.*) sol.

sol[3] abbr. di → **solution**.

solace ['sɒləs / sol·ace] *s.* (*form.*) sollievo, conforto, consolazione: *she found — in religion*, trovò conforto nella religione; *this music has always been a great — to me*, questa musica è sempre stata un balsamo per me.

to **solace** *v.tr.* (*form.*) consolare; confortare; alleviare.

solacement ['sɒləsmənt / sol·ace·ment] → **solace**.

solan ['səʊlən / so·lan] *s.* (*zool.*) — (*goose*), (*Sula bassana*) sula bassana.

solanaceous [,səʊlə'neɪʃəs / so·la·na·ceous] *agg.* (*bot.*) solanaceo.

solanine ['səʊləni:n / sol·an·ine] *s.* (*chim.*) solanina.

solano [səʊ'lɑ:nəʊ / sol·ano] *s.* solano (vento della Spagna).

solar ['səʊlə*] *agg.* solare; di, del sole: — *panel*, pannello solare; — *system*, sistema solare; — *year*, anno solare // — *myth*, mito del Sole.

solarium [səʊ'leərɪəm / sol·ar·ium] *pl.* **solariums**, **solaria** [səʊ'leərɪə / sol·aria] *s.* solarium, solario; stabilimento elioterapico.

solarization [,səʊləraɪ'zeɪʃn *amer.* ,səʊlərɪ'zeɪʃn / sol·ar·iza·tion] *s.* (*fis., fot.*) solarizzazione.

to **solarize** ['səʊləraɪz / sol·ar·ize] *v.tr.* solarizzare; sottoporre a solarizzazione ◆ *v.intr.* solarizzarsi; subire (una) solarizzazione.

solar plexus [,səʊlə'pleksəs] *s.* (*anat.*) plesso solare.

to **solate** ['sɒleɪt / sol·ate] *v.tr.* (*chim., fis.*) convertire in sol.

solatium [səʊ'leɪʃjəm / so·la·tium] *pl.* **solatia** [səʊ'leɪʃjə / so·la·tia] *s.* **1** compenso, risarcimento **2** consolazione, conforto **3** (*dir. amer.*) risarcimento per danni morali.

sold *pass.p.p.* di to **sell**.

soldan ['sɒldən / sol·dan] *s.* (*ant.*) soldano, sultano.

soldanella [,sɒldə'nelə / sol·dan·ella] *s.* (*bot.*) (*Soldanella alpina*) soldanella.

solder ['sɒldə* *amer.* 'sɒdə* / sol·der] *s.* **1** (*metall.*) lega per saldatura: *hard* —, lega per brasatura forte, per saldatura a ottone; *soft* —, lega per brasatura dolce, per saldatura a stagno **2** (*fig. non com.*) legame, vincolo, unione.

to **solder** *v.tr.* **1** (*metall.*) saldare; brasare **2** (*fig. non com.*) unire saldamente, cementare.

solderer ['sɒldərə* *amer.* 'sɒdərə* / sol·der·er] *s.* saldatore (chi esegue saldature).

soldering ['sɒldərɪŋ *amer.* 'sɒdərɪŋ / sol·der·ing] *s.* (*metall.*) saldatura; brasatura: — *flux*, flusso per saldobrasatura, fondente.

soldering-iron ['sɒldərɪŋ,aɪən *amer.* 'sɒdərɪŋ,aɪərn] *s.* saldatoio, saldatore (attrezzo per eseguire saldature a stagno).

soldier ['səʊldʒə* / sol·dier] *s.* **1** soldato, militare: *common* —, soldato semplice; *foot* —, soldato di fanteria; *horse* —, soldato di cavalleria; *to go for a* —, (*ant.*) andare soldato; *to play at soldiers*, giocare alla guerra // *old* —, veterano; (*fig.*) uomo di molte risorse; (*fam.*) bottiglia vuota; *to come the old — over s.o.*, (*fam.*) imporsi su qlcu. (per la propria maggiore esperienza) // *tin* (o *toy*) —, soldatino di piombo // — *of fortune*, soldato di ventura // *every inch a* —, soldato da capo a piedi // *the Unknown Soldier*, il Milite Ignoto // *a — of Christ*, un soldato di Cristo // *dead* —, (*sl. amer.*) cibo avanzato nel piatto **2** stratega: *he is not a great* —, non è un grande stratega **3** (*zool.*) formica soldato **4** (*sl. mil.*) scansafatiche.

to **soldier** *v.intr.* **1** fare il soldato **2** (*sl. mil.*) scansare le fatiche, battere la fiacca.

□ **soldier on** *v.intr.* e *avv.* continuare, persistere (nonostante le difficoltà), non mollare: *you have to admire the way she soldiers on in spite of her illness*, è ammirevole il modo in cui va avanti nonostante la malattia.

soldier-crab ['səʊldʒə,kræb] *s.* (*zool.*) paguro, bernardo l'eremita SIN. hermit-crab, pagurian.

soldierly ['səʊldʒəlɪ / sol·dierly] *agg.* marziale, militare; militaresco: — *bearing*, portamento marziale; *he has a — character*, ha una tempra militaresca.

soldiership ['səʊldʒəʃɪp / sol·dier·ship] *s.* (*rar.*) **1** l'essere soldato **2** qualità militari; abilità militare.

soldiery ['səʊldʒərɪ / sol·diery] *s.* (*letter.*) (*con v. sing.* o *pl.*) soldati, truppa; soldatesca.

sold out [,səʊld'aʊt] *agg.* (*comm.*) esaurito; venduto; rimasto senza: *the shop was — of bread*, il negozio aveva esaurito il pane.

sole[1] [səʊl] *agg.* **1** solo; unico; esclusivo: *he is the — heir*, è l'unico erede; *he has — responsibility for dealing with foreign clients*, è il responsabile unico per i rapporti con i clienti stranieri; — *rights*, diritti esclusivi // (*comm.*): — (*placing*) *agent*, agente esclusivo (di collocamento); — *bill*, cambiale in un unico esemplare; — *corporation*, società per azioni posseduta da un unico socio; — *proprietor* (o *trader*), imprenditore in proprio; impresa individuale; — *proprietorship*, impresa individuale **2** (*ant.*) solo, non accompagnato; (*dir.*) *femme* —, nubile.

sole[2] *s.* **1** pianta (del piede) **2** suola: *shoe with a double* —, scarpa con doppia suola; *inner* —, soletta (di scarpe) // — *leather*, cuoio per risolatura **3** fondo, base: *the* — *of a golf club*, la suola di una mazza da golf **4** (*mar.*) suola.

to **sole**[2] *v.tr.* risolare: *to* — *and heel*, rifar suola e tacchi.

sole[3] *pl.* **sole(s)** *s.* (*zool.*) **1** sogliola SIN. tongue-fish **2** (*lemon*) —, (*Limanda limanda*) limanda.

solecism ['sɒlɪsɪzəm / sol·ecism] *s.* **1** (*gramm.*) solecismo **2** comportamento scorretto; sconvenienza.

soled [səʊld] *agg.* (*spec. nei composti*) dalla suola: *thick-* —, con suole grosse; *thin-* —, con suole sottili.

solely ['səʊllɪ / sole·ly] *avv.* solamente, unicamente; interamente, esclusivamente.

solemn ['sɒləm / sol·emn] *agg.* **1** solenne; grave: *a* — *promise*, una promessa solenne; — *question*, domanda grave, che fa riflettere; — *silence*, silenzio solenne; — *ceremonies*, cerimonie solenni **2** grave, serio, solenne (di persona) // **-ly** *avv.* // **-ness** *s.*

solemnity [sə'lemnɪtɪ / so·lem·nity] *s.* **1** solennità, gravità **2** rito, cerimonia solenne; festa solenne, solennità.

solemnization [,sɒləmnaɪ'zeɪʃn *amer.* ,sɒləmnɪ'zeɪʃn / sol·em·niza·tion] *s.* (*form.*) celebrazione solenne.

to **solemnize** ['sɒləmnaɪz / sol·em·nize] *v.tr.* (*form.*) **1** solennizzare, celebrare con solennità **2** rendere solenne.

solen ['səʊlən] *s.* (*zool.*) cannello, cannolicchio → **razor-clam**.

solenoid ['səʊlənɔɪd / solen·oid] *s.* (*fis.*) solenoide // — *operated control*, comando azionato a solenoide.

solenoidal [,səʊlə'nɔɪdl / solen·oidal] *agg.* (*fis.*) solenoidale.

solepiece ['səʊlpi:s / sole·piece] *s.* (*mar.*) agugliotto.

sol-fa [,sɒl'fɑ: *amer.* ,səʊl'fɑ:] *s.* (*mus.*) solfeggio.

to **sol-fa** *v.tr.* e *intr.* (*mus.*) solfeggiare.

solfatara [,səʊlfə'tɑ:rə / sol·fa·tara] *s.* (*geol.*) solfatara.

solfeggio [sɒl'fedʒɪəʊ / sol·feg·gio] *pl.* **solfeggios**, **solfeggi** [sɒl'fedʒi: / sol·feggi] *s.* (*mus.*) solfeggio.

to **solicit** [sə'lɪsɪt / so·li·cit] *v.tr.* **1** (*form.*) sollecitare; richiedere (con insistenza): *to* — *favours of s.o.*, sollecitare favori da qlcu.; *to* — *s.o. for sthg.* (o *sthg. from s.o.*), sollecitare qlco. da qlcu. **2** adescare **3** istigare (*anche dir.*): *to* — (*s.o.*) *to commit a crime*, istigare a delinquere ◆ *v.intr.* **1** (*form.*) sollecitare, fare una sollecitazione **2** adescare **3** istigare **4** (*dir.*) agire come procuratore legale.

solicitant [sə'lɪsɪtənt / so·li·cit·ant] *s.* (*form.*) postulante, richiedente.

solicitation [sə,lɪsɪ'teɪʃn / so·li·cita·tion] *s.* **1** (*form.*) sollecitazione, richiesta insistente: *to do sthg. at s.o.'s* —, fare qlco. per l'insistenza di qlcu. **2** invito, adescamento **3** (*dir.*) istigazione a delinquere.

soliciting [sə'lɪsɪtɪŋ / so·li·cit·ing] *s.* adescamento: *she was arrested for* —, fu arrestata per adescamento.

solicitor [sə'lɪsɪtə* / so·li·citor] *s.* **1** (*dir.*) avvocato (con facoltà di discutere cause presso le corti di grado inferiore) // —*'s office*, studio legale **2** sollecitatore **3** (*amer.*) piazzista **4** (*amer.*) questuante.

solicitor general [sə,lɪsɪtə'dʒenərəl] *s.* **1** vice Procuratore Generale **2** (*amer.*) rappresentante del governo federale presso la corte suprema.

solicitorship [sə'lɪsɪtəʃɪp / so·li·citor·ship] *s.* carica, mansioni di avvocato (avente facoltà di discutere cause presso le corti di grado inferiore).

solicitous [sə'lɪsɪtəs / so·li·cit·ous] *agg.* (*form.*) **1** sollecito, premuroso: *to be* — *for s.o.'s comfort*, avere a cuore il benessere di qlcu. **2** desideroso, ansioso: — *of sthg.*, desideroso di qlco.; — *to please*, ansioso di piacere **3** preoccupato: *to be* — *about sthg.*, essere preoccupato per qlco. // **-ly** *avv.*

solicitousness [sə'lɪsɪtəsnɪs / so·li·cit·ous·ness] **solicitude** [sə'lɪsɪtju:d *amer.* sə'lɪsɪtu:d / so·li·cit·ude] *s.* (*form.*) **1** sollecitudine; premura **2** ansia **3** preoccupazione.

solid ['sɒlɪd] *agg.* **1** solido (non liquido né gassoso): — *fuel*, combustibile solido **2** solido; consistente, compatto: — *structure*, struttura compatta **3** pieno, massiccio: — *wall*, muro pieno; — *gold*, oro massiccio **4** uniforme; omogeneo: — *colour*, tinta unita; — *white line*, linea bianca uniforme, continua; *he spoke for two* — *hours*, (*fam.*) parlò per due ore di fila **5** solido; reale; fondato; serio: — *argument*, argomento fondato **6** serio, fidato; sicuro: *a* — *man*, un uomo degno di fiducia **7** solidale; unanime: *a* — *vote*, un voto unanime; *to go* (o *to be*) — *for*, (*fam.*) essere solidale con, parteggiare per **8** (*sl. amer.*) eccellente, di prima qualità **9** (*comm.*) solvibile **10** (*mat.*) a tre dimensioni, cubico: — *angle*, angolo solido ◆ *s.* **1** corpo, oggetto solido **2** (*mat.*) solido **3** *pl.* cibi solidi.

solidarity [,sɒlɪ'dærətɪ / so·lid·ar·ity] *s.* solidarietà.

solidifiable [sə'lɪdɪfaɪəbl / so·lidi·fi·able] *agg.* solidificabile.

solidification [sə,lɪdɪfɪ'keɪʃn / so·lidi·fica·tion] *s.* solidificazione; condensazione.

to **solidify** [sə'lɪdɪfaɪ / so·lid·ify] *v.tr.* **1** solidificare; congelare; coagulare (sangue) **2** (*fig.*) consolidare, rinforzare ◆ *v.intr.* **1** solidificarsi; congelarsi; coagularsi (di sangue) **2** (*fig.*) consolidarsi, rinforzarsi.

solidity [sə'lɪdətɪ / so·lid·ity] *s.* **1** solidità **2** solidarietà **3** (*comm.*) solvenza.

solidly ['sɒlɪdlɪ / so·lid·ly] *avv.* **1** solidamente, saldamente **2** all'unanimità.

solidness ['sɒlɪdnɪs / so·lid·ness] *s.* **1** solidità **2** compattezza, unanimità.

solid-state ['sɒlɪd,steɪt] *agg.* (*fis.*) dello stato solido, relativo allo stato solido: — *physics*, fisica dello stato solido.

solifluction [,sɒlə'flʌkʃn / so·li·fluc·tion] **solifluxion** [so·li·flux·ion] *s.* (*geol.*) soliflussione.

soliloquist [sə'lɪləkwɪst / so·li·lo·quist] *s.* chi fa soliloqui, chi parla con se stesso.

to **soliloquize** [sə'lɪləkwaɪz / so·li·lo·quize] *v.intr.* fare un soliloquio, recitare monologhi; parlare con se stesso.

soliloquy [sə'lɪləkwɪ / so·li·lo·quy] *s.* soliloquio; monologo.

solipsism ['sɒlɪpsɪzəm / sol·ips·ism] *s.* (*fil.*) solipsismo.

solipsist ['sɒlɪpsɪst / sol·ips·ist] *s.* (*fil.*) solipsista.

solipsistic [,sɒlɪp'sɪstɪk / sol·ips·istic] *agg.* (*fil.*) solipsistico.

solitaire [,sɒlɪ'teə* *amer.* 'sɒlɪteə* / so·lit·aire] *s.* **1** solitario (pietra preziosa) **2** (*amer.*) solitario (gioco di carte) BRIT. patience **3** (*rar.*) solitario, anacoreta, eremita.

solitarily ['sɒlɪtərɪlɪ *amer.* ,sɒlɪ'teərɪlɪ / sol·it·ar·ily] *avv.* da solo, tutto solo, solitariamente, in solitudine.

solitariness ['sɒlɪtərɪnɪs *amer.* ,sɒlɪ'teərɪnɪs / sol·it·ari·ness] *s.* solitudine, isolamento.

solitary ['sɒlɪtərɪ *amer.* 'sɒlɪterɪ / sol·it·ary] *agg.* **1** solitario, solingo: *a* — *walk*, una passeggiata solitaria **2** isolato, romito, deserto, non frequentato (di luogo): *a* — *house*, una casa isolata **3** solo, unico // *not a* — *one*, nemmeno uno ◆ *s.* **1** solitario; anacoreta, eremita **2** (*sl.*) → solitary confinement.

solitary confinement [,sɒlɪtərɪkən 'faɪnmənt *amer.* ,sɒlɪterɪkən'faɪnmənt] *s.* cella d'isolamento.

solitude ['sɒlɪtju:d *amer.* 'sɒlɪtu:d / sol·it·ude] *s.* **1** solitudine, isolamento: *to live in* —, vivere in solitudine **2** luogo solitario, deserto, isolato.

to **solmizate** ['sɒlmɪzeɪt / sol·miz·ate] *v.intr.* (*mus.*) solfeggiare.

solmization [,sɒlmɪ'zeɪʃn / sol·miza·tion] *s.* (*mus.*) solfeggio.

solo ['səʊləʊ] *agg.* **1** solo, non accompagnato: (*aer.*) — *flight time*, tempo di volo da solo **2** suonato come assolo ◆ *avv.* da solo, senza accompagnamento: *to sail* —, navigare in solitario.

solo *pl.* **solos** *s.* **1** (*mus.*) assolo: *to play a* —, suonare un assolo **2** 'solo' (gioco di carte) **3** (*aer.*) volo solitario.

to **solo** *v.intr.* **1** (*mus.*) suonare un assolo **2** (*aer.*) volare da solo (senza istruttore o secondo pilota); fare un volo solitario ◆ *v.tr.* (*aer.*) pilotare da solo.

soloist ['səʊləʊɪst / so·lo·ist] *s.* (*mus.*) solista.

Solomonian [,sɒlə'məʊnɪən / Solo·mon·ian] **Solomonic** [,sɒlə'mɒnɪk / Solo·monic] *agg.* salomonico.

Solomon's seal [,sɒləmənz'si:l] *s.* (*bot.*) (*Polygonatum multiflorum*) sigillo di Salomone; (*pop.*) ginocchietto.

so long [,səʊ'lɒŋ] *inter.* (*fam.*) ciao, arrivederci, a presto.

solstice ['sɒlstɪs / sol·stice] *s.* (*astr.*) solstizio: *summer, winter* —, solstizio d'estate, d'inverno.

solstitial [sɒl'stɪʃl / sol·sti·tial] *agg.* (*astr.*) solstiziale: — *points*, punti solstiziali.

solubility [,sɒljʊ'bɪlətɪ / solu·bil·ity] *s.* **1** (*chim., fis.*) solubilità: — *product constant*, prodotto di solubilità **2** risolubilità (di un problema ecc.).

soluble ['sɒljʊbl / sol·uble] *agg.* **1** (*chim.*) solubile: — *in alcohol*, solubile in alcol; — *when heated*, solubile al caldo; *to make* —, rendere solubile; — *glass*, vetro solubile, silicato di sodio o di potassio **2** scomponibile **3** solubile, risolvibile (di problema ecc.).

solubleness ['sɒljʊblnɪs / sol·uble·ness] *s.* solubilità.

solus ['səʊləs] *agg.* (*teatr.*) solo, da solo (spec. nelle didascalie sceniche): *enter King* —, entra il Re solo.

solute ['sɒlju:t / sol·ute] *agg.* soluto ◆ *s.* (*chim.*) soluto, sostanza sciolta.

solution [sə'lu:ʃn / so·lu·tion] *s.* **1** (*chim.*) soluzione: *chemical* —, soluzione chimica; *rubber* —, soluzione di gomma, mastice; *standard* —, soluzione titolata // (*fot.*) *stock* —, soluzione concentrata **2** (*mat.*) soluzione: — *set*, insieme risolvente **3** processo di dissolvimento; interruzione // (*fis.*) — *pressure*, pressione di dissoluzione **4** risoluzione; spiegazione **5** (*med.*) risoluzione, crisi risolutiva: — *of a disease*, crisi risolutiva di una malattia.

solutive [sə'lju:tɪv / so·lut·ive] *agg.* (*med.*) solutivo, lassativo.

solutrope ['sɒljʊtrəʊp / so·lu·trope] *s.* (*chim.*) miscela solutropa.

solutropy ['sɒljʊ,trəʊpɪ / so·lu·tropy] *s.* (*chim.*) solutropia.

solvability [,sɒlvə'bɪlətɪ / solv·ab·il·ity] *s.* **1** (*comm.*) solvibilità **2** (*chim.*) solubilità **3** risolvibilità, risolubilità (di problema).

solvable ['sɒlvəbl / solv·able] *agg.* **1** risolvibile, risolubile // (*mat.*) — *group*, gruppo risolubile **2** (*comm.*) solvibile **3** (*chim.*) solubile.

solvate ['sɒlveɪt / solv·ate] *s.* (*chim.*, *fis.*) solvato.

to **solvate** *v.tr.* (*chim.*) solvatare.

solvation [sɒl'veɪʃn / sol·va·tion] *s.* (*chim.*) solvatazione.

to **solve** [sɒlv] *v.tr.* **1** risolvere (*anche mat.*); chiarire; spiegare: *to* — *an equation*, risolvere un'equazione; *to* — *a problem*, risolvere un problema; *the police finally solved the case*, alla fine la polizia risolse il caso **2** (*ant.*) saldare, liquidare (un debito) **3** (*ant.*) sciogliere.

solvency ['sɒlvənsɪ / solv·ency] *s.* **1** (*comm.*, *dir.*) solvibilità // (*fin.*) — *ratio*, indice di solvibilità **2** (*chim.*) capacità solvente.

solvent ['sɒlvənt / solv·ent] *agg.* **1** (*comm.*, *dir.*) solvibile, solvente: — *debtor*, debitore solvibile **2** (*chim.*) solvente, dissolvente ◆ *s.* (*chim.*) solvente, dissolvente: — *extraction*, estrazione con solventi.

solver ['sɒlvə*] *s.* chi risolve, risolutore.

solvolysis [sɒl'vɒləsɪs / sol·vo·lysis] *s.* (*chim.*) solvolisi.

Somali [səʊ'mɑ:lɪ / So·mali] *pl.* **Somali(s)** *s.* somalo (abitante, lingua) ◆ *agg.* somalo.

somatic [səʊ'mætɪk / so·matic] *agg.* somatico: — *characteristics*, caratteristiche somatiche; — *cell*, cellula somatica.

somatological [,səʊmætə'lɒdʒɪkl / so·ma·to·lo·gical] *agg.* somatologico.

somatology [,səʊmə'tɒlədʒɪ / so·ma·to·logy] *s.* somatologia.

somatopleure ['səʊmətəpluə* / so·ma·to·pleure] *s.* (*biol.*) somatopleura.

somatostatin [,səʊmətə'stætɪn / so·ma·to·statin] *s.* (*biochim.*) somatostatina.

somatotropin [,səʊmətə'trəʊpɪn / so·ma·to·tropin] *s.* (*biochim.*) somatotropina.

sombre ['sɒmbə*] *agg.* **1** scuro; fosco, cupo; tenebroso: *a* — *sky*, un cielo scuro **2** (*fig.*) tetro, lugubre; cupo, malinconico: *a man of* — *character*, un uomo di carattere cupo // **-ly** *avv.* // **-ness** *s.*

sombrero [sɒm'breərəʊ / som·brero] *pl.* **sombreros** *s.* sombrero.

some [sʌm (*forma forte*) səm (*forma debole, usata solo per agg. partitivo*)] *agg.* (*di solito in frasi affermative o in frasi interr. che sollecitano risposta affermativa*; cfr. *any*) **1** (*con valore partitivo*) del, della; dei, delle; un po' di: *she drank* — *wine with her lunch*, ha bevuto un po' di vino a pranzo; *"Have you got any fruit?" "Yes, I've got* — *oranges"*, "Hai (della) frutta?" "Sì, ho delle arance"; *"Would you like* — *whisky?" "Yes, please"*, "Gradisci un po' di whisky?" "Sì, grazie"; *they asked me for* — *water*, mi chiesero dell'acqua; *she's been waiting* — *time*, è un po' (di tempo) che aspetta **2** alcuni, alcune; qualche: *the town was* — *miles away*, la città era a qualche miglio di distanza; *there's at least* — *hope they will come*, c'è qualche minima speranza che vengano; *I had* — *difficulty in getting through to him*, ho avuto qualche difficoltà a raggiungerlo telefonicamente; *I'm expecting* — *good news*, sono in attesa di qualche bella notizia; — *students understand and others don't*, alcuni studenti capiscono e altri no **3** un, una; un certo, una certa; qualche: *come and see us* — *day*, vieni a trovarci qualche giorno, un giorno o l'altro; *they'll come* — *day*, verranno una volta o l'altra; — *friend or other will take me there*, o l'uno o l'altro, qualcuno dei miei amici mi accompagnerà là; *I read it in* — *book*, l'ho letto in un (certo) libro; *his behaviour will take* — *explaining!*, ci vorrà una spiegazione al suo comportamento! **4** (*uso enfatico*): *"This book is about everything" "Some book!"*, "Questo libro parla di tutto" "Ma che libro!"; *"He's complaining again" "Some people!"*, "Si sta di nuovo lamentando" "Certa gente!..."; *he was* — *general!*, (*spec. amer.*) quello sì era un generale!

some *pron.indef.* (*di solito in frasi affermative e nelle interrogative che sollecitano risposta affermativa*; cfr. *any*) alcuni, alcune; qualcuno, qualcuna; un po'; ne (con valore partitivo): *"Have you got any roses?" "Yes, I've got* —*"*, "Ha delle rose?" "Sì, ne ho qualcuna"; *"Do you want* —*?" "Yes, please"*, "Ne vuoi (un po')?" "Sì, grazie"; — *of them have stayed in the pub*, alcuni di loro sono rimasti nel pub; *She had money in her purse. She took* — *out*, Aveva dei soldi nel borsellino. Ne tirò fuori una parte; — *of the answers were wrong*, alcune delle risposte erano sbagliate; *he lent me* — *of his books*, mi ha prestato alcuni dei suoi libri; *give me* — *of those chips, please*, dammi un po' di quelle patatine, per favore; *I've got* — *already, thanks*, ne ho già qualcuno, grazie; *can I have* — *more?*, potrei averne ancora un po'? // — ..., — ..., alcuni ..., altri ...: — *were glad at the news*, — *weren't*, alcuni furono contenti della notizia, altri no.

some *avv.* **1** circa: *the town lies* — *100 miles from here*, la città si trova a circa 100 miglia da qui; *the water was* — *6 metres deep*, l'acqua era alta circa 6 metri **2** (*amer.*) un po', piuttosto: *I reckon he likes it* —, penso che gli piaccia abbastanza; *before the train came we had to wait* —, abbiamo dovuto aspettare un po' prima che arrivasse il treno.

somebody ['sʌmbədɪ / some·body] *pron.indef.* (*di solito in frasi affermative o nelle interrogative che sollecitano risposta affermativa*; cfr. *anybody*, *anyone*) qualcuno: *"Did you see anybody?" "Yes, I saw* — *in the corridor"*, "Hai visto qualcuno?" "Sì, ho visto qualcuno nel corridoio"; *it belongs to* — *else*, appartiene a qualcun altro; *we needed* — *who could drive a lorry*, avevamo bisogno di qualcuno che sapesse guidare un camion; — *came to see you*, qualcuno è venuto a trovarti • Nello stesso significato si usa anche *someone* ◆ *s.pl.* **somebodies** ['sʌmbədi:z] qualcuno; una personalità, una persona famosa: *he was* — *in the European Parliament*, era qualcuno nel Parlamento Europeo; *nobodies posing as* —, delle nullità che si atteggiano a persone famose.

somehow ['sʌmhaʊ / some·how] *avv.* in qualche modo, in un modo o nell'altro; in certo qual modo: *he managed to get into the house* —, riuscì in qualche modo a entrare in casa; —, *it wasn't very interesting*, in un modo o nell'altro, non è stato molto interessante; *her attitude was* — *impossible*, il suo atteggiamento era in certo qual modo impossibile; — *or other I have never been able to see him*, per una ragione o per l'altra non ho mai potuto vederlo; *we'll get by* —, ce la faremo in qualche modo; *this must be done* —, questo si deve fare, in un modo o nell'altro.

someone ['sʌmwʌn / some·one] → **somebody**.

someplace ['sʌmpleɪs / some·place] *avv.* (*fam. amer.*) → **somewhere**.

somersault ['sʌməsɔ:lt / som·er·sault] ant. **somerset** ['sʌməsɪt / som·er·set] *s.* **1** capriola; salto mortale: *double* —, doppio salto mortale; *to turn a* —, fare una capriola, fare un salto mortale: *he was turning somersaults in an attempt to get out of his difficult situation*, (*fig.*) stava facendo i salti mortali per uscire da una brutta situazione **2** (*aer.*, *aut.*) capottamento; ribaltamento.

to **somersault** ant. to **somerset** *v.intr.* **1** far capriole, far salti mortali **2** (*aer.*, *aut.*) capottare; ribaltare.

something ['sʌmθɪŋ / some·thing] *pron.indef.* (*di solito in frasi affermative o interrogative che sollecitano risposta affermativa*; cfr. *anything*) qualche cosa, qualcosa: *don't just stand there doing nothing, do* —*!*, non stare lì senza far niente, fa' qualcosa!; *we knew* — *was wrong, without him saying anything*, sapevamo che qualcosa non andava, senza bisogno che lui dicesse niente; *"Have you lost* —*?" "Yes, I'm looking for my umbrella"*, "Hai perso qualcosa?" "Sì, sto cercando il mio ombrello"; *well, he's still got his pension, that's* —, beh, ha sempre la sua pensione, è già qualcosa; *he mumbled* — *or other*, borbottò qualche cosa, non so che cosa; *we have* — *else to do*, abbiamo (qualcos')altro da fare; *he's seen* — *of the world*, ha visto un po' di mondo; *he's become captain or* —, è diventato capitano o qualcosa di simile; *there was* — *odd about his behaviour*, c'era qualcosa di strambo nel suo comportamento; *he had* — *of the artist about him*, aveva un po' l'aria dell'artista; *she felt* — *of a fool*, si sentiva un po' sciocca; *how he ever* *got elected is — of a mystery*, come abbia potuto essere eletto è un mistero // *there's — in what he says*, c'è qualcosa di vero in quello che dice // *I can't remember the tune, it goes — like this*, non ricordo la melodia, fa più o meno così // *she's called Valerie —*, si chiama Valeria vattelappesca // *would you like a whisky or —?*, gradisci un whisky o qualcos'altro? // *it will cost you — over £ 500*, ti costerà un po' più di 500 sterline // *you've got — there!*, hai ragione! // *it's really —!*, è davvero fantastico! // *— like*, circa: *he left — like a million*, ha lasciato circa un milione; *it must be — like 6 o'clock*, devono essere circa le 6 // *that's — like!*, è splendido! // *this is — like a book!*, questo sì che è un libro! ◆ *avv.* (*form.*) un po': *I found him — impatient*, lo trovai un po' impaziente.

sometime ['sʌmtaɪm / some·time] *agg.attr.* di un tempo, precedente; già, ex-: *Nixon, — president of the US*, Nixon, ex-presidente degli Stati Uniti; *John Smith, — professor at the University of Reading*, John Smith, già professore all'Università di Reading.

sometime *avv.* presto o tardi, un giorno o l'altro, una qualche volta: *they promised to visit us — soon*, hanno promesso di farci visita uno di questi giorni; *I am sure to see him —*, sono certo di vederlo un giorno o l'altro.

sometimes ['sʌmtaɪmz / some·times] *avv.* qualche volta, alcune volte, di quando in quando, talvolta: *— I wish the clock would stop*, qualche volta vorrei che l'orologio si fermasse; *I have met him —*, l'ho incontrato qualche volta, di quando in quando; *it is — good, — bad*, ora è buono, ora cattivo.

someway ['sʌmweɪ / some·way] *avv.* (*fam. amer.*) → **somehow**.

somewhat ['sʌmwɒt / some·what] *avv.* alquanto, un po', piuttosto: *I did it — hastily*, lo feci alquanto in fretta; *the translation was — difficult*, la traduzione era piuttosto difficile; *you are — rash in making such promises*, sei un po' precipitoso nel fare simili promesse; *— to my surprise, he passed the exam*, con mia notevole sorpresa, ha superato l'esame.

somewhere ['sʌmweə* / some·where] *avv.* in qualche luogo, da qualche parte: *he'd like to work — else*, vorrebbe lavorare in qualche altro luogo, altrove; *he lives — in the neighbourhood*, abita, vive da qualche parte nelle vicinanze; *I shall meet him —*, lo incontrerò in qualche posto; *I heard — that the meeting is off*, ho sentito da qualche parte che la riunione è rimandata // *this temple was built — around 150 B.C.*, questo tempio fu costruito intorno al 150 a.C. // *she was — in her fifties*, aveva passato i cinquanta // *he's getting — with his research*, sta facendo progressi con la sua ricerca.

somite ['səʊmaɪt / som·ite] *s.* (*zool.*) metamero (di animali).

somnambulism [sɒm'næmbjʊlɪzəm / somn·am·bu·lism] *s.* sonnambulismo // *artificial —*, sonnambulismo ipnotico.

somnambulist [sɒm'næmbjʊlɪst / somn·am·bu·list] *s.* sonnambulo.

somnambulistic [sɒm,næmbjʊ'lɪstɪk / somn·am·bu·listic] *agg.* sonnambolico.

somniferous [sɒm'nɪfərəs / som·ni·fer·ous] **somnific** [sɒm'nɪfɪk / som·ni·fic] *agg.* (*form.*) soporifero, sonnifero.

somnolence ['sɒmnələns / som·no·lence]

somnolency ['sɒmnələnsɪ / som·no·lency] *s.* (*form.*) sonnolenza, sopore.

somnolent ['sɒmnələnt / som·no·lent] *agg.* (*form.*) sonnolento; assonnato, sonnacchioso; assopito // **-ly** *avv.*

son [sʌn] *s.* **1** figlio (maschio), figliolo: *she has three sons*, ha tre (figli) maschi; *he is his father's —*, è figlio di suo padre, è degno di suo padre // *the Son* (*of Man, of God*), il Figlio (dell'Uomo, di Dio) // *the Son of Heaven*, il Figlio del Cielo, l'Imperatore della Cina // *the sons of Abraham*, i discendenti di Abramo // *the sons of men*, l'umanità **2** (*estens.*) ragazzo, giovane **3** (*estens. letter.*) indigeno, nativo; cittadino: *Italy's most famous —*, l'italiano più famoso.

sonant ['səʊnənt / son·ant] *agg.* (*non com.*) sonoro, sonante (*anche fon.*) ◆ *s.* (*fon.*) sonante, fonema sonante.

sonar ['səʊnɑ:*] *s.* (*mar.*) sonar, ecogoniometro • Acronimo di *So*(*und*) *n*(*avigation*) *a*(*nd*) *r*(*anging*), navigazione e localizzazione per mezzo del suono.

sonata [sə'nɑ:tə / son·ata] *s.* (*mus.*) sonata.

sonatina [,sɒnə'ti:nə / son·at·ina] *s.* (*mus.*) sonatina.

sonde [sɒnd] *s.* (*meteor.*) sonda (atmosferica).

son et lumière [,sɒneɪ'lu:mjeə*] *s.* (*fr.*) rappresentazione (notturna) in cui viene illustrato un evento storico con l'ausilio di luci, suoni ecc.

song [sɒŋ] *s.* **1** canzone; aria: *to sing a —*, cantare una canzone // *to be on —*, essere affiatato, all'unisono: *the team was really on — and won easily*, la squadra era veramente affiatata e ha vinto senza fatica // (*mus.*) *— cycle*, ciclo di canzoni // *to buy, to sell sthg. for a —*, (*fam.*) comperare, vendere qlco. per una sciocchezza // *nothing to make a — about*, (*fam.*) niente d'importante **2** canto; il cantare: *the — of the birds*, il canto degli uccelli; *to burst into —*, mettersi a cantare **3** (*lett.*) poesia, componimento poetico; canto; canzone: *The Song of Roland*, La Canzone di Rolando **4** (*eccl.*) cantico: *the Song of Songs* (o *the Song of Solomon*), il Cantico dei Cantici.

songbird ['sɒŋbɜ:d / song·bird] *s.* uccello canoro: *the nightingale is a —*, l'usignolo è un uccello canoro.

songbook ['sɒŋbʊk / song·book] *s.* canzoniere.

songful ['sɒŋfʊl / song·ful] *agg.* (*non com.*) **1** melodioso, armonioso **2** canterino, che ama cantare.

songless ['sɒŋlɪs / song·less] *agg.* che non canta; senza voce, muto.

songster ['sɒŋstə* / song·ster] *s.* **1** cantante **2** (*letter.*) poeta **3** uccello canterino.

songstress ['sɒŋstrɪs / song·stress] *s.* **1** cantante **2** (*letter.*) poetessa.

song-thrush ['sɒŋ,θrʌʃ *amer.* 'sɔ:ŋ,θrʌʃ] *s.* (*zool.*) (*Turdus ericetorum*) tordo bottaccio SIN. throstle.

songwriter ['sɒŋ,raɪtə* *amer.* 'sɔ:ŋ,raɪtə* / song·writer] *s.* compositore, autore di canzoni.

sonic ['sɒnɪk] *agg.* del suono, sonico, acustico: (*aer.*) *— bang* (o *— boom*), bang sonico // (*mar.*) *— depth finder*, scandaglio acustico, ecoscandaglio; *— mine*, mina acustica.

son-in-law ['sʌnɪnlɔ:] *pl.* **sons-in-law** ['sʌnzɪnlɔ:] *s.* genero.

sonnet ['sɒnɪt / son·net] *s.* (*poesia*) sonetto: *Elizabethan —*, sonetto elisabettiano; *Italian —*, sonetto italiano; *Shakespearian —*, sonetto shakespeariano.

to **sonnet** *v.intr.* (*non com.*) comporre sonetti ◆ *v.tr.* (*non com.*) celebrare con sonetti.

sonneteer [,sɒnɪ'tɪə* / son·net·eer] *s.* scrittore di sonetti.

sonny ['sʌnɪ] *s.* (*fam.*) figlio, piccino mio; ragazzo.

son-of-a-bitch [,sʌnəvə'bɪtʃ] *pl.* **sons-of-bitches** [,sʌnzəv'bɪtʃɪz] **son-of-bitches** [,sʌnəvə'bɪtʃɪz] *s.* (*volg., amer.*) figlio di puttana.

son-of-a-gun [,sʌnəvə'gʌn] *pl.* **sons-of-guns** [,sʌnzəv'gʌnz] *s.* (*fam. scherz.*) mascalzone, canaglia, briccone.

sonometer [səʊ'nɒmɪtə* / sono·meter] *s.* (*fis.*) sonometro.

sonority [sə'nɒrətɪ / son·or·ity] *s.* (*form.*) sonorità, risonanza.

sonorous ['sɒnərəs, sə'nɔ:rəs / son·or·ous] *agg.* (*form.*) **1** sonoro, risonante **2** (*fig.*) altisonante: *— titles*, titoli altisonanti // **-ly** *avv.* // **-ness** *s.*

sonship ['sʌnʃɪp / son·ship] *s.* (*non com.*) stato, condizione di figlio.

soon [su:n] *avv.* **1** presto; tosto; tra poco, fra breve: *— after*, non molto dopo, poco dopo, subito dopo; *too —*, troppo presto; in anticipo; (*all*) *too —*, (fin) troppo presto; *he arrived an hour too —*, arrivò con un'ora di anticipo; *very —*, ben presto, quanto prima; *how — can you be ready?*, tra quanto tempo sarai pronto?; *see you again —!*, a tra poco!, a presto! // *as — as*, (non) appena che: *as — as possible*, al più presto possibile // *the soonest I can come is tomorrow*, al più presto posso venire domani // *the sooner the better*, prima è meglio è // *sooner or later*, presto o tardi, prima o poi // *no sooner than...*, non appena che...: *he had no sooner picked up the phone than the doorbell rang*, aveva appena preso in mano il telefono che suonò il campanello // *no sooner said than done*, detto fatto **2** piuttosto; volentieri: *he would as — die as live in a big city*, morirebbe piuttosto che vivere in una grande città; *I would as — stay here*, starei qui volentieri // *I had sooner go home*, preferirei andare a casa; *I would sooner die than leave him*, preferirei morire piuttosto che lasciarlo.

soot [sʊt] *s.* fuliggine.

to **soot** *v.tr.* macchiare, sporcare, coprire di fuliggine.

sooth [su:θ] *s.* (*ant.*) verità; realtà: *in —*, in verità, veramente ◆ *agg.* (*ant.*) verace: *announced by prophet sooth and old*, (W. SCOTT) annunciato da antico e veritiero profeta.

to **soothe** [su:ð] *v.tr.* **1** calmare, placare; lenire, addolcire: *to — s.o.'s anger*, calmare la collera di qlcu. **2** blandire, adulare, lusingare.

soother ['su:ðə*] *s.* **1** chi calma, chi rasserena **2** adulatore.

soothfast ['su:θfɑ:st / sooth·fast] *agg.* (*ant.*) vero, veritiero; leale, onesto.

soothing ['su:ðɪŋ / sooth·ing] *agg.* lenitivo, calmante: *— words*, parole rasserenanti // **-ly** *avv.*

soothsayer [ˈsu:θ,seɪə* / sooth·sayer] *s.* divinatore; indovino.

soothsaying [ˈsu:θ,seɪɪŋ / sooth·say·ing] *s.* divinazione, predizione.

sootiness [ˈsʊtɪnɪs / sooti·ness] *s.* l'essere fuligginoso.

sooty [ˈsʊtɪ] *agg.* fuligginoso, coperto di fuliggine: — *air*, aria fuligginosa, caliginosa.

sop [sɒp] *s.* **1** pezzo di pane, biscotto inzuppato // *he... quaff'd off the muscadel, / and threw the sops all in the sexton's face*, (SH. The Taming of the Shrew) tracannò il moscato e gettò i tarallucci in faccia al sacrestano **2** (*fig.*) offa, dono propiziatorio **3** (*fig.*) contentino: *as a — to the unemployed, the government waived payment of the TV licence*, come contentino ai disoccupati, il governo rinunciò al pagamento del canone TV // *as a — to his conscience, he decided he would one day return the money he had stolen*, per tacitare la sua coscienza, decise che un giorno avrebbe restituito il denaro che aveva rubato.

to **sop** *pass.p.p.* **sopped** [sɒpt] *v.tr.* **1** intingere; inzuppare: *to — up a piece of bread*, intingere un pezzo di pane **2** asciugare, ripulire (con uno straccio, una spugna): *she sopped up the spilt milk*, asciugò il latte versato ♦ *v.intr.* inzupparsi.

soph [sɒf] abbr. di → **sophomore**.

sophism [ˈsɒfɪzəm / soph·ism] *s.* sofisma; cavillo.

sophist [ˈsɒfɪst / soph·ist] *s.* **1** (*fil.*) sofista **2** sofista, cavillatore.

sophistic(al) [səˈfɪstɪk(l) / soph·istic, soph·ist·ical] *agg.* sofistico; pedante, capzioso // **-ally** *avv.*

sophisticate [səˈfɪstɪkeɪt / soph·ist·ic·ate] *s.* persona sofisticata.

to **sophisticate** *v.tr.* **1** sofisticare; raffinare, rendere raffinato **2** alterare (un testo ecc.) **3** sofisticare, adulterare (sostanze, cibi) ♦ *v.intr.* (*rar.*) fare il sofistico.

sophisticated [səˈfɪstɪkeɪtɪd / soph·ist·ic·ated] *agg.* **1** sofisticato; raffinato; ricercato: — *taste*, gusto raffinato; — *clothes*, abiti raffinati; *a — person*, una persona sofisticata **2** sofisticato, elaborato, evoluto, complesso; — *technology*, tecnologia sofisticata; *the plane was equipped with — weaponry*, l'aereo era dotato di armi sofisticate; *a — approach to foreign affairs*, un sofisticato approccio alla politica internazionale **3** sofisticato, adulterato (di vini, cibi) **4** (*form.*) artificioso, artefatto.

sophistication [sə,fɪstɪˈkeɪʃn / soph·ist·ica·tion] *s.* **1** gusti sofisticati; raffinati; ricercati **2** ragionamento sofistico, sofisma **3** sofisticazione, adulterazione **4** (*form.*) artificiosità.

sophisticator [səˈfɪstɪkeɪtə* / soph·ist·ica·tor] *s.* (*non com.*) falsificatore.

sophistry [ˈsɒfɪstrɪ / soph·istry] *s.* sofisma, sofisticheria; cavillo.

sophomore [ˈsɒfəmɔ:* / sopho·more] *s.* (*amer.*) studente del secondo anno di università, liceo; fagiolo.

soporiferous [,sɒpəˈrɪfərəs / sop·or·if·er·ous] *agg.* (*rar.*) → **soporific**.

soporific [,səʊpəˈrɪfɪk / sop·or·ific] *agg.* soporifico, soporifero ♦ *s.* (*med.*) sonnifero, narcotico.

sopping [ˈsɒpɪŋ / sop·ping] *agg.* (*fam.*) fradicio, zuppo: *I'm — wet*, sono bagnato fradicio.

soppy [ˈsɒpɪ] *agg.* (*fam.*) **1** inzuppato **2** sentimentale, svenevole.

soprano [səˈprɑ:nəʊ / sop·rano] *pl.* **sopranos** *s.* (*mus.*) soprano.

sora [ˈsɔ:rə] *s.* (*zool.*) (*amer.*) (*Porzana carolina*) rallide dal becco corto.

sorb [sɔ:b] *s.* (*bot.*) **1** (*Sorbus domestica*) sorbo (domestico); (*Sorbus aucuparia*) sorbo selvatico, sorbo degli uccellatori **2** — (*-apple*), sorba.

sorbent [ˈsɔ:bənt / sorb·ent] *s.* (*chim.*) assorbente.

sorbet [ˈsɔ:bət, ˈsɔ:beɪ / sor·bet] *s.* **1** (*spec. brit.*) → sherbet 3 **2** (*amer.*) sorbetto BRIT. water ice.

sorbic [ˈsɔ:bɪk] *agg.* (*chim.*) sorbico: — *acid*, acido sorbico.

sorbite [ˈsɔ:baɪt / sorb·ite] *s.* (*chim.*) sorbite, sorbitolo.

sorbitol [ˈsɔ:bɪtɒl / sorb·itol] *s.* (*chim.*) sorbitolo.

sorbose [ˈsɔ:bəʊs / sorb·ose] *s.* (*chim.*) sorbosio.

sorcerer [ˈsɔ:sərə* / sor·cerer] *s.* stregone, mago, incantatore.

sorceress [ˈsɔ:sərəs / sor·cer·ess] *s.* strega, maga, incantatrice, fattucchiera.

sorcerous [ˈsɔ:sərəs / sor·cer·ous] *agg.* (*non com.*) incantato, stregato.

sorcery [ˈsɔ:sərɪ / sor·cery] *s.* stregoneria, magia.

sordid [ˈsɔ:dɪd / sor·did] *agg.* **1** sordido (*anche fig.*): *let's not go into — details*, non addentriamoci in sordidi dettagli; *a — hotel*, un albergo sordido **2** (*bot., zool.*) opaco, scuro **3** (*ant.*) sporco, sudicio: *the sordid earth / your sweetness cannot taste*, (R. CRASHAW) la sudicia terra non può gustare la tua dolcezza // **-ly** *avv.* // **-ness** *s.*

sordine [ˈsɔ:di:n / sor·dine] **sordino** [sɔ:ˈdi:nəʊ / sor·dino] *pl.* **sordini** [sɔ:ˈdi:ni: / sor·dini] *s.* (*mus.*) sordina.

sore [sɔ:*] *agg.* **1** doloroso; dolorante; dolente; infiammato, irritato: *a — throat*, (un) mal di gola; *to be — all over*, essere tutto dolorante; *to have a — arm*, avere male a un braccio; *I've walked twelve miles and my feet are —*, ho camminato per dodici miglia e mi fanno male i piedi // *to stick out like a — thumb*, essere evidentissimo, spiccare // *it's a — point with him*, (*fig.*) è un punto dolente per lui **2** (*letter.*) dolente; addolorato: *my heart is — for them*, mi dispiace sinceramente per loro; *to be — at heart*, essere desolato **3** (*fig. letter.*) grave, gravoso; intenso: *I was in — need of money*, mi trovavo in estrema necessità di denaro **4** (*fam. amer.*) risentito; irritato; seccato: *to be — about sthg.*, essere risentito per, riguardo a qlco. // **-ness** *s.*

sore *avv.* (*ant.*) **1** dolorosamente **2** gravemente, grandemente.

sore *s.* piaga; ulcera; ferita (*anche fig.*).

soredium [səˈri:dɪəm / so·re·dium] *pl.* **soredia** [səˈri:dɪə / so·re·dia] *s.* (*bot.*) soredio.

sorehead [ˈsɔ:hed / sore·head] *s.* (*fam. amer.*) persona collerica, irascibile, permalosa.

sorely [ˈsɔ:lɪ / sore·ly] *avv.* **1** (*form.*) dolorosamente **2** (*fig.*) grandemente; estremamente; molto: *money is — needed to help the refugees*, c'è un estremo bisogno di soldi per aiutare i rifugiati; *his patience was — tried by all this*, la sua pazienza venne messa a dura prova da tutto ciò.

sorgho [ˈsɔ:gəʊ / sor·gho] **sorghum** [ˈsɔ:gəm / sor·ghum] *s.* (*bot.*) (*Sorghum vulgare*) sorgo, saggina, melica SIN. broomcorn, Indian millet.

sorites [səˈraɪti:z / so·rites] *s. pl.invar.* (*log.*) sorite.

sorority [səˈrɒrətɪ / sor·or·ity] *s.* **1** comunità (religiosa) femminile **2** (*amer.*) associazione universitaria femminile.

sorption [ˈsɔ:pʃən / sorp·tion] *s.* (*chim.*) assorbimento.

sorrel[1] [ˈsɒrəl / sor·rel] *s.* (*bot.*) **1** (*Rumex acetosa*) acetosa SIN. sour dock **2** (*wood-*) —, (*Oxalis acetosella*) acetosella.

sorrel[2] *agg.* (di color) sauro ♦ *s.* (cavallo) sauro.

sorrow [ˈsɒrəʊ / sor·row] *s.* **1** dispiacere: dolore; cordoglio; pena; tristezza: *to my great —*, con mio grande dolore; *I left him with —*, lo lasciai con dolore; *her sorrows turned her hair white*, i dispiaceri la fecero incanutire **2** pentimento; contrizione **3** lamento; lamentazione.

to **sorrow** *v.intr.* (*letter.*) **1** affliggersi; addolorarsi: *to — at* (o *over* o *for*) *sthg.*, affliggersi per qlco. **2** lamentarsi.

sorrowful [ˈsɒrəʊfʊl / sor·row·ful] *agg.* **1** triste; infelice; sofferente; addolorato; afflitto: *a — look*, uno sguardo melanconico, triste **2** penoso, doloroso (di notizie ecc.) // **-ness** *s.*

sorrowing [ˈsɒrəʊɪŋ / sor·row·ing] *agg.* afflitto; addolorato; triste.

sorry [ˈsɒrɪ] *agg.* **1** spiacente; dolente; addolorato; triste: *"May I speak to Mr Jones?" "I'm —, he's not in"*, "Potrei parlare con il signor Jones?" "Spiacente, non c'è"; *he was — for me*, gli dispiacque per me; *I am — to say that...*, mi rincresce dire che...; *to feel — for oneself*, autocommiserarsi, compiangersi; *to be — about sthg.*, essere spiacente per qlco. **2** pentito; rincresciuto; dispiaciuto: *I can't say I'm — for what I said*, non posso dire di essere pentito per quanto ho detto **3** amaro; triste: *the — truth*, l'amara verità **4** meschino, miserabile; pietoso: *a — excuse*, una scusa meschina; *you're in a — state*, sei ridotto male // *to cut a — figure*, fare una figura pietosa // **-ily** *avv.* // **-iness** *s.*

sorry *inter.* **1** scusa, scusi, scusate: *"The radio is too loud!" "Sorry!"*, "Il volume della radio è troppo alto!" "Scusa!"; *he lives in Ohio, —, I mean Kansas*, vive nell'Ohio, scusate, voglio dire nel Kansas **2** prego, come: *"Have you seen my glasses?" "Sorry?"*, "Hai visto i miei occhiali?" "Come?".

sort [sɔ:t] *s.* **1** sorta; genere; tipo; qualità; specie; classe: *what — of book is it?*, che tipo di libro è?; *she is not my —*, non è il mio tipo; *all sorts of men*, uomini di tutti i generi; *nothing of the —*, niente di simile; *this — of thing*, questo genere di cose; *what — of people?*, che sorta di gente?; *he didn't say anything of the —*, non disse niente del genere // *it takes all sorts*, il mondo è bello perché è vario // *he is an awfully good —*, (*fam.*) è proprio una brava persona **2** *a — of*, una sorta di, una specie di: *he was wearing a — of cloak*, indossava una specie di mantello; *I felt a — of lethargy after the operation*, dopo l'operazione avvertivo una sorta di letargia // *— of*, (*fam.*) quasi, in un certo senso, pressapoco: *"Is it a science fiction film?" "Well — of"*, "È un film di fantascienza?" "Beh, in un certo senso" **3** *of a —*, *of sorts*, ordinario; mediocre **4** (*tip.*) carattere d'assortimento: *out of —*, carattere mancante dall'assortimento; carattere fuori cassa // *to be out of sorts*, (*fig.*) non sentirsi troppo bene; essere di malumore **5** (*ant.*) modo, maniera: *make a lottery / and by device let blockish Ajax draw / the sort to fight with Hector*, (SH. Troilus and Cressida) si estragga a sorte e si trovi il modo di far cadere sullo stolido Aiace la scelta di combattere con Ettore.

to **sort** *v.tr.* **1** classificare; smistare; selezionare; (*inform.*) ordinare: *they sorted the apples, throwing away the rotten ones*, selezionarono le mele gettando via quelle marce; *to — the letters*, smistare le lettere **2** (*fam.*) riparare, sistemare ◆ *v.intr.* (*ant.*) associarsi; unirsi.

□ **sort out** *v.tr.* e *avv.* **1** vagliare, selezionare, fare una cernita di: *I sorted out the small from the large ones*, separai i piccoli dai grandi **2** risolvere, chiarire: *to — out a problem*, risolvere un problema **3** (*fam.*) sistemare, mettere a posto: *she was very tired but a holiday soon sorted her out*, era molto stanca ma una vacanza l'ha rimessa a posto in fretta // *I'll — him out!*, lo sistemo io! // *to — oneself out* (o *to get oneself sorted out*), mettere la testa a posto.

sorta ['sɔ:tə] *s.* (*fam. amer.*) sorta, specie: *it's a — sleeveless jacket*, è una sorta di giacca senza maniche ◆ *avv.* (*fam. amer.*) piuttosto; alquanto; più o meno: *"Where do you live?" "Sorta near the station"*, "Dove vivi?" "Più o meno vicino alla stazione".

sortable ['sɔ:təbl / sort·able] *agg.* **1** classificabile; selezionabile **2** (*ant.*) adatto // **-bly** *avv.*

sorter ['sɔ:tə*] *s.* **1** selezionatore; classificatore **2** (*inform.*) selezionatrice.

sortie ['sɔ:ti: / sor·tie] *s.* **1** (*mil.*) sortita (attacco improvviso) **2** (*aer.*) sortita (missione di un solo aereo) **3** (*fig.*) spedizione: *they occasionally made a — to the black districts of the town*, fecero casualmente una spedizione nei quartieri neri della città.

sortilege ['sɔ:tɪlɪdʒ / sor·ti·lege] *s.* (*non com.*) **1** divinazione **2** sortilegio; incantesimo; magia.

sorting ['sɔ:tɪŋ / sort·ing] *s.* **1** classificazione; selezione **2** smistamento: *— office*, ufficio smistamento **3** (*comm.*) assortimento **4** (*inform.*) ordinamento: *— key*, chiave di ordine.

sorus ['səʊrəs] *pl.* **sori** ['səʊraɪ] *s.* (*bot.*) soro.

SOS [,esəʊ'es] *s.* (*mar.*, *aer.*) SOS (*anche estens.*): *to send out an —*, lanciare l'SOS • Acronimo di *Save Our Souls*, salvate le nostre anime.

so-so ['səʊsəʊ] *agg.pred.* così così, mediocre: *the movie was —*, il film era così così ◆ *avv.* così così: *"How does he feel this morning?" "So-so"*, "Come sta questa mattina?" "Così così".

sot [sɒt] *s.* ubriacone; alcolizzato; persona abbrutita dall'alcol // *'Tis a gentleman here - A plague o' these pickle-herring! How now sot?*, (SH. Twelfth Night) C'è qui un gentiluomo - Accidenti alle aringhe marinate! Ebbene ubriacone?

to **sot** *pass.p.p.* **sotted** ['sɒtɪd / sot·ted] *v.intr.* (*rar.*) ubriacarsi; abbrutirsi (per il troppo bere).

sottish ['sɒtɪʃ / sot·tish] *agg.* **1** stupido; idiota **2** da ubriacone; da alcolizzato // **-ly** *avv.* // **-ness** *s.*

sotto voce [,sɒtəʊ'vəʊtʃɪ] *agg.* e *avv.* (detto) sotto voce.

sou [su:] *s.* soldo: *he hasn't a —*, (*fam.*) non ha il becco d'un quattrino.

soubriquet ['su:brɪkeɪ / sou·bri·quet] *s.* → **sobriquet**.

Soudanese [,su:də'ni:z / Sou·dan·ese] *agg.* e *s.* → **Sudanese**.

souffle ['su:fl] *s.* (*med.*) soffio: *cardiac —*, soffio cardiaco.

soufflé ['su:fleɪ] *s.* (*cuc.*) soufflé ◆ *agg.* (*cuc.*) gonfiato; soffiato.

sough [saʊ] *s.* (*non com.*) **1** fruscio; mormorio; sussurro (di vento ecc.) **2** sospiro profondo **3** (*scoz.*) diceria, voce.

to **sough** *v.intr.* (*letter.*) **1** frusciare; stormire; mormorare; sussurrare (di vento ecc.) **2** sospirare profondamente, rumorosamente ◆ *v.tr.* (*scoz.*) canterellare.

sought *pass.p.p.* di to **seek**.

sought-after ['sɔ:tɑ:ftə* *amer.* 'sɔ:tæftə*] *agg.attr.* ricercato; apprezzato, richiesto: *a much — article*, un articolo molto richiesto; *Gaudia-Breska's sculptures are much — by collectors*, le sculture di Gaudia-Breska sono molto ricercate dai collezionisti.

soul [səʊl] *s.* **1** anima, spirito: *body and —*, anima e corpo; *his pictures have no —*, i suoi quadri mancano d'anima; *to pray for s.o.'s —*, pregare per l'anima di qlcu. // *upon my —!*, parola mia! // *the departed souls*, (*antiq.*) le anime dei trapassati **2** anima, essere; creatura, persona: *population of two thousand souls*, popolazione di duemila anime; *there was not a (living) —*, non c'era anima viva; *many souls were lost in that war*, in quella guerra caddero molti uomini; *the poor — didn't know where to go*, (*fam.*) la povera creatura non sapeva dove andare; *the great souls of ancient times*, i grandi spiriti dei tempi antichi **3** personificazione, essenza: *she is the — of charity*, è la carità in persona **4** coraggio; forza spirituale **5** → soul music **6** (*sl. amer.*) aspetto della cultura dei neri d'America che indica la libera espressione delle proprie emozioni e l'orgoglio razziale ◆ *agg.* (*amer.*) dei, per i neri: *— food*, cibo dei neri.

soul bell ['səʊlbel] *s.* campana a morto.

soul brother ['səʊl,brʌðə*] *s.* (*sl. dei neri d'America*) fratello nero.

soul-destroying ['səʊldɪ,strɔɪɪŋ] *agg.* estremamente monotono; alienante.

soulful ['səʊlfʊl / soul·ful] *agg.* pieno di sentimento; sentimentale // **-ly** *avv.* // **-ness** *s.*

soulless ['səʊllɪs / soul·less] *agg.* senz'anima; inespressivo; prosaico // **-ly** *avv.* // **-ness** *s.*

soul mate ['səʊl,meɪt] *s.* anima gemella.

soul music ['səʊl,mju:zɪk] *s.* musica soul.

soul-searching ['səʊl,sɜ:tʃɪŋ] *s.* esame di coscienza.

soul sister ['səʊl,sɪstə*] *s.* (*sl. dei neri d'America*) sorella nera.

soul-stirring ['səʊl,stɜ:rɪŋ] *agg.* commovente, emozionante, toccante.

sound[1] [saʊnd] *agg.* **1** sano; intero; in buono stato: *— fruit*, frutta sana // *a — mind in a — body*, mente sana in corpo sano // *as — as a bell*, sano come un pesce; in perfette condizioni // (*dir.*) *— mind*, sanità mentale, capacità di intendere e volere // *safe and —*, sano e salvo **2** buono; solido; valido, legittimo; giudizioso: *a — financial situation*, una situazione finanziaria solida; (*fin.*) *a — title*, un titolo solido; *— principles*, sani principi; *— views*, opinioni equilibrate **3** profondo; totale, completo: *a — sleep*, un sonno profondo; *a — defeat*, una sconfitta totale; *— recovery*, completa guarigione **4** sincero, leale, onesto: *a — friend*, un amico leale **5** abile, capace: *he's a — tennis player*, è un bravo tennista.

sound[1] *avv.* profondamente: *she was — asleep*, dormiva profondamente.

sound[2] *s.* **1** suono; rumore; rimbombo; tocco, rintocco: *to hear a —*, udire un suono; *a — of footsteps*, un rumore di passi; *don't make a —!*, silenzio!, sst! // *— deadener*, antisuono **2** tono, intonazione: *I don't like the — of her voice*, non mi piace il suo tono di voce; *I don't like the — of this*, la faccenda non mi piace, non mi suona bene **3** (*rad.*) suono; (*tv*) audio: *to turn the — down*, abbassare l'audio // *— recording*, registrazione sonora; *— film* (o *— picture*), film sonoro; *— projector*, (*cinem.*) proiettore sonoro.

to **sound**[2] *v.intr.* **1** suonare; risuonare; rimbombare; echeggiare: *the cries sounded dreadful in the night*, le grida echeggiarono spaventose nella notte **2** sembrare, dare l'impressione, aver l'aria: *it sounds to me like s.o. crying*, ho l'impressione che qlcu. stia piangendo; *that sounds true*, sembra vero; *it may — strange to you, but...*; ti sembrerà strano, ma...; *it sounds as if* (o *as though*) *he is going to get married*, sembra che stia per sposarsi ◆ *v.tr.* **1** suonare; far risuonare; far sentire; far risapere: *to — an alarm*, dare l'allarme; *to — the retreat*, suonare la ritirata; *to — the horns*, suonare i corni // *to — s.o.'s. praises*, cantare le lodi di qlcu. **2** (*med.*) auscultare: *the doctor sounded my chest*, il dottore mi auscultò il torace **3** (*fon.*) pronunciare.

□ **sound off** *v.intr.* e *avv.* **1** (*fam.*) esprimere le proprie opinioni anche se non richieste **2** (*fam. amer.*) lamentarsi, avere da ridire.

sound[3] *s.* **1** (*mar.*) sondaggio, scandaglio **2** (*med.*) sonda.

to **sound**[3] *v.tr.* **1** (*mar.*) sondare, scandagliare **2** (*med.*) sondare // *to — s.o. about sthg.*, (*fam.*) sondare qlcu. a proposito di qlco. ◆ *v.intr.* (*mar.*) compiere, effettuare un sondaggio, dei sondaggi.

□ **sound out** *v.tr.* e *avv.* sondare; interrogare, fare domande a; tastare il terreno su.

sound[4] *s.* **1** braccio di mare; stretto; (*amer.*) laguna **2** vescica natatoria (di pesci).

soundable ['saʊndəbl / sound·able] *agg.* sondabile.

sound body ['saʊnd,bɒdɪ] **sound box** ['saʊndbɒks] *s.* cassa di risonanza.

sound effects ['saʊndɪ,fekts] *s.pl.* (*cinem.*, *tv*, *rad.*) effetti sonori.

sound engineer ['saʊndendʒɪ,nɪə*] *s.* tecnico del suono.

sounder ['saʊndə*] *s.* **1** ricevitore (telegrafico) acustico **2** (*mar.*) scandaglio.

sound hole ['saʊndhəʊl] *s.* effe, foro di risonanza (di violino).

sounding[1] ['saʊndɪŋ / sound·ing] *agg.* **1** sonoro, sonante, risonante **2** (*fig.*) pomposo, ridondante (di stile ecc.) **3** (*nei composti*) dal suono, sonante: *high-* —, altisonante; *sharp-* —, dal suono acuto ◆ *s.* **1** suono, risonanza; sonorità; rimbombo **2** segnale (di tromba ecc.) **3** (*med.*) auscultazione; esplorazione.

sounding[2] *s.* **1** (*mar.*) scandaglio, lo scandagliare: *to take soundings*, fare scandagli; — *machine*, scandaglio meccanico **2** (*mar.*) batimetria, misurazione della profondità **3** *pl.* (*mar.*) acque poco profonde: *to be in soundings*, essere in acque poco profonde; *to strike soundings*, toccare il fondo **4** (*med.*) sondaggio **5** *pl.* sondaggio d'opinione.

sounding board ['saʊndɪŋ,bɔ:d] *s.* **1** pannello insonorizzante **2** (*mus.*) cassa di risonanza, tavola armonica **3** (*fig.*) cassa di risonanza.

sounding rocket ['saʊndɪŋ,rɒkɪt] *s.* (*meteor.*) razzo sonda.

soundless[1] ['saʊndlɪs / sound·less] *agg.* muto, senza suono, senza rumore.

soundless[2] *agg.* **1** (*mar.*) insondabile, non scandagliabile **2** (*fig.*) senza fondo.

sound library ['saʊnd,laɪbrərɪ *amer.* 'saʊnd,laɪbrerɪ] *s.* fonoteca.

soundly ['saʊndlɪ / sound·ly] *avv.* **1** sanamente; solidamente; giudiziosamente **2** fortemente, profondamente: *to sleep* —, dormire profondamente.

sound mixer ['saʊnd,mɪksə*] *s.* **1** tecnico addetto al missaggio **2** apparecchio per il controllo del missaggio.

soundness ['saʊndnɪs / sound·ness] *s.* **1** stato sano, buona condizione (di salute); buono stato **2** (*comm.*) solidità, solvibilità **3** solidità (di argomento ecc.); vigore; sicurezza; rettitudine, ortodossia (di dottrine ecc.): *the — of her judgement*, la sua sicurezza di giudizio.

sound post ['saʊndpəʊst] *s.* anima (di strumento musicale).

soundproof ['saʊnd,pru:f / sound·proof] *agg.* **1** insonorizzato, isolato acusticamente **2** fonoassorbente.

to **soundproof** *v.tr.* insonorizzare, isolare acusticamente.

soundproofing ['saʊnd,pru:fɪŋ / sound·proof·ing] *s.* **1** materiale fonoassorbente, isolante (acustico) **2** insonorizzazione, isolamento acustico.

sound shift ['saʊndʃɪft] *s.* (*fon.*) rotazione consonantica.

soundtrack ['saʊndtræk / sound·track] *s.* (*cinem.*, *tv*) colonna sonora.

sound truck ['saʊndtrʌk] *s.* (*amer.*) autofurgone con altoparlante.

sound wave ['saʊndweɪv] *s.* onda sonora.

soup [su:p] *s.* **1** zuppa, minestra: *tomato* —, zuppa, crema di pomodoro; *pea* —, passato di piselli; *fish* —, zuppa di pesce; *clear* —, brodo, consommé // *to be in the* —, (*fam.*) trovarsi nei pasticci // *from — to nuts*, (*fam. amer.*) dalla A alla Z, da cima a fondo **2** (*sl. amer.*) la cresta dell'onda (per i surfisti).

soup-and-fish [,su:pənd'fɪʃ] *s.* (*fam. amer.*) abito da sera (da uomo).

souped-up [,su:pt'ʌp] *agg.* (*fam.*) **1** truccato (di motore) **2** gonfiato (di libro, racconto).

soup job ['su:pdʒɒb] *s.* (*fam. amer.*) automobile con il motore truccato.

soup jockey ['su:p,dʒɒkɪ] *s.* (*fam. amer.*) cameriere.

soup kitchen ['su:p,kɪtʃɪn] *s.* mensa gratuita per i poveri.

to **soup up** [,su:p'ʌp] *v.tr.* e *avv.* (*fam.*) **1** truccare (un motore) **2** gonfiare; esagerare (un libro, un racconto).

soupy ['su:pɪ] *agg.* **1** simile a zuppa, come zuppa **2** spesso, denso **3** (*fam. amer.*) svenevole; sentimentale; lacrimoso.

sour ['saʊə*] *agg.* **1** agro, aspro; acerbo: *to taste* —, aver sapore aspro; *sweet and* —, agrodolce; — *apples*, mele acerbe **2** acido, fermentato: — *milk*, latte acido; — *cream*, panna acida; *to turn* —, inacidire; *to turn sthg.* —, fare inacidire qlco. **3** (*fig.*) acido, inacidito; bisbetico, arcigno; scontroso: *a — old maid*, una zitella acida, inacidita; *a — temper*, un carattere acido, bisbetico **4** (*chim.*) contenente notevole quantità di zolfo, sour: — *corrosion*, corrosione dovuta allo zolfo; — *gas*, gas sour **5** negativo; spiacevole: *the situation has gone* (o *turned*) *— on us*, la situazione è diventata spiacevole per noi ◆ *s.* **1** sostanza, soluzione acida; acqua acidulata; bevanda acida **2** (*amer.*) tipo di cocktail a base di succo di limone, zucchero e un superalcolico.

to **sour** *v.tr.* **1** rendere agro; inacidire; acidificare **2** (*fig.*) esacerbare, inasprire: *soured by poverty*, inasprito dalla povertà; *to — s.o.'s life*, avvelenare l'esistenza a qlcu. // *to — s.o. on sthg.*, (*fam. amer.*) togliere definitivamente a qlcu. la voglia di fare qlco.; *that experience soured me on camping for the rest of my life*, quell'esperienza mi ha tolto per sempre la voglia di andare in campeggio ◆ *v.intr.* inacidire, inacidirsi (*anche fig.*).

source [sɔ:s] *s.* **1** fonte, sorgente (di fiume ecc.): *the Po has its — in the Alps*, il Po nasce nelle Alpi // (*geol.*) — *rock*, roccia madre (spec. del petrolio) **2** fonte, origine; principio; causa: — *of heat*, fonte di calore; — *of infection*, fonte d'infezione; *his presence is a — of great joy to his family*, la sua presenza è causa di grande gioia per la sua famiglia // (*trib.*): — *of income*, fonte di reddito; *income taxed at* —, reddito tassato alla fonte // (*inform.*) — *file*, file sorgente **3** fonte; documenti, libri, materiale di consultazione; persona che dà informazioni: *I learnt it from a reliable* —, l'ho saputo da fonte sicura; — *material*, materiale originale di documentazione, fonti // — *book*, raccolta di documenti // (*dir.*) *sources of law*, fonti del diritto **4** (*fis.*) sorgente **5** (*inform.*) sorgente, origine: — *data*, dati di base; — *field*, zona emettitrice.

to **source** *v.tr.* arrivare alla fonte di, rintracciare la fonte di.

sourdine [,sʊə'di:n / sour·dine] *s.* (*mus.*) sordina.

sour dock ['saʊədɒk] *s.* (*bot.*) → **sorrel**[1] 1.

sourdough ['saʊədəʊ / sour·dough] *s.* **1** (*spec. amer.*) lievito naturale **2** (*fam. amer.*) pioniere; cercatore d'oro.

souring ['saʊərɪŋ / sour·ing] *s.* inasprimento; inacidimento.

sourish ['saʊərɪʃ / sour·ish] *agg.* acidulo; asprigno.

sourly ['saʊəlɪ / sour·ly] *avv.* acidamente; aspramente; acerbamente (*anche fig.*).

sour mash ['saʊəmæʃ] *s.* miscela di fermentazione (usata nella distillazione del whisky).

sourness ['saʊənɪs / sour·ness] *s.* **1** acidità; asprezza; acerbità **2** (*fig.*) acrimonia; asprezza.

sour orange ['saʊər'ɒrɪndʒ *amer.* 'saʊər 'ɔ:rɪndʒ] *s.* (*bot.*) **1** (*Citrus aurantium*) arancio amaro **2** arancia amara.

sourpuss ['saʊəpʊs / sour·puss] *s.* (*fam.*) brontolone; musone.

souse [saʊs] *s.* **1** vivande marinate, in salamoia (spec. piedini e orecchie di maiale) **2** salamoia **3** (*rar.*) orecchio **4** tuffo, immersione; (*dial.*) bagno **5** (*sl.*) ubriacatura.

to **souse**[1] *v.tr.* **1** (*cuc.*) marinare, mettere in salamoia **2** immergere, tuffare (nell'acqua); inzuppare **3** rovesciare ◆ *v.intr.* **1** inzupparsi **2** (*sl.*) ubriacarsi.

to **souse**[2] *v.tr.* (*ant.*) colpire; distruggere.

soused [saʊst] *agg.* (*sl.*) ubriaco.

soutane [su:'tɑ:n / sou·tane] *s.* (*eccl.*) tonaca, sottana (dei preti).

south [saʊθ] *agg.* del sud, del mezzogiorno, meridionale; antartico; esposto a sud; situato verso sud: — *seas*, mari del Sud; — *coast*, costa meridionale; — *countryman*, abitante del sud, meridionale; — *wind*, vento del sud // (*st.*) *South Sea*, il Pacifico ◆ *s.* sud, mezzogiorno; meridione: *in the* —, al sud; *they lived in the — of Italy*, vivevano nell'Italia meridionale // *the* (*Deep*) *South*, (*amer.*) gli Stati del Sud.

south *avv.* a, da, verso sud: *to travel* —, viaggiare verso sud // *down* —, (*fam.*) a, nel sud.

southbound ['saʊθbaʊnd / south·bound] *agg.* diretto a sud, che va a sud.

southdown ['saʊθdaʊn / south·down] *agg.* delle regioni del sud (Hampshire, Sussex).

southeast [,saʊθ'i:st / south·east] *s.* sud-est ◆ *agg.* di sud-est, sudorientale.

southeaster [,saʊθ'i:stə* / south·easter] *s.* (*meteor.*) vento di sud-est.

southeasterly [,saʊθ'i:stəlɪ / south·east·erly] **southeastern** [,saʊθ'i:stən / south·east·ern] *agg.* di sud-est, sudorientale; proveniente da sud-est.

southeastward [,saʊθ'i:stwəd / south·east·ward] *agg.* a, di, rivolto a sud-est ◆ *s.* sud-est ◆ *avv.* verso sud-est.

souther ['sʌðə*] *s.* (*meteor.*) vento da, del sud (spec. di burrasca).

southerly ['sʌðəlɪ / south·erly] *agg.* del sud, che viene dal sud (di vento); meridionale, australe: — *latitude*, latitudine australe; *in a — direction*, verso sud ◆ *s.* (*spec. pl.*) (*meteor.*) vento del sud ◆ *avv.* a, dal, verso sud.

southern ['sʌðən / south·ern] *agg.* **1** del sud, del mezzogiorno, meridionale, australe: *the — countries*, i paesi del sud // — *lights*, aurora australe **2** (*st. amer.*) sudista ◆ *s.* **1** abitante di uno stato del Sud degli USA **2** (*st. amer.*) sudista.

southerner ['sʌðənə* / south·erner] *s.* **1** abitante del sud, meridionale **2** (*st. amer.*) sudista.

southernly ['sʌðənlɪ / south·ern·ly] *avv.* a, verso sud.

southernmost ['sʌðənməʊst / south·ern·most] *agg.* il più a sud, il più meridionale; dell'estremo sud.

southernwood ['sʌðənwʊd / south·ern·wood] *s.* (*bot.*) (*Artemisia abrotanum*) artemisia abrotano.

southing ['saʊðɪŋ / south·ing] *s.* **1** (*mar.*) spostamento verso sud (espresso in gradi di latitudine) **2** (*mar.*) latitudine sud **3** (*astr.*) culminazione.

Southland ['saʊθlənd / South·land] *s.* (*spec. amer.*) (il) Sud.

southpaw ['saʊθpɔ: / south·paw] *s.* (*sl.*) (*spec. sport*) mancino.

southron ['sʌðrən / south·ron] *agg.* e *s.* (*ant.*) **1** (abitante) del sud **2** (*scoz. spreg.*) inglese.

southward ['saʊθwəd / south·ward] *agg.* meridionale, verso sud ◆ *s.* sud, direzione sud: *to the* —, verso sud.

southward(s) ['saʊθwəd(z) / south·ward(s)] *avv.* in direzione sud.

southwest [,saʊθ'west / south·west] *s.* sud-ovest ◆ *agg.* di, da sud-ovest, sudoccidentale: — *wind*, vento di sud-ovest.

southwester [,saʊθ'westə* / south·wester] *s.* (*meteor.*) vento di sud-ovest.

southwesterly [,saʊθ'westəlɪ / south·west·erly] *agg.* di sud-ovest, sudoccidentale.

southwestern [,saʊθ'westən / south·west·ern] *agg.* di sud-ovest, sudoccidentale.

southwestward [,saʊθ'westwəd / south·west·ward] *agg.* di, rivolto a sud-ovest ◆ *s.* sud-ovest.

southwestward(s) [,saʊθ'westwəd(z) / south·west·ward(s)] *avv.* verso sud-ovest.

souvenir [,su:və'nɪə* / sou·venir] *s.* souvenir, ricordo.

sou'wester [,saʊ'westə*] *s.* **1** cappello impermeabile a gronda **2** → southwester.

sovereign ['sɒvrɪn / sov·er·eign] *agg.* sovrano; supremo, superiore; estremo, sommo: *the embassy is — territory*, l'ambasciata è un territorio sovrano; *the — good*, il sommo bene; — *remedy*, (*form.*) rimedio sovrano, infallibile // (*fin.*) — *risk*, rischio sovrano (nei confronti di enti governativi esteri) ◆ *s.* **1** sovrano; sovrana; re; regina; monarca; principe (regnante) **2** sovrana (sterlina d'oro).

sovereignly ['sɒvrɪnlɪ / sov·er·eign·ly] *avv.* sovranamente.

sovereignty ['sɒvrəntɪ / sov·er·eignty] *s.* sovranità (*anche dir.*).

soviet ['səʊvɪət / so·viet] *s.* **1** soviet **2** sovietico, cittadino dell'Unione Sovietica ◆ *agg.* **1** dei soviet: *the Soviet Union*, l'Unione Sovietica; *The Union of Socialist Soviet Republics* (USSR), l'Unione delle Repubbliche Socialiste Sovietiche (URSS) **2** sovietico, dell'Unione Sovietica.

to **sovietize** ['səʊvɪətaɪz / so·viet·ize] *v.tr.* (*pol.*) sovietizzare.

sow¹ [saʊ] *s.* **1** scrofa // *you can't make a silk purse out of a —'s ear*, (*prov.*) non si cava sangue da una rapa **2** (*non com.*) donna grassa e trasandata **3** (*metall.*) canale di colata (per lingotti di ghisa madre); lingotto madre **4** (*st. mil.*) testuggine, vigna.

to **sow**² [səʊ] *pass.* **sowed** [səʊd] *p.p.* **sowed**, **sown** [səʊn] *v.tr.* seminare (*anche fig.*); piantare, disseminare; spargere: *to — land with corn*, seminare un terreno a grano; *to — hatred, division*, seminare odio, discordia; *to — the seeds of suspicion*, gettare il seme del sospetto.

sowbread ['səʊbred / sow·bread] *s.* (*bot. pop.*) panporcino, ciclamino → **cyclamen**.

sow-bug ['saʊbʌg] *s.* (*zool.*) onisco delle cantine, porcellino di terra → **woodlouse**.

sower ['səʊə*] *s.* seminatore.

sowing ['səʊɪŋ / sow·ing] *s.* semina: — *time*, tempo, stagione della semina.

sowing-seed ['səʊɪŋ,si:d] *s.* semenza.

sown *p.p.* di to **sow**².

sow-thistle ['saʊ,θɪsl] *s.* (*bot.*) (*Sonchus oleraceus*) cicerbita, crespione.

sox [sɒks] *s.pl.* (*spec. amer.*) calzini.

soy [sɔɪ] **soya** ['sɔɪə] *s.* (*bot.*) soia // (*cuc.*) — *sauce*, salsa di soia.

soya bean ['sɔɪəbi:n] **soybean** ['sɔɪbi:n / soy·bean] *s.* (*bot.*) (*Glycine max*) soia.

sozzled ['sɒzld] *agg.* (*fam.*) sbronzo.

spa [spɑ:] *s.* **1** fonte d'acqua termale: — *waters*, acque termali **2** terme (*pl.*), stazione termale: *to go to a* —, andare alle terme, in una stazione termale // — *architecture*, architettura termale • Da *Spa*, celebre stazione termale in Belgio.

space [speɪs] *s.* **1** spazio; posto; distesa; superficie; estensione; (*astr.*) spazio cosmico: *the building occupies a large* —, l'edificio occupa una vasta superficie; *it would take up too much — to write all that*, ci vorrebbe troppo spazio per scrivere tutto ciò; *to leave — for sthg.*, lasciare il posto per qlco.; *to make — for s.o., sthg.*, far posto per qlcu., qlco.; *the low horizon gave a feeling of* —, l'orizzonte basso dava un senso di spazio; *to look for a parking* —, cercare un posto per parcheggiare // *open* —, spazio aperto **2** spazio, intervallo (di tempo); momento, istante: *after a short* —, dopo breve tempo; *in the — of a month*, nello spazio di un mese **3** spazio libero; intervallo; distanza; (*tip.*) spazio (fra due parole); battuta: *a line of seventy spaces*, una riga di settanta battute; — *between two things*, spazio tra due cose; *blank* —, spazio in bianco: *to fill in the blank spaces*, riempire gli spazi in bianco; *advertising* —, spazio pubblicitario **4** (*mus.*) spazio, intervallo **5** (*inform.*) posto (in memoria); spazio (del valore di un carattere): — *requirement*, ingombro **6** (*mat.*, *fis.*) spazio: *four-dimensional* —, spazio quadrimensionale.

space *agg.* dello spazio, spaziale: — *age*, era spaziale; — *probe*, sonda spaziale; — *station*, stazione spaziale; — *travel*, navigazione nello spazio; — *shuttle*, navetta spaziale; (*med.*) — *medicine*, medicina spaziale, dello spazio // (*mat.*): — *curve*, curva spaziale; — *coordinates*, coordinate spaziali // (*fis.*) — *charge*, carica spaziale.

to **space** *v.tr.* **1** spaziare, distanziare; disporre a intervalli; scaglionare: (*tip.*) *to — the lines*, spaziare le righe **2** (*mecc.*) distanziare, separare con un distanziatore.

□ **space out** *v.tr.* e *avv.* **1** → to space 1 **2** (*tip.*) giustificare; interlineare **3** (*fam. amer.*) sognare ad occhi aperti; distrarsi.

space-age ['speɪs,eɪdʒ] *agg.* dell'era spaziale; (*fam.*) fantascientifico.

space-bar ['speɪsbɑ:*] *s.* (*tip.*) barra spaziatrice.

spacecraft ['speɪs,krɑ:ft *amer.* 'speɪs,kræft / space·craft] *s.* (*pl. invar.*) veicolo spaziale; astronave.

spaced-out [,speɪst'aʊt] *agg.* (*sl. amer.*) fatto, drogato.

spaceflight ['speɪsflaɪt / space·flight] *s.* volo spaziale.

space frame ['speɪs,freɪm] *s.* (*edil.*) struttura controvento.

space heater ['speɪs,hi:tə*] *s.* calorifero portatile.

space-key ['speɪski:] *s.* (*tip.*) **1** barra spaziatrice **2** tasto degli spazi.

spacelab ['speɪslæb / space·lab] *s.* laboratorio spaziale.

spaceman ['speɪsmən / space·man] *pl.* **spacemen** *s.* astronauta, cosmonauta.

space opera ['speɪs,ɒpərə] *s.* (*sl. amer.*) film di fantascienza.

spacer ['speɪsə*] *s.* **1** (*mecc.*) distanziatore, distanziale **2** (*tip.*) barra spaziatrice.

space-saving ['speɪs,seɪvɪŋ] *agg.* non ingombrante.

spaceship ['speɪsʃɪp / space·ship] *s.* astronave, nave spaziale.

spacesuit ['speɪssu:t / space·suit] *s.* tuta spaziale.

space-time [,speɪs'taɪm] *s.* (*fis.*) spazio-tempo, cronotopo.

spacewalk ['speɪs,wɔ:k / space·walk] *s.* passeggiata spaziale.

to **spacewalk** *v.intr.* fare una passeggiata spaziale.

spacey ['speɪsɪ] → **spaced-out**.

spacial ['speɪʃl] *agg.* spaziale.

spacing ['speɪsɪŋ / spa·cing] *s.* **1** (*tip.*, *inform.*) spaziatura, interlinea **2** scaglionamento; suddivisione **3** (*mecc.*) distanza, intervallo, interasse: — *punch*, punzone a passo fisso.

spacious ['speɪʃəs / spa·cious] *agg.* spazioso, ampio, vasto // **-ly** *avv.* // **-ness** *s.*

spade¹ [speɪd] *s.* vanga; badile // *to call a — a* —, (*fam.*) dire pane al pane (e vino al vino).

to **spade**¹ *v.tr.* **1** vangare **2** estrarre grasso da (una balena).

spade² *s.* **1** picche (seme delle carte): *ace of spades*, asso di picche **2** (*sl. spreg.*) negro.

spade-bone ['speɪdbəʊn] *s.* (*anat.*) scapola.

spadeful ['speɪdfʊl / spade·ful] *s.* vangata; badilata.

spadework ['speɪdwɜ:k / spade·work] *s.* (*fig.*) lavoro preliminare, preparatorio; il grosso di un lavoro.

spadiceous [speɪ'dɪʃəs / spa·di·ceous] *agg.* (*bot.*) simile a spadice, spadiceo.

spadix ['speɪdɪks / spa·dix] *pl.* **spadices** [speɪ'daɪsi:z] *s.* (*bot.*) spadice.

spado ['spəɪdəʊ] *pl.* **spadones** [spə'dəʊni:z / spa·dones] *s.* (*dir.*) persona incapace di procreare.

spaghetti [spə'getɪ / spa·ghetti] *s.* **1** U (*cuc.*) spaghetti: *the — is ready*, gli spaghetti sono pronti **2** (*elettr.*) guaina, tubetto isolante.

spaghetti code [spə'getɪ,kəʊd] *s.* (*sl. inform.*) programma scarsamente organizzato.

spaghetti junction [spə'getɪ,dʒʌŋkʃn] *s.* raccordo stradale a più livelli.

spaghetti western [spə'getɪ,westən] *s.* (*cinem.*) spaghetti western, western all'italiana.

spake [speɪk] (*ant., letter.*) (*pass.* di to *speak*): *and thus spake on the ancient man,* (COLERIDGE) e così continuò a parlare quel vecchio.

spall [spɔ:l] *s.* scheggia, frammento.

to **spall** *v.tr.* **1** scheggiare; ridurre di volume facendo saltar via schegge **2** frantumare; ridurre in schegge, in frantumi ◆ *v.intr.* **1** scheggiarsi, perdere schegge, scaglie **2** andare in frantumi.

spallation [spɔ:'leɪʃn / spal·la·tion] *s.* (*fis. nucleare*) spallazione.

spam[1] [spæm] *s.* (*amer.*) carne suina in scatola • Contr. di *spiced ham.*

spam[2] *s.* (*inform.*) articolo di posta elettronica (spesso con messaggi pubblicitari).

span[1] [spæn] *s.* **1** spanna, palmo **2** spanna (unità di misura pari, nel Regno Unito, a 22,86 cm) **3** arco di tempo, intervallo; durata: *there was a thirty-year — between the two wars*, ci fu un intervallo di 30 anni tra le due guerre; *his attention — is limited*, la durata della sua attenzione è limitata **4** larghezza, apertura; (*fig.*) ampiezza, portata // (*amm.*) — *of control*, ampiezza del controllo (direzionale) **5** (*aer.*) apertura alare **6** (*arch.*) luce; campata; — *roof*, tetto a due spioventi // *single — bridge*, ponte a una sola arcata.

to **span**[1] *pass.p.p.* **spanned** [spænd] *v.tr.* **1** misurare (a spanne) **2** (*fig.*) circondare; abbracciare **3** formare un arco con, estendersi attraverso, attraversare (di arcobaleno, ponte ecc.) **4** gettare un ponte attraverso.

span[2] *s.* **1** (*mar.*) penzolo **2** pariglia (di cavalli); coppia, giogo di buoi.

to **span**[2] *v.tr.* **1** attaccare, aggiogare (buoi, cavalli) **2** (*mar.*) fissare, assicurare (col penzolo) **3** (*amer.*) formare una pariglia.

spandrel ['spændrəl / span·drel] *s.* (*arch.*) **1** pennacchio (di un arco) **2** parapetto (di una finestra).

spangle ['spæŋgl] *s.* lustrino, paillette; piccolo oggetto scintillante.

to **spangle** *v.tr.* coprire, ornare di lustrini, di paillettes ◆ *v.intr.* brillare, risplendere.

spangly ['spæŋglɪ] *agg.* ricoperto di lustrini.

Spaniard ['spænjəd / Span·iard] *s.* spagnolo.

spaniel ['spænjəl / span·iel] *s.* **1** spaniel (cane): *water* —, spaniel da riporto in palude **2** (*fig.*) persona strisciante, servile; leccapiedi.

Spanish ['spænɪʃ / Span·ish] *agg.* di Spagna, spagnolo // — *leather*, cuoio di Cordova // (*pitt.*) — *black*, nero di Spagna ◆ *s.* lingua spagnola, spagnolo.

Spanish fly [,spænɪʃ'flaɪ] *s.* (*zool. pop.*) cantaride → **cantharis**.

Spanish grass [,spænɪʃ'grɑ:s *amer.* ,spænɪʃ'græs] *s.* (*bot. pop.*) alfa, sparto → **esparto**.

Spanish onion [,spænɪʃ'ʌnjən] *s.* cipolla dolce (dal grosso bulbo).

Spanish potato [,spænɪʃpə'teɪtəʊ] *s.* (*bot.*) patata americana → **batata**.

spank[1] [spæŋk] *s.* (*fam.*) sculacciata.

to **spank**[1] *v.tr.* (*fam.*) **1** sculacciare; schiaffeggiare **2** mandare avanti a forza di sculaccioni, frustate ◆ *v.intr.* (*rar.*) cadere con un tonfo.

to **spank**[2] *v.intr.* (*fam.*) **1** muoversi agilmente, velocemente **2** trottare serrato, andare di buon trotto (di cavalli) **3** (*mar.*) filare.

spanker ['spæŋkə*] *s.* **1** (*mar.*) randa **2** cavallo veloce.

spanking ['spæŋkɪŋ / spank·ing] *agg.* **1** gagliardo, vigoroso: — *breeze*, forte brezza; *at a — pace*, di buon passo, in fretta **2** (*fam.*) di prim'ordine, eccellente ◆ *avv.* (*fam.*) molto, completamente, del tutto: — *new*, nuovo di zecca.

spanner ['spænə* / span·ner] *s.* (*mecc.*) **1** chiave AMER. **wrench**: *adjustable* —, chiave regolabile; *allen* —, chiave a brugola; *monkey* —, chiave a rullino, inglese; *open end* —, chiave semplice, aperta, a forcella; *pipe* —, chiave per tubi; *ring* —, chiave a stella, poligonale; *socket* —, chiave a bussola // *to throw a — in the works*, mettere i bastoni fra le ruote **2** (*amer.*) chiave a settore.

spanworm ['spænwɜ:m / span·worm] *s.* (*zool.*) geometride, bruco misuratore.

spar[1] [spɑ:*] *s.* **1** spranga **2** (*mar.*) elemento di alberatura **3** (*aer.*) longherone alare.

to **spar**[1] *pass.p.p.* **sparred** [spɑ:d] *v.tr.* **1** sprangare; chiudere **2** (*mar.*) fornire di alberatura.

spar[2] *s.* (*min.*) spato.

spar[3] *s.* **1** combattimento di galli **2** incontro di pugilato d'allenamento **3** (*fam.*) scaramuccia, battibecco.

to **spar**[3] *v.intr.* **1** combattersi, battersi (di galli) **2** esercitarsi al pugilato: *to — at s.o.* (o *to — up to s.o.*), mettersi in posizione di combattimento contro qlcu. **3** (*fam.*) venire a parole.

sparable ['spærəbl / spar·able] *s.* chiodo senza testa (usato dai calzolai).

spare [speə*] *agg.* **1** di riserva, di scorta, di ricambio: *a — pair of shoes*, un paio di scarpe di ricambio // — *parts*, pezzi di ricambio **2** d'avanzo, superfluo, in più; libero, disponibile: — *time*, tempo libero; *a — room*, una stanza in più; *a — place at a table*, un posto libero a un tavolo // *to go* —, (*fam.*) agitarsi, perdere le staffe // *to drive s.o.* —, (*fam.*) far uscire dai gangheri qlcu. // (*econ.*) — *capacity*, capacità produttiva inutilizzata **3** magro, smilzo, sparuto: *a — man*, un uomo sparuto **4** parco, frugale; sobrio: *a — meal*, un pasto frugale ◆ *s.* pezzo di ricambio // **-ly** *avv.* // **-ness** *s.*

to **spare** *v.tr.* **1** risparmiare, economizzare (su): *to — no expense*, non badare a spese; *to — no pains*, non risparmiare fatica **2** privarsi di, fare a meno di; risparmiare (tempo): *they couldn't — her*, non potevano fare a meno di lei **3** dare, offrire; dedicare (tempo): *could you — me one of your throat lozenges?*, mi potresti dare una delle tue pastiglie per il mal di gola?; *I could — you half an hour tomorrow*, potrei dedicarti mezz'ora domani; *I've some time to — this afternoon*, ho del tempo libero oggi pomeriggio; *she arrived with an hour to* —, arrivò con un'ora di anticipo; *to have nothing to* —, non aver niente da buttar via, avere lo stretto necessario **4** fare grazia di, evitare, risparmiare: *I want to — you all the suffering I can*, voglio risparmiarti tutta la sofferenza che posso; — *me the details*, risparmiami i particolari; *to — s.o.'s life*, far grazia della vita a qlcu., risparmiare la vita a qlcu. // *to — oneself*, risparmiarsi, evitare le fatiche // *to — the rod*, ridurre il castigo, la punizione; — *the rod and spoil the child*, (*prov.*) il medico pietoso fa la piaga purulenta ◆ *v.intr.* essere economo, frugale; fare economia, economizzare // *to have enough and to* —, avere più del necessario.

spare-part surgery [,speə'pɑ:t'sɜ:dʒərɪ] *s.* (*fam.*) chirurgia dei trapianti.

sparerib ['speərɪb / spare·rib] *s.* costoletta di maiale.

spare tyre [,speə'taɪə*] *s.* **1** ruota di scorta **2** (*fam. amer.*) pancia, trippa **3** (*fam. amer.*) ospite non gradito.

sparing ['speərɪŋ / spar·ing] *agg.* **1** parco, frugale; sobrio; economo, parsimonioso: *he is — of words*, è sobrio di parole, è di poche parole; *to be — with sthg.*, risparmiare qlco. **2** limitato, moderato, ristretto: — *use of sthg.*, uso moderato, limitato di qlco. // **-ly** *avv.* // **-ness** *s.*

spark [spɑ:k] *s.* **1** scintilla, favilla (*anche fig.*): *the sparks were flying upward*, le faville volavano verso l'alto; *the — that set off the war*, la scintilla che scatenò la guerra // — *arrester*, parascintille // *whenever they meet the sparks fly*, ogni volta che si incontrano si beccano, finisce in un bisticcio // *they seemed to strike sparks off each other*, (*fig.*) sembrava che si elettrizzassero a vicenda, sembravano far faville **2** (*fig.*) lampo, barlume: *not even a — of hope*, neppure un barlume di speranza **3** (*elettr.*) scintilla // (*fis. nucleare*): — *chamber*, camera a scintilla; — *counter*, rivelatore a scintilla.

to **spark** *v.intr.* emettere scintille, scintillare ◆ *v.tr.* **1** (*elettr.*) fare esplodere, accendere (con scintille) **2** (*fig.*) (anche *to — off*) scatenare, causare: *the price rises sparked (off) riots in the capital*, l'aumento dei prezzi scatenò rivolte nella capitale.

sparking ['spɑ:kɪŋ / spark·ing] *s.* (*elettr.*) **1** scintillamento // — *voltage*, tensione di scarica **2** accensione mediante scintilla elettrica.

spark(ing)-plug ['spɑ:k(ɪŋ),plʌg] *s.* (*aut.*) candela (d'accensione).

sparkle ['spɑ:kl] *s.* **1** scintilla, favilla **2** scintillio; splendore **3** vivacità di spirito.

to **sparkle** *v.intr.* **1** emettere scintille (di fuoco) **2** scintillare, sfavillare, brillare, risplendere (*anche fig.*): *her eyes sparkled with joy*, gli occhi le brillavano di gioia; *her wit sparkles*, ha uno spirito brillante **3** spumeggiare, mussare (di vino).

sparkler ['spɑ:klə* / spark·ler] *s.* **1** persona, cosa brillante **2** fuoco d'artificio a stelline, a scintille **3** (*fam.*) brillante, diamante **4** *pl.* (*fam.*) occhi scintillanti.

sparklet ['spɑ:klɪt / spark·let] *s.* piccola scintilla.

sparkling ['spɑ:klɪŋ / spark·ling] *agg.* **1** scintillante, brillante (*anche fig.*): — *conversation*, conversazione brillante **2** spumante (di vino): — *wine*, vino spumante **3** effervescente: — *water*, acqua gassata; selz // **-ly** *avv.* // **-ness** *s.* (*rar.*).

sparks [spɑ:ks] *s.* (*sl.*) **1** (*antiq.*) elettricista **2** (*mar.*) radiotelegrafista.

sparling ['spɑ:lɪŋ / spar·ling] *s.* (*zool.*) → **smelt**[1].

sparring partner ['spɑ:rɪŋ,pɑ:tnə*] *s.* **1** (*boxe*) sparring partner, allenatore **2** (*fig.*)

compagno, amico con cui si è soliti scambiare battute di spirito.

sparrow ['spærəʊ / spar·row] *s.* (*zool.*) passero // *reed —*, passero dei canneti.

sparrow-grass ['spærəʊ,grɑ:s *amer.* 'spæ rəʊ,græs] *s.* (*bot. pop.*) asparago.

sparrow-hawk ['spærəʊ,hɔ:k] *s.* (*zool.*) (*Accipiter nisus*) sparviero.

sparry ['spɑ:rɪ] *agg.* (*min.*) spatico.

sparse [spɑ:s] *agg.* **1** rado, poco denso; scarso **2** che si trova, che avviene ad intervalli irregolari // **-ly** *avv.* // **-ness** *s.*

Spartan ['spɑ:tən / Spar·tan] *agg.* e *s.* spartano // **-ly** *avv.*

sparteine ['spɑ:tɪən / spart·eine] *s.* (*chim.*) sparteina.

spasm ['spæzəm] *s.* **1** spasmo; crampo **2** accesso, attacco: *a — of coughing, of temper*, un attacco di tosse, di collera; *a — of pain*, un dolore acuto // *to work in spasms*, (*fam.*) lavorare affannosamente, spasmodicamente.

spasmodic(al) [,spæz'mɒdɪk(l) / spas·modic, spas·mod·ical] *agg.* **1** spasmodico **2** intermittente, discontinuo // **-ally** *avv.*

spasmolytic [,spæzmə'lɪtɪk / spas·mo·lytic] *agg.* e *s.* (*med.*) spasmolitico.

spastic ['spæstɪk / spas·tic] *agg.* e *s.* (*med.*) spastico: *— paralysis*, paralisi spastica.

spat[1] [spæt] *s.* (*zool.*) uova di molluschi (spec. ostriche).

to **spat**[1] *pass.p.p.* **spatted** ['spætɪd] *v.intr.* (*zool.*) deporre uova (di molluschi).

spat[2] *s.* ghetta.

spat[3] *s.* **1** colpo secco, schiocco **2** (*fam.*) battibecco.

to **spat**[3] *v.tr.* schioccare; battere seccamente ◆ *v.intr.* (*fam.*) avere un battibecco, litigare.

spat[4] *pass.p.p.* di to **spit**.

spatchcock ['spætʃkɒk / spatch·cock] *s.* (*cuc.*) pollo alla diavola.

to **spatchcock** *v.tr.* **1** (*cuc.*) cuocere (un volatile) alla diavola **2** (*fam. fig.*) inserire frettolosamente (parole) in un telegramma, in un messaggio ecc.

spate [speɪt] *s.* **1** piena; inondazione: *the river was in —*, il fiume era in piena **2** (*fig.*) fiume, gran quantità: *a — of words*, un fiume di parole; *the fog caused a — of accidents*, la nebbia ha provocato incidenti in serie.

spathaceous [spə'θeɪʃəs / spa·tha·ceous] *agg.* (*bot.*) a forma di spata.

spathe [speɪð] *s.* (*bot.*) spata.

spathic ['spæθɪk / spath·ic] *agg.* (*min.*) spatico.

spathose [spæ'θəʊs / spath·ose] *agg.* (*min.*) spatico.

spatial ['speɪʃl / spa·tial] *agg.* spaziale // (*econ.*) *— economics*, teoria economica territoriale // **-ly** *avv.*

spatter ['spætə* / spat·ter] *s.* **1** schizzo, spruzzo; macchia **2** gocciolio.

to **spatter** *v.tr.* schizzare, spruzzare; inzaccherare; macchiare: *to — s.o. with sthg.*, schizzare qlcu. con qlco. ◆ *v.intr.* gocciolare.

spatter dash ['spætə,dæʃ] *s.* (*amer.*) intonaco grezzo.

spatula ['spætjʊlə / spat·ula] *s.* spatola.

spatular ['spætjʊlə* / spatu·lar] **spatulate** ['spætjʊlɪt / spatu·late] *agg.* a forma di spatola.

spavin ['spævɪn] *s.* (*vet.*) spavenio.

spawn [spɔ:n] *s.* **1** uova (di pesce, mollusco ecc.) **2** (*spreg.*) razza, progenie **3** (*bot.*) micelio.

to **spawn** *v.tr.* **1** deporre (uova, detto di pesci, molluschi ecc.) **2** (*fam. spreg.*) generare, produrre ◆ *v.intr.* **1** deporre uova (di pesci, molluschi ecc.) **2** moltiplicarsi (*anche fig.*).

spawner ['spɔ:nə* / spawn·er] *s.* pesce, mollusco che depone uova.

spawning ['spɔ:nɪŋ / spawn·ing] *s.* fecondazione (di pesci, molluschi ecc.).

to **spay** [speɪ] *v.tr.* (*vet.*) asportare le ovaie a (una femmina di animale).

to **speak** [spi:k] *pass.* **spoke** [spəʊk] (*antiq.*) **spake** [speɪk] *p.p.* **spoken** ['spəʊkən] *v.intr.* **1** parlare; discutere: *I will — to him*, gli parlerò; *I want to — with him*, voglio parlare con lui; *Mr X will — at the meeting*, il signor X parlerà alla riunione; *to — loud*, parlare ad alta voce; *to — ill of s.o., sthg.*, sparlare di qlcu., parlar male di qlco.; *to — well* (o *highly*) *of s.o., sthg.*, parlar bene di qlcu., qlco.; *to — about this and that*, parlare del più e del meno; *to — haphazardly* (o *at random*), parlare a vanvera; *to — mincingly*, parlare in punta di forchetta; *to — off the cuff*, parlare a braccio // *hello, who's speaking?*, pronto, chi parla?; *John speaking*, parla John // *to — to each other*, parlarsi // *so to —*, per così dire **2** parlare; esprimere idee; discutere; ragionare: *to — in favour of, against sthg.*, parlare a favore di, contro qlco.; *to — well for s.o.*, mettere in buona luce qlcu. // *generally speaking*, generalmente parlando; *roughly speaking*, approssimativamente; *honestly speaking*, (parlando) onestamente, francamente; *artistically speaking*, (parlando) da un punto di vista artistico **3** scambiare saluti e informazioni (di navi) **4** (*letter.*) produrre suoni: *the trumpets spoke*, le trombe suonarono ◆ *v.tr.* **1** dire, esprimere; pronunciare: *he didn't — a word*, non disse una parola; *to — the truth*, dire la verità; *to — one's mind*, parlare a cuore aperto, dire la propria opinione // *to — volumes*, parlar chiaro, dirla lunga: *his silence spoke volumes*, il suo silenzio era eloquente // *the actor spoke his part well*, l'attore recitò bene la sua parte // *that speaks a generous heart*, ciò indica un cuore generoso // *to — daggers*, (*letter.*) dire cose dure, offensive **2** parlare (una lingua): *can* (o *do*) *you — English?*, parli inglese? // *English spoken*, si parla inglese.

□ **speak about** *v.intr.* e *prep.* discutere, parlare di; menzionare: *what are you speaking about?*, di che cosa parlate?; *that person should never be spoken about in her presence*, quella persona non doveva mai essere menzionata in sua presenza.

□ **speak against** *v.intr.* e *prep.* parlare contro, esprimersi contro: *he had always spoken against the new bill*, si era sempre espresso contro il nuovo progetto di legge.

□ **speak for** *v.intr.* e *prep.* **1** parlare a nome di; essere il portavoce di: *speaking for all of us I say we are very grateful to you*, a nome di tutti le esprimo la nostra gratitudine // *— for yourself!*, parla per te! // *speaking for myself*, secondo me // *the facts — for themselves*, i fatti parlano da soli **2** parlare a favore di; esprimere un parere favorevole a: *they all spoke for the new proposal*, tutti espressero parere favorevole alla nuova proposta **3** prenotare: *all the copies of the new book have already been spoken for*, le copie del nuovo libro sono già state tutte prenotate.

□ **speak on** *v.intr.* e *prep.* parlare di; tenere una conferenza su: *this is a topic on which I could — for a long time*, ecco un argomento su cui potrei parlare a lungo.

□ **speak out** *v.intr.* e *avv.* parlare chiaro e tondo, francamente: *he had the courage to — out against those abuses*, ebbe il coraggio di denunciare apertamente quegli abusi; *I spoke out to him*, gliel'ho detto chiaro e tondo.

□ **speak to** *v.intr.* e *prep.* **1** rivolgere la parola a: *don't speak until you are spoken to*, parla quando sei interrogato **2** (*fam.*) rimproverare, sgridare: *when father comes home you'll be spoken to*, quando papà tornerà a casa, vi prenderete una sgridata **3** (*form.*) fare, rilasciare una dichiarazione su.

□ **speak up** *v.intr.* e *avv.* parlare forte, ad alta voce; parlare francamente: *— up, we can't hear!*, (alza la) voce, non si sente!

speakeasy ['spi:k,i:zɪ / speak·easy] *s.* (*sl. amer.*) bar clandestino (durante il proibizionismo).

speaker ['spi:kə*] *s.* **1** oratore; relatore **2** chi parla una lingua: *he is a — of English* (o *an English- —*), parla inglese **3** speaker, annunciatore **4** presidente (di un'assemblea) // *the Speaker*, (in GB) il presidente della Camera dei Comuni; (negli USA) il presidente della Camera dei Rappresentanti **5** altoparlante; cassa (acustica).

speakerphone ['spɪ:kə,fəʊn / speaker·phone] *s.* apparecchio, telefono viva-voce.

speakership ['spi:kəʃɪp / speaker·ship] *s.* carica di presidente, presidenza.

speaking ['spi:kɪŋ / speak·ing] *agg.* **1** parlante, che parla; espressivo, eloquente: *— eyes*, occhi espressivi; *— likeness*, somiglianza parlante **2** (*nei composti*): *French- —*, che parla francese; *evil- —*, maldicente ◆ *s.* **1** il parlare; discorso; parola: *to be on — terms*, conoscersi abbastanza da rivolgersi la parola: *they were no longer on — terms*, non si rivolgevano più la parola **2** eloquenza, arte oratoria.

speaking tube ['spi:kɪŋ,tju:b *amer.* 'spi:k ɪŋ,tu:b] *s.* (tubo) portavoce.

spear[1] [spɪə*] *s.* **1** lancia; alabarda; asta; giavellotto **2** lanciere **3** fiocina; arpione **4** *pl.* spine (di piante); pinne appuntite (di pesce); aculei (di porcospino).

to **spear**[1] *v.tr.* **1** colpire, trafiggere con lancia, asta ecc. **2** fiocinare; arpionare.

spear[2] *s.* germoglio; filo d'erba.

spear-grass ['spɪəgrɑ:s *amer.* 'spɪəgræs] *s.* (*bot.*) gramigna.

spear gun ['spɪə,gʌn] *s.* fucile subacqueo.

spearhead ['spɪəhed / spear·head] *s.* **1** ferro di lancia; punta di lancia **2** avanguardia **3** uomo di punta; leader.

to **spearhead** *v.tr.* essere alla testa di; capeggiare: *the prime minister spearheaded the election campaign*, il primo ministro guidava la campagna elettorale; (*mil.*) *to — an attack*, condurre un attacco.

spearman ['spɪəmən / spear·man] *pl.* **spearmen** *s.* lanciere.

spearmint ['spɪəmɪnt / spear·mint] *s.* (*bot.*) (*Mentha spicata*) menta verde.

spear-shaft ['spɪəʃɑ:ft *amer.* 'spɪəʃæft]

spear-side ['spɪəsaɪd] *s.* discendenza maschile.

spear-wood ['spɪəwʊd] *s.* (*bot.*) eucalipto australiano.

spec [spek] *s.* (*fam.*) (abbr. di *speculation*): *on* —, rischiando.

special ['speʃl / spe·cial] *agg.* **1** speciale, particolare: — *favour*, favore speciale; — *examination*, esame speciale; *nothing* —, niente di speciale; *this word is used in a very* — *sense*, questa parola è usata con significato del tutto particolare; *to make a* — *study of German*, specializzarsi in tedesco; *there's a* — *bus to take you from the station to the hotel*, c'è un autobus speciale che vi porta dalla stazione all'albergo // (*banca*) — *crossing*, sbarratura (di assegno); (*econ.*) — *interests*, interessi costituiti, interessi particolari **2** speciale; eccezionale; straordinario: — *mission*, missione straordinaria; *she is a very* — *person*, è una persona del tutto particolare; *to take* — *care over sthg.*, occuparsi in modo particolare di qlco. **3** intimo, preferito, amato: *my* — *friend*, il mio amico del cuore ♦ *s.* **1** chi sotto giuramento in speciali occasioni assume funzioni e prerogative di agente di polizia **2** edizione straordinaria (di giornale) **3** treno speciale **4** (*tv*, *radio*) special **5** (*fam. amer.*) offerta speciale: *to be on* —, essere in offerta speciale **6** piatto del giorno.

Special Branch ['speʃl,brɑ:ntʃ *amer.* 'speʃl,bræntʃ] *s.* reparto speciale della polizia che si occupa di crimini contro lo stato.

special constable [,speʃl'kʌnstəbl *amer.* ,speʃl'kɒnstəbl] *s.* chi sotto giuramento in speciali occasioni assume funzioni e prerogative di agente di polizia.

special correspondent [,speʃl,kɒrɪ'spɒndənt] *s.* inviato speciale.

specialism ['speʃəlɪzəm / spe·cial·ism] *s.* specializzazione, lo specializzarsi.

specialist ['speʃəlɪst / spe·cial·ist] *s.* **1** specialista (*anche med.*): *to become a* — *in sthg.*, specializzarsi in qlco.; *to consult a* —, consultare uno specialista // — *examination*, visita specialistica **2** (*Borsa*) operatore specializzato.

specialistic [,speʃə'lɪstɪk / spe·cial·istic] *agg.* (*rar.*) specializzato.

speciality [,speʃɪ'ælətɪ / spe·ci·al·ity] *s.* **1** specialità, caratteristica, particolarità **2** settore di competenza, specialità; attività in cui si riesce meglio: *knitting is my* —, il lavoro a maglia è il mio forte **3** prodotto caratteristico; piatto tipico **4** (*comm.*) specialità, articolo speciale: *they import medical specialities*, importano specialità medicinali **5** (*dir.*) contratto sigillato; documento legale sotto sigillo.

specialization [,speʃəlaɪ'zeɪʃn *amer.* ,speʃəlɪ'zeɪʃn / spe·cial·iza·tion] *s.* **1** specializzazione **2** (*biol.*) differenziazione; adattamento.

to **specialize** ['speʃəlaɪz / spe·cial·ize] *v.tr.* **1** specializzare **2** (*non com.*) specificare, particolareggiare **3** (*biol.*) differenziare; adattare ♦ *v.intr.* **1** specializzarsi: *to* — *in sthg.*, specializzarsi in qlco.; *the company specializes in personal computers*, la società è specializzata in personal computer **2** entrare nei dettagli **3** (*biol.*) differenziarsi; adattarsi.

specially ['speʃəlɪ / spe·cially] *avv.* **1** specialmente, particolarmente; soprattutto **2** appositamente, espressamente: *I made it* — *for you*, l'ho fatto espressamente per te.

specialty ['speʃltɪ / spe·cialty] *s.* (*amer.*) → **speciality**.

speciation [,speʃɪ'eɪʃn / spe·ci·ation] *s.* (*biol.*) speciazione.

specie ['spi:ʃi: / spe·cie] *s.* (*solo sing.*) (*econ.*) moneta metallica (oro o argento): — *points*, punti dell'oro.

species ['spi:ʃi:z / spe·cies] *s.pl.invar.* **1** (*bot.*, *zool.*) specie, classe // *the* (*human*) —, la specie umana, l'umanità **2** sorta, genere, tipo: *books of various* —, libri di vario genere **3** (*fil.*, *teol.*) specie, apparenza; immagine, forma: *Eucharistic* —, specie eucaristica.

specifiable ['spesɪfaɪəbl / spe·ci·fi·able] *agg.* specificabile, determinabile; distinguibile.

specific [spɪ'sɪfɪk / spe·cific] meno com.
specifical [spɪ'sɪfɪkl / spe·cif·ical] *agg.* **1** specifico; particolare: — *cause*, causa specifica // (*dir.*): — *enforcement*, esecuzione in forma specifica; — *legacy*, legato particolare; — *lien*, privilegio speciale; — *performance*, esecuzione in forma specifica // (*trib.*) — *tax*, imposta specifica // (*inform.*) — *address*, indirizzo assoluto // (*fis.*) — *heat*, *volume*, calore, volume specifico **2** preciso, determinato: — *aim*, scopo preciso; *to be more* —, per essere più preciso **3** caratteristico, specifico, peculiare: *this disease is* — *to dogs*, questa malattia è caratteristica dei cani ♦ *s.* **1** (*med.*) (farmaco) specifico **2** *pl.* dettagli, particolari: *let's get down to specifics*, scendiamo nei dettagli.

specifically [spə'sɪfɪkəlɪ / spe·cif·ic·ally] *avv.* **1** specificatamente; particolarmente **2** precisamente; chiaramente: *has she* — *told you to do it this way?*, ti ha detto chiaramente di farlo così?

specification [,spesɪfɪ'keɪʃn / spe·ci·fica·tion] *s.* **1** specificazione, descrizione particolareggiata **2** (*dir. civile*) specificazione (modo d'acquisto della proprietà); descrizione e rivendicazione (di brevetto) // (*dir. penale*) — *of charge*, capo d'accusa **3** (*comm.*) specifica, distinta; dichiarazione doganale // (*econ.*) — *error*, errore di specificazione (in econometria) **4** (*spec. pl.*) specifiche, dati tecnici, norme (di funzionamento), istruzioni (di montaggio, d'uso, di manutenzione): *specifications of a car*, caratteristiche (tecniche) di un'automobile; *specifications limits*, tolleranze di disegno; *specifications tag*, targhetta dati caratteristici o di funzionamento.

specificity [,spesɪ'fɪsətɪ / spe·ci·fi·city]
specificness [spɪ'sɪfɪknɪs / spe·cif·ic·ness] *s.* specificità (*anche med.*).

to **specify** ['spesɪfaɪ / spe·cify] *v.tr.* specificare, precisare; stabilire: *it is specified in the agreement*, ciò è specificato nel contratto // *unless otherwise specified*, salvo indicazione contraria.

specimen ['spesɪmən / spe·ci·men] *s.* **1** modello, esemplare: *a fine* — *of mosaic work*, un bell'esemplare di mosaico **2** saggio, campione, specimen: *it was a* — *of what he could do*, era un saggio di ciò che era capace di fare; *to take a* — *of s.o.'s. blood*, prelevare un campione di sangue a qlcu. // (*tip.*) — *copy*, copia di prova, saggio (di libro), specimen // — *signature*, firma depositata **3** (*tecn.*) provetta, provino **4** (*fam. spreg.*) tipo, individuo; campione: *what a* —!, che tipo!

speciosity [,spi:ʃɪ'ɒsətɪ / spe·ci·os·ity] *s.* (*form.*) speciosità, apparenza ingannevole.

specious ['spi:ʃəs / spe·cious] *agg.* **1** (*form.*) specioso; capzioso **2** (*ant.*) bello, superbo, imponente: *these dead bones have... out-worn all the strong and specious buildings*, (T.N. BROWNE) queste morte ossa... sono sopravvissute a tutti i robusti e superbi edifici // **-ly** *avv.* // **-ness** *s.*

speck[1] [spek] *s.* **1** macchiolina, punto **2** granello, atomo (di polvere ecc.) **3** (*fig.*) briciola, filo (di speranza ecc.): *not a* — *of hope*, non un filo di speranza **4** (*fig.*) difetto, macchia.

to **speck**[1] *v.tr.* macchiare; chiazzare, punteggiare, macchiettare.

speck[2] *s.* (*amer.*) **1** carne grassa **2** lardo (di maiale); grasso (di balena ecc).

speckle ['spekl] *s.* macchiolina, puntino; chiazza.

to **speckle** *v.tr.* punteggiare, macchiettare; screziare.

speckled ['spekld] *agg.* punteggiato, macchiettato; chiazzato; maculato.

speckless ['speklɪs / speck·less] *agg.* senza macchia (*anche fig.*).

specs [speks] *s.pl.* (*fam.*) **1** abbr. di → spectacles **2** abbr. di → specification 4.

spectacle ['spektəkl / spec·tacle] *s.* spettacolo; scena, vista: *a charming* —, uno spettacolo incantevole; *it was a horrible* — *of blood and glass everywhere*, fu una scena terribile, con sangue e vetri dappertutto; *to make a* — *of oneself*, (*fam.*) dare spettacolo di sé.

spectacled ['spektəkld / spec·tacled] *agg.* **1** che porta gli occhiali, occhialuto **2** (*zool.*) avente macchie a forma di occhiali // — *snake*, serpente con gli occhiali.

spectacles ['spektəklz / spec·tacles] *s.pl.* (*antiq.*) occhiali: — *case*, astuccio per occhiali; *to put on one's* —, mettersi gli occhiali.

spectacular [spek'tækjʊlə* / spec·tacu·lar] *agg.* spettacolare, grandioso, straordinario; teatrale ♦ *s.* spettacolo, show // **-ly** *avv.*

spectator [spek'teɪtə* / spec·tator] *s.* spettatore // — *sport*, sport che attira pubblico.

specter *s.* (*amer.*) → **spectre**.

spectral ['spektrəl / spec·tral] *agg.* **1** (*letter.*) spettrale, fantomatico: — *ship*, nave fantasma **2** (*scient.*) spettrale, dello spettro: — *colours*, i colori dello spettro; (*fis.*) — *line*, linea spettrale, dello spettro // (*stat.*) — *analysis*, analisi spettrale // **-ly** *avv.*

spectre ['spektə*] *s.* spettro, fantasma; apparizione (*anche fig.*): *the* — *of war*, lo spettro della guerra.

spectre-bat ['spektə,bæt] *s.* (*zool.*) vampiro → **vampire**.

spectre-lemur ['spektə,li:mə*] *s.* (*zool.*) tarsio, tarsiospettro.

spectrobolometer [,spektrəʊ,bəʊ'lɒmɪtə* / spec·tro·bolo·meter] *s.* (*astr.*) spettrobolometro.

spectrograph ['spektrəʊgrɑ:f *amer.* 'spektrəʊgræf / spec·tro·graph] *s.* (*fis.*) spettrografo.

spectrographic [,spektrəʊ'græfɪk / spec·tro·graphic] *agg.* (*fis.*) spettrografico.

spectrography [spek'trɒgrəfɪ / spec·tro·graphy] *s.* (*fis.*) spettrografia.

spectroheliograph [,spektrəʊ'hi:lɪəʊ

grɑ:f *amer.* ˌspektrəʊ'hi:lɪəʊ græf / spec·tro·he·lio·graph] *s.* (*astr.*) spettroeliografo.

spectroheliography [ˌspektrəʊˌhi:lɪ'ɒgrəfɪ / spec·tro·he·lio·graphy] *s.* (*astr.*) spettroeliografia.

spectrohelioscope [ˌspektrəʊ'hi:lɪəʊskəʊp / spec·tro·he·lio·scope] *s.* (*astr.*) spettroelioscopio.

spectrometer [spek'trɒmɪtə* / spec·tro·meter] *s.* (*fis.*) spettrometro.

spectrometric [ˌspektrəʊ'metrɪk / spec·tro·met·ric] *agg.* (*fis.*) spettrometrico.

spectrometry [spek'trɒmɪtrɪ / spec·tro·metry] *s.* (*chim.*, *fis.*) spettrometria: *mass* —, spettrometria di massa.

spectrophotometer [ˌspektrəʊˌfəʊ'tɒmɪtə* / spec·tro·pho·to·meter] *s.* (*fis.*) spettrofotometro.

spectroscope ['spektrəʊskəʊp / spec·tro·scopic, spec·tro·scope] *s.* (*fis.*) spettroscopio.

spectroscopic(al) [ˌspektrəʊ'skɒpɪk(l) / spec·tro·scopic, spec·tro·scop·ical] *agg.* (*fis.*) spettroscopico // **-ally** *avv.*

spectroscopy [spek'trɒskəpɪ / spec·tro·scopy] *s.* (*fis.*) spettroscopia.

spectrum ['spektrəm / spec·trum] *pl.* **spectra** ['spektrə / spec·tra] **spectrums** *s.* **1** (*fis.*) spettro: *absorption* —, spettro di assorbimento; *diffraction* —, spettro di diffrazione; *magnetic* —, spettro magnetico; *solar* —, spettro solare; *visible* —, spettro (nel) visibile // — *analyser*, analizzatore spettrale // — *analysis*, analisi spettrale **2** (*mat.*) spettro: *discrete*, *continuous* —, spettro discreto, continuo **3** (*fig.*) insieme, gamma, complesso: *the whole — of public opinion*, tutta la pubblica opinione.

specular ['spekjʊlə* / specu·lar] *agg.* speculare: — *surface*, superficie speculare.

to **speculate** ['spekjʊleɪt / specu·late] *v.intr.* **1** speculare, meditare, considerare; congetturare: *to — on* (o *upon* o *about*) *sthg.*, meditare su qlco. **2** (*econ.*, *fin.*) speculare.

speculation [ˌspekjʊ'leɪʃn / specu·la·tion] *s.* **1** speculazione, meditazione; congettura **2** (*econ.*, *fin.*) speculazione: *bear*, *bull* —, speculazione al ribasso, al rialzo.

speculative ['spekjʊlətɪv *amer.* 'spekjʊleɪtɪv / specu·lat·ive] *agg.* **1** speculativo, meditativo; congetturale: — *philosophy*, filosofia speculativa **2** (*econ.*, *fin.*) speculativo; rischioso: — *demand for money*, domanda speculativa di moneta // **-ly** *avv.* // **-ness** *s.*

speculator ['spekjʊleɪtə* / specu·lator] *s.* **1** spirito speculativo, pensatore; osservatore **2** (*econ.*, *fin.*) speculatore.

speculum ['spekjʊləm / specu·lum] *pl.* **specula** ['spekjʊlə] *s.* **1** (*med.*) specolo **2** specchio, riflettore (di telescopio ecc.): — *metal* (o — *alloy*), bronzo per specchi **3** (*zool.*) ocello (di uccello).

sped *pass.p.p.* di to **speed** ◆ *agg.* (*ant.*) spacciato: *A plague o' both your houses! I am sped.*, (SH. Romeo and Juliet) La peste sulle vostre due case! Sono spacciato.

speech [spi:tʃ] *s.* **1** parola, favella; linguaggio: *he is slow of* —, è lento nel parlare; *to lose the power* (o *the faculty*) *of* —, perdere l'uso della parola // (*med.*) — *therapy*, trattamento dei disturbi del linguaggio // (*inform.*) — *recognition*, riconoscimento vocale **2** modo di parlare; lingua, linguaggio: *young people's — is full of neologisms*, il linguaggio dei giovani è pieno di neologismi **3** discorso; ragionamento: *after this — he left the room*, dopo queste parole lasciò la stanza **4** discorso; arringa; orazione: *to make* (o *to give* o *to deliver*) *a* —, fare, pronunciare un discorso // *King's*, *Queen's* — (o — *from the throne*), discorso della Corona (all'apertura del Parlamento) // (*pol.*) *maiden* —, primo discorso (di un membro del Parlamento) // — *day*, giorno della premiazione (nelle scuole britanniche) **5** (*teatr.*) monologo, tirata **6** (*gramm.*) discorso: *direct*, *indirect* —, discorso diretto, indiretto; *parts of* —, parti del discorso **7** (*ant.*) voce, diceria.

speechifier ['spi:tʃɪfaɪə* / speechi·fier] *s.* oratore da strapazzo.

to **speechify** ['spi:tʃɪfaɪ / speech·ify] *v.intr.* (*spreg.*) fare discorsi; fare arringhe.

speechless ['spi:tʃlɪs / speech·less] *agg.* **1** senza parole, muto (*anche fig.*): — *grief*, dolore muto; *he was — with surprise*, rimase muto per la sorpresa **2** inesprimibile // **-ly** *avv.* // **-ness** *s.*

speech maker ['spi:tʃˌmeɪkə*] *s.* oratore.

speechreading ['spi:tʃˌri:dɪŋ / speech·read·ing] *s.* lettura labiale (comprensione della parola dal movimento delle labbra).

speech synthesizer ['spi:tʃˌsɪnθəsaɪzə*] *s.* (*elettr.*) sintetizzatore di voce.

speech therapist [ˌspi:tʃ'θerəpɪst] *s.* logoterapista, logoterapeuta, logopedista.

speed [spi:d] *s.* **1** velocità, rapidità, celerità; fretta; passo rapido: *to do sthg. with all* —, fare qlco. in tutta fretta; *the car gathered* (o *picked up*) —, l'auto prese velocità; — *trial*, prova di velocità; *at full* (o *top*) —, alla massima, a tutta velocità; a briglia sciolta; a gambe levate; *at breakneck* —, a rotta di collo // — *zone*, (*amer.*) zona a velocità limitata // *more haste less* —, (*prov.*) chi ha fretta vada adagio **2** (*aut.*) marcia: *a car with five forward speeds*, un'auto a cinque marce **3** (*fot.*) sensibilità (della pellicola); rapidità (dell'emulsione); luminosità (dell'obiettivo); tempo di esposizione **4** (*sl.*) amfetamina **5** (*ant.*) successo; prosperità: *God send you good* —, Dio ti mandi buona fortuna; *to wish s.o. good* —, augurare buona fortuna a qlcu.

to **speed** *pass.p.p.* **sped** [sped] **speeded** ['spi:dɪd] *v.intr.* **1** affrettarsi, andare in fretta **2** andare in fretta (di auto); guidare velocemente; oltrepassare il limite di velocità: *the car sped on*, l'auto procedeva a tutta velocità; *to — off*, partire a grande velocità **3** (*ant. letter.*) prosperare, aver successo **4** (*sl.*) essere sotto l'effetto di amfetamine ◆ *v.tr.* **1** far prosperare, aiutare: *God — you!*, Dio ti aiuti!; *may one not speed her but in phrase askance?*, (TH. HARDY) non la si può aiutare se non obliquamente? **2** (*ant.*) accomiatare, salutare: *to — someone on his*, *her way*, salutare l'ospite in partenza **3** (*ant.*) far partire: *to — an arrow from a bow*, scoccare una freccia **4** regolare la velocità di: *to — an engine*, regolare la velocità di una macchina.

□ **speed up** *v.intr.* e *avv.* accelerare, andare più veloce; affrettarsi: — *up, we are late!*, sbrigati, siamo in ritardo! ◆ *v.tr.* e *avv.* accelerare, affrettare: *to — up the work*, affrettare i lavori.

speedball ['spi:dbɔ:l / speed·ball] *s.* (*sl. amer.*) miscela di cocaina ed eroina.

speedboat ['spi:dbəʊt / speed·boat] *s.* (*mar.*) motoscafo da competizione.

speedcop ['spi:dkɒp / speed·cop] *s.* (*fam. amer.*) agente della polizia stradale.

speeder ['spi:də* / speed·er] *s.* **1** chi guida a velocità eccessiva **2** (*mecc.*) regolatore di velocità **3** (*ferr.*) carrello di servizio **4** (*tess.*) banco a fusi.

speeding ['spi:dɪŋ / speed·ing] *s.* eccesso di velocità.

speed limit ['spi:dˌlɪmɪt] *s.* limite di velocità.

speedo ['spi:dəʊ] *pl.* **speedos** *s.* **1** (*fam.*) tachimetro **2** (*sl. amer.*) amfetamina.

speedometer [spɪ'dɒmɪtə* / speedo·meter] *s.* (*tecn.*) tachimetro, indicatore di velocità.

speedster ['spi:dstə* / speed·ster] *s.* **1** chi guida ad alta velocità **2** (*antiq.*) imbarcazione a motore; automobile veloce.

speed trap ['spi:dˌtræp] *s.* (*aut.*) tratto di strada a velocità controllata.

speed-up ['spi:dʌp] *s.* (*econ.*) accelerazione, intensificazione (del lavoro).

speedway ['spi:dweɪ / speed·way] *s.* **1** strada a traffico veloce **2** (*amer.*) autostrada **3** pista, circuito per gare motociclistiche **4** gara motociclistica su pista, speedway.

speedwell ['spi:dwel / speed·well] *s.* (*bot.*) (*Veronica officinalis*) veronica.

speedy ['spi:dɪ] *agg.* rapido, pronto, spedito, veloce, celere: *a — answer*, una risposta pronta // (*dir. amer.*) *right to a — trial*, diritto (dell'accusato) a un rapido processo // **-ily** *avv.* // **-iness** *s.*

spel(a)ean [spə'li:ən / spe·l(a)ean] *agg.* speleo.

spel(a)eological [ˌspi:lɪə'lɒdʒɪkl / spe·l(a)e·olo·gical] *agg.* speleologico.

spel(a)eologist [ˌspi:lɪ'ɒlədʒɪst / spe·l(a)e·olo·gist] *s.* speleologo.

spel(a)eology [ˌspi:lɪ'ɒlədʒɪ / spe·l(a)e·ology] *s.* **1** speleologia **2** (*form.*) esplorazione di grotte.

spell[1] [spel] *s.* **1** formula magica; incanto, incantesimo: *to be under a* —, essere sotto un incantesimo; *to break the* —, rompere l'incantesimo; *to cast a — over s.o.* (o *to put a — on s.o.*), gettare un incantesimo su qlcu. **2** (*fig.*) malia; fascino, attrattiva, seduzione: *to be under a* —, essere ammaliato; *to be under the — of s.o.*, subire il fascino di qlcu.; *to cast a — over s.o.* (o *to put a — on s.o.*), affascinare qlcu.

spell[2] *s.* **1** turno (di lavoro); cambio (di sentinella, cavalli ecc.): *to do a — of duty*, fare un turno di servizio **2** spazio di tempo; breve periodo, momento: *he was in hospital for a* —, è stato in ospedale per un breve periodo di tempo; *stay here for a* —, stai qui per un momento; *rainy* — (o — *of rain*), periodo di pioggia, piovoso; *a cold* —, un'ondata di freddo; *a fine* —, un periodo di bel tempo **3** (*fam.*) breve distanza.

to **spell**[2] *v.tr.* (*rar.*) **1** dare il turno a, prendere il posto di, sostituire **2** (*austr.*) lasciar riposare (un cavallo ecc.) ◆ *v.intr.* (*austr.*) prendersi un momento di riposo.

to **spell**[3] *pass.p.p.* **spelt** [spelt] **spelled** [speld] *v.tr.* **1** compitare: *how do you — it, please?*, come si scrive, per piacere? **2** (*fig. fam.*) significare, implicare: *that change spells*

ruin to him, quel cambiamento significa la rovina per lui **3** formare (parole) con lettere; *b.u.t. spells but*, b.u.t. formano la parola 'but' ◆ *v.intr.* scrivere, compitare le lettere di una parola: *she couldn't —*, non sapeva l'ortografia; *to — badly*, fare errori d'ortografia.
□ **spell out** *v.tr.* e *avv.* **1** spiegare chiaramente, spiegare nei dettagli **2** compitare, scrivere lettera per lettera **3** leggere con difficoltà.

to **spellbind** ['spelbaınd / spell·bind] *pass.p.p.* **spellbound** ['spelbaʊnd / spell·bound] *v.tr.* affascinare, incantare.

spellbinder ['spel,baındə* / spell·binder] *s.* (*fam. amer.*) oratore affascinante.

spellbinding ['spel,baındıŋ / spell·bind·ing] *agg.* che affascina, che incanta.

spellbound *pass.p.p.* di to **spellbind** ◆ *agg.* **1** affascinato, incantato, ammaliato **2** sotto l'influenza di un incantesimo.

spellchecker ['spel,tʃekə* / spell·checker] *s.* (*inform.*) controllore di spelling.

speller ['spelə*] *s.* **1** chi compita, pronunzia; chi scrive: *to be a good, bad —*, conoscere bene, male l'ortografia **2** sillabario.

spelling ['spelıŋ / spell·ing] *s.* **1** compitazione **2** ortografia: *he is very good at —*, è molto forte in ortografia; *— bee*, gara di ortografia.

spelling book ['spelıŋ,bʊk] *s.* abbecedario, sillabario.

spelt[1] [spelt] *s.* (*bot.*) (*Triticum spelta*) spelta, farro.

spelt[2] *pass.p.p.* di to **spell**[3].

spelter ['speltə* / spel·ter] *s.* (*metall.*) zinco commerciale: *— solder*, lega rame-zinco per saldatura.

spelunker [spı'lʌŋkə* / spe·lunk·er] *s.* (*amer.*) speleologo.

spelunking [spı'lʌŋkıŋ / spe·lunk·ing] *s.* (*amer.*) esplorazione di grotte.

spencer[1] ['spensə* / spen·cer] *s.* spencer (corta giacca di lana).

spencer[2] *s.* (*mar.*) vela di cappa.

to **spend** [spend] *pass.p.p.* **spent** [spent] *v.tr.* **1** spendere, sborsare: *to — money on s.o., on sthg.*, spendere denaro per qlcu., per qlco. **2** dedicare, impiegare: *he spent a whole chapter on unimportant details*, ha dedicato un intero capitolo a dettagli senza importanza; *to — time on sthg., doing sthg.*, dedicare il tempo a qlco., a fare qlco. **3** consumare; esaurire: *the fire spent itself*, il fuoco si spense // (*dir.*) *spent conviction*, pena scontata **4** passare, trascorrere: *I spent my holidays in France*, ho trascorso le vacanze in Francia ◆ *v.intr.* **1** spendere denaro **2** consumarsi; esaurirsi.

spendable ['spendəbl / spend·able] *agg.* spendibile, che si può spendere.

spender ['spendə*] *s.* chi spende molto: *a big —*, uno spendaccione.

spending ['spendıŋ / spend·ing] *s.* lo spendere; spesa // (*econ.*): *— power*, capacità, potere di spesa; *capital —*, spesa in conto capitale, spesa per investimento; *deficit —*, spesa (pubblica) in disavanzo, politica di disavanzo // *lavish —*, finanza 'allegra'.

spending money ['spendıŋ,mʌnı] → **pocket money** 2.

spendthrift ['spend,θrıft / spend·thrift] *agg.* e *s.* spendaccione; sprecone.

Spenserian [spen'sıərıən / Spen·ser·ian] *agg.* (*lett.*) spenseriano: *— stanza*, stanza spenseriana.

spent *pass.p.p.* di to **spend** ◆ *agg.* **1** consumato, esaurito: *— cartridge*, cartuccia vuota **2** esaurito, esausto; senza energie: *he looked — after all his efforts*, sembrava esaurito dopo aver fatto tanti sforzi **3** (*zool.*) svuotato (delle uova).

sperm [spɜ:m] *pl.* **sperm(s)** *s.* (*biol.*) **1** sperma **2** spermatozoo.

spermaceti [,spɜ:mə'setı / sper·ma·ceti] *s.* (*zool.*) spermaceti, bianco di balena.

spermary ['spɜ:mərı / sperm·ary] *s.* ghiandola spermatica, testicolo.

spermatic [spə'mætık / sperm·atic] *agg.* spermatico // (*anat.*) *— cord*, funicolo spermatico.

spermatocele ['spɜ:mətəʊsi:l / sper·ma·to·cele] *s.* (*med.*) spermatocele.

spermatocyte ['spɜ:mətəsaıt / sper·ma·to·cyte] *s.* (*biol.*) spermatocita.

spermatogenesis [,spɜ:mətə'dʒenəsıs / sper·ma·to·gen·esis] *s.* (*biol.*) spermatogenesi.

spermatophyte ['spɜ:mətəfaıt / sper·ma·to·phyte] *s.* (*bot.*) spermatofita.

spermatorrhoea [,spɜ:mətəʊ'ri:ə / sper·ma·tor·rhoea] *s.* (*med.*) spermatorrea.

spermatozoon [,spɜ:mətəʊ'zəʊɒn / sper·ma·to·zoon] *pl.* **spermatozoa** [,spɜ:mətəʊ'zəʊə / sper·ma·to·zoa] *s.* (*biol.*) spermatozoo.

spermicidal [,spɜ:mə'saıdl / spermi·cidal] *agg.* (*med.*) spermicida.

spermicide ['spɜ:məsaıd / spermi·cide] *s.* (*med.*) spermicida.

spermidine ['spɜ:mədi:n / sper·mid·ine] *s.* (*biochim.*) spermidina.

spermine ['spɜ:mi:n / sperm·ine] *s.* (*biochim.*) spermina.

sperm whale ['spɜ:mweıl] *s.* (*zool.*) capodoglio → **cachalot**.

spessartite ['spesətaıt / spes·sart·ite] *s.* (*min.*) spessartina.

spew [spju:] *s.* vomito.

to **spew** *v.tr.* e *intr.* vomitare (*anche fig.*): *the chimney spewed (out) clouds of smoke*, la ciminiera vomitava nuvole di fumo.

to **sphacelate** ['sfæsıleıt / spha·cel·ate] *v.intr.* incancrenire, incancrenirsi ◆ *v.tr.* far incancrenire; necrotizzare.

sphacelation [,sfæsı'leıʃn / spha·cela·tion] *s.* (*med.*) cancrena, necrosi.

sphaerite ['sfıəraıt / sphaer·ite] *s.* (*min.*) sferite.

sphagnum ['sfægnəm / sphag·num] *pl.* **sphagna** ['sfægnə] *s.* (*bot.*) sfagno // *— bog*, sfagneto.

sphalerite ['sfælərait / sphal·er·ite] *s.* (*min.*) sfalerite.

sphene [sfi:n] *s.* (*min.*) sfeno, titanite.

sphenoid ['sfi:nɔıd / sphen·oid] *agg.* e *s.* (*anat.*) sfenoide.

sphenoid(al) [sfı'nɔıd(l) / sphen·oid(al)] *agg.* (*anat.*) sfenoidale.

sphere [sfıə*] *s.* **1** sfera, globo; (*poet.*) cieli (*pl.*): *the celestial —*, la sfera celeste **2** (*fig.*) ambiente; sfera: *— of action*, sfera, campo d'azione; *— of activity*, sfera di attività; *— of influence*, sfera d'influenza; *I'm afraid that doesn't fall within my — of competence*, temo che ciò non rientri nella mia sfera di competenza; *I belong to another —*, appartengo a un altro ambiente.

to **sphere** *v.tr.* **1** racchiudere (in una sfera) **2** rendere sferico **3** (*poet.*) portare alle stelle.

spheric(al) ['sferık(l) / spher·ical] *agg.* sferico: *— geometry*, geometria sferica; *— aberration*, aberrazione sferica; *— lenses*, lenti sferiche; *— surfaces*, superfici sferiche // **-ally** *avv.*

sphericity [sfı'rısətı / spher·icity] *s.* sfericità.

spheroid ['sfıərɔıd / spher·oid] *s.* (*mat.*) sferoide.

spheroidal [sfıə'rɔıdl / spher·oidal] *agg.* sferoidale // **-ly** *avv.*

spheroidic(al) [sfıə'rɔıdık(l) / spher·oidic, spher·oid·ical] *agg.* sferoidale.

spheroidicity [,sfıərɔı'dısətı / spher·oidi·city] *s.* sferoidicità.

spherometer [sfıə'rɒmıtə* / sphero·meter] *s.* (*tecn.*) sferometro.

spherule ['sferju:l / spher·ule] *s.* piccola sfera, sferetta.

sphincter ['sfıŋktə* / sphinc·ter] *s.* (*anat.*) sfintere.

sphincteral ['sfıŋktərəl / sphinc·teral] **sphincterial** [sfıŋk'tıərıəl / sphinc·teri·al] **sphincteric** [sfıŋk'terık / sphinc·teric] *agg.* (*anat.*) sfinterico.

sphingolipid ['sfıŋgəʊ,lıpıd / sphin·go·lipid] *s.* (*biochim.*) sfingolipide.

sphingosine ['sfıŋgəʊsi:n / sphin·go·sine] *s.* (*biochim.*) sfingosina.

sphinx [sfıŋks] *pl.* **sphinges** ['sfındʒi:z] **sphinxes** ['sfıŋksız] *s.* **1** (*arch.*) sfinge // *the Sphinx*, la Sfinge (in Egitto) **2** (*fig.*) sfinge, persona enigmatica **3** (*zool.*) *— (moth)*, sfinge.

sphinx-like ['sfıŋks,laık] *agg.* (*fig.*) enigmatico.

sphragistics [sfrə'dʒıstıks / sphra·gist·ics] *s.* [U] (*archeol.*) sfragistica.

sphygmograph ['sfıgməʊgrɑ:f *amer.* 'sfıgməʊgræf / sphyg·mo·graph] *s.* (*med.*) sfigmografo.

sphygmomanometer [,sfıgmɒmə'nɒmıtə* / sphyg·mo·ma·no·meter] *s.* (*med.*) sfigmomanometro.

spic [spık] *s.* (*sl. amer. spreg.*) portoricano; latino americano.

spicate ['spaıkıt / spic·ate] *agg.* spigato; a forma di spiga.

spice [spaıs] *s.* **1** spezie (*pl.*), aroma **2** (*fig.*) sapore, gusto; sfumatura; pizzico, tocco: *there was a — of malice in his speech*, vi era un pizzico di malizia nel suo discorso; *to give — to a story*, rendere gustosa, salace una storiella // *variety is the — of life*, (*prov.*) la varietà è il sale della vita.

to **spice** *v.tr.* **1** condire con spezie, aromatizzare **2** *to — (up)*, (*fig.*) dar sapore, gusto a; rendere interessante (racconto ecc.).

spicebush ['spaısbʊʃ / spice·bush] *s.* (*bot.*) benzoino → **benjamin-tree**.

spiced [spaɪst] *agg.* **1** condito con spezie, aromatizzato **2** (*fig.*) gustoso, saporoso.

spicewood [ˈspaɪswʊd / spice·wood] *s.* (*bot.*) benzoino → **benjamin-tree**.

spick-and-span [ˌspɪkənˈspæn] *agg.* (*fam.*) lindo; accurato; fresco; lucente: *her flat is always* —, la sua casa è sempre (lucida come) uno specchio.

spicular [ˈspɪkjʊlə* / spicu·lar] *agg.* **1** (*rar.*) a punta, acuminato **2** (*zool.*) che ha spicole **3** (*bot.*) aghiforme.

spiculate [ˈspɪkjʊlɪt / spicu·late] *agg.* **1** composto, coperto di piccole punte **2** (*zool.*) che ha spicole **3** (*bot.*) aghiforme.

spicule [ˈspaɪkju:l / spic·ule] *s.* **1** piccolo corpo appuntito; punta **2** (*zool.*) spicola (delle spugne) **3** (*bot.*) spiga piccola, secondaria.

spicy [ˈspaɪsɪ] *agg.* **1** aromatico; aromatizzato, drogato; piccante; pepato **2** (*fig.*) arguto, mordace, caustico, pepato **3** (*fig.*) piccante, spinto: *a — story*, una barzelletta spinta // **-ily** *avv.* // **-iness** *s.*

spider [ˈspaɪdə*] *s.* **1** (*zool.*) ragno **2** (*amer.*) treppiedi, trespolo **3** (*amer.*) bistecchiera, griglia; padella con piedini (per cucinare sulla brace) **4** (*elettr.*) lanterna **5** (*metall.*) raggiera del mandrino (nelle presse di estrusione) **6** (*inform.*) programma localizzatore di nuove risorse (accessibili gratis su Internet).

spider-catcher [ˈspaɪdəˌkætʃə*] *s.* (*zool.*) (*Certhia brachydactyla*) rampichino SIN. **tree-creeper**.

spider-crab [ˈspaɪdəˌkræb] *s.* (*zool.*) (*Maja squinado*) maia, grancevola.

spider monkey [ˈspaɪdəˌmʌŋkɪ] *s.* (*zool.*) scimmia ragno, atele.

spider wasp [ˈspaɪdəˌwɒsp] *s.* (*zool.*) vespa che uccide i ragni (per cibare le sue larve).

spiderweb [ˈspaɪdəweb / spider·web] *s.* (*amer.*) ragnatela BRIT. **cobweb**.

spiderwort [ˈspaɪdəwɜ:t / spider·wort] *s.* (*bot.*) (*Tradescantia vulgaris*) tradescanzia, erba miseria.

spidery [ˈspaɪdərɪ] *agg.* **1** simile a ragno // — *handwriting*, scrittura che sembra una ragnatela **2** infestato da ragni.

spiegeleisen [ˈspi:gəˌlaɪzən / spie·gel·eisen] *s.* (*metall.*) ghisa speculare.

spiel [spi:l] *s.* (*fam.*) imbonimento, discorso per convincere.

to **spiel** *v.intr.* (*fam.*) imbonire la gente; fare un lungo discorso (per tentare di convincere gli ascoltatori).

spieler [ˈspi:lə*] *s.* (*fam.*) imbonitore; chiacchierone.

spiffing [ˈspɪfɪŋ / spiff·ing] *agg.* (*sl. antiq.*) meraviglioso, splendido.

to **spiff up** [ˌspɪfˈʌp] *v.tr.* e *avv.* agghindare, tirare a lucido.

spiffy [ˈspɪfɪ] *agg.* **1** (*sl. antiq.*) meraviglioso, splendido; eccellente **2** (*fam. amer.*) elegante; azzimato.

spigot [ˈspɪgət] *s.* **1** zipolo, spina; cavicchio, piolo **2** (*amer.*) rubinetto // *tank* —, (*amer.*) rubinetto del serbatoio.

spigot-and-socket joint [ˌspɪgətənd ˈsɒkɪtˌdʒɔɪnt] *s.* (*mecc.*) giunto a manicotto.

spike[1] [spaɪk] *s.* **1** punta; chiodo **2** (*tecn.*) grosso chiodo da carpenteria // — *heels*, (*amer.*) tacchi a spillo **3** (*fis.*) transitorio, a guizzo.

to **spike**[1] *v.tr.* **1** inchiodare; infilare chiodi in **2** (*mil.*) inchiodare, rendere inservibile (un cannone) // *to — s.o.'s guns*, (*fig.*) guastare i piani di qlcu. **3** bloccare; (*fig.*) mettere a tacere **4** (*spec. amer.*) correggere di nascosto con alcolico (una bevanda).

spike[2] *s.* **1** spiga (di cereale) **2** infiorescenza a spiga.

spiked [spaɪkt] *agg.* fornito di punte, chiodi.

spike-lavender [ˈspaɪkˌlævəndə*] *s.* (*bot.*) (*Lavandula latifolia*) spigo, lavanda.

spikelet [ˈspaɪklɪt / spike·let] *s.* (*bot.*) spighetta, spiga secondaria.

spiky [ˈspaɪkɪ] *agg.* **1** aguzzo, irto; munito di punte **2** (*fam. fig.*) permaloso.

spile [spaɪl] *s.* **1** piolo, caviglia, cavicchio **2** piccolo tappo; zipolo **3** (*edil.*) palafitta, palo di fondazione **4** (*amer.*) piccolo tubo per estrarre la linfa dall'acero da zucchero.

to **spile** *v.tr.* **1** tappare con uno zipolo **2** (*dial.*) spillare **3** (*amer.*) fornire di zipolo.

spiling [ˈspaɪlɪŋ / spil·ing] *s.* **1** palafitte, pali (*pl.*) **2** *pl.* (*mar.*) (dimensioni della) curva delle assi del fasciame.

spill[1] [spil] *s.* **1** rovesciamento **2** caduta, capitombolo: *I had a nasty* —, ho fatto una brutta caduta.

to **spill**[1] *pass.p.p.* **spilt** [spɪlt] **spilled** [spɪld] *v.tr.* **1** versare; spandere; rovesciare: *without spilling a drop*, senza versare una goccia // *to — blood*, (*fig.*) versare sangue, uccidere // *it is no use crying over spilt milk*, (*prov.*) è inutile piangere sul latte versato **2** disarcionare; far cadere: *we were all spilled into the ditch*, fummo tutti rovesciati nel fosso **3** (*mar.*) sventare **4** (*fam.*) divulgare // *to — the beans*, farsi sfuggire un'indiscrezione, spifferare qlco. ♦ *v.intr.* versarsi; spandersi; rovesciarsi; traboccare: *the crowd spilled out into the streets after the match*, al termine della partita la folla si riversò per le strade.

□ **spill over** *v.intr.* e *avv.* versarsi, spandersi; espandersi.

spill[2] *s.* **1** scheggia (di legno, osso ecc.) **2** legnetto, carta arrotolata (per accendere candele, pipe) **3** cartina (per sigarette) **4** zipolo.

spillage [ˈspɪlɪdʒ / spill·age] *s.* **1** il versare, rovesciamento **2** quantità versata; perdita.

spiller [ˈspɪlə*] *s.* (*pesca*) **1** palamite **2** fondo della rete (che si apre per scaricare il pescato).

spillikin [ˈspɪlɪkɪn / spil·li·kin] *s.* **1** stecco di legno, d'osso **2** *pl.* sciangai (gioco fatto con stecchi).

spillover [ˈspɪləʊvə* / spill·over] *s.* **1** (*chim.*, *fis.*) traboccamento, spillover (*anche econ.*) **2** eccesso di popolazione.

spillway [ˈspɪlweɪ / spill·way] *s.* sfioratore (di diga).

spilt [spɪlt] *pass.p.p.* di to **spill**.

spin [spɪn] *s.* **1** movimento rotatorio, rotazione (attorno al proprio asse) **2** (*sport*) effetto: *he put a lot of — on the ball*, diede molto effetto alla palla **3** (*aer.*) avvitamento, vite: *to go into a* —, cadere in, a vite; (*fig. fam.*) entrare in stato confusionale; *flat* —, vite piatta; *to be in a flat* —, (*fig. fam.*) essere in preda al panico **4** (*fam.*) giro, giretto (in auto ecc.): *to go for a* —, andare a fare una passeggiata, un giro **5** (*fis.*) spin.

to **spin** *pass.* **span** [spæn] **spun** [spʌn] *p.p.* **spun** *v.tr.* **1** filare: *to — wool, cotton*, filare la lana, il cotone; *the spider spins its web*, il ragno fila la ragnatela **2** (*mecc.*) imbutire al tornio **3** (*fig.*) produrre, comporre, stendere (un articolo, un racconto) // *to — a yarn*, (*fam.*) imbastire, raccontare una storia **4** far girare; far ruotare: *to — a top*, far girare una trottola // *to — a coin*, lanciare una monetina, fare a testa o croce // *to — one's wheels*, (*fam. amer.*) perdere tempo inutilmente, non rendere sul lavoro **5** centrifugare: *to — clothes*, centrifugare i panni **6** (*sl. antiq.*) bocciare, respingere agli esami ♦ *v.intr.* **1** girare, ruotare (velocemente): *my head was spinning*, mi girava la testa **2** (*fam.*) muoversi rapidamente // *the cars were spinning along the road at high speed*, (*fam.*) le macchine sfrecciavano sulla strada **3** filare; (*del filugello*) filare, fare il bozzolo; (*del ragno*) fare la tela **4** (*pesca*) pescare a mulinello; pescare con il cucchiaino.

□ **spin off** *v.tr.* e *avv.* **1** (*comm.*) formare una società sussidiaria mediante trasferimento di parte delle attività della società maggiore **2** allargare il campo di applicazione di (risultati di ricerche).

□ **spin out** *v.tr.* e *avv.* prolungare, tirare in lungo (un discorso, una discussione); far durare (denaro): *he span out his money as long as he could*, fece durare i soldi più che poté; *can you — your speech out for another fifteen minutes?*, puoi tirare in lungo il tuo discorso per altri quindici minuti?

spinach meno com. **spinage** [ˈspɪnɪdʒ *amer.* ˈspɪnɪtʃ / spin·age] *s.* U (*bot.*) (*Spinacia oleracea*) spinacio.

spinal [ˈspaɪnl] *agg.* (*anat.*) spinale, vertebrale: — *column*, colonna vertebrale; — *cord*, midollo spinale; — *curvature*, deviazione della colonna vertebrale.

spindle [ˈspɪndl] *s.* **1** fuso, fusello **2** (*mecc.*) perno, asse; mandrino **3** (*aut.*) perno a fuso **4** (*metall.*) lanterna **5** persona, cosa sottile.

to **spindle** *v.intr.* crescere in forma lunga, affusolata; (*bot.*) crescere in altezza (di piante) ♦ *v.tr.* (*mecc.*) dar forma fusiforme a, affusolare.

spindle-shanks [ˈspɪndlˌʃæŋks] *s.* persona dalle gambe lunghe, affusolate.

spindle-shaped [ˈspɪndlˌʃeɪpt] *agg.* fusiforme, affusolato.

spindle-side [ˈspɪndlsaɪd] *s.* ramo femminile di una famiglia.

spindle-tree [ˈspɪndlˌtri:] *s.* (*bot.*) (*Evonymus europaeus*) fusaggine SIN. **prickwood**.

spindly [ˈspɪndlɪ] *agg.* **1** sottile, affusolato **2** lungo e magro (spec. di gambe).

spindrier [ˌspɪnˈdraɪə* / spin·drier] *s.* centrifuga; elettrodomestico per asciugare il bucato, essiccatore.

spindrift [ˈspɪndrɪft / spin·drift] *s.* **1** spruzzi delle onde del mare **2** polvere, sabbia spinte dal vento.

spindrift clouds [ˈspɪndrɪftˌklaʊdz] *s.pl.* nuvolaglia, nuvole leggere; cirri.

to **spin-dry** [ˌspɪnˈdraɪ] *v.tr.* centrifugare (il bucato).

spindryer → **spindrier**.

spine [spaɪn] *s.* **1** (*bot.*) spino, spina **2**

(*zool.*) spina; lisca **3** (*anat.*) spina dorsale, colonna vertebrale **4** dorso (di libro).

spine-chilling ['spaɪn,tʃɪlɪŋ] *agg.* che dà i brividi, che fa paura, agghiacciante.

spined [spaɪnd] *agg.* **1** spinato, spinoso **2** (*zool.*) vertebrato.

spinel [spɪ'nel] *s.* (*min.*) spinello.

spineless ['spaɪnlɪs / spine·less] *agg.* **1** (*bot.*) senza spine **2** (*zool.*) senza spine; senza lische **3** invertebrato, senza spina dorsale (*anche fig.*).

spinet [spɪ'net] *s.* (*mus.*) spinetta.

spininess ['spaɪnɪnɪs / spi·ni·ness] *s.* spinosità.

spinnaker ['spɪnəkə* / spin·naker] *s.* (*mar.*) spinnaker, grande vela triangolare delle imbarcazioni da regata.

spinner ['spɪnə* / spin·ner] *s.* **1** filatore **2** (*zool.*) ragno filatore // *her waggon-spokes made of long spinners' legs*, (SH. Romeo and Juliet) i raggi delle ruote son fatti di lunghe zampe di ragno **3** (*tess.*) filatoio **4** (*fam.*) narratore; chiacchierone **5** (*cricket*) lancio (della palla) a effetto **6** (*elettr.*) antenna rotativa **7** (*pesca*) cucchiaino **8** (*mecc.*) tavola rotante.

spinneret ['spɪnəret / spin·neret] *s.* **1** (*tess.*) filiera **2** (*zool.*) filiera (di ragno); ghiandole salivari (di baco da seta).

spinnery ['spɪnərɪ / spin·nery] *s.* (*tess.*) filanda.

spinney ['spɪnɪ / spin·ney] *s.* boschetto, sottobosco.

spinning ['spɪnɪŋ / spin·ning] *s.* **1** (*tess.*) filatura; filato **2** movimento rotatorio, rotazione ◆ *agg.* **1** per filare; di filatura; — *frame*, filatoio; — *mill* (o — *factory*), stabilimento di filatura, filanda; — *wheel*, filatoio **2** rotante (*anche fis.*).

spinning jenny [,spɪnɪŋ'dʒenɪ] *s.* (*st.*) giannetta • Dal nome femminile *Jenny*, molto comune nel XVIII secolo.

spin-off ['spɪnɒf *amer.* 'spɪnɔ:f] *s.* **1** applicazione allargata, in altri campi (di risultati di ricerche): *non-stick frying pans are a — from space research*, le padelle antiaderenti derivano dall'applicazione allargata dei risultati della ricerca spaziale **2** (*econ.*) effetto di un'attività principale in altri campi.

spinose ['spaɪnəʊs / spin·ose] *agg.* spinoso.

spinosity [spaɪ'nɒsətɪ / spin·os·ity] *s.* **1** problema, argomento spinoso **2** (*rar.*) spinosità.

spinous ['spaɪnəs / spin·ous] *agg.* **1** (*bot.*) spinoso **2** (*zool.*) aculeato.

Spinozism [spɪ'nəʊzɪzəm / Spin·oz·ism] *s.* (*fil.*) spinozismo.

Spinozist [spɪ'nəʊzɪst / Spin·oz·ist] *agg.* (*fil.*) spinoziano.

spinster ['spɪnstə* / spin·ster] *s.* **1** donna nubile: (*fam.*) zitella **2** (*rar.*) filatrice.

spinsterhood ['spɪnstəhʊd / spin·ster·hood] *s.* **1** l'essere nubile; condizione di zitella **2** (*fam.*) zitelle (*pl.*).

spinstress ['spɪnstrɪs / spin·stress] *s.* filatrice.

spintharíscope [spɪn'θærɪskəʊp / spin·thari·scope] *s.* (*fis.*) spintariscopio.

spinule ['spaɪnju:l / spin·ule] *s.* (*bot.*, *zool.*) piccola spina.

spinuliferous [,spaɪnjʊ'lɪfərəs / spinu·li·fer·ous] **spinulose** ['spaɪnjʊləʊs / spinu·lose] **spinulous** ['spaɪnjʊləs / spinu·lous] *agg.* (*bot.*, *zool.*) pieno di spine, spinoso.

spiny ['spaɪnɪ] *agg.* **1** pieno di spine, spinoso **2** (*fig.*) spinoso, difficile; imbarazzante.

spiny lobster [,spaɪnɪ'lɒbstə*] *s.* (*zool.*) aragosta → **lobster**.

spiracle ['spaɪərəkl / spir·acle] *s.* (*zool.*) orifizio per respirare; sfiatatoio (dei cetacei); stimma, stigma (degli insetti).

spiracular [spaɪ'rækjʊlə* / spir·acu·lar] *agg.* (*zool.*) di, che serve da orifizio, stimma, sfiatatoio.

spiraea [spaɪ'rɪə / spir·aea] *s.* (*bot.*) spirea.

spiral ['spaɪərəl] *agg.* spirale, a spirale, elicoidale; a chiocciola, a coclea: — *chute*, scivolo elicoidale; — *conveyor*, convogliatore a coclea; — *gear*, ingranaggio (a dentatura) elicoidale; — *spring*, molla a spirale; — *staircase*, scala a chiocciola ◆ *s.* **1** (*mat.*) spirale: *Archimedean* —, spirale di Archimede // (*econ.*): *wage-price* —, spirale salari-prezzi; *wage-wage* —, rincorsa salariale **2** (*fig.*) spirale, movimento graduale (di ascesa, discesa).

to **spiral** *pass.p.p.* **spiralled** ['spaɪərəld / spir·alled] *v.intr.* formare una spirale; girare a spirale: *to — up*, salire a spirale; *to — down*, scendere a spirale // *prices are spiralling*, i prezzi crescono vertiginosamente ◆ *v.tr.* dar forma spirale a.

spirally ['spaɪərəlɪ / spir·ally] *avv.* a spirale.

spirant ['spaɪərənt / spir·ant] *agg.* (*fon.*) spirante.

spire[1] ['spaɪə*] *s.* **1** guglia; cuspide **2** (*bot.*) stelo (d'erba) appuntito; vetta (di albero).

to **spire**[1] *v.intr.* **1** innalzarsi a guglia **2** spuntare, germogliare ◆ *v.tr.* fornire di guglie.

spire[2] *s.* spira; spirale.

spired ['spaɪəd] *agg.* a punta; a guglia.

spirillum [spaɪ'rɪləm / spir·il·lum] *pl.* **spirilla** [spaɪ'rɪlə / spir·illa] *s.* (*biol.*) spirillo.

spirit ['spɪrɪt] *s.* **1** spirito: *God is pure* —, Dio è puro spirito // *the Holy Spirit*, lo Spirito Santo // *we were with you in* —, eravamo con te col pensiero // *the — of the times*, lo spirito dei tempi **2** spirito; genio; folletto; fantasma: *to raise a* —, evocare uno spirito **3** spirito; animo: *a noble* —, uno spirito nobile **4** spirito; vigore; vivacità, brio: *a young man of* —, un giovane pieno di energia; *to break s.o.'s* —, spezzare la volontà di qlcu.; *he played the piece inaccurately, but with great* —, ha suonato il brano senza precisione ma con grande vivacità **5** *pl.* umore, stato d'animo: *to be in high spirits*, avere il morale alto; *to be out of spirits* (o *in low spirits*), essere depresso; *to keep one's spirits up*, tenersi su di morale **6** spirito; intendimento, significato: *he obeyed the true — of the law*, si attenne al vero spirito della legge // *that's the* —, è così che si fa // *to enter into the — of sthg.*, entrare nello spirito di qlco. // *to take sthg. in a* (o *the*) *wrong* —, prendere qlco. in mala parte, con risentimento **7** spirito, alcol: — *of wine*, alcol etilico; — *of turpentine*, essenza di trementina; — *gum*, soluzione di gomma arabica in etere; *spirit(s) of ammonia*, ammoniaca in soluzione acquosa **8** *pl.* superalcolici.

to **spirit** *v.tr.* **1** *to* — (*away*), far sparire; rapire, portar via **2** (*non com.*) *to* — (*up*), animare; rallegrare; incoraggiare.

spirited ['spɪrɪtɪd / spir·ited] *agg.* (*spec. nei composti*) brioso, vivace; animoso; ardente, focoso: *high-* —, fiero, ardente; *mean-* —, meschino; *poor-* —, fiacco; vile; *public-* —, dotato di senso civico // **-ly** *avv.* // **-ness** *s.*

spiritism ['spɪrɪtɪzəm / spir·it·ism] *s.* spiritismo.

spiritist ['spɪrɪtɪst / spir·it·ist] *s.* spiritista.

spiritistic [,spɪrɪ'tɪstɪk / spir·it·istic] *agg.* spiritico.

spiritless ['spɪrɪtlɪs / spir·it·less] *agg.* **1** abbattuto, avvilito; depresso **2** fiacco, debole **3** vile; pusillanime // **-ly** *avv.* // **-ness** *s.*

spirit level ['spɪrɪt,levl] *s.* livella a bolla d'aria.

spiritous ['spɪrɪtəs / spir·it·ous] *agg.* (*ant.*) alcolico.

spirit-rapper ['spɪrɪt,ræpə*] *s.* medium.

spiritual ['spɪrɪtjʊəl / spir·itual] *agg.* spirituale, dello spirito: — *life*, vita spirituale // (*teol.*) — *gifts*, i doni dello Spirito Santo // *Lords Spiritual*, vescovi membri del Parlamento inglese // (*dir.*): — *corporation*, ente ecclesiastico; — *court*, tribunale ecclesiastico // **-ly** *avv.* // **-ness** *s.*

spiritual *s.* spiritual (canto e musica).

spiritualism ['spɪrɪtjʊəlɪzəm / spir·itu·al·ism] *s.* **1** (*fil.*) spiritualismo **2** spiritismo.

spiritualist ['spɪrɪtjʊəlɪst / spir·itu·al·ist] *s.* **1** (*fil.*) spiritualista **2** spiritista.

spiritualistic [,spɪrɪtjʊə'lɪstɪk / spir·itu·al·istic] *agg.* **1** spiritualistico **2** spiritistico.

spirituality [,spɪrɪtjʊ'ælətɪ / spir·itu·al·ity] *s.* **1** spiritualità **2** *pl.* (*st.*) beni ecclesiastici.

spiritualization [,spɪrɪtjʊəlaɪ'zeɪʃn *amer.* ,spɪrɪtjʊəlɪ'zeɪʃn / spir·itu·al·iza·tion] *s.* spiritualizzazione.

to **spiritualize** ['spɪrɪtjʊəlaɪz / spir·itu·al·ize] *v.tr.* spiritualizzare.

spirituel(le) ['spi:ri:,tju:'el / spi·ri·tuel(le)] *agg.* (*rar.*) raffinato; delicato, sensibile; grazioso (generalmente di donna).

spirituous ['spɪrɪtjʊəs / spir·itu·ous] *agg.* (*form.*) alcolico, spiritoso // **-ness** *s.*

spiritus ['spɪrɪtəs / spir·itus] *s.* (*gramm. greca*) spirito: — *asper*, *lenis*, spirito aspro, dolce.

spirometer [,spaɪə'rɒmɪtə* / spiro·meter] *s.* (*med.*) spirometro.

spirt [spɜ:t] *s.* zampillo, getto improvviso, sprizzo.

to **spirt** *v.tr.* far schizzare, far sprizzare ◆ *v.intr.* schizzare; sprizzare, zampillare.

spiry ['spaɪərɪ] *agg.* **1** a punta; simile a guglia; slanciato **2** ricco di guglie (di città).

spit[1] [spɪt] *s.* **1** (*cuc.*) spiedo, schidione **2** (*geogr.*) lingua di terra (nel mare); lido.

to **spit**[1] *pass.p.p.* **spitted** ['spɪtɪd / spit·ted] *v.tr.* **1** mettere allo spiedo, schidionare **2** trafiggere.

spit[2] *s.* **1** sputo; saliva // *the dead — of*, (*fam.*) il ritratto sputato di // — *and polish*, pulizia di fino **2** (*zool.*) schiuma (d'insetto) **3** (*bot.*) sputo (di pianta).

to **spit**[2] *pass.p.p.* **spat** [spæt] (*ant.* o *amer.*) **spit** *v.tr.* e *intr.* **1** sputare // *to — at*, *upon s.o.*, *sthg.*, trattare con disprezzo qlcu., qlco. // *to* — (*out*), (*fig.*) sputar fuori, dire, pronunciare con violenza; *he spat* (*out*) *an angry* *denial*, negò con violenza; — *it out!*, sputa il rospo! **2** cadere lievemente (di pioggia) **3** mandar faville (di fuoco, candela ecc.) **4** spruzzare inchiostro (di penna) **5** soffiare (del gatto minaccioso).

spit[3] *s.* (*rar.*) **1** vangata **2** profondità raggiunta con una vangata.

to **spitchcock** ['spɪtʃkɒk / spitch·cock] *v.tr.* (*cuc.*) aprire e arrostire sulla graticola (anguille, pesci ecc.).

spite [spaɪt] *s.* dispetto, ripicca; rancore, malevolenza: *out of* — (o *from* —), per dispetto, per ripicca; *to have a — against s.o.*, portare rancore a qlcu. // *in — of*, nonostante, malgrado, a dispetto di; *in — of heavy rain we got there in time*, nonostante la pioggia fitta siamo arrivati in tempo; *he was angry in — of himself*, era arrabbiato suo malgrado.

to **spite** *v.tr.* far dispetto a, importunare, vessare, contrariare // *to cut off one's nose to — one's face*, (*fig.*) darsi la zappa sui piedi // *he did it to — me*, l'ha fatto apposta per farmi dispetto.

spiteful ['spaɪtfʊl / spite·ful] *agg.* dispettoso; vendicativo; malevolo; malintenzionato // **-ly** *avv.*

spitefulness ['spaɪtfʊlnɪs / spite·ful·ness] *s.* rancore, malevolenza.

spitfire ['spɪtfaɪə* / spit·fire] *s.* persona collerica, violenta, irascibile.

spitting ['spɪtɪŋ / spit·ting] *s.* sputo; lo sputare ◆ *agg.* (*fam.*) **1** sputato: *to be the — image of s.o.*, essere il ritratto sputato di qlcu. **2** di sputo: *to be within — distance*, essere a distanza di sputo, molto vicino.

spittle ['spɪtl] *s.* sputo; saliva, bava; schiuma (d'insetto).

spittoon [spɪ'tu:n / spit·toon] *s.* sputacchiera.

spitz [spɪts] *s.* (*zool.*) — (*dog*), (cane) pomero.

spiv [spɪv] *s.* (*fam.*) maneggione; trafficone.

splanchnic ['splæŋknɪk / splanch·nic] *agg.* (*anat.*) splancnico, viscerale: — *nerve*, nervo splancnico.

splanchnology [splæŋk'nɒlədʒɪ / splanch·no·logy] *s.* (*med.*) splancnologia.

splash [splæʃ] *s.* **1** schizzo, spruzzo // — *party*, (*fam. amer.*) festa ai bordi di una piscina **2** (*fam.*) spruzzata, goccio // *whisky and a* —, whisky e soda **3** (*fig.*) sensazione; colpo; impressione (vivida, positiva): *to make a* —, far colpo, fare sensazione; — *headline*, titolo sensazionale **4** tonfo; sciacquio; sciabordio: *he fell into the water with a great* —, cadde in acqua con un gran tonfo; *he heard the — of the waves on the rocks*, sentiva lo sciacquio delle onde contro le rocce **5** macchia; chiazza: *a — of colour*, una macchia di colore; *splashes of rain on the ground*, gocce di pioggia sul terreno; *you have a — on your dress*, hai una macchia sul vestito.

to **splash** *v.tr.* **1** schizzare, spruzzare: *to — gravy over the table*, fare cadere del sugo sulla tavola; *to — water about*, spruzzare acqua tutt'intorno; *to — s.o. with mud*, schizzare, inzaccherare qlcu. di fango **2** (*fig. fam.*) sperperare; scialacquare: *to — one's money about*, scialacquare il proprio denaro **3** (*fig. fam.*) dare grande risalto a; dare ampio spazio a: *the papers splashed the election results all over the front page*, le prime pagine dei giornali erano interamente occupate dai risultati delle elezioni ◆ *v.intr.* **1** schizzare; gettare, mandar spruzzi **2** sguazzare; diguazzare **3** cadere con un tonfo; sciabordare; rumoreggiare (di acqua, fiume ecc.): *he splashed into the water*, cadde nell'acqua con un tonfo.

splash-board ['splæʃbɔ:d] *s.* **1** paraschizzi, paraspruzzi **2** parafango (di auto).

splashdown ['splæʃdaʊn / splash·down] *s.* splashdown, ammaraggio di veicolo spaziale.

splasher ['splæʃə* / splash·er] *s.* **1** paraspruzzi **2** parafango (di auto).

splash guard ['splæʃgɑ:d] *s.* paraspruzzi (di autoveicolo).

splashy ['splæʃɪ] *agg.* **1** bagnato; fangoso; melmoso **2** (*fig.*) sensazionale; vistoso.

splat [splæt] *s.* **1** spiaccichio **2** (*rumore*) spiacchichio; calpestio.

to **splat** *v.intr.* spiaccicarsi: *the mud splatted against the side of the car*, il fango si spiaccicò contro la fiancata dell'automobile.

to **splatter** ['splætə* / splat·ter] *v.tr.* e *intr.* schizzare; spruzzare.

splay [spleɪ] *agg.* **1** obliquo; storto; volto verso l'esterno **2** (*med.*) valgo **3** (*edil.*) strombato ◆ *s.* (*edil.*) sguancio, strombo; svasatura.

to **splay** *v.tr.* **1** distendere; allargare; aprire **2** (*arch.*) svasare; strombare, sguanciare (una finestra ecc.) **3** (*zool.*) slogare; spallare: *to — a horse*, spallare un cavallo ◆ *v.intr.* essere in posizione obliqua; (*med.*) essere valgo.

splayfoot ['spleɪfʊt / splay·foot] *pl.* **splayfeet** ['spleɪfi:t] *s.* piede piatto volto all'infuori.

splayfooted ['spleɪ,fʊtɪd / splay·footed] *agg.* con i piedi all'infuori.

splaylegged ['spleɪlegd / splay·leg·ged] *agg.* con le gambe in fuori.

spleen [spli:n] *s.* **1** (*anat.*) milza **2** (*fig.*) malumore; rabbia; collera; bile: *in a fit of* —, in un momento di malumore; *to vent one's — (up) on s.o.*, scaricare la propria collera su qlcu. **3** (*rar.*) malinconia; depressione.

spleenful ['spli:nfʊl / spleen·ful] *agg.* **1** collerico; irritabile; bilioso **2** malinconico; depresso // **-ly** *avv.*

spleenwort ['spli:nwɜ:t / spleen·wort] *s.* (*bot.*) asplenio SIN. **scale-fern**.

splenalgia [splɪ'nældʒjə / splen·algia] *s.* (*med.*) splenalgia.

splendid ['splendɪd / splen·did] *agg.* **1** splendido; brillante; radioso: — *weather*, tempo splendido; *she was simply —!*, era semplicemente meravigliosa! **2** splendido; magnifico; sontuoso: *a — victory*, una splendida vittoria; *a — country house*, una sontuosa casa di campagna **3** splendido; ottimo; eccellente: *a — idea*, un'idea splendida; *a — friend*, un ottimo amico; *that's —!*, fantastico! // **-ly** *avv.* // **-ness** *s.*

splendiferous [splen'dɪfərəs / splen·di·fer·ous] *agg.* (*fam. iron.*) splendido, magnifico, stupendo.

splendour ['splendə* / splend·our] *s.* **1** splendore; fulgore; brillantezza; lucentezza **2** splendore; magnificenza; sfarzo; pompa **3** eccellenza.

splenectomy [splɪ'nektəmɪ / splen·ec·tomy] *s.* (*med.*) splenectomia.

splenetic [splɪ'netɪk / splen·etic] *agg.* e *s.* **1** (*med.*) splenetico, bilioso **2** collerico; irritabile **3** (*rar.*) malinconico; depresso // **-ally** *avv.*

splenial ['spli:nɪəl / sple·nial] *agg.* (*anat.*) dello splenio.

splenic ['splenɪk] *agg.* (*anat.*) splenico // (*med.*) — *fever*, carbonchio.

splenitis [splɪ'naɪtɪs / splen·itis] *pl.* **splenitises** [splɪ'naɪtɪsi:z] *s.* (*med.*) splenite.

splenius ['spli:nɪəs / sple·nius] *pl.* **splenii** ['spli:nɪaɪ / sple·nii] *s.* (*anat.*) splenio.

splenization [,splenɪ'zeɪʃn / splen·iza·tion] *s.* (*med.*) splenizzazione.

splenomegaly [,spli:nə'megəlɪ / spleno·meg·aly] *s.* (*med.*) splenomegalia.

splenotomy [splɪ'nɒtəmɪ / spleno·tomy] *s.* (*med.*) splenotomia.

splib [splɪb] *s.* (*sl. amer.*) nero di idee liberali.

splice [splaɪs] *s.* **1** (*mar.*) impiombatura **2** (*mecc.*) giunto a ganasce; giunto a sovrapposizione.

to **splice** *v.tr.* **1** (*mar.*) impiombare **2** (*mecc.*) giuntare (con giunto a ganasce, a sovrapposizione) **3** (*cinem.*) giuntare (spezzoni di pellicola); montare (un film) **4** (*fam.*) unire in matrimonio, sposare: *to get spliced*, sposarsi.

splicer ['splaɪsə*] *s.* (*cinem.*) giuntatrice.

splicing ['splaɪsɪŋ / spli·cing] *s.* **1** (*mar.*) impiombatura **2** (*mecc.*) giunzione, giuntatura (a ganasce, a sovrapposizione) **3** (*cinem.*) giuntaggio; montaggio.

spliff [splɪf] *s.* (*sl. amer.*) spinello.

spline [splaɪn] *s.* **1** listello, stecca **2** (*mecc.*) chiavetta (per bloccare una ruota sull'albero) **3** (*falegnameria*) linguetta (per giunzioni di costa) **4** alloggiamento per chiavetta **5** scanalatura per linguetta **6** curvilineo flessibile.

to **spline** *v.tr.* **1** (*mecc.*) inchiavettare, bloccare mediante chiavetta **2** (*falegnameria*) giuntare (di costa) mediante linguetta **3** incavare (per eseguire l'alloggiamento per una chiavetta) **4** scanalare.

splint [splɪnt] *s.* **1** (*med.*) assicella, stecca **2** vimine **3** (*vet.*) soprosso, tumore duro (sulle gambe di un cavallo) SIN. **splinter**.

to **splint** *v.tr.* (*med.*) steccare, fissare con assicelle (un arto fratturato).

splinter ['splɪntə* / splin·ter] *s.* **1** scheggia; frantume; scaglia **2** (*vet.*) → **splint**.

to **splinter** *v.tr.* **1** frantumare; ridurre in schegge; scheggiare **2** frazionare; scindere; ridurre in frazioni ◆ *v.intr.* **1** frantumarsi; ridursi in schegge; scheggiarsi **2** frantumarsi; scindersi.

splinter-bar ['splɪntə,bɑ:*] *s.* bilancino.

splinter group ['splɪntə,gru:p] *s.* gruppo scissionista; corrente; fazione.

splintery ['splɪntərɪ / splin·tery] *agg.* **1** scheggioso **2** simile a scheggia.

split [splɪt] *agg.* spaccato; diviso; fesso // (*elettr.*) — *wire*, spina multipla // (*psic.*) — *personality*, personalità dissociata, schizofrenia // (*Borsa*): — *order*, ordine migliorando; — *spread*, scarto frazionato ◆ *s.* **1** fessura; fenditura; crepa; strappo **2** (*fig.*) frattura; rottura; spaccatura; dissenso: *there was a — among the directors about marketing policy*, ci fu una spaccatura fra i dirigenti sulla politica di marketing **3** divisione, separazione; frazionamento // (*fin.*) *share* — (o *stock* —), frazionamento di azioni, di titoli **4** frutta (spec. banana) divisa a metà con sopra gelato, panna montata ecc. **5** vimine **6** (*non com.*) scheggia **7** (*sl.*) mezza bottiglia, quarto di bottiglia (di bibita, acqua minerale); mezzo bicchierino (di liquore) **8** (*spec. pl.*) (*ginnastica*) spaccata: *to do the splits*, fare la spaccata.

to **split** *pass.p.p.* **split** *v.tr.* **1** fendere; spaccare; aprire: *he — the tree stump with an axe*, spaccò il ceppo con un'ascia; *to — an apple*, spaccare, aprire una mela **2** strappare; stracciare; squarciare: *he — his shirt*, si strappò la camicia // *his scream — the air*, (*fig.*) il suo grido squarciò l'aria **3** dividere; frazionare; suddividere: *to — the profits*, dividere i profitti **4** (*chim.*) rompere (una molecola, un legame) // (*fis.*) *to — the atom*, scindere l'atomo **5** separare, dividere; scindere: *factions had — the party*, le fazioni avevano diviso il partito ◆ *v.intr.* **1** fendersi; spaccarsi; aprirsi // *my head is splitting*, (*fig.*) mi scoppia la testa **2** strapparsi; stracciarsi; squarciarsi **3** suddividersi; frazionarsi **4** separarsi; dividersi; scindersi **5** (*sl.*) andarsene; partire.

□ **split away, off** *v.intr.* e *avv.* staccarsi; separarsi: *pieces of wood were splitting away*, schegge di legno volavano dappertutto ◆ *v.tr.* e *avv.* staccare; separare.

□ **split on** *v.intr.* e *prep.* (*fam.*) tradire; denunciare: *don't — on me to the teacher!*, non tradirmi, non dirlo alla maestra!

□ **split up** *v.intr.* e *avv.* separarsi, dividersi, lasciarsi: *the couple — up after six months*, la coppia si separò dopo sei mesi ◆ *v.tr.* e *avv.* dividere; suddividere: *the class was — up into small groups*, la classe fu divisa in piccoli gruppi.

split ends [,splɪt'endz] *s.pl.* doppie punte (dei capelli).

split flap ['splɪtflæp] *s.* (*aer.*) ipersostentatore a fessura.

split infinitive [,splɪtɪn'fɪnətɪv] *s.* (*gramm.*) forma di infinito con frapposizione di avverbio (p.e. *to easily understand*) • Questa costruzione, sebbene molto frequente, è da evitarsi nell'inglese scritto.

split-level [,splɪt'levl] *agg.* (*arch.*) a piani, livelli sfalsati.

split pea [,splɪt'pi:] *s.* pisello secco (diviso a metà).

split pin [,splɪt'pɪn] *s.* coppiglia.

split pulley [,splɪt'pʊlɪ] *s.* puleggia composta.

split ring [,splɪt'rɪŋ] *s.* portachiavi ad anello, anello portachiavi.

split second [,splɪt'sekənd] *s.* frazione di secondo; attimo; istante: *it all happened in a —*, tutto accadde in un attimo.

splitter ['splɪtə* / split·ter] *s.* **1** spaccalegna **2** cuneo (per spaccare la legna).

splitting ['splɪtɪŋ / split·ting] *agg.* **1** che fende, che si fende **2** (*fig.*) intenso; acuto: *a — headache*, un acuto mal di testa ◆ *s.* **1** fessura; spaccatura **2** separazione; divisione **3** suddivisione; frazionamento: (*fin.*) *— of shares* (o *share —*), frazionamento delle azioni // (*fis. nucleare*) *— of the atom*, scissione dell'atomo **4** (*trib.*) frazionamento (della base imponibile dell'imposta personale progressiva sul reddito) in due parti uguali (fra i coniugi).

split-up ['splɪtʌp] *s.* (*fam.*) **1** (*fig.*) frattura; rottura; troncamento (di rapporto) **2** (*spec. amer.*) separazione legale; divorzio.

splodge [splɒdʒ] *s.* macchia, chiazza.

splosh [splɒʃ] *s.* **1** (*fam.*) scroscio d'acqua; splash **2** tonfo nell'acqua **3** (*sl. antiq.*) denaro.

to **splosh** *v.intr.* (*fam.*) sguazzare nell'acqua.

splotch [splɒtʃ] *s.* (*spec. amer.*) macchia, chiazza.

to **splotch** *v.tr.* (*spec. amer.*) macchiare, chiazzare.

splotchy ['splɒtʃɪ] *agg.* (*spec. amer.*) macchiato, chiazzato.

splurge [splɜ:dʒ] *s.* **1** (*fam.*) ostentazione, esibizione; sfoggio **2** momento di spese folli: *to have a —*, spendere molti soldi.

to **splurge** *v.intr.* (*fam.*) **1** sfoggiare, fare sfoggio **2** spendere molti soldi; sperperare denaro: *he splurged* (*out*) *on a new car*, ha speso un mucchio di quattrini per una macchina nuova.

to **splutter** ['splʌtə* / splut·ter] *v.intr.* **1** farfugliare, parlare in modo confuso **2** sputacchiare (nel parlare); spruzzare (di penna) **3** crepitare ◆ *v.tr.* farfugliare, pronunciare confusamente.

splutterer ['splʌtərə* / splut·ter·er] *s.* farfuglione.

spodumene ['spɒdʒʊmi:n / spodu·mene] *s.* (*min.*) spodumene.

spoil [spɔɪl] *s.* **1** (*gener. pl.*) spoglia, preda; bottino; (*fig.*) profitto, vantaggio **2** (*zool.*) spoglia (di serpenti); carcame **3** roccia sterile; detrito // *— bank*, discarica.

to **spoil** *pass.p.p.* **spoiled** [spɔɪld] **spoilt** [spɔɪlt] *v.tr.* **1** rovinare, danneggiare; alterare; sciupare, deturpare: *that news spoilt my holiday*, quella notizia mi rovinò le vacanze; *to — the beauty of sthg., s.o.*, deturpare la bellezza di qlco., qlcu.; (*Borsa*) *to — the market*, rovinare il mercato **2** viziare; coccolare: *he spoils his child*, vizia suo figlio // *I'm spoilt for choice*, non so decidere, non so cosa scegliere, ho l'imbarazzo della scelta **3** (*ant. letter.*) saccheggiare, predare; rubare **4** invalidare (un voto) compilando male una scheda ◆ *v.intr.* guastarsi, avariarsi, alterarsi (di cibi): *this fruit will — before tomorrow*, questa frutta si guasterà prima di domani.

□ **spoil for** *v.intr.* e *prep.* essere impaziente, avere una gran voglia di: *he was spoiling for a fight*, cercava di attaccar lite.

spoilage ['spɔɪlɪdʒ / spoil·age] *s.* **1** scarto **2** il danneggiare, il guastare **3** deterioramento, deperimento (di cibi).

spoiler ['spɔɪlə*] *s.* **1** (*ant. letter.*) saccheggiatore; predatore **2** (*aer.*) diruttore **3** (*aut.*) deflettore, alettone, spoiler.

spoiling ['spɔɪlɪŋ / spoil·ing] *s.* (*ant.*) saccheggio, ruberia.

spoilsport ['spɔɪlspɔ:t / spoil·sport] *s.* (*fam.*) guastafeste.

spoils system ['spɔɪlz,sɪstəm] *s.* (*amer.*) lottizzazione; clientelismo politico.

spoilt [spɔɪlt] *agg.* **1** guasto; rovinato **2** deteriorato, avariato **3** viziato: *a — child*, un bimbo viziato.

spoke[1] [spəʊk] *s.* **1** (*mecc.*) razza, raggio (di ruota) **2** piolo (di scala) **3** (*mar.*) impugnatura del timone; maniglia **4** bastone per bloccare le ruote di un carro // *to put one's — in*, (*fig. fam.*) mettere il becco, intromettersi; *to put a — in s.o.'s wheel*, (*fig. fam.*) mettere i bastoni fra le ruote a qlcu.

to **spoke**[1] *v.tr.* **1** mettere i raggi a (una ruota) **2** bloccare (le ruote di) un carro **3** (*fig.*) impedire, ostacolare.

spoke[2] *pass.* di to **speak**.

spoken ['spəʊkən] *p.p.* di to **speak** ◆ *agg.* **1** parlato, orale: *— English*, inglese parlato **2** (*nei composti*) detto, parlato: *plain- —*, sincero; *well- —*, raffinato nel parlare.

spoken for ['spəʊkən,fɔ:*] *agg.* (*fam.*) **1** riservato; messo da parte **2** impegnato sentimentalmente.

spokeshave ['spəʊkʃeɪv / spoke·shave] *s.* raschietto americano, coltello americano (a due manici laterali, per superfici curve).

spokesman ['spəʊksmən / spokes·man] *pl.* **spokesmen** *s.* portavoce (uomo).

spokesperson ['spəʊks,pɜ:sn / spokes·per·son] *s.* portavoce (sia uomo che donna).

spokeswoman ['spəʊks,wʊmən / spokes·wo·man] *pl.* **spokeswomen** ['spəʊks,wɪmɪn] *s.* portavoce (donna).

spoliation [,spəʊlɪ'eɪʃn / spo·li·ation] *s.* **1** (*form.*) ruberia, saccheggio **2** (*dir.*) distruzione, alterazione (di documenti) **3** distruzione, alterazione (dell'ambiente).

spondaic(al) [spɒn'deɪɪk(l) / spon·daic·(al)] *agg.* (*poesia*) spondaico.

spondee ['spɒndi: / spon·dee] *s.* (*poesia*) spondeo.

spondulicks [,spɒn'du:lɪks / spon·du·licks] *s.pl.* (*fam.*) denaro, soldi; fondi.

spondyl ['spɒndɪl / spon·dyl] *s.* (*anat.*) spondilo, vertebra.

spondylitis [,spɒndə'laɪtɪs / spon·dyl·itis] *s.* (*med.*) spondilite.

spondylosis [,spɒndə'ləʊsɪs / spon·dyl·osis] *s.* (*med.*) spondilosi.

sponge [spʌndʒ] *s.* **1** spugna (*anche zool.*) // *to throw up* (o *in*) *the —*, gettare la spugna, abbandonare il combattimento (*anche fig.*) **2** spugnatura **3** (*med.*) compressa, tampone di garza **4** (*cuc.*) → **sponge cake** **5** (*mil.*) scovolo (per cannoni) **6** (*fig.*) scroccone, parassita **7** (*fam.*) spugna, ubriacone.

to **sponge** *v.tr.* **1** pulire, lavare (con la spugna); bagnare (con la spugna), spugnare // *to — down*, passare la spugna su // *to — up*, assorbire con spugna (acqua ecc.) **2** (*tess.*) decatizzare **3** (*med.*) fare spugnature a; tamponare **4** (*fig.*) scroccare: *to — a dinner from a friend*, scroccare un pranzo a un amico ◆ *v.intr.* **1** pescare spugne **2** assorbire liquido (come una spugna) **3** (*fam.*) fare lo scroccone.

□ **sponge off, on** *v.intr.* e *prep.* (*fam.*) scroccare qualcosa; approfittare di; vivere alle spalle di: *to — on s.o. for drinks*, scroccare da bere a qualcuno.

sponge bag ['spʌndʒ,bæg] *s.* bustina da toilette.

sponge bath ['spʌndʒ,bɑ:θ *amer.* 'spʌndʒ ,bæθ] *s.* (*med.*) spugnatura.

sponge cake ['spʌndʒ,keɪk] *s.* (*cuc.*) dolce morbido tipo pan di Spagna.

sponge cloth ['spʌndʒ,klɒθ] *s.* (*tess.*) spugna, tessuto spugnoso.

sponge iron ['spʌndʒ,aɪən *amer.* 'spʌndʒ

ˌaɪərn] *s.* (*metall.*) ferro spugnoso, spugna di ferro.

sponger [ˈspʌndʒə*] *s.* **1** pescatore di spugne **2** parassita, scroccone.

sponge rubber [ˈspʌndʒˌrʌbə*] *s.* gomma spugnosa, gomma-spugna.

sponginess [ˈspʌndʒɪnɪs / spon·gi·ness] *s.* spugnosità.

sponging [ˈspʌndʒɪŋ / spon·ging] *s.* **1** lavatura con la spugna **2** (*tess.*) decatissaggio **3** bagnatura (dei tessuti nuovi, prima di tagliarli per la confezione) **4** parassitismo (*anche fig.*) **5** pesca delle spugne.

spongy [ˈspʌndʒɪ] *agg.* spugnoso, poroso; elastico; assorbente // (*chim.*) — *platinum*, spugna di platino.

sponsal [ˈspɒnsəl / spon·sal] *agg.* (*rar.*) sponsale.

sponsion [ˈspɒnʃn / spon·sion] *s.* (*dir.*) malleveria, garanzia.

sponson [ˈspɒnsn / spon·son] *s.* (*mar.*) **1** piattaforma sporgente fuori bordo **2** pinna stabilizzatrice **3** cassa d'aria (laterale) stabilizzatrice.

sponsor [ˈspɒnsə* / spon·sor] *s.* **1** (*dir.*) garante, mallevadore; fideiussore **2** sponsor, finanziatore di attività sportive o culturali **3** (*pol.*) chi presenta una legge, un disegno di legge **4** (*eccl.*) padrino, madrina: *to stand — to a child*, tenere a battesimo un bambino.

to **sponsor** *v.tr.* **1** rendersi responsabile di; essere garante di **2** sponsorizzare, finanziare (attività sportive o culturali) **3** (*pol.*) presentare (una legge): *to — a bill*, presentare un disegno di legge.

sponsorial [spɒnˈsɔːrɪəl / spon·sor·ial] *agg.* **1** di garanzia, di malleveria (*anche dir.*) **2** (*eccl.*) di padrino, di madrina.

sponsorship [ˈspɒnsəʃɪp / spon·sor·ship] *s.* **1** garanzia; (*dir.*) fideiussione **2** sponsorizzazione **3** condizione, qualità di padrino, di madrina **4** (*non com.*) patrocinio.

spontaneity [ˌspɒntəˈniːɪtɪ, ˌspɒntəˈneɪətɪ / spon·tan·eity] *s.* spontaneità.

spontaneous [spɒnˈteɪnjəs / spon·tan·eous] *agg.* **1** spontaneo, istintivo; naturale **2** involontario; automatico // **-ly** *avv.* // **-ness** *s.*

spontoon [spɒnˈtuːn / spon·toon] *s.* (*st.*) spuntone (sorta di alabarda).

spoof [spuːf] *s.* (*fam.*) **1** raggiro, imbroglio, truffa **2** parodia, caricatura, imitazione.

to **spoof** *v.tr.* (*fam.*) **1** abbindolare, raggirare, imbrogliare, truffare **2** imitare, parodiare, fare la caricatura di.

spook [spuːk] *s.* (*fam.*) **1** spettro, apparizione **2** individuo strano, sinistro **3** (*amer.*) spia, uomo della CIA **4** (*amer.*) negro.

to **spook** *v.tr.* **1** (*fam.*) frequentare (di spettro) **2** spaventare, impaurire; innervosire (spec. un cavallo): *something spooked the horse*, qualcosa ha fatto imbizzarrire il cavallo.

spookiness [ˈspuːkɪnɪs / spooki·ness] *s.* (*fam.*) l'essere sinistro, spettrale.

spookish [ˈspuːkɪʃ / spook·ish] *agg.* (*fam.*) → **spooky**.

spooky [ˈspuːkɪ] *agg.* (*fam.*) **1** frequentato da spettri; spettrale, sinistro **2** pauroso; ombroso, nervoso (spec. di cavallo).

spool [spuːl] *s.* rocchetto, rullo, spola, bobina: — *of cotton*, rocchetto di cotone // (*cinem.*): *delivery* (o *feed*) —, bobina svolgitrice; *take-up* —, bobina ricevitrice.

to **spool** *v.tr.* **1** avvolgere (su rocchetto, rullo, spola, bobina), bobinare // *to — off*, svolgere, sbobinare **2** (*tess.*) incannare **3** (*inform.*) memorizzare (dati) su nastro o disco da stampare in tempi successivi.

spooler [ˈspuːlə*] *s.* (*tess.*) **1** incannatoio; roccatrice **2** cascame di incannatura, di roccatura.

spooling [ˈspuːlɪŋ / spool·ing] *s.* **1** avvolgimento **2** (*tess.*) incannatura; roccatura **3** (*inform.*) archivio di attesa.

spoon [spuːn] *s.* **1** cucchiaio: *soup* —, cucchiaio da minestra; *wooden* —, cucchiaio di legno; (*fig. scherz.*) premio per chi arriva ultimo // *to be born with a silver — in one's mouth*, (*fig.*) essere nato con la camicia // *to be spoons on s.o.*, (*antiq.*) essere innamorato cotto di qlcu. **2** (*med.*) cucchiaio (chirurgico) **3** (*golf*) mazza **4** esca metallica, cucchiaino **5** (*fam. antiq.*) sempliciotto **6** (*fam. antiq.*) cascamorto.

to **spoon** *v.tr.* **1** prendere con un cucchiaio: *to — (out) the cream*, servire la crema (con cucchiaio); *to — (up) one's soup*, mangiare la minestra **2** (*sport*) accompagnare (la palla) con la mazza; battere (la palla) debolmente **3** (*fam. antiq.*) amoreggiare con, flirtare con; fare la corte a ◆ *v.intr.* **1** affondare un cucchiaio **2** (*sport*) accompagnare la palla con la mazza; battere la palla debolmente **3** pescare con esca a cucchiaino **4** (*fam. antiq.*) amoreggiare, flirtare; fare il cascamorto.

spoonbill [ˈspuːnbɪl / spoon·bill] *s.* (*zool.*) spatola.

spoonerism [ˈspuːnərɪzəm / spoon·er·ism] *s.* gioco di parole che consiste nello scambio delle iniziali di due termini (p.e. *I hanged my bed* invece di *I banged my head*).

to **spoon-feed** [ˈspuːnfiːd] *pass.p.p.* **spoon-fed** [ˈspuːnfed] *v.tr.* **1** nutrire (un bambino) col cucchiaio **2** (*fam. fig.*) coccolare, viziare **3** (*fam. fig.*) scodellare la pappa a, far trovar la pappa pronta a; imboccare; imbeccare.

spoonful [ˈspuːnfʊl / spoon·ful] *s.* cucchiaiata: *two spoonfuls of sugar*, due cucchiai di zucchero.

spoonwort [ˈspuːnwɜːt / spoon·wort] *s.* (*bot.*) → **scurvy-grass**.

spoony [ˈspuːnɪ] *agg.* (*sl. amer. antiq.*) **1** stupido **2** sentimentale, sdolcinato, svenevole: — *eyes*, occhi di triglia ◆ *s.* (*sl. amer. antiq.*) cascamorto, spasimante.

spoor [spʊə*] *s.* traccia, orma, odore, pista (di animale).

to **spoor** *v.tr.* e *intr.* seguire una pista, una traccia (di animale).

sporadic(al) [spəˈrædɪk(l) / spor·adic, spor·ad·ical] *agg.* **1** sporadico; irregolare, discontinuo: *the noise came at — intervals throughout the morning*, si sentì il rumore ad intervalli irregolari lungo tutta la mattinata **2** isolato, raro // **-ally** *avv.*

sporadicalness [spəˈrædɪkəlnɪs / spor·ad·ic·al·ness] *s.* sporadicità.

sporangium [spəˈrændʒɪəm / spor·an·gium] *pl.* **sporangia** [spəˈrændʒɪə / spor·an·gia] *s.* (*bot.*) sporangio.

sporation [spəˈreɪʃn / spora·tion] *s.* (*bot.*) sporulazione.

spore [spɔː*] *s.* (*biol.*, *bot.*) spora.

spore-case [ˈspɔːkeɪs] *s.* (*bot.*) → **sporangium**.

sporogonium [ˌspəʊrəˈgəʊnɪəm / sporo·gonium] *pl.* **sporogonia** [ˌspəʊrəˈgəʊnjə / sporo·gonia] *s.* (*bot.*) sporogonio.

sporozoan [ˌspəʊrəˈzəʊən / sporo·zoan] **sporozoon** [ˌspəʊrəˈzəʊɒn] *pl.* **sporozoa** [ˌspəʊrəˈzəʊə / sporo·zoa] *s.* (*zool.*) sporozoo.

sporran [ˈspɒrən / spor·ran] *s.* borsa coperta di pelo (del costume scozzese).

sport [spɔːt] *s.* **1** sport: *basket ball is my favourite* —, la pallacanestro è il mio sport preferito; — *is good for you*, fa bene praticare dello sport; *to go in for* — (o *sports*), darsi allo sport; *water* (o *aquatic*) *sports*, sport acquatici; *field and track sports*, gare di atletica leggera; *field sports*, caccia e pesca **2** gioco; divertimento; passatempo // *to be the — of fortune*, (*fig. letter.*) essere lo zimbello della fortuna // *to spoil the* —, guastare la festa **3** (*antiq.*) scherzo, burla: *in* —, per burla // *to make — of s.o.*, farsi gioco di qlcu. **4** *pl.* gare, incontri (*spec.* in una scuola) **5** persona sportiva; (*fig.*) persona di spirito, persona simpatica: *he is a bad* (o *poor*) —, non è sportivo, non sa perdere; *come on, be a —!*, dai, sii sportivo!, non prendertela!, stai al gioco! **6** (*biol.*) mutazione; specie anomala (di piante, animali) **7** (*fam. austr.*) amico **8** (*amer.*) giocatore d'azzardo.

to **sport** *v.tr.* ostentare, esibire, mettere in mostra: *he was sporting a new tie*, sfoggiava una cravatta nuova ◆ *v.intr.* **1** giocare, divertirsi; praticare sport **2** scherzare, burlarsi: *to — with s.o.*, burlarsi di qlcu. **3** trastullarsi; baloccarsi **4** (*biol.*) produrre una specie anomala (di animali, piante).

sport *agg.* (*amer.*) → **sports**.

sportful [ˈspɔːtfʊl / sport·ful] *agg. rar.* scherzoso; gaio, giocoso // **-ly** *avv.* // **-ness** *s.*

sporting [ˈspɔːtɪŋ / sport·ing] *agg.* **1** sportivo: — *daily*, quotidiano sportivo; — *goods*, (*amer.*) articoli sportivi **2** sportivo, leale, corretto: — *spirit*, spirito sportivo // *to give s.o. a — chance*, dare una chance a qlcu. **3** di, da caccia; di, da pesca: — *dog*, cane da caccia; — *gun*, fucile da caccia **4** (*fam. non com.*) dissipato, vizioso ◆ *s.* (*biol.*) produzione di specie anomala (di animali, piante) // **-ly** *avv.*

sporting house [ˈspɔːtɪŋˌhaʊs] *s.* (*sl. amer.*) **1** bordello, casa d'appuntamenti **2** (*ant.*) casa da gioco.

sportive [ˈspɔːtɪv / sport·ive] *agg.* (*antiq.*) **1** giocoso; allegro; gioviale **2** sportivo // **-ly** *avv.* // **-ness** *s.*

sports [spɔːts] *agg.* **1** sportivo, relativo allo sport: — *car*, auto sportiva, veloce; — *centre*, *complex*, centro sportivo; — *equipment*, attrezzature sportive; *the — page of a newspaper*, la pagina sportiva di un giornale // — *day*, la giornata dello sport (in una scuola) **2** casual, sportivo (di abito): — *coat*, *jacket*, giacca, cappotto di taglio sportivo; — *shirt*, camicia casual, sportiva.

sportsman [ˈspɔːtsmən / sports·man] *pl.* **sportsmen** *s.* **1** sportivo (spec. cacciatore, pescatore) **2** sportivo, uomo animato da spirito sportivo; uomo leale, corretto: *he is a real* —, è un vero sportivo.

sportsmanlike [ˈspɔːtsmənlaɪk / sports·

man·like] *agg.* caratteristico, proprio di uno sportivo; leale, corretto.

sportsmanship ['spɔ:tsmənʃɪp / sports·man·ship] *s.* **1** sportività; lealtà, correttezza **2** (*antiq.*) abilità sportiva.

sportswear ['spɔ:tsweə* / sports·wear] *s.* Ⓤ abbigliamento sportivo, abiti sportivi.

sportswoman ['spɔ:ts,wʊmən / sports·wo·man] *pl.* **sportswomen** ['spɔ:tswɪmɪn] *s.* **1** (donna) sportiva, amante degli sport **2** donna leale, corretta.

sporty ['spɔ:tɪ] *agg.* (*fam.*) **1** sportivo // *a — car*, una macchina sportiva **2** sportivo, casual (di capo d'abbigliamento).

sporule ['spɒrju:l / spor·ule] *s.* (*biol.*) spora, sporula.

spot [spɒt] *s.* **1** posto, luogo, località: *a pretty —, a nice little —*, un bel posticino; *journalists are often sent to the world's trouble spots*, i giornalisti sono spesso inviati nei punti caldi del mondo // *on the —*, sul posto; immediatamente; sul colpo: *I was on the — within five minutes*, arrivai sul posto nel giro di cinque minuti; *the manager should always be on the —*, il direttore dovrebbe sempre essere presente; *to do sthg. on the —*, fare qlco. immediatamente; *they were killed on the —*, furono uccisi sul colpo // *this is his weak* (o *tender*) *—*, (*fig.*) questo è il suo punto debole // *to have a soft — for s.o.*, avere un debole per qlcu. // (*cartografia*) *— height* (o *elevation —*), punto quotato **2** macchia (*anche fig.*); pallino, pois: *— remover*, smacchiatore; *a red dress with white spots*, un vestito rosso a pallini bianchi // *it's a — on his reputation*, (*fig.*) è una macchia sulla sua reputazione // *he knocks spots off all the others*, (*fig.*) dà dei punti a tutti gli altri, li batte di gran lunga // (*astr.*) *great red —*, macchia rossa (di Marte) **3** foruncolo, brufolo **4** situazione difficile, imbarazzante: *to be in a —*, essere in difficoltà // *to put s.o. on the* (o *in a*) *—*, mettere qlcu. in imbarazzo; mettere qlcu. alle strette; mettere qlcu. in pericolo di vita **5** piccola quantità, un po'; (*fam.*) goccio, goccia: *have a — to eat*, mangiamo qualcosa; *a — of whisky*, un goccio di whisky; *spots of rain*, gocce di pioggia **6** (*tv, rad.*) spazio; annuncio pubblicitario, comunicato commerciale, spot: *the comic has a five-minute — on the show*, il comico ha uno spazio di cinque minuti nel programma; *TV —*, annuncio pubblicitario televisivo **7** (*ant.*) ricamo: *What are you sewing here? A fine spot, in good faith*, (SH. Coriolanus) Che cosa state cucendo qui? Un bel ricamo davvero.

spot *agg.* (*comm., fin.*) pronto: *— cash*, denaro contante; *— market*, mercato a pronti; *— price*, prezzo a pronti, prezzo spot; *— exchange rate*, tasso di cambio a pronti; *— sterling*, sterlina a pronti.

to **spot** *pass.p.p.* **spotted** ['spɒtɪd / spot·ted] *v.tr.* **1** macchiare; punteggiare: *I've spotted my shirt*, mi sono macchiato la camicia **2** (*fig.*) macchiare; infamare; tacciare **3** (*fam.*) individuare, distinguere, riconoscere; scoprire; indovinare: *I spotted her right away among the crowd*, la individuai subito tra la folla; *I spotted him straight away as an impostor*, ho capito subito che era un impostore; *they always — the winner*, indovinano sempre chi sarà il vincitore; *to — a mistake*, scoprire un errore **4** (*mil.*) localizzare, individuare ◆ *v.intr.* **1** macchiarsi; punteggiarsi: *this material spots easily*, questa stoffa si macchia facilmente; *it's spotting with rain*, sta piovigginando **2** fare una macchia, una chiazza.

spot check ['spɒt,tʃek] *s.* controllo casuale, sporadico, saltuario.

spotless ['spɒtlɪs / spot·less] *agg.* immacolato; senza macchia (*anche fig.*): *— snow*, neve immacolata; *— conscience*, coscienza pulita // **-ly** *avv.* // **-ness** *s.*

spotlight ['spɒtlaɪt / spot·light] *s.* **1** (*teatr., cinem.*) luce della ribalta; proiettore, riflettore: *to turn the — on s.o., sthg.*, puntare il riflettore su qlcu., qlco. **2** attenzione pubblica: *to be in* (o *hold*) *the —*, essere al centro dell'attenzione; (*fam.*) attirare l'attenzione.

to **spotlight** *pass.p.p.* **spotlighted** ['spɒt laɪtɪd / spot·lighted] **spotlit** ['spɒtlɪt / spot·lit] *v.tr.* **1** (*teatr., cinem.*) puntare i riflettori su; illuminare **2** (*fig.*) mettere in evidenza; puntare l'attenzione su.

spot-on [,spɒt'ɒn] *agg.* (*fam.*) preciso, accurato; esatto, giusto ◆ *avv.* (*fam.*) precisamente, accuratamente; esattamente.

spotted ['spɒtɪd / spot·ted] *agg.* **1** macchiato, chiazzato; picchiettato; maculato // (*med.*) *— fever*, febbre con esantema **2** a pois, a pallini.

spotted dick [,spɒtɪd'dɪk] **spotted dog** [,spɒtɪd'dɒg] *s.* (*cuc.*) (*fam.*) budino con l'uvetta.

spottedness ['spɒtɪdnɪs / spot·ted·ness] *s.* l'essere macchiato.

spotter ['spɒtə* / spot·ter] *s.* **1** persona, cosa che macchia **2** (*mil., aer.*) osservatore; (*estens.*) osservatore, ricercatore per hobby **3** (*fam. amer.*) investigatore privato ◆ *agg.* (*mil.*) che fa da osservatore.

spotty ['spɒtɪ] *agg.* **1** chiazzato, macchiato **2** (*fam.*) foruncoloso; brufoloso **3** irregolare, ineguale, non uniforme // **-iness** *s.*

to **spot weld** ['spɒt,weld] *v.tr.* (*tecn.*) saldare a punti.

spousal ['spaʊzl] *agg.* (*form.*) nuziale, matrimoniale.

spousals ['spaʊzlz / spous·als] *s.pl.* (*ant.*) sponsali.

spouse [spaʊz] *s.* (*form.*) sposo, sposa; coniuge: *Theseus' spouse / over the pathless waves towards him bows*, (KEATS) la sposa di Teseo sopra le impervie onde verso di lui si piega.

spout [spaʊt] *s.* **1** tubo di scarico; grondaia; beccuccio (di teiera ecc.) **2** getto, colonna (di acqua, vapore ecc.); cascata **3** (*ant.*) montacarichi (al monte di pietà); monte di pietà // *to be up the —*, (*antiq.*) essere in pegno (al monte di pietà); (*fig. fam.*) essere nei guai, essere in una brutta posizione; (*volg.*) essere incinta.

to **spout** *v.tr.* **1** scaricare; gettare; far zampillare **2** (*fam.*) declamare; dire in continuazione: *stop spouting rubbish*, smettila di dire stupidaggini **3** (*ant.*) impegnare al monte di pietà ◆ *v.intr.* **1** zampillare; scaturire, sgorgare: *blood spouted from his wound*, il sangue gli zampillò dalla ferita **2** (*fam.*) parlare a getto continuo.

spouter ['spaʊtə* / spout·er] *s.* (*fam. spreg.*) comiziante, parlatore: *a Hyde Park —*, un oratore da Hyde Park, da comizio.

spouthole ['spaʊthəʊl / spout·hole] *s.* (*zool.*) sfiatatoio, spiracolo (di balena ecc.).

sprack [spræk] **sprag**[1] [spræg] *agg.* (*ant.*) sveglio, acuto: *He is a good sprag memory*, (SH. Merry Wives of Windsor) Ha una buona memoria sveglia.

sprag[2] *s.* **1** spranga **2** puntone di arresto **3** (*miner.*) puntello.

to **sprag**[2] *pass.p.p.* **spragged** [sprægd] *v.tr.* (*miner.*) puntellare; inserire un puntello in.

sprain [spreɪn] *s.* (*med.*) distorsione.

to **sprain** *v.tr.* (*med.*) distorcere; procurarsi una distorsione a.

sprang *pass.* di to **spring**.

sprat [spræt] *s.* **1** (*zool.*) (*Clupea sprattus*) spratto // *to throw a — to catch a whale*, dare poco per aver molto **2** (*scherz. antiq.*) bimbo mingherlino; persona insignificante.

sprawl [sprɔ:l] *s.* **1** lo stendersi; l'adagiarsi (in modo scomposto) **2** sviluppo in forma irregolare; forma irregolare: *there was an ugly — of new houses near the park*, c'era un orribile agglomerato di case nuove vicino al parco; *urban —*, sviluppo urbano incontrollato.

to **sprawl** *v.intr.* **1** adagiarsi in modo scomposto; *to — on the bed*, sdraiarsi sul letto; *to send s.o. sprawling*, mandar qlcu. a gambe all'aria **2** strisciare; allargarsi, estendersi (di piante, di scrittura ecc.): *the name sprawled over the whole page*, il nome copriva tutta la pagina; *in the last ten years the city has sprawled the entire length of the valley*, negli ultimi dieci anni la città si è estesa per tutta la lunghezza della valle.

spray[1] [spreɪ] *s.* rametto, ramoscello, frasca.

spray[2] *s.* **1** spruzzo; schiuma **2** getto vaporizzato (di acqua, profumo ecc.); liquido per vaporizzazioni: *— paint*, vernice a spruzzo // *— of sparks*, scintille **3** spray; vaporizzatore, polverizzatore, spruzzatore: *scent —*, vaporizzatore di profumo.

to **spray**[2] *v.tr.* **1** polverizzare, vaporizzare, atomizzare (un liquido) **2** aspergere, spruzzare; innaffiare // *he sprayed the car with bullets*, (*fig. fam.*) crivellò l'auto di proiettili.

sprayer ['spreɪə*] *s.* spruzzatore, vaporizzatore; (*agr.*) irroratrice.

spray gun ['spreɪ,gʌn] *s.* pistola a spruzzo (per verniciatura).

spray-on ['spreɪɒn] *agg.* applicato con uno spray, spruzzato.

spread [spred] *agg.* steso; aperto; spiegato: *— wings*, ali spiegate // *— table*, tavola apparecchiata ◆ *s.* **1** crescita; espansione **2** estensione; apertura (di compasso ecc.); ampiezza; gamma, varietà, diversificazione: *— of wings*, apertura d'ali **3** diffusione, divulgazione, propagazione: *the — of a disease*, la diffusione di una malattia; *a festival with a wide — of events*, un festival con una vasta gamma di manifestazioni **4** articolo di giornale, avviso pubblicitario che occupa molto spazio: *a three-page —*, un articolo di tre pagine **5** (*fam.*) ricco pasto; banchetto: *cold —*, cena fredda **6** (cibo in) crema, pasta: *cheese —*, formaggio da spalmare **7** (*fam.*) pancetta, pancia **8** (*spec. amer.*) grande fattoria **9** (*econ.*) utile lordo, margine lordo **10** (*fin.*) scarto, differenziale; spread; oscillazione giornaliera delle quotazioni; margine di interesse bancario **11** (*Borsa*) spread, contratto a doppia opzione, a doppio premio.

to **spread** *pass.p.p.* **spread** *v.tr.* **1** stendere, spiegare; allungare; allargare; protendere: *he — his hands to the fire*, tese le mani verso il fuoco; *the eagle — its wings*, l'aquila allargò le ali; *to — one's wings*, (*fig.*) allargare i propri orizzonti; *she — the newspaper*, ella spiegò il giornale; *to — a carpet on the floor*, stendere un tappeto sul pavimento // *to — oneself*, (*fam. amer.*) fare un grande sforzo, mettercela tutta; *to — it thick*, (*fam. amer.*) metterla giù dura, esagerare **2** distribuire, dividere // *to — payments*, prolungare i pagamenti **3** spalmare, stendere; cospargere: *to — jam on bread*, spalmare la marmellata sul pane; *the meadows are now — with flowers*, i prati sono cosparsi di fiori **4** (*fig.*) spargere; diffondere, propagare, divulgare; disseminare: *flies — disease*, le mosche propagano le malattie; *to — the news that...*, spargere la notizia che... **5** (*antiq.*) preparare (la tavola, il pranzo) ◆ *v.intr.* **1** estendersi; allungarsi; allargarsi; svilupparsi: *a corn field — (out) before us*, un campo di grano si stendeva davanti a noi **2** diffondersi, divulgarsi; apparire: *a sudden flush — over her face*, un improvviso rossore si diffuse sul suo viso; *to — like wildfire*, diffondersi rapidamente; *the news — over the country*, la notizia si diffuse nel paese **3** estendersi (nel tempo), svolgersi: *a course of study spreading over two years*, un corso di studi che si svolge in due anni.

□ **spread out** *v.intr.* e *avv.* **1** disperdersi, sparpagliarsi: *people came out of the theatre and — out in the square*, il pubblico uscì dal teatro e si sparpagliò nella piazza **2** distendersi, allungarsi ◆ *v.tr.* e *avv.* **1** sparpagliare: *to — out papers on the table*, sparpagliare le carte sul tavolo **2** allungare, distendere // *to — out one's arms*, allargare le braccia.

spread eagle [,spred'i:gl] *s.* **1** (*arald.*) aquila spiegata **2** (*pattinaggio*) (figura ad) angelo **3** (*cuc.*) pollo alla diavola, ai ferri **4** (*amer.*) (*pol.*) patriottismo sfrenato (dall'immagine dell'aquila ad ali spiegate, simbolo degli Stati Uniti).

to **spread-eagle** [,spred'i:gl *amer.* 'spredi:gl] *v.tr.* mettere, legare con braccia e gambe divaricate ◆ *v.intr.* **1** allungarsi con le gambe e le braccia divaricate **2** (*pattinaggio*) eseguire una figura ad angelo.

spreader ['spredə*] *s.* **1** chi propaga, divulga (idee, notizie ecc.) **2** coltello per spalmare **3** spruzzatore **4** (*agr.*) spandiconcime.

spreadsheet ['spredʃi:t / spread·sheet] *s.* (*inform.*) (*electronic*) —, foglio di calcolo elettronico; programma tabulatore.

spree [spri:] *s.* baldoria; bisboccia: *to go on a —*, far baldoria, bisboccia // *shopping* (o *spending*) —, spese folli.

sprig [sprɪg] *s.* **1** ramoscello, rametto; (*bot.*) stolone **2** disegno, lavoro a fiorami, a foglie **3** (*spreg.*) rampollo, discendente; (*ant.*) giovincello **4** puntina, chiodino.

to **sprig** *pass.p.p.* **sprigged** [sprɪgd] *v.tr.* **1** ornare a fiorami, a foglie **2** fissare con puntine, chiodini.

sprigged [sprɪgd] *agg.* a fiori, a ramoscelli // *— muslin*, mussola a fiorami.

spright [spraɪt] *s.* **1** (*non com.*) folletto, elfo, spiritello **2** (*ant.*) spirito: *but if ye saw that which no eyes can see, / the inward beauty of her lively spright...*, (SPENSER) ma se vedeste ciò che nessuno può vedere, la bellezza interiore del suo spirito vivace...

sprightliness ['spraɪtlɪnɪs / spright·li·ness] *s.* brio, vivacità, allegria.

sprightly ['spraɪtlɪ] *agg.* brioso, gaio, vivace; allegro, animato.

spring [sprɪŋ] *s.* **1** sorgente, fonte; *pl.* terme: *— head*, fontana; sorgente; *— water*, acqua di sorgente, acqua viva; *hot springs*, sorgente termale; *thermal springs*, sorgente, stazione termale **2** (*gener. pl.*) (*fig.*) principio, origine; causa **3** primavera: *in —*, in primavera; *— day*, giorno di primavera; *— equinox*, equinozio di primavera; *— flower*, fiore primaverile // *the — of one's life*, (*fig.*) la primavera della propria vita **4** scatto, salto, balzo; slancio: *to make a — at s.o.*, slanciarsi su qlcu.; *to take a —*, fare un salto **5** molla: *the coil of a —*, la spira di una molla; *to put a — under tension*, tendere una molla; *coil —*, molla a spirale; *counter —*, molla antagonista; *flat spiral —*, molla a spirale piana; *leaf —*, (molla a) balestra; *return —*, molla di richiamo **6** elasticità; energia, vigore: *the car's suspension had no — left*, le sospensioni della macchina non avevano più alcuna elasticità; *to walk with a — in one's step*, camminare con elasticità, energia nei propri passi **7** (*mar.*) falla; incrinatura, fenditura; traversino **8** (*arch.*) linea, piano d'imposta.

to **spring** *pass.* **sprang** [spræŋ] *amer.* **sprung** [sprʌŋ] *p.p.* **sprung** *v.intr.* **1** nascere, discendere, derivare, procedere; scaturire (di acqua); spuntare (di germogli): *his action springs from fear*, la sua azione è dettata dal timore; *water sprang from the ground*, l'acqua scaturì dal suolo; *tears sprang to his eyes*, gli vennero le lacrime agli occhi // *to — into existence*, nascere // *to — to life* (o *into action*), entrare in funzione, in azione // *where did you — from?*, (*fam.*) da dove sei spuntato? **2** saltare, balzare, fare un balzo: *to — over a ditch*, saltare un fosso; *to — down*, saltar giù; *to — forward*, slanciarsi in avanti; *to — into the saddle*, balzare in sella; *he sprang out from behind a tree*, sbucò da dietro un albero; *to — at the enemy*, balzare sul nemico; *to — to s.o.'s aid*, precipitarsi in aiuto di qlcu. // *to — to one's feet*, balzare in piedi // *to — to attention*, scattare sull'attenti // *to — to fame*, arrivare di colpo alla notorietà **3** levarsi (in volo) (di selvaggina) **4** scattare (sotto l'azione di una molla): *the door sprang open*, la porta si spalancò di scatto **5** molleggiare **6** (*mar.*) fendersi; incrinarsi **7** *to — for s.o.*, (*fam. amer.*) pagare da bere, da mangiare a qlcu. ◆ *v.tr.* **1** saltare: *he sprang the fence*, saltò la staccionata **2** alzare, levare (selvaggina) **3** far scattare (sotto l'azione di una molla): *to — a trap*, far scattare una trappola (*anche fig.*) **4** (*fig.*) rivelare all'improvviso, dare notizia di; fare inaspettatamente: *he has sprung a new theory*, ha tirato fuori una nuova teoria; *they sprang the news on him*, gli hanno sbattuto la notizia in faccia // *to — a surprise on s.o.*, fare una sorpresa a qlcu. **5** (*mar.*) fendere, incrinare: *to — a leak*, aprire una falla **6** far brillare (una mina) **7** munire di sospensioni (una vettura) **8** (*fam.*) far evadere; liberare: *they sprang their accomplice from prison*, aiutarono il loro complice a evadere.

□ **spring back** *v.intr.* e *avv.* **1** balzare all'indietro **2** scattare all'indietro, tornare a posto di scatto.

□ **spring to** *v.intr.* e *avv.* chiudersi di scatto.

□ **spring up** *v.intr.* e *avv.* saltar su; sollevarsi; saltar fuori, spuntare, crescere (di germogli, piante): *to — up into the air*, fare un balzo in aria; *only one hand sprang up*, si levò una sola mano; *a breeze sprang up from the East*, si alzò una brezza da est; *there are Indian restaurants springing up all over town*, i ristoranti indiani stanno spuntando in tutta la città; *an unexpected friendship sprang up between them*, sbocciò inaspettatamente un'amicizia fra loro.

spring-balance ['sprɪŋ,bæləns] *s.* (*fis.*) dinamometro a molla, bilancia a molla AMER. spring-scale.

springboard ['sprɪŋbɔ:d / spring·board] *s.* trampolino (*anche fig.*).

springbok ['sprɪŋbɒk / spring·bok] *pl.* **springbok(s)** *s.* (*zool.*) (*Antidorcas euchore*) antilope saltante SIN. springer // *the Springboks*, i sudafricani; la squadra di rugby, cricket sudafricana.

spring-cart ['sprɪŋkɑ:t] *s.* carro molleggiato.

spring chicken [,sprɪŋ'tʃɪkɪn] *s.* (*fam. spec. amer.*) **1** pollo novello **2** (*fig. fam.*) persona giovane e inesperta, pollastro, pollastra: *he's no —*, non è di primo pelo.

spring-clean ['sprɪŋkli:n] *s.* pulizia a fondo, pulizia di primavera, pulizie di Pasqua.

to **spring-clean** [,sprɪŋ'kli:n] *v.tr.* pulire a fondo ◆ *v.intr.* far le pulizie di primavera, di Pasqua.

spring-cleaning [,sprɪŋ'kli:nɪŋ] → **spring-clean**.

spring-clip ['sprɪŋ,klɪp] *s.* **1** (*mecc.*) staffa, cavallotto della balestra **2** (*elettr.*) molletta di fissaggio.

springe [sprɪndʒ] *s.* (*rar.*) laccio, calappio, lacciuolo: *with hairy springes we the birds betray*, (POPE) con lacciuoli sottili come capelli noi catturiamo gli uccelli.

springer ['sprɪŋə*] *s.* **1** saltatore **2** (*zool.*) → springbok **3** — (*spaniel*), varietà di cane spaniel **4** mucca che sta per figliare **5** (*arch.*) imposta (dell'arco); nervatura **6** (*ant.*) chi fa brillare le mine.

spring frame ['sprɪŋ,freɪm] *s.* (*mecc.*) telaio molleggiato.

spring-halt ['sprɪŋ,hɔ:lt] *s.* (*vet.*) spavenio.

spring hammer ['sprɪŋ,hæmə*] *s.* (*mecc.*) maglio a balestra.

springing ['sprɪŋɪŋ / spring·ing] *s.* **1** il balzare, il saltare **2** (*aut.*) molleggio **3** (*arch.*) linea di imposta (di un arco).

spring lamb [,sprɪŋ'læm] *s.* agnellino; (*cuc.*) abbacchio.

springlet ['sprɪŋlɪt / spring·let] *s.* piccola sorgente, fontana.

spring-loaded [,sprɪŋ'ləʊdɪd] *s.* caricato a molla.

spring lock ['sprɪŋ,lɒk] *s.* serratura a scatto.

spring mattress ['sprɪŋ,mætrɪs] *s.* materasso a molle.

spring onion [,sprɪŋ'ʌnjən] *s.* (*bot.*) cipollina AMER. scallion.

spring-scale ['sprɪŋ,skeɪl] *s.* (*fis. amer.*) → **spring-balance**.

springtide ['sprɪŋtaɪd / spring·tide] *s.* **1** (*letter.*) tempo di primavera **2** (*geogr.*) marea sigiziale, grande marea **3** (*fig.*) grande quantità, marea.

springtime ['sprɪŋtaɪm / spring·time] *s.* **1** tempo di primavera, stagione primaverile **2**

(*fig.*) inizio, principio **3** (*fig.*) giovinezza, anni verdi.

springy ['sprɪŋɪ] *agg.* **1** elastico; svelto, agile **2** pieno di sorgenti // **-ily** *avv.* // **-iness** *s.*

sprinkle ['sprɪŋkl] *s.* **1** spruzzo, spruzzatina, schizzatina: *a — of rain*, una spruzzatina di pioggia **2** pizzico: *a — of pepper*, un pizzico di pepe.

to **sprinkle** *v.tr.* spruzzare; spargere, cospargere (*anche fig.*): *the meadow was sprinkled with dew*, il prato era irrorato di rugiada; *to — clothes before ironing them*, inumidire i vestiti prima di stirarli; *to — water on flowers*, dare una spruzzatina ai fiori; *to — a cake with sugar*, spolverizzare una torta di zucchero; *there are Chinese restaurants sprinkled all over the city*, (*fig.*) ci sono ristoranti cinesi sparsi per tutta la città; *to — a speech with quotations*, (*fig.*) disseminare un discorso di citazioni ◆ *v.intr.* **1** cadere a piccole gocce; spargersi (spec. di liquido) **2** *impers.* piovigginare.

sprinkler ['sprɪŋklə* / sprink·ler] *s.* **1** spruzzatore; innaffiatoio; irroratore **2** sprinkler (impianto antincendio automatico) **3** (*eccl.*) aspersorio.

sprinkling ['sprɪŋklɪŋ / sprink·ling] *s.* **1** spruzzamento, spruzzo, spruzzatina: *a — of snow*, una spruzzatina di neve **2** pizzico; infarinatura: *a — of salt*, un pizzico di sale; *there was only a — of people at the lecture*, alla conferenza c'erano solo quattro gatti; *to have a — of history*, avere un'infarinatura di storia.

sprint [sprɪnt] *s.* (*sport*) sprint, scatto finale; breve corsa veloce: *she put on* (o *made*) *a — to catch the train*, si lanciò in corsa per prendere il treno; *the 100-metre —*, i centro metri.

to **sprint** *v.intr.* fare uno sprint, uno scatto, sprintare; correre a tutta velocità ◆ *v.tr.* percorrere (una distanza) alla massima velocità.

sprinter ['sprɪntə*] *s.* (*sport*) sprinter, scattista, velocista.

sprit [sprɪt] *s.* (*mar.*) pennoncino.

sprite [spraɪt] *s.* **1** folletto, elfo, spiritello: *teach us, sprite or bird, / what sweet thoughts are thine*, (P.B. SHELLEY) insegnaci, spirito o pennuto, quali dolci pensieri siano i tuoi **2** (*inform.*) 'sprite' (simbolo visivo che compare solo su video per indicare un'elaborazione in corso).

spritsail ['sprɪtseɪl / sprit·sail] *s.* (*mar.*) tarchia.

sprocket [sprɒkɪt] *s.* **1** (*mecc.*) dente (di dentatura per catena): *— chain*, catena articolata **2** *—* (*wheel*), ruota dentata, rocchetto dentato (per trasmissione a catena) **3** (*fot., cinem., inform.*) rocchetto dentato (per il trascinamento della pellicola ecc.): *— hole*, foro di trascinamento; perforazione // (*cinem.*) *— hum*, ronzio.

sprout [spraʊt] *s.* germoglio; tallo // *Brussels sprouts*, cavolini di Bruxelles.

to **sprout** *v.intr.* germogliare; spuntare, crescere ◆ *v.tr.* far germogliare; far crescere: *to — a moustache*, farsi crescere i baffi.

sproutsy ['spraʊtsɪ] *agg.* (*fam. amer.*) poco convenzionale, anticonformista.

spruce[1] [spru:s] *agg.* lindo; elegante, attillato, azzimato: *It is Corvino, our spruce merchant*, (BEN JONSON) è Corvino, il nostro elegante mercante // **-ly** *avv.* // **-ness** *s.*

to **spruce**[1] *v.tr.* adornare, agghindare: *to — oneself up*, agghindarsi, mettersi in ghingheri ◆ *v.intr.* agghindarsi, azzimarsi.

spruce[2] *s.* (*bot.*) picea, abete rosso; abete canadese // *Norway —*, (*Picea excelsa*) abete rosso.

sprue[1] [spru:] *s.* (*metall.*) **1** canale di colata **2** colame, materozza.

sprue[2] *s.* (*med.*) sprue.

sprung *p.p.* di to **spring** ◆ *agg.* a sospensione, a molla: *— mattress*, materasso a molle // (*aut.*) *— axle*, assale posteriore.

spry [spraɪ] *agg.* attivo, vivace, agile (spec. di persone anziane) // **-ly** *avv.* // **-ness** *s.*

spud [spʌd] *s.* **1** (*agr.*) sarchio, sarchiello **2** (*mecc.*) punta a lancia **3** (*fam.*) patata.

to **spud** *pass.p.p.* **spudded** ['spʌdɪd / spud·ded] *v.tr.* **1** sarchiare **2** (*mecc.*) trivellare.

to **spudge around** [,spʌdʒə'raʊnd] *v.intr.* e *avv.* darsi da fare, sforzarsi, applicarsi.

spume [spju:m] *s.* (*letter.*) spuma, schiuma.

spuminess ['spju:mɪnɪs / spumi·ness] *s.* spumosità.

spumous ['spju:məs / spu·mous] **spumy** ['spju:mɪ] *agg.* spumoso.

spun *pass.p.p.* di to **spin**.

spun glass ['spʌnglɑ:s *amer.* 'spʌnglæs] *s.* (*chim.*) vetro filato.

spunk [spʌŋk] *s.* **1** coraggio, audacia, fegato **2** ira, collera **3** esca (per accendere il fuoco) **4** (*scoz.*) favilla; fiammifero **5** (*volg.*) sborra, sperma.

spunky ['spʌŋkɪ] *agg.* **1** audace, coraggioso **2** irato.

spur [spɜ:*] *s.* **1** sperone: *to put* (o *to set*) *the spurs to a horse*, dar di sprone a un cavallo // *to win one's spurs*, essere investito cavaliere; (*fig.*) distinguersi, farsi un nome **2** (*fig.*) sprone, stimolo, impulso: *on the — of the moment*, d'impulso; lì per lì **3** (*zool.*) sperone (di gallo) **4** (*geogr.*) contrafforte (di montagna); sperone roccioso **5** (*bot.*) sperone, getto **6** (*edil.*) sperone.

to **spur** *pass.p.p.* **spurred** [spɜ:d] *v.tr.* **1** spronare; (*fig.*) stimolare, incitare **2** fornire di speroni ◆ *v.intr.* dare di speroni // *to — on*, cavalcare a spron battuto, affrettarsi.

spurge [spɜ:dʒ] *s.* (*bot.*) (*Euphorbia platyphylla*) euforbia platifilla SIN. **devil's milk**.

spur-gear ['spɜ:,gɪə*] *s.* (*mecc.*) ingranaggio cilindrico a denti diritti.

spurious ['spjʊərɪəs / spuri·ous] *agg.* **1** spurio; falso; apocrifo: *— coin*, moneta falsa **2** (*non com.*) illegittimo, bastardo (di persona) // **-ly** *avv.* // **-ness** *s.*

spurn [spɜ:n] *s.* **1** disprezzo, disdegno; rifiuto sdegnoso **2** (*rar.*) calcio.

to **spurn** *v.tr.* **1** disprezzare, disdegnare; rifiutare sdegnosamente **2** (*rar.*) dare un calcio a, respingere ◆ *v.intr.* mostrare sdegno, disprezzo.

spurner ['spɜ:nə* / spurn·er] *s.* sprezzatore.

spurred [spɜ:d] *agg.* fornito di speroni; speronato (di gallo).

spurrite ['spɜ:raɪt / spurr·ite] *s.* (*min.*) spurrite.

spur-rowel ['spɜ:,raʊəl] *s.* (*araldica*) spronella.

spurry ['spɜ:rɪ] *s.* (*bot.*) (*Spergula arvensis*) spergula; (*pop.*) erba renaiola.

spurt[1] [spɜ:t] *s.* **1** breve sforzo improvviso; scatto (di velocità) // *to put on a —*, scattare, fare uno scatto **2** getto, zampillo, spruzzo **3** (*tel.*) *— tone*, impulso di selezione, scatto **4** (*econ.*) ripresa.

to **spurt**[1] *v.intr.* **1** guizzare; zampillare; sprizzare; sgorgare **2** fare un breve sforzo improvviso **3** scattare (in velocità).

(to) **spurt**[2] → (to) **spirt**.

spur-wheel ['spɜ:wi:l] *s.* (*mecc.*) ruota dentata cilindrica a denti diritti // *— reversing gear*, invertitore di marcia a ingranaggio cilindrico a denti diritti.

sputnik ['spʊtnɪk / sput·nik] *s.* sputnik.

sputter ['spʌtə* / sput·ter] *s.* **1** farfugliamento; discorso rapido e confuso **2** crepitio, scoppiettio (di candela, legno ecc.) **3** spruzzo (di penna a inchiostro).

to **sputter** *v.intr.* **1** farfugliare, parlare in modo confuso **2** sputacchiare (nel parlare); spruzzare (di penna) **3** crepitare ◆ *v.tr.* **1** dire, pronunciare in modo confuso **2** spruzzare.

sputtering ['spʌtərɪŋ / sput·ter·ing] *s.* **1** → sputter **2** (*fis.*) spruzzamento catodico.

sputteringly ['spʌtərɪŋlɪ / sput·ter·ing·ly] *avv.* farfugliando.

sputum ['spju:təm / spu·tum] *pl.* **sputa** ['spju:tə] *s.* sputo; espettorato.

spy [spaɪ] *s.* spia, delatore; informatore.

to **spy** *v.intr.* spiare; fare la spia; essere una spia: *he was spying* (*up*)*on us*, spiava i nostri movimenti; *to — into s.o.'s private life*, indagare nella vita privata di qlcu. // *to — out the land*, (*fig.*) tastare il terreno ◆ *v.tr.* notare; osservare, scrutare: *she is very quick at spying everybody's faults*, nota subito i difetti di tutti.

spyglass ['spaɪglɑ:s *amer.* 'spaɪglæs / spy·glass] *s.* cannocchiale, monocolo.

spy-hole ['spaɪhəʊl] *s.* (*mecc.*) (foro di) spia, foro di vista.

spying ['spaɪɪŋ / spy·ing] *s.* spionaggio.

squab [skwɒb] *agg.* (*non com.*) **1** tozzo; tarchiato; grassoccio **2** implume **3** timido ◆ *s.* **1** persona tozza **2** piccione implume **3** cuscino ben imbottito **4** sofà, divano ◆ *avv.* (*rar.*) pesantemente.

to **squab** *pass.p.p.* **squabbed** [skwɒbd] *v.tr.* imbottire ◆ *v.intr.* (*rar.*) cadere pesantemente.

squabble ['skwɒbl] *s.* battibecco; lite; alterco; zuffa.

to **squabble** *v.intr.* venire a parole; accapigliarsi; altercare: *they keep on squabbling*, non fanno altro che litigare ◆ *v.tr.* (*tip.*) spaginare; disfare (la composizione).

squabbler ['skwɒblə* / squab·bler] *s.* attaccabrighe.

squad [skwɒd] *s.* squadra; plotone; drappello: *bomb* (*disposal*) *—*, squadra artificieri; *drug —*, squadra narcotici; *vice —*, squadra (del) buoncostume // *awkward —*, squadra di coscritti; (*fig.*) gruppo di incompetenti // *the Flying Squad*, la Volante.

squad car ['skwɒd,kɑ:*] *s.* (*amer.*) autopattuglia, auto di ronda BRIT. **patrol car**.

squadron ['skwɒdrən / squad·ron] *s.* **1** (*mil.*) squadrone (di cavalleria); battaglione (di fanteria) **2** (*mar.*) squadra, flottiglia **3** (*aer.*) squadriglia: — *leader*, comandante di squadriglia; *bomber, fighter* —, squadriglia di bombardieri, di caccia.

to **squadron** *v.tr.* (*mil.*) disporre in squadre; dividere in squadriglie.

squalene ['skweɪli:n / squal·ene] *s.* (*chim.*) squalene.

squalid ['skwɒlɪd] *agg.* squallido, miserabile; sordido // **-ly** *avv.*

squalidity [skwɒ'lɪdətɪ / squal·id·ity] **squalidness** ['skwɒlɪdnɪs / squal·id·ness] *s.* squallore, miseria; sordidezza, sudiciume.

squall[1] [skwɔ:l] *s.* urlo; schiamazzo; strepito.

to **squall**[1] *v.intr.* urlare; vociare; schiamazzare; strepitare.

squall[2] *s.* **1** turbine; bufera // *look out for squalls*, sta' all'erta **2** (*fig.*) (*non com.*) burrasca; litigio.

squally ['skwɔ:lɪ] *agg.* tempestoso, burrascoso (*anche fig.*).

squaloid ['skweɪlɔɪd / squal·oid] *agg.* simile a squalo.

squalor ['skwɒlə*] *s.* squallore, miseria; sudiciume.

squama ['skweɪmə] *pl.* **squamae** ['skweɪmi: / squa·mae] *s.* squama.

squamate ['skweɪmɪt / squam·ate] *agg.* (*bot., zool.*) coperto di squame.

squamose ['skweɪməʊs / squam·ose] **squamous** ['skweɪməs / squam·ous] *agg.* (*bot., zool.*) squamoso; scaglioso.

to **squander** ['skwɒndə* / squan·der] *v.tr.* sciupare, sprecare; sperperare, scialacquare: *don't — your time watching* TV, non sprecare il tempo a guardare la televisione.

squanderer ['skwɒndərə* / squan·der·er] *s.* sciupone; sperperatore.

squandering ['skwɒndərɪŋ / squan·der·ing] *s.* sciupio; spreco; sperpero // **-ly** *avv.*

square [skweə*] *agg.* **1** quadro, quadrato: — *chin*, mento quadrato; *dress with a — neck*, abito con scollo quadrato // (*fis.*) — *wave*, onda quadra **2** robusto, massiccio, tozzo **3** (*mat.*) ad angolo retto, perpendicolare; quadrato, al quadrato: — *number*, numero (al) quadrato; — *root*, radice quadrata // — *measure*, misura di superficie **4** allineato, pareggiato: *a shelf — with another one*, una mensola allineata a un'altra **5** (*fig.*) sistemato; pareggiato, in pari; ordinato: *I must get things* —, devo sistemare le cose; *to be — with s.o.*, sdebitarsi, essere in pari con qlcu.; *now I've given you £ 50 we're all* —, ora che ti ho dato 50 sterline siamo pari // (*econ.*) — *exchange position*, posizione di cambio pareggiata **6** giusto; leale, onesto: *give me a — answer*, dammi una risposta onesta; *his behaviour was not quite* —, il suo comportamento non fu del tutto onesto; — *deal*, trattamento equo // — *shooter*, (*fam. amer.*) tipo onesto, galantuomo **7** (*sport*) pari: *the teams are all — now*, le squadre adesso sono tutte in parità **8** (*fam.*) completo, sostanzioso (di pasto); abbondante (di bevanda): *we had a — meal*, facemmo un pasto sostanzioso **9** (*fam.*) conformista **10** (*sl.*) antiquato, fuori moda.

square *s.* **1** quadrato, oggetto di forma quadrata; casella (nei giochi) // *to go back to — one*, (*fig.*) tornare al punto di partenza **2** piazza: *in the* —, nella piazza **3** blocco, isolato (di case) **4** (*disegno*) squadra // *out of* —, fuori di squadra // *by the* —, (*fig.*) esattamente // *on the* —, (*fam. antiq.*) onestamente **5** (*mat.*) quadrato: *the — of a number*, il quadrato di un numero; *'a' to the* —, 'a' al quadrato (a^2) // (*stat.*) *least squares method*, metodo dei minimi quadrati **6** scacco (di scacchiera) **7** (*metall.*) barra quadra **8** (*mil.*) (disposizione a) quadrato **9** (*fam. antiq.*) conformista.

to **square** *v.tr.* **1** quadrare, squadrare, riquadrare; raddrizzare: *he squared the piece of wood with an axe*, riquadrò il pezzo di legno con un'ascia; *to — one's shoulders*, raddrizzare le spalle // (*mat.*) *to — the circle*, quadrare il cerchio, trovare la quadratura del cerchio; (*fig.*) compiere cose impossibili **2** pareggiare, sistemare, regolare // *to — accounts with s.o.*, (*fig.*) fare, regolare i conti con qlcu. // *to — matters*, sistemare le cose, mettere tutti d'accordo **3** conformare; accordare; adattare **4** (*mat.*) elevare al quadrato **5** (*fam.*) corrompere: *he squared the night porter with ten pounds*, corruppe il guardiano di notte con dieci sterline; *he was squared to hold his tongue*, hanno comprato il suo silenzio **6** (*mecc.*) regolare, mettere a punto **7** (*sport*) rendere pari **8** (*mar.*) bracciare ◆ *v.intr.* **1** accordarsi; essere coerente; adattarsi: *her practice does not — with her principles*, le sue azioni non s'accordano coi suoi principi **2** assumere un atteggiamento di sfida, affrontarsi: *But they do square that all their elves, for fear, / creep into acorn cups*, (SH. A Midsummer-Night's Dream) Ma essi si affrontano in modo tale che i loro elfi per paura s'infilano nei gusci delle ghiande.

□ **square away** *v.tr.* e *avv.* (*spec. amer.*) riordinare, sistemare.

□ **square off** *v.tr.* e *avv.* **1** squadrare, quadrare **2** dividere in quadri, quadrettare **3** → to square up 1.

□ **square up** *v.intr.* e *avv.* **1** affrontare con un atteggiamento bellicoso **2** (*with*) (*fam.*) regolare, pareggiare i conti (*anche fig.*).

square *avv.* **1** ad angolo retto; in forma quadrata; in squadra **2** direttamente; esattamente: *he was hit — on the face*, fu colpito proprio in faccia **3** (*fam.*) onestamente, con lealtà: *play —, please*, agisci con lealtà, per piacere.

square-bashing ['skweə,bæʃɪŋ] *s.* (*fam.*) parata (militare).

square-built [,skweə'bɪlt] *agg.* tarchiato; tozzo.

squared [skweəd] *agg.* **1** squadrato, quadrato **2** (*mat.*) (elevato) al quadrato **3** quadrettato (di foglio ecc.).

square-dance [,skweə'dɑ:ns *amer.* ,skweə 'dæns] *s.* quadriglia.

square-head ['skweəhed] *s.* (*spreg.*)tonto, stupido; testa quadra.

squarely ['skweəlɪ / square·ly] *avv.* **1** a forma di quadrato **2** direttamente: *to face sthg.* —, affrontare qlco. con coraggio **3** lealmente, onestamente.

squareness ['skweənɪs / square·ness] *s.* **1** forma quadrata **2** onestà, lealtà, franchezza.

squarer ['skweərə*] *s.* **1** squadratore (di marmo, legno ecc.) **2** (*ant.*) attaccabrighe: *is there no young squarer now that will make a voyage with him to the devil?*, (SH. Much Ado About Nothing) c'è qualche altro giovane attaccabrighe disposto a seguirlo all'inferno?

square rigged [,skweə'rɪgd] *agg.* (*mar.*) a vele quadre.

square sail ['skweə,seɪl] *s.* (*mar.*) vela quadra.

square-shouldered [,skweə'ʃəʊldəd] *agg.* dalle spalle quadrate.

square-toed [,skweə'təʊd] *agg.* **1** dalla punta quadrata (di scarpe) **2** (*fig.*) conservatore, formale, pedante.

squarrose ['skwærəʊs / squar·rose] **squarrous** ['skwærəs / squar·rous] *agg.* **1** (*bot., zool.*) squamoso, scaglioso **2** coperto di creste, squame.

squash[1] [skwɒʃ] *s.* **1** cosa schiacciata **2** schiacciamento; spremitura; spremuta (di frutta); succo concentrato (a base d'agrumi): *lemon, orange* —, spremuta, succo concentrato di limone, arancia **3** ressa, calca, pigia pigia; lo stare stretti, pigiati: *three adults in the back of your car is a bit of a* —, tre adulti sul sedile posteriore della tua macchina stanno un po' strettini **4** (*fam.*) ricevimento affollato **5** caduta di corpo molle; rumore prodotto da tale caduta **6** (*sport*) — (*rackets*), squash: — *court*, campo (al coperto) dove si pratica lo squash.

to **squash**[1] *v.tr.* **1** schiacciare, spiaccicare; spremere **2** sopprimere, stroncare: *to — a revolt*, soffocare una rivolta **3** (*fig.*) ridurre al silenzio; sconcertare: *to — a presumptuous person*, mettere a tacere un presuntuoso ◆ *v.intr.* **1** accalcarsi, pigiarsi, schiacciarsi: *to — into a room*, pigiarsi in una stanza; *to — through the gate*, accalcarsi attraverso il cancello di uscita **2** cadere spiaccicandosi; cadere con un suono sordo.

squash[2] *s.* (*bot. amer.*) (*Cucurbita maxima*) zucca; zucchina // *spaghetti* —, qualità di zucchini filamentosi all'interno.

squashiness ['skwɒʃɪnɪs / squashi·ness] *s.* mollezza.

squashy ['skwɒʃɪ] *agg.* **1** molle, molliccio; tenero: *this pear is too — for my liking*, questa pera è troppo tenera per il mio gusto **2** acquitrinoso; pantanoso: *after so much rain the ground is very* —, dopo tutta la pioggia che è caduta, il terreno è ridotto un pantano.

squat [skwɒt] *agg.* **1** rannicchiato, accoccolato, seduto sui calcagni **2** tozzo, corto; tarchiato; schiacciato (di oggetto ecc.): *a — building*, un edificio tozzo; *It's night in the chill, squat chapel...*, (DYLAN THOMAS) È notte nella tozza e fredda cappella... ◆ *s.* **1** posizione accoccolata, accucciata **2** persona tozza **3** occupazione abusiva di terreno pubblico, di casa vuota **4** (*fam. amer.*) nulla, zero: *I haven't got — to do with him*, non ho nulla a che vedere con lui.

to **squat** *pass.p.p.* **squatted** ['skwɒtɪd / squat·ted] *v.intr.* **1** accovacciarsi, accoccolarsi: *the savages squatted about the fire*, i selvaggi si accovacciarono attorno al fuoco **2** acquattarsi (di animali in pericolo); stare a cuccia **3** (*fam.*) sedersi // *to — hot*, (*sl. amer.*) essere giustiziato sulla sedia elettrica **4** impossessarsi abusivamente di un terreno pubblico, di uno stabile vuoto ◆ *v.tr.* **1** *to — oneself*, accovacciarsi **2** (*fam.*) far sedere.

squatter ['skwɒtə* / squat·ter] *s.* **1** persona che si accovaccia; animale accovacciato, acquattato **2** occupante abusivo di uno stabile, un appartamento, un terreno; chi occupa un terreno per ottenere dal governo il diritto di tenerlo (negli Stati Uniti) **3** grande allevatore di bestiame (specialmente di ovini) (in Australia).

to **squatter** *v.intr.* (*non com.*) **1** avanzare a fatica in terreno pantanoso **2** muoversi nell'acqua schizzando.

squatting ['skwɒtɪŋ / squat·ting] *s.* **1** il rannicchiarsi, l'accovacciarsi, l'accoccolarsi **2** occupazione abusiva di una casa vuota, di un terreno pubblico; occupazione di un terreno pubblico per farne pascolo (in Australia).

squaw [skwɔ:] *s.* **1** squaw **2** (*fam. amer.*) moglie **3** persona debole, effeminata.

squawk [skwɔ:k] *s.* **1** grido rauco e aspro; richiamo (spec. di uccelli) **2** (*fam.*) lamento ad alta voce, rumoroso.

to **squawk** *v.intr.* **1** emettere un grido rauco, spezzato; emettere un verso roco, strida rauche (di uccelli) **2** (*fam.*) lamentarsi con voce piagnucolosa; lamentarsi rumorosamente: *he squawked about his troubles all over town*, si lamentava dei suoi guai per tutta la città.

squawker ['skwɔ:kə* / squawk·er] *s.* **1** chi grida raucamente, aspramente **2** chi si lamenta, chi protesta con voce aspra e rauca.

squawman ['skwɔ:mən / squaw·man] *pl.* **squawmen** *s.* bianco sposato a una indiana.

squeak [skwi:k] *s.* **1** grido acuto, strillo **2** grido, pigolio, squittio, guaito (di animali); cigolio, scricchiolio, suono acuto (di cose): *— of a hinge*, cigolio di un cardine **3** *to have a* (*narrow*) *—*, (*fam.*) scamparla bella, scamparla per un filo.

to **squeak** *v.tr.* **1** dire con voce stridula; strillare in tono acuto **2** far scricchiolare, stridere, cigolare ◆ *v.intr.* **1** strillare in tono acuto **2** squittire, guaire, stridere, pigolare (di animali); stridere, cigolare, scricchiolare (di cose): *a pen that squeaks*, una penna che scricchiola (scrivendo) **3** (*sl.*) fare la spia, cantare, confessare.

□ **squeak by, through** *v.intr.* e *avv.* (*fam.*) farcela, cavarsela per un pelo.

squeaker ['skwi:kə*] *s.* **1** chi, ciò che emette un grido, un suono acuto, uno strillo, uno squittio, uno scricchiolio **2** animale che squittisce; lattonzolo; maialino da latte; uccello implume **3** (*sl.*) informatore, traditore, delatore, spia.

squeakily ['skwi:kɪlɪ / squeak·ily] *avv.* in modo stridente, scricchiolante.

squeaky ['skwi:kɪ] *agg.* **1** che grida, strilla con voce stridula, acuta **2** che guaisce, squittisce (di animale); cigolante, scricchiolante, stridente (di cosa): *— door*, porta cigolante; *— sound*, suono stridente ◆ *avv.* *— clean*, (*fam. amer.*) pulito, splendente; (*fig.*) immacolato, puro, candido.

squeal [skwi:l] *s.* grido forte e acuto, strillo.

to **squeal** *v.tr.* strillare, gridare: *to — sthg.*, gridare qlco. con voce stridente, acuta ◆ *v.intr.* **1** strillare, gridare **2** (*fam.*) protestare vivacemente (contro le tasse ecc.) **3** (*sl.*) fare la spia, tradire **4** *to make s.o. —*, (*sl.*) far cantare qlcu.

squealer ['skwi:lə*] *s.* **1** chi strilla, grida **2** (*sl.*) chi si lamenta e protesta **3** (*sl.*) chi fa la spia, tradisce **4** uccello implume; animale che stride; piccioncino.

squeamish ['skwi:mɪʃ / squeam·ish] *agg.* **1** soggetto a nausee: *— stomach*, stomaco delicato **2** schizzinoso, schifiltoso, di gusti difficili; ipersensibile: *don't be so —*, non essere così difficile **3** prude; che si scandalizza // **-ly** *avv.* // **-ness** *s.*

squeegee ['skwi:dʒi: / squee·gee] *s.* **1** tergivetro **2** (*mar., fot.*) seccatoio.

to **squeegee** *v.tr.* **1** asciugare col tergivetro **2** (*mar., fot.*) asciugare, pulire col seccatoio.

squeezable ['skwi:zəbl / squeez·able] *agg.* **1** schiacciabile; comprimibile **2** spremibile; tartassabile (con imposte).

squeeze [skwi:z] *s.* **1** compressione, pressione, schiacciamento // *to put the — on s.o.*, fare pressione su qlcu. **2** spremitura; poche gocce (ottenute mediante spremitura): *a — of lemon*, qualche goccia, uno spruzzo di limone **3** stretta; abbraccio; pizzicotto: *to give s.o. a —*, abbracciare qlcu.; *to give s.o. a — of the hand*, stringere la mano a qlcu. **4** calca, affollamento: *it was a tight —*, si era pigiati come sardine **5** (*econ.*) stretta, contrazione, riduzione: *credit —*, stretta creditizia; *monetary —*, stretta monetaria; *profit —*, compressione dei profitti // *— out*, (*sl.*) fusione di società per eliminare gli azionisti di minoranza **6** (*fam. amer.*) situazione difficile, tesa **7** (*non com.*) estorsione (di denaro) **8** (*spec. archeol.*) calco, impronta **9** (*bridge*) 'squeeze' (il fare in modo che l'avversario giochi una carta importante).

to **squeeze** *v.tr.* **1** spremere; ridurre, comprimere; schiacciare: *to — a juice out of an orange*, spremere il succo da un'arancia; *to — a lemon dry*, spremere un limone fino all'ultima goccia; *to — out a tear*, (*fam.*) spremere una lagrimuccia; *I always — too much toothpaste out of the tube*, schiaccio sempre troppo dentifricio dal tubetto **2** stringere; abbracciare **3** spingere, far entrare a fatica, aprirsi a fatica (la strada): *he squeezed his hand into the glove*, infilò la mano nel guanto **4** estorcere (denaro); opprimere (con tasse): *they squeezed the last penny out of him*, gli estorsero fino all'ultimo centesimo **5** (*spec. archeol.*) fare calchi, copie **6** (*bridge*) costringere (qlcu.) a giocare carte importanti ◆ *v.intr.* **1** farsi spremere **2** spingersi; accalcarsi; stringersi; entrare a fatica; farsi largo a forza: *the crowd squeezed together*, la folla si strinse; *he squeezed onto the back seat of the car*, s'infilò sul sedile posteriore della macchina; *please — up a little*, per favore stringetevi un pochino.

squeezebox ['skwi:z,bɒks / squeeze·box] *s.* (*fam.*) fisarmonica.

squeezed [,skwi:zd] *agg.* spremuto (*anche fig.*): *— lemon*, limone spremuto.

squeezer ['skwi:zə*] *s.* **1** spremitore; spremiagrumi; spremifrutta: *lemon —*, spremilimoni **2** chi spreme, strizza, schiaccia **3** (*mecc.*) strettoio, torchio **4** *pl.* carte da gioco col valore segnato in alto a sinistra.

squeeze roller ['skwi:z,rəʊlə*] *s.* **1** (*tess.*) cilindro spremitore; apparecchio a cilindri spremitori **2** (*fot.*) rullo asciugatore.

squeezing ['skwi:zɪŋ / squeez·ing] *s.* **1** compressione, pressione; contrazione, riduzione **2** estorsione (di denaro).

squelch [skwelʧ] *s.* **1** colpo; tonfo **2** rumore di chi cammina nel fango; cic ciac: *I heard the — of his shoes in the mud*, sentivo le sue scarpe sguazzare nel fango **3** (*rar.*) cosa, massa schiacciata **4** rabbuffo.

to **squelch** *v.tr.* **1** schiacciare, spiaccicare **2** (*fig.*) sopprimere; soffocare; ridurre al silenzio: *to — a protest*, soffocare una protesta **3** fare cic ciac: *the water squelched in his shoes*, le scarpe piene d'acqua facevano cic ciac.

squib [skwɪb] *s.* **1** petardo; razzo; miccia: *to let off a —*, far partire un petardo // *a damp —*, (*fig.*) un affare mancato, un fiasco **2** pasquinata, satira.

to **squib** *pass.p.p.* **squibbed** [skwɪbd] *v.tr.* (*rar.*) **1** sparare (petardi) **2** satireggiare ◆ *v.intr.* **1** sparare petardi **2** scrivere satire; far pasquinate.

□ **squib off** *v.tr.* e *avv.* (*fam. amer.*) freddare, uccidere a revolverate.

squid [skwɪd] *s.* **1** (*zool.*) (*Loligo vulgaris*) calamaro SIN. calamary **2** seppia usata come esca; esca artificiale **3** (*aer.*) calotta (di paracadute) a distensione parziale; paracadute a pera.

squiffy ['skwɪfɪ] *agg.* (*sl. antiq.*) brillo, alticcio.

squiggle ['skwɪgl] *s.* **1** ghirigoro **2** scarabocchio.

to **squiggle** *v.tr.* scarabocchiare ◆ *v.intr.* **1** fare ghirigori **2** fare scarabocchi; scrivere in modo illeggibile **3** dimenarsi.

squiggly ['skwɪglɪ / squig·gly] *agg.* **1** pieno di scarabocchi; illeggibile **2** a svolazzi.

squilgee → **squeegee**.

squill [skwɪl] *s.* **1** (*bot.*) (*Urginea maritima*) scilla marittima **2** (*zool.*) *—* (*fish*), (*Squilla mantis*) squilla, canocchia, cicala di mare.

squinch ['skwɪntʃ] *s.* (*arch.*) arco cieco (di supporto).

squint [skwɪnt] *agg.* (*med.*) strabico ◆ *s.* (*med.*) **1** strabismo **2** sguardo di traverso, sguardo furtivo **3** (*fam.*) occhiata: *to have* (o *to take*) *a — at sthg.*, dare un'occhiata a qlco. **4** (*arch.*) apertura, finestrella obliqua.

to **squint** *v.tr.* socchiudere; tenere socchiusi (gli occhi) ◆ *v.intr.* **1** essere strabico **2** dare occhiate oblique, di traverso, furtive: *to — at sthg.*, lanciare un'occhiata furtiva a qlco. **3** tenere gli occhi socchiusi: *he had to — because of the strong sunlight*, ha dovuto tenere gli occhi socchiusi a causa della forte luce del sole.

squinter ['skwɪntə* / squint·er] *s.* strabico.

squintingly ['skwɪntɪŋlɪ / squint·ing·ly] *avv.* **1** da strabico **2** furtivamente; (*fig.*) obliquamente, di traverso.

to **squiny** ['skwɪnɪ] *v.intr.* (*ant.*) guardare di traverso: *dost thou squiny at me?*, (SH. King Lear) mi guardi torvo?

squire ['skwaɪə*] *s.* **1** gentiluomo, nobiluomo di campagna, castellano // *the —*, il principale possidente della contea, il signore del villaggio **2** (*st.*) scudiero **3** cavalier servente **4** (*dir. amer.*) giudice di pace, magistrato **5** (*fam.*) amico, capo.

to **squire** *v.tr.* **1** accompagnare, scortare; fare da cavaliere a (una donna) **2** (*st.*) fare da scudiero a.

squirearchy ['skwaɪərɑ:kɪ / squire·archy] *s.* **1** (il ceto dei) proprietari terrieri, gentiluomini di campagna **2** (*st. inglese*) governo dei proprietari terrieri.

squirm [skwɜ:m] *s.* contorsione, contorcimento; attorcigliamento.

to **squirm** *v.intr.* **1** contorcersi; dimenarsi; attorcigliarsi **2** (*fig.*) mostrare imbarazzo, umiliazione; essere sulle spine: *her open criticism* *made him — with embarrassment*, le sue aperte critiche lo misero in imbarazzo; *squirming a little, conscious of his filthy appearance, Ralph answered shyly*, (W. GOLDING) un poco imbarazzato, consapevole del suo lurido aspetto, Ralph rispose timidamente.

squirrel ['skwɪrəl / squir·rel] *s.* **1** scoiattolo // *barking* —, cane della prateria **2** (*fam. amer.*) persona eccentrica.

squirrel cage ['skwɪrəl,keɪdʒ] *s.* gabbia di scoiattolo (*anche elettr.*).

squirrel hawk ['swkɪrəl,hɔ:k] *s.* (*zool.*) falco predatore.

squirrel monkey ['skwɪrəl,mʌŋkɪ] *s.* (*zool.*) uistiti, crisotrice.

squirrel tail ['skwɪrəl,teɪl] *s.* (*bot.*) (*Hordeum murinum*) orzo selvatico.

squirt [skwɜ:t] *s.* **1** zampillo, schizzo, piccolo getto d'acqua **2** (*fam. amer.*) saputello, presuntuoso **3** (*dial.*) diarrea **4** (*non com.*) siringa **5** (*ant.*) estintore d'incendi.

to **squirt** *v.tr.* schizzare, spruzzare; iniettare: *he squirted some soda into his whisky*, spruzzò della soda nel suo whisky ◆ *v.intr.* zampillare; schizzare.

squirting cucumber ['skwɜ:tɪŋ'kju:kʌmbə*] *s.* (*bot.*) (*Ecballium elaterium*) cocomero asinino.

to **squish** [skwɪʃ] *v.intr.* (*fam.*) fare cic ciac ◆ *v.tr.* (*fam.*) schiacciare; spremere.

squishy-squashy ['skwɪʃɪ,skwɒʃɪ] *agg.* (*fam. amer.*) sdolcinato, romanticheggiante; lacrimevole.

Sri Lankan [sri:'læŋkən] *agg.* e *s.* (nativo, abitante) dello Sri Lanka.

St. abbr. di → **saint**.

stab [stæb] *s.* **1** coltellata, pugnalata (*anche fig.*): *a — in the back*, una pugnalata nella schiena **2** fitta, dolore acuto **3** (*fam.*) tentativo: *to have* (o *make*) *a — (at it)*, fare un tentativo, provare (a farlo).

to **stab** *pass.p.p.* **stabbed** [stæbd] *v.tr.* **1** accoltellare, pugnalare; ferire (*anche fig.*): *to — s.o. in the back*, pugnalare qlcu. alle spalle (*anche fig.*) **2** conficcare, far penetrare con forza **3** puntare (il dito): *she stabbed her finger at him*, puntò il dito contro di lui **4** martellare, dar colpi con la martellina a: *to — a wall*, martellare una parete ◆ *v.intr.* **1** provocare fitte **2** puntare il dito.

stabber ['stæbə*] *s.* **1** chi ferisce con un'arma da taglio, accoltellatore **2** pugnale.

stabbing ['stæbɪŋ / stab·bing] *s.* accoltellamento ◆ *agg.* acuto, lancinante (di dolore).

stability [stə'bɪlətɪ / sta·bil·ity] *s.* **1** stabilità; equilibrio (*anche fig.*): *the — of a country, of a government*, la solidità di un paese, di un governo; (*econ.*) *price, employment —*, stabilità dei prezzi, dell'occupazione; (*aer.*) *directional —*, stabilità, direzionale, di rotta **2** (*chim.*) stabilità, non reattività.

stabilization [,steɪbəlaɪ'zeɪʃn *amer.* ,steɪbəlɪ'zeɪʃn / sta·bil·iza·tion] *s.* stabilizzazione: (*econ.*) *— policy*, politica di stabilizzazione.

to **stabilize** ['steɪbəlaɪz / sta·bil·ize] *v.tr.* stabilizzare, dare stabilità a ◆ *v.intr.* stabilizzarsi: *prices have stabilized*, i prezzi si sono stabilizzati.

stabilized ['steɪbɪlaɪzd / sta·bil·ized] *agg.* stabilizzato: *— gasoline*, benzina stabilizzata.

stabilizer ['steɪbəlaɪzə* / sta·bil·izer] *s.* stabilizzato; (*chim.*) stabilizzatore, stabilizzante; (*aut.*) barra stabilizzatrice // (*aer.*): *horizontal —*, stabilizzatore; *vertical —*, deriva // (*elettr.*) *frequency —*, stabilizzatore di frequenza // (*econ.*): *automatic —* (o *built-in —*), stabilizzatore automatico; *budgetary —*, stabilizzatore di bilancio.

stabilizing ['steɪbɪlaɪzɪŋ / sta·bil·iz·ing] *agg.* stabilizzante: (*chim.*) *— agent*, agente stabilizzante; (*metall.*) *— treatment*, trattamento stabilizzante.

stable[1] ['steɪbl] *agg.* **1** stabile, fermo, saldo; permanente; equilibrato (*anche fig.*): *he has a — character*, ha un carattere equilibrato; *the chair isn't very —*, la sedia non è ben salda; *to have a — job*, avere un lavoro fisso **2** (*chim.*) stabile, non reattivo // (*fis.*): *— equilibrium*, equilibrio stabile; *— oscillation*, oscillazione costante.

stable[2] *s.* **1** scuderia, stalla: *— boy* (o *lad*), mozzo, garzone di stalla // *to shut the — door after the horse has bolted*, (*prov.*) chiudere la stalla quando i buoi sono fuggiti **2** scuderia, allevamento di cavalli da corsa; personale di scuderia: *— companion*, cavallo della stessa scuderia; *racing —*, scuderia (di cavalli da corsa) **3** *pl.* (*mil.*) servizio di stalla **4** gruppo, équipe: *a — of writers*, un gruppo di scrittori; *— companion*, (*fam.*) membro della stessa équipe.

to **stable**[2] *v.tr.* mettere, tenere in stalla, scuderia.

stable man ['steɪblmən] *s.* cavallante.

stableness ['steɪblnɪs / stable·ness] *s.* (*non com.*) stabilità; fermezza; equilibrio.

stabling ['steɪblɪŋ / sta·bling] *s.* **1** stallaggio **2** stalla; scuderia.

stably ['steɪblɪ] *avv.* stabilmente; costantemente.

staccato [stə'kɑ:təʊ / stac·cato] *s.* (*mus.*) staccato // *the harsh — of gunfire*, (*fig.*) l'aspro crepitio degli spari.

stack [stæk] *s.* **1** mucchio, cumulo; pila, ammasso, catasta; bica (di grano); pagliaio; fascio (di fucili): *— guard*, copertura (di pagliaio); *— stand*, base rialzata (di pagliaio) // (*inform.*) *— pointer*, puntatore alla pila **2** (*fam.*) mucchio, grande quantità: *I have stacks* (o *a whole —*) *of work to get through*, ho un mucchio di lavoro da fare; *to make stacks of money*, fare un sacco di soldi, soldi a palate **3** gruppo di camini // *— furnace*, ciminiera di fabbrica **4** (*smoke*) *—*, fumaiolo **5** scaffali (di una biblioteca); zona degli scaffali **6** (*aer.*) scaglionamento verticale (di aeroplani che volano in circolo, a differenti quote, in attesa di atterrare) **7** (*a carte*) puglia **8** 'stack' (unità di misura per combustibili solidi = 3,06 m^3) **9** faraglione (spec. al largo delle coste della Scozia e delle Orcadi).

to **stack** *v.tr.* **1** impilare; accatastare; ammucchiare; abbicare: *the cyclists stacked their bikes*, i corridori accatastarono le biciclette; *to — arms*, ammucchiare armi (a piramide) **2** mettere pile, cataste su: *his desk was stacked with books*, la sua scrivania era ingombra di libri **3** (*fam.*) fare mazzetto di, truccare (un mazzo di carte) // *the cards* (o *odds*) *are stacked against us*, tutto congiura contro di noi **4** assegnare la quota a (un aeroplano) in attesa di atterrare ◆ *v.intr.* formare una pila, una catasta: *the chairs — twelve high*, ci sono dodici sedie una sopra l'altra.

□ **stack up** *v.tr.* e *avv.* impilare; accatastare; ammucchiare ◆ *v.intr.* e *avv.* **1** (*fam. amer.*) paragonare, fare un paragone **2** aver successo; andare avanti: *that's how things — up today*, così vanno le cose oggi.

stacked [stækt] *agg.* che ha un bel fisico, un bel corpo, una bella figura.

stacker ['stækə*] *s.* (*inform.*) casella di raccolta (delle schede, della carta ecc.).

stactometer [stæk'tɒmɪtə* / stac·to·meter] *s.* (*non com.*) contagocce.

staddle ['stædl] *s.* **1** alberello superstite (di bosco ceduo) **2** troncone (di albero) **3** palo di sostegno (spec. di pagliaio).

stadium ['steɪdjəm / sta·dium] *pl.* **stadia** ['steɪdjə] **stadiums** *s.* **1** (*st.*) stadio (misura itineraria greca variabile) **2** stadio, campo sportivo **3** stadio (di malattia).

stadtholder ['stæt,həʊldə* / stadt·holder] *s.* (*st.*) statolder (vicerè, governatore dei Paesi Bassi).

staff[1] [stɑ:f *amer.* stæf] *pl.* **staffs**, *nei sensi 2, 3, 4, 8* **staves** [steɪvz] *s.* **1** personale (di servizio, ufficio ecc.); gruppo di specialisti, di consulenti; *he is on our —*, fa parte del nostro personale; *to engage —*, assumere personale; *to fire* (o *to sack*) *—*, licenziare personale; *the — is* (o *are*) *on strike*, il personale è in sciopero; *clerical —*, personale impiegatizio; *diplomatic —*, personale diplomatico; *teaching —*, corpo insegnante; *medical —*, personale sanitario; *nursing —*, personale paramedico; *domestic —*, personale di servizio // *editorial —*, redazione // *— regulations* (o *rules*), regolamento del personale; *— turnover*, (indice di) rotazione del personale // *— patterns*, (*amer.*) quadri del personale dirigente // (*mil.*) *— corps*, personale di assistenza **2** bastone; sostegno (*anche fig.*): *— head*, pomolo di bastone; *pilgrim's —*, bordone // *bread is the — of life*, il pane è il sostegno della vita // *— and staple*, ingredienti principali **3** bastone (insegna di comando): *white —*, bastone (carica) di gran tesoriere; (*eccl.*) *pastoral —*, pastorale **4** sostegno, asta (di bandiera ecc.); (*mar.*) albero, alberetto **5** (*mil.*) stato maggiore // *— college*, scuola militare **6** (*agrimensura*) paletto graduato; biffa **7** (*med.*) catetere; sonda scannellata **8** (*mus.*) pentagramma, rigo musicale.

to **staff**[1] *v.tr.* fornire di personale: *army staffed with war-hardened officers*, esercito che dispone di ufficiali provati alla guerra; *to — an office with women*, assumere personale femminile per un ufficio.

staff[2] *s.* (*edil.*) pannello di gesso alleggerito (con incorporazione di fibra di canapa) per rivestimento di costruzioni provvisorie.

staff angle ['stɑ:f,æŋgl *amer.* 'stæf,æŋgl] *s.* (*edil.*) paraspigolo.

staff officer ['stɑ:f,ɒfɪsə* *amer.* 'stæf,ɔ:fɪsə*] *s.* ufficiale di stato maggiore.

staff work ['stɑ:fwɜ:k *amer.* 'stæfwɜ:k] *s.* lavoro organizzativo e amministrativo.

stag [stæg] *s.* **1** cervo **2** castrato **3** giovane gallo da combattimento **4** (*Borsa*) speculatore, premista, aumentista **5** (*fam. amer.*) uomo che va a ricevimenti, feste, senza essere accompagnato da una signora **6** (*sl. ant.*) informatore, spione: *to turn —*, fare il delatore ◆

agg. per soli uomini: — *party*, ricevimento per soli uomini; (festa di) addio al celibato; — *movie*, film pornografico.

to **stag** *pass.p.p.* **stagged** [stægd / stag·ged] *v.tr.* **1** (*sl. ant.*) spiare, osservare furtivamente **2** (*Borsa*) *to — an issue*, accaparrarsi azioni di nuova emissione (in previsione di un aumento delle quotazioni sul mercato secondario) ◆ *v.intr.* (*amer.*) andare a un ricevimento, a una festa senza essere accompagnato da una signora.

stag-beetle [ˈstæg,biːtl] *s.* (*zool.*) (*Lucanus cervus*) cervo volante.

stage [steɪdʒ] *s.* **1** scena, palcoscenico: *to be on* (*the*) —, essere in scena; *to go on* —, entrare in scena; *to put a play on the* —, mettere in scena un'opera teatrale; *to keep the* —, tenere il cartellone; *front of the* —, proscenio; — *box*, palco di proscenio; — *effect*, effetto scenico; — *flood*, riflettore per palcoscenico; — *setting*, allestimento scenico; *revolving* —, palcoscenico girevole **2** teatro, vita teatrale, palcoscenico: *the English* —, il teatro inglese; *star of — and screen*, stella del teatro e del cinema; — *folk*, gli artisti; *to be on the* —, fare l'attore; *to go on the* —, diventare attore, calcare le scene; *to adapt for the* —, adattare per il teatro // (*dir.*) — *right*, diritto di rappresentazione teatrale **3** (*fig.*) campo d'azione, scena, teatro: *to set the — for*, preparare il terreno per, fare preparativi per **4** (*spec. pl.*) grado, stadio, momento, periodo (di sviluppo); fase: *the early stages*, i primi stadi; *to be in the last* —, essere all'ultimo stadio; — *by* —, gradualmente, poco per volta; *the opening, closing stages of a match*, le prime, ultime battute di una partita; *to go through a bad — of one's life*, attraversare un brutto periodo della propria vita // (*econ.*) *stages of growth*, stadi di sviluppo **5** stadio (di missile, razzo) **6** tappa; distanza tra due tappe: *to travel by easy stages*, viaggiare a piccole tappe **7** (*geol.*) stadio; piano (stratigrafico) **8** (*microscopia*) piatto portaoggetti **9** → stagecoach **10** ponteggio, piattaforma, impalcatura: (*edil.*) *hanging* —, ponte volante **11** (*mar.*) pontile: *floating* —, pontile galleggiante; *landing* —, pontile da sbarco.

to **stage** *v.tr.* **1** (*teatr.*) mettere in scena, rappresentare **2** inscenare (dimostrazione ecc.); organizzare: *their indignation was staged*, la loro indignazione era tutta una messa in scena; *to — a ceremony*, organizzare una cerimonia ◆ *v.intr.* **1** essere adatto alla rappresentazione: *this play does not — well*, questa commedia non si presta a essere rappresentata **2** (*antiq.*) viaggiare a tappe; andare in diligenza: *staging to London*, andando a Londra in diligenza.

stagecoach [ˈsteɪdʒ,kəʊtʃ / stage·coach] *s.* (*st.*) diligenza; corriera.

stagecraft [ˈsteɪdʒkrɑːft *amer.* ˈsteɪdʒkræft / stage·craft] *s.* scenotecnica, tecnica teatrale.

stage designer [ˈsteɪdʒdɪ,zaɪnə*] *s.* scenografo.

stage direction [ˈsteɪdʒdɪ,rekʃn] *s.* (*teatr.*) didascalia; direzione scenica.

stage door [,steɪdʒˈdɔː] *s.* ingresso degli artisti; uscita del palcoscenico.

stage fright [ˈsteɪdʒfraɪt] *s.* **1** (*sl. teatr.*) panico da palcoscenico **2** (*estens.*) nervosismo di chi sta per esibirsi davanti a un pubblico.

stagehand [ˈsteɪdʒhænd / stage·hand] *s.* (*teatr.*) macchinista.

to **stage-manage** [ˈsteɪdʒ,mænɪdʒ] *v.tr.* (*fam.*) **1** organizzare, allestire (*anche fig.*) **2** dirigere da dietro le quinte.

stage manager [ˈsteɪdʒ,mænɪdʒə*] *s.* (*teatr.*) direttore di scena.

stage name [ˈsteɪdʒ,neɪm] *s.* nome d'arte.

stager [ˈsteɪdʒə*] *s.* persona esperta, abile: *an old* —, una vecchia volpe.

stagestruck [ˈsteɪdʒstrʌk / stage·struck] *agg.* **1** che aspira a calcare le scene **2** appassionato di teatro.

stage whisper [ˈsteɪdʒ,wɪspə*] *s.* **1** (*teatr.*) battuta sussurrata, destinata ad essere intesa dal pubblico, ma non dagli altri personaggi **2** (*fig.*) frase detta a bassa voce, ma in modo da essere sentita da tutti.

stagey [ˈsteɪdʒɪ] → **stagy**.

stagflation [,stægˈfleɪʃn / stag·fla·tion] *s.* (*econ.*) stagflazione.

stagflationary [,stægˈfleɪʃənərɪ *amer.* ,stægˈfleɪʃənerɪ / stag·fla·tion·ary] *agg.* (*econ.*) stagflazionistico.

stagger [ˈstægə* / stag·ger] *s.* **1** barcollamento, ondeggiamento, andatura a zigzag: *the — of a drunken man*, l'andatura barcollante di un ubriaco **2** *pl.* (*antiq.*) vertigini: *to have the staggers*, avere le vertigini **3** *pl.* (*vet.*) capogatto, capostorno **4** (*mecc.*) sfalsamento **5** (*aer.*) scalamento.

to **stagger** *v.intr.* vacillare; barcollare; brancolare; ondeggiare: *they staggered under the heavy burden*, vacillarono sotto il pesante carico; *she staggered out of the room*, uscì barcollando dalla stanza // *to — along*, avanzare barcollando ◆ *v.tr.* **1** far vacillare; far barcollare; far ondeggiare: *he was staggered by the blow*, barcollò sotto il colpo **2** sconcertare; stupire; sbalordire: *he was staggered by the news*, la notizia lo sconcertò **3** distribuire in turni; scaglionare: *to — the working hours of the staff*, stabilire dei turni di lavoro per il personale **4** (*mecc.*) sfalsare **5** (*aer.*) scalare.

staggered [ˈstægəd / stag·gered] *agg.* **1** sconcertato; stupito; sbalordito **2** scaglionato; distribuito in turni // (*econ.*) — *strike*, sciopero a scacchiera **3** (*mecc.*) sfalsato **4** (*aer.*) scalato, ad ali scalate.

staggering [ˈstægərɪŋ / stag·ger·ing] *agg.* **1** che barcolla, che vacilla **2** incredibile; sconcertante; sbalorditivo // **-ly** *avv.*

staggering *s.* **1** barcollamento, vacillamento **2** sconcerto; stupore; sbalordimento **3** (*mecc.*) sfalsatura, lo sfalsare **4** (*aer.*) scalamento, lo scalare.

stagging [ˈstægɪŋ / stag·ging] *s.* (*Borsa*) **1** maggiorazione **2** l'attività del premista.

staghorn fern [ˈstæghɔːnˈfɜːn] *s.* (*bot.*) (*Platycerium alcicorne*) platicerio.

staghound [ˈstæghaʊnd / stag·hound] *s.* grosso cane da caccia.

staginess [ˈsteɪdʒɪnɪs / sta·gi·ness] *s.* teatralità; artificiosità.

staging [ˈsteɪdʒɪŋ / sta·ging] *s.* **1** (*teatr.*) messa in scena, allestimento scenico: *the — of a play is in itself a work of art*, l'allestimento di uno spettacolo è un lavoro artistico di per se stesso **2** (*edil.*) impalcatura, ponteggio **3** (*antiq.*) viaggio in diligenza; guida di una diligenza.

staging area [ˈsteɪdʒɪŋ,eərɪə] *s.* (*mil.*) base di addestramento.

Stagirite [ˈstædʒɪraɪt / Stagir·ite] *agg.* di Stagira ◆ *s.* stagirita // *the* —, lo Stagirita, Aristotele.

stagnancy [ˈstægnənsɪ / stag·nancy] *s.* ristagno, stasi.

stagnant [ˈstægnənt / stag·nant] *agg.* stagnante, fermo (*anche fig.*): — *water*, acqua stagnante, acqua morta; *business is* —, c'è un ristagno negli affari; (*econ.*) — *markets*, mercati stagnanti // **-ly** *avv.*

to **stagnate** [stægˈneɪt *amer.* ˈstægneɪt / stag·nate] *v.intr.* **1** ristagnare, fermarsi, cessare di scorrere **2** ristagnare; intorpidirsi; rimanere inattivo, fermo.

stagnation [stægˈneɪʃn / stag·na·tion] *s.* **1** ristagno: — *of blood*, ristagno di sangue // — *point*, (*fis.*) punto di ristagno **2** stasi, inattività; torpore: *the dullness and — of a provincial town*, la noia e il torpore di una città di provincia **3** (*econ.*) ristagno, stagnazione.

stagy [ˈsteɪdʒɪ] *agg.* (*spreg.*) teatrale, istrionico; artificioso.

staid [steɪd] *agg.* **1** serio, compassato; noioso, barbogio **2** serio, poco vivace; scialbo // **-ly** *avv.* // **-ness** *s.*

stain [steɪn] *s.* **1** macchia; scolorimento: *to remove a* —, togliere una macchia // — *remover*, smacchiatore **2** (*fig. letter.*) taccia, macchia, onta, vergogna: *the — of sin*, la macchia del peccato; *he came out of it without a — on his character*, ne uscì senza onta **3** colore, colorazione, tinta **4** (*chim.*) colorante (anche per uso istologico); mordente: *spirit, water* —, mordente ad alcol, ad acqua; *wood* —, mordente per legno.

to **stain** *v.tr.* **1** macchiare; sporcare (*anche fig.*); scolorire, stingere: *his trousers were stained with blood*, i suoi pantaloni erano macchiati di sangue; *his teeth were stained by smoke*, i suoi denti erano ingialliti dal fumo **2** colorare (la struttura, le fibre del materiale); mordenzare **3** (*biol.*) colorare ◆ *v.intr.* macchiarsi; sporcarsi.

stainability [,steɪnəˈbɪlətɪ / stain·ab·il·ity] *s.* (*biol.*) capacità di colorarsi.

stained [steɪnd] *agg.* **1** macchiato, sporco (*anche fig.*); scolorito **2** colorato, tinto // — *glass*, vetro colorato (per finestre, vetrate ecc.); — *-glass window*, vetrata colorata, istoriata (di chiesa) // — *paper*, carta da parati.

stainer [ˈsteɪnə*] *s.* **1** tintore **2** (*chim.*) colorante.

staining [ˈsteɪnɪŋ / stain·ing] *s.* tintura; colorazione.

stainless [ˈsteɪnlɪs / stain·less] *agg.* **1** senza macchia, immacolato (*anche fig.*): — *reputation*, reputazione senza macchia **2** che non scolorisce, non stinge **3** che non arrugginisce, inossidabile: — *steel*, acciaio inossidabile // **-ly** *avv.*

stair [steə*] *s.* **1** scalino, gradino // *top* —, ultimo gradino (in alto) **2** (*gener. pl.*) scala: *I passed her on the stairs*, le passai accanto sulle scale; *to run up, down the stairs*, salire, scendere correndo le scale // *below stairs*, nel seminterrato, nelle stanze della servitù // — *rail*, ringhiera delle scale // *flight of stairs*, rampa di scale; gradinata.

stair-carpet [ˈsteə,kɑːpɪt] *s.* passatoia.

staircase [ˈsteəkeɪs / stair·case] *s.* **1** scala; scalone // *winding* — (o *spiral* —), scala a chiocciola **2** tromba delle scale.

stairhead ['steəhed / stair·head] *s.* pianerottolo.

stair-rod ['steərɒd] *s.* bacchetta metallica per fissare la passatoia alla scala.

stairway ['steəweı / stair·way] → **staircase**.

stairwell ['steəwel / stair·well] *s.* pozzo delle scale.

stake[1] [steık] *s.* **1** palo (di sostegno, di steccato ecc.); piolo, picchetto; paletto // *to pull up stakes*, (*fam. amer.*) cambiare casa, trasferirsi **2** (palo del) rogo: *she was condemned to the* —, fu condannata al rogo **3** piccola incudine, tassetto (da lattoniere) **4** (*concia delle pelli*) orbello **5** (*topografia*) palina, picchetto; biffa.

to **stake**[1] *v.tr.* **1** sostenere con pali, pioli; palare; infrascare // *to* — (*out*) *a* (o *one's*) *claim* (*on, to*), (*fig.*) reclamare, pretendere, rivendicare il (proprio) diritto (su, a) **2** attaccare, legare a piolo, palo **3** trafiggere; (*st.*) impalare **4** (*concia delle pelli*) passare all'orbello.

□ **stake off** *v.tr.* e *avv.* cintare, chiudere con una palizzata; circoscrivere, delimitare con picchetti, biffe ecc.; (*topografia*) palinare, picchettare; biffare.

□ **stake out** *v.tr.* e *avv.* **1** cintare, recintare; delimitare (*anche fig.*) **2** (*fam.*) sorvegliare, tenere sotto sorveglianza: *to — out a place, a person*, sorvegliare un luogo, una persona.

stake[2] *s.* **1** scommessa; puntata, posta: *the — is five pounds*, la posta è di cinque sterline; *put down your stakes!*, fate il vostro gioco!; *to lay the stakes*, giocare, puntare; *they are playing for high stakes*, hanno in gioco una posta molto alta; *to sweep the stakes*, vincere il piatto, tutte le poste, far piazza pulita // *at* —, in gioco: *his life is at* —, è in gioco la sua vita // *to have a — in sthg.*, avere degli interessi in qlco. // *to have a — in s.o.'s future*, porre un'ipoteca sul futuro di qlcu. **2** partecipazione (azionaria), pacchetto (azionario): *to have a — in a firm*, avere una partecipazione in una ditta **3** *pl.* (*ippica*) premio // *consolation* —, premio di consolazione **4** *pl.* (*v. sing.* o *pl.*) (*ippica*) 'stakes', corsa a premi **5** (*fam. amer.*) credito.

to **stake**[2] *v.tr.* **1** mettere in gioco, scommettere, giocare, rischiare: — *your money!*, fate il vostro gioco!; *I'd — my life on it*, ci scommetterei l'osso del collo; *to — heavily*, giocar forte, rischiare molto; *to — everything*, mettere tutto in gioco, rischiare il tutto per tutto **2** finanziare; aiutare economicamente; far credito a: *the government is staking infant industry in the area*, il governo finanzia l'industria nascente nella zona; *the local storeowners used to — goldminers*, i negozianti locali facevano credito ai cercatori d'oro // *to — s.o. to sthg.*, (*fam. amer.*) offrire qlco. a qlcu.

stakeholder ['steık,həʊldə* / stake·holder] *s.* **1** persona cui vengono affidate le poste delle scommesse **2** (*dir.*) terzo fiduciario cui le parti in lite affidano la custodia di cose.

stake-net ['steıknet] *s.* (*pesca*) gradella.

stake-out ['steıkaʊt] *agg.* di sorveglianza: — *duty*, servizio di sorveglianza.

stake out *s.* **1** sorveglianza **2** (*spec. amer.*) controllo di polizia.

stakhanovite [stə'kɑ:nəvaıt / stak·han·ov·ite] *s.* e *agg.* stacanovista.

stalactite ['stæləktaıt / stal·ac·tite] *s.* (*geol.*) stalattite.

stalactitic [,stælək'tıtık / sta·lac·titic] *agg.* stalattitico.

stalagmite ['stæləgmaıt / stal·ag·mite] *s.* (*geol.*) stalagmite.

stalagmitic(al) [,stæləg'mıtık(l) / stal·ag·mitic·(al)] *agg.* stalagmitico.

stale[1] [steıl] *agg.* **1** vecchio, stantio: — *air*, aria viziata; — *bread*, pane raffermo; — *milk*, latte andato a male; *to smell* —, sapere di vecchio, di stantio, di rinchiuso **2** (*fig.*) vecchio, trito: — *joke*, barzelletta vecchia **3** esaurito; spossato: *an athlete becomes — through overtraining*, un atleta si esaurisce con l'allenamento eccessivo; *his talent has gone* —, il suo talento si è esaurito **4** (*comm.*) fermo (di mercato) **5** (*dir.*) caduto in prescrizione; scaduto: — *cheque*, assegno scaduto // **-ly** *avv.* (*non com.*) // **-ness** *s.*

to **stale**[1] *v.tr.* e *intr.* **1** rendere, diventare stantio, vecchio **2** (*fig.*) togliere sapore (a), perdere interesse (per).

stale[2] *s.* urina (di bestiame).

to **stale**[2] *v.intr.* (*ant.*) urinare (di bestiame).

stale[3] *s.* **1** uccello da richiamo // *the trumpery in my house, go bring it hither, / for stale to catch these thieves*, (SH. The Tempest) va' a casa mia a prendere le chincaglierie; faranno da esca per catturare questi ladri **2** (*ant.*) prostituta: *he hath wronged his honour in marrying the renowned Claudio... to a contaminated stale*, (SH. Much Ado About Nothing) ha macchiato il suo onore combinando il matrimonio fra l'illustre Claudio... e una lurida puttana.

stalemate ['steılmeıt / stale·mate] *s.* **1** (*scacchi*) stallo **2** (*fig.*) punto morto, situazione di stallo: *the war reached a* —, la guerra arrivò a un punto morto.

to **stalemate** *v.tr.* **1** (*scacchi*) fare stallo a, tenere in scacco **2** (*fig.*) portare a un punto morto, a una situazione di stallo.

stalk[1] [stɔ:k] *s.* **1** (*bot.*) stelo, gambo, fusto; (*bot., anat.*) peduncolo // *abdominal-* —, cordone ombelicale **2** stelo (di bicchiere, vaso): *a glass with a tall* —, un bicchiere a stelo lungo **3** (*arch.*) ornamento a forma di stelo **4** alta ciminiera (di fabbrica).

stalk[2] *s.* **1** caccia in appostamento **2** caccia furtiva alla preda; pedinamento silenzioso **3** andatura rigida e maestosa; passo altero.

to **stalk**[2] *v.intr.* **1** inseguire furtivamente la preda **2** camminare con andatura rigida e maestosa; camminare a passi misurati ◆ *v.tr.* inseguire furtivamente (la preda).

stalk-borer ['stɔ:k,bɔ:rə*] *s.* (*zool.*) larva di insetto che si nutre di peduncoli.

stalker ['stɔ:kə*] *s.* **1** chi avanza furtivamente **2** cacciatore; cacciatore in agguato.

stalk-eyed ['stɔ:kaıd] *agg.* (*zool.*) con occhi peduncolati.

stalking-horse ['stɔ:kıŋhɔ:s] *s.* **1** cavallo dietro a cui si apposta il cacciatore **2** (*fig.*) pretesto, maschera: *hypocrisy is the devil's* —, l'ipocrisia è la maschera del diavolo **3** (*pol.*) candidato civetta (presentato per dividere l'opposizione, per non far conoscere fino all'ultimo il candidato vero).

stalklet ['stɔ:klıt / stalk·let] *s.* (*bot.*) piccolo gambo, picciolo, stelo secondario.

stalky ['stɔ:kı] *agg.* (*bot.*) **1** a forma di picciolo; simile a stelo **2** fornito di picciolo; con lungo gambo.

stall[1] [stɔ:l] *s.* **1** stalla; box (di stalla) **2** banco di vendita; bancarella; chiosco: *to have a* —, avere una bancarella (al mercato) **3** box, cabina: *shower* —, box doccia **4** (*eccl.*) stall, scanno; (*fig.*) dignità di canonico: *a canon's* —, stallo canonico; (*fig.*) canonicato **5** (*teatr.*) poltrona (di platea): *I'd like a seat in the stalls*, vorrei un posto in poltrona **6** reparto, recesso per un minatore (in una miniera di carbone) **7** (*aer.*) stallo.

to **stall**[1] *v.tr.* **1** mettere, tenere (bestiame) in stalla (per l'ingrasso): *stalled oxen*, buoi tenuti in stalla per l'ingrasso **2** fornire (una stalla) di box **3** impantanare; affondare (nella neve, nel fango ecc.) **4** (*mecc.*) provocare l'arresto del motore di: *I stalled the car by letting the clutch out too quickly*, mi si è fermato il motore perché ho lasciato andare la frizione troppo in fretta **5** (*aer.*) stallare **6** fornire di scanni (un coro ecc.) ◆ *v.intr.* **1** impantanarsi; affondare nella neve, nel fango ecc. **2** (*mecc.*) piantarsi, spegnersi (di motore): *the car kept stalling*, il motore si spegneva continuamente **3** (*aer.*) stallare, entrare in stallo.

stall[2] *s.* (*sl.*) **1** complice di borsaiolo, palo **2** (*amer.*) espediente, pretesto elusivo.

to **stall**[2] *v.intr.* (*fam.*) parlare, agire evasivamente: *stop stalling!*, smettila di menare il can per l'aia!, vieni al dunque! ◆ *v.tr.* (*fam.*) ritardare (una azione) con espedienti elusivi: *he could no longer — his creditors*, egli non poteva più tenere a bada i creditori.

stallholder ['stɔ:l,həʊldə* / stall·holder] *s.* bancarellista.

stall(ing) speed ['stɔ:l(ıŋ),spi:d] *s.* (*aer.*) velocità di stallo.

stallion ['stæljən / stal·lion] *s.* (*zool.*) stallone.

stalwart ['stɔ:lwət / stal·wart] *agg.* **1** robusto, forte, gagliardo **2** prode, valente, coraggioso; risoluto ◆ *s.* **1** persona coraggiosa **2** (*pol.*) sostenitore, uomo di parte: *one of the old stalwarts*, uno della vecchia guardia // **-ly** *avv.* // **-ness** *s.*

stamen ['steımən / sta·men] *pl.* **stamens**, **stamina** ['steımınə / stam·ina] *s.* (*bot.*) stame.

stamina ['stæmınə / stam·ina] *s.* capacità di resistenza, forza vitale, vigore: *to lose one's* —, perdere le forze; *he ran five miles every day to build up his* —, correva cinque miglia al giorno per migliorare la sua resistenza.

staminal ['stæmınəl / stam·inal] *agg.* (*bot.*) staminale, degli stami, stamineo.

staminate ['stæmınıt / stam·in·ate] *agg.* (*bot.*) avente stami.

staminiferous [,stæmı'nıfərəs / sta·mi·ni·fer·ous] *agg.* (*bot.*) staminifero.

stammer ['stæmə* / stam·mer] *s.* balbettamento; balbuzie.

to **stammer** *v.intr.* **1** balbettare, tartagliare **2** farfugliare, parlare confusamente (per eccitazione, impaccio) ◆ *v.tr.* dire balbettando, farfugliando.

stammerer ['stæmərə* / stam·mer·er] *s.* balbuziente.

stammering ['stæmərıŋ / stam·mer·ing]

agg. balbuziente, balbettante ◆ *s.* balbuzie; balbettio // **-ly** *avv.*

stamp [stæmp] *s.* **1** bollo, francobollo; marca: *fifty pence* —, francobollo da cinquanta penny; *postage* —, francobollo, affrancatura postale; — *album*, album per francobolli; — *collector*, collezionista di francobolli, filatelico // *ad valorem* —, bollo proporzionale // *receipt* (o *revenue*) —, marca da bollo; — *paper*, carta da bollo // (*trib.*): — *duty*, imposta, diritto di bollo; *transfer — duty*, imposta di bollo sui trasferimenti di azioni // *Stamp Act*, (*st. amer.*) legge sul bollo **2** timbro; stampigliatura; marchio: *blind* —, timbro a secco; *date* —, timbro a data; *official* —, marchio ufficiale **3** impronta, orma, segno (*anche fig.*): *to leave one's — on sthg.*, lasciare un'impronta su qlco.; *he bears the — of genius*, porta in sé l'impronta del genio **4** (*mecc.*) mazza battente **5** (*metall.*) stampo **6** (*fig.*) tipo, sorta, stampo, genere: *man of that* —, uomo di tal tempra; *of the right* —, del tipo adatto; *of the same* —, dello stesso stampo, della stessa stoffa **7** battuta (di piede): *with a — of the foot*, battendo il piede.

to **stamp** *v.tr.* **1** imprimere, incidere, stampare; lasciare un'impronta di (*anche fig.*): *to — sthg. on the mind*, imprimersi qlco. nella mente; *to have one's initials stamped on sthg.*, far incidere, stampare le proprie iniziali su qlco. **2** (*fig.*) marcare, dare l'impronta a; caratterizzare: *cruelty was stamped on his face*, la sua faccia portava il marchio della crudeltà; *that alone stamps the story as an invention*, basta questo a dimostrare che è tutta una frottola; *that stamps him*, da questo si può capire che tipo è **3** timbrare; apporre un visto a; stampigliare: *I must have my passport stamped*, devo far timbrare il passaporto; *to — the date on a letter*, stampigliare la data su una lettera; *stamped paper*, documento vistato **4** pestare, battere (i piedi): *stamped earth*, terra battuta; *she stamped the snow from her feet*, batté i piedi per togliersi la neve dalle scarpe **5** (*miner.*) frantumare; sgretolare, sbriciolare, polverizzare **6** (*metall.*) stampare, punzonare **7** (*ant.*) coniare: *I have tumbled past the throw, and in his praise / have almost stamp'd the leasing*, (SH. Coriolanus) sono andato oltre il tiro e nel lodarlo poco è mancato che non coniassi menzogne ◆ *v.intr.* pestare, battere i piedi (*anche fig.*): *to — with rage*, pestare i piedi per la rabbia; *they stamped upstairs*, salirono le scale battendo i piedi; *she stamped along the corridor*, i suoi passi risuonarono in corridoio.

□ **stamp on** *v.intr.* e *prep.* pestare (con i piedi); schiacciare (*anche fig.*): *he stamped on the tin flattening it*, schiacciò la lattina sotto i piedi; *any opposition was stamped on*, qualsiasi opposizione fu schiacciata.

□ **stamp out** *v.tr.* e *avv.* **1** reprimere; comprimere: *the rebellion was ruthlessly stamped out*, la ribellione fu spietatamente repressa **2** stampare, forgiare: *this machine stamps out car bodies*, questa macchina stampa intelaiature di automobili.

stamp battery ['stæmp,bætən] *s.* (*miner.*) macchina a maglio per sgretolare minerale.

stampede [stæm'pi:d / stam·pede] *s.* **1** fuga disordinata e precipitosa (di massa di animali) **2** corsa; fuggi-fuggi, serra-serra (*anche fig.*): *during the crisis there was a — to sell shares*, durante la crisi ci fu una corsa a vendere azioni; *there was a — for the refreshments*, si precipitarono tutti al buffet.

to **stampede** *v.intr.* fuggire in disordine; causare panico, essere presi dal panico: *investors stampeded to sell their shares*, presi dal panico, gli investitori si precipitarono a vendere le loro azioni ◆ *v.tr.* spaventare; far fuggire in disordine, in preda al panico: *to — s.o. into doing sthg.*, fare fare qlco. a qlcu. in preda al panico; *they are not easily stampeded*, non perdono la testa facilmente.

stamper ['stæmpə*] *s.* **1** timbratore; punzonatore **2** (*mecc.*) stampo, matrice; punzone **3** stampatrice **4** frantumatrice.

stamping ['stæmpɪŋ / stamp·ing] *s.* **1** bollatura; affrancatura **2** timbratura; stampigliatura **3** (*mecc.*) stampaggio **4** (*miner.*) frantumatura.

stamping ground ['stæmpɪŋ,graʊnd] *s.* (*fam.*) area di ritrovo; zona frequentata (da persone, gruppi ecc.): *Greenwich Village was the — of bohemians*, il Greenwich Village era l'area di ritrovo dei bohémien.

stamping machine ['stæmpɪŋmə,ʃi:n] *s.* affrancatrice postale; timbratrice; obliteratrice.

stamping mill ['stæmpɪŋ,mɪl] *s.* (*miner.*) reparto frantumatura.

stamp mill ['stæmpmɪl] *s.* (*mecc.*) molino a pestello.

stance [stɑ:ns *amer.* stæns] *s.* **1** posizione, atteggiamento (del corpo); (*golf, cricket*) posizione che si assume per colpire la palla: *to take up one's* —, mettersi in posizione di gioco **2** atteggiamento, presa di posizione: *he adopted a rigid — on hooliganism*, assunse un atteggiamento duro contro il teppismo.

(to) **stanch** [stɑ:nʃ *amer.* stæntʃ, stɔ:ntʃ] (*amer.*) → (to) **staunch**.

stanchion ['stɑ:nʃn *amer.* 'stæntʃən / stan·chion] *s.* **1** sostegno, puntello **2** (*mecc.*) montante **3** (*mar.*) candeliere **4** stanghe (per attaccare il bestiame).

to **stanchion** *v.tr.* **1** puntellare, rinforzare con sostegni, puntelli **2** attaccare alle stanghe (bestiame).

stand [stænd] *s.* **1** pausa, fermata, arresto: *to come* (o *to be brought*) *to a* —, fermarsi, doversi fermare // (*teatr.*) *one-night* —, rappresentazione, esecuzione singola **2** presa di posizione; resistenza: *to take a — against sthg., s.o.*, prendere posizione contro qlco., qlcu.; *to make a — against the enemy*, opporre resistenza al nemico; *Custer's last* —, l'ultima resistenza, l'ultima battaglia di Custer **3** posizione, posto: *to take one's — near the door*, mettersi vicino alla porta **4** (*caccia*) luogo d'appostamento, d'imboscata; posto di guardia **5** podio; palco, tribuna, piattaforma; (*amer.*) posto riservato ai testimoni in tribunale: *to take the* —, (*amer.*) deporre in tribunale; (*fig.*) dire la propria opinione **6** (*anche pl.*) (*sport*) il pubblico della tribuna; le tribune **7** banco di vendita, bancarella; padiglione: (*news*) —, edicola, chiosco (dei giornali) **8** piedistallo, sostegno; scaffale, leggio; (*mecc.*) supporto: *three-legged* —, treppiedi; (*mecc.*) *testing* —, banco di prova, di collaudo **9** pezzo di terreno coltivato; crescita di seminato: *a good — of corn*, un rigoglioso campo di grano **10** (*mil.*) dotazione: — *of arms*, armamento (di un soldato) // — *of colours*, insegne di un reggimento.

to **stand** *pass.p.p.* **stood** [stʊd] *v.intr.* **1** essere, stare (in piedi): *I'm too tired to* —, sono troppo stanco per stare in piedi; *don't just — there, do something*, non stare lì impalato, fai qualcosa; *I can hardly* —, mi reggo a stento; *I left her standing in the middle of the room*, la lasciai in piedi in mezzo alla stanza; *no buildings were left standing after the hurricane*, nessun edificio rimase in piedi dopo l'uragano; — *away from the water*, stai lontano dall'acqua // (*mil.*): — *at ease!*, riposo!; — *to attention!*, attenti! // *he made my hair — on end*, mi fece rizzare i capelli // *to — on one's own legs*, far da sè, essere indipendenti; *that boy hasn't a leg to — on*, quel ragazzo non ha proprio nessuna scusa **2** stare, trovarsi, esserci; fermarsi, sostare, trattenersi; indugiare: *here once stood an old castle*, qui una volta sorgeva un vecchio castello; *the box stood in the cellar for years*, la scatola rimase in cantina per anni; *don't — on the platform*, vietato fermarsi sulla piattaforma; *a car was standing at the door*, un'auto era ferma davanti alla porta; *I stood and looked at him*, mi fermai a guardarlo; *he was commanded to* —, ebbe l'ordine di fermarsi // *no standing*, (*amer.*) divieto di sosta // — *clear* (*of the passage*), lasciare libero il passaggio // *to buy sthg. as it stands*, comperare qlco. così com'è // *to — fast* (o *firm*), tener duro // — *and deliver*, (*antiq.*) o la borsa o la vita! **3** durare, essere valido; conservarsi; sopravvivere: *the same remark stands good*, vale la stessa osservazione; *does your offer still —?*, è ancora valida la tua offerta?; *we — or fall together*, siamo tutti nella stessa barca; *will this colour — or not?*, è solido questo colore o sbiadirà? **4** essere alto, avere un'altezza di: *he stands 1 m 80 cm in his bare feet*, è alto 1 metro e 80 cm a piedi nudi **5** essere, stare (in determinate condizioni): *the balance of the account stands at £ 10*, il saldo del conto è di 10 sterline; *the thermometer stands at 80°*, il termometro segna 80°; *the flat stood empty for months*, l'appartamento rimase vuoto per mesi; *as things — at the moment*, come stanno le cose al momento; *the company does not — in his name*, la ditta non è intestata a suo nome; *gold stands higher than ever*, il prezzo dell'oro è più alto che mai; *how do you — for money?*, quanti soldi hai (con te)?; *how do you — with him?*, in che rapporti sei con lui?; *to — aloof*, isolarsi, rimanersene in disparte; *to — as a candidate*, presentarsi come candidato; *to — as a guarantee*, farsi mallevadore; *to — in danger of*, rischiare di, essere esposto al pericolo di; *with this investment we — to gain five million dollars*, con questo investimento guadagneremo cinque milioni di dollari; *to — under heavy obligations*, aver grossi debiti, avere forti impegni **6** ristagnare; depositarsi (di liquidi): *the water appears to — here*, l'acqua sembra ristagnare in questo punto; *to allow a liquid to* —, lasciar depositare un liquido; *to let tea* —, lasciare il tè in infusione ◆ *v.tr.* **1** mettere ritto; porre, collocare: — *it against the wall*, mettilo dritto contro il muro; *he stood the clock on the table*, mise l'orologio sul tavolo **2** sopportare (il peso di), tollerare: *it would be more than human nature can* —, è al di là delle capacità di sopportazione della natura umana; *she can't — him*, non lo può soffrire; *to — any amount of wear*, essere molto resistente; *to — one's ground*, mantenere le proprie posizioni; tener duro; *I can't — being kept waiting*, non sopporto che mi si faccia attendere **3** (*fam.*)

pagare, sostenere le spese; offrire: *he promised to — us a good lunch*, ha promesso di offrirci un buon pranzetto; *Smith stood a round*, Smith offrì da bere a tutti.

□ **stand aside** *v.intr.* e *avv.* **1** farsi, mettersi da parte: *I was asked to — aside and let them pass*, mi fu chiesto di mettermi da parte e farli passare **2** (*fig.*) stare in disparte, stare a guardare SIN. to stand back, to stand by.

□ **stand back** *v.intr.* e *avv.* **1** sorgere, essere situato in posizione arretrata (rispetto a) *the building stands far back from the busy road*, l'edificio sorge molto arretrato rispetto alla strada di grande traffico **2** mettersi distante (per guardare ecc.) **3** (*fig.*) tenersi in disparte, non prendere parte attiva in (decisioni ecc.) SIN. to stand aside, to stand by.

□ **stand by** *v.intr.* e *prep.* stare accanto, sostenere; mantenere, restare fedele a (promesse, impegni): *he stood by me*, è stato dalla mia parte; *I — by what I said*, mantengo quanto ho detto ◆ *v.intr.* e *avv.* **1** guardare, stare in disparte senza far niente; fare da spettatore, assistere inattivo a SIN. to stand aside, to stand back: *how can you — by and watch him ruin his life?*, come puoi star lì a guardare mentre si rovina la vita? **2** (*for*) essere pronto (ad agire o intervenire), tenersi pronto; (*mil.*) essere in stato di allerta: *ambulances were standing by*, le ambulanze si tenevano pronte // (*tel.*) *— by*, resti in linea.

□ **stand down** *v.intr.* e *avv.* **1** (*dir.*) ritirarsi, lasciare il banco dei testimoni **2** (*mil.*) essere sciolto (di reggimento ecc.) **3** (*mil.*) smontare di guardia **4** (*fig.*) cedere il posto (a qlcu.), ritirarsi: *the chairman proposed to — down in favour of a younger candidate*, il presidente propose di ritirarsi a favore di un candidato più giovane.

□ **stand for** *v.intr.* e *prep.* **1** stare per, rappresentare: *'adj.' stands for adjective*, 'agg.' sta per aggettivo; *I hate him and all he stands for*, odio lui e tutto quello che rappresenta **2** (*fam.*) tollerare: *I won't — for her impudence*, non tollererò la sua sfacciataggine.

□ **stand in** *v.intr.* e *avv.* (*form.*) sostituire; (*cinem.*) fare da controfigura (a).

□ **stand off** *v.tr.* e *avv.* **1** licenziare, lasciare a casa (dal lavoro per crisi) SIN. to lay off **2** (*mar.*) stare al largo, all'ancora in rada.

□ **stand out** *v.intr.* e *avv.* **1** spiccare, distinguersi // *to — out a mile*, (*fig.*) vedersi lontano un miglio **2** (*against*) resistere, tener duro: *I'm standing out against his proposal*, sono fortemente contrario alla sua proposta; *the men stood out for better working conditions*, gli uomini erano fermi sulle loro richieste di migliori condizioni di lavoro.

□ **stand over** *v.intr.* e *prep.* controllare da vicino ◆ *v.tr.* e *avv.* differire, restare in sospeso: *the decision was stood over till the next meeting*, la decisione fu rinviata alla prossima riunione.

□ **stand to** *v.intr.* e *avv.* (*mil.*) stare all'erta.

□ **stand up** *v.intr.* e *avv.* **1** alzarsi in piedi SIN. to get up: *when he came in everybody stood up*, quando egli entrò tutti si alzarono **2** (*for*) mettersi dalla parte di; sostenere: *to — up for one's rights*, affermare i propri diritti **3** (*to*) resistere a, sopportare: *to — up to close inspection*, superare un'ispezione minuziosa **4** (*to*) opporsi a, contrastare: *she should — up to him a bit more*, dovrebbe opporsi di più alle sue prepotenze ◆ *v.tr.* e *avv.* (*sl.*) non presentarsi a un appuntamento con, fare un bidone (a).

stand-alone ['stændələʊn] *s.* (*inform.*) (unità, gruppo) indipendente.

standard ['stændəd / stand·ard] *agg.* **1** standard; medio; usuale, ordinario, comune; normale, regolare: *— procedure*, normale procedura; *— car*, automobile di serie; *— edition*, edizione normale; (*ferr.*) *— gauge*, scartamento normale; (*cinem.*) passo normale; *— measure, size*, misura standard; *— metre*, metro campione; *— pound*, libbra regolamentare; *— sample*, campione unificato; *in this model electric windows are a — feature*, in questo modello gli alzacristalli elettrici sono di serie; *— English should be taught to children at school*, ai bambini a scuola dovrebbe essere insegnato l'inglese corrente e corretto // (*dir.*): *— clause*, clausola tipo; *— contract*, contratto tipo, contratto per adesione, condizioni generali di contratto // (*amm.*) *— cost*, costo standard // (*econ.*): *— commodity*, merce tipo; *— currency unit*, unità monetaria // (*stat.*): *— deviation*, scarto quadratico medio, deviazione standard; *— error*, errore standard // (*meteor.*) *— atmosphere*, atmosfera tipo // (*fis.*) *— temperature and presure*, temperatura e pressione normali **2** di base, fondamentale; autorevole; classico: *this is the — text on the subject*, questo è il testo fondamentale sull'argomento **3** che ha una base, un piedistallo, uno stelo: *— lamp*, lampada a stelo, a piantana **4** (*bot.*) ad alberello: *— rose*, rosa ad alberello.

standard *s.* **1** stendardo, bandiera, insegna: *the eagle was the — of the Roman legion*, l'aquila era l'insegna della legione romana // *to march under the — of s.o.*, (*fig. letter.*) essere seguace di qlcu. // *to raise the — of revolt*, (*fig. letter.*) dare inizio a una rivolta, una sommossa **2** standard; modello, campione, tipo; misura; norma; principio, criterio: *safety —*, norme di sicurezza; *industry —*, standard industriale; *we need a — by* (o *against*) *which we can measure our performance*, abbiamo bisogno di un metro con il quale misurare il nostro rendimento; *to have a double —*, (o *double standards*), avere due pesi e due misure; *by any standard(s) this is great music*, questa è buona musica qualunque sia il metro di giudizio; *private —*, criteri privati, personali di giudizio; *moral standards*, principi, valori morali; *— of value*, misura del valore; *do not judge all men by the same —*, non giudicare tutti gli uomini con lo stesso metro // (*dir.*): *— of care*, modello di diligenza; *— of proof*, livello, quantum, tipo di prova richiesto // (*econ.*) *gold —*, gold standard, sistema, regime (monetario) aureo // (*comm.*) *up to —*, secondo campione **3** standard; grado di eccellenza; livello, qualità, tenore: *the — of living* (o *living —*), il tenore di vita; *to reach a high — of efficiency*, raggiungere un alto livello di efficienza; *to work to a high — of precision*, lavorare ad un alto livello di precisione; *to set a high, low — for*, definire, stabilire un alto, basso livello per; *to be below —*, essere al di sotto del livello desiderato, del minimo indispensabile; *to be up to —*, raggiungere il livello desiderato, il minimo indispensabile; *to be above —*, essere al di sopra della media **4** supporto, base, piedistallo **5** (*bot.*) arbusto tagliato ad alberello.

standard-bearer ['stændəd,beərə*] *s.* portabandiera (*anche fig.*); capo di un movimento.

standardization [,stændədaɪ'zeɪʃn *amer.* ,stændədɪ'zeɪʃn / stand·ard·iza·tion] *s.* standardizzazione, unificazione; livellamento: *— of tariffs*, perequazione delle tariffe; *— of products*, standardizzazione dei prodotti.

to **standardize** ['stændədaɪz / stand·ard·ize] *v.tr.* standardizzare, unificare; normalizzare: *every effort is being made to — production*, si sta facendo ogni sforzo per standardizzare la produzione.

standardized ['stændədaɪzd / stand·ard·ized] *agg.* **1** standardizzato; in serie: *— production*, produzione in serie **2** (*stat.*) normalizzato: *— unemployment rates*, tassi di disoccupazione normalizzati.

standard time [,stændəd'taɪm] *s.* **1** ora internazionale **2** (*fam.*) ora locale.

standby ['stænd*b*aɪ / stand·by] *pl.* **standbys** *s.* **1** (cosa, persona di) scorta, riserva: *I always have eggs as a —*, ho sempre delle uova di riserva (per improvvisare un pasto) // *on —*, in attesa, di riserva, di emergenza: *passengers on —*, passeggeri in lista d'attesa; *special squads are always kept on —*, squadre speciali sono sempre tenute in stato di preallarme **2** (*non. com.*) partigiano, sostenitore **3** (*amer.*) controfigura; comparsa ◆ *agg.* **1** di riserva, di scorta; a disposizione; di emergenza: *— generator*, generatore di emergenza // (*fin.*): *— credit*, linee di credito stand-by; *— arrangement*, accordo stand-by; *— letter of credit*, lettera di credito stand-by; *— credit* (*facility*), apertura di credito; *— credit*, linee di credito stand-by, (*dir.*) garanzia a mera richiesta **2** d'attesa: *— ticket*, biglietto stand-by.

stand-in ['stændɪn] *s.* **1** (*cinem.*) controfigura **2** sostituto; supplente.

standing ['stændɪŋ / stand·ing] *agg.* **1** (che sta) in piedi; eretto; verticale: *— spectator*, spettatore in piedi // *— ovation*, ovazione entusiastica: *they gave him a — ovation*, si alzarono in piedi per applaudirlo // *— room*, posti in piedi // *— jump*, salto da fermo, senza rincorsa // *— corn*, grano non mietuto // (*mar.*) *all —*, tutto in buono stato; senza disarmare **2** fermo; inattivo, inoperoso; stagnante (di acqua): *— engine*, macchina in riposo, inattiva // *— time*, durata della fermata **3** fisso, immutabile, invariabile, permanente: *— custom*, abitudine radicata; *a — invitation to dinner*, invito permanente a pranzo; *— committee*, commissione permanente; *— army*, esercito permanente; *— camp*, campo permanente, fisso; *— price*, prezzo fisso; *— rule*, regola fissa (*mar.*) *— rigging*, manovra fissa // *his forgetfulness was a — joke among his friends*, gli amici lo prendevano in giro perché dimenticava sempre tutto // (*Banca*): *— order*, ordine permanente; *— credit*, credito permanente; *— expenses*, spese fisse.

standing *s.* **1** luogo di fermata, arresto (di auto, tram ecc.) // *hard —*, piazzuola per il parcheggio di aerei pesanti **2** posizione, situazione; rango, importanza; reputazione: *the — of a firm*, l'importanza di una ditta; *the financial — of a company*, la situazione finanziaria di una società; *man of good —*, persona stimata; *man of no —*, persona che non gode di stima // (*comm.*) *credit —*, affidabilità creditizia **3** durata, periodo di tempo: *officer of six months' —*, ufficiale in servizio da sei mesi; *servant of old —*, vecchio servitore; *a long- — friendship*, amicizia di vecchia data **4** (*dir.*) legittimazione a proporre un'azione, a sollevare un'eccezione in giudizio: — *to sue*, legittimazione processuale attiva; — *to be sued*, legittimazione processuale passiva.

standing bowl ['stændɪŋ,bəʊl] *s.* coppa a calice.

standing stone ['stændɪŋ,stəʊn] *s.* (*archeol.*) menhir.

standish ['stændɪʃ / stand·ish] *s.* (*ant.*) calamaio e portapenna.

standoff ['stændɒf *amer.* 'stændɔ:f / stand·off] *s.* situazione di stallo, stasi; punto morto: *to be locked in a* —, essere a un punto morto, essere bloccati in una situazione di stallo.

standoffish [,stænd'ɒfɪʃ *amer.* ,stænd'ɔ:fɪʃ / stand·off·ish] *agg.* freddo; riservato; altero; scostante // **-ly** *avv.* // **-ness** *s.*

stand-out ['stændaʊt] *agg.* (*amer.*) straordinario, pieno di talento; fuori dal comune ◆ *s.* (*amer.*) persona o cosa eccellente, fuori dal comune: *her show is the — of the season*, il suo spettacolo è il pezzo forte della stagione.

standover ['stændəʊvə* / stand·over] *agg.* prepotente, minaccioso: — *tactics*, tattiche aggressive.

standpatter ['stænd,pætə* / stand·pat·ter] *s.* (*fam. amer.*) uomo politico conservatore.

standpoint ['stænd*p*ɔɪnt / stand·point] *s.* **1** posizione, luogo di osservazione **2** punto di vista.

standstill ['stæn*d*stɪl / stand·still] *agg.* in riposo, fermo, immobile; che immobilizza: — *order*, ordine di immobilizzazione completa; proibizione di trasportare del bestiame in una zona colpita da afta epizootica.

standstill *s.* **1** arresto, fermata, pausa: *many factories are at a* —, molte fabbriche sono inattive; *trade is at a* —, gli affari sono stagnanti; *to bring to a* —, fermare, arrestare; *to come to a* —, fermarsi; *the conference has come to a* —, la conferenza è giunta a un punto morto // (*econ.*) — *agreement*, accordo di moratoria (riferito agli impegni dei paesi aderenti al GATT di non adottare ulteriori misure protezionistiche) **2** incapacità di movimento per esaurimento di forze.

stand-to ['stæn*d*tu:] *s.* (*mil.*) allarme; parata militare del mattino.

stand-up ['stændʌp] *agg.* **1** rialzato, montante; eretto, in piedi: *a — collar*, un colletto montante; *a — lunch*, una colazione in piedi // — *comedian*, cabarettista; intrattenitore **2** (*fig.*) accanito, violento; incontrollato: *at the end of the meeting there was a — row*, ci fu una incontrollata protesta alla fine dell'incontro // (*boxe*) *a — fight*, un combattimento in perfetta regola **3** (*fam. amer.*) coraggioso, resistente: *a — guy*, un tipo tosto, che non si dà mai per vinto.

staniel ['stænjəl / stan·iel] *s.* (*zool.*) (*Falco tinnunculus*) gheppio.

stank *pass.* di to **stink**.

stannary ['stænərɪ / stan·nary] *s.* miniera di stagno // *the Stannaries*, regione delle miniere di stagno della Cornovaglia e del Devon // (*dir. ant.*) — *courts*, organi giudiziari competenti per le controversie in materia di stagno.

stannic ['stænɪk / stan·nic] *agg.* (*chim.*) stannico: — *acid*, acido stannico.

stannite ['stænaɪt / stan·nite] *s.* **1** (*min.*) stannite, stannina **2** (*chim.*) stannito.

stannous ['stænəs / stan·nous] *agg.* (*chim.*) stannoso: — *oxide*, ossido stannoso.

stanza ['stænzə] *pl.* **stanzas** *s.* (*poesia*) stanza, strofa.

stapes ['steɪpi:z] *pl.* **stapes**, **stapedes** [stə'pi:di:z / sta·pedes] *s.* (*anat.*) staffa.

staphylococcus [,stæfɪləʊ'kɒkəs / sta·phylo·coc·cus] *pl.* **staphylococci** [,stæfɪləʊ'kɒksaɪ / sta·phylo·coc·ci] *s.* (*biol.*) stafilococco.

staple[1] ['steɪpl] *agg.* principale, di base: — *commodities*, prodotti di base, prodotti principali; — *diet*, dieta di base ◆ *s.* **1** prodotto, articolo principale (di un paese ecc.); industria, commercio principale: *coffee is the — of Brazil*, il caffè è il prodotto principale del Brasile // (*dir. ant.*) *courts of the* —, tribunali competenti in materia di esportazione di talune merci **2** ingrediente principale (di una dieta); alimento base: *bamboo is the — for pandas*, il bambù è l'alimento base dei panda; *rice is the — of east Asian countries*, il riso è l'alimento base dei paesi dell'Asia orientale **3** (*fig.*) oggetto, argomento principale di una conversazione: *to form the — of s.o.'s conversation*, formare l'argomento principale della conversazione di qlcu. **4** materia prima **5** (*st.*) fondaco **6** (*ant.*) mercato principale, centro commerciale.

to **staple**[1] *v.tr.* (*st.*) **1** ricevere (merci per esportazione) in un fondaco **2** controllare, selezionare (merci) secondo le regole del fondaco.

staple[2] *s.* **1** cambretta **2** (*mecc.*) cavallotto, ponticello, forcella, chiodo a U; supporto di formatura **3** serratura **4** graffetta, punto metallico.

to **staple**[2] *v.tr.* **1** fissare, unire con cambretta, graffetta, cavallotto, gancio **2** cucire a punti metallici; graffettare.

staple[3] *s.* **1** (*tess.*) fibra; fiocco: *cotton of fine* —, cotone di fibra sottile; *highly curled* —, fiocco molto arricciato; — *thread*, filo di fibra selezionata **2** deposito, strato di vegetazione decomposta su una roccia.

to **staple**[3] *v.tr.* cernere, classificare i fiocchi di (lana, cotone ecc.).

staple[4] *s.* (*ind. miner.*) piccolo cunicolo di comunicazione.

staple puller ['steɪpl,pʊlə*] *s.* levapunti.

stapler[1] ['steɪplə* / stap·ler] *s.* (macchina) cucitrice a punti metallici; graffettatrice.

stapler[2] *s.* classificatore, cernitore di lana.

stapling ['steɪplɪŋ / stap·ling] *s.* cucitura con punti metallici: — *machine*, macchina cucitrice.

star [stɑ:*] *s.* **1** stella, astro: — *beam*, raggio di stella; — *atlas*, atlante celeste; — *map*, carta celeste; — *catalogue*, catalogo stellare; — *shower*, pioggia di stelle cadenti; *double* —, stella doppia; *evening* —, stella della sera, Venere; *morning* —, stella del mattino, Lucifero; *north* (o *pole*) —, stella polare; *shooting* (o amer. *falling*) —, stella cadente, meteorite; *fixed* —, stella fissa // *to see the stars*, (*fig.*) vedere le stelle // *to sleep under the stars*, dormire sotto le stelle, dormire all'addiaccio // *you may thank your lucky stars you were not there!*, ringrazia il cielo che non c'eri!; *to be born under a lucky, evil* —, nascere sotto una buona, cattiva stella // *what the stars foretell*, (*fam.*) ciò che dicono le stelle, che prevede l'oroscopo // *the Stars and Stripes*, *the Star-Spangled Banner*, la bandiera a stelle e strisce (degli Stati Uniti d'America); *Stars and Bars*, (*fam.*) bandiera degli Stati del Sud // (*dir. ant.*) (*Court of*) *Star Chamber*, Camera stellata (tribunale costituito da Enrico VIII e abolito nel 1640-41); (*fig.*) tribunale ingiusto **2** stella (di stemma); decorazione, medaglia; (*mil.*) stelletta: *four- — general*, generale a quattro stelle **3** (*tip.*) asterisco // *two-, three- — restaurant*, ristorante a due, tre stelle **4** stella, divo, celebrità: *literary* —, celebrità letteraria; — *part*, ruolo principale.

star *agg.* **1** a stella, a forma di stella: (*elettr.*) — *connection*, collegamento a stella; — *bit*, trapano a croce; (*mecc.*) — *wheel*, ruota a denti triangolari **2** eccezionale, eccellente, ottimo: *a — performer*, un interprete eccezionale; — *pupil*, il primo della classe.

to **star** *pass.p.p.* **starred** [stɑ:d] *v.tr.* **1** adornare di stelle; costellare; tempestare di stelle: *grass starred with daisies*, prato cosparso di margheritine; *mantle starred with jewels*, mantello tempestato di pietre preziose **2** (*tip.*) segnare con asterisco, mettere un asterisco a ◆ *v.intr.* **1** incrinarsi a raggiera (di vetro) **2** (*cinem.*, *teatr.*) avere il ruolo di protagonista: *to — in a film*, avere un ruolo importante in un film **3** (*cinem.*, *teatr.*) avere come protagonista, interprete principale: *the film stars Robert de Niro*, il film ha come interprete principale Robert de Niro; *starring John Belushi and Dan Ackroyd*, interpreti principali John Belushi e Dan Ackroyd.

starboard ['stɑ:bəd / star·board] *agg.* (*mar.*, *aer.*) di destra, del lato destro (guardando da poppa) ◆ *s.* (*mar.*, *aer.*) dritta, destra (guardando da poppa): *to alter course to* —, dirigere la rotta verso destra.

to **starboard** *v.tr.* girare a destra.

star-bright ['stɑ:braɪt] *agg.* lucente come una stella; risplendente di stelle.

starch [stɑ:tʃ] *s.* **1** (*chim.*) amido // — *gum*, destrina **2** (*tess.*) appretto, salda: — *finish*, apprettatura, inamidatura **3** (*fig. non com.*) rigidezza, formalismo, sostenutezza **4** (*fam. amer.*) energia, vigore.

to **starch** *v.tr.* **1** inamidare; incollare (con colla d'amido) **2** (*fig. non com.*) rendere formale, rigido, sostenuto.

starched [stɑ:tʃt] *agg.* **1** inamidato **2** (*fig. non com.*) sostenuto, rigido: — *manners*, modi formali.

starcher ['stɑ:tʃə* / starch·er] *s.* (*tess.*) operaio addetto all'apprettatura, all'inamidatura.

starchiness ['stɑ:tʃɪnɪs / starchi·ness] *s.* inamidatura.

starching ['stɑ:tʃɪŋ / starch·ing] *s.* inamidatura, apprettatura: — *of fabrics*, apprettatura di tessuti; — *of shirts*, inamidatura delle camicie.

starchy ['stɑ:tʃɪ] *agg.* **1** (*chim.*) amidaceo: — *foods*, cibi ricchi d'amido **2** inamidato **3** (*fig. fam.*) sostenuto, rigido, formale // **-ily** *avv.* // **-iness** *s.*

star-crossed ['stɑ:krɒst] *agg.* (*letter.*) sfortunato, nato sotto una cattiva stella.

stardom ['stɑ:dəm / star·dom] *s.* (*teatr.*, *cinem.*) celebrità, notorietà: *to rise to* —, diventare un divo, una diva; raggiungere la celebrità.

stardust ['stɑ:dʌst / star·dust] *s.* polvere di stelle.

stare [steə*] *s.* sguardo fisso: *glassy* —, sguardo vitreo; *with a — of astonishment*, con gli occhi spalancati per la meraviglia; *to give s.o. a* —, fissare qlcu. con occhio inquisitore.

to **stare** *v.intr.* **1** fissare, lanciare sguardi; sgranare gli occhi: *he stared at me without saying a word*, mi fissava senza dire una parola; *they were staring rudely at each other*, si guardavano in cagnesco; *to — in s.o.'s face*, fissare qlcu. in viso; *to — into the distance*, guardare lontano // *she is not accustomed to be stared at*, non è abituata ad essere squadrata **2** essere evidente, saltare agli occhi: *the proof I needed had been staring at me all the time*, la prova di cui avevo bisogno mi era stata sotto gli occhi per tutto il tempo; *it was staring out of the reports*, ciò risultava evidente dai resoconti ◆ *v.tr.* fissare, guardare fissamente, squadrare: *to — s.o. into silence*, imporre silenzio a qlcu. con uno sguardo; *to — s.o. up and down*, squadrare qlcu. da capo a piedi // *to — s.o. in the face*, (*fig.*) essere visibile, evidente, saltare agli occhi; essere imminente, incombere; *the book we were looking for was staring us right in the face*, il libro che stavamo cercando era proprio sotto i nostri occhi; *the solution was staring us in the face*, avevamo la soluzione davanti agli occhi; *he was heedless of the danger staring him in the face*, era incurante del pericolo che lo sovrastava.

□ **stare down** *v.tr.* e *avv.* (*amer.*) → to stare out.

□ **stare out** *v.tr.* e *avv.* fissare intensamente (qlcu.) fino a fargli abbassare lo sguardo // *to — s.o. out of countenance*, fissare qlcu. fino a confonderlo.

starer ['steərə*] *s.* chi fissa intensamente, chi guarda fisso.

starfish ['stɑ:fɪʃ / star·fish] *pl.* **starfish**, **starfishes** *s.* (*zool.*) stella di mare SIN. sea star.

to **stargaze** ['stɑ:geɪz / star·gaze] *v.intr.* **1** guardare, osservare le stelle (per trarne oroscopi) **2** (*fig.*) sognare a occhi aperti, fantasticare.

stargazer ['stɑ:,geɪzə* / star·gazer] *s.* **1** (*scherz.*) astronomo; astrologo **2** (*fig.*) persona che vive nelle nuvole, che sogna a occhi aperti, sognatore.

stargazing ['stɑ:geɪzɪŋ / star·gazing] *s.* **1** (*scherz.*) astronomia; astrologia **2** (*fig.*) il sognare a occhi aperti.

staring ['steərɪŋ / star·ing] *agg.* **1** fisso; stupefatto; sbalordito (di sguardo); spalancato, sbarrato (di occhio) // *stark — mad*, (*scherz.*) pazzo da legare **2** (*non com.*) chiassoso, sgargiante, vistoso ◆ *s.* sguardo fisso; sguardo sfrontato.

stark [stɑ:k] *agg.* **1** desolato, spoglio: *the — landscape of the moon*, il desolato paesaggio lunare **2** severo; aspro, duro, crudo: *— discipline*, rigida disciplina; *a novel of — realism*, un romanzo di un crudo realismo; *the — facts*, i fatti nudi e crudi; *the — outline of a mountain*, il contorno severo di una montagna **3** completo; vero e proprio, bell'e buono: *the — desolation of the district*, la totale desolazione della zona; *— madness*, pura follia; *it is — nonsense*, è una vera sciocchezza **4** (*antiq.*) rigido, duro: *he was — with fright*, era irrigidito dalla paura // **-ly** *avv.*

stark *avv.* completamente, interamente: *— raving mad*, (*scherz.*) matto da legare; *— naked*, (*fam.*) completamente nudo, nudo come un verme.

starkers ['stɑ:kəz] *agg. pred.* (*fam. scherz.*) nudo come un verme.

starkness ['stɑ:knɪs / stark·ness] *s.* **1** nudità, desolazione, l'essere spoglio **2** asprezza, crudezza **3** (*antiq.*) rigidità, durezza.

starless ['stɑ:lɪs / star·less] *agg.* senza stelle.

starlet ['stɑ:lɪt / star·let] *s.* **1** piccola stella, stellina **2** (*cinem.*) stellina, attricetta, starlet.

starlight ['stɑ:laɪt / star·light] *agg.* **1** stellato; illuminato dalle stelle: *a — evening*, una sera stellata **2** della luce stellare ◆ *s.* luce, chiarore stellare: *by* (o *in the*) —, al chiarore delle stelle.

starlike ['stɑ:laɪk / star·like] *agg.* **1** simile a stella, a forma di stella, stellato **2** lucente, luminoso (come una stella).

starling[1] ['stɑ:lɪŋ / star·ling] *s.* (*zool.*) (*Sturnus vulgaris*) storno.

starling[2] *s.* (*edil.*) palizzata (di protezione e di sostegno).

starlit ['stɑ:lɪt / star·lit] *agg.* illuminato dalle stelle; stellato.

star-of-Bethlehem [,stɑ:rəv'beθlɪhem] *pl.* **stars-of-Bethlehem** *s.* (*bot.*) (*Ornithogalum umbellatum*) stella di Betlemme; (*pop.*) latte di gallina, cipollone bianco.

starred [stɑ:d] *agg.* **1** decorato con, adorno di stelle, stellato **2** stellato, a stella **3** influenzato dalle stelle **4** (*tip.*) segnato con asterisco **5** incrinato a raggiera (di vetro).

starry ['stɑ:rɪ] *agg.* **1** stellato, pieno di stelle: *— night*, notte stellata **2** brillante, lucente come una stella: *— eyes*, occhi splendenti.

starry-eyed [,stɑ:rɪ'aɪd] *agg.* (*fam.*) ingenuo; entusiasta; sognante; da sognatore: *the girls were all — about a career in nursing*, le ragazze avevano una visione molto idealista, ingenua circa la professione di infermiera.

star-shell ['stɑ:ʃel] *s.* (*mil.*) **1** razzo illuminante **2** bengala.

star-stone ['stɑ:stəʊn] *s.* (*min.*) pietra preziosa stellata (spec. zaffiro stellato).

star-studded ['stɑ:,stʌdɪd] *agg.* **1** stellato (di cielo, notte) **2** (*fam.*) pieno di stelle (del cinema), di celebrità: *a — cast*, un cast che riunisce molte celebrità.

start [stɑ:t] *s.* **1** inizio; partenza; luogo di partenza: *at the* —, all'inizio; *from — to finish*, dall'inizio alla fine; *from the* —, fin dall'inizio; *to make a — on sthg.*, dare inizio a qlco.; *to make an early* —, incominciare presto, di buon'ora; *to get off to a bad, good* —, partire male, bene; *false* —, falsa partenza; *the horses lined up at the* —, i cavalli si allinearono alla (linea di) partenza // *for a* —, tanto per incominciare // *a good — in life*, un buon inizio nella vita, un bel biglietto da visita; *to give an artist a good* —, lanciare un artista // *to make a fresh — in life*, ricominciare (da capo), rifarsi una vita // (*econ.*): *house* —, costruzione di abitazioni iniziata nel corso dell'anno; *— of interest entitlement*, inizio del godimento degli interessi // (*inform.*): *— mode*, modo iniziale; *— time*, durata di accelerazione, ora di inizio **2** sobbalzo; soprassalto: *he gave a* —, sobbalzò; *to give a — of surprise*, sobbalzare per la sorpresa; *to give s.o. a* —, far trasalire qlcu.; *to wake with a* —, svegliarsi di soprassalto // *by fits and starts*, frammentariamente, a sprazzi **3** vantaggio; posizione vantaggiosa: *to give s.o. a* —, dare un vantaggio a qlcu., far partire qlcu. per primo; *to have a — on s.o.*, avere del vantaggio su qlcu.; *to get a — on s.o.*, mettere qlcu. in svantaggio **4** (*mecc.*) avviamento: *cold* —, avviamento a freddo; *kick* —, avviamento a pedale **5** situazione (imbarazzante).

to **start** *v.intr.* **1** partire, mettersi in viaggio: *the train starts at noon*, il treno parte a mezzogiorno; *you'll — for London tomorrow*, partirai domani per Londra; *to — (off* o *out) on a journey*, partire per un viaggio; *I started back the next day*, il giorno dopo ripresi la via del ritorno // (*aut.*) *to — (off)*, partire; (*aer.*) decollare; (*mar.*) levare le ancore; (*aer.*) *to — on a flight*, decollare **2** partire; avviarsi; mettersi in moto: *the car won't* —, la macchina non vuol partire; *the horse won't — because it went lame*, il cavallo non partirà perché si è azzoppato **3** (II) (in)cominciare, iniziare, aver inizio: *negotiations have started well*, le trattative sono cominciate bene; *he started as a doctor*, incominciò come medico; *to — at £ 20 a week*, cominciare a lavorare con un salario di venti sterline alla settimana; *to — to do* (o *doing*) *sthg.*, cominciare a far qlco.; *to — by doing sthg.*, cominciare col far qlco.; *to — (up) on sthg.*, mettersi a fare qlco.; *to — at the beginning*, incominciare dall'inizio; *to — afresh* (o *again*), ricominciare, (*fig.*) rifarsi una vita; *are you starting again?*, di nuovo?, ricominci (a dar fastidio)?; *to — from scratch*, ricominciare da capo, da zero // *starting from ...*, prendendo spunto da...; *starting from next week*, a partire, incominciando dalla prossima settimana **4** trasalire; sobbalzare; sussultare: *he started at the sound of my voice*, trasalì udendo la mia voce; *he started from his chair*, si alzò bruscamente dalla sedia; *he started with surprise*, sobbalzò per la sorpresa; *to — to one's feet*, balzare in piedi // *his eyes were starting out of his head*, aveva gli occhi fuori dalle orbite **5** disgiungersi; staccarsi (di legname) **6** (*med.*) slogarsi ◆ *v.tr.* **1** (II) iniziare, avviare; far partire; (*mecc.*) mettere in moto: *to — a conversation*, iniziare, intavolare una conversazione; *to — (off) a horse at a gallop*, far partire un cavallo al galoppo; *to — a race*, dare inizio a una corsa; *to — (up) a machine*, mettere in moto, far funzionare una macchina // *to — s.o. on a career, in business*, lanciare qlcu. in una carriera, negli affari // *to — a fire*, provocare un incendio // *to — a family*, mettere su famiglia, avere il primo bambino // (*dir.*) *to — the prosecution*, iniziare, promuovere l'azione penale **2** stanare (selvaggina) **3** far disgiungere; far staccare (legname) **4** (*mar.*) scaricare; svuotare.

□ **start in** *v.intr.* e *avv.* (*fam.*) **1** mettersi a inveire: *after the umpteenth heavy defeat the trainer started in on the players*, dopo l'ennesima pesante sconfitta l'allenatore si mise a inveire contro i giocatori **2** incominciare, mettersi: *after making the beds I started in on cooking*, dopo aver fatto i letti mi misi a far da mangiare.

□ **start off** *v.intr.* e *avv.* (*fam.*) incominciare: *he had started off (by) saying...*, aveva incominciato col dire, dicendo... // *to — off on the right, wrong foot*, partire col piede giusto, sbagliato ◆ *v.tr.* e *avv.* **1** far incominciare a: *I'll — off my pupils on French next year*, farò incominciare il francese ai miei allievi l'anno venturo **2** lasciar (incominciare a) parlare: *once she's been started off you can't stop her* *any more*, una volta che si è messa a parlare non la fermi più.

□ **start out** *v.intr.* e *avv.* partire: *ten of them started out, but only three arrived*, sono partiti in dieci, ma ne sono arrivati solo tre ◆ *v.tr.* e *avv.* risvegliarsi bruscamente: *the arrival of his mother started him out of his daydream*, la comparsa di sua madre lo risvegliò bruscamente dai suoi sogni ad occhi aperti.

□ **start up** *v.tr.* e *avv.* mettere in moto; avviare (*anche fig.*): *to — up a conversation*, avviare una conversazione ◆ *v.intr.* e *avv.* mettersi (in un'attività): *he started up in practice straight after graduating*, ha iniziato la professione subito dopo la laurea.

□ **start with** *v.intr.* e *prep.* incominciare con: *the dinner started with (a) tomato soup*, il pranzo incominciò con una crema di pomodoro // *to — with*, tanto per incominciare; all'inizio: *to — with, you should go to bed*, tanto per incominciare dovresti andare a letto; *it was hard to — with, but things soon improved*, è stata dura all'inizio, ma poi le cose sono presto migliorate.

start bit ['stɑ:t,bɪt] *s.* (*inform.*) bit di avvio.

starter ['stɑ:tə*] *s.* **1** chi comincia, iniziatore **2** (*sport*) partente (corridore, cavallo ecc.) **3** (*sport*) starter, mossiere: *the horses are under —'s orders*, i cavalli sono sulla linea di partenza **4** (*elettr.*) avviatore, starter: *— battery*, batteria d'avviamento **5** (*aut.*) (dispositivo di) avviamento, starter: *— (motor)*, motorino d'avviamento **6** (*fam.*) antipasto // *for starters*, (*fig.*) tanto per cominciare, come inizio **7** cane che stana la selvaggina.

starting ['stɑ:tɪŋ / start·ing] *s.* **1** inizio, partenza **2** lancio: *the — of a new company*, il lancio di una nuova società // (*comm.*) *— -load cost*, costo di avviamento, spese di lancio **3** (*mecc.*) messa in moto; avviamento // *— handle*, manovella di avviamento **4** (*non com.*) sussulto; sobbalzo; soprassalto.

starting block ['stɑ:tɪŋ,blɒk] *s.* (*sport*) blocco di partenza.

starting gate ['stɑ:tɪŋ,geɪt] *s.* (*ippica*) gabbia di partenza; barriera mobile; (*sci*) cancelletto di partenza.

starting grid ['stɑ:tɪŋ,grɪd] *s.* (*aut.*) griglia di partenza.

starting line ['stɑ:tɪŋ,laɪn] *s.* (*sport*) linea di partenza.

starting point ['stɑ:tɪŋ,pɔɪnt] *s.* punto di partenza (*anche fig.*).

starting price ['stɑ:tɪŋ,praɪs] *s.* **1** prezzo di partenza (a un'asta) **2** ultima puntata (su un cavallo) prima della partenza.

startle ['stɑ:tl] *s.* trasalimento; sussulto, sobbalzo, soprassalto.

to **startle** *v.tr.* far trasalire; spaventare, allarmare: *he was startled to see her so pale*, si allarmò vedendola così pallida // *to — s.o. out of his sleep*, svegliare qlcu. di soprassalto ◆ *v.intr.* trasalire; sobbalzare; spaventarsi, allarmarsi.

startled ['stɑ:tld] *agg.* spaventato, allarmato: *a — cry*, un grido di spavento, d'allarme.

startling ['stɑ:tlɪŋ / start·ling] *agg.* **1** sensazionale; sorprendente, sbalorditivo: *— events*, eventi, fatti sensazionali; *— resemblance*, somiglianza sorprendente **2** allarmante, impressionante // **-ly** *avv.*

start-up ['stɑ:tʌp] *s.* **1** (*comm.*) lancio (di impresa, di prodotto) **2** (*inform.*) avvio, lancio.

starvation [stɑ:'veɪʃn / star·va·tion] *s.* **1** inedia, fame: *to die of —*, morire di fame; *to surrender from —*, arrendersi per fame // *— diet*, dieta da fame, strettissima // *— wages*, salario da fame **2** (*inform.*) privazione di risorse.

to **starve** [stɑ:v] *v.intr.* **1** morire di fame, d'inedia; patire la fame: *he starved (to death)*, morì di fame; *I'd rather — than work for her*, piuttosto che lavorare per lei preferirei morire di fame // *I am starving*, (*fam.*) muoio dalla fame, ho una fame da morire **2** morire dalla voglia; provare un vivo desiderio: *they are starving for social life*, muoiono dalla voglia di far vita mondana **3** (*rar.*) morire di freddo: *to be starving with cold*, essere congelato **4** deperire, intristire (di piante) **5** (*mecc. amer.*) essere alimentato con miscela povera, con carburante insufficiente: *to — at high speed*, avere alimentazione insufficiente a regime elevato ◆ *v.tr.* far morire di fame, d'inedia; far patire la fame a; affamare: *I'm starved*, (*fam.*) muoio di fame // *to — a fever*, stare a dieta quando si ha la febbre.

□ **starve into** *v.tr.* e *prep.* costringere per fame a: *they starved the rebels into surrender*, costrinsero i ribelli ad arrendersi per fame.

□ **starve of** *v.tr.* e *prep.* (*spec. pass.*) privare, deprivare; (*fig.*) far soffrire per mancanza: *she was starved of affection*, soffriva per mancanza d'affetto.

□ **starve out** *v.tr.* e *avv.* affamare, prendere per fame: *to — out a town*, prendere una città per fame.

starveling ['stɑ:vlɪŋ / starve·ling] *agg.* (*non com.*) affamato, famelico; denutrito: *a little — kitten*, un gattino affamato ◆ *s.* (*letter.*) affamato; persona, animale mezzo morto di fame, denutrito.

stash[1] [stæʃ] *s.* (contr. di *store* e *cache*) (*fam.*) cosa messa in serbo, nascosta.

to **stash**[1] *v.tr.* (*fam.*) mettere in serbo, da parte; nascondere.

stash[2] *s.* (*sl. amer.*) baffi (*pl.*).

stasis ['steɪsɪs] *pl.* **stases** ['steɪsi:z] *s.* **1** (*med.*) stasi (*anche fig.*), ristagno **2** interruzione nello sviluppo.

statable ['steɪtəbl / stat·able] *agg.* **1** affermabile; che si può asserire **2** che si può precisare.

state [steɪt] *s.* **1** stato, condizione, situazione, posizione: *mental —*, condizione mentale; *— of mind*, disposizione d'animo; *— of emergency*, stato di emergenza; *the building is in a good — of repair*, l'edificio è in buone condizioni; *just look what a — I am in*, guarda in che stato sono; *he's not in a fit — to drive*, non è in condizione di guidare; *he was in a real —*, (*fam.*) era tutto agitato; *to get into a —*, (*fam.*) agitarsi, innervosirsi // (*relig.*): *to be in the — of grace*, essere in stato di grazia; *to be in an inspired —*, (*fig.*) essere in stato di grazia // (*fis.*): *the three states of matter*, i tre stati della materia; *to be in a liquid —*, essere allo stato liquido **2** stato; nazione, paese; stato federale: *democratic —*, stato democratico; *totalitarian —*, stato totalitario; *free —*, (*st. amer.*) stato antischiavista; *neighbour —*, paese confinante, vicino; *head of —*, capo di stato; *affairs of —*, affari di stato // *the State of Israel*, lo stato d'Israele; *the State of New York*, lo stato di New York; *the States*, gli Stati Uniti // *the States of the Church* (o *the Papal States*), gli Stati Pontifici // *State Department*, (*amer.*) Dipartimento di Stato, Ministero degli Esteri; *Secretary of State*, (*amer.*) Segretario di Stato, Ministro degli Esteri // *Church and State*, Stato e Chiesa **3** dignità, alto rango; pompa, parata, gala (spec. di occasioni ufficiali): *robes of —*, uniforme di gala; *he lived in a style befitting his —*, aveva un tenore di vita adatto al suo rango; *to dine in —*, pranzare seguendo il cerimoniale; *to escort s.o. in —*, scortare qlcu. in pompa magna; *to live in —*, vivere in gran pompa; *to lie in —*, giacere solennemente, con solennità (di defunto cui si fanno funerali di stato) **4** (*arch.*) trono, baldacchino sul trono // *thy state is taken for a joint-stool, thy golden sceptre for a leaden dagger*, (SH. Henry IV) il tuo trono è preso per uno sgabello, il tuo scettro d'oro per un pugnale di legno **5** (*ant.*) capi di stato, principi: *they who to states and governors of the commonwealth direct their speeches... write that which they foresee may advance the public good*, (J. MILTON) coloro che dirigono i propri discorsi ai principi e ai governanti della cosa pubblica... scrivono che ciò che essi prevedono può far accrescere il benessere di tutti ◆ *agg.* **1** di, dello stato; statale, pubblico; ufficiale: *— school*, scuola pubblica, statale; *— university*, università statale; *— aid*, sovvenzione statale; *— forest*, foresta demaniale; *— religion*, religione di stato; *— documents*, documenti ufficiali; *— secret*, segreto di stato; *— prison*, (*amer.*) prigione di stato; *— trooper*, (*amer.*) membro della polizia di stato // (*econ.*): *— bond*, titolo di stato; *— (owned) entrerprise*, impresa pubblica; *— holding company*, ente di gestione // *— visit*, visita di stato **2** di lusso; di rappresentanza; di gala: *— cabin*, cabina di lusso; *— apartments*, appartamenti di rappresentanza; *— reception*, ricevimento ufficiale, di gala; *— carriage* (o *coach*), carrozza di gala.

to **state** *v.tr.* **1** affermare, asserire; dichiarare, enunciare: *what you — isn't true*, ciò che affermi non è vero // (*comm.*) *to — an account*, fare un estratto conto // *to — one's case*, esporre le proprie ragioni; (*dir.*) esporre i fatti // (*dir.*) *to — reasons of judgement*, motivare una decisione giudiziale **2** precisare, specificare: *he didn't — the time and place*, non ha precisato l'ora e il posto, quando e dove; *to — full particulars*, precisare tutte le circostanze, tutti i particolari; *please — below*, specificare sotto // *the book states the case for compulsory registration of the seropositive*, il testo elenca i casi di registrazione obbligatoria dei sieropositivi **3** (*comm.*) conferire: *stated capital*, capitale sociale conferito.

state-aided ['steɪt,eɪdɪd] *agg.* (*amm.*) sovvenzionato dallo stato.

state-controlled ['steɪtkən'trəʊld] *agg.* statale, gestito dallo stato: *— enterprise*, impresa a partecipazione statale.

statecraft ['steɪtkrɑ:ft *amer.* 'steɪtkræft / state·craft] *s.* (*non com.*) → **statesmanship**.

stated ['steɪtɪd] *agg.* **1** dichiarato: *as — above*, come detto sopra; *— value*, valore dichiarato **2** stabilito; fisso: *at — intervals*, a intervalli fissi; *on — days*, a giorni fissi; *applications must arrive before the — date*, le domande devono pervenire entro la data stabilita // **-ly** *avv.*

state-guaranteed ['steɪt,gærən'ti:d] *agg.* (*fin.*) garantito dallo stato.

stateless ['steɪtlɪs / state·less] *agg.* senza patria; senza nazionalità; apolide.

stateliness ['steɪtlɪnɪs / state·li·ness] *s.* aspetto imponente; grandiosità, imponenza, magnificenza, maestosità.

stately ['steɪtlɪ] *agg.* **1** nobile, signorile; maestoso, magnifico, sontuoso; elevato (di stile): — *bearing*, portamento maestoso; — *grace*, bellezza regale // — *home*, palazzo signorile aperto al pubblico **2** formale, solenne, in gran pompa: — *ceremony*, cerimonia solenne.

statement ['steɪtmənt / state·ment] *s.* **1** asserzione, affermazione; dichiarazione; deposizione (*anche dir.*): *certified* —, dichiarazione controllata, verificata; *official* —, comunicato ufficiale; *to make a* —, fare una dichiarazione; *to contradict a* —, smentire una dichiarazione; *to withdraw* (o *to retract*) *a* —, ritirare una dichiarazione; *a — in the press*, una dichiarazione di stampa; *his — was unfounded*, la sua asserzione era infondata // (*dir.*): *the — made by the witness*, la deposizione fatta dal testimone; *statements of the accused*, comparsa dell'attore in giudizio; *to make false statements*, dichiarare il falso; — *of defence*, risposta, comparsa del convenuto in giudizio; *final* —, comparsa conclusionale; — *of reason*, motivazione di sentenza **2** esposto; esposizione, enunciazione; rapporto, relazione: *to draw up a* —, redigere un esposto **3** (*comm., amm.*) denunzia, dichiarazione: — *as to income*, dichiarazione del reddito **4** (*banca*) — (*of account*), (*bank*) —, estratto conto: *monthly* —, estratto conto mensile // — *of expenses*, conto spese // — *of source and application*, prospetto del flusso dei conti, rendiconto finanziario; — *of profit and loss* (o *of loss and gain*), (*amer.*) conto profitti e perdite **5** (*inform.*) frase; istruzione // *control* —, comando di controllo, specifica di controllo.

state-of-the-art [,steɪtəvðɪ'ɑ:t] *agg.* all'avanguardia, il più avanzato: — *technology*, la tecnologia più avanzata.

state-owned ['steɪt,əʊnd] *agg.* statale, di stato: — *banks*, banche di stato, banche pubbliche.

stater ['steɪtə*] *s.* statere (antica moneta greca).

stateroom ['steɪtrʊm *amer.* 'steɪtru:m / state·room] *s.* **1** sala di rappresentanza **2** (*mar.*) cabina di capitano, di alto ufficiale **3** cabina privata per passeggeri (su nave da trasporto).

statesman ['steɪtsmən / states·man] *pl.* **statesmen** *s.* **1** uomo di stato, statista **2** (*rar.*) piccolo proprietario terriero.

statesmanlike ['steɪtsmənlaɪk / states·man·like] **statesmanly** ['steɪtsmənlɪ / states·manly] *agg.* da uomo di stato, da statista.

statesmanship ['steɪtsmənʃɪp / states·man·ship] *s.* arte di governo; arte, scienza politica.

static ['stætɪk] *s.* Ⓤ **1** (*rad.*) scarica statica; disturbi di origine elettrostatica **2** (*fam. amer.*) lagnanza, lamentela inutile; obiezioni insulse.

static(al) ['stætɪk(l) / stat·ic(al)] *agg.* statico // (*econ.*) — *analysis*, analisi statica // (*aer.*) — *balance*, equilibrio statico // (*elettr.*): — *electricity*, elettricità statica; — *machine*, macchina elettrostatica // (*mecc.*) — *friction*, attrito di primo distacco // **-ally** *avv.*

statice ['stætɪsɪ / stat·ice] *s.* (*bot.*) statice.

statics ['stætɪks / stat·ics] *s.* Ⓤ **1** (*fis.*) statica **2** statica economica.

station ['steɪʃn / sta·tion] *s.* **1** (*per mezzi di trasporto*) stazione: *goods* —, scalo merci; *shunting* —, stazione di smistamento; *terminal* —, stazione di testa; *through* —, stazione di transito // (*comm.*) — *price*, prezzo alla stazione di partenza **2** stazione, base, posto operativo: *weather* —, stazione meteorologica; *police* —, posto di polizia; *space* —, stazione spaziale; *control* —, stazione di controllo; *coaling* —, stazione di carbonamento; *central* —, (*amer.*) centrale elettrica; *military* —, guarnigione // *naval* —, stazione navale // *polling* —, seggio elettorale **3** stazione, stazionamento; posto assegnato: *to take up a — in...*, prender stazione, stabilirsi in; *to be in —, out of* —, essere, non essere al proprio posto; (*mar.*) *take your stations!*, ai vostri posti!; (*mar.*) *action* —, posto di combattimento; (*mil.*) *to be on* —, essere di guarnigione **4** (*tel.*) emittente: TV —, emittente televisiva; *radio* —, emittente radiofonica; — *break*, (*amer.*) interruzione dei programmi per annunci pubblicitari **5** (*miner.*) ricetta **6** (*eccl.*) stazione (della Via Crucis) **7** (*bot., zool.*) habitat **8** (*austr.*) fattoria; allevamento **9** (*amer.*) ufficio postale **10** (*amer.*) interno telefonico **11** (*antiq.*) posizione, condizione sociale, rango: *the duties of his high* —, i doveri derivanti dalla sua posizione elevata; *to marry below one's* —, sposarsi con qlcu. di condizione inferiore.

to **station** *v.tr.* assegnare un posto a, collocare, piazzare; appostare: *to — oneself behind a tree*, appostarsi dietro un albero; (*mil.*) *to — troops*, appostare truppe; *to be stationed at...*, (*mil.*) essere di guarnigione a...; (*mar.*) essere ormeggiato a...

station agent ['steɪʃn,eɪdʒənt] *s.* (*amer.*) → **stationmaster**.

stationary ['steɪʃnərɪ *amer.* 'steɪʃənerɪ / sta·tion·ary] *agg.* stazionario, fermo, immoto; permanente, fisso; (*mil.*) sedentario: — *temperature*, temperatura stazionaria; *to remain* —, restare immobile; — *vehicle*, veicolo in sosta; — *target*, bersaglio fermo // (*mat.*) — *point*, punto stazionario.

stationer ['steɪʃnə* / sta·tioner] *s.* **1** cartolaio: —*'s* (*shop*), cartoleria **2** (*ant.*) libraio, editore.

stationery ['steɪʃnərɪ *amer.* 'steɪʃəner / sta·tion·ery] *s.* cartoleria; articoli di cancelleria // *H.M. Stationery Office*, Istituto Poligrafico dello Stato.

station house ['steɪʃn,haʊs] *s.* **1** guardina **2** (*amer.*) posto di polizia **3** (*ferr.*) stazione secondaria.

stationmaster ['steɪʃn,mɑ:stə* *amer.* 'steɪʃn,mæstə* / sta·tion·mas·ter] *s.* (*ferr.*) capostazione.

station rod ['steɪʃn,rɒd] *s.* (*topografia*) stadia.

station wagon ['steɪʃn,wægən] *s.* (*aut.*) (*amer.*) autovettura familiare per trasporto misto (cose e persone), station wagon BRIT. estate car.

statism ['steɪtɪzəm / stat·ism] *s.* (*pol.*) statalismo.

statistic [stə'tɪstɪk / stat·istic] *s.* dato statistico; *pl.* statistica, statistiche: *the car-accident statistics are very high*, la statistica degli incidenti in macchina è molto alta; *statistics show a fair decrease in the birth rate*, le statistiche mettono in evidenza una certa diminuzione delle nascite.

statistical [stə'tɪstɪkl / stat·ist·ical] meno com. **statistic** *agg.* statistico: — *distribution*, distribuzione statistica; — *quality control*, controllo statistico di qualità; — *series*, serie statistica // **-ally** *avv.*

statistician [,stætɪs'tɪʃn / stat·isti·cian] *s.* statistico, studioso di statistica.

statistics [stə'tɪstɪks / stat·ist·ics] *s.* **1** Ⓤ (scienza della) statistica: — *is very interesting*, la statistica è una scienza molto interessante **2** *pl.* → **statistic**.

stator ['steɪtə*] *s.* (*elettr.*) statore.

statoscope ['stætəskəʊp / stato·scope] *s.* (*fis.*) statoscopio.

statuary ['stætjʊərɪ *amer.* 'stætjʊerɪ / statu·ary] *agg.* **1** statuario, scultorio: — *art*, arte statuaria; — *marble*, marmo statuario **2** scolpito ◆ *s.* **1** statuaria **2** (*rar.*) scultore.

statue ['stætʃu:] *s.* statua.

statued ['stætʃu:d / stat·ued] *agg.* (*letter.*) **1** adorno di statue **2** scolpito; raffigurato in statua.

statuesque [,stætjʊ'esk / sta·tu·esque] *agg.* (*fig.*) statuario, scultoreo: *a beautiful, — woman*, una donna bella e statuaria // **-ly** *avv.*

statuette [,stætjʊ'et / sta·tu·ette] *s.* statuetta, statuina.

stature ['stætʃə* / stat·ure] *s.* statura (*anche fig.*): *to be short of* (o *in*) —, esser di bassa statura; *to increase in* —, crescere di statura; *I'm pleased to know a man of his intellectual* —, mi fa piacere conoscere un uomo della sua statura intellettuale.

status ['steɪtəs / sta·tus] *s.* **1** stato (*anche dir.*); condizione sociale, rango; posizione // *without any official* —, senza titolo ufficiale; *marital* —, stato civile; *legal* —, condizione giuridica (*o* status giuridico); *social* —, posizione sociale **2** prestigio, reputazione, credito: *the success of his book gave him a higher* —, il successo del suo libro gli conferì un maggiore prestigio **3** condizione; stato, situazione (*anche inform.*) // — *quo*, status quo.

status-seeker ['steɪtəs,si:kə*] *s.* arrampicatore sociale, arrivista.

status-seeking ['steɪtəs,si:kɪŋ] *s.* arrivismo.

status symbol ['steɪtəs,sɪmbl] *s.* status symbol, simbolo di rango sociale, di status.

statutable ['stætjʊtəbl / stat·ut·able] → **statutory**.

statutably ['stætjʊtəblɪ / stat·ut·ably] *avv.* in conformità con la legge, con lo statuto.

statute ['stætju:t / stat·ute] *s.* **1** (*dir.*) legge (scritta e promulgata dal parlamento); statuto; regolamento: — *of limitations*, legge sulla prescrizione // *university statutes*, regolamenti universitari **2** (*Bibbia*) tavole della legge: *the statutes of God*, i comandamenti di Dio.

statute-barred ['stætju:t,bɑ:d] *agg.* (*dir.*) prescritto: — *debt*, credito prescritto.

statute book ['stætju:tbʊk] *s.* (*dir.*) raccolta della legislazione del parlamento // *I hope the new tax law will be on the — by next year*, spero che la nuova legge fiscale entrerà in vigore entro il prossimo anno.

statute law ['stætju:tlɔ:] *s.* (*dir.*) diritto positivo scritto, di origine legislativa.

statutory ['stætjʊtərɪ *amer.* 'stætjʊtɔ:rɪ / stat·ut·ory] *agg.* **1** statutario, imposto dalla legge; prescritto dalla legge; regolamentare, conforme alla legge // (*trib.*) — *allowance*, detrazione ammessa // (*comm., amm.*): — *books*, libri obbligatori; — *meeting*, prima assemblea degli azionisti; — *report*, relazione finanziaria; — *reserve*, riserva legale; (*banca*) riserva obbligatoria **2** riconosciuto dalla legge (di delitto): — *period*, tempo di prescrizione.

staunch [stɔ:ntʃ] *agg.* **1** fedele, leale; sicuro: — *faith*, fede incrollabile; — *friend*, amico fedele **2** solido, saldo; massiccio: *a — wall*, un muro solido **3** resistente all'aria e all'acqua.

to **staunch** *v.tr.* **1** arrestare, fermare l'uscita di (gener. sangue); arrestare l'emorragia di **2** (*non com.*) alleviare (il dolore); arrestare (il corso di una malattia) ◆ *v.intr.* arrestarsi, fermarsi (di flusso).

staunchly ['stɔ:ntʃlɪ / staunch·ly] *avv.* **1** fedelmente, lealmente **2** fermamente, con fermezza.

staunchness ['stɔ:ntʃnɪs / staunch·ness] *s.* **1** fedeltà, lealtà **2** (*rar.*) impermeabilità **3** (*rar.*) solidità, stabilità.

staurolite ['stɔ:rəlaɪt / stau·ro·lite] *s.* (*min.*) staurolite.

stave [steɪv] *s.* **1** doga (di botte) **2** assicella; piolo (di scala); verga, bastone **3** (*ant.*) stanza, strofa; verso **4** (*mus.*) pentagramma.

to **stave** *pass.p.p.* **staved** [steɪvd] **stove** [stəʊv] *v.tr.* costruire, riparare con doghe.

□ **stave in** *v.tr.* e *avv.* fare un foro in (un barile, una barca ecc.); sfondare (una scatola ecc.); sformare (un cappello ecc.).

□ **stave off** *v.tr.* e *avv.* stornare, allontanare; ritardare, differire: *they staved off bankruptcy*, evitarono la bancarotta.

staves [steɪvz] *pl.* di **staff** 2, 3, 4, 8.

stavesacre ['steɪvz,eɪkə* / staves·acre] *s.* (*bot.*) (*Delphinium staphisagria*) stafisagria; (*pop.*) erba da pidocchi.

stay[1] [steɪ] *s.* **1** soggiorno, periodo di permanenza: *a fortnight's —*, un soggiorno di due settimane; *a short — in hospital*, una breve degenza in ospedale **2** pausa, fermata; (*dir.*) sospensione: — *of execution*, sospensione dell'esecuzione di una sentenza; — *of proceedings*, procedura sospesa; (*dir.*) — *law*, moratoria **3** (*letter.*) resistenza **4** (*letter.*) controllo, freno.

to **stay**[1] *v.intr.* stare, rimanere; trattenersi; fermarsi; soggiornare: *I stayed in town last night*, sono rimasto in città la notte scorsa; *I can — with you if you want*, posso stare, rimanere con te se vuoi; *when he goes to London he stays at the Savoy*, quando va a Londra scende, alloggia al Savoy; *John is going to York next week and he will — there till August*, la prossima settimana John andrà a York e si tratterrà là fino ad agosto; *are you going to — to dinner?*, ti fermi a cena?; *to — in bed*, stare, rimanere a letto; *tell the children to — away from the water*, di' ai bambini di stare lontani dall'acqua // *I suppose she will — in teaching*, penso che rimarrà nell'insegnamento // *the weather stayed windy the whole week*, c'è stato vento tutta la settimana // *get him to — a minute*, trattienilo un momento // — *put!*, resta dove sei!, fermo! // *do you think this fashion has come to —?*, pensi che questa moda durerà?; *I'm afraid that high unemployment is here to —*, temo che l'alto tasso di disoccupazione durerà a lungo ◆ *v.tr.* **1** resistere; sopportare: *that horse cannot — three miles*, quel cavallo non può sostenere una corsa di tre miglia **2** (*dir.*) differire, posporre, sospendere; rinviare: *to — an order*, sospendere un'ordinanza; *to — a judgement*, soprassedere a un giudizio **3** controllare, frenare, calmare: *to — one's hunger*, calmare l'appetito.

□ **stay in** *v.intr.* e *avv.* stare in casa, non uscire: *she stayed in all morning*, è rimasta in casa tutta la mattina.

□ **stay on** *v.intr.* e *avv.* trattenersi: *are you going to — on after the lecture?*, intendi trattenerti dopo la conferenza?

□ **stay out** *v.intr.* e *avv.* stare fuori: *he stayed out all night*, rimase fuori tutta la notte.

□ **stay up** *v.intr.* e *avv.* stare alzato, non andare a letto: *I stayed up till three o'clock last night*, sono rimasto in piedi fino alle tre la notte scorsa; *she always stays up late*, va sempre a letto tardi.

stay[2] *s.* **1** sostegno (*anche fig.*); supporto; piedistallo; puntello **2** corsetto.

to **stay**[2] *v.tr.* **1** (*tecn.*) puntellare, armare di puntelli: (*miner.*) *to — a roof*, rafforzare il soffitto (d'una galleria); *to — (up) a wall*, puntellare un muro **2** (*fig.*) dare sostegno a; dare conforto morale a.

stay[3] *s.* **1** (*mar.*) straglio: *funnel —*, straglio del fumaiolo // *slack in stays*, lento a virare (di bordo); *to miss* (o *to lose*) *stays*, non riuscire a virare (di bordo) **2** fune (di asta, di bandiera ecc.).

to **stay**[3] *v.tr.* (*mar.*) **1** sostenere (gli alberi) di una nave con gli stragli **2** far virare di bordo (una nave).

stay-at-home ['steɪəthəʊm] *agg.* (*fam.*) casalingo, che ama stare in casa ◆ *s.* (*fam.*) persona casalinga: *she is a —*, ama stare in casa.

stay bolt ['steɪ,bəʊlt] *s.* (*mecc.*) bullone tenditore.

stayer ['steɪə*] *s.* **1** chi resta, chi rimane **2** (*sport*) atleta fondista; (*estens.*) atleta dotato di grande capacità di resistenza **3** (*zool.*) cavallo di fondo.

staying ['steɪɪŋ / stay·ing] *s.* (*dir.*) aggiornamento, rinvio.

staying power ['steɪɪŋ,paʊə*] *s.* capacità di resistenza.

stay rod ['steɪrɒd] *s.* (*mecc.*) tirante.

staysail ['steɪseɪl, 'steɪsəl / stay·sail] *s.* (*mar.*) vela di straglio.

stay-tackle ['steɪ,tækl] *s.* (*mar.*) paranco di straglio.

stay tube ['steɪtju:b *amer.* 'steɪtu:b] *s.* (*mecc.*) tubo tenditore (di caldaia a fascio tubiero).

stead [sted] *s.* vece, posto, luogo: *to act in s.o.'s —*, fare le veci di qlcu. // *to stand s.o. in good —*, essere di vantaggio, di aiuto a qlcu.

to **stead** *v.tr.* (*antiq.*) aiutare; essere di aiuto, di vantaggio a, giovare.

steadfast ['stedfəst / stead·fast] *agg.* **1** fermo; risoluto: — *in adversity*, incrollabile di fronte alle avversità **2** fedele, costante; che non varia nel tempo: — *in love*, costante in amore; — *policy*, linea d'azione costante // **-ly** *avv.* // **-ness** *s.*

steadily ['stedɪlɪ / stead·ily] *avv.* **1** saldamente; fermamente: *to refuse — to do sthg.*, rifiutarsi fermamente di fare qlco.; *she looked at him —*, lo guardò con fermezza **2** regolarmente, costantemente; assiduamente, diligentemente: *to work — at sthg.*, lavorare assiduamente a qlco.

steadiness ['stedɪnɪs / steadi·ness] *s.* **1** fermezza, sicurezza; fissità: — *of gaze*, fissità dello sguardo; — *of hand*, fermezza della mano **2** assiduità, perseveranza, diligenza, applicazione: — *in doing sthg.*, perseveranza nel fare qlco. **3** regolarità, stabilità: — *of prices*, stabilità di prezzi **4** condotta equilibrata, posata; saggezza, serietà.

steading ['stedɪŋ / stead·ing] *s.* **1** casa colonica, tenuta agricola; fattoria **2** (*amer.*) lotto di terreno per costruzioni edili.

steadite ['stedaɪt / stead·ite] *s.* (*metall.*) steadite.

steady ['stedɪ] *agg.* **1** fermo, saldo, fisso, rigido: *as — as a rock*, saldo come una roccia; *to be — on one's legs*, stare saldo sulle gambe; — *hand*, mano ferma; *is the ladder —?*, la scala è salda? **2** calmo, equilibrato; disciplinato, controllato: — *horse*, cavallo calmo; — *nerves*, nervi calmi; — *troops*, truppe disciplinate **3** continuo, regolare, costante, persistente: — *breeze*, brezza persistente, forte; (*comm.*) — *demand*, richiesta costante; — *pace*, andatura regolare; — *pulse*, polso regolare; — *trot*, trotto sostenuto; — *worker*, lavoratore assiduo; — *boyfriend, girlfriend*, (*fam.*) ragazzo, ragazza fissa // (*elettr.*) — *current*, corrente costante // (*fis.*) — *state theory*, teoria dello stato stazionario // — *state equilibrium growth*, crescita di equilibrio a tasso costante **4** fedele, assiduo; serio: *to be — in one's principles*, restare fedele ai propri principi ◆ *avv.*: *go —!*, — *(on)!*, attento!; *go — with the sugar*, (*fam.*) non esagerare con lo zucchero; *she's going — with John*, (*fam.*) John è il suo ragazzo fisso.

steady *s.* **1** (*mecc.*) lunetta fissa (del tornio) **2** (*fam.*) ragazzo fisso, ragazza fissa.

to **steady** *v.tr.* stabilizzare; rendere stabile; rinforzare: *he staggered under the impact of the blow, but managed to — himself*, barcollò quando ricevette il colpo ma riuscì a riprendere l'equilibrio; *to — the nerves*, calmare, distendere i nervi ◆ *v.intr.* **1** stabilizzarsi; rinforzarsi; ritrovare l'equilibrio **2** mettere giudizio: *my daughter has steadied down*, mia figlia ha messo giudizio **3** (*mar.*) rimettersi in rotta // — *as she goes*, continua così, va bene così.

steak [steɪk] *s.* **1** fetta (di carne, pesce) **2** bistecca: *minute —*, fettina, bistecchina che cuoce in un attimo.

steakhouse ['steɪkhaʊs / steak·house] *s.* ristorante la cui specialità sono le bistecche.

steal [sti:l] *s.* **1** (*non com.*) furto; affare disonesto **2** (*non com.*) refurtiva **3** (*fam.*) affare, cosa che si compra a buon prezzo.

to **steal** *pass.* **stole** [stəʊl] *p.p.* **stolen** ['stəʊlən] *v.tr.* rubare; sottrarre: *to — sthg. from s.o., sthg.*, rubare qlco. a qlcu., da qlco.; *my car has been stolen*, mi hanno rubato l'auto; *it was stolen from the car*, fu rubato dall'auto; *to — a kiss*, rubare un bacio // *to — a glance at s.o.*, lanciare uno sguardo furtivo a qlcu. // *to — a march on s.o.*, battere qlcu. sul tempo // *to — s.o.'s thunder*, (*fig. fam.*) mettere in ombra qlcu. // *to — the scene* (o *the show*), (*fam.*) sottrarre (a qlcu.) l'attenzione degli altri, monopolizzare l'attenzione ◆ *v.intr.* **1** rubare, commettere un furto: (*Bibbia*) *thou shalt not —*, non rubare **2** muoversi furtivamente; avanzare lentamente: *the shadows stole closer*, le ombre si avvicinavano lentamente; *the minutes stole away*, i minuti scorrevano lentamente; *to — away*, svignarsela quatto quatto; *he felt sleep stealing over him*, sentì che il sonno si impossessava di lui.

stealer ['sti:lə*] *s.* ladro.

stealing ['sti:lɪŋ / steal·ing] *s.* furto; ruberia: *— is a crime*, il furto costituisce reato // (*dir.*) *child —*, sottrazione di minore // *— by finding*, appropriazione indebita di cosa trovata.

stealth [stelθ] *s.* procedimento segreto; segretezza // *by —*, segretamente, furtivamente: *to do sthg. by —*, fare qlco. di nascosto.

stealthily ['stelθɪlɪ / stealth·ily] *avv.* furtivamente, di soppiatto: *to creep in —*, entrare di soppiatto.

stealthiness ['stelθɪnɪs / stealthi·ness] *s.* carattere furtivo (di azione, movimento).

stealthy ['stelθɪ] *agg.* furtivo; segreto: *— glance*, sguardo furtivo.

steam [sti:m] *s.* vapore: *dry —*, vapore secco; *super-heated —*, vapore surriscaldato; *to get* (o *pick*) *up —*, aumentare la pressione, alzare il vapore; *to let off —*, lasciare andare il vapore; *to keep up —*, restare sotto pressione // (*mar.*): *at full —*, a tutto vapore; *full — ahead!*, avanti a tutto vapore! // *to proceed under one's own —*, avanzare coi propri mezzi (*anche fig.*); *to go somewhere under one's own —*, (*fam.*) andare da solo, con mezzi propri; *to let off —*, sfogarsi; *to run out of —*, (*fam.*) esaurire l'energia, l'entusiasmo.

steam *agg.* **1** a vapore; del vapore: *— iron*, ferro a vapore; *— boiler*, caldaia a vapore; *— colour*, colore fissato a vapore; *— cylinder*, cilindro a vapore; *— hammer*, maglio a vapore; *— generator*, generatore di vapore; *— jacket*, camicia (di riscaldamento) a vapore; *— navigation*, navigazione a vapore; *— power*, forza a vapore; *— press*, pressa a vapore; *— pump*, pompa a vapore; *— trap*, scaricatore di condensa a vapore; *— whistle*, fischio a vapore **2** (*scherz.*) antiquato.

to **steam** *v.tr.* **1** esporre al vapore; trattare con vapore, vaporizzare (legno); passare al vapore, vaporizzare (tessuto) // *to — open an envelope*, aprire una busta al vapore **2** cuocere a vapore: *to — vegetables*, cuocere verdure a vapore ◆ *v.intr.* **1** emettere, esalare vapore; fumare: *horses steaming with sweat*, cavalli fumanti di sudore; *soup steaming in the bowls*, minestra fumante nelle scodelle **2** funzionare, andare a vapore (di treni, navi ecc.): *how fast are we steaming?*, a che velocità andiamo? // *to — ahead*, avanzare (di macchine a vapore); (*fam.*) fare grandi progressi, lavorare sodo // *to — (away)*, partire; evaporare: *the train steamed away*, il treno partì **3** (*fam. amer.*) andare su tutte le furie.

□ **steam up** *v.intr.* e *avv.* appannarsi: *the window has steamed up*, la finestra si è appannata.

steamboat ['sti:mbəʊt / steam·boat] *s.* battello a vapore.

steam-box ['sti:mbɒks] **steam-chest** ['sti:mtʃest] *s.* camera (di distribuzione) del vapore.

steam-coal ['sti:mkəʊl] *s.* carbone da centrali.

steam-dome ['sti:mdəʊm] *s.* duomo, cupola di presa del vapore.

steamed-up [,sti:md'ʌp] *agg.* (*fam.*) **1** incavolato **2** (*amer.*) eccitato, su di giri.

steam engine ['sti:m,endʒɪn] *s.* **1** macchina a vapore **2** locomotiva.

steamer ['sti:mə*] *s.* **1** battello a vapore, vaporetto; nave a vapore **2** macchina a vapore **3** pentola a pressione // *vegetable —*, cestello per la cottura a vapore **4** (*amer.*) bracconiere; cacciatore, pescatore di frodo BRIT. poacher.

steam gauge ['sti:mgeɪdʒ] *s.* manometro (per misurare la pressione del vapore).

steaminess ['sti:mɪnɪs / steami·ness] *s.* **1** l'essere avvolto in vapori; l'essere pieno di vapore; vaporosità **2** appannamento **3** (*fam.*) sensualità.

steamroller ['sti:m,rəʊlə* / steam·roller] *s.* **1** compressore stradale (a vapore), rullo compressore (a vapore) **2** (*fig.*) forza travolgente, rullo compressore.

to **steamroller** *v.tr.* **1** passare sotto il rullo compressore **2** (*fig.*) travolgere; sopraffare: *to — a bill through parliament*, far passare una legge in parlamento travolgendo l'opposizione.

steamship ['sti:mʃɪp / steam·ship] *s.* piroscafo, nave a vapore.

steam shovel ['sti:m,ʃʌvl] *s.* (*mecc., amer.*) escavatore, escavatrice a vapore; pala meccanica a vapore BRIT. excavator.

steamtight ['sti:mtaɪt / steam·tight] *agg.* a tenuta di vapore.

steamy ['sti:mɪ] *agg.* **1** che esala vapore (di cibi ecc.), fumante; pieno di vapore, vaporoso **2** appannato; umido: *— windows*, finestre appannate **3** (*fam.*) sensuale.

stearate ['stɪəreɪt / ste·ar·ate] *s.* (*chim.*) stearato.

stearic [stɪ'ærɪk / ste·aric] *agg.* (*chim.*) stearico: *— acid*, acido stearico.

stearin ['stɪərɪn / ste·arin] *s.* (*chim.*) stearina: *— candle*, candela di stearina.

steatite ['stɪətaɪt / ste·at·ite] *s.* (*min.*) steatite.

steatitic [,stɪə'tɪtɪk / ste·at·itic] *agg.* (*min.*) steatitico.

steatolysis [,stɪə'tɒləsɪs / ste·ato·lysis] *s.* (*chim.*) steatolisi.

steed [sti:d] *s.* (*antiq.*) corsiero, destriero: *I set her on my pacing steed*, (KEATS) la feci salire sul mio destriero all'ambio.

steel [sti:l] *s.* **1** acciaio: *bar —*, acciaio in barre; *blister —*, acciaio di cementazione, acciaio cementato; *cold-drawn —*, acciaio tirato a freddo; *cold-rolled —*, acciaio laminato a freddo; *electroplated —*, acciaio argentato; *hard —*, acciaio duro; *hot-rolled —*, acciaio laminato a caldo; *mild —* (o *soft —*), acciaio dolce; *sheer —*, acciaio affinato // *grip of —*, presa d'acciaio; *nerves of —*, nervi di acciaio **2** (*letter.*) arma; spada, lama: *to fight with the —*, battersi all'arma bianca **3** acciarino **4** acciaiolo, cote.

steel *agg.attr.* **1** di acciaio, in acciaio: *— plate*, lastra di acciaio; *— cap*, elmetto; (*metall.*) *— casting*, getto d'acciaio; *— blue*, blu acciaio; *— grey*, grigio acciaio **2** siderurgico, dell'acciaio: *— industry*, industria siderurgica; *the — strike*, lo sciopero del settore siderurgico.

to **steel** *v.tr.* **1** coprire d'acciaio, armare con acciaio: *to — a copper plate*, coprire d'acciaio una piastra di rame **2** (*fig.*) rendere duro come l'acciaio; indurire: *we must — our hearts against compassion*, dobbiamo farci un cuore di pietra e non aver compassione; *to — oneself against sthg.*, corazzarsi contro qlco.; *to — oneself to sthg.*, *to do sthg.*, armarsi di coraggio per qlco., per fare qlco.

steel band ['sti:l,bænd] *s.* (*mus.*) banda di strumenti a percussione ricavati da barattoli d'acciaio (originaria di Trinidad).

steel-clad ['sti:lklæd] *agg.* rivestito d'acciaio.

steel engraving ['sti:lɪn,greɪvɪŋ] *s.* **1** incisione su acciaio **2** stampa fatta da un'incisione su acciaio **3** l'incidere su acciaio.

steel-hearted [,sti:l'hɑ:tɪd] *agg.* (*fig.*) dal cuore duro come l'acciaio, dal cuore di pietra.

steeliness ['sti:lɪnɪs / steeli·ness] *s.* **1** l'essere d'acciaio **2** (*fig.*) durezza; inflessibilità; insensibilità.

steel mill ['sti:lmɪl] *s.* acciaieria; stabilimento siderurgico.

steel-plated [,sti:l'pleɪtɪd] *agg.* **1** acciaiato **2** corazzato.

steel wool [,sti:l'wʊl] *s.* [U] lana d'acciaio; (*fam.*) paglietta.

steelwork ['sti:lwɜ:k / steel·work] *s.* **1** lavoro in acciaio; struttura di acciaio **2** *pl.* acciaieria.

steelworker ['sti:lwɜ:kə* / steel·worker] *s.* siderurgico, chi lavora in un'acciaieria.

steely ['sti:lɪ] *agg.* **1** di acciaio; simile ad acciaio **2** (*fig.*) duro; insensibile; severissimo; inflessibile: *a — smile*, un sorriso gelido; *— eyes*, occhi di ghiaccio.

steelyard ['sti:ljɑ:d / steel·yard] *s.* **1** stadera **2** valvola di sicurezza (a contrappeso).

steenbok ['sti:nbɒk / steen·bok] *s.* (*zool.*) (*Raphicerus campestris*) raficero campestre SIN. stone-buck.

steep[1] [sti:p] *agg.* **1** ripido; scosceso; dirupato; erto: *a — hill*, una collina erta // (*econ.*) *— yield curve*, curva dei rendimenti a forte inclinazione (positiva) **2** (*fig.*) intenso; notevole: *a — drop in road accidents*, una forte diminuzione degli incidenti stradali **3** (*fig. fam.*) esorbitante; eccessivo; esagerato; irragionevole: *— price*, prezzo esorbitante // *that's a bit —*, è un po' assurdo ◆ *s.* luogo erto, scosceso, a picco; erta; dirupo; precipizio // **-ly** *avv.*

steep[2] *s.* **1** infusione; macerazione; l'inzuppare, l'impregnare (qlco. con un liquido) **2** liquido impregnante; bagno di macerazione **3** (*non com.*) ammollo.

to **steep**[2] *v.tr.* **1** immergere; impregnare; macerare, mettere in infusione, in ammollo **2** (*fig.*) impregnare; imbevere; permeare: *Kenilworth is a town steeped in history*, Kenilworth è una cittadina intrisa di storia; *so sweet as drowsy noons, / and evenings steeped in honeyed indolence*, (KEATS) soavi come i meriggi sonnolenti e le sere intrise di dolcissima indolenza ♦ *v.intr.* essere in ammollo, in infusione; macerarsi; impregnarsi.

to **steepen** ['sti:pən] *v.tr.* rendere più scosceso, più erto ♦ *v.intr.* diventare più scosceso, più erto.

steeper ['sti:pə* / steep·er] *s.* **1** addetto alla macerazione **2** maceratoio; recipiente per macerazione, per infusione.

steeping ['sti:pɪŋ / steep·ing] *s.* immersione prolungata; macerazione; infusione.

steeple ['sti:pl] *s.* **1** campanile **2** guglia.

steeplechase ['sti:pltʃeɪs / steeple·chase] *s.* (*ippica*) steeple-chase; (*atletica*) corsa siepi.

to **steeplechase** *v.intr.* (*ippica*) correre uno steeple-chase; (*atletica*) correre una corsa siepi.

steeplechaser ['sti:pl,tʃeɪsə* / steeple·chaser] *s.* (*ippica*) chi corre uno steeple-chase; cavallo addestrato a correre in uno steeple -chase; (*atletica*) siepista; chi corre una corsa siepi.

steepled ['sti:pld] *agg.* fornito, adorno di campanile, di guglia.

steeple-head ['sti:plhed] *agg.* (*mecc.*) a testa conica: — *rivet*, chiodo a testa conica.

steeplejack ['sti:pldʒæk / steeple·jack] *s.* chi esegue lavori, riparazioni su campanili, camini ecc.

steepness ['sti:pnɪs / steep·ness] *s.* pendenza; ripidezza; inclinazione: — *of a curve*, pendenza, inclinazione di una curva.

steep-to ['sti:ptu:] *agg.* (*mar.*) a picco: — *shore*, costa a picco.

steer[1] [stɪə*] *s.* giovenco, bue giovane, manzo.

to **steer**[2] *v.tr.* **1** guidare; governare; manovrare **2** (*estens.*, *fig.*) guidare; dirigere; indirizzare: *the waiter steered him towards a secluded table*, il cameriere lo guidò verso un tavolo appartato; *Churchill steered the nation through the difficulties of the war*, Churchill guidò la nazione attraverso le difficoltà della guerra; *he steered the conversation away from politics*, allontanò la conversazione da argomenti di politica **3** (*mar.*) stabilire, seguire (una rotta, una direzione) // *to — a middle course*, (*fig.*) seguire una via di mezzo ♦ *v.intr.* **1** timonare, usare il timone, lavorare di timone **2** governare; rispondere ai comandi: *the car steers badly*, l'automobile non risponde bene ai comandi; *the ship refuses to —*, la nave non governa; *to — by the wind*, governare secondo il vento **3** (*mar.*) fare rotta per, dirigersi verso: *to — north*, dirigersi verso nord // *to — clear of sthg.*, *s.o.*, (*fig.*) tenersi alla larga da qlco., qlcu.

steerage ['stɪərɪdʒ / steer·age] *s.* (*mar.*) **1** governo del timone: — *way*, abbrivo **2** alloggio dei passeggeri di 3ª classe: *to go* (o *to travel*) —, fare la traversata in terza classe; viaggiare sul ponte.

steerer ['stɪərə* / steer·er] *s.* (*mar.*) timoniere; pilota.

steering ['stɪərɪŋ / steer·ing] *s.* guida; governo dello sterzo, del timone (di navi, automobili ecc.): *good*, *bad* —, buona, cattiva manovrabilità; *power* —, servosterzo; — *column*, piantone dello sterzo; *to lose — control*, perdere il controllo della guida; — *angle*, angolo di sterzata; — *box*, scatola dello sterzo // (*amm.*) — *committee*, comitato direttivo.

steering lock ['stɪərɪŋ,lɒk] *s.* (*aut.*) angolo massimo di sterzata.

steering wheel ['stɪərɪŋ,wi:l] *s.* **1** (*aut.*) volante **2** (*mar.*) ruota del timone.

steersman ['stɪəzmən / steers·man] *pl.* **steersmen** *s.* timoniere; nocchiere.

steeve[1] [sti:v] *s.* (*mar.*) angolo del bompresso con l'orizzonte.

to **steeve**[1] *v.tr.* e *intr.* (*mar.*) inclinare (il bompresso) ad angolo con l'orizzonte; fare angolo con l'orizzonte (di bompresso).

steeve[2] *s.* (*mar.*) barra di stivaggio.

to **steeve**[2] *v.tr.* e *intr.* (*mar.*) stivare (il carico).

stegosaur ['stegəsɔ:* / stego·saur] *s.* (*paleont.*) stegosauro.

steigerite ['staɪgəraɪt / steiger·ite] *s.* (*min.*) steigerite.

stein [staɪn] *s.* (*non com.*) boccale (da birra in ceramica).

steinbock ['staɪnbɒk / stein·bock] *s.* (*zool.*) (*Capra ibex*) stambecco.

stele ['sti:lɪ] *pl.* **steles**, **stelae** [sti:li:] *s.* (*archeol.*) stele.

stellage ['stelɪdʒ / stell·age] *s.* (*Borsa*) stellage (contratto di borsa a premio) AMER. **straddle**.

stellar ['stelə* / stel·lar] *agg.* stellare, astrale // (*fis.*) — *spectra*, spettri stellari.

stellate ['stelɪt / stel·late] **stellated** ['steleɪtɪd / stel·lated] *agg.* stellato; stellare; a forma di stella; disposto a stella // — *leaves*, foglie radiate.

stelliform ['stelɪfɔ:m / stel·li·form] *agg.* stelliforme, stellato, a forma di stella.

stellionate ['stelɪənət / stel·lion·ate] *s.* (*dir. rar.*) truffa, frode.

stem[1] [stem] *s.* **1** (*bot.*) fusto; ceppo; gambo; peduncolo; picciuolo // *underground* —, rizoma **2** stelo (di bicchiere) **3** cannuccia, cannello (di pipa) **4** gamba (di nota musicale) **5** linea di discendenza, di parentela; ceppo, ramo (di famiglia): *descended from a collateral* —, discendente da un ramo collaterale **6** (*gramm.*) tema (di parola).

to **stem**[1] *pass.p.p.* **stemmed** [stemd] *v.tr.* **1** togliere, staccare il gambo (a fiori, foglie ecc.) **2** fornire di gambo ♦ *v.intr.* derivare; originarsi; scaturire; discendere: *his attitude stems from ignorance*, il suo atteggiamento deriva dall'ignoranza.

stem[2] *s.* (*mar.*) prua.

to **stem**[2] *v.tr.* (*mar.*) dirigere (la prua, la nave) verso ♦ *v.intr.* **1** andare contro corrente **2** mantenere la rotta.

to **stem**[3] *v.tr.* **1** arrestare; tamponare; arginare, contenere (*anche fig.*): *to — the tide of popular indignation*, arrestare l'ondata di sdegno popolare **2** (*miner.*) tappare, otturare, tamponare ♦ *v.intr.* **1** arrestarsi; fermarsi; arginarsi **2** (*sci*) fare il cristiania.

stemlet ['stemlɪt / stem·let] *s.* piccolo, giovane stelo, gambo.

stemma ['stemə] *pl.* **stemmata** ['stemətə / stem·mata] *s.* **1** albero genealogico; discendenza; pedigree **2** (*zool.*) ocello, occhio semplice; faccetta di occhio composto.

stemmed [stemd] *agg.* fornito di stelo (*anche bot.*).

stem stitch ['stem,stɪtʃ] *s.* (*cucito*) punto erba.

stench [stentʃ] *s.* puzzo; tanfo; fetore; lezzo: *what a —!*, che puzzo!

stench-trap ['stentʃ,træp] *s.* (*idraulica*) sifone intercettatore.

stenchy ['stentʃɪ] *agg.* (*rar.*) fetido; puzzolente.

stencil ['stensl / sten·cil] *s.* **1** stampino, stampiglia; mascherina **2** matrice per ciclostile: — *copy*, copia a ciclostile **3** decorazione, riproduzione fatta con stampino **4** marchio.

to **stencil** *pass.p.p.* **stencilled** ['stensld / sten·cilled] *v.tr.* **1** stampinare, stampigliare; riprodurre mediante stampini **2** (*fam.*) ciclostilare.

sten-gun ['stengʌn] *s.* (*mil.*) sten.

stenograph ['stenəgrɑ:f *amer.* 'stenəgræf / ste·no·graph] *s.* (*antiq.*) **1** segno stenografico **2** macchina per stenografare.

to **stenograph** *v.tr.* (*antiq.*) stenografare.

stenographer [ste'nɒgrəfə* / ste·no·grapher] *s.* stenografo.

stenographic [,stenə'græfɪk / ste·no·graphic] *agg.* stenografico // **-ally** *avv.*

stenography [ste'nɒgrəfɪ / ste·no·graphy] *s.* stenografia.

stenosed [stɪ'nəʊst / sten·osed] *agg.* (*med.*) colpito da stenosi.

stenosis [stɪ'nəʊsɪs / sten·osis] *pl.* **stenoses** [stɪ'nəʊsi:z] *s.* (*med.*) stenosi.

stentor ['stentɔ:* / sten·tor] *s.* persona dalla voce stentorea.

stentorian [sten'tɔ:rɪən / sten·tor·ian] *agg.* stentoreo (di voce).

step [step] *s.* **1** passo (*anche fig.*); andatura; cadenza: *a — back*, *forward*, un passo indietro, avanti; *within a — from his house*, a due passi da casa sua; *do not move a* —, non fare un passo, non muoverti; *waltz* —, passo di valzer; *do you know her —?*, conosci la sua andatura?; *there is but a — from life to death*, c'è solo un breve passo dalla vita alla morte; *there is a good* (o *long*) —, c'è un buon tratto di strada; *watch your —!*, fa' attenzione, guarda dove metti i piedi!; *to be in — with s.o.*, tenere il passo con qlcu.; *to break* —, rompere il passo; *to fall into*, *out of* —, mettersi al, perdere il passo; *to keep* —, tenere il tempo, stare al passo; *to retrace one's steps*, tornare sui propri passi, tornare indietro; *to take a* —, fare un passo; *to turn* (o *to bend*) *one's steps towards...*, dirigersi verso... // — *by* —, gradualmente, un poco alla volta // (*elettr.*) *in* —, in fase; *alternators in* —, alternatori sincronizzati **2** orma, impronta: *steps in the soil*, impronte sul terreno; *in his steps*, sulle sue orme; (*fig.*) seguendo il suo esempio; *I have found his steps*, ho trovato le sue tracce **3** misura, provvedimento, mossa, iniziativa: *a rash* —, un passo, un provvedimento affrettato; *to take the necessary steps to prevent sthg.*, fare i passi necessari, prendere le misure necessarie per impedire qlco.; *to take no steps until...*, non prendere nessuna iniziativa fino a che... // (*dir.*) *to take legal steps*, adire le vie legali **4** scalino, gradino, piolo (di scala); cengia (di monte); terrazza (di collina); *pl.* scaletta: *hanging* —, gradino a sbalzo // *flight of steps*, scalinata //

(*mar.*): *folding steps*, scala pieghevole; *landing* —, scaletta (di sbarco, imbarco) // (*mat.*): — *function*, funzione a gradini; — *angle*, angolo corrispondente // (*econ.*): — *budget*, budget variabile; — *meter rate*, tariffa differenziale // (*mecc.*): — *bearing*, supporto di base; — *pulley*, puleggia a gradini, cono di pulegge **5** grado; avanzamento: *a — in army rank*, un grado nell'esercito; *when did you get your —?*, quando ti hanno promosso? **6** (*med.*) fase, momento **7** (*mus.*) intervallo **8** (*inform.*) fase; passo di elaborazione; passo **9** (*mar.*) scassa.

to **step** *pass.p.p.* **stepped** [stept] *v.intr.* **1** muovere un passo (avanti, indietro ecc.); andare, venire: *to — forward*, fare un passo avanti; *to — down*, scendere; *three volunteers stepped forward*, tre volontari si presentarono; *will you — this way, please?*, vuole venire da questa parte, per favore?; *he stepped into the house*, entrò in casa // *to — into a fortune*, entrare in possesso di una fortuna **2** mettere un piede (su); calpestare: *be careful not to — in the mud*, stai attento a non mettere i piedi nel fango; *she stepped on a banana skin and slipped*, ha messo il piede su una buccia di banana ed è scivolata; *don't — on the cat*, non pestare il gatto // *to — on it* (o *on the gas*), (*fam.*) spingere a fondo sull'acceleratore // *to — on s.o.'s corns, toes*, pestare i calli, i piedi a qlcu. **3** misurare a passi: *to — (off) a distance*, misurare a passi una distanza **4** munire di gradini; costruire a gradini; tagliare a gradini, a terrazze, terrazzare **5** (*mar.*) fissare (l'albero) nella scassa.

□ **step down** *v.intr.* e *avv.* **1** scendere **2** lasciare (una carica, un posto), dare le dimissioni.

□ **step in** *v.intr.* e *avv.* intervenire: *but then Richard stepped in to save the situation*, ma poi intervenne Richard a salvare la situazione.

□ **step inside** *v.intr.* e *avv.* entrare: *he was invited to — inside*, fu invitato a entrare.

□ **step off** *v.intr.* e *prep.* **1** scendere da, uscire da: *to — off a plane, the pavement*, scendere dall'aeroplano, dal marciapiede **2** (*mil.*) iniziare a marciare // *to — off with the right foot*, (*fig.*) iniziar bene, partire bene.

□ **step out** *v.intr.* e *avv.* (*antiq.*) allungare il passo: *— out! or you'll miss the bus*, allunga il passo o perderai l'autobus.

□ **step over** *v.intr.* e *prep.* **1** scavalcare **2** (*fig.*) oltrepassare ◆ *v.intr.* e *avv.* fare una breve visita, un salto (da) SIN. to step round: *why don't you — over this evening?*, perché non fai un salto stasera?

□ **step round** *v.intr.* e *avv.* fare un salto da SIN. to step over.

□ **step up** *v.tr.* e *avv.* migliorare; elevare; aumentare: *to — up production*, aumentare la produzione.

stepbrother ['step,brʌðə* / step·brother] *s.* fratello acquisito.

stepchild ['step,tʃaɪld / step·child] *pl.* **stepchildren** ['step,tʃɪldrən / step·chil·dren] *s.* figliastro.

stepdaughter ['step,dɔ:tə* / step·daugh·ter] *s.* figliastra.

step-family ['step,fæməlɪ] *s.* (*neol. amer.*) famiglia 'allargata' (che comprende coniugi, figli, zii, nonni ecc. di separati o divorziati).

stepfather ['step,fɑ:ðə* / step·father] *s.* patrigno.

step-in ['step,ɪn] *agg.* da infilare, senza allacciatura (di vestiario).

step-ins ['stepɪnz] *s.pl.* capi di vestiario senza allacciatura.

stepladder ['step,lædə* / step·ladder] *s.* scala a libretto.

stepmother ['step,mʌðə* / step·mother] *s.* matrigna.

stepparent ['step,peərənt / step·par·ent] *s.* patrigno, matrigna.

steppe [step] *s.* steppa.

stepped [stept] *agg.* a gradini, a scalini // (*inform.*) — *mode*, passo passo.

stepping ['stepɪŋ / step·ping] *s.* andatura.

stepping-out agency [,stepɪŋ'aʊt ,eɪdʒənsɪ] *s.* (*amer.*) agenzia che procura compagnia a persone sole.

stepping-stone ['stepɪŋstəʊn] *s.* pietra per guadare; passatoio; (*fig.*) gradino, trampolino: *this position is a — to success*, questo impiego è un trampolino di lancio verso il successo.

stepsister ['step,sɪstə* / step·sis·ter] *s.* sorella acquisita.

stepson ['stepsʌn / step·son] *s.* figliastro.

step stool ['step,stu:l] *s.* scaleo.

steradian [stə'reɪdɪən / ste·ra·dian] *s.* (*mat.*) steradiante.

stercorary ['stɜ:kərərɪ / ster·cor·ary] *agg.* (*zool.*) stercorario.

stercoration [,stɜ:kə'reɪʃn / ster·cora·tion] *s.* (*agr.*) (*rar.*) concimazione.

stere [stɪə*] *s.* stero (unità di volume per legname = 1 m^3).

stereo ['sterɪəʊ, 'stɪərɪəʊ / ste·reo] *pl.* **stereos** *s.* **1** abbr. di → **stereotype** **2** abbr. di → **stereoscope** **3** impianto stereofonico, stereo ◆ *agg.* **1** abbr. di → **stereoscopic(al)** **2** stereofonico, stereo: — *set*, impianto stereofonico; stereo; — *hi fi*, impianto stereo(fonico) ad alta fedeltà.

stereo- *pref.* di origine greca usato nella terminologia scientifica con valore di 'solido, saldo; rigido' o per indicare relazione con lo 'spazio tridimensionale'; it. stereo-: *stereogram*, stereogramma; *stereometry*, stereometria; *stereoscopy*, stereoscopia.

stereochemistry [,sterɪə'kemɪstrɪ / ste·reo·chem·istry] *s.* stereochimica.

stereograph ['sterɪəgrɑ:f, 'stɪərɪəgræf / ste·reo·graph] *s.* stereografo.

stereographic [,sterɪəʊ'græfɪk, ,stɪərɪəʊ'græfɪk / ste·reo·graphic] *agg.* stereografico: — (*map*) *projection*, proiezione stereografica.

stereography [,sterɪ'ɒgrəfɪ, ,stɪərɪ'ɒgrəfɪ / ste·reo·graphy] *s.* (*mat.*) stereografia.

stereoisomer [,sterɪəʊ'aɪsəmə*, ,stɪərɪəʊ'aɪsəmə* / ste·reo·iso·mer] *s.* (*chim.*) stereoisomero.

stereometer [,sterɪ'ɒmɪtə*, ,stɪərɪ'ɒmɪtə* / ste·reo·meter] *s.* (*mat.*) stereometro.

stereometry [,sterɪ'ɒmɪtrɪ, ,stɪərɪ'ɒmɪtrɪ / ste·reo·metry] *s.* (*mat.*) stereometria.

stereophonic [,sterɪəʊ'fɒnɪk, ,stɪərɪəʊ'fɒnɪk / ste·reo·phonic] *agg.* stereofonico.

stereophony [,sterɪ'ɒfənɪ, ,stɪərɪ'ɒfənɪ / ste·reo·phony] *s.* stereofonia.

stereoscope ['sterɪəskəʊp, ,stɪərɪəskəʊp / ste·reo·scope] *s.* (*fis.*) stereoscopio.

stereoscopic(al) [,sterɪə'skɒpɪk(l), ,stɪərɪə'skɒpɪk(l) / ste·reo·scopic, ste·reo·scop·ical] *agg.* stereoscopico.

stereoscopy [,sterɪ'ɒskəpɪ, ,stɪərɪ'ɒskəpɪ / ste·reo·scopy] *s.* stereoscopia.

stereospecific [,sterɪəʊ,spe'sɪfɪk, ,stɪərɪəʊ,spe'sɪfɪk / ste·reo·spe·cific] *agg.* (*chim.*) stereospecifico, stereoregolare: — *polymer*, polimero stereoregolare.

stereospecificity [,sterɪəʊ,spesɪ'fɪsətɪ, ,stɪərɪəʊ,spesɪ'fɪsətɪ / ste·reo·spe·ci·fi·city] *s.* (*chim.*) stereospecificità.

stereotype ['sterɪətaɪp, 'stɪərɪətaɪp / ste·reo·type] *s.* **1** (*tip.*) stereotipia **2** cliché; stereotipo (*anche psic., ling.*).

to **stereotype** *v.tr.* **1** (*tip.*) stereotipare, stampare in stereotipia **2** (*fig.*) considerare stereotipo.

stereotyped ['sterɪətaɪpt, 'stɪərɪətaɪpt / ste·reo·typed] *agg.* **1** (*tip.*) stereotipato **2** (*fig.*) stereotipato, stereotipo.

stereotyper ['sterɪətaɪpə*, 'stɪərɪətaɪpə* / ste·reo·typer] **stereotypist** ['stɪərɪə,taɪpɪst / ste·reo·typ·ist] *s.* (*tip.*) stereotipista.

stereotypy ['sterɪətaɪpɪ, 'stɪərɪətaɪpɪ / ste·reo·typy] *s.* (*tip.*) stereotipia.

stereovision ['sterɪəʊvɪʒn, 'stɪərɪəʊvɪʒn / ste·reo·vi·sion] *s.* stereovisione.

steric ['sterɪk] *agg.* (*chim.*) sterico: — *hindrance*, impedimento sterico.

sterile ['steraɪl / ster·ile] *agg.* **1** sterile (*anche fig.*): — *soil*, terreno sterile; *a — discussion*, una discussione sterile, senza alcun risultato **2** (*med.*) sterile, sterilizzato: — *dressing*, garza sterile.

sterility [stə'rɪlətɪ / ster·il·ity] *s.* sterilità.

sterilization [,sterəlaɪ'zeɪʃn *amer.* ,sterəlɪ'zeɪʃn / ster·il·iza·tion] *s.* sterilizzazione // (*econ.*) — *of money*, sterilizzazione di moneta.

to **sterilize** ['sterəlaɪz / ster·il·ize] *v.tr.* **1** rendere sterile, infecondo, isterilire **2** sterilizzare: *to — water*, sterilizzare l'acqua; *sterilized milk*, latte pastorizzato.

sterilizer ['sterəlaɪzə* / ster·il·izer] *s.* sterilizzatore; autoclave.

sterlet ['stɜ:lɪt / ster·let] *s.* (*zool.*) (*Acipenser ruthenus*) sterletto.

sterling ['stɜ:lɪŋ / ster·ling] *agg.* **1** di buona lega, genuino (di monete, metalli preziosi): — *silver*, argento a 925/1000; *10 pounds —*, 10 sterline **2** (*form.*) schietto, sincero; puro: *a — character*, carattere schietto ◆ *s.* U sterlina (moneta legale inglese) // (*econ.*): — *area*, area della sterlina; — *balances*, saldi in sterline; — *securities*, titoli denominati in sterline.

stern[1] [stɜ:n] *agg.* **1** severo, austero; rigido, rigoroso: *a — manager*, un direttore severo; — *criticism*, aspre critiche // — *reality*, la dura realtà // *the sterner sex*, (*letter.*) il sesso forte **2** di disapprovazione, di biasimo: *a — look*, uno sguardo di biasimo // **-ly** *avv.* // **-ness** *s.*

stern[2] *s.* **1** (*mar., aer.*) poppa: — *board*, manovra a ritroso; — *chaser*, (*st.*) cannone di poppa; — *fast*, codetta, cima per ormeggio di poppa; — *light*, fanale di poppa; — *post*, dritto di poppa; — *walk*, galleria di poppa; — *wheeler*, battello a ruota posteriore **2** deretano; coda (di animale).

sternal ['stɜ:nəl] *agg.* (*anat.*) sternale.

stern sheets ['stɜ:nʃi:ts] *s.pl.* (*mar.*) poppa.

sternum ['stɜ:nəm] *pl.* **sternums**, **sterna** ['stɜ:nə] *s.* (*anat.*) sterno.

sternutation [,stɜ:njʊ'teɪʃn / ster·nu·ta·tion] *s.* (*non com.*) starnuto.

sternutative [stə'nju:tətɪv / ster·nu·tat·ive] *agg.* (*non com.*) starnutatorio.

sternutatory [stə'nju:tətərɪ *amer.* stə'nju:tətɔ:rɪ / ster·nu·tat·ory] *agg.* e *s.* (*non com.*) starnutatorio.

sternway ['stɜ:nweɪ / stern·way] *s.* (*mar.*) abbrivo indietro.

steroid ['sterɔɪd, 'stɪərɔɪd / ster·oid] *s.* (*biochim.*) steroide ◆ *agg.* (*biochim.*) steroideo.

sterol ['sterɒl] *s.* (*biochim.*) sterolo.

stertorous ['stɜ:tərəs / ster·tor·ous] *agg.* (*med.*) stertoroso: — *respiration*, respiro stertoroso.

stertorousness ['stɜ:tərəsnɪs / ster·tor·ous·ness] *s.* (*med.*) stertore.

stet [stet] *s.* (*nella correzione di bozze*) vive.

stethoscope ['steθəskəʊp / stetho·scope] *s.* (*med.*) stetoscopio.

to **stethoscope** *v.tr.* auscultare con lo stetoscopio.

stethoscopic [,steθə'skɒpɪk / stetho·scopic] *agg.* (*med.*) stetoscopico.

stethoscopy [stə'θɒskəpɪ / stetho·scopy] *s.* (*med.*) stetoscopia.

stetson ['stetsn / stet·son] *s.* cappello da uomo con falda larga e cupola alta (tipo cappello da cowboy).

stevedore ['sti:vɪdɔ:* / steve·dore] *s.* stivatore: — *ton*, tonnellata di nolo.

stew[1] [stju: *amer.* stu:] *s.* (*non com.*) **1** vivaio di pesci, peschiera **2** vivaio di ostriche.

stew[2] *s.* **1** (*cuc.*) umido, stufato: *Irish* —, spezzatino di montone // — *builder*, (*sl. amer.*) cuoco **2** (*fam. fig.*) ansietà, agitazione; preoccupazione; confusione, caos: *to be* (o *to get*) *in a* —, essere sui carboni ardenti, sulle spine; essere in grande agitazione **3** (*ant.*) terme, bagni **4** (*spec. pl.*) bordello, lupanare.

to **stew**[2] *v.tr.* far cuocere in umido, stufare ◆ *v.intr.* **1** cuocere in umido // *to let s.o. — in his* (*own*) *juice*, (*fam.*) lasciar cuocere qlcu. nel proprio brodo **2** (*fam. fig.*) stare in ansia **3** soffocare, mancare d'aria **4** (*sl. antiq.*) sgobbare (negli studi).

steward [stjuːəd *amer.* 'stu:əd / stew·ard] *s.* **1** dispensiere; (*mil.*) capo furiere: (*mar.*) —*'s mate*, cambusiere; —*'s room*, cambusa **2** (*aer.*, *mar.*) cameriere di bordo, steward **3** sovrintendente incaricato; commissario di gara ecc. // *Lord Steward of the Household*, Siniscalco di Corte (in Inghilterra) // *Lord High Steward of England*, cerimoniere per l'incoronazione di un re; giudice del tribunale che deve giudicare i Pari (in Inghilterra) **4** amministratore, intendente, castaldo: *the estate* —, l'amministratore della tenuta **5** membro del servizio d'ordine: *the club provided fifty stewards to help control the fans*, il club ha fornito cinquanta membri del servizio d'ordine per tenere sotto controllo i tifosi.

stewardess ['stju:ədɪs *amer.* 'stu:ədɪs / stew·ard·ess] *s.* **1** dispensiera **2** (*aer.*, *mar.*) cameriera di bordo; assistente di bordo.

stewardship ['stju:ədʃɪp *amer.* 'stu:ədʃɪp / stew·ard·ship] *s.* **1** amministrazione, gestione: *he gave a detailed account of his* —, (*form.*) diede un resoconto minuzioso della sua amministrazione **2** carica di gerente, di amministratore.

stewbum ['stju:bʌm *amer.* 'stu:bʌm / stew·bum] *s.* (*sl. amer.*) vagabondo ubriacone.

stewed [stju:d *amer.* stu:d] *agg.* (*fam.*) **1** in umido, stufato **2** cotto: — *fruit*, frutta cotta **3** troppo carico (detto di tè) **4** (*fam.*) ubriaco.

stewing ['stju:ɪŋ *amer.* 'stu:ɪŋ / stew·ing] *agg.* **1** per stufato: — *beef*, carne di manzo per stufato **2** da cuocere: — *plums*, prugne da cuocere.

stewpan ['stju:pæn *amer.* 'stu:pæn / stew·pan] *s.* tegame (usato per cucinare in umido).

sthenic ['sθenɪk] *agg.* (*med.*) stenico; attivo, forte: — *type*, tipo stenico.

stibiconite ['stɪbɪkənaɪt / stib·icon·ite] *s.* (*min.*) stibiconite.

stibine ['stɪbaɪn / stib·ine] *s.* (*chim.*) stibina.

stibium ['stɪbɪəm / stib·ium] *s.* (*chim.*) antimonio.

stibnite ['stɪbnaɪt / stib·nite] *s.* (*min.*) antimonite.

stibophen ['stɪbəfen / stib·ophen] *s.* (*chim.*) stibofene.

stichomythia [,stɪkə'mɪθɪə / sti·cho·mythia] *s.* (*letter.*) sticomitia.

stick [stɪk] *s.* **1** bastone: *hockey* —, bastone da hockey; *the — and the carrot*, il bastone e la carota; *he wants the* —, ha bisogno di un po' di legnate; *to get the* —, ricevere delle bastonate // *to get* —, (*fam.*) essere criticato, rimproverato duramente; *to give s.o.* —, criticare, rimproverare duramente // *to be in a cleft* —, (*fam.*) essere tra due fuochi, non saper che pesci prendere // *to use big — methods*, fare ricorso alla forza **2** (*walking*) —, bastone (da passeggio); *he walks with a* —, cammina col bastone **3** bastoncino, legnetto, ramoscello: *the house was pulled down and not a — was left standing*, la casa fu rasa al suolo completamente; *to collect dry sticks for the fire*, raccogliere legnetti secchi per il fuoco; *to put a — in the ground to mark a point*, ficcare un bastoncino nel terreno per indicare un punto **4** *pl.* (*fam. amer.*) boschi; zone rurali: *he lives way out in the sticks*, vive a casa del diavolo fra i boschi **5** barra, stecca: *a — of shaving soap*, un bastoncino di sapone da barba; *a — of sugar candy*, *of chocolate*, una stecca di zucchero filato, di cioccolato; *a — of dynamite*, un candelotto di dinamite **6** (*fam.*) individuo, tipo: *he's not a bad old* —, non è male **7** bacchetta (di direttore d'orchestra) **8** (*mar. sl.*) albero maestro: *the sticks*, l'alberatura **9** (*mil.*) grappolo di bombe **10** (*cuc.*) gambo, stelo, foglia: *a — of asparagus*, un asparago; *a — of celery*, un gambo di sedano **11** (*fam.*) — *of furniture*, mobile: *there were only a few sticks of furniture in the house*, c'erano pochi mobili nella casa.

to **stick** *pass.p.p.* **stuck** [stʌk] *v.tr.* **1** ficcare, conficcare; introdurre: *to — a pin into sthg.*, conficcare uno spillo in qlco.; *to — a stake in the ground*, conficcare un picchetto nel terreno; *cake stuck* (*over*) *with almonds*, torta decorata con mandorle // *to — s.o.*, (*fam.*) pugnalare qlcu. **2** mettere, cacciare, infilare: *don't — your hands in your pockets*, non mettere le mani in tasca; *he stuck the money in his wallet*, infilò il denaro nel portafoglio; *he stuck the beret on her head*, le ficcò il berretto in testa; *he stuck his head out of the window*, cacciò la testa fuori dal finestrino; — *it somewhere*, (*fam.*) ficcalo da qualche parte; *he stuck a flower in his buttonhole*, infilò un fiore all'occhiello; *she stuck a candle in a bottle*, infilò una candela nel collo di una bottiglia **3** incollare, appiccicare, attaccare: — *a label with your name on the box*, attacca un'etichetta col tuo nome sulla scatola // — *no bills*, divieto di affissione **4** (*fam.*) sopportare: *I cannot — him*, non lo sopporto, mi dà fastidio **5** (*agr.*) mettere sostegni a (piante) **6** (*fam.*) appioppare, far pagare: *he stuck me with* (o *for*) *the drinks all the evening*, mi ha fatto pagare le consumazioni tutta la serata ◆ *v.intr.* **1** conficcarsi, ficcarsi; introdursi // *it sticks in my throat*, (*fam.*) non mi va giù **2** appiccicarsi, incollarsi, attaccarsi; *the meat has stuck to the pan*, la carne si è attaccata al tegame; *money sticks to his fingers*, il denaro gli resta attaccato alle dita; *the nickname will — to him*, il soprannome gli resterà per sempre; *this envelope will not* —, questa busta non si incolla; *to — like a leech* (o *like glue* o *like a burr*) *to s.o.*, appiccicarsi a qlcu. come una mignatta; *to — to one's opinions*, rimanere della stessa idea, difendere le proprie convinzioni; *to — to one's word*, mantenere la parola; *to — to the text*, mantenersi fedeli al testo; *he's got a name that sticks in your mind*, ha un nome che rimane impresso nella mente // — *to it!*, tieni duro, non mollare! // *to — to one's knitting*, (*amer.*) farsi gli affari propri **3** incepparsi, bloccarsi, incastrarsi; arenarsi (di nave): *my drawer always sticks*, il mio cassetto si blocca sempre; *the car stuck in the mud*, l'auto si impantanò **4** sopportare, tollerare: *he has decided to — at the job till next year*, ha deciso di sopportare il suo lavoro fino all'anno prossimo **5** sporgere **6** (*fig.*) reggere, stare in piedi: *the accusation will never* —, l'accusa non può reggere **7** (*a carte*) stare.

□ **stick about**, **around** *v.intr.* e *avv.* (*fam.*) stare inchiodato in un posto; non muoversi.

□ **stick at** *v.intr.* e *prep.* stare incollato a: *he sticks at his job twelve hours a day*, è incollato al lavoro dodici ore al giorno // *John has decided to — at his job till next year*, John ha deciso di non mollare l'impiego fino all'anno prossimo // *to — at nothing*, ricorrere a ogni mezzo, non indietreggiare davanti a niente.

□ **stick by** *v.intr.* e *prep.* (*fam.*) rimanere al fianco di: *his brother stuck by him during the scandal*, suo fratello è rimasto al suo fianco all'epoca dello scandalo.

□ **stick down** *v.tr.* e *avv.* **1** incollare giù: *remember to put the money inside before you — down the flap of the envelope*, ricordati di allegare il denaro prima di chiudere la busta **2** (*fam.*) mettere giù SIN. to **put down**: — *it down wherever you like*, mettilo dove vuoi **3** (*fam.*) buttar giù, scrivere: — *down your name and address on a piece of paper*, metti giù il tuo nome e indirizzo su un pezzo di carta; *to — sthg. down in a diary*, annotare qlco. in un'agenda.

□ **stick out** *v.intr.* e *avv.* **1** sporgere // *to — out a mile*, (*fam.*) balzare agli occhi **2** (*for*) tener duro, fare il braccio di ferro (per): *we are going to — out for a 10% increase*, terremo duro per ottenere un aumento del 10% **3** emergere, distinguersi, spiccare: *his red hair made him — out in the crowd*, coi suoi capelli rossi spiccava fra la folla ◆ *v.tr.* e *avv.* **1** far sporgere; allungare: *he stuck a foot out and I* *fell down*, ha allungato un piede e io sono caduto // *to — one's neck out*, (*fam.*) esporsi (troppo) **2** *to — it out*, tener duro.

□ **stick to** *v.intr.* e *prep.* attenersi a, rispettare, seguire: *to — to the point*, attenersi all'argomento; *to — to the rules*, attenersi, rispettare le regole // *to — to one's last*, fare il lavoro per il quale si è tagliati, si è preparati.

□ **stick up** *v.tr.* e *avv.* **1** attaccare, incollare: *pictures of the candidates were stuck up all over the town*, tutta la città era tappezzata di manifesti con la fotografia dei candidati **2** (*fam.*) rapinare // *— your hands up!* (o *—'em up!*), mani in alto! ◆ *v.intr.* e *avv.* (*for*) (*fam.*) schierarsi dalla parte di, appoggiare: *nobody will — up for him*, nessuno starà dalla sua parte // (*dir.*) *to — up for one's rights*, sostenere i propri diritti.

sticker ['stɪkə*] *s.* **1** attacchino **2** pugnale; coltellaccio da macellaio **3** (*pesca*) gaffa, arpione **4** etichetta adesiva; autoadesivo, adesivo (pubblicitario) **5** persona tenace, che tiene duro, che non demorde **6** (*bot.*) lappola.

stickily ['stɪkɪlɪ / stick·ily] *avv.* **1** appiccicosamente; viscosamente **2** in modo poco accomodante **3** sgradevolmente.

stickiness ['stɪkɪnɪs / sticki·ness] *s.* **1** viscosità, adesività; l'essere appiccicoso, appiccicaticcio; afosità **2** atteggiamento poco accomodante; rigidità **3** sgradevolezza; difficoltà.

sticking ['stɪkɪŋ / stick·ing] *agg.* appiccicoso; adesivo; colloso ◆ *s.* **1** aderenza, adesività; incollatura **2** (*mecc.*) bloccaggio; grippaggio.

sticking plaster ['stɪkɪŋ,plɑ:stə* *amer.* 'stɪkɪŋ,plæstə*] *s.* cerotto.

sticking point ['stɪkɪŋ,pɔɪnt] *s.* **1** punto d'arresto **2** (*fig.*) qualcosa che porta a un punto morto, a una battuta d'arresto; ostacolo.

stick insect ['stɪk,ɪnsekt] *s.* (*zool.*) (*Bacillus rossii*) bacillo del Rossi, insetto stecco.

stick-in-the-mud ['stɪkɪnðəmʌd] *agg.* e *s.* (*fam.*) retrogrado; conservatore.

stickjaw ['stɪkdʒɔ: / stick·jaw] *s.* (*sl.*) caramelle, dolci gommosi.

to **stickle** ['stɪkl] *v.intr.* **1** (*ant.*) interporsi, intervenire // *to — for* (*sthg.*), combattere (per un'idea ecc.) **2** sollevare obiezioni; esitare.

stickleback ['stɪklbæk / stickle·back] *s.* (*zool.*) **1** (*Gasterosteus aculeatus*) spinarello SIN. prickleback, tittlebat **2** gasterosteide (in genere).

stickler ['stɪklə* / stick·ler] *s.* **1** (*fam.*) accanito sostenitore: *I'm no great — for discipline*, non sono un accanito sostenitore della disciplina **2** pignolo; intransigente **3** (*ant.*) arbitro: *the dragon wing of night o'erspreads the earth, / and stickler-like the armies separates*, (SH. Troilus and Cressida) l'ala di dragone della notte si spiega sulla terra e separa gli eserciti come un arbitro.

stick-up ['stɪkʌp] *s.* (*sl.*) rapina a mano armata.

sticky ['stɪkɪ] *agg.* **1** appiccicoso, appiccicaticcio; adesivo; viscoso (*anche bot.*): *to have — fingers*, avere le dita appiccicose; (*fig.*) avere le mani lunghe // *— weather*, tempo afoso, caldo e umido // (*econ.*) *— price*, prezzo stabile **2** (*fam.*) poco accomodante: *the bank was very — about an overdraft*, la banca fu molto rigida circa un assegno scoperto **3** sgradevole; difficile (di situazione): *he had a — quarter of an hour*, ha passato un brutto quarto d'ora; *he will come to a — end*, finirà male.

sticky beak ['stɪkɪ,bi:k] *s.* (*fam. austr.*) impiccione, ficcanaso.

sticky tape ['stɪkɪ,teɪp] *s.* nastro autoadesivo.

stiff [stɪf] *agg.* **1** rigido, duro; (*fig.*) inflessibile, ostinato: *these shoes are a bit —*, queste scarpe sono un po' dure, poco flessibili; *— collar*, colletto duro, rigido; *he met the charge with a — denial*, negò recisamente ogni addebito // *to keep a — upper lip*, mostrare fermezza di carattere // *— opposition*, forte opposizione // *— competition*, concorrenza dura // (*dir.*) *— sentence*, condanna severa **2** indolenzito, intorpidito; irrigidito // (*med.*) *— joint*, anchilosi **3** freddo, riservato, contenuto; affettato: *— bow*, saluto freddo; *— style*, stile affettato; *he has — manners*, ha modi alteri, affettati **4** che funziona male; che non si muove facilmente: *a — door*, una porta che non scorre bene sui cardini **5** difficile, duro, faticoso: *a — climb*, una salita erta, ripida; *a — examination*, un esame difficile; *I had a — job to get it*, ho avuto un bel da fare per ottenere ciò **6** (*fam.*) alto, salato (di prezzo): *a — bill*, un conto salato; *— price*, prezzo esorbitante **7** (*fam.*) forte (di bevanda): *a — glass of rum*, un bicchiere di rum molto alcolico, ad alta gradazione **8** denso, spesso; sodo: *— paste*, pasta soda **9** affollato, pieno: *Oxford Street is — with tourists*, (*fam.*) Oxford Street è piena di turisti ◆ *avv.* estremamente, completamente: *bored —*, (*fam.*) annoiato a morte; *frozen —*, (*fam.*) rigido come un pezzo di ghiaccio; *scared —*, (*fam.*) morto di paura.

stiff *s.* (*sl.*) **1** cadavere **2** buono a nulla **3** persona estremamente formale, fredda **4** denaro **5** (*amer.*) titolo di credito (cambiale, assegno) falso **6** farfalla, biglietto clandestino.

to **stiff** *v.tr.* (*fam. amer.*) **1** non dare mance a: *some customers — you completely*, certi clienti non si sognano nemmeno di darti la mancia **2** maltrattare **3** prendere in giro.

to **stiffen** ['stɪfn] *v.tr.* **1** indurire; irrigidire (*anche fig.*); inamidare, apprettare (*tessuti*): *to — a shirt-front*, inamidare uno sparato **2** indolenzire; intorpidire: *age has stiffened his joints*, la vecchiaia gli ha intorpidito le giunture **3** rassodare: *to — the paste*, rassodare l'impasto **4** rinforzare; (*fig.*) rincuorare: *the general tried to — his troops*, il generale cercò di rincuorare le sue truppe // *to — a drink*, (*fam.*) rinforzare, correggere una bibita **5** rendere più difficile: *to — (up) an examination*, rendere un esame più difficile ◆ *v.intr.* **1** indurirsi; irrigidirsi (*anche fig.*) **2** intorpidirsi (di muscoli ecc.) **3** aumentare, rafforzarsi: *the wind stiffened*, il vento aumentò **4** rassodarsi; prendere consistenza **5** diventare più difficile.

stiffener ['stɪfənə* / stiff·ener] *s.* **1** (*tecn.*) elemento di rinforzo, di irrigidimento, di sostegno **2** tonico, stimolante.

stiffening ['stɪfənɪŋ / stiff·en·ing] *s.* **1** indurimento; rafforzamento; consolidamento **2** (*tecn.*) rinforzo, irrigidimento: (*mecc.*) *— piece* (o *plate*), lamiera di rinforzo // (*comm.*) *— endorsement*, avallo **3** (*tess.*) appretto, inamidatura **4** (*sartoria*) teletta.

stiffly ['stɪflɪ] *avv.* **1** rigidamente; inflessibilmente; ostinatamente **2** con affettazione.

stiff neck ['stɪfnek] *s.* **1** (*med.*) torcicollo SIN. wryneck, loxia **2** (*fig.*) ostinazione **3** (*fig.*) arroganza; presunzione.

stiff-necked [,stɪf'nekt] *agg.* (*fig.*) **1** ostinato **2** arrogante; superbo.

stiffness ['stɪfnɪs / stiff·ness] *s.* **1** durezza; rigidezza; (*fig.*) ostinazione; inflessibilità **2** intorpidimento; indolenzimento (di membra) **3** sostenutezza; freddezza **4** affettazione **5** consistenza; solidità; densità, difficoltà, asperità **6** forza (del vento).

stifle[1] ['staɪfl] *s.* (*vet.*) **1** grassella, grasciola (di cavallo) **2** malattia della grassella.

to **stifle**[2] *v.tr.* **1** (far) soffocare: *I was stifled by the heat*, fui soffocato dal calore **2** (*fig.*) soffocare; reprimere; trattenere: *to — a rumour*, soffocare una diceria; *to — a sneeze*, trattenere uno starnuto; *to — a yawn*, reprimere, soffocare uno sbadiglio ◆ *v.intr.* (sentirsi) soffocare.

stifle-bone ['staɪfl,bəʊn] *s.* rotula (di cavallo).

stifling ['staɪflɪŋ / sti·fling] *agg.* soffocante; opprimente: *it's — here!*, qui si soffoca! ◆ *s.* soffocamento // **-ly** *avv.*

stigma ['stɪgmə] *pl.* **stigmas** [stig·mas] *nei sensi 1, 2, 6*, **stigmata** ['stɪgmətə / stig·mata] *nei sensi 3, 4, 5 s.* **1** (*ant.*) marchio, segno (di schiavo ecc.) **2** (*fig.*) bollo, marchio d'infamia **3** (*med.*) sintomo **4** macchia cutanea **5** *pl.* (*relig.*) stigmate **6** (*bot.*, *zool.*) stigma, stimma.

stigmatic [stɪg'mætɪk / stig·matic] *agg.* **1** marchiato; bollato (*anche fig.*) **2** (*fis.*) astigmatico **3** (*fig.*) diffamante **4** (*med.*) macchiato, chiazzato **5** segnato da stigmate **6** (*bot.*, *zool.*) di stimma; provvisto di stigma.

stigmatization [,stɪgmətaɪ'zeɪʃn *amer.* ,stɪgmətɪ'zeɪʃn / stig·mat·iza·tion] *s.* **1** lo stigmatizzare; il marchiare d'infamia **2** infamia **3** il prodursi delle stigmate; il segnare con stigmate.

to **stigmatize** ['stɪgmətaɪz / stig·mat·ize] *v.tr.* **1** marchiare **2** stigmatizzare; bollare, disonorare: *since then he has been stigmatized as a coward*, da allora è bollato come codardo **3** produrre stigmate su.

stilbene ['stɪlbi:n / stil·bene] *s.* (*chim.*) stilbene.

stilbite ['stɪlbaɪt / stilb·ite] *s.* (*min.*) stilbite, desmina.

stile[1] [staɪl] *s.* scaletta (per scavalcare una staccionata, un muro ecc.).

stile[2] *s.* (*tecn.*) montante verticale.

stiletto [stɪ'letəʊ / stil·etto] *pl.* **stilettos**, **stilettoes** [stɪ'letəʊz / stil·et·toes] *s.* **1** stiletto, piccolo pugnale **2** punteruolo.

stiletto heel [stɪ'letəʊ,hi:l] *s.* tacco a spillo.

still[1] [stɪl] *agg.* **1** tranquillo, calmo; silenzioso: *the lake was very —*, il lago era molto calmo; *she enjoyed the — evenings in the mountains*, si godeva le tranquille serate in montagna // *— as the grave*, muto come una tomba // *the — small voice*, la voce della coscienza // *— waters run deep*, (*prov.*) le acque chete rovinano i ponti **2** immobile, fermo: *the wind was — at last*, finalmente il vento si calmò; *the boy wouldn't keep — in the dentist's chair*, il ragazzo non riusciva a star fermo sulla sedia del dentista; *we could see the fish in the — water*, nell'acqua ferma si vedevano i pesci // *stand — or I'll shoot!*, (state) fermi o sparo!

3 non frizzante, non gassato, non effervescente.

still[1] *s.* **1** (*poet.*) silenzio, quiete, calma: *in the — of night*, nel silenzio della notte **2** (*fot., cinem.*) posa; fotogramma.

to **still**[1] *v.intr.* acquietarsi; calmarsi; placarsi: *the tempest stilled*, la tempesta si placò ◆ *v.tr.* acquietare; calmare; placare: *to — s.o.'s fears*, calmare le paure di qlcu.

still[1] *avv.* **1** ancora, tuttora: *he's — working at 75*, a 75 anni lavora ancora; *I — don't understand what she meant*, tuttora non capisco che cosa volesse dire; *he was very thin when he was young and — is*, era molto magro da giovane e lo è tuttora; *she could — change her mind*, potrebbe ancora cambiare idea; *there was — a chance that there were some survivors under the rubble*, c'era ancora una probabilità che ci fossero dei superstiti sotto le macerie; *I've — got a week's holiday to come*, mi spetta ancora una settimana di ferie // *he did his best but it — wasn't good enough*, fece del suo meglio ma non era ancora abbastanza // *the stars move still*, (CH. MARLOWE) le stelle si muovono nel senso di sempre **2** (*davanti a compar.*) ancora, anche: *you'll have to study — more*, dovrai studiare ancora di più; *the sculptures were boring but the paintings were — less interesting*, le sculture erano banali ma i dipinti erano ancora meno interessanti; *would you like some tea, or better — some more coffee?*, vuoi del tè o meglio ancora un po' di caffè?; *we expect — further scandals to be revealed next week*, prevediamo che altri ulteriori scandali verranno alla luce la prossima settimana; *there is another — more interesting novel by the same author*, c'è un altro romanzo, anche più interessante, dello stesso autore; *he had to run — faster*, doveva correre ancora più forte **3** tuttavia, nondimeno; però: *I know what you think. Still, the fact is that...*, So che cosa pensi. Tuttavia, il fatto è che...; *It was a terrible holiday. But —, I enjoyed the one day of sunshine we had*, È stata una terribile vacanza. Tuttavia, ho gustato quell'unica giornata di sole che abbiamo avuto; *She's got to meet her future mother-in-law. Still, that's her problem*, Deve incontrare la futura suocera. Ma quello è affar suo.

still[2] *s.* distillatore (spec. di alcolici).

to **still**[2] *v.tr.* (*ant.*) distillare (spec. alcolici).

stillbirth ['stɪlbɜ:θ / still·birth] *s.* nascita di un bambino morto.

stillborn ['stɪlbɔ:n / still·born] *agg.* **1** nato morto (di bambino) **2** (*fig.*) fallito in partenza, abortito (di progetto, idea ecc.).

still house ['stɪlhaʊs] *s.* (*amer.*) distilleria.

still life [,stɪl'laɪf] *s.* (*pitt.*) natura morta.

stillness ['stɪlnɪs / still·ness] *s.* calma, quiete, tranquillità; immobilità; silenzio.

still room ['stɪlrʊm *amer.* 'stɪlru:m] *s.* **1** laboratorio di distilleria **2** dispensa.

stilly ['stɪlɪ] *agg.* (*poet.*) calmo, cheto, tranquillo; silente ◆ *avv.* (*poet.*) tranquillamente, chetamente, silentemente.

stilt [stɪlt] *s.* **1** trampolo: *on stilts*, sui trampoli **2** (*edil.*) palafitta, palo **3** (*dial.*) manico dell'aratro **4** (*zool.*) → stilt-bird.

to **stilt** *v.tr.* (*edil.*) erigere su palafitte, su pali.

stilt-bird ['stɪltbɜ:d] *s.* (*zool.*) (*Himantopus himantopus*) cavaliere d'Italia, trampoliere SIN. stilt, stilt-plover, stilt-walker.

stilted ['stɪltɪd / stil·ted] *agg.* **1** su trampoli **2** (*edil.*) eretto su palafitte, su pali **3** sopraelevato (di arco) **4** (*fig.*) pomposo, roboante, ampolloso (di stile).

stiltedly ['stɪltɪdlɪ / stil·ted·ly] *avv.* pomposamente, ampollosamente.

stiltedness ['stɪltɪdnɪs / stil·ted·ness] *s.* pomposità, ampollosità, magniloquenza.

Stilton ['stɪltn / Stil·ton] *s.* 'stilton' (formaggio piccante prodotto nella zona di Stilton).

stilt-plover ['stɪlt,plʌvə*] **stilt-walker** ['stɪlt,wɔ:kə*] → **stilt-bird**.

stimulant ['stɪmjʊlənt / stimu·lant] *agg.* (*med.*) stimolante, eccitante ◆ *s.* **1** (*med.*) stimolante, eccitante // *he never takes stimulants*, (*fam.*) non prende mai alcolici **2** (*fig.*) stimolo, sprone; incitamento: *to act as a —*, essere d'incentivo.

to **stimulate** ['stɪmjʊleɪt / stimu·late] *v.tr.* **1** stimolare (*anche med.*); incitare, spronare: *to — s.o. to do sthg.*, incoraggiare, spingere qlcu. a fare qlco. // *to — the economy*, stimolare l'economia **2** stimolare, suscitare, destare: *to — s.o.'s enthusiasm*, accendere l'entusiasmo di qlcu. **3** rinvigorire, corroborare.

stimulating ['stɪmjʊleɪtɪŋ / stimu·lat·ing] *agg.* **1** stimolante; eccitante: *a — conversation*, una conversazione stimolante **2** corroborante, tonificante.

stimulation [,stɪmjʊ'leɪʃn / stimu·la·tion] *s.* stimolazione (*anche med.*); stimolo, sprone; incitamento.

stimulative ['stɪmjʊlətɪv / stimu·lat·ive] *agg.* stimolativo; eccitante.

stimulator ['stɪmjʊleɪtə* / stimu·lator] *s.* **1** stimolatore **2** (*med.*) stimolante, eccitante.

stimulus ['stɪmjʊləs / stimu·lus] *pl.* **stimuli** ['stɪmjʊlaɪ / stim·uli] *s.* stimolo (*anche med.*); pungolo, sprone, incentivo: *ambition is her only —*, l'ambizione è l'unico incentivo per lei; *to apply a — to a muscle*, stimolare un muscolo; *to give — to trade*, dare impulso al commercio.

to **stimy** → to **stymie**.

sting [stɪŋ] *s.* **1** (*zool.*) pungiglione, aculeo: *the — of a wasp*, il pungiglione di una vespa **2** (*bot.*) aculeo, pelo urticante **3** puntura (d'insetto): *his face was covered with stings*, aveva il volto pieno di punzecchiature; *his hands showed signs of nettle stings*, aveva le mani piene di punture di ortica **4** fitta, puntura; dolore acuto (*anche fig.*): *he found a new job immediately, which took the — out of his dismissal*, trovò subito un nuovo lavoro e questo lo ripagò del boccone amaro del suo licenziamento **5** (*fig.*) pungolo, stimolo; morso: *the — of conscience*, il pungolo della coscienza; *the — of hunger*, il morso della fame; *the — of remorse*, il tormento del rimorso **6** (*fig.*) spiacevolezza; acredine, veleno: *a jest with a — in it*, uno scherzo maligno, velenoso; *his apparently innocent words had a — in their tail*, le sue parole, in apparenza innocenti, erano piene di veleno **7** (*fam. amer.*) stangata; truffa; trappola.

to **sting** *pass.p.p.* **stung** [stʌŋ] *v.tr.* **1** pungere: *a wasp stung his finger*, una vespa gli punse il dito; *the nettle stung his hands*, si punse le mani con l'ortica **2** colpire; tormentare; ferire (*anche fig.*): *the smoke was stinging his eyes*, il fumo gli faceva bruciare gli occhi; *he was stung with remorse*, era tormentato dal rimorso; *those reproaches stung him to the quick*, quei rimproveri lo punsero sul vivo **3** pungolare, incitare: *she was stung into action by their criticism*, , fu spinta all'azione dalle loro critiche **4** (*sl.*) truffare, fregare: *we were stung for four dollars*, ci fregarono quattro dollari ◆ *v.intr.* **1** pungere: *some bees do not —*, alcune api non pungono **2** bruciare; sentire delle fitte (di parti del corpo): *his eyes were stinging from the smoke*, gli bruciavano gli occhi per il fumo.

stingaree ['stɪŋgəri: / sting·aree] *s.* (*zool.*) (*Dasyatis pastinaca*) pastinaca comune SIN. sting-ray.

stinger ['stɪŋə*] *s.* **1** chi punge, ferisce **2** (*zool.*) insetto provvisto di pungiglione **3** (*bot.*) pianta munita di aculei **4** (*zool, bot.*) organo pungitore, pungiglione; aculeo **5** (*fam.*) colpo violento, gran botta **6** (*fig. fam.*) frecciata, stoccata, risposta pungente.

stinging ['stɪŋɪŋ / sting·ing] *agg.* **1** pungente; doloroso // *a — blow*, una gran botta, un forte colpo **2** (*bot.*) pungente; urticante: *— hair*, pelo urticante **3** (*fig.*) pungente, mordace ◆ *s.* puntura.

stinging goosefoot [,stɪŋɪŋ'gu:sfʊt] *s.* (*bot.*) (*Chenopodium vulvaria*) brinaiola.

stingingly ['stɪŋɪŋlɪ / sting·ing·ly] *avv.* pungentemente; (*fig.*) mordacemente.

stinging nettle ['stɪŋɪŋ,netl] *s.* (*bot.*) ortica → **nettle**.

stingless ['stɪŋlɪs / sting·less] *agg.* (*bot., zool.*) senza aculeo, senza pungiglione.

stingo ['stɪŋgəʊ] *s.* (*ant.*) **1** birra forte **2** (*fig.*) forza, energia; vivacità, brio.

sting-ray ['stɪŋreɪ] → **stingaree**.

sting winkle ['stɪŋ,wɪŋkl] *s.* (*zool.*) (*Tritonalia erinacea*) tritonalia spinosa.

stingy ['stɪndʒɪ] *agg.* (*fam.*) **1** avaro, taccagno, spilorcio, tirchio; gretto, meschino: *don't be — with the sugar*, non risparmiare con lo zucchero **2** scarso, insufficiente: *we had a — meal*, abbiamo mangiato poco e male // **-ily** *avv.* // **-iness** *s.*

stink [stɪŋk] *s.* **1** puzzo, fetore **2** (*fam.*) scalpore, rumore, chiasso, clamore: *to create* (o *to kick up* o *to make* o *to raise*) *a — (about sthg.)*, far scoppiare, piantare una grana (per qlco.) **3** *pl.* (*sl.*) chimica.

to **stink** *pass.* **stank** [stæŋk] *p.p.* **stunk** [stʌŋk] *v.intr.* **1** puzzare, mandare cattivo odore: *this meat stinks*, questa carne puzza // *to — to high heaven*, puzzare terribilmente (*anche fig.*) // *they — of money*, (*fig. fam.*) sono ricchi da far schifo **2** (*fig., fam.*) essere ripugnante, immorale, odioso; essere scadente; fare schifo, essere uno schifo: *his music stinks*, la sua musica è un vero schifo; *the latest revelations — of corruption*, le ultime rivelazioni puzzano di corruzione; *her name stinks around here*, ha una pessima nomea da queste parti.

□ **stink out** *v.tr.* e *avv.* (*fam.*) **1** appestare, impuzzolire, impuzzolentire, ammorbare: *your cigar has stunk the house out*, col tuo sigaro hai impuzzolentito tutta la casa **2** far scappare, cacciar via a causa del fetore: *to — s.o. out of the room*, costringere qlcu. a lasciare la stanza per il cattivo odore.

stinkard ['stɪŋkəd / stink·ard] *s.* (*non com.*) persona, animale che puzza.

stink-bomb ['stɪŋk,bɒm] *s.* bombetta, fialetta puzzolente.

stink-brand ['stɪŋk,brænd] *s.* (*bot.*) ruggine delle graminacee.

stinker ['stɪŋkə*] *s.* 1 persona, animale che emana cattivo odore 2 (*fig. sl.*) persona spregevole, fetente; cosa sgradevole, irritante, schifezza, porcheria; cosa molto difficile: *he's a real* —, è proprio un fetente; *I wrote him a real — of a letter*, gliene ho scritte proprio di tutti i colori // *my exam was a real* —, il mio esame è stato davvero molto duro 3 (*zool.*) (*Macronectes giganteus*) ossifraga, procellaria gigante.

stink horn ['stɪŋkhɔ:n / stink·horn] *s.* (*bot.*) 1 (*Phallus impudicus*) satirione 2 pisciacane.

stinking ['stɪŋkɪŋ / stink·ing] *agg.* 1 puzzolente, fetido, fetente 2 (*fig. fam.*) molto sgradevole, spiacevole; disgustoso, schifoso: *I've got a — cold*, ho un terribile raffreddore; *I don't want your — money*, non voglio il tuo sporco denaro ◆ *avv.* (*fam.*) moltissimo, terribilmente, da far schifo: — *rich*, ricco sfondato // **-ly** *avv.*

stink-trap ['stɪŋk,træp] → **stench-trap**.

stint[1] [stɪnt] *s.* 1 quantità di lavoro assegnato, compito prefisso: *to do one's daily* —, eseguire il proprio lavoro quotidiano 2 periodo di lavoro, di servizio: *he did a — in the army*, fu in servizio per un certo periodo nell'esercito 3 limite, restrizione: *to work without* —, lavorare indefessamente.

to **stint**[1] *v.tr.* 1 limitare; imporre delle restrizioni a; lesinare, razionare: *when he eats he doesn't — himself*, quando mangia non ha limiti; *to — oneself for one's children*, sottoporsi a privazioni, tirare la cinghia per i propri figli; *to — the servants of food*, tenere la servitù a stecchetto, misurare il pane alla servitù; *don't — food*, non risparmiare sul cibo 2 (*rar.*) assegnare un compito, una quantità di lavoro a ◆ *v.intr.* 1 limitarsi, imporsi delle restrizioni; lesinare: *he didn't — in his praise of their work*, non risparmia lodi al loro lavoro; *don't — on food*, non risparmiare sul cibo 2 (*ant.*) smettere, cessare; desistere: *and, pretty fool, it stinted, and said "Ay"*, (SH. Romeo and Juliet) e lei, sciocchina, smise (di piangere) e disse "Sì"; *we must not stint / our necessary actions, in the fear / to cope malicious censurers*, (SH. Henry VIII) non dobbiamo desistere dalle azioni necessarie solo per timore d'incappare in malevole censure.

stint[2] *s.* (*zool.*) piovanello pancianera → **dunlin**.

stintless ['stɪntlɪs / stint·less] *agg.* senza limitazioni, restrizioni; abbondante, illimitato.

stipe [staɪp] *s.* 1 (*bot.*) gambo; stipite; picciolo 2 (*zool.*) peduncolo.

stipel ['staɪpəl] *s.* (*bot.*) stipola, stipula.

stipellate ['staɪpelɪt / stipel·late] *agg.* (*bot.*) stipolato.

stipend ['staɪpend / sti·pend] *s.* stipendio; congrua.

stipendiary [staɪ'pendjərɪ *amer.* staɪ'pendɪerɪ / sti·pen·di·ary] *agg.* stipendiato; retribuito // (*dir.*) — *magistrate*, magistrato togato, di carriera.

stipes ['staɪpi:z / sti·pes] *pl.* **stipites** ['stɪpɪti:z / stip·ites] → **stipe** 2.

stipple ['stɪpl] *s.* 1 (*st. pitt.*) puntinismo 2 (*tip.*) tecnica dell'incisione a retino 3 (*pitt.*) disegno a puntini 4 (*tip.*) incisione a retino.

to **stipple** *v.tr.* 1 (*pitt.*) punteggiare 2 (*tip.*) incidere a retino.

stippler ['stɪplə*] *s.* (*tip.*) incisore a retino.

stipular ['stɪpjʊlə* / stipu·lar] *agg.* (*bot.*) stipolare.

to **stipulate** ['stɪpjʊleɪt / stipu·late] *v.tr.* stipulare, pattuire; stabilire: *to — an agreement*, stipulare un accordo ◆ *v.intr.* convenire; accordarsi: *to — for sthg.*, accordarsi su qlco.

stipulated ['stɪpjʊleɪtɪd / stipu·lated] *agg.* (*dir.*) stipulato, convenuto, pattuito // — *facts*, fatti convenzionalmente accettati tra le parti.

stipulation [,stɪpjʊ'leɪʃn / stipu·la·tion] *s.* (*dir.*) stipulazione; convenzione, patto, accordo: *on the — that...*, a patto, a condizione che...

stipulator ['stɪpjʊleɪtə* / stipu·lator] *s.* (*dir.*) stipulante.

stipule ['stɪpju:l / stip·ule] *s.* (*bot.*) stipola.

stir[1] [stɜ:*] *s.* 1 rimescolata, il rimescolare; l'attizzare: *to give the fire a* —, attizzare il fuoco; *to give one's coffee a* —, dare una rimescolata al caffè 2 moto, movimento; animazione: *there is no — in the air*, non c'è un alito di vento 3 tumulto, subbuglio; commozione; sensazione: *the event caused a — in the village*, l'avvenimento mise il villaggio in subbuglio; *to make a* —, far sensazione 4 (*econ.*) movimento dei prezzi, delle quotazioni.

to **stir**[1] *pass.p.p.* **stirred** [stɜ:d] *v.tr.* 1 muovere; agitare: *not a breath of wind stirred the leaves*, non un soffio di vento agitava le foglie; *can you — yourself and make some coffee please?*, (*fam.*) puoi darti una mossa e fare il caffè per favore? // — *your stumps!*, muoviti!, spicciati! // *not to — a finger to help s.o.*, non muovere un dito per aiutare qlcu. // (*ind.*) *to — glass*, agitare il vetro fuso 2 mescolare, rimestare: *he stirred his coffee*, mescolò il caffè 3 (*fig.*) commuovere, appassionare; eccitare: *the speaker stirred the crowd with a dramatic appeal*, l'oratore commosse la folla con un appello drammatico; *to be stirred*, essere emozionato; *he stirred my anger*, mi fece andare su tutte le furie // *to — to the depths*, commuovere profondamente, fin nei precordi // *to — the blood*, entusiasmare, eccitare ◆ *v.intr.* 1 muoversi; agitarsi: *the child stirred in his bed*, il bambino s'agitava nel letto 2 muoversi, alzarsi; svegliarsi: *she did not — from the library for the whole afternoon*, non si mosse dalla biblioteca per tutto il pomeriggio; *it was midday but he still hadn't stirred from bed*, era mezzogiorno ma lui non si era ancora alzato (dal letto) 3 (*fam.*) sparlare, seminare zizzania: *he enjoys stirring*, si diverte a seminare zizzania.

□ **stir in** *v.tr.* e *avv.* aggiungere mescolando: *add some tomato sauce and — it in well*, aggiungete del pomodoro e mescolate bene.

□ **stir into** *v.tr.* e *prep.* aggiungere mescolando, incorporare: — *the eggs into the flour*, incorporate le uova con la farina.

□ **stir up** *v.tr.* e *avv.* 1 muovere, smuovere; agitare: *the movement of the boat stirred up the mud from the bottom*, il movimento della barca smosse il fango dal fondo // *to — it up*, (*fig.*) muovere, agitare le acque; mettere zizzania 2 (*fig.*) incitare, provocare; fomentare: *to — up hatred*, fomentare l'odio; *to — up support*, far nascere il consenso.

stir[2] *s.* (*sl.*) prigione.

stirabout ['stɜ:rəbaʊt / stir·about] *s.* 1 persona indaffarata 2 porridge.

to **stir-fry** [,stɜ:'fraɪ] *v.tr.* (*cuc.*) saltare (cibo) in olio bollente (metodo per friggere tipico della cucina cinese).

stir-frying [,stɜ:'fraɪɪŋ] *s.* (*cuc.*) frittura al salto.

stirps [stɜ:ps] *pl.* **stirpes** ['stɜ:pi:z / stir·pes] *s.* 1 (*dir.*) progenitore, capostipite 2 (*zool.*) famiglia.

stirrer ['stɜ:rə* / stir·rer] *s.* 1 agitatore; incitatore; istigatore; (*fam.*) chi semina zizzania 2 chi si muove, si alza: *an early* —, uno che si alza presto; *a late* —, uno che si alza tardi, un dormiglione 3 (*tecn.*) (apparecchio) agitatore.

stirring ['stɜ:rɪŋ / stir·ring] *agg.* 1 emozionante, commovente: — *music*, musica commovente 2 agitato, di agitazione: — *times*, tempi poco tranquilli 3 energico, attivo // **-ly** *avv.*

stirrup ['stɪrəp / stir·rup] *s.* 1 staffa // — *cup*, (*fig.*) bicchiere della staffa 2 (*mar.*) corda a staffa.

stirrup bone ['stɪrəpbəʊn] *s.* (*anat.*) staffa.

stirrup leather ['stɪrəp,leðə*] *s.* staffile.

stirrup pump ['stɪrəp,pʌmp] *s.* pompa idraulica portatile (usata spec. come estintore d'emergenza per piccoli incendi).

stitch [stɪtʃ] *s.* 1 punto (*anche med.*): *I am learning a new* —, sto imparando un nuovo punto; *to put stitches in a wound*, suturare una ferita // *a — in time saves nine*, (*prov.*) un punto a tempo ne risparmia cento 2 maglia, punto: *to drop a* —, saltare, lasciar cadere una maglia; *to take up a* —, riprendere una maglia 3 fitta, trafittura: *I've got a — in my side*, ho una fitta al fianco, mi fa male la milza 4 (*fam.*) straccio (di vestito): *I haven't a — to wear*, non ho uno straccio di vestito da mettermi; *he wasn't wearing a — of clothing*, era nudo come un verme 5 (*fam. spec. amer.*) persona, cosa divertente // *to be in stitches*, ridere a crepapelle.

to **stitch** *v.tr.* cucire; (*med.*) suturare.

□ **stitch on** *v.tr.* e *avv.* attaccare cucendo: *the sleeve had been stitched on badly*, la manica era stata attaccata male; *to — on a pocket*, applicare una tasca.

□ **stitch onto** *v.tr.* e *prep.* attaccare cucendo: *to — a button onto a shirt*, attaccare un bottone su una camicia.

□ **stitch up** *v.tr.* e *avv.* 1 chiudere cucendo con punti; rammendare: *they had to — up the cut I had made in my finger*, hanno dovuto darmi dei punti per il taglio che mi ero fatto sul dito; *to — sthg. up on the machine*, rammendare a macchina 2 (*fam.*) concludere (in modo soddisfacente).

stitcher ['stɪtʃə* / stitch·er] *s.* cucitore, chi cuce; (macchina) cucitrice: *wire* —, cucitrice a filo metallico.

stitching ['stɪtʃɪŋ / stitch·ing] *s.* 1 cucitura; impuntura // *back* —, punto indietro 2 (*med.*) sutura.

stitchwork ['stɪtʃwɜ:k / stitch·work] *s.* ricamo.

stitchwort ['stɪtʃwɜ:t / stitch·wort] *s.* (*bot.*) stellaria, centocchio.

stithy ['stɪðɪ] *s.* (*ant.*) 1 incudine 2 fucina.

to **stithy** *v.tr.* (*ant.*) forgiare: *by the forge that stithied Mars his helm, / I'll kill thee every where, yea, o'er and o'er*, (SH. Troilus and

Cressida) per la forgia che fucinò l'elmo di Marte, ti ucciderò dovunque, sì, in ogni punto.

stiver ['staɪvə*] *s.* (*ant.*) soldo, quattrino.

stoa [stəʊ] *pl.* **stoae** ['stəʊi:] **stoas** *s.* (*arch. greca*) stoa, portico.

stoat [stəʊt] *s.* (*zool.*) (*Mustela erminea*) ermellino.

stochastic [stɒ'kæstɪk / stoch·astic] *agg.* (*stat.*) stocastico: — *process*, processo stocastico.

stock [stɒk] *s.* **1** rifornimento, approvvigionamento, provvista; scorta (*anche inform.*); (*econ.*) riserva, fondo, stock: *stocks are running low*, le provviste si stanno esaurendo; *to be out of* —, essere sprovvisto, sfornito; *to lay in a — of sthg.*, far provvista di qlco.; *to sell the whole — (of a firm)*, vendere tutto in blocco; *to buy sthg. lock — and barrel*, comprare qlco. in blocco; *she bought a — of handkerchiefs*, ha comprato una scorta di fazzoletti // *in* —, in magazzino; — *in hand*, merce in magazzino // *old* —, fondi, avanzi di magazzino // *to take* —, fare l'inventario (*anche fig.*) // — *of money*, massa monetaria; quantità di moneta (nel sistema economico) // — *adjustment*, adeguamento delle scorte; — *management*, gestione delle scorte; — *data*, dato di consistenza; — *average*, giacenza media; — *book*, libro magazzino; — *accounting*, contabilità di magazzino // (*inform.*) — *control*, tenuta, gestione delle scorte **2** (*fin.*) azione, azioni; titolo, titoli; certificato azionario [cfr. *share*[1]]: *government* —(*s*), titoli di stato; *marketable* —(*s*), titoli ammessi alla quotazione in borsa, titoli di largo mercato; *ex-coupon* —, titolo ex cedola; *common* —(*s*), azioni di borsa ordinarie; *capital* —, (*amer.*) azioni ordinarie; *reacquired* —, azioni proprie; *required* —, (*amer.*) portafoglio azioni proprie; — *sold cum rights*, titoli venduti con diritti d'opzione; *voting* —, azioni con diritto di voto; *preferred* —, (*amer.*) azione privilegiata; *non-assessable capital* —, (*amer.*) azione completamente liberata; *no-par-value* —, (*amer.*) azione senza valore nominale; *to buy* —, comprare azioni; *his — is going up*, (*fam.*) le sue azioni sono in rialzo // *stocks and shares*, valori di borsa, titoli // — *certificate*, certificato azionario; — *issue*, emissione azionaria; — *market*, mercato azionario, mobiliare; — *company* (o *corporation*), società per azioni; — *splitting*, frazionamento di azioni // — *options* (o *rights*), diritto di opzione // — *index options*, contratto a premi su indici di borsa; — *index futures*, contratti 'futures' su indici di borsa **3** (*comm.*) capitale sociale; quota sociale; partecipazione: *watered* —, capitale annacquato // — *account*, conto capitale **4** (*fig.*) stima, credito: *the Minister's — rose after the success of his new policy*, il credito del ministro aumentò a seguito della sua nuova linea politica **5** tronco, ceppo; fusto **6** (*fig.*) razza, famiglia, stirpe: *he comes of* (*a*) *good* —, viene da una buona famiglia **7** (*dir.*) capostipite, progenitore **8** bestiame: *fat* —, bestie grasse; *stocks*, bestie da macello **9** base, sostegno; impugnatura, calcio (di fucile); ceppo (di aratro, ancora, incudine) **10** materia prima **11** (*cuc.*) brodo: *chicken* —, brodo di pollo; — *cube*, dado per brodo **12** (*agr.*) marza, innesto **13** (*bot.*) violacciocca → gillyflower **14** *pl.* (*mar.*) taccate: *ship on the stocks*, nave in cantiere // *to have a piece of work on the stocks*, (*fig.*) avere qlco. in cantiere, in lavorazione **15** *pl.* (*st.*) gogna, berlina: *to be in the stocks*, essere alla berlina (*anche fig.*) **16** (*st.*) collare rigido **17** (*teatr.*) repertorio **18** (*ferr.*) materiale; (*pl.*) impianti: *rolling* —, materiale rotabile **19** mozzo (di una ruota).

stock *agg.* **1** comune, di formato normale, standard: — *size*, taglia standard **2** (*fig.*) solito; banale; ovvio; trito: — *excuse*, scusa banale; — *reaction*, reazione scontata **3** da riproduzione: — *mare*, cavalla fattrice.

to **stock** *v.tr.* **1** approvvigionare, fornire, rifornire (*anche fig.*): *to — a warehouse with goods*, rifornire un magazzino di merci // *the river was well stocked with salmon*, il fiume era ben fornito di salmoni **2** rimboscare, piantare alberi in; seminare; provvedere di bestiame (una fattoria); ripopolare di pesci (uno stagno ecc.) **3** tenere (in magazzino): *we don't — this article*, non teniamo quest'articolo **4** montare (un fucile) **5** (*mar.*) inceppare (un'ancora) **6** (*st.*) mettere alla gogna, alla berlina ◆ *v.intr.* germogliare.

□ **stock up** *v.intr.* e *avv.* fare scorte: *to — up with sthg.*, fare scorta, incetta di qlco.

stockade [stɒ'keɪd / stock·ade] *s.* **1** palizzata, stecconata **2** (*amer.*) prigione militare.

to **stockade** *v.tr.* cingere con palizzata, stecconata.

stockage ['stɒkɪdʒ / stock·age] *s.* stoccaggio.

stockbreeder ['stɒk,bri:də* / stock·breeder] *s.* allevatore di bestiame.

stockbroker ['stɒk,brəʊkə* / stock·broker] *s.* (*fin.*) 'stockbroker', agente di cambio; agente di borsa SIN. **broker**.

stockbroking ['stɒk,brəʊkɪŋ / stock·broking] *s.* professione dell'agente di cambio, dell'agente di borsa.

stockcar ['stɒk,kɑ:* / stock·car] *s.* **1** automobile truccata per gare su pista sterrata o ghiacciata: — *racing*, corsa su pista sterrata o ghiacciata con automobili truccate **2** (*amer.*) carro bestiame.

stock-dove ['stɒkdʌv] *s.* (*zool.*) (*Columba oenas*) colombella.

stock exchange ['stɒkɪks,tʃeɪndʒ] *s.* (*fin.*) borsa valori: — *automated quotation*, sistema automatizzato di quotazioni di borsa; — *capitalization*, capitalizzazione di borsa; — *index*, indice di borsa // *the Stock Exchange*, la Borsa.

stockfish ['stɒkfɪʃ / stock·fish] *s.* stoccafisso // *some report... / that he was begot between two stockfishes*, (SH. Measure for Measure) alcuni dicono... che sia stato generato tra due stoccafissi.

stockholder ['stɒk,həʊldə* / stock·holder] *s.* (*fin.*) azionista.

stockinet [,stɒkɪ'net / stock·inet] *s.* **1** tessuto a maglia per biancheria **2** (punto a) maglia rasata.

stocking ['stɒkɪŋ / stock·ing] *s.* **1** calza (da donna): *a pair of stockings*, un paio di calze; *elastic* —, calza elastica // — *foot*, piede della calza; *in one's — feet*, senza scarpe // — *frame* (o *loom* o *machine*), telaio per calze // — *stitch*, punto calza **2** balza (di cavallo) **3** (*ant.*) calzino da uomo, calzettone.

stocking filler ['stɒkɪŋ,fɪlə*] **stocking stuffer** ['stɒkɪŋ,stʌfə*] *s.* (*fam.*) regalino (che si mette in una calza).

stock-in-trade [,stɒkɪn'treɪd] *s.* **1** merce in vendita (in un negozio, grande magazzino) **2** armamentario, attrezzatura; ferri del mestiere (*anche fig.*).

stockist ['stɒkɪst / stock·ist] *s.* **1** (*comm.*) grossista, blocchista **2** fornitore.

stockjobber ['stɒk,dʒɒbə* / stock·job·ber] *s.* (*Borsa*) operatore di borsa (prima della riforma della Borsa di Londra del 1986); speculatore.

stockjobbing ['stɒk,dʒɒbɪŋ / stock·job·bing] *s.* (*Borsa*) il giocare in borsa.

stock list ['stɒk,lɪst] *s.* (*fin.*) listino di borsa.

stockman ['stɒkmən / stock·man] *pl.* **stockmen** *s.* **1** guardiano di bestiame, mandriano **2** allevatore di bestiame **3** (*amer.*) magazziniere.

stockpile ['stɒkpaɪl / stock·pile] *s.* riserva, scorta di materiali, armi, viveri ecc. // *atomic* —, riserva di armi atomiche.

to **stockpile** *v.tr.* costituire delle scorte di, fare delle riserve di (materiali, armi, viveri ecc.).

stockpot ['stɒkpɒt / stock·pot] *s.* pentola per il brodo.

stock-still [,stɒk'stɪl] *agg.* perfettamente immobile.

stocktaking ['stɒk,teɪkɪŋ / stock·tak·ing] *s.* (*amm.*) inventario; inventariazione; ricognizione fisica delle scorte.

stocky ['stɒkɪ] *agg.* (*fam.*) tarchiato, tracagnotto, tozzo.

stockyard ['stɒkjɑ:d / stock·yard] *s.* recinto per il bestiame.

stodge [stɒdʒ] *s.* (*sl.*) cibo pesante; indigesto; (*fig.*) scritto indigesto, mattone.

to **stodge** *v.tr.* (*sl.*) ingozzare; rimpinzare: *to — oneself with sthg.*, rimpinzarsi di qlco. ◆ *v.intr.* (*sl.*) ingozzarsi; rimpinzarsi.

stodgy ['stɒdʒɪ] *agg.* (*fam.*) **1** pesante, indigesto (*anche fig.*) **2** noioso, barboso // **-iness** *s.*

stogie, **stogy** ['stəʊgɪ] *s.* (*fam. amer.*) **1** sigaro scadente **2** scarpone.

stoic [stəʊɪk] *agg.* e *s.* (*st. fil.*) stoico (*anche fig.*).

stoical ['stəʊɪkl / sto·ical] *agg.* (*st. fil.*) stoico (*anche fig.*) // **-ly** *avv.* // **-ness** *s.*

stoichiometric [,stɔɪkɪəʊ'metrɪk / stoi·chi·ometric] *agg.* (*chim.*) stechiometrico.

stoichiometry [,stɔɪkɪ'ɒmətrɪ / stoi·chi·ometry] *s.* (*chim.*) stechiometria.

stoicism ['stəʊɪsɪzəm / sto·icism] *s.* (*st. fil.*) stoicismo (*anche fig.*).

to **stoke** [stəʊk] *v.tr.* attizzare (il fuoco); caricare, alimentare (fornello di caldaia ecc.) ◆ *v.intr.* **1** fare il fuochista; sorvegliare le caldaie **2** (*fam.*) trangugiare il cibo; ingozzarsi.

□ **stoke up** *v.intr.* e *avv.* **1** caricare la caldaia; alimentare il fuoco **2** (*fam.*) abbuffarsi, rimpinzarsi: *to — up with food*, abbuffarsi di cibo ◆ *v.tr.* e *avv.* caricare (la caldaia); alimentare (il fuoco).

stoked [stəʊkt] *agg.* (*fam. amer.*) entusiasta.

stokehold ['stəʊkhəʊld / stoke·hold] *s.* (*mar.*) sala caldaie.

stokehole ['stəʊkhəʊl / stoke·hole] *s.* **1** bocca del forno **2** sala caldaie.

stoker ['stəʊkə*] *s.* fuochista // *mechanical* —, alimentatore automatico.

stole[1] [stəʊl] *s.* stola, sciarpa.

stole[2] *s.* (*bot.*) stolone.

stole[3] *pass.* di to **steal**.

stolen *p.p.* di to **steal**.

stolid ['stɒlɪd] *agg.* flemmatico; imperturbabile.

stolidity [stɒ'lɪdətɪ / stol·id·ity] **stolidness** ['stɒlɪdnɪs / stol·id·ness] *s.* flemma; imperturbabilità.

stolon ['stəʊlən / sto·lon] *s.* (*bot.*) stolone.

stoloniferous [,stəʊlɒ'nɪfərəs / sto·loni·fer·ous] *agg.* (*bot.*) stolonifero, provvisto di stolone.

stoma ['stəʊmə] *pl.* **stomata** ['stɒmətə / sto·mata] *s.* (*bot.*) stoma.

stomach ['stʌmək / stom·ach] *s.* **1** stomaco: *on a full, empty —*, a stomaco pieno, vuoto; *pain in the —*, mal di stomaco // *— tube*, sonda per drenaggio gastrico; sonda per alimentazione artificiale, forzata; *it turns my —*, (*fig.*) mi rivolta lo stomaco **2** ventre; pancia: *to crawl on one's —*, strisciare sul ventre **3** desiderio, inclinazione; coraggio: *he had no — for a fight*, non si sentiva in vena di combattere; *this will put some — into him*, questo gli metterà un po' di sangue nelle vene // *which rais'd in me / an undergoing stomach to bear up / against what should ensue*, (SH. The Tempest) cosa che mi infondeva il coraggio interiore di sopportare il futuro **4** (*ant.*) orgoglio, ostinazione: *he was a man / of an unbounded stomach, ever ranking / himself with princes*, (SH. Henry VIII) fu un uomo di un orgoglio sconfinato, ambizioso di collocarsi sempre a livello dei principi.

to **stomach** *v.tr.* **1** ingoiare, inghiottire; digerire: *I can't — fried food*, non digerisco i cibi fritti **2** (*fig.*) mandar giù, tollerare, sopportare: *I can't — his rudeness any longer*, non posso tollerare oltre la sua maleducazione.

stomachache ['stʌməkeɪk / stom·ach·ache] *s.* (*med.*) mal di stomaco, mal di pancia.

stomachal ['stʌməkl / stom·achal] *agg.* (*med.*) gastrico.

stomacher ['stʌməkə* / stom·acher] *s.* (*ant.*) pettorina (di vestito femminile): *the painter was instructed not to be too frugal of his diamonds in her stomacher*, (O. GOLDSMITH) furono date istruzioni al pittore di non essere troppo economo di diamanti sulla sua pettorina.

stomachful ['stʌməkfʊl / stom·ach·ful] *s.* scorpacciata; abbuffata, indigestione (*anche fig.*): *I've had a — of your complaints*, ne ho abbastanza (delle tue lamentele).

stomachic [stəʊ'mækɪk / stom·achic] *agg.* (*med.*) stomacale; stomachico ◆ *s.* farmaco stomachico.

stomach pump ['stʌmək,pʌmp] *s.* (*med.*) sonda per drenaggio gastrico.

stomach worm ['stʌmək,wɜ:m] *s.* (*zool.*) (*Ascaris lumbricoides*) ascaride lombricoide.

stomatic [stəʊ'mætɪk / sto·matic] *agg.* (*bot.*) stomatico.

stomatitis [,stəʊmə'taɪtɪs / sto·mat·itis] *s.* (*med.*) stomatite.

stomatology [,stəʊmə'tɒlədʒɪ / sto·mato·logy] *s.* stomatologia.

stomatoscope [stəʊ'mætəskəʊp / sto·mato·scope] *s.* (*med.*) stomatoscopio.

stomp [stɒmp] *s.* **1** pestata, battuta di piedi **2** musica jazz sincopata; ballo ritmico, sincopato.

to **stomp** *v.intr.* **1** muoversi, camminare con passo pesante **2** ballare al ritmo di musica sincopata ◆ *v.tr.* (*sl. amer.*) massacrare di botte.

stomp-ass ['stɒmpæs] *s.* (*sl. amer.*) manesco, violento.

stone [stəʊn] *s.* **1** Ⓤ pietra, roccia; cote, pietra da taglio // *to have a heart of —*, (*fig.*) avere un cuore di pietra **2** pietra, sasso, ciottolo: *shower* (o *fall*) *of stones*, caduta di sassi; *meteoric —*, meteorite; *to cast* (o *to throw*) *stones at s.o.*, lanciare sassi contro qlcu.; lapidare qlcu. // *let him who is without sin cast the first —*, chi è senza peccato scagli la prima pietra // *a —'s throw away*, a un tiro di schioppo // *not to leave a — standing*, non lasciare pietra su pietra // *to leave no — unturned*, non lasciare nulla d'intentato; fare l'impossibile // *to kill two birds with one —*, prendere due piccioni con una fava // *a rolling — gathers no moss*, (*prov.*) sasso che rotola non raccoglie muschio **3** pietra preziosa // *semiprecious —*, pietra semipreziosa, dura **4** stele, cippo; pietra tombale **5** nocciolo, osso (di frutta); seme, vinacciolo (d'uva): *remove the stones from plums*, togli il nocciolo alle prugne **6** (*med.*) calcolo; litiasi: *he underwent an operation for stones*, è stato operato di calcoli **7** 'stone' (misura di peso = 6,350 kg.): *it weights two stones*, pesa 28 libbre **8** (colore) grigiastro **9** (*tip.*) pietra, lastra litografica **10** 'stone' (blocco ovoidale di pietra usato nel curling) ◆ *agg. attr.* **1** di, in pietra; di, in gres: *— pit* (o *quarry*), cava di pietra **2** dell'età della pietra // *Stone Age*, età della pietra.

to **stone** *v.tr.* **1** lapidare; colpire a sassate **2** rivestire di pietra; pavimentare con pietre, ciottoli **3** snocciolare, togliere il nocciolo a (frutta) **4** affilare, molare, arrotare: *to — (down) a knife*, affilare un coltello.

stone *avv.* **1** (*spec. nei composti*) completamente: *— -blind*, completamente cieco; *— -broke*, completamente al verde; *— -dead*, morto stecchito; *— -deaf*, sordo come una campana, completamente sordo; *— -drunk*, ubriaco fradicio **2** (*sl. amer.*) veramente, completamente: *she's — crazy*, è tutta matta.

stone-borer ['stəʊn,bɔ:rə*] *s.* (*zool.*) (*Lithophaga lithophaga*) litofaga, mollusco litofago SIN. stone-eater.

stone-bow ['stəʊnbəʊ] *s.* (*ant.*) catapulta: *O for a stone-bow to hit him in the eye!*, (SH. Twelfth Night) O se avessi una balestra per colpirlo in un occhio!

stone-break ['stəʊnbreɪk] *s.* (*bot.*) → **saxifrage**.

stonebreaker ['stəʊn,breɪkə* / stone·breaker] *s.* spaccapietre.

stone-buck ['stəʊnbʌk] *s.* (*zool.*) → **steenbok**.

stonechat ['stəʊn,tʃæt / stone·chat] *s.* (*zool.*) saltimpalo → **whinchat**.

stone-coal ['stəʊn,kəʊl] *s.* (*min.*) antracite.

stone-cold [,stəʊn'kəʊld] *agg.* freddo come la pietra, gelido // *— sober*, completamente lucido, in pieno possesso delle proprie facoltà mentali.

stone-coloured ['stəʊn,kʌləd] *agg.* del colore della pietra.

stonecrop ['stəʊnkrɒp / stone·crop] *s.* (*bot.*) (*Sedum acre*) borraccina SIN. wall -pepper.

stone-curlew ['stəʊn,kɜ:lju:] *s.* (*zool.*) (*Burhinus oedicnemus*) occhione SIN. stone -plover.

stone-cutter ['stəʊn,kʌtə*] *s.* tagliapietre, scalpellino.

stone-cutting ['stəʊn,kʌtɪŋ] *s.* taglio della pietra.

stoned [stəʊnd] *agg.* **1** snocciolato, senza nocciolo **2** (*sl.*) sbronzo marcio: *to get —*, prendersi una sbronza potente **3** (*sl.*) fatto, drogato.

stoned-out [,stəʊnd'aʊt] *agg.* (*sl. amer.*) → **stoned** 2, 3.

stone-dresser ['stəʊn,dresə*] → **stone -cutter**.

stone-eater ['stəʊn,i:tə*] *s.* (*zool.*) → **stone-borer**.

stone-falcon ['stəʊn,fɔ:lkən *amer.* 'stəʊn ,fælkən] *s.* (*zool.*) (*Falco columbarius*) smeriglio SIN. stone-hawk.

stone fruit ['stəʊnfru:t] *s.* (*bot.*) frutto con nocciolo.

stone hammer ['stəʊn,hæmə*] *s.* (*edil.*) martellina.

stone-hawk ['stəʊnhɔ:k] *s.* (*zool.*) → **stone-falcon**.

stoneless ['stəʊnlɪs / stone·less] *agg.* **1** senza pietre, senza sassi **2** senza nocciolo (di frutta).

stonemason ['stəʊn,meɪsn / stone·ma·son] *s.* scalpellino, tagliapietre.

stone-pine ['stəʊnpaɪn] *s.* (*bot.*) **1** (*Pinus pinea*) pino domestico (da pinoli) **2** (*Pinus cembra*) (pino) cembro.

stone-plover ['stəʊn,plʌvə*] *s.* (*zool.*) → **stone-curlew**.

stoner ['stəʊnə*] *s.* **1** lapidatore **2** (*amer.*) tagliapietre **3** snocciolatoio, attrezzo per togliere noccioli.

stone-snipe ['stəʊnsnaɪp] *s.* (*zool.*) piviere.

stonewall [,stəʊn'wɔ:l / stone·wall] *s.* **1** (*cricket*) gioco di difesa (*anche fig.*) **2** (*pol.*) ostruzionismo (*anche fig.*) **3** muro di pietra; muro a secco.

to **stonewall** *v.intr.* **1** (*cricket*) giocare in difesa, fare un gioco prudente **2** (*pol.*) fare dell'ostruzionismo, ostacolare (*anche fig.*).

stonewaller [,stəʊn'wɔ:lə* / stone·wall·er] *s.* **1** (*cricket*) giocatore prudente, che non rischia **2** (*pol.*) ostruzionista (*anche fig.*).

stoneware ['stəʊnweə* / stone·ware] *s.* grès, ceramica.

stonework ['stəʊnwɜ:k / stone·work] *s.* muratura in pietra (lavorata).

stonies ['stəʊni:z] *s.pl.* (*sl. amer.*) voglie, fame, libidine.

stonily ['stəʊnɪlɪ / sto·nily] *avv.* freddamente, duramente; impassibilmente.

stony ['stəʊnɪ] *agg.* **1** pietroso, sassoso; di pietra: *— ground*, terreno sassoso **2** (*fig.*) duro, freddo, insensibile: *a — heart*, un cuore di pietra; *a — stare*, uno sguardo gelido // **-iness** *s.*

stony broke [,stəʊnɪ'brəʊk] *agg.* (*fam.*) in bolletta, al verde.

stony-hearted ['stəʊnɪ,hɑ:tɪd] *agg.* dal cuore di pietra.

stood *pass.p.p.* di to **stand**.

stooge [stu:dʒ] *s.* **1** (*teatr.*) spalla **2** (*fam. spreg.*) tirapiedi.

to **stooge** *v.intr.* **1** fare da spalla **2** fare il tirapiedi.

stool [stu:l] *s.* **1** sgabello; seggiolino; panchetto; scanno, inginocchiatoio: *folding* — (o *camp* —), seggiolino pieghevole; *foot* —, posapiedi // *to fall between two stools*, fare come l'asino di Buridano (poter scegliere tra due occasioni e perderle entrambe per irrisolutezza) **2** (*arch.*) davanzale di finestra **3** [U] (*med.*) feci // *to go to* —, andar di corpo **4** (*night-* o *close-*) —, comoda, seggetta **5** (*bot.*) radice, tronco, ceppo da cui spuntano polloni **6** (*caccia*) legno su cui è attaccato l'uccello di richiamo.

to **stool** *v.intr.* **1** (*bot.*) mettere polloni; germogliare: *this corn stools well*, questo grano germoglia bene **2** (*ant.*) andare di corpo.

stoolie ['stu:lɪ] *s.* (*sl. amer.*) → **stoolpigeon** 3.

stoolpigeon ['stu:l,pɪdʒɪn / stool·pigeon] *s.* **1** piccione da richiamo **2** persona che fa da esca **3** (*sl.*) confidente, spia della polizia.

stoop[1] [stu:p] *s.* **1** curvatura, inclinazione del corpo in avanti; inchino: *to walk with a* —, camminare curvo, a schiena curva **2** (*fig.*) condiscendenza; atto di umiltà, di sottomissione **3** (*ant.*) discesa in picchiata (del falco).

to **stoop**[1] *v.intr.* **1** curvarsi, chinarsi, piegarsi: *I had to — to get into the car*, mi dovetti chinare per entrare nell'automobile; *to — in walking*, camminare ricurvo **2** (*fig.*) accondiscendere; abbassarsi; umiliarsi, degradarsi: *did he — to that?*, si abbassò fino a quel punto?; *she would — to anything*, è disposta ad ogni bassezza; *to — to conquer*, umiliarsi per conquistare **3** (*ant.*) abbattersi in picchiata su una preda: *his affections are higher than ours, yet when they stoop, they stoop with the like wing*, (SH. Henry V) le sue aspirazioni sono più elevate delle nostre, ma quando precipitano, precipitano con la stessa ala ◆ *v.tr.* **1** chinare (la testa), curvare; inclinare **2** (*ant.*) abbattersi in picchiata su (una preda).

stoop[2] *s.* (*amer.*) terrazza sopraelevata sul fronte della casa; veranda.

stop [stɒp] *s.* **1** sosta, arresto, interruzione; fermata; (*mar., aer.*) scalo: *a five minutes'* —, una pausa, una fermata di cinque minuti; *do you get off at this —?*, scende a questa fermata?; *request* —, fermata facoltativa; *to bring sthg. to a* —, fermare, arrestare qlco.; *to make* (o *to come to*) *a sudden* —, fermarsi bruscamente; *slow down, there is a — sign at the end of the road*, rallenta, c'è un segnale di stop in fondo alla strada; *to put a — to sthg.*, porre termine a qlco. // (*dir. amer.*) — *and frisk*, fermo e perquisizione sommaria sul posto // *to pull out all the stops*, fare di tutto per, fare del proprio meglio **2** segno di punteggiatura: (*full*) —, punto; *to put in the stops*, mettere la punteggiatura **3** (*mus.*) registro musicale (d'organo) **4** (*mecc.*) dispositivo di bloccaggio, d'arresto, stop **5** (*ottica, fot.*) diaframma (dell'obiettivo).

to **stop** *pass.p.p.* **stopped** [stɒpt] *v.tr.* **1** fermare, arrestare; far cessare; bloccare: — *that car!*, fermate quell'auto!; *I don't know how to — the generator*, non so come fermare il generatore; *frost has stopped the growth of plants*, il gelo ha arrestato la crescita delle piante; *the important thing is to — the bleeding*, l'importante è fermare l'emorragia; *to — production*, bloccare la produzione; *the police stopped the traffic to let the presidential car pass*, la polizia ha fermato il traffico per lasciar passare l'auto presidenziale // — *that noise!*, fate silenzio! // *I'll — it!*, metterò fine a tutto questo! **2** fermare, trattenere: *you can't — her from going*, non puoi impedirle di andare; — *me if you dare!*, prova a fermarmi! **3** bloccare, ostruire: *there must be something inside stopping* (*up*) *the pipe*, ci deve essere qualcosa dentro che ostruisce la conduttura **4** (*comm.*) fermare, bloccare; cessare (i pagamenti); (*fam.*) tagliare: *to — a cheque*, fermare un assegno; *to — s.o.'s wages*, cessare di pagare il salario a qlcu.; *they stopped his water supply*, gli tagliarono il rifornimento idrico, la fornitura dell'acqua **5** (*mus.*) cambiare registro **6** turare, tamponare; otturare; chiudere: *the dentist will — your tooth*, il dentista ti otturerà il dente; *you must — (up) that hole in the roof*, devi chiudere quel buco nel tetto; *to — one's ears*, turarsi le orecchie; *to — a wound*, tamponare una ferita // *to — a gap*, (*fig.*) tappare un buco; colmare una lacuna // *to — s.o.'s mouth*, (*fam.*) tappare la bocca a qlcu. // *to — a bullet*, essere colpito da un proiettile ◆ *v.intr.* **1** (I) fermarsi, arrestarsi; cessare; bloccarsi: *the car stopped dead at the kerb*, l'auto si fermò di colpo accanto al marciapiede; *don't get off the train until it stops*, non scendere dal treno finché non è fermo; *he stopped to talk to the policeman*, si è fermato a parlare al poliziotto; *he stopped talking*, ha smesso di parlare; *my watch has stopped*, il mio orologio si è fermato; *they — working at seven*, smettono di lavorare alle sette; *the rain stopped in the afternoon*, la pioggia cessò nel pomeriggio // *I'll make sure it doesn't — there*, farò in modo che la cosa non si fermi qui // *to — on a sixpence* (o amer. *on a dime*), fermarsi di colpo ma senza scosse **2** fermarsi, fare una fermata: *does this train — at Malvern?*, questo treno (si) ferma a Malvern?; *to — at a port, an airport*, far scalo in un porto, in un aeroporto; *we stopped at Cambridge for lunch*, ci siamo fermati a Cambridge per pranzare **3** (*fam.*) fermarsi, trattenersi: *I invited him for lunch and he stopped for* (o *to*) *dinner as well*, l'avevo invitato a pranzo e lui si è fermato anche a cena.

□ **stop away** *v.intr.* e *avv.* (*fam.*) non partecipare (a): *why did you — away from the party?*, perché non sei venuto alla festa?

□ **stop behind** *v.intr.* e *avv.* **1** trattenersi, rimanere indietro **2** trattenersi, rimanere (dopo la fine di qlco.): *I stopped behind to talk over a few points with the lecturer*, sono rimasto a discutere alcuni punti col conferenziere.

□ **stop by** *v.intr.* e *avv.* (*spec. amer.*) fare un salto da, fare una visitina a SIN. to call in 4.

□ **stop down** *v.intr.* e *avv.* (*fot.*) ridurre l'apertura dell'obiettivo.

□ **stop in** *v.intr.* e *avv.* **1** trattenersi, rimanere oltre l'orario **2** restare in casa **3** (*fam.*) (*at*) fare una visitina (a).

□ **stop indoors** *v.intr.* e *avv.* rimanere in casa, non uscire.

□ **stop off** *v.intr.* e *avv.* (*fam.*) fare una sosta, un'interruzione (durante un viaggio); fermarsi: *on the way to London I'll — off in Paris for a few days*, andando a Londra mi fermerò qualche giorno a Parigi.

□ **stop on** *v.intr.* e *avv.* (*at*) rimanere, trattenersi (ulteriormente) (in un luogo): *he accepted to — on at college for another month*, ha accettato di rimanere al college un altro mese.

□ **stop out** *v.intr.* e *avv.* **1** stare fuori (casa) SIN. to stay out: *we are going to — out till midnight*, staremo fuori fino a mezzanotte **2** continuare lo sciopero.

□ **stop over** *v.intr.* e *avv.* fermarsi durante un viaggio (*spec.* aereo) AMER. to lay over.

□ **stop round** *v.intr.* e *avv.* (*fam. spec. amer.*) → to stop by.

□ **stop up** *v.tr.* e *avv.* **1** tappare un buco, otturare **2** ostruire ◆ *v.intr.* e *avv.* (*fam.*) rimanere alzato, non andare a letto: *to — up late*, andare a letto tardi.

stop bit ['stɒp,bɪt] *s.* (*inform.*) bit di arresto.

stopcock ['stɒpkɒk / stop·cock] *s.* rubinetto (di arresto).

stope [stəʊp] *s.* (*miner.*) cantiere di abbattaggio.

stopgap ['stɒpgæp / stop·gap] *s.* tappabuchi (*anche fig.*).

stop-go [,stɒp'gəʊ] *agg.* (*fam.*) di stop and go // (*econ.*) — *policy*, politica stop and go, politica (economica) del frena e accelera.

stop-light ['stɒplaɪt] *s.* **1** (*aut.*) stop, luce rossa **2** (*amer.*) semaforo.

stop-motion ['stɒp,məʊʃn] *s.* (*cinem.*) variatore della velocità di ripresa.

stopover ['stɒpəʊvə* / stop·over] *s.* sosta (durante un viaggio) AMER. layover.

stoppage ['stɒpɪdʒ / stop·page] *s.* **1** fermata; sosta, pausa; arresto; interruzione; sospensione; cessazione: (*mil.*) — *of leave*, consegna; — *of payment*, cessazione, sospensione di pagamento; *traffic* —, interruzione del traffico **2** ostruzione, ingombro; intasatura: — *of a pipe*, ostruzione di un tubo **3** (*comm.*) giacenza; fermo (di merci); diritti di giacenza: — *in transit*, fermo durante il transito **4** (*comm.*) trattenuta.

stopper ['stɒpə* / stop·per] *s.* **1** chi arresta, ferma; (*calcio*) stopper **2** tappo, turacciolo; otturatore; zaffo: *glass* —, tappo di vetro; *screw* —, tappo a vite // *to put the — on sthg.*, mettere fine a qlco. **3** (*amer.*) stucco **4** (*mar.*) bozza.

to **stopper** *v.tr.* **1** tappare, turare; tamponare **2** (*amer.*) stuccare.

stopping ['stɒpɪŋ / stop·ping] *s.* **1** otturazione, tamponamento: — *of a tooth*, otturazione di un dente **2** il fermare, l'arrestare: (*mecc.*) — *brake*, freno d'arresto; — *time*, tempo d'arresto **3** (*fis. nucleare*) rallentamento: — *power*, potere di rallentamento **4** (*comm.*) cessazione, sospensione (di pagamenti ecc.) **5** (*gramm.*) punteggiatura **6** stucco; stuccatura: — *knife*, spatola (per stucco).

stopple ['stɒpl] *s.* tappo, turacciolo.

to **stopple** *v.tr.* turare, tappare.

stop press ['stɒp'pres] *s.* (*solo sing.*) ultimissime (*pl.*).

stopwatch ['stɒp,wɒtʃ / stop·watch] *s.* cronografo.

storage ['stɔ:rɪdʒ / stor·age] *s.* **1** immagazzinamento: — *capacity*, capacità d'immagazzinamento **2** deposito, magazzino: (*agr.*) — *bin*, silos; — *track*, (*ferr. amer.*) binario di deposito **3** (*comm.*) magazzinaggio; spese di magazzinaggio: *cold* —, magazzinaggio refrigerato // *to put an idea, a plan in* —, accantonare un'idea, un piano **4** (*elettr.*) carica (di energia): — *battery*, batteria di accumulatori; — *cell*, elemento di accumulatore // (*fis. nucleare*) — *ring*, anello di accumulazione **5** (*inform.*) memoria, memoria esterna; (IBM) memorizzazione: — *block*, *location*, blocco, posizione di memoria; — *map*, mappa della memoria; — *density*, densità di registrazione; — *medium*, supporto di informazione; *secondary* —, memoria ausiliaria.

storage heater ['stɔ:rɪdʒ,hi:tə*] *s.* calorifero ad accumulazione di calore.

storax ['stɔ:rəks] *s.* (*bot.*) (*Styrax officinalis*) storace SIN. **styrax**.

store [stɔ:*] *s.* **1** provvista, riserva; scorta; quantità; abbondanza: *to have a good — of wines*, avere una buona scorta di vini; *to lay in a — of sthg.*, fare (una) provvista di qlco.; *I didn't know what lay in — for me*, non sapevo cosa ci fosse in serbo per me; *to have a good — of courage*, (*fig.*) avere una buona dose di coraggio // *to set great — by s.o.*, tenere in gran conto, valutare molto qlcu. // (*fin.*) — *of value*, riserva di valore **2** magazzino, deposito: *cold* —, deposito refrigerato; magazzino frigorifero **3** (*spec. amer.*) negozio; negozio all'ingrosso: (*department*) —, grande magazzino // — *credit*, credito di banco; — *price*, prezzo all'ingrosso; — *sign*, insegna di negozio o di grande magazzino **4** *pl.* depositi di magazzino, scorte di materie prime; rifornimenti; munizioni; (*mar.*) provviste **5** (*inform.*) memoria: *automatic* —, memoria insita.

to **store** *v.tr.* **1** fornire, rifornire **2** immagazzinare, accumulare; mettere da parte (*anche fig.*): *to — (up) sthg.*, accantonare, immagazzinare qlco.; *the crop was stored*, il raccolto fu riposto nel granaio; *to — up electricity*, immagazzinare elettricità; *his mind was stored with useful information*, la sua testa era piena di informazioni utili **3** depositare: *I have stored my furniture*, ho messo in deposito il mobilio **4** contenere: *this garage can — twenty cars*, in questo garage c'è posto per venti auto **5** (*inform.*) memorizzare; immagazzinare; registrare.

store-cattle ['stɔ:,kætl] *s.* bestiame da ingrasso.

store detective ['stɔ:dɪ,tektɪv] *s.* addetto alla sorveglianza nei grandi magazzini.

storehouse ['stɔ:haʊs / store·house] *s.* **1** magazzino, deposito **2** (*fig.*) miniera: *this book is a — of information*, questo libro è una miniera di informazioni; *she is a — of erudition*, è una miniera di erudizione.

storekeeper ['stɔ:,ki:pə* / store·keeper] *s.* **1** magazziniere **2** (*amer.*) → **shopkeeper**.

storeroom ['stɔ:rʊm *amer.* 'stɔ:ru:m / store·room] *s.* magazzino; dispensa.

storey ['stɔ:rɪ] *s.* piano (di edificio): *on the first* —, al primo piano; *upper, lower storeys*, piani superiori, inferiori; *this house has six storeys*, questa casa ha sei piani.

storeyed ['stɔ:rɪd / stor·eyed] *agg.* (*edil.*) a più piani.

storied[1] ['stɔ:rɪd / stor·ied] *agg.* **1** istoriato, ornato con figure, decorato: — *windows*, vetrate, finestre a vetri istoriati **2** (*letter.*) celebrato in storie, leggende, celebrato in storia.

storied[2] *agg.* (*spec. nei composti*) a piani: *two-* —, a due piani.

stork [stɔ:k] *s.* cicogna: *a visit from the* —, (*fig.*) l'arrivo della cicogna.

stork's-bill ['stɔ:ksbɪl] *s.* (*bot.*) **1** (*Erodium cicutarium*) erba cicutaria **2** pelargonio.

storm [stɔ:m] *s.* **1** tempesta (*anche fig.*); temporale, bufera, burrasca, fortunale: *we were caught by the* —, fummo colti dal temporale; *tropical* —, uragano; — *centre*, occhio dell'uragano; — *belt*, zona delle tempeste; — *cellar*, (*amer.*) rifugio contro i cicloni; — *damage*, danni causati da una tempesta; — *signal*, avviso di tempesta; (*fig.*) segnale di pericolo // *a — of applause*, un uragano, uno scroscio di applausi // *period of — and stress*, periodo di disordine // *a political* —, una tempesta politica // *a — in a teacup*, una tempesta in un bicchier d'acqua // *after a — comes a calm*, (*prov.*) dopo la tempesta viene il sereno **2** (*mil.*) assalto: *to take by* —, prendere d'assalto; *to take the audience by* —, trascinare l'uditorio.

to **storm** *v.intr.* **1** infuriare, scatenarsi (di vento, pioggia ecc.) **2** scagliarsi, precipitarsi: *to — in, out of a place*, scagliarsi, precipitarsi dentro, fuori da un luogo // *to — at s.o.*, fare una scenata a qlcu. ◆ *v.tr.* prendere d'assalto (*spec. mil.*).

storm-bird ['stɔ:mbɜ:d] *s.* (*zool.*) procellaria → **petrel**.

stormbound ['stɔ:mbaʊnd / storm·bound] *agg.* trattenuto, immobilizzato dalla tempesta.

storm cloud ['stɔ:mklaʊd] *s.* **1** nuvola temporalesca **2** (*fig.*) minaccia; pericolo incombente.

storm-cock ['stɔ:mkɒk] *s.* (*zool.*) **1** tordella → **missel** **2** cesena → **fieldfare**.

storm door ['stɔ:m,dɔ:*] *s.* porta doppia, controporta.

stormer ['stɔ:mə*] *s.* (*mil.*) assaltatore.

storming ['stɔ:mɪŋ / storm·ing] *s.* **1** violenza, furia **2** (*mil.*) assalto: — *party*, truppe d'assalto.

storm lantern ['stɔ:m,læntən] *s.* lampada, lanterna antivento.

stormproof ['stɔ:mpru:f / storm·proof] *agg.* resistente alle tempeste, agli uragani; a prova di uragano.

storm sail ['stɔ:mseɪl] *s.* (*mar.*) vela di fortuna.

storm trooper ['stɔ:m,tru:pə*] *s.* (*mil.*) assaltatore.

storm window ['stɔ:m,wɪndəʊ] *s.* controfinestra.

stormy ['stɔ:mɪ] *agg.* burrascoso, tempestoso (*anche fig.*), procelloso: — *sea*, mare in burrasca; — *sunset*, un tramonto che promette tempesta; — *wind*, vento di tempesta; *it is* —, fa burrasca; *a — discussion*, una discussione violenta; *a — meeting*, una riunione tumultuosa // **-ily** *avv.* // **-iness** *s.*

storm(y) petrel [,stɔ:m(ɪ)'petrəl] *s.* (*zool.*) procellaria → **petrel**.

story[1] ['stɔ:rɪ] *s.* **1** storia, racconto: *according to her* —, stando a quel che dice; *I want to know her side of the* —, voglio conoscere la sua versione dei fatti; *that's not the whole* —, non è tutta la verità; *I read the — of his life*, ho letto la sua biografia; *it is quite another — now*, (*fam.*) adesso è un altro paio di maniche; *it is the same — here*, succede la stessa cosa qui; *it is the same old* —, (*fam.*) è sempre la stessa storia; *to cut a long — short*, per farla breve **2** novella; favola, fiaba **3** storia, intreccio: *the film has a good* —, il film ha una buona trama **4** (*giornalismo*) articolo; storia, soggetto, spunto interessante per un servizio giornalistico // *cover* —, storia, articolo da prima pagina **5** (*fam.*) menzogna, bugia: *to tell stories*, contar frottole **6** diceria, voce: *the — goes* (o *is*) *that...*, si dice che...; *there's a — going round that...*, gira la voce che...

story[2] (*amer.*) → **storey**.

storyboard ['stɔ:rɪ,bɔ:d / story·board] *s.* (*inform.*) sviluppo (di un video, di una animazione o di un titolo multimediale).

storybook ['stɔ:rɪ,bʊk / story·book] *s.* libro di fiabe, di novelle ◆ *agg.* da fiaba, da favola: *a — ending*, un finale da fiaba.

story line ['stɔ:rɪ,laɪn] *s.* trama (di film, libro ecc.).

storyteller ['stɔ:rɪ,telə* / story·teller] *s.* **1** novelliere, narratore; cantastorie **2** (*fam.*) raccontafavole, bugiardo.

stoup [stu:p] *s.* **1** acquasantiera **2** (*ant.*) boccale; brocca: *he took his rouse with stoups of Rhenish wine*, (MARLOWE) fece abbondanti libagioni con boccali di vino del Reno.

stoure [stʊə*] *s.* (*ant.*) lotta: *fit for warlike stoures*, (E. SPENSER) adatta a bellicose lotte.

stout[1] [staʊt] *agg.* **1** forte, robusto, vigoroso **2** fermo, risoluto; coraggioso, intrepido: *a — heart*, un cuore intrepido; *he is a — fellow*, è un uomo coraggioso; *to make* (o *to put up*) *a — resistance*, resistere risolutamente **3** solido, resistente (di cose): — *suitcase*, valigia resistente, solida **4** grosso; tozzo, corpulento: *to grow* (o *to get*) —, ingrassare // **-ly** *avv.* // **-ness** *s.*

stout[2] *s.* birra scura.

stouthearted [,staʊt'hɑ:tɪd / stout·hearted] *agg.* intrepido, valoroso, coraggioso.

stove[1] [stəʊv] *s.* **1** (*spec. amer.*) stufa (per riscaldamento): — *setter*, fumista **2** (*spec. amer.*) (*cooking-*)—, fornello da cucina **3** (*agr.*) serra riscaldata: — *plants*, piante di serra **4** scaldapiedi **5** (*tecn.*) vernice a fuoco.

to **stove**[1] *v.tr.* (*non com.*) **1** mettere in forno, nella stufa; riscaldare, far asciugare in forno, stufa **2** far crescere, coltivare (piante) in serra **3** disinfettare, sterilizzare (indumenti ecc.).

stove[2] *pass.p.p.* di to **stave**.

stovepipe ['stəʊvpaɪp / stove·pipe] *s.* tubo da stufa.

stovepipe hat ['stəʊvpaɪp,hæt] *s.* (*fam. spec. amer.*) cappello a cilindro.

stover ['stəʊvə*] *s.* (*sl. ant.*) foraggio: *...flat meads thatch'd with stover...*, (SH. The Tempest)... i prati di pianura, rigonfi di foraggio.

to **stow** [stəʊ] *v.tr.* **1** mettere a posto, ordinare, collocare accuratamente in un luogo: *to — sthg.* (*away*), mettere via, nascondere qlco.; (*fig. fam.*) mangiare qlco. // (*mar.*) *to — the anchor*, traversare l'ancora // *to — the sails*, ammainare le vele **2** (*mar.*) stivare, mettere nella stiva **3** (*antiq.*) riempire **4** (*sl. antiq.*)

smettere, cessare di: — *that nonsense*, smettila di dire sciocchezze.

□ **stow away** *v.intr.* e *avv.* fare il clandestino (su una nave, aereo ecc.).

stowage ['stəʊɪdʒ / stow·age] *s.* **1** (*mar.*) stivaggio: — *in bulk*, stivaggio alla rinfusa; — *in riders*, stivaggio in ranghi; *broken* (o *negligent*) —, stivaggio difettoso; (*mar.*, *comm.*) *certificate of* —, certificato di stivaggio **2** (*mar.*, *comm.*) spese di stivaggio **3** (*mar.*) stiva **4** (*mecc.*) sistemazione.

stowaway ['stəʊəweɪ / stow·away] *s.* **1** passeggero clandestino (spec. su una nave) **2** nascondiglio.

strabism ['streɪbɪzəm / stra·bism] *s.* (*med.*) → **strabismus**.

strabismal [strə'bɪzml / stra·bis·mal] **strabismic** [strə'bɪzmɪk / stra·bis·mic] *agg.* (*med.*) strabico.

strabismus [strə'bɪzməs / stra·bis·mus] *s.* (*med.*) strabismo: *convergent* — (o *internal* — o *cross-eye*), strabismo convergente; *divergent* — (o *external* —), strabismo divergente.

straddle ['strædl] *s.* **1** lo stare, il mettersi a cavalcioni **2** posizione a gambe divaricate **3** (*Borsa amer.*) → **stellage** **4** (*fig.*) incertezza, indecisione sulla scelta fra due linee di condotta.

to **straddle** *v.intr.* **1** stare, mettersi a cavalcioni **2** stare a gambe divaricate **3** (*mil.*) fare forcella (con tiri d'artiglieria) **4** (*fig.*) esitare, vacillare (fra due linee di condotta) ◆ *v.tr.* **1** stare, mettersi a cavalcioni di **2** divaricare (le gambe): *to* — (*out*) *one's legs*, divaricare le gambe **3** essere sui due lati di: *the little town straddles the valley*, la cittadina è situata su entrambi i lati della valle.

straddle-legged ['strædl,legd] *agg.* **1** che sta a cavalcioni **2** che sta a gambe divaricate.

Stradivarius [,strædɪ'veərɪəs / Stra·di·varius] *s.* (*mus.*) stradivario (violino).

strafe [strɑ:f *amer.* streɪf] *s.* **1** (*aer.*) attacco a volo radente; mitragliamento da bassa quota **2** (*fig.*) sgridata, punizione.

to **strafe** *v.tr.* **1** (*aer.*) attaccare a volo radente; mitragliare da bassa quota **2** (*fig.*) sgridare, punire.

to **straggle** ['strægl] *v.intr.* disperdersi, sparpagliarsi; andare, venire, arrivare alla spicciolata; sbandarsi; (*fig.*) divagare: *houses that* — *round the lake*, case sparpagliate attorno al lago; *the crowd straggled slowly away*, la folla si disperse lentamente; *they straggled in after the winner*, arrivarono alla spicciolata dietro il vincitore.

straggler ['stræglə* / strag·gler] *s.* **1** chi rimane indietro, ritardatario; (*mil.*) soldato sbandato **2** (*ant.*) vagabondo **3** (*bot.*) succhione.

straggling ['stræglɪŋ / strag·gling] *agg.* sparso, disperso; isolato: — *houses*, case sparse // — *beard*, barba rada // **-ly** *avv.*

straggly ['stræglɪ / strag·gly] *agg.* sparso, sparpagliato: *a* — *line of children*, una fila disordinata di bambini // *a* — *plant*, una pianta striminzita, cresciuta male.

straight [streɪt] *agg.* **1** diritto, dritto; rettilineo: *a* — *back*, una schiena diritta; *a* — *stretch of road*, un rettilineo, un rettifilo; — *hair*, capelli lisci // — *as a die*, diritto come un fuso // *to fly as* — *as an arrow*, volare dritto come una freccia // *to stand as* — *as a post*, star dritto come un palo // (*mat.*): — *line*, (linea) retta; — *angle*, angolo piatto // (*edil.*) — *joint*, giunto retto // (*mecc.*) — *motor*, motore a cilindri in linea // (*boxe*) — *right*, *left*, diretto destro, sinistro // (*tess.*) — *fibre*, fibra diritta **2** onesto, retto; leale, franco: — *answer*, risposta franca; *a* — *girl*, (*fam.*) una ragazza sincera; — *speaking*, il parlar franco; *to be* — *with s.o.*, agire lealmente verso qlcu. // *to keep* —, (*fig.*) rigare diritto // — *tip*, informazione attendibile, esatta; *to put the record* —, (per) dire le cose come stanno; *to set s.o.* — *about that*, assicurarsi che qlcu. capisca come stanno le cose // — *goods*, (*fam. amer.*) la verità **3** netto; ordinato; accurato, lindo: *the accounts are* —, i conti sono in ordine; *to put everything* —, riordinare ogni cosa **4** diritto, perpendicolare; simmetrico: *are the pictures* —?, sono diritti i quadri?; *your tie is not* —, hai la cravatta storta **5** (*fam.*) in buone condizioni economiche; senza debiti: *he needs a hundred pounds to get* —, ha bisogno di un centinaio di sterline per rimettersi in sesto **6** serio, convenzionale (*anche teatr.*) **7** serio, impassibile: *to keep a* — *face*, rimanere impassibile, non scomporsi **8** consecutivo, di seguito: *ten* — *wins*, dieci vittorie consecutive **9** obbligato, senza alternative: — *choice*, scelta obbligata **10** non diluito, non mescolato: — *whisky*, whisky liscio **11** (*dir. comm.*) non trasferibile: — *bill of lading*, polizza di carico non trasferibile **12** ordinario: — *life insurance*, assicurazione ordinaria sulla vita, assicurazione in caso di morte; (*amm.*) — *time*, orario lavorativo normale; (*fin.*) — *loan*, prestito fiduciario **13** (*sl.*) eterosessuale **14** (*sl.*) che non fa uso di droga.

straight *s.* **1** posizione diritta, a piombo // *to cut a cloth on the* —, tagliare della stoffa in dritto filo **2** (*fig.*) condotta onesta, leale: *to act on the* —, agire lealmente **3** rettilineo: (*sport*) *they were even when they reached the* —, erano alla pari quando raggiunsero il rettilineo (d'arrivo) **4** (*sl.*) eterosessuale **5** (*sl.*) chi non fa uso di droga.

straight *avv.* **1** diritto, in linea retta: *the smoke rises* — *upwards*, il fumo si leva diritto verso l'alto; *to go* —, andare diritto; *to look* — *ahead*, guardare dritto in avanti; *to shoot* —, mirare dritto // *to go* — *on*, proseguire diritto // *to read a book* — *through*, leggere un libro dal principio alla fine **2** in modo eretto: *to stand* —, stare dritto, eretto **3** direttamente; senza deviazione; senza interruzione: *I shall go* — *to Paris without stopping at Dover*, andrò direttamente a Parigi senza fermarmi a Dover; *she came* — *from school*, venne direttamente da scuola // *to come* — *to the point*, venire direttamente al punto // *to drink* — *from the bottle*, bere dalla bottiglia **4** bene, correttamente; chiaramente: *he does not see* —, non vede bene **5** onestamente; sinceramente: *to tell s.o.* —, (*fam.*) parlare chiaramente a qlcu.; *to go* —, (*fam.*) rigare dritto; — *from the shoulder*, (*fam.*) sinceramente // — *out*, (*fam.*) chiaro e tondo **6** (*ant.*) subito, immantinente // *he came* — *back*, fu subito di ritorno // — *off* (o *away*), (*fam.*) senza esitazione, immediatamente.

straight and narrow [,streɪtən'nærəʊ] *s.* vita onesta: *to keep the* —, rigare dritto.

straight arch ['streɪt,ɑ:tʃ] *s.* (*arch.*) piattabanda.

straight-arrow ['streɪt,ærəʊ] *agg.* (*fam. amer.*) integrato, che si attiene alle convenzioni.

straightaway [,streɪtə'weɪ / straight·away] *avv.* subito, immediatamente.

straight-cut ['streɪt,kʌt] *s.* (tabacco) trinciato.

straightedge ['streɪtedʒ / straight·edge] *s.* riga, righello.

to **straighten** ['streɪtn] *v.tr.* **1** drizzare; raddrizzare: *to* — (*out*) *an iron bar*, raddrizzare una sbarra di ferro **2** (*mecc.*) spianare; lisciare ◆ *v.intr.* drizzarsi; raddrizzarsi.

□ **straighten out** *v.tr.* e *avv.* **1** mettere a posto; organizzare; sistemare: *to* — *out one's accounts*, regolare i propri conti **2** (*mecc.*) spianare **3** (*fam.*) sollevare (da preoccupazioni) **4** redimere; raddrizzare (qualcuno) ◆ *v.intr.* **1** raddrizzarsi, riprendere la linea retta, l'andamento rettilineo **2** (*aer.*) raddrizzarsi, riprendere il volo orizzontale (spec. dopo una virata).

□ **straighten up** *v.intr.* e *avv.* **1** raddrizzarsi (di persona) **2** (*aer.*) raddrizzarsi, riprendere il volo orizzontale (spec. dopo una picchiata) ◆ *v.tr.* e *avv.* mettere a posto, riordinare: *to* — *up a room*, riassettare una stanza.

straightener ['streɪtnə* / straighten·er] *s.* **1** raddrizzatore, chi raddrizza **2** (macchina) raddrizzatrice: *rail* —, raddrizzatrice per rotaie.

straight fight [,streɪt'faɪt] *s.* (*pol.*) competizione diretta (fra due candidati alle elezioni).

straightforward [,streɪt'fɔ:wəd / straight·for·ward] *agg.* **1** diritto; diretto **2** schietto, franco, leale: *a* — *man*, un uomo leale; *to give a* — *answer*, dare una risposta franca **3** semplice, chiaro: — *language*, linguaggio semplice, chiaro **4** completo; netto: *a* — *refusal*, un netto rifiuto // **-ly** *avv.* // **-ness** *s.*

straight-line ['streɪtlaɪn] *agg.* rettilineo; lineare; in linea // (*amm.*) — *method*, metodo di ammortamento a quote costanti; metodo di ammortamento lineare.

straightness ['streɪtnɪs / straight·ness] *s.* **1** l'esser rettilineo **2** onestà, lealtà, rettitudine.

straight ticket [,streɪt'tɪkɪt] *s.* (*pol. amer.*) lista definitiva dei candidati di un partito: *to vote a* —, votare attenendosi alle direttive del proprio partito.

straight-up ['streɪt'ʌp] *agg.* (*amer.*) **1** onesto; giusto **2** liscio, senza ghiaccio (di bevanda alcolica).

straightway ['streɪtweɪ / straight·way] *avv.* (*ant.*) → **straightaway**.

strain[1] [streɪn] *s.* **1** tensione; sforzo: *the* — *on the cable*, la tensione sul filo; *the platform gave away under the* —, la piattaforma, sotto sforzo, ha ceduto; *it was a great* — *on his resources*, (*fig.*) fu un grave sforzo per le sue risorse **2** (*fig.*) tensione; stress, logorio: *the* — *of modern life*, il logorio della vita moderna; *he's suffering from nervous* —, ha i nervi tesi, è stressato; *the incident put a great* — *on diplomatic relations between the two countries*, l'incidente causò una forte tensione nei rapporti diplomatici fra le due nazioni; *the candidates are under great* — *because of the approaching examinations*, i candidati sono sotto pressione a causa dell'avvicinarsi degli esami // (*fin.*) *financial strains*, tensioni finanziarie **3** (*fig.*) preoccupazione, (causa di) apprensione **4** (*med.*) distorsione, strappo muscolare **5**

(*mecc.*, *fis.*) tensione; deformazione; sollecitazione: — *energy*, energia di deformazione.

to **strain**[1] *v.tr.* **1** sottoporre a tensione, tendere fino al limite di rottura, forzare: *to — a rope to breaking point*, tirare una corda fino al punto di rottura **2** sforzare, affaticare, stressare: *this light strains my eyes*, questa luce mi affatica gli occhi // *to — every nerve*, (*fig.*) sforzarsi al massimo, mettercela tutta // *to — oneself*, affaticarsi // *to — one's ears*, tendere l'orecchio **3** (*fig.*) abusare di, esigere troppo da (persone, cose, facoltà): *she strained his friendship*, ella pretese troppo dalla sua amicizia; *his disrespect is straining my patience to the limit*, la sua mancanza di rispetto sta mettendo a dura prova la mia pazienza **4** (*fig.*) forzare (il significato di una parola, un argomento); fare violenza a: *the lawyer's arguments considerably strained the normal interpretation of the law*, le argomentazioni dell'avvocato hanno forzato considerevolmente la normale interpretazione della legge; *in such a case as mine a man may strain courtesy*, (SH. Romeo and Juliet) in casi simili un uomo può far violenza alla cortesia **5** danneggiare, deformare (per eccessiva tensione); slogarsi (arto ecc.): *he strained his ankle*, si slogò una caviglia; *to — the springs*, deformare, danneggiare le molle **6** filtrare, colare; scolare: *to — wine*, filtrare il vino; *to — (off) salad*, scolare l'insalata **7** (*ant.*) stringere forte, abbracciare: *to — s.o. to one's bosom*, stringere qlcu. al petto ◆ *v.intr.* **1** tendersi, forzarsi **2** sforzarsi, fare uno sforzo: *he was straining to see through the mist*, si sforzava di vedere attraverso la nebbia **3** filtrare, penetrare (di liquido): *water is straining through the soil*, l'acqua filtra attraverso il terreno **4** esitare, tirarsi indietro.

□ **strain after** *v.intr.* e *prep.* sforzarsi di raggiungere: *that writer strains after effect*, quello scrittore ricerca l'effetto.

□ **strain at** *v.intr.* e *prep.* tirare con forza: *he strained at the oars*, fece forza sui remi // *to — at the leash*, tirare il guinzaglio; (*fig. fam.*) mordere il freno; cercare di liberarsi.

strain[2] *s.* **1** razza (di animali): *cow of a good —*, vacca di buona razza **2** stirpe, lignaggio; famiglia; origini: *he is of noble —*, è di nobili origini **3** specie, varietà, tipo: *they've developed a new — of wheat*, hanno sviluppato una nuova varietà di grano **4** carattere ereditario, tendenza, disposizione: *there's a — of madness in his temper*, c'è una disposizione alla pazzia nel suo carattere **5** vena, traccia: *there is a — of melancholy in his poetry*, c'è una vena di malinconia nella sua poesia **6** (*letter.*) canto, melodia: *She... / sings a melancholy strain*, (WORDSWORTH) canta una malinconica melodia.

strained [streɪnd] *agg.* **1** teso: — *nerves*, nervi tesi; — *relations*, rapporti tesi **2** affaticato, stressato: *she looks —*, ha un'aria stressata **3** danneggiato, indebolito: — *heart*, cuore debole **4** forzato, non spontaneo, artificioso: — *laugh*, riso forzato; — *cordiality*, cordialità affettata // *the quality of mercy is not strain'd*, (SH. The Merchant of Venice) è nella natura della clemenza non essere forzata **5** filtrato, colato.

strainer ['streɪnə*] *s.* **1** colino, filtro **2** depuratore: (*ind.*) *centrifugal —*, depuratore centrifugo **3** (*ind.*) trafila.

strain gauge ['streɪn,geɪdʒ] *s.* (*tecn.*) estensimetro.

straining ['streɪnɪŋ / strain·ing] *s.* **1** tensione; atmosfera tesa **2** sforzo, fatica; stress **3** forzatura (di un'interpretazione) **4** filtraggio, colatura.

strait [streɪt] *agg.* (*ant.*) **1** stretto, angusto // *Strait is the gate, and narrow is the way, which leadeth unto life, and few there be that find it!*, (BIBBIA) Quanto stretta è la porta e angusta la via che conduce alla vita, e come son pochi quelli che la trovano! **2** rigoroso; pieno di scrupoli (morali): *the straitest group of a religious sect*, il gruppo più rigoroso di una setta religiosa ◆ *s.* **1** (*spec.pl.*) (*geogr.*) stretto // *the Straits of Dover*, *of Gibraltar*, lo stretto di Dover, di Gibilterra **2** *pl.* difficoltà, posizione critica; ristrettezze: *to be in desperate* (o *dire*) *straits*, essere in grande difficoltà, essere nei guai; *to be in financial straits*, essere in difficoltà finanziarie // **-ly** *avv.*

to **straiten** ['streɪtn] *v.tr.* **1** mettere in difficoltà (spec. finanziarie) **2** (*non com.*) serrare, stringere, restringere **3** (*non com.*) limitare, ridurre.

straitened ['streɪtnd / strait·ened] *agg.* difficile; precario; misero, povero: *to be in — circumstances*, essere in ristrettezze, in precaria situazione economica; — *household*, famiglia povera, misera.

straitjacket ['streɪt,dʒækɪt / strait·jacket] *s.* camicia di forza.

strait-laced [,streɪt'leɪst] *agg.* rigido, rigoroso, pieno di scrupoli (morali); puritano.

straitness ['streɪtnɪs / strait·ness] *s.* (*ant.*) **1** strettezza; ristrettezza **2** inflessibilità, rigore, severità **3** difficoltà, imbarazzo (spec. finanziario); angustia.

strake [streɪk] *s.* **1** (*mar.*) corso di fasciame **2** sezione del cerchione (di ruota di carro) **3** (*rar.*) striscia (di colore diverso dal resto della superficie).

stramonium [strə'məʊnɪəm / stra·mo·nium] *s.* **1** (*bot.*) (*Datura stramonium*) stramonio SIN. thorn-apple, jimsonweed **2** (*chim.*) stramonio.

strand[1] [strænd] *s.* **1** trefolo; (*mar.*) legnolo **2** treccia **3** (*tess.*) filo di base, capo **4** (*fig.*) elemento, componente **5** filo; giro (di collana) // *her hair had strands of grey*, c'erano dei fili grigi fra i suoi capelli.

to **strand**[1] *v.tr.* **1** sfilacciare (una corda) **2** torcere, intrecciare (una corda).

strand[2] *s.* (*letter.*) sponda; spiaggia, lido: *one day I wrote her name upon the strand*, (E. SPENSER) un giorno scrissi il suo nome sulla spiaggia // *the Strand*, lo Strand (famosa strada di Londra).

to **strand**[2] *v.tr.* **1** (*spec. mar.*) arenare; far arenare **2** (*fig.*) bloccare; lasciare a piedi, a terra: *the airport strike stranded us in Paris*, lo sciopero degli aeroportuali ci ha bloccati a Parigi ◆ *v.intr.* (*spec. mar.*) arenarsi; incagliarsi.

stranded ['strændɪd] *agg.* **1** (*mar.*) arenato, incagliato, insabbiato: *the whale was — on the beach*, la balena si era arenata sulla spiaggia **2** (*fig.*) appiedato; bloccato; in difficoltà: *he drove off in the car leaving us —*, se ne andò in macchina lasciandoci appiedati; *the airport was filled with — travellers*, l'aeroporto era pieno di passeggeri lasciati a terra.

strange [streɪndʒ] *agg.* **1** strano, bizzarro; singolare, insolito: *I heard a — story about him the other day*, ho sentito una strana storia sul suo conto l'altro giorno; *it's — you've never met him*, è curioso che tu non l'abbia mai incontrato; *she wore rather — clothes*, era vestita in modo eccentrico; — *to say*, strano a dirsi // *to feel —*, non sentirsi troppo bene **2** forestiero; estraneo, sconosciuto; nuovo: *in a — land*, in terra straniera; *I heard a — voice*, udii una voce che non conoscevo; *I can't drive a — car*, non posso guidare una macchina che non conosco **3** senza esperienza; non abituato: *I am — to this job*, sono nuovo di questo lavoro.

strangely ['streɪndʒlɪ / strange·ly] *avv.* stranamente, bizzarramente, singolarmente; in modo insolito, inusitato: *his voice is — familiar*, la sua voce è stranamente familiare; *she was — dressed*, era vestita in modo bizzarro; — *enough*, sorprendentemente.

strangeness ['streɪndʒnɪs / strange·ness] *s.* **1** stranezza; singolarità; bizzarria **2** (*fis. nucleare*) stranezza (numero quantico).

stranger ['streɪndʒə*] *s.* **1** estraneo; sconosciuto; forestiero: *he is no — to me*, lo conosco bene; *they were strangers there*, non erano pratici del luogo; *you are a — now*, non ti si vede più dalle nostre parti; *he's a — to unhappiness*, (*letter.*) non conosce l'infelicità // *I spy strangers*, formula usata alla Camera dei Comuni per richiedere che la discussione avvenga a porte chiuse **2** chi non è abituato, avvezzo; novellino, persona inesperta: *he's no — to controversy*, è avvezzo alle controversie.

to **strangle** ['stræŋgl] *v.tr.* strangolare; soffocare; (*fig.*) reprimere, sopprimere: *to — a laugh*, soffocare una risata.

stranglehold ['stræŋglhəʊld / strangle·hold] *s.* **1** stretta mortale **2** (*fig.*) (*pol.*, *comm.*) controllo paralizzante; potere repressivo.

strangler ['stræŋglə* / stran·gler] *s.* strangolatore.

strangles ['stræŋglz] *s.pl.* (*vet.*) adenite equina; (*pop.*) stranguglione.

strangling ['stræŋglɪŋ / stran·gling] *s.* strangolamento.

to **strangulate** ['stræŋgjʊleɪt / stran·gu·late] *v.tr.* **1** (*med.*) strozzare; fermare la circolazione a // *strangulated hernia*, ernia strozzata **2** (*rar.*) strangolare.

strangulation [,stræŋgjʊ'leɪʃn / stran·gu·la·tion] *s.* **1** strangolamento **2** (*med.*) strozzatura.

strangury ['stræŋgjʊrɪ / strang·ury] *s.* (*med.*) stranguria.

strap [stræp] *s.* **1** cinghia, correggia, nastro // *the —*, sferzata (per punizione) **2** spallina, bretella; cinturino, linguetta; nastro, banda: *shoulder —*, spallina (*anche mil.*); *watch —*, cinturino da orologio **3** maniglia a pendaglio (su tram, autobus ecc.) **4** staffa (di pantaloni) **5** (*mecc.*) nastro; cinghia; moietta, reggetta, piattina; fascetta **6** (*mar.*) stroppo **7** (*bot.*) ligula, linguetta **8** coramella (per affilare il rasoio) **9** (*Borsa*) strap **10** (*fam. amer.*) studente dedito soprattutto allo sport.

to **strap** *pass.p.p.* **strapped** [stræpt] *v.tr.* **1** assicurare, legare con cinghie **2** percuotere con una cinghia, frustare **3** (*mecc.*) fissare con una fascetta; bloccare con piattina, con moietta, con reggetta **4** affilare (un rasoio con la coramella) **5** (*med.*) applicare un cerotto a; coprire (una ferita) con un cerotto **6** (*mar.*) stroppare.

strap-bolt ['stræp,bəʊlt] *s.* (*mecc.*) bullone a staffa.

to **strap-hang** ['stræphæŋ] *pass.p.p.* **strap-hung** ['stræphʌŋ] *v.intr.* viaggiare in piedi (in autobus, tram ecc.) sostenendosi a una maniglia.

strap-hanger ['stræp,hæŋə*] *s.* (*fam.*) passeggero che si regge alla maniglia (in autobus, tram ecc.).

strapless ['stræplɪs / strap·less] *agg.* senza spalline (spec. di abito).

strappado [strə'peɪdəʊ / strap·pado] *pl.* **strappados** [strap·pa·dos] *s.* **1** (*st.*) strappata (supplizio della corda) **2** strappata di fune.

to **strappado** *v.tr.* (*st.*) torturare, punire con la strappata.

strapped [stræpt] *agg.* **1** attaccato, legato con una cinghia, una tracolla **2** (*fam.*) al verde: *I'm — for cash*, sono a corto di denaro.

strapper ['stræpə* / strap·per] *s.* (*non com.*) persona gagliarda, vigorosa, ben piantata.

strapping ['stræpɪŋ / strap·ping] *agg.* vigoroso, gagliardo, robusto, ben piantato: *he was a great — youth of sixteen*, era un ragazzotto ben piantato di sedici anni.

strapping *s.* **1** chiusura per mezzo di cinghie **2** colpo di cinghia, staffilata **3** ⓤ bretelle, spalline; cinturini, linguette; bande, nastri (*pl.*) **4** (*med.*) applicazione di cerotto; cerotto **5** (*mecc.*) moietta, reggetta, piattina.

strass [stræs] *s.* strass (brillante da bigiotteria).

strata ['strɑ:tə] *pl.* di **stratum**.

stratagem ['strætɪdʒəm / stra·ta·gem] *s.* stratagemma.

strategic(al) [strə'ti:dʒɪk(l) / stra·tegic(al)] *agg.* strategico // **-ally** *avv.*

strategist ['strætɪdʒɪst / strat·egist] *s.* stratega.

strategy ['strætɪdʒɪ / strat·egy] *s.* strategia.

strath [stræθ] *s.* (*scoz.*) valle larga a fondo piatto.

strathspey [stræθ'speɪ / strath·spey] *s.* 'strathspey' (vivace danza, musica scozzese).

stratification [,strætɪfɪ'keɪʃn / strati·fica·tion] *s.* stratificazione (*anche geol.*).

stratified ['strætɪfaɪd / strati·fied] *agg.* stratificato (*anche geol.*).

stratiform ['strætɪfɔ:m / stra·ti·form] *agg.* (*geol., meteor.*) stratiforme.

to **stratify** ['strætɪfaɪ / strat·ify] *v.tr.* disporre a strati, stratificare ◆ *v.intr.* stratificarsi.

stratigraphic(al) [,strætɪ'græfɪk(l) / stra·ti·graphic, stra·ti·graph·ical] *agg.* (*geol.*) stratigrafico // **-ally** *avv.*

stratigraphy [strə'tɪgrəfɪ / stra·ti·graphy] *s.* (*geol.*) stratigrafia.

stratocumulus [,strætə'kju:mjʊləs / stra·to·cu·mu·lus] *pl.* **stratocumuli** [,strætə'kju:mjʊlaɪ / stra·to·cu·muli] *s.* (*meteor.*) stratocumulo.

stratopause ['strætəʊpɔ:z / stra·to·pause] *s.* (*meteor.*) stratopausa.

stratosphere ['strætəʊ,sfɪə* / stra·to·sphere] *s.* stratosfera.

stratospheric [,strætəʊs'ferɪk / stra·to·spheric] *agg.* stratosferico (*anche fig.*): — *prices*, prezzi stratosferici.

stratum ['strɑ:təm *amer.* 'streɪtəm] *pl.* **strata** ['strɑ:tə *amer.* 'streɪtə] *s.* **1** (*geol.*) strato **2** strato sociale, ceto: *the highest and lowest strata of society*, le classi più abbienti e le più povere della società.

stratus ['streɪtəs] *pl.* **strati** ['streɪtaɪ] *s.* (*meteor.*) strato.

straw [strɔ:] *agg.* di paglia ◆ *s.* **1** paglia: *stuffed with —*, imbottito di paglia; *— mattress*, pagliericcio **2** cannuccia; fuscello, festuca; (*fig. antiq.*) cosa da nulla: *to drink sthg. through a —*, bere qlco. con una cannuccia // *a — in the wind*, segno premonitore, indizio // *you can't make bricks without —*, non puoi fare un lavoro senza avere il materiale necessario // *I don't care* (o *give*) *a —*, non me ne importa nulla // *to clutch at a —*, (*fig.*) attaccarsi a una pagliuzza // *it is the last —*, è il colmo // *it is the last — that breaks the camel's back*, (*prov.*) è l'ultima goccia che fa traboccare il vaso **3** (colore) giallo paglierino.

strawberry ['strɔ:bərɪ *amer.* 'strɔ:berɪ / straw·berry] *s.* **1** fragola: *do you like strawberries?*, ti piacciono le fragole? **2** color fragola.

strawberry blonde [,strɔ:bərɪ'blɒnd, ,strɔ:berɪ'blɒnd] *s.* biondo ramato.

strawberry-leaves ['strɔ:bərɪ,li:vz *amer.* 'strɔ:berɪ,li:vz] *s.* (*arald.*) dignità, corona ducale.

strawberry mark ['strɔ:bərɪ,mɑ:k *amer.* 'strɔ:berɪ,mɑ:k] *s.* (*fam.*) voglia di fragola.

strawberry-shrub ['strɔ:bərɪ,ʃrʌb *amer.* 'strɔ:berɪ,ʃrʌb] *s.* (*bot. pop.*) calicanto d'estate → **calycanthus**.

strawberry-tomato ['strɔ:bərɪtə'mɑ:təʊ *amer.* 'strɔ:berɪtə'meɪtəʊ] *s.* (*bot.*) alchechengi → **winter-cherry**.

strawberry-tree ['strɔ:bərɪ,tri: *amer.* 'strɔ:berɪ,tri:] *s.* (*bot.*) (*Arbutus unedo*) corbezzolo.

straw-cutter ['strɔ:,kʌtə*] *s.* (*agr.*) trinciapaglia.

straw hat [,strɔ:'hæt] *s.* **1** paglietta **2** (*fam. amer.*) spazio teatrale all'aperto.

straw poll [,strɔ:'pəʊl] **straw vote** [,strɔ:'vəʊt] *s.* (*amer.*) sondaggio d'opinione pre-elettorale.

strawy ['strɔ:ɪ] *agg.* di, simile a paglia; contenente paglia.

straw yard ['strɔ:jɑ:d] *s.* pagliaio.

stray [streɪ] *agg.* **1** smarrito; sviato; randagio; vagante, errante: *a — dog*, un cane randagio; *a — bullet*, un proiettile vagante // (*mar.*) *— line*, sagola morta **2** casuale, fortuito, accidentale: *a few — visitors*, alcuni visitatori casuali **3** isolato, staccato: *— thoughts*, pensieri isolati; *a few — houses*, qualche casa isolata **4** (*elettr., rad.*) vagante, parassita: *— current*, corrente vagante, parassita; *— emission*, emissione parassita.

stray *s.* **1** animale domestico smarritosi; animale randagio **2** fanciullo abbandonato // *waifs and strays*, fanciulli abbandonati; derelitti **3** (*fam.*) cosa o persona isolata **4** (*dir.*) proprietà che passa allo stato per mancanza di eredi **5** (*elettr.*) dispersione: *— field*, campo di dispersione **6** *pl.* radiodisturbi.

to **stray** *v.intr.* **1** vagare, vagabondare (*anche fig.*): *to let one's mind —*, lasciar vagare la mente; *to — from the point*, divagare **2** deviare; perdersi, smarrirsi (*anche fig.*): *to — from the right path*, deviare dalla retta via **3** (*elettr.*) disperdersi.

streak [stri:k] *s.* **1** linea, riga, striscia, striatura; banda: *a — of light*, un raggio di luce; *a — of lightning*, un lampo // *white with black streaks*, bianco a righe nere // *like a — of lightning*, (*fam.*) in un attimo; come un lampo **2** vena (*anche fig.*): *a — of eccentricity*, un tocco, una punta d'eccentricità; *a — of gold*, una vena d'oro; *he has a — of malice*, c'è una vena di malignità in lui // *he has a yellow —*, (*fam.*) è un codardo **3** (*fam.*) breve periodo: *a — of luck*, un momento di fortuna; *a winning, losing —*, una serie di vittorie, di sconfitte **4** (*fam.*) il correre nudi in pubblico (come forma di protesta).

to **streak** *v.tr.* **1** striare; rigare: *blood streaked his face*, il sangue gli rigava il viso **2** venare ◆ *v.intr.* **1** muoversi velocemente, andare svelto come un lampo // *they streaked off*, se ne andarono a gran velocità **2** (*fam.*) correre nudi in pubblico (come forma di protesta).

streaked [stri:kt] *agg.* a strisce, striato, screziato: *white marble — with red*, marmo bianco venato di rosso.

streaking ['stri:kɪŋ / streak·ing] *s.* (*fam.*) il correre nudi in pubblico (come forma di protesta).

streaky ['stri:kɪ] *agg.* **1** striato, screziato: *— bacon*, pancetta affumicata a strisce **2** lardellato (di carne) **3** (*fam.*) vario, disuguale // **-iness** *s.*

stream [stri:m] *s.* **1** corso d'acqua; ruscello: *— bed*, letto di corso d'acqua // *mountain —*, torrente di montagna **2** flusso, fiotto, getto continuo; colata (di lava); fiumana: *a — of blood*, un fiotto di sangue; *a — of people was* (o *were*) *coming out from the church*, una fiumana di gente usciva di chiesa; *she shed streams of tears*, versò fiumi di lacrime // *— of consciousness*, flusso di coscienza; monologo interiore **3** corrente, corso (*anche fig.*): *to go against the —*, andare controcorrente (*anche fig.*); *to go up —*, risalire un fiume, andar controcorrente; *to move down —*, scendere un fiume, seguire la corrente // *the Gulf Stream*, la Corrente del Golfo // *in the main — of English tradition*, secondo la migliore tradizione inglese // *to go with the —*, seguir la corrente, essere facilmente influenzabile **4** (*ind.*) produzione: *to be on —*, produrre; *to put on —*, avviare la produzione **5** gruppo di allievi divisi secondo le capacità e il livello di rendimento **6** (*inform.*) flusso di dati.

to **stream** *v.intr.* **1** scorrere, fluire; sgorgare, scaturire: *her eyes were streaming with tears*, le lacrime le sgorgavano dagli occhi **2** ondeggiare, fluttuare: *hair, flags streaming in the wind*, capelli, bandiere ondeggianti al vento **3** (*miner.*) lavare il minerale ◆ *v.tr.* **1** far scorrere, far fluire; far sgorgare, far scaturire **2** far ondeggiare, far fluttuare **3** (*miner.*) lavare (il minerale) **4** (*mar.*) *to — the buoy*, (*mar.*) gettare il gavitello **5** dividere (gli allievi) in gruppi secondo le capacità e il livello di rendimento.

□ **stream down** *v.intr.* e *prep.* colare: *the rain streamed down the window*, la pioggia colava sui vetri (della finestra).

□ **stream forth** *v.intr.* e *avv.* (*antiq.*) uscire a fiotti.

□ **stream in** *v.intr.* e *avv.* entrare a fiotti: *light streamed in through the window*, fiotti di luce entravano dalla finestra; *the crowd streamed in through the gates*, una fiumana di gente entrò dai cancelli.

□ **stream out** *v.intr.* e *avv.* uscire a fiotti; sciamare, riversarsi fuori.

stream-anchor ['stri:m,æŋkə*] *s.* (*mar.*) ancora da corrente; ancorotto da tonneggio.

stream-cable ['stri:m,keɪbl] *s.* (*mar.*) cavo di imbozzamento.

streamer ['stri:mə*] *s.* **1** (*mar.*) fiamma, pennello **2** festone di carta (decorativo); stella filante **3** *pl.* (*fam.*) aurora boreale // *glistening streamers waved and danced*, (W. SCOTT) lucenti strisce di luce ondeggiavano e danzavano **4** (*amer.*) titolo a tutta pagina.

streaming ['stri:mɪŋ / stream·ing] *s.* (*inform.*) registrazione e lettura in continuo; emissione in continuo.

streamlet ['stri:mlɪt / stream·let] *s.* ruscelletto; rivolo d'acqua.

streamline ['stri:mlaɪn / stream·line] *s.* **1** (*fis.*) linea di flusso; linea di corrente: *— flow*, corrente non turbolenta **2** (*aut.*, *aer.*) linea aerodinamica, affusolata.

to **streamline** *v.tr.* **1** (*aut.*, *aer.*) dare forma, linea aerodinamica, affusolata a: *to — a car body*, rendere aerodinamica una carrozzeria **2** rendere efficiente al massimo, ottimizzare; snellire: *we must — production methods*, dobbiamo ottimizzare i metodi di produzione.

streamlined ['stri:mlaɪnd / stream·lined] *agg.* **1** (*aut.*, *aer.*) aerodinamico: *a — car*, un'automobile dalla linea, dalla carrozzeria aerodinamica **2** efficiente: (*econ.*) *— production*, produzione efficiente.

streamlining ['stri:m,laɪnɪŋ / stream·lin·ing] *s.* **1** linea aerodinamica **2** il rendere efficiente al massimo, ottimizzazione; snellimento.

street [stri:t] *s.* via, strada: *the main streets of the town*, le principali vie della città; *to cross* (o *to go across*) *the —*, attraversare la strada; *Downing Street*, Downing Street; *42nd Street* (o *42 St.*), la quarantaduesima (strada) // *the man in the —*, l'uomo della strada // *not in the same — as s.o.*, (*fam.*) di molto inferiore a qlcu.; *he is streets ahead of you*, (*fam.*) è di gran lunga superiore a te // *to be in queer —*, essere in cattive acque // *to be on* (o *to walk*) *the streets*, essere sul lastrico; battere il marciapiede // *to turn s.o. into the —*, buttare qlcu. sul lastrico // *to be* (*right*) *up* (o *down*) *s.o.'s —*, essere (proprio) nel campo d'interesse di qlcu. // (*Borsa*) *to deal in the —*, stipulare contratti nel dopoborsa ◆ *agg.* **1** della, nella strada; (*fig.*) comune, di tutti i giorni: *— theatre*, teatro (improvvisato) per la strada; *— smart*, ragazzo furbo, scaltro, con l'esperienza della vita di strada; (*dir.*) *— crimes*, reati commessi sulla pubblica via; (*fig.*) reati della criminalità comune **2** dopoborsa: *— market*, dopoborsa; *— price*, prezzo di dopoborsa.

street Arab ['stri:t,ærəb] *s.* (*antiq.*) ragazzo abbandonato a se stesso, che vive sulla strada; monello.

streetcar ['stri:tkɑ:* / street·car] *s.* (*amer.*) → **tram**[1].

street-credibility ['stri:tkredə,bɪlətɪ] *s.* (*fam.*) successo popolare (spec. tra i giovani).

street furniture ['stri:t,fɜ:nɪtʃə*] *s.* **1** arredo urbano **2** (*fam. amer.*) mobili messi in strada in attesa del passaggio del camion della nettezza urbana.

street lamp ['stri:tlæmp] **street light** ['stri:tlaɪt] *s.* lampione.

street level ['stri:t,levl] *s.* pianterreno.

street-smart ['stri:tsmɑ:t] *agg.* (*fam. amer.*) → **street-wise**.

streetwalker ['stri:t,wɔ:kə* / street·walker] *s.* (*antiq.*) passeggiatrice, prostituta.

street-wise ['stri:twaɪz] *agg.* (*fam.*) furbo, scaltro, che ha l'esperienza della vita di strada.

strelitzia [strə'lɪtsɪə / strel·itzia] *s.* (*bot.*) strelitzia.

strengite ['streŋaɪt / streng·ite] *s.* (*min.*) strengite.

strength [streŋθ] *s.* **1** forza, vigore, energia, potenza (*anche fig.*): *physical —*, forza fisica; *the — of a man*, la forza di un uomo; *the — of evidence*, la forza dell'evidenza; *— of mind*, forza di volontà; *the — of the wind*, la potenza del vento // *by sheer —*, a viva forza // *on the — of*, basandosi, contando su: *I did it on the — of your promise*, lo feci basandomi sulla tua promessa // *to have the — of an ox*, essere forte come un toro // *to go from — to —*, andare di bene in meglio **2** solidità, rigidezza, tenacia; (*fis.*, *mecc.*) resistenza: *the — of a rope*, la resistenza di una corda; *the — of a wall*, la solidità di una parete; *breaking —*, resistenza a rottura; *strain —*, resistenza alla deformazione; *elastic —*, resistenza elastica **3** efficacia; forza; intensità; densità: (*chim.*) *the — of a solution*, la densità di una soluzione; *the — of an acid*, la forza di un acido; (*tel.*) *the — of a signal*, l'intensità di un segnale // (*elettr.*): *— of a current*, intensità di una corrente; *field —*, intensità del campo; *— of a wine*, grado alcoolico di un vino **4** (*fig.*) intensità: *the — of one's feelings*, l'intensità dei propri sentimenti **5** punto di forza: *patience is one of her greatest strengths*, la pazienza è uno dei suoi punti di forza **6** sostegno spirituale: *God is our —*, Dio è la nostra forza **7** quantità, numero: *to be present in great —*, essere presenti in gran numero; *at full —*, al completo; *below —*, al di sotto del numero necessario **8** (*mil.*) truppe, forze effettive: *fighting —*, effettivi mobilitabili; *to be on the —*, figurare nei ruoli; (*fig.*) essere in forza, far parte del personale (di un'azienda ecc.); *to bring a regiment up to —*, completare i ranghi di un reggimento; *to strike s.o. off the —*, radiare qlcu. dai ranghi.

to **strengthen** ['streŋθn] *v.tr.* **1** dar forza a; fortificare; rafforzare; irrobustire; consolidare: *this report strengthens my point of view*, questa relazione rafforza il mio punto di vista; *to — a government*, consolidare un governo **2** (*chim.*) aumentare la concentrazione di (soluzione ecc.) **3** (*mil.*) potenziare ◆ *v.intr.* **1** rafforzarsi; irrobustirsi; consolidarsi **2** aumentare, rinforzare (di vento, tempesta).

strengthener ['streŋθənə* / strengthen·er] *s.* **1** cosa che dà forza **2** corroborante; tonico.

strengthening ['strəŋθənɪŋ / strengthen·ing] *agg.* fortificante; rafforzante // (*mecc.*) *— piece*, rinforzo ◆ *s.* rafforzamento; irrobustimento; consolidamento.

strengthless ['streŋθlɪs / strength·less] *agg.* debole, privo di forza.

strenuous ['strenjʊəs / strenu·ous] *agg.* **1** strenuo, energico; attivo; accanito: *we had a — game*, abbiamo fatto una partita molto combattuta; *to put up a — defence*, opporre una strenua resistenza; *— opposition*, opposizione accanita **2** arduo; duro: *— life*, vita dura; *tennis is a — sport*, il tennis è uno sport molto faticoso // **-ly** *avv.* // **-ness** *s.*

streptococcal [,streptəʊ'kɒkəl / strep·to·coc·cal] **streptococcic** [,streptəʊ'kɒksɪk / strep·to·coc·cic] *agg.* (*med.*) streptococcico.

streptococcus [,streptəʊ'kɒkəs / strep·to·coc·cus] *pl.* **streptococci** [,streptəʊ'kɒkaɪ / strep·to·cocci] *s.* (*biol.*) streptococco.

streptolysin [,streptəʊ'laɪsɪn / strep·to·ly·sin] *s.* (*biochim.*) streptolisina.

streptomyces [,streptəʊ'maɪsi:z / strep·to·my·ces] *pl.invar.* o **streptomycetes** [,streptəʊ,maɪ'si:ti:z / strep·to·my·ce·tes] *s.* (*biol.*) streptomicete.

streptomycin [,streptəʊ'maɪsɪn / strep·to·my·cin] *s.* (*chim.*) streptomicina.

stress [stres] *s.* **1** spinta; pressione; costrizione: *under the — of anger*, sotto l'impulso dell'ira; *under the — of hardship*, costretto, spinto dalle difficoltà **2** (*med.*) stress, tensione: *to be under —*, essere sottoposto a stress, sotto pressione; *in times of —*, in periodi di stress; *stresses and strains*, lo stress, le fatiche **3** enfasi, importanza; insistenza: *to lay special — on sthg.*, porre in rilievo qualcosa **4** (*gramm.*) accento tonico: *the — is on the first syllable*, l'accento cade sulla prima sillaba **5** (*mus.*) accento **6** (*scienza delle costruzioni*) sollecitazione, sforzo, tensione: *this beam is under —*, questa trave è soggetta a sforzo // *— analysis*, analisi delle sollecitazioni; *breaking —*, resistenza alla rottura; *maximum —*, carico di rottura; *torsional —*, sollecitazione di torsione // (*fis.*) *— tensor*, tensore degli sforzi // (*metall.*) *— corrosion*, tensiocorrosione, corrosione da sforzo **7** (*inform.*) *— test*, test di stress.

to **stress** *v.tr.* **1** forzare, sottoporre a tensione **2** porre in rilievo, dare enfasi a, sottolineare, accentuare: *he stressed the fact that...*, mise in risalto il fatto che...; (*mus.*) *to — a melody*, mettere in rilievo un tema **3** (*gramm.*, *mus.*) accentare.

stressful ['stresfʊl / stress·ful] *agg.* stressante; defatigante.

stressless ['streslɪs / stress·less] *agg.* **1** (*gramm.*) senza accento tonico **2** senza rilievo, senza enfasi **3** (*scienza delle costruzioni*) senza sforzo, senza tensione.

stretch [stretʃ] *s.* **1** stiramento, tensione; sforzo; (*fig. ant.*) abuso: *by a — of authority, he got it*, l'ha ottenuto abusando della propria autorità; *by a — of the imagination*, (*fig. fam.*) facendo uno sforzo d'immaginazione; *with a — and a yawn he went to bed*, stirandosi e sbadigliando se ne andò a letto // *at full —*, in piena attività, sotto pressione **2** periodo, spazio di tempo: *for a short — of time*, per un breve periodo di tempo; *he did a — in the army*, ha passato un periodo nell'esercito // *at a* (o *at one*) *—*, tutto d'un fiato, tutto di seguito: *he slept ten hours at a —*, dormì dieci ore di seguito **3** distesa, estensione di spazio: *a — of road*, un bel tratto di strada; *a wide — of water*, un'ampia distesa d'acqua **4** (*sl.*) periodo di detenzione, di lavori forzati: *they are doing their —*, stanno scontando la pena **5** (*sport*) rettilineo d'ippodromo: *to be in the home —*, essere in dirittura d'arrivo **6** (*mar.*) bordata **7** (*miner.*) orientamento (di filone).

to **stretch** *v.tr.* **1** tirare; tendere; stendere: *the eagle stretched its wings*, l'aquila allargò le ali; *to — a wire between two posts*, stendere, tirare una corda tra due pali // *to — s.o. on the floor*, (*fam.*) stendere qlcu. con un pugno **2** (*fig.*) forzare; sfruttare oltre il giusto limite; esagerare, abusare di: *don't — the truth!*, non esagerare!; *to — the law*, forzare la legge; *he stretches his power*, abusa del suo potere **3** (*sl. antiq.*) impiccare ◆ *v.intr.* **1** tendersi; stirarsi; allungarsi, allargarsi: *masses of people stretched (out) along the street*, una fiumana di gente si snodava lungo la strada; *don't yawn and — (out) like that*, non sbadigliare e non stirarti a quel modo; *rubber stretches easily*, la gomma si tende facilmente **2** estendersi; protrarsi: *this district stretches to the North*, questa regione si estende al nord // *my means don't — to it*, (*fam.*) le mie finanze non arrivano a tanto.

□ **stretch out** *v.tr.* e *avv.* **1** tendere, allungare: *to — out one's hands to catch sthg.*, tendere le mani per prendere qlco.; *he stretched out his legs in front of the fire*, allungò le gambe davanti al caminetto; *he stretched himself out on the floor*, si allungò, si mise lungo disteso sul pavimento **2** far bastare: *to — out the food for an extra guest*, far bastare il cibo per un ospite in più ◆ *v.intr.* e *avv.* bastare.

stretched ['stretʃt] *agg.* **1** (*anche aut., aer.*) allungato: *a new model (of an aircraft) with — fuselage*, un nuovo modello (di aeroplano) con fusoliera allungata **2** (*mecc.*) stirato: *— beam*, trave stirata **3** (*mar.*) teso: *a — cable*, un cavo teso.

stretcher ['stretʃə*] *s.* **1** tenditore, stenditore // *boot —*, forma allungascarpe; *canvas —*, telaio (di dipinto) **2** barella, lettiga **3** (*mecc.*) tenditore; allargatore: *chain —*, tendicatena **4** (*mar.*) traversino, puntapiedi, pedagna **5** (*edil.*) mattone per piano **6** (*fam.*) frottola, esagerazione.

stretcher-bearer ['stretʃə,beərə*] **stretcher-man** ['stretʃəmən] *s.* barelliere, lettighiere.

stretcher party ['stretʃə,pɑ:tɪ] *s.* gruppo di soccorritori, di barellieri.

stretching ['stretʃɪŋ / stretch·ing] *s.* **1** stiramento; allungamento, allargamento // (*dir.*) *— of one's power*, abuso di potere **2** (*mecc.*) tensione.

stretch-out ['stretʃaʊt] *s.* (*amm.*) prolungamento, intensificazione del lavoro senza aumento di retribuzione.

stretchy ['stretʃɪ] *agg.* elastico.

to **strew** [stru:] *pass.* **strewed** [stru:d] *p.p.* **strewn** [stru:n] **strewed** *v.tr.* spargere, sparpagliare; cospargere, coprire: *he strewed the papers all over the place*, disseminò le carte un po' dappertutto; *the park was strewn with litter*, il parco era coperto di rifiuti; *to — flowers in s.o.'s path*, spargere fiori sul cammino di qlcu.

strewth [stru:θ] *inter.* (*sl. antiq.*) perdinci!, perdio! • Deformazione di *God's truth*.

stria ['straɪə] *pl.* **striae** ['straɪi:] *s.* **1** (*arch.*) stria (di colonna) **2** (*anat.*) stria; (*della pelle*) smagliatura **3** (*bot., geol.*) striatura.

striate ['straɪɪt / stri·ate] *agg.* (*anat., bot., geol.*) striato.

to **striate** ['straɪeɪt] *v.tr.* striare.

striated [straɪ'eɪtɪd / stri·ated] *agg.* striato: (*anat.*) *— muscle*, muscolo striato.

striately ['straɪɪtlɪ / stri·ate·ly] *avv.* a strie.

striation [straɪ'eɪʃn / stri·ation] *s.* striatura.

stricken ['strɪkən] *p.p.* (*ant.*) di to **strike** ◆ *agg.* colpito, ferito (*anche fig.*): *the — deer*, il cervo ferito; *— heart*, cuore afflitto; *a — ship*, una nave in disarmo; *— with paralysis*, colpito da paralisi.

strickle ['strɪkl] *s.* **1** rasiera (per cereali ecc.) **2** (*metall.*) sagoma, forma **3** cote, pietra per affilare.

strict [strɪkt] *agg.* **1** stretto; preciso, esatto: *in the — sense of the word*, nel senso stretto della parola // (*dir.*): *— construction of penal statutes*, interpretazione restrittiva della legge; *— law*, diritto positivo; *— settlement*, devoluzione dell'intero patrimonio familiare al primogenito **2** (*fig.*) severo, rigido, rigoroso; scrupoloso: *— morals*, morale rigida; *— parents*, genitori severi; *she told me it in — confidence*, me lo disse in gran segretezza; *to keep — watch over s.o.*, esercitare una rigorosa sorveglianza su qlcu.

strictly ['strɪktlɪ / strict·ly] *avv.* **1** esattamente, con precisione: *— speaking*, a rigor di termini **2** rigorosamente, severamente: *— prohibited*, rigorosamente proibito.

strictness ['strɪktnɪs / strict·ness] *s.* **1** precisione, esattezza **2** rigore, severità.

stricture ['strɪktʃə* / stric·ture] *s.* **1** (*gener. pl.*) critica, biasimo: *to pass strictures on* (o *upon*) *sthg., s.o.*, far delle critiche a qlco., qlcu. **2** (*med.*) stenosi, restringimento.

stridden *p.p.* di to **stride**.

stride [straɪd] *s.* passo; andatura: *to make great strides*, avanzare a grandi passi; (*fig.*) fare grandi progressi; (*sport*) *to shorten, to lengthen one's —*, accorciare, allungare il passo // *to get into one's —*, trovare il ritmo giusto (nel lavoro e simili) // *to take sthg. in one's —*, affrontare qlco. senza problemi; non battere ciglio.

to **stride** *pass.* **strode** [strəʊd] *p.p.* **stridden** ['strɪdn / strid·den] *v.tr.* **1** scavalcare con un passo (un fosso, un sentiero) **2** inforcare, cavalcare ◆ *v.intr.* camminare a grandi passi: *to — away*, allontanarsi a grandi passi; *to — up to s.o.*, avanzare a grandi passi verso qlcu.

stridency ['straɪdənsɪ / stri·dency] *s.* l'essere stridente, stridulo.

strident ['straɪdnt / stri·dent] *agg.* stridente, stridulo // **-ly** *avv.*

stridor ['straɪdə*] *s.* **1** (*rar.*) stridore **2** (*med.*) stridore respiratorio.

to **stridulate** ['strɪdjʊleɪt / stridu·late] *v.intr.* stridulare (di cicala ecc.).

stridulation [,strɪdjʊ'leɪʃn / stridu·la·tion] *s.* stridulazione (di cicala ecc.).

stridulous ['strɪdjʊləs / stridu·lous] *agg.* stridulo.

strife [straɪf] *s.* [U] conflittualità, lotta, conflitto: *industrial —*, conflittualità fra proprietà e sindacato; *to be at — with s.o.*, essere in lotta con qlcu.; *to cease from —*, deporre le armi.

striga ['straɪgə] *pl.* **strigae** ['straɪdʒi:] *s.* (*bot.*) pelo ispido.

strigil ['strɪdʒɪl / stri·gil] *s.* strigile.

strigose ['straɪgəʊs / stri·gose] **strigous** ['straɪgəs / stri·gous] *agg.* (*bot.*) ispido, setoloso.

strike [straɪk] *s.* **1** sciopero: *to be on —*, essere in sciopero; *to go on —*, scioperare; *— call*, proclamazione dello sciopero; *general —*, sciopero generale; *all-out —*, sciopero totale; *crippling —*, sciopero a singhiozzo; *stay-in —*, sciopero con occupazione; *wild-cat —*, sciopero selvaggio; *sympathy* (o *sympathetic*) *—*, sciopero di solidarietà; *— pay*, sussidio agli scioperanti; *— fund*, fondo sciopero // (*dir.*) *no- — clause*, clausola (del contratto di impiego pubblico) che stabilisce il divieto di sciopero **2** (*miner.*) scoperta (di giacimento); (*fig.*) colpo (fortunato); fortunata speculazione finanziaria: *lucky —*, colpo di fortuna **3** (*geol.*) direzione (di strato ecc.) **4** rasiera **5** (*baseball*) strike (palla mancata dal battitore su lancio corretto): *— out*, eliminazione del battitore (che ha subìto tre strike); *— zone*, area di strike **6** (*mil.*) attacco: *air —*, attacco aereo.

to **strike** *pass.* **struck** [strʌk] *p.p.* **struck** (*ant.*) **stricken** ['strɪkən] *v.tr.* **1** battere, colpire, picchiare; urtare: *he struck his fist on the table*, batté il pugno sul tavolo; *she struck her head against the wall*, batté la testa contro il muro; *to — one's foot against a stone*, inciampare in un sasso; *the ship struck a rock*, la nave urtò uno scoglio; (*mar.*) *to — the bottom*, arenarsi // *within striking distance*, a un tiro di schioppo // *to be struck dead*, morire improvvisamente; *— me dead (if)!*, (*sl.*) mi venga un accidente (se)! // *to — a blow for freedom*, battersi per la libertà **2** (*fig.*) colpire; fare una determinata impressione su: *how does it — you?*, che cosa ne pensi?, che impressione ti fa?; *it struck me that...*, mi è venuto in mente che...; *it strikes me that such a thing may be wrong*, ho l'impressione che una cosa simile sia sbagliata; *what struck me was his generosity*, ciò che mi colpì fu la sua generosità; *a suspicion struck me*, mi venne un sospetto; *the idea struck her as strange*, l'idea le parve strana // *to — all of a heap*, (*fam.*) sorprendere, sbigottire // *to be struck dumb*, ammutolire // *to be struck on s.o.*, (*fam.*) essere innamorato di qlcu. **3** causare, provocare: *the sight struck terror into him*, quella vista lo terrorizzò **4** accendere: *to — a match*, accendere un fiammifero **5** battere, suonare; toccare (tasti di pianoforte); pizzicare (corde d'arpa): *the clock has just struck twelve*, l'orologio ha appena battuto le dodici // *to — a chord*, (*fig.*) far ricordare // *to — a note of caution*, (*fig.*) (far) suonare un campanello d'allarme // *to — it rich*, (*fam. fig.*) arricchire improvvisamente **6** far penetrare; infiggere; *the tree strikes its roots into the soil*, la pianta affonda le radici nella terra; *to — a knife into s.o.'s heart*, piantare un coltello nel cuore di qlcu. **7** trovare, scoprire: *to — oil*, (*amer.*) scoprire un giacimento di petrolio; (*fig.*) fare un buon affare; *to — the right track*, trovare la pista buona (*anche fig.*); *to — the road*, (*non com.*) trovare la strada **8** prendere, assumere: *to — an attitude*, assumere un atteggiamento **9** produrre; coniare: *to — a commemorative medal*, coniare una medaglia commemorativa **10** (*mar., mil.*) ammainare (le vele, la bandiera); levare: *to — camp*, levare il campo; *to — tents*, smontare le tende // *we see the wind sit sore upon our sails, and yet we strike not, but securely perish*, (SH. Richard II) vediamo la burrasca sbattere le nostre vele, ma non ammainiamo, e periremo per troppa fiducia **11** concludere; raggiungere: *to — a bargain*, concludere un affare; *to — a balance*, raggiungere un accordo, un compromesso; (*comm.*) redigere, stendere un bilancio **12** rasare, livellare (una misura di grano, sabbia ecc.) ◆ *v.intr.* **1** battere, sbattere, picchiare; urtare: *the ship struck on a reef*, la nave si arenò // *to — home*, (*fam.*) colpire nel segno // *to — on a solution*, trovare una soluzione (brillante) // *— while the iron is hot*, (*prov.*) batti il ferro finché è caldo **2** suonare, battere le ore: *six o'clock has just struck*, sono appena suonate le sei **3** accendersi; *this match will not —*, questo fiammifero non si accende **4** penetrare: *they struck into the woods*, penetrarono, si addentrarono nel bosco; *a ray of light struck through the mist*, un raggio di sole fendeva la nebbia **5** (*bot.*) attecchire, mettere radici **6** scioperare, fare sciopero: *they are striking for better working conditions*, scioperano per ottenere migliori condizioni di lavoro; *the right to —*, il diritto di sciopero **7** arrendersi, cedere **8** (*amer.*) (*baseball*) tirare fuori; (*fam.*) non farcela, non riuscirci.

□ **strike at** *v.intr.* e *prep.* colpire, danneggiare: *the Red Brigades wanted to — at the heart of the state*, le Brigate Rosse volevano colpire al cuore dello stato.

□ **strike back** *v.tr.* e *intr.* e *avv.* rispondere all'attacco (di).

□ **strike down** *v.tr.* e *avv.* colpire, abbattere: *he was struck down by a heart attack*, fu colpito da un attacco cardiaco.

□ **strike in** *v.intr.* e *avv.* intervenire; interloquire; interrompere: *while I was talking he struck in with one of his silly remarks*, mentre parlavo interloquì con una delle sue stupide osservazioni.

□ **strike into** *v.tr.* e *prep.* spaventare: *the first meeting with the class strikes cold fear into young teachers*, il primo incontro con la classe spaventa gli insegnanti alle prime armi.

□ **strike off** *v.tr.* e *avv.* **1** tagliare; far cadere: *they struck off his head*, lo decapitarono // (*comm.*) *they struck off 5%*, fecero uno sconto del 5% **2** radiare: *to be struck off (the register)*, essere radiato dall'albo **3** (*tip.*) tirare: *to — off 1000 copies of a book*, tirare 1000 copie di un libro ◆ *v.tr.* e *prep.* togliere; depennare; radiare: *to — a name off a list*, togliere un nome da un elenco.

□ **strike out** *v.tr.* e *avv.* togliere, cancellare (con un tratto di penna): *the last part of the article has been struck out*, l'ultima parte dell'articolo è stata eliminata ◆ *v.intr.* e *avv.* **1** colpire, menar colpi; allungare un pugno: *to — out at s.o.*, riempire di botte qlcu. **2** farsi strada, dirigersi: *to — out for the beach*, nuotare verso la spiaggia.

□ **strike through** *v.tr.* e *prep.* cancellare (con un tratto di penna).

□ **strike up** *v.intr.* e *avv.* incominciare a suonare ◆ *v.tr.* e *avv.* **1** incominciare (a suonare) **2** iniziare (una conversazione); fare (conoscenza): *to — up acquaintance with s.o.*, fare conoscenza con qlcu.

strike bound ['straɪk,baʊnd] *agg.* paralizzato da uno sciopero, bloccato per sciopero.

strikebreaker ['straɪk,breɪkə* / strike·breaker] *s.* crumiro.

striker ['straɪkə*] *s.* **1** scioperante **2** battitore (*anche sport*) **3** (*mecc.*) percussore, batacchio **4** orologio che batte le ore.

striking ['straɪkɪŋ / strik·ing] *agg.* **1** battente, che batte: *— hammer*, massa battente, mazza; *— clock*, orologio che batte le ore; (*mecc.*) *— surface*, piano di battuta **2** sorprendente, straordinario, singolare, sensazionale, impressionante, che fa colpo: *— news*, notizie sensazionali ◆ *s.* (*elettr.*) innesco: *— voltage*, tensione d'innesco.

striking distance ['straɪkɪŋ,dɪstəns] *s.* breve distanza: *the two countries are within — of a trade agreement*, i due paesi sono molto vicini a un accordo commerciale.

strikingly ['straɪkɪŋlɪ / strik·ing·ly] *avv.* in modo sorprendente, sensazionale; in maniera straordinaria, notevole; straordinariamente, singolarmente.

strikingness ['straɪkɪŋnɪs / strik·ing·ness] *s.* carattere sorprendente; singolarità; cospicuità.

string [strɪŋ] *s.* **1** spago, cordicella, corda: *a piece of paper and some —*, un pezzo di carta e dello spago; *ball of —*, gomitolo di spago // *to have two strings to one's bow*, (*fig.*) avere due frecce al proprio arco; avere un'alternativa // *to pull (the) strings*, (*fig.*) tenere in mano le fila, agire dietro le quinte; manovrare, brigare: *Louis XIII was the king, but it was Richelieu who pulled the strings*, Luigi XIII era il re, ma era Richelieu che muoveva i fili, che manovrava; *if you want to get that job, you'll have to pull a few strings*, se vuoi quel lavoro devi brigare un po' **2** laccio, legaccio, stringa // *to have s.o. on a —*, (*fig.*) far ballare qlcu. come si vuole, averlo in pugno // *I hope there are no strings attached to their offer*, spero che la loro offerta non abbia clausole restrittive, limitazioni **3** (*mus.*) corda: *the strings*, gli strumenti a corda, gli archi; *— band, orchestra*, orchestra d'archi; *the strings of a violin*, le corde di un violino; *to touch the strings*, suonare // *to touch a — (in s.o.'s heart)*, (*fig.*) far vibrare una corda (nel cuore di qlcu.) **4** (*bot.*) fibra, filamento: *there are a lot of strings in these beans*, ci sono molti fili in questi fagiolini **5** fila, filza; rosario: *a — of beads*, una collana; *a — of pearls*, un filo di perle **6** (*inform.*) stringa; sequenza; ordinamento: *— generation*, ordinamento interno; *— merging*, ordinamento esterno; *character —*, stringa di caratteri, (IBM) serie di caratteri **7** catena, serie, filza, successione (*anche fig.*): *a — of abuse*, una filza di ingiurie; *a — of accidents*, una catena di incidenti; *a — of supermarkets*, una catena di supermarket **8** (*anat. ant.*) tendine, nervo **9** (*amer. biliardo*) colpo preliminare per stabilire chi gioca per primo **10** (*equitazione*) scuderia di cavalli da corsa: *Mr. X's —*, la scuderia del signor X **11** (*amer.*) squadre di giocatori, di atleti scelti secondo le loro capacità.

to **string** *pass.p.p.* **strung** [strʌŋ] *v.tr.* **1** munire di, legare con corde: *to — a tennis racket*, mettere le corde a una racchetta da tennis **2** incordare (uno strumento); tendere, rendere teso: *to — a bow*, tendere un arco **3** infilare, congiungere con corda: *to — beads*, infilare perline **4** (*cuc.*) togliere i fili a (fagiolini) **5** (*sl. amer.*) farsi giuoco di; imbrogliare ◆ *v.intr.* **1** diventare filamentoso, viscoso (di colla ecc.) **2** (*biliardo*) colpire la palla per vedere chi gioca per primo.

□ **string along** *v.tr.* e *avv.* (*fam.*) tener buono, tenere sulla corda; prendere in giro ◆ *v.intr.* e *avv.* (*fam.*) aggregarsi, far compagnia.

□ **string out** *v.tr.* e *avv.* disporre in fila.

□ **string up** *v.tr.* e *avv.* **1** appendere **2** (*fam.*) impiccare **3** (*fig.*) tendere: *her nerves are strung up to the highest pitch*, i suoi nervi sono tesi al massimo.

string bag ['strɪŋbæg] *s.* borsa a rete.

string bean ['strɪŋbi:n] *s.* (*bot. amer.*) fagiolino.

string-board ['strɪŋbɔ:d] *s.* staggio di scala a pioli; zoccolo a lato di scala in muratura.

string course ['strɪŋkɔ:s] *s.* (*arch.*) fascia marcapiano.

stringed [strɪŋd] *agg.* a corde, fornito di corde: *— instruments*, archi.

stringency ['strɪndʒənsɪ / strin·gency] *s.* **1** rigore, severità (di regole, leggi, stipulazioni ecc.) **2** carenza, mancanza: *the — of money*, la scarsità di denaro; *cash —*, difficoltà di cassa; *credit —* (o *monetary —*), stretta creditizia **3** urgenza, impellenza.

stringent ['strɪndʒənt / strin·gent] *agg.* **1** stretto, preciso; rigoroso, severo; incontestabile; impellente, urgente: *— argument*, argomento irrefutabile; *— rules*, leggi severe; *he has a — need of funds*, ha impellente bisogno di fondi **2** scarso, mancante (di denaro): (*comm.*) *— market*, mercato difficile, teso **3** (*non com.*) persuasivo, convincente // **-ly** *avv.*

stringer ['strɪŋə*] *s.* **1** chi infila (perle ecc.) **2** incordatore (di strumento musicale) **3** (*arch.*) corrente, longarina; (*aut., aer.*) longherone **4** (*miner.*) vena, filoncello **5** (*metall.*) venatura **6** (*edil.*) montante (della scala) **7** (*mar.*) corrente, trincarino: *deck —*, trincarino di coperta; *plate —*, lamiera-trincarino **8** corrispondente occasionale di giornale.

string pulling ['strɪŋ,pʊlɪŋ] *s.* [U] manovre, maneggi (*pl.*).

stringy ['strɪŋɪ] *agg.* **1** fibroso; filoso; filamentoso (di vegetali, carni ecc.) **2** viscoso.

strip [strɪp] *s.* **1** striscia, nastro: *a — of paper, of garden, of land*, una striscia di carta, di giardino, una lingua di terra; *metal —*, nastro metallico // *— iron*, ferro in sbarre // (*mil.*): *loading —*, caricatore a nastro; *to tear a — off s.o.* (o *to tear s.o. off a —*), dare una lavata di capo a qlcu. **2** abbr. di → strip tease **3** (*comic*) —, *— cartoon*, (striscia di) fumetti, fumetto **4** → landing strip **5** (*sport*) colori, divisa (di una squadra di calcio) **6** (*amer.*) strada principale // *the Strip*, la strada dei casinò a Las Vegas **7** (*Borsa*) strip (tipo di contratto).

to **strip** *v.tr.* **1** svestire; denudare; spogliare: *stripped to the skin*, completamente spogliato; *to — a tree of its bark*, scortecciare un albero; *to — a tree of its leaves*, spogliare un albero dalle foglie // *to — a bed*, disfare un letto **2** (*fig.*) privare, spossessare (di titoli, di proprietà): *he was stripped of all authority*, fu privato di ogni autorità; *to — s.o. of his money*, privare qlcu. del suo denaro **3** togliere, strappare, staccare: *to — the leaves off a tree*, staccare le foglie da un albero; *to — a wall*, strappare la tappezzeria da un muro; *to — the paint off a door*, togliere la vernice da una porta (prima di riverniciarla) **4** smontare (una macchina ecc.); smantellare, svuotare (un edificio ecc.); disarmare (una nave): *he stripped the rifle (down)*, smontò il fucile; *to — a house*, svuotare una casa **5** (*mecc.*) spanare; togliere la filettatura a (una vite, un dado) **6** togliere i gambi e le nervature da (foglie di tabacco) **7** (*metall.*) togliere (il deposito metallico) mediante elettrolisi **8** (*ind. miner.*) sbancare ◆

v.intr. **1** svestirsi; denudarsi; spogliarsi: *he stripped (down) to his pants*, si spogliò fino a restare in mutande **2** fare lo spogliarello; fare la spogliarellista **3** (*mecc.*) spanarsi (di vite).

strip-club ['strɪp,klʌb] *s.* locale di spogliarelli; night-club in cui si può assistere a numeri di spogliarello AMER. **strip-joint**.

stripe[1] [straɪp] *s.* **1** striscia, lista; riga; banda; (*mil.*) gallone: *black with white stripes*, nero a righe bianche; (*mil.*) *to lose, to get* (o *to win*) *one's stripes*, essere degradato, guadagnarsi i galloni // *to wear the stripes*, (*sl. amer.*) essere in galera **2** (*fam. amer.*) tipo, genere; partito: *to be of the same political* —, essere dello stesso colore, partito politico.

to **stripe**[1] *v.tr.* rigare, listare; striare.

stripe[2] *s.* (*gener. pl.*) (*ant.*) sferzata, frustata, staffilata.

striped [straɪpt] *agg.* **1** a strisce, a righe; rigato, striato, zebrato; striato: — *trousers*, pantaloni a righe **2** gallonato.

striper ['straɪpə*] *s.* (*sl. mil. amer.*) graduato.

stripiness ['straɪpɪnɪs / stri·pi·ness] *s.* rigatura; striatura.

striping ['straɪpɪŋ / strip·ing] *s.* rigatura.

strip-joint ['strɪp,dʒɔɪnt] *s.* (*fam. amer.*) → **strip-club**.

strip lighting ['strɪp,laɪtɪŋ] *s.* illuminazione a tubi fluorescenti, al neon.

stripling ['strɪplɪŋ / strip·ling] *s.* (*scherz.*) sbarbatello, giovanetto, adolescente.

stripped down [,strɪpt'daʊn] *agg.* **1** smontato, smantellato **2** spogliato, svestito **3** (*fam. amer.*) ridotto al minimo.

stripper ['strɪpə* / strip·per] *s.* **1** spogliarellista **2** (*mecc.*) estrattore **3** (*chim.*) deassorbitore **4** (*tecn.*) sverniciatore **5** (*elettr.*) spelafili **6** (*econ.*) chi compera un'impresa per rivenderne le attività.

stripping ['strɪpɪŋ / strip·ping] *s.* **1** lo spogliare **2** smontaggio, smantellamento **3** (*fis., chim.*) strippaggio, stripping **4** (*econ.*) scorporo; spoliazione // (*fin.*) *coupon* —, stripping (negoziazione distinta delle quote di capitale di un prestito e delle cedole) **5** (*tip.*) emulsione a strappo, stripping.

strips [strɪps] *s.pl.* (*fam., amer.*) fumetti.

strip tease ['strɪpti:z] *s.* strip-tease, spogliarello.

stripy ['straɪpɪ] *agg.* rigato, striato; a strisce, a righe.

to **strive** [straɪv] *pass.* **strove** [strəʊv] *p.p.* **striven** ['strɪvn] *v.intr.* sforzarsi; battersi, lottare: *she is striving hard to succeed*, fa ogni sforzo per riuscire; *to — for* (o *after*) *sthg.*, sforzarsi di ottenere qlco.; *to — with, against*, lottare, combattere con, contro: *to — against temptation*, lottare contro la tentazione.

striving ['straɪvɪŋ / striv·ing] *s.* **1** sforzo **2** contesa, gara; lotta, battaglia // **-ly** *avv.*

strobile ['strɒbaɪl / stro·bile] *s.* **1** (*bot.*) strobilo; pigna **2** (*zool.*) strobilo.

stroboscope ['strɒbəskəʊp *amer.* 'strəʊbəskəʊp / stro·bo·scope] *s.* (*scient.*) stroboscopio.

stroboscopic [,strɒbə'skɒpɪk / stro·bo·scopic] *agg.* (*scient.*) stroboscopico.

strode *pass.* di to **stride**.

stroke[1] [strəʊk] *s.* **1** colpo, percossa, botta: *with one — of the axe*, con un sol colpo d'ascia; *they received ten strokes of the birch*, ricevettero dieci frustate // *at a (single)* —, *in one* —, d'un sol colpo // — *book*, (*sl. amer.*) rivista, libro pornografico // *little strokes fell great oaks*, (*prov.*) la goccia scava la pietra **2** colpo; movimento veloce; bracciata (al nuoto); vogata, remata (al canottaggio); battuta (al tennis ecc.); *he swam with strong strokes*, nuotava a bracciate vigorose; *to keep* —, tenere il tempo, vogare in cadenza; *to row a fast, slow* —, vogare velocemente, lentamente; (*sport*) *to play a good* —, fare un bel tiro // *to be off one's* —, (*fig.*) non essere in forma; *to put s.o. off their* —, disturbare qlcu., fargli perdere la concentrazione // *a — of genius*, un lampo di genio // *a — of (good) luck*, un colpo di fortuna // *a — of wit*, un tratto di spirito // *a good — of business*, un buon affare // *not to do a — of work*, (*fam.*) non far nulla; non alzare un dito **3** tratto (di penna, di matita); tocco; (*tip.*) barra, sbarretta: *with a — of the pen*, con un tratto di penna; *the finishing strokes*, gli ultimi ritocchi; *to put a few strokes of colour on a canvas*, dare alcune pennellate di colore a una tela **4** rintocco (d'orologio): *we arrived on the — of 6*, arrivammo allo scoccare delle 6 **5** colpo apoplettico, attacco; battito cardiaco: *a — of apoplexy*, un colpo apoplettico; *he had a bad* —, ebbe un serio attacco **6** (*sport*) primo rematore: — *oar*, remo del primo vogatore; primo rematore **7** (*mecc.*) corsa; tempo: *backward* (o *return*) —, corsa di ritorno; *working* —, corsa utile.

to **stroke**[1] *v.tr.* (*mar.*) dare il tempo a, segnare il tempo a: *to — a boat*, fare da primo rematore, segnare il tempo agli altri rematori ♦ *v.intr.* (*mar.*) vogare in cadenza; segnare il tempo, fare da primo rematore.

stroke[2] *s.* carezza: *to give the dog a* —, fare una carezza al cane.

to **stroke**[2] *v.tr.* **1** accarezzare, lisciare, dare una lisciata a: *he stroked his chin*, s'accarezzò il mento con la mano; *to — the dog the wrong way*, accarezzare il cane contropelo // *to — s.o.* (o *s.o.'s hair*) *the wrong way*, (*fig.*) prendere qlcu. per il verso sbagliato, irritare qlcu. **2** (*fam. amer.*) adulare, lusingare, lisciare **3** (*sport*) accompagnare (la palla): *the goal was wide open, so he just stroked the ball into the net*, la porta era completamente libera, così ha semplicemente accompagnato la palla in rete.

stroke-engraving ['strəʊkɪn,greɪvɪŋ] *s.* incisione a bulino.

stroll ['strəʊl] *s.* passeggiatina, quattro passi: *to go for a* —, andare a fare quattro passi; *to take a* —, fare quattro passi, fare un giretto.

to **stroll** *v.intr.* passeggiare; andare a zonzo; girovagare, vagabondare: *he strolled about the square*, bighellonava per la piazza.

stroller ['strəʊlə*] *s.* **1** chi passeggia; girandolone, bighellone **2** (*antiq.*) vagabondo **3** (*antiq.*) attore girovago **4** (*spec. amer.*) passeggino BRIT. **pushchair** AMER. **go-cart**.

strolling ['strəʊlɪŋ / stroll·ing] *agg.* errante, girovago, ambulante: — *player*, attore girovago.

stroma ['strəʊmə] *pl.* **stromata** ['strəʊmətə / stro·mata] *s.* (*bot., med.*) stroma.

stromatic [strə'mætɪk / stro·matic] *agg.* (*bot., med.*) stromatico.

strong [strɒŋ *amer.* strɔ:ŋ] *agg.* **1** forte, robusto: *he is very* —, è molto forte; — *in the arms*, forte di braccia; *a — baby*, un bambino robusto // *are you quite — again?*, (*fam.*) ti sei rimesso del tutto? // *as — as a horse*, forte come un toro // *you need a — stomach to watch this film*, devi avere uno stomaco forte per sopportare questo film // *to have a — hold on s.o.*, avere un forte ascendente su qlcu. // *this is — meat for you!*, (*sl.*) non è pane per i tuoi denti **2** forte, resistente; indistruttibile: *this cloth is very* —, questo tessuto è molto resistente; *a — town*, una città inespugnabile; *a — will*, una volontà forte, tenace **3** forte, energico, violento, impetuoso: — *measures*, misure forti; *a — voice*, una voce forte; — *passion*, passione violenta; *a — reaction*, una violenta reazione; — *wind*, vento impetuoso // (*fis.*) — *interaction*, interazione forte **4** potente; efficace; valido; abile, bravo: *a — telescope, microscope*, un telescopio, un microscopio potente; *the film has a — story, cast*, il film ha una trama valida, un cast di attori validi; *he's — in French*, è forte in francese // (*dir.*) — *evidence against the accused*, prova schiacciante, valida contro l'imputato **5** forte, notevole, considerevole: *he made a — impression on him*, gli fece una grande impressione; *he's got a — chance to win*, ha una buona probabilità di vincere **6** forte, numeroso: *an army 800,000* —, un esercito di 800.000 uomini; *how — are they?*, in quanti sono? **7** deciso, energico; ardente; zelante: *a — conservative*, un conservatore deciso; *to give — support to s.o.*, parteggiare ardentemente per qlcu.; *a — advocate of arms control*, un energico sostenitore del controllo degli armamenti **8** forte; piccante; carico; alcolico: — *cheese*, formaggio piccante; — *tea*, tè carico, forte; *to have a — smell*, emanare un odore forte; *gin is too — for me*, il gin è troppo forte per me; — *drink*, bevanda alcolica **9** (*comm.*) in rialzo: *markets are* —, i mercati sono in rialzo **10** (*gramm.*) forte (di verbo) **11** (*chim.*) forte: — *acids and bases*, acidi e basi forti ♦ *avv.* forte: *to come on* —, (*fam.*) fare delle avance pressanti; criticare aspramente; *that's coming it a bit* —, (*fam.*) stai esagerando, hai passato il segno // *to go* —, (*fam. fig.*) andare forte, aver successo: *after two years the shop is still going* —, dopo due anni il negozio sta ancora andando molto bene; *he's eighty and still going* —, ha ottant'anni ed è ancora in gamba.

strong-arm ['strɒŋ,ɑ:m *amer.* 'strɔ:ŋ,ɑ:m] *agg.attr.* (*fam.*) che usa la maniera forte, violento: *if you don't pay on time, they send round their — boys*, se non paghi per tempo, ti spediscono i loro scagnozzi che useranno le maniere forti; *in the 20's and 30's employers sometimes used — tactics against the unions*, negli anni '20 e '30 qualche volta i datori di lavoro hanno usato il pugno di ferro contro i sindacati.

strong-boned [,strɒŋ'bəʊnd *amer.* ,strɔ:ŋ 'bəʊnd] *agg.* forte di ossatura SIN. **big-boned**.

strongbox ['strɒŋbɒks *amer.* 'strɔ:ŋ'bɒks / strong·box] *s.* cassaforte.

strong-headed [,strɒŋ'hedɪd *amer.* ,strɔ:ŋ 'hedɪd] *agg.* cocciuto, testardo.

stronghold ['strɒŋhəʊld *amer.* 'strɔ:ŋhəʊld / strong·hold] *s.* roccaforte (*anche fig.*), fortezza; cittadella.

strong-limbed [,strɒŋ'lɪmd *amer.* ,strɔ:ŋ 'lɪmd] *agg.* nerboruto.

strongly ['strɒŋlɪ *amer.* 'strɔ:ŋlɪ / strong·ly]

avv. **1** in modo robusto, solidamente: *a — built bridge*, un ponte costruito solidamente **2** molto; fortemente; violentemente; vigorosamente: *they are — against, in favour of nuclear power*, sono fortemente a favore, violentemente contro l'energia nucleare; *his breath smelled — of alcohol*, il suo alito puzzava fortemente di alcol; *I — advise you to go to the police*, insisto perché tu vada alla polizia; *to feel — about sthg.*, avere dei sentimenti, delle reazioni appassionate per qlco., accalorarsi, infiammarsi per qlco. **3** a voce alta: *the choir sang out —*, il coro cantava a voce alta.

strong-minded [ˌstrɒŋˈmaɪndɪd *amer.* ˌstrɔːŋˈmaɪndɪd] *agg.* risoluto, deciso, determinato // **-ly** *avv.*

strong-mindedness [ˌstrɒŋˈmaɪndɪdnɪs *amer.* ˌstrɔːŋˈmaɪndɪdnɪs] *s.* risolutezza, determinazione, forza di carattere.

strong room [ˈstrɒŋrʊm *amer.* ˈstrɔːŋruːm] *s.* camera blindata.

strontia [ˈstrɒnʃɪə / stron·tia] *s.* (*chim.*) ossido di stronzio.

strontian [ˈstrɒnʃɪən / stron·tian] *agg.* (*chim.*) stronzianico ◆ *s.* stronziana.

strontianite [ˈstrɒnʃənaɪt / stron·tian·ite] *s.* (*min.*) stronzianite.

strontic [ˈstrɒntɪk / stron·tic] *agg.* (*chim.*) di stronzio.

strontium [ˈstrɒnʃɪəm / stron·tium] *s.* (*chim.*) stronzio.

strop [strɒp] *s.* **1** coramella (per affilare il rasoio) **2** (*mar.*) stroppo.

to **strop** *pass.p.p.* **stropped** [strɒpt] *v.tr.* affilare (un rasoio) sulla coramella.

strophanthin [strəˈfænθɪn / stroph·an·thin] *s.* (*chim.*) strofantina.

strophanthus [strəˈfænθəs / stroph·an·thus] *s.* (*bot.*) strofanto.

strophe [ˈstrəʊfɪ] *s.* strofa, strofe.

strophic [ˈstrɒfɪk] *agg.* strofico.

stroppy [ˈstrɒpɪ] *agg.* (*fam.*) iroso; rompiscatole.

strossers [ˈstrɒsəz / stross·ers] *s.pl.* (*ant.*) calzoni: *you rode like a kern of Ireland, your French hose off, and in your strait strossers*, (SH. Henry V) voi cavalcate come un fante d'Irlanda, senza le solite calzabrache francesi, ma indossando i calzoni attillati.

strove *pass.* di to **strive**.

to **strow** [strəʊ] (*ant.*) → to **strew**.

struck *pass.p.p.* di to **strike**.

structural [ˈstrʌktʃərəl / struc·tural] *agg.* strutturale, di struttura (*anche geol.*): (*chim.*) *— formula*, formula di struttura // *— steel*, acciaio per costruzioni // **-ly** *avv.*

structuralism [ˈstrʌktʃərəlɪzm / struc·tur·al·ism] *s.* (*ling.*) strutturalismo.

structuralist [ˈstrʌktʃərəlɪst / struc·tur·al·ist] *s.* (*ling.*) strutturalista.

structure [ˈstrʌktʃə* / struc·ture] *s.* **1** struttura; assetto: (*geol.*) *rock of basaltic —*, roccia a struttura basaltica; *the — of a sentence*, la struttura di una frase; *the — of society*, la struttura della società // (*fin.*): *financial —*, assetto finanziario; *maturity —*, struttura per scadenza (dei saggi di interesse); *multitiered interest rate —*, struttura multisettoriale dei saggi di interesse // (*econ.*) *— of industry*, struttura dell'industria // (*fis. nucleare*) *fine —*, struttura fine // (*inform.*) *control —*, struttura di controllo **2** costruzione; fabbricato; edificio: *a — made of stone*, un edificio di pietra.

structureless [ˈstrʌktʃəlɪs / struc·ture·less] *agg.* privo di struttura.

struggle [ˈstrʌgl] *s.* **1** lotta, combattimento: *the — for existence*, la lotta per l'esistenza; *he gave in without a —*, non oppose alcuna resistenza; *armed —*, lotta armata **2** lotta, sforzo; serie di sforzi: *a desperate — to get one's work done in time*, uno sforzo disperato per finire in tempo il proprio lavoro.

to **struggle** *v.intr.* **1** lottare; cercare di liberarsi; divincolarsi; dibattersi: *the little girl struggled and kicked*, la bimba si dibatté convulsamente e tirò calci; *they struggled with each other for possession of the revolver*, lottarono l'uno contro l'altro per impossessarsi della pistola **2** (*fig.*) lottare; sforzarsi, fare sforzi: *he struggled hard to control his feelings*, fece sforzi tremendi per dominare i propri sentimenti; *he struggled to regain his balance*, si sforzò di riacquistare l'equilibrio; *they struggled for the prize*, si contesero il premio; *to — against destiny*, lottare contro il destino // *I am struggling (along)*, vivo alla meno peggio, mi arrangio // *he struggled up the ladder*, salì la scala con difficoltà.

□ **struggle on** *v.intr.* e *avv.* avanzare a stento; (*fig.*) continuare a fare qualcosa con difficoltà.

struggler [ˈstrʌglə* / strug·gler] *s.* contendente; chi lotta, chi si dibatte.

struggling [ˈstrʌglɪŋ / strug·gling] *agg.* in lotta, che lotta: *— bodies, factions*, corpi, fazioni in lotta; *a — artist*, un artista che lotta per farsi strada.

strugglingly [ˈstrʌglɪŋlɪ / strug·gling·ly] *avv.* lottando; con sforzi.

strum [strʌm] *s.* strimpellamento; strimpellata.

to **strum** *pass.p.p.* **strummed** [strʌmd] *v.tr.* strimpellare: *to — a tune*, accennare un motivo alla chitarra ecc. ◆ *v.intr.* strimpellare uno strumento musicale.

struma [ˈstruːmə] *pl.* **strumae** [ˈstruːmiː / stru·mae] *s.* **1** (*med.*) struma, gozzo **2** (*med.*) scrofolosi **3** (*bot.*) piccolo rigonfiamento alla base di una foglia.

strumose [ˈstruːməʊs / strum·ose] **strumous** [ˈstruːməs / strum·ous] *agg.* (*med.*) **1** scrofoloso **2** strumoso, gozzuto.

strumpet [ˈstrʌmpɪt / strum·pet] *s.* (*ant.*) sgualdrina; prostituta.

strung *pass.p.p.* di to **string**.

strung-out [ˌstrʌŋˈaʊt] *agg.* **1** (*sl.*) tossicodipendente; drogato **2** che dà i numeri, folle **3** (*fam. amer.*) innamorato cotto, partito.

strung-up [ˌstrʌŋˈʌp] *agg.* (*fam.*) nervoso; teso; irritato.

strut[1] [strʌt] *s.* andatura solenne, affettata; incedere impettito.

to **strut**[1] *pass.p.p.* **strutted** [ˈstrʌtɪd / strut·ted] *v.intr.* incedere con sussiego, camminare impettito: *strutting and ruffling in the consciousness of a mission*, (L. STEVENSON) (che camminava) altero e baldanzoso nella consapevolezza di una missione.

strut[2] *s.* **1** (*edil., mecc.*) puntone; contropalo **2** (*aer.*) montante.

struttingly [ˈstrʌtɪŋlɪ / strut·ting·ly] *agg.* con andatura solenne, affettata; in modo tronfio, impettito.

struvite [ˈstruːvaɪt / struv·ite] *s.* (*min.*) struvite.

strychnine [ˈstrɪkniːn / strych·nine] *s.* stricnina.

strychninism [ˈstrɪknɪnɪzəm / strych·nin·ism] *s.* (*med.*) stricninismo.

stub [stʌb] *s.* **1** troncone; ceppo **2** mozzicone (di sigaro, sigaretta, matita ecc.); rimanenza **3** radice (di dente); moncherino (di coda di cane) **4** matrice (di registro, libretto d'assegni).

to **stub** *pass.p.p.* **stubbed** [stʌbd] *v.tr.* **1** sradicare, estirpare; liberare (il terreno) da radici, ceppi **2** urtare, sbattere contro: *he stubbed his toe against the step*, inciampò contro il gradino.

□ **stub out** *v.tr.* e *avv.* spegnere, estinguere premendo: *to — out a cigarette*, spegnere una sigaretta.

stub-axle [ˈstʌb,æksl] *s.* (*aut.*) fuso a snodo.

stubble [ˈstʌbl / stub·ble] *s.* U **1** stoppia **2** barba corta e ispida **3** capelli a spazzola.

stubbly [ˈstʌblɪ / stub·bly] *agg.* **1** coperto di stoppie **2** ispido.

stubborn [ˈstʌbən / stub·born] *agg.* **1** ostinato, cocciuto, caparbio, testardo: *as — as a mule*, ostinato come un mulo **2** tenace, deciso, risoluto: *— resistance*, resistenza tenace **3** ribelle, refrattario: *— fever*, febbre ribelle; *— soil*, terreno ingrato // **-ly** *avv.* // **-ness** *s.*

stubby [ˈstʌbɪ] *agg.* **1** troncato (di pianta) **2** (*fam.*) tozzo; tarchiato (di persona) **3** coperto di ceppi, di tronconi (di terreno) **4** ispido (di barba, capelli, setole).

stub-end [ˈstʌb,end] *s.* (*mecc.*) testa di biella.

stub-tooth [ˈstʌb,tuːθ] *s.* (*mecc.*) dente ribassato.

stucco [ˈstʌkəʊ] *pl.* **stucco(e)s** [stuc·co(e)s] *s.* stucco: *— worker*, stuccatore.

to **stucco** *v.tr.* stuccare; decorare a stucco.

stuck *pass.p.p.* di to **stick**.

stuck [stʌk] *agg.* **1** fisso; bloccato; incepato: *the window is —*, la finestra è bloccata **2** incollato, attaccato, appiccicato (*anche fig.*): *a label — on with glue*, un'etichetta attaccata con la colla; *a poster — on the wall*, un poster attaccato al muro; *with his nose — to the window*, (*fig.*) con il naso incollato, appiccicato alla finestra; *they're always — to the television*, (*fig.*) sono sempre incollati alla televisione **3** (*fig. fam.*) nei guai: *he was — for an answer*, non sapeva cosa rispondere; *if you're —, ask him to help you*, se sei nei guai, chiedigli di aiutarti **4** (*fig. fam.*) bloccato: *they were — in Amsterdam without any money*, erano bloccati ad Amsterdam senza soldi // *she arrived on Friday so we were — with her over the weekend*, arrivò venerdì così l'avemmo tra i piedi per tutto il weekend **5** *— (on)*, (*fam.*) molto affezionato; che ha un debole per, (innamorato) cotto // *to get — in(to)*, fare qualcosa con energia, con grinta.

stuck *s.* (*ant.*) stoccata: *if he by chance escape your venom'd stuck, / our purpose may hold there*, (SH. Hamlet) se per caso sfuggisse alla stoccata avvelenata, il nostro proposito sarebbe così raggiunto.

stuck-up [ˌstʌkˈʌp] *agg.* (*fam.*) **1** pieno di

sé, presuntuoso; borioso; arrogante **2** (*amer.*) inguaiato, nei pasticci.

stud[1] [stʌd] *s.* **1** chiodo da tappezziere; borchia; tacchetto (di scarpetta da calcio) **2** pomo; pomello **3** bottoncino (da camicia) **4** (*mecc.*) perno; traversino; colonnetta, perno sporgente: — *bolt*, prigioniero, vite prigioniera; — *chain*, catena rinforzata.

to **stud**[1] *pass.p.p.* **studded** ['stʌdɪd / stud·ded] *v.tr.* **1** guarnire di borchie; imbullettare **2** costellare, tempestare, ornare: *crown studded with diamonds*, corona tempestata di diamanti **3** (*mecc.*) fissare con prigionieri, con viti prigioniere.

stud[2] *s.* **1** scuderia, allevamento di cavalli di razza // *to put out to* —, mettere, passare in razza **2** stallone (*anche fig.*) **3** (*fam. amer.*) fico.

studbook ['stʌdbʊk / stud·book] *s.* registro della genealogia dei purosangue.

studding-sail ['stʌdɪŋseɪl] *s.* (*mar.*) coltellaccio: *fore royal* —, coltellaccio di controvelaccino; *fore-topmast* —, coltellaccio di parrocchetto; *main-royal* —, coltellaccio di controvelaccio; *main-topmast* —, coltellaccio di gabbia.

student ['stju:dnt *amer.* 'stu:dnt / stu·dent] *s.* **1** studente: *a — of law*, uno studente in legge; *medical* —, studente in medicina **2** studioso: *he is a — of psychic phenomena*, è uno studioso dei fenomeni psichici **3** allievo, scolaro.

studentship ['stju:dnt,ʃɪp *amer.* 'stu:dnt ,ʃɪp / stu·dent·ship] *s.* **1** borsa di studio **2** condizione di studente.

stud farm ['stʌdfɑ:m] *s.* allevamento (di cavalli di razza).

studied ['stʌdɪd] *agg.* **1** studiato, ricercato: — *carelessness*, studiata negligenza; *a dress of — elegance*, un abito di eleganza ricercata **2** studiato; preparato bene, con cura: *a — plan*, un progetto ben studiato **3** premeditato, intenzionale: — *insult*, insulto premeditato **4** (*rar.*) colto; versato // **-ly** *avv.* // **-ness** *s.*

studio ['stju:dɪəʊ *amer.* 'stu:dɪəʊ / stu·dio] *pl.* **studios** *s.* **1** studio (d'artista, di fotografo, di professionista) **2** (*cinem.*) studio, teatro di posa **3** (*rad.*, *tv*) studio; auditorio // *recording* —, sala d'incisione, di registrazione **4** *pl.* (*cinem.*) casa di produzione **5** sala di una scuola di ballo **6** — (*flat*), (*spec. amer.*) — (*apartment*), monolocale // — *couch*, divano letto.

studious ['stju:djəs *amer.* 'stu:dɪəs / stu·di·ous] *agg.* **1** studioso **2** diligente, attento; premuroso, sollecito, zelante: — *to do* (o *of doing*) *sthg.*, sollecito a fare qlco.: *he is — to forestall all our wishes*, è sollecito nel prevenire i nostri desideri; *with — care*, con ansiosa sollecitudine **3** studiato; deliberato, volontario: — *avoidance of any reference to the subject*, l'evitare accuratamente qualsiasi riferimento all'argomento // **-ly** *avv.* // **-ness** *s.*

study ['stʌdɪ] *s.* **1** studio, lo studiare: *the — of mathematics*, lo studio della matematica; *to continue one's studies at a university*, continuare gli studi presso un'università; *to finish one's studies*, finire gli studi **2** esame attento; indagine, ricerca, investigazione; studio: *the — of a document*, l'attento esame di un documento; *to make a — of sthg.*, fare uno studio su qlco. // — *group*, gruppo di studio, comunità di lavoro **3** studio, dissertazione, saggio, scritto **4** (stanza da) studio: *John is working in the* —, John sta lavorando nello studio **5** oggetto degno d'attenzione, d'interesse: *his face was a perfect* —, il suo volto era veramente degno d'attenzione **6** cura, attenzione, premura: *it shall be my — to please you*, sarà mia premura accontentarvi; *she makes it her — to help them*, fa del suo meglio per aiutarli **7** riflessione, meditazione // *he is in a brown* —, è immerso nei suoi pensieri **8** (*pitt.*, *scult.*) studio; abbozzo, bozzetto: — *of a hand*, studio di (una) mano **9** (*mus.*) studio: *he played a — by Chopin*, ha suonato uno studio di Chopin **10** (*teatr.*) *to be a good, slow* —, imparare facilmente, con difficoltà la propria parte.

to **study** *v.tr.* **1** studiare: *to — (up) medieval history*, studiare (a fondo la) storia medievale **2** esaminare attentamente; scrutare; studiare, analizzare: *to — a person's character*, studiare il carattere di una persona; *he studied her attentively*, la scrutò con attenzione; *they are studying possible changes in the production*, stanno studiando dei possibili cambiamenti nella produzione ◆ *v.intr.* **1** studiare, compiere degli studi, applicarsi: *to — at the university*, studiare all'università; *to — for an examination*, prepararsi a un esame // *to — for the bar*, studiare legge **2** (*non com.*) studiarsi, sforzarsi: *he studied to avoid any argument*, cercava di evitare ogni discussione **3** riflettere, meditare, pensare a lungo; essere assorto.

□ **study out** *v.tr.* e *avv.* (*antiq.*) studiare a fondo (un problema ecc.); meditare lungamente su; progettare.

stuff [stʌf] *s.* [U] **1** (*fam.*) sostanza; materia, materiale: *what's this sticky — on the door?*, cos'è quella roba appiccicaticcia sulla porta?; *this wine's very good: we've sold litres of the* —, questo vino è ottimo: ne abbiamo venduto a litri; *this wine is good, poor* —, questo vino è eccellente, scadente; *some — they call coffee*, un intruglio che chiamano caffè // *the hard* —, (*fam.*) i superalcolici **2** (*ant.*) stoffa, tessuto (spec. di lana) **3** (*fig. form.*) essenza, qualità fondamentale; stoffa: *polemics is the very — of politics*, la polemica è l'anima della politica; *the — heroes are made of*, la stoffa di cui son fatti gli eroi; *I thought they were made of sterner* —, pensavo fossero di tutt'altra stoffa, avessero più carattere; *they are of the same* —, sono della stessa razza, della stessa pasta **4** (*fam.*) cosa, cose (*pl.*); roba: *I like the — you gave me for dinner*, mi piace quella roba che mi hai dato a cena; *this is all — I've read before*, sono tutte cose che ho già letto; *he had a lot of his — stolen*, gli hanno rubato moltissime delle sue cose; *I've already heard too much about all this computer* —, ne ho piene le tasche di tutti questi discorsi sui computer; *I like jazz and blues and — like that*, mi piacciono il jazz e il blues e roba del genere // *come on, do your —!*, su, fatti valere!, fai vedere chi sei! // *that's the* —, è proprio quel che ci vuole // *to know one's* —, sapere il fatto proprio // *good* —, bravi, ben fatto // *kids'* —, gioco da ragazzi // *a bit of* —, (*sl.*) un bel pezzo di ragazza // *to be short of* —, (*antiq.*) essere al verde, in bolletta **5** (*fam.*) cose di nessun valore (*pl.*), ciarpame, robaccia; (*fig.*) sciocchezze (*pl.*): — *and nonsense!*, (*antiq.*) stupidaggini! **6** (*sl.*) roba, droga // *the hard* —, le droghe pesanti.

to **stuff** *v.tr.* **1** imbottire, riempire (*anche fig.*): *to — a cushion with feathers*, riempire di piuma un cuscino; *a head stuffed with romance*, una testa piena zeppa di romanticherie **2** ficcare; stipare; stivare: *to — one's clothes into a trunk*, stipare i propri vestiti in un baule **3** impagliare; imbalsamare: *a stuffed parrot*, un pappagallo impagliato **4** (*cuc.*) farcire: *to — a turkey*, farcire un tacchino **5** (*fam.*) rimpinzare; ingozzare: *she stuffed the child with sweets*, rimpinzò il bambino di dolci; *to — oneself with cakes*, rimpinzarsi di torte **6** (*fam.*) vincere, battere, sconfiggere molto facilmente (in una partita, gara, al gioco ecc.) **7** (*sl. volg.*) chiavare, fottere // *get stuffed*, va' a farti fottere **8** (*amer.*) mettere voti fraudolenti in (urna) ◆ *v.intr.* (*fam.*) rimpinzarsi; ingozzarsi.

□ **stuff up** *v.tr.*e *avv.* tappare, turare; otturare, ostruire: *to — up a hole*, turare un buco; *his nose is* (o *he is all*) *stuffed up*, ha il naso chiuso, tappato.

stuffed shirt [,stʌft'ʃɜ:t] *s.* (*fam.*) pallone gonfiato.

stuffed-up [,stʌft'ʌp] *agg.* chiuso, intasato (di naso).

stuffing ['stʌfɪŋ / stuff·ing] *s.* **1** imbottitura: *the — of a cushion*, l'imbottitura di un cuscino // *my dismissal, my illness has really knocked the — out of me*, il mio licenziamento, la mia malattia mi ha proprio buttato giù **2** (*cuc.*) ripieno **3** impagliatura; imbalsamazione **4** ingrasso (di oche ecc.) **5** chiusura, otturamento.

stuffing-box ['stʌfɪŋ,bɒks] *s.* **1** (*mecc.*) premistoppa **2** (*mar.*) premibaderna.

stuffy ['stʌfɪ] *agg.* **1** senz'aria, mal ventilato; che sa di rinchiuso; afoso, soffocante: *it is very — in this room*, in questa stanza si soffoca; — *air*, aria viziata **2** (*fam.*) col naso intasato, raffreddato **3** (*fam.*) retrogrado, conservatore; rigido, formale **4** (*fam.*) noioso; piatto; di idee ristrette **5** (*fam.*) borioso, pieno di sé; pretenzioso **6** (*amer.*) cocciuto; imbronciato, di cattivo umore // **-ily** *avv.* // **-iness** *s.*

stull [stʌl] *s.* (*miner. amer.*) **1** puntello **2** piattaforma, palchetto.

stultification [,stʌltɪfɪ'keɪʃn / stul·ti·fica·tion] *s.* **1** (*form.*) istupidimento; rimbambimento **2** (*ant.*) il rendere ridicolo **3** (*dir.*) dichiarazione di infermità mentale.

to **stultify** ['stʌltɪfaɪ / stul·tify] *v.tr.* **1** istupidire, ottundere **2** togliere valore a; infirmare; invalidare (argomento, testimonianza ecc.); rendere vano (progetto ecc.) // (*dir.*) *to — oneself*, smentirsi; contraddirsi **3** (*ant.*) mettere in ridicolo, rendere ridicolo, far apparire assurdo **4** (*dir.*) mettere in dubbio il pieno possesso delle facoltà mentali di.

stum [stʌm] *s.* mosto.

to **stum** *pass.p.p.* **stummed** [stʌmd] *v.tr.* **1** arrestare la fermentazione di (mosto); conciare (il vino) **2** rinvigorire (il vino) aggiungendo del mosto che rinnovi la fermentazione.

stumble ['stʌmbl] *s.* **1** l'incespicare, l'inciampare **2** (*fig.*) passo falso, errore.

to **stumble** *v.intr.* **1** inciampare, incespicare: *to — against sthg.*, inciampare, dare contro qlco. // *to — across* (o *on* o *upon*) *s.o., sthg.*, (*fig.*) imbattersi in qlcu., qlco., trovare, scoprire qlco. per caso // *to — at sthg.*, (*fig.*) provare scrupoli di fronte a qlco. // *to — over sthg.*, (*fig.*) esitare, tentennare di fronte a qlco. **2** camminare barcollando, trascinarsi con passo malfermo; *he stumbled along*, avanzava barcollando **3** (*fig.*) fare un passo falso, fare errori **4** impaperarsi, impappinarsi: *he stumbles in his speech*, egli s'impapera nel parlare // *he stumbled through the poem*, recitò la poesia incespicando ad ogni parola ◆ *v.tr.* **1** far inciampare, fare incespicare **2** (*ant.*) disorientare, sconcertare, confondere.

stumblebum ['stʌmbl,bʌm / stumble·bum] *s.* (*sl. amer.*) **1** derelitto; vagabondo; ubriacone **2** buono a nulla, schiappa.

stumbler ['stʌmblə*] *s.* **1** chi incespica **2** chi s'impapera.

stumbling ['stʌmblɪŋ / stum·bling] *s.* l'incespicare, l'inciampare; (*fig.*) errore.

stumbling block ['stʌmblɪŋ,blɒk] *s.* (*fig.*) ostacolo, scoglio.

stumblingly ['stʌmblɪŋlɪ / stum·bling·ly] *avv.* **1** incespicando; con passo incerto **2** in modo esitante.

stumer ['stju:mə* / stu·mer] *s.* (*sl.*) **1** assegno a vuoto; banconota, moneta falsa **2** fallimento, fiasco **3** (cavallo) perdente.

stump[1] [stʌmp] *s.* **1** ceppo (di albero tagliato) // *to be up a* —, (*fig. fam. amer.*) essere in difficoltà, in imbarazzo; essere perplesso // — *jumper*, (*fam. amer.*) contadino, zotico **2** radice (di dente); moncherino, moncone (di membro, di coda) **3** mozzicone (di matita ecc.) **4** matrice (di assegno) **5** (*non com.*) piattaforma, podio, tribuna (spec. per comizi): *to go on* (o *to take* o *to be on*) *the* —, (*spec. amer.*) tenere un giro di comizi (per una campagna elettorale) // — *oratory*, oratoria da comizio, da piazza // — *speech*, comizio estemporaneo, discorso da piazza **6** *pl.* (*scherz.*) gambe: *move your stumps*, sposta le gambe **7** (*cricket*) paletto: *the stumps*, la porta // *at stumps*, alla fine della giornata.

to **stump**[1] *v.tr.* **1** mozzare, tagliare (un albero) lasciando solo il ceppo **2** sgombrare, liberare (un terreno) dai ceppi **3** (*fam.*) imbarazzare, lasciare perplesso; sconcertare: *I am stumped*, sono in imbarazzo, non so cosa dire; *your question's got me stumped*, la tua domanda mi ha messo in difficoltà **4** (*spec. amer.*) attraversare (un paese) tenendo comizi **5** (*fam. amer.*) sfidare **6** (*fam. amer.*) urtare (il piede) contro una pietra, una protuberanza **7** (*cricket*) mettere fuori gara (un battitore) ◆ *v.intr.* **1** camminare pesantemente, goffamente // *to — about*, muoversi con fatica, zoppicando **2** (*spec. amer.*) tenere un giro di comizi. □ **stump up** *v.tr.* e *avv.* (*fam.*) pagare in contanti; sganciare, scucire ◆ *v.intr.* e *avv.* (*fam.*) tirar fuori, cacciare i soldi.

stump[2] *s.* **1** andatura pesante, zoppicante **2** (*fam. amer.*) sfida.

stump[3] *s.* sfumino (per disegno).

to **stump**[3] *v.tr.* sfumare (disegni).

stumpage ['stʌmpɪdʒ / stump·age] *s.* tassa pagata per poter abbattere tronchi su terreni demaniali.

stumper ['stʌmpə*] *s.* (*fam.*) problema, domanda imbarazzante.

stumpy ['stʌmpɪ] *agg.* **1** tarchiato, tozzo: — *fingers*, dita tozze **2** pieno di ceppi (di terreno).

stun [stʌn] *s.* **1** stordimento; assordamento **2** scalfittura (su una pietra ecc.).

to **stun** *pass.p.p.* **stunned** [stʌnd] *v.tr.* **1** stordire; assordare; intronare **2** far perdere i sensi a; tramortire **3** sbalordire, (far) stupire: *the news stunned us*, la notizia ci fece restar di sasso **4** scalfire (una pietra, un minerale ecc.) ◆ *v.intr.* sfaldarsi (di pietra).

stung *pass.p.p.* di to **sting**.

stunk *p.p.* di to **stink**.

stunner ['stʌnə* / stun·ner] *s.* **1** chi assorda **2** (*fam.*) persona, cosa che fa sbalordire, stupire; cannonata, bomba: *she is a* —, (*antiq.*) è meravigliosa, è uno schianto.

stunning ['stʌnɪŋ / stun·ning] *agg.* **1** assordante **2** che stordisce, che tramortisce: *a — blow*, un colpo che fa perdere i sensi **3** (*fam.*) sbalorditivo; meraviglioso; magnifico; fenomenale // **-ly** *avv.*

stunsail, **stuns'l** ['stʌnsəl] → **studding -sail**.

stunt[1] [stʌnt] *s.* **1** acrobazia; esibizione, numero acrobatico: — *flying*, volo acrobatico; *to perform stunts*, eseguire delle acrobazie **2** bravata; ostentazione, dimostrazione di forza, destrezza ecc.: *to pull a* —, fare una bravata **3** trovata (pubblicitaria): *publicity* —, trovata pubblicitaria.

to **stunt**[1] *v.intr.* (*spec. amer.*) fare delle acrobazie.

stunt[2] *s.* **1** arresto della crescita, dello sviluppo **2** (*zool.*) animale rachitico, nano **3** (*bot.*) pianta nana.

to **stunt**[2] *v.tr.* impedire, arrestare la crescita, lo sviluppo di: *village life stunts the mental powers*, la vita in un piccolo centro ottunde le capacità mentali.

stunted ['stʌntɪd] *agg.* (*zool.*, *bot.*) nano, striminzito (*anche fig.*), rachitico // **-ly** *avv.* // **-ness** *s.*

stunt man ['stʌntmæn] *s.* **1** stunt-man **2** (*cinem.*) controfigura, cascatore, stunt-man.

stupe[1] [stju:p] *s.* (*med.*) compressa per impacchi caldi, fomento.

to **stupe**[1] *v.tr.* applicare, fare impacchi caldi a.

stupe[2] (*sl. spec. amer.*) stupido, sciocco, imbecille.

stupefacient [,stju:pɪ'feɪʃnt *amer.* ,stu:pɪ'feɪʃnt / stu·pefa·cient] *agg.* e *s.* (*med.*) stupefacente; soporifero, narcotico.

stupefaction [,stju:pɪ'fækʃn *amer.* ,stu:pɪ'fækʃn / stu·pefac·tion] *s.* stupore, stupefazione.

stupefactive [,stju:pɪ'fæktɪv *amer.* ,stu:pɪ'fæktɪv / stu·pefact·ive] *agg.* → **stupefacient**.

to **stupefy** ['stju:pɪfaɪ *amer.* 'stu:pɪfaɪ / stu·pefy] *v.tr.* **1** istupidire, intontire, intorpidire: *she was stupefied by grief*, era inebetita dal dolore; *he was stupefied with alcohol*, era istupidito dall'alcol **2** stordire, sbalordire, (far) stupire, stupefare ◆ *v.intr.* istupidirsi, intontirsi.

stupendous [stju:'pendəs *amer.* stu:'pendəs / stu·pen·dous] *agg.* **1** splendido, stupendo, sbalorditivo, magnifico, prodigioso, formidabile **2** enorme, immenso // **-ly** *avv.* // **-ness** *s.*

stupid ['stju:pɪd *amer.* 'stu:pɪd / stu·pid] *agg.* **1** stupido, ottuso, tardo; scemo, sciocco, stolto: *my pupils are very* —, i miei scolari sono duri di comprendonio; *don't be* —, non fare il cretino; *you are a — thing*, (*fam.*) sei uno stupido **2** istupidito, intontito: *to drive s.o.* —, intontire qlcu. **3** insignificante, scialbo; noioso; stupido, insulso ◆ *s.* (*fam.*) stupido // **-ly** *avv.* // **-ness** *s.*

stupidity [stju:'pɪdətɪ *amer.* stu'pɪdətɪ / stu·pid·ity] *s.* stupidità, ottusità; stupidaggine, scemenza, stolidità.

stupor ['stju:pə* *amer.* 'stu:pə* / stu·por] *s.* **1** (*med.*) stupore; torpore; stato di incoscienza; apatia **2** (*rar.*) stupore, meraviglia.

stuporous ['stju:pərəs *amer.* 'stu:pərəs / stu·por·ous] *agg.* (*med.*) letargico; stuporoso.

stupration [stjʊ'preɪʃn / stupra·tion]

stuprum ['stju:prəm] *s.* (*rar.*) stupro.

sturdied ['stɜ:dɪd / stur·died] *agg.* (*vet.*) affetto da capogatto, vertigine (di un ovino).

sturdily ['stɜ:dɪlɪ / stur·dily] *avv.* **1** vigorosamente, con forza; robustamente, solidamente **2** risolutamente.

sturdiness ['stɜ:dɪnɪs / stur·di·ness] *s.* **1** vigoria, forza; robustezza, solidità, resistenza **2** risolutezza, fermezza.

sturdy ['stɜ:dɪ] *agg.* **1** vigoroso, forte, robusto; solido, resistente: — *child*, bambino robusto **2** risoluto, fermo: *a — supporter*, un sostenitore accanito // — *beggar*, individuo sfaccendato che mendica (invece di lavorare) **3** (*vet.*) affetto da capogatto (di ovini) ◆ *s.* (*vet.*) capogatto, vertigine, capostorno.

sturgeon ['stɜ:dʒən / stur·geon] *s.* (*zool.*) (*Acipenser sturio*) storione.

stutter ['stʌtə* / stut·ter] *s.* balbuzie; tartagliamento, balbettamento: *to have a marked* —, soffrire di balbuzie accentuata.

to **stutter** *v.tr.* balbettare, tartagliare: *to — (out) a few words*, dire balbettando alcune parole ◆ *v.intr.* **1** essere balbuziente, balbettare, tartagliare **2** (*mecc.*, *ant.*) funzionare a strappi, marciare a singhiozzo.

stutterer ['stʌtərə* / stut·terer] *s.* balbuziente; (*fam.*) tartaglione.

stuttering ['stʌtərɪŋ / stut·ter·ing] *agg.* balbuziente ◆ *s.* balbuzie // **-ly** *avv.*

sty[1] [staɪ] *s.* **1** porcile **2** (*fig.*) luogo sudicio e misero; luogo di corruzione.

to **sty**[1] *v.tr.* mettere, confinare in un porcile ◆ *v.intr.* (*fig.*) vivere in un porcile.

sty[2], **stye** *s.* orzaiolo: *to have a — in one's eye*, avere un orzaiolo.

Stygian ['stɪdʒɪən] *agg.* **1** stigio, dello Stige **2** (*fig.*) infernale, tetro.

style [staɪl] *s.* **1** stile; modello; genere, tipo; modo, maniera: *castle in the Gothic* —, castello in stile gotico; *her — of playing*, la sua maniera di suonare; *a gentleman of the old* —, un gentiluomo di vecchio stampo; *in good* —, in perfetto stile; *the — of Shakespeare*, lo stile di Shakespeare; *our — of living*, il nostro tenore di vita; *writers lacking* —, scrittori senza stile; *she lived in great* —, visse lussuosamente; *it's not my* —, non mi si addice // *that's the —!*, ecco, così va bene! // *house* —, regola, consuetudine della casa; *our house — is to use a hyphen for all compound words*, la regola della nostra casa (editrice) è di usare un trattino per tutte le parole composte **2** tono, distinzione; classe, stile: *he is a person of considerable* —, è una persona di gran distinzione; *there is no — about her*, è una ragazza che manca di classe // *to do sthg. in* —, fare qlco. con classe **3** moda: *hat, dress in the latest* —, cappello, vestito all'ultima moda **4** titolo, nome: *she is entitled to the — of Baroness X*, ha diritto al titolo di baronessa X **5** stilo (per scrivere) **6** gnomone (di meridiana) **7** (*antiq.*) puntina del grammofono **8** (*bot.*, *zool.*) stilo **9** (*comm.*) nome, ragione sociale: *the new — of his company is X.Y.*, la nuova ragione sociale della sua società è X.Y. **10** (*st.*): *old* — (abbr. *OS*), vecchio sistema (secondo il calendario Giuliano); *new* — (abbr. NS), sistema nuovo (secondo il calendario Gregoriano) **11** (*nei composti*) alla maniera di; simile a: *hippie*—, alla maniera degli hippy; *Italian* —, di stile italiano; *leather* —, di similpelle.

to **style** *v.tr.* **1** disegnare (modelli ecc.); dare una linea a: *he styles clothes*, disegna abiti **2** chiamare; nominare; denominare; designare: *to — s.o. baron*, concedere a qlcu. il titolo di barone.

stylet ['staɪlɪt] *s.* **1** stiletto **2** (*med.*) specillo, sonda.

styliform ['staɪlɪfɔ:m / styli·form] *agg.* stiliforme.

styling [staɪlɪŋ / styl·ing] *s.* **1** stile; linea **2** progettazione, styling.

stylish ['staɪlɪʃ / styl·ish] *agg.* che ha stile; che si distingue; di classe; elegante // **-ly** *avv.* // **-ness** *s.*

stylist ['staɪlɪst / styl·ist] *s.* stilista.

stylistic [staɪ'lɪstɪk / styl·istic] *agg.* stilistico; di stile // **-ally** *avv.*

stylistics [staɪ'lɪstɪks / styl·ist·ics] *s.* U stilistica.

stylite ['staɪlaɪt / styl·ite] *s.* (*relig.*) stilita.

stylization [,staɪlɪ'zeɪʃn / styl·iza·tion] *s.* stilizzazione.

to **stylize** ['staɪlaɪz / styl·ize] *v.tr.* stilizzare.

stylized ['staɪlaɪzd / styl·ized] *agg.* stilizzato.

stylobate ['staɪləbeɪt / sty·lob·ate] *s.* (*arch.*) stilobate.

stylus ['staɪləs / sty·lus] *pl.* **styli** ['staɪlaɪ] **styluses** [staɪləsi:z] *s.* **1** stilo **2** puntina per grammofono, giradischi **3** gnomone (di meridiana) **4** (*bot.*, *zool.*) stilo.

stymie ['staɪmɪ / sty·mie] *s.* (*golf*) 'stymie' (palla dell'avversario che ostacola l'entrata in buca della palla del giocatore).

to **stymie** *v.tr.* **1** (*golf*) ostacolare la buca a (un avversario) **2** (*fig.*) mettere nell'imbarazzo, legare le mani a.

styptic ['stɪptɪk / styp·tic] *agg.* (*med.*) **1** astringente **2** anti-emorragico; emostatico: — *pencil*, matita emostatica.

stypticity [stɪp'tɪsətɪ / styp·ti·city] *s.* capacità astringente.

styrax ['staɪəræks] *s.* (*bot.*) (*Styrax officinalis*) storace.

styrene ['staɪri:n / styr·ene] *s.* (*chim.*) stirene: — *plastic*, resina stirenica.

Styrian ['stɪrɪən] *agg.* e *s.* (*geogr.*) stiriano.

styrofoam® ['staɪrəʊfəʊm / styro·foam] *s.* (*amer.*) polistirene.

Styx [stɪks] *no.pr.* (*mit. greca*) Stige // *as black as* —, nero come l'inferno // *to cross the* —, morire.

suability [sju:ə'bɪlətɪ *amer.* su:ə'bɪlətɪ / su·ab·il·ity] *s.* (*dir.*) passibilità di giudizio, di processo.

suable ['sju:əbl *amer.* 'su:əbl / su·able] *agg.* (*dir.*) perseguibile; passibile di processo, di giudizio.

suasion ['sweɪʒn / sua·sion] *s.* (*rar.*) persuasione // (*dir.*) *by* —, per consenso.

suasive ['sweɪsɪv / suas·ive] *agg.* (*rar.*) persuasivo // **-ly** *avv.*

suave [swɑ:v] *agg.* soave, dolce; gentile, affabile, cortese: *a — voice*, una voce carezzevole; *he has very — manners*, ha modi insinuanti // **-ly** *avv.*

suavity ['swɑ:vətɪ / suav·ity] *s.* soavità; dolcezza; affabilità, cortesia, gentilezza.

sub [sʌb] *s.* (*fam.*) **1** subalterno **2** sottomarino **3** quota associativa (di club ecc.) **4** sostituto **5** redattore.

to **sub** *pass.p.p.* **subbed** [sʌbd] *v.intr.* (*fam.*) fare da sostituto: *to — for s.o.*, sostituire qlcu. ♦ *v.tr.* (*fam.*) **1** dare un anticipo di stipendio a **2** redigere.

sub- *pref.* di origine latina; it. sotto-, sub-; indica: **1** lo stare sotto (qlco.): *submarine*, sottomarino **2** grado, rango, genere inferiore: *subalternation*, subordinazione **3** livello considerato inferiore alla norma: *substandard*, al di sotto dello standard **4** suddivisione di un insieme: *to subdivide*, suddividere; *subclass*, sottoclasse **5** vicinanza, confine: *subalpine*, subalpino **6** (*chim.*) un grado di ossidazione, acidità ecc. inferiore: *subacetate*, acetato basico; *suboxide*, subossido, sottossido.

subacid [,sʌb'æsɪd / sub·acid] *agg.* subacido, debolmente acido; acidulo.

subacidity [,sʌbə'sɪdətɪ / sub·acid·ity] *s.* l'essere acidulo.

subacrid [,sʌb'ækrɪd / sub·acrid] *agg.* agretto.

subacute [,sʌbə'kju:t / sub·acute] *agg.* subacuto.

subaerial [,sʌb'eərɪəl / sub·aerial] *agg.* subaereo.

subagency [,sʌb'eɪdʒənsɪ / sub·agency] *s.* **1** posizione, condizione di subagente **2** (*comm.*) subagenzia.

subagent [,sʌb'eɪdʒənt / sub·agent] *s.* (*comm.*) subagente.

subalpine [,sʌb'ælpaɪn / sub·al·pine] *agg.* (*geogr.*) subalpino.

subaltern ['sʌbltən / sub·al·tern] *agg.* **1** inferiore, sottoposto **2** (*log.*) specifico, particolare ♦ *s.* **1** subalterno (*anche mil.*); sottoposto **2** (*log.*) proposizione secondaria.

subalternation [,sʌbɔ:ltə'neɪʃn / sub·al·terna·tion] *s.* subordinazione.

subantarctic [,sʌbæn'tɑ:ktɪk / sub·ant·arc·tic] *agg.* subantartico.

sub-aqua [,sʌb'ækwə] *agg.* che concerne gli sport subacquei.

subaquatic [,sʌbə'kwætɪk, ,sʌbə'kwɒtɪk / sub·aquatic] **subaqueous** [,sʌb'eɪkwɪəs, ,sʌb'ækwɪəs / sub·aque·ous] *agg.* subacqueo.

subarctic [,sʌb'ɑ:ktɪk / sub·arc·tic] *agg.* (*geogr.*) subartico.

subatomic [,sʌbə'tɒmɪk / sub·atomic] *agg.* (*fis.*) subatomico // — *particle*, particella subatomica.

sub-brand ['sʌb,brænd] *s.* sottomarca.

subcaudal [,sʌb'kɔ:dl / sub·caudal] *agg.* subcaudale.

subchaser ['sʌb,tʃeɪsə* / sub·chaser] *s.* cacciasommergibili.

subclass ['sʌbklɑ:s *amer.* 'sʌbklæs / sub·class] *s.* (*bot.*, *zool.*) sottoclasse.

subclassification ['sʌb,klæsɪfɪ'keɪʃn / sub·clas·si·fica·tion] *s.* sottoclassificazione.

to **subclassify** [,sʌb'klæsɪfaɪ / sub·clas·sify] *v.tr.* dividere in sottoclassi.

subclavian [,sʌb'kleɪvjən / sub·cla·vian] *agg.* (*anat.*) succlavio.

subclavicular [,sʌbklə'vɪkjʊlə* / sub·cla·vic·ular] *agg.* (*anat.*) succlavio.

subcommission [,sʌbkə'mɪʃn / sub·com·mis·sion] *s.* sottocommissione.

subcommissioner [,sʌbkə'mɪʃnə* / sub·com·mis·sioner] *s.* vice-commissario.

subcommittee ['sʌbkə,mɪtɪ / sub·com·mit·tee] *s.* sottocomitato.

subcompact [,sʌb'kɒmpækt / sub·com·pact] *s.* (*aut. amer.*) utilitaria a due porte.

subconscious [,sʌb'kɒnʃəs / sub·con·scious] *agg.* e *s.* (*psic.*) subconscio // **-ly** *avv.*

subconsciousness [,sʌb'kɒnʃəsnɪs / sub·con·scious·ness] *s.* (*psic.*) subcosciente.

subcontinent [,sʌb'kɒntɪnənt / sub·con·tin·ent] *s.* (*geogr.*) subcontinente.

subcontract [,sʌb'kɒntrækt / sub·con·tract] *s.* subappalto, cessione di contratto.

to **subcontract** [,sʌbkən'trækt] *v.tr.* subappaltare ♦ *v.intr.* cedere un contratto.

subcontractor [,sʌbkən'træktə* / sub·con·tractor] *s.* subappaltatore, cessionario del contratto.

subcritical [,sʌb'krɪtɪkl / sub·crit·ical] *agg.* (*fis.*) subcritico.

subcutaneous [,sʌbkju:'teɪnjəs / sub·cu·ta·ne·ous] *agg.* (*med.*) sottocutaneo.

subdeacon [,sʌb'di:kən / sub·deacon] *s.* (*eccl.*) suddiacono.

subdelegate [,sʌb'delɪgət / sub·del·eg·ate] *s.* vicedelegato.

to **subdelegate** [,sʌb'delɪgeɪt] *v.tr.* suddelegare.

subdirectory [,sʌbdɪ'rektərɪ / sub·dir·ect·ory] *s.* (*inform.*) sottodirectory.

to **subdivide** [,sʌbdɪ'vaɪd / sub·div·ide] *v.tr.* **1** suddividere **2** (*amer.*) lottizzare (terreno) ♦ *v.intr.* **1** suddividersi **2** (*amer.*) lottizzare terreno.

subdivisible [,sʌbdɪ'vɪzəbl / sub·di·vis·ible] *agg.* suddivisibile.

subdivision ['sʌbdɪ,vɪʒn / sub·di·vi·sion] *s.* **1** suddivisione, ripartizione; spezzettamento **2** (*amer.*) lotto di terreno; terreno lottizzato **3** (*inform.*) frazionamento.

subdominant [,sʌb'dɒmɪnənt / sub·dom·in·ant] *s.* (*mus.*) sottodominante.

subduable [səb'dju:əbl *amer.* səb'du:əbl / sub·du·able] *agg.* domabile, soggiogabile; reprimibile.

subdual [səb'dju:əl *amer.* səb'du:əl / sub·dual] *s.* soggiogamento, asservimento; repressione; attenuazione.

to **subdue** [səb'dju: *amer.* səb'du: / sub·due] *v.tr.* **1** conquistare; soggiogare, sottomettere; domare; controllare: *the government sent in the army to — the rebels*, il governo inviò l'esercito per domare i ribelli; *she tried to — her fears*, tentò di controllare le sue paure **2** ridurre, attenuare; addolcire, mitigare: *the light was subdued by the mist*, la luce era attenuata dalla foschia.

subdued [səb'dju:d *amer.* səb'du:d / sub·dued] *agg.* **1** soggiogato, sottomesso; represso; controllato: — *passions*, passioni represse **2** sommesso; attenuato; addolcito: — *colour*, colore attenuato; — *conversation*, conversazione a voce bassa; *in a — voice*, sottovoce // **-ness** *s.*

subduer [səb'dju:ə* *amer.* səb'du:ə / sub·duer] *s.* soggiogatore; vincitore; conquistatore.

subdural [,sʌb'dʒʊərəl / sub·dural] *agg.* (*anat.*) subdurale.

to **subedit** [,sʌb'edɪt / sub·edit] *v.tr.* redigere; fare lavoro di redazione.

subediting [,sʌb'edɪtɪŋ / sub·ed·it·ing] *s.* lavoro redazionale.

subeditor [,sʌb'edɪtə* / sub·ed·itor] *s.* redattore (specialmente in giornalismo); chi revisiona gli articoli; vicedirettore, redattore aggiunto.

subequatorial [,sʌbekwə'tɔ:rɪəl / sub·equat·or·ial] *agg.* subequatoriale.

suberic [sjʊ'berɪk *amer,* su:'berɪk / su·beric] *agg.* **1** di sughero **2** (*chim.*) suberico: — *acid*, acido suberico.

suberin ['sju:bərɪn *amer.* 'su:bərɪn / su·berin] *s.* (*chim.*) suberina.

suberose ['sju:bərəʊs *amer.* 'su:bərəʊs / su·ber·ose] **suberous** ['sju:bərəs *amer.* 'su:bərəs / su·ber·ous] *agg.* di sughero; sugheroso.

subfamily ['sʌb,fæməlɪ / sub·fam·ily] *s.* (*bot., zool.*) sottofamiglia.

subfusc ['sʌbfʌsk / sub·fusc] *agg.* (*rar.*) **1** fosco, scuro **2** (*fig.*) meschino, misero.

subgenus ['sʌb,dʒi:nəs / sub·genus] *pl.* **subgenera** ['sʌb,dʒenərə / sub·gen·era] *s.* (*bot., zool.*) sottogenere.

subglacial [,sʌb'gleɪsjəl / sub·gla·cial] *agg.* subglaciale.

subgroup ['sʌbgru:p / sub·group] *s.* sottogruppo.

subheading ['sʌb,hedɪŋ / sub·head·ing] *s.* sottotitolo.

subhuman [,sʌb'hju:mən / sub·hu·man] *agg.* subumano.

subjacent [,sʌb'dʒeɪsənt / sub·ja·cent] *agg.* inferiore, sottostante.

subject ['sʌbdʒɪkt / sub·ject] *agg.* **1** soggetto, assoggettato, sottoposto: *a — nation*, una nazione soggetta, schiava; *all men are — to the laws of nature*, tutti gli uomini sono soggetti alle leggi naturali; *a country held — by another*, un paese assoggettato ad un altro **2** soggetto, esposto, suscettibile, predisposto: *prices — to 10% discount*, prezzi suscettibili di uno sconto del 10%; *the evils to which we might be —*, mali a cui potremmo essere esposti; *he is — to colds*, egli è soggetto al raffreddore // — *to*, salvo, subordinatamente a: — *to your consent*, salvo la tua approvazione // (*comm.*): — *to approval*, salvo benestare; — *to collection* (o *to final payment*), salvo buon fine; — *to availability*, salvo disponibilità.

subject *s.* **1** argomento, soggetto, tema; materia (di studio): *the — of a letter*, il contenuto d'una lettera; *the — of a painting*, il soggetto d'un dipinto; — *of meditation*, oggetto di meditazione; *enough of this —*, basta con questo argomento; lasciamo perdere quest'argomento; *let's drop the —*, lasciamo cadere l'argomento; *what subjects do you teach?*, quali materie insegnate?; *to be the — of an experiment*, essere oggetto d'un esperimento; *to wander from the —*, uscire d'argomento; *to change the —*, cambiare argomento; *while we are on the — of cars*, a proposito di macchine // (*inform.*) — *tree*, albero degli argomenti **2** motivo, causa, oggetto: *a — for ridicule*, motivo di scherno; *it is a — for rejoicing*, è un'occasione di gioia **3** (*gramm.*) soggetto: — *and predicate*, soggetto e predicato; *the — of a sentence*, il soggetto d'una proposizione **4** suddito; cittadino (*anche dir.*): *British —*, cittadino britannico **5** (*med.*) soggetto: *hysterical —*, soggetto isterico **6** (*bot., zool.*) esemplare.

to **subject** [səb'dʒekt] *v.tr.* **1** assoggettare, sottomettere, soggiogare **2** esporre, sottoporre; predisporre: *to — oneself to criticism*, esporsi a critiche; *to — s.o., sthg. to an examination*, sottoporre qlcu., qlco. ad un esame; *political prisoners were subjected to torture*, i prigionieri politici erano sottoposti a tortura.

subject-heading ['sʌbdʒɪkt,hedɪŋ] *s.* voce (di indice).

subjection [səb'dʒekʃn / sub·jec·tion] *s.* assoggettamento; conquista; dipendenza, sottomissione; cattività: *to bring a tribe into —*, soggiogare una tribù.

subjective [sʌb'dʒektɪv / sub·ject·ive] *agg.* **1** soggettivo, individuale // (*econ.*) — *activity*, utilità soggettiva **2** influenzato da sentimenti personali **3** (*gramm.*) soggettivo: *the — case*, il nominativo // **-ly** *avv.* // **-ness** *s.*

subjectivism [səb'dʒektɪvɪzəm / sub·ject·iv·ism] *s.* soggettivismo.

subjectless ['sʌbdʒɪktlɪs / sub·ject·less] *agg.* **1** senza argomento **2** (*gramm.*) senza soggetto.

subject matter ['sʌbdʒɪkt,mætə*] *s.* oggetto, tema // (*comm.*) — *classification*, classificazione per argomento.

to **subjoin** [sʌb'dʒɔɪn / sub·join] *v.tr.* unire, aggiungere; soggiungere.

sub judice [,sʌb'dʒu:dɪsɪ] *agg.* e *avv.* (*lat.*) (*dir.*) subiudice, in corso di giudizio; in discussione; ingiudicato.

subjugable ['sʌbdʒʊgəbl / sub·jug·able] *agg.* soggiogabile; asservibile.

to **subjugate** ['sʌbdʒʊgeɪt / sub·jug·ate] *v.tr.* soggiogare; asservire; assoggettare; vincere; domare.

subjugation [,sʌbdʒʊ'geɪʃn / sub·juga·tion] *s.* soggiogamento; asservimento; conquista.

subjugator ['sʌbdʒʊgeɪtə* / sub·jug·ator] *s.* soggiogatore; conquistatore.

subjunctive [səb'dʒʌŋktɪv / sub·junct·ive] *agg.* (*gramm.*) congiuntivo: *the — mood*, il modo congiuntivo ◆ *s.* (*gramm.*) (modo) congiuntivo.

subkingdom ['sʌb,kɪŋdəm / sub·king·dom] *s.* (*bot., zool.*) sottoregno.

sublease [,sʌb'li:s / sub·lease] *s.* subaffitto.

to **sublease** *v.tr.* subaffittare.

sublessee [,sʌble'si: / sub·lessee] *s.* **1** subaffittuario **2** subappaltatore (di un lavoro in corso).

sublessor [,sʌble'sɔ:* / sub·lessor] *s.* subaffittante.

sublet ['sʌblet / sub·let] *s.* subaffitto.

to **sublet** [,sʌb'let] *pass.p.p.* **sublet** *v.tr.* **1** subaffittare **2** subappaltare (un lavoro in corso).

sublevel ['sʌblevl / sub·level] *s.* (*miner.*) sottolivello.

sublieutenancy [,sʌblef'tenənsɪ *amer.* ,sʌblu:'tenənsɪ / sub·lieu·ten·ancy] *s.* (*mil.*) sottotenenza, grado di sottotenente; (*mar.*) grado di sottotenente di vascello.

sublieutenant [,sʌblef'tenənt *amer.* ,sʌblu:'tenənt / sub·lieu·ten·ant] *s.* (*mil.*) sottotenente; (*mar. spec. brit.*) sottotenente di vascello: *acting —*, guardiamarina.

sublimable [sə'blaɪməbl / sub·lim·able] *agg.* (*rar.*) sublimabile.

sublimate ['sʌblɪmət / sub·lim·ate] *s.* (*chim.*) sublimato: *corrosive —*, sublimato corrosivo.

to **sublimate** ['sʌblɪmeɪt] *v.tr.* **1** (*chim., fis.*) sublimare **2** (*fig.*) purificare; idealizzare, elevare **3** (*psic.*) sublimare ◆ *v.intr.* **1** (*chim., fis.*) sublimare **2** (*psic.*) sublimare, sublimarsi.

sublimation [,sʌblɪ'meɪʃn / sub·lima·tion] *s.* **1** (*chim., fis.*) sublimazione **2** (*fig.*) purificazione; idealizzazione, elevazione **3** (*psic.*) sublimazione.

sublime [sə'blaɪm / sub·lime] *agg.* **1** sublime, eccelso; maestoso: — *heroism*, eroismo sublime // *the —*, il sublime // *the Sublime Porte*, la Sublime Porta // *to go from the — to the ridiculous*, passare dal sublime alla farsa **2** (*fam. iron.*) supremo, perfetto, senza pari: *he spoke with — impudence*, parlò con un'impudenza senza pari; *she acted with — indifference*, agì con suprema indifferenza **3** (*antiq.*) altezzoso, orgoglioso // **-ly** *avv.*

to **sublime** *v.tr.* e *intr.* (*chim., fis.*) sublimare, sublimarsi.

subliminal [,sʌb'lɪmɪnl / sub·lim·inal] *agg.* (*psic.*) subliminale // (*comm.*) — *advertising*, pubblicità subliminale ◆ *s.* subconscio.

sublimity [sə'blɪmətɪ / sub·lim·ity] *s.* sublimità.

sublingual [,sʌb'lɪŋgwəl / sub·lin·gual] *agg.* (*anat.*) sublinguale, sottolinguale.

sublittoral [,sʌb'lɪtərəl / sub·lit·toral] *agg.* (*geogr.*) sublitorale.

sublunar [,sʌb'lu:nə* / sub·lunar] **sublunary** [,sʌb'lu:nərɪ / sub·lun·ary] *agg.* (*rar.*) sublunare.

submachine gun [,sʌbmə'ʃi:ngʌn] *s.* fucile mitragliatore.

submarine [,sʌbmə'ri:n / sub·mar·ine] *agg.* sottomarino; suboceanico; subacqueo: — *cable*, cavo sottomarino; — *earthquake*, maremoto; — *mine*, mina subacquea; — *plants*, piante subacquee; (*cinem.*) — *shooting*, ripresa subacquea ◆ *s.* **1** sottomarino, sommergibile: *atomic —*, sottomarino atomico; *midget —*, sommergibile tascabile **2** (*sl. amer.*) immigrato clandestino.

submariner [,sʌbmə'ri:nə* / sub·mar·iner] *s.* (*mar.*) sommergibilista.

submaxillary [,sʌbmæk'sɪlərɪ / sub·max·il·lary] *agg.* sottomascellare.

submedian [,sʌb'mi:djən / sub·me·dian] *agg.* che si trova sotto la linea mediana.

to **submerge** [səb'mɜ:dʒ / sub·merge] *v.tr.* immergere; sommergere, affondare (*anche fig.*); inondare, allagare: *the flood submerged the town*, l'alluvione sommerse la città; *he submerged himself in political activity*, si immerse nell'attività politica ◆ *v.intr.* immergersi, affondare: *the submarine submerged*, il sottomarino s'immerse.

submergence [səb'mɜ:dʒəns / sub·mer·gence] *s.* sommersione.

to **submerse** [səb'mɜ:s / sub·merse] *v.tr.* (*non com.*) immergere, sommergere.

submersed [səb'mɜ:st / sub·mersed] *agg.* (*bot.*) che cresce sotto l'acqua.

submersible [səb'mɜ:səbl / sub·mers·ible] *agg.* sommergibile; affondabile ◆ *s.* (*rar.*) sottomarino, sommergibile.

submersion [səb'mɜ:ʃn / sub·mer·sion] *s.* sommersione, immersione.

subminiature [sʌb'mɪnətʃə* *amer.* sʌb 'mɪnətʃʊə* / sub·mini·ature] *s.* subminiatura; microformato; miniaturizzazione ◆ *agg.* miniaturizzato.

submission [səb'mɪʃn / sub·mis·sion] *s.* **1** sottomissione; rassegnazione: *the rebels were soon brought under* —, i ribelli furono ridotti all'obbedienza in breve tempo // (*dir.*) — *to foreign jurisdiction*, accettazione della giurisdizione straniera **2** rispetto, docilità, umiltà; remissività, obbedienza **3** opinione, proposta; tesi, teoria (sottoposta a una giuria, a un esperto ecc.): *in my* —, (*form.*) a mio parere **4** (*dir.*) compromesso arbitrale **5** (*form.*) presentazione: *the last day for — of entry form*, l'ultimo giorno per la presentazione delle iscrizioni // (*dir.*) — *of no case to answer*, difesa con cui l'imputato afferma l'insufficienza delle prove dell'accusa.

submissive [səb'mɪsɪv / sub·mis·sive] *agg.* **1** remissivo; docile **2** umile; sottomesso // **-ly** *avv.* // **-ness** *s.*

to **submit** [səb'mɪt / sub·mit] *pass.p.p.* **submitted** [səb'mɪtɪd / sub·mit·ted] *v.intr.* sottomettersi, sottoporsi; cedere, piegarsi; rassegnarsi: *to — to God's will*, rassegnarsi, sottomettersi alla volontà di Dio; *I had to — to a body search before I could enter the court*, dovetti sottopormi a una perquisizione prima di poter entrare nell'aula del tribunale; *we were outnumbered and forced to* —, fummo sopraffatti e dovemmo arrenderci ◆ *v.tr.* **1** sottoporre, rimettere, presentare (a un giudizio, approvazione, ispezione): *to — a difference to an arbitrator*, sottoporre una divergenza a un arbitro; *to — a case to a court*, deferire, rimettere un caso al tribunale **2** (*form.*) affermare, fare presente: *he submitted that, in his view, the report was accurate*, fece presente che, secondo lui, la relazione era esatta.

submontane [sʌb'mɒnteɪn / sub·mont·ane] *agg.* submontano.

submultiple [,sʌb'mʌltɪpl / sub·mul·tiple] *s.* (*mat.*) sottomultiplo.

subnormal [,sʌb'nɔ:ml / sub·nor·mal] *agg.* **1** subnormale, al di sotto della norma **2** (*med.*) ritardato ◆ *s.* (*med.*) persona ritardata.

suboccipital [,sʌbɒk'sɪpɪtl / sub·oc·ci·pital] *agg.* (*anat.*) suboccipitale.

suboceanic ['sʌb,əʊʃɪ'ænɪk / sub·oceanic] *agg.* suboceanico, sottomarino.

subocular [,sʌb'ɒkjʊlə* / sub·ocu·lar] *agg.* che sta sotto l'occhio.

suborbital [,sʌb'ɔ:bɪtl / sub·or·bital] *agg.* che si trova sotto l'orbita, suborbitale.

suborder ['sʌbɔ:də* / sub·or·der] *s.* (*bot.*, *zool.*) sottordine.

subordinacy [sə'bɔ:dɪnəsɪ / sub·or·din·acy] *s.* subordinazione.

subordinate [sə'bɔ:dɪnət / sub·or·din·ate] *agg.* **1** subordinato; secondario: (*gramm.*) — *clause*, proposizione subordinata; *these considerations are — to the main problem*, queste considerazioni sono subordinate alla questione principale // (*dir.*) — *legislation*, legislazione delegata **2** di ordine inferiore; in sott'ordine ◆ *s.* subalterno, inferiore, subordinato // **-ly** *avv.*

to **subordinate** [sə'bɔ:dɪneɪt] *v.tr.* **1** subordinare; mettere su un piano inferiore: *to — s.o. to s.o. else*, subordinare qlcu. a qlcu. altro // (*comm.*) *subordinated debt*, debiti postergati (*pl.*) **2** far dipendere; subordinare.

subordination [sə,bɔ:dɪ'neɪʃn / sub·or·dina·tion] *s.* **1** subordinazione; sottomissione **2** inferiorità di rango, di posizione **3** (*gramm.*) subordinazione.

to **suborn** [sʌ'bɔ:n / sub·orn] *v.tr.* subornare, corrompere (*anche dir.*); sobillare: *to — witnesses*, corrompere i testimoni.

subornation [,sʌbɔ:'neɪʃn / sub·orna·tion] *s.* subornazione; corruzione: (*dir.*) — *of perjury*, istigazione a giurare il falso.

suborner [sʌ'bɔ:nə* / sub·orn·er] *s.* chi suborna, corrompe.

subplot ['sʌb,plɒt / sub·plot] *s.* (*lett.*) intreccio secondario.

subpoena [səb'pi:nə / sub·poena] *s.* (*dir.*) citazione, mandato di comparizione.

to **subpoena** *v.tr.* (*da parte del giudice*) (*dir.*) citare: *to — s.o.*, notificare l'ordine di comparizione in tribunale a qlcu.

subpolar [,sʌb'pəʊlə* / sub·polar] *agg.* subpolare.

subregion ['sʌbri:dʒən / sub·re·gion] *s.* subregione.

subreption [səb'repʃn / sub·rep·tion] *s.* (*dir.*) surrezione.

subreptitious [,sʌbrep'tɪʃəs / sub·rep·ti·tious] *agg.* (*rar.*) furtivo; subdolo; (*dir.*) surrettizio // **-ly** *avv.*

subrogation [,sʌbrə'geɪʃn / sub·roga·tion] *s.* (*dir.*) surrogazione.

subroutine [,sʌbru:'ti:n / sub·rout·ine] *s.* (*inform.*) sottoprogramma, subroutine.

to **subscribe** [səb'skraɪb / sub·scribe] *v.intr.* **1** (*anche tr.*) sottoscrivere, firmare; aderire a; contribuire con: *I subscribed my name to the petition*, ho sottoscritto la petizione; *to — £ 100 a year to cancer research*, contribuire con, sottoscrivere £ 100 sterline all'anno per la ricerca contro il cancro; *I subscribed for £ 10,000 of shares*, ho sottoscritto azioni per £ 10.000; *to — to a charity*, contribuire, sottoscrivere a un'iniziativa benefica // (*fin. amer.*) *subscribed capital*, capitale sottoscritto **2** trovarsi d'accordo, approvare, sottoscrivere: *I can't — to the values of modern society*, non posso accettare i valori della società moderna; *I cannot — to that*, non posso approvarlo **3** abbonarsi: *I — to two motoring magazines*, sono abbonato a due riviste di automobilismo **4** (*ant.*) sottomettersi a, cedere a: *all cruels else suscribed*, (SH. King Lear) ogni altra crudele creatura cede (alla pietà).

subscriber [səb'skraɪbə* / sub·scriber] *s.* **1** chi sottoscrive, firma; firmatario // *the* —, il sottoscritto **2** (*comm.*) sottoscrittore; contraente (di un'obbligazione) **3** abbonato; utente.

subscriber trunk dialling [sʌbs'kraɪbə ,trʌŋk'daɪəlɪŋ] *s.* teleselezione SIN. direct dialling.

subscript ['sʌbskrɪpt / sub·script] *agg.* sottoscritto: *iota* —, iota sottoscritto ◆ *s.* indice posto in basso.

subscription [səb'skrɪpʃn / sub·scrip·tion] *s.* **1** sottoscrizione, firma; colletta: *monument erected by public* —, monumento eretto con pubblica sottoscrizione; *to raise a* —, iniziare una sottoscrizione **2** abbonamento: *subscriptions to be paid in advance*, abbonamenti da pagarsi anticipatamente; — *rates*, quote di abbonamento; — *concert*, concerto in abbonamento; consenso, approvazione // *union subscriptions*, quote sindacali **3** (*fin.*) sottoscrizione: — *right*, diritto di opzione; — *warrant*, buono di opzione; — *in specie*, conferimento in natura; — *price*, prezzo di sottoscrizione **4** (*form.*) consenso, approvazione **5** (*ant.*) obbedienza: *I never gave you kingdom, call'd you children, / you owe me no subscription*, (SH. King Lear) a voi non diedi mai un regno, non vi chiamai mai figli, non mi dovete alcuna obbedienza.

subsection ['sʌb,sekʃn / sub·sec·tion] *s.* sottosezione.

subsequence ['sʌbsɪkwəns / sub·sequence] *s.* **1** ciò che segue; seguito **2** (*inform.*) sottosequenza.

subsequent ['sʌbsɪkwənt / sub·sequent] *agg.* successivo; ulteriore; seguente: *the — chapter*, il capitolo successivo; *in the — years*, negli anni seguenti // **-ly** *avv.*

subsere ['sʌbsɪə* / sub·sere] *s.* (*ecol.*) subsere.

to **subserve** [səb'sɜ:v / sub·serve] *v.tr.* (*non com.*) promuovere; servire, giovare a; favorire (uno scopo, una funzione).

subservience [səb'sɜ:vjəns / sub·ser·vi·ence] **subserviency** [səb'sɜ:vjənsɪ / sub·ser·vi·ency] *s.* subordinazione; remissività; servilismo.

subservient [səb'sɜ:vjənt / sub·ser·vi·ent] *agg.* **1** dipendente; ossequente; servile; soggetto (a uno scopo) **2** (*non com.*) che serve a promuovere, utile // **-ly** *avv.*

subset ['sʌbset / sub·set] *s.* **1** (*mat.*) sottoinsieme // (*inform.*) *character* —, sottoinsieme di caratteri **2** (*tel.*) posto telefonico abbonato.

to **subside** [səb'saɪd / sub·side] *v.intr.* **1** calare, decrescere, abbassarsi; sprofondare; cedere: *the flood is subsiding*, la piena sta calando; *the ground has subsided*, il terreno ha ceduto **2** (*fig.*) quietarsi, calmarsi: *his anger subsided*, la sua collera si placò; *his voice subsided into a whisper*, la sua voce si trasformò in un sussurro **3** cadere sul fondo (di sedimenti); depositare (di liquidi); precipitare (di una soluzione) **4** cadere; lasciarsi andare: *she subsided into an armchair*, si lasciò cadere in una poltrona.

subsidence [səb'saɪdəns, 'sʌbsɪdəns / sub·sid·ence] *s.* **1** abbassamento; cedimento (di terreno); crollo; avvallamento; (*geol.*) subsidenza **2** il calmarsi (di elementi, passioni ecc.).

subsident [səb'saɪdənt, 'sʌbsədənt / sub·sid·ent] *agg.* (*geol.*) subsidente.

subsidiarily [səb'sɪdjərɪlɪ *amer.* səb'sɪdɪerɪlɪ / sub·si·di·ar·ily] *avv.* sussidiariamente; in secondo luogo.

subsidiary [səb'sɪdjərɪ *amer.* səb'sɪdɪerɪ / sub·si·di·ary] *agg.* **1** sussidiario; supplementare; di riserva **2** ausiliario; accessorio; secondario: (*comm.*) — *company*, società consociata, controllata, affiliata; *a — stream*, un fiume tributario **3** mantenuto da sussidi ◆ *s.* **1** persona, cosa accessoria, ausiliaria **2** (*comm.*) (società) consociata, controllata, affiliata.

to **subsidize** ['sʌbsɪdaɪz / sub·sid·ize] *v.tr.*

sussidiare; sovvenzionare // (*fin.*): *subsidized credit*, credito agevolato; *subsidized housing*, edilizia sovvenzionata.

subsidy ['sʌbsɪdɪ / sub·sidy] *s.* **1** sussidio, sovvenzione **2** *pl.* (*econ.*) contributi alla produzione.

to **subsist** [səb'sɪst / sub·sist] *v.intr.* **1** tenersi in vita, vivere: *to — on other men's charity*, vivere d'elemosina **2** sussistere, continuare a esistere: *this custom still subsists*, questa usanza esiste tuttora.

subsistence [səb'sɪstəns / sub·sist·ence] *s.* esistenza, sussistenza; mantenimento: *— level*, livello di sussistenza; *— agriculture*, agricoltura di sussistenza; *— crop*, raccolto per autoconsumo // (*amm.*): *— money* (o *— allowance*), indennità di trasferta, di missione; *— wage*, salario di sussistenza.

subsistent [səb'sɪstənt / sub·sist·ent] *agg.* sussistente; esistente.

subsoil ['sʌbsɔɪl / sub·soil] *s.* sottosuolo.

subsoiling ['sʌbsɔɪlɪŋ / sub·soil·ing] *s.* (*agr.*) ripuntatura.

subsonic [sʌb'sɒnɪk / sub·sonic] *agg.* subsonico: *— speed*, velocità subsonica.

subspace ['sʌbspeɪs / sub·space] *s.* (*mat.*) sottospazio.

subspecies ['sʌbspi:ʃi:z / sub·spe·cies] *s.pl.invar.* (*bot.*, *zool.*) sottospecie.

substance ['sʌbstəns / sub·stance] *s.* **1** sostanza, essenza; materia: *look at the — not at the appearance*, bada alla sostanza e non all'apparenza // (*teol.*) *the Son is of one — with the Father*, il Figlio è consustanziale al Padre **2** sostanza, contenuto, l'essenziale: *the — of an article*, la sostanza di un articolo; *to agree with s.o. in —*, essere sostanzialmente d'accordo con qlcu. **3** solidità; nerbo; fondamento; corpo: *argument of little —*, argomentazione debole; *there is no — to him*, è una persona inconsistente; *his wide experience gives — to his criticisms*, la sua vasta esperienza dà consistenza alle sue critiche; *rumours without —*, pettegolezzi senza fondamento **4** (*form.*) sostanze, beni, ricchezze (*pl.*): *a man of —*, un uomo ricco, agiato **5** (*chim.*) sostanza.

substandard [,sʌb'stændəd / sub·stand·ard] *agg.* **1** al di sotto della norma, della media; insufficiente **2** di livello inferiore (alla media); scadente.

substantial [səb'stænʃl / sub·stan·tial] *agg.* **1** sostanzioso; solido; resistente: *— meal*, pasto sostanzioso; *a man of — build*, un uomo di costituzione robusta; *— building*, edificio solido, massiccio **2** importante; notevole, sostanziale: *he made a — contribution towards solving the problem*, diede un contributo sostanziale alla risoluzione del problema; (*dir.*) *— proof* (o *— evidence*), prova di notevole valore, molto affidabile **3** (*form.*) benestante; ricco; finanziariamente solido.

substantialism [səb'stænʃəlɪzəm / sub·stan·tial·ism] *s.* (*fil.*) sostanzialismo.

substantialist [səb'stænʃəlɪst / sub·stan·tial·ist] *s.* (*fil.*) sostanzialista.

substantiality [səb,stænʃɪ'ælətɪ / sub·stan·ti·al·ity] *s.* **1** (*fil.*) sostanzialità **2** concretezza; solidità; corporeità; consistenza; stabilità **3** autenticità; importanza; sostanzialità.

substantially [səb'stænʃəlɪ / sub·stan·tially] *avv.* **1** solidamente; sostanziosamente **2** fortemente; notevolmente **3** sostanzialmente; realmente, effettivamente.

substantialness [səb'stænʃlnɪs / sub·stan·ti·al·ness] *s.* sostanzialità.

substantials [səb'stænʃlz / sub·stan·tials] *s.pl.* parti, cose essenziali.

to **substantiate** [səb'stænʃɪeɪt / sub·stan·ti·ate] *v.tr.* **1** dimostrare (la verità di); provare; dare fondamento a; convalidare: *to — a charge*, dimostrare la fondatezza di un'accusa **2** dare sostanza a; rendere sostanziale, reale.

substantiation [səb,stænʃɪ'eɪʃn / sub·stan·ti·ation] *s.* **1** prova; giustificazione **2** materializzazione.

substantival [,sʌbstən'taɪvl / sub·stant·ival] *agg.* di sostantivo, sostantivale // **-ly** *avv.*

substantive ['sʌbstəntɪv / sub·stant·ive] *agg.* (*form.*) **1** indipendente, autosufficiente // (*dir.*): *— law*, diritto sostanziale; *— plea*, eccezione nel merito **2** considerevole: *a — share*, una parte considerevole **3** reale; essenziale **4** (*gramm.*) sostantivato ◆ *s.* (*gramm.*) sostantivo.

substantively ['sʌbstəntɪvlɪ / sub·stant·ive·ly] *avv.* (*form.*) **1** sostantivamente **2** realmente.

substation ['sʌb,steɪʃn / sub·sta·tion] *s.* stazione sussidiaria; sottostazione.

substituent [,sʌb'stɪtjuənt *amer.* ,sʌb'stɪtu:ənt / sub·stitu·ent] *s.* (*chim.*) sostituente: *nucleophilic —*, sostituente nucleofilo.

substitute ['sʌbstɪtju:t *amer.* 'sʌbstɪtu:t / sub·sti·tute] *s.* **1** sostituto; rappresentante; delegato: *as a — for*, in sostituzione di, al posto di; *to be appointed s.o.'s —*, essere nominato rappresentante, sostituto di qlcu.; *the cat became a — for the children they couldn't have*, il gatto sostituiva i figli che non potevano avere // (*econ.*) *— money*, moneta scritturale **2** surrogato; imitazione; (*econ.*) succedaneo: *as a — for sugar*, come surrogato dello zucchero; *beware of substitutes!*, attenti alle imitazioni; *these minor changes are no — for full-scale reforms*, questi piccoli cambiamenti non possono sostituire riforme su larga scala **3** supplente **4** (*sport*) riserva; (*fam.*) la panchina.

to **substitute** *v.intr.* agire come sostituto; prendere il posto di: *I can't be present at the meeting, can you — for me?*, non posso essere presente all'incontro, puoi andarci al posto mio? ◆ *v.tr.* sostituire, rimpiazzare; supplire; mettere, usare al posto di: *electricity was substituted for coal power*, l'elettricità fu usata al posto del carbone; *the coach substituted the injured Cobb with Briggs*, l'allenatore sostituì l'infortunato Cobb con Briggs; *when rubber became scarce they substituted it with plastic*, quando la gomma cominciò a scarseggiare la sostituirono con la plastica.

substitution [,sʌbstɪ'tju:ʃn *amer.* ,sʌbstɪ'tu:ʃn / sub·sti·tu·tion] *s.* **1** sostituzione: *the — of nuclear power for oil*, la sostituzione del nucleare al petrolio // (*econ.*): *— effect*, effetto di sostituzione; *— investment*, investimento di sostituzione, di rimpiazzo; *marginal rate of —*, saggio marginale di sostituzione // (*chim.*) *— reaction*, reazione di sostituzione **2** (*dir.*) surrogazione **3** (*mat.*) sostituzione: *— method*, metodo di sostituzione; *— rule*, regola di sostituzione; *integration by —*, integrazione per sostituzione.

substitutional [,sʌbstɪ'tju:ʃənl *amer.* ,sʌbstɪ'tu:ʃənl / sub·sti·tu·tional] *agg.* sostitutivo: (*dir.*) *— legacy*, legato sostitutivo // **-ly** *avv.*

substitutionary [,sʌbstɪ'tju:ʃnərɪ *amer.* ,sʌbstɪ'tu:ʃənerɪ / sub·sti·tu·tion·ary] *agg.* (*non com.*) sostitutivo.

substratum [,sʌb'strɑ:təm *amer.* ,sʌb'streɪtəm / sub·stratum] *pl.* **substrata** [,sʌb'strɑ:tə *amer.* ,sʌb'streɪtə / sub·strata] **substratums** *s.* **1** (*geol.*) strato, substrato, sostrato **2** (*fig.*) base, fondo: *a — of truth*, un fondo di verità.

substructure ['sʌb,strʌktʃə* / sub·struc·ture] *s.* **1** base (*anche fig.*): *the social —*, le basi della società **2** piano di posa (di strade ecc.); (*edil.*) fondamento, sottostruttura.

to **subsume** [səb'sju:m *amer.* səb'su:m / sub·sume] *v.tr.* (*form.*) includere in una regola, classe; classificare.

subsumption [səb'sʌmpʃn / sub·sump·tion] *s.* (*form.*) inclusione in una regola, classe; classificazione.

subsurface ['sʌb,sɜ:fɪs / sub·sur·face] *s.* (*geol.*) sottosuolo: *— geology*, geologia del sottosuolo.

subtangent [,sʌb'tændʒənt / sub·tan·gent] *s.* (*mat.*) sottotangente.

subtenancy [,sʌb'tenənsɪ / sub·ten·ancy] *s.* subaffitto.

subtenant [,sʌb'tenənt / sub·ten·ant] *s.* subaffittuario, sublocatario.

to **subtend** [səb'tend / sub·tend] *v.tr.* (*mat.*) sottendere.

subterfuge ['sʌbtəfju:dʒ / sub·ter·fuge] *s.* sotterfugio, stratagemma, pretesto; raggiro.

subterranean [,sʌbtə'reɪnjən / sub·ter·ra·nean] *agg.* **1** sotterraneo: *— springs*, sorgenti sotterranee **2** (*non com.*) nascosto; segreto.

subtil(e) *agg.* (*ant.*) → **subtle**.

subtilin ['sʌbtɪlɪn / sub·tilin] *s.* (*biochim.*) subtilina.

subtility [sʌb'tɪlətɪ / sub·til·ity] *s.* (*ant.*) → **subtlety**.

subtilization [,sʌbtɪlaɪ'zeɪʃn *amer.* ,sʌbtɪlɪ'zeɪʃn / sub·til·iza·tion] *s.* (*rar.*) cavillo; sottigliezza.

to **subtilize** ['sʌbtɪlaɪz / sub·til·ize] *v.tr.* **1** affinare; rendere acuto (la mente, i sensi) **2** analizzare; interpretare con finezza e precisione **3** (*ant.*) assottigliare; rarefare; raffinare ◆ *v.intr.* sottilizzare; cercar cavilli.

subtilty ['sʌtltɪ / sub·tilty] *s.* (*ant.*) → **subtlety**.

subtitle ['sʌb,taɪtl / sub·title] *s.* sottotitolo; (*cinem.*) didascalia, sottotitolo.

subtle ['sʌtl] *agg.* **1** tenue, sottile; delicato; rarefatto: *this perfume is a — blend of fragrances*, questo profumo è una delicata miscela di fragranze; (*chim.*) *— gas*, gas poco denso **2** indefinibile, elusivo, sottile; impercettibile, inafferrabile; oscuro, astruso: *a — difference*, una differenza impercettibile; *— charm*, fascino misterioso; *these arguments are too — for a child*, questi ragionamenti sono troppo sottili per un bambino **3** penetrante, acuto; ingegnoso, perspicace; sottile: *a — remark*, un'osservazione acuta; *a — observer*, un acuto osservatore **4** abile, destro; astuto, scaltro; ingannevole, insidioso: *nowadays racial discrimination takes a subtler form*, oggi la discriminazione razziale assume forme più insidiose; *a — politician*, un politico astuto // **-ly** *avv.*

subtleness ['sʌtlnɪs / sub·tle·ness]

subtlety ['sʌtltɪ / sub·tlety] *s.* **1** tenuità; finezza; delicatezza **2** impercettibilità; oscurità **3** sottigliezza; minuziosità **4** acutezza, sagacia, sottigliezza; perspicacia **5** astuzia, scaltrezza **6** (*ant.*) artifizio, trucco: *it might be suspected, that the prince and the council... intended by some subtlety to deceive the commons*, (T. MORE) si potrebbe sospettare che il principe e il consiglio... intendessero ingannare il popolo con qualche artifizio.

subtonic [,sʌb'tɒnɪk / sub·tonic] *s.* (*mus.*) sottotonica.

subtopia [,sʌb'təʊpɪə / sub·to·pia] *s.* quartiere residenziale suburbano; sobborgo.

subtotal ['sʌb,təʊtl / sub·to·tal] *s.* (*econ.*) totale parziale.

to **subtract** [səb'trækt / sub·tract] *v.tr.* detrarre, dedurre, defalcare; (*mat.*) sottrarre: *to — 3 from 6*, sottrarre 3 da 6.

subtraction [səb'trækʃn / sub·trac·tion] *s.* sottrazione (*anche mat.*).

subtractive [səb'træktɪv / sub·tract·ive] *agg.* sottrattivo: *— process*, (*fot.*) processo sottrattivo.

subtrahend ['sʌbtrəhend / sub·tra·hend] *s.* (*mat.*) sottraendo.

subtropic(al) [,sʌb'trɒpɪk(l) / sub·tropic, sub·trop·ical] *agg.* subtropicale.

subtropics ['sʌb,trɒpɪks / sub·trop·ics] *s.pl.* regioni subtropicali.

suburb ['sʌbɜ:b / sub·urb] *s.* sobborgo; quartiere (periferico) // *inner —*, quartiere centrale.

suburban [sə'bɜ:bən / sub·urban] *agg.* **1** suburbano, periferico **2** (*spreg.*) limitato, ristretto (di mentalità).

suburbanite [sə'bɜ:bənaɪt / sub·urb·an·ite] *s.* chi abita in un quartiere residenziale fuori città.

suburbia [sə'bɜ:bɪə / sub·urbia] *s.* quartieri residenziali (fuori città).

subvariety ['sʌbvə,raɪətɪ / sub·vari·ety] *s.* sottovarietà.

subvention [səb'venʃn / sub·ven·tion] *s.* sovvenzione, sussidio.

subversion [səb'vɜ:ʃn / sub·ver·sion] *s.* sovversione; sconvolgimento radicale.

subversive [səb'vɜ:sɪv / sub·vers·ive] *agg.* e *s.* sovversivo.

to **subvert** [səb'vɜ:t / sub·vert] *v.tr.* sovvertire, sconvolgere (sistemi, principi, governi ecc.).

subvertebral [səb'vɜ:tɪbrəl / sub·ver·te·bral] *agg.* (*anat.*) subvertebrale.

subverter [səb'vɜ:tə* / sub·verter] *s.* sovvertitore.

subway ['sʌbweɪ / sub·way] *s.* **1** sottopassaggio; tunnel **2** (*amer.*) metropolitana.

succades [sʌ'keɪdz / suc·cades] *s.pl.* (*ant.*) frutti canditi e sciroppati.

succedaneous [,sʌksɪ'deɪnɪəs / suc·ced·an·eous] *agg.* succedaneo.

succedaneum [,sʌksɪ'deɪnɪəm / suc·ced·an·eum] *pl.* **succedanea** [,sʌksɪ'deɪnɪə / suc·ced·anea] *s.* succedaneo, surrogato.

to **succeed** [sək'si:d / suc·ceed] *v.intr.* **1** aver successo, riuscire: *if you try often enough you will — at last*, se ti ci provi molte volte, alla fine ci riuscirai, avrai successo; *they succeeded in translating this difficult passage*, riuscirono a tradurre questo passo difficile; *to — in life*, affermarsi nella vita **2** succedere: *to — to an estate*, ereditare una proprietà; *to — to an office*, subentrare in una carica; *to — to the throne* (o *to the Crown*), salire al trono ♦ *v.tr.* **1** succedere a, prendere il posto di: *to — a minister*, succedere a un ministro; *to — oneself*, (*amer.*) essere rieletto (alla Camera, a una carica ecc.) **2** (*form.*) susseguire, seguire in ordine: *the storm was succeeded by calm*, alla tempesta seguì la calma; *years — years*, gli anni si susseguono.

succeeding [sək'si:dɪŋ / suc·ceed·ing] *agg.* susseguente, seguente: (*dir.*) *— laws*, leggi successive, posteriori ♦ *s.* **1** successo **2** (*ant.*) conseguenza, risultato.

success [sək'ses / suc·cess] *s.* **1** successo, buon esito, buona riuscita: *from — to —*, di successo in successo; *I wish you — in your new job*, ti auguro di aver tanto successo nel tuo nuovo lavoro; *I want to make a — of it*, voglio che tutto vada bene **2** successo materiale, ricchezza, posizione: *he achieved —*, è arrivato, ha avuto successo, si è fatto una posizione **3** persona che ha buona riuscita in qlco.: *she was a great — as Ophelia*, fu una grande Ofelia **4** successo, cosa ben riuscita: *the book was a great —*, il libro fu un grande successo.

successful [sək'sesfʊl / suc·cess·ful] *agg.* **1** che ha successo, buon esito: *a — transaction*, un affare riuscito; *the police were — in preventing the spread of panic*, la polizia riuscì a evitare che si spargesse il panico **2** di successo; che ha successo materiale; che si è fatto una posizione: *— career*, carriera di successo // **-ly** *avv.*

succession [sək'seʃn / suc·ces·sion] *s.* **1** successione; sequela; serie: *a — of losses*, una serie di sconfitte; *a — of people*, una sequela di persone; *in —*, di seguito; *in close —*, a brevi intervalli // (*agr.*) *the — of crops*, la rotazione dei raccolti **2** (diritto di) successione (al trono, a una carica): *he is second in the —*, è secondo in ordine di successione // *the War of Spanish Succession*, la guerra di successione spagnola **3** eredi (*pl.*); discendenti (*pl.*): *left to her and her —*, legato a lei e ai suoi discendenti **4** eredità, successione: *apostolic —*, eredità apostolica // (*dir.*): *testate —*, successione per testamento; *intestate —*, successione legittima (senza testamento); *— duty*, imposta di successione.

successional [sək'seʃənl / suc·ces·sionalı] *agg.* **1** di successione **2** (*non com.*) consecutivo.

successive [sək'sesɪv / suc·cess·ive] *agg.* successivo, seguente; consecutivo: *three — years*, tre anni di seguito // **-ly** *avv.* // **-ness** *s.*

successor [sək'sesə* / suc·cessor] *s.* **1** successore: *to appoint a — to an ambassador*, nominare un nuovo ambasciatore // (*comm.*) *— company*, società subentrante **2** (*dir.*) erede, successore **3** cosa che sta, viene, accade dopo.

succinate ['sʌksɪneɪt / suc·cin·ate] *s.* (*chim.*) succinato.

succinct [sək'sɪŋkt / suc·cinct] *agg.* **1** succinto, conciso **2** (*ant.*) succinto (di veste): *wings he wore / of many a coloured plume sprinkled with gold, / his habit fit for speed succinct*, (J. MILTON) aveva ali di variopinte piume spruzzate d'oro, l'abito succinto adatto al volo veloce // **-ly** *avv.*

succinctness [sək'sɪŋktnɪs / suc·cinct·ness] *s.* concisione, brevità.

succinic [sʌk'sɪnɪk / suc·cinic] *agg.* (*chim.*) succinico: *— acid*, acido succinico.

succinimide [sʌk'sɪnɪmaɪd / suc·cin·im·ide] *s.* (*chim.*) succinimmide.

(to) **succor** ['sʌkə* / suc·cor] (*amer.*) → (to) **succour**.

succory ['sʌkərɪ / suc·cory] *s.* (*bot.*) cicoria → **chicory**.

succose ['sʌkəʊs / suc·cose] *agg.* succoso; pieno di linfa.

succotash ['sʌkətæʃ / suc·co·tash] *s.* (*amer. indiano*) 'succotash' (piatto di fagioli, granoturco e carne di maiale).

succour ['sʌkə* / suc·cour] *s.* **1** (*form.*) soccorso, aiuto, assistenza **2** *pl.* (*ant. mil.*) aiuti, rinforzi.

to **succour** *v.tr.* (*form.*) soccorrere, aiutare, correre in aiuto di.

succuba ['sʌkjʊbə / suc·cuba] *pl.* **succubae** ['sʌkjʊbi: / suc·cu·bae] **succubus** ['sʌkjʊbəs / suc·cu·bus] *pl.* **succubi** ['sʌkjʊbaɪ / suc·cubi] *s.* **1** succubo **2** demonio.

succulence ['sʌkjʊləns / suc·cu·lence] *s.* squisitezza; succosità; succulenza.

succulent ['sʌkjʊlənt / suc·cu·lent] *agg.* **1** succulento; squisito **2** (*bot.*) carnosa (di foglia); grassa (di pianta) ♦ *s.* (*bot.*) pianta grassa // **-ly** *avv.*

to **succumb** [sə'kʌm / suc·cumb] *v.intr.* **1** soccombere; soggiacere, essere costretto a cedere: *to — to temptation*, cedere alla tentazione; *to — to s.o.'s charm*, subire il fascino di qlcu. **2** soccombere, morire: *to — to pneumonia*, morire di polmonite.

to **succuss** [sə'kʌs / suc·cuss] *v.tr.* (*med.*) percuotere (il torace).

succussion [sə'kʌʃn / suc·cus·sion] *s.* (*med.*) percussione (del torace).

such [sʌtʃ (*forma forte*) sətʃ (*forma debole*)] *agg.* **1** tale, simile: *— a man*, un uomo simile; *— people as you*, gente come te; *in — cases, there's no solution*, in casi del genere, non c'è soluzione; *the Renaissance was creative and dynamic. Such a period cannot be repeated*, il Rinascimento fu un periodo creativo e dinamico. Un simile periodo è irripetibile; *kidnappings have become more common. Many — cases have been reported this year*, i sequestri di persona sono diventati di ordinaria amministrazione. Quest'anno sono stati segnalati molti casi del genere; *at — a time we need an expanding economy*, a questo punto abbiamo bisogno di un'economia di espansione; *I've no time for — things*, non ho tempo per cose del genere; *he's been waiting for just — a chance*, aspettava proprio un'occasione simile; *— food is very heavy*, cibo del genere è molto pesante; *there are no — things as witches*, le streghe non esistono; *they said no — thing*, non hanno detto niente del genere // *— as*, come, quale: *European nations — as Spain, France and Italy*, nazioni europee come Spagna, Francia e Italia; *I gave him — help as he needed*, gli ho dato quell'aiuto di cui aveva bisogno; *we must avoid a crisis — as we had in March*, dobbiamo evitare una crisi come quella che abbiamo avuto in marzo; *you may use my typewriter, — as it is*, puoi usare la mia macchina per scrivere, anche se non vale un gran che // *I considered the proofs of his guilt, — as* *there were...*, esaminai le prove della sua colpevolezza, quelle poche che c'erano... // *I saw a badger or some — animal*, ho visto un tasso o un animale simile // *the meeting was held in Hamburg or Stuttgart or some — place*, l'incontro si teneva ad Amburgo o a Stoccarda o in qualche località simile **2** *— that..., as (to)*, tale che, tale da: *it was — a surprise that she screamed*, fu tale la sorpresa che lanciò un urlo; *the emergency was — that the troops were called in*, l'emergenza era tale che furono chiamate a intervenire le truppe; *there's — a difference between them that they can't be compared*, c'è una tale differenza tra loro che non si possono paragonare; *the injury was — as to need immediate treatment*, la ferita era tale da richiedere cure immediate // *the sea... dashed me against a piece of rock, and that with such force, as it left me senseless...*, (DEFOE) il mare... mi scaraventò contro un pezzo di roccia, e con tanta forza da lasciarmi privo di sensi **3** (*con significato intensivo*) così, tale, tanto: *— a clever man*, un uomo così intelligente; *— large houses*, delle case così grandi; *it was — a long time ago*, fu tanto tempo fa; *it was — a pity!*, fu un tale peccato!; *we were in — a hurry!*, avevamo una tale fretta!

such *pron.* **1** tale, tali; questo, questa, questi, queste, quello, quella, quelli, quelle: *— is not my plan*, questo non è il mio progetto; *— is our present position*, tale è la nostra situazione attuale; *— is the world*, così va il mondo; *— were his words*, quelle furono le sue parole **2** *as —*, come tale: *geography as —*, la geografia come tale; *he was a soldier and was judged as —*, era un soldato e fu giudicato come tale **3** *all —*, gente simile: *down with traitors and all —*, abbasso i traditori e gente di tal risma **4** *and —*, e simili: *she enjoys cakes, ices and —*, le piacciono i dolci, i gelati e simili **5** (*nel linguaggio comm. si usa in sostituzione di* it, they, them): *we note your remarks and in reply to — ...*, prendiamo nota delle vostre osservazioni e in risposta ad esse...

such-and-such ['sʌtʃənsʌtʃ] *agg.* tale, così e così, tal dei tali: *I have met — a person*, ho incontrato un tale, uno così e così ◆ *pron.* il tale, la tale (dei tali).

suchlike ['sʌtʃlaɪk / such·like] *agg.attr.* simile, dello stesso genere; di tal genere: *gas, electricity and — services*, gas, elettricità e servizi simili ◆ *pron.* (*gener. pl.*) cose, persone simili: *beggars, tramps, and —*, mendicanti, vagabondi e gente di tal fatta.

suck [sʌk] *s.* **1** succhiata, poppata: *child at —*, poppante, lattante; *to give — to*, (*ant.*) allattare **2** sorso **3** boccata, tirata: *he gave a long — on his cigar*, diede una lunga tirata al suo sigaro **4** risucchio (di gorgo).

to **suck** *v.tr.* **1** succhiare; poppare: *to — a lollipop*, succhiare un lecca-lecca; *the baby was sucking its thumb*, il bambino si succhiava il pollice **2** assorbire; bere (*anche fig.*); inghiottire; aspirare: *plants — water from the ground*, le piante assorbono l'acqua dal suolo; *to — dry*, assorbire completamente; *to — (in) s.o.'s words*, bere le parole di qlcu.; *to — an egg*, bere un uovo (crudo) // *to — eggs*, (*fam. amer.*) essere irascibile, scontroso // *they were sucked into a quarrel*, furono coinvolti in una vivace discussione **3** (*sl.*) bere, succhiare dalla bottiglia **4** (*sl. amer.*) imbrogliare, truffare ◆ *v.intr.* **1** succhiare; poppare: *she was sucking away at a sweet*, succhiava una caramella **2** (*sl. amer.*) essere disgustoso, repellente; essere di pessima qualità // *it sucks*, è una bella rottura.

□ **suck down, under** *v.tr.* e *avv.* inghiottire, tirare sotto: *he was sucked down* (o *under*) *by the whirlpool*, fu inghiottito dal gorgo.

□ **suck up** *v.tr.* e *avv.* aspirare: *to — up a liquid through a tube*, aspirare un liquido con un tubo // *to — it up*, (*sl. amer.*) impegnarsi, fare sul serio ◆ *v.tr.* e *prep.* aspirare: *to — a liquid up a tube*, aspirare un liquido in un tubo ◆ *v.intr.* e *avv.* (*sl.*) essere servile: *to — up to s.o.*, adulare qlcu.; *he doesn't like being sucked up to*, non gli piacciono i leccapiedi.

sucker ['sʌkə*] *s.* **1** chi succhia **2** (*fig.*) parassita **3** (*fam.*) credulone; babbeo: *don't be a —!*, non essere stupido! // *— list*, lista di potenziali vittime **4** (*fam.*) patito, appassionato **5** (*mecc.*) tubo di aspirazione; pistone aspirante **6** (*bot.*) pollone, succhione **7** ventosa (*anche zool.*) **8** (*zool.*) succhiatoio, proboscide di insetti **9** (*amer.*) → lollipop.

to **sucker** *v.tr.* **1** (*bot.*) togliere i succhioni, i polloni a **2** (*sl. amer.*) ingannare, imbrogliare, gabbare ◆ *v.intr.* (*bot.*) mettere succhioni, polloni.

Sucker *s.* (*fam. amer.*) nativo dell'Illinois.

sucking ['sʌkɪŋ / suck·ing] *agg.* lattante, poppante: *a — child*, (*antiq.*) un lattante // *— pig*, porcellino da latte, lattonzolo; (*mecc.*) aspirante (di pompa) ◆ *s.* succhiamento.

to **suckle** ['sʌkl] *v.tr.* **1** allattare **2** poppare.

suckling ['sʌklɪŋ / suck·ling] *s.* **1** lattante: *babes and sucklings*, (*antiq.*) gli innocenti; bambini innocenti **2** (*zool.*) lattonzolo.

sucrase ['sju:kreɪs *amer.* 'su:kreɪs / suc·rase] *s.* (*biochim.*) invertasi.

sucrose ['sju:krəʊs *amer.* 'su:krəʊs / suc·rose] *s.* (*chim.*) saccarosio, zucchero di canna.

suction ['sʌkʃn / suc·tion] *s.* **1** suzione, succhiamento: *to adhere by —*, aderire a ventosa **2** (*mecc.*) aspirazione: *— pump*, pompa aspirante; *— valve*, valvola di aspirazione.

suctorial [sʌk'tɔ:rɪəl / suc·tor·ial] *agg.* (*zool.*) provvisto di ventose, succhiatoi.

sudamen [su:'deɪmən / su·damen] *pl.* **sudamina** [su:'dæmɪnə / sud·amina] *s.* (*med.*) sudamina.

Sudanese [,su:də'ni:z / Su·dan·ese] *agg.* e *s.* sudanese.

sudarium [sju:'deərɪəm *amer.* su:'deərɪəm / su·dar·ium] *pl.* **sudaria** [sju:'deərɪə *amer.* su:'deərɪə / su·daria] *s.* (*st. romana*) sudario.

sudatorium [,sju:də'tɔ:rɪəm *amer.* ,su:də'tɔ:rɪəm / su·dat·orium] *pl.* **sudatoria** [,sju:də'tɔ:rɪə *amer.* ,su:də'tɔ:rɪə / su·dat·oria] *s.* sudatorio.

sudatory ['sju:dətərɪ *amer.* 'su:dətɔ:rɪ / su·dat·ory] *agg.* (*rar.*) sudorifero; sudorifico ◆ *s.* (*rar.*) → sudatorium.

sudden ['sʌdn / sud·den] *agg.* improvviso, inaspettato, repentino: *there was a — change in the wind*, il vento cambiò improvvisamente; *— death*, morte improvvisa; (*sport*) continuazione a oltranza (di una partita) in cui la squadra che segna per prima vince ◆ *s.* evento improvviso // *all of a —*, (*fam.*) all'improvviso // **-ly** *avv.*

suddenness ['sʌdnnɪs / sud·den·ness] *s.* subitaneità // *with startling —*, all'improvviso, (*fig.*) con un colpo di scena.

sudoriferous [,sju:də'rɪfərəs *amer.* ,su:də'rɪfərəs / su·dori·fer·ous] *agg.* (*med.*) sudorifero.

sudorific [,sju:də'rɪfɪk *amer.* ,su:də'rɪfɪk / su·dor·ific] *agg.* e *s.* sudorifero.

suds [sʌdz] *s.pl.* **1** schiuma di sapone, saponata (*sing.*) **2** (*sl.*) birra.

to **sue** [su:] *v.tr.* **1** citare in giudizio; far processare: *liable to be sued*, perseguibile; *to — s.o. at law*, intentare un processo a qlcu.; *to — s.o. for damages*, far causa a qlcu. per danni **2** (*ant.*) (*dir.*) *to — out*, ottenere dietro richiesta fatta a un tribunale, impetrare: *to — out a pardon for s.o.*, impetrare la grazia per qlcu. **3** (*ant.*) corteggiare ◆ *v.intr.* **1** ricorrere in giudizio, far causa **2** (*letter.*) presentare una supplica // *all was granted for which you sued*, (T.S. ELIOT) tutto ciò che impetrasti fu concesso.

□ **sue for** *v.intr.* e *prep.* richiedere: *to — for peace*, chiedere la pace.

suede [sweɪd] *s.* pelle scamosciata.

suet [su:ɪt] *s.* sugna, grasso (di bue, di pecora).

Suevian ['swi:vɪən] *agg.* e *s.* (*st.*) svevo.

to **suffer** ['sʌfə* / suf·fer] *v.tr.* **1** subire; patire: *the army suffered heavy losses*, l'esercito soffrì forti perdite; *the company suffered a heavy loss*, la ditta subì una grave perdita; *to — defeat*, subire una sconfitta; *to — the consequences*, subire le conseguenze **2** sopportare, permettere, tollerare: *she suffered him to speak*, (*antiq.*) gli permise di parlare // *she does not — fools gladly*, non tollera gli imbecilli ◆ *v.intr.* **1** soffrire, essere sofferente: *to — acutely*, soffrire atrocemente; *to — from rheumatism*, soffrire di reumatismi; *he was suffering from a cold*, aveva il raffreddore; *to — for one's misdeeds*, scontare i propri errori **2** essere danneggiato; risentire le conseguenze: *if you act badly, your reputation will —*, se agisci male la tua reputazione ne soffrirà; *trade is suffering from the war*, il commercio risente della guerra **3** (*ant.*) essere giustiziato, essere messo a morte: *he was to — on the next day*, egli doveva essere giustiziato il giorno successivo.

sufferable ['sʌfərəbl / suf·fer·able] *agg.* sopportabile, tollerabile.

sufferably ['sʌfərəblɪ / suf·fer·ably] *avv.* (*non com.*) in modo tollerabile, sopportabile.

sufferance ['sʌfərəns / suf·fer·ance] *s.* **1** sopportazione: *the — of evil*, la sopportazione del male **2** (*form.*) tacito assenso; rassegnazione; tolleranza, acquiescenza: *he remains here on —*, rimane qui per tacita tolleranza; *she, for pure pity of my sufferance meek...*, (SPENSER) ella, per pura pietà della mia mite tolleranza... // (*comm.*): *bill of —*, bolletta di merce in franchigia; *— wharf*, banchina franca **3** (*ant.*) sofferenza, dolore.

sufferer ['sʌfərə* / suf·ferer] *s.* chi soffre, chi patisce: *fellow —*, compagno di sventura.

suffering ['sʌfərɪŋ / suf·fer·ing] *s.* **1** sofferenza; pena, dolore **2** sopportazione, tolleranza.

to **suffice** [sə'faɪs / suf·fice] *v.intr.* (*form.*) bastare, essere sufficiente, adeguato: *your word will —*, basta la vostra parola ◆ *v.tr.* (*form.*) soddisfare i bisogni di: *enough food to*

— *an army*, cibo bastante per un esercito // — *it to say that...*, basti dire che...

sufficiency [sə'fɪʃnsɪ / suf·fi·ciency] *s.* **1** (*form.*) sufficienza, l'essere sufficiente; quantità sufficiente: *we have a — of provisions*, abbiamo una quantità sufficiente di viveri **2** (*ant.*) capacità, qualificazione, competenza; efficienza.

sufficient [sə'fɪʃnt / suf·fi·cient] *agg.* **1** sufficiente, bastevole: *have you got courage — for that?*, hai coraggio sufficiente per farlo?; *this is — to feed a whole family*, questo è sufficiente a nutrire un'intera famiglia **2** (*ant.*) capace, competente ◆ *s.* quantità sufficiente: *have you had —?*, avete mangiato abbastanza? // **-ly** *avv.*

suffix ['sʌfɪks / suf·fix] *s.* (*gramm.*) suffisso.

to **suffix** *v.tr.* (*gramm.*) aggiungere un suffisso a.

to **suffocate** ['sʌfəkeɪt / suf·foc·ate] *v.tr.* e *intr.* soffocare (*anche fig.*): *this weed suffocates plants*, questa erbaccia soffoca tutte le piante; *to — the last traces of desire*, soffocare le ultime tracce del desiderio; *can you open the window?, I'm suffocating in here!*, puoi aprire la finestra?, sto soffocando qui dentro!

suffocating ['sʌfəkeɪtɪŋ / suf·foc·at·ing] *agg.* soffocante // **-ly** *avv.*

suffocation [,sʌfə'keɪʃn / suf·foca·tion] *s.* soffocamento (*anche fig.*).

suffocative ['sʌfəkeɪtɪv / suf·foc·at·ive] *agg.* soffocante, che soffoca; che ostruisce le vie respiratorie.

suffragan ['sʌfrəgən / suf·fragan] *agg.* e *s.* (*eccl.*) (vescovo) suffraganeo.

suffraganship ['sʌfrəgənʃɪp / suf·fragan·ship] *s.* (*eccl.*) carica, ufficio di vescovo suffraganeo.

suffrage ['sʌfrɪdʒ / suf·frage] *s.* **1** (*spec. pl.*) suffragio; preghiera **2** suffragio; voto; diritto di voto: *universal —*, suffragio universale.

suffragette [,sʌfrə'dʒet / suf·fra·gette] *s.* suffragetta.

suffragist ['sʌfrədʒɪst / suf·fra·gist] *s.* suffragista.

suffrutex ['sʌfrʊteks / suf·frutex] *pl.* **suffrutices** [sʌ'fru:tɪsi:z / suf·fruti·ces] *s.* (*bot.*) sottofrutice, suffrutice.

suffumigation [sʌ,fju:mɪ'geɪʃn / suf·fu·miga·tion] *s.* suffumicazione; (*med.*) suffumigio.

to **suffuse** [sə'fju:z / suf·fuse] *v.tr.* (*letter.*) soffondere; pervadere; permeare: *a blush suffused her cheeks*, un rossore le invase le gote; *tears suffused her eyes*, lacrime le inondarono gli occhi.

suffusion [sə'fju:ʒn / suf·fu·sion] *s.* soffusione (*anche med.*).

Sufi ['su:fɪ] *s.* (*st. relig.*) sufi.

Sufism ['su:fɪzəm / Suf·ism] *s.* (*st. relig.*) sufismo.

sugar ['ʃʊgə*] *s.* **1** zucchero: *cane —*, zucchero di canna; *raw —*, zucchero greggio; *lump —*, zucchero in zollette; *— refinery*, zuccherificio; *— almond*, confetto // *— diabetes*, (*fam.*) diabete mellito; *— test*, (*fam.*) test glicemico // *oh —!*, porca miseria! **2** (*fig. non com.*) lusinga; adulazione **3** (*fig. fam.*) dolcezza, caro, cara; tesoro: *are you coming, —?*, stai arrivando, dolcezza? **4** (*fig. sl. amer.*) grana, denaro.

to **sugar** *v.tr.* **1** zuccherare; coprire, spolverare di zucchero **2** (*fig.*) addolcire; mitigare; lenire: *to — the pill*, addolcire la pillola ◆ *v.intr.* cristallizzarsi in zucchero.

sugar basin ['ʃʊgə,beɪsn] *s.* zuccheriera SIN. sugar bowl.

sugar beet ['ʃʊgəbi:t] *s.* (*bot.*) (*Beta vulgaris*) barbabietola da zucchero SIN. beet.

sugar bowl ['ʃʊgə,bəʊl] → **sugar basin**.

sugar-candy ['ʃʊgə,kændɪ] *s.* **1** caramella **2** zucchero caramellato.

sugarcane ['ʃʊgəkeɪn / sugar·cane] *s.* (*bot.*) (*Saccharum officinarum*) canna da zucchero.

to **sugarcoat** ['ʃʊgə,kəʊt / sugar·coat] *v.tr.* **1** rivestire (pillola, mandorla ecc.) di zucchero **2** (*fig. spec. amer.*) inzuccherare; addolcire.

sugar daddy ['ʃʊgə,dædɪ] *s.* (*spreg.*) vecchio che mantiene una giovane amante.

sugar-gum ['ʃʊgəgʌm] *s.* (*bot.*) (*Eucalyptus corinocalyx* o *Eucalyptus gunnii*) albero del sidro.

sugarloaf ['ʃʊgələʊf / sugar·loaf] *s.* pan di zucchero.

sugar maple ['ʃʊgə,meɪpl] *s.* (*bot.*) (*Acer saccharinum*) acero da zucchero, acero del Canada.

sugarplum ['ʃʊgəplʌm / sugar·plum] *s.* **1** caramella **2** (*fig. non com.*) complimento; lusinga; blandizia; adulazione.

sugary ['ʃʊgərɪ / sug·ary] *agg.* **1** zuccherino **2** (*fig. spreg.*) sdolcinato; zuccheroso // **-iness** *s.*

to **suggest** [sə'dʒest *amer.* səg'dʒest / sug·gest] *v.tr.* **1** (I) proporre; suggerire, consigliare: *can anybody — a better plan?*, c'è qualcuno che può proporre un piano migliore?; *I — leaving* (o *we leave*) *after dinner*, propongo di andar via dopo cena **2** ispirare; suggerire; far venire in mente; evocare: *his career suggested the central idea for my novel*, la sua carriera ispirò l'idea centrale del mio romanzo; *a way of life which his film vividly suggests*, un modo di vivere che il suo film evoca in modo efficace **3** indicare; esprimere; rivelare: *her expression suggested a deep concern for their wellbeing*, la sua espressione esprimeva una profonda sollecitudine per il loro benessere **4** alludere a; insinuare; sostenere, asserire: *are you suggesting something dishonest?*, stai alludendo a qualcosa di disonesto? **5** implicare; comportare: *a silence that suggests agreement*, un silenzio che implica accettazione; *he suggested that I was lying*, insinuò che mentivo **6** (*ant.*) indurre, tentare; istigare: *What Eve, what serpent, hath suggested thee?*, (SH. Richard II) Quale Eva, quale serpente ti ha istigato?

suggestibility [sə'dʒestəbɪlətɪ *amer.* səg'dʒestəbɪlətɪ / sug·gest·ib·il·ity] *s.* suggestionabilità.

suggestible [sə'dʒestɪbl *amer.* səg'dʒestɪbl / sug·gest·ible] *agg.* influenzabile; suggestionabile.

suggestion [sə'dʒestʃən *amer.* səg'dʒestʃən / sug·ges·tion] *s.* **1** suggerimento; consiglio; proposta: *a practical —*, un consiglio pratico; *suggestions for improvement*, proposte per migliorie; *to make* (o *to offer*) *a —*, dare, offrire un consiglio; *at your —*, su tuo suggerimento // *— box*, cassetta dei suggerimenti **2** ispirazione **3** evocazione; suggestione **4** cenno; accenno; lieve traccia: *he speaks with just a — of a foreign accent*, egli parla con un leggero accento straniero **5** (*psic.*) suggestione.

suggestive [sə'dʒestɪv *amer.* səg'dʒestɪv / sug·gest·ive] *agg.* **1** indicativo; significativo **2** evocativo; suggestivo **3** sconveniente; provocantemente allusivo; spinto: *— remark*, commento spinto // **-ly** *avv.* // **-ness** *s.*

suicidal [su:ɪ'saɪdl / sui·cidal] *agg.* suicida (*anche fig.*): *you can see plenty of — driving on the roads*, per le strade si vede un sacco di gente che guida in modo suicida // **-ly** *avv.*

suicide ['su:ɪsaɪd / sui·cide] *s.* **1** suicidio: *to attempt —*, tentare il suicidio; *to commit —*, suicidarsi // *— pact*, patto suicida // *his speech was political —*, il suo discorso fu un suicidio politico **2** suicida.

to **suicide** *v.intr.* (*amer.*) suicidarsi, commettere suicidio.

suine ['su:ɪn] *agg.* e *s.* (*zool.*) suino.

suing ['su:ɪŋ] *s.* (*dir.*) citazione.

suit [su:t] *s.* **1** completo, vestito da uomo; abito da donna in due pezzi, tailleur: *three-piece —*, abito a tre pezzi // *a — of armour*, un'armatura **2** (*di carte*) seme; colore: *the four suits*, i quattro semi; *to follow —*, rispondere con lo stesso seme; (*fig.*) seguire l'esempio, imitare // *one's strong* (o *long*) *—*, (*fig.*) il proprio forte **3** (*mar.*) — (*of sails*), velatura **4** (*antiq.*) istanza; preghiera; richiesta; appello; petizione **5** corteggiamento; richiesta della mano, proposta di matrimonio: *to plead one's —*, chiedere insistentemente la mano di una donna **6** (*dir.*) (*law*) —, causa, azione legale, lite: *civil, criminal —* , causa civile, penale; *to be a party in a —*, essere parte in causa; *to bring* (o *to institute*) *a — against s.o.*, intentar causa a qlcu.

to **suit** *v.tr.* **1** soddisfare; stare bene a; andar bene a; convenire a: *this job does not — me*, questo lavoro non fa per me; *would Tuesday morning at ten o'clock — you?*, ti andrebbe bene martedì mattina alle dieci? // *— yourself*, fa' pure, fa' come ti pare **2** intonarsi con; armonizzarsi con; stare bene con; accordarsi con: *green does not — her*, il verde non le sta bene, non le dona; *your shoes do not — the bag*, le tue scarpe non si intonano con la borsetta **3** adattare, adeguare; intonare; accordare; armonizzare: *he tried to — his behaviour to the situation*, cercò di adattare il suo comportamento alla situazione ◆ *v.intr.* andare bene; accordarsi; essere adatto.

suitability [,su:tə'bɪlətɪ / suit·ab·il·ity] *s.* rispondenza; adeguatezza; idoneità.

suitable ['su:təbl / suit·able] *agg.* adatto; idoneo; appropriato; adeguato: *— reply*, risposta adeguata; *— to the occasion*, adatto all'occasione; *as seems —*, come sembra conveniente; *is the show — for children?*, lo spettacolo è adatto per bambini?; *it would have been more — to say so at once*, sarebbe stato meglio dirlo subito; *wherever you think —*, dove meglio credi // **-ness** *s.* // **-bly** *avv.*

suitcase ['su:tkeɪs / suit·case] *s.* **1** valigia: *she travelled with a large —*, viaggiava con una grossa valigia **2** (*inform.*) valigetta di font (in Mac).

suite [swi:t] *s.* **1** seguito **2** serie di stanze; appartamento **3** 'suite' di albergo **4** mobilia per una stanza: *I've just bought a new living room —*, ho appena comprato un salotto nuovo **5** (*mus.*) suite **6** (*inform.*) insieme (di programmi, procedure ecc.), pacchetto.

suited[1] ['su:tɪd] *agg.* adatto; adeguato: *he's not — to the work*, non è adatto al lavoro; *this room isn't — for parties*, questa stanza non va bene per le feste // *a well- — couple*, una coppia bene assortita // *there's no need to advertise the job, now we're —*, (*antiq.*) non c'è bisogno di mettere un annuncio per quel lavoro, abbiamo già trovato.

suited[2] *agg.* (*ant.*) vestito: *How oddly he is suited!*, (SH. The Merchant of Venice) Come si veste in modo stravagante!

suitor ['su:tə*] *s.* **1** postulante **2** corteggiatore, pretendente **3** (*dir.*) attore (di azione giudiziaria).

suitress ['su:trɪs / suit·ress] *s.* **1** (*antiq.*) postulante **2** (*dir.*) attrice (di azione giudiziaria).

sulcate ['sʌlkeɪt / sul·cate] *agg.* (*biol.*) solcato.

sulcus ['sʌlkəs / sul·cus] *pl.* **sulci** ['sʌlsaɪ] *s.* (*anat.*) solco.

sulf(a) e *deriv.* → **sulpha** e *deriv.*

sulk [sʌlk] *s.* (*gener. pl.*) malumore; broncio.

to **sulk** *v.intr.* fare il broncio; tenere il broncio; essere di malumore; essere imbronciato.

sulker ['sʌlkə*] *s.* (*non com.*) persona imbronciata; persona di cattivo umore.

sulky[1] ['sʌlkɪ] *agg.* di malumore, imbronciato; scontroso // **-ily** *avv.* // **-iness** *s.*

sulky[2] *s.* (*ippica*) sulky, sediolo.

sullage ['sʌlɪdʒ / sul·lage] *s.* U **1** (*rar.*) sudiciume; spazzatura; rifiuti (*pl.*) **2** (*rar.*) scolatura; acque di scarico **3** (*metall.*) scorie (*pl.*).

sullen ['sʌlən / sul·len] *agg.* **1** accigliato, imbronciato; astioso; risentito **2** tetro, cupo; scuro (di tempo atmosferico, colore ecc.) **3** lento; pigro // **-ly** *avv.* // **-ness** *s.*

sully ['sʌlɪ] *s.* (*ant.*) macchia.

to **sully** *v.tr.* **1** macchiare, sporcare **2** (*fig.*) offuscare, macchiare, disonorare: *to — one's reputation*, macchiare la propria reputazione.

sulpha ['sʌlfə] *s.* (*chim.*) sulfa: *— drug*, sulfamidico.

sulphanilamide [sʌlfə'nɪləmaɪd / sulph·an·il·am·ide] *s.* (*chim.*) sulfanilammide SIN. sulphonamide.

sulphanilic [sʌlfə'nɪlɪk / sulph·an·ilic] *agg.* (*chim.*) solfanilico: *— acid*, acido solfanilico.

sulphate ['sʌlfeɪt / sulph·ate] *s.* (*chim.*) solfato.

sulphide ['sʌlfaɪd / sulph·ide] *s.* (*chim.*) solfuro.

sulphinyl ['sʌlfɪnɪl / sulphi·nyl] *s.* (*chim.*) tionile: *— bromide*, bromuro di tionile.

sulphite ['sʌlfaɪt / sulph·ite] *s.* (*chim.*) solfito.

sulphonamide [sʌl'fɒnəmaɪd / sul·phon·am·ide] → **sulphanilamide**.

sulphonation [sʌlfə'neɪʃn / sulph·ona·tion] *s.* (*chim.*) solfonazione.

sulphone ['sʌlfəʊn / sulph·one] *s.* (*chim.*) solfone.

sulphonic [sʌl'fɒnɪk / sulph·onic] *agg.* (*chim.*) solfonico: *— acid*, acido solfonico.

sulphonium [sʌl'fəʊnjəm / sulph·on·ium] *s.* (*chim.*) solfonio.

sulphonyl ['sʌlfənɪl / sulph·onyl] *s.* (*chim.*) solfonile.

sulphoxide [sʌl'fɒksaɪd / sulph·oxide] *s.* (*chim.*) solfossido.

sulphur ['sʌlfə* / sul·phur] *s.* **1** (*chim.*) zolfo: *flowers of —*, fiori di zolfo; *milk of —*, latte di zolfo; *to treat with —*, solforare; *— dioxide*, biossido di zolfo, anidride solforosa // *— match*, zolfanello; *— mine*, solfatara // (*chim.*): *— ore*, pirite di ferro; *— spring*, sorgente solforosa; *free —*, zolfo libero; *roll —*, zolfo in pani **2** (*zool.*) farfalla gialla.

to **sulphur**, to **sulphurate** ['sʌlfjʊreɪt / sul·phur·ate] *v.tr.* (*chim.*) solforare.

sulphuration [,sʌlfjʊ'reɪʃn / sul·phura·tion] *s.* (*chim.*) solforazione.

sulphurator ['sʌlfjʊreɪtə* / sul·phur·ator] *s.* solforatrice.

sulphur-bottom ['sʌlfə,bɒtəm] *s.* (*zool.*) (*Balaenoptera sulphurea*) balenottera azzurra SIN. sulphur-whale, blue whale.

sulphureous [sʌl'fjʊərɪəs / sul·phur·eous] *agg.* **1** sulfureo **2** del colore dello zolfo // **-ness** *s.*

sulphuret ['sʌlfəret / sul·phuret] *s.* (*chim.*) solfuro.

to **sulphuret** → to **sulphurize**.

sulphuric [sʌl'fjʊərɪk / sul·phuric] *agg.* (*chim.*) solforico: *— acid*, acido solforico.

sulphurization [,sʌlfjʊraɪ'zeɪʃn / sul·phur·iza·tion] *s.* (*agr.*) solforazione.

to **sulphurize** ['sʌlfjʊraɪz / sul·phur·ize] *v.tr.* **1** (*chim.*) trattare, combinare con zolfo **2** (*agr.*) solforare, trattare con zolfo.

sulphurous ['sʌlfjʊrəs / sul·phur·ous] *agg.* **1** → sulphureous **2** (*chim.*) solforoso: *— acid* (o *anhydride*), anidride solforosa **3** satanico; infernale **4** focoso, infiammabile: *— temperament*, temperamento focoso.

sulphur-whale ['sʌlfə,weɪl] → **sulphur-bottom**.

sulphury ['sʌlfərɪ / sul·phury] *agg.* sulfureo.

sulphuryl ['sʌlfjʊrɪl / sul·phuryl] *s.* (*chim.*) solforile.

sultan ['sʌltən / sul·tan] *s.* **1** sultano **2** (*zool.*) (*Porphyrio porphyrio*) pollo sultano **3** (*bot.*) *sweet —*, centaurea.

sultana [sʌl'tɑ:nə *amer.* sʌl'tænə / sul·tana] *s.* **1** sultana **2** (*spec. pl.*) uva sultanina **3** (*zool.*) gallina sultana.

sultanate ['sʌltəneɪt / sul·tan·ate] *s.* sultanato (territorio e dignità di sultano).

sultanic [sʌl'tænɪk / sul·tanic] *agg.* sultanale, caratteristico del sultano.

sultriness ['sʌltrɪnɪs / sul·tri·ness] *s.* **1** afa, caldo soffocante **2** (*fig.*) sensualità, passionalità.

sultry ['sʌltrɪ / sul·try] *agg.* **1** afoso, soffocante: *— heat*, caldo soffocante **2** (*fig.*) infocato, appassionato; (*fam.*) voluttuoso; sensuale // **-ily** *avv.* // **-iness** *s.*

sum [sʌm] *s.* **1** somma, quantità (di denaro): *a good —*, una bella somma: *it cost a tidy —*, è costato una bella sommetta; *let's call it five quid, that's a nice round —*, facciamo cifra tonda, 5 sterline; *it cost me the princely — of £ 2*, (*iron.*) mi è costato la bellezza di 2 sterline **2** calcolo, somma, addizione; operazione aritmetica: *the four sums*, le quattro operazioni; *he is good at sums*, è bravo nel calcolo; *he did a quick — in his head and realized he hadn't enough money*, ha fatto un calcolo a mente e si è reso conto che non aveva abbastanza denaro // *in —*, (*form.*) in breve **3** somma, totale, insieme: *the — of human experience*, la somma delle esperienze umane.

to **sum** *pass.p.p.* **summed** [sʌmd] *v.tr.* e *intr.* sommare, addizionare.

□ **sum up** *v.tr.* e *intr.* e *avv.* **1** ricapitolare, riassumere // *he summed up the film in one word: 'Rubbish'*, sintetizzò il suo giudizio sul film in una parola: 'Immondizia!' **2** (*dir.*) ricapitolare (i fatti), concludere.

sumach ['su:mæk / su·mach] *s.* (*bot.*) (*Rhus coriaria*) sommacco SIN. smoke-bush.

to **summarize** ['sʌməraɪz / sum·mar·ize] *v.tr.* riassumere, compendiare.

summary ['sʌmərɪ / sum·mary] *agg.* **1** sommario, conciso, per sommi capi **2** (*estens.*) sommario, sbrigativo, approssimativo // (*dir.*): *— justice*, giustizia sommaria; *— procedure*, procedura sommaria; *— offence*, reato minore // *— dismissal*, licenziamento in tronco ◆ *s.* sommario, compendio, ricapitolazione; riassunto // **-ily** *avv.*

summation [sʌ'meɪʃn / sum·ma·tion] *s.* **1** (*mat.*) somma // *— sign*, simbolo di sommatoria **2** somma, totale; insieme **3** riassunto (di un discorso) **4** (*dir. amer.*) arringa finale.

summer[1] ['sʌmə* / sum·mer] *s.* estate: *in —*, in estate; *next —*, l'estate prossima; *it was in the — of 1940*, fu nell'estate del 1940; *it happened in a — during the war*, accadde in un'estate durante la guerra; *high —*, il pieno dell'estate; la stagione più calda; *Indian —*, estate indiana, estate di S. Martino // *a child of ten summers*, (*letter.*) un bambino di dieci anni ◆ *agg.* estivo; d'estate; per l'estate: *— house*, casa estiva; *— holidays*, vacanze estive; *— school*, corso estivo, scuola estiva.

to **summer**[1] *v.intr.* passare, trascorrere l'estate: *we summered in Switzerland*, passammo l'estate in Svizzera ◆ *v.tr.* far pascolare in estate.

summer[2] *s.* (*arch.*) architrave; trave principale.

summerhouse ['sʌməhaʊs / sum·mer·house] *s.* padiglione, chiosco (in un giardino).

(to) **summersault** ['sʌməsɔ:lt / sum·mer·sault] **summerset** ['sʌməset / sum·mer·set] (*rar.*) → (to) **somersault**.

summer soldier ['sʌmə,səʊldʒə*] *s.* (*fam. amer.*) persona che appoggia una causa solo nei momenti propizi, quando la vittoria è sicura.

summertime ['sʌmətaɪm / sum·mer·time] *s.* stagione estiva: *in —*, d'estate, in estate.

summer time ['sʌmətaɪm] *s.* ora legale AMER. daylight saving time.

summery ['sʌmərɪ / sum·mery] *agg.* estivo.

summing-up [,sʌmɪŋ'ʌp] *s.* (*dir.*) relazione del giudice alla giuria (al termine del dibattimento).

summit ['sʌmɪt / sum·mit] *s.* **1** cima, vetta, sommità, vertice: *the mountain —*, la cima della montagna // *— (meeting)*, incontro al vertice (di capi di stato, governo), summit, vertice // (*mat.*) *— angle*, angolo al vertice **2** (*fig.*) culmine, apice: *the — of happiness*, il colmo della felicità; *to be at the — of*, essere all'apice di.

to **summon** ['sʌmən / sum·mon] *v.tr.* **1** chiamare, mandare a chiamare; convocare: *he* *was summoned to the director's office*, fu convocato nell'ufficio del direttore **2** convocare; (*dir.*) citare, chiamare in giudizio: *to — Parliament*, convocare il Parlamento; *to — a witness*, citare un testimone **3** intimare a: *to — a town to surrender*, intimare la resa a una città **4** raccogliere; fare appello a: *I summoned all my courage and jumped*, raccolsi tutto il mio coraggio e saltai.

□ **summon up** *v.tr.* e *avv.* **1** raccogliere, chiamare a raccolta; fare appello a: *he summoned up his last reserves of strength*, fece appello alle sue ultime forze **2** far venire in mente, ricordare.

summoner ['sʌmənə* / sum·moner] *s.* **1** chi convoca **2** (*dir.*) usciere.

summons ['sʌmənz / sum·mons] *pl.* **summonses** ['sʌmənzɪz] *s.* **1** (*dir.*) citazione, ingiunzione; mandato di comparizione: *to issue a —*, emettere un'ingiunzione, un mandato di comparizione; *to answer a —*, comparire in giudizio; *to serve a — on s.o.*, notificare un'ingiunzione, un mandato di comparizione a qlcu. **2** convocazione; chiamata: *— to arms*, chiamata alle armi.

to **summons** *v.tr.* intimare di comparire (in giudizio a un testimone), citare (un testimone in giudizio).

sump [sʌmp] *s.* **1** pozzo nero **2** (*miner.*) bacino di pompaggio **3** (*rar.*) palude, stagno; pozzanghera **4** (*mecc.*) coppa: *engine oil —*, coppa dell'olio del motore.

sumpter [sʌmptə* / sump·ter] *s.* **1** bestia da soma: *— horse*, cavallo da soma; *— mule*, mulo da basto **2** (*ant.*) mulattiere: *they have, like good sumpters, laid ye down their horseload of citations and fathers at your door*, (MILTON) essi hanno, come buoni mulattieri, depositato il loro carico di citazioni e di padri alla tua porta.

sumption ['sʌmpʃn / sump·tion] *s.* (*log.*) premessa maggiore (di sillogismo).

sumptuary ['sʌmptjʊərɪ *amer.* 'sʌmptʃʊerɪ / sump·tu·ary] *agg.* suntuario: *— law*, legge suntuaria; (*trib.*) *— tax*, imposta suntuaria.

sumptuous ['sʌmptjʊəs / sump·tu·ous] *agg.* sontuoso, fastoso // **-ly** *avv.* // **-ness** *s.*

sum total [,sʌm'təʊtl] → **sum** 3.

sun [sʌn] *s.* **1** sole: *the — is shining*, splende il sole, c'è il sole; *the — is up*, il sole è sorto; *the — is down*, il sole è tramontato; *the — rises early*, il sole sorge presto; *the — sets at 7 p.m*, il sole tramonta alle sette di sera; *to catch the —*, prendere il sole; *to sit in the —*, sedersi al sole; *to rise with the —*, alzarsi presto, all'alba // *nothing new under the —*, nulla di nuovo sotto il sole // *a place in the —*, un posto al sole // *the Empire of the Rising Sun*, l'Impero del Sol Levante // *to hold a candle to the —*, portare acqua al mare // (*mar.*) *to take* (o *to shoot*) *the —*, prendere, rilevare l'altezza del sole // *his — has set*, (*fig.*) il suo momento è passato; *to worship the rising —*, (*fig.*) onorare l'astro nascente **2** (*astr.*) sole (ogni stella al centro di un sistema planetario) **3** (*letter.*) anno; giorno.

to **sun** *pass.p.p.* **sunned** [sʌnd] *v.tr.* esporre al sole: *to — oneself*, prendere il sole, crogiolarsi al sole ◆ *v.intr.* prendere il sole.

sunbaked ['sʌnbeɪkt / sun·baked] *agg.* assolato; bruciato dal sole; riarso.

sunbath ['sʌnbɑ:θ *amer.* 'sʌnbæθ / sun·bath] *s.* bagno di sole.

to **sunbathe** ['sʌnbeɪð/ sun·bathe] *v.intr.* stare al sole, prendere il sole, fare la cura del sole.

sunbeam ['sʌnbi:m / sun·beam] *s.* raggio di sole.

sunbed ['sʌnbed / sun·bed] *s.* lettino per esposizione ai raggi ultravioletti.

sun-blind ['sʌnblaɪnd] *s.* persiana, veneziana.

sunbow ['sʌnbəʊ / sun·bow] *s.* arcobaleno (negli spruzzi di una cascata ecc.).

sunburn ['sʌnbɜ:n / sun·burn] *s.* scottatura (solare).

sunburnt ['sʌnbɜ:nt / sun·burnt] *agg.* scottato (dal sole).

sunburst ['sʌnbɜ:st / sun·burst] *s.* sprazzo di sole.

sundae ['sʌndeɪ *amer.* 'sʌndi: / sun·dae] *s.* porzione di gelato misto con frutta, nocciole ecc.

Sunday ['sʌndɪ / Sun·day] *s.* domenica: *he usually comes on Sundays*, di solito viene la domenica // *a month of Sundays*, (*fam. fig.*) un'eternità: *once in a month of Sundays*, una volta ogni morte di papa // *Low —*, Domenica in Albis // *— best*, abito della festa, vestito migliore // *— school*, scuola domenicale di istruzione religiosa ◆ *avv.* (*amer.*) → Sundays.

Sundays ['sʌndɪz / Sun·days] *avv.* di domenica, la domenica: *we take the kids to the cinema —*, di domenica portiamo i ragazzi al cinema; *Albert gets up late —*, Alberto si alza tardi la domenica.

to **sunder** ['sʌndə* / sun·der] *v.tr.* (*letter.*) separare, dividere ◆ *v.intr.* (*letter.*) separarsi, dividersi.

sun-dew ['sʌndju:] *s.* (*bot.*) drosera // *common* (o *roundleaved*) *—*, (*Drosera rotundifolia*) rosolida.

sundial ['sʌndaɪəl / sun·dial] *s.* meridiana.

sun-dog ['sʌndɒg] *s.* (*astr.*) parelio.

sundown ['sʌndaʊn / sun·down] *s.* **1** tramonto **2** (*amer.*) cappello a tesa larga (da donna).

sundowner ['sʌn,daʊnə* / sun·downer] *s.* **1** (*austr.*) vagabondo (che arriva al calar del sole ad una fattoria solo per scroccare cibo e letto) **2** (*fam.*) aperitivo serale.

sundrenched ['sʌn,drentʃt / sun·drenched] *agg.* inondato di sole, assolato.

sundress ['sʌndres / sun·dress] *s.* prendisole.

sundries ['sʌndrɪz / sun·dries] *s.pl.* **1** generi diversi, cose diverse; cianfrusaglie **2** (*comm.*) (spese) varie // *— account*, conto creditori e debitori diversi.

sundry ['sʌndrɪ / sun·dry] *agg.* parecchi, vari, diversi: *he showed us — samples*, ci mostrò diversi campioni; (*comm.*) *— account*, conto creditori e debitori diversi // *all and —*, tutti quanti.

sunfish ['sʌnfɪʃ / sun·fish] *s.* (*zool.*) **1** (*Mola mola*) mola, pesce luna SIN. moonfish **2** (*Leponis gibbosus*) persico sole.

sunflower ['sʌn,flaʊə* / sun·flower] *s.* (*bot.*) (*Helianthus annuus*) girasole SIN. turnsole // *the Sunflower State*, (*amer.*) lo Stato del Kansas.

sung *p.p.* di to **sing**.

sunglasses ['sʌn,glɑ:sɪz *amer.* 'sʌn,glæsɪz / sun·glasses] *s.* occhiali da sole.

sun god ['sʌngɒd] *s.* dio Sole.

sunhat ['sʌnhæt / sun·hat] *s.* cappello da sole, gener. a tesa larga.

sun helmet ['sʌn,helmɪt] *s.* casco coloniale.

sunk *p.p.* di to **sink**.

sunken ['sʌŋkən] *p.p.* (*rar.*) di to **sink** ◆ *agg.* **1** affondato; sommerso: *— wreck*, relitto sommerso **2** cavo, incavato: *— cheeks*, guance incavate **3** sprofondato: *— road*, strada che ha ceduto.

sunlamp ['sʌnlæmp / sun·lamp] *s.* lampada solare (a raggi ultravioletti).

sunless ['sʌnlɪs / sun·less] *agg.* senza sole; tetro.

sunlight ['sʌnlaɪt / sun·light] *s.* luce del sole.

sunlit ['sʌnlɪt / sun·lit] *agg.* illuminato dal sole, soleggiato.

sun lounge ['sʌn,laʊndʒ] *s.* veranda (esposta al sole) AMER. sun parlour, sun porch.

sunn [sʌn] *s.* (*bot.*) *—* (*-hemp*), (*Crotalaria juncea*) canapa di Calcutta.

Sunni ['sʌnɪ] *agg.* e *s.* (*st. relig.*) sunnita.

sunny ['sʌnɪ] *agg.* **1** luminoso **2** esposto al sole, soleggiato: *the — side of the house*, la parte della casa esposta al sole **3** (*fig.*) ridente, allegro, gioioso: *a — temper*, un carattere allegro, ottimista // *the — side of the matter*, il lato buono della faccenda // *to be on the — side of forty*, essere sotto ai quaranta (anni).

sunny-side up ['sʌnɪ,saɪd'ʌp] *agg.* (*amer.*) all'occhio di bue (di uovo).

sun parlour ['sʌn,pɑ:lə*] **sun porch** ['sʌn,pɔ:tʃ] *s.* (*amer.*) → **sun lounge**.

sunproof ['sʌnpru:f / sun·proof] *agg.* inalterabile al sole.

sunray ['sʌnreɪ / sun·ray] *s.* raggio solare ◆ *agg.* solare, a raggi ultravioletti: *— lamp*, lampada solare, a raggi ultravioletti.

sunrise ['sʌnraɪz / sun·rise] *s.* il sorgere, la levata del sole: *at —*, al sorgere del sole.

sunroof ['sʌnru:f / sun·roof] *s.* **1** solarium **2** (*antiq.*) tettuccio apribile.

sunset ['sʌnset / sun·set] *s.* tramonto (*anche fig.*): *at —*, al tramonto; *the — of life*, il tramonto della vita; *the — of the colonial system*, il declino del sistema coloniale.

sunshade ['sʌnʃeɪd / sun·shade] *s.* parasole.

sunshield ['sʌnʃi:ld / sun·shield] *s.* parasole.

sunshine ['sʌnʃaɪn / sun·shine] *s.* **1** luce del sole, sole; bel tempo; splendore, calore del sole: *in the —*, al sole, in pieno sole // (*meteor.*) *— recorder*, eliografo **2** (*fig.*) gioia, gaiezza, felicità // *to take a — view of everything*, vedere tutto roseo.

sunspot ['sʌnspɒt / sun·spot] *s.* (*astr.*) macchia solare.

sunstroke ['sʌnstrəʊk / sun·stroke] *s.* (*med.*) colpo di sole, insolazione.

sunstruck ['sʌnstrʌk / sun·struck] *agg.* (*med.*) sofferente per un colpo di sole.

sunsuit ['sʌnsu:t / sun·suit] *s.* (*amer.*) prendisole.

suntan ['sʌntæn / sun·tan] *s.* abbronzatura

// — *cream, lotion*, crema, lozione abbronzante.

sun-tanned ['sʌntænd] *agg.* abbronzato.

suntrap ['sʌntræp / sun·trap] *s.* luogo soleggiato e protetto.

sun-up ['sʌnʌp] *s.* (*fam.*) → **sunrise**.

sunward ['sʌnwəd / sun·ward] *agg.* e *avv.* verso il sole.

sunwards ['sʌnwədz / sun·wards] *avv.* verso il sole.

sunwise ['sʌnwaɪz / sun·wise] *avv.* col sole, nella direzione del moto apparente del sole.

sup[1] [sʌp] *s.* (*antiq.*) sorso; (*fam.*) goccio: *to take a — of wine*, prendere un sorso, un goccio di vino.

to **sup**[1] *pass.p.p.* **supped** [sʌpt] *v.tr.* e *intr.* (*antiq., dial.*) sorseggiare, bere: *but might I of Jove's nectar sup*, (B. JONSON) potessi anche sorbire il nettare di Giove.

to **sup**[2] *pass.p.p.* **supped** *v.intr.* (*antiq.*) cenare: *we'll — on fruit*, per cena mangeremo solo frutta ◆ *v.tr.* (*antiq.*) **1** offrire la cena a **2** (*caccia*) dare l'ultimo pasto del giorno a (cavalli, cani, falconi ecc.).

supawn [sʌ'pɔ:n / su·pawn] *s.* (*amer.*) polenta molle.

super ['su:pə* / su·per] *agg.* **1** (*fam.*) ottimo; magnifico, stupendo, meraviglioso **2** (*comm.*) sopraffino, finissimo **3** (*ant.*) (*misure*) quadrato, di superficie: *20 feet —*, venti piedi quadrati ◆ *s.* (*fam.*) **1** (*comm.*) articolo finissimo **2** abbr. di → supernumerary **3** (*amer.*) abbr. di → superintendent.

super- *pref.* di origine latina; it. sopra-, sovra-; super-; iper-; è usato per indicare **1** sovrapposizione: *superstructure*, sovrastruttura **2** superiorità: *superintendent*, sovrintendente; *supermarket*, supermercato; *superhumanity*, superumanità **3** eccesso: *superabundant*, sovrabbondante; (*biol.*) *superfecundation*, superfecondazione **4** grado superiore al normale: *superheated*, surriscaldato; *supersaturated*, soprasaturo; (*chim.*) *superacid*, iperacido **5** aggiunta, maggiorazione: *supertax*, imposta addizionale.

superable ['su:pərəbl / su·per·able] *agg.* superabile // **-bly** *avv.* // **-ness** *s.*

to **superabound** [,su:pərə'baʊnd / su·per·abound] *v.intr.* (*non com.*) sovrabbondare.

superabundance [,su:pərə'bʌndəns / su·per·abund·ance] *s.* sovrabbondanza.

superabundant [,su:pərə'bʌndənt / su·per·abund·ant] *agg.* sovrabbondante, copioso // **-ly** *avv.*

to **superadd** [,su:pər'æd / su·per·add] *v.tr.* aggiungere come extra.

superaddition [,su:pərə'dɪʃn / su·per·ad·di·tion] *s.* sopraggiunta.

superalimentation [,su:pə,ælɪmen'teɪʃn / su·per·ali·menta·tion] *s.* iperalimentazione.

superaltar ['su:pər,ɔ:ltə* / su·per·al·tar] *s.* **1** pietra consacrata (usata come altare portatile) **2** dossale d'altare.

to **superannuate** [,su:pə'rænjʊeɪt / su·per·an·nu·ate] *v.tr.* **1** collocare a riposo per limiti di età; mandare in pensione **2** scartare, mettere da parte perché antiquato **3** chiedere il ritiro da scuola di (alunni bocciati) ◆ *v.intr.* **1** raggiungere i limiti d'età; ritirarsi per raggiunti limiti d'età **2** diventare antiquato.

superannuated [,su:pə'rænjʊeɪtɪd / su·per·an·nu·ated] *agg.* **1** inabile per età **2** che ha raggiunto i limiti di età **3** pensionato, in pensione **4** passato di moda, sorpassato; obsoleto.

superannuation [,su:pə,rænjʊ'eɪʃn / su·per·an·nu·ation] *s.* **1** inabilità per vecchiaia **2** collocamento a riposo **3** — (*annuity*), pensione di vecchiaia // — *funds*, fondi pensione, casse pensionistiche; — *payment*, contributo pensionistico **4** limite di età (a scuola) **5** obsolescenza (di macchinari ecc.).

superb [su:'pɜ:b / su·perb] *agg.* superbo, eccellente, magnifico, splendido: *a — view*, una vista superba // **-ly** *avv.* // **-ness** *s.*

supercalender ['su:pə,kæləndə* / su·per·cal·en·der] *s.* (*tecn. cartaria*) calandra, satinatrice.

to **supercalender** *v.tr.* (*tecn. cartaria*) calandrare, satinare.

supercalendering [,su:pə'kælɪndərɪŋ / su·per·cal·en·der·ing] *s.* (*tecn. cartaria*) calandratura, satinatura.

supercargo ['su:pə,kɑ:gəʊ / su·per·cargo] *s.* **1** commissario di bordo **2** (*comm.*) agente marittimo, sopraccarico.

supercharge ['su:pətʃɑ:dʒ / su·per·charge] *s.* sovraccarico (*anche fig.*).

to **supercharge** *v.tr.* **1** sovraccaricare (*anche fig.*); riempire a dismisura **2** (*tecn.*) sovralimentare.

supercharged ['su:pətʃɑ:dʒd / su·per·charged] *agg.* **1** sovraccarico (*anche fig.*) **2** (*aut.*) sovralimentato.

supercharger ['su:pət,ʃɑ:dʒə* / su·per·char·ger] *s.* (*aut.*) compressore; sovralimentatore.

supercharging ['su:pə,tʃɑ:dʒɪŋ / su·per·char·ging] *s.* (*aut.*) sovralimentazione.

superciliary [,su:pə'sɪlɪərɪ / su·per·cili·ary] *agg.* (*anat.*) sopracciliare.

supercilious [,su:pə'sɪlɪəs / su·per·cili·ous] *agg.* altero, arrogante, sdegnoso // **-ly** *avv.* // **-ness** *s.*

supercolumnar [,su:pəkə'lʌmnə* / su·per·co·lum·nar] *agg.* a doppio ordine di colonne.

supercolumniation [,su:pəkə,lʌmnɪ'eɪʃn / su·per·co·lum·nia·tion] *s.* sovrapposizione di un ordine architettonico a un altro.

superconductivity [,su:pə,kɒndʌk'tɪvətɪ / su·per·con·duct·iv·ity] *s.* (*fis.*) superconduttività.

superconductor [,su:pəkən'dʌktə* / su·per·con·ductor] *s.* (*fis.*) superconduttore.

to **supercool** ['su:pəku:l / su·per·cool] *v.tr.* (*fis.*) superraffreddare.

supercooling ['su:pə,ku:lɪŋ / su·per·cool·ing] *s.* (*fis.*) superraffreddamento.

supercritical [,su:pə'krɪtɪkl / su·per·crit·ical] *agg.* (*fis.*) sovracritico, supercritico.

superdominant [,su:pə'dɒmɪnənt / su·per·dom·in·ant] *s.* (*mus.*) sopraddominante.

superduper ['su:pə'du:pə* / su·per·duper] *agg.* (*fam.*) super; favoloso; straordinario.

superego [,su:pər'i:gəʊ / su·per·ego] *pl.* **superegos** *s.* (*psic.*) Super-Io, Super-Ego.

supereminence [,su:pər'emɪnəns / su·per·em·in·ence] *s.* preminenza; sovreminenza.

supereminent [,su:pər'emɪnənt / su·per·em·in·ent] *agg.* preminente; sovreminente // **-ly** *avv.*

supererogation [,su:pər,erə'geɪʃn / su·per·eroga·tion] *s.* **1** supererogazione **2** zelo eccessivo.

supererogatory [,su:pəre'rɒgətərɪ / su·per·erog·at·ory] *agg.* **1** supererogatorio **2** troppo zelante.

superfamily ['su:pə,fæməlɪ / su·per·fam·ily] *s.* (*bot., zool.*) superfamiglia.

superfetation [,su:pəfi:'teɪʃn / su·per·feta·tion] *s.* (*biol.*) superfetazione.

superficial [,su:pə'fɪʃl / su·per·fi·cial] *agg.* **1** di superficie: — *measure*, misura di superficie; — *foot*, piede quadrato **2** superficiale, poco profondo (*anche fig.*): *a — wound*, una ferita superficiale, poco profonda; *a — man*, un uomo superficiale, che si ferma alle apparenze; *to have a — knowledge of sthg.*, avere un'infarinatura di qlco.; *a — reading*, una lettura superficiale // **-ly** *avv.* // **-ness** *s.*

superficiality [,su:pə,fɪʃɪ'ælətɪ / su·per·fi·ci·al·ity] *s.* superficialità.

superficies [,su:pə'fɪʃi:z / su·per·fi·cies] *s.pl.invar.* **1** superficie **2** aspetto esteriore, apparenza.

superfine [,su:pə'faɪn / su·per·fine] *agg.* **1** sopraffino, eccellente **2** finissimo; raffinato: — *flour*, farina 00; — *sugar*, zucchero raffinato.

superfines [,su:pə'faɪnz / su·per·fines] *s.pl.* merci di qualità sopraffina.

superfluid [,su:pə'flu:ɪd / su·per·fluid] *agg.* e *s.* (*fis., chim.*) superfluido.

superfluidity [,su:pəflu:'ɪdətɪ / su·per·flu·id·ity] *s.* (*fis., chim.*) superfluidità.

superfluity [,su:pə'flʊətɪ / su·per·flu·ity] *s.* **1** (*form.*) superfluità; eccesso, sovrabbondanza **2** *pl.* (*econ.*) beni superflui.

superfluous [su:'pɜ:flʊəs / su·per·flu·ous] *agg.* **1** superfluo, eccessivo **2** irrilevante; inutile // **-ly** *avv.* // **-ness** *s.*

to **superfuse** [,su:pə'fju:z / su·per·fuse] → to **supercool**.

supergiant ['su:pə,dʒaɪənt / su·per·gi·ant] *s.* (*astr.*) (stella) supergigante.

supergrass ['su:pəgrɑ:s *amer.* 'su:pəgræs / su·per·grass] *s.* (*sl.*) superinformatore, collaboratore (della polizia); collaboratore di giustizia.

to **superheat** [,su:pə'hi:t / su·per·heat] *v.tr.* surriscaldare.

superheater [,su:pə'hi:tə* / su·per·heater] *s.* surriscaldatore.

superheterodyne [,su:pə'hetərədaɪn / su·per·het·ero·dyne] *s.* (*rad.*) supereterodina.

superhuman [,su:pə'hju:mən / su·per·hu·man] *agg.* sovrumano // **-ly** *avv.*

to **superimpose** [,su:pərɪm'pəʊz / su·per·im·pose] *v.tr.* sovrimporre; sovrapporre (*anche fig.*): *to — sthg. on sthg. else*, sovrapporre qlco. a qualcos'altro // (*cinem.*) *superimposed title*, titolo in sovrimpressione.

superincumbent [,su:pərɪn'kʌmbənt / su·per·in·cum·bent] *agg.* sovrastante; incombente.

to **superinduce** [,su:pərɪn'dju:s *amer.*

ˌsuːpərɪn'duːs / su·per·in·duce] *v.tr.* introdurre in aggiunta; sviluppare in più.

superinfection [ˌsuːpərɪn'fekʃn / su·per·in·fec·tion] *s.* (*med.*) superinfezione.

to **superintend** [ˌsuːpərɪn'tend / su·per·in·tend] *v.tr.* sovrintendere a, sorvegliare; controllare ◆ *v.intr.* fare il sovrintendente, sovrintendere.

superintendence [ˌsuːpərɪn'tendəns / su·per·in·tend·ence] *s.* sovrintendenza; supervisione; sorveglianza, controllo.

superintendency [ˌsuːpərɪn'tendənsɪ / su·per·in·tend·ency] *s.* sovrintendenza; ufficio di sovrintendente.

superintendent [ˌsuːpərɪn'tendənt / su·per·in·tend·ent] *s.* **1** sovrintendente; supervisore; sorvegliante // *police* —, sovrintendente di polizia // *railway* —, ispettore delle ferrovie **2** (*amer.*) custode di un palazzo.

superintendentship [ˌsuːpərɪn'tendənt ʃɪp / su·per·in·tend·ent·ship] *s.* carica di sovrintendente, di supervisore.

superior [suː'pɪərɪə* / su·per·ior] *agg.* **1** superiore (in posizione, grado ecc.): — *officer*, ufficiale superiore; — *rank*, grado superiore // (*dir. amer.*) — *court*, corte avente giurisdizione generale; corte d'appello **2** superiore; migliore; maggiore: — *quality*, qualità superiore; — *wisdom*, saggezza superiore; *the defeat was due to the enemy's — numbers*, la sconfitta fu dovuta alla superiorità numerica del nemico // — *to*, superiore a, migliore di: *your car is — to mine*, la tua auto è migliore della mia; *he is — to temptation*, egli è al di sopra delle tentazioni // (*comm.*) — *limit*, limite massimo, termine ultimo (di consegna ecc.) // (*econ.*) — *goods*, beni superiori **3** superiore, superbo, sprezzante: *a — air, smile*, un'aria, un sorriso di superiorità; *"Of course you don't speak French" he said in a — way*, "Ovviamente lei non parla francese" disse in tono sprezzante **4** (*form.*) superiore, che sta al di sopra: — *limbs*, arti superiori; *the — surface of a prism*, la faccia superiore di un prisma // (*tip.*) — *figures* (o *letters*), cifre, lettere stampate sopra la riga **5** (*bot.*) supero ◆ *s.* **1** superiore: *you must report to your superiors*, devi fare rapporto ai tuoi superiori; *he is our social* —, è di rango più elevato del nostro; *he has no — in courage*, nessuno lo supera in coraggio **2** *Superior*, Superiore, Superiora (di monastero ecc.): *Mother Superior*, Madre Superiora.

superiority [suːˌpɪərɪ'ɒrətɪ / su·peri·or·ity] *s.* superiorità // — *complex*, (*fam.*) complesso di superiorità.

superiorly [suː'pɪərɪəlɪ / su·per·ior·ly] *avv.* **1** superiormente; a un grado superiore **2** meglio; di più **3** con aria di sufficienza.

superjacent [ˌsuːpə'dʒeɪsənt / su·per·ja·cent] *agg.* che giace sopra; sovrastante; incombente.

superlative [suː'pɜːlətɪv / su·per·lat·ive] *agg.* **1** superlativo, eccellente; sommo **2** (*gramm.*) superlativo: — *degree*, grado superlativo ◆ *s.* **1** culmine, apice, grado massimo: *the orchestra reached new superlatives in its performances of Mahler*, l'orchestra ha raggiunto nuovi livelli di perfezione nelle sue esecuzioni di Mahler **2** cosa superlativa **3** (*gramm.*) superlativo (*anche fig.*): *adjective in the* —, aggettivo al (grado) superlativo // *to speak in superlatives*, usare toni superlativi, lodare molto.

superlatively [suː'pɜːlətɪvlɪ / su·per·lat·ive·ly] *avv.* superlativamente; in modo eccellente; in sommo grado.

superlativeness [suː'pɜːlətɪvnɪs / su·per·lat·ive·ness] *s.* l'essere superlativo; eccellenza, perfezione.

superlunar [ˌsuːpə'luːnə* / su·per·lunar] **superlunary** [ˌsuːpə'luːnərɪ / su·per·lun·ary] *agg.* (*rar.*) translunare, che è al di là della luna.

superman ['suːpəmæn / su·per·man] *pl.* **supermen** ['suːpəmen] *s.* superuomo (*anche fil.*).

supermarket ['suːpəˌmɑːkɪt / su·per·mar·ket] *s.* supermarket, supermercato.

supernal [suː'pɜːnl / su·per·nal] *agg.* (*rar.*) superno, sommo; celeste, divino: — *loveliness*, bellezza divina.

supernatant [ˌsuːpə'neɪtənt / su·per·nat·ant] *agg.* (*chim.*) surnatante, supernatante.

supernational [ˌsuːpə'næʃənl / su·per·na·tional] *agg.* sopranazionale, supernazionale.

supernatural [ˌsuːpə'nætʃrəl / su·per·nat·ural] *agg.* soprannaturale, straordinario; miracoloso: *a — entity, being*, un'entità, un essere soprannaturale // *the* —, il soprannaturale // **-ly** *avv.* // **-ness** *s.*

supernaturalism [ˌsuːpə'nætʃrəlɪzəm / su·per·nat·ur·al·ism] *s.* (*fil., relig.*) soprannaturalismo, fede nel soprannaturale.

supernaturalist [ˌsuːpə'nætʃrəlɪst / su·per·nat·ur·al·ist] *s.* (*fil., relig.*) chi crede nel soprannaturale.

supernova ['suːpəˌnəʊvə / su·per·nova] *s.* (*astr.*) supernova.

supernumerary [ˌsuːpə'njuːmərərɪ *amer.* ˌsuːpə'nuːmərerɪ / su·per·nu·mer·ary] *agg.* (*form.*) **1** soprannumerario; eccedente **2** aggiunto; extra // (*econ.*) — *income*, reddito discrezionale ◆ *s.* (*form.*) **1** soprannumerario (di impiegato, insegnante ecc.) **2** (*teatr.*) comparsa.

supernutrition [ˌsuːpənjuː'trɪʃn *amer.* ˌsuːpənuː'trɪʃn / su·per·nu·tri·tion] *s.* supernutrizione.

superorder ['suːpərˌɔːdə* / su·per·or·der] *s.* (*bot., zool.*) superordine.

superphosphate [ˌsuːpə'fɒsfeɪt / su·per·phos·phate] *s.* (*chim.*) superfosfato, perfosfato.

to **superpose** [ˌsuːpə'pəʊz / su·per·pose] *v.tr.* sovrapporre; disporre a piani: *to — sthg. on sthg.*, sovrapporre una cosa a un'altra.

superposition [ˌsuːpəpə'zɪʃn / su·per·posi·tion] *s.* sovrapposizione // (*fis.*): — *of vibrations*, sovrapposizione delle vibrazioni; — *principle*, principio di sovrapposizione // (*mat.*) — *of trigonometric functions*, sovrapposizione delle funzioni trigonometriche.

superpower ['suːpəˌpaʊə* / su·per·power] *s.* (*pol.*) superpotenza.

superprofit ['suːpəˌprɒfɪt / su·per·profit] *s.* (*econ.*) sovraprofitto.

to **supersaturate** [ˌsuːpə'sætʃəreɪt / su·per·sat·ur·ate] *v.tr.* (*chim., fis.*) soprasaturare: *supersaturated vapour*, vapore soprasaturo.

supersaturation [ˌsuːpəˌsætʃə'reɪʃn / su·per·sat·ura·tion] *s.* (*chim., fis.*) soprasaturazione.

to **superscribe** ['suːpəˌskraɪb / su·per·scribe] *v.tr.* (*antiq.*) **1** mettere una iscrizione, una soprascritta su: *a packet superscribed 'fragile'*, un pacco con l'indicazione 'fragile' **2** intestare; scrivere l'indirizzo su (una lettera).

superscript ['suːpəskrɪpt / su·per·script] *agg.* soprascritto ◆ *s.* indice posto in alto, esponente.

superscription [ˌsuːpə'skrɪpʃn / su·per·scrip·tion] *s.* **1** soprascritta; iscrizione **2** intestazione (*anche comm.*); indirizzo.

to **supersede** [ˌsuːpə'siːd / su·per·sede] *v.tr.* **1** rimpiazzare, sostituire; prendere il posto di: *a more liberal generation is superseding the old ruling class*, una generazione più liberale sta prendendo il posto della vecchia classe dirigente; *tractors have superseded horses*, i trattori hanno soppiantato i cavalli // *to be superseded*, essere sorpassato, passato di moda, obsoleto **2** (*ant.*) desistere da, astenersi da.

supersedeas [ˌsuːpə'siːdɪæs / su·per·sedeas] *s.* (*dir.*) ordine di sospensione di un procedimento legale.

supersensitive [ˌsuːpə'sensɪtɪv / su·per·sens·it·ive] *agg.* ipersensibile; di una sensibilità morbosa // **-ness** *s.*

supersensual [ˌsuːpə'sensjʊəl / su·per·sen·sual] *agg.* soprasensibile.

supersession [ˌsuːpə'seʃn / su·per·ses·sion] *s.* (*form.*) sostituzione.

supersolar [ˌsuːpə'səʊlə* / su·per·solar] *agg.* che sta al disopra del sole.

supersonic [ˌsuːpə'sɒnɪk / su·per·sonic] *agg.* supersonico // (*fis.*): — *flow*, flusso supersonico; — *frequency*, frequenza supersonica // (*aer.*): — *plane*, aeroplano supersonico; — *flight*, volo supersonico; — *speed*, velocità supersonica.

superstar ['suːpəstɑː* / su·per·star] *s.* divo, superstar.

superstition [ˌsuːpə'stɪʃn / su·per·sti·tion] *s.* superstizione.

superstitious [ˌsuːpə'stɪʃəs / su·per·sti·tious] *agg.* superstizioso // **-ly** *avv.*

superstratum ['suːpəˌstrɑːtəm *amer.* 'suːpəˌstreɪtəm / su·per·stratum] *pl.* **superstrata** ['suːpəˌstrɑːtə *amer.* 'suːpəˌstreɪtə / su·per·strata] *s.* (*geol.*) strato superiore.

superstructure ['suːpəˌstrʌktʃə* / su·per·struc·ture] *s.* **1** (*edil., mar.*) sovrastruttura (*anche fig.*) **2** (*ferr.*) armamento.

supertanker ['suːpəˌtæŋkə* / su·per·tanker] *s.* (*mar.*) superpetroliera.

supertax ['suːpətæks / su·per·tax] *s.* (*trib.*) imposta addizionale, sovrimposta.

superterrestrial [ˌsuːpətɪ'restrɪəl / su·per·ter·rest·ri·al] *agg.* **1** che sta, vive sopra la terra **2** ultraterreno.

to **supervene** [ˌsuːpə'viːn / su·per·vene] *v.intr.* (*form.*) sopraggiungere; sopravvenire: *should death* —..., se dovesse sopraggiungere la morte...

supervise ['suːpəvaɪz / su·per·vise] *s.* (*ant.*) lettura attenta: *I found... / that on the supervise, no leisure bated, / no, not to stay the grinding of the axe, / my head should be struck off*, (SH. Hamlet) trovai... che a lettura ultimata, senza indugio, no, neanche il tempo di affilare la scure, mi avrebbero tagliato la testa.

to **supervise** *v.tr.* sovrintendere a; dirigere; sorvegliare ◆ *v.intr.* sovrintendere.

supervision [ˌsu:pəˈvɪʒn / su·per·vi·sion] *s.* supervisione; sovrintendenza; sorveglianza // (*banca*) *bank* —, vigilanza bancaria.

supervisor [ˈsu:pəvaɪzə* / su·per·visor] *s.* **1** supervisore; sovrintendente; ispettore; sorvegliante **2** (*amer.*) funzionario amministrativo **3** (*inform.*) programma supervisore.

supervisory [ˈsu:pəˌvaɪzərɪ / su·per·vis·ory] *agg.* di sorveglianza, di controllo // (*dir.*) — *jurisdiction*, giurisdizione di controllo // (*amm.*): — *authority*, autorità di vigilanza; — *regulations*, normativa in materia di vigilanza.

supervolute [ˌsu:pəvəˈlju:t *amer.* ˌsu:pə vəˈlu:t / su·per·vo·lute] *agg.* (*bot.*) convoluto.

superwoman [ˈsu:pəˌwʊmən / su·per·wo·man] *pl.* **superwomen** [ˈsu:pəˌwɪmɪn] *s.* superdonna (*anche iron.*).

to **supinate** [ˈsu:pɪneɪt / su·pin·ate] *v.tr.* (*rar.*) volgere all'insù (il palmo della mano).

supination [ˌsu:pɪˈneɪʃn / su·pina·tion] *s.* supinazione.

supine [su:ˈpaɪn *amer.* sʊˈpaɪn / su·pine] *come s.* [ˈsju:paɪn] *agg.* **1** (*form.*) supino, sdraiato **2** (*fig.*) supino, passivo, indifferente; indolente ◆ *s.* (*gramm. lat.*) supino // **-ly** *avv.* // **-ness** *s.*

supper [ˈsʌpə* / sup·per] *s.* cena; spuntino (gener. dopo uno spettacolo): *to have* —, cenare; — *time*, ora di cena; — *party*, cena, ricevimento con cena // *the Last Supper*, l'Ultima Cena // *the Lord's Supper*, l'Eucarestia.

to **supper** *v.intr.* (*rar.*) cenare ◆ *v.tr.* (*rar.*) invitare a cena.

supperless [ˈsʌpəlɪs / sup·per·less] *agg.* senza cena.

to **supplant** [səˈplɑ:nt *amer.* səˈplænt / sup·plant] *v.tr.* soppiantare; (*fig.*) fare lo sgambetto a; prendere il posto di, rimpiazzare.

supplantation [ˌsʌplænˈteɪʃn / sup·planta·tion] *s.* (*non com.*) soppiantamento; rimpiazzo.

supplanter [səˈplɑ:ntə* *amer.* səˈplæntə* / sup·plant·er] *s.* chi soppianta; chi rimpiazza.

supple [ˈsʌpl] *agg.* **1** flessibile, pieghevole **2** agile, elastico, duttile (*anche fig.*) **3** (*fig.*) docile, arrendevole, cedevole **4** (*fig.*) compiacente, ossequioso; servile // **-ness** *s.*

to **supple** *v.tr.* rendere flessibile, pieghevole, docile: *to — a horse*, rendere docile un cavallo ◆ *v.intr.* divenire flessibile, pieghevole, docile.

supplejack [ˈsʌplˌdʒæk / sup·ple·jack] *s.* **1** (*bot.*) (nome generico di varie specie di) piante tropicali palustri **2** canna, bastone da passeggio **3** (*amer.*) marionetta.

supplement [ˈsʌplɪmənt / sup·ple·ment] *s.* **1** supplemento, integrazione, aggiunta // (*econ.*) *family income* —, assegno familiare integrativo **2** supplemento, inserto; (volume di) aggiornamento: *literary* —, supplemento letterario (di un giornale) **3** supplemento, sovrapprezzo (di tariffa ferroviaria).

to **supplement** *v.tr.* fare aggiunte a, completare, integrare: *to — one's income*, arrotondare i guadagni; *to — one's diet*, integrare la dieta.

supplemental [ˌsʌplɪˈmentl / sup·ple·mental] *agg.* (*non com.*) supplementare; integrativo // (*econ.*) — *benefits*, benefici accessori // **-ly** *avv.*

supplementary [ˌsʌplɪˈmentərɪ / sup·ple·ment·ary] *agg.* supplementare; addizionale; integrativo: (*mat.*) — *angle*, angolo supplementare // (*econ.*) — *allowance*, indennità integrativa // **-ily** *avv.*

supplementation [ˌsʌplɪmenˈteɪʃn / sup·ple·menta·tion] *s.* integrazione, aggiunta; completamento.

suppletive [səˈpli:tɪv / sup·plet·ive] *agg.* suppletivo.

suppletory [ˈsʌplətərɪ *amer.* ˈsʌplətɔ:rɪ, səˈpli:tɔ:rɪ / sup·plet·ory] *agg.* suppletivo, suppletorio: (*dir.*) — *oath*, giuramento suppletorio.

suppliant [ˈsʌplɪənt / sup·pli·ant] *agg.* supplichevole, supplice ◆ *s.* supplicante, chi implora // **-ly** *avv.*

supplicant [ˈsʌplɪkənt / sup·plic·ant] *s.* supplice, supplicante.

to **supplicate** [ˈsʌplɪkeɪt / sup·plic·ate] *v.tr.* (*form.*) supplicare, implorare ◆ *v.intr.* (*form.*) supplicare, presentare una supplica.

supplicatingly [ˈsʌplɪˌkeɪtɪŋlɪ / sup·plic·at·ing·ly] *avv.* (*form.*) supplichevolmente.

supplication [ˌsʌplɪˈkeɪʃn / sup·plica·tion] *s.* (*form.*) supplica, implorazione.

supplicatory [ˈsʌplɪkətərɪ / sup·pli·cat·ory] *agg.* (*form.*) supplicatorio.

supplier [səˈplaɪə* / sup·plier] *s.* fornitore // —*'s* (*export*) *credit*, credito all'esportazione, in favore del fornitore.

supply[1] [səˈplaɪ / sup·ply] *s.* **1** rifornimento, approvvigionamento, fornitura; provvista, scorta: *to lay in a — of sthg.*, fare provvista di qlco.; *we have a large — of frozen meat*, abbiamo molta carne congelata di scorta; *food* —, vettovaglie; *water* —, provvista, rifornimento d'acqua; *in short* —, scarso, difficile da procurare // (*mil.*) *ammunition* —, rifornimento di munizioni // (*elettr.*) — *line*, linea d'alimentazione // (*econ.*) — *of saving*, formazione di risparmio **2** (*econ.*) offerta: *the law of — and demand*, la legge della domanda e dell'offerta; *free play of — and demand*, libero gioco della domanda e dell'offerta; — *curve*, curva di offerta; — *price*, prezzo di offerta; — *side economics*, economia dell'offerta; *aggregate* —, offerta aggregata, offerta globale **3** *pl.* (*mil.*) approvvigionamenti, viveri: *to cut off the enemy's supplies*, tagliare i viveri al nemico **4** *pl.* (*pol.*) sussidi, fondi; stanziamenti // — *services*, capitoli di spesa (del bilancio dello stato) **5** sostituto, supplente: — *teacher*, supplente.

to **supply**[1] *v.tr.* **1** fornire, provvedere, rifornire; offrire: *to — s.o. with goods*, fornire merci a qlcu.; *river that supplies an electric power station*, fiume che alimenta una centrale elettrica; *to — proof*, fornire prove **2** supplire a; soddisfare: (*comm.*) *to — demand*, soddisfare la richiesta di merci; *to — s.o.'s needs*, soddisfare i bisogni di qlcu. **3** supplire, sostituire **4** colmare; compensare: *to — a deficiency*, colmare una lacuna; *to — a vacancy*, occupare un posto vacante; *to — a loss*, compensare una perdita // *snuff, or the fan, supply each pause of chat*, (POPE) il tabacco o il ventaglio riempiono ogni pausa tra una chiacchiera e l'altra ◆ *v.intr.* fare supplenza: *to — for s.o.*, supplire qlcu.

supply[2] [ˈsʌplɪ] *avv.* agilmente; flessuosamente.

supply-main [səˈplaɪˌmeɪn] *s.* (*elettr.*) cavo di distribuzione, di alimentazione.

supply-power [səˈplaɪˌpaʊə*] *s.* forza motrice.

supply-reel [səˈplaɪˌri:l] *s.* (*elettr.*) bobina di alimentazione.

support [səˈpɔ:t / sup·port] *s.* **1** sostegno, appoggio; approvazione: *moral* —, sostegno morale // *in — of*, a favore di **2** aiuto; assistenza: *they found a sure — in religion*, trovarono un conforto sicuro nella religione; *to get* (o *to obtain*) —, ottenere un aiuto // (*mil.*) *troops in* —, truppe di rincalzo, di rinforzo **3** mantenimento, sostentamento: *to be without means of* —, essere senza mezzi di sostentamento // — *price*, prezzo di sostegno **4** (*tecn.*) supporto; sostegno; sella (di caldaia); mensola; (*arch.*) sostegno (di una volta ecc.) **5** (*mus.*) accompagnamento, sottofondo musicale.

to **support** *v.tr.* **1** sostenere, reggere: *he supported himself with a stick*, si reggeva con un bastone; *pillars — the roof*, i pilastri sostengono il tetto; *I supported him with my arm*, lo sostenevo col braccio **2** sostenere; dare appoggio a; incoraggiare: *evidence supporting a charge*, prove che sostengono un'accusa; *the evidence doesn't — his theory*, i fatti non convalidano la sua teoria; *to — the motion*, appoggiare la mozione // *to — the leading actor*, fare da spalla al primo attore **3** mantenere, dare sostentamento a: *to — one's family on £ 5000 a year*, mantenere la famiglia con 5000 sterline all'anno; *charity supported by voluntary contributions*, istituzione benefica che si regge su contributi volontari **4** tollerare; sopportare: *he could not — such insolence*, egli non poté tollerare tale insolenza **5** (*mil.*) rincalzare; mandar rinforzi a **6** (*sport*) sostenere, tifare per **7** (*inform.*) prestare assistenza.

supportable [səˈpɔ:təbl / sup·port·able] *agg.* **1** sostenibile **2** sopportabile, tollerabile // **-bly** *avv.*

supporter [səˈpɔ:tə* / sup·porter] *s.* **1** sostenitore, fautore; partigiano **2** tifoso, supporter **3** sostegno, appoggio **4** (*athletic*) —, fascia elastica **5** giarrettiera **6** (*arald.*) sostegno, supporto.

supporting [səˈpɔ:tɪŋ / sup·port·ing] *agg.* di sostegno, di appoggio: — *beam*, trave portante; — *block*, blocco di sostegno; — *rib*, nervatura di rinforzo; — *shoe*, supporto della fune; — *structure*, struttura portante; — *wall*, muro di sostegno // (*dir.*) — *documents*, documenti giustificativi, probanti ◆ *s.* sostegno, rinforzo.

supporting part [səˈpɔ:tɪŋˌpɑ:t] *s.* (*cinem.*, *tv*) parte minore; ruolo di attore non protagonista SIN. supporting role.

supporting programme [səˈpɔ:tɪŋ ˌprəʊgræm *amer.* səˈpɔ:tɪŋˌprɒgræm] *s.* (*cinem.*, *tv*) programma di contorno.

supporting role [səˈpɔ:tɪŋˌrəʊl] → **supporting part**.

supportless [səˈpɔ:tlɪs / sup·port·less] *agg.* (*ant.*) intollerabile: *as if they had a design, by making wedlock a supportless yoke, to violate it*, (MILTON) come se avessero lo scopo, rendendo il matrimonio un giogo intollerabile, di violarlo.

supposable [səˈpəʊzəbl / sup·pos·able] *agg.* supponibile.

supposal [səˈpəʊzəl / sup·posal] *s.* **1** il supporre **2** supposizione; congettura; ipotesi.

to **suppose** [səˈpəʊz / sup·pose] *v.tr.* **1** presumere, credere, pensare: *I — he will be back in an hour*, penso che sarà di ritorno tra un'ora; *I — so*, penso di sì; *I am not supposed to do it*, non dovrei farlo; *she is supposed to be very wealthy*, si ritiene che sia molto ricca; *you are not supposed to answer all the questions*, non sei tenuto a rispondere a tutte le domande; *you are not supposed to make a noise in here*, non è permesso fare rumore qui **2** supporre, fare l'ipotesi; immaginare: *— you're right*, supponiamo che tu abbia ragione; *— your sister came what would she say?*, se venisse tua sorella che direbbe?; *— we change the subject*, e se parlassimo d'altro?; *— we leave at once*, e se partissimo subito? **3** presupporre: *creation supposes a creator*, la creazione presuppone un creatore ◆ *v.intr.* fare una supposizione, una congettura.

supposed [sə'pəʊzd / sup·posed] *agg.* presunto, supposto: *the — culprit*, il presunto colpevole.

supposedly [sə'pəʊzɪdlɪ / sup·posed·ly] *avv.* **1** presumibilmente; per supposizione **2** in apparenza, stando alle apparenze.

supposition [,sʌpə'zɪʃn / sup·posi·tion] *s.* **1** supposizione, ipotesi, congettura: *unfounded —*, supposizione infondata // *on —*, per supposizione **2** il fare supposizioni, ipotesi, congetture.

suppositional [,sʌpə'zɪʃənl / sup·posi·tional] *agg.* ipotetico, immaginario // **-ly** *avv.*

suppositious [,sʌpə'zɪʃəs / sup·posi·tious] *agg.* (*non com.*) **1** ipotetico **2** falso, spurio.

supposititious [sə,pɒzɪ'tɪʃəs / sup·posi·ti·tious] *agg.* (*rar.*) **1** falso, spurio; contraffatto: *— works*, opere spurie **2** ipotetico, presunto.

suppository [sə'pɒzɪtərɪ *amer.* sə'pɒzɪtɔ:rɪ / sup·pos·it·ory] *s.* supposta.

to **suppress** [sə'pres / sup·press] *v.tr.* **1** sopprimere, eliminare; far cessare: *to — a publication*, sopprimere una pubblicazione // (*dir.*) *to file a motion to — evidence*, proporre istanza per far escludere una prova illecita dal processo **2** reprimere, sedare; soffocare: *to — a revolt*, reprimere una rivolta **3** (*fig.*) soffocare, trattenere; nascondere: *to — a yawn*, soffocare uno sbadiglio; *to — the truth*, tener nascosta la verità; *to — a rumour*, non divulgare una diceria **4** arrestare, bloccare **5** (*biol.*) inibire: *to — a mutation*, inibire una mutazione **6** (*psic.*) reprimere.

suppressible [sə'presəbl / sup·press·ible] *agg.* che può essere soppresso, represso, soffocato.

suppression [sə'preʃn / sup·pres·sion] *s.* **1** soppressione **2** (*psic.*) repressione **3** il mettere a tacere, il soffocare (uno scandalo ecc.).

suppressive [sə'presɪv / sup·press·ive] *agg.* **1** repressivo **2** che tende a sopprimere, a calmare: *a — medicine for coughs*, una medicina che calma la tosse.

suppressor [sə'presə* / sup·pressor] *s.* **1** soppressore // (*tel.*) *echo —*, soppressore di eco // (*elettr.*) *spark —*, soppressore di scintilla **2** repressore **3** chi nasconde, soffoca (uno scandalo ecc.).

to **suppurate** ['sʌpjʊəreɪt / sup·pur·ate] *v.intr.* (*med.*) suppurare, venire a suppurazione.

suppuration [,sʌpjʊə'reɪʃn / sup·pura·tion] *s.* (*med.*) suppurazione.

suppurative ['sʌpjʊrətɪv / sup·pur·at·ive] *agg.* e *s.* (*med.*) suppurativo.

supramaxillary [,su:prə,mæk'sɪlərɪ / sup·ra·max·il·lary] *agg.* e *s.* (*anat.*) (osso) della mascella superiore.

supranational [,sʌprə'næʃənl / su·pra·na·tional] *agg.* supernazionale, sopranazionale.

supranatural [,sʌprə'nætʃrəl / su·pra·nat·ural] → **supernatural**.

supraorbital [,sʌprə'ɔ:bɪtl / su·pra·or·bital] *agg.* (*anat.*) sopraorbitale.

supraprotest ['sʌprə,prəʊtest / su·pra·pro·test] *s.* (*comm.*) accettazione per intervento.

suprarenal [,sʌprə'ri:nl / su·pra·renal] *agg.* (*anat.*) surrenale: *— gland*, ghiandola surrenale.

supremacist [sʊ'preməsɪst / su·prem·acist] *s.* (*pol.*) sostenitore della supremazia di un gruppo: *white —*, sostenitore della supremazia dei bianchi.

supremacy [sʊ'preməsɪ / su·prem·acy] *s.* supremazia // *Act of Supremacy*, Atto di Supremazia (legge del 1534 con cui il sovrano inglese fu proclamato capo della Chiesa Anglicana).

supreme [sʊ'pri:m / su·preme] *agg.* **1** supremo; sommo: *the — command*, il comando supremo // *the Supreme*, l'Altissimo // *the Supreme Being*, l'Ente Supremo // *the Supreme Court*, (*amer.*) la Corte Suprema; (*dir.*) *the Supreme Court of Judicature*, la Corte Suprema di Giustizia // *the Supreme Pontiff*, il Sommo Pontefice **2** supremo, massimo, eccelso: *— sacrifice*, sacrificio supremo; *it was their — hour of glory*, era la loro suprema ora di gloria // **-ly** *avv.*

supremo [sʊ'pri:məʊ / su·premo] *pl.* **supremos** *s.* (*fam.*) capo supremo, massima autorità.

supremum [sʊ'pri:məm / su·premum] *s.* (*mat.*) estremo superiore.

sura ['sʊərə] *s.* sura (capitolo del Corano).

sur-addition ['sɜ:rə,dɪʃn] *s.* (*ant.*) soprannome; titolo aggiuntivo: *he serv'd with glory and admir'd success, / so gain'd the sur-addition Leonatus*, (SH. Cymbeline) servì gloriosamente e con ammirevole successo e si guadagnò così il soprannome di Leonato.

surah ['sjʊərə] *s.* surah, sura (tessuto di seta o cotone).

surat [sʊ'ræt] *s.* cotone, tessuto di cotone indiano.

surbase ['sɜ:beɪs / sur·base] *s.* (*arch.*) modanatura, cornice di basamento.

to **surcease** [sɜ:'si:s / sur·cease] *v.intr.* (*ant.*) cessare, smettere: *no pulse / shall keep his native progress, but surcease*, (SH. Romeo and Juliet) il cuore non manterrà il suo ritmo naturale, ma cesserà ogni battito ◆ *v.tr.* desistere da; smettere.

surcharge ['sɜ:tʃɑ:dʒ / sur·charge] *s.* **1** sovraccarico **2** soprattassa: *— on goods*, soprattassa sulla merce; *import —*, soprattassa sulle importazioni, dazio addizionale **3** penalità **4** sovrapprezzo.

to **surcharge** *v.tr.* **1** sovraccaricare **2** tassare, gravare di una soprattassa: *excess luggage weight will be surcharged*, il bagaglio in eccesso verrà gravato di un extra.

surcingle ['sɜ:,sɪŋgl / sur·cingle] *s.* **1** sopraccinghia (della sella) **2** cintura (di veste talare).

to **surcingle** *v.tr.* mettere la sopraccinghia a (un cavallo), legare con la sopraccinghia.

surcoat ['sɜ:kəʊt / sur·coat] *s.* sopravveste (nel medioevo).

surd [sɜ:d] *agg.* **1** (*mat.*) irrazionale **2** (*fon.*) sordo ◆ *s.* **1** (*mat.*) quantità irrazionale **2** (*fon.*) consonante sorda.

sure [ʃʊə*] *agg.* **1** sicuro, certo: *don't be too —*, non essere troppo sicuro; *he is — he will come*, è sicuro di venire; *to be — of oneself, of sthg.*, essere sicuro di sé, di qlco. // *to be —*, senza dubbio, d'accordo; *she was not very clever, to be —, but she was pretty*, (*antiq.*) non era molto intelligente, d'accordo, ma era graziosa // *to be — to*, non mancare di: *be — to come tomorrow*, non mancare di venire domani; *the bus is — to be late*, l'autobus sarà senz'altro in ritardo; *he is — to fail*, è destinato a fallire // *to make —*, accertarsi, assicurarsi: *make — we have enough eggs*, assicurati che ci siano abbastanza uova // *to make — of*, procurarsi, assicurarsi // *— as hell*, (*fam.*) sicuro come l'oro // *well, I'm —!*, (*antiq.*) davvero?! // *it's better to be — than sorry*, (*prov.*) è meglio essere sicuri prima che doversi scusare poi **2** fidato; attendibile; indubbio: *a — friend*, un amico fidato; *a — remedy*, un rimedio sicuro **3** saldo, fermo: *a — belief*, una ferma certezza; *a — foundation*, una salda base.

sure *avv.* **1** (*fam. amer.*) certamente, sicuramente, davvero: *you — have a good accent*, hai davvero un buon accento // *— enough*, infatti; effettivamente, in realtà // *for —*, (*fam.*) di certo, certamente // *as — as a gun* (o *as — as eggs is eggs*), sicuro come due e due fanno quattro **2** *—* (*thing*), (*fam. amer.*) senz'altro, certamente: *"Are you coming?" "Sure!"*, "Vieni?" "Senz'altro!" **3** (*antiq.*) d'accordo: *it is pleasant, —, to see one's name in print*, è piacevole, d'accordo, vedere il proprio nome sui giornali.

surefire [,ʃʊə'faɪə* / sure·fire] *agg.* (*fam.*) sicuro, certo; vincente: *— success*, successo sicuro, assicurato; *a — proposal*, una proposta vincente; *a — gag*, una barzelletta a effetto sicuro.

surefooted [,ʃʊə'fʊtɪd / sure·footed] *agg.* che non fa passi falsi (*anche fig.*).

surely ['ʃʊəlɪ] *avv.* **1** forse, probabilmente: *— we have met before?*, non ci siamo già conosciuti? **2** (*amer.*) sicuramente, certamente; senza dubbio (anche enfatico): *— we have met before*, sono certo che ci siamo già incontrati; *— you don't believe that!*, non è possibile che tu lo creda! // *— to goodness!*, (*fam. antiq.*) perbacco! **3** con sicurezza, in modo sicuro; bene: *my pupil is learning English slowly but —*, il mio allievo sta imparando l'inglese lentamente, ma bene; *to plant one's feet — on the ground*, piantare bene i piedi per terra.

sureness ['ʃʊənɪs / sure·ness] *s.* sicurezza; certezza.

surety ['ʃʊərətɪ] *s.* **1** (*ant.*) certezza // *of a —*, sicuramente, certamente **2** (*dir.*) garanzia, fideiussione **3** (*dir.*) garante, fideiussore: *to stand* (o *to go*) *— for s.o.*, farsi garante per qlcu.

suretyship ['ʃʊərətɪʃɪp / sure·tyship] *s.* (*dir.*) garanzia, fideiussione.

surf [sɜ:f] *s.* U **1** frangenti (*pl.*) **2** cresta dell'onda; spuma dei marosi **3** risacca.

to **surf** *v.intr.* **1** (*sport*) praticare il surf **2** (*tv.*) fare lo zapping ◆ *v.tr.* (*inform.*) navigare: *to — the Internet*, navigare in Internet.

surface ['sɜːfɪs / sur·face] *s.* **1** superficie (*anche fig.*): *you only look at the — of things*, voi guardate soltanto all'apparenza delle cose; *to come* (o *to rise*) *to the* —, venire alla superficie, venire a galla, emergere (*anche fig.*) // *on the* —, in superficie; (*fig.*) in apparenza // *below* (o *beneath*) *the* —, nascosto // *water* —, pelo dell'acqua // *to break* —, tornare in superficie (di sommergibile) // (*fis.*): — *of discontinuity*, superficie di discontinuità; — *density*, densità superficiale; — *forces*, forze di superficie; — *pressure*, pressione superficiale; — *tension*, tensione superficiale **2** (*mat.*) superficie; faccia: *the — of a solid*, la superficie di un solido; *plane* —, superficie piana **3** (*mecc.*) superficie, piano: *bearing* —, superficie portante; *sliding* —, piano di scorrimento; — *plate*, piano di riscontro **4** (*aer.*) superficie: *control* —, superficie di comando, di governo; *lifting* —, superficie portante **5** superficie, piano (stradale): *the road has a very uneven* —, il piano stradale è molto dissestato; *wearing* —, manto d'usura.

to **surface** *v.tr.* **1** far emergere, far affiorare, far salire alla superficie (*anche fig.*) **2** rifinire, spianare la superficie di; pavimentare ◆ *v.intr.* **1** emergere, affiorare, salire alla superficie (*anche fig.*) **2** (*fam.*) alzarsi (dal letto); fare la prima comparsa della giornata: *he usually surfaces at ten*, di solito compare alle dieci.

surface water ['sɜːfɪs,wɔːtə*] *s.* acqua superficiale, di scolo.

surface zero ['sɜːfɪs'zɪərəʊ] → **ground zero**.

surfboard ['sɜːfbɔːd / surf·board] *s.* (tavola per praticare il) surf.

surf-duck ['sɜːfdʌk] → **scoter**.

surfeit ['sɜːfɪt / sur·feit] *s.* (*form.*) **1** eccesso, sovrabbondanza: *there is a — of corn in the market*, c'è eccesso di grano sul mercato **2** rimpinzamento; sazietà (*anche fig.*): *there's been a — of tennis on* TV *recently*, ultimamente la TV ci ha fatto fare indigestione di tennis.

to **surfeit** *v.tr.* rimpinzare; saziare (*anche fig.*) ◆ *v.intr.* rimpinzarsi; saziarsi.

surfer ['sɜːfə*] *s.* surfer, surfista.

surfie ['sɜːfɪ] *s.* (*fam.*) appassionato di surf.

surfing ['sɜːfɪŋ / surf·ing] *s.* surfing, la pratica del surf.

surfy ['sɜːfɪ] *agg.* spumoso, spumeggiante.

surge [sɜːdʒ] *s.* **1** ondata, maroso, cavallone, flutto: *the — of the sea*, i flutti, il moto ondoso del mare // *angels of rain and lightning: there are spread / on the blue surface of thine aëry surge*, (SHELLEY) messaggere di pioggia e di fulmini: sono sparse sull'azzurra superficie della tua aerea onda **2** moto ondoso **3** (*fig.*) impeto: *a — of anger*, un impeto di collera **4** (*elettr.*) colpo di corrente, sovracorrente momentanea.

to **surge** *v.intr.* **1** ondeggiare, fluttuare; agitarsi **2** montare, sollevarsi (come un'ondata): *anger surged* (*up*) *within her*, montò in collera; *the blood surged to his cheeks*, il sangue gli affluì al viso; *the car suddenly surged forward*, la macchina fece all'improvviso un balzo in avanti; *he surged to the front of the race*, balzò al comando della gara; *the crowd surged into the square*, la folla si riversò compatta nella piazza **3** girare a vuoto (di ruota) ◆ *v.tr.* **1** far ondeggiare, far fluttuare **2** (*mar.*) lascare; mollare, allentare (un argano ecc.).

surgeon ['sɜːdʒən / sur·geon] *s.* **1** chirurgo // *dental* —, medico dentista **2** (*mar. mil.*) medico.

surgeon-bird ['sɜːdʒən,bɜːd] *s.* (*zool.*) (*Actophilornis africana*) parra africana.

surgeon-fish ['sɜːdʒən,fɪʃ] *s.* (*zool. pop.*) pesce chirurgo.

surgery ['sɜːdʒərɪ / sur·gery] *s.* **1** chirurgia: *conservative*, *radical* —, chirurgia conservativa, radicale; *plastic* —, chirurgia plastica **2** studio, gabinetto medico; ambulatorio; dispensario **3** — (*hours*), orario di visita; orario di ricevimento **4** (*amer.*) sala operatoria.

surgical ['sɜːdʒɪkl / sur·gical] *agg.* **1** chirurgico: — *instruments*, ferri chirurgici; — *treatment*, terapia chirurgica // — *store*, negozio di articoli sanitari **2** correttivo, ortopedico: — *boot* (o *shoe*), scarpa correttiva // **-ly** *avv.*

suricate ['suːrɪkeɪt / sur·ic·ate] *s.* (*zool.*) (*Suricata suricata*) suricato.

Surinamer [,sʊərɪ'næmə* / Suri·nam·er] *s.* nativo, abitante del Suriname.

Surinamese [,sʊərɪnæ'miːz / Suri·nam·ese] *agg.* e *s.* (nativo, abitante) del Suriname.

surjection [sɜː'dʒekʃn / sur·jec·tion] *s.* (*mat.*) suriezione, applicazione suriettiva.

surjective [sɜː'dʒektɪv / sur·ject·ive] *agg.* (*mat.*) suriettivo: — *mapping*, applicazione suriettiva.

surly ['sɜːlɪ] *agg.* **1** scontroso, arcigno, burbero; sgarbato **2** minaccioso, corrucciato (di tempo atmosferico) // **-ily** *avv.* // **-iness** *s.*

surmise ['sɜːmaɪz / sur·mise] *s.* (*form.*) supposizione, congettura; sospetto.

to **surmise** [sɜː'maɪz] *v.tr.* e *intr.* (*form.*) supporre, congetturare; sospettare.

to **surmount** [sɜː'maʊnt / sur·mount] *v.tr.* (*form.*) **1** sormontare; coprire: *each column is surmounted by a statue*, ogni colonna è sormontata da una statua **2** superare, vincere: *to — a difficulty*, superare una difficoltà.

surmountable [sɜː'maʊntəbl / sur·mount·able] *agg.* sormontabile, superabile.

surmullet [sɜː'mʌlɪt / sur·mul·let] *s.* (*zool.*) triglia.

surname ['sɜːneɪm / sur·name] *s.* **1** cognome **2** (*non com.*) soprannome.

to **surname** *v.tr.* **1** dare il cognome a: *he is surnamed Smith*, il suo cognome è Smith **2** soprannominare: *King Richard was surnamed Lion-heart*, re Riccardo fu soprannominato Cuor di Leone.

to **surpass** [sə'pɑːs *amer.* sə'pæs / sur·pass] *v.tr.* (*form.*) sorpassare, superare; vincere: *the result surpassed my expectations*, il risultato superò le mie aspettative; *you have surpassed yourself*, hai superato te stesso; *to — s.o. in intelligence*, superare qlcu. in intelligenza; *to — belief*, essere incredibile.

surpassable [sə'pɑːsəbl *amer.* sə'pæsəbl / sur·pass·able] *agg.* sorpassabile, superabile.

surpassing [sə'pɑːsɪŋ *amer.* sə'pæsɪŋ / sur·pass·ing] *agg.* (*form.*) superiore, eccellente, straordinario, incomparabile: *she was of — kindness*, era di una gentilezza straordinaria // **-ly** *avv.*

surplice ['sɜːplɪs / sur·plice] *s.* (*eccl.*) cotta // — *fees*, diritti di parrocchia.

surpliced ['sɜːplɪst / sur·pliced] *agg.* (*eccl.*) in cotta.

surplus ['sɜːpləs / sur·plus] *agg.* in eccedenza, eccedente; eccedentario: — *weight*, eccedenza di peso // (*amm.*): — *account*, conto eccedenze; — *fund*, fondo residui; — *stock*, rimanenze // (*econ.*): — *country*, paese eccedentario; — *labour*, pluslavoro; — *revenues*, plusvalenze; — (*value*), plusvalore ◆ *s.* **1** sovrappiù, eccedenza, avanzo (*anche comm.*); (*econ.*) plusvalore: *to have a — of sthg.*, avere qlco. in sovrappiù // (*econ.*, *comm.*): *appropriated* —, riserva straordinaria; — *of assets*, residuo attivo; *capital* (o *paid-in*) —, apporti in conto capitale eccedenti il valore nominale; *earned* (o *restricted*) —, utile non distribuito; *trade* —, eccedenza commerciale, saldo attivo della bilancia commerciale; *trading* —, risultato di gestione (degli enti pubblici nella contabilità nazionale della Gran Bretagna) **2** (*econ.*) rendita: *consumer's*, *producer's* —, rendita del consumatore, del produttore **3** residuati (di guerra).

surplusage ['sɜːpləsɪdʒ / sur·plus·age] *s.* **1** eccedenza **2** parole, argomentazioni superflue, irrilevanti.

surprisal [sə'praɪzəl / sur·prisal] *s.* (*rar.*) sorpresa.

surprise [sə'praɪz / sur·prise] *s.* **1** sorpresa: *to give s.o. a* —, fare una sorpresa a qlcu.; *the news came as a — to him*, la notizia lo colse di sorpresa; *to take s.o. by* —, cogliere qlcu. di sorpresa // — *attack*, attacco di sorpresa // — *party*, ricevimento a sorpresa // — *visit*, visita inaspettata **2** sorpresa, meraviglia, stupore: *much to my* — (o *to my great* —), con mia grande meraviglia; *I watched them in* —, li guardai meravigliato; *they started up in* —, sobbalzarono per lo stupore; *it's no — to me*, ciò non mi sorprende, non mi fa meraviglia.

to **surprise** *v.tr.* **1** sorprendere, cogliere di sorpresa: *she was surprised in the act of reading the letter she had found*, fu colta in flagrante mentre leggeva la lettera che aveva trovato **2** sorprendere, meravigliare, stupire: *after all the fuss, it wouldn't — me if he resigned*, dopo tutto quel trambusto non mi stupirei se si licenziasse.

surprised [sə'praɪzd / sur·prised] *agg.* sorpreso, meravigliato, stupito: *I was — to see him*, fui sorpreso di vederlo; *she was — at* (o *by*) *Mary's refusal*, si stupì del rifiuto di Mary; *I wouldn't be — if his father changed his mind*, non mi meraviglierei se suo padre cambiasse idea // **-ly** *avv.*

surprising [sə'praɪzɪŋ / sur·pris·ing] *agg.* sorprendente: *their energy is* —, la loro energia è sorprendente // *it's hardly — that she didn't come*, non stupisce il fatto che non sia venuta // **-ly** *avv.*

surrealism [sə'rɪəlɪzəm / sur·real·ism] *s.* (*lett.*, *arte*) surrealismo.

surrealist [sə'rɪəlɪst / sur·real·ist] *agg.* e *s.* surrealista.

to **surrebut** [,sʌrɪ'bʌt / sur·re·but] *pass.p.p.* **surrebutted** [,sʌrɪ'bʌtɪd / sur·re·but·ted] *v.intr.* (*dir.*) confutare le argomentazioni della difesa (dopo che questa ha ribattuto).

surrebutter [ˌsʌrɪ'bʌtə* / sur·re·but·ter] *s.* (*dir.*) confutazione delle argomentazioni della difesa.

to **surrejoin** [ˌsʌrɪ'dʒɔɪn / sur·re·join] e *deriv.* → to **surrebut** e *deriv.*

surrender [sə'rendə* / sur·ren·der] *s.* **1** resa, capitolazione: *the — of the town*, la capitolazione della città; *the — of the government to the pressure of the unions caused surprise*, la resa del governo alle pressioni dei sindacati destò stupore; *unconditional —*, resa incondizionata **2** abbandono; cessione (*anche dir.*); consegna // (*comm.*) *— value*, valore di riscatto (di polizza di assicurazione) // *compulsory —*, espropriazione.

to **surrender** *v.tr.* **1** cedere; consegnare; abbandonare: *they surrendered the fortress to the enemy*, abbandonarono la fortezza al nemico; *to — a passport, a ticket*, consegnare un passaporto, un biglietto; *to — oneself to justice*, consegnarsi alla giustizia // *to — (oneself) to grief*, abbandonarsi al dolore // (*comm.*) *to — an insurance policy*, cedere una polizza di assicurazione **2** (*fig.*) abbandonare, rinunciare a: *he surrendered all hope*, abbandonò ogni speranza ◆ *v.intr.* arrendersi (*anche fig.*): *I —*, mi arrendo; *the government had to — to the pressure of the unions*, il governo dovette cedere alla pressione dei sindacati.

surreptitious [ˌsʌrəp'tɪʃəs / sur·rep·ti·tious] *agg.* **1** clandestino, furtivo, segreto: *— edition*, edizione clandestina (non autorizzata dall'autore) **2** spurio: *— writing*, scritto spurio **3** (*dir.*) surrettizio // **-ly** *avv.*

surrey ['sʌrɪ / sur·rey] *s.* (*amer.*) vettura leggera a quattro ruote e due posti.

surrogate ['sʌrəgɪt / sur·rog·ate] *s.* (*form.*) **1** sostituto; surrogato // *— mother*, madre in affitto (che si presta ad avere un bambino per conto di un'altra che non può averne) **2** (*dir. amer.*) giudice incaricato di omologare testamenti.

surround [sə'raʊnd / sur·round] *s.* bordura, bordo.

to **surround** *v.tr.* **1** circondare, cingere, attorniare: *a crowd surrounded him*, una folla lo circondò: *a moat surrounds the castle*, un fossato cinge il castello; *surrounded by* (o *with*) *dangers*, circondato da pericoli; *there's a lot of excitement surrounding our new project*, (*fig.*) sono tutti molto eccitati per il nostro nuovo progetto **2** (*mil.*) accerchiare, circondare.

surrounding [sə'raʊndɪŋ / sur·round·ing] *agg.* circostante, vicino: *the — plain*, la pianura circostante.

surroundings [sə'raʊndɪŋz / sur·round·ings] *s.pl.* **1** dintorni, paraggi: *the castle is situated in very attractive —*, i dintorni del castello sono molto belli **2** ambiente, condizioni ambientali (*anche fig.*): *unhealthy —*, ambiente malsano; *to live amid religious —*, vivere in ambiente religioso.

surtax ['sɜːtæks / sur·tax] *s.* (*trib.*) imposta complementare, imposta sul reddito addizionale; sovraimposta sul reddito (in Gran Bretagna).

to **surtax** *v.tr.* (*trib.*) applicare una sovraimposta su, a.

surveillance [sɜː'veɪləns / sur·veil·lance] *s.* sorveglianza; ispezione: *under —*, sotto sorveglianza; (*dir.*) in libertà vigilata.

survey ['sɜːveɪ / sur·vey] *s.* **1** esame, indagine; sguardo generale: *a — course of modern history*, un corso generale di storia moderna; *he gave the room a quick —*, diede una rapida occhiata alla stanza; *to take a — of*, esaminare (una questione) **2** relazione; ricerca scritta; studio ufficiale: *a war-time social —*, indagine sistematica sulle condizioni sociali in tempo di guerra **3** perizia; valutazione: *to make a house —*, fare la perizia di una casa **4** rilevamento (topografico): *geological —*, rilevamento geologico; *oceanographic —*, prospezione oceanografica.

to **survey** [sə'veɪ] *v.tr.* **1** esaminare, ispezionare **2** (*form.*) contemplare; guardare: *to — the landscape from the top of a hill*, contemplare il paesaggio dalla cima di una collina **3** compiere uno studio generale su; preparare una relazione su: *to — the situation in the Middle East*, esaminare la situazione nel Medio Oriente **4** fare una perizia di, stimare **5** (*topografia*) misurare, rilevare; fare il rilevamento di ◆ *v.intr.* (*topografia*) fare rilevamenti.

surveying [sə'veɪɪŋ / sur·vey·ing] *s.* **1** rilevamento topografico **2** agrimensura.

surveyor [sə'veɪə* / sur·veyor] *s.* **1** ispettore; sovraintendente: *— of roads*, ispettore stradale; *— of weights and measures*, controllore dei pesi e delle misure **2** geometra; topografo: *land- —*, geometra **3** (*amer.*) doganiere.

surveyorship [sə'veɪəʃɪp / sur·veyor·ship] *s.* ispettorato; carica di sorvegliante.

survival [sə'vaɪvl / sur·vival] *s.* **1** sopravvivenza // *the — of the fittest*, la sopravvivenza del più adatto, selezione naturale // (*stat.*) *— rate*, tasso di sopravvivenza **2** avanzo, reliquia: *a — of times past*, un vestigio dei tempi andati; *the few survivals of this type of verse*, i pochi esempi rimasti di questo genere poetico.

survivalism [sə'vaɪvəlɪzm / sur·vival·ism] *s.* preparazione, addestramento alla sopravvivenza (spec. nel caso di guerra nucleare).

survivalist [sə'vaɪvəlɪst / sur·vival·ist] *s.* chi si prepara, chi si addestra alla sopravvivenza.

to **survive** [sə'vaɪv / sur·vive] *v.tr.* sopravvivere a, vivere più a lungo di: *he will — his son*, vivrà più a lungo di suo figlio; *he will — us all*, ci seppellirà tutti; *to — a disease, a shipwreck*, sopravvivere a una malattia, a un naufragio ◆ *v.intr.* **1** sopravvivere: *he survived alone on the island on fish and fruit*, è sopravvissuto da solo sull'isola nutrendosi di pesce e frutta **2** (*dir.*) passare: *the estate survived to a distant relation*, il patrimonio passò a un lontano parente.

survivor [sə'vaɪvə* / sur·vivor] *s.* sopravvissuto; superstite.

survivorship [sə'vaɪvəʃɪp / sur·vivor·ship] *s.* **1** (*rar.*) sopravvivenza **2** (*dir.*) diritto (del comproprietario superstite) alla quota del defunto // (*assicurazioni*) *— annuity*, vitalizio a favore di qlcu. (in caso di morte dell'assicurato).

susceptance [sə'septəns / sus·cept·ance] *s.* (*fis.*) suscettanza.

susceptibility [səˌseptə'bɪlətɪ / sus·cept·ib·il·ity] *s.* **1** tendenza a farsi influenzare, l'essere sensibile a **2** (*spec. pl.*) suscettibilità, sensibilità, sentimenti: *we mustn't upset the susceptibilities of ethnic minorities*, non dobbiamo urtare la suscettibilità delle minoranze etniche **3** impressionabilità, emotività **4** predisposizione: *— to a disease*, predisposizione a una malattia **5** (*fis.*) suscettività: *electric, magnetic —*, suscettività dielettrica, magnetica.

susceptible [sə'septəbl / sus·cept·ible] *agg.* **1** sensibile; influenzabile: *the government is — to pressures from the party*, il governo si fa facilmente influenzare dalle pressioni di partito; *she is very — to criticism*, è molto sensibile alle critiche **2** soggetto, predisposto: *— to bronchitis*, soggetto a bronchiti **3** impressionabile, emotivo **4** suscettibile; passibile: *situation — of improvement*, situazione suscettibile di miglioramento; *this document is — of a different interpretation*, questo documento è suscettibile di diversa interpretazione // **-bly** *avv.*

susceptive [sə'septɪv / sus·cept·ive] *agg.* (*non com.*) **1** → **susceptible** **2** ricettivo; suscettivo // **-ness** *s.*

suspect ['sʌspekt / sus·pect] *agg.* sospetto: *your statement is —*, la vostra dichiarazione è sospetta ◆ *s.* persona sospetta, sospetto: *political suspects*, persone politicamente sospette.

to **suspect** [sə'spekt] *v.tr.* **1** sospettare, intuire; immaginare, supporre: *I suspected the presence of fire from the odour*, dall'odore avevo l'impressione che ci fosse del fuoco **2** sospettare; dubitare di: *I strongly — the authenticity of that document*, dubito molto dell'autenticità di quel documento; *they suspected him of stealing, of murder*, lo sospettavano di furto, di assassinio ◆ *v.intr.* essere sospettoso; avere dei sospetti.

suspectable [sə'spektəbl / sus·pect·able] *agg.* sospettabile.

to **suspend** [sə'spend / sus·pend] *v.tr.* **1** appendere, tenere sospeso: *red balloons were suspended from the ceiling*, dei palloncini rossi erano sospesi al soffitto **2** sospendere; posporre, differire: *to — a licence*, ritirare una licenza (patente ecc.); *to — a newspaper*, sospendere la pubblicazione di un giornale // (*comm.*) *to — payments*, sospendere i pagamenti // (*dir.*): *to — proceedings*, sospendere un'azione legale; *to — a sentence*, concedere la sospensione della pena; *sentence to be suspended*, sentenza con il beneficio della sospensione condizionale **3** sospendere; allontanare (temporaneamente): *the constable has been suspended pending a full investigation*, il poliziotto è stato sospeso in attesa di un'accurata indagine **4** (*chim.*) tenere in sospensione.

suspender [sə'spendə* / sus·pender] *s.* **1** giarrettiera **2** *pl.* (*amer.*) bretelle.

suspender belt [sə'spendəˌbelt] *s.* reggicalze.

suspense [sə'spens / sus·pense] *s.* **1** suspense; incertezza; attesa ansiosa: *to keep* (o *to hold*) *s.o. in —*, tenere qlcu. sulle spine, sulla corda **2** (*dir.*) (*non com.*) sospensione **3** (*amm.*) *— account*, conto provvisorio, conto sospeso.

suspension [sə'spenʃn / sus·pen·sion] *s.* **1** sospensione, interruzione: *a — of hostilities*, armistizio; (*comm.*) *— of payment, of deliveries*, sospensione di pagamento, delle consegne // (*gramm.*) *points of —*, puntini di sospensione // (*dir.*): *— of proceedings*, sospensione del procedimento; *— of decision*, differimento della decisione **2** sospensione, allontanamento temporaneo (di funzionario ecc.): *— of a licence*, ritiro temporaneo di una licenza (patente ecc.) **3** sospensione, il sospendere; l'essere sospeso: — *bridge*, ponte sospeso // (*mecc.*): — *cable*, *chain*, cavo, catena di sospensione; *cardanic* —, sospensione cardanica; *knee action* —, sospensione con snodo a ginocchiera // (*aer.*) — *band*, gualdrappa (di un aerostato) // (*aut.*): *four-wheel independent* —, sospensione indipendente sulle quattro ruote; *front* —, sospensione anteriore **4** (*chim.*, *fis.*) sospensione.

suspensive [sə'spensɪv / sus·pens·ive] *agg.* (*non com.*) **1** sospensivo: *a — veto*, un veto sospensivo **2** indeciso, incerto **3** ricco di suspense // **-ly** *avv.*

suspensoid [sə'spensɔɪd / sus·pens·oid] *s.* (*chim.*, *fis.*) colloide sospeso in un liquido.

suspensor [sə'spensə* / sus·pensor] *s.* (*med.*) bendaggio a sospensorio.

suspensorial [,sʌspen'sɔːrɪəl / sus·pens·orial] *agg.* (*anat.*) sospensorio.

suspensory [sə'spensərɪ *amer.* sə'spensɔːrɪ / sus·pens·ory] *agg.* (*anat.*) sospensorio ◆ *s.* (*anat.*) muscolo sospensorio.

suspicion [sə'spɪʃn / sus·pi·cion] *s.* **1** sospetto, dubbio: *with* —, con sospetto, con diffidenza; *my — is that*..., ho il sospetto che...; *to have suspicions about s.o.*, sospettare di qlcu.; *I had my suspicions about it*, ne dubitavo; *to arouse s.o.'s* —, destare sospetto in qlcu.; *to lull* —, far tacere i sospetti; *she is above* (o *beyond*) —, è al di sopra di ogni sospetto; *to be under* —, essere ritenuto sospetto (*anche dir.*); *she's under — of murder*, su di lei pesa il sospetto di omicidio **2** (*dir.*) suspicione: *imprisonment on* —, carcerazione cautelare **3** piccolissima quantità, pizzico: *just a — of vanilla*, un pizzico di vaniglia; *a — of a smile*, un accenno di sorriso.

suspicious [sə'spɪʃəs / sus·pi·cious] *agg.* **1** sospettoso, diffidente: *a — look*, uno sguardo diffidente; *public opinion is — with regard to*..., l'opinione pubblica è sospettosa nei riguardi di... **2** sospetto, ambiguo; losco: — *actions*, azioni sospette; — *character*, individuo sospetto, losco figuro; *to look* —, avere un aspetto poco raccomandabile // **-ly** *avv.* // **-ness** *s.*

suspiration [,sʌspɪ'reɪʃn / sus·pira·tion] *s.* (*non com.*) sospiro.

to **suspire** [sə'spaɪə* / sus·pire] *v.intr.* (*non com.*) sospirare.

suss [sʌs] *s.* (*fam.*) (abbr. di *suspicion*, *suspect*) sospetto // *on* —, come sospetto // — *law*, fermo di polizia.

to **suss** *v.tr.* (*fam.*) fermare (come sospetto): *to be sussed*, essere fermato e interrogato come sospetto.

□ **suss out** *v.tr.* e *avv.* (*fam.*) carpire, scoprire: *you can't play games with her, she'll — you out*, non puoi farti gioco di lei, ti scoprirà subito.

to **sustain** [sə'steɪn / sus·tain] *v.tr.* **1** mantenere, sostenere; far fronte a, provvedere a: *we have orders to — output for at least a year*, abbiamo commesse per sostenere la produzione almeno un anno; *he bought enough provisions to — the family through the whole winter*, comprò provviste sufficienti per mantenere la famiglia tutto l'inverno **2** sostenere; prolungare: (*mus.*) *to — a note*, sostenere una nota **3** reggere, sopportare, sostenere: *pillars — the balcony*, dei pilastri sostengono il balcone; *to — comparison with sthg.*, reggere al confronto con qlco. **4** sorreggere, sostenere; incoraggiare: *faith sustained them*, la fede li sosteneva **5** subire, soffrire; sostenere (spese, perdite ecc.): *to — a loss*, subire una perdita **6** appoggiare, confermare, convalidare; (*dir.*) accogliere: *the court sustained his claim*, la corte si pronunciò in suo favore, accolse il suo ricorso, confermò il suo diritto; *to — an objection*, accogliere un'obiezione (in giudizio), un'eccezione; *objection sustained!*, obiezione accolta!

sustainable [sə'steɪnəbl / sus·tain·able] *agg.* sostenibile: *a — opinion*, un'opinione sostenibile; (*econ.*) — *growth*, crescita sostenibile.

sustained [sə'steɪnd / sus·tained] *agg.* sostenuto, intenso; elevato: *a — effort*, uno sforzo intenso, sostenuto.

sustainer [sə'steɪnə* / sus·tain·er] *s.* sostenitore.

sustenance ['sʌstɪnəns / sus·ten·ance] *s.* (*form.*) **1** sostegno **2** mezzi di sussistenza **3** vitto, sostentamento; mantenimento (*anche fig.*): *hope was their* —, si nutrivano di speranza.

sustentation [,sʌsten'teɪʃn / sus·tenta·tion] *s.* (*rar.*) sostentamento // — *fund*, fondo di sostentamento per il clero presbiteriano.

sutler ['sʌtlə* / sut·ler] *s.* (*st.*) vivandiere.

sutlery ['sʌtlərɪ / sut·lery] *s.* **1** mestiere di vivandiere **2** bettolino, spaccio.

suttee ['sʌtiː / sut·tee] *s.* **1** vedova indiana che s'immola sul rogo del marito **2** il sacrificio della vedova indiana sul rogo del marito.

suttle ['sʌtl] *agg.* (*comm.*) netto // — *weight*, peso netto.

sutural ['suːtʃʊrəl / su·tural] *agg.* (*med.*) suturale.

suturation [,suːtʃʊ'reɪʃn / su·tura·tion] *s.* (*med.*) cucitura, sutura.

suture ['suːtʃə* / su·ture] *s.* **1** (*anat.*) sutura, sinartrosi fissa **2** (*med.*) sutura: — *needle*, ago chirurgico, da sutura **3** (*med.*) materiale usato per le suture.

to **suture** *v.tr.* (*med.*) suturare.

suzerain ['suːzəreɪn *amer.* 'suːzərɪn / su·zer·ain] *s.* **1** sovrano feudatario **2** stato avente diritto di sovranità su un altro stato.

suzerainty ['suːzəreɪntɪ *amer.* 'suːzərəntɪ / su·zer·ainty] *s.* **1** sovranità; (*st.*) potere del signore feudale **2** (*dir.*) protettorato internazionale (di uno stato su un altro); sovranità.

svelte [svelt] *agg.* **1** snello, sottile; slanciato **2** elegante, chic.

swab [swɒb] *s.* **1** strofinaccio; (*mar.*) redazza **2** (*med.*) tampone, zaffo **3** (*med.*) campione (di sangue, muco ecc.) prelevato per esame batteriologico **4** (*mil.*, *miner.*) scovolo **5** (*mecc.*) pistone valvolato **6** (*metall.*) pennellessa da formatore **7** (*sl. mar.*) persona maldestra **8** (*sl. mar.*) spallina da ufficiale; ufficiale.

to **swab** *pass.p.p.* **swabbed** [swɒbd] *v.tr.* **1** passare lo strofinaccio su; (*mar.*) redazzare: *the sailor is swabbing* (*down*) *the deck*, il marinaio sta redazzando il ponte **2** (*med.*) medicare, pulire una ferita con un tampone.

swabber ['swɒbə* / swab·ber] *s.* (*mar.*) mozzo; marinaio maldestro // *the master, the swabber... / lov'd Mall*, (SH. The Tempest) il capitano, il mozzo... amavano Mall.

swabby ['swɒbɪ] *s.* (*sl. amer.*) marinaio.

Swabian ['sweɪbjən / Swab·ian] *agg.* e *s.* svevo.

to **swaddle** ['swɒdl] *v.tr.* fasciare (un neonato), avvolgere in fasce; infagottare.

swaddling clothes [,swɒdlɪŋ'kləʊðz] meno com. **swaddling bands** [,swɒdlɪŋ 'bændz] *s.pl.* fasce per neonati // *science is still in its* —, la scienza è ancora in fasce, ai primordi.

swag [swæg] *s.* **1** movimento ondeggiante **2** (*arch.*) festone **3** (*sl.*) bottino, malloppo, refurtiva; guadagni illegali **4** fagotto di vagabondo, di lavoratore itinerante (in Australia).

swag-bellied ['swæg,belɪd] *agg.* panciuto.

swage [sweɪdʒ] *s.* **1** (*mecc.*) stampo (da fabbro): *bottom* —, stampo inferiore; *top* —, stampo superiore; — *block*, chiodaia, tassello a fori, tasso **2** bordatura, modanatura.

to **swage** *v.tr.* **1** stampare a caldo; forgiare nello stampo **2** ricalcare **3** saldare mediante bollitura.

swagger ['swægə* / swag·ger] *agg.* (*antiq.*) **1** vistoso; sgargiante **2** elegante ◆ *s.* (atto di) spavalderia; andatura spavalda: *to walk with a* —, pavoneggiarsi, fare la ruota.

to **swagger** *v.intr.* **1** muoversi, camminare con sussiego; pavoneggiarsi **2** (*antiq.*) vantarsi, gloriarsi, millantarsi; fare lo spavaldo, lo spaccone: *he swaggers about his relations*, si vanta della sua parentela ◆ *v.tr.* (*non com.*) costringere, forzare: *to — s.o. into doing sthg.*, costringere con prepotenza qlcu. a fare qlco.

swagger-cane ['swægə,keɪn] → **swagger-stick**.

swaggerer ['swægərə* / swag·ger·er] *s.* (*antiq.*) spavaldo, spaccone; vanaglorioso, millantatore.

swaggering ['swægərɪŋ / swag·ger·ing] *agg.* (*antiq.*) spavaldo, spaccone; vanaglorioso, millantatore // **-ly** *avv.*

swagger-stick ['swægə,stɪk] *s.* frustino da ufficiale.

swagman ['swægmən / swag·man] *pl.* **swagmen** *s.* (*austr.*) **1** vagabondo **2** lavoratore itinerante.

swain [sweɪn] *s.* (*ant.*) **1** contadinotto, villico: *the shepherd swains shall dance and sing / for thy delight each May morning*, (MARLOWE) i giovani pastori danzeranno e canteranno per tuo diletto ogni mattin di maggio **2** (*poet.*) pastorello, contadinello innamorato; (*scherz.*) innamorato, corteggiatore.

swale [sweɪl] *s.* (*spec. amer.*) buca, depressione; letto asciutto (di torrente).

swallow[1] ['swɒləʊ *amer.* 'swɑːləʊ / swal·low] *s.* rondine; rondone SIN. barn swallow // *one — does not make a summer*, (*prov.*) una rondine non fa primavera.

swallow[2] *s.* **1** inghiottimento, deglutizione; capacità d'inghiottire **2** boccone; sorso **3** gola, faringe; esofago **4** appetito, voracità (*anche fig.*) **5** (*ant.*) pozzo naturale, baratro, abisso // (*geol.*) — *hole*, inghiottitoio **6** (*mar.*) scanalatura.

to **swallow**[2] *v.tr.* **1** inghiottire, deglutire, ingoiare; trangugiare: *to — a pill* (*down*), inghiottire una pillola // *to — the bait*, (*fig.*) abboccare, lasciarsi prendere all'amo // *to — a watermelon seed*, (*fam. amer.*) rimanere incinta **2** (*fig.*) inghiottire; assorbire, incorporare; esaurire; divorare: *the sea swallowed the wreck*, il mare inghiottì il relitto; *the earth swallowed (up) the rain*, il terreno assorbì la pioggia; *supermarkets are swallowing (up) all the little grocers' shops*, i supermercati stanno inglobando tutte le piccole drogherie; *he swallowed the whole book in one evening*, divorò il libro in una sola sera; *her expenses swallowed (up) my earnings*, le sue spese inghiottirono tutti i miei guadagni **3** (*fig.*) ingoiare, mandare giù, sopportare, subire: *he had to — their rudeness*, dovette sopportare la loro maleducazione; *to — an insult*, ingoiare un insulto **4** ritrattare, rimangiarsi: *I hope you won't — your words*, spero che non rimangerai quanto hai detto // *to — the Bible*, (*fam. amer.*) mentire, spergiurare **5** soffocare, reprimere: *to — laughter, tears*, trattenere il riso, le lacrime; *to — one's pride*, mettere a tacere il proprio orgoglio; *to — one's feelings*, tenere a freno i propri sentimenti **6** (*fig. fam.*) accettare, credere facilmente, bere: *that's hard to —*, è dura da credere; *our story was obviously false, but they swallowed it whole*, la nostra storia era palesemente falsa, ma se la sono bevuta tutta ◆ *v.intr.* deglutire, contrarre i muscoli della gola (per l'emozione, il nervosismo ecc.): *he swallowed hard and said "I'm sorry"*, deglutì con fatica e disse "Mi dispiace".

□ **swallow up** *v.tr.* e *avv.* ingoiare, inghiottire (*anche fig.*): *the man was swallowed up by the crowd*, l'uomo fu inghiottito dalla folla.

swallow dive ['swɒləʊ,daɪv] *s.* tuffo ad angelo AMER. swan dive.

swallower ['swɒləʊə* / swal·low·er] *s.* **1** chi inghiotte **2** (*fig. non com.*) credulone.

swallow-fish ['swɒləʊ,fɪʃ] *s.* (*zool.*) (*Trigla hirundo*) cappone imperiale, pesce gallinella.

swallow-tail ['swɒləʊ,teɪl] *s.* **1** coda forcuta **2** frac, marsina **3** — (*butterfly*), (*zool.*) (*Papilio machaon*) macaone.

swallow-tailed ['swɒləʊ,teɪld] *agg.* a coda di rondine: — *coat*, frac, marsina.

swallow-wort ['swɒləʊ,wɜ:t] *s.* (*bot.*) (*Vincetoxicum officinale*) vincetossico.

swam *pass.* di to **swim**.

swamp [swɒmp] *s.* palude; acquitrino, pantano: *marine —*, palude marittima, maremma.

to **swamp** *v.tr.* inondare, allagare; affondare; sommergere (*anche fig.*): *I am swamped with letters*, sono sommersa da una valanga di lettere; *the waves swamped their boat*, le onde sommersero la loro barca; *he is swamped in debts*, è sommerso dai debiti, affonda nei debiti ◆ *v.intr.* imbarcare acqua; affondare; essere sommerso (*anche fig.*).

swampy ['swɒmpɪ] *agg.* paludoso, acquitrinoso; bagnato, molle (di terreno).

swan [swɒn] *s.* **1** cigno: *mute* (o *domestic*) —, cigno domestico // *black* —, cigno nero; (*fig.*) mosca bianca // — *song*, (*fig.*) canto del cigno // *to think one's geese all swans*, valutare troppo ciò che si possiede **2** (*letter.*) poeta, cantore // *the Swan of Avon*, il Cigno dell'Avon (Shakespeare).

to **swan** *v.intr.* (*fam.*) gironzolare, girellare, vagare qua e là senza meta: *to — around Europe*, girovagare per l'Europa // *he swanned off without telling anybody*, se l'è filata via tranquillamente senza dirlo a nessuno.

swan dive ['swɒndaɪv] *s.* (*amer.*) → **swallow dive**.

swank [swæŋk] *agg.* **1** → swanky 1 **2** (*non com.*) vivace, attivo **3** snello, agile, flessibile ◆ *s.* (*fam.*) **1** eleganza vistosa **2** pretenziosità; ostentazione; boria, vanteria, millanteria **3** borioso, vanaglorioso, millantatore, spaccone.

to **swank** *v.intr.* (*fam.*) darsi delle arie, pavoneggiarsi; vantarsi, fare lo spaccone.

swanky ['swæŋkɪ] *agg.* (*fam.*) **1** alla moda, ricercato, sciccoso; di eleganza vistosa, appariscente **2** borioso, vanaglorioso, da spaccone // **-ily** *avv.* // **-iness** *s.*

swan-neck ['swɒnnek] *s.* (*mecc.*) collo d'oca.

swan-upping ['swɒn,ʌpɪŋ] *s.* spedizione annuale (sul Tamigi) per contrassegnare i giovani cigni di proprietà della Corona inglese.

swap [swɒp] *s.* **1** (*fam.*) scambio; baratto: *let's do a —*, facciamo cambio // *heart —*, trapianto cardiaco // (*inform.*) — *file*, file di scambio **2** (*fam.*) oggetto barattato, oggetto di scambio **3** (*fin.*) (*foreign exchange*) —, riporto in cambi, riporto valutario, operazione a termine con contropartita (nel mercato dei cambi), operazione swap: *gold/currency —*, riporto in oro contro valuta **4** (*fin.*) — (*arrangement*), (accordo di) swap (nel mercato dei capitali), scambio di obbligazioni originarie; scambio di posizioni debitorie o creditorie // *coupon* (o *interest rate*) —, coupon swap, scambio di un flusso di interessi a tasso fisso con flusso di interessi a tasso variabile // *mirror —*, swap speculare // — *dealer*, intermediario del mercato degli swap **5** (*banca*) linea reciproca di credito (tra banche centrali).

to **swap** *pass.p.p.* **swapped** [swɒpt] *v.tr.* (*fam.*) scambiare; barattare: *to — round* (o *over* o *to — places*) *with s.o.*, scambiare il posto con qlcu.; *to — sthg. for sthg. else*, barattare qlco. con qualcos'altro ◆ *v.intr.* fare uno scambio, un baratto.

swapping ['swɒpɪŋ / swap·ping] *s.* (*inform.*) sostituzione di un programma con un altro // — *routine*, sottoprogramma di trasferimento.

sward [swɔ:d] *s.* (*antiq.*) distesa erbosa, tappeto verde; zolla erbosa; terreno erboso.

sware *pass.* (*ant.*) di to **swear**.

swarm[1] [swɔ:m] *s.* **1** sciame (*anche fig.*): *a — of bees*, uno sciame d'api; *a — of children*, una frotta di bambini **2** (*inform.*) serie di errori (di un software).

to **swarm**[1] *v.intr.* **1** sciamare (*anche fig.*) **2** affollarsi; pullulare, brulicare: *the audience swarmed into the theatre*, il pubblico affollò il teatro; *the crowd swarmed over the pitch*, la folla irruppe nel campo; *the place was swarming with soldiers*, il luogo brulicava di soldati ◆ *v.tr.* affollare.

to **swarm**[2] *v.tr.* e *intr.* arrampicarsi: *to — (up) a pole*, arrampicarsi su un palo.

swarm-cell ['swɔ:msel] **swarm-spore** ['swɔ:mspɔ:*] *s.* (*biol.*) zoospora.

swart [swɔ:t] **swarth** [swɔ:θ] *agg.* (*ant.*) **1** bruno, scuro (di carnagione) **2** (*fig.*) fosco; maligno.

swarthy ['swɔ:ðɪ] *agg.* dalla carnagione scura; bruno // **-ily** *avv.* // **-iness** *s.*

swash[1] [swɒʃ] *s.* **1** massa d'acqua che si frange contro ostacoli **2** sciabordio; rumore di acqua agitata **3** (*amer.*) canale che attraversa un banco di sabbia, canale che scorre fra il banco e la riva **4** pesante colpo **5** smargiasso, fanfarone **6** spacconata.

to **swash**[1] *v.intr.* **1** sguazzare: *he was swashing about in the bath*, sguazzava nel bagno **2** battere rumorosamente; sciabordare, infrangersi (di acqua): *heavy rain swashed against the window*, una fitta pioggia scrosciava contro la finestra **3** agitare qua e là la spada; (*fig.*) fare il gradasso, lo spaccone ◆ *v.tr.* **1** schizzare (acqua) **2** (*ant.*) colpire violentemente.

swash[2] *agg.* **1** obliquo, inclinato: (*mecc.*) — *plate*, disco inclinato **2** (*tip.*) ornato: — *letters*, maiuscolo corsivo ornato.

swashbuckler ['swɒʃ,bʌklə* / swash·buck·ler] *s.* fanfarone, spaccone, gradasso.

swashbuckling ['swɒʃ,bʌklɪŋ / swash·buck·ling] *agg.* spavaldo, borioso; spaccone: *a — pirate film*, un film di pirati spacconi.

swasher ['swɒʃə* / swash·er] *s.* (*ant.*) spaccone, gradasso: *I have observed these three swashers*, (SH. Henry V) ho osservato questi tre spacconi.

swashing ['swɒʃɪŋ / swash·ing] *agg.* (*rar.*) **1** borioso, spavaldo; spaccone: *we'll have a swashing and martial outside, / as many other mannish cowards have*, (SH. As You Like It) noi avremo un aspetto spavaldo e marziale, come tanti pusillanimi che hanno fattezze di maschio **2** violento.

swashy ['swɒʃɪ] *agg.* acquoso; melmoso.

swastika ['swɒstɪkə / swas·tika] *s.* svastica, croce uncinata.

swat [swɒt] *s.* **1** colpo (secco); schiaffo; pacca **2** schiacciamosche, acchiappamosche.

to **swat** *pass.p.p.* **swatted** ['swɒtɪd / swat·ted] *v.tr.* colpire, schiacciare d'un colpo (una mosca, una zanzara ecc.).

swatch[1] [swɒtʃ] *s.* **1** campione (di stoffa); (*fig.*) campione, modello **2** (*inform.*) livello (di software).

swatch[2] *s.* (*non com.*) canale (tra due banchi di sabbia).

swath [sweɪθ] **swathe**[1] [sweɪð] *s.* **1** fila di spighe falciate; erba falciata, grano falciato **2** falciata; superficie lasciata libera dal grano o da altro cereale falciato **3** striscia, sezione longitudinale; area // *to cut a —*, aprire un varco: *the machinegun cut a — through the advancing troops*, la mitragliatrice aprì un varco fra le truppe che avanzavano.

swathe[2] *s.* benda, fascia.

to **swathe**[2] *v.tr.* fasciare, bendare; avvolgere (*anche fig.*).

sway [sweɪ] *s.* **1** oscillazione; dondolio **2** spinta; influenza; forza: *the — of new ideas*, la forza delle nuove idee **3** (*letter.*) impero, dominio: *he held — over Europe*, fu signore d'Europa.

to **sway** *v.intr.* oscillare, ondeggiare; inclinarsi; (*fig.*) tentennare: *to — in the wind*, oscillare al vento; *he swayed between two alternatives*, era indeciso tra due alternative ◆ *v.tr.* **1** far oscillare, far ondeggiare; inclinare; piegare // *to — s.o. from his course*, sviare qlcu. dai suoi progetti **2** (*ant.*) brandire (una spada); impugnare (lo scettro) **3** (*form.*) governare, influenzare: *he swayed our ideas*, influenzò le nostre idee; *to refuse to be swayed*, essere inflessibile; non lasciarsi convincere, influenzare **4** *to — (up)*, (*mar.*) alare, issare.

swaybacked ['sweɪbækt / sway·backed] *agg.* (di cavallo) dalla schiena troppo insellata.

Swazi ['swɑ:zɪ / Swa·zi] *agg.* e *s.* (nativo, abitante) dello Swaziland.

to **swear** [sweə*] *pass.* **swore** [swɔ:*] (*ant.*) **sware** [sweə*] *p.p.* **sworn** [swɔ:n] *v.tr.* **1** giurare; promettere solennemente (*anche dir.*): *to — allegiance*, giurare fedeltà; *to — revenge*, giurare vendetta; *to — a solemn oath*, fare un giuramento solenne; *to — to tell* (o *that one will tell*) *the truth*, giurare di dire la verità; *I — to God I didn't do it*, giuro su Dio che non l'ho fatto; *to — on the Bible, on one's honour, before* (o *by*) *God*, giurare sulla Bibbia, sul proprio onore, davanti a Dio // *sworn statement*, dichiarazione sotto giuramento // (*dir.*) *to — a charge against s.o.*, muovere un'accusa formale contro qlcu. **2** far giurare, far prestare giuramento a; far promettere solennemente a: *to — s.o. to secrecy*, far giurare a qlcu. di mantenere il segreto ◆ *v.intr.* **1** giurare; prestare giuramento: (*dir.*) *to — falsely*, giurare il falso, prestare falso giuramento // *to — blind*, giurare su quanto si ha di più caro // *he swears by whisky*, giura sulle virtù (terapeutiche) del whisky **2** bestemmiare; imprecare: *to — like a trooper*, bestemmiare come un turco; *it's enough to make a saint —*, ce n'è abbastanza per far bestemmiare un santo; *to — at s.o., sthg.*, imprecare contro qlcu., qlco.

□ **swear in** *v.tr.* e *avv.* far giurare; insediare (in una carica) facendo prestare giuramento: *the new ministers were sworn in by the president*, i nuovi ministri giurarono nelle mani del presidente; (*dir.*) *the jurors were sworn in*, i giurati vennero insediati (prestarono giuramento).

□ **swear off** *v.intr.* e *prep.* (*fam.*) rinunciare solennemente a: *he swore off cigarettes*, ha giurato di smettere di fumare.

□ **swear out** *v.tr.* e *avv.* (*dir.*) **1** far giurare, far prestare giuramento a **2** (*amer.*) far arrestare (giurando sulla veridicità dell'atto di accusa).

□ **swear to** *v.intr.* e *prep.* (*fam.*) giurare, affermare sotto giuramento: *I think it was him but I couldn't — to it*, penso che fosse lui ma non potrei giurarlo; *I could have sworn to it*, l'avrei giurato!, lo sapevo!

swearer ['sweərə*] *s.* **1** chi giura; chi fa giurare (*anche dir.*): *false —*, spergiuro **2** bestemmiatore.

swearing ['sweərɪŋ / swear·ing] *s.* **1** (*dir.*) giuramento **2** bestemmia; imprecazione **3** il bestemmiare; l'imprecare.

swearword ['sweə,wɜ:d / swear·word] *s.* parolaccia; imprecazione.

sweat [swet] *s.* **1** sudore; traspirazione: *dripping with —*, grondante di sudore; *to have a —*, fare una sudata; *to be in a —*, (*fam.*) essere in un bagno di sudore; *cold —*, (*fam.*) sudore freddo // *by the — of one's brow*, col sudore della fronte (*anche fig.*) **2** (*fig.*) ansia; agitazione: *to be in a —*, essere tutto un sudore (per l'ansia, l'agitazione) // *no —*, (*fam. amer.*) non c'è problema, niente paura **3** (*fig. fam.*) sudata, lavoro duro, fatica // (*sl. mil.*) *an old —*, un veterano **4** (*fam. amer.*) sgambata (di cavallo da corsa).

to **sweat** *v.intr.* **1** traspirare, sudare; trasudare: *to — profusely*, sudare abbondantemente **2** penare; soffrire; stare in ansia: *let him — a while before you tell him*, fallo penare un po' prima di dirglielo **3** affaticarsi; sfacchinare **4** fermentare (del tabacco, delle pelli) ◆ *v.tr.* **1** trasudare, sudare: *those walls were sweating damp*, quelle pareti trasudavano umidità // *to — blood*, sudar sangue // *to — bullets*, (*fam. amer.*) lavorare molto duramente; essere molto preoccupato, agitato // *he sweated (off) a kilo in the gym*, perse un chilo in palestra **2** bagnare, inzuppare di sudore: *a sweated shirt*, una camicia bagnata, zuppa di sudore **3** far sudare: *the doctor sweated the patient*, il medico disse che il paziente doveva sudare **4** far lavorare duramente; sfruttare (dipendenti) **5** (*metall.*) far colare, scaldare fino alla colatura del componente a più basso punto di fusione: *to — bismuth ore*, estrarre il bismuto mediante riscaldamento del minerale **6** (*metall.*) infiltrare, far colare (metallo fuso) fra due pezzi per saldarli **7** (*mar.*) tendere al massimo (corda, vela) **8** (*sl.*) derubare, salassare, pelare **9** (*antiq. estens.*) *to — a gold or silver coin*, tosare una moneta d'oro o d'argento (limarla per utilizzare a scopo di lucro il metallo così ricavato **10** (*sl. amer.*) fare il terzo grado a, strappare una confessione a **11** (*fam. amer.*) tentare in tutti i modi di ottenere (qlco.).

□ **sweat out** *v.tr.* e *avv.* curare (un'infreddatura ecc.) sudando: *he is sweating out his cold*, cura il raffreddore con una bella sudata // *to — it out*, (*fam.*) fare molto esercizio; sopportare, resistere (nella speranza di un miglioramento).

sweatband ['swetbænd / sweat·band] *s.* **1** inceratino **2** fascia elastica per detergersi il sudore (da polso o per la fronte).

sweater ['swetə*] *s.* **1** chi suda **2** sweater; maglione di lana **3** sfruttatore (di dipendenti) **4** chi altera il peso delle monete **5** (*med.*) medicamento sudorifero.

sweat gland ['swetglænd] *s.* (*anat.*) ghiandola sudoripara.

sweatily ['swetɪlɪ] *avv.* sudando, con sudore.

sweatiness ['swetɪnɪs / sweati·ness] *s.* traspirazione; trasudamento.

sweating ['swetɪŋ / sweat·ing] *s.* **1** sudore, traspirazione; trasudamento **2** sfruttamento (di dipendenti attraverso una forma di cottimo).

sweating sickness ['swetɪŋ,sɪknɪs] *s.* (*med.*) febbre miliaria.

sweatshirt ['swetʃɜ:t / sweat·shirt] *s.* (*spec. amer.*) felpa.

sweatshop ['swetʃɒp / sweat·shop] *s.* azienda che sfrutta i lavoratori, i dipendenti.

sweaty ['swetɪ] *agg.* **1** sudato, coperto di sudore **2** che puzza di sudore **3** che fa sudare; (*fig.*) penoso, faticoso.

Swede [swi:d] *s.* svedese.

swede [swi:d] *s.* (*bot.*) navone → **rutabaga**.

Swedish ['swi:dɪʃ / Swed·ish] *agg.* svedese.

sweeny ['swi:nɪ] *s.* (*amer.*) atrofia di muscoli (di cavallo).

sweep [swi:p] *s.* **1** scopata; ramazzata, spazzata (*anche fig.*): *to give a room a good —*, dare una bella spazzata a una stanza // *to make a clean — of sthg.*, fare piazza pulita, liberarsi di qlco.; (*fig.*) vincere tutto // *at one —*, in un colpo solo **2** movimento circolare: *— of the eye*, sguardo circolare; *with a wide — of the arm*, con un ampio movimento del braccio **3** distesa; curva, linea curva: *a — of hills*, una distesa di colline; *a fine — of grass*, una bella distesa di erba; *the car took a big —*, l'automobile fece un'ampia curva; *at this point the river makes a —*, qui il fiume fa un'ansa **4** raggio, cerchio (d'azione); portata (*anche fig.*); estensione: *within the — of the guns*, a portata di cannone; *a broad — of opinion*, una grande varietà di opinioni **5** movimento rapido; irruzione **6** (*mil.*) operazione su vasta scala; rastrellamento; bombardamento a tappeto **7** (*tv*) deflessione, spostamento; spazzolamento: *horizontal —*, movimento di scansione orizzontale **8** (*mar.*) dragaggio (di mine): *clearance —*, dragaggio di bonifica **9** (*aer.*) angolo di freccia (dell'ala): *blade —*, passo angolare della pala (dell'elica); *leading —*, passo angolare positivo; *trailing —*, passo angolare negativo **10** incedere maestoso **11** spazzacamino → chimneysweep(er) **12** (*mar.*) remo sensile **13** mazzacavallo (di pozzo) **14** vela, pala di mulino a vento **15** (*fam.*) abbr. di → sweepstake.

to **sweep** *pass.p.p.* **swept** [swept] *v.tr.* **1** spazzare, scopare, ramazzare: *she swept (out) the room*, spazzò la stanza; *the deck was swept by a wave*, il ponte fu spazzato da un'onda // *to — sthg. under the carpet* (o amer. *under the rug*), (*fig. fam.*) nascondere qlco. // *to — the board*, vincere tutto, stravincere // *to — off one's feet*, convincere pienamente; *she was swept off her feet by his ardour*, fu conquistata, rapita dal suo ardore // *to — the seas*, (*letter.*) battere i mari **2** muovere rapidamente; sballottare: *we were swept by the crowd*, fummo sballottati dalla folla **3** diventare popolare in; diffondersi rapidamente, dilagare in: *the new fashion soon swept the country*, la nuova moda si diffuse rapidamente nel paese **4** sfiorare, toccare leggermente: *her dress swept the ground*, aveva un abito lungo fino a terra; *her fingers — the strings of the harp*, le sue dita sfiorano le corde dell'arpa **5** percorrere con lo sguardo: *to — the horizon*, scrutare l'orizzonte **6** (*artiglieria*) battere (col tiro) **7** (*mar.*) dragare ◆ *v.intr.* **1** incedere maestosamente, con portamento altero: *she swept past the journalists without giving them so much as a glance*, sfilò altera davanti ai giornalisti senza degnarli di uno sguardo **2** estendersi in linea continua, curva: *the coast sweeps northwards*, la costa si estende verso nord.

□ **sweep aside** *v.tr.* e *avv.* rimuovere, mettere da parte: *he was so convincing that all remaining doubts were swept aside*, fu così convincente che ogni ulteriore dubbio fu rimosso.

□ **sweep away** *v.tr.* e *avv.* **1** spazzar via, distruggere; cancellare: *entire villages were swept away by the flood*, interi paesi furono spazzati via, cancellati dall'inondazione **2** spazzar via, rimuovere, togliere, eliminare: *the new government promised to — away all favouritism*, il nuovo governo promise di eliminare i favoritismi.

□ **sweep in** *v.intr.* e *avv.* **1** entrare con incedere maestoso, con portamento altero **2** fare irruzione: *the police swept in*, la polizia fece irruzione **3** essere rieletto, rimesso al proprio posto: *the Labour Party swept in on a tide of popular discontent*, i laburisti furono rieletti sull'onda dello scontento popolare ◆ *v.tr.* e *avv.* rieleggere, rimettere al proprio posto.

□ **sweep into** *v.intr.* e *prep.* **1** entrare con incedere maestoso, con portamento altero **2** entrare a razzo; irrompere, fare irruzione: *the police swept into the gambling den*, la polizia fece irruzione nella bisca clandestina **3** essere rieletto, essere rimesso (al proprio posto) ◆ *v.tr.* e *prep.* rieleggere, rimettere (al proprio posto).

□ **sweep out** *v.tr.* e *avv.* **1** spazzare, scopare: *the kitchen needs to be swept out twice a day*, bisogna spazzare la cucina due volte al giorno **2** uscire con incedere maestoso, con portamento altero.

□ **sweep up** *v.tr.* e *intr.* e *avv.* raccogliere spazzando: *to — up the crumbs*, raccogliere le briciole.

sweep account [ˈswi:pə,kaʊnt] *s.* (*banca*) ‘sweep account’ (investimento automatico sul mercato monetario).

sweeper [ˈswi:pə*] *s.* **1** chi scopa, spazza: *street —*, spazzino, netturbino **2** (*mecc.*) spazzatrice meccanica **3** (*mar.*) dragamine **4** (*calcio*) terzino.

sweeping [ˈswi:pɪŋ / sweep·ing] *agg.* **1** vasto, illimitato: *a — curtsy*, una profonda riverenza; *a — plain*, una pianura sconfinata **2** completo; assoluto; indiscriminato: *— changes*, cambiamenti radicali; *a — reform*, una riforma completa; *— statement*, generalizzazione **3** rapido, impetuoso (di corrente) ♦ *s.* **1** lo scopare, lo spazzare **2** (*metall.*) formatura a sagoma, a bandiera **3** *pl.* rifiuti (*anche fig.*): *the sweepings of society*, i rifiuti della società // **-ly** *avv.*

sweepingness [ˈswi:pɪŋnɪs / sweep·ing·ness] *s.* **1** completezza; assolutezza: *he enjoyed the — of his victory*, era felice che la sua vittoria fosse così completa **2** generalità.

sweep-net [ˈswi:pnet] *s.* rete da pesca a strascico, sciabica.

sweepstake [ˈswi:psteɪk / sweep·stake] *s.* lotteria (abbinata a corse di cavalli ecc.).

sweepstakes [ˈswi:p,steɪks / sweep·stakes] *s.pl.* volantini di concorsi a premio.

sweet [swi:t] *agg.* **1** dolce, zuccherino: *as — as honey*, dolce come il miele; *to taste —*, avere un sapore dolce **2** (*antiq.*) fresco, non alterato; non rancido **3** profumato, fragrante // (*chim.*) *— gas*, gas non solforoso **4** armonioso, musicale, soave: *— voice*, voce soave **5** piacevole, gradevole; gentile, amabile, caro: *it is — to know that one is loved*, è piacevole sapere di essere amati; *they are all very —*, sono tutti molti cari; *this is very — of you*, è molto carino da parte tua // *to be — on* (o *upon*) *s.o.*, (*fam.*) essere innamorato di qlcu. // *to say — nothings to s.o.*, (*fam.*) dire paroline dolci a qlcu. // *— mama*, (*sl. amer.*) amante, donna **6** (*fam.*) carino, grazioso: *a — frock*, un abito grazioso **7** sdolcinato, sentimentale: *the music is too — for my taste*, la musica è troppo sdolcinata per i miei gusti **8** (*amer.*) maneggevole, pratico; abile, capace **9** proprio: *to go one's — way*, seguire la propria strada ♦ *s.* **1** dolciume; caramella: *— shop*, negozio di dolciumi **2** dolce, torta; dessert **3** *pl.* piaceri, delizie: *the sweets of life*, i piaceri della vita **4** dolcezza // *—!, my —!*, cara!, mia cara! **5** *gener.pl.* (*ant.*) profumo, fragranza.

sweet *avv.* dolcemente.

sweet-and-sour [ˈswi:tənˈsaʊə*] *agg.* (*cuc.*) (in) agrodolce: *onions in — sauce*, cipolline in agrodolce.

sweet bay [,swi:tˈbeɪ] *s.* (*bot.*) **1** alloro **2** (*amer.*) (*Magnolia glauca*) (specie di) magnolia.

sweetbread [ˈswi:tbred / sweet·bread] *s.* (*cuc.*) animella.

sweet cicely [,swi:tˈsɪsɪlɪ] *s.* (*bot.*) finocchiella → **cicely**.

sweet clover [,swi:tˈkləʊvə*] *s.* (*bot.*) (*Melilotus officinalis*) meliloto; (*pop.*) erba da cavalli.

sweet corn [ˈswi:t,kɔ:n] *s.* (*bot.*, *cuc.*) granturco dolce.

to **sweeten** [ˈswi:tn] *v.tr.* **1** zuccherare, aggiungere zucchero a **2** addolcire (*anche fig.*); rendere piacevole; mitigare, alleviare **3** depurare, purificare (aria, acqua ecc.) **4** (*sl.*) alzare, aggiungere denaro a (posta di gioco); rilanciare **5** (*fam.*) corrompere, allettare con denaro; tener buono ♦ *v.intr.* diventare dolce; addolcirsi.

sweetener [ˈswi:tnə* / sweet·ener] *s.* **1** dolcificante **2** (*sl.*) contentino; bustarella.

sweetening [ˈswi:tnɪŋ / sweet·en·ing] *s.* **1** dolcificante **2** addolcimento; edulcorazione; alleviamento **3** purificazione (di aria, acqua ecc.).

sweet-gale [ˈswi:tgeɪl] *s.* (*bot.*) mirica → **gale**[2].

sweetheart [ˈswi:thɑ:t / sweet·heart] *s.* innamorato: *they have been sweethearts since childhood*, si amano dall'infanzia // *—!*, amore!

sweetie [ˈswi:tɪ] *s.* (*fam.*) **1** innamorato **2** dolciume, confetto **3** persona, cosa tenera, che fa tenerezza.

sweetie-pie [ˈswi:tɪpaɪ] *s.* (*fam.*) tesoro, caro.

sweeting [ˈswi:tɪŋ / sweet·ing] *s.* **1** (*ant.*) innamorato **2** (*bot.*) mela dolce.

sweetish [ˈswi:tɪʃ / sweet·ish] *agg.* dolciastro, dolcigno // **-ness** *s.*

sweetly [ˈswi:tlɪ / sweet·ly] *avv.* **1** dolcemente, soavemente; amabilmente; gradevolmente **2** (*mecc.*) in modo regolare: *the engine runs —*, la macchina funziona regolarmente.

sweet marjoram [,swi:tˈmɑ:dʒərəm] *s.* (*bot.*) maggiorana → **marjoram**.

sweetmeat [ˈswi:tmi:t / sweet·meat] *s.* **1** *spec. pl.* dolciumi; frutta candita **2** lacca (per pelli di vernice); vernice.

sweetness [ˈswi:tnɪs / sweet·ness] *s.* **1** sapore dolce **2** profumo, fragranza **3** dolcezza, soavità, amabilità: *to be all — and light*, (*fam.*) comportarsi amabilmente.

sweet pea [,swi:tˈpi:] *s.* (*bot.*) (*Lathyrus odoratus*) pisello odoroso.

sweet pepper [,swi:tˈpepə*] *s.* (*bot.*) pepe di Caienna → **green pepper**.

sweet potato [,swi:tpəˈteɪtəʊ] *s.* (*bot.*) patata americana → **batata**.

sweet-smelling [,swi:tˈsmelɪŋ] **sweet-scented** [,swi:tˈsentɪd] *agg.* profumato.

to **sweet-talk** [,swi:tˈtɔ:k] *v.tr.* (*fam.*) adulare, lusingare ♦ *v.intr.* (*fam.*) fare moine.

sweet-toothed [,swi:tˈtu:θt] *agg.* che ha un debole per i dolci.

sweet-water [ˈswi:t,wɔ:tə*] *s.* (*bot.*) uva bianca molto dolce.

sweet-william [,swi:tˈwɪljəm] *s.* (*bot.*) (*Dianthus barbatus*) garofano dei poeti, dianto.

sweety → **sweetie**.

swell [swel] *s.* **1** rigonfiamento; protuberanza **2** (*geogr.*) onda lunga, onda morta (in mare aperto) **3** (*mus.*) crescendo; crescendo seguito da diminuendo **4** mantice (dell'organo) **5** (*fam. antiq.*) elegantone: *what a — you are!*, che elegantone sei! **6** (*fam. amer.*) tipo in gamba; persona importante: *he is a — in politics*, è un pezzo grosso della politica ♦ *agg.* **1** (*fam. antiq.*) elegante; alla moda: *— parties*, riunioni eleganti, mondane; *a — place*, ritrovo alla moda **2** (*fam. spec. amer.*) magnifico: *that's —!*, è magnifico! // *you'll make a — dad*, sarai un padre meraviglioso.

to **swell** *pass.* **swelled** [sweld] *p.p.* **swollen** [ˈswəʊlən / swol·len] (*rar.*) **swelled** *v.tr.* **1** gonfiare; dilatare; ingrossare: *a river swollen by the rain*, un fiume gonfiato dalla pioggia; *the wind swells the sails*, il vento gonfia le vele **2** accrescere, aumentare: *to — the number*, accrescere il numero; *to — the ranks*, ingrossare le file ♦ *v.intr.* **1** gonfiarsi; dilatarsi; ingrossarsi: *his injured cheek began to — (up)*, la guancia ferita cominciò a gonfiarsi; *the sea swelled into the bay*, il mare investiva la baia con grosse ondate **2** crescere, aumentare **3** aumentare di intensità (di suono): *the organ swelled*, il suono dell'organo si fece più forte **4** (*fig.*) gonfiarsi; inorgoglirsi, montare in superbia: *her heart swelled with pride*, aveva il cuore gonfio d'orgoglio.

swelled head [,sweldˈhed] *s.* (*fam. amer.*) boria; vanità: *to have a —*, montarsi la testa, insuperbirsi.

swellfish [ˈswelfɪʃ / swell·fish] *s.* (*zool.*) pesce palla.

swellhead [ˈswelhed / swell·head] *s.* (*fam.*) pallone gonfiato; testa montata.

swelling [ˈswelɪŋ / swell·ing] *agg.* **1** ondulato **2** curvo **3** gonfio ♦ *s.* rigonfiamento; ingrossamento; protuberanza; (*med.*) tumefazione.

swelter [ˈsweltə* / swel·ter] *s.* afa, caldo opprimente.

to **swelter** *v.intr.* **1** soffocare per l'afa; essere oppresso dal caldo **2** sudare abbondantemente.

sweltering [ˈsweltərɪŋ / swel·ter·ing] *agg.* **1** soffocante; opprimente (di caldo) **2** molle di sudore.

swelteringly [ˈsweltərɪŋlɪ / swel·ter·ing·ly] *avv.* in modo soffocante, opprimente.

sweltry [ˈsweltrɪ / swel·try] *agg.* **1** afoso, opprimente **2** oppresso dal caldo.

swept *pass.p.p.* di to **sweep**.

swept-back [,sweptˈbæk] *agg.* **1** raccolti sulla nuca (di capelli) **2** (*aer.*) a freccia positiva.

swerve [swɜ:v] *s.* deviazione; scarto improvviso.

to **swerve** *v.tr.* deviare, far deviare: *to — a ball*, deviare una palla ♦ *v.intr.* **1** deviare; fare uno scarto; sbandare: *the horse swerved*, il cavallo scartò; *the car swerved and crashed into a tree*, l'automobile sbandò e andò a sbattere contro un albero **2** (*fig.*) allontanarsi, scostarsi: *to — from the straight path*, abbandonare la retta via.

swift [swɪft] *agg.* **1** rapido, lesto, veloce; agile: *— movements*, movimenti rapidi; *a — horse*, un cavallo veloce **2** svelto, pronto: *to be — to seize one's opportunity*, cogliere l'occasione al volo; *he has a — temper*, ha un carattere irascibile, scatta per niente ♦ *s.* **1** (*zool.*) (*Apus apus*) rondone **2** (*zool.*) sceloporo (genere di rettili) **3** (*zool.*) (*Triturus cristatus*) tritone; (*pop.*) salamandra acquaiola SIN. eft **4** (*tess.*) tamburo; aspo, arcolaio.

swift *avv.* **1** rapidamente, velocemente **2** prontamente.

swift (*spec. nei composti*): — *-footed*, dal piede veloce; — *-tongued*, dalla risposta pronta; — *-winged*, dal volo rapido; — *-flowing*, che scorre veloce.

swiftie ['swɪftɪ] *s.* (*fam.*) imbroglio, truffa: *to pull a — on s.o.*, imbrogliare qlcu.

swiftly ['swɪftlɪ / swift·ly] *avv.* **1** rapidamente, velocemente **2** prontamente.

swiftness ['swɪftnɪs / swift·ness] *s.* **1** rapidità, velocità **2** prontezza.

swig[1] [swɪg] *s.* (*fam.*) sorsata, sorso; bevuta: *a — of whisky*, un sorso di whisky.

to **swig**[1] *pass.p.p.* **swigged** [swɪgd] *v.tr.* e *intr.* (*fam.*) tracannare, bere a lunghi sorsi: *to — off a glass*, bere un bicchiere tutto d'un fiato.

swig[2] *s.* (*mar.*) paranco a tiranti divaricati.

to **swig**[2] *v.tr.* **1** (*mar.*) issare (vele) con paranco a tiranti divaricati **2** (*mar.*) alare (un cavo) tesando al massimo **3** (*rar.*) castrare (arieti) ◆ *v.intr.* **1** (*mar.*) balestrare **2** (*non com.*) barcollare; vacillare.

swill [swɪl] *s.* **1** risciacquatura, rifiuti; intruglio (per i maiali) **2** risciacquata: *give the pail a —*, da' una risciacquata al secchio **3** (*fam.*) abbondante bevuta.

to **swill** *v.tr.* **1** lavare, sciacquare: *to — (out) a basin*, sciacquare un catino **2** tracannare, trincare ◆ *v.intr.* trincare; sbevazzare.

swiller ['swɪlə*] *s.* beone, ubriacone.

swilling ['swɪlɪŋ / swill·ing] *s.* **1** risciacquatura **2** *pl.* acque di rifiuto.

swim [swɪm] *s.* **1** nuotata: *to have* (o *to take*) *a —*, fare una nuotata **2** zona d'acqua pescosa **3** (*fig.*) corrente principale, giro (negli affari) // *to be in the —*, (*fig.*) essere al corrente, essere all'avanguardia **4** (*fam.*) leggero capogiro **5** (*inform.*) spostamento irregolare dell'immagine sullo schermo.

to **swim** *pass.* **swam** [swæm] *p.p.* **swum** [swʌm] *v.intr.* **1** nuotare: *he swims on his back*, nuota sul dorso; *to — under water*, nuotare sott'acqua // *to — against the stream*, nuotare contro corrente (*anche fig.*); *to — with the tide*, (*fig.*) seguire la corrente // *to — like a fish*, nuotare come un pesce; *to — like a stone*, (*scherz.*) nuotare come un piombo // *to — in money*, nuotare nell'oro, essere ricco sfondato **2** galleggiare: *the fruit salad is swimming in syrup*, la macedonia nuota nello sciroppo **3** essere inondato; traboccare (*anche fig.*): *the floor swam in blood*, il pavimento era inondato di sangue; *his eyes were swimming with tears*, i suoi occhi erano inondati di lacrime **4** ondeggiare; vacillare, avere il capogiro: *his head was swimming* (*round*), gli girava la testa; *the scene swam before my eyes*, la scena ondeggiava davanti ai miei occhi ◆ *v.tr.* **1** nuotare: *he can swim crawl*, sa nuotare il crawl **2** (far) attraversare a nuoto: *to — a river*, attraversare un fiume a nuoto; *to — a horse across a river*, far passare un cavallo a nuoto sull'altra riva di un fiume.

swim bladder ['swɪm,blædə*] *s.* (*zool.*) vescica natatoria.

swimmer ['swɪmə* / swim·mer] *s.* **1** nuotatore **2** uccello acquatico **3** pleopodio.

swimmeret ['swɪməret / swim·meret] → **swimmer** 3.

swimming ['swɪmɪŋ / swim·ming] *agg.* **1** che nuota **2** per il nuoto, da bagno **3** pieno di lacrime **4** affetto da capogiro ◆ *s.* **1** nuoto **2** leggero capogiro.

swimming bath ['swɪmɪŋbɑ:θ *amer.* 'swɪmɪŋbæθ] *s.* piscina pubblica coperta.

swimming-bell ['swɪmɪŋbel] *s.* (*zool.*) ombrello (di medusa).

swimming costume ['swɪmɪŋ,kɒstju:m *amer.* 'swɪmɪŋ,kɒstu:m] *s.* → **bathing suit**.

swimmingly ['swɪmɪŋlɪ / swim·mingly] *avv.* (*fam.*) agevolmente, a meraviglia: *it is going on —*, procede a meraviglia.

swimming pool ['swɪmɪŋpu:l] *s.* piscina (all'aperto).

swimming trunks ['swɪmɪŋ,trʌŋks] *s.pl.* costume da bagno da uomo.

swimsuit ['swɪm,su:t / swim·suit] → **bathing suit**.

swimwear ['swɪmweə* / swim·wear] *s.* [U] indumenti da nuoto, da bagno, da spiaggia.

swindle ['swɪndl] *s.* (*sl.*) frode, raggiro, truffa.

to **swindle** *v.tr.* frodare, raggirare, truffare: *to — s.o. out of sthg.* (o *sthg. out of s.o.*), truffare qlco. a qlcu. ◆ *v.intr.* perpetrare una frode, un raggiro, una truffa.

swindler ['swɪndlə* / swind·ler] *s.* truffatore, imbroglione.

swindling ['swɪndlɪŋ / swind·ling] *s.* truffa; imbroglio; raggiro.

swine [swaɪn] *s.pl.invar.* maiale, porco (*anche fig.*): *to behave like a —*, comportarsi come un maiale; *you dirty —!*, (*fam.*) tu porco schifoso!, sporca canaglia!

swine-fever ['swaɪn,fi:və*] *s.* (*vet.*) colera dei suini.

swine-fish ['swaɪnfɪʃ] *s.* (*zool.*) (*Anarhichas lupus*) pesce lupo, lupo di mare SIN. sea-wolf, wolf-fish.

swineherd ['swaɪnhɜ:d / swine·herd] *s.* porcaro, guardiano di porci.

swing [swɪŋ] *s.* **1** oscillazione; movimento oscillatorio; dondolio; ampiezza dell'oscillazione: *to give a hammock a —*, far dondolare un'amaca; *to walk with a —*, camminare ancheggiando // *the — of the pendulum*, l'oscillazione del pendolo; (*fig.*) l'alternarsi di idee ecc.; il mutamento di corso, di opinione ecc. **2** (*fig.*) mutamento; cambiamento; variazione: *there has been a marked — in public opinion against capital punishment*, c'è stato un notevole spostamento dell'opinione pubblica contro la pena capitale **3** (*fig. non com.*) libertà d'azione; licenza: *full —*, carta bianca; *the admiral was given full — in the conduct of the operation*, all'ammiraglio venne lasciata piena libertà di condurre l'operazione **4** (*fig.*) corso; progresso: *to get into the — of things*, cominciare a capire, a entrare nell'ordine di idee; *in full —*, in pieno corso, in pieno svolgimento **5** altalena // *what you lose on the swings you gain on the roundabouts*, (*fig.*) ciò che perdi da una parte lo guadagni dall'altra // *it's swings and roundabouts*, c'è il pro e il contro **6** (*mus.*, *poesia*) ritmo sostenuto // *to go with a —*, (*fig.*) procedere bene, avere successo (di avvenimenti, feste ecc.) **7** swing (tipo di jazz) **8** colpo portato con movimento oscillatorio del braccio; (*golf*) swing; (*boxe*) swing, sventola **9** (*fam. amer.*) intervallo (tra due turni di lavoro) **10** (*comm. amer.*) fluttuazione periodica // *— credit*, credito di prefinanziamento.

to **swing** *pass.* **swung** [swʌŋ] (*rar.*) **swang** [swæŋ] *p.p.* **swung** *v.tr.* **1** dondolare; fare oscillare; roteare: *he swung the club around his head*, roteò la mazza attorno al suo capo // *to — a child*, cullare un bambino // *there is no room to — a cat in*, non c'è spazio per rigirarsi // *to — the lead*, (*fig.*) darsi ammalato per evitare il lavoro, scansare il lavoro **2** far ruotare, curvare, girare (spec. velocemente, bruscamente): *he swung her round*, la fece voltare di scatto; *to — the car round*, far fare una curva brusca all'automobile; *to — a propeller*, avviare un'elica // *he swung the committee behind his proposal*, (*fig.*) fece volgere la commissione in favore della sua proposta **3** riuscire a realizzare, a portare a termine: *to — a deal*, riuscire a concludere un affare **4** cercare di sferrare (un colpo) ◆ *v.intr.* **1** oscillare; dondolare; penzolare: *the door is swinging to and fro in the wind*, la porta sbatte per il vento; *the ship swung at anchor*, la nave ondeggiava all'ancora; *the lamp swung from the ceiling*, la lampada dondolava dal soffitto // *to — open*, spalancarsi, chiudersi (di porta) // *she swings from optimism to pessimism*, (*fig.*) oscilla tra l'ottimismo e il pessimismo **2** girarsi, voltarsi, voltare, curvare; volgersi (spec. velocemente, bruscamente): *the road swings to the right*, la strada curva a destra // *the party swung towards the left*, (*fig.*) il partito si volse a sinistra **3** camminare ondeggiando, dondolando, ancheggiando **4** (*sl.*) morire per impiccagione **5** suonare lo swing; suonare, ballare a ritmo di swing **6** (*fig.*) animarsi; avere successo (di festa ecc.) **7** (*sl. amer.*) spassarsela; divertirsi **8** (*sl.*) essere promiscuo sessualmente // *to — both ways*, (*amer.*) essere bisessuale.

□ **swing round** *v.intr.* e *avv.* girarsi, voltarsi (di scatto): *the wind swung round*, il vento è girato, ha cambiato direzione; *he swung round when the door opened*, si girò di scatto quando si aprì la porta.

swingboat ['swɪŋbəʊt / swing·boat] *s.* barchetta (sulle giostre).

swing-bridge ['swɪŋbrɪdʒ] *s.* ponte girevole.

swing door [,swɪŋ'dɔ:*] *s.* porta a vento, porta da saloon.

to **swinge**[1] [swɪndʒ] *v.tr.* (*ant.*) battere; percuotere; frustare.

to **swinge**[2] *v.tr.* (*rar.*) bruciacchiare, strinare.

swingeing ['swɪndʒɪŋ / swinge·ing] *agg.* (*fam.*) **1** violento; forte: *a — blow*, un colpo durissimo **2** (*fam. estens.*) grande, enorme: *a — majority*, una maggioranza schiacciante.

swinging ['swɪŋɪŋ / swing·ing] *agg.* **1** oscillante, dondolante **2** ritmico, cadenzato **3** (*fam.*) animato; brillante, pieno di brio // *— London*, 'swinging London' (la Londra degli anni '60 gaia, animata, dominata dai giovani) **4** (*fam. antiq. fig.*) di successo; 'in' ◆ *s.* **1** dondolio, oscillamento **2** (*rad.*) fluttuazione, affievolimento, evanescenza; fluttuazione di frequenza.

swingle ['swɪŋgl] *s.* (*tess.*) scotola.

to **swingle** *v.tr.* scotolare (il lino, la canapa ecc.).

swingletree ['swɪŋgltri: / swin·gle·tree] *s.* bilancino (di carrozza, aratro ecc.).

swingliness ['swɪŋglɪnɪs / swing·li·ness] *s.* (*fin.*) disponibilità di crediti a brevissimo termine.

swingling ['swɪŋglɪŋ / swin·gling] *s.* (*tess.*) scotolatura.

swingling-tow ['swɪŋglɪŋ,təʊ] *s.* stoppa.

swing-plough ['swɪŋplaʊ] *s.* aratro semplice (senza ruote).

swing-wing ['swɪŋ,wɪŋ] *agg.* (*aer.*) a geometria variabile: — *aircraft*, aereo a geometria variabile.

swinish ['swaɪnɪʃ / swin·ish] *agg.* bestiale; animalesco; schifoso // **-ly** *avv.* // **-ness** *s.*

to **swink** [swɪŋk] *v.intr.* (*ant.*) lavorare duramente.

swipe[1] [swaɪp] *s.* (*ant.*) mazzacavallo (per attingere acqua).

swipe[2] *s.* **1** colpo violento a: *to take a — at s.o.*, sferrare un colpo a qlcu. **2** (*fig.*) attacco verbale; critica.

to **swipe**[2] *v.tr.* **1** dare, tirare un colpo violento a: *to — the ball*, colpire violentemente la palla **2** (*fig. fam.*) fregare; portare via; rubare ◆ *v.intr.* **1** tirare, dare un colpo; cercare di colpire: *to — at s.o.*, cercare di colpire qlcu. **2** (*non com.*) bere in un sorso solo.

swiper ['swaɪpə*] *s.* chi colpisce violentemente.

swipes [swaɪps] *s.pl.* (*sl. antiq.*) birra leggera, a bassa gradazione alcolica.

swirl [swɜ:l] *s.* **1** vortice, turbine: *a — of dust*, un turbine di polvere **2** ricciolo; voluta; spirale.

to **swirl** *v.intr.* **1** turbinare; girare vorticosamente **2** avvolgersi in spirale; arricciarsi ◆ *v.tr.* far girare; far turbinare.

□ **swirl about** *v.intr.* e *avv.* turbinare: *clouds of dust swirled about*, c'era un turbinio di polvere ◆ *v.intr.* e *prep.* sciamare; andare a zigzag ◆ *v.tr.* e *avv.* far girare; far turbinare.

swish [swɪʃ] *s.* **1** sibilo; fruscio; mormorio **2** verga; frustino **3** frustata; sferzata; vergata **4** (*sl. amer.*) omosessuale ◆ *agg.* **1** (*fam.*) elegante; raffinato; chic **2** (*sl. amer.*) effeminato.

to **swish** *v.intr.* frusciare; sibilare ◆ *v.tr.* **1** fare frusciare, sibilare: *the cat swished its tail in anger*, il gatto agitava infuriato la coda **2** frustare; sferzare.

□ **swish off** *v.tr.* e *avv.* falciare, tagliare (agitando una frusta, un bastone ecc.).

Swiss [swɪs] *s. pl.invar.* svizzero ◆ *agg.* svizzero.

Swiss chard [,swɪs'tʃɑ:d] *s.* (*bot.*) bietola → **chard**.

switch [swɪtʃ] *s.* **1** verga; scudiscio; frustino; frusta **2** vergata; scudisciata, frustata **3** posticcio; coda, treccia falsa **4** variazione; cambiamento; mutamento: *I would like to make a — in my timetable*, vorrei apportare una variazione al mio orario **5** (*elettr.*) interruttore; commutatore: *gate-by-pass —*, interruttore di sicurezza; — *plug*, presa volante con interruttore incorporato; *keylock —*, interruttore con dispositivo di sicurezza; *lever —*, interruttore a leva, a levetta; *reversing —*, invertitore **6** (*ferr.*) scambio: — *block*, deviatoio **7** (*fin.*) operazione triangolare, transazione triangolare; scambio di titoli **8** (*inform.*) interruttore; istruzione di salto calcolato.

to **switch** *v.tr.* **1** frustare; vergare; percuotere; colpire **2** agitare; muovere bruscamente: *the cow switched her tail*, la mucca agitò la coda; *to — one's head round*, voltare bruscamente la testa **3** (*ferr.*) smistare, deviare, far deviare **4** (*fig.*) cambiare, sviare; spostare: *to — the conversation to a new subject*, cambiare discorso, argomento di conversazione **5** (*inform.*) commutare ◆ *v.intr.* **1** agitarsi, muoversi bruscamente **2** (*ferr.*) fare uno scambio.

□ **switch around** *v.tr.* e *avv.* spostare; trasferire: *they are always switching the furniture around*, spostano sempre i mobili; *to — employees around from one department to another*, spostare, trasferire impiegati da un reparto all'altro.

□ **switch off** *v.tr.* e *avv.* **1** (*elettr.*) disinserire, interrompere; spegnere; (*tel.*) interrompere (la comunicazione): *to — off the light*, spegnere la luce **2** (*fam.*) stordire; intontire: *all this noise switches me off*, tutto questo rumore mi intontisce ◆ *v.intr.* e *avv.* (*fam.*) non ascoltare, non prestare attenzione: *he always switches off when you speak to him*, non ascolta mai quando gli si parla.

□ **switch on** *v.tr.* e *avv.* **1** (*elettr.*) inserire; accendere: *to — on the light, the wireless*, accendere la luce, la radio; (*aut.*) *to — on the ignition*, inserire l'accensione **2** (*fam.*) eccitare, stimolare ◆ *v.intr.* e *avv.* (*fam.*) prestare attenzione.

□ **switch over** *v.intr.* e *avv.* fare un cambiamento; cambiare lavoro: *she switched over to teaching*, ha cambiato lavoro e si è messa a insegnare ◆ *v.tr.* e *avv.* convertire, trasformare; (*elettr.*) commutare.

□ **switch round** *v.tr.* e *avv.* → to switch around.

□ **switch through** *v.tr.* e *avv.* (*tel.*) passare (la comunicazione): *to — a call through*, passare una chiamata, una comunicazione.

switchback ['swɪtʃbæk / switch·back] *s.* **1** strada, ferrovia a rampe, a tornanti **2** strada a saliscendi **3** montagne russe (*pl.*).

switchblade ['swɪtʃbleɪd / switch·blade] *s.* (*amer.*) coltello a serramanico BRIT. flick knife.

switchboard ['swɪtʃbɔ:d / switch·board] *s.* **1** (*elettr.*) quadro di controllo **2** (*tel.*) tavolo di commutazione; centralino: — *operator*, centralinista.

switched-off [,swɪtʃt'ɒf *amer.* ,swɪtʃt'ɔ:f] *agg.* (*fam. amer.*) **1** fuori moda **2** anticonformista; poco convenzionale.

switched-on [,swɪtʃt'ɒn] *agg.* **1** (*fam.*) sveglio; in gamba **2** (*fam.*) moderno **3** (*sl.*) drogato.

switching ['swɪtʃɪŋ / switch·ing] *s.* (*fin.*) cambiamento, spostamento (da un investimento all'altro) // (*econ.*) *double —*, ritorno delle tecniche.

switching centre ['swɪtʃɪŋ,sentə*] *s.* (*tel.*) centro di commutazione; centralino: *automatic message —*, centro di commutazione automatica dei messaggi.

switchman ['swɪtʃmən / switch·man] *pl.* **switchmen** *s.* (*ferr.*) deviatore; scambista.

switch-over [,swɪtʃ'əʊvə*] *s.* mutamento; trasformazione; cambiamento.

switchyard ['swɪtʃjɑ:d / switch·yard] *s.* (*ferr. amer.*) scalo di smistamento.

Switzer ['swɪtsə* / Swit·zer] *s.* (*ant.*) **1** svizzero **2** (*gener. pl.*) soldato mercenario svizzero; guardia svizzera, pontificia.

to **swive** [swaɪv] *v.tr.* (*ant.*) fare l'amore con.

swivel ['swɪvl] *s.* (*mecc.*) **1** anello girevole, imperniato (di catena) **2** piattaforma girevole: — *bridge*, ponte girevole; — *chair*, sedia girevole; — *gun*, cannone su affusto girevole.

to **swivel** *pass.p.p.* **swivelled** ['swɪvld / swiv·elled] *v.tr.* **1** ruotare, girare **2** imperniare ◆ *v.intr.* **1** far perno, ruotare, girare (su un perno): *he swivelled in his chair to face me*, si girò facendo ruotare la sedia per starmi di fronte **2** voltarsi: *he swivelled in fright*, si voltò spaventato.

swizz [swɪz] *s.* (*sl.*) inganno; frode.

swizzle ['swɪzl] *s.* (*sl.*) cocktail, long drink // — *stick*, bastoncino per mescolare cocktail, long drink.

(to) **swob** → (to) **swab**.

swobber → **swabber**.

swollen ['swəʊlən / swol·len] *p.p.* di to **swell** ◆ *agg.* gonfio (*anche fig.*).

swoon [swu:n] *s.* **1** svenimento, deliquio **2** (*estens.*) estasi; rapimento **3** torpore **4** (*letter.*) sonno profondo.

to **swoon** *v.intr.* **1** svenire, cadere in deliquio; venir meno **2** andare in estasi **3** smorzarsi dolcemente (di musica ecc.).

swoop [swu:p] *s.* il piombare sulla preda (di uccelli rapaci); picchiata; (*estens.*) incursione; attacco // *at one fell —*, tutto in una volta, in un colpo solo.

to **swoop** *v.intr.* **1** piombare (sulla preda, di uccelli rapaci); scendere, andare in picchiata; abbattersi: *the falcon swooped on its prey*, il falco piombò sulla preda; *the aeroplanes swooped (down) on the enemy*, gli aerei si abbatterono sul nemico **2** *to — up*, (*fam.*) afferrare al volo.

swoopstake ['swu:psteɪk / swoop·stake] *avv.* (*ant.*) indiscriminatamente: *is't writ in your revenge / that, swoopstake, you will draw both friend and foe, / winner and loser?*, (SH. Hamlet) nella tua vendetta sta scritto che tu debba trascinare indiscriminatamente amico e nemico, vincitore e vinto?

(to) **swop** → (to) **swap**.

sword [sɔ:d] *s.* **1** spada (*anche fig.*): *to wear a —*, portar la spada; *to draw one's —*, sguainare la spada; *to cross swords with s.o.*, incrociare le spade con qlcu.; (*fig.*) scontrarsi con qlcu.; *the — of justice*, (*fig.*) la spada della giustizia // *the — of Damocles*, la spada di Damocle // *fire and —*, ferro e fuoco; distruzione completa // *to measure swords with s.o.*, misurarsi, battersi con qlcu. // *to put to the —*, passare a fil di spada, uccidere // *cavalry —*, spadone // — *dance*, danza delle spade **2** forza militare **3** guerra.

sword-bayonet ['sɔ:d,beɪənɪt] *s.* (*mil.*) spada baionetta.

sword-bearer ['sɔ:d,beərə*] *s.* portatore di spada (nelle cerimonie).

sword-belt ['sɔ:dbelt] *s.* cinturone che sorregge la spada.

sword-bill ['sɔ:dbɪl] *s.* (*zool.*) (*Ensifera ensifera*) colibrì dal becco a spada.

sword-cane ['sɔ:dkeɪn] *s.* mazza, bastone da stocco; bastone animato SIN. sword-stick.

swordfish ['sɔ:dfɪʃ / sword·fish] *s.* (*zool.*) (*Xiphias gladius*) pesce spada.

sword-grass ['sɔ:dgrɑ:s *amer.* 'sɔ:dgræs] *s.* (*bot.*) **1** gladiolo SIN. **sword-lily** **2** (*Phalaris arundinacea*) falaride a foglie maculate.

sword-knot ['sɔ:dnɒt] *s.* dragona.

sword-lily ['sɔ:dlɪlɪ] → **sword-grass** 1.

swordplay ['sɔ:dpleɪ / sword·play] *s.* **1** scherma **2** abilità nel maneggiare la spada **3** (*fig.*) schermaglia.

swordsman ['sɔ:dzmən / swords·man] *pl.* **swordsmen** *s.* spadaccino.

swordsmanship ['sɔ:dzmənʃɪp / swords·man·ship] *s.* maestria nel maneggiare la spada.

sword-stick ['sɔ:dstɪk] → **sword-cane**.

sword-tail ['sɔ:dteɪl] *s.* (*zool.*) limulo, granchio reale → **horseshoe crab**.

swore *pass.* di to **swear**.

sworn *p.p.* di to **swear** ◆ *agg.* **1** giurato, irriducibile: *a — enemy*, un acerrimo nemico **2** (*dir.*) che ha giurato; sotto giuramento: *a — jury*, giuria che ha prestato giuramento; *a — statement*, dichiarazione sotto giuramento.

swot [swɒt] *s.* (*sl. scolastico*) **1** secchione, sgobbone **2** secchiata, studio accanito.

to **swot** *pass.p.p.* **swotted** ['swɒtɪd / swot·ted] *v.intr.* (*sl. scolastico*) sgobbare, secchiare. □ **swot up** *v.tr.* e *avv.* sgobbare su; studiare in modo approfondito, approfondire: *to — a subject up*, sgobbare su una materia ◆ *v.intr.* e *avv.* sgobbare, studiare sodo.

swound [swaʊnd] *s.* (*ant.*) svenimento, perdita dei sensi.

swum *p.p.* di to **swim**.

swung *pass.p.p.* di to **swing**.

Sybarite ['sɪbəraɪt / Sy·bar·ite] *s.* (*geogr. st.*) sibarita.

sybarite *s.* (*fig. letter.*) sibarita, persona raffinata e dedita ai piaceri.

sybaritic(al) [,sɪbə'rɪtɪk(l) / sy·bar·itic, sy·bar·it·ical] *agg.* (*fig. letter.*) sibaritico, da sibarita // **-ally** *avv.*

sybaritism ['sɪbəraɪ,tɪzəm / sy·bar·it·ism] *s.* vita, lusso da sibarita.

sybil ['sɪbɪl] → **sibyl**.

sycamine ['sɪkəmaɪn / sy·cam·ine] *s.* (*bot. ant.*) gelso nero.

sycamore ['sɪkəmɔ:* / sy·ca·more] *s.* (*bot.*) **1** (*Ficus sycomorus*) sicomoro **2** (*Acer pseudoplatanus*) acerofico **3** (*Platanus occidentalis*) platano d'America.

syconium [saɪ'kəʊnɪəm / sy·co·nium] *pl.* **syconia** [saɪ'kəʊnɪə / sy·co·nia] *s.* (*bot.*) siconio.

sycophancy ['sɪkəfənsɪ / sy·co·phancy] *s.* **1** (*st.*) sicofantia **2** adulazione servile.

sycophant ['sɪkəfænt / sy·co·phant] *s.* **1** (*st.*) sicofante **2** adulatore, leccapiedi; parassita.

sycophantic [,sɪkə'fæntɪk / sy·co·phantic] *agg.* **1** (*st.*) da sicofante **2** adulatorio, servile.

sycophantism ['sɪkəfəntɪzəm / sy·co·phant·ism] *s.* (*non com.*) adulazione servile.

sycosis [saɪ'kəʊsɪs / syc·osis] *s.* (*med.*) sicosi.

syenite ['saɪınaɪt / sy·en·ite] *s.* (*geol.*) sienite.

syenitic [,saɪı'nɪtɪk / sy·en·itic] *agg.* (*geol.*) di sienite, simile a sienite.

syllabary ['sɪləbərɪ *amer.* 'sɪləberɪ / syl·lab·ary] *s.* tavola di caratteri rappresentanti sillabe.

syllabic(al) [sɪ'læbɪk(l) / syl·labic, syl·lab·ical] *agg.* sillabico.

syllabically [sɪ'læbɪkəlɪ / syl·lab·ic·ally] *avv.* sillaba per sillaba; sillabicamente.

to **syllabicate** [sɪ'læbɪkeɪt / syl·lab·icate] → to **syllabify**.

syllabication [sɪ,læbɪ'keɪʃn / syl·lab·ica·tion] **syllabification** [sɪ,læbɪfɪ'keɪʃn / syl·labi·fica·tion] *s.* sillabazione.

to **syllabify** [sɪ'læbɪfaɪ / syl·lab·ify] to **syllabize** ['sɪləbaɪz / syl·lab·ize] *v.tr.* sillabare; dividere in sillabe.

syllable ['sɪləbl / syl·lable] *s.* sillaba: *long, short —*, sillaba lunga, corta; *he did not utter a —*, (*fig.*) non proferì sillaba.

to **syllable** *v.tr.* **1** sillabare **2** (*rar. ant.*) proferire, dire; pronunciare: *a thousand fantasies / begin to throng into my memory / of... airy tongues, that syllable men's names*, (MILTON) mille fantasie cominciano ad affollare la mia memoria di... aeree lingue che pronunciano nomi degli uomini.

syllabled ['sɪləbld / syl·labled] *agg.* (*nei composti*) composto di sillabe: *two- —*, bisillabo; *three- —*, trisillabo.

syllabub ['sɪləbʌb / syl·la·bub] *s.* cagliata con zucchero e vino.

syllabus ['sɪləbəs / syl·labus] *pl.* **syllabi** ['sɪləbaɪ] **syllabuses** ['sɪləbəsɪz] *s.* **1** sommario; programma, prospetto, piano di studi **2** (*eccl.*) sillabo.

syllepsis [sɪ'lepsɪs / syl·lep·sis] *pl.* **syllepses** [sɪ'lepsi:z] *s.* (*gramm.*) sillessi.

sylleptic [sɪ'leptɪk / syl·lep·tic] *agg.* (*gramm.*) di sillessi // **-ally** *avv.*

syllogism ['sɪlədʒɪzəm / syl·lo·gism] *s.* **1** (*fil., log.*) sillogismo **2** (*estens.*) ragionamento.

syllogistic [,sɪlə'dʒɪstɪk / syl·lo·gistic] *agg.* (*fil., log.*) sillogistico // **-ally** *avv.*

syllogization [,sɪlədʒaɪ'zeɪʃn *amer.* ,sɪlədʒɪ'zeɪʃn / syl·lo·giza·tion] *s.* (*fil., log.*) ragionamento sillogistico.

to **syllogize** ['sɪlədʒaɪz / syl·lo·gize] *v.tr.* e *intr.* (*fil., log.*) sillogizzare.

sylph [sɪlf] *s.* **1** silfo, silfide (*anche fig.*) **2** (*zool.*) colibrì.

sylphid ['sɪlfɪd] *s.* giovane silfo, silfide.

sylphlike ['sɪlflaɪk / sylph·like] *agg.* snella e graziosa come una silfide.

sylvan ['sɪlvən / syl·van] *agg.* **1** (*letter.*) silvano, silvestre **2** boscoso ◆ *s.* **1** (*letter.*) animale o persona che vive nei boschi **2** (*mit.*) silvano, divinità dei boschi.

sylvanite ['sɪlvənaɪt / syl·van·ite] *s.* (*min.*) silvanite.

sylvicultural [,sɪlvɪ'kʌltʃərəl / syl·vi·cul·tural] *agg.* della, relativo alla selvicoltura.

sylviculture ['sɪlvɪ,kʌltʃə* / syl·vi·cul·ture] *s.* selvicoltura.

sylviculturist [,sɪlvɪ'kʌltʃərɪst / syl·vi·cul·tur·ist] *s.* selvicoltore.

sylvine ['sɪlvaɪn / syl·vine] *s.* (*min.*) silvina.

sylvite ['sɪlvaɪt / syl·vite] *s.* (*min.*) silvite.

symbiont ['sɪmbɪɒnt / sym·biont] *s.* (*biol.*) simbionte.

symbiosis [,sɪmbɪ'əʊsɪs / sym·bi·osis] *pl.* **symbioses** [,sɪmbɪ'əʊsi:z] *s.* simbiosi (*anche fig.*).

symbiotic(al) [,sɪmbɪ'ɒtɪk(l) / sym·bi·otic, sym·bi·ot·ical] *agg.* in stato di simbiosi, simbiotico (*anche fig.*) // **-ally** *avv.*

symbol ['sɪmbl / sym·bol] *s.* **1** simbolo; emblema: *white is the — of purity*, il bianco è il simbolo della purezza; *the dove is a — of peace*, la colomba è un simbolo di pace **2** (*mat., chim.*) simbolo: *— of an element*, simbolo di un elemento **3** (*inform.*) simbolo identificatore.

to **symbol** *pass.p.p.* **symbolled** ['sɪmbəld / sym·bolled] *v.tr.* (*rar.*) simbolizzare; simboleggiare.

symbolic(al) [sɪm'bɒlɪk(l) / sym·bolic, sym·bol·ical] *agg.* simbolico // **-ally** *avv.* // **-alness** *s.*

symbolics [sɪm'bɒlɪks / sym·bol·ics] *s.* U **1** simbolica **2** (*teol.*) simbolismo.

symbolism ['sɪmbəlɪzəm / sym·bol·ism] *s.* simbolismo.

symbolist ['sɪmbəlɪst / sym·bol·ist] *s.* simbolista.

symbolization [,sɪmbəlaɪ'zeɪʃn *amer.* ,sɪmbəlɪ'zeɪʃn / sym·bol·iza·tion] *s.* simbolizzazione.

to **symbolize** ['sɪmbəlaɪz / sym·bol·ize] *v.tr.* simboleggiare.

symbology [sɪm'bɒlədʒɪ / sym·bol·ogy] *s.* **1** simbologia, simbolica **2** simbolismo.

symmetric(al) [sɪ'metrɪk(l) / sym·met·ric(al)] *agg.* simmetrico // (*mat.*) *— relation, property*, relazione, proprietà simmetrica; *skew —*, emisimmetrico // **-ally** *avv.* // **-alness** *s.*

symmetrization [,sɪmɪtraɪ'zeɪʃn *amer.* ,sɪmɪtrɪ'zeɪʃn / sym·met·riza·tion] *s.* simmetrizzazione.

to **symmetrize** ['sɪmɪtraɪz / sym·met·rize] *v.tr.* simmetrizzare, rendere simmetrico.

symmetry ['sɪmɪtrɪ / sym·metry] *s.* simmetria // (*mat.*) *axial, central —*, simmetria assiale, centrale.

sympathetic [,sɪmpə'θetɪk / sym·path·etic] *agg.* **1** comprensivo; solidale; che mostra comprensione, solidarietà: *he was very — to me*, mostrò molta comprensione nei miei confronti; *— pain*, partecipazione al dolore altrui; dolore (fisico) di riflesso, causato da affezione in altra parte del corpo // *— string*, corda che vibra per simpatia // *— magic*, magia per via simpatetica **2** congeniale, consono; piacevole: *a — atmosphere*, un'atmosfera piacevole **3** favorevole, ben disposto: *he's not very — towards our cause*, non è molto ben disposto verso la nostra causa **4** (*anat.*) simpatico, del gran simpatico: *— nervous system*, sistema nervoso simpatico; *— nerve*, nervo simpatico ◆ *s.* **1** (*anat.*) sistema del gran simpatico, sistema nervoso simpatico **2** persona facilmente ipnotizzabile, influenzabile.

sympathetically [,sɪmpə'θetɪkəlɪ / sym·path·et·ic·ally] *avv.* **1** con comprensione, con solidarietà **2** favorevolmente.

to **sympathize** ['sɪmpəθaɪz / sym·path·ize] *v.intr.* **1** sentire, mostrare comprensione, solidarietà; condividere i sentimenti altrui: *I — with him in his feelings*, condivido i suoi sentimenti; *I — with your problem, but there's nothing I can do*, comprendo il tuo problema ma non c'è nulla che io possa fare // *their* *neighbours called to* —, i vicini andarono a presentare le loro condoglianze **2** simpatizzare; essere favorevole; essere d'accordo: *they — with the anti-apartheid cause*, simpatizzano con la causa dell'anti-apartheid; *they sympathized with our scheme*, considerarono favorevolmente il nostro piano; *to — with s.o.'s point of view*, condividere il punto di vista di qlcu.

sympathizer ['sɪmpəθaɪzə* / sym·path·izer] *s.* **1** chi è comprensivo; chi condivide i sentimenti altrui **2** simpatizzante (di partito, movimento ecc.).

sympathy ['sɪmpəθɪ / sym·pathy] *s.* **1** comprensione; solidarietà; partecipazione (a sentimenti altrui): *he has no — with failures*, non ha alcuna comprensione per chi sbaglia; *she has a claim on our* —, ha diritto alla nostra solidarietà; *you will find that he is a man of wide sympathies*, troverai che è un uomo molto comprensivo **2** Ⓤ condoglianze: *a letter of* —, una lettera di condoglianze **3** armonia, accordo: *in — with*, in accordo con; *out of — with*, in disaccordo con **4** simpatia, affinità; corrispondenza: *his sympathies lie with the communist party*, le sue simpatie vanno al partito comunista // *there should be... sympathy in years, manners and beauties*, (SH. Othello) ci dovrebbe essere... corrispondenza d'età, di educazione, di belle forme **5** (*med.*) simpatia.

symphonic [sɪm'fɒnɪk / sym·phonic] *agg.* (*mus.*) sinfonico.

symphonious [sɪm'fəʊnɪəs / sym·pho·ni·ous] *agg.* (*rar.*) armonico.

symphony ['sɪmfənɪ / sym·phony] *s.* **1** (*mus.*) sinfonia: — *concert*, concerto sinfonico; — *orchestra*, orchestra sinfonica **2** (*estens.*) sinfonia, armonia, insieme armonico.

symphysis ['sɪmfəsɪs / sym·physis] *pl.* **symphyses** ['sɪmfəsi:z] *s.* (*anat.*) sinfisi: *pubic* —, sinfisi pubica.

symposiac [sɪm'pəʊzjək / sym·po·siac] **symposial** [sɪm'pəʊzjəl / sym·po·sial] *agg.* (*rar.*) conviviale, di simposio.

symposiarch [sɪm'pəʊzjɑ:k / sym·po·si·arch] *s.* simposiarca.

symposium [sɪm'pəʊzjəm / sym·po·sium] *pl.* **symposia** [sɪm'pəʊzjə / sym·po·sia] *s.* **1** simposio **2** convegno, congresso; simposio **3** raccolta di articoli (di vari autori) sullo stesso soggetto.

symptom ['sɪmptəm / symp·tom] *s.* sintomo (di malattia); indizio, segno: *the symptoms of pleurisy*, i sintomi della pleurite; *the age showed symptoms of social unrest*, l'epoca presentava indizi di inquietudine sociale.

symptomatic(al) [,sɪmptə'mætɪk(l) / symp·to·matic·(al)] *agg.* sintomatico.

symptomatically [,sɪmptə'mætɪkəlɪ / symp·to·mat·ic·ally] *avv.* in modo sintomatico: *diseases — alike*, malattie che presentano sintomi analoghi.

symptomatology [,sɪmptəmə'tɒlədʒɪ / symp·to·mato·logy] *s.* sintomatologia.

syn(a)eresis [sɪ'nɪərəsɪs / syn·(a)er·esis] *pl.* **syn(a)ereses** [sɪ'nɪərəsi:z] *s.* sineresi.

syn(a)esthesia [,sɪnəs'θi:ʒjə / syn·(a)es·thesia] *s.* **1** (*ret.*) sinestesia **2** (*psic.*) sinestesia; sinestesi.

synagogical [,sɪnə'gɒdʒɪkl / syn·ago·gical] *agg.* di sinagoga.

synagogue ['sɪnəgɒg / syn·agogue] *s.* sinagoga.

synapse ['saɪnæps / syn·apse] *s.* (*anat.*) sinapsi.

synapsis [sɪ'næpsɪs / syn·apsis] *pl.* **synapses** [sɪ'næpsi:z] *s.* **1** (*biol.*) sinapsi (appaiamento di cromosomi analoghi) **2** (*anat.*) → **synapse**.

synaptic [sɪ'næptɪk / syn·aptic] *agg.* (*anat.*, *biol.*) sinaptico.

sync [sɪŋk] *s.* (*cinem.*, *tv*, *inform.*) sincronia: *the film and the soundtrack are out of* —, le immagini e l'audio non sono sincronizzati; *the two clocks are out of* —, (*fam.*) i due orologi non sono sincronizzati; *our ideas were out of* —, (*fam.*) le nostre idee non erano in sintonia.

to **sync** *v.intr.* e *tr.* (*cinem.*, *tv*, *inform.*) sincronizzare.

syncarp ['sɪnkɑ:p / syn·carp] *s.* (*bot.*) sincarpio.

synchrocyclotron [,sɪŋkrə'saɪklətrɒn / syn·chro·cy·clo·tron] *s.* (*fis. nucleare*) sincrociclotrone.

synchromesh [,sɪŋkrəʊ'meʃ / syn·chro·mesh] *s.* (*aut.*) cambio di velocità sincronizzato • Contr. di *synchronized mesh*.

synchronal ['sɪŋkrənl / syn·chronal] *agg.* sincrono, simultaneo.

synchronic(al) [sɪŋ'krɒnɪk(l) / syn·chronic, syn·chron·ical] *agg.* sincronico (*anche ling.*) // **-ally** *avv.*

synchronism ['sɪŋkrənɪzəm / syn·chron·ism] *s.* sincronismo: *in* —, sincronizzato; *out of* —, non sincronizzato.

synchronistic [,sɪŋkrə'nɪstɪk / syn·chron·istic] *agg.* sincronistico.

synchronization [,sɪŋkrənaɪ'zeɪʃn *amer.* ,sɪŋkrənɪ'zeɪʃn / syn·chron·iza·tion] *s.* sincronizzazione.

to **synchronize** ['sɪŋkrənaɪz / syn·chron·ize] *v.tr.* sincronizzare (orologi, movimenti, sonoro di film, eventi ecc.): (*elettr.*) *to — two generators*, sincronizzare due generatori ◆ *v.intr.* **1** accadere nello stesso tempo (di eventi) **2** muoversi sincronicamente.

synchronized ['sɪŋkrənaɪzd / syn·chron·ized] *agg.* sincronizzato: (*aut.*) — *shifting*, cambio sincronizzato; — *swimming*, nuoto sincronizzato.

synchronizer ['sɪŋkrənaɪzə* / syn·chron·izer] *s.* sincronizzatore.

synchronous ['sɪŋkrənəs / syn·chron·ous] *agg.* (*form.*) **1** sincrono, simultaneo // (*elettr.*): — *alternator*, alternatore sincrono; — *machine*, macchina sincrona; — *motor*, motore sincrono; — *speed*, velocità di sincronismo // (*fis.*) — *orbit*, orbita geostazionaria **2** contemporaneo (di eventi) // **-ly** *avv.* // **-ness** *s.*

synchrony ['sɪŋkrənɪ / syn·chrony] *s.* sincronia, sincronismo: (*cinem.*) — *mark*, contrassegno di sincronismo.

synchrotron ['sɪŋkrəʊtrɒn / syn·chro·tron] *s.* (*fis. nucleare*) sincrotrone: — *radiation*, radiazione di sincrotrone.

synclinal [sɪn'klaɪnl / syn·clinal] *agg.* (*geol.*) di sinclinale.

syncline ['sɪn,klaɪn / syn·cline] *s.* (*geol.*) sinclinale.

synclinorium [,sɪŋklə'nɔ:rɪəm / syn·clin·or·ium] *pl.* **synclinoria** [,sɪŋklə'nɔ:rɪə] *s.* (*geol.*) sinclinorio.

syncopal ['sɪŋkəpəl / syn·copal] *agg.* (*med.*) sincopale.

to **syncopate** ['sɪŋkəpeɪt / syn·co·pate] *v.tr.* (*gramm.*, *mus.*) sincopare.

syncopation [,sɪŋkə'peɪʃn / syn·co·pa·tion] *s.* (*gramm.*, *mus.*) sincopatura.

syncope ['sɪŋkəpɪ / syn·cope] *s.* (*gramm.*, *mus.*, *med.*) sincope.

syncretism ['sɪŋkrətɪzm / syn·cret·ism] *s.* sincretismo.

syndic ['sɪndɪk / syn·dic] *s.* **1** alto funzionario **2** (*econ.*) rappresentante (di corporazione, società, ditta); curatore di interessi, sindaco **3** membro di uno speciale comitato del senato (all'università di Cambridge) **4** (*st. greca*) magistrato.

syndicalism ['sɪndɪkəlɪzəm / syn·dic·al·ism] *s.* sindacalismo rivoluzionario.

syndicalist ['sɪndɪkəlɪst / syn·dic·al·ist] *s.* fautore del sindacalismo rivoluzionario.

syndicalization [,sɪndɪkəlaɪ'zeɪʃn *amer.* ,sɪndɪklɪ'zeɪʃn / syn·dic·al·iza·tion] *s.* sindacalizzazione.

syndicate ['sɪndɪkɪt / syn·dic·ate] *s.* **1** (*econ.*) sindacato industriale, associazione di imprese; consorzio di garanzia e collocamento // — *manager*, istituto capofila // *crime* —, sindacato del crimine **2** (*giornalismo*) agenzia di stampa **3** speciale comitato del senato (all'università di Cambridge).

to **syndicate** ['sɪndɪkeɪt] *v.tr.* **1** reggere, dirigere a mezzo di sindacato **2** (*giornalismo*) vendere (articolo, foto ecc.) attraverso un'agenzia di stampa ◆ *v.intr.* costituirsi, riunirsi in associazione per portare a termine un affare // (*fin.*) *syndicated loan*, prestito consorziale.

syndication [,sɪndɪ'keɪʃn / syn·dica·tion] *s.* **1** costituzione in sindacato **2** (*giornalismo*) vendita attraverso un'agenzia di stampa.

syndrome ['sɪndrəʊm / syn·drome] *s.* (*med.*) sindrome.

syne [saɪn] *avv.* (*scoz.*) fa: *auld lang* —, i vecchi tempi, i giorni lontani ◆ *prep.* (*scoz.*) fin da.

synecdoche [sɪ'nekdəkɪ / syn·ec·doche] *s.* (*ret.*) sineddoche.

synecology [,sɪni:'kɒlədʒɪ / syn·eco·logy] *s.* (*ecol.*) sinecologia.

syneresis [sɪ'nɪərəsɪs / syn·er·esis] *pl.* **synereses** [sɪ'nɪərəsi:z] *s.* (*gramm.*) sineresi.

synergetic [,sɪnə'dʒetɪk / syn·er·getic] **synergic** [,sɪnɜ:dʒɪk / syn·er·gic] *agg.* (*med.*) sinergico.

synergism ['sɪnədʒɪzəm / syn·er·gism] *s.* (*med.*) sinergismo.

synergist ['sɪnədʒɪst / syn·er·gist] *s.* **1** (*anat.*) organo, muscolo sinergico **2** (*med.*) rimedio sinergico.

synergistic [,sɪnə'dʒɪstɪk / syn·er·gistic] *agg.* (*med.*) sinergico.

synergy ['sɪnədʒɪ / syn·ergy] *s.* (*med.*) sinergia.

syngenetic [,sɪndʒə'netɪk / syn·gen·etic] *agg.* (*geol.*) singenetico.

synizesis [,sɪnɪ'zi:sɪs / syn·iz·esis] *pl.* **synizeses** [,sɪnɪ'zi:si:z] *s.* (*med.*, *metrica*) sinizesi.

synod ['sɪnəd] *s.* **1** (*eccl.*) sinodo: (*o*)*ecumenical*

—, sinodo ecumenico **2** (*form.*) riunione, convegno.

synodal ['sɪnədl / syn·odal] *agg.* (*eccl.*) sinodale.

synodic(al) [sɪ'nɒdɪk(l) / syn·odic, syn·od·ical] *agg.* **1** (*eccl.*) sinodale **2** (*astr.*) sinodico // *synodic month*, lunazione // **-ally** *avv.*

synonym ['sɪnənɪm / syn·onym] *s.* sinonimo.

synonymic(al) [,sɪnə'nɪmɪk(l) / syn·onymic, syn·onym·ical] *agg.* sinonimico.

synonymity [,sɪnə'nɪmətɪ / syn·onym·ity] *s.* sinonimia.

to **synonymize** [sɪ'nɒnɪmaɪz / syn·onym·ize] *v.tr.* (*non com.*) dare i sinonimi di: *to — a word*, dare i sinonimi di una parola ◆ *v.intr.* (*non com.*) usare sinonimi; sinonimizzare.

synonymous [sɪ'nɒnɪməs / syn·onym·ous] *agg.* sinonimo: *his name is — with cowardice*, il suo nome è sinonimo di codardia // **-ly** *avv.*

synonymy [sɪ'nɒnɪmɪ / syn·onymy] *s.* **1** studio dei sinonimi **2** elenco di sinonimi **3** sinonimia.

synopsis [sɪ'nɒpsɪs / syn·op·sis] *pl.* **synopses** [sɪ'nɒpsi:z] *s.* sinossi.

synoptic(al) [sɪ'nɒptɪk(l) / syn·op·tic(al)] *agg.* sinottico // *the Synoptic Gospels*, i Vangeli sinottici // (*meteor.*) *synoptic chart*, carta sinottica // **-ally** *avv.*

synovia [sɪ'nəʊvɪə / syn·ovia] *s.* (*med.*) sinovia.

synovial [sɪ'nəʊvɪəl / syn·ovial] *agg.* (*med.*) sinoviale.

synovitis [,sɪnə'vaɪtɪs / syn·ov·itis] *s.* (*med.*) sinovite.

syntactic(al) [sɪn'tæktɪk(l) / syn·tactic, syn·tact·ical] *agg.* (*gramm.*) sintattico // **-ally** *avv.*

syntax ['sɪntæks / syn·tax] *s.* (*gramm.*) sintassi.

synthesis ['sɪnθɪsɪs / syn·thesis] *pl.* **syntheses** ['sɪnθɪsi:z] *s.* sintesi.

to **synthesize** ['sɪnθɪsaɪz / syn·thes·ize] *v.tr.* sintetizzare.

synthesizer ['sɪnθə,saɪzə* / syn·thes·izer] *s.* (*mus.*) sintetizzatore.

synthetic [sɪn'θetɪk / syn·thetic] *agg.* **1** (*tecn.*) sintetico, di sintesi: — *product*, prodotto sintetico, di sintesi; — *resin*, resina sintetica; — *rubber*, gomma sintetica **2** (di suono) prodotto elettronicamente; proveniente da un computer, da un sintetizzatore **3** (*fig.*) artificiale, falso: *the — values of consumerism*, i falsi valori del consumismo ◆ *s.* sostanza sintetica; materiale sintetico; fibra sintetica // **-ally** *avv.*

to **synthetize** ['sɪnθɪtaɪz / syn·thet·ize] *v.tr.* (*rar.*) sintetizzare.

to **syntonize** ['sɪntənaɪz / syn·ton·ize] *v.tr.* (*rad.*) sintonizzare.

syntony ['sɪntənɪ / syn·tony] *s.* (*rad.*) sintonia.

syphilis ['sɪfɪlɪs / syph·ilis] *s.* (*med.*) sifilide.

syphilitic [,sɪfɪ'lɪtɪk / syph·il·itic] *agg.* e *s.* (*med.*) sifilitico.

syphon → **siphon**.

syren → **siren**.

Syriac ['sɪrɪæk] *agg.* e *s.* siriaco.

Syrian ['sɪrɪən] *agg.* e *s.* siriano.

syringe ['sɪrɪndʒ / syr·inge] *s.* siringa (*anche med.*).

to **syringe** *v.tr.* siringare; iniettare.

syringotomy [,sɪrɪŋ'gɒtəmɪ / syr·ingo·tomy] *s.* (*med.*) siringotomia.

syrinx ['sɪrɪŋks / syr·inx] *pl.* **syrinxes** ['sɪrɪŋksɪz] **syringes** ['sɪrɪndʒi:z / syr·inges] *s.* **1** zampogna, siringa **2** (*anat.*) tromba d'Eustachio **3** (*med.*) fistola **4** (*archeol.*) stretta galleria (nelle tombe egiziane) **5** siringe (di uccelli).

syrtic ['sɜ:tɪk] *agg.* sirtico.

syrup ['sɪrəp] *s.* sciroppo // *golden* —, melassa.

syrupy ['sɪrəpɪ / syr·upy] *agg.* sciropposo (*anche fig.*).

systaltic [sɪ'stæltɪk / sys·taltic] *agg.* (*med.*) sistaltico, pulsante.

system ['sɪstɪm / sys·tem] *s.* **1** sistema; metodo; organizzazione: — *of philosophy*, sistema filosofico; — *of government*, sistema di governo; *democratic* —, sistema democratico; *to overthrow the* —, rovesciare il sistema // *number* —, sistema numerico // (*chim.*) *periodic(al) — of elements*, sistema periodico degli elementi // (*mat.*) — *of equations*, *of curves*, sistema di equazioni, di curve **2** rete; sistema: *railway* —, rete ferroviaria; *river* —, rete fluviale; *telegraph* —, rete telegrafica; *electrical* —, rete elettrica **3** impianto; apparato: *heating* —, impianto di riscaldamento; *electrical* —, impianto elettrico // (*anat.*): *digestive*, *reproductive* —, apparato digerente, riproduttore; *lymphatic* —, sistema linfatico **4** organismo: *bad for the* —, dannoso per l'organismo // *to get it out of one's* —, sfogarsi, liberarsi di un peso **5** (*inform.*) sistema; calcolatore: — *software*, software di base; — *output*, *input*, dati di emissione, di immissione; — *console*, consolle di comando (di sistema); — *flowchart*, diagramma di flusso; *systems engineering*, ingegneria di sistemi; *systems analysis* (o *study*), analisi funzionale; — *administrator*, amministratore di sistema; *operating* —, sistema operativo; — *colours*, colori di sistema **6** (*mus.*) insieme di righi di partitura.

systematic [,sɪstɪ'mætɪk / sys·tem·atic] *agg.* sistematico; metodico // **-ally** *avv.*

systematics [,sɪstə'mætɪks / sys·tem·at·ics] *s.* U **1** sistematica **2** (*biol.*) tassonomia, sistematica.

systematization [,sɪstɪmətaɪ'zeɪʃn *amer.* ,sɪstɪmətɪ'zeɪʃn / sys·tem·at·iza·tion] *s.* sistemazione, sistematizzazione.

to **systematize** ['sɪstɪmətaɪz / sys·tem·at·ize] *v.tr.* sistematizzare, rendere sistematico.

systematizer ['sɪstɪmətaɪzə* / sys·tem·at·izer] *s.* sistematore, chi instaura un sistema.

systemic [sɪs'temɪk / sys·temic] *agg.* dell'organismo, di tutto il corpo: (*anat.*) — *circulation*, grande circolazione; (*chim.*) — *pesticides*, pesticidi sistemici.

systemless ['sɪstɪmlɪs / sys·tem·less] *agg.* **1** senza sistema **2** (*biol.*) senza struttura organica.

system time ['sɪstəm,taɪm] *s.* (*inform.*) tempo di sistema.

systole ['sɪstəlɪ / sys·tole] *s.* (*med.*) sistole.

systolic [sɪ'stɒlɪk / sys·tolic] *agg.* (*med.*) sistolico.

systyle ['sɪstaɪl / sys·tyle] *s.* (*arch.*) (edificio) sistilo.

syzygy ['sɪzɪdʒɪ] *s.* (*astr.*) sizigia.

Tt

t [ti:] *pl.* **ts, t's** *s.* (*ventesima lettera dell'alfabeto inglese*) t // (*tel.*) — *for Tommy* (o amer. — *for Tare*), t come Torino // *to a T*, perfettamente, a pennello: *it suits you to a T*, ti sta a pennello, è quello che fa per te; *the roast was done to a T*, l'arrosto era cotto a puntino; *to hit sthg. off to a T*, cogliere nel segno, far centro ◆ *agg.attr.* a (forma di) T: *T-section*, sezione a T.

't (*poet.*, *ant.* o *dial.*) contr. di *it.*

ta [tɑ:] *s.* (*fam.*) abbr. di → **thank you**.

tab[1] [tæb] *s.* **1** linguetta; cinturino; passante **2** etichetta; cartellino **3** linguetta (di archivio) **4** (*mil.*) mostrine (di ufficiale di Stato Maggiore) // *red* —, (*sl.*) ufficiale di Stato Maggiore **5** (*aer.*) aletta (di compensazione): *balance* —, aletta di compensazione (automatica); *hand* —, aletta di compensazione (a comando) manuale; *spring* —, aletta compensatrice elastica; *trimming* —, correttore di assetto **6** (*fam.*) conto: *to pick up the* —, pagare il conto **7** (*fam. amer.*) registrazione; controllo // *to keep tab(s) on s.o.*, *sthg.*, sorvegliare attentamente, controllare qlcu., qlco.

to **tab**[1] *pass.p.p.* **tabbed** [tæbd] *v.tr.* (*fam. amer.*) **1** etichettare (*anche fig.*); fornire di cartellino **2** scegliere, selezionare.

tab[2] *s.* (*inform.*) (abbr. di *tabulate, tabulated*) tabulato: — *card*, scheda perforata; — *card check*, carta assegni; — *forms*, stampati meccanografici, moduli; — *man*, operatore meccanografico.

to **tab**[2] *pass. p.p.* **tabbed** *v.tr.* (*inform.*) tabulare; incolonnare.

tabagism ['tæbədʒɪzm / ta·ba·gism] *s.* (*med.*) tabagismo.

tabard ['tæbəd / tab·ard] *s.* (*st.*) **1** cotta d'arme **2** tabarro.

tabaret ['tæbərɪt / tab·aret] *s.* stoffa a righe alternate di seta marezzata e raso (per tappezzeria).

tabby ['tæbɪ] *s.* **1** moiré, seta marezzata **2** — (*cat*), gatto tigrato, soriano **3** (*non com.*) gatta **4** vecchia zitella pettegola **5** conglomerato di cemento ◆ *agg.* chiazzato, marezzato; tigrato.

tabbyte ['tæbaɪt / tab·byte] *s.* (*min.*) asfaltite.

tabernacle ['tæbənækl / tab·er·nacle] *s.* **1** tabernacolo, ciborio // (*st. ebraica*) *Feast of the Tabernacles*, festa dei tabernacoli **2** (*non com.*) tempio, chiesa **3** (*fig.*) corpo umano **4** (*arch.*) nicchia, cappelletta (con immagine sacra), tabernacolo **5** (*mar.*) supporto scatolato (di un albero).

to **tabernacle** *v.intr.* (*rar.*) abitare temporaneamente ◆ *v.tr.* mettere nel tabernacolo.

tabernacular [,tæbə'nækjʊlə* / tab·er·nacu·lar] *agg.* di tabernacolo.

tabes ['teɪbi:z / ta·bes] *s.* (*med.*) tabe // *dorsal* —, atassia locomotoria, tabe dorsale.

tabescence [tə'besns / ta·bes·cence] *s.* (*med.*) consunzione, tabe.

tabescent [tə'besnt / ta·bes·cent] **tabetic** [tə'betɪk / ta·betic] non com. **tabid** ['tæbɪd] *agg.* (*med.*) tabetico, affetto da tabe.

tabinet ['tæbɪnɪt / tab·inet] *s.* tessuto marezzato di lana e seta per tappezzeria.

tablature ['tæblətʃə* / tab·la·ture] *s.* **1** (*mus.*) intavolatura **2** (*non com.*) tavoletta, lastra per iscrizioni.

table ['teɪbl] *s.* **1** tavolo; tavola; tavolino: *square, oval* —, tavolo quadrato, ovale; *draw* (o *extension*) —, tavolo allungabile; — *flap*, ribalta di tavolo; — *leaf*, prolunga di tavolo; — *top*, piano di tavolo; *kitchen* —, tavolo da cucina; *dining* —, tavolo da pranzo; *drawing* —, tavolo da disegno; *card* —, tavolo da gioco; *operating* —, tavolo operatorio // *to lay* (o *to put*) *one's cards on the* —, (*fig.*) mettere le carte in tavola, giocare a carte scoperte // *to lay* (o *to put*) *a measure, a plan on the* —, mettere in discussione un provvedimento, un progetto, (*amer.*) rinviare un provvedimento, un progetto a tempo indeterminato // *to lie on the* —, essere in discussione (di legge, regolamento); (*amer.*) essere rinviato a tempo indeterminato // *to turn the* —, far ballare il tavolino (nelle sedute spiritiche) // *under the* —, (*fig. fam.*) sottobanco (di soldi dati illegalmente); (*fig.*) ubriaco fradicio, sbronzo // *high* —, tavolo dei professori universitari, tavolo d'onore (nel refettorio di un college) // *the Round Table*, la Tavola Rotonda **2** tavola; mensa: *to lay, to clear the* —, apparecchiare, sparecchiare la tavola; *to sit down to* (o *at*) —, sedersi, mettersi a tavola; *at* —, a tavola; (*fig.*) durante i pasti, all'ora dei pasti: *to wait at* —, servire a tavola // *to keep a good* —, (*antiq.*) avere una buona tavola, mangiare bene // — *linen*, biancheria da tavola // — *manners*, buone maniere a tavola // — *talk*, conversazione familiare (spec. a tavola, seduti intorno a un tavolo) **3** tavolata; commensali: *he amused the* —, tenne allegri i commensali **4** tabella; elenco: — *of contents*, indice (di un libro); — *of weights and measures*, tavola dei pesi e delle misure; *multiplication* —, tavola pitagorica; *actuarial tables*, tavole attuariali; *synoptic* —, tavola sinottica; *tide* —, indicatore delle maree // (*inform.*) *truth* —, tabella della verità **5** tavola, tavoletta, lastra (di pietra, bronzo, avorio ecc.) (*anche arch.*) // *the tables of the Law* (o *the Two Tables*), (*Bibbia*) le tavole della Legge (Mosaica), i dieci comandamenti // (*st.*) *the Twelve Tables*, le Dodici Tavole (dei Decemviri) **6** quadro, tavola pittorica: *I never lov'd myself / till now infixed I beheld myself, / drawn in the flattering table of her eye*, (SH. King John) non mi sono mai amato tanto quanto ora che mi vedo impresso nel lusinghiero quadro del suo occhio **7** (*tecn.*) piano, tavola **8** (*oreficeria*) gemma tagliata in quadrato; faccia superiore di tale gemma **9** (*chiromanzia*) palma, quadrilatero delle linee nel palmo della mano // *if any man in Italy have a fairer table*, (SH. The Merchant of Venice) se qualcuno in Italia ha una palma più bella **10** (*anat.*) piastra, lamina ossea **11** *pl.* (*rar.*) tavola reale, tric-trac // *to turn the tables on s.o.*, rovesciare le posizioni, ritornare in posizione di vantaggio **12** (*ant.*) taccuino: *...my tables. Meet it is I set it down / that one may smile, and smile, and be a villain*, (SH. Hamlet) ...i miei taccuini. È giusto scrivervi che uno può sorridere e sorridere ed essere un furfante.

to **table** *v.tr.* **1** porre sul tavolo, mettere in tavola (*anche fig.*): *to — a bill*, presentare un progetto di legge **2** (*dir. amer.*) rinviare a tempo indeterminato: *to — a bill*, aggiornare un progetto di legge **3** giocare, buttare (una carta) **4** (*mar.*) rafforzare l'orlo di (una vela) **5** (*rar.*) compilare una lista, un elenco di; tabulare: *I could then have looked on him without the help of admiration, though the catalogue of his endowments had been tabled on his side*, (SH. Cymbeline) l'avrei guardato senza ammirazione anche se avesse portato l'elenco dei suoi meriti compilato al suo fianco.

tableau ['tæbləʊ / tab·leau] *pl.* **tableaux** *s.* **1** quadro, scena (*anche fig.*) **2** → tableau vivant **3** (*ant.*) elenco ufficiale.

tableau vivant [,tæbləʊvɪ'vɒn *amer.* tæ,bləʊvɪ'vɒn] *pl.* **tableaux vivants** *s.* (*fr.*) (*teatr.*) quadro vivente.

table clamp ['teɪblklæmp] *s.* **1** attacco a morsetto: *a lamp with* —, una lampada da tavolo con attacco a morsetto **2** fermatovaglia.

tablecloth ['teɪblklɒθ *amer.* 'teɪblklɔ:θ / table·cloth] *s.* tovaglia.

table d'hôte [,tɑ:bl'dəʊt] *s.* (*form.*) pasto a prezzo fisso.

table fork ['teɪblfɔ:k] *s.* forchetta da tavola.

tableful ['teɪblfʊl / table·ful] *s.* tavolata: *a* —

of old people, una tavolata di vecchi, di persone anziane.

to **table-hop** ['teɪblhɒp] *v.intr.* (*fam. amer.*) fare il giro dei tavoli per chiacchierare con i commensali (in un ristorante, club ecc.).

table knife ['teɪblnaɪf] *s.* coltello da tavola.

tableland ['teɪbllænd / ta·ble·land] *s.* (*geogr.*) tavolato, altopiano.

tablemat ['teɪblmæt / ta·ble·mat] *s.* sottopiatto.

table money ['teɪbl,mʌnɪ] *s.* (*mar., mil.*) indennità per spese di rappresentanza (agli ufficiali superiori).

tablespoon ['teɪblspu:n / table·spoon] *s.* cucchiaio da tavola.

tablespoonful ['teɪblspu:n,fʊl / ta·ble·spoon·ful] *pl.* **tablespoonsful** ['teɪblspu:nz ,fʊl / ta·ble·spoons·ful] **tablespoonfuls** *s.* cucchiaiata: *a — three times a day*, un cucchiaio da tavola tre volte al dì.

tablet ['tæblɪt / tab·let] *s.* **1** targa, lapide; tavoletta: *bronze —*, targa di bronzo; *tablets of clay*, tavolette d'argilla **2** tavoletta, pezzo: *a — of soap*, un pezzo di sapone **3** (*med.*) compressa, pastiglia **4** (*arch.*) cornicione **5** (*inform.*) tavoletta grafica.

table tennis ['teɪbl,tenɪs] *s.* ping-pong, tennis da tavolo.

table turning ['teɪbl,tɜ:nɪŋ] *s.* il muoversi del tavolino (durante una seduta spiritica).

tableware ['teɪblweə* / table·ware] *s.* [U] vasellame, stoviglie da tavola.

tabling ['teɪblɪŋ/ ta·bling] *s.* **1** (*tecn.*) giunzione di costa **2** (*mar.*) guaina, orlo rinforzato (di vela).

tabloid ['tæblɔɪd / tab·loid] *agg.* conciso, succinto ◆ *s.* **1** (*med.*) pastiglia, compressa **2** giornale tabloid, di formato ridotto; (*estens.*) giornale popolare, scandalistico.

taboo [tə'bu: *amer.* tæ'bu: / ta·boo] *agg.* **1** tabù, proibito, interdetto **2** sacro ◆ *s.* tabù, proibizione, interdizione: *in the 19th century there was a — attached to the word 'legs'*, nel XIX secolo la parola 'gambe' era considerata tabù.

to **taboo** *v.tr.* proibire; interdire; mettere al bando.

tabo(u)r ['teɪbə* / ta·bo(u)r] *s.* (*st. mus.*) tamburello.

to **tabo(u)r** *v.intr.* (*st. mus.*) suonare il tamburello.

tabouret ['tæbərɪt / tab·ouret] *s.* **1** sgabello, tabouret **2** telaio da ricamo, tamburello **3** (*mus.*) tamburello.

tabourine ['tæbʊəri:n / ta·bour·ine] *s.* (*ant.*) tamburo: *beat loud the tabourines, let the trumpets blow, / that this great soldier may his welcome know*, (SH. Troilus and Cressida) rullino forte i tamburi, suonino le trombe, perché questo soldato sappia quale accoglienza gli vien fatta.

(to) **tabu** → (to) **taboo**.

tabular ['tæbjʊlə* / tabu·lar] *agg.* **1** tabellare, tabulare, a forma di tabella, di prospetto **2** tabulare, relativo a una tabella; calcolato, catalogato secondo una tabella **3** piatto, piano: *— surface*, superficie piana **4** (*min.*) a strati cristallini sottili // **-ly** *avv.*

tabulate ['tæbjʊlɪt / tabu·late] *agg.* **1** di superficie piatta, piana **2** a strati sottili.

to **tabulate** ['tæbjʊleɪt] *v.tr.* tabulare, disporre in tabelle, tavole sinottiche; catalogare.

tabulating ['tæbjʊleɪtɪŋ / tabu·lat·ing] *s.* tabulazione.

tabulation [,tæbjʊ'leɪʃn / tabu·la·tion] *s.* **1** ordinamento in tabelle; classificazione, catalogazione **2** (*amm., inform.*) tabulazione.

tabulator ['tæbjʊleɪtə* / tabu·lator] *s.* tabulatore, incolonnatore: *automatic —*, incolonnatore automatico; *— key*, tasto incolonnatore; *— stops ruler*, comando arresti del tabulatore.

tacheometer [,tækɪ'ɒmɪtə* / ta·cheo·meter] → **tachymeter**.

tacheometry [,tækɪ'ɒmɪtrɪ / ta·cheo·metry] *s.* (*topografia*) tacheometria.

tachigraphy [tæ'kɪgrəfɪ / ta·chi·graphy] *s.* (*st.*) tachigrafia.

tachograph ['tækəʊgrɑ:f *amer.* 'tækəʊ græf / tacho·graph] *s.* (*aut.*) tachigrafo.

tachometer [tæ'kɒmɪtə* / ta·cho·meter] *s.* (*mecc.*) **1** tachimetro **2** contagiri: *— drive*, presa del contagiri.

tachycardia [,tækɪ'kɑ:dɪə/ ta·chy·car·dia] *s.* (*med.*) tachicardia SIN. tachyrhythmia.

tachycardiac [,tækɪ'kɑ:dɪæk / ta·chy·car·diac] *agg.* (*med.*) tachicardico.

tachygraph ['tækɪgrɑ:f *amer.* 'tækɪgræf / ta·chy·graph] *s.* **1** → tachygrapher **2** scritto tachigrafico.

tachygrapher [tæ'kɪgrəfə* / ta·chy·grapher] *s.* esperto in tachigrafia.

tachygraphic(al) [,tækɪ'græfɪk(l) / ta·chy·graphic, ta·chy·graph·ical] *agg.* tachigrafico.

tachyhydrite [,tækɪ'haɪdraɪt / ta·chy·hy·drite] *s.* (*min.*) tachiidrite.

tachymeter [tæ'kɪmɪtə* / ta·chy·meter] *s.* **1** (*topografia*) tacheometro **2** (*tecn.*) tachimetro.

tachymetry [tæ'kɪmɪtrɪ / ta·chy·metry] *s.* (*topografia*) tacheometria.

tachyon ['tækɪɒn / ta·chyon] *s.* (*fis.*) tachione.

tachyrhythmia [,tækɪ'rɪθmɪə/ ta·chy·ryth·mia] → **tachycardia**.

tacit ['tæsɪt / ta·cit] *agg.* **1** tacito, implicito, sottinteso: *a — agreement*, un tacito accordo **2** (*ant.*) silenzioso // **-ly** *avv.*

taciturn ['tæsɪtɜ:n / ta·cit·urn] *agg.* taciturno // **-ly** *avv.*

taciturnity [,tæsɪ'tɜ:nɪtɪ / ta·cit·urn·ity] *s.* taciturnità.

tack[1] [tæk] *s.* **1** bulletta, chiodo, chiodino; puntina: *heel —*, bulletta per tacchi // *— hammer*, martello da tappezziere // (*mecc.*) *— welding*, puntatura // *let's get down to brass tacks*, (*fig.*) veniamo ai fatti, vediamo il lato pratico della faccenda **2** punto lungo, imbastitura: *to take out the tacks*, togliere l'imbastitura **3** (*mar.*) mura, cavo per orientare la vela **4** (*mar.*) bordata: *to make a —*, fare una bordata; *to make — and —*, bordeggiare **5** bardatura, finimenti (*pl.*) // *— room*, selleria **6** (*fig.*) linea di condotta: *to try another —*, cambiare linea di condotta; *to be on the right, wrong —*, essere sulla strada giusta, sbagliata **7** (*pol.*) codicillo, articolo aggiunto **8** viscosità; adesività (di vernice, adesivo ecc.).

to **tack**[1] *v.tr.* **1** imbullettare, inchiodare; attaccare: *to — down a carpet*, fissare un tappeto con bullette **2** imbastire: *she tacked her dress*, imbastì l'abito **3** (*mar.*) far bordeggiare; far virare di bordo **4** (*dir.*) aggiungere (una terza ipoteca) alla prima (acquistando in tal modo priorità sulla seconda) ◆ *v.intr.* **1** (*mar.*) bordeggiare; virare di bordo **2** (*fig.*) cambiare condotta, tattica.

□ **tack on** *v.tr.* e *avv.* (*fam.*) aggiungere, attaccare; appiccicare: *to — a moral on to a story*, aggiungere la morale a una storia.

tack[2] *s.* [U] **1** cibo, alimento: *soft —*, pane; *hard —*, biscotto, galletta **2** (*spreg.*) roba, robaccia.

tackiness ['tækɪnɪs / tacki·ness] *s.* **1** viscosità, adesività **2** (*fig. amer.*) cattivo gusto.

tacking ['tækɪŋ/ tack·ing] *s.* **1** l'imbullettare **2** imbastitura: *— cotton*, cotone, filo da imbastire **3** (*mar.*) bordeggio **4** (*pol.*) articolo, comma aggiunto **5** (*dir.*) priorità di una terza ipoteca sulla seconda.

tackle ['tækl] *s.* **1** (*mecc.*) taglia; (*mar.*) paranco: *double —*, paranco doppio; *— block*, bozzello (del paranco); *— fall*, cavo del paranco **2** [U] arnesi, utensili; attrezzatura: *fishing —*, attrezzatura da pesca **3** [U] finimenti (di cavallo) **4** (*rugby*) placcaggio; (*calcio*) tackle, contrasto: *sliding —*, tackle scivolato **5** (*sl. ant.*) cibo; bevande.

to **tackle** *v.tr.* **1** afferrare, trattenere (un nemico ecc.): *he tackled the thief*, afferrò, placcò il ladro **2** affrontare: *he tackles every job with enthusiasm*, affronta ogni lavoro con entusiasmo; *to — s.o. over a matter*, confrontarsi con qlcu. su un argomento **3** bardare, mettere i finimenti a (un cavallo); attaccare (un cavallo alla carrozza ecc.) **4** (*rugby*) placcare; (*calcio*) contrastare.

tackling ['tæklɪŋ/ tack·ling] *s.* [U] **1** (*rar. mar.*) paranco **2** (*rugby*) placcaggio; (*calcio*) contrasto.

tacky ['tækɪ] *agg.* **1** appiccicaticcio, attaccaticcio **2** (*amer.*) trascurato, in disordine **3** (*amer.*) volgare, di cattivo gusto.

taco ['tækəʊ] *s.* **1** (*cuc.*) 'taco', piatto messicano tradizionale (sfoglia di farina gialla imbottita di carne, formaggio, pomodoro e salsa piccante) **2** (*sl. amer.*) messicano.

tact [tækt] *s.* **1** (*ant.*) tatto (senso) **2** (*fig.*) tatto, riguardo, garbo, maniera: *to be lacking in —*, mancare di tatto.

tactful ['tæktfʊl / tact·ful] *agg.* pieno di tatto, di garbo // **-ly** *avv.*

tactic[1] ['tæktɪk / tac·tic] *agg.* tattico ◆ *s.* tattica; espediente: *delaying —*, tattica dilatoria.

tactic[2] *agg.* tattile.

tactical ['tæktɪkl / tac·tical] *agg.* (*mil., mar.*) tattico (*anche fig.*): *— nuclear missiles*, missili nucleari tattici; *— methods*, metodi tattici.

tactician [tæk'tɪʃn / tac·ti·cian] *s.* **1** (*mil., mar.*) tattico **2** dirigente abile, esperto.

tactics ['tæktɪks / tac·tics] *s.* [U] (*mil.*) tattica: *the old — proved inefficient*, la vecchia tattica si rivelò inadeguata.

tactile ['tæktaɪl *amer.* 'tæktəl / tact·ile] *agg.* **1** tattile **2** tangibile.

tactility [tæk'tɪlətɪ / tac·til·ity] *s.* **1** tattilità **2** tangibilità.

tactless ['tæktlɪs / tact·less] *agg.* che manca di tatto, senza tatto; indiscreto: *— question*, domanda indiscreta // **-ly** *avv.* // **-ness** *s.*

tactual ['tæktjʊəl / tac·tual] *agg.* tattile // **-ly** *avv.*

tad [tæd] *s.* (*amer.*) **1** bambinetto **2** piccola quantità.

tadpole ['tædpəʊl / tad·pole] *s.* (*zool.*) girino SIN. polliwog.

Tadzhik ['tɑ:dʒi:k / Ta·dzhik] *agg.* e *s.* tagicco, tagico.

taedium ['ti:djəm / tae·dium] *s.* (*ant.*) tedio, noia, uggia.

ta'en [teɪn] contr. di *taken.*

taenia ['ti:nɪə/ tae·nia] *pl.* **taeniae** ['ti:nɪi: / tae·niae] *s.* **1** (*zool.*) (*Taenia solium*) tenia, verme solitario SIN. tapeworm **2** (*arch.*) tenia, fascia (di architrave) **3** (*archeol.*) benda, fascia.

taenite ['ti:naɪt / taen·ite] *s.* (*min.*) taenite, tenite.

taffeta ['tæfɪtə/ taf·feta] *s.* taffettà.

taffrail ['tæfreɪl / taff·rail] *s.* (*mar.*) **1** coronamento **2** ringhiera di poppa.

taffy ['tæfɪ] *s.* **1** (*amer.*) → toffee **2** (*sl. amer.*) adulazione, lisciamento.

Taffy *s.* (*fam.*) gallese.

tafia ['tæfɪə] *s.* tafia (rum di melassa).

tag[1] [tæg] *s.* **1** lembo (di tessuto, nastro ecc.) che pende **2** cartellino, etichetta mobile (per pacchi, valigie) **3** (*inform.*) nome convenzionale; codice: — *bit*, bit di contrassegno **4** puntale, aghetto (di stringa) **5** tirante (di stivale) **6** estremità della coda (di un animale) **7** aggiunta a un discorso, a uno scritto; (*teatr.*) discorso di chiusura; pistolotto finale **8** frase fatta, luogo comune; citazione: *moral* —, massima moraleggiante **9** ritornello (di canzonetta) **10** (*chim.*) isotopo tracciante **11** (*amer.*) targa automobilistica **12** (*amer.*) multa **13** (*gramm.*) (*question*) —, 'question tag' (corrisponde all'it. 'vero?', 'non è vero?') **14** (*ant.*) plebaglia: *will you hence, / before the tag return?*, (SH. Coriolanus) vuoi andar via di qui prima che ritorni la plebaglia?

to **tag**[1] *pass.p.p.* **tagged** [tægd] *v.tr.* **1** mettere il puntale a **2** mettere, attaccare cartellini (mobili), etichette, contrassegni a **3** (*fig.*) etichettare; tacciare **4** (*fam.*) seguire da vicino, pedinare **5** tosare (pecore) **6** appiccicare insieme **7** rimare **8** (*comm.*) prezzare **9** (*aut. amer.*) multare; mettere un avviso di multa su (un veicolo).

□ **tag along** *v.intr.* e *avv.* (*fam.*) accodarsi, aggregarsi.

□ **tag on** *v.tr.* e *avv.* aggiungere: *he tagged on some lines of his own making*, vi aggiunse qualche verso di sua invenzione.

tag[2] *s.* il giocare a rincorrersi, chiapparello.

to **tag**[2] *v.tr.* toccare (giocando a rincorrersi).

tag[3] *s.* pecora di due anni.

Tagalog [tə'gɑ:lɒg / Ta·ga·log] *s.* **1** abitante delle Filippine **2** tagal.

tag day ['tægdeɪ] *s.* (*amer.*) giorno in cui si dà la propria adesione a una sottoscrizione pubblica.

tag end ['tægend] *s.* parte finale; rimanente: *towards the* — *of the week*, verso la fine della settimana.

Tahitian [tɑ:'hi:ʃn / Ta·hi·tian] *agg.* e *s.* tahitiano.

tahr [tɑ:*] *s.* (*zool.*) (*Hemitragus jemlaicus*) emitrago dell'Himalaya.

taiga [taɪ'gɑ:] *s.* (*geogr.*) taiga.

tail[1] [teɪl] *s.* **1** coda; parte terminale, estremità: *a cat's* —, la coda di un gatto; *the* — *of a comet*, la coda di una cometa; *the* — *of the procession*, la coda, la parte terminale della processione; *the* — *of a train*, la coda di un treno; *the* — *of the q*, la coda della q; *a dog wags its* — *when it is pleased*, il cane scodinzola quando è contento // *the* — *of the eye*, la coda dell'occhio // *with his* — *between his legs*, (*fig.*) con la coda tra le gambe // *to have one's* — *down, up*, essere di cattivo, buon umore // *to sit on s.o.'s* —, (*fam.*) stare incollato al veicolo che precede // *to turn* —, scappare, darsela a gambe // *I can't make head or* — *of this*, non ne capisco niente **2** coda, falda, strascico (di abito); *pl.* marsina, frac **3** (*tip.*) piede **4** (*gener. pl.*) rovescio (di moneta), croce: *heads or tails?*, testa o croce? **5** treccia (di capelli) **6** (*fam.*) chi pedina **7** (*sl. amer.*) sedere; *pl.* chiappe **8** (*sl. amer.*) persona considerata esclusivamente come partner sessuale.

to **tail**[1] *v.tr.* **1** munire di coda **2** essere in coda a, trovarsi in fondo a: *he tailed the procession*, era in coda al corteo, chiudeva la processione; *to* — *the class*, essere fra gli ultimi della classe **3** tagliare, mozzare la coda di (agnello ecc.); tagliare, togliere il picciolo di (frutto, fiore ecc.) **4** (*fam.*) pedinare, seguire da vicino: *the thief was tailed by a policeman*, il ladro fu pedinato da un poliziotto.

□ **tail away** *v.intr.* e *avv.* diminuire gradualmente, assottigliarsi; affievolirsi; (*elettr.*) disperdersi: *the noise tailed away*, il rumore diminuì, si affievolì; *the procession tailed away very soon*, il corteo finiva ben presto, era molto breve.

□ **tail back** *v.intr.* e *avv.* formare una coda; incolonnarsi: *the cars were tailing back to the town*, c'era una colonna di auto verso la città.

□ **tail off** *v.intr.* e *avv.* → to tail away.

□ **tail up** *v.intr.* e *avv.* (*amer.*) fare la coda; mettersi in fila.

tail[2] *agg.* (*dir.*) limitato, regolato (da condizioni fissate dal donatore) ◆ *s.* (*dir.*) proprietà limitata a una persona e ai suoi eredi diretti: *estate in* —, proprietà in vincolo.

to **tail**[2] *v.tr.* (*dir.*) assegnare con delle limitazioni.

tailback ['teɪlbæk / tail·back] *s.* coda (di auto); incolonnamento.

tailboard ['teɪlbɔ:d / tail·board] *s.* (*aut., ferr.*) sponda posteriore AMER. tailgate.

tail boom ['teɪlbu:m] *s.* (*aer.*) trave di coda.

tailcoat ['teɪlkəʊt / tail·coat] *s.* frac; marsina.

tailed [teɪld] *agg.* (*spec. nei composti*) fornito di coda; caudato: *long-* —, dalla lunga coda; *swallow-* —, a coda di rondine.

tail end [,teɪl'end] *s.* fine, parte finale; coda.

tail-ender [,teɪl'endə*] *s.* (*fig.*) fanalino di coda.

tailgate ['teɪlgeɪt / tail·gate] *s.* **1** (*amer.*) → tailboard **2** sponda ribaltabile di camion // — *party* (*fam. amer.*) picnic (consumato solitamente nel parcheggio di uno stadio utilizzando il portellone posteriore dell'auto come piano d'appoggio).

to **tailgate** *v.tr.* e *intr.* (*fam. amer.*) stare incollato (a), guidare troppo a ridosso di (veicolo che precede).

tailing ['teɪlɪŋ / tail·ing] *s.* **1** l'accodarsi; il mettersi in coda **2** pedinamento **3** (*edil.*) parte incastrata di pietra, di mattone, in aggetto **4** (*tess.*) macchia, difetto (in un tessuto stampato) **5** residuo; scampolo; parte finale **6** *pl.* residui di scarto **7** *pl.* (*miner.*) sterile (di laveria).

tailless ['teɪlɪs / tail·less] *agg.* senza coda: (*aer.*) — *aeroplane*, (aeroplano) senza coda, tuttala.

taillight ['teɪ'laɪt / tail·light] *s.* **1** (*aer.*) fanalino di coda **2** (*aut.*) luce posteriore **3** (*ferr.*) fanale di coda **4** (*mar.*) fanale di coronamento.

tailor ['teɪlə*] *s.* sarto: —*'s shop*, sartoria; —*'s twist*, cordoncino per occhielli.

to **tailor** *v.intr.* fare il sarto ◆ *v.tr.* **1** confezionare (un abito); vestire (un cliente) **2** adattare, adeguare: *to* — *sthg. to s.o.'s requirements*, adattare qlco. alle proprie esigenze; *the part was tailored for her*, il ruolo era fatto su misura per lei.

tailor-bird ['teɪlə,bɜ:d] *s.* (*zool.*) (*Orthotomus sutorius*) uccello sarto.

tailoring ['teɪlərɪŋ/ tail·or·ing] *s.* sartoria.

tailor-made ['teɪlameɪd] *agg.* **1** (fatto) su misura (*anche fig.*): — *suit*, abito, tailleur (fatto) su misura; *this job is* — *for him*, questo lavoro è fatto su misura per lui **2** (*inform.*) personalizzato secondo le esigenze dell'utente, adattato, speciale.

tailpiece ['teɪlpi:s / tail·piece] *s.* **1** (*tip.*) finalino **2** (*mus.*) cordiera **3** appendice; epilogo.

tail pipe ['teɪlpaɪp] *s.* (*aut. amer.*) tubo di scarico, di scappamento.

tailplane ['teɪlpleɪn / tail·plane] *s.* (*aer.*) stabilizzatore.

tail shaft ['teɪlʃɑ:ft *amer.* 'teɪlʃæft] *s.* **1** (*mar.*) albero portaelica **2** (*aer.*) codolo (dell'albero motore).

tailskid ['teɪlskɪd / tail·skid] *s.* (*aer.*) pattino di coda.

tailspin ['teɪlspɪn / tail·spin] *s.* **1** (*aer.*) avvitamento, vite **2** (*fig.*) crollo, collasso.

tail surface ['teɪl,sɜ:fɪs] *s.* (*aer.*) superficie di coda, impennaggio.

tail wheel ['teɪlwi:l] *s.* (*aer.*) rotino posteriore, di coda.

tail wind ['teɪlwɪnd] *s.* **1** (*mar.*) vento di poppa **2** (*aer.*) vento in coda.

taint [teɪnt] *s.* **1** (traccia di) contaminazione, infezione, corruzione **2** tara, vizio organico **3** (*fig.*) marchio, segno, traccia: *the* — *of sin*, il marchio del peccato.

to **taint** *v.tr.* corrompere; guastare (*anche fig.*); infettare, inquinare: *the smoke of factories taints the air*, il fumo delle fabbriche infetta, inquina l'aria; *to be tainted with cowardice*, essere un vile // *that my disports corrupt and taint my business*, (SH. Othello) che i sollazzi corrompano e rovinino la mia professione ◆ *v.intr.* guastarsi; contaminarsi; corrompersi: *meat taints easily in hot countries*, la carne si guasta facilmente nei paesi caldi.

taintless ['teɪntlɪs / taint·less] *agg.* incontaminato, immacolato // **-ly** *avv.*

taipan ['taɪpæn / tai·pan] *s.* (*zool.*) (*Oxyuranus scutulatus*) serpente bruno gigante.

Taiwanese [,taɪwə'ni:z / Tai·wanese] *agg.* e *s.* (nativo, abitante) di Taiwan.

Tajik [ˈtɑːdʒiːk / Ta·jik] *agg.* e *s.* tagicco, tagico.

take [teɪk] *s.* **1** il prendere **2** presa (di selvaggina ecc.); pesca, retata (di pesce) **3** (*fam.*) incasso **4** (*cinem.*, *tv*) ripresa **5** (*tip.*) tiratura.

to **take** *pass.* **took** [tʊk] *p.p.* **taken** [ˈteɪkən] *v.tr.* e *intr.* **1** prendere; prelevare; afferrare; cogliere; sorprendere: — *your umbrella when you go out*, quando esci prendi l'ombrello; *can I — your gloves?*, posso prendere i tuoi guanti?; *he took me by the arm*, mi prese per il braccio; *he took her in his arms*, la prese fra le braccia; *you took me by surprise*, mi hai colto di sorpresa; *to be taken in the act*, essere colto sul fatto, in fallo; *to — a hint*, cogliere un'allusione, un suggerimento // *to — one's chance*, cogliere l'occasione; tentare la sorte // *to — the situation in hand*, prendere in mano la situazione; *to — one's life in one's hands*, (*fam.*) rischiare la vita, la pelle // *to — the bull by the horns*, prendere il toro per le corna // *to — time by the forelock*, (*letter.*) afferrare la fortuna per i capelli **2** prendere; catturare; impossessarsi di; (*a scacchi, dama*) mangiare: *the town was taken by storm*, la città fu presa d'assalto; *no prisoners were taken*, non furono fatti prigionieri **3** prendere; accettare; ricevere: *to — money from s.o.*, prendere, accettare, ricevere denaro da qlcu.; *she took the first prize*, ricevette, vinse il primo premio; *to — s.o.'s advice*, accettare, seguire i consigli di qlcu.; *to — a beating*, prendere una bastonata // *to — a degree*, laurearsi // *to — holy orders*, ricevere gli ordini sacri // *he's an expert, — it from me*, è un esperto, credimi // *— it or leave it*, prendere o lasciare // *to — s.o. into one's confidence*, confidarsi con qlcu. // *to — sthg. into one's head*, (*fig.*) mettersi in testa qlco. **4** prendere; assumere; accollarsi: *to — care of*, avere, prendersi cura di: *to — care of business*, (*fam. amer.*) cavarsela, saper affrontare una situazione; *to — the chair*, assumere la presidenza (di congresso, riunione ecc.); *to — (it) upon oneself*, incaricarsi di, impegnarsi a; *to — control of*, assumere il controllo di; *to — the trouble*, prendersi la briga, il disturbo; *to — the blame*, assumersi la colpa // *to — a flyer*, (*fam. amer.*) assumersi un rischio (spec. economico) **5** prendere; affittare; comprare: *I took a taxi to go home*, ho preso il taxi per andare a casa; *to — a cottage*, prendere in affitto , affittare una villetta; *have you taken the newspaper?*, hai preso, comprato il giornale? **6** portare; accompagnare; condurre: — *your father his coffee*, porta il caffè a tuo padre; *she took the child for a walk*, portò a spasso il bambino; *the road takes you to the village*, la strada ti conduce al paese; *he takes work home every night*, si porta il lavoro a casa tutte le sere // *to — sthg. further*, portare avanti qlco. (*anche fig.*) // *to — to court*, portare in giudizio **7** prendere; fare; eseguire: *to — a walk*, fare una passeggiata, (*fam. amer.*) andarsene, assentarsi (dal lavoro), mettersi in sciopero; *to — a bath*, fare il bagno; *to — a measurement*, prendere una misura; *to — a poll*, fare un sondaggio; *to — an exam*, fare un esame; *to — a photo*, fare una fotografia; *to — a film*, riprendere, girare un film // (*inform.*): *to — a branch*, eseguire una diramazione; *to — a dump*, eseguire una copiatura; effettuare uno svuotamento della memoria // (*mat.*) *to — a square root*, calcolare una radice quadrata **8** prendere; assumere; ingerire: *I always — a cup of tea in the morning*, prendo sempre una tazza di tè al mattino; *he takes his meals at a restaurant*, prende i pasti, mangia al ristorante; *to — medicine*, prendere una medicina; *to — drugs*, drogarsi **9** prendere; metter giù, scrivere: *to — (down) s.o.'s name*, prendere il nome, le generalità di qlcu.; *to — notes*, prendere appunti // *to — heed of*, (*fig.*) prender nota di **10** prendere; scegliere: *he took a partner*, si scelse un socio; *which road did you —?*, che strada hai preso? **11** sopportare, reggere; resistere a: *the bridge won't — the strain*, il ponte non reggerà // *I can't — it any more*, non ne posso più // *to — heat*, (*fam. amer.*) sopportare lamentele, punizioni ecc. **12** prendere; considerare; interpretare: *to — sthg. seriously*, prendere qlco. sul serio; *to — sthg. as done*, considerare qlco. (come già) fatto; *let's — England, for instance*, prendiamo l'Inghilterra, per esempio; *to — a role*, interpretare, sostenere una parte // *to — s.o. at his, her face value*, valutare, stimare qlcu. per quello che sembra **13** presumere, supporre; intendere: *you're American, I — it?*, sei americano, suppongo **14** prendere; portar via; sottrarre (*anche mat.*): *— the knife from the baby*, porta via il coltello al bambino; *who has taken my bag?*, chi ha preso la mia borsa?; *to — 5 from 11*, sottrarre 5 da 11 **15** occorrere, necessitare; volerci; richiedere: *it'll — me a long time to do this work*, mi occorrerà, mi ci vorrà molto tempo per fare questo lavoro; *she will — two hours to go to London*, le ci vorranno due ore per andare a Londra; *it takes a clever man to understand that*, ci vuole un uomo intelligente per capire ciò; *the bed doesn't — much room*, il letto non porta via, non occupa molto spazio // *to — some doing*, (*fam. amer.*) presentare delle difficoltà: *it took some doing but we made it*, è stato difficile, ma ce l'abbiamo fatta **16** attrarre; affascinare; deliziare: *he was taken by her good looks*, fu attratto, conquistato dalla sua bellezza; *she was taken with that film*, quel film le piacque molto **17** (*gramm.*) reggere: *transitive verbs — a direct object*, i verbi transitivi reggono il complemento oggetto **18** contenere: *the theatre can — five hundred people*, il teatro può contenere cinquecento spettatori **19** tirare, sferrare: *he took a swing at me*, mi ha sferrato un colpo **20** (*fam.*) sconfiggere, battere: *the champion took him without any difficulty*, il campione l'ha sconfitto senza alcuna difficoltà **21** truffare; ingannare: *someone has taken the bank for ten million pounds*, qualcuno ha truffato dieci milioni alla banca **22** (*ant.*) far ammalare: *an old tale goes that Herne the hunter... / walks around an oak, with great ragg'd horns, / and there he blasts the tree, and takes the cattle*, (SH. The Merry Wives of Windsor) un'antica leggenda narra che Herne il cacciatore... con grandi corna in fronte gira attorno a questa quercia e fa inaridire l'albero, e fa ammalare il bestiame ◆ *v.intr.* **1** riuscire in fotografia **2** attecchire; attaccare; far presa: *roses — very well in this soil*, le rose attecchiscono molto bene in questo terreno **3** abboccare (di pesce) **4** *to — sick*, cadere ammalato.

◆ FRASEOLOGIA: (*teatr.*) *to — it from the top*, riprendere da capo // *to — amiss*, aversela a male; *to — umbrage*, adombrarsi // *to — s.o. at his, her word*, credere a qlcu. sulla parola // *to — the bit between the teeth*, (*fig.*) stringere i denti // *to — a bye on*, (*fam. amer.*) rifiutare: *the children took a bye on the cake*, i bambini decisero di non mangiare la torta // *to — a hosing*, (*fam. amer.*) prendere una fregatura, venire truffati; venire strumentalizzati // *to — shit*, (*sl. amer.*) subire un'umiliazione, un rimprovero, una critica // *to — a shine to s.o., sthg.*, appassionarsi a, interessarsi di qlcu., qlco. // *to — a damp*, (*fam. amer.*) defecare; *to — a leak*, (*fam. amer.*) urinare • Questo verbo entra nella composizione di moltissime altre frasi idiomatiche per il significato delle quali si rinvia alle rispettive parole base. Per es. *to — leave* → *leave*; *to — s.o. to the cleaner's* → *cleaner* ecc.

□ **take aback** *v.tr.* e *avv.* cogliere di sorpresa, alla sprovvista: *he was taken aback by the whole matter*, l'intera faccenda lo colse alla sprovvista.

□ **take aboard** *v.tr.* e *avv.* prendere a bordo (di aereo, nave): *the passengers had been taken aboard at Rome*, i passeggeri erano stati presi a bordo a Roma ◆ *v.tr.* e *prep.* portare a bordo di: *you can only — one piece of hand baggage aboard the plane*, si può portare a bordo dell'aereo un solo bagaglio a mano.

□ **take across** *v.tr.* e *avv.* e *prep.* far attraversare (a): *to — the children across in front of the school*, far attraversare i bambini davanti alla scuola; *he took the blind man across the street*, fece attraversare la strada al cieco.

□ **take after** *v.intr.* e *prep.* assomigliare (a) (*anche fig.*): *he takes after his mother*, assomiglia a sua madre; *"You don't like to study, do you?" "No, I — after you"*, "Non ti piace studiare, vero?" "No, assomiglio a te, ho preso da te".

□ **take apart** *v.tr.* e *avv.* **1** smontare: *to — an engine apart*, smontare un motore **2** (*fam.*) sconfiggere nettamente; punire severamente; criticare aspramente: *the boxer was taken apart inside three rounds*, il pugile fu nettamente sconfitto in tre riprese.

□ **take around** *v.tr.* e *avv.* portare in giro: *he takes her around with him wherever he goes*, la porta in giro con sé dovunque vada.

□ **take aside** *v.tr.* e *avv.* prendere da parte: *I took him aside and told him the story*, l'ho preso da parte e gli ho raccontato la storia.

□ **take away** *v.tr.* e *avv.* **1** portar via; togliere; sottrarre (*anche mat.*): *to — a child away from his mother*, sottrarre un bambino alla madre **2** asportare, portar via: *they do a very good pizza here, and you can — it away*, fanno un'ottima pizza qui e si può portarla a casa.

□ **take back** *v.tr.* e *avv.* **1** riportare, portare indietro; restituire: *to — a book back to the library*, restituire un libro alla biblioteca; *will you — the children back?*, riporti a casa tu i bambini? **2** prendere indietro; ritirare (*anche fig.*): *the shopkeeper has taken back the defective* TV *set*, il negoziante ha preso indietro il televisore difettoso; *— back what you said*, ritira quello che hai detto **3** (*fig.*) far ricordare; far tornare indietro: *seeing that photo took me back to my childhood*, vedere quella fotografia mi ha fatto ritornare alla mia infanzia **4** sconcertare: *The others, taken back by his rude speech, could find nothing to say*, (JOYCE) Gli altri, sconcertati dalle sue brusche parole, non trovarono altro da dire.

□ **take before** *v.tr.* e *prep.* portare da, davanti a: *to — a schoolboy before the headmaster*, portare uno scolaro dal preside (per essere punito).

□ **take below** *v.tr.* e *avv.* (*mar.*) portare giù, in cabina: *passengers will be taken below and*

given their keys, i passeggeri saranno accompagnati in cabina e verrà data loro la chiave.
□ **take down** *v.tr.* e *avv.* **1** abbassare; tirar giù: *— down that book from the shelf*, tira giù quel libro dallo scaffale // *to — s.o. down a peg* (*or two*), (*fam.*) far abbassare le ali, la cresta a qlcu. **2** smontare, smantellare: *they took down the scaffolding*, smontarono l'impalcatura **3** scrivere, registrare, prender nota di: *anything you say will be taken down and may be used against you in evidence*, tutto quanto direte potrà essere usato contro di voi.
□ **take for** *v.tr.* e *prep.* prendere, scambiare per: *what do you — me for?*, (*fam.*) per chi mi prendi?
□ **take from** *v.tr.* e *prep.* estrarre, prendere da: *to — a record from its sleeve*, estrarre un disco dalla copertina; *he took his words from the Bible*, ha preso le sue parole dalla Bibbia, ha fatto una citazione dalla Bibbia ◆ *v.intr.* e *prep.* (*fig.*) diminuire, indebolire (un'opinione, un'impressione, un effetto); andare a scapito di: *his untidy look took from the impression of authority he wanted to create*, il suo aspetto disordinato andava a discapito dell'aria di autorevolezza che teneva a dare di sé.
□ **take in** *v.tr.* e *avv.* **1** accogliere, offrire ospitalità a; prendere come pensionante, ospite pagante **2** accettare (lavoro a casa) **3** stringere, restringere: *these trousers need to be taken in at the waist*, questi pantaloni devono essere stretti in vita **4** ricoprire; includere, comprendere: *natural science takes in biology*, le scienze naturali comprendono la biologia **5** guardare, osservare, esaminare: *he took in all the details of the house*, guardò attentamente tutti i particolari della casa **6** capire; assorbire; assimilare: *I couldn't — in a word of what I was reading*, non riuscivo a capire una parola di quello che leggevo **7** (*fam.*) imbrogliare, truffare: *the salesman took me in*, quel venditore mi ha imbrogliato **8** (*ant.*) conquistare: *by the discovery / we shall be shorten'd in our aim, which was / to take in many towns ere almost Rome / should know we were afoot*, (SH. Coriolanus) dalla scoperta prematura saremo costretti ad accorciare la nostra mira, che era di prendere molte città addirittura prima che Roma avesse sentore delle nostre mosse.
□ **take off** *v.tr.* e *avv.* **1** staccare; togliere: *the heat took off the top layer*, il calore ha staccato lo strato superficiale **2** levare, togliere: *— your coat off*, levati, togliti il soprabito // *to — years off*, togliersi gli anni // *to — one's hat off*, (*fig. fam.*) togliersi tanto di cappello // *to — a load off one's feet*, (*fam. amer.*) sedersi, rilassarsi **3** amputare, tagliare **4** togliere, eliminare; ritirare: *this train is taken off at the end of the summer*, questo treno viene soppresso alla fine dell'estate; *the film was taken off after a week*, il film è stato ritirato dopo una settimana // *to — oneself off*, togliersi di mezzo; andarsene alla chetichella **5** trasbordare: *the passengers were taken off by helicopter*, i passeggeri furono trasbordati con l'elicottero **6** perdere (peso): *you must — off your excess weight*, devi perdere quei chili in più che hai **7** prendere una vacanza; fare un intervallo (nel lavoro): *I'll — a week off*, prenderò una settimana di vacanza **8** (*fam.*) imitare, fare la caricatura di: *the boy took off his teacher perfectly*, il ragazzo imitò perfettamente l'insegnante **9** portare, accompagnare: *I'll — you off to London*, ti porterò via da qui, andremo a Londra **10** (*fam. amer.*) rubare; fare una rapina ◆ *v.intr.* e *avv.* **1** decollare (*anche fig.*): *this aircraft takes off vertically*, questo aereo decolla verticalmente; *economy is taking off slowly*, l'economia decolla lentamente **2** (*fam.*) scappar via; andarsene: *he took off in a hurry*, scappò via in fretta; *he just took off without saying anything*, se ne è andato senza dire niente ◆ *v.tr.* e *prep.* **1** staccare, togliere da: *to — a painting off the wall*, staccare un quadro dalla parete; *he took the receiver off the hook and dialled the number*, staccò il ricevitore (dal gancio) e fece il numero **2** levare, togliere a: *the mother took the shoes off the child*, la madre tolse le scarpe al bambino **3** togliere, eliminare da; ritirare da: *they have taken two buses off this route*, hanno soppresso due autobus su questo percorso; *my favourite dish has been taken off the menu*, il mio piatto preferito è stato tolto dalla lista **4** trasbordare da: *the crew were taken off the shipwrecked vessel*, l'equipaggio fu trasbordato dalla nave affondata **5** trasferire, spostare da (un lavoro, impiego, ufficio): *— him off sports reporting and put him on crime news*, spostalo dalla cronaca sportiva (e mandalo) alla cronaca nera **6** far perdere (peso) a **7** scontare, fare uno sconto su; defalcare da: *we can't — more than one per cent off your price*, non possiamo farle uno sconto superiore all'uno per cento sul prezzo pattuito.
□ **take on** *v.tr.* e *avv.* **1** prendere a bordo, imbarcare // *to — fuel on*, far rifornimento (di carburante) **2** assumere; prendere (come allievo, impiegato): *the candidates were taken on for a trial*, i candidati furono assunti in prova **3** assumere, accollarsi (impegno, lavoro): *you took on too much work*, hai preso troppo lavoro **4** prendere, assumere (aspetto, atteggiamento, ritmo): *owing to the new facts, his words took on a new significance*, alla luce dei nuovi fatti, le sue parole assunsero un nuovo significato **5** incontrarsi, scontrarsi con, sfidare (*anche sport*): *I took him on at darts*, l'ho sfidato a freccette ◆ *v.tr.* e *prep.* prendere: *to — s.o. on trust*, fidarsi di qlcu. ◆ *v.intr.* e *avv.* (*fam.*) prendersela: *don't — on so*, non prendertela così.
□ **take out** *v.tr.* e *avv.* **1** fare (dietro pagamento); ottenere: *to — out a subscription to a journal*, abbonarsi a una rivista **2** (*mil. fam.*) distruggere; neutralizzare **3** asportare, portare a casa (cibi cotti) **4** fare, emettere: *to — out a summons against unknown people*, fare una denuncia contro ignoti **5** portare, accompagnare fuori, a spasso: *I'll — you out to the cinema*, ti porterò al cinema // *to — s.o. out of himself*, (*fam.*) far dimenticare i propri guai a qlcu. **6** estrarre, tirar fuori: *— out your diary*, tira fuori il diario **7** (*ant.*) copiare: *I'll have the work ta'en out / and give't Iago*, (SH. Othello) ne farò copiare il disegno e lo darò a Iago.
□ **take out on** *v.tr.* e *avv.* e *prep.* (*fam.*) far ricadere: *to — one's resentment out on s.o.*, far ricadere il proprio risentimento su qlcu. // *to — it out on s.o.*, (*fam.*) prendersela con qlcu.
□ **take over** *v.intr.* e *avv.* **1** prendere il controllo di: *to — over the most important national newspapers*, prendere il controllo dei più importanti giornali nazionali **2** subentrare: *to — over from a sick colleague*, subentrare a un collega ammalato ◆ *v.tr.* e *avv.* portare; trasportare: *I'll — the children over to the swimming -pool*, porterò i bambini in piscina.
□ **take round** *v.tr.* e *avv.* → to take around.
□ **take through** *v.tr.* e *prep.* seguire (qlcu.) nella preparazione di (compito, lavoro); (*teatr.*) dare istruzioni a (qlcu.) durante le prove (di una scena).
□ **take to** *v.intr.* e *prep.* **1** fuggire verso: *the population took to the hills to escape from the enemy*, la popolazione fuggì verso le colline per sfuggire al nemico // *to — to one's bed*, rifugiarsi nel proprio letto; mettersi a letto **2** prendere a; darsi a: *to — to drinking*, darsi al bere **3** (*fam.*) accogliere; prendere in simpatia: *she has taken to me*, mi ha preso in simpatia, le sono simpatico.
□ **take up** *v.tr.* e *avv.* **1** sollevare, alzare, tirar su: *you must — up the carpet when you sweep the floor*, devi sollevare il tappeto quando scopi il pavimento // (*comm.*) *to — up a bill*, ritirare una cambiale // (*fin.*) *to — up an option*, esercitare un diritto di opzione **2** assorbire; asciugare: *roots — up water*, le radici assorbono acqua // *to — up the challenge*, (*fig.*) raccogliere la sfida **3** prendere come passatempo: *he took up gardening*, si è dato al giardinaggio **4** incominciare, iniziare (a fare): *to — up one's duty*, incominciare a lavorare **5** interessarsi a; dare il proprio appoggio, sostegno a; fare l'agente (teatrale) per (un attore) **6** inserirsi in; aggiungere la propria voce a: *to — up a chorus*, inserirsi in un coro **7** riprendere, continuare (una storia interrotta, lasciata a metà) **8** menzionare; prendere in considerazione: *there are some details that I would — up*, ci sono dei dettagli che vorrei prendere in considerazione **9** occupare; riempire: *the table takes up the whole room*, il tavolo occupa tutta la stanza **10** rimproverare, biasimare: *nay, I was taken up for laying them down; / yet here they shall not lie, for catching cold*, (SH. The Two Gentlemen of Verona) fui ripresa per averli lasciati per terra; però non resteranno qui a prendere un'infreddatura ◆ *v.intr.* e *avv.* avvolgersi (di filo, nastro).
□ **take up on** *v.tr.* e *avv.* e *prep.* (*fam.*) sollevare un'obiezione (su un punto ecc.).
□ **take up with** *v.intr.* e *avv.* e *prep.* **1** sollevare (una questione) con: *I took the matter up with the teacher about homework*, ho sollevato la questione dei compiti con l'insegnante **2** (*fam.*) far comunella con; mettersi con.

takeable ['teɪkəbl / take·able] *agg.* prendibile.

takeaway ['teɪkəweɪ / take·away] *s.* negozio che vende cibi pronti da asportare AMER. takeout ◆ *agg.* da asportare SIN. to go.

take-down ['teɪkdaʊn] *s.* **1** (*mecc.*) smontaggio, smantellamento **2** (*fig. fam.*) ridimensionamento; umiliazione.

take-home pay ['teɪkhəʊm,peɪ] *s.* (*econ.*) salario netto.

take-in ['teɪkɪn] *s.* (*fam.*) frode, inganno; raggiro.

taken *p.p.* di to **take**.

takeoff ['teɪkɒf *amer.* 'teɪkɔ:f / take·off] *s.* **1** (*aer.*) decollo: *vertical — and landing*, decollo e atterraggio verticali; *— power*, potenza di decollo **2** (*sport*) stacco (di saltatore) **3** (*econ.*) decollo (delle economie in via di sviluppo) **4** (*mecc.*) presa, attacco: *power —*, presa di forza **5** (*fam.*) caricatura; parodia.

takeout ['teɪkaʊt / take·out] *s.* (*amer.*) → **takeaway**.

takeover ['teɪk,əʊvə* / take·over] *s.* **1** rilevamento **2** (*fin.*) acquisizione di controllo (di società), scalata // — *bid*, offerta pubblica di acquisto // — *deal*, accordo di fusione.

taker ['teɪkə*] *s.* **1** chi prende, riceve **2** chi accetta un'offerta: *are there no takers for this lovely carpet?*, non c'è nessun acquirente per questo bel tappeto? **3** (*fin.*) compratore (in un contratto a premio) // (*econ.*) *price* —, impresa che accetta il prezzo di mercato come dato **4** (*tecn.*) dispositivo di presa, di rilevamento.

taker-in [,teɪkər'ɪn] *s.* **1** truffatore, ingannatore **2** (*fin.*) riportatore, riportante.

takeup ['teɪkʌp] *s.* **1** (*fin.*) sottoscrizione, acquisto: — *of shares*, sottoscrizione, acquisto di azioni **2** (*mecc.*) tenditore **3** (*cinem.*) avvolgitore; avvolgimento.

takin ['tɑ:kɪn] *s.* (*zool.*) (*Budorcas taxicolor*) budorcade (ruminante tibetano).

taking ['teɪkɪŋ/ tak·ing] *agg.* **1** attraente, seducente, affascinante **2** (*antiq.*) contagioso ◆ *s.* **1** presa // (*dir.*) — *of evidence*, assunzione della prova **2** cattura, presa (di selvaggina); pesca **3** *pl.* (*comm.*) incasso, introito **4** (*ant.*) agitazione, turbamento.

takingly ['teɪkɪŋlɪ / tak·ing·ly] *avv.* in modo attraente.

takingness ['teɪkɪŋnɪs / tak·ing·ness] *s.* (*rar.*) attrattiva, fascino.

talapoin ['tæləpɔɪn / tal·apoin] *s.* **1** monaco buddista **2** (*zool.*) (*Cercopithecus talapoin*) cercopiteco nano.

talbutal ['tælbʊtæl / tal·butal] *s.* (*chim.*) talbutale.

talc [tælk] *s.* **1** (*min.*) talco **2** → **talcum powder**.

talcose ['tælkəʊs / talc·ose] **talcous** ['tælkəs / talc·ous] *agg.* (*min.*) talcoso, simile a talco.

talc-schist ['tælk,ʃɪst] *s.* (*geol.*) talcoscisto.

talcum powder ['tælkəm,paʊdə*] *s.* talco in polvere.

tale [teɪl] *s.* **1** racconto, storia; favola; novella: *a — of adventures*, un racconto di avventure; *to tell a* —, raccontare una favola // — *of a tub*, racconto fantastico, senza capo né coda // *old wives' tales*, racconti fantastici, incredibili // (*lett.*) *'The Winter's Tale'*, 'Il racconto d'inverno' // *the thing tells its own* —, la cosa parla da sé // *to live to tell the* —, sopravvivere a una brutta esperienza e poterla raccontare // *dead men tell no tales*, i morti non parlano **2** chiacchiera, maldicenza; diceria: *I have heard a — about you*, ho sentito una chiacchiera sul tuo conto // *to tell tales* (*out of school*), fare la spia; divulgare un segreto; fare della maldicenza **3** bugia, frottola: *to tell tales*, dire bugie **4** (*rar.*) conto; totale.

talebearer ['teɪl,beərə* / tale·bearer] *s.* spia; (persona) maldicente SIN. **tale-teller**.

talebearing ['teɪl,beərɪŋ/ tale·bear·ing] *agg.* che fa la spia; maldicente ◆ *s.* maldicenza.

talent ['tælənt / tal·ent] *s.* **1** talento, dote naturale, ingegno; attitudine: *a man of* —, un uomo d'ingegno, di gran talento; *he has a — for music*, ha attitudine alla musica // *he has a — for doing the wrong thing*, sembra nato per sbagliare **2** Ⓤ persona di talento; persone di talento (*pl.*): *the local* —, gli ingegni del luogo **3** (*st.*) talento (moneta, unità di peso variabile) **4** (*sl.*) donna, ragazza attraente: *a nice bit of* —, un bel pezzo di ragazza.

talented ['tæləntɪd / tal·en·ted] *agg.* che ha talento, molto dotato.

talent scout ['tælənt,skaʊt] *s.* scopritore di talenti, talent-scout.

tales ['teɪli:z / ta·les] *s.* (*dir.*) elenco, convocazione di giurati supplenti; giurati supplenti: *to pray a* —, richiedere che vengano convocati giurati supplenti.

talesman ['teɪlzmən / ta·les·man] *pl.* **talesmen** *s.* (*dir.*) giurato supplente.

tale-teller ['teɪl,telə*] *s.* **1** narratore (di storie) **2** → **talebearer**.

talion ['tælɪən] *s.* (*st.*) (legge del) taglione.

taliped ['tælɪped / tali·ped] *agg.* e *s.* (*med.*) (persona, animale) dal piede talo.

talipes ['tælɪpi:z / tali·pes] *s.* (*med.*) piede talo.

talipot ['tælɪpɒt / tali·pot] **taliput** ['tælɪpʊt] *s.* (*bot.*) (*Corypha umbraculifera*) corifa.

talisman ['tælɪzmən *amer.* 'tælɪsmən / tal·is·man] *s.* talismano.

talismanic [,tælɪz'mænɪk *amer.* ,tælɪs'mænɪk / tal·is·manic] *agg.* talismanico; magico.

talk [tɔ:k] *s.* **1** conversazione; discorso; discussione: *to have a — with s.o.*, conversare, discorrere con qlcu.; *to engage s.o. in* —, attaccar discorso con qlcu. **2** conferenza, discorso: *he is giving a — on modern art on the radio tomorrow*, terrà una conferenza sull'arte moderna domani alla radio **3** Ⓤ parole, chiacchiere (*pl.*): *he is all — and we want facts*, è tutto chiacchiere mentre noi vogliamo fatti; *don't take any notice of what he says, it's all* —, non far caso a ciò che dice, sono tutte chiacchiere // *big* —, spacconata; fanfaronata **4** Ⓤ parlata: *baby* —, parlata infantile **5** argomento di pettegolezzo, di conversazione: *it is the — of the town*, è la favola della città; è l'ultima novità (di cui tutti parlano) **6** *pl.* colloqui, negoziati: *disarmament talks*, negoziati per il disarmo.

to **talk** *v.intr.* **1** parlare; discorrere, conversare: *to — about* (o *of*) *sthg.*, parlare di qlco.; *to — to* (o *with*) *s.o.*, parlare con qlcu.; *to — to oneself*, parlare tra sé e sé; *to — for the sake of talking*, parlare per il gusto di parlare; *to — by signs, by looks*, parlare a segni, a sguardi // *talking of films, did you see 'Gone with the wind' last night on* TV?, a proposito di film, hai visto 'Via col vento' ieri sera alla televisione? // *you can* —!, senti chi parla! // *now you're talking!*, adesso ci siamo! // *to — above* (o *over*) *s.o.'s head*, (*fam.*) parlare difficile, in modo oscuro // *to — big*, vantarsi, (*amer.*) raccontare fandonie, sballarle grosse // *to — through one's hat*, (*sl.*) spararle grosse **2** chiacchierare; far pettegolezzi: *people will* —, la gente mormorerà **3** confidarsi: *I can't — to anyone else*, non posso dirlo a nessun altro ◆ *v.tr.* **1** parlare di, intrattenersi su: *to — business, politics*, parlare di affari, di politica; *to — treason*, parlare di tradimento; *to — shop*, parlare di lavoro; *to — sense, nonsense*, parlare con saggezza, dire sciocchezze // *to — poor mouth*, (*fam. amer.*) piangere miseria **2** parlare (una lingua): *to — French*, parlare francese **3** portare a una determinata condizione parlando: *to — oneself hoarse*, parlare fino a diventare rauco // *to — the hind leg off a donkey*, chiacchierare incessantemente; *to — s.o.'s ear off*, (*fam.*) frastornare, investire qlcu. con un fiume di parole.

□ **talk about** *v.intr.* e *prep.* **1** fare pettegolezzi su: *it's a matter much talked about*, è una faccenda molto chiacchierata; molto dibattuta **2** dire; manifestare il proposito di: *for years you've talked about learning to play bridge, but you never do*, sono anni che dici di voler imparare a giocare a bridge, ma non lo fai mai // *first you promise to come, then you don't, — about consistency!*, prima prometti di venire, poi non vieni, alla faccia della coerenza!

□ **talk at** *v.intr.* e *prep.* (*fam.*) parlare con (qlcu.) in tono saccente: *stop talking at me!*, smettila di parlarmi con quel tono saccente!

□ **talk back** *v.intr.* e *avv.* replicare, ribattere: *to give s.o. the chance to — back*, dare a qlcu. l'opportunità di replicare.

□ **talk down** *v.tr.* e *avv.* **1** (*aer.*) assistere, guidare (un pilota) da terra durante l'atterraggio: *the control tower talked the aircraft down in the fog*, la torre di controllo guidò l'atterraggio dell'aereo in mezzo alla nebbia **2** ridurre al silenzio (parlando più forte, usando argomenti più efficaci) ◆ *v.intr.* e *avv.* (*fam.*) parlare con arroganza, trattando dall'alto in basso: *he talked down to the student*, parlò allo studente con arroganza, trattandolo dall'alto in basso.

□ **talk into** *v.tr.* e *prep.* persuadere a: *to — s.o. into doing sthg.*, persuadere qlcu. a fare qlco.

□ **talk out** *v.tr.* e *avv.* comporre, appianare discutendo // *to — a bill out*, prolungare il dibattito di un progetto di legge (perché venga aggiornato).

□ **talk out of** *v.tr.* e *avv.* e *prep.* dissuadere da: *to — s.o. out of doing sthg.*, dissuadere qlcu. dal fare qlco.

□ **talk over** *v.tr.* e *avv.* discutere (a fondo): *he talked it over with his wife*, ne ha discusso a fondo con sua moglie; *to — a problem over*, sviscerare un problema.

□ **talk round** *v.tr.* e *avv.* convincere, persuadere: *in the end I talked them round*, alla fine li convinsi ◆ *v.tr.* e *prep.* girare intorno a, discutere di (qlco.) senza arrivare al dunque: *to — round a subject*, girare intorno a un argomento, non affrontarlo direttamente.

□ **talk through** *v.tr.* e *prep.* (*teatr.*, *cinem.*, *tv*) dirigere in: *the director personally talked the actress through that difficult scene*, il regista diresse personalmente l'attrice in quella difficile scena.

□ **talk to** *v.intr.* e *prep.* **1** rimproverare: *you need to be talked to*, hai bisogno di una lavata di capo **2** lamentarsi con, fare delle lamentele con: *I must — to you about your behaviour*, devo lamentarmi con te per il tuo comportamento.

□ **talk up** *v.tr.* e *avv.* **1** parlare // *to — up a storm*, (*fam. amer.*) parlare eccessivamente, parlarsi addosso **2** fare azione promozionale per; elogiare: *to — up a book*, promuovere un libro.

talkative ['tɔ:kətɪv / talk·at·ive] *agg.* loquace, chiacchierone, ciarliero // **-ly** *avv.* // **-ness** *s.*

talkdown ['tɔ:kdaʊn / talk·down] *s.* (*aer.*) atterraggio guidato da terra, dalla torre di controllo.

talker ['tɔ:kə*] *s.* **1** parlatore, conversatore: *he is a brilliant* —, egli è un conversatore brillante **2** chiacchierone.

talkie ['tɔ:ki:] *s.* (*cinem.*) (*fam.*) film sonoro.

talking ['tɔ:kɪŋ / talk·ing] *agg.* che parla: — *doll*, bambola parlante.

talking head [,tɔ:kɪŋ'hed] *s.* (*fam.*) mezzobusto (televisivo).

talking picture [,tɔ:kɪŋ'pɪktʃə*] *s.* (*cinem.*) → **talkie**.

talking-to ['tɔ:kɪŋ,tu:] *s.* (*fam.*) rimprovero, ramanzina.

talk show ['tɔ:k,ʃəʊ] *s.* (*amer.*) talk show, programma radiofonico, televisivo basato su interviste a ospiti celebri BRIT. chat show.

talky ['tɔ:kɪ] *agg.* loquace, chiacchierone.

tall [tɔ:l] *agg.* **1** alto; grande: *a — chimney*, una ciminiera alta; *a — man*, un uomo alto; *he is six feet —*, è alto sei piedi **2** (*fam.*) straordinario, incredibile; impossibile: *a — story* (o *tale*), una storia incredibile, una panzana; *that's a — order but I'll try*, mi chiedi l'impossibile ma cercherò di farlo ◆ *avv.* (*spec. amer.*) in modo esagerato, eccessivo: *to talk —*, dire cose esagerate, sballarle grosse.

tallage ['tælɪdʒ / tall·age] *s.* (*st.*) tassa, imposta, dazio.

tallboy ['tɔ:lbɔɪ / tall·boy] *s.* canterano, cassettone AMER. highboy.

tallness ['tɔ:lnɪs / tall·ness] *s.* altezza; statura.

tall oil ['tɔ:lɔɪl] *s.* (*chim.*) tallolio; olio di sego.

tallow ['tæləʊ / tal·low] *s.* **1** sego **2** — (*tree*), albero che produce il sego vegetale ◆ *agg.* di sego; simile al sego; segoso: *— candle*, candela di sego.

to **tallow** *v.tr.* **1** coprire di sego **2** ingrassare (bestiame) ◆ *v.intr.* produrre sego.

tallow-chandler ['tæləʊ,tʃɑ:ndlə* *amer.* 'tæləʊ,tʃændlə*] *s.* fabbricante, venditore di candele (di sego).

tallow-faced ['tæləʊ,feɪst] *agg.* dal viso pallido, terreo.

tallowish ['tæləʊɪʃ / tal·low·ish] **tallowy** ['tæləʊɪ / tal·lowy] *agg.* segoso.

tally ['tælɪ] *s.* **1** piastrina di contrassegno; cartellino, etichetta **2** (*comm.*) duplicato, controparte; riscontro: *— sheet*, foglio di riscontro (di merci caricate su una nave) **3** conto, conteggio: *to keep —*, tenere il conto **4** (*sport*) punteggio **5** (*topografia*) piastrina indicatrice.

to **tally** *v.tr.* **1** (*comm.*) registrare; riscontrare; spuntare **2** mettere etichette, cartellini a **3** *to — (up)*, (*spec. amer.*) calcolare, sommare ◆ *v.intr.* corrispondere, combaciare (*anche fig.*): *this does not — with what he said*, questo non concorda con quello che ha detto; *the two lists don't —*, le due liste non corrispondono // *in London a shopkeeper and a shopkeeper's wife seem to be one bone and one flesh:... and to tally with each other as nearly as man and wife need to do*, (STERNE) in Londra un bottegaio e la moglie d'un bottegaio paiono d'una polpa e d'un osso;... e d'accordo per quanto tra marito e moglie si può.

tally clerk ['tælɪklɑ:k *amer.* 'tælɪklɜ:rk] *s.* chi controlla la consegna delle merci SIN. tallyman.

tallyho ['tælɪ'həʊ / tally·ho] *s.* **1** 'tally-ho' (grido di incitamento ai cani nella caccia alla volpe) **2** (*ant.*) diligenza; vettura.

to **tallyho** *v.tr.* incitare con la voce (i cani, nella caccia alla volpe).

tallyman ['tælɪmən / tal·ly·man] *pl.* **tallymen** *s.* **1** chi vende a rate **2** chi registra (merci ecc.).

tallyshop ['tælɪʃɒp / tal·ly·shop] *s.* (*antiq.*) negozio dove si vende a rate.

tally-system ['tælɪ,sɪstəm] **tally-trade** ['tælɪtreɪd] *s.* (*comm.*) sistema di vendite a rate.

Talmud ['tælmʊd *amer.* 'tɑ:lmʊd / Tal·mud] *s.* (*relig.*) talmud.

Talmudic(al) [tæl'mʊdɪk(l) *amer.* tɑ:l'mʊdɪk(l) / Tal·mudic·(al)] *agg.* talmudico.

Talmudist ['tælmədɪst *amer.* 'tɑ:lmədɪst / Tal·mud·ist] *s.* talmudista.

Talmudistic [,tælmə'dɪstɪk *amer.* ,tɑ:lmə'dɪstɪk / Tal·mud·istic] *agg.* talmudistico.

talon ['tælən] *s.* **1** artiglio **2** dente (della stanghetta di una serratura) **3** (*arch.*) modanatura a S **4** (*comm.*) matrice; talloncino **5** mazzo di carte da gioco rimaste dopo la distribuzione.

taloned ['tælənd] *agg.* (*zool.*) provvisto di artigli.

talus[1] ['teɪləs / ta·lus] *s.* **1** pendio, scarpata **2** (*geol.*) detriti di falda (*pl.*); falda detritica.

talus[2] *pl.* **tali** ['teɪlaɪ] *s.* **1** (*anat.*) astragalo **2** (*med.*) piede talo.

tamability [,teɪmə'bɪlətɪ / tam·ab·il·ity] → **tameability**.

tamable ['teɪməbl / tam·able] → **tameable**.

tamale [tə'mɑ:lɪ / ta·male] *s.* (*cuc. amer.*) 'tamale', piatto di origine messicana a base di carne trita con peperoncino piccante e farina gialla, che viene cotto avvolto nel cartoccio del granoturco.

tamarack ['tæməræk / tam·ar·ack] *s.* (*bot.*) (*Larix laricina*) larice americano (anche il legno) SIN. hackmatack.

tamarind ['tæmərɪnd / tam·ar·ind] *s.* (*bot.*) (*Tamarindus indica*) tamarindo.

tamarisk ['tæmərɪsk / tam·ar·isk] *s.* (*bot.*) tamerice, tamarisco.

tambour ['tæm,bʊə* / tam·bour] *s.* **1** (*mus., arch., mil.*) tamburo **2** telaio da ricamo **3** (*zool.*) (*Capros aper*) pesce tamburo, pesce cinghiale.

to **tambour** *v.tr.* ricamare a telaio.

tambourine [,tæmbə'ri:n / tam·bour·ine] *s.* **1** (*mus.*) tamburello **2** (*sl. amer.*) — *man*, spacciatore (di droga) • Forse dal titolo di una canzone di Bob Dylan.

tame [teɪm] *agg.* **1** addomesticato, domestico: *animal that easily grows —*, animale che si addomestica con facilità **2** coltivato (di pianta, terra) **3** (*fam.*) mansueto, sottomesso, docile: *her husband was a — little man*, suo marito era un ometto docile **4** noioso, poco interessante; banale: *a — football match*, una partita di calcio senza brividi // **-ly** *avv.* // **-ness** *s.*

to **tame** *v.tr.* **1** domare, addomesticare; ammansire; sottomettere **2** rendere (un terreno) coltivabile ◆ *v.intr.* ammansirsi, diventare mansueto, sottomesso.

tameability [,teɪmə'bɪlətɪ / tame·ab·il·ity] *s.* docilità, domabilità.

tameable ['teɪməbl / tame·able] *agg.* addomesticabile, domabile // **-ness** *s.*

tameless ['teɪmlɪs / tame·less] *agg.* (*letter.*) indomito, indomabile; che non si può addomesticare.

tamer ['teɪmə*] *s.* domatore.

Tamil ['tæmɪl] *agg.* e *s.* tamil.

taming ['teɪmɪŋ] *s.* addomesticamento; ammansimento; soggiogamento // (*lett.*) *'The Taming of the Shrew'*, 'La bisbetica domata'.

Tammany ['tæmənɪ] *s.* **1** (*st. amer.*) — (*Society*), organizzazione centrale del partito democratico // — *Hall*, sede dell'organizzazione del partito democratico a New York **2** (*fam.*) corruzione ◆ *agg.* (*fam. amer.*) torbido, disonesto.

tammy[1] ['tæmɪ] *s.* (*tess.*) stamigna.

tammy[2] abbr. di → **tam-o'-shanter**.

tam-o'-shanter [,tæmə'ʃæntə*] *s.* berretto scozzese.

to **tamp** [tæmp] *v.tr.* **1** (*edil.*) calcare, comprimere **2** costipare (terreno) **3** intasare (il fornello di una mina).

tamper[1] ['tæmpə* / tam·per] *s.* pestello; mazzeranga.

to **tamper**[2] *v.intr.* (*with*) **1** manomettere, alterare (manoscritti, testamenti) **2** immischiarsi, intrufolarsi in; interferire con: *don't — with my things*, non immischiarti nelle cose mie **3** corrompere: *he tampered with a witness*, tentò di corrompere un testimone // (*ippica*) *to — with a horse*, drogare un cavallo.

tamperer ['tæmpərə* / tam·per·er] *s.* **1** chi manomette, altera **2** ficcanaso; chi si intrufola **3** corruttore.

tampering ['tæmpərɪŋ / tam·per·ing] *s.* **1** manomissione; alterazione: *the postman was dismissed for — with the parcels*, il portalettere fu licenziato perché aveva manomesso dei pacchi **2** subornazione, corruzione.

tamping ['tæmpɪŋ / tamp·ing] *s.* **1** (*edil.*) battitura, pestatura **2** costipamento (di terreno): *— roller*, rullo costipatore.

tampion ['tæmpɪən / tam·pion] *s.* **1** tappo (per canna d'organo) **2** (*mil.*) tappo di volata.

tampon ['tæmpɒn / tam·pon] *s.* **1** (*med.*) tampone, stuello **2** tampone, assorbente interno **3** tampone (di incisore).

to **tampon** *v.tr.* (*med.*) tamponare, stuellare.

tamponade [,tæmpə'neɪd / tam·pon·ade] **tamponage** ['tæm pənɪdʒ / tam·pon·age] *s.* (*med.*) tamponatura, tamponamento.

tamtam ['tæmtæm / tam·tam] → **tom -tom**.

tan[1] [tæn] *agg.* marrone rossiccio ◆ *s.* **1** abbronzatura (della pelle): *he has got a great —*, ha una splendida abbronzatura **2** tanè, color marrone rossiccio **3** concia (delle pelli): *— liquor*, liquido da concia **4** corteccia di quercia (spec. della varietà vallonea da cui si ricava il tannino) **5** polvere di tale corteccia (usata per ricoprire piste di circo ecc.) // *the —*, il circo equestre **6** (*chim.*) tannino; soluzione di tannino.

to **tan**[1] *pass.p.p.* **tanned** [tænd] *v.tr.* **1** conciare (pelli) **2** abbronzare **3** (*sl.*) conciare, picchiare: *to — s.o.'s hide*, conciare qlcu. per le feste ◆ *v.intr.* abbronzarsi.

tan[2] abbr. di → **tangent**.

tanbark ['tænbɑ:k / tan·bark] *s.* (*bot.*) **1** corteccia di quercia **2** (*Lithocarpus densiflora*) litocarpo, tanbark.

tandem ['tændəm / tan·dem] *s.* **1** tandem (bicicletta a due posti) // *in —*, (*fig.*) in tandem, insieme, in collaborazione: *to work in* —, lavorare in tandem // (*aer.*) *two pilots seated in* —, due piloti in tandem, seduti uno dietro l'altro 2 'tandem' (carrozza con due cavalli uno dietro l'altro) ◆ *agg.* in tandem; in serie: (*elettr.*) — *system*, collegamento in tandem, in serie; (*aer.*) — *propellers*, eliche in tandem; (*fis.*) — *accelerator*, acceleratore tandem.

tandem *avv.* a tandem, uno dietro l'altro: *horses driven* —, cavalli guidati a tandem.

tandoori [tæn'dʊərɪ / tan·doori] *s.* (*cuc. indiana*) 1 forno di terracotta 2 metodo di cottura in un forno di terracotta.

tang[1] [tæŋ] *s.* 1 punta, 2 sapore forte; odore penetrante: — *of the sea*, odore di salsedine 3 sapore caratteristico; odore, aroma tipico: *the — of water from the well*, il fresco sapore dell'acqua di pozzo; *the — of the soil*, l'aroma della terra 4 (*fig.*) tocco, punta, traccia: *there was a — of irony in his words*, c'era una punta d'ironia nelle sue parole 5 (*dial.*) aculeo, pungiglione; lingua di serpente 6 codolo.

to **tang**[1] *v.tr.* 1 munire di punta 2 insaporire; aromatizzare.

tang[2] *s.* suono acuto; vibrazione sonora (di corda musicale).

to **tang**[2] *v.tr.* 1 far risuonare; far vibrare // *to — bees*, far strepito vicino all'alveare per impedire che le api sciamino 2 proferire con accento vibrante ◆ *v.intr.* risuonare; vibrare.

tang[3] *s.* (*bot. pop.*) fuco.

tangency ['tændʒənsɪ / tan·gency] *s.* (*mat.*) tangenza: *point of* —, punto di tangenza.

tangent ['tændʒənt / tan·gent] *s.* 1 (*mat.*) tangente (linea, piano) // *to fly off at a* —, (*fig. fam.*) partire per la tangente 2 (*mil.*) alzo ◆ *agg.* 1 tangente, che è tangente // (*mecc.*) — *screw*, vite senza fine 2 relativo alla tangente, alle tangenti: — *scale*, scala delle tangenti // (*fis.*) — *galvanometer*, bussola delle tangenti.

tangential [tæn'dʒenʃl / tan·gen·tial] *agg.* tangenziale // (*scienza delle costruzioni*): — *strength*, resistenza di taglio; — *stress*, sollecitazione di taglio // **-ly** *avv.*

Tangerine [,tændʒə'ri:n / Tan·ger·ine] *agg.* e *s.* (abitante) di Tangeri.

tangerine *s.* (*bot.*) 1 (*Citrus reticulata*) tangerino 2 → mandarin[2].

tangibility [,tændʒə'bɪlətɪ / tan·gib·il·ity] *s.* tangibilità.

tangible ['tændʒəbl / tan·gible] *agg.* 1 tangibile // (*comm.*) — *assets*, attività materiali, tangibili // (*dir.*) — *property*, beni materiali 2 (*fig.*) evidente; manifesto; sensibile: — *advantages*, vantaggi sensibili; — *reasons for complaint*, fondati motivi per reclamare // **-bly** *avv.*

tangibleness ['tændʒəblnɪs / tan·gible·ness] → **tangibility**.

tangle[1] ['tæŋgl] *s.* (*bot.*) (*Laminaria saccharina*) laminaria.

tangle[2] *s.* 1 groviglio; garbuglio; viluppo: *her hair was in a* —, i suoi capelli erano ingarbugliati, arruffati 2 (*fig.*) pasticcio, complicazione: *it's a — if ever there was one*, è un pasticcio come non se ne sono mai visti; *to get into a* —, cacciarsi in un impiccio 3 (*fam.*) rissa, litigio.

to **tangle**[2] *v.tr.* 1 arruffare; ingarbugliare; aggrovigliare: *the cat tangled (up) the wool while playing with it*, il gatto, giocando con la lana, la aggrovigliò 2 (*fig.*) complicare 3 (*fig.*) intrappolare ◆ *v.intr.* 1 aggrovigliarsi; ingarbugliarsi 2 (*fig.*) complicarsi; imbrogliarsi.

□ **tangle with** *v.intr.* e *prep.* (*fam.*) litigare, questionare con; fare rissa con: *she tangled with her neighbours*, ha litigato con i vicini.

tangled ['tæŋgld] *agg.* 1 arruffato; ingarbugliato; aggrovigliato: — *hair*, capelli arruffati 2 (*fig.*) complicato, intricato: *a — affair*, un affare complicato 3 (*amer.*) profumato.

tanglefoot ['tæŋglfʊt / tan·gle·foot] *s.* (*sl. amer.*) whisky scadente.

tangly ['tæŋglɪ] *agg.* ingarbugliato, intricato.

tango ['tæŋgəʊ] *s.* tango (musica, danza).

to **tango** *v.intr.* ballare il tango.

tangy ['tæŋɪ] *agg.* intenso; forte (di sapore); penetrante (di odore).

tanist ['tænɪst / tan·ist] *s.* (*st.*) successore di capo celtico (designato dal predecessore).

tanistry ['tænɪstrɪ / tan·istry] *s.* (*st.*) sistema celtico di successione per l'elezione alla dignità di capo.

tank [tæŋk] *s.* 1 vasca; serbatoio; cisterna: *gauge* —, serbatoio di livello; *gravity* —, serbatoio a gravità; *setting* —, serbatoio, vasca di decantazione // (*aut.*): *petrol* —, serbatoio della benzina; — *trailer*, rimorchio di autobotte // (*mar.*): *antirolling* —, vasca antirollio; *ballast* —, cassone di zavorra // (*aer.*) *drop* —, serbatoio supplementare sganciabile // (*ferr.*): — *car*, carro cisterna; — *engine*, locomotiva autonoma (con proprio serbatoio d'acqua); — *town*, (*amer.*) cittadina dove i treni si fermano soltanto per rifornirsi d'acqua 2 (*elettr.*) cassa (d'interruttore, di trasformatore) 3 (*mil.*) carro armato 4 (*amer.*) cella, guardina.

to **tank** *v.tr.* 1 mettere in un serbatoio, in una cisterna 2 *to — (up)*, (*fam.*) bere smodatamente: *he had tanked (up on) beer*, aveva fatto il pieno di birra.

tankage ['tæŋkɪdʒ / tank·age] *s.* 1 prezzo di noleggio di un serbatoio 2 capacità di un serbatoio 3 riempimento di serbatoio, di cisterna 4 residui di grassi usati per concime.

tankard ['tæŋkəd / tank·ard] *s.* boccale (da birra, spec. di metallo).

tanked up [,tæŋkt'ʌp] *agg.* (*fam.*) ubriaco fradicio.

tanker ['tæŋkə*] *s.* 1 nave cisterna: *oil* —, petroliera 2 aereo cisterna 3 autocisterna, autobotte 4 (*ferr.*) carro cisterna.

tank farming ['tæŋk,fɑ:mɪŋ] *s.* idroponica.

tank fight ['tæŋk,faɪt] *s.* (*sl. amer.*) incontro di pugilato truccato.

tankful ['tæŋkfʊl / tank·ful] *s.* contenuto di un serbatoio.

tank top ['tæŋk,tɒp] *s.* (*moda*) canotta.

tanky ['tæŋkɪ] *agg.* (*fam. amer.*) ubriaco.

tannage ['tænɪdʒ / tan·nage] *s.* 1 conciatura, concia 2 materiale conciato.

tannate ['tænɪt / tan·nate] *s.* (*chim.*) tannato.

tanned [tænd / tan·ned] *agg.* 1 conciato: — *leather*, cuoio conciato 2 abbronzato.

tanner[1] ['tænə* / tan·ner] *s.* conciatore.

tanner[2] *s.* (*sl. st.*) moneta da 6 penny.

tannery ['tænərɪ / tan·nery] *s.* 1 conceria 2 conciatura.

tannic ['tænɪk / tan·nic] *agg.* (*chim.*) tannico: — *acid*, acido tannico.

tannin ['tænɪn / tan·nin] *s.* (*chim.*) acido tannico.

tanning ['tænɪŋ / tan·ning] *s.* 1 conciatura; concia: *chrome* —, concia al cromo; *oil* —, scamosciatura, concia a olio 2 abbronzatura.

tanrec ['tænrek / tan·rec] *s.* (*zool.*) → **tenrec**.

tansy ['tænzɪ] *s.* (*bot.*) (*Tanacetum vulgare*) tanaceto.

tantalate ['tæntəleɪt / tan·tal·ate] *s.* (*chim.*) tantalato.

tantalic [tæn'tælɪk / tan·talic] *agg.* (*chim.*) tantalico.

tantalite ['tæntəlaɪt / tan·tal·ite] *s.* (*min.*) tantalite, columbite.

tantalization [,tæntəlaɪ'zeɪʃn / tan·tal·iza·tion] *s.* supplizio di Tantalo; tormento; tentazione.

to **tantalize** ['tæntəlaɪz / tan·tal·ize] *v.tr.* infliggere il supplizio di Tantalo a; tormentare; tentare, stuzzicare; lusingare (con vane promesse) // *I cry your mercy, pity, love-aye love! / Merciful love that tantalizes not*, (KEATS) a te io grido misericordia, pietà, amore, sì amore! Amore misericordioso che non dà tormento.

tantalizing ['tæntəlaɪzɪŋ / tan·tal·iz·ing] *agg.* allettante, lusingante; provocante: *a — smell of foods*, un profumo allettante di cibi // **-ly** *avv.*

tantalous ['tæntələs / tan·tal·ous] *agg.* (*chim.*) tantaloso.

tantalum ['tæntələm / tan·talum] *s.* (*chim.*) tantalio.

tantalus ['tæntələs / tan·talus] *s.* 1 mobiletto-bar in cui le bottiglie sono visibili 2 (*zool.*) (*Ibis ibis*) tantalo africano.

tantamount ['tæntəmaʊnt / tan·ta·mount] *agg.* equivalente: *this is — to saying that you do not believe me*, questo è come dire che non mi credi.

tanteuxenite [,tæn'tju:ksənaɪt / tan·teux·en·ite] *s.* (*min.*) delorenzite.

tantivy [tæn'tɪvɪ / tan·tivy] *avv.* (*ant.*) al galoppo; velocemente.

Tantra ['tæntrə / Tan·tra] *s.* Tantra (testo religioso indiano).

tantrism ['tæntrɪzm / tan·trism] *s.* tantrismo.

tantrum ['tæntrəm / tan·trum] *s.* capriccio, bizza: *to throw* (o *to get into*) *a* —, fare i capricci.

Tanzanian [,tænzə'ni:ən / Tan·za·nian] *agg.* e *s.* tanzaniano.

tap[1] [tæp] *s.* 1 rubinetto; chiavetta; spina, zipolo AMER. faucet: *to turn on the* —, aprire il rubinetto; — *water*, acqua di rubinetto // *on* —, alla spina; (*fig.*) pronto, a disposizione; (*fin.*) a richiesta; (*di titoli offerti*) in quantità illimitata: *beer on* —, birra alla spina; *we've got all the information we need on — in our computer*, abbiamo a nostra disposizione sul computer tutte le informazioni che ci servono; (*fin.*) — *stock*, titoli di stato a richiesta // (*metall.*) — *hole*, foro di spillatura // (*mecc.*) *exhaust drain* —, tappo di scarico 2 (*fig. ant.*) qualità (di birra, liquore ecc.) 3 (*mecc.*) maschio (per filettare): *plug* —, secondo maschio; — *bolt*, vite mordente 4 presa: (*elettr.*) *current* —, presa di corrente; (*mecc.*) *steam* —, presa di vapore 5 (*fam.*) richiesta di un prestito 6 intercettazione telefonica.

to **tap**[1] *pass.p.p.* **tapped** [tæpt] *v.tr.* **1** munire di rubinetto, di spina (botte, serbatoio ecc.) **2** spillare (*anche fig.*): *to — wine from a cask*, spillare vino da una botte; *he knows he can — his uncle for money whenever he needs it*, sa che può spillare quattrini allo zio quando ne ha bisogno **3** incidere; forare, bucare: *to — trees*, incidere le piante (per estrarne la linfa) **4** (*med.*) drenare; fare la paracentesi a **5** sfruttare, utilizzare: *they're trying to — the sun's energy*, stanno cercando di sfruttare l'energia solare **6** (*tel.*) intercettare: *to — a telephone, a telegraph wire*, intercettare una comunicazione telefonica, telegrafica **7** (*mecc.*) maschiare, filettare (un foro).

□ **tap into** *v.intr.* e *prep.* attingere a: *to — into one's reserves*, attingere alle proprie riserve.

tap[2] *s.* **1** colpetto, colpo leggero: *the — of her heels on the pavement*, il ticchettio dei suoi tacchi sul marciapiede; *we heard a — at the door*, udimmo bussare all'uscio **2** *pl.* (*mil. amer.*) silenzio **3** placchetta metallica (per scarpe da tip tap) **4** (*amer.*) risolatura (di scarpe), rifacimento (di tacchi).

to **tap**[2] *v.intr.* battere leggermente; bussare: *to — on the door*, bussare alla porta; *the blind man was tapping with his stick*, il cieco batteva piccoli colpi con il bastone; *I could hear her tapping on her typewriter*, sentivo il ticchettio della sua macchina da scrivere ◆ *v.tr.* **1** battere leggermente: *to — one's fingers*, tamburellare con le dita **2** (*amer.*) risolare; rifare i tacchi a.

□ **tap in** *v.tr.* e *avv.* conficcare (a colpi secchi) // *to — data in a computer*, immettere dati in un computer.

□ **tap off** *v.tr.* e *avv.* (*tel.*) inviare (un messaggio) in alfabeto Morse.

□ **tap out** *v.tr.* e *avv.* **1** vuotare battendo: *to — out one's pipe on one's heel*, vuotare la pipa battendola sul tacco **2** (*tel.*) emettere (un messaggio) in alfabeto Morse.

tap dance ['tæp,dɑ:ns *amer.* 'tæp,dæns] *s.* tip tap (ballo).

to **tap-dance** *v.intr.* ballare il tip tap.

tap dancer ['tæp,dɑ:nsə* *amer.* 'tæp,dænsə*] *s.* ballerino di tip tap.

tap dancing ['tæp,dɑ:nsɪŋ *amer.* 'tæp,dænsɪŋ] → **tap dance**.

tape [teɪp] *s.* **1** nastro; fettuccia: *insulating* (o *electric* o *friction*) —, nastro isolante; *adhesive* —, nastro adesivo; *masking* —, nastro adesivo protettivo; *recording* —, nastro magnetico **2** (*sport*) nastro del traguardo: *to breast the —*, tagliare il traguardo **3** nastro (del telegrafo): *ticker* —, nastro di zona **4** cassetta; nastro magnetico **5** (*inform.*) nastro, banda; avvolgitore di nastro magnetico: — *channel*, canale (di nastro perforato); pista (di nastro magnetico); — *cleaner*, prodotto (aspirapolvere) per la pulizia dei nastri; — *loop*, nastro.pilota; anello del nastro; — *mode*, metodo di registrazione su nastro; — *out device*, dispositivo di fine nastro.

to **tape** *v.tr.* **1** registrare (su cassetta, su nastro) **2** cucire un nastro su; applicare una fettuccia a **3** chiudere, sigillare con nastro adesivo **4** (*legatoria*) cucire su nastro **5** misurare con un nastro **6** (*fig. fam.*) mettere a fuoco, inquadrare: *to have a problem taped*, mettere a fuoco un problema; *I've got him taped*, l'ho inquadrato.

tape-based ['teɪp,beɪst] *agg.* (*inform.*) a nastro.

tape deck ['teɪp,dek] *s.* deck, piastra (di registrazione).

tape grass ['teɪpgrɑ:s *amer.* 'teɪpgræs] *s.* (*bot.*) (*Vallisneria spiralis*) vallisneria SIN. **eelgrass**.

tape library ['teɪp,laɪbrɪ *amer.* 'teɪp,laɪbrerɪ] *s.* (*inform.*) nastroteca.

tapeline ['teɪplaɪn / tape·line] *s.* (*amer.*) → **tape measure**.

tape machine ['teɪpmə,ʃi:n] *s.* (*Borsa*) teleborsa.

tape measure ['teɪp,meʒə*] *s.* metro a nastro; rotella metrica.

taper ['teɪpə*] *s.* **1** candela (sottile); lumicino; (*fig.*) luce debole **2** accenditoio **3** assottigliamento; (*arch.*) rastremazione **4** (*mecc.*) (*rate of*) —, conicità ◆ *agg.* **1** a punta; (*arch.*) rastremato **2** (*mecc.*) conico: — *fit*, accoppiamento conico; — *pin*, spina, perno conico; — *sleeve*, manicotto conico **3** (*mecc.*) di, della conicità: — *check*, controllo della conicità; — *gauge*, calibro per (verifica) conicità.

to **taper** *v.tr.* affusolare; assottigliare; (*arch.*) rastremare ◆ *v.intr.* diminuire gradualmente; assottigliarsi; (*arch.*) rastremarsi: *the column tapers upwards*, la colonna si assottiglia verso l'alto; *to — (off) to a point*, finire a punta.

to **tape-record** ['teɪprɪ,kɔ:d] *v.tr.* registrare su nastro.

tape recorder ['teɪprɪ,kɔ:də*] *s.* registratore (a nastro).

tape recording ['teɪprɪ,kɔ:dɪŋ] *s.* registrazione su nastro.

tapering ['teɪpərɪŋ/ taper·ing] *agg.* **1** affusolato; (*arch.*) rastremato: — *fingers*, dita affusolate **2** (*mecc.*) conico ◆ *s.* **1** assottigliamento; (*arch.*) rastremazione in larghezza **2** (*mecc.*) conicità.

tapestried ['tæpɪstrɪd / tap·es·tried] *agg.* **1** addobbato; adorno di arazzi **2** ricamato ad arazzo.

tapestry ['tæpɪstrɪ / tap·es·try] *s.* arazzo; addobbo; tappezzeria.

to **tapestry** *v.tr.* **1** addobbare; adornare con arazzi **2** ricamare, tessere ad arazzo.

tape unit ['teɪp,ju:nɪt] *s.* (*inform.*) unità a nastro magnetico.

tapeworm ['teɪpwɜ:m / tape·worm] *s.* (*zool.*) → **taenia**.

tap house ['tæphaʊs] *s.* (*antiq.*) birreria, taverna.

tapioca [,tæpɪ'əʊkə/ ta·pi·oca] *s.* tapioca.

tapir ['teɪpə* / ta·pir] *pl.* **tapir(s)** *s.* (*zool.*) tapiro.

tapper ['tæpə* / tap·per] *s.* **1** chi batte, chi picchia **2** (*tel.*) tasto Morse.

tappet ['tæpɪt / tap·pet] *s.* (*aut.*) punteria.

tapping[1] ['tæpɪŋ/ tap·ping] *s.* **1** spillatura (di botte) **2** Ⓤ incisione (della corteccia di un albero) **3** (*med.*) drenaggio; paracentesi **4** (*elettr.*) presa **5** Ⓤ intercettazione telefonica; intercettazioni (*pl.*) **6** maschiatura, filettatura (di un foro).

tapping[2] *s.* colpetto.

taproom ['tæprʊm / tap·room] *s.* (*antiq.*) osteria, birreria; bar.

taproot ['tæpru:t / tap·root] *s.* (*bot.*) fittone, radice principale.

tapster ['tæpstə* / tap·ster] *s.* (*antiq.*) garzone di osteria, birreria; barista.

tar[1] [tɑ:*] *s.* **1** catrame; bitume: *coal* —, catrame minerale; — *acid*, acido di catrame // — *paper*, carta catramata // — *sand*, sabbia catramosa **2** → **jack tar**.

to **tar**[1] *pass.p.p.* **tarred** [tɑ:d] *v.tr.* (in)catramare, impeciare // *to — and feather*, spalmare di pece e coprire di penne (antica punizione) // *to be tarred with the same brush* (o *stick*), (*fig.*) avere gli stessi difetti.

to **tar**[2] *v.tr.* (*ant.*) aizzare: *the nation holds it no sin to tar them to controversy*, (SH. Hamlet) la gente non considera deplorevole aizzarli alla rissa.

taradiddle ['tærədɪdl / tara·diddle] *s.* (*fam. antiq.*) frottola, fandonia, bugia.

tarantella [,tærən'telə/ ta·ran·tella] *s.* tarantella (musica, danza).

tarantism ['tærəræntɪzəm / tar·ant·ism] *s.* (*med.*) tarantolismo.

tarantula [tə'ræntjʊlə / ta·ran·tula] *pl.* **tarantulas, tarantulae** [tə'ræntjʊli:/ ta·ran·tu·lae] *s.* (*zool.*) (*Lycosa tarantula*) tarantola.

taratantara [,tɑ:rə'tæntərə/ ta·ra·tan·tara] *s.* taratantara (suono di tromba).

taraxacum [tə'ræksəkəm / ta·rax·acum] *s.* (*bot.*) tarassaco → **dandelion**.

tarboosh [tɑ:'bʊʃ / tar·boosh] *s.* 'tarbush' (copricapo dei musulmani).

tar-brush ['tɑ:brʌʃ] *s.* spazzolone per catramare // *to have a touch of the —*, (*fig. fam.*) avere un po' di sangue nero, indiano.

tarbush → **tarboosh**.

tardigrade ['tɑ:dɪgreɪd / tar·di·grade] *agg.* e *s.* (*zool.*) tardigrado.

tardy ['tɑ:dɪ] *agg.* (*form.*) **1** tardo, lento, pigro **2** svogliato, riluttante **3** tardivo, in ritardo: — *excuses*, scuse tardive // (*dir.*) — *debtor*, debitore moroso // **-ily** *avv.* // **-iness** *s.*

tare[1] [teə*] *s.* (*bot.*) **1** veccia → **vetch** **2** erbaccia; (*gener. pl.*) zizzania (*anche fig.*).

tare[2] *s.* (*comm.*) tara: *average* —, tara media; — *weight*, tara.

to **tare**[2] *v.tr.* (*comm.*) fare la tara a, tarare.

targe [tɑ:ʒ] *s.* (*ant.*) scudo: *those leaves... broad as Amazonian targe*, (MILTON) quelle foglie... larghe come scudi delle Amazzoni.

target ['tɑ:gɪt / tar·get] *s.* **1** bersaglio (*anche fig.*); (*mil.*) obiettivo: *to be on, off —*, centrare, mancare il bersaglio, l'obiettivo; *he's always the — for their jokes*, è sempre il bersaglio dei loro scherzi // — *card*, disco che serba traccia dei colpi tirati // (*mil.*): — *area*, area di bombardamento, zona in cui si trova l'obiettivo da colpire; — *practice*, esercitazione di tiro (al bersaglio) **2** (*fig.*) obiettivo, meta, scopo, traguardo: *our — is to reduce inflation by 3% in a year*, il nostro traguardo è di ridurre l'inflazione del 3% in un anno; *the government's program is bang on —*, (*fam.*) il programma governativo sta rispettando le scadenze // (*econ.*): *monetary growth —*, obiettivo di espansione della quantità di moneta; *range —*, obiettivo (di politica economica) compreso tra un massimo e un minimo; — *price*, prezzo traguardo // — *group*, gruppo a cui è destinato un determinato prodotto, target (nel marketing) **3** rotella (piccolo scudo rotondo) **4** (*cuc.*) spalla di agnello **5** (*ferr.*) semaforo, disco **6** (*fis.*) anticatodo **7** (*inform.*) bersaglio, ricettore, destinatario: — *system*, sistema prototipo; — *segment*, (IBM) segmento indicato.

to **target** *v.tr.* **1** (*mil.*) puntare (un missile, un'arma ecc.) contro un obiettivo; designare come bersaglio **2** (*fig.*) mirare a, porre (qlco.) come obiettivo, come traguardo.

target language ['tɑ:gɪt,læŋgwɪdʒ] *s.* (*ling.*) lingua d'arrivo.

Tarheel ['tɑ:hi:l / Tar·heel] *s.* (*sl. amer.*) nativo, abitante della Carolina del Nord.

tariff ['tærɪf / tar·iff] *s.* **1** tariffa (doganale); dazio doganale: *customs* —, tariffa doganale; — *barriers*, barriere tariffarie; — *reform*, riforma delle tariffe doganali; *educational tariffs*, dazi doganali a protezione di industrie di recente formazione; *retaliatory tariffs*, dazi doganali di ritorsione **2** tariffa, prezzo, serie di prezzi (spec. di servizi pubblici): *flat-rate* —, tariffa forfettaria; *preferential* —, tariffa preferenziale; *two-part* —, tariffa a due scaglioni, a due parti.

to **tariff** *v.tr.* stabilire la tariffa di; sottoporre a tariffa.

tarlatan ['tɑ:lətən / tar·latan] *s.* tarlatana, mussolina apprettata.

tarmac ['tɑ:mæk / tar·mac] *s.* (*edil.*) macadam al catrame // *the* —, (*fam.*) la pista (di decollo, di atterraggio in un aeroporto).

tarmacadam [,tɑ:mə'kædəm / tar·mac·adam] → **tarmac**.

tarn [tɑ:n] *s.* laghetto montano.

tarnation [tɑ:'neɪʃn / tar·na·tion] *inter.* e *s.* (*sl. amer.*) dannazione.

tarnish ['tɑ:nɪʃ / tar·nish] *s.* **1** appannamento; offuscamento; opacità; ossidazione (di superficie metallica) **2** (*fig.*) macchia (sull'onore ecc.).

to **tarnish** *v.tr.* **1** ossidare (una superficie metallica) **2** (*fig.*) macchiare (onore ecc.) ♦ *v.intr.* **1** appannarsi; offuscarsi; opacizzarsi; ossidarsi (di superficie metallica) **2** (*fig.*) macchiarsi (di onore ecc.).

tarnishable ['tɑ:nɪʃəbl / tar·nish·able] *agg.* **1** che può appannarsi, offuscarsi; ossidabile (di superficie metallica) **2** (*fig.*) che può macchiarsi (di onore ecc.).

tarnished ['tɑ:nɪʃt / tar·nished] *agg.* **1** appannato; offuscato; ossidato (di superficie metallica) **2** (*fig.*) macchiato (di onore ecc.).

taro ['tɑ:rəʊ] *pl.* **taros** *s.* (*bot.*) (*Colocasia antiquorum*) taro.

tarot ['tærəʊ] meno com. **taroc** ['tærək] *s.* tarocchi (*pl.*).

tarpan ['tɑ:pən / tar·pan] *s.* (*zool.*) (*Equus przewalskii*) cavallo di Przevalskij, cavallo selvatico.

tarpaulin [tɑ:'pɔ:lɪn / tar·paulin] *s.* **1** incerata; tela cerata, telone impermeabile **2** cappello impermeabile dei marinai **3** (*ant.*) marinaio.

Tarpeian [tɑ:'pi:ən / Tar·peian] *agg.*: (*st.*) *the* — *Rock*, la Rupe Tarpea.

tarpon ['tɑ:pɒn / tar·pon] *pl.* **tarpon(s)** *s.* (*zool.*) (*Megalops atlanticus*) tarpone atlantico; (*pop.*) pesciolino d'argento SIN. silverfish.

tarradiddle ['tærədɪdl / tar·ra·diddle] → **taradiddle**.

tarragon ['tærəgən / tar·ra·gon] *s.* (*bot.*) (*Artemisia dracunculus*) dragoncello, estragone // (*cuc.*) — *vinegar*, aceto aromatico.

Tarragona [,tærə'gəʊnə/ Tar·ra·gona] *s.* vino di Tarragona.

to **tarre** → to **tar**[2].

tarred [tɑ:d / tar·red] *agg.* incatramato, catramato.

tarriance ['tærɪəns / tar·ri·ance] *s.* (*ant.*) **1** indugio; procrastinazione **2** soggiorno; sosta.

tarrier ['tærɪə* / tar·rier] *s.* (*letter.*) **1** chi indugia; ritardatario **2** chi soggiorna; chi sosta.

tarriness ['tɑ:rɪnɪs / tar·ri·ness] *s.* (*chim.*) catramosità.

tarring ['tɑ:rɪŋ / tar·ring] *s.* catramatura.

tarrock ['tærək / tar·rock] *s.* (*zool.*) **1** gabbiano larissa **2** (*Uria aalge*) uria SIN. guillemot **3** rondine di mare (nelle isole Shetland).

tarry[1] ['tɑ:rɪ] *agg.* **1** di, simile a catrame, catramoso: — *residue*, residuo catramoso **2** catramato; ricoperto, sporco, impregnato di catrame.

to **tarry**[2] ['tærɪ] *v.intr.* (*letter.*) **1** indugiare; tardare **2** sostare; rimanere temporaneamente, trattenersi: *to* — *at* (o *in*) *a place*, sostare in un luogo **3** rimanere in attesa: *and while ye may, go marry / for having lost but once your prime / you may for ever tarry*, (HERRICK) e mentre potete, sposatevi perché, avendo perso il fiore degli anni, potete aspettare per sempre.

tarsal ['tɑ:səl] *agg.* (*anat.*) tarsale, tarsico.

tarsia ['tɑ:sɪə/ tar·sia] *s.* tarsia, intarsio.

tarsier ['tɑ:sɪə* / tar·sier] *s.* (*zool.*) tarsio, tarsiospettro.

tarsus ['tɑ:səs / tar·sus] *pl.* **tarsi** ['tɑ:saɪ] *s.* (*anat.*) tarso.

tart[1] [tɑ:t] *agg.* **1** brusco, agro, aspro, acido **2** (*fig.*) aspro, acido, mordace: *a* — *answer*, una risposta tagliente // **-ly** *avv.* // **-ness** *s.*

tart[2] *s.* torta di frutta; tortina, pasticcino (ripieni di frutta, marmellata): *jam* —, crostata.

tart[3] *s.* (*fam.*) **1** sgualdrina, prostituta, puttana **2** ragazza facile, donna provocante e volgare.

tartan[1] ['tɑ:tən / tar·tan] *s.* **1** tartan (caratteristico tessuto scozzese di lana a quadri); disegno scozzese di tale tessuto riferito a un particolare clan **2** tessuto a quadri (di disegno scozzese) **3** (*rar.*) scozzese; truppe scozzesi.

tartan[2] *s.* (*mar.*) tartana.

Tartar ['tɑ:tə* / Tar·tar] *agg.* tartaro, della Tartaria ♦ *s.* **1** tartaro **2** persona violenta, irritabile, energumeno.

tartar *s.* **1** (*chim.*) tartaro, tartrato acido di potassio // — *emetic*, tartaro emetico **2** (*med.*) tartaro (dei denti).

Tartarean [tɑ:'teərɪən / Tar·tar·ean] *agg.* tartareo, infernale.

Tartarian [tɑ:'teərɪən / Tar·tar·ian] *agg.* tartaro, della Tartaria.

tartaric [tɑ:'tærɪk / tar·taric] *agg.* (*chim.*) tartarico: — *acid*, acido tartarico.

tartarous ['tɑ:tərəs / tar·tar·ous] *agg.* (*chim.*) tartaroso.

tartlet ['tɑ:tlɪt / tart·let] *s.* pasta dolce, tortina.

tartrate ['tɑ:treɪt / tart·rate] *s.* (*chim.*) tartrato.

tartrated ['tɑ:treɪtɪd / tart·rated] *agg.* (*chim.*) **1** derivante dal tartaro **2** contenente tartaro.

tartrazine ['tɑ:trəzi:n / tar·tra·zine] *s.* (*chim.*) tartrazina; giallo di idrazina.

to **tart up** [,tɑ:t'ʌp] *v.tr.* e *avv.* (*fam. spreg.*) **1** acconciare, abbigliare, truccare vistosamente, pacchianamente: *look how she's tarted herself up!*, guarda come si è conciata! **2** arredare, ristrutturare (una casa) pacchianamente, senza gusto.

task [tɑ:sk *amer.* tæsk] *s.* **1** dovere; mansione; lavoro, compito, incarico: *it is an arduous* —, è un incarico difficile; *to set s.o. a* —, assegnare un compito a qlcu.; *to apply oneself to a* —, dedicarsi a un lavoro // (*amm.*) — *management*, direzione per funzioni // *to take s.o. to* — *for sthg.*, rimproverare qlcu. per qlco. **2** (*inform.*) compito; task; (IBM) attività.

to **task** *v.tr.* **1** assegnare un compito a; imporre un lavoro a **2** affaticare; mettere a dura prova: *it tasks my powers*, mi costa un grande sforzo **3** (*tecn.*) collaudare la capacità di sopportare un carico di: *to* — *a truck*, collaudare la portata di un autocarro.

taskbar ['tɑ:sk,bɑ:* / task·bar] *s.* (*inform.*) barra di funzioni (Windows).

tasker ['tɑ:skə* *amer.* 'tæskə*] *s.* **1** (*non com.*) chi assegna un compito; chi impone un lavoro **2** (*dial.*) cottimista.

taskmaster ['tɑ:sk,mɑ:stə* *amer.* 'tæsk ,mæstə* / task·mas·ter] *s.* maestro, sorvegliante severo; negriero // *sorrow is a hard* —, (*fig.*) il dolore è un maestro inflessibile.

taskmistress ['tɑ:sk,mɪstrɪs *amer.* 'tæsk ,mɪstrɪs / task·mis·stress] *s.* forma femminile di **taskmaster**.

Tasmanian [tæz'meɪnjən / Tas·ma·nian] *agg.* e *s.* tasmaniano.

Tasmanian devil [tæz,meɪnjən'devl] *s.* (*zool.*) (*Sarcophilus harrisii*) diavolo della Tasmania, sarcofilo.

Tasmanian wolf [tæz,meɪnjən'wʊlf] *s.* (*zool.*) → **thylacine**.

tassel ['tæsl / tas·sel] *s.* **1** nappa; nappina **2** nastrino segnalibro **3** (*bot.*) pennacchio, infiorescenza staminifera; (*amer.*) barba (della pannocchia).

to **tassel** *pass.p.p.* **tasselled** ['tæsld / tas·selled] *v.tr.* **1** adornare, guarnire di fiocchi, nappine **2** (*bot.*) cimare (granturco) ♦ *v.intr.* (*amer.*) fiorire (di granturco, canna da zucchero).

tasselled ['tæsld / tas·selled] *agg.* infiocchettato.

taste [teɪst] *s.* **1** gusto; sapore: *the sense of* —, il senso del gusto; *acid* —, gusto acido; *I don't like the* — *of milk*, non mi piace il sapore del latte; *add salt and pepper to* —, aggiungere sale e pepe quanto basta; *to leave a bad* — *in the mouth*, lasciare la bocca amara; (*fig.*) fare una cattiva impressione **2** assaggio (*anche fig.*); bocconcino: *give me just a* — *of cheese*, dammi appena un assaggio, un pezzettino di formaggio; *he had a* — *of success before his downfall*, ebbe un momento di successo prima del crollo **3** gusto, inclinazione, predilezione: *she has a* — *for Italian fashion*, ha una predilezione per la moda italiana; *he has no* — *for arguments*, non ama le discussioni; *what are* *your tastes in literature?*, quali sono i tuoi gusti in letteratura?; *to acquire, to develop a — for*, acquisire, sviluppare un gusto per; *smoking and drinking are acquired tastes*, il fumo, il bere sono gusti acquisiti // *tastes differ*, i gusti son gusti **4** [U] buon gusto; senso estetico; raffinatezza, eleganza: *a woman of —*, una donna raffinata; *she wore a dress in perfect —*, indossava un abito molto elegante; *what you say is in bad —*, quello che dite è di cattivo gusto.

to **taste** *v.tr.* **1** assaggiare; sentire il sapore di: *will you — the soup please?*, vuoi assaggiare la minestra per favore?; *I can't — the brandy in your cake*, non riesco a sentire il sapore del brandy nella tua torta; *I can't — it because of my cold*, non posso sentirne il sapore perché ho il raffreddore **2** (*fig.*) provare, conoscere, sentire: *one must — sorrow to appreciate happiness*, si deve aver provato il dolore per apprezzare la felicità; *to — freedom*, gustare il sapore della libertà ◆ *v.intr.* avere gusto, sentire, sapere (di): *this milk tastes sour*, questo latte sa di acido; *this wine tastes of cork*, questo vino sa di tappo; *to — good*, avere un buon sapore; *to — like honey*, sapere di miele.

taste bud ['teɪst,bʌd] *s.* (*anat.*) papilla gustativa.

tasteful ['teɪstfʊl / taste·ful] *agg.* fine, raffinato, di buon gusto // **-ly** *avv.* // **-ness** *s.*

tasteless ['teɪstlɪs / taste·less] *agg.* **1** insipido **2** di cattivo gusto // **-ly** *avv.* // **-ness** *s.*

taster ['teɪstə*] *s.* **1** assaggiatore: *tea, wine —*, assaggiatore di tè, vino **2** tastevin, tazzina usata dagli assaggiatori; provino, strumento di assaggio.

tastily ['teɪstɪlɪ / tas·tily] *avv.* con buongusto.

tasty ['teɪstɪ] *agg.* (*fam.*) **1** saporito; gustoso (*anche fig.*) **2** attraente, appetibile.

tat[1] [tæt] *s.* (*sl. ant.*) dado (spec. truccato).

tat[2] *s.* [U] (*fam.*) roba (vestiti, mobili ecc.) scadente, ciarpame.

tat[3] → **tit**[2].

to **tat**[4] *pass.p.p.* **tatted** ['tætɪd / tat·ted] *v.tr.* fare (il merletto) con la navetta ◆ *v.intr.* fare il chiacchierino.

ta-ta [,tæ'tɑ:] *inter.* (*fam.*) ciao!, arrivederci!

Tatar → **Tartar**.

tatler → **tattler**.

tatter ['tætə* / tat·ter] *s.* (*gener. pl.*) cencio, brandello, straccio: *to leave in tatters*, ridurre a, in brandelli // *his reputation is in tatters*, (*fig.*) la sua reputazione è rovinata.

to **tatter** *v.tr.* (*rar.*) stracciare, ridurre a, in brandelli ◆ *v.intr.* ridursi in brandelli, cadere a pezzi.

tatterdemalion [,tætədə'meɪljən / tat·ter·de·ma·lion] *s.* (*antiq.*) pezzente, straccione.

tattered ['tætəd] **tattery** ['tætərɪ / tat·tery] *agg.* stracciato, cencioso // *all — and torn*, (*antiq.*) tutto cenci e brandelli // *he has a — reputation*, (*fig.*) ha una pessima reputazione.

tatting ['tætɪŋ / tat·ting] *s.* chiacchierino (merletto).

tattle ['tætl] *s.* [U] chiacchiera, ciancia; pettegolezzo.

to **tattle** *v.intr.* chiacchierare, cianciare; spettegolare.

tattler ['tætlə* / tat·tler] *s.* **1** chiacchierone; pettegolo **2** (*zool.*) (*Tringa erythropus*) totano.

tattoo[1] [tə'tu: *amer.* tæ'tu: / tat·too] *s.* **1** (*mil.*) (suono della) ritirata: *to sound the —*, suonare la ritirata **2** parata militare **3** rullio (di tamburi); (*fig.*) il tamburellare // *to beat the devil's —*, tamburellare con le dita in segno di impazienza.

to **tattoo**[1] *v.tr.* e *intr.* (far) rullare; (far) tamburellare.

tattoo[2] *s.* tatuaggio.

to **tattoo**[2] *v.tr.* tatuare.

tattooing [tə'tu:ɪŋ *amer.* tæ'tu:ɪŋ / tat·too·ing] *s.* tatuaggio.

tattooist [tə'tu:ɪst *amer.* tæ'tu:ɪst / tat·too·ist] *s.* chi fa tatuaggi.

tatty ['tætɪ] *agg.* (*fam.*) malandato, malridotto // **-ily** *avv.* // **-iness** *s.*

tau [taʊ] *s.* tau (lettera dell'alfabeto greco) // (*fis.*) *— particle*, particella tau.

taught *pass.p.p.* di to **teach**.

taunt[1] [tɔ:nt] *agg.* (*mar.*) molto alto (di albero).

taunt[2] *s.* **1** sarcasmo; frecciata, allusione maligna **2** insulto; rimprovero sarcastico **3** (*ant.*) oggetto di scherno.

to **taunt**[2] *v.tr.* **1** rimproverare aspramente; insultare; rinfacciare a: *they taunted him with having lost the money*, lo rimproverarono aspramente per aver perso il denaro; *to — s.o. with cowardice*, dare del codardo a qlcu. **2** schernire, dileggiare, deridere.

taunter ['tɔ:ntə* / taunt·er] *s.* **1** chi fa osservazioni sarcastiche; chi deride, schernisce **2** chi rimprovera aspramente; chi insulta.

tauntingly ['tɔ:ntɪŋlɪ / taunt·ing·ly] *avv.* **1** in tono di rimprovero **2** in tono sarcastico, beffardo.

taurine[1] ['tɔ:raɪn / taur·ine] *agg.* **1** taurino **2** del segno del toro.

taurine[2] *s.* (*biochim.*) taurina.

taurocholic [,tɔ:rə'kɒlɪk / tauro·cholic] *agg.* (*biochim.*) taurocolico: *— acid*, acido taurocolico.

tauromachy [tɔ:'rɒməkɪ / tauro·machy] *s.* (*form.*) tauromachia.

Taurus ['tɔ:rəs] *no.pr.* (*astr.*) Toro.

taut [tɔ:t] *agg.* **1** teso, tirato (*anche fig.*): *a — rope*, una corda tesa; *the situation is —*, (*fam.*) la situazione è tesa **2** sintetico, conciso (di film, libro) **3** in ordine (di nave) // *— and trim*, in completo assetto (di nave); dall'aspetto curato, ordinato (di persona) **4** (*fig.*) pulito, terso // **-ly** *avv.* // **-ness** *s.*

to **tauten** ['tɔ:tn] *v.tr.* e *intr.* tendere, tendersi.

tautologic(al) [,tɔ:tə'lɒdʒɪk(l) / tau·to·logic, tau·to·lo·gical] *agg.* (*log.*) tautologico // **-ally** *avv.*

to **tautologize** [tɔ:'tɒlədʒaɪz / tau·to·lo·gize] *v.intr.* tautologizzare.

tautology [tɔ:'tɒlədʒɪ / tau·to·logy] *s.* (*log.*) tautologia.

tautomer ['tɔ:təmə* / tau·to·mer] *s.* (*chim.*) tautomero.

tautomerism [tɔ:'tɒmərɪzm / tau·to·mer·ism] *s.* (*chim.*) tautomerismo, tautomeria.

tavern ['tævən / tav·ern] *s.* (*antiq.*) osteria; taverna.

taw[1] [tɔ:] *s.* **1** (*non com.*) biglia, pallina di vetro **2** (*non com.*) gioco delle biglie **3** limite di partenza (al gioco delle biglie).

to **taw**[2] *v.tr.* conciare (pelli) all'allume.

tawdry ['tɔ:drɪ / taw·dry] *agg.* **1** vistoso, appariscente; sgargiante **2** di cattivo gusto ◆ *s.* (*rar.*) **1** ornamento vistoso **2** ornamento di cattivo gusto // **-ily** *avv.* // **iness** *s.*

tawer ['tɔ:ə*] *s.* conciatore in bianco, all'allume.

tawing ['tɔ:ɪŋ / taw·ing] *s.* (*chim.*) concia all'allume.

tawniness ['tɔ:nɪnɪs / taw·ni·ness] *s.* color tanè; bruno fulvo.

tawny ['tɔ:nɪ] *agg.* tanè; bruno fulvo; bronzeo.

tawny owl ['tɔ:nɪ,aʊl] *s.* (*zool.*) (*Strix aluco*) allocco, gufo selvatico.

tax [tæks] *s.* **1** imposta, tassa: *to impose a —*, imporre una tassa; *to levy a —*, prelevare un'imposta; *direct —*, imposta diretta; *indirect* (o *outlay*) *—*, imposta indiretta; *— on expenditure*, imposta sulle spese; *income —*, imposta sul reddito; *mainstream —*, imposta sui redditi delle società; *capital —*, imposta patrimoniale; *general property —*, (*amer.*) imposta generale sul patrimonio; *land —*, imposta fondiaria; *turnover —*, imposta sul fatturato // *after —*, dedotte le imposte; al netto delle imposte; *before —*, al lordo delle imposte // *value added —*, imposta sul valore aggiunto // *withholding —*, (imposta) cedolare d'acconto; ritenuta alla fonte; *capital yields —*, imposta (trattenuta alla fonte) sui dividendi e sugli interessi; cedolare // *estate —*, imposta di successione; *capital transfer —*, imposta sulle successioni e sulle donazioni; *gift —*, imposta sulle donazioni // *multistage —*, imposta a cascata // (*amer.*) *franchise —*, tassa di licenza (per società commerciali) // *road* (*fund*) *—*, tassa di circolazione **2** (*fig.*) peso, onere: *this work is a heavy — on my time*, questo lavoro mi porta via molto tempo ◆ *agg.* di imposta, delle imposte; (*dir.*) fiscale; tributario: *— amortization*, ammortamento d'imposta; *— yield*, gettito d'imposta; *— impact*, percussione fiscale; *— incidence*, incidenza fiscale; *— table*, prontuario fiscale; *— year*, anno fiscale // (*dir.*): *— fraud*, frode fiscale; *— crime*, reato fiscale; *— investigation*, ispezione, verifica fiscale; *— legislation*, legislazione fiscale; *— law*, diritto tributario; *— lawyer*, avvocato tributarista // *— register*, anagrafe tributaria // *— roll*, ruolo dei contribuenti, ruolo delle imposte // *— return*, dichiarazione dei redditi // *— disc* (o *— token*), bollo di circolazione.

to **tax** *v.tr.* **1** (*trib.*) tassare, colpire con un'imposta **2** (*fam.*) mettere alla prova: *their endurance was taxed to the limit*, la loro resistenza fu messa a dura prova **3** rimproverare, accusare: *he was taxed with laziness*, fu accusato di pigrizia // *my taxing like a wild goose flies*, (SH. As You Like It) le mie accuse volano come un'oca selvatica.

taxability [,tæksə'bɪlətɪ / tax·ab·il·ity] *s.* (*trib.*) tassabilità, imponibilità.

taxable ['tæksəbl / tax·able] *agg.* (*trib.*) tassabile, imponibile: *— base*, base imponibile; *— income*, imponibile // *— capacity*, capacità contributiva ◆ *s.* soggetto d'imposta.

taxableness ['tæksəblnɪs / tax·able·ness] *s.* (*trib.*) tassabilità, imponibilità.

taxation [tæk'seɪʃn / taxa·tion] *s.* **1** (*trib.*) tassazione, imposizione fiscale // *excessive —*, fiscalità eccessiva // *— law*, diritto tributario

// — *reform*, riforma tributaria; — *system*, sistema tributario, sistema fiscale // — *consultant*, consulente fiscale // — *at source*, ritenuta alla fonte **2** (*ant.*) satira; invettiva: *you'll be whipped for taxation one of these days*, (SH. As You Like It) sarai frustato per le tue calunnie uno di questi giorni.

tax-deductible [,tæksdɪ'dʌktəbl] *agg.* (*trib.*) detraibile (dalle imposte).

tax-exempt [,tæksɪg'zempt] **tax-free** [,tæks'fri:] *agg.* esente da imposte, esentasse.

taxi ['tæksɪ] *s.* taxi, tassì SIN. cab, taxicab.

to **taxi** *v.intr.* **1** andare in tassì **2** (*di aeroplano*) rullare; (*di idrovolante*) flottare.

taxicab ['tæksɪ,kæb / taxi·cab] → **taxi**.

taxi dancer ['tæksɪ,dɑ:nsə* *amer.* 'tæksɪ ,dænsə*] *s.* (*amer.*) taxi -girl.

taxidermal [,tæksɪ'dɜ:ml / taxi·dermal] **taxidermic** [,tæksɪ'dɜ:mɪk / taxi·dermic] *agg.* tassidermico.

taxidermist ['tæksɪ,dɜ:mɪst / taxi·derm·ist] *s.* tassidermista, impagliatore (di animali).

taxidermy ['tæksɪ,dɜ:mɪ / taxi·dermy] *s.* tassidermia.

taxi driver ['tæksɪ,draɪvə*] *s.* tassista.

taximeter ['tæksɪ,mi:tə* / taxi·meter] *s.* tassametro.

taxi rank ['tæksɪ,ræŋk] *s.* posteggio di taxi, stazione dei taxi SIN. taxi stand AMER. cab rank, cabstand.

taxis ['tæksɪs] *s.* **1** (*med.*) taxis **2** (*biol.*) tattismo, tassia.

taxi stand ['tæksɪ,stænd] → **taxi rank**.

taxi track ['tæksɪ,træk] **taxi way** ['tæksɪ,weɪ] *s.* (*aer.*) pista di rullaggio.

taxonomic(al) [,tæksə'nɒmɪk(l) / taxo·nomic, taxo·nom·ical] *agg.* (*biol.*) tassonomico.

taxonomist [tæk'sɒnəmɪst / tax·on·om·ist] *s.* (*biol.*) tassonomista.

taxonomy [tæk'sɒnəmɪ / tax·onomy] *s.* (*biol.*) tassonomia.

taxpayer ['tæks,peɪə* / tax·payer] *s.* (*trib.*) contribuente.

Taylorism ['teɪlərɪzəm / Tay·lor·ism] *s.* (*amm.*) taylorismo, organizzazione scientifica del lavoro.

T-bar ['ti:bɑ:] *s.* (*tecn.*) profilato a T.

T-bar lift ['ti:bɑ:,lɪft] **T-bar tow** ['ti:bɑ: ,təʊ] *s.* sciovia ad ancora.

T-bill ['ti:bɪl] *s.* (abbr. di *Treasury bill*) buono del tesoro.

T-bone (steak) ['ti:bəʊn(,steɪk)] *s.* (*cuc.*) fiorentina.

T-cart ['ti:kɑ:t] *s.* calessino.

tea [ti:] *s.* **1** (*bot.*) (*Thea sinensis*) tè (anche infuso e foglie): — *plantation*, piantagione di tè: *brick* — (o *tile* —), tè compresso in forma di mattonella; *a cup of* —, una tazza di tè; *strong* —, tè carico, forte; *weak* —, tè leggero; *Russian* —, tè al limone; — *taster*, degustatore di tè; — *planter*, coltivatore di tè; — *ball* (o — *infuser*), uovo da tè; — *caddy*, barattolo, contenitore per il tè; *they ordered three teas and one coffee*, ordinarono tre tè e un caffè // *it's not my cup of* —, (*fam.*) non mi piace // *not for all the — in China*, (*fam.*) neanche per tutto l'oro del mondo **2** — (*party*), tè (ricevimento): *to ask s.o. to* —, invitare qlcu. a un tè; *high* —, leggero pasto consumato presto alla sera // — *gown*, (*antiq.*) abito da pomeriggio, abito da cocktail **3** (*sl. antiq.*) marijuana.

teabag ['ti:bæg / tea·bag] *s.* bustina di tè.

teacake ['ti:keɪk / tea·cake] *s.* pasticcino da tè.

tea cart ['ti:kɑ:t] → **tea trolley**.

to **teach** [ti:tʃ] *pass.p.p.* **taught** [tɔ:t] *v.tr.* (IV) insegnare: *can you — me how to dance?*, mi insegni a ballare?; *I taught my son French*, ho insegnato il francese a mio figlio; *I'll — her to speak the truth!*, (*fam.*) le insegnerò io a dire la verità! // *to — s.o. a lesson*, dare una lezione a qlcu. // *to — s.o. a thing or two*, dire a qlcu. ciò che si merita; insegnare a qlcu. a stare al mondo // *that'll — him!*, così imparerà! // *to — one's grandmother to suck eggs*, voler insegnare ai gatti ad arrampicarsi // *to — school*, (*amer.*) insegnare a scuola: *she taught school for some time*, fece l'insegnante per qualche tempo ◆ *v.intr.* insegnare, fare l'insegnante.

teachable ['ti:tʃəbl / teach·able] *agg.* **1** che apprende facilmente (di persona); dall'intelligenza pronta **2** che si insegna facilmente (di materia) // **-ness** *s.*

teacher ['ti:tʃə*] *s.* insegnante; docente; maestro, professore, professoressa: *she is a Latin* —, è professoressa di latino // *student* —, studente che fa il tirocinio di insegnamento // — *training college*, college per l'abilitazione all'insegnamento.

tea chest ['ti:tʃest] *s.* cassa (usata per l'esportazione del tè).

teach-in ['ti:tʃɪn] *s.* assemblea, seminario di protesta tenuto all'università.

teaching ['ti:tʃɪŋ/ teach·ing] *agg.* **1** che insegna: — *hospital*, scuola ospedaliera **2** relativo all'insegnamento, didattico: — *aid*, sussidio didattico ◆ *s.* **1** insegnamento: *to go in for* —, dedicarsi all'insegnamento **2** *pl.* insegnamenti, ammaestramenti; dottrina (*sing.*): *the teachings of experience*, gli insegnamenti dell'esperienza; *the teachings of Socrates*, la dottrina di Socrate.

tea cloth ['ti:klɒθ *amer.* 'ti:klɔ:θ] *s.* **1** tovaglietta da tè **2** strofinaccio, telo per piatti.

tea cosy ['ti:,kəʊzɪ] *s.* copriteiera.

teacup ['ti:kʌp / tea·cup] *s.* tazza da tè.

teacupful ['ti:kʌp,fʊl / tea·cup·ful] *s.* (quantità contenuta in una) tazza da tè.

tead [ti:d] *s.* (*ant.*) torcia: *Hymen is awake, / and long since ready forth his maske to move, / with his bright tead*, (E. SPENSER) Imene è sveglio, e già da tempo si appresta a guidare il corteo con la sua torcia splendente.

teagarden ['ti:,gɑ:dn / tea·garden] *s.* **1** bar, caffè dove vengono servite bevande e spuntini all'aperto **2** piantagione di tè.

teahouse ['ti:haʊs / tea·house] *s.* casa da tè.

teak [ti:k] *s.* **1** (*bot.*) (*Tectona grandis*) tek **2** (legno di) tek.

tea-kettle ['ti:,ketl] *s.* bollitore per il tè.

teal [ti:l] *s.pl.invar.* (*zool.*) (*Anas crecca*) alzavola.

tealeaf ['ti:li:f / tea·leaf] *pl.* **tealeaves** ['ti:li:vz / tea·leaves] *s.* **1** foglia di tè **2** (*sl.*) ladro.

team [ti:m] *s.* **1** squadra, gruppo, équipe: *the president has a large — of advisers*, il presidente ha una équipe numerosa di consiglieri; *football* —, squadra di calciatori **2** pariglia, muta (di cavalli).

to **team** *v.tr.* **1** attaccare (bestie da tiro); aggiogare **2** trasportare (per mezzo di un tiro) **3** assortire (colori) ◆ *v.intr.* **1** (*amer.*) guidare un tiro **2** *to* — (*up*), (*fam.*) unirsi.

team-mate ['ti:m,meɪt] *s.* compagno di squadra.

teamster ['ti:mstə* / team·ster] *s.* **1** carrettiere **2** caposquadra **3** (*amer.*) camionista.

teamwork ['ti:mwɜ:k / team·work] *s.* collaborazione; lavoro di squadra, d'équipe: *the actors' — was magnificent*, l'affiatamento fra gli attori era splendido.

teapot ['ti:pɒt / tea·pot] *s.* teiera.

tear[1] [tɪə*] *s.* lacrima: *to be in tears*, essere in lacrime, piangere; *to burst into tears*, scoppiare in lacrime; *to shed tears*, versare lacrime; *to reduce s.o. to tears*, far piangere qlcu. // *bored to tears*, (*fam.*) annoiato a morte // — *gas*, gas lacrimogeno // (*anat.*) — *duct*, dotto lacrimale.

tear[2] [teə*] *s.* **1** strappo, spacco; lacerazione **2** (*fam.*) impeto, corsa a precipizio: *to go full* —, andare a tutta velocità **3** (*fam. antiq.*) impeto iracondo: *to be in a* —, essere sconvolto dall'ira.

to **tear**[2] *pass.* **tore** [tɔ:*] *p.p.* **torn** [tɔ:n] *v.tr.* **1** stracciare, strappare, fare uno strappo a: *Mark tore his trousers*, Marco si è strappato i calzoni; *to — a muscle*, strappare un muscolo; *to — (out) one's hair*, strapparsi i capelli // *that's torn it!*, è finita!, non ci mancava altro! // *to — open*, aprire lacerando // *to — s.o. limb from limb*, (*fig.*) fare a pezzi qlcu. **2** (*fig.*) dividere, separare; straziare, lacerare: *country torn by factions*, paese dilaniato dalle fazioni; *he was torn with remorse*, era straziato dal rimorso; *she could not — herself away from him*, non poteva staccarsi da lui // *he's torn between going to America or staying in Italy*, è combattuto fra l'andare in America o rimanere in Italia ◆ *v.intr.* **1** stracciarsi, strapparsi: *this material tears too easily*, questa stoffa si strappa troppo facilmente **2** (*fam.*) correre, andare di gran carriera: *I saw him tearing along the road*, l'ho visto correre all'impazzata per la strada; *on hearing his voice she tore downstairs*, all'udire la sua voce si precipitò giù dalle scale.

□ **tear at** *v.intr.* e *prep.* (cercare di) strappare con tutte le proprie forze.

□ **tear away** *v.tr.* e *avv.* strappare; staccare; *we had to — him away from the TV*, abbiamo dovuto strapparlo a forza dalla TV.

□ **tear down** *v.tr.* e *avv.* abbattere, buttar giù.

□ **tear into** *v.intr.* e *prep.* (*fam.*) attaccare violentemente (qlcu.).

□ **tear off** *v.tr.* e *avv.* (*fam. amer.*) suonare, eseguire (un brano musicale).

□ **tear up** *v.tr.* e *avv.* **1** fare a pezzi: *to — up a £ 10 note*, fare a pezzi una banconota da 10 sterline **2** sradicare, strappare.

tearaway ['teərə,weɪ / tear·away] *agg.* **1** impetuoso **2** (*estens.*) di, da teppista ◆ *s.* (*fam.*) teppistello, vandalo.

tear-bottle ['tɪə,bɒtl] *s.* (*archeol.*) vaso lacrimale.

teardrop ['tɪədrɒp / tear·drop] *s.* lacrima.

tearer ['teərə*] *s.* chi lacera, strappa.

tearful ['tɪəfʊl / tear·ful] *agg.* **1** lacrimoso;

piangente: — *voice*, voce lacrimosa **2** triste: — *news*, triste notizia // **-ly** *avv.*

tearing ['teərɪŋ/ tear·ing] *agg.* lacerante; violento: — *wind*, vento impetuoso; *to be in a — hurry*, avere una fretta terribile ◆ *s.* lacerazione; strappo: — *of a muscle*, strappo muscolare // (*mecc.*) — *strength*, resistenza allo strappo.

tearjerker ['tɪə,dʒɜ:kə* / tear·jerk·er] *s.* (*fam.*) film, libro, commedia ecc. strappalacrime.

tearjerking ['tɪə,dʒɜ:kɪŋ / tear·jerk·ing] *agg.* (*fam.*) strappalacrime.

tear-off ['teərɒf *amer.* 'teərɔ:f] *agg.* da staccarsi (di biglietto ecc.) ◆ *s.* parte (di biglietto ecc.) da staccarsi.

tearoom ['ti:rʊm *amer.* 'ti:ru:m / tea·room] *s.* tea-room, sala da tè.

tea-rose ['ti:rəʊz] *s.* (*bot.*) rosa tea.

tease [ti:z] *s.* **1** persona dispettosa **2** dispetto; il fare dispetti.

to **tease** *v.tr.* **1** stuzzicare, molestare, far dispetti a; prendere in giro: *don't — your brother*, non far dispetti a tuo fratello; *they teased him about his engagement*, lo prendevano in giro a proposito del suo fidanzamento **2** (*tess.*) pettinare; cardare.

teasel ['ti:zl / tea·sel] *s.* **1** (*bot.*) (*Dipsacus fullonum*) cardo dei lanaioli **2** (*tess.*) garzatrice.

to **teasel** *pass.p.p.* **tease(l)led** ['ti:zld / teas·el·(l)ed] *v.tr.* (*tess.*) garzare.

teaseler ['ti:zlə* / tea·seler] *s.* (*tess.*) **1** garzatore **2** (macchina) garzatrice.

teaser ['ti:zə*] *s.* **1** seccatore, chi molesta; chi stuzzica; chi prende in giro; dispettoso **2** (*fam.*) questione, problema difficile; rompicapo; domanda imbarazzante **3** (*tess.*) cardatore.

tea set ['ti:set] **tea service** ['ti:,sɜ:vɪs] *s.* servizio da tè.

tea shop ['ti:ʃɒp] *s.* **1** negozio che vende tè **2** ristorante dove si serve tè.

teasing ['ti:zɪŋ/ teas·ing] *agg.* dispettoso; molesto; irritante ◆ *s.* (*fam.*) dispetto, seccatura; il fare dispetti; presa in giro // **-ly** *avv.*

teasing machine ['ti:zɪŋmə,ʃi:n] *s.* (*tess.*) cardatrice.

teaspoon ['ti:spu:n / tea·spoon] *s.* cucchiaino (da tè).

teaspoonful ['ti:spu:n,fʊl / tea·spoon·ful] *s.* (quantità contenuta in un) cucchiaino: *a — of honey*, un cucchiaino di miele.

tea strainer ['ti:,streɪnə*] *s.* colino da tè.

teat [ti:t] *s.* **1** capezzolo **2** tettarella.

tea table ['ti:,teɪbl] *s.* tavolino (da tè).

teatime ['ti:taɪm / tea·time] *s.* (l')ora del tè.

tea towel ['ti:taʊəl] *s.* strofinaccio per (asciugare) i piatti.

tea tray ['ti:treɪ] *s.* vassoio (da tè).

tea trolley ['ti:,trɒlɪ] amer. **tea wagon** ['ti:,wægən] *s.* carrello portavivande SIN. tea cart.

teazel → **teasel**.

tec [tek] (*sl.*) abbr. di → **detective**.

techie ['tekɪ] *s.* (*fam. amer.*) esperto di computer; patito di computer; amante della tecnologia.

techily ['tetʃɪlɪ / tech·ily] *avv.* con irritazione, stizza.

techiness ['tetʃɪnɪs / techi·ness] *s.* irritabilità; irascibilità.

technetium [tek'ni:ʃəm / tech·ne·tium] *s.* (*chim.*) tecnezio.

technic ['teknɪk / tech·nic] *agg.* (*rar.*) tecnico ◆ *s.* **1** → **technique** **2** (*gener. pl.*) tecnica **3** *pl.* terminologia tecnica.

technical ['teknɪkl / tech·nical] *agg.* tecnico; relativo alla tecnica: — *change*, innovazione tecnica; — *aid*, assistenza tecnica; — *progress*, progresso tecnico // — *chemistry*, chimica industriale // **-ly** *avv.*

technicality [,teknɪ'kælətɪ / tech·nic·al·ity] *s.* **1** tecnicismo **2** dettaglio; cavillo // (*dir.*) *the case was dismissed on a —*, la causa fu respinta per un vizio di procedura.

technicalization ['teknɪ,kəlaɪ'zeɪʃn / tech·nic·al·iz·ation] *s.* tecnicizzazione.

technician [tek'nɪʃn / tech·ni·cian] **technicist** ['teknɪsɪst / tech·ni·cist] *s.* tecnico, perito; esperto, specialista.

technicolor® ['teknɪ,kʌlə* / tech·ni·color] *s.* technicolor®.

technique [tek'ni:k / tech·nique] *s.* (abilità) tecnica (di un'arte, di un artista ecc.): *the — of Leonardo*, la tecnica leonardesca.

technocracy [tek'nɒkrəsɪ / tech·no·cracy] *s.* (*pol.*, *econ.*) tecnocrazia.

technocrat ['teknəʊkræt / tech·no·crat] *s.* tecnocrate.

technocratic [,teknəʊ'krætɪk / tech·no·cratic] *agg.* tecnocratico.

technological [,teknə'lɒdʒɪkl / tech·no·lo·gical] *agg.* tecnologico: — *gap*, divario tecnologico; — *revolution*, rivoluzione tecnologica.

technologist [tek'nɒlədʒɪst / tech·no·lo·gist] *s.* tecnologo.

technology [tek'nɒlədʒɪ / tech·no·logy] *s.* tecnologia // (*inform.*) *push —*, tecnologia d'invio automatico di informazioni (agli utenti di Internet).

technopagan [,teknəʊ'peɪgən / tech·no·pa·gan] *s.* (*inform.*) tecnologo / sciamano.

techy ['tetʃɪ] → **tetchy**.

tectogenesis [,tektəʊ'dʒenɪsɪs / tec·to·gen·esis] *s.* (*geol.*) tettogenesi.

tectogenic [,tektəʊ'dʒenɪk / tec·to·genic] *agg.* (*geol.*) tettogenetico.

tectonic [tek'tɒnɪk / tec·tonic] *agg.* **1** strutturale **2** (*geol.*) tettonico.

tectonics [tek'tɒnɪks / tec·ton·ics] *s.* ⓤ **1** edilizia **2** (*geol.*) tettonica, geotettonica.

tectonism ['tektənɪzm / tec·ton·ism] *s.* (*geol.*) diastrofismo.

tectorial [tek'tɔ:rɪəl / tec·tor·ial] *agg.* (*anat.*) tettorio: — *membrane*, membrana tettoria.

tectrix ['tektrɪx / tec·trix] *pl.* **tectrices** [tek'traɪsi:z / tec·trices] *s.* (*zool.*) penna copritrice (di uccelli).

ted¹ [ted] *s.* abbr. di → **teddy boy**.

to **ted**² [ted] *pass.p.p.* **tedded** ['tedɪd / ted·ded] *v.tr.* rivoltare (erba, fieno ecc.).

tedder ['tedə* / ted·der] *s.* **1** chi rivolta (erba, fieno ecc.) **2** voltafieno.

teddy bear ['tedɪbeə*] *s.* orsacchiotto di pezza, di peluche.

teddy boy ['tedɪbɔɪ] *s.* teddy boy, giovane teppista.

tedious ['ti:djəs / te·di·ous] *agg.* tedioso, noioso // **-ly** *avv.*

tediousness ['ti:djəsnɪs / te·di·ous·ness] **tedium** ['ti:djəm / te·dium] *s.* tedio, noia.

tee¹ [ti:] *s.* **1** ti (la lettera *t*) **2** oggetto, strumento, raccordo, a forma di T // *to a —*, a puntino, con precisione // — *square*, squadra a T.

tee² *s.* bersaglio (al gioco delle bocce, del lancio degli anelli ecc.).

tee³ *s.* (*golf*) tee (supporto su cui si poggia la palla).

to **tee**³ *v.tr.* o *intr.* (*golf*) collocare (la palla) sul tee.

□ **tee off** *v.intr.* e *avv.* **1** (*golf*) tirare dal tee // *to — off on s.o.*, (*fam. amer.*) assalire qlcu. a parole **2** (*fig.*) iniziare ◆ *v.tr.* e *avv.* (*fam. amer.*) colpire con violenza: *to — s.o. off*, far arrabbiare qlcu.

to **teehee** [,ti:'hi: / tee·hee] *v.intr.* (*fam.*) ridacchiare.

to **teem**¹ [ti:m] *v.intr.* **1** abbondare, pullulare; formicolare, brulicare: *the poem teems with metaphors*, la poesia abbonda in metafore: *wild life teems in the forest*, gli animali selvaggi abbondano nella foresta **2** (*ant.*) prolificare: *when I have fears that I may cease to be / before my pen has gleaned my teeming brain*, (KEATS) quando io temo che potrei cessare di esistere prima che la mia penna abbia raccolto ciò che pullula nella mia mente prolifica.

to **teem**² *v.tr.* **1** versare; vuotare **2** (*metall.*) colare ◆ *v.intr.* (*fam.*) scendere copiosamente; piovere a dirotto: *it's teeming* (*with rain*), piove a dirotto, diluvia.

teemer ['ti:mə*] *s.* (*metall.*) operaio addetto alla colata.

teeming¹ ['ti:mɪŋ/ teem·ing] *agg.* formicolante, brulicante; (*fig.*) fertile: — *brain*, mente fertile.

teeming² *s.* (*metall.*) colata.

teen¹ [ti:n] *agg.* abbr. di → **teenage** ◆ *s.* abbr. di → **teenager**.

teen² [ti:n] *s.* (*ant.*) **1** dolore, afflizione, pena: *o, my heart bleeds / to think o'th'teen that I have turn'd you to*, (SH. The Tempest) il cuore mi sanguina pensando a tutte le pene che vi ho causato **2** irritazione, stizza.

teenage ['ti:neɪdʒ / teen·age] *agg.* di, da, per teen-ager.

teenager ['ti:n,eɪdʒə* / teen·ager] *s.* teen-ager, adolescente.

teens [ti:nz] *s.pl.* età da tredici a diciannove anni: *he is just out of his —*, ha appena vent'anni; *to be in one's —*, essere adolescente, avere tra tredici e diciannove anni, avere meno di vent'anni.

teeny ['ti:nɪ] *agg.* (*fam.*) piccolo, minuto // — *weeny*, piccolissimo, minuscolo.

teenybopper ['ti:nɪ,bɒpə* / teeny·bop·per] *s.* (*sl.*) adolescente (spec. ragazzina) vestita all'ultima moda e amante della musica pop.

teepee ['ti:pi: / tee·pee] → **tepee**.

tee shirt → **T-shirt**.

to **teeter** ['ti:tə* / tee·ter] *v.intr.* traballare (*anche fig.*) // *the company is teetering on the* *edge of ruin*, la società è sull'orlo del fallimento.

teeter-totter ['ti:tə,tɒtə*] *s.* (*amer.*) → **seesaw**.

teeth *pl.* di **tooth**.

to **teethe** [ti:ð] *v.intr.* mettere i denti: *my child is teething*, il mio bambino sta mettendo i denti.

teether ['ti:ðə*] *s.* dentaruolo.

teething ['ti:ðɪŋ / teeth·ing] *s.* dentizione: — *ring*, (*amer.*) dentaruolo; — *troubles*, disturbi di crescita; (*fig.*) difficoltà iniziali.

teetotal [ti:'təʊtl / tee·to·tal] *agg.* **1** astemio **2** (*fam. amer.*) intero, assoluto // **-ly** *avv.*

teetotaler [ti:'təʊtlə* / tee·to·taler] *s.* (*spec. amer.*) → **teetotaller**.

teetotalism [ti:'təʊtlɪzəm / tee·to·tal·ism] *s.* astinenza completa dalle bevande alcoliche.

teetotaller [ti:'təʊtlə* / tee·to·tal·ler] *s.* astemio.

teetotum [,ti:təʊ'tʌm / tee·totum] *s.* trottola.

teg [teg] *s.* pecora di due anni.

tegular ['tegjʊlə* / tegu·lar] *agg.* (*non com.*) di tegola; simile a tegola.

tegument ['tegjʊmənt / tegu·ment] *s.* (*biol.*) tegumento.

tegumental [,tegjʊ'mentl / tegu·mental] **tegumentary** [,tegjʊ'mentərɪ / tegu·ment·ary] *agg.* (*biol.*) tegumentale, tegumentario.

tegumentum [,tegjʊ'mentəm / tegu·men·tum] *pl.* **tegumenta** [,tegjʊ'mentə] *s.* (*anat.*) tegumento.

to **tehee** → to **teehee**.

tektite ['tektaɪt / tek·tite] *s.* (*geol.*) tectite.

telaesthesia [telɪs'θi:zɪə *amer.* telɪs'θi:ʒə / tel·aes·thesia] *s.* → **telesthesia**.

telamon ['teləmɒn / tel·amon] *pl.* **telamones** [,telə'məʊni:z] *s.* telamone (figura maschile che sostiene un architrave ecc.).

telangiectasia [tə,lændʒɪ,ek'teɪzɪə / tel·ang·iect·asia] **telangiectasis** [tə,lændʒɪ'ektəsɪs / tel·ang·iect·asis] *pl.* **telangiectases** [tə,lændʒɪ'ektəsi:z] *s.* (*med.*) teleangectasia.

telautograph® [te'lɔ:təgrɑ:f *amer.* te'lɔ:təgræf / tel·auto·graph] *s.* teleautografo.

tele- ['telɪ] *pref.* usato nella terminologia tecnica e scientifica; it. tele-; significa **1** a distanza, da lontano: (*biol.*) *telegony*, telegonia; (*meteor.*) *telemeteograph*, telemeteografo; (*fot.*) *telecentric*, telecentrico **2** per (la) televisione, della televisione: *to telecast*, teletrasmettere, trasmettere per televisione; *teleplay*, (*amer.*) teledramma, dramma, commedia per la televisione.

telecamera ['telɪ,kæmərə / tele·cam·era] *s.* (*tv*) telecamera.

telecast ['telɪkɑ:st *amer.* 'telɪkæst / tele·cast] *s.* teletrasmissione, trasmissione televisiva.

to **telecast** *pass.p.p.* **telecast** *v.tr.* teletrasmettere: *the show was* —, lo spettacolo fu teletrasmesso // — *news*, telegiornale.

telecaster ['telɪ,kɑ:stə* *amer.* 'telɪ,kæstə* / tele·caster] *s.* teletrasmettitore, apparecchio teletrasmittente.

telecommunication [,telɪkə,mju:nɪ'keɪʃn / tele·com·mu·ni·ca·tion] *s.* (*tel.*) telecomunicazione: *telecommunications satellite*, satellite per telecomunicazioni.

telecommuting [,telɪkə'mju:tɪŋ / tele·com·mut·ing] *s.* (*inform.*) telelavoro.

teleconference [,telɪ'kɒnfərəns / tele·con·fer·ence] *s.* (*inform.*) teleconferenza.

telecontrol ['telɪkən,trəʊl / tele·con·trol] *s.* (*tecn.*) telecomando.

teledu ['telɪdu: / tel·edu] *s.* (*zool.*) (*Mydaus meliceps*) tasso fetente.

telefilm ['telɪfɪlm / tele·film] *s.* (*spec. amer.*) telefilm.

telegenic [,telɪ'dʒenɪk / tele·genic] *agg.* telegenico.

telegram ['telɪgræm / tele·gram] *s.* telegramma: *radio* — (o *wireless* —), radiotelegramma.

telegraph ['telɪgrɑ:f *amer.* 'telɪgræf / tele·graph] *s.* telegrafo: *Morse* —, telegrafo Morse; *printing* —, telegrafo stampante; — *operator*, telegrafista; — *printer*, telescrittore.

to **telegraph** *v.tr.* **1** telegrafare (a): *to* — *s.o., a message to s.o.*, telegrafare una notizia a qlcu. **2** (*fig.*) far capire a cenni **3** (*fig.*) rivelare inavvertitamente (le proprie mosse, intenzioni) ◆ *v.intr.* telegrafare.

telegrapher [tɪ'legrəfə* / tele·grapher] *s.* **1** chi spedisce un telegramma **2** (*amer.*) telegrafista.

telegraphese [,telɪgrɑ:'fi:z *amer.* ,telɪgræ'fi:z / tele·graph·ese] *s.* e *agg.* (*fam.*) (in) stile, linguaggio telegrafico.

telegraphic [,telɪ'græfɪk / tele·graphic] *agg.* telegrafico (*anche fig.*): — *brevity*, (*fig.*) concisione telegrafica // (*comm.*) — *money order*, vaglia telegrafico // **-ally** *avv.*

telegraphist [tɪ'legrəfɪst / tele·graph·ist] *s.* telegrafista.

telegraph pole ['telɪgrɑ:f,pəʊl *amer.* 'telɪgræf,pəʊl] **telegraph post** ['telɪgrɑ:f,pəʊst *amer.* 'telɪgræf,pəʊst] *s.* palo telegrafico, palo del telegrafo.

telegraphy [tɪ'legrəfɪ / tele·graphy] *s.* telegrafia.

telekinesis [,telɪkaɪ'ni:sɪs / tele·kin·esis] *s.* telecinesi.

telekinetic [,telɪkɪ'netɪk / tele·kin·etic] *agg.* telecinetico.

telemarketing ['telɪ,mɑ:kətɪŋ / tele·market·ing] *s.* televendita.

telematics [,telɪ'mætɪks / tele·mat·ics] *s.* ⓤ telematica.

telemechanics [,telɪmɪ'kænɪks / tele·mech·an·ics] *s.* ⓤ telemeccanica.

telemeter ['telɪmi:tə* / tele·meter] *s.* **1** telemetro **2** sistema di telemisura.

telemetry [tɪ'lemɪtrɪ / tele·metry] *s.* telemetria.

telencephalon [,telen'sefəlɒn / tel·en·ceph·alon] *pl.* **telencephala** [,telen'sefələ / tel·en·ceph·ala] *s.* (*anat.*) telencefalo.

teleobjective [,telɪəb'dʒektɪv / tele·ob·ject·ive] *s.* (*fot.*) (*non com.*) → **telephoto lens**.

teleologic(al) [,telɪə'lɒdʒɪk(l) / tele·olo·gic(al)] *agg.* (*fil.*) teleologico // **-ally** *avv.*

teleology [,telɪ'ɒlədʒɪ / tele·ology] *s.* (*fil.*) teleologia.

teleost ['telɪɒst / tele·ost] **teleostean** [,telɪ'ɒstɪən / tele·ost·ean] *s.* (*zool.*) teleosteo ◆ *agg.* (*zool.*) dei, relativo ai teleostei.

telepathic [,telɪ'pæθɪk / tele·pathic] *agg.* telepatico // **-ally** *avv.*

to **telepathize** [tɪ'lepəθaɪz / tele·path·ize] *v.tr.* (*rar.*) influenzare per telepatia ◆ *v.intr.* esercitare un'influenza telepatica.

telepathy [tɪ'lepəθɪ / tele·pathy] *s.* telepatia.

telephone ['telɪfəʊn / tele·phone] *s.* telefono: *are you on the —?*, sei al telefono?; hai il telefono?

to **telephone** *v.tr.* e *intr.* telefonare (a): *I telephoned my mother yesterday*, ieri ho telefonato a mia madre.

telephone book ['telɪfəʊn,bʊk] → **telephone directory**.

telephone booth ['telɪfəʊn,bu:ð *amer.* 'telɪfəʊn,bu:θ] **telephone box** ['telɪfəʊn ,bɒks] *s.* cabina telefonica.

telephone directory ['telɪfəʊndaɪ,rektərɪ] *s.* elenco telefonico SIN. **(tele)phone book**.

telephone kiosk ['telɪfəʊn,ki:ɒsk] → **telephone booth**.

telephonic [,telɪ'fɒnɪk / tele·phonic] *agg.* telefonico // **-ally** *avv.*

telephonist [tɪ'lefənɪst / tele·phon·ist] *s.* telefonista; centralinista.

telephony [tɪ'lefənɪ / tele·phony] *s.* telefonia.

telephoto [,telɪ'fəʊtəʊ / tele·photo] *s.* telefoto.

telephotograph [,telɪ'fəʊtəgrɑ:f *amer.* ,telɪ'fəʊtəgræf / tele·photo·graph] *s.* telefotografia.

telephotographic [,telɪ,fəʊtə'græfɪk / tele·pho·to·graphic] *agg.* telefotografico.

telephotography [,telɪfə'tɒgrəfɪ / tele·pho·to·graphy] *s.* telefotografia.

telephoto lens [,telɪ,fəʊtəʊ'lenz] *s.* (*fot.*) teleobiettivo SIN. **teleobjective**.

teleprinter ['telɪ,prɪntə* / tele·printer] *s.* telescrivente; telestampante.

teleprocessing [,telɪ'prəʊsesɪŋ *amer.* ,telɪ'prɒsesɪŋ / tele·pro·cess·ing] *s.* (*inform.*) teleelaborazione; elaborazione a distanza.

Teleprompter® ['telɪ,prɒmptə* / Tele·prompter] *s.* (*tv*) teleprompter, gobbo.

teleran ['telɪræn / tele·ran] *s.* (*aer.*) teleran (sistema di navigazione radar-televisivo).

tele-sale ['telɪseɪl] *s.* vendita per telefono.

telescope ['telɪskəʊp / tele·scope] *s.* **1** telescopio: *reflecting* —, telescopio a riflessione; *refracting* —, telescopio a rifrazione, rifrattore // *range-finder* —, cannocchiale telemetrico // (*mecc.*) — *joint*, giunto telescopico **2** (*mar.*) cannocchiale da marina.

to **telescope** *v.tr.* **1** incastrare; infilare; far rientrare, schiacciare (di mezzi di trasporto) **2** (*fig.*) condensare; ridurre (di tempo) ◆ *v.intr.* **1** incastrarsi, infilarsi; rientrare: *the express telescoped into the back of the goods train*, l'espresso si incastrò nella parte posteriore del treno merci; *the legs of this tripod — very easily*, le gambe di questo treppiedi rientrano molto facilmente; *parts made to* —, pezzi fatti per essere incastrati **2** chiudersi a telescopio **3** (*fig.*) condensarsi; ridursi (di tempo).

telescopic(al) [,telɪ'skɒpɪk(l) / tele·scop·ical] *agg.* **1** telescopico: (*fot.*) — *finder*, mirino telescopico; (*mil.*) — *sight*, cannocchiale di mira **2** a telescopio, a incastro: (*mar.*) —

funnel, fumaiolo a telescopio; — *toolholder*, portautensili a telescopio // **-ally** *avv.*

telescopy [te'lɪskəpɪ / tele·scopy] *s.* (*astr.*) telescopia.

telescreen ['telɪskri:n / tele·screen] *s.* teleschermo, video.

teleselling ['telɪ,selɪŋ/ tele·sell·ing] *s.* televendita.

telesthesia [,telɪs'θi:zɪə *amer.* ,telɪs'θi:ʒə / tel·es·thesia] *s.* telestesia.

teletex ['telɪteks / tele·tex] *s.* (*inform.*) teletex.

teletext ['telɪtekst / tele·text] *s.* (*inform.*) teletext.

telethermometer [,telɪθə'mɒmɪtə* / tele·ther·mo·meter] *s.* (*tecn.*) teletermometro.

teletype® ['telɪtaɪp / tele·type] *s.* **1** teletype®, telescrivente **2** messaggio trasmesso per telescrivente.

to **teletype** *v.tr.* e *intr.* telescrivere.

teletypesetter [,telɪ'taɪp,setə* / tele·type·set·ter] *s.* (*tip.*) telecompositrice, teletypesetter.

teletypewriter [,telɪ'taɪp,raɪtə* / tele·type·writer] *s.* telescrivente.

to **teleview** ['telɪvju: / tele·view] *v.tr.* e *intr.* (*non com.*) guardare (uno spettacolo televisivo).

televiewer ['telɪvju:ə* / tele·viewer] *s.* telespettatore.

to **televise** ['telɪvaɪz / tele·vise] *v.tr.* (*tv*) teletrasmettere: *to — an opera from the stage*, teletrasmettere un'opera dal teatro.

television ['telɪ,vɪʒn / tele·vi·sion] *s.* televisione: — *broadcasting*, emittenti televisive; — *advertising*, pubblicità televisiva; *we saw you on television last night*, ti abbiamo visto alla televisione ieri sera // — *camera*, telecamera; — *receiver* (o — *set*), apparecchio televisivo, televisore // (*tv*) *relay* —, ritrasmissione, ripetizione.

telex ['teleks] *s.* **1** telescrivente **2** telex, messaggio inviato per telescrivente.

to **telex** *v.tr.* trasmettere per telescrivente ◆ *v.intr.* trasmettere un telex.

telfer → **telpher**.

to **tell** [tel] *pass.p.p.* **told** [təʊld] *v.tr.* **1** dire, riferire; informare; raccontare, narrare; — *me everything*, dimmi tutto; — *me about your job*, raccontami del tuo lavoro; *he told me his story*, mi raccontò la sua storia; *he told me that he had talked to him*, mi disse di avergli parlato; *I was told that...*, mi hanno detto, venni a sapere che...; *to — the truth, a lie*, dire la verità, una bugia; *to — tales*, raccontare bugie, fare la spia; *to — the truth I didn't want to go there*, a, per dire la verità non volevo andarci // *I told you so*, te l'avevo detto // *I'll — you what!*, senti!, ascolta! // *you're telling me!*, (*sl.*) a me lo dici!; *I — you!*, te lo dico io! // — *me another one*, (*fam.*) ma va! // — *that to the marines!*, raccontala a chi vuoi! // *there is no telling what might happen*, chissà che cosa potrebbe succedere // *to — oneself*, ripetere a se stesso // *to — it like it is*, (*sl. amer.*) non avere peli sulla lingua **2** rivelare; rendere noto, divulgare; manifestare, esprimere; *to — a secret*, rivelare un segreto; *his face tells much about his past*, il suo volto rivela il suo passato; *I can't — you how glad I am*, non so dirti quanto io sia felice; *to — tales about s.o., sthg.*, spargere chiacchiere sul conto di qlcu., qlco. **3** (III, IV) dire, ordinare, comandare, imporre, ingiungere: *do as you are told*, fai come ti si dice; *I was told to go away*, mi fu ordinato di andarmene **4** sapere, prevedere: *no man can — what the future has in store for him*, nessuno può prevedere che cosa gli riserberà il futuro; *who can —?*, chi lo può sapere? // *you never can —*, non si sa mai **5** discernere, distinguere, riconoscere; capire: *he cannot — right from wrong*, non sa distinguere il bene dal male; *I can — him by his voice*, lo riconosco dalla voce; *you can — he is an athlete by the way he moves*, si capisce che è un atleta da come si muove **6** enumerare, contare: *to — (the) votes*, contare i voti; *there were thirty people all told*, c'erano in tutto trenta persone // *to — one's beads*, dire il rosario ◆ *v.intr.* aver effetto, incidere: *his years are beginning to —*, gli anni cominciano a pesargli.

□ **tell against** *v.intr.* e *prep.* essere un punto a sfavore di (qlcu.): *he's over fifty and his age is bound to — against him for that job*, ha più di 50 anni e la sua età è certamente un punto a suo sfavore per quel lavoro.

□ **tell apart** *v.tr.* e *avv.* distinguere (fra due persone o cose): *the twins are so alike that I can't — them apart*, i gemelli sono così simili che non riesco a distinguerli.

□ **tell off** *v.tr.* e *avv.* **1** (*fam.*) sgridare, rimproverare; (*fam.*) dare una ripassata, un cicchetto a: *he told me off in front of everyone*, mi ha dato un cicchetto davanti a tutti; *she told me off for being late*, mi ha sgridato ben bene per essere arrivato tardi **2** (*mil.*) assegnare, designare.

□ **tell on** *v.intr.* e *prep.* **1** (*fam.*) fare la spia, denunciare: *it was my brother, the rat, who told on me!*, è stato quel verme di mio fratello a fare la spia! **2** farsi sentire, pesare su: *the strain is beginning to — on him*, la tensione incomincia a farsi sentire su di lui.

teller ['telə*] *s.* **1** (*pol.*) scrutatore **2** (*comm.*) cassiere (di banca ecc.); impiegato di sportello: — *in* (o *receiving* —), cassiere alle riscossioni; — *out* (o *paying* —), cassiere ai pagamenti // *automatic — machine* (o *automatic — system*), sportello automatico.

tellina [te'laɪnə/ tel·lina] *s.* (*zool.*) tellina.

telling ['telɪŋ/ tell·ing] *agg.* efficace; espressivo: *a — argument*, un argomento efficace; *a — blow*, un colpo ben assestato, efficace; *a — look*, uno sguardo espressivo // **-ly** *avv.*

telling-off [,telɪŋ'ɒv *amer.* ,telɪŋ'ɔ:f] *s.* (*fam.*) predica, ramanzina, sgridata: *to give s.o. a good —*, sgridare ben bene qlcu.

telltale ['telteɪl / tell·tale] *agg.attr.* rivelatore: — *look*, sguardo rivelatore; — *signs*, segni rivelatori.

telltale *s.* **1** chiacchierone; persona indiscreta, pettegola, spiona **2** (*tecn.*) controllore **3** (*mar.*) assiometro: *rudder* —, assiometro del timone **4** (*ferr.*) segnale di pericolo // (*elettr.*) — *light*, lampada spia.

tellurian [te'ljʊərɪən / tel·lur·ian] *agg.* terrestre.

telluric[1] [te'ljʊərɪk / tel·luric] *agg.* terrestre, tellurico.

telluric[2] *agg.* (*chim.*) tellurico: — *acid*, acido tellurico.

telluride ['teljʊraɪd / tel·lur·ide] *s.* (*chim.*) telluride.

tellurite [' teljʊraɪt / tel·lur·ite] *s.* (*min.*) tellurite.

tellurium [te'ljʊərɪəm / tel·lur·ium] *s.* (*chim.*) tellurio.

to **tellurize** ['teljʊəraɪz / tel·lur·ize] *v.tr.* (*chim.*) combinare, trattare con tellurio.

tellurous ['teljʊrəs / tel·lur·ous] *agg.* (*chim.*) telluroso: — *acid*, acido telluroso.

telly ['telɪ] *s.* (*fam.*) tele, televisione: *he's — mad*, è un patito della televisione.

telpher ['telfə* / tel·pher] *agg.* teleferico // — *line*, teleferica, funivia ◆ *s.* cabina di funivia; carrello di teleferica.

to **telpher** *v.tr.* trasportare per mezzo di funivia, di teleferica.

telpherage ['telfərɪdʒ / tel·pher·age] *s.* telferaggio, trasporto per funivia, per teleferica.

telson ['telsən / tel·son] *s.* (*zool.*) telson.

temerarious [,temə'reərɪəs / tem·er·ari·ous] *agg.* (*letter.*) temerario // **-ly** *avv.*

temerity [tɪ'merətɪ / te·mer·ity] *s.* (*form.*) temerità, temerarietà; insolenza, sfacciataggine.

temp [temp] *s.* (*fam.*) sostituto temporaneo, supplente; avventizio; chi lavora in un'agenzia che fornisce temporaneamente personale sostitutivo o aggiuntivo (a uffici ecc.); diurnista.

to **temp** *v.intr.* (*fam.*) lavorare come sostituto temporaneo.

temper ['tempə* / tem·per] *s.* **1** indole, carattere, temperamento: *she is of a placid —*, è di indole pacifica **2** umore, disposizione: *he was in a bad, in a good —*, era di cattivo, di buon umore **3** (*fam.*) malumore, stizza; irritabilità; collera, ira: *don't speak to her, she is in a — today*, non parlarle, oggi ha i nervi; *he's got quite a —*, ha un carattere facilmente irritabile; *a fit of —*, un impeto di collera; *to fly into a —*, andare in collera; *to get s.o.'s — up*, far andare qlcu. in collera, far saltare i nervi a qlcu. **4** calma, sangue freddo: *to keep one's —*, mantenere la calma; *to lose one's —*, irritarsi, andare in collera, perdere la calma // *out of —*, (*antiq.*) arrabbiato, incollerito **5** (*tecn.*) tempra (del vetro); rinvenimento (dell'acciaio) **6** (*metall.*) (grado di) durezza, (di) resilienza (dell'acciaio dopo il rinvenimento); miscela legante; percentuale di carbonio (nella lega di acciaio ecc.) **7** (*ant.*) il giusto mezzo.

to **temper** *v.tr.* **1** (*form.*) moderare, temperare, mitigare, attenuare: *justice should be tempered with mercy*, bisogna temperare la giustizia con la pietà // *God tempers the wind to the shorn lamb*, (*prov.*) Dio manda il freddo secondo i panni **2** (*tecn.*) temprare (vetro); rinvenire (acciaio) **3** (*mus.*) modulare, accordare, temperare ◆ *v.intr.* **1** (*form.*) temperarsi **2** (*metall.*) acquistare proprietà soddisfacenti.

tempera ['tempərə/ tem·pera] *s.* (*pitt.*) tempera.

temperament ['tempərəmənt / tem·pera·ment] *s.* **1** temperamento, indole, natura, carattere: *he has an artistic —*, ha un temperamento artistico; *that woman is lacking in —*, quella donna manca di carattere **2** carattere impulsivo, capriccioso, instabile **3** (*mus.*) temperamento.

temperamental [,tempərə'mentl / tem·pera·mental] *agg.* **1** capriccioso; instabile; suscettibile; emotivo **2** innato, connaturato; caratteriale **3** poco affidabile, che non dà affidamento (di macchinario, automobile ecc.).

temperamentally [,tempərə'mentəlı / tem·pera·ment·ally] *avv.* per temperamento, per costituzione: *he is — averse to...*, egli è per natura contrario a...

temperance ['tempərəns / tem·per·ance] *s.* **1** (*form.*) temperanza; pazienza; moderazione **2** astinenza (dall'alcol) // — *hotel*, albergo in cui è proibita la vendita di bevande alcoliche // — *society*, lega antialcolica.

temperate ['tempərət / tem·per·ate] *agg.* **1** temperato (di clima) **2** (*fig. form.*) temperato, moderato, sobrio; paziente // **-ly** *avv.* // **-ness** *s.*

temperature ['temprətʃə* *amer.* 'tem prətʃʊə* / tem·per·at·ure] *s.* **1** temperatura: *room —*, temperatura ambiente; *the — fell suddenly at night*, la temperatura è scesa di colpo durante la notte // (*meteor.*) — *gradient*, gradiente termico **2** (*med.*) febbre, temperatura: *has he got a —?*, ha la febbre?; *to take s.o.'s —*, misurare la febbre, la temperatura a qlcu.

tempered ['tempəd] *agg.* **1** temprato (di vetro); rinvenuto (di acciaio) **2** moderato (di passo, andatura ecc.) **3** (*nei composti*) di indole, di natura; di umore: *bad- —*, di cattivo umore, di carattere irascibile; *quick- —*, irritabile, irascibile, collerico.

tempering ['tempərıŋ / tem·per·ing] *s.* **1** miscuglio (di qualità) **2** (*tecn.*) tempra (di vetro); rinvenimento (di acciaio).

tempest ['tempıst / tem·pest] *s.* (*letter.*) **1** tempesta, burrasca, procella **2** (*fig.*) tempesta (di sentimenti), agitazione, commozione.

tempestuous [tem'pestjʊəs / tem·pes·tu·ous] *agg.* (*letter.*) tempestoso, burrascoso, procelloso (*anche fig.*) // **-ly** *avv.* // **-ness** *s.*

templar ['templə* / temp·lar] *s.* **1** studioso di diritto; avvocato; studente di diritto (nel 'Temple' di Londra) **2** (*st.*) *Templar*, Templare.

template ['templeıt / tem·plate] *s.* **1** (*mecc.*) sagoma, dima, mascherina **2** (*inform.*) modello, schema (per creare documenti standardizzati).

temple[1] ['templ] *s.* tempio (*anche fig.*); chiesa // *Inner, Middle Temple*, nome degli 'Inns of Court' a Londra (antica sede dei Templari ora sede di due delle quattro principali associazioni di avvocati).

temple[2] *s.* **1** (*anat.*) tempia **2** (*amer.*) stanghetta da occhiali.

temple[3] *s.* (*tess.*) tempiale: *mechanical —*, tempiale automatico.

templet[1] ['templıt / temp·let] *s.* **1** (*arch.*) architrave **2** (*mecc.*) → template **3** (*edil.*) cuscino d'appoggio, piastra di ripartizione del carico.

templet[2] *s.* (*tess.*) tempiale.

tempo ['tempəʊ] *pl.* **tempos**, **tempi** ['tempi:] *s.* **1** (*mus.*) tempo **2** andamento, movimento, ritmo: *the hectic — of a working day*, il ritmo frenetico di una giornata lavorativa.

temporal[1] ['tempərəl / tem·poral] *agg.* **1** temporale; terreno, mondano // *lords spiritual and —*, vescovi e pari d'Inghilterra **2** temporale, di tempo (*anche gramm.*) // (*anat.*) — *distribution*, distribuzione temporale // (*gramm.*) — *conjunctions*, congiunzioni temporali ◆ *s.* — (*power*), (*eccl.*) potere temporale // **-ly** *avv.* // **-ness** *s.*

temporal[2] *agg.* (*anat.*) temporale: — *bone, lobe*, osso, lobo temporale.

temporality [,tempə'rælətı / tem·por·al·ity] *s.* **1** temporalità; potere temporale **2** (*gener. pl.*) (*eccl.*) reddito di un beneficio; beni temporali **3** (*dir.*) provvisorietà, temporaneità.

temporalty ['tempərəltı / tem·por·alty] *s.* (*eccl.*) **1** laicato **2** → temporality 1 e 2.

temporary ['tempərərı, tempərı *amer.* 'tempərerı / tem·por·ary] *agg.* temporaneo, provvisorio; momentaneo, passeggero: — *post*, supplenza; (*comm.*) — *admission*, importazione temporanea // **-ily** *avv.* // **-iness** *s.*

temporization [,tempəraı'zeıʃn / tem·por·iza·tion] *s.* (*form.*) temporeggiamento.

to **temporize** ['tempəraız / tem·por·ize] *v.intr.* (*form.*) temporeggiare; indugiare; prender tempo.

temporizer ['tempəraızə* / tem·por·izer] *s.* (*form.*) temporeggiatore.

temporizingly ['tempəraızıŋlı / tem·por·iz·ing·ly] *avv.* (*form.*) temporeggiando; differendo, procrastinando.

to **tempt** [tempt] *v.tr.* (IV) **1** tentare, allettare, attrarre; indurre: *I was tempted to come*, fui tentato di venire; *to — s.o. to evil*, indurre qlcu. al male; *greed tempted him into stealing*, l'avidità lo spinse al furto; *can I — you with another chocolate?*, ti posso tentare con un altro cioccolatino? **2** (*ant.*) tentare, mettere alla prova; provocare, sfidare: *God tempted Isaac*, Dio mise alla prova Isacco; *to — God, fate* (o *providence*), tentare Dio, sfidare il destino.

temptable ['temptəbl / tempt·able] *agg.* che si lascia tentare.

temptation [temp'teıʃn / temp·ta·tion] *s.* tentazione: *to fall into —*, cadere in tentazione; *to yield to —*, cedere alla tentazione; *the temptations of city life*, le tentazioni della vita di città.

tempter ['temptə*] *s.* tentatore // *the Tempter*, il Tentatore, il diavolo.

tempting ['temptıŋ / tempt·ing] *agg.* seducente, invitante, allettante: — *food*, cibo appetitoso // **-ly** *avv.*

temptress ['temptrıs / temp·tress] *s.* (*letter.*) tentatrice.

ten [ten] *agg.num.card.* dieci // — *a penny* (o amer. — *cent*), (*fam.*) dozzinale, comune: — *cent store*, (*amer.*) magazzino popolare (a catena) // — *pounder*, (*fam.*) che vale 10 sterline, che pesa 10 libbre; (*st.*) elettore (proprietario di un fondo del valore locativo di almeno 10 sterline) ◆ *s.* **1** dieci: *one in —* (o *one out of —*), uno su dieci // *to arrange in tens*, disporre a gruppi di dieci // — *to one he won't do it*, (scommetto) dieci contro uno che non ce la fa **2** (*fam.*) banconota da dieci sterline, da dieci dollari.

tenability [,tenə'bılətı / ten·ab·il·ity] *s.* possibilità di tenere, di difendere, di sostenere.

tenable ['tenəbl / ten·able] *agg.* **1** sostenibile, difendibile; plausibile (argomento, posizione ecc.) **2** che si può tenere per un tempo determinato (impiego, ufficio ecc.): *his position is — for six months*, può ricoprire quell'incarico per sei mesi.

tenableness ['tenəblnıs / ten·able·ness] *s.* possibilità di tenere, di difendere.

tenacious [tı'neıʃəs / ten·acious] *agg.* **1** tenace; resistente; saldo, radicato; ostinato: *a — grip*, una presa sicura; *a — idea*, un'idea radicata // — *memory*, memoria di ferro **2** viscoso; adesivo.

tenaciously [tı'neıʃəslı / ten·acious·ly] *avv.* tenacemente; saldamente; ostinatamente.

tenaciousness [tı'neıʃəsnıs / ten·acious·ness] *s.* **1** tenacità **2** viscosità, adesività **3** tenacia; ostinazione.

tenacity [tı'næsətı / ten·acity] *s.* tenacia; ostinazione.

tenancy ['tenənsı / ten·ancy] *s.* (*dir.*) locazione; affitto; usufrutto: *life —*, locazione a vita; usufrutto a vita.

tenant ['tenənt / ten·ant] *s.* **1** (*dir.*) proprietario **2** locatario, inquilino, affittuario, conduttore // (*dir.*) — *right*, diritto di affittanza // *life —*, usufruttuario // — *farmer*, affittuario, fittavolo.

to **tenant** *v.tr.* **1** (*dir.*) essere proprietario di **2** (*non com.*) tenere in affitto; occupare (come inquilino).

tenantable ['tenəntəbl / ten·ant·able] *agg.* (*non com.*) affittabile.

tenantry ['tenəntrı / ten·antry] *s.* (*dir.*) **1** proprietari (*pl.*) **2** inquilini (*pl.*); (*agr.*) fittavoli (*pl.*).

tench [tenʃ] *pl.* **tench(es)** *s.* (*zool.*) (*Tinca tinca*) tinca.

to **tend**[1] [tend] *v.tr.* **1** (*antiq.*) curare, attendere a, badare a; custodire: *to — the children*, badare ai bambini; *to — the fire*, badare al fuoco; *to — a garden*, curare un giardino **2** (*amer.*) servire (clienti).

□ **tend to** *v.intr.* e *prep.* prendersi cura di.

to **tend**[2] *v.intr.* **1** tendere, essere diretto **2** (*fig.*) tendere; aver tendenza, essere incline: *pink tending to red*, rosa che tende al rosso; *she tends to* (o *towards*) *selfishness*, è abbastanza egoista **3** tendere, condurre, servire: *this may — to prove what I say*, questo può servire ad avvalorare quello che dico; *too much smoking tends to damage one's voice*, il troppo fumare tende a rovinare la voce; *I — to think that we can resolve our problems by diversifying our output*, sono propenso a pensare che possiamo risolvere i nostri problemi diversificando la produzione.

tendance ['tendəns / tend·ance] *s.* (*ant.*) **1** cura, attenzione **2** il seguito, i domestici (*pl.*), i famigli (*pl.*).

tendency ['tendənsı / tend·ency] *s.* **1** tendenza, inclinazione; propensione: — *to corpulence*, tendenza all'obesità **2** tendenza; andamento; orientamento: *left-wing political tendencies*, tendenze politiche di sinistra; (*fin.*) — *to rise*, tendenza al rialzo.

tendentious [ten'denʃəs / ten·den·tious] *agg.* (*form.*) tendenzioso // **-ly** *avv.* // **-ness** *s.*

tender[1] ['tendə* / ten·der] *agg.* **1** tenero, morbido: *a — steak*, una bistecca tenera **2** dolorante; delicato, sensibile (*anche fig.*): *a — wound*, una ferita ancora dolente (*anche fig.*); *a — heart*, un cuore sensibile; — *skin*, pelle delicata; *a — spot*, un punto debole; *a — question*, una domanda, una questione delicata **3** delicato, gentile; affettuoso, amorevole; premuroso: — *touch*, tocco delicato; — *care*, cura amorevole **4** (*non com.*) delicato, tenue (di colore): — *yellow colour*, color giallo pallido **5** (*letter. scherz.*) giovane, immaturo: *at the — age of...*, alla tenera età di...

to **tender**[1] *v.tr.* (*ant.*) trattare con tenerezza: *I thank you, madam, that you tender her*, (SH. Two Gentlemen of Verona) Vi ringrazio, signora, per la tenerezza che dimostrate nei suoi confronti.

tender[2] *s.* **1** guardiano, custode **2** (*ferr.*) tender, carro scorta **3** (*mar.*) nave appoggio; lancia: *aircraft* —, nave appoggio e rifornimento per aerei.

tender[3] *s.* **1** (*dir.*) offerta, proposta; offerta reale **2** (*dir. comm.*) offerta; contratto; capitolato (di appalto), gara di appalto; (*negli Stati Uniti*) offerta pubblica di acquisto; *to make* (o *to put in* o *to send in*) *a — for*, dare in appalto // (*fin.*) — *panel*, gruppo di banche specializzate nel collocamento di titoli **3** (*econ.*) valuta, moneta: *legal* —, moneta legale, mezzo legale di pagamento.

to **tender**[3] *v.tr.* **1** (*form.*) offrire, presentare: *to — one's resignation*, porgere, dare le dimissioni **2** (*dir.*) offrire; proporre (un prezzo): *to — money in discharge of debt*, fare una offerta reale ◆ *v.intr. to — for*, concorrere, fare offerte (per un appalto).

tenderer ['tendərə* / ten·derer] *s.* offerente; chi concorre (per un appalto).

tenderfoot ['tendəfʊt / ten·der·foot] *pl.* **tenderfoots**, **tenderfeet** ['tendəfi:t] *s.* **1** (*st. amer.*) nuovo arrivato (non avvezzo alla vita del pioniere) **2** (*estens.*) novellino, novizio, pivello, persona inesperta **3** (*scoutismo*) lupetto.

tendering ['tendərɪŋ / ten·der·ing] *s.* (*dir. comm.*) licitazione.

to **tenderize** ['tendəraɪz / ten·der·ize] *v.tr.* (*cuc.*) rendere tenera (la carne).

tenderizer ['tendəraɪzə* / ten·der·izer] *s.* (*cuc.*) 'tenderizer' (preparato che rende tenera la carne).

tenderloin ['tendəlɔ:ɪn / ten·der·loin] *s.* **1** filetto (di carne) **2** — *district*, (*sl. amer.*) quartiere malfamato • In origine denominazione di un quartiere di New York, meta ambita dei poliziotti corrotti a caccia di bustarelle.

tenderly ['tendəlɪ / ten·der·ly] *avv.* teneramente, affettuosamente; delicatamente.

tenderness ['tendənɪs / ten·der·ness] *s.* **1** tenerezza (di cibo) **2** delicatezza; sensibilità; fragilità (*anche fig.*) **3** gentilezza; tenerezza, affettuosità **4** (*non com.*) tenuità, delicatezza (di colore).

tending ['tendɪŋ / tend·ing] *s.* cure (*pl.*); sorveglianza.

tendinitis [,tendə'naɪtɪs / ten·din·itis] *s.* (*med.*) tendinite SIN. tendonitis.

tendinous ['tendɪnəs / ten·din·ous] *agg.* (*anat.*) tendinoso; di tendini.

tendon ['tendən / ten·don] *s.* (*anat.*) tendine: — *sheath*, guaina del tendine; — *spindle*, fuso tendineo.

tendonitis → **tendinitis**.

tendril ['tendrɪl / ten·dril] *s.* (*bot.*) viticcio.

tenebrific [,tenɪ'brɪfɪk / tene·bri·fic] *agg.* (*rar.*) che produce oscurità, tenebroso.

tenebrous ['tenɪbrəs / tene·brous] *agg.* (*rar.*) tenebroso, oscuro.

tenement ['tenɪmənt / tene·ment] *s.* **1** (*dir.*) podere, tenuta **2** (*dir.*) possesso **3** abitazione, appartamento **4** — (*building*), casamento, casa operaia.

tenesmic [tɪ'nezmɪk / ten·es·mic] *agg.* (*med.*) tenesmico.

tenesmus [tɪ'nezməs / ten·es·mus] *s.* (*med.*) tenesmo.

tenet ['tenet] *s.* **1** dogma, dottrina **2** principio; credenza; opinione.

tenfold ['tenfəʊld / ten·fold] *agg.* decuplo ◆ *avv.* dieci volte tanto, al decuplo: *I will repay you* —, vi ripagherò dieci volte tanto; *to increase* —, decuplicare.

ten-gallon hat ['ten,gælən'hæt] *s.* cappello da cowboy.

tenia ['ti:nɪə] *s.* **1** (*anat.*) formazione a nastro **2** → taenia1.

tennantite ['tenən,taɪt / ten·nant·ite] *s.* (*min.*) tennantite.

tenner ['tenə* / ten·ner] *s.* (*fam.*) biglietto da dieci sterline; (*amer.*) biglietto da dieci dollari.

tennis ['tenɪs / ten·nis] *s.* tennis: — *ball*, palla da tennis; — *racket*, racchetta da tennis; — *court*, campo da tennis; — *player*, tennista; *lawn* —, tennis sull'erba // (*med.*) — *elbow*, gomito da tennista.

tenon ['tenən] *s.* **1** (*tecn.*) tenone **2** (*mar.*) maschio, miccia.

to **tenon** *v.tr.* (*tecn.*) **1** sagomare a tenone **2** incastrare a tenone.

tenor ['tenə*] *s.* **1** (*form.*) tenore, sistema, tono (di vita, discorso ecc.) **2** (*dir.*) copia esatta **3** (*mus.*) tenore; musica per tenore: — *voice*, voce tenorile **4** (*comm.*) scadenza: — *of a bill*, termine di una cambiale.

tenorite ['tenəraɪt / ten·or·ite] *s.* (*min.*) tenorite.

tenotomy [tɪ'nɒtəmɪ / teno·tomy] *s.* (*med.*) tenotomia.

ten-percenter [,tenpə'sentə*] *s.* (*fam. amer.*) agente (di attore, cantante ecc.) che ricava il dieci per cento dai profitti.

tenpin ['tenpɪn / ten·pin] *s.* (*amer.*) birillo // — *bowling* (o *tenpins*), bowling con dieci birilli.

tenrec ['tenrek / ten·rec] *s.* (*zool.*) (*Tenrec ecaudatus*) riccio del Madagascar SIN. tanrec.

tense[1] [tens] *agg.* teso, tirato (*anche fig.*): — *muscles*, muscoli tesi; — *silence*, silenzio carico di tensione; — *situation*, situazione tesa; *to be — with expectancy*, esser teso nell'aspettativa // **-ly** *avv.* // **-ness** *s.*

to **tense**[1] *v.tr.* e *intr.* tendere, tendersi (*anche fig.*): *the muscle in his neck tensed* (*up*), i muscoli del collo gli si tesero.

tense[2] *s.* (*gramm.*) tempo: *future*, *past*, *present* —, tempo futuro, passato, presente.

tensed up [,tenst'ʌp] *agg.* (*fam.*) teso, rigido; nervoso.

tensibility [,tensɪ'bɪlətɪ / tens·ib·il·ity] *s.* elasticità.

tensile ['tensaɪl *amer.* 'tensl / tens·ile] *agg.* **1** estensibile, elastico; duttile (di metallo) **2** (*mecc.*, *fis.*) relativo alla tensione, alla trazione: — *test*, prova di trazione.

tensiometer [,tensɪ'ɒmɪtə* / ten·sio·meter] *s.* (*fis.*) tensiometro.

tension ['tenʃn / ten·sion] *s.* **1** tensione; rigidità; stato di tensione (*anche fig.*): — *mounted during the night*, la tensione aumentò durante la notte; — *among ethnic minorities*, tensione tra le minoranze etniche **2** (*fis.*) tensione; pressione (di gas, liquido ecc.): *surface* —, tensione superficiale // (*mecc.*) — *rod*, tirante **3** (*elettr.*) tensione, potenziale: *high*, *low* —, alta, bassa tensione **4** (*med.*) tensione; pressione (del sangue): *arterial* —, pressione arteriosa; *muscular* —, tensione muscolare.

tensity ['tensətɪ / tens·ity] *s.* tensione; rigidità.

tensor ['tensə* / ten·sor] *s.* **1** (*anat.*) (muscolo) tensore **2** (*mat.*) tensore.

tent[1] [tent] *s.* tenda, padiglione: *to pitch tents*, piantare le tende; *to strike tents*, levare le tende; *bell* —, tenda circolare // (*med.*) *oxygen* —, tenda a ossigeno.

to **tent**[1] *v.intr.* attendarsi; accamparsi // *the smiles of knaves / tent in my cheeks*, (SH. Coriolanus) sorrisi di servi si accampino sulle mie guance ◆ *v.tr.* coprire con una tenda.

tent[2] *s.* (*med.*) tampone, stuello, zaffo.

to **tent**[2] *v.tr.* **1** (*med.*) mettere uno zaffo, uno stuello a **2** (*ant. fig.*) sondare, esplorare: *I'll tent him to the quick*, (SH. Hamlet) lo sonderò fino all'intimo.

tentacle ['tentəkl / tent·acle] *s.* **1** tentacolo **2** viticcio, cirro.

tentacled ['tentəkld / tent·acled] *agg.* tentacolato.

tentacular [ten'tækjʊlə* / ten·ta·cu·lar] *agg.* tentacolare.

tentaculate [ten'tækjʊlɪt / ten·ta·cu·late] **tentaculated** [ten'tækjʊleɪtɪd / ten·ta·cu·lated] *agg.* tentacolato.

tentage ['tentɪdʒ / tent·age] *s.* **1** (equipaggiamento di) tende **2** sistemazione in tende.

tentative ['tentətɪv / tent·at·ive] *agg.* **1** di prova, sperimentale: — *proposal*, *offer*, proposta, offerta in via di esperimento // (*amm.*) — *balance sheet*, bilancio provvisorio // (*dir.*) — *specification*, bozza di capitolato **2** incerto, esitante ◆ *s.* (*non com.*) tentativo, prova // **-ly** *avv.* // **-ness** *s.*

tented ['tentɪd] *agg.* **1** (*ant.*) pieno di tende **2** (*non com.*) a forma di tenda **3** (*non com.*) che vive in tenda.

tenter ['tentə*] *s.* (*tess.*) stenditoio.

tenterhook ['tentəhʊk / ten·ter·hook] *s.* (*tess.*) uncino (di stenditoio) // *to be on tenterhooks*, essere preoccupati, nervosi, stare sulle spine.

tentering ['tentərɪŋ / ten·ter·ing] *s.* (*tess.*) distendimento: — *machine*, macchina distenditrice.

tent-fly ['tent,flaɪ] *s.* doppia porta (di tenda); tetto di tenda.

tenth [tenθ] *agg.num.ord.* decimo ◆ *s.* **1** decimo; decima parte **2** il decimo giorno del mese: *the — of November*, il dieci (di) novembre **3** (*eccl.*) decima **4** (*mus.*) (intervallo di) decima.

tenthly ['tenθlɪ / tenth·ly] *avv.* in decimo luogo.

tent-peg ['tent,peg] *s.* picchetto per tenda.

tenuis ['tenjʊɪs] *pl.* **tenues** ['tenjʊi:z] *s.* (*fon.*) tenue.

tenuity [te'nju:ɪtɪ / tenu·ity] *s.* **1** tenuità; sottigliezza **2** l'essere rarefatto; inconsistenza.

tenuous ['tenjʊəs / tenu·ous] *agg.* **1** tenue; sottile **2** rarefatto; inconsistente, insignificante // **-ly** *avv.*

tenure ['tenjʊə* *amer.* 'tenjə* / ten·ure] *s.* **1** (*dir.*) possesso, godimento; diritto di possesso; periodo di possesso **2** ruolo (di docente universitario): *to have* —, essere di ruolo, ordinario; *to be given* —, entrare in ruolo; *to be up for* —, (*spec. amer.*) essere favorito per (ottenere) un posto di ruolo.

teocalli [,ti:əʊ'kælı / teo·calli] *s.* 'teocalli' (tempio messicano).

tepee ['ti:pi: / te·pee] *s.* tepee, tenda tipica dei pellerossa.

tephrite ['tefraıt / teph·rite] *s.* (*geol.*) tefrite.

tepid ['tepıd] *agg.* tiepido (*anche fig.*) // **-ly** *avv.* // **-ness** *s.*

tepidarium [,tepı'deərıəm / tep·id·ar·ium] *pl.* **tepidaria** [,tepı'deərıə / tep·id·aria] *s.* (*archeol.*) tepidario.

tepidity [te'pıdətı / tep·id·ity] *s.* tiepidezza, tiepidità (*anche fig.*).

tera- ['terə-] *pref.* della terminologia scientifica che, preposto a una unità di misura, ne moltiplica il valore per 10^{12}; it. tera-: *terahertz*, terahertz; *terawatt*, terawatt.

teratism ['terətızəm / te·ra·tism] *s.* (*med.*) teratosi.

teratogen ['terətədʒen / te·ra·to·gen] *s.* (*med.*) (agente, fattore) teratogeno.

teratogenesis [,terətə'dʒenısıs / te·ra·to·gen·esis] *s.* (*med.*) teratogenesi.

teratogenic [,terətə'dʒenık / te·ra·to·genic] *agg.* (*med.*) teratogeno.

teratologic(al) [,terətəʊ'lɒdʒık(l) / te·ra·to·logic, te·ra·to·lo·gical] *agg.* (*biol.*) teratologico.

teratology [,terə'tɒlədʒı / te·ra·to·logy] *s.* (*biol.*) teratologia.

teratoma [,terə'təʊmə / te·ra·toma] *s.* (*med.*) teratoma.

teratosis [,terə'təʊsıs / te·ra·to·sis] *s.* (*med.*) teratosi.

terbia ['tɜ:bıə / ter·bia] *s.* (*chim.*) ossido di terbio.

terbium ['tɜ:bıəm / ter·bium] *s.* (*chim.*) terbio.

terce [tɜ:s] *s.* (*eccl.*) terza.

tercel ['tɜ:sl / ter·cel] *s.* (*zool.*) terzuolo, astore (maschio), falcone (maschio).

tercentenary [,tɜ:sen'ti:nərı *amer.* tɜ:'sentənerı / ter·cen·ten·ary] **tercentennial** [,tɜ:sen'tenjəl / ter·cent·en·nial] *agg.* e *s.* tricentenario.

tercet ['tɜ:sıt / ter·cet] *s.* (*poesia*) terzina.

terebene ['terəbi:n / ter·eb·ene] *s.* (*chim.*) terebene.

terebinth ['terəbınθ / ter·eb·inth] *s.* (*bot.*) (*Pistacia terebinthus*) terebinto SIN. turpentine tree.

terebinthine [,terə'bınθaın / ter·eb·inth·ine] *agg.* **1** (*bot.*) di terebinto **2** (*chim.*) di trementina; simile alla trementina; contenente trementina.

teredo [tə'ri:dəʊ / ter·edo] *pl.* **teredos**, **teredines** [tə'redıni:z / ter·ed·ines] *s.* (*zool.*) teredine → **ship-worm**.

terephthalic [,teref'θælık / te·reph·thalic] *agg.* (*chim.*) tereftalico: — *acid*, acido tereftalico.

tergal ['tɜ:gəl / ter·gal] *agg.* dorsale.

to **tergiversate** ['tɜ:dʒıvɜ:seıt / ter·gi·ver·sate] *v.intr.* (*form.*) **1** fare un voltafaccia; apostatare **2** tergiversare.

tergiversation [,tɜ:dʒıvɜ:'seıʃn / ter·gi·ver·sa·tion] *s.* (*form.*) **1** voltafaccia; tradimento **2** il tergiversare, tergiversazione.

tergiversator ['tɜ:dʒıvɜ:seıtə* / ter·gi·ver·sator] *s.* (*rar.*) **1** traditore **2** tergiversatore.

tergum ['tɜ:gəm / ter·gum] *pl.* **terga** ['tɜ:gə] *s.* dorso (di animale).

term [tɜ:m] *s.* **1** termine; periodo di tempo; (*scuola*) trimestre; semestre: *the — begins in September*, il trimestre comincia in settembre; *the agreement was for a — of three years*, l'accordo stabiliva un periodo di tre anni; — *of office*, durata di un ufficio, di una carica; *his — of office expired some time ago*, il suo periodo di permanenza in carica è spirato qualche tempo fa; (*comm.*) *the usual — of our policies is four years*, la durata solita delle nostre polizze è di quattro anni // (*banca*) — *deposit*, deposito vincolato // (*dir.*) *prison* —, periodo di carcerazione **2** (*dir.*) sessione: *the case will come up next* —, la causa sarà discussa la prossima sessione **3** fine, termine; scadenza: (*comm.*) — *days*, giorni di scadenza **4** termine della gravidanza: *to have one's baby at full* —, avere un figlio a termine **5** *pl.* termini, condizioni; clausole: *I'll do it on my terms*, lo farò alle mie condizioni; *to name one's own terms*, porre, stabilire le proprie condizioni; *terms and conditions of an issue*, condizioni e modalità di una emissione // (*comm.*): *terms of delivery*, condizioni di consegna; *terms of sale*, condizioni di vendita; *easy terms*, facilitazioni (di vendita); *under the terms* (*of contract*), secondo le clausole del contratto, le condizioni contrattuali; *terms of payment*, condizioni di pagamento; *set terms*, condizioni precise; *inclusive terms*, tutto compreso // (*econ.*) *terms of trade*, ragioni di scambio // *terms of reference*, ambito, competenza // *to come* (o *to make*) *terms with*, venire a patti con; accordarsi, trovare un accordo con (*anche fig.*): *he has come to terms with his illness*, ha accettato la sua malattia **6** *pl.* rapporti, relazioni: *to be on bad, good terms with s.o.*, essere in cattivi, buoni rapporti con qlcu.; *not to be on speaking terms with s.o.*, essere in rotta con qlcu. **7** (*mat., log.*) termine: *in terms of c.g.s. units*, espresso in unità c.g.s.; *to reduce a fraction to its lowest terms*, ridurre una frazione ai minimi termini; *major, minor, middle* —, termine maggiore, minore, medio (di un sillogismo) **8** parola, termine: *he spoke of her work in flattering terms*, parlò del lavoro di lei in termini lusinghieri; *to speak of s.o.* (o *sthg.*) *in glowing terms*, parlare con entusiasmo di qlcu., qlco.; *he used very strong terms*, usò parole molto energiche; *to use the proper* —, usare la parola giusta, parlare con proprietà; — *of abuse*, termine spregiativo // *in no uncertain terms*, chiaro e tondo // *in terms of*, in termini di; dal punto di vista di: *he is thinking in terms of going on holiday*, sta prendendo in considerazione il fatto di andare in vacanza **9** (*scult.*) erma.

to **term** *v.tr.* chiamare, definire: *he terms himself a scientist*, si autodefinisce scienziato; *the press termed the operation a 'miracle'*, la stampa ha definito l'operazione un 'miracolo'.

termagant ['tɜ:məgənt / ter·mag·ant] *agg.* (*rar.*) **1** violento, turbolento; rissoso // *'twas time to counterfeit, or that hot termagant Scot had paid me scot and lot too*, (SH. Henry IV) quello era il momento di contraffarmi, se no quel bollente fracassone d'uno scozzese mi pagava lo scotto e saldava il conto una volta per tutte **2** bisbetico; brontolone (spec. di donna) ♦ *s.* (*non com.*) bisbetica, brontolona; megera.

terminable ['tɜ:mınəbl / ter·min·able] *agg.* **1** terminabile; limitabile **2** (*comm.*) a termine.

terminal ['tɜ:mınl / ter·minal] *agg.* **1** estremo, terminale, finale: (*fis.*) — *speed*, velocità finale; (*med.*) — *illness*, malattia terminale // (*geol.*) — *moraine*, morena frontale **2** (*scuola*) trimestrale; semestrale **3** (*elettr.*) di terminale, di morsetto, di connessione: — *board*, tabella delle connessioni; — *voltage*, tensione ai morsetti **4** (*inform.*) di terminale; via terminale: — *unit*, terminale; — *oriented*, interattivo; — *session*, collegamento via terminale **5** (*fin.*) a termine: — *market*, mercato a termine ♦ *s.* **1** estremità, parte estrema **2** stazione terminale, di testa; capolinea; terminal; *container* —, terminale, stazione per container **3** (*fis.*) terminale; (*elettr.*) terminale, capocorda, morsetto, connessione **4** (*inform.*) terminale: *touch-screen* —, terminale a comando tattile; *front-end* —, terminale frontale; *smart* —, terminale intelligente.

terminally ['tɜ:mınəlı / ter·min·ally] *avv.* all'estremità, alla fine; (*med.*) in fase terminale: — *ill*, malato terminale.

terminate ['tɜ:mınıt / ter·min·ate] *agg.* **1** limitato; che ha un termine **2** (*mat.*) finito: — *decimal*, (numero) decimale finito.

to **terminate** ['tɜ:mıneıt] *v.tr.* **1** terminare, portare a termine; ultimare (*anche inform.*): *to — one's work*, terminare, ultimare il proprio lavoro **2** porre termine, fine a, interrompere (*anche inform.*) // (*med. form.*) *to — a pregnancy*, interrompere una gravidanza ♦ *v.intr.* terminare: *the train terminates at Reading*, il treno termina (la corsa) a Reading; *this word terminates in h*, questa parola termina per h.

termination [,tɜ:mı'neıʃn / ter·mina·tion] *s.* **1** termine; fine; conclusione; estinzione: *the — of an agreement*, la conclusione di un accordo; *to put a — to sthg.* (o *to bring sthg. to a* —), porre fine a qlco. **2** cessazione; interruzione: — *of pregnancy*, interruzione di gravidanza, aborto // (*amm.*) — *pay*, indennità di licenziamento **3** (*gramm.*) terminazione; desinenza.

terminational [,tɜ:mı'neıʃənl / ter·mina·tional] *agg.* (*gramm.*) di terminazione; di desinenza.

terminator ['tɜ:mıneıtə* / ter·min·ator] *s.* persona, cosa che termina.

terminer ['tɜ:mınə* / ter·miner] *s.* (*dir. ant.*) incarico (conferito alle corti d'Assise) di indagare e decidere: *courts of oyer and* —, corti di grado superiore.

terminism ['tɜ:mınızəm / ter·min·ism] *s.* **1** (*teol.*) terminismo **2** (*fil.*) nominalismo.

terminological [,tɜ:mınə'lɒdʒıkl / ter·mino·lo·gical] *agg.* di terminologia: — *inexactitude*, inesattezza di terminologia, (*iron.*) bugia // **-ly** *avv.*

terminology [,tɜ:mı'nɒlədʒı / ter·mino·logy] *s.* terminologia.

terminus ['tɜ:mınəs / ter·minus] *pl.* **termini**

['tɜ:mɪnaɪ / ter·mini] **terminuses** ['tɜ:mɪnəsɪz / ter·mi·nuses] *s.* **1** capolinea; (*ferr.*) stazione di testa **2** pietra di confine (nei campi) **3** fine, meta // — *ad quem*, *a quo*, termini di una strada privata; (*dir.*) termini di durata iniziale e finale (per es. del rischio nelle polizze di assicurazione marittima).

termitarium [,tɜ:mɪ'teərɪəm / ter·mit·arium] *pl.* **termitaria** [,tɜ:mɪ 'teərɪə / ter·mit·aria] **termitary** ['tɜ:mɪtərɪ / ter·mit·ary] *s.* (*zool.*) termitaio.

termite ['tɜ:maɪt / ter·mite] *s.* (*zool.*) termite, formica bianca SIN. white ant.

termless ['tɜ:mlɪs / term·less] *agg.* (*letter.*) senza limite.

termor ['tɜ:mə* / ter·mor] *s.* (*dir.*) usufruttuario.

tern[1] [tɜ:n] *s.* terno; gruppo di tre, terna.

tern[2] *s.* (*zool.*) **1** sterna **2** *common* —, rondine di mare → scray(e).

ternary ['tɜ:nərɪ / tern·ary] *agg.* ternario: (*mat.*) — *digit*, cifra ternaria; (*chim.*) — *compound*, composto ternario.

ternate ['tɜ:nɪt / tern·ate] *agg.* **1** (*bot.*) ternato, trifogliato (di fiori, foglie) **2** triplice.

terne [tɜ:n] *s.* lamiera piombata.

terpene ['tɜ:pi:n / terp·ene] *s.* (*chim.*) terpene.

terpin ['tɜ:pɪn / ter·pin] *s.* (*chim.*) terpina: — *hydrate*, idrato di terpina.

terpineol [tɜ:'pɪnɪɒl / ter·pin·eol] *s.* (*chim.*) terpineolo.

terpinolene [tɜ:'pɪnəli:n / ter·pin·ol·ene] *s.* (*chim.*) terpinolene.

Terpsichorean [,tɜ:psɪkə'ri:ən / Terp·si·chor·ean] *agg.* **1** di Tersicore **2** (*form.*) tersicoreo, relativo alla danza.

terra ['terə] *s.* (*letter.*) terra, globo (terrestre).

terrace ['terəs / ter·race] *s.* **1** terrazzo, terrapieno; gradinata (di stadio) **2** (*edil.*) terrazza; tetto a terrazza **3** case a schiera; fila di case (gener. su terreno elevato) **4** (*geol.*) terrazzo, terrazza **5** (*amer.*) aiuola alberata (di viale cittadino).

to **terrace** *v.tr.* disporre a terrazza; fornire di (terrazze), terrazzare: *the terraced hills of the Italian coast*, le alture terrazzate delle coste italiane; *the terraced roofs of southern houses*, i tetti a terrazze delle case meridionali.

terraced house [,terəst'haʊs] meno com. **terrace house** ['terəs,haʊs] *s.* villetta a schiera AMER. row house.

terracotta [,terə'kɒtə / ter·ra·cotta] *s.* terracotta.

terra firma [,terə'fɜ:mə] *s.* (*geogr.*) terraferma.

terrain [te'reɪn / ter·rain] *s.* **1** (*geogr.*, *mil.*) terreno **2** (*geol.*) → terrane.

Terramycin® [,terə'maɪsɪn / Ter·ra·my·cin] *s.* (*chim.*) terramicina®.

terrane [te'reɪn / ter·rane] *s.* (*geol.*) terreno, complesso di rocce.

terraneous [te'reɪnɪəs / ter·ra·neous] *agg.* (*non com.*) terrestre.

terrapin ['terəpɪn / ter·ra·pin] *pl.* **terrapin(s)** *s.* (*zool.*) tartaruga d'acqua dolce // *salt-marsh* —, tartaruga palustre.

terraqueous [te'reɪkwɪəs / ter·raque·ous] *agg.* terracqueo.

terrarium [te'reərɪəm / ter·rar·ium] *pl.* **terrariums**, **terraria** [te 'reərɪə / ter·raria] *s.* terrario.

terrene [tə'ri:n / ter·rene] *agg.* (*non com.*) terrestre; (*fig.*) terreno ◆ *s.* **1** (*non com.*) terreno, suolo **2** la Terra, il mondo // **-ly** *avv.*

terreplein ['teəpleɪn / terre·plein] *s.* (*mil.*) terrapieno.

terrestrial [tɪ'restrɪəl / ter·rest·ri·al] *agg.* **1** terrestre, della Terra: — *magnetism*, magnetismo terrestre **2** (*biol.*) terrestre, terricolo ◆ *s.* terrestre, abitante della Terra // **-ly** *avv.*

terrible ['terəbl / ter·rible] *agg.* **1** terribile, spaventoso, tremendo **2** (*fam.*) grande; notevole: *he is a — bore*, è un gran seccatore **3** (*fam.*) pessimo; terribile: — *food*, cibo pessimo; *I wish I hadn't told her, I feel —*, vorrei non averglielo detto, mi sento imbarazzatissimo // *he's a — man for speaking his mind*, (*fam.*) è uno che non ha peli sulla lingua.

terribleness ['terəblnɪs / ter·rible·ness] *s.* l'essere terribile.

terribly ['terəblɪ / ter·ribly] *avv.* **1** terribilmente, spaventosamente **2** (*fam.*) molto; notevolmente; estremamente: *I am — hungry*, ho una fame da lupi.

terricolous [te'rɪkələs / ter·ri·col·ous] *agg.* (*biol.*) terricolo.

terrier[1] ['terɪə* / ter·rier] *s.* **1** (*zool.*) terrier **2** (*fam.*) membro della milizia territoriale.

terrier[2] *s.* **1** (*st. dir.*) registro delle terre di una signoria **2** inventario.

terrific [tə'rɪfɪk / ter·rific] *agg.* **1** spaventoso, terrificante; tremendo **2** (*fam.*) straordinario, magnifico, grandioso // **-ally** *avv.*

to **terrify** ['terɪfaɪ / ter·rify] *v.tr.* atterrire, spaventare.

terrigenous [te'rɪdʒɪnəs / ter·ri·gen·ous] *agg.* (*geol.*) terrigeno.

territorial [,terɪ'tɔ:rɪəl / ter·rit·or·ial] *agg.* **1** territoriale; proprio di un territorio: — *army*, milizia territoriale; — *waters*, acque territoriali; (*eccl.*) — *system*, ordinamento che contempla il predominio dell'autorità civile su quella ecclesiastica **2** terriero: — *aristocracy*, aristocrazia terriera ◆ *s.* membro della milizia territoriale // **-ly** *avv.*

territorialism [,terɪ'tɔ:rɪəlɪzəm / ter·rit·ori·al·ism] *s.* **1** organizzazione territoriale **2** (*eccl.*) teoria che contempla il predominio dell'autorità civile su quella ecclesiastica.

territoriality [,terɪ,tɔ:rɪ'ælətɪ / ter·rit·ori·al·ity] *s.* territorialità.

to **territorialize** [,terɪ'tɔ:rɪəlaɪz / ter·rit·ori·al·ize] *v.tr.* **1** aggiungere un territorio a **2** insediarsi in, occupare (un territorio, detto di animali).

territory ['terɪtərɪ *amer.* 'terɪtɔ:rɪ / ter·rit·ory] *s.* **1** territorio **2** *Territory*, regione degli Stati Uniti non ancora elevata a stato dell'Unione, ma dotata di propri organi legislativi **3** zona (di cui un rappresentante, un dirigente è responsabile).

terror ['terə* / ter·ror] *s.* **1** terrore, spavento, paura: *to be in —*, essere terrorizzato; *to go* (o *to live*) *in — of s.o.*, aver paura di, essere terrorizzato da qlcu.; *to go* (o *to be*) *in — of one's life*, temere per la propria vita; *to have a holy — of sthg.*, (*fam.*) avere un sacro terrore di qlco.; *to strike — into s.o.*, incutere terrore a, terrorizzare qlcu.; *to hold — for s.o.*, far paura a qlcu. // *the* (*Reign of*) *Terror*, (*st. francese*) il Terrore **2** terrore, persona che incute terrore **3** (*fam.*) diavoletto, birbante (di bambino).

terrorism ['terərɪzəm / ter·ror·ism] *s.* U terrorismo.

terrorist ['terərɪst / ter·ror·ist] *s.* terrorista ◆ *agg.* terroristico.

terroristic [,terə'rɪstɪk / ter·ror·istic] *agg.* (*non com.*) terroristico.

to **terrorize** ['terəraɪz / ter·ror·ize] *v.tr.* atterrire, incutere terrore a, terrorizzare: *to — s.o. into doing sthg.*, costringere qlcu. a fare qlco. terrorizzandolo.

terror-stricken ['terə,strɪkən] **terror-struck** ['terə,strʌk] *agg.* terrorizzato; morto di paura.

terrycloth ['terɪklɒθ *amer.* 'terɪklɔ:θ / terry·cloth] *s.* (*tess.*) tessuto a riccio, a spugna.

terse [tɜ:s] *agg.* conciso, stringato, preciso, incisivo (di stile, discorso ecc.) // **-ly** *avv.* // **-ness** *s.*

tertial ['tɜ:ʃl / ter·tial] *s.* (*zool.*) penna terziaria (di uccello).

tertian ['tɜ:ʃn / ter·tian] *agg.* e *s.* (*med.*): — (*fever*), (febbre) terzana.

tertiary ['tɜ:ʃərɪ / ter·tiary] *agg.* terziario: (*econ.*) — *sector*, settore terziario // (*geol.*) *the Tertiary* (*period*), l'era cenozoica, il cenozoico; (*antiq.*) l'era terziaria ◆ *s.* (*eccl.*) terziario.

tertius ['tɜ:ʃjəs / ter·tius] *agg.* (*lat.*) terzo (di più alunni con lo stesso cognome nella stessa scuola): *Brown —*, Brown numero tre // — *gaudens*, il terzo gode.

tervalent [tɜ:'veɪlənt / ter·va·lent] *agg.* (*chim.*) trivalente.

Terylene® ['terəli:n / Tery·lene] *s.* terilene®, terital®.

tessella [tə'selə / tes·sella] *s.* **1** tassello (di intarsio) **2** tessera (di mosaico).

tessellar ['tesələ* / tes·sel·lar] *agg.* **1** tassellato **2** a mosaico.

to **tessellate** ['tesɪleɪt / tes·sel·late] *v.tr.* **1** tassellare, lavorare a intarsio **2** decorare a mosaico.

tessellated ['tesɪleɪtɪd / tes·sel·lated] *agg.* **1** tassellato; intarsiato **2** decorato a mosaico.

tessellation [,tesɪ'leɪʃn / tes·sel·la·tion] *s.* **1** tassellatura **2** decorazione a mosaico.

tessera ['tesərə / tes·sera] *pl.* **tesserae** ['tesəri: / tes·serae] *s.* **1** tessera (di mosaico) **2** (*fig. non com.*) segno distintivo; parola d'ordine.

tesseral ['tesərəl / tes·seral] *agg.* a tessera (di mosaico).

test[1] [test] *s.* **1** prova, esame, test: *to take a —*, fare un esame, una prova; *to give s.o. a —*, far fare un esame, una prova a qlcu.; *to pass*, *to fail a —*, superare, fallire una prova, un esame; *to put sthg.*, *s.o. to the —*, mettere qlcu., qlco. alla prova; *to be put through a —*, subire una prova; *to stand the — of time*, superare la prova del tempo; *yearly*, *final —*, esame annuale, finale; *driving —*, esame di guida; (*sport*) *endurance —*, prova di resistenza // (*med.*) *blood —*, esame del sangue // (*stat.*) *biased —*, test affetto da errore sistematico // (*econ.*) — *marketing*, marketing di prova **2** prova, esperimento, test: *laboratory —*, prova, test di laboratorio; *nuclear —*, esperimento nucleare // *the crucial —*, la prova decisiva **3**

(*tecn.*) prova, collaudo; controllo; test; (*metall.*) saggio; coppellazione: *hardness* —, prova di durezza; *endurance* —, prova di durata; *road* —, collaudo, controllo su strada; — *run*, corsa di prova; — *track*, pista di prova, di collaudo; *bench* —, prova al banco; *brake* —, prova al freno // (*aer.*) *drop* —, prova d'urto **4** (*chim.*) reattivo, reagente **5** (*psic.*) test, saggio reattivo, reattivo psicologico: *intelligence* (o *IQ*) —, test per quoziente intellettivo; *aptitude* —, test attitudinale; *achievement* —, test di rendimento; *instrumental* —, test analogico **6** (*inform.*) analisi; prova **7** (*cricket, rugby*) — (*match*), incontro internazionale **8** (*st. inglese*) *the Test*, professione di fede **9** criterio (di giudizio, di esame): *the Trade Unions will use this ruling as a — in future negotiations*, i sindacati useranno questa decisione come criterio di giudizio nei futuri negoziati.

to **test**[1] *v.tr.* **1** esaminare; controllare; verificare: *to — accounts*, controllare i conti **2** provare, collaudare **3** mettere alla prova, cimentare; saggiare; verificare: *to — a hypothesis*, verificare un'ipotesi **4** (*chim.*) esaminare; provare; identificare **5** (*metall.*) sottoporre a coppellazione **6** (*inform.*) sondare, provare, interrogare (la parola) ◆ *v.intr.* fare sondaggi: *the company is testing for oil*, la compagnia sta facendo sondaggi alla ricerca di petrolio.

□ **test out** *v.tr.* e *avv.* verificare: *his theories aren't yet fully tested out*, le sue teorie non sono ancora completamente verificate.

test[2] *s.* (*zool.*) guscio, conchiglia (di molluschi ecc.).

to **test**[3] *v.tr.* (*dir.*) vistare (un documento); (*scoz.*) autenticare (un documento) ◆ *v.intr.* (*scoz.*) fare testamento.

testable ['testəbl / test·able] *agg.* **1** controllabile; verificabile **2** (*dir.*) testabile **3** (*fig.*) saggiabile; verificabile.

testacean [te'steɪʃn / tes·ta·cean] *agg.* e *s.* (*zool.*) testaceo.

testaceous [tes'teɪʃəs / tes·ta·ceous] *agg.* **1** (*zool.*) testaceo **2** color rosso mattone.

testacy ['testəsɪ / test·acy] *s.* (*dir.*) condizione di testatore.

testament ['testəmənt / testa·ment] *s.* **1** (*dir. rar.*) testamento: *last will and* —, (*ant.*) testamento **2** (*relig.*) *the Old, the New Testament*, l'Antico, il Nuovo Testamento.

testamental [,testə'mentl / testa·mental] *agg.* testamentario.

testamentarily [,testə'mentərəlɪ / testa·ment·ari·ly] *avv.* per testamento.

testamentary [,testə'mentərɪ / testa·ment·ary] *agg.* testamentario // (*dir.*) — *capacity*, capacità di fare testamento.

testate ['testɪt / test·ate] *agg.* (*dir.*) **1** testante, che ha fatto testamento **2** contemplato, compreso nel testamento ◆ *s.* (*dir.*) testante, testatore.

testation [te'steɪʃn / testa·tion] *s.* (*dir.*) **1** disposizione di proprietà per testamento **2** (*antiq.*) testimonianza.

testator [te'steɪtə* *amer.* 'testeɪtə* / test·ator] *s.* (*dir.*) testatore.

testatrix [te'steɪtrɪks / test·at·rix] *pl.* **testatrices** [te'steɪtrɪsi:z / test·at·rices] *s.* (*dir.*) testatrice.

test ban ['test,bæn] *s.* accordo tra governi per sospendere gli esperimenti nucleari: *test-ban treaty*, trattato per la sospensione degli esperimenti nucleari.

test bar ['test,bɑ:*] *s.* (*mecc.*) provetta.

test bed ['testbed] *s.* (*mecc., inform.*) banco di prova.

test case ['test,keɪs] *s.* (*dir.*) causa che crea o fissa un principio giuridico, un precedente.

test driver ['test,draɪvə*] *s.* (*aut.*) collaudatore.

tester[1] ['testə*] *s.* **1** chi collauda **2** saggiatore **3** apparecchio di misura, di prova; tester: (*elettr.*) *insulation* —, verificatore di isolamento, megaohmmetro.

tester[2] *s.* baldacchino: — *bed*, letto a baldacchino.

tester[3] *s.* (*st.*) scellino di Enrico VIII // *tester I'll have in pouch when thou shalt lack*, (SH. The Merry Wives of Windsor) avrò moneta in tasca quando tu ne sarai sfornito.

testicle ['testɪkl / test·icle] *s.* (*anat.*) testicolo.

testicular [te'stɪkjʊlə* / tes·ticu·lar] *agg.* (*anat.*) testicolare.

testification [,testɪfɪ'keɪʃn / testi·fica·tion] *s.* (*dir.*) testimonianza.

testifier ['testɪfaɪə* / testi·fier] *s.* (*dir.*) testimone, attestatore.

to **testify** ['testɪfaɪ / test·ify] *v.tr.* **1** (*dir.*) dichiarare sotto giuramento; testimoniare: *the witness testified that the accused was present at the robbery*, il testimone dichiarò che l'accusato aveva preso parte alla rapina **2** testimoniare, attestare; dimostrare: *work that testifies his deep knowledge of the subject*, lavoro che attesta la sua profonda conoscenza dell'argomento ◆ *v.intr.* **1** (*dir.*) testimoniare, deporre **2** *to — to* (*sthg.*), affermare, dar prova di: *he testified to having met me*, affermò, diede prova di avermi incontrato.

testimonial [,testɪ'məʊnjəl / tes·ti·mo·nial] *agg.* (*dir.*) testimoniale: — *evidence*, prova testimoniale ◆ *s.* **1** benservito, certificato di servizio: *to give a — to an employee*, dare un certificato di servizio a un impiegato **2** segno di gratitudine, stima; dono: *the old teacher was given a gold watch and other testimonials*, al vecchio insegnante furono dati un orologio d'oro e altri doni **3** (*comm.*) dichiarazione a favore di un prodotto (per fini pubblicitari).

to **testimonialize** [,testɪ'məʊnjəlaɪz / tes·ti·mo·nial·ize] *v.tr.* (*rar.*) **1** rilasciare un benservito a **2** fare un omaggio, un dono a.

testimony ['testɪmənɪ *amer.* 'testɪməʊnɪ / testi·mony] *s.* **1** (*dir.*) dichiarazione sotto giuramento; testimonianza, deposizione: *to produce — of* (o *to*) *a statement*, allegare prove testimoniali alla deposizione; *to give* —, deporre **2** attestazione, testimonianza; prova, dimostrazione; conferma: *the novel is a — to his descriptive genius*, il romanzo è una conferma del suo genio descrittivo **3** (*relig.*) professione di fede **4** (*relig.*) il Decalogo, le tavole della Legge; *pl.* i precetti di Dio.

testing ['testɪŋ / test·ing] *s.* prova, verifica, saggio // (*stat.*) *empirical* —, verifica empirica.

testis ['testɪs] *pl.* **testes** ['testi:z] *s.* (*anat.*) testicolo.

to **test-market** ['test,mɑ:kɪt] *v.tr.* (*marketing*) saggiare il mercato per: *to — a product*, immettere un prodotto in un mercato limitato per accertare la reazione del pubblico.

test mode ['testməʊd] *s.* (*inform.*) diagnostica.

testoon [te'stu:n / test·oon] *s.* (*st.*) testone, moneta d'argento.

testosterone [tes'tɒstərəʊn / tes·to·ster·one] *s.* (*biochim.*) testosterone.

test paper ['test,peɪpə*] *s.* **1** foglio con il testo d'esame **2** (*chim.*) carta reattiva.

test pilot ['test,paɪlət] *s.* (*aer.*) pilota collaudatore.

test tube ['tesᵗtju:b *amer.* 'tesᵗtu:b] *s.* (*chim.*) provetta // *test tube baby*, bambino concepito in provetta.

testudinal [te'stju:dɪnl / tes·tu·dinal] *agg.* di testuggine.

testudinarious [,testjʊdɪ'neərɪəs / tes·tu·din·ari·ous] *agg.* macchiato come la corazza di una testuggine.

testudinate [te'stju:dɪnɪt / tes·tu·din·ate] *agg.* **1** di testuggine **2** ad arco, a volta (di tetto).

testudineous [,testju:dɪnəs / tes·tu·din·eous] *agg.* **1** simile allo scudo della testuggine **2** (*rar.*) lento, tardivo.

testudo [te'stju:dəʊ *amer.* te'stu:dəʊ / tes·tudo] *pl.* **testudos**, **testudines** [te'stju:dɪni:z / tes·tu·dines] *s.* **1** (*zool.*) testuggine, tartaruga **2** (*st. mil.*) testuggine.

testy ['testɪ] *agg.* irascibile, irritabile, stizzoso; suscettibile // **-ily** *avv.* // **-iness** *s.*

tetanic [tɪ'tænɪk / te·tanic] *agg.* (*med.*) tetanico.

to **tetanize** ['tetənaɪz / tet·an·ize] *v.tr.* (*med.*) provocare il tetano in (qlcu.); provocare uno spasmo tetanico in (un muscolo).

tetanus ['tetənəs / tet·anus] *s.* (*med.*) tetano.

tetany ['tetənɪ / tet·any] *s.* (*med.*) tetania.

tetchy ['tetʃɪ] *agg.* **1** stizzoso, irritabile **2** (*ant.*) capriccioso: *tetchy and wayward was thy infancy*, (SH. Richard III) capricciosa e caparbia fu la tua infanzia **3** (*sl. amer.*) pazzo, eccentrico, scatenato // **-ily** *avv.* // **-iness** *s.*

tête-à-tête [,teɪtɑ:'teɪt] *s.* e *avv.* tête-à-tête.

tether ['teðə*] *s.* pastoia; catena // *to be at the end of one's* —, essere allo stremo delle proprie forze, non farcela più.

to **tether** *v.tr.* impastoiare.

tetr(a)- ['tetrə] *pref.* di origine greca usato nella terminologia scientifica o dotta con significato di 'quattro'; it. tetra-: (*chim.*) *tetrachloride*, tetracloruro; *tetratomic*, tetratomico; (*fis.*) *tetrod*, tetrodo; *tetragram*, tetragramma.

tetrabasic [,tetrə'beɪsɪk / tet·ra·basic] *agg.* (*chim.*) tetrabasico.

tetrachord ['tetrəkɔ:d / tet·ra·chord] *s.* (*mus.*) tetracordo.

tetrachordal [,tetrə'kɔ:dl / tet·ra·chordal] *agg.* (*mus.*) a quattro corde.

tetracid [te'træsɪd / tetr·acid] *s.* (*chim.*) tetracido.

tetracycline [,tetrə'saɪklaɪn / tet·ra·cyc·line] *s.* (*chim.*) tetraciclina.

tetrad ['tetræd / tet·rad] *s.* gruppo di quattro.

tetradymite [te'trædəmaɪt / tet·ra·dy·mite] *s.* (*min.*) tetradimite.

tetraethyl [,tetrə'eθl / tet·ra·ethyl] *agg.* (*chim.*) tetraetile: — *lead*, piombo tetraetile.

tetragon ['tetrəgən / tet·ra·gon] *s.* tetragono, con quattro angoli.

tetragonal [tɪ'trægənlɪ / tet·ra·gonal] *agg.* tetragonale.

tetragram ['tetrəgræm / tet·ra·gram] *s.* tetragramma.

tetrahedral [,tetrə'hedrəl / tet·ra·hed·ral] *agg.* (*mat.*) tetraedrale; tetraedrico.

tetrahedrite [,tetrə'hi:draɪt / tet·ra·hed·rite] *s.* (*min.*) tetraedrite.

tetrahedron [,tetrə'hedrən / tet·ra·hed·ron] *pl.* **tetrahedrons, tetrahedra** [,tetrə'hedrə / tet·ra·hedra] *s.* (*mat.*) tetraedro.

tetrahydrofuran [,tetrə,haɪdrə'fju:rən / te·tra·hy·dro·furan] *s.* (*chim.*) tetraidrofurano.

tetralogy [te'trælədʒɪ / tet·ra·logy] *s.* (*lett., mus.*) tetralogia.

tetramer ['tetrəmə* / tet·ra·mer] *s.* (*chim.*) tetramero.

tetrameter [te'træmɪtə* / tet·ra·meter] *s.* (*metrica*) tetrametro.

tetramorph ['tetrəmɔ:f / tet·ra·morph] *s.* tetramorfo (raffigurazione simbolica dei quattro evangelisti in una sola figura).

tetrandrian [te'trændrɪən / tetr·and·rian] **tetrandrous** [te'trændrəs / tetr·and·rous] *agg.* (*bot.*) a quattro stami.

tetrapod ['tetrəpɒd / tet·ra·pod] *agg.* e *s.* (*zool.*) tetrapodo.

tetrapody [tɪ'træpədɪ / tet·ra·pody] *s.* (*poesia*) tetrapodia.

tetrarch ['tetrɑ:k / tet·rarch] *s.* (*st.*) tetrarca.

tetrarchate ['tetrɑ:kɪt / tet·rarch·ate] *s.* (*st.*) tetrarcato.

tetrarchy ['tetrɑ:kɪ / tetr·archy] *s.* (*st.*) tetrarchia.

tetraspore ['tetrəspɔ:* / tet·ra·spore] *s.* (*bot.*) tetraspora.

tetrastich ['tetrəstɪk / tet·ra·stich] *s.* (*poesia*) tetrastico.

tetrastyle ['tetrəstaɪl / tet·ra·style] *agg.* e *s.* (*arch.*) tetrastilo.

tetrasyllabic [,tetrəsɪ'læbɪk / tet·ra·syl·labic] *agg.* quadrisillabo.

tetrasyllable ['tetrə,sɪləbl / tet·ra·syl·lable] *s.* quadrisillabo.

tetratomic [,tetrə'tɒmɪk / tetr·atomic] *agg.* (*chim.*) tetratomico.

tetravalent [,tetrə'veɪlənt / tet·ra·va·lent] *agg.* (*chim.*) tetravalente.

tetroxide [te'trɒksaɪd / tetr·ox·ide] *s.* (*chim.*) tetrossido.

tetryl ['tetrəl / tet·ryl] *s.* (*chim.*) tetralite.

tetter ['tetə* / tet·ter] *s.* (*med.*) eczema.

Teuton ['tju:tən *amer.* 'tu:tn] *s.* teutone.

Teutonic [tju:'tɒnɪk *amer.* tu:'tɒnɪk / Teut·onic] *agg.* teutonico (*anche scherz.*).

Teutonicism [tju:'tɒnɪsɪzəm *amer.* tu:'tɒnɪsɪzəm / Teut·oni·cism] **Teutonism** ['tju:tənɪzəm *amer.* 'tu:tənɪzəm / Teut·on·ism] *s.* **1** germanismo **2** germanesimo.

to **Teutonize** ['tju:tənaɪz *amer.* 'tu:tənaɪz / Teut·on·ize] *v.tr.* e *intr.* germanizzare, germanizzarsi.

Texan ['teksən] *agg.* e *s.* (abitante) del Texas, texano.

Tex-Mex ['teks,meks] *s.* (*sl. amer.*) nativo della regione di confine tra Messico e Texas.

text [tekst] *s.* **1** testo: *to restore a* —, ricostruire un testo; *parallel* —, testo a fronte **2** testo, versione; edizione: *the original* — *of a book*, la versione, l'edizione originale di un libro **3** argomento, tema: *to stick to one's* —, restare in argomento **4** versetto, passo delle Sacre Scritture **5** (*inform.*) testo; parte del contenuto di un messaggio: — *processing*, elaborazione automatica dei testi **6** → text-book.

textbook ['teksbʊk / text·book] *s.* libro di testo; manuale; trattato ◆ *agg.* **1** ideale, perfetto **2** tipico; da manuale: *a* — *example*, un esempio da manuale.

textile ['tekstaɪl / tex·tile] *agg.* tessile: — *industry*, industria tessile; — *fibre*, fibra tessile ◆ *s.* **1** materiale tessile // *textiles*, prodotti tessili **2** tessuto.

textual ['tekstjʊəl / tex·tual] *agg.* **1** testuale, letterale: — *quotation*, citazione testuale **2** testuale, del testo: — *criticism*, critica testuale // (*inform.*): — *data* (o *information*), testo; — *file*, archivio di testi // **-ly** *avv.*

textualism ['tekstjʊəlɪzəm / tex·tu·al·ism] *s.* stretta aderenza al testo.

texture ['tekstʃə* / tex·ture] *s.* **1** trama (di tessuti) **2** (*biol.*) tessuto **3** struttura, composizione (*anche fig.*); (*geol.*) tessitura: — *of a speech*, struttura di un discorso **4** (*fig.*) caratteristica.

textured ['tekstʃəd / tex·tured] *agg.* (*nei composti*) dalla trama: *close-* —, a trama fitta; *light-* —, a trama rada.

Thai [taɪ] *agg.* e *s.* thailandese, tailandese.

thalamus ['θæləməs / thal·amus] *pl.* **thalami** ['θæləmaɪ / thal·ami] *s.* (*anat., bot., archeol.*) talamo: (*anat.*) *optic* —, talamo ottico.

thalass(a)emia [,θælə'si:mɪə / tha·las·s(a)e·mia] *s.* (*med.*) talassemia, anemia mediterranea.

thalassic [θə'læsɪk / tha·las·sic] *agg.* talassico.

thalassocracy [,θælə'sɒkrəsɪ / tha·las·so·cracy] *s.* talassocrazia.

thalassographic [θə,læsəʊ'græfɪk / tha·las·so·graphic] *agg.* talassografico.

thalassography [,θælə'sɒgrəfɪ / tha·las·so·graphy] *s.* talassografia.

thalassotherapy [θə,læsəʊ'θerəpɪ / tha·las·so·ther·apy] *s.* (*med.*) talassoterapia.

thaler ['tɑ:lə*] *s.* tallero (antica moneta tedesca).

thalictrum [θə'lɪktrəm / tha·lic·trum] *s.* (*bot.*) talittro.

thalidomide [θə'lɪdəmaɪd / tha·lid·om·ide] *s.* (*chim.*) talidomide // — *baby*, bambino nato con malformazioni dovute al talidomide.

thallic ['θælɪk / thal·lic] *agg.* (*chim.*) tallico.

thallium ['θælɪəm / thal·lium] *s.* (*chim.*) tallio.

thallophyte ['θæləʊfaɪt / thal·lo·phyte] *s.* (*bot.*) tallofita.

thallous ['θæləs / thal·lous] *agg.* (*chim.*) talloso.

thallus ['θæləs / thal·lus] *pl.* **thalli** ['θælaɪ] **thalluses** ['θæləsɪz / thal·lu·ses] *s.* (*bot.*) tallo.

Thames [temz] *no.pr.* (*geogr.*) Tamigi // *to set the* — *on fire*, (*fam.*) fare qualcosa di eccezionale.

than [ðæn (*forma forte*),ðən (*forma debole*)] *cong.* **1** (*dopo un compar.*) che, di, di quello che, di quanto: *her husband's a lot older* — *she is*, suo marito è molto più vecchio di lei; *he's more ambitious* — *you*, egli è più ambizioso di te; *they've got more money* — *me*, loro hanno più soldi di me; *she seemed more confident* — *before*, sembrava più sicura di sé di quanto non lo fosse prima; *he looked fitter* — *when I saw him last year*, sembrava più in forma di quando lo vidi l'anno scorso; *the job was less difficult* — *I expected*, il lavoro era meno difficile di quanto mi aspettassi; *I've told you more* — *once*, te l'ho detto più di una volta; *she had to wait more* — *3 months for their decision*, dovette aspettare più di 3 mesi prima che loro decidessero; *the train was more* — *an hour late*, il treno aveva più di un'ora di ritardo; *I bought it at less* — *half the price you paid*, l'ho comprato a meno della metà di quanto lo hai pagato tu **2** (dopo *other*, *else*, *rather*, *sooner*) che: *we chose to save the money rather* — *spend it*, preferimmo risparmiare il denaro piuttosto che spenderlo; *she had other problems* — *the ones I'd imagined*, aveva problemi diversi da quelli che avevo immaginato; *it was no other* — *Jack himself*, era nientemeno che Jack in persona // *I would rather* (o *sooner*) *go to the theatre* — *the cinema*, preferirei andare a teatro (piuttosto) che al cinema; *she'd rather* (o *sooner*) *make conversation* — *watch television*, preferirebbe conversare piuttosto che guardare la televisione **3** (dopo *no sooner*, *hardly*, *scarcely*) quando: *he had no sooner got home* — *the phone rang*, era appena rincasato quando squillò il telefono; *no sooner were they married* — *they began to argue*, erano appena sposati quando cominciarono a litigare.

thanage ['θeɪnɪdʒ / than·age] *s.* (*st.*) **1** carica di 'thane' **2** territorio appartenente a un 'thane'.

thanatoid ['θænətɔɪd / tha·nat·oid] *agg.* (*form.*) **1** simile alla morte **2** apparentemente morto.

thane [θeɪn] *s.* (*st.*) **1** 'thane' (presso Angli e Sassoni, persona di rango intermedio tra gli uomini liberi e la nobiltà ereditaria) SIN. thegn **2** (*scoz.*) nobile; capo di un clan.

to **thank** [θæŋk] *v.tr.* ringraziare, dire grazie a; essere grato a: *he thanked me for helping him*, mi ringraziò, mi era grato perché lo avevo aiutato; *how can I* — *you?*, come posso ringraziarti?, non so come ringraziarti // *to* — *one's lucky stars*, ringraziare la propria buona stella // — *God*, *goodness*, *heavens*, grazie a Dio, grazie al cielo // *I'll* — *you to mind your own business*, ti sarò grato se ti farai gli affari tuoi // *she has only herself to* —, deve ringraziare solo se stessa, è solo colpa sua.

thankful ['θæŋkfʊl / thank·ful] *agg.* **1** riconoscente, grato **2** contento, felice // **-ly** *avv.* // **-ness** *s.*

thankless ['θæŋklɪs / thank·less] *agg.* **1** ingrato, sgradevole, che non dà soddisfazione: *a* — *task*, un lavoro ingrato, mal ricompensato **2** ingrato, che non dimostra riconoscenza // **-ly** *avv.* // **-ness** *s.*

thank-offering ['θæŋk,ɒfərɪŋ *amer.* 'θæŋk,ɔ:fərɪŋ] *s.* **1** regalo (in segno di riconoscenza) **2** (*Bibbia*) sacrificio di ringraziamento.

thanks [θæŋks] *s.pl.* ringraziamenti: *to give* — *to s.o. for sthg.*, ringraziare qlcu. di, per qlco.; *he wrote a letter of* — *to his colleagues*, scrisse una lettera di ringraziamenti ai suoi colleghi // *small* — *I got for it!*, bel ringraziamento ne ho avuto! // *vote of* —, ringraziamenti (a chiusura di discorso, congresso ecc.) // — *to*, grazie a: *he had become very popular in America — to his newspaper articles*, era diventato molto famoso in America grazie ai suoi articoli; *I got there on time, no — to you*, sono arrivato in tempo, non certo per merito tuo ◆ *inter.* grazie: *many* —, molte, mille grazie; — *a lot*, molte, tante grazie (cfr. *thank you*).

thanksgiving ['θæŋks,gɪvɪŋ / thanks·giv·ing] *s.* ringraziamento // *Thanksgiving* (*Day*), (*amer.*) giorno del Ringraziamento (quarto giovedì di novembre).

thankworthy ['θæŋk,wɜːðɪ / thank·worthy] *agg.* (*rar.*) meritevole di riconoscenza.

thankyou ['θæŋkjuː / thank·you] *s.* ringraziamento; riconoscenza ◆ *agg.* di ringraziamento; di riconoscenza.

thank you *inter.* grazie: — *for coming*, grazie di essere venuto; — *for your letter*, grazie della lettera; *I'm quite capable of mending the iron*, —, so aggiustare il ferro da solo, grazie lo stesso; *no*, —, no grazie, grazie no • Ricordatevi che se a un'offerta rispondete con *Thank you!* significa che la accettate: *"Do you want a drink?" "Thank you!"*, "Vuoi qualcosa da bere?" "Sì grazie!". Se si vuole rifiutare bisogna rispondere *No, thank you!*

thank-you-ma'am ['θæŋkjʊ,mæm] *s.* (*fam. amer.*) cunetta; irregolarità del fondo stradale (che fa sobbalzare i passeggeri di un veicolo) • Deriva dal movimento (dei passeggeri) simile a un inchino fatto a una signora.

tharborogh ['θɑːbərə / thar·bor·ogh] *s.* (*ant.*) giudice di pace, conestabile: *I am his grace tharborogh, but I would see his own person in flesh and blood*, (SH. Love's Labour's Lost) sono il conestabile di sua Eccellenza, ma vorrei vedere la sua persona in carne ed ossa.

that [ðæt] *pl.* **those** [ðəʊz] *agg.dimostr.* quello, quella: *I was wearing this coat and — hat*, portavo questo cappotto e quel cappello; *she bought those flowers yesterday*, ha comprato quei fiori ieri; *you'll never do it — way*, non ce la farai mai in quel modo; *it wasn't for those reasons*, non erano quelli i motivi; *you must apply to those organizations which give grants*, devi rivolgerti a quelle organizzazioni che danno finanziamenti; *just look at — sunset!*, guarda quel tramonto!; *what are those people doing?*, cosa sta facendo quella gente?; *I remember — blue coat of yours*, mi ricordo quel tuo cappotto azzurro; *did you really go to all those theatres?*, sei andato veramente in tutti quei teatri? // *I saw her only — once*, la vidi solo quella volta ◆ *pron.dimostr.* **1** quello, quella; questo, questa; ciò: — *proves you're wrong*, ciò prova che hai torto; *is — why you were late?*, è quello il motivo del tuo ritardo?; —*'s my last word*, è la mia ultima parola; *I want to speak to those who arrived this morning*, voglio parlare con quelli che sono arrivati stamattina; *his nose looked like — of a parrot*, il suo naso sembrava quello di un pappagallo; *she thanked those of us who had helped*, ella ringraziò quelli di noi che avevano prestato aiuto; — *was terrible news*, quelle furono notizie terribili; *hello, is — Mr Brown?*, pronto, è il signor Brown?; *what do you think of —?*, che cosa ne pensi?; *I had met her before —*, l'avevo incontrata prima di questo fatto; *are those your children?*, quelli sono i tuoi figli?; *is — all you've bought?*, questo è tutto quello che hai comprato?; *what do you mean by —?*, cosa intendi dire con ciò?; *what's —?*, che cos'è quello?; *who's —?*, chi è quello? // — *is*, — *is to say*, cioè: *I'll do it, — is, if you want me to*, lo farò, cioè, se tu vuoi che io lo faccia **2** (*uso enfatico*): *"So you saw him yesterday?" "That's right"*, "Dunque l'hai visto ieri?" "Proprio così"; *if anything will cure him, — will*, se qualcosa lo può guarire, è quello; *if you can come tomorrow —'ll be fine*, se puoi venire domani, è perfetto; *She's broken the vase. That's a pity*, Ha rotto il vaso. (È un) peccato! // —*'s all*, ecco tutto // —*'s it*, d'accordo; ecco, giusto; basta, chiuso: *right, — 's it, now we can start*, bene, d'accordo, ora possiamo cominciare; *I can't stand any more,—'s it, finish!*, non ne posso più, basta, chiuso! // —*'s* —, e basta, tutto lì: *then he drove off and — was —*, poi partì con la macchina, tutto lì; *you can't do anything about it now, it was an accident and —'s —*, non puoi farci niente ora, è stato un incidente, e basta // *and all* —, *and* —, eccetera, e (cose) simili: *have you got the tickets and —?*, avete i biglietti e tutto il resto?; *she talked about novels and poems and —*, parlò di romanzi, di poesie e di cose simili // *at* —, per di più; anche; al che: *it was very dark and it was raining at —*, era molto buio, e per di più pioveva; *"I think you're just lazy" "Maybe I am at —"*, "Penso che tu sia semplicemente pigro" "Può anche darsi"; *at — she burst into tears*, al che scoppiò in lacrime // *in* —, per il fatto che, in quanto che: *it was impossible for him to open a bank account, in — he wasn't resident in the country*, non gli fu possibile aprire un conto in banca, in quanto che non era residente // *with* —, al che, dopo di che: *with —, he closed the book*, dopo di che, chiuse il libro // —*'s how*, ecco come: —*'s how I got it*, ecco come l'ho avuto // *but for* —, se non fosse per quello: *but for —, I'd be a rich man*, se non fosse per quello, sarei un uomo ricco // *has it come to —?*, siamo a questo punto? // *is — you, Mary?*, sei tu, Mary? // *why are you looking at me like —?*, perché mi guardi a quel modo? **3** (*form.*) (*antecedente di pron. rel.*) quello, quella; ciò: *those who want to speak can do so*, quelli che vogliono parlare, possono farlo; *I spoke to all those that had problems*, parlai con tutti coloro che avevano dei problemi; *give me — which you prefer*, dammi quello che preferisci.

that *pron.rel.* **1** che; il quale, la quale; i quali, le quali: *this is the house — Jack built*, questa è la casa che ha costruito Jack; *we ate the cakes — I had bought*, abbiamo mangiato i dolci che io avevo comprato; *all — lives must die*, tutto ciò che vive deve morire; *the subject — we are talking about...*, l'argomento di cui stiamo parlando...; *there's the man — you spoke to*, c'è l'uomo col quale hai parlato; *I knew all the people — were there*, conoscevo tutte le persone che c'erano **2** (*con espressioni di tempo*) in cui, nel quale: *I remember the day — he arrived*, ricordo il giorno in cui arrivò; *it was the year — he started university*, era l'anno in cui egli iniziò l'università.

that *cong.* **1** che: *she proved — he was wrong*, ella dimostrò che lui aveva torto; *it's important — you should understand this*, è importante che tu capisca questo; *the reason for his absence is — he's ill*, il motivo della sua assenza è che è ammalato; *the rain was so heavy — we had to stop the car*, la pioggia era così forte che fummo costretti a fermare la macchina; *we informed them — the contract was ready*, li informammo che il contratto era pronto; *he suggested — I should phone you*, mi suggerì di telefonarti; *I hope — he will get the letter*, spero che riceva la lettera; *it's not — I don't want to do it*, non è che non voglia farlo; *you ought to do it, now — you are free*, dovresti farlo, ora che sei libero **2** (*form.*) affinché, perché; purché; a patto che: *they died — we might live*, morirono perché noi potessimo vivere; *I would do anything — she should not know*, farei qualunque cosa purché lei non lo sappia **3** (*form.*) (*con valore esclamativo*) che: — *he could do such a thing!*, che abbia potuto fare una cosa simile!; *that it should come to this!*, (SH. Hamlet) che dovesse arrivare a questo punto!

that *avv.* così, tanto: *after all, it wasn't — bad*, dopo tutto, non era poi tanto male; *I was — angry that I could have broken something*, ero così arrabbiato che avrei potuto spaccare qualcosa; *the journey was — long!*, il viaggio è stato così lungo!; *he wasn't — stupid, you know!*, non era poi tanto stupido, sai!; *he talks — much*, parla così tanto; *she couldn't walk — far*, non poteva andare così lontano.

thatch [θætʃ] *s.* **1** paglia, stoppia, cannucce (*pl.*); copertura di paglia (per tetti) **2** (*fam.*) capigliatura folta, massa di capelli.

to **thatch** *v.tr.* coprire (un tetto) con paglia ecc.

thatcher ['θætʃə*] *s.* artigiano specializzato (per la copertura di tetti con paglia, canne ecc.).

thatching ['θætʃɪŋ / thatch·ing] *s.* **1** mestiere, arte di coprire tetti con paglia ecc. **2** *pl.* paglia, stoppie ecc. (per coperture di tetti).

thaumaturge ['θɔːmətɜːdʒ / thau·mat·urge] *s.* taumaturgo.

thaumaturgic(al) [,θɔːmə'tɜːdʒɪk(l) / thau·mat·ur·gic(al)] *agg.* taumaturgico.

thaumaturgist ['θɔːmətɜːdʒɪst / thau·mat·ur·gist] **thaumaturgus** [,θɔːmə'tɜːgəs / thau·mat·urgus] *pl.* **thaumaturgi** [,θɔːmə'tɜːgaɪ / thau·mat·urgi] *s.* taumaturgo.

thaumaturgy ['θɔːmətɜːdʒɪ / thau·mat·urgy] *s.* taumaturgia.

thaw [θɔː] *s.* **1** sgelo, disgelo (*anche fig.*): *the — has set in*, il disgelo è cominciato **2** scongelamento **3** sbrinamento.

to **thaw** *v.intr.* **1** sgelarsi, disgelarsi (*anche fig.*); scongelarsi; sbrinarsi; fondersi, sciogliersi: *the river began to —*, il fiume cominciò a disgelarsi; *after dinner he began to —*, dopo cena divenne più cordiale **2** scongelarsi **3** sbrinarsi ◆ *v.tr.* **1** sgelare, disgelare; fondere, sciogliere **2** scongelare **3** sbrinare: *to — the refrigerator*, sbrinare il frigorifero.

□ **thaw out** *v.tr.* e *avv.* scongelare, sgelare: *you must — out frozen food before putting it in the oven*, devi scongelare i surgelati prima di metterli nel forno; (*aut.*) *to — out the radiator*, disgelare il radiatore.

the [ðiː: (*forma enfatica*), ðɪ (*davanti a vocale e h muta*), ðə(*davanti a consonante*)] *art.definito* **1** (*con valore det.*) il, lo, la, i, gli, le: — *man in — blue suit*, l'uomo con l'abito blu; *I want to see — manager*, voglio vedere il direttore; *she likes — gloves I bought her*, le piacciono i guanti che le ho comprato; *he couldn't see in — dark*, al buio non ci vedeva; — *sea looked calm*, il mare sembrava calmo; — *sun was shining in — sky*, il sole splendeva nel cielo; *there are bills for — gas, — electricity and —*

telephone, ci sono bollette per il gas, la luce e il telefono; *to go to — seaside, — cinema, — library, — theatre*, andare al mare, al cinema, in biblioteca, a teatro; *— Robinsons live next door to us*, i Robinson stanno vicino a noi di casa; *these hats were fashionable in — early thirties*, questi cappelli si usavano all'inizio degli anni Trenta; *it was — first time I had met him*, era la prima volta che lo vedevo; *Henry* VIII (*scritto*), *Henry — Eighth* (*parlato*), Enrico VIII; *March 21st* (*scritto*), *March — twenty-first* (*parlato*), 21 marzo // *what's — time?*, che ora è? // Davanti a superl. e compar.: *it's — most difficult exam of all*, è l'esame più difficile di tutti; *I want — least expensive shoes you've got*, voglio le scarpe meno care che avete; *he was — smallest boy in the class*, era il ragazzo più piccolo della classe; *this is — hardest wood you can find*, questo è il legno più duro che si possa trovare; *all — worse*, tanto peggio; *so much — worse for him*, tanto peggio per lui; *none — better*, per nulla meglio; *— more he listened, — less he understood*, più ascoltava, meno capiva; *— sooner you're ready, — earlier we'll leave*, prima sei pronto, prima si parte; *— more you concentrate, — better you will work*, più ti concentrerai, meglio lavorerai **2** (*per indicare una categoria o una specie e per sostantivare un agg.*): *— elephant is found in India and Africa*, l'elefante si trova in India e in Africa; *as it grows, — baby will explore its environment*, crescendo, il bambino esplorerà il suo ambiente; *that's what — newspapers say*, questo è quello che dicono i giornali; *he plays — piano and she plays — violin*, lui suona il pianoforte e lei suona il violino; *— French have been in the Common Market since it began*, i francesi sono nel Mercato Comune da quando è nato; *he always tries to do — impossible*, cerca sempre di fare l'impossibile; *— unemployed were very numerous*, i disoccupati erano molto numerosi; *a philosophical treatise on — good and — beautiful*, un trattato filosofico sul bene e sul bello **3** (*con alcuni nomi geografici, titoli onorifici, nomi di malattie*): *she's got — measles and he's got — flu*, lei ha il morbillo e lui ha l'influenza; *— prime minister and — foreign secretary were present*, erano presenti il primo ministro e il ministro degli esteri; *Her Majesty — Queen*, Sua Maestà la regina; *— United States and —* USSR *are the most powerful nations on earth*, gli Stati Uniti e l'URSS sono le nazioni più potenti sulla terra; *I've crossed — Atlantic before but never — Pacific*, ho già attraversato l'Atlantico ma mai il Pacifico; *— Alps are not as high as — Himalayas*, le Alpi non sono alte come l'Himalaya; *— Thames is a very small river compared to — Mississippi or — Amazon*, il Tamigi è un fiumiciattolo in confronto al Mississippi e al Rio delle Amazzoni **4** (*con valore distributivo*): *40 pence* (*to*) *— pound*, 40 penny (al)la libbra; *30 kilometres to — litre*, 30 chilometri con un litro **5** (*con valore dimostrativo*): *unfortunately I didn't know at — time*, purtroppo a quel tempo non lo sapevo; *if I had — time I could do a lot of things*, se avessi il tempo necessario, potrei fare un mucchio di cose; *I'll go skiing in — winter*, quest'inverno andrò a sciare; *look at — child!*, guarda quel bambino! **6** (*uso enfatico*): *he looks all — better for his holiday*, ha un aspetto assai migliore dopo la vacanza; *it's all — fashion nowadays*, è la moda di oggi; *do you mean — Pavarotti?*, vuoi dire il famoso Pavarotti?

theandric [θɪ'ændrɪk / the·andric] *agg.* (*teol.*) teandrico.

theanthropic(al) [ˌθi:ən'θrɒpɪk(l) / the·an·thropic, the·an·throp·ical] *agg.* (*teol.*) teantropico.

theatre ['θɪətə*] amer. **theater** *s.* **1** teatro: *I saw him at the — last night*, lo vidi a teatro ieri sera; *to go to the —*, andare a teatro; *open-air —*, teatro all'aperto; *— in the round*, arena, teatro con palcoscenico centrale **2** (*fig.*) teatro, luogo d'azione: *the — of war*, il teatro della guerra **3** anfiteatro (universitario) **4** teatro, arte drammatica: *play that is good —*, commedia che si regge bene; *he wrote for the —*, scrisse per il teatro; *that actor's activity is divided between the — and painting*, l'attività di quell'attore è divisa fra il teatro e la pittura **5** complesso di opere teatrali: *the English —*, il teatro inglese **6** (*spec. amer.* , *austr.*) cinema, cinematografo: *first-run —*, cinema di prima visione; *picture —*, grande cinematografo; *news —*, cinema (*spec. di stazione ferroviaria*) dove vengono proiettati cinegiornali, cartoni animati ecc. **7** → operating theatre.

theatregoer ['θɪətəˌgəʊə* / theatre·goer] *s.* frequentatore di teatro.

theatrical [θɪ'ætrɪkl / the·at·rical] *agg.* teatrale (*anche fig.*) // **-ly** *avv.* // **-ness** *s.*

theatricalism [θɪ'ætrɪkəlɪzəm / the·at·ric·al·ism] **theatricality** [θɪˌætrɪ'kælətɪ / the·at·ric·al·ity] *s.* teatralità.

to **theatricalize** [θɪ'ætrɪkəlaɪz / the·at·ric·al·ize] *v.tr.* rendere teatrale; rappresentare a teatro.

theatricals [θɪ'ætrɪklz / the·at·ric·als] *s.pl.* rappresentazioni teatrali // *amateur —*, attività, spettacoli filodrammatici.

thebaine ['θi:bəi:n / theb·aine] *s.* (*chim.*) tebaina.

Theban ['θi:bən] *agg.* e *s.* tebano.

theca ['θi:kə] *pl.* **thecae** ['θi:si:] *s.* (*biol.*) teca.

thee [ði:] *pron.pers. 2ª pers.sing.* (*ant.*, *poet.*) (*compl. ogg. e ind. di* thou) te, ti: *I'll tell —*, te lo dirò; *we beseech —*, ti imploriamo // *get — gone!*, vattene! // *A night of memories and sighs / I consecrate to thee*, (W. SAVAGE LANDOR) Una notte di ricordi e di sospiri io consacro a te.

theft [θeft] *s.* furto: (*dir.*) *open —*, furto manifesto; *grand —*, furto su cose di rilevante valore // *— policy*, polizza contro il furto // *— proof*, antifurto.

thegn → **thane** 1.

theine ['θi:aɪn] *s.* (*chim.*) teina.

their [ðeə*] *agg.poss.* **1** il loro, la loro, i loro, le loro: *— brother*, (il) loro fratello; *— mother and father*, (la) loro madre e (il) loro padre; *they hurt — hands*, si fecero male alle mani; *they spent all — lives in — little town*, hanno passato tutta la vita nella loro cittadina // *— Highnesses the Prince and Princess of Wales*, le loro Altezze il Principe e la Principessa di Galles **2** (*fam.* per *his* o *her*) suo, sua, suoi, sue: *if everyone minded — own business*, se ciascuno si occupasse dei fatti propri; *nobody in — right mind would say that*, nessuno sano di mente direbbe ciò.

theirs [ðeəz] *pron.poss.* **1** il loro, la loro, i loro, le loro: *a friend of —*, un loro amico; *these papers are mine and those are —*, queste carte sono (le) mie e quelle sono (le) loro **2** (*fam.* per *his* o *hers*) (il) suo, (la) sua, (i) suoi, (le) sue: *I left my umbrella in the office and now everybody thinks it's —*, ho lasciato il mio ombrello in ufficio e ora ognuno pensa che sia il suo.

theism ['θi:ɪzəm / the·ism] *s.* (*fil.*) teismo.

theist ['θi:ɪst / the·ist] *s.* (*fil.*) teista.

theistic(al) [θi:'ɪstɪk(l) / the·istic, the·ist·ical] *agg.* (*fil.*) teistico.

them [ðem] *pron.pers. 3ª pers.pl.* (*compl. ogg. e ind. di* they) li, le; loro; sé: *he took off his gloves and put — on the table*, si tolse i guanti e li posò sul tavolo; *I told — that they should come tomorrow*, ho detto loro che dovrebbero venire domani; *don't ask —, they won't help you*, non rivolgerti a loro, non ti aiuteranno; *have you seen—?*, li hai visti?; *I will write — a letter*, scriverò loro una lettera; *look at these bottles, there's nothing in —*, guarda queste bottiglie, non c'è dentro niente; *they took the keys away with —*, si sono portati via le chiavi; *what will you do with —?*, che cosa ne farai? // *both of —*, entrambi; *every one of —*, tutti, nessuno escluso; *neither of —*, né l'uno né l'altro; *three of —*, tre di loro // *if anyone comes, tell — that I am out*, se viene qualcuno, digli che non ci sono // *it's —* (o form. *it's they*), sono loro; *we are as famous as —*, siamo celebri come loro.

thematic [θɪ'mætɪk / them·atic] *agg.* (*gramm.*, *mus.*) tematico.

theme [θi:m] *s.* **1** tema, argomento; (*mus.*) motivo, tema // *— song*, tema, motivo ricorrente; sigla musicale **2** tema, composizione (scolastica) **3** (*gramm.*) tema, radice.

theme park ['θi:m,pɑ:k] *s.* parco divertimenti.

themselves [ðəm'selvz / them·selves] *pron. 3ª pers.pl.* **1** *rifl.* se stessi, se stesse; sé; si: *they must inform — of the situation*, devono informarsi sulla situazione; *they no longer thought of — as persecuted*, non si ritenevano più dei perseguitati; *they can look after —, can't they?*, sanno badare a se stessi, no?; *they have only — to blame*, è tutta colpa loro; *they saw — in the mirror*, si videro nello specchio // *they went* (*all*) *by —*, andarono da soli // *God helps those who help —*, (*prov.*) chi si aiuta il ciel l'aiuta **2** (*uso enfatico*) essi stessi, esse stesse; proprio loro: *they did it —*, l'hanno fatto proprio loro; *we must look at the documents —*, dobbiamo guardare i documenti stessi; *they — admitted their guilt*, hanno ammesso essi stessi la loro colpa.

then [ðen] *agg.* di allora, di quel tempo: *the — Duke*, l'allora duca; *the — professor of Greek*, il professore di greco di allora.

then *avv.* **1** allora, a quell'epoca, in quel tempo: *I was too busy —*, avevo troppo da fare allora; *it was wrong — and it's wrong now*, era sbagliato allora ed è sbagliato adesso; *we won't see you till —*, non ti vedremo fino ad allora; *just — the phone rang*, proprio allora squillò il telefono // *— and there* (o *there and —*), subito, senza indugio: *I took the plane to Paris there and —*, presi immediatamente l'aereo per Parigi // *now and —*, ogni tanto, di tanto in tanto: *she comes to see us now and —*, viene a trovarci di tanto in tanto // *from — on he has been very sad*, da allora è molto triste // *he was dead by —*, a quell'epoca era ormai morto // *he will be here before —*, sarà qui prima di allora // *she believed him till* —, gli credette fino ad allora // *they have lived happily since* —, da allora vivono felici // *between now and* —, di qui ad allora: *I cannot tell you what I shall do between now and* —, non posso dirti cosa farò di qui ad allora **2** dopo, poi,in seguito: *he closed the book and — went to sleep*, chiuse il libro e poi andò a dormire; *he attended a congress first in Paris, — in London, — in Berlin*, partecipò a un congresso prima a Parigi, poi a Londra e in seguito a Berlino; *and — you add the garlic to the sauce*, e dopo alla salsa aggiungi l'aglio; *I went home and — went out again*, andai a casa e poi uscii di nuovo // *what —?*, e poi?, e allora?, e con ciò?: *he is very rich what —?*, è ricchissimo, e allora?; *if you shouldn't do it, what —?*, se non lo facessi, che importa? **3** allora, in tal caso: *"No, I'm not studying" "What do you do —?"*, "No, non sto studiando" "Che cosa fai allora?"; *well, —, when can you come?*, bene, allora, quando puoi venire?; *"You must wash the dishes before you go out" "Oh, all right —"*, "Devi lavare i piatti prima di uscire" "Oh, allora va bene"; *see you next week —*, ci vediamo la prossima settimana, allora; *well, that's settled —*, bene, allora è deciso; *these, —, were his qualifications for the job*, erano questi, allora, i suoi requisiti per il posto (di lavoro) **4** inoltre, poi, anche: *he is not rich, and — not handsome*, non è ricco e neppure bello; *I have not the time, and — it's not my business*, non ho tempo, e poi non è affar mio.

then *cong.* in questo caso, dunque, allora: *(but) — why did you go away?*, ma allora perché te ne sei andato?; *if you've solved it, — it's no longer a problem*, se l'hai risolto, allora non è più un problema; *if you get a new idea, — make a note of it*, se ti viene un'altra idea, in tal caso prendi nota // *but* —, però, tuttavia: *she was pretty, but — poor*, era carina, ma povera; *it's a better car but — it's more expensive*, è una macchina migliore, ma è più cara.

thenar ['θi:nɑ:*] *agg.* e *s.* (*anat.*) tenare, tenar.

thenardite ['θenɑ:daɪt / the·nard·ite] *s.* (*min.*) thenardite.

thence [ðens] *avv.* (*ant.*, *letter.*) **1** di là, da quel luogo: *we went to Rome and — to Naples*, andammo a Roma e di là a Napoli // *he felt disgust and — hatred*, provò disgusto e il disgusto divenne odio // *Thence to my figure and complexion*, (G.H. WELLS) E di lì passò a considerare il mio aspetto e il mio colorito **2** quindi, pertanto: *it — follows that...*, ne consegue pertanto che...

thenceforth ['ðens'fɔ:θ / thence·forth] *avv.* (*form.*, *letter.*) da allora in poi: — *they were never to meet again*, da allora in poi non si sarebbero più incontrati.

theo- ['θɪəʊ] *pref.* di origine greca che indica 'relazione con Dio o con la divinità'; it. teo-: *theocracy*, teocrazia; *theology*, teologia.

theobromine [,θi:əʊ'brəʊmaɪn / theo·bro·mine] *s.* (*chim.*) teobromina.

theocracy [θɪ'ɒkrəsɪ / theo·cracy] *s.* teocrazia.

theocrat ['θɪəkræt / theo·crat] *s.* teocrate.

theocratic(al) [θɪə'krætɪk(l) / theo·cratic, theo·crat·ical] *agg.* teocratico // **-ally** *avv.*

Theocritean [θɪə,krɪ'ti:ən / Theo·critean] *agg.* teocriteo.

theodicy [θɪ'ɒdɪsɪ / theo·dicy] *s.* (*teol.*) teodicea.

theodolite [θɪ'ɒdəlaɪt / theo·dol·ite] *s.* (*topografia*) teodolite // *transit* —, tacheometro.

theogony [θɪ'ɒgənɪ / theo·gony] *s.* teogonia.

theologian [θɪə'ləʊdʒjən / theo·lo·gian] *s.* teologo.

theologic(al) [θɪə'lɒdʒɪk(l) / theo·lo·gic(al)] *agg.* teologico // *the — virtues*, le virtù teologali // **-ally** *avv.*

to **theologize** [θɪ'ɒlədʒaɪz / theo·lo·gize] *v.tr.* e *intr.* teologizzare.

theology [θɪ'ɒlədʒɪ / theo·logy] *s.* teologia.

theophylline [,θɪə'fɪli:n / theo·phyl·line] *s.* (*chim.*) teofillina.

theorbo [θɪ'ɔ:bəʊ / the·orbo] *pl.* **theorbos** *s.* (*mus.*) tiorba.

theorem ['θɪərəm / the·orem] *s.* (*mat.*) teorema.

theorematic(al) [,θɪərɪ'mætɪk(l) / the·or·em·atic(al)] *agg.* (*mat.*) teorematico.

theoretic(al) [θɪə'retɪk(l) / the·or·etic, the·or·et·ical] *agg.* teorico, teoretico; (*fil.*) speculativo // **-ally** *avv.*

theoretician [,θɪəre'tɪʃn / the·or·eti·cian] *s.* teorico.

theoretics [θɪə'retɪks / the·or·et·ics] *s.* [U] teorica, parte teorica (di una disciplina, una tecnica).

theoric ['θɪərɪk / the·oric] *s.* (*ant.*) teoria: *the bookish theoric, / wherein the toged consuls can propose / as masterly as he*, (SH. Othello) la teoria libresca, nella quale i consiglieri togati possono disputare con la sua stessa maestria.

theorist ['θɪərɪst / the·or·ist] *s.* teorico.

to **theorize** ['θɪəraɪz / the·or·ize] *v.intr.* teorizzare; stabilire, formulare delle teorie.

theory ['θɪərɪ / the·ory] *s.* **1** teoria (*anche mat.*); *it is all very well in —...*, in teoria va bene... **2** opinione, tesi, concetto: *he has a — that...*, la sua opinione, la sua idea è che..., è dell'opinione, dell'idea che...

theosoph ['θɪəsɒf / theo·soph]
theosopher [θɪ'ɒsəfə* / theo·sopher] *s.* (*fil.*, *teol.*) teosofo.

theosophic(al) [θɪə'sɒfɪk(l) / theo·sophic, theo·soph·ical] *agg.* (*fil.*, *teol.*) teosofico.

theosophism [θɪ'ɒsəfɪzəm / theo·soph·ism] *s.* (*fil.*, *teol.*) teosofismo.

theosophist [θɪ'ɒsəfɪst / theo·soph·ist] *s.* (*fil.*, *teol.*) teosofista.

theosophy [θɪ'ɒsəfɪ / theo·sophy] *s.* (*fil.*, *teol.*) teosofia.

therapeutic(al) [,θerə'pju:tɪk(l) / thera·peutic, thera·peut·ical] *agg.* terapeutico // *therapeutic abortion*, aborto terapeutico.

therapeutics [,θerə'pju:tɪks / thera·peut·ics] *s.* [U] terapeutica.

therapist ['θerəpɪst / ther·ap·ist] meno com.
therapeutist [,θerə'pju:tɪst / thera·peut·ist] *s.* terapeuta.

therapy ['θerəpɪ / ther·apy] *s.* terapia.

there [ðeə*] *avv.* **1** là, lì: *it's — for you to use*, è lì perché tu lo usi; *I couldn't believe she was really —*, non riuscivo a credere che lei fosse realmente lì; *the house had vanished, it wasn't — any more*, la casa era sparita, non era più là; *he was born in New Zealand and goes back — every two years*, è nato in Nuova Zelanda e torna là ogni due anni; *you can't leave the baby — on her own*, non puoi lasciare la bambina lì da sola; *he just sits — all day doing nothing*, sta lì seduto tutto il giorno senza far niente; *don't just stand —, do something!*, non stare lì impalato, fa' qualcosa!; *he's put the books — on the table*, ha messo i libri lì sul tavolo; *it took me two hours to drive — and back*, ho impiegato due ore di macchina tra andare e tornare; *if the opportunity is —, you'd better take it*, se l'occasione c'è, ti conviene approfittarne // *Hello, are you —? It's a bad line*, (*al telefono*) Pronto, sei ancora lì? La linea è disturbata; *Is Jim still —? Can I speak to him?*, Jim è ancora lì? Posso parlargli?; *Who's —?*, Chi è là? // *over* —, laggiù: *"Over —" she said pointing to the shop*, "Laggiù" disse indicando il negozio // *in* —, là dentro // *on* —, là sopra // *from* —, da lì, di là: *I'll go to Rome and from — to Naples*, andrò a Roma e di là a Napoli // *under* —, là sotto // *here and* —, qua e là // *not all* —, un po' tocco: *I'm sure he's not all —*, son sicuro che gli manca un venerdì // *not quite* —, non del tutto riuscito: *it's a good novel but it's not quite —*, è un buon romanzo ma non è del tutto riuscito // *— and then*, subito, lì per lì: *they decided to stop working — and then*, decisero lì per lì di smettere di lavorare **2** vi, ci: *— wasn't a soul in sight*, non si vedeva anima viva; *— must be a reason for her reaction*, ci dev'essere un motivo alla sua reazione; *— are ten of us*, siamo in dieci; *is — any chance of getting a lift?*, c'è qualche possibilità di avere un passaggio in macchina?; *are — any prospects of a rise?*, ci sono speranze di un aumento di stipendio?; *what would happen if — were a revolution?*, cosa succederebbe se ci fosse una rivoluzione?; *—'s a page missing in this book*, c'è una pagina che manca in questo libro; *— was no stopping him from going*, non ci fu modo di impedirgli di andare; *— were tears in her eyes*, aveva le lacrime agli occhi; *once upon a time — was...*, c'era una volta...; *next to them — stood a giant*, accanto a loro stava un gigante; *— still remains the question of the unemployed*, rimane ancora la questione dei disoccupati; *...— follow instructions for assembling the model*, ...seguono istruzioni per il montaggio del modellino **3** (*uso enfatico*): *Where are my glasses? Oh, — they are!*, Dove sono i miei occhiali? Oh, eccoli (lì)!; *I can't see the cat. Oh, — it is!*, Non vedo il gatto. Oh, eccolo (lì)!; *— he goes again*, eccolo che ricomincia; *— we were working all together*, eccoci là a lavorare tutti insieme!; *add a drop of milk and — you are*, aggiungi una goccia di latte, ed ecco fatto // *I had hoped to see you today but — you go*, avevo sperato di vederti oggi, e invece niente da fare // *— again*, d'altra parte: *I'm not convinced he's right but, — again, I'm not an expert on the subject*, non sono convinto che lui abbia ragione, ma d'altra parte non sono un esperto in materia // *so —!*, (*espressione infantile*) ecco!: *I won't stop, I won't, so —!*, non smetterò, non smetterò, ecco! **4** in ciò, in quanto a questo: *you're quite right —, John*, su questo hai perfettamente ragione, John; *everybody agrees with you —*, tutti d'accordo con te su questo; *I'm not with you —*, non sono d'accordo con te su questo; *you've got me —*, qui hai ragione tu // *there's the rub*, (SH. Hamlet) ecco il punto dolente ◆ *inter.* ecco; su!: —, —, *don't cry!*, suvvia, non piangere!; *"There you are, sir" "Thank you"*, "Ecco a lei, signore" "Grazie"; *— now, see what you've done*, ecco, guarda che cos'hai fatto!; *Hello — Mike! How are things?*, Salve, Mike! Come va?; *hi* —, salve!

thereabout(s) ['ðeərəbaʊt(s) / there·about(s)] *avv.* circa, all'incirca, giù di lì, pressappoco: *inflation's come down to 5% or* —, l'inflazione è scesa al 5% o pressappoco; *he must be fifty or* —, deve avere cinquant'anni o giù di lì; *it should contain four gallons or* —, dovrebbe contenere diciotto galloni circa.

thereafter [,ðeər'ɑ:ftə* *amer.* ,ðeər'æftə* / there·af·ter] *avv.* (*form.*) dopo (di che); indi; quindi: *a personal computer once mastered can — be useful in many ways*, una volta che se ne conosce a fondo il funzionamento, il personal computer può essere utile in vari modi.

thereat [,ðeər'æt] *avv.* (*letter.*, *dir.*) **1** a quel proposito: *he thereat was stung, / perverse, with stronger fancy to reclaim / her wild and timid nature to his aim*, (KEATS) s'irritò egli per questo e fu perverso, più fortemente ansioso di piegare al suo intento la selvatica e timida natura di lei **2** in quel luogo.

thereby [,ðeə'baɪ] *avv.* **1** per mezzo, a causa di ciò, perciò: *he wrote a letter — causing all the trouble*, egli scrisse una lettera dando così origine al pasticcio **2** (*dial.*) là accanto **3** (*ant.*, *letter.*) a questo proposito: — *hangs a tale*, c'è tutta una storia a questo proposito.

there'd [ðeəd] contr. di *there had*, *there would*.

therefore ['ðeəfɔ:* / there·fore] *avv.* quindi, dunque, perciò: *unemployment has increased, — governments must take measures to encourage the creation of new jobs*, la disoccupazione ha subito un aumento, perciò i governi devono prendere provvedimenti per incoraggiare la creazione di nuovi posti di lavoro; *this new computer has a bigger memory and is — more efficient*, questo nuovo computer ha una memoria maggiore e perciò è più efficiente.

therein [,ðeər'ɪn] *avv.* (*ant.*, *letter.*) **1** qui, in questo; a questo riguardo: *he was too ambitious and — lay the seeds of his eventual failure*, era troppo ambizioso e in questo ebbe origine il suo insuccesso finale **2** entro, dentro: *all those that lived* —, tutti quelli che vi abitavano.

thereinafter [,ðeərɪn'ɑ:ftə* *amer.* ,ðeərɪn 'æftə* / there·in·af·ter] *avv.* (*ant.*, *dir.*) più oltre, più avanti; in seguito: *the parties — called A and B*, le parti più avanti chiamate A e B.

there'll [ðeəl] contr. di *there will*, *there shall*.

thereof [,ðeər'ɒv] *avv.* (*ant.*, *dir.*) di, da ciò; ne: *the law of a nation applies to all the citizens* —, la legge di una nazione si applica a tutti i cittadini; *if a country is in the Common Market, it enjoys the privileges and benefits* —, se un paese è nel Mercato Comune, ne gode i privilegi e i benefici // *I charged thee saying: Thou shalt not eat thereof*, (MILTON) io ti avvertii dicendo: Tu non ne mangerai.

thereon [,ðeər'ɒn] *avv.* (*ant.*) **1** su ciò **2** con ciò.

there's [ðeəz] contr. di *there is*, *there has*.

thereto [,ðeə'tu:] *avv.* (*dir.*) **1** a ciò, vi: *the plant and the equipment fitted* —, l'impianto e l'attrezzatura ivi installata **2** (*ant.*) inoltre, oltre a ciò.

thereunto [ðeər'ʌntu: / there·unto] *avv.* (*ant.*, *dir.*) **1** a ciò, vi **2** inoltre, oltre a ciò.

thereupon [,ðeərə'pɒn / there·upon] *avv.* **1** (*form.*) al che; tosto, subito: *she read the letter and — burst into tears*, ella lesse la lettera e tosto scoppiò in lacrime; *I piled all the documents on the table and — they proceeded to slide on the floor*, sistemai tutti i documenti uno sopra l'altro sul tavolo, e subito scivolarono per terra **2** su, sopra **3** (*letter.*) a quel proposito, in merito: *there is nothing to be said* —, non c'è niente da dire in merito.

therewith [,ðeə'wɪð / there·with] **therewithal** [,ðeəwɪ'ðɔ:l / there·withal] *avv.* **1** con ciò: *their snowy foreheads there withal they crown'd*, (SPENSER) le loro candide fronti con esse [ghirlande] coronavano **2** di più, inoltre **3** subito dopo, tosto.

theriac ['θɪərɪæk / ther·iac] *s.* (*ant. med.*) triaca, teriaca.

thermae ['θɜ:mi: / ther·mae] *s.pl.* (*st. romana*) terme.

thermal ['θɜ:ml / ther·mal] *agg.* **1** (*fis.*) termico: — *insulation*, isolamento termico; — *radiation*, radiazione termica; — *capacity*, capacità termica; — *agitation*, *conductivity*, agitazione, conducibilità termica; — *equilibrium*, equilibrio termico; (*fis. nucleare*) — *neutron*, neutrone termico // — *unit*, unità di misura del calore; *British Thermal Unit* (abbr. *BTU*), quantità di calore necessaria per elevare di 1 grado Fahrenheit la temperatura di 1 libbra di acqua // (*elettr.*) — *station*, centrale termica // (*aer.*) — *shield*, scudo termico **2** termale, caldo: — *springs*, sorgenti termali ◆ *s.* (*meteor.*) termica, corrente ascensionale.

thermic ['θɜ:mɪk] *agg.* termico: (*fis.*) — *rays*, raggi termici; — *inertia*, inerzia termica; (*metall.*) — *treatment*, trattamento termico.

Thermidor ['θɜ:mɪdɔ:* / Ther·mi·dor] *s.* (*st. francese*) termidoro.

thermion [θə'maɪən / ther·mion] *s.* (*fis.*) termoione.

thermionic [,θɜ:mɪ'ɒnɪk / ther·mi·onic] *agg.* (*fis.*) termoionico: — *valve* (o amer. — *tube*), valvola termoionica; — *emission*, emissione termoelettronica // (*rad.*) — *amplifier*, valvola amplificatrice; (*fis.*, *elettr.*, *rad.*) — *current*, corrente termoionica.

thermionics [,θɜ:mɪ'ɒnɪks / ther·mi·onics] *s.* Ⓤ (*fis.*) termoionica.

thermistor [,θɜ:'mɪstə* / ther·mis·tor] *s.* (*fis.*) termistore.

thermit ['θɜ:mɪt] **thermite** ['θɜ:maɪt / therm·ite] *s.* (*chim.*) termite.

thermo- ['θɜ:məʊ] *pref.* di origine greca usato nella terminologia scientifica con significato di 'caldo, calore, temperatura'; it. termo-: (*med.*) *thermocoagulation*, termocoagulazione; (*fis.*) *thermometry*, termometria; (*med.*) *thermotherapy*, termoterapia.

thermobalance ['θɜ:məʊ,bæləns / ther·mo·bal·ance] *s.* (*chim.*, *fis.*) termobilancia.

thermobarometer [,θɜ:məʊbə'rɒmɪtə* / ther·mo·ba·ro·meter] *s.* (*fis.*) termobarometro.

thermocautery [,θɜ:məʊ'kɔ:tərɪ / ther·mo·caut·ery] *s.* (*med.*) termocauterio.

thermochemistry [,θɜ:məʊ'kemɪstrɪ / ther·mo·chem·istry] *s.* termochimica.

thermocouple ['θɜ:məʊ,kʌpl / ther·mo·couple] *s.* (*fis.*) termocoppia.

thermodynamic [,θɜ:məʊdaɪ'næmɪk / ther·mo·dyn·amic] *agg.* (*fis.*) termodinamico: — *potential*, potenziale termodinamico.

thermodynamics [,θɜ:məʊdaɪ'næmɪks / ther·mo·dyn·amics] *s.* Ⓤ termodinamica.

thermoelectric(al) [,θɜ:məʊɪ'lektrɪk(l) / ther·mo·elec·tric(·al)] *agg.* (*fis.*) termoelettrico: — *effect*, effetto termoelettrico.

thermoelectricity ['θɜ:məʊ,ɪlek'trɪsətɪ / ther·mo·el·ec·tri·city] *s.* termoelettricità.

thermogenesis [,θɜ:məʊ'dʒenɪsɪs / ther·mo·gen·esis] *s.* (*biol.*) termogenesi.

thermogenic [,θɜ:məʊ'dʒenɪk / ther·mo·genic] *agg.* (*scient.*) termogeno.

thermograph ['θɜ:məʊgrɑ:f *amer.* 'θɜ: məgræf / ther·mo·graph] *s.* (*fis.*) termografo.

thermography [θə'mɒgrəfɪ / ther·mo·graphy] *s.* (*fis.*) termografia.

thermology [θə'mɒlədʒɪ / ther·mo·logy] *s.* (*fis.*) termologia.

thermoluminescence [,θɜ:məʊ,lu:mɪn 'esns / ther·mo·lu·min·es·cence] *s.* (*fis.*) termoluminescenza.

thermolysis [,θɜ:'mɒləsɪs / ther·mo·lysis] *s.* (*chim.*) termolisi.

thermometer [θə'mɒmɪtə* / ther·mo·meter] *s.* (*fis.*) termometro: *mercury* —, termometro a mercurio; *spirit* —, termometro ad alcol; *centigrade* —, termometro centigrado: *differential* —, termometro differenziale; *maximum*, *minimum* —, termometro a massima, a minima; (*oceanografia*) *reversing* —, termometro a rovesciamento.

thermometric(al) [,θɜ:mə'metrɪk(l) / ther·mo·met·ric(al)] *agg.* (*fis.*) termometrico: — *fluid*, fluido termometrico.

thermonuclear [,θɜ:məʊ'nju:klɪə* *amer.* ,θɜ:məʊ'nu:klɪə* / ther·mo·nuc·lear] *agg.* (*fis. nucleare*) termonucleare: — *reaction*, reazione termonucleare.

thermophile ['θɜ:məʊfaɪl / ther·mo·phile] *s.* (*biol.*) organismo termofilo.

thermopile ['θɜ:məʊpaɪl / ther·mo·pile] *s.* (*elettr.*) pila termoelettrica.

thermoplastic [,θɜ:məʊ'plæstɪk / ther·mo·plas·tic] *agg.* (*chim.*) termoplastico.

thermoregulation [,θɜ:məʊ,regjʊ'leɪʃn / ther·mo·regu·la·tion] *s.* (*biol.*) termoregolazione.

thermoregulator [,θɜ:məʊ'regjʊleɪtə* / ther·mo·regu·lator] *s.* (*biol.*) termoregolatore.

thermoregulatory [,θɜ:məʊ'regjʊlətərɪ *amer.* ,θɜ:məʊ'regjʊlətɔ:rɪ / ther·mo·regu·lat·ory] *agg.* (*biol.*) termoregolatore: — *centres*, centri termoregolatori.

thermoresistant [,θɜ:məʊrɪ'zɪstənt / ther·mo·res·ist·ant] *agg.* termoresistente.

thermos® ['θɜ:mɒs / ther·mos] *s.* thermos, termos (recipiente termoisolante).

thermoscope ['θɜ:məʊskəʊp / ther·mo·scope] *s.* (*fis.*) termoscopio.

thermosetting ['θɜ:məʊ,setɪŋ / ther·mo·set·ting] *agg.* (*chim.*) termoindurente: — *compositions*, materie plastiche termoindurenti.

thermosiphon [,θɜ:məʊ'saɪfən / ther·mo·si·phon] *s.* termosifone: — *heating*, *cooling*, riscaldamento, raffreddamento a termosifone.

thermosphere ['θɜ:məʊsfɪə* / ther·mo·sphere] *s.* (*meteor.*) termosfera.

thermostat ['θɜ:məʊstæt / ther·mo·stat] *s.* (*fis.*) termostato.

thermostatic [ˌθɜ:mə'stætɪk / ther·mo·static] *agg.* (*fis.*) termostatico.

thesaurus [θɪ'sɔ:rəs / the·saurus] *pl.* **thesauri** [θɪ'sɔ:raɪ / the·sauri] *s.* **1** (*letter.*) tesoro **2** dizionario dei sinonimi; repertorio lessicale.

these [ði:z] *pl.* di **this**.

thesis ['θi:sɪs] *pl.* **theses** ['θi:si:z] *s.* **1** tesi; dissertazione **2** tesi; opinione.

Thespian ['θespɪən / Thes·pian] *agg.* di Tespi; drammatico // (*letter.*) *the — art*, il dramma ◆ *s.* (*letter.*) attore.

Thessalian [θe'seɪljən / Thes·sal·ian] *agg.* e *s.* tessalo, tessalico.

theta ['θi:tə] *s.* teta (lettera dell'alfabeto greco).

theurgic(al) [θi:'ɜ:dʒɪk(l) / the·ur·gic(al)] *agg.* teurgico.

theurgist ['θi:ɜ:dʒɪst / the·ur·gist] *s.* teurgo.

theurgy ['θi:ɜ:dʒɪ / the·urgy] *s.* teurgia.

thewed [θju:d] *agg.* **1** muscoloso **2** (*fig.*) vigoroso.

thewless ['θju:lɪs / thew·less] *agg.* (*rar.*) debole, senza vigore (*anche fig.*).

thews [θju:z] *s.pl.* (*antiq.*) **1** muscoli; forza fisica: *he is all — and sinews*, è tutto nervi e muscoli **2** (*fig.*) forza, vigore mentale, morale.

thewy ['θju:ɪ] *agg.* (*rar.*) **1** muscoloso **2** (*fig.*) vigoroso, forte.

they [ðeɪ] *pron.pers. 3ª pers.pl.* (con funzione di sogg., in it. è spesso sottinteso) **1** essi, esse; loro: *— all agreed to vote for him*, (essi) furono tutti d'accordo di votare per lui; *my parents were born in Jamaica but — live in London*, i miei genitori sono nati in Giamaica ma vivono a Londra; *— did it, not us*, l'hanno fatto loro, non noi; *here — are!*, eccoli qui!; *there — are!*, eccoli là!; *I wish I knew who — were*, vorrei proprio sapere chi erano; *if — had heard from him — would have told us*, se (essi) avessero avuto sue notizie, ce l'avrebbero detto; *how long have — been working here?*, da quanto tempo lavorano qui?; *"Who is it?" "It's them"*, (*form.*) *"It's —"*, "Chi è?" "Sono loro"; *you're as late as — are*, siete in ritardo come loro // Nelle forme contratte: *they've forgotten their umbrella*, si sono dimenticati l'ombrello; *they'll coming this evening*, vengono stasera; *they're reach Paris by 10 o'clock*, arriveranno a Parigi per le 10; *they'd have told us if they'd known*, ce l'avrebbero detto se l'avessero saputo // In *tail questions* e *short answers*: *they're leaving today, aren't —?*, partono oggi, vero?; *they don't need any help, do —?*, non hanno bisogno di aiuto, vero?; *they've met him before, haven't —?*, lo hanno già incontrato, non è vero?; *they'll remember us, won't —?*, si ricorderanno di noi, vero?; *they weren't very happy about it, were —?*, non erano molto contenti della cosa, vero?; *they'd bought a present, hadn't —?*, avevano comprato un regalo, no?; *they would have asked us, wouldn't —?*, ce l'avrebbero chiesto, no?; *they can't refuse, can —?*, essi non possono rifiutare, vero?; *"Have they got a dog?" "Yes, — have"*, "Hanno (essi) un cane?" "Sì (ce l'hanno)"; *"Did they want any coffee?" "No, — didn't"*, "Volevano il caffè?" "No"; *"Have they seen the film already?" "No, — haven't"*, "Loro hanno già visto il film?" "No (non l'hanno visto)"; *"Are they buying a new car?" "Yes, — are"*, "Si comprano un'altra macchina?" "Sì"; *"Had they found any clues?" "No, — hadn't"*, "Avevano trovato degli indizi?" "No"; *"Can they afford another holiday?" "No, — can't"*, "Possono permettersi un'altra vacanza?" "No (non possono)" // Dopo *so*, *nor*, *neither*, per esprimere conferma o assenso: *"He can speak German" "So can —"*, "Lui parla tedesco" "Anche loro"; *"We didn't have any luck" "Nor did —"* (o *"Neither did —"*), "Non abbiamo avuto fortuna" "Neppure loro"; *"You won't get there in time" "Nor will —"*, "Non arriverete in tempo" "Neanche loro"; *"We should leave at once" "So should —"*, "Dovremmo partire subito" "Anche loro" **2** (*impers.*) si: *— say that 13 is an unlucky number*, si dice che il 13 sia un numero sfortunato; *— told me you'd left*, mi hanno detto che eri partito; *'fall' is what — call autumn in the U.S.*, negli Stati Uniti autunno si dice 'fall'; *what do — call this flower?*, come si chiama, è chiamato questo fiore? **3** (*riferito a un nome collettivo sing.*): *the police are still looking for him, — think he's in Scotland*, la polizia lo sta ancora cercando, credono che sia in Scozia; *the crowd was moving but — didn't know where — were going*, la folla avanzava ma non sapeva dove andava **4** (*riferito a pron. indef. sing.*): *nearly everybody thinks — deserve a holiday*, quasi tutti pensano di meritare una vacanza; *somebody will help us if — have time*, qualcuno ci aiuterà, se avrà tempo **5** (*letter.*) *— who*, coloro che: *— who never met him will not understand our grief*, coloro che non l'hanno conosciuto non comprenderanno il nostro dolore.

they'd [ðeɪd] contr. di *they had*, *they would*.

they'll [ðeɪl] contr. di *they will*, *they shall*.

they're [ðeə*] contr. di *they are*.

they've ['ðeɪv] contr. di *they have*.

thiamine ['θaɪəmi:n / thi·am·ine] *s.* (*biochim.*) tiamina.

thiazine ['θaɪəzi:n / thi·az·ine] *s.* (*chim.*) tiazina.

thiazole ['θaɪəzəʊl / thi·az·ole] *s.* (*chim.*) tiazolo.

thick [θɪk] *agg.* **1** spesso; grosso; pesante: *a — book*, un librone; *a — material*, un tessuto pesante; *a board four inches —*, un'asse dello spessore di quattro pollici // *that's a bit —!*, (*sl.*) questa è grossa!, questa è bella! // *to have a — skin*, (*fam.*) essere insensibile (spec. alle critiche) // *to have a — head*, (*fig.*) avere un cerchio alla testa // *to give s.o. a — ear*, dare a qlcu. una sberla (da gonfiargli le orecchie) // *the — end of*, (*fam.*) quasi: *it cost me the — end of £ 8,000*, mi è costato la bellezza di quasi 8000 sterline **2** fitto, folto; serrato, compatto: *a — forest*, una foresta fitta; *the crowd was —*, la folla era compatta; *your hair is very —*, hai una folta capigliatura // *as — as peas*, (*fam.*) fittissimo, fitto fitto **3** denso; fitto; torbido, melmoso: *— oil*, olio denso; *— sauce*, salsa densa; *— fog*, nebbia fitta; *— wine*, vino torbido // *— on the ground*, (*fig.*) in abbondanza, in grande quantità **4** velato (di voce): *her voice was — with emotion*, aveva la voce velata, roca per l'emozione **5** forte; intenso: *a — smell*, un odore intenso; *a — accent*, un forte accento **6** (*fam.*) tonto, stupido: *to be as — as two short planks*, essere una testa di legno, poco intelligente **7** (*fam.*) intimo, molto unito: *they are very —, those two*, vanno molto d'accordo, quei due // *to be as — as thieves*, essere amici per la pelle ◆ *s.* il fitto, il folto: *in the — of the fight*, nel folto, nel bel mezzo della mischia // *through — and thin*, nella buona e nella cattiva sorte.

thick *avv.* **1** a strati grossi, spessi: *don't cut the bread —*, non tagliare il pane a fette grosse **2** fittamente, fitto fitto: *his blows fell —*, i suoi colpi cadevano fitti; *the shrubs grew —*, i cespugli crescevano fitti // *— and fast*, velocemente e in abbondanza: *snow fell — and fast*, nevicava fitto fitto.

thick (*nei composti*) **1** duro: *— -skinned*, (*fig.*) insensibile, indifferente; *— -skulled*, dalla testa dura **2** fitto: *— -sown*, seminato fitto.

to **thicken** ['θɪkən] *v.tr.* **1** infittire; ispessire; addensare: *this sauce wants thickening, add some flour to — it*, questa salsa è troppo liquida, aggiungi un po' di farina per addensarla **2** ingrossare; aumentare: *the years thickened her slender figure*, gli anni hanno appesantito la sua figura snella **3** offuscare, oscurare (di nebbia, nubi) **4** rendere confuso, biascicato (modo di parlare) **5** (*fig.*) complicare ◆ *v.intr.* **1** infittirsi; ispessirsi; addensarsi: *the crowd was thickening*, la folla si infittiva **2** ingrossarsi; ingrassare, ingrassarsi: *my waist is thickening*, sto ingrossando di vita **3** offuscarsi, oscurarsi: *the weather will —*, il tempo volge al brutto **4** essere confuso, biascicato (di modo di parlare) **5** (*fig.*) complicarsi: *after the first 100 pages the plot thickens*, dopo le prime 100 pagine la trama si complica.

thickener ['θɪknə* / thick·ener] *s.* **1** (*chim.*) addensante; concentratore, condensatore **2** (*miner.*) addensatore.

thickening ['θɪknɪŋ / thick·en·ing] *s.* **1** ispessimento; addensamento **2** addensante: *use flour as a — for your sauce*, aggiungi farina per addensare, legare la salsa.

thicket ['θɪkɪt] *s.* boschetto, folto d'alberi // *thorn —*, prunaio, roveto.

thickhead ['θɪkhed / thick·head] *s.* (*fam.*) testone, persona stupida, tonta.

thickheaded [ˌθɪk'hedɪd / thick·headed] *agg.* (*fam.*) stupido, tonto, ottuso.

thickly ['θɪklɪ / thick·ly] *avv.* **1** fittamente, densamente; abbondantemente: *the child was — wrapped in woollens*, il bambino era imbacuccato in panni di lana; *snow fell —*, la neve cadeva fitta **2** con voce incerta, indistinta: *he spoke so — that I could not catch what he said*, parlò con voce così indistinta che non afferrai ciò che diceva.

thickness ['θɪknɪs / thick·ness] *s.* **1** spessore, grossezza: *a — of three centimetres*, uno spessore di tre centimetri // (*aer.*) *— ratio*, spessore relativo // (*tecn.*) *— gauge*, spessimetro **2** consistenza; densità **3** nebbiosità, oscurità (di tempo) **4** strato **5** (*fam.*) stupidità, ottusità **6** (*geol.*) potenza, spessore (di uno strato).

thickset [ˌθɪk'set / thick·set] *agg.* **1** fitto, spesso; folto (di vegetazione): *a — hedge*, una siepe fitta **2** tozzo, tarchiato.

thief [θi:f] *pl.* **thieves** [θi:vz] *s.* **1** ladro: *he was a professional, notorious —*, era un ladro di professione, matricolato; *thieves' kitchen*, covo di ladri // *stop —!*, al ladro! // *to be as thick as thieves*, essere amici per la pelle // *set a — to catch a —*, (*prov.*) per conoscere un furbo ci vuole un furbo e mezzo // (*chim.*) *— tube*, sonda per campionatura **2** ladro (frammento di lucignolo acceso che cade sulla candela e la strugge).

to **thieve** [θi:v] *v.tr.* **1** (*non com.*) rubare **2** (*chim.*) prelevare un campione da ♦ *v.intr.* (*non com.*) commettere furti, un furto; essere un ladro di professione.

thievery [ˈθi:vərɪ / thiev·ery] *s.* **1** (*non com.*) furto, ruberia **2** (*ant.*) refurtiva.

thieving [ˈθi:vɪŋ / thiev·ing] *agg.* ladro; ladresco: *keep your — hands off my newspaper*, (*fam.*) giù le mani dal mio giornale! ♦ *s.* (*antiq.*) furto, ruberia.

thievish [ˈθi:vɪʃ / thiev·ish] *agg.* ladro; ladresco // *— magpie*, gazza ladra // **-ly** *avv.* // **-ness** *s.*

thigh [θaɪ] *s.* (*anat.*) coscia.

thigh-bone [ˈθaɪbəʊn] *s.* (*anat.*) femore.

thigh-piece [ˈθaɪpi:s] *s.* cosciale (di armatura).

thill [θɪl] *s.* stanga, timone (di carro): *— horse*, cavallo alle stanghe.

thimble [ˈθɪmbl] *s.* **1** ditale **2** (*mecc.*) manicotto, bussola **3** (*mecc.*) mandrino conico allargatubi **4** (*chim.*) filtro di carta **5** (*mar.*) radancia.

thimbleful [ˈθɪmblfʊl / thim·ble·ful] *s.* quanto sta in un ditale; piccola quantità; goccio: *I'll have a — of wine*, berrò un dito di vino.

thimblerig [ˈθɪmblrɪg / thim·ble·rig] *s.* (*rar.*) gioco di bussolotti (*anche fig.*).

to **thimblerig** *pass.p.p.* **thimblerigged** [ˈθɪmblrɪgd / thim·ble·rig·ged] *v.intr.* (*rar.*) giocare ai bussolotti (*anche fig.*) ♦ *v.tr.* (*rar.*) imbrogliare, raggirare.

thimerosal [θaɪˈmɜ:rəsæl / thi·mero·sal] *s.* (*chim.*) etilmercurio salicilato di sodio.

thin [θɪn] *agg.* **1** sottile, fine; leggero: *a — sheet of paper*, un sottile foglio di carta; *a — nose*, un naso sottile; *— clothes*, abiti leggeri // *to wear —*, assottigliarsi, consumarsi, logorarsi (*anche fig.*): *my patience is wearing —*, sto perdendo la pazienza **2** magro, scarno; esile: *he's got very — arms*, ha braccia molto esili; *he's very — in the face*, ha un volto molto scarno; *as — as a rake*, magro come un chiodo; *to grow —*, dimagrire, assottigliarsi // *to have a — time*, (*fig.*) passarsela male **3** rado, raro; scarsamente popolato, frequentato: *her hair is very —*, ha i capelli molto radi; *to be — on the top*, (*fam.*) una calvizie incipiente; *the audience was — at the theatre last night*, c'era poca gente a teatro ieri sera // *— on the ground*, (*fig.*, *fam.*) scarso, in piccola quantità **4** fluido; diluito, annacquato; rarefatto: *a — sauce*, una salsa fluida; *the air was very — up there*, l'aria era molto rarefatta lassù **5** tenue, pallido (di colore); esile, fievole (di voce, suono): *we walked in the — winter sunlight*, camminammo alla pallida luce del sole invernale **6** debole, fiacco; poco convincente: *a — excuse*, una magra scusa; *it is a very — argument*, è un ragionamento molto fiacco ♦ *avv.* sottilmente, sottile: *to cut ham —*, tagliare sottile il prosciutto.

to **thin** *pass.p.p.* **thinned** [θɪnd] *v.tr.* **1** assottigliare; dimagrire **2** diradare; sfoltire; decimare: *the population was thinned by the war*, la popolazione fu decimata dalla guerra; *to — (out) the branches of a tree*, sfrondare un albero **3** diluire, rendere fluido: *— the paint, it's too thick!*, diluisci la pittura, è troppo densa! ♦ *v.intr.* **1** assottigliarsi; dimagrire: *you have thinned since I saw you last*, sei dimagrito dall'ultima volta che ti ho visto **2** diradarsi, sfoltirsi: *his hair was thinning*, i suoi capelli si stavano diradando.

□ **thin down** *v.tr.* e *avv.* diluire: *— down the paint before applying it*, diluisci la pittura prima di stenderla

□ **thin out** *v.intr.* e *avv.* diradarsi, sfoltirsi ♦ *v.tr.* e *avv.* diradare, sfoltire.

thine [ðaɪn] *agg.poss.* (*ant.*, *poet.*) tuo, tua; tuoi, tue ♦ *pron.poss.* il tuo, la tua; i tuoi, le tue: *for Thine is the kingdom, the power and the glory, for ever and ever. Amen*, Perché tuo è il regno, il potere e la gloria per tutti i secoli dei secoli. Amen.

thing [θɪŋ] *s.* **1** cosa, oggetto; (*fam.*) coso, aggeggio: *where did you put that —?*, dove hai messo quella cosa?; *I can't get this — to work*, non riesco a far funzionare quest'aggeggio; *it is a very cheap —*, è una cosa, un oggetto da poco // *that's just the — I need*, è proprio quello che fa per me; *a hot drink is just the — when it's cold*, una bevanda calda è proprio quello che ci vuole in una giornata fredda // *the latest — (in fashion)*, l'ultimo grido (della moda) // *quite the —*, alla moda **2** cosa; fatto; faccenda; questione: *there's a — I want to talk to you about*, c'è una cosa di cui voglio parlarti; *the — is I'm working on Tuesday*, il fatto è che martedì lavoro; *don't take the — so badly*, non prendertela tanto; *don't make such a — out of it*, non farne un affare di stato; *don't worry about a —*, non dovrai preoccuparti di niente; *spiritual things*, questioni spirituali; *the shape of things to come*, lo sviluppo delle cose a venire // *as things are*, stando così le cose // *the — is*, il fatto è che // *it's one — to say he's absent-minded, another to say he's stupid*, una cosa è dire che è sbadato, un'altra dire che è stupido // *for one —*, in primo luogo; tanto per incominciare // *for another —...*, d'altra parte... // *in all things*, comunque e sempre // *taking one — with another*, tutto considerato; considerando il pro e il contro // *what with one — and another*, per una ragione o per l'altra // *to know a — or two about sthg.*, intendersi di, saperla lunga su qlco. // *to be on to a good —*, aver trovato l'America, la gallina dalle uova d'oro // *a near —*, uno scampato pericolo, un guaio evitato per un pelo // *it's just one of those things*, è qualcosa di inevitabile; è una cosa che se deve capitare capita // *too much of a good —*, troppo bello per essere vero // *well, of all things!*, be', chi l'avrebbe mai detto! // *to do one's (own) —*, (*fam. amer.*) seguire la propria inclinazione **3** cosa; affermazione; osservazione: *I've never said such a —*, non ho mai detto una cosa simile; *to say the right —*, dire la cosa giusta, parlare a proposito; *I've heard strange things about them*, ho sentito strane cose sul loro conto // *to have a — about s.o., sthg.*, avercela, avere un fatto personale con qlcu., qlco. **4** cosa; gesto, azione; attività: *the first — to do*, la prima cosa da fare; *to do the right (decent) —*, fare la cosa giusta // *the —*, la cosa migliore; l'essenziale: *the — now is to find a way out*, l'essenziale ora è trovare una via d'uscita; *it's not the done — to slurp your soup*, non è cosa da farsi mangiare rumorosamente la minestra **5** capo di vestiario; abito, vestito: *I haven't got a — to wear*, non ho nemmeno uno straccetto da mettere **6** *pl.* arnesi, utensili; occorrente: *bring your things when you come*, porta l'occorrente quando vieni **7** (*fam.*) creatura: *poor little —!*, povera creatura!; *she's a sweet little —*, è un tesoro **8** *pl.* (*dir.*) proprietà // *things personal, real*, beni mobiliari, immobiliari.

thingamabob [ˈθɪŋəməˌbɒb / thing·a·ma·bob] → **thingamajig**.

thingamajig [ˈθɪŋəmədʒɪg / thing·a·ma·jig] **thingumajig** *s.* (*fam.*) **1** un tale, un tizio, uno; coso: *did you speak to Mr —?*, hai parlato con coso, con quel tale? **2** coso, aggeggio, arnese: *give me that —*, dammi quel coso.

thingie [ˈθɪŋɪ] **thingy** → **thingamajig**.

thingummy(jig) [ˈθɪŋəmɪ(dʒɪg) / thing·ummy(·jig)] → **thingamajig**.

to **think** [θɪŋk] *pass.p.p.* **thought** [θɔ:t] *v.intr.* pensare; riflettere; ragionare: *— before speaking, acting*, pensa, rifletti prima di parlare, agire; *that boy thinks too much*, quel ragazzo pensa troppo; *his name was, let me —...*, si chiamava, fammi pensare...; *to — hard*, pensare, riflettere a lungo; *to — twice*, pensarci due volte; *to — again*, ripensarci // *to — on one's feet*, prendere una decisione sui due piedi // *to — big*, (*fam.*) pensare in grande, fare progetti grandiosi // *to — for oneself*, pensare da solo, farsi una propria opinione // *to — to oneself*, pensare fra sé e sé ♦ *v.tr.* **1** pensare; avere in testa: *to — evil thoughts*, fare, avere cattivi pensieri; *you know what I —*, sai come la penso; *if you — that, you're mad*, se la pensi così sei un pazzo **2** pensare, credere; ritenere; giudicare: *it's easier than I thought*, è più facile di quanto, di quel che pensassi; *do you — you can do it?*, pensi, credi di poterlo fare?; *I thought (that) I heard a cry*, mi è parso di udire un grido; *the doctor thought it was scarlet fever*, il dottore pensò si trattasse di scarlattina; *they thought he was rich*, lo ritenevano ricco; *he was thought to be rich*, passava per ricco; *to — s.o., sthg. interesting*, ritenere qlcu., qlco. interessante; *the exam was on Friday or so I thought*, l'esame era venerdì, o almeno così credevo; *I — so*, credo, penso di sì; *I don't — so* (o *I — not*), credo, penso di no; *I hardly — so*, credo sia poco probabile; *I don't — he will come*, credo che non verrà // *the right thing would be to write, don't you —*, la cosa giusta (da fare) sarebbe scrivere, non è vero?, non credi? **3** pensare; credere; dire; immaginare; aspettarsi: *who'd have thought it!*, chi l'avrebbe detto!; *I thought as much*, me l'aspettavo; *you might almost — you were in Japan*, si potrebbe (quasi) credere di essere in Giappone // *to — I believed him!*, e pensare, e dire che gli credevo, che mi fidavo di lui! **4** pensare; ricordarsi di: *did you — to bring a can opener?*, vi siete ricordati di portare un apriscatole?; *we didn't — so*, non ci abbiamo pensato.

□ **think about** *v.intr.* e *prep.* **1** pensare a; avere in mente: *what are you thinking about?*, a che cosa pensi?; *I have so many things to — about*, ho tante cose a cui pensare **2** pensare a; considerare, prendere in considerazione: *what do you — about it?*, che ne pensi?; *did you — about that offer?*, hai considerato quell'offerta?; *I'm thinking about selling up and settling in France*, sto pensando di vendere tutto e andare a stare in Francia.

□ **think ahead** *v.intr.* e *avv.* guardare avanti; anticipare; prevenire: *you must — ahead to your retirement and make plans*, devi pensare in anticipo alla pensione e provvedere; *you should have thought ahead*, dovevi pensarci prima.

□ **think back** *v.intr.* e *avv.* ripensare; tornare

con la memoria: *this makes me — back to my youth*, ciò mi fa ripensare alla mia giovinezza.
□ **think of** *v.intr.* e *prep.* **1** pensare a; occuparsi di; prendere in considerazione: *don't worry: I'll — of everything*, non preoccuparti, penserò a tutto io; *he thought only of helping her*, il suo unico pensiero fu di aiutarla; *— of her surprise when...*, immagina la sua sorpresa quando... // *— of your health!*, pensa alla salute! **2** pensare di; avere in animo, in mente di: *are you still thinking of going to Australia?*, pensi ancora di andare in Australia?; *just exactly what were you thinking of?*, che cosa avevi in mente di preciso? **3** ricordare; far venire alla mente: *I cannot — of her name*, non riesco a ricordare il suo nome, a ricordarmi come si chiama; *I — of you*, ti penso, penso a te **4** avere un'opinione di; stimare: *what do you — of it?*, che ne pensi?; *you don't — a lot of him*, non hai una grande opinione di lui; *to — very little of s.o., sthg.*, tenere in poco conto qlcu., qlco.; *he is well thought of at work*, è molto stimato nel suo ambiente di lavoro // *to — better of*, cambiare idea, opinione su; avere un'opinione migliore di.
□ **think out** *v.tr.* e *avv.* **1** pensare: *let me — it out*, lascia che ci pensi **2** pensare, escogitare: *can you — out a way out?*, puoi trovare il modo di uscirne?
□ **think over** *v.tr.* e *avv.* pensare; riflettere: *I will — it over*, ci penserò; *after thinking it over I decided not to go*, dopo averci pensato, riflettuto, decisi di non andare.
□ **think through** *v.tr.* e *avv.* → to think out.
□ **think up** *v.tr.* e *avv.* trovare; escogitare; inventare: *to — up a name for a new car*, inventare, trovare un nome per una nuova automobile; *to — up a plan*, escogitare un piano.

thinkable ['θɪŋkəbl / think·able] *agg.* concepibile; immaginabile; ammissibile: *is it — that...?*, è ammissibile che...?

thinker ['θɪŋkə*] *s.* pensatore: *free —*, libero pensatore.

thinking ['θɪŋkɪŋ / think·ing] *agg.* pensante, ragionevole: *man is a — animal*, l'uomo è un animale ragionevole ◆ *s.* **1** pensiero; riflessione; meditazione: *deep —*, pensieri profondi; *you had better do a little hard —*, faresti meglio a riflettere un po' seriamente **2** opinione, parere; avviso: *to my* (*way of*) *—*, a mio avviso, a mio modo di vedere.

think tank ['θɪŋk,tæŋk] *s.* gruppo, comitato di esperti (per consulenza, previsioni ecc.).

think time ['θɪŋk,taɪm] *s.* (*inform.*) tempi (*pl.*) di risposta, tempi morti.

thinly ['θɪnlɪ] *avv.* **1** finemente, sottilmente; leggermente: *— cut*, tagliato fine **2** insufficientemente; scarsamente, appena: *— veiled allusion*, allusione appena velata; *a — populated country*, un paese scarsamente popolato **3** in modo rado: *— sown corn*, grano seminato rado.

thinner ['θɪnə* / thin·ner] *s.* solvente, diluente (per vernici ecc.).

thinness ['θɪnnɪs / thin·ness] *s.* **1** sottigliezza, finezza; leggerezza **2** magrezza; esilità **3** radezza; scarsità **4** fluidità; rarefazione **5** (*fig.*) debolezza, inconsistenza (di scusa ecc.).

thinnish ['θɪnɪʃ / thin·nish] *agg.* **1** piuttosto sottile; magrolino, mingherlino **2** piuttosto rado (di capelli) **3** piuttosto tenue (di voce, colore ecc.).

thin-skinned [,θɪn'skɪnd] *agg.* **1** dalla pelle fine, sottile **2** (*fig.*) ipersensibile; sensibile; suscettibile, permaloso.

thin-walled [,θɪn'wɔ:ld] *agg.* dalle pareti sottili.

thio- ['θaɪəʊ] *pref.* della terminologia chimica che indica 'relazione con lo zolfo, presenza di zolfo in un composto'; it. tio-: *thioeter*, tioetere.

thioacetic [,θaɪəʊə'si:tɪk / thio·acetic] *agg.* (*chim.*) tioacetico.

thioacid ['θaɪəʊ,æsɪd / thio·acid] *s.* (*chim.*) tioacido.

thiocyanate [,θaɪəʊ'saɪəneɪt / thio·cyan·ate] *s.* (*chim.*) tiocianato, solfocianuro.

thiocyanic [,θaɪəʊsaɪ'ænɪk / thio·cy·anic] *agg.* (*chim.*) tiocianico: *— acid*, acido tiocianico.

thiofuran [,θaɪəʊ'fjʊərən / thio·furan] *s.* (*chim.*) tiofene.

thioindigo [,θaɪəʊ'ɪndɪgəʊ / thio·in·digo] *s.* (*chim.*) tioindaco.

thiol ['θaɪəʊl] *s.* (*chim.*) tiolo, tioalcol.

thionic [θaɪ'ɒnɪk / thi·onic] *agg.* (*chim.*) tionico: *— acid*, acido tionico.

thionyl ['θaɪənɪl / thio·nyl] *s.* (*chim.*) tionile.

thiophene ['θaɪəfi:n / thio·phene] *s.* (*chim.*) tiofene.

thiophenol [,θaɪəʊ'fi:nɒl / thio·phenol] *s.* (*chim.*) tiofenolo.

thiosulphate [,θaɪəʊ'sʌlfeɪt / thio·sulph·ate] *s.* (*chim.*) tiosolfato.

third [θɜ:d] *agg.num.ord.* terzo: *every — day, year*, ogni tre giorni, anni; *May 3rd, 3rd May* (letto *the third of May* o *May the third*), il tre maggio; *— dimension*, terza dimensione; (*eccl.*) *— order*, terzo ordine; (*ferr.*) *— rail*, terza rotaia // *— cousin*, cugino in terzo grado // *— wheel*, (*fam. amer.*) terzo incomodo // (*st.*) *the Third Estate*, il Terzo Stato // *Henry the Third*, Enrico III ◆ *s.* **1** il terzo: *he was the —*, egli fu il terzo; *to make a —*, essere il terzo (in un gioco, gruppo) **2** terzo, terza parte: *two thirds*, due terzi **3** (*mus.*) terza: *major, minor —*, terza maggiore, minore **4** (*aut.*) terza (marcia) **5** (*università*) il minimo dei voti (di laurea) **6** *pl.* (*comm.*) articoli, merce di qualità scadente **7** (*comm.*) *— of exchange*, terza di cambio ◆ *avv.* in terzo luogo.

third-class [,θɜ:d'klɑ:s *attr.* 'θɜ:d,klɑ:s *amer.* ,θɜ:d'klæs] *agg.* di terza classe // (*comm.*) *— paper*, carta commerciale di terza classe ◆ *avv.* in terza classe (di treno, nave ecc.): *to travel —*, viaggiare in terza classe.

third degree [,θɜ:ddɪ'gri:] *s.* (*dir.*) (interrogatorio di) terzo grado: *to give s.o. the —*, sottoporre qlcu. a un interrogatorio di terzo grado, (*fam.*) al terzo grado.

third-degree ['θɜ:ddɪ,gri:] *agg.* (*med., dir.*) di terzo grado: *— burn*, ustione di terzo grado.

thirdly ['θɜ:dlɪ / third·ly] *avv.* in terzo luogo.

third-rate [,θɜ:d'reɪt] *agg.* di terz'ordine, scadente, dozzinale: *a — artist*, un artista da strapazzo.

Third World ['θɜ:d'wɜ:ld] *s.* (*pol.*) terzo mondo.

third-world [,θɜ:d'wɜ:ld] *agg.* (*pol.*) del terzo mondo, terzomondista.

third worldism [,θɜ:d'wɜ:ldɪzm] *s.* (*pol.*) terzomondismo.

thirst [θɜ:st] *s.* **1** sete, arsura: *to quench one's —*, calmare la sete, dissetarsi; *to die of —*, morire di sete **2** (*fig.*) sete, avidità, desiderio intenso, brama: *his — for novelty, for knowledge*, la sua smania di novità, la sua sete di sapere.

to **thirst** *v.intr.* (*ant. letter.*) aver sete, soffrir la sete; *I'm thirsting for a glass of beer*, sto morendo dalla voglia di un bicchiere di birra; *to — for glory*, aver sete di gloria.
□ **thirst for, after** *v.intr.* e *prep.* aver sete di (*anche fig.*).

thirsty ['θɜ:stɪ] *agg.* **1** assetato: *to be* (o *to feel*) *—*, aver sete; *salty food makes you —*, i cibi salati fanno venir sete; *to be — for*, (*fig. letter.*) bramare, essere assetato di **2** arido, secco: *— land*, terra riarsa **3** che provoca, che mette sete: *— food*, cibo che fa venir sete // *— work*, lavoro pesante, che fa venir sete // **-ily** *avv.* // **-iness** *s.*

thirteen [,θɜ:'ti:n / thir·teen] *agg.num.card.* e *s.* tredici // *to talk — to the dozen*, (*fam.*) parlare a vanvera.

thirteenth [,θɜ:'ti:nθ / thir·teenth] *agg. num.ord.* e *s.* tredicesimo; decimoterzo.

thirtieth ['θɜ:tɪɪθ / thir·ti·eth] *agg.num.ord.* e *s.* trentesimo.

thirty ['θɜ:tɪ] *agg.num.card.* e *s.* trenta: *give me —*, dammene trenta, una trentina // *the thirties*, gli anni trenta: *he was famous in the thirties*, era celebre negli anni trenta; *she must be in her early thirties*, dev'essere sulla trentina; *she was in her late thirties*, era sulla quarantina // *the Thirty Years' War*, (*st.*) la guerra dei Trent'anni.

this [ðɪs] *pl.* **these** [ði:z] *agg.dimostr.* **1** questo, questa: *— letter is for you*, questa lettera è per te; *I like — record better than that one*, preferisco questo disco a quello; *come — way, please*, venite da questa parte, prego; *are these gloves yours?*, sono tuoi questi guanti?; *— whole affair is scandalous*, tutta questa faccenda è scandalosa; *these prices are impossible*, questi prezzi sono impossibili; *we're going to Provence — summer*, quest'estate andiamo in Provenza; *one of these days I'll tell him what I think*, uno di questi giorni gli dirò cosa penso; *I've seen him — morning*, l'ho visto stamattina // *— day week*, oggi a otto // *— here boy is Tom's son*, (*fam.*) questo ragazzo qui è il figlio di Tom // *do it — way*, fa' così, in questo modo // *they ran — way and that*, corsero in questa e in quella direzione **2** quest'ultimo, quest'ultima: *we can skip point four on the agenda, — problem has already been solved*, possiamo saltare il quarto punto all'ordine del giorno, quest'ultimo problema è già stato risolto; *for — reason, it's better if we contact him*, per quest'ultima ragione, è meglio se ci mettiamo in contatto con lui // *— agreement, convention*, (*dir. comm.*) il presente contratto, la presente convenzione **3** (*fam.*) un certo, una certa: *I was sitting in the park when — blonde walked past*, ero seduto nel parco quando una (certa) bionda mi passò davanti ◆ *pron.dimostr.* **1** questo, questa: *— is the worst wine I've ever tasted*, questo è il peggior vino che io abbia mai bevuto; *— must be your umbrella*, questo dev'essere il tuo ombrello; *these are the people I wanted to meet*, queste sono le persone che volevo conoscere; *which is yours, — or that?*, qual è il tuo, questo o quello? // *Hello. This is John Morgan speaking*, (*al telefono*) Pronto, qui parla John

Morgan // — *is the news at 6 o'clock on* BBC *1*, ecco le notizie delle ore 18 sul primo canale della BBC // — *is my brother Martin*, (*nelle presentazioni*) questo è mio fratello Martin **2** questo, ciò: *when the mistake appears on the computer screen, — can be corrected*, quando l'errore appare sullo schermo del computer, (lo) si può correggere; *I didn't see him though you may not believe —*, non l'ho visto, anche se tu non ci crederai; *you'll be sorry for —*, te ne pentirai; *open the box like —*, apri la scatola così, in questo modo; *it was like —, she arrived on Friday and...*, è andata così, lei è arrivata il venerdì e... // *we were talking about — and that* (o *about —, that and the other*), parlavamo del più e del meno // *"It's impossible to reach an agreement on the subject" "This is it"*, "È impossibile raggiungere un accordo sull'argomento" "Appunto! Ecco il problema!"; *Right! Now I'm going to walk through that door. This is it!*, Bene! Ora varcherò quella soglia. Ci siamo!; *This was it! The critical moment had arrived*, Eravamo al dunque! Era arrivato il momento cruciale.

this *avv.* così: *the pumpkin in the exhibition was — big*, la zucca alla mostra era grande così; *when I last saw your daughter she was — high*, l'ultima volta che ho visto tua figlia era alta così // *I can tell you — much... the situation is very critical*, posso dirti questo e niente di più... la situazione è molto critica // *— far and no further*, fin qui e non oltre.

thistle ['θɪsl] *s.* (*bot.*) cardo selvatico // (*arald.*) *Thistle*, Cardo (emblema della Scozia) // *Knight of the Order of the Thistle* (abbr. *KT*) cavaliere dell'Ordine del Cardo // *to grasp the — firmly*, affrontare risolutamente una situazione critica, prendere il toro per le corna.

thistledown ['θɪsldaʊn / thistle·down] *s.* (*bot.*) lanugine del cardo.

thistle finch ['θɪslfɪntʃ] *s.* (*zool.*) cardellino → **goldfinch**.

thistly ['θɪslɪ] *agg.* **1** pieno di cardi **2** spinoso, pungente (*anche fig.*).

thither ['ðɪðə*] *avv.* (*letter.*) là, colà, in quella direzione // *to run hither and —*, correre qua e là // *baskets full of meat, which had been... sent thither by the king's orders*, (DEFOE) cestini pieni di carne che erano stati... mandati là per ordine del re.

tho, **tho'** [ðəʊ] abbr. di → **though**.

thole [θəʊl] *s.* (*mar.*) scalmo.

to **thole** *v.tr.* (*ant.*) sopportare, subire; soffrire ◆ *v.intr.* (*ant.*) pazientare; subire.

Thomism ['təʊmɪzəm / Thom·ism] *s.* (*fil.*) tomismo.

Thomist ['təʊmɪst / Thom·ist] *s.* (*fil.*) tomista.

Thomistic(al) [təʊ'mɪstɪk(l) / Thom·istic, Thom·ist·ical] *agg.* (*fil.*) tomistico.

thong [θɒŋ] *s.* **1** correggia; cinghia; laccio; cinturino **2** sferza, staffile.

to **thong** *v.tr.* **1** fornire di correggia, cinghie; assicurare con cinghie **2** sferzare, staffilare.

thongs [θɒŋz *amer.* θɔ:ŋz] *s.pl.* (*amer.*) (ciabattine di gomma) infradito.

thoracentesis [,θɔ:rəsen'ti:sɪz / tho·ra·cen·tesis] *s.* (*med.*) toracentesi, toracocentesi.

thoracic [θɔ:'ræsɪk / thor·acic] *agg.* (*anat.*) toracico.

thoracocentesis [θɔ:,reɪkəʊsen'ti:sɪs / tho·ra·co·cen·tesis] *s.* (*med.*) → **thoracentesis**.

thoracotomy [,θɔ:rə'kɒtəmɪ / tho·ra·co·tomy] *s.* (*med.*) toracotomia.

thorax ['θɔ:ræks] *pl.* **thoraxes** ['θɔ:ræksɪz / thor·axes] **thoraces** [θɔ:'reɪsi:z] *s.* (*anat.*) torace.

thoria ['θɔ:rɪə] *s.* (*chim.*) ossido di torio.

thorianite ['θɔ:rɪənaɪt / thor·ian·ite] *s.* (*min.*) torianite.

thoric ['θɒrɪk] *agg.* (*chim.*) di, contenente torio.

thorite ['θɔ:raɪt / thor·ite] *s.* (*min.*) torite.

thorium ['θɔ:rɪəm / thor·ium] *s.* (*chim.*) torio: *— series*, famiglia, serie del torio.

thorn [θɔ:n] *s.* **1** (*bot.*) spina, spino // *a — in one's flesh* (o *in one's side*), (*fig.*) una spina nel fianco // *no rose without a —*, (*prov.*) non c'è rosa senza spine **2** (*bot.*) rovo; pianta spinosa: *— thicket*, roveto **3** (*zool.*) aculeo, spina.

thorn-apple ['θɔ:n,æpl] *s.* (*bot.*) stramonio → **stramonium**.

thornback ['θɔ:nbæk / thorn·back] *s.* (*zool.*) **1** (*Raja clavata*) razza chiodata **2** (*Maya squinado*) grancevola.

thornbill ['θɔ:nbɪl / thorn·bill] *s.* (*zool.*) (*Rhamphomicron microrhynchum*) ranforinco.

thorn-bush ['θɔ:nbʊʃ] *s.* (*bot.*) biancospino → **hawthorn**.

thorn-hedge ['θɔ:nhedʒ] *s.* (*bot.*) siepe di biancospino.

thornless ['θɔ:nlɪs / thorn·less] *agg.* senza spine.

thorntree ['θɔ:ntri: / thorn·tree] *s.* (*bot.*) **1** biancospino → hawthorn **2** (*Gleditschia triacanthos*) spino di Giuda, acacia spinosa.

thorny ['θɔ:nɪ] *agg.* **1** spinoso, pieno di spine **2** (*fig.*) spinoso; aspro, arduo, difficile; tormentoso: *a — problem*, un problema spinoso.

thoron ['θɔ:rɒn] *s.* (*fis. nucleare*) toron.

thorough[1] ['θʌrə *amer.* 'θʌrəʊ / thor·ough] *agg.* **1** completo, totale; accurato, minuzioso; profondo, approfondito: *a — comprehension*, una comprensione totale; *a — clean*, una pulita a fondo; *a — change*, un cambiamento radicale; *a — discussion*, una discussione esauriente; *a — investigation*, un'indagine approfondita; *a — job*, un lavoro accurato; *a — overhaul* (o *servicing*), un'accurata revisione **2** perfetto; bell'e buono: *a — gentleman*, un gentiluomo perfetto; *a — rascal*, un vero mascalzone, un furfante matricolato **3** attento, preciso, meticoloso: *he is very —*, egli è molto coscienzioso, preciso // **-ness** *s.*

thorough[2] *prep.* e *avv.* (*ant.*) → **through**.

thorough-bass [,θʌrə'beɪs] *s.* (*mus.*) basso continuo.

thoroughbred ['θʌrəbred / thor·ough·bred] *agg.* **1** purosangue, di razza (di cavallo) **2** (*fig.*) di classe, distinto, che ha stile (di persona); colto; beneducato ◆ *s.* (cavallo) purosangue.

thoroughfare ['θʌrəfeə* / thor·ough·fare] *s.* (*form.*) via, arteria di grande traffico // *no —*, divieto di transito.

thoroughgoing ['θʌrə,gəʊɪŋ / thor·ough·go·ing] *agg.* **1** deciso, risoluto, che va fino in fondo **2** completo; totale; molto accurato, minuzioso; approfondito **3** (*attr.*) perfetto, vero e proprio, bell'e buono.

thoroughly ['θʌrəlɪ *amer.* 'θʌrəʊlɪ / thor·ough·ly] *avv.* completamente, totalmente; accuratamente; in modo approfondito: *a — reliable machine*, macchina di assoluta fiducia; *I — understand*, capisco perfettamente; *he knows his job —*, conosce il suo lavoro a fondo.

thoroughpaced ['θʌrəpeɪst / thor·ough·paced] *agg.* **1** allenato a tutte le andature (di cavallo) **2** → thoroughgoing.

thoroughpin ['θʌrəpɪn / thor·ough·pin] *s.* (*vet.*) vescicone (gonfiore del garretto del cavallo).

thorp(e) [θɔ:p] *s.* (*ant.*) villaggio.

Thor's hammer [,θɔ:z'hæmə*] *s.* (*archeol.*) martello di selce.

those [ðəʊz] *pl.* di **that**.

thou[1] [ðaʊ] *pron.pers. 2ª pers.sing.sogg.* (*ant.*, *poet.*) tu: *thou thereon didst only breathe*, (B. JONSON) tu su di essa solo alitasti; *Or why is this immortal that thou hast?*, (MARLOWE) O perché è immortale quella [anima] che tu hai?

thou[2] [θaʊ] *s.* (*fam.*) abbr. di → **thousand**.

though [ðəʊ] *cong.* sebbene, benché, quantunque, anche se: *he recognized her at once — he hadn't seen her for years*, sebbene non la vedesse da anni, la riconobbe subito; *— full, the suitcase wasn't very heavy*, benché piena, la valigia non era molto pesante; *difficult — it was, he managed to pass the exam*, benché fosse difficile, egli riuscì a superare l'esame; *it wasn't my idea, — I think it's a good one*, non è stata un'idea mia, anche se mi pare buona; *— they couldn't prove it, the police believed he was guilty*, pur non riuscendo a dimostrarlo, la polizia lo riteneva colpevole; *strange — it may seem, they still worship the sun*, per quanto sembri strano, essi adorano ancora il sole // *— I say so* (o *it*) *myself...*, non dovrei essere io a dirlo, ma...: *— I say so myself, I'm a very good cook*, non dovrei essere io a dirlo, ma sono un'ottima cuoca // *as —*, come se: *it was as — they had never seen me before*, era come se non mi avessero mai visto; *he looked as — he'd seen a ghost*, pareva uno che avesse visto un fantasma // *even —*, sebbene; anche se: *even — they were treated badly, they didn't complain*, sebbene fossero trattati male, non si lamentavano // *what —*, (*poet.*) che importa se: *what — spring is over...*, che importa se la primavera è finita... ◆ *avv.* però, comunque, tuttavia: *he said he'd phone, he didn't —*, disse che avrebbe telefonato, però non l'ha fatto; *"It's a very long film" "It's good —, isn't it?"*, "È un film lunghissimo" "Comunque è bello, no?".

thought[1] [θɔ:t] *s.* **1** pensiero; riflessione, meditazione: *capable of —*, capace di pensare; *lost* (o *deep*) *in —*, immerso nei propri pensieri; *want of —*, mancanza di riflessione; *his books stimulate —*, i suoi libri inducono alla meditazione; *to take — how to do sthg.*, riflettere sul come fare qlco. // *have you ever given it —?*, ci hai mai pensato?; *I'll have to give it some —*, devo pensarci un momentino, devo farci un pensierino // *she has never given any — to her appearance*, non si è mai curata molto (del suo aspetto) // *quick as —*, veloce come il pensiero // *second thoughts are best*, è sempre meglio riflettere // *on second thoughts*, ripensandoci // *modern —*, il pensiero moderno **2** pensiero; parere, opinione; idea: *tell me* (o *let me have*) *your thoughts on the matter*, ditemi il vostro parere sulla faccenda; *"And if we went by bus?" "That's a —"*, "E se andassimo in autobus?" "È un'idea"; *the very — of it makes me sick*, alla sola idea, al solo pensiero (di ciò), al solo pensarci mi sento male // *to read s.o.'s thoughts*, leggere nel pensiero di qlcu. // *to collect one's thoughts*, raccogliere le proprie idee; riprendersi // *a penny for your thoughts*, (*fam.*) vorrei sapere a cosa pensi **3** pensiero, preoccupazione; cura: *she was full of — for her sick father*, era piena di cure per il padre ammalato; *to take no — for the morrow*, (*antiq.*) non preoccuparsi del domani; *his one — is to go to America*, non pensa che ad andare in America **4** intenzione: *I had no — of troubling you*, non avevo intenzione di disturbarti **5** *a —*, (*fam. antiq.*) un poco, un tantino, un'idea: *she seemed to me a — conceited*, mi sembrò un tantino vanitosa.

thought[2] *pass.p.p.* di to **think**.

thoughtful ['θɔ:tfʊl / thought·ful] *agg.* **1** pensoso, pensieroso, meditabondo: *she was very —*, era completamente assorta nei suoi pensieri **2** sollecito, premuroso, riguardoso: *it was very — of you to...*, fu molto gentile da parte vostra di...; *a — host*, un ospite pieno di attenzioni **3** profondo; meditato, ponderato; serio: *a — answer*, una risposta ponderata; *a — writer*, uno scrittore profondo, meditativo // **-ly** *avv.* // **-ness** *s.*

thoughtless ['θɔ:tlɪs / thought·less] *agg.* **1** sconsiderato, sventato, irriflessivo; imprudente, avventato: *— acts*, atti sconsiderati; *— girl*, ragazza sventata **2** negligente, incurante, menefreghista; senza riguardo // **-ly** *avv.* // **-ness** *s.*

thought-out [,θɔ:t'aʊt] *agg.* meditato, ponderato, pensato, studiato a fondo: *a well — plan*, un piano ben congegnato.

thought-reader ['θɔ:t,ri:də*] *s.* (*fam.*) chi legge nel pensiero.

thought-transference ['θɔ:t,trænsfərns] *s.* telepatia.

thousand ['θaʊznd / thou·sand] *agg. num.card.* mille: *a — men*, mille uomini; *two — years*, duemila anni, due millenni // *a — and one*, (*fam.*) moltissimi: *I have got a — and one things to do*, ho moltissime cose da fare ◆ *s.* migliaio; mille; molti; gran numero: *by the —*, a migliaia; *I've told her thousands of times*, gliel'ho detto migliaia di volte; *two in a —*, due su mille // *to be one in a —*, essere eccezionale, fuori dal comune, una mosca bianca: *a person like that is one in a —*, è raro trovare una persona così.

thousandfold ['θaʊzndfəʊld / thou·sand·fold] *agg.* moltiplicato per mille, che è mille volte tanto ◆ *avv.* mille volte tanto.

thousand-headed cabbage [,θaʊznd ,hedɪd'kæbɪdʒ] *s.* Ⓤ (*bot. amer.*) cavolini di Bruxelles → **Brussel(s) sprouts**.

thousand-leaf ['θaʊznd,li:f] *s.* (*bot.*) achillea, millefoglio → **milfoil**.

thousand-legs ['θaʊznd,legz] *s.* (*zool.*) millepiedi.

thousandth ['θaʊznɪθ / thou·sandth] *agg.num.ord.* millesimo // *for the — time*, per l'ennesima volta ◆ *s.* millesimo.

Thracian ['θreɪʃjən / Thra·cian] *agg.* e *s.* tracio.

thraldom ['θrɔ:ldəm / thral·dom] *s.* (*ant.*) schiavitù, servaggio, servitù.

thrall [θrɔ:l] *agg.* (*ant.*) asservito, schiavo ◆ *s.* (*ant.*) **1** schiavo, servo (*anche fig.*) **2** ostaggio, prigioniero **3** schiavitù, servaggio // (*letter.*) *to be in — to s.o.* (o *sthg.*), essere schiavo di qlcu., qlco. // *la belle Dame sans merci / hath thee in thrall*, (KEATS) la 'belle Dame sans merci' ti ha in sua mercé.

to **thrall** *v.tr.* (*ant.*) rendere schiavo.

thral(l)dom ['θrɔ:ldəm / thral(l)·dom] *s.* (*ant.*) schiavitù, servaggio.

thrash [θræʃ] *s.* **1** (*agr.*) trebbiatura **2** battito continuo (della pioggia, delle onde) **3** (*mecc.*) vibrazione; battimento, scuotimento **4** (*sport*) battuta delle gambe (nel nuoto) **5** (*fam.*) festa.

to **thrash** *v.tr.* **1** battere, percuotere, sferzare: *his father will — him soundly*, suo padre gliele darà di santa ragione; *to — the water while swimming*, battere l'acqua nuotando **2** (*agr.*) trebbiare **3** (*sl. sport*) sconfiggere, battere: *we thrashed the visiting team*, abbiamo battuto la squadra ospite ◆ *v.intr.* **1** muoversi, dimenarsi: *the fish was thrashing about in the net*, il pesce si dimenava nella rete **2** (*agr.*) battere il grano, trebbiare **3** (*mecc.*) vibrare, battere **4** (*mar.*) navigare contro vento. □ **thrash out** *v.tr.* e *avv.* **1** discutere nei dettagli, discutere a fondo **2** definire, stabilire: *we'll have to — out a policy on ticket prices*, dovremo definire una politica delle tariffe dei biglietti.

thrasher ['θræʃə*] *s.* **1** chi batte, percuote **2** (*zool.*) — (*shark*), (*Alopias vulpinus*) pesce volpe; (*pop.*) pavone di mare SIN. thresher, sea fox.

thrashing ['θræʃɪŋ / thrash·ing] *s.* **1** bastonatura: *he needs a sound —*, egli ha bisogno di un sacco di legnate **2** (*sport*) sconfitta, disfatta **3** (*inform.*) eccessiva attività.

thrasonical [θreɪ'sɒnɪkl / thra·son·ical] *agg.* (*letter.*) vanaglorioso; borioso // *Caesar's thrasonical brag of 'I came, saw and overcame'*, (SH. As You Like It) quella spacconata di Cesare: 'Venni, vidi e vinsi'.

thread [θred] *s.* **1** filo (*anche fig.*): *tacking —*, filo da imbastire; *darning —*, filo da rammendo; *embroidery —*, filo da ricamo; *knitting —*, filato per lavorare a maglia; *a length of —*, una gugliata (di filo); *a — of light*, un filo di luce; *the — of a speech*, il filo di un discorso; *the — of life*, il filo, la trama della vita; *to hang by a —*, essere appeso a un filo // *to gather up the threads of...*, raccogliere le fila di... **2** (*miner.*) vena, filone **3** (*mecc.*) filettatura; filetto: *— cutting lathe*, tornio per filettare; *— gauge*, contafiletti, calibro per filettature; *— miller*, fresatrice per filetti **4** (*fluidodinamica*) filetto fluido: *water —*, filetto fluido dell'acqua **5** (*tess.*) filo: *— counter*, contafili; *— guide*, guidafilo **6** (*amer.*) cotone **7** *pl.* (*fam.*) vestiti.

to **thread** *v.tr.* **1** infilare: *to — a needle*, infilare un ago; *to — pearls*, infilare perle **2** far passare attraverso; penetrare in, infiltrarsi tra: *he succeeded in threading the ball through the players*, riuscì a far passare la palla fra i giocatori; *he threaded his way through the crowd*, si fece strada tra la folla **3** striare: *her hair is threaded with white*, i suoi capelli sono striati di bianco **4** (*fot., cinem.*) caricare (una pellicola) **5** (*mecc.*) filettare **6** (*elettr.*) produrre linee di forza attorno a (un conduttore) ◆ *v.intr.* (*mecc.*) avvitarsi.

threadbare ['θredbeə* / thread·bare] *agg.* **1** consumato, consunto, frusto; liso, logoro **2** (*fig.*) vieto; trito, banale // **-ness** *s.*

threaded ['θredɪd] *agg.* **1** fornito di filo **2** (*mecc.*) filettato.

threader ['θredə* / thread·er] *s.* **1** chi infila aghi **2** infila-ago **3** (*mecc.*) filettatrice, macchina per filettare.

threading ['θredɪŋ / thread·ing] *s.* **1** infilatura **2** (*mecc.*) filettatura **3** (*cinem.*) — (*up*), caricamento della pellicola (nel proiettore) **4** (*inform.*) (*tape*) —, alimentazione, montaggio, messa a punto del nastro **5** (*inform.*) invio di repliche a un messaggio.

thread-lace ['θredleɪs] *s.* pizzo, merletto di lino.

threadlike ['θredlaɪk / thread·like] *agg.* filiforme.

thread mark ['θredmɑ:k] *s.* filigrana (delle banconote).

threadworm ['θredwɜ:m / thread·worm] *s.* (*zool.*) filaria, nematodo.

thready ['θredɪ] *agg.* **1** filamentoso; fibroso; filaccioso **2** esile: *— voice*, voce sottile.

threat [θret] *s.* minaccia (*anche dir.*): *the — of flooding*, la minaccia di un'inondazione; *he is a — to everyone*, è una minaccia per tutti; *empty —*, minaccia a vuoto; *it's difficult to work under the — of the sack*, è difficile lavorare con la minaccia di essere licenziati; *to carry out a —*, mettere in atto una minaccia.

to **threaten** ['θretn] *v.tr.* minacciare (*anche fig.*): *the disease threatens to spread*, la malattia minaccia di diffondersi; *he threatened him with death*, lo minacciò di morte; *to — punishment*, minacciare sanzioni; *the clouds threatened rain*, le nuvole minacciavano pioggia ◆ *v.intr.* fare delle minacce; (*fig.*) incombere: *when danger threatens animals hide*, quando il pericolo incombe gli animali si nascondono.

threatener ['θretnə* / threat·en·er] *s.* chi minaccia.

threatening ['θretnɪŋ / threat·en·ing] *agg.* minaccioso: *he spoke in a — voice*, parlò con voce minacciosa // *— letter*, lettera minatoria ◆ *s.* (*dir.*) minaccia, intimidazione; comminatoria // **-ly** *avv.*

three [θri:] *agg.num.card.* e *s.* tre: (*mat.*) *the rule of —*, la regola del tre // *Three in One*, la Trinità // *the — unities*, le tre unità (aristoteliche).

three-colour process [,θri:kʌlə'prəʊses *amer.* ,θri:kʌlə'prɒses] *s.* (*fot.*) tricromia.

three-cornered [,θri:'kɔ:nəd] *agg.* **1** triangolare: *— hat*, cappello a tre punte, tricorno **2** che ha tre contendenti; a tre.

three-D, **3-D** [,θri:'di:] abbr. di → **three-dimensional**.

three-decker [,θri:'dekə*] *s.* **1** (*mar.*) nave a tre ponti **2** romanzo in tre volumi.

three-dimensional [,θri:dɪ'menʃənl] *agg.* **1** tridimensionale, a tre dimensioni **2** (*fig.*) che ha spessore, descritto nei dettagli.

threefold ['θri:fəʊld / three·fold] *agg.* triplo, triplice ◆ *avv.* tre volte, in modo triplice.

three-handed [,θri:'hændɪd] *agg.attr.* a tre mani: *— game*, partita (a carte) giocata da tre persone.

three-legged [,θri:'legɪd] *agg.attr.* a tre gambe: — *table*, tavolo a tre gambe; — *race*, corsa a tre gambe.

three-master [,θri:'mɑ:stə* *amer.* ,θri: 'mæstə*] *s.* (*mar.*) trealberi.

threepence ['θrɪpəns / three·pence] *s.* (valore di) tre penny; moneta da tre penny.

threepenny ['θrɪpənɪ / three·penny] *agg.* **1** che vale tre penny: — *bit*, moneta da tre penny **2** (*fig. antiq.*) a buon mercato; di poco conto: *a — novel*, un romanzetto di nessun valore.

three-phase ['θri:feɪz] *agg.* (*elettr.*) trifase.

three-piece ['θri:pi:s] *agg.attr.* di, in tre pezzi: *a — suit*, un abito in tre pezzi.

three-pile ['θri:paɪl] *s.* (*ant.*) velluto molto pregiato, a pelo triplo: *I have served Prince Florizel, and in my time wore three-pile*, (SH. The Winter's Tale) ho servito il principe Florizel e ai miei tempi vestivo velluto a tre peli.

three-ply ['θri:plaɪ] *agg.attr.* **1** a tre spessori: — *wood*, legno compensato (a tre strati) **2** a tre fili: — *wool*, lana a tre capi.

three-point ['θri:,pɔɪnt] *agg.attr.* a tre punti: (*aer.*) — *landing*, atterraggio a tre punti; (*elettr.*) — *switch*, interruttore a tre punti, deviatore.

three-quarter ['θri:,kwɔ:tə*] *agg.attr.* di trequarti: *a — length coat*, una giacca trequarti ◆ *s.* (*rugby*) tre quarti.

threescore [,θri:'skɔ:* / three·score] *agg.* (*ant.*) sessanta: — *years and ten*, (*antiq.*) settant'anni.

three-sided [,θri:'saɪdɪd] *agg.* trilaterale.

threesome ['θri:səm / three·some] *agg.* di tre persone ◆ *s.* **1** gruppo di tre **2** (*golf*) partita a tre.

three squares [,θri:'skweəz] *s.pl.* (*fam. amer.*) condizione di vita accettabile: *she sure isn't well off, but she sure gets her —*, non è certo ricca, ma ha di che vivere.

three-star ['θri:stɑ:*] *agg.attr.* (da) tre stelle.

threnode ['θrenəʊd / thren·ode] *s.* trenodia.

threnodial [θrɪ'nəʊdɪəl / thren·odial] *agg.* (*rar.*) lamentevole; lamentoso; funebre.

threnodist ['θrenədɪst / thren·od·ist] *s.* autore di trenodie.

threnody ['θrenədɪ / thren·ody] *s.* trenodia.

threonine ['θrɪəni:n / thre·on·ine] *s.* (*biochim.*) treonina.

thresh [θreʃ] *s.* **1** trebbiatura, battitura del grano **2** battito continuo (della pioggia, delle onde).

to **thresh** *v.tr.* e *intr.* → to **thrash** 1 e 2.

thresher ['θreʃə*] *s.* **1** chi trebbia, batte il grano, trebbiatore **2** macchina per battere il grano; trebbiatrice **3** (*zool.*) → thrasher.

threshing ['θreʃɪŋ / thresh·ing] *s.* trebbiatura, battitura del grano // — *floor*, aia.

threshing machine ['θreʃɪŋmə,ʃi:n] *s.* trebbiatrice.

threshold ['θreʃhəʊld / thresh·old] *s.* **1** soglia, limitare, entrata: *he was waiting for me on the — of my house*, mi aspettava sulla soglia di casa mia // (*econ.*): — *agreement*, accordo di indicizzazione (dei salari); — *price*, prezzo di entrata (di merci estere nella CEE) **2** (*scient.*) soglia // (*fis.*): — *frequency*, *voltage*, frequenza, tensione di soglia; *photoelectric —*, soglia fotoelettrica // (*med.*): *pain —*, soglia del dolore; *auditory —* (o — *of audibility*), soglia di udibilità // (*psic.*) — *of consciousness*, soglia percettiva, della coscienza **3** (*fig.*) soglia, esordio, inizio: *on the — of life*, sulla soglia della vita; *on the — of war*, sull'orlo della guerra.

threw *pass.* di to **throw**.

thrice [θraɪs] *avv.* (*ant. letter.*) tre volte; (*fig.*) molto, altamente: — *blessed!*, tre volte benedetto!

thrift [θrɪft] *s.* **1** economia, parsimonia, frugalità // (*banca*): — *account*, conto di deposito a risparmio; — *institutions*, istituzioni di risparmio // (*econ.*) *paradox of —*, paradosso della parsimonia **2** (*bot.*) (*Armeria vulgaris*) armeria, statice **3** (*non com.*) prosperità; successo, fortuna **4** (*rar.*) crescita vigorosa, rigoglio.

thriftless ['θrɪftlɪs / thrift·less] *agg.* prodigo; che scialacqua, dissipa, sperpera // **-ly** *avv.* // **-ness** *s.*

thrifty ['θrɪftɪ] *agg.* **1** economo, parsimonioso, parco; frugale **2** (*non com.*) prospero, fiorente **3** vigoroso // **-ily** *avv.* // **-iness** *s.*

thrill [θrɪl] *s.* **1** brivido, fremito; palpito: *a — of joy*, un fremito di gioia; *the — of the unknown*, il brivido dell'ignoto; *it gave me quite a — to see all my old friends again*, vedere nuovamente tutti i miei vecchi amici mi ha emozionato **2** palpitazione **3** esperienza, evento eccitante.

to **thrill** *v.intr.* fremere; palpitare; rabbrividire: *his voice thrilled with emotion*, gli tremava la voce per l'emozione; *he thrilled to the music*, la musica gli diede un fremito d'emozione ◆ *v.tr.* far fremere; far palpitare; far rabbrividire; emozionare, commuovere; eccitare: *he was thrilled about the whole thing*, era eccitatissimo per tutta la faccenda; *the news will — him*, la notizia lo elettrizzerà.

thriller ['θrɪlə*] *s.* thriller, giallo, racconto, dramma, film a sensazione, poliziesco.

thrilling ['θrɪlɪŋ / thrill·ing] *agg.* **1** che dà i brividi **2** sensazionale, emozionante: *a — story*, una storia sensazionale, ricca di colpi di scena // *a voice so thrilling ne'er was heard*, (WORDSWORTH) mai si sentì una voce così commovente **3** (*di suono*) penetrante, acuto // **-ly** *avv.*

thrips [θrɪps] *s.pl.invar.* (*zool.*) tripide.

to **thrive** [θraɪv] *pass.* **thrived** ['θraɪvd] **throve** [θrəʊv] *p.p.* **thrived** *v.intr.* **1** prosperare, fiorire; aver successo, far fortuna; trar profitto **2** crescere vigorosamente; svilupparsi rigogliosamente, lussureggiare: *children — on milk*, i bambini crescono vigorosi bevendo latte; *plants — in a warm climate*, le piante crescono rigogliosamente in un clima caldo.

thriving ['θraɪvɪŋ / thriv·ing] *agg.* **1** prospero, fiorente, florido (di affari): (*comm.*) — *business*, azienda florida **2** vigoroso, robusto, rigoglioso (di piante ecc.) // **-ly** *avv.*

thro [θru:] *agg.* e *avv.* e *prep.* abbr. di → **through**.

throat [θrəʊt] *s.* **1** gola, (*scherz.*) strozza: *to clear one's —*, schiarirsi la gola; *to stick in one's —*, rimanere in gola, non andare giù (*anche fig.*); *to take by the —*, prendere, afferrare per la gola // *to force* (o *to thrust* o *to ram*) *sthg. down s.o.'s —*, imporre a qlcu. le proprie idee // *to have a sore —*, avere mal di gola // *to cut each other's throats*, (*fig.*) rovinarsi a vicenda; *to cut one's —*, (*fig.*) darsi la zappa sui piedi // *they were always at each other's throats*, litigavano sempre tra loro // *to jump down s.o.'s —*, (*fam.*) aggredire, assalire qlcu. a parole; *to lie in one's —*, (*antiq.*) mentire sfacciatamente **2** strozzatura, gola: *the — of the chimney*, la gola del camino; *the — of a pipe*, la strozzatura di un tubo **3** (*arch.*) gola **4** (*mecc.*) gola, scanalatura **5** (*mar.*) gola, angolo superiore prodiero (di vela); collo (di ancora).

throat-band ['θrəʊtbænd] *s.* soggolo SIN. throat-strap.

throated ['θrəʊtɪd] *agg.* (*nei composti*) con la gola, dalla gola: *full- —*, a piena gola; *red- —*, dalla gola rossa; *white- —*, dalla gola bianca.

throatily ['θrəʊtɪlɪ / throat·ily] *avv.* gutturalmente.

throatiness ['θrəʊtɪnɪs / throati·ness] *s.* carattere gutturale (della voce).

throat-strap ['θrəʊtstræp] → **throat-band**.

throat wash ['θrəʊt,wɒʃ] *s.* gargarismo.

throaty ['θrəʊtɪ] *agg.* **1** (*fam.*) gutturale: — *laugh*, risata gutturale; risata di gola **2** dalla voce gutturale **3** (*zool.*) gozzuto.

throb [θrɒb] *s.* **1** battito, pulsazione; il pulsare (di macchina): *to give a —*, battere, pulsare // *a — of pain*, una fitta **2** (*fig.*) palpito, fremito.

to **throb** *pass.p.p.* **throbbed** [θrɒbd] *v.intr.* **1** battere, pulsare // *my head is throbbing*, ho un terribile mal di testa **2** (*fig.*) palpitare, fremere: *to — with joy*, fremere di gioia.

throbbing ['θrɒbɪŋ / throb·bing] *agg.* pulsante; palpitante, vibrante (*anche fig.*): — *pain*, dolore lancinante; (*letter.*) *a village — with activity*, un villaggio pulsante di attività ◆ *s.* **1** battito, pulsazione; il pulsare (di macchina) **2** vibrazione, fremito (*anche fig.*) // **-ly** *avv.*

throe [θrəʊ] *s.* (*gener. pl.*) doglie; spasimo, dolore acuto: *the throes of childbirth*, le doglie del parto; *death throes*, gli spasimi della morte, l'agonia // *in the throes*, alle prese; nel pieno: *she was in the throes of spring cleaning*, era alle prese con le pulizie di primavera.

thrombin ['θrɒmbɪn / throm·bin] *s.* (*biochim.*) trombina.

thrombocyte ['θrɒmbəʊsaɪt / throm·bo·cyte] *s.* (*biol.*) trombocita, trombocito.

thromboembolism [,θrɒmbəʊ'embəlɪzəm / throm·bo·em·bol·ism] *s.* (*med.*) tromboembolismo.

thrombophlebitis [,θrɒmbəʊflɪ'baɪtɪs / throm·bo·phle·bitis] *s.* (*med.*) tromboflebite.

thromboplastin [,θrɒmbəʊ'plæstɪn / throm·bo·plastin] *s.* (*biochim.*) tromboplastina, fattore III.

thrombosis [θrɒm'bəʊsɪs / throm·bosis] *pl.* **thromboses** [θrɒm'bəʊsi:z] *s.* (*med.*) trombosi.

thrombotic [,θrɒm'bɒtɪk / throm·botic] *agg.* (*med.*) trombotico.

thrombus ['θrɒmbəs / throm·bus] *pl.* **thrombi** ['θrɒmbaɪ] *s.* (*med.*) trombo.

throne [θrəʊn] *s.* trono; (*eccl.*) cattedra: *to come to* (o *to ascend*) *the —*, salire al trono // (*relig.*) *the Thrones*, i Troni (ordine angelico).

to **throne** *v.tr.* (*letter.*) porre sul trono ◆ *v.intr.* (*letter.*) sedere sul trono; (*fig.*) troneggiare.

throng [θrɒŋ] *s.* (*letter.*) folla, moltitudine, calca, ressa.

to **throng** *v.tr.* affollare; stipare, ammassare: *the street was thronged with Christmas shoppers*, la strada era affollata di gente che faceva gli acquisti natalizi ◆ *v.intr.* **1** affollarsi; stiparsi, accalcarsi: *the fans thronged to see the singer*, i fans si accalcarono per vedere il cantante; *we thronged into the room*, ci stipammo nella stanza **2** (*ant.*) penetrare a forza: *neither Phoebus' beams could through them throng*, (SPENSER) neppure i raggi di Febo potevano penetrare fra essi.

throstle [ˈθrɒsl] *s.* **1** (*zool.*) tordo sassello → thrush² **2** tordo (bottaccio) → song-thrush **3** (*tess.*) filatoio.

throttle [ˈθrɒtl] *s.* **1** gola; trachea **2** — (*valve*), valvola a farfalla **3** — (*lever*), manetta; acceleratore.

to **throttle** *v.tr.* **1** strozzare, strangolare; soffocare (*anche fig.*): *to — a revolt*, soffocare una rivolta **2** (*mecc.*) controllare, regolare (mediante valvola a farfalla).
□ **throttle down** *v.tr.* e *avv.* ridurre la velocità di (motore) ◆ *v.intr.* e *avv.* rallentare, ridurre la velocità.

through [θru:] *avv.* **1** attraverso; da una parte all'altra: *the policeman wouldn't let us —*, il poliziotto non volle farci entrare; *there was a traffic jam and we couldn't get —*, c'era un ingorgo e non riuscimmo a passare; *the roof was split and the rain poured —*, il tetto era rotto e l'acqua si riversava all'interno **2** da cima a fondo; sino alla fine; completamente: *after waiting half an hour in the cold, I was frozen —*, dopo aver aspettato mezz'ora al freddo, ero congelato dalla testa ai piedi; *after the storm, we were all wet —*, dopo il temporale, eravamo tutti bagnati fino al midollo; *he read the article — again*, rilesse tutto l'articolo, da cima a fondo // *she sang the song all the way —*, cantò la canzone dall'inizio alla fine // *we left when the opera was halfway —*, ce ne siamo andati a metà opera // *I don't think he's ever read a book right —*, non credo che abbia mai letto un libro dall'inizio alla fine // *— and —*, del tutto, completamente: *the apple was rotten — and —*, la mela era completamente marcia **3** direttamente: *the goods were sent — to Paris*, la merce fu spedita direttamente a Parigi **4** Si usa per formare 'phrasal verbs' (p.e. *to go —*, *to look —*, *to put —* ecc.); cfr. tali verbi.

through *prep.* **1** attraverso; per: *he came in — the main entrance*, entrò per, dall'ingresso principale; *rain was pouring — a hole in the ceiling*, la pioggia si riversava all'interno da un buco nel soffitto; *she walked — the centre of town*, passeggiò per il centro della città; *— the fog he could hear their voices*, gli arrivavano le loro voci attraverso la nebbia; *the baby was looking at me — his fingers*, il bambino mi sbirciava tra le dita; *go — the tunnel and turn left*, passate per la galleria e girate a sinistra; *she was flipping — the yellow pages looking for a plumber*, stava sfogliando le pagine gialle alla ricerca di un idraulico; *we were — the customs in 10 minutes*, passammo la dogana in 10 minuti; *the current flows — these wires*, la corrente passa attraverso questi fili; *the rumour spread — the town*, la voce si sparse per la città; *I met her on my way — Rome*, l'ho incontrata (mentre ero) di passaggio a Roma; *you can turn this lamp — 90 degrees*, puoi far ruotare questa lampadina di 90 gradi; *I've searched all — these drawers*, ho cercato in tutti questi cassetti **2** durante, per tutta la durata di; fino a: *we stayed in town — the winter*, siamo rimasti in città (per) tutto l'inverno; *he was in the navy all — the war*, è stato in marina per tutta la durata della guerra; *he worked — the night to finish the job*, lavorò tutta la notte per terminare il lavoro; *this evolution took place — the centuries*, questa evoluzione ebbe luogo nel corso dei secoli; *he was president from 1980 — 1988*, (*amer.*) è stato presidente dal 1980 (fino) a tutto il 1988; *the exhibition will be open from January — March*, (*amer.*) la mostra sarà aperta da gennaio a tutto marzo // *he remained faithful to her — thick and thin*, le rimase fedele nella buona e nella cattiva sorte // *he slept all the way — the lecture*, ha sempre dormito durante tutta la conferenza // *we were halfway — dinner when the phone rang*, eravamo a metà della cena quando squillò il telefono // *she's really been — it, you know!*, ha tanto sofferto, sai! // *— it all, he kept his sense of humour*, dall'inizio alla fine, non ha mai perso il senso dell'umorismo **3** per; per mezzo di; a causa di: *— a detective, we found out where they were living*, attraverso un investigatore, scoprimmo dove abitavano; *they sent me a cheque — the post*, mi hanno mandato un assegno a mezzo posta; *she can't write any more — arthritis in her hands*, non può più scrivere a causa dell'artrite alle mani; *he took power — a coup d'état*, ottenne il potere con un colpo di stato; *— her, I met my future husband*, attraverso lei, ho conosciuto il mio futuro marito; *he spoke — an interpreter*, parlò per mezzo di un interprete; *it all happened — a misunderstanding*, tutto è successo a causa di un equivoco.

through *agg.* **1** consumato, logoro: *his jacket was — at the elbows*, la sua giacca era consumata nei gomiti **2** finito, chiuso: *he retired and was glad he was — with the office routine*, andò in pensione e fu contento di aver chiuso con la routine dell'ufficio; *'I'm — with you!' she shouted and threw the ring at him*, 'Con te ho chiuso!' ella gridò e gli buttò l'anello **3** diretto: *— carriage*, vettura diretta; *— train*, treno diretto; *— way*, passaggio libero, diretto; *— street*, strada con diritto di precedenza; *— road*, strada transitabile; *no — road*, strada senza uscita // (*mecc.*): *— coupling*, (accoppiamento in) presa diretta; *— shaft*, albero passante.

throughly [ˈθru:lɪ] *avv.* (*ant.*) → **thoroughly**.

throughout [θru:ˈaʊt / through·out] *avv.* da un capo all'altro; dal principio alla fine; completamente: *he had a long life and remained — a staunch conservative*, visse a lungo e rimase sempre un conservatore convinto; *—, the film was badly mounted*, la pellicola era montata male dall'inizio alla fine ◆ *prep.* in ogni parte di; da un capo all'altro di; dal principio alla fine di; per tutta la durata di: *Coca Cola® is known — the world*, la Coca Cola® è conosciuta in ogni parte del mondo; *— the war, they were neutral*, furono neutrali per tutta la durata della guerra; *he has been respected — his life*, è stato rispettato tutta la vita; *she had to travel — the country*, dovette viaggiare da un capo all'altro del paese; *she lived there — the year*, ci visse un anno intero.

throughput [ˈθru:pʊt / through·put] *s.* **1** (*inform.*) capacità di trattamento; smaltimento; produttività **2** (*amm.*) volume (di lavoro, di prodotto intermedio, che passa da un reparto all'altro).

throve *pass.* di to **thrive**.

throw [θrəʊ] *s.* **1** getto; lancio; tiro; colpo: *a long —*, un tiro lungo; *a — of dice*, un tiro ai dadi; *it's your —*, tocca a te tirare; *he won sixty pounds on the first —*, vinse sessanta sterline al primo tiro (ai dadi); *he caught a fish at the first —*, prese un pesce al primo colpo // *at a stone's —*, a un tiro di sasso, di schioppo // *a —*, (*fam. amer.*) per ciascuno, a testa **2** (*lotta*) atterramento dell'avversario **3** (*geol.*) rigetto (di faglia) **4** (*mil.*) gittata **5** (*mecc.*) corsa massima **6** (*mecc.*) gomito, manovella **7** (*elettr.*) luce, campata **8** (*amer.*) copripoltrona, copridivano.

to **throw** *pass.* **threw** [θru:] *p.p.* **thrown** [θrəʊn] *v.tr.* **1** buttare, gettare, lanciare (*anche fig.*); scagliare; scaraventare: *he threw the ball 80 metres*, lanciò la palla a 80 metri; *he threw the dog a piece of bread* (o *a piece of bread to the dog*), buttò un pezzo di pane al cane; *to — a shawl over one's shoulders*, buttarsi uno scialle sulle spalle; *to — a stone at s.o.*, gettare un sasso contro qlcu.; *to — s.o. against a wall*, scaraventare qlcu. contro un muro // *to — the blame on s.o.*, gettare la colpa su qlcu.; *to — the book at s.o.*, (*fam.*) punire severamente qlcu. // *to — a glance at s.o., sthg.*, lanciare uno sguardo a qlcu., qlco. // *to — s.o. a kiss*, buttare un bacio a qlcu. // *to — cold water on s.o.'s enthusiasm*, gettare acqua su, raffreddare l'entusiasmo di qlcu.; *to — cold water on a plan*, scoraggiare un'iniziativa // *to — dust in s.o.'s eyes*, gettare polvere negli occhi a qlcu. // *to — a party*, dare un ricevimento, una festa // *to — a fit*, (*fam.*) avere una crisi isterica, fare una scenata // *to — a shoe*, perdere un ferro (detto di cavallo) // *to — a right hook*, (*boxe*) tirare un gancio destro // *to — the hooks in s.o.*, (*fam. amer.*) truffare qlcu. // *to be thrown together*, (*fam.*) incontrarsi spesso // *to — open*, aprire, spalancare: *to — open the door*, spalancare la porta; *to — open one's doors to s.o.*, aprire la propria casa a qlcu. // *to — oneself*, buttarsi, gettarsi; lanciarsi: *he threw himself under a lorry*, si buttò sotto un camion; *to — oneself at s.o.*, fare una corte serrata a qlcu.; *to — oneself on s.o.'s generosity, mercy*, affidarsi alla generosità, alla misericordia di qlcu. **2** proiettare: *to — a picture on the screen*, proiettare un'immagine sullo schermo // *to — light on sthg.*, (*fig.*) far luce su qlco. // *to — doubt on sthg.*, gettare l'ombra del dubbio su qlco. **3** atterrare; rovesciare: *he was thrown from his horse*, fu disarcionato; *the wrestler threw his opponent*, il lottatore atterrò l'avversario **4** (*fig. fam.*) confondere, imbarazzare, sconcertare: *his first question threw me completely*, la sua prima domanda mi ha mandato nel pallone **5** (*tess.*) torcere, avvolgere **6** (*ceramica*) tornire (sul tornio da vasaio) **7** (*fam.*) perdere intenzionalmente (una competizione sportiva) **8** (*mil.*) far avanzare: *they threw a patrol across the river*, mandarono una pattuglia al di là del fiume **9** emettere (la voce) come i ventriloqui ◆ *v.intr.* **1** tirare, fare un lancio: *it's your turn to —*, tocca a te tirare **2** partorire, figliare (di animali); mutare (di serpenti).
□ **throw about** *v.tr.* e *avv.* **1** buttar via: sprecare: *to — one's money about*, spendere a

piene mani **2** agitare; sballottare: *to — one's arms about*, agitare le braccia; *to be thrown about in the bus*, essere sballottato sull'autobus // *to — one's weight about*, (*fam.*) fare il prepotente.

□ **throw around** *v.tr.* e *prep.* **1** stendere (un cordone di sicurezza) intorno a: *the government has thrown a cordon around the riot zone*, il governo ha steso un cordone di sicurezza intorno alla zona dei disordini **2** buttare, gettare intorno a: *she threw her arms around my neck*, mi gettò le braccia al collo.

□ **throw away** *v.tr.* e *avv.* **1** buttar via, liberarsi di; scartare: *I threw away a lot of clothes I no longer wear*, ho buttato via un sacco di vestiti che non mettevo più **2** buttar via, sprecare: *to — away a chance*, buttar via, sprecare un'occasione; *to — away one's money on an expensive holiday*, buttar i propri soldi in una vacanza costosa // *to — oneself away* (*on s.o.*), buttarsi via con qlcu. **3** dire con (finta) noncuranza, buttare là; recitare senza enfasi.

□ **throw back** *v.tr.* e *avv.* **1** buttare indietro: *to — back the bedclothes*, buttare indietro le coperte **2** respingere, far retrocedere: *to — back the enemy*, respingere il nemico **3** (*fam.*) rimproverare; rinfacciare: *to — back a fault at s.o.*, rimproverare un errore a qlcu.; *to — sthg. back* (*in s.o.'s face*), rinfacciare qlco. a qlcu. **4** costringere, obbligare a ritornare: *after the failure of the new strategy we were thrown back on the prevision scheme*, dopo il fallimento della nuova strategia fummo costretti a ritornare al vecchio metodo // *I was thrown back on my own resources*, fui abbandonato a me stesso **5** (*biol.*) essere soggetto a reversione; regredire.

□ **throw down** *v.tr.* e *avv.* **1** gettare, lanciare: *to — down the gauntlet*, lanciare il guanto di sfida, sfidare **2** (*amer.*) lasciare, abbandonare (l'innamorato).

□ **throw in** *v.tr.* e *avv.* **1** buttar dentro, buttare là: *he threw in odd comments every now and then*, ogni tanto buttava là strani commenti // *to — in the towel*, gettare la spugna (*anche fig.*) **2** (*fam.*) aggiungere, includere: *I bought this cutlery for a few pounds with the case thrown in*, ho comprato queste posate per poche sterline, astuccio compreso // *to — in one's lot with s.o.* (o amer. *to — in with s.o.*), mettersi, associarsi con qlcu. **3** (*sport*) rimettere (il pallone) lateralmente: *to — the ball in*, fare una rimessa laterale **4** (*fam.*) lasciare, abbandonare: *to — one's hand in*, lasciare (la partita), ritirarsi dal gioco (*anche fig.*).

□ **throw into** *v.tr.* e *prep.* **1** aggiungere a, inserire in: *he's always throwing silly remarks into the conversation*, deve sempre infilare osservazioni sciocche nella conversazione **2** gettare; mandare: *to — s.o. into prison*, gettare qlcu. in prigione; *to — s.o. into confusion*, mettere qlcu. in confusione // *to — oneself into sthg.*, intraprendere qlco. con entusiasmo // *to — into relief*, mettere in rilievo; far stagliare: *the roofs were thrown into sharp relief against the evening sky*, i tetti si stagliavano nettamente nel cielo alla sera **3** trasformare: *to — two rooms into one*, trasformare due stanze in una.

□ **throw off** *v.tr.* e *avv.* **1** levare, togliere; liberarsi da: *he throw off his shoes*, si tolse le scarpe; *I can't — off this wretched cold*, non riesco a liberarmi da questo maledetto raffreddore **2** improvvisare; buttar giù: *to — off a story*, buttar giù un racconto ◆ *v.tr.* e *prep.* scombussolare: *the news threw him off balance*, la notizia lo scombussolò.

□ **throw out** *v.tr.* e *avv.* **1** buttar via; liberarsi di: *to — out old clothes*, buttar via vecchi vestiti // *to — the baby out with the bathwater*, (*fig.*) buttar via il bambino con l'acqua sporca, il buono insieme al cattivo **2** buttar fuori, allontanare; respingere: *he was thrown out of the club*, fu buttato fuori, allontanato dal locale; *to — out a proposal*, respingere una proposta **3** (*mil.*) mandare avanti (truppe) a protezione del grosso dell'esercito **4** dire con (finta) noncuranza, buttare là: *to — out a suggestion*, buttare là un suggerimento **5** emettere: *the steam thrown out by a machine*, il vapore emesso da una macchina **6** far sbagliare: *if you carry on chattering you'll — me out*, se continui a chiacchierare mi farai sbagliare.

□ **throw over** *v.tr.* e *avv.* (*fam.*) lasciare, abbandonare (l'innamorato).

□ **throw round** → to throw around.

□ **throw together** *v.tr.* e *avv.* (*fam.*) mettere insieme disordinatamente, senza cura.

□ **throw up** *v.tr.* e *avv.* **1** (*fam.*) abbandonare; rinunciare a: *to — tup a job*, abbandonare un lavoro **2** (*fam.*) vomitare, tirar su **3** produrre: *the First World War threw up a number of great poets*, la prima guerra mondiale produsse molti grandi poeti.

throwaway [ˈθrəʊəweɪ / throw·away] *agg.* **1** a perdere (di bottiglia, lattina, imballaggio ecc.); usa e getta **2** spigliato, disinvolto **3** detto con finta noncuranza, senza enfasi, buttato là: — *remark*, commento buttato là ◆ *s.* **1** battuta detta con finta noncuranza, senza enfasi **2** (*amer.*) volantino, manifestino pubblicitario.

throwback [ˈθrəʊbæk / throw·back] *s.* **1** ritorno (al passato) **2** (*biol.*) reversione, ritorno atavico.

thrower [ˈθrəʊə* / throw·er] *s.* **1** lanciatore: (*sport*) *hammer* —, lanciatore di martello **2** vasaio.

throw-in [ˈθrəʊˌɪn] *s.* (*calcio*) rimessa laterale.

thrown *p.p.* di to **throw** ◆ *agg.* **1** modellato (di vaso) **2** ritorto (di seta).

thrown-silk [ˌθrəʊnˈsɪlk] *s.* organzino.

throw-off [ˈθrəʊɒf *amer.* ˈθrəʊɔːf] *s.* **1** (*non com.*) inizio (spec. di battuta di caccia, corsa di cavalli) **2** (*mecc.*) dispositivo automatico di arresto, fermo automatico.

throw-out [ˈθrəʊaʊt] *s.* **1** (*non com.*) scarto, articolo difettoso **2** (*mecc.*) disinnesto; dispositivo di disinnesto.

throwster [ˈθrəʊstə* / throw·ster] *s.* torcitore (di seta).

thru', **thru** [θruː] fam. amer. per → **through**.

thrum[1] [θrʌm] *s.* **1** (*tess.*) sfilaccio, filaccia; cascame // *thread and* —, (*ant.*) buono e cattivo **2** (*mar.*) filacce; baderna.

to **thrum**[1] *pass.p.p.* **thrummed** [θrʌmd] *v.tr.* **1** tessere con filacce, cascame **2** (*mar.*) coprire con baderna; stoppare con filacce.

thrum[2] *s.* **1** strimpellata, strimpellio **2** il tamburellare **3** tono monotono.

to **thrum**[2] *v.tr.* e *intr.* **1** strimpellare (strumento a corde): *to — (on) the guitar*, strimpellare la chitarra **2** tamburellare: *to — (on) the table*, tamburellare con le dita sulla tavola.

thrummer [ˈθrʌmə*] *s.* strimpellatore.

thrummy [ˈθrʌmɪ] *agg.* fibroso; filaccioso (di tessuto).

thrush[1] [θrʌʃ] *s.* **1** (*med.*) afta, mughetto **2** (*vet.*) irritazione della forchetta (nel piede del cavallo); infiammazione del fettone (del cavallo).

thrush[2] *s.* (*zool.*) (*Turdus musicus*) tordo sassello SIN. throstle.

thrust [θrʌst] *s.* **1** spinta, urto; colpo; impeto // *the — of the current*, la forza della corrente **2** puntata, colpo con arma appuntita; pugnalata: *he made a — at me with a knife*, mi puntò contro un coltello; *bayonet* —, baionettata **3** (*mil.*) attacco, incursione **4** (*fig.*) frecciata, stoccata, battuta; osservazione; nota: *a shrewd* —, un'osservazione acuta // — *and parry*, (*letter.*) botta e risposta **5** (*fig.*) senso, significato: *the general — of his argument is that economic power is moving to Asia*, il senso generale del suo ragionamento è che il potere economico si sta spostando in Asia **6** (*tecn.*) spinta: (*arch.*) — *of an arch*, spinta di un arco // (*mecc.*): — *collar*, bordino reggispinta; — *meter*, misuratore di spinta, pressostato // (*aer.*): — *reverser*, invertitore di spinta; — *spoiler*, variatore di spinta; *takeoff* —, spinta al decollo // (*mar.*) — *shaft*, asse reggispinta **7** (*miner.*) crollo (di galleria) **8** (*geol.*) — (*fault*), faglia inversa.

to **thrust** *pass.p.p.* **thrust** *v.tr.* **1** spingere; ficcare; cacciare: *she — the letter into her pocket*, si cacciò la lettera in tasca; *with an impatient gesture he — the fly away from him*, con un gesto d'impazienza cacciò via la mosca; *to — back*, cacciare indietro; *to — forward*, spingere avanti // *to — one's nose into everything*, (*fig.*) ficcare il naso dappertutto // *to — oneself*, (*fig.*) intromettersi, cacciarsi: *he always thrusts himself into other people's business*, si intromette sempre negli affari degli altri **2** intercalare; frapporre: *he — a question*, interloquì con una domanda **3** forzare: *he — his way through the crowd*, si fece strada (a forza) tra la folla **4** estendere; spiegare; spingere: *the tree had — its branches over the wall*, l'albero aveva spinto i suoi rami al di là del muro; *the eagle — its wings*, l'aquila spiegò le ali ◆ *v.intr.* **1** spingersi; farsi largo: *they — past me rudely*, per passare mi spinsero in malo modo **2** dare una pugnalata, un colpo d'arma da taglio: *he — them with a spear*, li colpì con la lancia **3** estendersi; spingersi.

□ **thrust at** *v.tr.* e *prep.* muovere, agitare: *he — his stick at the thief*, agitò (minacciosamente) il bastone contro il ladro ◆ *v.intr.* e *prep.* attaccare, lanciarsi contro (*anche mil.*): *to — at the enemy*, attaccare il nemico.

□ **thrust up** *v.tr.* e *avv.* innalzare, drizzare: *the firemen — up their ladders in no time*, in un attimo i pompieri drizzarono le scale ◆ *v.intr.* e *avv.* (*letter.*) svettare: *the steeple — up into the sky*, il campanile svettava nel cielo.

□ **thrust upon** *v.tr.* e *prep.* attaccare, appiccicare; affibbiare: *he realized she was trying to — herself upon him*, si accorse che ella tentava di appiccicarglisi.

thrust bearing [ˈθrʌstˌbeərɪŋ] *s.* (*mecc.*) (cuscinetto) reggispinta, cuscinetto assiale.

thruster [ˈθrʌstə*] *s.* **1** chi spinge, chi si spinge avanti; (*fam.*) arrivista **2** (*fam.*) ficcanaso **3** (*aer.*) propulsore di regolazione, razzo direzionale.

thruway [ˈθruːweɪ / thru·way] *s.* (*amer.*) strada a scorrimento veloce.

thud [θʌd] *s.* colpo, rumore sordo; tonfo: *he fell with a —*, cadde con un tonfo.

to **thud** *pass.p.p.* **thudded** [ˈθʌdɪd] *v.intr.* fare un rumore sordo; cadere con un rumore sordo: *a bullet thudded into the wall*, una pallottola si conficcò nella parete con un rumore sordo // *his heart was thudding with fear*, la paura gli faceva batter forte il cuore.

thug [θʌg] *s.* **1** 'thug' (membro di setta religiosa indiana di strangolatori) **2** malvivente, criminale; rapinatore.

thuggee [ˈθʌgiː / thug·gee] **thuggery** [ˈθʌgərɪ / thug·gery] **thuggism** [ˈθʌgɪzəm / thug·gism] *s.* **1** l'azione, l'operato della setta 'thug' (in India) **2** (*rar.*) malavita, criminalità.

thuggish [ˈθʌgɪʃ / thug·gish] *agg.* (di, da) criminale, criminoso.

thuja [ˈθjuːdʒə] *s.* (*bot.*) tuia.

thulia [ˈθjuːlɪə] *s.* (*chim.*) ossido di tulio.

thulium [ˈθjuːlɪəm / thu·lium] *s.* (*chim.*) tulio.

thumb [θʌm] *s.* pollice: *between finger and —*, fra il pollice e l'indice // *rule of —*, regola empirica, approssimativa: *as a rule of —*, a occhio, a lume di naso // *he's all thumbs*, è goffo, maldestro // *to be under the — of s.o.*, essere oppresso da qlcu., subire l'influenza di qlcu.; *to keep s.o.'s under one's —*, far rigare dritto qlcu. // *thumbs down*, pollice verso // *thumbs up!*, evviva!, benone! // *to get the thumbs up, down*, ottenere l'approvazione, la disapprovazione // *a — in one's eye*, (*fam. amer.*) una spina nel fianco.

to **thumb** *v.tr.* **1** toccare col pollice // *to — one's nose at s.o.*, (*fam.*) schernire qlcu., far marameo a qlcu. **2** lasciare ditate su (un libro ecc.); sporcare, sciupare **3** indicare col pollice **4** sfogliare, scorrere (un libro ecc.): *he thumbed a magazine while he waited*, durante l'attesa sfogliò una rivista **5** chiedere (un passaggio) facendo l'autostop: *to — a lift*, fare l'autostop; *I thumbed my way through England*, attraversai l'Inghilterra facendo l'autostop **6** suonare malamente, strimpellare.

thumbed [θʌmd] *agg.* **1** fornito di pollice **2** pieno di ditate; sporco, sciupato dall'uso (di libro ecc.).

thumb index [ˈθʌm,ɪndeks] *s.* (*tip.*) rubricatura.

thumb-latch [ˈθʌmlætʃ] *s.* saliscendi.

thumb-mark [ˈθʌmmɑːk] *s.* ditata, impronta lasciata dal pollice.

thumbnail [ˈθʌmneɪl / thumb·nail] *s.* **1** unghia del pollice **2** (*inform.*) immagine in miniatura ◆ *agg.* breve; conciso // *— sketch*, schizzo in miniatura; descrizione concisa.

thumb nut [ˈθʌmnʌt] *s.* (*mecc.*) dado ad alette, galletto.

thumbscrew [ˈθʌmskruː / thumb·screw] *s.* **1** (*st.*) strumento di tortura, con cui venivano schiacciati i pollici del condannato **2** (*mecc.*) vite a testa zigrinata; vite a galletto.

thumbtack [ˈθʌmtæk / thumb·tack] *s.* (*amer.*) puntina da disegno BRIT. drawing pin.

thump [θʌmp] *s.* colpo, botta; rumore sordo, tonfo: *I heard a — at the door*, udii un colpo alla porta.

to **thump** *v.tr.* battere, picchiare; percuotere: *he thumps the table all the time when he speaks*, batte continuamente gran pugni sul tavolo quando parla; *they began to — one another*, cominciarono a picchiarsi // *to — the big drum*, (*fig.*) suonare la grancassa // *to — knowledge into a thick head*, ficcare la sapienza in testa a qlcu. ◆ *v.intr.* **1** menar colpi; dare colpi sordi **2** cadere con un tonfo **3** battere forte, martellare: *my heart is thumping*, mi batte forte il cuore.

□ **thump out** *v.tr.* e *avv.* strimpellare: *to — out a tune on the piano*, strimpellare un motivetto al pianoforte.

thumper [ˈθʌmpə*] *s.* **1** chi batte; chi dà pugni, mena colpi **2** (*fam.*) enormità, grossa bugia: *he tells thumpers!*, ne racconta di grosse!

thumping [ˈθʌmpɪŋ / thump·ing] *agg.* (*fam.*) grosso, enorme.

thunder [ˈθʌndə* / thun·der] *s.* U **1** tuono: *a peal of —*, uno scoppio di tuono // *he entered the room with a face like —*, entrò nella stanza con un viso cupo **2** scoppio, rombo: *the — of guns*, il rombo dei cannoni **3** fulmine, saetta (*anche fig.*); minaccia.

to **thunder** *v.intr.* **1** *impers.* tuonare: *it's thundering*, tuona, sta tuonando **2** (*fig.*) rombare; rimbombare: *the guns thundered far away*, i cannoni rombavano lontano **3** (*fig.*) tuonare; scagliare invettive, minacce: *the preacher thundered against the sinners*, il predicatore tuonava contro i peccatori ◆ *v.tr.* (*letter.*) dire con voce tonante.

thunderbolt [ˈθʌndəbəʊlt / thun·der·bolt] *s.* **1** (colpo di) fulmine, saetta (*anche fig.*): *the news came upon us like a —*, la notizia ci colpì come un fulmine **2** (*ant.*) meteorite.

thunderclap [ˈθʌndəklæp / thun·der·clap] *s.* **1** (rombo di) tuono **2** (*fig.*) fulmine a ciel sereno, notizia improvvisa e inaspettata.

thundercloud [ˈθʌndəklaʊd / thun·der·cloud] *s.* (*meteor.*) nube temporalesca, cumulonembo.

thunderer [ˈθʌndərə* / thun·der·er] *s.* chi tuona // (*mit.*) *the Thunderer*, Giove tonante; (*fam. antiq.*) il giornale inglese 'The Times'.

thunderhead [ˈθʌndəhed / thun·der·head] *s.* (*solo sing.*) (*spec. amer.*) (*meteor.*) nubi temporalesche (*pl.*).

thundering [ˈθʌndərɪŋ / thun·der·ing] *agg.* **1** tonante; fulminante // *to be in a — rage*, (*fam.*) essere in preda al furore **2** (*fam.*) straordinario, enorme; formidabile: *a — lie*, una grossa bugia ◆ *s.* **1** tuono **2** rumore fragoroso.

thundering(ly) [ˈθʌndərɪŋ(lɪ) / thun·der·ing·(ly)] *avv.* **1** con fragore di tuono, in modo tonante **2** (*fam., antiq.*) straordinariamente, enormemente; notevolmente: *a — great fish*, un pesce straordinariamente grande; *I'm — glad to see you!*, sono estremamente felice di vederti!

thunderous [ˈθʌndərəs / thun·der·ous] *agg.* **1** temporalesco, minaccioso (di tempo) **2** tonante; fragoroso: *— applause*, applauso fragoroso; *a — voice*, una voce tonante // **-ly** *avv.*

thunderstorm [ˈθʌndəstɔːm / thun·der·storm] *s.* (*meteor.*) temporale.

to **thunderstrike** [ˈθʌndəstraɪk / thun·der·strike] *pass.p.p.* **thunderstruck** [ˈθʌndəstrʌk / thun·der·struck] *v.tr.* **1** (*ant.*) fulminare, folgorare **2** (*non com.*) atterrire, sbalordire.

thunderstruck [ˈθʌndə,strʌk / thun·der·struck] *agg.* **1** fulminato **2** stupito, sbalordito, attonito.

thundery [ˈθʌndərɪ / thun·dery] *agg.* minaccioso; tempestoso.

thurible [ˈθjʊərɪbl / thur·ible] *s.* turibolo, incensiere.

thurifer [ˈθjʊərɪfə* / thuri·fer] *s.* (*eccl.*) turiferario.

Thursday [ˈθɜːzdɪ / Thurs·day] *s.* giovedì: *we are going there on —*, ci andremo giovedì; *we go there on Thursday(s)*, ci andiamo al, di, tutti i giovedì; *the boat doesn't run on Thursdays*, il battello non fa servizio al giovedì // *Holy —*, il giorno dell'Ascensione (per gli anglicani) // *Holy* (*Week*) *—*, giovedì santo (per i cattolici); *Maundy —* (o *— before Easter* o *— in Holy Week*), giovedì santo // *when three Thursdays come together*, il giorno di san mai, del mai.

thus [ðʌs] *avv.* **1** così, in questo modo; di conseguenza, perciò: *it was — that he discovered the solution*, fu così che scoprì la soluzione; *they sent us a telegram, — we knew what had happened*, ci hanno mandato un telegramma, perciò abbiamo saputo quanto era successo // *thou... who canst thus express / a flowery tale*, (KEATS) tu... che puoi così esprimere una storia fiorita **2** così, talmente: *— far and no further*, sin qui e non oltre; *he was able to tell us — much and no more*, non è stato in grado di dirci più di tanto.

thusness [ˈðʌsnɪs / thus·ness] *s.* (*scherz.*) l'essere così.

(to) **thwack** [θwæk] → (to) **whack**.

thwart [θwɔːt] *agg.* (*ant.*) **1** trasversale, obliquo **2** (*fig.*) perverso: *if she must teem, / create her child of spleen, that it may live / and be a thwart disnatur'd torment to her!*, (SH. King Lear) se deve concepire, impasta suo figlio col fiele, che viva per essere un perverso, snaturato tormento per lei ◆ *s.* (*mar.*) traversino; banco (del rematore) ◆ *avv.* (*ant.*) trasversalmente, di traverso, obliquamente ◆ *prep.* attraverso, traversalmente a.

to **thwart** *v.tr.* opporsi a; contrastare, ostacolare; frustrare, impedire: *she thwarted him in all his wishes*, si opponeva a tutti i suoi desideri.

thy [ðaɪ] *agg.poss.* (*ant., poet.*) tuo, tua; tuoi, tue: *do not for ever with thy vailèd lids / seek for thy noble father in the dust*, (SH. Hamlet) non cercare sempre a ciglia basse il tuo nobile padre nella polvere; *Lord, now lettest Thou Thy servant depart in peace, according to Thy word*, (*Bibbia*) Signore, ora lascia che il tuo servo vada in pace, secondo la tua parola.

thylacine [ˈθaɪləsaɪn / thy·la·cine] *s.* (*zool.*) (*Thylacinus cynocephalus*) tilacino, cane marsupiale SIN. Tasmanian wolf.

thyme [taɪm] *s.* (*bot.*) (*Thymus vulgaris*) timo // *— oil*, essenza di timo.

thymic[1] [ˈtaɪmɪk] *agg.* (*chim.*) timico, derivato dal timo // *— acid*, acido timico, timolo.

thymic[2] [ˈθaɪmɪk] *agg.* (*anat.*) timico, del timo.

thymidine [ˈθaɪmədiːn / thy·mid·ine] *s.* (*biochim.*) timidina.

thymine [ˈθaɪmiːn / thym·ine] *s.* (*biochim.*) timina.

thymol [ˈθaɪmɒl] *s.* (*chim.*) timolo.

thymus [ˈθaɪməs] *pl.* **thymi** [ˈθaɪmaɪ] *s.* (*anat.*) timo.

thymy ['taɪmɪ] *agg.* di timo; odoroso di timo.

thyroglobulin [,θaɪrəʊ'glɒbjʊlɪn / thyro·globu·lin] *s.* (*biochim.*) tireoglobulina.

thyroid ['θaɪrɔɪd / thyr·oid] *agg.* (*anat.*) tiroideo: — *gland*, ghiandola tiroidea, tiroide // (*biochim.*) — *hormone*, ormone tiroideo ♦ *s.* (*anat.*) tiroide // (*chim.*) — *extract*, estratto di tiroide.

thyroidectomy [,θaɪrɔɪ'dektəmɪ / thyr·oid·ec·tomy] *s.* (*med.*) tiroidectomia.

thyroidism ['θaɪrɔɪdɪzəm / thyr·oid·ism] *s.* (*med.*) tiroidismo.

thyroiditis [,θaɪrɔɪ'daɪtɪs / thyr·oid·itis] *s.* (*med.*) tiroidite.

thyrotropin [θaɪ'rɒtrəpɪn / thyro·tropin] amer. **thyrotrophin** [,θaɪ' rɒtrəfɪn / thyro·trophin] *s.* (*biochim.*) tireotropina, tireotrofina.

thyroxine [θaɪ'rɒksi:n / thyr·ox·ine] *s.* (*biochim.*) tiroxina.

thyrsus ['θɜ:səs / thyr·sus] *pl.* **thyrsi** ['θɜ:saɪ] *s.* tirso.

thyself [ðaɪ'self / thy·self] *pron.rifl.* 2ª *pers.sing.* (*ant., poet.*) te stesso, te stessa: *"Is it not like the king?" "As thou art to thyself"*, (SH. Hamlet) "Non assomiglia al re?" "Come tu a te stesso" // *know* —, conosci te stesso.

tiara [tɪ'ɑ:rə / ti·ara] *s.* **1** tiara (copricapo frigio e persiano) **2** (*eccl.*) tiara, triregno; (*fig.*) dignità papale **3** diadema: *a — of pearls*, un diadema di perle.

Tibetan [tɪ'betən / Ti·betan] *agg.* e *s.* tibetano.

tibia ['tɪbɪə] *pl.* **tibiae** ['tɪbɪi: / ti·biae] *s.* **1** (*anat.*) tibia SIN. shinbone **2** (*mus.*) tibia.

tibial ['tɪbɪəl / ti·bial] *agg.* (*anat.*) tibiale.

tic [tɪk] *s.* tic (nervoso) // (*med.*) — *douloureux*, nevralgia del trigemino.

tick[1] [tɪk] *s.* **1** tic tac (dell'orologio) **2** (*fam. fig.*) momento, istante, attimo: *I'll be there in two ticks* (o *in half a* —), sarò là in un attimo // *on the* —, (*fam.*) puntuale, in perfetto orario **3** visto, segno (indicante l'avvenuto controllo di una lista ecc.): *to put a — by* (o *against*) *sthg.*, mettere un visto accanto a qlco. AMER. check **4** (*zool.*) macchiettatura.

to **tick**[1] *v.intr.* **1** far tic-tac (di orologio): *the clock is ticking* (*away*), l'orologio fa tic-tac (senza posa) **2** (*fam.*) funzionare, agire; scattare: *I don't know what makes her* —, non so cos'è che scatta in lei e la fa agire così ♦ *v.tr.* segnare; vistare, apporre un visto a: *the teacher ticked all the correct answers*, l'insegnante segnò tutte le risposte esatte AMER. to check // *to — out a message*, registrare, trasmettere un messaggio.

□ **tick away** *v.intr.* e *avv.* scandire il tempo (di orologio).

□ **tick away, by** *v.intr.* e *avv.* passare (di tempo scandito dall'orologio).

□ **tick off** *v.tr.* e *avv.* **1** spuntare: *to — off the participants' names*, spuntare i nomi dei partecipanti **2** sgridare, rimproverare: *you'll get ticked off for that!*, non la passerai liscia!

□ **tick over** *v.intr.* e *avv.* **1** (*mecc.*) perdere colpi **2** (*fam.*) tirare avanti; vivere il solito trantran: *"How are you?" "Not too bad, just ticking over"*, "Come stai?" "Non c'è male, si tira avanti".

tick[2] *s.* (*zool.*) acaro, zecca // *dog* —, (*Ixodes ricinus*) zecca del cane // (*med.*) — *fever*, febbre purpurea delle Montagne Rocciose // *full as a* —, (*sl. amer.*) pieno come un uovo, rimpinzato.

tick[3] *s.* traliccio; fodera di materasso.

tick[4] *s.* (*comm. fam.*) credito; fido: *to buy, to sell on* —, comprare, vendere a credito.

ticked [tɪkt] *agg.* **1** (*zool.*) macchiettato (di piume d'uccello, mantello d'animale) **2** — (*off*), (*fam. amer.*) incavolato.

ticker ['tɪkə*] *s.* **1** cosa che fa tic tac (orologio ecc.) **2** (*fam.*) cuore **3** (*Borsa*) (*stock*) —, teleborsa, telescrivente che trasmette le quotazioni di Borsa.

tickertape ['tɪkəteɪp / ticker·tape] *s.* nastro di telescrivente.

ticket ['tɪkɪt] *s.* **1** biglietto; tessera, abbonamento: *two tickets for tonight's concert*, due biglietti per il concerto di stasera; *bus, train* —, biglietto dell'autobus, ferroviario; *single* —, biglietto di andata; *return* (o *round trip*) —, biglietto di andata e ritorno; *circular* —, biglietto circolare; *mileage* —, biglietto di chilometraggio; *season* —, abbonamento, tessera (per teatro, mezzi di trasporto ecc.); *yearly* —, tessera, abbonamento annuale; *commutation* —, (*amer.*) tessera d'abbonamento; — *agency*, agenzia per la vendita di biglietti // (*parking*) —, (*fam.*) multa (per parcheggio in divieto di sosta) // *that's the —!*, (*fam.*) è proprio quello che ci vuole!; ben fatto! **2** etichetta, cartellino (del prezzo, della taglia ecc.) **3** (*mil.*) congedo: *to get one's* —, essere congedato **4** (*amer.*) certificato, diploma: *he was very young when he got his pilot's* —, prese il brevetto di pilota in età giovanissima **5** (*amer.*) lista dei candidati di un partito; (*fig.*) programma elettorale: *split* —, voto diviso fra i candidati di due o più partiti; *straight* —, voto per i candidati di un solo partito; *to vote the straight* —, votare per i candidati di un solo partito.

to **ticket** *v.tr.* **1** etichettare (*anche fig.*): *to — all reformers as fanatics*, definire fanatici tutti i riformatori **2** fornire di biglietto **3** (*estens.*) multare: *to — a car*, multare un'automobile ♦ *v.intr.* (*amer.*) emettere biglietti.

ticket collector ['tɪkɪtkə,lektə*] *s.* bigliettaio.

ticket-day ['tɪkɪtdeɪ] *s.* (*Borsa*) giorno della consegna fogli.

ticket inspector ['tɪkɪtɪn,spektə*] *s.* controllore.

ticket-office ['tɪkɪt,ɒfɪs *amer.* 'tɪkɪt,ɔ:fɪs] *s.* biglietteria.

ticket of leave [,tɪkɪtəv'li:v] *s.* (*st., dir.*) autorizzazione alla libertà vigilata.

ticket-of-leave man [,tɪkɪtəv'li:v,mæn] *s.* (*st., dir.*) prigioniero a piede libero.

ticket tout ['tɪkɪt,taʊt] *s.* bagarino AMER. scalper.

tickety-boo [,tɪkɪtɪ'bu:] *agg.* (*fam.*) perfetto, che va bene, in ordine.

ticking ['tɪkɪŋ / tick·ing] *s.* Ⓤ tela da materassi; traliccio.

ticking off [,tɪkɪŋ'ɒf *amer.* ,tɪkɪŋ'ɔ:f] *s.* (*fam.*) sgridata, ramanzina.

tickle ['tɪkl] *s.* solletico.

to **tickle** *v.tr.* **1** solleticare, fare solletico a **2** (*fig.*) stuzzicare, stimolare piacevolmente, lusingare: *food that tickles the palate*, cibo che stuzzica il palato; *she was tickled by her success*, fu lusingata dal successo // *to — s.o.'s funny bone*, (*fam.*) risvegliare il senso dell'umorismo di qlcu. **3** (*fam.*) divertire, eccitare // *to be tickled pink* (o *to death*) *at* (o *by*) *sthg.*, divertirsi moltissimo, morir dal ridere per qlco. **4** pescare con le mani (trote ecc.) ♦ *v.intr.* **1** fare solletico, prudere: *my hand tickles*, mi prude una mano **2** essere sensibile al solletico.

tickler ['tɪklə* / tick·ler] *s.* **1** chi solletica, stuzzica, diverte **2** questione delicata, imbarazzante **3** (*mecc.*) scuotitore **4** (*amer.*) memorandum; scadenzario.

tickling ['tɪklɪŋ / tick·ling] *agg.* solleticante; stuzzicante; stimolante // — *cough*, tosse secca, da irritazione ♦ *s.* **1** solletico **2** pesca con le mani.

ticklish ['tɪklɪʃ / tick·lish] *agg.* **1** che soffre il solletico: *to be* —, soffrire il solletico **2** difficile, delicato, scabroso: *a — problem*, un problema delicato **3** suscettibile, permaloso: *he is — on this point*, egli è suscettibile su questo punto **4** incerto, instabile, mutevole: — *weather*, tempo mutevole // **-ly** *avv.* // **-ness** *s.*

tick-tack ['tɪk'tæk] *s.* **1** tic tac (dell'orologio); (*linguaggio infantile*) l'orologio **2** suono del battito cardiaco **3** specie di alfabeto muto (usato per trasmettere informazioni agli allibratori): — *man*, chi trasmette informazioni di scuderia a un allibratore (con segni convenzionali) **4** (*ant.*) tric trac: *for the enjoying of thy life, who I would be sorry should be thus foolishly lost at a game of tick-tack*, (SH. Measure for Measure) per il godimento della tua vita che mi dispiacerebbe tu dovessi perdere scioccamente in una partita di tric trac.

to **tick-tack** *v.intr.* **1** far tic tac (di orologio) **2** comunicare informazioni di scuderia per mezzo di segni convenzionali.

tick-tock ['tɪktɒk] *s.* → **tick-tack**.

to **tick-tock** → to **tick-tack** 1.

tic-tac-toe [,tɪk,tæk'təʊ] *s.* (*amer.*) (gioco) 'tris', 'zeri e ics' BRIT. noughts and crosses.

tidal ['taɪdl] *agg.* della marea, di marea: — *breeze*, brezza causata dalla marea; — *harbour*, porto accessibile solo con l'alta marea; — *motor*, motore azionato dalla marea; — *river*, fiume soggetto alla marea; — *steamer*, piroscafo la cui partenza dipende dall'ora della marea // (*med.*) — *air*, ritmica emissione del respiro.

tidal wave ['taɪdl,weɪv] *s.* **1** onda di marea; ondata di eccezionale grandezza **2** (*fig.*) ondata, impeto; afflusso improvviso e intenso; impulso travolgente.

tidbit ['tɪdbɪt / tid·bit] *s.* (*amer.*) → **titbit**.

tiddler ['tɪdlə* / tid·dler] *s.* (*fam.*) **1** pesciolino, pescetto **2** piccino, bambinetto **3** cosa piccola e senza importanza.

tiddleywinks → **tiddlywinks**.

tiddly ['tɪdlɪ] *agg.* (*fam.*) **1** alticcio, brillo **2** piccolissimo.

tiddlywinks ['tɪdlɪwɪŋks / tid·dly·winks] *s.* Ⓤ gioco della pulce.

tide[1] [taɪd] *s.* **1** marea: *high* —, alta marea; *low* (o *ebb*) —, bassa marea; *counter* —, marea contraria; *earth* —, marea terrestre; *spring* —, marea sigiziale; — *gauge*, mareometro **2** (*fig.*) ondata; corrente, corso: *a — of enthusiasm*, un'ondata di entusiasmo; *to go with the* —, andare con la corrente; *to swim with the* —, seguire la corrente; *to stem the — of rising* *violence*, frenare la crescente ondata di violenza **3** (*poet.*) corso d'acqua, fiume, torrente; acqua di mare, mare. **4** (*ant.*) tempo; stagione; epoca; periodo // *to work double tides*, lavorare giorno e notte **5** (*ant.*) momento opportuno.

to **tide**[1] *v.intr.* **1** salire, crescere (come la marea) **2** essere trasportato dalla marea; andare con la marea; (*mar.*) entrare, uscire (da porto, fiume) con l'aiuto della marea ◆ *v.tr.* far andare con la marea.

□ **tide over** *v.tr.* e *avv.* o *prep.* (*fam.*) aiutare a tirare avanti, a superare: *this will — us over for a little while*, questo ci aiuterà a tirare avanti per un po'; *your money tided us over the winter*, il tuo denaro ci ha aiutato a superare l'inverno.

to **tide**[2] *v.intr.* (*ant.*) capitare, succedere.

tide-gate ['taɪdgeɪt] *s.* porta della marea.

tideless ['taɪdlɪs / tide·less] *agg.* senza marea.

tidemark ['taɪdmɑ:k / tide·mark] *s.* **1** linea di alta marea **2** (*fam.*) segno, riga (che indica fin dove è arrivata l'acqua in una vasca da bagno) **3** (*fam. scherz.*) riga di sporco intorno al collo (che indica fin dove ci si è lavati).

tide-race ['taɪdreɪs] *s.* (*geol.*) **1** forte corrente di marea **2** canale formato da una forte corrente di marea.

tide-rip ['taɪdrɪp] *s.* increspatura, onda causata dalla marea.

tide-table ['taɪd,teɪbl] *s.* tavola delle maree.

tide-waiter ['taɪd,weɪtə*] *s.* **1** doganiere del porto **2** (*non com.*) chi aspetta il momento propizio per agire; opportunista.

tidewater ['taɪd,wɔ:tə* / tide·water] *s.* (*amer.*) tratto di costa bassa.

tideway ['taɪdweɪ / tide·way] *s.* (*geogr.*) canale di marea.

tidily ['taɪdɪlɪ / ti·dily] *avv.* lindamente; ordinatamente.

tidiness ['taɪdɪnɪs / ti·di·ness] *s.* ordine, pulizia.

tidings ['taɪdɪŋz / tid·ings] *s.pl.* (*ant.*) notizia, notizie: *go bear these tidings to great Lucifer*, (MARLOWE) va a portare queste notizie al grande Lucifero.

tidy ['taɪdɪ] *agg.* **1** ordinato; preciso; pulito, lindo: *he is a very — person*, è una persona molto ordinata; *a — room*, una stanza in ordine, linda **2** (*fam.*) considerevole: *he will leave a — sum*, egli lascerà una somma considerevole **3** (*rar.*) in buona salute ◆ *s.* **1** poggiacapo; fodera per braccioli **2** astuccio, busta (per piccoli oggetti, cianfrusaglie).

to **tidy** *v.tr.* riordinare, mettere in ordine, rassettare: *to — a room*, mettere in ordine una stanza.

□ **tidy away** *v.tr.* e *avv.* mettere via, riporre.

□ **tidy out** *v.tr.* e *avv.* riordinare; sgombrare.

□ **tidy up** *v.tr.* e *intr.* e *avv.* riordinare, rassettare.

tidying ['taɪdɪɪŋ / ti·dy·ing] *s.* (*inform.*) pulitura dei dati superflui (p.e. di un archivio).

tie [taɪ] *s.* **1** laccio, legaccio; stringa **2** cravatta // *old school —*, cravatta coi colori della propria scuola; (*fig. spreg.*) rete di interessi che lega gli ex-alunni di certe scuole **3** (*fig.*) legame, vincolo; connessione: *the ties of blood*, i vincoli del sangue; *family ties*, legami familiari **4** (*mus.*) legatura **5** (*amer.*) (*ferr.*) traversina BRIT. sleeper **6** (*sport*) pareggio, parità; partita eliminatoria **7** *pl.* (*amer.*) scarpe senza tacco allacciate.

to **tie** *v.tr.* **1** legare; attaccare, unire, congiungere (*anche fig.*): *he tied the horse to the post*, attaccò il cavallo al palo; *to — s.o.'s hands*, legare le mani a qlcu. (*anche fig.*) **2** allacciare; annodare: *to — one's shoes*, allacciarsi le scarpe; (*fig. fam. amer.*) migliorare il proprio comportamento, darsi una regolata; *to — a knot*, fare un nodo; *to — the knot*, (*fam.*) sposarsi; *to — s.o.* (*up*) *in knots*, (*fam.*) confondere, mettere in imbarazzo qlcu. **3** costringere, obbligare; vincolare: *illness tied her to her bed*, la malattia la costrinse a letto **4** (*sport*) pareggiare, concludere in parità; uguagliare: *to — a record*, uguagliare un primato **5** (*mus.*) legare (le note) ◆ *v.intr.* **1** essere allacciato (con stringhe, fettucce ecc.) **2** (*sport*) avere lo stesso punteggio; pareggiare: *to — for first place* (*with s.o.*), essere primo ex-aequo (con qlcu.).

□ **tie back** *v.tr.* e *avv.* legare indietro; fermare; fissare: *her hair was tied back in a bun*, portava i capelli raccolti (in uno chignon); *to — back a door*, fermare una porta (legandone la maniglia a un appiglio sul muro).

□ **tie down** *v.tr.* e *avv.* **1** legare, fissare giù, in basso: *to — down a tent*, fissare una tenda (ai picchetti) **2** (*fig.*) legare; limitare: *she had to refuse the job, she was so tied down by family commitments*, dovette rifiutare il lavoro tanti erano i suoi impegni di famiglia **3** impegnare, vincolare; tenere occupato: *to — down s.o. to a regular job*, impegnare qlcu. in un lavoro regolare.

□ **tie in** *v.intr.* e *avv.* combaciare, collimare: *his evidence tied in with what the detective had discovered*, la sua testimonianza collimava con quanto l'investigatore aveva scoperto ◆ *v.tr.* e *avv.* far combaciare, far collimare.

□ **tie on** *v.tr.* e *avv.* legare, allacciare (con spago ecc.): *to — a label on to a suitcase*, legare un cartellino a una valigia.

□ **tie up** *v.tr.* e *avv.* **1** legare (un pacco) **2** collegare, mettere in relazione: *to — up two facts*, mettere in relazione due fatti **3** (*fam.*) impegnare, tenere occupato: *this work will — me up for the next six months*, questo lavoro mi terrà impegnato per i prossimi sei mesi **4** (*fam.*) investire, vincolare (denaro): *to — up money in an investment fund*, investire denaro in un fondo d'investimento; *the will tied up the estate*, il testamento vincolava la proprietà.

tie-beam ['taɪbi:m] *s.* (*edil.*) catena SIN. **tie-rod**.

tiebreak(er) ['taɪbreɪk(ə*) / tie·break(er)] *s.* (*tennis*) tie-break.

tie-clip ['taɪklɪp] *s.* fermacravatta.

tied [taɪd] *agg.* vincolato, legato, schiavo: *I am — for time*, non ho tempo, ho i minuti contati; *my hands are —*, (*fig.*) ho le mani legate // *— cottage*, casa concessa in godimento dal datore di lavoro a un dipendente // *— house*, pub di proprietà di una fabbrica di birra di cui rivende il prodotto.

to **tie-dye** [taɪ'daɪ] *v.tr.* (*tess.*) tingere annodato.

tie-in ['taɪ,ɪn] *s.* **1** (*fam.*) legame, relazione; vincolo: *is there a — between terrorism and the murder attempt?*, c'è un legame fra il terrorismo e l'attentato? **2** (*comm.*) prodotto le cui vendite sono trainate dal successo di un altro prodotto (romanzo, disco, giocattolo ispirati a un film ecc.) // (*comm.*): *— sale*, vendita abbinata; *— clause*, clausola che impegna il venditore di know how a fornire materiali, attrezzature e personale specializzato.

tie-on ['taɪ,ɒn] *agg.* che si lega con lo spago (di etichetta, cartellino): *— label*, etichetta da attaccare con uno spago (a valigia ecc.).

tiepin ['taɪpɪn / tie·pin] *s.* spillo per cravatta.

tie-plate ['taɪpleɪt] *s.* **1** (*mecc., edil.*) piastra di collegamento (dei tiranti) **2** (*ferr.*) piastra d'armamento.

tier[1] ['taɪə*] *s.* **1** chi lega, annoda, congiunge **2** (*amer.*) grembiulino per bambini.

tier[2] [tɪə*] *s.* **1** fila, serie, ordine (in struttura a più piani, livelli): *a — (of seats)*, una fila (di posti di gradinata); *to arrange in tiers*, disporre in file sovrapposte, digradare verso l'alto; (*arch.*) *three tiers of arches*, tre ordini di archi; (*teatr.*) *first — box*, palco di prima fila // (*econ.*) *two — system*, sistema a due livelli; *two — market*, doppio mercato (spec. riferito all'oro) **2** (*mar.*) spirale di fune **3** (*mar.*) andana.

to **tier**[2] *v.tr.* disporre in file sovrapposte ◆ *v.intr.* essere disposto in file sovrapposte.

tierce [tɪəs *nel senso 2* tɜ:s] *s.* **1** 'tierce' (misura di capacità = 159 l); fusto contenente tale misura **2** (*carte*) sequenza di tre carte dello stesso seme **3** (*mus., eccl., scherma*) terza.

tiercet ['tɜ:set / tier·cet] *s.* (*poesia*) → **tercet**.

tiered [tɪəd] *agg.* a gradini, a ripiani: *ancient theatres were —*, i teatri antichi erano a gradinate; *three —*, a tre ripiani; *— wedding cake*, torta nuziale a tre piani.

tie-rod ['taɪrɒd] *s.* **1** (*mecc.*) tirante **2** (*aut.*) barra di accoppiamento **3** → **tie-beam**.

tie-up ['taɪ,ʌp] *s.* **1** connessione; legame; vincolo **2** (*spec. amer.*) associazione, unione (di imprese commerciali) **3** arresto, blocco (di traffico, produzione ecc.), inceppamento; (*amer.*) sospensione forzata del lavoro.

tiff [tɪf] *s.* stizza, collera improvvisa e passeggera; bizza; lieve diverbio, bisticcio: *to be in a —*, essere in collera, tenere il broncio; *to have a — with*, bisticciare con.

to **tiff** *v.intr.* essere stizzito, tenere il broncio.

tiffany ['tɪfənɪ / tif·fany] *s.* garza, mussola finissima.

tiffin ['tɪfɪn / tif·fin] *s.* (*antiq.*) pasto leggero (di metà mattina o di mezzogiorno).

tiger ['taɪgə* / ti·ger] *s.* **1** (*zool.*) (*Panthera tigris*) tigre // *paper —*, (*fig. spreg.*) tigre di carta // *to rouse the — in s.o.*, risvegliare istinti crudeli in qlcu. // *to work like a —*, lavorare con grande energia **2** (*ant.*) lacchè **3** (*sl. amer.*) urrah! (grido di incoraggiamento).

tiger-beetle ['taɪgə,bi:tl] *s.* (*zool.*) cicindela.

tiger-cat ['taɪgəkæt] *s.* (*zool.*) ocelot, gattopardo americano → **ocelot**.

tiger-eye ['taɪgəraɪ] *s.* (*min.*) occhio di tigre.

tiger-flower ['taɪgə,,flaʊə*] *s.* (*bot.*) (*Tigridia pavonia*) tigridia.

tigerish ['taɪgərɪʃ / ti·ger·ish] *agg.* di, da tigre; feroce, crudele // **-ness** *s.*

tiger lily ['taɪgə,lɪlɪ] *s.* (*bot.*) (*Lilium tigrinum*) giglio tigrino cinese; (*pop.*) giglio rosso.

tiger-nut ['taɪgənʌt] *s.* tubero commestibile del cipero.

tiger's-eye [,taɪgəz'aɪ] → **tiger-eye**.

tiger shark ['taɪgə,ʃɑ:k] *s.* (*zool.*) (*Galeocerdo cuvieri*) squalo tigre.

tiger-wolf ['taɪgəwʊlf] *s.* (*zool.*) (*Crocuta crocuta*) iena maculata.

tiger-wood ['tɪgəwʊd] *s.* legno pregiato (della Guyana).

tight [taɪt] *agg.* **1** stretto; aderente, attillato; costrittivo: *a — dress*, un vestito attillato; — *shoes*, scarpe strette; *she held his arm in a — grip*, lo teneva stretto per il braccio // — *group of friends*, un compatto gruppo di amici // — *turn*, curva a gomito **2** stretto, legato, fissato sicuramente: — *screw*, vite stretta, ben avvitata **3** che tende a bloccarsi: *a — drawer*, un cassetto bloccato, che non si apre **4** impermeabile, ermetico, a perfetta tenuta: — *soil*, un terreno impermeabile99 teso, tirato (*anche fig.*): *a — rope*, una corda tesa; *he had a — expression*, aveva un viso teso **6** conciso, serrato; condensato: — *language*, linguaggio serrato; — *style*, stile conciso // — *schedule of meetings*, un fitto programma di appuntamenti **7** severo, duro; difficile: — *squeeze*, (*fam.*) passaggio difficile, difficoltà; *he needs a — hand*, ha bisogno di un trattamento severo; *you'll have to keep him under — supervision*, dovrai tenerlo sotto stretto controllo // *to be in a — situation* (o *spot* o *squeeze* o *corner*), (*fam.*) trovarsi in difficoltà· **8** grazioso, ben fatto **9** (*comm.*) scarso: *money is —*, il denaro è scarso **10** (*sport*) stretto, serrato; equilibrato: — *match*, gioco serrato; — *game*, partita equilibrata **11** (*fam.*) avaro, tirato, tirchio, taccagno **12** (*fam.*) ubriaco.

tight *avv.* **1** strettamente; in modo aderente, attillato: *to hold —*, stringere, tenere stretto; *to fit —*, essere stretto, attillato **2** ermeticamente; a perfetta tenuta: *close the door —*, chiudi bene la porta **3** in maniera tesa: *to blow, to pump a ball, a tyre —*, gonfiare, pompare un pallone, un pneumatico, fino a renderli duri **4** rigidamente, fermamente, saldamente: *to sit —*, sedere immobile, (*fig.*) non darla vinta, non mollare **5** completamente; bene: *the pub was packed — with tourists*, il pub era strapieno di turisti // *sleep —*, dormi bene.

tight (*nei composti*) a prova di, a tenuta di: *gas- —*, a tenuta di gas; *fire- —*, (*amer.*) a prova di fuoco; *watertight*, a tenuta d'acqua, stagno // (*mecc.*) — *-meshing*, ingranamento senza gioco.

tight-ass ['taɪtæs] *s.* (*fam. amer.*) persona rigida, poco flessibile.

to **tighten** ['taɪtn] *v.tr.* **1** serrare; stringere: *to — one's lips*, serrare le labbra // *to — one's belt*, (*fig.*) tirare la cinghia // (*econ.*) *to — credit*, frenare il credito **2** tendere; tirare: (*mar.*) *to — the ropes*, tirare le corde ◆ *v.intr.* **1** serrarsi; stringersi **2** tendersi; irrigidirsi.

□ **tighten up** *v.tr.* e *avv.* **1** tirare; fissare **2** rendere più severo, più rigido ◆ *v.intr.* e *avv.* diventare più severo, più rigido.

tightener ['taɪtnə* / tight·en·er] *s.* **1** chi stringe **2** (*mecc.*) galoppino, tenditore **3** (*sl.*) scorpacciata; baldoria.

tightfisted [,taɪt'fɪstɪd / tight·fisted] *agg.* (*fam.*) taccagno, tirchio AMER. tightwad.

tight-fitting [,taɪt'fɪtɪŋ] *agg.* aderente, attillato (di abito).

tight-knit [,taɪt'nɪt] *agg.* ben organizzato; ben congegnato.

tight-lipped [,taɪt'lɪpt] *agg.* **1** con le labbra serrate (per stizza ecc.) **2** silenzioso, muto.

tightly ['taɪtlɪ / tight·ly] *avv.* strettamente: — *controlled*, strettamente controllato; *a — packed suitcase*, una valigia stracolma; *they went with their hands — clasped*, andavano tenendosi stretti per mano.

tightly-knit [,taɪtlɪ'nɪt] *agg.* (molto) affiatato, unito, legato: *a — family*, una famiglia molto unita.

tightness ['taɪtnɪs / tight·ness] *s.* **1** tensione: — *of the chest*, difficoltà di respiro; — *of a rope*, tensione di una corda **2** impermeabilità; tenuta **3** (*econ.*) scarsità di denaro, di valuta; irrigidimento (del mercato finanziario); stretta (economica) **4** (*fam.*) ubriachezza.

tightrope ['taɪtrəʊp / tight·rope] *s.* fune tesa (per funamboli): *to walk the —*, camminare su una fune, (*fig.*) camminare sul filo del rasoio.

tightrope walker ['taɪtrəʊp,wɔ:kə*] *s.* funambolo AMER. ropewalker.

tightrope walking ['taɪtrəʊp,wɔ:kɪŋ] *s.* funambolismo AMER. ropewalking.

tights [taɪts] *s.pl.* **1** collant: *stretch —*, collant elasticizzato SIN. panty hose **2** calzamaglia (di acrobati, ballerine ecc.): *flesh-coloured —*, calzamaglia color carne **3** (*st.*) calzoni corti e aderenti, stretti sotto il ginocchio **4** *the —*, (*fam. amer.*) periodo di ristrettezze economiche, di crisi.

tightwad ['taɪtwɒd / tight·wad] *agg.* (*amer.*) → **tightfisted**.

tigon ['taɪgən] *s.* (*zool.*) tigone.

tigress ['taɪgrɪs / tig·ress] *s.* tigre (femmina).

tigrish ['taɪgrɪʃ / tig·rish] → **tigerish**.

tike [taɪk] *s.* **1** cane bastardo **2** (*antiq.*) uomo volgare.

til [tɪl] *s.* (*bot.*) sesamo → **sesame**.

tilbury ['tɪlbərɪ / til·bury] *s.* 'tilbury', tipo di carrozza a due ruote assai in voga nel XIX secolo.

tilde ['tɪld] *s.* tilde (segno ortografico).

tile [taɪl] *s.* **1** tegola // — *conduit*, tubo di terracotta **2** mattonella; piastrella: *floor —*, mattonella per pavimenti; *paving —*, piastrella per pavimenti; *quarry —*, piastrella grezza // *to be out on the tiles*, (*fam.*) darsi ai bagordi; *to spend a night on the tiles*, (*fam.*) trascorrere una notte di bagordi // *to have a — loose*, (*sl.*) avere una rotella fuori posto **3** (*mosaic*) —, tessera (di mosaico) **4** (*antiq.*) cappello a cilindro.

to **tile** *v.tr.* **1** coprire di tegole (un tetto) **2** rivestire con mattonelle, piastrelle; piastrellare **3** (*non com.*) proteggere (una loggia massonica) dall'intrusione di estranei; (*fig.*) costringere a serbare il segreto **4** (*spec. amer.*) drenare (il terreno) con tubi di terracotta.

tiled [taɪld] *agg.* **1** coperto di tegole **2** rivestito con mattonelle, piastrelle; piastrellato.

tilemaking ['taɪl,meɪkɪŋ / tile·mak·ing] *s.* fabbricazione di tegole, mattonelle, piastrelle // (*mecc.*) — *machine*, tegoliera.

tilery ['taɪlərɪ] *s.* fabbrica di tegole, mattonelle, piastrelle.

tile-stone ['taɪlstəʊn] *s.* pietra per lastre da pavimentazione.

tiling ['taɪlɪŋ / til·ing] *s.* **1** copertura di tegole **2** pavimento di mattonelle, di piastrelle.

till[1] [tɪl] *prep.* fino a: *I waited — four o'clock and then left*, ho aspettato fino alle quattro e poi me ne sono andato; *she worked from morning — night to finish the job*, lavorava dalla mattina alla sera per finire il lavoro; *we didn't leave the house — after midnight*, non lasciammo la casa fino a dopo mezzanotte; *I've been patient — now*, sono stato paziente, ho avuto pazienza fino ad ora; — *then, we hadn't worried about her absence*, fino a quel momento, non ci eravamo preoccupati della sua assenza; *he read — late at night*, lesse fino a tarda notte // *not —*, non prima di: *the performance did not start — nine*, (*form.*) *not — nine did the performance start*, lo spettacolo non cominciò prima delle nove ◆ *cong.* finché non, fino a che (non), fintanto che: *we waited — the rain stopped*, aspettammo finché (non) smise di piovere; *I won't be satisfied — they've paid me all the money back*, non sarò soddisfatto finché non mi avranno restituito tutti i soldi // *not —*, non prima che: *we did not believe him — he showed us the documents*, (*form.*) *not — he showed us the documents did we believe him*, non gli credemmo finché non ci ebbe mostrato i documenti.

till[2] *s.* cassa: — *money*, denaro di cassa; *cash —*, registratore di cassa // *to be caught with one's fingers* (o *hands*) *in the —*, essere preso con le mani nel sacco.

till[3] *s.* (*geol.*) deposito glaciale.

to **till**[4] *v.tr.* dissodare; arare, lavorare, coltivare (*anche fig.*).

tillable ['tɪləbl / till·able] *agg.* (*non com.*) arabile, coltivabile.

tillage ['tɪlɪdʒ / till·age] *s.* U **1** dissodamento; aratura; coltivazione: *in —*, in coltivazione **2** terreno coltivato **3** raccolto.

tiller[1] ['tɪlə* / til·ler] *s.* aratore; coltivatore, agricoltore.

tiller[2] *s.* (*mar.*) barra: *rudder —*, barra del timone.

tiller[3] *s.* (*bot.*) pollone.

tillerman ['tɪləmən / til·ler·man] *pl.* **tillermen** *s.* (*mar.*) timoniere.

tilling ['tɪlɪŋ / till·ing] *s.* coltivazione, coltura.

tillite ['tɪlaɪt / till·ite] *s.* (*geol.*) tillite.

tilt[1] [tɪlt] *s.* **1** tenda, tendone, copertura (spec. di barca, carro, vagone) **2** capanna (di boscaiolo, pescatore).

to **tilt**[1] *v.tr.* coprire con tendone.

tilt[2] *s.* **1** inclinazione, pendenza; piano inclinato: *on the —*, (*non com.*) in posizione inclinata; *to wear one's hat at a —*, portare il cappello inclinato, sulle ventitrè // — *cart*, carro ribaltabile **2** (*st.*) torneo, giostra, carosello // *at full —*, a tutta velocità, a tutta forza **3** (*fig.*) attacco; invettiva; critica **4** (*geol.*) sollevamento.

to **tilt**[2] *v.intr.* **1** inclinarsi; piegarsi; oscillare: *the board tilted* (*up*) *as he stepped on it*, la tavola s'inclinò appena ci salì sopra **2** (*mar.*) beccheggiare; (*aer.*) inclinarsi, cambiare assetto orizzontale: *the plane tilted and banked to the left*, l'aereo si inclinò e scivolò d'ala sulla sinistra **3** (*st.*) torneare, giostrare **4** (*fig.*) attaccare; lanciare invettive: *the article tilted at the new school of poets*, l'articolo attaccava la nuova scuola di poeti // *to — at windmills*, combattere contro i mulini a vento ◆ *v.tr.* **1** inclinare; piegare: *to — one's hat over one's eyes*, calarsi il cappello sugli occhi; *I tilted the chair to make the cat jump off*, inclinai la sedia per far saltar giù il gatto; *the new evidence tilted the balance in his favour*, le nuove prove fecero pendere la bilancia a suo favore **2** rovesciare; scaricare: *they tilted coal from the cart*, scaricarono il carbone dal carro **3** puntare, vibrare (una lancia) **4** (*metall.*) martellare; forgiare.

tiltable ['tɪltəbl / til·table] *agg.* reclinabile.

tilter ['tɪltə*] *s.* **1** giostratore, giostrante **2** (*metall.*) forgiatore; chi aziona il maglio a leva **3** (*mecc.*) ribaltatore; dispositivo d'inclinazione, di ribaltamento.

tilth [tɪlθ] *s.* **1** coltivazione, coltura **2** terreno coltivato, coltivabile **3** strato di terreno coltivato.

tilt-hammer ['tɪlt,hæmə*] *s.* maglio a leva.

tilting ['tɪltɪŋ / tilt·ing] *agg.* inclinato; inclinabile; ribaltabile: *— furnace*, forno rovesciabile; *— seat*, strapuntino; *— stand*, cavalletto girevole ◆ *s.* inclinazione, pendenza.

tilt-yard ['tɪltjɑ:d] *s.* campo da torneo.

timbal ['tɪmbəl / tim·bal] *s.* (*mus.*) timballo, timpano.

timbale [tæm'bɑ:l / tim·bale] *s.* **1** (*cuc.*) timballo **2** membrana vibratile (di insetto).

timber ['tɪmbə* / tim·ber] *s.* **1** [U] legname da costruzione // *— framing*, armatura in legno **2** [U] bosco, foresta (di alberi da legname): *standing —*, bosco in piedi **3** trave, tavola, asse **4** [U] (*fig. antiq.*) tempra, carattere: *there are few men of his —*, ci sono pochi uomini della sua tempra **5** (*mar.*) ordinata, costola // *shiver my timbers!*, (*sl. mar.*) tuoni e fulmini!

to **timber** *v.tr.* **1** (*ant.*) fare, costruire in legno **2** rivestire, rinforzare, armare di legno.

timbered ['tɪmbəd / tim·bered] *agg.* **1** di legno; costruito in legno; rivestito, rinforzato con legno **2** alberato, coperto d'alberi.

timber-head ['tɪmbəhed] *s.* (*mar.*) bitta.

timbering ['tɪmbərɪŋ / tim·ber·ing] *s.* **1** materiale per costruzione (spec. ligneo) **2** (*miner.*) armatura in legname.

timberline ['tɪmbəlaɪn / tim·ber·line] *s.* → **treeline**.

timber-man ['tɪmbəmən] *pl.* **timber-men** *s.* carpentiere.

timber mill ['tɪmbə,mɪl] *s.* segheria.

timber-tree ['tɪmbə,tri:] *s.* (*bot.*) albero d'alto fusto (da legname).

timber-work ['tɪmbə,wɜ:k] *s.* costruzione in legno.

timber-yard ['tɪmbə,jɑ:d] *s.* deposito di legname.

timbre[1] ['tɪmbə*] *s.* timbro (di voce, di strumento musicale).

timbre[2] *s.* **1** cresta (di elmo) **2** (*arald.*) corona (che sormonta uno stemma).

timbrel ['tɪmbrəl / tim·brel] *s.* (*mus.*) tamburello, cembalo.

time [taɪm] *s.* **1** [U] tempo: *space and —*, spazio e tempo; *a matter* (o *a question*) *of —*, una questione di tempo; *with —*, col (passare del) tempo; *as — goes on* (o *by*), col passare, con l'andar del tempo; *— has left its marks on her face*, il tempo ha lasciato le sue tracce sul suo viso; *— is hanging a bit heavy this afternoon*, il tempo non passa mai oggi (pomeriggio); *— will tell which of us is right*, il tempo dirà chi di noi ha ragione; *some — ago*, qualche tempo, un po' di tempo fa; *to get — to do sthg.*, aver il tempo di fare qlco.; *to spend — doing sthg.*, passare il tempo facendo qlco.; *to kill —*, ammazzare il tempo; *to waste —*, perdere, sprecare, buttar via il tempo; *to lose —*, perdere tempo (a causa di imprevisti); *to lose* (*all*) *count of —*, perdere la nozione del tempo; *to be lost in the mists of —*, perdersi nella notte dei tempi; *to make —*, (*amer.*) andare a tutta velocità; (*sl.*) fare una conquista; *to make up —*, guadagnare sul tempo; *to make up for lost —*, riguadagnare il tempo perduto; *to have — on one's hands*, avere del tempo a disposizione; *to have a lot of — for s.o.*, (*fam.*) avere molto rispetto, molta considerazione per qlcu.; *to have no — for s.o.* (o *not give s.o. the — of day*), (*fam.*) non aver tempo (da perdere) con qlcu. // (*amm.*) *— saving*, che fa risparmiare tempo // *— is a great healer*, il tempo è un gran medico // *— is money*, (*prov.*) il tempo è denaro **2** tempo; periodo, lasso di tempo: *spare* (o *free*) *—*, tempo libero; *all the —*, (per) tutto il tempo, continuamente; *a long —*, molto tempo; *for a long —*, a lungo; *after a short —*, dopo qualche tempo; *in a short —*, fra breve, entro breve tempo; *in no —*, in men che non si dica; *at no —*, mai; *at any —*, in qualunque momento; *for a —*, per un certo periodo; *for some — (past)*, da qualche tempo; *for the — being*, al presente, attualmente; *between times*, negli intervalli; *from — to —*, di tanto in tanto, di quando in quando; *this — of the year*, (in) questo periodo dell'anno; *this — last year*, l'anno scorso a quest'epoca // *half the —*, spesso: *half the — he's too tired to work*, spesso è troppo stanco per lavorare // *to have a good —* (o *the — of one's life* o *a high old —*), divertirsi (moltissimo) // *to have an easy — (of it)*, passarsela bene; *to have a bad* (o *rough*) *—*, passarsela male, avere un momentaccio // *to give s.o. a pretty hard —*, (*fam.*) mettere in difficoltà qlcu., far passare un brutto quarto d'ora a qlcu. // *to have done one's —*, aver fatto il proprio tempo, esser passato di moda // *to do —*, (*fam.*) scontare un periodo di prigione // *to serve one's —*, fare tirocinio // (*comm.*) *— insurance*, assicurazione a tempo // (*econ.*) *— preference*, preferenza temporale // (*stat.*) *— series*, serie temporale // (*dir.*): *— limit*, termine di prescrizione; *— for appealing*, termine per la proposizione dell'appello // (*gramm.*) *— clause*, proposizione temporale // (*fis.*) *— dilation* (o *dilatation*) dilatazione dei tempi **3** (*gener. pl.*) tempo; epoca: *hard times*, tempi difficili; *the old times*, i vecchi tempi, il buon tempo andato; *at all times*, sempre; *at that —*, a quel tempo, allora; *in ancient times*, anticamente; *in Elizabethan times*, nel periodo elisabettiano; *in my —*, ai miei tempi // *— was when...*, ci fu un tempo in cui... // *to keep up* (o *to move* o *to march*) *with the times*, tenersi al passo coi tempi // *ahead of —*, prima del previsto; *to be ahead of one's —* (o *before one's —*), essere all'avanguardia, in anticipo sui tempi; *to be behind the times*, essere indietro coi tempi, arretrato // *to grow old before one's —*, invecchiare prima del tempo // *the best film of all —*, il miglior film di tutti i tempi // *from — immemorial* (o *from — out of mind*), da tempo immemorabile **4** ora; tempo; momento: *what — is it* (o *what's the —*)*?*, che ora è, che ore sono?; *can you tell me the —, please?*, sa (dirmi) l'ora, per favore?; *what — do you go to school?*, a che ora vai a scuola?; *it's dinner —*, è ora di pranzo; *it's — for bed* (o *bedtime*), è ora di andare a letto; *it's — I went* (o *for me to go*), è ora che me ne vada; *it's (high) — to go*, è ora di andare; *it's no — to buy shares*, non è il momento di comprare azioni; *there's no — like the present*, non c'è momento migliore di questo; *it's about — he had his hair cut*, è ora che si faccia tagliare i capelli; *about — (too)* (o *not before —*), alla buon'ora!, era ora!; *at the same —*, alla stessa ora, nello stesso tempo; *at a given —*, a un dato, a un certo momento; *at the — of delivery*, al momento della consegna; *to arrive (dead) on —*, arrivare in perfetto orario; *to keep (good) —*, essere puntuale; *in good —*, per tempo; *in a week's —*, fra una settimana; *by the — the doctor arrives, you'll be better*, ora che, per quando arriva il dottore starai meglio // *the big —*, il successo; *the small —*, (*fam. amer.*) la gavetta (nel mondo dello spettacolo) // *my — is drawing near*, la mia ora si avvicina // *to bide one's —*, aspettare il proprio momento // *in the nick of —*, proprio al momento giusto // *— signal*, segnale orario // *— zone* (o *belt*), fuso orario // *apparent* (o *solar*) *—*, ora solare; *summer* (o *daylight-saving*) *—*, ora legale // *Greenwich mean* (o *civil* o *universal*) *—*, ora di Greenwich // *standard —*, ora ufficiale, internazionale // (*comm.*) *— of payment*, scadenza di pagamento **5** orario: *the times of the trains to London*, gli orari dei treni per Londra; *short — has been enforced in our factory*, nella nostra fabbrica è stato introdotto l'orario ridotto // *my — is my own*, non sono soggetto a orario **6** volta; occasione: *next —*, la prossima volta; *the next —*, la volta seguente, successiva; (*the*) *last —*, l'ultima volta; *every —*, ogni volta (che); *this — I'll forgive you*, (per) questa volta ti perdono; *how many times did you go to America?*, quante volte sei andato in America?; *many a —*, molte volte; *times without number*, innumerevoli, mille volte; *at times*, a volte; *some — or other*, una volta o l'altra; *— and (—) again*, molto spesso; *— after —*, ripetutamente; *at (any) one —*, in una volta sola, tutto in una volta; *at various times*, a varie riprese; *ten at a —*, dieci alla volta; *nine times out of ten*, nove volte su dieci; *two times two makes four*, due volte due, due per due fa quattro // *once upon a — there was*, c'era una volta **7** paga; tariffa: *double —*, paga doppia; *— and a half*, paga straordinaria, straordinario **8** tempo, ritmo; (*mus.*) tempo; (*mil.*) passo, cadenza: *in —*, a tempo; *out of —*, fuori tempo; *to beat —*, battere il tempo; *to keep —*, tenere il tempo, il ritmo; (*di orologio*) dare sempre l'ora esatta // (*mus.*) *— signature*, segno di misura; *— value*, valore (di una nota) **9** (*inform.*) tempo; durata; ora: *— bucket*, periodo; *— origin*, tempo di riferimento; *— sensitive*, a durata critica; *— slice*, porzione di tempo; *— slicing*, assegnazione di tempo; *— stamp*, datario **10** (*sport*) tempo: *his — for the mile was under four minutes*, il suo tempo sul miglio era inferiore ai quattro minuti; *record —*, tempo di record; *to record a good —*, fare (registrare) un buon tempo // *race against —*, corsa contro il tempo.

to **time** *v.tr.* **1** fissare l'orario di: *the arrival of the Queen was timed for two o'clock*, l'arrivo della regina era fissato per le due **2** scegliere il momento giusto per: *you've timed your arrival perfectly*, hai scelto proprio il momento giusto per arrivare; *she knew how to — her remarks*, sapeva scegliere il momento opportuno per fare le sue osservazioni **3** eseguire a tempo: *to — one's steps to the music*, ritmare il passo secondo la musica **4** (*fot.*) fissare, regolare la durata di: *to — the exposure*, regolare la posa **5** calcolare (il tempo, la durata, la velocità); cronometrare: *he finished in half an hour, I timed it*, ha finito in mezz'ora, l'ho cronometrato; *to — the speed of sthg.*, calcolare la velocità di qlco. **6** (*mecc.*) regolare, sincronizzare; mettere a punto; mettere in fase.

time allowance ['taɪmə,laʊəns] *s.* **1** pausa (retribuita); tempo (assegnato a funzioni non produttive) **2** norma (tempo minimo assegnato per lo svolgimento di operazioni produttive).

time-and-motion study [,taɪmən'məʊʃn ,stʌdɪ] *s.* (*amm.*) analisi dei tempi e dei movimenti.

time-bargain ['taɪm,bɑ:gɪn] *s.* (*comm.*) contratto a termine.

time-bill ['taɪmbɪl] *s.* **1** (*comm.*) cambiale a tempo **2** → timetable 1.

time bomb ['taɪmbɒm] *s.* **1** bomba a orologeria, a tempo, a scoppio ritardato (*anche fig.*) **2** (*inform.*) bomba ritardante (per evitare che software pirata distruggano le informazioni).

time capsule ['taɪm,kæpsju:l *amer.* 'taɪm ,kæpsl] *s.* cassa contenente oggetti, documenti dell'epoca attuale sotterrata o murata come testimonianza per epoche future.

time card ['taɪmkɑ:d] *s.* (*amm.*) cartellino di presenza.

time charter ['taɪm,tʃɑ:tə*] *s.* (*mar.*) noleggio a tempo.

time-clock ['taɪmklɒk] *s.* **1** orologio marcatempo (in uffici, fabbriche) **2** timer.

time-consuming ['taɪm,kənsju:mɪŋ] *agg.* che occupa, porta via (molto) tempo: *a — job*, un lavoro che richiede tempo.

time exposure ['taɪmɪk,spəʊʒə*] *s.* (*fot.*) (tempo di) posa.

time-fuse ['taɪm,fju:z] *s.* (*mil.*) spoletta a tempo.

time-honoured ['taɪm,ɒnəd] *agg.* venerando (per età).

timekeeper ['taɪm,ki:pə* / time·keeper] *s.* **1** cronometro **2** (*amm.*) marcatempo, addetto al controllo dei tempi di lavorazione **3** (*sport*) cronometrista **4** (*mus.*) chi batte il tempo.

timekeeping ['taɪm,ki:pɪŋ / time·keep·ing] *s.* **1** (*amm.*) rilevamento dei tempi **2** (*sport*) cronometraggio.

time lag ['taɪmlæg] *s.* (*comm., econ.*) scarto temporale, sfasamento, ritardo.

time-lapse ['taɪm,læps] *agg.* (*fot., cinem.*) al rallentatore.

timeless ['taɪmlɪs / time·less] *agg.* (*letter.*) **1** senza tempo, eterno, infinito **2** senza tempo, immutabile; fuori del tempo: *the — world of rural Greece*, il mondo senza tempo della Grecia agreste **3** (*ant.*) inopportuno, intempestivo, prematuro: *what thou dost know of noble Gloucester's death, / ...who perform'd / the bloody office of his timeless end*, (SH. Richard II) che cosa sai della morte del nobile Gloucester, ...chi eseguì il sanguinoso mandato di portarlo a fine prematura ◆ *avv.* (*ant.*) fuori tempo // **-ness** *s.*

timeliness ['taɪmlɪnɪs / time·li·ness] *s.* opportunità, tempestività.

timely ['taɪmlɪ] *agg.* **1** opportuno, tempestivo, a proposito: *your arrival was —*, sei arrivato al momento giusto **2** (*ant.*) precoce, prematuro ◆ *avv.* **1** opportunamente **2** (*ant.*) presto, per tempo.

time-machine ['taɪm*mə*ʃi:n] *s.* macchina del tempo.

time off [,taɪm'ɒf *amer.* ,taɪm'ɔ:f] *s.* periodo, giorni di permesso, pausa, vacanza: *to take some —*, prendersi un periodo di permesso.

time-out [,taɪm'aʊt] *s.* **1** (*sport*) time out, tempo (di sospensione) **2** (*inform.*) temporizzazione, periodo di temporizzazione; (*Honeywell*) fine del tempo disponibile; (*IBM*) pausa, supero di tempo.

time payment ['taɪm,peɪmənt] *s.* retribuzione a tempo.

timepiece ['taɪmpi:s / time·piece] *s.* (*form. antiq.*) orologio.

timer ['taɪmə*] *s.* **1** cronometrista **2** cronometro; orologio **3** temporizzatore, timer **4** (*mecc. elettr.*) distributore di accensione **5** (*inform.*) temporizzatore.

time release ['taɪmrɪ,li:s] *agg.* (*di farmaco*) retard, a effetto ritardato.

timesaving ['taɪm,seɪvɪŋ / time·sav·ing] *agg.* che fa risparmiare tempo.

time scale ['taɪm,skeɪl] *s.* (*geol.*) cronologia geologica.

timeserver ['taɪm,sɜ:və* / time· server] *s.* conformista; opportunista.

time-serving ['taɪm,sɜ:vɪŋ] *s.* conformismo, opportunismo ◆ *agg.* conformista; opportunista.

time-sharing ['taɪm,ʃeərɪŋ] *s.* **1** acquisto con la formula della multiproprietà **2** spartizione del lavoro **3** (*inform.*) lavoro simultaneo, lavoro in multiprogrammazione; partizione del tempo.

time sheet ['taɪmʃi:t] *s.* (*amm.*) cartellino di presenza; marcatempo.

timeslot ['taɪmslɒt / time·slot] *s.* (*tv, radio*) fascia oraria (di trasmissione); spazio (di tempo).

time switch ['taɪm,swɪtʃ] *s.* (*elettr.*) interruttore a tempo.

timetable ['taɪm,teɪbl / time·table] *s.* **1** orario (ferroviario, scolastico ecc.) **2** (*estens.*) programma, tabella di marcia.

time-work ['taɪmwɜ:k] *s.* lavoro (pagato) a ore, a giornata.

timeworn ['taɪmwɔ:n / time·worn] *agg.* logorato dal tempo; antiquato (*anche fig.*).

timid ['tɪmɪd] *agg.* timido, vergognoso; timoroso // **-ly** *avv.*

timidity [tɪ'mɪdɪtɪ / tim·id·ity] rar. **timidness** ['tɪmɪdnɪs / tim·id·ness] *s.* timidezza; soggezione; timore.

timing ['taɪmɪŋ / tim·ing] *s.* **1** tempismo; coordinazione dei tempi **2** calcolo del tempo (di posa fotografica ecc.); (*amm.*) misurazione dei tempi **3** (*mecc.*) messa in fase; regolazione; sincronizzazione; (*inform.*) temporizzazione; durata; sincronizzazione // (*mecc.*) — *adjustment*, registrazione della distribuzione **4** (*tv*) cadenza // (*radar, tv*) — *pulses*, impulsi di sincronizzazione.

timocracy [taɪ'mɒkrəsɪ / ti·mo·cracy] *s.* timocrazia.

timocratic(al) [,taɪmə'krætɪk(l) / ti·mo·cratic(·al)] *agg.* timocratico.

timon ['taɪmən] *s.* (*rar.*) misantropo.

timorous ['tɪmərəs / tim·or·ous] *agg.* timoroso; timido // **-ly** *avv.* // **-ness** *s.*

timothy(-grass) ['tɪməθɪ(grɑ:s) *amer.* 'tɪməθɪ(græs)] *s.* (*bot.*) (*Phleum pratense*) coda di topo.

timpanist ['tɪmpənɪst / tim·pan·ist] *s.* (*mus.*) timpanista.

timpano ['tɪmpənəʊ / tim·pano] *pl.* **timpani** ['tɪmpəni: / tim·pani] *s.* (*mus.*) timpano.

tin [tɪn] *s.* **1** stagno: *bar —*, stagno in verghe; *drop —*, stagno granulare; *— bronze*, bronzo allo stagno; *— works*, fonderia di stagno // *— wedding*, nozze di stagno // *to have a — ear*, (*fam.*) non avere orecchio (musicale) **2** latta, lamiera stagnata; banda stagnata // *— soldier*, (*scherz.*) soldato della riserva **3** (recipiente di) latta; barattolo; scatola; scatoletta: *a — of paint*, una latta di vernice; *a — of biscuits*, una scatola (di latta) di biscotti; *a — of meat*, una scatoletta di carne // *petrol —*, bidone per benzina **4** (*sl. antiq.*) denaro, monete.

to **tin** *pass.p.p.* **tinned** [tɪnd] *v.tr.* **1** stagnare **2** conservare in scatola; inscatolare.

tincal ['tɪŋkəl] *s.* (*min.*) borace greggio.

tin can ['tɪn,kæn] *s.* (scatola di) latta; lattina; scatoletta.

tin cow [,tɪn'kaʊ] *s.* (*sl. amer.*) scatola di latte condensato.

tinct [tɪŋkt] *agg.* (*rar.*) tinto, colorito ◆ *s.* (*rar.*) tintura, colore, tinta: *and there I see such black and grained spots / as will not leave their tinct*, (SH. Hamlet) e vedo macchie così nere e fonde che non stingeranno.

tinctorial [tɪŋk'tɔ:rɪəl / tinc·tor·ial] *agg.* (*rar.*) tintorio, colorante.

tincture ['tɪŋ*k*tʃə* / tinc·ture] *s.* **1** (*rar.*) colore, tinta; sfumatura; (*fig.*) infarinatura: *a — of knowledge*, un'infarinatura di cultura **2** (*chim.*) tintura; soluzione alcolica: *— of iodine*, tintura di iodio **3** (*arald.*) smalti (*pl.*).

to **tincture** *v.tr.* **1** tingere, colorare; dare una sfumatura a **2** (*fig.*) imbevere, impregnare.

tinder ['tɪndə* / tin·der] *s.* esca (per fuoco).

tinderbox ['tɪndəbɒks / tin·der·box] *s.* scatola contenente l'esca e l'acciarino.

tine [taɪn] *s.* **1** (*mecc.*) dente; rebbio (di forca, di forchetta, erpice) **2** ramificazione di corna di cervo.

tinea ['tɪnɪə] *s.* **1** (*med.*) tigna **2** (*zool.*) tignola.

tin fish [,tɪn'fɪʃ] *s.* (*sl. mar.*) torpedine.

tinfoil [,tɪn'fɔɪl / tin·foil] *s.* **1** lamiera, lastra di stagno **2** stagnola.

to **tinfoil** *v.tr.* **1** rivestire con una lastra di stagno **2** avvolgere nella stagnola.

ting [tɪŋ] *s.* tintinnio.

to **ting** *v.intr.* tintinnare; risonare.

tingaling [,tɪŋə'lɪŋ / ting·a·ling] *s.* dindin.

tinge [tɪndʒ] *s.* **1** sfumatura, tocco: *a — of red in the brown*, un marrone rossiccio **2** (*fig.*)

pizzico; sapore; traccia: *a — of envy*, una punta d'invidia.

to **tinge** *v.tr.* dare una sfumatura a (*anche fig.*): *admiration tinged with envy*, ammirazione mista ad invidia; *clouds tinged with red*, nuvole sfumate di rosso; *voice tinged with anger*, voce velata d'ira.

tingle ['tɪŋgl] *s.* formicolio; bruciore, pizzicore.

to **tingle** *v.intr.* pizzicare, prudere; (*fig.*) fremere: *the boy was tingling with anticipation before the party*, il ragazzo fremeva di impazienza in attesa della festa // *my cheeks tingled with shame*, avevo le guance in fiamme per la vergogna ◆ *v.tr.* far pizzicare; far prudere; (*fig.*) far fremere; eccitare, stimolare.

tin god [,tɪn'gɒd] *s.* (*fam. fig.*) pallone gonfiato.

tin hat [,tɪn'hæt] *s.* (*fam.*) elmetto.

tinhorn ['tɪnhɔ:n / tin·horn] *s.* (*sl. amer.*) spaccone, sbruffone; millantatore ◆ *agg.* (*sl. amer.*) **1** che fa lo spaccone, lo sbruffone, il millantatore **2** appariscente, ma di poco valore.

tink [tɪŋk] *s.* tintinnio.

to **tink** *v.intr.* tintinnare ◆ *v.tr.* (*rar.*) far tintinnare.

tinker ['tɪŋkə* / tin·ker] *s.* **1** calderaio (ambulante); stagnaio **2** abborracciatore, rabberciatore, guastamestieri (*anche fig.*) **3** rattoppo, rabberciatura, rappezzatura (*anche fig.*) **4** (*dial.*) vagabondo, zingaro **5** (*zool. pop.*) piccolo sgombro.

to **tinker** *v.tr.* riparare, rabberciare // *to — (up)*, riparare alla meglio ◆ *v.intr.* armeggiare: *to — at* (o *with*) *the radio*, armeggiare con la radio.

tinkle ['tɪŋkl] *s.* tintinnio, suono argentino (spec. di campanella) // *to give s.o. a —*, (*fam.*) dare un colpo di telefono a qlcu.

to **tinkle** *v.intr.* **1** tintinnare **2** (*rar.*) fischiare, ronzare (di orecchio) ◆ *v.tr.* far tintinnare (campanella ecc.).

tinkler ['tɪŋklə*] *s.* **1** chi fa tintinnare **2** (*fam.*) ciò che tintinna; piccolo campanello.

tinkling ['tɪŋklɪŋ / tink·ling] *s.* tintinnio.

tinkly ['tɪŋklɪ / tink·ly] *agg.* tintinnante.

tin lizzie [,tɪn'lɪzɪ] *s.* (*fam.*) automobile vecchia, di vecchio modello • Dal soprannome dato a uno dei primi modelli della Ford.

tinman ['tɪnmən / tin·man] *pl.* **tinmen** *s.* lattoniere, stagnaio: *— snips*, forbici da lattoniere.

tinned [tɪnd / tin·ned] *agg.* **1** stagnato: *— iron*, lamiera stagnata **2** (conservato) in scatola: *— goods*, scatolame; *— meat*, carne in scatola.

tinner ['tɪnə* / tin·ner] *s.* **1** minatore (in miniere di stagno) **2** lattoniere, stagnaio **3** inscatolatore (di conserva ecc.).

tinnery ['tɪnərɪ / tin·nery] *s.* **1** miniera di stagno **2** stabilimento di lavorazione dello stagno.

tinning ['tɪnɪŋ / tin·ning] *s.* **1** estrazione dello stagno **2** (*metall.*) stagnatura **3** rivestimento di latta, di stagnola **4** inscatolamento (di conserve ecc.).

tinnitus [tɪ'naɪtəs / tin·nitus] *s.* (*med.*) ronzio auricolare.

tinny ['tɪnɪ] *agg.* **1** di stagno **2** ricco di stagno **3** dal sapore di metallo (di cibo in scatola) **4** metallico (di suono) **5** (*sl. antiq.*) riccone.

tin opener ['tɪn,əʊpənə*] *s.* apriscatole AMER. can opener.

Tin Pan Alley ['tɪn,pæn'ælɪ] *s.* (*fam.*) compositori, editori di musica popolare; il mondo della musica popolare • Dall'omonima zona di New York dove nei primi del '900 veniva composta e registrata gran parte della musica popolare.

tinplate ['tɪnpleɪt / tin·plate] *s.* latta; lamiera, banda stagnata.

tin-pot ['tɪnpɒt] *agg.* (*fam.*) mediocre; scadente.

tinsel ['tɪnsl / tin·sel] *agg.* vistoso, sgargiante, appariscente ◆ *s.* **1** (*tess.*) lamé **2** (*fig.*) orpello **3** fili (*pl.*) di lamé (usati come decorazione natalizia).

to **tinsel** *pass.p.p.* **tinselled** ['tɪnsld / tin·selled] *v.tr.* **1** orpellare, inorpellare (*anche fig.*) **2** decorare (l'albero di Natale) con fili di lamé.

tinselly ['tɪnsəlɪ / tin·sel·ly] *agg.* sgargiante, vistoso.

tinselry ['tɪnsəlrɪ / tin·sel·ry] *s.* (*rar.*) orpellatura, falsa apparenza.

Tinseltown ['tɪnsl,taʊn / Tin·sel·town] *s.* (*fam. amer.*) Hollywood; l'industria cinematografica e televisiva.

tinsmith ['tɪnsmɪθ / tins·mith] *s.* lattoniere, stagnaio.

tinstone ['tɪnstəʊn / tin·stone] *s.* (*min.*) cassiterite.

tint [tɪnt] *s.* **1** colore pastello // *spring tints*, i colori della primavera **2** tono, gradazione; sfumatura (*anche fig.*): *there was a — of irony in his voice*, c'era una punta d'ironia nella sua voce **3** (*tip.*) (riproduzione a) retino, retinatura.

to **tint** *v.tr.* **1** colorire, tinteggiare (*anche fig.*) **2** (*tip.*) retinare.

tintack ['tɪntæk / tin·tack] *s.* chiodo stagnato.

tintinnabulant [,tɪntɪ'næbjʊlənt / tin·tin·nab·ulant] **tintinnabulary** [,tɪntɪ'næbjʊlərɪ / tin·tin·nab·ulary] *agg.* (*non com.*) tintinnante.

to **tintinnabulate** [,tɪntɪ'næbjʊleɪt / tin·tin·nab·ulate] *v.intr.* (*non com.*) tintinnare; scampanellare.

tintinnabulation [,tɪntɪ,næbjʊ'leɪʃn / tin·tin·nabu·la·tion] *s.* (*non com.*) tintinnio; scampanellio.

tintinnabulum [,tɪntɪ'næbjʊləm / tin·tin·nab·ulum] *pl.* **tintinnabula** [,tɪntɪ'næbjʊlə / tin·tin·nab·ula] *s.* campanella; tintinnabolo; sonaglio.

tintometer [tɪn'tɒmɪtə* / tin·to·meter] *s.* (*tecn.*) colorimetro.

tinware ['tɪnweə* / tin·ware] *s.* utensili, articoli di latta.

tiny ['taɪnɪ] *agg.* piccino, minuscolo: *a — bit*, un pochino, un tantino.

-tion [ʃn] *suff.* di origine latina usato per formare sostantivi soprattutto da verbi; it. -zione, -mento: *action*, azione; *pollution*, inquinamento; *fiscalization*, fiscalizzazione.

tip[1] [tɪp] *s.* **1** punta; cima: *the — of the iceberg*, la punta dell'iceberg (*anche fig.*); *to walk on the tips of one's toes*, camminare in punta di piedi // *on the — of one's tongue*, sulla punta della lingua // *to have sthg. at the tips of one's fingers*, avere qlco. sulla punta delle dita; *she's a teacher to the tips of her fingers*, è un'insegnante dalla testa ai piedi // *from — to toe*, dalla testa ai piedi **2** puntale, ghiera; (*pesca*) cimino **3** spazzolino (di peli di scoiattolo, cammello) per indorare **4** (*mecc.*) placchetta, punta riportata (di utensile).

to **tip**[1] *pass.p.p.* **tipped** [tɪpt] *v.tr.* **1** mettere un puntale a; coprire, ornare la punta di: *a staff tipped with gold*, un bastone con il puntale d'oro; *white flowers tipped with pink*, fiori bianchi con la punta rosata **2** (*mecc.*) riportare la placchetta, la punta a.

tip[2] *s.* **1** inclinazione **2** carro ribaltabile (per lo scarico) **3** capovolgimento, rovesciamento **4** deposito (di carbone, rifiuti); discarica; (*ind. miner.*) punto di scarico: *rubbish —*, immondezzaio **5** (*fig. fam.*) immondezzaio: *this room is a —*, questa stanza è un porcile.

to **tip**[2] *v.tr.* **1** versare: *I tipped the tea into the saucer*, ho versato il tè sul piattino **2** inclinare; rovesciare: *he tipped the contents of the suitcase on the floor*, rovesciò il contenuto della valigia sul pavimento // *to — the scales at* (*a hundred pounds*), pesare (cento libbre) // *to — the balance in s.o.'s favour*, (*fig.*) spostare l'ago della bilancia in favore di qlcu. **3** vuotare, scaricare; *to — rubbish*, scaricare immondizie; *to — a wagon*, scaricare un carro ◆ *v.intr.* inclinarsi; rovesciarsi, ribaltarsi: *the plank tipped slightly to one side*, la tavola s'inclinò leggermente di lato; *the tray of the lorry tipped back*, il cassone del camion si ribaltò all'indietro // *it's tipping down*, (*fam.*) piove a dirotto.

□ **tip out** *v.tr.* e *avv.* versare; rovesciare: *to — out water*, versare acqua; *to — s.o. out of a boat*, buttare qlcu. fuori da una barca.

□ **tip over** *v.tr.* e *avv.* rovesciare, ribaltare: *the waiter tipped over the lamp*, il cameriere rovesciò la lampada ◆ *v.intr.* e *avv.* rovesciarsi, ribaltarsi: *the lorry tipped over*, il camion si ribaltò.

□ **tip up** *v.tr.* e *avv.* ribaltare: *in that cinema seats can be tipped up*, in quel cinema i sedili sono ribaltabili ◆ *v.intr.* e *avv.* ribaltarsi.

tip[3] *s.* informazione riservata, soffiata (di Borsa, cavalli); indiscrezione // *hot —*, informazione, soffiata recentissima.

to **tip**[3] *v.tr.* passare informazioni riservate, soffiate (di Borsa, cavalli) a; fare indiscrezioni su: *X is tipped as the next Prime Minister*, si fa il nome di X come prossimo Primo ministro // *to — s.o. the wink*, avvisare qlcu. con un segnale convenuto.

□ **tip off** *v.tr.* e *avv.* (*fam.*) informare, avvisare tempestivamente; passare una soffiata a: *the pusher was arrested because the police had been tipped off*, lo spacciatore fu arrestato grazie a una soffiata alla polizia.

tip[4] *s.* tocco; (*spec. baseball*) colpo leggero.

to **tip**[4] *v.tr.* toccare, battere leggermente, dare un colpetto a; sfiorare ◆ *v.intr.* (*rar.*) camminare a passi leggeri, in punta di piedi.

tip[5] *s.* mancia.

to **tip**[5] *v.tr.* **1** dare la mancia a, ricompensare: *he tipped the waiter five pounds*, diede al cameriere una mancia di cinque sterline **2** (*sl. antiq.*) dare; sganciare; passare: *— me a shilling*, sganciami uno scellino ◆ *v.intr.* dare la mancia.

tip-off ['tɪpɒf *amer.* 'tɪpɔ:f] *s.* (*fam.*) soffiata; informazione riservata; suggerimento; dritta.

tippee [tɪ'pi: / tip·pee] *s.* (*dir.*) che riceve illecitamente informazioni riservate.

tipper[1] ['tɪpə* / tip·per] *s.* **1** dispositivo, impianto di ribaltamento **2** autocarro (a cassone) ribaltabile **3** operaio addetto allo scarico di vagoni ribaltabili.

tipper[2] *s.* chi dà mance: *she's a very good* —, è molto generosa nel dare le mance.

tippet ['tɪpɪt / tip·pet] *s.* **1** stola (*anche eccl.*); mantellina; pellegrina; cappa **2** collare (di animale).

tipple[1] ['tɪpl] *s.* (*fam.*) bevanda alcolica.

to **tipple**[1] *v.tr.* **1** (*fam.*) bere abitualmente **2** (*ant.*) sorseggiare; centellinare ◆ *v.intr.* alzare il gomito; darsi al bere.

tipple[2] *s.* **1** impianto di scarico (mediante ribaltamento dei vagoni) **2** punto di scarico **3** vagone ribaltabile (per lo scarico).

to **tipple**[2] *v.tr.* (*dial.*) rovesciare, ribaltare ◆ *v.intr.* (*dial.*) cadere, capitombolare.

tippler[1] ['tɪplə* / tip·pler] *s.* (*fam.*) bevitore abituale; beone.

tippler[2] *s.* **1** operaio addetto allo scarico di vagoni ribaltabili **2** impianto di scarico (mediante ribaltamento dei vagoni).

tip-seat ['tɪpsi:t] *s.* strapuntino.

tipstaff ['tɪpstɑ:f *amer.* 'tɪpstæf / tip·staff] *pl.* **tipstaffs**, **tipstaves** ['tɪpsteɪvz / tip·staves] *s.* **1** bastone con puntale metallico **2** (*dir.*) ufficiale giudiziario; aiutante di sceriffo (che ha per insegna un bastone con puntale).

tipster ['tɪpstə* / tip·ster] *s.* chi fornisce informazioni confidenziali sulle corse, su altre manifestazioni oggetto di scommesse.

tipsy ['tɪpsɪ] *agg.* **1** brillo, alticcio; ubriaco: *to be slightly* —, essere leggermente brillo **2** da ubriaco: *a* — *voice*, voce da ubriaco // **-ily** *avv.* // **-iness** *s.*

tipsy-cake ['tɪpsɪkeɪk] *s.* torta di mandorle imbevuta di vino.

tiptoe ['tɪptəʊ / tip·toe] *agg.* **1** che sta, cammina sulla punta dei piedi **2** (*fig.*) silenzioso, furtivo ◆ *s.* punta dei piedi // *on* — (o *upon one's tiptoes*), sulla punta dei piedi; (*fig.*) ansioso, anelante; impaziente: *to dance on* —, ballare sulle punte; *to walk on* —, camminare in punta di piedi, senza far rumore; *to stand on* — *with expectation*, bruciare d'impazienza.

to **tiptoe** *v.intr.* camminare in punta di piedi, senza far rumore.

tiptoe *avv.* **1** in punta di piedi, senza far rumore **2** (*fig.*) ansiosamente.

tip-top [,tɪp'tɒp] *agg.* (*fam.*) superlativo, eccellente, di prim'ordine: *in* — *condition*, in ottime condizioni ◆ *s.* apice, cima, vertice.

tip-top *avv.* (*fam.*) al massimo grado; superlativamente.

tiptruck ['tɪptrʌk / tip·truck] *s.* autocarro (a cassone) ribaltabile.

tip-up ['tɪpʌp] *agg.* ribaltabile.

tirade [taɪ'reɪd *amer.* 'taɪreid / tir·ade] *s.* **1** tirata, diatriba, filippica, invettiva **2** (*mus.*) tirata.

to **tire**[1] ['taɪə*] *v.intr.* **1** stancarsi, affaticarsi: *after that long walk he began to* —, dopo quella lunga passeggiata cominciava a sentirsi stanco **2** stancarsi; annoiarsi; seccarsi, infastidirsi: *to* — *to death*, annoiarsi a morte ◆ *v.tr.* **1** stancare, affaticare: *it tires me to ride a bicycle*, l'andare in bicicletta mi stanca **2** stancare; annoiare; seccare, infastidire: *I hope I have not tired you*, spero di non averti annoiato, infastidito **3** consumare, esaurire (*anche fig.*): *she tired her husband's patience*, ha fatto scappare la pazienza a suo marito; *to* — *land with tillage*, esaurire la terra con (troppe) colture.

(to) **tire**[2] (*amer.*) → (to) **tyre**.

tire[3] *s.* **1** (*ant.*) abito, veste; vestiti (*pl.*), abbigliamento **2** (*ant.*) acconciatura; diadema **3** (*amer.*) grembiule.

to **tire**[3] *v.tr.* (*ant.*) **1** abbigliare **2** acconciare (capelli).

tired ['taɪəd] *agg.* **1** stanco, affaticato: — *face*, viso stanco; *I am too* — *to stand*, sono troppo stanco per stare in piedi; *to feel* —, sentirsi stanco // *to be* — *out*, essere stanco morto // *to talk oneself* —, chiacchierare fino a stancarsi **2** stanco; annoiato; seccato, infastidito: *to be* — *of s.o.*, essere stanco di qlcu.; *I'm* — *of having to repeat the same things over and over again*, sono stanco di ripetere sempre le stesse cose // *to be* — *to death*, essere annoiato a morte **3** frusto, trito e ritrito, stantio: *he's always repeating the same* — *old jokes*, è sempre lì a ripetere le solite barzellette dette e ridette // **-ly** *avv.* // **-ness** *s.*

tireless ['taɪəlɪs / tire·less] *agg.* instancabile; inesauribile // **-ly** *avv.* // **-ness** *s.*

tire-room ['taɪərʊm *amer.* 'taɪəru:m] *s.* (*teatr. ant.*) camerino.

tiresome ['taɪəsəm / tire·some] *agg.* noioso, fastidioso; seccante, irritante, spiacevole: *how* —*!*, che noia!, che seccatura!; *how* — *you are!*, come sei noioso! // **-ly** *avv.* // **-ness** *s.*

tire-woman ['taɪə,wʊmən] *pl.* **tire-women** ['taɪə,wɪmɪn] *s.* (*ant.*) cameriera personale.

tiro *pl.* **tiros** → **tyro**.

tirocinium [,taɪrəʊ'sɪnɪəm / tiro·cin·ium] *s.* (*ant.*) tirocinio.

T-iron ['ti:,aɪən *amer.* 'ti:,aɪrən] *s.* (*metall.*) ferro a T.

Tironian [taɪ'rəʊnjən / Tir·on·ian] *agg.* tironiano: — *notes*, note tironiane.

'tis [tɪz] (*poet.*, *dial.*) contr. di *it is*: *...'tis a consummation / devoutly to be wished*, (SH. Hamlet) ...è una consumazione da desiderarsi ardentemente; *'Tis my vocation, Hal; 'tis no sin for a man to labour in his vocation*, (SH. Henry IV) È la mia vocazione, Rico; non è peccato che un uomo si dia da fare nella propria vocazione.

tisane [ti:'zæn / ti·sane] *s.* (*non com.*) tisana, infuso.

tisick ['tɪzɪk] *s.* (*ant.*) etisia: *a whoreson rascally tisick so troubles me*, (SH. Troilus and Cressida) un'etisia bastarda e ribalda mi tormenta tanto.

tissue ['tɪʃu: / tis·sue] *s.* **1** tessuto (spec. leggero); (*fig. form.*) tessuto, rete: *a* — *of lies*, un tessuto di menzogne **2** — (*paper*), carta velina **3** fazzoletto di carta; velina da trucco // *toilet* —, carta igienica morbida **4** (*biol.*) tessuto: *adipose*, *muscular* —, tessuto adiposo, muscolare; — *culture*, coltura dei tessuti; — *typing*, tipizzazione dei tessuti.

tissued ['tɪʃu:d / tis·sued] *agg.* tessuto, intessuto.

tit[1] [tɪt] *s.* (*zool.*) cincia // *long-tailed* —, (*Aegithalos caudatus*) codibugnolo.

tit[2] *s.* (*ant.*) **1** cavallino; ronzino **2** ragazza, giovane donna; donna leggera, fraschetta, sfacciatella.

tit[3] *s.* (*non com.*) strattone, strappo; colpo // — *for tat*, (*fam.*) pan per focaccia, occhio per occhio: *to give s.o.* — *for tat*, rendere la pariglia a qlcu.

tit[4] *s.* **1** (*volg.*) poppa, tetta // *to get on s.o.'s tits*, (*fam.*) stare sulle balle a qlcu. **2** (*fam.*) capezzolo **3** (*fam.*) stupido, fesso; pirla.

titan ['taɪtən / ti·tan] *s.* titano, gigante // (*mecc.*) — *crane*, gru a martello.

titanate ['taɪtəneɪt / ti·tan·ate] *s.* (*chim.*) titanato.

titania [taɪ'teɪnɪə / ti·ta·nia] *s.* (*chim.*) biossido di titanio.

titanic[1] [taɪ'tænɪk / ti·tanic] *agg.* titanico (*anche fig.*).

titanic[2] *agg.* (*chim.*) di titanio (con valenza quattro): — *acid*, acido metatitanico; — *oxide*, biossido di titanio.

titaniferous [,taɪtə'nɪfərəs / ti·tan·ifer·ous] *agg.* (*min.*) titanifero.

titanism ['taɪtənɪzəm / ti·tan·ism] *s.* titanismo.

titanite ['taɪtənaɪt / ti·tan·ite] *s.* (*min.*) titanite.

titanium [taɪ'teɪnjəm / ti·ta·nium] *s.* (*chim.*) titanio: — *dioxide*, biossido di titanio.

titanous ['taɪtənəs / ti·tan·ous] *agg.* (*chim.*) titanoso (di titanio con valenza tre).

titbit ['tɪtbɪt / tit·bit] *s.* bocconcino, leccornia; (*fig.*) primizia, notizia ghiotta.

titer (*amer.*) → **titre**.

titfer ['tɪtfɜ: / tit·fer] *s.* (*sl. antiq.*) cappello.

tithable ['taɪðəbl / tith·able] *agg.* soggetto a decime.

tithe [taɪð] *s.* **1** (*gener. pl.*) (*st.*) decima **2** tassa; tributo // *predial* —, prediale **3** (*letter.*) la decima parte, un decimo.

to **tithe** *v.tr.* (*st.*) **1** pagare le decime su **2** imporre, riscuotere le decime su.

tithe-barn ['taɪðbɑ:n] *s.* (*st. arch.*) granaio per il grano raccolto con le decime.

tithe-collector ['taɪðkə,lektə*] *s.* (*st.*) esattore di decime.

tithe-free ['taɪð,fri:] *agg.* (*st.*) esente da decime.

tither ['taɪðə*] *s.* (*st.*) esattore di decime.

tithing ['taɪðɪŋ / tith·ing] *s.* (*st.*) **1** pagamento, esazione delle decime **2** 'tithing' (divisione amministrativa rurale).

Titian ['tɪʃɪən / Ti·tian] *s.* dipinto di Tiziano.

titian *agg.* **1** rosso Tiziano, tizianesco **2** dai capelli rosso Tiziano ◆ *s.* **1** (color) rosso Tiziano **2** persona dai capelli rosso Tiziano.

Titianesque [,tɪʃɪə'nesk / Ti·tian·esque] *agg.* tizianesco; nello stile di Tiziano.

to **titillate** ['tɪtɪleɪt / tit·il·late] *v.tr.* titillare, vellicare, solleticare (*anche fig.*).

titillation [,tɪtɪ'leɪʃn / tit·il·la·tion] *s.* titillamento; solleticamento, solletico (*anche fig.*).

to **titivate** ['tɪtɪveɪt / tit·iv·ate] *v.tr.* (*fam.*) azzimare; agghindare; abbellire ◆ *v.intr.* (*fam.*) azzimarsi; agghindarsi; abbellirsi.

titlark ['tɪtlɑ:k / tit·lark] *s.* (*zool.*) (*Melanocorypha calandra*) calandra.

title ['taɪtl] *s.* **1** titolo, intestazione (*anche*

dir.) 2 (*estens.*) pubblicazione; rivista, periodico; libro: *they publish thousands of titles every year*, pubblicano migliaia di libri ogni anno 3 titolo, grado (di nobiltà, carica); appellativo, qualifica 4 (*sport*) titolo (di campione): *world —*, titolo mondiale; *— fight*, lotta per la conquista del titolo 5 titolo, diritto: *a clear — to an estate*, diritto incontestabile a una proprietà; *he has a — to a place among the greatest poets*, ha diritto a un posto tra i poeti maggiori; *he has no — to do so*, non ha diritto di agire così // (*dir.*) *— to sue*, legittimazione processuale attiva 6 (*eccl.*) titolo, benefizio di chierico.

to **title** *v.tr.* 1 intitolare, intestare 2 chiamare, denominare 3 chiamare col titolo di; conferire il titolo di, nominare, designare.

titled ['taɪtld] *agg.* titolato, nobile.

title deed ['taɪtl,di:d] *s.* (*dir.*) documento che stabilisce il titolo di proprietà.

titleholder ['taɪtl,həʊldə* / ti·tle·holder] *s.* (*sport*) detentore del titolo, campione in carica.

title page ['taɪtl,peɪdʒ] *s.* frontespizio.

title part ['taɪtl,pɑ:t] **title role** ['taɪtl,rəʊl] *s.* (*teatr.*) ruolo del personaggio che dà il titolo all'opera.

titmouse ['tɪtmaʊs / tit·mouse] *pl.* **titmice** ['tɪtmaɪs / tit·mice] *s.* (*zool.*) (*Parus major*) cinciallegra.

to **titrate** ['tɪtreɪt / ti·trate] *v.tr.* (*chim.*) titolare.

titration [tɪ'treɪʃn / ti·tra·tion] *s.* (*chim.*) titolazione.

titre ['ti:tə*] *s.* (*chim.*, *metall.*) titolo (dell'oro, di una soluzione ecc.).

titter ['tɪtə* / tit·ter] *s.* risolino, riso a fior di labbra: *a nervous —*, un risolino nervoso.

to **titter** *v.intr.* ridacchiare; ridere nervosamente, scioccamente.

tittle ['tɪtl] *s.* 1 puntino; segno d'interpunzione; segno diacritico; trattino di penna 2 (*fig.*) (*non com.*) briciolo, quantità minima; (*antiq.*) ette // *not one jot or —*, nemmeno un briciolo, neanche un po' // *to a —*, con assoluta esattezza.

to **tittle** *v.tr.* e *intr.* (*rar.*, *fam.*) sussurrare, mormorare; spettegolare (su).

tittlebat ['tɪtlbæt / tittle·bat] *s.* (*zool.*) spinarello → **stickleback**.

tittle-tattle ['tɪtl,tætl] *s.* U (*fam.*) pettegolezzo; chiacchiera ◆ *agg.* (*fam.*) pettegolo.

to **tittle-tattle** *v.intr.* spettegolare, fare pettegolezzi.

tittup ['tɪtəp / tit·tup] *s.* (*rar.*) 1 saltello, salterello 2 contegno allegro, vivace.

to **tittup** *pass.p.p.* **tittupped** ['tɪtəpt] *v.intr.* (*rar.*) 1 saltellare, salterellare 2 avere un comportamento allegro, vivace.

tittuppy ['tɪtəpɪ / tit·tuppy] *agg.* (*rar.*) 1 saltellante 2 allegro, vivace.

titty ['tɪtɪ] *s.* (*fam. volg.*) tetta, poppa.

titubation [,tɪtjʊ'beɪʃən / ti·tu·ba·tion] *s.* 1 (*rar.*) vacillamento, barcollamento 2 (*med.*) barcollamento; titubazione: *lingual —*, balbettamento.

titular ['tɪtjʊlə* / titu·lar] *agg.* 1 nominale: *— sovereignty*, sovranità nominale 2 per titolo: *— honours*, onori che spettano al titolo; (*dir.*) *— possession*, proprietà posseduta in virtù di un titolo 3 che ha un titolo, un diritto // *— head*, titolare (di una ditta) 4 (*eccl.*) titolare: *— bishop*, vescovo titolare in partibus; *— church*, chiesa titolare; *— saint*, santo titolare ◆ *s.* titolare.

titularly ['tɪtjʊləlɪ / titu·lar·ly] *avv.* 1 nominalmente 2 in virtù di un titolo.

tizzy ['tɪzɪ] *s.* (*fam.*) stato di agitazione, turbamento // *to get in a —*, andare nel pallone.

T-junction [,ti:'dʒʌŋkʃn] *s.* 1 incrocio a T 2 (*mecc.*) giunto a T.

tmesis ['tmi:sɪs] *pl.* **tmeses** ['tmi:si:z] *s.* (*ling.*) tmesi.

to [tu: (*forma forte*) tə(*forma debole*)] *prep.* 1 (*termine*, *destinazione*, *relazione*) a, verso; per, riguardo a; con: *they sent a letter — me*, mi hanno mandato una lettera; *she gave all the money — them*, diede loro tutto il denaro; *the hailstorm did a lot of harm — the crops*, la grandinata ha recato gravi danni al raccolto; *her aunt was very kind — her*, la zia è stata molto gentile con lei; *what do you say — my suggestion?*, cosa ne dici della mia proposta?; *— me, his advice seemed useless*, a me i suoi consigli sembravano inutili; *his new plan made sense — me*, per me il suo nuovo progetto aveva un senso; *— those who didn't know her, she seemed cold and indifferent*, per quelli che non la conoscevano, ella sembrava fredda e indifferente; *— his horror, he realised he'd lost the keys*, si accorse con orrore di aver perso le chiavi; *— her surprise, she found her room full of flowers*, con sua grande sorpresa, trovò la stanza piena di fiori; *— all appearances, he is the head of the firm*, stando alle apparenze, è lui il capo della ditta; (*here's a toast*) *— absent friends!*, (brindiamo) agli amici assenti!; *they erected a memorial — the unknown soldier*, eressero un monumento al milite ignoto; *this contract is — your advantage*, questo contratto è a tuo favore; *the food they gave us wasn't — my liking*, il cibo che ci hanno dato non era di mio gradimento; *her example was an inspiration — everybody*, il suo esempio fu di ispirazione per tutti // *he left the platform — loud applause*, lasciò il palco tra uno scroscio di applausi // *they danced — the music of a street organ*, ballavano al suono di un organino // *there's nothing — it*, è facilissimo; *there's not much — it*, è abbastanza facile // *what's it — you?*, che t'importa? 2 (*moto a luogo o posizione*) a, in, da; verso: *we walked — the top of the hill*, salimmo a piedi in cima alla collina; *they went — Australia last year*, sono andati in Australia lo scorso anno; *I'd rather go — the theatre than — a concert*, preferirei andare a teatro piuttosto che a un concerto; *we took the road — Brighton*, prendemmo la strada per Brighton; *can you tell me the way — the station?*, sa indicarmi la strada per la stazione?; *I have to go — the dentist's at 5 o'clock*, devo andare dal dentista alle 5; *to go — church, school, America, London*, andare in chiesa, a scuola, in America, a Londra; *I saw her — the door*, l'accompagnai alla porta; *she had her back — the window*, dava le spalle alla finestra; *I pinned the poster — the wall*, appuntai il manifesto alla parete; *— the east, you can see St. Paul's*, a est, potete vedere (la cattedrale di) San Paolo; *it is ten miles — the next town*, ci sono dieci miglia da qui alla prossima città; *the government came — power three years ago*, il governo è andato al potere tre anni fa; *the book tells of his rise — fame in the thirties*, il libro parla della sua ascesa alla fama negli anni Trenta 3 (*mutamento, trasformazione*) in: *the mummy crumbled — dust when they opened the tomb*, quando aprirono la tomba, la mummia si sbriciolò; *his car was smashed — pieces in the crash*, nell'incidente la sua macchina si sfasciò; *fear had reduced him — jelly*, la paura l'aveva ridotto in gelatina; *we had to translate from one language — another*, dovevamo tradurre da una lingua in un'altra 4 (*misura nello spazio e nel tempo*) (fino) a: *it's five — nine*, sono le nove meno cinque, mancano cinque minuti alle nove; *we must leave the house at twenty —*, dobbiamo lasciare la casa venti minuti prima dell'ora; *there are twenty shopping days — Christmas*, ci sono venti giorni per le spese prima di Natale; *there are only five days — his birthday*, mancano soltanto cinque giorni al suo compleanno; *the deficit has risen — 50 million pounds*, il deficit è salito a 50 milioni di sterline; *she lived — 120*, visse fino a 120 anni; *shut your eyes and count — ten*, chiudi gli occhi e conta fino a dieci // *from... —*, da... a: *the rebuilding will take from 6 — 10 months*, la ricostruzione richiederà da 6 a 10 mesi; *breakfast was served from 8 — 9.30*, la prima colazione era servita dalle 8 alle 9.30; *the Mercalli scale goes from 0 — 10*, la scala Mercalli va da 0 a 10; *he's done everything, from sweeping the floors — directing the company*, ha fatto di tutto, dalla pulizia dei pavimenti alla direzione della ditta; *this multinational has offices from San Francisco — Timbuctoo*, questa multinazionale ha uffici da San Francisco a Timbuctù; *he spent his life travelling from country — country*, ha passato la (sua) vita viaggiando da un paese all'altro; *I read the book from beginning — end*, ho letto il libro dall'inizio alla fine; *they searched the house from top — bottom*, perquisirono la casa da cima a fondo 5 (*rapporto, proporzione*) a; per; contro; in confronto a: *there are sixty minutes — the hour*, ci sono sessanta minuti per (ogni) ora; *there are 12 inhabitants — the square mile*, ci sono 12 abitanti per miglio quadrato; *they won by 5 votes, 130 — 125*, hanno vinto per 5 voti, 130 a 125; *at halftime the score was 3 — 2*, alla fine del primo tempo il punteggio era di 3 a 2; *I'll lay ten — one they'll come late*, scommetto dieci contro uno che arriveranno in ritardo; *2 is — 4 as 4 is — 8*, 2 sta a 4 come 4 sta a 8; *that's nothing — what I've seen*, è niente in confronto a quello che ho visto; *he prefers swimming — running*, preferisce il nuoto alla corsa // *he was generous — a fault*, era generoso all'eccesso // *they were killed — a man*, furono uccisi tutti fino all'ultimo uomo // *she was moved — tears*, si commosse fino alle lacrime // *he was wet — the skin*, era bagnato fino all'osso.

to *avv.* socchiuso, accostato: *he left the door — when he went out*, quando uscì lasciò la porta socchiusa; *the shutters were pulled —*, le persiane erano accostate // *— and fro*, avanti e indietro: *the sentry marched — and fro*, la sentinella marciava avanti e indietro.

to *particella indicativa dell'inf.* 1 (*in it. gener. non si traduce*): *— do*, fare; *— go*, andare; *they began* (o *started*) *— build the house*, cominciarono a costruire la casa; *don't try — interfere with his plans*, non cercare d'interferire nei suoi progetti; *she wanted — buy some new shoes*, voleva comprare delle scarpe nuove; *remember — post that letter for me*, ricordati di imbucarmi quella lettera; *I forgot — tell him my new address*, mi sono dimenticato di dargli il mio nuovo indirizzo; *they don't allow us — park in front of the house*, non ci permettono di parcheggiare davanti alla casa // Come segno di un v. all'inf. sottinteso: *I should have phoned but I didn't want —*, avrei dovuto telefonare ma non ho voluto (farlo); *he'll ask their permission though he doesn't have —*, chiederà loro il permesso, anche se non è tenuto a farlo **2** (*per esprimere fine o scopo*) per: *he went to Russia — learn the language*, è andato in Russia per imparare la lingua; *she climbed the hill — admire the view*, salì sulla collina per ammirare il panorama; *— understand his ideas you must read his books*, per comprendere le sue idee devi leggere i suoi libri // *so — speak*, per così dire // *— be frank* (o *— be honest* o *— tell the truth*), per essere sincero, a dire il vero; *— sum up, the situation is as follows...*, per concludere, la situazione è la seguente... **3** (*per esprimere un'azione futura, spec. nei titoli di giornali*): *government — raise bank rate*, il governo aumenterà il tasso bancario; *Hoskins — get Oscar*, Hoskins vincerà l'Oscar; *a thousand workers — be sacked*, mille operai saranno licenziati // *they are — contact me next week*, mi contatteranno la settimana ventura **4** (*per esprimere successione di azioni*): *he got to the airport — find the flight had been cancelled*, quando arrivò all'aeroporto, trovò che il volo era stato cancellato; *she opened the box — discover the diamonds were missing*, aprì l'astuccio e scoprì che mancavano i diamanti **5** (*con un v. all'inf. usato come sogg. o ogg.*): *— reach his house through the one-way streets was by no means easy*, non è stato affatto facile arrivare a casa sua per strade a senso unico; *— discuss a problem doesn't mean solving it*, discutere un problema non significa risolverlo; *they want me — do the job*, vogliono che faccia io il lavoro; *ask them — give you a lift*, chiedi loro un passaggio (in macchina) **6** (*dopo alcuni sostantivi, aggettivi o avverbi*) di, da: *their decision — sell their investments was a mistake*, la loro decisione di vendere gli investimenti è stata un errore; *they have no right — park in our yard*, non hanno diritto di parcheggiare nel nostro cortile; *she showed no desire — win the match*, ella non mostrava alcun desiderio di vincere l'incontro; *she's got a lot of work — do*, ha un sacco di lavoro da fare; *we've got no money — spend on luxuries*, non abbiamo soldi da spendere in lussi; *the instructions were easy — understand*, le istruzioni erano facili da capire; *he was glad — accept our offer*, fu ben lieto di accettare la nostra offerta; *it was impossible for him — finish in time*, gli era impossibile finire in tempo; *he was sorry — keep us waiting*, gli dispiaceva (di) farci aspettare; *I'm very pleased — meet you*, sono molto felice di conoscerla // Dopo *too* e *enough*, accompagnati da s., agg. o avv.: *he was too slow — win the race*, era troppo lento per vincere la corsa; *they were too stupid — understand*, erano troppo stupidi per capire; *she didn't write fast enough — follow the dictation*, non scriveva abbastanza in fretta per seguire il dettato; *I got up early enough — catch the first train*, mi alzai abbastanza presto per prendere il primo treno; *this lamp gives enough light for me — read by*, questa lampada fa abbastanza luce perché io possa leggere; *there was too much noise in the office for me — concentrate*, c'era troppo rumore in ufficio perché mi potessi concentrare **7** (*dopo un superl.*) a, da, per: *it's the best thing — do*, è la miglior cosa da fare; *she was the first woman — fly across the Atlantic*, è stata la prima donna a trasvolare l'Atlantico; *he was the last painter — represent Surrealism*, fu l'ultimo pittore a rappresentare il Surrealismo **8** (*in frasi interrogative indirette*): *he didn't know what — do*, non sapeva che fare; *she learnt how — read and write before she was 6*, imparò a leggere e a scrivere prima dei 6 anni; *he told me who — see about the problem*, mi disse chi (dovevo) consultare riguardo al problema; *I don't know when — take my holidays*, non so quando prendere le ferie; *she showed her how* (o *the way*) *— do it*, le mostrò come farlo **9** (*in frasi esclamative*): *"O God, — be twenty years old again!"*, "Dio, avere ancora vent'anni!"; *but not — be able to write his own name!*, ma non saper scrivere il proprio nome!

toad [təʊd] *s.* **1** rospo **2** (*fig.*) persona repulsiva, odiosa.

toad-eater ['təʊd,i:tə*] → **toady**.

toadfish ['təʊdfɪʃ / toad·fish] *s.* rana pescatrice.

toadflax ['təʊdflæks / toad·flax] *s.* (*bot.*) linaiola, linaria → **butter-and-eggs**.

toad-in-the-hole [,təʊdɪnðə'həʊl] *s.* (*cuc.*) pasticcio al forno di salsiccia unita a una pastella di uova, latte e farina.

toadstone ['təʊdstəʊn / toad·stone] *s.* bufonite (pietra usata come amuleto che si credeva si sviluppasse nella testa del rospo).

toadstool ['təʊdstu:l / toad·stool] *s.* (*bot.*) fungo a ombrello; fungo non mangereccio, velenoso.

toady ['təʊdɪ] *s.* (*spreg.*) adulatore.

to **toady** *v.intr.* e *tr.* leccare i piedi (a), comportarsi servilmente (con).

toadyism ['təʊdɪɪzəm / toady·ism] *s.* servilismo, adulazione.

to-and-fro [,tu:ənd'frəʊ] *s.* (*fam.*) andirivieni, viavai ◆ *agg.* avanti e indietro: *a — movement*, un movimento avanti e indietro.

toast[1] [təʊst] *s.* Ⓤ pane abbrustolito, tostato; crostino: *anchovies on —*, acciughe servite su crostini; *two pieces* (o *slices*) *of —*, due fette di pane tostato // *French —*, (*spec. amer.*) fetta di pane intinta in una pastella a base di uovo e poi fritta // *to be as warm as —*, avere un gran caldo // *to have s.o. on —*, (*sl.*) avere qlcu. in pugno; mettere qlcu. nel sacco.

to **toast**[1] *v.tr.* **1** abbrustolire, tostare **2** riscaldare (al fuoco) ◆ *v.intr.* diventare tostato.

toast[2] *s.* **1** brindisi: *let's drink a — to him!*, facciamogli un brindisi! **2** (*letter.*) persona, cosa a cui si brinda // *she was the — of Paris*, era la più festeggiata di Parigi.

to **toast**[2] *v.intr.* fare un brindisi ◆ *v.tr.* bere alla salute di.

toaster ['təʊstə*] *s.* **1** chi tosta **2** tostino **3** tostapane.

toasting fork ['təʊstɪŋ,fɔ:k] **toasting iron** ['təʊstɪŋ,aɪən *amer.* 'təʊstɪŋ,aɪərn] *s.* forchettone per abbrustolire il pane.

toastmaster ['təʊstmɑ:stə* *amer.* 'təʊst mæstə* / toast·mas·ter] *s.* chi annuncia brindisi (a un banchetto ecc.).

toast rack ['təʊst,ræk] *s.* porta toast.

tobacco [tə'bækəʊ / to·bacco] *pl.* **tobaccos** *s.* **1** tabacco: *mild —*, tabacco dolce; *chewing —*, tabacco da masticare; *cut —*, trinciato; *leaf —*, tabacco in foglie; *roll —*, tabacco in rotoli; *twist —*, tabacco in corda // *— worker*, tabacchino **2** (*bot.*) (*Nicotiana tabacum*) tabacco SIN. Indian weed.

tobacco-heart [tə'bækəʊ,hɑ:t] *s.* (*med.*) cardioneurosi da nicotinismo.

tobacconist [tə'bækənɪst / to·bac·con·ist] *s.* tabaccaio: *—'s* (*shop*), tabaccheria, spaccio di tabacchi.

tobacco-stopper [tə'bækəʊ,stɒpə*] *s.* pressatabacco (per premere il tabacco nella pipa).

Tobagan [təʊ'beɪgən / To·bagan] *agg.* e *s.* (nativo, abitante) di Tobago.

to-be [tu:'bi:] *s.* (*fam.*) il futuro.

toboggan [tə'bɒgən / to·bog·gan] *s.* (*sport*) toboga // *— shoot* (o *— slide*), pista per toboga.

to **toboggan** *v.intr.* **1** (*sport*) andare in toboga **2** (*amer.*) calare; diminuire: *prices tobogganed*, i prezzi calarono.

tobogganer [tə'bɒgənə* / to·bog·gan·er] *s.* (*sport*) chi va in toboga.

tobogganing [tə'bɒgənɪŋ / to·bog·gan·ing] *s.* il praticare lo sport del toboga.

tobogganist [tə'bɒgənɪst / to·bog·gan·ist] *s.* (*sport*) chi pratica il toboga.

toby collar ['təʊbɪ,kɒlə*] **toby frill** ['təʊbɪ,frɪl] *s.* collare increspato • Dalla somiglianza con quello indossato dal cane sapiente 'Toby' negli spettacoli dei burattini.

toby jug ['təʊbɪ,dʒʌg] *s.* boccale di birra (raffigurante un vecchio col tricorno).

toccata [tə'kɑ:tə / toc·cata] *s.* (*mus.*) toccata.

tocology [tə'kɒlədʒɪ / toco·logy] *s.* tocologia, ostetricia.

tocopherol [tə'kɒfərɒl / to·coph·erol] *s.* (*chim.*) tocoferolo.

tocsin ['tɒksɪn / toc·sin] *s.* (*antiq.*) segnale d'allarme; campana a martello.

tod [tɒd] *s.* **1** 'tod' (antica misura di peso per lana = 12,70 kg) **2** carico (di lana, fieno ecc.) **3** cespuglio // *on one's —*, (*fam.*) da solo.

today [tə'deɪ / to·day] *s.* oggi, quest'oggi: *—'s news*, le notizie odierne; *"What is —?" "Today is Sunday"*, "Che giorno è oggi?" "Oggi è domenica" // *the young of —*, i giovani del giorno d'oggi ◆ *avv.* **1** oggi, quest'oggi: *— week*, oggi (a) otto; *a week ago —*, otto giorni fa **2** oggigiorno, al giorno d'oggi, al presente: *it is not to be found —*, non se ne trova al giorno d'oggi.

toddle ['tɒdl] *s.* andatura incerta, vacillante (come di bambino che muove i primi passi).

to **toddle** *v.intr.* **1** camminare a passi incerti (come un bambino che muove i primi passi) **2** (*fam.*) passeggiare, fare quattro passi: *to — home*, andare passo passo verso casa; *to — round to s.o.'s house*, andare, arrivare passo passo fino a casa di qlcu. // *to — along*, andar via; andare a zonzo.

toddler ['tɒdlə* / tod·dler] *s.* **1** bambino ai primi passi **2** chi cammina a passi incerti.

toddy ['tɒdɪ] *s.* grog, punch.

tody ['təʊdɪ] *s.* (*zool.*) todo.

toe [təʊ] *s.* **1** dito del piede: *great* (o *big*) *—*, alluce; *little —*, mignolo (del piede) // *from top to —*, dalla testa ai piedi // *on one's toes*, sulla punta dei piedi; (*sl.*) attivo, indaffarato; pieno di vita; sveglio // *to stand on the tips of one's* *toes*, alzarsi sulla punta dei piedi // *to tread on s.o.'s toes*, (*fig.*) pestare i piedi a qlcu. // *to turn up one's toes*, (*sl.*) morire **2** punta, puntale (spec. di scarpa, calza): *my shoes are worn out at the toe(s)*, le mie scarpe sono consumate in punta // *— cap*, mascherina (di scarpa) // *— clip*, fermapiedi (di bicicletta) **3** (*mecc.*) perno; punta **4** punta di mazza da golf **5** (*arch.*) imbasamento **6** (*zool.*) parte anteriore dello zoccolo equino // (*vet.*) *— crack*, malattia dello zoccolo del cavallo.

to **toe** *v.tr.* **1** mettere, fare, rifare la punta a: *to — a stocking*, rifare la punta a una calza **2** toccare; colpire (con la punta del piede, con la mazza da golf ecc.) // *to — the line*, mettersi in linea; (*fig.*) mettersi in riga; *to — the party line*, (*fig.*) attenersi alle direttive, alle regole di un partito **3** piantare (chiodi) trasversalmente; inchiodare con chiodi piantati trasversalmente.

toehold ['təʊhəʊld / toe·hold] *s.* (*fam.*) piccolo (punto d') appoggio (*anche fig.*).

toenail ['təʊneɪl / toe·nail] *s.* unghia (di dito) del piede.

toff [tɒf] *s.* (*fam.*) **1** elegantone, damerino; zerbinotto // *to act* (o *to play*) *the —*, darsi delle arie **2** persona distinta; gentiluomo.

toffee ['tɒfɪ / tof·fee] *s.* caramella; toffee // *— apple*, mela caramellata // *not for —*, (*fam.*) niente affatto; a nessun costo: *he can't sing for —*, non sa affatto cantare AMER. **taffy**.

toffee-nosed ['tɒfɪ,nəʊzd] *agg.* (*fam.*) che ha la puzza sotto il naso.

tog [tɒg] *s.gener.pl.* (*fam.*) abiti, abbigliamento: *golf togs*, tenuta da golf; *riding togs*, costume da cavallerizzo; (*mar.*) *long togs*, abiti borghesi.

to **tog** *pass.p.p.* **togged** [tɒgd] *v.tr.* (*fam.*) vestire // *to — (oneself) out* (o *up*), farsi bello, mettersi in ghingheri, in pompa magna.

toga ['təʊgə] *pl.* **togas**, **togae** ['təʊgi:] *s.* toga.

toga'd, **togaed** ['təʊgəd] *agg.* togato.

together [tə'geðə* / to·gether] *avv.* **1** insieme, assieme, in compagnia: *we went to the meeting —*, siamo andati alla riunione insieme; *they've been living — for eight years*, vivono insieme da otto anni; *we met in New York and flew back —*, ci siamo incontrati a New York e abbiamo fatto il viaggio di ritorno insieme; *the students sat close — in the lecture-hall*, gli studenti sedevano addossati l'uno all'altro nella sala delle conferenze; *"We must stand or fall —", the party leader urged*, "Dobbiamo essere solidali", insisteva il leader del partito; *he collected his papers — and put them in the drawer*, raccolse le sue carte e le mise nel cassetto // *she made a great effort to keep the family —*, fece grandi sforzi per tenere la famiglia unita // *— with*, (insieme) con, assieme a: *he gave me the change — with the receipt*, insieme alla ricevuta mi diede il resto; *— with tennis, his favourite sport is skiing*, lo sci è, col tennis, il suo sport preferito **2** insieme, unitamente: *he screwed the pipes —*, avvitò insieme i tubi; *now mix the egg, tomato and garlic —*, ora mescolate insieme l'uovo, il pomodoro e l'aglio; *the parcel was held — by string and sticky paper*, il pacco era tenuto insieme da spago e carta adesiva **3** insieme, congiuntamente, in associazione: *—, these discoveries led to a breakthrough in treating tuberculosis*, l'insieme di queste scoperte portò a una svolta nella cura della tubercolosi; *he started the fire by rubbing two dry sticks —*, accese il fuoco sfregando due ramoscelli secchi; *in her case, marriage and a career didn't go —*, nel suo caso non si conciliavano matrimonio e carriera **4** simultaneamente, contemporaneamente, nello stesso tempo: *"It's not my fault!", they exclaimed —*, "Non è colpa mia!", esclamarono all'unisono; *both schemes were examined — at the meeting*, alla riunione furono esaminati contemporaneamente i due progetti **5** di seguito, consecutivamente: *he worked for three days — to finish the translation*, lavorò tre giorni di seguito per finire la traduzione; *the town council discussed the motion for 5 hours —*, la giunta comunale discusse la mozione per 5 ore consecutive.

together *agg.* (*fam.*) sicuro di sé; deciso: *"She's really —!", he said admiringly*, "È veramente sicura di sé", disse con ammirazione; *he said his new boss was a — sort of guy*, disse che il suo nuovo capo era un tipo deciso.

togetherness [tə'geðənɪs / to·gether·ness] *s.* solidarietà, fratellanza, unità.

toggle ['tɒgl] *s.* **1** (*mar.*) caviglioтto, coccinello **2** (*mecc.*) ginocchiera; articolazione: *— (joint)*, giunto a ginocchiera; *— bolt*, ancorina a scatto, tassello ad alette; *— clamp*, morsetto a ginocchiera; *— harpoon*, arpione a testa mobile, a punta articolata; *— lever*, leva articolata; *— press*, pressa a ginocchiera; *— switch*, interruttore a bascula.

to **toggle** *v.tr.* **1** (*mar.*) munire di caviglioтto; fermare con un cavigliotto **2** (*mecc.*) bloccare con una ginocchiera, con un dispositivo a ginocchiera.

toggling speed ['tɒglɪŋ,spi:d] *s.* (*elettr.*) velocità di commutazione.

to go [tə'gəʊ] *agg.* (*fam.*) → **takeaway**.

Togolese [,təʊgəʊ'li:z / To·go·lese] *agg.* e *s.* togolese.

toil[1] [tɔɪl] *s.* **1** (*form.*) fatica, duro lavoro **2** (*ant.*) lite, disputa; lotta.

to **toil**[1] *v.intr.* **1** (*form.*) faticare, lavorare duramente; tribolare: *to — at* (o *over*) *sthg.*, lavorare duramente a qlco. // *to — and moil*, (*antiq.*) sfacchinare // *to — on*, continuare la propria fatica **2** avanzare faticosamente, muoversi con fatica: *to — along the road*, avanzare faticosamente lungo la strada; *to — up a mountain*, salire faticosamente una montagna ◆ *v.tr.* (*ant.*) affaticare: *as one toyled with travail*, (SPENSER) come uno affaticato dal lavoro.

toil[2] *s.gener.pl.* (*letter.*) rete (da caccia); laccio, trappola, trabocchetto (*anche fig.*): *to be taken* (o *to get caught*) *in the toils*, essere preso al laccio, cadere nella trappola.

toile [twɑ:l] *s.* tela.

toiler ['tɔɪlə*] *s.* (*antiq.*) faticatore, lavoratore.

toilet ['tɔɪlɪt / toi·let] *s.* **1** gabinetto, bagno; toilette; servizi (*pl.*): *to go to the —*, andare in bagno, al gabinetto **2** gabinetto; water **3** toletta, pulizia: *to make one's —*, far toletta, far pulizia **4** (*st.*) ricevimento di dama all'ora della toletta **5** (*antiq.*) *— (table)*, (tavolo da) toletta **6** (*antiq.*) toletta, abbigliamento, vestito: *a — of red satin*, un abito di raso rosso **7** (*med.*) pulizia e medicazione di una ferita.

toilet-case ['tɔɪlɪt,keɪs] *s.* nécessaire da toletta.

toilet paper ['tɔɪlɪt,peɪpə*] *s.* carta igienica.

toiletries ['tɔɪlɪtrɪz / toi·let·ries] *s.pl.* articoli da toletta.

toilet roll ['tɔɪlɪtrəʊl] *s.* rotolo di carta igienica.

toilet-set ['tɔɪlɪtset] *s.* (*rar.*) servizio da toletta.

toilette [twɑ:'let / toi·lette] *s.* (*antiq.*) → **toilet**.

to **toilet train** ['tɔɪlɪt,treɪn] *v.tr.* abituare (un bambino) all'uso del vasino.

toilet-trained ['tɔɪlɪt,treɪnd] *s.* abituato all'uso del vasino (di bambino).

toilet-training ['tɔɪlɪt,treɪnɪŋ] *s.* l'insegnare (a un bambino) a usare il vasino.

toilsome ['tɔɪlsəm / toil·some] *agg.* (*rar.*) laborioso, faticoso, penoso // **-ly** *avv.* // **-ness** *s.*

tokay [təʊ'keɪ / to·kay] *s.* tokaj.

toke [təʊk] *s.* (*sl. antiq.*) **1** cibo; pane; tozzo di pane **2** (*sl. amer.*) tiro (spec. di spinello).

token ['təʊkn] *s.* **1** segno, simbolo, emblema, insegna: *a white flag is a — of surrender*, una bandiera bianca è simbolo di resa **2** segno, prova, pegno, ricordo: *gifts were brought as tokens of peace*, furono portati doni come segno di pace // *love —*, pegno d'amore // *lord's —*, segno della peste: *you are not free, / for the lord's tokens on you do I see*, (SH. Love's Labour's Lost) voi non ne siete libere, perch'io vedo su di voi i segni della peste // *— strike*, sciopero dimostrativo // *by this* (o *the same*) *—*, allo stesso modo, per la stessa ragione **3** gettone (per distributore automatico ecc.); contromarca **4** buono (acquisto); buono regalo: *book —*, buono omaggio per l'acquisto di libri **5** (*eccl. st.*) gettone per essere ammessi alla Comunione (nella Chiesa d'Inghilterra) **6** (*st.*) moneta emessa da privati con valore nominale superiore a quello intrinseco **7** (*econ.*) moneta divisionaria, moneta divisionale (moneta metallica circolante con valore nominale superiore a quello intrinseco) // *— payment*, pagamento simbolico **8** (*inform.*) gettone; segnale; simbolo; *— ring*, anello a passaggio di contrassegno.

tokenism ['təʊkənɪzəm / to·ken·ism] *s.* (*pol.*) concessione puramente formale (per dare una parvenza di equanimità).

tokus ['təʊkəs] *s.* (*fam. amer.*) sedere, deretano.

tolbooth ['tɒlbu:θ / tol·booth] → **tollbooth**.

told [təʊld] *pass.p.p* di to **tell**.

Toledan [tɒ'leɪdən *amer.* tə'li:dən / To·ledan] *agg.* e *s.* toledano.

toledo [tə'li:dəʊ / to·ledo] *pl.* **toledos** *s.* spada, lama di Toledo.

tolerability [,tɒlərə'bɪlətɪ / tol·er·ab·il·ity] *s.* tollerabilità.

tolerable ['tɒlərəbl / tol·er·able] *agg.* **1** tollerabile, sopportabile **2** discreto, passabile ◆ *avv.* **1** tollerabilmente, sopportabilmente **2** discretamente, passabilmente // **-ness** *s.* // **-bly** *avv.*

tolerance ['tɒlərəns / tol·er·ance] *s.* **1** tolleranza; sopportazione; indulgenza // (*med.*) *— of* (o *to*) *penicillin*, tolleranza alla penicillina **2** (*tecn.*) tolleranza (scarto consentito).

tolerant ['tɒlərənt / tol·er·ant] *agg.* tollerante; indulgente // **-ly** *avv.*

to **tolerate** ['tɒləreɪt / tol·er·ate] *v.tr.* tollerare, sopportare: *I cannot — him*, non lo posso soffrire; *inability to — a drug*, intolleranza a, per, verso un farmaco.

toleration [,tɒlə'reɪʃn / tol·era·tion] *s.* tolleranza (anche politica, religiosa) // (*st. relig.*) *Act of Toleration*, Atto di Tolleranza (1689).

tolidine ['tɒlədi:n / tol·id·ine] *s.* (*chim.*) tolidina.

toll[1] [təʊl] *s.* **1** pedaggio; diritto di transito; dazio; gabella; diritto di posteggio (in un mercato): *to pay the —*, pagare il pedaggio; *— through*, pedaggio municipale // (*dir.*) *— of statute of limitation*, sospensione o interruzione della legge sulla prescrizione **2** (*fig.*) tributo, costo, sacrificio: *years of hard work had taken their — of his health*, anni di duro lavoro gli avevano minato la salute; *road —*, il totale delle vittime degli incidenti stradali **3** molenda.

to **toll**[1] *v.tr.* far pagare come pedaggio, dazio, gabella; far pagare un dazio, un pedaggio a ♦ *v.intr.* imporre, riscuotere pedaggio, dazio, gabella.

toll[2] *s.* rintocco (di campana).

to **toll**[2] *v.tr.* **1** battere, suonare: *the clock tolls the hours*, l'orologio batte le ore **2** annunciare con rintocchi; chiamare a raccolta: *to — the people in*, chiamare i fedeli in chiesa; *to — s.o.'s death*, suonare a morto per qlcu. ♦ *v.intr.* rintoccare, suonare: *I heard the bell —*, sentii suonare la campana.

tollable ['təʊləbl / toll·able] *agg.* soggetto a pedaggio, dazio, gabella.

tollage ['təʊlɪdʒ / toll·age] *s.* pedaggio, dazio, gabella.

toll-bar ['təʊlbɑ:*] *s.* barriera di pedaggio.

tollbooth ['təʊlbu:θ / toll·booth] *s.* **1** (*scoz.*) municipio, palazzo municipale **2** (*scoz.*) prigione municipale **3** (*ant.*) esattoria, ufficio di dogana **4** casello autostradale.

tollbridge ['təʊlbrɪdʒ / toll·bridge] *s.* ponte a pedaggio.

toll call ['təʊlkɔ:l] *s.* (*spec. amer.*) telefonata interurbana.

tolldish ['təʊldɪʃ / toll·dish] *s.* piatto per misurare la molenda.

toller ['təʊlə*] *s.* (*rar.*) gabelliere, daziere.

toll-free ['təʊlfri:] *agg.* **1** esente da pedaggio, da dazio; gratuito **2** (*inform.*) gratuito **3** (*amer.*) a carico del destinatario (di telefonata).

tollgate ['təʊlgeɪt / toll·gate] *s.* casello autostradale.

toll-gatherer ['təʊl,gæðərə*] *s.* gabelliere, daziere.

tollhouse ['təʊlhaʊs / toll·house] *s.* casello del dazio.

toll-keeper ['təʊl,ki:pə*] *s.* casellante.

tollman ['təʊlmən / toll·man] *pl.* **tollmen** *s.* gabelliere, daziere.

Toltec ['tɒltek / Tol·tec] *s.* tolteco.

Toltecan ['tɒltekən / Tol·tecan] *agg.* tolteco.

tolu [təʊ'lu:] *s.* (*bot.*) (*Myroxylon balsamum*) tolù.

toluene ['tɒljʊi:n / tolu·ene] *s.* (*chim.*) toluene, toluolo.

toluic [tɒ'lju:ɪk *amer.* tə'lu:ɪk] *agg.* (*chim.*) toluico: *— acid*, acido toluico.

toluidine [tɒ'lju:ədi:n *amer.* tə'lu:ədi:n / tolu·id·ine] *s.* (*chim.*) toluidina.

toluol ['tɒljʊɒl] → **toluene**.

tolyl ['tɒlɪl] *s.* (*chim.*) tolile: *— radical*, radicale tolile.

Tom [tɒm] *no.pr.m.* dim. di **Thomas** // *—, Dick and Harry*, Tizio, Caio e Sempronio; *every —, Dick and Harry*, chiunque, qualsiasi persona // *— o' Bedlam*, (*ant.*) accattone, mendicante // *— Thumb*, Pollicino // *— Tiddler's ground*, terra di nessuno (dal nome di un gioco di bambini) ♦ *s.* (*sl. amer.*) nero che tenta di farsi ben volere dai bianchi adottandone i modi e le usanze • Dal nome del protagonista del romanzo 'La capanna dello zio Tom'.

tom *s.* → **tomcat** ♦ *agg.* maschio (di animale).

tomahawk ['tɒməhɔ:k / toma·hawk] *s.* tomahawk, ascia di guerra.

to **tomahawk** *v.tr.* **1** colpire, uccidere con il tomahawk **2** (*fig.*) criticare, attaccare aspramente (un'opera letteraria ecc.).

toman [təʊ'mɑ:n] *s.* (*scoz.*) collina morenica.

tomatine ['tɒməti:n / tom·at·ine] *s.* (*chim.*) tomatina.

tomato [tə'mɑ:təʊ *amer.* tə'meɪtəʊ / to·mato] *pl.* **tomatoes** [to·ma·toes] *s.* (*bot.*) (*Solanum lycopersicum*) pomodoro: *— salad*, insalata di pomodori, pomodori in insalata; *— juice*, succo di pomodoro; *— ketchup*, (salsa) ketchup; *— sauce*, salsa di pomodoro; *— purée*, concentrato di pomodoro; *tinned tomatoes*, (pomodori) pelati in scatola.

tomb [tu:m] *s.* tomba, sepolcro: *to rifle a —*, violare una tomba // *beyond the —*, (*fig.*) dopo la morte.

to **tomb** *v.tr.* (*non com.*) seppellire; racchiudere in una tomba.

tombac ['tɒmbək / tom·bac] *s.* (*metall.*) tombacco.

tombola [tɒm'bəʊlə / tom·bola] *s.* tombola.

tombolo ['tɒmbələʊ, 'tɒmbələ / tom·bolo] *pl.* **tombolos** *s.* (*geogr.*) tombolo, cordone sabbioso.

tomboy ['tɒmbɔɪ / tom·boy] *s.* **1** maschiaccio (detto di ragazza) **2** (*letter.*) ragazza sfacciata: *a lady / so fair... to be partner'd / with tom-boys*, (SH. Cymbeline) una così splendida creatura... accomunata a delle sgualdrinelle.

tombstone ['tu:mstəʊn / tomb·stone] *s.* **1** lapide funeraria SIN. gravestone, headstone **2** (*sl. comm.*) annuncio pubblicitario (sulla stampa) relativo all'emissione di un prestito.

tomcat ['tɒm'kæt / tom·cat] *s.* (*fam.*) **1** gatto (maschio), micio, micione **2** (*fig. amer.*) mandrillo.

tome [təʊm] *s.* (*form.*) tomo, volume.

tomentose [təʊ'mentəʊs / to·ment·ose] **tomentous** [təʊ'mentəs / to·ment·ous] *agg.* (*bot.*) tomentoso.

tomentum [təʊ'mentəm / to·mentum] *pl.* **tomenta** [təʊ'mentə / to·menta] *s.* (*bot.*) tomento.

to **tomfool** [,tɒm'fu:l / tom·fool] *v.intr.* (*rar.*) fare lo sciocco, lo stupido.

tomfoolery [tɒm'fu:lərɪ / tom·fool·ery] *s.* (*fam.*) **1** scemenza, stupidaggine **2** comportamento stupido, sciocco.

tommy ['tɒmɪ] *s.* **1** soldato semplice inglese **2** (*antiq.*) pane, pagnotta; generi alimentari: (*sl. mar.*) *soft —*, pane fresco **3** cibo (che l'operaio si porta da casa per la colazione) **4** (*mecc.*) spina; cavicchio; leva.

tommy gun ['tɒmɪ,gʌn] *s.* **1** (*sl. mil.*) fucile mitragliatore Thompson **2** (*fam.*) fucile mitragliatore; mitra.

tommyrot ['tɒmɪ,rɒt / tommy·rot] *s.* sciocchezze, stupidaggini, assurdità (*pl.*).

tommy-shop ['tɒmɪ,ʃɒp] *s.* spaccio (alimentare).

tomography [tə'mɒgrəfɪ / to·mo·graphy] *s.* (*med.*) tomografia: *computerized* (o *computed*) *axial —* (CAT), tomografia assiale computerizzata, TAC.

tomorrow [tə'mɒrəʊ / to·mor·row] *s.* **1** domani: *—'s paper*, il giornale di domani; *the day after —*, dopodomani // *— never comes*, (*prov.*) domani vuol dire mai; *never put off till — what you can do today*, (*prov.*) non rimandare a domani quello che puoi fare oggi **2** (*fig.*) domani, il futuro: *—'s world*, il mondo di domani; *who knows what — holds!*, chi sa cosa ci riserba il domani! ♦ *avv.* domani: *— week*, domani (a) otto; *we'll meet —*, ci incontreremo domani.

tompion ['tɒmpjən / tom·pion] → **tampion**.

tomtit ['tɒmtɪt / tom·tit] *s.* (*zool.*) **1** (*Parus caeruleus*) cinciazzurra, cinciarella **2** (*Parus ater*) cincia mora **3** (*Parus atricapillus*) cincia boreale.

tom-tom ['tɒmtɒm] *s.* (*mus.*) tamtam.

to **tom-tom** *v.intr.* battere, suonare il tamtam.

ton[1] [tʌn] *s.* **1** tonnellata: *long* (o *gross* o *shipper's*) *—*, tonnellata lunga (= 1016 kg); *short —*, tonnellata corta (usata negli Stati Uniti, in Canada, in Sudafrica = 907,18 kg); *metric —*, tonnellata metrica (= 1000 kg) **2** (*fam.*) gran quantità: *he knows tons of people in London*, conosce moltissime persone a Londra; *he has tons of money*, ha un sacco di soldi **3** (*fam.*) gran peso: *it weighs a —!*, pesa un sacco! // *to come down on s.o. like a — of bricks*, (*fam.*) dare una lavata di capo a qlcu. **4** (*fam.*) cento miglia all'ora: *to do the —*, andare a cento (miglia) all'ora **5** (*mar.*) tonnellata di stazza.

ton[2] [tɔ:ŋ] *s.* (*rar.*) **1** moda, eleganza **2** gente alla moda; mondo elegante.

tonal ['təʊnl] *agg.* (*mus.*) tonale.

tonality [təʊ'nælətɪ / ton·al·ity] *s.* (*mus., pitt.*) tonalità.

to **tone** [təʊn] *v.tr.* **1** (*mus.*) dare il tono a, accordare (strumenti); intonare **2** (*fot.*) far virare ♦ *v.intr.* prendere un tono.

□ **tone down** *v.tr.* e *avv.* **1** moderare il tono di, addolcire **2** (*pitt.*) sfumare, modificare la tonalità di.

□ **tone in** *v.tr.* e *avv.* armonizzare, accordarsi, intonarsi: *the carpet does not — in with the curtains*, il tappeto non s'intona con le tende.

□ **tone up** *v.tr.* e *avv.* tonificare; ritemprare.

tone *s.* **1** tono; timbro; intonazione: *the deep — of a bell*, il timbro profondo di una campana; *a low — of voice*, un basso timbro di voce; *our letter had a friendly —*, la nostra lettera aveva un tono amichevole; *then he changed his —*, allora cambiò tono **2** tono, stile: *the —*

of the hotel has gone down dramatically in the last few years, lo stile dell'hotel è peggiorato notevolmente negli ultimi anni **3** (*comm.*) tono: *the — of the market*, il tono del mercato **4** (*med.*) tono (fisico, muscolare): *lack of —*, atonia // *to lose —*, deprimersi **5** (*fon.*) accento tonico **6** (*pitt.*) tono, sfumatura: *a light — of blue*, una lieve sfumatura d'azzurro **7** (*tel.*) suono, segnale **8** (*amer.*) nota; tono; tonalità BRIT. note **9** (*mus.*) intervallo.

tone-arm ['təʊnɑ:m] *s.* braccio (di giradischi).

toned [təʊnd] *agg.* **1** con tono, con tonalità, con intonazione **2** (*ling.*) che ha variabilità di toni **3** (*pitt.*) sfumato, colorato // *— paper*, carta color avorio **4** (*fot.*) virato **5** *—* (*up*), tonificato; ritemprato **6** (*nei composti*) dal tono: *high- —*, in tono elevato; *low- —*, a bassa voce, a bassa tonalità.

tone-deaf [,təʊn'def] *agg.* che non ha orecchio musicale.

tone language ['təʊn,læŋgwɪdʒ] *s.* (*ling.*) lingua tonale.

toneless ['təʊnlɪs / tone·less] *agg.* **1** senza tono; inespressivo **2** privo di colore **3** privo di vigore // **-ly** *avv.* // **-ness** *s.*

tone poem ['təʊn,pəʊəm] *s.* (*mus.*) poema sinfonico.

toney ['təʊnɪ] → **tony**.

tong [tɒŋ] *s.* società segreta di cinesi in America.

tonga ['tɒŋgə] *s.* veicolo leggero a due ruote (in India).

Tongan ['tɒŋgən / Ton·gan] *agg.* e *s.* (nativo, abitante) di Tonga.

tongs [tɒŋz] *s.pl.*: (*a pair of*) *—*, pinze; molle; tenaglie: *fire —*, molle per il fuoco; *sugar —*, mollette per lo zucchero; *welder's —*, tenaglie da saldatore // *curling —*, ferro da ricci, calamistro // *hammer and —*, con tutte le forze, con ogni energia // *not to touch with a pair of —*, (*fam.*) da non toccarsi nemmeno con le molle.

tongue [tʌŋ] *s.* **1** lingua: *the tip of the —*, la punta della lingua: *to have sthg. on the tip of one's —*, (*fig.*) avere qlco. sulla punta della lingua // *to stick* (o *to put*) *out one's —*, tirar fuori, mostrare la lingua // *I could have bitten my —*, mi sarei morso la lingua // *has the cat got your —*, (*fam.*) hai perso la lingua? // *to keep a civil — in one's head*, tenere un linguaggio educato // *to speak with one's — in one's cheek*, (*fam.*) parlare ironicamente // *to be on the tongues of men*, (*letter.*) essere sulla bocca di tutti **2** (*cuc.*) lingua: *smoked —*, lingua affumicata **3** lingua, parola, favella: *to have a glib —*, avere la lingua sciolta, lo scilinguagnolo sciolto; *to have a smooth —*, avere la parola facile; *to have a ready —*, avere la lingua pronta; *to have a sharp —*, avere la lingua tagliente; *to lose one's —*, perdere la favella; *to find one's —*, ritrovare, riacquistare la favella; *to bridle one's —*, tenere la lingua a freno; *to guard one's —*, misurare le parole; *to hold one's —*, tacere, stare zitto // *slip of the —*, lapsus linguae // *I can't get my — round the word 'zither'*, non riesco a pronunciare la parola 'zither' **4** lingua, linguaggio, idioma: *the English —*, la lingua inglese **5** lingua (di terra, di fuoco); linguetta (di scarpa); battaglio (di campana); puntale (di fibbia); ago (di bilancia, di scambio ferroviario); timone (di carro) **6** (*mecc.*) linguetta, aletta, flangia **7** (*mus.*) linguetta, ancia.

to **tongue** *v.tr.* **1** toccare con la lingua; lambire; leccare **2** (*non com.*) dire; pronunciare **3** (*non com.*) rimproverare; sgridare **4** (*mus.*) staccare (le note, suonando uno strumento a fiato) **5** (*mecc.*) congiungere con incastro a linguetta **6** (*ant.*) denunciare: *but that her tender shame / will not proclaim against her maiden loss, / how might she tongue me!*, (SH. Measure for Measure) se non fosse che il suo delicato senso del pudore le impedisce di gridare la perdita della sua verginità, come potrebbe inveire contro di me! ◆ *v.intr.* **1** protendersi, sporgersi (come una lingua); emettere lingue (di fuoco) **2** (*non com.*) parlare, chiacchierare **3** (*mus.*) produrre effetto di staccato (servendosi di strumenti a fiato).

tongue-bone ['tʌŋbəʊn] *s.* (*anat.*) ioide.

tongued [tʌŋd] *agg.* **1** munito di lingua, linguetta **2** linguacciuto **3** (*nei composti*) dalla lingua: *close- —*, discreto, taciturno; *double - —*, falso.

tongue-fish ['tʌŋfɪʃ] *s.* (*zool.*) sogliola → **sole**[3].

tongue-in-cheek [,tʌŋɪn'tʃi:k] *agg.* scherzoso; ironico.

tongue-lashing ['tʌŋ,læʃɪŋ] *s.* (*fam.*) lavata di capo, aspro rimprovero.

tongueless ['tʌŋlɪs / tongue·less] *agg.* **1** senza lingua **2** (*non com.*) muto, ammutolito; silenzioso.

tonguelet ['tʌŋlɪt / tongue·let] *s.* (*bot.*) linguetta, linguettina.

tongue-shaped ['tʌŋ,ʃeɪpt] *agg.* a forma di lingua, linguiforme.

tongue-tie ['tʌŋtaɪ] *s.* (*med.*) anchiloglossa.

tongue-tied ['tʌŋtaɪd] *agg.* **1** (*med.*) affetto da anchiloglossa; che ha una malformazione della lingua **2** muto, ammutolito **3** taciturno, reticente.

tongue twister ['tʌŋ,twɪstə*] *s.* scioglilingua.

tongue-worm ['tʌŋwɜ:m] *s.* (*zool.*) (*Linguatula serrata*) linguatula.

tonic ['tɒnɪk] *agg.* **1** tonico; tonificante; corroborante, energetico // (*med.*) *— spasm*, spasmo tonico **2** (*mus., fon.*) tonico // (*mus.*) *— chord*, accordo naturale ◆ *s.* **1** tonico (*anche med.*) **2** (*mus.*) tonica **3** *—* (*water*), acqua tonica, acqua brillante // **-ally** *avv.*

tonicity [təʊ'nɪsətɪ / toni·city] *s.* tonicità.

tonight [tə'naɪt / to·night] *s.* questa notte; questa sera ◆ *avv.* stanotte; stasera.

tonka-bean ['tɒŋkə,bi:n] *s.* (*bot.*) (*Dipterys odorata*) fava tonka.

tonnage ['tʌnɪdʒ / ton·nage] *s.* **1** (*mar.*) tonnellaggio, stazza, portata; (*fig.*) traffico marittimo: *displacement —*, tonnellaggio di dislocamento; *dead-weight —*, portata lorda; *gross —*, stazza lorda; *net* (o *registered*) *—*, stazza netta // *— deck*, ponte di stazza **2** *—* (*dues* o *duties*), tonnellaggio, diritti di stazza // (*st.*) *— and poundage*, tassa imposta su ogni barile di vino e ogni libbra di merce esportata e importata **3** (*rar.*) tonnellaggio, peso in tonnellate.

tonne [tʌn] *s.* tonnellata metrica: *—/kilometre*, tonnellata/chilometro.

tonner ['tʌnə* / ton·ner] *s.* mezzo di trasporto, strumento di determinato tonnellaggio: *a five thousand— (ship)*, una nave di 5000 tonnellate; *a five— (crane)*, una gru da cinque tonnellate.

tonometer [təʊ'nɒmɪtə* / to·no·meter] *s.* (*fis., med.*) tonometro.

tonsil ['tɒnsl / ton·sil] *s.* (*anat.*) tonsilla.

tonsillar ['tɒnsɪlə* / ton·sil·lar] **tonsillary** ['tɒnsɪlərɪ / ton·sil·lary] *agg.* (*anat.*) tonsillare.

tonsillectomy [,tɒnsɪ'lektəmɪ / ton·sil·lec·tomy] *s.* (*med.*) tonsillectomia.

tonsillitic [,tɒnsɪ'lɪtɪk / ton·sil·li·tic] *agg.* tonsillare.

tonsillitis [,tɒnsɪ'laɪtɪs / ton·sil·litis] *s.* (*med.*) tonsillite.

tonsillotomy [,tɒnsɪ'lɒtəmɪ / ton·sil·lo·tomy] *s.* (*med.*) tonsillectomia.

tonsor ['tɒnsə*] *s.* (*ant.*) barbiere, barbitonsore.

tonsorial [tɒn'sɔ:rɪəl / ton·sor·ial] *agg.* (*non com.*) di barbiere.

tonsure ['tɒnʃə* / ton·sure] *s.* tonsura; chierica.

to **tonsure** *v.tr.* tonsurare.

tonsured ['tɒnʃəd / ton·sured] *agg.* tonsurato.

tontine [tɒn'ti:n / ton·tine] *s.* (*dir.*) tontina.

ton-up [,tʌn'ʌp] *agg.* (*fam.*) che procede ad alta velocità (spec. oltre 100 miglia all'ora).

tonus ['təʊnəs] *s.* (*med.*) **1** tono, tonicità **2** spasmo tonico.

tony ['təʊnɪ] *agg.* (*amer. iron.*) elegante, di stile.

too [tu:] *avv.* **1** anche, pure: *for Christmas dinner we had turkey and pork —*, per il pranzo di Natale abbiamo mangiato tacchino e anche maiale; *I liked the film a lot. Mary did —*, Mi è piaciuto molto il film. Anche a Mary è piaciuto; *"He was born in Glasgow" "Me —"*, "Lui è nato a Glasgow" "Anch'io" **2** (*enfatico*) anche, per di più, per giunta: *you'd better call the police and quickly —!*, ti conviene chiamare la polizia, e subito!; *He said he'd refuse the offer. Quite right, —!*, Disse che avrebbe rifiutato l'offerta. Ha ragione, eccome!; *Martha made this cake and very good it is, —*, Martha ha fatto questa torta, e com'è buona!; *"After being engaged for 12 years, they're going to get married" "I should think so —"*, "Dopo essere stati fidanzati 12 anni, si sposano" "Direi!"; *He phoned me to apologize after a week. About time —!*, Mi ha telefonato dopo una settimana per scusarsi. Era ora! // *"You're not going to open your presents now!" "I am —!"*, "I regali adesso non si aprono!" "E invece sì!" **3** troppo, eccessivamente: *there's — much salt in this rice*, c'è troppo sale in questo riso; *the news was — good to be true*, la notizia era troppo bella per essere vera; *we've got — many chairs in this room*, abbiamo troppe sedie in questa stanza; *the exam was a bit — difficult for me*, l'esame era un po' troppo difficile per me; *he's driving — slowly to reach the station in time*, sta andando troppo piano per arrivare alla stazione in tempo // *only —*, *all —*, anche troppo, fin troppo: *he remembered his years in the army only — well*, si ricorda fin troppo bene degli anni passati sotto le armi; *all — soon the holiday was over*, la vacanza era finita fin troppo presto; *her suspicions proved all — true*, i suoi sospetti si rivelarono fin troppo fondati // *that journalist was — clever by half*, quel giornalista era troppo intelligente per i miei gusti **4** tanto, molto: *he wasn't — enthusiastic about paying for the drinks!*, non era molto entusiasta di pagare da bere!; *that's really — kind of you*, (è) molto gentile da parte tua; *"Do you like Chinese food?" "Well, it's not — bad but..."*, "Ti va la cucina cinese?" "Be', non è male ma..."; *He refused to speak to her. It was — bad of him*, Si è rifiutato di parlarle. È stato molto scortese da parte sua // *that's — bad!*, peccato! // *the cutlery in that restaurant was none — clean*, in quel ristorante le posate erano tutt'altro che pulite.

took *pass.* di to **take**.

tool [tu:l] *s.* **1** arnese, attrezzo, utensile, strumento; (*ant.*) arma: *gardening tools*, attrezzi da giardinaggio; *edge tools*, utensili da taglio; *the tools of one's trade*, i ferri del mestiere; *the tools of a shoemaker*, gli arnesi del calzolaio; *books are a scholar's tools*, i libri sono gli strumenti dello studioso // *to down tools*, (*fam.*) incrociare le braccia, scioperare **2** → machine tool **3** (*fig.*) strumento; burattino, fantoccio: *he had become the tyrant's —*, era divenuto lo strumento del tiranno; *he was a mere — in their hands*, era solo un burattino nelle loro mani; *to make a — of s.o.*, servirsi di qlcu. **4** (*volg.*) cazzo.

to **tool** *v.tr.* **1** fare, lavorare (con arnesi, attrezzi, utensili) **2** martellinare (una pietra da costruzione) **3** decorare (una rilegatura) **4** guidare, condurre (un veicolo); portare, trasportare (un veicolo) ◆ *v.intr.* **1** lavorare con arnesi, attrezzi, utensili **2** guidare un veicolo.
□ **tool up** *v.intr.* e *avv.* attrezzare una fabbrica, uno stabilimento.

toolbag ['tu:lbæg / tool·bag] *s.* borsa degli attrezzi.

toolbox ['tu:lbɒks / tool·box] *s.* **1** vano, comparto per gli attrezzi **2** (cassetta) portautensili.

tool case ['tu:lkeɪs] *s.* cassetta degli attrezzi.

tooler ['tu:lə*] *s.* **1** chi lavora con arnesi, attrezzi, utensili **2** martellinatore **3** decoratore (di rilegature di libri).

toolhead ['tu:lhed / tool·head] *s.* (*mecc.*) testa portautensile.

tooling ['tu:lɪŋ / tool·ing] *s.* **1** lavorazione con arnesi, attrezzi, utensili **2** martellinatura (di pietra) **3** decorazione (di rilegature) // *gold —*, doratura **4** attrezzamento; attrezzatura: *the — of a factory*, l'attrezzamento di una fabbrica; *general-purpose —*, *special-purpose —*, attrezzatura generica, specifica.

toolmaker ['tu:l,meɪkə* / tool·maker] *s.* chi fabbrica utensili; attrezzista, utensilista.

tool post ['tu:lpəʊst] *s.* (*mecc.*) portautensile.

tool rest ['tu:lrest] *s.* (*mecc.*) supporto mobile dell'utensile (nel tornio da legno).

tool roll ['tu:lrəʊl] *s.* borsa, trousse per gli attrezzi.

toolroom ['tu:lrʊm *amer.* 'tu:lru:m / tool·room] *s.* (*mecc.*) attrezzeria, utensileria.

tool-shed ['tu:lʃed] *s.* capanno degli attrezzi.

toon [tu:n] *s.* (*bot.*) acagiù.

toot [tu:t] *s.* **1** colpo di clacson; fischio di sirena; suono di corno, cornetta, tromba **2** (*sl. amer.*) giro dei bar.

to **toot** *v.tr.* suonare: *to — the horn*, dare un colpo di clacson // *to — one's horn*, (*fam. amer.*) farsi pubblicità da soli ◆ *v.intr.* suonare il clacson; suonare uno strumento a fiato; emettere suoni (di strumento a fiato).

tooth [tu:θ] *pl.* **teeth** [ti:θ] *s.* **1** dente; zanna: *to brush one's teeth*, lavarsi i denti; *a fine set of teeth*, una bella dentatura; *false* (o *artificial*) *—*, dente finto; *set of false teeth*, dentiera; *to cut one's teeth*, mettere i denti; *to lose a —*, perdere un dente; *to have a — out*, farsi cavare un dente // *stomach —*, canino inferiore (della prima dentizione) // *from the teeth outwards*, in modo falso, ipocrita // *in the teeth of*, a dispetto di; in opposizione a; alla faccia di // *to grind one's teeth*, digrignare i denti // *to show one's teeth*, (*fig.*) mostrare i denti // *to set one's teeth*, stringere i denti // *to set s.o.'s teeth on edge*, allegare i denti; (*fig.*) dare ai nervi a qlcu. // *to cast sthg. into s.o.'s teeth*, rinfacciare qlco. a qlcu. // *to fight — and nail*, combattere con le unghie e coi denti // *an eye for an eye, a — for a —*, occhio per occhio, dente per dente **2** (*fig.*) gusto, appetito // *she has a sweet —*, ha un debole per i dolci // *to lie in one's teeth*, (*fam.*) mentire per la gola **3** (*mecc.*) dente (di sega, di lima, di ruota dentata ecc.) // (*edil.*) *— chisel*, scalpello dentato, gradina **4** (*tecn.*) grana (di carta ecc.).

to **tooth** *v.tr.* **1** fornire di denti, dentare; dentellare **2** mordere; rosicchiare ◆ *v.intr.* (*mecc.*) ingranare.

toothache ['tu:θeɪk / tooth·ache] *s.* mal di denti.

tooth-billed ['tu:θ,bɪld] *agg.* dal becco dentellato (di uccello).

toothbrush ['tu:θbrʌʃ / tooth·brush] *s.* spazzolino da denti.

toothcomb ['tu:θkəʊm / tooth·comb] *s.* pettine a denti fitti, pettinina.

toothed [tu:θt] *agg.* dentato, a denti; (*bot.*) dentellato, seghettato // (*mecc.*): *— gearing*, trasmissione a ingranaggi; *— wheel*, ruota dentata.

toothful ['tu:θfʊl / tooth·ful] *s.* (*fam.*) piccolo boccone (di cibo); sorso (di liquore ecc.).

toothing ['tu:θɪŋ / tooth·ing] *s.* **1** dentatura; dentellatura **2** (*edil.*) addentellato // *— stone*, morsa di muro, addentellato.

toothless ['tu:θlɪs / tooth·less] *agg.* senza denti, sdentato.

tooth-ornament ['tu:θ,ɔ:nəmənt] *s.* (*arch.*) dentello.

toothpaste ['tu:θpeɪst / tooth·paste] *s.* dentrificio (in pasta).

toothpick ['tu:θpɪk / tooth·pick] *s.* stuzzicadenti.

tooth powder ['tu:θ,paʊdə*] *s.* polvere dentifricia.

toothshell ['tu:θʃel / tooth·shell] *s.* (*bot.*) (*Dentalium entalis*) dentalio.

toothsome ['tu:θsəm / tooth·some] *agg.* **1** (*fam.*) gustoso, saporito (di cibo) **2** (*ant.*) ghiotto, goloso (di persona) // **-ness** *s.*

toothy ['tu:θɪ] *agg.* (*fam.*) **1** che mette in mostra tutti i denti: *— smile*, sorriso a trentadue denti **2** gustoso, saporito.

tootle ['tu:tl] *s.* **1** modulazione; suono di strumento a fiato **2** chiacchiere vane, senza senso.

to **tootle** *v.intr.* (*fam.*) **1** modulare **2** scrivere parole senza senso ◆ *v.tr.* suonare.

too-too ['tu:tu:] *agg.* (*fam.*) **1** squisito **2** esuberante, espansivo ◆ *avv.* davvero, veramente troppo.

tootsie, tootsy ['tu:tsi:] *s.* **1** (*fam.*) piede, piedino (nel linguaggio infantile) **2** (*fam. amer.*) tesoro **3** (*fam. amer.*) donna.

top[1] [tɒp] *s.* **1** cima, vetta, sommità, (*fig.*) apice, vertice: *the — of the hill*, la cima della collina; *look at the — of page 7*, guardate a pagina 7 in alto; *he was at the — of his profession*, era all'apice della sua carriera // *at the — of the tree*, (*fig.*) all'apice, al primo posto // *to come to the —*, ottenere fama, successo // *on — of*, in cima a, sopra, su; addosso a: *the suitcase is on — of the wardrobe*, la valigia è in cima all'armadio; *you're sitting on — of my newspaper*, sei seduto sopra il mio giornale; *don't let things get on — of you*, non lasciarti sopraffare dalle cose // *to be on — of sthg.*, essere competente al massimo di qlco. // *on — of the world*, (*fig.*) al settimo cielo, al massimo della felicità // *on — of that*, inoltre, per di più: *he got lost and on — of that he couldn't remember the name of his hotel*, si perse e come se ciò non bastasse non riusciva a ricordare il nome del suo albergo // *off the — of one's head*, senza riflettere, senza pensarci troppo // *from — to bottom*, da cima a fondo, completamente; *from — to toe*, dalla testa ai piedi // *to blow one's —*, (*sl.*) andare fuori dai gangheri // *to shout at the — of one's voice*, gridare a squarciagola // *to go over the —*, esagerare; (*mil.*) andare all'assalto **2** piano, parte superiore, capote (di automobile); imperiale (di diligenza) **3** tappo, tappino, coperchio (di barattolo); cappuccio (di rossetto ecc.): *he took the — off the bottle*, tolse il tappo dalla bottiglia **4** (*abbigl.*) parte superiore di un completo; top: *I like your —*, mi piace il tuo top **5** (*mar.*) coffa **6** (*tess.*) nastro pettinato **7** (*chim.*) testa (la parte più volatile di una miscela liquida) ◆ *agg.* massimo; il più alto: *— speed*, velocità massima; *— level*, massimo livello, livello dirigenziale; *— floor*, ultimo piano; *let's go to the — end of the field*, andiamo in fondo al campo // *to pay — dollar for sthg.*, pagare qlco. a peso d'oro // (*inform.*): *— line*, linea superiore, prima linea dello schermo; *— down design*, progetto dall'alto verso il basso.

to **top**[1] *pass.p.p.* **topped** [tɒpt] *v.tr.* **1** raggiungere la vetta, la sommità di; essere in cima a, essere in testa a; (*fig.*) essere all'apice di: *he topped the poll in the recent elections*, nelle ultime elezioni ha raggiunto il massimo dei voti; *that record tops the hit parade*, quel disco è in testa alla hit-parade **2** superare; essere più in alto, più importante di: *he tops them all in mathematics*, è il più bravo di tutti in matematica **3** (*non com.*) tappare, coprire con un tappo, cappuccio; fare da tappo a **4** svettare (alberi); cimare // *to — and tail*, pulire (fagiolini ecc.) **5** (*chim.*) rimuovere la parte più volatile di **6** misurare (di altezza): *that boy tops five feet*, quel ragazzo è alto cinque piedi **7** (*fam.*) impiccare.
□ **top off** *v.tr.* e *avv.* terminare, concludere; dare il tocco finale a.
□ **top out** *v.tr.* e *avv.* inaugurare: *the new shopping centre was topped out yesterday*, ieri è stato inaugurato il nuovo centro commerciale ◆ *v.intr.* e *avv.* fare un'inaugurazione.
□ **top up** *v.tr.* e *avv.* **1** riempire (bicchieri, boccali semivuoti) // *to — up a petrol tank*, fare il pieno (di benzina); *to — up the engine*

with oil, rabboccare l'olio del motore **2** (*mar.*) → to top off.

top[2] *s.* trottola // *to sleep like a —*, dormire come un ghiro.

to **top**[3] *v.tr.* (*mar.*) imbroncare.

topaz ['təʊpæz / to·paz] *s.* **1** topazio **2** (*zool.*) (*Topaza pella*) colibrì topazio.

topazolite [təʊ'pæzəʊlaɪt / to·pazo·lite] *s.* (*min.*) topazolite.

top-boot ['tɒpbu:t] *s.* stivale da equitazione.

topcoat ['tɒpkəʊt / top·coat] *s.* soprabito pesante.

top-drawer [,tɒp'drɔ:*] *agg.* (*fam. antiq.*) di elevato rango sociale.

to **topdress** [,tɒp'dres / top·dress] *v.tr.* concimare (il terreno) in superficie.

topdressing [,tɒp'dresɪŋ / top·dress·ing] *s.* (*agr.*) concimazione in superficie, concimazione a spandimento.

tope[1] [təʊp] *s.* monumento buddista (in India).

tope[2] *s.* (*zool.*) (*Galeorhinus galeus*) galeo, canesca; (*pop.*) pescecane.

to **tope**[3] *v.tr.* (*non com.*) bere ◆ *v.intr.* (*non com.*) sbevazzare; ubriacarsi.

toper ['təʊpə*] *s.* (*non com.*) beone, ubriacone.

topflight ['tɒpflaɪt / top·flight] *agg.* (*fam.*) il migliore, di prima qualità.

topgallant [,tɒp'gælənt / top·gal·lant] *agg.* (*mar.*) sopra la linea di congiunzione // *— mast*, alberello.

top gear [,tɒp'gɪə*] *s.* (*aut.*) marcia alta.

tophaceous [təʊ'feɪʃəs / to·pha·ceous] *agg.* **1** (*med.*) del, con tartaro **2** (*ant.*) tufaceo.

top-heavy [,tɒp'hevɪ] *agg.* sbilanciato (per eccesso di peso nella parte superiore).

Tophet ['təʊfet] *s.* (*rar.*) inferno.

top-hole [,tɒp'həʊl] *agg.* (*sl.*) di prima qualità.

tophus ['təʊfəs / to·phus] *pl.* **tophi** ['təʊfaɪ] *s.* **1** (*med.*) tofo; tartaro **2** (*geol.*) tufo.

topiary ['təʊpjərɪ / to·pi·ary] *agg.* di taglio ornamentale (di piante, arbusti) // *— art*, arte topiaria; tosatura delle piante.

topic ['tɒpɪk] *s.* **1** argomento, soggetto, tema: *it's the — of the day*, è l'argomento del giorno **2** (*ret.*) topica.

topical ['tɒpɪkl / top·ical] *agg.* **1** attuale, d'attualità: *— allusion*, allusione ai fatti del giorno; *— film*, film di attualità **2** (*ret.*) topico **3** (*med.*) topico, locale.

topicality [,tɒpɪ'kælətɪ / top·ic·al·ity] *s.* attualità.

topknot ['tɒpnɒt / top·knot] *s.* **1** nastro da capelli **2** (*zool.*) ciuffo di penne, cresta.

topless ['tɒplɪs / top·less] *agg.* **1** (*bot.*) senza cima, privo della parte superiore **2** (*estens.*) (di donna o indumento femminile) che lascia la parte superiore del corpo scoperta, che lascia il seno nudo // *— bar*, bar le cui cameriere sono in topless **3** (*ant.*) altissimo, irraggiungibile // *sometime, great Agamemnon, / thy topless deputation he puts on*, (SH. Troilus and Cressida) talvolta, grande Agamennone, egli finge di assumere il tuo supremo comando ◆ *avv.* in topless, col seno scoperto; senza reggiseno.

top-light ['tɒplaɪt] *s.* (*mar.*) fanale di gabbia.

topman ['tɒpmən / top·man] *pl.* **topmen** *s.* (*mar.*) gabbiere.

topmast ['tɒpmɑ:st *amer.* 'tɒpmæst / top·mast] *s.* (*mar.*) albero di gabbia.

topmost ['tɒpməʊst / top·most] *agg.* il più alto, il più elevato.

top-notch [,tɒp'nɒtʃ] *agg.* (*fam.*) ottimo, di prima qualità.

topographer [tə'pɒgrəfə* / to·po·grapher] *s.* topografo.

topographic(al) [,tɒpə'græfɪk(l) / to·po·graphic, to·po·graphic·ical] *agg.* topografico // **-ally** *avv.*

topography [tə'pɒgrəfɪ / to·po·graphy] *s.* topografia.

topologic(al) [,tɒpə'lɒdʒɪk(l) / to·po·lo·gic(al)] *agg.* topologico.

topology [tə'pɒlədʒɪ / to·po·logy] *s.* (*mat., geogr.*) topologia.

toponymy [tə'pɒnɪmɪ / top·onymy] *s.* toponomastica.

topos ['təʊpəʊs] *pl.* **topoi** ['təʊpɔɪ] *s.* **1** topos, tema ricorrente **2** (*mat.*) topos: *— theory*, teoria dei topoi.

topped [tɒpt / top·ped] *agg.* **1** ricoperto; sormontato: *a cake — with cream*, una torta ricoperta di panna; *ice-cream — with a cherry*, gelato con sopra una ciliegina **2** (*bot.*) dalla cima troncata, svettato.

topper ['tɒpə* / top·per] *s.* (*fam.*) **1** (cappello a) cilindro **2** (*antiq.*) persona, cosa che eccelle.

topping ['tɒpɪŋ / top·ping] *agg.* **1** (*fam. antiq.*) eminente; eccellente, ottimo, di prima qualità, di prim'ordine **2** (*amer.*) presuntuoso; arrogante ◆ *s.* **1** (*cuc.*) ricopertura; decorazione, guarnizione: *a cake with a chocolate —*, una torta ricoperta di cioccolato **2** svettamento (di piante); cimatura **3** cresta; ciuffo **4** (*chim.*) distillazione primaria del petrolio, topping **5** (*pl.*) fronde tagliate.

toppingly ['tɒpɪŋlɪ / top·ping·ly] *avv.* (*fam. antiq.*) in maniera superiore; eccellentemente, ottimamente.

to **topple** ['tɒpl] *v.intr.* **1** crollare, cadere (*anche fig.*): *the drunk toppled down the staircase*, l'ubriaco cadde giù dalle scale; *the rock toppled over the cliff*, il masso cadde dalla scogliera; *in the wave of the scandal the government toppled*, sull'onda dello scandalo il governo è caduto **2** vacillare, traballare: *after the storm the steeple toppled and fell*, dopo la tempesta il campanile s'inclinò e cadde ◆ *v.tr.* far crollare, far cadere; rovesciare (*anche fig.*): *he toppled a pile of books*, ha fatto cadere una pila di libri; *to — the government*, rovesciare il governo.

□ **topple over** *v.intr.* e *avv.* crollare, cadere; rovesciarsi: *the house of cards toppled over*, il castello di carte crollò.

tops [tɒps] *s.* (*fam. antiq.*) il migliore, quanto c'è di meglio.

topsail ['tɒpseɪl / top·sail] *s.* (*mar.*) vela di gabbia, seconda vela.

top-secret [,tɒp'si:krɪt] *agg.* (*mil., pol.*) segretissimo, top secret.

top seller [,tɒp'selə*] *s.* articolo, prodotto che è in testa alle vendite.

top-selling [,tɒp'selɪŋ] *agg.* che vende di più, che è in testa alle vendite: *— product*, prodotto che vende di più.

topside ['tɒp,saɪd / top·side] *s.* **1** (la) parte superiore **2** (*cuc.*) controgirello **3** (*mar.*) opera morta.

topsoil ['tɒpsɔɪl / top·soil] *s.* **1** (*bot.*) strato superficiale del suolo; soprassuolo; strato coltivabile (del terreno) **2** (*geol.*) terriccio, humus **3** (*geol.*) orizzonte superficiale del suolo.

topspin ['tɒp,spɪn / top·spin] *s.* (*sport*) effetto.

topsy-turvy [,tɒpsɪ'tɜ:vɪ] *agg.* (*fam.*) capovolto; sottosopra; disordinato, scompigliato: *to turn sthg. —*, rovesciare qlco., mettere qlco. sottosopra ◆ *s.* (*fam.*) capovolgimento; scompiglio, soqquadro, confusione, disordine ◆ *avv.* (*fam.*) sottosopra, in disordine.

toque [təʊk] *s.* (*fr.*) **1** (*st.*) tocco, berretto piumato **2** toque, tocco.

tor [tɔ:*] *s.* picco, sommità rocciosa; torrione di roccia.

Tora(h) ['tɔ:rə] *s.* (*relig.*) Torà, Torah.

torch [tɔ:tʃ] *s.* **1** torcia, fiaccola // *to carry a — for s.o.*, (*fig.*) essere innamorato (senza speranze) di qlcu. // (*st.*) *— race*, corsa tra portatori di fiaccole // *to hand on the — of faith*, (*fig. form.*) tener viva la fiaccola della fede // *— job*, (*sl. amer.*) incendio doloso **2** (*electric*) *—*, torcia elettrica, lampadina tascabile AMER. flashlight **3** (*metall.*) torcia, fiaccola, lampada per saldare; cannello: *oxyhydrogen —*, cannello ossidrico; *welding —*, cannello per saldatura autogena.

torch-bearer ['tɔ:tʃ,beərə*] *s.* **1** chi porta una fiaccola, tedoforo **2** (*fig.*) capo, guida, figura preminente.

torchlight ['tɔ:tʃlaɪt / torch·light] *s.* luce di torce, fiaccole // *— procession*, fiaccolata.

torchon ['tɔ:ʃn / tor·chon] *s.*: *— lace*, pizzo al tombolo; *— paper*, carta ruvida (per dipingere).

torch singer ['tɔ:tʃ,sɪŋə*] *s.* (*fam. amer.*) cantante di canzoni sentimentali popolari per un amore non corrisposto.

torch song ['tɔ:tʃ,sɒŋ] *s.* (*fam. amer.*) canzone sentimentale popolare per un amore non corrisposto.

torchy ['tɔ:tʃɪ] *agg.* (*fam. amer.*) innamorato senza speranza, che ha un amore non corrisposto.

tore *pass.* di to **tear**.

toreador ['tɒrɪədɔ:* / tor·eador] *s.* torero.

toreutic [tə'ru:tɪk / tor·eutic] *agg.* della toreutica.

toreutics [tə'ru:tɪks / tor·eut·ics] *s.* [U] toreutica.

torment ['tɔ:ment / tor·ment] *s.* **1** tormento; tortura; supplizio; strazio: *the torments of jealousy*, il tormento della gelosia; *she suffered torments*, patì le pene dell'inferno; *to be in —*, essere torturato, tormentato; *she was in — with her headache*, era tormentata dal mal di testa **2** strumento di tortura; (*fig.*) causa di sofferenze, preoccupazioni: *that boy is a positive — for his parents*, quel ragazzo è un vero tormento per i suoi genitori.

to **torment** [tɔ:'ment] *v.tr.* tormentare; torturare; affliggere: *she is tormented with remorse*, è tormentata dal rimorso; *to be tormented by a disease*, essere tormentato da una malattia; *do not — me with your useless* *questions*, non tormentarmi con le tue domande inutili.

tormentil ['tɔ:məntɪl / tor·mentil] *s.* (*bot.*) (*Potentilla tormentilla*) tormentilla SIN. septfoil.

tormentingly [tɔ:'mentɪŋlɪ / tor·ment·ing·ly] *avv.* tormentosamente.

tormentor [tɔ:'mentə* / tor·mentor] *s.* **1** tormentatore; torturatore **2** cosa che tormenta **3** (*agr.*) erpice **4** (*cinem.*) schermo acustico, fonoassorbente.

tormentress [tɔ:'mentrɪs / tor·ment·ress] *s.* tormentatrice.

tormentum [tɔ:'mentəm / tor·mentum] *pl.* **tormenta** [tɔ:'mentə / tor·menta] *s.* (*mil. st.*) tormento, catapulta.

torn *p.p.* di to **tear**.

tornado [tɔ:'neɪdəʊ / tor·nado] *pl.* **tornado(e)s** *s.* tornado, tromba d'aria (*anche fig.*) // *the — belt*, (*amer.*) la fascia dei tornado.

toroidal ['təʊ,rɔɪdl / tor·oidal] *agg.* (*fis.*) toroidale: — *surface*, superficie toroidale; — *winding*, avvolgimento toroidale.

torose [tə'rəʊs / tor·ose] **torous** ['təʊrəs / tor·ous] *agg.* **1** nodoso (di pianta) **2** che ha protuberanze (di animale).

torpedo [tɔ:'pi:dəʊ / tor·pedo] *pl.* **torpedoes** *s.* **1** (*zool.*) torpedine **2** (*mar.*) torpedine, siluro; mina (subacquea): *homing* —, siluro autoguidato; *magnetic* —, mina magnetica; — *tube*, (tubo) lanciasiluri.

to **torpedo** *v.tr.* **1** colpire, distruggere con torpedini, silurare **2** (*fig.*) silurare, far naufragare: *to — the negotiations*, far fallire i negoziati.

torpedo boat [tɔ:'pi:dəʊ,bəʊt] *s.* (*mar.*) torpediniera, silurante // — *destroyer*, cacciatorpediniere.

torpedo plane [tɔ:'pi:dəʊ,pleɪn] *s.* (*aer.*) aerosilurante.

torpid ['tɔ:pɪd / tor·pid] *agg.* **1** (*form.*) torpido, intorpidito (*anche fig.*): *to have a — brain*, avere il cervello intorpidito **2** (*form.*) apatico, inerte, pigro, fiacco **3** in letargo (di animale) // **-ly** *avv.* // **-ness** *s.*

torpidity [tɔ:'pɪdətɪ / tor·pid·ity] **torpor** ['tɔ:pə* / tor·por] *s.* (*form.*) **1** torpore **2** apatia, inerzia.

torquate(d) ['tɔ:kweɪt(ɪd) / tor·quate(d)] *agg.* (*zool.*) dal collare, che ha un collare.

torque[1] [tɔ:k] *s.* torque, collana, monile (portato da Galli e Britanni).

torque[2] *s.* (*fis.*) coppia; momento di una forza, momento di una coppia // (*scienza delle costruzioni*) — *stress*, sollecitazione di torsione // (*elettr., mecc.*) *starting* —, coppia d'avviamento // (*mecc.*) — *converter*, convertitore di coppia.

torrent ['tɒrənt / tor·rent] *s.* torrente (*anche fig.*): *the rain fell in torrents*, la pioggia cadeva a torrenti; *a — of tears, of abuse*, un fiume di lacrime, di insulti.

torrential [tɒ'renʃl / tor·ren·tial] *agg.* **1** torrenziale (*anche fig.*) **2** (*geogr.*) torrentizio // **-ly** *avv.*

Torricellian [,tɒrɪ'tʃelɪən / Tor·ri·cel·lian] *agg.* (*fis.*) di Torricelli, torricelliano: — *vacuum*, vuoto torricelliano.

torrid ['tɒrɪd / tor·rid] *agg.* torrido: — *zone*, zona torrida, intertropicale.

torridity [tɒ'rɪdətɪ / tor·rid·ity] **torridness** ['tɒrɪdnɪs / tor·rid·ness] *s.* calore torrido.

torsion ['tɔ:ʃn / tor·sion] *s.* torsione // (*mat.*) — *free*, privo di torsione // (*fis.*) — *balance*, bilancia di torsione // (*mecc.*) — *bar*, barra di torsione.

torsional ['tɔ:ʃənl / tor·sional] *agg.* di torsione.

torsk [tɔ:sk] *s.* (*zool.*) **1** brosmio (pesce dei gadidi) **2** (*Gadus morrhua*) merluzzo comune **3** (*Gadus macrocephalus*) merluzzo del Pacifico.

torso ['tɔ:səʊ] *pl.* **torsos** *s.* (*anat., scult.*) torso, tronco.

tort [tɔ:t] *s.* (*dir.*) torto, danno, illecito civile: — *liability*, responsabilità civile per atto illecito.

tortfeasor ['tɔ:t,fi:zə* / tort·feasor] *s.* (*dir.*) autore di un illecito civile.

torticollis [,tɔ:tɪ'kɒlɪs / tor·ti·col·lis] *s.* (*med.*) torcicollo.

tortile ['tɔ:taɪl / tor·tile] *agg.* (*non com.*) tortile; ritorto.

tortility [tɔ:'tɪlətɪ / tor·til·ity] *s.* l'essere tortile, tortezza.

tortilla [tɔ:'ti:ljə / tor·tilla] *s.* 'tortilla' (focaccia messicana di granoturco).

tortious ['tɔ:ʃəs / tor·tious] *agg.* (*dir.*) illecito, dannoso, pregiudizievole: — *act*, atto civilmente illecito // **-ly** *avv.*

tortoise ['tɔ:təs / tor·toise] *s.* **1** tartaruga (di terra), testuggine **2** (*st. romana*) testuggine.

tortoiseshell ['tɔ:təʃel / tor·toise·shell] *s.* **1** (guscio di) tartaruga **2** (*zool.*) — (*butterfly*), (*Nymphalis milberti*) farfalla tartaruga **3** (*zool.*) — (*cat*), gatto color tartaruga ♦ *agg.* di tartaruga: — *comb*, pettine di tartaruga.

tortrix ['tɔ:trɪks / tor·trix] *s.* (*zool.*) (*Tortrix viridiana*) tortrice della quercia.

tortuosity [,tɔ:tjʊ'ɒsətɪ / tor·tu·os·ity] *s.* tortuosità.

tortuous ['tɔ:tjʊəs / tor·tu·ous] *agg.* tortuoso // **-ly** *avv.* // **-ness** *s.*

tortuousity [,tɔ:tjʊ'ɒsətɪ / tor·tu·ous·ity] *s.* tortuosità.

torture ['tɔ:tʃə* / tor·ture] *s.* tortura, strumento di tortura; (*fig.*) tormento: *he was put to the* —, fu sottoposto alla tortura; *toothache is a real* —, il mal di denti è un vero tormento; *his life was one long* —, la sua vita è stata un lungo calvario.

to **torture** *v.tr.* torturare, porre alla tortura; (*fig.*) tormentare, affliggere: *he was tortured by fear*, era tormentato dalla paura.

tortured ['tɔ:tʃəd / tor·tured] *agg.* **1** torturato; tormentato; afflitto: *a — expression*, un'espressione afflitta **2** artificioso; contorto: — *prose*, prosa contorta.

torturer ['tɔ:tʃərə* / tor·turer] *s.* aguzzino.

torturingly ['tɔ:tʃərɪŋlɪ / tor·tur·ing·ly] *avv.* in modo torturante, tormentoso.

torturous ['tɔ:tʃərəs / tor·tur·ous] *agg.* tormentoso.

torus ['tɔ:rəs] *pl.* **tori** ['tɔ:raɪ] *s.* **1** (*arch., mat., inform.*) toro **2** (*bot.*) ricettacolo **3** (*anat.*) prominenza, protuberanza.

Tory ['tɔ:rɪ] *agg.* (*pol.*) conservatore: *the — Party*, il Partito Conservatore ♦ *s.* (*pol.*) Tory, conservatore; (*st. amer.*) lealista, suddito fedele alla corona britannica.

Toryism ['tɔ:rɪɪzəm / Tory·ism] *s.* (*pol.*) conservatorismo.

tosh [tɒʃ] *s.* (*sl.*) sciocchezza, stupidaggine.

toss [tɒs] *s.* **1** lancio // *pitch and* —, testa e croce; *to win the* —, vincere a testa e croce // *I don't give a — (about it)*, (*fam.*) me ne frego, non me ne frega niente // *to argue the* —, (*fam.*) avere da ridire (su decisioni già prese e irrevocabili) **2** scrollata, movimento (del capo): *a — of the head*, una scrollata di capo; *she threw up her head with a scornful* —, alzò la testa con un movimento sprezzante **3** (*non com.*) agitazione (*anche fig.*) **4** caduta da cavallo: *to take a* —, essere sbalzato di sella.

to **toss** *pass.p.p.* **tossed** [tɒst] *v.tr.* **1** lanciare, gettare, buttare: *to — sthg. to s.o.*, lanciare qlco. a qlcu.; *he tossed the book aside*, gettò il libro da parte; *he tossed the ticket away*, buttò via il biglietto; *to — one's money about*, buttar via, sperperare il proprio denaro // *to — (the) oars*, alzare i remi (in segno di saluto) // *to — it in*, (*amer.*) arrendersi, rinunciare; smettere **2** scuotere, muovere: *the horse tossed its head*, il cavallo scosse la testa **3** agitare (*anche fig.*); sbattere; sballottare: *a ship tossed by the waves*, una nave sballottata dalle onde **4** sbalzare (di sella) **5** (*cuc.*) saltare; far saltare (frittata ecc.); passare, mescolare **6** (*amer.*) perquisire ♦ *v.intr.* **1** lanciare la moneta, tirare a sorte (lanciando una moneta): *let's — to see who goes out with Mary*, lanciamo la monetina per vedere chi esce con Mary **2** agitarsi, dimenarsi: *to — in bed*, rivoltarsi, agitarsi nel letto; *my wife was tossing and turning* (o *tossing about*) *all night*, mia moglie ha continuato a girarsi e rigirarsi per tutta la notte // (*mar.*) *to pitch and* —, beccheggiare.

□ **toss for** *v.tr.* e *intr.* e *prep.* decidere lanciando una moneta, tirare a sorte: *they tossed for who would pay*, decisero chi doveva pagare tirando a sorte.

□ **toss off** *v.tr.* e *avv.* **1** ingollare, bere d'un fiato: *he tossed off 18 whiskies in a row*, ingollò 18 whisky uno dopo l'altro **2** produrre, eseguire, scrivere velocemente e senza fatica: *he tossed off an article in ten minutes*, buttò giù un articolo in dieci minuti **3** (*volg.*) masturbare ♦ *v.intr.* (*volg.*) masturbarsi.

□ **toss up** *v.intr.* e *avv.* decidere lanciando una moneta, tirare a sorte (*anche sport*): *the two captains tossed up*, i due capitani lanciarono la monetina (per la scelta del campo).

toss-up ['tɒsʌp] *s.* **1** lancio in aria (di moneta) **2** (*fam.*) questione, situazione incerta: *it's a — whether we'll win or not*, non si sa se vinceremo o no.

tot [tɒt] *s.* **1** (*fam.*) bimbetto: *books for tiny tots*, libri per i più piccini **2** (*non com.*) bicchierino **3** sorso (di liquore).

to **tot** *pass.p.p.* **totted** ['tɒtɪd] *v.tr.* e *intr.*: *to — up*, (*fam.*) addizionare, sommare; ammontare: *it tots up to seven pounds*, ammonta a sette sterline.

total ['təʊtl / to·tal] *agg.* totale; globale; completo; assoluto: — *war*, guerra totale; *his — ignorance of the subject*, la sua ignoranza assoluta in materia; *the war brought about the — loss of his fortune*, la guerra gli ha fatto perdere l'intero patrimonio // (*inform.*) — *system*, sistema integrato ♦ *s.* totale: *our weekly expenses reach a total of...*, le nostre spese settimanali ammontano a...; *a library that contains in — 400,000 books and periodicals*, una biblioteca che contiene in totale 400.000 libri e periodici // **-ly** *avv.*

to **total** *pass.p.p.* **totalled** ['təʊtld / to·talled] *v.tr.* **1** sommare, fare il totale di; ammontare a: *— these amounts for me*, fammi l'addizione di queste cifre; *the deficit this year totalled 400 million pounds*, quest'anno il deficit ammonta a 400 milioni di sterline **2** (*sl. amer.*) distruggere completamente: *Harry has totalled his car in an accident*, Harry ha completamente distrutto la sua macchina in un incidente **3** (*sl. amer.*) uccidere, ferire.

totaled ['təʊtld / to·ta·led] *agg.* (*sl. amer.*) distrutto, a pezzi, in rovina.

totalitarian [,təʊtælɪ'teərɪən / to·tal·it·arian] *agg.* totalitario: *a — state*, uno stato totalitario.

totalitarianism [,təʊtælɪ'teərɪənɪzəm / to·tal·it·ari·an·ism] *s.* totalitarismo.

totality [təʊ'tælətɪ / to·tal·ity] *s.* totalità, globalità.

totalization [,təʊtəlaɪ'zeɪʃn *amer.* ,təʊtəlɪ'zeɪʃn / to·tal·iza·tion] *s.* totalizzazione.

totalizator ['təʊtəlaɪzeɪtə* *amer.* 'təʊtəlɪzeɪtə* / to·tal·iz·ator] *s.* totalizzatore.

to **totalize** ['təʊtəlaɪz / to·tal·ize] *v.tr.* totalizzare; calcolare in totale.

totalizer ['təʊtəlaɪzə* / to·tal·izer] *s.* totalizzatore.

tote [təʊt] (*fam.*) abbr. di → **total**, **totalizator**.

to **tote**[1] *v.intr.* scommettere con il totalizzatore.

to **tote**[2] *v.tr.* portare, trasportare (con difficoltà).

tote bag ['təʊtbæg] *s.* (*amer.*) sporta, borsa della spesa.

totem ['təʊtəm / to·tem] *s.* totem: *— pole*, palo totemico.

totemism ['təʊtəmɪzəm / to·tem·ism] *s.* totemismo.

t'other, **tother** ['tʌðə*] *agg.* e *pron.* (*dial.*) abbr. di *the other.*

to **totter** ['tɒtə* / tot·ter] *v.intr.* vacillare, barcollare; camminare barcollando // *to — in*, entrare barcollando // *the Roman empire was tottering to its fall*, l'impero romano andava verso la rovina // *we bid good night, / and wound our tottering colours*, (SH. King John) augurammo buona notte e ripiegammo le nostre lacere bandiere.

tottering ['tɒtərɪŋ / tot·ter·ing] *agg.* vacillante, barcollante; incerto, malsicuro (*anche fig.*): *— steps*, passi malsicuri // **-ly** *avv.*

tottery ['tɒtərɪ / tot·tery] *agg.* vacillante, barcollante, malfermo.

toucan ['tu:kən / tou·can] *s.* (*zool.*) tucano.

touch [tʌtʃ] *s.* **1** tocco; colpetto: *at a —*, con un lieve tocco; *he felt a — on his arm*, si sentì toccare il braccio // (*mus.*) *to have a light —*, avere un tocco delicato **2** tatto: *the sense of —*, il senso del tatto; *soft to the —*, morbido al tatto; *to know sthg. by the —*, riconoscere qlco. al tatto **3** (*fig.*) tatto, sensibilità **4** (*med.*) palpazione, visita: *abdominal—*, esame dell'addome; *vaginal —*, visita vaginale; *after —*, il perdurare di una sensazione **5** contatto; rapporto; relazione: *to be in — with s.o.*, essere in contatto con qlcu.; *I'll be in —*, mi farò vivo; *to be out of — (with sthg.)*, aver perso i contatti (con qlco.); *to get into — with s.o.*, mettersi in contatto con qlcu.; *to keep in — with s.o.*, mantenere i contatti con qlcu.; *to lose — with s.o.*, perdere i contatti con qlcu. **6** tocco, tratto: *to give the last — to a work*, dare l'ultimo tocco a un lavoro; *to put the finishing touches to sthg.*, dare il tocco finale a qlco. **7** capacità, abilità **8** piccola quantità; pizzico; (*med.*) lieve crisi, piccolo attacco: *a — of salt*, un pizzico di sale; *a — of irony*, una punta d'ironia; *a — of madness*, un pizzico di follia; *a — of fever*, (*fam.*) un lieve attacco di febbre **9** (*ant.*) pietra di paragone: *is a day / wherein the fortune of ten thousand men / must bide the touch*, (SH. Henry IV) sarà una giornata in cui la fortuna di diecimila uomini sarà messa al cimento **10** (*rugby*) touche.

to **touch** *v.tr.* **1** toccare, tastare: *to — sthg. with one's hand*, toccare qlco. con la mano; *to — s.o.'s shoulder*, toccare qlcu. sulla spalla; *to — sthg. lightly*, sfiorare qlco. // *to — one's hat*, portare la mano al cappello (per salutare) // *to — one's horse with the spur*, spronare il cavallo // *to — the harp*, suonare l'arpa // *to — wood*, toccar ferro // *to — base with s.o.*, (*fam. amer.*) consultarsi con qlcu. // *to — all bases*, (*fam. amer.*) non lasciar nulla di intentato; essere versatile // *seeing his reputation touch'd to death, / he did oppose his foe*, (SH. Timon of Athens) vedendo ferita a morte la sua reputazione, si oppose al suo nemico **2** toccare, spostare; manomettere: *don't — my papers!*, non toccare le mie carte! // *we haven't touched food for two days*, non tocchiamo cibo da due giorni; *he never touched a drink again*, non bevve mai più (bevande alcoliche) // (*mar.*) *to — (and reef) a sail*, (far) ammainare una vela **3** (*fig.*) toccare, commuovere, colpire: *I was touched by his kindness*, fui commosso dalla sua gentilezza; *to — s.o.'s heart*, toccare il cuore di qlcu. // *he tried to — me for some money*, (*fam.*) ha tentato di spillarmi dei quattrini, è venuto a batter cassa // *to — s.o. to the quick*, toccare qlcu. sul vivo **4** toccare, raggiungere (*anche fig.*): *the mountain seems to — the clouds*, sembra che la montagna tocchi le nuvole; *the thermometer touched 40° yesterday*, ieri il termometro ha toccato, raggiunto i 40°; *to — land*, toccar terra, approdare // *to — bottom*, toccare il fondo (*anche fig.*) // *the law can't — him*, (*fig.*) la legge non può nulla contro di lui // *no one can — him in comedy*, (*fam.*) non c'è nessuno che lo eguagli nel fare la commedia **5** essere in contatto con; confinare con: *his garden touches mine*, il suo giardino confina col mio; *point where the tangent touches the circle*, punto in cui la tangente incontra il cerchio **6** toccare, concernere, riguardare: *this discussion touches us closely*, questa discussione ci tocca, riguarda da vicino **7** guastare, danneggiare: *these roses have been touched by the frost*, queste rose sono state rovinate dal gelo ◆ *v.intr.* **1** toccarsi: *their hands touched*, le loro mani si toccavano **2** (*mar.*) fare scalo; approdare: *the ship touched at Genoa*, la nave fece scalo a Genova.

□ **touch down** *v.intr.* e *avv.* **1** (*aer.*) atterrare **2** (*rugby*) mandare la palla in meta.

□ **touch in** *v.tr.* e *avv.* schizzare, abbozzare (disegno ecc.).

□ **touch off** *v.tr.* e *avv.* **1** far esplodere (mine ecc.) **2** provocare, causare; scatenare: *to — off a storm of protest*, scatenare un'ondata di proteste.

□ **touch on** *v.tr.* e *avv.* sfiorare (un argomento): *in his report the prime minister only touched on the violence problem*, nella sua relazione il primo ministro ha soltanto sfiorato il problema della violenza.

□ **touch up** *v.tr.* e *avv.* **1** ritoccare, correggere: *to — up a photo*, ritoccare una fotografia // *to — up s.o.'s memory*, rinfrescare la memoria a qlcu. **2** (*fam.*) palpare.

□ **touch upon** *v.tr.* e *avv.* → to touch on.

touchable ['tʌtʃəbl / touch·able] *agg.* **1** tangibile; palpabile **2** commestibile // **-ness** *s.*

touch-activated ['tʌtʃ,æktɪveɪtɪd] *agg.* (*elettr.*) a comando tattile.

touch-and-go [,tʌtʃən'gəʊ] *agg.* rischioso; incerto.

touchdown ['tʌtʃdaʊn / touch·down] *s.* **1** (*aer.*) contatto, impatto (con il terreno): *— zone*, zona di contatto **2** (*sport*) meta.

touché ['tu:ʃeɪ *amer.* tu:'ʃeɪ / tou·ché] *inter.* (*fr.*) toccato!, touché!

touched [tʌtʃt] *agg.* **1** (*fam.*) toccato, tocco, pazzerello: *he is slightly —*, è un po' pazzo **2** commosso, toccato.

toucher ['tʌtʃə*] *s.* **1** chi tocca **2** (*bocce*) boccia che ha toccato il pallino.

touch hole ['tʌtʃhəʊl] *s.* (*mil.*) focone.

touching ['tʌtʃɪŋ / touch·ing] *agg.* toccante, commovente; patetico: *a — scene*, una scena commovente // **-ly** *avv.* // **-ness** *s.*

touching *prep.* (*non com.*) circa, riguardo a: *— the defence*, per quanto riguarda la difesa.

touchline ['tʌtʃlaɪn / touch·line] *s.* (*rugby*) (linea di) touche, linea laterale.

touch-me-not ['tʌtʃmɪnɒt] *s.* (*bot.*) **1** (*pop.*) erba impaziente → **balsam** **2** (*Ecballium elaterium*) cocomero asinino.

touch-needle ['tʌtʃ,ni:dl] *s.* (*oreficeria*) ago d'assaggio.

touchpaper ['tʌtʃ,peɪpə* / touch·paper] *s.* carta nitrata.

touchscreen ['tʌtʃ,skri:n / touch·screen] *s.* (*inform.*) schermo sensibile al tocco delle dita.

touchstone ['tʌtʃstəʊn / touch·stone] *s.* (*oreficeria*) pietra di paragone (*anche fig.*).

to **touch-type** ['tʌtʃ,taɪp] *v.intr.* scrivere a macchina senza guardare i tasti (mentre si legge il testo).

touchwood ['tʌtʃwʊd / touch·wood] *s.* esca (per accendere il fuoco).

touchy ['tʌtʃɪ] *agg.* **1** suscettibile; permaloso; irascibile: *to be —*, essere permaloso; prendersela per nulla **2** delicato, sensibile (di parte del corpo) **3** delicato, che richiede tatto; rischioso **4** infiammabile // **-ily** *avv.* // **-iness** *s.*

tough [tʌf] *agg.* **1** duro, legnoso, tiglioso: *— meat*, carne dura, tigliosa // *as — as old boots*, (*fam.*) duro come una suola di scarpa (di carne ecc.) **2** forte, robusto, resistente: *a — person*, una persona robusta, resistente; *a — pair of shoes*, un robusto paio di scarpe **3** (*fig.*) inflessibile, tenace: *a — will*, una volontà tenace // (*dir.*) *a — sentence*, una pena severa **4** duro, difficile: *a — job*, un lavoro difficile // *— luck*, sfortuna nera, disdetta; *— luck!*, che disdetta! // *— shit!*, (*fam. amer.*) che disastro!

5 brutale; violento; grossolano: *to get — with s.o.*, adottare una linea d'azione dura con qlcu. **6** (*fam.*) sfortunato ◆ *s.* (*fam.*) duro; malvivente, delinquente // **-ly** *avv.* // **-ness** *s.*

to **tough** *v.tr.*: *to — out*, (*fam. amer.*) superare, sopportare (difficoltà); *to — it out*, sopportare con coraggio le difficoltà, non darsi per vinto.

to **toughen** [ˈtʌfn] *v.tr.* e *intr.* indurire, indurirsi.

□ **toughen up** *v.tr.* e *intr.* e *avv.* irrobustire, irrobustirsi.

toupee [ˈtu:peɪ / tou·pee] **toupet** [tou·pet] *s.* toupet; parrucchino.

tour [tʊə*] *s.* **1** tour, giro; viaggio // *— operator*, operatore turistico // *the Grand Tour*, (*st.*) viaggio sul continente (complemento dell'educazione di un giovane inglese di un tempo) **2** escursione; visita guidata, giro **3** turno di lavoro **4** (*teatr.*) tournée: *to be on —*, essere in tournée **5** (*mil.*) turno.

to **tour** *v.intr.* **1** girare; viaggiare, fare un viaggio: *to — through Europe*, viaggiare attraverso l'Europa **2** (*teatr.*) fare una tournée ◆ *v.tr.* visitare come turista.

touraco [ˈtʊərəkəʊ / tour·aco] *pl.* **touracos** *s.* (*zool.*) turaco.

tourbillon [tʊəˈbɪljən / tour·billon] *s.* **1** turbine; vortice **2** (*non com.*) girandola.

tourer [ˈtʊərə*] *s.* **1** turista **2** vettura da turismo.

touring [ˈtʊərɪŋ / tour·ing] *agg.* turistico; da turismo: *— car*, vettura da turismo.

tourism [ˈtʊərɪzəm / tour·ism] *s.* turismo.

tourist [ˈtʊərɪst / tour·ist] *s.* turista ◆ *agg.* turistico: *— office*, agenzia turistica; *— class*, classe turistica; *— industry*, turismo.

tourmaline [ˈtʊəməlɪn / tour·ma·line] *s.* (*min.*) tormalina.

tournament [ˈtʊənəmənt / tour·na·ment] *s.* **1** (*st.*) torneo (di cavalieri) **2** (*sport*) torneo: *tennis —*, torneo di tennis.

tourney [ˈtʊənɪ / tour·ney] *s.* (*st.*) torneo (di cavalieri).

to **tourney** *v.intr.* (*st.*) torneare, partecipare a un torneo (di cavalieri).

tourniquet [ˈtʊənɪkeɪ *amer.* ˈtɜ:nɪkət / tour·ni·quet] *s.* (*med.*) laccio emostatico.

to **touse** [tu:z] *v.tr.* (*ant.*) strappare, lacerare: *we'll touse you joint by joint, / but will know his purpose*, (SH. Measure for Measure) vi strapperemo un membro dopo l'altro, ma verremo a conoscere il suo scopo.

to **tousle** [ˈtaʊzl] *v.tr.* scompigliare; mettere in disordine, arruffare: *tousled hair*, capelli arruffati.

tousy [ˈtaʊzɪ] *agg.* (*rar.*) arruffato; disordinato; spettinato.

tout [taʊt] *s.* **1** sollecitatore; chi procura clienti (ad alberghi ecc.) **2** (*racing*) —, informatore (sul comportamento dei cavalli durante gli allenamenti) **3** → ticket tout.

to **tout** *v.intr.* **1** sollecitare ordinazioni commerciali; fare il piazzista; cercare clienti (per alberghi ecc.) **2** cercare informazioni sul comportamento dei cavalli durante gli allenamenti **3** fare del bagarinaggio ◆ *v.tr.* **1** reclamizzare, pubblicizzare **2** vendere a prezzo di bagarinaggio; vendere sottobanco, a borsa nera, al mercato nero.

touter [ˈtaʊtə*] *s.* (*rar.*) → **tout**.

tow[1] [təʊ] *s.* **1** rimorchio: *to have* (o *to take*) *in* (o *on*) —, rimorchiare; (*fig.*) prendere sotto la propria guida; *— hook*, gancio per rimorchio // (*aer.*) *glider —*, dispositivo per il rimorchio di un aliante **2** (cavo di) rimorchio.

to **tow**[1] *v.tr.* rimorchiare, trainare ◆ *v.intr.* essere rimorchiato.

tow[2] *s.* stoppa (di lino, canapa, iuta).

towage [ˈtəʊɪdʒ / tow·age] *s.* (diritti di) rimorchio, rimorchiaggio.

toward [təˈwɔ: / to·ward] *agg.* (*ant.*) **1** promettente, che fa bene sperare di sé **2** propizio, favorevole **3** che si sta svolgendo: *I went to see what was —*, andai a vedere che cosa stesse accadendo **4** compiacente; docile **5** imminente, prossimo ◆ *avv.* (*ant.*) nella direzione voluta ◆ *prep.* (*amer.*) → towards.

towardly [təˈwɔ:dlɪ / to·ward·ly] *avv.* (*ant.*) **1** in modo promettente **2** in modo propizio, favorevole **3** in modo compiacente; docilmente.

towards [təˈwɔ:dz / to·wards] *prep.* **1** verso, in direzione di: *the signpost pointed — the left*, il cartello stradale indicava la sinistra; *he saw the children running — the house*, vide i bambini che correvano in direzione della casa; *our seats were — the tail of the plane*, i nostri posti erano verso la coda dell'aereo; *their house is — the centre of the town*, la loro casa si trova verso il centro della città; *the statistics show a tendency — inflation*, le statistiche mostrano una tendenza all'inflazione; *the election poster bore the slogan 'Towards a New Democracy'*, il manifesto elettorale portava lo slogan 'Verso una Nuova Democrazia' **2** verso, riguardo (a): *your attitude — them is not very helpful*, il vostro atteggiamento nei loro confronti non è di grande aiuto; *she didn't feel very friendly — the newcomers*, non aveva molta simpatia per i nuovi arrivati; *there was some animosity — the coloured immigrants*, c'era dell'animosità verso gli immigrati di colore **3** (*di tempo*) poco prima di: *we left the party — midnight*, abbiamo lasciato la festa poco prima di mezzanotte; *I must have met her — the end of 1981*, devo averla conosciuta sul finire del 1981; *he was dying and — the end confessed all his crimes*, stava morendo e poco prima della fine confessò tutti i suoi delitti **4** per, a favore di; in aiuto a: *his father gave him £ 1,000 — the cost of a new car*, suo padre lo aiutò con 1000 sterline ad acquistare la nuova macchina; *our company contributed £ 20,000 — research on pollution safeguards*, la nostra ditta ha contribuito con 20.000 sterline alla ricerca sulle misure contro l'inquinamento; *they made an appeal for funds — the upkeep of the cathedral*, fecero una richiesta di fondi per la manutenzione della cattedrale; *his cooperation went a long way — making the talks successful*, la sua collaborazione ha fatto molto per favorire il buon esito degli incontri **5** (*ant.*) in preparazione: *we have a trifling foolish banquet towards*, (SH. Romeo and Juliet) abbiamo preparato un piccolo banchetto, una cosa da niente.

tow-away zone [ˈtəʊəweɪ,zəʊn] *s.* zona a rimozione forzata.

towbar [ˈtəʊ,bɑ:* / tow·bar] *s.* barra di rimorchio.

towboat [ˈtəʊbəʊt / tow·boat] *s.* rimorchiatore.

towel [ˈtaʊəl] *s.* asciugamano // (*sport*) *to throw in the —*, gettare la spugna (*anche fig.*).

to **towel** *pass.p.p.* **towelled** [ˈtaʊəld / tow·elled] *v.tr.* asciugare (con un asciugamano).

towel-horse [ˈtaʊəl,hɔ:s] *s.* portasciugamano SIN. towel-rack.

towelling [ˈtaʊəlɪŋ / tow·el·ling] *s.* **1** tessuto per asciugamani **2** asciugatura.

towel-rack [ˈtaʊəlræk] → **towel-horse**.

tower [ˈtaʊə*] *s.* **1** torre: *clock —*, torre dell'orologio; *bell —*, torre campanaria, campanile; *church —*, campanile // *the Tower of London*, la Torre di Londra // *ivory —*, (*fig.*) torre d'avorio // *— of strength*, (*fig.*) sostegno; colonna, persona affidabile // (*aer.*) *control —*, torre di controllo; (*mar.*) *conning —*, torretta (di comando); *water —*, torre serbatoio **2** (*inform.*) torre.

to **tower** *v.intr.* **1** torreggiare; svettare **2** elevarsi **3** librarsi (di uccello) // *like an eagle o'er his aiery towers, / to souse annoyance that come near his nest*, (SH. King John) come un'aquila si libra sopra il suo aereo nido pronta a colpire l'intruso che si avvicina.

tower block [ˈtaʊə,blɒk] *s.* torre, palazzo a molti piani.

tower crane [ˈtaʊə,kreɪn] *s.* gru a torre.

towered [ˈtaʊəd] *agg.* turrito; difeso da torri.

towering [ˈtaʊərɪŋ / tower·ing] *agg.* **1** torreggiante; gigantesco (*anche fig.*) **2** violento; intenso: *a — rage*, una collera violenta.

towerman [ˈtaʊəmən / tower·man] *pl.* **towermen** *s.* (*ferr. amer.*) segnalatore.

towhaired [,təʊˈheəd / tow·haired] **towheaded** [,təʊˈhedɪd / tow·headed] *agg.* che ha i, con i capelli di stoppa.

towing [ˈtəʊɪŋ / tow·ing] *s.* **1** (*mar.*) rimorchio; rimorchiaggio **2** (*aut.*) traino, rimorchio **3** (*aer.*) traino.

towing-path [ˈtəʊɪŋ,pɑ:θ *amer.* ˈtəʊɪŋ,pæθ] *s.* alzaia.

towline [ˈtəʊlaɪn / tow·line] *s.* cavo da rimorchio.

town [taʊn] *s.* **1** città; cittadina: *country —*, città di provincia; *border —*, città di frontiera; *to be in —*, essere in città; *to be out of —*, essere fuori città; *to go into* (o *up to*) —, andare in città // *to go out on the —* (o *to paint the — red*), (*fam.*) fare baldoria, divertirsi // *to go to — on sthg.*, metterci l'anima, fare qlco. con entusiasmo; eccedere in qlco. (spec. scialacquare denaro) // *a man about —*, un uomo di mondo **2** cittadinanza; i cittadini: *— meeting*, (*amer.*) riunione degli abitanti di una città // *— and gown*, studenti e abitanti della città (spec. a Oxford e Cambridge) **3** centro commerciale **4** capitale, metropoli (spec. Londra) **5** vita di città, vita urbana.

town bill [ˈtaʊnbɪl] *s.* (*comm.*) cambiale su piazza.

town clerk [,taʊnˈklɑ:k *amer.* ,taʊnˈklɜ:k] *s.* segretario comunale.

town councillor [,taʊnˈkaʊnsɪlə*] *s.* consigliere comunale.

town crier [,taʊnˈkraɪə*] *s.* banditore municipale.

town duty [ˈtaʊn,dju:tɪ] *s.* (*comm.*) dazio comunale.

townee [ˈtaʊni:] *s.* **1** cittadino, chi abita in

città 2 (*sl. universitario*) abitante di città universitaria.

town hall [ˌtaʊn'hɔːl] *s.* municipio.

town house ['taʊnhaʊs] *s.* 1 residenza di città 2 casa unifamiliare a schiera.

townie ['taʊnɪ] → **townee**.

townlet ['taʊnlɪt / town·let] *s.* (*fam.*) cittadina, piccola città.

town planner [ˌtaʊn'plænə*] *s.* urbanista.

town planning [ˌtaʊn'plænɪŋ] *s.* urbanistica // *town-planning scheme*, piano regolatore.

townscape ['taʊnskeɪp / town·scape] *s.* veduta (di città).

townsfolk ['taʊnzfəʊk / towns·folk] *s.* → **townspeople**.

township ['taʊnʃɪp / town·ship] *s.* 1 territorio, giurisdizione di una città 2 (*in America e Canada*) territorio, giurisdizione di contea 3 (*austr.*) area destinata alla fondazione di una città 4 borgata 5 città dove vivono i neri (in Sudafrica).

townsman ['taʊnzmən / towns·man] *pl.* **townsmen** *s.* (*antiq.*) cittadino; concittadino.

townspeople ['taʊnzˌpiːpl / towns·people] *s.* 1 cittadini, cittadinanza 2 abitanti di città (contrapposti a quelli della campagna).

towny ['taʊnɪ] *s.* (*fam.*) cittadino; concittadino.

towpath ['təʊpɑːθ *amer.* 'təʊpæθ / tow·path] → **towing-path**.

towrope ['təʊrəʊp / tow·rope] *s.* fune di traino; cavo di rimorchio.

towtruck ['təʊˌtrʌk / tow·truck] *s.* (*amer.*) carro attrezzi.

towy ['təʊɪ] *agg.* stopposo.

tox(a)emia [tɒk'siːmɪə / tox·(a)emia] *s.* (*med.*) tossiemia.

toxic(al) ['tɒksɪk(l) / toxic·(al)] *agg.* (*med.*) tossico // **-ally** *avv.*

toxicant ['tɒksɪkənt / toxi·cant] *agg.* tossico ◆ *s.* (*med.*) sostanza tossica, agente tossico.

toxicity [tɒk'sɪsətɪ / tox·icity] *s.* tossicità.

toxicological [ˌtɒksɪkə'lɒdʒɪkl / tox·ico·logical] *agg.* tossicologico.

toxicologist [ˌtɒksɪ'kɒlədʒɪst / tox·ico·logist] *s.* tossicologo.

toxicology [ˌtɒksɪ'kɒlədʒɪ / tox·ico·logy] *s.* tossicologia.

toxicosis [ˌtɒksɪ'kəʊsɪs / toxi·co·sis] *pl.* **toxicoses** [ˌtɒksɪ'kəʊsiːz] *s.* (*med.*) tossicosi.

toxin ['tɒksɪn] *s.* (*biochim.*) tossina.

toxoid ['tɒksɔɪd / tox·oid] *s.* (*med.*) tossoide.

toxophilite [tɒk'sɒfɪlaɪt / toxo·phil·ite] *s.* (*non com.*) appassionato di tiro con l'arco.

toxoplasmosis [ˌtɒksəʊˌplæz'məʊsɪs / toxo·plas·mosis] *s.* (*med., vet.*) toxoplasmosi.

toy [tɔɪ] *s.* 1 giocattolo; balocco, trastullo 2 bagattella, bazzecola; inezia, nonnulla 3 — (*dog*), cagnolino, cane da grembo, di piccola taglia ◆ *agg.* 1 formato giocattolo; in miniatura: — *soldier*, soldatino di piombo 2 di piccola taglia (di cane): — *poodle*, barboncino nano.

to **toy** *v.intr.* 1 giocherellare; gingillarsi; trastullarsi; divertirsi: *he was toying with his cigar*, stava giocherellando con il suo sigaro; *she was toying with the idea of emigrating to the States*, stava carezzando l'idea di emigrare negli Stati Uniti 2 (*fam.*) amoreggiare, flirtare; civettare.

toyingly ['tɔɪɪŋlɪ / toy·ing·ly] *avv.* per gioco; in maniera scherzosa.

toyshop ['tɔɪʃɒp / toy·shop] *s.* negozio di giochi e giocattoli, giocheria.

trabeate(d) ['treɪbɪeɪt(ɪd) / tra·be·ate(d)] *agg.* (*arch.*) con trabeazione.

trabeation [ˌtreɪbɪ'eɪʃn / tra·be·ation] *s.* (*arch.*) trabeazione.

trabecula [trə'bekjʊlə / tra·bec·ula] *pl.* **trabeculae** [trə'bekjʊliː / tra·becu·lae] **trabeculas** *s.* (*anat.*) trabecola.

trace[1] [treɪs] *s.* 1 traccia; orma; impronta: *without (a)* —, senza lasciar traccia; *the murderer has left no* —, l'assassino non ha lasciato tracce 2 traccia, residuo, piccola quantità: *this glass contains traces of wine*, in questo bicchiere ci sono tracce di vino // (*chim.*): — *analysis*, analisi di tracce; — *element*, elemento presente in tracce, oligoelemento 3 traccia, vestigio: *traces of Roman civilization*, tracce, vestigia della civiltà romana 4 tracciato (di disegno) 5 (*mat.*) traccia: — *of a matrix*, traccia di una matrice 6 (*tecn., inform.*) traccia, pista (su nastro magnetico); traccia (su schermo di tubo catodico).

to **trace**[1] *v.tr.* 1 seguire le tracce, le orme di: *to — an animal*, seguire le tracce di un animale 2 trovare; scoprire; rintracciare; far risalire: *an ancient family that traces its origins to the Crusades*, un'antica famiglia le cui origini risalgono alle Crociate 3 (*fig.*) ripercorrere, ricostruire: *a book which traces history of the Communist Party in Italy*, un libro che ricostruisce la storia del Partito Comunista in Italia 4 tracciare: *to — a line*, tracciare una linea 5 ricalcare, lucidare: *to — a copy*, fare un lucido 6 (*ant.*) attraversare: *she that has that, is clad in compleat steel, / and like a quiver'd Nymph with Arrows keen / may trace huge Forests*, (MILTON) colei che ce l'ha (la castità), è completamente rivestita d'acciaio e come una ninfa munita di faretra con frecce acuminate può viaggiare attraverso immense foreste ◆ *v.intr.* 1 seguire un tracciato, un percorso 2 risalire, rimontare: *the fact traces to last year*, il fatto risale all'anno scorso.

□ **trace back** *v.tr.* e *avv.* far risalire: *you can — his disappearance back to January*, la sua scomparsa risale a gennaio; *he traces his origins back to the 17th century*, fa risalire le sue origini al sec. XVII.

trace[2] *s.* 1 tirella (di cavallo) // *in the traces*, (*fig. letter.*) bardato // *to kick over the traces*, (*fig.*) ribellarsi 2 (*mecc.*) asta d'accoppiamento, biella.

traceability [ˌtreɪsə'bɪlɪtɪ / trace·ab·il·ity] *s.* 1 rintracciabilità 2 possibilità di ricostruire, ripercorrere (lo svolgimento di un avvenimento) 3 l'essere ricalcabile 4 possibilità di essere tracciato.

traceable ['treɪsəbl / trace·able] *agg.* 1 rintracciabile // (*amm.*) — *cost*, costo diretto 2 ricostruibile, ripercorribile 3 ricalcabile 4 che si può tracciare // **-ness** *s.*

traceless ['treɪslɪs / trace·less] *agg.* senza traccia.

tracer ['treɪsə*] *s.* 1 chi rintraccia 2 chi ricalca 3 chi traccia 4 (*mil.*) proiettile tracciante 5 (*chim., fis.*) tracciante: *chemical* —, tracciante chimico; *radioactive* —, tracciante radioattivo 6 (*amm.*) cartellino di archivio.

traceried ['treɪsərɪːd / tracer·ied] *agg.* (*arch.*) intagliato, traforato.

tracery ['treɪsərɪ] *s.* 1 (*arch.*) traforo; decorazione a intaglio: *the — of a Gothic window*, il traforo di una finestra gotica 2 (*letter.*) disegno, decorazione // *the delicate — of light and shade*, il delicato contrasto di luci e ombre 3 nervatura (di ali di insetti, di foglie ecc.).

trachea [trə'kiːə *amer.* 'treɪkɪə / tra·chea] *pl.* **tracheas**, **tracheae** [trə'kiːiː *amer.* 'treɪkɪiː / tra·cheae] *s.* (*anat., zool.*) trachea.

tracheal [trə'kiːəl *amer.* 'treɪkɪəl / trach·eal] **trachean** [trə'kiːən *amer.* 'treɪkɪən / trach·ean] *agg.* tracheale.

tracheitis [ˌtreɪkɪ'aɪtɪs / tra·che·itis] *s.* (*med.*) tracheite.

tracheobronchial [ˌtrækɪəʊ'brɒŋkɪəl *amer.* ˌtreɪkɪəʊ'brɒŋkɪəl / tra·che·obron·chial] *agg.* (*anat.*) tracheobronchiale.

tracheostomy [ˌtrækɪ'ɒstəmɪ *amer.* ˌtreɪkɪ'ɒstəmɪ / tra·che·ostomy] *s.* (*med.*) tracheostomia.

tracheotomy [ˌtrækɪ'ɒtəmɪ *amer.* ˌtreɪkɪ'ɒtəmɪ / tra·che·otomy] *s.* (*med.*) tracheotomia.

trachoma [trə'kəʊmə / trach·oma] *s.* (*med.*) tracoma.

trachyte ['treɪkaɪt / trach·yte] *s.* (*geol.*) trachite.

tracing ['treɪsɪŋ / tra·cing] *s.* 1 tracciamento; tracciato 2 calco; ricalco 3 (*dir.*) diritto di sequela 4 (*inform.*) stesura, esecuzione di un programma; rilevazione grafica dell'esecuzione.

tracing cloth ['treɪsɪŋˌklɒθ] *s.* tela da ricalco.

tracing paper ['treɪsɪŋˌpeɪpə*] *s.* carta lucida.

track[1] [træk] *s.* 1 traccia, orma; impronta (*anche fig.*): *the ground was covered with wolves' tracks*, il terreno era disseminato di orme, di tracce di lupo; *he left his — everywhere in the organization of the firm*, lasciò la sua impronta in tutta l'organizzazione della ditta // *to keep — of*, seguire le tracce di; (*fig.*) tenersi in contatto con; (*fig.*) tenersi al corrente di; *to lose — of*, perdere le tracce di; (*fig.*) non essere più in contatto con; (*fig.*) non essere aggiornato su // *to cover, to hide one's tracks*, far sparire le proprie tracce // *to make tracks*, (*fam.*) svignarsela; *to make tracks for a place*, (*fam.*) dirigersi rapidamente verso un luogo // *to stop dead in one's tracks*, (*fig.*) fermarsi di colpo 2 pista, sentiero; strada: *to be off the* —, essere fuori strada; (*fig.*) essere fuori argomento; *to be on the right* —, essere sulla buona strada; *the police were on the thief's* —, la polizia era sulle tracce del ladro // *to be on the fast* —, (*fam.*) essere sulla buona strada per ottenere la promozione // *the beaten* —, (*fig.*) il sentiero battuto // *the — of a hurricane*, il percorso di un uragano; *the — of a meteor*, la traiettoria di una meteora 3 (*sport*) pista: *tartan* —, pista in tartan; — *event*, gara (di atletica leggera) su pista // (*aut.*) *test* —, pista di prova // (*equitazione*) *riding* —, galoppatoio // — *and field* (o *track -and-field sports*), atletica leggera 4 (*sport amer.*) atletica leggera: — *meet*, (*fam.*) riunione di atletica leggera 5 (*scuola amer.*) indirizzo, corso di studio // — *system*, metodo didattico secondo il quale studenti di pari capacità e attitudini seguono lo stesso indirizzo di studi 6 traccia, pista (di nastro magnetico) (*anche inform.*) // (*cinem.*) *sound* —, colonna sonora // (*inform.*) — *ball*, sfera magnetica **7** (*mus.*) brano, pezzo (di disco, cassetta ecc.): *title* —, brano che dà il titolo (a disco, cassetta ecc.) **8** (*fis.*) traccia, pista **9** (*mar.*) rotta, scia: *the — of a ship*, la scia di una nave // — *boat*, chiatta **10** (*aer.*) rotta effettiva: — *angle*, angolo di rotta **11** (*ferr.*) binario: *spur* —, raccordo ferroviario // (*comm. amer.*) *goods on* —, merce su rotaia, spedita per ferrovia // *the wrong side of the tracks*, (*fam. amer.*) quartieri poveri di una città **12** (*mecc.*) cingolo.

to **track**[1] *v.tr.* **1** inseguire, seguire le tracce di: *the police are tracking the murderer*, la polizia è sulle tracce dell'assassino **2** seguire, percorrere (un sentiero); attraversare (una regione ecc.) **3** (*mar.*, *aer.*) seguire la rotta di: *to — a plane, a satellite*, seguire la rotta di un aeroplano, un satellite **4** (*cinem.*, *tv*) seguire con la macchina da presa, con la telecamera **5** fornire di binari **6** (*mecc.*) avere lo scartamento di ◆ *v.intr.* **1** tracciare un sentiero, una via **2** (*cinem.*) fare una carrellata **3** (*ferr.*) posare binari.

□ **track down** *v.tr.* e *avv.* seguire le tracce di; individuare // *to — down the facts*, ricostruire i fatti.

to **track**[2] *v.tr.* rimorchiare.

trackage[1] ['trækɪdʒ / track·age] *s.* (*amer.*) binari, rotaie.

trackage[2] *s.* (spesa di) rimorchio.

tracker[1] ['trækə*] *s.* **1** battitore, perlustratore **2** segugio (*anche fig.*) // — *dog*, cane poliziotto.

tracker[2] *s.* **1** chi rimorchia **2** rimorchiatore.

tracking ['trækɪŋ / track·ing] *s.* (*elettr.*, *mil.*) inseguimento; puntamento; allineamento; rilevamento: — *radar*, radar d'inseguimento, di puntamento; — *station*, stazione d'inseguimento.

tracking shot ['trækɪŋ,ʃɒt] *s.* (*cinem.*) carrellata.

tracklayer ['træk,leɪə* / track·lay·er] *s.* (*ferr. amer.*) **1** (operaio) posatore di binari **2** (macchina) posabinari.

tracklaying vehicle ['trækleɪɪŋ'vi:ɪkl] *s.* (*mil.*) (veicolo) cingolato.

trackless ['træklɪs / track·less] *agg.* **1** senza traccia, sentiero; impraticabile **2** che non viaggia su rotaie.

tracklessly ['træklɪslɪ / track·less·ly] *avv.* senza traccia, sentiero.

tracklessness ['træklɪsnɪs / track·less·ness] *s.* assenza di tracce, di sentieri.

trackman ['trækmən / track·man] *pl.* **trackmen** *s.* (*ferr. amer.*) **1** guardalinea **2** (operaio) posatore di binari.

track record ['træk,rekɔ:d *amer.* 'træk ,rekəd] *s.* (*comm.*) precedenti, storia (di società commerciale, di venditori ecc.).

track shoes ['trækʃu:z] *s.pl.* (*sport*) scarpe da corsa chiodate.

tracksuit ['træksu:t / track·suit] *s.* tuta (da ginnastica).

trackwalker ['træk,wɔ:kə* / track·walker] *s.* (*ferr. amer.*) guardalinea.

tract[1] [trækt] *s.* trattatello; opuscolo, libretto.

tract[2] *s.* **1** zona; regione, distretto: *a large — of sand*, una vasta distesa di sabbia **2** (*anat.*) apparato: *digestive* —, apparato digerente **3** (*anat.*) fascicolo (di fibre nervose) **4** (*ant.*) periodo: *a long — of time*, un lungo periodo di tempo **5** (*ant.*) traccia, segno: *my free drift / ...flies an eagle flight, bold and forth on, / leaving no tract behind*, (SH. Timon of Athens) il mio libero estro... si leva con volo d'aquila ardito e diritto, senza lasciare traccia di sé.

tractability [,træktə'bɪlətɪ / tract·ab·il·ity] *s.* (*form.*) docilità, arrendevolezza.

tractable ['træktəbl / tract·able] *agg.* (*form.*) **1** docile, arrendevole **2** facile da maneggiare, usare // **-ness** *s.* // **-bly** *avv.*

Tractarian [træk'teərɪən / Tract·arian] *agg.* e *s.* (*st. relig.*) tractariano.

Tractarianism [træk'teərɪənɪzəm / Tract·ari·an·ism] *s.* (*st. relig.*) Tractarianismo (movimento di Oxford iniziato nel 1833).

tractate ['trækteɪt / tract·ate] *s.* (*form.*) trattato.

traction ['trækʃn / trac·tion] *s.* [U] **1** trazione: (*ferr.*) *steam* —, trazione a vapore; — *rope*, cavo di trazione; — *wheels*, ruote motrici // (*agr.*) — *engine*, trattrice // (*med.*) *a leg in* —, una gamba in trazione **2** contrazione: *the — of muscles*, la contrazione dei muscoli.

tractive ['træktɪv / tract·ive] *agg.* trattivo, di trazione: — *force*, forza di trazione; — *power*, sforzo di trazione.

tractor ['træktə* / trac·tor] *s.* **1** (*agr.*) trattrice; trattore **2** aeroplano a elica traente.

tractor feed ['træktə,fi:d] *s.* (*inform.*) trascinamento a trattore.

tractrix ['træktrɪks / trac·trix] *pl.* **tractrices** ['træktrɪsi:z / tract·ri·ces] *s.* (*mat.*) trattrice.

trad [træd] *agg.* (*fam.*) tradizionale // — (*jazz*), jazz tradizionale (nello stile di New Orleans).

trade [treɪd] *s.* **1** [U] commercio; scambio; traffico; affari: *retail* —, commercio al dettaglio; *wholesale* —, commercio all'ingrosso; *to be in* —, (*antiq.*) essere in commercio, negli affari; *to be in the book* —, commerciare in libri // (*comm.*): *free* —, libero scambio; *free — zone*, punto franco; *visible* —, interscambio di merci // (*Borsa*) *day* —, mosconata, operazione speculativa avviata e conclusa nello stesso giorno // *or I'll be buried in the king's highway, / some way of common trade*, (SH. Richard II) oppure mi farò seppellire in una fossa scavata sotto una delle vie maestre del mio regno, una via battuta da tutti **2** [U] (categoria dei) commercianti: *the — will never submit to these conditions*, i commercianti non si sottometteranno mai a queste condizioni // *the* —, (*fam.*) i venditori autorizzati di alcolici **3** industria, settore: *building* —, settore edilizio; *carrying* —, trasporto merci (spec. per mare) **4** mestiere, occupazione: *the tricks of the* —, i trucchi del mestiere; *to carry on a* —, esercitare un mestiere // *everyone to his* —, a ciascuno il suo mestiere **5** *pl.* *the trades*, (venti) alisei ◆ *agg.* (*comm.*) **1** commerciale, di commercio: — *agreement*, accordo commerciale; — *edition*, edizione commerciale; — *allowance*, sconto commerciale; — *licence*, licenza di commercio; — *law*, diritto commerciale; — *secret*, segreto commerciale // — *libel*, denigrazione della merce altrui // (*fin.*) — *date*, data di stipulazione (spec. di accordo swap) // (*econ.*): — *gap*, disavanzo commerciale; — *route*, rotta commerciale **2** di settore; di categoria: — *association*, associazione commerciale di categoria; — *journal*, *magazine*, giornale, rivista di settore.

to **trade** *v.tr.* **1** scambiare; barattare **2** commerciare ◆ *v.intr.* **1** commerciare; negoziare; trafficare: *we — in carpets*, commerciamo in tappeti **2** (*ant.*) andare, dirigersi: *bring them... into the traject, to the common ferry / which trades to Venice*, (SH. Merchant of Venice) portali... al traghetto, sul battello pubblico che approda a Venezia.

□ **trade in** *v.tr.* e *avv.* farsi ritirare l'usato; (*fam.*) dar dentro: *I traded my old car in, when I bought the new one*, ho dato dentro la vecchia auto quando ho comprato la nuova.

□ **trade off** *v.tr.* e *avv.* controbilanciare.

□ **trade on** *v.intr.* e *prep.* approfittare di.

□ **trade up** *v.intr.* e *avv.* (*fam. amer.*) elevarsi socialmente.

□ **trade upon** *v.intr.* e *prep.* → to trade on.

trad(e)ables ['treɪdəblz / trad(e)·ables] *s.pl.* (*comm.*, *econ.*) beni commerciabili internazionalmente.

trade dispute ['treɪddɪ,spju:t] *s.* controversia di lavoro.

trade-in ['treɪdɪn] *s.* (*comm.*) permuta: — *value*, valore di permuta.

trademark ['treɪdmɑ:k / trade·mark] *s.* (*comm.*) marchio di fabbrica.

trade name ['treɪdneɪm] *s.* nome depositato.

trade-off ['treɪdɒf *amer.* 'treɪdɔ:f] *s.* (*fam.*) compensazione, bilanciamento // (*econ.*) — *inflation*, relazione inversa tra inflazione e disoccupazione.

trader ['treɪdə*] *s.* **1** commerciante; negoziante; mercante; operatore // *sole* —, impresa individuale **2** nave mercantile.

tradesman ['treɪdzmən / trades·man] *pl.* **tradesmen** *s.* **1** commerciante; esercente **2** artigiano **3** addetto alle consegne a domicilio.

tradespeople ['treɪdz,pi:pl / trades·people] *s.pl.* (*antiq.*) ceto commerciale, classe dei commercianti.

trade union [,treɪd'ju:njən] *s.* sindacato AMER. labor union.

trade unionism [,treɪd'ju:njənɪzm] *s.* sindacalismo.

trade unionist [,treɪd'ju:njənɪst] *s.* sindacalista.

trade winds ['treɪdwɪndz] *s.pl.* (*meteor.*) alisei.

trading ['treɪdɪŋ / trad·ing] *agg.* **1** commerciale: — *company*, trading company, società di intermediazione commerciale; (*st.*) compagnia commerciale, compagnia mercantile; — *bank*, banca commerciale, istituto di credito bancario // — *partner*, partner commerciale // — *certificate*, decreto di autorizzazione a iniziare l'attività sociale // — *stamp*, buono premio **2** mercantile: — *vessel*, nave mercantile ◆ *s.* commercio; traffico; compravendita // (*Borsa*): — *on margin*, operazioni a margine; — *lot*, unità di contrattazione.

tradition [trə'dɪʃn / tra·di·tion] *s.* **1** tradizione: *by* —, per tradizione, tradizionalmente **2** (*dir.*) consegna, trapasso.

traditional [trə'dɪʃənl / tra·di·tional] *agg.* tradizionale // **-ly** *avv.*

traditionalism [trə'dɪʃnəlɪzəm / tra·di·tion·al·ism] *s.* tradizionalismo.

traditionalist [trəˈdɪʃnəlɪst / tra·di·tion·al·ist] *s.* tradizionalista.

traditionalistic [trə,dɪʃnəˈlɪstɪk / tra·di·tion·al·istic] *agg.* tradizionalistico.

traditionary [trəˈdɪʃnərɪ / tra·di·tion·ary] *agg.* (*non com.*) tradizionale.

to **traduce** [trəˈdju:s *amer.* trəˈdu:s / tra·duce] *v.tr.* (*form.*) calunniare; diffamare; fare della maldicenza su.

traducement [trəˈdju:smənt *amer.* trəˈdu:smənt / tra·duce·ment] *s.* (*antiq.*) calunnia; diffamazione; maldicenza.

traducer [trəˈdju:sə* *amer.* trəˈdu:sə* / tra·ducer] *s.* (*form.*) calunniatore; diffamatore.

traducible [trəˈdju:səbl *amer.* trəˈdu:səbl / tra·du·cible] *agg.* (*form.*) calunniabile.

traffic [ˈtræfɪk / traf·fic] *s.* [U] **1** traffico, movimento, circolazione: *motor* —, traffico automobilistico; *railway* —, traffico ferroviario; *air* —, traffico aereo; *there is a lot of — on this road*, su questa strada c'è molto traffico, è una strada molto trafficata; *to direct the* —, dirigere il traffico; *to open a road for* —, aprire una strada al traffico // — *density*, densità di traffico; — *flow*, flusso del traffico // (*dir.*): — *court*, tribunale competente in materia di infrazioni stradali; — *violation* (o *offence*), infrazione al codice stradale // (*inform.*) *message* —, traffico **2** traffico; commercio: — *in arms*, traffico d'armi.

to **traffic** *pass.p.p.* **trafficked** [ˈtræfɪkt / traf·ficked] *v.intr.* **1** trafficare; commerciare: *to — in sthg.*, commerciare in qlco. **2** (*fig. form.*) speculare: *he's trafficking on my goodwill*, specula sulla, sfrutta la mia buona volontà ◆ *v.tr.* trafficare, commerciare.

trafficator [ˈtræfɪkeɪtə* / traf·fic·ator] *s.* (*aut. antiq.*) indicatore di direzione; freccia; lampeggiatore.

traffic circle [ˈtræfɪk,sɜ:kl] *s.* (*amer.*) → **roundabout** 1.

traffic divider [ˈtræfɪk,dɪˈvaɪdə*] *s.* spartitraffico.

traffic jam [ˈtræfɪk,dʒæm] *s.* ingorgo stradale.

trafficker [ˈtræfɪkə* / traf·ficker] *s.* trafficante; commerciante.

traffic light(s) [ˈtræfɪk,laɪt(s)] amer. **traffic signal** [ˈtræfɪk,sɪgnəl] *s.* semaforo.

traffic warden [ˈtræfɪkˈwɔ:dn] *s.* vigile addetto a far rispettare i divieti di sosta.

tragacanth [ˈtrægə,kænθ / trag·ac·anth] *s.* (*chim.*) gomma adragante.

tragedian [trəˈdʒi:djən / tra·gedian] *s.* **1** tragediografo **2** attore tragico.

tragedienne [trə,dʒi:dɪˈen / tra·gedi·enne] *s.* attrice tragica.

tragedy [ˈtrædʒɪdɪ / tra·gedy] *s.* tragedia: *'Othello' is a* —, l'"Otello" è una tragedia // *Revenge* —, tragedia della vendetta (nel teatro elisabettiano); *domestic* —, tragedia domestica // *to make a — out of nothing*, fare una tragedia per nulla; *it's a — that nothing could be done to save them*, è tragico che non si sia potuto far niente per salvarli.

tragic [ˈtrædʒɪk / tra·gic] *agg.* tragico // **-ally** *avv.*

tragicalness [ˈtrædʒɪklnɪs / tra·gic·al·ness] *s.* tragicità.

tragicomedy [,trædʒɪˈkɒmɪdɪ / tra·gi·com·edy] *s.* tragicommedia.

tragicomic(al) [,trædʒɪˈkɒmɪk(l) / tra·gi·comic, tra·gi·com·ical] *agg.* tragicomico // **-ally** *avv.*

tragopan [ˈtrægəʊpæn / trago·pan] *s.* (*zool.*) fagiano cornuto, tragopano.

trail [treɪl] *s.* **1** traccia; orma; pista: *to lose the* —, perdere la traccia, la pista; *to be on the — of*, essere sulle tracce di **2** cammino, sentiero // *nature* —, sentiero segnalato (in un parco naturale) // *to hit the* —, (*fam.*) incamminarsi **3** traccia; striscia; (*fig.*) scia: *the — of a meteor*, la traccia di una meteora; *a — of smoke*, un pennacchio di fumo; *the hurricane left a — of havoc*, l'uragano lasciò (dietro di sé) una scia di distruzione **4** (*mil.*) coda d'affusto (di cannone): — *eye*, orecchione di traino; — *spade*, vomere // (*aer.*) — *rope*, cavo moderatore **5** (*mil.*) *at the* —, bilanci'arm!

to **trail** *v.tr.* **1** trascinare dietro di sé; strascicare; strisciare: *to — sthg.* (*along*), trascinare qlco. dietro di sé; *take off your shoes, you're trailing mud all over the floor*, levati le scarpe, sporchi di fango tutto il pavimento **2** inseguire; seguire a una data distanza: *the opposition candidate is trailing the president by five points in the opinion polls*, il candidato dell'opposizione è distanziato di cinque punti dal presidente nei sondaggi elettorali; *that team is trailing the leader by three points*, quella squadra è, segue a tre punti dalla prima in classifica **3** seguire le tracce di **4** (*mil.*) *to — arms*, bilanciare i fucili ◆ *v.intr.* **1** trascinarsi, strisciare: *her coat trailed behind her on the carpet*, il suo cappotto strisciava dietro di lei sul tappeto **2** seguire (le tracce); inseguire (arrancando): *the rest of the group trailed along behind him*, il resto del gruppo arrancava dietro di lui **3** strisciare, arrampicarsi (di piante).

□ **trail away, off** *v.intr.* e *avv.* svanire; affievolirsi: *at that sight her words trailed off into silence*, a quella vista le parole le morirono sulle labbra.

trail blazer [ˈtreɪl,bleɪzə*] *s.* battistrada; pioniere.

trail blazing [ˈtreɪl,bleɪzɪŋ] *agg.* che apre la strada; (*fig.*) d'avanguardia, innovatore, pionieristico: *a — experiment*, un esperimento innovatore, rivoluzionario.

trailer [ˈtreɪlə*] *s.* **1** inseguitore; chi segue a distanza **2** rimorchio; trailer; chi insegue; (*amer.*) roulotte // — *park*, (*amer.*) camping per roulotte **3** (*bot.*) pianta rampicante **4** (*cinem., tv*) trailer, spezzone pubblicitario di film.

trailer record [ˈtreɪlə,rekɔ:d *amer.* ˈtreɪlə ,rekəd] *s.* (*inform.*) registrazione di fine.

trailing [ˈtreɪlɪŋ / trail·ing] *agg.* **1** strisciante; rampicante (di pianta) **2** (*ferr.*) posteriore: — *truck*, carrello posteriore; — *wheel*, ruota posteriore // (*aer.*) — *edge*, bordo d'uscita.

train [treɪn] *s.* **1** treno, convoglio ferroviario: *to go by* —, andare in treno; *to get into the* —, montare, salire in treno; *to get off* (o *out of*) *the* —, scendere dal treno; *to catch the* —, prendere il treno; *to miss the* —, perdere il treno // *passenger* —, treno passeggeri; *goods* —, treno merci; *intercity* —, treno rapido, intercity; *express* —, treno espresso; *stopping* —, treno accelerato, omnibus; *through* —, treno diretto, che porta a destinazione senza cambiare; *local* —, treno locale // — *jumper*, (*amer.*) viaggiatore clandestino **2** strascico; coda; (*astr.*) scia (di meteora); coda (di cometa); (*zool.*) coda (di pavone): *the wedding dress had a long* —, l'abito da sposa aveva un lungo strascico **3** seguito, corteo, accompagnamento: *to be in the — of s.o.*, essere al seguito di qlcu. **4** serie, successione, fila: *a long — of sightseers*, una lunga fila di visitatori; *a painful — of events*, una dolorosa serie di avvenimenti **5** svolgimento, sviluppo: *a — of thought*, il corso dei pensieri; *I do not know what this will bring in its* —, non so quali saranno gli sviluppi di questo avvenimento // *in* —, in corso **6** (*ant.*) artifizio, stratagemma: *but you must with a crafty wile and a subtle train study and endeavour yourself to handle the matter wittily...*, (SIR THOMAS MORE) ma tu con industriosa astuzia e un sottile stratagemma devi studiare e ingegnarti di trattare la faccenda saggiamente... **7** (*ant.*) adescamento: *now to my charms, / and to my wily trains, I shall ere long / be well stock't with as fair a herd as graz'd / about my Mother Circe*, (MILTON) ora per i miei incantesimi e i miei astuti adescamenti, tra non molto sarò ben fornito di un gregge bello come quello di mia madre Circe **8** sistema d'ingranaggi **9** miccia **10** slitta (in Canada).

to **train** *v.tr.* **1** formare; preparare; ammaestrare: *a course for training teachers*, un corso di preparazione all'insegnamento; *the company trains its salesmen*, l'azienda fa dei corsi di formazione per i suoi venditori; *to — a dog*, ammaestrare un cane; *to — a child to tell the truth*, educare un bambino a dire la verità **2** esercitare; allenare; addestrare: *to — an athlete*, allenare un atleta; *spies are trained to resist brainwashing techniques*, le spie vengono addestrate a resistere alle tecniche di lavaggio del cervello **3** far crescere, far arrampicare (una pianta): *to — roses against a wall*, far crescere delle rose lungo il muro **4** puntare, orientare: *to — guns on a fort*, puntare i cannoni contro un forte; *he trained the camera (up)on the crowd*, orientò la macchina fotografica verso la folla **5** (*ant.*) indurre: *train me not sweet mermaid, with thy note, / to drowne me*, (SH. The Comedy of Errors) col tuo canto, non indurmi, dolce sirena, ad affogare ◆ *v.intr.* **1** esercitarsi; allenarsi; addestrarsi: *they were training for the match*, si stavano allenando per l'incontro; *she trained as a dancer*, si esercitava per diventare una ballerina **2** far pratica, fare tirocinio: *he is training as a lawyer under a famous barrister*, fa il praticante da un famoso penalista **3** (*fam.*) viaggiare in treno.

□ **train up** *v.tr.* e *avv.* preparare; addestrare: *the personnel have been trained up to a high level of efficiency*, il personale ha raggiunto un alto livello di efficienza.

□ **train with** *v.intr.* e *prep.* (*fam. amer.*) essere in combutta con; far comunella con.

trainable [ˈtreɪnəbl / train·able] *agg.* ammaestrabile; addestrabile, allenabile.

train-band [ˈtreɪnbænd] *s.* (*st.*) milizia cittadina (di Londra).

trainbearer [ˈtreɪn,beərə* / train·bearer] *s.* paggio.

trained [treɪnd] *agg.* **1** diplomato; abilitato: *a — nurse*, un'infermiera diplomata; *a — teacher*, un insegnante abilitato **2** esperto, qualificato; abile: *a — electrician*, un esperto elettricista **3** ammaestrato, addestrato: *a* —

dog, un cane ammaestrato **4** educato; esercitato: *a — voice*, una voce educata; *a — mind*, una mente esercitata.

trainee [treɪ'ni:] *s.* **1** allievo, apprendista; aspirante: *trainees for top management attend courses at business school*, gli aspiranti all'alta dirigenza seguono corsi alla facoltà di economia e commercio; *— policeman*, allievo poliziotto **2** (*inform.*) allievo **3** (*amer. mil.*) recluta.

trainer ['treɪnə*] *s.* **1** istruttore; allenatore; addestratore (*anche inform.*) **2** scarpa da ginnastica SIN. plimsoll AMER. sneaker.

train ferry ['treɪn,ferɪ] *s.* nave traghetto, ferry-boat.

training ['treɪnɪŋ / train·ing] *s.* **1** allenamento; addestramento; ammaestramento; formazione professionale: *to be in —*, essere in (periodo di) allenamento; essere in forma; *to be out of —*, essere fuori allenamento, fuori forma; *— session*, seduta di allenamento; *— course*, corso di formazione professionale // *military —*, addestramento militare // *— ship*, nave scuola **2** apprendistato; tirocinio: *— college* (o *— school*), scuola di tirocinio.

trainman ['treɪnmən / train·man] *pl.* **trainmen** *s.* (*ferr. amer.*) **1** ferroviere **2** frenatore.

train-oil ['treɪnɔɪl] *s.* olio di balena.

train set ['treɪnset] *s.* trenino (giocattolo): *electric —*, trenino elettrico.

trainware ['treɪnweə* / train·ware] *s.* (*inform.*) servizi di addestramento.

to **traipse** [treɪps] *v.intr.* gironzolare, girovagare; trascinarsi: *to — round the shops*, trascinarsi da un negozio all'altro.

trait [treɪt] *s.* tratto distintivo, caratteristica.

traitor ['treɪtə*] *s.* traditore.

traitorous ['treɪtərəs / trait·or·ous] *agg.* (*letter.*) traditore // **-ly** *avv.*

traitress ['treɪtrɪs / trait·ress] *s.* (*non com.*) traditrice.

trajection [trə'dʒekʃn / tra·jec·tion] *s.* (*non com.*) **1** traghetto **2** trasmissione.

trajectory [trə'dʒektərɪ *amer.* trə'dʒektɔ:rɪ / tra·ject·ory] *s.* traiettoria.

tram[1] [træm] *s.* **1** tram, vettura tranviaria: *— stop*, fermata del tram; *— conductor*, bigliettaio del tram AMER. streetcar; trolley(car) **2** carrello, vagoncino da miniera // *— road*, linea di binari per vagoncini.

to **tram**[1] *pass.p.p.* **trammed** [træmd / trammed] *v.intr.* (*rar.*) andare in tram ♦ *v.tr.* (*miner.*) trasportare in vagoncini.

tram[2] *s.* (*tess.*) filato ritorto di seta (per trama).

tramcar ['træmkɑ:* / tram·car] → **tram**[1].

tramlines ['træmlaɪnz / tram·lines] *s.pl.* **1** rotaie del tram **2** (*tennis*) linee laterali del doppio.

trammel ['træml / tram·mel] *s.* **1** tramaglio **2** (*pl.*) intralcio, intoppo; impaccio **3** (*amer.*) pastoia (di cavallo).

to **trammel** *pass.p.p.* **trammelled** ['træmld / tram·melled] *v.tr.* **1** intralciare, ostacolare; impacciare **2** irretire.

trammel-net ['træml,net] → **trammel** 1.

tramming ['træmɪŋ / tram·ming] *s.* (*miner.*) vagonaggio, carreggio.

tramontane [trə'mɒnteɪn / tra·mont·ane] *agg.* (*non com.*) **1** oltremontano; transalpino; straniero **2** di tramontana (di vento) ♦ *s.* (*non com.*) **1** oltremontano; straniero **2** (vento di) tramontana.

tramp [træmp] *s.* **1** vagabondo, barbone **2** (*mar.*) carretta // *ocean —* (o *— ship*), nave volandiera **3** camminata // *to be on the —*, vagabondare **4** calpestio, scalpiccio **5** (*fam. amer.*) sgualdrina.

to **tramp** *v.intr.* camminare pesantemente ♦ *v.tr.* **1** calpestare **2** percorrere a piedi, battere // *to — the streets*, vagabondare nelle strade (in cerca di lavoro).

trample ['træmpl] *s.* calpestio.

to **trample** *v.intr.* camminare pesantemente: *the child trampled on the flowers*, il bambino calpestò i fiori // *to — on s.o.'s feelings*, (*fig.*) offendere i sentimenti di qlcu. ♦ *v.tr.* calpestare, camminare pesantemente su: *to be trampled to death*, morire calpestato.

trampler ['træmplə*] *s.* chi calpesta.

trampoline ['træmpəlɪn *amer.* ,træmpə'li:n / tram·po·line] *s.* tappeto elastico (per acrobati); pedana elastica (per ginnasti).

tramway ['træmweɪ / tram·way] *s.* tranvia, linea tranviaria.

trance [trɑ:ns *amer.* træns] *s.* **1** trance; estasi: *to be in a —*, essere in trance **2** (*med.*) trance, catalessi ipnotica.

to **trance** *v.tr.* (*rar.*) estasiare; incantare.

trancedly ['trɑ:nsɪdlɪ *amer.* 'trænsɪdlɪ / tranced·ly] *avv.* (*rar.*) estaticamente.

tranche [trɒnʃ] *s.* (*comm.*) quota, rata, tranche: *credit —*, tranche creditizia; *gold —*, tranche aurea.

tranny ['trænɪ] *s.* (*fam.*) radiolina a transistor.

tranquil ['træŋkwɪl / tran·quil] *agg.* tranquillo, quieto, calmo // **-ly** *avv.* // **-ness** *s.*

tranquillity [træŋ'kwɪlətɪ / tran·quil·lity] *s.* tranquillità.

tranquillization [,træŋkwɪlaɪ'zeɪʃn *amer.* ,træŋkwɪlɪ'zeɪʃn / tran·quil·liza·tion] *s.* il tranquillizzare.

to **tranquillize** ['træŋkwɪlaɪz / tran·quil·lize] *v.tr.* tranquillizzare.

tranquillizer ['træŋkwɪlaɪzə* / tran·quil·lizer] *s.* **1** chi tranquillizza **2** (*med.*) tranquillante; sedativo.

tranquillizing ['træŋkwɪlaɪzɪŋ / tran·quil·liz·ing] *agg.* che calma, tranquillizza; (*med.*) ansiolitico // **-ly** *avv.*

to **transact** [træn'zækt / trans·act] *v.tr.* fare, trattare, portare a buon fine (affari).

transaction [træn'zækʃn / trans·ac·tion] *s.* **1** transazione, affare, operazione; condotta, trattativa (di un affare): *he left the — of the matter to his secretary*, lasciò al suo segretario il compito di sbrigare l'affare; *he effected some important banking transactions*, eseguì alcune importanti operazioni di banca; *shady —*, affare losco // (*comm.*): *outright —*, transazione in contanti; *instalment —*, transazione a credito; *loan —*, operazione di prestito; *loan discount —*, operazione di prestito con regolamento anticipato dell'interesse // (*econ.*): *invisible —*, partite invisibili; *— costs*, costi di transazione; *transactions demand for money*, domanda di moneta per transazioni **2** (*dir.*) transazione; compromesso; composizione della lite **3** *pl.* atti, memorie, verbali di una società **4** (*inform.*) transazione: *— file*, file di movimenti; *— tape*, banda (di) movimenti; *— code*, codice di movimenti, di transazione; *— terminal*, terminale conversazionale.

transactor [træn'zæktə* / trans·actor] *s.* **1** negoziatore **2** agente, operatore economico **3** (*dir.*) chi fa una transazione, un compromesso.

transalpine [trænz'ælpaɪn / trans·al·pine] *agg.* e *s.* transalpino.

transaminase [træn*ı*'sæmɪneɪs / trans·am·in·ase] *s.* (*biochim.*) transaminasi.

transatlantic [,trænzət'læntɪk / trans·at·lantic] *agg.* transatlantico // (*mar.*) *— steamer*, transatlantico.

to **transcend** [træn'send / tran·scend] *v.tr.* trascendere (*anche fil.*).

transcendence [træn'sendəns / tran·scend·ence] **transcendency** [træn'sendənsɪ / tran·scend·ency] *s.* (*fil., mat.*) trascendenza // (*mat.*) *— degree*, grado di trascendenza.

transcendent [træn'sendənt / tran·scend·ent] *agg.* **1** superiore, preminente, straordinario **2** (*fil.*) trascendente ♦ *s.* entità trascendente // **-ly** *avv.*

transcendental [,trænsen'dentl / tran·scend·ental] *agg.* **1** (*fil.*) trascendentale **2** (*mat.*) trascendente: *— number, function*, numero, funzione trascendente // **-ly** *avv.*

transcendentalism [,trænsen'dentəlɪzəm / tran·scend·ent·al·ism] *s.* (*fil.*) trascendentalismo.

transcendentalist [,trænsen'dentəlɪst / tran·scend·ent·al·ist] *s.* (*fil.*) trascendentalista.

to **transcode** [,træns'kəʊd / trans·code] *v.tr.* transcodificare.

transcoding [,træns'kəʊdɪŋ / trans·cod·ing] *s.* transcodificazione, transcodifica.

transcontinental [,trænz,kɒntɪ'nentl / trans·con·tin·ental] *agg.* transcontinentale: *— railway*, ferrovia transcontinentale.

to **transcribe** [træns'kraɪb / tran·scribe] *v.tr.* trascrivere (*anche mus.*).

transcriber [træns'kraɪbə* / tran·scriber] *s.* trascrittore.

transcript ['trænskrɪpt / tran·script] *s.* **1** trascrizione; copia **2** (*amer.*) pagella; libretto (scolastico, universitario).

transcription [træn'skrɪpʃn / tran·scrip·tion] *s.* trascrizione (*anche mus.*); copia.

transducer [trænz'dju:sə* *amer.* trænz 'du:sə* / trans·ducer] *s.* (*fis., tecn.*) trasduttore.

transept ['trænsept / tran·sept] *s.* (*arch.*) transetto.

transfer ['trænsfɜ:* / trans·fer] *s.* **1** trasferimento, spostamento // (*econ.*): *unrequired —*, trasferimento unilaterale; *— payments*, trasferimenti (pagamenti senza contropartita); *— price*, prezzo di trasferimento (tra casa madre e filiali) // (*comm.*): *— account*, giroconto; *credit —*, bonifico; *wire —*, bonifico telegrafico // (*sport*) *— fee*, somma pagata per l'acquisto di un giocatore **2** (*amm.*) storno **3** (*dir.*) trasferimento; cessione; trapasso; passaggio di proprietà: *— of property*, trapasso di proprietà; *— of a bill*, cessione di una cambiale; *— book*, registro delle cessioni; libro dei soci // *— tax*, imposta di successione **4** (*dir.*) traduzione (di detenuti) // *— of action* (o *proceedings*), trasferimento del procedimento (da un giudice a un altro) **5** chi, ciò che viene trasferito **6** — (*ticket*), (*spec. amer.*) biglietto cumulativo **7** decalcomania AMER. decal **8** (*psicopedagogia*) transfert.

to **transfer** [træns'fɜ:*] *pass.p.p.* **transferred** [træns'fɜ:d / trans·ferred] *v.tr.* **1** trasferire; spostare **2** (*amm.*) stornare **3** (*dir.*) trasferire; cedere (diritti, proprietà ecc.); eseguire il trapasso di **4** (*dir.*) tradurre (un detenuto) **5** decalcare, ricalcare (disegni) **6** riversare, trasferire (materiale registrato) ◆ *v.intr.* **1** trasferirsi; essere trasferito **2** cambiare mezzo di trasporto.

transferability [træns,fɜ:rə'bɪlətɪ / trans·fer·ab·il·ity] *s.* trasferibilità.

transferable [træns'fɜ:rəbl / trans·fer·able] *agg.* trasferibile; cedibile // (*dir.*) *a — instrument of credit*, un titolo di credito trasferibile // — *vote*, voto trasferibile a un secondo candidato.

transferase ['trænzfəreɪs / trans·fer·ase] *s.* (*biochim.*) transferasi.

transferee [,trænsfɜ:'ri: / trans·feree] *s.* (*dir.*) cessionario.

transference ['trænsfərəns / trans·fer·ence] *s.* **1** trasferimento **2** (*psic.*) transfert.

transfer ink ['trænsfɜ:r,ɪŋk] *s.* inchiostro litografico.

transferor [træns'fɜ:rə* / trans·feror] *s.* (*dir.*) cedente.

transfer paper ['trænsfɜ:,peɪpə*] *s.* (*tip.*) carta da trasporto.

transferrer [træns'fɜ:rə* / trans·fer·rer] → **transferor**.

transfer table ['trænsfɜ:,teɪbl] *s.* (*ferr.*) traversatore.

transfiguration [,træns,fɪgə'reɪʃn *amer.* ,træns,fɪgjʊ'reɪʃn / trans·fig·ura·tion] *s.* trasfigurazione.

to **transfigure** [træns'fɪgə* *amer.* træns 'fɪgjə* / trans·fig·ure] *v.tr.* trasfigurare.

to **transfix** [træns'fɪks / trans·fix] *v.tr.* **1** trafiggere, trapassare **2** (*fig. letter.*) immobilizzare, paralizzare, inchiodare: *transfixed with fear*, paralizzato dalla paura.

transfixion [træns'fɪkʃn / trans·fix·ion] *s.* **1** trafiggimento **2** (*med.*) trasfissione (tecnica chirurgica).

transform ['trænsfɔ:m / trans·form] *s.* (*mat.*) trasformata: *Fourier* —, trasformata di Fourier.

to **transform** [træns'fɔ:m] *v.tr.* **1** trasformare; mutare: *to — heat into power*, trasformare il calore in potenza; *the death of his father transformed his life*, la morte di suo padre ha mutato la sua vita **2** (*elettr.*) *to — down, up*, abbassare, elevare (la tensione).

transformable [træns'fɔ:məbl / trans·form·able] *agg.* trasformabile.

transformation [,trænsfə'meɪʃn / trans·forma·tion] *s.* **1** trasformazione; mutamento // (*econ.*) — *curve*, curva di trasformazione // (*metall.*) — *range*, intervallo critico; intervallo termico di trasformazione // (*elettr.*) — *ratio*, rapporto di trasformazione **2** (*zool.*) metamorfosi **3** (*non com.*) parrucca **4** (*med.*) degenerazione (di un tumore).

transformational grammar [,træns fə,meɪʃnl'græmə*] *s.* (*ling.*) grammatica generativo-trasformazionale.

transformative [træns'fɔ:mətɪv / trans·form·at·ive] *agg.* trasformativo.

transformer [træns'fɔ:mə* / trans·former] *s.* **1** trasformatore, chi trasforma **2** (*elettr.*) trasformatore: *current* —, trasformatore di corrente, amperometrico; *voltage* —, trasformatore di tensione, voltmetrico: *shell-type* —, trasformatore a mantello.

transformism [træns'fɔ:mɪzəm / trans·form·ism] *s.* (*biol.*) trasformismo, evoluzionismo.

transformist [træns'fɔ:mɪst / trans·form·ist] *s.* chi sostiene il trasformismo, l'evoluzionismo.

to **transfuse** [træns'fju:z / trans·fuse] *v.tr.* **1** (*med.*) trasfondere; fare una trasfusione a **2** travasare; (*fig.*) trasfondere, infondere.

transfusible [træns'fju:zəbl / trans·fus·ible] *agg.* trasfondibile.

transfusion [træns'fju:ʒn / trans·fu·sion] *s.* (*med.*) trasfusione: *blood* —, trasfusione di sangue, emotrasfusione; *to give s.o. a* (*blood*) —, fare una trasfusione a qlcu.

to **transgress** [træns'gres / trans·gress] *v.tr.* (*form.*) **1** trasgredire, violare; infrangere; contravvenire a **2** oltrepassare ◆ *v.intr.* (*form.*) trasgredire; agire male.

transgression [træns'greʃn / trans·gres·sion] *s.* **1** (*form.*) trasgressione, violazione; infrazione **2** (*geol.*) trasgressione marina.

transgressor [træns'gresə* / trans·gres·sor] *s.* (*form.*) trasgressore.

to **tranship** [træn'ʃɪp / tran·ship] *pass.p.p.* **transhipped** [træn'ʃɪpt / tran·shipped] *v.tr.* e *intr.* (*mar.*) trasbordare.

transhipment [træn'ʃɪpmənt / tran·ship·ment] *s.* (*mar.*) trasbordo.

transhuman [træns'hju:mən / trans·human] *agg.* (*non com.*) sovrumano.

transhumance [,træns'hju:məns / trans·hum·ance] *s.* transumanza.

to **transhumanize** [træns'hju:mənaɪz / trans·human·ize] *v.tr.* (*non com.*) trasumanare.

transience ['trænzɪəns / tran·si·ence]
transiency ['trænzɪənsɪ / tran·si·ency] *s.* transitorietà; brevità, fugacità.

transient ['trænzɪənt / tran·si·ent] *agg.* **1** transitorio, passeggero; fugace: *a — lodger*, (*amer.*) un ospite di passaggio; — *hostel*, (*amer.*) ostello per viaggiatori di passaggio **2** (*bot.*, *zool.*) caduco, effimero, passeggero **3** (*fis.*) transiente ◆ *s.* **1** (*fis.*) transiente **2** (*amer.*) cliente di passaggio (di hotel ecc.).

transiently ['trænzɪəntlɪ / tran·si·ent·ly] *avv.* transitoriamente; fugacemente.

transientness ['trænzɪəntnɪs / tran·si·ent·ness] → **transience**.

transilience [træn'sɪlɪəns / tran·si·li·ence]
transiliency [træn'sɪlɪənsɪ / tran·si·li·ency] *s.* passaggio repentino da una condizione all'altra (spec. riferito a formazione geologica).

transilient [træn'sɪlɪənt / tran·si·li·ent] *agg.* che passa bruscamente da una condizione a un'altra (spec. riferito a formazione geologica).

transire [træns'aɪəri: / trans·ire] *s.* lasciapassare doganale (rilasciato a navi di piccolo cabotaggio).

transistor [træn'zɪstə* / tran·sistor] *s.* (*elettr.*) **1** transistor, transistore: *point-contact* —, transistor a punta di contatto; *field-effect* —, transistor a effetto di campo **2** — (*radio*), (radio a) transistor, radiolina.

transit ['trænsɪt] *s.* **1** transito, passaggio: — *lounge*, sala transiti; — *passengers*, passeggeri in transito; — *station*, stazione di transito; *ships in* —, navi in transito; — *duty*, dazio (doganale su merci) di transito **2** trasporto: *this wine loses quality in* —, questo vino si deteriora durante il trasporto // — *authority*, (*amer.*) azienda (dei) trasporti pubblici **3** (*astr.*) transito, passaggio (di un corpo celeste) **4** (*topografia*) tacheometro.

to **transit** *v.tr.* (*astr.*) attraversare il disco di (sole ecc.).

transit-instrument ['trænsɪt,ɪnstrʊmənt] *s.* (*astr.*) equatoriale.

transition [træn'zɪʃn / trans·ition] *s.* **1** transizione, passaggio; cambiamento // (*fis.*) — *temperature*, temperatura di transizione // (*arch.*) — *style*, stile di transizione **2** (*mus.*) transizione.

transitional [træn'zɪʃənl / trans·itional]
transitionary [træn'zɪʃnərɪ / trans·ition·ary] *agg.* **1** transitorio: — *law*, legge transitoria **2** di transizione: — *government*, governo di transizione.

transitive ['trænsɪtɪv / trans·it·ive] *agg.* e *s.* (verbo) transitivo // (*mat.*) — *relation*, relazione transitiva // **-ly** *avv.* // **-ness** *s.*

transitivity [,trænsɪ'tɪvətɪ / trans·it·iv·ity] *s.* (*mat.*) transitività.

transitory ['trænsɪtərɪ *amer.* 'trænsɪtɔ:rɪ / trans·it·ory] *agg.* transitorio, temporaneo; effimero // (*econ.*) — *income*, reddito transitorio // **-ily** *avv.* // **-iness** *s.*

translatable [trænz'leɪtəbl / trans·lat·able] *agg.* traducibile.

to **translate** [trænz'leɪt / trans·late] *v.tr.* **1** tradurre: *to — a passage from Italian into English*, tradurre un brano dall'italiano all'inglese **2** trasformare; convertire, far passare da uno stato a un altro: *to — sounds into phonetic symbols*, rendere dei suoni con simboli fonetici **3** (*fig.*) interpretare, spiegare: *they translated his silence as consent*, interpretarono il suo silenzio come assenso **4** (*form.*) trasferire, rimuovere (vescovi); traslare (corpi di santi, reliquie) **5** (*mat.*) traslare **6** (*tel.*) trasmettere con un ripetitore **7** (*mecc.*) far traslare **8** (*inform.*) tradurre ◆ *v.intr.* **1** essere traducibile, tradursi: *poetry does not — easily*, la poesia non è facilmente traducibile **2** (*mecc.*) traslare.

translation [trænz'leɪʃn / trans·la·tion] *s.* **1** traduzione, versione **2** (*form.*) trasferimento, rimozione (di vescovo); traslazione (di corpi di santi, reliquie ecc.) **3** (*inform.*) conversione: *data* —, conversione dei dati **4** (*tel.*) trasmissione con ripetitore **5** (*fis.*, *mat.*, *astr.*, *mecc.*) traslazione.

translational [trænz'leɪʃənl / trans·la·tional] *agg.* **1** (*non com.*) traduttivo, di traduzione **2** (*mecc.*, *astr.*) traslatorio, di traslazione.

translator [trænz'leɪtə* / trans·lator] *s.* **1** traduttore; interprete **2** (*inform.*) traduttore; programma di traduzione **3** (*tel.*) ripetitore **4** (*tecn.*) traslatore.

to **transliterate** [trænz'lɪtəreɪt / trans·lit·er·ate] *v.tr.* traslitterare.

transliteration [,trænzlɪtə'reɪʃn / trans·lit·era·tion] *s.* traslitterazione.

translucence [træn'zlu:sns / trans·lu·cence] **translucency** [træn'zlu:snsı / trans·lu·cency] *s.* **1** traslucidità **2** chiarezza; luminosità **3** (*rar.*) trasparenza.

translucent [træn'zlu:snt / trans·lu·cent] **translucid** [træn 'zlu:sıd / trans·lu·cid] *agg.* **1** traslucido // (*fis.*) — *medium*, mezzo traslucido **2** chiaro; luminoso **3** (*rar.*) trasparente.

translunary [træn'zlu:nərı / trans·lun·ary] *agg.* translunare.

transmarine [,trænzmə'ri:n / trans·mar·ine] *agg.* transmarino.

transmigrant ['trænzmıgrənt / trans·mi·grant] *agg.* e *s.* trasmigrante; emigrante.

to **transmigrate** [,trænzmaı'greıt / trans·mi·grate] *v.intr.* trasmigrare; emigrare.

transmigration [,trænzmaı'greıʃn / trans·mi·gra·tion] *s.* trasmigrazione; emigrazione // — (*of souls*), trasmigrazione delle anime, metempsicosi.

transmigrator [,trænzmaı'greıtə* / trans·mi·grator] *s.* trasmigrante; emigrante.

transmissibility [,trænz,mısə'bılətı / trans·miss·ib·il·ity] *s.* trasmissibilità.

transmissible [træn'zmısəbl / trans·miss·ible] *agg.* trasmissibile (*anche med.*).

transmission [træn'zmıʃn / trans·mis·sion] *s.* **1** trasmissione // (*fis.*): — *factor*, fattore di trasmissione; — *line*, linea di trasmissione; — *loss*, perdita di trasmissione // (*elettr.*) — *level*, livello di trasmissione // (*rad.*) *all-round* —, trasmissione circolare // (*tel.*) — *hook-up*, circuito di trasferimento // (*inform.*) *asyncronous* —, trasmissione asincrona; *parallel* —, trasmissione parallela // (*dir.*) — *of shares*, devoluzione di azioni // (*med.*) *placental* —, trasmissione per via placentare **2** (*rad.*, *tv*) trasmissione, programma **3** (*aut.*) trasmissione, cambio: *automatic* —, cambio automatico.

transmissive [træn'zmısıv / trans·miss·ive] *agg.* **1** trasmettitore, che trasmette **2** trasmissibile.

to **transmit** [træn'zmıt / trans·mit] *pass.p.p.* **trasmitted** [træn'zmıtıd / trans·mit·ted] *v.tr.* **1** trasmettere (malattie, messaggi, notizie, ordini ecc.) **2** (*mecc.*, *fis.*) trasmettere, condurre (calore ecc.).

transmittable [træn'zmıtəbl / trans·mit·table] *agg.* trasmissibile.

transmittance [træn'zmıtəns / trans·mit·tance] *s.* (*fis.*) **1** trasparenza **2** trasmissione: — *coefficient*, coefficiente di trasmissione.

transmitter [træn'zmıtə* / trans·mit·ter] *s.* **1** chi trasmette **2** (*tel.*, *fis.*) trasmettitore; (*rad.*) radiotrasmettitore **3** manipolatore (di telegrafo).

transmogrification [,trænz,mɒgrıfı'keıʃn / trans·mog·ri·fica·tion] *s.* (*scherz.*) trasformazione magica, metamorfosi.

to **transmogrify** [træn'zmɒgrıfaı / trans·mog·rify] *v.tr.* (*scherz.*) trasformare magicamente.

transmontane [træn'zmɒnteın / trans·mont·ane] *agg.* (*non com.*) oltramontano, oltremontano.

transmutability [trænz,mju:tə'bılətı / trans·mut·ab·il·ity] *s.* trasmutabilità; trasformabilità.

transmutable [træn'zmju:təbl / trans·mut·able] *agg.* trasmutabile; trasformabile // **-ness** *s.*

transmutation [,trænzmju:'teıʃn / trans·mu·ta·tion] *s.* trasmutazione (*anche fis.*); trasformazione.

to **transmute** [træn'zmju:t / trans·mute] *v.tr.* trasmutare; trasformare.

transnational [træn'znæʃənl / trans·na·tional] *agg.* transnazionale, riguardante più nazioni // (*dir.*) — *criminality*, criminalità transnazionale // (*inform.*) — *data flow*, flusso di dati oltre frontiera (scambio di dati nelle multinazionali) // (*econ.*) — *firm*, impresa transnazionale.

transoceanic [,trænz,əʊʃı'ænık / trans·oceanic] *agg.* transoceanico.

transom ['trænsəm / tran·som] *s.* **1** (*arch.*) traversa; architrave **2** (*mar.*) arcaccia **3** (*ferr.*) traversa **4** (*amer.*) → transom window.

transom window ['trænsəm,wındəʊ] *s.* (*amer.*) **1** sopraffinestra (a vasistas) **2** (*arch.*) lunetta a ventaglio → fanlight.

transonic [træn'sɒnık / tran·sonic] *agg.* (*aer.*) transonico.

transparence [træns'pærəns / trans·par·ence] *s.* trasparenza.

transparency [træns'pærənsı / trans·par·ency] *s.* **1** trasparenza; limpidezza **2** (*cinem.*) trasparente **3** (*fot.*) diapositiva.

transparent [træns'pærənt / trans·par·ent] *agg.* **1** trasparente; limpido: — *glass*, vetro trasparente; *a* — *skirt*, una gonna trasparente; — *liquid*, liquido trasparente **2** (*fig.*) trasparente; lampante, evidente, chiaro; franco: — *allusion*, allusione chiara **3** (*fig.*) chiaro, limpido, terso: *a* — *style*, uno stile chiaro // **-ly** *avv.* // **-ness** *s.*

to **transpierce** [træns'pıəs / trans·pierce] *v.tr.* (*rar.*) trafiggere, trapassare.

transpirable [træns'paıərəbl / tran·spir·able] *agg.* traspirabile.

transpiration [,trænspı'reıʃn / tran·spira·tion] *s.* traspirazione.

to **transpire** [træns'paıə* / tran·spire] *v.intr.* **1** traspirare; sudare **2** (*fig.*) trapelare: *nothing had transpired*, non era trapelato nulla **3** (*fam.*) accadere ◆ *v.tr.* traspirare; trasudare.

transplacental [,trænzplə'sentl / trans·pla·cen·tal] *agg.* (*med.*) transplacentare.

transplant ['trænsplɑ:nt *amer.* 'trænsplænt / trans·plant] *s.* **1** (*bot.*, *med.*) trapianto: — *patient*, trapiantato **2** (*bot.*) pianta trapiantata; (*med.*) organo, tessuto trapiantato.

to **transplant** *v.tr.* (*bot.*, *med.*) trapiantare.

transplantable [træns'plɑ:ntəbl *amer.* træns'plæntəbl / trans·plant·able] *agg.* trapiantabile.

transplantation [,trænsplɑ:n'teıʃn *amer.* ,trænsplæn'teıʃn / trans·planta·tion] *s.* (*bot.*, *med.*) trapianto: *heart* —, trapianto cardiaco.

transplanter [træns'plɑ:ntə* *amer.* træns 'plæntə* / trans·plant·er] *s.* (*bot.*, *agr.*) **1** trapiantatore **2** trapiantatoio.

transponder [træn'spɒndə* / trans·pon·der] *s.* radarfaro, trasponditore.

transpontine [træn'zpɒntaın / trans·pont·ine] *agg.* (*ant.*) **1** al di là del ponte, d'oltreponte (spec. di quella parte di Londra situata sulla riva destra del Tamigi) **2** (*teatr.*) melodrammatico (con riferimento ai drammi rappresentati nei teatri della riva destra nel sec. XIX).

transport ['trænzpɔ:t / trans·port] *s.* **1** trasporto; trasporti (*pl.*); sistema di trasporti: *the* — *of goods by air*, trasporto merci per via aerea // *Minister of Transport*, Ministro dei Trasporti // *public* —, trasporto pubblico // *road* — *vehicles*, mezzi di trasporto su gomma // *inland water* —, trasporto fluviale interno; *water-borne* —, trasporto per via d'acqua // — *charges*, spese di trasporto; — *service*, servizio di spedizione // (*fis.*) — *phenomena*, fenomeni di trasporto **2** mezzo di trasporto; nave, aereo da trasporto (*anche mil.*): *I'd like to go there, but I haven't any* —, (*fam.*) mi piacerebbe andarci ma non ci sono mezzi **3** (*fig. letter.*) trasporto, slancio; rapimento, estasi: *in a* — (o *in transports*) *of* (*joy*, *delight etc.*), al colmo (della gioia, del piacere ecc.) **4** (*st.*) forzato, deportato.

to **transport** [træns'pɔ:t] *v.tr.* **1** trasportare **2** (*fig. letter.*) trasportare, rapire: *he was transported with joy*, era fuori di sé dalla gioia **3** (*st.*) deportare.

transportability [træn,spɔ:tə'bılətı / trans·port·ab·il·ity] *s.* **1** l'essere trasportabile **2** (*inform.*) trasferibilità dei programmi, intercambiabilità.

transportable [træns'pɔ:təbl / trans·portable] *agg.* **1** trasportabile **2** (*st.*) punibile con la deportazione.

transportation [,trænspɔ:'teıʃn / trans·porta·tion] *s.* **1** (*spec. amer.*) → transport 1, 2 **2** (*st.*) deportazione, relegazione: — *for life*, relegazione a vita **3** (*amer.*) biglietto **4** noli (*pl.*) (nella bilancia dei pagamenti).

transport café ['trænspɔ:t,kæfeı] *s.* area di servizio, posto di ristoro a buon mercato (sulle strade principali, con officina e servizi per autotreni) AMER. truck stop.

transporter [træns'pɔ:tə* / trans·porter] *s.* **1** trasportatore: *car* —, bisarca **2** (*mecc.*) traslatore ◆ *agg.* trasportatore: — *bridge*, ponte trasportatore.

transporting [træns'pɔ:tıŋ / trans·port·ing] *agg.* incantevole; entusiasmante ◆ *s.* **1** trasporto **2** (*st.*) deportazione.

transposable [træns'pəʊzəbl / trans·pos·able] *agg.* che può essere trasposto; (*mus.*) trasportabile.

transposal [træns'pəʊzl / trans·posal] *s.* trasposizione.

to **transpose** [træns'pəʊz / trans·pose] *v.tr.* (*form.*) **1** trasporre, spostare; invertire: *a version of Hamlet transposed into contemporary England*, una trasposizione dell'Amleto nell'Inghilterra di oggi **2** (*mus.*) trasportare, trasporre (da un tono a un altro): *to* — *a piece to a lower key*, abbassare il tono di un pezzo musicale.

transposition [,trænspə'zıʃn / trans·posi·tion] *s.* **1** trasposizione, spostamento // (*mat.*) — *of a matrix*, trasposizione di una matrice **2** (*elettr.*) permutazione **3** (*tel.*) trasposizione **4** (*mus.*) trasporto di tono; trasposizione **5** (*med.*) trasposizione, inversione: — *of the heart and liver*, trasposizione del cuore e del fegato **6** (*chim.*) trasmutazione: — *reaction*, reazione di trasmutazione.

transpositive [træns'pɒzıtıv / trans·pos·it·ive] *agg.* **1** traspositivo **2** (*elettr.*) permutativo **3** (*chim.*) trasmutativo.

transputer [,træns'pju:tə* / trans·puter] *s.* (*inform.*) processore molto potente.

transsexual [trænz'seksjʊəl / trans·sexual] *agg.* e *s.* transessuale.

to **tran(s)ship** [træns'ʃɪp / tran(s)·ship] *pass.p.p.* **tran(s)shipped** [træns'ʃɪpt / tran(s)·ship·ped] *v.tr.* e *intr.* trasbordare: *to — a cargo from a ship to another*, trasbordare un carico da una nave a un'altra; *the passengers transshipped to another bus*, i passeggeri trasbordarono su un altro autobus.

tran(s)shipment [træns'ʃɪpmənt / tran(s)·ship·ment] *s.* trasbordo.

Trans-Siberian [,trænzsaɪ'bɪərɪən] *agg.* (*geogr.*) transiberiano.

to **transubstantiate** [,trænsəb'stænʃɪeɪt / tran·sub·stan·ti·ate] *v.tr.* **1** tramutare, trasformare **2** (*teol.*) sottoporre (il pane e il vino) alla transustanziazione ♦ *v.intr.* (*teol.*) transustanziarsi.

transubstantiation [,trænsəb,stænʃɪ'eɪʃn / tran·sub·stan·ti·ation] *s.* (*teol.*) transustanziazione.

transudate ['trænsədeɪt / tran·sud·ate] *s.* (*med.*) trasudato.

transudation [,trænsjʊ'deɪʃn / tran·suda·tion] *s.* (*med.*) **1** trasudamento, trasudazione **2** trasudato.

to **transude** [træn'sju:d / tran·sude] *v.intr.* (*med.*) trasudare; traspirare.

transuranic [,trænsjə'rænɪk / trans·ur·anic] *agg.* (*chim.*) transuranico: — *element*, elemento transuranico.

Transvaaler ['trænz,vɑ:lə* / Trans·vaaler] *s.* abitante, nativo del Transvaal.

transversal [trænz'vɜ:sl / trans·versal] *agg.* trasversale ♦ *s.* **1** (retta) trasversale **2** (*inform.*) percorso di un ciclo // **-ly** *avv.*

transverse ['trænzvɜ:s / trans·verse] *agg.* traverso, trasverso; trasversale (*anche mat.*, *fis.*) // (*fis.*): — *mass*, massa trasversale; — *vibrations*, *waves*, vibrazioni, onde trasversali ♦ *s.* **1** (*anat.*) (muscolo) trasverso **2** (*edil.*) traversa // **-ly** *avv.*

transvestism [trænz'vestɪzəm / trans·vest·ism] *s.* travestitismo.

transvestite [trænz'vestaɪt / trans·vest·ite] *s.* travestito.

trap[1] [træp] *s.* **1** trappola: *rat* —, trappola per topi **2** (*fig.*) trappola, tranello, insidia: *his question was a real* —, la sua domanda era un vero trabocchetto; *to fall into a* —, cadere in un tranello; *the police set a — for the blackmailer*, la polizia tese una trappola al ricattatore **3** botola **4** calesse **5** (*idraulica*) sifone intercettatore **6** (*sl.*) bocca: *shut your —!*, chiudi il becco!; *can I trust you to keep your — shut?*, posso contare sul fatto che terrai la bocca chiusa? **7** (*sl. antiq.*) poliziotto **8** (*sport*) lanciapiattelli (al tiro al piattello) **9** (*corse dei cani*) gabbia di partenza **10** (*golf amer.*) ostacolo di sabbia, bunker BRIT. bunker.

to **trap**[1] *pass.p.p.* **trapped** [træpt] *v.tr.* **1** prendere in trappola, intrappolare; accalappiare; (*estens.*) imprigionare, bloccare: *we were trapped in the lift for forty minutes*, rimanemmo bloccati, intrappolati nell'ascensore per quaranta minuti **2** (*fig.*) intrappolare, far cadere in un tranello: *he trapped me into telling him the secret*, riuscì a carpirmi il segreto con l'inganno; *I felt trapped*, mi sentii in trappola **3** munire di sifone **4** trattenere, intrappolare (un fluido) **5** fornire di botole (un palcoscenico) ♦ *v.intr.* **1** mettere trappole (in un bosco) **2** restare intrappolato (detto di fluido) **3** (*inform.*) mettere trappole (per interrompere un programma).

trap[2] *s.* (*geol.*) **1** trappola (petrolifera) **2** trappo.

to **trap**[3] *v.tr.* bardare (un cavallo).

trap-cellar ['træp,selə*] *s.* spazio vuoto sotto il palcoscenico.

trapdoor ['træpdɔ:* / trap·door] *s.* **1** botola **2** (*inform.*) accesso segreto (a un sistema).

trapeze [trə'pi:z *amer.* træ'pi:z / tra·peze] *s.* **1** (*ginnastica*) trapezio // — *artist*, trapezista **2** (*mar.*) trapezio.

trapezial [trə'pi:zɪəl *amer.* træ'pi:zɪəl / tra·pez·ial] *agg.* (*mat.*, *anat.*) di trapezio.

trapezium [trə'pi:zjəm / tra·pez·ium] *pl.* **trapeziums**, **trapezia** [trə'pi:zjə / tra·pezia] *s.* (*mat.*) **1** trapezio **2** (*amer.*) trapezoide.

trapezius [trə'pi:zɪəs / tra·pez·ius] *s.* (*anat.*) trapezio.

trapezoid ['træpɪzɔɪd / trap·ezoid] *agg.* (*mat.*) trapezoide ♦ *s.* **1** (*mat.*, *anat.*) trapezoide **2** (*mat. amer.*) trapezio.

trapezoidal [,træpɪ'zɔɪdl / trap·ez·oidal] *agg.* trapezoidale.

trappean ['træpɪən / trap·pean] *agg.* (*geol.*) di trappola (petrolifera); di trappo.

trapper ['træpə* / trap·per] *s.* chi tende trappole (spec. ad animali da pelliccia); cacciatore (di pelli).

trappings ['træpɪŋz / trap·pings] *s.pl.* **1** gualdrappa, bardatura (di cavallo) **2** (*estens.*) ornamenti, decorazioni **3** (*fig.*) simboli, segni esteriori: *the — of success*, i simboli del successo; *he enjoys power and all its* —, si gode il potere con tutti i suoi annessi e connessi // *the — of royalty*, le insegne della regalità.

Trappist ['træpɪst / Trap·pist] *s.* (*eccl.*) trappista.

Trappistine ['træpɪstɪn / Trap·pist·ine] *s.* **1** (*eccl.*) monaca trappista **2** *trappistine*, liquore dei trappisti.

traps [træps] *s.pl.* (*fam. antiq.*) oggetti personali, bagaglio: *pack up your* —, prepara il tuo bagaglio.

trapshooting ['træp,ʃu:tɪŋ / trap·shoot·ing] *s.* (*sport*) tiro al piattello.

trash [træʃ] *s.* [U] **1** robaccia, ciarpame, paccottiglia, scarti (*pl.*) // *this study fits a mercenary drudge, / who aims at nothing but external trash*, (MARLOWE) questo studio si addice a uno sgobbone mercenario che non mira ad altro che a una fama superficiale **2** (*spec. amer.*) rifiuti, immondizie (*pl.*) **3** (*fig. fam.*) robaccia, schifezza, porcheria: *his new book, film is absolute* —, il suo nuovo libro, film è una vera schifezza; *literary* —, letteratura dozzinale **4** (*fig. fam.*) sciocchezze, stupidaggini (*pl.*): *what he's saying is a load of* —, sta dicendo un sacco di sciocchezze **5** (*col v. al sing. o al pl.*) (*fig. fam. spec. amer.*) persona, gente spregevole, feccia; persona, gente insignificante, nullità // *white* —, (*amer.*) bianchi poveri **6** ramaglia, foglie (*pl.*) della canna.

to **trash** *v.tr.* **1** sfrondare, sfogliare **2** scartare **3** (*sl.*) devastare, distruggere (con atti vandalici); fare a pezzi, fracassare **4** (*sl. amer.*) guastare, rovinare; svilire; sciupare **5** (*fig. sl. amer.*) criticare aspramente, stroncare, demolire; insultare **6** (*ant.*) punire: *being once perfected how to grant suits, / ...and who / to trash for over-topping*, (SH. The Tempest) avendo imparato alla perfezione come concedere favori... e chi punire per troppa ambizione ♦ *v.intr.* (*sl. amer.*) **1** compiere atti vandalici **2** frugare fra mucchi di mobili abbandonati.

trashcan ['træʃ,kæn / trash·can] *s.* (*amer.*) pattumiera; bidone dell'immondizia BRIT. dustbin.

trashy ['træʃɪ] *agg.* (*fam.*) **1** senza valore; di scarto, scadente: *it was a really — movie*, era proprio un film spazzatura **2** spregevole // **-ily** *avv.* // **-iness** *s.*

trauma ['trɔ:mə *amer.* 'traʊmə] *pl.* **traumas** [trau·mas] **traumata** ['trɔ:mətə *amer.* 'traʊmətə / trau·mata] *s.* (*med.*) trauma (*anche fig.*).

traumatic [trɔ:'mætɪk *amer.* traʊ'mætɪk / trau·matic] *agg.* traumatico (*anche fig.*): — *fever*, febbre da trauma.

traumatism ['trɔ:mətɪzəm *amer.* 'traʊmətɪzəm / trau·mat·ism] *s.* (*med.*) traumatismo.

to **traumatize** ['trɔ:mətaɪz *amer.* 'traʊmətaɪz / trau·mat·ize] *v.tr.* (*med.*) traumatizzare.

traumatology [,trɔ:mə'tɒlədʒɪ *amer.* ,traʊmə'tɒlədʒɪ / trau·mato·logy] *s.* traumatologia.

travail ['træveɪl / trav·ail] *s.* **1** (*letter.*) sforzo penoso, faticoso; travaglio **2** (*ant.*) travaglio (di parto).

to **travail** *pass.p.p.* **travailled** ['træveɪld] *v.intr.* **1** (*letter.*) affaticarsi **2** (*ant.*) essere in travaglio (di parto).

travel ['trævl] *s.* **1** il viaggiare; *pl.* viaggi: *to be fond of* —, amare i viaggi; *I stopped in Hong Kong during my travels*, mi sono fermato a Hong Kong durante le mie peregrinazioni // — *agent*, agente di viaggi; — *agency* (o *bureau*), agenzia (di) viaggi **2** (*mecc.*) corsa, spostamento: *angular* —, escursione angolare; *free* —, gioco (assiale).

to **travel** *pass.p.p.* **travelled** ['trævld / trav·elled] amer. **traveled** *v.intr.* **1** viaggiare, essere in viaggio: *he travels on business*, viaggia per affari; *to — by train*, viaggiare in treno; *to — on foot*, viaggiare a piedi; *news travels fast nowadays*, le notizie oggigiorno viaggiano veloci // *to — light*, (*fam.*) viaggiare con poco bagaglio // *his mind travelled over the events of the year*, con la mente riandò agli avvenimenti di quell'anno **2** (*fam.*) andare velocemente, correre, volare **3** (di animali) spostarsi (in cerca di pascolo) **4** sopportare il trasporto (di cibo): *to — well, badly*, sopportare bene, male il trasporto **5** (*comm.*) fare il commesso viaggiatore: *he travels for Messrs Lewis & Co.*, fa il commesso viaggiatore per la ditta Lewis & C.; *to — in furs*, fare il rappresentante di pellicce **6** (*fis.*) propagarsi (di onde sonore ecc.) **7** (*mecc.*) scorrere, compiere la corsa ♦ *v.tr.* **1** attraversare, viaggiare attraverso: *she travelled the country*, viaggiò per tutto il paese **2** percorrere: *he's travelled fifty miles to visit us*, ha percorso cinquanta miglia per venire a trovarci.

□ **travel over** *v.intr.* e *prep.* osservare, scrutare; dare un'occhiata indagatrice a: *her eyes travelled slowly over the faces of her pupils*, scrutò le facce dei suoi scolari con un'occhiata circolare.

traveler (*amer.*) → **traveller**.

travelled ['trævld / trav·elled] *agg.* che ha viaggiato: *he is a well* (o *much*) — *man*, è un uomo che ha viaggiato molto, che conosce il mondo.

traveller ['trævlə* / trav·el·ler] *s.* **1** viaggiatore // *commercial* —, viaggiatore di commercio, commesso viaggiatore // *—'s tale*, racconto inverosimile **2** zingaro **3** (*mar.*) canestrello della randa **4** (*tess.*) anellino, cursore.

traveller's cheque ['trævləz,tʃek] *s.* assegno turistico, travellers' cheque.

traveller's-joy [,trævləz'dʒɔɪ] *s.* (*bot.*) vitalba → **old man's beard**.

travelling ['trævlɪŋ / trav·el·ling] *agg.* **1** viaggiante, circolante **2** di, da viaggio: — *bag*, borsa da viaggio; — *dress*, abito da viaggio // — *expenses*, spese di trasferta **3** mobile: — *platform*, piattaforma mobile; — *staircase* (o — *stairs*), (*non com.*) scala mobile ◆ *s.* **1** il viaggiare **2** (*mecc.*) movimento: *crab — of the crane bridge*, movimento del carrello della gru a ponte.

travelling salesman [,trævlɪŋ'seɪlzmən] *s.* commesso viaggiatore, piazzista.

travelogue amer. **travelog** ['trævəlɒg *amer.* 'trævəlɔ:g / trav·elog(ue)] *s.* **1** conferenza su un viaggio con proiezioni **2** film, documentario su un viaggio.

travel trailer ['trævl,treɪlə*] *s.* (*amer.*) roulotte.

traversable ['trævəsəbl / tra·vers·able] *agg.* **1** attraversabile (di strada ecc.) **2** (*dir.*) contestabile.

traverse ['trævəs *amer.* trə'vɜ:s / tra·verse] *agg.* trasversale, obliquo ◆ *s.* **1** — (*road*), traversa, via trasversale **2** (*arch.*) traversa; galleria trasversale (di chiesa ecc.) **3** (*mil.*) riparo trasversale, paraschegge; (*di cannone*) brandeggio, spostamento di direzione: — *arc*, arco di tiro **4** linea trasversale **5** (*mecc.*) spostamento laterale: — *motor*, motore del movimento trasversale; *hand* —, spostamento a mano **6** (*alpinismo*) traversata **7** (*mar.*) navigazione a bordate: — *board*, tavola della timoneria **8** (*dir.*) contestazione; diniego dei fatti (della controparte): — *of an indictment*, diniego, contestazione di una imputazione penale **9** (*topografia*): — (*survey*), poligonale; — *station*, vertice di poligonale.

to **traverse** *v.tr.* (*form.*) **1** traversare, attraversare: *district traversed by canals*, regione attraversata da canali **2** andare avanti e indietro per **3** spostare lateralmente **4** (*alpinismo*) traversare **5** (*mil.*) brandeggiare (cannoni) **6** (*dir.*) contestare **7** (*non com.*) opporsi a, ostacolare **8** (*fig.*) esaminare, considerare a fondo ◆ *v.intr.* (*form.*) **1** fare una traversata (*anche alpinismo*) **2** andare avanti e indietro **3** spostarsi lateralmente **4** (*mar.*) mettere per lungo, per chiglia **5** girare su perno (di compasso).

traverser ['trævəsə* *amer.* trə'vɜ:sə* / tra·verser] *s.* (*ferr.*) traversatore.

travertine ['trævɜ:tɪn / trav·er·tine] *s.* (*geol.*) travertino.

travesty ['trævɪstɪ / trav·esty] *s.* **1** parodia; cattiva imitazione // *his trial was a — of justice*, (*fig.*) il suo processo è stato una farsa, una parodia della giustizia **2** travisamento; alterazione: *it is a — of the truth*, è un travisamento della verità.

to **travesty** *v.tr.* **1** parodiare; imitare malamente **2** travisare; alterare.

trawl [trɔ:l] *s.* **1** (*mar.*) rete a strascico, sciabica **2** — (*line*), (*amer.*) palamite; palangaro.

to **trawl** *v.tr.* e *intr.* **1** pescare con rete a strascico, sciabicare **2** (*amer.*) pescare alla traina.

trawler ['trɔ:lə*] *s.* **1** chi pesca a strascico **2** motopeschereccio a strascico.

trawling ['trɔ:lɪŋ] *s.* **1** pesca con la sciabica, la paranza **2** (*amer.*) pesca alla traina.

tray [treɪ] *s.* **1** vassoio: *breakfast* —, vassoio per la colazione; — *cloth*, tovaglietta (per vassoio) **2** bacinella, vaschetta: (*fot.*) *developing* —, bacinella per sviluppo.

tray-galley ['treɪ,gælɪ] *s.* (*tip.*) vantaggio.

treacherous ['tretʃərəs / treach·er·ous] *agg.* traditore; infido; sleale: — *blow*, colpo sleale; — *weather*, tempo traditore; *the road was icy and* —, la strada era coperta da un pericoloso strato di ghiaccio // **-ly** *avv.* // **-ness** *s.*

treachery ['tretʃərɪ / treach·ery] *s.* tradimento; slealtà: *his — went unpunished*, il suo tradimento restò impunito.

treacle ['tri:kl] *s.* melassa.

treacly ['tri:klɪ] *agg.* **1** di, simile a melassa **2** (*estens.*) troppo dolce; zuccheroso (*anche fig.*): — *words*, (*fig.*) parole melate **3** molto denso (di liquido); vischioso.

tread [tred] *s.* **1** passo, andatura: *heavy* —, passo pesante **2** pedata (di scalino); piolo (di scala) **3** superficie di contatto (di scarpa, rotaia); battistrada (di pneumatico) **4** (*zool.*) atto dell'accoppiamento (detto del gallo).

to **tread** *pass.* **trod** [trɒd] *p.p.* **trodden** ['trɒdn / trod·den] *v.tr.* **1** camminare sopra, calpestare, pestare; (*fig.*) schiacciare, opprimere: *to — grapes*, pigiare l'uva; *to — the boards*, calcare le scene; *to — under foot*, (*fig.*) mettere sotto i piedi // *to — water*, stare, tenersi a galla **2** (*letter.*) camminare lungo, percorrere, seguire: *to — a path*, seguire un sentiero; (*fig.*) assumere una linea di condotta **3** (*danza*) (*antiq.*) eseguire, ballare: *to — a measure*, eseguire un passo di danza **4** (*zool.*) accoppiarsi con (detto del gallo) ◆ *v.intr.* camminare, procedere: *to — lightly*, camminare con passo leggero; *to — carefully* (o *warily*), (*fig.*) agire con cautela, andare coi piedi di piombo // *to — in s.o.'s footsteps*, (*fig.*) seguire le orme di qlcu. // *to — on*, calpestare, pestare, posare il piede su; schiacciare: *to — on s.o.'s toes* (o *corns*), pestare i piedi a qlcu. (*anche fig.*); *to — on the brake*, schiacciare sul freno; *to — on s.o.'s heels*, stare alle calcagna di qlcu.

□ **tread down** *v.tr.* e *avv.* battere; comprimere: *to — down the earth round the plants*, comprimere la terra attorno alle piante.

□ **tread in** *v.tr.* e *avv.* calcar dentro, far entrare.

□ **tread into** *v.tr.* e *prep.* calcar dentro, far entrare in.

□ **tread out** *v.tr.* e *avv.* spegnere (fuoco); reprimere (rivolta).

treadle ['tredl] *s.* pedale: *to work the* —, azionare il pedale.

to **treadle** *v.intr.* azionare un pedale.

treadmill ['tredmɪl / tread·mill] *s.* **1** (*st.*) cilindro orizzontale azionante un mulino (era fatto girare da persone, specialmente carcerati, che camminavano su gradini disposti lungo di esso) **2** (*fig.*) lavoro monotono, ingrato.

treason ['tri:zn] *s.* tradimento (contro lo stato); *high* —, alto tradimento; lesa maestà.

treasonable ['tri:znəbl / treas·on·able] *agg.* proditorio, di tradimento // **-ness** *s.* // **-bly** *avv.*

treasure ['treʒə* / treas·ure] *s.* tesoro (*anche fig.*): *the treasures of the British Museum*, i tesori del British Museum; *she is a real* —, (*fig.*) è un vero tesoro // — *house*, stanza del tesoro, (*fig.*) miniera, pozzo.

to **treasure** *v.tr.* **1** ammassare, accumulare: *to — (up) wealth*, accumulare ricchezze **2** (*fig.*) custodire gelosamente; attribuire alto valore a: *to — (up) memories of one's childhood*, custodire gelosamente il ricordo della propria fanciullezza.

treasurer ['treʒərə* / treas·urer] *s.* tesoriere.

treasurership ['treʒərəʃɪp / treas·urer·ship] *s.* incarico, ufficio di tesoriere.

treasure-trove ['treʒə,trəʊv] *s.* (*dir.*) tesoro trovato.

treasury ['treʒərɪ / treas·ury] *s.* **1** tesoreria, erario: (*fin.*) — *stock*, azioni di tesoreria, azioni proprie **2** *Treasury*, (Ministero del) Tesoro // *First Lord of the Treasury*, (titolo ufficiale del) Primo Ministro Britannico // *Secretary of the Treasury*, (*amer.*) Ministro del Tesoro // (*fin.*): *Treasury bill*, buono (ordinario) del Tesoro; *hot Treasury bill*, buono del Tesoro di nuova emissione; (*long-term*) *Treasury bonds*, buoni (poliennali) del Tesoro (scadenza superiore a 10 anni); *Treasury certificate*, (*amer.*) certificato di credito del Tesoro; *Treasury notes*, biglietti di stato britannici; *long-term Treasury notes*, (*amer.*) buoni (poliennali) del Tesoro (scadenza da 1 a 10 anni); *Treasury stock*, (*amer.*) titoli di stato (in generale) **3** (*fig.*) collezione, raccolta (di tesori artistici, letterari): *a — of verses*, una raccolta di versi **4** (*ant.*) tesoro: *go forward, Faustus, in that famous art / wherein all nature's treasury is contained*, (MARLOWE) procedi, Faustus, in quell'arte famosa che comprende il tesoro di tutta la natura.

treat [tri:t] *s.* festa, trattenimento, festeggiamento: *I'll take you to the theatre as a birthday* —, ti porterò a teatro per festeggiare il tuo compleanno; *he bought the kids an ice cream as a* —, ha offerto un gelato ai ragazzini; *the meal is my* —, offro io il pranzo; *she looked a real* —, era bellissima // *a* —, (*fam.*) benissimo, alla perfezione: *it worked a* —, ha funzionato a meraviglia; *she was dressed up a* —, era vestita benissimo.

to **treat** *v.tr.* **1** trattare, comportarsi con: — *her kindly*, trattala con gentilezza; *is that how you — him?*, è così che ti comporti con lui?; *to — s.o. like a child*, trattare qlcu. come se fosse un bambino; *the subject is treated fully*, l'argomento è trattato esaurientemente; *these instruments must be treated with care*, questi strumenti devono essere trattati con cura // *to — sthg. as a joke*, non prendere sul serio qlco. **2** (*chim.*) trattare, far reagire, sottoporre a reazione: *to — a substance with an acid*, trattare una sostanza con un acido **3** (*med.*) curare: *he treated me for pneumonia*, mi curò la polmonite **4** offrire, dare, regalare; premiare: *to — s.o. to a good dinner*, offrire a qlcu. un buon pranzo; *when I finish the job I'll — myself to a holiday*, quando avrò finito questo lavoro mi regalerò una vacanza; *let me — you this time*, lascia che sia io a offrire questa volta ◆ *v.intr.* (*form.*) **1** trattare, negoziare: *to — for peace*, trattare la pace **2** trattare, discutere: *a book treating of physics*, un libro che tratta di fisica; *to — of a subject*, discutere un argomento.

treatable ['tri:təbl / treat·able] *agg.* **1** (*tecn.*) trattabile **2** (*med.*) curabile.

treatise ['tri:tɪz / treat·ise] *s.* trattato, dissertazione: *a — on ethics*, una dissertazione sull'etica; *Cicero's — on friendship*, la dissertazione di Cicerone sull'amicizia.

treatment ['tri:tmənt / treat·ment] *s.* U **1** trattamento: *developing nations deserve special —*, i paesi in via di sviluppo necessitano un trattamento speciale // *when the minister arrives give him the full —*, quando arriva il ministro trattatelo bene **2** (*med.*) trattamento, cura: *to undergo — for rheumatism*, sottoporsi a una cura per i reumatismi; *my asthma is not responding to —*, la mia asma non risponde al trattamento **3** (*tecn.*) trattamento: *surface —*, trattamento superficiale.

treaty ['tri:tɪ] *s.* **1** trattato; patto, convenzione: *peace —*, trattato di pace **2** contratto; trattativa: *to be in — for sthg.*, essere in trattative per qlco.

treble [trebl] *agg.* **1** triplo, triplice; tre volte: *my telephone number is eight four nine O — two*, il mio numero telefonico è 8490222; *a — whisky*, un triplo whisky **2** (*mus.*) di soprano; (*estens.*) acuto // *— clef*, chiave di sol, di violino ◆ *s.* **1** triplo: *six is the — of two*, sei è il triplo di due **2** (*mus.*) soprano; voce bianca; parte alta di una partitura ◆ *avv.* tre volte tanto: *he earns — my salary*, guadagna tre volte più di me, tre volte il mio stipendio.

to **treble** *v.tr.* e *intr.* triplicare, triplicarsi.

treble chance ['trebl'tʃɑ:ns *amer.* 'trebl 'tʃæns] *s.* (*in Gran Bretagna*) totocalcio®.

trebling ['treblɪŋ / treb·ling] *s.* moltiplicazione per tre.

trebly ['treblɪ] *avv.* triplicemente, tre volte tanto.

trebuchet ['trebju:ʃet / trebu·chet] **trebucket** ['trebʌkɪt / trebu·cket] *s.* **1** (*st.*) trabocco, macchina per lanciare pietre **2** bilancia di precisione.

trecentist [treɪ'tʃentɪst / tre·cent·ist] *s.* (*lett.*, *pitt.*) trecentista.

treck → **trek**.

to **treddle** → to **treadle**.

tree [tri:] *s.* **1** albero, arbusto: *to climb a —*, arrampicarsi su un albero // *— surgery*, fitochirurgia // *to be at the top of the —*, (*fig.*) essere al culmine della carriera // *to be up a —*, (*fam. spec. amer.*) essere perplesso, nell'imbarazzo // (*dir. amer.*) *fruit of the poisoned — doctrine*, regola di esclusione di tutte le prove di derivazione illecita **2** diagramma, grafico, albero: *family —*, albero genealogico; *— diagram*, diagramma ad albero **3** (*ant.*) croce (su cui fu crocifisso Gesù) **4** (*arch.*) trave.

to **tree** *v.tr.* **1** far rifugiare, far scappare su un albero: *the dog treed the cat*, il cane fece scappare il gatto sull'albero **2** mettere in forma (stivali) **3** (*fam. amer.*) mettere in imbarazzo; mettere con le spalle al muro.

tree-creeper ['tri:,kri:pə*] *s.* (*zool.*) rampichino → **spider-catcher**.

tree-cricket ['tri:,krɪkɪt] *s.* (*zool.*) cicala → **cicada**.

tree fern ['tri:fɜ:n] *s.* (*bot.*) felce arborea, arborescente.

tree-frog ['tri:frɒg] *s.* (*zool.*) (*Hyla arborea*) raganella SIN. **tree-toad**.

tree-goose ['tri:gu:s] *pl.* **tree-geese** ['tri:gi:s] *s.* (*zool.*) oca selvatica (dei paesi nordici).

treeless ['tri:lɪs / tree·less] *agg.* senza alberi.

treeline ['tri:laɪn / tree·line] *s.* (*ecol.*) limite della vegetazione arborea SIN. **timberline**.

treenail ['tri:neɪl / tree·nail] *s.* (*mar.*) caviglia (di legno).

to **treenail** *v.tr.* (*mar.*) assicurare con caviglie, incavigliare.

tree of heaven [,tri:əv'hevn] *s.* (*bot.*) ailanto → **ailanthus**.

tree-toad ['tri:təʊd] *s.* (*zool.*) → **tree-frog**.

treetop ['tri:tɒp / tree·top] *s.* cima d'albero.

trefoil ['trefɔɪl / tre·foil] *s.* **1** (*bot.*) trifoglio SIN. **trifolium** **2** (*arch.*) ornamento trilobato; *— arc*, arco trilobato.

trefoiled ['trefɔɪld / tre·foiled] *agg.* a forma di trifoglio, trilobato.

trek [trek] *s.* **1** viaggio in carro trainato da buoi (nel Sudafrica) **2** migrazione, spedizione organizzata **3** lungo cammino, percorso (su terreno difficile, accidentato); trekking; (*estens.*) tratto percorso a piedi.

to **trek** *pass.p.p.* **trekked** [trekt] *v.intr.* **1** viaggiare su carro trainato da buoi (nel Sudafrica) **2** emigrare **3** trainare un carro (detto di buoi) **4** camminare, fare escursioni a piedi; fare del trekking.

trekker ['trekə* / trek·ker] *s.* **1** chi viaggia su un carro trainato da buoi (nel Sudafrica) **2** emigrante.

trellis ['trelɪs / trel·lis] *s.* traliccio, reticolato di legno, ferro; graticcio.

to **trellis** *v.tr.* ingraticciare; fornire di graticci.

tremble ['trembl] *s.* tremito, tremolio; fremito: *there was a — in his voice*, ci fu un tremolio nella sua voce // *to be all of a —*, (*fam.*) tremare come una foglia.

to **tremble** *v.intr.* **1** tremare (*anche fig.*): *I — for his safety*, tremo per la sua salvezza; *I — to think what has become of him*, tremo al pensiero di ciò che gli è accaduto; *to — with fear, rage, cold*, tremare di paura, rabbia, freddo // *to — like a leaf*, tremare come una foglia **2** vibrare: *the bridge trembled but did not fall*, il ponte vibrò ma non cadde.

trembler ['tremblə* / trem·bler] *s.* **1** chi trema; cosa che trema **2** (*elettr.*) ruttore; (*mecc.*) vibratore.

trembling ['tremblɪŋ / trem·bling] *agg.* tremante, tremolante; fremente ◆ *s.* tremito; tremolio; fremito // *in fear and —*, tutto tremante; in stato di nervosismo // **-ly** *avv.*

trembly ['tremblɪ / trem·bly] *agg.* (*fam.*) tremante; tremulo.

tremendous [trɪ'mendəs / tre·mend·ous] *agg.* **1** eccezionale, straordinario, enorme: *the play had a — success*, la commedia ha avuto un successo straordinario **2** enorme, tremendo, terribile: *a — explosion*, un'esplosione tremenda; *a — wave*, un'onda enorme; *it was a — experience*, è stata un'esperienza terribile // **-ly** *avv.* // **-ness** *s.*

tremolant ['treməlønt / tre·mo·lant] **tremolo** ['treməlǝʊ / trem·olo] *s.* (*mus.*) tremolo.

tremolite ['treməlaɪt / tremo·lite] *s.* (*min.*) tremolite.

tremor ['tremə*] *s.* **1** tremore, tremito (*anche med.*); fremito; brivido // (*med.*): *senile —*, tremore senile; *intention —*, tremore intenzionale **2** (*geol.*) (*earth*) —, scossa di terremoto.

tremulant ['tremjʊlənt / tremu·lant] *s.* (*mus.*) tremolo.

tremulous ['tremjʊləs / tremu·lous] *agg.* **1** tremante; tremulo: *— voice*, voce tremula **2** (*fig.*) timido: *a — smile*, un timido sorriso // **-ly** *avv.* // **-ness** *s.*

(to) **trenail** → (to) **treenail**.

trench [trentʃ] *s.* **1** fosso, canale; (*geol.*) fossa oceanica // *water —*, canale d'irrigazione **2** (*mil.*) trincea: *— warfare*, guerra di trincea; *front-line —*, trincea avanzata; *zigzag —*, trincea a biscia.

to **trench** *v.tr.* **1** scavare fossi, canali, trincee in **2** (*ant.*) aprirsi un varco in **3** solcare **4** (*non com.*) *to — (up)on (sthg.)*, usurpare (diritti ecc.).

trenchancy ['trentʃənsɪ / trench·ancy] *s.* mordacità, causticità; acutezza.

trenchant ['trentʃənt / trench·ant] *agg.* tagliente; acuto; penetrante, incisivo (*anche fig.*): *— style*, stile incisivo; *a — sword*, una spada affilata; *— words*, parole taglienti // **-ly** *avv.*

trench coat ['trentʃkəʊt] *s.* impermeabile (di stile militare); trench.

trencher[1] ['trentʃə* / trench·er] *s.* tagliere.

trencher[2] *s.* scavatore di trincee.

trencher-cap ['trentʃə,kæp] *s.* tocco accademico (quadrato).

trencherman ['trentʃəmən / trench·erman] *pl.* **trenchermen** *s.* (*scherz.*) mangione, buona forchetta.

trench gun ['trentʃgʌn] *s.* (*mil.*) lanciabombe, mortaio.

trench-mortar ['trentʃ,mɔ:tə*] *s.* (*mil.*) mortaio.

trench-plough ['trentʃplaʊ] *s.* aratro assolcatore.

trend [trend] *s.* **1** direzione: *the — of the coastline*, la direzione della costa; *the — of my thoughts*, il corso dei miei pensieri **2** tendenza, orientamento // (*econ.*): *long-term —*, tendenza di lungo periodo; *— analysis*, studio della congiuntura **3** moda, tendenza: *to set a new —*, lanciare una nuova moda; *miniskirts are this year's new —*, la nuova moda di quest'anno sono le minigonne.

to **trend** *v.intr.* (*spec. fig.*) dirigersi, tendere: *the hills trend southwards*, le colline volgono verso sud.

trendsetter ['trend,setə* / trend·set·ter] *s.* (*fam.*) chi lancia una moda.

trendy ['trendɪ] *agg.* (*fam.*) (*anche spreg.*) all'ultima moda, di moda, all'ultimo grido: *— educational theorists who...*, i pedagogisti ultramoderni che... ◆ *s.* chi segue l'ultima moda: *trendies who think that prisons ought to be run like 5-star hotels*, i progressisti alla moda che pensano che le prigioni debbano assomigliare ad alberghi a cinque stelle.

trental ['trentl] *s.* (*eccl.*) trigesimo.

trepan[1] [trɪ'pæn / tre·pan] *s.* **1** (*med.*) trapano **2** (*mecc.*) trivella.

to **trepan**[1] *pass.p.p.* **trepanned** [trɪ'pænd / tre·panned] *v.tr.* **1** (*med.*) trapanare **2** (*mecc.*) tornire scanalature anulari in.

trepan[2] *s.* (*ant.*) **1** chi insidia, inganna **2** trucco, stratagemma; insidia.

to **trepan**[2] *pass.p.p.* **trepanned** *v.tr.* (*ant.*) prendere in trappola; ingannare; insidiare.

trepanation [,trepə'neɪʃn / tre·pana·tion] *s.* (*med.*) trapanazione.

trepang [trɪ'pæŋ / tre·pang] *s.* (*zool.*) oloturia, cetriolo di mare → **bêche-de-mer**.

trepanning [trɪ'pænɪŋ / tre·pan·ning] *s.* **1** (*med.*) trapanazione **2** (*metall.*) punzonatura cava.

trephine [trɪ'fi:n / tre·phine] *s.* (*med.*) trapano.

to **trephine** *v.tr.* (*med.*) trapanare.

trepid ['trepɪd] *agg.* (*rar.*) trepido.

trepidation [,trepɪ'deɪʃn / trep·ida·tion] *s.* **1** trepidazione, ansietà **2** (*med.*) tremito **3** vibrazione, oscillazione.

trespass ['trespəs / tres·pass] *s.* **1** trasgressione, infrazione (*anche dir.*) **2** (*dir.*) sconfinamento; accesso abusivo su fondo altrui // — *of frontier*, violazione di frontiera; *action for* —, causa per violazione di proprietà // *no trespassing*, vietato l'accesso **3** (*dir.*) abuso, usurpazione **4** (*relig.*) peccato; offesa.

to **trespass** *v.intr.* **1** commettere una violazione; trasgredire, disobbedire (*anche dir.*): *to* — (*up*)*on s.o.'s rights*, violare i diritti di qlcu. **2** (*dir.*) introdursi abusivamente in proprietà altrui // *to* — *on s.o.'s preserves*, (*fig.*) invadere il campo d'attività di qlcu., occuparsi di cose che non ci riguardano **3** (*form.*) abusare: *to* — (*up*)*on s.o.'s kindness*, abusare della gentilezza di qlcu. **4** (*letter.*, *relig.*) peccare; recare offesa: *to* — *against the* (*moral*) *law*, offendere la legge (morale) // (*Bibbia*) *...as we forgive them that* — *against us*, ...come noi li rimettiamo ai nostri debitori.

trespasser ['trespəsə* / tres·passer] *s.* **1** trasgressore, contravventore (*anche dir.*) // *trespassers will be prosecuted*, vietato entrare, i trasgressori saranno puniti a termine di legge **2** (*dir.*) chi entra abusivamente in proprietà altrui **3** (*relig.*) peccatore.

tress [tres] *s.* (*letter.*) **1** treccia **2** ricciolo **3** *pl.* capigliatura.

to **tress** *v.tr.* (*letter.*) intrecciare.

trestle ['tresl] *s.* **1** cavalletto, trespolo // — *bridge*, ponte a trespolo // — *table*, tavolo da disegno su cavalletti **2** intelaiatura, traliccio **3** (*edil.*) capra.

trestletree ['tresltri: / trestle·tree] *s.* (*mar.*) barra costiera.

trestlework ['treslwɜ:k / trestle·work] *s.* traliccio, travatura a traliccio.

trevet → **trivet**.

trews [tru:z] *s.pl.* calzoni di stoffa scozzese (portati dai soldati di alcuni reggimenti).

trey [treɪ] *s.* **1** tre (alle carte, ai dadi) **2** terna, gruppo di tre: *honey, and milk, and sugar; there are three. Nay then, two treys, an if you grow so nice, / metheglin, wort and malmsey*, (SH. Love's Labour's Lost) miele, latte e zucchero; ecco tre (parole dolci). Anzi due terne, se non ti addolcisci, idromele, birra dolce e malvasia.

tri- [traɪ] *pref.* di origine greca o latina che entra nella composizione di aggettivi e sostantivi; it. tri-; significa **1** di tre, che ha tre; formato da tre: *triangle*, triangolo; *trilingual*, trilingue; (*chim.*) *trivalent*, trivalente **2** tre volte, in tre: *trisection*, trisezione **3** ogni tre: *triennial*, triennale.

triable ['traɪəbl / tri·able] *agg.* **1** tentabile **2** (*dir.*) processabile; giudicabile.

triacetin [traɪ'æsətən / tri·acetin] *s.* (*chim.*) triacetina.

triad ['traɪəd] *s.* **1** (*fil.*, *teol.*, *mus.*) triade **2** (*chim.*) triade (spec. di elementi) **3** *the Triad*, la mafia cinese.

triadic [traɪ'ædɪk / tri·adic] *agg.* triadico.

trial ['traɪəl] *s.* **1** (*dir.*) giudizio; processo, dibattimento: *on* —, sotto processo; *to commit to* —, rinviare a giudizio; *to be sent for* —, essere rinviato a giudizio; *to bring s.o. to* —, portare qlcu. in giudizio; *to enter a case for* —, iscrivere a ruolo una causa; *to grant s.o. a new* —, accordare a qlcu. la revisione del processo; *to stand* —, essere processato, sotto processo; *civil*, *criminal* —, giudizio civile, penale; — *on merits*, giudizio di merito // *mass* —, maxiprocesso // — *judge*, giudice del dibattimento, giudice di prima istanza; — *lawyer*, avvocato che discute il caso in giudizio // *post-* — *motion*, istanza postdibattimentale // *show* —, (*spreg.*) processo farsa **2** prova, esperimento; tentativo (*anche stat.*): *on* —, in prova; a titolo di prova, di esperimento; — *period*, periodo di prova; *to give s.o. a* —, prendere qlcu. in prova; *to give sthg. a* —, provare qlco.; *to stand the* —, reggere alla prova // (*med.*) *clinical* —, sperimentazione clinica **3** (*fig.*) prova; sofferenza; tormento: *his brother is a real* — *to him*, suo fratello è una vera croce per lui **4** collaudo, prova; verifica // — *flight*, volo di prova // — *run*, (giro di) prova; verifica, collaudo; *to give a car a* — *run*, collaudare un'automobile // (*comm.*) — *balance*, bilancio di verifica.

triangle ['traɪæŋgl / tri·angle] *s.* **1** (*mat.*, *mecc.*, *mus.*) triangolo // *the eternal* —, (*fig.*) l'eterno triangolo (coniugale) **2** (*amer.*) squadra (da disegno).

triangular [traɪ'æŋgjʊlə* / tri·an·gu·lar] *agg.* triangolare: (*mat.*) — *prism*, prisma triangolare // (*econ.*) — *trade*, commercio triangolare // (*sport*) — *tournament*, torneo triangolare.

triangularis [traɪ,æŋgjʊ'leərɪs / tri·an·gu·laris] *pl.* **triangulares** [traɪ,æŋgjʊ'leəri:z] *s.* (*anat.*) triangolare.

triangularity [traɪ,æŋgjʊ'lærətɪ / tri·an·gu·lar·ity] *s.* triangolarità.

triangulate [traɪ'æŋgjʊlɪt / tri·an·gu·late] *agg.* **1** triangolato; a triangoli **2** triangolare.

to **triangulate** [traɪ'æŋgjʊleɪt] *v.tr.* **1** rendere triangolare **2** dividere in triangoli **3** (*geodesia*) fare la triangolazione di.

triangulation [traɪ,æŋgjʊ'leɪʃn / tri·an·gu·la·tion] *s.* (*geodesia*) triangolazione.

triarch ['traɪɑ:k / tri·arch] *s.* triarca.

triarchy ['traɪəkɪ / tri·archy] *s.* triarchia.

Trias ['traɪəs] *s.* (*geol.*) trias, triassico.

Triassic [traɪ'æsɪk / Tri·as·sic] *agg.* e *s.* (*geol.*) triassico.

triatomic [,traɪə'tɒmɪk / tri·atomic] *agg.* (*chim.*) triatomico.

triazine ['traɪəzi:n / tri·az·ine] *s.* (*chim.*) triazina.

triazole ['traɪəzəʊl / tri·az·ole] *s.* (*chim.*) triazolo.

tribal ['traɪbl] *agg.* tribale, di tribù // **-ly** *avv.*

tribalism ['traɪbəlɪzəm / tri·bal·ism] *s.* tribalismo.

tribasic [traɪ'beɪsɪk / tri·basic] *agg.* (*chim.*) tribasico, contenente tre idrogeni sostituibili.

tribe [traɪb] *s.* tribù (*anche bot.*, *zool.*).

tribesman ['traɪbzmən / tribes·man] *pl.* **tribesmen** *s.* membro di tribù.

triboelectricity [,traɪbəʊɪ,lek'trɪsɪtɪ / tri·bo·elec·tri·city] *s.* (*fis.*) triboelettricità, elettricità di strofinio.

tribology [traɪ'bɒlədʒɪ / tri·bo·logy] *s.* (*fis.*) tribologia.

triboluminescence [,traɪbəʊ,lu:mɪ'nesns / tri·bo·lu·min·es·cence] *s.* (*fis.*) triboluminescenza.

tribulation [,trɪbjʊ'leɪʃn / tri·bu·la·tion] *s.* **1** tribolazione **2** *Tribulation*, (*ant.*) (congregazione di) Puritani: *these are the youths... that no audience, but the Tribulation of Tower Hill, or the Limbs of Limehouse, their dear brothers, are able to endure*, (SH. Henry VIII) sono i giovinastri... che nessuno, ad eccezione dei Puritani di Tower Hill, o dei teppisti di Limehouse, loro cari fratelli, riesce a sopportare.

tribunal [traɪ'bju:nl / tri·bu·nal] *s.* tribunale (*anche fig.*).

tribunate ['trɪbjʊnɪt / tribu·nate] *s.* (*st.*) tribunato.

tribune[1] ['trɪbju:n / trib·une] *s.* **1** (*st. romana*) tribuno: — *of the people*, tribuno della plebe **2** (*fam.*) tribuno, demagogo.

tribune[2] *s.* **1** tribuna (d'oratore); trono episcopale **2** (*arch.*) tribuna.

tribuneship ['trɪbju:nʃɪp / trib·une·ship] *s.* (*st. romana*) tribunato.

tribunitial [,trɪbjʊ'nɪʃl / tri·bu·ni·tial] **tribunitian** [,trɪbjʊ'nɪʃn / tri·bu·ni·tian] *agg.* (*st. romana*) tribunizio.

tributary ['trɪbjʊtərɪ *amer.* 'trɪbjʊterɪ / trib·u·tary] *agg.* tributario: — *states*, stati tributari ♦ *s.* **1** tributario: *they were tributaries of the Romans*, erano tributari dei Romani **2** (*geogr.*) affluente, tributario.

tribute ['trɪbju:t / trib·ute] *s.* **1** tributo **2** (*fig.*) tributo, omaggio: *floral tributes*, omaggi floreali; *to pay* (*a*) — *to s.o.*, rendere omaggio a qlcu.; *the deafening applause was a* — *to his popularity*, l'applauso assordante è stato un tributo alla sua popolarità **3** (*spec. miner.*) retribuzione in natura.

tributyl borate [,traɪ,bju:tl'bɔ:reɪt] *s.* (*chim.*) tributilborato.

tributyl phosphate [,traɪ,bju:tl'fɒsfeɪt] *s.* (*chim.*) tributilfosfato.

tricar ['traɪkɑ:* / tri·car] *s.* **1** mototriciclo: *delivery* —, motocarro **2** motovettura, automobile a tre ruote.

tricarboxylic [traɪ,kɑ:bɒk'sɪlɪk / tri·carb·oxylic] *agg.* (*chim.*) tricarbossilico: — *acid*, acido tricarbossilico.

trice [traɪs] *s.* spec. nella locuz.: *in a* —, in un batter d'occhio: *so many hundreds of miserably naked persons... and all commanded in a trice by an imperious and cruel seaman*, (EVELYN) tante centinaia di persone miserabili nude... e tutte comandate in un batter d'occhio da un marinaio imperioso e crudele.

to **trice** *v.tr.* (*mar.*) alare: *to — up*, issare.

tricentenary [,traısen'ti:nərı / tri·cent·en·ary] *agg.* e *s.* (del) terzo centenario, trecentenario.

triceps ['traıseps / tri·ceps] *pl.* **triceps**, **tricepses** ['traısepsəs] *agg.* e *s.* (*anat.*) tricipite.

trichalcite [traı'kælsaıt / tri·chal·cite] *s.* (*min.*) tricalcite.

trichiasis [,trıkı'eısıs / tri·chi·asis] *s.* (*med.*) trichiasi.

trichina [trı'kaınə / tri·china] *pl.* **trichinas**, **trichinae** [trı'kaıni: / tri·chi·nae] *s.* (*zool.*) (*Trichinella spiralis*) trichina.

trichinosis [,trıkı'nəʊsıs / trich·in·osis] *s.* (*med.*) trichinosi.

trichloroethane [,traı,klɔ:rəʊ'i:θeın / tri·chloro·ethane] *s.* (*chim.*) tricloroetano.

trichlorophenol [,traı,klɔ:rəʊ'fi:nɒl / tri·chloro·phenol] *s.* (*chim.*) triclorofenolo.

trichological [,trıkə'lɒdʒıkl / tricho·lo·gical] *agg.* (*med.*) tricologico.

trichologist [trı'kɒlədʒıst / tricho·lo·gist] *s.* (*med.*) tricologo.

trichology [trı'kɒlədʒı / tricho·logy] *s.* (*med.*) tricologia.

trichoma [trı'kəʊmə / trich·oma] *s.* (*med.*) **1** trichiasi **2** tricoma.

trichomatosis [trı,kəʊmə'təʊsıs / tricho·mat·osis] *s.* (*med.*) tricomatosi.

trichome ['trıkəʊmə / trich·ome] *s.* (*bot.*) tricoma.

trichomoniasis [,trıkəmə'naıəsıs / tricho·moni·asis] *s.* (*med.*) tricomoniasi.

trichord ['traıkɔ:d / tri·chord] *agg.* (*mus.*) tricorde ◆ *s.* (*mus.*) tricordo.

trichosis [trı'kəʊsıs / tricho·sis] *pl.* **trichoses** [trı'kəʊsıi:z] *s.* (*med.*) tricosi.

trichromatic [,traıkrəʊ'mætık / tri·chro·matic] *agg.* (*tip.*) tricromico.

trick [trık] *s.* **1** trucco; espediente; artificio; stratagemma: *the tricks of the trade*, i trucchi del mestiere // *to get the —*, mangiare la foglia, capire il trucco // *he's up to every —*, la sa lunga // *he never misses a —*, (*fam.*) non gliene scappa una, non si riesce a fargliela // *he can teach you a — or two*, (*fam.*) ti può insegnare molte cose // *I'll try every — in the book to get that girl*, tenterò di tutto per avere quella ragazza // *it does the —*, (*fam.*) serve, è utile // *how's tricks?*, (*fam.*) come va? **2** tiro; scherzo; imbroglio, inganno; illusione: *a nasty* (o *shabby*) *—*, un tiro mancino; *to play a — on s.o.*, giocare un tiro a qlcu. // *he has been up to his old tricks*, ne ha fatta una delle sue **3** gioco di abilità, di prestigio **4** abilità, capacità **5** vezzo; mania; abitudine: *she has the — of repeating herself*, ha l'abitudine di ripetersi **6** (*carte*) mano: *to lose*, *to win the —*, perdere, vincere la mano **7** (*mar.*) turno al timone **8** (*sl. amer.*) cliente di prostituta ◆ *agg.* **1** (*fot.*) che contiene un trucco, che dà un'illusione ottica **2** (*fig.*) ingannevole; illusorio **3** (*amer.*) debole; difettoso.

to **trick** *v.tr.* **1** ingannare; gabbare; turlupinare; giocare brutti tiri a: *to — s.o. into doing sthg.*, indurre qlcu. con l'inganno a fare qlco. // *to — s.o. out of sthg.*, scroccare qlco. a qlcu. **2** (*arald.*) decorare, dipingere (stemmi).

□ **trick out**, **up** *v.tr.* e *avv.* decorare; agghindare.

trick cyclist ['trık,saıklıst] *s.* **1** ciclista acrobata **2** (*scherz.*) psichiatra.

trickery ['trıkərı / trick·ery] *s.* ⓤ inganno, frode; stratagemma.

trickle ['trıkl] *s.* **1** gocciolio, gocciolamento // (*elettr.*) *— charge*, carica centellinare, carica di compensazione **2** filo di acqua, ruscelletto.

to **trickle** *v.intr.* **1** gocciolare, stillare, colare: *blood was trickling from the wound*, il sangue colava dalla ferita **2** muoversi alla spicciolata ◆ *v.tr.* far gocciolare; far stillare; far colare.

□ **trickle in** *v.intr.* e *avv.* arrivare alla spicciolata.

□ **trickle into** *v.intr.* e *prep.* entrare alla spicciolata in.

□ **trickle out** *v.intr.* e *avv.* **1** gocciolare, stillare, colare; spargersi **2** trapelare (di notizie ecc.).

tricklet ['trıklıt / trick·let] *s.* filo d'acqua, rivolo.

trickly ['trıklı] *agg.* gocciolante.

trick or treat [,trıkɔ:'tri:t] *s.* (*fam. amer.*) frase pronunciata dai bambini che si presentano alla porta dei vicini nel giorno di Hallowe'en (esigendo dei dolci e minacciando rappresaglie in caso di rifiuto).

trickster ['trıkstə* / trick·ster] *s.* briccone; imbroglione.

tricksy ['trıksı] *agg.* furbo, malizioso, birichino; burlone, scherzoso: *my tricksy spirit!*, (SH. The Tempest) spiritello burlone! // **-iness** *s.*

trick-track ['trık,træk] *s.* (*gioco*) tric trac.

tricky ['trıkı] *agg.* **1** astuto, furbo, scaltro: *a — customer*, un imbroglione **2** (*fam.*) difficoltoso, complicato (di meccanismo, situazione, domanda ecc.); rischioso, delicato (di missione ecc.) // **-ily** *avv.* // **-iness** *s.*

triclinic [traı'klınık / tri·clinic] *agg.* (*min.*) triclino.

triclinium [traı'klınıəm / tri·clin·ium] *pl.* **triclinia** [traı'klınıə / tri·clinia] *s.* (*st. romana*) triclinio.

tricolour ['trıkələ* / tri·col·our] amer. **tricolor** ['traıkələ* / tri·color] *agg.* tricolore ◆ *s.* tricolore, bandiera tricolore.

tricoloured ['traı,kʌləd / tri·col·oured] *agg.* a tre colori, tricolore.

tricorn ['traıkɔ:n / tri·corn] *agg.* tricorne, a tre punte ◆ *s.* tricorno.

tricosane ['traıkəseın / tri·cos·ane] *s.* (*chim.*) tricosano.

tricot ['trıkəʊ] *s.* tricot, tessuto o indumento lavorato a maglia.

tricuspid [traı'kʌspıd / tri·cuspid] **tricuspidate** [traı'kʌspıdeıt / tri·cusp·id·ate] *agg.* (*anat.*) tricuspide, tricuspidale: *— valve*, valvola tricuspide; *— tooth*, dente tricuspide.

tricycle ['traısıkl / tri·cycle] *s.* triciclo: *motor —*, mototriciclo ◆ *agg.* (*aer.*) triciclo: *— landing gear*, carrello triciclo.

to **tricycle** *v.intr.* andare in triciclo.

tridactyl(ous) [traı'dæktıl(əs) / tri·dac·tyl(·ous)] *agg.* (*zool.*) tridattilo.

trident ['traıdnt / tri·dent] *s.* tridente.

tridental [traı'dentl / tri·dental] **tridentate** [traı'denteıt / tri·dent·ate] *agg.* tridentato.

Tridentine ['traıdəntaın / Tri·dent·ine] *agg.* **1** (*letter.*) trentino, di Trento **2** tridentino, del Concilio di Trento ◆ *s.* cattolico romano (che aderisce alla dottrina promulgata dal Concilio di Trento).

tridimensional [,traıdı'menʃənl / tri·di·men·sional] *agg.* tridimensionale.

triduum ['traıdjʊəm / tri·duum] *s.* (*eccl.*) triduo.

tried [traıd] *agg.* **1** provato, sicuro, sperimentato **2** provato, messo a dura prova.

triennial [traı'enjəl / tri·en·nial] *agg.* triennale: *— plants*, piante triennali ◆ *s.* **1** terzo anniversario **2** triennale, avvenimento che ricorre ogni tre anni // **-ly** *avv.*

triennium [traı'enjəm / tri·en·nium] *pl.* **trienniums**, **triennia** [traı'enjə / tri·ennia] *s.* triennio.

trier [traıə*] *s.* **1** (*fam.*) persona tenace, che non si scoraggia **2** (*fam.*) prova; cosa difficile **3** (*dir.*) giudice; *pl.* arbitri // *the — of fact*, chi giudica le questioni di fatto, la giuria **4** (*non com.*) sperimentatore; saggiatore.

trierarch ['traıərɑ:k / tri·er·arch] *s.* (*st. greca*) trierarca.

trierarchy ['traıərɑ:kı / tri·er·archy] *s.* (*st. greca*) trierarchia.

Triestine [tri:'estın / Triest·ine] *agg.* e *s.* triestino.

triethylamine [,traı'eθıləmi:n / tri·ethyl·am·ine] *s.* (*chim.*) trietilammina.

trifid ['traıfıd / tri·fid] *agg.* (*bot.*, *zool.*) trifido.

trifle ['traıfl] *s.* **1** bagattella, inezia, cosa di poca importanza: *it's a mere —*, è una sciocchezza; *to waste time on trifles*, perdere il tempo in sciocchezze // *a —*, un po'; *your coat is a — long*, il tuo soprabito è un po' lungo **2** piccola somma di denaro **3** (*letter.*, *mus.*) bagattella, opera leggera **4** (*cuc.*) sorta di zuppa inglese **5** peltro di qualità scadente.

to **trifle** *v.intr.* baloccarsi, gingillarsi; scherzare: *he trifled with a pair of glasses*, giocherellava con un paio d'occhiali; *she was a girl not to be trifled with*, era una ragazza con cui non si poteva scherzare; *to — over one's food*, gingillarsi col cibo che si ha nel piatto; *to — with s.o.*, prendersi gioco di qlcu. ◆ *v.tr.* buttar via, sprecare: *to — one's time, money away*, sprecare il proprio tempo, il proprio denaro.

trifler ['traıflə* / tri·fler] *s.* persona frivola, leggera; perdigiorno, perditempo.

trifling ['traıflıŋ / tri·fling] *agg.* **1** insignificante; di poca importanza, trascurabile: *a — error*, un errore trascurabile; *of — value*, di valore insignificante **2** frivolo, leggero, superficiale (di persona) // **-ly** *avv.* // **-ness** *s.*

trifoliate [traı'fəʊlııt / tri·fo·li·ate] *agg.* (*bot.*) trifogliato, che ha tre foglie.

trifolium [traı'fəʊljəm / tri·fol·ium] *s.* (*bot.*) trifoglio → **trefoil**.

triforium [traı'fɔ:rıəm / tri·for·ium] *pl.* **triforia** [traı'fɔ:rıə / tri·foria] *s.* (*arch.*) triforio.

triform(ed) ['traıfɔ:m(d) / tri·form(ed)] *agg.* triforme.

trig[1] [trıg] *agg.* (*antiq.*) ordinato; elegante, azzimato (di persona).

to **trig**[1] *pass.p.p.* **trigged** [trɪgd / trig·ged] *v.tr.* (*antiq.*) mettere in ordine; azzimare: *to — oneself out*, azzimarsi.

trig[2] *s.* zeppa, calzatoia.

to **trig**[2] *pass.p.p.* **trigged** *v.tr.* immobilizzare (una ruota) con una zeppa.

trig[3] abbr. di → **trigonometry**.

trigeminal [traɪ'dʒemɪnl / tri·gem·inal] *agg.* e *s.* (*anat.*) trigemino.

trigeminus [traɪ'dʒemɪnəs / tri·gem·inus] *pl.* **trigemini** [traɪ'dʒemɪnaɪ] *s.* (*anat.*) trigemino.

trigger ['trɪgə* / trig·ger] *s.* **1** grilletto (di arma da fuoco): *to pull the —*, premere il grilletto // *— finger*, indice (della mano destra) **2** (*mecc.*) levetta di sgancio // *— valve*, valvola di regolazione della pressione // (*fot.*) *release —*, scatto **3** (*inform.*) scatto elettronico; grilletto (di joystick) **4** (*fis., chim.*) innesco **5** (*fig.*) innesco **6** (*med.*) fattore scatenante.

to **trigger** *v.tr.* **1** premere il grilletto di **2** (*fig.*) dare l'avvio a, provocare, scatenare **3** (*fis.*) sbloccare; innescare.

trigger-happy ['trɪgə,hæpɪ] *agg.* (*fam.*) che ha il grilletto facile.

triglyceride [,traɪ'glɪsəraɪd / tri·gly·cer·ide] *s.* (*biochim.*) trigliceride.

triglyph ['traɪglɪf / tri·glyph] *s.* (*arch.*) triglifo.

triglyphic(al) [traɪ'glɪfɪk(l) / tri·glyphic, tri·glyph·ical] *agg.* (*arch.*) di triglifo.

trigon ['traɪgən / tri·gon] *s.* **1** (*mat. ant.*) trigono; triangolo **2** (*astrologia, mus.*) trigono.

trigonal ['trɪgənl / tri·gonal] *agg.* **1** (*mat.*) triangolare; trigonale **2** (*cristallografia*) trigonale: *— system*, sistema trigonale.

trigone [trɪ'gəʊn / tri·gone] *s.* (*anat.*) trigono.

trigonometric(al) [,trɪgənə'metrɪk(l) / tri·go·no·met·ric(al)] *agg.* trigonometrico: *— function*, funzione trigonometrica // **-ally** *avv.*

trigonometry [,trɪgə'nɒmɪtrɪ / tri·go·no·metry] *s.* trigonometria.

trihedral [traɪ'hi:drəl / tri·hed·ral] *agg.* (*mat.*) triedrico.

trihedron [traɪ'hi:drən / tri·hed·ron] *s.* (*mat.*) triedro.

trihydroxy [,traɪhaɪ'drɒksɪ / tri·hy·droxy] *agg.* (*chim.*) contenente tre gruppi idrossilici.

trike [traɪk] *s.* (*fam.*) triciclo.

trilabiate [traɪ'leɪbɪɪt / tri·la·bi·ate] *agg.* trilabiato.

trilateral [,traɪ'lætərəl / tri·lat·eral] *agg.* trilaterale, trilatero ◆ *s.* trilatero.

trilby (hat) ['trɪlbɪ(hæt)] *s.* cappello floscio di feltro.

trilinear [traɪ'lɪnjə* / tri·lin·ear] *agg.* (*mat.*) trilineare, trilineo.

trilingual [,traɪ'lɪŋgwəl / tri·lin·gual] *agg.* trilingue.

trill [trɪl] *s.* **1** trillo (*anche mus.*) **2** (*fon.*) consonante vibrata.

to **trill** *v.intr.* **1** trillare (*anche mus.*) **2** (*ant.*) scendere in rivoli: *and now and then an ample tear trill'd down / her delicate cheek*, (SH. King Lear) e di tanto in tanto una grossa lacrima le rigava la guancia delicata ◆ *v.tr.* (*fon.*) far vibrare // *trilled consonant*, consonante vibrata.

trilling ['trɪlɪŋ / trill·ing] *s.* (*min.*) cristallo composto di tre elementi.

trillion ['trɪljən / tril·lion] *s.* trilione; (*amer.*) bilione.

trillionth ['trɪljənθ / tril·lionth] *agg.* trilionesimo.

trilobate ['traɪləbeɪt / tri·lob·ate] **trilobated** ['traɪləbeɪtɪd / trɪ·lob·ated] **trilobed** ['traɪləbed / tri·lobed] *agg.* (*bot.*) trilobato.

trilobite ['traɪləbaɪt / tri·lob·ite] *s.* (*paleont.*) trilobite.

trilogy ['trɪlədʒɪ / tri·logy] *s.* (*letter., mus.*) trilogia.

trim [trɪm] *agg.* ordinato; lindo; azzimato; ben tenuto ◆ *s.* **1** ordine; disposizione; condizione: *everything was in perfect —*, tutto era in perfetto ordine // *to be in good —*, essere in forma; *to be out of —*, non essere in forma **2** (*mar., aer.*) assetto **3** taglio (di capelli) **4** (*aut.*) arredamento interno della carrozzeria; abbigliamento **5** (*edil.*) finiture interne di legno **6** (*cinem.*) taglio // **-ly** *avv.*

to **trim** *pass.p.p.* **trimmed** [trɪmd] *v.tr.* **1** ordinare; ripulire; assettare **2** tagliare; spuntare; potare; cimare; (*fig.*) tagliare, ridurre: *to — s.o.'s hair*, spuntare i capelli a qlcu.; *to — a tree*, potare un albero; *to — costs*, tagliare i costi **3** ornare; abbellire: *a blouse trimmed with lace*, una camicetta ornata di pizzo **4** (*mar., aer.*) stabilizzare; assettare: *to — the sails*, orientare le vele // *to — one's sails*, (*fig.*) ridurre le spese **5** (*fam. antiq.*) rimproverare; castigare; bastonare; sconfiggere // *to — s.o.'s jacket*, bastonare qlcu. ◆ *v.intr.* (*pol.*) tergiversare, temporeggiare; barcamenarsi.

□ **trim down** *v.tr.* e *avv.* diminuire, ridurre; calare: *to — down spending on stationery*, tagliare le spese di cancelleria.

□ **trim off** *v.tr.* e *avv.* tagliare; spuntare; ritagliare.

trimaran ['traɪməræn / tri·maran] *s.* (*mar.*) trimarano.

trimester [traɪ'mestə* / tri·mes·ter] *s.* trimestre.

trimestrial [traɪ'mestrɪəl / tri·mest·rial] *agg.* trimestrale.

trimeter ['trɪmɪtə* / tri·meter] *s.* (*poesia*) trimetro.

trimmer ['trɪmə* / trim·mer] *s.* **1** chi mette in ordine **2** potatore, cimatore **3** decoratore **4** (*pol.*) opportunista **5** (*mar.*) stivatore **6** (*arch.*) trave principale (che sopporta una trave secondaria) **7** (*mecc.*) attrezzo sbavatore **8** (*rad.*) compensatore **9** (*fot.*) taglierina.

trimming ['trɪmɪŋ / trim·ming] *s.* **1** guarnizione, rifinitura; ornamento, passamaneria **2** equilibrazione **3** (*mecc.*) sbavatura **4** (*pol.*) opportunismo **5** (*fam.*) rimprovero; bastonata: *to give one a sound —*, picchiare uno di santa ragione **6** *pl.* guarnizioni; contorno; aggiunte, fronzoli: *chicken with trimmings*, pollo con contorno.

trimness ['trɪmnɪs / trim·ness] *s.* ordine; accuratezza; eleganza.

trimorphism [traɪ'mɔ:fɪzəm / tri·morph·ism] *s.* (*min.*) trimorfismo.

trinal ['traɪnl / tri·nal] *agg.* trino; triplice.

trinary ['traɪnərɪ / tri·nary] *agg.* ternario; triplice.

trine [traɪn] *agg.* trino; triplice ◆ *s.* **1** triade **2** (*astr.*) aspetto trino (di due pianeti divergenti di 120°).

trinervate [traɪ'nɜ:veɪt / tri·nerv·ate] *agg.* (*bot.*) a triplice nervatura.

tringle ['trɪŋgl] *s.* **1** bacchetta per tende a vetro **2** (*arch.*) listello.

Trinidanian [,trɪnɪ'dænɪən / Trini·danian] *agg.* e *s.* (nativo, abitante) di Trinidad.

Trinitarian [,trɪnɪ'teərɪən / Trin·it·ar·ian] *agg.* e *s.* (*teol.*) trinitario.

Trinitarianism [,trɪnɪ'teərɪənɪzəm / Trin·it·ari·an·ism] *s.* (*teol.*) **1** dottrina della Trinità **2** fede nella Trinità.

trinitrobenzene [,traɪ,naɪtrəʊ'benzi:n / tri·nit·ro·ben·zene] *s.* (*chim.*) trinitrobenzene.

trinitrocresol [,traɪ,naɪtrəʊ'kri:sɒl / tri·nit·ro·cre·sol] *s.* (*chim.*) trinitrocresolo.

trinitroglycerin [,traɪ,naɪtrəʊ'glɪsərɪn / tri·nit·ro·gly·cerin] *s.* (*chim.*) (tri)nitroglicerina.

trinitrotoluene [,traɪ,naɪtrəʊ'tɒljʊi:n / tri·nit·ro·tolu·ene] *s.* (*chim.*) trinitrotoluene.

trinity ['trɪnətɪ / trin·ity] *s.* **1** triplicità **2** (*teol.*) *the Trinity*, la SS. Trinità // *Trinity Sunday*, festa della SS. Trinità **3** *Trinity House*, ente competente incaricato della concessione di brevetti di piloti, permessi per la costruzione di fari ecc.

trinket ['trɪŋkɪt / trin·ket] *s.* gingillo, ninnolo; ciondolo.

trinketry ['trɪŋkɪtrɪ / trin·ketry] *s.* [U] ninnoli, fronzoli, gingilli.

trinomial [traɪ'nəʊmjəl / tri·no·mial] *s.* (*mat. antiq.*) trinomio ◆ *agg.* trinomiale.

trio ['tri:əʊ] *pl.* **trios** *s.* **1** (*mus.*) trio **2** terzetto **3** (*carte*) tris.

triode ['traɪəʊd / tri·ode] *s.* (*fis.*) triodo.

triole [tri:əʊl / tri·ole] *s.* (*mus.*) terzina.

triolet ['tri:əʊlet / tri·olet] *s.* componimento poetico di otto versi.

triones [traɪ'əʊni:z / tri·ones] *s.pl.* (*astr.*) trioni.

triose ['traɪəʊs / tri·ose] *s.* (*biochim.*) trioso.

trioxide [traɪ'ɒksaɪd / tri·ox·ide] *s.* (*chim.*) triossido.

trip [trɪp] *s.* **1** gita; viaggio; escursione: *to go for* (o *to take*) *a —*, fare una gita, un viaggetto // *round —*, viaggio di andata e ritorno **2** passo agile, svelto, leggero **3** passo falso (*anche fig.*) **4** sgambetto **5** (*mecc.*) disinnesto, rilascio: *— gear*, dispositivo a scatto **6** (*sl.*) viaggio, trip.

to **trip** *pass.p.p.* **tripped** [trɪpt] *v.intr.* **1** inciampare; incespicare: *he tripped over a stool and broke his arm*, inciampò in uno sgabello e si ruppe un braccio **2** sbagliare, fare un passo falso **3** camminare con passo agile e leggero; saltellare: *he tripped along*, avanzava saltellando **4** (*rar.*) fare una gita, un viaggio **5** (*sl.*) fare un viaggio, un trip ◆ *v.tr.* **1** far inciampare; fare lo sgambetto a: *the fullback tripped the winger*, il terzino sgambettò l'ala **2** (*fig.*) far sbagliare; far fare un passo falso a **3** (*mecc.*) far scattare; liberare **4** (*mar.*) spedare (l'ancora).

□ **trip up** *v.tr.* e *intr.* e *avv.* **1** (far) inciampare; (far) incespicare **2** (*fig.*) (far) sbagliare; (far) cadere in contraddizione.

tripartite [,traɪ'pɑ:taɪt / tri·part·ite] *agg.* tripartito // **-ly** *avv.*

tripartition [,traɪpɑ:'tɪʃn / tri·par·ti·tion] *s.* tripartizione.

tripe [traɪp] *s.* **1** (*cuc.*) trippa **2** *gener. pl.* (*fam. antiq.*) stomaco **3** (*fam.*) sciocchezze; robaccia.

tripedal ['traɪpɪdl / tri·pedal] *agg.* che ha tre piedi.

tripetalous [traɪ'petələs / tri·pet·al·ous] *agg.* (*bot.*) tripetalo, a tre petali.

trip-hammer ['trɪp,hæmə*] *s.* (*mecc.*) maglio a leva.

triphthong ['trɪfθɒŋ / triph·thong] *s.* (*fon.*) trittongo.

triplane ['traɪpleɪn / tri·plane] *s.* (*aer.*) triplano.

triple ['trɪpl] *agg.* triplo, triplice // — *crown*, triregno, tiara pontificia // (*chim.*, *fis.*) — *bond*, triplo legame; — *point*, punto triplo // (*sport*) — *jump*, salto triplo.

to **triple** *v.tr.* e *intr.* triplicare, triplicarsi: *he tripled his efforts*, triplicò i suoi sforzi.

triplet ['trɪplɪt / trip·let] *s.* **1** (*poesia*, *mus.*) terzina **2** serie di tre cose; tripletta **3** uno di tre gemelli **4** (*fis.*) tripletto **5** (*fis.*) sistema di tre lenti.

triplex ['trɪpleks / trip·lex] *agg.* **1** triplice, triplo **2** (*amer.*) per tre famiglie; su tre piani ♦ *s.* (*amer.*) casa per tre famiglie; appartamento su tre piani.

triplicate ['trɪplɪkɪt / trip·lic·ate] *agg.* triplo; triplicato ♦ *s.* triplice copia: *to draw up documents in* —, redigere documenti in triplice copia.

to **triplicate** ['trɪplɪkeɪt] *v.tr.* triplicare.

triplication [,trɪplɪ'keɪʃn / trip·lica·tion] **triplicature** ['trɪplɪkɪtʃə* / trip·lica·ture] *s.* triplicazione.

triplite ['trɪplaɪt / trip·lite] *s.* (*min.*) triplite.

triply ['trɪplɪ] *avv.* triplicemente.

tripod ['traɪpɒd / tri·pod] *s.* **1** treppiedi; cavalletto (a tre gambe) **2** tavolo, sgabello con tre gambe **3** (*archeol.*) tripode.

tripoli ['trɪpəlɪ / tri·poli] *s.* (*geol.*) tripoli, farina fossile.

tripos ['traɪpɒs / tri·pos] *s.* esame di laurea (all'università di Cambridge).

tripper ['trɪpə* / trip·per] *s.* **1** (*fam.*) gitante, escursionista; turista **2** chi inciampa; chi fa inciampare **3** cosa che fa inciampare **4** chi si muove con passo agile **5** (*mecc.*) (dispositivo di) scatto.

tripping ['trɪpɪŋ / trip·ping] *agg.* **1** agile, leggero; saltellante: — *step*, passo agile **2** (*mecc.*) di scatto: — *device*, dispositivo di scatto // **-ly** *avv.*

triptane ['trɪpteɪn / tript·ane] *s.* (*chim.*) triptano.

triptych ['trɪptɪk / trip·tych] *s.* (*arte*) trittico.

triquetral [traɪ'kwetrəl / tri·quet·ral] **triquetrous** [traɪ'kwetrəs / tri·quet·rous] *agg.* triangolare (*spec. bot.*).

triradial [traɪ'reɪdjəl / tri·rad·ial] **triradiate(d)** [traɪ'reɪdjeɪt(ɪd) / tri·ra·diate(d)] *agg.* a tre raggi; a tre bracci.

trireme ['traɪri:m / tri·reme] *s.* trireme.

trisaccharide [traɪ'sækəraɪd / tri·sac·char·ide] *s.* (*chim.*) trisaccaride.

to **trisect** [traɪ'sekt / tri·sect] *v.tr.* tripartire, dividere in tre parti uguali; (*mat.*) trisecare.

trisection [traɪ'sekʃn / tri·sec·tion] *s.* (*mat.*) trisezione: — *of the angle*, trisezione dell'angolo.

trisector [traɪ'sektə* / tri·sector] *s.* trisettore.

trisectrix [traɪ'sektrɪks / trɪ·sect·rix] *s.* (*mat.*) trisettrice.

trisepalous [traɪ'sepələs / tri·sepal·ous] *agg.* (*bot.*) trisepalo.

trismus ['trɪzməs / tris·mus] *s.* (*med.*) trisma.

trisomic [traɪ'səʊmɪk / tri·somic] *agg.* (*biol.*) trisomico.

trisomy ['traɪ,səʊmɪ / tri·somy] *s.* (*biol.*) trisomia // (*med.*) — *21*, trisomia 21, sindrome di Down.

tristful ['trɪstfʊl / trist·ful] *agg.* (*ant.*) triste, dolente, afflitto: *Heaven's face does glow / ... / with tristful visage, as against the doom*, (SH. Hamlet) la faccia del cielo avvampa ... con aria afflitta come anticipasse il giudizio.

trisyllabic(al) [,traɪsɪ'læbɪk(l) / tri·syl·labic·(al)] *agg.* trisillabo, trisillabico.

trisyllable [,traɪ'sɪləbl / tri·syl·lable] *s.* trisillabo.

trite [traɪt] *agg.* trito, comune, banale; stantio; risaputo // **-ly** *avv.* // **-ness** *s.*

tritheism ['traɪθɪɪzəm / tri·the·ism] *s.* (*st. relig.*) triteismo.

tritheist ['traɪθɪɪst / tri·the·ist] *s.* (*st. relig.*) triteista.

tritiated ['trɪtɪeɪtɪd / tri·ti·ated] *agg.* (*chim.*) triziato.

tritium ['trɪtɪəm / tri·tium] *s.* (*chim.*) trizio.

triton ['traɪtn / tri·ton] *s.* (*zool.*) tritone.

tritone ['traɪtəʊn / tri·tone] *s.* (*mus.*) tritono.

triturable ['trɪtjʊrəbl / trit·ur·able] *agg.* triturabile.

to **triturate** ['trɪtjʊreɪt / trit·ur·ate] *v.tr.* triturare.

trituration [,trɪtjʊ'reɪʃn / trit·ura·tion] *s.* triturazione.

triturator ['trɪtjʊreɪtə* / trit·ur·ator] *s.* (*mecc.*) trituratore.

triumph ['traɪəmf / tri·umph] *s.* **1** trionfo, successo: *to achieve great triumphs*, riportare grandi successi; *his new book is a real* —, il suo nuovo libro è un vero successo **2** (*st. romana*) trionfo **3** (*fig.*) trionfo, esultanza; aria di trionfo: *there was a note of — in his voice*, c'era una nota di esultanza nella sua voce.

to **triumph** *v.intr.* **1** trionfare; vincere: *to — over one's enemies*, trionfare sui propri nemici **2** (*st. romana*) celebrare il trionfo **3** esultare.

triumphal [traɪ'ʌmfl / tri·umphal] *agg.* **1** trionfale, di trionfo: — *arch*, arco di trionfo **2** esultante, trionfante.

triumphant [traɪ'ʌmfənt / tri·umph·ant] *agg.* trionfante // **-ly** *avv.*

triumpher ['traɪəmfə* / tri·umph·er] *s.* trionfatore.

triumvir [traɪ'ʌmvə* / tri·um·vir] *pl.* **triumvirs**, **triumviri** [traɪ'ʌmvəraɪ / tri·um·viri] *s.* (*st. romana*) triumviro (*anche estens.*).

triumvirate [traɪ'ʌmvɪrət / tri·um·vir·ate] *s.* (*st. romana*) triumvirato (*anche estens.*).

triune ['traɪju:n / tri·une] *agg.* (*teol.*) uno e trino.

trivalence [traɪ'veɪləns / tri·val·ence] **trivalency** [traɪ'veɪlənsɪ / tri·val·ency] *s.* (*chim.*) trivalenza.

trivalent ['trɪvələnt / tri·valent] *agg.* (*chim.*) trivalente.

trivalve ['traɪvælv / tri·valve] **trivalvular** [traɪ'vælvjʊlə* / tri·valv·ular] *agg.* (*zool.*) trivalve.

trivet ['trɪvɪt] *s.* **1** treppiede, treppiedi **2** sottopentola.

trivia ['trɪvɪə] *s.pl.* banalità; sciocchezze.

trivial ['trɪvɪəl / triv·ial] *agg.* **1** insignificante, banale, futile (di argomento ecc.): *a — sum*, una somma irrisoria // (*dir.*) — *offence*, reato di minima entità, contravvenzione **2** banale, comune, ordinario **3** superficiale, leggero (di persona) **4** (*bot.*, *zool.*) popolare, non scientifico, volgare // **-ly** *avv.*

trivialism ['trɪvɪəlɪzəm / tri·vi·al·ism] **triviality** [,trɪvɪ'ælətɪ / tri·vi·al·ity] *s.* **1** banalità; futilità **2** superficialità.

to **trivialize** ['trɪvɪəlaɪz / trivi·al·ize] *v.tr.* rendere banale; considerare insignificante.

trivialness ['trɪvɪəlnɪs / triv·ial·ness] *s.* **1** banalità, futilità **2** superficialità.

trivium ['trɪvɪəm / triv·ium] *pl.* **trivia** ['trɪvɪə] *s.* (*st.*) trivio (delle arti medievali).

triweekly [traɪ'wi:klɪ / tri·weekly] *agg.* **1** trisettimanale, che avviene tre volte la settimana **2** che avviene ogni tre settimane ♦ *s.* pubblicazione trisettimanale.

trizonal [traɪ'zəʊnl / tri·zonal] *agg.* a tre zone.

troat [trəʊt] *s.* bramito (di cervo).

to **troat** *v.intr.* bramire (di cervo).

trocar ['trəʊkɑ:* / tro·car] *s.* (*med.*) trequarti.

trochaic [trəʊ'keɪɪk / tro·chaic] *agg.* (*metrica*) trocaico.

trochal ['trɒkəl / tro·chal] *agg.* (*zool.*) a forma di ruota (di rotiferi).

trochanter [trəʊ'kæntə* / tro·chan·ter] *s.* (*anat.*) trocantere.

troche [trəʊʃ] *s.* (*med.*) pastiglia.

trochee ['trəʊki: / tro·chee] *s.* (*metrica*) trocheo.

trochilus ['trɒkɪləs / troch·ilus] *pl.* **trochili** ['trɒkɪlaɪ / troch·ili] *s.* **1** (*zool.*) piviere dei coccodrilli **2** (*arch.*) trochilo.

trochlea ['trɒklɪə / troch·lea] *pl.* **trochleae** ['trɒklɪi: / troch·leae] *s.* (*anat.*) troclea.

trochlear ['trɒklɪə* / troch·lear] *agg.* (*anat.*) trocleare.

trochoid ['trɒkɔɪd / troch·oid] *s.* (*mat.*) trocoide.

trod *pass.* di to **tread**.

trodden *p.p.* di to **tread**.

troglodyte ['trɒglədaɪt / trog·lo·dyte] *s.* troglodita.

troglodytic(al) [,trɒgləʊ'dɪtɪk(l) / trog·lo·dytic·(al)] *agg.* trogloditico.

troglodytism ['trɒglədaɪtɪzəm / trog·lo·dyt·ism] *s.* trogloditismo.

troika ['trɔɪkə] *s.* troica.

Trojan ['trəʊdʒən / Tro·jan] *agg.* e *s.* troiano // *to work like a* —, sgobbare come un negro.

Trojan horse [,trəʊdʒən'hɔ:s] *s.* **1** cavallo di Troia; (*fig.*) quinta colonna **2** (*inform.*)

frode informatica (per far eseguire all'elaboratore funzioni vietate).

troll[1] [trəʊl] *s.* **1** giro; ripetizione **2** (*mus.*) canone **3** esca da traina; cucchiaino **4** lenza da traina; tirlindana.

to **troll**[1] *v.tr.* **1** girare, far girare, far rotolare **2** cantare ad alta voce; cantare allegramente: *...will you troll the catch / you taught me but while-ere?*, (SH. The Tempest) ...volete cantare il ritornello che mi avete insegnato poco fa? **3** far andare (la traina) **4** (*aut.*) far girare (la bottiglia) a tavola ◆ *v.intr.* **1** cantare (in un canone), cantare a voce spiegata **2** pescare alla traina.

troll[2] *s.* **1** (*mit. scandinava*) Troll, demone maligno **2** (*fam. amer.*) stupidotto.

trolley ['trɒlı / trol·ley] *s.* **1** carrello: *shopping* —, carrello della spesa; *supermarket* —, carrello del supermercato **2** carrello portavivande AMER. wag(g)on **3** (*elettr.*) trolley, presa aerea: — *line*, filovia (*o amer.* tranvia); — *pole*, asta di presa, trolley; — *shoe*, pattino di presa; — *wheel*, ruota di presa; — *wire*, linea aerea **4** → trolleybus **5** (*amer.*) → tram[1].

trolleybus ['trɒlı,bʌs / trol·ley·bus] *s.* filobus.

trolley car ['trɒlı,kɑ:*] *s.* (*amer.*) → **tram**[1].

trollop ['trɒləp / trol·lop] *s.* (*antiq. volg.*) **1** sudiciona, sozzona **2** sgualdrina, prostituta.

trollopish ['trɒləpıʃ / trol·lop·ish] **trollopy** ['trɒləpı / trol·lopy] *agg.* (*antiq. volg.*) **1** sporco; sudicio; disordinato **2** da sgualdrina.

trolly → **trolley**.

trombone [trɒm'bəʊn / trom·bone] *s.* (*mus.*) trombone.

trombonist [trɒm'bəʊnıst / trom·bon·ist] *s.* suonatore di trombone.

trommel ['trɒməl / trom·mel] *s.* (*miner.*) vaglio rotativo, a tamburo.

to **tromp** [trɒmp] *v.tr.* e *intr.* (*fam. amer.*) → to **tramp**.

trompe [trɒmp] *s.* (*metall.*) tromba a vento.

trona ['trəʊnə] *s.* (*min.*) trona.

troop [tru:p] *s.* **1** banda; frotta; gruppo; gregge, branco: *in troops*, a frotte **2** *pl.* (*mil.*) truppe **3** (*mil.*) squadrone di cavalleria // *to get one's* —, essere promosso capitano **4** (*scoutismo*) reparto, compagnia **5** segnale di adunata delle truppe (dato col tamburo) **6** troupe, compagnia di attori.

to **troop** *v.intr.* **1** radunarsi; raggrupparsi; raccogliersi; affollarsi **2** camminare in gruppo: *the children trooped along the pavement*, i bambini camminavano in gruppo lungo il marciapiede **3** sfilare ◆ *v.tr.* (*mil.*) *to — the colour*, far sfilare la bandiera davanti alle truppe; (*del sovrano*) passare in rivista la Guardia Reale.

troop carrier ['tru:p,kærıə*] *s.* **1** (*mil.*) (mezzo corazzato da) trasporto truppe **2** (*aer.*) (aeroplano da) trasporto truppe **3** → troopship.

trooper ['tru:pə*] *s.* **1** soldato di cavalleria // *to swear like a* —, bestemmiare come un turco **2** cavallo di truppa **3** nave da trasporto truppe **4** (*amer.*) poliziotto a cavallo **5** (*amer.*) agente di polizia (di uno stato).

troopship ['tru:pʃıp / troop·ship] *s.* (*mar.*) (nave da) trasporto truppe.

troop-train ['tru:ptreın] *s.* (*mil.*) tradotta.

troostite ['tru:staıt / troost·ite] *s.* (*min.*) troostite.

tropaeolum [trəʊ'pi:ələm / tro·pae·olum] *pl.* **tropaeolums**, **tropaeola** [trıəʊ'pi:ələ / tro·pae·ola] *s.* (*bot.*) tropeolo; (*pop.*) erba cappuccina.

trope [trəʊp] *s.* (*ret.*) tropo.

trophic ['trɒfık] *agg.* (*anat.*) trofico: — *nerves*, nervi trofici.

trophied ['trəʊfıd / tro·phied] *agg.* ornato di trofei.

trophism ['trɒfızm / tro·phism] *s.* (*med.*) trofismo.

trophoblast ['trɒfəblæst / tropho·blast] *s.* (*biol.*) trofoblasto.

trophy ['trəʊfı] *s.* trofeo; (*sport*) coppa.

tropic ['trɒpık] *s.* **1** (*geogr.*) tropico: — *of Cancer*, — *of Capricorn*, Tropico del Cancro, del Capricorno **2** *pl.* tropici, zona tropicale ◆ *agg.* tropicale; dei tropici.

tropical ['trɒpıkl / trop·ical] *agg.* **1** (*geogr.*) tropicale **2** (*ret.*) metaforico, figurato // **-ly** *avv.*

tropic bird ['trɒpık,bɜ:d] *s.* (*zool.*) fetonte.

tropine ['trəʊpi:n / trop·ine] *s.* (*chim.*) tropina.

tropism ['trəʊpızm / trop·ism] *s.* (*biol.*) tropismo.

tropological [,trɒpə'lɒdʒıkl / tro·po·lo·gical] *agg.* (*ret.*) tropologico // **-ly** *avv.*

tropology [,trəʊ'pɒlədʒı / tro·po·logy] *s.* (*ret.*) tropologia.

tropopause ['trəʊpəpɔ:z / tro·po·pause] *s.* (*meteor.*) tropopausa.

troposphere ['trəʊpəsfıə* / tro·po·sphere] *s.* (*meteor., fis.*) troposfera.

trot [trɒt] *s.* **1** trotto; trottata: *to break into a* —, mettersi al trotto; *to go at a slow* —, andare al piccolo trotto // *on the* —, (*fig.*) uno dopo l'altro, consecutivamente **2** (*estens.*) il camminare svelto // *to be on the* —, essere in movimento, in continua attività // *to keep s.o. on the* —, (*fam.*) tener qlcu. in movimento; far sgobbare qlcu. **3** (*rar.*) bambino, trottolino **4** (*ant.*) vecchiaccia, vecchiarda **5** (*sl. scolastico amer.*) bigino **6** *pl.* (*fam. amer.*) diarrea.

to **trot** *pass.p.p.* **trotted** ['trɒtıd / trot·ted] *v.intr.* trottare; andare al trotto ◆ *v.tr.* far trottare; mettere al trotto.

□ **trot along** *v.intr.* e *avv.* trottare; camminare velocemente; andarsene in fretta: *it is getting late so I must — along*, si fa tardi, devo andarmene in fretta.

□ **trot out** *v.tr.* e *avv.* tirar fuori, tirare in ballo: *he's always trotting out his theory about the origin of the Universe*, tira sempre in ballo la sua teoria sulle origini dell'universo.

troth [trəʊθ *amer.* trɔ:θ] *s.* (*ant.*) **1** verità: *in* —, in verità **2** parola; promessa: *to plight one's* —, dare la propria parola; (*fig.*) fare una promessa di matrimonio // *I wonder by my troth, what thou and I / did, till we loved?*, (DONNE) mi chiedo, in fede mia, che si faceva io e te prima d'amarci?

troth-plight ['trəʊθ,plaıt] *s.* (*ant.*) promessa di matrimonio; fidanzamento: *my wife's a hobby-horse; deserves a name / as rank as any flex-wench that puts to / before her troth -plight*, (SH. The Winter's Tale) mia moglie è compiacente; si merita un titolo qual si conviene a una qualunque scardassatrice che si dà anche prima del fidanzamento.

trotskyism ['trɒtski:,ızəm / trot·sky·ism] *s.* (*pol.*) trotzkismo.

trotskyist ['trɒtski:ıst / trot·sky·ist] **trotskyite** ['trɒtski:,aıt / trot·sky·ite] *s. agg.* (*pol.*) trotzkista.

trotter ['trɒtə* / trot·ter] *s.* **1** trottatore (cavallo) **2** (*cuc.*) zampetto **3** *pl.* (*scherz.*) piedi.

troubadour ['tru:bə,dʊə* / trou·ba·dour] *s.* (*st. lett.*) trovatore.

trouble ['trʌbl] *s.* **1** [U] guaio, guai; pasticcio, pasticci: *to look for* —, cercar guai; *to be in* —, essere nei pasticci; *to get into* —, mettersi nei pasticci; *to get s.o. into* —, mettere qlcu. nei guai, nei pasticci; *to get a girl into* —, (*fam.*) mettere nei guai, incinta una ragazza; *to get out of* —, togliersi dai pasticci **2** [U] disturbo, fastidio, seccatura, inconveniente, noia: *what should I give you for your —?*, cosa le devo per il disturbo?; *it's no* —, non è un disturbo; *can you save me the — of going to the bank?*, puoi risparmiarmi la seccatura di andare in banca?; *it's more — than it's worth* (o *it's not worth the* —), non ne vale la pena, il gioco non vale la candela; *to put s.o. to a lot of* —, procurare molto disturbo a qlcu.; *to take the — to do sthg.*, prendersi la briga di fare qlco. **3** difficoltà, problema; preoccupazione: *what's the —?*, qual è il problema?, cosa c'è?; *the — is that ...*, il problema è che...; *I have — concentrating for long periods*, ho difficoltà a concentrarmi per lunghi periodi; *if we make some money all our troubles will be over*, se facciamo un po' di soldi tutte le nostre preoccupazioni finiranno **4** (*med.*) disturbo; malattia: *he had liver troubles*, ha avuto disturbi di fegato; *to have heart* —, avere disturbi di cuore // *what is the —?*, che disturbi hai? **5** [U] disordine, conflitto sociale: *there has been a good deal of — there during recent years*, ci sono stati molti disordini là in questi ultimi anni **6** *pl.* agitazioni, disordini (in relazione alla situazione politica irlandese) **7** (*mecc.*) guasto, inconveniente, anomalia di funzionamento // (*inform.*) — *shooting*, ricerca di guasto.

to **trouble** *v.tr.* **1** (IV) disturbare, incomodare; importunare: *I am sorry to — you*, mi spiace disturbarti; *I shan't — you with the details*, ti risparmio i particolari // *may I — you for the bread?*, vorresti passarmi il pane, per favore?; *may I — you to shut the door?*, ti spiacerebbe chiudere la porta? **2** affliggere, far soffrire: *how long has this cough been troubling you?*, da quanto tempo ti affligge questa tosse?; *I am troubled with neuralgia*, sono tormentato dalla nevralgia **3** (*letter.*) agitare, muovere (spec. l'acqua) ◆ *v.intr.* **1** disturbarsi; incomodarsi: *don't — to write to him*, non darti la pena di scrivergli **2** preoccuparsi; affliggersi: *don't — about it*, non preoccupartene.

troubled ['trʌbld] *agg.* agitato, turbato; inquieto, ansioso: *a — sleep*, un sonno agitato; *a — soul*, un'anima inquieta; — *times*, tempi difficili // *to fish in — waters*, (*fig.*) pescare nel torbido // *to pour oil on — water*, (*fig.*) gettare acqua sul fuoco.

troublemaker ['trʌbl,meıkə* / trouble·maker] *s.* chi causa guai; sobillatore, agitatore.

troubler ['trʌblə*] *s.* (*non com.*) disturbatore; seccatore.

to **trouble-shoot** ['trʌbl,ʃu:t] *v.tr.* **1** localizzare e riparare (guasti) (*anche inform.*) **2** (*fam. amer.*) mediare (una controversia, una vertenza); (*fig.*) riconciliare ◆ *v.intr.* **1** localizzare e riparare guasti **2** (*fam. amer.*) fare opera di mediazione; mettere pace.

trouble-shooter ['trʌbl,ʃu:tə*] *s.* **1** tecnico riparatore (*anche inform.*) **2** specialista nella ricerca di guasti **3** (*fam. amer.*) mediatore (di controversie, vertenze); (*fig.*) paciere.

trouble shooting ['trʌbl,ʃu:tɪŋ] *s.* **1** ricerca e riparazione di un guasto (*anche inform.*) // (*elettr.*) — *device*, apparecchio per la ricerca dei guasti **2** (*fam. amer.*) mediazione (di controversie, vertenze).

troublesome ['trʌblsəm / trouble·some] *agg.* **1** importuno; fastidioso; noioso, seccante **2** preoccupante; problematico, critico **3** (*ant.*) penoso, tormentoso, doloroso // **-ly** *avv.* // **-ness** *s.*

trouble spot ['trʌbl,spɒt] *s.* area turbata da conflitti, disordini; punto caldo.

troublous ['trʌbləs / troub·lous] *agg.* (*ant.*) agitato, inquieto, turbato // — *times*, tempi difficili.

trough [trɒf] *s.* **1** trogolo; tinozza, mastello // *drinking* —, abbeveratoio // *mercury* —, vaschetta del mercurio **2** doccia (di grondaia); canale (per lo scolo delle acque) **3** (*tecn.*) (*conveying*) —, canale trasportatore **4** ventre dell'onda **5** (*econ.*) avvallamento, depressione; punto di minimo: *cycle* —, minimo ciclico, punto di svolta inferiore **6** (*meteor.*) saccatura: *equatorial* —, saccatura equatoriale **7** (*geol.*) valle glaciale; nucleo (di sinclinale) **8** (*geogr.*) avvallamento; fossa oceanica.

to **trounce** [traʊns] *v.tr.* **1** bastonare, picchiare; punire **2** sgridare, rimproverare **3** (*fig.*) sconfiggere, battere; travolgere: *Juventus trounced Benfica 5-0*, la Juventus ha sconfitto il Benfica 5 a 0.

trouncing ['traʊnsɪŋ / troun·cing] *s.* **1** busse, percosse; punizione **2** rimprovero **3** (*fig.*) sconfitta.

troupe [tru:p] *s.* troupe (compagnia di attori, tecnici ecc.).

trouper ['tru:pə*] *s.* membro di una troupe.

trouser ['traʊzə*] *agg.* di, da pantaloni, calzoni: — *pocket*, tasca dei pantaloni // — *suit*, tailleur pantalone.

trouser press ['traʊzə,pres] *s.* stiracalzoni.

trousers ['traʊzəz] *s.pl.* (*a pair of*) —, calzoni, pantaloni: *to wear* —, portare i pantaloni (*anche fig.*).

trousseau ['tru:səʊ / trous·seau] *pl.* **trousseaus**, **trousseaux** *s.* corredo (da sposa).

trout [traʊt] *s.pl.invar.* trota: *a river full of* —, un fiume ricco di trote; — *fishing*, pesca delle trote // *a silly old* —, una stupida vecchiaccia.

to **trout** *v.intr.* pescare trote.

trout-coloured ['traʊt,kʌləd] *agg.* dal mantello trotino (detto di cavallo).

troutlet ['traʊtlɪt / trout·let] **troutling** ['traʊtlɪŋ / trout·ling] *s.* (*zool.*) trotella.

trouvère [tru:'veə* / trouv·ère] *s.* (*fr.*) (*st. lett.*) troviero.

trove [trəʊv] *s.* (*dir.*) tesoro trovato.

trover ['trəʊvə*] *s.* (*dir.*) **1** ricupero di proprietà perduta **2** azione legale per ottenere la restituzione di beni illegalmente perduti.

to **trow** [trəʊ] *v.tr.* (*ant.*) pensare, credere; domandarsi.

trowel [traʊəl] *s.* **1** (*edil.*) mestola, cazzuola; frattazzo // *to lay it on with a* —, (*fig.*) adulare grossolanamente **2** paletta da giardiniere; trapiantatoio.

to **trowel** *pass.p.p.* **trowelled** [traʊəld / trow·elled] *v.tr.* stendere con la cazzuola; spianare; lisciare con il frattazzo.

trowsers → **trousers**.

troy [trɔɪ] *s.* — (*weight*), 'troy' (sistema di pesi usato in Gran Bretagna e negli Stati Uniti per pietre e metalli preziosi): *ounce* —, oncia troy (= 31,103 g).

truancy ['tru:ənsɪ / tru·ancy] *s.* **1** assenza ingiustificata (da scuola); il marinare la scuola **2** (*ant.*) svogliatezza, pigrizia, poltroneria.

truant ['tru:ənt / tru·ant] *s.* **1** ragazzo che marina la scuola: *to play* —, marinare la scuola **2** (*ant.*) lavativo ◆ *agg.* **1** che marina la scuola **2** (*ant.*) che fa il lavativo; pigro, svogliato.

truantly ['tru:əntlɪ / tru·ant·ly] *avv.* (*ant.*) pigramente, svogliatamente.

truce [tru:s] *s.* **1** tregua, armistizio // (*st.*) *the* — *of God*, la tregua di Dio // *flag of* —, bandiera bianca **2** riposo; cessazione (di affanni ecc.).

truck[1] [trʌk] *s.* **1** baratto, scambio; traffico **2** (*fam.*) relazione, rapporto: *we have no* — *with him*, non abbiamo nulla a che fare con lui **3** (*comm.*) pagamento in natura: — *system*, sistema di pagamento in natura // *Truck Acts*, leggi vietanti il sistema di pagamento in natura **4** (*non com.*) articoli vari **5** (*fam.*) merce scadente; (*fig.*) sciocchezze **6** (*amer.*) frutta e ortaggi (destinati ai mercati).

to **truck**[1] *v.tr.* barattare, scambiare ◆ *v.intr.* **1** trafficare, commerciare **2** (*fam.*) avere relazioni **3** (*comm.*) pagare in natura.

truck[2] *s.* **1** carro; (*spec. amer.*) autocarro, camion: *fire* —, autopompa; *gasoline* —, (*amer.*) autocisterna per benzina; *refrigerator* —, autofrigorifero; (*miner.*) *off-highway* —, autocarro da cava; — *crane*, carro gru; — *trailer*, rimorchio; — *driver*, (*amer.*) autotrasportatore, camionista **2** carrello: *railroad* —, carrello portabagagli; *hand* —, carrello a mano **3** (*ferr.*) pianale; carrello **4** (*mar.*) formaggetta, pomo, galletta.

to **truck**[2] *v.tr.* trasportare (su autocarro ecc.) ◆ *v.intr.* guidare un autocarro; fare il camionista.

truckage ['trʌkɪdʒ / truck·age] *s.* **1** trasporto (con autocarro) **2** costo di trasporto (con autocarro).

trucker[1] ['trʌkə*] *s.* (*amer.*) ortofrutticoltore.

trucker[2] *s.* (*amer.*) camionista.

truck farm ['trʌk,fɑ:m] *s.* (*amer.*) orto BRIT. market garden.

truck farmer ['trʌk,fɑ:mə*] *s.* (*amer.*) ortofrutticoltore BRIT. market gardener.

truck farming ['trʌk,fɑ:mɪŋ] *s.* (*amer.*) ortofrutticoltura BRIT. market gardening.

trucking ['trʌkɪŋ / truck·ing] *s.* (*amer.*) autotrasporto // — *firm*, impresa di autotrasporti.

truckle ['trʌkl] *s.* **1** carrucola; rotella orientabile **2** (*mecc.*) rullo **3** — (*bed*), letto basso con rotelle (da inserire sotto un altro): *there's his chamber, his house, his castle, his standing-bed and truckle-bed*, (SH. The Merry Wives of Windsor) là è la sua stanza, la sua casa, il suo castello, il suo letto fisso e quello mobile.

to **truckle** *v.intr.* abbassarsi, umiliarsi; strisciare; essere servile.

truckler ['trʌklə* / truck·ler] *s.* persona servile.

truckload ['trʌkləʊd / truck·load] *s.* carico (di autocarro, camion ecc.).

truck-shop ['trʌkʃɒp] amer. **truck-store** ['trʌkstɔ:*] *s.* spaccio.

truck stop ['trʌkstɒp] (*amer.*) → **transport café**.

truckway ['trʌkweɪ / truck·way] *s.* (strada) camionale, camionabile.

truculence ['trʌkjʊləns / truc·ulence] **truculency** ['trʌkjʊlənsɪ / truc·ulency] *s.* truculenza; (*antiq.*) ferocia.

truculent ['trʌkjʊlənt / truc·ulent] *agg.* **1** truculento; (*antiq.*) feroce; brutale; violento **2** pungente; aspro; feroce // **-ly** *avv.*

trudge [trʌdʒ] *s.* cammino faticoso.

to **trudge** *v.intr.* camminare faticosamente.

true [tru:] *agg.* **1** vero, conforme a verità; esatto: *the sad news was only too* —, purtroppo la triste notizia era vera; *too good to be* —, troppo bello per essere vero; *to ring* —, suonare, sembrare vero; — *to form* (o *type*), come c'era da aspettarsi; *to come* (o *to prove*) —, realizzarsi, avverarsi **2** vero, reale; autentico; legittimo: *the* — *God*, il vero Dio; *the* — *heir*, l'erede legittimo; *a* — *poet*, un vero poeta; — *to life*, realistico; — *feelings*, sentimenti sinceri // (*econ.*) — *yield*, rendimento reale **3** fedele; leale: *to be* — *to s.o.*, essere fedele a qlcu.; *o perverse sexe, where none is true but shee, / who's therefore true, because her truth kills me*, (DONNE) o sesso perverso, dove nessuna è fedele se non colei che lo è per uccidermi con la sua fedeltà // *as* — *as steel*, a tutta prova **4** intonato (di voce, strumento) **5** preciso, accurato **6** puro, non adulterato // (*econ.*) — *interest*, interesse puro **7** centrato; diritto, allineato: *the table isn't* —, il tavolo non è orizzontale ◆ *s.* (*mecc.*) centratura, allineamento, posizione corretta: *in* —, a posto; *out of* —, non centrato, non allineato, messo male.

true *avv.* **1** esattamente, precisamente **2** conformemente **3** (*antiq.*) veramente, sinceramente.

to **true** *v.tr.* (*mecc.*) **1** centrare, allineare: *to* — (*up*) *a wheel*, centrare una ruota **2** rettificare, alesare: *to* — *a cylinder*, rettificare un cilindro **3** ravvivare, rettificare: *to* — *a grinding wheel*, ravvivare una mola.

true bill ['tru:bɪl] *s.* (*dir. amer.*) incriminazione.

true-blue ['tru:'blu:] *agg.* (*fam.*) **1** fedele; leale **2** fedele al partito conservatore.

trueborn ['tru:bɔ:n / true·born] *agg.* (*letter.*) vero, autentico, genuino: *a* — *gentleman*, un vero gentiluomo.

truehearted [,tru:'hɑ:tɪd / true·hearted] *agg.* fedele; leale.

true-life ['tru:laɪf] *agg.* realistico; basato sui fatti: *a* — *description*, una descrizione realistica.

truelove ['tru:lʌv / true·love] *s.* (*letter.*) innamorato.

trueness ['tru:nɪs / true·ness] *s.* (*non com.*) **1** verità **2** esattezza **3** sincerità, fedeltà, lealtà.

truepenny ['tru:,penɪ / true·penny] *s.* (*ant.*) persona onesta: *art thou there, truepenny? / Come on, you hear this fellow in the cellarage*, (SH. Hamlet) siete lì, brav'uomo? Via, ascoltate l'amico in cantina.

truffle ['trʌfl] *s.* **1** (*bot.*) (*Tuber magnatum*) tartufo **2** tartufo (di cioccolato).

truffled ['trʌfld] *agg.* tartufato.

truffle-dog ['trʌfl,dɒg] *s.* cane da tartufi.

trug [trʌg] *s.* cestino di vimini; panierino (da giardiniere).

truism ['tru:ɪzəm / tru·ism] *s.* truismo; verità lapalissiana.

trull [trʌl] *s.* (*ant.*) sgualdrina.

truly ['tru:lɪ] *avv.* **1** veramente; in verità, davvero; certamente **2** sinceramente // *Yours* — (o *Truly yours*), distinti saluti (nella chiusa di una lettera); *yours* —, (*spec. amer. scherz.*) il sottoscritto **3** fedelmente; lealmente **4** esattamente; con precisione.

trump[1] [trʌmp] *s.* **1** (*carte*) briscola; atout: (*bridge*) *two no trumps*, due senza // *to turn* (o *to come*) *up trumps*, (*fig. fam.*) riuscire, avere fortuna; *when I was in trouble, it was John who came up trumps*, quando ero in difficoltà, è stato John la mia carta vincente **2** (*fam. antiq.*) persona retta, onesta.

to **trump**[1] *v.tr.* e *intr.* giocare una briscola, un atout (su); vincere (una mano) con una briscola, un atout.

□ **trump up** *v.tr.* e *avv.* inventare (pretesti, accuse).

trump[2] *s.* (*ant.*) tromba: *the — of doom*, la tromba del Giudizio (Universale).

trump card ['trʌmp,kɑ:d] *s.* (*carte*) briscola, atout // *to have* (o *to hold*) *a* —, (*fig.*) avere un asso nella manica.

trumpery ['trʌmpərɪ / trump·ery] *agg.* (*antiq.*) **1** decorativo; vistoso **2** da poco, senza valore ◆ *s.* **1** chincaglieria **2** sciocchezza.

trumpet ['trʌmpɪt / trum·pet] *s.* **1** tromba: — *call*, suono di tromba; *to blow a* —, suonare la tromba // *to blow one's own* —, tessere le proprie lodi **2** (suonatore di) tromba; (*mil.*) trombettiere: — *major*, tromba maggiore, primo trombettiere **3** cornetto acustico **4** barrito (d'elefante).

to **trumpet** *v.tr.* strombazzare, proclamare a suon di tromba ◆ *v.intr.* **1** suonare la tromba **2** barrire (di elefante).

trumpet creeper ['trʌmpɪt,kri:pə*] *s.* (*bot.*) (*Campsis radicans*) gelsomino americano.

trumpeter ['trʌmpɪtə* / trum·peter] *s.* **1** (suonatore di) tromba; (*mil.*) trombettiere **2** (*zool.*) trombettiere → **agami**.

trumpeter swan ['trʌmpɪtə,swɒn] *s.* (*zool.*) (*Olor buccinator*) cigno trombetta.

trumpet-flower ['trʌmpɪt,flaʊə*] *s.* (*bot.*) campanula, campanella.

trumpet-shaped ['trʌmpɪt,ʃeɪpt] *agg.* (*bot.*) campanulato, imbutiforme.

truncate ['trʌŋkeɪt / trun·cate] *agg.* tronco, troncato.

to **truncate** [trʌŋ'keɪt *amer.* 'trʌŋkeɪt] *v.tr.* troncare, mozzare.

truncation [trʌŋ'keɪʃn / trun·ca·tion] **truncature** ['trʌŋkətʃə* / trun·ca·ture] *s.* troncamento.

truncheon ['trʌntʃən / trun·cheon] *s.* manganello.

to **truncheon** *v.tr.* manganellare, dare manganellate a.

trundle ['trʌndl] *s.* **1** rotella orientabile **2** (*mecc.*) rullo **3** (*antiq.*) carrello a ruote basse **4** — (*bed*), (*amer.*) letto a rotelle.

to **trundle** *v.tr.* far rotolare; far correre; far scorrere: *he trundled a wheelbarrow along the path*, fece correre una carriola lungo il sentiero ◆ *v.intr.* **1** rotolare; scorrere **2** muoversi pesantemente.

trunk [trʌŋk] *s.* **1** (*anat.*) tronco, torso, busto **2** tronco (d'albero), fusto **3** (*arch.*) tronco, troncone **4** baule; cassa **5** (*mar.*) cassa **6** proboscide (d'elefante) **7** tratto, tronco principale // *sewer* —, collettore di fognatura **8** *pl.* calzoni corti; calzoncini da bagno **9** (*inform.*) canale **10** (*aut. amer.*) portabagagli, baule posteriore BRIT. boot ◆ *agg.* **1** principale, primario: — *line*, tratto principale (di linea ferroviaria, di canale, di conduttura); — *road*, strada principale; — *route*, percorso, linea principale **2** (*mecc.*) di tubo, tubolare: — *engine*, motore, motrice a pistoni tubolari; — *piston*, pistone tubolare.

trunk call ['trʌŋ,kɔ:l] *s.* telefonata a lunga distanza, telefonata interurbana SIN. longdistance call.

trunkful ['trʌŋkfʊl / trunk·ful] *s.* **1** quanto è contenuto in un baule **2** (*amer.*) quanto è contenuto nel portabagagli di un'auto **3** grande quantità.

trunnion ['trʌnjən / trun·nion] *s.* (*mecc.*) perno; (*di cannone*) orecchione.

truss [trʌs] *s.* **1** fascio; fastello (di fieno, paglia); balla; grappolo (di fiori, frutti) **2** (*arch.*) modiglione; travatura reticolare; capriata: — *beam*, trave composta; *arch* —, travatura ad arco; *king-post* —, capriata semplice **3** (*mar.*) trozza **4** (*med.*) cinto erniario.

to **truss** *v.tr.* **1** legare (un volatile prima di cuocerlo) // (*mar.*) *to — a sail*, raccogliere una vela **2** (*arch.*) sostenere mediante travatura reticolare **3** *to* — (*up*), (*antiq.*) legare saldamente.

trust [trʌst] *s.* **1** fiducia, fede: — *in God*, fede in Dio; *mutual* —, fiducia reciproca; *I put my — in her*, ho fiducia in lei // *to take sthg. on* —, accettare qlco. per vero, fidarsi ciecamente **2** speranza **3** (*comm.*) credito: *to supply goods on* —, fornire merci a credito **4** incarico di fiducia, responsabilità; (*dir.*) amministrazione fiduciaria: *to be employed in a position of* —, avere un lavoro di responsabilità // (*dir.*) *breach of* —, violazione degli obblighi derivanti dall'amministrazione fiduciaria // — *territory*, territorio soggetto ad amministrazione fiduciaria **5** cura; custodia: *to hold sthg. in* —, avere qlco. in custodia **6** (*dir.*) fedecommesso, alienazione in proprietà fiduciaria; proprietà fiduciaria, patrimonio fiduciario **7** (*econ.*) trust, concentrazione di imprese // (*manufacturing*) —, sindacato industriale // *banking* —, consorzio bancario // *the Standard Oil Trust*, il trust del petrolio (1879) **8** (*fin.*) società; fondazione: *property* —, società immobiliare; *financial* — (o *investment* —), società finanziaria; *property unit* — (o *real estate investment* —), fondo comune di investimento immobiliare; *closed-end* —, fondo comune di investimento chiuso; *open-end* — (o *unit* —), fondo comune di investimento aperto; *private* —, fondazione privata; — *company*, società fiduciaria.

to **trust** *v.tr.* **1** aver fiducia in, confidare in; fidarsi di: *I — you*, ho fiducia in te; *she can be trusted to do a good job*, farà sicuramente un buon lavoro; *he cannot be trusted with this transaction*, non gli si può affidare questa operazione; *to — s.o. with sthg.*, affidare qlco. a qlcu. // — *John to get here late*, è proprio da John arrivare in ritardo **2** sperare, confidare: *I — you will soon be better*, spero che presto starete meglio **3** (*comm.*) far credito a ◆ *v.intr.* **1** fidarsi; confidare; aver fede: *to — to one's memory*, fidarsi della propria memoria // *in God we* —, confidiamo in Dio (motto degli Stati Uniti) **2** sperare **3** (*comm.*) fare credito.

trustbusting ['trʌst,bʌstɪŋ / trust·bust·ing] *s.* (*econ. amer.*) intervento antimonopolistico.

trustee [,trʌs'ti:] *s.* **1** (*dir.*) fidecommissario; fiduciario; curatore; amministratore fiduciario; proprietario fiduciario // — *in bankruptcy*, curatore fallimentare // (*banca*) — *saving bank*, cassa di risparmio **2** amministratore // *board of trustees*, consiglio di amministrazione.

to **trustee** *v.tr.* (*dir.*) **1** affidare (beni) in amministrazione fiduciaria **2** alienare (beni) in proprietà fiduciaria.

trusteeship [,trʌs'ti:ʃɪp / trust·ee·ship] *s.* **1** (*dir.*) fedecommesso; carica di curatore, curatela **2** amministrazione **3** — (*territory*), territorio soggetto ad amministrazione fiduciaria.

truster ['trʌstə* / trust·er] *s.* chi si fida; chi fa credito.

trustful ['trʌstfʊl / trust·ful] *agg.* fiducioso, confidente // **-ly** *avv.* // **-ness** *s.*

trustification [,trʌstɪfɪ'keɪʃn / trusti·fica·tion] *s.* (*econ.*) trasformazione in trust, in una concentrazione economica monopolistica.

to **trustify** ['trʌstɪfaɪ / trust·ify] *v.tr.* (*econ.*) trasformare in un trust.

trustingly ['trʌstɪŋlɪ / trust·ing·ly] *avv.* fiduciosamente.

trustless ['trʌstlɪs / trust·less] *agg.* **1** indegno di fiducia; sleale **2** diffidente, sospettoso.

trustworthiness ['trʌst,wɜ:ðɪnɪs / trust·wor·thi·ness] *s.* **1** lealtà, onestà; affidabilità **2** credibilità, attendibilità; esattezza (di testimonianza ecc.).

trustworthy ['trʌst,wɜ:ðɪ / trust·worthy] *agg.* **1** fido, fidato, leale **2** degno di fede; esatto, attendibile: *we have learnt from a — source that...*, abbiamo appreso da fonte sicura che...

trusty ['trʌstɪ] *agg.* (*ant.*, *scherz.*) fidato, leale; fedele ◆ *s.* detenuto che ha dei privilegi per buona condotta, che si comporta bene // **-ily** *avv.* // **-iness** *s.*

truth [tru:θ] *s.* **1** verità, vero; veridicità: *the honest* (o *real* o *plain* o *naked*) —, la pura e semplice verità; *there is some — in what he said*, c'è del vero in ciò che disse; *to tell* (o *to speak*) *the* —, dire la verità // *to tell the* —, a dire il vero; — *to tell* (o *to say*), (*antiq.*) a dire il vero; *in* (*all*) —, in verità, in tutta sincerità, a dire il vero // — *will out*, (*prov.*) la verità viene sempre a galla // — *serum* (o — *drug*), siero della verità // *Gospel* —, verità indiscussa: *this is Gospel —!*, questo è Vangelo! // *home truths*, verità spiacevoli // (*stat.*) — *value*, valore di verità **2** (*mecc.*) → true.

truthful ['tru:θfʊl / truth·ful] *agg.* **1** vero,

veritiero, verace; sincero **2** fedele, esatto (di riproduzioni artistiche) // **-ly** *avv.* // **-ness** *s.*

truthless ['tru:θlɪs / truth·less] *agg.* falso, menzognero // **-ness** *s.*

try [traɪ] *s.* **1** (*fam.*) prova, tentativo: *to have a — at sthg.*, fare un tentativo, provare a fare qlco.; *to have a — for sthg.*, concorrere a qlco.; *a brave —*, un tentativo coraggioso **2** (*rugby*) meta.

to **try** *pass.p.p.* **tried** [traɪd] *v.tr.* **1** provare, tentare; cercare: *she tried to smile*, tentò di sorridere; *she was trying hard to go on*, cercava con ogni mezzo di continuare; *why don't you — these pills?*, perché non provi queste pillole?; *to — an experiment*, tentare un esperimento // *to — one's best* (o *hardest*) *to do sthg.*, provare di tutto, fare del proprio meglio per fare qlco. // *to — one's hand at sthg.*, tentare di fare qlco. // *to — one's strength*, misurare le proprie forze **2** assaggiare, provare: *would you like to — a piece of cake?*, vorresti assaggiare una fetta di torta? **3** cercare di aprire: *he tried the door, but it was locked*, cercò di aprire la porta, ma era chiusa a chiave **4** provare, mettere alla prova: *he has been sorely tried by life*, è stato duramente provato dalla vita; *you are trying my patience*, stai mettendo alla prova la mia pazienza // *to — one's eyes*, affaticarsi gli occhi // *to — one's luck*, sfidare la fortuna // *to — one's hand at sthg.*, tentare di, provare a fare qlco. **5** verificare; collaudare: *to — the brakes of the car*, verificare i freni della macchina **6** (*dir.*) processare; giudicare; (*amer.*) difendere (una causa): *he was tried for murder*, fu processato per assassinio ◆ *v.intr.* **1** provare, tentare; cercare, sforzarsi: *— and come in time*, cerca di essere puntuale; *I'll —*, cercherò, proverò; *to — again*, provare, tentare ancora; *it's worth trying*, vale la pena di tentare; *he tried using a knife to see if he could open the case*, provò a usare il coltello per vedere se riusciva ad aprire la cassa **2** essere in gara; scendere in lizza: *he's trying for governor*, è in gara per la carica di governatore.

□ **try on** *v.tr.* e *avv.* **1** provare, misurare (abiti ecc.) **2** (*fam.*) provarci: *I tried it on, but I didn't succeed*, ci ho provato, ma mi è andata male.

□ **try out** *v.tr.* e *avv.* provare, mettere alla prova: *they tried out the play on an audience of friends*, hanno recitato la commedia davanti a un pubblico di amici (per saggiarne le reazioni).

trying ['traɪɪŋ / try·ing] *agg.* **1** difficile, duro; penoso: *— times*, tempi difficili; *— winter*, inverno rigido **2** che mette a dura prova; difficilmente sopportabile: *— light*, luce che affatica gli occhi; *she is very —*, è davvero insopportabile ◆ *s.* prova: (*mar.*) *— of the engines*, prova macchine // **-ly** *avv.*

trying plane ['traɪɪŋ,pleɪn] *s.* piallone, pialla (per rifinire).

try-on ['traɪɒn] *s.* **1** prova (d'abiti) **2** (*fam.*) tentativo d'inganno.

try-out ['traɪaʊt] *s.* (*fam.*) **1** prova, collaudo **2** (*teatr.*) (rappresentazione in) anteprima (per saggiare le reazioni del pubblico).

trypanosome ['trɪpənəsəʊm / tryp·ano·some] *s.* (*biol.*) tripanosoma.

trypanosomiasis [,trɪpənəʊ,səʊ'maɪəsɪs / tryp·ano·so·mi·asis] *s.* (*med.*) tripanosomiasi.

trypsin ['trɪpsɪn / tryp·sin] *s.* (*biochim.*) tripsina.

tryptophan ['trɪptəfæn / tryp·to·phan] **tryptophane** ['trɪptəfeɪn / tryp·to·phane] *s.* (*biochim.*) triptofano.

trysail ['traɪsəl, 'traɪseɪl / try·sail] *s.* vela aurica.

try square ['traɪ,skweə*] *s.* (*mecc.*) squadra di riscontro, a battente.

tryst [trɪst] *s.* (*letter.*) appuntamento: *to break, to keep —*, mancare, andare a un appuntamento.

to **tryst** *v.tr.* e *intr.* (*ant.*) dare, fissare un appuntamento (a).

try-your-strength machine [,traɪjɔ: 'streŋθmə,ʃi:n] *s.* macchina per misurare la forza.

tsar [zɑ:*] *s.* zar.

tsarevitch ['zɑ:rəvɪtʃ / tsar·ev·ich] *s.* zarevic.

tsarina [zɑ:'ri:nə / tsar·ina] *s.* zarina.

tsetse ['tsetsɪ] *s.* (*zool.*) — (*-fly*), (*Glossina palpalis*) mosca tse-tse.

T-shirt ['ti:ʃɜ:t] *s.* tee shirt, T-shirt, maglietta.

T-square ['ti:skweə*] *s.* riga a T.

tsunami [tsu:'nɑ:mɪ / tsu·nami] *s.* (*geogr.*) onda di maremoto, tsunami.

tub [tʌb] *s.* **1** tino, tinozza; mastello; vaschetta // *a tale of a —*, (*ant.*) una fantasticheria, un racconto fantastico // *she hath eaten up all her beef, and she is herself in the tub*, (SH. Measure for Measure) ha mangiato tutto il manzo che aveva in salamoia e s'è messa lei nella tinozza **2** (*fam.*) vasca da bagno **3** (*miner.*) vagonetto **4** (*fam.*) carretta: *an old —*, una vecchia carcassa.

to **tub** *pass.p.p.* **tubbed** [tʌbd] *v.tr.* **1** lavare (in una tinozza); fare un bagno a (in una tinozza) **2** mettere in un mastello, in un tino **3** (*miner.*) eseguire un tubaggio **4** (*sport*) allenare (rematori) ◆ *v.intr.* **1** lavarsi (in una tinozza); fare un bagno (in una tinozza) **2** allenarsi (a remare).

tuba ['tju:bə *amer.* 'tu:bə] *pl.* **tubas**, **tubae** ['tju:bi: *amer.* 'tu:bi:] *s.* (*mus.*) tuba.

tubal ['tju:bəl / tu·bal] **tubar** ['tju:bə* / tu·bar] *agg.* (*anat.*) tubarico // *— pregnancy*, gravidanza tubarica.

tubby ['tʌbɪ] meno com. **tubbish** ['tʌbɪʃ / tub·bish] *agg.* **1** a forma di tinozza **2** grosso, obeso, corpulento **3** senza risonanza (di strumenti musicali).

tube [tju:b *amer.* tu:b] *s.* **1** tubo; tubetto: *— colour*, colore in tubetto // (*med.*): *tracheotomy —*, cannula tracheale; *stomach —*, sonda gastrica // (*fis.*) *— of flux*, tubo di flusso // *to go down the tubes*, (*fam. amer.*) andare sprecato, fare una brutta fine **2** (*mecc.*, *rad.*, *tv*) tubo, valvola: *electron —*, valvola termoionica; *screen grid —*, valvola con griglia di schermo; *— socket*, zoccolo della valvola; (*picture* o *cathode ray*) *—*, tubo a raggi catodici // (*air*) *—*, camera d'aria // (*aut.*) *choke —*, diffusore **3** provetta: *graduated —*, provetta graduata; *— culture*, coltura in provetta **4** (*mil.*) anima (di fucile) **5** (*fam.*) metrò, metropolitana: *— station*, *train*, stazione, treno della metropolitana; *to go on the* (o *by*) *—*, andare in metropolitana // *the Tube*, la metropolitana di Londra **6** (*anat.*) canale, condotto, tuba, tromba **7** (*fam. amer.*) tele, televisione **8** (*fam. austr.*) lattina di birra.

to **tube** *v.tr.* **1** fornire di tubo **2** chiudere in un tubo **3** (*med.*) drenare (una ferita) ◆ *v.intr.* (*fam.*) viaggiare in metropolitana (a Londra).

tubeless tyre ['tju:blɪs'taɪə*] *s.* pneumatico senza camera d'aria.

tuber ['tju:bə* *amer.* 'tu:bə*] *s.* **1** (*bot.*) tubero **2** (*med.*) nodo, tumefazione.

tubercle ['tju:bəkl] *s.* **1** (*anat.*, *bot.*, *med.*) tubercolo **2** (*med.*) tubercolosi.

tubercled ['tju:bəkld] → **tuberculate**.

tubercular [tju:'bɜ:kjʊlə* *amer.* tu:'bɜ:kjʊlə* / tuber·cu·lar] *agg.* **1** (*bot.*, *med.*) a tubercoli, tubercolare: *— root*, radice tubercolare **2** (*med.*) tubercoloso, tubercolotico ◆ *s.* (*med.*) tubercoloso, tubercolotico.

tuberculate [tju:'bɜ:kjʊlɪt *amer.* tu:'bɜ:kjʊlɪt / tuber·cu·late] **tuberculated** [tju:'bɜ:kjʊleɪtɪd *amer.* tu:'bɜ:kjʊleɪtɪd / tuber·cu·lated] *agg.* (*bot.*, *med.*) tubercolare, nodulare.

tuberculation [tju:,bɜ:kjʊ'leɪʃn *amer.* tu:,bɜ:kjʊ'leɪʃn / tuber·cu·la·tion] *s.* (*med.*) formazione di tubercoli, noduli.

tuberculin [tju:'bɜ:kjʊlɪn *amer.* tu:'bɜ:kjʊlɪn / tuber·cu·lin] *s.* (*biochim.*) tubercolina; (*med.*) *— test*, test della tubercolina.

to **tuberculize** [tju:'bɜ:kjʊlaɪz *amer.* tu:'bɜ:kjʊlaɪz / tuber·cu·lize] *v.tr.* (*med.*) infettare di tubercolosi.

tuberculoid [tju:'bɜ:kjʊlɔɪd *amer.* tu:'bɜ:kjʊlɔɪd / tuber·cu·loid] *agg.* tubercoloide, simile a tubercolo.

tuberculosis [tju:,bɜ:kjʊ'ləʊsɪs *amer.* tu:,bɜ:kjʊ'ləʊsɪs / tuber·cu·losis] *s.* (*med.*) tubercolosi: *— of the lungs*, tubercolosi polmonare.

tuberculous [tju:'bɜ:kjʊləs *amer.* tu:'bɜ:kjʊləs / tuber·cu·lous] *agg.* (*med.*) → **tubercular** 2.

tuberculum [tju:'bɜ:kjʊləm *amer.* tu:'bɜ:kjʊləm / tuber·cu·lum] *pl.* **tubercula** [tju:'bɜ:kjʊlə *amer.* tu:'bɜ:kjʊlə / tuber·cula] → **tubercle** 1.

tuberose ['tju:bərəʊs *amer.* 'tu:bərəʊs / tuber·ose] *come s.* ['tju:bərəʊz *amer.* 'tu:bərəʊz] *agg.* **1** (*anat.*) tuberoso, nodulare **2** (*bot.*) tuberoso, coperto di tubercoli ◆ *s.* (*bot.*) (*Polyanthes tuberosa*) tuberosa.

tuberosity [,tju:bə'rɒsətɪ *amer.* ,tu:bə'rɒsətɪ / tuber·os·ity] *s.* (*anat.*, *bot.*) tuberosità.

tuberous ['tju:bərəs *amer.* 'tu:bərəs / tuber·ous] *agg.* (*anat.*, *bot.*) tuberoso: (*med.*) *— sclerosis*, sclerosi tuberosa.

tubful ['tʌbfʊl / tub·ful] *s.* quanto è contenuto in un tino.

tubiform ['tju:bɪfɔ:m *amer.* 'tu:bɪfɔ:m / tu·bi·form] *agg.* tubiforme.

tubing ['tju:bɪŋ *amer.* 'tu:bɪŋ / tub·ing] *s.* [U] **1** tubatura, tubazione **2** (*miner.*) tubaggio // *— head*, testa della tubazione; *— spider*, clampa per tubazioni // *oil well —*, tubi per pozzi petroliferi.

tub-thumper ['tʌb,θʌmpə*] *s.* (*fam.*) chi fa discorsi da comizio.

tub-thumping ['tʌb,θʌmpɪŋ] *agg.* e *s.* (*fam.*) (dall')oratoria da comizio: *— speech*, discorso da comizio.

tubular ['tju:bjʊlə* *amer.* 'tu:bjʊlə* / tu·bu·lar] *agg.* tubolare: *— rivet*, rivetto tubolare; (*mecc.*) *— boiler*, caldaia a tubi di fumo.

tubule ['tju:bju:l *amer.* 'tu:bju:l / tu·bule] *s.* **1** tubetto **2** (*anat.*) tubulo.

tubulose ['tju:bjʊləʊs *amer.* 'tu:bjʊləʊs / tu·

bu·lose] **tubulous** ['tju:bjʊləs *amer.* 'tu:bjʊləs / tu·bu·lous] *agg.* tuboloso.

tuck[1] [tʌk] *s.* **1** piega; pince **2** (*sl.*) merendine, dolciumi // — *shop*, negozio, spaccio (dove gli scolari comprano le merendine) **3** (*ant.*) spada: *dismount thy tuck, be yare in your preparation for thy assailant is quick, skilful, and deadly*, (SH. Twelfth Night) sguaina la spada e sii veloce nei preparativi perché il tuo assalitore è destro, abile e pericoloso.

to **tuck**[1] *v.tr.* **1** fare pieghe, pince a (un abito) **2** piegare; ripiegare: *the little bird tucked its head under its wing*, l'uccellino ripiegò il capo sotto l'ala // *she tucked her feet under herself in the armchair*, si rannicchiò nella poltrona **3** mettere; infilare: *to — a book under one's arm*, mettersi, infilarsi un libro sotto il braccio; — *your shirt in your trousers*, infilati la camicia nei pantaloni **4** riporre; stipare, pigiare: *she managed to — her shoes in the suitcase*, riuscì a far entrare le scarpe nella valigia // *to — sthg. in a drawer*, chiudere qlco. in un cassetto ♦ *v.intr.* fare pieghe; fare pince.

□ **tuck away** *v.tr.* e *avv.* (*fam.*) **1** mettere al sicuro, mettere via **2** sbafare **3** nascondere, celare: *a cottage tucked away among the trees*, un villino nascosto fra gli alberi.

□ **tuck in** *v.tr.* e *avv.* rimboccare; rimboccare le coperte a: — *the blankets in well*, rimbocca bene le coperte; *she tucked the baby in and switched off the light*, rimboccò le coperte al bambino e spense la luce ♦ *v.intr.* e *avv.* (*fam.*) (incominciare a) mangiare.

□ **tuck into** *v.intr.* e *prep.* (*fam.*) **1** fare una scorpacciata di, gettarsi su (un cibo) **2** appallottolarsi, raggomitolarsi.

□ **tuck up** *v.tr.* e *avv.* rimboccare: — *up your sleeves*, rimboccati le maniche // *to — s.o. up in bed*, rimboccare le coperte a qlcu.

tuck[2] *s.* squillo (di tromba); rullo (di tamburo).

tucker[1] ['tʌkə*] *s.* **1** scialletto di tessuto, pizzo (indossato dalle donne inglesi nei secc. XVII e XVIII): *there is a certain female ornament, by some called a tucker, and by others the neck-piece*, (ADDISON) c'è un certo ornamento femminile, da alcuni chiamato scialletto e da altri 'fisciù' **2** (*sl. austr.*) cibo.

to **tucker**[2] *v.tr.* (*fam. amer.*) stancare; affaticare: *tuckered out*, esausto.

tucket ['tʌkɪt] *s.* fanfara; (*ant.*) squillo di tromba: *then let the trumpet sound / the tucket sonance and then the note to mount*, (SH. Henry V) squilli di trombe diano l'ordine di balzare in sella e di avanzare.

tuck-in ['tʌkɪn] *s.* (*fam.*) scorpacciata.

Tudor ['tju:də* / Tu·dor] *agg.attr.* dei Tudor, dell'epoca Tudor: (*arch.*) — *style*, stile Tudor, elisabettiano ♦ *s.* membro della dinastia dei Tudor (sec. XVI).

Tuesday ['tju:zdɪ *amer.* 'tu:zdɪ / Tues·day] *s.* martedì: *next* — (o *on — next*), martedì prossimo; *on Tuesdays*, al martedì, di martedì; *see you* (*on*) —, arrivederci a martedì // *Shrove* —, martedì grasso.

tufa ['tju:fə] *s.* (*geol.*) travertino.

tufaceous [tu:'feɪʃəs / tu·fa·ceous] *agg.* (*geol.*) simile a travertino, tipo travertino.

tuff [tʌf] *s.* (*geol.*) tufo.

tuffaceous [tə'feɪʃəs / tuf·fa·ceous] *agg.* (*geol.*) tufaceo.

tuffet ['tʌfɪt / tuf·fet] *s.* (*antiq.*) pouf.

tuft [tʌft] *s.* **1** ciuffo (d'erba, capelli, piume, penne ecc.) // *if you will know my house, / tis at the tuft of olives here hard by*, (SH. As You Like It) se vuoi sapere dove sta la mia casa, è al gruppo di olivi qui vicino **2** fiocco (di lana, seta); nappa **3** barbetta, pizzo **4** (*anat.*) glomerulo (di capillari) **5** (*sl. antiq.*) studente universitario nobile.

to **tuft** *v.tr.* **1** ornare, guarnire di ciuffi, fiocchi ecc. **2** trapuntare **3** (*caccia*) battere (i cespugli) per farne uscire la selvaggina ♦ *v.intr.* (*bot.*) crescere in ciuffi (di erbe).

tufted ['tʌftɪd] *agg.* (*zool.*, *bot.*) impennacchiato, ornato di ciuffo; che cresce a ciuffo, a forma di ciuffo.

tuft-hunter ['tʌft,hʌntə*] *s.* (*antiq.*) chi ricerca la compagnia di nobili; parassita.

tufty ['tʌftɪ] *agg.* **1** ornato di fiocchi **2** (*bot.*) folto; fronzuto.

tug [tʌg] *s.* **1** strappo, tirata: *to give a* —, dare uno strappo **2** sforzo; strazio: *it will be a — to leave them*, sarà uno strazio lasciarli **3** → **tugboat** **4** tirella (nei finimenti del cavallo).

to **tug** *pass.p.p.* **tugged** [tʌgd] *v.tr.* **1** tirare; strappare; trascinare **2** (*mar.*) rimorchiare ♦ *v.intr.* **1** dare strattoni; tirare: *the dog was tugging at the leash*, il cane tirava il guinzaglio **2** (*non com.*) faticare.

tugboat ['tʌgbəʊt / tug·boat] *s.* (*mar.*) rimorchiatore.

tug-of-love [,tʌgəv'lʌv] *agg.* (*fam.*) (genitore) che contende il figlio all'altro.

tug-of-war [,tʌgəv'wɔ:*] *s.* **1** tiro alla fune **2** (*fig.*) braccio di ferro.

tuition [tju:'ɪʃn *amer.* tu:'ɪʃn / tu·ition] *s.* istruzione, insegnamento.

tuitional [tju:'ɪʃənl *amer.* tu:'ɪʃənl / tu·itional] **tuitionary** [tju:'ɪʃnərɪ *amer.* tu:'ɪʃnərɪ / tu·ition·ary] *agg.* relativo all'insegnamento.

tulip ['tju:lɪp *amer.* 'tu:lɪp / tu·lip] *s.* (*bot.*) (*Tulipa gesneriana*) tulipano.

tulip tree ['tju:lɪp,tri: *amer.* 'tu:lɪp,tri:] *s.* (*bot.*) (*Liriodendron tulipifera*) liriodendro.

tulle [tju:l *amer.* tu:l] *s.* tulle, velo.

Tullian ['tʌlɪən] *agg.* tulliano, ciceroniano.

tum [tʌm] *s.* (*fam.*) → **tummy**.

tumble ['tʌmbl] *s.* **1** caduta; ruzzolone, capitombolo: *a nasty* —, un brutto capitombolo **2** (*econ.*) crollo, caduta (di prezzi ecc.) **3** disordine, confusione: *it was all in a* —, era tutto in gran disordine.

to **tumble** *v.intr.* **1** cadere; ruzzolare, fare un capitombolo // *to — into* (o *on*) *sthg.*, imbattersi in qlco. **2** (*econ.*) crollare **3** agitarsi: *to toss and — in bed*, rigirarsi nel letto **4** precipitarsi, gettarsi: *to — into*, *out of bed*, gettarsi sul, giù dal letto; *to — upstairs*, *downstairs*, precipitarsi su, giù per le scale **5** fare acrobazie ♦ *v.tr.* **1** far cadere; far ruzzolare **2** capire, rendersi conto di **3** mettere in disordine, scompigliare; rovesciare: *to — everything into a box*, cacciar tutto alla rinfusa in una scatola; *to — s.o.'s hair*, scompigliare i capelli di qlcu. **4** (*tecn.*) barilare.

□ **tumble down** *v.intr.* e *avv.* **1** cadere, essere in rovina: *a building that is tumbling down*, edificio cadente, fatiscente, in rovina **2** abbattere: *to — down a bird*, abbattere un uccello.

□ **tumble to** *v.intr.* e *prep.* capire, rendersi conto di: *you're tumbled to it!*, ci sei arrivato finalmente!

tumblebug ['tʌmbl,bʌg / tumble·bug] *s.* (*zool.*) scarabeo stercorario.

tumbledown ['tʌmbldaʊn / tum·ble·down] *agg.* cadente, fatiscente, in rovina.

tumble-drier → **tumble-dryer**.

to **tumble-dry** [,tʌmbl'draɪ] *v.tr.* far asciugare nell'asciugabiancheria.

tumble-dryer [,tʌmbl'draɪə*] *s.* asciugabiancheria.

tumbler ['tʌmblə* / tum·bler] *s.* **1** acrobata **2** (*zool.*) piccione tomboliere **3** misirizzi (giocattolo) **4** bicchiere da bibita **5** blocco (di arma da fuoco) **6** (*tecn.*) barilatrice; tamburo; bottale **7** (*mecc.*) cilindro (di serratura di sicurezza).

tumblerful ['tʌmbləfʊl / tum·bler·ful] *s.* contenuto di un bicchiere da bibita.

tumbleweed ['tʌmblwi:d / tum·ble·weed] *s.* (*bot.*) erba (del genere amaranto) che viene arrotolata e spostata dal vento, nelle zone desertiche degli USA.

tumbling ['tʌmblɪŋ / tum·bling] *s.* **1** caduta, capitombolo; crollo **2** acrobazia **3** barilatura, pulitura al tamburo; verniciatura a tamburo: — *barrel*, barilatrice; tamburo; bottale.

tumbrel ['tʌmbrəl / tum·brel] **tumbril** ['tʌmbrɪl / tum·bril] *s.* **1** (*st.*) sedia su cui venivano posti i condannati alla berlina; carretta per il trasporto dei condannati a morte (durante la Rivoluzione francese) **2** carro ribaltabile; carro per trasporto di letame **3** (*mil. antiq.*) carretta.

tumefacient [,tju:mɪ'feɪʃnt *amer.* ,tu:mɪ'feɪʃnt / tu·me·fa·cient] *agg.* tumefacente.

tumefaction [,tju:mɪ'fækʃn *amer.* ,tu:mɪ'fækʃn / tu·me·fac·tion] *s.* tumefazione, gonfiore.

to **tumefy** ['tju:mɪfaɪ *amer.* 'tu:mɪfaɪ] *v.tr.* e *intr.* tumefare, tumefarsi.

tumescence [tju:'mesns *amer.* tu:'mesns / tu·mes·cence] *s.* tumescenza.

tumescent [tju:'mesnt *amer.* tu:'mesnt / tu·mes·cent] *agg.* **1** tumescente, gonfio **2** ampolloso (di stile ecc.).

tumid ['tju:mɪd *amer.* 'tu:mɪd / tu·mid] *agg.* **1** tumido, gonfio **2** ampolloso (di stile ecc.) // **-ly** *avv.*

tumidity [tju:'mɪdətɪ *amer.* tu:'mɪdətɪ / tu·mid·ity] *s.* **1** tumidezza, gonfiore **2** ampollosità (di stile ecc.).

tumidness ['tju:mɪdnɪs *amer.* 'tu:mɪdnɪs / tu·mid·ness] → **tumidity**.

tummy ['tʌmɪ] *s.* (*fam.*) stomaco; pancia: — *ache*, mal di stomaco; mal di pancia.

tumor ['tju:mə* *amer.* 'tu:mə* / tu·mor] *s.* (*med. amer.*) → **tumour**.

tumoral ['tju:mərəl *amer.* 'tu:mərəl / tu·moral] *agg.* (*med.*) tumorale.

tumorigenic [,tju:mərə'dʒenɪk *amer.* ,tu:mərə'dʒenɪk / tu·mori·genic] *agg.* (*med.*) oncogeno.

tumorous ['tju:mərəs *amer.* 'tu:mərəs / tu·mor·ous] *agg.* (*med.*) **1** che ha carattere di tumore maligno **2** affetto da tumore.

tumour ['tju:mə* *amer.* 'tu:mə* / tu·mour] *s.* (*med.*) tumore.

to **tump** [tʌmp] *v.tr.* (*amer.*) trascinare.

tumular ['tju:mələ* *amer.* 'tu:mələ* / tu·mu·lar] *agg.* tumulare.

tumult ['tju:mʌlt *amer.* 'tu:mʌlt / tu·mult] *s.* tumulto, agitazione (*anche fig.*); clamore.

tumultuary [tju:'mʌltjʊərı *amer.* tu:'mʌl tjʊerı / tu·mul·tu·ary] *agg.* **1** (*rar.*) tumultuario, fatto in fretta **2** tumultuoso, turbolento // **-ily** *avv.* // **-iness** *s.*

tumultuous [tju:'mʌltjʊəs *amer.* tu:'mʌl tjʊəs / tu·mul·tu·ous] *agg.* tumultuoso; agitato; turbolento // **-ly** *avv.* // **-ness** *s.*

tumulus ['tju:mələs *amer.* 'tu:mələs / tu·mu·lus] *pl.* **tumuli** ['tju:məlaı *amer.* 'tu:məlaı / tu·muli] *s.* tumulo.

tun [tʌn] *s.* **1** botte; tino; barile (spec. per la fermentazione della birra) **2** barile (unità di misura di capacità, pari a 982 litri di birra o 1145 litri di vino).

to **tun** *pass.p.p.* **tunned** [tʌnd] *v.tr.* imbottare, mettere in botti.

tuna [tju:nə *amer.* 'tu:nə] *pl.* **tuna(s)** **1** (*zool.*) → tunny **2** — (*fish*), tonno (come cibo).

tunable ['tju:nəbl *amer.* 'tu:nəbl / tun·able] *agg.* **1** armonioso, musicale **2** accordabile // **-ness** *s.*

tunably ['tju:nəblı *amer.* 'tu:nəblı / tun·ably] *avv.* armoniosamente.

tundish ['tʌndıʃ / tun·dish] *s.* (*non com.*) grosso imbuto.

tundra ['tʌndrə / tun·dra] *s.* tundra.

tune [tju:n *amer.* tu:n] *s.* **1** (*mus.*) motivo, melodia, aria: *to play a* —, suonare un'aria // *to call the* —, (*fam.*) dettar legge // *to change one's* (o *to sing a different*) —, (*fig. fam.*) cambiar musica; cambiar parere // *to dance to someone else's* —, fare quello che vuole un altro, obbedire // *to buy sthg. to the — of sixty pounds*, comperare qlco. per la bellezza di sessanta sterline **2** (*mus.*) tono; accordo, consonanza: *to be in* —, essere intonato, essere accordato; *to be out of* —, essere stonato, essere scordato **3** (*rad.*, *tv*) sintonia: *in* —, in sintonia, sintonizzato; *out of* —, fuori sintonia, non sintonizzato **4** (*fig.*) accordo, armonia: *the government is out of — with the mood of the country*, il governo non è in sintonia con gli umori del paese.

to **tune** *v.tr.* **1** (*mus.*) accordare: *to — a piano*, accordare un pianoforte **2** (*mecc.*) mettere a punto; regolare l'assetto di **3** (*rad.*, *tv*) sintonizzare **4** (*fig.*) adattare; armonizzare ♦ *v.intr.* **1** (*rad.*, *tv*) essere sintonizzato, sintonizzarsi **2** (*fig.*) essere in armonia, in accordo; adattarsi **3** (*poet.*) produrre musica.

□ **tune in** *v.intr.* e *avv.* **1** (*rad.*, *tv*) sintonizzarsi: *to — in to a radiostation*, sintonizzarsi con una stazione radio **2** (*fig. fam.*) essere, mettersi in sintonia.

□ **tune up** *v.intr.* e *avv.* accordarsi (di orchestra) ♦ *v.tr.* e *avv.* **1** (*mus.*) accordare, armonizzare **2** (*mecc.*) mettere a punto.

tuneful ['tju:nfʊl *amer.* 'tu:nfʊl / tune·ful] *agg.* armonioso, melodioso // **-ly** *avv.* // **-ness** *s.*

tuneless ['tju:nlıs *amer.* 'tu:nlıs / tune·less] *agg.* **1** scordato; stonato **2** che non emette suono, muto.

tuner ['tju:nə* *amer.* 'tu:nə*] *s.* **1** accordatore (di strumenti musicali) **2** (*rad.*, *tv*) tuner, sintonizzatore **3** (*mecc.*) specialista nella messa a punto di motori.

tune-up ['tju:nʌp *amer.* 'tu:nʌp] *s.* (*mecc.*) messa a punto.

tungstate ['tʌŋstıt / tung·state] *s.* (*chim.*) tungstato.

tungsten ['tʌŋstən / tung·sten] *s.* (*chim.*) tungsteno: — *carbide*, carburo di tungsteno; — *lamp*, lampada al tungsteno; — *steel*, acciaio al tungsteno SIN. wolfram.

tungstic ['tʌŋstık / tung·stic] *agg.* (*chim.*) tungstico, wolframico: — *acid*, acido tungstico, acido wolframico.

tungstite ['tʌŋstaıt / tung·stite] *s.* (*min.*) tungstite.

tunic ['tju:nık *amer.* 'tu:nık / tu·nic] *s.* **1** tunica **2** giubba (di uniforme); casacca.

tunicate ['tju:nıkeıt / tu·nic·ate] *s.* (*zool.*) tunicato.

tunicate(d) ['tju:nıkeıt(ıd) / tu·nic·ate(d)] *agg.* (*zool.*, *bot.*) tunicato.

tunicle ['tju:nıkl / tu·nicle] *s.* **1** (*bot.*, *zool.*) membrana, tunica **2** (*eccl.*) tonacella; dalmatica.

tuning ['tju:nıŋ *amer.* 'tu:nıŋ / tun·ing] *s.* **1** accordatura **2** (*rad.*, *tv*) sintonia; sintonizzazione: — *dial*, scala parlante; — *eye*, occhio magico; — *indicator*, indicatore di sintonia; *pushbotton* —, sintonizzazione a pulsante **3** (*mecc.*) messa a punto (di motore) // (*econ.*) *fine* —, fine tuning, regolazione precisa (del livello di occupazione).

tuning fork ['tju:nıŋfɔ:k *amer.* 'tu:nıŋfɔ:k] *s.* (*mus.*) diapason.

tuning hammer ['tju:nıŋ,hæmə* *amer.* 'tu:nıŋ,hæmə*] *s.* chiave da accordatore.

tuning peg ['tju:nıŋ,peg *amer.* 'tu:nıŋ,peg] *s.* (*mus.*) bischero.

Tunisian [tju:'nızıən *amer.* tu:'nızıən / Tu·nis·ian] *agg.* e *s.* tunisino.

tunk [tʌŋk] *s.* (*fam. amer.*) festicciola studentesca.

tunnage → **tonnage**.

tunnel ['tʌnl / tun·nel] *s.* tunnel, galleria; traforo: *to dig* (o *to drive*) *a* —, scavare una galleria // (*aer.*) *wind* —, galleria del vento, galleria aerodinamica; *water* —, galleria idrodinamica // (*fis.*): — *diode*, diodo a tunnel; — *effect*, effetto tunnel.

to **tunnel** *pass.p.p.* **tunnelled** ['tʌnld / tun·nelled] *v.intr.* scavare una galleria, fare un traforo: *to — through* (o *under*) *a hill*, scavare una galleria sotto una collina ♦ *v.tr.* scavare una galleria sotto; traforare; scavare (un passaggio).

tunnelling ['tʌnəlıŋ / tun·nel·ling] *s.* (*inform.*) incanalamento.

tunnel net ['tʌnlnet] *s.* rete a imbuto.

tunnel vault ['tʌnlvɔ:lt] *s.* (*arch.*) volta a botte.

tunnel vision ['tʌnl,vıʒn] *s.* **1** (*med.*) visione tubulare; riduzione del campo visivo (da glaucoma) **2** visione limitata.

tunny ['tʌnı] *s.* (*zool.*) (*Thunnus thynnus*) tonno SIN. tuna.

tup [tʌp] *s.* **1** (*zool.*) ariete, montone **2** (*mecc.*) mazza battente.

to **tup** *pass.p.p.* **tupped** [tʌpt] *v.tr.* coprire, montare (di montone).

tuple ['tʌpl] *s.* (*inform.*) tupla, linea.

tuppence (*fam.*) → **twopence**.

tuppenny (*fam.*) → **twopenny**.

turban ['tɜ:bən / tur·ban] *s.* turbante.

turbaned ['tɜ:bnd] *agg.* fornito di turbante.

turbary ['tɜ:bərı / turb·ary] *s.* **1** torbiera **2** (*dir.*) diritto di estrarre torba da terreno altrui.

turbid ['tɜ:bıd / tur·bid] *agg.* **1** torbido; fangoso **2** denso (di nebbia, fumo); scuro (di nube) **3** (*fig.*) agitato, confuso // **-ly** *avv.* // **-ness** *s.*

turbidity [tɜ:'bıdətı / tur·bid·ity] *s.* **1** torbidità, torbidezza **2** densità (di nebbia, fumo); colore scuro (di nube) **3** (*fig.*) agitazione, confusione.

turbinate ['tɜ:bınıt / tur·bin·ate] *agg.* turbinato; a forma di spira // (*anat.*) — *bones*, turbinati.

turbine ['tɜ:baın / tur·bine] *s.* (*mecc.*) turbina: *axial-flow* —, turbina (a flusso) assiale; *exhaust steam* —, turbina a bassa pressione, a vapore di scarico; *steam* —, turbina a vapore; *water* —, turbina idraulica // — *engine*, motore a turbina; — *generator*, turbogeneratore; — *set*, gruppo di turbine; — *starter*, avviatore a turbina // (*mar.*) — *tanker*, turbocisterna.

turbit ['tɜ:bıt / tur·bit] *s.* piccione dal becco corto.

turbo- ['tɜ:bəʊ] *pref.* del linguaggio tecnico che significa 'turbina, a turbina'; it. turbo-: *turbogenerator*,turbogeneratore; *turbojet*, turbogetto; *turboprop*, turboelica.

to **turbocharge** ['tɜ:bəʊ,tʃɑ:dʒ / tur·bo·charge] *v.tr.* (*mecc.*) sovralimentare con turbocompressore.

turbocharger ['tɜ:bəʊ,tʃɑ:dʒə* / tur·bo·charger] *s.* (*mecc.*) (sovralimentatore a) turbocompressore.

turbodynamo [,tɜ:bəʊ'daınəməʊ / tur·bo·dy·namo] *pl.* **turbodynamos** *s.* (*elettr.*) turbodinamo.

turboelectric [,tɜ:bəʊı'lektrık / tur·bo·elec·tric] *agg.* turboelettrico.

turbofan ['tɜ:bəʊ,fæn / tur·bo·fan] *s.* **1** (*mecc.*) turboventilatore **2** (*aer.*) turbogetto a doppio flusso, turbofan.

turbogenerator [,tɜ:bəʊ'dʒenəreıtə* / tur·bo·gen·er·ator] *s.* (*elettr.*) turbogeneratore.

turbojet ['tɜ:bəʊ,dʒet / tur·bo·jet] *agg.* e *s.* (*aer.*) (a) turbogetto, (a) turboreattore: — (*engine*), (motore a) turbogetto.

turboprop ['tɜ:bəʊ,prɒp / tur·bo·prop] *agg.* e *s.* (*aer.*) (a) turboelica.

turbosupercharger [,tɜ:bəʊ'su:pə ,tʃɑ:dʒə* / tur·bo·super·charger] *s.* (*mecc.*) (sovralimentatore a) turbocompressore.

turbot ['tɜ:bət / tur·bot] *pl. anche invar. s.* (*zool.*) (*Rhombus maximus*) rombo gigante.

turbulence ['tɜ:bjʊləns / tur·bu·lence]
turbulency ['tɜ:bjʊlənsı / tur·bu·lency] *s.* **1** turbolenza, agitazione **2** (*fis.*, *meteor.*) turbolenza.

turbulent ['tɜ:bjʊlənt / tur·bu·lent] *agg.* **1** turbolento, tumultuoso **2** (*fis.*, *meteor.*) caratterizzato da turbolenza // **-ly** *avv.*

turbulescence [,tɜ:bjʊ'lesəns / tur·bu·les·cence] *s.* (*fis.*) turbolescenza.

turd [tɜ:d] *s.* (*volg.*) stronzo (*anche fig.*).

tureen [tə'ri:n / tur·een] *s.* zuppiera.

turf [tɜ:f] *pl.* **turfs**, **turves** [tɜ:vz] *s.* **1** piota, zolla erbosa; cotica erbosa; tappeto erboso **2**

torba (in Irlanda) **3** *the* —, l'ippica; le corse; il mondo delle corse **4** (*sl. spec. amer.*) zona esclusiva; territorio controllato da una banda (in una città) // *on the* —, sul marciapiede (detto di prostituta).

to **turf** *v.tr.* coprire di zolle erbose, piotare.
□ **turf out** *v.tr.* e *avv.* (*fam.*) buttar fuori, sbattere fuori.

turf accountant ['tɜ:fə,kaʊntənt] *s.* allibratore.

turf spade ['tɜ:fspeɪd] *s.* tagliazolle.

turfy ['tɜ:fɪ] *agg.* **1** erboso; coperto d'erba **2** torboso, ricco di torba **3** (*fig.*) relativo alle corse ippiche.

turgescence [tɜ:'dʒesns / tur·ges·cence] *s.* **1** (*med.*) turgescenza, turgidezza **2** (*fig. rar.*) pomposità, ampollosità, enfasi.

turgescent [tɜ:'dʒesnt / tur·ges·cent] *agg.* **1** (*med.*) turgescente, turgido **2** (*fig. rar.*) pomposo, ampolloso, enfatico.

turgid ['tɜ:dʒɪd / tur·gid] *agg.* **1** (*med.*) turgido, gonfio **2** (*fig. form.*) pomposo, ampolloso, enfatico // **-ly** *avv.* // **-ness** *s.*

turgidity [tɜ:'dʒɪdətɪ / tur·gid·ity] *s.* **1** turgidezza **2** (*fig.*) pomposità, ampollosità, enfasi.

turgor ['tɜ:gə* / tur·gor] *s.* (*med.*) turgore, gonfiore.

Turinese [,tjʊrɪ'ni:z / Turin·ese] *agg.* e *s.* torinese.

Turk [tɜ:k] *agg.* e *s.* turco // (*st.*) *Young* —, Giovane Turco; (*estens. amer.*) ribelle, agitatore sociale.

turkey ['tɜ:kɪ / tur·key] *s.* **1** (*zool.*) (*Meleagris gallopavo*) tacchino // (*cuc.*) *roast* —, tacchino arrosto **2** (*fam. teatr. amer.*) fiasco **3** (*fam. amer.*) pollo, stupidotto, sempliciotto **4** *to talk* —, (*fam. amer.*) discutere seriamente, apertamente (spec. di affari); parlar chiaro, dire quello che si pensa.

turkey buzzard ['tɜ:kɪ,bʌzəd] *s.* (*zool.*) (*Cathartes aura*) avvoltoio dal collo rosso SIN. turkey vulture.

turkey-cock ['tɜ:kɪkɒk] *s.* **1** (*zool.*) tacchino // *as red as a* —, (*fig.*) rosso come un tacchino **2** (*fig.*) smargiasso, spaccone, gradasso.

turkey-hen ['tɜ:kɪhen] *s.* (*zool.*) tacchina.

turkey-poult ['tɜ:kɪpəʊlt] *s.* (*zool.*) tacchinotto.

turkey vulture ['tɜ:kɪ,vʌltʃə*] → **turkey buzzard**.

Turkish ['tɜ:kɪʃ / Turk·ish] *agg.* e *s.* turco // — *bath*, bagno turco // — *delight*, gelatina ricoperta di zucchero o cioccolato.

Turkman ['tɜ:kmən / Turk·man] *pl.* **Turkmen**, **Turkoman** ['tɜ:kəmən / Tur·ko·man] *pl.* **Turkomans** *s.* turcomanno; turkmeno.

Turkmenian [tɜ:k'mi:nɪən / Turk·men·ian] *agg.* turkmeno.

Turk's cap lily ['tɜ:kskæp,lɪlɪ] *s.* (*Lilium martagon*) (giglio) martagone SIN. martagon.

Turk's head ['tɜ:kshed] *s.* (*mar.*) nodo turbante.

turmeric ['tɜ:mərɪk / tur·meric] *s.* **1** (*bot.*) curcuma → curcuma **2** (*chim.*) curcuma: — *paper*, carta alla curcuma.

turmoil ['tɜ:mɔɪl / tur·moil] *s.* agitazione; inquietudine; scompiglio, disordine; tumulto: *the whole town is in a* —, tutta la città è in tumulto, fermento.

turn [tɜ:n] *s.* **1** giro, rotazione: *one — of the propeller*, un giro d'elica; *to give the key a* —, dare un giro di chiave; *to give the screw a* —, (*fig.*) dare un giro di vite // (*comm.*) *stock* —, indice di rotazione delle scorte **2** cambiamento di direzione; curva, svolta (*anche fig.*); piega, andamento: *a road full of twists and turns*, una strada tutta curve e svolte; *to make a right* —, girare, svoltare a destra; *no left* —, divieto di svolta a sinistra; *the conversation took an interesting* —, la conversazione prese una piega interessante; *things are taking a — for the better*, le cose vanno per il meglio; *his illness took a — for the worse*, l'andamento della sua malattia volse al peggio // *the — of events*, il corso degli avvenimenti // *the — of the century*, l'alba del nuovo secolo // (*geogr.*) *the tide is on the* —, la marea sta cambiando **3** turno, volta: *whose — is it?*, a chi tocca?; *it's your* —, è il tuo turno, tocca a te; *to take turns* (o *to take it in turns*), fare a turno **4** giro, forma (di frase): — *of phrase*, modo di esprimersi **5** (*antiq.*) disposizione, inclinazione, attitudine; vena, gusto: — *of mind*, disposizione d'animo; *she was of a humorous* —, era in vena d'allegria; *to have a — for foreign languages*, essere portato, avere inclinazione per le lingue straniere // — *of speed*, inclinazione per la velocità: *his car has a fantastic — of speed*, ha una macchina molto potente **6** tiro, scherzo; servizio: *he did me a bad* —, mi ha fatto un brutto scherzo; *a good* —, un favore; *to owe s.o. a good* —, avere dei doveri verso qlcu. // *one good — deserves another*, (*prov.*) chi semina raccoglie **7** (*antiq.*) giro; giretto, passeggiatina: *a — round the town*, un giretto per la città **8** (*fam.*) colpo, accidente; spavento: *it gave me quite a* —, mi ha fatto venire un colpo, prendere uno spavento **9** (*fam.*) attacco, crisi: *she's having one of her turns*, ha uno dei suoi attacchi, una crisi delle sue **10** numero, esibizione: *comic* —, numero comico **11** (*tip.*) carattere capovolto **12** (*mecc.*) tornio (da orologiaio) **13** spira (di molla); giro (di spirale) **14** (*mar., aer.*) virata: — *indicator*, indicatore di virata; — *and bank indicator*, virobandometro; — *meter*, girometro **15** (*mus.*) gruppetto **16** (*comm.*) commissione (dell'intermediario).

◆ FRASEOLOGIA: *done to a* —, cotto a puntino // *in* —, a turno; alternativamente; a mia, a tua, a sua ecc. volta: *I'll speak to you all in* —, parlerò con ognuno di voi singolarmente; *I got the information from Shirley, who in — got it from her boss*, l'ho saputo da Shirley che, a sua volta, l'ha saputo dal suo capo // *out of* —, a sproposito; al momento sbagliato // *at every* —, in qualsiasi momento, sempre; dovunque // — *for* —, a buon rendere // *this serves my* —, ciò fa al caso mio.

to **turn** *v.tr.* **1** girare; voltare: *to — the key in the lock*, girare la chiave nella serratura; *to — the pages of a book*, sfogliare, girare le pagine di un libro; *they turned the cameras on the crowd*, girarono le telecamere sulla folla; *to — the bed*, voltare il materasso; *to — the soil with a spade*, rivoltare il terreno con la vanga; *this coat has been turned and now it looks new*, questo cappotto è stato rivoltato e ora sembra nuovo; *to — one's steps homeward*, (*letter.*) dirigere i propri passi verso casa; (*mar.*) *to — the line*, invertire la rotta // *to — the corner*, voltare l'angolo; (*fig.*) superare il momento critico; *to — the flank of an army*, aggirare un esercito; *he has turned fifty*, ha cinquant'anni suonati; *it has turned six o'clock*, sono le sei passate // *to — upside down* (o *inside out*): rovesciare, ribaltare, rivoltare; rovistare: *his ideas were turned upside down* (o *inside out*) *by his war experiences*, le sue idee furono completamente modificate dalle sue esperienze di guerra; *the police turned the room upside down* (o *inside out*) *looking for the letter*, la polizia rovistò la stanza in cerca della lettera; *she turned the bag inside out looking for the keys*, rovesciò la borsa per cercare le chiavi // *this smell turns my stomach*, questo odore mi dà la nausea, il voltastomaco // *to — a somersault*, fare una capriola // *she didn't — a hair*, rimase impassibile, non fece una piega // *she can — her hand to any kind of work*, può fare qualsiasi lavoro // *to — sthg. to account*, trar vantaggio da qlco. // *to — an honest penny*, (*fam.*) guadagnare denaro onestamente // (*tip.*) *to — a letter*, bloccare una lettera **2** rivolgere: *to — one's attention to sthg.*, rivolgere la propria attenzione a qlco.; *to — one's thoughts to God*, rivolgere i propri pensieri a Dio; *to — one's mind to sthg.*, applicarsi a qlco. **3** deviare, sviare: *to — a blow*, deviare un colpo // *to — the tide*, (*fig.*) cambiare il corso degli avvenimenti // *to — the scales*, far pendere la bilancia; decidere una questione in sospeso **4** trasformare; far diventare; convertire: *he turned everything he touched into gold*, trasformava in oro tutto ciò che toccava // *to — s.o., sthg. loose*, liberare qlcu., qlco. **5** far inacidire: *the heat turned the milk*, il caldo ha fatto inacidire il latte **6** rendere, tradurre: *how would you — this sentence into Italian?*, come tradurresti questa frase in italiano? **7** tornire (*anche fig.*): *to — a chair leg*, tornire la gamba di una sedia; *to — a phrase*, tornire una frase **8** storcere: *I've turned my ankle*, mi sono storto una caviglia **9** (*inform.*) mettere in servizio.

◆ *v.intr.* **1** girare, girarsi; voltare, voltarsi; dirigersi; volgersi: *he turned towards me*, si voltò verso di me; *the stream turns to the right*, il torrente gira a destra; *the wind is turning*, il vento sta cambiando (direzione); *the tide is turning*, la marea sta cambiando; (*aer.*) *to — for a landing*, virare per l'atterraggio; *to — upside down*, capovolgersi (di imbarcazione); capottare (di auto); *to toss and — in bed*, girarsi e rigirarsi nel letto // *he doesn't know which way to* —, (*fig.*) non sa che pesci pigliare, a che santo votarsi // *his luck has turned for the worse*, la fortuna gli ha voltato le spalle; *his luck is turning for the better*, la fortuna gli arride, gli sorride // *he turned on his heels and left*, girò sui tacchi e se ne andò // *to — to another matter*, cambiare argomento // *my head is turning*, mi gira la testa // *his thoughts turned to his former life in Australia*, ritornò col pensiero a quando viveva in Australia **2** rivolgersi; riferirsi: *to — to the dictionary*, consultare il dizionario; *to — to a document*, riferirsi a un documento; *to — to s.o.*, rivolgersi a qlcu.; *she turned to her father for help*, è ricorsa, ha chiesto aiuto a suo padre **3** diventare; trasformarsi; farsi: *he turned green with envy*, diventò verde dall'invidia; *to — pale*, impallidire; *the apricots are turning yellow*, le albicocche stanno maturando; *the milk has turned sour*, il latte si è cagliato, inacidito; *to — Catholic*, farsi cattolico; *to — traitor*, tradire; *to — informer*, trasformarsi in informatore; *the* *water turned into ice*, l'acqua si trasformò in ghiaccio; *profit has turned into loss*, il guadagno si è trasformato in perdita **4** (*comm. amer.*) andare a ruba; essere venduto bene, con facilità: *leather pants are turning in this area*, in questa zona i pantaloni di pelle vanno a ruba.

□ **turn about** *v.intr.* e *tr.* e *avv.* (*mil.*) (far) fare dietrofront (a) // *about —!*, dietrofront!

□ **turn against** *v.intr.* e *prep.* ribellarsi a, contro: *they turned against the invaders*, si ribellarono contro gli invasori ◆ *v.tr.* e *prep.* far ribellare, far insorgere contro: *who turned you against me?*, chi ti ha messo contro di me?

□ **turn around** *v.intr.* e *avv.* **1** voltarsi indietro: *I tapped him on the shoulder and he turned around*, gli battei sulla spalla ed egli si voltò; *he turned around to avoid seeing her*, girò la testa per non vederla **2** (*comm., fin.*) avere un'inversione di tendenza: *the stock market turned around very sharply*, il mercato borsistico ha avuto una brusca inversione di tendenza.

□ **turn away** *v.intr.* e *avv.* girare la testa, distogliere gli occhi (per non vedere) ◆ *v.tr.* e *avv.* mandar via, allontanare, respingere: *the stadium was full and many fans were turned away*, lo stadio era pieno e molti tifosi furono respinti.

□ **turn back** *v.intr.* e *avv.* tornare indietro; tornare sui propri passi: *he turned back to help a friend who had fallen*, tornò indietro ad aiutare un amico che era caduto ◆ *v.tr.* e *avv.* ripiegare: *to — back the sheet on the blanket*, ripiegare il lenzuolo sulla coperta; *he always turns back the corner of the page to mark his place*, piega sempre l'angolo della pagina per tenere il segno.

□ **turn down** *v.tr.* e *avv.* **1** abbassare, ripiegare (in giù): *to — down the brim of one's hat*, abbassare l'ala del cappello **2** abbassare, rendere meno forte, intenso: *— the radio down!*, abbassa la radio! **3** respingere; rifiutare; cestinare: *his article was turned down by the magazine*, l'articolo gli fu rifiutato dalla rivista ◆ *v.intr.* e *avv.* (*econ.*) calare; subire una flessione.

□ **turn from** *v.intr.* e *prep.* lasciare, abbandonare; allontanarsi da: *to — from one's bad habits*, lasciare le proprie cattive abitudini.

□ **turn in** *v.tr.* e *avv.* **1** restituire, rendere: *I must — in the cassette tomorrow*, devo restituire la cassetta domani **2** sottomettere, sottoporre (per pubblicazione, revisione ecc.): *you've turned in a nice piece of work*, il lavoro da lei inviato è buono **3** raggiungere, ottenere; fare: *he turned in the best time of the season*, ha fatto il miglior tempo della stagione **4** (*fam.*) consegnare alla polizia: *he turned the escaped prisoner in*, consegnò l'evaso alla polizia **5** (*fam.*) rinunciare a, lasciare, abbandonare: *he had a good job, but he had to — it in*, aveva un buon lavoro ma dovette rinunciarvi // *— it in!*, (*sl.*) smettila! piantala! **6** *to — s.o. in upon oneself*, far richiudere qlcu. in se stesso ◆ *v.intr.* e *avv.* **1** piegarsi verso l'interno: *his feet — in*, ha i piedi in dentro **2** (*fam.*) andare a letto **3** *to — in upon oneself*, richiudersi in se stesso.

□ **turn off** *v.tr.* e *avv.* **1** spegnere (luce, gas, radio ecc.); chiudere (un rubinetto) **2** (*sl.*) disgustare: *that film turned me off*, quel film mi ha disgustato **3** (*inform.*) spegnere, mettere fuori servizio ◆ *v.intr.* e *avv.* e *prep.* uscire (da) (strada, autostrada per inserirsi in un'altra).

□ **turn on** *v.tr.* e *avv.* **1** accendere (luce, gas, radio ecc.); aprire (un rubinetto) // *to — on the waterworks*, (*fig. fam.*) mettersi a piangere a dirotto **2** (*sl.*) piacere a, entusiasmare: *that girl really turns me on*, quella ragazza mi piace proprio **3** (*inform.*) accendere, mettere sotto tensione **4** iniziare, avviare: *to — s.o. on to drugs*, iniziare qlcu. alla droga ◆ *v.intr.* e *prep.* **1** prendersela con: *there's no need for you to — on me just because...*, non è il caso che tu te la prenda con me solo perché... **2** incentrarsi: *the discussion turned on what was to be done*, la discussione si incentrò sul da farsi.

□ **turn out** *v.tr.* e *avv.* **1** spegnere (la luce) **2** vuotare; rovesciare: *he had to — out his pockets to find the ticket*, dovette rovesciare le tasche per trovare il biglietto; *to — out a drawer*, vuotare un cassetto (per riordinarne il contenuto) **3** mettere alla porta, scacciare; (*dir.*) sfrattare: *to — out the government*, rovesciare il governo **4** (*econ.*) produrre, pubblicare **5** vestire elegantemente, abbigliare // *the troops were turned out for the parade*, le truppe erano in alta uniforme per la parata ◆ *v.intr.* e *avv.* **1** essere presente, presenziare; affluire: *many people turned out to greet the Queen*, molta gente accorse a salutare la Regina **2** accadere; verificarsi: *it turned out that...*, accadde che...; *things have turned out badly*, le cose sono andate male **3** risultare, venir fuori: *it turns out that...*, risulta che...; *it turned out to be true*, risultò vero // *as it* (o *things*) *turned out it was not he who...*, da come sono andate le cose risulta che non fu lui a...; *to — out to s.o.'s advantage*, tornare a vantaggio di qlcu. **4** piegarsi verso l'esterno: *his feet — out*, ha i piedi in fuori.

□ **turn over** *v.intr.* e *avv.* girarsi, voltarsi; (*aer., aut.*) capottare, rovesciarsi ◆ *v.tr.* e *avv.* **1** girare, voltare: *the baby was sleeping face down, so she turned him over*, il bambino dormiva a faccia in giù e lei lo girò // *to — over a new leaf*, (*fig.*) voltar pagina, cambiare vita **2** (*econ.*) avere un giro d'affari di: *they — over one million pounds a year*, hanno un giro d'affari di un milione di sterline l'anno **3** (*comm.*) avere un ricambio di (merce) **4** affidare, dare l'incarico di: *the foreign sales department was turned over to him*, gli fu affidato il settore dell'esportazione **5** consegnare (alle autorità, alla polizia).

□ **turn round** *v.intr.* e *avv.* **1** → **to turn around** **2** (*fam. fig.*) dire inaspettatamente, uscire a dire: *he turned round and said he wouldn't go there*, venne fuori a dire che non ci sarebbe andato **3** (*mar.*) virare di bordo ◆ *v.tr.* e *avv.* **1** girare: *— round the car and let's go back*, gira la macchina e torniamo indietro **2** far scendere e salire passeggeri, scaricare e caricare merci su (nave) **3** (*econ.*) rimettere in sesto (un'azienda).

□ **turn up** *v.tr.* e *avv.* **1** girare in su; rialzare: *he turned up the collar of his coat*, rialzò il bavero del cappotto **2** portare alla vista, alla luce: *the recent excavations turned up evidence of a Roman temple*, i recenti lavori di scavo hanno portato alla luce tracce di un tempio romano **3** (*fam.*) far star male; far sentire a disagio **4** (*sl.*) smetterla, piantarla: *— it up!*, smettila!, piantala! **5** (*sl. amer.*) vendere, consegnare alla polizia ◆ *v.intr.* e *avv.* **1** comparire; farsi vivo: *I'll tell him as soon as he turns up*, glielo dirò appena si farà vivo; *to — up at s.o.'s house*, capitare in casa di qlcu. **2** ricomparire, saltar fuori: *the stolen bag eventually turned up*, la borsa rubata alla fine saltò fuori **3** crearsi; accadere: *he's always hoping something will — up*, spera sempre che accada qualcosa **4** (*comm., fin.*) migliorare; aumentare, crescere: *investments are turning up*, gli investimenti aumentano.

turnabout ['tɜ:nəbaʊt / turn·about] *s.* **1** il volgersi nella direzione opposta, giravolta **2** (*fig.*) voltafaccia, cambiamento d'opinione **3** (*rar.*) persona volubile, banderuola, voltagabbana **4** (*amer.*) giostra **5** (*mar.*) inversione di rotta.

turnaround ['tɜ:nəraʊnd / turn·around] (*spec. amer.*) → **turnround**.

turn bridge ['tɜ:nbrɪdʒ] *s.* ponte girevole.

turnbuckle ['tɜ:nbʌkl / turn·buckle] *s.* (*mecc.*) tenditore.

turncoat ['tɜ:nkəʊt / turn·coat] *s.* banderuola, voltagabbana; rinnegato.

turncock ['tɜ:nkɒk / turn·cock] *s.* **1** (*idraulica*) valvola di regolazione (della portata) **2** fontaniere.

turndown ['tɜ:ndaʊn / turn·down] *agg.* (*abbigl.*) ripiegato all'ingiù; risvoltato: *— collar*, colletto rovesciato ◆ *s.* (*econ.*) ribasso, calo, flessione.

turner ['tɜ:nə*] *s.* tornitore.

turnery ['tɜ:nərɪ / turn·ery] *s.* **1** tornitura **2** torneria.

turning ['tɜ:nɪŋ / turn·ing] *agg.* **1** girevole, rotante **2** tortuoso, sinuoso; a svolte ◆ *s.* **1** giro, rotazione **2** svolta, curva; deviazione **3** (*aut.*) sterzata: *— radius*, raggio di sterzo, di sterzata **4** (*mecc.*) tornitura; *pl.* trucioli (di tornitura): *— chisel*, scalpello da tornitore.

turning-lathe ['tɜ:nɪŋ,leɪð] *s.* (*mecc.*) tornio.

turning point ['tɜ:nɪŋ,pɔɪnt] *s.* **1** svolta (decisiva); momento critico: *we've reached a —*, siamo a una svolta **2** (*topografia*) vertice, punto di riferimento.

turnip ['tɜ:nɪp / tur·nip] *s.* **1** (*bot.*) (*Brassica rapa*) rapa // *— tops* (o *— greens*), cime di rapa **2** *—* (*watch*), (*sl. antiq.*) cipolla (orologio da tasca).

turnip cabbage ['tɜ:nɪp,kæbɪdʒ] *s.* (*bot.*) cavolo rapa → **kohlrabi**.

turnip moth ['tɜ:nɪp,mɒθ] *s.* (*zool.*) agrotide.

turnkey ['tɜ:nki: / turn·key] *s.* (*ant.*) carceriere, secondino (al quale sono affidate le chiavi) ◆ *agg.attr.* (*comm.*) chiavi in mano: *— condition*, condizioni chiavi in mano; *— contract*, contratto chiavi in mano; *— operation*, operazione chiavi in mano (*anche inform.*); (*inform.*) *— system*, sistema sviluppato per una specifica applicazione.

turn-off ['tɜ:nɒf *amer.* 'tɜ:nɔ:f] *s.* **1** uscita (dall'autostrada ecc.); strada secondaria, via laterale **2** spegnimento, lo spegnere **3** (*fig. fam.*) elemento di disturbo; situazione, persona che causa disinteresse, scoraggiamento, crollo del desiderio (sessuale).

turn-on ['tɜ:nɒn] *s.* (*fam.*) situazione, persona che causa interesse, entusiasmo, desiderio (sessuale).

turnout ['tɜ:naʊt / turn·out] *s.* **1** affluenza, partecipazione (di pubblico ecc.): *the — at the performance was lower than expected*, l'affluenza (di pubblico) allo spettacolo fu minore del previsto; *a high* —, un'alta affluenza alle urne (elettorali) **2** (*ant.*) sciopero **3** produzione (industriale); fabbricazione **4** ripulita **5** (*fam.*) abbigliamento, tenuta; modo di vestire **6** equipaggio (carrozza e cavalli), tiro **7** (*ferr.*) binario di raccordo; scambio **8** (*amer.*) spiazzo, piazzola (per veicoli).

turnover ['tɜ:nəʊvə* / turn·over] *s.* **1** rovesciamento; capovolgimento; ribaltamento **2** (*amm.*) giro d'affari; fatturato // (*trib.*) — *tax*, imposta sugli affari **3** (*amm.*) rotazione: *inventory* — (o *stock* —), rotazione delle scorte; *labour* —, rotazione della manodopera **4** (*banca*) giro, movimento (di un conto bancario) **5** (*amer.*) riassetto, rimpasto, ricambio **6** tortina, pasticcino (con ripieno di frutta) **7** (*chim.*) turnover: — *number*, numero di turnover **8** articolo di giornale che inizia in una pagina e continua nelle successive.

turnpike ['tɜ:npaɪk / turn·pike] *s.* **1** (*st.*) barriera (per oltrepassare la quale si pagava un pedaggio) **2** — (*road*), (*amer.*) autostrada a pedaggio, (*antiq.*) strada a pedaggio.

turnplate ['tɜ:npleɪt / turn·plate] → **turntable**.

turnround ['tɜ:nraʊnd / turn·round] *s.* **1** il volgersi nella direzione opposta, giravolta **2** (*comm.*) rotazione, operazioni di carico e scarico (di nave o aereo) // — *time*, tempo di rotazione **3** (*econ.*, *fin.*) inversione di tendenza **4** (*fig.*) svolta, miglioramento improvviso **5** (*fig.*) voltafaccia, cambiamento improvviso di opinione, dietrofront.

turn-screw ['tɜ:nskru:] *s.* (*mecc.*) giraviti.

turnsole ['tɜ:nsəʊl / turn·sole] *s.* (*bot.*) girasole → **sunflower**.

turnspit ['tɜ:nspɪt / turn·spit] *s.* **1** girarrosto **2** chi fa girare lo spiedo.

turnstile ['tɜ:nstaɪl / turn·stile] *s.* **1** tornello, cancelletto girevole **2** (*tv*) — *antenna*, antenna a campo rotante.

turnstone ['tɜ:nstəʊn / turn·stone] *s.* (*zool.*) (*Arenaria interpres*) voltapietre.

turntable ['tɜ:nteɪbl / turn·table] *s.* **1** piatto (di giradischi) **2** (*ferr.*) piattaforma girevole.

turn-up ['tɜ:nʌp] *s.* **1** risvolto dei pantaloni **2** — (*for the book*), (*fam.*) avvenimento imprevisto, sorprendente; colpo di scena: *that's a real* — *for the book*, questa proprio non me l'aspettavo, non se l'aspettava nessuno.

turpentine ['tɜ:pəntaɪn / tur·pen·tine] *s.* (*chim.*) (essenza di) trementina: *oil of* —, olio di trementina, acquaragia.

to **turpentine** *v.tr.* (*chim.*) trattare con acquaragia.

turpentine tree ['tɜ:pəntaɪn,tri:] → **terebinth**.

turpentinic [,tɜ:pən'tɪnɪk / tur·pen·tinic] *agg.* (*chim.*) trementinico.

turpentinous ['tɜ:pəntaɪnəs / tur·pen·tin·ous] *agg.* (*chim.*) trementinoso.

turpitude ['tɜ:pɪtju:d *amer.* 'tɜ:pɪtu:d / tur·pi·tude] *s.* (*form.*) turpitudine.

turps [tɜ:ps] *s.* (*chim. fam.*) essenza di trementina.

turquoise ['tɜ:kwɔɪz / tur·quoise] *s.* **1** (*min.*) turchese **2** (color) turchese.

turret ['tʌrɪt / tur·ret] *s.* **1** torretta, piccola torre **2** (*mil.*, *mar.*, *aer.*) torretta: *disappearing* —, torretta a scomparsa; *revolving* —, torretta girevole **3** (*mecc.*) torretta portautensili: — *lathe*, tornio a torretta **4** (*fot.*, *cinem.*) torretta portaobiettivi.

turreted ['tʌrɪtɪd / tur·reted] *agg.* turrito; fornito di torrette.

turriculate [tʌ'rɪkjʊlɪt / tur·ricu·late] **turriculated** [tʌ'rɪkjʊleɪtɪd / tur·ricu·lated] *agg.* **1** turrito **2** turricolato (di conchiglia).

turtle[1] [tɜ:tl] *s.* (*zool.*) tartaruga (di mare): *green* —, tartaruga marina // — *shell*, guscio di tartaruga // — *soup*, zuppa di tartaruga; *mock* — *soup*, finto brodo di tartaruga // *to turn* —, (*fam.*, *mar.*) capovolgersi, ribaltarsi; (*fam. amer.*) capottare, rovesciarsi (di auto).

to **turtle**[1] *v.intr.* cacciare tartarughe.

turtle[2] *s.* (*ant.*) tortora.

turtledove ['tɜ:tldʌv / turtle·dove] *s.* (*zool.*) (*Streptopelia turtur*) tortora.

turtleneck ['tɜ:tlnek / turtle·neck] *agg.* e *s.* (*abbigl.*) → **polo neck**.

turves *pl.* di **turf**.

Tuscan ['tʌskən / Tus·can] *agg.* e *s.* toscano.

tush[1] [tʌʃ] *inter.* (*ant.*) ohibò: *tush, man! fear it not*, (W. SCOTT) ohibò, uomo! non temere.

tush[2] *s.* **1** zanna **2** dente canino (spec. di cavallo).

tush[3] *s.* (*sl. amer.*) sedere, culo.

tushery ['tʌʃərɪ / tush·ery] *s.* abuso di arcaismi.

tusk [tʌsk] *s.* zanna.

to **tusk** *v.tr.* azzannare.

tusked [tʌskt] *agg.* zannuto, provvisto di zanne.

tusker ['tʌskə*] *s.* animale zannuto (spec. elefante, cinghiale).

tusser ['tʌsə* / tus·ser] *s.* **1** tussorina (baco da seta selvatico) **2** → **tusser-silk**.

tusser-silk ['tʌsəsɪlk] *s.* tussor (seta ricavata dalla tussorina).

tussive ['tʌsɪv / tuss·ive] *agg.* (*med.*) di tosse, provocato da tosse.

tussle ['tʌsl] *s.* (*fam.*) lotta; rissa, zuffa: *to have a* —, venire alle mani // *the boy was having a* — *with his dog*, il bambino giocava, faceva la lotta col cane.

to **tussle** *v.intr.* (*fam.*) fare la lotta; azzuffarsi // *she tussled with the baby on the grass*, giocava, faceva la lotta col bambino sull'erba.

tussock ['tʌsək / tus·sock] *s.* ciuffo (d'erba ecc.); cespuglio.

tussocky ['tʌsəkɪ / tus·socky] *agg.* simile a un ciuffo d'erba; cespuglioso, a ciuffi.

tut[1] [tʌt] *s.* cottimo; lavoro a cottimo.

to **tut**[1] *pass.p.p.* **tutted** ['tʌtɪd / tut·ted] *v.intr.* lavorare a cottimo.

tut[2] *inter.* via!, silenzio!, vergogna!, puah! (per indicare impazienza, rimprovero, disapprovazione).

to **tut**[2] *v.intr.* (*fam.*) esprimere impazienza, rimprovero, disapprovazione.

tutelage ['tju:tɪlɪdʒ *amer.* 'tu:tɪlɪdʒ / tu·tel·age] *s.* **1** (*dir.*) tutela **2** (*form.*) l'essere sotto tutela **3** (*form.*) istruzione, insegnamento.

tutelar ['tju:tɪlə* *amer.* 'tu:tɪlə* / tu·telar] **tutelary** ['tju:tɪlərɪ *amer.* tu:tələrɪ / tu·tel·ary] *agg.* (*form.*) tutelare.

tutor ['tju:tə* *amer.* 'tu:tə* / tu·tor] *s.* **1** (*dir. scoz.*) tutore **2** precettore, istitutore; insegnante privato, ripetitore **3** professore incaricato di seguire direttamente un piccolo gruppo di studenti (nelle università inglesi e americane) **4** (*amer.*) assistente incaricato.

to **tutor** *v.tr.* **1** (*dir.*) fare da tutore a **2** (*form.*) istruire; fare il precettore di; seguire direttamente (studenti universitari) **3** (*rar.*) controllare; disciplinare ◆ *v.intr.* **1** (*form.*) fare il precettore **2** (*fam. amer.*) prendere lezioni private.

tutorage ['tju:tərɪdʒ *amer.* 'tu:tərɪdʒ / tu·tor·age] *s.* **1** (*dir.*) tutela **2** (*form.*) mansione di precettore.

tutoress ['tju:tərɪs *amer.* 'tu:tərɪs / tu·tor·ess] *s.* **1** (*dir. scoz.*) tutrice **2** istitutrice.

tutorial [tju:'tɔ:rɪəl *amer.* tu:'tɔ:rɪəl / tu·tor·ial] *agg.* **1** (*dir.*) tutorio **2** di precettore // *the* — *system*, sistema d'istruzione universitaria in cui un 'tutor' segue direttamente un piccolo gruppo di studenti // (*inform.*) — *program*, programma di istruzione ◆ *s.* seminario universitario individuale, o per poche persone, sotto la guida di un 'tutor'; singola ora di lezione di tale seminario // **-ly** *avv.*

tutorship ['tju:təʃɪp *amer.* 'tu:təʃɪp / tu·tor·ship] *s.* **1** mansione di precettore, istitutore **2** (*dir.*) tutela.

tutsan ['tʌtsən / tut·san] *s.* (*bot.*) (*Hypericum androsaemum*) erba sana; ruta selvatica; iperico.

tutti-frutti [,tʊtɪ'frʊtɪ] *s.* 'tutti frutti' (gelato con pezzettini di frutta fresca, secca o candita).

(to) **tut-tut** ['tʌt'tʌt] → (to) **tut**[2].

tutty ['tʌtɪ] *s.* (*chim.*) tuzia.

tutu ['tu:tu:] *s.* tutù.

Tuvaluan [tu:'vɑ:lu:ən / Tu·va·luan] *agg.* e *s.* (nativo, abitante) di Tuvalu.

tu-whit [tʊ'wɪt] **tu-whoo** [tʊ'wu:] *s.* verso del gufo, della civetta.

tuxedo [tʌks'i:dəʊ / tux·edo] *pl.* **tuxedos**, (*fam.*) **tux** [tʌks] *s.* (*amer.*) smoking BRIT. dinner jacket.

tuyère [twɪə* / tuy·ère] *s.* (*metall.*) ugello.

TV [,ti:'vi:] *s.* TV, televisione // — *set*, televisore.

TV dinner [,ti:'vi:,dɪnə*] *s.* pasto completo precotto gener. surgelato • Deriva dal fatto che si presta a essere consumato guardando la televisione.

twa [twɑ:] (*scoz.*) → **two**.

twaddle ['twɒdl] *s.* ⓤ (*fam.*) ciarle, chiacchiere; sciocchezze: *to talk* —, dire sciocchezze.

to **twaddle** *v.intr.* (*fam.*) dire sciocchezze; parlare a vanvera.

twaddler ['twɒdlə* / twad·dler] *s.* (*fam.*) uno che parla a vanvera, che dice sciocchezze.

twaddly ['twɒdlɪ / twad·dly] *agg.* (*fam.*) chiacchierone, ciarliero.

twain [tweɪn] *agg.* (*ant.*) due: (*to cut*) *in* —, (tagliare) in due // *the bottles twain behind his back were shattered at a blow*, (W. COOPER) le due bottiglie dietro il suo dorso furono infrante in un sol colpo ◆ *s.* (*ant.*) due persone, due cose.

twang [twæŋ] *s.* **1** (*mus.*) suono, vibrazione di corde pizzicate; pizzicata **2** suono nasale: *to speak with a* —, parlare con voce nasale.

to **twang** rar. to **twangle** ['twæŋgl] *v.intr.* **1** vibrare; risuonare **2** parlare con voce nasale, pronunciare suoni nasali ◆ *v.tr.* **1** far risuonare; far vibrare; pizzicare (le corde di) **2** dire con voce nasale **3** (*non com.*) scagliare (una freccia); tendere (un arco).

twangy ['twæŋɪ] *agg.* vibrato; pizzicato.

'twas [twɒz] (*poet., ant.* o *dial.*) contr. di *it was.*

twat [twɒt, twæt *amer.* twɑ:t] *s.* (*sl. volg.*) **1** (*antiq.*) fica, figa **2** cretino, scemo.

tweak [twi:k] *s.* pizzicotto.

to **tweak** *v.tr.* (*fam.*) **1** dare un pizzicotto a **2** portare piccoli cambiamenti a (motore ecc.) per migliorarne il rendimento.

twee [twi:] *agg.* (*fam.*) affettato, lezioso; stucchevole, sdolcinato.

tweed [twi:d] *s.* **1** tweed (tessuto di lana a trama grossa) **2** *pl.* abito di tweed.

tweedledum and tweedledee [,twi:dl'dʌmən,twi:dl'di:] *s.* due persone, due cose simili (che differiscono solo nel nome): *it is* —, (*prov.*) se non è zuppa è pan bagnato.

tweedy ['twi:dɪ] *agg.* simile a tweed // *a — person*, (*fam.*) una persona che indossa abiti sportivi, che affetta l'aria del signore di campagna.

'tween [twi:n] (*ant., letter.*) contr. di → **between**.

tweet [twi:t] *s.* cinguettio.

to **tweet** *v.intr.* cinguettare.

tweeter ['twi:tə*] *s.* (*elettr.*) altoparlante a compressione, tweeter.

tweezers ['twi:zəz] *s.pl.* (*a pair of*) —, pinzette // — *case*, astuccio (per piccoli oggetti).

twelfth [twelfθ] *agg.num.ord.* e *s.* dodicesimo: (*on*) *the — of June*, il dodici giugno; *he came — in the race*, arrivò dodicesimo nella gara // *Twelfth Day*, Epifania; *Twelfth Night*, la notte, la sera dell'Epifania.

twelfth man [,twelfθ'mæn] *s.* (*cricket*) (giocatore di) riserva.

twelve [twelv] *agg.num.card.* e *s.* dodici: — *shirts*, dodici camicie; *a girl of* —, una ragazza di dodici anni; *it is half past* —, sono le dodici e mezzo // *the Twelve*, i Dodici Apostoli // (*tip.*) *in twelves*, in dodicesimo.

twelvemo ['twelvməʊ / twel·vemo] *s.* (*tip.*) dodicesimo.

twelvemonth ['twelvmʌnθ / twelve·month] *s.* (*antiq.*) anno: *this day* —, un anno fa; fra un anno.

twelve-tone ['twelv,təʊn] *agg.* (*mus.*) dodecafonico.

twentieth ['twentɪɪθ / twen·ti·eth] *agg.num. ord.* e *s.* ventesimo.

twenty ['twentɪ] *agg.num.card.* e *s.* venti: *about — people*, una ventina di persone // *to be in one's twenties*, essere sulla ventina; *to be in one's early twenties*, avere poco più di vent'anni; *to be in one's late twenties*, essere vicino alla trentina // *the twenties*, gli anni venti ('20-'29) // *the Roaring Twenties*, gli anni ruggenti.

twenty-one [,twentɪ'wʌn] *agg.num.card.* ventuno ◆ *s.* (*amer.*) ventuno (gioco di carte) BRIT. **pontoon**.

'twere [twɜ:*] (*poet., ant.* o *dial.*) contr. di *it were.*

twerp [twɜ:p] *s.* (*fam.*) idiota, stupido.

twice [twaɪs] *avv.* due volte; doppiamente: *— as big as*, due volte più grande di; *I am — as old as you* (*are*) (o *I am — your age*), ho il doppio della tua età; *he's — the man* (*he was*), è molto più in forma (di prima) // *to think — before doing sthg.*, pensarci su due volte prima di fare qlco.

twice-told [,twaɪs'təʊld] *agg.* detto due volte; (*fig.*) detto e ridetto, ripetuto più volte: *a — tale*, una storia detta e ridetta.

twiddle ['twɪdl] *s.* leggera rotazione.

to **twiddle** *v.tr.* far girare; attorcigliare: *to — one's moustache*, attorcigliarsi i baffi // *to — one's thumbs*, gingillarsi, girare i pollici ◆ *v.intr.* **1** girare; attorcigliarsi **2** giocare, giocherellare; armeggiare.

twig [twɪg] *s.* **1** ramoscello, rametto; verga; virgulto **2** (*anat.*) terminazione (di arteria, nervo) **3** bacchetta di rabdomante.

to **twig** *pass.p.p.* **twigged** [twɪgd] *v.tr.* **1** notare, osservare **2** comprendere, afferrare: *I soon twigged his game*, ho capito subito il suo gioco.

twiggy ['twɪgɪ] *agg.* ricco, coperto di ramoscelli; simile a virgulto.

twilight ['twaɪlaɪt / twi·light] *s.* **1** crepuscolo (*anche fig.*): *in the — (of one's life)*, al crepuscolo (della vita) **2** penombra, luce fioca.

twill [twɪl] *s.* (*tess.*) (tessuto) diagonale: *cross* —, spigato; *reversed* —, saia alla rovescia.

to **twill** *v.tr.* (*tess.*) tessere in diagonale.

'twill (*poet., ant.* o *dial.*) contr. di *it will.*

twin [twɪn] *agg.* e *s.* gemello: — *birth*, parto gemellare; (un) gemello; (una) coppia di gemelli; — *brother*, fratello gemello; — *sister*, sorella gemella; — *beds*, letti gemelli // — *set*, twin set, completo (di due golf per donna) // (*aer.*) — *jet*, bireattore // (*aut.*): — *cylinder*, motore a due cilindri; — *magnet*, magnete gemello // (*astr.*) *the Twins*, i Gemelli.

to **twin** *pass.p.p.* **twinned** [twɪnd] *v.tr.* accoppiare; appaiare; abbinare, gemellare: *to — a town*, gemellare una città ◆ *v.intr.* accoppiarsi; appaiarsi; abbinarsi.

twin-cylinder [,twɪn'sɪlɪndə*] *agg.* (*aut.*) a due cilindri, bicilindrico.

twine [twaɪn] *s.* **1** spago, corda **2** intreccio; spira, voluta **3** groviglio, garbuglio.

to **twine** *v.tr.* **1** torcere; attorcigliare; intrecciare **2** avvolgere, cingere ◆ *v.intr.* **1** torcersi; attorcigliarsi **2** serpeggiare, procedere tortuosamente.

twin-engine(d) [,twɪn'endʒɪn(d)] *agg.* a due motori, bimotore.

twinflower ['twɪn,flaʊə* / twin·flower] *s.* (*bot.*) (*Linnaea borealis*) linnea.

twinge [twɪndʒ] *s.* **1** fitta; contrazione dolorosa **2** dolore; rimorso: — *of conscience*, rimorso di coscienza.

to **twinge** *v.tr.* (*rar.*) causare dolore acuto a; tormentare.

twiningly ['twaɪnɪŋlɪ / twin·ing·ly] *avv.* sinuosamente.

twin-jet ['twɪndʒet] *agg.* (*aer.*) bireattore.

twink [twɪŋk] *s.* (*sl. amer.*) adolescente attraente.

twinkle ['twɪŋkl] *s.* scintillio, balenio; ammicco, guizzo: *in a* —, in un batter d'occhio; *there was a — in his eyes*, con un guizzo di divertimento negli occhi; *when you were just a — in your father's eye*, (*scherz.*) prima che tu nascessi.

to **twinkle** *v.intr.* **1** scintillare; brillare; balenare; ammiccare **2** muoversi rapidamente in su e in giù.

twinkling ['twɪŋklɪŋ / twink·ling] *s.* **1** scintillio; balenio // *in the — of an eye*, in un batter d'occhio, in un baleno **2** (*astr.*) scintillazione.

twin-motor [,twɪn'məʊtə*] *agg.* (*mecc.*) a due motori, bimotore.

twin-rotor [,twɪn'rəʊtə*] *agg.* (*aer., mecc.*) a due rotori, birotore.

twin-screw ['twɪnskru:] *agg.* (*mar.*) a due eliche (controrotanti), bielica.

twin-six ['twɪnsɪks] *s.* (*aut.*) motore a V a dodici cilindri.

to **twire** ['twaɪə*] *v.intr.* (*ant.*) far capolino: *when sparkling stars twire not thou gild'st th'even*, (SH. Sonetti) quando le stelle splendenti non fanno capolino, sei tu che illumini la sera.

twirl [twɜ:l] *s.* **1** giro; piroetta; mulinello **2** svolazzo, ghirigoro.

to **twirl** *v.intr.* girare; roteare; piroettare ◆ *v.tr.* **1** far girare; far roteare **2** attorcigliare; stortare.

twirler ['twɜ:lə* / twirl·er] *s.* **1** chi rotea **2** (*amer.*) majorette (che fa volteggiare il bastone).

twirp [twɜ:p] *s.* (*fam.*) → **twerp**.

twist [twɪst] *s.* **1** filo ritorto, cordoncino; treccia: *a — of tobacco*, una treccia di tabacco; *breaking his oath and resolution like / a twist of rotten silk*, (SH. Coriolanus) infrangendo il suo giuramento e l'impegno assunto come un filo di seta marcio **2** piega; curva, svolta; tornante: *the road was full of twists and turns*, la strada era tutta piena di curve // *to be round the* —, (*fam.*) essere matto **3** (*fig.*) alterazione, variazione; cambiamento; colpo di scena; nuova inclinazione, tendenza: *to add a new — to sthg.*, dare una nuova piega a qlco.; *there's an unexpected — at the end of the story*, c'è un inatteso colpo di scena alla fine; *by a — of fate*, per caso, per una fatalità **4** torsione, torcimento; storta: *my ankle got a nasty* —, ho preso una brutta storta alla caviglia; *to give a — to s.o.'s arm*, torcere il braccio a qlcu. **5** (*tecn.*) torsione, torcitura; (*aer.*) svergolamento: *wing* —, svergolamento alare **6** spira, spirale: *a — of smoke*, una spirale di fumo **7** (*ballo*) twist **8** (*fam.*) appetito **9** miscela di liquori.

to **twist** *v.tr.* **1** intrecciare; attorcigliare; avvolgere: *the woman kept twisting the thread round her fingers*, la donna continuava ad avvolgere il filo attorno alle dita; *she twisted her necklace nervously*, attorcigliava nervosamente la collana; *he twisted the bandage round his forearm*, si avvolse la benda attorno all'avambraccio; *he twisted the wire into the shape of a flower*, piegò il fil di ferro a forma di fiore; *she twisted her hair into a braid*, attorcigliò i capelli in una treccia // *to — s.o. round one's little finger*, (*fam.*) far fare a qlcu. quello che si vuole **2** girare; torcere, contorcere; far prendere una storta a: *she twisted her ankle*, prese una storta alla caviglia; *he twisted the rusty handle of the door*, girò la maniglia arrugginita della porta; *to — s.o.'s arm*, torcere il braccio a qlcu., (*fig. fam.*) insistere con qlcu., fare pressione su qlcu. **3** (*tecn.*) torcere, sottoporre a torsione; (*aer.*) svergolare **4** (*fig.*) alterare, travisare, distorcere; fraintendere volontariamente: *you have deliberately twisted my meaning*, hai deliberatamente travisato il senso delle mie parole **5** (*fig. non com.*) ingannare, abbindolare ◆ *v.intr.* **1** intrecciarsi, attorcigliarsi: *the snake twisted round the branch*, il serpente si attorcigliò al ramo **2** torcersi, contorcersi: *the man twisted in pain*, l'uomo si contorceva dal dolore **3** (*tecn.*) torcersi; (*aer.*) svergolarsi **4** serpeggiare; insinuarsi: *the road twists through the fields*, la strada serpeggia tra i campi **5** ballare il twist.

□ **twist off** *v.tr.* e *prep.* o *avv.* togliere, aprire girando: *he twisted the cap off the jar*, svitò il coperchio del vasetto.

□ **twist up** *v.tr.* e *avv.* contorcere; distorcere: *his face twisted up in disgust*, il suo viso si contorse in una smorfia di disgusto; *he was twisted up inside with greed and envy*, dentro di sé era tormentato dall'invidia e dalla bramosia.

twisted ['twɪstɪd] *agg.* **1** torto, ritorto, attorcigliato; intrecciato **2** distorto; contorto, perverso: *a — mind*, una mente perversa **3** alterato (di significato).

twisted pair [ˌtwɪstɪd'peə*] *s.* (*inform.*) doppino telefonico.

twister ['twɪstə*] *s.* **1** chi torce **2** (*fam.*) truffatore, imbroglione **3** (*amer.*) tornado, tromba d'aria BRIT. whirlwind **4** compito difficile, scabroso: *that's a — for you*, ecco qlco. che ti darà del filo da torcere **5** (*tess.*) ritorcitoio; ritorcitore **6** (*sport*) palla con effetto.

twisting ['twɪstɪŋ / twist·ing] *s.* **1** torcitura, torcimento; contorcimento **2** (*mecc.*) svergolamento **3** (*tess.*) ritorcitura: *— frame*, ritorcitoio **4** (*comm.*) il persuadere un assicurato a sostituire una polizza con un'altra di maggior valore.

twisty ['twɪstɪ] *agg.* **1** pieno di pieghe **2** tortuoso **3** (*fig.*) disonesto **4** (*sl. amer.*) sexy, attraente.

twit[1] [twɪt] *s.* **1** (*fam.*) presa in giro, canzonatura; sfottimento **2** (*fam.*) stupido, sciocco, scemo **3** (*fam.*) agitazione, nervosismo.

to **twit**[1] *pass.p.p.* **twitted** ['twɪtɪd / twit·ted] *v.tr.* (*fam.*) prendere in giro; sfottere; canzonare.

twit[2] *s.* cinguettio, pigolio.

twitch[1] [twɪtʃ] *s.* **1** contrazione involontaria, spasmodica; spasmo muscolare; tic **2** tirata; strappo; strattone.

to **twitch**[1] *v.intr.* contrarsi; contorcersi ◆ *v.tr.* **1** muovere di scatto, con un movimento brusco; tirare; dare uno strappo, uno strattone a: *the dog twitched its ears*, il cane mosse le orecchie; *he twitched the curtains together*, chiuse con uno strattone le tende; *to — s.o.'s sleeve*, tirare qlcu. per la manica **2** fare un movimento brusco (involontario); avere uno scatto, uno spasmo nervoso.

twitch[2] *s.* (*bot.*) gramigna dei medici → **couch**[2].

twitching ['twɪtʃɪŋ / twitch·ing] *s.* Ⓤ **1** contrazione; tic nervoso **2** strattone.

twitchy ['twɪtʃɪ] *agg.* (*fam.*) nervoso; ansioso; irrequieto.

twite [twaɪt] *s.* (*zool.*) (*Acanthis flavirostris*) fanello nordico.

twitter ['twɪtə* / twit·ter] *s.* **1** cinguettio; pigolio **2** (*fam.*) stato d'ansia, di agitazione.

to **twitter** *v.tr.* e *intr.* cinguettare (*anche fig.*); pigolare.

'twixt [twɪkst] *prep.* (*ant.*, *poet.*) tra: *'twixt church and palace of a Florence street*, (E. BARRETT BROWNING) tra la chiesa e il palazzo di una via di Firenze // *there's many a slip — cup and lip*, (*prov.*) tra il dire e il fare c'è di mezzo il mare.

two [tu:] *agg.num.card.* e *s.* due: *they came in by twos*, entrarono a gruppi di due; *to fold, to divide sthg. in —*, piegare, dividere qlco. in due; *to walk in twos* (o *— by —*), camminare a due a due // *— can play at that game!*, non sei il solo a saperlo fare! // *to put — and — together*, sommare due più due; tirare le conclusioni // *that makes — of us!*, allora siamo in due!

two-bit ['tu:bɪt] *agg.* (*fam. amer.*) da due soldi, senza valore.

two bits [tu:'bɪts] *s.pl.* (*fam. amer.*) venticinque centesimi di dollaro.

two-by-four [ˌtu:baɪ'fɔ:*] *agg.* **1** che misura due pollici per quattro (in sezione) **2** (*fam. amer.*) piccolo, ristretto, limitato; insignificante.

two-decker [ˌtu:'dekə*] *agg.* e *s.* **1** (*mar.*) (nave) a due ponti **2** (vettura tranviaria, autobus) a due piani.

two-dimensional [ˌtu:dɪ'menʃənl] *agg.* bidimensionale, a due dimensioni.

two-edged [ˌtu:'edʒd] *agg.* a doppio taglio (*anche fig.*).

two-eyed [ˌtu:'aɪd] *agg.* bioculare, binoculare (di microscopio ecc.); con due occhi.

twofaced [ˌtu:'feɪst / two·faced] *agg.* con due facce; (*fig.*) falso, doppio.

twofer ['tu:fə* / two·fer] *s.* (*fam. amer.*) **1** sigaro di qualità scadente; (*estens.*) merce scadente **2** due biglietti di teatro venduti al prezzo di uno • Abbr. di *two for* (*the price of one*), due per uno.

two-fisted [ˌtu:'fɪstɪd] *agg.* capace di combattere con entrambe le mani; (*estens.*) virile, vigoroso.

twofold ['tu:fəʊld / two·fold] *agg.* doppio ◆ *avv.* doppiamente.

two-handed [ˌtu:'hændɪd] *agg.* **1** (che si usa) a, con due mani **2** che necessita di due persone (di attrezzo, attività ecc.).

two-headed [ˌtu:'hedɪd] *agg.* bicipite.

two-legged [ˌtu:'legɪd] *agg.* bipede; con due gambe.

two-master [ˌtu:'mɑ:stə* *amer.* ˌtu:'mæstə*] *s.* (nave a) due alberi.

two-part ['tu:pɑ:t] *agg.* in due parti; per due voci // (*econ.*) *— tariff*, tariffa a due scaglioni, a due parti.

two-party system ['tu:ˌpɑ:tɪ'sɪstəm] *s.* sistema bipartitico.

twopence ['tʌpəns / two·pence] *s.* **1** valore di due penny // *not to care* (o *give*) *—*, (*fam.*) non importare nulla, un fico secco **2** (*st.*) moneta da due penny **3** cosa di poco valore.

twopenny ['tʌpnɪ / two·penny] *agg.* **1** che vale due penny **2** a buon mercato; di poco valore ◆ *s.* (*sl.*) testa (al gioco della cavallina).

twopenny-halfpenny [ˌtʌpnɪ'heɪpnɪ] *agg.* (del valore di) due penny e mezzo; (*fig.*) insignificante; senza valore.

two-phase ['tu:feɪz] *agg.* (*elettr.*) bifase.

two-piece ['tu:pi:s] *agg.* a due pezzi: *— dress*, tailleur; *— suit*, completo giacca e pantaloni (da uomo).

two-ply ['tu:plaɪ] *agg.* **1** a due strati **2** a due capi (di corda, filo ecc.) **3** doppio (di tessuto).

two-seater [ˌtu:'si:tə*] *s.* (*aut.*) (automobile a) due posti.

two-sided [ˌtu:'saɪdɪd] *agg.* **1** che ha due lati, bilaterale; doppio // (*amm.*) *— account*, conto a due sezioni **2** (*fig.*) duplice, ambiguo.

twosome ['tu:səm / two·some] *agg.* in coppia (di giochi, danze) ◆ *s.* gioco, danza in coppia.

two-step ['tu:step] *s.* two step; danza a passo doppio // *Aztec —*, (*fam.*) diarrea che affligge il turista in Messico.

two-stroke ['tu:strəʊk] *agg.* (*mecc.*) a due tempi.

to **two-time** ['tu:taɪm] *v.tr.* (*sl. amer.*) **1** tradire, essere infedele a **2** (*fig.*) tradire, ingannare; fare il doppio gioco a.

two-timer [ˌtu:'taɪmə*] *s.* (*fam.*) **1** persona infedele **2** doppiogiochista.

two-tone ['tu:ˌtəʊn] *agg.* a due tonalità di colore, bicolore: (*aut.*) *— bodywork*, carrozzeria bicolore.

'twould [twʊd] (*poet.*, *ant.* o *dial.*) contr. di *it would*.

two-way ['tu:weɪ] *agg.* **1** a doppio senso: *— street*, via a doppio senso, (*fig. amer.*) situazione da affrontare in due **2** (*mecc.*) a due vie: *— cock*, rubinetto a due vie **3** (*elettr.*) bipolare: *— switch*, interruttore bipolare **4** (*rad.*) trasmittente e ricevente: *— radio set*, apparecchio radio ricetrasmittente **5** (*inform.*) bidirezionale; alternato, semiduplex **6** bilaterale, reciproco.

twyer ['twaɪə*] *s.* (*metall.*) ugello.

tycoon [taɪ'ku:n / ty·coon] *s.* **1** (*st. giapponese*) 'taicùn' (gran principe) **2** (*fam.*) grande industriale; magnate.

tying-up machine [ˌtaɪɪŋ'ʌpməˌʃi:n] *s.* fascettatrice.

tyke [taɪk] *s.* **1** cane bastardo **2** (*fam.*) birba, bricconcello; monello.

tyler ['taɪlə*] *s.* custode (di una loggia massonica).

tylopod ['taɪləʊpɒd / ty·lo·pod] *agg.* e *s.* (*zool.*) tilopode.

tylosis [taɪ'ləʊsɪs / ty·losis] *s.* (*med.*) tilosi.

tympan ['tɪmpən / tym·pan] *s.* (*anat.*, *arch.*, *tip.*) timpano.

tympanal ['tɪmpənəl / tym·panal] **tympanic** [tɪm'pænɪk / tym·panic] *agg.* (*anat.*) timpanico: *— membrane*, membrana timpanica.

tympanism ['tɪmpənɪzəm / tym·pan·ism] *s.* (*med.*) timpanismo.

tympanist ['tɪmpənɪst / tym·pan·ist] *s.* (*mus.*) timpanista.

tympanites [ˌtɪmpə'naɪti:z / tym·pan·ites] → **tympanism**.

tympanitis [ˌtɪmpə'naɪtɪs / tym·pan·itis] *s.* (*med.*) timpanite, miringite.

tympanum ['tɪmpənəm / tym·panum] *pl.* **tympana** ['tɪmpənə / tym·pana] *s.* (*mus.*, *arch.*, *anat.*) timpano.

tympany ['tɪmpənɪ / tym·pany] → **tympanism**.

tyndallization [,tɪndəlaɪ'zeɪʃn *amer.* ,tɪndəlɪ'zeɪʃn / tyn·dal·liza·tion] *s.* (*chim.*) tindallizzazione.

Tynwald ['tɪnwɔ:ld / Tyn·wald] *s.* 'Tynwald' (assemblea legislativa dell'isola di Man).

type [taɪp] *s.* **1** tipo; genere; modello: *I'm not interested in socialist — politics*, il modello di politica socialista non mi interessa; *she's not my —*, non è il mio tipo **2** tipo; classe; genere; gruppo; specie; categoria: *Australia has many types of animal life not found in other continents*, l'Australia ha molti tipi di vita animale che non si trovano in altri continenti; *she has a special — of beauty*, ha un tipo speciale di bellezza **3** tipo, tizio **4** (*tip.*) carattere tipografico: *to set up in —*, comporre; *bold —*, neretto; *— metal*, lega per caratteri tipografici; *— scale*, tipometro; *— size*, corpo **5** impronta (di monete, medaglie) **6** (*inform.*) tipo.

to **type** *v.tr.* **1** classificare; rappresentare **2** dattilografare, battere a macchina **3** (*med.*) determinare (il gruppo sanguigno).

□ **type in, into** *v.tr.* e *avv.* e *prep.* inserire, introdurre (*anche inform.*); aggiungere: *— the missing figure in above the line*, inserisca la cifra mancante sopra la riga; *he was typing some information into the computer*, stava introducendo alcune informazioni nel computer.

□ **type out** *v.tr.* e *avv.* **1** scrivere a macchina; battere a macchina: *she must — out the list of new subscribers*, deve battere la lista dei nuovi abbonati **2** (*inform.*) emettere; far uscire su stampante.

□ **type up** *v.tr.* e *avv.* battere a macchina (in bella copia, la stesura definitiva).

type-bar ['taɪpbɑ:*] *s.* (*tip.*) riga di composizione.

to **typecast** ['taɪpkɑ:st *amer.* 'taɪpkæst / type·cast] *pass.p.p.* **typecast** *v.tr.* **1** (*cinem.*, *teatr.*) caratterizzare; personificare; essere lo stereotipo di: *she is — as the dumb blonde*, fa sempre la parte della bionda svampita **2** (*tip.*) fondere (caratteri).

typeface ['taɪpfeɪs / type·face] *s.* (*tip.*) occhio.

type-founder ['taɪp,faʊndə*] *s.* (*tip.*) fonditore di caratteri.

type-foundry ['taɪp,faʊndrɪ] *s.* (*tip.*) fonderia di caratteri.

typescript ['taɪpskrɪpt / type·script] *s.* dattiloscritto.

typesetter ['taɪp,setə* / type·set·ter] *s.* (*tip.*) **1** compositore **2** (macchina) compositrice.

typesetting ['taɪp,setɪŋ / type·set·ting] *s.* composizione (tipografica): *automatic —*, composizione automatica (dei testi); *computer —*, videoimpaginazione; *— machine*, compositrice.

typethrough ['taɪpθru: / type·through] *s.* (*inform.*) battitura diretta.

to **typewrite** ['taɪpraɪt / type·write] *pass.* **typewrote** ['taɪprəʊt / type·wrote] *p.p.* **typewritten** ['taɪp,rɪtn / type·writ·ten] *v.tr.* (*antiq.*) dattilografare.

typewriter ['taɪp,raɪtə* / type·writer] *s.* **1** macchina per scrivere: *electric —*, macchina per scrivere elettrica // (*inform.*): *golf ball —*, macchina per scrivere a testina rotante; *tape -controlled —*, macchina per scrivere automatica **2** (*ant.*) dattilografo.

typewriting ['taɪp,raɪtɪŋ / type·writ·ing] *s.* dattilografia.

typewritten *p.p.* di to **typewrite**.

typewrote *pass.* di to **typewrite**.

typhlitis [tɪ'flaɪtɪs / typh·litis] *s.* (*med.*) tiflite.

typhoid ['taɪfɔɪd / typh·oid] *agg.* (*med.*) tifoideo ♦ *s.* — (*fever*), febbre tifoidea.

typhoidal [taɪ'fɔɪdl / typh·oidal] *agg.* (*med.*) tifoide.

typhomania [,taɪfəʊ'meɪnjə / typho·mania] *s.* (*med.*) tifomania.

typhoon [taɪ'fu:n / ty·phoon] *s.* tifone.

typhous ['taɪfəs / typh·ous] *agg.* (*med.*) tifoso, del tifo.

typhus ['taɪfəs] *s.* (*med.*) tifo.

typical ['tɪpɪkl / typ·ical] *agg.* tipico; caratteristico // **-ly** *avv.* // **-ness** *s.*

typification [,tɪpɪfɪ'keɪʃn / typi·fica·tion] *s.* **1** rappresentazione simbolica **2** caratterizzazione **3** esemplificazione.

to **typify** ['tɪpɪfaɪ / typ·ify] *v.tr.* **1** simboleggiare; incarnare **2** caratterizzare **3** esemplificare.

typing ['taɪpɪŋ / typ·ing] *s.* dattilografia.

typing pool ['taɪpɪŋ,pu:l] *s.* dattilografi (di un'azienda).

typist ['taɪpɪst / typ·ist] *s.* **1** dattilografo **2** (*inform.*) operatore.

typographer [taɪ'pɒgrəfə* / ty·po·grapher] *s.* tipografo.

typographic(al) [,taɪpə'græfɪk(l) / ty·po·graphic, ty·po·graph·ical] *agg.* tipografico // **-ally** *avv.*

typography [taɪ'pɒgrəfɪ / ty·po·graphy] *s.* U tipografia.

typolithographic [,taɪpə,lɪθə'græfɪk / ty·po·li·tho·graphic] *agg.* tipolitografico.

typolithography [,taɪpəlɪ'θɒgrəfɪ / ty·po·li·tho·graphy] *s.* U tipolitografia.

typological [,taɪpə'lɒdʒɪkl / ty·po·lo·gical] *agg.* tipologico.

typology [taɪ'pɒlədʒɪ / ty·po·logy] *s.* tipologia.

typometer [taɪ'pɒmɪtə* / ty·po·meter] *s.* (*tip.*) tipometro.

tyramine ['taɪrə,mi:n / tyra·mine] *s.* (*biochim.*) tiramina.

tyrannical [tɪ'rænɪkl / tyr·an·nical] *agg.* tirannico, dispotico // **-ly** *avv.* // **-ness** *s.*

tyrannicidal [tɪ,rænɪ'saɪdl / tyr·an·ni·cidal] *agg.* tirannicida.

tyrannicide [tɪ'rænɪsaɪd / tyr·an·ni·cide] *s.* **1** tirannicida **2** tirannicidio.

to **tyrannize** ['tɪrənaɪz / tyr·an·nize] *v.tr.* e *intr.* tiranneggiare: *to — (over) s.o.*, tiranneggiare qlcu.

tyrannosaur [tɪ'rænəsɔ:* / tyr·an·no·saur] **tyrannosaurus** [tɪ,rænə'sɔ:rəs / tyr·an·no·sau·rus] *s.* (*paleont.*) tirannosauro.

tyrannous ['tɪrənəs / tyr·an·nous] *agg.* tirannico // **-ly** *avv.*

tyranny ['tɪrənɪ / tyr·anny] *s.* tirannia; tirannide.

tyrant ['taɪərənt / tyr·ant] *s.* tiranno: *to play the —*, fare il tiranno.

to **tyrant** *v.intr.* (*rar.*) fare il, comportarsi da tiranno.

tyrant-bird ['taɪərənt,bɜ:d] **tyrant -flycatcher** [,taɪərənt'flaɪ,kætʃə*] *s.* (*zool.*) (*Tyrannus tyrannus*) tiranno SIN. king-bird.

tyre ['taɪə*] *s.* **1** (*aut.*) pneumatico, gomma; copertone: *studded —*, pneumatico scolpito; *tubeless —*, pneumatico senza camera d'aria; *radial(-ply) —*, pneumatico (a struttura) radiale, cinturato; *flat —*, gomma a terra; *high -pressure —*, pneumatico ad alta pressione // *— rim*, cerchione per pneumatico // *— gauge*, manometro per pneumatici **2** cerchione (di ruota di carro ecc.): *shrunk-on —*, cerchione montato a caldo.

to **tyre** *v.tr.* (*non com.*) **1** fornire di pneumatico; gommare **2** montare il cerchione su; cerchiare.

tyre chain ['taɪətʃeɪn] → **skid chain**.

tyre-dealer ['taɪə,di:lə*] *s.* gommista.

tyreman ['taɪəmən / tyre·man] *pl.* **tyremen** *s.* gommista.

tyro ['taɪərəʊ] *pl.* **tyros** *s.* novizio; principiante; apprendista.

Tyrolean [tɪ'rəʊlɪən / Ty·ro·lean] **Tyrolese** [,tɪrə'li:z / Ty·ro·lese] *agg.* e *s.* tirolese.

Tyrolienne [tɪ,rəʊlɪ'en / Ty·ro·lienne] *s.* (*mus.*) tirolese.

tyrosinase ['taɪrəsɪneɪs / ty·ros·in·ase] *s.* (*biochim.*) tirosinasi.

tyrosine ['taɪərəʊsi:n / ty·ros·ine] *s.* (*biochim.*) tirosina.

Tyrrhene [tɪ'ri:n / Tyr·rhene] **Tyrrhenian** [tɪ'ri:njən / Tyr·rhen·ian] *agg.* e *s.* tirreno // *the Tyrrhenian Sea*, il Mar Tirreno.

tythe [taɪð] *s.* (*poet.*) piccola parte: *there they reposed, / ...with eyelids closed, / saving a tythe which love still open kept*, (KEATS) là riposavano,... con le palpebre chiuse salvo un poco che amore ancora teneva aperto • Grafia poetica di *tithe*.

tyuyamunite [,tju:ə'mju:naɪt / tyu·ya·mun·ite] *s.* (*min.*) tujamunite.

tzar [tsɑ:*] *s.* zar.

tzarina [tsɑ:'ri:nə / tzar·ina] *s.* zarina.

Tzigane [tsi:'gɑ:n / Tzi·gane] *agg.* e *s.* (*rar.*) tzigano.

Uu

u [ju:] *pl.* **us, u's** *s.* **1** (*ventunesima lettera dell'alfabeto inglese*) u // (*tel.*) — *for Uncle*, u come Udine **2** (*fam. spec. amer.*) → you.

U *agg.* **1** (*fam.* abbr. di *upper class*) (tipico) delle classi superiori (di parole, comportamento ecc.); corretto; proprio delle persone per bene **2** a forma di U.

ubication [ˌju:bɪ'keɪʃn / ubi·ca·tion] **ubiety** [ju:'baɪtɪ / ubi·ety] *s.* (*form.*) ubicazione, collocazione.

ubiquitarian [ju:ˌbɪkwɪ'teərɪən / ubi·quit·arian] *agg.* e *s.* (*st. relig.*) ubiquitario.

ubiquitous [ju:'bɪkwɪtəs / ubi·quit·ous] *agg.* dotato di ubiquità; onnipresente // **-ly** *avv.*

ubiquitousness [ju:'bɪkwɪtəsnɪs / ubi·quit·ous·ness] **ubiquity** [ju:'bɪkwətɪ / ubi·quity] *s.* ubiquità.

U-boat ['ju:ˌbəʊt] *s.* sottomarino (tedesco) • Abbr. di *unterseeboat*, sottomarino.

U-bolt ['ju:ˌbəʊlt] *s.* (*mecc.*) staffa (filettata) a U.

udal [ju:dl] *agg.* (*dir.*) allodiale ◆ *s.* (*dir.*) allodio.

udaller ['ju:dələ* / ud·al·ler] **udalman** ['ju:dəlmən / ud·al·man] *pl.* **udalmen** *s.* (*dir.*) proprietario di beni allodiali.

udder ['ʌdə* / ud·der] *s.* (*zool.*) mammella, poppa.

uddered ['ʌdəd / ud·dered] *agg.* con mammelle, con poppe.

udometer [ju:'dɒmɪtə* / udo·meter] *s.* pluviometro, udometro.

U-drive-it car ['ju:'draɪvɪt,kɑ:*] *s.* (*amer.*) autovettura da noleggio.

UFO [ˌju:ef'əʊ] *pl.* **UFO's, UFOs** *s.* (*fam.*) ufo, UFO • Abbr. di *Unidentified Flying Object*, Oggetto Volante non Identificato.

ufologist [ju:'fɒlədʒɪst / ufo·logist] *s.* (*fam.*) ufologo.

Ugandan [ju:'gændən / Ugan·dan] *agg.* e *s.* ugandese.

ugh [ʊh] *inter.* puah!

uglification [ˌʌglɪfɪ'keɪʃn / ug·li·fica·tion] *s.* (*rar.*) imbruttimento.

to **uglify** ['ʌglɪfaɪ / ug·lify] *v.tr.* (*rar.*) rendere brutto, imbruttire; sfigurare.

ugliness ['ʌglɪnɪs / ug·li·ness] *s.* **1** bruttezza; deformità **2** abiezione, bassezza.

ugly ['ʌglɪ] *agg.* **1** brutto; deforme; sgradevole: *an — house*, una casa brutta; *an — dress*, un brutto vestito // *the — duckling*, il brutto anatroccolo // *as — as sin*, brutto come il peccato **2** vile, turpe, abietto: — *vices*, vizi turpi; — *rumours are spreading about him*, si diffondono delle calunnie sul suo conto **3** pericoloso; minaccioso; che non promette bene; preoccupante: *business was taking an — turn*, gli affari stavano prendendo una brutta piega.

Ugrian ['u:grɪən / Ug·rian] **Ugric** ['u:grɪk / Ug·ric] *agg.* ugrico.

U-haul truck ['ju:'hɔ:l,trʌk] *s.* (*amer.*) autocarro da noleggio.

uhlan ['u:lɑ:n] *s.* (*st.*) ulano.

ukase [ju:'keɪz] *s.* **1** ukase (editto dello zar di Russia) **2** (*rar.*) ordine arbitrario; disposizione tassativa.

Ukrainian [ju:'kreɪnjən / Ukrain·ian] *agg.* e *s.* ucraino.

ukulele [ˌju:kə'leɪlɪ / uku·lele] *s.* (*mus.*) ukulele (chitarra hawaiana).

ulcer ['ʌlsə* / ul·cer] *s.* **1** (*med.*) ulcera; piaga: *duodenal* —, ulcera duodenale; *gastric* —, ulcera gastrica; *stress* —, ulcera da stress **2** (*fig.*) piaga morale.

to **ulcerate** ['ʌlsəreɪt / ul·cer·ate] *v.tr.* e *intr.* ulcerare, ulcerarsi.

ulceration [ˌʌlsə'reɪʃn / ul·cera·tion] *s.* (*med.*) ulcerazione.

ulcerative ['ʌlsəreɪtɪv / ul·cer·at·ive] *agg.* (*med.*) ulcerativo.

ulcered ['ʌlsəd / ul·cered] *agg.* (*med.*) ulcerato.

ulcerogenic [ˌʌlsərə'dʒenɪk / ul·cero·genic] *agg.* (*med.*) ulcerogeno.

ulcerous ['ʌlsərəs / ul·cer·ous] *agg.* (*med.*) ulceroso.

ulcerousness ['ʌlsərəsnɪs / ul·cer·ous·ness] *s.* (*med.*) stato ulceroso.

uliginous [ju:'lɪdʒɪnəs / uli·gin·ous] *agg.* **1** (*rar.*) fangoso, melmoso **2** (*bot.*) uliginoso.

ullage ['ʌlɪdʒ / ull·age] *s.* **1** quantità di liquido mancante (in una botte ecc.); calo; contenuto effettivo (di un contenitore per liquidi non pieno): *barrel on* —, barile scemo **2** deposito, rifiuto; merce di qualità inferiore.

ullmanite ['ʌlmənaɪt / ull·man·ite] *s.* (*min.*) ullmanite.

ulmaceous [ʌl'meɪʃəs / ul·ma·ceous] *agg.* (*bot.*) olmaceo.

ulmin ['ʌlmɪn / ul·min] *s.* (*chim.*) acido ulmico.

ulna ['ʌlnə] *pl.* **ulnae** ['ʌlni: / ul·nae] *s.* (*anat.*) ulna.

ulnar ['ʌlnə* / ul·nar] *agg.* (*anat.*) ulnare.

ulster ['ʌlstə* / ul·ster] *s.* ulster (cappotto maschile da viaggio).

ulterior [ʌl'tɪərɪə* / ul·ter·ior] *agg.* **1** ulteriore, successivo **2** ulteriore; più remoto, più lontano **3** segreto; nascosto: *without — motive*, senza secondi fini; *he had an — motive in* (o *for*) *doing that*, aveva un motivo recondito per fare ciò.

ultima ['ʌltɪmə / ul·tima] *s.* ultima sillaba di una parola.

ultimate ['ʌltɪmɪt / ul·ti·mate] *agg.* **1** estremo, il più lontano **2** ultimo, finale; definitivo: — *results*, risultati definitivi // (*comm.*) — *balance*, saldo finale // (*econ.*) — *consumer*, consumatore finale **3** basilare, fondamentale: — *cause*, causa prima **4** (*fam.*) il più grande; massimo; estremo ◆ *s.* il massimo, l'estremo; apice.

ultimately ['ʌltɪmɪtlɪ / ul·ti·mate·ly] *avv.* **1** alla fine; in definitiva **2** fondamentalmente.

ultimatum [ˌʌltɪ'meɪtəm / ul·ti·matum] *pl.* **ultimatums, ultimata** [ˌʌltɪ'meɪtə / ul·ti·mata] *s.* **1** ultimatum **2** obiettivo finale **3** principio fondamentale.

ultimo ['ʌltɪməʊ / ul·timo] *agg.* dello scorso mese, ultimo scorso: *on the third* —, il tre del mese scorso.

ultra ['ʌltrə / ul·tra] *agg.* estremo; eccessivo ◆ *s.* (*rar.*) ultrà, estremista, oltranzista (in politica, in religione).

ultra- *pref.* di origine latina che entra in composizione con aggettivi e sostantivi col significato di **1** 'oltre, al di là'; it. ultra-; oltre-: *ultrasound*, ultrasuono; *ultramontane*, oltremontano **2** (*fam.*) 'estremamente, molto'; it. ultra-: *ultramodern*, ultramoderno; *ultraradical*, ultraradicale.

ultracentrifuge [ˌʌltrə'sentrɪfju:dʒ / ul·tra·cen·tri·fuge] *s.* (*fis.*) ultracentrifuga.

ultraconservative [ˌʌltrəkən'sɜ:vətɪv / ul·tra·con·serv·at·ive] *agg.* e *s.* ultraconservatore.

ultrafashionable [ˌʌltrə'fæʃənəbl / ul·tra·fash·ion·able] *agg.* all'ultima moda.

ultrafine [ˌʌltrə'faɪn / ultra·fine] *agg.* ultrasottile.

ultrahigh [ˌʌltrə'haɪ / ul·tra·high] *agg.* (*fis.*) ultra-alto.

ultralight [ˌʌltrə'laɪt / ultra·light] *agg.* e *s.* ultraleggero.

ultramarine [ˌʌltrəmə'ri:n / ul·tra·mar·ine] *agg.* **1** (*rar.*) oltremarino, d'oltremare **2** azzurro oltremare ◆ *s.* (colore) azzurro oltremare.

ultramicroscope [ˌʌltrə'maɪkrəskəʊp / ul·tra·mic·ro·scope] *s.* ultramicroscopio.

ultramicroscopic(al) [ˌʌltrəˌmaɪkrə'skɒpɪk(l) / ul·tra·mi·cro·scopic, ul·tra·mi·cro·scop·ical] *agg.* ultramicroscopico.

ultramodern [ˌʌltrə'mɒdən / ul·tra·mod·ern] *agg.* ultramoderno.

ultramontane [ˌʌltrə'mɒnteɪn / ul·tra·mont·ane] *agg.* **1** ultramontano, oltremontano; subalpino; italiano (per i nordeuropei) **2** (*relig.*) ultramontano ◆ *s.* **1** chi vive al di là delle Alpi **2** fautore dell'ultramontanismo.

ultramontanism [ˌʌltrə'mɒntɪnɪzəm / ul·tra·mont·an·ism] *s.* (*relig.*) ultramontanismo.

ultramontanist [ˌʌltrə'mɒntɪnɪst / ul·tra·mont·an·ist] *s.* (*relig.*) sostenitore dell'ultramontanismo.

ultramundane [ˌʌltrə'mʌndeɪn / ul·tra·mun·dane] *agg.* **1** non compreso nel sistema solare **2** oltremondano.

ultrared [ˌʌltrə'red / ul·tra·red] *agg.* (*fis.*) infrarosso.

ultrashort [ˌʌltrə'ʃɔ:t / ul·tra·short] *agg.* ultracorto: (*rad.*) — *waves*, onde ultracorte.

ultrasonic [ˌʌltrə'sɒnɪk / ul·tra·sonic] *agg.* **1** (*fis.*) ultrasonico: — *detector*, *generator*, rivelatore, generatore di ultrasuoni **2** supersonico.

ultrasonics [ˌʌltrə'sɒnɪks / ul·tra·son·ics] *s.* U (*fis.*) ultrasonica.

ultrasonography [ˌʌltrəsɒn'ɒgrəfɪ / ul·tra·sono·graphy] *s.* (*med.*) ultrasonografia.

ultrasound ['ʌltrəˌsaʊnd / ul·tra·sound] *s.* (*fis.*) ultrasuono // (*med.*) — *technician*, ecografista.

ultrastructural [ˌʌltrə'strʌktʃərəl / ul·tra·struc·tural] *agg.* (*biol.*) ultrastrutturale.

ultrastructure ['ʌltrəˌstrʌktʃə* / ul·tra·struc·ture] *s.* (*biol.*) ultrastruttura.

ultraswoopy [ˌʌltrə'swu:pɪ / ul·tra·swoopy] *agg.* (*fam. amer.*) spettacolare; favoloso.

ultrathin [ˌʌltrə'θɪn / ultra·thin] *agg.* ultrasottile.

ultraviolet [ˌʌltrə'vaɪəlɪt / ul·tra·vi·olet] *agg.* e *s.* (*fis.*) ultravioletto: — *rays*, raggi ultravioletti; — *catastrophe*, catastrofe ultravioletta; — *microscope*, microscopio all'ultravioletto.

ultra vires [ˌʌltrə'vaɪri:z] *agg.* (*lat.*) (*dir.*) in eccesso di competenza, arbitrario (spec. di organi di aziende) ◆ *avv.* arbitrariamente (*anche dir.*).

ultroneous [ʌl'trəʊnɪəs / ul·tron·eous] *agg.* (*rar.*) spontaneo, volontario // **-ly** *avv.*

ululant ['ju:ljʊlənt / ulu·lant] *agg.* (*zool. rar.*) che ulula.

to **ululate** ['ju:ljʊleɪt / ulu·late] *v.intr.* (*rar.*) **1** (*zool.*) ululare **2** lamentarsi.

ululation [ˌju:ljʊ'leɪʃn / ulu·la·tion] *s.* (*rar.*) **1** (*zool.*) ululato **2** lamento.

Ulyssean [ju:'lɪsɪən / Ulys·sean] *agg.* di, da Ulisse.

um [ʌm] *inter.* (*fam.*) uhm.

umangite [ju:'mæŋgaɪt / uman·gite] *s.* (*min.*) umangite.

umbel ['ʌmbəl / um·bel] *s.* (*bot.*) ombrella, umbella.

umbellal [ʌm'beləl / um·bel·lal] **umbellar** ['ʌmbɪlə* / um·bel·lar] *agg.* (*bot.*) a forma di ombrella.

umbellate ['ʌmbɪlɪt / um·bel·late] *agg.* (*bot.*) umbellato.

umbelliferous [ˌʌmbe'lɪfərəs / um·bel·li·fer·ous] *agg.* (*bot.*) ombrellifero.

umbelliform [ʌm'belɪfɔ:m / um·bel·li·form] *agg.* (*bot.*) a forma di ombrella.

umbellule [ʌm'belju:l / um·bel·lule] *s.* (*bot.*) piccola ombrella, ombrella secondaria.

umber[1] ['ʌmbə* / um·ber] *s.* (*zool.*) (*Thymallus thymallus*) temolo.

umber[2] *agg.* color terra d'ombra; fosco, scuro ◆ *s.* (*chim.*) terra d'ombra: *burnt* —, terra d'ombra bruciata; *raw* —, terra d'ombra naturale.

to **umber**[2] *v.tr.* **1** (*chim.*) colorare con terra d'ombra **2** (*ant.*) oscurare: *through their paly flames / each battle sees the other's umber'd face*, (SH. Henry V) attraverso le loro deboli fiamme, ognuno degli eserciti vede l'effigie oscurata dell'altro.

umber-bird ['ʌmbəˌbɜ:d] → **umbrette**.

umbilical [ˌʌmbɪ'laɪkl / um·bil·ical] *agg.* **1** (*anat.*) ombelicale; — *cord*, cordone ombelicale; — *hernia*, ernia ombelicale **2** (*rar.*) parente per parte di madre.

umbilicate [ʌm'bɪlɪkɪt / um·bil·ic·ate] *agg.* ombelicato; avente l'ombelico.

umbilicus [ʌm'bɪlɪkəs / um·bil·icus] *pl.* **umbilici** [ʌm'bɪlɪkaɪ / um·bil·ici] *s.* (*anat.*) ombelico.

umbles ['ʌmblz] *s.pl.* interiora (spec. di cervo).

umbo ['ʌmbəʊ] *pl.* **umbones** [ʌm'bəʊni:z / umbo·nes] **umbos** *s.* **1** umbone (di scudo) **2** (*bot.*, *zool.*) protuberanza; nodo; umbone **3** (*anat.*) ombelico della membrana del timpano.

umbonal ['ʌmbəʊnl / um·bonal] **umbonate** ['ʌmbəʊnɪt / um·bon·ate] *agg.* **1** umbonato (di scudo) **2** (*bot.*, *zool.*) munito di umbone.

umbra ['ʌmbrə / um·bra] *pl.* **umbrae** ['ʌmbri: / um·brae] **umbras** *s.* **1** (*non com.*) ombra, spirito, fantasma **2** (*astr.*) ombra; cono d'ombra; parte centrale di macchia solare.

umbrage ['ʌmbrɪdʒ / um·brage] *s.* **1** (*rar.*) ombra **2** (*rar.*) sospetto, dubbio **3** (*rar.*) protezione, rifugio **4** (*form.*) dispiacere; offesa; risentimento: *to give — to s.o.*, dare ombra a, offendere qlcu.; *to take — at sthg.*, adombrarsi, risentirsi per qlco.

umbrageous [ʌm'breɪdʒəs / um·bra·geous] *agg.* (*rar.*) **1** ombroso; ombreggiato **2** (*fig.*) ombroso, irascibile.

umbrella [ʌm'brelə / um·brella] *s.* **1** ombrello: *to put up one's* —, aprire l'ombrello; *to take down* (o *to fold up*) *one's* —, chiudere l'ombrello **2** (*zool.*) ombrello (di medusa ecc.) **3** (*bot.*) ombrella (di fiore) **4** (*fig.*) protezione, difesa.

umbrella-bird [ʌm'breləˌbɜ:d] *s.* (*zool.*) (*Cephalopterus ornatus*) uccello parasole.

umbrella organisation [ʌm'breləˌɔ:gənaɪ'zeɪʃn] *s.* (*amm.*) organizzazione che ne comprende altre più piccole.

umbrella stand [ʌm'breləstænd] *s.* portaombrelli.

umbrella-tree [ʌm'brelətri:] *s.* (*bot.*) (*Magnolia tripetala*) magnolia tripetala.

umbrette [ʌm'bret / um·brette] *s.* (*zool.*) (*Scopus umbretta*) ombretta, uccello martello SIN. umber-bird.

Umbrian ['ʌmbrɪən / Um·brian] *agg.* e *s.* umbro.

umiak ['u:mɪæk / um·iak] *s.* 'umiak' (grossa barca esquimese).

umlaut ['ʊmlaʊt / um·laut] *s.* (*ling.*) umlaut.

umpirage ['ʌmpaɪərɪdʒ / um·pir·age] *s.* **1** (*sport*) arbitraggio **2** (*dir.*) arbitrato; decisione arbitrale.

umpire ['ʌmpaɪə* / um·pire] *s.* (*dir.*, *sport*) arbitro.

to **umpire** *v.tr.* e *intr.* (*dir.*, *sport*) arbitrare.

umpireship ['ʌmpaɪəʃɪp / um·pire·ship] *s.* (*dir.*, *sport*) arbitrato; funzioni d'arbitro.

umpiring ['ʌmpaɪərɪŋ / um·pir·ing] *s.* (*dir.*) arbitrato.

umpteen [ˌʌmp'ti:n / ump·teen] amer. **umpsteen** [ˌʌmp'sti:n / umps·teen] *agg.* (*fam.*) molti; un gran numero, un numero imprecisato: *to have — reasons for doing sthg.*, avere mille ragioni per fare qlco.

umpteenth [ˌʌmp'ti:nθ / ump·teenth] *agg.* (*fam.*) ennesimo.

umyak → **umiak**.

'un [ən] (*fam.*) → **one**.

un- [ʌn] *pref.* di origine anglosassone che, premesso ad aggettivi, verbi e avverbi, indica negazione; opposizione; mancanza; it. in-; dis-; s-; non: *unhappy*, infelice; *unable*, incapace; *unreasonable*, irragionevole; *unafraid*, impavido; *unarmed*, disarmato; *to untie*, slegare; *unattractive*, non attraente; *unluckily*, sfortunatamente.

unabashed [ˌʌnə'bæʃt / un·abashed] *agg.* imperturbabile, impassibile.

unabated [ˌʌnə'beɪtɪd / un·abated] *agg.* non diminuito; non ridotto; non scemato // *the battle continued* —, la battaglia continuò senza tregua.

unable [ʌn'eɪbl / un·able] *agg.* **1** incapace, inabile: *to be — to do sthg.*, non potere, non essere in grado di fare qlco.; (*dir.*) — *to satisfy its own liabilities*, incapace di adempiere le proprie obbligazioni **2** (*rar.*) debole, impotente.

unabridged [ˌʌnə'brɪdʒd / un·abridged] *agg.* non abbreviato; intero; completo: — *edition*, edizione integrale.

unabrogated [ʌn'æbrəʊgeɪtɪd / un·ab·rog·ated] *agg.* (*dir.*) non abrogato; in vigore.

unacademic [ˌʌnækə'demɪk / un·aca·demic] *agg.* non accademico.

unaccented [ˌʌnæk'sentɪd / un·ac·cen·ted] *agg.* non accentato, atono // (*mus.*) — *beat*, battuta debole.

unacceptable [ˌʌnək'septəbl / un·ac·ceptable] *agg.* inaccettabile.

unaccommodating [ˌʌnə'kɒmədeɪtɪŋ / un·ac·com·mod·at·ing] *agg.* poco condiscendente, poco accomodante; scortese.

unaccompanied [ˌʌnə'kʌmpənɪd / un·ac·com·pan·ied] *agg.* **1** non accompagnato, solo: — *children will not be admitted*, non sono ammessi i bambini non accompagnati **2** (*mus.*)

senza accompagnamento: *sonata for — violin*, sonata per violino solo.

unaccomplished [,ʌnə'kʌmplɪʃt / un·ac·com·plished] *agg.* **1** incompleto, incompiuto **2** che manca di educazione.

unaccountability [,ʌnə,kaʊntə'bɪlətɪ / un·ac·count·ab·il·ity] *s.* **1** inesplicabilità; stranezza **2** irresponsabilità.

unaccountable [,ʌnə'kaʊntəbl / un·ac·count·able] *agg.* **1** inesplicabile, inspiegabile; strano, bizzarro: *an — person*, una persona strana, enigmatica **2** irresponsabile // **-ness** *s.* // **-bly** *avv.*

unaccounted [,ʌnə'kaʊntɪd / un·ac·coun·ted] *agg.* (*comm.*) mancante.

unaccredited [,ʌnə'kredɪtɪd / un·ac·cred·ited] *agg.* non accreditato, non autorizzato.

unaccrued [,ʌnə'kru:d / un·ac·crued] *agg.* (*amm.*) non maturato.

unaccustomed [,ʌnə'kʌstəmd / un·ac·cus·tomed] *agg.* **1** non abituale, insolito: *with — rudeness*, con insolita scortesia **2** non abituato, poco abituato: *I am — to being kept waiting*, non sono abituato ad aspettare.

unachievable [,ʌnə'tʃi:vəbl / un·achiev·able] *agg.* ineseguibile, irrealizzabile; irraggiungibile.

unachieved [,ʌnə'tʃi:vd / un·achieved] *agg.* non realizzato, non raggiunto.

unacknowledged [,ʌnək'nɒlɪdʒd / un·ac·know·ledged] *agg.* **1** non riconosciuto; non confessato: *— crimes*, crimini non confessati **2** senza risposta (di lettere ecc.) **3** non accreditato: *— agent*, agente non accreditato.

unacquaintance [,ʌnə'kweɪntəns / un·ac·quaint·ance] *s.* (*rar.*) ignoranza, mancanza di conoscenza.

unacquainted [,ʌnə'kweɪntɪd / un·ac·quain·ted] *agg.* **1** ignaro, non al corrente; poco esperto **2** sconosciuto, poco familiare; strano **3** non presentato, che non ha fatto la conoscenza: *I have often heard of Mr X, but I am — with him*, ho spesso sentito parlare del Sig. X, ma non ne ho fatto la conoscenza // **-ness** *s.*

unacquired [,ʌnə'kwaɪəd / un·ac·quired] *agg.* non acquisito; innato, naturale.

unacquitted [,ʌnə'kwɪtɪd / un·ac·quit·ted] *agg.* (*dir.*) non assolto.

unacted [,ʌn'æktɪd / un·acted] *agg.* **1** non fatto, non eseguito **2** (*teatr.*) non rappresentato, non recitato.

unadaptable [,ʌnə'dæptəbl / un·ad·apt·able] *agg.* inadattabile.

unadapted [,ʌnə'dæptɪd / un·ad·apted] *agg.* non adatto, inadatto, poco adatto.

unaddicted [,ʌnə'dɪktɪd / un·ad·dicted] *agg.* non dedito.

unaddressed [,ʌnə'drest / un·ad·dressed] *agg.* non indirizzato; senza indirizzo.

unadmitted [,ʌnəd'mɪtɪd / un·ad·mit·ted] *agg.* non ammesso; non confessato.

unadorned [,ʌnə'dɔ:nd / un·adorned] *agg.* disadorno.

unadulterated [,ʌnə'dʌltəreɪtɪd / un·adul·ter·ated] *agg.* **1** genuino, non adulterato, non sofisticato (*anche fig.*): *— praise*, lode sincera; *this oil is —*, questo olio non è adulterato **2** perfetto, bell'e buono: *an — rascal*, un perfetto mascalzone.

unadvertised [,ʌn'ædvətaɪzd / un·ad·vert·ised] *agg.* non reclamizzato, non pubblicizzato; non reso noto.

unadvisable [,ʌnəd'vaɪzəbl / un·ad·vis·able] *agg.* non consigliabile.

unadvised [,ʌnəd'vaɪzd / un·ad·vised] *agg.* **1** non consigliato **2** imprudente, irriflessivo // **-ly** *avv.* // **-ness** *s.*

unaffected [,ʌnə'fektɪd / un·af·fected] *agg.* **1** non affettato, semplice; genuino, sincero: *— manners*, modi semplici, non affettati; *— kindness of heart*, vera gentilezza d'animo **2** impassibile; insensibile **3** inalterabile, inattaccabile: *stone — by the weather*, pietra che resiste al tempo **4** non affetto, non predisposto (a malattie).

unaffectedly [,ʌnə'fektɪdlɪ / un·af·fected·ly] *avv.* senza affettazione; con naturalezza.

unaffectedness [,ʌnə'fektɪdnɪs / un·af·fected·ness] *s.* mancanza di affettazione, schiettezza, franchezza; semplicità, naturalezza.

unaffecting [,ʌnə'fektɪŋ / un·af·fect·ing] *agg.* che non causa emozione; che non turba.

unaided [,ʌn'eɪdɪd / un·aided] *agg.* senza assistenza; senza aiuto: *— by a doctor*, senza l'assistenza di un medico.

unaired [,ʌn'eəd / un·aired] *agg.* non ventilato, senza aria: *— room*, stanza non aerata.

unalarming [,ʌnə'lɑ:mɪŋ / un·alarm·ing] *agg.* non allarmante.

unalienable [,ʌn'eɪljənəbl / un·ali·en·able] *agg.* inalienabile (*anche dir.*) // **-bly** *avv.*

unalike [,ʌnə'laɪk / un·alike] *agg.* dissimile; non somigliante.

unallayed [,ʌnə'leɪd / un·al·layed] *agg.* non placato, non lenito; non dissipato.

unallied [,ʌnə'laɪd / un·allied] *agg.* **1** senza relazione, senza connessione **2** senza alleati.

unallotted [,ʌnə'lɒtɪd / un·al·lotted] *agg.* non distribuito, non ripartito; non assegnato // (*amm.*) *— appropriation*, stanziamento non impegnato (nella contabilità pubblica).

unallowable [,ʌnə'laʊəbl / un·allow·able] *agg.* inammissibile, inaccettabile, intollerabile.

unalloyed [,ʌnə'lɔɪd / un·al·loyed] *agg.* (*metall.*) non legato, puro; (*fig. letter.*) puro.

unalterability [ʌn,ɔ:ltərə'bɪlətɪ / un·al·ter·ab·il·ity] *s.* inalterabilità.

unalterable [ʌn'ɔ:ltərəbl / un·al·ter·able] *agg.* inalterabile; immutabile // **-ness** *s.* // **-bly** *avv.*

unaltered [ʌn'ɔ:ltəd / un·altered] *agg.* inalterato, immutato; costante.

unamazed [,ʌnə'meɪzd / un·amazed] *agg.* non meravigliato; impassibile; indifferente.

unambiguous [,ʌnæm'bɪgjʊəs / un·am·bigu·ous] *agg.* non ambiguo, non equivoco; chiaro, evidente: *— answer*, risposta univoca; *— terms*, termini precisi // **-ly** *avv.* // **-ness** *s.*

unambitious [,ʌnæm'bɪʃəs / un·am·bi·tious] *agg.* senza ambizioni, poco ambizioso; modesto // **-ly** *avv.* // **-ness** *s.*

unamenable [,ʌnə'mi:nəbl / un·amen·able] *agg.* **1** refrattario, ribelle, indocile: *he is — to reason*, non vuole intendere ragione **2** (*dir.*) irresponsabile.

unamendable [,ʌnə'mendəbl / un·amend·able] *agg.* incorreggibile.

unamended [,ʌnə'mendɪd / un·amended] *agg.* non emendato, non corretto: *to pass a bill —*, adottare un progetto di legge senza emendamenti.

un-American [,ʌnə'merɪkən] *agg.* antiamericano; contrario ad usi, costumi e interessi americani.

unamiable [,ʌn'eɪmjəbl / un·ami·able] *agg.* poco amabile, poco affabile; burbero // **-ness** *s.* // **-bly** *avv.*

unamused [,ʌnə'mju:zd / un·amused] *agg.* non divertito; annoiato.

unanalysable [,ʌn'ænəlaɪzəbl / un·ana·lys·able] *agg.* non analizzabile.

to **unanchor** [,ʌn'æŋkə* / un·an·chor] *v.tr.* disancorare.

unaneled [,ʌnə'ni:ld / un·an·eled] *agg.* (*ant.*) senza aver ricevuto l'estrema unzione: *thus was I, ... / cut off even in the blossom of my sin, / unhousel'd, disappointed, unanel'd*, (SH. Hamlet) così fui... falciato nel fiore dei peccati senz'ostia, senza viatico.

unanimated [,ʌn'ænɪmeɪtɪd / un·an·im·ated] *agg.* **1** inanimato, senza vita **2** non ispirato.

unanimity [,ju:nə'nɪmətɪ / un·an·im·ity] *s.* unanimità.

unanimous [ju:'nænɪməs / un·an·im·ous] *agg.* unanime: *a — vote*, un voto unanime // **-ly** *avv.* // **-ness** *s.*

unannealed [,ʌnə'ni:ld / un·an·nealed] *agg.* (*metall.*) non temperato.

unannounced [,ʌnə'naʊnst / un·an·nounced] *agg.* non annunciato; improvviso, imprevisto.

unanointed [,ʌnə'nɔɪntɪd / un·an·ointed] *agg.* **1** non unto **2** non consacrato **3** senza aver ricevuto l'estrema unzione.

unanswerable [,ʌn'ɑ:nsərəbl *amer.* ,ʌn'ænsərəbl / un·an·swer·able] *agg.* **1** a cui non si può rispondere **2** irrefutabile, incontestabile: *an — proof*, una prova irrefutabile **3** irresponsabile: *he committed the offence whilst — for his acts*, commise il reato, il delitto mentre era irresponsabile delle sue azioni.

unanswerableness [,ʌn'ɑ:nsərəblnɪs *amer.* ,ʌn'ænsərəblnɪs / un·an·swer·able·ness] *s.* **1** irrefutabilità; incontestabilità **2** irresponsabilità.

unanswerably [,ʌn'ɑ:nsərəblɪ *amer.* ,ʌn'ænsərəblɪ / un·an·swer·ably] *avv.* **1** irrefutabilmente **2** irresponsabilmente.

unanswered [,ʌn'ɑ:nsəd *amer.* ,ʌn'ænsəd / un·answered] *agg.* senza risposta; inevaso.

unappalled [,ʌnə'pɔ:ld / un·ap·palled] *agg.* **1** non intimidito, senza timore, intrepido **2** impassibile, che non tradisce emozioni.

unappealable [,ʌnə'pi:ləbl / un·ap·peal·able] *agg.* inappellabile // **-bly** *avv.*

unappeasable [,ʌnə'pi:zəbl / un·ap·peas·able] *agg.* implacabile: *— hatred*, odio implacabile.

unappeased [,ʌnə'pi:zd / un·ap·peased] *agg.* insoddisfatto; non placato.

unappetizing [,ʌn'æpɪtaɪzɪŋ / un·ap·pet·iz·ing] *agg.* poco appetitoso; poco allettante.

unapplied [,ʌnə'plaɪd / un·ap·plied] *agg.* non impiegato, inapplicato; non impegnato.

unappreciated [,ʌnə'pri:ʃɪeɪtɪd / un·ap·pre·ci·ated] *agg.* non apprezzato; incompreso.

unapprehended [,ʌnæprɪ'hendɪd / un·ap·

pre·hended] *agg.* 1 non arrestato: *the criminal is still* —, il criminale è ancora latitante 2 (*non com.*) non compreso, non capito.

unapprehensive [,ʌnæprɪ'hensɪv / un·ap·pre·hen·sive] *agg.* 1 lento nell'apprendere 2 non apprensivo; non ansioso, calmo // **-ness** *s.*

unapprised [,ʌnə'praɪzd / un·ap·prised] *agg.* (*fam.*) non avvertito, non prevenuto.

unapproachable [,ʌnə'prəʊtʃəbl / un·ap·proach·able] *agg.* inaccessibile; inavvicinabile (*anche fig.*) // **-ness** *s.* // **-bly** *avv.*

unappropriated [,ʌnə'prəʊprɪeɪtɪd / un·ap·pro·pri·ated] *agg.* (*amm.*) non impegnato: — *income*, entrate non impegnate.

unapproved [,ʌnə'pru:vd / un·ap·proved] *agg.* non approvato, disapprovato.

unapt [,ʌn'æpt / un·apt] *agg.* 1 non adatto, non appropriato: — *words*, parole non appropriate; *a ground — to receive seeds*, un terreno non adatto alla semina 2 poco incline, poco portato; incapace: *she is — to learn*, è poco portata allo studio.

unaptly [,ʌn'æptlɪ / un·apt·ly] *avv.* a sproposito; in modo non appropriato.

unaptness [,ʌn'æptnɪs / un·apt·ness] *s.* incapacità, inettitudine.

to **unarm** [,ʌn'ɑ:m / un·arm] *v.tr.* disarmare ◆ *v.intr.* (*ant.*) togliere, togliersi l'armatura.

unarranged [,ʌnə'reɪndʒd / un·ar·ranged] *agg.* 1 in disordine 2 casuale, non preordinato.

unarrayed [,ʌnə'reɪd / un·ar·rayed] *agg.* disadorno.

unarrested [,ʌnə'restɪd / un·ar·rested] *agg.* non arrestato, non fermato; ininterrotto.

unarticulated [,ʌnɑ:'tɪkjʊleɪtɪd / un·ar·ticu·lated] *agg.* 1 inarticolato, indistinto: — *language*, linguaggio inarticolato 2 disarticolato.

unascertainable [,ʌnæsə'teɪnəbl / un·as·cer·tain·able] *agg.* non accertabile.

unascertained [,ʌnæsə'teɪnd / un·as·cer·tained] *agg.* (*form.*) non accertato // (*dir.*) — *goods*, cose di genere.

unashamed [,ʌnə'ʃeɪmd / un·ashamed] *agg.* spudorato.

unasked [,ʌn'ɑ:skt *amer.* ,ʌn'æskt / un·asked] *agg.* 1 non richiesto; non sollecitato 2 non invitato, senza invito.

unaspiring [,ʌnə'spaɪərɪŋ / un·as·pir·ing] *agg.* senza ambizione.

unassailable [,ʌnə'seɪləbl / un·as·sail·able] *agg.* inattaccabile; irrefutabile.

unassailed [,ʌnə'seɪld / un·as·sailed] *agg.* inattaccato.

unassayed [,ʌnə'seɪd / un·as·sayed] *agg.* non provato; non analizzato.

unassessed [,ʌnə'sest / un·as·sessed] *agg.* 1 non valutato 2 non gravato d'imposta.

unassignable [,ʌnə'saɪnəbl / un·as·sign·able] *agg.* 1 non assegnabile 2 (*dir.*) non trasferibile.

unassuaged [,ʌnə'sweɪdʒd / un·as·suaged] *agg.* (*letter.*) non calmato, non placato; non lenito.

unassuming [,ʌnə'sju:mɪŋ *amer.* ,ʌnə'su:mɪŋ / un·as·sum·ing] *agg.* modesto, senza pretese.

unassured [,ʌnə'ʃʊəd / un·as·sured] *agg.* 1 incerto, dubbio 2 diffidente, malsicuro 3 (*comm.*) non assicurato.

unatonable [,ʌnə'təʊnəbl / un·aton·able] *agg.* 1 inespiabile 2 (*ant.*) irreconciliabile.

unatoned [,ʌnə'təʊnd / un·atoned] *agg.* inespiato.

unattached [,ʌnə'tætʃt / un·at·tached] *agg.* 1 indipendente, libero 2 non fidanzato; non sposato 3 non appartenente (a collegio universitario, associazione ecc.); (*mil.*) non assegnato (a un reggimento).

unattainable [,ʌnə'teɪnəbl / un·at·tain·able] *agg.* inaccessibile, irraggiungibile // **-ness** *s.*

unattempted [,ʌnə'temptɪd / un·at·tempted] *agg.* intentato.

unattended [,ʌnə'tendɪd / un·at·ten·ded] *agg.* 1 senza seguito, solo 2 incustodito: *please do not leave your luggage* —, siete pregati di non lasciare incustoditi i vostri bagagli; — *car park*, parcheggio incustodito 3 senza guidatore (di veicolo): — *vehicles will be removed*, i veicoli senza guidatore saranno rimossi 4 — *to*, trascurato: *to leave sthg. — to*, trascurare qlco.

unattested [,ʌnə'testɪd / un·at·tes·ted] *agg.* non comprovato; senza conferma.

unattired [,ʌnə'taɪəd / un·at·tired] *agg.* svestito.

unattractive [,ʌnə'træktɪv / un·at·tract·ive] *agg.* non attraente; poco attraente // **-ly** *avv.* // **-ness** *s.*

unaudited [,ʌn'ɔ:dɪtɪd / un·aud·ited] *agg.* (*amm.*) non certificato (riferito a contabilità societaria).

unaugmented [,ʌnɔ:g'mentɪd / un·aug·mented] *agg.* 1 non accresciuto, non aumentato 2 (*gramm.*) senza aumento (di verbi greci).

unauspicious [,ʌnɔ:'spɪʃəs / un·aus·pi·cious] *agg.* (*non com.*) di cattivo augurio.

unauthentic [,ʌnɔ:'θentɪk / un·au·thentic] *agg.* non autentico, apocrifo; spurio.

unauthenticated [,ʌnɔ:'θentɪkeɪtɪd / un·au·thent·ic·ated] *agg.* non autenticato (di documenti).

unauthoritative [,ʌnɔ:'θɒrɪtətɪv / un·au·thor·it·at·ive] *agg.* senza autorità.

unauthorized [,ʌn'ɔ:θəraɪzd / un·au·thor·ized] *agg.* 1 non autorizzato 2 illecito, illegale, abusivo.

unavailable [,ʌnə'veɪləbl / un·avail·able] *agg.* non disponibile (*anche comm.*): *tickets for the concert were* —, non erano più disponibili biglietti per il concerto; *I'm sorry, Mr Smith is — at the moment*, mi spiace, ma Mr Smith non è disponibile, è occupato in questo momento // **-ness** *s.*

unavailing [,ʌnə'veɪlɪŋ / un·avail·ing] *agg.* inutile; inefficace // **-ly** *avv.*

unavenged [,ʌnə'vendʒd / un·aven·ged] *agg.* (*dir.*) inulto, impunito; invendicato.

unaverted [,ʌnə'vɜ:tɪd / un·averted] *agg.* non allontanato; non distolto.

unavoidable [,ʌnə'vɔɪdəbl / un·avoid·able] *agg.* inevitabile; ineluttabile // **-ness** *s.* // **-bly** *avv.*

unavoided [,ʌnə'vɔɪdɪd / un·avoided] *agg.* non evitato, non schivato.

unavowable [,ʌnə'vaʊəbl / un·avow·able] *agg.* (*non com.*) inconfessabile.

unavowed [,ʌnə'vaʊd / un·avowed] *agg.* non confessato; non dichiarato.

unawakened [,ʌnə'weɪkənd / un·awak·ened] *agg.* non sveglio, non desto; non risvegliato (*anche fig.*).

unaware [,ʌnə'weə* / un·aware] *agg.pred.* inconsapevole; inconscio; ignaro: *they were — of their danger*, erano ignari del pericolo // **-ness** *s.*

unawares [,ʌnə'weəz / un·awares] *avv.* 1 inaspettatamente, di sorpresa: *I was taken* (o *caught*) —, fui colto di sorpresa 2 inconsapevolmente; inconsciamente; inavvertitamente.

unawed [,ʌn'ɔ:d / un·awed] *agg.* non intimidito, non intimorito.

unbacked [,ʌn'bækt / un·backed] *agg.* 1 senza appoggi, senza sostenitori 2 non ancora montato; non allenato (di cavallo).

unbaked [,ʌn'beɪkt / un·baked] *agg.* 1 non cotto 2 (*fig. antiq.*) immaturo.

unbalance [,ʌn'bæləns / un·bal·ance] *s.* 1 (*non com.*) squilibrio, mancanza di equilibrio (*anche fig.*) 2 (*comm.*) spareggio, disavanzo.

to **unbalance** *v.tr.* squilibrare, sbilanciare (*anche fig.*).

unbalanced [,ʌn'bælənst / un·bal·anced] *agg.* 1 sbilanciato, non equilibrato, in equilibrio instabile // (*econ.*) — *growth*, crescita non bilanciata 2 squilibrato, instabile (di mente) 3 (*amm.*) non in pareggio, in deficit (di bilancio).

to **unballast** [,ʌn'bæləst / un·bal·last] *v.tr.* alleggerire della zavorra; liberare dalla zavorra.

unballasted [,ʌn'bæləstɪd / un·bal·lasted] *agg.* 1 senza zavorra 2 (*fig. non com.*) leggero; instabile.

to **unbandage** [,ʌn'bændɪdʒ / un·band·age] *v.tr.* sbendare, togliere le bende a.

unbanked [ʌn'bæŋkt / un·banked] *agg.* 1 non depositato in banca 2 che non ha un conto in banca.

unbaptized [,ʌnbæp'taɪzd / un·bap·tized] *agg.* non battezzato.

to **unbar** [,ʌn'bɑ:* / un·bar] *pass.p.p.* **unbarred** [,ʌn'bɑ:d / un·barred] *v.tr.* levare le sbarre a; disserrare, aprire (*anche fig.*): *to — a gate*, aprire un cancello; *to — the way to a settlement*, aprire la strada a una soluzione.

unbarred [,ʌn'bɑ:d / un·barred] *agg.* 1 aperto; non sbarrato (*anche fig.*); non ostruito 2 (*dir.*) non escluso 3 (*mus.*) non diviso in battute.

to **unbaste** [,ʌn'beɪst / un·baste] *v.tr.* sbastire.

unbated [,ʌn'beɪtɪd / un·bated] *agg.* (*ant.*) non diminuito; non affievolito.

unbathed [,ʌn'beɪðd / un·bathed] *agg.* non bagnato; asciutto.

unbearable [,ʌn'beərəbl / un·bear·able] *agg.* insopportabile, intollerabile // **-ness** *s.* // **-bly** *avv.*

unbeatable [,ʌn'bi:təbl / un·beat·able] *agg.* imbattibile; insuperabile, invincibile.

unbeaten [,ʌn'bi:tn / un·beaten] *agg.* 1 insuperato; imbattuto: — *team*, squadra imbattuta 2 non frequentato, non battuto (di sentiero); inesplorato.

unbecoming [,ʌnbɪ'kʌmɪŋ / un·be·com·ing] *agg.* **1** disdicevole, sconveniente: *it is — of him to act in this manner*, è sconveniente da parte sua agire in tale modo **2** (*antiq.*) inadatto; che non si addice (di abito) // **-ly** *avv.* // **-ness** *s.*

unbefitting [,ʌnbɪ'fɪtɪŋ / un·be·fit·ting] *agg.* (*form.*) inadatto; disdicevole.

unbegotten [,ʌnbɪ'gɒtn / un·be·got·ten] *agg.* **1** (*teol.*) non concepito; non generato **2** (*rar.*) eterno.

unbegun [,ʌnbɪ'gʌn / un·begun] *agg.* (*rar.*) non iniziato; senza principio; eterno.

unbeknown(st) [,ʌnbɪ'nəʊn(st) / un·be·known(st)] *agg.* (*antiq.*) sconosciuto ◆ *avv.* (*antiq.*) all'insaputa: *he went out — to me*, uscì a mia insaputa.

unbelief [,ʌnbɪ'li:f / un·be·lief] *s.* (*form.*) incredulità; scetticismo; miscredenza.

unbelievable [,ʌnbɪ'li:vəbl / un·be·liev·able] *agg.* incredibile // **-ness** *s.* // **-bly** *avv.*

unbeliever [,ʌnbɪ'li:və* / un·be·liever] *s.* incredulo; scettico; miscredente.

unbelieving [,ʌnbɪ'li:vɪŋ / un·be·liev·ing] *agg.* incredulo; miscredente // **-ly** *avv.*

to **unbend** [,ʌn'bend / un·bend] *pass.p.p.* **unbent** [,ʌn'bent / un·bent] *v.tr.* **1** raddrizzare **2** allentare, rilasciare; slegare; (*mar.*) sciogliere, allentare (le vele, le gomene) **3** (*fig.*) rilassare; distendere: *to — one's mind*, riposare la mente ◆ *v.intr.* **1** raddrizzarsi **2** (*fig.*) rilassarsi, distendersi: *I like to — in the evening listening to music*, la sera mi piace rilassarmi ascoltando musica **3** (*fig.*) lasciarsi andare, aprirsi, comportarsi in modo meno formale.

unbending [,ʌn'bendɪŋ / un·bend·ing] *agg.* **1** rigido, non pieghevole **2** (*fig.*) risoluto, deciso; rigido, inflessibile; ostinato // **-ly** *avv.*

unbeneficed [,ʌn'benɪfɪst / un·be·ne·ficed] *agg.* (*dir. eccl.*) senza benefici.

unbeneficial [,ʌn,benɪ'fɪʃl / un·be·ne·fi·cial] *agg.* inefficace; poco vantaggioso: *— to health*, poco salutare.

unbenefited [,ʌn'benɪfɪtɪd / un·be·ne·fited] *agg.* (*non com.*) non beneficato, non avvantaggiato.

unbent *pass.p.p.* di to **unbend**.

unbequeathed [,ʌnbɪ'kwi:ðd / un·be·queathed] *agg.* (*dir.*) non assegnato per testamento.

unbeseeming [,ʌnbɪ'si:mɪŋ / un·be·seem·ing] *agg.* (*antiq.*) sconveniente, disdicevole // **-ly** *avv.* // **-ness** *s.*

unbesought [,ʌnbɪ'sɔ:t / un·be·sought] *agg.* (*ant.*) non sollecitato; non richiesto.

unbestowed [,ʌnbɪ'stəʊd / un·be·stowed] *agg.* (*form.*) non elargito, non concesso, non accordato.

unbethought [,ʌnbɪ'θɔ:t / un·be·thought] *agg.* (*ant.*) non premeditato, non ponderato.

unbias(s)ed [,ʌn'baɪəst / un·bias(s)ed] *agg.* imparziale, equo, obiettivo; senza preconcetti: *any — observer would admit it*, qualsiasi osservatore imparziale lo ammetterebbe.

unbidden [,ʌn'bɪdn / un·bid·den] *agg.* (*letter.*) **1** non richiesto; spontaneo **2** non invitato.

to **unbind** [,ʌn'baɪnd / un·bind] *pass.p.p.* **unbound** [,ʌn'baʊnd / un·bound] *v.tr.* sciogliere, slegare: *he unbound the bandage to look at the wound*, sfasciò la ferita per esaminarla; *she unbound her hair*, si sciolse i capelli.

unbinding [,ʌn'baɪndɪŋ / un·bind·ing] *agg.* non vincolante (*anche dir.*): *— contract*, contratto non impegnativo.

unbishoped [,ʌn'bɪʃəpt / un·bishoped] *agg.* (*eccl.*) privato del vescovato: *he was —*, il vescovo fu interdetto.

to **unbit** [,ʌn'bɪt / un·bit] *pass.p.p.* **unbitted** [,ʌn'bɪtɪd / un·bitted] *v.tr.* togliere il morso, il freno a.

to **unbitt** [,ʌn'bɪt / un·bitt] *v.tr.* (*mar.*) sbittare.

unbitted [,ʌn'bɪtɪd / un·bitted] *agg.* **1** senza freno, senza morso **2** (*fig. ant.*) sfrenato: *— lust*, lussuria sfrenata.

unblamable [,ʌn'bleɪməbl / un·blam·able] *agg.* (*non com.*) ineccepibile, irreprensibile; senza macchia, innocente // **-ness** *s.* // **-bly** *avv.*

unblamed [,ʌn'bleɪmd / un·blamed] *agg.* senza biasimo.

unbleached [,ʌn'bli:tʃt / un·bleached] *agg.* non candeggiato; non ossigenato (di capelli); al colore naturale.

unblemished [,ʌn'blemɪʃt / un·blem·ished] *agg.* senza difetti, puro, senza macchia (*anche fig.*): *her skin is —*, ha una pelle perfetta; *his reputation is —*, ha una reputazione irreprensibile.

unblenching [,ʌn'blentʃɪŋ / un·blench·ing] *agg.* (*letter.*) intrepido; che non indietreggia.

unblended [,ʌn'blendɪd / un·blended] *agg.* non mescolato, non miscelato, puro.

unblessed, **unblest** [,ʌn'blest / un·blest] *agg.* **1** non benedetto **2** disgraziato, infelice.

unblighted [,ʌn'blaɪtɪd / un·blighted] *agg.* **1** non colpito da golpe (di grano ecc.) **2** intatto (di affetto, speranza ecc.).

to **unblock** [,ʌn'blɒk / un·block] *v.tr.* **1** sbloccare; liberare **2** (*inform.*) separare (articoli); decomprimere.

unblooded [,ʌn'blʌdɪd / un·blooded] *agg.* che non è di razza, che non è purosangue (di cavallo).

unblotted [,ʌn'blɒtɪd / un·blot·ted] *agg.* **1** non macchiato, (*fig.*) senza macchia, puro, incontaminato **2** (*rar.*) non cancellato.

unblushing [,ʌn'blʌʃɪŋ / un·blush·ing] *agg.* che non arrossisce; sfacciato; sfrontato, impudente // **-ly** *avv.* // **-ness** *s.*

unbodied [,ʌn'bɒdɪd / un·bod·ied] *agg.* incorporeo; immateriale; senza forma.

unboiled [,ʌn'bɔɪld / un·boiled] *agg.* non bollito.

to **unbolt** [,ʌn'bəʊlt / un·bolt] *v.tr.* **1** disserrare, aprire; togliere il catenaccio a **2** (*mecc.*) sbullonare ◆ *v.intr.* aprirsi // *I will unbolt to you*, (SH. Timon of Athens) mi aprirò con te.

unbolted[1] [,ʌn'bəʊltɪd / un·bolted] *agg.* **1** disserrato, aperto, senza catenaccio **2** (*mecc.*) non bullonato, sbullonato.

unbolted[2] *agg.* non abburattato, non stacciato (di farina).

unboned [,ʌn'bəʊnd / un·boned] *agg.* (*zool.*) senza ossa, invertebrato.

to **unbonnet** [,ʌn'bɒnɪt / un·bon·net] *v.tr.* **1** togliere il cappello a; scoprire **2** (*aut.*) aprire il cofano a ◆ *v.intr.* (*antiq.*) togliersi il cappello, scappellarsi; scoprirsi // *to — to a person*, salutare una persona (togliendosi il cappello).

unbooked [,ʌn'bʊkt / un·booked] *agg.* **1** non registrato **2** non prenotato.

unbookish [,ʌn'bʊkɪʃ / un·book·ish] *agg.* (*ant.*) ingenuo: *his unbookish jealousy must construe / poor Cassio's smiles... / quite in the wrong*, (SH. Othello) la sua ingenua gelosia gli farà intendere i sorrisi... del povero Cassio in modo del tutto sbagliato.

unborn [,ʌn'bɔ:n / un·born] *agg.* non nato, nascituro; futuro, che deve venire: *generations yet —*, generazioni future.

to **unbosom** [,ʌn'bʊzəm / un·bosom] *v.tr.* (*letter.*) rivelare; confidare, sfogare: *to — one's sorrows to s.o.*, rivelare, confidare i propri dispiaceri a qlcu.; *to — oneself to s.o.*, confidarsi, aprirsi con qlcu.

unbought [,ʌn'bɔ:t / un·bought] *agg.* **1** non comprato; invenduto **2** gratuito.

unbound [,ʌn'baʊnd / un·bound] *pass.p.p.* di to **unbind** ◆ *agg.* **1** slegato; sciolto: *— hair*, capelli sciolti **2** libero **3** non rilegato (di libro) **4** (*chim.*) non legato, non combinato.

unbounded [,ʌn'baʊndɪd / un·boun·ded] *agg.* sconfinato, illimitato, smisurato (*anche fig.*): *— ambition*, ambizione smisurata // **-ly** *avv.* // **-ness** *s.*

unbowed [,ʌn'baʊd / un·bowed] *agg.* **1** non curvato; non piegato **2** (*fig.*) indomito; invitto.

to **unbrace** [,ʌn'breɪs / un·brace] *v.tr.* **1** allentare; slacciare, sfibbiare: *to — the yards of a ship*, allentare i pennoni di una nave; *Lord Hamlet, with his doublet all unbraced, / no hat upon his head... / ...he comes before me*, (SH. Hamlet) il principe Amleto, il farsetto tutto slacciato, senza cappello... mi appare davanti **2** (*non com.*) distendere, rilassare (muscoli ecc.) **3** (*non com.*) snervare, indebolire.

to **unbraid** [,ʌn'breɪd / un·braid] *v.tr.* districare, sciogliere (trecce, corde), (*letter.*) stessere.

unbranched [,ʌn'brɑ:ntʃt *amer.* ,ʌn'bræntʃt / un·branched] *agg.* senza diramazioni.

unbreakable [,ʌn'breɪkəbl / un·break·able] *agg.* infrangibile: *— glass*, vetro infrangibile.

unbreathable [,ʌn'bri:ðəbl / un·breath·able] *agg.* irrespirabile.

unbreathed [,ʌn'bri:ðd / un·breathed] *agg.* **1** non respirato; senza respiro **2** (*fig.*) non sussurrato, non pronunciato; non rivelato.

unbred [,ʌn'bred / un·bred] *agg.* **1** (*non com.*) allevato male; ineducato **2** (*ant.*) incolto; inesperto: *he was — in* (o *to*) *any trade*, era inesperto di qualsiasi mestiere.

to **unbreech** [,ʌn'bri:tʃ / un·breech] *v.tr.* **1** (*ant.*) togliere i calzoni a **2** (*mil.*) togliere la culatta a (un cannone).

unbribable [,ʌn'braɪbəbl / un·brib·able] *agg.* incorruttibile.

unbribed [,ʌn'braɪbd / un·bribed] *agg.* incorrotto.

to **unbridle** [,ʌn'braɪdl / un·bridle] *v.tr.* sbrigliare, dare libero corso a (*anche fig.*): *to — one's tongue*, sfogare i propri sentimenti, la propria ira.

unbridled [,ʌn'braɪdld / un·bridled] *agg.* **1** senza briglia **2** (*fig.*) sfrenato, scatenato, violento, sbrigliato, impetuoso: *the — passions of the crowd*, le passioni scatenate della folla.

unbroken [ˌʌn'brəʊkən / un·broken] *agg.* **1** intatto, intero; inviolato, vergine: — *oath*, giuramento inviolato; — *soil*, terreno vergine, mai arato **2** incessante, ininterrotto, continuo: — *peace*, pace ininterrotta **3** non domato (di cavallo), indomito (*anche fig.*); invitto; non sorpassato, non infranto: *record still* —, record imbattuto; — *spirit*, spirito indomito.

to **unbuckle** [ˌʌn'bʌkl / un·buckle] *v.tr.* sfibbiare; slacciare ◆ *v.intr.* (*fig.*) uscire dal riserbo.

unbuilt [ˌʌn'bɪlt / un·built] *agg.* non ancora costruito.

to **unbundle** [ˌʌn'bʌndl / un·bundle] *v.tr.* (*comm.*) ripartire, frazionare; fatturare separatamente.

unbundling [ˌʌn'bʌndlɪŋ / un·bund·ling] *s.* (*amm., fin.*) separazione (di costi o del rischio di mercato dal rischio di credito).

unbuoyed [ˌʌn'bɔɪd / un·buoyed] *agg.* (*mar.*) non sostenuto, non tenuto a galla.

to **unburden** [ˌʌn'bɜ:dn / un·bur·den] *v.tr.* **1** scaricare; alleggerire **2** (*fig.*) sollevare (da preoccupazioni ecc.); alleviare; scaricare; confessare: *to — oneself of a secret*, liberarsi del peso di un segreto; *to — oneself to s.o.*, confidarsi, sfogarsi con qlcu.

unburdened [ˌʌn'bɜ:dnd / un·bur·dened] *agg.* **1** alleggerito **2** non oppresso (da preoccupazioni, segreti ecc.).

unburied [ˌʌn'berɪd / un·bur·ied] *agg.* insepolto.

unburned [ˌʌn'bɜ:nd / un·burned] **unburnt** [ˌʌn'bɜ:nt / un·burnt] *agg.* non bruciato; non cotto.

unbusinesslike [ˌʌn'bɪznɪslaɪk / un·busi·ness·like] *agg.* poco pratico, senza metodo; non portato per gli affari; non commerciale; non professionale: *to conduct one's affairs in an — way*, trattare i propri affari senza metodo; *I think you've handled the thing in a very — way*, credo che tu abbia trattato la faccenda in modo poco professionale.

to **unbutton** [ˌʌn'bʌtn / un·but·ton] *v.tr.* sbottonare ◆ *v.intr.* sbottonarsi (*anche fig.*).

to **uncage** [ˌʌn'keɪdʒ / un·cage] *v.tr.* togliere dalla gabbia, sgabbiare; mettere in libertà.

uncalled [ˌʌn'kɔ:ld / un·called] *agg.* **1** non chiamato, non invitato **2** — *for*, non necessario, superfluo; non richiesto, gratuito; fuori posto: — *for insult*, insulto gratuito.

uncanny [ˌʌn'kænɪ / un·canny] *agg.* misterioso, strano, irreale; fantastico; inquietante: *the two pictures bore an — resemblance*, i due quadri mostravano una strana somiglianza // **-ily** *avv.* // **-iness** *s.*

uncanonical [ˌʌnkə'nɒnɪkl / un·ca·non·ical] *agg.* non canonico; non conforme ai canoni // **-ly** *avv.* // **-ness** *s.*

to **uncap** [ˌʌn'kæp / un·cap] *pass.p.p.* **uncapped** [ˌʌn'kæpt / un·capped] *v.tr.* **1** (*rar.*) scoprire; togliere il cappello a **2** (*tecn.*) togliere il cappuccio, il coperchio, la capsula a; scapsulare ◆ *v.intr.* (*rar.*) scoprirsi; togliersi il cappello; scappellarsi.

to **uncape** [ˌʌn'keɪp / un·cape] *v.intr.* (*ant.*) lanciare i cani: *I'll warrant we'll unkennel the fox... / So, now uncape*, (SH. The Merry Wives of Windsor) Vi assicuro che staneremo la volpe!... Ed ora lanciamoci.

uncared-for [ˌʌn'keədfɔ:*] *agg.* negletto; abbandonato, dimenticato.

to **uncase** [ˌʌn'keɪs / un·case] *v.tr.* **1** estrarre (da astuccio, scatola, fodero) **2** (*fig.*) esporre; scoprire **3** (*ant.*) svestire, spogliare: *Tranio, at once / uncase thee, take my coloured hat and cloak*, (SH. Taming of the Shrew) Tranio, subito, svestiti, prendi il mio mantello e il copricapo variopinto.

uncased [ˌʌn'keɪst / un·cased] *agg.* senza astuccio, senza scatola.

uncashed [ʌn'kæʃt / un·cashed] *agg.* (*comm.*) non incassato, da incassare.

uncatalogued [ˌʌn'kætəlɒgd *amer.* ˌʌn'kætəlɔ:gd / un·cata·logued] *agg.* non catalogato.

uncaused [ˌʌn'kɔ:zd / un·caused] *agg.* **1** non causato; senza motivo **2** senza causa prima.

unceasing [ˌʌn'si:sɪŋ / un·ceas·ing] *agg.* incessante // **-ly** *avv.*

unceded [ˌʌn'si:dɪd / un·ceded] *agg.* non ceduto.

uncelebrated [ˌʌn'selɪbreɪtɪd / un·cel·eb·rated] *agg.* non celebrato; non famoso.

uncensurable [ˌʌn'senʃərəbl / un·cen·sur·able] *agg.* incensurabile.

uncensured [ˌʌn'senʃəd / un·cen·sured] *agg.* incensurato.

unceremonious [ˌʌnˌserɪ'məʊnjəs / un·ce·re·mo·ni·ous] *agg.* non cerimonioso; semplice, alla buona // **-ly** *avv.* // **-ness** *s.*

uncertain [ˌʌn'sɜ:tn / un·cer·tain] *agg.* **1** incerto; malsicuro; dubbio, aleatorio: *it is — who will win*, non si sa con sicurezza chi vincerà **2** irresoluto; volubile; mutevole: — *weather*, tempo mutevole // **-ly** *avv.*

uncertainty [ˌʌn'sɜ:tntɪ / un·cer·tainty] *s.* incertezza; ambiguità; (l')incerto: *to prefer certainty to —*, preferire il certo all'incerto // (*fis.*) — *principle*, principio di indeterminazione.

to **unchain** [ˌʌn'tʃeɪn / un·chain] *v.tr.* sciogliere da catene; liberare.

unchallengeable [ˌʌn'tʃæləndʒəbl / un·chal·lenge·able] *agg.* **1** inattaccabile **2** imbattibile, insuperabile **3** indiscusso; indiscutibile; incontestabile.

unchallenged [ˌʌn'tʃælɪndʒd / un·chal·lenged] *agg.* **1** non provocato, non sfidato **2** non chiamato in questione; incontestato.

unchangeable [ˌʌn'tʃeɪndʒəbl / un·change·able] *agg.* immutabile; invariabile // **-ness** *s.* // **-bly** *avv.*

unchanged [ˌʌn'tʃeɪndʒd / un·changed] *agg.* immutato; invariato.

unchanging [ˌʌn'tʃeɪndʒɪŋ / un·chan·ging] *agg.* immutabile; invariabile, costante.

uncharacteristic [ˌʌnˌkærəktə'rɪstɪk / un·char·ac·ter·istic] *agg.* non caratteristico; insolito // **-ally** *avv.*

uncharged [ˌʌn'tʃɑ:dʒd / un·charged] *agg.* **1** non carico, senza fardelli **2** scarico: (*elettr.*) *an — battery*, una batteria non carica (che non è stata caricata) **3** (*dir.*) non incriminato, non imputato **4** (*comm.*) — *for*, gratuito, esente da spese **5** (*dir.*) esente da gravami e oneri.

uncharitable [ˌʌn'tʃærɪtəbl / un·char·it·able] *agg.* poco caritatevole; ingeneroso // **-ness** *s.* // **-bly** *avv.*

to **uncharm** [ˌʌn'tʃɑ:m / un·charm] *v.tr.* **1** privare del potere magico **2** liberare da un incantesimo.

uncharted [ˌʌn'tʃɑ:tɪd / un·charted] *agg.* **1** non segnato su carta geografica, marittima **2** inesplorato.

unchartered [ˌʌn'tʃɑ:təd / un·chartered] *agg.* senza autorizzazione, senza licenza; irregolare.

unchaste [ˌʌn'tʃeɪst / un·chaste] *agg.* (*form.*) impuro, licenzioso // **-ly** *avv.*

unchastity [ˌʌn'tʃæstətɪ / un·chast·ity] *s.* (*rar.*) impudicizia; lussuria.

unchecked [ˌʌn'tʃekt / un·checked] *agg.* **1** incontrollato, sfrenato, non represso; indisciplinato: — *anger*, collera sfrenata **2** non verificato; non controllato ◆ *avv.* senza controllo, senza freno.

unchewed [ˌʌn'tʃu:d / un·chewed] *agg.* **1** non masticato; non ruminato **2** (*fig. ant.*) non ponderato; non meditato.

unchivalrous [ˌʌn'ʃɪvlrəs / un·chiv·al·rous] *agg.* poco cavalleresco; scortese.

unchosen [ˌʌn'tʃəʊzn / un·chosen] *agg.* non scelto.

unchristened [ˌʌn'krɪsnd / un·chris·tened] *agg.* **1** non battezzato; non convertito al cristianesimo; pagano **2** senza nome.

unchristian [ˌʌn'krɪstjən / un·chris·tian] *agg.* **1** non cristiano; non degno di un cristiano **2** (*fam.*) irragionevole, assurdo: *at this — hour*, a quest'ora impossibile.

unchristianly [ˌʌn'krɪstjənlɪ / un·chris·tian·ly] *avv.* poco cristianamente; in modo non cristiano.

to **unchurch** [ˌʌn'tʃɜ:tʃ / un·church] *v.tr.* **1** espellere dalla chiesa, scomunicare **2** privare dei diritti ecclesiastici; sconsacrare.

uncial ['ʌnsɪəl / un·cial] *agg.* e *s.* (lettera, scrittura) onciale.

unciform ['ʌnsɪfɔ:m / un·ci·form] *agg.* unciforme; uncinato ◆ *s.* (*anat.*) osso uncinato.

uncinate ['ʌnsɪnɪt / un·cin·ate] *agg.* uncinato, unciforme // (*anat.*) — *convolution* (o — *gyrus*), circonvoluzione cerebrale.

uncircumcised [ˌʌn'sɜ:kəmsaɪzd / un·cir·cum·cised] *agg.* (*letter.*) incirconciso.

uncircumscribed [ˌʌn'sɜ:kəmskraɪbd / un·cir·cum·scribed] *agg.* **1** incircoscritto (detto di Dio, senza limiti); **2** non delimitato, vago.

uncircumspect [ˌʌn'sɜ:kəmspekt / un·cir·cum·spect] *agg.* (*form.*) imprudente, incauto // **-ly** *avv.*

uncircumstantial [ˌʌnˌsɜ:kəm'stænʃl / un·cir·cum·stant·ial] *agg.* non particolareggiato, sommario.

uncivil [ˌʌn'sɪvl / un·civil] *agg.* **1** barbaro, incivile **2** scortese, maleducato, incivile **3** indecoroso // **-ly** *avv.*

uncivilized [ˌʌn'sɪvɪlaɪzd / un·civ·il·ized] *agg.* **1** non civilizzato, barbaro **2** incivile, scortese.

unclad [ˌʌn'klæd / un·clad] *agg.* (*letter.*) svestito, nudo, spogliato; spoglio.

unclaimed [ˌʌn'kleɪmd / un·claimed] *agg.* non reclamato; non richiesto; non ritirato: — *baggage*, bagaglio non ritirato; — *reward*, premio non ritirato // (*comm.*) — *cheque*, assegno non riscosso.

unclarified [,ʌn'klærɪfaɪd / un·cla·ri·fied] *agg.* non chiarificato; torbido.

to **unclasp** [,ʌn'klɑ:sp *amer.* ,ʌn'klæsp / un·clasp] *v.tr.* slacciare; sfibbiare; aprire ◆ *v.intr.* allentare la stretta, lasciare la presa.

unclassable [,ʌn'klɑ:səbl *amer.* ,ʌn'klæsəbl / un·class·able] **unclassifiable** [,ʌn'klæsɪfaɪəbl / un·clas·si·fi·able] *agg.* inclassificabile.

unclassified [,ʌn'klæsɪfaɪd / un·clas·si·fied] *agg.* non classificato.

uncle ['ʌŋkl] *s.* **1** zio // *Welsh* —, (*fam.*) cugino primo dei genitori // *to talk* (*to s.o.*) *like a Dutch* —, (*fam.*) parlare (a qlcu.) con bonaria severità // *to say* —, (*fam. amer.*) arrendersi **2** (*sl.*) chi presta su pegno **3** (*sl. amer.*) ricettatore.

unclean [,ʌn'kli:n / un·clean] *agg.* **1** impuro, immondo: — *spirit*, spirito immondo, demonio **2** sporco, sudicio, sozzo // **-ly** *avv.* // **-ness** *s.*

uncleansed [,ʌn'klenzd / un·cleansed] *agg.* **1** non ben pulito, non deterso **2** non purificato.

unclear [,ʌn'klɪə* / un·clear] *agg.* **1** non chiaro, oscuro; opaco; indistinto **2** incerto; insicuro: *he was — about his future*, era incerto sul suo futuro.

uncleared [,ʌn'klɪəd / un·cleared] *agg.* **1** non chiarito, non spiegato **2** non sgombrato; inevaso // (*dir.*) — *goods*, merci non sdoganate **3** (*bot.*) non disboscato **4** (*dir.*) non scagionato da colpa.

to **unclench** [,ʌn'klentʃ / un·clench] *v.tr.* schiudere, disserrare; aprire (il pugno) ◆ *v.intr.* schiudersi, disserrarsi; aprirsi.

unclerical [,ʌn'klerɪkl / un·cler·ical] *agg.* non clericale; che non si addice al clero.

Uncle Sam [,ʌŋkl'sæm] *s.* (*sl. amer.*) lo zio Sam (personificazione degli Stati Uniti); il governo, il popolo statunitense • Deriva probabilmente dalla sigla U.S. (United States), stampigliata su una partita di merce, che venne interpretata come 'Uncle Sam' dal nome, Samuel Wilson, del fornitore.

Uncle Tom [,ʌŋkl'tɒm] *s.* (*sl. amer.*) nero servile con i bianchi • Dal nome del protagonista del romanzo 'La capanna dello zio Tom'.

to **unclew** [,ʌn'klu: / un·clew] *v.tr.* (*ant.*) **1** disfare, srotolare **2** (*fig.*) rovinare.

to **unclinch** [,ʌn'klɪntʃ / un·clinch] → to **unclench**.

unclipped [,ʌn'klɪpt / un·clipped] *agg.* **1** non tagliato; non tosato **2** non forato (di biglietto).

to **uncloak** [,ʌn'kləʊk / un·cloak] *v.tr.* **1** togliere il mantello a **2** (*fig.*) svelare, smascherare ◆ *v.intr.* togliersi il mantello.

to **unclog** [,ʌn'klɒg / un·clog] *pass.p.p.* **unclogged** [,ʌn'klɒgd / un·clogged] *v.tr.* liberare da impedimenti.

to **unclose** [,ʌn'kləʊz / un·close] *v.tr.* (*rar.*) **1** aprire; schiudere **2** (*fig.*) rivelare ◆ *v.intr.* (*rar.*) aprirsi; schiudersi.

unclosed [,ʌn'kləʊzd / un·closed] *agg.* aperto: *an — controversy*, una questione aperta.

to **unclothe** [,ʌn'kləʊð/ un·clothe] *v.tr.* (*form.*) svestire, denudare.

unclouded [,ʌn'klaʊdɪd / un·clouded] *agg.* senza nubi, sereno (*anche fig.*) // **-ness** *s.*

unco ['ʌŋkəʊ] *agg.* (*scoz.*) **1** sconosciuto; strano, misterioso **2** notevole, grande ◆ *s. pl.* **uncos** cosa, persona, notizia strana ◆ *avv.* molto, esageratamente.

uncoagulated [,ʌnkəʊ'ægjʊleɪtɪd / un·co·agu·lated] *agg.* non coagulato.

to **uncock** [,ʌn'kɒk / un·cock] *v.tr.* **1** disarmare, abbassare il cane di (un'arma da fuoco) **2** sparpagliare (mucchi di fieno).

uncodified [,ʌn'kəʊdɪfaɪd *amer.* ,ʌn'kɒdɪfaɪd / un·co·di·fied] *agg.* non codificato.

to **uncoil** [,ʌn'kɔɪl / un·coil] *v.tr.* svolgere (bobine ecc.); srotolare ◆ *v.intr.* svolgersi; srotolarsi.

uncoined [,ʌn'kɔɪnd / un·coined] *agg.* non coniato: — *metal*, metallo non coniato.

uncollectable [,ʌnkə'lektəbl / un·col·lect·able] *agg.* (*comm.*) inesigibile: — *credit*, credito inesigibile.

uncollected [,ʌnkə'lektɪd / un·col·lec·ted] *agg.* **1** non raccolto: — *poems*, poesie sparse **2** (*comm.*) non riscosso **3** (*fig.*) agitato: — *mind*, mente agitata.

uncolonized [,ʌn'kɒlənaɪzd / un·col·on·ized] *agg.* non colonizzato.

uncoloured [,ʌn'kʌləd / un·col·oured] *agg.* incolore (*anche fig.*).

uncombed [,ʌn'kəʊmd / un·combed] *agg.* spettinato; non pettinato (di lana).

uncombined [,ʌnkəm'baɪnd / un·com·bined] *agg.* **1** disunito; separato **2** (*chim.*) non combinato, libero.

uncome-at-table [,ʌnkʌm'ætəbl] *agg.* (*fam.*) inaccessibile; irraggiungibile.

uncomely [,ʌn'kʌmlɪ / un·comely] *agg.* (*rar.*) **1** sgraziato; brutto **2** sconveniente ◆ *avv.* in modo sconveniente // **-iness** *s.*

uncomfortable [,ʌn'kʌmfətəbl / un·com·fort·able] *agg.* **1** scomodo; a disagio: *this chair is* —, questa sedia è scomoda; *an — feeling*, un senso di disagio; *to be* (o *to feel*) —, essere scomodo; sentirsi a disagio; *to be* (o *to feel*) — *about sthg.*, essere inquieti per qlco. **2** spiacevole; sgradevole; fastidioso: *to make things — for s.o.*, procurare dei fastidi, delle noie a qlcu. // **-ness** *s.* // **-bly** *avv.*

uncomforted [,ʌn'kʌmfətɪd / un·com·forted] *agg.* sconsolato.

uncommendable [,ʌnkə'mendəbl / un·com·mend·able] *agg.* (*form.*) non raccomandabile.

uncommended [,ʌnkə'mendɪd / un·com·mended] *agg.* (*form.*) non raccomandato.

uncommercial [,ʌnkə'mɜ:ʃl / un·com·mer·cial] *agg.* non commerciale.

uncommitted [,ʌnkə'mɪtɪd / un·com·mit·ted] *agg.* **1** non rimessa alla commissione (di legge) **2** non impegnato **3** non commesso (di delitto ecc.).

uncommon [,ʌn'kɒmən / un·com·mon] *agg.* non comune, insolito; raro, eccezionale // **-ly** *avv.* // **-ness** *s.*

uncommunicable [,ʌnkə'mju:nɪkəbl / un·com·mun·ic·able] *agg.* incomunicabile.

uncommunicative [,ʌnkə'mju:nɪkətɪv *amer.* ,ʌnkə'mju:nɪkeɪtɪv / un·com·mu·nic·at·ive] *agg.* riservato, poco comunicativo; taciturno // **-ly** *avv.* // **-ness** *s.*

uncompanionable [,ʌnkəm'pænjənəbl / un·com·pan·ion·able] *agg.* poco socievole.

uncompassionate [,ʌnkəm'pæʃənɪt / un·com·pas·sion·ate] *agg.* (*non com.*) non compassionevole; senza compassione, senza pietà // **-ly** *avv.*

uncompelled [,ʌnkəm'peld / un·com·pelled] *agg.* non costretto; spontaneo, volontario.

uncompensated [,ʌn'kɒmpənseɪtɪd / un·com·pen·sated] *agg.* **1** non compensato, non risarcito **2** (*mecc.*) non compensato, non (contro)bilanciato.

uncomplaining [,ʌnkəm'pleɪnɪŋ / un·com·plain·ing] *agg.* che non si lamenta, che non si lagna; paziente, rassegnato: — *submission*, sottomissione rassegnata // **-ly** *avv.* // **-ness** *s.*

uncomplaisant [,ʌnkəm'pleɪsənt / un·com·plais·ant] *agg.* (*rar.*) scompiacente.

uncompleted [,ʌnkəm'pli:tɪd / un·com·pleted] *agg.* incompleto; incompiuto.

uncomplimentary [,ʌn,kɒmplɪ'mentərɪ / un·com·pli·ment·ary] *agg.* poco complimentoso; scortese, poco gentile.

uncomplying [,ʌnkəm'plaɪɪŋ / un·com·ply·ing] *agg.* poco accomodante; intransigente, inflessibile.

uncomposed [,ʌnkəm'pəʊzd / un·com·posed] *agg.* (*rar.*) **1** non composto, semplice **2** non composto, non unito **3** scomposto, disordinato; eccitato.

uncompounded [,ʌnkəm'paʊndɪd / un·com·pounded] *agg.* non composto, semplice.

uncomprehended [,ʌn,kɒmprɪ'hendɪd / un·com·pre·hended] *agg.* incompreso.

uncomprehensive [,ʌn,kɒmprɪ'hensɪv / un·com·pre·hens·ive] *agg.* **1** (*rar.*) non comprensivo, che non include **2** (*ant.*) non comprensivo, che manca di comprensione.

uncompressed [,ʌnkəm'prest / un·com·pressed] *agg.* non compresso.

uncompressible [,ʌnkəm'presəbl / un·com·press·ible] *agg.* incomprimibile.

uncompromising [,ʌn'kɒmprəmaɪzɪŋ / un·com·prom·ising] *agg.* intransigente, inflessibile; che non scende a compromessi: — *frankness*, sincerità assoluta // **-ly** *avv.*

unconcealable [,ʌnkən'si:ləbl / un·con·ceal·able] *agg.* che non si può nascondere.

unconcealed [,ʌnkən'si:ld / un·con·cealed] *agg.* mal celato; non dissimulato; manifesto.

unconceivable [,ʌnkən'si:vəbl / un·con·ceiv·able] *agg.* inconcepibile.

unconcern [,ʌnkən'sɜ:n / un·con·cern] *s.* indifferenza, noncuranza: *smile of* —, sorriso freddo, riservato.

unconcerned [,ʌnkən'sɜ:nd / un·con·cerned] *agg.* **1** indifferente, noncurante: — *air*, aria indifferente; *to be — about s.o.'s problems*, essere indifferente alle pene di qlcu. **2** imparziale, neutrale; estraneo // **-ly** *avv.*

unconcerted [,ʌnkən'sɜ:tɪd / un·con·certed] *agg.* non concertato.

unconcluded [,ʌnkən'klu:dɪd / un·con·cluded] *agg.* inconcluso.

uncondemned [,ʌnkən'demd / un·con·demned] *agg.* non condannato.

uncondensed [,ʌnkən'denst / un·con·densed] *agg.* non condensato.

unconditional [,ʌnkən'dɪʃənl / un·con·di·tional] *agg.* **1** incondizionato, assoluto; senza riserve: — *approval*, approvazione senza riserve; — *refusal*, rifiuto categorico; — *surrender*, resa incondizionata // (*comm.*) — *bill of sale*, atto di vendita di beni immobili **2** (*inform.*) incondizionato; sistematico // **-ly** *avv.*

unconfessed [,ʌnkən'fest / un·con·fessed] *agg.* inconfessato, non confessato; senza confessione: — *crime*, crimine non confessato.

unconfigured [,ʌnkən'fɪgəd / un·con·fig·ured] *agg.* (*inform.*) che non fa parte della configurazione.

unconfinable [,ʌnkən'faɪnəbl / un·con·fin·able] *agg.* illimitabile.

unconfined [,ʌnkən'faɪnd / un·con·fined] *agg.* sconfinato.

unconfirmed [,ʌnkən'fɜ:md / un·con·firmed] *agg.* **1** non confermato: — *news*, notizia non confermata **2** (*eccl.*) non cresimato.

unconformable [,ʌnkən'fɔ:məbl / un·con·form·able] *agg.* **1** (*non com.*) non conformabile; incompatibile **2** (*relig.*) non conformista **3** (*geol.*) discordante (di strato) // **-ness** *s.* // **-bly** *avv.*

unconformity [,ʌnkən'fɔ:mətɪ / un·con·form·ity] *s.* (*geol.*) discordanza (di strati).

unconfutable [,ʌnkən'fju:təbl / un·con·fut·able] *agg.* inconfutabile.

unconfuted [,ʌnkən'fju:tɪd / un·con·futed] *agg.* inconfutato.

uncongenial [,ʌnkən'dʒi:njəl / un·con·genial] *agg.* **1** antipatico; spiacevole, sgradito: — *atmosphere*, ambiente ostile; — *climate*, clima poco favorevole; — *job*, lavoro ingrato **2** non congeniale; incompatibile // **-ly** *avv.*

unconnected [,ʌnkə'nektɪd / un·con·nected] *agg.* **1** non connesso, non collegato, disgiunto: — *railway lines*, linee ferroviarie non collegate **2** sconnesso, sconclusionato: *an* — *narrative*, una narrazione sconclusionata **3** senza parentele; privo di amicizie (influenti): *families bearing the same name, but* —, famiglie con lo stesso nome, ma senza legami di parentela // **-ly** *avv.*

unconquerable [,ʌn'kɒnkərəbl / un·con·quer·able] *agg.* invincibile, insuperabile; indomabile; incontrollabile; irresistibile // **-bly** *avv.*

unconquered [,ʌn'kɒŋkəd / un·conquered] *agg.* invitto; indomito.

unconscientious [,ʌn,kɒnʃɪ'enʃəs / un·con·scien·tious] *agg.* poco coscienzioso; senza scrupoli // **-ly** *avv.* // **-ness** *s.*

unconscionability [,ʌn,kɒnʃnə'bɪlətɪ / un·con·scion·ab·il·ity] *s.* (*dir.*) iniquità; vessazione.

unconscionable [,ʌn'kɒnʃnəbl / un·con·scion·able] *agg.* (*letter.*) **1** poco scrupoloso // (*dir.*) — *bargain*, contratto a condizioni inique **2** inconcepibile; irragionevole; eccessivo: *to take an* — *time in doing sthg.*, impiegare un tempo eccessivo per fare qlco. // (*dir.*) — *clause*, clausola vessatoria // **-ness** *s.* // **-bly** *avv.*

unconscious [,ʌn'kɒnʃəs / un·con·scious] *agg.* **1** inconscio, ignaro, inconsapevole: *to be* — *of sthg.*, non accorgersi di qlco.: *he is* — *of any danger*, è ignaro del pericolo; *she was* — *of exercising any ascendancy*, era inconsapevole di avere un certo ascendente; *he spoke with* — *irony*, parlò con involontaria ironia **2** privo di sensi; insensibile (*anche fig.*): *the patient is still* —, il paziente è ancora privo di sensi; *to become* —, perdere conoscenza ◆ *s.* (*psic.*) subconscio // **-ly** *avv.* // **-ness** *s.*

unconsenting [,ʌnkən'sentɪŋ / un·con·sent·ing] *agg.* non consenziente.

unconsidered [,ʌnkən'sɪdəd / un·con·sidered] *agg.* **1** inconsiderato, sconsiderato, avventato **2** inconsiderato, non preso in considerazione; ignorato, trascurato.

unconsoled [,ʌnkən'səʊld / un·con·soled] *agg.* sconsolato, disperato.

unconsolidated [,ʌnkən'sɒlɪdeɪtɪd / un·con·sol·id·ated] *agg.* non consolidato.

unconstitutional [,ʌn,kɒnstɪ'tju:ʃənl *amer.* ,ʌn,kɒnstɪ'tu:ʃənl / un·con·sti·tu·tional] *agg.* (*dir.*) incostituzionale // **-ly** *avv.*

unconstitutionality [,ʌn'kɒnstɪ,tju:ʃə'nælətɪ *amer.* ,ʌn'kɒnstɪ,tu:ʃə'nælətɪ / un·con·sti·tu·tion·al·ity] *s.* (*dir.*) incostituzionalità.

unconstrained [,ʌnkən'streɪnd / un·con·strained] *agg.* **1** non costretto, senza costrizione, libero; spontaneo (di gesto ecc.): — *freedom*, libertà completa **2** disinvolto, naturale: — *manner*, aria naturale, disinvolta **3** sfrenato, non trattenuto: — *laughter*, risata aperta // **-ly** *avv.*

unconstraint [,ʌnkən'streɪnt / un·con·straint] *s.* **1** assenza di costrizione, libertà **2** spontaneità, franchezza (di linguaggio) **3** (*rar.*) scioltezza, facilità (di stile).

unconsumed [,ʌnkən'sju:md *amer.* ,ʌnkən'su:md / un·con·sumed] *agg.* non consumato; non distrutto (dal fuoco).

uncontainable [,ʌnkən'teɪnəbl / un·con·tain·able] *agg.* incontenibile; irrefrenabile.

uncontemplated [,ʌn'kɒntempleɪtɪd / un·con·tem·pla·ted] *agg.* non contemplato, imprevisto.

uncontestable [,ʌnkən'testəbl / un·con·test·able] *agg.* incontestabile.

uncontested [,ʌnkən'testɪd / un·con·tested] *agg.* incontestato.

uncontrollable [,ʌnkən'trəʊləbl / un·con·trol·lable] *agg.* **1** incontrollabile; irrefrenabile; irresistibile, irreprimibile **2** assoluto (di potere) // **-ness** *s.* // **-bly** *avv.*

uncontrolled [,ʌnkən'trəʊld / un·con·trolled] *agg.* senza controllo, senza ritegno, sfrenato // **-ly** *avv.*

uncontroverted [,ʌn'kɒntrəvɜ:tɪd / un·con·tro·ver·ted] *agg.* (*form.*) incontestato, indiscusso.

unconventional [,ʌnkən'venʃənl / un·con·ven·tional] *agg.* non convenzionale, anticonformista // **-ly** *avv.*

unconventionality [,ʌnkən,venʃə'nælətɪ / un·con·ven·tion·al·ity] *s.* anticonvenzionalismo, anticonformismo.

unconversant [,ʌnkən'vɜ:sənt / un·con·vers·ant] *agg.* (*form.*) poco versato; poco pratico: *to be* — *with a question*, non essere al corrente di una questione.

unconvertible [,ʌnkən'vɜ:təbl / un·con·vert·ible] *agg.* (*econ.*) inconvertibile.

unconvicted [,ʌnkən'vɪktɪd / un·con·victed] *agg.* non riconosciuto colpevole; non condannato (*anche dir.*).

unconvinced [,ʌnkən'vɪnst / un·con·vinced] *agg.* non convinto; scettico.

unconvincing [,ʌnkən'vɪnsɪŋ / un·con·vin·cing] *agg.* non convincente, poco verosimile, poco persuasivo.

uncooked [,ʌn'kʊkt / un·cooked] *agg.* non cucinato, non cotto; crudo.

uncooperative [,ʌnkəʊ'ɒpərətɪv / un·co·op·er·at·ive] *agg.* poco collaborativo; restio a collaborare.

to **uncord** [,ʌn'kɔ:d / un·cord] *v.tr.* (*antiq.*) slegare, sciogliere.

to **uncork** [,ʌn'kɔ:k / un·cork] *v.tr.* **1** sturare, stappare **2** (*fig.*) sfogare, dare sfogo a.

uncountable [,ʌn'kaʊntəbl / un·count·able] *agg.* **1** innumerabile // (*gramm.*) *news in English is an* — *noun*, 'news' in inglese è un sostantivo 'uncountable' (non numerabile) **2** innumerevole, incalcolabile.

uncounted [,ʌn'kaʊntɪd / un·coun·ted] *agg.* **1** non contato **2** (*non com.*) incalcolabile; innumerevole.

to **uncouple** [,ʌn'kʌpl / un·couple] *v.tr.* **1** sguinzagliare, lasciar liberi (cani) **2** staccare, sganciare, disgiungere.

uncourtly [,ʌn'kɔ:tlɪ / un·court·ly] *agg.* (*non com.*) scortese; rozzo, ordinario.

uncouth [ʌn'ku:θ / un·couth] *agg.* (*antiq.*) **1** ordinario, rozzo; goffo, sgraziato // *with uncouth rhymes and shapeless sculpture deck'd*, (T. GRAY) adorne di rozze rime e sculture senza forma **2** (*non com.*) desolato, selvaggio (di luogo) **3** (*non com.*) strano, bizzarro; non comune **4** (*ant.*) sconosciuto: *but I / toiled out my uncouth passage*, (MILTON) ma faticai a trovare il mio sconosciuto passaggio // **-ly** *avv.* // **-ness** *s.*

uncovenanted [,ʌn'kʌvɪnəntɪd / un·cov·en·an·ted] *agg.* non convenuto; non stipulato per contratto.

to **uncover** [,ʌn'kʌvə* / un·cover] *v.tr.* **1** scoprire; lasciare scoperto **2** svestire; spogliare **3** (*fig.*) rivelare, palesare, manifestare: *to* — *one's heart*, rivelare i propri sentimenti **4** (*mil.*) esporre, mettere allo scoperto (le truppe, una posizione ecc.) ◆ *v.intr.* **1** scappellarsi, togliersi il cappello **2** scoprirsi; rimanere scoperto.

uncovered [,ʌn'kʌvəd / un·covered] *agg.* **1** scoperto; senza riparo; senza tetto **2** spogliato, svestito; nudo **3** senza cappello, a capo scoperto **4** (*fin.*) (allo) scoperto.

uncreate(d) [,ʌnkri:'eɪt(ɪd) / un·cre·ate(d)] *agg.* increato, non creato.

uncredited [,ʌn'kredɪtɪd / un·cred·ited] *agg.* che non ha credito; non stimato.

uncrippled [,ʌn'krɪpld / un·crip·pled] *agg.* non impedito nei movimenti; non menomato.

uncritical [,ʌn'krɪtɪkl / un·crit·ical] *agg.* acritico.

uncropped [,ʌn'krɒpt / un·cropped] *agg.* **1** non mietuto; non falciato; non raccolto (di messi ecc.) **2** non seminato, incolto (di terreno) **3** non tagliato (di capelli ecc.); non tosato: *an* — *dog*, un cane non tosato.

to **uncross** [,ʌn'krɒs *amer.* ʌn'krɔ:s / un·cross] *v.tr.* sciogliere (braccia incrociate, conserte); tirar giù* (gamba accavallata).

uncrossed [,ʌn'krɒst *amer.* ,ʌn'krɔ:st / un·crossed] *agg.* **1** non incrociato; non accavallato **2** non attraversato **3** (*comm.*) non sbarrato (di assegno) **4** non ostacolato.

to **uncrown** [,ʌn'kraʊn / un·crown] *v.tr.* detronizzare; privare della corona.

uncrowned [,ʌn'kraʊnd / un·crowned] *agg.* non coronato; senza corona.

uncrushable [,ʌn'krʌʃəbl / un·crush·able] *agg.* **1** infrangibile **2** ingualcibile **3** (*letter.*) indomabile.

unction ['ʌŋkʃn / unc·tion] *s.* **1** unzione (*anche eccl.*) // *Extreme Unction*, Estrema Unzione **2** (*med.*) unguento; (*fig.*) balsamo **3** unzione, mellifluità, blandizie **4** fervore, entusiasmo affettato **5** (*rar.*) gusto, compiacimento: *she told the story with much* —, raccontò la storia compiacendosene molto.

unctuosity [,ʌŋktjʊ'ɒsətɪ / unc·tu·os·ity] *s.* untuosità (*anche fig.*).

unctuous ['ʌŋktjʊəs / unc·tu·ous] *agg.* **1** untuoso, grasso, oleoso **2** (*fig.*) untuoso, mellifluo // **-ly** *avv.* // **-ness** *s.*

unculled [,ʌn'kʌld / un·culled] *agg.* **1** non raccolto **2** non scelto.

uncultivable [,ʌn'kʌltɪvəbl / un·cul·tiv·able] *agg.* non coltivabile, incoltivabile.

uncultivated [,ʌn'kʌltɪveɪtɪd / un·cul·tiv·ated] *agg.* incolto (*anche fig.*).

uncultured [,ʌn'kʌltʃəd / un·cul·tured] *agg.* incolto, senza cultura.

uncumbered [,ʌn'kʌmbəd / un·cum·bered] *agg.* (*non com.*) non ingombrato; non gravato.

uncurbed [,ʌn'kɜ:bd / un·curbed] *agg.* sfrenato, sregolato.

uncured [,ʌn'kjʊəd / un·cured] *agg.* **1** non guarito **2** non assoggettato a procedimenti conservativi: *an — hide*, una pelle non conciata.

to **uncurl** [,ʌn'kɜ:l / un·curl] *v.tr.* disfare (i riccioli); svolgere, srotolare ◆ *v.intr.* disfarsi (di riccioli); svolgersi, srotolarsi.

uncurrent [,ʌn'kʌrənt / un·cur·rent] *agg.* (*econ.*) non corrente, che non ha corso (di denaro).

uncurtailed [,ʌnkɜ:'teɪld / un·cur·tailed] *agg.* **1** non abbreviato, non ridotto; per esteso **2** senza restrizione.

uncustomary [,ʌn'kʌstəmərɪ *amer.* ,ʌn'kʌstəmerɪ / un·cus·tom·ary] *agg.* insolito, inconsueto.

uncustomed [,ʌn'kʌstəmd / un·cus·tomed] *agg.* **1** esente da dazio doganale **2** non sdoganato.

uncut [,ʌn'kʌt / un·cut] *agg.* **1** non tagliato, intonso: *an — book*, un libro intonso **2** non tagliato, grezzo: *an — diamond*, un diamante grezzo.

undamaged [,ʌn'dæmɪdʒd / un·dam·aged] *agg.* non danneggiato; non guasto, non avariato; intatto: — *reputation*, reputazione intatta.

undamped [,ʌn'dæmpt / un·damped] *agg.* **1** non umido; secco **2** non scoraggiato; sostenuto: *he is — by this failure*, non è per nulla scoraggiato da questo insuccesso **3** (*fis.*) non smorzato, persistente // (*elettr.*) — *waves*, onde persistenti.

undated [,ʌn'deɪtɪd / un·dated] *agg.* non datato; senza data // — *securities*, titoli non datati.

undaunted [,ʌn'dɔ:ntɪd / un·daun·ted] *agg.* intrepido, impavido; imperterrito // **-ly** *avv.* // **-ness** *s.*

undebarred [,ʌndɪ'bɑ:d / un·de·barred] *agg.* (*non com.*) non escluso; non ostacolato: — *from doing sthg.*, libero di fare qlco.

undebased [,ʌndɪ'beɪst / un·de·based] *agg.* **1** non degradato; non avvilito **2** inalterato; di buona lega (di monete ecc).

undebated [,ʌndɪ'beɪtɪd / un·de·bated] *agg.* che non è ancora stato oggetto di discussione: *to accept a motion* —, accettare una mozione senza discussione.

undebugged [,ʌndi:'bʌgd / un·de·bugged] *agg.* (*inform.*) non corretto, non messo a punto (di programma).

undecagon [ʌn'dekəgən / un·deca·gon] *s.* (*mat.*) endecagono.

undecane ['ʌndə,keɪn / un·de·cane] *s.* (*chim.*) undecano.

undecayed [,ʌndɪ'keɪd / un·de·cayed] *agg.* non guasto; intatto; che non si degrada (di materiale radioattivo).

undeceivable [,ʌndɪ'si:vəbl / un·de·ceiv·able] *agg.* **1** che non può essere ingannato **2** (*ant.*) che non può ingannare.

to **undeceive** [,ʌndɪ'si:v / un·de·ceive] *v.tr.* disingannare, disilludere: *I have not the heart to — him*, non ho il coraggio di disilluderlo; *to — oneself*, disilludersi.

undecided [,ʌndɪ'saɪdɪd / un·de·cided] *agg.* **1** indeciso; non risolto **2** indefinito, incerto (di colore, forma ecc.) **3** indeciso; irresoluto; esitante (di carattere): *he was — whether to go or not*, era indeciso se andare o no; *to be — how to act*, essere indeciso sul da farsi; — *voter*, elettore indeciso // **-ly** *avv.*

undecisive [,ʌndɪ'saɪsɪv / un·de·cisive] *agg.* **1** non decisivo **2** irresoluto, esitante.

to **undeck** [,ʌn'dek / un·deck] *v.tr.* (*rar.*) privare di ornamenti; sguarnire, spogliare.

undecked [ʌn'dekt / un·decked] *agg.* **1** privo di ornamenti; sguarnito **2** senza coperta (di nave).

undeclared [,ʌndɪ'kleəd / un·declared] *agg.* non dichiarato.

undeclinable [,ʌndɪ'klaɪnəbl / un·de·clin·able] *agg.* **1** (*gramm.*) indeclinabile **2** che non si può declinare, rifiutare.

undecyl [ʌn'desl / un·de·cyl] *s.* (*chim.*) undecile.

undecylenic [,ʌndesə'lenɪk / un·de·cyl·enic] *agg.* (*chim.*) undecilenico: — *acid*, acido undecilenico; — *alcohol*, alcol undecilenico.

undedicated [,ʌn'dedɪkeɪtɪd / un·ded·ic·ated] *agg.* **1** non dedicato, non consacrato (di chiesa) **2** senza dedica (di libro).

undee ['ʌndeɪ] *agg.* (*arald.*) a onde, a forma di onda.

undefaced [,ʌndɪ'feɪst / un·de·faced] *agg.* non sfigurato, non mutilato; intatto (di monumenti ecc.).

undefeated [,ʌndɪ'fi:tɪd / un·defeated] *agg.* imbattuto; (*letter.*) invitto.

undefended [,ʌndɪ'fendɪd / un·defen·ded] *agg.* **1** indifeso; privo di protezione **2** (*dir.*) non assistito da difesa legale: — *suit*, causa in cui il difensore si astiene dal comparire **3** (*ant.*) non proibito.

undefiled [,ʌndɪ'faɪld / un·defiled] *agg.* puro; senza macchia; intemerato.

undefinable [,ʌndɪ'faɪnəbl / un·de·fin·able] *agg.* indefinibile; indeterminabile // **-ness** *s.*

undefined [,ʌndɪ'faɪnd / un·defined] *agg.* indefinito; indeterminato; vago.

undelivered [,ʌndɪ'lɪvəd / un·delivered] *agg.* **1** (*comm.*) non recapitato, non consegnato: — *goods*, merce non consegnata **2** (*non com.*) non liberato; non sgravato **3** non pronunciato (di discorso, sentenza) **4** (*dir.*) non emesso (di verdetto).

undeluded [,ʌndɪ'lu:dɪd / un·de·luded] *agg.* disingannato.

undemanding [,ʌndɪ'mɑ:ndɪŋ *amer.* ,ʌndɪ'mændɪŋ / un·demand·ing] *agg.* **1** che non richiede alcuno sforzo; facile: *an — job*, un lavoro semplice **2** non esigente, accomodante: *an — person*, una persona accomodante.

undemonstrable [,ʌn'demənstrəbl / un·dem·on·strable] *agg.* indimostrabile.

undemonstrative [,ʌndɪ'mɒnstrətɪv / un·demon·strat·ive] *agg.* poco espansivo; riservato, chiuso.

undeniable [,ʌndɪ'naɪəbl / un·deni·able] *agg.* innegabile, irrefutabile // **-bly** *avv.*

undenominational [,ʌndɪ,nɒmɪ'neɪʃənl / un·de·nom·ina·tional] *agg.* non appartenente ad alcuna denominazione religiosa, laico: — *school*, scuola laica.

undeplored [,ʌndɪ'plɔ:d / un·de·plored] *agg.* (*rar.*) non compianto; non deplorato.

undepreciated [,ʌndɪ'pri:ʃɪeɪtɪd / un·de·pre·ci·ated] *agg.* non deprezzato.

undepressed [,ʌndɪ'prest / un·de·pressed] *agg.* **1** non abbassato; (*fig.*) non depresso **2** (*comm.*) fermo, stabile.

under [ʌndə* / un·der] *prep.* **1** (*posizione, direzione*) sotto, al di sotto di: *the cat was sleeping — the table*, il gatto stava dormendo sotto il tavolo; — *the old wallpaper the plaster was rotten*, sotto la vecchia tappezzeria il muro era marcio; *there were empty bottles — the sink*, sotto il lavandino c'erano bottiglie vuote; *we planted some roses — the wall*, abbiamo piantato delle rose a ridosso del muro; *he had worked all night and there were bags — his eyes*, aveva lavorato tutta la notte e aveva le borse sotto agli occhi; *the new tunnel will run — the Channel*, il nuovo tunnel passerà sotto la Manica; *put this bucket — the leaky pipe*, metti questo secchio sotto il tubo che perde; *he took the revolver out from — his jacket*, estrasse la pistola di sotto la giacca // *he was struggling — the weight of two large suitcases*, arrancava sotto il peso di due grosse valigie // *the table nearly collapsed — all that food*, la tavola quasi crollava sotto tutto quel cibo // *he published his novel — an assumed name*, pubblicò i suoi romanzi sotto pseudonimo // *most of his farmland is — potatoes*, la maggior parte del suo terreno agricolo è coltivato a patate // *our company is in the telephone directory — 'S'*, la nostra ditta è nella guida telefonica sotto la lettera 'S' // *you'll find the book on the shelves — 'Biography'*, troverai il libro nello schedario sotto 'Biografia' **2** (*situazione, influsso, condizione*) sotto, a, con: *the film was made — difficult circumstances*, il film è stato realizzato in circostanze difficili; — *pressure the accused became hysterical*, messo sotto pressione, l'accusato divenne isterico; *the molecules move differently — heat*, al calore le molecole si muovono in modo diverso; *this reform was made — the last government*, questa riforma fu attuata durante l'ultimo governo; *— this system, you must pay taxes twice a year*, con questo sistema, si devono pagare le tasse due volte l'anno; *this country doesn't seem very well-off — communism*, questo paese non sembra stare molto bene sotto il regime comunista; *the mafia boss was — surveillance for months*, il boss mafioso è stato sotto sorveglianza per mesi; *he came — suspicion because of his business associates*, divenne sospetto per via dei suoi soci in affari; *because of threats he was put — police protection*, fu messo sotto la protezione della polizia per le minacce ricevute; *in Paris he came — Picasso's influence*, a Parigi subì l'influenza di Picasso; *I was — the impression you liked the job*, avevo l'impressione che il lavoro ti piacesse; *we were — threat of eviction*, eravamo minacciati di sfratto; *during a war, everybody is — stress*, durante una guerra, tutti sono in uno stato di tensione; *we can't work — these conditions*, non possiamo lavorare a queste condizioni; *he was — treatment for a nervous breakdown*, era in cura per esaurimento nervoso; *— his father's will he inherited the house*, ereditò la casa secondo il testamento paterno; *— the new regulations, it will be more difficult to get tax relief*, con le nuove disposizioni, sarà più difficile ottenere esenzioni fiscali; *— this law, there should be no discrimination due to race, sex or religion*, con questa legge non ci dovrebbe essere discriminazione di razza, sesso o religione // *— sentence of death*, condannato a morte // *— the terms of the treaty*, in virtù del trattato **3** (*in via di, in corso di*): *the new line of the underground is now — construction*, è ora in costruzione la nuova linea della metropolitana; *the new contract is — discussion*, si sta discutendo il nuovo contratto; *only a small part of the area is — cultivation*, solo una piccola parte della zona è coltivata; *the old palace is now — repair*, il vecchio palazzo è attualmente in restauro **4** meno di, al di sotto di: *the bill was — £ 90*, il conto era al di sotto delle 90 sterline; *the firm's expenditure was just — £ 1500*, le spese della ditta erano inferiori a 1500 sterline; *children — 15 are not allowed to see this film*, la visione di questo film è vietata ai minori di 15 anni; *he must be — fifty*, dev'essere sotto i cinquanta; *I'll finish the work in — two hours*, finirò il lavoro in meno di due ore.

under *avv.* **1** (di) sotto, al di sotto: *the boat went —*, la barca affondò; *he stayed — for two minutes*, rimase sott'acqua due minuti // *children of six years and —*, bambini dai sei anni in giù **2** in stato di incoscienza: *the injection kept him — for two hours*, l'iniezione lo tenne due ore in stato di incoscienza.

under- *pref.* di origine anglosassone che indica inferiorità di posizione, livello o grado, insufficienza o difetto; it. sotto-: *underground*, sottoterra; *undergrowth*, sottobosco; *undersecretary*, sottosegretario; *undergraduate*, studente non (ancora) laureato; *underdevelopment*, sottosviluppo.

to **underact** [,ʌndər'ækt / un·der·act] *v.tr.* e *intr.* recitare in tono sommesso, senza enfasi SIN. to underplay.

underage [,ʌndə'reɪdʒ / un·der·age] *agg.* minorenne; che non ha l'età.

underagent ['ʌndər,eɪdʒənt / un·der·agent] *s.* (*comm.*) subagente.

underarm[1] ['ʌndərɑ:m / un·der·arm] *agg.* e *avv.* (*sport*) dal basso SIN. underhand.

underarm[2] *agg.* ascellare, per le ascelle.

underbelly ['ʌndə,belɪ / un·der·belly] *s.* **1** (*zool.*) parte soffice del ventre **2** (*fig.*) ventre molle.

underbid ['ʌndəbɪd / un·der·bid] *s.* (*comm.*, *fin.*) offerta inferiore a un livello dato; offerta insufficiente.

to **underbid** [,ʌndə'bɪd] *pass.p.p.* **underbid** *v.tr.* (*comm.*) offrire al di sotto di un dato livello; fare un'offerta insufficiente.

underbidder ['ʌndə,bɪdə* / un·der·bid·der] *s.* (*comm.*) chi fa un'offerta al di sotto di un dato livello.

underbody ['ʌndə,bɒdɪ / un·der·body] *s.* (*aut.*) sottoscocca.

underborne ['ʌndəbɔ:n / un·der·borne] *agg.* (*ant.*) sostenuto; tenuto in forma // *skirts round, underborne with a bluish tinsel*, (SH. Much Ado About Nothing) gonne messe in risalto da un lamé azzurro.

underbred [,ʌndə'bred / un·der·bred] *agg.* **1** (*non com.*) maleducato; rozzo **2** bastardo (di animali).

underbrush ['ʌndəbrʌʃ / un·der·brush] *s.* (*bot.*) sottobosco.

to **underbuy** [,ʌndə'baɪ / un·der·buy] *pass.p.p.* **underbought** [,ʌndə'bɔ:t / un·der·bought] *v.tr.* acquistare a prezzo inferiore al normale, a prezzo di svendita.

undercapitalized [,ʌndə'kæpɪtəlaɪzd / un·der·cap·it·al·ized] *agg.* (*comm.*) sottocapitalizzato.

undercarriage ['ʌndə,kærɪdʒ / un·der·car·riage] *s.* **1** (*aer.*) carrello (d'atterraggio): *retractable —*, carrello retrattile **2** (*aut.*) telaio.

to **undercharge** [,ʌndə'tʃɑ:dʒ / un·der·charge] *v.tr.* **1** far pagare troppo poco a; far pagare meno del dovuto a **2** caricare (arma da fuoco) con una carica insufficiente.

underclass ['ʌndəklɑ:s *amer.* 'ʌndəklæs / un·der·class] *s.* sottoproletariato.

underclothes ['ʌndəkləʊðz / un·der·clothes] *s.pl.*, **underclothing** ['ʌndə,kləʊðɪŋ / un·der·cloth·ing] *s.* ⓤ biancheria intima.

undercoat ['ʌndəkəʊt / un·der·coat] *s.* **1** (*rar.*) sottoveste **2** peluria (di animali); piumino (di uccelli) **3** mano di fondo (di vernice, pittura).

underconsumption [,ʌndəkən'sʌmpʃn / un·der·con·sump·tion] *s.* (*econ.*) sottoconsumo.

undercooling [,ʌndə'ku:lɪŋ / un·der·cool·ing] *s.* (*chim.*, *fis.*) sottoraffreddamento, soprafusione.

undercover ['ʌndə,kʌvə* / un·der·cover] *agg.* segreto, nascosto (*anche dir.*): *— agent*, poliziotto travestito; agente provocatore; *— payment*, pagamento sottobanco.

to **undercrest** [,ʌndə'krest / un·der·crest] *v.tr.* (*ant.*) ornare di cresta, di pennacchio: *I mean... / to undercrest your good addition / to the fairness of my power*, (SH. Coriolanus) mi propongo di portare il buon titolo che mi dai come un pennacchio sul mio elmo, con tutto il decoro di cui sarò capace.

undercroft ['ʌndəkrɒft / un·der·croft] *s.* (*arch.*) cripta.

undercurrent ['ʌndə,kʌrənt / un·der·cur·rent] *agg.* (*rar.*) che scorre sotto; nascosto, segreto ◆ *s.* **1** (*geogr.*) corrente sottomarina **2** (*fig.*) attività, forza, tendenza nascosta **3** (*elettr.*) corrente più debole del dovuto.

undercut ['ʌndəkʌt / un·der·cut] *s.* **1** filetto di manzo **2** (*amer.*) taglio inferto in un tronco dalla parte in cui lo si vuol far cadere **3** rientranza, sottosquadro **4** (*metall.*) controsformo, sottosquadro **5** (*mecc.*) scarico (di una vite) **6** (*pugilato*) undercut.

to **undercut** [,ʌndə'kʌt] *pass.p.p.* **undercut** *v.tr.* **1** colpire, tagliare dal basso verso l'alto; tagliare sotto **2** (*comm.*) offrire a minor prezzo **3** (*sport*) tagliare (la palla).

to **underdevelop** [,ʌndədɪ'veləp / un·der·de·velop] *v.tr.* sviluppare insufficientemente; (*fot.*) sottosviluppare.

underdeveloped [,ʌndədɪ'veləpt / un·der·developed] *agg.* **1** poco sviluppato **2** (*econ.*) sottosviluppato: *— countries*, paesi sottosviluppati **3** (*fot.*) sottosviluppato.

underdevelopment [,ʌndədɪ'veləpmənt / un·der·de·vel·op·ment] *s.* (*econ.*, *fot.*) sottosviluppo.

to **underdo** [,ʌndə'du: / un·der·do] *pass.* **underdid** [,ʌndə'dɪd / un·der·did] *p.p.* **underdone** [,ʌndə'dʌn / un·der·done] *v.tr.* **1** (*non com.*) fare in modo insufficiente, inadeguato **2** cuocere poco ◆ *v.intr.* (*non com.*) agire in modo insufficiente, inadeguato.

underdog ['ʌndədɒg *amer.* ʌndədɔ:g / un·der·dog] *s.* **1** cane sconfitto (in un combattimento) **2** (*fig.*) perdente.

underdone [,ʌndə'dʌn / un·der·done] *p.p.* di to **underdo** ◆ *agg.* poco cotto; al sangue: *I do like — meat*, mi piace molto la carne al sangue.

underdose ['ʌndədəʊs / un·der·dose] *s.* (*non com.*) dose scarsa, insufficiente.

to **underdrain** [,ʌndə'dreɪn / un·der·drain] *v.tr.* (*agr.*) prosciugare (un terreno) con canali sotterranei; drenare in profondità.

underdressed [,ʌndə'drest / un·der·dressed] *agg.* poco condito (di insalata ecc.).

underemployed [,ʌndərɪm'plɔɪd / un·der·em·ployed] *agg.* (*econ.*) sottoccupato.

underemployment [,ʌndərɪm'plɔɪmənt / un·der·em·ploy·ment] *s.* (*econ.*) sottoccupazione: *— equilibrium*, equilibrio di sottoccupazione.

underestimate ['ʌndər,estɪmɪt / un·der·es·tim·ate] *s.* stima inferiore al valore, sottovalutazione.

to **underestimate** [,ʌndər'estɪmeɪt] *v.tr.* sottovalutare.

underestimation [,ʌndər,estɪ'meɪʃn / un·der·es·tima·tion] *s.* sottovalutazione.

to **underexpose** [,ʌndərɪk'spəʊz / un·der·ex·pose] *v.tr.* (*fot.*) sottoesporre.

underexposure [,ʌndərɪk'spəʊʒə* / un·der·ex·pos·ure] *s.* (*fot.*) sottoesposizione.

underfed [,ʌndə'fed / un·der·fed] *agg.* denutrito.

to **underfeed** [,ʌndə'fi:d / un·der·feed] *pass.p.p.* **underfed** *v.tr.* nutrire insufficientemente, ipoalimentare ◆ *v.intr.* nutrirsi insufficientemente, ipoalimentarsi.

underfelt [ˈʌndəfelt / un·der·felt] *s.* sottotappeto.

underflow [ˈʌndəfləʊ / un·der·flow] *s.* (*inform.*) superamento negativo; superamento di un limite inferiore.

underfoot [,ʌndəˈfʊt / un·der·foot] *avv.* **1** sotto i piedi: *to crush* (o *to trample*) *s.o., sthg.* —, calpestare qlcu., qlco. (*anche fig.*) **2** tra i piedi.

to **underfurnish** [,ʌndəˈfɜ:nɪʃ / un·der·fur·nish] *v.tr.* fornire in modo insufficiente.

undergarment [ˈʌndə,gɑ:mənt / un·der·gar·ment] *s.* (*form.*) indumento intimo.

to **undergo** [,ʌndəˈgəʊ / un·der·go] *pass.* **underwent** [,ʌndəˈwent / un·der·went] *p.p.* **undergone** [,ʌndəˈgɒn / un·der·gone] *v.tr.* **1** subire; essere sottoposto a: *he underwent a serious operation*, subì un grave intervento chirurgico; *to — a loss*, subire una perdita // *to — repairs*, andare in riparazione **2** sopportare; soffrire, patire: *the explorers underwent much suffering*, gli esploratori patirono molte sofferenze.

undergown [ˈʌndəgaʊn / un·der·gown] *s.* (*antiq.*) sottoveste.

undergraduate [,ʌndəˈgrædjʊɪt / un·der·gradu·ate] *fam.* **undergrad** [ˈʌndəgræd / un·der·grad] *s.* studente non laureato; universitario.

underground [ˈʌndəgraʊnd / un·der·ground] *agg.* **1** sotterraneo: *the — railway*, la ferrovia sotterranea, la metropolitana **2** oscuro, segreto: — *intrigues*, intrighi segreti **3** (*pol.*) clandestino; partigiano: — *forces*, forze partigiane // — *railroad*, (*amer.*) catena di persone che aiutavano gli schiavi fuggitivi verso il Canada (durante la guerra civile) ♦ *s.* **1** sottosuolo **2** metropolitana **3** (*pol.*) movimento clandestino ♦ *avv.* **1** sottoterra; nel sottosuolo; (*miner.*) in sotterraneo **2** segretamente **3** (*pol.*) clandestinamente, nella clandestinità: *to go —*, darsi alla clandestinità.

undergrove [ˈʌndəgrəʊv / un·der·grove] *s.* (*bot.*) sottobosco.

undergrown [,ʌndəˈgrəʊn / un·der·grown] *agg.* gracile, esile, poco sviluppato; (*bot.*) stentato (di pianta).

undergrowth [ˈʌndəgrəʊθ / un·der·growth] *s.* (*bot.*) **1** sottobosco; boscaglia; arbusti (*pl.*) **2** stentatezza (di piante).

underhand [ˈʌndəhænd / un·der·hand] *agg.* **1** clandestino, nascosto, segreto; losco: — *dealings*, loschi intrighi; — *methods*, vie traverse SIN. underhanded **2** (*anche avv.*) (*sport*) → underarm[1].

underhanded [,ʌndəˈhændɪd / un·der·han·ded] *agg.* **1** → underhand 1 **2** a corto di mano d'opera // **-ly** *avv.* // **-ness** *s.*

underhung [ˈʌndəhʌŋ / un·der·hung] *agg.* sporgente (di mascella inferiore).

underinsurance [,ʌndərɪnˈʃʊərəns / un·der·in·sur·ance] *s.* sottoassicurazione.

to **underinsure** [,ʌndərɪnˈʃʊə* / un·der·in·sure] *v.tr.* sottoassicurare.

underived [,ʌndɪˈraɪvd / un·de·rived] *agg.* originale; non derivato.

underlaid *pass.p.p.* di to **underlay**.

underlain *p.p.* di to **underlie**.

underlay[1] [ˈʌndəleɪ / un·der·lay] *s.* **1** (*tip.*) tacco **2** sottotappeto.

to **underlay**[1] [,ʌndəˈleɪ] *pass.p.p.* **underlaid** [,ʌndəˈleɪd] *v.tr.* **1** metter sotto **2** (*tip.*) taccheggiare.

underlay[2] *pass.* di to **underlie**.

underlease [ˈʌndəli:s / un·der·lease] *s.* (*comm.*) subaffitto; sublocazione.

underlessee [,ʌndəleˈsi: / un·der·lessee] *s.* subaffittuario; sublocatario.

underlessor [,ʌndəleˈsɔ:* / un·der·lessor] *s.* sublocatore.

to **underlet** [,ʌndəˈlet / un·der·let] *pass.p.p.* **underlet** *v.tr.* **1** subaffittare; sublocare **2** affittare a prezzo troppo basso.

underletting [,ʌndəˈletɪŋ / un·der·let·ting] *s.* subaffitto.

to **underlie** [,ʌndəˈlaɪ / un·der·lie] *pass.* **underlay** [,ʌndəˈleɪ / un·der·lay] *p.p.* **underlain** [,ʌndəˈleɪn / un·der·lain] *v.tr.* **1** giacere sotto, essere al di sotto di **2** essere alla base, alla radice di: *the principles which — our policy*, i principi che sono alla base della nostra politica **3** sottostare a, subire.

to **underline** [,ʌndəˈlaɪn / un·der·line] *v.tr.* **1** sottolineare (*anche fig.*) **2** (*inform.*) fare una linea di separazione inferiore. SIN. to underscore.

underling [ˈʌndəlɪŋ / un·der·ling] *agg.* (*non com.*) **1** subordinato **2** piccolo, debole **3** poco importante ♦ *s.* subalterno; dipendente; (*spreg.*) tirapiedi.

underlining[1] [,ʌndəˈlaɪnɪŋ / un·der·lin·ing] *s.* sottolineatura SIN. underscoring.

underlining[2] *s.* sottofodera, imbottitura.

underlying [ˈʌndə,laɪɪŋ / un·der·ly·ing] *agg.* **1** sottostante, che sta sotto, che giace sotto: *the — strata*, gli strati sottostanti **2** basilare; che sta alla base, alla radice **3** (*fin.*) sottostante (nell'opzione): — *instrument*, strumento finanziario sottostante // — *bonds*, obbligazioni privilegiate // — *mortgage*, ipoteca di primo grado.

to **underman** [,ʌndəˈmæn / un·der·man] *pass.p.p.* **undermanned** [,ʌndəˈmænd / un·der·manned] *v.tr.* **1** fornire mano d'opera insufficiente a **2** equipaggiare scarsamente.

under manager [ˈʌndə,mænɪdʒə*] *s.* vicedirettore.

undermanned [,ʌndəˈmænd / un·der·manned] *agg.* **1** a corto di mano d'opera **2** con equipaggio insufficiente.

undermanning [,ʌndəˈmænɪŋ / un·der·man·ning] *s.* [U] mano d'opera insufficiente.

undermasted [,ʌndəˈmɑ:stɪd *amer.* ,ʌndəˈmæstɪd / un·der·masted] *agg.* con alberatura insufficiente (di nave).

undermentioned [,ʌndəˈmenʃnd / un·der·men·tioned] *agg.* sottoindicato; menzionato in calce.

to **undermine** [,ʌndəˈmaɪn / un·der·mine] *v.tr.* **1** minare; scalzare: *the sea is undermining the cliffs*, il mare sta scalzando la scogliera **2** (*fig.*) indebolire, insidiare; minare: *drink is undermining his health*, il bere sta minando la sua salute **3** (*miner.*) sottoscavare, sgrottare.

undermost [ˈʌndəməʊst / un·der·most] *agg.* (*non com.*) il più basso; infimo.

underneath [,ʌndəˈni:θ / un·der·neath] *agg.* più basso, inferiore: *the — layer of the rocks was limestone*, lo strato inferiore delle rocce era calcare ♦ *s.* il fondo, la parte più bassa: *the — of the boiler was rusty*, il fondo della caldaia era arrugginito.

underneath *avv.* **1** sotto, al di sotto, in basso [cfr. *under*, *beneath*]: *he took off his jacket, revealing a gaudy shirt —*, si tolse la giacca, lasciando vedere sotto una camicia sgargiante; *when he'd finished the drawing, he wrote his name —*, quando ebbe finito il disegno, vi scrisse sotto il suo nome; *the boiler and the pipes — needed checking*, la caldaia e i tubi sottostanti avevano bisogno di un controllo; *the fresco was flaking off the wall and you could see the plaster —*, l'affresco si scrostava dal muro e si vedeva sotto l'intonaco **2** interiormente; in fondo; sotto sotto: —, *she was much tougher than she looked*, in fondo, era molto più forte di quanto sembrasse; *he seems very confident but — he's not sure of himself at all*, sembra tanto fiducioso, ma sotto sotto non è affatto sicuro di sé ♦ *prep.* sotto, al di sotto di: *I found the lighter — the sofa*, ho trovato l'accendino sotto il divano; *we waited for them — the station clock*, li abbiamo aspettati sotto l'orologio della stazione; — *the snow, the crocus bulbs began to sprout*, sotto la neve, i bulbi di croco cominciavano a germogliare.

undernote [ˈʌndə,nəʊt / un·der·note] *s.* (*mus.*) nota bassa.

undernourished [,ʌndəˈnʌrɪʃt / un·der·nour·ished] *agg.* denutrito.

undernutrition [,ʌndənju:ˈtrɪʃn *amer.* ,ʌndənu:ˈtrɪʃn / un·der·nu·tri·tion] *s.* (*med.*) sottonutrizione.

underoccupied [,ʌndərˈɒkjʊpaɪd / un·der·oc·cu·pied] *agg.* **1** non occupato interamente; che ha posto libero **2** (*econ.*) sottoccupato.

underpaid [,ʌndəˈpeɪd / un·der·paid] *pass.p.p.* di to **underpay** ♦ *agg.* mal pagato, sottopagato.

underpants [ˈʌndəpænts / un·der·pants] *s.pl.* mutande da uomo, slip da uomo.

underpart [ˈʌndəpɑ:t / un·der·part] *s.* **1** parte inferiore **2** (*teatr.*) ruolo secondario.

underpass [ˈʌndəpɑ:s *amer.* ˈʌndəpæs / un·der·pass] *s.* sottopassaggio.

to **underpay** [,ʌndəˈpeɪ / un·der·pay] *pass.p.p.* **underpaid** [,ʌndəˈpeɪd / un·der·paid] *v.tr.* pagare inadeguatamente, sottopagare.

underpayment [,ʌndəˈpeɪmənt / un·der·pay·ment] *s.* pagamento inadeguato; retribuzione inadeguata.

to **underpin** [,ʌndəˈpɪn / un·der·pin] *pass.p.p.* **underpinned** [,ʌndəˈpɪnd / un·der·pinned] *v.tr.* sottomurare; puntellare.

underpinning [ˈʌndə,pɪnɪŋ / un·der·pin·ning] *s.* **1** puntellatura; sostegno, appoggio (*anche fig.*) **2** *pl.* (*fam. amer.*) gambe.

to **underplay** [,ʌndəˈpleɪ / un·der·play] *v.tr.* e *intr.* **1** minimizzare, sminuire // *to — one's hand*, sminuire i propri progetti, le proprie idee ecc.; agire con circospezione **2** → to underact.

underplot [ˈʌndəplɒt / un·der·plot] *s.* **1** intreccio secondario (di commedia, romanzo ecc.) **2** (*rar.*) complotto, manovra.

underpopulated [,ʌndəˈpɒpjʊleɪtɪd / un·der·popu·lated] *agg.* sottopopolato.

to **underprice** [,ʌndəˈpraɪs / un·der·price] *v.tr.* **1** (*fin.*) vendere al di sotto del valore effettivo **2** (*comm.*) porre un prezzo troppo basso a.

underpricing ['ʌndə,praɪsɪŋ / un·der·pri·cing] *s.* (*fin.*) vendita al di sotto del valore effettivo.

underprivileged [,ʌndə'prɪvɪlɪdʒd / un·der·priv·ileged] *agg.* e *s.* diseredato, derelitto.

to **underproduce** [,ʌndəprə'dju:s *amer.* ,ʌndəprə'du:s / un·der·pro·duce] *v.tr.* produrre in quantità insufficiente.

underproduction [,ʌndəprə'dʌkʃn / un·der·pro·duc·tion] *s.* (*econ.*) sottoproduzione; produzione insufficiente.

underproof ['ʌndəpru:f / un·der·proof] *agg.* (*chim.*) sotto titolo (rispetto al contenuto alcolico).

to **underprop** [,ʌndə'prɒp / un·der·prop] *pass.p.p.* **underpropped** [,ʌndə'prɒpt / un·der·propped] *v.tr.* puntellare; sostenere.

to **underquote** [,ʌndə'kwəʊt / un·der·quote] *v.tr.* (*econ.*) praticare prezzi al di sotto del valore effettivo.

underran *pass.* di to **underrun**.

to **underrate** [,ʌndə'reɪt / un·der·rate] *v.tr.* sottovalutare, stimare troppo poco, sottostimare.

underrun ['ʌndərʌn / un·der·run] *s.* consegna inferiore alla quantità richiesta.

to **underrun** [,ʌndə'rʌn] *pass.* **underran** [,ʌndə'ræn] *p.p.* **underrun** *v.tr.* e *intr.* **1** scorrere, passare sotto **2** (*tecn.*) scorrere, passare, ispezionare (un cavo ecc.) nella parte inferiore.

to **underscore** [,ʌndə'skɔ:* / un·der·score] → to **underline**.

underscoring [,ʌndə'skɔ:rɪŋ / un·der·scor·ing] → **underlining**[1].

undersea ['ʌndəsi: / un·der·sea] *agg.* sotto la superficie del mare, subacqueo.

undersea(s) [,ʌndə'si:(z) / un·der·sea(s)] *avv.* in fondo al mare.

to **undersell** [,ʌndə'sel / un·der·sell] *pass.p.p.* **undersold** [,ʌndə'səʊld / un·der·sold] *v.tr.* vendere sottocosto; svendere (*anche fig.*).

underseller ['ʌndə,selə* / un·der·seller] *s.* chi vende sottocosto, svende.

underselling [,ʌndə'selɪŋ / un·der·sell·ing] *s.* vendita sottocosto, svendita.

to **underset** [,ʌndə'set / un·der·set] *pass.p.p.* **underset** *v.tr.* **1** puntellare; (*fig.*) sostenere **2** subaffittare **3** porre sotto.

undersexed [,ʌndə'sekst / un·der·sexed] *agg.* che ha scarsi stimoli sessuali; poco dotato sessualmente.

undersheriff ['ʌndə,ʃerɪf / un·der·sher·iff] *s.* vice sceriffo.

undershirt ['ʌndəʃɜ:t / un·der·shirt] *s.* (*amer.*) maglietta intima, camiciola BRIT. vest.

to **undershoot** [,ʌndə'ʃu:t / un·der·shoot] *pass.p.p.* **undershot** *v.tr.* non raggiungere, mancare (il bersaglio, l'obiettivo) ◆ *v.intr.* **1** tirare corto, fare un tiro corto **2** (*aer.*) atterrare corto, fare un atterraggio corto.

undershot ['ʌndəʃɒt / un·der·shot] *agg.* (*idraulica*) mosso dall'acqua che passa di sotto // *— water wheel*, ruota per di sotto.

underside ['ʌndəsaɪd / un·der·side] *s.* parte inferiore.

undersigned [,ʌndə'saɪnd / un·der·signed] *agg.* sottoscritto, firmato in calce ◆ *s.* sottoscritto: *I, the —, declare...*, il sottoscritto dichiara...

undersized [,ʌndə'saɪzd / un·der·sized] *agg.* **1** di misura inferiore al normale; piccolo; stretto **2** (*tecn.*) minorato, sottomisura, sottodimensionato.

underskirt ['ʌndəskɜ:t / un·der·skirt] *s.* sottogonna.

underslung [,ʌndə'slʌŋ / un·der·slung] *agg.* **1** (*aut.*) montato al disotto degli assi **2** (*non com.*) prominente, sporgente (di mascella).

undersoil ['ʌndə,sɔɪl / un·der·soil] *s.* sottosuolo.

undersold *pass.p.p.* di to **undersell**.

undersong ['ʌndəsɒŋ / un·der·song] *s.* (*letter.*) accompagnamento: *Shepherd! weep, to make my undersong*, (SPENSER) Pastore! piangi per farmi da accompagnamento.

understaffed [,ʌndə'stɑ:ft *amer.* ,ʌndə'stæft / un·der·staffed] *agg.* dotato di personale insufficiente; sotto organico.

to **understand** [,ʌndə'stænd / un·der·stand] *pass.p.p.* **understood** [,ʌndə'stʊd / un·der·stood] *v.tr.* **1** capire, comprendere; intendere; rendersi conto di: *I don't — mathematics at all*, non capisco niente di matematica; *I quite — his wanting to leave at once*, mi rendo perfettamente conto del suo desiderio di partire subito; *I don't — what's happening*, non capisco cosa sta succedendo; *she doesn't — her son well*, non capisce a fondo suo figlio; *William and Mary — each other perfectly*, c'è una perfetta intesa tra William e Mary; *in order to — what follows*, per poter capire ciò che segue; *don't ever use my car again, (is that) understood?*, non usare mai più la mia macchina, capito?! // *to make oneself understood*, farsi capire **2** dedurre; supporre; venire a conoscenza, sentir dire: *am I to — you have given up smoking?*, devo dedurre che hai smesso di fumare?; *I — he will get here at seven*, ho sentito dire, mi risulta che arriverà qui alle sette // *to give s.o. to — sthg.*, (*form.*) far credere a qlcu., dar motivo a qlcu. di credere qlco. **3** interpretare; intendere, giudicare: *I'm not sure he understands Hamlet in the way I do*, non son sicuro che interpreti Amleto nel mio stesso modo **4** sottintendere: *it is understood you too are invited to the party*, è sottinteso che anche tu sei invitato alla festa; *the verb may be understood in this case*, in questo caso il verbo può essere sottinteso ◆ *v.intr.* **1** capire; rendersi conto: *do you —?*, capisci?, ti rendi conto?; *I — but...*, capisco, ma... **2** capire qualcosa; intendersi: *he doesn't — about music*, non capisce niente di musica.

understandable [,ʌndə'stændəbl / un·der·stand·able] *agg.* comprensibile.

understanding [,ʌndə'stændɪŋ / un·der·stand·ing] *agg.* comprensivo; sensibile; intelligente ◆ *s.* **1** comprensione; intelligenza; intelletto; ragione: *difficulties beyond our —*, difficoltà al di là della nostra comprensione **2** conoscenza, cultura: *he has a good — of economics*, conosce bene il campo dell'economia **3** accordo, patto, intesa; armonia: *he had a secret — with another firm*, aveva un accordo segreto con un'altra ditta; *to come to an — with s.o.*, giungere a un accordo con qlcu. // *on this —*, a queste condizioni; *on the — that*, alla condizione che **4** comprensione; indulgenza: *lacking in —*, poco comprensivo.

to **understate** [,ʌndə'steɪt / un·der·state] *v.tr.* **1** sottovalutare, minimizzare; attenuare **2** esprimere con reticenza **3** (*amm.*) sottovalutare (le attività di un'impresa per dar luogo a una riserva occulta).

understatement [,ʌndə'steɪtmənt / un·der·state·ment] *s.* attenuazione del vero; affermazione inadeguata: *to say he is stupid is an —*, dire che è stupido è dir poco.

to **understeer** [,ʌndə'stɪə* / un·der·steer] *v.intr.* (*aut.*) sottosterzare.

understock ['ʌndəstɒk / un·der·stock] *s.* (*bot.*) ceppo d'innesto.

to **understock** [,ʌndə'stɒk] *v.tr.* (*amm.*) rifornire in modo insufficiente; mantenere le scorte a un livello insufficiente.

understood [,ʌndə'stʊd / un·der·stood] *pass.p.p.* di to **understand** ◆ *agg.* **1** capito, compreso; conosciuto **2** convenuto, stabilito: *it was — that...*, era ben inteso che...; *that is —*, va da sé, è chiaro **3** (*gramm.*) sottinteso.

understrapper ['ʌndə,stræpə* / un·der·strap·per] *s.* (*fam. antiq.*) subalterno, subordinato; impiegato in sottordine.

to **understroke** [,ʌndə'strəʊk / un·der·stroke] *v.tr.* (*amer. non com.*) sottolineare.

understudy ['ʌndə,stʌdɪ / un·der·study] *s.* sostituto (di un attore).

to **understudy** *v.tr.* **1** sostituire (un attore) **2** studiare (una parte) come sostituto di un attore.

undertakable [,ʌndə'teɪkəbl / un·der·tak·able] *agg.* che può essere intrapreso.

to **undertake** [,ʌndə'teɪk / un·der·take] *pass.* **undertook** [,ʌndə'tʊk / un·der·took] *p.p.* **undertaken** [,ʌndə'teɪkən / un·der·taken] *v.tr.* **1** intraprendere, iniziare: *to — a journey*, intraprendere un viaggio; *to — a task*, intraprendere un lavoro // (*dir.*) *to — a lawsuit against s.o.*, procedere contro qualcuno per vie legali **2** incaricarsi di; impegnarsi a; assumersi (la responsabilità di): *I can't — to do that*, non posso impegnarmi a far ciò // (*dir.*) *to — an obligation*, assumersi un'obbligazione **3** (*comm.*) prendere in appalto **4** promettere; assicurare: *I can't — that you will make a profit*, non posso assicurare che farai un guadagno **5** (*ant.*) impegnare (in combattimento ecc.) ◆ *v.intr.* **1** fare l'imprenditore di pompe funebri **2** (*rar.*) garantire, rispondere: *she undertook for her brother's behaviour*, si rese garante del comportamento di suo fratello.

undertaker [,ʌndə'teɪkə* / un·der·taker] *nel senso 2* ['ʌndə,teɪkə*] *s.* **1** chi intraprende (un affare ecc.) **2** impresario di pompe funebri: *a firm of undertakers*, un'impresa di pompe funebri **3** (*non com.*) imprenditore; appaltatore **4** (*ant.*) protettore: *Nay, if you be an undertaker, I am for you*, (SH. Twelfth Night) Bene, se siete un protettore, io faccio al caso vostro.

undertaking [,ʌndə'teɪkɪŋ / un·der·tak·ing] *nel senso 3* ['ʌndə,teɪkɪŋ] *agg.* intraprendente ◆ *s.* **1** l'intraprendere **2** (*comm.*) impresa, intrapresa: *state —*, impresa statale **3** impresa di pompe funebri **4** impegno; promessa; (*dir.*) obbligo, cauzione: *a written —*, un impegno scritto; *— to appear*, impegno, obbligo a costituirsi in giudizio.

to **undertax** [ˌʌndəˈtæks / un·der·tax] *v.tr.* (*trib.*) imporre tributi in misura inadeguata.

undertaxation [ˌʌndətækˈseɪʃn / un·der·taxa·tion] *s.* (*trib.*) tassazione inadeguata, imposizione fiscale inadeguata.

undertenancy [ˌʌndəˈtenənsɪ / un·der·ten·ancy] *s.* subaffitto.

undertenant [ˈʌndəˌtenənt / un·der·ten·ant] *s.* subaffittuario.

under-the-counter [ˌʌndəðəˈkaʊntə*] *agg.* (*fam.*) (comprato, venduto, dato) sottobanco.

undertone [ˈʌndətəʊn / un·der·tone] *s.* **1** tono sommesso, bisbiglio: *to speak in an* —, parlare a voce bassa, sottotono, bisbigliare **2** (*spec. pl.*) sottofondo; senso occulto: *there were undertones of violence in his speech*, c'era un sottofondo di violenza nel suo discorso **3** colore smorzato, spento.

undertook *pass.* di to **undertake**.

undertow [ˈʌndəˌtəʊ / un·der·tow] *s.* risacca.

undertreasurer [ˌʌndəˈtreʒərə* / un·der·treas·urer] *s.* vicetesoriere.

underutilization [ˌʌndəˌju:tɪlaɪˈzeɪʃn *amer.* ˌʌndəˌju:tɪlɪˈzeɪʃn / un·der·util·isa·tion] *s.* (*amm.*) sottoutilizzazione (di un impianto).

to **underutilize** [ˌʌndəˈju:təlaɪz / un·der·util·ize] *v.tr.* sottoutilizzare.

undervaluation [ˌʌndəˌvæljʊˈeɪʃn / un·der·valu·ation] *s.* sottovalutazione (*anche econ.*).

to **undervalue** [ˌʌndəˈvælju: / un·der·value] *v.tr.* **1** sottovalutare **2** deprezzare; svalutare: *the currency was undervalued by a fraudulent issue*, la moneta corrente è stata svalutata da un'emissione fraudolenta.

undervalued [ˌʌndəˈvælju:d / un·der·val·ued] *agg.* sottovalutato: — *currency*, moneta sottovalutata.

underwater [ˌʌndəˈwɔ:tə* / un·der·wa·ter] *agg.* subacqueo; sommerso (*anche bot.*) — *camera*, macchina fotografica, telecamera subacquea ◆ *avv.* sott'acqua: *to swim* —, nuotare sott'acqua.

underwear [ˈʌndəweə* / un·der·wear] *s.* U biancheria intima.

underweight [ˈʌndəweɪt / un·der·weight] *s.* peso insufficiente.

underweight [ˌʌndəˈweɪt] *agg.* che ha un peso inferiore al dovuto; sotto peso.

underwent *pass.* di to **undergo**.

to **underwhelm** [ˌʌndəˈwelm / un·der·whelm] *v.tr.* e *intr.* (*fam. amer.*) lasciar indifferente, lasciar freddo.

underwing [ˈʌndəwɪŋ / un·der·wing] *s.* (*zool.*) **1** ala posteriore (d'insetto) **2** (*Catocala nupta*) catocala.

underwood [ˈʌndəwʊd / un·der·wood] *s.* **1** sottobosco **2** bosco ceduo.

to **underwork** [ˌʌndəˈwɜ:k / un·der·work] *v.intr.* **1** lavorare in modo inadeguato **2** lavorare per un compenso inadeguato ◆ *v.tr.* **1** esigere troppo poco lavoro da; dedicare troppo poco lavoro a **2** lavorare a prezzi di concorrenza nei confronti di **3** (*rar. fig.*) minare, insidiare.

underworld [ˈʌndəwɜ:ld / un·der·world] *s.* **1** (*mit.*) oltretomba, inferi (*pl.*); Ade **2** malavita **3** (*ant.*) terra **4** (*geogr.*) antipodi (*pl.*).

to **underwrite** [ˈʌndəraɪt / un·der·write] *pass.* **underwrote** [ˈʌndərəʊt / un·der·wrote] *p.p.* **underwritten** [ˈʌndəˌrɪtn / un·der·writ·ten] *v.tr.* **1** (*non com.*) sottoscrivere (*anche fig.*); firmare **2** (*comm.*) assicurare **3** (*fin.*) sottoscrivere ◆ *v.intr.* **1** (*non com.*) scrivere sotto **2** (*comm.*) fare l'assicuratore.

underwriter [ˈʌndəˌraɪtə* / un·der·writer] *s.* **1** sottoscrittore; firmatario **2** (*comm.*) assicuratore **3** (*fin.*) sottoscrittore (di titoli di nuova emissione) **4** (*fin.*) consorzio di collocamento (di titoli di nuova emissione).

underwriting [ˈʌndəˌraɪtɪŋ / un·der·writ·ing] *s.* **1** sottoscrizione; firma **2** (*comm.*) assicurazione; assunzione di rischio: — *agent*, assicuratore **3** (*fin.*) sottoscrizione (di titoli di nuova emissione): — *fee*, commissione di sottoscrizione; — *syndicate*, consorzio di collocamento.

underwritten *p.p.* di to **underwrite**.

underwrote *pass.* di to **underwrite**.

undescribable [ˌʌndɪˈskraɪbəbl / un·de·scrib·able] *agg.* indescrivibile.

undescried [ˌʌndɪˈskraɪd / un·de·scried] *agg.* (*non com.*) non visto; non scoperto.

undeserved [ˌʌndɪˈzɜ:vd / un·deserved] *agg.* immeritato // **-ly** *avv.* // **-ness** *s.*

undeserving [ˌʌndɪˈzɜ:vɪŋ / un·deserv·ing] *agg.* immeritevole; indegno // **-ly** *avv.*

undesigned [ˌʌndɪˈzaɪnd / un·designed] *agg.* non meditato; involontario; accidentale // **-ly** *avv.*

undesigning [ˌʌndɪˈzaɪnɪŋ / un·de·sign·ing] *agg.* innocente, schietto, sincero; leale.

undesirable [ˌʌndɪˈzaɪərəbl / un·desir·able] *agg.* indesiderabile: (*dir.*) — *alien*, (straniero) indesiderabile ◆ *s.* persona indesiderabile // **-ness** *s.* // **-bly** *avv.*

undesired [ˌʌndɪˈzaɪəd / un·desired] *agg.* indesiderato.

undespoiled [ˌʌndɪˈspɔɪld / un·de·spoiled] *agg.* non rovinato; intatto.

undestroyable [ˌʌndɪˈstrɔɪəbl / un·des·troy·able] *agg.* indistruttibile.

undestroyed [ˌʌndɪˈstrɔɪd / un·des·troyed] *agg.* non distrutto; intatto.

undetected [ˌʌndɪˈtektɪd / un·detec·ted] *agg.* non scoperto, non individuato.

undetermined [ˌʌndɪˈtɜ:mɪnd / un·deter·mined] *agg.* **1** indeterminato; indefinito; vago: *the question was left* —, la questione fu lasciata insoluta **2** indeciso; irresoluto; incerto: *he was — whether he would go or not*, era indeciso se andare o no.

undeterred [ˌʌndɪˈtɜ:d / un·deterred] *agg.* non scoraggiato; non distolto.

undeveloped [ˌʌndɪˈveləpt / un·developed] *agg.* **1** non sviluppato **2** non sfruttato; non edificato (di terreno).

undeviating [ˌʌnˈdi:vɪeɪtɪŋ / un·devi·ating] *agg.* **1** diritto, diretto, che non devia **2** costante; che non si smentisce // **-ly** *avv.*

undid *pass.* di to **undo**.

undies [ˈʌndɪz / und·ies] *s.pl.* (*fam.* abbr. di *underclothes*) biancheria intima (da donna).

undifferentiated [ˌʌnˌdɪfəˈrenʃɪeɪtɪd / un·dif·fer·en·ti·ated] *agg.* indifferenziato.

undigested [ˌʌndɪˈdʒestɪd / un·di·ges·ted] *agg.* non digerito.

undignified [ˌʌnˈdɪgnɪfaɪd / un·dig·ni·fied] *agg.* poco dignitoso; senza dignità.

undiluted [ˌʌndaɪˈlju:tɪd *amer.* ˌʌndaɪˈlu:tɪd / un·di·luted] *agg.* **1** non diluito; puro **2** non indebolito; intatto.

undiminished [ˌʌndɪˈmɪnɪʃt / un·di·min·ished] *agg.* non diminuito; non sminuito.

undimmed [ˌʌnˈdɪmd / un·dimmed] *agg.* non offuscato; chiaro.

undine [ˈʌndi:n / un·dine] *s.* (*mit.*) ondina.

undiplomatic [ˌʌnˌdɪpləˈmætɪk / un·dip·lo·matic] *agg.* non, poco diplomatico; senza tatto.

undipped headlights [ˌʌnˌdɪptˈhedlaɪts] *s.pl.* (*aut.*) (proiettori) abbaglianti.

undirected [ˌʌndɪˈrektɪd / un·dir·ected] *agg.* **1** non diretto, non guidato; senza consiglio **2** senza indirizzo (di lettera).

undiscerned [ˌʌndɪˈsɜ:nd / un·dis·cerned] *agg.* inosservato, non scorto; non percepito.

undiscernible [ˌʌndɪˈsɜ:nəbl / un·dis·cern·ible] *agg.* indiscernibile; impercettibile // **-ness** *s.* // **-bly** *avv.*

undiscerning [ˌʌndɪˈsɜ:nɪŋ / un·dis·cern·ing] *agg.* senza discernimento; poco giudizioso // **-ly** *avv.*

undischarged [ˌʌndɪsˈtʃɑ:dʒd / un·dis·charged] *agg.* **1** non scaricato **2** incompiuto; non finito **3** (*comm.*) non saldato, non liquidato: — *debt*, debito non saldato // — *bankrupt*, fallito non riabilitato **4** non scarcerato.

undisciplinable [ˌʌnˈdɪsɪplɪnəbl / un·dis·cip·lin·able] *agg.* indisciplinabile.

undisciplined [ˌʌnˈdɪsɪplɪnd / un·dis·cip·lined] *agg.* indisciplinato.

undisclosed [ˌʌndɪˈskləʊzd / un·dis·closed] *agg.* segreto, nascosto.

undiscouraged [ˌʌndɪˈskʌrɪdʒd / un·dis·cour·aged] *agg.* non scoraggiato, non abbattuto.

undiscoverable [ˌʌndɪˈskʌvərəbl / un·dis·cov·er·able] *agg.* introvabile.

undiscovered [ˌʌndɪˈskʌvəd / un·dis·covered] *agg.* non scoperto; sconosciuto: *the murderer remains* —, l'assassino resta sconosciuto.

undiscriminating [ˌʌndɪˈskrɪmɪneɪtɪŋ / un·dis·crim·in·at·ing] *agg.* che non discrimina; indiscriminato: — *praise*, elogi indiscriminati.

undiscussed [ˌʌndɪˈskʌst / un·dis·cussed] *agg.* indiscusso.

undisgraced [ˌʌndɪsˈgreɪst / un·dis·graced] *agg.* non disonorato.

undisguisable [ˌʌndɪsˈgaɪzəbl / un·dis·guis·able] *agg.* **1** non mascherabile; che non si può contraffare **2** evidente, manifesto.

undisguised [ˌʌndɪsˈgaɪzd / un·dis·guised] *agg.* **1** non mascherato; evidente, manifesto: *with — pleasure*, con evidente piacere **2** (*fig.*) aperto, franco, schietto // **-ly** *avv.*

undishonoured [ˌʌndɪsˈɒnəd / un·dis·hon·oured] *agg.* non disonorato.

undisjoined [ˌʌndɪsˈdʒɔɪnd / un·dis·joined] *agg.* (*rar.*) non disgiunto, non separato.

undismayed [ˌʌndɪsˈmeɪd / un·dis·mayed] *agg.* senza paura, imperterrito, non spaventato: — *by difficulties*, non spaventato dalle difficoltà.

undispersed [ˌʌndɪˈspɜ:st / un·dis·persed] *agg.* non disperso.

undisposed [,ʌndɪ'spəʊzd / un·dis·posed] *agg.* **1** non disposto: — *to do sthg.*, non disposto a fare qlco. **2** (*comm.*) non destinato, non assegnato; non venduto: *stock — of*, merci invendute **3** non eliminato; non portato via.

undisputed [,ʌndɪ'spju:tɪd / un·dis·puted] *agg.* incontestato, indiscusso // **-ly** *avv.*

undissembled [,ʌndɪ'sembld / un·dis·sembled] *agg.* **1** non dissimulato; aperto, palese **2** genuino; sincero.

undissociated [,ʌndɪ'səʊsɪeɪtɪd / un·dis·soci·ated] *agg.* (*chim.*) indissociato.

undissolved [,ʌndɪ'zɒlvəd / un·dis·solved] *agg.* **1** non sciolto (di matrimonio ecc.) **2** non disciolto, non fuso.

undistilled [,ʌndɪ'stɪld / un·dis·tilled] *agg.* non distillato.

undistinctive [,ʌndɪ'stɪŋktɪv / un·dis·tinc·tive] *agg.* (*non com.*) che non fa distinzioni; imparziale.

undistinguishable [,ʌndɪ'stɪŋgwɪʃəbl / un·dis·tin·guish·able] *agg.* non distinguibile // **-bly** *avv.*

undistinguished [,ʌndɪ'stɪŋgwɪʃt / un·dis·tin·guished] *agg.* **1** mediocre, comune: *an — set of people*, un ambiente mediocre **2** indistinto, confuso; indifferenziato.

undistinguishing [,ʌndɪ'stɪŋgwɪʃɪŋ / un·dis·tin·guish·ing] *agg.* che non distingue, che non fa distinzioni.

undistracted [,ʌndɪ'stræktɪd / un·dis·trac·ted] *agg.* non distratto; non sviato.

undistributed [,ʌndɪ'strɪbju:tɪd / un·dis·trib·uted] *agg.* non distribuito: (*comm.*) — *profit*, profitti, utili non distribuiti.

undisturbed [,ʌndɪ'stɜ:bd / un·dis·turbed] *agg.* **1** indisturbato **2** calmo, tranquillo, imperturbato.

undiversified [,ʌndaɪ'vɜ:sɪfaɪd / un·di·ver·si·fied] *agg.* non diversificato; indifferenziato.

undiverted [,ʌndaɪ'vɜ:tɪd / un·di·verted] *agg.* **1** non deviato; non stornato; non distratto **2** (*non com.*) non divertito.

undividable [,ʌndɪ'vaɪdəbl / un·di·vid·able] *agg.* indivisibile.

undivided [,ʌndɪ'vaɪdɪd / un·di·vided] *agg.* indiviso, intero // **-ly** *avv.* // **-ness** *s.*

undivorced [,ʌndɪ'vɔ:st / un·di·vorced] *agg.* non divorziato.

undivulged [,ʌndaɪ'vʌldʒd / un·di·vulged] *agg.* non divulgato.

to **undo** [,ʌn'du:] *pass.* **undid** [,ʌn'dɪd / un·did] *p.p.* **undone** [,ʌn'dʌn / un·done] *v.tr.* **1** disfare, sciogliere, slacciare, slegare: — *the top button of your coat*, slaccia il primo bottone della tua giacca; *I cannot — this knot*, non riesco a disfare questo nodo // *what is done can't be undone*, (*prov.*) cosa fatta capo ha **2** annullare, rovinare, distruggere, mandare in rovina: *he undid his father's good work*, rovinò tutto il lavoro di suo padre **3** (*inform.*) annullare (modifica, aggiornamento); far tornare allo stato originale.

undogmatic [,ʌndɒg'mætɪk *amer.* ,ʌndɔ:g 'mætɪk / un·dog·matic] *agg.* non dogmatico.

undoing [,ʌn'du:ɪŋ / un·do·ing] *s.* **1** scioglimento, slegatura; disfacimento **2** rovina, distruzione; perdita; sfacelo.

undomestic [,ʌndə'mestɪk / un·dom·estic] *agg.* **1** non domestico **2** poco amante della casa, poco casalingo.

undomesticated [,ʌndə'mestɪkeɪtɪd / un·do·mes·tic·ated] *agg.* **1** non addomesticato **2** poco amante della casa, poco casalingo.

undone [,ʌn'dʌn / un·done] *p.p.* di to **undo** ◆ *agg.* **1** disfatto, slegato, slacciato **2** non fatto, incompiuto: *I see he's left the job —*, vedo che non ha fatto il lavoro **3** rovinato.

to **undouble** [,ʌn'dʌbl / un·double] *v.tr.* (*non com.*) sdoppiare; svolgere ◆ *v.intr.* (*non com.*) sdoppiarsi.

undoubtable [,ʌn'daʊtəbl / un·doubt·able] *agg.* indubitabile.

undoubted [,ʌn'daʊtɪd / un·doubted] *agg.* indubbio, indubitato; certo, incontestato // **-ly** *avv.*

undoubting [,ʌn'daʊtɪŋ / un·doubt·ing] *agg.* che non dubita, sicuro, convinto // **-ly** *avv.*

undramatic [,ʌndrə'mætɪk / un·dra·matic] *agg.* non drammatico; che manca di qualità drammatiche; non teatrale.

to **undrape** [,ʌn'dreɪp / un·drape] *v.tr.* scoprire, liberare dai drappi.

undraped [,ʌn'dreɪpt / un·draped] *agg.* **1** non drappeggiato **2** scoperto, nudo.

to **undraw** [,ʌn'drɔ: / un·draw] *pass.* **undrew** [,ʌn'dru: / un·drew] *p.p.* **undrawn** [,ʌn'drɔ:n / un·drawn] *v.tr.* aprire, tirare di lato (tende).

undreamed(-of) [,ʌn'dri:md(əv) / un·dreamed(of)] **undreamt (-of)** [,ʌn'dremt (əv)] *agg.* non sognato, impensato, inaudito: *an — success*, un successo impensato; *wonders still —*, meraviglie non ancora sognate.

undress [,ʌn'dres / un·dress] *s.* **1** (*mil.*) uniforme, divisa ordinaria **2** (*antiq.*) veste da camera: *in a state of —*, in déshabillé.

to **undress** *v.tr.* e *intr.* svestire, svestirsi; spogliare, spogliarsi (*anche fig.*).

undressed [,ʌn'drest / un·dressed] *agg.* **1** svestito, poco vestito: *to get —*, svestirsi **2** spettinato, non acconciato **3** (*tecn.*) grezzo, greggio, non trattato, non lavorato **4** non condito: — *salad*, insalata scondita **5** mal disposto (di vetrina ecc.).

undrew *pass.* di to **undraw**.

undried [,ʌn'draɪd / un·dried] *agg.* non seccato.

undrilled [,ʌn'drɪld / un·drilled] *agg.* **1** non esercitato (di truppe) **2** (*mecc.*) non perforato, non forato.

undrinkable [,ʌn'drɪŋkəbl / un·drink·able] *agg.* imbevibile; non potabile.

undue [,ʌn'dju: *amer.* ,ʌn'du: / un·due] *agg.* **1** non dovuto, indebito **2** inadatto, non appropriato **3** illegale; ingiusto; immeritato // (*dir.*): *use of — authority*, abuso di autorità; — *influence*, indebita coartazione della volontà, violenza; — *preference*, indebito pagamento preferenziale **4** sproporzionato, eccessivo: *without — haste*, senza fretta eccessiva **5** (*comm.*) non scaduto.

undulant ['ʌndjʊlənt *amer.* 'ʌndʒʊlənt / un·du·lant] *agg.* ondeggiante // (*med.*) — *fever*, febbre maltese.

undulate ['ʌndjʊlɪt *amer.* 'ʌndʒʊlɪt / un·du·late] *agg.* **1** ondulato **2** ondeggiante; fluttuante.

to **undulate** ['ʌndjʊleɪt *amer.* 'ʌndʒʊleɪt] *v.intr.* **1** ondeggiare; fluttuare **2** essere ondulato; avere una superficie ondulata.

undulating ['ʌndjʊleɪtɪŋ *amer.* 'ʌndʒʊleɪtɪŋ / un·du·lat·ing] *agg.* **1** ondulato **2** ondeggiante // **-ly** *avv.*

undulation [,ʌndjʊ'leɪʃn *amer.* ,ʌndʒʊ'leɪʃn / un·du·la·tion] *s.* **1** ondulazione **2** ondeggiamento **3** (*fis.*) movimento ondulatorio.

undulatory ['ʌndjʊlətərɪ *amer.* 'ʌndʒʊlətɔ:rɪ / un·du·lat·ory] *agg.* **1** ondulatorio (*anche scient.*) **2** ondulato.

unduly [,ʌn'dju:l *amer.* ,ʌn'du:lɪ / un·duly] *avv.* **1** eccessivamente: *he has been — harsh with his son*, è stato eccessivamente duro con suo figlio **2** indebitamente; ingiustamente (*anche dir.*).

unduteous [,ʌn'dju:tjəs *amer.* ,ʌn'du:tɪəs / un·du·teous] *agg.* **1** che manca ai propri doveri **2** irriverente // **-ly** *avv.* // **-ness** *s.*

undutiful [,ʌn'dju:tɪfʊl *amer.* ,ʌn'du:tɪfʊl / un·du·ti·ful] meno com.

undying [,ʌn'daɪɪŋ / un·dy·ing] *agg.* imperituro, immortale // **-ly** *avv.*

uneared [,ʌn'ɪəd / un·eared] *agg.* (*ant.*) non coltivato: *for where is she so fair whose unear'd womb / disdains the tillage of thy husbandry?*, (SH. Sonetti) quale donna è tanto bella da rifiutare il suo intatto ventre al seme della tua virilità?

unearned [,ʌn'ɜ:nd / un·earned] *agg.* **1** (*comm.*) non guadagnato; non da lavoro; da capitale: — *income*, reddito non da lavoro // — *charges*, costi non coperti da ricavi **2** immeritato.

to **unearth** [,ʌn'ɜ:θ / un·earth] *v.tr.* **1** dissotterrare, scoprire, portare alla luce **2** (*fig.*) rivelare **3** stanare (un animale).

unearthly [,ʌn'ɜ:θlɪ / un·earthly] *agg.* **1** ultraterreno; celeste; soprannaturale **2** lugubre, sinistro; mortale: — *pallor*, pallore mortale **3** (*fam.*) impossibile, assurdo, irragionevole: — *hour*, ora impossibile // **-iness** *s.*

unease [,ʌn'i:z / un·ease] *s.* disagio; inquietudine; apprensione.

uneasy [,ʌn'i:zɪ / un·easy] *agg.* **1** a disagio; inquieto, ansioso, agitato, in apprensione: *to be —*, essere agitato, ansioso; *to feel — about the future*, essere inquieti per il futuro **2** che fa stare a disagio; inquietante: *an — suspicion*, un sospetto inquietante **3** (*rar.*) disagevole; scomodo; penoso // **-ily** *avv.* // **-iness** *s.*

uneatable [,ʌn'i:təbl / un·eat·able] *agg.* immangiabile.

uneaten [,ʌn'i:tn / un·eaten] *agg.* non mangiato.

uneconomic(al) [,ʌni:kə'nɒmɪk(l) / un·eco·nomic, un·eco·nom·ical] *agg.* **1** non economico; antieconomico **2** non, poco economo.

unedifying [,ʌn'edɪfaɪɪŋ / un·edifying] *agg.* non, poco edificante.

unedited [,ʌn'edɪtɪd / un·ed·ited] *agg.* non curato, non preparato (per la stampa); non montato (di film).

uneducated [,ʌn'edjʊkeɪtɪd *amer.* ,ʌnedʒʊ keɪtɪd / un·edu·cated] *agg.* **1** non istruito; ignorante **2** di persona non istruita (di accento).

uneffected [,ʌnɪ'fektɪd / un·ef·fected] *agg.* non effettuato; irrealizzato.

uneffectual [ˌʌnɪ'fektʃʊəl / un·ef·fec·tual] → **ineffectual**.

unelaborate [ˌʌnɪ'læbərət / un·elab·or·ate] *agg.* non elaborato, semplice.

unelastic [ˌʌnɪ'læstɪk / un·elastic] *agg.* non elastico; (*fis.*) anelastico.

unelected ['ʌnɪ'lektɪd / un·elected] *agg.* non eletto (di candidato).

unemancipated [ˌʌnɪ'mænsɪpeɪtɪd / un·eman·cip·ated] *agg.* non emancipato.

unembarrassed [ˌʌnɪm'bærəst / un·em·bar·rassed] *agg.* **1** non imbarazzato, a proprio agio, disinvolto **2** (*comm.*) senza debiti.

unembittered [ˌʌnɪm'bɪtəd / un·em·bit·tered] *agg.* non amareggiato.

unembodied [ˌʌnɪm'bɒdɪd / un·em·bodied] *agg.* incorporeo.

unemotional [ˌʌnɪ'məʊʃənl / un·emo·tional] *agg.* **1** freddo, non emozionabile **2** non emozionante // **-ly** *avv.*

unemphatic [ˌʌnɪm'fætɪk / un·em·phatic] *agg.* non enfatico // **-ally** *avv.*

unemployable [ˌʌnɪm'plɔɪəbl / un·em·ploy·able] *agg.* **1** non adatto ad assumere un impiego; inabile al lavoro **2** che non può essere usato, sfruttato.

unemployed [ˌʌnɪm'plɔɪd / un·em·ployed] *agg.* **1** disoccupato, non occupato // *the* —, i disoccupati **2** non usato, non sfruttato: — *capital*, capitale non impiegato, inattivo.

unemployment [ˌʌnɪm'plɔɪmənt / un·em·ploy·ment] *s.* disoccupazione: (*econ.*) *concealed* (o *hidden*), *disguised*, *structural* —, disoccupazione nascosta, mascherata, strutturale; — *benefit* (amer. — *compensation*), indennità di disoccupazione; — *insurance*, (*amer.*) assicurazione contro la disoccupazione; — *rate*, tasso di disoccupazione; *localized* —, disoccupazione settoriale.

unempowered [ˌʌnɪm'paʊəd / un·em·powered] *agg.* (*dir.*) non autorizzato; non abilitato.

unenclosed [ˌʌnɪn'kləʊzd / un·en·closed] *agg.* non cintato.

unencumbered [ˌʌnɪn'kʌmbəd / un·en·cumbered] *agg.* non ingombro; libero; non impegnato: (*amm.*) — *balance*, residuo non impegnato (nella contabilità pubblica) // — *estate*, proprietà non gravata da ipoteche.

unending [ˌʌn'endɪŋ / un·end·ing] *agg.* interminabile, eterno, senza fine // **-ly** *avv.*

unendorsed [ˌʌnɪn'dɔ:st / un·en·dorsed] *agg.* **1** (*comm.*) senza girata, non girato: — *cheque*, assegno non girato **2** senza annotazioni: (*aut.*) — *licence*, patente senza annotazioni (perché non è stata commessa alcuna infrazione) **3** senza appoggio; non sostenuto: *his policy was — by the party*, la sua politica non aveva l'appoggio del partito.

unendowed [ˌʌnɪn'daʊd / un·en·dowed] *agg.* non, poco dotato.

unendurable [ˌʌnɪn'djʊərəbl *amer.* ˌʌnɪn'dʊərəbl / un·en·dur·able] *agg.* insopportabile, intollerabile // **-bly** *avv.*

unenduring [ˌʌnɪn'djʊərɪŋ *amer.* ˌʌnɪn'dʊərɪŋ / un·en·dur·ing] *agg.* (*rar.*) **1** che non tollera **2** che non dura, che non resiste.

unenforceable [ˌʌnɪn'fɔ:səbl / un·en·force·able] *agg.* (*dir.*) privo di tutela giudiziaria; non azionabile; che non si può rendere esecutivo: — *contract*, contratto non tutelabile in giudizio.

unenfranchised [ˌʌnɪn'frænʧaɪzd / un·en·franch·ised] *agg.* **1** non affrancato (di schiavo) **2** che non ha diritto di voto.

unengaged [ˌʌnɪn'geɪdʒd / un·en·gaged] *agg.* **1** non impegnato, libero, non occupato **2** non fidanzato.

unengaging [ˌʌnɪn'geɪdʒɪŋ / un·en·ga·ging] *agg.* (*form.*) **1** non avvincente; non attraente **2** poco simpatico.

un-English [ˌʌn'ɪŋglɪʃ] *agg.* non tipicamente inglese (di carattere, abitudini ecc.): — *behaviour*, comportamento non tipicamente inglese.

unenjoyable [ˌʌnɪn'dʒɔɪəbl / un·en·joy·able] *agg.* poco piacevole, poco divertente.

unenjoyed [ˌʌnɪn'dʒɔɪd / un·en·joyed] *agg.* **1** non goduto **2** senza gioia.

unenlightened [ˌʌnɪn'laɪtnd / un·en·lightened] *agg.* ignorante, non illuminato (di secolo).

to **unentangle** [ˌʌnɪn'tæŋgl / un·en·tangle] *v.tr.* districare.

unentangled [ˌʌnɪn'tæŋgld / un·en·tangled] *agg.* **1** non inceppato; districato **2** (*fig.*) libero, senza legami (di persona, paese ecc.): — *with alliances*, libero da qualsiasi alleanza.

unentered [ˌʌn'entəd / un·en·tered] *agg.* **1** impenetrato **2** (*comm.*) non registrato.

unenterprising [ˌʌn'entəpraɪzɪŋ / un·en·ter·pris·ing] *agg.* poco intraprendente; senza iniziativa.

unentertaining [ˌʌnˌentə'teɪnɪŋ / un·en·ter·tain·ing] *agg.* poco divertente, noioso.

unenthralled [ˌʌnɪn'θrɔ:ld / un·en·thralled] *agg.* **1** non ammaliato **2** (*ant.*) non ridotto in schiavitù.

unenviable [ˌʌn'envɪəbl / un·en·vi·able] *agg.* non invidiabile.

unenvied [ˌʌn'envɪd / un·en·vied] *agg.* non invidiato.

unenvious [ˌʌn'envɪəs / un·en·vi·ous] *agg.* non invidioso.

unequal [ˌʌn'i:kwəl / un·equal] *agg.* **1** ineguale, disuguale; irregolare: (*med.*) — *pulse*, polso irregolare **2** inadeguato; incapace: — *to the task*, non all'altezza del compito; *to be — to doing sthg.*, non essere all'altezza di fare qlco. **3** ingiusto; iniquo; impari; non equamente distribuito: *an — fight*, una lotta impari // **-ly** *avv.* // **-ness** *s.*

unequalled [ˌʌn'i:kwəld / un·equalled] *agg.* ineguagliato, senza pari, incomparabile.

unequivocal [ˌʌnɪ'kwɪvəkl / un·equi·vocal] *agg.* non equivoco, inequivocabile; chiaro, schietto: *to give an — answer*, dare una risposta chiara // **-ly** *avv.* // **-ness** *s.*

uneradicable [ˌʌnɪ'rædɪkəbl / un·erad·ic·able] *agg.* inestirpabile.

unerased [ˌʌnɪ'reɪzd / un·erased] *agg.* non cancellato.

unerring [ˌʌn'ɜ:rɪŋ / un·err·ing] *agg.* infallibile; sicuro; esatto: — *aim*, mira sicura; — *judgement*, giudizio infallibile // **-ly** *avv.* // **-ness** *s.*

unescapable [ˌʌnɪ'skeɪpəbl / un·es·cap·able] *agg.* inevitabile; ineluttabile.

unessayed [ˌʌne'seɪd / un·es·sayed] *agg.* (*antiq.*) non provato, non sperimentato.

unessential [ˌʌnɪ'senʃl / un·es·sen·tial] *agg.* non essenziale, poco importante; accessorio.

unethical [ˌʌn'eθɪkl / un·eth·ical] *agg.* contro la morale; immorale.

unevangelical [ˌʌni:væn'dʒelɪkl / un·evan·gel·ical] *agg.* non evangelico.

uneven [ˌʌn'i:vn / un·even] *agg.* **1** ineguale, irregolare, non uniforme; discontinuo: *he is making — progress*, fa progressi saltuari **2** ruvido; non livellato: *the road was* —, la strada era dissestata // **-ly** *avv.* // **-ness** *s.*

uneventful [ˌʌnɪ'ventfʊl / un·event·ful] *agg.* pacifico, calmo, tranquillo; senza scossoni: *an — life*, una vita tranquilla // **-ly** *avv.*

unevolved [ˌʌnɪ'vɒlvd / un·evolved] *agg.* non evoluto.

unexaminable [ˌʌnɪg'zæmɪnəbl / un·ex·am·in·able] *agg.* non esaminabile; non verificabile.

unexamined [ˌʌnɪg'zæmɪnd / un·ex·am·ined] *agg.* non esaminato; non verificato, non controllato.

unexampled [ˌʌnɪg'za:mpld *amer.* ˌʌnɪg'zæmpld / un·ex·ampled] *agg.* senza esempio, senza precedenti; unico.

unexcelled [ˌʌnɪk'seld / un·ex·celled] *agg.* insuperato, non sorpassato; senza pari.

unexceptionable [ˌʌnɪk'sepʃnəbl / un·ex·cep·tion·able] *agg.* (*form.*) ineccepibile; irreprensibile; perfetto, eccellente // **-ness** *s.* // **-bly** *avv.*

unexceptional [ˌʌnɪk'sepʃənl / un·ex·cep·tional] *agg.* **1** non eccezionale, ordinario **2** senza eccezioni; che non ammette eccezioni **3** (*non com.*) ineccepibile, irreprensibile; eccellente.

unexceptionally [ˌʌnɪk'sepʃənəlɪ / un·ex·cep·tion·ally] *avv.* **1** in modo non eccezionale, ordinariamente **2** senza eccezioni.

unexcised [ˌʌn'eksaɪzd / un·ex·cised] *agg.* (*comm.*) non soggetto a dazio.

unexcited [ˌʌnɪk'saɪtɪd / un·ex·cited] *agg.* non eccitato; calmo, tranquillo: *to be — about sthg.*, restare indifferente a qlco.

unexcluded [ˌʌnɪk'sklu:dɪd / un·ex·cluded] *agg.* non escluso.

unexecuted [ˌʌn'eksɪkju:tɪd / un·ex·ecuted] *agg.* **1** non eseguito; non compiuto, non effettuato: (*comm.*) — *order*, ordine inevaso **2** (*dir.*) non giustiziato; in attesa dell'esecuzione.

unexercised [ˌʌn'eksəsaizd / un·ex·er·cised] *agg.* non esercitato.

unexerted [ˌʌnɪg'zɜ:tɪd / un·ex·erted] *agg.* non esercitato; non adoperato; non messo in opera.

unexhausted [ˌʌnɪg'zɔ:stɪd / un·ex·hausted] *agg.* inesausto; non completamente sfruttato, non esaurito.

unexpanded [ˌʌnɪk'spændɪd / un·ex·panded] *agg.* **1** non espanso; (*fig.*) non sviluppato, non esteso **2** (*bot.*) non sbocciato, non schiuso (di fiore).

unexpected [ˌʌnɪk'spektɪd / un·ex·pec·ted] *agg.* inatteso, inaspettato, imprevisto; inopinato: — *meeting*, incontro inatteso // **-ly** *avv.* // **-ness** *s.*

unexpended [ˌʌnɪk'spendɪd / un·ex·pended]

agg. non speso: (*fin.*) — *balance*, residuo non speso (nella contabilità pubblica).

unexpensive [,ʌnɪks'pensɪv / un·ex·pens·ive] *agg.* poco costoso; a buon prezzo.

unexperienced [,ʌnɪk'spɪərɪənst / un·ex·peri·enced] *agg.* **1** inesperto, privo di esperienza **2** non sperimentato.

unexpired [,ʌnɪk'spaɪəd / un·ex·pired] *agg.* non scaduto; non terminato.

unexplainable [,ʌnɪk'spleɪnəbl / un·ex·plain·able] *agg.* inspiegabile.

unexplained [,ʌnɪk'spleɪnd / un·ex·plained] *agg.* non spiegato.

unexplored [,ʌnɪk'splɔ:d / un·ex·plored] *agg.* inesplorato.

unexposed [,ʌnɪk'spəʊzd / un·ex·posed] *agg.* non esposto (*anche fot.*); tenuto nascosto, non portato alla luce.

unexpressed [,ʌnɪk'sprest / un·ex·pressed] *agg.* inespresso, non detto; sottinteso, tacito.

unexpressive [,ʌnɪk'spresɪv / un·ex·press·ive] *agg.* **1** inespressivo, privo d'espressione **2** (*ant.*) inesprimibile, indicibile: *carve on every tree / the fair, the chaste, and unexpressive she*, (SH. As You Like It) incidi su ogni tronco il nome della bella, la casta, ed indescrivibile lei.

unexpurgated [,ʌn'ekspɜ:geɪtɪd / un·ex·pur·gated] *agg.* non espurgato: *an — edition*, un'edizione integrale.

unextended [,ʌnɪk'stendɪd / un·ex·tended] *agg.* **1** non esteso, non steso **2** che non ha estensione **3** che non ha bisogno di impegnarsi al massimo (di atleta, di cavallo).

unextinguishable [,ʌnɪk'stɪŋgwɪʃəbl / un·ex·tin·guish·able] *agg.* inestinguibile; perpetuo // **-bly** *avv.*

unextinguished [,ʌnɪk'stɪŋgwɪʃt / un·ex·tin·guished] *agg.* inestinto, non estinto.

unextirpated [,ʌn'ekstɜ:peɪtɪd / un·ex·tir·pated] *agg.* (*rar.*) non estirpato.

unfadable [,ʌn'feɪdəbl / un·fad·able] *agg.* **1** (*bot.*) che non può appassire **2** che non sbiadisce, solido (di colore) **3** (*fig.*) indimenticabile.

unfaded [,ʌn'feɪdɪd / un·faded] *agg.* **1** (*bot.*) non appassito **2** non sbiadito (di colore) **3** (*fig.*) vivo, immutato.

unfading [,ʌn'feɪdɪŋ / un·fad·ing] *agg.* **1** che non appassisce **2** che non sbiadisce, solido (di colore) **3** (*fig.*) imperituro, immutabile // **-ly** *avv.*

unfailing [,ʌn'feɪlɪŋ / un·fail·ing] *agg.* **1** infallibile, sicuro **2** immancabile **3** inesauribile **4** fidato, su cui si può fare affidamento: *an — friend*, un amico su cui si può contare // **-ly** *avv.* // **-ness** *s.*

unfair [,ʌn'feə* / un·fair] *agg.* **1** non equo, ingiusto; sleale; disonesto: — *wages*, salari non equi, inadeguati; — *to s.o.*, ingiusto verso qlcu. // (*dir., comm.*): — *competition* (o — *practice*), concorrenza sleale; — *contract terms*, condizioni di contratto vessatorie; — *dismissal*, licenziamento ingiustificato; — *labour practice*, pratica industriale sleale; — *list*, elenco dei datori di lavoro considerati sleali dai sindacati **2** non favorevole (di vento).

to **unfair** *v.tr.* (*ant.*) privare della bellezza: *Those hours... / will play the tyrants to the very same, / and that unfair which fairly doth excel*, (SH. Sonetti) quelle ore... saranno inesorabili con lui (l'amabile aspetto) e priveranno di bellezza ciò che ora in bellezza eccelle.

unfairly [,ʌn'feəlɪ / un·fair·ly] *avv.* non equamente; ingiustamente; slealmente.

unfairness [,ʌn'feənɪs / un·fair·ness] *s.* iniquità, ingiustizia; malafede; slealtà; disonestà.

unfaith ['ʌnfeɪθ / un·faith] *s.* (*non com.*) mancanza di fede, di fiducia.

unfaithful [,ʌn'feɪθfʊl / un·faith·ful] *agg.* **1** infedele; sleale; disonesto: *he has always been — to his wife*, non è mai stato fedele alla moglie **2** (*non com.*) inesatto, impreciso: — *quotations*, citazioni inesatte.

unfaithfully [,ʌn'feɪθfʊlɪ / un·faith·fully] *avv.* infedelmente; slealmente.

unfaithfulness [,ʌn'feɪθfʊlnɪs / un·faith·ful·ness] *s.* infedeltà; slealtà.

unfaltering [,ʌn'fɔ:ltərɪŋ / un·fal·ter·ing] *agg.* (*form.*) fermo, non esitante; risoluto: — *voice*, voce ferma // **-ly** *avv.*

unfamiliar [,ʌnfə'mɪljə / un·fa·mil·iar] *agg.* **1** poco conosciuto; poco familiare; sconosciuto: *an — name*, un nome sconosciuto **2** che non conosce, poco pratico: *to be — with the customs of a place*, non conoscere le abitudini di un luogo // **-ly** *avv.*

unfamiliarity [,ʌnfə,mɪlɪ'ærətɪ / un·fa·mi·li·ar·ity] *s.* mancanza di familiarità; poca dimestichezza.

unfashionable [,ʌn'fæʃnəbl / un·fash·ion·able] *agg.* fuori moda, non alla moda // **-ness** *s.* // **-bly** *avv.*

unfashioned [,ʌn'fæʃnd / un·fa·shioned] *agg.* **1** (*ant.*) inelegante; rozzo **2** (*rar.*) non modellato, senza forma, informe.

to **unfasten** [,ʌn'fɑ:sn *amer.* ,ʌn'fæsn / un·fasten] *v.tr.* slacciare; slegare; sciogliere: *she unfastened her dress*, si slacciò il vestito ♦ *v.intr.* slacciarsi; slegarsi; sciogliersi; aprirsi.

unfathered [,ʌn'fɑ:ðəd / un·fathered] *agg.* **1** orfano di padre **2** illegittimo **3** di oscura origine.

unfatherly [,ʌn'fɑ:ðəlɪ / un·fath·erly] *agg.* poco paterno, non paterno.

unfathomable [,ʌn'fæðəməbl / un·fath·om·able] *agg.* **1** insondabile; impenetrabile: *her face wore an — expression*, il suo viso aveva un'espressione impenetrabile **2** vasto; incommensurabile: *Thy goodness is —*, la Tua bontà è incommensurabile // **-bly** *avv.*

unfathomed [ʌn'fæðəmd / un·fathomed] *agg.* non scandagliato; non misurato (*anche fig.*).

unfavourable [,ʌn'feɪvərəbl / un·fa·vour·able] *agg.* sfavorevole, non propizio // (*econ.*) — *balance of trade*, bilancia commerciale passiva // (*fin.*) — *exchange rate*, tasso di cambio sfavorevole // **-ness** *s.* // **-bly** *avv.*

unfeared [,ʌn'fɪəd / un·feared] *agg.* non temuto.

unfearing [,ʌn'fɪərɪŋ / un·fear·ing] *agg.* (*rar.*) impavido; senza paura // **-ly** *avv.*

unfeasible [,ʌn'fi:zəbl / un·feas·ible] *agg.* ineseguibile, non fattibile, inattuabile.

unfeathered [,ʌn'feðəd / un·feath·ered] *agg.* senza penne; senza piume; implume; spennato.

unfed [,ʌn'fed / un·fed] *agg.* non nutrito; non alimentato.

unfeed [,ʌn'fi:d / un·feed] *agg.* (*rar.*) non pagato in anticipo; non pagato.

unfeeling [,ʌn'fi:lɪŋ / un·feel·ing] *agg.* insensibile; arido; duro di cuore, spietato // **-ly** *avv.* // **-ness** *s.*

unfeigned [,ʌn'feɪnd / un·feigned] *agg.* sincero; genuino, vero // **-ly** *avv.* // **-ness** *s.*

unfelt [,ʌn'felt / un·felt] *agg.* non sentito, non provato.

unfeminine [,ʌn'femɪnɪn / un·fem·in·ine] *agg.* poco femminile.

unfenced [,ʌn'fenst / un·fenced] *agg.* non cintato; senza palizzata; aperto; (*ant.*) indifeso.

unfermented [,ʌnfɜ:'mentɪd / un·fer·men·ted] *agg.* non fermentato.

unfertile [,ʌn'fɜ:taɪl / un·fer·tile] *agg.* infruttifero; sterile; non fertile.

unfertilized [,ʌn'fɜ:tɪlaɪzd / un·fer·til·ized] *agg.* non fertilizzato.

to **unfetter** [,ʌn'fetə* / un·fet·ter] *v.tr.* liberare, sciogliere da catene (*anche fig.*).

unfettered [,ʌn'fetəd / un·fettered] *agg.* libero, senza ceppi; (*fig.*) senza restrizioni, senza impacci.

unfiled[1] [,ʌn'faɪld / un·filed] *agg.* (*ant. fig.*) rozzo, grossolano.

unfiled[2] *agg.* non archiviato; non schedato.

unfilial [,ʌn'fɪljəl / un·fi·lial] *agg.* (*form.*) non filiale, poco filiale // **-ly** *avv.*

unfilled [,ʌn'fɪld / un·filled] *agg.* **1** vuoto, non riempito **2** libero, vacante, non occupato: — *vacancy*, posto di lavoro vacante.

unfiltered [,ʌn'fɪltəd / un·filtered] *agg.* non filtrato.

unfinished [,ʌn'fɪnɪʃt / un·fin·ished] *agg.* incompiuto, non terminato; incompleto, imperfetto; non rifinito: *an — house*, un casa non terminata; *an — style*, uno stile grezzo; (*tecn.*) — *products*, semilavorati.

unfit [,ʌn'fɪt / un·fit] *agg.* **1** inadatto, disadatto; incapace; indegno: — *to eat*, immangiabile; — *to rule*, indegno di regnare; *road — for vehicles*, strada non rotabile **2** di debole costituzione; inabile: — *for military service*, inabile al servizio militare; *to be — to make a journey*, non essere in condizioni di intraprendere un viaggio.

to **unfit** *v.tr.* (*rar.*) rendere incapace, inabile, inadatto: *his lack of experience unfits him for a more senior position*, la sua mancanza di esperienza lo rende inadatto ad una posizione più elevata.

unfitly [,ʌn'fɪtlɪ / un·fit·ly] *avv.* in modo inadatto, non appropriatamente.

unfitness [,ʌn'fɪtnɪs / un·fit·ness] *s.* **1** inettitudine; inidoneità: — *for* (o *to do*) *sthg.*, incapacità di fare qlco. **2** debole costituzione, salute delicata.

unfitted [,ʌn'fɪtɪd / un·fit·ted] *agg.* non adatto; non idoneo.

unfitting [,ʌn'fɪtɪŋ / un·fit·ting] *agg.* poco adatto, inopportuno; sconveniente.

unfittingly [,ʌn'fɪtɪŋlɪ / un·fit·ting·ly] *avv.* in modo inopportuno, a sproposito: *not —*, giustamente.

to **unfix** [,ʌn'fɪks / un·fix] *v.tr.* **1** staccare; slegare, sciogliere: (*mil.*) *to — bayonets*, disinastare le baionette **2** (*fig.*) sconvolgere, rendere dubbioso.

unfixed [ˌʌn'fɪkst / un·fixed] *agg.* **1** non fisso, non fissato; staccato; mobile: *to come —*, staccarsi, sciogliersi **2** non determinato, non stabilito; vago.

unflagging [ˌʌn'flægɪŋ / un·flag·ging] *agg.* che non cede, costante; instancabile, infaticabile.

unflappability [ˌʌnˌflæpə'bɪlətɪ / un·flap·pab·il·ity] *s.* imperturbabilità; calma; sangue freddo.

unflappable [ˌʌn'flæpəbl / un·flap·pable] *agg.* imperturbabile; calmo.

unflattering [ˌʌn'flætərɪŋ / un·flat·ter·ing] *agg.* **1** poco lusinghiero **2** veritiero, realistico // **-ly** *avv.*

unflawed [ˌʌn'flɔ:d / un·flawed] *agg.* senza difetti, perfetto.

unfledged [ˌʌn'fledʒd / un·fledged] *agg.* **1** (*zool.*) implume, senza penne **2** (*fig.*) immaturo, inesperto; in erba.

unfleshed [ˌʌn'fleʃt / un·fleshed] *agg.* **1** scarnito **2** non ancora avvezzo al sangue (di cane da caccia) **3** (*fig. non com.*) inesperto, non iniziato.

unflinching [ˌʌn'flɪntʃɪŋ / un·flinch·ing] *agg.* fermo, risoluto; intrepido, che non indietreggia // **-ly** *avv.* // **-ness** *s.*

to **unfold**[1] [ˌʌn'fəʊld / un·fold] *v.intr.* **1** aprirsi; schiudersi; spiegarsi: *buds — in (the) summer*, i boccioli si schiudono in estate; *the landscape unfolds (itself) before us*, il paesaggio appare dinanzi a noi **2** rivelarsi, svelarsi ♦ *v.tr.* **1** aprire; schiudere; spiegare: *to — a newspaper*, spiegare un giornale **2** chiarire; rivelare, svelare: *to — one's intentions*, rivelare le proprie intenzioni.

to **unfold**[2] *v.tr.* far uscire dal chiuso (le pecore) // *look, the unfolding star calls up the shepherd*, (SH. Measure for Measure) guardate, la stella del mattino chiama il pastore ad aprire l'ovile.

unfolded[1] [ˌʌn'fəʊldɪd / un·folded] *agg.* **1** aperto; dischiuso; spiegato **2** (*non com.*) rivelato, svelato.

unfolded[2] *agg.* fuori dal chiuso (di pecore).

unfooted [ˌʌn'fʊtɪd / un·footed] *agg.* (*letter.*) che non si può calpestare: *how cam'st thou over the unfooted sea?*, (KEATS) come venisti sopra l'intatto mare?

unforbearing [ˌʌnfɔ:'beərɪŋ / un·for·bear·ing] *agg.* (*rar.*) insofferente; intollerante; impaziente.

unforbidden [ˌʌnfə'bɪdn / un·for·bid·den] *agg.* non proibito, lecito.

unforced [ˌʌn'fɔ:st / un·forced] *agg.* **1** non forzato, libero; spontaneo, naturale: *— laughter*, risata spontanea; *— obedience*, obbedienza non forzata **2** (*bot.*) non forzato (di coltivazione).

unfordable [ˌʌn'fɔ:dəbl / un·ford·able] *agg.* inguadabile, non guadabile.

unforeseeing [ˌʌnfɔ:'si:ɪŋ / un·fore·see·ing] *agg.* (*non com.*) imprevidente.

unforeseen [ˌʌnfɔ:'si:n / un·fore·seen] *agg.* imprevisto, inatteso, inaspettato: *— event*, evento inatteso.

unforetold [ˌʌnfɔ:'təʊld / un·fore·told] *agg.* (*rar.*) non predetto.

unforewarned [ˌʌnfɔ:'wɔ:nd / un·fore·warned] *agg.* (*rar.*) non preavvertito; non preammonito.

unforfeited [ˌʌn'fɔ:fɪtɪd / un·for·feited] *agg.* non confiscato.

unforgetful [ˌʌnfə'getfʊl / un·for·get·ful] *agg.* (*non com.*) non immemore.

unforgettable [ˌʌnfə'getəbl / un·for·get·table] *agg.* indimenticabile; (*letter.*) inobliabile.

unforgivable [ˌʌnfə'gɪvəbl / un·for·giv·able] *agg.* imperdonabile.

unforgiving [ˌʌnfə'gɪvɪŋ / un·for·giv·ing] *agg.* senza misericordia, inesorabile, implacabile.

unforgotten [ˌʌnfə'gɒtn / un·for·got·ten] *agg.* (*letter.*) non dimenticato, inobliato: *he remained —*, non fu dimenticato.

unformed [ˌʌn'fɔ:md / un·formed] *agg.* **1** non (ancora) formato; (*fig.*) immaturo, incolto **2** informe, amorfo.

unfortified [ˌʌn'fɔ:tɪfaɪd / un·for·ti·fied] *agg.* non fortificato.

unfortunate [ˌʌn'fɔ:tʃʊnət / un·for·tu·nate] *agg.* **1** sfortunato; disgraziato **2** sfavorevole, poco propizio **3** inopportuno; spiacevole **4** senza tatto ♦ *s.* **1** infelice, disgraziato **2** (*ant.*, *eufemismo*) prostituta.

unfortunately [ˌʌn'fɔ:tʃʊnətlɪ / un·for·tu·nately] *avv.* sfortunatamente, per disgrazia.

unfounded [ˌʌn'faʊndɪd / un·foun·ded] *agg.* infondato, senza base: *— accusations*, accuse infondate, ingiustificate.

to **unframe** [ˌʌn'freɪm / un·frame] *v.tr.* togliere dalla cornice.

to **unfreeze** [ˌʌn'fri:z / un·freeze] *pass.* **unfroze** [ˌʌn'frəʊz / un·froze] *p.p.* **unfrozen** [ˌʌn'frəʊzn / un·frozen] *v.tr.* **1** disgelare; scongelare **2** (*comm.*) sbloccare (prezzi) ♦ *v.intr.* disgelarsi; scongelarsi.

unfrequented [ˌʌnfrɪ'kwentɪd / un·fre·quen·ted] *agg.* poco frequentato, poco praticato.

unfriendliness [ˌʌn'frendlɪnɪs / un·friend·li·ness] *s.* poca socievolezza; ostilità; scortesia.

unfriendly [ˌʌn'frendlɪ / un·friendly] *agg.* **1** poco amichevole, mal disposto; introverso, poco socievole; ostile: *to be — towards s.o.*, essere mal disposto verso qlcu.; *an — act*, un atto ostile **2** sfavorevole, poco propizio.

to **unfrock** [ˌʌn'frɒk / un·frock] *v.tr.* (*eccl.*) spretare, sfratare.

unfroze *pass.* di to **unfreeze**.

unfrozen [ˌʌn'frəʊzn / un·frozen] *p.p.* di to **unfreeze** ♦ *agg.* non gelato, disgelato.

unfruitful [ˌʌn'fru:tfʊl / un·fruit·ful] *agg.* infruttuoso, infruttifero (*anche fig.*); infecondo, sterile // **-ly** *avv.* // **-ness** *s.*

unfulfilled [ˌʌnfʊl'fɪld / un·ful·filled] *agg.* mancato; inadempiuto; inesaudito, inappagato // (*comm.*) *— order*, ordine inevaso.

unfunded [ˌʌn'fʌndɪd / un·funded] *agg.* (*comm.*) non consolidato, fluttuante: *— debt*, debito fluttuante.

to **unfurl** [ˌʌn'fɜ:l / un·furl] *v.tr.* spiegare (vele, bandiere ecc.): *to — the sails*, far vela, partire ♦ *v.intr.* spiegarsi (di vele, bandiere ecc.).

unfurnished [ˌʌn'fɜ:nɪʃt / un·fur·nished] *agg.* **1** non ammobiliato, senza mobili: *— flat*, appartamento non ammobiliato **2** sfornito, sprovvisto.

to **ungag** [ˌʌn'gæg / un·gag] *v.tr.* liberare dal bavaglio; (*fig.*) lasciar parlare, lasciar esprimere liberamente.

ungainly [ˌʌn'geɪnlɪ / un·gainly] *agg.* **1** goffo, maldestro, sgraziato **2** sgarbato, rozzo, grossolano // **-iness** *s.*

ungallant [ˌʌn'gælənt / un·gal·lant] *agg.* poco galante; poco cavalleresco; scortese.

ungarbled [ˌʌn'gɑ:bld / un·garbled] *agg.* **1** non mutilo, integro (di testo ecc.) **2** chiaro, lineare: *the — truth*, la verità pura e semplice.

ungarnished [ˌʌn'gɑ:nɪʃt / un·gar·nished] *agg.* privo di ornamenti, sguarnito; semplice: *the — truth*, la pura verità.

ungarrisoned [ˌʌn'gærɪsnd / un·gar·risoned] *agg.* non presidiato, privo di guarnigione (di città ecc.).

to **ungear** [ˌʌn'gɪə* / un·gear] *v.tr.* **1** (*mecc.*) disingranare **2** (*ant.*) togliere i finimenti a (cavalli ecc.).

ungemachite ['ʌŋgəˌmɑ:kaɪt / un·gemach·ite] *s.* (*min.*) ungemachite.

ungenerous [ˌʌn'dʒenərəs / un·gen·er·ous] *agg.* **1** ingeneroso; meschino; gretto **2** sterile (di terreno) // **-ly** *avv.*

ungenial [ˌʌn'dʒi:njəl / un·genial] *agg.* (*non com.*) **1** antipatico; freddo, poco socievole **2** inclemente, rigido (di tempo).

ungentle [ˌʌn'dʒentl / un·gentle] *agg.* (*non com.*) duro, rude, sgarbato // **-ness** *s.*

ungentlemanly [ˌʌn'dʒentlmənlɪ / un·gen·tle·manly] (*ant.*) **ungentlemanlike** [ˌʌn'dʒentlmənlaɪk / un·gen·tle·man·like] *agg.* **1** indegno di un gentiluomo; ignobile: *— conduct*, condotta indegna di un uomo perbene **2** maleducato // **-iness** *s.*

ungetatable [ˌʌnget'ætəbl / un·get·at·able] *agg.* (*fam.*) difficile da raggiungere; inaccessibile.

ungifted [ˌʌn'gɪftɪd / un·gifted] *agg.* non dotato.

to **ungird** [ˌʌn'gɜ:d / un·gird] *pass.p.p.* **ungirded** [ˌʌn'gɜ:dɪd / un·girded] (*ant.*) **ungirt** [ˌʌn'gɜ:t / un·girt] *v.tr.* (*non com.*) togliere, slacciare la cintura a.

ungirt [ˌʌn'gɜ:t / un·girt] *agg.* (*ant.*) **1** senza cintura **2** slacciato (di cintura, cinghia).

to **ungirth** [ˌʌn'gɜ:θ / un·girth] *v.tr.* togliere le cinghie a (un cavallo).

unglazed [ˌʌn'gleɪzd / un·glazed] *agg.* **1** senza vetri (di finestra) **2** non lucido, opaco (di carta ecc.).

to **unglue** [ˌʌn'glu: / un·glue] *v.tr.* scollare.

unglued [ˌʌn'glu:d / un·glued] *agg.* (*fam. amer.*) pazzo, fuori di testa.

ungodly [ˌʌn'gɒdlɪ / un·godly] *agg.* **1** empio; irreligioso **2** (*fam.*) assurdo, impossibile, irragionevole: *what are you doing out of bed at this — hour?*, cosa fai alzato a quest'ora impossibile? // **-iness** *s.*

ungovernable [ˌʌn'gʌvənəbl / un·gov·ern·able] *agg.* **1** incontrollabile, indisciplinato **2** sfrenato, violento (di desideri ecc.): *— passions*, passioni violente // **-bly** *avv.*

ungoverned [ˌʌn'gʌvnd / un·gov·erned] *agg.* **1** senza governo **2** incontrollato (di passioni ecc.).

ungraceful [ˌʌn'greɪsfʊl / un·grace·ful] *agg.* sgraziato, goffo // **-ly** *avv.* // **-ness** *s.*

ungracious [ˌʌn'greɪʃəs / un·gra·cious]

agg. **1** sgraziato, goffo **2** scortese, poco gentile, offensivo, maleducato // **-ly** *avv.* // **-ness** *s.*

ungrammatical [,ʌngrə'mætɪkl / un·gram·mat·ical] *agg.* sgrammaticato, scorretto // **-ly** *avv.*

ungrateful [,ʌn'greɪtfʊl / un·grate·ful] *agg.* **1** ingrato, non riconoscente: *to be — to s.o. for sthg.*, non essere grato a qlcu. per qlco. **2** spiacevole, ingrato: — *task*, compito ingrato // **-ly** *avv.*

ungrounded [,ʌn'graʊndɪd / un·grounded] *agg.* **1** infondato, senza base, senza fondamento **2** senza preparazione; ignorante: *to be — in a subject*, non avere preparazione su un argomento, su una materia **3** (*elettr.*) non (messo) a massa, non (collegato) a terra.

ungrown [,ʌn'grəʊn / un·grown] *agg.* immaturo.

ungrudging [,ʌn'grʌdʒɪŋ / un·grudging] *agg.* **1** concesso di buon grado; generoso (di lodi ecc.) **2** generoso, liberale (di persona) // **-ly** *avv.*

ungual ['ʌŋgwəl / un·gual] *agg.* (*anat.*) ungueale, dell'unghia ◆ *s.* (*anat.*) falangetta.

unguarded [,ʌn'gɑ:dɪd / un·guarded] *agg.* **1** sguarnito, senza difesa, senza protezione **2** (*fig.*) imprudente, sconsiderato, incauto // *in an — moment*, in un momento di debolezza // **-ly** *avv.*

unguent ['ʌŋgwənt / un·guent] *s.* unguento.

unguessable [,ʌn'gesəbl / un·guess·able] *agg.* che non si può indovinare.

unguessed [,ʌn'gest / un·guessed] *agg.* **1** misterioso; inimmaginabile **2** non considerato; imprevisto.

unguided [,ʌn'gaɪdɪd / un·guided] *agg.* senza guida.

ungula ['ʌŋgjʊlə / un·gula] *pl.* **ungulae** ['ʌngjʊli: / un·gu·lae] *s.* ungula, zoccolo (di animale).

ungular ['ʌŋgjʊlə* / un·gu·lar] *agg.* (*zool.*) ungulare; dell'unghia.

ungulate ['ʌŋgjʊleɪt / un·gu·late] *agg.* e *s.* (*zool.*) ungulato.

unhabituated [,ʌnhə'bɪtjʊeɪtɪd / un·ha·bitu·ated] *agg.* (*rar.*) non abituato.

unhackneyed [,ʌn'hæknɪd / un·hack·neyed] *agg.* nuovo, originale, non trito: — *phrase*, frase originale.

unhailed [,ʌn'heɪld / un·hailed] *agg.* (*non com.*) non salutato, non acclamato.

to **unhallow** [,ʌn'hæləʊ / un·hal·low] *v.tr.* profanare; sconsacrare.

unhallowed [,ʌn'hæləʊd / un·hal·lowed] *agg.* **1** non consacrato, profano **2** empio, sacrilego.

unhampered [,ʌn'hæmpəd / un·hampered] *agg.* non impedito, libero: — *by rules*, libero da regole.

to **unhand** [,ʌn'hænd / un·hand] *v.tr.* (*ant.*) abbandonare la presa di, togliere le mani da: — *me!*, lasciami!

unhandsome [,ʌn'hænsəm / un·hand·some] *agg.* (*non com.*) **1** non bello; sgraziato; malfatto **2** scortese, maleducato **3** meschino, basso: — *behaviour*, comportamento meschino // **-ly** *avv.* // **-ness** *s.*

unhandy [,ʌn'hændɪ / un·handy] *agg.* **1** maldestro, goffo; inetto **2** poco maneggevole, scomodo // **-ily** *avv.* // **-iness** *s.*

to **unhang** [,ʌn'hæŋ / un·hang] *pass.p.p.* **unhung** [,ʌn'hʌŋ / un·hung] *v.tr.* staccare, tirar giù: *he unhung the picture from the wall*, staccò il quadro dalla parete.

unhappily [,ʌn'hæpɪlɪ / un·hap·pily] *avv.* **1** infelicemente; sfortunatamente, disgraziatamente: — *he died*, disgraziatamente morì; *to live —*, vivere tristemente **2** male, malamente: *thought — expressed*, pensiero mal espresso.

unhappiness [,ʌn'hæpɪnɪs / un·hap·pi·ness] *s.* **1** infelicità **2** (*ant.*) sfortuna.

unhappy [,ʌn'hæpɪ / un·happy] *agg.* **1** infelice, triste; sfortunato: *to be — at leaving s.o.*, rattristarsi nel lasciare qlcu.; *to look —*, aver l'aria triste **2** inopportuno, infelice: — *translation*, traduzione poco felice; *he arrived at an — moment*, arrivò in un momento inopportuno; *to be — in one's choice of words*, essere poco felice nella scelta delle parole.

unhardened [,ʌn'hɑ:dnd / un·hard·ened] *agg.* non indurito.

unhardy [,ʌn'hɑ:dɪ / un·hardy] *agg.* debole; irresoluto.

unharmed [,ʌn'hɑ:md / un·harmed] *agg.* intatto; illeso, indenne.

unharmful [,ʌn'hɑ:mfʊl / un·harm·ful] *agg.* innocuo.

to **unharness** [,ʌn'hɑ:nɪs / un·har·ness] *v.tr.* **1** staccare i finimenti a; togliere il giogo a; staccare (un cavallo) **2** togliere l'armatura a; disarmare.

unharvested [,ʌn'hɑ:vɪstɪd / un·har·vested] *agg.* non mietuto (di campo, di grano ecc.).

unhatched [,ʌn'hætʃt / un·hatched] *agg.* **1** non covato (di uovo) **2** non schiuso (di uovo) **3** (*ant. fig.*) fallito, abortito: *...some unhatch'd practice / made demonstrable here in Cyprus to him, / hath puddled his clear spirit*, (SH. Othello) ...qualche complotto non ancora venuto alla luce, di cui ha avuto sentore qui a Cipro, ha turbato il suo spirito sereno.

unhealable [,ʌn'hi:ləbl / un·heal·able] *agg.* inguaribile.

unhealthy [,ʌn'helθɪ / un·healthy] *agg.* **1** malsano, insalubre; (*fig.*) dannoso; morboso: — *curiosity*, curiosità morbosa; *the most — region*, la regione più insalubre **2** malaticcio, non in buona salute: — *complexion*, colorito malsano **3** (*fam.*) pericoloso: *this place is rather —*, questo luogo è piuttosto pericoloso, esposto al fuoco // **-ily** *avv.* // **-iness** *s.*

unheard [,ʌn'hɜ:d / un·heard] *agg.* **1** non udito; non percepito: *the ship's SOS went —*, l'sos della nave non fu udito **2** non ascoltato: — *prayer*, preghiera non esaudita; *I will not condemn you —*, non ti condannerò senza averti ascoltato **3** (*ant.*) non menzionato; sconosciuto, strano.

unheard-of [,ʌn'hɜ:dɒv] *agg.* inaudito, senza precedenti: *an — crime*, un delitto inaudito.

unheated [,ʌn'hi:tɪd / un·heated] *agg.* non riscaldato: — *greenhouse*, serra fredda.

unheeded [,ʌn'hi:dɪd / un·heeded] *agg.* non curato, negletto; inosservato; trascurato: *to pass —*, passare inosservato; *an — warning*, un avvertimento trascurato.

unheedful [,ʌn'hi:dfʊl / un·heed·ful] *agg.* disattento, sbadato.

unheeding [,ʌn'hi:dɪŋ / un·heed·ing] *agg.* **1** distratto, disattento **2** incurante.

unhelmed [,ʌn'helmd / un·helmed] *agg.* senza elmo.

unhelped [,ʌn'helpt / un·helped] *agg.* non aiutato; senza aiuto.

unhelpful [,ʌn'helpfʊl / un·help·ful] *agg.* vano, inutile: — *advice*, consiglio vano // **-ly** *avv.*

unheroic [,ʌnhɪ'rəʊɪk / un·he·roic] *agg.* poco eroico; pusillanime.

unhesitating [,ʌn'hezɪteɪtɪŋ / un·hes·it·at·ing] *agg.* che non esita; fermo, risoluto: — *reply*, risposta pronta // **-ly** *avv.*

unhewn [,ʌn'hju:n / un·hewn] *agg.* non sbozzato, informe; (*fig.*) rozzo, grezzo: — *stone*, pietra grezza; — *style*, stile grossolano.

unhidden [,ʌn'hɪdn / un·hid·den] *agg.* non celato; aperto, manifesto.

unhindered [,ʌn'hɪndəd / un·hin·dered] *agg.* non ostacolato, senza impedimento.

to **unhinge** [,ʌn'hɪndʒ / un·hinge] *v.tr.* **1** scardinare; togliere dai cardini **2** (*fig.*) sconvolgere: *his mind is unhinged*, la sua mente è sconvolta, è fuori di testa.

unhired [,ʌn'haɪəd / un·hired] *agg.* **1** non noleggiato; non affittato **2** (*amer.*) non assunto (di persona).

unhistoric(al) [,ʌn'hɪstɒrɪk(l) / un·his·toric, un·his·tor·ical] *agg.* leggendario.

to **unhitch** [,ʌn'hɪtʃ / un·hitch] *v.tr.* staccare, distaccare.

unholy [,ʌn'həʊlɪ / un·holy] *agg.* **1** non santo, non sacro; profano **2** empio, sacrilego **3** (*fam.*) terribile: — *mess*, disordine spaventoso ◆ *s.* persona empia // **-ily** *avv.* // **-iness** *s.*

to **unhook** [,ʌn'hʊk / un·hook] *v.tr.* sganciare; staccare; slacciare: *to — one's dress*, slacciarsi l'abito ◆ *v.intr.* sganciarsi; staccarsi.

unhoped-for [,ʌn'həʊptfɔ:*] *agg.* insperato, inatteso: *an — success*, un successo insperato.

to **unhorse** [,ʌn'hɔ:s / un·horse] *v.tr.* **1** disarcionare **2** staccare i cavalli da.

unhung [,ʌn'hʌŋ / un·hung] *agg.* **1** non appeso, non esposto (di quadro) **2** non impiccato **3** (*rar.*) senza tappezzerie.

unhurt [,ʌn'hɜ:t / un·hurt] *agg.* illeso, incolume; sano e salvo.

unhurtful [,ʌn'hɜ:tfʊl / un·hurt·ful] *agg.* non nocivo, innocuo.

unhusbanded [,ʌn'hʌzbəndɪd / un·hus·banded] *agg.* **1** non curato, non coltivato **2** (*rar.*) senza marito.

unhusked [,ʌn'hʌskt / un·husked] *agg.* non sgusciato; col baccello.

uni- [ju:nɪ] *pref.* di origine latina che significa uno, formato da uno; it. uni-, mono-: *unicellular*, unicellulare; *unidirectional*, unidirezionale; *unimolecular*, monomolecolare.

Uniat ['ju:nɪæt] **Uniate** ['ju:nɪɪt] *s.* (*st. relig.*) uniate.

uniaxial [,ju:nɪ'æksɪəl / uni·ax·ial] *agg.* (*scient.*) uniassiale, monoassiale: (*fis.*) — *crystal*, cristallo uniassico.

unicameral [,ju:nɪ'kæmərəl / uni·cam·eral] *agg.* (*pol.*) monocamerale.

unicellular [,ju:nɪ'seljʊlə* / uni·cel·lu·lar] *agg.* (*biol.*) unicellulare.

unicorn ['ju:nɪkɔ:n / uni·corn] *s.* **1** (*mit.*) unicorno, liocorno **2** (*zool.*) narvalo.

unideal [,ʌnaɪ'dɪəl / un·ideal] *agg.* non ideale; prosaico.

unidentified [,ʌnaɪ'dentɪfaɪd / un·iden·ti·fied] *agg.* non identificato: — *flying object*, oggetto volante non identificato, ufo.

unidiomatic [,ʌnɪdɪə'mætɪk / un·idio·matic] *agg.* non idiomatico.

unidirectional [,ju:nɪdɪ'rekʃənl / uni·dir·ec·tional] *agg.* unidirezionale.

unification [,ju:nɪfɪ'keɪʃn / uni·fica·tion] *s.* unificazione.

unified ['ju:nɪfaɪd / uni·fied] *agg.* unificato: (*fis.*) — *field theory*, teoria di campo unificata // (*fin.*) — *bonds*, titoli consolidati.

unifier ['ju:nɪfaɪə* / uni·fier] *s.* unificatore.

unifoliate [,ju:nɪ'fəʊlɪɪt / uni·fo·li·ate] *agg.* (*bot.*) che ha una sola foglia.

uniform ['ju:nɪfɔ:m / uni·form] *agg.* uniforme; costante: — *temperature*, temperatura costante; — *velocity*, velocità uniforme; *body of — density*, corpo uniformemente compatto; (*mat.*) — *space*, spazio uniforme ◆ *s.* uniforme, divisa: *in* —, in uniforme; *out of* —, in borghese // (*mil.*): *drill* —, tenuta da campo; *full* (*dress*) —, alta tenuta; *field service* —, tenuta da campagna; *undress* —, divisa ordinaria // **-ly** *avv.*

to **uniform** *v.tr.* **1** uniformare **2** far indossare l'uniforme a.

uniformed ['ju:nɪfɔ:md / uni·formed] *agg.* in uniforme.

uniformitarianism [,ju:nɪ,fɔ:mɪ'teərɪənɪzm / uni·form·it·arian·ism] *s.* (*geol.*) attualismo.

uniformity [,ju:nɪ'fɔ:mətɪ / uni·form·ity] *s.* **1** uniformità; regolarità; costanza **2** (*relig.*) *Uniformity*, conformismo // (*st. inglese*) *Act of Uniformity*, legge per l'uniformità del culto.

to **unify** ['ju:nɪfaɪ] *v.tr.* unificare.

unilabiate [,ju:nɪ'leɪbɪɪt / uni·la·bi·ate] *agg.* (*bot.*) unilabiato.

unilateral [,ju:nɪ'lætərəl / uni·lat·eral] *agg.* unilaterale: (*dir.*) — *contract*, contratto unilaterale // **-ly** *avv.*

unilateralism [,ju:nɪ'lætərəlɪzəm / uni·lat·eral·ism] *s.* unilateralità.

unilluminated [,ʌnɪ'lju:mɪneɪtɪd *amer.* ,ʌnɪ'lu:mɪneɪtɪd / un·il·lu·min·ated] *agg.* **1** non illuminato; oscuro **2** (*fig.*) poco ispirato **3** non miniato (di codice medievale).

unillumined [,ʌnɪ'lju:mɪnd *amer.* ,ʌnɪ'lu:mɪnd / un·il·lu·mined] *agg.* non illuminato.

unillustrated [,ʌn'ɪləstreɪtɪd / un·il·lus·trated] *agg.* **1** non illustrato, privo di illustrazioni **2** privo di esempi.

unilocular [,ju:nɪ'lɒkjʊlə* / uni·locu·lar] *agg.* (*bot.*) monoloculare.

unimaginable [,ʌnɪ'mædʒɪnəbl / un·ima·gin·able] *agg.* inimmaginabile; inconcepibile // **-ness** *s.* // **-bly** *avv.*

unimaginative [,ʌnɪ'mædʒɪnətɪv / un·ima·gin·at·ive] *agg.* privo di immaginazione, privo di fantasia; prosaico // **-ly** *avv.* // **-ness** *s.*

unimagined [,ʌnɪ'mædʒɪnd / un·ima·gined] *agg.* inimmaginato.

unimpaired [,ʌnɪm'peəd / un·im·paired] *agg.* non danneggiato; inalterato, intatto; in tutto il suo vigore: *with faculties* —, in pieno possesso delle proprie facoltà; *his mind is* —, conserva ancora una mente lucidissima.

unimpassioned [,ʌnɪm'pæʃnd / un·im·pas·sioned] *agg.* spassionato; calmo; freddo, distaccato: — *speech*, discorso misurato.

unimpeachable [,ʌnɪm'pi:tʃəbl / un·im·peach·able] *agg.* (*form.*) **1** incensurabile, irreprensibile, inattaccabile **2** irrefutabile; incontestabile: *I have it from an — source*, lo so da (una) fonte sicura // **-ness** *s.* // **-bly** *avv.*

unimpeded [,ʌnɪm'pi:dɪd / un·im·peded] *agg.* non impedito, non ostacolato; libero.

unimportant [,ʌnɪm'pɔ:tənt / un·im·port·ant] *agg.* privo d'importanza; insignificante, trascurabile: *this is quite — to me*, è del tutto irrilevante per me, non me ne importa proprio nulla.

unimposed [,ʌnɪm'pəʊzd / un·im·posed] *agg.* non imposto, spontaneo.

unimposing [,ʌnɪm'pəʊzɪŋ / un·im·pos·ing] *agg.* **1** poco importante; che non fa soggezione **2** insignificante.

unimpressed [,ʌnɪm'prest / un·im·pressed] *agg.* **1** non impressionato **2** non impresso (di moneta ecc.).

unimpressionable [,ʌnɪm'preʃnəbl / un·im·pres·sion·able] *agg.* non impressionabile, non emotivo.

unimpressive [,ʌnɪm'presɪv / un·im·press·ive] *agg.* che non impressiona, non colpisce; che non commuove // **-ly** *avv.*

unimprisoned [,ʌnɪm'prɪznd / un·im·pris·oned] *agg.* non imprigionato, libero.

unimprovable [,ʌnɪm'pru:vəbl / un·im·prov·able] *agg.* **1** incorreggibile **2** non suscettibile di miglioramenti, perfetto.

unimproved [,ʌnɪm'pru:vd / un·im·proved] *agg.* non migliorato, non valorizzato, senza migliorie // — *site value*, valore intrinseco di terreno (indipendentemente dalle migliorie).

unimpugned [,ʌnɪm'pju:nd / un·im·pugned] *agg.* (*dir.*) non impugnato, non contestato.

unincorporated [,ʌnɪn'kɔ:pəreɪtɪd / un·in·cor·por·ated] *agg.* (*dir. comm.*) non costituito in società; non registrato; privo di personalità giuridica: — *association*, associazione priva di personalità giuridica, società non registrata.

unindebted [,ʌnɪn'detɪd / un·in·debted] *agg.* non indebitato, senza debiti.

unindexed [,ʌn'ɪndekst / un·in·dexed] *agg.* senza indice dei nomi; non registrato nell'indice dei nomi.

unindorsed [,ʌnɪn'dɔ:st / un·in·dorsed] *agg.* (*comm.*) non girato.

uninfected [,ʌnɪn'fektɪd / un·in·fec·ted] *agg.* non infetto, non contaminato; indenne da infezione.

uninfectious [,ʌnɪn'fekʃəs / un·in·fec·ti·ous] *agg.* non contagioso, non infettivo.

uninfested [,ʌnɪn'festɪd / un·in·fested] *agg.* non infestato.

uninflammable [,ʌnɪn'flæməbl / un·in·flam·mable] *agg.* non infiammabile, incombustibile.

uninfluenced [,ʌn'ɪnflʊənst / un·in·flu·enced] *agg.* non influenzato.

uninfluential [,ʌn,ɪnflʊ'enʃl / un·in·flu·ent·ial] *agg.* ininfluente.

uninformed [,ʌnɪn'fɔ:md / un·in·formed] *agg.* **1** non informato, ignaro **2** ignorante.

uninhabitable [,ʌnɪn'hæbɪtəbl / un·in·hab·it·able] *agg.* inabitabile // **-ness** *s.*

uninhabited [,ʌnɪn'hæbɪtɪd / un·in·hab·ited] *agg.* disabitato, deserto.

uninhibited [,ʌnɪn'hɪbɪtɪd / un·in·hib·ited] *agg.* disinibito, senza inibizioni // **-ly** *avv.* // **-ness** *s.*

uninitiated [,ʌnɪ'nɪʃɪeɪtɪd / un·ini·ti·ated] *agg.* non iniziato, non introdotto // *the* —, i profani, i non iniziati.

uninjured [,ʌn'ɪndʒəd / un·injured] *agg.* incolume; indenne; illeso; intatto.

uninjurious [,ʌnɪn'dʒʊərɪəs / un·in·jur·ious] *agg.* (*non com.*) innocuo.

uninominal [,ju:nɪ'nɒmɪnl / uni·nom·inal] *agg.* uninominale, individuale.

uninquiring [,ʌnɪn'kwaɪərɪŋ / un·in·quir·ing] *agg.* non curioso, che non chiede, che non indaga.

uninquisitive [,ʌnɪn'kwɪzətɪv / un·in·quis·it·ive] *agg.* non curioso, che non indaga.

uninspired [,ʌnɪn'spaɪəd / un·in·spired] *agg.* non ispirato, senza ispirazione; prosaico.

uninstructed [,ʌnɪn'strʌktɪd / un·in·struc·ted] *agg.* **1** non istruito, ignorante **2** che non ha ricevuto istruzioni.

uninstructive [,ʌnɪn'strʌktɪv / un·in·struct·ive] *agg.* non istruttivo; poco indicativo.

uninsulated [,ʌn'ɪnsjʊleɪtɪd / un·in·su·lated] *agg.* non isolato; non staccato.

uninsurable [,ʌnɪn'ʃʊərəbl / un·in·sur·able] *agg.* che non si può assicurare, non assicurabile: (*econ.*) — *risk*, rischio non assicurabile.

uninsured [,ʌnɪn'ʃʊəd / un·in·sured] *agg.* non assicurato.

unintellectual [,ʌnɪntə'lektjʊəl / un·in·tel·lec·tual] *agg.* non intellettuale.

unintelligence [,ʌnɪn'telɪdʒəns / un·in·tel·li·gence] *s.* (*rar.*) mancanza di intelligenza, ottusità.

unintelligent [,ʌnɪn'telɪdʒənt / un·in·tel·li·gent] *agg.* non intelligente, ottuso; stupido // **-ly** *avv.*

unintelligibility ['ʌnɪn,telɪdʒə'bɪlətɪ / un·in·tel·li·gib·il·ity] *s.* inintelligibilità, incomprensibilità.

unintelligible [,ʌnɪn'telɪdʒəbl / un·in·tel·li·gible] *agg.* inintelligibile, incomprensibile // **-bly** *avv.*

unintended [,ʌnɪn'tendɪd / un·in·ten·ded] *agg.* involontario; non intenzionale; non prestabilito.

unintentional [,ʌnɪn'tenʃənl / un·in·ten·tional] *agg.* non intenzionale, involontario; (*dir.*) preterintenzionale // **-ly** *avv.*

uninterested [,ʌn'ɪntrəstɪd / un·in·ter·ested] *agg.* non interessato, indifferente.

uninteresting [,ʌn'ɪntrəstɪŋ / un·in·ter·est·ing] *agg.* poco interessante; privo di interesse // **-ly** *avv.*

unintermitted [,ʌn,ɪntə'mɪtɪd / un·in·ter·mitted] *agg.* (*rar.*) ininterrotto.

unintermitting [,ʌn,ɪntə'mɪtɪŋ / un·in·ter·mit·ting] *agg.* incessante, ininterrotto, continuo // **-ly** *avv.*

uninterpreted [,ʌnɪn'tɜ:prɪtɪd / un·in·ter·preted] *agg.* non interpretato.

uninterrupted [,ʌn,ɪntə'rʌptɪd / un·in·ter·rup·ted] *agg.* ininterrotto, continuo: — *correspondence*, corrispondenza ininterrotta // **-ly** *avv.*

uninucleate [,ju:nɪ'nju:klɪət *amer.* ,ju:nɪ'nu:klɪət / uni·nuc·le·ate] *agg.* (*biol.*) uninucleare.

uninvaded [,ʌnɪn'veɪdɪd / un·in·vaded] *agg.* **1** non invaso **2** non violato.

uninventive [,ʌnɪn'ventɪv / un·in·vent·ive] *agg.* non inventivo; privo di immaginazione.

uninvested [,ʌnɪn'vestɪd / un·in·vested] *agg.* **1** non investito (di capitale, denaro) **2** (*mil.*) non assediato.

uninvited [,ʌnɪn'vaɪtɪd / un·in·vited] *agg.* non invitato: *to come* —, venire senza essere invitato.

uninviting [,ʌnɪn'vaɪtɪŋ / un·in·vit·ing] *agg.* poco invitante; poco allettante; poco appetitoso.

uninvolved [,ʌnɪn'vɒlvd / un·in·volved] *agg.* **1** non implicato, non coinvolto **2** semplice; non involuto.

union ['ju:njən] *s.* **1** unione; l'unire, l'unirsi; matrimonio: *a lasting* —, un matrimonio durevole **2** associazione; lega; società; confederazione: (*university*) —, circolo, associazione universitaria; (*student*) —, unione, associazione degli studenti; edificio delle riunioni // *the Soviet Union*, l'Unione Sovietica // *the Union*, gli Stati Uniti; gli Stati del Nord (durante la guerra di secessione) **3** sindacato: (*trade*) —, sindacato; (*labor*) —, (*amer.*) sindacato; — *agreement*, accordo sindacale; — *bargaining*, contrattazione sindacale; — *officer*, sindacalista; — *steward*, rappresentante sindacale // — *shop*, impresa con tutti i dipendenti membri del sindacato // *farmers'* —, consorzio agrario **4** concordia, accordo: *in perfect* —, in perfetta armonia **5** (*mecc.*) raccordo, bocchettone: — *sleeve*, manicotto di raccordo **6** (*mat.*, *log.*) unione **7** (*tess.*) tessuto misto **8** (*st.*) — (*workhouse*), ospizio fondato da alcune parrocchie riunite **9** (*ant.*) perla di grande dimensione e valore: *the King shall drink to Hamlet's better breath, / and in the cup a union shall he throw*, (SH. Hamlet) il re brinderà alla salute migliorata di Amleto e nella coppa getterà una perla.

union card ['ju:njən,kɑ:d] *s.* tessera sindacale.

unionism ['ju:njənɪzəm / uni·on·ism] *s.* **1** unionismo // *Unionism*, movimento che in Gran Bretagna sostiene l'unione dell'Irlanda del Nord al Regno Unito; (*st. amer.*) fedeltà all'Unione, antisecessionismo **2** (*trade*) —, sindacalismo, unionismo, tradunionismo.

unionist ['ju:njənɪst / uni·on·ist] *s.* **1** unionista // (*st. amer.*) antisecessionista **2** (*trade*) —, membro di, iscritto a un sindacato.

unionization [,ju:njənaɪ'zeɪʃn / uni·on·iza·tion] *s.* sindacalizzazione.

to **unionize** ['ju:njənaɪz / uni·on·ize] *v.tr.* **1** riunire (in associazioni, sindacati ecc.) **2** sindacalizzare.

Union Jack [,ju:njən'dʒæk] *s.* Union Jack (bandiera nazionale britannica).

union suit ['ju:njən,su:t] *s.* (*amer.*) combinazione (di maglia e mutande) da uomo.

uniparous [ju:'nɪpərəs / uni·par·ous] *agg.* (*biol.*) uniparo.

unipolar [,ju:nɪ'pəʊlə* / uni·po·lar] *agg.* (*scient.*) unipolare: — *transistor*, transistor unipolare.

uniprogramming [,ju:nɪ'prəʊgræmɪŋ / uni·pro·gram·ming] *s.* (*inform.*) monoprogrammazione.

unique [ju:'ni:k] *agg.* **1** unico, solo, singolo: — *of its kind*, unico nel suo genere; *this animal is — to Australia*, questo animale vive solo in Australia **2** senza eguale, eccezionale // **-ly** *avv.* // **-ness** *s.*

unirritated [,ʌn'ɪrɪteɪtɪd / un·ir·rit·ated] *agg.* non irritato.

unisepalous [,ju:nɪ'sepələs / uni·sepal·ous] *agg.* (*bot.*) monosepalo.

uniserial [,ju:nɪ'sɪərɪəl / uni·serial] *agg.* in una serie, in una fila.

unisex ['ju:nɪseks / uni·sex] *agg.* e *s.* unisex.

unisexual [,ju:nɪ'seksjʊəl / uni·sexual] *agg.* (*biol.*) unisessuale.

unison ['ju:nɪsn / uni·son] *s.* **1** (*mus.*) unisono **2** (*fig.*) accordo, concordia: *in* —, all'unisono; in armonia, d'accordo; *they acted in perfect* —, agivano in perfetto accordo.

unisonant [ju:'nɪsənənt / uni·son·ant] *agg.* all'unisono.

unisonous [ju:'nɪsənəs / uni·son·ous] *agg.* **1** (*mus.*) unisono **2** (*fig.*) d'accordo.

unissued [,ʌn'ɪʃu:d / un·is·sued] *agg.* (*fin.*) non emesso.

unit ['ju:nɪt] *s.* **1** unità (*anche mat.*); unità di misura: — *of area*, unità di superficie; — *of heat*, unità di calore // (*econ.*): *monetary* —, unità monetaria; — *of account*, unità di conto **2** complesso, insieme, gruppo: *the lens — of a camera*, l'insieme di lenti di una macchina fotografica; *bedroom units*, (arredamento componibile per) camera da letto **3** unità, reparto, squadra, gruppo (*anche mil.*) **4** capitolo, lezione, unità: *teaching* —, unità didattica **5** (*inform.*) unità ◆ *agg.* **1** dell'unità; delle, relativo alle unità: (*fis.*) — *system*, sistema di unità // (*inform.*) — *set*, fascio di stampati (non continuo) **2** unitario; singolo: (*fis.*) — *cell*, cella unitaria; (*mat.*) — *circle*, cerchio unitario // (*econ.*): — *elasticity*, elasticità unitaria; — *cost*, *price*, costo, prezzo unitario // (*banca*) — *bank*, banca senza filiali // (*inform.*): — *form*, documento unitario, non stampato su modulo continuo; — *record*, registrazione unitaria; — *record card*, scheda perforata; — *record machine*, macchina a schede perforate; — *record processor*, processore di servizio; — *record equipment operator*, operatore meccanografico.

Unitarian [,ju:nɪ'teərɪən / Unit·arian] *agg.* e *s.* (*st. relig.*) unitariano, antitrinitario.

Unitarianism [,ju:nɪ'teərɪənɪzəm / Unit·ari·an·ism] *s.* (*st. relig.*) unitarianismo, unitarianesimo.

unitary ['ju:nɪtərɪ *amer.* 'ju:nɪterɪ / unit·ary] *agg.* unitario: (*fis.*) — *symmetry*, simmetria unitaria.

to **unite** [ju:'naɪt] *v.intr.* **1** unirsi; congiungersi; combinarsi: *England and Scotland united in 1707*, l'Inghilterra e la Scozia si unirono nel 1707; *they were bound to* —, erano destinati a unirsi (in matrimonio); *water will not — with oil*, l'acqua non si combina con l'olio **2** mettersi d'accordo; allearsi; agire congiuntamente: *they united in their hate against him*, si allearono nel comune odio contro di lui; *to — to do sthg.*, unirsi per fare qlco. ◆ *v.tr.* unire; congiungere; combinare.

united [ju:'naɪtɪd] *agg.* unito; congiunto; combinato: *a — effort*, uno sforzo congiunto (per un comune proposito) // *the United Kingdom*, il Regno Unito // **-ly** *avv.*

uniterm ['ju:nɪtɜ:m / uni·term] *s.* (*inform.*) descrittore (usato nella ricerca documentaria).

unit trust ['ju:nɪt,trʌst] *s.* (*fin.*) fondo comune di investimento aperto.

unity ['ju:nətɪ] *s.* **1** unità: *that painting lacks* —, quel quadro manca di unità // (*teatr.*) *the dramatic unities*, le (tre) unità drammatiche **2** armonia, accordo; unità: — *is essential to a community*, la buona armonia è essenziale in una comunità; *they lived together in perfect* —, vissero insieme in perfetto accordo // — *is strength*, (*prov.*) l'unione fa la forza.

univalence [,ju:nɪ'veɪləns / uni·val·ence]
univalency [,ju:nɪ'veɪlənsɪ / uni·val·ency] *s.* (*chim.*) monovalenza.

univalent [,ju:nɪ'veɪlənt / uni·va·lent] *agg.* (*chim.*) monovalente.

univalve ['ju:nɪvælv / uni·valve] *agg.* (*zool.*) univalve ◆ *s.* (*zool.*) mollusco univalve.

univalvular [,ju:nɪ'vælvjʊlə* / uni·valv·ular] *agg.* (*bot.*) univalve.

universal [,ju:nɪ'vɜ:sl / uni·ver·sal] *agg.* **1** universale; totale, generale: *they met with — applause*, ottennero il plauso universale; *to make* —, universalizzare; — *provider*, negoziante di generi vari // (*comm. dir.*) — *agent*, mandatario generale // (*econ.*) — *price control*, controllo generale dei prezzi // (*mecc.*) — *coupling* (o — *joint*), giunto universale // (*fis.*) — *gas constant*, costante universale dei gas **2** (*astr.*) universale, cosmico // — *time*, ora di Greenwich ◆ *s.* (*fil.*) universale.

universalism [,ju:nɪ'vɜ:səlɪzəm / uni·ver·sal·ism] *s.* (*teol.*) universalismo.

universalist [,ju:nɪ'vɜ:səlɪst / uni·ver·sal·ist] *s.* (*teol.*) universalista.

universality [,ju:nɪvɜ:'sælətɪ / uni·ver·sal·ity] *s.* universalità.

universalization [,ju:nɪ,vɜ:səlaɪ'zeɪʃn / uni·ver·sal·iza·tion] *s.* universalizzazione.

to **universalize** [,ju:nɪ'vɜ:səlaɪz / uni·ver·sal·ize] *v.tr.* universalizzare.

universally [,ju:nɪ'vɜ:səlɪ / uni·ver·sally] *avv.* universalmente.

universe ['ju:nɪvɜ:s / uni·verse] *s.* **1** universo, cosmo // (*astrofisica*) *expanding* —, (teoria dell')espansione dell'universo **2** (*stat.*) universo, popolazione.

university [,ju:nɪ'vɜ:sətɪ / uni·ver·sity] *s.* **1** università: — *boat race*, gara di canottaggio tra squadre universitarie; — *degree*, laurea; — *education*, istruzione universitaria; — *lecturer*, docente universitario **2** gli appartenenti a una università (professori e studenti) **3** associazione, squadra rappresentante l'università.

university town [,ju:nɪ'vɜ:sɪtɪ,taʊn] *s.* città universitaria.

univocal [,ju:nɪ'vəʊkl / uni·vo·cal] *agg.* **1** univoco; non ambiguo **2** (*ant.*) unanime // **-ly** *avv.*

unjointed [,ʌn'dʒɔɪntɪd / un·jointed] *agg.*

1 disgiunto; senza giunture **2** (*fig.*) incoerente, scucito.

unjudged [,ʌn'dʒʌdʒd / un·judged] *agg.* non giudicato, ingiudicato.

unjust [,ʌn'dʒʌst / un·just] *agg.* ingiusto: (*dir.*) — *enrichment*, arricchimento indebito // **-ly** *avv.* // **-ness** *s.*

unjustifiable [,ʌn'dʒʌstɪfaɪəbl / un·jus·ti·fi·able] *agg.* ingiustificabile // **-bly** *avv.* // **-ness** *s.*

unjustified [,ʌn'dʒʌstɪfaɪd / un·jus·ti·fied] *agg.* ingiustificato.

unkempt [,ʌn'kem*p*t / un·kempt] *agg.* **1** spettinato, scarmigliato: — *beard*, barba incolta **2** trascurato, disordinato; sciatto.

unkenned [,ʌn'kend / un·kenned] *agg.* (*ant.*) sconosciuto, ignoto.

to **unkennel** [,ʌn'kenl / un·ken·nel] *pass.p.p.* **unkennelled** [,ʌn'kenld / un·ken·nel·led] *v.tr.* **1** stanare, far uscire dalla tana **2** far uscire dal canile.

unkind [,ʌn'kaɪnd / un·kind] *agg.* **1** sgarbato, scortese: *he was — to me*, fu scortese con me **2** cattivo; inclemente, duro, crudele **3** (*ant.*) ingrato // **-ly** *avv.* // **-ness** *s.*

unkindly [,ʌn'kaɪndlɪ / un·kind·ly] *agg.* (*form.*) → **unkind**.

to **unknit** [,ʌn'nɪt / un·knit] *pass.p.p.* **unknitted** [,ʌn'nɪtɪd / un·knit·ted] *v.tr.* (*spec. fig.*) disfare, sciogliere // *to — one's brows*, rasserenarsi in viso ◆ *v.intr.* disfarsi, sciogliersi.

to **unknot** [,ʌn'nɒt / un·knot] *pass.p.p.* **unknotted** [,ʌn'nɒtɪd / un·knot·ted] *v.tr.* slegare, slacciare, disfare i nodi di.

unknowable [,ʌn'nəʊəbl / un·know·able] *agg.* che non si può sapere; inconoscibile.

unknowing [,ʌn'nəʊɪŋ / un·know·ing] *agg.* (*form.*) ignaro, inconsapevole // **-ly** *avv.*

unknown [,ʌn'nəʊn / un·known] *agg.* sconosciuto, ignoto // — *to me*, a mia insaputa // *the Unknown Warrior*, il Milite Ignoto ◆ *s.* **1** ignoto: *towards the* —, verso l'ignoto **2** (*mat.*) incognita.

unlabelled [,ʌn'leɪbld / un·la·belled] *agg.* senza etichetta.

unlaborious [,ʌnlə'bɔ:rɪəs / un·la·bori·ous] *agg.* non laborioso, semplice.

unlaboured [,ʌn'leɪbəd / un·la·boured] *agg.* **1** non lavorato, incolto (di terreno) **2** non elaborato, spontaneo, scorrevole (di stile).

to **unlace** [,ʌn'leɪs / un·lace] *v.tr.* slacciare, sciogliere.

to **unlade** [,ʌn'leɪd / un·lade] *pass.* **unladed** [,ʌn'leɪdɪd / un·laded] *p.p.* **unladen** [,ʌn'leɪdn / un·laden] *v.tr.* scaricare; togliere la soma da.

unladen *agg.* non caricato; scaricato; scarico.

unladylike [,ʌn'leɪdɪlaɪk / un·la·dy·like] *agg.* non adatto a una signora; indegno di una signora.

unlamented [,ʌnlə'mentɪd / un·la·men·ted] *agg.* non rimpianto, illacrimato.

to **unlash** [,ʌn'læʃ / un·lash] *v.tr.* (*mar.*) allentare, sciogliere (gomene).

to **unlatch** [,ʌn'lætʃ / un·latch] *v.tr.* togliere il paletto, il chiavistello a.

unlawful [,ʌn'lɔ:fʊl / un·law·ful] *agg.* illegale; illecito; illegittimo: — *arrest*, arresto illegale; — *seizure*, sequestro illegale; — *assembly*, riunione illegale; — *possession*, possesso illecito // **-ly** *avv.* // **-ness** *s.*

to **unlax** [,ʌn'læks / un·lax] *v.intr.* (*fam. amer.*) rilassarsi; lasciarsi andare.

to **unlay** [,ʌn'leɪ / un·lay] *pass.p.p.* **unlaid** [,ʌn'leɪd / un·laid] *v.tr.* (*mar.*) disfare, sciogliere i capi di (una fune).

to **unlead** [,ʌn'led / un·lead] *v.tr.* (*tip.*) sterlineare.

unleaded [,ʌn'ledɪd / un·leaded] *agg.* **1** (*chim.*) senza piombo: — *gasoline*, benzina senza piombo **2** (*tip.*) sterlineato: — *composition*, composizione sterlineata.

to **unlearn** [,ʌn'lɜ:n / un·learn] *pass.p.p.* **unlearnt** [,ʌn'lɜ:nt / un·learnt] **unlearned** *v.tr.* disimparare, dimenticare.

unlearned [,ʌn'lɜ:nɪd / un·learned] *agg.* non istruito; ignorante; illetterato // **-ly** *avv.* // **-ness** *s.*

unlearnt [,ʌn'lɜ:nt / un·learnt] *pass.p.p.* di to **unlearn** ◆ *agg.* disimparato; non imparato.

to **unleash** [,ʌn'li:ʃ / un·leash] *v.tr.* sguinzagliare, slegare (cani ecc.).

unleavened [,ʌn'levnd / un·leavened] *agg.* non lievitato; senza lievito; (*fig.*) senza fermento // — *bread*, pane azzimo.

unled [,ʌn'led / un·led] *agg.* non guidato, senza guida.

unless [ən'les / un·less] *cong.* a meno che, salvo che, se non, eccetto se: *he said he would prosecute me — I paid him immediately*, disse che mi avrebbe fatto causa se non lo pagavo immediatamente; — *they agree to my conditions, I won't sign the contract*, se non accetteranno le mie condizioni, non firmerò il contratto; *the plants won't survive — you water them regularly*, se non le innaffiate regolarmente, le piante moriranno; — *I'm very much mistaken, there's something wrong with these figures*, a meno che non mi sbagli di grosso, c'è qualcosa di errato in queste cifre; *I couldn't buy the flat — they gave me a mortgage*, non potrei comprare l'appartamento se non mi dessero il mutuo.

unlettered [,ʌn'letəd / un·let·tered] *agg.* **1** illetterato; analfabeta; ignorante **2** non espresso in lettere alfabetiche.

unlevelled [,ʌn'levld / un·lev·elled] *agg.* non livellato, non spianato; accidentato (di terreno).

unlicensed [,ʌn'laɪsənst / un·li·censed] *agg.* non autorizzato, illecito; senza permesso, senza licenza: — *premises*, locale dove la vendita di alcolici non è autorizzata.

unlicked [,ʌn'lɪkt / un·licked] *agg.* **1** (*spec. fig.*) non leccato; non levigato **2** (*non com.*) rozzo, non manierato **3** (*sport*) imbattuto.

unlike ['ʌn'laɪk / un·like] *agg.predicativo* dissimile; diverso; poco somigliante: *the two brothers were quite — in their behaviour*, i due fratelli erano del tutto diversi nel loro comportamento; *the translations of the poem are more — than I expected*, le traduzioni della poesia sono più dissimili di quanto mi aspettassi; *the twins couldn't be more* —, i gemelli non potevano essere meno somiglianti.

unlike *prep.* diversamente da, a differenza di: *her daughter is very — her*, sua figlia è molto diversa da lei, non le rassomiglia affatto; *Finnish is totally — a Germanic language*, il finnico è completamente diverso da una lingua germanica; *our new boss is very much — our last one*, il nostro nuovo capo non assomiglia affatto all'ultimo; — *the others, he was wearing a raincoat and carried an umbrella*, diversamente dagli altri, egli indossava un impermeabile e portava un ombrello; — *you, I sometimes admit I've made a mistake*, a differenza di te, io ammetto qualche volta di aver sbagliato; — *most of your guests he smoked and drank like a fish*, a differenza della maggior parte dei tuoi ospiti, lui fumava e beveva come una spugna; *it was — him to forget her birthday*, non era da lui dimenticarsi del suo compleanno; *how — David to lose his temper!*, non è certo da David perdere le staffe!

unlikelihood [,ʌn'laɪklɪhʊd / un·like·li·hood] **unlikeliness** [,ʌn'laɪklɪnɪs / un·like·li·ness] *s.* inverosimiglianza, improbabilità.

unlikely [,ʌn'laɪklɪ / un·likely] *agg.* inverosimile, improbabile: *an — story*, una storia inverosimile; *he is — to leave this evening*, è improbabile che parta questa sera ◆ *avv.* improbabilmente.

unlikeness [,ʌn'laɪknɪs / un·like·ness] *s.* dissomiglianza, differenza.

to **unlimber** [,ʌn'lɪmbə* / un·lim·ber] *v.tr.* (*mil.*) staccare l'avantreno di (cannone); mettere in batteria.

unlimited [,ʌn'lɪmɪtɪd / un·lim·ited] *agg.* illimitato; sconfinato // (*comm.*): — *liability*, responsabilità illimitata; — *company*, società in nome collettivo; società a responsabilità illimitata; — *partner*, socio accomandatario // — *policy*, polizza che copre tutti i rischi // *he smokes — cigarettes*, non fa che fumare (sigarette) // **-ly** *avv.* // **-ness** *s.*

to **unline** [,ʌn'laɪn / un·line] *v.tr.* sfoderare, togliere la fodera a.

unlined[1] [,ʌn'laɪnd / un·lined] *agg.* senza fodera, sfoderato.

unlined[2] *agg.* senza rughe, liscio.

to **unlink** [,ʌn'lɪŋk / un·link] *v.tr.* **1** sciogliere, disfare, slegare **2** disgiungere, staccare.

unliquidated [,ʌn'lɪkwɪdeɪtɪd / un·li·quid·ated] *agg.* (*comm.*) non accertato; non liquidato.

unlisted [,ʌn'lɪstɪd / un·lis·ted] *agg.* **1** non quotato // (*fin.*): — *company*, società non quotata in borsa; — *stock* (o *securities*), azioni non quotate in borsa **2** (*amer.*) → **ex -directory**.

unlit [,ʌn'lɪt / un·lit] *agg.* non illuminato.

to **unload** [,ʌn'ləʊd / un·load] *v.tr.* **1** scaricare (un veicolo): *they started unloading the ship*, incominciarono a scaricare la nave **2** togliere le pallottole a, scaricare (un'arma da fuoco) **3** togliere il rullino, la pellicola a (una macchina fotografica) **4** (*comm.*) svendere, disfarsi di; (*Borsa*) disfarsi di (un pacchetto azionario, azioni) **5** (*inform.*) svuotare; memorizzare (il contenuto di un memorizzatore); scaricare (dischi).

unloaded [,ʌn'ləʊdɪd / un·loaded] *agg.* non caricato; scaricato.

unloading [,ʌn'ləʊdɪŋ / un·load·ing] *s.* scaricamento; scarico.

unlocated [,ʌnləʊ'keɪtɪd / un·loca·ted] *agg.* non localizzato; non identificato.

to **unlock** [,ʌn'lɒk / un·lock] *v.tr.* **1** aprire (con chiave); far scattare (la serratura) **2** (*fig.*)

rivelare, scoprire (un segreto) **3** sbloccare; (*inform.*) (IBM) sbloccare una tastiera.

unlocked [,ʌn'lɒkt / un·locked] *agg.* non chiuso a chiave.

unlooked-for [,ʌn'lʊktfɔ:*] *agg.* imprevisto, inatteso, impensato.

to **unloose** [,ʌn'lu:s / un·loose] to **unloosen** [,ʌn'lu:sn / un·loosen] *v.tr.* slegare, sciogliere, slacciare.

unlovable [,ʌn'lʌvəbl / un·lov·able] *agg.* poco amabile; spiacevole, antipatico.

unloved [,ʌn'lʌvd / un·loved] *agg.* non amato.

unloveliness [,ʌn'lʌvlınıs / un·love·li·ness] *s.* bruttezza.

unlovely [,ʌn'lʌvlı / un·lovely] *agg.* poco attraente, brutto.

unloving [,ʌn'lʌvıŋ / un·lov·ing] *agg.* poco affettuoso.

unluckiness [,ʌn'lʌkınıs / un·lucki·ness] *s.* sfortuna.

unlucky [,ʌn'lʌkı / un·lucky] *agg.* **1** sfortunato, disgraziato, sventurato: *he was — enough to break his leg*, fu così sfortunato da rompersi una gamba **2** di cattivo augurio, malaugurato, sinistro // **-ily** *avv.*

unmade [,ʌn'meıd / un·made] *pass.p.p.* di to **unmake** ◆ *agg.* **1** non fatto; non confezionato; disfatto: — *bed*, letto disfatto **2** esistente senza essere stato creato.

unmaidenly [,ʌn'meıdnlı / un·maid·enly] *agg.* (*antiq.*) che non si addice a una fanciulla; immodesto.

to **unmake** [,ʌn'meık / un·make] *pass.p.p.* **unmade** [,ʌn'meıd / un·made] *v.tr.* **1** disfare **2** (*fig.*) distruggere.

unmalleable [,ʌn'mælıəbl / un·mal·le·able] *agg.* non malleabile.

to **unman** [,ʌn'mæn / un·man] *pass.p.p.* **unmanned** [,ʌn'mænd / un·manned] *v.tr.* **1** togliere forza, coraggio a; abbattere; effeminare **2** castrare, evirare **3** (*antiq.*) abbrutire **4** (*mar.*) disarmare, privare dell'equipaggio.

unmanageable [,ʌn'mænıdʒəbl / un·man·age·able] *agg.* **1** incontrollabile **2** intrattabile; indomabile **3** poco maneggevole.

unmanly [,ʌn'mænlı / un·manly] *agg.* **1** indegno di un uomo; non virile, effeminato **2** pusillanime // **-iness** *s.*

unmanned [,ʌn'mænd / un·manned] *agg.* **1** senza uomini (di nave, forte ecc.) **2** senza abitanti **3** evirato **4** (*ant.*) non domato, indomito: *hood my unmanned blood, bating in my cheeks*, (SH. Romeo and Juliet) cela il mio sangue indomito che bussa alle mie guance.

unmannered [,ʌn'mænəd / un·man·nered] *agg.* (*non com.*) maleducato, rozzo.

unmannerliness [,ʌn'mænəlınıs / un·man·ner·li·ness] *s.* scortesia.

unmannerly [,ʌn'mænəlı / un·man·nerly] *agg.* maleducato, scortese, villano ◆ *avv.* scortesemente.

unmanufactured [,ʌn,mænjʊ'fæktʃəd / un·man·u·fac·tured] *agg.* grezzo; non lavorato, non finito.

unmarked [,ʌn'mɑ:kt / un·marked] *agg.* **1** non marcato, non segnato: *an — police car*, un'auto della polizia non contrassegnata, un'auto civetta **2** inosservato **3** non caratterizzato (da) **4** senza voto, non corretto (di compito scolastico).

unmarketable [,ʌn'mɑ:kıtəbl / un·mar·ket·able] *agg.* (*comm.*) invendibile, non commerciabile.

unmarred [,ʌn'mɑ:d / un·marred] *agg.* non sciupato, non danneggiato.

unmarriageable [,ʌn'mærıdʒəbl / un·mar·riage·able] *agg.* non adatto al matrimonio; troppo giovane per il matrimonio // **-ness** *s.*

unmarried [,ʌn'mærıd / un·mar·ried] *agg.* non coniugato, non sposato.

to **unmarry** [,ʌn'mærı / un·marry] *v.tr.* (*non com.*) sciogliere il vincolo matrimoniale di ◆ *v.intr.* (*non com.*) divorziare.

to **unmask** [,ʌn'mɑ:sk *amer.* ,ʌn'mæsk / un·mask] *v.tr.* togliere la maschera a; (*fig.*) smascherare: *to — a conspiracy*, smascherare una cospirazione ◆ *v.intr.* togliersi la maschera.

unmasked [,ʌn'mɑ:skt *amer.* ,ʌn'mæskt / un·masked] *agg.* senza maschera; (*fig.*) smascherato.

unmastered [,ʌn'mɑ:stəd *amer.* ,ʌn'mæstəd / un·mas·tered] *agg.* indomato, incontrollato (di passione ecc.); non superato (di difficoltà).

unmatched [,ʌn'mætʃt / un·matched] *agg.* **1** senza rivali, impareggiabile **2** spaiato, scompagnato: *two old — chairs*, due vecchie sedie scompagnate.

unmated [,ʌn'meıtıd / un·mated] *agg.* senza compagno.

unmeant [,ʌn'ment / un·meant] *agg.* involontario, fatto senza intenzione.

unmeasurable [,ʌn'meʒərəbl / un·meas·ur·able] *agg.* (*non com.*) incommensurabile; indeterminabile; illimitato; smisurato // **-ness** *s.* // **-bly** *avv.*

unmeasured [,ʌn'meʒəd / un·meas·ured] *agg.* **1** non misurato **2** smisurato, immenso; sconfinato **3** (*form.*) non controllato (di linguaggio).

unmeditated [,ʌn'medıteıtıd / un·med·it·ated] *agg.* non meditato; non ponderato; non premeditato.

unmeet [,ʌn'mi:t / un·meet] *agg.* (*non com.*) inadatto, improprio; sconveniente // **-ly** *avv.* // **-ness** *s.*

unmelted [,ʌn'meltıd / un·mel·ted] *agg.* non fuso, non sciolto.

unmendable [,ʌn'mendəbl / un·mend·able] *agg.* irreparabile.

unmentionable [,ʌn'menʃnəbl / un·men·tion·able] *agg.* innominabile; irripetibile.

unmentionables [,ʌn'menʃnəblz / un·men·tion·ables] *s.pl.* **1** (*scherz.*) calzoni **2** (*fam. amer.*) biancheria intima.

unmentioned [,ʌn'menʃnd / un·men·tioned] *agg.* non menzionato: *to leave sthg. —*, far passare qlco. sotto silenzio.

unmercenary [,ʌn'mɜ:sınərı *amer.* ,ʌn'mɜ:sınerı / un·mer·cen·ary] *agg.* non mercenario, disinteressato.

unmerciful [,ʌn'mɜ:sıfʊl / un·mer·ci·ful] *agg.* spietato; inumano // **-ly** *avv.* // **-ness** *s.*

unmerited [,ʌn'merıtıd / un·mer·ited] *agg.* immeritato.

unmethodical [,ʌnmı'θɒdıkl / un·meth·od·ical] *agg.* non metodico, non sistematico.

unminded [,ʌn'maındıd / un·minded] *agg.* negletto, non curato.

unmindful [,ʌn'maındfʊl / un·mind·ful] *agg.* **1** immemore, dimentico: *— of his duty*, immemore del suo dovere **2** incurante: *— of warnings*, incurante degli avvertimenti // **-ly** *avv.* // **-ness** *s.*

unmingled [,ʌn'mıŋgld / un·mingled] *agg.* non mescolato; puro: *joy — with regret*, gioia scevra da rimpianto.

unmissed [,ʌn'mıst / un·missed] *agg.* di cui non si sente la mancanza, non sentito, non avvertito.

unmistakable [,ʌnmı'steıkəbl / un·mis·tak·able] *agg.* chiaro, evidente; indubbio; inconfondibile, inequivocabile: *black clouds are an — sign of coming rain*, le nuvole nere sono un segno indubbio che sta per piovere // **-bly** *avv.*

unmitigable [,ʌn'mıtıgəbl / un·mit·ig·able] *agg.* (*antiq.*) non mitigabile, non attenuabile; implacabile: *refusing her grand hests, she did confine thee, / ... / in her most unmitigable rage, / into a cloven pine*, (SH. The Tempest) quando ti rifiutasti di obbedire ai suoi alti comandi... in preda a un'implacabile furia, ti confinò nella spaccatura di un pino.

unmitigated [,ʌn'mıtıgeıtıd / un·mit·ig·ated] *agg.* **1** non mitigato, non attenuato **2** (*fam.*) vero, assoluto: *he is an — fool*, è un perfetto imbecille, un imbecille nel vero senso della parola.

unmodifiable [,ʌn'mɒdıfaıəbl / un·modi·fi·able] *agg.* non modificabile.

unmodified [,ʌn'mɒdıfaıd / un·modi·fied] *agg.* non modificato; invariato.

unmolested [,ʌnməʊ'lestıd / un·mo·les·ted] *agg.* non molestato; indisturbato.

to **unmoor** [,ʌn'mʊə* / un·moor] *v.tr.* (*mar.*) **1** disormeggiare, togliere gli ormeggi a **2** disafforcare.

unmoral [,ʌn'mɒrəl / un·moral] *agg.* amorale.

unmorality [,ʌnmə'rælətı / un·mor·al·ity] *s.* amoralità.

to **unmortgage** [,ʌn'mɔ:gıdʒ / un·mort·gage] *v.tr.* liberare da ipoteca.

unmortgaged [,ʌn'mɔ:gıdʒd / un·mort·gaged] *agg.* (*dir.*) non ipotecato, libero da ipoteca.

unmotherly [,ʌn'mʌðəlı / un·moth·erly] *agg.* indegno di una madre, poco materno.

to **unmount** [,ʌn'maʊnt / un·mount] *v.tr.* e *intr.* smontare.

unmounted [,ʌn'maʊntıd / un·moun·ted] *agg.* **1** non montato (di fotografia ecc.); non incastonato (di gemma ecc.) **2** non a cavallo; a piedi (di soldato).

unmourned [,ʌn'mɔ:nd / un·mourned] *agg.* non pianto, non compianto: *to die —*, morire incompianto.

unmov(e)able [,ʌn'mu:vəbl / un·mov(e)·able] *agg.* **1** saldo, che non può essere mosso **2** che non si commuove.

unmov(e)ably [,ʌn'mu:vəblı / un·mov(e)·ably] *avv.* saldamente.

unmoved [,ʌn'mu:vd / un·moved] *agg.* **1** non rimosso; fisso, immobile: *we found everything —*, trovammo ogni cosa al suo posto **2** impassibile, insensibile; inflessibile;

calmo: *he remained — by all entreaties*, rimase insensibile a tutte le preghiere; *to hear sthg. —*, ascoltare qlco. senza alcuna emozione.

unmoving [,ʌn'mu:vɪŋ / un·mov·ing] *agg.* **1** non commovente, che non commuove **2** immobile.

unmown [,ʌn'məʊn / un·mown] *agg.* (*agr.*) non mietuto, non falciato.

unmunitioned [,ʌnmju:'nɪʃnd / un·mu·ni·tioned] *agg.* sprovvisto di munizioni.

unmurmuring [,ʌn'mɜ:mərɪŋ / un·mur·mur·ing] *agg.* **1** che non mormora, non sussurra **2** che non si lagna, non borbotta // **-ly** *avv.*

unmusical [,ʌn'mju:zɪkl / un·mu·sical] *agg.* **1** non armonioso (di suono) **2** non musicale (di orecchio) **3** che non ama la musica, che non è portato per la musica // **-ly** *avv.*

to **unmuzzle** [,ʌn'mʌzl / un·muzzle] *v.tr.* **1** togliere la museruola a **2** (*fig.*) liberare, dare libero sfogo a: *to — the press*, togliere la censura alla stampa.

unmuzzled [,ʌn'mʌzld / un·muzzled] *agg.* **1** privo di museruola **2** (*fig.*) libero di parlare: *the press is — at last*, la stampa è finalmente libera.

to **unnail** [,ʌn'neɪl / un·nail] *v.tr.* schiodare, sbullettare.

unnamed [,ʌn'neɪmd / un·named] *agg.* **1** innominato, non nominato; non specificato **2** senza nome; anonimo.

unnatural [,ʌn'nætʃrəl / un·nat·ural] *agg.* **1** innaturale, non naturale; artificiale; *he is rather stiff and —*, è piuttosto rigido e artificioso **2** contro natura, anormale; disumano; mostruoso: *a mother who is cruel to her children is —*, una madre crudele con i propri figli è contro natura **3** inusuale; raro: *— beauty*, rara bellezza // **-ly** *avv.* // **-ness** *s.*

unnavigable [,ʌn'nævɪgəbl / un·nav·ig·able] *agg.* non navigabile.

unnecessaries [,ʌn'nesəsərɪz *amer.* ,ʌn 'nesəseri:z / un·ne·ces·sar·ies] *s.pl.* cose inutili.

unnecessarily [,ʌn'nesəsərəlɪ *amer.* ,ʌn ,ne'səserəlɪ / un·ne·ces·sar·ily] *avv.* senza necessità, inutilmente: *to be — fussy*, agitarsi inutilmente.

unnecessariness [,ʌn'nesəsərɪnɪs *amer.* ,ʌn'nesəserɪnɪs / un·ne·ces·sari·ness] *s.* inutilità.

unnecessary [,ʌn'nesəsərɪ *amer.* ,ʌn'ne səserɪ / un·ne·ces·sary] *agg.* non necessario, inutile; superfluo: *to do without — things*, far a meno del superfluo.

unnecessitated [,ʌnnɪ'sesɪteɪtɪd / un·ne·ces·sit·ated] *agg.* non richiesto dalle necessità.

unneeded [,ʌn'ni:dɪd / un·needed] *agg.* non necessario, inutile.

unnegotiable [,ʌnnɪ'gəʊʃjəbl / un·ne·go·ti·able] *agg.* (*comm.*) non negoziabile; non commerciabile.

unneighbourly [,ʌn'neɪbəlɪ / un·neigh·bourly] *agg.* non amichevole, da cattivo vicino; poco socievole: *to behave in an — manner*, comportarsi scortesemente.

to **unnerve** [,ʌn'nɜ:v / un·nerve] *v.tr.* **1** snervare; indebolire, fiaccare **2** innervosire, dare sui nervi a.

unnoted [,ʌn'nəʊtɪd / un·noted] *agg.* inosservato, non notato.

unnoticeable [,ʌn'nəʊtɪsəbl / un·no·tice·able] *agg.* che passa inosservato; impercettibile.

unnoticed [,ʌn'nəʊtɪst / un·no·ticed] *agg.* inosservato, inavvertito.

unnumbered [,ʌn'nʌmbəd / un·numbered] *agg.* **1** non numerato, senza numero **2** innumerevole.

unnurtured [,ʌn'nɜ:tʃəd / un·nur·tured] *agg.* non nutrito.

unobjectionable [,ʌnəb'dʒekʃnəbl / un·ob·jec·tion·able] *agg.* ineccepibile, irreprensibile // **-ness** *s.* // **-bly** *avv.*

unobliging [,ʌnə'blaɪdʒɪŋ / un·ob·li·ging] *agg.* poco compiacente; non servizievole; poco gentile.

unobservable [,ʌnəb'zɜ:vəbl / un·ob·serv·able] *agg.* inosservabile; non percepibile, impercettibile.

unobservant [,ʌnəb'zɜ:vnt / un·ob·serv·ant] *agg.* disattento, distratto; privo di spirito di osservazione.

unobserved [,ʌnəb'zɜ:vd / un·ob·served] *agg.* inosservato.

unobserving [,ʌnəb'zɜ:vɪŋ / un·ob·serv·ing] *agg.* (*non com.*) disattento, distratto.

unobstructed [,ʌnəb'strʌktɪd / un·ob·struc·ted] *agg.* non ostruito, non impedito; libero.

unobtainable [,ʌnəb'teɪnəbl / un·ob·tain·able] *agg.* non ottenibile, irraggiungibile.

unobtained [,ʌnəb'teɪnd / un·ob·tained] *agg.* non ottenuto.

unobtrusive [,ʌnəb'tru:sɪv / un·ob·trus·ive] *agg.* non importuno; discreto; modesto, riservato: *— watch*, sorveglianza discreta // **-ly** *avv.* // **-ness** *s.*

unoccupied [,ʌn'ɒkjʊpaɪd / un·oc·cu·pied] *agg.* **1** disoccupato, senza lavoro **2** senza impegni **3** libero, vacante, vuoto.

unoffending [,ʌnə'fendɪŋ / un·of·fend·ing] *agg.* inoffensivo, innocuo; innocente.

unoffensive [,ʌnə'fensɪv / un·of·fen·sive] *agg.* inoffensivo, innocuo.

unoffered [,ʌn'ɒfəd / un·of·fered] *agg.* non offerto.

unofficial [,ʌnə'fɪʃl / un·of·fi·cial] *agg.* non ufficiale, ufficioso, non confermato // (*econ.*): *— exchange rate*, cambio libero; *— strike*, sciopero non dichiarato // **-ly** *avv.*

unopened [,ʌn'əʊpənd / un·opened] *agg.* chiuso, non aperto; non dissigillato.

unopposed [,ʌnə'pəʊzd / un·op·posed] *agg.* senza opposizione, incontrastato: *to be —*, non incontrare opposizione.

unoppressive [,ʌnə'presɪv / un·op·press·ive] *agg.* non oppressivo // **-ly** *avv.*

unordained [,ʌnɔ:'deɪnd / un·or·dained] *agg.* (*eccl.*) non ordinato; non designato.

unordered [,ʌn'ɔ:dəd / un·or·dered] *agg.* **1** non ordinato, non comandato **2** non messo in ordine, disordinato.

unorderly [,ʌn'ɔ:dəlɪ / un·or·der·ly] *avv.* disordinatamente.

unorganized [,ʌn'ɔ:gənaɪzd / un·or·gan·ized] *agg.* **1** non organizzato, disorganizzato (*anche fig.*) **2** che non ha un sindacato.

unoriginal [,ʌnə'rɪdʒənl / un·ori·ginal] *agg.* non originale.

unornamental [,ʌn,ɔ:nə'mentl / un·or·na·mental] *agg.* non ornamentale.

unornamented [,ʌn'ɔ:nəmentɪd / un·or·na·men·ted] *agg.* senza ornamenti, disadorno; semplice.

unorthodox [,ʌn'ɔ:θədɒks / un·or·tho·dox] *agg.* non ortodosso, poco ortodosso.

unostentatious [,ʌn,ɒsten'teɪʃəs / un·os·ten·ta·tious] *agg.* modesto, non vistoso, privo di ostentazione // **-ly** *avv.* // **-ness** *s.*

unowned [,ʌn'əʊnd / un·owned] *agg.* **1** non posseduto; senza proprietario **2** non riconosciuto; sconfessato.

unpacified [,ʌn'pæsɪfaɪd / un·pa·ci·fied] *agg.* non pacificato.

to **unpack** [,ʌn'pæk / un·pack] *v.tr.* **1** disfare (le valigie) **2** togliere da (una cassa, un baule); disimballare ◆ *v.intr.* disfare le valigie.

unpacked [,ʌn'pækt / un·packed] *agg.* **1** non imballato; non impacchettato **2** sballato, tolto dalla balla.

unpacking [,ʌn'pækɪŋ / un·pack·ing] *s.* **1** il disfare le valigie **2** (*inform.*) esplosione (di dati).

unpaid [,ʌn'peɪd / un·paid] *agg.* non pagato, non saldato // (*comm.*) *— bills*, effetti insoluti // (*econ.*) *— services*, servizi non destinati alla vendita.

unpaired [,ʌn'peəd / un·paired] *agg.* spaiato, non accoppiato.

unpalatable [,ʌn'pælətəbl / un·pal·at·able] *agg.* **1** di gusto sgradevole **2** (*fig.*) spiacevole, sgradevole.

unparalleled [,ʌn'pærəleld / un·par·alleled] *agg.* senza pari, impareggiabile, incomparabile; ineguagliato: *an example of — rudeness*, un esempio di villania senza pari.

unpardonable [,ʌn'pɑ:dnəbl / un·par·don·able] *agg.* imperdonabile // **-ness** *s.* // **-bly** *avv.*

unparliamentary [,ʌn,pɑ:lə'mentərɪ / un·par·lia·ment·ary] *agg.* non parlamentare; contrario al sistema parlamentare // *— language*, linguaggio offensivo, scorretto.

unparted [,ʌn'pɑ:tɪd / un·parted] *agg.* indiviso, non separato.

unpatented [,ʌn'peɪtəntɪd / un·pat·en·ted] *agg.* non brevettato.

unpatriotic [,ʌn,pætrɪ'ɒtɪk *amer.* ,ʌn ,peɪtrɪ'ɒtɪk / un·pat·ri·otic] *agg.* non patriottico, poco patriottico // **-ally** *avv.*

unpatronized [,ʌn'pætrənaɪzd *amer.* ,ʌn'peɪtrənaɪzd / un·pat·ron·ized] *agg.* senza clientela, poco frequentato (di locale, negozio).

unpatterned [,ʌn'pætnd / un·pat·terned] *agg.* **1** non decorato con disegni, a tinta unita (di tessuto, tappezzeria ecc.) **2** (*fig. ant.*) ineguagliato; senza precedenti.

unpaved [,ʌn'peɪvd / un·paved] *agg.* non selciato, non lastricato.

unpeaceful [,ʌn'pi:sfʊl / un·peace·ful] meno com. **unpeaceable** [,ʌn'pi:səbl / un·peace·able] *agg.* agitato, senza pace; litigioso: *— world*, mondo senza pace.

unpedigreed [,ʌn'pedɪgri:d / un·pedi·greed] *agg.* senza pedigree, bastardo (di animale).

unpeeled [,ʌn'pi:ld / un·peeled] *agg.* non pelato, non sbucciato.

to **unpeg** [,ʌn'peg / un·peg] *pass.p.p.* **unpegged** [,ʌn'pegd / un·pegged] *v.tr.* togliere le caviglie, i pioli da.

to **unpen** [,ʌn'pen / un·pen] *pass.p.p.* **unpenned** [,ʌn'pend / un·penned] *v.tr.* far uscire (animali) dal chiuso, dall'ovile.

to **unpeople** [,ʌn'pi:pl / un·people] *v.tr.* (*non com.*) spopolare.

unperceivable [,ʌnpə'si:vəbl / un·per·ceiv·able] *agg.* impercettibile.

unperceived [,ʌnpə'si:vd / un·per·ceived] *agg.* non percepito, inavvertito.

unperfected [,ʌnpə'fektɪd / un·per·fected] *agg.* non perfezionato; incompleto.

unperformed [,ʌnpə'fɔ:md / un·per·formed] *agg.* **1** ineseguito, non fatto **2** (*teatr.*) non rappresentato.

unperishable [,ʌn'perɪʃəbl / un·per·ish·able] *agg.* **1** duraturo, imperituro **2** non deperibile, che non si deteriora; indistruttibile.

unperishing [,ʌn'perɪʃɪŋ / un·per·ish·ing] *agg.* (*non com.*) imperituro, immortale.

unpermitted [,ʌnpə'mɪtɪd / un·per·mitted] *agg.* non permesso, non concesso.

unperplexed [,ʌnpə'plekst / un·per·plexed] *agg.* impassibile: *to remain* —, rimanere impassibile, (*fam.*) non fare una piega.

unperson ['ʌnpɜ:sn / un·per·son] *s.* 'non persona', persona volutamente ignorata, nessuno.

unpersuadable [,ʌnpə'sweɪdəbl / un·per·suad·able] *agg.* impossibile da convincere.

unpersuaded [,ʌnpə'sweɪdɪd / un·per·suaded] *agg.* non persuaso, non convinto.

unpersuasive [,ʌnpə'sweɪsɪv / un·per·suas·ive] *agg.* non persuasivo, poco convincente.

unperturbed [,ʌnpə'tɜ:bd / un·per·turbed] *agg.* imperturbato; impassibile; calmo, sereno // **-ness** *s.*

unphilosophic(al) [,ʌn,fɪlə'sɒfɪk(l) / un·phi·lo·sophic, un·phi·lo·soph·ical] *agg.* non filosofico, poco filosofico // **-ally** *avv.*

unphilosophicalness [,ʌn,fɪlə'sɒfɪklnɪs / un·phi·lo·soph·ical·ness] *s.* mancanza di qualità filosofiche.

to **unpick** [,ʌn'pɪk / un·pick] *v.tr.* scucire.

unpickable [,ʌn'pɪkəbl / un·pick·able] *agg.* a prova di scasso: — *lock*, serratura a prova di scasso.

unpicked[1] [,ʌn'pɪkt / un·picked] *agg.* **1** non scelto **2** non raccolto, non colto: *the fruit was still* —, la frutta non era ancora stata raccolta.

unpicked[2] *agg.* non cernito (di fibra tessile grezza).

unpierced [,ʌn'pɪəst / un·pierced] *agg.* non forato, non bucato.

unpiloted [,ʌn'paɪlətɪd / un·pi·loted] *agg.* senza pilota; (*fig.*) senza guida.

to **unpin** [,ʌn'pɪn / un·pin] *pass.p.p.* **unpinned** [,ʌn'pɪnd / un·pinned] *v.tr.* togliere gli spilli a, spuntare; togliere i cavicchi da.

unpitied [,ʌn'pɪtɪd / un·pit·ied] *agg.* non compianto, non commiserato.

unpitying [,ʌn'pɪtɪɪŋ / un·pi·ty·ing] *agg.* impietoso, che non ha pietà, che non ha compassione; spietato // **-ly** *avv.*

unplaced [,ʌn'pleɪst / un·placed] *agg.* **1** privo di posto; non messo a posto **2** privo d'impiego (di persona) **3** (*ippica*) non piazzato.

to **unplait** [,ʌn'plæt / un·plait] *v.tr.* disfare, sciogliere trecce (di capelli ecc.).

unplanned [,ʌn'plænd / un·planned] *agg.* non pianificato, non predisposto; accidentale.

unplanted [,ʌn'plɑ:ntɪd *amer.* ,ʌn'plæntɪd / un·planted] *agg.* **1** non piantato, non coltivato **2** diboscato; privato di ogni vegetazione.

unplausible [,ʌn'plɔ:zəbl / un·plaus·ible] → **implausible**.

unplayable [,ʌn'pleɪəbl / un·play·able] *agg.* **1** che non si può giocare (di partita ecc.); impraticabile (di campo) **2** non rappresentabile (di lavoro teatrale) **3** ineseguibile (di musica).

unpleadable [,ʌn'pli:dəbl / un·plead·able] *agg.* che non può essere difeso; insostenibile.

unpleasant [,ʌn'pleznt / un·pleas·ant] *agg.* spiacevole; sgradevole: *an* — *sight*, una vista spiacevole; *an* — *voice*, una voce sgradevole; — *weather*, brutto tempo // **-ly** *avv.*

unpleasantness [,ʌn'plezntnɪs / un·pleas·ant·ness] *s.* **1** spiacevolezza; carattere sgradevole: *you can imagine the* — *of my position*, puoi immaginare quanto fosse spiacevole la mia situazione **2** dissenso, disaccordo: *we have had a slight* — *with our landlady*, abbiamo avuto una piccola discussione con la padrona di casa // *the late* —, (*amer. scherz.*) la guerra di Secessione.

unpleased [,ʌn'pli:zd / un·pleased] *agg.* scontento; insoddisfatto.

unpleasing [,ʌn'pli:zɪŋ / un·pleas·ing] *agg.* spiacevole; sgradevole.

unpledged [,ʌn'pledʒd / un·pledged] *agg.* non impegnato; libero: *to be* — *to any party*, non appartenere ad alcun partito.

unpliable [,ʌn'plaɪəbl / un·pli·able] **unpliant** [,ʌn'plaɪənt / un·pli·ant] *agg.* poco arrendevole; poco compiacente; inflessibile.

unploughed [,ʌn'plaʊd / un·ploughed] *agg.* **1** non arato, incolto (di terreno) **2** non rifilato (di margine di libro).

unplucked [,ʌn'plʌkt / un·plucked] *agg.* **1** non colto, non raccolto (di fiore ecc.) **2** non spennato (di pollame).

to **unplug** [,ʌn'plʌg / un·plug] *pass.p.p.* **unplugged** [,ʌn'plʌgd / un·plugged] *v.tr.* **1** stappare, togliere il tappo da (lavello ecc.) **2** stasare (tubazioni ecc.) **3** staccare (la spina di).

unplumbed [,ʌn'plʌmd / un·plumbed] *agg.* **1** non messo a piombo (di muro ecc.) **2** non scandagliato; inesplorato (*anche fig.*): — *depths*, (*letter.*) profondità inesplorate.

unplundered [,ʌn'plʌndəd / un·plun·dered] *agg.* non saccheggiato.

unpoetic(al) [,ʌnpəʊ'etɪk(l) / un·po·etic, un·po·et·ical] *agg.* non, poco poetico // **-ally** *avv.* // **-ness** *s.*

unpolarized [,ʌn'pəʊləraɪzd / un·po·lar·ized] *agg.* (*fis.*) non polarizzato.

unpolished [,ʌn'pɒlɪʃt / un·pol·ished] *agg.* **1** non pulito; non lucidato **2** (*fig.*) grossolano, rozzo: — *style*, stile rozzo.

unpoliteness [,ʌnpə'laɪtnɪs / un·po·lite·ness] *s.* (*non com.*) rozzezza, villania.

unpolitic(al) [,ʌnpə'lɪtɪk(l) / un·pol·itic, un·po·lit·ical] *agg.* non politico, apolitico.

unpolled [,ʌn'pəʊld / un·polled] *agg.* **1** che non ha votato: *an* — *elector*, elettore che non ha votato **2** non registrato, non ottenuto (di voto).

unpolluted [,ʌnpə'lu:tɪd / un·pol·luted] *agg.* **1** incontaminato **2** (*ecol.*) non inquinato, non contaminato, puro.

unpopular [,ʌn'pɒpjʊlə* / un·popu·lar] *agg.* impopolare: *to make oneself* — *with everybody*, rendersi sgradito a tutti // **-ly** *avv.*

unpopularity [,ʌn,pɒpjʊ'lærətɪ / un·popu·lar·ity] *s.* impopolarità.

unpossessed [,ʌnpə'zest / un·pos·sessed] *agg.* non posseduto.

unpotable [,ʌn'pəʊtəbl / un·pot·able] *agg.* (*non com.*) non potabile.

unpractical [,ʌn'præktɪkl / un·prac·tical] *agg.* **1** non pratico **2** impraticabile, inattuabile (di progetto ecc.).

unpracticality [,ʌn,præktɪ'kælətɪ / un·prac·tic·al·ity] *s.* mancanza di praticità.

unpractically [,ʌn'præktɪkəlɪ / un·prac·tic·ally] *avv.* in modo non pratico.

unpractised [,ʌn'præktɪst / un·prac·tised] *agg.* inesperto, con poca esperienza.

unpreceded [,ʌnpri:'si:dɪd / un·pre·ceded] *agg.* non preceduto.

unprecedented [,ʌn'presɪdəntɪd / un·pre·ced·en·ted] *agg.* senza precedenti // **-ly** *avv.*

unpregnant [,ʌn'pregnənt / un·preg·nant] *agg.* (*ant.*) insensibile, refrattario: *this deed unshapes me quite, makes me unpregnant / and dull to all proceedings*, (SH. Measure for Measure) questo fatto mi sconvolge; mi rende refrattario e lento a prendere decisioni.

unprejudiced [,ʌn'predʒʊdɪst / un·pre·ju·diced] *agg.* **1** imparziale, non prevenuto **2** non colpito, non danneggiato da pregiudizi.

unpremeditated [,ʌnprɪ'medɪteɪtɪd / un·pre·med·it·ated] *agg.* non premeditato // **-ly** *avv.* // **-ness** *s.*

unprepared [,ʌnprɪ'peəd / un·pre·pared] *agg.* impreparato; improvvisato: — *speech*, discorso improvvisato // *to catch s.o.* —, prendere qlcu. alla sprovvista // **-ness** *s.*

unprepossessed [,ʌn,pri:pə'zest / un·pre·pos·sessed] *agg.* non prevenuto, non influenzato.

unprepossessing [,ʌn,pri:pə'zesɪŋ / un·pre·pos·sess·ing] *agg.* poco attraente; antipatico; che predispone sfavorevolmente.

unprescribed [,ʌnprɪ'skraɪbd / un·pre·scribed] *agg.* non prescritto.

unpresentable [,ʌnprɪ'zentəbl / un·pre·sent·able] *agg.* impresentabile: *not* —, passabile.

unpresuming [,ʌnprɪ'zju:mɪŋ / un·pre·sum·ing] **unpresumptuous** [,ʌnprɪ'zʌmptjʊəs / un·pre·sump·tu·ous] *agg.* modesto, senza presunzione.

unpretending [,ʌnprɪ'tendɪŋ / un·pre·tend·ing] *agg.* modesto, semplice, senza pretese // **-ly** *avv.*

unpretentious [,ʌnprɪ'tenʃəs / un·pre·ten·tious] *agg.* modesto, semplice, senza pretese // **-ly** *avv.* // **-ness** *s.*

unprevailing [,ʌnprɪ'veɪlɪŋ / un·pre·vail·ing] *agg.* (*non com.*) non prevalente; non dominante; non predominante.

unpreventable [,ʌnprɪ'ventəbl / un·pre·vent·able] *agg.* che non si può impedire, inevitabile.

unprevented [ˌʌnprɪ'ventɪd / un·pre·vented] *agg.* non impedito; non evitato.

unpriced [ˌʌn'praɪst / un·priced] *agg.* senza indicazione di prezzo.

unpriestly [ˌʌn'pri:stlɪ / un·priest·ly] *agg.* che non si addice a un prete.

unprincely [ˌʌn'prɪnslɪ / un·prince·ly] *agg.* che non si addice a un principe.

unprincipled [ˌʌn'prɪnsəpld / un·prin·cipled] *agg.* senza principi, amorale: — *conduct*, condotta senza scrupoli.

unprintable [ˌʌn'prɪntəbl / un·print·able] *agg.* non adatto a essere stampato; non pubblicabile (perché osceno).

unprinted [ˌʌn'prɪntɪd / un·prin·ted] *agg.* non stampato; esistente solo in manoscritto; inedito.

unprivileged [ˌʌn'prɪvɪlɪdʒd / un·privi·leged] *agg.* senza privilegi.

unpriz(e)able [ˌʌn'praɪzəbl / un·priz(e)·able] *agg.* (*ant.*) senza prezzo, inestimabile: *Your ring may be stolen too; so your brace of unprizeable estimations, the one is but frail and the other casual*, (SH. Cymbeline) Anche il vostro anello può essere rubato; così i vostri gioielli di inestimabile valore sono uno fragile e l'altro casuale.

unprized [ˌʌn'praɪzd / un·prized] *agg.* non apprezzato.

unprocessed [ˌʌn'prəʊsest *amer.* ˌʌn'prɒsest / un·pro·cessed] *agg.* (*inform.*) non elaborato.

unproclaimed [ˌʌnprə'kleɪmd / un·pro·claimed] *agg.* non proclamato; non reso noto pubblicamente.

unprocurable [ˌʌnprə'kjʊərəbl / un·pro·cur·able] *agg.* non procurabile.

unproductive [ˌʌnprə'dʌktɪv / un·pro·duct·ive] *agg.* improduttivo; infecondo; sterile: *the talks between the two sides have proved* —, i colloqui tra le due parti si sono rivelati improduttivi // (*comm.*): — *capital*, capitale improduttivo, infruttifero; — *industry*, industria improduttiva // (*agr.*) — *land*, terreno sterile // **-ly** *avv.* // **-ness** *s.*

unprofaned [ˌʌnprə'feɪnd / un·pro·faned] *agg.* non profanato; non violato.

unprofessional [ˌʌnprə'feʃənl / un·pro·fes·sional] *agg.* **1** non professionale: — *conduct*, condotta professionalmente scorretta **2** non professionista; non professionistico // **-ly** *avv.*

unprofitable [ˌʌn'prɒfɪtəbl / un·prof·it·able] *agg.* **1** poco vantaggioso; non remunerativo **2** inutile, vano // **-ness** *s.* // **-bly** *avv.*

unprogrammed [ˌʌn'prəʊgræmd / un·pro·grammed] *agg.* (*inform.*) non programmato.

unprogressive [ˌʌnprəʊ'gresɪv / un·pro·gress·ive] *agg.* (*non com.*) retrogrado; conservatore (*anche pol.*).

unprohibited [ˌʌnprə'hɪbɪtɪd / un·pro·hib·ited] *agg.* non proibito; lecito.

unprojected [ˌʌnprə'dʒektɪd / un·pro·jected] *agg.* non progettato; inaspettato.

unprolific [ˌʌnprə'lɪfɪk / un·pro·lific] *agg.* sterile, infecondo, non prolifico.

unpromised [ˌʌn'prɒmɪst / un·prom·ised] *agg.* non promesso.

unpromising [ˌʌn'prɒmɪsɪŋ / un·prom·is·ing] *agg.* non promettente: *the weather looked* —, il tempo non prometteva niente di buono.

unprompted [ˌʌn'prɒmptɪd / un·promp·ted] *agg.* spontaneo, non richiesto: *to say sthg.* —, dire qlco. spontaneamente, senza farsi pregare.

unpronounceable [ˌʌnprə'naʊnsəbl / un·pro·nounce·able] *agg.* impronunciabile.

unpronounced [ˌʌnprə'naʊnst / un·pro·nounced] *agg.* non pronunciato; muto.

unproper [ˌʌn'prɒpə* / un·proper] *agg.* (*ant.*) non di proprietà esclusiva: *there's million now alive / that nightly lie in those unproper beds / which they dare swear peculiar*, (SH. Othello) ve ne sono milioni che ogni notte giacciono in un letto che essi credono, e sono pronti a giurarlo, esclusivamente loro.

unprophetic [ˌʌnprə'fetɪk / un·proph·etic] *agg.* non profetico.

unpropitious [ˌʌnprə'pɪʃəs / un·pro·pi·tious] *agg.* non propizio, sfavorevole; sinistro, infausto // **-ly** *avv.* // **-ness** *s.*

unproportionate [ˌʌnprə'pɔ:ʃnɪt / un·pro·por·tion·ate] *agg.* sproporzionato.

unproportioned [ˌʌnprə'pɔ:ʃnd / un·pro·por·tioned] *agg.* non proporzionato, sproporzionato.

unproposed [ˌʌnprə'pəʊzd / un·pro·posed] *agg.* non proposto.

unprosperous [ˌʌn'prɒspərəs / un·pros·per·ous] *agg.* **1** non prospero; poco fiorente: — *trade*, commercio poco fiorente **2** (*letter.*) poco propizio; sfavorevole: — *winds*, venti sfavorevoli // **-ly** *avv.* // **-ness** *s.*

unprotected [ˌʌnprə'tektɪd / un·pro·tec·ted] *agg.* non protetto, senza protezione.

unprovable [ˌʌn'pru:vəbl / un·prov·able] *agg.* che non si può provare, indimostrabile.

to **unprovide** [ˌʌnprə'vaɪd / un·pro·vide] *v.tr.* (*ant.*) disarmare: *I'll not expostulate with her, lest her body and beauty unprovide my mind again*, (SH. Othello) non farò rimostranze con lei a meno che il suo corpo e la sua bellezza non disarmino ancora una volta la mia decisione.

unprovided [ˌʌnprə'vaɪdɪd / un·pro·vided] *agg.* **1** sfornito, sprovvisto: *to be — with*, essere sprovvisto di // — *for*, senza mezzi **2** impreparato; senza preparazione **3** — *for*, imprevisto, inatteso.

unprovoked [ˌʌnprə'vəʊkt / un·pro·voked] *agg.* non provocato: — *abuse*, insulti non provocati // *to remain* —, mantenere la calma, non prendersela.

unpruned [ˌʌn'pru:nd / un·pruned] *agg.* (*agr.*) non potato.

unpublished [ˌʌn'pʌblɪʃt / un·pub·lished] *agg.* **1** inedito, non pubblicato **2** non reso pubblico.

unpunctual [ˌʌn'pʌŋktjʊəl / un·punc·tual] *agg.* non puntuale, in ritardo // **-ly** *avv.*

unpunctuality ['ʌnˌpʌŋktjʊ'ælətɪ / un·punc·tu·al·ity] *s.* mancanza di puntualità.

unpunctuated [ˌʌn'pʌŋktjʊeɪtɪd / un·punc·tu·ated] *agg.* non punteggiato, senza punteggiatura.

unpunishable [ˌʌn'pʌnɪʃəbl / un·pun·ish·able] *agg.* impunibile.

unpunished [ˌʌn'pʌnɪʃt / un·pun·ished] *agg.* impunito: *to go* —, restare impunito.

unpurchasable [ˌʌn'pɜ:tʃəsəbl / un·pur·chas·able] *agg.* (*non com.*) non acquistabile.

unpurchased [ˌʌn'pɜ:tʃəst / un·pur·chased] *agg.* non comprato.

unpure [ˌʌn'pjʊə* / un·pure] *agg.* impuro.

unpurged [ˌʌn'pɜ:dʒd / un·purged] *agg.* (*fig.*) non purgato.

unpurified [ˌʌn'pjʊərɪfaɪd / un·puri·fied] *agg.* non purificato.

unpurposed [ˌʌn'pɜ:pst / un·pur·posed] *agg.* (*non com.*) **1** non intenzionale **2** senza scopo, meta.

unpursued [ˌʌnpə'sju:d *amer.* ˌʌnpə'su:d / un·pur·sued] *agg.* **1** non inseguito **2** non perseguito.

unputdownable [ˌʌnpʊt'daʊnəbl / un·put·down·able] *agg.* (*fam.*) che non si può smettere di leggere.

unputrefied [ˌʌn'pju:trɪfaɪd / un·pu·tre·fied] *agg.* non putrefatto.

unquailing [ˌʌn'kweɪlɪŋ / un·quail·ing] *agg.* (*non com.*) che non (si) scoraggia; fermo, risoluto.

unqualified [ˌʌn'kwɒlɪfaɪd / un·quali·fied] *agg.* **1** incompetente; incapace, inabile: — *to do sthg.*, incompetente a fare qlco. **2** non qualificato; non abilitato; non autorizzato (di medico ecc.) **3** assoluto, categorico: — *denial*, diniego categorico; — *praise*, elogio senza riserve // (*amm.*) — *opinion*, parere senza riserve **4** generico: — *judgement*, giudizio in termini generici.

to **unqualify** [ˌʌn'kwɒlɪfaɪ / un·qual·ify] *v.tr.* (*non com.*) **1** inabilitare **2** squalificare.

unquenchable [ˌʌn'kwentʃəbl / un·quench·able] *agg.* inestinguibile; insaziabile (*anche fig.*).

unquenched [ˌʌn'kwentʃt / un·quenched] *agg.* inestinto; insaziato (*anche fig.*).

unquestionable [ˌʌn'kwestʃənəbl / un·ques·tion·able] *agg.* **1** incontestabile; indiscutibile; indubitabile: — *evidence*, evidenza incontestabile **2** indiscusso, incontrastato // **-ness** *s.* // **-bly** *avv.*

unquestioned [ˌʌn'kwestʃənd / un·ques·tioned] *agg.* **1** indiscusso; incontestato **2** non esaminato.

unquestioning [ˌʌn'kwestʃənɪŋ / un·ques·tion·ing] *agg.* che non fa domande; fiducioso: — *obedience*, obbedienza cieca // **-ly** *avv.*

unquickened [ˌʌn'kwɪkənd / un·quick·ened] *agg.* (*non com.*) **1** non ravvivato; non rinvigorito **2** non accelerato.

unquiet [ˌʌn'kwaɪət / un·quiet] *agg.* inquieto, agitato; irrequieto: — *soul*, anima inquieta // **-ly** *avv.* // **-ness** *s.*

unquote ['ʌnkwəʊt / un·quote] *avv.* chiuse le virgolette: *he said quote, I will never come*, —, disse, aperte le virgolette, non verrò mai, chiuse le virgolette.

unquoted [ˌʌn'kwəʊtɪd / un·quoted] *agg.* (*Borsa*) non quotato: — *shares*, azioni non quotate in borsa.

unraised [ˌʌn'reɪzd / un·raised] *agg.* **1** non alzato, non sollevato **2** (*fig.*) non elevato.

unransomed [ˌʌn'rænsəmd / un·ransomed] *agg.* non riscattato.

unravaged [ˌʌn'rævɪdʒd / un·rav·aged] *agg.* non devastato.

to **unravel** [ˌʌn'rævl / un·ravel] *pass.p.p.*

unravelled [ˌʌn'rævld / un·rav·elled] *v.tr.* 1 districare; sbrogliare; dipanare; sciogliere; disfare (corda, nodo, tessuto ecc.) 2 (*fig.*) districare; chiarire: *to — a situation*, mettere in chiaro una situazione ◆ *v.intr.* 1 districarsi, disfarsi (di corda, nodo, tessuto ecc.) 2 (*fig.*) districarsi; chiarirsi.

unravelling [ˌʌn'rævlɪŋ / un·rav·el·ling] *s.* 1 scioglimento, districamento 2 (*teatr.*) scioglimento (dell'azione).

unravelment [ˌʌn'rævlmənt / un·rav·el·ment] *s.* (*non com.*) scioglimento; districamento.

unravished [ˌʌn'rævɪʃt / un·rav·ished] *agg.* (*letter.*) inviolato: *thou still unravished bride of quietness*, (KEATS) tu inviolata sposa della quiete.

unrazored [ˌʌn'reɪzəd / un·raz·ored] *agg.* non raso, non sbarbato.

unreached [ˌʌn'ri:tʃt / un·reached] *agg.* non raggiunto.

unread [ˌʌn'red / un·read] *agg.* 1 non letto; senza lettori (di libro) 2 illetterato, ignorante.

unreadable [ˌʌn'ri:dəbl / un·read·able] *agg.* 1 illeggibile, noioso, faticoso a leggersi 2 illeggibile, non chiaro (di scrittura).

unreadily [ˌʌn'redɪlɪ / un·readi·ly] *avv.* senza prontezza; lentamente.

unready [ˌʌn'redɪ / un·ready] *agg.* 1 impreparato: *to be — for sthg.*, essere impreparato, non essere pronto a qlco.; *to be — to do sthg.*, non essere pronto, disposto a fare qlco. 2 tardo, lento; irresoluto.

unreal [ˌʌn'rɪəl / un·real] *agg.* 1 irreale, illusorio, immaginario 2 menzognero 3 (*sl. amer.*) fantastico, eccellente; pazzesco.

unrealistic [ˌʌnrɪə'lɪstɪk / un·real·istic] *agg.* non realistico; illusorio: *the plan is —*, il piano non è realistico // **-ally** *avv.*

unreality [ˌʌnrɪ'ælətɪ / un·real·ity] *s.* 1 irrealtà, carattere illusorio 2 illusione, chimera.

unrealizable [ˌʌn'rɪəlaɪzəbl / un·real·iz·able] *agg.* irrealizzabile.

unrealized [ˌʌn'rɪəlaɪzd / un·real·ized] *agg.* 1 non capito, di cui non ci si è resi conto 2 non realizzato.

unreaped [ˌʌn'ri:pt / un·reaped] *agg.* (*agr.*) non mietuto, non raccolto.

unreason [ˌʌn'ri:zn / un·reason] *s.* 1 irrazionalità; assurdità 2 (*ant.*) ingiustizia.

unreasonable [ˌʌn'ri:znəbl / un·reas·on·able] *agg.* 1 irragionevole; stravagante: *— demand*, richiesta assurda; *don't be —*, sii ragionevole // (*dir.*) *— search and seizure*, perquisizione e sequestro arbitrari 2 assurdo, eccessivo // **-ness** *s.* // **-bly** *avv.*

unreasoned [ˌʌn'ri:znd / un·reas·oned] *agg.* non ragionato, non ponderato.

unreasoning [ˌʌn'ri:znɪŋ / un·reas·on·ing] *agg.* che sragiona; irragionevole.

unrebuked [ˌʌnrɪ'bju:kt / un·re·buked] *agg.* non rimproverato; non biasimato.

unrecalled [ˌʌnrɪ'kɔ:ld / un·re·called] *agg.* 1 non richiamato; non ritirato 2 non ricordato, dimenticato.

unreceipted [ˌʌnrɪ'si:tɪd / un·re·ceipted] *agg.* (*comm.*) senza ricevuta; non quietanzato.

unreceived [ˌʌnrɪ'si:vd / un·re·ceived] *agg.* non ricevuto.

unreciprocated [ˌʌnrɪ'sɪprəkeɪtɪd / un·re·cip·roc·ated] *agg.* non ricambiato.

unreckoned [ˌʌn'rekənd / un·reckoned] *agg.* non calcolato, non contato; non stimato.

unreclaimed [ˌʌnrɪ'kleɪmd / un·re·claimed] *agg.* 1 non redento 2 non ritirato (di bagaglio ecc.) 3 non bonificato (di terreno) 4 non civilizzato (di selvaggio) 5 (*tecn.*) non rigenerato; non ricuperato (di scarto).

unrecognizable [ˌʌn'rekəgnaɪzəbl / un·re·cog·niz·able] *agg.* irriconoscibile.

unrecognized [ˌʌn'rekəgnaɪzd / un·re·cog·nized] *agg.* non riconosciuto.

unrecommended [ˌʌnˌrekə'mendɪd / un·re·com·mended] *agg.* non raccomandato; senza raccomandazioni.

unrecompensed [ˌʌn'rekəmpenst / un·re·com·pensed] *agg.* non ricompensato.

unreconcilable [ˌʌn'rekənsaɪləbl / un·re·con·cil·able] *agg.* irreconciliabile.

unreconciled [ˌʌn'rekənsaɪld / un·re·con·ciled] *agg.* non riconciliato.

unrecorded [ˌʌnrɪ'kɔ:dɪd / un·re·cor·ded] *agg.* 1 nón registrato; non segnalato 2 non registrato (di musica).

unrecoverable [ˌʌnrɪ'kʌvərəbl / un·re·cov·er·able] *agg.* 1 irrecuperabile; senza rimedio 2 inguaribile.

unrecovered [ˌʌnrɪ'kʌvəd / un·re·covered] *agg.* 1 non ricuperato 2 non guarito.

unrectified [ˌʌn'rektɪfaɪd / un·rec·ti·fied] *agg.* 1 non rettificato; non corretto 2 (*elettr., rad.*) non raddrizzato.

unredeemable [ˌʌnrɪ'di:məbl / un·re·deem·able] → **irredeemable**.

unredeemed [ˌʌnrɪ'di:md / un·re·deemed] *agg.* 1 irredento 2 (*comm.*) non disimpegnato; non estinto, non riscattato; non ammortizzato.

unreduced [ˌʌnrɪ'dju:st *amer.* ˌʌnrɪ'du:st / un·re·duced] *agg.* non ridotto.

unreducible [ˌʌnrɪ'dju:səbl *amer.* ˌʌnrɪ'du:səbl / un·re·du·cible] → **irreducible**.

to **unreel** [ˌʌn'ri:l / un·reel] *v.tr.* svolgere (un rotolo ecc.) ◆ *v.intr.* svolgersi (di rotolo ecc.).

unrefined [ˌʌnrɪ'faɪnd / un·re·fined] *agg.* 1 non raffinato; grezzo; impuro (di metallo ecc.): *— sugar*, zucchero non raffinato 2 (*fig.*) poco raffinato; grossolano; volgare.

unreflecting [ˌʌnrɪ'flektɪŋ / un·re·flect·ing] *agg.* irriflessivo: *I shall... / never have relish in the fairy power / of unreflecting love*, (KEATS) mai... potrò gustare il potere fatato dell'amore che non riflette.

unreformable [ˌʌnrɪ'fɔ:məbl / un·re·form·able] *agg.* incorreggibile; che non si può correggere, cambiare, riformare.

unreformed [ˌʌnrɪ'fɔ:md / un·re·formed] *agg.* non riformato; non corretto.

unrefracted [ˌʌnrɪ'fræktɪd / un·re·fracted] *agg.* (*fis.*) non rifratto.

unrefreshed [ˌʌnrɪ'freʃt / un·re·freshed] *agg.* 1 non rinfrescato 2 non ristorato; non riposato: *to awake —*, svegliarsi poco riposato.

unrefreshing [ˌʌnrɪ'freʃɪŋ / un·re·fresh·ing] *agg.* 1 che non rinfresca 2 che non ristora, che non riposa.

unrefuted [ˌʌnrɪ'fju:tɪd / un·re·futed] *agg.* inconfutato.

unregarded [ˌʌnrɪ'gɑ:dɪd / un·re·gar·ded] *agg.* trascurato, negletto.

unregardful [ˌʌnrɪ'gɑ:dfʊl / un·re·gard·ful] *agg.* (*non com.*) 1 incurante; negligente: *— of sthg.*, incurante di qlco. 2 irrispettoso.

unregenerate [ˌʌnrɪ'dʒenərət / un·re·gen·er·ate] *agg.* 1 non rigenerato 2 (*teol.*) non redento.

unregretful [ˌʌnrɪ'gretfʊl / un·re·gret·ful] *agg.* che non ha rimpianti.

unregretted [ˌʌnrɪ'gretɪd / un·re·gret·ted] *agg.* non rimpianto.

unregulated [ˌʌn'regjʊleɪtɪd / un·regu·lated] *agg.* non regolato.

unrehearsed [ˌʌnrɪ'hɜ:st / un·re·hearsed] *agg.* 1 non preparato, improvvisato; (*teatr.*) non provato: *— play*, recita senza prove preliminari; *— speech*, discorso improvvisato 2 non premeditato; improvviso: *— effect*, effetto non premeditato.

unreined [ˌʌn'reɪnd / un·reined] *agg.* sfrenato, incontrollato.

unrejoicing [ˌʌnrɪ'dʒɔɪsɪŋ / un·re·joi·cing] *agg.* (*non com.*) senza gioia, triste.

unrelatable [ˌʌnrɪ'leɪtəbl / un·re·lat·able] *agg.* non raccontabile, irriferibile.

unrelated [ˌʌnrɪ'leɪtɪd / un·re·lated] *agg.* 1 senza rapporti, senza legami di parentela: *they are entirely —*, tra loro non esiste alcun legame di parentela 2 non raccontato, passato sotto silenzio: *to leave a fact —*, non raccontare, passare sotto silenzio un fatto ◆ *s.* (*amer.*) senza famiglia, chi vive da solo.

unrelenting [ˌʌnrɪ'lentɪŋ / un·re·lent·ing] *agg.* inesorabile, implacabile; irremovibile, inflessibile: *he was —*, fu inflessibile // **-ly** *avv.* // **-ness** *s.*

unreliability [ˌʌnrɪˌlaɪə'bɪlətɪ / un·re·li·ab·il·ity] *s.* 1 inaffidabilità; inattendibilità 2 inesattezza; incertezza.

unreliable [ˌʌnrɪ'laɪəbl / un·re·li·able] *agg.* 1 non fidato; inaffidabile; inattendibile 2 inesatto; incerto: *— clock*, orologio inesatto // **-ness** *s.* // **-bly** *avv.*

unrelieved [ˌʌnrɪ'li:vd / un·re·lieved] *agg.* 1 non soccorso, privo di soccorso; non alleviato; non confortato, privo di conforto 2 invariato, uniforme; monotono: *news of — gloom*, monotone, rattristanti notizie // **-ly** *avv.*

unremarkable [ˌʌnrɪ'mɑ:kəbl / un·re·mark·able] *agg.* irrilevante.

unremarked [ˌʌnrɪ'mɑ:kt / un·re·marked] *agg.* inosservato, non visto.

unremedied [ˌʌn'remɪdɪd / un·rem·ed·ied] *agg.* non rimediato.

unremembered [ˌʌnrɪ'membəd / un·re·membered] *agg.* dimenticato, non ricordato.

unremembering [ˌʌnrɪ'membərɪŋ / un·re·mem·ber·ing] *agg.* dimentico.

unremitted [ˌʌnrɪ'mɪtɪd / un·re·mitted] *agg.* 1 non rimesso, non perdonato: *an — sin*, peccato non perdonato 2 incessante, ininterrotto // **-ly** *avv.*

unremitting [ˌʌnrɪ'mɪtɪŋ / un·re·mit·ting] *agg.* 1 incessante, ininterrotto: *— rain*, pioggia incessante 2 assiduo, instancabile: *he was — in courting her*, la corteggiava assiduamente // **-ly** *avv.*

unremorseful [,ʌnrɪ'mɔ:sfʊl / un·re·morse·ful] *agg.* senza rimorsi.

unremoved [,ʌnrɪ'mu:vd / un·re·moved] *agg.* (*rar.*) **1** non rimosso **2** fisso, fermo.

unremunerative [,ʌnrɪ'mju:nərətɪv *amer.* ,ʌnrɪ'mju:nəreɪtɪv / un·re·mu·ner·at·ive] *agg.* non rimunerativo, poco rimunerativo; infruttifero.

unrepaid [,ʌnrɪ'peɪd / un·re·paid] *agg.* non ripagato; non ricompensato.

unrepaired [,ʌnrɪ'peəd / un·re·paired] *agg.* non riparato (*anche fig.*).

unrepealed [,ʌnrɪ'pi:ld / un·re·pealed] *agg.* (*dir.*) non abrogato, irrevocato.

unrepeatable [,ʌnrɪ'pi:təbl / un·re·peat·able] *agg.* irripetibile.

unrepeated [,ʌnrɪ'pi:tɪd / un·re·peated] *agg.* non ripetuto.

unrepentant [,ʌnrɪ'pentənt / un·re·pent·ant] *agg.* impenitente, incorreggibile: *an — womanizer*, un donnaiolo impenitente.

unrepining [,ʌnrɪ'paɪnɪŋ / un·re·pin·ing] *agg.* (*letter.*) che non si lagna // **-ly** *avv.*

unreplenished [,ʌnrɪ'plenɪʃt / un·re·plen·ished] *agg.* non riempito.

unreported [,ʌnrɪ'pɔ:tɪd / un·re·por·ted] *agg.* non riferito, non segnalato: *— to the police*, non denunciato alla polizia.

unreposing [,ʌnrɪ'pəʊzɪŋ / un·re·pos·ing] *agg.* (*rar.*) che non riposa; che non dà riposo.

unrepresentative [,ʌnreprɪ'zentətɪv / un·rep·res·ent·at·ive] *agg.* non rappresentativo.

unrepresented [,ʌn,reprɪ'zentɪd / un·rep·res·en·ted] *agg.* non rappresentato.

unrepressed [,ʌnrɪ'prest / un·re·pressed] *agg.* non represso.

unreprievable [,ʌnrɪ'pri:vəbl / un·re·priev·able] *agg.* indilazionabile; non rinviabile; non commutabile.

unreprieved [,ʌnrɪ'pri:vd / un·re·prieved] *agg.* non dilazionato, senza dilazione; non rinviato: *the — prisoners were immediately executed*, i prigionieri, senza alcun rinvio, furono immediatamente giustiziati.

unreproached [,ʌnrɪ'prəʊtʃt / un·re·proached] *agg.* non rimproverato.

unreprovable [,ʌnrɪ'pru:vəbl / un·re·prov·able] *agg.* irriprovevole; irreprensibile.

unreproved [,ʌnrɪ'pru:vd / un·re·proved] *agg.* non ripreso, non biasimato.

unrequested [,ʌnrɪ'kwestɪd / un·re·quested] *agg.* non richiesto; non invitato: *to speak —*, parlare senza essere stato invitato.

unrequired [,ʌnrɪ'kwaɪəd / un·re·quired] *agg.* non richiesto; facoltativo.

unrequitable [,ʌnrɪ'kwaɪtəbl / un·re·quit·able] *agg.* (*form.*) **1** che non si può ricambiare **2** che non si può ricompensare.

unrequited [,ʌnrɪ'kwaɪtɪd / un·re·quited] *agg.* **1** non ricambiato: *— love*, amore non corrisposto **2** non ricompensato **3** invendicato; impunito.

unrescued [,ʌn'reskju:d / un·res·cued] *agg.* non salvato; non liberato.

unresented [,ʌnrɪ'zentɪd / un·re·sented] *agg.* senza risentimento; non risentito: *— criticism*, critica accolta di buon grado.

unreserve [,ʌnrɪ'zɜ:v / un·re·serve] *s.* (*form.*) **1** mancanza di riserbo **2** franchezza, schiettezza.

unreserved [,ʌnrɪ'zɜ:vd / un·re·served] *agg.* **1** illimitato, incondizionato: *— confidence*, fiducia illimitata **2** non prenotato: *— seats*, posti non prenotati **3** franco, schietto // **-ly** *avv.* // **-ness** *s.*

unresigned [,ʌnrɪ'zaɪnd / un·re·signed] *agg.* non rassegnato.

unresisted [,ʌnrɪ'zɪstɪd / un·res·isted] *agg.* (*non com.*) **1** irresistibile (di tentazione ecc.) **2** che non ha incontrato opposizione.

unresisting [,ʌnrɪ'zɪstɪŋ / un·res·ist·ing] *agg.* senza resistenza; che non oppone resistenza // **-ly** *avv.*

unresolvable [,ʌnrɪ'zɒlvəbl / un·re·solv·able] *agg.* insolubile; non risolvibile.

unresolved [,ʌnrɪ'zɒlvd / un·re·solved] *agg.* (*form.*) **1** irresoluto, indeciso: *I was — whether I should go or not*, ero incerto se andare o no **2** insoluto, non risolto; senza soluzione: *my doubts are still —*, i miei dubbi sono ancora insoluti.

unrespected [,ʌnrɪ'spektɪd / un·re·spected] *agg.* non rispettato.

unrespective [,ʌnrɪ'spektɪv / un·re·spect·ive] *agg.* (*ant.*) indiscriminato: *nor the remainder viands / we do not throw in unrespective sink / because we now are full*, (SH. Troilus and Cressida) né gettiamo nell'immondezzaio senza alcun riguardo i resti del banchetto perché siamo sazi.

unrespirable [,ʌn'respɪrəbl / un·res·pir·able] *agg.* irrespirabile.

unresponsive [,ʌnrɪ'spɒnsɪv / un·re·spons·ive] *agg.* non rispondente; insensibile; indifferente: *the audience proved —*, il pubblico si mostrò indifferente // **-ly** *avv.* // **-ness** *s.*

unrest [,ʌn'rest / un·rest] *s.* U inquietudine, agitazione: *poverty causes social —*, la povertà è causa di fermento sociale // (*econ.*) *currency —*, perturbazione valutaria.

unrestful [,ʌn'restfʊl / un·rest·ful] *agg.* inquieto, irrequieto // **-ly** *avv.* // **-ness** *s.*

unresting [,ʌn'restɪŋ / un·rest·ing] *agg.* **1** instancabile **2** incessante // **-ly** *avv.*

unrestored [,ʌnrɪ'stɔ:d / un·res·tored] *agg.* **1** non reso, non restituito **2** (*non com.*) non restaurato **3** non ripristinato, non reintegrato (nelle funzioni ecc.).

unrestrained [,ʌnrɪ'streɪnd / un·res·trained] *agg.* non represso, senza freni; sfrenato; libero: *— by our presence, he went on shouting*, per nulla impacciato dalla nostra presenza continuò a urlare // **-ly** *avv.*

unrestricted [,ʌnrɪ'strɪktɪd / un·res·tric·ted] *agg.* senza restrizioni; illimitato // *— road*, strada senza limitazioni di velocità // (*inform.*) *— file*, file concesso alla consultazione di qualsiasi utente // **-ly** *avv.*

unretentive [,ʌnrɪ'tentɪv / un·re·tent·ive] *agg.* che non ritiene: *— memory*, memoria labile.

unretracted [,ʌnrɪ'træktɪd / un·re·tracted] *agg.* non ritrattato.

unreturned [,ʌnrɪ'tɜ:nd / un·re·turned] *agg.* **1** non ritornato **2** non contraccambiato.

unrevealed [,ʌnrɪ'vi:ld / un·re·vealed] *agg.* non rivelato; non divulgato: *to leave a secret —*, mantenere un segreto.

unrevenged [,ʌnrɪ'vendʒd / un·re·venged] *agg.* non vendicato, invendicato.

unrevengeful [,ʌnrɪ'vendʒfʊl / un·re·venge·ful] *agg.* (*non com.*) non vendicativo.

unreversed [,ʌnrɪ'vɜ:st / un·re·versed] *agg.* non annullato; non revocato.

unrevised [,ʌnrɪ'vaɪzd / un·re·vised] *agg.* non riveduto, non corretto.

unrevoked [,ʌnrɪ'vəʊkt / un·re·voked] *agg.* non revocato; non abrogato (*anche dir.*).

unrewarded [,ʌnrɪ'wɔ:dɪd / un·re·war·ded] *agg.* non rimunerato, non ricompensato.

unrhymed [,ʌn'raɪmd / un·rhymed] *agg.* non rimato.

unrhythmical [,ʌn'rɪðmɪkl / un·rhyth·mical] *agg.* non ritmico, senza ritmo.

unridable [,ʌn'raɪdəbl / un·rid·able] *agg.* non cavalcabile.

to **unriddle** [,ʌn'rɪdl / un·riddle] *v.tr.* risolvere; spiegare.

unrifled[1] [,ʌn'raɪfld / un·rifled] *agg.* non saccheggiato.

unrifled[2] *agg.* non rigato, senza rigatura (di fucile ecc.): *— barrel*, canna liscia.

to **unrig** [,ʌn'rɪg / un·rig] *pass.p.p.* **unrigged** [,ʌn'rɪgd / un·rigged] *v.tr.* (*mar.*) disarmare.

unrighteous [,ʌn'raɪtʃəs / un·right·eous] *agg.* (*antiq.*) **1** ingiusto, iniquo **2** peccaminoso; malvagio, cattivo // **-ly** *avv.* // **-ness** *s.*

unrightful [,ʌn'raɪtfʊl / un·right·ful] *agg.* **1** sbagliato, non giusto **2** ingiusto // **-ly** *avv.* // **-ness** *s.*

to **unrip** [,ʌn'rɪp / un·rip] *pass.p.p.* **unripped** [,ʌn'rɪpt / un·ripped] *v.tr.* (*rar.*) scucire; strappare, lacerare.

unripe [,ʌn'raɪp / un·ripe] **unripened** [,ʌn'raɪpənd / un·ripened] *agg.* immaturo, acerbo (*anche fig.*).

unripeness [,ʌn'raɪpnɪs / un·ripe·ness] *s.* immaturità; acerbezza (di frutto).

unrivalled [,ʌn'raɪvld / un·ri·valled] *agg.* impareggiabile; senza rivali: *our goods are —*, la nostra merce non teme concorrenza.

to **unrivet** [,ʌn'rɪvɪt / un·rivet] *v.tr.* **1** schiodare **2** (*fig. rar.*) rimuovere, distogliere: *I unriveted my gaze*, distolsi lo sguardo.

unroasted [,ʌn'rəʊstɪd / un·roasted] *agg.* non arrostito; non abbrustolito, non tostato.

to **unrobe** [,ʌn'rəʊb / un·robe] *v.tr.* e *intr.* (*form.*) svestire, svestirsi; spogliare, spogliarsi.

to **unroll** [,ʌn'rəʊl / un·roll] *v.tr.* **1** svolgere; srotolare; spiegare; aprire **2** (*ant.*) cancellare da un elenco: *let me be unrolled, and my name put in the book of virtue*, (SH. The Winter's Tale) che il mio nome sia cassato (dal ruolo dei ladri), e sia registrato nel libro della virtù ♦ *v.intr.* svolgersi; spiegarsi.

unromantic [,ʌnrəʊ'mæntɪk / un·ro·man·tic] *agg.* poco romatico // **-ally** *avv.*

to **unroof** [,ʌn'ru:f / un·roof] *v.tr.* togliere il tetto a; distruggere il tetto di.

to **unroot** [,ʌn'ru:t / un·root] *v.tr.* sradicare, estirpare, svellere.

unrounded [,ʌn'raʊndɪd / un·rounded] *agg.* non arrotondato.

unroyal [,ʌn'rɔɪəl / un·royal] *agg.* poco regale; indegno di un re // **-ly** *avv.*

unruffled [,ʌn'rʌfld / un·ruffled] *agg.* **1** non scompigliato, non arruffato; liscio: *his hair* *was* —, aveva i capelli ben pettinati; *the — surface of the lake*, la superficie liscia del lago **2** non agitato, calmo; sereno.

unruled [,ʌn'ru:ld / un·ruled] *agg.* **1** non governato **2** non regolato; non controllato **3** non rigato: — *paper*, carta non rigata.

unruly [,ʌn'ru:lı / un·ruly] *agg.* **1** sregolato **2** indisciplinato, insubordinato; turbolento **3** (*fig.*) ribelle, che non sta a posto: — *hair*, capelli ribelli // **-iness** *s.*

to **unsaddle** [,ʌn'sædl / un·saddle] *v.tr.* **1** dissellare, levare la sella a **2** disarcionare ◆ *v.intr.* levare la sella a un cavallo.

unsaddled [,ʌn'sædld / un·saddled] *agg.* **1** senza sella **2** disarcionato.

unsafe [,ʌn'seıf / un·safe] *agg.* malsicuro, pericoloso // **-ly** *avv.* // **-ness** *s.*

unsaid [,ʌn'sed / un·said] *agg.* non detto, taciuto: *things better left* —, cose che è meglio passare sotto silenzio.

unsalable [,ʌn'seıləbl / un·sal·able] e *deriv.* → **unsaleable** e *deriv.*

unsalaried [,ʌn'sælərıd / un·sal·ar·ied] *agg.* non stipendiato.

unsaleability [,ʌn,seılə'bılətı / un·sale·ab·il·ity] *s.* (*comm.*) invendibilità.

unsaleable [,ʌn'seıləbl / un·sale·able] *agg.* (*comm.*) invendibile.

unsalted [,ʌn'sɔ:ltıd / un·salted] *agg.* non salato, scipito, insipido.

unsaluted [,ʌnsə'lu:tıd / un·sa·luted] *agg.* insalutato, non salutato.

unsanctified [,ʌn'sæŋ*k*tıfaıd / un·sanc·ti·fied] *agg.* non santificato; non sacro; non consacrato.

unsanctioned [,ʌn'sæŋkʃnd / un·sanc·tioned] *agg.* non autorizzato; non approvato.

unsanitary [,ʌn'sænıtərı *amer.* ,ʌn'sænıterı / un·san·it·ary] *agg.* insalubre, malsano; poco igienico.

unsated [,ʌn'seıtıd / un·sated] *agg.* **1** insaziato **2** insoddisfatto.

unsatiable [,ʌn'seıʃjəbl / un·sa·ti·able] *agg.* insaziabile.

unsatisfactory [,ʌn,sætıs'fæktərı / un·sat·is·fact·ory] *agg.* insoddisfacente; insufficiente; manchevole // **-ily** *avv.* // **-iness** *s.*

unsatisfied [,ʌn'sætısfaıd / un·sat·is·fied] *agg.* **1** non soddisfatto, non sazio **2** non convinto **3** non saldato (di debito).

unsatisfying [,ʌn'sætısfaııŋ / un·sat·is·fy·ing] *agg.* **1** che non soddisfa, non soddisfacente **2** non convincente.

unsaturated [,ʌn'sætʃəreıtıd / un·sat·ur·ated] *agg.* non saturo, insaturo: (*chim.*) — *fats*, grassi insaturi; (*fis.*) — *vapour*, vapore non saturo.

unsaturation [,ʌnsætʃə'reıʃn / un·sat·ura·tion] *s.* (*chim.*) insaturazione.

unsaved [,ʌn'seıvd / un·saved] *agg.* **1** non salvato; perduto **2** non risparmiato.

unsavoury [,ʌn'seıvərı / un·sa·voury] *agg.* **1** insipido, scipito **2** disgustoso; ripugnante; (*fig.*) spiacevole, molesto // **-ily** *avv.* // **-iness** *s.*

to **unsay** [,ʌn'seı / un·say] *pass.p.p.* **unsaid** [,ʌn'sed / un·said] *v.tr.* disdire, ritrattare; negare.

unscalable [,ʌn'skeıləbl / un·scal·able] *agg.* che non si può scalare; invalicabile.

unscanned [,ʌn'skænd / un·scan·ned] *agg.* (*ant.*) sconsiderato: *this tiger-foot rage, when it shall find / the harm of unscann'd swiftness, will, too late, / tie leaden pounds to's heels*, (SH. Coriolanus) questo furore dal piede di tigre, quando scoprirà di quale male è causa la fretta sconsiderata, si legherà, troppo tardi, pesi di piombo alle calcagna.

unscarred [,ʌn'skɑ:d / un·scarred] *agg.* senza cicatrici; illeso (*anche fig.*).

unscathed [,ʌn'skeıðd / un·scathed] *agg.* illeso, incolume, sano e salvo.

unscented [,ʌn'sentıd / un·scen·ted] *agg.* non profumato.

unscheduled [,ʌn'ʃedju:ld *amer.* ,ʌn'skedʒʊld / un·sched·uled] *agg.* **1** non schedato **2** non in lista; fuori programma **3** straordinario (di treno, aereo ecc.).

unscholarly [,ʌn'skɒləlı / un·schol·arly] *agg.* **1** indegno di un letterato **2** non erudito.

unschooled [,ʌn'sku:ld / un·schooled] *agg.* **1** senza istruzione; illetterato **2** non addestrato (di cavallo, cane) **3** spontaneo, naturale (di sentimento ecc.) **4** non esercitato, non avvezzo; inesperto.

unscientific [,ʌn,saıən'tıfık / un·sci·en·tific] *agg.* non scientifico, poco scientifico // **-ally** *avv.*

unscoured [,ʌn'skaʊəd / un·scoured] *agg.* **1** non lavato, non sgrassato; non fregato **2** non strigliato (di cavallo).

to **unscramble** [,ʌn'skræmbl / un·scramble] *v.tr.* **1** decodificare (spec. un segnale); decifrare **2** (*fig.*) dipanare, risolvere.

unscratched [,ʌn'skrætʃt / un·scratched] *agg.* non graffiato, senza un graffio.

unscreened [,ʌn'skri:nd / un·screened] *agg.* **1** esposto; non riparato, non protetto **2** senza schermo, senza schermatura, non schermato **3** non vagliato, non setacciato **4** (*cinem.*) non ancora proiettato **5** su cui i servizi segreti non hanno ancora indagato.

to **unscrew** [,ʌn'skru: / un·screw] *v.tr.* e *intr.* svitare, svitarsi; allentare, allentarsi.

unscripted [,ʌn'skrıptıd / un·scrip·ted] *agg.* (*tv, radio*) estemporaneo, improvvisato; senza copione; non preparato.

unscriptural [,ʌn'skrıptʃərəl / un·scrip·tural] *agg.* non conforme alle Sacre Scritture // **-ly** *avv.*

unscrupulous [,ʌn'skru:pjʊləs / un·scru·pu·lous] *agg.* senza scrupoli: — *ambition*, un'ambizione senza scrupoli // **-ly** *avv.* // **-ness** *s.*

to **unseal** [,ʌn'si:l / un·seal] *v.tr.* dissigillare, dissuggellare; aprire: *to — a letter*, aprire una lettera // *to — the future*, svelare il futuro // (*letter.*) *to — s.o.'s eyes*, (*fig.*) aprire gli occhi a qlcu. // (*letter.*) *to — one's lips*, (*fig.*) svelare un segreto, parlare dopo un lungo silenzio.

unsearchable [,ʌn'sɜ:tʃəbl / un·search·able] *agg.* (*non com.*) imperscrutabile; misterioso // **-ness** *s.* // **-bly** *avv.*

unsearched [,ʌn'sɜ:tʃt / un·searched] *agg.* non perquisito.

unseasonable [,ʌn'si:znəbl / un·sea·son·able] *agg.* fuori stagione; (*fig.*) intempestivo, inopportuno: — *fruit*, frutta fuori stagione; — *request*, domanda intempestiva // **-ness** *s.* // **-bly** *avv.*

unseasoned [,ʌn'si:znd / un·seasoned] *agg.* **1** immaturo; (*fig.*) inesperto **2** (*cuc.*) non condito **3** non stagionato.

to **unseat** [,ʌn'si:t / un·seat] *v.tr.* **1** disarcionare; far cadere: *to — a rider*, disarcionare un cavaliere **2** (*pol.*) defenestrare; deporre; privare del seggio: *to — a member of Parliament*, deporre un membro del Parlamento.

unseated [,ʌn'si:tıd / un·seated] *agg.* **1** non seduto **2** disarcionato **3** (*pol.*) deposto; non rieletto.

unseaworthy [,ʌn'si:wɜ:ðı / un·sea·worthy] *agg.* (*mar.*) non idoneo alla navigazione // **-iness** *s.*

unseconded [,ʌn'sekəndıd / un·sec·on·ded] *agg.* non assecondato; non appoggiato.

unsecured [,ʌnsı'kjʊəd / un·se·cured] *agg.* **1** malsicuro **2** (*dir., comm.*) scoperto, non garantito: — *creditor*, creditore chirografario; — *credit*, credito chirografario **3** non assicurato, non fissato.

unseeded [,ʌn'si:dıd / un·seeded] *agg.* **1** privo di semi; non seminato **2** (*tennis*) non classificato, non selezionato.

unseeing [,ʌn'si:ıŋ / un·see·ing] *agg.* (*letter.*) cieco; che non vede; dallo sguardo assente: *to look at s.o., sthg. with — eyes*, guardare qlcu., qlco. senza vederlo.

unseemly [,ʌn'si:mlı / un·seemly] *agg.* (*form.*) indecente; sconveniente // **-iness** *s.*

unseen [,ʌn'si:n / un·seen] *agg.* **1** non visto, inosservato; nascosto (alla vista) **2** (*fig.*) invisibile; occulto: — *power*, potere occulto ◆ *s.* **1** — (*translation*), traduzione a prima vista **2** *the* —, l'altro mondo, l'al di là.

unseizable [,ʌn'si:zəbl / un·seiz·able] *agg.* **1** inafferrabile// — *fish*, pesce di misura inferiore a quella regolamentare per la pesca **2** (*dir.*) non confiscabile.

unseized [,ʌn'si:zd / un·seized] *agg.* **1** non preso, non afferrato: — *opportunity*, (*fig.*) occasione mancata **2** (*dir.*) non confiscato.

unselfish [,ʌn'selfıʃ / un·self·ish] *agg.* disinteressato, altruista // **-ly** *avv.* // **-ness** *s.*

unserviceable [,ʌn'sɜ:vısəbl / un·ser·vice·able] *agg.* **1** inservibile, inutilizzabile; fuori uso; poco pratico (di abito ecc.) **2** inetto; inutile; (*mil.*) inabile // **-ness** *s.*

unset [,ʌn'set / un·set] *agg.* **1** fuori posto, non sistemato; non montato, non incastonato **2** non solidificato.

to **unsettle** [,ʌn'setl / un·settle] *v.tr.* **1** mettere fuori posto, spostare; dissestare **2** mandare in confusione, confondere **3** disturbare; sconvolgere; turbare: *his strange behaviour began to — the other passengers*, il suo strano comportamento cominciava a turbare gli altri passeggeri ◆ *v.intr.* sconvolgersi; turbarsi.

unsettled [,ʌn'setld / un·settled] *agg.* **1** disordinato, in disordine; fuori posto **2** sconvolto, turbato; agitato **3** mutevole, instabile; indeciso, incerto: — *weather*, tempo instabile; *this point is* —, questa questione è ancora indecisa; (*econ.*) — *market*, mercato agitato **4** (*comm.*) non pagato, non saldato: — *debts*, debiti non saldati; — *account*, conto non regolato **5** senza fissa dimora **6** non popolato, disabitato: — *lands*, terre disabitate // **-ness** *s.*

unsevered [,ʌn'sɜ:ved / un·severed] *agg.* indiviso, inseparato.

to **unsew** [,ʌn'səʊ / un·sew] *pass.* **unsewed** [,ʌn'səʊd / un·sewed] *p.p.* **unsewn** [,ʌn'səʊn / un·sewn] *v.tr.* scucire.

to **unsex** [,ʌn'seks / un·sex] *v.tr.* (*rar.*) **1** rendere impotente, frigido **2** rendere effeminato, privare della mascolinità; svirilizzare; mascolinizzare, privare della femminilità.

to **unshackle** [,ʌn'ʃækl / un·shackle] *v.tr.* togliere dai ceppi; liberare.

unshaded [,ʌn'ʃeɪdɪd / un·shaded] *agg.* senz'ombra, non ombreggiato, senza ombreggiatura (di luogo, disegno ecc.).

unshadowed [,ʌn'ʃædəʊd / un·shad·owed] *agg.* **1** non ombreggiato **2** (*fig.*) non offuscato, non rattristato.

unshak(e)able [,ʌn'ʃeɪkəbl / un·shak(e)·able] *agg.* incrollabile, fermo: — *devotion*, affetto costante // **-ness** *s.* // **-bly** *avv.*

unshaken [,ʌn'ʃeɪkən / un·shaken] *agg.* non scosso, fermo; incrollabile.

unshapely [,ʌn'ʃeɪplɪ / un·shape·ly] *agg.* **1** senza forma, informe **2** deforme; sgraziato, malfatto.

unshattered [,ʌn'ʃætəd / un·shat·tered] *agg.* saldo, equilibrato: — *nerves*, nervi saldi.

unshaven [,ʌn'ʃeɪvn / un·shaven] *agg.* non rasato, non sbarbato.

to **unsheathe** [,ʌn'ʃi:ð / un·sheathe] *v.tr.* sguainare: *to — the sword*, sguainare la spada; (*fig.*) dichiarare guerra, dare inizio alle ostilità.

unshed [,ʌn'ʃed / un·shed] *agg.* non sparso, non versato: — *tears*, lacrime non versate.

unshelled [,ʌn'ʃeld / un·shelled] *agg.* non sgusciato; non sgranato.

unshent [ʌn'ʃent / un·shent] *agg.* (*ant.*) intatto: *As though in Cupid's college she had spent / sweet days a lovely graduate, still unshent, / and kept his rosy terms in idle languishment*, (KEATS) Come se alla scuola di Cupido avesse passato dolci giorni, graziosa maestra ancora intatta, e considerato i rosei insegnamenti di lui con ozioso languore.

to **unship** [,ʌn'ʃɪp / un·ship] *pass.p.p.* **unshipped** [,ʌn'ʃɪpt / un·shipped] *v.tr.* (*mar.*) **1** sbarcare (passeggeri); scaricare (merce) **2** rimuovere dalla nave, dall'imbarcazione (elica, remi ecc.) ◆ *v.intr.* (*mar.*) **1** sbarcare; essere scaricato **2** essere rimosso dalla nave, dall'imbarcazione.

unshod [,ʌn'ʃɒd / un·shod] *pass.p.p.* di to **unshoe** ◆ *agg.* **1** (*non com.*) senza scarpe, scalzo **2** non ferrato (di cavalli).

to **unshoe** [,ʌn'ʃu: / un·shoe] *pass.p.p.* **unshod** [,ʌn'ʃɒd / un·shod] *v.tr.* **1** (*non com.*) togliere le scarpe a **2** togliere i ferri a (un cavallo).

unshorn [,ʌn'ʃɔ:n / un·shorn] *agg.* non tosato, intonso.

unshortened [,ʌn'ʃɔ:tnd / un·short·ened] *agg.* non accorciato; non ridotto; non abbreviato.

unshot [,ʌn'ʃɒt / un·shot] *agg.* **1** non scaricato (di arma) **2** non colpito: *he escaped —*, fuggì incolume.

unshrinkable [,ʌn'ʃrɪŋkəbl / un·shrink·able] *agg.* irrestringibile.

unshrinking [,ʌn'ʃrɪŋkɪŋ / un·shrink·ing] *agg.* **1** irrestringibile **2** intrepido, impavido, ardito; fermo // **-ly** *avv.*

unshut [,ʌn'ʃʌt / un·shut] *agg.* non chiuso, aperto.

unsifted [,ʌn'sɪftɪd / un·sifted] *agg.* **1** non setacciato, non passato al setaccio **2** (*fig.*) non vagliato, non esaminato a fondo.

unsightly [,ʌn'saɪtlɪ / un·sightly] *agg.* brutto, spiacevole a vedersi // **-iness** *s.*

unsigned [,ʌn'saɪnd / un·signed] *agg.* non firmato, senza firma.

unsisterly [,ʌn'sɪstəlɪ / un·sis·ter·ly] *agg.* indegno di una sorella.

unsized[1] [,ʌn'saɪzd / un·sized] *agg.* **1** non fatto su misura **2** non diviso secondo la misura.

unsized[2] *agg.* senza colla; senza appretto.

unskilful [,ʌn'skɪlfʊl / un·skil·ful] *agg.* inabile; inetto; inesperto; maldestro // **-ly** *avv.* // **-ness** *s.*

unskilled [,ʌn'skɪld / un·skilled] *agg.* **1** inesperto; inabile **2** non specializzato; che non richiede una specializzazione: — *labour*, lavoro manuale; manovalanza; — *worker*, operaio non specializzato; manovale.

unslaked [,ʌn'sleɪkt / un·slaked] *agg.* non smorzato, non spento; non estinto: — *ambition*, ambizione inappagata // — *lime*, calce viva.

unsleeping [,ʌn'sli:pɪŋ / un·sleep·ing] *agg.* che non dorme, desto; (*fig.*) vigile.

to **unsling** [,ʌn'slɪŋ / un·sling] *pass.p.p.* **unslung** [,ʌn'slʌŋ / un·slung] *v.tr.* (*mar.*) togliere l'imbracatura a.

unsmoked [,ʌn'sməʊkt / un·smoked] *agg.* **1** non fumato **2** non affumicato.

unsober [,ʌn'səʊbə* / un·sober] *agg.* **1** (*form.*) sregolato, intemperante **2** dedito al bere // **-ly** *avv.*

unsociability [,ʌn,səʊʃə'bɪlətɪ / un·so·ci·ab·il·ity] *s.* mancanza di socievolezza; scontrosità.

unsociable [,ʌn'səʊʃəbl / un·so·ci·able] *agg.* poco socievole; scontroso // **-ness** *s.* // **-bly** *avv.*

unsocial [ʌn'səʊʃl / un·so·cial] *agg.* asociale.

unsoiled [,ʌn'sɔɪld / un·soiled] *agg.* (*form.*) non insudiciato; incontaminato; puro.

unsold [,ʌn'səʊld / un·sold] *agg.* invenduto: — *goods*, l'invenduto, giacenze di magazzino.

to **unsolder** [,ʌn'sɒldə* *amer.* ,ʌn'sɒdə* / un·sol·der] *v.tr.* (*mecc.*) dissaldare.

unsoldierlike [,ʌn'səʊldʒəlaɪk / un·sol·dier·like] **unsoldierly** [,ʌn'səʊldʒəlɪ / un·sol·dierly] *agg.* non da soldato, indegno di un soldato.

unsolicited [,ʌnsə'lɪsɪtɪd / un·so·li·cited] *agg.* non sollecitato, non richiesto.

unsolicitous [,ʌnsə'lɪsɪtəs / un·so·li·ci·tous] *agg.* incurante di; non preoccupato.

unsolved [,ʌn'sɒlvd / un·solved] *agg.* insoluto, non risolto.

unsophisticated [,ʌnsə'fɪstɪkeɪtɪd / un·soph·ist·ic·ated] *agg.* non sofisticato, non adulterato; genuino; naturale.

unsorted [,ʌn'sɔ:tɪd / un·sor·ted] *agg.* non scelto; non assortito.

unsought [,ʌn'sɔ:t / un·sought] *agg.* non cercato, non ricercato; non richiesto; spontaneo.

unsound [,ʌn'saʊnd / un·sound] *agg.* **1** malsano, malato; insano: (*dir.*) — *of mind*, infermo di mente, incapace di intendere e di volere **2** guasto, rovinato, avariato (di merce); (*fig.*) vizioso, corrotto **3** erroneo, fallace, falso; — *doctrine*, dottrina fallace; — *judgment*, giudizio erroneo **4** poco solido; instabile; pericolante: — *building*, edificio pericolante // **-ly** *avv.* // **-ness** *s.*

unsounded[1] [,ʌn'saʊndɪd / un·sounded] *agg.* non scandagliato, non sondato.

unsounded[2] *agg.* non pronunciato (di sillaba).

unsoured [,ʌn'saʊəd / un·soured] *agg.* non inacidito; (*fig.*) non inasprito.

unsparing [,ʌn'speərɪŋ / un·spar·ing] *agg.* **1** inesorabile, spietato **2** zelante, che non si risparmia **3** prodigo, generoso, liberale // **-ly** *avv.* // **-ness** *s.*

to **unspeak** [,ʌn'spi:k / un·speak] *pass.* **unspoke** [,ʌn'spəʊk / un·spoke] *p.p.* **unspoken** [,ʌn'spəʊkən / un·spoken] *v.tr.* (*rar.*) ritrattare, disdire.

unspeakable [,ʌn'spi:kəbl / un·speak·able] *agg.* **1** inesprimibile, indicibile: — *joy*, gioia ineffabile; — *torments*, inenarrabili tormenti; — *wickedness*, cattiveria indicibile **2** detestabile, inqualificabile: *his manners are —*, ha un modo di fare odioso // **-bly** *avv.*

unspent [,ʌn'spent / un·spent] *agg.* **1** non speso **2** inesausto.

unspiritual [,ʌn'spɪrɪtjʊəl / un·spir·itual] *agg.* non spirituale; materiale; mondano.

unspoiled [,ʌn'spɔɪld / un·spoiled] **unspoilt** [,ʌn'spɔɪlt / un·spoilt] *agg.* **1** non deteriorato, ben conservato **2** non viziato, ben allevato **3** non sciupato, non rovinato: — *countryside*, campagna incontaminata **4** (*non com.*) non saccheggiato, non devastato.

unspoken [,ʌn'spəʊkən / un·spoken] *agg.* non profferito, non detto.

unsporting [,ʌn'spɔ:tɪŋ / un·sport·ing] *agg.* indegno di uno sportivo; (*fig.*) sleale, vile; meschino.

unsportsmanlike [,ʌn'spɔ:tsmənlaɪk / un·sports·man·like] *agg.* antisportivo; (*fig.*) sleale, vile; meschino.

unspotted [,ʌn'spɒtɪd / un·spot·ted] *agg.* **1** non macchiato **2** (*fig.*) senza macchia, immacolato, incorrotto **3** (*bot.*, *zool.*) non maculato, non screziato, non chiazzato.

unsprung [,ʌn'sprʌŋ / un·sprung] *agg.* non molleggiato, senza molle; (*mecc.*) rigido, senza sospensioni: — *axle*, assale rigido.

unstable [,ʌn'steɪbl / un·stable] *agg.* instabile; (*fig.*) mutevole, incostante // (*fis.*) — *equilibrium*, equilibrio instabile // (*chim.*) — *compound*, composto instabile // **-ness** *s.* // **-bly** *avv.*

unstained [,ʌn'steɪnd / un·stained] *agg.* **1** non macchiato; non tinto **2** (*fig.*) immacolato, puro, illibato: — *reputation*, riputazione intatta, immacolata.

unstamped [,ʌn'stæmpt / un·stamped] *agg.* **1** non timbrato; non affrancato; non munito di marca da bollo: — *document*, documento non timbrato; — *letter*, lettera non affrancata; — *paper*, carta libera **2** non coniato (di moneta ecc.).

unstanched [,ʌn'stɑ:ntʃt *amer.* ,ʌn'stæntʃt / un·stanched] *agg.* (*ant.*) insaziabile: *I'll warrant him for drowning, though the ship were... as leaky as un unstanched wench*, (SH. The Tempest) garantisco io che non annegherà, anche se la nave fosse... forata come un'insaziabile meretrice.

unstarched [,ʌn'stɑ:tʃt / un·starched] *agg.* non inamidato, floscio.

to **unstate** [,ʌn'steɪt / un·state] *v.tr.* (*ant.*) privare di tutto: *I would unstate myself to be in a due resolution*, (SH. King Lear) darei tutto quello che ho per arrivare a una certezza.

unstatesmanlike [,ʌn'steɪtsmənlaɪk / un·states·man·like] *agg.* non confacente a uno statista.

unstatutable [,ʌn'stætju:təbl / un·stat·ut·able] *agg.* contrario allo statuto, non statutario.

unstaunched [,ʌn'stɔ:ntʃt / un·staunched] *agg.* **1** ancora sanguinante (di ferita) **2** (*ant.*) non sazio; non soddisfatto **3** (*ant.*) non reso impermeabile (all'acqua).

unsteadfast [,ʌn'stedfəst / un·stead·fast] *agg.* (*rar.*) incostante, instabile; volubile // **-ly** *avv.* // **-ness** *s.*

unsteady [,ʌn'stedɪ / un·steady] *agg.* **1** vacillante, barcollante, malsicuro: — *light*, luce traballante; *he is — on his legs*, ha un'andatura barcollante **2** indeciso, irresoluto **3** instabile, incostante; irregolare; variabile: *an — wind*, un vento variabile; *the market is —*, il mercato è instabile; *these goods are sold at an — price*, questa merce si vende a prezzo variabile // **-ily** *avv.* // **-iness** *s.*

to **unstick** [,ʌn'stɪk / un·stick] *pass.p.p.* **unstuck** [,ʌn'stʌk / un·stuck] *v.tr.* staccare; scollare ◆ *v.intr.* (*aer.*) staccarsi (dal suolo).

unstinted [,ʌn'stɪntɪd / un·stin·ted] *agg.* **1** abbondante, copioso; illimitato, senza riserve: *to excite — admiration*, suscitare ammirazione sconfinata **2** generoso, liberale.

unstirred [,ʌn'stɜ:d / un·stirred] *agg.* **1** calmo, tranquillo: — *by events*, calmo di fronte agli avvenimenti **2** non mosso, non spostato.

to **unstitch** [,ʌn'stɪtʃ / un·stitch] *v.tr.* scucire; togliere i punti da.

to **unstop** [,ʌn'stɒp / un·stop] *pass.p.p.* **unstopped** [,ʌn'stɒpt / un·stopped] *v.tr.* sturare, stasare; aprire; stappare.

to **unstopper** [,ʌn'stɒpə* / un·stop·per] *v.tr.* stappare.

unstoppered [,ʌn'stɒpəd / un·stop·pered] *agg.* stappato, senza tappo.

unstored [,ʌn'stɔ:d / un·stored] *agg.* **1** non messo in serbo, non immagazzinato **2** sprovvisto **3** (*inform.*) non memorizzato.

to **unstow** [,ʌn'stəʊ / un·stow] *v.tr.* (*mar.*) distivare; liberare (la stiva) dal carico.

unstrained [,ʌn'streɪnd / un·strained] *agg.* **1** non filtrato **2** non forzato, non costretto; spontaneo, naturale.

to **unstrap** [,ʌn'stræp / un·strap] *v.tr.* slacciare.

unstratified [,ʌn'strætɪfaɪd / un·strati·fied] *agg.* (*geol.*) non stratificato.

unstressed [,ʌn'strest / un·stressed] *agg.* **1** (*gramm.*) non accentato, atono **2** non enfatizzato, non sottolineato.

to **unstring** [,ʌn'strɪŋ / un·string] *pass.p.p.* **unstrung** [,ʌn'strʌŋ / un·strung] *v.tr.* **1** sciogliere, slegare **2** allentare, togliere le corde a (uno strumento): *to — a violin*, allentare le corde di un violino **3** sfilare (perle) **4** (*rar.*) snervare, indebolire.

unstuck [,ʌn'stʌk / un·stuck] *pass.p.p.* di to **unstick** ◆ *agg.* staccato, scollato // *to come —*, staccarsi, scollarsi; (*fig. fam.*) fallire, venir scoperto; *he tried to pass himself off as an expert, but soon came —*, cercò di spacciarsi per esperto, ma venne subito scoperto.

unstudied [,ʌn'stʌdɪd / un·stud·ied] *agg.* **1** non studiato: *an — subject*, una materia non studiata **2** improvvisato; naturale, spontaneo, senza affettazione: — *style*, stile improvvisato, spontaneo **3** (*antiq.*) ignorante: *he is — in Latin*, è ignorante in latino.

unstuffed [,ʌn'stʌft / un·stuffed] *agg.* non imbottito.

unsubdued [,ʌnsəb'dju:d *amer.* ,ʌnsəb'du:d / un·sub·dued] *agg.* non soggiogato, non sottomesso; indomito: *an — horse*, un cavallo non domato; *an — passion*, una passione indomita.

unsubmissive [,ʌnsəb'mɪsɪv / un·sub·miss·ive] *agg.* che non si lascia sottomettere; indocile, ribelle // **-ly** *avv.*

unsubsidized [,ʌn'sʌbsɪdaɪzd / un·sub·sid·ized] *agg.* (*econ.*) non sussidiato.

unsubstantial [,ʌnsəb'stænʃl / un·sub·stan·tial] *agg.* **1** non sostanziale, poco importante; inconsistente: — *arguments*, argomenti vuoti, privi di fondamento **2** irreale, immaginario, chimerico **3** incorporeo, immateriale; poco solido **4** poco sostanzioso; leggero: — *meal*, pasto poco sostanzioso.

unsubstantiality [,ʌnsəb,stænʃɪ'ælətɪ / un·sub·stan·ti·al·ity] *s.* **1** mancanza di sostanza; inconsistenza **2** irrealtà **3** incorporeità, immaterialità; mancanza di solidità.

unsubstantiated [,ʌnsəb'stænʃɪeɪtɪd / un·sub·stan·ti·ated] *agg.* infondato, inconsistente.

unsuccess [,ʌnsək'ses / un·suc·cess] *s.* (*non com.*) insuccesso; cattiva riuscita.

unsuccessful [,ʌnsək'sesfʊl / un·suc·cess·ful] *agg.* che non ha successo, fallito; mal riuscito; vano, infruttuoso; sfortunato: — *attempt*, tentativo mal riuscito; colpo mancato; — *efforts*, sforzi vani; (*fot.*) — *print*, stampa, copia mal riuscita; *to be —*, non riuscire, fallire // (*dir.*) *the — party*, la parte soccombente (in una causa) // **-ly** *avv.* // **-ness** *s.*

unsuitability [,ʌn,su:tə'bɪlətɪ / un·suit·ab·il·ity] *s.* **1** inadeguatezza; non idoneità **2** inopportunità, incongruità **3** sconvenienza.

unsuitable [,ʌn'su:təbl / un·suit·able] *agg.* **1** inadatto, non idoneo: *he is — for this work*, è inadatto a questo lavoro **2** non appropriato; inopportuno; incongruo: *an — marriage*, un matrimonio mal assortito; — *to the occasion*, non appropriato alla circostanza **3** sconveniente; svantaggioso: — *offer*, offerta svantaggiosa // **-ness** *s.* // **-bly** *avv.*

unsuited [,ʌn'su:tɪd / un·suited] *agg.* **1** inadatto, non idoneo: *a person — for* (o *to*) *sthg., s.o.*, persona inadatta a qlco., qlcu.; *they are — for* (o *to*) *each other*, non sono fatti l'uno per l'altra, sono una coppia mal assortita **2** non appropriato; inopportuno; incongruo: *a slovenliness quite — to a man in his position*, una sciatteria inammissibile in un uomo del suo rango **3** (*non com.*) non soddisfatto, non accontentato: *we wish nobody to leave our shop —*, desideriamo che nessuno lasci il nostro negozio senza aver trovato ciò che desidera.

unsullied [,ʌn'sʌlɪd / un·sul·lied] *agg.* (*letter.*) pulito; senza macchia (*anche fig.*): — *conscience*, coscienza immacolata.

unsung [,ʌn'sʌŋ / un·sung] *agg.* **1** non cantato **2** (*letter.*) non celebrato: — *victory*, vittoria non celebrata.

unsupplied [,ʌnsə'plaɪd / un·sup·plied] *agg.* **1** non fornito, non consegnato (di merce ecc.) **2** non approvvigionato; sprovvisto, sfornito: *the rescuers were — with medical equipment*, le squadre di soccorso erano sprovviste di medicinali.

unsupportable [,ʌnsə'pɔ:təbl / un·sup·port·able] *agg.* insopportabile, intollerabile.

unsupported [,ʌnsə'pɔ:tɪd / un·sup·ported] *agg.* **1** non confermato, non comprovato; infondato **2** non appoggiato, non sostenuto, non aiutato; non incoraggiato: — *mother*, madre sola, senza aiuti economici // (*mil.*) — *battalion*, battaglione scoperto **3** (*edil.*) non puntellato, senza sostegno.

unsure [,ʌn'ʃʊə* / un·sure] *agg.* **1** incerto, dubbioso: *he is — of the date*, è incerto sulla data **2** incerto, indeterminato: — *fact*, fatto incerto **3** malsicuro; precario; poco solido, poco consistente: — *construction*, costruzione poco solida; — *position*, posizione precaria.

unsurmountable [,ʌnsə'maʊntəbl / un·sur·mount·able] *agg.* (*non com.*) insormontabile.

unsurpassable [,ʌnsə'pɑ:səbl *amer.* ,ʌnsə'pæsəbl / un·sur·pass·able] *agg.* insuperabile.

unsurpassed [,ʌnsə'pɑ:st *amer.* ,ʌnsə'pæst / un·sur·passed] *agg.* insuperato, insorpassato.

unsurveyed [,ʌn'sɜ:veɪd / un·sur·veyed] *agg.* **1** non cartografato **2** non esaminato; non indagato.

unsusceptible [,ʌnsə'septəbl / un·sus·cept·ible] *agg.* (*non com.*) **1** insensibile (a); non influenzabile; non impressionabile **2** non suscettibile, non passibile (di).

unsuspected [,ʌnsə'spektɪd / un·sus·pec·ted] *agg.* insospettabile; non sospetto.

unsuspecting [,ʌnsə'spektɪŋ / un·sus·pect·ing] *agg.* non sospettoso, senza diffidenza // **-ly** *avv.*

unsuspended [,ʌnsə'spendɪd / un·sus·pended] *agg.* non appeso; non sospeso.

unsuspicious [,ʌnsə'spɪʃəs / un·sus·pi·cious] *agg.* **1** non sospettoso, senza diffidenza **2** che non desta sospetti // **-ly** *avv.*

unsustainable [,ʌnsə'steɪnəbl / un·sus·tain·able] *agg.* insostenibile.

unsustained [,ʌnsə'steɪnd / un·sus·tained] *agg.* non sostenuto.

unswayed [,ʌn'sweɪd / un·swayed] *agg.* non influenzato; senza pregiudizi.

unsweetened [,ʌn'swi:tnd / un·sweetened] *agg.* non zuccherato, non addolcito.

unswept [,ʌn'swept / un·swept] *agg.* non spazzato.

unswerving [ʌn'swɜ:vɪŋ / un·swerv·ing] *agg.* **1** costante; fermo: *an — purpose*, un proposito fermo **2** diritto, rettilineo // **-ly** *avv.*

unsworn [,ʌn'swɔ:n / un·sworn] *agg.* **1** non

legato da giuramento **2** non confermato con giuramento (di testimonianza).

unsymmetrical [,ʌnsɪ'metrɪkl / un·sym·met·rical] *agg.* asimmetrico, senza simmetria // **-ly** *avv.*

unsymmetry [,ʌn'sɪmɪtrɪ / un·sym·metry] *s.* asimmetria.

unsympathetic [,ʌn,sɪmpə'θetɪk / un·sym·path·etic] *agg.* **1** indifferente; non comprensivo **2** antipatico // **-ally** *avv.*

unsympathizing [,ʌn'sɪmpəθaɪzɪŋ / un·sym·path·iz·ing] *agg.* indifferente; che non mostra comprensione; poco cordiale.

unsystematic [,ʌn,sɪstɪ'mætɪk / un·sys·tem·atic] *agg.* non sistematico // **-ally** *avv.*

to **untack** [,ʌn'tæk / un·tack] *v.tr.* **1** staccare, disgiungere **2** sbastire **3** sbullettare.

untainted [,ʌn'teɪntɪd / un·tain·ted] *agg.* incorrotto, non guasto; incontaminato; puro.

untaken [,ʌn'teɪkən / un·taken] *agg.* non preso; libero.

untalented [,ʌn'tæləntɪd / un·tal·en·ted] *agg.* poco dotato, senza talento.

untamable [,ʌn'teɪməbl / un·tam·able] *agg.* indomabile; riottoso.

untamed [,ʌn'teɪmd / un·tamed] *agg.* **1** selvaggio, non addomesticato **2** ribelle, indomito: — *passions*, indomite passioni.

to **untangle** [,ʌn'tæŋgl / un·tangle] *v.tr.* districare, sbrogliare (*anche fig.*).

untanned [,ʌn'tænd / un·tanned] *agg.* **1** non abbronzato **2** non conciato: — *leather*, pelle non conciata.

untapped [,ʌn'tæpt / un·tapped] *agg.* **1** non spillato **2** non sfruttato, non utilizzato.

untarnished [,ʌn'tɑːnɪʃt / un·tar·nished] *agg.* **1** non appannato **2** (*fig.*) non macchiato, immacolato: — *reputation*, reputazione irreprensibile.

untasted [,ʌn'teɪstɪd / un·tasted] *agg.* **1** non assaggiato **2** (*fig.*) non gustato, non apprezzato **3** non provato, non sperimentato.

untaught [,ʌn'tɔːt / un·taught] *agg.* **1** poco istruito, ignorante **2** appreso senza insegnamento, spontaneo, innato.

untaxed [,ʌn'tækst / un·taxed] *agg.* (*trib.*) esentasse, esente da imposta.

unteachable [,ʌn'tiːtʃəbl / un·teach·able] *agg.* **1** non ricettivo, incapace di imparare **2** difficile da insegnare // **-ness** *s.*

untempered [,ʌn'tempəd / un·tempered] *agg.* **1** (*fig.*) smoderato, sfrenato; non temperato **2** non temprato (di vetro); non rinvenuto (di acciaio).

untempted [,ʌn'tem*p*tɪd / un·temp·ted] *agg.* non tentato; non allettato.

untempting [,ʌn'tem*p*tɪŋ / un·tempt·ing] *agg.* che non tenta, poco attraente, poco appetitoso.

untenable [,ʌn'tenəbl / un·ten·able] *agg.* **1** non tenibile; indifendibile; insostenibile: *an — position*, una posizione insostenibile **2** che non può essere occupato.

untenantable [,ʌn'tenəntəbl / un·ten·ant·able] *agg.* **1** non affittabile **2** (*non com.*) inabitabile.

untenanted [,ʌn'tenəntɪd / un·ten·an·ted] *agg.* **1** non affittato **2** (*non com.*) disabitato.

untended [,ʌn'tendɪd / un·ten·ded] *agg.* non curato, trascurato; incustodito: — *car park*, parcheggio non custodito; *Th'untended woundings of a father's curse / pierce every sense about thee!*, (SH. King Lear) le ferite trascurate della maledizione di un padre trafiggono ogni senso che è in te!

untender [,ʌn'tendə* / un·tender] *agg.* (*non com.*) **1** non tenero; non fragile; robusto **2** (*fig.*) duro, insensibile // **-ly** *avv.*

unterrified [,ʌn'terɪfaɪd / un·ter·ri·fied] *agg.* (*non com.*) imperterrito, che non si lascia spaventare, scoraggiare.

untested [,ʌn'testɪd / un·tes·ted] *agg.* non provato, non sperimentato; non verificato.

unthankful [,ʌn'θæŋkfʊl / un·thank·ful] *agg.* **1** ingrato, non riconoscente **2** ingrato, spiacevole // **-ly** *avv.* // **-ness** *s.*

unthawed [,ʌn'θɔːd / un·thawed] *agg.* non disgelato; non fuso, non sciolto.

unthinkable [,ʌn'θɪŋkəbl / un·think·able] *agg.* impensabile, inconcepibile; inimmaginabile; inammissibile.

unthinking [,ʌn'θɪŋkɪŋ / un·think·ing] *agg.* **1** irriflessivo; sconsiderato; sventato; leggero: *in an — moment*, in un momento di distrazione, per sventatezza **2** che non discute, che non obietta: — *obedience*, obbedienza cieca **3** che non è in grado di pensare, irrazionale // **-ly** *avv.*

unthought [,ʌn'θɔːt / un·thought] *agg.* **1** non pensato; non premeditato **2** impensato, inatteso, imprevisto.

unthoughtful [,ʌn'θɔːtfʊl / un·thought·ful] *agg.* **1** spensierato; sconsiderato; sventato; imprudente **2** privo di riguardi, di attenzioni.

unthought-of [,ʌn'θɔːtɒv] *agg.* imprevisto, inatteso; impensato.

to **unthread** [,ʌn'θred / un·thread] *v.tr.* **1** sfilare, togliere il filo a **2** sciogliere, sbrogliare (*anche fig.*): *to — a mystery*, sciogliere un mistero **3** trovare una via d'uscita da.

unthrift ['ʌnθrɪft / un·thrift] *s.* (*ant.*) che scialacqua, che sperpera, prodigo: *what man didst thou ever know unthrift that was beloved after his means?*, (SH. Timon of Athens) quando mai hai conosciuto un uomo che fosse amato dopo aver scialacquato i suoi mezzi?

unthrifty [,ʌn'θrɪftɪ / un·thrifty] *agg.* **1** che scialacqua, che sperpera, prodigo **2** (*agr.*) che cresce male, che non dà frutti.

to **unthrone** [,ʌn'θrəʊn / un·throne] *v.tr.* detronizzare.

untidy [,ʌn'taɪdɪ / un·tidy] *agg.* **1** disordinato; trascurato, trasandato; sciatto: — *hair*, capelli arruffati; *an — person*, una persona trasandata // (*mus.*) *his playing is —*, la sua esecuzione non è accurata **2** disorganizzato // **-ily** *avv.* // **-iness** *s.*

to **untie** [,ʌn'taɪ / un·tie] *v.tr.* **1** sciogliere; snodare; slegare **2** (*fig.*) risolvere, sbrogliare ◆ *v.intr.* sciogliersi; snodarsi; slegarsi.

until [ən'tɪl / un·til] → **till**[1].

untiled [,ʌn'taɪld / un·tiled] *agg.* senza tegole, non coperto da tegole.

untilled [,ʌn'tɪld / un·tilled] *agg.* (*agr.*) incolto, non coltivato; non arato.

untimely [,ʌn'taɪmlɪ / un·timely] *agg.* **1** prematuro: *his father's — death*, la morte prematura di suo padre **2** inopportuno, intempestivo: *an — call*, una visita inopportuna // **-iness** *s.*

untimely *avv.* (*non com.*) **1** prematuramente **2** inopportunamente, intempestivamente.

untinged [,ʌn'tɪndʒd / un·tinged] *agg.* **1** non tinto, non colorato **2** (*fig.*) senz'ombra, senza traccia: *happiness — with regret*, felicità senza ombra di rimpianto.

untirable [,ʌn'taɪərəbl / un·tir·able] *agg.* instancabile, infaticabile.

untired [,ʌn'taɪəd / un·tired] *agg.* non stanco.

untiring [,ʌn'taɪərɪŋ / un·tir·ing] *agg.* instancabile, infaticabile; assiduo: *he was — in his efforts to help*, non si stancava mai di aiutare // **-ly** *avv.*

untitled [,ʌn'taɪtld / un·titled] *agg.* **1** senza titolo **2** (*dir.*) che non ha diritto.

unto ['ʌntu] *prep.* (*ant. letter., spec. biblico*) **1** a: *for — you is born this day in the city of David a Saviour*, poiché oggi, nella città di David, vi è nato il Salvatore; *verily I say — you...*, in verità io vi dico...; *but unto us she hath a spell beyond / her name in story*, (BYRON) ma per noi ella ha un fascino al di là della sua fama nella storia **2** a, verso: *suffer little children to come — me*, lasciate che i pargoli vengano a me **3** fino a: — *this day*, fino ad oggi; *he swore to be faithful — death*, giurò di essere fedele fino alla morte.

untogether [,ʌntə'geðə* / un·to·gether] *agg.* (*sl. amer.*) confuso, pasticciato; inefficace.

untold [,ʌn'təʊld / un·told] *agg.* **1** (*letter.*) innumerevole, incalcolabile; immenso: *his — riches*, le sue ricchezze incalcolabili; *it cost us — suffering*, ci costò immense sofferenze **2** non detto, non raccontato; taciuto.

untouchability [,ʌntʌtʃə'bɪlətɪ / un·touch·ab·il·ity] *s.* **1** l'essere intoccabile **2** l'essere un intoccabile (in India).

untouchable [,ʌn'tʌtʃəbl / un·touch·able] *agg.* **1** intoccabile **2** (*fig.*) irraggiungibile, inaccessibile ◆ *s.* intoccabile, paria (in India).

untouched [,ʌn'tʌtʃt / un·touched] *agg.* **1** non toccato, intatto; inviolato: *he left the food —*, lasciò il cibo intatto; *his reputation is —*, (*fig.*) la sua reputazione è immacolata **2** illeso, indenne **3** non menzionato, non discusso **4** indifferente, insensibile **5** senza uguale, ineguagliato.

untoward [,ʌntə'wɔːd / un·to·ward] *agg.* (*form.*) **1** restio, indocile; cocciuto **2** scomodo; difficile (da maneggiare, da trattare) **3** infausto; avverso, sfavorevole; sfortunato: *I hope nothing — has happened*, spero che non sia accaduta una disgrazia **4** sconveniente, disdicevole // **-ly** *avv.* // **-ness** *s.*

untraceable [,ʌn'treɪsəbl / un·trace·able] *agg.* introvabile, irreperibile.

untraced [,ʌn'treɪst / un·traced] *agg.* non rintracciato.

untracked [,ʌn'trækt / un·tracked] *agg.* (*non com.*) **1** non battuto (di sentiero ecc.) **2** non seguito, non rintracciato.

untractable [,ʌn'træktəbl / un·tract·able] *agg.* (*rar.*) intrattabile.

untrained [,ʌn'treɪnd / un·trained] *agg.* **1** inesperto, impreparato **2** non allenato, non esercitato; non istruito.

untrammelled amer. **untrammeled** [,ʌn'træmld / un·tram·mel(l)ed] *agg.* non impastoiato, non inceppato; sciolto, libero.

untransferable [ˌʌntræns'fɜ:rəbl / un·trans·fer·able] *agg.* non trasferibile.

untranslatable [ˌʌntræns'leɪtəbl / un·trans·lat·able] *agg.* intraducibile // **-ness** *s.*

untranslated [ˌʌntræns'leɪtɪd / un·trans·lated] *agg.* non tradotto.

untravelled [ˌʌn'trævld / un·trav·elled] *agg.* **1** che non ha viaggiato **2** inesplorato, poco conosciuto: *an — corner of Devon*, un angolino poco frequentato del Devon.

untraversable [ˌʌn'trævəsəbl / un·tra·vers·able] *agg.* non attraversabile.

untraversed [ˌʌn'trævɜ:st / un·tra·versed] *agg.* non attraversato.

untried [ˌʌn'traɪd / un·tried] *agg.* **1** non provato, non sperimentato: *we have left nothing —*, non abbiamo lasciato nulla di intentato **2** (*dir.*) non processato; non sottoposto a processo.

untrimmed [ˌʌn'trɪmd / un·trimmed] *agg.* **1** disordinato, non regolato **2** non tagliato; non potato; non spuntato **3** non guarnito, non ornato.

untrodden [ˌʌn'trɒdn / un·trod·den] *agg.* non calpestato; non battuto, non frequentato: *— snow*, neve immacolata; *— ways*, strade sconosciute, poco battute; (*fig.*) vie nuove.

untroubled [ˌʌn'trʌbld / un·troubled] *agg.* imperturbato; tranquillo, calmo; limpido, sereno: *the — surface of the lake*, la calma superficie del lago.

untrue [ˌʌn'tru: / un·true] *agg.* **1** falso, menzognero; erroneo: *it is absolutely —*, è completamente falso **2** (*letter.*) infedele; (*rar.*) sleale; disonesto: *to be — to s.o.*, essere infedele a, tradire qlcu. **3** (*mecc.*) inesatto; non centrato, mal messo // **-ness** *s.*

untruly [ˌʌn'tru:lɪ / un·truly] *avv.* **1** falsamente, contrariamente alla verità **2** erroneamente **3** infedelmente.

to **untruss** [ˌʌn'trʌs / un·truss] *v.tr.* disfare; sciogliere, slegare; slacciare ◆ *v.intr.* (*ant.*) slacciarsi gli abiti: *Marry, this Claudio is condemned for untrussing*, (SH. Measure for Measure) Per la madonna, questo Claudio è condannato per essersi slacciato le brache.

untrustworthy [ˌʌn'trʌstˌwɜ:ðɪ / un·trust·worthy] *agg.* **1** indegno di fiducia, sleale; falso **2** poco sicuro, poco attendibile: *— memory*, memoria labile // **-ily** *avv.* // **-iness** *s.*

untruth [ˌʌn'tru:θ / un·truth] *s.* falsità, menzogna.

untruthful [ˌʌn'tru:θfʊl / un·truth·ful] *agg.* falso, menzognero // **-ly** *avv.* // **-ness** *s.*

to **untuck** [ˌʌn'tʌk / un·tuck] *v.tr.* **1** tirar giù (maniche rimboccate, coperte da un letto rincalzato) **2** (*fam.*) allungare (le gambe): *he untucked his legs* (*from under him*), egli allungò le gambe.

untunable [ˌʌn'tju:nəbl *amer.* ˌʌn'tu:nəbl / un·tun·able] *agg.* (*rar.*) **1** non musicale, non melodioso **2** che non tiene l'accordatura (di strumento musicale).

to **untune** [ˌʌn'tju:n *amer.* ˌʌn'tu:n / un·tune] *v.tr.* **1** scordare (strumento musicale) **2** (*rad.*) dissintonizzare, mettere fuori sintonia **3** (*fig.*) (*rar.*) turbare (l'armonia).

untuned [ˌʌn'tju:nd *amer.* ˌʌn'tu:nd / un·tuned] *agg.* **1** scordato; stonato **2** dissintonizzato, fuori sintonia.

unturned [ˌʌn'tɜ:nd / un·turned] *agg.* non rovesciato, non rivoltato // *to leave no stone —*, non lasciare nulla di intentato; fare l'impossibile.

untutored [ˌʌn'tju:təd *amer.* ˌʌn'tu:təd / un·tutored] *agg.* **1** senza istruzione, ignorante, poco istruito **2** naturale, spontaneo.

to **untwine** [ˌʌn'twaɪn / un·twine] *v.tr.* svolgere; sciogliere; districare ◆ *v.intr.* svolgersi, sciogliersi; districarsi.

to **untwist** [ˌʌn'twɪst / un·twist] *v.tr.* sbrogliare; districare; sciogliere ◆ *v.intr.* sbrogliarsi; districarsi; sciogliersi.

unurged [ˌʌn'ɜ:dʒd / un·urged] *agg.* non sollecitato; spontaneo: *to do sthg. —*, fare qlco. spontaneamente.

unusable [ˌʌn'ju:zəbl / un·us·able] *agg.* inutilizzabile.

unused [ˌʌn'ju:zd *nel senso 2* ʌn'ju:st / un·used] *agg.* **1** non usato, non utilizzato, inutilizzato // (*econ.*) *— capacity*, capacità inutilizzata **2** non abituato: *to be — to* (*doing*) *sthg.*, non essere abituato a (fare) qlco. **3** (*rar.*) fuori uso.

unusual [ʌn'ju:ʒʊəl / un·usual] *agg.* insolito, inusitato, raro; fuori del comune, eccezionale: *it is —*, è insolito, non si usa // **-ly** *avv.* // **-ness** *s.*

unutilizable [ˌʌnju:tɪ'laɪzəbl / un·util·iz·able] *agg.* inutilizzabile.

unutilized [ˌʌn'ju:tɪlaɪzd / un·uti·lized] *agg.* inutilizzato.

unutterable [ˌʌn'ʌtərəbl / un·ut·ter·able] *agg.* **1** indescrivibile, indicibile **2** impronunciabile // **-bly** *avv.*

unuttered [ˌʌn'ʌtəd / un·uttered] *agg.* **1** non pronunciato **2** inespresso.

unvalued [ˌʌn'vælju:d / un·val·ued] *agg.* **1** non valutato, non stimato (di proprietà); (*fin.*) *— stock*, azioni senza valore nominale **2** poco stimato; disprezzato **3** (*ant.*) inestimabile, incalcolabile: *unvalu'd jewels, / all scattered in the bottom of the sea*, (SH. Richard III) gioielli di incalcolabile valore tutti sparsi in fondo al mare.

unvanquished [ˌʌn'væŋkwɪʃt / un·van·quished] *agg.* invitto.

unvaried [ˌʌn'veərɪd / un·var·ied] *agg.* invariato; uniforme, monotono: *— diet*, alimentazione poco variata.

unvarnished [ˌʌn'vɑ:nɪʃt / un·var·nished] *agg.* **1** non verniciato **2** (*fam.*) semplice, genuino; senza abbellimenti: *the plain — truth*, la verità pura e semplice.

unvarying [ˌʌn'veərɪɪŋ / un·vary·ing] *agg.* invariabile, uniforme, costante // **-ly** *avv.*

to **unveil** [ˌʌn'veɪl / un·veil] *v.tr.* **1** togliere il velo a, scoprire, inaugurare: *to — a statue*, scoprire una statua **2** (*fig.*) rivelare, svelare ◆ *v.intr.* **1** togliersi il velo **2** (*fig.*) rivelarsi, svelarsi.

unveiling [ˌʌn'veɪlɪŋ / un·veil·ing] *s.* (cerimonia dello) scoprimento (di statua, lapide ecc.).

unvenomous [ˌʌn'venəməs / un·ven·om·ous] *agg.* non velenoso.

unventilated [ˌʌn'ventɪleɪtɪd / un·ven·til·ated] *agg.* **1** non ventilato, non aerato **2** (*fig.*) non ventilato, non posto in discussione.

unverifiable [ˌʌn'verɪfaɪəbl / un·veri·fi·able] *agg.* non verificabile, non controllabile.

unverified [ˌʌn'verɪfaɪd / un·veri·fied] *agg.* non verificato.

unversed [ˌʌn'vɜ:st / un·versed] *agg.* non versato; poco pratico, poco abile: *— in*, inesperto di.

unvindicated [ˌʌn'vɪndɪkeɪtɪd / un·vin·dic·ated] *agg.* invendicato.

unviolated [ˌʌn'vaɪəleɪtɪd / un·vi·ol·ated] *agg.* inviolato.

unvisited [ˌʌn'vɪzɪtɪd / un·vis·ited] *agg.* non visitato; non frequentato.

unvoiced [ˌʌn'vɔɪst / un·voiced] *agg.* **1** non espresso, non pronunciato **2** (*fon.*) sordo.

unvouched [ˌʌn'vaʊtʃt / un·vouched] *agg.* non attestato; non confermato.

unwaged [ˌʌn'weɪdʒd / un·waged] *agg.* che non ha lavoro; disoccupato ◆ *s.pl.* (*econ.*) *the —*, i non salariati.

unwanted [ˌʌn'wɒntɪd / un·wanted] *agg.* non desiderato; non richiesto; non necessario.

unwarlike [ˌʌn'wɔ:laɪk / un·war·like] *agg.* poco bellicoso, pacifico.

unwarned [ˌʌn'wɔ:nd / un·warned] *agg.* non avvertito; non preavvisato; non ammonito.

unwarped [ˌʌn'wɔ:pt / un·warped] *agg.* **1** (*tecn.*) non curvato; non deformato; non imbarcato **2** (*fig.*) libero da pregiudizi.

unwarrantable [ˌʌn'wɒrəntəbl / un·war·rant·able] *agg.* (*form.*) ingiustificabile // **-ness** *s.* // **-bly** *avv.*

unwarranted [ˌʌn'wɒrəntɪd / un·war·ran·ted] *agg.* (*form.*) **1** non autorizzato **2** non garantito; senza garanzia (*anche dir.*) **3** ingiustificato, infondato.

unwary [ˌʌn'weərɪ / un·wary] *agg.* **1** sprovveduto; non accorto; non guardingo **2** imprudente, incauto; sconsiderato // **-ily** *avv.* // **-iness** *s.*

unwatched [ˌʌn'wɒtʃt / un·watched] *agg.* non sorvegliato, incustodito.

unwatered [ˌʌn'wɔ:təd / un·watered] *agg.* **1** senz'acqua; non bagnato; non innaffiato; non irrigato; non abbeverato (di bestiame) **2** non annacquato; non diluito **3** (*comm.*) non annacquato (di capitale sociale).

unwavering [ˌʌn'weɪvərɪŋ / un·waver·ing] *agg.* che non vacilla; incrollabile, fermo, deciso // **-ly** *avv.*

unweaned [ˌʌn'wi:nd / un·weaned] *agg.* non svezzato.

unwearable [ˌʌn'weərəbl / un·wear·able] *agg.* non portabile, importabile, non indossabile.

unwearied [ˌʌn'wɪərɪd / un·wear·ied] *agg.* (*non com.*) **1** non stanco, non affaticato **2** instancabile // **-ly** *avv.* // **-ness** *s.*

unweary [ˌʌn'wɪərɪ / un·weary] *agg.* (*non com.*) non stanco; indefesso, infaticabile, instancabile.

unwearying [ˌʌn'wɪərɪŋ / un·weary·ing] *agg.* (*non com.*) instancabile; persistente, tenace // **-ly** *avv.*

to **unweave** [ˌʌn'wi:v / un·weave] *pass.* **unwove** [ˌʌn'wəʊv / un·wove] *p.p.* **unwoven** [ˌʌn'wəʊvən / un·woven] *v.tr.* disfare (un tessuto).

unwebbed [ˌʌn'webd / un·webbed] *agg.* (*biol.*) non fornito di membrana.

unwedded [,ʌn'wedɪd / un·wed·ded] *agg.* (*non com.*) non sposato; celibe; nubile.

unweighed [,ʌn'weɪd / un·weighed] *agg.* **1** non pesato **2** (*fig.*) non ponderato; non esaminato.

unwelcome(d) [,ʌn'welkəm(d) / un·wel·come(d)] *agg.* male accolto; sgradito; importuno.

unwell [,ʌn'wel / un·well] *agg.* indisposto; ammalato.

unwept [,ʌn'wept / un·wept] *agg.* (*poet.*) non rimpianto.

unwholesome [,ʌn'həʊlsəm / un·whole·some] *agg.* **1** malsano, insalubre **2** (*fig.*) nocivo; guasto, corrotto // **-ly** *avv.* // **-ness** *s.*

unwieldy [,ʌn'wi:ldɪ / un·wieldy] *agg.* **1** pesante; lento; impacciato **2** ingombrante; poco maneggevole // **-ily** *avv.* // **-iness** *s.*

unwilling [,ʌn'wɪlɪŋ / un·will·ing] *agg.* **1** riluttante, poco propenso: *he is — to give up everything*, è poco propenso a rinunciare a tutto **2** involontario; non voluto, fatto controvoglia // **-ly** *avv.* // **-ness** *s.*

to **unwind** [,ʌn'waɪnd / un·wind] *pass.p.p.* **unwound** [,ʌn'waʊnd / un·wound] *v.tr.* srotolare; svolgere; dipanare ♦ *v.intr.* **1** srotolarsi; svolgersi; dipanarsi **2** (*fam.*) rilassarsi, distendersi: *it is nice to — with a drink after work*, è bello rilassarsi dopo il lavoro con un bicchierino.

unwinged [,ʌn'wɪŋd / un·winged] *agg.* (*zool.*) privo di ali, senz'ali.

unwisdom [,ʌn'wɪzdəm / un·wis·dom] *s.* mancanza di saggezza, di buon senso; imprudenza.

unwise [,ʌn'waɪz / un·wise] *agg.* malaccorto, privo di buon senso; imprudente // **-ly** *avv.*

unwished [,ʌn'wɪʃt / un·wished] **unwished-for** [ʌn'wɪʃtfɔ:*] *agg.* non desiderato, non voluto.

unwitnessed [,ʌn'wɪtnɪst / un·wit·nessed] *agg.* senza testimoni; non testimoniato (*anche dir.*).

unwitting [,ʌn'wɪtɪŋ / un·wit·ting] *agg.* inconsapevole; involontario // **-ly** *avv.*

unwitty [,ʌn'wɪtɪ / un·witty] *agg.* **1** (*non com.*) sciocco **2** poco spiritoso; senza spirito // **-ily** *avv.*

unwomanly [,ʌn'wʊmənlɪ / un·wo·manly] *agg.* poco femminile.

unwonted [,ʌn'wəʊntɪd / un·wonted] *agg.* (*form.*) non abituale, insolito, inusitato; raro // **-ly** *avv.* // **-ness** *s.*

unwooded [,ʌn'wʊdɪd / un·wooded] *agg.* (*bot.*) **1** senza boschi **2** disboscato, diboscato.

unwooed [,ʌn'wu:d / un·wooed] *agg.* non corteggiato.

unworkable [,ʌn'wɜ:kəbl / un·work·able] *agg.* **1** ineseguibile, irrealizzabile; che non può funzionare, impraticabile (di piano, schema ecc.) **2** non lavorabile: *— ground*, terreno che non può essere lavorato; *— clay*, argilla intrattabile.

unworkmanlike [,ʌn'wɜ:kmənlaɪk / un·work·man·like] *agg.* **1** inetto, inesperto, incompetente **2** male eseguito, fatto male.

unworldly [,ʌn'wɜ:ldlɪ / un·worldly] *agg.* **1** spirituale; non terreno, ultraterreno **2** non sofisticato, poco navigato, semplice, ingenuo // **-iness** *s.*

unworn [,ʌn'wɔ:n / un·worn] *agg.* **1** non indossato, mai indossato, come nuovo **2** non logoro, non sciupato.

unworried [,ʌn'wʌrɪd / un·wor·ried] *agg.* **1** indisturbato **2** non preoccupato; sereno.

unworthily [,ʌn'wɜ:ðɪlɪ / un·wor·thily] *avv.* indegnamente, in modo indegno.

unworthiness [,ʌn'wɜ:ðɪnɪs / un·wor·thi·ness] *s.* indegnità.

unworthy [,ʌn'wɜ:ðɪ / un·worthy] *agg.* **1** indegno, non degno, immeritevole: *— of notice*, indegno di considerazione **2** indegno, disdicevole, non adatto: *this is — of him*, questo è indegno di lui; *language — of a lady*, linguaggio che non si addice a una signora **3** spregevole, vile, basso, meschino: *an — person*, una persona indegna **4** (*non com.*) poco meritevole, scadente, privo di valore (di lavoro ecc.).

unwound *pass.p.p.* di to **unwind**.

unwounded [,ʌn'wu:ndɪd / un·wounded] *agg.* illeso, incolume, non ferito.

unwove *pass.* di to **unweave**.

unwoven *p.p.* di to **unweave**.

to **unwrap** [,ʌn'ræp / un·wrap] *pass.p.p.* **unwrapped** [,ʌn'ræpt / un·wrapped] *v.tr.* svolgere, scartare, scartocciare; disfare, aprire.

unwrinkled [,ʌn'rɪŋkld / un·wrinkled] *agg.* senza rughe, liscio; non corrugato.

unwritable [,ʌn'raɪtəbl / un·writ·able] *agg.* che non si può scrivere.

unwritten [,ʌn'rɪtn / un·writ·ten] *agg.* **1** non scritto; orale; tradizionale: *— law*, legge non scritta, diritto consuetudinario; *is there any — law* (o *rule*) *about what sort of clothes you wear to a party?*, c'è qualche legge non scritta riguardo al tipo di abiti che s'indossano alle feste? // *the — law*, codice d'onore (specialmente legge per cui un delitto di gelosia non dovrebbe essere punito) **2** bianco (di carta).

unwrought [,ʌn'rɔ:t / un·wrought] *agg.* non lavorato; grezzo, greggio, allo stato naturale.

unwrung [,ʌn'rʌŋ / un·wrung] *agg.* **1** non torto; non strizzato **2** (*fig.*) imperturbato, impassibile.

unyielded [,ʌn'ji:ldɪd / un·yielded] *agg.* **1** non prodotto **2** non ceduto, non concesso.

unyielding [,ʌn'ji:ldɪŋ / un·yield·ing] *agg.* **1** rigido, duro, non flessibile **2** (*fig.*) inflessibile, inesorabile; ostinato; rigido: *she is — in her opinions*, è salda nelle sue opinioni // **-ly** *avv.*

to **unyoke** [,ʌn'jəʊk / un·yoke] *v.tr.* **1** staccare, togliere il giogo a (buoi ecc.) **2** (*fig.*) liberare dal giogo **3** (*estens.*) separare, disgiungere, staccare ♦ *v.intr.* **1** staccarsi, liberarsi dal giogo (*anche fig.*) **2** (*fam. antiq.*) smettere di lavorare, staccare.

to **unzip** [,ʌn'zɪp / un·zip] *v.tr.* **1** aprire la cerniera lampo di **2** (*fam. amer.*) aprire **3** (*fam. amer.*) risolvere un problema con metodo ♦ *v.intr.* aprirsi per mezzo di cerniera lampo.

up [ʌp] *avv.* **1** su, in su; in alto: *the lift is going —*, l'ascensore sta salendo; *the price of beer has gone — and —*, il prezzo della birra continua a salire; *the zip on this jacket won't stay —*, la cerniera di questa giacca non sta su, non sta chiusa; *she helped the old man — from the armchair*, aiutò il vecchio ad alzarsi dalla poltrona; *the body was lying face — on the carpet*, il cadavere giaceva supino sul tappeto; *the hotel sent dinner — to our room*, l'albergo ci mandava il pranzo in camera; *she wrote it — on the blackboard*, lo scrisse sulla lavagna; *people from — north tend to look down on southerners*, la gente del nord tende a disprezzare i meridionali; *from — on the cliffs you can sometimes see across the Channel*, dall'alto della scogliera si può talvolta vedere al di là della Manica // *— here*, quassù: *— here on the terrace you can enjoy the view*, quassù dal terrazzo si gode una bella vista // *— there*, lassù: *what are you doing — there?*, cosa fai lassù? // *this side —*, non capovolgere // *— (with) the rebels!*, viva i ribelli!; *— (with) Manchester United!*, viva il Manchester United! // *— and down*, su e giù: *she jumped — and down in her excitement*, saltava su e giù dall'emozione; *he looked me — and down before telling me to take a seat*, mi squadrò ben bene prima di dirmi di prendere posto // *the temperature was — in the seventies last week*, la settimana scorsa la temperatura ha toccato i 70 °F // *it's all — with his chances of promotion*, le speranze di una sua promozione sono bell'e sfumate // *to be — in arms*, essere furibondo **2** più avanti; oltre: *the town hall's 500 yards further —*, il municipio è 500 iarde più avanti; *there are traffic cops — ahead*, più avanti ci sono controlli di polizia stradale; *they followed the guide — into the cathedral nave*, seguirono la guida lungo la navata della cattedrale; *— close, you could see she was older than she said*, guardandola da vicino, si vedeva che era più vecchia di quanto affermava; *we were crushed — against the barrier by the huge crowd*, fummo schiacciati contro la barriera dall'enorme folla; *he came — behind her without her noticing*, le arrivò alle spalle senza che lei se ne accorgesse; *— came an inspector and asked for our tickets*, si avvicinò un controllore e ci chiese i biglietti **3** (*enfatico*) completamente, del tutto: *eat — all that food!*, finisci (di mangiare) tutta quella roba!; *we finished — all the paint and had to buy some more*, abbiamo consumato tutta la vernice e abbiamo dovuto comprarne dell'altra; *she left the steak on the gas and it was all burnt —*, ha lasciato la bistecca sul gas ed è tutta bruciata // *hurry —!*, sbrigati!, muoviti! **4** *— above*, sopra: *the plane was flying — above the clouds*, l'aereo volava sopra le nubi **5** *— against*, di fronte a, alle prese con: *we were — against a lot of problems*, eravamo alle prese con un sacco di problemi **6** *— for*, in corso di, soggetto a: *the curriculum is — for revision next term*, il curriculum è soggetto a revisione il prossimo trimestre; *his performance as the team's trainer is — for examination*, la sua prestazione come allenatore della squadra è sotto inchiesta **7** *— to*, fino a; all'altezza di; intento a: *the child ran — to his mother*, il bambino andò di corsa dalla mamma; *the river is — to five miles wide*, il fiume raggiunge le 5 miglia di larghezza; *— to 70% of our customers prefer coffee*, fino al 70% dei nostri clienti preferisce il caffè; *the timetable is valid — to and including April*, l'orario è valido fino a tutto aprile; *— to now, it's been easy*, finora è stato facile; *he worked there — to 1980*, ha lavorato lì fino al 1980; *his work wasn't — to the standard required*, il suo lavoro non era all'altezza del livello richiesto; *the loudspeakers weren't — to the band's requirements*, gli altoparlanti non erano adeguati alle esigenze del complesso; *she's not — to doing the job*, non è all'altezza del lavoro; *I'm not going to the party, I don't feel — to it*, non vado alla festa, non me la sento; *what's he — to now?*, che cosa sta combinando adesso?; *I think they're — to something*, credo che stiano tramando qualcosa **8** Si usa per formare 'phrasal verbs' (p.e. *to give up, to look up, to stand up ecc.*); cfr. tali verbi.

up *prep.* **1** su, su per, in cima a: *the boy was — the ladder and couldn't get down*, il ragazzo era in cima alla scala e non riusciva a scendere; *the sparks flew — the chimney*, le scintille volarono su per il camino; *he was too tired to climb — the hill*, era troppo stanco per salire in cima alla collina // *— and down*, su e giù per: *he paced — and down the hospital corridor*, camminava agitato su e giù per il corridoio dell'ospedale // *— yours!*, (*volg.*) va' a farti fottere! **2** verso il fondo di; lungo; verso la sorgente di: *he ran — the garden into the house*, corse lungo il giardino e dentro la casa; *she looked — the road*, guardò lungo la strada; *the steamboat went — the Mississippi*, il battello a ruota risalì il Mississippi; *the shop I wanted was further — the street*, il negozio che cercavo era più avanti nella strada.

up *agg.* **1** alzato; sorto; in alto: *the blinds were —*, le tapparelle erano alzate; *once the moon was — we could see the plain*, quando la luna fu alta nel cielo, riuscimmo a vedere la pianura; *he was sitting in the car with the windows —*, era seduto in macchina con i finestrini alzati; *you can see the wind's — by the trees shaking*, dal movimento degli alberi si vede che si è alzato il vento; *she's — in the bedroom*, è di sopra in camera; *I'll be right —*, vengo di sopra subito; *this office building wasn't — ten years ago*, dieci anni fa questo complesso di uffici non era (ancora) sorto; *I saw the notice — about overtime*, ho visto esposto l'avviso sugli straordinari; *she wore her hair — for the party*, si tirò su i capelli per la festa // *road —*, lavori stradali **2** alzato (dal letto), in piedi: *she's not — yet*, non si è ancora alzata; *he was — all night with toothache*, è stato alzato tutta la notte per il mal di denti // *after a long illness, he's — and about now*, dopo (una) lunga malattia, è di nuovo in piedi // *they had him — after that road accident*, l'hanno citato in tribunale per quell'incidente // *his case was — for examination last June*, il suo caso è stato preso in esame lo scorso giugno // *what's —?*, che succede?; *what's — with you?*, che ti prende? // *he behaved as if nothing was —*, si comportò come se niente fosse // *let's be — and doing*, mettiamoci all'opera // *when his blood's —, he's unbearable*, quando gli va il sangue alla testa, è insopportabile // *tea's —*, il tè è pronto // *the team was two goals — at half-time*, alla fine del primo tempo la squadra era in vantaggio di due reti **3** finito, terminato, compiuto: *your time's —*, tempo scaduto, si chiude; *"The game's —", he said*, "Siamo fritti!", disse; *when her time in New York was — she didn't want to leave*, quando fu finito il suo periodo (di soggiorno) a New York, non voleva più partire **4** ascendente; che va verso l'alto; (*di treno*) diretto verso la capitale (*spec.* Londra): *he took the — train at 8 o' clock*, ha preso il treno per Londra alle 8; *platform 2 was the — line*, la linea per Londra è al binario 2.

to **up** *pass.p.p.* **upped** [ʌpt] *v.tr.* aumentare: *they have upped the price of petrol again*, hanno aumentato di nuovo il prezzo della benzina ◆ *v.intr.* fare all'improvviso; saltar su (a fare, dire): *his wife just upped and left him one day*, un bel giorno la moglie ha preso e se n'è andata; *she upped and threw the teapot at him*, improvvisamente gli lanciò contro la teiera.

to **up-anchor** [,ʌp'æŋkə*] *v.intr.* (*mar.*) levare l'ancora.

up-and-coming [,ʌpən'kʌmɪŋ] *agg.attr.* (*amer.*) sveglio, intraprendente; promettente, di belle speranze.

up and down [,ʌpən'daʊn] *s.* (*spec. pl.*) **1** ondulazioni (del terreno) **2** vicissitudini (*pl.*), alti e bassi (*pl.*): *he was talking about the ups and downs of life*, stava parlando delle alterne vicende della vita; *in thirty years of married life we've had our ups and downs*, in trent'anni di vita coniugale abbiamo avuto i nostri alti e bassi.

up-and-down *agg.attr.* **1** (che va in) su e in giù, avanti e indietro **2** verticale **3** (*fig.*) variabile, oscillante.

up-and-up [,ʌpən'ʌp] *s.* (*fam.*): *to be on the —*, essere in ripresa, fare progressi; andare a gonfie vele; (*amer.*) essere onesto: *the market of videocassettes is on the —*, il mercato delle videocassette è sempre più florido ◆ *agg.* (*fam. amer.*) onesto; affidabile, fidato: *an — place*, un posto di fiducia.

upas ['ju:pəs] *s.* **1** (*bot.*) — (*tree*), (*Antiaris toxicaria*) antiaride, upas **2** upas (sostanza velenosa) **3** (*fig. rar.*) influsso malefico.

to **upbear** [ʌp'beə* / up·bear] *pass.* **upbore** [ʌp'bɔ:* / up·bore] *p.p.* **upborne** [ʌp'bɔ:n / up·borne] *v.tr.* (*rar.*) **1** sollevare, innalzare: *No wreathed incense do we see upborne / into the east, to meet the smiling day*, (KEATS) non nube d'incenso vediamo innalzarsi a oriente a incontrare il sorriso del mattino **2** sorreggere, sostenere.

upbeat ['ʌpbi:t / up·beat] *s.* **1** ripresa, andamento positivo, progresso **2** (*mus.*) battuta in levare **3** (*metrica*) anacrusi.

upbeat *agg.* (*fam. amer.*) ottimistico, allegro, positivo: *a film with an — ending*, un film a lieto fine.

to **upbraid** [,ʌp'breɪd / up·braid] *v.tr.* (*form.*) sgridare, rimproverare: *to — s.o. with* (o *for*) *sthg.*, riprendere qlcu. per qlco. // **-er** *s.*

upbraiding [,ʌp'breɪdɪŋ / up·braid·ing] *s.* (*form.*) rimprovero, sgridata, rimbrotto, rabbuffo.

upbraidingly [,ʌp'breɪdɪŋlɪ / up·braid·ing·ly] *avv.* in tono di rimprovero.

upbringing ['ʌp,brɪŋɪŋ / up·bring·ing] *s.* educazione; allevamento (di un bambino).

upburst ['ʌpbɜ:st / up·burst] *s.* scoppio, esplosione.

upcast ['ʌpkɑ:st *amer.* 'ʌpkæst / up·cast] *agg.* lanciato in alto; rivolto verso l'alto ◆ *s.* **1** (*geol.*) sollevamento **2** (*miner.*) pozzo di ventilazione.

to **upcast** [,ʌp'kɑ:st *amer.* ʌp'kæst] *pass.p.p.* **upcast** *v.tr.* (*rar.*) gettare, lanciare in alto.

to **upchuck** ['ʌptʃʌk / up·chuck] *v.tr.* e *intr.* (*fam. amer.*) vomitare.

upcoming ['ʌp,kʌmɪŋ / up·com·ing] *agg.* imminente, prossimo, vicino.

up-country [,ʌp'kʌntrɪ] *agg.* **1** situato all'interno di una regione; nell'entroterra; dell'interno **2** rurale; rustico, rozzo ◆ *s.* regione interna, lontana dalla costa, entroterra: *the — is barren*, l'interno del paese è sterile.

up-country *avv.* all'interno, verso l'entroterra: *the explorers travelled — for a hundred miles*, gli esploratori si addentrarono nella regione per un centinaio di miglia.

update ['ʌpdeɪt / up·date] *s.* **1** aggiornamento; dati più recenti, ultimissime informazioni (*pl.*) **2** ammodernamento.

to **update** [,ʌp'deɪt] *v.tr.* **1** aggiornare: *the figures are updated annually*, i dati sono aggiornati annualmente **2** ammodernare, rimodernare; attualizzare.

updating ['ʌp,deɪtɪŋ / up·dat·ing] *s.* **1** aggiornamento // (*inform.*) *— routine*, sottoprogramma di aggiornamento **2** ammodernamento.

updraft ['ʌpdrɑ:ft *amer.* 'ʌpdræft / up·draft] *s.* (*meteor.*) corrente ascensionale.

to **upend** [,ʌp'end / up·end] *v.tr.* **1** mettere dritto, raddrizzare **2** capovolgere, mandare a gambe all'aria; (*fam.*) atterrare, gettare a terra, stendere ◆ *v.intr.* mettersi, stare dritto.

upended [,ʌp'endɪd / up·ended] *agg.* **1** messo dritto, raddrizzato **2** capovolto, a gambe all'aria.

upfront [,ʌp'frʌnt / up·front] *agg.* **1** sincero, onesto: *he's quite — about it*, non ne fa certo un mistero **2** aperto, di vedute ampie **3** anticipato (di pagamento); pagato puntualmente ◆ *avv.* in anticipo; fin dall'inizio: *I want my payment —*, voglio essere pagato in anticipo; *we knew right —*, lo sapevamo fin dall'inizio.

upgrade ['ʌpgreɪd / up·grade] *agg.* in salita, ascendente ◆ *s.* inclinazione; salita // *on the —*, in aumento, in crescita; in fase di miglioramento, in progresso.

upgrade *avv.* in salita.

to **upgrade** [,ʌp'greɪd] *v.tr.* **1** promuovere, fare salire di grado (un impiegato ecc.) **2** aumentare il salario di **3** (*zootecnia*) migliorare (una razza) mediante incroci **4** (*miner.*) arricchire (un minerale) **5** (*inform.*) passare a una potenza superiore, aumentare la memoria di (un elaboratore) **6** (*amer.*) far cambiare di classe (un passeggero su un aereo): *I was upgraded to first class because of overbooking*, mi hanno messo in prima classe a causa del numero eccessivo di prenotazioni.

upgrowth ['ʌpgrəʊθ / un·growth] *s.* crescita; sviluppo.

upheaval [,ʌp'hi:vəl / up·heaval] *s.* **1** sollevamento, rigonfiamento **2** (*fig.*) agitazione, sconvolgimento, cambiamento radicale: *the general —*, lo scompiglio generale.

to **upheave** [,ʌp'hi:v / up·heave] *v.tr.* sollevare ◆ *v.intr.* sollevarsi.

upheld *pass.p.p.* di to **uphold**.

uphill [,ʌp'hɪl / up·hill] *agg.* **1** erto, scosceso, ripido, in salita **2** (*fig.*) arduo, difficile, faticoso ◆ *s.* salita, rampa, erta.

uphill *avv.* in salita, in su.

to **uphold** [,ʌp'həʊld / up·hold] *pass.p.p.* **upheld** [,ʌp'held / up·held] *v.tr.* **1** sostenere, sorreggere **2** (*fig.*) sostenere, appoggiare, patrocinare: *opinion that cannot be upheld*, opinione insostenibile; *to — s.o. in an action*, sostenere qlcu. in un'azione **3** (*fig.*) mantenere; confermare: *to — a decision*, ribadire una decisione; *the trial court decision was upheld*, la sentenza di primo grado venne confermata.

upholder [,ʌp'həʊldə* / up·holder] *s.* **1** sostegno, appoggio **2** (*fig.*) difensore, sostenitore, fautore, propugnatore.

to **upholster** [,ʌp'həʊlstə* / up·hol·ster] *v.tr.* tappezzare; imbottire; ricoprire: *upholstered in* (o *with*) *velvet*, ricoperto di velluto // *to be well upholstered*, (*fam. scherz.*) essere grasso, ben piazzato, in carne.

upholsterer [,ʌp'həʊlstərə* / up·hol·sterer] *s.* tappezziere // (*zool.*) — *bee*, megachila, ape tappezziera.

upholstery [,ʌp'həʊlstərɪ / up·hol·stery] *s.* **1** tappezzeria; imbottitura **2** mestiere del tappezziere.

upkeep ['ʌpki:p / up·keep] *s.* (spese di) mantenimento; manutenzione: *the — and the rent cost £ 750 a year*, le spese e l'affitto ammontano a 750 sterline all'anno.

upland ['ʌplənd / up·land] *agg.* alto, elevato; montano ◆ *s.* regione montuosa, altopiano.

uplander ['ʌpləndə* / up·land·er] *s.* montanaro; abitante di un altopiano.

uplift ['ʌplɪft / up·lift] *s.* **1** sollevamento, innalzamento (*spec.* di terreno); (*comm.*) aumento **2** (*fig. form.*) elevatezza; edificazione (morale) **3** incoraggiamento, sostegno morale **4** — (*brassiere*), reggiseno, reggipetto a balconcino.

to **uplift** [,ʌp'lɪft] *v.tr.* **1** sollevare, alzare **2** (*fig. form.*) elevare, innalzare: *his soul was uplifted by music*, la musica elevò il suo spirito.

to **uplink** [ʌp'lɪŋk / up·link] *v.tr.* (*inform.*) trasmettere al satellite.

to **upload** [ʌp'ləʊd / up·load] *v.tr.* (*inform.*) inviare un file da un computer a un altro computer.

up-market [,ʌp'mɑ:kɪt] *agg.* rivolto a una fascia alta del mercato; d'élite, esclusivo (di prodotto).

upmost ['ʌpməʊst / up·most] *agg.* e *avv.* → **uppermost**.

upon [ə'pɒn] *prep.* su, sopra [cfr. *on*]: *they used to live in Kingston-upon-Hull*, abitavano a Kingston-upon-Hull // *details will be sent — request*, i particolari saranno forniti su richiesta // *Christmas is almost — us once again*, Natale è di nuovo alle porte // — *my word!*, perbacco! // *there were thousands — thousands of fans in the stadium*, c'erano migliaia e migliaia di tifosi nello stadio // *he submitted request — request to the administration*, ha presentato richieste su richieste all'amministrazione • L'uso di *upon* è più form. di *on*; nella lingua parlata, si usa spec. nelle espressioni sopra citate.

upper ['ʌpə* / up·per] *agg.* **1** superiore, più alto, più elevato (*anche fig.*): — *jaw, lip*, mascella, labbro superiore; *the — rooms of a house*, le stanze superiori di una casa; *the — stor(e)y*, il piano superiore (di una casa); — *story*, (*fig. fam. amer.*) cervello, mente; (*fis.*) — *atmosphere*, atmosfera superiore // (*dir.*) — *court*, tribunale di grado superiore // (*amm.*) — *management*, alta direzione // (*inform.*): — *memory*, parte superiore della memoria; — *zone*, parte fuori testo della scheda perforata // *the — ten* (*thousand*), 'le trecento famiglie', la classe più potente, più ricca // *the Upper House*, la Camera dei Lords, la Camera Alta **2** più lontano (dall'ingresso, dalla foce ecc.): *the — part of a river*, la parte a monte di un fiume // *Upper Egypt*, Alto Egitto; *Upper Rhine*, Alto Reno **3** (*mus.*) a destra (di tastiera); acuto (di registro) **4** (*geol.*) superiore: *Upper Cretaceous*, cretaceo superiore ◆ *s.* **1** parte superiore **2** tomaia; gambale // *to be (down) on one's uppers*, (*fam.*) essere al verde **3** *pl.* ghette **4** (*sl.*) eccitante, anfetamina **5** corpino, corpetto; giacca di pigiama.

upper-bracket [,ʌpə'brækɪt] *agg.* (*fam.*) molto alto, elevato.

upper case [,ʌpə'keɪs] *s.* (*tip.*) lettera maiuscola ◆ *agg.* (*tip.*) maiuscolo.

upper class ['ʌpəklɑ:s *amer.* 'ʌpəklæs] *s.* classi elevate (*pl.*), alto ceto.

upper-class *agg.* della classe elevata, del ceto alto; (*spreg.*) aristocratico.

upper crust [,ʌpə'krʌst] *s.* (*spesso scherz.*) l'aristocrazia, l'alto ceto, la crema.

uppercut ['ʌpəkʌt / up·per·cut] *s.* (*boxe*) uppercut, montante.

upper-level [,ʌpə'levl] *agg.* (*meteor.*) in quota.

uppermost ['ʌpəməʊst / up·per·most] *agg.* **1** il più alto, il più elevato **2** il più importante; principale, predominante: *survival was — in his mind*, il suo pensiero dominante era riuscire a sopravvivere.

uppermost *avv.* **1** al di sopra, più in alto di tutto // *she said whatever came —*, diceva la prima cosa che le veniva in mente **2** in posizione predominante.

upperworks ['ʌpəwɜ:ks / up·per·works] *s.* (*mar.*) opera morta.

uppish ['ʌpɪʃ / up·pish] *agg.* (*fam. antiq.*) presuntuoso; arrogante, altezzoso // **-ly** *avv.* // **-ness** *s.*

uppity ['ʌpətɪ / up·pity] *agg.* (*fam. spec. amer.*) arrogante, altezzoso; snob // **-ily** *avv.* // **-iness** *s.*

to **upraise** [,ʌp'reɪz / up·raise] *v.tr.* sollevare, alzare; elevare, innalzare.

to **uprear** [,ʌp'rɪə* / up·rear] *v.tr.* **1** sollevare, innalzare **2** erigere, costruire **3** esaltare ◆ *v.intr.* sollevarsi, alzarsi.

upright ['ʌpraɪt / up·right] *agg.* **1** ritto, diritto, eretto; verticale; perpendicolare: *he has an — athletic figure*, ha una figura diritta, atletica; *to take an — position*, assumere una posizione eretta: — *boiler*, caldaia verticale **2** retto, integro, giusto; onesto: *an — judge*, un magistrato integro; *an — man*, un uomo onesto, per bene ◆ *s.* **1** (*edil., mecc.*) palo verticale, montante, ritto **2** — (*piano*), pianoforte verticale // **-ly** *avv.* // **-ness** *s.*

upright *avv.* dritto, ritto, retto, in piedi; perpendicolarmente; verticalmente: *to hold oneself —*, tenersi dritto; *to set sthg. —*, raddrizzare qlco.; *to stand —*, stare in posizione eretta.

uprising ['ʌp,raɪzɪŋ / up·ris·ing] *s.* **1** (*non com.*) il sorgere, l'alzarsi **2** rivolta, insurrezione.

upriver ['ʌp,rɪvə* / up·river] *avv.* a monte, verso la sorgente ◆ *agg.* a monte, che va verso la sorgente.

uproar ['ʌprɔ:* / up·roar] *s.* tumulto; chiasso; trambusto: *the town was in an —*, la città era in tumulto: *to make an —*, far baraonda.

uproarious [,ʌp'rɔ:rɪəs / up·roari·ous] *agg.* **1** tumultuoso; chiassoso: *an — meeting*, un'adunanza burrascosa; *she burst into — laughter*, scoppiò in una risata sonora; *there was — applause*, gli applausi scrosciarono **2** molto divertente, che causa sonore risate // **-ly** *avv.* // **-ness** *s.*

to **uproot** [,ʌp'ru:t / up·root] *v.tr.* sradicare, svellere, estirpare (*anche fig.*): *they were uprooted from their homes*, furono strappati alle loro case; *the wind has uprooted some trees*, il vento ha sradicato qualche albero.

uprooting [,ʌp'ru:tɪŋ / up·root·ing] *s.* sradicamento, estirpazione (*anche fig.*).

uprush ['ʌprʌʃ / up·rush] *s.* **1** flusso ascensionale (di gas, liquido) **2** impeto; impulso.

ups-a-daisy ['ʌpsə,deɪzɪ] *inter.* oplà!

upscale ['ʌpskeɪl / up·scale] *agg.* (*fam. amer.*) dell'alta società; aristocratico.

upset [,ʌp'set *come s.* 'ʌpset / up·set] *agg.* **1** rovesciato, capovolto, ribaltato // (*econ.*) — *price*, (*amer.*) prezzo d'apertura **2** (*fig.*) sconvolto, turbato **3** disturbato, indisposto ◆ *s.* **1** ribaltamento, rovesciamento **2** (*fig.*) confusione, disordine; turbamento **3** disturbo, indisposizione: *stomach —*, disturbi di stomaco **4** (*fam.*) litigio **5** (*sport*) risultato a sorpresa.

to **upset** *pass.p.p.* **upset** *v.tr.* **1** rovesciare; ribaltare; capovolgere: *the boy has — a bottle of wine*, il ragazzo ha rovesciato una bottiglia di vino; *the wind — the boat*, il vento capovolse la barca **2** disturbare, sconvolgere; scombussolare; sventrare: *our plans were — by the strike*, i nostri piani furono sconvolti dallo sciopero; *to — a plot*, sventare un complotto **3** turbare, sconvolgere, emozionare: *the news — her*, la notizia la sconvolse **4** disturbare (lo stomaco) **5** (*metall.*) ricalcare ◆ *v.intr.* **1** rovesciarsi; ribaltarsi; capovolgersi **2** (*mil.*) (*di pallottola sparata*) espandersi.

upsetting [,ʌp'setɪŋ / up·set·ting] *agg.* che disturba; che sconvolge.

upshot ['ʌpʃɒt / up·shot] *s.* esito, conclusione, risultato: *the — of it all was that he resigned*, il risultato fu che egli dovette dare le dimissioni.

upside ['ʌpsaɪd / up·side] *s.* lato, parte superiore ◆ *avv.* sulla parte superiore.

upside down [,ʌpsaɪd'daʊn] *agg.* disordinato, messo sottosopra ◆ *avv.* **1** capovolto: *the monkey hung — from the branch*, la scimmia pendeva a testa in giù dal ramo **2** sottosopra, in disordine, alla rinfusa: *the police turned his flat — looking for the stolen money*, la polizia buttò all'aria tutto il suo appartamento per cercare il denaro rubato.

upsilon [ju:p'saɪlən / up·si·lon] *s.* ipsilon (ventesima lettera dell'alfabeto greco).

to **upspring** [,ʌp'sprɪŋ / up·spring] *pass.* **upsprang** [,ʌp'spræŋ / up·sprang] *p.p.* **upsprung** [,ʌp'sprʌŋ / up·sprung] *v.intr.* (*rar.*) **1** crescere (di piante) **2** balzare in piedi; saltare in alto **3** (*fig.*) nascere.

upstage [,ʌp'steɪdʒ / up·stage] *avv.* verso il, al fondo del palcoscenico ◆ *agg.* **1** che è al fondo del palcoscenico **2** (*fig.*) altezzoso, borioso.

to **upstage** *v.tr.* (*fig.*) eclissare, oscurare; mettere in secondo piano.

upstairs [,ʌp'steəz / up·stairs] meno com. **upstair** [,ʌp'steə* / up·stair] *agg.attr.* situato, relativo al piano superiore: *an — room*, una stanza al piano superiore.

upstairs *avv.* al piano superiore; di sopra: *the bedrooms are —*, le camere da letto sono al piano superiore; *the people — always have the* TV *on*, quelli del piano di sopra hanno la TV sempre accesa; *he looked — and downstairs for you*, ti ha cercato dappertutto // *to kick s.o. —*, promuovere qlcu. per sbarazzarsene ♦ *s.* (*fam.*) piano superiore.

upstanding [,ʌp'stændɪŋ / up·stand·ing] *agg.* **1** (*non com.*) eretto, dritto // *be —!*, in piedi! **2** (*fig. form.*) franco, leale, onesto **3** fisso, stabile (di salario).

upstart ['ʌpstɑ:t / up·start] *agg.* che si è fatto dal niente ♦ *s.* parvenu; nuovo ricco; persona venuta dal niente.

upstate ['ʌpsteɪt / up·state] *agg.* (*amer.*) dell'interno, della parte settentrionale di uno stato: *— town*, una cittadina dell'interno, del nord ♦ *avv.* (*amer.*) verso l'interno, verso nord (*spec.* nello stato di New York).

upstater [,ʌp'steɪtə* / up·stater] *s.* (*amer.*) nativo, abitante della zona settentrionale di uno stato.

upstream [,ʌp'stri:m / up·stream] *agg.* e *avv.* **1** (che va) a monte, verso la sorgente **2** (che va) controcorrente.

upstroke ['ʌpstrəʊk / up·stroke] *s.* **1** tratto ascendente (nella scrittura) **2** (*mecc.*) corsa ascendente **3** (*pitt.*) pennellata verso l'alto.

upsurge ['ʌpsɜ:dʒ / up·surge] *s.* **1** afflusso; (*fig.*) aumento improvviso; slancio, impeto, impulso **2** (*comm.*) rialzo.

upswept [,ʌp'swept / up·swept] *agg.* spazzolato, girato all'insù (di capelli, ciglia ecc.).

upswing ['ʌpswɪŋ / up·swing] *s.* ripresa: *business —*, ripresa economica.

uptake ['ʌpteɪk / up·take] *s.* **1** (*fam.*) comprensione: *slow on the —*, lento, duro di comprendonio **2** assorbimento **3** tiraggio (di ventilazione) **4** (*rar.*) sollevamento.

upthrow ['ʌpθrəʊ / up·throw] *s.* **1** lancio verso l'alto **2** (*geol.*) dislocazione (di strati) verso l'alto.

upthrust ['ʌpθrʌst / up·thrust] *s.* **1** (*geol.*) sollevamento **2** (*fis.*) pressione idrostatica.

uptick ['ʌptɪk / up·tick] *s.* (*amer.*) aumento (di prezzo, di valore).

uptight [,ʌp'taɪt / up·tight] *agg.* (*fam.*) teso, preoccupato; incavolato.

uptime ['ʌptaɪm / up·time] *s.* (*inform.*) tempo di corretto funzionamento.

up-to-date [,ʌptə'deɪt] *agg.* **1** attuale, moderno; all'ultima moda **2** aggiornato, informato: *to bring s.o. —*, mettere qlcu. al corrente, aggiornare qlcu.

up-to-the-minute [,ʌptəðə'mɪnɪt] *agg.* aggiornatissimo.

uptown [,ʌp'taʊn / up·town] *agg.* dei quartieri residenziali ♦ *avv.* nei, verso i quartieri residenziali ♦ *s.* (*sl. amer.*) cocaina.

uptrend ['ʌptrend / up·trend] *s.* (*Borsa*) tendenza al rialzo.

upturn ['ʌptɜ:n / up·turn] *s.* miglioramento; ripresa.

to **upturn** [,ʌp'tɜ:n] *v.tr.* **1** voltare verso l'alto; volgere verso l'alto; alzare: *the children stood with upturned faces*, i bimbi stavano con la faccia in su **2** rivoltare (le zolle ecc.) ♦ *v.intr.* voltarsi verso l'alto, volgersi verso l'alto; alzarsi.

to **upvalue** [,ʌp'vælju: / up·value] *v.tr.* (*fin.*) dare una valutazione superiore (a qlco.), rivalutare, aumentare il valore (di qlco.).

upward ['ʌpwəd / up·ward] *agg.* ascendente; ascensionale; diretto, rivolto (dal basso) verso l'alto; (*di strada*) in salita: *— glance*, sguardo rivolto verso l'alto; *— movement*, movimento ascensionale; *— gradient*, rampa; fase ascendente; *the constant — movement of prices*, la costante ascesa dei prezzi // (*mecc.*) *— exhaust pipe*, tubo di scarico rialzato // (*elettr.*) *— flowing current*, corrente ascendente // (*aer.*) *— motion*, cabrata.

upward *avv.* **1** in su, in alto; verso l'alto; all'insù; (*di strada ecc.*) in salita: *face —*, col viso all'insù; (*di libro ecc.*) dalla parte diritta; *the road runs —*, la strada sale; *we followed the river —*, risalimmo il corso del fiume; *to look —*, guardare in su **2** al di sopra, oltre: *from twenty years —*, dai vent'anni in su; *soldiers of ten years' service and —*, soldati con dieci anni di servizio e più // *— of*, più di, al di sopra di: *the school has — of 400 pupils*, la scuola ha più di 400 alunni.

upwardly ['ʌpwədlɪ / up·ward·ly] *avv.* verso l'alto; all'insù.

upwardly-mobile ['ʌpwədlɪ'məʊbaɪl] *agg.* rampante, che mira all'elevazione sociale.

upwards ['ʌpwədz / up·wards] → **upward**.

upwelling ['ʌpwelɪŋ / up·well·ing] *s.* upwelling (risalita alla superficie delle acque fredde oceaniche di profondità).

upwind [,ʌp'wɪnd / up·wind] *agg.* e *avv.* sopravento.

up-you-sign [,ʌp'ju:,saɪn] → **V-sign**.

uracil ['jʊrəsɪl / ur·acil] *s.* (*chim.*) uracile.

uraemia [,jʊə'ri:mjə / ur·aemia] *s.* (*med.*) uremia.

uralite ['jʊrəlaɪt / ural·ite] *s.* (*min.*) uralite.

uranate ['jʊrəneɪt / ur·an·ate] *s.* (*chim.*) uranato.

urania [jʊ'reɪnɪə / ur·ania] *s.* (*chim.*) biossido di uranio.

Uranian [,jʊ'reɪnɪən / Ur·an·ian] *agg.* **1** (*poet.*) uranico; celeste; celestiale **2** (*astr.*) uraniano, di Urano.

uranic [jʊ'rænɪk / ur·anic] *agg.* (*chim.*) uranico.

uranide ['jʊrənaɪd / ur·an·ide] *s.* (*chim.*) uranide.

uranine ['jʊrəni:n / ur·an·ine] *s.* (*chim.*) uranina.

uraninite ['jʊrənənaɪt / ur·an·in·ite] *s.* (*min.*) uraninite.

uranium [jʊ'reɪnjəm / ur·anium] *s.* (*chim.*) uranio: *— series*, serie dell'uranio.

uranographic [,jʊərənəʊ'græfɪk / ur·ano·graphic] *agg.* (*astr.*) uranografico.

uranographist [,jʊərə'nɒgrəfɪst / ur·ano·graph·ist] *s.* uranografo.

uranography [,jʊərə'nɒgrəfɪ / ur·ano·graphy] *s.* (*astr.*) uranografia.

uranophane [jʊ'rænəfeɪn / ur·ano·phane] *s.* (*min.*) uranofane.

uranopilite [,jʊrənəʊ'paɪlaɪt / ur·ano·pil·ite] *s.* (*min.*) uranopilite.

uranotil [jʊ'rænətɪl / ur·ano·til] **uranotile** [jʊ'rænətaɪl / ur·ano·tile] *s.* (*min.*) uranotilo.

uranous ['jʊrənəs / ur·an·ous] *agg.* (*chim.*) uranoso.

uranyl ['jʊrənɪl / ur·anyl] *s.* (*chim.*) uranile.

urao [u:'rɑ:əʊ] *s.* (*min.*) trona.

urate ['jʊəreɪt / ur·ate] *s.* (*chim.*) urato.

urban ['ɜ:bən] *agg.* urbano, di città: *— areas*, aree urbane; *— planning*, urbanistica; *— sprawl*, espansione urbana, edilizia incontrollata; *— renewal*, risanamento edilizio; *— guerrilla*, guerriglia urbana // *— rent*, rendita urbana.

urbane [ɜ:'beɪn / ur·bane] *agg.* cortese, urbano // **-ly** *avv.*

urbanist ['ɜ:bənɪst / urb·an·ist] *s.* urbanista.

urbanistic [,ɜ:bə'nɪstɪk / urb·an·istic] *agg.* urbanistico.

urbanity [ɜ:'bænətɪ / ur·ban·ity] *s.* cortesia, urbanità.

urbanization [,ɜ:bənaɪ'zeɪʃn *amer.* ,ɜ:bənɪ'zeɪʃn / urb·an·iza·tion] *s.* urbanizzazione.

to **urbanize** ['ɜ:bənaɪz / urb·an·ize] *v.tr.* urbanizzare.

urchin ['ɜ:tʃɪn / ur·chin] *s.* **1** monello, moccioso; ragazzo **2** (*zool.*) riccio, porcospino → **hedgehog** **3** (*rar.*) gobbo **4** (*ant.*) folletto: *we'll dress / like urchins, auphs, and fairies*, (SH. The Merry Wives of Windsor) ci travestiremo da folletti, elfi e fate.

Urdu ['ʊədu:] *s.* urdu (lingua ufficiale del Pakistan occidentale).

-ure [jʊə*] *suff.* di origine latina usato spec. per formare sostantivi da verbi; it. -ura, -zione: *exposure*, esposizione; *erasure*, cancellazione, cancellatura; *mixture*, mistura.

urea ['jʊərɪə] *s.* (*chim.*) urea.

ureal [jʊ'ri:əl] *agg.* (*chim.*) di urea.

urease ['jʊrɪeɪs / ure·ase] *s.* (*biochim.*) ureasi.

ureic [jʊ'ri:ɪk] *agg.* (*chim.*) ureico, di urea.

ureide ['jʊri:aɪd / ure·ide] *s.* (*chim.*) composto derivato dall'urea.

ureter [,jʊə'ri:tə*] *s.* (*anat.*) uretere.

ureteral [,jʊə'ri:tərəl] **ureteric** [,jʊə'ri:tərɪk / uret·eric] *agg.* (*anat.*) ureterale, ureterico.

urethane ['ju:rəθeɪn / ur·eth·ane] *s.* (*chim.*) uretano.

urethra [,jʊə'ri:θrə / ur·ethra] *pl.* **urethras**, **urethrae** [,jʊə'ri:θri: / ur·ethrae] *s.* (*anat.*) uretra.

urethral [,jʊə'ri:θrəl / ur·eth·ral] *agg.* (*anat.*) uretrale.

urethritis [,jʊərɪ'θraɪtɪs / ur·eth·ritis] *s.* (*med.*) uretrite.

urethroscopy [,jʊərɪ'θrɒskəpɪ / ur·eth·ro·scopy] *s.* (*med.*) uretroscopia.

urethrotomy [,jʊərɪ'θrɒtəmɪ / ur·eth·ro·tomy] *s.* (*med.*) uretrotomia.

uretic [,jʊə'retɪk] *agg.* **1** urinario **2** diuretico.

urge [ɜ:dʒ] *s.* **1** impulso, stimolo, bisogno imperioso: *every so often I get the — to go dancing*, mi capita ogni tanto di avere una gran voglia di andare a ballare **2** spinta, sprone, incitamento.

to **urge** *v.tr.* **1** (IV) spingere; incalzare; stimolare, incitare, spronare; incoraggiare; esortare: *he urged me to react*, mi spinse a reagire; *he urged his horse towards the fence*, spronò il cavallo verso la siepe **2** consigliare; raccomandare: *he urged that they should come*, raccomandò che venissero **3** addurre, far valere: *to — one's point of view*, far valere il proprio punto di vista ◆ *v.intr.* insistere: *he urged against the adoption of the plan*, insistè affinché il piano non fosse adottato.

urgency ['ɜːdʒənsɪ / ur·gency] *s.* **1** urgenza; premura: *a matter of great —*, una questione di grande urgenza **2** bisogno urgente, necessità pressante **3** insistenza **4** (*pol.*) istanza d'urgenza.

urgent ['ɜːdʒənt / ur·gent] *agg.* **1** urgente, pressante, incalzante: *at their — requests*, alle loro richieste pressanti **2** (*form.*) insistente: *they were — for him to start at once*, insistettero perché partisse subito // **-ly** *avv.*

uric ['jʊərɪk] *agg.* (*chim.*) urico: *— acid*, acido urico.

uric(a)emia [,jʊərə'siːmɪə / uri·c(a)emia] *s.* (*med.*) uricemia.

uricase ['jʊrəkeɪs / uric·ase] *s.* (*biochim.*) uricasi.

uridine ['jʊrədiːn / ur·id·ine] *s.* (*biochim.*) uridina.

uridylic [,jʊrə'dɪlɪk / ur·id·ylic] *agg.* (*biochim.*) uridilico: *— acid*, acido uridilico.

urinal ['jʊərɪnl / ur·inal] *agg.* urinario ◆ *s.* orinale, pitale; orinatoio.

urinalysis [,jʊrə'næləsɪs / ur·in·alysis] *s.* (*med.*) analisi delle urine.

urinary ['jʊərɪnərɪ *amer.* 'jʊərɪnerɪ / ur·in·ary] *agg.* urinario // (*anat.*): (*—*) *bladder*, vescica (urinaria); *— system*, apparato urinario ◆ *s.* (*non com.*) orinatoio.

to **urinate** ['jʊərɪneɪt / ur·in·ate] *v.intr.* urinare.

urination [,jʊərɪ'neɪʃn / ur·ina·tion] *s.* minzione, urinazione.

urine ['jʊərɪn / ur·ine] *s.* urina.

uriniferous [,jʊərɪ'nɪfərəs / ur·in·ifer·ous] *agg.* urinifero.

urinogenital [,jʊərɪnəʊ'dʒenɪtl / ur·ino·gen·ital] *agg.* (*med.*) urinogenitale.

urinometer [,jʊərɪ'nɒmɪtə* / ur·ino·meter] *s.* (*med.*) urometro.

urinous ['jʊərɪnəs / ur·in·ous] *agg.* urinoso.

urn [ɜːn] *s.* **1** urna **2** sepolcro **3** sorgente di fiume **4** (recipiente) distributore di tè, caffè (in mense ecc.); samovar.

to **urn** *v.tr.* chiudere in un'urna.

urobilin [,jʊrə'baɪlən / uro·bilin] *s.* (*biochim.*) urobilina.

urobilinogen [,jʊrəbaɪ'lɪnədʒən / uro·bi·lino·gen] *s.* (*biochim.*) urobilinogeno.

urochrome ['jʊrəkrəʊm / uro·chrome] *s.* (*biochim.*) urocromo.

urogenital [,jʊrəʊ'dʒenɪtl / uro·gen·ital] → **urinogenital**.

urography [,jʊ'rɒgrəfɪ / uro·graphy] *s.* (*med.*) urografia.

urokinase [,jʊrəʊ'kaɪneɪs / uro·kin·ase] *s.* (*biochim.*) urochinasi.

urologic [,jʊrə'lɒdʒɪk / uro·logic] *agg.* (*med.*) urologico.

urologist [,jʊ'rɒlədʒɪst / uro·lo·gist] *s.* (*med.*) urologo.

uronic [jʊ'rɒnɪk / ur·onic] *agg.* (*chim.*) uronico: *— acid*, acido uronico.

uroscopy [,jʊ'rɒskəpɪ / uro·scopy] *s.* (*med.*) uroscopia.

urotropin [jʊ'rɒtrəpɪn / uro·tropin] *s.* (*chim.*) cistamina.

Ursa ['ɜːsə] *no.pr.* (*astr.*) Orsa // *— Major*, Orsa Maggiore; *— Minor*, Orsa Minore.

ursine ['ɜːsaɪn / urs·ine] *agg.* orsino, di, da orso.

urson ['ɜːsən] *s.* (*zool.*) (*Erethizon dorsatum*) ursone.

Ursuline ['ɜːsjʊlaɪn / Ur·sul·ine] *agg.* e *s.* (*eccl.*) (di) orsolina.

urticaceous [,ɜːtɪ'keɪʃəs / ur·tica·ceous] *agg.* (*bot.*) orticaceo, urticaceo.

urticaria [,ɜːtɪ'keərɪə / ur·tic·aria] *s.* (*med.*) orticaria.

urticarial [,ɜːtɪ'keərɪəl / ur·tic·ar·ial] *agg.* (*med.*) orticante.

to **urticate** ['ɜːtɪkeɪt / ur·tic·ate] *v.tr.* pungere (come l'ortica) ◆ *v.intr.* (*med.*) produrre, provocare orticaria.

Uruguayan [,jʊərʊ'gwaɪən / Uru·guayan] *agg.* e *s.* uruguaiano.

urus ['jʊərəs] *s.* (*paleont.*) (*Bos primigenius*) uro.

us [ʌs] *pron.pers.* 1ª *pers.pl.* (*compl. ogg. e ind. di* we) **1** noi, ci: *three of —*, tre di noi; *he did not tell —*, non ce lo disse; *he stayed with — a month*, rimase con noi un mese; *let's go!* (form. *let us go!*), andiamo!; *she gave — a present*, ci diede un regalo; *they will not see —*, non ci vedranno; *you cannot deceive — engineers*, non potete ingannarci, noi ingegneri **2** (*fam. in luogo di* we): *it's —*, siamo noi **3** (*nel pl. di maestà e nell'uso fam., in luogo di* me) *let's have a look*, fammi vedere; *give — the spanner, will you?*, (*fam.*) passami la chiave inglese, per favore **4** (*ant. poet. in luogo di* ourselves) *we sat — down*, ci sedemmo.

usability ['juːzəbɪlətɪ / us·abil·ity] *s.* (*inform.*) semplicità o difficoltà d'uso (di hardware o software).

usable ['juːzəbl / us·able] *agg.* usabile; utilizzabile; servibile.

usage ['juːzɪdʒ / us·age] *s.* **1** uso; utilizzazione; impiego: *energy —*, utilizzo di energia **2** uso (di parole): *the word has now fallen out of current —*, la parola è ormai caduta in disuso; *wide — of a word*, largo impiego di una parola **3** [U] usanza, consuetudine; tradizione: *the — and customs of a country*, gli usi e costumi di un paese.

usance ['juːzns / us·ance] *s.* **1** (*comm.*) scadenza (secondo la consuetudine delle varie piazze di pagamento): *— bill*, cambiale a tempo vista; *bill at —*, cambiale pagabile secondo la consuetudine **2** (*dir.*) tempo a disposizione per il pagamento delle cambiali estere **3** (*ant.*) interesse: *he lends out money gratis, and brings down / the rate of usance here with us in Venice*, (SH. The Merchant of Venice) impresta denaro gratis e ci abbassa il tasso di interesse qui a Venezia.

use [juːs] *s.* **1** uso; impiego, utilizzazione; applicazione: *I'll show you the — of the microscope*, ti farò vedere come si usa il microscopio; *there has been a greater — of coal as an energy source in the last decade*, negli ultimi dieci anni c'è stato un maggior utilizzo del carbone come fonte d'energia; *chemists are developing micro -organisms for — in food technology*, i chimici stanno sviluppando microorganismi da usare nella scienza alimentare; *the tennis courts are only for the — of members*, i campi da tennis sono riservati ai soci; *I've a — for that old sewing machine*, so io come utilizzare quella vecchia macchina per cucire; *I have no — for it*, non mi serve, non so che farmene; *I have no — for people like him*, (*fig.*) non sopporto le persone come lui; *they make — of the most modern machines*, fanno uso dei più moderni macchinari; *to put sthg. to a good —*, impiegare bene qlco. // *directions for —*, istruzioni per l'uso; *ready for —*, pronto per l'uso; *for all uses*, per tutti gli usi // *in —*, in uso: *word in everyday —*, parola d'uso corrente; *book in —*, libro in lettura // *out of —*, non usato, in disuso; *to fall* (o *to go*) *out of —*, cadere in disuso // *with —*, con l'uso: *to improve with —*, migliorare con l'uso // *to come into —*, venire in uso: *this word came into — long ago*, questa parola è in uso da molto tempo // (*econ.*): *industrial —*, uso industriale (nella pianificazione del territorio); *— value*, valore d'uso **2** possibilità, capacità d'usare: *I have the — of my father's car*, ho il permesso di usare la macchina di mio padre **3** utilità, vantaggio: *it is no — going there*, è inutile andarci; *what is the — of it?*, a che serve?; *it has its uses*, è utile in certi casi // *misfortune has its uses*, (*prov.*) non tutto il male viene per nuocere **4** usanza, abitudine, uso, consuetudine (*anche dir.*); costume: *— and wont*, (*form.*) uso e costume; *long — has taught me that*, la lunga consuetudine mi ha insegnato ciò **5** (*eccl.*) rito; liturgia: *the Anglican —*, il rito anglicano **6** (*dir.*) godimento, usufrutto.

to **use** [juːz *nel senso 3* juːs] *v.tr.* **1** usare, adoperare, far uso di, servirsi di: *I — a car to go to work*, uso la macchina per andare al lavoro; *you may — my dictionary*, puoi usare il mio dizionario; *he used my name to get a loan from the bank*, si è servito del mio nome per ottenere un prestito dalla banca; *she's using drugs*, sta facendo uso di stupefacenti; *I could — someone like you in my firm*, avrei bisogno di una persona come te nella mia ditta; *— your brains!*, usa il cervello!; *he used her as a means to get the job*, si è servito di lei per ottenere il lavoro; *you must — your common sense*, devi usare il tuo buon senso **2** trattare: *he used her like a servant*, la trattò come una serva; *he used me ill*, mi trattò male **3** (usato anche come *modal verb*) (*solo al pass. seguito da inf. equivalente a imperfetto indic.*) solere, usare, avere l'abitudine di: *he didn't — to eat so much* (o *he use(d)n't to eat so much* o *he never used to eat so much*), una volta non mangiava così tanto; *he often used to go there*, vi andava spesso; *it used to be said that...*, si soleva dire che... **4** consumare: *this car uses a lot of fuel*, quest'auto consuma molto.

□ **use up** *v.tr.* e *avv.* esaurire, consumare completamente: *he will certainly — up the whole sum*, spenderà certamente l'intera somma.

useable → **usable**.

used [juːzd *nel senso 2* juːst] *agg.* **1** usato, adoperato; logorato; di seconda mano: *— cars*, automobili usate // *hardly —*, quasi nuovo **2** abituato: *to be — to sthg., to doing sthg.*, essere abituato a qlco., a fare qlco.; *to get — to s.o., sthg.*, abituarsi a qlcu., qlco.; *to get — to doing sthg.*, abituarsi a fare qlco.

used-up [,juːzd'ʌp] *agg.* **1** finito, esaurito;

consumato (di provviste ecc.) **2** stanco, snervato, estenuato.

useful [ˈju:sful / use·ful] *agg.* **1** utile; pratico; vantaggioso: *this book was very — to me*, questo libro mi è stato molto utile; *to give — advice*, dare utili consigli // *it will come in very —, (fam.)* tornerà utile // *to make oneself —*, rendersi utile // *— life*, vita utile, durata (di una lampadina, di una macchina); (*aer.*) *— load*, carico utile **2** (*fam.*) capace, abile, efficace: *he's a — tennis player*, è un abile giocatore a tennis; *to be pretty —*, intendersene; sapersi servire: *he is pretty — with his fists*, sa servirsi dei pugni **3** (*fam.*) notevole, considerevole: *a — sum*, una somma considerevole.

usefully [ˈju:sfʊlɪ / use·fully] *avv.* utilmente; vantaggiosamente.

usefulness [ˈju:sfʊlnɪs / use·ful·ness] *s.* utilità; vantaggio: *this old TV set has outlived its —*, questo vecchio televisore ha già fatto il suo tempo, ha già fatto il suo dovere.

useless [ˈju:slɪs / use·less] *agg.* **1** inutile, vano; superfluo; infruttuoso: *— regrets*, rimpianti inutili; *— remedy*, rimedio inefficace; *to be —*, non servire a nulla: *it would be — to try any more*, sarebbe inutile provare ancora **2** inutilizzabile, inservibile: *to make sthg. —*, mettere qlco. fuori uso **3** (*fam.*) incapace, incompetente: *he's —*, è un vero incapace.

uselessly [ˈju:slɪslɪ / use·less·ly] *avv.* inutilmente, invano; superfluamente; infruttuosamente.

uselessness [ˈju:slɪsnɪs / use·less·ness] *s.* inutilità.

user[1] [ˈju:zə*] *s.* **1** chi usa; utente, utilizzatore; cliente; abbonato: (*econ.*) *end —*, utilizzatore finale // (*inform.*): *— base*, utenza; *— hot line*, linea diretta (tra cliente e fornitore di software per assistenza); *— id*, identificativo dell'utente **2** (*dir.*) titolare di un diritto d'uso; usufruttuario.

user[2] *s.* (*dir.*) diritto di uso continuato; godimento di diritto: *right of —*, diritto di uso; *to reserve the — of sthg.*, riservarsi l'uso di qlco.

user-defined [ˈju:zə,dɪˈfaɪnd] *agg.* (*inform.*) scelto dall'utente.

user-friendly [,ju:zəˈfrendlɪ] *agg.* **1** (*inform.*) accessibile, facile da usare (di computer) **2** (*econ.*) di facile impiego (di bene di consumo).

USERID [ˈju:zər,aɪˈdi:] *s.* (*inform.*) codice, parola chiave di identificazione dell'utente • Acronimo di *User Id(entification)*.

user interface [,ju:zərˈɪntəfeis] *s.* (*inform.*) interfaccia utente.

username [ˈju:zə,neɪm / user·name] *s.* (*inform.*) nome di utente.

user-oriented [ˈju:zər,ɔ:rientɪd *amer.* ˈju:zər,ɒrɪentɪd] *agg.* (*inform.*) → **user-friendly**.

U-shaped [ˈju:,ʃeɪpt] *agg.* a forma di U.

usher [ˈʌʃə*] *s.* **1** usciere **2** messo di tribunale **3** maschera (di cinema, teatro) **4** (*ant.*) maestro assistente (di scuola, collegio ecc.).

to **usher** *v.tr.* precedere, far strada a (in qualità di usciere); introdurre: *to — s.o. in(to) the presence of s.o.*, introdurre qlcu. alla presenza di qlcu.

□ **usher in** *v.tr.* e *avv.* (*form.*) annunciare; inaugurare, introdurre: *to — in a new era*, inaugurare un'epoca; *that full star that ushers in the evening*, (SH. Sonetti) quella stella che preannuncia la sera.

□ **usher out** *v.tr.* e *avv.* accompagnare alla porta, all'uscita.

usherette [,ʌʃəˈret / ush·er·ette] *s.* maschera (donna) (in un cinema, teatro).

usnea [ˈʌsnɪə / us·nea] *s.* (*bot.*) (*Usnea barbata*) barba di bosco SIN. bearded usnea.

ustion [ˈʌstʃən / us·tion] *s.* ustione; (*antiq.*) cauterizzazione.

usual [ˈju:ʒʊəl] *agg.* solito, usuale, consueto, abituale: *at the — time*, alla solita ora; *he said the — things*, disse le solite cose; *to come earlier, later than —*, venire più presto, più tardi del solito // *as —*, come al solito: *everything is going on as —*, tutto procede come al solito ◆ *s.* (*fam.*) il solito (di alcolico ecc.).

usually [ˈju:ʒʊəlɪ / usu·ally] *avv.* di solito, abitualmente, ordinariamente // *more than —*, più del solito; particolarmente, stranamente.

usualness [ˈju:ʒʊəlnɪs / usual·ness] *s.* **1** abitudine, consuetudine **2** mancanza di originalità.

usucapion [,ju:zju:ˈkeɪpɪən / usu·cap·ion]
usucaption [,ju: zju:ˈkæpʃn / usu·cap·tion] *s.* (*dir.*) usucapione.

usufruct [ˈju:zju:,frʌkt / usu·fruct] *s.* (*dir.*) usufrutto.

usufructuary [,ju:zju:ˈfrʌktjʊərɪ / usu·fruc·tu·ary] *agg.* (*dir.*) usufruttuario ◆ *s.* (*dir.*) usufruttuario.

usurer [ˈju:ʒərə* / us·urer] *s.* (*antiq.*) usuraio.

usurious [ju:ˈzjʊərɪəs *amer.* ju:ˈʒʊərɪəs / us·uri·ous] *agg.* (*antiq.*) usurario, da usuraio: *a — transaction*, una transazione da usuraio // **-ly** *avv.* // **-ness** *s.*

to **usurp** [ju:ˈzɜ:p] *v.tr.* e *intr.* (*form.*) usurpare: *he usurped the power*, usurpò il potere; *to — (on* o *upon) s.o.'s rights*, usurpare i diritti di qlcu.

usurpation [,ju:zɜ:ˈpeɪʃn / usurpa·tion] *s.* (*form.*) usurpazione: *the — of a throne*, l'usurpazione di un trono.

usurpatory [ju:ˈzɜ:pətərɪ / usurp·at·tory] *agg.* (*form.*) usurpatorio.

usurper [ju:ˈzɜ:pə*] *s.* usurpatore.

usurpingly [ju:ˈzɜ:pɪŋlɪ / usurp·ing·ly] *avv.* da usurpatore.

usury [ˈju:ʒʊrɪ / us·ury] *s.* (*antiq.*, *form.*) usura // *with —*, (*fig.*) a usura.

ut [ʌt] *s.* (*mus.*) do.

utensil [ju:ˈtensl / uten·sil] *s.* utensile; attrezzo, arnese; strumento: *set of kitchen utensils*, batteria da cucina.

uterine [ˈju:təraɪn / uter·ine] *agg.* (*anat.*) uterino.

uterus [ˈju:tərəs] *pl.* **uteri** [ˈju:təraɪ] *s.* (*anat.*) utero.

utilitarian [,ju:tɪlɪˈteərɪən / util·it·arian] *agg.* **1** utilitario; utilitaristico **2** (*form.*) pratico, funzionale ◆ *s.* (*fil.*) utilitarista.

utilitarianism [,ju:tɪlɪˈteərɪənɪzəm / util·it·ari·an·ism] *s.* (*fil.*) utilitarismo.

utility [ju:ˈtɪlətɪ / util·ity] *s.* **1** (*form.*) utilità: *to be of great, no —*, essere di grande, di nessuna utilità // (*econ.*) *— function, maximization*, funzione, massimizzazione di utilità // (*inform.*): *— program*, programma di utilità; *— tape*, nastro di servizio; *— transporter*, carrello multiservizi **2** (*spec. pl.*) servizi pubblici (luce, gas, trasporti ecc.): *public utilities company*, azienda di servizi pubblici // *rent inclusive of all utilities*, affitto spese incluse // *— company*, (*spec. amer.*) compagnia di elettricità **3** *pl.* (*negli annunci immobiliari*) ogni comodità, ogni comfort; (*inform.*) programmi di utilità; (*econ. amer.*) titoli di imprese di servizi pubblici **4** (*teatr.*) *— man*, *— actor*, generico **5** (*fil.*) (*non com.*) utilitarismo.

utility car [ju:ˈtɪlətɪ,kɑ:*] *s.* (*aut.*) utilitaria.

utility coach [ju:ˈtɪlətɪ,kəʊtʃ] *s.* (*aut.*) furgone.

utility room [ju:ˈtɪlətɪ,ru:m] *s.* ripostiglio.

utility wagon [ju:ˈtɪlətɪ,wægən] *s.* (*aut. amer.*) camioncino.

utilizable [ˈju:tɪlaɪzəbl / util·iz·able] *agg.* utilizzabile.

utilization [,ju:tɪlaɪˈzeɪʃn *amer.* ,ju:təlɪˈzeɪʃn / util·iza·tion] *s.* utilizzazione // (*econ.*): *— fee*, commissione di utilizzazione; *decreasing marginal —*, utilità marginale decrescente.

to **utilize** [ˈju:tɪlaɪz / util·ize] *v.tr.* utilizzare.

utmost [ˈʌtməʊst / ut·most] *agg.* (*form.*) **1** estremo; ultimo: *the — ends of the earth*, gli estremi confini della Terra **2** massimo, sommo: *with the — care*, con la massima cura; *they lived in the — poverty*, vivevano nella miseria più nera; *we made the — efforts to*, abbiamo fatto grandissimi sforzi per ◆ *s.* il massimo, il limite estremo, l'estremo grado, il possibile: *he tried his — to succeed*, fece tutto il possibile per riuscire; *I shall do my — to help you*, farò del mio meglio per aiutarti; *to the —*, al massimo (grado).

utopia [ju:ˈtəʊpjə / uto·pia] *s.* utopia.

utopian [ju:ˈtəʊpjən / uto·pian] *agg.* utopistico, di, da utopista ◆ *s.* utopista.

utopianism [ju:ˈtəʊpjənɪzəm / uto·pi·an·ism] *s.* (*fil.*) idealismo utopistico, utopismo.

utopist [ˈju:təpɪst / uto·pist] *s.* utopista.

utricle [ˈju:trɪkl / ut·ricle] *s.* (*anat.*, *bot.*) otricolo.

utricular [ju:ˈtrɪkjʊlə* / ut·ricu·lar] *agg.* (*anat.*, *bot.*) otricolare.

utriculus [ju:ˈtrɪkjʊləs / ut·ricu·lus] *pl.* **utriculi** [ju:ˈtrɪkjʊlaɪ / ut·ric·uli] *s.* (*bot.*, *anat.*) otricolo, utricolo.

utter[1] [ˈʌtə* / ut·ter] *agg.* **1** completo, totale, assoluto; estremo: *to my — horror*, con mio grande orrore; *he is an — stranger to me*, mi è completamente estraneo; *the room was in — darkness*, la stanza era immersa nell'oscurità più completa; *we think he is an — fool*, lo consideriamo un perfetto cretino // (*dir.*) *— barrister*, praticante avvocato, avvocato assistente **2** (*ant.*) esterno; il più remoto (dal centro).

to **utter**[2] *v.tr.* (*form.*) **1** emettere: *he did not — a sound*, non articolò suono; *she keeps on uttering sighs*, continua a sospirare; *she uttered a groan*, emise un gemito **2** esprimere, pronunciare: *the last words he uttered*, le ultime parole che pronunciò; *she uttered her thoughts*, espresse i suoi pensieri; *you must never — his name again*, non devi mai più pronunciare il suo nome **3** (*antiq.*) emettere, mettere in circolazione: *he uttered a libel*, mise in circolazione un libello **4** (*dir.*) spacciare (oggetti falsi); (*ant.*) vendere, spacciare: *to — false* *coins*, spacciare monete false; *such mortal drugs I have, but Mantua's law / is death to any that utters them*, (SH. Romeo and Juliet) io ho droghe così letali, ma la legge di Mantova è morte per chiunque le spacci.

utterable [ˈʌtərəbl / ut·ter·able] *agg.* esprimibile.

utterance[1] [ˈʌtərəns / ut·ter·ance] *s.* (*letter.*) limite, punto estremo; (*fig.*) morte.

utterance[2] *s.* (*form.*) **1** espressione; sfogo; *he gave — to his rage*, diede sfogo alla sua ira; *she gave — to her feelings*, espresse liberamente i propri sentimenti **2** pronuncia; modo di parlare **3** cosa detta; parola; discorso **4** (*ling.*) enunciato **5** (*rar.*) emissione, il mettere in circolazione; vendita.

utterer [ˈʌtərə* / ut·terer] *s.* **1** chi esprime; chi pronunzia **2** (*dir.*) chi spaccia (oggetti falsi); chi mette in circolazione: *— of slander*, diffamatore.

uttering [ˈʌtərɪŋ / ut·ter·ing] *s.* **1** espressione; pronuncia **2** (*dir.*) spaccio (di oggetti falsi); emissione: *forging and — a cheque is punished by law*, il contraffare e spacciare un assegno è punito dalla legge.

utterly [ˈʌtəlɪ / ut·terly] *avv.* completamente, totalmente: *I am — exhausted*, sono stanco morto; *the war has — ruined that family*, la guerra ha rovinato completamente quella famiglia.

uttermost [ˈʌtəməʊst / ut·ter·most] (*letter.*) → **utmost**.

U-tube [ˈjuː,tjuːb *amer.* ˈjuː,tuːb] *s.* (*tecn.*) tubo a U.

U-turn [ˈjuːtɜːn] *s.* **1** conversione a U **2** (*fig. fam.*) cambiamento radicale, svolta; dietrofront.

uvala [ˈuːvələ] *s.* (*geol.*) uvala.

uvanite [ˈjuːvənaɪt / uvan·ite] *s.* (*min.*) uvanite.

uvarovite [juːˈvɑːrəʊvaɪt / uv·ar·ov·ite] *s.* (*min.*) uvarovite.

uvea [ˈjuːvɪə] *s.* (*anat.*) uvea.

uveitis [ˌjuːvɪˈaɪtɪs / uve·itis] *s.* (*med.*) uveite.

uvula [ˈjuːvjʊlə] *pl.* **uvulae** [ˈjuːvjʊliː / uvu·lae] **uvulas** *s.* (*anat.*) ugola.

uvular [ˈjuːvjʊlə* / uvu·lar] *agg.* (*anat.*) dell'ugola; uvulare (*anche fon.*).

uwarowite [juːˈvɑːrəʊvaɪt / uw·ar·ow·ite] → **uvarovite**.

uxorial [ʌkˈsɔːrɪəl] *agg.* di moglie; (*dir.*) uxorio.

uxoricide [ʌkˈsɔːrɪsaɪd / uxori·cide] *s.* **1** uxoricidio **2** uxoricida.

uxorious [ʌkˈsɔːrɪəs / uxori·ous] *agg.* eccessivamente innamorato della moglie; dominato dalla moglie.

Uzbek [ˈʊzbek / Uz·bek] *agg.* e *s.* uzbeco, usbeco.

Vv

v [vi:] *pl.* **vees, v's** [vi:z] *s.* **1** (*ventiduesima lettera dell'alfabeto inglese*) v // (*tel.*) — *for Victor*, v come Venezia **2** *V*, (*cifra romana*) 5 **3** oggetto a forma di V ◆ *agg. attr.* a forma di V.

vac [væk] *s.* (*fam.*) **1** (abbr. di *vacation*) vacanza (spec. universitaria) **2** (abbr. di *vacuum cleaner*) aspirapolvere.

vacancy ['veɪkənsɪ / va·cancy] *s.* **1** vacanza, l'essere vacante **2** (*job* o *unfilled*) —, posto vacante (*anche dir.*): *to fill a* —, coprire un posto vacante **3** posto libero (in alberghi ecc.): *no vacancies*, completo **4** vuoto, lacuna, vacanza (*anche fis.*) **5** (*fig.*) mancanza d'intelligenza, d'interessi; vacuità; ottusità.

vacant ['veɪkənt / va·cant] *agg.* **1** vacante, vuoto, non occupato, libero; privo di proprietario: *a — house*, una casa non occupata, sfitta; *a — seat*, un posto (a sedere) libero; *to apply for a — post*, fare domanda per un posto libero; — *time*, tempo libero // (*dir.*) — *possession*, possesso immediato; diritto (dell'acquirente) di occupare subito l'immobile // *situations* (o *appointments*) —, offerte di impiego (nella piccola pubblicità dei giornali) **2** (*fig.*) vacuo, vuoto; distratto, indifferente: — *stare*, sguardo vacuo // *oft, when on my couch I lie / in vacant or in pensive mood*, (WORDSWORTH) spesso, quando mi stendo sul mio giaciglio d'umor svagato e triste.

vacantly ['veɪkəntlɪ / va·cant·ly] *avv.* in modo vacuo; in modo distratto, indifferente.

to **vacate** [və'keɪt *amer.* 'veɪkeɪt / va·cate] *v.tr.* (*form.*) **1** lasciare vacante; dare le dimissioni da; sgomberare: *to — a flat*, lasciare libero un appartamento; *to — a position*, ritirarsi da un posto **2** (*dir.*) annullare, rendere inoperante: *this omission will not — the contract*, questa omissione non invaliderà il contratto ◆ *v.intr.* dimettersi, dare le dimissioni.

vacation [və'keɪʃn *amer.* veɪ'keɪʃn / va·cation] *s.* **1** vacanza, periodo di chiusura: *long* — (o *vac*), (*fam.*) vacanze estive, chiusura estiva (di università inglesi) **2** (*spec. amer.*) vacanza, vacanze (*pl.*), ferie (*pl.*): *they are in Sicily on* —, sono in vacanza in Sicilia; *summer* —, vacanze estive; — *with pay*, ferie pagate // — *home*, casa di villeggiatura **3** (*form.*) abbandono; rinuncia; il ritirarsi; il lasciare libero (un posto, una casa) **4** (*fam. amer.*) condanna alla prigione.

to **vacation** *v.intr.* (*spec. amer.*) **1** trascorrere le vacanze **2** prendere le vacanze, le ferie.

vacationer [və'keɪʃənə* *amer.* veɪ'keɪʃənə* / va·ca·tion·er] **vacationist** [və'keɪʃənɪst *amer.* veɪ'keɪʃənɪst / va·ca·tion·ist] *s.* (*amer.*) → **holidaymaker**.

vaccinal ['væksɪnl / vac·cinal] *agg.* vaccinico, che concerne il vaccino.

to **vaccinate** ['væksɪneɪt *amer.* 'væksəneɪt / vac·cin·ate] *v.tr.* vaccinare ◆ *v.intr.* fare una vaccinazione: *to — for flu*, fare la vaccinazione, il vaccino antinfluenzale.

vaccination [,væksɪ'neɪʃn / vac·cina·tion] *s.* vaccinazione.

vaccinationist [,væksɪ'neɪʃənɪst / vac·cina·tion·ist] *s.* sostenitore della vaccinazione.

vaccinator ['væksɪneɪtə* *amer.* 'væksəneɪtə* / vac·cin·ator] *s.* **1** chi pratica la vaccinazione, chi vaccina **2** lancetta per vaccinazione.

vaccine ['væksi:n *amer.* væk'si:n / vac·cine] *agg.* **1** (*non com.*) vaccino, di vacca **2** vaccinico; pertinente alla vaccinazione: — *rash*, eritema, rash vaccinico ◆ *s.* **1** vaccino: *inactivated, attenuated* —, vaccino inattivato, attenuato; *multivalent* (o *polyvalent*) —, vaccino polivalente; — *inoculation*, vaccinazione // *polio* —, vaccino antipolio **2** (*inform.*) programma antivirus.

vaccinia [væk'sɪnjə / vac·cinia] *s.* (*vet.*) vaccino, vaiolo bovino.

vaccinic [væk'sɪnɪk / vac·cinic] *agg.* vaccinico.

to **vacillate** ['væsɪleɪt / va·cil·late] *v.intr.* **1** (*non com.*) vacillare, barcollare **2** esitare, tentennare, titubare **3** essere incostante, volubile.

vacillating ['væsɪleɪtɪŋ / va·cil·lat·ing] *agg.* **1** (*non com.*) vacillante, barcollante **2** esitante, titubante; indeciso **3** incostante, volubile // **-ly** *avv.*

vacillation [,væsɪ'leɪʃn / va·cil·la·tion] *s.* **1** (*non com.*) vacillamento, barcollamento **2** esitazione, titubanza; indecisione **3** incostanza, volubilità.

vacillatory ['væsɪlətərɪ *amer.* 'væsɪlə,tɔ:rɪ / va·cil·lat·ory] *agg.* **1** (*non com.*) ondeggiante; vacillante, barcollante **2** esitante, titubante; indeciso.

vacuity [və'kju:ətɪ / va·cu·ity] *s.* **1** (*non com.*) vacuità; vuoto; spazio vuoto **2** (*fig. form.*) vacuità, mancanza di idee.

vacuolar ['vækjʊələ* / va·cu·olar] *agg.* (*biol.*) vacuolare, di vacuolo.

vacuolate(d) ['vækjʊəleɪt(ɪd) / va·cu·olate(d)] *agg.* (*biol.*) contenente vacuoli, alterato da vacuoli.

vacuole ['vækjʊəʊl / va·cu·ole] *s.* (*biol.*) vacuolo.

vacuous ['vækjʊəs / va·cu·ous] *agg.* **1** (*non com.*) vacuo, vuoto **2** (*fig. form.*) vacuo, vuoto, privo di espressione, sciocco; ozioso, inutile: *a — life*, una vita vuota, oziosa; — *remark*, osservazione senza senso; — *stare*, sguardo inespressivo, assente // **-ly** *avv.* // **-ness** *s.*

vacuum ['vækjʊəm / va·cuum] *pl.* **vacuums, vacua** ['vækjʊə] *s.* **1** (*fis.*) vuoto, vuoto pneumatico: *absolute* —, vuoto assoluto; — *gauge*, vacuometro; — *pump*, pompa da vuoto; — *tube*, tubo a vuoto; — *valve*, valvola termoionica // (*ferr.*) — *brake*, freno a depressione **2** (*fig.*) vuoto, mancanza, lacuna: *her husband's death left a — in her life*, la morte del marito ha lasciato un vuoto nella sua vita **3** (*fam.*) → vacuum cleaner.

to **vacuum**, to **vacuum-clean** ['vækjʊəm ,kli:n] *v.tr.* (*fam.*) pulire con l'aspirapolvere ◆ *v.intr.* (*fam.*) passare l'aspirapolvere.

vacuum cleaner ['vækjʊəm,kli:nə*] *s.* aspirapolvere.

vacuum-packed ['vækjʊəm,pækt] *agg.* (confezionato) sotto vuoto.

to **vacuum-seal** ['vækjʊəm,si:l] *v.tr.* chiudere, sigillare sotto vuoto.

to **vade** [veɪd] *v.intr.* (*ant.*) appassire: *his summer leaves all vaded, / by envy's hand and murder's bloody axe*, (SH. Richard II) le verdi foglie della sua estate son tutte appassite, spezzate dalla mano dell'invidia e dalla mannaia dell'assassinio.

vademecum [,veɪdɪ'mi:kəm] *s.* (*form.*) vademecum; prontuario; manuale.

vadose ['veɪdəʊs / vad·ọse] *agg.* (*geol.*) vadoso: — *water*, acqua vadosa.

vaesite ['vɑ:saɪt / vaes·ite] *s.* (*min.*) vaesite.

vag [væg] *s.* (*fam. amer.*) abbr. di → **vagrant**.

vagabond ['vægəbɒnd / vaga·bond] *agg.* (*letter.*) **1** errabondo, errante: — *life*, vita randagia **2** inetto, incapace ◆ *s.* (*letter.*) **1** vagabondo, girovago **2** lazzarone, briccone; buono a nulla.

to **vagabond** *v.intr.* (*letter.*) vagare, vagabondare, errare.

vagabondage ['vægəbɒndɪdʒ / vaga·bond·age] **vagabondism** ['vægəbɒndɪzəm / vaga·bond·ism] *s.* (*letter.*) vagabondaggio.

vagal ['veɪgəl] *agg.* (*anat.*) vagale: — *nerve*, nervo vago.

vagarious [və'geərɪəs / va·gari·ous] *agg.* (*letter.*) **1** errante, vagante **2** capriccioso, bizzarro.

vagary ['veɪgərɪ / vag·ary] *s.* (*gener. pl.*) capriccio; ghiribizzo; bizzarria, stravaganza: *the vagaries of fate*, i capricci del destino; *vagaries of the mind* (o *of imagination*), fantasticherie.

vagina [və'dʒaɪnə / va·gina] *pl.* **vaginae** [və'dʒaɪni: / va·ginae] **vaginas** *s.* **1** (*anat.*) vagina **2** (*bot.*) guaina.

vaginal [və'dʒaɪnl / va·ginal] *agg.* (*anat.*) vaginale.

vaginate ['vædʒɪnɪt / va·gin·ate] **vaginated** ['vædʒɪneɪtɪd / va·gin·ated] *agg.* **1** (*anat.*) invaginato **2** (*bot.*) chiuso in una guaina; guainato.

vaginismus [,vædʒɪ'nɪzməs / va·gin·is·mus] *s.* (*med.*) vaginismo.

vaginitis [,vædʒɪ'naɪtɪs / va·gin·itis] *s.* (*med.*) vaginite.

vagotomy [,veɪ'gɒtəmɪ / va·go·tomy] *s.* (*med.*) vagotomia.

vagotonic [,veɪgə'tɒnɪk / va·go·tonic] *agg.* (*med.*) vagotonico.

vagotony ['veɪgə,təʊnɪ / va·go·tony] *s.* (*med.*) vagotonia.

vagrancy ['veɪgrənsɪ / vag·rancy] *s.* (*form.*, *dir.*) **1** vagabondaggio **2** accattonaggio.

vagrant ['veɪgrənt / vag·rant] *agg.* (*form.*) vagabondo, errabondo, errante ◆ *s.* (*form.*, *dir.*) **1** vagabondo; individuo senza fissa dimora **2** mendicante; accattone // **-ly** *avv.*

vagrom ['veɪgrəm / vag·rom] *agg.* (*letter.*) vagabondo; errante.

vague [veɪg] *agg.* **1** vago; impreciso; indistinto; indeterminato: *a — analogy*, una vaga analogia; *— terms*, termini vaghi; *— shapes*, forme indistinte; *— rumours*, voci confuse, mormorii; *I haven't the vaguest idea who his friend is*, non ho la più pallida idea di chi sia il suo amico; *a — sense of uneasiness*, una vaga sensazione di disagio // (*dir.*) *a — statute*, una legge indeterminata **2** incerto, indeciso (di persona) // **-ly** *avv.*

vagueness ['veɪgnɪs / vague·ness] *s.* vaghezza; indeterminatezza; imprecisione // (*dir.*) *void for —*, nullo per indeterminatezza.

vagus ['veɪgəs] *pl.* **vagi** ['veɪgaɪ] *s.* (*anat.*) (nervo) vago.

vail [veɪl] *s.* (*gener. pl.*) (*ant.*) **1** mancia; donativo; gratifica // *there are certain condolements, certain vails*, (SH. Pericles, Prince of Tyre) ci sono delle lamentele e ci son dei vantaggi **2** tramonto: *even with the vail and darkening of the sun, / to close the day up, Hector's life is done*, (SH. Troilus and Cressida) proprio così, col cadere e con l'oscurarsi del sole per chiuder la giornata, si conclude la vita di Ettore.

to **vail** *v.tr.* (*ant.*) abbassare (le armi); abbassare (gli occhi, la testa) in segno di rispetto; togliersi (il cappello) in segno di rispetto ◆ *v.intr.* (*ant.*) **1** abbassarsi; inchinarsi; scappellarsi **2** (*fig.*) manifestare sottomissione.

vain [veɪn] *agg.* **1** vano, inutile, infruttuoso: *— boasting*, inutili vanterie; *— efforts*, sforzi vani; *my hopes were —*, le mie speranze furono vane // *in —*, invano; inutilmente: *you speak in —*, parli invano // *to take s.o.'s name in —*, parlar male di qlcu. **2** vano, vanitoso; orgoglioso: *he is as — as a peacock*, è vanitoso come un pavone // **-ly** *avv.* // **-ness** *s.*

vainglorious [,veɪn'glɔ:rɪəs / vain·glori·ous] *agg.* (*antiq.*) vanaglorioso; vanitoso // **-ly** *avv.* // **-ness** *s.*

vainglory [,veɪn'glɔ:rɪ / vain·glory] *s.* (*antiq.*) vanagloria; vanità.

vair [veə*] *s.* (*arald.*) vaio.

valance ['væləns / val·ance] *s.* **1** balza, drappeggio, falpalà **2** (*spec. amer.*) mantovana (di finestra) **3** cortina (di un letto).

valanced ['vælənst / val·anced] *agg.* **1** munito di balza, di drappeggio **2** (*spec. amer.*) ornato di mantovana (di finestra) **3** provvisto di cortina (di letto).

vale[1] [veɪl] *s.* (*spec. poet.*) valle: *this — of tears*, questa valle di lacrime.

vale[2] ['veɪlɪ] *inter.* (*rar.*) addio!

valediction [,vælɪ'dɪkʃn / va·le·dic·tion] *s.* (*form.*) **1** addio; commiato **2** parole, discorso di commiato.

valedictorian [,vælɪdɪk'tɔ:rɪən / va·le·dict·orian] *s.* (*amer.*) studente incaricato di tenere il discorso di commiato nel giorno della laurea.

valedictory [,vælɪ'dɪktərɪ / va·le·dict·ory] *agg.* di saluto; d'addio: *a — address*, parole di saluto, parole di commiato; *a — speech*, un discorso d'addio ◆ *s.* (*amer.*) discorso di commiato (di studente nel giorno della laurea).

valence ['veɪləns / val·ence] *s.* (*chim.*, *fis.*) valenza: *— band*, banda di valenza; *— bond*, legame di valenza; *— electron*, elettrone di valenza.

valency ['veɪlənsɪ] *s.* (*chim.*, *fis.*) valenza.

valentine ['væləntaɪn / val·en·tine] *s.* **1** innamorato, innamorata (scelti nel giorno di S. Valentino) **2** biglietto d'amore (che si invia il giorno di S. Valentino senza mettere la firma).

valentinite ['vælən,ti:naɪt / val·ent·in·ite] *s.* (*min.*) valentinite.

valerate ['vælәreɪt / val·er·ate] *s.* (*chim.*) valerato.

valerian [və'lɪərɪən / va·lerian] *s.* (*bot.*) (*Valeriana officinalis*) valeriana SIN. **setwall, bennet** // (*chim.*) *— oil*, essenza di valeriana.

valerianic [və,lɪərɪ'ænɪk / va·lerianic] **valeric** [və'lɪərɪk / va·leric] *agg.* (*chim.*) valerianico: *— acid*, acido valerianico.

valet ['vælɪt] *s.* valletto, cameriere (personale).

to **valet** *v.tr.* e *intr.* servire come valletto, cameriere.

valetudinarian [,vælɪ,tju:dɪ'neərɪən *amer.* ,vælɪ,tu:dɪ'neərɪən / va·le·tu·din·arian] *agg.* (*antiq.*) **1** valetudinario, malaticcio **2** eccessivamente preoccupato per la propria salute; ipocondriaco ◆ *s.* (*antiq.*) **1** valetudinario, persona di salute cagionevole **2** malato immaginario; ipocondriaco.

valetudinarianism [,vælɪ,tju:dɪ'neərɪənɪzəm *amer.* ,vælɪ,tu:dɪ'neərɪənɪzəm / va·le·tu·din·arian·ism] *s.* il temere continuamente di essere malato; ipocondria.

valetudinary [,vælɪ'tju:dɪnərɪ *amer.* ,vælɪ'tu:dɪneərɪ / va·le·tu·din·ary] → **valetudinarian**.

valgus ['vælgəs / val·gus] *agg.* (*med.*) valgo ◆ *s.* (*med.*) valgismo.

Valhalla [væl'hælə / Val·halla] *s.* **1** (*mit. nordica*) Valalla **2** (*fig.*) luogo che accoglie le tombe di persone illustri; panteon.

valiance ['vælɪəns / vali·ance] **valiancy** ['vælɪənsɪ / vali·ancy] *s.* **1** valore **2** (*ant.*) atto di valore; prodezza.

valiant ['væljənt / vali·ant] *agg.* (*letter.*) valoroso, prode; animoso // **-ly** *avv.* // **-ness** *s.*

valid ['vælɪd] *agg.* valido; valevole; legittimo (*anche dir.*): *a ticket — for two months*, un biglietto valido per due mesi; *a — objection*, una obiezione valida; *the marriage was not —*, il matrimonio non era valido; *the only — method of investigation*, l'unico metodo valido di investigazione // (*dir.*) *— contract*, contratto valido // (*Borsa*) *— until cancelled*, valido revoca // **-ly** *avv.* // **-ness** *s.*

to **validate** ['vælɪdeɪt / val·id·ate] *v.tr.* **1** (*form.*) rendere valido, legittimo; confermare; convalidare; ratificare (*anche dir.*) **2** (*inform.*) abilitare.

validation [,vælɪ'deɪʃn / val·ida·tion] *s.* **1** convalida; ratifica **2** (*inform.*) prova di funzionamento.

validity [və'lɪdətɪ / va·lid·ity] *s.* validità; legittimità (*anche dir.*).

valine ['væli:n / val·ine] *s.* (*biochim.*) valina.

valise [və'li:z *amer.* və'li:s / va·lise] *s.* valigia; borsa da viaggio.

Valkyrie [væl'kɪərɪ / Val·kyrie] *s.* (*mit. nordica*) Valchiria.

vallate ['væleɪt / val·late] *agg.* (*anat.*) vallato: *— papilla*, papilla circumvallata.

vallecula [væ'lekjʊlə / val·lec·ula] *pl.* **valleculae** [væ'lekjʊli: / val·lec·ulae] *s.* (*anat.*, *bot.*) vallecola.

vallerite [və'lɪraɪt / val·ler·ite] *s.* (*min.*) vallerite.

valley ['vælɪ / val·ley] *s.* **1** valle, vallata: *— floor*, fondovalle **2** (*edil.*) compluvio.

vallum ['væləm / val·lum] *s.* (*st. romana*) vallo.

valonia [və'ləʊnɪə / va·lo·nia] *s.* (*bot.*) **1** vallonea (ghianda) **2** *— oak*, (*Quercus aegilops*) quercia vallonea.

valor (*amer.*) → **valour**.

valorization [,vælәraɪ'zeɪʃn *amer.* ,vælәrɪ'zeɪʃn / val·or·iza·tion] *s.* (*comm.*, *econ.*) avvaloramento, valorizzazione.

to **valorize** ['vælәraɪz / val·or·ize] *v.tr.* (*comm.*) dare valore a, valorizzare.

valorous ['vælərəs / val·or·ous] *agg.* (*letter.*) valoroso, prode // **-ly** *avv.*

valour ['vælə* / val·our] *s.* (*letter.*) valore, prodezza, coraggio.

to **valse** [vɑ:ls] *v.intr.* (*rar.*) ballare il valzer.

valuable ['væljʊəbl / valu·able] *agg.* costoso; prezioso, di (gran) valore (*anche fig.*) // (*comm.*) *— consideration*, corrispettivo ◆ *s.gener.pl.* oggetto, oggetti di valore, preziosi: *I sent all my valuables to the bank*, ho mandato tutti i miei valori in banca // **-ness** *s.*

valuation [,væljʊ'eɪʃn / valu·ation] *s.* **1** valutazione, stima; perizia: *they made a — of the goods*, fecero la stima della merce; *they put a — of £ 235,000 on the estate*, hanno fatto una stima della proprietà di, hanno valutato la proprietà 235.000 sterline // (*amm.*): *— account*, fondo svalutazione; *— methods*, criteri di valutazione // (*mat.*) *— ring*, anello di valutazione **2** stima.

valuator ['væljʊeɪtə* / valu·ator] *s.* (*non com.*) perito, stimatore.

value ['vælju:] *s.* **1** (*comm.*, *econ.*) valore,

prezzo, costo: *to go down in* —, perdere (di) valore; *to lose* (o *to fall in*) —, svalutarsi, deprezzarsi; *loss of* (o *fall in*) —, svalutazione; *to raise* (o *to increase*) *the* —, aumentare il valore; *to rise in* —, aumentare di valore; *to declare* (o *to state*) *the* —, dichiarare il valore; *this magazine is good, bad — for money*, questa rivista vale, non vale il suo prezzo; *this book is quite good — at* (o *for*) *five pounds*, il libro vale tutte le cinque sterline che costa // (*econ.*): — *added*, valore aggiunto; — *theory*, teoria del valore; *present* —, valore attuale; *exchange* — (o — *in exchange*), valore di scambio; *use* — (o — *in use*), valore d'uso // (*comm.*): *real* (o *true*) —, valore effettivo; *selling* (o *saleable*) —, valore venale; *commercial* —, valore commerciale; *sample only of no commercial* —, campione senza valore; — *received in goods*, valuta in merci; *for — received*, valore ricevuto // (*fin.*): *nominal* (o *face* o *par*) —, valore nominale; *surplus* —, plusvalore; *to come into* —, diventare fruttifero (di titolo); *break-up* —, valore di realizzo (di azienda); *redemption* —, valore di rimborso, valore di riscatto // (*amm.*) *book* —, valore contabile // (*trib.*) *rateable* —, valore imponibile // (*banca*): — *date*, valuta; — *on account*, valuta in conto **2** (*fig.*) valore, pregio; utilità; importanza: *a book of great, little* —, un libro di grande, poco valore; *to confer — on* (o *to attach — to*), (*form.*) attribuire valore a; *to set* (o *to place*) *a low, a high — (up)on sthg.*, attribuire poco, grande valore, importanza a qlco.; *the — of education*, l'importanza dell'educazione; *that book has been of great — to me*, quel libro mi è stato prezioso, di grande aiuto; *to take at face* —, prendere, considerare qlco. per quello che sembra, non dare (troppa) importanza a qlco. **3** (*ant.*) stima, considerazione: *my — for her is great*, la mia stima per lei è grande **4** (*rar.*) valore, significato (di parole) **5** (*mus.*) valore, lunghezza, quantità, durata (di una nota) **6** (*mat.*) valore: *numerical, principal* —, valore numerico, principale; *to give x a* —, attribuire a x un valore **7** (*chim.*) numero, indice: *heat* —, calore di combustione; *iodine* —, numero di iodio **8** (*fis.*) potere: *root-mean-square* (o RMS) —, valore efficace, radice quadrata del valore quadratico medio; *calorific* —, potere calorifico.

to **value** *v.tr.* **1** (*comm.*) valutare, stimare, periziare; computare: *he valued the house at £ 200,000*, stimò la casa 200.000 sterline; *to — a loss*, computare, calcolare una perdita **2** dare importanza a; tenere in grande considerazione; stimare, apprezzare: *I shall always — your friendship*, terrò sempre in gran conto la tua amicizia; *to — one's life*, aver cara la propria vita // *he valued himself on his actions*, si vantava delle sue azioni.

value-added network ['vælju:,ædɪd 'netwɜ:k] *s.* (*inform.*) rete a valore aggiunto.

value-added remarketer ['vælju:,ædɪd ri:'mɑ:kɪtə*] **value-added reseller** ['vælju:,ædɪd'ri:selə*] *s.* (*inform.*) distributore che correda l'hardware di un determinato costruttore con il proprio software.

value-added tax [,vælju:'ædɪd,tæks *amer.* 'vælju:,ædɪd'tæks] *s.* (abbr. VAT), imposta sul valore aggiunto (abbr. IVA) // — *statement*, dichiarazione IVA.

valued ['vælju:d / val·ued] *agg.* **1** (*comm.*) valutato; che ha, a cui viene attribuito un valore: — *policy*, polizza valutata; *a — possession*, una proprietà di valore **2** stimato, apprezzato; prezioso: *my — friend Mr Smith*, il mio stimato amico Mr Smith; *a — friend*, un amico prezioso.

value judgement ['vælju:,dʒʌdʒmənt] *s.* giudizio valutativo, basato su valori personali.

valueless ['væljʊlɪs / value·less] *agg.* di nessun valore // **-ness** *s.*

valuer ['væljʊə*] *s.* stimatore, perito (stimatore).

valvate ['vælvɪt / valv·ate] *agg.* **1** (*bot.*, *zool.*) a forma di valva; munito di valva **2** (*anat.*) valvolare; munito di valvola.

valve [vælv] *s.* **1** (*mecc.*) valvola: *air* —, valvola di sfiato; *ball* —, valvola a sfera; *butterfly* —, valvola a farfalla; *check* — (o *non-return* —), valvola di ritegno; *exhaust* — (o *outlet* —), valvola di scarico; *flap* —, valvola a cerniera; *float* —, valvola galleggiante; *foot* — (o *suction* —), valvola di fondo; *gate* —, (valvola a) saracinesca; *globe* — (o *stop* —), valvola di arresto; *inlet* — (o *intake* —), valvola di ammissione, di aspirazione; *magnetic* —, valvola elettromagnetica; *pressure-reducing* —, valvola di riduzione della pressione; *safety* —, valvola di sicurezza; — *body*, corpo della valvola; — *bonnet* (o — *cap*), coperchio della valvola; — *chamber*, cassa della valvola; — *cock*, rubinetto a valvola; — *face* (o — *seat*), sede della valvola; — *gear*, (meccanismo della) distribuzione; — *guide*, guida valvola; — *lifter*, alzavalvole **2** (*elettr.*) valvola: *amplifying* —, valvola amplificatrice; *rectifying* —, valvola rettificatrice; — *set*, apparecchio (radio) a valvole **3** (*anat.*) valvola: *the valves of the heart*, le valvole del cuore **4** (*bot.*, *zool.*) valva; opercolo **5** valvola, battente (di porta).

valved [vælvd] *agg.* **1** (*anat.*, *mecc.*) munito di valvola, di valvole **2** (*bot.*, *zool.*) munito di valva; a forma di valva.

valveless ['vælvlɪs / valve·less] *agg.* **1** (*anat.*, *mecc.*) privo di valvola, di valvole **2** (*bot.*, *zool.*) privo di valve.

valvelet ['vælvlɪt / valve·let] *s.* **1** (*anat.*, *mecc.*) valvoletta **2** (*bot.*, *zool.*) piccola valva.

valvem ['vælvəm / val·vem] *s.* (*med.*) *heart* —, valvola cardiaca.

valvular ['vælvjʊlə* / valv·ular] *agg.* **1** (*anat.*, *mecc.*) valvolare: (*anat.*) — *disorders*, disturbi alle valvole cardiache **2** (*bot.*, *zool.*) di valva.

valvule ['vælvju:l / valv·ule] *s.* (*anat.*) piccola valvola.

valvulitis [,vælvjʊ'laɪtɪs / valv·ulitis] *s.* (*med.*) valvulite.

vamidothion [,væmɪ'dəʊθɪən / va·mi·do·thion] *s.* (*chim.*) vamidothion.

to **vamoose** [və'mu:s / va·moose] to **vamose** [və'məʊs / va·mose] *v.intr.* (*sl. amer. antiq.*) andarsene, filarsela; levare le tende velocemente ◆ *v.tr.* (*sl. amer. antiq.*) andarsene velocemente da.

vamp[1] [væmp] *s.* **1** tomaia (di scarpa) **2** (*non com.*) rabberciamento; rappezzamento **3** (*mus.*) improvvisazione.

to **vamp**[1] *v.tr.* **1** mettere la tomaia a (scarpe) **2** *to* — (*up*), raffazzonare, rabberciare; mettere insieme alla bell'e meglio **3** inventare, ideare **4** (*sl. dei neri d'America*) assalire, picchiare, percuotere ◆ *v.intr.* **1** (*mus.*) improvvisare **2** (*dial.*) camminare faticosamente.

vamp[2] *s.* (*fam. antiq.* abbr. di *vampire*) vamp, donna fatale.

to **vamp**[2] *v.tr.* (*fam. antiq.*) ammaliare, adescare, sedurre ◆ *v.intr.* (*fam. antiq.*) atteggiarsi a donna fatale.

vamp[3] *s.* (*fam. amer.*) vigile del fuoco volontario.

vamper ['væmpə*] *s.* **1** (*mus.*) improvvisatore **2** rabberciatore.

vampire ['væmpaɪə* / vam·pire] *s.* **1** vampiro; (*fig. fam.*) persona malvagia e crudele; sfruttatore, succhiasangue **2** (*zool.*) — (*bat*), vampiro SIN. spectre-bat **3** (*teatr.*) botola a molla (per far scomparire gli attori dalla scena).

vampiric [væm'pɪrɪk / vam·piric] *agg.* vampirico.

vampirism ['væmpaɪərɪzəm / vam·pir·ism] *s.* **1** credenza nell'esistenza dei vampiri **2** vampirismo, il comportarsi da vampiro **3** (*fig. fam.*) sfruttamento vergognoso.

van[1] [væn] *s.* **1** furgone, furgoncino; camion **2** (*ferr.*) vagone; carro merci scoperto // (*luggage*) —, bagagliaio.

to **van**[1] *pass.p.p.* **vanned** [vænd] *v.tr.* trasportare, spedire mediante furgone, vagone.

van[2] *s.* **1** vaglio, crivello **2** vela di mulino a vento **3** (*poet.*) ventaglio.

to **van**[2] *v.tr.* vagliare (un minerale).

van[3] abbr. di → **vanguard**.

vanadate ['vænədeɪt / van·ad·ate] *s.* (*chim.*) vanadato.

vanadic [və'neɪdɪk / va·nadic] *agg.* (*chim.*) vanadico: — *acid*, acido vanadico.

vanadinite [və'neɪdənaɪt / van·ad·in·ite] *s.* (*min.*) vanadinite.

vanadium [və'neɪdjəm / va·na·dium] *s.* (*chim.*) vanadio: — *steel*, acciaio al vanadio.

vanadous [və'neɪdəs / van·ad·ous] *agg.* (*chim.*) vanadoso.

Vandal ['vændl / Van·dal] *s.* **1** (*st.*) vandalo **2** *vandal*, (*fig.*) vandalo; teppista ◆ *agg.* **1** (*st.*) vandalico **2** *vandal*, (*fig.*) vandalico; barbaro.

Vandalic [,væn'dælɪk / Van·dalic] *agg.* **1** (*st.*) da vandalo, vandalico **2** vandalico, da devastatore: *vandalic fury*, furia vandalica.

vandalism ['vændəlɪzəm / van·dal·ism] *s.* vandalismo, brutale devastazione.

Vandyke [,væn'daɪk / Van·dyke] *agg.* (*pitt.*) alla Van Dyck: *a — beard*, un pizzo alla Van Dyck; *a — collar*, un colletto alla Van Dyck // — *brown*, marrone scuro.

vane [veɪn] *s.* **1** banderuola; (*mar.*) mostravento **2** (*mecc.*) pala (di mulino a vento, elica, ventilatore); paletta, aletta (di turbina ecc.): — *pump*, pompa a palette; — *wheel*, ruota a palette; *deflector* —, paletta direttrice; *inlet guide* —, distributore; *outlet guide* —, diffusore **3** (*mil.*) governale (di bomba aerea) **4** traguardo; mirino (di strumento per rilievi topografici).

vanessa [və'nesə / va·nessa] *s.* (*zool.*) vanessa.

vang [væŋ] *s.* (*mar.*) ostino.

vanguard ['vængɑ:d / van·guard] *s.* avanguardia (*anche fig.*): *they were in the — of artistic development*, erano all'avanguardia dello sviluppo artistico; *to lead the* —, essere in testa // *in the — of*, a capo di, alla testa di.

vanilla [və'nɪlə / va·nilla] *s.* **1** (*bot.*) (*Vanilla planifolia*) vaniglia: — *bean*, baccello di vaniglia; — *extract*, estratto di vaniglia; — *ice cream*, gelato alla vaniglia **2** (*sl. dei neri d'America*) persona di razza bianca (spec. donna) **3** (*sl. amer.*) eterosessuale.

vanillic [və'nɪlɪk / va·nil·lic] *agg.* (*chim.*) di vaniglia: — *aldehyde*, vaniglina.

vanillin ['vænɪlɪn / va·nil·lin] *s.* (*chim.*) vaniglina, vanillina.

vanish ['vænɪʃ / van·ish] *s.* (*fon.*) suono terminale debole di dittongo.

to **vanish** *v.intr.* **1** svanire, sparire; dileguarsi: *several species have vanished without trace*, parecchie specie sono svanite senza lasciar traccia; *after the robbery the gang vanished into thin air*, dopo il furto la banda si dileguò **2** (*mat.*) tendere a zero ◆ *v.tr.* far sparire.

vanishing ['vænɪʃɪŋ / van·ish·ing] *s.* il dileguarsi, lo sparire.

vanishing cream ['vænɪʃɪŋ,kri:m] *s.* crema evanescente.

vanishing point ['vænɪʃɪŋ,pɔɪnt] *s.* **1** puntò di fuga in una prospettiva **2** (*fam.*) punto di estinzione.

vanity ['vænətɪ / van·ity] *s.* **1** vanità, futilità; inutilità: *the — of wordly wealth*, la vanità delle ricchezze del mondo; *all is —*, tutto è vanità // (*lett.*) *'Vanity Fair'*, 'La fiera delle vanità' **2** vanità, vanagloria: *injured —*, vanità offesa.

vanner ['vænə* / van·ner] *s.* (*fam. amer.*) guidatore di camion.

vanoxite [və'nɒksaɪt / vano·xite] *s.* (*min.*) vanoxite.

to **vanquish** ['væŋkwɪʃ / van·quish] *v.tr.* (*letter.*) vincere, conquistare.

vanquishable ['væŋkwɪʃəbl / van·quish·able] *agg.* (*letter.*) vincibile, conquistabile.

vanquisher ['væŋkwɪʃə* / van·quish·er] *s.* (*letter.*) vincitore, conquistatore.

vanquishment ['væŋkwɪʃmənt / van·quish·ment] *s.* (*letter.*) il vincere, il trionfare.

vantage ['vɑ:ntɪdʒ *amer.* 'væntɪdʒ / vant·age] *s.* (*ant.*) vantaggio, profitto.

to **vantage** *v.tr.* (*ant.*) avvantaggiarsi, profittare di.

vantagepoint ['vɑ:ntɪdʒ,pɔɪnt *amer.* 'vænt ɪdʒ,pɔɪnt / vant·age·point] *s.* **1** posizione vantaggiosa (*anche fig.*) **2** punto di vista; prospettiva.

vapid ['væpɪd] *agg.* (*form.*) svaporato, insignificante, insulso: *a — conversation*, una conversazione insulsa // **-ly** *avv.* // **-ness** *s.*

vapidity [væ'pɪdətɪ / va·pid·ity] *s.* (*non com.*) scipitezza; insulsaggine; futilità.

(to) **vapor** (*amer.*) → (to) **vapour**.

vaporable ['veɪpərəbl / va·por·able] *agg.* **1** evaporabile **2** vaporizzabile.

vaporiferous [,veɪpə'rɪfərəs / va·por·ifer·ous] *agg.* (*rar.*) che porta vapori.

vaporific [,veɪpə'rɪfɪk / va·por·ific] *agg.* (*form.*) **1** che produce vapori **2** → **vaporous**.

vaporimeter [,veɪpə'rɪmɪtə* / va·pori·meter] *s.* vaporimetro.

vaporization [,veɪpəraɪ'zeɪʃn *amer.* ,veɪpər ɪ'zeɪʃn / va·por·iza·tion] *s.* **1** (*non com.*) evaporazione **2** vaporizzazione.

to **vaporize** ['veɪpəraɪz / va·por·ize] *v.tr.* **1** far evaporare **2** vaporizzare ◆ *v.intr.* **1** evaporare, svaporare (*anche fig.*) **2** vaporizzare, vaporizzarsi.

vaporizer ['veɪpəraɪzə* / va·por·izer] *s.* vaporizzatore, nebulizzatore; spruzzatore.

vaporosity [,veɪpə'rɒsətɪ / va·por·os·ity] *s.* (*rar.*) vaporosità.

vaporous ['veɪpərəs / va·por·ous] *agg.* **1** di vapore **2** (*letter.*) vaporoso; nebbioso **3** (*fig.*) chimerico, fantastico, inconsistente // **-ly** *avv.* // **-ness** *s.*

vapour ['veɪpə* / va·pour] *s.* **1** vapore; fumo **2** (*fis.*) vapore: *saturated, non-saturated —*, vapore saturo, non saturo; — *density, pressure*, densità, pressione di vapore; *water —*, vapor acqueo **3** (*fig. ant.*) chimera, creazione fantasiosa: *the vapours of a disordered mind*, le fantasie di una mente malata **4** *pl.* (*antiq.*) fumi; irritabilità; isterismo: *she had a fit of the vapours*, ebbe un attacco isterico.

to **vapour** *v.intr.* **1** trasformarsi in vapore; evaporare **2** (*fig.*) vantarsi, gloriarsi; dir sciocchezze, straparlare.

vapour-bath ['veɪpə,bɑ:θ *amer.* 'veɪpə,bæθ] *s.* bagno di vapore.

vapour engine ['veɪpər,endʒɪn] *s.* macchina a vapore.

vapourer ['veɪpərə* / va·pourer] *s.* (*non com.*) persona vanagloriosa.

vapour trail ['veɪpə,treɪl] *s.* (*aer.*) scia di condensazione.

vapourware ['veɪpə,weə* / vapour·ware] *s.* (*inform.*) prodotti che esistono solo di nome (non ancora fabbricati).

vapoury ['veɪpərɪ / va·poury] *agg.* (*non com.*) **1** vaporoso, di consistenza simile al vapore **2** (*fig.*) vago, indefinito.

varan ['værən] *s.* (*zool.*) varano.

varec, **varech** ['værek] *s.* (*bot.*) varecchi.

variability [,veərɪə'bɪlətɪ / vari·ab·il·ity] *s.* variabilità, mutevolezza; incostanza: *the — of the weather*, la variabilità del tempo.

variable ['veərɪəbl / vari·able] *agg.* variabile, mutevole; incostante: — *mood*, umore instabile; *the weather is — in March*, in marzo il tempo è mutevole // (*astr.*) — *star*, stella variabile // (*amm., econ.*) — *cost*, costo variabile // (*fin.*) — *rate securities*, titoli indicizzati // (*inform.*) — *block*, blocco a lunghezza variabile // (*mecc.*) — *motion*, moto vario // (*mat.*) — *quantity*, quantità variabile ◆ *s.* **1** variabile: *dummy —*, variabile di comodo; *random —*, variabile casuale; *Boolean —*, variabile logica // (*econ.*) *target —*, variabile obiettivo **2** (*mar.*) vento variabile **3** *pl.* la regione dei venti variabili **4** (*astr.*) stella variabile // **-ness** *s.* // **-bly** *avv.*

variable-geometry [,veərɪəbl,dʒɪ'ɒmətrɪ] *agg.* a geometria variabile: (*aer.*) — *fighter*, caccia a geometria variabile.

variance ['veərɪəns / vari·ance] *s.* **1** (*rar.*) variazione; variabilità, mutevolezza: *variances in temperature*, variazioni della temperatura **2** (*form.*) disaccordo, disputa: *to be at — with s.o.*, essere in disaccordo con qlcu.; *historians are at — on this point*, gli storici sono in disaccordo su questo punto **3** (*dir.*) discordanza (tra la dichiarazione della parte e le prove) **4** (*stat., inform., fis.*) varianza: — *analysis*, analisi della varianza **5** scostamento // (*amm.*) *budget —*, scostamento dalle previsioni.

variant ['veərɪənt / vari·ant] *agg.* variante; differente: *the — forms of a word*, (forme) varianti di una parola ◆ *s.* variante: *a — in the spelling*, una variante nella grafia; *two variants of the same story*, due varianti, versioni, della medesima storia.

variation [,veərɪ'eɪʃn / vari·ation] *s.* **1** variazione, oscillazione; modificazione, mutamento: *variations in public opinion*, oscillazioni dell'opinione pubblica; — *of pressure*, oscillazione di pressione; — *of speed*, variazione di velocità; — *of temperature*, oscillazione di temperatura // (*econ.*): — *in demand, in supply, in price*, variazione della domanda, dell'offerta, del prezzo; *seasonal variations*, variazioni stagionali **2** (*mat., mus., biol.*) variazione: (*biol.*) — *of species*, variazione delle specie; (*mat.*) *calculus of variations*, il calcolo delle variazioni **3** (*astr.*) declinazione.

variational [,veərɪ'eɪʃənl / vari·ational] *agg.* **1** di variazione; che riguarda variazioni; variabile **2** (*mat.*) variazionale.

varicella [,værɪ'selə / va·ri·cella] *s.* (*med.*) varicella.

varicocele ['værɪkəʊsi:l / vari·co·cele] *s.* (*med.*) varicocele.

varicoloured ['veərɪ,kʌləd / vari·col·oured] *agg.* (*non com.*) variopinto; variegato.

varicose ['værɪkəʊs / var·ic·ose] *agg.* (*med.*) varicoso: — *veins*, vene varicose.

varicosity [,værɪ'kɒsətɪ / var·ic·os·ity] *s.* (*med.*) varice; varicosità.

varied ['veərɪd] *agg.* vario, diverso; variato; mutevole: *a — life*, una vita varia; — *interests*, interessi svariati; *there are — opinions about his position as poet*, ci sono diverse opinioni riguardo alla sua collocazione come poeta.

to **variegate** ['veərɪgeɪt / varie·gate] *v.tr.* variegare, screziare.

variegated ['veərɪgeɪtɪd / varie·gated] *agg.* **1** variegato, screziato: *white petals — with pink*, petali bianchi screziati di rosa **2** (*fig.*) vario, multiforme.

variegation [,veərɪ'geɪʃn / varie·ga·tion] *s.* screziatura, varietà di colori.

varietal [və'raɪtl / vari·etal] *agg.* (*bot., zool.*) appartenente a varietà distinta.

variety [və'raɪətɪ / vari·ety] *s.* **1** varietà, diversità: *a — of opinions*, una diversità di opinioni **2** varietà, assortimento; molteplicità: *a — of fabrics*, un assortimento di tessuti; *I did it for a — of reasons*, lo feci per varie ragioni // (*amer.*): — *shop*, grande magazzino; — *chain*, catena di grandi magazzini; — *meat*, (*fam.*) frattaglie **3** (*bot., zool.*) varietà (di una specie): *there are now hundreds of different varieties of rose*, vi sono ora parecchie varietà di rose **4** (*teatr.*) varietà: — *artist*, artista di varietà; — *show*, spettacolo di varietà; — *theatre*, teatro di varietà.

variform ['veərɪfɔ:m / vari·form] *agg.* (*non com.*) di varie forme; multiforme.

variola [və'raɪələ / va·ri·ola] *s.* (*med.*) vaiolo.

variole ['veərɪəʊl / vari·ole] *s.* buttero (segno del vaiolo).

variolite ['veərɪəlaɪt / vari·ol·ite] *s.* (*geol.*) variolite.

variolitic [,verɪəʊ'lɪtɪk / vari·ol·itic] *agg.* (*geol.*) variolitico.

varioloid ['veərɪəlɔɪd / vari·ol·oid] *agg.*

(*med.*) vaioloso; caratteristico del vaiolo ◆ *s.* (*med.*) vaioloide.

variolous [və'raɪələs / vari·ol·ous] *agg.* (*med.*) vaioloso.

variometer [,veərɪ'ɒmɪtə* / vario·meter] *s.* (*elettr.*) variometro.

variorum [,veərɪ'ɔ:rəm / vari·orum] *agg.* con note di vari commentatori (di edizione).

various ['veərɪəs / vari·ous] *agg.* (*usato con s. al pl.*) vari, diversi; svariati, alcuni, parecchi, molti: — *occupations*, occupazioni varie; *for — reasons*, per diverse ragioni; — *people were standing in the hall*, c'erano diverse persone in piedi nella hall // *many and* —, molti e diversi; *his interests are many and* —, ha parecchi e svariati interessi // **-ly** *avv.*

varix ['veərɪks] *pl.* **varices** ['værɪsi:z / var·ices] *s.* (*med.*) varice.

varlet ['vɑ:lɪt / var·let] *s.* **1** (*st.*) paggio; valletto **2** (*ant. spec. scherz.*) furfante, briccone.

varletry ['vɑ:lɪtrɪ / var·letry] *s.* (*ant.*) **1** *pl.* paggi; valletti **2** (*spreg.*) servitù, servitorame.

varment ['vɑ:mɪnt / var·ment] **varmint** *s.* (*volg. scherz.*) **1** insetto parassita; animale nocivo **2** (*caccia*) la volpe **3** furfante; briccone.

varnish ['vɑ:nɪʃ / var·nish] *s.* **1** vernice; lacca // — *filter*, filtro per vernici; — *remover*, sverniciatore; *oil* —, vernice grassa **2** (*fig.*) verniciatura; apparenza, aspetto esteriore: *to put a — of legality upon one's actions*, (*fam.*) mascherare le proprie azioni sotto un'apparenza di legalità.

to **varnish** *v.tr.* **1** verniciare; laccare **2** (*fig.*) mascherare, velare (difetti, colpe); abbellire, adornare.

varnisher ['vɑ:nɪʃə* / var·nish·er] *s.* verniciatore.

varnishing ['vɑ:nɪʃɪŋ / var·nish·ing] *s.* verniciatura; laccatura.

varnishing-day ['vɑ:nɪʃɪŋ,deɪ] *s.* vernice, vernissage (di mostre ecc.).

varsity ['vɑ:sətɪ / var·sity] (*fam. antiq.*) → **university**.

varus ['veərəs] *agg.* (*med.*) varo ◆ *s.* (*med.*) varismo.

varve [vɑ:v] *s.* (*geol.*) varva.

to **vary** ['veərɪ] *v.tr.* **1** variare, cambiare; mutare, modificare: *to — the menu, the programme*, variare il menu, il programma; *to — one's methods*, cambiare metodo **2** (*mus.*) fare variazioni a (un tema) ◆ *v.intr.* differire, essere differente: *opinions — on this point*, i pareri differiscono a questo riguardo; *to — from*, differire da; (*dir.*) *to — from the law*, violare la legge // (*mat.*) *j varies inversely as x*, j è inversamente proporzionale a x.

varying ['veərɪɪŋ / vary·ing] *agg.* che varia, cambia, muta // (*dir.*) — *sentence*, mutamento della pena // **-ly** *avv.*

vas [væs] *pl.* **vasa** ['veɪsə] *s.* (*anat.*) vaso: — *aberrans*, vaso aberrante; — *deferens*, dotto deferente.

vasal ['veɪsəl] *agg.* (*anat.*, *bot.*) vasale.

vascular ['væskjʊlə* / vas·cu·lar] *agg.* vascolare // (*bot.*): — *bundle*, fascio vascolare; — *tissue*, tessuto vascolare // (*med.*) — *system*, sistema vascolare.

vascularity [,væskjʊ'lærətɪ / vas·cu·lar·ity] *s.* (*med.*) vascolarità.

vascularization [,væskjʊləraɪ'zeɪʃn / vas·cu·lar·iza·tion] *s.* (*med.*) vascolarizzazione.

to **vascularize** ['væskjʊləraɪz / vas·cu·lar·ize] *v.tr.* (*med.*) vascolarizzare.

vasculose ['væskjʊləʊs / vas·cu·lose] *agg.* (*bot.*) vascoloso ◆ *s.* (*bot.*) tessuto vascoloso.

vase [vɑ:z *amer.* veɪs] *s.* **1** vaso: *flower* —, vaso da fiori **2** (*arch.*) vaso (di capitello corinzio).

to **vasectomize** [və'sektəmaɪz / vas·ec·tom·ize] *v.tr.* (*med.*) vasectomizzare.

vasectomy [və'sektəmɪ / vas·ec·tomy] *s.* (*med.*) vasectomia.

vaseline® ['væsɪli:n / vas·el·ine] *s.* (*chim.*) vaselina.

vasoactive [,veɪzəʊ'æktɪv / va·so·act·ive] *agg.* (*med.*) vasoattivo.

vasoactivity [,veɪzəʊ,æk'tɪvətɪ / va·so·act·iv·ity] *s.* (*med.*) vasoattività.

vasoconstriction [,veɪzəʊkən'strɪkʃn / va·so·con·stric·tion] *s.* (*med.*) vasocostrizione.

vasoconstrictive [,veɪzəʊkən'strɪktɪv / va·so·con·strict·ive] *agg.* (*med.*) vasocostrittore.

vasoconstrictor [,veɪzəʊkən'strɪktə* / va·so·con·stric·tor] *s.* (*med.*) vasocostrittore.

vasoconstrictory [,veɪzəʊkən'strɪktərɪ *amer.* ,veɪzəʊkən'strɪktɔ:rɪ / va·so·con·strict·ory] *agg.* (*med.*) vasocostrittore.

vasodilatation [,veɪzəʊ,daɪlə'teɪʃn / va·so·di·la·ta·tion] *s.* (*med.*) vasodilatazione.

vasodilator [,veɪzəʊdaɪ'leɪtə* / va·so·di·la·tor] *s.* (*med.*) vasodilatatore.

vasodilatory [,veɪzəʊ'dɪlətərɪ / va·so·di·lat·ory] *agg.* (*med.*) vasodilatatorio.

vasomotor ['veɪzəʊ,məʊtə* / va·so·motor] *agg.* (*med.*) vasomotore.

vasomotory [,veɪzəʊ'məʊtərɪ / va·so·mo·tory] *agg.* (*med.*) vasomotorio.

vasopressin [,veɪzəʊ'presn / va·so·pres·sin] *s.* (*biochim.*) vasopressina.

vasopressor [,veɪzəʊ'presə* / va·so·press·or] *agg.* e *s.* (*med.*) vasopressore.

vasospasm [,veɪzəʊ'spæzm / va·so·spasm] *s.* (*med.*) vasospasmo.

vasostimulant [,veɪzəʊ'stɪmjʊlənt / va·so·stimu·lant] *agg.* (*med.*) vasostimolante.

vasotocin [væ'zɒtəsɪn / vas·oto·cin] *s.* (*biochim.*) vasotocina.

vassal ['væsl / vas·sal] *agg.* **1** di vassallo **2** servile ◆ *s.* **1** (*st.*) vassallo **2** servo; (*rar.*) schiavo.

vassalage ['væsəlɪdʒ / vas·sal·age] *s.* **1** (*st.*) vassallaggio **2** (*fig.*) condizione servile.

vast [vɑ:st *amer.* væst] *agg.* vasto; immenso; esteso; ampio; grande; enorme: *a — expanse of water*, una vasta distesa d'acqua; *a — knowledge*, una vasta cultura; *a scheme of — scope*, un progetto d'ampia portata; *I saw a — number*, ne vidi un numero enorme; *to spend a — amount of money*, spendere una grande quantità di denaro ◆ *s.* (*poet.*) estensione; vastità: *the — of heaven*, l'immensità del cielo; *they... shook hands, as over a vast,... /*, (SH. Winter's Tale) si stringevano la mano come al di sopra di un immenso spazio... // **-ly** *avv.* // **-ness** *s.*

vastitude ['vɑ:stɪtju:d *amer.* 'væstɪtu:d / vas·ti·tude] *s.* (*form.*) vastità; immensità; ampiezza.

vastity ['vɑ:stətɪ *amer.* 'væstətɪ / vast·ity] *s.* (*rar.*) vastità; l'essere vasto, immenso.

vasty ['vɑ:stɪ *amer.* 'væstɪ] *agg.* (*poet.*) vasto; immenso: *the — deep*, il vasto mare.

vat [væt] *s.* tino; tinozza // (*chim.*) — *dye*, colorante al tino // (*tess.*) — *dyeing*, tintura al tino; *bleaching* —, vasca per il candeggio // (*tecn.*) *soaking* —, vasca di macerazione; *tan* —, tino per concia.

to **vat** *pass.p.p.* **vatted** ['vætɪd / vat·ted] *v.tr.* mettere in un tino, in una tinozza; far fermentare, conciare (in un tino).

VAT [,vi:eɪ'ti:, væt] *s.* (*econ.*) IVA (imposta sul valore aggiunto) • Da *Value-Added Tax*.

vaterite ['vɑ:təraɪt / vat·er·ite] *s.* (*min.*) vaterite.

Vatican ['vætɪkən / Vat·ican] *no.pr.* (*geogr.*) Vaticano // *the — City*, la Città del Vaticano // (*st.*) *the — Council*, il Concilio Vaticano // *the — State*, lo Stato Pontificio.

to **vaticinate** [væ'tɪsɪneɪt / va·ti·cin·ate] *v.tr.* (*form.*) vaticinare, profetizzare.

vaticination [,vætɪsɪ'neɪʃn / va·ti·cina·tion] *s.* (*form.*) vaticinio, profezia.

vaticinator [væ'tɪsɪneɪtə* / va·ti·cin·ator] *s.* (*form.*) vaticinatore, profeta.

vatman ['vætmæn / vat·man] *pl.* **vatmen** ['vætmen] *s.* (*trib.*) funzionario dell'ufficio delle imposte addetto all'IVA.

vaudeville ['vəʊdəvɪl / vaude·ville] *s.* **1** vaudeville, commedia musicale; operetta **2** (*amer.*) spettacolo di varietà.

vault[1] [vɔ:lt] *s.* **1** (*arch.*) volta, soffitto a volta **2** cantina, sotterraneo a volte; *wine* —, cava, cantina per vino // (*banca*) *safety* —, caveau **3** cripta; tomba, sepolcro: *family* —, tomba di famiglia **4** (*fig. letter.*) volta celeste, cielo **5** (*anat.*) volta: *cranial* —, volta cranica.

to **vault**[1] *v.tr.* **1** coprire con una volta **2** costruire a forma di volta ◆ *v.intr.* curvarsi a volta.

vault[2] *s.* **1** volteggio, salto (eseguito appoggiandosi con le mani a un sostegno) **2** (*pole*) —, salto con l'asta **3** falcata (di cavallo).

to **vault**[2] *v.intr.* e *tr.* volteggiare; saltare (appoggiandosi sulle mani, su un'asta); eseguire volteggi: *to — (over) a fence*, saltare uno steccato con un volteggio; *to — into the saddle*, balzare in sella; *huge fragments vaulted like rebounding hail / or chaffy grain beneath the thresher's flail*, (COLERIDGE) enormi frammenti volteggiavano rimbalzando come grandine o pula sotto la sferza del trebbiatore.

vaulted ['vɔ:ltɪd / vaul·ted] *agg.* (*arch.*) a volta.

vaulter ['vɔ:ltə* / vault·er] *s.* saltatore; volteggiatore // (*pole*) —, saltatore con l'asta.

vaulting[1] ['vɔ:ltɪŋ / vault·ing] *s.* **1** il costruire volte **2** costruzione a volta // (*arch.*) *cross* —, volta a crociera.

vaulting[2] *agg.* che salta; che supera gli ostacoli (*anche fig.*): — *ambition*, ambizione che non conosce ostacoli ◆ *s.* salto; volteggio.

vaulting horse ['vɔ:ltɪŋ,hɔ:s] *s.* (*ginnastica*) cavallo.

vaunt [vɔ:nt] *s.* (*letter.*) vanto; vanteria, millanteria.

to **vaunt** *v.tr.* (*letter.*) vantare; lodare, decantare: *Intends our Muse to vaunt his heavenly verse*, (MARLOWE) Il nostro poeta intende magnificare il suo verso celestiale ◆ *v.intr.* (*letter.*) vantarsi; gloriarsi: *to — of one's skill*, vantarsi della propria abilità.

vaunt-courier ['vɔ:nt,kʊərɪə*] *s.* (*ant.*) precursore, araldo: *you sulphurous and thought -executing fires, / vaunt-couriers to oak-cleaving thunderbolts, / singe my white head!*, (SH. King Lear) voi lampi sulfurei, rapidi come il pensiero, araldi dei fulmini che fendono le querce, bruciate il mio capo canuto!

vaunter ['vɔ:ntə* / vaunt·er] *s.* (*letter.*) millantatore, vanaglorioso.

vaunting ['vɔ:ntɪŋ / vaunt·ing] *agg.* (*letter.*) vanitoso, vanaglorioso ◆ *s.* (*letter.*) vanto; millanteria // **-ly** *avv.*

vauxite ['vɒksaɪt / vaux·ite] *s.* (*min.*) vauxite.

vavasour ['vævəsʊə* / vav·as·our] *s.* (*st.*) valvassore.

V-block ['vi:,blɒk] *s.* (*mecc.*) blocco a V.

've [əv] contr. di *have*.

veal [vi:l] *s.* (*cuc.*) vitello: — *cutlet*, costoletta di vitello.

vealy ['vi:lɪ] *agg.* **1** (*non com.*) simile a vitello **2** (*fig. amer.*) immaturo.

vector ['vektə* / vec·tor] *s.* **1** vettore // (*fis.*): *position* —, vettore posizione; — *analysis*, analisi vettoriale; — *product*, prodotto vettore; *unit* —, vettore unitario, versore // (*mat.*) — *space*, spazio vettoriale // (*inform.*) — *processing*, elaboratore vettoriale **2** (*biol.*) vettore, portatore di malattia infettiva **3** rotta di un aereo.

vectorial [vek'tɔ:rɪəl / vec·torial] *agg.* vettoriale.

Veda ['veɪdə] *s.* Veda (libri sacri dell'antica India).

Vedanta [ve'dɑ:ntə / Ve·danta] *s.* Vedanta (filosofia indù basata sui Veda).

Vedantist [ve'dɑ:ntɪst / Ve·dant·ist] *s.* seguace del Vedanta.

V-E Day [,vi:'i:,deɪ] *s.* (*st.*) giorno della vittoria in Europa alla fine della seconda guerra mondiale (8 maggio 1945).

vedette [vɪ'det / ved·ette] *s.* **1** (*mil.*) vedetta // (*mar.*) — *boat*, vedetta **2** vedette, artista di grande successo.

Vedic ['veɪdɪk] *agg.* vedico, riguardante i Veda ◆ *s.* lingua vedica.

Vedism ['veɪdɪzəm / Ved·ism] *s.* dottrina dei Veda.

veep [vi:p] *s.* (*amer.*) vicepresidente.

veer[1] [vɪə*] *s.* (*non com.*) **1** cambiamento di direzione; (*mar.*) virata **2** (*fig.*) cambiamento di opinione, di condotta; voltafaccia.

to **veer**[1] *v.intr.* **1** cambiar direzione; (*mar.*) virare, cambiare rotta: *the wind veered to the west*, il vento girò ad ovest **2** (*fig.*) cambiare opinione, condotta.

to **veer**[2] *v.tr.* (*mar.*) filare, mollare (gomena, cavo ecc.) // *to — and haul*, tesare e filare (alternatamente).

veeringly ['vɪərɪŋlɪ / veer·ing·ly] *avv.* (*non com.*) **1** cambiando direzione; (*mar.*) virando **2** (*fig.*) cambiando opinione, condotta.

veg [vedʒ] *s.* (*fam.*) verdura (di solito cotta).

to **veg** *v.intr.* (*sl. amer.*) rilassarsi, prendersela comoda • Abbr. di *to vegetate*.

vegetable ['vedʒtəbl / ve·get·able] *agg.* vegetale: — *kingdom*, regno vegetale ◆ *s.* **1** vegetale, pianta **2** ortaggio; *pl.* verdura, verdure: — *diet*, dieta vegetale, a base di verdura; — *soup*, zuppa di verdura; — *garden*, orto **3** (*fig. fam.*) persona senza ambizione né intelligenza **4** (*fig. fam.*) persona che a causa di un danno al cervello è totalmente invalida.

vegetable mill ['vedʒtəbl,mɪl] *s.* passaverdure.

vegetal ['vedʒɪtl / ve·getal] *agg.* (*bot.*) **1** vegetale **2** vegetativo: *the — functions*, le funzioni vegetative ◆ *s.* (*rar.*) vegetale, pianta.

vegetarian [,vedʒɪ'teərɪən / ve·get·arian] *agg.* e *s.* vegetariano: — *diet*, dieta vegetariana.

vegetarianism [,vedʒɪ'teərɪənɪzəm / ve·get·ari·an·ism] *s.* vegetarianismo.

to **vegetate** ['vedʒɪteɪt / ve·get·ate] *v.intr.* vegetare (*anche fig.*): *after the loss of his family he closed himself off and vegetated*, dopo aver perso la famiglia si chiuse in se stesso e si limitò a vegetare.

vegetation [,vedʒɪ'teɪʃn / ve·geta·tion] *s.* **1** (*bot.*) vegetazione: *the forest was rich in — and animal life*, la foresta era ricca di vegetazione e fauna; (*ecol.*) — *zone*, zona vegetativa **2** (*fig.*) il vegetare, il vivere in modo piatto e insignificante **3** (*med.*) vegetazione: *adenoid* —, vegetazione adenoidale.

vegetative ['vedʒɪtətɪv / ve·get·at·ive] *agg.* vegetativo // (*med.*) — *nervous system*, sistema neurovegetativo // **-ly** *avv.* // **-ness** *s.*

veggy ['vedʒɪ] *s.* (*fam. amer.*) vegetariano.

vehemence ['vi:ɪməns / ve·he·mence] *s.* veemenza; impeto; ardore.

vehement ['vi:ɪmənt / ve·he·ment] *agg.* veemente; impetuoso; ardente; violento: *a — desire*, un desiderio violento // **-ly** *avv.*

vehicle ['vi:ɪkl] *s.* **1** veicolo, mezzo di trasporto: *bicycles, motor-cars and other vehicles*, biciclette, automobili e altri veicoli **2** veicolo; mezzo di trasmissione, di propagazione: *art is sometimes a — for propaganda*, l'arte è talvolta un mezzo di propaganda // *the piece was intended as a — to show the full range of his voice*, quel pezzo è stato fatto su misura per mettere in mostra le sue abilità canore **3** (*med.*) veicolo: *water is the — of this disease*, l'acqua è il veicolo di questa malattia **4** (*med.*) eccipiente **5** (*tecn.*) veicolo, mezzo; legante; solvente.

vehicular [vɪ'hɪkjʊlə* / vehicu·lar] *agg.* (*form.*) veicolare.

veil [veɪl] *s.* **1** velo: *she raised, dropped her* —, alzò, abbassò il velo // *eye* — (o *hat* —), veletta // *to take the* —, prendere il velo, farsi monaca **2** velo, cortina: *a — of mist*, un velo di nebbia; *to draw* (o *to throw* o *to cast*) *a — over sthg.*, (*fig.*) stendere un velo su qlco., non parlarne più // *behind* (o *beyond*) *the* —, (*fig.*) nell'aldilà // (*econ.*) — *of money*, velo monetario **3** (*fig.*) maschera; apparenza, pretesto: *under the — of patriotism, of religion*, sotto la maschera del patriottismo, della religione **4** (*anat.*, *biol.*) velo; membrana **5** raucedine **6** (*fot.*) velo.

to **veil** *v.tr.* **1** velare; coprire: *she veiled her face with her hand*, si coprì il volto con la mano **2** (*fig.*) velare, nascondere; mascherare; dissimulare: *she could not — her resentment*, non poteva nascondere il suo risentimento.

veiled [veɪld] *agg.* **1** velato, coperto da un velo **2** (*fig.*) nascosto; mascherato; dissimulato: *this was a — attack on his political views*, era un attacco non esplicito alle sue opinioni politiche **3** velato (di voce); indistinto (di suono).

veiling ['veɪlɪŋ / veil·ing] *s.* **1** il velare, il coprire con un velo **2** (*non com.*) velo; schermo **3** velo (tessuto).

vein [veɪn] *s.* **1** (*anat.*) vena **2** (*bot.*, *zool.*) venatura, nervatura; (*min.*) venatura: *beautiful marble with green veins running through*, un bel marmo con venature verdi **3** (*geol.*) vena; filone **4** (*solo sing.*) vena, disposizione; umore: *there is a — of wickedness in him*, c'è una vena di malvagità in lui; *in serious* —, seriamente parlando; *he is not in the — for a joke*, non è in vena di scherzare.

veined [veɪnd] *agg.* **1** venato, con venature, con nervature (*anche bot.*, *zool.*): — *marble*, marmo venato **2** (*anat.*) venato.

veining ['veɪnɪŋ / vein·ing] *s.* venatura, nervatura.

veinlet ['veɪnlɪt / vein·let] *s.* **1** (*anat.*) venuzza, piccola vena **2** (*geol.*) vena sottile, filoncello.

veinlike ['veɪnlaɪk / vein·like] *agg.* **1** simile a vena **2** simile a venatura.

veinous ['veɪnəs / vein·ous] *agg.* **1** (*anat.*) venoso; di vena **2** attraversato da vene: *the old man had knotted, — hands*, il vecchio aveva mani nodose e coperte di vene.

veiny ['veɪnɪ] *agg.* **1** (*anat.*) ricco di vene; attraversato da vene **2** (*bot.*, *zool.*, *min.*) attraversato da venature.

velar ['vi:lə* / ve·lar] *agg.* (*fon.*) velare.

velcro ['velkrəʊ / vel·cro] *s.* velcro®.

veld(t) [velt] *s.* (*geogr.*) veldt (terreno aperto privo di alberi in Sudafrica).

velite ['vi:lɪti: / vel·ite] *s.* (*st. romana*) velite.

velleity [ve'li:ɪtɪ / vel·le·ity] *s.* (*form.*) velleità.

to **vellicate** ['velɪkeɪt / vel·li·cate] *v.tr.* (*rar.*) **1** vellicare; solleticare; stimolare **2** far contrarre, contorcere ◆ *v.intr.* contrarsi; contorcersi.

vellication [,velɪ'keɪʃn / vel·lica·tion] *s.* (*rar.*) **1** vellicamento, vellicazione **2** (*med.*) contrazione muscolare.

vellum ['veləm / vel·lum] *s.* pergamena (materiale e manoscritto su esso vergato): — *paper*, carta pergamena.

velocimeter [,velə'sɪmɪtə* / ve·lo·ci·meter] *s.* (*mecc.*) tachimetro.

velocipede [vɪ'lɒsɪpi:d / ve·lo·ci·pede] *s.* **1** velocipede **2** (*amer.*) triciclo per bambini **3** (*ferr. amer.*) carrello di servizio a tre ruote, triciclo a pedali.

velocity [vɪ'lɒsətɪ / ve·lo·city] *s.* **1** velocità (*spec. scient.*, *tecn.*) // (*fis.*): — *of light*, velocità della luce; — *of sound*, velocità del suono; *mass* —, velocità di massa; *phase* —, velocità di propagazione di un'onda; *terminal* —, velocità limite assoluta // — *head*, altezza cinetica // — *pressure*, pressione dinamica // — *ratio*, rapporto di trasmissione // *escape* —, velocità di fuga (di veicolo spaziale); *muzzle* —, velocità iniziale (di proiettile) // (*mecc.*) — *stage*, salto di velocità // (*econ.*): — *of circulation*, velocità di circolazione (della moneta); *income — of circulation*, velocità di circolazione della moneta in rapporto al reddito **2** (*form.*) velocità elevata.

velodrome ['velədrəʊm / ve·lo·drome] *s.* (*sport*) velodromo.

velour(s) [və'lʊə* / ve·lour(s)] *s.* **1** velours, velluto **2** feltro (per cappelli).

velum ['vi:ləm / ve·lum] *pl.* **vela** ['vi:lə] *s.* (*anat.*, *bot.*, *zool.*) velo, membrana.

velure [vɪ'ljʊə* / ve·lure] *s.* (*rar.*) → **velvet** 1.

velutinous [vɪ'lju:tɪnəs / ve·lu·tin·ous] *agg.* (*bot.*, *zool.*) vellutato.

velvet ['velvɪt / vel·vet] *s.* **1** velluto: *cotton, silk, pile* —, velluto di cotone, di seta, a riccio // *to be in* —, riposare sul velluto, trovarsi in una posizione favorevole **2** (*amer. antiq.*) (*fig.*) guadagno, profitto ◆ *agg.* **1** di velluto: *a — gown*, un abito di velluto // *an iron hand in a — glove*, (*fig.*) pugno di ferro in guanto di velluto **2** (*non com.*) vellutato: *a — paw*, una zampa vellutata // *with — tread*, con passo felpato.

velveteen [,velvɪ'ti:n / vel·vet·een] *s.* **1** velluto di cotone; velluto a coste **2** *pl.* indumenti di velluto di cotone (spec. calzoni).

velvet-pile [,velvɪt'paɪl] *s.* tessuto peloso.

velvety ['velvətɪ / vel·vety] *agg.* **1** vellutato, morbido: *a cat's — fur*, il pelo vellutato di un gatto; *— black*, nero vellutato **2** delicato, vellutato (di sapore).

venal ['vi:nl / ve·nal] *agg.* (*spreg.*) venale; che si può comperare, corruttibile (di persona); disonesto (di cosa): *a — judge*, un giudice corruttibile // **-ly** *avv.*

venality [vi:'nælətɪ / ve·nal·ity] *s.* venalità, corruttibilità.

venatic [vɪ'nætɪk / ven·atic] *agg.* (*non com.*) venatorio, della caccia.

venation[1] [vɪ'neɪʃn / vena·tion] *s.* (*rar.*) caccia.

venation[2] *s.* (*bot.*, *zool.*) nervatura.

vend [vend] *s.* (*form.*) vendita (*anche dir.*).

to **vend** *v.tr.* **1** (*dir.*) vendere **2** (*fig. form.*) dichiarare pubblicamente; divulgare ◆ *v.intr.* (*dir.*) vendersi facilmente (di merce).

vendee [,ven'di:] *s.* compratore, acquirente (*spec. dir.*).

vendemiaire [,vɒndeɪ'mjeə* / ven·dem·iaire] *s.* (*st. francese*) vendemmiaio.

vender ['vendə*] → **vendor**.

vendetta [ven'detə / ven·detta] *s.* **1** vendetta (di sangue); faida **2** odio implacabile.

vendible ['vendəbl / vend·ible] *agg.* (*form.*) vendibile; (*fig.*) accettabile ◆ *s.* articolo in vendita.

vending machine ['vendɪŋmə,ʃi:n] *s.* distributore automatico (di sigarette, bibite ecc.) SIN. slot machine.

vendor ['vendɔ:*] *s.* venditore: *street* —, venditore ambulante // *can* —, (*amer.*) distributore automatico di bibite in lattina.

vendue [ven'dju: / ven·due] *s.* (*amer.*) asta pubblica.

veneer [vɪ'nɪə* / ven·eer] *s.* **1** impiallacciatura; foglio di impiallacciatura, piallaccio: *— cutting machine*, sfogliatrice per impiallacciatura **2** (*fig.*) vernice, maschera: *under a — of politeness*, sotto una vernice di cortesia.

to **veneer** *v.tr.* **1** impiallacciare **2** (*fig.*) mascherare, nascondere sotto una apparenza attraente.

veneering [vɪ'nɪərɪŋ / ven·eer·ing] *s.* (*non com.*) **1** impiallacciatura **2** (*fig.*) vernice; maschera.

venerable ['venərəbl / ven·er·able] *agg.* **1** (*form.*) venerabile (*anche eccl.*); venerando: *— ruins*, rovine venerande; *a — scholar*, un autorevole uomo di cultura **2** (*fam.*, *scherz.*) vecchio // **-ness** *s.* // **-bly** *avv.*

to **venerate** ['venəreɪt / ven·er·ate] *v.tr.* venerare; riverire.

veneration [,venə'reɪʃn / ven·era·tion] *s.* venerazione; adorazione: *to have* (o *to hold*) *in* —, venerare.

venerator ['venəreɪtə* / ven·er·ator] *s.* veneratore, chi venera.

venereal [və'nɪərɪəl / ve·ner·eal] *agg.* (*med.*) venereo: *— diseases*, malattie veneree // *— wart*, condiloma.

venereologist [və,nɪərɪ'ɒlədʒɪst / ve·nere·olo·gist] *s.* (*med.*) esperto in malattie veneree.

venereology [və,nɪərɪ'ɒlədʒɪ / ve·nere·ology] *s.* (*med.*) venereologia.

venery[1] ['venərɪ / ven·ery] *s.* (*ant.*) caccia.

venery[2] *s.* (*ant.*) lussuria.

venesection [,venɪ'sekʃn / ve·ne·sec·tion] *s.* (*med.*) flebotomia.

Venetian [və'ni:ʃn / Ve·ne·tian] *agg.* e *s.* veneziano: *— glass*, vetro, vetri di Murano; cristalli di Venezia; *— lace*, pizzo, pizzi di Burano; *— red*, rosso di Venezia; (*arch.*) *— window*, trifora, finestra palladiana.

venetian blind [və,ni:ʃn'blaɪnd] *s.* (persiana alla) veneziana.

Venezuelan [,venɪ'zweɪlən / Ven·ez·uelan] *agg.* e *s.* venezuelano.

to **venge** [vendʒ] *v.tr.* (*ant. ret.*) vendicare.

vengeance ['vendʒəns / ven·geance] *s.* vendetta: *to take — on s.o.*, vendicarsi di qlcu. // *with a* —, (*fam.*) abbondantemente; a oltranza; eccessivamente: *the rain was bucketing down with a* —, la pioggia veniva giù a catinelle.

vengeful ['vendʒfʊl / venge·ful] *agg.* (*letter.*) vendicativo, vendicatore // **-ly** *avv.* // **-ness** *s.*

venial ['vi:njəl / ve·nial] *agg.* veniale; perdonabile // **-ly** *avv.* // **-ness** *s.*

veniality [,vi:nɪ'ælətɪ / ve·ni·al·ity] *s.* venialità.

venison ['venɪsn / ven·ison] *s.* **1** carne di cervo, di daino (usata come alimento) **2** (*ant.*) selvaggina, cacciagione.

venom ['venəm] *s.* **1** veleno (di serpenti, insetti) **2** (*fig.*) cattiveria, malignità; odio.

venomous ['venəməs / ven·om·ous] *agg.* **1** velenoso **2** (*fig.*) cattivo, maligno, pieno di odio // **-ly** *avv.* // **-ness** *s.*

venose ['vi:nəʊs / ven·ose] *agg.* (*bot.*, *zool.*) con nervature.

venosity [vɪ'nɒsətɪ / ven·os·ity] *s.* (*anat.*) venosità.

venous ['vi:nəs / ven·ous] *agg.* **1** (*anat.*) venoso: *— system*, sistema venoso **2** (*bot.*, *zool.*) con nervature.

vent[1] [vent] *s.* spacco, apertura (spec. nella parte posteriore di una giacca).

vent[2] *s.* **1** sbocco, sfiato; apertura, foro (di sfogo, di sfiato); sfiatatoio: *air* —, cunicolo di ventilazione; *bleeder* —, foro di spurgo dell'aria; *tank — pipe*, tubo di sfiato del serbatoio; *— hole*, apertura di sfogo; *— peg* (o *— plug*), zipolo; *— pipe*, tubo di sfiato; *the — of a cask*, il forellino di sfiato di un barile (da cui entra l'aria mentre si spilla il vino); *the — of a chimney*, la conduttura di un camino; *the — of a flute*, il foro di un flauto // *— man*, (*amer.*) vagabondo, barbone (che dorme sopra i bocchettoni d'aria dei marciapiedi, della metropolitana per ripararsi dal freddo) // *on her breast, there is a vent of blood*, (SH. Antony and Cleopatra) sul suo petto c'è un filo di sangue **2** (*geol.*) camino (vulcanico); bocca vulcanica **3** (*fig.*) sfogo; espressione: *to give — to sthg.*, dare libero sfogo, corso a qlco.; *to give — to one's indignation*, sfogare la propria indignazione **4** (*zool.*) podice, ano **5** il venire alla superficie per respirare (di lontra, castoro).

to **vent**[2] *v.tr.* **1** scaricare, svuotare; esalare **2** (*fig.*) sfogare, dare libero sfogo, corso a (sentimenti, pensieri); esprimere: *he vented his grief on his closest friends*, sfogò il suo dolore con gli amici più intimi **3** (*mil.*) fornire (un'arma da fuoco) di ventola ◆ *v.intr.* venire alla superficie per respirare (di lontra, castoro).

vent[3] *s.* (*ant.*) **1** vendita **2** spaccio.

to **vent**[3] *v.tr.* (*ant.*) vendere.

ventage ['ventɪdʒ / vent·age] *s.* **1** (*non com.*) foro; spiraglio **2** (*mus.*) foro, apertura (di strumento a fiato).

venter ['ventə*] *s.* (*anat.*) **1** ventre; addome; grembo // (*dir.*) *his sons by first* —, i suoi figli di primo letto **2** utero **3** parte concava di un osso; ventre: *— of the scapula*, parte concava della scapola.

ventiduct ['ventɪdʌkt / ven·ti·duct] *s.* (*edil.*) sfiatatoio; condotto dell'aria.

ventil ['ventɪl] *s.* (*mus.*) ventilabo (valvola che regola l'afflusso dell'aria in un organo).

to **ventilate** ['ventɪleɪt / vent·il·ate] *v.tr.* **1** ventilare, far passare l'aria in **2** (*med.*) ossigenare (il sangue): *lungs — the blood*, i polmoni apportano ossigeno al sangue **3** (*fig. fam.*) esaminare, discutere, mettere in discussione.

ventilation [,ventɪ'leɪʃn / vent·ila·tion] *s.* **1** ventilazione, aerazione // (*tecn. miner.*): *— door*, porta di ventilazione; *— shaft*, pozzo di ventilazione; *— drive*, via d'aria, via di ventilazione AMER. airway **2** (*med.*) ossigenazione (del sangue) **3** (*fig. form.*) discussione.

ventilator ['ventɪleɪtə* / vent·il·ator] *s.* **1** ventilatore **2** (*med.*) respiratore.

ventose ['ventəʊs / vent·ose] *agg.* (*ant.*) **1** ventoso; flatulento **2** vanaglorioso; presuntuoso.

Ventôse [,vɑ:ŋ'təʊz / Vent·ôse] *s.* (*fr.*) (*st. francese*) ventoso.

ventosity [ven'tɒsətɪ / vent·os·ity] *s.* (*ant.*) ventosità; flatulenza.

ventral ['ventrəl / vent·ral] *agg.* (*anat.*) ventrale, addominale ◆ *s.* — (*fin*), pinna ventrale.

ventricle ['ventrɪkl / vent·ricle] *s.* **1** (*anat.*) ventricolo **2** (*anat.*) cavità addominale, ventre **3** ventriglio (di uccelli).

ventricular [ven'trɪkjʊlə* / vent·ri·cu·lar] *agg.* (*anat.*) **1** ventricolare **2** addominale.

ventriculus [ven'trɪkjʊləs / vent·ric·ulus] *pl.* **ventriculi** [ven'trɪkjʊlaɪ / vent·ric·uli] *s.* (*anat.*) **1** ventricolo (del cuore, del cervello) **2** stomaco.

ventriloquial [,ventrɪ'ləʊkwɪəl / vent·ri·lo·quial] *agg.* ventriloquo // **-ly** *avv.*

ventriloquism [ven'trɪləkwɪzəm / vent·ri·lo·quism] *s.* ventriloquio.

ventriloquist [ven'trɪləkwɪst / vent·ri·lo·quist] *s.* ventriloquo.

to **ventriloquize** [ven'trɪləkwaɪz / vent·ri·lo·quize] *v.tr.* (*non com.*) dire come un ventriloquo ◆ *v.intr.* (*non com.*) parlare come un ventriloquo; essere ventriloquo.

ventriloquous [ven'trɪləkwəs / vent·ri·lo·quous] *agg.* (*non com.*) ventriloquo.

ventriloquy [ven'trɪləkwɪ / vent·ri·lo·quy] *s.* (*non com.*) ventriloquio.

ventrous ['ventrəs / vent·rous] *agg.* (*ant.*) arrischiato, temerario: *Nay, which is more lamentable... if there be found in his book one sentence of a ventrous edge*, (MILTON) Anzi, la cosa è più deprecabile ... se si trovasse nel suo libro una frase di affilata temerarietà.

venture ['ventʃə* / ven·ture] *s.* **1** avventura; azzardo; impresa rischiosa: *a — into the heart of Africa*, una spedizione rischiosa nel cuore dell'Africa **2** (*comm.*) speculazione; attività imprenditoriale (rischiosa): *a mining —*, una speculazione mineraria // *joint —*, joint venture, associazione in partecipazione **3** (*ant.*) caso: *at a —*, a casaccio, a caso.

to **venture** *v.tr.* (*form.*) avventurare; arrischiare, azzardare; osare: *if I may — an opinion*, se posso azzardare un'opinione; *she ventured to suggest a few changes*, si arrischiò a suggerire qualche cambiamento; *I — to say that...*, oso dire che...; *to — money upon sthg.*, arrischiare denaro su qlco. // *nothing ventured, nothing gained*, (*prov.*) chi non risica, non rosica ◆ *v.intr.* (*form.*) avventurarsi; arrischiarsi, azzardarsi: *he ventured into a dangerous enterprise* (o *course of action*), si è avventurato in un'impresa pericolosa; *this is the first time he has ventured out since his illness*, è la prima volta che si è avventurato fuori di casa dopo la (sua) malattia.

venture capital ['ventʃə,kæpɪtl] *s.* (*econ.*) capitale di rischio.

venturer ['ventʃərə* / ven·turer] *s.* **1** avventuriero **2** (*merchant*) —, (*st.*) mercante che investiva il suo denaro in speculazioni commerciali in terre lontane.

venturesome ['ventʃəsəm / ven·ture·some] **venturous** ['ventʃərəs / ven·tur·ous] *agg.* (*letter., amer.*) **1** ardito; temerario: *he was most — in his actions*, era molto ardito nelle sue azioni **2** rischioso, arrischiato: *— act*, atto rischioso // **-ly** *avv.* // **-ness** *s.*

venue ['venju:] *s.* **1** luogo di ritrovo (per convegni, concerti ecc.); sede **2** (*dir.*) giurisdizione; competenza territoriale; sede di un processo: *to change the —*, rinviare la causa davanti ad altra corte **3** (*amer.*) punto di vista, opinione (in un dibattito).

venule ['venju:l / ven·ule] *s.* (*anat.*) venula.

Venus ['vi:nəs] *no.pr.* (*astr.*) Venere ◆ *s.* (*non com.*) **1** statua, immagine di Venere **2** donna molto bella **3** (*fig.*) amore; voluttà.

venusian [vɪ'nju:sɪən / ven·usian] *agg.* e *s.* Venusiano, di Venere.

Venus's comb [,vi:nəsəz'kəʊm] *s.* (*bot.*) (*Scandix pecten-Veneris*) pettine di Venere.

Venus's fern [,vi:nəsəz 'fɜ:n] → **Venus's hair**.

Venus's girdle [,vi:nəsəz'gɜ:dl] *s.* (*zool.*) (*Cestus veneris*) cinto di Venere.

Venus's hair [,vi:nəsəz'heə*] *s.* (*bot.*) (*Adiantum capillus-Veneris*) capelvenere SIN. Venus's fern, maidenhair.

Venus's navelwort [,vi:nəsəz'neɪvlwɜ:t] *s.* (*bot.*) ombelico di Venere → **pennywort**.

veracious [ve'reɪʃəs / ve·ra·cious] *agg.* (*rar.*) **1** verace, veritiero, veridico **2** accurato, esatto // **-ly** *avv.* // **-ness** *s.*

veracity [və'ræsətɪ / ve·ra·city] *s.* (*form.*) **1** veracità, veridicità; verità **2** accuratezza, precisione, esattezza; fedeltà.

veranda(h) [və'rændə / ver·anda(h)] *s.* veranda.

veratridine [və'rætrədi:n / ver·at·rid·ine] **veratrine** ['verətri:n / ver·at·rine] *s.* (*chim.*) veratrina.

verb [vɜ:b] *s.* (*gramm.*) verbo: *active —*, verbo attivo; *auxiliary —*, verbo ausiliare; *intransitive, transitive —*, verbo intransitivo, transitivo.

verbal ['vɜ:bl] *agg.* **1** orale; verbale, a parole: *a — explanation*, una spiegazione orale; *— abuse*, offesa verbale; *— skill*, abilità nel parlare; *by — order*, per ordine verbale // (*dir.*): *— contract* (o *agreement*), contratto sulla parola; *— evidence*, prova orale, testimonianza **2** testuale, letterale, alla lettera, parola per parola: *a — copy*, una copia testuale; *a — memory*, una memoria testuale; *a — translation*, una traduzione letterale **3** (*gramm.*) verbale, relativo ai verbi: *a — ending*, una terminazione verbale **4** (*ant.*) verboso, prolisso, logorroico: *I am much sorry, sir, / you put me to forget a lady's manners, / by being so verbal*, (SH. Cymbeline) mi mortifica, signore, che mi spingiate a dimenticare le maniere di una dama, usando tante parole ◆ *s.* **1** — (*noun*), deverbale **2** (*dir.*) verbale (contenente dichiarazioni confessorie): *verbals should be verbatim*, i verbali devono riportare alla lettera le dichiarazioni.

verbalism ['vɜ:bəlɪzəm / verb·al·ism] *s.* (*form.*) **1** verbalismo; eccessiva ricercatezza nel parlare **2** vocabolo; locuzione, espressione verbale.

verbalist ['vɜ:bəlɪst / verb·al·ist] *s.* (*form.*) **1** persona esperta nella scelta delle parole, chi usa bene le parole **2** chi dà importanza solo alle parole.

verbalization [,vɜ:bəlaɪ'zeɪʃn / verb·al·iza·tion] *s.* **1** verbalizzazione **2** il trasformare (un nome) in verbo.

to **verbalize** ['vɜ:bəlaɪz / verb·al·ize] *v.tr.* **1** verbalizzare; esprimere con parole **2** trasformare (un nome) in verbo ◆ *v.intr.* **1** essere verboso, prolisso **2** verbalizzare, redigere un verbale.

verbally ['vɜ:bəlɪ / verb·ally] *avv.* **1** verbalmente; oralmente **2** letteralmente, testualmente.

verbatim [vɜ:'beɪtɪm / ver·ba·tim] *agg.* letterale; testuale ◆ *avv.* parola per parola, alla lettera, testualmente.

verbena [vɜ:'bi:nə / ver·bena] *s.* (*bot.*) (*Verbena officinalis*) verbena SIN. vervain // (*chim.*) *— oil*, essenza di verbena.

verbiage ['vɜ:bɪɪdʒ / ver·bi·age] *s.* (*form.*) **1** verbosità **2** dizione.

verbose [vɜ:'bəʊs / verb·ose] *agg.* (*form.*) verboso, prolisso // **-ly** *avv.*

verboseness [vɜ:'bəʊsnɪs / verb·ose·ness] **verbosity** [vɜ:'bɒsətɪ / verb·os·ity] *s.* verbosità, prolissità.

verdancy ['vɜ:dənsɪ / verd·ancy] *s.* (*letter.*) **1** (il) verde; (il) verdeggiare: *the — of fields and woods*, il verdeggiare dei campi e dei boschi **2** (*fig.*) inesperienza; immaturità; ingenuità: *with the rashness typical of his youthful —*, con la tipica impetuosità della sua giovanile inesperienza.

verdant ['vɜ:dənt / verd·ant] *agg.* (*letter.*) **1** verdeggiante; verde: *the — fields*, i campi verdeggianti **2** (*fig.*) inesperto; immaturo; ingenuo.

verd-antique [,vɜ:dæn'ti:k] *s.* **1** (marmo) verde antico **2** (patina di) verderame.

verdict ['vɜ:dɪkt / ver·dict] *s.* **1** (*dir.*) verdetto; decisione della giuria sulla colpevolezza: *to bring in* (o *to return*) *a — of not guilty*, emettere un verdetto di assoluzione **2** (*fam.*) verdetto, giudizio; parere, opinione: *the popular —*, l'opinione popolare.

verdigris ['vɜ:dɪgrɪs / ver·di·gris] *s.* (*chim.*) verderame.

verditer ['vɜ:dɪtə* / ver·di·ter] *s.* (*chim.*) verdeterra; carbonato basico di rame.

verdure ['vɜ:dʒə* / ver·dure] *s.* (*letter.*) **1** verzura, verdura, vegetazione **2** (il) verde **3** (*fig.*) freschezza; giovinezza.

verdurous ['vɜ:dʒərəs / ver·dur·ous] *agg.* (*rar.*) verdeggiante; verde; coperto di vegetazione rigogliosa.

verge[1] [vɜ:dʒ] *s.* **1** orlo; margine; limite; estremità (*anche fig.*); *the — of the forest*, il limitare della foresta // *on the — of*, sull'orlo di, sul punto di: *she was on the — of tears*, era sul punto di piangere; *on the — of a nervous breakdown*, sull'orlo dell'esaurimento (nervoso) // *...from the dim verge / of the horizon to the zenith height*, (SHELLEY) ...dal fosco limite dell'orizzonte all'altezza dello zenit // *to the — of*, vicino a: *he was driven to the — of despair*, fu trascinato sull'orlo della disperazione **2** bordo (di strada, aiola ecc.); ciglio stradale erboso **3** (*non com.*) verga, bacchetta; mazza; verga (*di orologio*) // *— watch*, orologio con scappamento a verga **4** (*arch.*) fusto, stele // *— board*, cornice di frontone **5** (*st.*) area di giurisdizione (compresa all'interno della corte reale): *within the —*, entro l'area di giurisdizione.

to **verge**[1] *v.intr.* confinare; essere contiguo, adiacente, essere vicino; (*fig.*) essere rasente: *his generosity verges on extravagance*, la sua generosità rasenta la stravaganza; *his attachment to her verges on the ridiculous*, l'attaccamento che ha per lei sfiora il ridicolo; *the company is verging on bankruptcy*, l'azienda sta per fallire.

to **verge**[2] *v.intr.* tendere, volgere; piegare, piegarsi; declinare: *the sun was verging towards the horizon*, il sole declinava verso l'orizzonte; *to — towards old age*, avvicinarsi alla vecchiaia.

verger ['vɜ:dʒə* / ver·ger] *s.* **1** mazziere (*anche eccl.*) **2** sagrestano, scaccino.

Vergilian [vɜ:'dʒɪlɪən / Ver·gil·ian] *agg.* virgiliano.

verglas [vɜ:'glɑ: / ver·glas] *s.* (*meteor.*) vetrato.

veridical [ve'rɪdɪkl / ve·ri·dical] *agg.* (*rar.*) veridico, veritiero // **-ly** *avv.*

verifiability [,verɪfaɪə'bɪlətɪ / veri·fi·ab·il·ity] *s.* verificabilità.

verifiable ['verɪfaɪəbl / veri·fi·able] *agg.* verificabile; constatabile // **-ness** *s.* // **-bly** *avv.*

verification [,verɪfɪ'keɪʃn / ve·ri·fica·tion]

s. verificazione; verifica, controllo // (*amm.*) — *of assets*, verifica delle attività.

verifier ['verıfaıə* / veri·fier] *s.* verificatore.

to **verify** ['verıfaı] *v.tr.* **1** verificare, controllare **2** attuare, adempiere **3** (*dir.*) provare, autenticare; dimostrare con prove: *to — documents*, autenticare documenti // *to — a statement*, suffragare un'asserzione **4** (*dir.*) ratificare; sancire, sanzionare.

verily ['verılı / ver·ily] *avv.* (*letter. antiq.*) in verità; veramente, realmente: — *I say unto you*, (*Bibbia*) in verità vi dico.

verisimilar [,verı'sımılə* / ve·ri·sim·ilar] *agg.* (*non com.*) verosimile // **-ly** *avv.*

verisimilitude [,verısı'mılıtju:d *amer.* ,verı sı'mılıtu:d / ve·ri·si·mil·it·ude] *s.* verosimiglianza: *beyond the bounds of* —, al di là del verosimile.

verism ['vıərızəm / ver·ism] *s.* (*arte, lett.*) verismo.

verist ['vıərıst / ver·ist] *s.* (*arte*) verista.

veritable ['verıtəbl / ver·it·able] *agg.* vero; genuino, autentico: *a — heroine*, un'autentica eroina; *it was a — deluge*, fu un diluvio vero e proprio // **-bly** *avv.*

verity ['verətı / ver·ity] *s.* (*ant.*) **1** verità: *to challenge the — of sthg.*, mettere in dubbio la verità di qlco. // *the eternal verities*, le verità eterne // *of a* —, in verità **2** realtà, fatto reale: *unquestionable verities*, fatti indiscutibili.

verjuice ['vɜ:dʒu:s / ver·juice] *s.* (*non com.*) agresto, succo di frutta acerba.

vermeil ['vɜ:meıl / ver·meil] *s.* (*non com.*) vermeil (rame, bronzo, argento dorato) ◆ *agg.* (*poet.*) vermiglio: *Flush everything that hath a vermeil hue, / let the rose glow intense*, (KEATS) Ogni cosa vermiglia colora, fa' che la rosa intensamente risplenda.

to **vermeil** *v.tr.* (*non com.*) colorire di vermiglio.

vermicidal [,vɜ:mı'saıdl / ver·mi·cidal] *agg.* (*med.*) vermifugo.

vermicide ['vɜ:mısaıd / ver·mi·cide] *s.* (*med.*) vermifugo.

vermicular [vɜ:'mıkjʊlə* / ver·mi·cu·lar]
vermiculate [vɜ:'mıkjʊlıt / ver·mi·cu·late] *agg.* **1** (*form.*) vermicolare; vermiforme: *a — appendix*, un'appendice vermiforme **2** (*med.*) peristaltico // — *movements*, peristalsi.

vermiculate(d) [vɜ:'mıkjʊleıt(ıd) / ver·mi·cu·late(d)] *agg.* **1** (*arch.*) vermicolato **2** (*med.*) vermiforme.

vermiculation [vɜ:,mıkjʊ'leıʃn / ver·mi·cu·la·tion] *s.* **1** (*zool.*) l'essere infestato dai vermi **2** (*arch.*) disegno vermicolato **3** (*med.*) peristalsi.

vermicule ['vɜ:mıkju:l / ver·mi·cule] *s.* (*form.*) vermiciattolo; baco.

vermiculite [vɜ:'mıkjʊlaıt / ver·mi·cu·lite] *s.* (*min.*) vermiculite.

vermiform ['vɜ:mıfɔ:m / ver·mi·form] *agg.* vermiforme // (*med.*) — *appendix*, appendice vermiforme.

vermifugal [vɜ:'mıfjʊgl / ver·mi·fugal] *agg.* (*med.*) vermifugo.

vermifuge ['vɜ:mıfju:dʒ / ver·mi·fuge] *agg.* e *s.* (*med.*) vermifugo.

vermilion [və'mıljən / ver·mil·ion] *agg.* vermiglio ◆ *s.* **1** vermiglione, cinabro **2** (color) vermiglio.

to **vermilion** *v.tr.* (*non com.*) tingere di vermiglio.

vermin ['vɜ:mın / ver·min] *s.* ⓤ **1** animali nocivi; insetti parassiti **2** (*fig.*) persone nocive; feccia della società.

vermination [,vɜ:mı'neıʃn / ver·mina·tion] *s.* (*med.*) verminazione.

verminous ['vɜ:mınəs / ver·min·ous] *agg.* **1** infestato da parassiti, pieno di parassiti: *a — cellar*, una cantina infestata da topi; — *children*, bambini infestati da parassiti **2** (*med.*) verminoso: — *disease*, malattia causata da parassiti **3** (*fig.*) vile; degradante; offensivo // **-ly** *avv.*

vermivorous [vɜ:'mıvərəs / ver·mi·vor·ous] *agg.* (*zool.*) vermivoro, che si nutre di vermi.

vermouth ['vɜ:məθ / ver·mouth] *s.* vermouth, vermut.

vernacular [və'nækjʊlə* / ver·na·cu·lar] *agg.* vernacolo; nativo; paesano; indigeno: *the — languages of India*, le lingue indigene dell'India; *a — poet*, un poeta dialettale ◆ *s.* **1** vernacolo; dialetto nativo: *in the* —, nel dialetto (di un paese) **2** (lingua) volgare **3** gergo: *the — of the stage*, il gergo del teatro // **-ly** *avv.*

vernacularism [və'nækjʊlərızəm / ver·na·cu·lar·ism] *s.* (*gramm.*) idiotismo.

vernacularity [və,nækjʊ'lærətı / ver·na·cu·lar·ity] *s.* caratteristica del vernacolo.

vernacularization [və,nækjʊləraı'zeıʃn / ver·na·cu·lar·iza·tion] *s.* il tradurre in vernacolo.

to **vernacularize** [və'nækjʊləraız / ver·na·cu·lar·ize] *v.tr.* tradurre in vernacolo.

vernal ['vɜ:nl / ver·nal] *agg.* (*poet., astr., letter.*) primaverile: *a — shower*, un acquazzone primaverile; *this with the year / seasons return, but not to me returns / day... or sight of vernal bloom*, (MILTON) così con l'anno, le stagioni ritornano, ma non ritorna a me il giorno... o la vista dei fiori primaverili // (*astr.*) — *equinox*, equinozio di primavera.

vernalization [,vɜ:nəlaı'zeıʃn *amer.* ,vɜ:nəl ı'zeıʃn / ver·nal·iza·tion] *s.* (*biol.*) ibernazione.

vernation [və'neıʃn / ver·na·tion] *s.* (*bot.*) vernazione; prefogliazione.

vernicle ['vɜ:nıkl / vern·icle] *s.* (*eccl.*) veronica.

vernier ['vɜ:njə* / ver·nier] *s.* (*tecn.*) verniero; nonio: — *scale*, scala del nonio // — *calipers*, calibro a corsoio.

Veronese [,verə'ni:z / Ver·on·ese] *agg.* e *s.* veronese.

veronica [vı'rɒnıkə / ver·on·ica] *s.* (*eccl., bot.*) veronica.

verruca [ve'ru:kə / ver·ruca] *pl.* **verrucae** [ve'ru:si: / ver·ru·cae] *s.* (*med.*) verruca.

verrucose [ve'ru:kəʊs / ver·ru·cose]
verrucous [ve'ru:kəs / ver·ru·cous]
verruculose [ve'ru:kjʊləʊs / ver·ru·cul·ose] *agg.* (*med.*) verrucoso.

versant ['vɜ:sənt / ver·sant] *s.* (*non com.*) versante; declivio.

versatile ['vɜ:sətaıl *amer.* 'vɜ:sətl / ver·sat·ile] *agg.* **1** versatile; multiforme: *a — actor*, un attore versatile **2** girevole: — *spindle*, fuso girevole **3** multiuso **4** (*bot., zool.*) mobile **5** (*rar.*) incostante, volubile // **-ly** *avv.*

versatility [,vɜ:sə'tılətı / ver·sat·il·ity] *s.* **1** versatilità **2** (*inform.*) versatilità, polivalenza **3** (*bot., zool.*) mobilità **4** (*rar.*) incostanza, volubilità.

verse [vɜ:s] *s.* **1** ⓤ verso: *blank* —, verso sciolto; *iambic* —, verso giambico // *in* —, in versi **2** strofa; stanza **3** ⓤ componimento in versi; poesia **4** versetto (della Bibbia).

versed[1] [vɜ:st] *agg.* (*form.*) versato; istruito; abile; pratico: *Albert is well — in mathematics*, Alberto è molto versato in matematica.

versed[2] *agg.* (*mat.*) verso.

verselet ['vɜ:slıt / verse·let] *s.* (*non com.*) breve poesia.

versemonger ['vɜ:s,mʌŋgə* / verse·monger] *s.* poetastro.

verset ['vɜ:set / ver·set] *s.* (*ant.*) versetto.

versicle ['vɜ:sıkl / vers·icle] *s.* (*liturgia*) versetto (di salmo ecc.).

versicoloured ['vɜ:sı,kʌləd / ver·si·col·oured] *agg.* (*rar.*) variegato; iridescente.

versicular [vɜ:'sıkjʊlə* / ver·si·cu·lar] *agg.* (*liturgia*) di versi: — *division*, divisione in versi.

versification [,vɜ:sıfı'keıʃn / ver·si·fica·tion] *s.* **1** versificazione **2** stile poetico, metrica **3** riduzione in versi.

versifier ['vɜ:sıfaıə* / ver·si·fier] meno com.
versificator ['vɜ:sıfıkeıtə* / ver·si·fi·ca·tor] *s.* **1** versificatore **2** poetastro.

to **versify** ['vɜ:sıfaı / ver·sify] *v.intr.* versificare, comporre versi ◆ *v.tr.* **1** narrare in versi **2** volgere in versi.

version ['vɜ:ʃn *amer.* 'vɜ:ʒn / ver·sion] *s.* **1** versione, traduzione // *the Authorized Version of the Bible*, la versione anglicana della Bibbia **2** versione; descrizione; racconto: *she gave quite a different — of the matter*, diede una versione del tutto differente della faccenda **3** versione, variante: *this painting is a larger — of the one at Windsor Castle*, questo dipinto è una versione più grande di quello conservato al Castello di Windsor **4** (*med.*) versione, posizione del feto.

versional ['vɜ:ʃənl *amer.* 'vɜ:ʒənl / ver·sional] *agg.* (*non com.*) di versione, riguardante una versione (della Bibbia).

vers libre [,veə'li:br] *s.* (*metrica*) verso libero.

verslibrist [,veə'li:brıst / vers·librist] *s.* autore di versi liberi.

verso ['vɜ:səʊ] *pl.* **versos** *s.* verso, rovescio (di pagina, medaglia ecc.).

versor ['vɜ:sə* / ver·sor] *s.* (*mat., fis.*) versore.

verst [vɜ:st] *s.* versta (unità di misura russa di distanza).

versus ['vɜ:səs / ver·sus] *prep.* (abbr. *v., vs.*) (*sport, dir.*) contro: *Smith — Brown*, Smith contro Brown.

vert [vɜ:t] *s.* **1** (*rar.*) verde, vegetazione (di bosco) **2** (*dir. ant.*) diritto di tagliare piante verdi **3** (*arald.*) colore verde.

vertebra ['vɜ:tıbrə / ver·tebra] *pl.* **vertebrae** ['vɜ:tıbri: / ver·teb·rae] *s.* (*anat.*) vertebra // *the vertebrae*, la colonna vertebrale; la spina dorsale.

vertebral ['vɜ:tıbrəl / ver·teb·ral] *agg.* (*anat.*) vertebrale: — *column*, colonna vertebrale; — *foramen*, foro vertebrale; — *ribs*, coste fluttuanti ◆ *s.* (*anat.*) vena, arteria vertebrale.

vertebrate ['vɜ:tɪbrɪt / ver·teb·rate] *agg.* e *s.* vertebrato.

vertebrated ['vɜ:tɪbreɪtɪd / ver·teb·rated] *agg.* vertebrato.

vertebration [,vɜ:tɪ'breɪʃn / ver·teb·ra·tion] *s.* **1** (*zool.*) formazione di vertebre; divisione in vertebre, in segmenti simili a vertebre **2** (*fig. rar.*) nerbo, spina dorsale.

vertex ['vɜ:teks / ver·tex] *pl.* **vertices** ['vɜ:tɪsi:z / ver·ti·ces] *s.* **1** vertice; apice; sommità **2** (*anat.*) vertice; sommità del capo // (*med.*) — *presentation*, presentazione di vertice **3** (*mat.*) vertice: — *of an angle*, vertice di un angolo; — *of a polygon*, vertice di un poligono **4** (*astr.*) zenit, culmine **5** (*arch.*) chiave (di un arco).

vertical ['vɜ:tɪkl / ver·tical] *agg.* **1** verticale; perpendicolare // (*mecc.*): — *engine*, motore verticale; — *milling machine*, fresatrice verticale; — *shaft*, albero verticale // (*aer.*): — *rudder*, timone di direzione; — *take-off*, decollo verticale // (*arch.*) — *section*, sciografia; spaccato: — *line*, linea perpendicolare all'orizzonte // (*econ.*): — *integration*, integrazione verticale; — *labour mobility*, mobilità verticale del lavoro // (*inform.*) — *format unitloop*, nastro pilota di controllo di macchine utensili **2** situato al vertice, allo zenit **3** (*anat.*, *zool.*) situato al vertice (del capo) ◆ *s.* verticale; piano verticale.

verticality [,vɜ:tɪ'kæləti / ver·tic·al·ity] *s.* posizione verticale; perpendicolarità.

vertically ['vɜ:tɪkəlɪ / ver·tic·ally] *avv.* verticalmente; perpendicolarmente // (*mat.*) — *opposite angle*, angolo opposto al vertice.

verticalness ['vɜ:tɪklnɪs / ver·tic·al·ness] *s.* (*non com.*) posizione verticale; perpendicolarità.

verticil ['vɜ:tɪsɪl / ver·ti·cil] *s.* (*bot.*) verticillo.

verticillate [vɜ:'tɪsɪlɪt / ver·ti·cil·late] **verticillated** [vɜ:'tɪsɪleɪtɪd / ver·ti·cil·la·ted] *agg.* (*bot.*) verticillato.

vertiginous [vɜ:'tɪdʒɪnəs / ver·ti·gin·ous] *agg.* **1** vertiginoso; vorticoso: *a — movement*, un moto vertiginoso; *a — wind*, un vento vorticoso **2** che soffre di vertigini: *to feel* (o *to grow*) —, avere le vertigini **3** vertiginoso, che dà le vertigini: *a — height*, un'altezza vertiginosa // **-ly** *avv.* // **-ness** *s.*

vertigo ['vɜ:tɪgəʊ / ver·tigo] *s.* (*med.*) vertigine; capogiro.

vertu → **virtu**.

vervain ['vɜ:veɪn / ver·vain] *s.* (*bot.*) → **verbena**.

verve [vɜ:v] *s.* verve, brio; entusiasmo; vigore, energia: *he played with real —*, recitò con molta verve.

vervet ['vɜ:vɪt / ver·vet] *s.* (*zool.*) (*Cercopithecus pygerythrus*) cercopiteco verde.

very ['verɪ] *agg.* **1** (*ant.*) vero e proprio, autentico; perfetto: *a — gentleman*, un vero gentiluomo, un vero signore; *the veriest fool knows that*, lo sa anche l'ultimo cretino // — *God of — God*, Dio vero da Dio vero // *in — deed*, in realtà, di fatto // *in — truth*, sinceramente // *yea there, where very desolation dwells / ... / she may pass on with unblench't majesty*, (MILTON) là dove dimora un'assoluta desolazione, ..., ella può passare con intrepida maestà **2** (*con uso enfatico*, *intensivo*) proprio, esatto, stesso, medesimo: *at that — moment*, in quel preciso istante; *the — thought makes me shiver*, il solo pensiero mi fa rabbrividire; *his — life is at stake*, ne va della sua stessa vita; *he died a year ago to the — day*, è morto proprio un anno fa; *he fell dead before my — eyes*, è morto proprio davanti ai miei occhi; *she saw him in the — act of stealing it*, lo vide proprio nell'atto di rubarlo; *sitting in this — room*, seduti in questa stessa stanza; *that's the — thing!*, questo è proprio quello che ci vuole!; *they live at the — end of the town*, vivono all'estremo limite della città; *those were his — words*, quelle furono le sue precise parole.

very *avv.* **1** molto, assai: — *amusing*, molto divertente; — *difficult*, molto difficile, difficilissimo; — *far*, molto lontano, lontanissimo; — *good*, molto buono, buonissimo; molto bene, benissimo; (*form.*, *come risposta a un ordine*) certo, subito; — *pleased*, molto lieto, lietissimo; *he is — well known in London*, è molto conosciuto a Londra; *that's — nice of you*, è molto gentile da parte tua; *they took only a — little*, ne presero pochissimo; *"Were you happy?" "Yes, —"*, "Eri felice?" "Sì, molto" // — *much*, moltissimo, assai: *he was — much admired*, era assai ammirato; *they're — much the same height*, sono quasi alti uguali // — *much so*, sì, infatti: *"Were you angry?" "Very much so"*, "Eri arrabbiato?" "Infatti" // — *well*, molto bene; (*form.*) va bene; allora, siamo intesi: — *well, if you persist in this behaviour, you will be punished*, benissimo, allora se continui a comportarti così, sarai punito **2** (*uso enfatico*): *the — first*, il primissimo; *the — last*, proprio l'ultimo; *the — next day*, il giorno immediatamente successivo; *the — same*, proprio lo stesso; *I did the — best I could*, ho fatto tutto il possibile; *she wanted a doll of her — own*, lei voleva una bambola tutta sua, tutta per lei // *at the — most*, tutt'al più; *at the — latest*, al più tardi **3** (*in frasi negative dà luogo a litote*): *I am not — keen on going there*, non ho alcuna voglia di andare là; *I don't sing — well*, canto piuttosto male.

Very light ['vɪərɪlaɪt *amer.* ,verɪ'laɪt] *s.* fuoco Very (razzo da segnalazione).

Very pistol ['vɪərɪ,pɪstl *amer.* ,verɪ'pɪstl] *s.* pistola Very (lanciarazzi).

vesica ['vesɪkə / ve·sica] *pl.* **vesicae** ['vesɪki: / ve·sicae] *s.* **1** (*anat.*, *bot.*) vescica **2** — *piscis*, (*arte*) mandorla mistica.

vesical ['vesɪkl / ves·ical] *agg.* (*anat.*, *bot.*) vescicale.

vesicant ['vesɪkənt / ves·ic·ant] *agg.* e *s.* (*chim.*) vescicante SIN. vesicatory.

to **vesicate** ['vesɪkeɪt / ves·ic·ate] *v.tr.* produrre vescicole su ◆ *v.intr.* coprirsi di vescicole.

vesication [,vesɪ'keɪʃn / ves·ica·tion] *s.* (*med.*) **1** vescicazione, formazione di vescicole **2** vescicola.

vesicatory ['vesɪkeɪtərɪ / ves·ic·at·ory] → **vesicant**.

vesicle ['vesɪkl / ves·icle] *s.* **1** (*med.*) vescichetta, vescicola **2** (*geol.*) cavità vescicolare (di rocce vulcaniche).

vesicular [vɪ'sɪkjʊlə* / ve·si·cu·lar] *agg.* (*anat.*, *geol.*) vescicolare.

vesiculate [vɪ'sɪkjʊlɪt / ve·si·cu·late] **vesiculated** [vɪ'sɪkjʊ,leɪtɪd / ve·si·cu·lated] *agg.* **1** (*non com.*) a forma di vescichetta, di vescicola **2** (*med.*) coperto di vescicole.

vesiculation [vɪ,sɪkjʊ'leɪʃn / ve·si·cu·la·tion] *s.* (*med.*) vescicolazione.

vesper ['vespə* / ves·per] *s.* **1** (*ant.*) sera, vespro // (*astr.*) *Vesper*, Vespero **2** *pl.* (*eccl.*) i vespri // *the Sicilian Vespers*, (*st.*) i Vespri Siciliani.

vesperal ['vespərəl / ves·peral] *agg.* (*rar.*) vesperale, vespertino ◆ *s.* (*eccl.*) vesperale, libro dei vespri.

vespertilio [,vespə'tɪlɪəʊ / ves·per·tilio] *pl.* **vespertilios** *s.* (*zool.*) vespertilione.

vespertine ['vespətaɪn / ves·per·tine] *agg.* (*ant.*) **1** vespertino: — *star*, stella vespertina **2** (*bot.*, *zool.*) notturno; vespertino; attivo di sera.

vespiary ['vespɪərɪ / ves·pi·ary] *s.* (*non com.*) vespaio, nido di vespe.

vespine ['vespaɪn / vesp·ine] *agg.* di vespa, di vespe.

vessel ['vesl / ves·sel] *s.* **1** (*mar. form.*) nave, vascello: *full-deck —*, nave a struttura normale; *shade-deck —*, nave a ponte tenda; (*econ.*) *carrying —*, nave trasportatrice **2** (*antiq.*) vaso, recipiente (*anche fig.*) **3** (*anat.*, *bot.*) vaso: *blood —*, vaso sanguigno.

vest [vest] *s.* **1** canottiera **2** (*amer.*) panciotto // *bullet-proof —*, giubbotto antiproiettile **3** maglia di lana, di cotone; maglietta intima AMER. undershirt **4** davantino, pettorina **5** (*ant.*) vestito, abbigliamento.

to **vest** *v.tr.* (*form.*) **1** investire: *to — s.o. with authority*, investire qlcu. di autorità **2** conferire, assegnare; dare in possesso: *legislative power is vested in Parliament*, il potere legislativo è conferito al parlamento **3** (*poet.*, *eccl.*) vestire; indossare (la veste): *the Bishop vested himself to say Mass*, il vescovo si vestì per dir messa ◆ *v.intr.* (*form.*) **1** essere investito **2** essere conferito **3** (*eccl.*) vestirsi, indossare i paramenti.

vesta ['vestə] *s.* (*non com.*) fiammifero; cerino.

vestal ['vestl / ves·tal] *agg.* **1** vestale, di Vesta **2** (*fig.*) verginale ◆ *s.* **1** (*st.*) vestale **2** (*fig.*) donna casta; vergine; suora.

vested ['vestɪd] *agg.* **1** vestito con paramenti ecclesiastici **2** (*dir.*) assegnato; acquisito: — *rights*, *interests*, diritti, interessi acquisiti; — *estate*, proprietà legittima // (*econ.*) — *interests*, interessi costituiti; interessi in gioco.

vestiary ['vestɪərɪ / ves·ti·ary] *agg.* (*rar.*) relativo a vestiario ◆ *s.* (*st.*) guardaroba (di monastero ecc.).

vestibular [ve'stɪbjʊlə* / ves·ti·bu·lar] *agg.* (*anat.*) vestibolare, relativo al vestibolo: — *ganglion*, ganglio vestibolare.

vestibule ['vestɪbju:l / ves·ti·bule] *s.* **1** (*form.*) vestibolo, entrata, anticamera **2** portico (di chiesa) **3** (*anat.*) vestibolo **4** (*mecc.*) precamera **5** (*amer. ferr.*) passaggio a mantice: — *car*, carrozza intercomunicante.

vestige ['vestɪdʒ / vest·ige] *s.* **1** (*form.*) vestigio, traccia, orma (*anche fig.*): *the last vestiges of prehistoric life*, gli ultimi vestigi della vita preistorica; *there's not a — of truth in what you say*, non c'è traccia di verità in ciò che dici **2** (*biol.*) vestigio, traccia; rudimento (di organo).

vestigial [ves'tɪdʒəl / ves·ti·gial] *agg.* **1** (*biol.*) rudimentale; residuale; vestigiale: — *fold*, plica vestigiale **2** residuale.

vestiture ['vestɪtʃə* / ves·ti·ture] *s.* **1** (*zool.*)

rivestimento (di peli, scaglie ecc.) **2** (*ant.*) vesti (*pl.*).

vestment ['vesƫmənt / vest·ment] *s.* **1** veste; abito (da cerimonia) // *I have heard those vestments sweeping o'er / the fallen leaves*, (KEATS) ho udito quelle vesti frusciare sulle foglie cadute **2** (*eccl.*) paramento sacro; pianeta.

vest-pocket ['vest,pɒkɪt] *agg.* da taschino, (*fig.*) molto piccolo: *a — camera*, macchina fotografica tascabile.

vestry ['vestrɪ] *s.* **1** sagrestia **2** stanza annessa alle chiese anglicane, dove si prega e si tengono riunioni religiose **3** (*non com.*) consiglio di amministrazione di una parrocchia **4** (*non com.*) assemblea parrocchiale.

vestryman ['vestrɪmən / vest·ry·man] *pl.* **vestrymen** *s.* (*non com.*) membro di assemblea parrocchiale.

vesture ['vestʃə* / ves·ture] *s.* **1** (*poet.*) vestimento, veste **2** (*dir.*) — (*of land*), tutto ciò che cresce sul suolo (eccettuato gli alberi).

Vesuvian [vɪ'su:vjən / Ve·su·vian] *agg.* vesuviano.

vesuvian *s.* **1** (*non com.*) fiammifero, zolfanello **2** (*min.*) vesuviana.

vesuvianite [vɪ'su:vjənaɪt / ve·su·vian·ite] *s.* (*min.*) vesuvianite.

vet[1] [vet] *s.* (*fam.* abbr. di *veterinary surgeon*) veterinario.

to **vet**[1] *pass.p.p.* **vetted** ['vetɪd / vet·ted] *v.tr.* (*fam.*) **1** curare, visitare (un animale) **2** (*scherz.*) curare (un essere umano) **3** (*fam. fig.*) setacciare, esaminare attentamente; controllare con cura (piani, progetti, persone).

vet[2] *s.* (*fam. amer.* abbr. di *veteran*) reduce, ex-combattente, veterano.

vetch [vetʃ] *s.* (*bot.*) (*Vicia sativa*) veccia SIN. tare.

vetchling ['vetʃlɪŋ / vetch·ling] *s.* (*bot.*) (*Lathyrus pratensis*) latiro; (*pop.*) erba galletta.

veteran ['vetərən / vet·eran] *agg.* **1** veterano, vecchio, esperto: *a — golfer*, un veterano del golf // *— cars*, auto d'epoca (costruite prima del 1905) **2** di veterano, di veterani: *a — army*, un esercito di veterani ♦ *s.* ex veterano (*anche fig.*); reduce: *a — of the Second World War*, un reduce della seconda guerra mondiale // *Veterans Day*, 11 novembre (quando negli Stati Uniti e nel Canada si celebra la fine della prima guerra mondiale).

to **veteranize** ['vetərənaɪz / vet·eran·ize] *v.intr.* (*amer.*) arruolarsi nuovamente ♦ *v.tr.* (*amer.*) temprare, fortificare (*anche fig.*).

veterinarian [,vetərɪ'neərɪən / ve·ter·in·arian] *s.* (*amer.*) veterinario.

veterinary ['vetərɪnərɪ *amer.* 'vetərɪnerɪ / vet·er·in·ary] *agg.* veterinario: *— surgeon*, (medico) veterinario.

veto ['vi:təʊ] *pl.* **vetoes** *s.* **1** veto; proibizione: *power, right of —*, potere, diritto di veto; *to put a — on*, porre un veto a **2** diritto di veto: *the Lords exercised their —*, i Lord esercitarono il loro diritto di veto.

to **veto** *v.tr.* mettere il veto a; proibire: *their entry into the* UN *was vetoed by the Security Council*, il Consiglio di Sicurezza pose il veto alla loro entrata nelle Nazioni Unite.

to **vex** [veks] *v.tr.* (*antiq.*) **1** vessare, opprimere **2** irritare, stizzire: *her continuous whining vexes me*, mi irritano i suoi piagnistei continui **3** affliggere, tormentare: *gout vexed him*, lo tormentava la gotta **4** (*poet.*) agitare, sommuovere, sconvolgere (il mare).

vexation [vek'seɪʃn / vexa·tion] *s.* (*form.*) **1** vessazione, oppressione (*anche dir.*) **2** (*antiq.*) irritazione; noia, fastidio, contrarietà, seccatura: *all the trifling vexations one has to put up with*, tutte le piccole seccature che si devono sopportare; *much to my — I just missed my train*, con mia grande rabbia persi il treno.

vexatious [vek'seɪʃəs / vexa·tious] *agg.* (*antiq.*) **1** irritante; spiacevole, fastidioso: *— rules*, regolamenti seccanti **2** (*dir.*) vessatorio // **-ly** *avv.* // **-ness** *s.*

vexed [vekst] *agg.* **1** vessato (*anche fig.*); oppresso: *— question*, questione dibattuta **2** irritato, contrariato, seccato: *to be — at sthg.*, essere contrariato da qlco.; *to get — at sthg.*, seccarsi di qlco.; *to be — with s.o.*, essere seccato con qlcu. **3** (*poet.*) agitato (di mare) // **-ly** *avv.*

vexillary ['veksɪlərɪ / vex·il·lary] *s.* (*st. romana*) vessillario.

vexillum [vek'sɪləm / vex·il·lum] *pl.* **vexilla** [vek'sɪlə / vex·illa] *s.* **1** (*rar.*) vessillo, stendardo **2** (*eccl.*) stendardo **3** (*bot.*) stendardo (di fiore, di leguminosa) **4** (*zool.*) vessillo, barba (di penna di uccello).

vexingly ['veksɪŋlɪ / vex·ing·ly] *avv.* in modo irritante.

via ['vaɪə] *prep.* per, via, attraverso: *Milan to Rome — Florence*, Milano-Roma via Firenze; *— air mail*, posta (per via) aerea // *we know him — his wife*, lo conosciamo tramite sua moglie.

viability [,vaɪə'bɪlətɪ / vi·ab·il·ity] *s.* **1** vitalità; capacità di vivere **2** (*econ.*) vitalità economica, capacità di produrre profitti **3** (*econ.*) solvibilità (di un paese).

viable ['vaɪəbl / vi·able] *agg.* **1** vitale, in grado di vivere **2** (*econ.*) che dà profitti.

viaduct ['vaɪədʌkt / via·duct] *s.* viadotto.

vial ['vaɪəl] *s.* (*med.*) fiala.

viand ['vaɪənd / vi·and] *s.* (*gener. pl.*) (*antiq.*) vivanda, cibo.

viaticum [vaɪ'ætɪkəm / vi·at·icum] *s.* **1** (*relig.*) viatico **2** (*rar.*) denaro, provviste per un viaggio.

viator [vaɪ'eɪtə*] *pl.* **viatores** [,vaɪə'tɔ:ri:z / via·tores] *s.* (*rar.*) viandante.

vibes ['vaɪbz] *s.pl.* (*fam.*) **1** sensazioni, emozioni; vibrazioni: *good, bad —*, situazione, atmosfera che mette a proprio agio, a disagio **2** (*mus.*) vibrafono • Abbr. di *vibrations*.

vibrancy ['vaɪbrənsɪ / vi·brancy] *s.* **1** vibrazione **2** l'essere entusiasta; l'essere pieno di vita.

vibrant ['vaɪbrənt / vi·brant] *agg.* **1** pieno di vita, di vitalità; esuberante; vivace: *— with health*, pieno di salute; *a — person*, una persona esuberante **2** vivace (di colore).

vibraphone ['vaɪbrəfəʊn / vi·bra·phone] *s.* (*mus.*) vibrafono.

to **vibrate** [vaɪ'breɪt / vi·brate] *v.intr.* **1** vibrare (*anche fig.*); risuonare: *the lab was vibrating with the hum of the gigantic generator he had built*, il laboratorio vibrava per il rumore del generatore gigantesco che aveva costruito **2** (*non com.*) oscillare: *long pendulums — more slowly than short ones*, i pendoli lunghi oscillano più lentamente di quelli corti ♦ *v.tr.* **1** far vibrare **2** (*non com.*) far oscillare **3** battere: *a pendulum vibrating seconds*, un pendolo che batte il secondo.

vibratile ['vaɪbrətaɪl / vi·brat·ile] *agg.* (*rar.*) vibratile.

vibratility [,vaɪbrə'tɪlətɪ / vi·brat·il·ity] *s.* (*rar.*) vibratilità.

vibration [vaɪ'breɪʃn / vi·bra·tion] *s.* **1** vibrazione; tremolio **2** oscillazione: *— due to bending stress*, oscillazione di flessione; *— of a pendulum*, oscillazione di un pendolo **3** (*fis.*) vibrazione: (*mecc.*) *— damper*, smorzatore di vibrazioni **4** (*spec. pl.*) (*fam.*) emozione; vibrazione: *she's giving me good vibrations*, mi fa sentire a mio agio.

vibrational [vaɪ'breɪʃənl / vi·bra·tional] *agg.* vibratorio, di vibrazione // (*fis.*) *— quantum number*, numero quantico vibrazionale.

vibrative [vaɪ'breɪtɪv / vi·brat·ive] *agg.* (*rar.*) **1** vibratorio **2** vibrante.

vibrator [vaɪ'breɪtə* / vi·brator] *s.* (*fis.*, *tecn.*) vibratore.

vibratory ['vaɪbrətərɪ *amer.* 'vaɪbrətɔ:rɪ / vi·brat·ory] *agg.* **1** vibratorio: *the — motion of the nerves*, il movimento vibratorio dei nervi **2** oscillatorio **3** (*non com.*) vibrante: *a voice — with excitement*, una voce vibrante per l'eccitazione.

vibrio ['vɪbrɪəʊ] *pl.* **vibrios** *s.* (*biol.*) vibrione.

vibrissae [vaɪ'brɪsi: / vi·bris·sae] *s.pl.* (*anat.*, *zool.*) vibrisse.

vibromassage [,vaɪbrəʊ'mæsɑ:ʒ *amer.* ,vaɪbrəʊmə'sɑ:ʒ / vi·bro·mas·sage] *s.* (*med.*) vibromassaggio.

viburnum [vaɪ'bɜ:nəm / vi·burnum] *s.* (*bot.*) (*Viburnum opulus*) viburno; (*pop.*) palla di neve SIN. guelder rose, queen's pincushion.

vic [vɪk] *s.* (*fam. amer.*) vittima.

vicar ['vɪkə*] *s.* **1** curato, parroco (nella Chiesa d'Inghilterra) // *— of Bray*, opportunista (allusione all'omonima canzone) **2** vicario (nella Chiesa Cattolica) // *the Vicar of Christ*, il Vicario di Cristo, il Papa **3** vicario, sostituto.

vicarage ['vɪkərɪdʒ / vic·ar·age] *s.* **1** canonica, casa del parroco **2** (*non com.*) carica, dignità di parroco.

vicar-apostolic [,vɪkə,æpə'stɒlɪk] *s.* vicario apostolico.

vicaress ['vɪkərɪs / vi·car·ess] *s.* **1** (madre) vicaria **2** (*non com.*) moglie del parroco (nella Chiesa d'Inghilterra) **3** vicaria, sostituta.

vicarial [vaɪ'keərɪəl / vi·car·ial] *agg.* **1** (*non com.*) vicariale, di vicario **2** (*form.*) delegato.

vicariate [vaɪ'keərɪɪt / vi·cari·ate] *s.* (*non com.*) vicariato.

vicarious [vɪ'keərɪəs *amer.* vaɪ'keərɪəs / vi·cari·ous] *agg.* **1** vicario, sostituto; delegato; rappresentante **2** fatto, subìto in sostituzione di un'altra persona: *— punishment*, punizione subita da una persona al posto di un'altra **3** indiretto; sperimentato attraverso un'altra persona // (*dir.*) *— liability*, responsabilità per fatto altrui **4** vicariante: (*med.*) *— respiration*, respirazione vicariante // **-ly** *avv.* // **-ness** *s.*

vicarship ['vɪkəʃɪp / vi·car·ship] **vicary** ['vɪkərɪ] *s.* (*rar.*) vicariato.

vice[1] [vaɪs] *s.* **1** immoralità, depravazione **2** vizio; (*fam.*) debolezza: *smoking is his only —*, il fumo è il suo unico vizio **3** difetto, vizio, malvezzo (di animale domestico); cattiva abitudine: *this horse has the — of kicking*, questo cavallo ha il vizio di scalciare **4** (*non com.*) difetto, imperfezione, pecca **5** (*dir.*) vizio, difetto, mancanza di requisiti legali.

vice² *s.* (*mecc.*) morsa AMER. vise: — *cheek* (o — *jaw*), ganascia di morsa; *bench* —, morsa da banco.

to **vice**² *v.tr.* **1** chiudere, serrare in una morsa (*anche fig.*) **2** (*ant.*) forzare: *he swears / as he had seen't or been an instrument / to vice you to't*, (SH. The Winter's Tale) egli giura come se l'avesse visto o fosse stato uno strumento per forzarvi a ciò.

vice³ *s.* sostituto, vice.

vice⁴ ['vaɪsɪ] *prep.* (*non com.*) in luogo di, al posto di.

vice- *pref.* di origine latina che premesso a nomi di carica o ufficio indica la persona che fa le veci del titolare o che è di grado immediatamente inferiore; it. vice-: *vice-manager*, vicedirettore; *vice-president*, vicepresidente; *vice-admiral*, viceammiraglio; *(in Italia)* ammiraglio di squadra.

vice-chancellor [,vaɪs'tʃɑ:nsələ* *amer.* ,vaɪs'tʃænsələ*] *s.* vicerettore.

vicegerency [,vaɪs'dʒerənsɪ / vice·ger·ency] *s.* carica di vicegerente.

vicegerent [,vaɪs'dʒerənt / vice·ger·ent] *s.* **1** rappresentante; delegato **2** vicegerente.

vicelike ['vaɪslaɪk / vice·like] *agg.* molto saldo, come una morsa: *he held me in a — grip*, mi teneva stretto in una morsa d'acciaio.

vicennial [vaɪ'senjəl / vicen·nial] *agg.* ventennale.

viceregal [,vaɪs'ri:gl / vice·regal] *agg.* di vicerè, concernente il vicerè.

vicereine [,vaɪs'reɪn / vice·reine] *s.* viceregina.

viceroy ['vaɪsrɔɪ / vice·roy] *s.* vicerè.

viceroyalty [,vaɪs'rɔɪəltɪ / vice·roy·alty]
viceroyship ['vaɪsrɔɪʃɪp / vice·roy·ship] *s.* **1** carica di vicerè **2** vicereame.

vice versa [,vaɪsɪ'vɜ:sə] *avv.* viceversa.

vicinage ['vɪsɪnɪdʒ / vi·cin·age] *s.* (*rar.*) **1** territori vicini, confinanti: *the metropolis and its —*, la metropoli e i territori limitrofi **2** vicinato, i vicini **3** vicinanza, prossimità.

vicinal ['vɪsɪnəl / vi·cinal] *agg.* **1** (*rar.*) vicinale: — *road* (o *way*), strada vicinale **2** confinante, vicino **3** adiacente (*anche min.*).

vicinity [vɪ'sɪnətɪ / vi·cin·ity] *s.* **1** (*form.*) vicinanza, prossimità // *in the — of*, dell'ordine di, circa **2** (*ant.*) affinità **3** vicinanza, dintorni (*pl.*).

vicious ['vɪʃəs / vi·cious] *agg.* **1** maligno, cattivo; dispettoso: *a — look*, uno sguardo maligno; *a — remark*, un'osservazione cattiva; *a— temper*, un temperamento dispettoso // *to be in a — mood*, essere molto nervoso **2** (*non com.*) vizioso, immorale, depravato: *a — life*, una vita immorale **3** pericoloso, feroce; ombroso, balzano (di cavallo): *a — dog*, un cane mordace **4** (*non com.*) guasto, difettoso; imperfetto; impuro: *a — manuscript*, un manoscritto scorretto; *a — style*, uno stile scorretto // **-ly** *avv.* // **-ness** *s.*

vicious circle [,vɪʃəs'sɜ:kl] *s.* (*log.*) circolo vizioso.

vicissitude [vɪ'sɪsɪtju:d *amer.* vɪ'sɪsɪtu:d / vi·cis·si·tude] *s.* vicissitudine, vicenda: *the vicissitudes of life*, le vicissitudini, le traversie della vita.

vicissitudinous [vɪ,sɪsɪtju:dɪnəs *amer.* vɪ,sɪsɪ'tu:dɪnəs / vi·cis·si·tu·din·ous] *agg.* caratterizzato da vicissitudini, traversie.

victim ['vɪktɪm / vic·tim] *s.* vittima (*anche fig.*): *he fell — to his own ambition*, fu vittima della sua ambizione // *the — of dishonest shopkeepers*, la preda, la vittima di negozianti disonesti.

victimization [,vɪktɪmaɪ'zeɪʃn *amer.* ,vɪktɪmɪ'zeɪʃn / vic·tim·iza·tion] *s.* vittimizzazione.

to **victimize** ['vɪktɪmaɪz / vic·tim·ize] *v.tr.* **1** vittimizzare: *these people are victimized by an unjust social security system*, queste persone sono vittimizzate da un ingiusto sistema di assistenza sociale **2** sacrificare, offrire come vittima.

victor ['vɪktə* / vic·tor] *s.* (*letter.*) vincitore, conquistatore.

victoria [vɪk'tɔ:rɪə / vic·toria] *s.* **1** vittoria (tipo di carrozza) **2** (*bot.*) (*Victoria regia*) vittoria regia.

Victoria Cross [vɪk,tɔ:rɪə'krɒs] *s.* Croce della Regina Vittoria (massima onorificenza per merito di guerra).

Victorian¹ [vɪk'tɔ:rɪən / Vic·tor·ian] *agg.* **1** vittoriano, del periodo della regina Vittoria **2** (*fig.*) antiquato: — *morals*, morale vittoriana ◆ *s.* persona, scrittore del tempo della regina Vittoria.

Victorian² *agg.* della colonia di Vittoria (in Australia) ◆ *s.* colono abitante di Vittoria (in Australia).

Victoriana [vɪk,tɔ:rɪ'ɑ:nə / Vic·tori·ana] *s.pl.* oggetti prodotti all'epoca della Regina Vittoria (spec. visti come oggetti d'antiquariato).

Victorianism [vɪk'tɔ:rɪənɪzəm / Vic·tor·ian·ism] *s.* gusto, spirito, tendenze caratteristiche del regno della regina Vittoria.

victorine ['vɪktəri:n / vic·tor·ine] *s.* 'victorine' (mantellina di pelliccia per signora).

victorious [vɪk'tɔ:rɪəs / vic·tori·ous] *agg.* **1** che ha vinto, vittorioso **2** di vittoria // **-ly** *avv.*

victory ['vɪktərɪ / vic·tory] *s.* vittoria: *to gain* (o *to get* o *to win*) *a — over the enemy*, ottenere una vittoria sul nemico // *a Pyrrhic —*, una vittoria di Pirro (che procura più svantaggi ai vincitori che ai vinti).

victress ['vɪktrɪs / vic·tress] *s.* (*rar.*) vincitrice.

victual ['vɪtl] *s.* (*gener. pl.*) (*antiq.*) vettovaglie, viveri, provvigioni.

to **victual** *pass.p.p.* **victualled** ['vɪtld] *v.intr.* vettovagliarsi; approvvigionarsi: *the ship victualled at New York*, la nave si approvvigionò a New York ◆ *v.tr.* vettovagliare; approvvigionare: *to — a ship*, vettovagliare una nave.

victualler ['vɪtlə* / victual·ler] *s.* **1** incaricato dei rifornimenti, vivandiere **2** nave di rifornimento.

victualling ['vɪtlɪŋ / victual·ling] *s.* vettovagliamento, approvvigionamento.

victualling office ['vɪtlɪŋ,ɒfɪs *amer.* 'vɪtlɪŋ,ɔ:fɪs] *s.* (*mar.*) ufficio vettovagliamento.

vicugna, **vicuna**, **vicuña** [vɪ'kju:nə *amer.* vɪ'ku:nə / vi·cuña] *s.* **1** (*zool.*) (*Lama vicugna*) vigogna **2** (stoffa di) vigogna.

vidaholic [,vɪdə'hɒlɪk / vi·da·holic] *s.* (*fam. amer.*) teledipendente.

vide ['vaɪdi:] 2ª pers.sing.pres.imp.del v.lat. videre (*fam.*) (abbr. *v.*) vedi: — *supra*, vedi sopra.

videlicet [vɪ'di:lɪset / vi·de·licet] *avv.* (*lat. form.*) (abbr. *viz.*) (e) cioè: *two subjects must be taken, viz., English and mathematics*, sono obbligatorie due materie, e cioè inglese e matematica.

video ['vɪdɪəʊ] *agg.* **1** (*tv*) video, di immagine: — *amplifier*, amplificatore video; — *signal*, segnale d'immagine // (*fis.*) — *frequency*, frequenza video // (*inform.*) — *display unit*, terminale con schermo di visualizzazione **2** che usa un videonastro ◆ *s.* **1** videoregistrazione **2** (*fam.*) videotape, videonastro **3** videoregistratore SIN. videocassette recorder, videorecorder, videotape recorder.

to **video** *v.tr.* videoregistrare.

video camera [,vɪdɪəʊ'kæmərə] *s.* videocamera.

videocassette [,vɪdɪəʊkə'set / video·cas·sette] *s.* videocassetta.

videocassette recorder [,vɪdɪəʊ kə'setrɪ,kɔ:də*] *s.* → **video** 3.

video conference [,vɪdɪəʊ'kɒŋfərəns] *s.* (*inform.*) videoconferenza.

videodisc ['vɪdɪəʊ,dɪsk / video·disc] *s.* videodisco: — *player*, lettore di videodisco.

video game ['vɪdɪəʊ,geɪm] *s.* videogame, videogioco.

videographic [,vɪdɪəʊ'græfɪk / video·graphic] *agg.* videografico.

video nasty [,vɪdɪəʊ'nɑ:stɪ *amer.* ,vɪdɪəʊ 'næstɪ] *s.* (*fam.*) film per videoregistratore particolarmente violento.

videophone ['vɪdɪəʊ,fəʊn / video·phone] *s.* videotelefono.

videorecorder ['vɪdɪəʊrɪ,kɔ:də* / video·re·corder] *s.* → **video** 3.

videotape ['vɪdɪəʊteɪp / video·tape] *s.* videotape, videonastro, nastro magnetoscopico.

to **videotape** *v.tr.* registrare su videonastro, videoregistratore.

videotape recorder ['vɪdɪəʊteɪprɪ,kɔ:də*] → **video** 3.

videotex ['vɪdɪəʊ,teks / video·tex] *s.* (*inform.*) videotex, teletex.

videoware ['vɪdɪəʊ,weə* / video·ware] *s.* (*inform.*) software per video.

vidicon ['vɪdɪkɒn / vidi·con] *s.* (*elettr.*) vidiconoscopio, vidicon.

to **vie** [vaɪ] *v.intr.* gareggiare, rivaleggiare, entrare in lizza: *to — with s.o. for first place*, gareggiare con qlcu. per il primo posto // *Italian beauty! didst thou not inspire / Raphael, who died in thy embrace, and vies / with all we know of heaven, or can desire*, (BYRON) Bellezza italiana! non ispirasti tu Raffaello, che morì nel tuo amplesso, e rivaleggia con tutto ciò che conosciamo del cielo e possiam desiderare.

Viennese [,vɪe'ni:z / Vi·en·nese] *agg.* e *s.* viennese // *the —*, i viennesi.

Viet [vɪ'et] *s.* e *agg.* (*fam. amer.*) abbr. di → **Vietnamese**.

Vietnamese [,vɪetnə'mi:z / Vi·et·nam·ese] *agg.* e *s.* vietnamita.

Vietnik [vɪ'etnɪk / Viet·nik] *s.* (*st. amer.*)

(*fam.*) attivista nel movimento contro la guerra del Vietnam.

view [vju:] *s.* **1** vista; sguardo; campo visivo; (*fig.*) visione: *the belfry was hidden from — in the mist*, il campanile era nascosto alla vista per la nebbia; *to offer a general — of the problem*, (*fig.*) offrire una visione generale del problema // *at first —*, a prima vista // *in —*, in vista (*anche fig.*): *a flock of birds came in* (o *into*) *— on the horizon*, uno stormo di uccelli apparve all'orizzonte; *he's got a new job in —*, ha in vista un nuovo lavoro; *they have no use in — for old warehouses*, (*fig.*) non hanno in programma nessun utilizzo dei vecchi depositi // *in full —*, ben visibile, in bella vista; *in full — of*, sotto lo sguardo di // *within —*, in vista; *we were within — of the church*, eravamo in vista della chiesa // *out of —*, fuori vista, fuori dal proprio campo visivo // *a bird's eye —*, una vista, una panoramica dall'alto; (*fig.*) un'ampia visione // *a worm's eye —*, una visione dal basso (*anche fig.*) **2** mostra; esposizione: *on —*, in mostra; *the model home was on —*, la casa modello era in esposizione **3** veduta, vista; panorama: *I'd like some postcards with views of the town*, vorrei delle cartoline con vedute della città; *from this window there is a good —*, da questa finestra si gode una bella vista **4** opinione, giudizio: *what's your — of the recent drop in the value of the dollar?*, qual è la tua opinione sul recente calo del dollaro? // *to fall in with s.o.'s views*, accettare il punto di vista di qlcu. // *in my —*, secondo me, dal mio punto di vista // *point of —*, punto di vista // *in — of*, in considerazione di, considerato (che) // *to keep s.o., sthg. in —*, tenere qlcu., qlco. in considerazione, presente per il futuro // *to take a dim* (o *poor*) *— of sthg.*, disapprovare qlco. // *to take the long —*, essere lungimirante, guardare al futuro **5** intento, scopo, mira // *with a — to*, allo scopo di, col proposito di; *he has bought the land with a — to building a house*, ha comprato il terreno allo scopo di costruirvi una casa **6** (*dir.*) sopralluogo.

to **view** *v.tr.* **1** osservare; esaminare (*spec. scient.*): *the surgeon viewed the wound*, il chirurgo esaminò la ferita; *if we — these spores under the microscope, some interesting aspects come to light*, se osserviamo queste spore al microscopio, vengono alla luce degli aspetti interessanti **2** (*fig.*) considerare, valutare: *he viewed our efforts with contempt*, ha considerato i nostri sforzi con disprezzo **3** visionare, guardare: *18 million people viewed the Queen's speech on* BBC*1*, 18 milioni di persone hanno seguito il discorso della regina su BBC1 **4** (*dir.*) fare un sopralluogo a **5** (*inform.*) visualizzare su schermo.

viewer ['vju:ə*] *s.* **1** spettatore; telespettatore **2** ispettore; (*dir.*) funzionario nominato dal giudice per compiere i sopralluoghi **3** (*fot.*) visore.

viewfinder ['vju:,faɪndə* / view·finder] *s.* (*fot.*) mirino.

viewpoint ['vju:pɔɪnt / view·point] *s.* **1** punto di vista **2** punto d'osservazione; belvedere.

vigesimal [vaɪ'dʒesɪml / vi·ges·imal] *agg. num.ord.* (*letter.*) vigesimo.

vigil ['vɪdʒɪl / vi·gil] *s.* **1** veglia: *to keep —*, vegliare **2** vigilia (di festa religiosa); giorno di digiuno **3** (*gener. pl.*) preghiere notturne.

vigilance ['vɪdʒɪləns / vi·gil·ance] *s.* vigilanza; l'essere vigile, attento: *to exercise —*, esercitare la vigilanza; *— committee*, (*amer.*) comitato di vigilanza.

vigilant ['vɪdʒɪlənt / vi·gil·ant] *agg.* vigile, vigilante // **-ly** *avv.*

vigilante [,vɪdʒɪ'læntɪ / vi·gil·ante] *s.* (*amer.*) membro del comitato di vigilanza.

vignette [vɪ'njet / vign·ette] *s.* **1** (*tip.*) vignetta, fregio; illustrazione **2** fotografia, ritratto (a mezzo busto con fondo sfumato) **3** descrizione **4** scenetta, sketch.

to **vignette** *v.tr.* **1** fare una vignetta, un fregio a (un libro) **2** (*fot.*) sfumare **3** tracciare una breve descrizione di **4** scrivere una scenetta, uno sketch su.

vignettist [vɪ'njetɪst / vign·et·tist] *s.* **1** chi disegna vignette, fregi **2** scrittore di descrizioni umoristiche **3** autore di scenette, sketch.

vigorous ['vɪgərəs / vig·or·ous] *agg.* **1** vigoroso, energico, forte **2** (*fig.*) efficace, vigoroso // **-ly** *avv.* // **-ness** *s.*

vigour ['vɪgə* / vig·our] *s.* vigore, energia, vitalità.

Viking ['vaɪkɪŋ / Vi·king] *s.* e *agg.* (*st.*) vichingo.

vile [vaɪl] *agg.* **1** vile, spregevole; abietto: *a — person*, una persona abietta; *— language*, linguaggio spregevole **2** (*fam.*) orribile, pessimo: *— weather*, tempo pessimo // **-ly** *avv.* // **-ness** *s.*

vilification [,vɪlɪfɪ'keɪʃn / vi·li·fica·tion] *s.* (*form.*) **1** diffamazione; denigrazione; vilipendio **2** avvilimento; degradazione.

vilifier ['vɪlɪfaɪə* / vili·fier] *s.* (*form.*) diffamatore; denigratore.

to **vilify** ['vɪlɪfaɪ / vil·ify] *v.tr.* **1** (*form.*) diffamare; vilipendere **2** (*rar.*) avvilire; degradare.

vill [vɪl] *s.* **1** (*st.*) distretto territoriale feudale **2** (*poet.*) villaggio.

villa ['vɪlə] *s.* **1** villa; residenza di campagna **2** villetta (residenziale ai margini della città).

village ['vɪlɪdʒ / vil·lage] *s.* villaggio; paese; borgata.

villager ['vɪlɪdʒə* / vil·la·ger] *s.* abitante di villaggio, paese, borgata.

villain ['vɪlən / vil·lain] *agg.* (*non com.*) furfantesco; malvagio ◆ *s.* **1** scellerato, infame; canaglia, furfante **2** anima nera, (il) cattivo (in un romanzo ecc.): *in this drama he plays the —*, in questo dramma fa la parte del cattivo // *the — of the piece*, il cattivo (della situazione) **3** (*fam. scherz.*) mascalzoncello, birba **4** (*st.*) → **villein** **5** (*ant.*) villano; zotico.

villainage ['vɪlɪnɪdʒ / vil·lain·age] → **villeinage**.

villainous ['vɪlənəs / vil·lain·ous] *agg.* **1** (*letter.*) scellerato; infame; malvagio **2** (*fam. antiq.*) abominevole; orribile; pessimo: *what — weather!*, che tempo spaventoso!

villainously ['vɪlənəslɪ / vil·lain·ous·ly] *avv.* scelleratamente; con infamia; malvagiamente.

villainousness ['vɪlənəsnɪs / vil·lain·ous·ness] *s.* scellerataggine; infamia; malvagità.

villainy ['vɪlənɪ / vil·lainy] *s.* (*letter.*) scelleratezza; infamia.

villanelle [,vɪlə'nel / vil·lan·elle] *s.* (*poesia*) villanella.

villein ['vɪlɪn / vil·lein] *s.* (*st.*) vassallo; servo feudale.

villeinage ['vɪlɪnɪdʒ / vil·lein·age] *s.* (*st.*) vassallaggio.

villiform ['vɪlɪfɔ:m / vil·li·form] *agg.* (*anat., bot.*) villiforme.

villose ['vɪləʊs / vil·lose] *agg.* (*anat., bot.*) villoso.

villosity [vɪ'lɒsətɪ / vil·los·ity] *s.* (*anat., bot.*) villosità.

villous ['vɪləs / vil·lous] *agg.* (*anat., bot.*) villoso.

villus ['vɪləs / vil·lus] *pl.* **villi** ['vɪlaɪ] *s.gener.pl.* (*anat., bot.*) villo.

vim [vɪm] *s.* (*fam. antiq.*) forza, vigore; energia: *put more — and vigour in your punching*, metti un po' di grinta nei tuoi pugni.

vimen ['vaɪmən / vi·men] *pl.* **vimina** ['vɪmɪnə / vi·mina] *s.* (*bot.*) vimine.

viminal ['vɪmɪnəl / vi·minal] **vimineous** [vɪ'mɪnɪəs / vi·min·eous] *agg.* di vimine, fatto di vimine.

vina ['vi:nə] *s.* (*mus.*) vina (liuto indiano).

vinaceous [vaɪ'neɪʃəs / vi·na·ceous] *agg.* (*rar.*) **1** vinoso **2** del colore del vino (rosso).

vinaigrette [,vɪnɪ'gret / vi·nai·grette] *s.* **1** boccetta per sali aromatici **2** — (*sauce*), salsa verde.

Vincentian [vɪn'senʃn / Vin·cent·ian] *agg.* di San Vincenzo de' Paoli ◆ *s.* membro della Congregazione fondata da S. Vincenzo de' Paoli.

vincible ['vɪnsɪbl / vin·cible] *agg.* (*non com.*) vincibile; conquistabile; superabile // **-bly** *avv.*

vincristine ['vɪŋkrɪsti:n / vin·crist·ine] *s.* (*chim.*) vincristina.

vinculum ['vɪŋkjʊləm / vin·cu·lum] *pl.* **vincula** ['vɪŋkjʊlə / vin·cula] *s.* **1** (*rar.*) vincolo, legame **2** (*anat.*) frenulo.

vindicable ['vɪndɪkəbl / vin·dic·able] *agg.* (*rar.*) **1** rivendicabile; sostenibile **2** difendibile; giustificabile.

to **vindicate** ['vɪndɪkeɪt / vin·dic·ate] *v.tr.* **1** rivendicare; sostenere: *to — one's rights*, far valere i propri diritti; *to — a privilege*, rivendicare un privilegio **2** difendere, giustificare: *his success vindicated their belief in him*, il suo successo giustificava la loro fede in lui; *to — one's acts*, giustificare le proprie azioni **3** (*dir.*) provare; convalidare; sostenere con successo (una causa); scagionare (da un sospetto, un'accusa).

vindication [,vɪndɪ'keɪʃn / vin·dica·tion] *s.* **1** rivendicazione; asserzione (di un diritto ecc.) **2** difesa; giustificazione **3** (*dir.*) convalida; prova.

vindicative ['vɪndɪkətɪv / vin·dic·at·ive] *agg.* **1** rivendicatore **2** (*ant.*) vendicativo: *he in the heat of action / is more vindicative than jealous love*, (SH. Troilus and Cressida) egli nell'ardore dell'azione è più vendicativo dell'amore geloso.

vindicator ['vɪndɪkeɪtə* / vin·dic·ator] *s.* **1** rivendicatore **2** difensore.

vindicatory ['vɪndɪ,keɪtərɪ *amer.* 'vɪndɪkə,tɔ:rɪ / vin·dic·at·ory] *agg.* **1** che difende; che giustifica **2** (*dir. rar.*) punitivo.

vindicatress ['vɪndɪkeɪtrɪs / vin·dic·at·ress] *s.* **1** rivendicatrice **2** difenditrice.

vindictive [vɪn'dɪktɪv / vin·dict·ive] *agg.* **1** vendicativo; astioso; maligno **2** (*dir. rar.*) punitivo // (*dir.*) *— damages*, risarcimento danni imposto per punizione all'imputato // **-ly** *avv.* // **-ness** *s.*

vine [vaɪn] *s.* **1** (*bot.*) (*Vitis vinifera*) vite SIN. grapevine **2** pianta rampicante **3** pianta (di luppolo e simili) **4** *pl.* (*sl. dei neri d'America*) abiti (eleganti).

vine-borer ['vaɪn,bɔ:rə*] (*zool.*) → **vine -louse**.

vine-branch ['vaɪnbrɑ:ntʃ *amer.* 'vaɪnbræntʃ] *s.* (*bot.*) tralcio, sarmento.

vine-clad ['vaɪnclæd] *agg.* coperto di viti.

vine-disease ['vaɪndɪ,zi:z] *s.* malattia della vite (da fillossera).

vine-dresser ['vaɪn,dresə*] *s.* vignaiolo.

vinegar ['vɪnɪgə* / vin·egar] *s.* **1** aceto: *aromatic —*, aceto aromatico // *mother of —*, madre dell'aceto **2** (*fig.*) carattere acido; asprezza **3** (*fam. amer.*) energia, attività, spirito.

to **vinegar** *v.tr.* acetare; inacidire (*anche fig.*).

vinegar-fly ['vɪnɪgə,flaɪ] *s.* (*zool.*) drosofila, moscerino dell'aceto → **drosophila**.

vinegarish ['vɪnɪgərɪʃ / vin·eg·ar·ish] **vinegary** ['vɪnɪgərɪ / vin·eg·ary] *agg.* agro; acido.

vine-grower ['vaɪn,grəʊə*] *s.* viticoltore.

vine-growing ['vaɪn,grəʊɪŋ] *s.* (*agr.*) viticoltura.

vine-leaf ['vaɪnli:f] *s.* (*bot.*) pampino.

vine-louse ['vaɪnlaʊs] *s.* (*zool.*) fillossera (della vite) SIN. vine-borer, vine-pest.

vine-pest ['vaɪnpest] *s.* (*zool.*) → **vine -louse**.

vinery ['vaɪnərɪ] *s.* serra per viti; vigneto, vigna.

vine-shoot ['vaɪnʃu:t] *s.* sarmento, tralcio, magliolo.

vinewed ['vɪnju:d / vin·ewed] *agg.* (*ant.*) muffoso: *Speak then, thou winewedst leaven, speak: I shall beat thee into handsomeness*, (SH. Troilus and Cressida) Parla allora, lievito ammuffito, parla! T'insegnerò la buona grazia con le botte.

vineyard ['vɪnjəd / vine·yard] *s.* vigna, vigneto.

viniculture ['vɪnɪ,kʌltʃə* / vini·cul·ture] *s.* (*form.*) vinicoltura.

viniculturist [,vɪnɪ'kʌltʃərɪst / vini·cul·tur·ist] *s.* (*form.*) vinicoltore.

viniferous [vɪ'nɪfərəs / vini·fer·ous] *agg.* (*form.*) vinifero.

vinification [,vɪnɪfɪ'keɪʃn / vi·ni·fica·tion] *s.* vinificazione, trasformazione del mosto in vino.

to **vinify** ['vɪnɪfaɪ / vi·ni·fy] *v.intr.* vinificare.

vinosity [vaɪ'nɒsətɪ / vin·os·ity] *s.* vinosità, l'essere vinoso.

vinous ['vaɪnəs / vin·ous] *agg.* **1** vinoso; di vino; provocato dal vino: *— flavour*, sapore vinoso // *— eloquence*, l'eloquenza dell'ubriaco **2** color vino **3** dedito al vino.

vintage ['vɪntɪdʒ / vin·tage] *s.* **1** vendemmia; prodotto della vendemmia **2** annata, raccolto **3** (*econ.*) annata (periodo di installazione di beni capitali): *— growth models*, modelli di capitale d'annata **4** (*poet.*) vino ◆ *agg.* **1** prodotto con le uve di una singola annata **2** d'annata, di qualità; eccellente; di successo; memorabile: *— wine*, vino d'annata; *it has been a — year for British tennis*, è stata un'annata memorabile per il tennis britannico **3** (*fam.*) che mostra il meglio del lavoro di: *this composition is — Bach*, questa composizione è il meglio dell'opera di Bach **4** (*di auto*) prodotta tra il 1919 e il 1930 // *a — car*, un'auto d'epoca.

to **vintage** *v.tr.* (*form.*) vendemmiare.

vintager ['vɪntɪdʒə* / vin·ta·ger] *s.* (*form.*) vendemmiatore.

vintner ['vɪntnə* / vint·ner] *s.* vinaio; commerciante di vini.

viny ['vaɪnɪ] *agg.* **1** ricco, coperto di viti **2** (caratteristico) della vite; simile alla vite.

vinyl ['vaɪnɪl / vi·nyl] *s.* **1** (*chim.*) vinile **2** (*fam.*) disco fonografico (di acetato di vinile): *on —*, registrato su disco ◆ *agg.* (*chim.*) vinilico, di vinile: *— acetate*, vinilacetato, acetato di vinile; *— alcohol*, alcol vinilico; *— chloride*, cloruro di vinile; *— chloride resin*, polivinilcloruro, cloruro di polivinile.

vinylidene [vaɪ'nɪlədi:n / vi·nyl·id·ene] *s.* (*chim.*) vinilidene ◆ *agg.* vinilidenico: *— resin*, resina vinilidenica.

viol ['vaɪəl] *s.* (*mus.*) viola (antica).

viola[1] ['vaɪələ / vi·ola] *s.* (*bot.*) viola.

viola[2] [,vɪ'əʊlə] *s.* (*mus.*) viola (moderna).

violable ['vaɪələbl / vi·ol·able] *agg.* (*form.*) violabile.

violaceous [,vaɪə'leɪʃəs / vi·ola·ceous] *agg.* **1** violaceo **2** (*bot.*) delle violacee.

violarite [vaɪ'əʊlə,raɪt / vi·olar·ite] *s.* (*min.*) violarite.

to **violate** ['vaɪəleɪt / vi·ol·ate] *v.tr.* **1** violare; infrangere; trasgredire: *to — the law*, violare la legge **2** (*form.*) profanare; oltraggiare **3** violentare **4** (*fig.*) violare, turbare: *to — s.o.'s privacy*, violare l'intimità di qlcu.

violation [,vaɪə'leɪʃn / vi·ola·tion] *s.* **1** violazione; infrazione; trasgressione: *— of the principles of the constitution*, violazione dei principi della costituzione **2** profanazione; oltraggio: *the — of a sacred place*, la profanazione di un luogo sacro **3** (*dir. rar.*) violenza, stupro **4** interruzione (di sonno, di quiete) **5** (*dir. amer.*) illecito di minima gravità; contravvenzione.

violator ['vaɪəleɪtə* / vi·ol·ator] *s.* **1** violatore; trasgressore: *— of the law*, trasgressore della legge **2** profanatore **3** violentatore **4** perturbatore.

violence ['vaɪələns / vi·ol·ence] *s.* **1** violenza; veemenza: *the — of his feelings*, la violenza dei suoi sentimenti; *the — of the wind*, la violenza del vento; *an outburst of —*, una esplosione di violenza // *to do — to sthg.*, rovinare qlco.; *those skyscrapers do — to the beauty of the landscape*, quei grattacieli rovinano la bellezza del paesaggio // *to do — to a text*, svisare il significato di un testo **2** (*dir.*) oltraggio; uso illegale di forza: *to do — to s.o.*, usare violenza contro qlcu.

violent ['vaɪələnt / vi·ol·ent] *agg.* **1** violento; impetuoso: *a — temper*, un carattere violento; *he died a — death*, morì di morte violenta // (*dir.*) *— offender*, autore di reati violenti **2** violento, intenso; acuto: *a — toothache*, un acuto mal di denti; *a — dislike*, una forte antipatia // **-ly** *avv.*

to **violent** *v.intr.* (*ant.*) scatenarsi con violenza: *the grief is fine, full, perfect, that I taste / and violenteth in a sense as strong / as that which causeth it*, (SH. Troilus and Cressida) il dolore che provo è sottile, pieno, perfetto e si scatena in un sentimento forte come la passione che lo causa.

violet ['vaɪəlɪt / vi·olet] *s.* **1** (*bot.*) (*Viola odorata*) violetta, viola mammola // *African —*, (*Saintpaulia jonantha*) saintpaulia, violetta africana // *a shrinking —*, (*fig.*) una mammoletta **2** colore viola ◆ *agg.* violetto; (di color) viola.

violin [,vaɪə'lɪn / vi·olin] *s.* (*mus.*) violino: *to play first —*, suonare da primo violino (*anche fig.*).

violinist ['vaɪəlɪnɪst / vi·ol·in·ist] *s.* violinista.

violist [vɪ'əʊlɪst *nel senso 2* 'vaɪəlɪst / vi·ol·ist] *s.* **1** suonatore di viola **2** suonatore di viola antica.

violoncellist [,vaɪələn'tʃelɪst / vi·ol·on·cel·list] *s.* violoncellista.

violoncello [,vaɪələn'tʃeləʊ / vi·ol·on·cello] *s.* (*mus.*) violoncello.

viomycin [,vaɪə'maɪsən / vio·my·cin] *s.* (*biochim.*) viomicina.

VIP [,vi:aɪ'pi:] *s.* (abbr. di *very important person*) vip.

viper ['vaɪpə* / vi·per] *s.* **1** vipera (*anche fig.*) // *to nourish a — in one's bosom*, nutrire una serpe in seno **2** (*zool.*) (*Vipera berus*) marasso.

viperine ['vaɪpəraɪn / vi·per·ine] *agg.* viperino (*anche fig.*).

viperish ['vaɪpərɪʃ / vi·per·ish] antiq. **viperous** ['vaɪpərəs / vi·per·ous] *agg.* di vipera; viperino (*anche fig.*); (*fig.*) maligno, velenoso: *— brood* (o *— generation*), (*fig.*) generazione di vipere; *a — tongue*, una lingua velenosa // **-ly** *avv.*

viper's bugloss ['vaɪpəz'bʌglɒs] *s.* (*bot.*) (*Echium vulgare*) echio comune, buglossa selvatica.

virago [vɪ'rɑ:gəʊ / vi·rago] *pl.* **virago(e)s** *s.* **1** (*ant.*) virago **2** (*spreg.*) megera, bisbetica.

viral ['vaɪrəl] *agg.* (*med.*) virale: *— pneumonia*, polmonite virale.

virelay ['vɪrəleɪ / vir·elay] *s.* (*st. poesia*) virelai.

virement ['vi:rəmɒn / vire·ment] *s.* (*amm.*) ventilazione.

viremia [vaɪ'ri:mɪə / vi·re·mia] *s.* (*med.*) viremia.

virescence [vɪ'resəns / vir·es·cence] *s.* **1** (*bot.*) virescenza **2** (*rar.*) verdezza.

virescent [vɪ'resənt / vir·es·cent] *agg.* **1** (*bot.*) virescente **2** (*rar.*) verdeggiante.

virgate[1] ['vɜ:gɪt / vir·gate] *agg.* dritto e sottile (di vegetale).

virgate[2] *s.* (*st.*) 'virgate' (misura di superficie agraria, pari a circa un decimo di ettaro).

Virgilian [vɜ:'dʒɪlɪən / Vir·gil·ian] *agg.* virgiliano; di Virgilio.

virgin ['vɜ:dʒɪn / vir·gin] *s.* vergine; (*estens.*) donna casta // *the* (*Blessed*) *Virgin*, la Beata Vergine ◆ *agg.* **1** vergine; (*estens.*) virgineo, puro, casto: *a — life*, una vita casta; *— modesty*, pudore verginale; *the Virgin Birth*, l'Immacolata Concezione // *the Virgin Queen*, la regina vergine (Elisabetta I d'Inghilterra) **2** non coltivato; vergine; inviolato: *— forest*, foresta vergine; — *snow*, neve vergine; — *soil*, terreno vergine; — *wool*, lana vergine.

Virgin *no.pr.* (*astr.*) → **Virgo**.

virginal[1] ['vɜ:dʒɪnl / vir·ginal] *agg.* verginale, puro, casto.

virginal[2] *s.gener.pl.* (*st. mus.*) virginale.

Virginia [və'dʒɪnjə / Vir·ginia] *s.* — (*tobacco*), tabacco virginia, tabacco della Virginia: — *cigar*, sigaro virginia; — *reel*, contraddanza.

Virginia creeper [və'dʒɪnjə'kri:pə*] *s.* (*bot.*) (*Parthenocissus quinquefolia*) vite del Canada.

Virginian [və'dʒɪnjən / Vir·gin·ian] *agg.* e *s.* (abitante) della Virginia.

virginity [və'dʒɪnətɪ / vir·gin·ity] *s.* verginità.

virgin's-bower [,vɜ:dʒɪnz'baʊə*] *s.* (*bot.*) (*Clematis vitalba*) vitalba.

virgin-tree ['vɜ:dʒɪn,tri:] *s.* (*bot.*) (*Sassafras albidum*) sassofrasso orientale.

Virgo ['vɜ:gəʊ] *no.pr.* (*astr.*) Vergine ◆ *s.* nato sotto il segno della Vergine.

virgule ['vɜ:gju:l / vir·gule] *s.* **1** barretta, il segno / **2** (*di orologio*) virgola: — *escapement*, scappamento a virgola.

virial ['vɪrɪəl / vir·ial] *s.* (*fis.*) viriale: — *law*, teorema del viriale.

virid ['vɪrɪd] *agg.* (*poet.*) verde, verdeggiante.

viridescence [,vɪrɪ'desns / vi·ri·des·cence] *s.* (*rar.*) l'essere verde, verdeggiante.

viridescent [,vɪrɪ'desnt / vi·ri·des·cent] *agg.* (*rar.*) verde, verdeggiante.

viridian [vɪ'rɪdɪən / vi·ri·dian] *s.* verde veronese.

viridity [vɪ'rɪdətɪ / vi·ri·dity] *s.* (*rar.*) verdezza.

virile ['vɪraɪl / vir·ile] *agg.* virile, maschio (*anche fig.*).

virility [vɪ'rɪlətɪ / vir·il·ity] *s.* virilità (*anche fig.*).

virion ['vaɪrɪən / vir·ion] *s.* (*biol.*) virione.

viroid ['vaɪrɔɪd / vir·oid] *s.* (*biol.*) viroide.

virological [,vaɪrə'lɒdʒɪkl / viro·lo·gical] *agg.* (*med.*) virologico.

virologist [,vaɪə'rɒlədʒɪst / viro·logist] *s.* virologo.

virology [,vaɪə'rɒlədʒɪ / viro·logy] *s.* virologia.

virtu [vɜ:'tʊ] *s.* gusto per l'arte, per gli oggetti d'arte // *articles* (o *objects* o *pieces*) *of* —, articoli, oggetti, pezzi d'arte.

virtual ['vɜ:tjʊəl / vir·tual] *agg.* **1** virtuale, effettivo, di fatto: *he is the — head of the business*, è il capo effettivo dell'azienda; *the president's wife was the — ruler of the nation*, la moglie del presidente era di fatto il capo della nazione **2** (*fis.*) virtuale: — *focus*, fuoco virtuale; — *image*, immagine virtuale; — *particle*, particella virtuale; — *work principle*, principio dei lavori virtuali // (*inform.*) — *memory*, memoria virtuale // **-ly** *avv.*

virtuality [,vɜ:tjʊ'ælətɪ / vir·tu·al·ity] *s.* (*form.*) potenzialità; virtualità.

virtue ['vɜ:tju: / vir·tue] *s.* **1** (*form.*) virtù; castità; moralità; forza d'animo, valore: *patience is a* —, la pazienza è una virtù; — *is its own reward*, la virtù è premio a se stessa: *to make a — of necessity*, fare di necessità virtù // *woman of easy* —, donna di facili costumi // *piece of* —, (*ant.*) modello di virtù; *by* (o *in*) — *of*: in virtù di, in forza di; *he was elected by* (o *in*) — *of his honesty*, fu eletto in virtù della sua onestà **2** qualità, vantaggio, merito: *it has the — of being unbreakable*, ha il vantaggio di essere infrangibile **3** (*non com.*) potere, efficacia, virtù: *the — of herbs to heal sickness*, la virtù delle erbe di curare le malattie **4** *pl.* (*relig.*) virtù (quinta gerarchia degli angeli) // (*teol.*) *cardinal* —, virtù cardinale **5** (*ant.*) potere, efficacia: *all their known virtue appears / productive in herb*, (MILTON) tutta la loro proprietà conosciuta appare efficace nell'erba.

virtuosity [,vɜ:tjʊ'ɒsətɪ / vir·tu·os·ity] *s.* (*form.*) virtuosismo.

virtuoso [,vɜ:tjʊ'əʊzəʊ *amer.* vɜ:tjʊ'əʊsəʊ / vir·tu·oso] *pl.* **virtuosos**, **virtuosi** [,vɜ:tjʊ'əʊzi: *amer.* ,vɜ:tjʊ'əʊsi: / vir·tu·osi] *s.* **1** (*mus.*) virtuoso **2** (*rar.*) amatore, conoscitore.

virtuous ['vɜ:tʃʊəs / vir·tu·ous] *agg.* **1** (*form.*) virtuoso, casto; morale **2** (*spreg.*) moralistico; ostentatamente virtuoso **3** (*ant.*) efficace, potente, salutare // **-ly** *avv.* // **-ness** *s.*

virulence ['vɪrʊləns / viru·lence] **virulency** ['vɪrʊlənsɪ / viru·lency] *s.* virulenza (*anche fig.*).

virulent ['vɪrʊlənt / viru·lent] *agg.* **1** virulento: — *disease*, malattia virulenta **2** (*fig.*) virulento, velenoso; maligno: *a — speech*, discorso virulento // **-ly** *avv.*

virus ['vaɪərəs] *s.* **1** (*med.*) virus // *filterable* —, ultravirus, virus filtrabile **2** (*inform.*) virus **3** (*fig.*) influenza nefanda.

visa ['vi:zə] *s.* visto (consolare): *entry, exit* —, visto d'entrata, d'uscita.

to **visa** *v.tr.* vistare (un passaporto).

visage ['vɪzɪdʒ / vis·age] *s.* (*letter.*) volto, faccia, sembiante (*anche fig.*).

visaged ['vɪzɪdʒd / vis·aged] *agg.* (*letter.*) (*spec. nei composti*) dal viso, dall'aspetto (*anche fig.*): *gloomy-* —, dall'aspetto triste, tetro; *grim- — war*, la guerra dall'orrendo viso.

vis-à-vis ['vi:zɑ:vi: *amer.* ,vi:zə'vi:] *s.* (*non com.*) **1** persona che sta di fronte **2** vis-à-vis (vettura per due che ha i sedili opposti) ◆ *prep.* (*form.*) **1** di faccia, dirimpetto, di fronte **2** rispetto a, nei confronti di.

viscacha [vɪs'kɑ:tʃə / vis·cacha] *s.* (*zool.*) (*Lagostomus maximus*) viscaccia.

viscera ['vɪsərə / vis·cera] *s.pl.* (*anat.*) visceri, viscere.

visceral ['vɪsərəl / vis·ceral] *agg.* **1** (*anat.*) viscerale // — *cavity*, cavità viscerale **2** (*fig.*) viscerale, profondo, istintivo.

to **viscerate** ['vɪsəreɪt / vis·cer·ate] *v.tr.* (*rar.*) sbudellare.

viscid ['vɪsɪd / vis·cid] *agg.* (*form.*) viscido; viscoso.

viscidity [vɪ'sɪdətɪ / vis·cid·ity] *s.* (*form.*) viscidità; viscosità.

viscometer [,vɪs'kɒmɪtə* / vis·co·meter] *s.* (*fis.*) viscosimetro.

viscose ['vɪskəʊs / vis·cose] *agg.* (*chim.*) viscoso ◆ *s.* (*chim.*) viscosa: — *process*, processo alla viscosa; — *rayon*, rayon viscosa (fibra tessile sintetica).

viscosimeter [,vɪskəʊ'sɪmɪtə* / vis·cosi·meter] *s.* viscosimetro.

viscosity [,vɪ'skɒsətɪ / vis·cos·ity] *s.* viscosità.

viscount ['vaɪkaʊnt / vis·count] *s.* visconte.

viscountcy ['vaɪkaʊntsɪ / vis·countcy] *s.* titolo, dignità di visconte.

viscountess ['vaɪkaʊntɪs / vis·count·ess] *s.* viscontessa.

viscous ['vɪskəs / vis·cous] *agg.* viscoso: (*fis.*) — *fluid*, fluido viscoso // **-ness** *s.*

vise (*amer.*) → **vice**[2].

visibility [,vɪzɪ'bɪlətɪ / vis·ib·il·ity] *s.* visibilità: *poor* —, scarsa visibilità; *your car's rear window gives good* —, il lunotto della tua automobile garantisce una buona visibilità.

visible ['vɪzəbl / vis·ible] *agg.* **1** visibile; apparente, evidente, manifesto: *his work showed — signs of improvement*, il suo lavoro mostrava segni visibili di miglioramento; *he spoke with — satisfaction*, parlò con evidente soddisfazione; *this button appears to serve no — purpose*, questo pulsante sembra non avere alcuna funzione apparente; *pneumonia may arise without any — cause*, la polmonite può insorgere senza alcuna causa manifesta // — *direction*, direzione apparente // — *horizon*, orizzonte visibile // — *signal*, segnale ottico **2** visibile, che può esser visto: *the river isn't — from here*, da qui non si vede il fiume **3** presenzialista; che appare sempre alla televisione, sui giornali ecc.: *a highly — politician*, un politico che si vede dappertutto, che interviene a ogni manifestazione **4** (*comm.*) sottomano, pronto // (*econ.*) — *goods*, partite visibili, merci fisiche; (*amm.*) — *supply*, scorta disponibile ◆ *s.* entità visibile.

visibleness ['vɪzəblnɪs / vis·ible·ness] *s.* (*non com.*) visibilità.

visibly ['vɪzəblɪ / vis·ibly] *avv.* visibilmente, palesemente.

Visigoth ['vɪzɪgɒθ / Visi·goth] *s.* (*st.*) visigoto.

Visigothic [,vɪzɪ'gɒθɪk / Visi·gothic] *agg.* (*st.*) visigotico.

vision ['vɪʒn / vi·sion] *s.* **1** vista; capacità visiva: *beyond our* —, al di là del nostro campo visivo **2** (*fig.*) visione, intuizione; immagine, idea: *he had a rather bleak — of the future*, aveva una visione del futuro piuttosto deprimente **3** (*fig.*) intuito, previdenza, lungimiranza: *a statesman of great* —, uno statista di grande acume **4** (*fig.*) potere evocativo, capacità immaginativa, fantastica: *Michelangelo was an artist of great* —, Michelangelo fu un artista di grande potenza evocativa **5** (*fig.*) allucinazione; apparizione, visione: *to see visions*, avere delle allucinazioni **6** (*letter.*) visione (di sogno), veduta (stupenda): *that woman was a — of beauty*, quella donna era una visione di bellezza; *all of a sudden we had a marvellous — of the ocean*, all'improvviso ci trovammo di fronte alla magnifica visione dell'oceano.

to **vision** *v.tr.* (*rar.*) **1** mostrare come in una visione **2** vedere come in una visione.

visional ['vɪʒənl / vi·sional] *agg.* (*rar.*) **1** relativo a, di visione **2** irreale, immaginario // **-ly** *avv.*

visionary ['vɪʒnərɪ *amer.* 'vɪʒənerɪ / vi·sion·ary] *agg.* **1** visionario, da visionario; sognatore: *a — mind*, una mente sognatrice **2** immaginario, chimerico, illusorio, irreale **3** visionario, irrealizzabile, inattuabile, poco realistico: — *projects*, progetti visionari, campati per aria **4** previdente, lungimirante: *a — approach to city planning*, un approccio all'urbanistica rivolto al futuro ◆ *s.* **1** visionario, sognatore, utopista **2** visionario, chi ha visioni mistiche // **-iness** *s.*

visit ['vɪzɪt] *s.* **1** visita: *the doctor made a — to her home*, il medico le fece una visita a domicilio; *to be on a — to s.o.*, essere in visita da qlcu.; *to pay s.o., sthg. a —* (o *to pay a — to s.o., sthg.*), fare una visita a qlcu., qlco.; *to receive s.o.'s —*, (*form.*) ricevere qlcu.; *to return s.o.'s —*, (*form.*) restituire una visita a qlcu. // *courtesy —*, visita di cortesia // *state —*, visita di stato **2** (*fam. amer.*) chiacchierata amichevole.

to **visit** *v.tr.* **1** visitare; fare (una) visita a; andare a trovare: *I must — my friends*, devo andare a trovare i miei amici; *this spot is visited by only a few people*, questo è un luogo poco frequentato; *they visited the British Museum*, visitarono il British Museum; *I think you need to — a doctor, a lawyer*, penso che tu debba andare da un dottore, che tu debba consultare un avvocato; *the social worker visited the old lady at home*, l'assistente sociale visitò a domicilio l'anziana signora; *to — the poor*, far visite di carità **2** ispezionare, esaminare: *hospitals are visited regularly by government officials*, gli ospedali sono ispezionati regolarmente da parte di funzionari governativi; (*dir.*) *to — the scene*, fare un sopralluogo **3** (*form.*) colpire, assalire, attaccare (di malattia ecc.); affliggere, tormentare: *the poet Burns was visited by fits of gloom*, il poeta Burns era vittima di accessi di malinconia; *in that period she was frequently visited by nightmares*, in quel periodo era perseguitata da incubi **4** (*letter.*, *Bibbia*) punire; vendicare; riversare: *God has visited his anger on them*, l'ira divina si è abbattuta su di loro; *to — the sins of the fathers upon the children*, far ricadere sui figli le colpe dei padri ♦ *v.intr.* **1** fare una visita, far visita: *"Do you live in this palace?" "No, we're just visiting"*, "Vivete in questo palazzo?" "No, siamo semplici visitatori" **2** *to — in*, (*fam. amer.*) soggiornare, stare: *let me know if you're going to — in Milan*, fammi sapere se hai intenzione di fermarti un po' a Milano.

□ **visit with** *v.intr.* e *prep.* (*amer.*) **1** fare una visita, andare a trovare; stare da: *Rosie is visiting with us this weekend*, Rosie si ferma da noi questo fine settimana **2** far conversazione, (andare a) fare quattro chiacchiere.

visitant ['vɪzɪtənt / vis·it·ant] *agg.* (*non com.*) che visita ♦ *s.* **1** (*non com.*) visitatore **2** uccello di passo, uccello migratore **3** apparizione soprannaturale **4** *Visitant*, (suora) visitandina.

visitation [,vɪzɪ'teɪʃn / vis·ita·tion] *s.* **1** (*form.*) visita ufficiale; (*eccl.*) visita pastorale // (*dir. amer.*) *right of —*, diritto di visitare i figli (da parte del coniuge separato) **2** (*form.*) castigo divino, punizione divina **3** (*form.*) segno divino; dono di Dio, benedizione **4** (*fam.*) visita troppo lunga **5** (*comm.*) visita; ispezione, esame **6** (*relig.*) *Visitation*, Visitazione (della Vergine a Elisabetta); festa della Visitazione (31 maggio) // (*eccl.*) *Visitation*, (Ordine della) Visitazione: *Nuns of the Visitation*, (suore) visitandine **7** migrazione anormale (di animali).

visitatorial [,vɪzɪtə'tɔ:rɪəl / vis·it·at·orial] *agg.* (*form.*) **1** di visita ufficiale **2** di ispezione: *— board*, commissione di ispezione.

visiting ['vɪzɪtɪŋ / vis·it·ing] *agg.* che visita (a domicilio): *— nurse*, infermiera che visita i malati a domicilio // *— professor*, visiting professor, professore visitatore (presso un'università di un paese straniero) // *— list*, lista degli amici, conoscenti: *he is not on my — list*, (*fam.*) non è un mio amico // *— terms*, termini di amicizia: *to be on — terms with s.o.*, essere in rapporti amichevoli con qlcu.

visiting card ['vɪzɪtɪŋ,kɑ:d] *s.* biglietto da visita AMER. calling card.

visitor ['vɪzɪtə* / vis·itor] *s.* **1** visitatore; ospite // *visitor's book*, registro degli ospiti // *summer —*, visitatore, villeggiante estivo **2** ispettore, verificatore **3** uccello di passo.

visor ['vaɪzə*] *s.* **1** visiera **2** maschera (per nascondere il volto) **3** (*aut.*) (*sun*) —, aletta parasole.

visored ['vaɪzəd / vi·sored] *agg.* (*non com.*) **1** fornito di visiera **2** con visiera abbassata **3** mascherato, travestito.

vista ['vɪstə] *s.* **1** prospettiva; scorcio (panoramico), vista, veduta: *a — of the lake between the trees*, uno scorcio del lago tra gli alberi **2** viale d'alberi (che crea una prospettiva) **3** (*fig.*) visione (del passato, del futuro); ricordi, memorie (*pl.*); prospettiva, serie (di possibilità, avvenimenti ecc.): *the vistas of bygone times*, i ricordi dei tempi andati; *new vistas*, nuovi orizzonti.

vista dome car ['vɪstədəʊm,kɑ:*] *s.* (*ferr. amer.*) carrozza panoramica.

visual ['vɪzjʊəl *amer.* 'vɪʒʊəl] *agg.* **1** visuale, visivo: *— memory*, memoria visiva; *— arts*, arti visive // (*fis.*) *— angle*, angolo visuale // (*anat.*): *— nerve*, nervo ottico; *— cone*, cono visivo // (*rad.*) *— tuning indicator*, indicatore ottico di sintonia **2** (*non com.*) visibile ♦ *s.pl.* (*cinem.*) immagini.

visual aid [,vɪzjʊəl'eɪd *amer.* ,vɪʒʊəl'eɪd] *s.* sussidio visivo.

visual display (unit) [,vɪʒʊəldɪs'pleɪ (,ju:nɪt)] *s.* (*inform.*) (unità) video.

visuality [,vɪzjʊ'ælətɪ *amer.* ,vɪʒʊ'ælətɪ / visu·al·ity] *s.* (*form.*) visione mentale.

visualization [,vɪzjʊəlaɪ'zeɪʃn *amer.* ,vɪʒʊəlɪ'zeɪʃn / visu·al·iza·tion] *s.* **1** il formare immagini mentali, l'immaginare **2** immagine mentale **3** il rendere visibile; il visualizzare, visualizzazione.

to **visualize** ['vɪzjʊəlaɪz *amer.* 'vɪʒʊəlaɪz / visu·al·ize] *v.tr.* **1** formare, formarsi un'immagine mentale di, immaginare, (raf)figurarsi **2** rendere visibile, visualizzare ♦ *v.intr.* formare, formarsi un'immagine mentale.

visually ['vɪzjʊəlɪ *amer.* 'vɪʒʊəlɪ / visu·ally] *avv.* **1** apparentemente, all'apparenza, in apparenza **2** visivamente **3** per mezzo d'immagini, di sussidi visivi.

vita ['vi:tə] *pl.* **vitae** ['vi:ti:] *s.* (*sl. amer.*) curriculum vitae.

vital ['vaɪtl / vi·tal] *agg.* **1** vitale; attinente alla vita: *— energy*, energia vitale // (*anat.*): *— centre*, centro vitale; *— organs*, organi vitali // *— statistics*, statistiche demografiche; (*fam.*) misure femminili (seno, vita, fianchi) **2** (*fig.*) vitale, essenziale, capitale: *a — necessity*, una necessità vitale; *of — importance*, d'importanza capitale; *your presence is — to* (o *for*) *the success of the party*, la tua presenza è fondamentale per la riuscita della festa **3** (*form.*) vitale (*anche fig.*), pieno di vita: *a — political organization*, un'organizzazione politica vitale **4** (*non com.*) fatale (alla vita, alla riuscita ecc.); *a — error*, un errore fatale; *a — wound*, una ferita mortale.

vitalism ['vaɪtəlɪzəm / vi·tal·ism] *s.* (*biol.*, *fil.*) vitalismo.

vitalist ['vaɪtəlɪst / vi·tal·ist] *s.* sostenitore del vitalismo.

vitalistic [,vaɪtə'lɪstɪk / vi·tal·istic] *agg.* (*biol.*, *fil.*) vitalistico.

vitality [vaɪ'tælətɪ / vi·tal·ity] *s.* **1** vitalità (*anche fig.*); forza, vigore: *an economic sector showing great —*, un settore economico che dà segni di grande vitalità **2** (*estens.*) vigore, energia; vivacità, brio.

to **vitalize** ['vaɪtəlaɪz / vi·tal·ize] *v.tr.* (*non com.*) **1** infondere vita a; vitalizzare **2** (*estens.*) animare, vivacizzare, vivificare.

vitally ['vaɪtəlɪ / vi·tally] *avv.* **1** vitalmente; in modo vitale **2** estremamente, molto: *— important*, estremamente importante.

vitals ['vaɪtlz / vi·tals] *s.pl.* **1** (*antiq.*) organi vitali; (*fam.*) genitali **2** (*fig.*) parti essenziali.

vitamin ['vɪtəmɪn *amer.* 'vaɪtəmɪn / vit·amin] *s.* (*biochim.*) vitamina.

vitaminic [,vɪtə'mɪnɪk *amer.* ,vaɪtə'mɪnɪk / vit·am·inic] *agg.* (*biochim.*) vitaminico.

to **vitaminize** ['vɪtəmɪnaɪz *amer.* 'vaɪtəmɪnaɪz / vit·am·in·ize] *v.tr.* vitaminizzare; aggiungere, arricchire con vitamine.

vitellin [vɪ'telɪn / vi·tel·lin] *s.* (*biochim.*) vitellina.

vitelline [vɪ'telaɪn / vi·tel·line] *agg.* **1** (*biol.*) vitellino, del vitello dell'uovo // *— membrane*, membrana vitellina **2** (*rar.*) del colore del tuorlo d'uovo.

vitellus [vɪ'teləs / vi·tel·lus] *s.* (*biol.*) vitello, tuorlo d'uovo.

to **vitiate** ['vɪʃɪeɪt / viti·ate] *v.tr.* **1** (*form.*) viziare; corrompere; guastare, deteriorare: *vitiated air*, aria viziata **2** (*dir.*) invalidare, viziare: *this clause may — the contract*, questa clausola può invalidare il contratto.

vitiation [,vɪʃɪ'eɪʃn / viti·ation] *s.* **1** (*form.*) lo sciupare; il corrompere; il guastare; deterioramento **2** (*dir.*) invalidazione, l'invalidare.

viticultural [,vɪtɪ'kʌltʃərəl / viti·cul·tural] *agg.* viticolo.

viticulture ['vɪtɪ,kʌltʃə* / viti·cul·ture] *s.* (*agr.*) viticoltura.

viticulturist [,vɪtɪ'kʌltʃərɪst / viti·cul·tur·ist] *s.* viticoltore.

vitiligo [,vɪtɪ'laɪgəʊ / vit·iligo] *pl.* **vitiligos** *s.* (*med.*) vitiligine.

vitrain ['vɪtreɪn / vit·rain] *s.* (*geol.*) vitrite.

vitreosity [,vɪtrɪ'ɒsətɪ / vit·re·os·ity] *s.* (*form.*) qualità vitrea, vetrosità.

vitreous ['vɪtrɪəs / vit·re·ous] *agg.* vitreo; vetroso: *— silica*, silice vetrosa // *— electricity*, elettricità positiva // (*anat.*): *— humour*, umore vitreo (dell'occhio); *— body*, corpo vitreo.

vitrifaction [,vɪtrɪ'fækʃn / vit·ri·fac·tion] → **vitrification**.

vitrifiability [,vɪtrɪ,faɪə'bɪlətɪ / vit·ri·fi·ab·il·ity] *s.* vetrificabilità.

vitrifiable ['vɪtrɪfaɪəbl / vit·ri·fi·able] *agg.* vetrificabile.

vitrification [,vɪtrɪfɪ'keɪʃn / vit·ri·fica·tion] *s.* vetrificazione.

to **vitrify** ['vɪtrɪfaɪ / vit·rify] *v.tr.* vetrificare ◆ *v.intr.* vetrificarsi.

vitrinite ['vɪtrɪnaɪt / vit·rin·ite] *s.* (*geol.*) vitrinite.

vitriol ['vɪtrɪəl / vit·riol] *s.* 1 (*chim.*) vetriolo: *blue* —, vetriolo azzurro, solfato di rame; *green* —, vetriolo verde, solfato di ferro; *white* —, vetriolo bianco, solfato di zinco // (*oil of*) —, acido solforico 2 (*fig. letter.*) sarcasmo pungente.

to **vitriol** *v.tr.* (*chim.*) trattare con vetriolo.

vitriolic [,vɪtrɪ'ɒlɪk / vit·ri·olic] *agg.* 1 (*chim.*) vetriolico 2 (*fig. form.*) maligno, sarcastico: — *criticism*, critica corrosiva.

vitriolizable ['vɪtrɪə,laɪzəbl / vit·ri·ol·iz·able] *agg.* (*chim.*) 1 trasformabile in vetriolo 2 che può essere sottoposto all'azione del vetriolo.

vitriolization [,vɪtrɪəlaɪ'zeɪʃn *amer.* ,vɪtrɪəlɪ'zeɪʃn / vit·ri·ol·iza·tion] *s.* (*chim.*) 1 il trasformare in vetriolo 2 il sottoporre all'azione del vetriolo; il vetrioleggiare.

to **vitriolize** ['vɪtrɪəlaɪz / vit·ri·ol·ize] *v.tr.* 1 (*chim.*) convertire in vetriolo 2 sottoporre all'azione del vetriolo; vetrioleggiare.

vitrite ['vɪtreɪt / vit·rite] *s.* (*geol.*) vitrite.

Vitruvian [vɪ'tru:vjən / Vi·tru·vian] *agg.* di Vitruvio, secondo lo stile di Vitruvio // (*arch.*) — *scroll*, cartoccio.

vitta ['vɪtə] *pl.* **vittae** ['vɪti: / vit·tae] *s.* 1 vitta (benda del capo presso gli antichi romani) 2 infula della mitria 3 (*zool.*) stria, striscia di colore (di animale) 4 (*bot.*) vitta, canalino oleoso (di frutto).

vittate ['vɪteɪt / vit·tate] *agg.* 1 (*bot.*) contenente canalini oleosi (di frutto) 2 (*zool.*) striato, con striature (di animale).

vituline ['vɪtʃəlaɪn / vit·ul·ine] *agg.* di, simile a vitello.

to **vituperate** [vɪ'tju:pəreɪt *amer.* vaɪ'tu:pəreɪt / vi·tu·per·ate] *v.tr.* (*form.*) vituperare, ingiuriare; rimproverare, biasimare.

vituperation [vɪ,tju:pə'reɪʃn *amer.* vaɪ,tu:pə'reɪʃn / vi·tu·pera·tion] *s.* (*form.*) il vituperare; vituperio, ingiuria; rimprovero, biasimo.

vituperative [vɪ'tju:pərətɪv *amer.* vaɪ'tu:pəreɪtɪv / vi·tu·per·at·ive] *agg.* (*form.*) vituperativo, vituperoso, ingiurioso // **-ly** *avv.*

vituperator [vɪ'tju:pəreɪtə* *amer.* vaɪ'tu:pəreɪtə* / vi·tu·per·ator] *s.* (*form.*) vituperatore.

viva[1] ['vi:və] *inter.* e *s.* evviva!; viva!

viva[2] ['vaɪvə] *s.* (*fam.*) → **viva voce**.

vivacious [vɪ'veɪʃəs / vi·va·cious] *agg.* vivace, vispo; brioso; animato, pieno di vita // **-ly** *avv.* // **-ness** *s.*

vivacity [vɪ'væsətɪ / vi·va·city] *s.* vivacità; brio; animazione.

vivarium [vaɪ'veərɪəm / viv·ar·ium] *pl.* **vivaria** [vaɪ'veərɪə / viv·aria] **vivariums** *s.* 1 vivaio; peschiera; acquario 2 (*ecol.*) giardino zoologico che riproduce il più possibile l'ambiente naturale degli animali.

viva voce [,vaɪvə'vəʊsɪ, ,vi:və'vəʊtʃɪ] *agg.* orale ◆ *s.* (*fam.*) esame orale (all'università) ◆ *avv.* a viva voce, oralmente.

vivid ['vɪvɪd] *agg.* 1 vivace, vivo; vigoroso: *a — imagination*, una immaginazione vivace 2 vivido; colorito; intenso; brillante: *a deep — blue*, un blu scuro intenso 3 vivo, realistico: — *description*, descrizione realistica // **-ly** *avv.* // **-ness** *s.*

vivification [,vɪvɪfɪ'keɪʃn / vivi·fica·tion] *s.* vivificazione.

to **vivify** ['vɪvɪfaɪ / viv·ify] *v.tr.* vivificare; animare; rinvigorire.

viviparity [,vɪvɪ'pærətɪ / vi·vi·par·ity] *s.* (*biol.*) l'essere viviparo; viviparità.

viviparous [vɪ'vɪpərəs / vi·vi·par·ous] *agg.* (*zool., bot.*) viviparo.

to **vivisect** [,vɪvɪ'sekt / vi·vi·sect] *v.tr.* vivisezionare ◆ *v.intr.* praticare la vivisezione.

vivisection [,vɪvɪ'sekʃn / vi·vi·sec·tion] *s.* vivisezione.

vivisectional [,vɪvɪ'sekʃənl / vi·vi·sec·tional] *agg.* relativo alla vivisezione; vivisettorio.

vivisectionist [,vɪvɪ'sekʃnɪst / vi·vi·sec·tion·ist] **vivisector** ['vɪvɪ,sektə* / vivi·sector] *s.* vivisezionista.

vixen ['vɪksn] *s.* 1 (*zool.*) volpe femmina 2 (*letter.*) megera; donna litigiosa e brontolona, bisbetica.

vixenish ['vɪksnɪʃ / vixen·ish] *agg.* 1 (*zool.*) volpino 2 litigioso; bisbetico.

viz [vɪz] → **videlicet**.

vizard ['vɪzɑ:d / viz·ard] *s.* 1 → visor 2 (*ant.*) maschera: (*we must*) *make our faces vizards to our hearts / disguising what they are*, (SH. Macbeth) (dobbiamo) fare delle nostre facce maschere ai nostri cuori dissimulando ciò che sono.

vizier [vɪ'zɪə* / viz·ier] *s.* visir // *Grand Vizier*, gran visir.

vizierate [vɪ'zɪərɪt / viz·ier·ate] *s.* visirato.

V-J Day ['vi:dʒeɪ,deɪ] *s.* giorno della vittoria sul Giappone nella seconda guerra mondiale (15 Agosto 1945).

V-neck ['vi:,nek] *s.* (*abbigl.*) scollatura a V.

V-necked ['vi:,nekt] *agg.* (*abbigl.*) con scollatura a V.

vocab ['vəʊkæb] *s.* (*fam.*) vocabolario.

vocable ['vəʊkəbl / voc·able] *s.* (*non com.*) vocabolo; parola.

vocabulary [vəʊ'kæbjʊlərɪ *amer.* və'kæbjʊlerɪ / vo·cabu·lary] *s.* 1 vocabolario; lessico: *a word not found in the Chaucerian* —, una parola che non figura nel vocabolario di Chaucer; *his — is limited*, il suo vocabolario è limitato 2 elenco di voci, nomenclatura; glossario: *this French grammar has a — at the back*, questa grammatica francese reca in appendice un dizionarietto // (*inform.*) *data* —, vocabolario di dati.

vocal ['vəʊkl] *agg.* 1 vocale; di voce; espresso con la voce; orale 2 (*fon.*) avente carattere di vocale; sonante 3 (*mus.*) cantato, vocale: — *concert*, concerto vocale; — *music*, musica vocale 4 (*fam.*) espresso in parole; schietto, aperto, franco ◆ *s.* 1 suono vocalico 2 canto, musica vocale; *lead vocals by Mick Jagger*, (cantante) solista Mick Jagger; *backing vocals*, accompagnamento vocale.

vocalic [vəʊ'kælɪk / vo·calic] *agg.* vocalico; di vocale.

vocalism ['vəʊkəlɪzəm / vo·cal·ism] *s.* 1 uso della voce 2 (*mus.*) vocalizzo, gorgheggio 3 (*fon.*) vocalismo.

vocalist ['vəʊkəlɪst / vo·cal·ist] *s.* cantante; vocalist.

vocalization [,vəʊkəlaɪ'zeɪʃn *amer.* ,vəʊkəlɪ'zeɪʃn / vo·cal·iza·tion] *s.* vocalizzazione.

to **vocalize** ['vəʊkəlaɪz / vo·cal·ize] *v.intr.* 1 parlare 2 cantare; far vocalizzi ◆ *v.tr.* 1 esprimere a voce; articolare 2 cantare 3 (*fon.*) vocalizzare.

vocation [vəʊ'keɪʃn / vo·ca·tion] *s.* 1 vocazione; chiamata divina 2 inclinazione; attitudine: *to have no — for teaching*, non avere attitudine all'insegnamento 3 professione; impiego; occupazione, attività: *to change one's* —, cambiare la propria professione; *to mistake one's* —, scegliere la carriera sbagliata.

vocational [vəʊ'keɪʃənl / vo·ca·tional] *agg.* professionale: *a — school*, una scuola professionale; — *training*, istruzione professionale; — *guidance*, orientamento professionale // **-ly** *avv.*

vocative ['vɒkətɪv / voc·at·ive] *agg.* e *s.* (*gramm.*) vocativo.

to **vociferate** [vəʊ'sɪfəreɪt / vo·ci·fer·ate] *v.intr.* (*form.*) vociferare; vociare ◆ *v.tr.* (*form.*) gridare.

vociferation [vəʊ,sɪfə'reɪʃn / vo·ci·fera·tion] *s.* (*form.*) vociferazione; vocio; clamore.

vociferator [vəʊ'sɪfəreɪtə* / vo·ci·fer·ator] *s.* (*form.*) vociferatore.

vociferous [vəʊ'sɪfərəs / vo·ci·fer·ous] *agg.* (*form.*) rumoroso; vociferante; fragoroso; strepitoso // **-ly** *avv.* // **-ness** *s.*

vodka ['vɒdkə] *s.* vodka.

vogue [vəʊg] *s.* voga, moda: *to be in* —, essere in voga, essere di moda; *these romantic medieval sagas are all the — at the moment*, queste saghe romantiche medievali sono di gran moda attualmente; *to come into* —, diventare di moda.

voice [vɔɪs] *s.* 1 voce; verso, grido (di animali): *a thick* —, una voce grossa; *a thin* —, una voce sottile; *tone of* —, tono di voce; *at the top of one's* —, a voce molto alta; *his — is breaking*, sta cambiando la voce (di ragazzo); *don't you recognize my —?*, non riconosci la mia voce?; *he is not in good* —, è giù di voce; *to lose one's* —, perdere la voce; *to raise one's* —, alzare la voce (per farsi sentire, perché arrabbiato); *to raise a — against sthg.*, non essere d'accordo su qlco. // *to lift up one's* —, esprimersi, parlare // (*inform.*): — *mail*, audiomessaggeria (trasmissione di messaggi sonori attraverso computer); — *network*, rete di audiomessaggeria 2 (*fig.*) voce; espressione: *the — of experience*, la voce dell'esperienza; *the voices of the night*, i suoni della notte; *to find — to express oneself*, trovare modo di esprimersi; *to give — to*, esprimere // *the — of the people is the — of God*, (*prov.*) voce di popolo, voce di Dio 3 opinione, giudizio: *with one* —, (*form.*) all'unanimità 4 (*gramm.*) voce (di verbo): *middle* —, voce media (dei verbi greci); *passive* —, voce passiva 5 suffragio; voto // *I have no — in the matter*, non ho voce in capitolo.

to **voice** *v.tr.* 1 esprimere, dire; essere il portavoce di: *to — the general feeling*, esprimere i sentimenti della massa 2 (*mus.*) intonare: *to — the pipes of an organ*, intonare le canne di un organo 3 (*fon.*) rendere sonoro 4 (*ant.*) acclamare: *is this the Athenian minion, whom the world / voic'd so regardfully?*, (SH. Timon of Athens) è questo il beniamino di

Atene, che il mondo acclamava con tanto rispetto?

voice box ['vɔɪsbɒks] *s.* (*anat. fam.*) laringe.

voiced [vɔɪst] *agg.* **1** (*spec. nei composti*) dalla voce: *deep-* —, dalla voce profonda; *sweet-* —, dalla voce dolce **2** a voce, espresso verbalmente **3** (*fon.*) sonoro.

voice-gram ['vɔɪsgræm] *s.* (*inform.*) messaggio orale, verbale; il parlato.

voiceless ['vɔɪslɪs / voice·less] *agg.* **1** senza voce, muto; silenzioso **2** non espresso, tacito **3** che non ha diritto di voto **4** (*fon.*) muto; sordo // **-ly** *avv.* // **-ness** *s.*

voice-over [,vɔɪs'əʊvə*] *s.* (*TV*, *cinem.*) voce fuori campo.

void [vɔɪd] *agg.* **1** (*form.*) vuoto; vacante, non occupato **2** (*form.*) privo: — *of common sense*, privo di senso comune **3** (*dir.*) non valido, nullo; illegale: *the agreement, not having been signed, was* —, l'accordo, non essendo stato firmato, era nullo **4** (*ant.*) inutile ◆ *s.* **1** (*letter.*) vuoto: *to disappear into the* —, sparire nel vuoto **2** (*fig.*) vuoto; mancanza: *an aching* —, un vuoto doloroso // *to fill a* —, colmare una lacuna.

to **void** *v.tr.* **1** (*form.*) vuotare, liberare (un luogo) **2** (*med.*) scaricare, evacuare **3** (*dir.*) annullare, abrogare **4** (*ant.*) lasciare, abbandonare.

voidable ['vɔɪdəbl / void·able] *agg.* (*dir.*) annullabile.

voidance ['vɔɪdəns / void·ance] *s.* **1** (*form.*) svuotamento **2** (*dir.*) annullamento **3** (*eccl.*) vacanza (di un beneficio).

voided ['vɔɪdɪd] *agg.* **1** vuotato **2** lasciato, reso vacante **3** (*dir.*) invalidato, annullato **4** (*arald.*) vuoto (di figura).

voidness ['vɔɪdnɪs / void·ness] *s.* (*dir.*) nullità, inefficacia.

voile [vɔɪl] *s.* voile (tessuto).

voire dire [,vwɑ:r'dɪə*] *s.* (*dir.*) **1** esame preliminare del testimone (per accertarne la capacità a deporre) **2** dichiarazioni (*pl.*) relative al carattere e ai precedenti del reo.

vol [vɒl] abbr. di → **volume** 3 e 5.

volant ['vəʊlənt / vo·lant] *agg.* **1** (*zool.*) che vola; capace di volare, atto al volo **2** (*ant.*) agile; rapido **3** (*arald.*) volante.

volar ['vəʊlə* / vo·lar] *agg.* (*anat.*) **1** palmare, del palmo della mano **2** plantare, della pianta del piede.

volary ['vəʊlərɪ / vo·lary] *s.* (*rar.*) **1** voliera, uccelliera **2** uccelli (*pl.*) in una voliera.

volatile ['vɒlətaɪl / vol·at·ile] *agg.* **1** (*rar.*) volatile, alato **2** (*fig.*) volubile, capriccioso; incostante; mutevole; instabile: (*econ.*) — *market*, mercato volatile, mutevole // (*inform.*) — *memory*, memoria volatile, non permanente **3** (*chim.*) volatile: — *oil*, olio volatile; — *salt*, sale volatile // — *alkali*, ammoniaca ◆ *s.* **1** (*zool.*) volatile **2** (*chim.*) sostanza volatile **3** (*fin.*) *implied* —, grado di volatilità implicato dal prezzo di mercato di un'opzione.

volatility [,vɒlə'tɪlətɪ / vol·at·il·ity] meno com. **volatileness** ['vɒlətaɪlnɪs / vol·at·ile·ness] *s.* **1** (*chim.*) volatilità **2** (*fig.*) volubilità; instabilità.

volatilizable ['vɒlətɪ,laɪzəbl / vo·lat·il·iz·able] *agg.* (*chim.*) volatilizzabile.

volatilization [,vɒlə,tɪlə'zeɪʃn / vo·lat·il·iza·tion] *s.* (*chim.*) volatilizzazione; il volatilizzare.

to **volatilize** ['vɒlətɪlaɪz / vo·lat·il·ize] *v.tr.* e *intr.* (*chim.*) volatilizzare, volatilizzarsi.

volcanic [vɒl'kænɪk / vol·canic] *agg.* **1** (*geol.*) vulcanico: — *pile*, edificio vulcanico; — *rock*, roccia vulcanica, vulcanite; — *cinders*, ceneri vulcaniche **2** (*fig.*) ardente, esplosivo, vulcanico.

volcanic foam [vɒl,kænɪk'fəʊm] *s.* (*geol.*) pomice.

volcanic glass [vɒl,kænɪk'glɑ:s] *s.* (*geol.*) ossidiana, vetro vulcanico.

volcanicity [,vɒlkə'nɪsətɪ / vol·cani·city] **volcanism** ['vɒlkənɪzəm / vol·can·ism] *s.* (*geol.*) vulcanismo, vulcanesimo.

volcano [vɒl'keɪnəʊ / vol·cano] *pl.* **volcano(e)s** *s.* (*geol.*) vulcano: *active* —, vulcano in attività; *dormant* —, vulcano inattivo; *extinct* —, vulcano estinto, spento // *mud* —, vulcano di fango, salsa.

volcanogenic [,vɒlkənə'dʒenɪk / vol·ca·no·genic] *agg.* (*geol.*) vulcanico, di origine vulcanica.

volcanological [,vɒlkənə'lɒdʒɪkl / vol·ca·no·lo·gical] *agg.* (*geol.*) vulcanologico.

volcanologist [,vɒlkən'ɒlədʒɪst / vol·ca·no·lo·gist] *s.* (*geol.*) vulcanologo.

volcanology [,vɒlkə'nɒlədʒɪ / vol·cano·logy] *s.* (*geol.*) vulcanologia.

vole[1] [vəʊl] *s.* cappotto (a carte) // *to go the* —, (*fam. amer.*) rischiare il tutto per tutto.

vole[2] *s.* (*zool.*) **1** arvicola SIN. **fieldmouse** **2** *field* —, (*Microtus arvalis*) topo campagnolo comune.

volet ['vɒleɪ] *s.* (*arte*) pannello, tavola di trittico.

volitant ['vɒlɪtənt / vol·it·ant] *agg.* **1** volitante, svolazzante, volteggiante **2** (*zool.*) → **volant**.

volition [vəʊ'lɪʃn / vo·li·tion] *s.* **1** volizione **2** vòlontà, il volere; scelta, decisione: *of one's own* —, di propria spontanea volontà.

volitional [vəʊ'lɪʃənl / vo·li·tional] *agg.* volitivo // (*med.*) — *movements*, movimenti volontari // **-ly** *avv.*

volitive ['vɒlɪtɪv / vol·it·ive] *agg.* volitivo (*anche gramm.*) ◆ *s.* (*gramm.*) forma volitiva.

volley ['vɒlɪ / vol·ley] *s.* **1** scarica, raffica, salva (*anche fig.*): *a* — (*of bullets*), una raffica di proiettili; *a* — *of stones*, una scarica di pietre; *a* — *of laughter*, uno scroscio di risa; *a* — *of words*, un profluvio di parole **2** (*sport*) volata, volée (al tennis); colpo, tiro al volo: *on the* —, al volo.

to **volley** *v.tr.* **1** scaricare (proiettili ecc.) **2** (*sport*) colpire (la palla) al volo **3** (*non com.*) investire con un profluvio (di parole, domande) ◆ *v.intr.* **1** sparare a raffica; lanciare una salva **2** (*sport*) colpire la palla al volo; (*tennis*) fare una volée.

volleyball ['vɒlɪbɔ:l / vol·ley·ball] *s.* (*sport*) pallavolo // — *player*, pallavolista.

to **volplane** ['vɒlpleɪn / vol·plane] *v.intr.* (*aer.*) (*non com.*) planare.

Volstead Act ['vɒlsted,ækt] *s.* (*dir. amer.*) legge che, vietando la produzione e vendita di alcolici, istituì il proibizionismo.

volt[1] [vɒlt] *s.* (*equitazione, scherma*) volta.

to **volt**[1] *v.intr.* (*equitazione*) volteggiare; (*scherma*) fare una volta.

volt[2] [vəʊlt] *s.* (*metrol.*) volt.

voltage ['vəʊltɪdʒ / volt·age] *s.* (*fis.*, *elettr.*) tensione elettrica, potenziale; voltaggio: *high* —, alta tensione; — *drop*, caduta di tensione; — *regulator*, regolatore di tensione; *terminal* —, tensione ai morsetti.

voltaic [vɒl'teɪɪk / vol·taic] *agg.* (*elettr.*) voltaico: — *arc*, arco voltaico // — *cell*, elemento di pila.

voltameter [vɒl'tæmɪtə* / vol·ta·meter] *s.* (*elettr.*) voltametro.

voltammeter [vɒl'tæmɪtə* / vol·tam·meter] *s.* (*elettr.*) voltamperometro.

volte-face [,vɒlt'fɑ:s] *s.* (*letter.*) voltafaccia.

voltmeter [vɒlt,mi:tə* / volt·meter] *s.* (*fis.*) voltmetro.

voltzite ['vɒltsaɪt / voltz·ite] *s.* (*min.*) voltzite.

volubility [,vɒljʊ'bɪlətɪ / vo·lu·bil·ity] *s.* (*form.*) scioltezza, fluidità, speditezza (di eloquio); loquacità.

voluble ['vɒljʊbl / vol·uble] *agg.* **1** spedito, fluente (di eloquio); loquace **2** (*bot.*) volubile **3** (*rar.*) incostante.

volubleness ['vɒljʊblnɪs / vol·uble·ness] *s.* speditezza, fluidità (di eloquio); loquacità.

volubly ['vɒljʊblɪ / vol·ubly] *avv.* speditamente, correntemente, fluentemente; loquacemente.

volume ['vɒlju:m *amer.* 'vɒljəm / vol·ume] *s.* **1** (*form.*) volume; tomo; libro: *a work in two volumes*, un'opera in due volumi // *to speak volumes*, dare ampia dimostrazione, provare; dire tutto, dirla lunga: *it speaks volumes for his generosity*, ciò è una chiara dimostrazione della sua generosità // (*inform.*) — *shadowing*, copia di salvataggio su disco **2** (*st.*) documento, papiro **3** volume (*anche scient.*); mole; massa: *the* — *of the earth*, il volume della Terra; — *of water*, volume d'acqua; (*fis.*) *increase of* —, aumento di volume, dilatazione; (*comm.*) — *of sales*, volume delle vendite; (*econ.*) — *of trade*, volume degli scambi, volume d'affari **4** quantità, mole, estensione: *the* — *of protest*, l'estensione della protesta // (*inform.*): — *manufacturing*, produzione in grande serie; — *test*, prova di un programma (con dati reali) **5** volume (di suono): *turn the* — *up, will you?*, alza il volume, per favore **6** (*fam. amer.*) dose, capsula di tranquillanti **7** (*inform.*) parte componente (riferito a un hard disk o a un drive interno di un computer).

to **volume** *v.tr.* (*non com.*) raccogliere in volume ◆ *v.intr.* (*non com.*) dilatarsi, formarsi in una massa.

volumeter [vɒ'lju:mɪtə* / vo·lu·meter] *s.* (*metrol.*) idrometro; densimetro.

volumetric(al) [,vɒljʊ'metrɪk(l) / vo·lu·met·ric(·al)] *agg.* volumetrico: (*chim.*) — *analysis*, analisi volumetrica; (*mecc.*) — *efficiency*, rendimento volumetrico; (*fis.*) — *expansion*, espansione volumetrica.

voluminosity [və,lju:mɪ'nɒsətɪ / vo·lu·min·os·ity] *s.* (*form.*) **1** voluminosità **2** (*ant.*) l'avvolgersi in spire.

voluminous [və'lju:mɪnəs / vo·lu·min·ous] *agg.* **1** voluminoso, di grande mole: — *correspondence*, corrispondenza voluminosa; *a* — *suitcase*, una valigia capiente **2** ampio;

largo (di indumento): *a — skirt*, una gonna ampia **3** copioso, ricco, dettagliato (di informazioni, appunti ecc.); produttivo, fecondo (di scrittore ecc.); (*spreg.*) verboso, prolisso **4** (*rar.*) in molti volumi, tomi: *a — history*, una storia in molti volumi **5** (*ant.*) a spirale; a volute // **-ly** *avv.* // **-ness** *s.*

voluntariness ['vɒləntərɪnɪs / vol·un·tari·ness] *s.* spontaneità; volontarietà.

voluntarism ['vɒləntərɪzəm / vol·un·tar·ism] *s.* (*fil.*) volontarismo.

voluntarist ['vɒləntərɪst / vol·un·tar·ist] *s.* (*fil.*) seguace del volontarismo.

voluntary ['vɒləntərɪ / vol·un·tary] *agg.* **1** volontario; spontaneo; libero: *a — confession*, una confessione spontanea; *a — contribution*, un contributo volontario // (*dir.*): *— conveyance*, cessione gratuita; *— partition*, divisione consensuale (del patrimonio) **2** volontario; di volontario: *— worker*, lavoratore volontario; *— society*, società di volontari **3** sovvenzionato da contributi privati (di istituti): *— school*, scuola privata mantenuta da contributi volontari **4** voluto; fatto di proposito: (*dir.*) *— waste*, danni intenzionali; (*amm.*) *— redundancy*, dimissioni volontarie; (*econ.*) *— unemployment*, disoccupazione volontaria **5** (*anat.*) volontario: *— muscle*, muscolo volontario ◆ *s.* (*mus.*) assolo (di organo) // **-ily** *avv.*

voluntaryism ['vɒləntərɪ,ɪzəm / vol·un·tary·ism] *s.* indirizzo di pensiero secondo il quale la Chiesa e le Scuole dovrebbero essere sovvenzionate dai privati e non dallo Stato.

voluntaryist ['vɒlən,tərɪɪst / vol·un·tary·ist] *s.* seguace del 'voluntaryism'.

volunteer [,vɒlən'tɪə* / vo·lun·teer] *agg.* **1** volontario: (*mil.*) *— army*, esercito di volontari; (*mil.*) *— service*, servizio volontario **2** (*bot.*) che cresce spontaneamente ◆ *s.* **1** volontario: *to call for volunteers*, chiedere volontari **2** (*dir.*) donatario, legatario di un atto gratuito **3** (*bot.*) pianta spontanea.

to **volunteer** *v.tr.* offrire volontariamente: *to — information*, dare spontaneamente delle informazioni ◆ *v.intr.* **1** offrirsi volontariamente: *to — to do sthg.*, offrirsi volontariamente di fare qlco. **2** (*mil.*) arruolarsi come volontario: *to — for a campaign*, arruolarsi come volontario in una campagna.

voluptuary [və'lʌptjʊərɪ *amer.* və'lʌptʃʊerɪ / vo·lup·tu·ary] *agg.* (*letter.*) **1** voluttuario **2** voluttuoso, sensuale ◆ *s.* (*letter.*) epicureo; libertino; persona voluttuosa.

voluptuous [və'lʌptʃʊəs / vo·lup·tu·ous] *agg.* **1** voluttuoso; sensuale **2** conturbante, sexy // **-ly** *avv.* // **-ness** *s.*

volute [və'lju:t *amer.* və'lu:t / vo·lute] *agg.* (*letter.*) a voluta, a spira // (*mecc.*) *— spring*, molla a spirale conica ◆ *s.* **1** (*letter.*) voluta; spira, spirale **2** (*arch.*, *zool.*) voluta.

voluted [və'lju:tɪd *amer.* və'lu:tɪd / vo·luted] *agg.* **1** (*letter.*) avvolto a spirale (*anche zool.*) **2** (*arch.*) provvisto di voluta.

volution [və'lju:ʃn *amer.* və'lu:ʃn / vo·lu·tion] *s.* **1** attorcigliamento; avvolgimento a spirale **2** (*anat.*) circonvoluzione **3** (*zool.*) spira (di conchiglia).

volvulus ['vɒlvjʊləs / vol·vu·lus] *s.* (*med.*) volvolo.

vomer ['vəʊmə* / vo·mer] *s.* (*anat.*) vomere.

vomit ['vɒmɪt] *s.* **1** vomito **2** ciò che è stato vomitato: *black —*, vomito nero **3** (*med.*) emetico.

to **vomit** *v.tr.* e *intr.* vomitare (*anche fig.*).

vomiting ['vɒmɪtɪŋ / vom·it·ing] *s.* vomito // (*tecn. cartaria*) *— boiler*, bollitore a tubi di circolazione.

vomition [vəʊ'mɪʃn / vo·mi·tion] *s.* vomito.

vomitive ['vɒmɪtɪv / vo·mit·ive] *agg.* e *s.* (*med.*) emetico.

vomitory ['vɒmɪtərɪ / vom·it·ory] *agg.* (*med.*) emetico ◆ *s.* **1** (*med. ant.*) emetico **2** (*st. romana*) vomitorio.

vomiturition [,vɒmɪtjʊ'rɪʃn / vo·mit·uri·tion] *s.* (*med.*) conato di vomito.

voodoo ['vu:du: / voo·doo] *pl.* **voodoos** *s.* **1** vudu // *— doctor* (o *— priest*), stregone vudu **2** seguace del vudu.

to **voodoo** *v.tr.* praticare stregonerie vudu a.

voodooism ['vu:du:ɪzəm / voo·doo·ism] *s.* riti, credenze vudu.

voracious [və'reɪʃəs / vo·ra·cious] *agg.* ingordo, vorace (*anche fig.*): *a — dog*, un cane vorace; *a — reader*, un lettore insaziabile // *a — appetite*, un forte appetito // **-ly** *avv.*

voraciousness [və'reɪʃəsnɪs / vo·ra·cious·ness] **voracity** [vɒ'ræsətɪ / vo·ra·city] *s.* voracità (*anche fig.*).

vorobyevite [,vɔ:rə'baɪəvaɪt / vo·ro·bye·vite] *s.* (*min.*) vorobevite.

vortex ['vɔ:teks / vor·tex] *pl.* **vortices** ['vɔ:tɪsi:z / vor·tices] **vortexes** *s.* **1** vortice, turbine, gorgo (*anche fig.*): *the — of war*, (*letter.*) il vortice della guerra // (*anat.*) *— of heart*, vortice cardiaco **2** (*fis.*) vortice: *— ring*, spira; *— sheet*, strato vorticoso; *— street*, nastro vorticoso, coppia di piani vorticosi; *— line*, linea vorticosa; *— filament*, filetto vorticoso.

vortical ['vɔ:tɪkl / vor·tical] *agg.* vorticoso, turbinoso // (*fis.*) *— field*, campo di vorticità // **-ly** *avv.*

vorticism ['vɔ:tɪsɪzəm / vor·ti·cism] *s.* (*arte*) vorticismo.

vorticist ['vɔ:tɪsɪst / vor·ti·cist] *s.* (*arte*) vorticista.

vorticity [vɔ:'tɪsətɪ / vor·ti·city] *s.* (*fis.*) vorticità.

vorticose ['vɔ:tɪkəʊs / vor·tic·ose] meno com. **vortiginous** [vɒ'tɪdʒɪnəs / vor·ti·gin·ous] *agg.* vorticoso, turbinoso.

votal ['vəʊtl] *agg.* (*ant.*) votivo.

votaress ['vəʊtərɪs / vo·tar·ess] *s.* (*rar.*) donna legata da voti religiosi.

votary ['vəʊtərɪ / vo·tary] *s.* (*form.*) **1** chi è legato da un voto **2** devoto, fedele **3** seguace, sostenitore, fautore; appassionato, patito: *a — of art*, un amante dell'arte; *a — of pacifism*, un fautore del pacifismo.

vote [vəʊt] *s.* **1** voto; votazione: *a — of censure*, un voto di opposizione; *— of confidence*, voto di fiducia; *— of no confidence*, voto di sfiducia; *to put to the —*, mettere ai voti; *the — went in his favour*, la votazione gli fu favorevole; *the — was 74 to 60 for the motion*, il risultato della votazione fu di 74 a 60 a favore della mozione; *the women's — will be very important for the Democratic candidate*, il voto femminile sarà molto importante per il candidato del partito democratico // *one man one —*, suffragio universale // *to cast a — for, against s.o., sthg.*, dare il proprio voto, votare per, contro qlcu., qlco. // *to take the —*, procedere allo scrutinio // *to take a — by roll call*, votare per appello nominale // *a — of thanks*, un discorso pubblico di ringraziamento **2** scheda elettorale, di votazione: *to spoil one's —*, annullare la propria scheda **3** (numero dei) voti; (numero dei) votanti: (*pol.*) *swinging* (o *floating*) *—*, voti fluttuanti **4** (*anche pl.*) diritto di voto.

to **vote** *v.intr.* votare, dare il proprio voto: *to — against*, votare contro; *to — for*, votare in favore di; *to — on sthg.*, mettere qlco. ai voti; *to — Labour*, votare laburista // *to — with one's feet*, andarsene, dimettersi in segno di protesta ◆ *v.tr.* **1** votare; dare il proprio voto a: *to — a resolution*, mettere ai voti una deliberazione **2** stanziare (una somma): *the committee voted the town a large sum for the construction of a new football stadium*, il comitato stanziò una grossa somma per la costruzione di un nuovo stadio cittadino **3** (*fam.*) dichiarare; convenire, essere d'accordo su: *they voted him rock singer of the year*, lo dichiararono cantante rock dell'anno; *the party was voted a great success*, a detta di tutti la festa riuscì benissimo **4** (*fam.*) proporre, suggerire: *I — that we go*, propongo di andare.

□ **vote down** *v.tr.* e *avv.* bocciare, respingere (mozione, proposta ecc. mediante votazione); sconfiggere ai voti (chi si fa portavoce di una mozione ecc.).

□ **vote in** *v.tr.* e *avv.* **vote into** *v.tr.* e *prep.* eleggere: *the government was voted in for the second time by Parliament*, il governo fu riconfermato dal parlamento; *to — a government into power*, conferire potere a un governo mediante votazione.

□ **vote out** *v.tr.* e *avv.* rimuovere da un incarico, destituire (mediante votazione): *the minister was voted out*, la destituzione del ministro fu decisa da una votazione; *the government has been voted out by Parliament*, il parlamento ha fatto cadere il governo; *the party was voted out of power*, in seguito alla votazione il partito perse il potere.

□ **vote through** *v.tr.* e *avv.* approvare, far passare (mediante votazione): *to — a bill through*, far passare una legge.

vote-catcher ['vəʊt,kætʃə*] *s.* (*fam.*) espediente per accaparrarsi voti.

voteless ['vəʊtlɪs / vote·less] *agg.* senza voto; privo del diritto di voto.

voter ['vəʊtə*] *s.* chi vota, votante; elettore.

vote-rigging ['vəʊt,rɪgɪŋ] *s.* broglio elettorale, manipolazione dei voti.

voting ['vəʊtɪŋ / vot·ing] *s.* il votare, votazione // *— paper*, scheda elettorale; *— station*, seggio elettorale; *— turnout*, affluenza alle urne.

votive ['vəʊtɪv / vo·tive] *agg.* votivo: *— offerings*, offerte votive.

vouch [vaʊtʃ] *s.* (*ant.*) asserzione, attestazione.

to **vouch** *v.tr.* (*dir. ant.*) citare come garante ◆ *v.intr.* rispondere; garantire (*anche dir.*): *I — for his ability to pay*, rispondo io della sua solvibilità; *to — for s.o.*, rendersi garante per qlcu.: *I am ready to — for him*, sono pronto a garantire per lui.

vouchee [vaʊ'tʃi:] *s.* (*dir.*) persona chiamata in garanzia.

voucher ['vaʊtʃə*] *s.* **1** (*dir.*) testimone;

garante, mallevadore **2** (*amm.*, *comm.*) documento giustificativo, pezza d'appoggio; fideiussione: *expense* —, pezza giustificativa **3** buono, tagliando; autorizzazione di pagamento; ricevuta: *luncheon vouchers*, ticket restaurant, buoni pasto.

to **vouchsafe** [,vaʊtʃ'seɪf / vouch·safe] *v.tr.* (*letter.*, *form.*) **1** concedere, accordare; garantire **2** degnarsi di dire, fare (qlco.); accondiscendere a: *to — a reply*, degnarsi di rispondere.

voussoir [vu:'swɑ:* / vous·soir] *s.* (*arch.*) concio rastremato (per archi).

vow[1] [vaʊ] *s.* voto, promessa solenne, giuramento: *he made a — he would avenge his brother's death*, giurò di vendicare la morte del fratello; *lover's vows*, giuramento d'amore; (*eccl.*) *to take the vows*, pronunciare i voti // *baptismal vows*, voti battesimali.

to **vow**[1] *v.tr.* **1** fare voto di, promettere solennemente, giurare **2** (*form.*) votare, consacrare: *to — one's life to God*, dedicare la propria vita a Dio; *to — vengeance*, giurare vendetta ◆ *v.intr.* fare un voto, una promessa solenne.

to **vow**[2] *v.tr.* (*ant.*) dichiarare, affermare solennemente.

vowel ['vaʊəl] *s.* vocale.

vox pop [,vɒks'pɒp] *s.* (*fam.*) sondaggio d'opinione (televisivo, giornalistico ecc.).

voyage ['vɔɪdʒ / voy·age] *s.* viaggio (per via d'acqua, con veicolo spaziale), traversata: *to take* (o *to go*) *for a* —, intraprendere un viaggio (per mare); *to make a* —, fare un viaggio (per mare); *a — to Mars*, una traversata spaziale verso Marte; *on the outward, homeward* —, nel viaggio d'andata, di ritorno.

to **voyage** *v.intr.* fare una traversata, navigare, viaggiare (per via d'acqua, con un veicolo spaziale) ◆ *v.tr.* fare la traversata di; navigare.

voyager ['vɔɪədʒə* / voy·ager] *s.* **1** viaggiatore; passeggero (di nave, battello) **2** navigatore.

voyeur [vɔɪ'jɜ:* / voy·eur] *s.* voyeur; guardone.

voyeuristic [,vɔɪjɜ:'rɪstɪk / voy·eur·istic] *agg.* voyeuristico, da voyeur, da guardone.

to **vroom** [vru:m] *v.intr.* (*fam. amer.*) andare a tutta birra (in automobile).

V-shaped ['vi:,ʃeɪpt] *agg.attr.* a forma di V.

V-sign ['vi:,saɪn] *s.* **1** segno di vittoria (fatto con l'indice e il medio e il palmo della mano rivolto verso l'esterno) **2** segno di disprezzo, corna (fatto col dorso della mano rivolto verso l'esterno).

V-thread ['vi:,θred] *s.* (*mecc.*) filettatura triangolare.

VTOL [,vi:ti:əʊ'el, 'vi:tɒl *amer.* 'vi:tɔ:l] *agg.* e *s.* (*aer.*) (aereo) a decollo e atterraggio verticale, VTOL • Acronimo di *Vertical Take Off and Landing*, decollo e atterraggio verticale.

vug(h) [vʌg] *s.* (*geol.*) geode.

Vulcanian [vʌl'keɪnɪən / Vul·can·ian] *agg.* (*geol.*) vulcaniano, pliniano, vesuviano.

vulcanic [vʌl'kænɪk / vul·canic] → **volcanic**.

vulcanicity [,vʌlkə'nɪsətɪ / vul·can·icity] → **volcanicity**.

vulcanism ['vʌlkənɪzm / vul·can·ism] → **volcanism**.

vulcanite ['vʌlkənaɪt / vul·can·ite] *s.* ebanite.

vulcanizable ['vʌlkənaɪzəbl / vul·can·iz·able] *agg.* (*chim.*) vulcanizzabile.

vulcanization [,vʌlkənaɪ'zeɪʃn *amer.* ,vʌlkənɪ'zeɪʃn / vul·can·iza·tion] *s.* (*chim.*) vulcanizzazione: *moulding* —, vulcanizzazione in stampo; *open* (o *free*) *steam* —, vulcanizzazione in vapore libero; *press* —, vulcanizzazione sotto pressa // — *coefficient*, coefficiente di vulcanizzazione; — *heat*, calore di vulcanizzazione.

to **vulcanize** ['vʌlkənaɪz / vul·can·ize] *v.tr.* (*chim.*) vulcanizzare.

vulcanizer ['vʌlkənaɪzə* / vul·can·izer] *s.* (*chim.*) vulcanizzatore.

vulcanologist [,vʌlkə'nɒlədʒɪst / vul·cano·lo·gist] *s.* (*geol.*) → **volcanologist**.

vulcanology [,vʌlkə'nɒlədʒɪ / vul·cano·logy] *s.* (*geol.*) → **volcanology**.

vulgar ['vʌlgə* / vul·gar] *agg.* **1** volgare, triviale; plebeo; ordinario, grossolano, rozzo: — *expression*, espressione triviale; — *language*, linguaggio scurrile **2** (*st.*) volgare, popolare, comune // *the — era*, l'era volgare // *the — tongue*, il volgare ◆ *s.* (*ant.*) volgo, popolo, gente comune // *the learned among them confess the absurdity of this doctrine, but the practice still continues, in compliance to the vulgar*, (DEFOE) i dotti fra di loro riconoscono l'assurdità di tale dottrina, ma la pratica continua ancora, per rispetto alla tradizione popolare // **-ly** *avv.*

vulgarian [vʌl'geərɪən / vul·gar·ian] *s.* (*non com.*) **1** persona volgare, triviale **2** persona del volgo.

vulgarism ['vʌlgərɪzm / vul·gar·ism] *s.* (*non com.*) **1** volgarità, trivialità **2** espressione popolare, volgarismo.

vulgarity [vʌl'gærətɪ / vul·gar·ity] *s.* volgarità, cattivo gusto.

vulgarization [,vʌlgəraɪ'zeɪʃn *amer.* ,vʌlgərɪ'zeɪʃn / vul·gar·iza·tion] *s.* **1** il rendere volgare, triviale **2** (*form.*) divulgazione, volgarizzazione.

to **vulgarize** ['vʌlgəraɪz / vul·gar·ize] *v.tr.* **1** rendere volgare, triviale **2** (*form.*) divulgare, volgarizzare.

Vulgate ['vʌlgɪt / Vul·gate] *s.* Volgata (traduzione latina della Bibbia).

vulnerability [,vʌlnərə'bɪlətɪ / vul·ner·ab·il·ity] *s.* vulnerabilità.

vulnerable ['vʌlnərəbl / vul·ner·able] *agg.* vulnerabile // **-ness** *s.*

vulnerary ['vʌlnərərɪ / vul·ner·ary] *agg.* (*med.*) vulnerario, cicatrizzante ◆ *s.* (*bot.*) vulneraria → **woundwort**.

vulpine ['vʌlpaɪn / vulp·ine] *agg.* (*non com.*) volpino, di volpe; (*fig.*) astuto.

vulture ['vʌltʃə* / vul·ture] *s.* **1** (*zool.*) avvoltoio; accipitride (in genere) **2** (*fig.*) individuo rapace, avido.

vulturine ['vʌltʃəraɪn / vul·tur·ine] **vulturish** ['vʌltʃʊrɪʃ / vul·tur·ish] **vulturous** ['vʌltʃərəs / vul·tur·ous] *agg.* di avvoltoio; caratteristico dell'avvoltoio; rapace.

vulva ['vʌlvə] *pl.* **vulvas**, **vulvae** ['vʌlvi:] *s.* (*anat.*) vulva.

vulval ['vʌlvəl / vul·val] **vulvar** ['vʌlvə* / vul·var] *agg.* (*anat.*) di vulva, vulvare.

vulvitis [vʌl'vaɪtɪs / vulv·itis] *s.* (*med.*) vulvite.

vulvovaginitis [,vʌlvəʊ,vædʒɪ'naɪtɪs / vul·vo·va·gin·itis] *s.* (*med.*) vulvovaginite.

vying ['vaɪɪŋ] *agg.* che compete, concorrente ◆ *s.* il competere.

Ww

w ['dʌblju:] *pl.* **ws**, **w's** *s.* (*ventitreesima lettera dell'alfabeto inglese*) w // (*tel.*) — *for William*, w come Washington.

WAAC [wæk] *s.* (*fam.*) membro del 'Women's Army Auxiliary Corps' (corpo ausiliario militare femminile, nella 1ª e nella 2ª guerra mondiale).

WAAF [wæf] *s.* (*fam.*) membro del 'Women's Auxiliary Air Force' (corpo ausiliario femminile dell'aeronautica, nella 2ª guerra mondiale).

(to) **wabble** → (to) **wobble**.

wack [wæk] *s.* (*fam. amer.*) persona stramba, stravagante, eccentrica.

wacke ['wækə] *s.* (*geol.*) varietà di argilla grigia o bruna di origine vulcanica.

wacky ['wækɪ] *agg.* (*fam. spec. amer.*) strambo, stravagante, eccentrico // **-ily** *avv.* // **-iness** *s.*

wad[1] [wɒd] *s.* **1** batuffolo, tampone **2** rotolo, pacco, mazzo, blocco (*spec.* di carta): *a — of dollar bills*, un rotolo di biglietti da un dollaro **3** stoppaccio; borra (di cartuccia) **4** (*dial.*) covone.

to **wad**[1] *pass.p.p.* **wadded** ['wɒdɪd / wad·ded] *v.tr.* **1** comprimere in batuffolo **2** tappare, tamponare **3** imbottire; foderare (un abito).

wad[2] *s.* (*min.*) wad.

wadding ['wɒdɪŋ / wad·ding] *s.* ovatta, ovattina (per sarti).

waddle ['wɒdl] *s.* **1** ondeggiamento **2** andatura ondeggiante (a mo' di papera).

to **waddle** *v.intr.* camminare ondeggiando (a mo' di papera).

waddy ['wɒdɪ] *s.* propulsore rigido per giavellotto (usato dagli aborigeni australiani).

to **wade** [weɪd] *v.intr.* **1** guadare, passare a guado: *I waded knee-deep through the marsh*, attraversai la palude immerso fino al ginocchio **2** avanzare faticosamente, procedere a stento (*anche fig.*): *I waded into the crowd*, avanzai a fatica tra la folla; *to — through a book*, procedere lentamente nella lettura di un libro ◆ *v.tr.* guadare, passare, attraversare a guado: *to — a river*, guadare un fiume.

□ **wade in** *v.intr.* e *avv.* accingersi con energia.

□ **wade into** *v.intr.* e *prep.* **1** attaccare vigorosamente, lanciarsi contro (qlcu.), in (qlco.): *he waded into the policeman*, si lanciò contro il poliziotto; *she waded into the discussion with her opinion*, s'intromise nella discussione per dire la sua **2** accingersi con energia a fare (qlco.): *he waded into the backlog of work*, si buttò di gran lena nel lavoro arretrato.

wader ['weɪdə*] *s.* **1** chi passa a guado **2** (*zool.*) trampoliere **3** *pl.* stivaloni impermeabili, stivali da palude.

wadge [wɒdʒ *amer.* wædʒ] *s.* (*fam.*) → **wad**[1].

wadi [wɒdɪ] *pl.* **wadi(e)s** *s.* (*geogr.*) uadi.

wading ['weɪdɪŋ / wad·ing] *agg.* che guada: — *bird*, trampoliere; — *place*, (*amer.*) guado ◆ *s.* il guadare.

wading pool ['weɪdɪŋ,pu:l] *s.* (*amer.*) piscina per bambini.

wady → **wadi**.

wafer ['weɪfə*] *s.* **1** cialda, wafer // *as thin as a —*, magro come un chiodo **2** (*eccl.*) ostia **3** disco adesivo per sigilli **4** (*med.*) cialda, ostia; candeletta vaginale **5** (*inform.*) fetta (di silicio): — *fabricator*, fabbricante di circuiti integrati.

to **wafer** *v.tr.* sigillare (con disco adesivo).

wafer-thin ['weɪfə,θɪn] *agg.* sottilissimo.

wafery ['weɪfərɪ] *agg.* sottilissimo; fragilissimo.

to **waff** [wɑ:f] *v.tr.* e *intr.* (*dial.*) agitare, agitarsi; ondeggiare; fluttuare (al vento).

waffle[1] ['wɒfl] *s.* (*cuc. amer.*) 'waffle', tipo di focaccina dolce che si mangia calda con burro e melassa.

waffle[2] *s.* U (*fam.*) scritto, discorso prolisso e inutile; pappardella; sbrodolatura; ciance, chiacchiere (*pl.*).

to **waffle**[2] *v.intr.* (*fam.*) scrivere, parlare in modo prolisso e inutile; sbrodolare; cianciare.

waffle-iron ['wɒfl,aɪən] *s.* (*cuc.*) griglia per cucinare 'waffle'.

waft [wɑ:ft, wɒft *amer.* wæft] *s.* (*form.*, *letter.*) **1** soffio di vento; corrente d'aria **2** alito, soffio, zaffata (di odore) **3** soffio, ondata (di musica) **4** ondeggiamento **5** (*mar.*) segnalazione (per chiedere aiuto).

to **waft** *v.intr.* (*letter.*) **1** diffondersi, spandersi: *the music wafted through the garden*, la musica si diffondeva nel giardino **2** fluttuare; soffiare blandamente (di brezza) ◆ *v.tr.* (*letter.*) **1** sospingere, spargere; diffondere: *the wind wafted the sound of the party across the river*, il suono della festa spinto dal vento si propagava attraverso il fiume // *I would stroll down the sloping field... and enjoy the breeze that wafted both health and harmony*, (GOLDSMITH) solevo passeggiare giù per il prato digradante... e godere della brezza che diffondeva salute e armonia **2** (*ant.*) salutare agitando la mano: *But soft! who wafts us yonder?*, (SH. The Comedy of Errors) Zitto! chi ci fa segno con le mani laggiù?

wag[1] [wæg] *s.* bontempone, burlone, tipo ameno, spiritoso.

wag[2] *s.* l'agitare, il muovere in qua e in là; scodinzolamento; dimenamento; (*non com.*) cenno (del capo): *the vase was knocked down by a — of the dog's tail*, scodinzolando il cane ha fatto cadere il vaso.

to **wag**[2] *pass.p.p.* **wagged** [wægd] *v.tr.* scuotere, agitare; dimenare, scodinzolare; muovere in qua e in là; far oscillare: *the dog wagged its tail*, il cane scodinzolava; *he wagged his finger at her*, la ammonì col dito // *the little scandal made the villagers — their tongues*, (*fig.*) il piccolo scandalo fece sparlare i paesani ◆ *v.intr.* scuotersi, agitarsi, dimenarsi; muoversi da una parte all'altra; scodinzolare: *the dog's tail wagged*, la coda del cane si dimenava // *he set tongues wagging*, (*fig. fam.*) suscitò dei pettegolezzi.

wage [weɪdʒ] *s.* (*spec. pl.*) (*econ.*) salario, paga: *he earns a good —*, ha un buon salario; *he takes all his wages home to his mother*, porta a casa a sua madre la paga intera // *average —*, salario medio; *basic —*, paga base; *index-linked —*, salario indicizzato; *money —*, salario monetario; *piecework —*, salario, retribuzione a cottimo; *guaranteed —*, salario minimo garantito // — *earner*, salariato; (*fam.*) il sostegno della famiglia: *she's the — earner, not him*, chi tira avanti la baracca è la moglie, non lui // — *fund*, fondo salari; — *freeze*, blocco salariale; — *scale*, tabella salariale; — *sheet*, foglio paga; — *packet*, busta paga; — *claim*, rivendicazioni salariali; — *drift*, slittamento salariale; — *levels*, livelli salariali; — *rise*, aumento salariale; — *push*, spinta salariale; — *rate*, saggio salariale; (*dir.*) — *dispute*, controversia salariale // *the wages of sin is death*, (*fig.*) il prezzo del peccato è la morte.

to **wage** *v.tr.* **1** intraprendere, ingaggiare: *to — war*, muover guerra **2** (*ant.*) retribuire, ricompensare **3** (*ant.*) impegnare, rischiare: *my life I never held but as a pawn / to wage against thine enemies*, (SH. King Lear) la mia vita non ho tenuto che come pegno da rischiare contro i tuoi nemici ◆ *v.intr.* eguagliarsi: *his taints and honours / wag'd equal with him*, (SH. Antony and Cleopatra) colpe e virtù in lui si eguagliarono.

wager ['weɪdʒə*] *s.* **1** scommessa: *to lay a —*, fare una scommessa; *to win a —*, vincere una scommessa **2** (*rar.*) posta (di una scommessa).

to **wager** *v.tr.* scommettere; fare una scommessa con: *I'll — five pounds on that horse*, punterò cinque sterline su quel cavallo; *she wagered that...*, ha scommesso che...; *he wagered me ten pounds that...*, scommise con me dieci sterline che...

wagerer ['weɪdʒərə*] *s.* (*non com.*) scommettitore.

wagering ['weɪdʒərɪŋ / wager·ing] *s.* gioco, scommessa // (*dir.*) — *contract*, contratto di gioco, di scommessa.

wage slave ['weɪdʒ,sleɪv] *s.* salariato privo di altri redditi, (*iron.*) chi lavora come un matto (per guadagnarsi da vivere).

waggery ['wægərɪ / wag·gery] *s.* (*antiq.*) buon umore; amenità; comicità: *he is full of fun and* —, è molto arguto e divertente.

waggish ['wægɪʃ / wag·gish] *agg.* (*antiq.*) faceto, arguto; brioso; comico // **-ly** *avv.* // **-ness** *s.*

waggle ['wægl] *s.* dondolamento; oscillazione.

to **waggle** *v.tr.* **1** (*fam.*) scuotere, dondolare; agitare, dimenare: *the dog waggled its tail*, il cane dimenava la coda; *he waggled his eyebrows at me*, mi fece segno con le sopracciglia **2** (*golf*) dondolare la mazza (prima di colpire la palla).

waggly ['wæglɪ / wag·gly] *agg.* (*non com.*) dondolante; malfermo, traballante.

wag(g)on ['wægən] *s.* **1** carro; (*amer.*) carro coperto (dei pionieri) // *to fix s.o.'s* —, (*fig. fam.*) rendere pan per focaccia a qlcu., rendere la pariglia a qlcu. // *to hitch one's — to a star*, (*fig.*) mirare (troppo) in alto, avere grandi ambizioni // *to go on the* (*water*) —, (*fam. amer.*) smettere di bere (alcolici); *to be on the* (*water*) —, (*fam. amer.*) non bere più (alcolici); *to fall* (o *to be*) *off the* —, (*fam. amer.*) ricominciare a bere (alcolici) // (*astr.*) *the Wagon*, l'Orsa Maggiore **2** (*ferr.*) carro, vagone merci **3** (*amer.*) (furgone) cellulare **4** (*amer.*) carrello portavivande BRIT. trolley.

wag(g)onage ['wægənɪdʒ / wag(g)·on·age] *s.* (*ant.*) **1** trasporto mediante carri **2** prezzo per trasporto mediante carri.

wag(g)oner ['wægənə* / wag(g)·oner] *s.* carrettiere.

wag(g)onette [,wægə'net / wag(g)·on·ette] *s.* 'wagonette' (carrozza aperta, a quattro ruote, con sedili laterali a panchetta).

wag(g)on-roof ['wægən,ru:f] *s.* tetto a botte.

wag(g)on train ['wægən,treɪn] *s.* carovana (dei pionieri).

wag(g)onwright ['wægən,raɪt / wag(g)·on·wright] *s.* costruttore di carri.

Wagnerian [vɑ:g'nɪərɪən / Wag·ner·ian] *agg.* (*st. mus.*) wagneriano.

wagnerite ['vɑ:gnərɪt, 'wægnərɪt / wag·ner·ite] *s.* (*min.*) wagnerite.

wagon-lit [,vægɒn'li:] *pl.* **wagons-lits** *s.* (*non com.*) vagone letto SIN. sleeping car.

wagtail ['wægteɪl / wag·tail] *s.* (*zool.*) (*Motacilla flava*) ballerina, cutrettola.

Wahabi [wə'hɑ:bɪ / Wa·habi] *s.* wahhabita (appartenente a una setta rigorista musulmana).

Wahoo [wɑ:'hu:] *s.* (*sl. mil. amer.*) Hawai.

wah-wah ['wɑ:,wɑ:] *s.* (*mus. amer.*) (effetto ottenuto con) sordina, distortore.

waif [weɪf] *s.* (*letter.*) **1** trovatello // *waifs and strays*, infanzia abbandonata **2** (*non com.*) oggetto, animale smarrito (*anche dir.*).

wail [weɪl] *s.* **1** pianto, lamento, lamentazione; guaito **2** (*rar.*) vagito.

to **wail** *v.intr.* **1** piangere, lamentarsi; guaire // *the warm sun is failing, the bleak wind is wailing*, (SHELLEY) il tiepido sole vien meno, il lugubre vento geme **2** (*sl. dei neri d'America*) suonare, cantare il jazz con sentimento, ispirazione.

wailer ['weɪlə*] *s.* (*non com.*) chi si lamenta.

wailful ['weɪlfʊl / wail·ful] *agg.* (*letter.*) lamentoso; piagnucoloso; doloroso.

wailing ['weɪlɪŋ / wail·ing] *agg.* che si lamenta, che piange; che guaisce // *the Wailing Wall*, il muro del Pianto (a Gerusalemme) ◆ *s.* pianto, lamento; guaito // **-ly** *avv.*

wain [weɪn] *s.* (*letter.*) carro // (*astr.*) *Wain* (o *Charles's Wain*), Orsa Maggiore, Gran Carro.

wainscot ['weɪnskət / wains·cot] *s.* **1** (*non com.*) rivestimento a pannelli di legno **2** zoccolo (di muro) SIN. skirting board.

to **wainscot** *v.tr.* (*non com.*) coprire, rivestire con pannelli.

wainscoting ['weɪnskətɪŋ / wains·cot·ing] *s.* (*non com.*) **1** rivestimento in legno **2** legno per rivestimenti.

waist [weɪst] *s.* **1** cintola, vita; cintura: *down to the* —, fino alla cintola; *up from the* —, dalla cintola in su; *she is very small round the* —, ha la vita molto sottile **2** strozzatura, restringimento (di clessidra, violino ecc.) **3** (*amer.*) camicetta, corpetto **4** (*mar.*) parte centrale (di nave).

waist anchor ['weɪst,æŋkə*] → **sheet anchor**.

waistband ['weɪsᵗbænd / waist·band] *s.* cintura, fascia.

waistboat ['weɪsᵗbəʊt / waist·boat] *s.* (*mar.*) scialuppa imbarcata su una nave baleniera.

waistcloth ['weɪsᵗklɒθ / waist·cloth] *s.* perizoma.

waistcoat ['weɪskəʊt *amer.* 'weskət / waist·coat] *s.* panciotto, gilet.

waist-deep [,weɪst'di:p] *agg.* che arriva fino alla cintola SIN. waist-high.

waisted ['weɪstɪd] *agg.* (*spec. nei composti*) dalla vita, che ha la vita; a vita: *slim-waisted*, dalla vita sottile; *high-waisted*, a vita alta.

waister ['weɪstə* / waist·er] *s.* (*mar.*) mozzo di baleniera.

waist-high [,weɪst'haɪ] → **waist-deep**.

waistline ['weɪsᵗlaɪn / waist·line] *s.* **1** (*sartoria*) vita, giro vita, circonferenza (di) vita: *natural* —, vita normale; *long* —, vita bassa; *short* —, vita alta // *to watch one's* —, stare attento alla linea **2** (*ant.*) linea della cintura.

wait [weɪt] *s.* **1** attesa, periodo di attesa: *we had a long — at the station*, attendemmo a lungo alla stazione // (*inform.*) — *state*, stato di attesa **2** agguato, imboscata: *to lie in* —, stare in agguato **3** *pl.* (*non com.*) cantori che, nel periodo natalizio, passano di casa in casa cantando inni.

to **wait** *v.intr.* **1** aspettare, attendere: — *for me*, aspettami; *who are you waiting for?*, chi stai aspettando?; — *a minute!*, (aspetta) un momento!; *he is waiting for his opportunity*, è in attesa del suo momento; *I won't keep you waiting*, non ti farò aspettare // — *and see!*, aspetta e vedrai! // *something worth waiting for*, qualcosa per cui vale la pena di aspettare // *he didn't — to be told twice*, non se lo fece dire due volte // *I can hardly — to tell him*, non vedo l'ora di dirglielo **2** aspettare; rimanere in sospeso: *the matter can't — until tomorrow*, la faccenda non può rimanere in sospeso fino a domani **3** servire: *to — at* (o amer. *on*) *table*, servire a tavola ◆ *v.tr.* **1** aspettare: *to — one's turn*, aspettare il proprio turno; *to — one's chance*, aspettare l'occasione propizia **2** (*spec. amer.*) ritardare (un pasto): *they waited dinner for him*, ritardarono il pranzo per lui.

□ **wait about**, **around** *v.intr.* e *avv.* (rimanere ad) aspettare: *he kept her waiting around for a whole hour*, la fece aspettare un'intera ora.

□ **wait behind** *v.intr.* e *avv.* rimanere, fermarsi: *he waited behind when the lesson was over to speak to the teacher*, si fermò dopo la fine della lezione per parlare con l'insegnante.

□ **wait on** *v.intr.* e *prep.* **1** servire // *to — on s.o. hand and foot*, servire qlcu. di tutto punto **2** essere in attesa di: *we are still waiting on the results of the football matches*, siamo ancora in attesa dei risultati delle partite (di calcio) **3** (*antiq.*) visitare, fare una visita a.

□ **wait out** *v.tr.* e *avv.* aspettare con calma: *be patient and — it out*, sii paziente e aspetta (che la bufera passi).

□ **wait up** *v.intr.* e *avv.* rimanere alzati: *we waited up for him*, lo aspettammo alzati.

□ **wait upon** *v.intr.* e *prep.* → to wait on 3.

wait-a-bit ['weɪtəbɪt] *agg.* e *s.* (*bot.*) 'wait-a-bit' (nome dato a diverse piante e cespugli spinosi del Sudafrica).

waiter ['weɪtə*] *s.* **1** chi aspetta **2** cameriere (di caffè, ristorante): *head* —, capocameriere **3** (*non com.*) vassoio **4** commesso della Borsa di Londra **5** (*ant.*) doganiere.

waitering ['weɪtərɪŋ / waiter·ing] *s.* (*non com.*) impiego di cameriere: *I did — for a year*, ho fatto il cameriere per un anno.

waiting ['weɪtɪŋ / wait·ing] *s.* **1** attesa; periodo di attesa // *no* —, divieto di sosta // — *line theory*, teoria delle code (nella ricerca operativa) **2** servizio // *in* —, al servizio; a disposizione.

waiting game ['weɪtɪŋ,geɪm] *s.* temporeggiamento: *to play a* —, temporeggiare, aspettare gli eventi; fare un gioco d'attesa.

waiting list ['weɪtɪŋ,lɪst] *s.* lista d'attesa.

waiting room ['weɪtɪŋ,rʊm *amer.* 'weɪtɪŋ ,ru:m] *s.* sala d'attesa, sala d'aspetto.

waitress ['weɪtrɪs / wait·ress] *s.* cameriera (di caffè, ristorante).

to **waive** [weɪv] *v.tr.* **1** (*form.*) rinunciare a; desistere da; derogare a; tralasciare: *to — one's rights*, rinunciare ai propri diritti **2** lasciar perdere.

waiver ['weɪvə*] *s.* (*dir.*) rinuncia; deroga: — *of a right*, rinuncia a un diritto; — *clause*, clausola di esonero.

wake[1] [weɪk] *s.* **1** veglia, l'essere sveglio **2** vigilia **3** (*gener. pl.*) festa del patrono (di una parrocchia) **4** (*spec. irl.*) veglia funebre **5** festa annuale popolare.

to **wake**[1] *pass.* **waked** [weɪkt] **woke** [wəʊk] *p.p.* **waked**, **woke**, **woken** ['wəʊkən] *v.tr.* **1** svegliare (*anche fig.*): *the alarm woke me at six*, la sveglia mi destò alle sei; *I said I was not to be woken*, dissi che non dovevo essere svegliato; *the news will — him*, quella notizia lo sveglierà, gli darà nuova energia **2** risvegliare, ridestare; animare **3** vegliare: *to — a sick person*, vegliare un malato ◆ *v.intr.* **1** svegliarsi (*anche fig.*): *I woke with a start*, mi svegliai di soprassalto **2** risvegliarsi; animarsi **3** fare la veglia, vegliare un morto.

□ **wake up** *v.tr.* e *avv.* **1** svegliare **2** stimolare; animare ◆ *v.intr.* e *avv.* **1** svegliarsi; scuotersi // *— up!*, svegliati!; (*fig.*) sta' attento, non dormire! **2** divenire consapevole; aprire gli occhi: *to — up to sthg.*, divenire conscio di qlco; *at last he woke up to the truth*, finalmente aprì gli occhi e si rese conto della verità.

wake[2] *s.* scia (*anche fig.*): *in the — of*, sulla scia di, subito dietro; (*fig.*) come conseguenza di.

wakeful ['weɪkfʊl / wake·ful] *agg.* **1** sveglio, desto; insonne: *a — night*, una notte insonne **2** (*form.*) vigile, attento: *he appeared — and suspicious*, sembrava guardingo e sospettoso // **-ly** *avv.* // **-ness** *s.*

to **waken** ['weɪkən] *v.tr.* (*letter.*) svegliare; risvegliare; ridestare: *don't — him*, non svegliarlo; *the noise was fit to — the dead*, (*fam.*) c'era tanto rumore da ridestare i morti ◆ *v.intr.* (*letter.*) svegliarsi; risvegliarsi.

wakener ['weɪkənə* / waken·er] *s.* (*non com.*) persona, cosa che sveglia.

wakening ['weɪknɪŋ / waken·ing] *s.* (*non com.*) risveglio.

waker ['weɪkə*] *s.* (*non com.*) **1** chi sveglia **2** chi si sveglia: *early —*, mattiniero.

wakey wakey ['weɪkɪ'weɪkɪ] *inter.* (*fam.*) sveglia!

waking ['weɪkɪŋ / wak·ing] *agg.* sveglio, desto; insonne // *— dream*, sogno ad occhi aperti.

Walach ['wɒlək / Wal·ach] *s.* valacco.

Waldenses [wɒl'densi:z / Wal·den·ses] *s.pl.* (*st. relig.*) valdesi.

Waldensian [wɒl'densɪən / Wal·den·sian] *agg.* e *s.* (*st. relig.*) valdese.

wale [weɪl] *s.* **1** (*non com.*) segno, marchio lasciato da una frustata **2** (*tess.*) fila di maglie; costa (di tessuto) **3** (*edil.*) trave orizzontale (di collegamento) **4** (*mar.*) corso di tavolame del fasciame.

to **wale** *v.tr.* **1** (*non com.*) segnare, striare (con frustate) **2** (*edil.*) collegare con travi orizzontali.

walk [wɔ:k] *s.* **1** passeggiata; giro; camminata; percorso: *an hour's —*, una passeggiata, un percorso di un'ora; un'ora di cammino; *a five-mile —*, una camminata di cinque miglia; *to go for* (o *to take*) *a —*, fare una passeggiata; *to take s.o. for a —*, accompagnare qlcu. a fare una passeggiata; *take a —!*, (*sl. amer.*) vattene!, sparisci! // *a space —*, una passeggiata nello spazio **2** passeggiata; viale; sentiero: *a — bordered with a yew-hedge*, un viale fiancheggiato da una siepe di tassi **3** andatura, passo: *a dignified —*, un'andatura altera; *you can often recognize a person by his —*, si può spesso riconoscere una persona dalla sua andatura; *to go at a —*, andare al passo (di cavallo).

to **walk** *v.intr.* **1** camminare; passeggiare; andare a piedi: *we walked for a few hours*, camminammo per alcune ore; *he walks to the office*, va in ufficio a piedi; *you can — there in a few minutes*, ci si va a piedi in pochi minuti; *to — back*, ritornare a piedi; *to — down*, scendere a piedi // *to — in one's sleep*, essere sonnambulo // *to — on all fours*, camminare a quattro zampe // *to — on air*, (*fam.*) essere felicissimo, al colmo della felicità // *to — tall*, (*fam.*) camminare a testa alta; avere molta fiducia in se stesso; essere orgoglioso di se stesso // *to — soft*, (*fam. amer.*) non dare nell'occhio; cercare di non farsi notare // *to — on eggs*, (*fam. amer.*) procedere con cautela // *to — heavy*, (*sl. dei neri d'America*) essere importante, influente **2** (*antiq. form.*) trascorrere la vita: *to — in darkness*, vivere nell'errore, nel peccato **3** apparire, manifestarsi (di fantasma) ◆ *v.tr.* **1** percorrere a piedi: *we walked a few miles*, percorremmo alcune miglia a piedi // *to — the streets*, vagare per strada, gironzolare; (*sl.*) battere il marciapiede // *to — the chalk line*, rigar diritto // *to — the plank*, essere condannato a morte dai pirati; (*fam. amer.*) venire licenziato **2** andare a piedi a: *you can — it in a few minutes*, ci si va a piedi in pochi minuti **3** far camminare: *to — s.o. off their feet* (o *legs*), (*fam.*) far camminare qlcu. fino a stancarlo // *to — a horse*, mettere un cavallo al passo **4** accompagnare a piedi: *I decided to — her home*, decisi di accompagnarla a casa a piedi **5** portare a spasso, far fare la passeggiatina a: *he is walking the dog*, è fuori col cane **6** spostare (un oggetto muovendolo come se camminasse).

□ **walk abroad** *v.intr.* e *avv.* (*form.*) espandersi, diffondersi (*spec.* di malattia, pestilenza).

□ **walk away from** *v.intr.* e *avv.* e *prep.* **1** uscire incolume da (un incidente) **2** (*fam. amer.*) distanziare.

□ **walk away with** *v.intr.* e *avv.* e *prep.* (*fam.*) vincere facilmente: *our candidate walked away with the election*, il nostro candidato vinse facilmente le elezioni.

□ **walk in** *v.intr.* e *avv.* entrare facilmente, senza incontrare ostacoli.

□ **walk into** *v.intr.* e *prep.* **1** entrare, penetrare facilmente in // *he walked into a job*, ha trovato facilmente lavoro **2** subire, prendere (un colpo, pugno); cadere in (un tranello, una trappola).

□ **walk off** *v.tr.* e *avv.* smaltire, ridurre camminando: *to — off one's anger*, fare sbollire l'ira camminando; *to — off one's dinner*, camminare per digerire.

□ **walk off with** *v.intr.* e *avv.* e *prep.* **1** rubare, portar via: *someone walked off with my pen*, qualcuno mi ha portato via la penna **2** vincere facilmente: *he walked off with the cup*, vinse la coppa con facilità.

□ **walk on** *v.intr.* e *avv.* (*teatr.*) avere una particina; fare una breve apparizione (sulla scena); fare la comparsa.

□ **walk out** *v.intr.* e *avv.* **1** (*mil.*) andare in libera uscita **2** uscire (da riunione, organizzazione) per protesta: *the delegates walked out of the meeting*, i delegati lasciarono la riunione per protesta **3** scioperare **4** uscire insieme (di due innamorati) // *to — out with*, (*antiq.*) corteggiare.

□ **walk out on** *v.intr.* e *avv.* e *prep.* (*fam.*) lasciare, abbandonare, piantare (il coniuge, la famiglia).

□ **walk over** *v.tr.* e *prep.* (*fam.*) **1** sbaragliare, sconfiggere **2** (*fig.*) maltrattare, pestare sotto i piedi ◆ *v.intr.* e *avv.* stravincere; vincere per mancaza di validi avversari.

□ **walk through** *v.tr.* e *prep.* mostrare a (un attore) come deve muoversi sulla scena: *the director walked him through the first scene*, il regista gli mostrò come doveva muoversi nella prima scena.

□ **walk up** *v.intr.* e *avv.* **1** salire a piedi: *to — up the stairs*, fare le scale a piedi **2** (invitare a) entrare (in un circo, di imbonitore).

walkable ['wɔ:kəbl / walk·able] *agg.* che si può percorrere a piedi, praticabile.

walkabout ['wɔ:kəbaʊt / walk·about] *s.* **1** ritorno alla vita nomade (di aborigeno australiano) **2** passeggiata informale tra la gente (di persone importanti) **3** passeggiata; giro turistico a piedi.

walkaway ['wɔ:kə,weɪ / walk·away] *s.* (*fam. amer.*) passeggiata, impresa, vittoria facile.

walkboy ['wɔ:kbɔɪ / walk·boy] *s.* (*fam. amer.*) buon amico.

walker ['wɔ:lkə*] *s.* camminatore; pedone: *to be a bad, a slow, a fast —*, essere un cattivo, un lento, un veloce camminatore.

walkies ['wɔ:kɪz] *s.pl.* (*fam.*) passeggiata (che si fa fare ai cani): *let's go — Toby!*, andiamo a fare una passeggiata Toby!

walkie-talkie [,wɔ:kɪ'tɔ:kɪ] *s.* walkie -talkie, radio ricetrasmittente portatile.

walking ['wɔ:kɪŋ / walk·ing] *agg.attr.* **1** che cammina; (*scherz.*) ambulante: *he is a — encyclopaedia*, è una enciclopedia ambulante **2** per camminare; da passeggio: *— stick*, bastone da passeggio // *— pace*, passo d'uomo **3** a piedi: *— tour*, escursione a piedi ◆ *s.* il camminare: *are you fond of —?*, ti piace camminare?; *it is a matter of ten minutes' —*, si tratta di dieci minuti di cammino; *it is within — distance*, ci si può andare a piedi.

walking papers ['wɔ:kɪŋ,peɪpəz] *s.pl.* (*fam. amer.*) benservito, licenziamento BRIT. marching orders.

walking sleep ['wɔ:kɪŋ,sli:p] *s.* sonnambulismo.

Walkman® ['wɔ:kmən / Walk·man] *s.* walkman, apparecchio portatile con cuffia per l'ascolto di musicassette.

walk of life [,wɔ:kəv'laɪf] *s.* (*spec. pl.*) ceto, estrazione sociale: *there were people from all walks of life in the room*, nella stanza c'erano persone di ogni ceto sociale.

walk-on ['wɔ:kɒn] *s.* (*teatr.*, *cinem.*, *tv*) figurante; comparsa ◆ *agg.* (*teatr.*, *cinem.*, *tv*) di, da figurante, di, da comparsa: *a — part*, una parte come figurante.

walkout ['wɔ:kaʊt / walk·out] *s.* **1** abbandono (di riunione, organizzazione) per protesta **2** sciopero.

walkover ['wɔ:k,əʊvə* / walk·over] *s.* (*fam.*) **1** passeggiata, vittoria facile: *it was a —, the champion fell early*, vincere è stato una passeggiata, il campione è caduto quasi subito **2** vittoria a tavolino.

walkup ['wɔ:kʌp / walk·up] *s.* e *agg.attr.* (*fam. amer.*) **1** appartamento, ufficio ecc. collocato in uno stabile senza ascensore **2** edificio alto senza ascensore.

walkway ['wɔ:kweɪ / walk·way] *s.* **1** strada,

passaggio riservato ai pedoni; viale, vialetto **2** (*spec. amer.*) passaggio coperto (fra due edifici).

walky-talky → **walkie-talkie**.

wall [wɔ:l] *s.* **1** (*edil.*) muro, parete; muratura: *the garden is surrounded by a* —, il giardino è circondato da un muro // *main* —, muro maestro; *bearing* (o *supporting*) —, muro portante; *curtain* (o *partition*) —, muro divisorio; *party* —, muro comune, di confine; *blank* —, parete nuda; *decorating* —, muro di rivestimento; *dry* —, muro a secco // *header* —, muratura di punta; *stretcher* —, muratura di coltello // — *spacers*, distanziatori per casseforme // *sea* —, diga frangiflutti // — *bed*, letto a scomparsa (nella parete); — *lamp*, lampada a muro // (*elettr.*) — *socket*, presa a muro // (*mecc.*) — *plate*, piastra (di fissaggio) a muro // (*geol.*) *hanging* —, muro di faglia // *the Wall*, il muro di Berlino; *the Great Wall of China*, la Grande Muraglia Cinese **2** *pl.* mura; fortificazioni: *within, without the walls*, entro, fuori le mura // *town walls*, mura (di città) **3** (*miner.*) parete (di galleria) **4** (*anat.*) parete. ◆ FRASEOLOGIA: *be careful, walls have ears*, sta' attento, i muri hanno orecchi; *to be with one's back to the* —, essere con le spalle al muro, essere alle strette; *to come up against a brick* —, trovarsi con le spalle al muro; *to be* (*going*) *up the* —, essere fuori di sé, essere furibondo; *to go the* —, fallire, avere la peggio; *to run* (o *to beat*) *one's head against a* (*brick*) —, battere la testa nel muro; *the writing is on the* —, il destino è segnato, la fine è imminente; *to give s.o. the* —, (*non com.*) cedere il passo a qlcu.

to **wall** *v.tr.* cingere di mura; cintare: *the town was first walled in 1236*, la città fu cinta di mura per la prima volta nel 1236.

□ **wall in** *v.tr.* e *avv.* murare, rinchiudere fra mura.

□ **wall off** *v.tr.* e *avv.* separare con muri.

□ **wall up** *v.tr.* e *avv.* **1** murare, ostruire: *he had two windows walled up*, fece murare due finestre **2** rinchiudere fra mura.

wallaby ['wɒ:ləbɪ / wal·laby] *s.* **1** (*zool.*) wallaby, piccolo canguro australiano // *to be on the* —, (*fam.*) vagabondare in cerca di lavoro **2** *pl.* (*fam.*) gli australiani.

wallah ['wɒlə / wal·lah] *s.* (*angloindiano*) impiegato; fattorino // *competition* —, impiegato statale (nominato per concorso).

wallaroo [,wɒlə'ru: / wal·la·roo] *s.* (*zool.*) (*Macropus robustus*) canguro delle rocce.

wallboard ['wɔ:lbɔ:d / wall·board] *s.* (*edil.*) pannello di rivestimento.

wallchart ['wɔ:ltʃɑ:t / wall·chart] *s.* tabellone.

wallet ['wɒlɪt / wal·let] *s.* **1** portafogli AMER. billfold **2** (*amer.*) borsetta (da donna) BRIT. handbag **3** valigetta portadocumenti **4** (*ant.*) bisaccia: *putting the remains of a crust into his wallet*, (STERNE) mettendo gli avanzi di una crosta nella sua bisaccia.

wall-eye ['wɔ:laɪ] *s.* (*med.*, *vet.*) glaucoma; leucoma corneale; strabismo divergente.

wall-eyed ['wɔ:laɪd] *agg.* **1** (*med.*, *vet.*) affetto da glaucoma; strabico **2** (*fam. amer.*) ubriaco.

wallflower ['wɔ:l,flaʊə* / wall·flower] *s.* **1** (*bot.*) violacciocca **2** (*fig.*) (*fam.*) chi fa tappezzeria a un ballo.

wall germander ['wɔ:ldʒɜ:,mændə*] *s.* (*bot.*) (*Teucrium chamaedrys*) erba querciola.

wall-lizard ['wɔ:l,lɪzəd] *s.* (*zool.*) (*Lacerta muralis*) lucertola comune.

wall-newt ['wɔ:lnju:t *amer.* 'wɔ:lnu:t] *s.* lucertola muraiola: *poor Tom; that eats the swimming frog... the wall-newt*, (SH. King Lear) povero Tom; che mangia il ranocchio che nuota... la lucertola muraiola.

Walloon [wɒ'lu:n / Wal·loon] *agg.* e *s.* vallone (abitante, lingua).

wallop ['wɒləp / wal·lop] *s.* **1** (*fam.*) percossa; colpo violento **2** (*fam.*) movimento brusco e maldestro.

to **wallop** *pass.p.p.* **walloped** ['wɒləpt / wal·loped] *v.tr.* (*fam.*) **1** percuotere **2** battere, sconfiggere: *he walloped me at squash*, mi ha battuto a squash ◆ *v.intr.* (*fam.*) muoversi maldestramente, pesantemente.

walloping ['wɒləpɪŋ / wal·lop·ing] *agg.attr.* (*fam.*) grande; enorme ◆ *s.* (*fam.*) bastonatura, legnata.

wallow ['wɒləʊ / wal·low] *s.* **1** pantano; fango **2** il rotolarsi nel fango.

to **wallow** *v.intr.* **1** rotolarsi, guazzare nel fango (di animali) **2** (*fig.*) voltolarsi; sguazzare // *she's wallowing in it* (o *money*), è straricca, nuota nell'abbondanza, nell'oro **3** (*mar.*) rollare.

wall painting ['wɔ:l,peɪntɪŋ] *s.* affresco.

wallpaper ['wɔ:l,peɪpə* / wall·pa·per] *s.* **1** carta da parati; tappezzeria **2** (*sl. amer.*) denaro falso **3** (*inform.*) sfondo (delle finestre di Window).

to **wallpaper** *v.tr.* tappezzare: *to — a room*, tappezzare una stanza ◆ *v.intr.* (*fam. fig.*) creare una copertura: *the government is trying to — over last year's cracks*, il governo sta cercando di mascherare i crolli finanziari dell'anno scorso.

wall-pepper ['wɔ:l,pepə*] *s.* (*bot. pop.*) borraccina → **stonecrop**.

wall rock ['wɔ:lrɒk] *s.* (*geol.*) roccia incassante (di filone ecc.).

wall-rue ['wɔ:lru:] *s.* (*bot.*) (*Asplenium rutamuraria*) ruta muraria.

Wall Street ['wɔ:lstri:t] *no.pr.* Wall Street (strada di New York, centro finanziario degli Stati Uniti); (*estens.*) la Borsa di New York.

wall-to-wall [,wɔ:ltə'wɔ:l] *agg.* che copre tutto il pavimento // — *carpet*, moquette ◆ *avv.* da muro a muro; (*fig.*) ovunque.

wally ['wɒlɪ] *s.* (*fam.*) scemo; buono a nulla, inetto.

walnut ['wɒlnʌt / wal·nut] *s.* (*bot.*) **1** noce (frutto e legno): — *husk*, mallo; — *shell*, guscio di noce **2** — (*tree*), (*Juglans regia*) noce (albero).

Walpurgis night [væl'pʊəgɪs,naɪt] *s.* notte di Valpurga (la vigilia del 1° maggio).

walpurgite [wɔ:l'pɜ:dʒaɪt / wal·pur·gite] *s.* (*min.*) walpurgite.

walrus ['wɔ:lrəs / wal·rus] *pl.* **walrus(es)** *s.* (*zool.*) (*Odobenus rosmarus*) tricheco SIN. sea cow, seahorse // — *moustache*, (*fam.*) baffi spioventi, da tricheco.

waltz [wɔ:ls *amer.* wɒlts] *s.* (*mus.*) valzer.

to **waltz** *v.intr.* **1** ballare il valzer **2** (*fam.*) andare tranquillamente, senza problemi // *to — through an exam*, superare senza difficoltà un esame ◆ *v.tr.* **1** far ballare il valzer a: *he waltzed her round the room*, le fece fare un giro di valzer **2** (*fam.*) portare (via) con la forza: *they waltzed him off*, lo portarono via con la forza.

□ **waltz around** *v.tr.* e *avv.* (*fam. amer.*) sottrarsi a qlcu.; ingannare qlcu.

□ **waltz off with** *v.tr.* e *avv.* e *prep.* (*fam.*) **1** portar via, rubare **2** vincere senza difficoltà.

waltzer ['wɔ:lzə*] *s.* ballerino di valzer.

wampum ['wɒmpəm / wam·pum] *s.* wampum (conchiglie infilate, usate dai pellirosse come ornamento, moneta).

wan [wɒn] *agg.* **1** pallido, esangue, smorto, smunto; languido: *to grow* —, impallidire **2** debole, pallido (di luce ecc.): *a — smile*, un debole sorriso // **-ly** *avv.* // **-ness** *s.*

wand [wɒnd] *s.* **1** bacchetta: *magic* —, bacchetta magica; *conjurer's* —, bacchetta di prestigiatore // (*mit.*) *Mercury's* —, caduceo **2** (*rar.*) bastone di comando; mazza (d'usciere) **3** (*ant.*) frusta: *the wand is will*, (SIDNEY) la frusta è la volontà.

wander ['wɒndə* / wan·der] *s.* passeggiata senza meta; vagabondaggio.

to **wander** *v.intr.* **1** vagare, errare, vagabondare: *he wandered for miles and miles*, vagò per molte miglia; *his eyes wandered over the landscape*, il suo sguardo vagava sul paesaggio; *to — through the woods*, errare attraverso i boschi; *to let one's thoughts* —, lasciar vagare i propri pensieri; *his thoughts wandered back to the past*, riandava col pensiero al passato // *to — about*, girovagare; andare alla ventura: *to — about the world*, andare per il mondo **2** (*fig.*) deviare, uscire dalla retta via; smarrirsi: *some of the sheep have wandered away*, alcune pecore si sono smarrite // *to —* (*away, off*) *from the point* (o *from the subject*), sviare il discorso, fare una digressione **3** vaneggiare; delirare: *he is beginning to* —, inizia a delirare ◆ *v.tr.* percorrere senza meta.

wanderer ['wɒndərə* / wan·derer] *s.* **1** vagabondo; (*fam.*) girandolone **2** (*fig.*) chi devia, chi esce dalla retta via, chi si smarrisce.

wandering ['wɒndərɪŋ / wan·der·ing] *agg.* **1** errante, vagante; vagabondo; nomade: — *life*, vita vagabonda; — *tribes*, tribù nomadi // *the — Jew*, l'Ebreo errante // (*geogr.*) — *dune*, duna mobile **2** distratto: — *eyes*, occhi distratti **3** (*med.*) migrante, aberrante: — *kidney*, rene mobile **4** che vaneggia, che delira ◆ *s.* **1** vagabondaggio (*anche fig.*); nomadismo **2** (*fig.*) deviamento; distrazione; smarrimento **3** (*pl.*) vaneggiamento; (*med.*) delirio // **-ly** *avv.*

wanderlust ['wɒndəlʌst / wan·der·lust] *s.* amore per i viaggi; spirito vagabondo.

wanderoo [,wɒndə'ru: / wan·deroo] *s.* (*zool.*) (*Macaca silenus*) sileno dalla barba bianca.

wane [weɪn] *s.* declino: *on the* —, in declino (*anche fig.*): *his fame is on the* —, la sua fama è in declino; *the moon is on the* —, la luna è calante, è in fase decrescente.

to **wane** *v.intr.* **1** (*astr.*) decrescere, calare (della luna) // *waning moon* (o *waning crescent*), luna calante **2** declinare; indebolirsi; decadere; deperire: *his strength is slowly waning*, sta perdendo lentamente le forze.

wang [wæŋ] *s.* (*volg. amer.*) cazzo.

wangle ['wæŋgl] *s.* (*fam.*) maneggio, traffico, intrigo.

to **wangle** *v.tr.* (*fam.*) **1** rimediare, procurarsi con l'astuzia, con l'inganno: *he wangled the money out of his father*, tanto fece che riuscì a far scucire i soldi a suo padre; *I wangled my brother into lending me his car*, sono riuscito a farmi mollare la macchina da mio fratello // *to — one's way out of a situation*, districarsi da una situazione **2** presentare sotto la luce desiderata; accomodare, falsificare (fatti ecc.).

wanion ['wɒnjən] *s.*: *a — to*, (*fam. amer.*) accidenti a.

wank [wæŋk] *s.* (*fam. volg.*) sega, masturbazione.

to **wank** *v.intr.* (*fam. volg.*) farsi una sega, masturbarsi.

wanker ['wæŋkə*] *s.* (*fam. volg.*) (mezza) sega, persona da poco.

wanna ['wɒnə] (*fam.*) contr. di **1** *want to*: *you — go to London?*, vuoi andare a Londra? **2** *want a*: *I — drink*, voglio qualcosa da bere.

want [wɒnt] *s.* **1** bisogno, necessità; esigenza: *to be in — of sthg.*, avere bisogno di qlco.; *the lawn was in — of a good mowing*, il prato aveva bisogno di una bella falciata; *they have few wants*, hanno poche esigenze **2** (*form.*) mancanza, difetto; deficienza, scarsezza: *— of imagination*, mancanza d'immaginazione; *his behaviour shows a — of tact*, il suo comportamento rivela mancanza di tatto // (*dir.*): *— of evidence*, mancanza di prove; *— of jurisdiction*, difetto di giurisdizione // *— ads*, annunci economici (per ricerca di lavoro, casa ecc.) // *the young fellow... is beloved by all the town, and there is scarce a corner in Montriul where the want of him will not be felt*, (STERNE) quel giovinotto... è benvoluto da tutto il paese; ogni cantuccio di Montriul s'accorgerà che egli manca // *for — of a nail the shoe was lost, for — of a shoe the horse was lost*, (*prov.*) per un punto Martin perse la cappa **3** povertà: *to live in —*, vivere nel bisogno, nell'indigenza.

to **want** *v.tr.* **1** (IV, VI) volere; desiderare fortemente: *what do you —?*, che cosa vuoi?; *I — a new dress*, voglio un vestito nuovo; *I — him to come here at once*, voglio che venga qui subito; *I don't — her to do it*, non voglio che lo faccia; *he wanted it done without delay*, voleva che fosse fatto subito; *to — sthg. from* (o *of*) *s.o.*, volere qlco. da qlcu. **2** (II) volere; aver bisogno di; richiedere: *do you — some money?*, vuoi soldi, ne hai bisogno?; *he badly wants rest*, ha assolutamente bisogno di riposo; *you are wanted in the kitchen*, c'è bisogno di te in cucina; *your trousers — ironing*, i tuoi pantaloni hanno bisogno di essere stirati; *this matter wants careful handling*, questa faccenda richiede una certa delicatezza // *that'll — some doing*, (*fam.*) sarà un'impresa (difficilissima) **3** ricercare: *he's wanted for robbery*, è ricercato per rapina **4** (*form.*) mancare di; essere privo, sprovvisto di: *the refugees wanted food and water*, i profughi mancavano di cibo e acqua **5** (*fam.*) dovere: *you — to see a doctor at once*, dovresti farti vedere subito da un medico; *you — to have your teeth seen to*, dovresti farti curare i denti ◆ *v.intr.* mancare; essere privo, sprovvisto: *he wants for nothing*, non gli manca nulla, non manca di nulla.

□ **want in** *v.intr.* e *avv.* (*fam.*) voler entrare; (*fig.*) voler partecipare.

□ **want out** *v.intr.* e *avv.* (*fam.*) voler uscire (*anche fig.*); (*fig.*) non volerne più sapere: *I'm fed up, I — out*, sono stufo, non ne voglio più sapere.

want ad ['wɒnt,æd] **wanted ad** ['wɒntɪd ,æd] *s.* (*amer.*) → **classified advertisement**.

wantage ['wɒntɪdʒ / want·age] *s.* (*sl. comm. amer.*) mancanza; penuria, deficit.

wanted ['wɒntɪd] *agg.* **1** (*dir.*) ricercato: *— for murder*, ricercato per omicidio **2** richiesto: *these goods are not — nowadays*, non c'è richiesta di questi articoli oggigiorno // *—*, cercasi (negli annunci economici).

wanting ['wɒntɪŋ / want·ing] *agg.* (*fam.*) che manca, mancante, privo; insufficiente, carente: *he is — in patience*, manca di pazienza; *his exam results were —*, il risultato del suo esame deluse le aspettative.

wanton ['wɒntən / wan·ton] *agg.* **1** (*form. antiq.*) licenzioso, sfrenato; impudico: *— thoughts*, pensieri impudichi; *— woman*, donna dissoluta **2** (*letter.*) pazzerello; gaio; capriccioso: *— loves*, amori passeggeri; *— winds*, brezze capricciose // *to be in a — mood*, essere d'umore faceto **3** arbitrario, gratuito; senza senso: *— destruction*, distruzione inutile, senza scopo; *— insult*, insulto gratuito, arbitrario; *— cruelty*, crudeltà perversa **4** (*form.*) lussureggiante; rigoglioso: *— vegetation*, vegetazione lussureggiante // *what we by day / lop... / one night or two with wanton growth derides*, (MILTON) ciò che noi potiamo di giorno... in una notte o due ricresce con un lussureggiante rigoglio ◆ *s.* persona (spec. donna) dissoluta // *to play the —*, folleggiare; (*ant.*) essere dissoluto // **-ly** *avv.* // **-ness** *s.*

to **wanton** *v.intr.* **1** (*letter.*) scherzare, folleggiare **2** (*rar.*) agire licenziosamente ◆ *v.tr.* (*letter.*) scialacquare, sperperare: *he wantoned his inheritance away*, sperperò la sua eredità.

wap → **whop**.

wapiti [,wɒpɪtɪ / wap·iti] *s.* (*zool.*) (*Cervus canadensis*) wapiti, vapiti.

war [wɔ:*] *s.* guerra, conflitto (*anche fig.*): *to declare — (up) on s.o.*, dichiarare guerra a qlcu. (*anche fig.*); *to go to —*, entrare in guerra; *to make* (o *to wage*) *— (on, against s.o.)*, fare guerra (a qlcu.); *to be at — with a country*, essere in guerra con una nazione; *to be on a — footing*, essere sul piede di guerra; *to carry the — into the enemy's country*, portare la guerra in territorio nemico; passare all'attacco (*anche fig.*) // *civil —*, guerra civile; *cold —*, guerra fredda; *holy —*, guerra santa; *private —*, faida; (*pol.*) guerra privata; *— of nerves*, guerra dei nervi; *— to the knife*, (*fig. antiq.*) lotta a coltello // *the First World War*, la prima guerra mondiale, la grande guerra (1914-1918) // *trade of —*, professione del soldato; *to go to the wars*, (*ant.*) fare il soldato // *as if you've just been in the wars*, (*fig. fam.*) hai l'aria malconcia // *all's fair in love and —*, (*prov.*) tutto è lecito in amore e in guerra ◆ *agg.attr.* di, della guerra; che si riferisce alla guerra: *— baby*, figlio di guerra; *— bride*, sposa di guerra; *— clouds*, segnali, minacce di guerra; *— correspondent*, corrispondente di guerra; *— crime*, crimine di guerra; *— cry*, grido di guerra (*anche fig.*); *— dance*, danza di guerra; *— loan*, prestito di guerra; *— memorial*, monumento ai caduti; *— paint*, pitture di guerra (dei pellerossa); *— song*, canzone di guerra; *— widow*, vedova di guerra; *— zone*, zona di guerra.

to **war** *pass.p.p.* **warred** [wɔ:d] *v.intr.* far guerra, guerreggiare; lottare: *to — against* (*s.o.*, *sthg.*), lottare contro (qlcu., qlco.).

warble[1] ['wɔ:bl] *s.* **1** trillo, gorgheggio, modulazione **2** mormorio (di acque, voci).

to **warble**[1] *v.intr.* **1** trillare, gorgheggiare **2** mormorare (di acque, voci) ◆ *v.tr.* modulare.

warble[2] *s.* **1** indurimento (prodotto sul dorso del cavallo dalla sella) **2** (*vet.*) tumore (prodotto dalla larva del tafano).

warble-fly ['wɔ:bl,flaɪ] *s.* (*zool.*) larva di tafano.

warbler ['wɔ:blə* / warb·ler] *s.* **1** chi emette trilli, gorgheggi **2** uccello canoro.

ward [wɔ:d] *s.* **1** (*dir.*) minorenne; pupillo; persona sotto tutela // *— of court*, minore, incapace sotto tutela del giudice **2** (*dir.*) tutela **3** (*antiq.*) guardia, difesa: *to keep watch and —*, vigilare **4** (*scherma*) guardia, parata **5** sala, corsia (di ospedale); reparto, cella (di prigione) **6** rione, circoscrizione comunale: *electoral —*, circoscrizione elettorale **7** (*mecc.*) scontro (di serratura, di chiave).

to **ward** *v.tr.* (*ant.*) proteggere; sorvegliare, vigilare su.

□ **ward off** *v.tr.* e *avv.* evitare, respingere; schivare; parare: *to — off danger*, scansare il pericolo; *to — off a blow*, parare un colpo.

-ward [wəd] *suff.* di origine anglosassone che significa 'in una specifica direzione'; it. verso, a: *eastward*, verso est, a est; *seaward*, verso il mare.

warden ['wɔ:dn / war·den] *s.* **1** custode; guardiano; (*rar.*) sentinella // *air-raid —*, capofabbricato (responsabile della protezione antiaerea) **2** reggente; governatore; sovrintendente **3** rettore (di università); direttore (di scuola) **4** superiore (di convento) **5** (*amer.*) direttore di carcere.

wardenship ['wɔ:dnʃɪp / war·den·ship] *s.* carica, ufficio di guardiano, di custode, di governatore, di rettore (di università), di direttore (di scuola, prigione), di superiore (di convento).

warder[1] ['wɔ:də*] *s.* **1** (*ant.*) sentinella **2** carceriere, guardiano.

warder[2] *s.* (*st.*) bastone del comando.

ward heeler ['wɔ:d,hi:lə*] *s.* (*pol. amer.*) portaborse.

wardite ['wɔ:daɪt / ward·ite] *s.* (*min.*) wardite.

Wardour Street ['wɔ:də,stri:t] *s.* Wardour Street (via di Londra già famosa per i negozi di antichità e ora per le sedi di compagnie cinematografiche) // *— English*, inglese affettatamente arcaico.

wardress ['wɔ:drɪs / ward·ress] *s.* (*non com.*) carceriera.

wardrobe ['wɔ:drəʊb / ward·robe] *s.* **1** armadio, guardaroba: *— trunk*, baule armadio **2** guardaroba; abiti, vestiti (*pl.*): *she has a very rich —*, ha un ricco guardaroba, molti vestiti; *winter —*, guardaroba invernale // *— keeper*, guardarobiera (in collegi ecc.) **3** (*teatr.*) guardaroba; abiti di scena, costumi (*pl.*): *— keeper*, costumista.

wardroom ['wɔ:drʊm *amer.* 'wɔ:dru:m / ward·room] *s.* (*mar.*) quadrato (degli ufficiali).

-wards [wədz] *suff.* → **-ward**.

wardship ['wɔ:dʃɪp / ward·ship] *s.* (*dir.*) tutela; custodia, cura: *to be under* —, essere sotto tutela.

ware[1] [weə*] *agg.* (*ant.*) cauto; vigile, prudente.

to **ware**[1] *v.tr.* (*antiq.*) *gener. all'imp.* evitare, fare attenzione a.

ware[2] *s.* **1** manufatto; vasellame; ceramiche (*pl.*) **2** merce, articoli: *basket, china* —, articoli di vimini, di porcellana; *silver* —, argenteria **3** *pl.* (*antiq.*) merci, mercanzie.

warehouse ['weəhaʊs / ware·house] *s.* **1** magazzino, deposito // *bonded* —, magazzino doganale // (*comm.*) *free and bonded warehouses*, mercati generali // (*amm.*) — *book*, libro di magazzino **2** negozio all'ingrosso.

to **warehouse** ['weəhaʊz] *v.tr.* immagazzinare; depositare (in magazzino).

warehouse-keeper ['weəhaʊs,ki:pə*] *s.* **1** magazziniere **2** gestore di deposito (doganale).

warehouseman ['weəhaʊsmən / ware·house·man] *pl.* **warehousemen** *s.* **1** magazziniere **2** commerciante all'ingrosso.

warehousing ['weəhaʊzɪŋ / ware·hous·ing] *s.* **1** immagazzinamento; magazzinaggio; deposito in dogana // — *charges*, diritti di magazzinaggio **2** (*amm.*) contabilizzazione e gestione amministrativa di operazioni finanziarie.

warfare ['wɔ:feə* / war·fare] *s.* [U] guerra, stato di guerra: *conventional* —, guerra convenzionale; *ideological* —, guerra ideologica; *psychological* —, guerra psicologica; *germ* —, guerra batteriologica; *trench* —, guerra di trincea.

warfarin ['wɔ:fərɪn / war·fa·rin] *s.* (*chim.*) warfarina.

war game ['wɔ:geɪm] *s.* **1** (*mil.*) esercitazione tattica **2** war game, gioco che simula uno scontro armato fra truppe rivali.

warhead ['wɔ:hed / war·head] *s.* testata: *nuclear* —, testata nucleare.

warhorse ['wɔ:hɔ:s / war·horse] *s.* **1** (*ant.*) cavallo usato in battaglia; destriero **2** (*fig. fam.*) cavallo di battaglia **3** (*fam.*) veterano.

warlike ['wɔ:laɪk / war·like] *agg.* guerriero, bellicoso, marziale; militare: *a — people*, un popolo guerriero; — *temper*, umore battagliero.

warlock ['wɔ:lɒk / war·lock] *s.* stregone.

warlord ['wɔ:lɔ:d / war·lord] *s.* **1** (*st.*) signore della guerra (in Cina, Giappone) **2** (*gener. spreg.*) generalissimo; dittatore militare.

warm [wɔ:m] *agg.* **1** caldo; che tiene caldo: — *clothes*, abiti caldi, che tengono caldo; *our room is rather* —, la nostra stanza è piuttosto calda; *this water is barely* —, quest'acqua è tiepida // *to be* —, avere caldo; far caldo // — *work*, lavoro che fa sudare // — *body*, (*sl. amer.*) persona insignificante, scaldasedie **2** (*fig.*) caldo, cordiale, affettuoso: *a — reception* (o *welcome*), un'accoglienza calorosa **3** (*fig.*) animato, appassionato; eccitato, violento: *the discussion was getting rather* —, la discussione si faceva piuttosto animata **4** caldo (di colore, suono): — *tints*, tinte calde **5** fresco, recente (di traccia di selvaggina) // *you're getting* —, (*fam.*) ci sei vicino, fuoco!, fuochino! (nei giochi dei bambini) // **-ly** *avv.* // **-ness** *s.*

warm *s.* **1** il caldo: *take your coat off and come into the* —, togliti il cappotto e vieni al caldo **2** (*fam.*) l'atto di scaldare, di scaldarsi: *sit by the fire and have a nice* —, siedi accanto al fuoco e scaldati; *to give sthg. a* —, scaldare qlco. (al fuoco).

to **warm** *v.tr.* **1** scaldare (*anche fig.*); riscaldare: *the sun warmed the air*, il sole ha scaldato l'aria; *to — oneself at the fire, in the sun*, scaldarsi al fuoco, al sole; *to — one's hands*, scaldarsi le mani; *to — the heart*, scaldare il cuore **2** eccitare; animare; entusiasmare ◆ *v.intr.* **1** scaldarsi; riscaldarsi **2** eccitarsi; animarsi; entusiasmarsi: *he warmed as he got into his subject*, si animava man mano che si addentrava nell'argomento; *to — to one's work*, appassionarsi, entusiasmarsi al proprio lavoro // *to — to s.o.*, incominciare ad aver simpatia per qlcu.

□ **warm over** *v.tr.* e *avv.* (*spreg. amer.*) riciclare (un'idea, un argomento).

□ **warm up** *v.tr.* e *avv.* **1** scaldare, riscaldare (*anche fig.*): *the wine will — him up*, il vino lo riscalderà **2** eccitare; animare ◆ *v.intr.* e *avv.* **1** scaldarsi, riscaldarsi (*anche fig.*): *athletes were warming up before the race*, gli atleti si stavano riscaldando prima della gara; *let the engine — up*, lascia che il motore si scaldi **2** eccitarsi; animarsi: *the game was warming up*, la partita si animava.

warm-blooded [,wɔ:m'blʌdɪd] *agg.* **1** che ha sangue caldo; a sangue caldo (di animale) **2** impulsivo, impetuoso.

warmer ['wɔ:mə*] *s.* **1** (*non com.*) chi riscalda; chi accende **2** riscaldatore: *dish* —, scaldapiatti.

warmer-upper [,wɔ:mər'ʌpə*] *s.* (*fam. amer.*) indumento caldo, che tiene caldo.

warm-hearted [,wɔ:m'hɑ:tɪd] *agg.* cordiale; affettuoso; caloroso // **-ly** *avv.* // **-ness** *s.*

warming pad ['wɔ:mɪŋ,pæd] *s.* (*elettr.*) termoforo.

warming pan ['wɔ:mɪŋ,pæn] *s.* **1** scaldaletto **2** (*fig.*) sostituto ad interim, interinale (in ufficio, carica ecc.).

warming-up [,wɔ:mɪŋ'ʌp] *s.* fase iniziale (di una riunione, incontro ecc.); (*sport*) riscaldamento.

warmonger ['wɔ:,mʌŋgə* / war·mon·ger] *s.* guerrafondaio.

warmongering ['wɔ:,mʌŋgərɪŋ / war·mon·ger·ing] *s.* propaganda di guerra.

warmth [wɔ:mθ] *s.* calore (*anche fig.*).

warm-up ['wɔ:m,ʌp] *s.* fase iniziale (di riunione, dibattito); (*sport*) riscaldamento.

to **warn** [wɔ:n] *v.tr.* **1** (IV) avvertire, mettere in guardia: *I warned him against smoking so many cigarettes*, lo misi in guardia sul pericolo di fumare tanto; *they warned me of the danger*, mi avvertirono del pericolo **2** ammonire: *he warned her not to do it again*, l'ammonì di non farlo un'altra volta **3** (*dir. comm.*) diffidare **4** (*ant.*) chiamare alle armi: *this sight of death is as a bell / that warns my old age to a sepulchre*, (SH. Romeo and Juliet) questa vista di morte è come un rintocco funebre che chiama alla tomba la mia tarda età.

□ **warn off** *v.tr.* e *avv.* intimare di allontanarsi a, invitare a tenersi lontano: *he has been warned off*, è stato invitato ad allontanarsi.

warner ['wɔ:nə*] *s.* **1** chi avverte **2** (*mecc.*) segnale d'allarme.

warning ['wɔ:nɪŋ / warn·ing] *agg.* **1** che avverte: *he shot me a — glance*, mi lanciò uno sguardo di avvertimento // — *light*, spia luminosa **2** ammonitore ◆ *s.* **1** avvertimento: *flood warnings were sent out to those living near the river*, coloro che vivevano vicino al fiume furono avvertiti del pericolo di un'inondazione // *air-raid* —, allarme aereo **2** ammonimento: *let this be a — to them*, che questo serva loro di ammonimento, di lezione **3** avviso, notifica: *he sent them — of his change of address*, mandò loro un avviso per informarli del cambio di indirizzo **4** (*dir. comm.*) diffida **5** preavviso (di licenziamento, dimissioni).

warp [wɔ:p] *s.* **1** (*tess.*) ordito: — *beam*, subbio dell'ordito; — *chain*, catena d'ordito; *full* —, catena piena; *half* —, mezza catena **2** deformazione, curvatura (di legname) **3** (*fig. non com.*) alterazione (della mente); inclinazione viziosa **4** (*mar.*) (cavo da) tonneggio **5** (*geol.*) deposito alluvionale; sedimento di estuario; lieve deformazione della crosta terrestre.

to **warp** *v.tr.* **1** (*tess.*) ordire **2** piegare, curvare (legname) **3** (*fig.*) deformare; guastare; alterare (mente ecc.): *his mind had been warped by a miserable childhood*, la sua mente era stata sconvolta da un'infanzia infelice **4** (*mar.*) tonneggiare; rimorchiare **5** (*agr.*) bonificare (terre) coprendole di depositi alluvionali **6** (*aer.*) svergolare **7** (*ant.*) contrarre, corrugare; congelare: *though thou the waters warp, / thy sting is not so sharp / as friend remembered not*, (SH. As You Like It) sebbene tu congeli l'acqua, la tua morsa non ferisce quanto l'amico che dimentica ◆ *v.intr.* **1** piegarsi; curvarsi (di legname) **2** (*fig.*) deformarsi; guastarsi; alterarsi (di mente ecc.) **3** (*mar.*) tonneggiarsi **4** (*aer.*) svergolarsi.

warpath ['wɔ:pɑ:θ *amer.* 'wɔ:pæθ / war·path] *s.* sentiero di guerra (dei pellerossa): *to be on the* —, (*fig.*) essere sul sentiero di guerra.

warped [wɔ:pt] *agg.* **1** curvato, piegato (di legno) **2** (*fig.*) deformato, alterato; corrotto: *everything seemed evil to his — mind*, tutto sembrava diabolico alla sua mente alterata **3** bonificato con deposito alluvionale (di terreno) **4** (*aer.*) svergolato.

warper ['wɔ:pə*] *s.* (*tess.*) orditore; orditoio.

warping ['wɔ:pɪŋ / warp·ing] *s.* **1** (*tess.*) orditura: — *machine* (o — *mill*), orditoio **2** curvatura (del legname); (*metall.*) deformazione **3** (*fig.*) deformazione, alterazione; perversione **4** (*mar.*) tonneggio: — *engine*, macchina di tonneggio **5** bonifica per mezzo di deposito alluvionale **6** (*aer.*) svergolamento.

warplane ['wɔ:pleɪn / war·plane] *s.* aeroplano militare.

warrant ['wɒrənt *amer.* 'wɔ:rənt / war·rant] *s.* **1** (*dir.*) mandato, autorizzazione, ordine: *search* —, mandato di perquisizione; *distress* —, ordine di sequestro; — *of arrest*, mandato di arresto; *death* —, ordine di esecuzione // — *of attorney*, procura // *out of* —, illegale **2** (*comm.*) mandato (di pagamento), warrant: *dividend* —, assegno in pagamento del dividendo **3** (*comm.*) certificato, ordine: — *for delivery*, ordine di consegna // (*warehouse*) — (o — *for goods*), nota di pegno // *share* — (o amer. *stock* —), certificato azionario al portatore **4** (*form.*) diritto; autorizzazione **5** (*non com.*) garanzia; garante.

to **warrant** *v.tr.* **1** (*form.*) garantire, assicurare **2** (*fam.*) giurare, assicurare: *I — this is* *the last time I'll help you out*, giuro che questa è l'ultima volta che ti aiuto **3** (*dir.*) autorizzare **4** giustificare: *his error certainly didn't — such a severe reprimand*, il suo errore non giustificava certo un rimprovero così severo.

warrantable ['wɒrəntəbl *amer.* 'wɔ:rəntəbl / war·rant·able] *agg.* **1** giustificabile **2** (*dir.*) legittimo **3** autorizzato, permesso // **-ness** *s.* // **-bly** *avv.*

warranted ['wɒrəntɪd *amer.* 'wɔ:rəntɪd / war·ranted] *agg.* **1** garantito: *— real silk*, seta pura garantita // (*econ.*) *— rate of growth*, tasso di crescita garantito **2** (*dir.*) autorizzato: *I am — in assuming that...*, sono autorizzato a pensare che...

warrantee [,wɒrən'ti: *amer.* ,wɔ:rən'ti: / war·rantee] *s.* (*dir.*) **1** chi riceve una garanzia **2** persona colpita da mandato di cattura.

warranter ['wɒrəntə* *amer.* 'wɔ:rəntə* / war·ranter] **warrantor** ['wɒrəntɔ:* *amer.* 'wɔ:rəntɔ:* / war·rantor] *s.* (*dir.*) mallevadore; garante.

warrant officer ['wɒrənt,ɒfɪsə* *amer.* 'wɒrənt,ɔ:fɪsə*] *s.* **1** (*mar.*) capocarico **2** (*mil.*) sergente maggiore.

warranty ['wɒrəntɪ *amer.* 'wɔ:rəntɪ / war·ranty] *s.* **1** (*comm.*) garanzia: *to be under —*, essere in garanzia // (*dir.*) *— for hidden defects*, garanzia per vizi occulti **2** (*non com.*) autorizzazione; giustificazione.

warren ['wɒrən *amer.* 'wɔ:rən / war·ren] *s.* conigliera; recinto (per conigli).

warrener ['wɒrənə* / war·rener] *s.* (*antiq.*) custode di selvaggina: *he hath fought with a warrener*, (SH. The Merry Wives of Windsor) s'è preso a botte con un custode di conigli.

warring ['wɔ:rɪŋ / war·ring] *agg.* in stato di guerra; contendente; contrastante: *— nations, states*, nazioni, stati contendenti, belligeranti; *— interests, principles*, interessi, principi contrastanti, in opposizione.

warrior ['wɒrɪə* *amer.* 'wɔ:rɪə* / war·rior] *s.* (*letter.*) guerriero // *the Unknown Warrior*, il Milite Ignoto // *cold —*, (*fam. amer.*) sostenitore della guerra fredda // (*zool.*) *— ants*, formiche soldato.

warship ['wɔ:ʃɪp / war·ship] *s.* nave da guerra.

wart [wɔ:t] *s.* **1** (*med.*) escrescenza, porro, verruca: *plantar —*, verruca plantare // *to paint s.o. with his warts*, (*fam.*) fare il ritratto fedele di qlcu. // *warts and all*, (*fam.*) nel bene e nel male **2** protuberanza (di un tronco).

wart grass ['wɔ:tgrɑ:s *amer.* 'wɔ:tgræs] *s.* (*bot.*) (*Euphorbia helioscopia*) calenzuola SIN. wartweed.

warthog ['wɔ:thɒg *amer.* 'wɔ:thɔ:g / wart·hog] *s.* (*zool.*) (*Phacochoerus aethiopicus*) facocero.

wartime ['wɔ:taɪm / war·time] *s.* tempo di guerra.

wartweed ['wɔ:twi:d / wart·weed] *s.* (*bot.*) → **wart grass**.

warty ['wɔ:tɪ] *agg.* **1** (*med.*) pieno di escrescenze, verrucoso **2** simile a porro, verruca.

war-weary ['wɔ:,wɪərɪ] *agg.* stanco della guerra // **-iness** *s.*

war-worn ['wɔ:wɔ:n] *agg.* **1** danneggiato, devastato dalla guerra (di paese) **2** logorato dalla guerra (di persona).

wary ['weərɪ] *agg.* prudente, cauto, circospetto; diffidente: *they are — of strangers*, diffidano dei forestieri; *you ought to be —*, dovresti essere cauto, usar prudenza // *to keep a — eye on*, diffidare di // **-ily** *avv.* // **-iness** *s.*

was [wɔ:z (*forma forte*) wəz, wz (*forme deboli*)] *1ª e 3ª pers.sing. indic.pass.* di to **be**.

wash [wɒʃ *amer.* wɔ:ʃ] *s.* **1** lavaggio; lavata; abluzione: *give him a good —*, dagli una bella lavata; *I'd like to have a —*, vorrei darmi una lavatina // *to have a — and brush-up*, farsi un po' di toilette **2** bucato // *your shirts are in the —*, le tue camicie sono a lavare // *the —*, bucato in lavanderia: *has the — come back?*, hanno riportato il bucato? // *to come out in the —*, (*fam.*) venire a galla **3** (*med.*) lavaggio, lavanda: *stomach —*, lavanda gastrica **4** lozione; liquido cosmetico **5** sciabordio, sciacquio: *the — of the waves*, lo sciacquio delle onde **6** (*geol.*) erosione (a opera dell'acqua), dilavamento; alluvioni recenti **7** (*non com.*) broda, brodaglia (per maiali); risciacquatura di piatti **8** mano di colore, coloritura (per pareti, metalli ecc.); (*pitt.*) acquarello, guazzo **9** scia (di nave) **10** (*fam. amer.*) giustificazione complicata.

to **wash** *v.tr.* **1** lavare: *— your face*, lavati la faccia; *did you — your hands?*, ti sei lavato le mani?; *I have a few clothes to —*, ho qualche indumento da lavare; *you can — it with soap and water*, puoi lavarlo con acqua e sapone // *to — one's hands of sthg.*, (*fig.*) lavarsi le mani di qlco. **2** lavare (minerali metallici); depurare (gas) mediante lavaggio **3** tinteggiare (pareti) **4** galvanizzare, metallizzare (in bagno galvanico) **5** bagnare, lambire; spazzare (di mare, fiume ecc.): *the cliff is washed by the sea*, la scogliera è lambita dal mare **6** gettare, trasportare: *a wave washed him ashore*, un'ondata lo gettò sulla riva **7** (*letter.*) bagnare, inumidire, umettare: *flowers washed with dew*, fiori imperlati di rugiada ◆ *v.intr.* **1** lavarsi: *she washed and went straight to bed*, si lavò e andò subito a letto; *did you wash behind your ears?*, ti sei lavato dietro le orecchie? **2** essere lavabile: *this material doesn't —*, questo tessuto non è lavabile // *your excuse won't — with me*, la tua scusa non regge, non me la dai a bere.

□ **wash down** *v.tr.* e *avv.* **1** lavare (con un getto d'acqua) **2** annaffiare (cibi): *he washed down his dinner with three glasses of beer*, innaffiò il pranzo con tre bicchieri di birra.

□ **wash off** *v.tr.* e *avv.* togliere, eliminare lavando: *I'll try to — the stain off with some water*, cercherò di togliere la macchia con dell'acqua SIN. to wash out.

□ **wash out** *v.tr.* e *avv.* **1** togliere, eliminare lavando SIN. to wash off **2** annullare, cancellare (una manifestazione) a causa della pioggia: *last Saturday's match was washed out by rain*, la partita di domenica scorsa fu cancellata per il maltempo ◆ *v.intr.* e *avv.* (*fam. amer.*) fallire, fare fiasco.

□ **wash up** *v.intr.* e *avv.* **1** lavare i piatti, rigovernare **2** (*amer.*) lavarsi ◆ *v.tr.* e *avv.* buttare a riva: *the body of the drowned woman was washed up on the beach after three days*, dopo tre giorni il mare ributtò a riva, restituì, il corpo dell'annegata.

wash *agg.* (*amer. fam.*) lavabile: *— fabric*, tessuto lavabile.

washable ['wɒʃəbl *amer.* 'wɔ:ʃəbl / wash·able] *agg.* lavabile.

wash-and-wear [,wɒʃən'weə* *amer.* ,wɔ:ʃən'weə*] *agg.* che non richiede stiratura; non-stiro.

washbasin ['wɒʃ,beɪsn *amer.* 'wɔ:ʃ,beɪsn / wash·basin] *s.* lavandino, lavabo.

washboard ['wɒʃbɔ:d *amer.* 'wɔ:ʃbɔ:d / wash·board] *s.* **1** asse per lavare **2** washboard (strumento jazz a percussione).

wash bottle ['wɒʃ,bɒtl *amer.* 'wɔ:ʃ,bɒtl] *s.* (*chim.*) spruzzetta.

washcloth ['wɒʃklɒθ *amer.* 'wɔ:ʃklɔ:θ / wash·cloth] *s.* (*amer.*) → **facecloth**.

washday ['wɒʃdeɪ *amer.* 'wɔ:ʃdeɪ / wash·day] *s.* giorno di bucato.

wash drawing ['wɒʃ,drɔ:ɪŋ *amer.* 'wɔ:ʃ ,drɔ:ɪŋ] *s.* (*pitt.*) tempera.

washed-out [,wɒʃt'aʊt *amer.* ,wɔ:ʃt'aʊt] *agg.* scialbo, sbiadito, slavato; (*fam.*) sfinito, distrutto: *— complexion*, colorito scialbo.

washed-up [,wɒʃt'ʌp *amer.* ,wɔ:ʃt'ʌp] *agg.* (*fam.*) tagliato fuori, finito.

washer ['wɒʃə* *amer.* 'wɔ:ʃə*] *s.* **1** (*tecn.*) lavatrice; lavatore, addetto al lavaggio; depuratore: *screw —*, lavatrice a spirale; *gold —*, addetto al lavaggio di sabbie aurifere; *air —*, depuratore d'aria **2** (*chim.*) gorgogliatore di lavaggio **3** (*mecc.*) (*flat*) *—*, rosetta, rondella, ranella; *split —*, rosetta tagliata; *tab —*, rondella di sicurezza; *distance —*, distanziatore **4** (*amer.*) → washing machine.

washer-dryer ['wɒʃə,draɪə* *amer.* 'wɔ:ʃə,draɪə*] *s.* lavasciuga.

washerman ['wɒʃəmən *amer.* 'wɔ:ʃəmən / wash·er·man] *pl.* **washermen** *s.* lavandaio.

washerwoman ['wɒʃə,wʊmən *amer.* 'wɔ:ʃə ,wʊmən / wash·er·wo·man] *pl.* **washerwomen** ['wɒʃə,wɪmɪn *amer.* 'wɔ:ʃə,wɪmɪn] *s.* lavandaia.

wash-fountain ['wɒʃ,faʊntɪn *amer.* 'wɔ:ʃ ,faʊntɪn] *s.* lavabo circolare a più rubinetti (che si trova negli ostelli, nei campeggi ecc.).

wash-house ['wɒʃhaʊs *amer.* 'wɔ:ʃhaʊs] *s.* lavanderia.

washin ['wɒʃɪn] *s.* (*aer.*) svergolamento positivo.

washing ['wɒʃɪŋ *amer.* 'wɔ:ʃɪŋ / wash·ing] *agg.* che lava, usato per lavare ◆ *s.* **1** lavaggio; lavata // (*tess.*) *— boiler*, caldaia per lavaggio; *immersion —*, lavaggio a immersione **2** [U] bucato: *to do the —*, fare il bucato; *to hang out the — to dry*, stendere il bucato ad asciugare **3** (*tecn.*) depurazione: *— room*, sala di depurazione; *— mill*, depuratore // (*chim.*) *— flask*, spruzzetta; *— soda*, carbonato sodico cristallino per lavaggio **4** (*miner.*) lavaggio.

washing day ['wɒʃɪŋ,deɪ *amer.* 'wɔ:ʃɪŋ,deɪ] → **washday**.

washing machine ['wɒʃɪŋmə,ʃi:n *amer.* 'wɔ:ʃɪŋmə,ʃi:n] *s.* lavatrice // (*edil.*) *stone —*, lavatrice per pietrame.

washing-powder ['wɒʃɪŋ,paʊdə* *amer.* 'wɔ:ʃɪŋ,paʊdə*] *s.* detersivo in polvere.

washing-up [,wɒʃɪŋ'ʌp *amer.* ,wɔ:ʃɪŋ'ʌp] *s.* (*fam.*) il lavare i piatti: *who'll do the —?*, chi lava i piatti?

wash-leather ['wɒʃ,leðə* *amer.* 'wɔ:ʃ,leðə*] *s.* pelle scamosciata lavabile.

washout ['wɒʃaʊt *amer.* 'wɔ:ʃaʊt / wash·out] *s.* **1** (*fam.*) fiasco, fallimento **2** (*sl. mil. amer.*) cadetto che non termina il corso di aeronautica **3** dilavamento // *— valve*, valvola di scarico **4** cancellazione (di registrazione magnetica) **5** (*aer.*) svergolamento negativo.

washroom ['wɒʃrʊm *amer.* 'wɔ:ʃru:m / wash·room] *s.* (*amer.*) **1** lavanderia **2** gabinetto.

washstand ['wɒʃstænd *amer.* 'wɔ:ʃstænd / wash·stand] *s.* (mobiletto da) toletta.

wash-tub ['wɒʃtʌb *amer.* 'wɔ:ʃtʌb] *s.* mastello, tinozza per bucato.

wash-up ['wɒʃʌp *amer.* 'wɔ:ʃʌp] *s.* lavaggio.

wasn't ['wɒznt] contr. di *was not.*

wasp [wɒsp *amer.* wɔ:sp] *s.* (*zool.*) (*Vespula vulgaris*) vespa (*anche fig.*) // — *waist*, vitino di vespa.

WASP *s.* (*sl. dei neri d'America*) (americano) protestante di origine anglosassone • Da *White Anglo-Saxon Protestant.*

waspish ['wɒspɪʃ *amer.* 'wɔ:spɪʃ / wasp·ish] *agg.* **1** pungente, stizzoso, bisbetico **2** *Waspish*, (*fam. amer.*) tipico di un 'WASP'.

waspishly ['wɒspɪʃlɪ *amer.* 'wɔ:spɪʃlɪ / wasp·ish·ly] *avv.* in modo pungente, stizzoso.

waspishness ['wɒspɪʃnɪs *amer.* 'wɔ:spɪʃnɪs / wasp·ish·ness] *s.* stizza; ira.

wassail ['wɒseɪl / was·sail] *s.* (*ant.*) **1** brindisi: —!, alla salute // *I sing of May-poles, hock-carts, wassails*, (HERRICK) canto gli alberi di calendimaggio, i carri del raccolto, i brindisi **2** festa, gozzoviglia **3** 'wassail' (bevanda di birra, vino con spezie, zucchero ecc. che si beveva a Natale, Epifania).

to **wassail** *v.intr.* (*ant.*) gozzovigliare, fare baldoria.

wast [wɔ:st (*forma forte*) wəst (*forma debole*)] (*ant. poet.*) 2ª *pers.sing.indic.pass.* di *to be*; nell'inglese moderno *was*: *thou wast not born for death*, (KEATS) non fosti nato per morire.

wastage ['weɪstɪdʒ / wast·age] *s.* **1** spreco, sciupio; consumo inutile: — *of energy*, spreco di energia **2** calo, perdita (*anche comm.*) // (*econ.*) *natural* —, riduzione naturale di personale (mediante dimissioni e pensionamenti).

waste [weɪst] *agg.attr.* **1** deserto, desolato, incolto, abbandonato; arido, sterile (di terreno): *to lay* —, devastare, saccheggiare **2** inutile, di scarto: — *materials*, materiali di scarto; scorie **3** di scolo; di scarico: — *water*, acque di scolo; — *pipes*, tubazioni di scarico ♦ *s.* **1** sciupio, spreco, sperpero: *it was a sheer — of energy*, non era altro che uno spreco di energia; *what a — of time!*, quanto tempo sprecato! // *to go to* —, andare sprecato; andare a male: *so much water going to —!*, tanta acqua sprecata!; *don't let this fruit go to* —, non lasciar andare a male questa frutta // *wilful — makes woeful want*, (*prov.*) chi spreca deliberatamente finisce nella miseria più nera **2** scarto, rifiuto; residui, scorie (*pl.*); (*tess.*) cascame: *we throw all the — away*, eliminiamo tutto lo scarto; *with the new process there isn't so much* —, con il nuovo sistema di lavorazione non c'è molto scarto; *radioactive* —, scorie radioattive; *cotton, wool, top* —, cascame di cotone, di lana, di pettinato **3** (*spec. pl.*) deserto, distesa sterile; terreno incolto: *the wastes of Northern Africa*, il deserto nordafricano; *they have let their garden go to* —, hanno lasciato inselvatichire il giardino **4** (*miner.*) sterile **5** (*dir.*) danneggiamento, cattiva manutenzione (di un immobile).

to **waste** *v.tr.* **1** sciupare, sprecare; sperperare, scialacquare: *he is wasted in that job*, è sprecato in quell'impiego, fa un lavoro inferiore alle sue capacità; *he wasted his life in gambling and whoring*, ha sprecato la sua vita nel gioco d'azzardo e andando a donne; *she is wasting her chance*, si lascia sfuggire una buona occasione; *you are wasting your breath*, (*fam.*) sprechi il fiato; *don't — any more money on him*, non sprecare altro denaro per lui; *the joke was wasted on them*, non capirono lo scherzo // — *not, want not*, (*prov.*) chi risparmia guadagna **2** logorare; sciupare; deteriorare **3** (*antiq.*) distruggere, devastare **4** (*sl. amer.*) mettere fuori combattimento; ferire gravemente; far fuori; ammazzare ♦ *v.intr.* logorarsi, sciuparsi, deteriorarsi; deperire: *he was wasting away for lack of food*, deperiva sempre più per mancanza di cibo.

wastebasket ['weɪst,bɑ:skɪt *amer.* 'weɪst ,bæskɪt / waste·bas·ket] *s.* (*spec. amer.*) → **wastepaper basket**.

wastebin ['weɪstbɪn / waste·bin] *s.* cestino per i rifiuti (spec. di metallo, plastica).

waste-book ['weɪstbʊk] *s.* (*amm.*) brogliaccio.

wasted ['weɪstɪd] *agg.* **1** buttato via, sprecato **2** (*sl. amer.*) al verde, a secco **3** (*sl. amer.*) fatto, drogato.

wasteful ['weɪstfʊl / waste·ful] *agg.* **1** sprecone, sciupone, dissipatore; spendereccio, dispendioso: *the — administration of past governments*, la rovinosa amministrazione dei passati governi; *he is a — man*, spende e spande; *he has — habits*, ha abitudini piuttosto costose; ha le mani bucate **2** che implica spreco; superfluo, inutile: *all — expenditure must be avoided*, tutte le spese superflue devono essere eliminate; *a — use of energy*, un uso sconsiderato dell'energia **3** (*ant.*) rovinoso, funesto // **-ly** *avv.* // **-ness** *s.*

wasteland ['weɪstlænd / waste·land] *s.* **1** terra incolta; terreno sterile **2** area abbandonata; (*fig.*) deserto, vuoto (spirituale, culturale): *the — of post-war British culture*, (*fig.*) il deserto spirituale della cultura britannica del dopoguerra.

waste paper ['weɪst,peɪpə*] *s.* carta straccia.

wastepaper basket [,weɪs'peɪpə,bɑ:skɪt *amer.* 'weɪs'peɪpə,bæskɪt] *s.* cestino per la cartastraccia AMER. wastebasket.

waste product ['weɪst'prɒdʌkt] *s.* sottoprodotto, materiale di scarto.

waster ['weɪstə*] *s.* **1** (*spec. nei composti*) sprecone, sciupone; dissipatore: *energy-* —, dissipatore d'energia; *time-* —, perditempo **2** (*metall.*) pezzo di scarto.

wasting ['weɪstɪŋ / wast·ing] *agg.* **1** logorante, che consuma; rovinoso: — *care*, preoccupazione assillante; — *disease*, malattia che logora l'organismo, (*ant.*) mal sottile, tisi **2** che diminuisce; soggetto a esaurimento: *a — fortune*, un patrimonio che va in fumo ♦ *s.* **1** sciupio, spreco **2** deperimento, consunzione **3** (*ant.*) devastazione.

wastrel ['weɪstrəl / wast·rel] *s.* **1** (*letter.*) buono a nulla; fannullone; discolo **2** (*letter.*) sprecone; dissipatore, scialacquatore **3** (*rar.*) fanciullo abbandonato, trovatello **4** (*tecn.*) pezzo di scarto.

watch [wɒtʃ] *s.* **1** orologio portatile (da polso, da tasca): *quartz* —, orologio al quarzo; — *chain*, catena da orologio; — *key*, chiave di carica (di orologio): *to use a — as a compass*, orientarsi con un orologio **2** guardia, vigilanza; sorveglianza; attenzione: *to be on the* —, stare in guardia, all'erta; essere in attesa; *to keep* —, montare la guardia; *to keep* (*a*) *good* (o *close*) —, fare buona guardia; *to keep a close* (o *careful*) — *on* (o *over*) *s.o.*, sorvegliare qlcu. da vicino; *to set a — on s.o.*, far sorvegliare qlcu. **3** sorvegliante, guardia; (*st.*) sentinella, scorta: *the constables of the* —, la ronda notturna **4** (*poet.*) veglia: *in the watches of the night*, nelle veglie della notte, nelle ore di veglia **5** (*st.*) vigilia (uno dei periodi in cui era divisa la notte) **6** (*mar.*) turno di guardia, quarto: *the officer of the* —, l'ufficiale di quarto; *to be on* —, essere di quarto; *first, middle* —, primo, secondo turno di guardia; *morning* —, turno di guardia del mattino; *to set the watches*, regolare i quarti; *port* —, guardia di babordo (di sinistra); *starboard* —, guardia di tribordo (di destra).

to **watch** *v.tr.* **1** guardare, osservare: *he stayed up all night watching* TV, è stato in piedi tutta la notte a guardare la televisione; *to — the course of events*, osservare il corso degli avvenimenti **2** fare attenzione a, badare a; tenere d'occhio; vigilare su, sorvegliare: *we shall have to — the expenses*, dovremo badare a non spendere troppo; *watch the milk doesn't boil over*, stai attento che non trabocchi il latte; *can you — the baby while I'm out?*, puoi tenere d'occhio il bambino mentre sono fuori?; *to — one's weight*, tener controllato il proprio peso, badare alla linea; *to have s.o. watched*, far tener d'occhio, far sorvegliare qlcu. // — *your step!*, (*fam.*) siate attenti!, agite con circospezione! // — *it!*, (*fam.*) attento! // (*dir.*) *to — a case*, difendere gli interessi di qlcu. (in una causa) // *a watched pot never boils*, (*prov.*) il desiderio rende lunga l'attesa **3** aspettare, attendere: *to — one's chance*, aspettare la propria occasione ♦ *v.intr.* **1** stare a guardare, osservare: *I can't play, I'll just* —, non posso giocare, starò solo a guardare **2** stare in guardia, all'erta; fare attenzione **3** (*rar.*) vegliare, stare svegli: *I watched with him all night*, ho vegliato con lui tutta la notte.

□ **watch out** *v.intr.* e *avv.* stare attento, in guardia, all'erta: — *out!*, sta' in guardia; — *out for pickpockets*, attenzione ai borsaioli.

□ **watch over** *v.intr.* e *prep.* vegliare (su): *to — over a patient*, vegliare un malato.

watch-band ['wɒtʃbænd] *s.* (*amer.*) → **watchstrap**.

watch-committee ['wɒtʃkə,mɪtɪ] *s.* comitato addetto alla supervisione dei servizi di polizia.

watchdog ['wɒtʃdɒg / watch·dog] *s.* **1** cane da guardia SIN. house-dog **2** supervisore; comitato di controllo: *the body acts as a — of all airlines in the* US, l'organismo agisce in qualità di supervisore di tutte le linee aeree degli Stati Uniti.

watcher ['wɒtʃə*] *s.* **1** spettatore **2** sorvegliante; sentinella **3** (*rar.*) chi veglia.

watch-fire ['wɒtʃ,faɪə*] *s.* fuoco di bivacco.

watchful ['wɒtʃfʊl / watch·ful] *agg.* **1** attento, vigile // *to keep a — eye on sthg., s.o.*, sorvegliare con attenzione qlco., qlcu. **2** cauto, guardingo **3** (*ant.*) insonne: — *nights*, notti insonni.

watchfully ['wɒtʃfʊlɪ / watch·fully] *avv.* **1** attentamente, tenendo gli occhi ben aperti **2** con circospezione, con cautela.

watchfulness ['wɒtʃfʊlnɪs / watch·ful·ness] *s.* **1** vigilanza, sorveglianza **2** circospezione, cautela.

watching ['wɒtʃɪŋ / watch·ing] *s.* **1** il guardare, l'osservare **2** vigilanza, sorveglianza: *that child needs — (over)*, quel bambino va sorvegliato **3** veglia.

watchmaker ['wɒtʃ,meɪkə* / watch·maker] *s.* orologiaio.

watchman ['wɒtʃmən / watch·man] *pl.* **watchmen** *s.* **1** guardiano; sorvegliante: *night —*, guardiano notturno **2** (*ant.*) sentinella.

watch-night ['wɒtʃnaɪt] *s.* (*eccl.*) ufficio (dell'ultima notte dell'anno).

watch-post ['wɒtʃpəʊst] *s.* (*mil.*) posto di guardia; corpo di guardia.

watchstrap ['wɒtʃ,stræp / watch·strap] *s.* cinturino da orologio AMER. watch-band.

watch tower ['wɒtʃ,taʊə*] *s.* torre d'osservazione; torretta di guardia; garitta.

watchword ['wɒtʃwɜːd / watch·word] *s.* parola d'ordine.

water ['wɔːtə* / wa·ter] *s.* **1** acqua: *cold —*, acqua fredda; *hot —*, acqua calda; *hot and cold running —*, acqua corrente calda e fredda; *— drop*, goccia d'acqua; lacrima // (*fis.*) *heavy —*, acqua pesante, ossido di deuterio // *to get into hot —*, (*fam.*) cacciarsi nei guai // *to hold —*, (*fig.*) essere logico, dimostrabile (di teoria ecc.) // *to spend money like —*, scialacquare, sperperare denaro // (*mar.*) *to take in —*, fare acqua; imbarcare un colpo di mare // *to throw* (o *to pour*) *cold — on s.o., sthg.*, (*fam.*) scoraggiare qlcu., bocciare qlco. // *to test water(s)*, (*fig.*) tastare il terreno **2** distesa d'acqua; *pl.* acque (di mare, fiume, lago ecc.): *the waters of the Danube*, le acque del Danubio // (*idrologia*) *— budget*, bilancio idrologico // *by —*, per via d'acqua // *in smooth* (o *calm*) *—*, (*fig.*) in acque tranquille // *like a fish out of —*, come un pesce fuor d'acqua // *on the —*, in mare // *under —*, sott'acqua // *to be in deep water*, (*fig.*) essere in cattive acque // *to cast one's bread upon the waters*, (*fig.*) far del bene senza aspettarsi ricompensa // *to keep one's head above —*, tenersi a galla (*anche fig.*) // *to make a hole in the —*, (*sl.*) annegarsi // *to take the —*, gettarsi a nuoto; imbarcarsi; (*amer. fig.*) abbandonare le proprie posizioni; essere varato (di nave) // *still waters run deep*, (*prov.*) le acque chete rovinano i ponti **3** livello del mare, marea: *at high, low —*, con l'alta, la bassa marea // *come hell or high —*, (*fig.*) cascasse il mondo **4** (*gener. pl.*) acque termali: *to drink* (o *to take*) *the waters*, far la cura di, bere acque termali; *— cure*, idroterapia **5** liquido, acqua, umore corporeo; (*pl.*) liquido amniotico, (*fam.*) acque: *— blister*, bolla d'acqua // (*med.*): *— on brain*, idrocefalia; *— on the knee*, sinovite // *to make —*, urinare **6** trasparenza; acqua (di diamante ecc.): *the — of a pearl*, la trasparenza di una perla // *of the first —*, della più bell'acqua (*anche fig.*); di prima qualità, eccellente.

to **water** *v.tr.* **1** annaffiare; irrigare, bagnare (campi, regioni): *the Lombard plain is watered by the Po*, la pianura lombarda è bagnata dal Po; *I spent the afternoon watering the garden*, ho passato il pomeriggio ad annaffiare il giardino **2** annacquare (vino, latte ecc.); diluire: *to — one's wine*, mettere acqua nel vino; (*chim.*) *to — a solution*, diluire una soluzione // (*econ.*) *to — the capital*, annacquare il capitale, sopravvalutare il capitale nominale (di una società) **3** abbeverare **4** rifornire d'acqua **5** (*tess.*) marezzare (seta) ♦ *v.intr.* **1** abbeverarsi **2** rifornirsi, approvvigionarsi d'acqua **3** secernere lacrime, saliva ecc.: *my left eye is watering*, mi lacrima l'occhio sinistro // *it makes one's mouth —*, fa venire l'acquolina in bocca.

□ **water down** *v.tr.* e *avv.* diluire, allungare; (*fig.*) moderare, attenuare, mitigare: *to — down wine*, allungare il vino; *he watered down his speech with platitude*, semplificò il senso del suo discorso.

waterage ['wɔːtərɪdʒ / wa·ter·age] *s.* (*non com.*) **1** trasporto via acqua **2** costo, prezzo di trasporto via acqua.

water-bag ['wɔːtə,bæg] *s.* otre per l'acqua.

water-bailiff ['wɔːtə,beɪlɪf] *s.* guardapesca.

water bath ['wɔːtə,bɑːθ *amer.* 'wɔːtə,bæθ] *s.* bagnomaria.

water bed ['wɔːtəbed] *s.* (*geol.*) falda freatica.

water bird ['wɔːtə,bɜːd] *s.* (*zool.*) uccello acquatico.

water biscuit ['wɔːtə,bɪskɪt] *s.* cracker, galletta.

water-boa ['wɔːtə,bəʊə] *s.* (*zool.*) anaconda → **anaconda**.

water-boatman ['wɔːtə,bəʊtmən] *s.* (*zool.*) (*Notonecta glauca*) idrometra, notonetta.

waterborne ['wɔːtəbɔːn / wa·ter·borne] *agg.* **1** trasportato via acqua (*anche comm.*) **2** (*med.*) propagato, diffuso attraverso l'acqua (di malattia).

water bottle ['wɔːtə,bɒtl] *s.* **1** bottiglia per acqua; borraccia **2** → hot-water bottle.

water-brash ['wɔːtə,bræʃ] *s.* (*med.*) acidosi, bruciore di stomaco.

water-buck ['wɔːtə,bʌk] *s.* (*zool.*) (*Kobus ellipsiprymnus*) cobo, antilope d'acqua.

water buffalo ['wɔːtə,bʌfələʊ] *s.* (*zool.*) (*Bubalus bubalus*) bufalo indiano.

water butt ['wɔːtə,bʌt] *s.* botte per la raccolta di acqua piovana.

water cannon ['wɔːtə,kænən] *s.* idrante.

water-carriage ['wɔːtə,kærɪdʒ] *s.* (*comm.*) trasporto di merci via acqua.

water-cell ['wɔːtəsel] *s.* cella acquifera (dello stomaco del cammello).

water-chestnut ['wɔːtə,tʃesnʌt] *s.* (*bot.*) (*Trapa natans*) castagna d'acqua, trapa.

water-clock ['wɔːtə,klɒk] *s.* clessidra ad acqua.

water closet ['wɔːtə,klɒzɪt] *s.* water-closet, gabinetto a serbatoio d'acqua.

watercolour ['wɔːtə,kʌlə* / wa·ter·col·our] *s.* (*pitt.*) acquerello // (*chim.*) *— pigment*, pigmento per acquerello.

water-cooled ['wɔːtə,kuːld] *agg.* (*tecn.*) raffreddato ad acqua.

water cooler ['wɔːtə,kuːlə*] *s.* (*tecn.*) raffreddatore d'acqua.

watercourse ['wɔːtəkɔːs / wa·ter·course] *s.* **1** corso d'acqua; fiume; ruscello **2** canale.

water-craft ['wɔːtəkrɑːft *amer.* 'wɔːtəkræft] *s.* imbarcazione; imbarcazioni (*pl.*).

water crane ['wɔːtəkreɪn] *s.* gru idraulica.

watercress ['wɔːtəkres / wa·ter·cress] *s.* (*bot.*) (*Nasturtium officinale*) crescione d'acqua.

water diviner ['wɔːtədɪ,vaɪnə*] *s.* rabdomante.

water-dog ['wɔːtə,dɒg] *s.* cane addestrato alla caccia in palude.

watered-down [,wɔːtəd'daʊn] *agg.* diluito, annacquato; (*fig.*) impoverito, indebolito: *the film was a — version of the book*, il film era una versione impoverita del libro.

waterer ['wɔːtərə* / wa·terer] *s.* (*non com.*) **1** annaffiatore **2** chi si occupa dell'abbeveraggio del bestiame.

waterfall ['wɔːtəfɔːl / wa·ter·fall] *s.* cascata.

water-flea ['wɔːtəfliː] *s.* (*zool.*) (*Daphnia pulex*) pulce d'acqua.

water-flood ['wɔːtəflʌd] *s.* inondazione.

water-fly ['wɔːtəflaɪ] *s.* (*zool.*) insetto acquatico.

waterfowl ['wɔːtəfaʊl / wa·ter·fowl] *s.* (*spec. pl.*) uccello acquatico.

waterfowler ['wɔːtə,faʊlə* / wa·ter·fowler] *s.* cacciatore di uccelli acquatici, di palude.

waterfront ['wɔːtəfrʌnt / wa·ter·front] *s.* **1** (*geogr.*) litorale **2** fronte del porto; banchina.

water-gate ['wɔːtəgeɪt] *s.* cateratta, chiusa.

water gauge ['wɔːtə,geɪdʒ] *s.* **1** indicatore di livello dell'acqua **2** manometro a colonna d'acqua.

water glass ['wɔːtə,glɑːs *amer.* 'wɔːtə,glæs] *s.* **1** (*tecn.*) tubo di livello **2** (*chim.*) silicato di sodio, di potassio.

water hammering ['wɔːtə,hæmərɪŋ] *s.* (*idraulica*) colpo d'ariete.

water heater ['wɔːtə,hiːtə*] *s.* scaldabagno.

water-hen ['wɔːtəhen] *s.* (*zool.*) gallinella d'acqua → **gallinule**.

waterhole ['wɔːtəhəʊl / wa·ter·hole] *s.* **1** stagno, specchio d'acqua (spec. per l'abbeveraggio di animali) **2** buco nel ghiaccio.

water ice ['wɔːtər,aɪs] *s.* sorbetto AMER. sorbet.

watering ['wɔːtərɪŋ / wa·ter·ing] *s.* **1** annaffiamento; bagnatura; irrigazione **2** annacquamento; diluizione // (*fin.*) *stock —*, annacquamento del capitale **3** abbeveraggio, abbeverata **4** rifornimento d'acqua (di navi ecc.) **5** secrezione (di lacrime, saliva ecc.) **6** (*tess.*) marezzatura; marezzo.

watering can ['wɔːtərɪŋ,kæn] *s.* annaffiatoio.

watering hole ['wɔːtərɪŋ,həʊl] *s.* (*fam.*) locale in cui ci si ritrova abitualmente a bere.

watering place ['wɔːtərɪŋ,pleɪs] *s.* **1** stazione termale, balneare **2** → waterhole.

watering pot ['wɔːtərɪŋ,pɒt] → **watering can**.

watering trough ['wɔːtərɪŋ,trɒf *amer.* ,wɔːtərɪŋ,trɔːf] *s.* abbeveratoio.

water jump ['wɔːtədʒʌmp] *s.* (*sport*) salto con fosso.

waterless ['wɔːtəlɪs / wa·ter·less] *agg.* senz'acqua; arido.

water level ['wɔ:tə,levl] *s.* **1** livello dell'acqua; livello piezometrico **2** (*geol.*) → water table 1 **3** indicatore di livello.

waterlily ['wɔ:tə,lılı / wa·ter·lily] *s.* (*bot.*) (*Nymphaea alba*) ninfea SIN. nymphaea.

waterline ['wɔ:təlaın / wa·ter·line] *s.* **1** (*mar.*) linea di galleggiamento, d'immersione **2** livello dell'acqua.

to **waterlog** ['wɔ:təlɒg *amer.* 'wɔ:təlɔ:g / wa·ter·log] *pass.p.p.* **waterlogged** ['wɔ:tə lɒgd *amer.* 'wɔ:təlɔ:gd / wa·ter·logged] *v.tr.* **1** saturare, imbevere, impregnare (terreno, legname, imbarcazione ecc.) **2** rendere ingovernabile (un'imbarcazione, riempiendola d'acqua).

Waterloo [,wɔ:tə'lu: *come attr.* 'wɔ:təlu: / Wa·ter·loo] *no.pr.* (*geogr.*) Waterloo // — *Bridge*, il ponte di Waterloo // *to meet one's* —, subire una disfatta, uno scacco decisivo.

water main ['wɔ:təmeın] *s.* conduttura (principale) dell'acqua.

waterman ['wɔ:təmən / wa·ter·man] *pl.* **watermen** *s.* (*non com.*) **1** barcaiolo; traghettatore; battelliere **2** esperto rematore.

watermark ['wɔ:təmɑ:k / wa·ter·mark] *s.* **1** filigrana (nella carta) **2** livello d'acqua (di fiume, mare): *high, low* —, livello massimo, minimo dell'acqua **3** (*inform.*) filigrana.

to **watermark** *v.tr.* (*tecn. cartaria*) filigranare.

water meadow ['wɔ:tə,medəʊ] *s.* (*agr.*) marcita.

watermelon ['wɔ:tə,melən / wa·ter·melon] *s.* (*bot.*) (*Citrullus vulgaris*) anguria, cocomero.

watermill ['wɔ:təmıl / wa·ter·mill] *s.* mulino ad acqua.

water mint ['wɔ:təmınt] *s.* (*bot.*) menta acquatica → **bergamot mint**.

water-nymph ['wɔ:tənımf] *s.* (*mit.*) naiade.

water-plant ['wɔ:təplɑ:nt *amer.* 'wɔ:tə plænt] *s.* pianta acquatica, idrofita.

waterpocket ['wɔ:tə,pɒkıt / wa·ter·pocket] *s.* sacca d'acqua.

water polo ['wɔ:tə,pəʊləʊ] *s.* (*sport*) pallanuoto.

waterpower ['wɔ:tə,paʊə* / wa·ter·power] *s.* **1** energia idraulica **2** energia idroelettrica: — *station*, centrale idroelettrica.

water-pox ['wɔ:təpɒks] *s.* (*med.*) varicella.

waterproof ['wɔ:təpru:f / wa·ter·proof] *agg.* e *s.* impermeabile.

to **waterproof** *v.tr.* impermeabilizzare.

water pump ['wɔ:təpʌmp] *s.* pompa idraulica; pompa dell'acqua.

waterquake ['wɔ:təkweık / wa·ter·quake] *s.* (*antiq.*) maremoto.

water-rail ['wɔ:təreıl] *s.* (*zool.*) (*Rallus aquaticus*) porciglione.

water rat ['wɔ:təræt] *s.* (*zool.*) → **water vole**.

water-repellent ['wɔ:tərı,pelənt] *agg.* idrorepellente.

water-resistant ['wɔ:tərı,zıstənt] *agg.* resistente all'acqua.

watershed ['wɔ:təʃed / wa·ter·shed] *s.* **1** spartiacque **2** (*fig.*) svolta, cambiamento importante **3** (*amer.*) bacino imbrifero.

waterside ['wɔ:təsaıd / wa·ter·side] *s.* riva, sponda.

to **water-ski** ['wɔ:tə,ski:] *v.intr.* praticare lo sci nautico.

water skiing ['wɔ:tə,ski:ıŋ] *s.* (*sport*) sci nautico.

water-snake ['wɔ:təsneık] *s.* (*zool.*) serpente d'acqua, idra.

water softener ['wɔ:tə,sɒfnə*] *s.* **1** dolcificante per acqua dura **2** addolcitore, depuratore dell'acqua.

water-soluble ['wɔ:tə,sɒljʊbl] *agg.* idrosolubile.

water-spider ['wɔ:tə,spaıdə*] *s.* (*zool.*) (*Argyroneta aquatica*) argironeta.

waterspout ['wɔ:təspaʊt / wa·ter·spout] *s.* tromba d'acqua, tromba marina.

water-stained ['wɔ:təsteınd] *agg.* **1** macchiato dall'umidità **2** tinteggiato ad acqua.

water system ['wɔ:tə,sıstəm] *s.* impianto idrico.

water table ['wɔ:tə,teıbl] *s.* **1** (*geol.*) livello freatico SIN. water level **2** (*geol.*) falda freatica, falda acquifera **3** (*arch.*) marcapiano sporgente.

watertight ['wɔ:tətaıt / wa·ter·tight] *agg.* **1** stagno, impermeabile, a tenuta d'acqua **2** (*fig.*) ineccepibile, perfetto: *his alibi was —, so we had to release him*, il suo era un alibi di ferro, così lo dovemmo rilasciare.

water vole ['wɔ:təvəʊl] *s.* (*zool.*) (*Arvicola amphibius*) topo d'acqua SIN. water rat.

water-waving ['wɔ:tə,weıvıŋ] *s.* **1** (*tess.*) marezzatura **2** ondulazione (di capelli).

waterway ['wɔ:təweı / wa·ter·way] *s.* via d'acqua, idrovia.

waterwheel ['wɔ:təwi:l / wa·ter·wheel] *s.* **1** (*mecc.*) ruota idraulica **2** (*mecc.*) turbina idraulica **3** (*mar.*) ruota a pale.

water-wings ['wɔ:təwıŋz] *s.pl.* braccioli (per imparare a nuotare).

waterworks ['wɔ:təwɜ:ks / wa·ter·works] *s.* **1** impianto idrico, acquedotto **2** *pl.* giochi, scherzi d'acqua (di fontana) // *to turn on the* —, (*fam.*) piangere come una fontana **3** *pl.* (*fam.*) apparato urinario: *he's having problems with his* —, ha dei problemi urinari.

watery ['wɔ:tərı / wa·tery] *agg.* **1** acquoso, umido, acquitrinoso **2** pieno d'acqua; annunciante pioggia: — *moon*, luna offuscata, annunciante pioggia **3** lacrimoso, pieno di lacrime: — *eyes*, occhi pieni di lacrime **4** (*letter.*) fatto d'acqua // *the — plains*, i mari // *to have a — grave*, morire annegato **5** acquoso, insipido (di cibo, stile) **6** stinto, slavato (di colore); debole, fiacco: *a — sun*, un sole sbiadito.

watt [wɒt] *s.* (*fis.*) watt.

wattage ['wɒtıdʒ / watt·age] *s.* (*elettr.*) wattaggio.

watt-hour ['wɒtaʊə*] *s.* (*elettr.*) wattora: — *meter*, wattorametro, contatore elettrico.

wattle[1] [wɒtl] *s.* canniccio, graticcio; graticciata: — *and daub wall*, muro a canniccíata ricoperto di fango, argilla.

to **wattle**[1] *v.tr.* **1** intrecciare, ingraticciare **2** circondare, chiudere con graticciata.

wattle[2] *s.* bargiglio; caruncola; barbetta (di pesci).

wattled ['wɒtld] *agg.* munito di bargigli.

wattmeter ['wɒt,mi:tə* / watt·meter] *s.* (*elettr.*) wattmetro.

to **waul** [wɔ:l] *v.intr.* gnaulare, miagolare, gemere (di un gatto).

wave [weıv] *s.* **1** onda, flutto, maroso; ondata (*anche fig.*): *a — of anger*, un impeto d'ira; — *of enthusiasm*, ondata di entusiasmo; *a crime* —, un'ondata di criminalità; *the first — of Italian immigrants*, la prima ondata di immigranti italiani // *in waves*, a ondate // *to make waves*, muovere le acque, sollevare un polverone **2** *pl.* (*poet.*) mare **3** ondulazione, onda (di capelli ecc.): *I have a natural* —, i miei capelli sono ondulati naturalmente; *permanent* —, (ondulazione) permanente; *ice* —, permanente a freddo **4** cenno, gesto (con la mano ecc.): *she dismissed the subject with a — of her hand*, pose fine al discorso con un gesto della mano; *she said goodbye to him with a — of her handkerchief*, lo salutò agitando il fazzoletto; *to give s.o. a* —, salutare qlcu. con un cenno della mano **5** (*fis.*) onda: *long, medium, short waves*, onde lunghe, medie, corte; — *equation*, equazione delle onde; — *function*, funzione d'onda; — *number*, numero d'onda; — *surface*, superficie d'onda; — *train*, treno d'onde; — *mechanics*, meccanica ondulatoria; *standing* (o *stationary*) —, onda stazionaria; *travelling* —, onda progressiva.

to **wave** *v.intr.* **1** ondeggiare, fluttuare: *flags — in the breeze*, le bandiere ondeggiano al vento; *seaweed was waving below the surface of the water*, le alghe fluttuavano sotto la superficie dell'acqua **2** far segni, cenni (con la mano): *I waved to him to stop*, gli feci segno di fermarsi; *the children all waved at the passing train*, tutti i bambini salutarono con le mani al passaggio del treno **3** essere ondulato (di capelli ecc.): *her hair waves naturally*, i suoi capelli hanno onde naturali ◆ *v.tr.* **1** far segni, cenni con (la mano); esprimere con un cenno della mano: *she waved her hand and said hello to me*, mi salutò con un cenno di mano; *to — goodbye to s.o.*, fare un cenno d'addio, di saluto a qlcu.; *you can — goodbye to all your hopes*, (*fig.*) puoi dire addio a tutte le tue speranze; *to — s.o. away*, far segno a qualcuno di allontanarsi; *the policeman waved him on*, il vigile gli fece segno di continuare, di proseguire **2** agitare; sventolare; far ondeggiare, far fluttuare: *to — flags, handkerchiefs*, sventolare bandiere, fazzoletti **3** brandire (spada ecc.) **4** ondulare, rendere ondulati (capelli) **5** (*ant.*) (*fig.*) oscillare, fluttuare: *if he did not care whether he had their love or no, / he waved indifferently 'twixt doing them neither good nor harm*, (SH. Coriolanus) se non gli importasse di avere o meno l'affetto del popolo, gli riuscirebbe indifferente fargli del bene o del male.

□ **wave aside** *v.tr.* e *avv.* **1** far scostare (qlcu.) con un cenno della mano **2** (*fig.*) rifiutarsi di prendere (qlco.) in considerazione: *he waved her proposals aside*, mise da parte, scartò le sue proposte.

□ **wave down** *v.tr.* e *avv.* fare cenno di fermarsi a: *the police waved me down, waved down the car*, la polizia mi fece cenno di fermarmi, fece cenno alla macchina di arrestarsi.

□ **wave off** *v.tr.* e *avv.* salutare (qlcu.) che sta partendo.

wave band ['weıv,bænd] *s.* gamma di frequenze.

waved [weıvd] *agg.* ondulato; increspato.

waveform ['weıvfɔ:m / wave·form] *s.* (*fis.*) forma d'onda.

wavefront ['weɪvfrʌnt / wave·front] *s.* (*fis.*) fronte d'onda.

waveguide ['weɪvgaɪd / wave·guide] *s.* (*fis.*, *rad.*) guida d'onda.

wavelength ['weɪvleŋkθ / wave·length] *s.* (*fis.*) lunghezza d'onda (*anche fig.*): *we're not on the same* — (o *we are on different wavelengths*), non siamo sulla stessa lunghezza d'onda.

waveless ['weɪvlɪs / wave·less] *agg.* **1** senz'onde **2** (*fig.*) calmo, liscio.

wavelet ['weɪvlɪt / wave·let] *s.* (*non com.*) piccola onda, ondina.

wavellite ['weɪvəlaɪt / wa·vell·ite] *s.* (*min.*) wavellite.

wave-maker ['weɪv,meɪkə*] *s.* (*fam. amer.*) piantagrane, rompiballe.

wavemeter ['weɪv,mi:tə* / wave·meter] *s.* (*fis.*) ondametro.

wave-motion ['weɪv,məʊʃn] *s.* (*fis.*) moto ondoso.

to **waver** ['weɪvə*] *v.intr.* **1** oscillare; ondeggiare; vacillare; guizzare (di fiamma): *the flame wavered*, la fiamma guizzò; *the line wavered and broke before the shock of the cavalry*, la linea ondeggiò e si infranse sotto l'urto della cavalleria **2** (*fig.*) titubare, tentennare, esitare; vacillare; brancolare; essere irresoluto: *he never wavers in his decisions*, non ha mai indecisioni, ripensamenti.

waverer ['weɪvərə*] *s.* chi è vacillante, irresoluto.

wavering ['weɪvərɪŋ / waver·ing] *agg.* **1** ondeggiante; vacillante; guizzante **2** (*fig.*) esitante, titubante, vacillante; irresoluto ♦ *s.* **1** oscillazione, ondeggiamento; guizzo **2** esitazione, tentennamento; vacillamento // **-ly** *avv.*

wavey *s.* (*zool.*) → **wavy**².

waving ['weɪvɪŋ / wav·ing] *agg.* **1** ondeggiante, fluttuante **2** che si agita; che fa cenni ♦ *s.* **1** ondeggiamento; sventolio **2** cenno (della mano ecc.) **3** ondulazione (di capelli).

waving-iron ['weɪvɪŋ,aɪən] *s.* ferro per ondulare i capelli.

wavy¹ ['weɪvɪ] *agg.* **1** ondulato; ondoso: — *hair*, capelli ondulati **2** ondeggiante // **-ily** *avv.* // **-iness** *s.*

wavy² *s.* (*zool.*) (*Anser caerulescens*) oca delle nevi.

wax¹ [wæks] *s.* **1** cera (d'api) // *to mould s.o. like* —, plasmare (il carattere di) qlcu. **2** cera: *mineral* —, cera minerale, ozocerite; *paraffin* —, (cera di) paraffina; *sealing* —, ceralacca; *ski* —, sciolina; *cobbler's* —, pece; *finishing* —, cera per lucidare **3** ceretta depilatoria **4** cerume **5** prima registrazione (su disco).

to **wax**¹ *v.tr.* **1** dare la cera a; incerare: *to — the floor*, dar la cera al pavimento **2** fare la ceretta a: *today I'm going to — my legs*, oggi ho intenzione di farmi la ceretta alle gambe **3** registrare (su disco).

wax² *s.* (*fam. antiq.*) collera, scoppio d'ira: *to be in a* —, essere in collera; *to put s.o. in a* —, far montare qlcu. in collera.

to **wax**³ *pass.* **waxed** [waekst] *p.p.* **waxed** (*poet.*) **waxen** ['waeksən] *v.intr.* **1** (*astr.*) crescere (della luna): *to — and wane*, crescere e calare (*anche fig.*): *his popularity waxed and waned*, (*letter.*) la sua popolarità se ne andò così com'era venuta **2** (*antiq.*, *scherz.*) divenire, farsi; *to — lyrical*, diventare poetico; *to — pathetic*, cadere nel patetico; *our children, when they wax big, do cast away nuts, brooches, and puppets*, (TH. MORE) i nostri bambini, quando diventan grandi, buttan via noci, spille e bambole **3** (*poet.*) crescere, aumentare: *And then the whole choir hold their hips and laugh, / and waxen in their mirth*, (SH. Midsummer-Night's Dream) e allora tutto il coro si tiene i fianchi e ride e aumenta l'allegria.

waxbill ['wæksbɪl / wax·bill] *s.* (*zool.*) (*Estrilda troglodytes*) becco di corallo.

wax-chandler ['wæks,tʃɑ:ndlə* *amer.* 'wæks,tʃændlə*] *s.* fabbricante di candele.

wax-cloth ['wæksklɒθ *amer.* 'wæksklɔ:θ] *s.* tela cerata.

wax-doll ['wæksdɒl] *s.* **1** bambola di cera **2** (*fig.*) donna bella ma inespressiva.

waxed end ['wækst,end] **wax end** ['wæksend] *s.* spago impeciato (da calzolaio).

waxed paper ['wækst,peɪpə*] *s.* (*spec. amer.*) carta oleata.

waxen ['wæksən] *agg.* di cera, come cera, cereo: — *complexion*, colorito cereo.

waxer ['wæksə*] *s.* chi dà la cera (ai pavimenti, ai mobili ecc.).

waxing¹ ['wæksɪŋ / wax·ing] *s.* inceratura, lucidatura a cera: *give it a good* —, lucidalo bene con la cera.

waxing² *s.* (*form.*) il crescere, l'ingrandirsi.

wax-light ['wækslaɪt] *s.* candela di cera.

wax-palm ['wækspɑ:m] *s.* (*bot.*) **1** (*Ceroxylon andicola*) cerossilo, palma delle Ande **2** (*Copernicia cerifera*) palma da cera.

wax paper → **waxed paper**.

waxwing ['wækswɪŋ / wax·wing] *s.* (*zool.*) (*Bombycilla garrulus*) beccofrusone.

waxwork ['wæksw3:k / wax·work] *s.* **1** modellatura in cera **2** modello, statuetta, figura di cera **3** *pl.* (*col v. al sing. o al pl.*) museo di riproduzioni in cera: *Madame Tussaud's Waxworks is the most famous in the world*, il museo delle cere di Madame Tussaud è il più famoso del mondo; *waxworks are to be found in many holiday resorts*, si possono trovare musei delle cere in molti luoghi di villeggiatura.

waxy ['wæksɪ] *agg.* **1** di cera; simile a cera; cereo **2** plasmabile // **-ily** *avv.* // **-iness** *s.*

way [weɪ] *s.* **1** via, strada, cammino (*anche fig.*): *the — to the station*, la strada per la stazione; *across* (o *over*) *the* —, dall'altro lato della strada, di faccia; *to ask one's* (o *the*) —, chiedere la strada; *to show s.o. the* —, mostrare la strada a qlcu.; *to lead the* —, far strada, far da guida; *to lose one's* —, perdere la strada, smarrirsi; *to find one's* —, trovare la strada; *to find* (o *to know*) *one's — about*, sapersi orientare; (*fig.*) sapersi cavare d'impiccio; *to find one's — back*, trovare la strada del ritorno; *to find one's — into*, riuscire a introdursi in (*anche fig.*); *to start on one's* —, mettersi in cammino; *to go the longest, the shortest* —, andare per, prendere la via più lunga, più breve; *to go on one's* —, andare per la propria strada: *to go one's own* —, (*fam.*) andare per la propria strada, fare di testa propria, non seguire gli altri; *to go the right* —, andare per la strada giusta; (*fig.*) seguire la retta via; *to go the wrong* —, (*anche fig.*) sbagliare strada; *to light the — for s.o.*, far luce a qlcu.; *to clear a — through the crowd*, farsi largo, aprirsi un varco tra la folla; *to clear the — for*, (*fig.*) aprire la strada a; *to take the easy* —, (*fig.*) scegliere la via facile // — *in*, entrata; — *out*, uscita; *it's on the — out*, (*fig.*) sta passando di moda // *on the* —, strada facendo; *on my — home*, andando a casa; *on the* (o *one's*) — *to...*, andando a..., sulla strada di...; *to be on one's* —, andar via, essere per strada; *to be on the — to doing sthg.*, stare per fare qlco.; *to be well on the — of being finished*, essere quasi finito **2** distanza, tragitto, percorso: *he has gone a long* —, è andato molto lontano (*anche fig.*); *he has come a long* —, ha fatto molta strada, viene da lontano; *it's a long — from here*, è molto lontano da qui; *it's a long, short — off*, è molto lontano, vicino; *it's a long — to London*, Londra è molto distante, è lontana **3** lato, direzione: *in the wrong* —, in senso contrario; *this* —, per di qua; *he lives up Hampstead* —, (*fam.*) abita dalle parti di Hampstead; *I am going your* —, vado nella tua stessa direzione; *I didn't know which — to look*, non sapevo da che parte guardare; ero imbarazzato; *which — did you come?*, da che parte sei venuto?; *the wind was blowing the other* —, il vento soffiava in senso contrario; *every which* —, (*fam. amer.*) in ogni direzione **4** via, modo, maniera; modo di fare: *the — of doing sthg.*, il modo di fare qlco.; *the — of life*, il sistema di vita; *this* (o *that*) —, così; *no* —, (*fam.*) niente affatto; *in no* —, in nessun modo; *in some ways*, in qualche modo; *either* — (o *in one — or another*), in un modo o nell'altro; *the other — round*, viceversa; *to my — of thinking*, secondo il mio modo di pensare, a mio modo di vedere; *she has a — with old people*, sa come trattare i vecchi; *the — things are going*, l'andamento delle cose; *in its — it is really lovely*, è molto bello nel suo genere; *that's not my* — (*of doing things*), non è il mio modo di fare; *that's the — the money goes!*, ecco come se ne va il denaro!; *without in any — wishing to criticize*, senza volere in alcun modo criticare; *to find the* — (o *one's* —), trovare la via, il modo, la maniera // (*econ.*): *ways and means*, modi e mezzi (per il reperimento dei fondi di finanziamento dell'attività dello Stato); *ways and means advances*, anticipazioni di tesoreria // *where there's a will there's a* —, (*prov.*) volere è potere **5** aspetto, punto di vista: *in a* —, in un certo senso; *in many ways*, sotto molti punti di vista; *she is a lady in every* —, sotto ogni aspetto è una vera signora **6** stato, condizione: *she was in a terrible* —, era agitatissima; *the crops are in a bad* —, il raccolto si preannunzia male; *to be in a bad, in a good* —, essere in cattive, in buone condizioni; *to put s.o. in a — to do* (o *in the — of doing*) *sthg.*, (*antiq.*) mettere qlcu. nelle condizioni di fare qlco. **7** sfera, campo d'attività: — *of business*, mestiere; *there's not much in the — of entertainment in this town, is there?*, non c'è molto nel campo dei divertimenti in questa città, vero? **8** (*tecn.*, *inform.*) (*spec. nei composti*) via: *two-way switch*, interruttore a due vie; *three-way valve*, valvola a tre vie **9** parte, fetta: *divide the cake up six ways*, dividi la torta in sei parti **10** (*mecc.*) guida (di scorrimento) **11** (*pl.*) (*mar.*) invasatura.

♦ FRASEOLOGIA: *all the* —, tutta la gamma, (*fig.*) senza riserve, completamente; *we have articles all the — from 5 to 50 dollars*, abbiamo articoli di tutti i prezzi da 5 a 50 dollari; *he'll be behind us all the* —, ci darà tutto il suo appoggio // *by the* —, incidentalmente, fra parentesi; a (questo) proposito // *by — of*, via; a titolo di; in luogo, invece di; in segno di: *I'm going to Rome by — of Florence*, vado a Roma via Firenze; *by — of introduction*, a titolo di introduzione; *they use cups by — of glasses*, usano tazze invece di bicchieri; *he is by — of being an actor*, (*fam.*) ha una certa fama di essere attore; *he shook his head by way of disapprobation*, (DE FOE) scosse la testa in segno di disapprovazione // *by a long* —, di gran lunga // *once in a* —, (*antiq.*) (una volta) ogni tanto // *out of the* —, fuori mano, (*fig.*) fuori del comune: *he lives in a little house out of the* —, abita in una casetta fuori mano; *it was nothing out of the* —, non era nulla di eccezionale; *to go out of one's* —, allontanarsi dalla propria strada; fare una deviazione; *he went out of his — to help us*, ha fatto di tutto per aiutarci; *to keep out of s.o.'s* —, evitare qlcu.; *to get out of the* —, togliersi di mezzo, (*mar.*) allontanarsi dalla rotta; *to get* (o *to go*) *out of s.o.'s* —, far posto, cedere il passo a qlcu.; *to get s.o., sthg. out of the* —, sbarazzarsi, liberarsi di, allontanare, togliere di mezzo qlcu., qlco.; *to be out of the* —, non esserci, non trovarsi lì (al momento opportuno) // *to be in s.o.'s* —, intralciare, ostacolare qlcu.: *he's always in my* —, mi sta sempre fra i piedi // *to get in one another's* —, intralciarsi a vicenda // *to be in the — of doing sthg.*, (*antiq.*) avere l'abitudine di fare qlco. // *it's always the* —, è sempre la stessa cosa; succede sempre così; *that's the —!*, bene!, sono contento!; *that's the — it plays*, (*fam. amer.*) così vanno le cose; *there are no two ways about it*, non c'è da discutere // (*mar.*): *to be* (o *to get*) *under* —, stare per partire, (*fig.*) essere ben avviato; *to gather* —, prendere velocità // *to beat one's* —, (*fam. amer.*) viaggiare a scrocco; *to come s.o.'s* —, succedere, capitare a qlcu. // *to give* —, cedere (*fig.*) dare, dichiarare forfait; *to give — to tears*, dare libero sfogo alle lacrime // *to go a long* —, andare lontano, avere successo; durare a lungo // *to have a — with s.o.*, (*fam.*) saperci fare con qlcu.; *to have it both ways*, tenere un piede in due scarpe; *if I had my — I'd fire him*, (se) dipendesse da me (*o* se potessi fare a modo mio), lo licenzierei; *I have nothing to say one — or the other*, non ho niente da dire pro o contro // *to learn sthg. the hard* —, imparare qlco. a proprie spese // *to live, to act in a big* —, *in a small* —, vivere, agire alla grande, con modestia // *to make* —, far posto, lasciare spazio: *to make — for s.o.*, far posto, far largo a qlcu.; *to make one's* — (o *a — for oneself*), farsi strada (*anche fig.*); *to make one's — towards a place*, dirigersi verso un luogo; *to make* (o *to work*) *one's — through the crowd*, farsi largo, aprirsi un varco tra la folla; *to make one's — back*, ritornare // *to pay one's* —, bastare a se stessi, avere di che mantenersi // *to work one's — up*, farsi strada, una posizione; *to work one's — through college*, pagarsi l'università lavorando.

way *avv.* **1** lontano, a grande distanza (*anche fig.*): *that cyclist is — in front of the others, is — behind the others*, quel ciclista ha staccato gli altri di molto, è rimasto molto indietro rispetto agli altri; *your answer is — out*, la tua risposta è completamente fuori strada; *a friendship from — back*, un'amicizia di vecchia data; *it was — back in 1890*, questo risale al 1890 // *— down, — up*, laggiù, lassù **2** (*dopo un s.*) vicino: *they live up Cambridge* —, vivono su dalle parti di Cambridge.

waybill ['weɪbɪl / way·bill] *s.* **1** (*comm.*) lettera di vettura, bollettino di spedizione **2** lista dei passeggeri.

to **wayfare** ['weɪfeə* / way·fare] *v.intr.* (*ant.*) viaggiare (specialmente a piedi).

wayfarer ['weɪ,feərə* / way·farer] *s.* (*ant., letter.*) viandante.

wayfaring ['weɪ,feərɪŋ / way·far·ing] *agg.* (*ant.*) viaggiante, che viaggia (specialmente a piedi) ◆ *s.* (*ant.*) il viaggiare (specialmente a piedi).

wayfaring-tree ['weɪ,feərɪŋ,tri:] *s.* (*bot.*) (*Viburnum lantana*) viburno, lantana; (*pop.*) lentaggine.

to **waylay** [weɪ'leɪ / way·lay] *pass.p.p.* **waylaid** [weɪ'leɪd / way·laid] *v.tr.* **1** tendere un agguato a, appostare **2** attendere al varco, abbordare.

wayleave ['weɪli:v / way·leave] *s.* **1** (*dir.*) servitù di passaggio (spec. di acquedotto, cavi elettrici ecc.) **2** diritto di passaggio.

way-out [,weɪ'aʊt] *agg.* (*fam.*) insolito, strano, bizzarro, eccentrico.

ways [weɪz] *s.* (*spec. amer.*) (*solo sing.*) distanza, lontananza (*anche fig.*): *we've a long — to go before we get to Detroit, before finishing the job*, abbiamo ancora molta strada da fare prima di arrivare a Detroit, prima di finire il lavoro; *summer is still a long — off*, l'estate è ancora molto lontana.

-ways *suff.* di origine anglosassone; usato per formare avverbi in cui indica 'in una determinata direzione, posizione', 'in un dato modo': *sideways*, lateralmente.

wayside ['weɪsaɪd / way·side] *s.* (*gener. usato come attr.*) margine della strada: *a — inn*, un'osteria al margine della strada; *a — poster*, un cartellone stradale.

way station ['weɪ,steɪʃn] *s.* (*ferr. amer.*) stazione secondaria.

way train ['weɪtreɪn] *s.* (*ferr. amer.*) (treno) locale.

wayward ['weɪwəd / way·ward] *agg.* **1** indocile, ribelle, ostinato **2** capriccioso // **-ly** *avv.* // **-ness** *s.*

we [wi:] *pron.pers. 1ª pers.pl.* (*con funzione di sogg.; in it. è spesso sottinteso*) **1** noi: *— are friends*, siamo amici; *— went to the theatre last night*, siamo andati a teatro ieri sera; *— see them every day*, li vediamo ogni giorno; *— should have thought of it*, avremmo dovuto pensarci; *they are Italian, — are English*, loro sono italiani, noi siamo inglesi; *— all thought so*, l'abbiamo pensato tutti; *— doctors and teachers know that...*, noi medici e insegnanti sappiamo che...; *it is — that did it*, siamo noi che l'abbiamo fatto; *let's do it — two*, (*fam.*) facciamolo noi due; *they are not so active as — are*, non sono attivi come noi // *here — are!*, eccoci! // Nelle forme contratte: *we'll be off now!*, adesso ce ne andiamo!; *we're having a night out*, passiamo una serata fuori; *our home is all we've got left*, tutto ciò che ci è rimasto è la casa; *we'll never do it again!*, non lo faremo più!; *we'd never seen them before*, non li avevamo mai visti // In *tail questions* e *short answers*: *"Had you enough time to finish the test?" "Yes, — had"*, "Avete avuto il tempo di finire il compito?" "Sì"; *"Have you had lunch?" "No, — haven't"*, "Avete pranzato?" "No"; *"Why don't you rebuild the house?" "We wouldn't, even if — could"*, "Perché non ricostruite la casa?" "Anche se potessimo, non lo faremmo"; *we're not going in that car, are —?*, non andiamo con quella macchina, vero?; *we'd need it, wouldn't —?*, ci serve, vero? // Dopo *so, nor, neither*, per esprimere conferma o assenso: *"They finished the race" "So did —"*, "Loro hanno concluso la gara" "Anche noi"; *"She couldn't keep a straight face" "Nor could —"*, "Non riusciva a stare seria" "Neanche noi"; *"He lost at the roulette table" "So did —"*, "Ha perso alla roulette" "Anche noi"; *"I didn't speak to her" "Neither did —"*, "Io non le ho parlato" "Neppure noi"; *"They won't break their promise" "Neither will —"*, "Non verranno meno alla promessa" "Neanche noi" **2** (*con valore indef.*) si: *he was what — call a tramp*, era quel che si dice un barbone; *— drink a lot of wine in Italy*, si beve molto vino in Italia **3** (*pl. di maestà*) noi: *— thank our people*, ringraziamo il nostro popolo.

weak [wi:k] *agg.* **1** debole (*anche fig.*); gracile; fragile: *a — shelf*, uno scaffale poco robusto; *— eyes*, occhi delicati; *— voice*, voce fievole; *I am too — to walk*, sono troppo fiacco per camminare // (*econ.*) *— currency*, moneta debole // *the weaker sex*, il sesso debole // *she is — in* (o *at*) *French*, è debole in francese // *— at the knees*, (*fam.*) smidollato **2** indeciso; facilmente influenzabile; non determinato: *he has a — character*, ha un carattere debole **3** inefficace, fiacco; inconsistente: *the — point* (o *side*) *of an argument*, il punto, il lato debole di un argomento; *a — style*, uno stile fiacco; *the measures proved* —, le misure si rivelarono inefficaci **4** acquoso, diluito: *— coffee, tea*, caffè, tè leggero; (*aut.*) *— mixture*, miscela povera **5** (*gramm.*) debole: *— verb*, verbo debole **6** (*chim.*) debole (detto di acido o di base) // **-ly** *avv.*

to **weaken** ['wi:kən] *v.intr.* indebolirsi; infiacchirsi (*anche fig.*): (*comm.*) *the market is weakening*, il mercato si fa fiacco ◆ *v.tr.* indebolire; infiacchire (*anche fig.*): *their tiredness weakened their resolve to go on*, la loro stanchezza li rese meno determinati a continuare.

weak-eyed [,wi:k'aɪd] *agg.* dagli occhi delicati; dalla vista debole.

weak-handed [,wi:k'hændɪd] *agg.* **1** senza forza **2** scoraggiato.

weak-headed [,wi:k'hedɪd] *agg.* **1** → weak-minded **2** che non regge l'alcol.

weak-hearted [,wi:k'hɑ:tɪd] *agg.* poco coraggioso, pusillanime.

weak-kneed [,wi:k'ni:d] *agg.* (*fam.*) indeciso, irresoluto; non determinato; debole di carattere, (*fam.*) smidollato.

weakling ['wi:klɪŋ / weak·ling] *s.* **1** creatura debole, gracile **2** (*fig.*) persona debole di carattere.

weak-minded [,wi:k'maɪndɪd] *agg.* **1** poco intelligente, deficiente **2** irresoluto; facilmente influenzabile. SIN. weak-headed.

weakness ['wi:knɪs / weak·ness] *s.* **1** debolezza (*anche fig.*); fiacchezza: *his physical — confined him to bed for most of the month*, la sua debolezza fisica lo ha costretto a letto per quasi tutto il mese **2** imperfezione, difetto **3** lato debole, debolezza: *his one — is his love for his daughter*, la sua unica debolezza è l'amore per la figlia // *I have a — for chocolate*, ho un debole per il cioccolato.

weak-sighted [,wi:k'saɪtɪd] *agg.* debole di vista.

weak-spirited [,wi:k'spɪrɪtɪd] *agg.* codardo; pusillanime.

weal[1] [wi:l] *s.* (*antiq.*) benessere; felicità; prosperità: *the common —*, il bene comune // *in — and woe*, nella buona e nella cattiva sorte: *betide me weal, betide me woe, / that weird shall never daunton me*, (THOMAS THE RHYMER) m'incolga il bene, m'incolga il male, quella fata non m'intimiderà mai.

weal[2] *s.* piaga (da frustata, scudisciata).

weald [wi:ld] *s.* (*antiq.*) campagna aperta; regione boscosa // *the Weald*, il Weald (regione nel Sud dell'Inghilterra).

wealth [welθ] *s.* [U] **1** ricchezza, ricchezze; opulenza: *the — of that man is enormous*, la ricchezza di quell'uomo è enorme; *to achieve —*, fare fortuna // (*trib.*) *— tax*, imposta sul patrimonio // *to be rolling in —*, (*fam. antiq.*) nuotare nell'abbondanza **2** (*fig. form.*) abbondanza, profusione, gran numero di: *a — of illustrations, of knowledge*, una grande abbondanza, una profusione di illustrazioni, di cognizioni **3** (*ant.*) benessere, prosperità.

wealthy ['welθɪ] *agg.* ricco, opulento; dovizioso // **-ily** *avv.* // **-iness** *s.*

to **wean** [wi:n] *v.tr.* **1** svezzare // *to — on*, far crescere: *my generation was weaned on toil and hardship*, la mia generazione è cresciuta a forza di duro lavoro e privazioni // *to — s.o. from a habit, a vice*, far perdere una cattiva abitudine, un vizio a qlcu. **2** togliere il vezzo, l'abitudine a: *his last illness weaned him from* (o *off*) *drink*, l'ultima malattia gli ha tolto il vizio del bere.

weaning ['wi:nɪŋ / wean·ing] *s.* svezzamento.

weaning-brash ['wi:nɪŋ,bræʃ] *s.* (*med.*) enterocolite da svezzamento.

weanling ['wi:nlɪŋ / wean·ling] *s.* bambino, animale appena svezzato.

weapon ['wepən] *s.* arma (*anche fig.*): *the — of fear*, l'arma del terrore; *he used the stick as a —*, usò il bastone come arma // *to beat s.o. with his own weapons*, battere qlcu. con le sue stesse armi.

weaponry ['wepənrɪ / weap·onry] *s.* [U] armi; armamenti (*pl.*).

wear[1] [weə*] *s.* **1** il portare (abiti ecc.); uso: *I only had a few months' — out of that dress*, ho portato quel vestito solo pochi mesi; *to be the worse for —*, essere sgualcito, impresentabile (di abito) **2** logorio, consumo, usura // *— and tear*, deterioramento fisico, logorio, logoramento: (*dir., amm.*) *fair — and tear*, usura normale, legittima // (*mecc.*) *negligible —*, usura trascurabile **3** durata: *there was loads of — left in the jacket*, la giacca poteva durare ancora molto **4** abbigliamento; articolo di vestiario // *children's, lady's —*, articoli d'abbigliamento per bambini, per signora; *evening —*, abito da sera.

to **wear**[1] *pass.* **wore** [wɔ:*] *p.p.* **worn** [wɔ:n] *v.tr.* **1** portare; indossare; calzare: *she was wearing a splendid gown*, indossava un abito magnifico; *she likes to — black*, le piace vestire di nero; *she wears her hair very long*, porta i capelli molto lunghi; *she wears small size shoes*, calza scarpe piccolissime // *to — the trousers*, (*fig.*) portare i pantaloni **2** (*fig.*) avere, mostrare: *she wore a sad look*, aveva un'aria triste // *to — one's heart on one's sleeve*, avere il cuore sulle labbra, parlare col cuore in mano **3** logorare, consumare (*anche fig.*): *holes had been worn in the carpet*, nel tappeto si erano formati dei buchi per il lungo uso; *a path had been worn across the field*, si era formato un sentiero attraverso il campo (a causa del continuo calpestio); *she will — herself to death*, finirà con l'esaurirsi **4** (*fam.*) trovare, considerare accettabile: *the boss isn't going to — your explanations, I'm afraid*, il capo non troverà accettabili le tue spiegazioni, temo ◆ *v.intr.* **1** logorarsi, consumarsi: *the collar of this shirt has worn*, il collo di questa camicia è logoro, consumato **2** durare, resistere (*anche fig.*): *this cloth will — well for years*, questa stoffa durerà anni; *considering his age he's wearing well*, porta bene i suoi anni.

□ **wear away** *v.tr.* e *avv.* logorare, consumare; erodere: *the rock had been worn away by the wind*, la roccia era stata erosa dal vento ◆ *v.intr.* e *avv.* logorarsi, consumarsi.

□ **wear down** *v.tr.* e *avv.* **1** logorare, consumare: *your tyres are worn down*, hai gli pneumatici consumati **2** (*fig.*) indebolire, affievolire: *to — s.o.'s resistance down*, fiaccare la resistenza di qlcu. ◆ *v.intr.* e *avv.* **1** logorarsi, consumarsi: *my heels have worn down*, ho i tacchi consumati **2** (*fig.*) indebolirsi, affievolirsi, venir meno.

□ **wear off** *v.intr.* e *avv.* **1** logorarsi, consumarsi; cancellarsi: *the paint has worn off*, la vernice si è consumata **2** (*fig.*) svanire: *his grief wore off*, il suo dolore svanì lentamente; *the novelty will soon — off*, la novità perderà presto il suo fascino ◆ *v.tr.* e *avv.* logorare, consumare.

□ **wear on** *v.intr.* e *avv.* passare lentamente, tediosamente: *time wore on*, il tempo non passava mai.

□ **wear out** *v.tr.* e *avv.* **1** logorare, consumare; rendere inutilizzabile: *children's clothes — out quickly*, gli abiti dei bambini si consumano in fretta **2** (*fig.*) stancare; esaurire: *my patience is worn out*, la mia pazienza è giunta al limite // *to feel worn out*, sentirsi sfinito ◆ *v.intr.* e *avv.* logorarsi, consumarsi; diventare inutilizzabile.

to **wear**[2] *pass.p.p.* **wore** *v.tr.* e *intr.* (*mar.*) (far) virare.

wearable ['weərəbl / wear·able] *agg.* portabile, che si può indossare ◆ *s.* (*gener. pl.*) indumento, (capo di) vestiario.

wearer ['weərə*] *s.* chi porta, chi indossa.

wearies ['wɪəri:z / wear·ies] *s.pl.* (*fam. amer.*) stanchezza, depressione.

weariful ['wɪərɪfʊl / weari·ful] *agg.* (*rar.*) **1** stanchevole **2** tedioso **3** annoiato // **-ly** *avv.*

wearing ['weərɪŋ / wear·ing] *agg.* **1** (*non com.*) da indossare, da portare: *— apparel*, abbigliamento **2** che logora, che si logora; che consuma, che si consuma: *the — action of time*, l'azione logorante del tempo // *— course*, manto superficiale (di strada); *— plate*, lastra di protezione; *— surface*, superficie soggetta a usura // (*ferr.*) *— depth*, entità del logoramento **3** che stanca, stancante: *it's a — business looking after her all the time*, è molto stancante badare a lei continuamente // *a — person*, una persona pesante (da sopportare), logorante.

wearisome ['wɪərɪsəm / weari·some] *agg.* (*form.*) **1** faticoso, pesante **2** tedioso; fastidioso // **-ly** *avv.* // **-ness** *s.*

weary ['wɪərɪ] *agg.* **1** stanco, affaticato; esausto: *my hand was — with writing*, avevo la mano stanca per lo scrivere // *a — Willie*, (*fam.*) un fannullone, un michelaccio **2** stanco, disgustato; annoiato: *— of life*, stanco della vita; *to be — of sthg.*, essere annoiato, seccato di qlco. **3** (*fam.*) stancante; fastidioso, noioso: *a — day*, una giornata terribilmente lunga, lunga come la fame // **-ily** *avv.* // **-iness** *s.*

to **weary** *v.tr.* e *intr.* (*form.*) affaticare, affaticarsi; stancare, stancarsi: *to — of sthg.*, stancarsi di qlco.

wearying ['wɪərɪɪŋ / weary·ing] *agg.* **1** faticoso, gravoso; stancante, defatigante **2** molesto, tedioso.

weasand ['wi:zənd / wea·sand] *s.* (*ant. dial.*) gola: *to slit s.o.'s —*, tagliar la gola a qlcu.

weasel ['wi:zl] *s.* (*zool.*) (*Putorius nivalis*) donnola // *to catch a — asleep*, (*fam. antiq.*) ingannare una persona molto furba // *— word*, (*spec. amer.*) parola ambigua, trabocchetto (in un contratto ecc.).

to **weasel** *v.intr.* (*fam. amer.*) svicolare, essere ambiguo, parlare evasivamente.

□ **weasel out** *v.intr.* e *avv.* evitare (un dovere, una responsabilità): *he weaseled out of doing the washing-up by taking the dogs out*, evitò di lavare i piatti portando fuori i cani.

weasel-faced [,wi:zl'feɪst] *agg.* **1** dal viso aguzzo **2** (*fig.*) che ha la faccia da furbo.

weather ['weðə*] *s.* (*meteor.*) tempo (atmosferico): *what's the — like?*, che tempo fa?; *fine —*, bel tempo; *bad* (o *dirty* o *foul*) *—*, brutto tempo; *in all weathers*, con qualsiasi tempo; *— permitting*, tempo permettendo; *the — is picking up*, il tempo sta migliorando; *he feels the —*, sente il tempo, soffre di meteoropatia; (*mar.*) *under stress of —*, a causa del mal tempo // (*mar.*): *heavy —*, mare grosso; *to make good, bad —*, affrontare bene, male una tempesta // *to be under the —*, (*fam.*) essere indisposto // *to keep one's* (o *a*) *— eye open*, (*scherz.*) stare in guardia, stare all'erta // *to make heavy — of sthg.*, far sembrare qlco. più difficile di quanto sia ◆ *agg.attr.* **1** del tempo, meteorologico: *— bureau*, ufficio meteorologico; *— forecast*, previsioni del tempo; *— map*, carta del tempo; *— chart*, carta meteorologica; *— report*, bollettino meteorologico; *— satellite*, satellite meteorologico; *— ship*, nave attrezzata per l'osservazione meteorologica; *— station*, stazione meteorologica **2** (*mar.*) di sopravvento: *— side*, lato di sopravvento.

to **weather** *v.tr.* **1** esporre all'aria **2** alterare; scolorire; patinare (per esposizione alle intemperie) **3** (*mar.*) doppiare: *to — a headland*, doppiare un capo **4** superare, resistere a: *to — a storm*, resistere a una tempesta // *to — through*, (*fig.*) cavarsela **5** (*edil.*) inclinare (un piano) per lo scolo della pioggia ◆ *v.intr.* alterarsi; scolorirsi; patinarsi (per esposizione alle intemperie).

weather-beaten ['weðə,bi:tn] *agg.* esposto alle intemperie; rovinato dalle intemperie // *as for the old weather-beaten she dragon*, (SHERIDAN) per quanto riguarda quel vecchio drago logorato dal tempo.

weatherboard ['weðəbɔ:d / weather·board] *s.* **1** (*edil.*) asse a sgrondo (sulla battuta esterna di finestra ecc.) **2** asse per rivestimento esterno di pareti AMER. **clapboard** **3** (*mar.*) lato di sopravvento; tavola di copertura.

to **weatherboard** *v.tr.* rivestire all'esterno (pareti) con assi, tavole.

weatherboarding ['weðə,bɔ:dɪŋ / weath·er·board·ing] *s.* **1** rivestimento esterno (di pareti) con assi sovrapposte orizzontalmente: — *is typical of many country houses in the US*, il rivestimento esterno in legno è la caratteristica di molte case di campagna negli Stati Uniti **2** assi da rivestimento.

weather-bound ['weðə,baʊnd] *agg.* bloccato dal cattivo tempo.

weather-box ['weðə,bɒks] *s.* igrometro, cassetta igrometrica.

weathercock ['weðə,kɒk / weath·er·cock] *s.* ventarola; banderuola (*anche fig.*).

weathered ['weðəd] *agg.* **1** eroso (dagli agenti atmosferici) **2** (*arch.*) a spiovente.

weather-gauge ['weðə,geɪdʒ] *s.* (*mar.*) sopravvento: *to get the — of a ship*, prendere il sopravvento di una nave; *to have the — of a ship*, navigare in sopravvento.

weather-glass ['weðə,glɑ:s *amer.* 'weðə ,glæs] *s.* (*non com.*) barometro.

weathering ['weðərɪŋ / weath·er·ing] *s.* **1** (*arch.*) pendenza a sgrondo **2** (*geol.*) erosione, alterazione superficiale; degradazione (causati da agenti atmosferici).

weatherman ['weðəmæn / weath·er·man] *pl.* **weathermen** ['weðəmen] *s.* meteorologo.

weather moulding ['weðə,məʊldɪŋ] *s.* (*arch.*) cornicione, gocciolatoio, gronda.

weatherproof ['weðəpru:f / weath·er·proof] *agg.* che resiste alle intemperie.

to **weatherproof** *v.tr.* rendere resistente alle intemperie.

weather-side ['weðəsaɪd] *s.* lato esposto al vento.

weather-strip ['weðəstrɪp] *s.* guarnizione per serramenti.

weather vane ['weðəveɪn] *s.* banderuola (*anche fig.*).

weather-wise ['weðəwaɪz] *agg.* che sa prevedere il tempo.

weather-worn ['weðəwɔ:n] *agg.* logorato dalle intemperie.

weave[1] [wi:v] *s.* (*tess.*) **1** tessuto; tessitura: *herringbone* —, disegno a spina di pesce **2** armatura: *plain* —, armatura semplice.

to **weave**[1] *pass.* **wove** [wəʊv] *p.p.* **woven** ['wəʊvən] *v.tr.* **1** tessere: *to — thread into cloth*, trasformare il filo in tessuto **2** intrecciare, imbastire, ordire (*anche fig.*): *to — facts into a story*, inserire fatti in una storia; costruire una storia su dei fatti; *to — a plot*, ordire un complotto ♦ *v.intr.* **1** fare il tessitore; lavorare a telaio // *get weaving!*, (*fam.*) datti da fare!, muoviti! **2** fare la ragnatela (del ragno) **3** insinuarsi, serpeggiare: *the road weaves through the valley*, la strada serpeggia nella valle; *to — through the traffic*, aprirsi un varco in mezzo al traffico.

to **weave**[2] *v.intr.* **1** muoversi ripetutamente da un punto all'altro; sgusciare **2** (*boxe*) schivare un colpo ♦ *v.tr.* (*mar.*) fare segnalazioni a (una nave).

weaver ['wi:və*] *s.* **1** (*tess.*) tessitore **2** — (*bird*), uccello tessitore.

weaving ['wi:vɪŋ / weav·ing] *s.* **1** (*tess.*) tessitura **2** (*non com.*) intrecciamento; orditura **3** (*non com.*) il serpeggiare; il procedere a zigzag (di veicolo).

web [web] *s.* **1** tela, tessuto; velo: *card* —, velo di carda; *cotton, silk, wool* —, tessuto di cotone, di seta, di lana **2** (*fig.*) trama, rete: *a — of lies*, un tessuto di menzogne; *the — of life*, la trama della vita **3** ragnatela // (*econ.*) — *theorem*, teorema della ragnatela **4** (*zool.*, *med.*) membrana connettiva (di palmipede ecc.) // (*anat.*): — *finger*, sindattilia della mano; — *toe*, sindattilia del piede **5** barba (di piuma) **6** (*mar.*) braccio (di remo) **7** (*ferr.*) anima, gambo (di rotaia) **8** (*mecc.*) ingegno (di chiave); spalla, braccio (di manovella) **9** (*inform.*) nastro di carta continua; rullo di nastro (prima della divisione): — *press*, macchina da stampa a bobina continua **10** Internet, web: — *page*, pagina di un sito, pagina web; — *site*, sito web; — *browser*, navigatore per la rete.

web and the pin ['webənθə'pɪn] *s.* (*ant.*) cataratta: *he gives the web and the pin, squints the eye, and makes the harelip*, (SH. King Lear) fa venire la cataratta, gli occhi storti e il labbro leporino.

webbed [webd] *agg.* palmato, connesso da una membrana.

webbing ['webɪŋ / web·bing] *s.* **1** (*tess.*) tessuto ritorto **2** (*tecn.*) cinghia; tela da cinghia (per letti ecc.) **3** (*zool.*, *med.*) membrana connettiva, interdigitale.

webby ['webɪ] *agg.* membranoso; provvisto di membrana (di palmipede).

web-fingered ['web,fɪŋgəd] *agg.* con le dita palmate, unite da una membrana.

web-foot ['web,fʊt] *s.* **1** piede palmato **2** (*fam. amer.*) ambientalista.

web-footed ['web,fʊtɪd] **web-toed** ['webtəʊd] *agg.* dal piede palmato; (*zool.*) palmipede.

to **wed** [wed] *pass.p.p.* **wedded** ['wedɪd / wed·ded] (*rar.*) **wed** *v.tr.* (*antiq.*) **1** sposare; unire in matrimonio: *to — one's daughter to s.o.*, sposare la figlia a qlcu. **2** unire, accoppiare, combinare: *in this book simplicity and art are happily wedded*, in questo libro semplicità e arte si combinano felicemente ♦ *v.intr.* (*antiq.*) sposarsi; unirsi in matrimonio.

we'd [wi:d] contr. di *we had*, *we should*, *we would*: — *like to go to the cinema*, ci piacerebbe andare al cinema.

wedded ['wedɪd / wed·ded] *agg.* **1** (*form.*) sposato, unito in matrimonio: *a — pair*, una coppia di sposi // *my* (*lawful*) — *wife*, la mia legittima sposa **2** coniugale, matrimoniale: — *bliss*, *life*, felicità, vita coniugale **3** attaccato, devoto: — *to one's profession*, attaccato al proprio lavoro **4** unito, combinato, accoppiato.

weddellite [wə'delaɪt / wed·del·lite] *s.* (*min.*) weddellite.

wedding ['wedɪŋ / wed·ding] *s.* matrimonio, sposalizio, nozze: *to attend a* —, assistere a un matrimonio; — *breakfast*, rinfresco (per uno sposalizio); — *card*, partecipazione di nozze; — *day*, giorno delle nozze; — *dress*, vestito, abito da sposa; — *ring* (o *antiq.* — *band*), fede nuziale, vera, anello matrimoniale; — *list*, lista di nozze.

wedge [wedʒ] *s.* **1** cuneo, conio; bietta, zeppa: — *bar*, barretta triangolare, a cuneo; *sliding* —, chiavistello, saliscendi; *wooden* —, cuneo di legno // *the thin end of the* —, (*fig.*) azione di scarsa importanza destinata a successivo sviluppo, primo anello della catena **2** (*fig.*) dissenso, disaccordo: *to drive a — between two people*, mettere disaccordo tra due persone.

to **wedge** *v.tr.* **1** incuneare, imbiettare; rincalzare (con zeppa): *to — (up) a piece of furniture*, rincalzare un mobile; *to — open a door*, tenere aperta una porta con una bietta **2** incastrare; serrare, conficcare (fra due cose); stipare, ammucchiare: *to — oneself into the crowd*, inserirsi tra la folla; *to — s.o. into a corner*, spingere qlcu. in un angolo // *a small garden wedged between two buildings*, un giardinetto incuneato fra due edifici **3** (*rar.*) fendere per mezzo di cunei **4** *to — away, off*, spingere fuori.

wedge heel ['wedʒ,hi:l] *s.* tacco a zeppa.

wedge-shaped ['wedʒ,ʃeɪpt] *agg.* a forma di cuneo, cuneato.

wedge-tailed ['wedʒ,teɪld] *agg.* (*zool.*) a coda cuneiforme.

wedging ['wedʒɪŋ] *s.* **1** fissaggio mediante cuneo **2** (*tecn.*) zeppe (di legno) impiegate come cunei.

Wedgwood® ['wedʒwʊd / Wedg·wood] *s.* 'Wedgwood' (varietà di ceramica semivetrificata con decorazioni in rilievo, così chiamata dal nome dell'inventore).

wedlock ['wedlɒk / wed·lock] *s.* (*dir. antiq.*) vincolo matrimoniale; stato coniugale: *born in, out of* —, (figlio) legittimo, illegittimo.

Wednesday ['wenzdɪ / Wed·nes·day] *s.* mercoledì: *next* — (o *on* —), mercoledì prossimo; *on Wednesdays*, al mercoledì, di mercoledì // *Ash* —, le Ceneri.

wee[1] [wi:] *agg.attr.* (*fam.*) piccolissimo, minuscolo; minuto: *a — drop of whisky*, un goccio di whisky // *a — (little) bit*, un tantino: *she is a — bit jealous*, è un tantino gelosa // (*st. relig.*) *Wee Frees*, minoranza indipendente della Chiesa Scozzese ♦ *s.* (*scoz.*) breve distanza; breve tempo.

wee[2] *s.* (*fam.*) pipì.

to **wee**[2] *v.intr.* (*fam.*) fare pipì.

weed[1] [wi:d] *s.* **1** malerba, erbaccia, erba infestante // *ill weeds grow apace*, (*prov.*) la mal'erba cresce in fretta **2** *the* (*Indian*) —, (*fam. amer.*) il tabacco **3** (*fam.*) sigaro, sigaretta **4** (*fam. antiq.*) marijuana **5** (*fig. fam.*) persona sparuta, magra, allampanata; persona debole di carattere **6** (*fig.*) ronzino, cavallo bolso.

to **weed**[1] *v.tr.* (*agr.*) sarchiare ♦ *v.intr.* (*agr.*) strappare le erbacce.

□ **weed out** *v.tr.* e *avv.* eliminare, estirpare; epurare.

weed[2] *s.* **1** (*ant.*) abito; abbigliamento: *her lower weeds were all o'er coarsely patch'd*, (OTWAY) le sue sottane erano tutte rattoppate grossolanamente **2** nastro nero (su cappello, al braccio in segno di lutto) **3** *pl.* (*widow's*) *weeds*, gramaglie (di vedova).

weeder ['wi:də*] *s.* (*agr.*) **1** sarchiatore **2** sarchiatura, sarchio.

weeding ['wi:dɪŋ / weed·ing] *s.* (*agr.*) sarchiatura; monda, mondatura: — *hook*, sarchio, sarchiello; — *machine*, sarchiatrice.

weedkiller ['wi:d,kɪlə* / weed·killer] *s.* diserbante; erbicida.

weedy[1] ['wi:dɪ] *agg.* **1** (*bot.*) coperto di erbacce **2** (*fig.*) sparuto, magro, allampanato **3** (*zool.*) sfiancato, bolso (di cavallo) // **-iness** *s.*

weedy[2] *agg.* (*ant.*) vestito a lutto; in gramaglie.

week [wi:k] *s.* settimana: *last, next* —, la settimana scorsa, prossima; *a — ago today*, otto giorni oggi, una settimana fa; *today* —, fra otto giorni; *tomorrow* —, otto giorni domani; *he signed the letter a — last Sunday*, firmò la lettera due domeniche fa; *what day of the — is it?*, che giorno della settimana è oggi?; *what I can't get done in the — I do on Sundays*, quello che non riesco a fare durante la settimana lo faccio la domenica; *to be paid by the* —, essere pagato a settimana // *she works a 50 hours* —, ha una settimana lavorativa di 50 ore // — *after* —, — *in* — *out*, settimana dopo settimana, continuamente // *for weeks on end*, per settimane e settimane // *a — of Sundays* (o *of weeks*), (*antiq.*) sette settimane; (*fam.*) un'eternità // *Holy Week*, la Settimana Santa // *to knock s.o. into the middle of next* —, dare a qlcu. una lezione da ricordarsene per un pezzo; (*fig.*) stupire qlcu. fortemente.

weekday ['wi:kdeɪ / week·day] *s.* giorno feriale, giorno lavorativo.

weekend [,wi:k'end *amer.* 'wi:kend / week·end] *s.* weekend: *I stayed with them over the* —, sono stato da loro durante il weekend; — *ticket*, biglietto (a riduzione) domenicale // *long* —, weekend lungo (compreso venerdì o lunedì).

to **weekend** *v.intr.* passare il weekend: *to — at Brighton*, passare il weekend a Brighton.

weekender [,wi:k'endə* *amer.* 'wi:kendə* / week·ender] *s.* gitante, turista del fine settimana.

weekly ['wi:klɪ] *agg.* settimanale ◆ *s.* settimanale, rivista settimanale; ebdomadario.

weekly *avv.* settimanalmente: *twice* —, due volte alla settimana.

week-night ['wi:knaɪt] *s.* sera di un giorno lavorativo.

to **ween** [wi:n] *v.tr.* (*ant.*) pensare, immaginare, credere; aspettarsi: *not much he kens, I ween, of woman's breast, / who thinks that wanton thing is won by sighs*, (BYRON) non sa molto, io penso, del cuore femminile chi pensa che volubile come esso è si conquisti coi sospiri.

weenchy ['wi:ntʃɪ] *agg.* (*fam. amer.*) piccolissimo, minuscolo, microscopico.

weenie ['wi:nɪ] *s.* (*fam. amer.*) **1** secchione **2** salsiccia viennese.

weeny ['wi:nɪ] *agg.* (*fam.*) piccolino.

weeny-bopper ['wi:nɪ,bɒpə*] *s.* adolescente giovanissima vestita all'ultima moda e amante della musica pop.

weep [wi:p] *s.* (*spec. letter.*) pianto; sfogo di pianto: *I had a good —, then I felt better*, mi sono fatto un bel pianto e poi mi sono sentito meglio; *she had a little —, and that was all*, versò qualche lacrimuccia e fu tutto.

to **weep** *pass.p.p.* **wept** [wept] *v.intr.* **1** (*spec. letter.*) piangere; versare lacrime: *she wept over the heroine of the novel*, pianse sulla sorte dell'eroina del romanzo; *that's nothing to — over* (o *about*), non c'è niente da piangere, non c'è ragione di piangere; *to — for joy, pain*, piangere di gioia, di dolore **2** stillare; trasudare; colare: *the resin was weeping from the trunk*, la resina stillava dal tronco ◆ *v.tr.* (*spec. letter.*) piangere: *to — tears of blood*, piangere lacrime di sangue.

weeper ['wi:pə*] *s.* **1** chi piange **2** lamentatore **3** prefica **4** (*st.*) velo di crespo delle vedove **5** (*st.*) nastro di crespo annodato sul cappello degli uomini in segno di lutto **6** *pl.* (*st.*) polsini bianchi delle vedove **7** scolatoio (di acque) **8** (*fam. amer.*) film, commedia strappalacrime.

weepie ['wi:pɪ] *agg.* (*fam.*) strappalacrime.

weeping ['wi:pɪŋ / weep·ing] *agg.* **1** piangente // (*st.*) *weeping cross*, croce penitenziale (collocata ai crocevia); *to come home by the — cross*, (*antiq.*) provare una grande delusione, soffrire per un insuccesso **2** (*bot.*) pendulo **3** trasudante; — *wound*, piaga in essudazione ◆ *s.* **1** pianto, lacrime: *a fit of* —, una crisi di pianto **2** (*non com.*) sudamento.

weepy ['wi:pɪ] *agg.* (*fam.*) strappalacrime; lacrimevole.

to **weet** [wi:t] *v.tr.* (*antiq.*) testimoniare: *I bind / on pain of punishment, the world to weet / we stand up peerless*, (SH. Antony and Cleopatra) impongo al mondo di riconoscere, sotto pena di castigo, che siamo senza pari.

weever ['wi:və*] *s.* (*zool.*) (*Trachinus draco*) ragana, trachino (dragone), pesce ragno.

weevil ['wi:vl / wee·vil] *s.* (*zool.*) punteruolo, tonchio, curculione.

weevilled ['wi:vɪld / wee·vil·led] **weevily** ['wi:vɪlɪ / wee·vily] *agg.* infestato, danneggiato da insetti.

(to) **wee-wee** ['wi:wi:] → (to) **wee**[2].

weft [weft] *s.* (*tess.*) trama: — *and warp*, la trama e l'ordito; — *insertion*, inserzione della trama; — *stop*, rompitrama; — *winding machine* (o — *winder*), incannatoio, spolettiera.

weigh[1] [weɪ] *s.* (*mar.* per *way*) moto: *under* —, in moto.

weigh[2] *s.* (*non com.*) il pesare, il soppesare.

to **weigh**[2] *v.tr.* **1** pesare; soppesare (*anche fig.*); considerare: *can you — this parcel for me, please?*, può pesarmi questo pacco per favore?; *when did you last — yourself?*, quando ti sei pesato l'ultima volta?; *he weighed the thing in his hand*, con la mano soppesava l'oggetto; *he weighed one argument with* (o *against*) *the other*, confrontò una tesi con l'altra; *you should — your words*, dovresti soppesare le tue parole **2** (*mar.*) *to — anchor*, salpare, levare l'ancora ◆ *v.intr.* pesare, avere peso (*anche fig.*): *to — heavy, light*, pesare molto, poco; *the problem was weighing on my mind*, era un problema pesante per me // *this evidence will — against the accused*, questa prova peserà negativamente nei confronti dell'imputato.

□ **weigh down** *v.tr.* e *avv.* piegare (*anche fig.*); (*fig.*) opprimere; *the branches were weighed down with fruit*, i rami si piegavano sotto il peso dei frutti; *I felt weighed down with grief*, mi sentivo oppresso dal dolore.

□ **weigh in** *v.intr.* e *avv.* **1** (*sport*) pesarsi, andare al peso (di pugili, fantini, prima della competizione) **2** (*fam. fig.*) intervenire (con il proprio peso, la propria importanza, autorità): *to — in with an opinion*, esprimere il proprio autorevole parere.

□ **weigh out** *v.tr.* e *avv.* pesare, dosare: *the cook weighed out the flour for the cake*, il cuoco pesò la farina per la torta.

□ **weigh up** *v.tr.* e *avv.* **1** considerare; soppesare: *he was weighing up the consequences*, stava considerando (quali sarebbero state) le conseguenze; *to — up the pros and cons*, valutare i pro e i contro **2** farsi un'opinione su, esprimere un giudizio su.

weighable ['weɪəbl / weigh·able] *agg.* pesabile.

weighbar ['weɪbɑ:* / weigh·bar] *s.* (*mecc.*) albero oscillante.

weigh-beam ['weɪbi:m] *s.* stadera.

weighbridge ['weɪbrɪdʒ / weigh·bridge] *s.* ponte a bilico, pesa a ponte: *public* —, pesa pubblica.

weigher ['weɪə*] *s.* pesatore; impiegato addetto alla verifica di pesi.

weighhouse ['weɪhaʊs / weigh·house] *s.* pesa pubblica.

weigh-in ['weɪ,ɪn] *s.* (verifica del) peso (di pugili, fantini).

weighing ['weɪɪŋ / weigh·ing] *s.* pesatura, pesata: (*chim.*) — *bottle*, pesafiltri; (*sport*) — *enclosure*, recinto del peso.

weighing machine ['weɪɪŋmə,ʃi:n] *s.* pesa, pesatrice: *automatic* —, bilancia automatica.

weight [weɪt] *s.* **1** peso (*anche fis.*): *a set of weights*, una serie di pesi (di bilancia); *net, gross* —, peso netto, lordo; *delivery* —, peso alla consegna; *to sell by* —, vendere a peso; *weights of a clock*, pesi di un orologio; *to put on* —, aumentare di peso, ingrassare (di persona); *to lose* —, dimagrire // (*fis.*) *specific* —, peso specifico // *statistical* —, peso statistico // *to be worth one's — in gold*, (*fig.*) valere tanto oro quanto si pesa // (*sport*) *to carry* —, avere un handicap (di cavallo) // *to hang a — round one's own neck*, (*fig.*) mettersi la corda al collo; darsi la zappa sui piedi // *to pull one's* —, (*fig.*) fare il proprio dovere // *to throw one's — about*, (*fig.*) darsi delle arie; fare il prepotente **2** (*fig.*) peso; responsabilità: *he couldn't bear the — of sorrow*, non poteva sopportare il peso del dolore; *I feel the — of my position*, sento la responsabilità della mia posizione; *that is a great — off my mind!*, mi sono levato un bel peso!; (*dir.*) *the jury considered the — of the evidence*, la giuria valutò il peso (schiacciante) delle prove **3** peso, influenza, importanza: *he did not attach any — to her words*, non diede peso alle sue parole; *he is a person of —, of no* —, è una persona importante, di nessuna importanza; *he doesn't carry much — around here*, non gode di grande considerazione da queste parti **4** (*inform.*) peso (binario ecc.); grammatura (della carta); pressacarta.

to **weight** *v.tr.* **1** caricare con un peso; appesantire (*anche fig.*): *a stick weighted with lead*, un bastone appesantito con piombo **2** (*tess.*) caricare **3** (*fig.*) volgere: *the lawyer weighted the argument in his client's favour*, l'avvocato volse l'argomentazione a favore del suo cliente.

weighted ['weɪtɪd] *agg.* **1** appesantito (*anche fig.*) // (*stat.*) — *average* (o — *mean*), media ponderata **2** (*tess.*) caricato **3** *pred.* (*fig.*) volto, predisposto: *the new law is weighted in favour of the poorest families*, la nuova legge è volta a favorire le famiglie più povere.

weighting ['weɪtɪŋ / weight·ing] *s.* **1** (*tess.*) carica **2** aggiunta, maggiorazione, indennità (speciale) **3** (*inform.*) pesatura **4** (*stat.*) ponderazione.

weightless ['weɪtlɪs / weight·less] *agg.* senza peso: (*astronautica*) — *condition*, perdita di gravità // **-ly** *avv.*

weightlessness ['weɪtlɪsnɪs / weight·less·ness] *s.* (*fis.*) assenza di peso.

weight lifter ['weɪt,lɪftə*] *s.* (*sport*) pesista.

weight lifting ['weɪt,lɪftɪŋ] **weight training** ['weɪt,treɪnɪŋ] *s.* (*sport*) sollevamento pesi.

weighty ['weɪtɪ] *agg.* **1** pesante; gravoso **2** (*fig. form.*) grave; importante; ponderato **3** influente (di persona) // **-ily** *avv.* // **-iness** *s.*

weir [wɪə*] *s.* sbarramento, chiusura (di corso d'acqua).

weird [wɪəd] *agg.* **1** (*non com.*) fatidico; fatale // *the — sisters*, le Parche; le streghe (nel 'Macbeth' di Shakespeare) **2** magico, misterioso; soprannaturale **3** (*fam.*) strano, bizzarro: *he wore a — costume*, indossava un costume bizzarro ♦ *s.* (*antiq.*) fato, destino // **-ly** *avv.* // **-ness** *s.*

weirdie ['wɪədɪ] **weirdo** ['wɪədəʊ] *s.* (*fam.*) tipo strano, folle, stravagante.

Welch → **Welsh**.

to **welch** → to **welsh**.

welcome ['welkəm / wel·come] *agg.* grato, gradito: *a — guest*, un ospite gradito // *you're —*, prego, non c'è di che // *you are — to do what you like*, sei libero di fare ciò che vuoi ♦ *s.* benvenuto; buona accoglienza: *to make* (o form. *to bid*) *s.o. —*, dare il benvenuto a qlcu.; *to outstay* (o *to overstay*) *one's —*, abusare dell'ospitalità altrui.

to **welcome** *v.tr.* **1** dare il benvenuto a, fare buona accoglienza a **2** accettare, gradire: *I'd — your suggestions*, gradirei i tuoi suggerimenti.

welcome *inter.* benvenuto: *— to England*, benvenuti in Inghilterra; *— aboard*, benvenuti a bordo; *— back*, bentornato.

welcomeness ['welkəmnɪs / wel·come·ness] *s.* (*ant.*) l'essere benvenuto, gradito.

welcomer ['welkəmə* / wel·comer] *s.* (*non com.*) chi dà il benvenuto.

weld[1] [weld] *s.* (*mecc.*) saldatura: *electric spot —*, saldatura elettrica a punti; *— line*, linea di saldatura; *— time*, tempo di saldatura.

to **weld**[1] *v.tr.* e *intr.* **1** (*mecc.*) saldare, saldarsi **2** (*fig.*) saldare, saldarsi; unire, unirsi.

weld[2] *s.* (*bot.*) (*Reseda luteola*) luteola; (*pop.*) erba guada.

weldability [,weldə'bɪlətɪ / weld·ab·il·ity] *s.* (*mecc.*) saldabilità, possibilità di essere saldato.

welder ['weldə*] *s.* **1** saldatore: *electric —*, saldatore elettrico **2** saldatrice: *electric —*, saldatrice elettrica; *flash —*, saldatrice (elettrica) a scintillio; *spot —*, saldatrice (elettrica) a punti.

welding ['weldɪŋ / weld·ing] *s.* (*mecc.*) saldatura: *— machine*, saldatrice; *— torch*, cannello da saldatore; *backhand —*, saldatura a destra, saldatura indietro; *forehand —*, saldatura a sinistra, saldatura avanti; *lap —*, saldatura a sovrapposizione; *seam —*, saldatura continua; *spot —*, saldatura a punti; *butt —*, saldatura di testa, a combaciamento; *circular seam —*, saldatura continua circolare; *cold —*, saldatura a freddo.

welfare ['welfeə* / wel·fare] *s.* **1** prosperità, benessere: *— economics*, economia del benessere // *public —*, bene comune **2** sussidio, aiuto sociale: *— payments*, sussidi pubblici; *— contributions*, oneri previdenziali // *— institution*, opera di assistenza, opera pia // *— work*, servizi di assistenza sociale; *— worker* (o *officer*), assistente sociale **3** (*amer.*) (sistema di) sicurezza sociale.

welfare state ['welfeə,steɪt] *s.* (*econ.*) stato del benessere, stato assistenziale, welfare state.

welfarism ['welfeərɪzm / wel·far·ism] *s.* welfarismo.

welfarist ['welfeərɪst / wel·far·ist] *agg.* e *s.* che, chi è fautore del welfare state.

to **welk** [welk] *v.tr.* e *intr.* (*ant.*) (far) appassire; (fare) avvizzire.

welkin ['welkɪn / wel·kin] *s.* (*poet.*) cielo, volta celeste: *— blue*, azzurro cielo; *to make the — ring*, far risuonare la volta celeste.

we'll [wi:l] contr. di *we shall*, *we will*.

well[1] [wel] *s.* **1** pozzo (*anche fig.*); pozzo petrolifero; (*miner.*) pozzo, foro di sonda: *to drive* (o *to sink*) *a —*, scavare, perforare un pozzo; *open —*, pozzo a cielo aperto; *a — of learning*, un pozzo di scienza // *— of a blast furnace*, crogiolo di altoforno **2** fontana, fonte (*anche fig.*): *the — of knowledge*, la fonte del sapere **3** tromba delle scale; vano dell'ascensore **4** (*mar.*) condotto delle pompe // *periscope —*, tubo (di rientro) del periscopio **5** spazio riservato agli avvocati in tribunale.

to **well**[1] *v.intr.* sgorgare, scaturire, zampillare: *tears welled up into her eyes*, le sgorgarono le lacrime dagli occhi // *water began to — up out of the fountain*, l'acqua incominciò a zampillare dalla fontana.

well[2] *compar.* **better** ['betə*] *superl.* **best** [best] *avv.* **1** bene; attentamente, con cura; completamente, a fondo: *can you speak English —?*, parli bene l'inglese?; *everything is going — with him*, tutto gli va bene; *"How did she take it?" "Not very —"*, "Come l'ha presa?" "Non troppo bene"; *she was sleeping —*, dormiva bene, sodo; *that boy will do —*, quel ragazzo farà bene, si farà strada; *this is remarkably — done*, questo è fatto a meraviglia; *to examine sthg. —*, esaminare qlco. attentamente, a fondo; *to know s.o., sthg. —*, conoscere qlcu., qlco. bene, a fondo; *to live* (o *to do oneself*) *—*, viver bene, passarsela bene; *to speak — of s.o.*, parlar bene di qlcu.; *to come off —*, cavarsela bene, aver fortuna (di persona); riuscire bene, avere buona riuscita (di cosa) // *to do — to...*, far bene a...: *you would do — to be silent*, faresti bene a tacere // *— done!*, ben fatto! bravo! // *to be — out of sthg.*, cavarsela a buon mercato, venirne fuori felicemente // *to deserve — of s.o.*, ben meritarsi la gratitudine di qlcu. // *to speak — for s.o.*, far onore a qlcu.: *it speaks — for him that he refused*, gli fa onore l'aver rifiutato // *to stand — with s.o.*, essere nelle buone grazie di qlcu. // *— begun is half done*, (*prov.*) chi ben comincia è alla metà dell'opera **2** bene, a ragione: *you can't very — refuse to help him*, non puoi a ragione rifiutarti di aiutarlo; *you might — say so*, potresti ben dirlo **3** (*con uso rafforzativo*): *he is — up in mathematics*, è ferrato in matematica; *he is — on life*, è un bel po' avanti con gli anni; *she is — past thirty*, ha passato la trentina da un bel po'; *it is — worth trying*, val bene la pena di provare; *it was — on midnight*, era già quasi mezzanotte **4** *as —*, pure, anche: *I shall come as —*, verrò io pure; *take it as —*, prendi anche questo; *you might (just) as — do it by yourself*, tanto vale che tu lo faccia da solo, potresti anche farlo da solo // *as — as*, come pure; tanto quanto: *I gave him my books as — as my pen*, gli ho dato sia i miei libri che la mia penna; *you can come in the morning as — as at night*, puoi venire tanto di mattina che di sera.

well[2] *compar.* **better** *superl.* **best** *agg. pred.* **1** sano, in buona salute: *are you feeling — today?*, ti senti bene oggi?; *he is not very —*, non sta bene; *I'm — enough*, sto benino, me la cavo; *I am quite —*, sto benone; *to get —*, guarire, ristabilirsi // *— and strong*, forte e robusto **2** opportuno, utile, consigliabile: *it would be — to ask him once more*, sarebbe opportuno domandarglielo di nuovo **3** bello; buono; giusto; soddisfacente: *— and good!*, d'accordo! sta bene!: *if he does it himself, — and good*, se lo fa lui, va benissimo; *all's —!*, tutto bene!; *he is all very — (in his way), but don't ask him for money*, niente da dire su di lui, ma non chiedetegli soldi; *it is all very — for you to say so*, (*iron.*) sei libero di dirlo, puoi ben dirlo; *it was — for him that you were there*, è stata una fortuna per lui che tu fossi là; *that's all very —, but...*, sta bene, ma... // *all's — that ends —*, (*prov.*) tutto è bene ciò che finisce bene ♦ *agg.attr.* (*rar. gener. amer.* o *ant.*) sano: *the sick and the —*, i malati e i sani; *he was not a — man*, non era un uomo sano ♦ *s.* bene: *to wish s.o. —*, augurare del bene a qlcu. // *let* (o *leave*) *— alone*, lasciar stare, lasciare in pace.

well[2] *inter.* be'; ebbene, dunque; allora; ma: *— !*, *very —!*, va bene!; ho capito!; *very —, if you won't pay me, I'll go to the police*, va bene, se non mi volete pagare, andrò alla polizia; *— I never!*, (*fam.*) ma no!, davvero?, chi l'avrebbe mai detto!; *—, as night came they went out*, dunque, come si fece notte, uscirono; *—, —, I see*, bene, bene, capisco; *—, it may be true*, be', può essere vero; *— then, are you coming?*, e allora, vieni?; *—, who could have imagined it?*, ma chi l'avrebbe potuto immaginare?

welladay [,welə'deɪ / well·a·day] *inter.* (*ant.*) ahimè!

well-adjusted [,welə'dʒʌstɪd] *agg.* ben inserito (nella società).

well-advised [,weləd'vaɪzd] *agg.* sensato, saggio; prudente: *a — decision*, una saggia decisione.

well-appointed [,welə'pɔɪntɪd] *agg.* (*form.*) ben fornito; ben equipaggiato; ben arredato.

well-balanced [,wel'bælənst] *agg.* equilibrato; bilanciato; proporzionato.

well-behaved [,welbɪ'heɪvd] *agg.* beneducato; garbato.

wellbeing ['wel,bi:ɪŋ / well·being] *s.* benessere, stato di benessere; prosperità.

well-bred [,wel'bred] *agg.* **1** bene educato, gentile, cortese **2** (*antiq.*) di razza (di animali).

well-brought-up [,wel,brɔ:t'ʌp] → **well-bred** 1.

well-built [,wel'bɪlt] *agg.* (*fig.*) ben piazzato, piantato (di uomo).

well-chosen [,wel'tʃəʊzn] *agg.* ben scelto,

scelto con cura: *he put her in her place with a few — words*, la mise al suo posto con poche parole ben scelte.

well-connected [,welkə'nektɪd] *agg.* ben introdotto, che ha conoscenze importanti.

well-curb ['welkɜ:b] *s.* vera di pozzo.

well deck ['weldek] *s.* (*mar.*) ponte a pozzo.

well-defined [,weldɪ'faɪnd] *agg.* ben definito; chiaramente disegnato: *a — idea*, un'idea ben definita, chiara.

well-deserved [,weldɪ'zɜ:vd] *agg.* meritato.

well-developed [,weldɪ'veləpt] *agg.* ben sviluppato (spec. di donna).

well-disposed [,weldɪs'pəʊzd] *agg.* ben disposto, bene intenzionato: *to be — towards s.o.*, essere ben disposto verso qlcu.

well-done [,wel'dʌn] *agg.* ben cotto.

well-dressed [,wel'drest] *agg.* ben vestito, elegante.

well-earned [,wel'ɜ:nd] *agg.* (ben) meritato.

well-endowed [,welɪn'daʊd] *agg.* (*scherz.*) superdotato fisicamente, ben dotato.

well-established [,welɪ'stæblɪʃt] *agg.* **1** inveterato, radicato **2** affermato (di persona) **3** consolidato (di azienda).

well-favoured [,wel'feɪvəd] *agg.* (*fam. antiq.*) bello, di bell'aspetto, attraente.

well-fed [,wel'fed] *agg.* ben nutrito, florido.

well-founded [,wel'faʊndɪd] *agg.* ben fondato: *his belief in her constancy was —*, la sua fiducia nella costanza di lei era ben fondata SIN. **well-grounded 2**.

well-graced [,wel'greɪst] *agg.* (*ant.*) favorito: *as in a theatre, the eyes of men, / after a well-grac'd actor leaves the stage, / are idly bent on him that enters next*, (SH. Richard II) come in un teatro, quando è uscito di scena un attore favorito, gli occhi degli spettatori si rivolgono con noncuranza a chi entra dopo.

well-groomed [,wel'gru:md] *agg.* **1** azzimato, ben curato; di aspetto raffinato **2** ben strigliato (di cavallo).

well-grounded [,wel'graʊndɪd] *agg.* **1** *pred.* competente; ben addestrato **2** → **well-founded**.

wellhead ['welhed / well·head] *s.* sorgente, fonte (*anche fig.*).

well-heeled [,wel'hi:ld] *agg.* (*fam.*) ricco.

well-hung [,wel'hʌŋ] *agg.* (*fam.*) **1** che cade bene (di vestito) **2** (*volg.*) che ha attributi (maschili) eccezionali **3** (*volg.*) tettona.

wellies ['weli:z / wel·lies] *s.pl.* (*fam.*) → **wellington boots**.

well-informed [,welɪn'fɔ:md] *agg.* ben informato, aggiornato.

wellington boots [,welɪŋtən'bu:ts] **wellingtons** ['welɪŋtənz / wel·ling·tons] *s.pl.* stivali di gomma.

well-intentioned [,welɪn'tenʃnd] *agg.* bene intenzionato.

well-kept [,wel'kept] *agg.* ben tenuto.

well-knit [,wel'nɪt] *agg.* solido, robusto: *a — frame*, una corporatura robusta.

well-known [,wel'nəʊn] *agg.* noto, famoso.

well-knownness [,wel'nəʊnnɪs] *s.* notorietà.

well-liked [,wel'laɪkt] *agg.* benvoluto; amato; popolare.

well-lined [,wel'laɪnd] *agg.* (*fam.*) **1** ricco, ben fornito, gonfio (di portafoglio) **2** pieno (di stomaco).

well-managed [,wel'mænɪdʒd] *agg.* ben gestito.

well-mannered [,wel'mænəd] *agg.* beneducato, che ha buone maniere; cortese.

well-matched [,wel'mætʃt] *agg.* ben accoppiato; ben assortito.

well-meaning [,wel'mi:nɪŋ] *agg.* ben intenzionato.

well-meant [,wel'ment] *agg.* fatto a fin di bene.

well-nigh ['welnaɪ] *avv.* (*form.*) quasi: *getting her to change her mind was — impossible*, era quasi impossibile farle cambiare idea.

well-nourished [,wel'nʌrɪʃt] *agg.* ben nutrito.

well-off [,wel'ɒf] *agg.* **1** benestante, agiato; ricco **2** ben fornito: *we are — for cinemas round here*, ci sono parecchi cinema qui intorno **3** fortunato; *you don't know when you're —*, non sai quanto sei fortunato.

well-oiled [,wel'ɔɪld] *agg.* (*sl.*) **1** ubriaco **2** complimentoso.

well-ordered [,wel'ɔ:dəd] *agg.* ben organizzato // (*mat.*) *— set*, insieme ben ordinato.

well-preserved [,welprɪ'zɜ:vd] *agg.* **1** ben conservato; in buone condizioni **2** che si conserva bene, ben portante (di persona).

well-proportioned [,welprə'pɔ:ʃnd] *agg.* ben proporzionato.

well-read [,wel'red] *agg.* colto, istruito.

well-rounded [,wel'raʊndɪd] *agg.* **1** ben tornito (di persona) **2** completo e vario (di esperienza, educazione ecc.).

well-seasoned [,wel'si:znd] *agg.* **1** ben stagionato; condito con tante spezie **2** (*estens.*) che ha molta esperienza (di persona).

well-seen [,wel'si:n] *agg.* (*ant.*) **1** ben fornito **2** esperto: *now shall my friend Petrucho do me a grace, / and offer me... / to old Baptista as a schoolmaster / well-seen in music, to instruct Bianca*, (SH. The Taming of the Shrew) ora il mio amico Petruccio mi farà una grazia: mi presenterà... al vecchio Battista come maestro esperto di musica, per istruire Bianca.

well-spoken [,wel'spəʊkn] *agg.* **1** che parla bene, con proprietà di linguaggio **2** che parla con gentilezza **3** ben detto.

wellspring ['welsprɪŋ / well·spring] *s.* **1** (*letter.*) fonte perenne **2** (*idrologia*) punto di risorgenza.

well-staffed [,wel'stɑ:ft *amer.* ,wel'stæft] *agg.* ben fornito di personale.

well-thought-of [,wel'θɔ:tɒv] *agg.* ben visto; ammirato.

well-thought-out [,wel,θɔ:t'aʊt] *agg.* **1** ben progettato **2** ben ponderato.

well-thumbed [,wel'θʌmd] *agg.* consumato per l'uso (di libro ecc.).

well-timed [,wel'taɪmd] *agg.* tempestivo, opportuno.

well-to-do [,weltə'du:] *agg.* (*fam.*) ricco; agiato.

well-tried [,wel'traɪd] *agg.* sperimentato, provato.

well-turned [,wel'tɜ:nd] *agg.* (*antiq.*) ben tornito, ben fatto, ben costruito.

well-watered [,wel'wɔ:təd] *agg.* ben annaffiato; ben irrigato.

well-wished [,wel'wɪʃt] *agg.* (*ant.*) amato: *and even so / the general, subject to a well-wish'd king, / quit their own part*, (SH. Measure for Measure) e proprio allo stesso modo i comuni sudditi d'un ben amato sovrano lasciano i loro compiti.

well-wisher ['wel,wɪʃə*] *s.* sostenitore; amico.

well-worn [,wel'wɔ:n] *agg.* **1** logoro, consunto **2** trito, banale.

Welsh [welʃ] *agg.* e *s.* gallese // *the Welsh*, i gallesi.

to **welsh** *v.tr.* andarsene senza pagare (il vincitore di una scommessa) alle corse ◆ *v.intr.* **1** andarsene alla chetichella senza pagare i debiti (spec. di gioco) **2** non mantenere le promesse.

welsher ['welʃə*] *s.* **1** allibratore che non paga una scommessa **2** chi se la squaglia senza pagare i debiti **3** chi non mantiene le promesse.

Welshman ['welʃmən / Welsh·man] *pl.* **Welshmen** *s.* (uomo) gallese.

welsh rabbit [,welʃ'ræbɪt] **welsh rarebit** [,welʃ'reəbɪt] *s.* pane tostato con formaggio fuso.

Welshwoman ['welʃ,wʊmən / Welsh·wo·man] *pl.* **Welshwomen** ['welʃ,wɪmɪn] *s.* (donna) gallese.

welt [welt] *s.* **1** (*calzoleria*) guardone; tramezza **2** cordone (per tappezzeria); bordo di passamaneria **3** rinforzo (di calze) **4** (*mecc.*) coprigiunto **5** (*aut. amer.*) paraspruzzi **6** segno, piaga (causati da sferzata); lividore.

to **welt** *v.tr.* **1** mettere la tramezza, il guardone a (scarpe); il rinforzo a (calze) **2** (*mecc.*) mettere il coprigiunto a **3** staffilare; colpire.

welter[1] ['weltə* / wel·ter] *s.* confusione, tumulto.

to **welter**[1] *v.intr.* (*antiq.*) avvoltolarsi, sguazzare; essere immerso: *he weltered in the mud*, si rotolava nel fango // *he soon discerns... weltering by his side, / one next himself in power*, (MILTON) subito discerne... avvoltolantesi al suo fianco, uno che gli vien subito dopo in potenza.

welter[2] *s.* (*sport*) welter, medioleggero.

welterweight ['weltəweɪt / wel·ter·weight] *s.* (*sport*) peso welter, medioleggero.

wen [wen] *s.* (*med.*) **1** cisti sebacea **2** porro, escrescenza carnosa **3** gozzo.

wench [wentʃ] *s.* (*antiq.*) **1** ragazza, giovane donna // *his Wench or Friskin was footing it aloft on the Greene*, (NASHE) la sua ragazza o trottolina saltellava sullo spiazzo erboso **2** ragazza di campagna; popolana **3** donna di servizio **4** prostituta.

Wend [wend] *s.* abitante della Sassonia orientale.

to **wend** *v.tr.* (*letter.*) dirigere (il cammino); andare per (la propria strada) // *to — one's way*, proseguire per la propria strada; incamminarsi ◆ *v.intr.* **1** proseguire lentamente (*anche fig.*) **2** viaggiare.

Wendy House® ['wendɪ,haʊs] *s.* tenda a forma di casetta dove giocano i bambini.

went **1** *pass.* di to go **2** *pass. ant.* di to wend.

wept *pass.p.p.* di to **weep**.

were [wɜ:* (*forma forte*) wə* (*forma debole*)] **1** *2ª pers. sing., 1ª, 2ª, 3ª pers. pl. indic. pass.* di to be **2** *cong. pass.* di to be.

we're [wɪə*] contr. di *we are*.

weren't [wɜ:nt] contr. di *were not*.

werewolf ['wɪəwʊlf / were·wolf] *pl.* **werewolves** ['wɪəwʊlvz / were·wolves] *s.* lupo mannaro; licantropo.

wernerite ['wɜ:nəraɪt / wer·ner·ite] → **scapolite**.

wert [wɜ:t (*forma forte*) wət (*forma debole*)] (*ant. poet.*) *2ª pers. sing.indic.pass.* (*ant.*) di *to be*; nell'inglese moderno *were*: *Bird thou never wert*, (SHELLEY) non fosti mai uccello.

Wesleyan ['wezlɪən / Wes·leyan] *agg.* e *s.* (*st. relig.*) wesleyano.

Wesleyanism ['wezlɪənɪzəm / Wes·ley·an·ism] *s.* (*st. relig.*) dottrina di John Wesley; metodismo.

west [west] *agg.* occidentale, dell'ovest; situato a ovest; esposto a ovest: *the — coast*, la costa occidentale // *the West Country*, l'Inghilterra sud-occidentale // *West Indies*, Indie Occidentali // *the West End*, quartiere elegante di Londra // *West Side*, quartieri occidentali di New York // *West Point*, accademia militare degli Stati Uniti ♦ *s.* ovest, occidente; ponente // *the West*, l'Occidente, i Paesi Occidentali, non comunisti; (*amer.*) la regione a ovest del Mississippi; *the Wild West*, il Selvaggio West // *the Far West*, (*amer.*) la regione a ovest delle Montagne Rocciose // *the Middle West*, (*amer.*) la regione tra gli Allegheny e le Montagne Rocciose.

west *avv.* verso, a, da ovest; a occidente: *to go —*, andare all'ovest; (*fam.*) crepare; (*fam.*) essere danneggiato, essere rovinato; (*mar.*) *to sail due —*, fare rotta verso ovest; *to travel —*, viaggiare verso ovest.

westbound ['westbaʊnd / west·bound] *agg.* diretto a ovest, che va a ovest.

wester ['westə*] *s.* (*meteor.*) vento dell'ovest, vento da ovest (spec. di burrasca).

to **wester** *v.intr.* (*non com.*) **1** (*astr.*) muoversi verso ovest **2** (*meteor.*) girare a ovest, a ponente (di vento).

westering ['westərɪŋ / west·er·ing] *agg.* (*non com.*) **1** che muove verso ovest **2** che volge al tramonto, a ponente ♦ *s.* (*mar.*) rotta verso ovest.

westerly ['westəlɪ / west·erly] *agg.* dell'ovest, di ponente; dall'ovest, da ponente; occidentale: *in a — direction*, verso ovest ♦ *s.pl.* (*meteor.*) correnti occidentali, venti dell'ovest, di ponente ♦ *avv.* verso ovest.

western ['westən / west·ern] *agg.* dell'ovest, di ponente; occidentale: *— civilization*, la civiltà occidentale // *the Western Church*, la Chiesa Romana // *the Western Empire*, (*st.*) l'Impero Romano d'Occidente // *the Western Powers*, le potenze occidentali ♦ *s.* western (racconto, film di cow-boy, indiani ecc.).

westerner ['westənə* / west·erner] *s.* **1** occidentale, abitante dell'occidente **2** (*amer.*) abitante della regione a ovest del Mississippi.

to **westernize** ['westənaɪz / west·ern·ize] *v.tr.* occidentalizzare ♦ *v.intr.* occidentalizzarsi; adottare la civiltà dell'occidente.

westernmost ['westənməʊst / west·ern·most] *agg.* il più a ovest, il più occidentale; dell'estremo occidente.

West Indian [,west'ɪndjən] *agg.* e *s.* (abitante) delle Indie Occidentali.

westing ['westɪŋ / west·ing] *s.* (*mar.*) **1** spostamento verso ovest (espresso in gradi di longitudine) **2** percorso verso ovest: *to make —*, dirigersi verso ovest; (*mar.*) far rotta verso ovest.

Westminster ['wes*t*mɪnstə* / West·min·ster] *no.pr.* **1** distretto di Londra // *— (Abbey)*, Abbazia di Westminster; *— Cathedral*, Cattedrale di Westminster (cattedrale cattolica di Londra) **2** Palazzo del Parlamento; il Parlamento britannico; (*fig.*) l'ambiente politico britannico.

Westralian [wes'treɪljən / West·ra·lian] *agg.* e *s.* (abitante) dell'Australia occidentale.

westward ['westwəd / west·ward] *agg.* occidentale; rivolto a ovest, a ponente ♦ *s.* **1** direzione ovest **2** zona occidentale ♦ *avv.* verso occidente, a ponente // *— ho!*, grido di richiamo dei battellieri del Tamigi: *then westward ho!! Grace and good disposition attend your ladyship!*, (SH. Twelfth Night) allora a ponente! Grazia e benvolere siano al servizio della signoria vostra.

westwards ['westwədz / west·wards] *avv.* verso occidente, a ponente.

wet [wet] *agg.* **1** umido; bagnato; fradicio, zuppo: *her eyes were —*, aveva gli occhi umidi; *to get one's feet —*, bagnarsi i piedi; *to be — through* (o *to the skin*), essere bagnato fradicio; *to be soaking* (o *sopping* o *wringing*) —, essere bagnato da torcere (di indumento); essere bagnato fino all'osso (di persona) // *to be — behind the ears*, essere un novellino // (*med.*): *— dream*, polluzione; *— pleurisy*, pleurite essudativa **2** piovoso, umido: *a — day*, un giorno piovoso; *— weather*, tempo umido, piovoso; *— wind*, vento umido; *it is going to be —*, sta per piovere **3** non asciutto, fresco: *— paint*, vernice fresca **4** (*fam.*) debole di carattere, senza spina dorsale **5** (*fam.*) antiproibizionista: *— America*, l'America antiproibizionista.

wet *s.* **1** umidità; pioggia; tempo piovoso **2** terreno bagnato **3** (*sl.*) bevanda alcolica: *to have a —*, bagnarsi l'ugola **4** antiproibizionista **5** (*sl.*) persona insignificante, senza spina dorsale **6** (*fam.*) politico moderato.

to **wet** *pass.p.p.* **wet**, **wetted** ['wetɪd / wet·ted] *v.tr.* bagnare; inumidire; inzuppare: *to — oneself*, bagnarsi; *to — a sponge*, inzuppare una spugna; *baby's — the bed again*, il bambino ha bagnato ancora il letto (di pipì) // *to — one's whistle*, (*scherz.*) bagnarsi l'ugola, bere ♦ *v.intr.* **1** bagnarsi; inumidirsi; inzupparsi **2** (*mar.*) imbarcare acqua.

wetback ['wetbæk / wet·back] *s.* (*fam. amer.*) immigrante clandestino che entra negli Stati Uniti dal Messico.

wet blanket [,wet'blæŋkɪt] *s.* (*fam. spreg.*) guastafeste.

wet cell ['wet,sel] *s.* (*tecn.*) pila a umido.

wet dock ['wet,dɒk] *s.* (*mar.*) darsena.

wether ['weðə*] *s.* (*non com.*) castrato, montone castrato.

wet-look ['wetlʊk] *agg.attr.* lucente, lucido (di vestito).

wetness ['wetnɪs / wet·ness] *s.* umidità.

to **wet-nurse** ['wetnɜ:s] *v.tr.* **1** fare da balia a **2** (*spreg.*) viziare, coccolare.

wet plate ['wetpleɪt] *s.* (*fot.*) lastra al collodio umido.

wet suit ['wetsu:t] *s.* tuta subacquea.

wettability [,wetə'bɪlɪtɪ / wet·tab·il·ity] *s.* (*chim.*) bagnabilità.

wettable ['wetəbl / wet·table] *agg.* (*chim.*) bagnabile.

wetting ['wetɪŋ / wet·ting] *s.* (*fam.*) bagnatura; l'essere bagnato: *to get a —*, bagnarsi fino all'osso // (*fot.*) *— agent*, agente di bagnatura.

we've [wi:v] contr. di *we have*.

whack [wæk] *s.* (*fam.*) **1** (rumore di) percossa, bastonata **2** parte, porzione: *they all got a good top —*, hanno avuto tutti una grossa parte (di soldi) **3** prova; tentativo: *to have a — at sthg.*, tentare, provare qlco. // *out of —*, (*fam.*) guasto, non funzionante.

to **whack** *v.tr.* (*fam.*) percuotere, battere, picchiare.

whacked (out) [,wækt('aʊt)] *agg.* (*fam.*) stravolto, esausto, stanco morto.

whacker ['wækə*] *s.* **1** (*amer.*) conducente di muli **2** (*fam. antiq.*) enormità; grossa bugia, frottola.

whacking ['wækɪŋ / whack·ing] *agg.* (*fam.*) enorme, colossale: *a — lie*, una colossale bugia ♦ *avv.* moltissimo, enormemente: *a — great house*, una casa immensa ♦ *s.* (*fam.*) sculacciata.

whacky → **wacky**.

whale[1] [weɪl] *s.* balena; cetaceo (in genere): *bull —*, balena maschio; *cow —*, balena femmina // *I had a — of a time*, (*fam.*) mi sono divertito un sacco, un mondo // *the result is a — of a book*, il risultato è un libro formidabile.

to **whale**[1] *v.intr.* andare a caccia di balene.

to **whale**[2] *v.tr.* (*fam. amer.*) colpire duramente; picchiare.

whale-boat ['weɪlbəʊt] *s.* baleniera.

whalebone ['weɪlbəʊn / whale·bone] *s.* **1** fanone, osso di balena **2** stecca di balena.

whale-calf ['weɪlkɑ:f *amer.* 'weɪlkæf] *s.* (*zool.*) balenottero, balenotto.

whale-fishing ['weɪl,fɪʃɪŋ] *s.* caccia alle balene.

whale-man ['weɪlmæn] *pl.* **whale-men** ['weɪlmen] *s.* **1** baleniere **2** baleniera.

whaler ['weɪlə*] *s.* **1** baleniere **2** baleniera.

whaling ['weɪlɪŋ / whal·ing] *s.* caccia alla balena.

whaling-master ['weɪlɪŋ,mɑ:stə* *amer.* 'weɪlɪŋ,mæstə*] *s.* capitano di baleniera.

whaling-ship ['weɪlɪŋ,ʃɪp] *s.* (*mar.*) baleniera.

whambang ['wæmbæŋ / wham·bang] *agg.* (*fam. amer.*) **1** imponente, enorme **2** assordante.

whammy ['wæmɪ] *s.* (*fam. amer.*) malocchio, fattura.

whang [wæŋ] *s.* (*fam.*) **1** colpo rumoroso; scoppio **2** rimbombo.

to **whang** *v.tr.* (*fam.*) colpire con forza ◆ *v.intr.* (*fam.*) rimbombare.

wharf [wɔ:f] *pl.* **wharfs, wharves** [wɔ:vz] *s.* (*mar.*) pontile, banchina, molo: *discharging* —, banchina di scarico; *loading* —, banchina di carico; *unloading* —, banchina di scarico.

to **wharf** *v.tr.* **1** attraccare, ormeggiare (una nave) alla banchina **2** scaricare a un molo **3** munire di molo, di banchina.

wharfage ['wɔ:fɪdʒ / wharf·age] *s.* **1** (*comm.*) diritto di banchina; tasse di banchina **2** carico, scarico a un molo.

wharfinger ['wɔ:fɪndʒə* / wharf·inger] *s.* **1** proprietario di banchina **2** guardiano di banchina.

what [wɒt] *agg.* **1** (*interr.*) quale?, quali? che?: — *time is it?*, che ora è?, che ore sono?; — *books do you suggest I read?*, che libri mi consigli di leggere?; — *day has he fixed for the meeting?*, che giorno ha fissato per la riunione?; — *road will take us to York?*, quale strada porta a York?; — *lunatic would do that?*, qual è quel pazzo che farebbe questo?; *I don't know — train I'll be catching*, non so che treno prenderò; *we can imagine — problems they've had with that child*, possiamo immaginare quali problemi abbiano avuto con quel bambino; — *chance has he got of succeeding?*, che speranza ha di riuscire?; — *kind of meal do you call this?*, lo chiami pasto questo?; *in — sense did he influence your decision?*, in che senso ha influenzato la tua decisione?; *she didn't remember — size shoes he wore*, non si ricordava più quale misura di scarpe lui portasse; *tell me — proof you've found*, ditemi quale prova avete trovato; *ask her — flowers she likes*, chiedile quali fiori le piacciono; — *good is it?* (o — *use is it?*), a che serve?, a che pro? **2** (*rel.*) quello che, quella che, quelli che, quelle che: *I gave her — money I had*, le ho dato i soldi che avevo; *the club took up — little time I had*, il club assorbiva il poco tempo che avevo; *wear — shoes you like*, metti le scarpe che vuoi **3** (*esclamativo*) che!: — *fun!*, — *a lark!*, che spasso!; — *an idea!*, ma che idea!; — *a pity!*, — *a shame!*, che peccato!, che vergogna!; — *rubbish!*, che scemenza!; — *a beautiful girl!*, che bella ragazza!; — *a nuisance!*, che seccatura!; — *a bore!*, che barba!

what *pron.* **1** (*interr.*) che?, che cosa?; quale?: —*'s your name?*, qual è il tuo nome?, come ti chiami?; — *did he die of?*, di che cosa è morto?; —*'s the time?*, che ora è?; — *are they doing here?*, che cosa fanno qui?; —*'s 12 times 5?*, quanto fa 12 per 5?; —*'s the matter?*, che (cosa) c'è?; —*'s wrong?*, che cosa non va?; *tell me — he said*, dimmi che cosa ha detto; *she doesn't know — to do*, non sa (che) cosa fare; — *can I do for you?*, cosa posso fare per te?; — *happened?*, che (cosa) è successo?; —*'s he talking about?*, di che cosa sta parlando?; *I want to know —'s going on*, voglio sapere (che) cosa sta succedendo; *"Mum!" "What?" "Can Michael come to lunch tomorrow?"*, "Mamma!" "Cosa c'è?" "Può venire Michael a pranzo domani?"; *"Can you lend me £ 10?" "What?" "Can you lend me £ 10?"*, "Puoi prestarmi 10 sterline?" "Come?" "Puoi prestarmi 10 sterline?"; *"What is it?" "It's a letter from Fred"*, "Che cos'è?" "È una lettera di Fred"; — *is he?*, (che) cosa fa?, che mestiere fa?; —*'s he like?*, che tipo è? // — *about?*, che ne dici, che ne diresti di; e se: — *about a cup of coffee?*, che ne dici di una tazza di caffè?; — *about Tuesday, then?*, che ne diresti dunque di martedì?; — *about going to the cinema?*, e se andassimo al cinema?; *"And your other daughter?" "What about her?"*, "E l'altra tua figlia?" "Che c'entra lei?"; *"Do you remember Olga?" "What about her?"*, "Ti ricordi di Olga?" "Perché mi chiedi di lei?" // — *if*, e se: — *if he misses the train?*, e (che facciamo) se perde il treno?; — *if they refuse to see me?*, e se si rifiutano di vedermi? // *he knows what's* —, la sa lunga; *she told them — was* —, disse loro come stavano le cose // *he talked about politics, sport, sex an God knows* (o *I don't know*) —, parlò di politica, di sport, di sesso e Dio sa di che cosa // *guess* —, indovina!: *guess —, Jean Tonk has won an Oscar*, pensa un po', Jean Tonk ha vinto l'Oscar // *do you know —?*, sai che cosa penso?: *Do you know —? I think you ought to retire...*, Sai che cosa penso? Penso che dovresti andare in pensione... // *or —?*, o che cosa?: *"You're not studying. Do you want to pass this exam or —?"*, "Tu non studi. Intendi passare questo esame o che cosa?" // *tell you* — (o *I know* —), e allora: *tell you —, let's go to the theatre*, e allora, andiamo a teatro // *so —?*, e con ciò?, e allora?, e chi se ne infischia?: *"Someone might see us!" "So —?"*, "Qualcuno ci potrebbe vedere!" "E allora?" // *and — have you* (o *and — not*), e roba del genere: *in his study he's got a personal computer, printer, video-recorder and — have you*, nel suo studio ha un personal computer, la stampante, il videoregistratore e roba simile // *you —!?*, ma cosa dici mai!: *"I'm going to be a concert pianist" "You —!? You must be joking"*, "Ho intenzione di fare il concertista" "Cosa dici mai? Stai scherzando!" // — *else?*, che altro?: — *else did they want?*, che altro volevano? // — *for?*, perché, a che scopo?: —*'s this switch for?*, a che serve questo interruttore?; — *on earth for?*, perché mai? // — *next?*, che c'è ancora? // — *of it?*, che importa?, e con ciò? // —*'d you call it*, come si dice, quell'affare lì: *pass me the —'d you call it*, passami quell'affare (lì) // *give him — for!*, dagli addosso!, legnate!; *they gave him — for after his mistake*, gli danno addosso di brutto per quel suo errore // *she must be, —?, about 60 now*, deve avere, quanti?, circa 60 anni adesso **2** (*rel.*) ciò che, la cosa che: *I don't understand — they want*, non capisco cosa vogliono; — *I really need is a long holiday*, ciò che mi occorre veramente è una lunga vacanza; *at 90 years of age, he gets confused between — he remembers and — he imagines*, all'età di 90 anni, fa confusione tra quello che ricorda e quello che immagina; *the computer can only do — you tell it*, il computer fa solo quello che gli si dice; *he's — I call a great violinist*, è quello che si chiama un grande violinista; *they've sent us — amounts to an ultimatum*, ci hanno mandato quello che si dice un ultimatum; *we asked him — he thought*, gli abbiamo chiesto ciò che pensava, la sua opinione; *he's changed his job and —'s more he's going to live in Africa*, ha cambiato lavoro, e quel che più conta, andrà a vivere in Africa; *say — you like, he's still an outstanding critic*, dite quello che volete, ma è ancora un critico autorevole // — *with working all day and studying all night, he's on the verge of a nervous breakdown*, a forza di lavorare tutto il giorno e studiare la notte, è sull'orlo di un esaurimento nervoso // *there wasn't a day but — it rained*, non passava giorno che non piovesse **3** (*esclamativo*) quanto! come!: — *she has suffered!*, come ha sofferto!; — *he learned in those years!*, quanto ha imparato in quegli anni!

what *inter.* come!, ma come!: —, *here already?*, come, già qui?!; *"Can you look at these papers?" "What, now?"*, "Puoi guardare queste carte?" "Come, adesso?"; —, *another railway strike?*, ma come, un altro sciopero dei treni?

whate'er [wɒt'eə*] contr. di *whatever*.

whatever [wɒt'evə* / what·ever] *agg.* **1** qualunque, qualsiasi: — *excuse she makes, I won't believe her*, qualsiasi scusa adduca, non le crederò; — *choice you make...*, qualunque sia la tua scelta... **2** (*enfatico, in frasi negative*): *there was no doubt* —, non c'era dubbio alcuno; *they can see nothing* —, non possono vedere assolutamente niente ◆ *pron.indef.rel.* qualunque cosa, qualsiasi cosa; quello che: — *you do, you are always wrong*, qualsiasi cosa tu faccia, hai sempre torto; *do — you like*, fa' quello che vuoi.

whatnot ['wɒtnɒt / what·not] *s.* **1** [U] (*fam.*) cosa di poca importanza; roba varia; roba del genere, cose simili (*pl.*): *I must buy corkscrew, tin opener, cutlery and — for the new kitchen*, devo comprare cavatappi, apriscatole, posateria e cose del genere per la nuova cucina **2** (*non com.*) scaffaletto, scansia; étagère.

what's-her-name ['wɒtsəneɪm] **what's-his-name** ['wɒts,hɪz'neɪm] *s.* (*fam.*) come si chiama: *I saw —, you know, your boss, this morning*, stamattina ho visto... coso, come si chiama, sai il tuo capo.

whatsit ['wɒtsɪt / whats·it] *s.* (*fam.*) coso, aggeggio.

whatsoever [,wɒtsəʊ'evə* / what·so·ever] (*enfatico*) → **whatever**.

whaup [wəʊp *amer.* wɔ:p] *s.* (*zool.*) chiurlo → **curlew**.

wheal → **weal**[2].

wheat [wi:t] *s.* (*bot.*) (*Triticum vulgare*) grano, frumento: *winter* —, grano seminato nel tardo autunno // — *germ*, germe di grano.

wheatear ['wi:t,ɪə* / wheat·ear] *s.* (*zool.*) (*Oenanthe oenanthe*) culbianco.

wheaten ['wi:tn] *agg.* (*non com.*) di grano; fatto con frumento.

to **wheedle** ['wi:dl] *v.tr.* persuadere, ingannare con lusinghe; ottenere con lusinghe: *don't try to — it out of me!*, non adularmi perché te lo regali!; *she can — anything out of me*, ottiene qualsiasi cosa da me con le moine; *to — s.o. into doing sthg.*, persuadere qlcu. a fare qlco. lusingandolo ◆ *v.intr.* fare moine.

wheedling ['wi:dlɪŋ / wheed·ling] *agg.* lusinghiero; carezzevole: *a — voice*, una voce carezzevole ◆ *s.* lusinga, blandizia, moina, adulazione // **-ly** *avv.*

wheel [wi:l] *s.* **1** ruota; rotella (di veicolo ecc.): *the wheels of a cart*, le ruote di un carro; *on wheels*, a, su rotelle; *to go on wheels*, (*fig.*) progredire con successo, andare a gonfie vele // *the — of fortune*, la ruota della fortuna // *to put one's shoulder to the* —, (*fig.*) mandare avanti la baracca // (*aut.*): *spare* —, ruota di scorta; *wire* —, ruota a raggi; — *balancing*, equilibratura ruote // (*aer.*): *nose* —, ruota anteriore; *faired* —, ruota carenata; — *landing*, atterraggio sulle ruote **2** volante; ruota del timone: *don't speak to the man at* (o *behind*) *the* —, non parlare al guidatore; *she asked me to* *take the — because she felt tired*, mi chiese di prendere il, mettermi al volante perché si sentiva stanca // (*mecc.*) *hand* —, volantino // (*aer.*) — *control*, comando a volante **3** (*mecc.*) ruota dentata; ingranaggio (*anche fig.*): *grinding* —, mola; *worm* —, ruota (dentata) elicoidale // (*inform.*): (*daisy*) — *printer*, stampante a margherita; *character* —, ruota di stampa // (*big*) —, (*fam. amer.*) pezzo grosso, persona importante // *there are wheels within wheels*, (*fig.*) è un affare complicato, è un gran pasticcio // *the wheels of progress*, (*fig.*) la macchina del progresso **4** ruota della tortura: *to break a person upon the* —, infliggere a una persona il supplizio della ruota **5** (*fam.*) bicicletta; triciclo **6** *pl.* (*fam.*) automobile; furgone: *have you got wheels?*, hai la macchina? **7** movimento circolare; evoluzione in cerchio: *the wheels of swallows in the air*, le evoluzioni delle rondini nell'aria; (*mil.*) *left, right* —, conversione a sinistra, a destra **8** (*fig.*) ciclo, corso: *the — of biochemical changes in the soil*, il ciclo dei mutamenti biochimici nel suolo; *the — of London cultural events*, il succedersi degli eventi culturali londinesi **9** (*ant.*) ritornello **10** *pl.* (*fam. amer.*) gambe.

to **wheel** *v.tr.* **1** spingere, tirare (un veicolo a ruote); portare, trasportare (su un veicolo a ruote): *the invalid was wheeled into the garden*, portarono l'infermo in giardino sulla poltrona a rotelle **2** (far) ruotare; (far) girare; (far) roteare ◆ *v.intr.* **1** voltarsi, girarsi di scatto: *she wheeled round to see what was happening*, si voltò di scatto per vedere cosa stava succedendo **2** (*fig.*) fare un voltafaccia, cambiare opinione, comportamento // *to — and deal*, (*fam.*) fare il trafficone, il maneggione, intrallazzare **3** ruotare; girare; roteare: *the seagulls wheeled in the air above me*, i gabbiani volteggiavano nell'aria sul mio capo **4** (*mil.*) fare una conversione **5** (*fam.*) andare in bicicletta, pedalare **6** (*ant.*) vagare: *Your daughter... / ...hath made a gross revolt; tying her duty, beauty, wit and fortunes / in an extravagant and wheeling stranger*, (SH. Othello) Vostra figlia... ha commesso una grave disubbidienza impegnando la sua devozione, bellezza, intelligenza e fortune con un forestiero errabondo e irrequieto.

□ **wheel in** *v.tr.* e *avv.* **1** spingere dentro: *the waiter wheeled in the tea trolley*, il cameriere entrò spingendo il carrello del tè **2** (*fam.*) far entrare, far passare: — *in the next candidate*, fate entrare il prossimo candidato.

□ **wheel out** *v.tr.* e *avv.* (*fam.*) tirar fuori (storie, pretesti ecc.), accampare (scuse ecc.): *William wheeled out all his usual excuses about having much work to do*, William tirò fuori le sue solite scuse riguardo al fatto che aveva troppo lavoro da fare.

wheelbarrow ['wi:l,bærəʊ / wheel·bar·row] *s.* carriola.

wheelbase ['wi:lbeɪs / wheel·base] *s.* (*aut.*) interasse, passo.

wheel-box ['wi:lbɒks] *s.* (*aut.*) vano passaruota.

wheelchair ['wi:ltʃeə* / wheel·chair] *s.* sedia a rotelle.

wheel clamp ['wi:lklæmp] *s.* (ceppo) bloccaruote (adottato dai vigili nei confronti dei veicoli parcheggiati in sosta vietata).

wheeled ['wi:ld] *agg.* con ruote, a ruote.

wheeler[1] ['wi:lə*] *s.* **1** conducente di veicolo a ruote **2** cavallo del timone **3** veicolo a ruote.

wheeler[2] *s.* (*bot.*) senape dei campi → **charlock**.

wheeler-dealer [,wi:lə'di:lə*] *s.* (*fam.*) intrallazzatore, maneggione, trafficone.

wheelhouse ['wi:lhaʊs / wheel·house] *s.* (*mar.*) timoniera.

wheelie ['wi:lɪ] *s.* (*fam.*) impennata (di motocicletta, bicicletta).

wheeling and dealing ['wi:lɪŋən'di:lɪŋ] *s.* (*fam.*) intrallazzo, maneggio; il fare il trafficone.

wheelman ['wi:lmən / wheel·man] *pl.* **wheelmen** *s.* **1** timoniere **2** (*fam. antiq.*) ciclista.

wheel-pen ['wi:lpen] *s.* tiralinee.

wheel-set ['wi:lset] *s.* (*ferr.*) sala montata, asse montato.

wheel-window ['wi:l,wɪndəʊ] *s.* (*arch.*) rosone.

wheelwright ['wi:lraɪt / wheel·wright] *s.* carradore, carraio.

wheeze [wi:z] *s.* **1** respiro affannoso; sibilo **2** (*fam.*) battuta comica; barzelletta, battuta risaputa; aneddoto trito e ritrito **3** (*fam.*) scherzo, tiro; trucco.

to **wheeze** *v.intr.* ansare, ansimare.

□ **wheeze out** *v.tr.* e *avv.* dire ansimando, affannosamente: *he wheezed out a few words*, profferì alcune parole ansimando.

wheezing ['wi:zɪŋ / wheez·ing] *s.* (*med.*) dispnea, asma.

wheezy ['wi:zɪ] *agg.* affannoso, ansante, ansimante // **-ily** *avv.* // **-iness** *s.*

whelk[1] [welk] *s.* (*med.*) pustola; acne rosacea // *his face is all bubukles, and whelks, and knobs*, (SH. Henry V) la sua faccia è piena di bubboni, pustole e bitorzoli.

whelk[2] *s.* (*zool.*) mollusco buccinide: *common* —, (*Buccinum undatum*) buccino // — *shell*, buccina (conchiglia ritorta).

to **whelm** [welm] *v.tr.* (*non com.*) **1** sommergere, inghiottire; (*fig.*) sopraffare **2** distruggere, rovinare.

whelp [welp] *s.* **1** cucciolo (di cane, di mammifero selvatico) **2** bambino, ragazzo; (*spreg.*) moccioso, ragazzaccio.

to **whelp** *v.tr.* e *intr.* figliare; (*spreg.*) partorire (di donna).

when [wen] *avv.* **1** *interr.* quando?: — *did you tell him?*, quando glielo hai detto?; — *is the party?*, quand'è la festa?; — *will you come?*, quando verrai?; — *are you leaving?*, quando parti?; *I don't know — he will come*, non so quando verrà **2** *interr.* (*ant.*) e allora?: *there's another business for thee; / come, thou tortoise! when?*, (SH. The Tempest) c'è un altro lavoro per te; muoviti, tartaruga! E allora? **3** *rel.* in cui: *the day — I met you*, il giorno in cui ti incontrai; *I was watching for the moment — he would be free*, aspettavo il momento in cui sarebbe stato libero; *there were times — I felt he was a stranger*, in certi momenti lo sentivo estraneo ◆ *cong.* **1** quando, nel momento in cui: — *spring came they got married*, quando venne la primavera si sposarono; — *young, she was very pretty*, da giovane era molto carina; *ring them up — you are ready*, telefona loro appena sei pronto; *I'll do it — I have time*, lo farò quando avrò tempo; — *I have finished my studies, I'll look for a job*, quando avrò terminato gli studi, mi cercherò un lavoro; *that was just — we were going out*, fu proprio mentre stavamo uscendo // (*Borsa*) — *issued*, all'emissione **2** (*con valore concessivo*) quando; sebbene: *he drives to work, — he could easily take the bus*, va al lavoro in macchina, quando potrebbe benissimo prendere l'autobus; *the press release said the town had been recaptured, — it was still in the hands of the rebels*, il comunicato stampa diceva che la città era stata riconquistata, mentre era ancora nelle mani dei ribelli **3** (*con valore ipotetico*) quando, qualora, se: — *translating from English into Italian, use a good dictionary*, quando traduci dall'inglese in italiano, usa un buon dizionario ◆ *pron.* **1** *interr.* quando?: *till — will you be there?*, fino a quando sarai là? **2** *rel.* quando: *that was years ago, since — things have improved*, così era anni fa, da allora le cose sono migliorate.

when *s.* (il) quando: *he wanted to know the — and how of it*, volle sapere tutto per filo e per segno.

whenas [wen'æz] *cong.* (*ant.*) quando; mentre: *against that time... / whenas thy love hath cast his utmost sum*, (SH. Sonetti) contro quel tempo... in cui del tuo amore i conti sommerai.

whence [wens] *avv.* (*ant.*) **1** *interr.* donde?, da dove?; da che cosa?: — *came he?*, donde veniva? **2** *rel.* da dove, da cui: *the source — these things sprung*, la fonte da cui provennero queste cose ◆ *cong.* donde, da dove, da cui, da che cosa: *I don't know — he started*, non so donde è partito // *before I go — I shall not return*, (*Bibbia*) prima che me ne vada senza ritornare // *'tis doubtful how and whence / came, and who were her subtle servitors*, (KEATS) rimane il dubbio come e donde vennero e chi furono i suoi abili servitori.

wheneas [we'næz / when·eas] *cong.* (*ant.*) quando: *wheneas death shall all the world subdue / our love shall live*, (SPENSER) quando la morte avrà sottomesso tutto il mondo, il nostro amore vivrà ancora.

whene'er [wen'eə* / when·e'er] contr. di *whenever.*

whenever [wen'evə* / when·ever] *avv.rel. indef.* **1** ogni volta che, tutte le volte che: — *I meet him, he is with a different girl*, ogni volta che lo incontro è con una ragazza diversa **2** quando, una volta che: *they can go home — they've finished the test*, quando hanno finito la prova, possono andare a casa; *then he'll go to Birmingham in May or* —, poi andrà a Birmingham, a maggio o non so precisamente quando; *give it back next week, or* —, restituiscilo la prossima settimana, o non importa quando.

whensoever [,wensəʊ'evə* / when·so·ever] (*enfatico*) → **whenever**.

where [weə*] *avv.* **1** *interr.* dove?: — *are they now?*, dove sono ora?; — *does the river rise?*, dove nasce il fiume?; — *should I be, if I had followed your advice?*, dove sarei se avessi seguito il tuo consiglio? // — *is the use of being obstinate?*, (*fam.*) a che serve essere ostinati? **2** *rel.* dove, nel luogo in cui: *I will stay — I am*, rimarrò dove sono; *that is — you are mistaken*, è qui che ti sbagli; *this is — I disagree with you*, è qui che non sono d'accordo con te; *we ran to — the car lay overturned*, accorremmo sul luogo dove la macchina si era capovolta; *you* *will find your pipe — you left it*, troverai la pipa dove l'hai lasciata; *he went to the Post Office, — he sent a registered letter*, andò alla posta, dove spedì una raccomandata **3** (*ant.*) mentre: *never bearing / like labour with the rest, where the other instruments / did see and hear*, (SH. Coriolanus), senza mai partecipare al lavoro degli altri, mentre gli altri organi vedevano e sentivano ◆ *cong.* dove: *I wonder — you have been all this time*, mi chiedo dove tu sia stato tutto questo tempo; *she doesn't know — he lives*, non sa dove egli abiti; *we didn't know — to begin*, non sapevamo da che parte incominciare.

where *s.* (il) dove: *the wheres and the whens*, il dove e il quando.

whereabout(s) [ˌweərə'baʊt(s) *come cong. e s.* 'weərəbaʊt(s) / where·about(s)] *avv.interr.* dove? in che luogo?, da che parti? (*in senso approssimativo, non determinato*): *— did you find it?*, dove l'hai trovato? ◆ *cong.* dove, in che luogo, da che parti: *I asked him — he lived*, gli chiesi dove abitava ◆ *s.* luogo, zona, paraggi: *her present — is unknown*, non si sa dove si trovi attualmente.

whereas [weər'æz] *cong.* **1** (*spec. dir.*) poiché, siccome, dal momento che: *— it has seemed good to the Queen's Majesty...*, poiché Sua Maestà la Regina ha ritenuto opportuno... **2** (*con valore avversativo*) mentre, laddove: *— in her youth she was slim, in later years she became very fat*, mentre da giovane era snella, invecchiando diventò molto grassa **3** (*ant.*) dove: *and let the ground whereas her foot shall tread, / ... / be strewed with fragrant flowers all along*, (SPENSER) e che il suolo ove poserà il piede... sia tutto cosparso di profumati fiori.

whereat [weər'æt] *avv.* (*letter.*) **1** *interr.* (*ant.*) perché, di che?: *— did he get so angry?*, perché si è tanto arrabbiato? **2** *rel.* (*form.*) a cui, di cui, per cui: *he said sthg. — everyone laughed*, disse qlco. per cui tutti risero; *the others laughed mockingly, — he went red with anger*, gli altri risero in tono di scherno, mentre lui diventò rosso dalla rabbia // *whereat the star of Lethe not delay'd / his rosy eloquence, and thus inquired*, (KEATS) a ciò la stella di Lete non rinviò la sua rosea eloquenza e così indagò.

whereby [weə'baɪ] *avv.* **1** *interr.* come?, in che modo?, con quale mezzo?: *— shall we know him?*, da che cosa lo riconosceremo? **2** *rel.* per mezzo di cui; a causa di cui; secondo il quale, la quale, i quali, le quali: *a new system, — kidney doners will carry an identification card*, un nuovo sistema secondo il quale i donatori di rene porteranno un segno di riconoscimento; *a simple mechanical failure, — the whole network was disrupted*, un banale guasto meccanico, che ha fatto saltare l'intera rete.

where'er [weər'eə* / where·e'er] contr. di *wherever*.

wherefore ['weəfɔ:* / where·fore] *avv.* **1** *interr.* (*ant.*) perché?, per quale ragione?: *— do you cry?*, perché piangi? **2** *rel.* (*non com.*) perciò, quindi, per la qual cosa: *he was angry, — he could not think of it*, (egli) era in collera, perciò non poteva pensarci ◆ *s.* causa, motivo // *the why's and wherefore's*, i perché e i percome.

wherein [weər'ɪn] *avv.* (*letter.*) **1** *interr.* (*antiq.*) in che cosa?, dove?: *— lay the mistake?*, in che cosa consisteva, dov'era l'errore? **2** *rel.* in cui: *the garden — they played*, il giardino in cui giocavano // *by a clear pool, wherein she passioned / to see herself escap'd from so sore ills*, (KEATS) presso un limpido stagno ov'ella fremette di passione vedendosi sfuggita da sì dolorosi mali.

whereof [weər'ɒv] *avv.* (*ant., letter.*) **1** *interr.* di che?, di che cosa?: *— is it made?*, di che cosa è fatto? **2** *rel.* di che, di che cosa; da che, da che cosa: *materials — clothes are made*, stoffe di cui sono fatti i vestiti; *the inheritance, a part — had been left to her cousin...*, l'eredità, di cui una parte era stata lasciata a suo cugino... // *consider what nation it is... and whereof ye are governors*, (MILTON) considerate che nazione è... e di cui voi siete i governatori // *'twas the night before / the Adonian feast; whereof she saw no more*, (KEATS) era la notte precedente la festa di Adone di cui altro ella non vide.

whereon [weər'ɒn] *avv.* (*ant., letter.*) **1** *interr.* su che?, su che cosa?: *— did she sit?*, su che cosa si è seduta? **2** *rel.* su cui: *the ground — the house will be built*, il terreno su cui si costruirà la casa.

wheresoever [ˌweəsəʊ'evə* / where·so·ever] (*rar. enfatico*) → **wherever**.

wherethrough [weə'θru: / where·through] *avv.rel.* (*ant.*) attraverso cui; per mezzo di cui; a causa di cui.

whereto [weə'tu:] *avv.* (*ant.*) **1** *interr.* a che cosa?; verso dove?; a che scopo?: *whereto serves mercy, but to confront the visage of offence?*, (SH. Hamlet) a che serve la clemenza, se non ad affrontare l'offesa a viso aperto? **2** *rel.* a cui: *there was a party — many guests were invited*, ci fu una festa con molti invitati.

whereunder [weər'ʌndə* / where·un·der] *avv.rel.* (*ant.*) sotto cui.

whereunto [ˌweərʌn'tu: / where·unto] *cong.* (*ant.*) dove: *comedies, such whereunto the better sort of persons do resort*, (BACON) le commedie, quelle che i migliori frequentano.

whereupon [ˌweərə'pɒn / where·upon] *avv.* **1** *interr.* (*ant.*) su che?, su che cosa? **2** *rel.* dopo di che; (*form.*) al che, così che: *he was caught cheating at cards, — the club expelled him unceremoniously*, fu sorpreso a barare a carte, dopo di che il circolo lo espulse senza tanti complimenti; *the government lost a vote of confidence, — the Prime Minister resigned*, il governo ha perso la fiducia, e di conseguenza il primo Ministro si è dimesso; *she slapped his face, — he turned on his heel and left the room*, lei gli mollò un ceffone, al che lui girò sui tacchi e uscì dalla stanza.

wherever [weər'evə* / wher·ever] *avv.* **1** *interr.* (*fam.*) dove?; (*uso enfatico*) dove mai?: *— did you find it?*, dove mai l'hai trovato?; *— can it be?*, dove mai può essere? **2** *indef.* (*fam.*) in qualsiasi posto; non so dove: *he was living in Cleethorpes or Hull or —*, abitava a Cleethorpes o Hull o non so dove; *she works for an airline and can get free tickets to Honolulu or —*, lavora per una compagnia aerea e può avere biglietti gratis per Honolulu o per qualsiasi altra destinazione ◆ *cong.* dovunque, in qualsiasi luogo: *I'll find it — it is*, lo troverò, dovunque esso sia; *sit — you like*, siediti dove vuoi; *he will get lost — he goes*, dovunque vada, si perde.

wherewith [weə'wɪθ / where·with] *avv.* (*letter.*) **1** *interr.* con che?, con che cosa?: *— shall they be fed?*, (*ant.*) con che cosa si sfameranno? **2** *rel.* con cui: *we have nothing — to feed them*, non abbiamo nulla con cui sfamarli.

wherewithal [ˌweəwɪ'ðɔ:l / where·withal] *avv.* (*ant.*) → **wherewith** ◆ ['weəwɪðɔ:l] *s.* denaro, mezzi (*pl.*); necessario, occorrente: *have you the — to buy it?*, hai i soldi per comprarlo?

wherry ['werɪ] *s.* (*mar.*) imbarcazione leggera a remi, burchiello.

whet [wet] *s.* (*non com.*) **1** (*fig.*) incitamento, allettamento (a un'azione) **2** stimolante; aperitivo: *to take a —*, prendere un aperitivo.

to **whet** *pass.p.p.* **whetted** ['wetɪd / whet·ted] *v.tr.* (*form.*) **1** affilare, appuntare **2** aguzzare, stimolare (*anche fig.*): *a drink that whets the appetite*, una bevanda che stimola l'appetito; *reading his last novel whetted my appetite for more of his books*, il suo ultimo romanzo mi ha invogliato a leggere altri suoi libri.

whether ['weðə*] *cong.* **1** (*nelle frasi interrogative indirette, dubitative*) se: *I don't know — he will come*, non so se verrà; *it depends upon — you are in a hurry or not*, dipende dalla fretta che hai; *it is doubtful — we can remain here*, è dubbio che si possa rimanere qui; *she was not interested — you approved or not*, non le interessava il fatto che tu approvassi o meno **2** (*corr. con valore avversativo*) — ... *or*, o... o: *difficulties, — geographical or political...*, le difficoltà, siano esse di natura geografica o politica...; *— he is guilty or not, you must speak to him*, che (egli) sia colpevole o no, devi parlargli; *— today or tomorrow, it is bound to happen*, oggi o domani, accadrà sicuramente // *— or not*, in ogni caso: *I'll write to them — or not*, scriverò loro in ogni caso ◆ *pron.* e *agg.* (*ant.*) qualunque dei due: *If either the man or the woman be proved to have bodily offended before their marriage with another, he or she whether it be is sharply punished*, (TH. MORE) Se vi son prove che l'uomo o la donna abbia fornicato prima del matrimonio con un altro, lui o lei, quale che sia, è severamente punito.

whetstone ['wetstəʊn / whet·stone] *s.* **1** (*tecn.*) pietra ad acqua, pietra per affilare a umido **2** (*fig. letter.*) chi, cosa che stimola (l'attività mentale).

whew [fju:, hju:] *inter.* (*fam.*) accidenti!, caspita!

whey [weɪ] *s.* siero (del latte).

wheyey ['weɪɪ] **wheyish** ['weɪɪʃ / whey·ish] *agg.* sieroso.

whey-faced ['weɪˌfeɪst] *agg.* (*non com.*) pallido, smorto (spec. per la paura).

which [wɪtʃ] *agg.* **1** (*interr.*) quale?, quali?: *— icecream do you want?*, quale gelato vuoi?; *I must go and see him in hospital. Which ward is he in?*, Devo andarlo a trovare all'ospedale. In quale corsia è?; *— department does he work in?*, in quale reparto lavora?; *"Here's a photo of my daughter's class" "Which one is she?"*, "Ecco una foto della classe di mia figlia" "Qual è?"; *There are five umbrellas here. Which one is yours?*, Qui ci sono cinque ombrelli: qual è il tuo?; *— way did they go?*, da che parte sono andati? **2** (*rel.*) il quale, la quale, i quali, le quali: *I stayed there three days, in — time it never stopped raining*, sono rimasto là tre giorni, durante i quali non ha mai smesso di piovere; *there's a train strike tomorrow morning, in — case I'll be late for work*, c'è uno sciopero dei treni domani mattina, per cui farò tardi al lavoro.

which *pron.* **1** (*interr.*) chi?; quale?; quali?: *There are lots of coats here. Which is yours?*, Qui ci sono un mucchio di cappotti. Qual è il tuo?; *he couldn't make up his mind — he wanted*, non sapeva decidere quale voleva; *I don't know — of the two to vote for*, non so per quale dei due votare; *— of you lost the key?*, chi di voi ha perso la chiave?; *he doesn't know — is —*, non sa qual è l'uno e qual è l'altro; *"Would you like tea or coffee?" "I don't mind —"*, "Preferisci tè o caffè" "È lo stesso" **2** (*rel.*) il quale, la quale, i quali, le quali; che; il che, la qual cosa: *there's a problem — I'd like to discuss*, c'è un problema che vorrei discutere; *politics is a subject — doesn't interest me*, la politica è un argomento che non m'interessa; *the first thing — I noticed was his beard*, la prima cosa che notai in lui fu la barba; *she works in a restaurant — is just round the corner*, (ella) lavora in un ristorante che è proprio dietro l'angolo; *his latest novel, of — I don't recall the name, was not a success*, il suo ultimo romanzo, di cui non ricordo il titolo, non è stato un successo; *the dress — she was trying on was very expensive*, l'abito che stava provando era molto caro; *the rain continued for a whole week, — ruined our holiday*, la pioggia è andata avanti una settimana, il che ci ha rovinato la vacanza; *he drinks too much, — is bad for his health*, beve troppo, il che gli fa male alla salute; *she refused the offer of promotion, — surprised all of us*, ha rifiutato l'offerta della promozione, la qual cosa (ci) ha colto tutti di sorpresa.

whichever [wɪtʃ'evə* / which·ever] *agg. indef.* qualunque, qualsiasi: *— way he turned, he saw nothing but charging Indians*, da qualunque parte si voltasse, non vedeva che indiani alla carica; *take — book you like*, prendi qualsiasi libro ti piaccia ◆ *pron.indef.* chiunque; qualunque cosa: *— comes will be welcome*, chiunque venga sarà il benvenuto; *— he chooses it will be okay with me*, qualunque cosa scelga, per me va bene.

whichsoever [,wɪtʃsəʊ'evə* / which·so·ever] (*enfatico*) → **whichever**.

whicker ['wɪkə*] *s.* nitrito.

to **whicker** *v.intr.* nitrire.

whiff[1] [wɪf] *s.* **1** soffio, alito; sbuffo (di aria, fumo ecc.); zaffata: *there wasn't a — of wind*, non c'era un alito di vento **2** boccata (d'aria); tiro, tirata (di sigaretta): *to go out for a — of fresh air*, uscire a prendere una boccata d'aria **3** (*fig.*) sintomo, traccia; pizzico, ombra **4** (*non com.*) leggera imbarcazione a remi **5** piccolo sigaro.

to **whiff**[1] *v.tr.* e *intr.* soffiare; emettere sbuffi (di fumo).

whiff[2] *s.* (*zool.*) pesce piatto, pleuronettide (in generale).

to **whiff**[2] *v.intr.* pescare con la lenza a fior d'acqua.

whiffet ['wɪfɪt] *s.* **1** (*rar.*) cagnolino **2** (*fam. amer. spreg.*) persona insignificante.

whiffle ['wɪfl] *s.* (*non com.*) leggero movimento d'aria.

to **whiffle** *v.intr.* **1** alitare, spirare (del vento) **2** oscillare, ondeggiare (*anche fig.*) **3** cambiare direzione, deviare (del vento) ◆ *v.tr.* soffiar via.

whiffler ['wɪflə*] *s.* **1** (*non com.*) persona mutevole, incostante **2** (*ant.*) battistrada, colui che liberava le strade nelle processioni: *like a mighty whiffler 'fore the king / seems to prepare his way*, (SH. Henry V) simile a un potente battistrada davanti al re, sembra preparargli la via.

whiffy ['wɪfɪ] *agg.* (*fam.*) puzzolente, che emana cattivo odore.

Whig [wɪg] *agg.* e *s.* (*st. pol.*) liberale // *the Whigs and the Tories*, i liberali e i conservatori.

Whiggery ['wɪgərɪ / Whig·gery] *s.* (*st. pol.*) liberalismo.

Whiggish ['wɪgɪʃ / Whig·gish] *agg.* (*st. pol.*) di, relativo a liberale // **-ly** *avv.*

Whiggism ['wɪgɪzəm / Whig·gism] *s.* (*st. pol.*) liberalismo.

while [waɪl] *cong.* **1** mentre, intanto che, nello stesso tempo in cui; finché: *— (he was) waiting to see the dentist he leafed through a magazine*, intanto che aspettava dal dentista, sfogliava le pagine di una rivista // *— there is life there is hope*, (*prov.*) finché c'è vita c'è speranza **2** (*con valore concessivo*) sebbene, quantunque, anche se: *— I admit* (o *— admitting*) *the thing is difficult, I don't think it impossible*, pur ammettendo che la cosa sia difficile, non la credo impossibile; *— there is no admission charge, it's advisable to tip the person who shows you over the castle*, anche se l'ingresso è libero, è opportuno dare una mancia alla persona incaricata di far visitare il castello **3** (*con valore avversativo*) mentre: *— aware there might be difficulties, he had never imagined it would prove impossible*, mentre era consapevole che potessero esserci delle difficoltà, non avrebbe mai immaginato che la cosa risultasse impossibile ◆ *s.* momento, tempo: *a (little) —*, breve tempo, un momento; *he'll be coming in a —*, arriverà tra poco; *quite a —*, (per) un bel po' di tempo // *once in a —*, una volta ogni tanto // *between whiles*, ogni tanto, negli intervalli // *please help us, we'll make it worth your —*, aiutaci per favore, sapremo ricompensarti // *the —*, nel frattempo: *Sirs, cover the while; the duke will drink under this tree*, (SH. As You Like It) Signori, nel frattempo apparecchiate; il duca si ristorerà sotto quest'albero.

to **while away** *v.tr.* e *avv.* far passare (il tempo) piacevolmente: *we whiled away the afternoon talking about my new love*, passammo il pomeriggio parlando del mio nuovo amore.

whiles [waɪlz] *cong.* (*ant.*) **1** mentre: *take your instrument, play you the whiles*, (SH. The Taming of the Shrew) prendete il vostro strumento e suonate nel frattempo **2** quando: *he shall conceal it, / whiles you are willing it shall come to note*, (SH. Twelfth Night) egli manterrà il segreto; sarà reso noto solo quando tu vorrai.

whilom ['waɪləm] *agg.* (*ant.*) antico, di altri tempi ◆ *avv.* (*ant.*) anticamente, in altri tempi, una volta: *it was the beast that whilom...*, (SPENSER) era la bestia che un tempo...

whilst [waɪlst] → **while** // *whilst this lasted, the monk rubb'd his horn box upon the sleeve of his tunick*, (STERNE) strofinava frattanto il frate quella sua tabacchiera di corno sulla manica della sua tonaca.

whim [wɪm] *s.* capriccio, sfizio, voglia, ghiribizzo: *to do sthg. on a —*, fare qlco. per capriccio, sfizio; *at the — of s.o.* (o *at s.o.'s —*), secondo i capricci, le voglie di qlcu.

whimbrel ['wɪmbrəl / whim·brel] *s.* (*zool.*) (*Numenius phaeopus*) chiurlo piccolo.

whimper ['wɪmpə* / whim·per] *s.* **1** piagnisteo, piagnucolio, lagna; mugolio, brontolio: *This is the way the world ends / not with a bang but a whimper*, (T.S. ELIOT) Questo è il modo in cui il mondo finisce, non con uno schianto ma con una lagna **2** uggiolio; pigolio; guaito sommesso.

to **whimper** *v.intr.* **1** piagnucolare; gemere; lagnarsi; frignare **2** uggiolare, pigolare, guaire ◆ *v.tr.* esprimere, dire piagnucolando, con voce lagnosa.

whimperer ['wɪmpərə* / whim·per·er] *s.* piagnucolone; persona lagnosa.

whimsical ['wɪmzɪkl / whim·sical] *agg.* stravagante, eccentrico, bizzarro, capriccioso; fantastico // **-ly** *avv.* // **-ness** *s.*

whimsicality [,wɪmzɪ'kælətɪ / whim·sic·al·ity] *s.* stravaganza; bizzarria; capriccio; fantasticheria.

whimsy ['wɪmzɪ] *agg.* (*rar.*) capriccioso; variabile ◆ *s.* capriccio; fantasia; comportamento capriccioso, bizzarro.

whin [wɪn] *s.* (*bot.*) (*Ulex europaeus*) ginestra spinosa, ginestrone.

whinchat ['wɪntʃæt / whin·chat] *s.* (*zool.*) (*Saxicola rubetra*) stiaccino, saltimpalo SIN. stonechat.

whine [waɪn] *s.* **1** uggiolio **2** piagnucolio, lamento **3** sibilo, sibilio; fischio.

to **whine** *v.intr.* **1** uggiolare **2** piagnucolare, lamentarsi: *you have got nothing to — about*, non avete nulla di cui lamentarvi **3** sibilare; fischiare ◆ *v.tr.* esprimere, dire piagnucolando.

whiner ['waɪnə*] *s.* piagnucolone.

to **whinge** [wɪndʒ] *v.intr.* (*fam.*) lamentarsi, lagnarsi; brontolare continuamente.

whining ['waɪnɪŋ / whin·ing] *agg.* **1** che uggiola **2** piagnucolante **3** sibilante // **-ly** *avv.*

whinny[1] ['wɪnɪ] *agg.* (*ant.*) coperto, ricco di ginestroni.

whinny[2] *s.* nitrito.

to **whinny**[2] *v.intr.* nitrire.

whinstone ['wɪnstəʊn / whin·stone] *s.* pietra basaltica.

whip [wɪp] *s.* **1** frusta, scudiscio, staffile, sferza // *— and spur*, a spron battuto **2** (*fam.*) cocchiere **3** bracchiere **4** (*pol.*) capogruppo parlamentare **5** (*pol.*) convocazione (a intervenire a una seduta parlamentare) **6** (*mar.*) ghia **7** dolce a base di uova battute e frutta.

to **whip** *pass.p.p.* **whipped** [wɪpt] *v.tr.* **1** frustare, battere, sferzare; (*fig.*) criticare aspramente: *to — the wheat*, battere il grano // *to — the cat*, (*fam.*) essere molto parsimonioso; lavorare a giornata come sarto; bighellonare // *to — the devil round the post*, (*fam.*) riuscire nel proprio intento per vie traverse // *to — s.o., sthg. into shape*, sistemare, mettere a posto qlcu., qlco. **2** battere, sbattere; montare; frullare: *to — the cream*, montare la panna: *to — the eggs*, battere le uova **3** (*fam.*) vincere, superare: *Tottenham were whipped by Arsenal*, il Tottenham fu sonoramente battuto dall'Arsenal **4** (*fam.*) rubare, sottrarre, portar via **5** cucire a sopraggitto **6** avvolgere strettamente con corda, spago **7** (*mar.*) issare ◆ *v.intr.* precipitarsi, slanciarsi: *the little girl whipped down the stairs*, la bambina si precipitò giù per le scale.

□ **whip away** *v.tr.* e *avv.* (*fam.*) portar via, tirar via bruscamente: *the waiter whipped my glass away before I had finished my whisky*, il cameriere mi portò via il bicchiere prima che avessi finito il mio whisky.

□ **whip back** *v.intr.* e *avv.* tornare indietro all'improvviso.

□ **whip off** *v.tr.* e *avv.* portar via, tirar via bruscamente: *the wind whipped his hat off*, il vento gli portò via il cappello ◆ *v.tr.* e *prep.* portar via da, tirar via da: *the wind whipped the slates off the roofs*, il vento fece volare via le tegole dai tetti.

□ **whip on** *v.tr.* e *avv.* incitare (animali) con la frusta; (*fig.*) pungolare.

□ **whip out** *v.tr.* e *avv.* **1** tirar fuori rapidamente: *the cowboy whipped out his revolver*, il cowboy tirò fuori velocemente la pistola **2** (*fam. amer.*) dare la mano a, salutare.

□ **whip round** *v.intr.* e *avv.* (*fam.*) fare un salto (da qlcu.): *I'll — round tonight and pick up the book*, farò un salto (da te) stasera a riprendere il libro.

□ **whip up** *v.tr.* e *avv.* **1** battere, sbattere; montare: *— up eggs and flour*, battete uova e farina; *to — up cream*, montare la panna **2** eccitare: *to — the crowd up*, eccitare la folla.

whipcord ['wɪpkɔ:d / whip·cord] *s.* **1** sverzino **2** (*tess.*) saia a diagonali marcate.

whip hand ['wɪphænd] *s.* **1** mano che tiene la frusta **2** (*fig.*) vantaggio, posizione vantaggiosa; sopravvento: *to have the — over s.o.*, avere il coltello dalla parte del manico.

whiplash ['wɪplæʃ / whip·lash] *s.* **1** frustata **2** (*med. pop.*) *— (injury)*, colpo di frusta.

whipper ['wɪpə* / whip·per] *s.* frustatore, sferzatore.

whipper-in [,wɪpər'ɪn] *s.* **1** bracchiere **2** (*ippica*) cavallo in ultima posizione (durante la corsa).

whippersnapper ['wɪpə,snæpə* / whip·per·snap·per] *s.* (*fam. antiq.*) ragazzo, giovanotto impertinente, sfrontato SIN. **whipster**.

whippet ['wɪpɪt / whip·pet] *s.* **1** whippet (razza canina, incrocio fra un levriero e uno spaniel o terrier); cane da corsa **2** *— (tank)*, (*mil.*) carro armato leggero e veloce (usato nella prima guerra mondiale).

whipping ['wɪpɪŋ / whip·ping] *s.* **1** il frustare; il battere **2** frustata, scudisciata **3** (*dir.*) (pena della) flagellazione **4** (*cuc.*) il frullare.

whipping boy ['wɪpɪŋ,bɔɪ] *s.* **1** (*st.*) fanciullo allevato insieme a un giovane principe e castigato in sua vece **2** (*fig.*) capro espiatorio.

whipping-post ['wɪpɪŋ,pəʊst] *s.* palo, colonna dove si legavano i condannati alla flagellazione.

whippy ['wɪpɪ] *agg.* elastico, flessibile.

whip-round ['wɪp,raʊnd] *s.* (*fam.*) colletta (di denaro).

whipsaw ['wɪpsɔ: / whip·saw] *s.* segone (a mano) per tronchi.

to **whipsaw** *v.tr.* segare (un tronco, con il segone).

whipster ['wɪpstə* / whip·ster] → **whippersnapper** // *I am not valiant neither, / but every puny whipster gets my sword*, (SH. Othello) non sono nemmeno valoroso se qualsiasi inetto giovanotto riesce a togliermi di mano la spada.

whip-stitch ['wɪpstɪtʃ] *s.* **1** sopraggitto **2** sarto.

whipstock ['wɪpstɒk / whip·stock] *s.* manico della frusta.

(to) **whir** → (to) **whirr**.

whirl [wɜ:l] *s.* **1** rotazione rapida // *to give sthg. a —*, (*fam.*) provare, tentare qlco. **2** turbine; vortice; mulinello: *a — of dust*, un turbine di polvere **3** (*fig.*) attività frenetica: *the — of city life*, il dinamismo della vita di città **4** (*fig.*) confusione, smarrimento: *my head is in a —*, ho una gran confusione in testa.

to **whirl** *v.intr.* **1** girare rapidamente; roteare; turbinare; volteggiare; piroettare: *the dancers whirled round the room*, i ballerini piroettavano intorno alla stanza // *he whirled round to face his accuser*, si girò di scatto per fronteggiare il suo accusatore **2** correre via (di veicoli); essere trascinato via rapidamente: *the car whirled out of sight*, l'auto scomparve rapidamente alla vista **3** (*fig.*) turbinare (di pensieri); girare (di testa); essere confuso, smarrito: *my head is whirling*, mi gira la testa ◆ *v.tr.* **1** far girare rapidamente; far roteare: *the wind whirled the dead leaves*, il vento faceva turbinare le foglie morte **2** trascinare via rapidamente, trasportare rapidamente.

whirligig ['wɜ:lɪgɪg / whir·li·gig] *s.* **1** giostra; carosello; girandola; trottola **2** (*fig.*) l'avvicendarsi degli avvenimenti: *the — of events*, l'avvicendarsi degli eventi storici **3** (*zool.*) (*Gyrinus natator*) girino, girinide.

whirlpool ['wɜ:lpu:l / whirl·pool] *s.* vortice, mulinello; gorgo (*anche fig.*).

whirlwind ['wɜ:lwɪnd / whirl·wind] *s.* turbine, vortice (di vento); mulinello; tromba d'aria // *he that sows the wind will reap the —*, (*prov.*) chi semina vento raccoglie tempesta AMER. **twister** ◆ *agg.* impetuoso, tumultuoso.

whirly [wɜ:lɪ] *s.* (*meteor.*) turbine di neve.

whirlybird ['wɜ:lɪbɜ:d / whir·ly·bird] *s.* (*fam. amer. antiq.*) elicottero.

whirr [wɜ:*] *s.* **1** ronzio; frullio (d'ali) **2** rombo (di motore).

to **whirr** *v.intr.* **1** ronzare; frullare (d'ali) **2** rombare (di motore).

whish [wɪʃ] *s.* (*non com.*) sibilio; fruscio.

to **whish** *v.intr.* (*non com.*) muoversi sibilando, frusciando.

whisk [wɪsk] *s.* **1** piumino per la polvere // *fly —*, scacciamosche **2** (*cuc.*) frusta; frullino **3** movimento rapido: *a — of the tail*, uno scodinzolio.

to **whisk** *v.tr.* **1** spolverare; spazzolare: *she whisked the crumbs off the table*, spazzò via le briciole dal tavolo **2** battere, frullare (uova, panna) **3** agitare; muovere rapidamente; trascinare via: *the cow whisked its tail*, la mucca agitò la coda; *the ambulance whisked her off to hospital*, l'ambulanza la portò velocemente all'ospedale ◆ *v.intr.* agitarsi; guizzare via; muoversi rapidamente.

whisker ['wɪskə* / whis·ker] *s.* (*gener. pl.*) **1** fedine, basette; favoriti **2** vibrisse; baffi (di gatto ecc.) // *by a —*, (*fam.*) per un pelo; *they beat us by a —*, ci hanno battuto per un pelo, per pochissimo **3** (*tecn.*) whiskers, baffi **4** (*mar.*) pennoni di civada.

whiskered ['wɪskəd / whis·kered] **whiskery** ['wɪskərɪ / whis·kery] *agg.* **1** fornito di basette, di favoriti **2** baffuto, coi baffi.

whiskey[1] ['wɪskɪ / whis·key] *s.* whisky (irlandese o statunitense).

whiskey[2] *s.* barroccino, calesse.

whiskified ['wɪskɪfaɪd / whiski·fied] *agg.* (*rar.*) intossicato dal whisky.

whisky[1] ['wɪskɪ] *s.* whisky (scozzese): *— mac*, whisky con zenzero fermentato; *— dry*, whisky e dry ginger.

whisky[2] *s.* barroccino, calesse.

whisper ['wɪspə* / whis·per] *s.* **1** bisbiglio, sussurro; mormorio; lo stormire; fruscio (di foglie): *in a —*, sottovoce, a bassa voce **2** (*fam.*) diceria, insinuazione: *a — of the scandal had come to his ears*, un'eco dello scandalo gli era giunta alle orecchie.

to **whisper** *v.intr.* **1** bisbigliare, sussurrare; parlare a bassa voce **2** mormorare; dir male **3** stormire (di foglie) ◆ *v.tr.* **1** bisbigliare, sussurrare: *whispered conversation*, conversazione a voce bassa **2** mormorare; riferire: *it is whispered that*, si mormora che, corre voce che.

whisperer ['wɪspərə* / whis·per·er] *s.* **1** chi bisbiglia, sussurra **2** maldicente **3** informatore segreto.

whispering ['wɪspərɪŋ / whis·per·ing] *agg.* **1** che bisbiglia, sussurra; che parla sottovoce **2** maldicente ◆ *s.* **1** bisbiglio, sussurrio, mormorio; lo stormire **2** diceria; maldicenza.

whispering campaign ['wɪspərɪŋkæm ,peɪn] *s.* campagna diffamatoria.

whispering-dome ['wɪspərɪŋ,dəʊm] *s.* volta acustica.

whispering-gallery ['wɪspərɪŋ,gælərɪ] *s.* galleria acustica.

whist[1] [wɪst] *agg.* (*ant.*) **1** silenzioso, muto **2** calmo, quieto: *courtsied when you have, and kiss'd / the wild waves whist*, (SH. The Tempest) con un inchino e un bacio, ecco calmate le acque infuriate.

whist[2] *s.* whist (gioco di carte): *— drive*, torneo di whist.

whistle [wɪsl] *s.* **1** fischio, sibilo **2** fischietto, zufolo: *to blow a —*, dare un colpo di fischietto // *to blow the — on s.o., sthg.*, denunciare qlcu., qlco. // *it's not worth the —*, non ne vale la pena // *I have been worth the whistle*, (SH. King Lear) ci fu un tempo in cui valevo qualcosa.

to **whistle** *v.tr.* **1** fischiare, zufolare; fischiettare: *to — a tune*, fischiettare un motivetto **2** chiamare con un fischio: *the boy whistled his dog back*, il ragazzo richiamò il cane con un fischio ◆ *v.intr.* **1** fischiare; fischiettare: *the train whistled as it entered the tunnel*, il treno fischiò entrando in galleria // *to — for a taxi*, chiamare un taxi con un fischio // *to — for sthg.*, (*fam.*) aspettare invano qlco.: *you can — for your money*, puoi ben aspettare (che ti sia restituito) il tuo denaro, stai fresco a sperare che ti restituiscano i tuoi soldi! // *to — in the dark*, cercare di farsi coraggio, far finta di non aver paura // *to — down the wind*, discutere a vuoto; rinunciare **2** sibilare: *the* *wind whistled round the tower*, il vento sibilava attorno alla torre.

whistle-blower ['wɪsl,bləʊə*] *s.* (*fam. amer.*) informatore.

whistle-blowing ['wɪsl,bləʊɪŋ] *s.* (*fam. amer.*) soffiata.

whistler ['wɪslə* / whist·ler] *s.* **1** chi fischia, zufola, fischietta **2** (*zool.*) (*Marmota caligata*) marmotta caligata, marmotta canadese **3** uccello fischiatore **4** cavallo bolso.

whistle stop ['wɪsl,stɒp] *s.* (*fam. amer.*) **1** cittadina di provincia **2** piccola stazione ferroviaria **3** breve fermata in una cittadina di provincia (spec. durante una campagna elettorale).

to **whistle-stop** *v.intr.* (*fam. amer.*) fare un viaggio (spec. di campagna elettorale) fermandosi in tutti i piccoli centri.

whistle-stop tour ['wɪsl,stɒp'tʊə*] *s.* (*fam. amer.*) giro (spec. di propaganda elettorale) con soste brevi e frequenti.

whistling ['wɪslɪŋ / whist·ling] *s.* il fischiare; fischio.

whit [wɪt] *s.* (*form.*) particella infinitesimale; nulla: *every* —, completamente; *not a* —, niente affatto: *not a whit: I have a device to make all well*, (SH. Midsummer-Night's Dream) neanche un po': ho intenzione di far tutto per bene.

Whit *agg.* (*eccl.*) di Pentecoste: — *Monday, Tuesday etc.*, lunedì, martedì ecc. di Pentecoste.

white [waɪt] *agg.* **1** bianco, candido; pallido, smorto: *a — dress*, un abito bianco; *he was — with terror*, era pallido per il terrore // *as — as a sheet*, bianco come un lenzuolo // — *sale*, fiera del bianco, vendita di biancheria // — *wedding*, matrimonio (in cui la sposa è) in abito bianco // — *lightning*, (*fam. amer.*) torcibudella, whisky scadente // — *shoe*, (*sl. amer.*) universitario iscritto a un college dell'Ivy League // (*fis.*) — *light*, luce bianca; (*metall.*) — *iron*, ghisa bianca **2** chiaro; incolore: — *wine*, vino bianco **3** (*fig.*) innocente, puro // — *man*, uomo giusto, onesto, di cui ci si può fidare **4** di razza bianca // — *backlash*, ritorsione, rigurgito di razzismo dei bianchi contro i neri **5** (*nei composti*): — *-beard*, vecchio uomo; — *-bearded*, dalla barba bianca; — *-faced*, dal volto pallido; — *-handed*, dalle mani bianche; (*fig.*) dalle mani pulite; — *-lipped*, che ha le labbra esangui; — *-livered*, codardo ◆ *s.* **1** colore bianco: *she was dressed in* —, era vestita di bianco // *to call — black*, cambiare le carte in tavola **2** uomo di razza bianca: *poor* (o *mean*) *whites*, (*amer.*) i bianchi poveri del sud **3** albume: *egg* —, chiara, bianco d'uovo **4** (*anat.*) cornea: *to turn up the whites of one's eyes*, mostrare il bianco degli occhi **5** *pl.* (*med.*) leucorrea **6** (*ant.*) il bianco del bersaglio: *'twas I won the wager, though you hit the white*, (SH. The Taming of the Shrew) io ho vinto la scommessa anche se voi avete colpito il bianco.

to **white** *v.tr.* (*rar.*) imbiancare.

white alloy ['waɪt,ælɔɪ] *s.* (*metall.*) lega bianca (imitante l'argento).

white ant [,waɪt'ænt] *s.* (*zool.*) termite, formica bianca SIN. termite.

whitebait ['waɪtbeɪt / white·bait] *s.* bianchetti; pesciolini, frittura minuta.

white-bear [,waɪt'beə*] *s.* (*zool.*) (*Ursus maritimus*) orso bianco.

white blood cell [,waɪt'blʌdsel] *s.* (*biol.*) leucocita, globulo bianco.

whiteboard ['waɪtbɔ:d / white·board] *s.* lavagna bianca.

white-bread ['waɪtbred] *agg.* (*fam. amer.*) borghese, convenzionale, conformistico.

whitecap ['waɪtkæp / white·cap] *s.* **1** qualunque uccello dalla testa bianca **2** cavallone, onda spumeggiante **3** (*st. amer.*) *Whitecap*, 'Whitecap' (membro di una setta che commetteva violenze col pretesto di regolare la morale pubblica).

white cedar [,waɪt'si:də*] *s.* (*bot.*) (*Thuja occidentalis*) tuia, cedro bianco.

Whitechapel ['waɪt,tʃæpl / White·chapel] *s.* quartiere di Londra ◆ *agg.attr.* (*non com.*) basso, volgare // — *cart*, carretto a due ruote (per trasportare merci).

white-collar [,waɪt'kɒlə*] *agg.attr.* da, di impiegato: — *worker*, impiegato, colletto bianco; — *mentality*, mentalità impiegatizia.

white elephant [,waɪt'eləfənt] *s.* **1** elefante bianco **2** (*fig.*) oggetto inutile ma dispendioso, capriccio costoso.

white-feather [,waɪt'feðə*] *s.* penna bianca, simbolo di viltà.

whitefish ['waɪtfɪʃ / white·fish] *s.* (*zool.*) coregono, coregone.

white goods [,waɪt'gʊdz] *s.pl.* (*amer.*) **1** biancheria da casa **2** elettrodomestici (bianchi).

Whitehall [,waɪt'hɔ:l / White·hall] *s.* **1** Whitehall (strada di Londra dove hanno sede alcuni importanti ministeri) **2** (*fig.*) la politica, il governo britannico.

white heat [,waɪt'hi:t] *s.* (*metall.*) calor bianco.

white hope [,waɪt'həʊp] *s.* (*fam.*) speranza, persona in cui si spera: *she's the great — of the team*, è la grande speranza della squadra.

white horse [,waɪt'hɔ:s] *s.* pecorella.

white hot [,waɪt'hɒt] *agg.* incandescente.

White House ['waɪthaʊs] *s.* **1** Casa Bianca **2** (*fig.*) governo americano.

white knight [,waɪt'naɪt] *s.* (*econ. fam.*) chi salva una società da una scalata indesiderata.

white lead [,waɪt'led] *s.* (*chim.*) biacca di piombo.

white light [,waɪt'laɪt] *s.* (*fis.*) luce bianca.

white lily [,waɪt'lɪlɪ] *s.* giglio bianco SIN. Madonna-lily, Easter lily.

white maple [,waɪt'meɪpl] *s.* (*bot.*) (*Acer saccharinum*) acero bianco.

to **whiten** ['waɪtn] *v.tr.* **1** rendere bianco, imbiancare; rendere più bianco **2** (*non com.*) assolvere da una colpa; far apparire senza colpa ◆ *v.intr.* sbiancare, sbiancarsi, impallidire; diventare più bianco.

whitener ['waɪtnə*] *s.* **1** candeggiante **2** (*non com.*) imbianchino.

whiteness ['waɪtnɪs / white·ness] *s.* **1** bianchezza; (*fig.*) purezza **2** pallore.

whitening ['waɪtnɪŋ / whiten·ing] *s.* **1** imbiancamento; candeggiamento **2** biacca, gesso (per imbiancare).

white rope [,waɪt'rəʊp] *s.* (*mar.*) fune non catramata.

white sapphire [,waɪt'sæfaɪə*] *s.* (*min.*) corindone bianco.

white sauce [,waɪt'sɔ:s] *s.* (salsa) besciamella.

white slavery [,waɪt'sleɪvərɪ] *s.* tratta delle bianche.

whitesmith[1] ['waɪtsmɪθ / white·smith] *s.* (*non com.*) lattoniere, stagnaio.

whitesmith[2] *s.* (*bot. pop.*) uva spina → **gooseberry**.

white spirit [,waɪt'spɪrɪt] *s.* (*chim.*) acquaragia minerale.

whitethorn ['waɪtθɔ:n / white·thorn] *s.* (*bot.*) biancospino → **hawthorn**.

whitethroat ['waɪtθrəʊt / white·throat] *s.* (*zool.*) **1** (*Sylvia communis*) silvia, sterpazzola comune **2** (*Zonotrichia albicollis*) zonotrichia collobianco.

white tie [,waɪt'taɪ] *agg.* in frac; (*sugli inviti*) è d'obbligo il frac.

whitewash ['waɪtwɒʃ / white·wash] *s.* **1** (latte di) calce (per imbiancare) **2** (*fig.*) dissimulazione; mascheramento **3** (*sport*) vittoria schiacciante (senza che l'avversario segni punti); cappotto.

to **whitewash** *v.tr.* **1** imbiancare a calce **2** (*fig.*) nascondere, dissimulare, coprire le pecche di; riabilitare: *to — a person*, riabilitare una persona **3** (*sport*) stravincere (senza permettere all'avversario di segnare punti), dare cappotto.

whitewasher ['waɪtwɒʃə* / white·wash·er] *s.* (*non com.*) imbianchino.

white water [,waɪt'wɔ:tə*] *s.* (*amer.*) rapide (*pl.*) (di fiume).

whitey ['waɪti:] *s.* (*fam. spreg.*) bianco, persona bianca.

whither ['wɪðə*] *avv.* (*ant.*) **1** *interr.* verso che luogo?, dove? **2** *rel.* dove: *you shall go — you will*, andrai dove vorrai.

whithersoever [,wɪðəsəʊ'evə* / whith·er·so·ever] *avv.* (*ant.*) in qualunque luogo.

whitherward ['wɪðəwəd / whith·er·ward] *avv.* (*ant.*) **1** dove?, verso quale direzione? **2** in qualsiasi direzione.

whiting[1] ['waɪtɪŋ / whit·ing] *s.* (*non com.*) bianco di Spagna; gesso in polvere (per imbiancare).

whiting[2] *s.* (*zool.*) (*Gadus merlangus*) merlango, merlano.

whiting-pout ['waɪtɪŋ,paʊt] *s.* (*zool.*) gado barbato → **bib**[2].

whitlow ['wɪtləʊ / whit·low] *s.* (*med.*) patereccio.

Whitsun ['wɪtsn / Whit·sun] *agg.* (*eccl.*) di Pentecoste.

Whitsunday [,wɪt'sʌndɪ / Whit·sun·day] *s.* (*eccl.*) Pentecoste.

Whitsuntide ['wɪtsntaɪd / Whit·sun·tide] *s.* (*eccl.*) settimana di Pentecoste.

to **whittle** ['wɪtl] *v.tr.* tagliare, tagliuzzare. □ **whittle away**, **down** *v.tr.* e *avv.* ridurre, diminuire, limitare: *this process is whittling away our freedom of speech*, questo processo sta riducendo la nostra libertà di parola.

whizz [wɪz] *s.* **1** ronzio, sibilo **2** (*sl. amer.*) accordo, affare **3** (*fam.*) genio, mago: *he's* *something of a computer* —, è una specie di mago dell'informatica.

to **whizz** *v.intr.* **1** (*dial.*) ronzare, sibilare **2** passare sibilando: *a bullet whizzed past*, un proiettile passò sibilando **3** (*mecc.*) asciugare con una centrifuga.

whizzbang ['wɪzbæŋ / whizz·bang] *s.* (*fam. amer.*) schianto, meraviglia.

whizzer ['wɪzə*] *s.* (*mecc.*) centrifuga (per asciugare i panni).

whizzing ['wɪzɪŋ / whizz·ing] *s.* sibilo, ronzio.

whizz kid ['wɪzkɪd] *s.* (*fam.*) giovane brillante che si fa strada in fretta; (*iron.*) 'giovane manager'.

who [hu:] *pron.sogg. e compl.* (*riferito a persona*) **1** *interr.* chi?: — *is he?*, chi è lui?; — *did you speak to?*, con chi hai parlato?; — *are you looking for?*, chi cercate?; — *does he think he is?*, chi crede di essere?; — *is it?*, chi è?; —*'s there?*, chi è là?; — *of us can remember his childhood exactly?*, chi di noi ricorda esattamente la sua infanzia?; *"I saw Michael yesterday" "Michael —?"*, "Ho visto Michele ieri" "Michele chi?"; *she doesn't know — that man in the corner is*, non sa chi sia quell'uomo nell'angolo; — *knows...*, chissà...; *I didn't tell him — had phoned*, non gli ho detto chi aveva telefonato; *we never discovered — had stolen the money*, non abbiamo mai scoperto chi avesse rubato il denaro // *'Who's Who'*, 'Chi è?' (annuario delle personalità) // *she knows who's who*, conosce (vita, morte e miracoli di) tutti **2** *rel.* chi, che; il quale, la quale, i quali, le quali: *you're the only one — knows the truth*, tu sei il solo che conosce la verità; *we couldn't find anyone — could do the job*, non riuscivamo a trovare nessuno (che fosse) capace di fare quel lavoro; *those — heard last week's lecture will remember Milton's biography*, coloro che hanno sentito la conferenza della settimana scorsa ricorderanno la biografia di Milton; *it's only a few fans — cause violence in the stadiums*, sono solo alcuni tifosi che creano violenza negli stadi; *anyone — says that is a liar*, chiunque dica questo è un bugiardo; *the manager — I spoke to was very busy*, il direttore con il quale ho parlato era molto occupato; *Mrs Hogg, — always knows everything, told me the news*, la signora Hogg, che sa sempre tutto, mi ha riferito la notizia; *I gave the parcel to John, — posted it yesterday*, ho dato il pacco a John, che l'ha spedito ieri per posta; *this is Mary, — I think you've already met*, questa è Mary, che penso abbiate già conosciuto.

whoa [wəʊ] *inter.* ferma! (per fermare un cavallo).

whodun(n)it [hu:'dʌnɪt / who·dun(n)it] *s.* (*fam.*) romanzo giallo • Contr. di *who done it*.

whoever [hu:'evə* / who·ever] *pron.sogg. e compl.* (*riferito a persona*) **1** *rel. indef.* chiunque; chi: — *finds it may keep it*, chiunque lo trova può tenerlo; — *he may be*, chiunque egli sia; — *may object, I shall approve*, anche se qualcuno obietterà, io approverò; — *wrote that letter is a fool*, chi ha scritto, chiunque abbia scritto quella lettera è un pazzo; — *buys the house will have to repair the roof*, chi compra la casa dovrà riparare il tetto; — *she marries will be lucky*, chiunque (ella) sposerà, sarà fortunato; *he left a memo for — was his successor*, lasciò un promemoria per chiunque fosse stato il suo successore **2** *interr.* chi mai?: — *made such a mess?*, chi ha fatto questo macello?

whole [həʊl] *agg.* **1** tutto; intero; completo: *the — day*, tutto il giorno; *the — town is talking about it*, tutta la città ne parla; *he swallowed it* —, l'ha ingoiato intero; *I want to know the — truth*, voglio sapere tutta la verità // *there's going to be a — lot of trouble about this*, (*fam.*) ci saranno un bel po' di inconvenienti a questo proposito // *to go the — hog*, andare fino in fondo **2** intatto; integro; incolume; illeso: *after the accident I was still* —, uscii dall'incidente illeso.

whole *s.* il tutto, l'intero; il complesso, il totale, somma: *the — of my family*, tutta la mia famiglia; *the — amounts to...*, il totale ammonta a...; *he spent the — of that year in London*, passò tutto quell'anno a Londra; *two halves make a* —, due metà fanno un intero // *as a* —, nell'insieme // *on* (o *upon*) *the* —, nel complesso, tutto considerato.

wholefood ['həʊlfu:d / whole·food] *s.* cibo integrale.

whole-hearted [,həʊl'hɑ:tɪd] *agg.* di tutto cuore, sentito, sincero; cordiale // **-ly** *avv.* // **-ness** *s.*

whole-length ['həʊl,leŋθ] *s.* (*pitt.*) a tutta figura (di ritratto).

wholemeal ['həʊlmi:l / whole·meal] *agg.* integrale: — *bread*, pane integrale.

wholeness ['həʊlnɪs / whole·ness] *s.* (*form.*) **1** totalità; interezza **2** integrità.

whole note ['həʊlnəʊt] *s.* (*amer.*) semibreve BRIT. semibreve.

whole number [,həʊl'nʌmbə*] *s.* numero intero.

wholesale ['həʊlseɪl / whole·sale] *agg.* all'ingrosso; su vasta scala: — *slaughter*, uccisione in massa, sterminio; — *business*, affari all'ingrosso; — *dealer*, grossista; — *goods*, merce all'ingrosso; — *manufacture*, fabbricazione all'ingrosso; — *price*, prezzo all'ingrosso; — *price index*, indice dei prezzi all'ingrosso ◆ *s.* vendita all'ingrosso // (*comm.*) — *and retail*, all'ingrosso e al minuto.

to **wholesale** *v.tr.* (*comm.*) vendere all'ingrosso.

wholesale *avv.* all'ingrosso: *to buy, to sell* — (o amer. *to buy, to sell at* —), comprare, vendere all'ingrosso.

wholesaler ['həʊlseɪlə* / whole·saler] *s.* (*comm.*) grossista.

wholesome ['həʊlsəm / whole·some] *agg.* **1** salutare, salubre: — *air*, aria salubre **2** sano: *a — appearance, diet*, un aspetto sano, una dieta sana **3** morale, sano: — *reading*, sane letture // **-ly** *avv.* // **-ness** *s.*

wholewheat ['həʊlwi:t / whole·wheat] *agg.* (*spec. amer.*) → **wholemeal**.

who'll ['hu:l] contr. di *who will, who shall*.

wholly ['həʊlɪ] *avv.* totalmente, interamente; completamente, del tutto: *I don't — agree*, non sono del tutto d'accordo.

whom [hu:m] *pron.* (*compl.ogg. e indir. di* who) **1** *interr.* (*form.*) chi?: — *else?*, chi altro?; — *did you ask to dinner?*, chi invitasti a pranzo?; — *did you speak to?*, a chi parlasti? **2** *rel.* che; il quale, a quale, i quali, le quali, cui; (*antiq.*) colui che, colei che, coloro che: *the boy — I saw*, il ragazzo che ho visto; *the girl, the children — I played with*, la ragazza, i bambini con cui giocavo; *this is the man about — I was speaking*, questo è l'uomo del quale stavo parlando; *"I gave it away" "To —?"*, "L'ho regalato" "A chi?" // *those — the gods love die young*, muor giovane chi al cielo è caro.

whomever [hu:m'evə* / whom·ever] *pron.* (*compl.ogg. e indir. di* whoever) (*form.*) **1** *rel. indef.* chiunque: — *they choose will have the right...*, chiunque verrà scelto, avrà il diritto di...; *she smiled at — she met*, sorrideva a chiunque incontrasse **2** *interr.* chi mai?

whomping ['wɒmpɪŋ / whomp·ing] *agg.* **1** (*fam. amer.*) enorme, spropositato **2** (*sl. amer.*) fantastico, super.

whomsoever [,hu:msəʊ'evə* / whom·so·ever] (*enfatico*) → **whomever**.

whoop [wu:p, hu:p] *s.* **1** urlo, grido (anche di gioia) // *not to be worth a* —, (*fam. amer.*) non valere nulla **2** grido di guerra (degli indiani del Nord-America) **3** (*med.*) urlo della pertosse.

to **whoop** *v.tr.* gridare forte; urlare; incalzare con grida // *to — it up*, (*fam.*) divertirsi un sacco ◆ *v.intr.* **1** gridare forte, urlare; schiamazzare; mandare un grido di gioia **2** (*med.*) fare l'urlo caratteristico della pertosse.

whoopee ['wʊpi: / whoo·pee] *s.* (*fam.*) allegria rumorosa, baldoria sfrenata: *to make* —, divertirsi in modo chiassoso; far baldoria ◆ *inter.* evviva, hurrà.

whooper ['hu:pə* / whoop·per] *s.* chi grida, chi schiamazza.

whooping cough ['hu:pɪŋ,kɒf] *s.* (*med.*) pertosse, (*fam.*) tosse asinina.

whoops [wu:ps, hu:ps] **whoops-a-daisy** ['wu:psə,deɪzɪ, 'hu:psə,deɪzɪ] *inter.* → **oops, oops-a-daisy**.

whoosh [wu:ʃ] *s.* sibilo.

to **whoosh** *v.intr.* (*fam.*) sfrecciare sibilando.

whop [wɒp] *s.* (*fam.*) colpo, botta; percossa.

to **whop** *pass.p.p.* **whopped** [wɒpt] *v.tr.* (*fam.*) **1** battere, fustigare, flagellare, frustare **2** sconfiggere; superare.

whopper ['wɒpə* / whop·per] *s.* (*fam.*) **1** chi batte, fustiga **2** enormità, cosa enorme, più grossa del consueto **3** fandonia, bugia solenne.

whopping ['wɒpɪŋ / whop·ping] *agg.* (*fam.*) esorbitante, enorme: *a — lie*, una enormità, una fanfaronata.

who're ['hu:ə*] contr. di *who are*.

whore [hɔ:*] *s.* (*volg.*) puttana, prostituta.

to **whore** *v.intr.* **1** prostituirsi **2** andare a donne, andare con prostitute.

□ **whore after** *v.intr.* e *prep.* correre dietro a; vendersi per: *he spent his life whoring after money and the big time*, per tutta la vita si è venduto per i soldi e il successo.

whoredom ['hɔ:dəm / whore·dom] *s.* **1** prostituzione; fornicazione **2** idolatria.

whorehouse ['hɔ:haʊs / whore·house] *s.* bordello, casino.

whoremonger ['hɔ:,mʌŋgə* / whore·mon·ger] *s.* (*spreg.*) puttaniere.

whoreson ['hɔ:sʌn / whore·son] *s.* (*antiq.*) figlio di puttana.

whorl [wɜ:l] *s.* **1** spira, giro di spirale **2**

(*bot.*) verticillo **3** (*tess.*) fusaiolo **4** spirale di impronta digitale.

whorled [wɜ:ld] *agg.* **1** disposto a spirale **2** (*bot.*) verticillato.

whortleberry ['wɜ:tl,berɪ / whor·tle·berry] *s.* (*bot.*) mirtillo → **blueberry**.

who's [hu:z] contr. di *who is, who has.*

whose [hu:z] *pron.* (*caso poss. di* who) **1** *interr.* di chi?: — *is this?*, di chi è?; — *seat is this?*, di chi è questo posto?; — *gloves are these?* (o — *are these gloves?*), di chi sono questi guanti?; *I want to know — these books are*, vorrei sapere di chi sono questi libri **2** *rel.* di cui; del quale, della quale, dei quali, delle quali; il cui, la cui, i cui, le cui (*riferito a persone o cose*): *the author — works you dislike*, l'autore di cui non apprezzi le opere; *the lady — dress was much admired*, la signora il cui abito è stato molto ammirato; *Mount Everest — peak is over 8,000 metres high*, il monte Everest, la cui cima supera gli 8000 metri; *a car — windscreen had been shattered by a stone*, una macchina con il parabrezza frantumato da un sasso; *the person for — sake he did it didn't deserve all that*, la persona per cui l'ha fatto non meritava tanto; *the young man — wife you were introduced to yesterday is my brother*, il giovane di cui ti hanno presentato ieri la moglie è mio fratello.

whosesoever [,hu:zsəʊ'evə* / whose·so·ever] (*enfatico*) → **whosever**.

whosever [hu:z'evə* / who·sever] *pron. rel.indef.* (*caso poss. di* whoever) di chiunque: *burn this bad book — it is*, brucia questo libraccio, di chiunque esso sia.

whoso ['hu:səʊ] *pron.* (*ant.*) chiunque: *but whoso entereth within this town, / that, sheening far, celestial seems to be, / disconsolate will wander*, (BYRON) ma chiunque penetri entro questa città che, sfolgorando da lontano, sembra celestiale, vagherà sconsolato.

whosoever [,hu:səʊ'evə* / who·so·ever] (*antiq.*) → **whoever**.

why [waɪ] *avv.* **1** *interr.* perché?, per quale motivo?, per quale ragione?: — *didn't you say so?*, perché non l'hai detto?; — *has he come?*, perché è venuto? // — *not?*, perché no?; — *not let him do as he likes?*, perché non lasciargli fare come gli pare? // *the reason —*, il motivo per cui: *he's furious at our refusal, and wants to know the reason —*, è furente per il nostro rifiuto, e vuole saperne il motivo // — *so?*, perché, per quale ragione? // — *the deuce does he meddle?*, di che diavolo si immischia? **2** *rel.* per cui: *that's the reason — I want to go*, ecco la ragione per la quale voglio andare ◆ *cong.* perché, per quale ragione: *I don't know — she is not here*, non so perché (lei) non sia qui; *this is — I did so*, ecco perché ho fatto così.

why *s.* il perché, la causa, il motivo, la ragione // *the whys and the wherefores*, i perché e i percome.

why *inter.* (*per esprimere protesta o sorpresa*) ma come!; ebbene!; perbacco!, diamine!: —, *you must be serious!*, allora fai sul serio!; —, *it's quite easy!*, ma come, è così facile! // —, *it's Mr. Smith!*, guarda un po' chi si vede, il signor Smith!

wick[1] [wɪk] *s.* lucignolo, stoppino // *to get on s.o.'s —*, (*fam.*) scocciare continuamente qlcu., rompere.

wick[2] *s.* (*ant.*) villaggio, paese, frazione.

wicked ['wɪkɪd] *agg.* **1** malvagio, maligno, perverso **2** peccaminoso, vizioso **3** (*fam. amer.*) eccellente, favoloso: *he is a — tennis player*, è un tennista eccezionale // *that's —!*, che figata! // **-ly** *avv.* // **-ness** *s.*

wicker ['wɪkə*] *s.* vimine ◆ *agg.* (*attr.*) di vimini.

wickerwork ['wɪkəwɜ:k / wick·er·work] *s.* U vimini (*pl.*), oggetti di vimini.

wicket ['wɪkɪt] *s.* **1** (*non com.*) sportello **2** (*edil.*) porta pedonale, portello; cancellino **3** (*cricket*) porta; turno (di difesa della porta).

wicket door ['wɪkɪtdɔ:*] **wicket gate** ['wɪkɪtgeɪt] *s.* (*antiq.*) portello, cancellino.

wide [waɪd] *agg.* **1** largo; ampio, esteso, vasto: *it was one metre —*, era largo un metro; *the door isn't — enough*, la porta non è abbastanza larga; *a jacket with — shoulders*, una giacca dalle ampie spalle; *at — intervals*, ad ampi intervalli; *to have — interests*, avere vasti interessi // (*Borsa*) — *price*, margine ampio (tra prezzo di domanda e prezzo di offerta) **2** alto (di tessuto) **3** spalancato: *to stare with — eyes*, fissare ad occhi spalancati **4** lontano; fuori posto: (*cricket*) *a — ball*, una palla lontana dalla porta; — *of the truth*, lontano dalla verità; *an answer — of the mark*, una risposta non azzeccata // *to give a — berth to*, stare alla larga da.

wide *s.* **1** (*cricket*) palla caduta lontano dal battitore **2** (*poet.*) ampiezza, estensione; vastità.

wide *avv.* **1** largamente, con ampiezza: *to search far and —*, cercare in lungo e in largo **2** completamente, del tutto: *open the door —*, spalanca la porta; — *open*, aperto completamente, spalancato **3** (*sport*) a vuoto; lontano, fuori dal bersaglio: *the blow went —*, il colpo andò a vuoto **4** (*ant.*) a sproposito: *is my lord well, that he doth speak so wide?*, (SH. Much Ado about Nothing) forse che il mio signore non sta bene, che parla così a sproposito?

wide-angle [,waɪd'æŋgl] *agg.* (*attr.*) (*fot.*) grandangolare: — *lens*, (obiettivo) grandangolare.

wide-awake [,waɪdə'weɪk *come s.* 'waɪd əweɪk] *agg.* completamente sveglio; (*fig.*) furbo, sveglio; allerta ◆ *s.* cappello floscio ad ala larga.

wide boy ['waɪdbɔɪ] *s.* (*fam.*) persona furba e disonesta.

wide-eyed ['waɪd'aɪd] *agg.* **1** con gli occhi aperti, spalancati **2** sorpreso, stupito; attonito **3** ingenuo, candido.

widely ['waɪdlɪ] *avv.* largamente; molto: *she smiled —*, fece un grande sorriso; *a — known subject*, un argomento largamente conosciuto; *a — read author*, un autore molto letto; *a — travelled woman*, una donna che ha viaggiato molto; *it's — known that...*, tutti sanno che...

to **widen** ['waɪdn] *v.tr.* allargare; ampliare: *to — a ditch*, allargare un fossato; *to — one's intellectual horizons*, (*fig.*) ampliare i propri orizzonti intellettuali ◆ *v.intr.* allargarsi, ampliarsi, estendersi: *the road widened out into a square*, la strada si allargava in una piazza.

wideness ['waɪdnɪs / wide·ness] *s.* (*non com.*) larghezza; estensione.

widening ['waɪdnɪŋ / widen·ing] *s.* ampliamento, allargamento, estensione: (*econ.*) — *of capital*, ampliamento di capitale; — *investment*, investimento di ampliamento.

widespread ['waɪdspred / wide·spread] *agg.* esteso, diffuso.

widgeon ['wɪdʒən] *pl.* **widgeon(s)** *s.* (*zool.*) (*Anas penelope*) fischione.

widget ['wɪdʒət] *s.* (*amer.*) coso; aggeggio.

widow ['wɪdəʊ] *s.* **1** vedova: *widow's weeds*, abiti vedovili **2** (*zool.*) — *bird*, vedova **3** (*fam.*) (*a carte*) distribuzione di mano supplementare **4** (*inform.*) linea vuota (in alto nella pagina).

to **widow** *v.tr.* rendere vedovo, vedova; privare del compagno, della compagna.

widower ['wɪdəʊə* / wid·ower] *s.* vedovo.

widowhood ['wɪdəʊhʊd / widow·hood] *s.* vedovanza.

width [wɪdθ] *s.* **1** larghezza, ampiezza (*anche fig.*): *the room is four metres in —*, la stanza è larga quattro metri **2** altezza (di stoffa).

to **wield** [wi:ld] *v.tr.* **1** (*antiq.*) tenere, brandire; maneggiare: *he wielded his sword*, brandì la spada; *I wield the flail of the lashing hail*, (SHELLEY) impugno il flagello della sferzante grandine **2** controllare, esercitare: *to — power, influence*, esercitare potere, influenza.

wieldy ['wi:ldɪ] *agg.* **1** (*non com.*) controllabile; dominabile; maneggevole **2** (*dial.*) agile, vigoroso.

wife [waɪf] *pl.* **wives** [waɪvz] *s.* **1** moglie, sposa: *to make a good —*, essere una buona moglie; *to take a girl to —*, (*antiq.*) prendere una ragazza in moglie // *all the world and his —*, (*scherz. fam.*) uomini e donne, tutti quanti **2** (*ant.*) comare: *the old wives*, le vecchie comari // (*lett.*) *'The Merry Wives of Windsor'*, 'Le allegre comari di Windsor'.

wifehood ['waɪfhʊd / wife·hood] *s.* (*form.*) condizione di moglie.

wifelike ['waɪflaɪk / wife·like] meno com.

wifely ['waɪflɪ] *agg.* da, di moglie; che si addice a una moglie.

wife swapping ['waɪf,swɒpɪŋ] *s.* scambio dei partner nei rapporti sessuali.

wig [wɪg] *s.* **1** parrucca **2** (*fam. antiq.*) dignitario **3** (*fam. antiq.*) sgridata, rimprovero // *wigs on the green*, (*sl. irl.*) botte da orbi **4** (*amer.*) testa.

to **wig** *pass.p.p.* **wigged** [wɪgd] *v.tr.* **1** (*non com.*) imparruccare **2** (*fam. ant.*) rimproverare, sgridare, rimbrottare **3** (*fam. amer.*) seccare, disturbare con discorsi, chiacchiere.

wigan ['wɪgən] *s.* (*tess.*) tela da fusto.

wigged [wɪgd] *agg.* imparruccato // — *out*, (*fam. amer.*) fuori dal mondo, illuso.

wiggery ['wɪgərɪ / wig·gery] *s.* **1** (*non com.*) parrucca; insieme di parrucche **2** (*rar.*) formalità inutile; burocrazia (nei procedimenti legali).

wigging ['wɪgɪŋ / wig·ging] *s.* (*fam.*) sgridata; lavata di capo: *to give s.o. a good —*, dare una bella lavata di capo a qlcu.

to **wiggle** ['wɪgl] *v.tr.* e *intr.* (*fam.*) (far) muovere da una parte all'altra; dimenare, dimenarsi: *to — one's hips*, dimenare le anche, ancheggiare.

wiggly ['wɪglɪ] *agg.* **1** ancheggiante **2** sinuoso; serpeggiante.

wight[1] [waɪt] *agg.* (*antiq.*) **1** coraggioso; valoroso; forte **2** attivo; agile; veloce.

wight[2] *s.* (*ant. dial.*) individuo; persona: *a luckless —*, un tipo sfortunato; *ah, what can ail thee, wretched wight*, (KEATS) ah, cosa ti può far soffrire, misera creatura.

wigwag ['wɪgwæg / wig·wag] *s.* (*mar.*) segnalazione con bandiera.

to **wigwag** *pass.p.p.* **wigwagged** ['wɪg wægd / wig·wagged] *v.intr.* **1** (*mar.*) fare segnalazioni con bandiera **2** (*non com.*) agitarsi.

wigwam ['wɪgwæm *amer.* 'wɪgwɑ:m / wig·wam] *s.* wigwam (tenda dei pellerossa).

wild [waɪld] *agg.* **1** selvaggio, feroce; barbaro: *— tribes*, tribù barbare, selvagge **2** (*bot.*, *zool.*) selvatico: *— animals, beasts*, animali selvatici, bestie selvatiche; *— plants*, piante selvatiche // *— flower*, fiore di campo // *to run —*, inselvatichire; crescere allo stato brado **3** incolto; deserto: *a — and mountainous region*, una regione deserta e montagnosa **4** disordinato; incontrollato, sregolato, sfrenato; ribelle: *— hair*, capelli arruffati; *a — young man*, un giovanotto sfrenato // *to run —*, (*fig.*) comportarsi in maniera incontrollata, sfrenata **5** tempestoso, tumultuoso, agitato: *a — sea*, un mare in tempesta **6** eccitato; furibondo, pazzo: *anxiety almost drove her —*, l'ansietà la rese quasi pazza; *he has — eyes* (o *a — look*), ha uno sguardo folle; *he was in — spirits*, era eccitatissimo; *to be — with anger, joy*, essere fuori di sé dalla rabbia, dalla gioia; *to be — about sthg.*, andare pazzo per qlco. **7** vago; confuso, sconclusionato; casuale: *I haven't got the wildest idea*, non ne ho la più pallida idea; *— talk*, parole avventate, imprudenti // *to play a — card*, tirar fuori l'asso dalla manica (*anche fig.*); fare una cosa inattesa, straordinaria // *to make a — guess*, tirare a indovinare **8** (*fam.*) eccellente, eccezionale: *a — success*, un successo strepitoso ◆ *s.* **1** deserto; regione non coltivata; (*fig.*) solitudine: *the wilds of Africa*, le regioni selvagge dell'Africa **2** vita allo stato brado: *the call of the —*, il richiamo della foresta (della vita libera e selvaggia).

wild *avv.* impulsivamente; senza freno: *to shoot —*, sparare all'impazzata; *his fans went —*, i suoi fans impazzivano; *the critics went — over her new book*, i critici erano entusiasti del suo nuovo libro.

wild-ass [,waɪld'æs] *s.* (*zool.*) asino selvatico, onagro → **onager** ◆ *agg.attr.* (*fam. amer.*) esuberante; pazzerello.

wild boar [,waɪld'bɔ:*] *s.* (*zool.*) (*Sus scrofa*) cinghiale SIN. **boar**.

wildcat ['waɪldkæt / wild·cat] *agg.attr.* **1** (*amer.*) arrischiato, rischioso: *— venture*, impresa rischiosa **2** illegale; immorale: *— speculation*, speculazione illegale, selvaggia; *— strike*, sciopero selvaggio ◆ *s.* **1** gatto selvatico; (*amer.*) lince **2** persona impulsiva, focosa (spec. donna) **3** (*ind. miner.*) trivellazione (spec. petrolifera) in zona inesplorata.

to **wildcat** *pass.p.p.* **wildcatted** ['waɪld ,kætɪd / wild·cat·ted] *v.tr.* e *intr.* (*ind. miner. amer.*) perforare, trivellare (una zona inesplorata spec. per la ricerca del petrolio): *to — for oil*, compiere una trivellazione esplorativa (per il petrolio).

wildcatter ['waɪld,kætə* / wild·cat·ter] *s.* **1** speculatore in imprese commerciali **2** (*sl. amer.*) chi compie sondaggi petroliferi (in zone inesplorate).

wild duck [,waɪld'dʌk] *s.* (*zool.*) (*Anas platyrhynchos*) germano reale.

wildebeest ['wɪldɪbi:st / wil·de·beest] *pl.* **wildebeest(s)** *s.* (*zool.*) gnu → **gnu**.

to **wilder** ['waɪldə*] *v.intr.* (*ant.*) **1** errare, smarrirsi **2** essere perplesso; confondersi ◆ *v.tr.* sviare, condurre su una falsa strada; confondere.

wilderness ['wɪldənɪs / wil·der·ness] *s.* **1** deserto, solitudine, landa (*anche fig.*): *a — of ice*, una landa gelata // *the voice of one crying in the —*, (*Bibbia*) la voce di uno che grida nel deserto // (*pol.*) *in the —*, lontano dal potere, messo in disparte **2** (*ecol.*) riserva naturale, zona allo stato naturale.

wildfire ['waɪld,faɪə* / wild·fire] *s.* **1** fuoco greco // *to spread like —*, diffondersi assai rapidamente, allargarsi a macchia d'olio **2** lampo (senza tuono).

wildfowl ['waɪldfaʊl / wild·fowl] *s.pl.* uccelli selvatici; anatre, oche selvatiche.

wildfowling [,waɪld'faʊlɪŋ / wild·fowl·ing] *s.* caccia agli uccelli di palude.

wild-goose [,waɪld'gu:s] *pl.* **wild-geese** [,waɪld'gi:s] *s.* (*zool.*) (*Anser anser*) oca selvatica // *— chase*, (*fam.*) ricerca inutile o con poche probabilità di successo: *to lead s.o. on a —*, menare qlcu. per il naso.

wilding ['waɪldɪŋ / wild·ing] *agg.* (*non com.*) selvatico, non coltivato ◆ *s.* pianta selvatica (spec. melo); frutto selvatico (spec. mela).

wildlife ['waɪldlaɪf / wild·life] *s.* [U] animali e piante selvatiche; fauna e flora protette: *— sanctuary*, riserva di fauna o flora protetta; *— park*, riserva naturale // *World Wildlife Fund*, Fondo Mondiale per la Natura.

wildly ['waɪldlɪ] *avv.* **1** selvaggiamente **2** ferocemente, violentemente **3** (*fam.*) totalmente, completamente; esageratamente: *— inefficient*, del tutto inefficiente; *I'm — in love with her*, sono innamorato pazzo di lei; *a — exaggerated claim*, una richiesta assolutamente esagerata.

wild marjoram [,waɪld'mɑ:dʒərəm] *s.* (*bot.*) origano → **origan**.

wildness ['waɪldnɪs / wild·ness] *s.* **1** selvatichezza, stato selvatico, selvaggio **2** ferocia, furore; impetuosità; pazzia // *the — of youth*, l'incoscienza della gioventù **3** barbarie; primitività **4** dissolutezza, sregolatezza.

wild oats [,waɪld'əʊts] *s.* (*bot.*) (*Avena fatua*) avena matta // *to sow one's —*, (*fig.*) correre la cavallina, divertirsi finché si è giovani.

wild olive [,waɪld'ɒlɪv] *s.* (*bot.*) eleagno → **oleaster** 2.

wild-wood [,waɪld'wʊd] *s.* bosco selvaggio, inaccessibile.

wile[1] [waɪl] *s.* (*gener. pl.*) (*form.*) stratagemma, astuzia; inganno: *the wiles of the devil*, le astuzie del diavolo; *to fall a victim to the wiles of s.o.*, cader vittima delle seduzioni di qlcu.

to **wile**[1] *v.tr.* (*non com.*) allettare; ingannare; adescare: *to — s.o. into a place*, attirare qlcu. in un luogo.

to **wile**[2] → to **while away**.

wilful ['wɪlfʊl / wil·ful] *agg.* **1** ostinato, caparbio; volitivo // *in faith, my lord, you are too wilful-blame*, (SH. Henry IV) in verità, mio signore, la tua pervicacia è troppo biasimevole **2** volontario, intenzionale, premeditato (*anche dir.*): *a — murder*, un assassinio premeditato // **-ly** *avv.* // **-ness** *s.*

wilkeite ['wɪlki:aɪt / wil·ke·ite] *s.* (*min.*) wilkeite.

will[1] [wɪl (*forma forte*) wəl, əl (*forme deboli*)] *forma negativa* **will not** [wɪl'nɒt] *forma contr.* **won't** [wəʊnt] *forma abbr.* **'ll**; *pass.* **would** [wʊd] *modal verb* (V) **1** (*ausiliare per la 2ª e 3ª pers.sing.pl. del futuro semplice o per la 1ª pers.sing.pl. del futuro volitivo*): *maybe he'll come today*, forse verrà oggi; *the weather forecast says it won't rain this weekend*, le previsioni del tempo dicono che non pioverà questo fine settimana; *our next programme — be dealing with the latest scandal in Washington*, il nostro prossimo programma tratterà dell'ultimo scandalo a Washington; *if inflation continues, drastic measures — have to be taken*, se continua l'inflazione, si dovranno prendere drastici provvedimenti; *it'll be better for you if they pay you in advance*, sarà meglio per te se ti pagano in anticipo; *I — see you tomorrow at the office*, ti vedo, ti vedrò domani in ufficio; *we — never tell the secret to anybody*, non riveleremo mai il segreto a nessuno; *I'll have finished in about an hour*, fra circa un'ora avrò finito; *shall I ask him or — you?*, glielo chiedo io o glielo chiedi tu?; *— I get into trouble for this?*, finirò nei guai per questo?; *do you think I'll like the new manager?*, pensi che mi piacerà il nuovo direttore?; *where — you be living when you get married?*, dove abiterete dopo sposati?; *— he be staying for dinner?*, si fermerà a cena?; *any agency — get the tickets for you*, qualsiasi agenzia ti procurerà i biglietti; *yes, I — admit it was stupid of me*, sì, ammetto (devo ammettere) che è stato sciocco da parte mia; *I think you — see very little of the eclipse from here*, penso che da qui vedrete ben poco dell'eclisse; *the computer — give us the answer in a minute*, il computer ci darà la risposta entro un minuto; *if you're going to Rome you'll be able to visit the Vatican*, se vai a Roma potrai visitare il Vaticano; *by the time she's thirty perhaps she — have learnt to do this job*, forse quando avrà trent'anni avrà imparato a fare questo lavoro; *don't worry, he'll have forgotten all about it by next week*, non preoccuparti, da qui alla settimana prossima se ne sarà bell'e dimenticato // In 'tail questions' e 'short answers': *we won't get there late, — we?*, non arriveremo tardi, vero?; *I'll see you on Tuesday, won't I?*, ti vedo martedì, vero?; *"Will you need a lift?" "No, I won't"*, "Avrai bisogno di un passaggio?" "No"; *"Will I get paid at the end of this month?" "Yes, you —"*, "Mi pagheranno alla fine di questo mese?" "Sì" // Dopo *so, nor, neither*, per esprimere conferma o assenso: *"I'll never forget that holiday" "Nor* (o *neither*) *— we"*, "Non dimenticherò mai quella vacanza" "Neanche noi"; *"She'll probably see him in New York" "So — I"*, "Probabilmente (lei) lo vedrà a New York" "Anch'io" **2** (*nel significato di* volere, desiderare): *ever since we painted them, the drawers won't close*, da quando li abbiamo verniciati, i cassetti non si chiudono; *do as you —*, fa' come vuoi; *say what you —, she will never believe you*, qualsiasi cosa tu dica, lei non ti crederà mai; *though I've tried everything to persuade him, he — never study for his exams*, benché abbia fatto di tutto per convincerlo, quello non vuole saperne di studiare per gli esami; *no, we won't accept his apology*, no, non intendiamo accettare le sue scuse; *my car won't start if it's too cold*, se fa troppo freddo, la mia macchina non parte; *never mind, these things — happen*, non prendertela, sono cose che succedono; *— you shut the window, please?*, volete chiudere la finestra, per favore?; *— you have a little drink before you go?*, vuoi bere un goccio di qualcosa prima di andartene?; *— you do me a favour?*, vuoi farmi un favore?; *won't you help me with the washing-up?*, mi aiuti a lavare i piatti? // *I won't have it!*, non lo permetto!, basta! // *he — have none of it*, non vuole sentirne parlare // *he — have it that I was late yesterday*, insiste nell'affermare che ieri ero in ritardo // *she — insist on phoning every day*, insiste nel telefonare ogni giorno // *he — have his way*, vuole fare di testa sua **3** (*per esprimere supposizione*): *you'll have heard the news already, I suppose*, avrete già sentito la notizia, suppongo; *that'll be your boyfriend on the phone*, il tuo ragazzo al telefono; *they'll have got the money by now, I hope*, spero che a quest'ora avranno ricevuto i soldi; *I imagine you'll have seen these paintings before*, immagino che abbiate già visto questi quadri **4** (*form.*) dovere: *you — forget that you ever saw her*, devi dimenticarti di averla vista; *you — please leave the room immediately*, dovete fare la cortesia di lasciare immediatamente la stanza.

will[2] *s.* **1** volontà, volere, determinazione; desiderio: *good, ill —*, buona, cattiva volontà; *lack of —*, mancanza di volontà; *strong, weak —*, volontà forte, debole; *God's — be done*, sia fatta la volontà di Dio; *she married him against the — of her parents*, lo sposò contro il volere dei genitori; *what is your — ?*, (*form.*) cosa desiderate (che sia fatto)?; *with the best — in the world*, con tutta la buona volontà; *she went there of her own free —*, ci andò di sua spontanea volontà // *free* (o *freedom of the*) —, libero arbitrio // *to take the — for the deed*, tener conto delle intenzioni // *where there's a — there's a way*, (*prov.*) volere è potere **2** energia, entusiasmo: *to work with a —*, lavorare di buona lena **3** (*gener.* con *at*) (*form.*) consenso, beneplacito: *you may come and go at —*, puoi andare e venire a tuo piacimento // *fire at —!*, fuoco a volontà! // *tenant at —*, locatario a tempo indeterminato **4** (*dir.*) testamento: *to make one's —*, fare testamento; *by —*, per testamento // *last — and testament*, ultime volontà.

to **will**[2] *v.tr.* **1** (*form.*) desiderare intensamente, volere; disporre: *God willed that we should be happy*, Dio dispose che fossimo felici; *if he wills success he is likely to achieve it*, se desidera intensamente il successo probabilmente lo raggiungerà **2** costringere; dominare con la forza di volontà: *to — s.o. to do* (o *into doing*) *sthg.*, costringere qlcu. a fare qlco.; *he willed himself to win*, era fermamente deciso a vincere **3** lasciare per testamento: *he willed most of his money to a hospital*, lasciò la maggior parte del suo denaro a un ospedale ♦ *v.intr.* (*antiq.*) volere; desiderare: *you must answer whether you — or no* (o *not*), devi rispondere che tu lo voglia o no; *it must be as God wills*, deve essere come Dio vuole.

willed [wɪld] *agg.* **1** testamentario, lasciato per testamento **2** dominato, controllato dall'altrui volontà **3** (*nei composti*) che ha volontà: *ill- —*, che serba rancore, astioso; *strong- —*, volitivo, che ha grande forza di volontà; *weak- —*, senza forza di volontà, senza spina dorsale.

willemite ['wɪləmaɪt / wil·lem·ite] *s.* (*min.*) willemite.

willet ['wɪlɪt / wil·let] *pl.* **willet(s)** *s.* (*zool.*) (*Catoptrophorus semipalmatus*) beccaccino dell'America settentrionale.

willful → **wilful**.

willie ['wɪlɪ] *s.* (*fam.*) → **willy** 1.

willies ['wɪli:z / wil·lies] *s.pl.* (*fam.*) nervosismo (*sing.*); brividi: *to give s.o. the —*, far venire i brividi a qlcu.

willing ['wɪlɪŋ / will·ing] *agg.* **1** volenteroso; pieno di buona volontà: *a — worker*, un lavoratore volenteroso, disponibile; disposto: *I am — to accept your explanation*, sono disposto ad accettare la tua spiegazione; *perfectly —*, ben disposto // *God —, he'll be here by seven*, se Dio vuole, a Dio piacendo, sarà qui per le sette // *— or not*, volente o nolente **2** spontaneo, volontario: *— help*, aiuto spontaneo // **-ly** *avv.* // **-ness** *s.*

will-o'-the-wisp [,wɪləðə'wɪsp] *s.* **1** fuoco fatuo **2** (*fig.*) cosa inafferrabile, che non si può ottenere; chimera, illusione.

willow ['wɪləʊ / wil·low] *s.* **1** (*bot.*) — (*tree*), salice: *weeping —*, (*Salix babylonica*) salice piangente // *— ware*, porcellana con disegno di salici // *— pattern*, disegno convenzionale di tipo cinese // *to wear the green —*, (*antiq.*) piangere l'assenza, la perdita dell'amato **2** (*tess.*) battitoio, lupo **3** (*sport*) bastone per il gioco del cricket.

to **willow** *v.tr.* (*tess.*) battere con il lupo.

willowing-machine ['wɪləʊɪŋ'mə,ʃi:n] → **willow** 2.

willowy ['wɪləʊɪ] *agg.* **1** piantato a salici; fiancheggiato da salici **2** sottile, grazioso, slanciato; flessuoso: *a girl with a — figure*, una ragazza sottile come un giunco.

willpower ['wɪlpaʊə* / will·power] *s.* forza di volontà.

willy ['wɪlɪ] *s.* **1** (*fam.*) organo genitale maschile, pisello **2** (*dial.*) cestino di vimini **3** (*tess.*) battitoio, lupo.

willy-nilly [,wɪlɪ'nɪlɪ] *avv.* volente o nolente; per amore o per forza ♦ *agg.* che succede, accade che uno voglia o no; inevitabile.

willy-willy ['wɪlɪ,wɪlɪ] *s.* (*austr.*) ciclone tropicale, uragano.

wilt [wɪlt] (*ant., poet.*) 2ª *pers.sing.pres.indic.* di *will*[1] // *thou anon wilt find / many a fallen old Divinity / wandering in vain about bewildered shores*, (KEATS) troverai presto molte vecchie divinità cadute vaganti invano per spiagge stupefatte.

to **wilt** *v.intr.* **1** appassire, avvizzire: *the flowers soon wilted in the over-heated room*, i fiori appassirono presto nella stanza surriscaldata **2** (*fig.*) indebolirsi; languire ♦ *v.tr.* far appassire, far avvizzire.

wily ['waɪlɪ] *agg.* astuto, scaltro // **-ily** *avv.* // **-iness** *s.*

wimble ['wɪmbl] *agg.* (*ant.*) attivo, agile ♦ *s.* (*tecn.*) **1** succhiello **2** girabacchino.

to **wimble** *v.tr.* (*ant.*) trivellare ♦ *v.intr.* (*ant.*) **1** fare buchi con un succhiello, con un girabacchino **2** (*fig.*) insinuarsi: *to — into sthg.*, insinuarsi in qlco.

wimp [wɪmp] *s.* (*fam.*) inetto, incapace; imbranato.

wimpish ['wɪmpɪʃ / wimp·ish] *agg.* (*fam.*) buono a nulla, inetto, incapace.

wimple ['wɪmpl] *s.* **1** soggolo **2** piega, arricciatura **3** (*non com.*) meandro (di fiume).

to **wimple** *v.tr.* (*non com.*) **1** mettere il soggolo a **2** velare (*anche fig.*) **3** pieghettare, arricciare ♦ *v.intr.* (*non com.*) **1** cadere in pieghe **2** (*rar.*) andare a zig-zag; descrivere meandri (di fiume).

wimpled ['wɪmpld] *agg.* (*letter.*) **1** avvolto in un velo; coperto da un soggolo **2** pieghettato, arricciato **3** (*fig.*) intricato.

wimpy ['wɪmpɪ] → **wimpish**.

win [wɪn] *s.* (*fam.*) vittoria, successo: *our team had six wins last summer*, la nostra squadra ottenne sei vittorie l'estate scorsa; *home —*, vittoria in casa; *away —*, vittoria fuoricasa, in trasferta; *— on points*, vittoria ai punti.

to **win** *pass.p.p.* **won** [wʌn] *v.intr.* vincere, riportare la vittoria: *which team won?*, che squadra ha vinto?; *I never — at cards*, non vinco mai a carte; *to — hands down*, vincere con facilità, con un largo punteggio // *you —*, hai vinto; mi hai convinto ♦ *v.tr.* **1** vincere, battere, superare; portare a termine con successo: *to — an opponent*, vincere, superare un avversario; *to — a battle, a bet*, vincere una battaglia, una scommessa **2** vincere, ottenere, conquistare; guadagnare: *to — the first prize*, vincere il primo premio; *to — s.o.'s confidence*, guadagnarsi, conquistare la fiducia di qlcu.; *to — s.o.'s support*, ottenere l'appoggio di qlcu.; *I won one pound from* (o *off*) *him at cards*, gli vinsi una sterlina a carte; *to — fame*, (*form.*) conquistare la fama; *to — a contract*, ottenere, aggiudicarsi un contratto; *to — one's spurs*, guadagnarsi gli speroni, essere fatto cavaliere; (*fig.*) ottenere il riconoscimento dei propri meriti **3** persuadere; ottenere il favore di: *he won us to come*, ci persuase a venire // *to — s.o.'s heart*, conquistare l'amore di qlcu.; ottenere l'approvazione di qlcu. **4** raggiungere (con sforzo): *to — the summit*, raggiungere la cima **5** (*ind. miner.*) estrarre (da una miniera); scoprire (un giacimento).

□ **win back** *v.tr.* e *avv.* riconquistare; ottenere di nuovo; riguadagnare: *the boxer won back the title*, il pugile riconquistò il titolo.

□ **win out** *v.intr.* e *avv.* (*fam.*) trionfare, vincere; spuntarla; venirne fuori: *he fought his battle and won out*, ha combattuto la sua battaglia e ne è uscito vittorioso.

□ **win over** *v.tr.* e *avv.* persuadere; convincere: *I tried, but I couldn't — her over*, ci ho provato, ma non sono riuscito a convincerla.

□ **win round** → **to win over**.

□ **win through** → **to win out**.

wince[1] [wɪns] *s.* **1** sussulto, sobbalzo, trasalimento **2** (*ant.*) calcio.

to **wince**[1] *v.intr.* **1** sussultare, sobbalzare; ritrarsi trasalendo: *he winced at the insult*, egli trasalì all'insulto **2** (*ant.*) scalciare d'impazienza, di dolore.

wince[2] *s.* (*mecc.*) verricello.

winceyette [,wɪnsɪ'et / win·cey·ette] *s.* flanella di lana, di lana e cotone.

winch ['wɪntʃ] *s.* **1** argano: (*drum*) —, verricello **2** (*non com.*) manovella.

to **winch** *v.tr.* manovrare con un argano.

wind[1] [wɪnd] *s.* **1** vento: *fair, contrary —*,

vento favorevole, contrario; *a gust of* —, una raffica di vento; *the — is rising*, *falling*, il vento si sta alzando, sta cessando; *he ran like the* —, corse come il vento; *my papers were blown to the four winds*, (*antiq.*) le mie carte furono sparse ai quattro venti // *before* (o *down*) *the* —, col vento in poppa // *in the* —, preparato, discusso in segreto; *there's something in the* —, (*fam.*) c'è qualcosa nell'aria, sta per accadere qualcosa // *off the* —, fuori vento // *to be up*, *down — of an animal*, stare sopravento, sottovento a un animale // (*mar.*): *in the —'s eye* (o *in the teeth of the* —), controvento; *to sail close to the* —, andare all'orza; (*fig.*) sfiorare l'indecenza, la disonestà // *they cast prudence to the winds*, (*fig.*) abbandonarono ogni prudenza // *to find out* (o *to see*) *which way the — blows*, (*fig. fam.*) sentire da che parte tira il vento // *to put the — up s.o.*, (*fam.*) spaventare qlcu.; *to get the — up*, (*fam.*) aver paura, spaventarsi // *to raise the* —, (*sl.*) ottenere il denaro necessario // *to take the — out of s.o.'s sails*, (*fam.*) far abbassare la cresta a qlcu. // (*astr.*) *solar* —, vento solare // *my son and I will have the wind of you*, (SH. Titus Andronicus) mio figlio e io ci metteremo sopravento **2** (*fig.*) corrente, tendenza **3** respiro, fiato: *he quickly got his second* —, riprese fiato rapidamente // *sound in — and limb*, (*form.*) in eccellenti condizioni fisiche **4** sentore; odore portato dal vento: *the deer got — of the hunter*, il cervo fiutò l'odore del cacciatore; *to get* (o *to have*) *— of a plot*, (*fig. fam.*) aver sentore di un complotto **5** flatulenza, gas intestinale; rutto // *to break* —, fare un peto // *to bring up* —, fare il ruttino (di bambino) **6** (*fam.*) parole vuote, vacue, senza significato: *his poems are mere* —, le sue poesie sono parole vuote **7** *pl.* strumenti a fiato, fiati.

to **wind**[1] [wind *nel sign. 1* waınd] *v.tr.* **1** (*non com.*) suonare (strumenti a fiato): *to — the horn*, suonare il corno **2** (*non com.*) fiutare: *the hounds had winded the hare*, i cani avevano fiutato la lepre **3** sfiatare, far perdere il fiato a: *he was winded by the run*, era rimasto senza fiato per la corsa **4** esporre all'aria; arieggiare, aerare **5** (*ant.*) insinuare: *I under fair pretence of friendly ends, /../ wind me into the easy-hearted man, / and hugg him into snares*, (MILTON) sotto la falsa apparenza di scopi amichevoli... mi insinuo nel cuore dell'uomo bonaccione e lo chiudo in trappola.

wind[2] [waınd] *s.* **1** giro (di carica, manovella) **2** avvolgimento **3** curva, svolta.

to **wind**[2] [waınd] *pass.p.p.* **wound** [waʊnd] *v.tr.* **1** percorrere serpeggiando: *the river winds its way to the sea*, il fiume scorre serpeggiando verso il mare **2** avvolgere; attorcigliare: *she wound a blanket round him*, lo avvolse in una coperta; *she wound her arms round her child* (o *she wound the child in her arms*), cinse il bambino con le braccia; *the snake winds itself round its prey*, il serpente si attorciglia attorno alla preda; *to — a bobbin*, avvolgere il filo in bobine; *to — cotton on a reel*, avvolgere cotone su un rocchetto; *to — the wool into a ball*, avvolgere la lana in un gomitolo // *to — s.o. round one's little finger*, (*fig.*) far fare a, fare di qlcu. ciò che si vuole **3** caricare (molla, orologio); girare, far girare: *to — a handle*, girare, azionare una manovella // (*mar.*) *to — the ship*, virare di bordo **4** sollevare (peso), portare in superficie: *to — water from a well*, estrarre acqua da un pozzo ◆ *v.intr.* **1** serpeggiare; snodarsi: *the road winds up*, *down the hill*, la strada sale, scende serpeggiando; *the path winds round the lake*, il sentiero si snoda, gira attorno al lago **2** avvolgersi; attorcigliarsi; salire, scendere a spirale, a chiocciola: *the plant winds around the pole*, la pianta si attorciglia attorno al palo **3** incurvarsi, imbarcarsi (di tavola, asse).

□ **wind back** *v.tr.* e *avv.* riavvolgere: *to — a film*, *a tape back*, riavvolgere una pellicola, un nastro.

□ **wind down** *v.tr.* e *avv.* **1** abbassare: *to — down a car window*, abbassare il finestrino di una macchina **2** (*fig.*) allentare; esaurire ◆ *v.intr.* e *avv.* **1** perdere la carica (di molla di orologio) **2** (*fig.*) allentarsi; afflosciarsi; esaurirsi.

□ **wind in** *v.tr.* e *avv.* **1** riavvolgere (la lenza) sul mulinello **2** tirar su (un pesce) riavvolgendo la lenza sul mulinello.

□ **wind on** *v.tr.* e *intr.* e *avv.* avvolgere, mandare avanti (la pellicola dopo aver scattato una fotografia).

□ **wind up** *v.tr.* e *avv.* **1** alzare (finestrino, tapparella ecc.) **2** dare la carica a (molla, giocattolo); caricare (orologio) **3** (*fam.*) imbrogliare, prendere in giro: *Don't believe him! He's winding you up*, Non credergli! Ti sta prendendo in giro **4** (*fig.*) eccitare, infiammare **5** finire, portare a termine; chiudere: *to — a meeting*, *a debate up*, sciogliere una seduta, chiudere un dibattito **6** (*comm.*) liquidare; chiudere; cessare: *to — up one's business*, cessare la propria attività ◆ *v.intr.* e *avv.* **1** concludere: *to — up, it's a good film*, concludendo, è un buon film **2** cessare, terminare **3** (*comm.*) andare in liquidazione **4** (*fam.*) andare a finire: *carrying on working like that you'll — up with an ulcer*, continuando a lavorare così finirai per prenderti l'ulcera.

windage ['wındıdʒ / wind·age] *s.* **1** gioco fra bocca e proiettile (di arma da fuoco) **2** influenza del vento (nella deviazione di un proiettile) **3** (*mar.*) superficie della nave esposta al vento; superficie esterna dell'opera morta.

windbag ['wın*d*bæg / wind·bag] *s.* **1** otre (di cornamusa) **2** (*fig. fam.*) parolaio.

windbill ['wın*d*bıl / wind·bill] *s.* (*comm.*) cambiale di comodo.

windblown ['wın*d*bləʊn / wind·blown] *agg.* **1** battuto dal vento **2** piegato dal vento (di albero) **3** scompigliato dal vento.

windborne ['wın*d*bɔ:n / wind·borne] *agg.* portato, trasportato dal vento.

wind-bound ['wın*d*baʊnd] *agg.* (*mar.*) immobilizzato dal vento.

wind-box ['wın*d*bɒks] *s.* (*fam. amer.*) fisarmonica.

windbreak ['wın*d*breık / wind·break] *s.* frangivento; paravento.

windbreaker® ['wınd,breıkə* / wind·breaker] *s.* (*amer.*) → **windcheater**.

wind-broken ['wınd,brəʊkən] *agg.* bolso (di cavallo).

windcheater ['wın*d*,tʃi:tə* / wind·cheater] *s.* giacca a vento AMER. windbreaker®.

winded ['wındıd] *agg.* **1** sfiatato **2** (*nei composti*) dal fiato, dal respiro: *short-* —, dal respiro corto; *long-* —, dal fiato lungo; (*fig.*) verboso.

winder[1] ['waındə* *nel senso 2* 'wındə*] *s.* **1** (*rar.*) suonatore di strumento a fiato **2** (*non com.*) colpo, corsa che toglie il fiato.

winder[2] ['waındə*] *s.* **1** (*tess.*) operaio addetto all'incannatoio **2** (*ind. miner.*) argano di sollevamento **3** chiave di carica (di meccanismo a molla) **4** (*tess.*) incannatoio, rocchettiera **5** (*edil.*) gradino di scala a chiocciola **6** (*cinem.*) bobinatrice **7** (*bot.*) (pianta) volubile.

winder-upper [,waındər'ʌpə*] *s.* (*fam. amer.*) canzone, numero conclusivo (di uno spettacolo).

windfall ['wındfɔ:l / wind·fall] *s.* **1** frutto fatto cadere dal vento **2** fortuna inaspettata; guadagno inatteso // (*fin.*): *— gain* (o *— profit*), sopravvenienza attiva; *— loss*, sopravvenienza passiva.

wind-fanner ['wınd,fænə*] *s.* (*zool.*) falchetto.

wind-flower ['wınd,flaʊə*] *s.* (*poet.*) anemone.

wind-gall ['wındgɔ:l] *s.* (*vet.*) tumore (nelle giunture del cavallo), vescicone.

wind gauge ['wınd,geıdʒ] *s.* anemometro.

winding ['waındıŋ / wind·ing] *agg.* **1** sinuoso, tortuoso, a zig-zag: *— road*, strada tortuosa **2** a chiocciola (di scala): *— staircase*, scala a chiocciola **3** che avvolge: *— machine*, (*elettr.*) bobinatrice; (*tess.*) incannatoio // (*elettr.*) *— ratio*, rapporto di trasformazione, di spire **4** (*miner.*) di sollevamento: *— engine*, apparecchio di sollevamento ◆ *s.* **1** movimento, corso sinuoso; serpeggiamento; tortuosità (*anche fig.*); sinuosità **2** (*non com.*) curva, svolta, tornante, zig-zag; meandro, anfratto **3** (*non com.*) incurvamento (di tavola, asse) **4** caricamento, avvitamento (di orologio, molla ecc.) **5** (*elettr.*) avvolgimento; spira: *coil* —, avvolgimento a bobina **6** (*tess.*) bobinatura, avvolgimento; incannatura; matassa, ritorcitura: *— machine*, bobinatrice, incannatoio **7** (*miner.*) sollevamento (mediante un argano) // **-ly** *avv.*

winding sheet ['waındıŋ,ʃi:t] *s.* sudario.

winding-up [,waındıŋ'ʌp] *s.* **1** (*econ.*) liquidazione (di società) // (*dir.*) *compulsory* —, liquidazione coatta (per ordine del giudice) // (*comm.*) *— sale*, liquidazione, vendita per liquidazione **2** conclusione; riepilogo.

wind instrument ['wınd,ınstrʊmənt] *s.* (*mus.*) strumento a fiato.

wind jammer ['wınd,dʒæmə*] *s.* mercantile a vela, veliero.

windlass ['wındləs / wind·lass] *s.* argano, verricello.

to **windlass** *v.tr.* sollevare, issare con un argano, con un verricello.

windlestraw ['wın*d*lstrɔ: / win·dle·straw] *s.* (*bot.*) stelo disseccato (di alcune piante, usato per intreccio).

windmill ['wın*d*mıl / wind·mill] *s.* **1** mulino a vento // *to tilt at windmills*, (*fig.*) combattere contro i mulini a vento **2** (*aer.*) mulinello **3** mulinello, girandola (giocattolo) AMER. pinwheel **4** (*comm.*) cambiale di comodo.

window ['wındəʊ / win·dow] *s.* **1** finestra; finestrino: *he looked out of the* —, guardò fuori della finestra; *— seat*, sedile vicino al finestrino; *picture* —, finestra panoramica **2** vetro, vetrina // *to have all one's goods in the* —, aver tutte le merci in mostra; (*fig.*) essere superficiale **3** sportello (spec. bancario) // (*ippica*) *mutuel windows*, (*amer.*) sportello del totalizzatore **4** (*estens.*) finestra; apertura; corridoio; schermo (di computer) // — *envelope*, busta a finestra // *view* —, visualizzatore (di calcolatrice) // (*di veicolo spaziale*) *launching*, *reentry* —, finestra di lancio, di rientro **5** finestra (di reattore nucleare) **6** (*geol.*) finestra tettonica.

window box ['wɪndəʊbɒks] *s.* cassetta da fiori (per davanzale).

window dressing ['wɪndəʊ,dresɪŋ] *s.* **1** addobbo di vetrine **2** (*fig.*) l'arte di presentare una situazione sotto una luce favorevole **3** (*fin.*) il far apparire un rendiconto finanziario più favorevole della realtà.

windowed ['wɪndəʊd / win·dowed] *agg.* munito di finestre.

windowpane ['wɪndəʊpeɪn / win·dow·pane] *s.* vetro di finestra.

window shade ['wɪndəʊʃeɪd] *s.* (*amer.*) tenda avvolgibile (per finestra).

to **window-shop** ['wɪndəʊʃɒp] *v.intr.* guardare le merci senza comprare.

window-shutter ['wɪndəʊ,ʃʌtə*] *s.* imposta.

windowsill ['wɪndəʊsɪl / win·dow·sill] *s.* davanzale.

windpipe ['wɪn*d*paɪp / wind·pipe] *s.* (*anat.*) trachea.

windrose ['wɪndrəʊz / wind·rose] *s.* (*meteor.*) rosa dei venti.

windscreen ['wɪn*d*skri:n / wind·screen] *s.* (*aut.*) parabrezza AMER. **windshield**.

windscreen wiper ['wɪn*d*skri:n,waɪpə*] *s.* (*aut.*) tergicristallo.

windshield ['wɪn*d*,ʃi:ld / wind·shield] *s.* (*amer. aut.*) → **windscreen**.

windsock ['wɪn*d*sɒk / wind·sock] *s.* manica a vento.

Windsor ['wɪnzə* / Wind·sor] *no.pr.* (*geogr.*) Windsor // *the House of* —, la dinastia dei Windsor.

Windsor chair ['wɪnzə,tʃeə*] *s.* sedia Windsor (in legno, con lo schienale ricurvo e i braccioli).

Windsor-soap ['wɪnzə,səʊp] *s.* sapone di Windsor (profumato, di colore scuro).

windstorm ['wɪn*d*stɔ:m / wind·storm] *s.* (*meteor.*) tempesta di vento.

windsurf ['wɪndsɜ:f / wind·surf] *s.* windsurf.

windsurfer ['wɪn*d*,sɜ:fə* / wind·surf·er] *s.* windsurfista.

windsurfing ['wɪn*d*,sɜ:fɪŋ / wind·surf·ing] *s.* windsurfing.

windswept ['wɪn*d*swept / wind·swept] *agg.* **1** esposto al vento **2** in disordine, scompigliato dal vento.

wind-tight ['wɪn*d*taɪt] *agg.* che non lascia passare l'aria.

wind tunnel ['wɪn*d*,tʌnl] *s.* galleria del vento, galleria aerodinamica.

wind-up ['waɪndʌp] *agg.* a carica, a molla (di meccanismo, giocattolo ecc.).

wind-up *s.* **1** fine, conclusione **2** (*teatr.*) scioglimento, epilogo, conclusione.

wind vane ['wɪn*d*veɪn] *s.* (*meteor.*) banderuola.

windward ['wɪndwəd / wind·ward] *agg.* **1** che si muove contro vento **2** a, di sopravento; situato verso la parte da cui soffia il vento; con la faccia rivolta verso il vento ◆ *s.* sopravento ◆ *avv.* sopravento.

windy ['wɪndɪ] *agg.* **1** ventoso, esposto al vento: *it is very — today*, oggi c'è molto vento **2** verboso; tronfio; ampolloso, vacuo: *a — lecturer*, un conferenziere verboso **3** flatulento **4** (*fam. antiq.*) spaventato.

Windy City [,wɪndɪ'sɪtɪ] *s.* (*fam. amer.*) Chicago.

wine [waɪn] *s.* **1** vino: *table* —, vino da pasto; *dry* —, vino secco; *sweet* —, vino dolce; *sparkling* —, vino frizzante, spumante; *still* —, vino non frizzante; *mulled* —, vin brulé // — *bottle*, bottiglia per il vino; — *card*, lista dei vini; — *cellar* (o — *vault*), cantina per vini // *new — in old bottles*, (*fig.*) vino nuovo in bottiglie vecchie **2** succo fermentato (di frutti, distillato dal grano ecc.): *currant* —, succo fermentato di ribes **3** festa universitaria in cui si beve vino.

to **wine** *v.tr.* (*fam.*) far bere vino, offrire vino a // *to — and dine s.o.*, portare qlcu. a mangiare in un buon ristorante (a scopo di seduzione, per concludere affari ecc.) ◆ *v.intr.* **1** bere vino // *to — and dine*, mangiare e bere a volontà, banchettare **2** partecipare a una festa di studenti in cui si beve vino.

wine bar ['waɪnbɑ:*] *s.* enoteca, locale sofisticato per degustazione vini.

winebin ['waɪnbɪn / wine·bin] *s.* ripostiglio per bottiglie di vino (in casa).

wine cooler ['waɪn,ku:lə*] *s.* **1** secchiello per ghiaccio **2** (*spec. amer.*) bevanda dissetante poco alcolica (di vino e succo di frutta).

winegrower ['waɪn,grəʊə* / wine·grower] *s.* viticoltore.

winegrowing ['waɪn,grəʊɪŋ / wine·growing] *s.* viticoltura.

winemaking ['waɪn,meɪkɪŋ / wine·making] *s.* il fare il vino (spec. in casa come hobby).

winery ['waɪnərɪ] *s.* (*amer.*) industria vinicola; cantina.

winesap ['waɪnsæp / wine·sap] *s.* (*bot. amer.*) mela invernale (di colore rosso scuro).

wineskin ['waɪnskɪn / wine·skin] *s.* otre.

wine taster ['waɪn,teɪstə*] *s.* assaggiatore, degustatore di vini.

wine waiter ['waɪn,weɪtə*] *s.* sommelier.

wing [wɪŋ] *s.* **1** ala (di uccelli, di insetti, di aeroplano) (*anche fig.*): *the wings of a bird*, le ali di un uccello // (*aer.*): *slotted* —, ala a fessura; — *loading*, carico alare; — *over*, virata sghemba // *fear lent him wings*, la paura gli metteva le ali ai piedi // *to clip s.o.'s wings*, tarpare le ali a qlcu., limitare l'attività di qlcu. // *to take s.o. under one's* —, prendere qlcu. sotto la propria protezione **2** volo: *on the* —, in volo; *to take* —, prendere il volo **3** (*arch.*) ala: *the left — of this building is new*, l'ala sinistra di questo palazzo è nuova **4** ala (di uno schieramento): *he stands on the left — of the Labour Party*, sta nell'ala sinistra del partito laburista; *the right — of the army*, l'ala destra dell'esercito; *the right — of that football team is dangerous in attack*, l'ala destra di quella squadra di calcio è pericolosa in attacco **5** (*aut.*) parafango **6** battente (di porta) **7** *pl.* (*teatr.*) quinte: *before going on stage the actors stood* (o *waited*) *in the wings*, prima di entrare in scena, gli attori stavano tra le quinte **8** *pl.* distintivo di pilota.

to **wing** *v.tr.* **1** (*rar.*) dare ali a (*anche fig.*); accelerare **2** ferire alle ali (uccelli); ferire alle braccia, leggermente (persone) ◆ *v.intr.* volare (*anche fig.*): *their planes winged over the Alps*, i loro aeroplani sorvolarono le Alpi; *the swallow winged to its nest*, la rondine volò al nido.

wingbeat ['wɪŋbi:t / wing·beat] *s.* battito d'ali.

wing-case ['wɪŋkeɪs] *s.* (*zool.*) elitra SIN. wing-sheath.

wing-commander ['wɪŋkə,mɑ:ndə* *amer.* 'wɪŋkə,mændə*] *s.* (*aer.*) tenente colonnello, comandante di uno stormo.

to **winge** *v.intr.* → to **whinge**.

winged [wɪŋd] *agg.* alato (*anche fig.*): — *words*, parole alate // *the — god*, (*mit. poet.*) il dio alato, Mercurio; *the — horse*, (*mit. poet.*) il cavallo alato, Pegaso.

wingless ['wɪŋlɪs / wing·less] *agg.* (*zool.*) senza ali, aptero.

winglet ['wɪŋlɪt / wing·let] *s.* (*non com.*) aletta, aluccia.

wing nut ['wɪŋnʌt] *s.* (*mecc.*) dado ad alette, galletto.

wing-sheath ['wɪŋʃi:θ] *s.* (*zool.*) → **wing -case**.

wing-shell ['wɪŋʃel] *s.* (*zool.*) strombo → **conch** 1.

wingspan ['wɪŋspæn / wing·span]
wingspread ['wɪŋspred / wing·spread] *s.* (*zool.*, *aer.*) apertura alare.

wing-stroke ['wɪŋstrəʊk] *s.* battito d'ali.

wingtip ['wɪŋtɪp / wing·tip] *s.* **1** (*aer.*) estremità alare **2** mascherina allungata (di scarpa).

wink [wɪŋk] *s.* **1** lo sbattere delle palpebre; ammicco, strizzatina d'occhi // *to tip s.o. the* —, (*sl.*) ammiccare, far cenno con gli occhi a qlcu. // *a word is as good as a* —, a buon intenditor poche parole **2** (*fig.*) istante: *I have not slept a* —, non ho chiuso occhio // *in a* —, in un istante **3** breve sonno // *forty winks*, (*fam.*) un sonnellino.

to **wink** *v.tr.* **1** sbattere (le palpebre) **2** lampeggiare con (gli indicatori di direzione) ◆ *v.intr.* **1** sbattere (delle palpebre); strizzare l'occhio; fare l'occhiolino **2** brillare, scintillare (di luce, stelle ecc.) **3** (*ant.*) chiudere gli occhi: *as good to wink, sweet love, as look, on night*, (SH. The Comedy of Errors) chiudere gli occhi, dolce amore mio, è come guardare al buio della notte.

□ **wink at** *v.intr.* e *prep.* **1** chiudere un occhio su: *to — at an abuse*, passar sopra a un'offesa **2** ammiccare a.

winker ['wɪŋkə*] *s.* (*aut. fam.*) lampeggiatore, indicatore di direzione.

winkie ['wɪŋkɪ] *s.* (*sl. amer.*) culo, chiappe (*pl.*).

winking ['wɪŋkɪŋ / wink·ing] *s.* **1** lo sbatter le palpebre; l'ammiccare, lo strizzare l'occhio // *like* —, molto rapidamente; in un batter d'occhio **2** il brillare, lo scintillare (di luce, stelle ecc.); lampeggiamento (nelle segnalazioni).

winkingly ['wɪŋkɪŋlɪ / wink·ing·ly] *avv.* sbattendo le palpebre; ammiccando.

winkle[1] ['wɪŋkl] *s.* (*zool.*) abbr. di → **periwinkle**[2].

to **winkle**[2] *v.tr.* (*fam.*) tirar fuori; snidare.
□ **winkle out** *v.tr.* e *avv.* (*fam.*) strappare, tirare fuori (dal guscio).

winner ['wɪnə* / win·ner] *s.* **1** vincitore // *bread* —, sostegno economico della famiglia **2** garanzia di successo: *he knew he was onto a — with his first film*, sapeva di essere destinato al successo col suo primo film.

winning ['wɪnɪŋ / win·ning] *agg.* **1** vincente, vincitore: *the — horse*, il cavallo vincente // *the — game*, la bella, la partita decisiva **2** attraente, avvincente: *a — smile*, un sorriso simpatico, attraente, accattivante; — *ways*, modi seducenti ◆ *s.* **1** (*non com.*) vittoria **2** (*miner.*) estrazione **3** *pl.* vincite (al gioco).

winningly ['wɪnɪŋlɪ / win·ning·ly] *avv.* in modo avvincente, attraente, affascinante.

winning post ['wɪnɪŋ,pəʊst] *s.* traguardo.

to **winnow** ['wɪnəʊ / win·now] *v.tr.* **1** vagliare, spulare, ventilare // *to — the chaff from the grain*, separare la loppa dal grano **2** (*fig.*) vagliare; separare; esaminare, discutere, ponderare: *to — the true from the false*, separare il vero dal falso **3** (*poet.*) sbattere (le ali); agitare (l'aria con le ali); sparpagliare (di vento) ◆ *v.intr.* vagliare, spulare i cereali.

winnower ['wɪnəʊə* / win·now·er] *s.* chi vaglia; vagliatore, spulatore.

winnowing ['wɪnəʊɪŋ / win·now·ing] *s.* (*agr.*) spulatura.

wino ['waɪnəʊ] *pl.* **winos** *s.* (*sl. amer.*) ubriacone, alcolizzato.

winsome ['wɪnsəm / win·some] *agg.* (*antiq.*) attraente; amabile; seducente; accattivante // **-ly** *avv.* // **-ness** *s.*

winter ['wɪntə* / win·ter] *s.* **1** inverno: *a hard —*, un inverno rigido; *a mild —*, un inverno mite; *in the depths of —*, in pieno inverno **2** anno: *a man of eighty winters*, un uomo di ottant'anni **3** (*fig.*) vecchiaia; periodo di difficoltà e tristezza ◆ *agg.attr.* d'inverno, invernale: — *clothes*, vestiti invernali; — *crops*, messi seminate in autunno e raccolte in primavera; — *garden*, giardino d'inverno; (*mil.*) — *quarters*, quartieri d'inverno.

to **winter** *v.intr.* passare l'inverno; svernare: *he wintered in Italy*, trascorse l'inverno in Italia ◆ *v.tr.* mantenere, nutrire (piante, animali) durante l'inverno.

winter-bourne ['wɪntə,bɔ:n] *s.* torrente che scorre solo d'inverno.

winter-cherry ['wɪntə,tʃerɪ] *s.* (*bot.*) (*Physalis alkekengi*) alchechengi SIN. **strawberry -tomato**.

wintered ['wɪntəd / win·tered] *agg.* **1** (*non com.*) esposto ai rigori dell'inverno, gelato, reso spoglio dall'inverno **2** (*ant.*) vecchio.

wintergreen ['wɪntəgri:n / win·ter·green] *s.* (*bot.*) (*Gaultheria procumbens*) gaultheria del Canada SIN. **partridge-berry**.

winter sports ['wɪntə,spɔ:ts] *s.pl.* sport invernali.

wintertide ['wɪntətaɪd / win·ter·tide] *s.* (*poet.*) inverno.

wintertime ['wɪntətaɪm / win·ter·time] *s.* inverno; periodo invernale.

wintry ['wɪntrɪ] *agg.* **1** invernale; rigido, freddo: *a — sky*, un cielo invernale **2** (*fig.*) freddo; senza calore, senza vivacità: *a — smile*, un sorriso freddo, forzato // **-iness** *s.*

winy ['waɪnɪ] *agg.* vinoso: *a — nose*, un naso da avvinazzato; — *breath*, alito che puzza di vino.

winze [wɪnz] *s.* (*miner.*) discenderia; pozzetto.

wipe [waɪp] *s.* **1** asciugatura; strofinata; spolverata: *give the windscreen a —, it's all misted over*, dai una pulita al parabrezza, è tutto appannato **2** (*non com.*) sferzata; fendente **3** (*sl.*) fazzoletto **4** fazzoletto rinfrescante.

to **wipe** *v.tr.* asciugare; pulire; strofinare: *to — the dishes*, asciugare i piatti; *to — one's eyes*, asciugarsi gli occhi; *to — one's nose*, soffiarsi il naso // *to — a tape*, cancellare un nastro // *to — the floor with s.o.*, (*fam.*) infliggere una umiliazione, una sconfitta a qlcu. // *to — s.o.'s eyes*, (*sl. antiq.*) aver la meglio su qlcu., bagnare il naso a qlcu.
□ **wipe away** *v.tr.* e *avv.* asciugare (strofinando); pulire (strofinando): *to — sweat away from one's forehead*, asciugarsi il sudore della fronte.
□ **wipe down** *v.tr.* e *avv.* pulire (strofinando): *to — a wall down*, pulire una parete.
□ **wipe off** *v.tr.* e *avv.* cancellare, pulire (strofinando): *to — off the blackboard*, pulire la lavagna col cancellino // *to — off a song*, cancellare una canzone da un nastro ◆ *v.tr.* e *prep.* togliere da; cancellare da; spazzar via da: *— that silly smile off your face*, (*fam.*) smettila con quel sorriso ebete // *to be wiped off the map* (o *the face of the earth*), essere spazzato via, cancellato dalla faccia della terra.
□ **wipe out** *v.tr.* e *avv.* **1** pulire internamente: *to — a pot out*, pulire una pentola **2** eliminare, cancellare, estinguere (un debito ecc.) **3** annullare, vanificare: *the benefits of the latest salary increases will be wiped out by inflation*, i benefici degli ultimi aumenti di stipendio saranno vanificati dall'inflazione **4** distruggere, annientare, demolire: *the village was wiped out by a fire*, il villaggio fu distrutto da un incendio **5** eliminare, debellare; spazzar via: *Sabin vaccine has wiped out poliomyelitis*, il vaccino Sabin ha debellato la poliomielite.
□ **wipe over** *v.tr.* e *avv.* dare una passata (strofinando): *she didn't clean the table properly, she just wiped it over*, non ha pulito bene il tavolo, gli ha solo dato una passata.
□ **wipe up** *v.tr.* e *avv.* togliere, raccogliere con uno straccio: *to — up crumbs*, raccogliere le briciole ◆ *v.tr.* e *intr.* e *avv.* asciugare (le stoviglie).

wiped out [,waɪpt'aʊt] *agg.* **1** distrutto, annientato, demolito **2** (*fam. amer.*) ubriaco fradicio.

wipe out ['waɪpaʊt] *s.* distruzione, annientamento.

wiper ['waɪpə*] *s.* **1** chi è addetto alle pulizie **2** strofinaccio **3** (*sl. antiq.*) fazzoletto **4** (*mecc.*) eccentrico, elemento sporgente **5** (*aut.*) tergicristalli.

wire ['waɪə*] *s.* **1** filo metallico: *copper —*, filo di rame; *barbed —*, filo spinato // *to pull the wires*, manovrare i fili (di marionette); (*fig.*) tenere le fila (di una situazione) // *down to the —*, (*fam. amer.*) fino all'ultimo momento // *under the —*, (*fam. amer.*) all'ultimo momento, appena in tempo // *high —*, fune (del funambolo) **2** filo elettrico, conduttore **3** (*amer.*) telegramma: *by —*, per telegrafo; *I will send you a —*, ti manderò un telegramma **4** (*inform.*) filo, cavo // *— printer*, stampante per punti; *— rack*, scaffale per bobine di nastri; *— tray*, ricevitore di carta.

to **wire** *v.tr.* **1** legare, assicurare con filo (metallico): *he wired the cork of the bottle*, assicurò il tappo della bottiglia con un filo metallico; *to — two things together*, legare due cose con filo metallico **2** (*elettr.*) cablare, installare fili elettrici in (una casa ecc.) // *to — s.o. for sound*, attaccare un microfono al vestito, alla cravatta di qlcu. che partecipa a una trasmissione televisiva **3** (*non com.*) prendere al laccio, accalappiare (animali) **4** telegrafare, spedire un telegramma a ◆ *v.intr.* telegrafare.

wire brush [,waɪə'brʌʃ] *s.* spazzola metallica.

wire cutter ['waɪə,kʌtə*] *s.* (pinza) tagliafili.

wired ['waɪəd] *agg.* **1** sostenuto, rinforzato con filo metallico; legato con filo metallico **2** munito di, recintato con filo metallico, con rete metallica **3** (*elettr.*, *inform.*) cablato: — *city*, *home*, città, casa cablata **4** (*sl. amer.*) fatto, drogato.

to **wiredraw** ['waɪədrɔ: / wire·draw] *pass.* **wiredrew** ['waɪədru: / wire·drew] *p.p.* **wiredrawn** ['waɪədrɔ:n / wire·drawn] *v.tr.* **1** (*mecc.*) trafilare in fili **2** decomprimere (vapore ecc.) **3** (*fig. rar.*) allungare, tirare in lungo; sforzare: *a wiredrawn lecture*, una conferenza prolissa.

wiredrawing ['waɪə,drɔ:ɪŋ / wire·draw·ing] *s.* (*mecc.*) trafilatura.

wire gauze [,waɪə'gɔ:z] *s.* (*tecn.*) reticella metallica; rete metallica fine.

wire-haired ['waɪəheəd] *agg.* a pelo ruvido (di cane): — *terrier*, terrier a pelo ruvido.

wireless ['waɪəlɪs / wire·less] *agg.attr.* senza fili: — *telegraphy*, telegrafia senza fili, radiotelegrafia ◆ *s.* (*antiq.*) radio: *to talk*, *to sing on the —*, parlare, cantare alla radio.

to **wireless** *v.tr.* e *intr.* radiotelegrafare.

wire netting [,waɪə'netɪŋ] *s.* rete metallica.

wire-puller ['waɪə,pʊlə*] *s.* **1** burattinaio **2** (*fig.*) intrallazzatore, faccendiere, maneggione.

wire-pulling ['waɪə,pʊlɪŋ] *s.* l'intrallazzare, l'intrigare.

wire recorder ['waɪərɪ,kɔ:də*] *s.* registratore (magnetico) a filo, registratore a filo (magnetico).

wire recording ['waɪərɪ,kɔ:dɪŋ] *s.* registrazione su filo.

wiretap ['waɪətæp / wire·tap] *s.* (*dir.*) intercettazione telefonica, telegrafica.

wiretapper ['waɪə,tæpə* / wire·tap·per] *s.* chi ascolta clandestinamente; chi intercetta telefonate, telegrammi.

wiretapping ['waɪə,tæpɪŋ / wire·tap·ping] *s.* (*dir.*) (azione di) intercettazione telefonica o telegrafica.

wire-walker ['waɪə,wɔ:kə*] *s.* (*amer.*) funambolo.

wire wool ['waɪəwʊl] *s.* paglia di ferro, paglietta, lana d'acciaio.

wireworm ['waɪəwɜ:m / wire·worm] *s.* (*zool.*) larva di elateride; millepiedi.

wirewove ['waɪəwəʊv / wire·wove] *agg.* di qualità superiore (di carta).

wiring ['waɪərɪŋ / wir·ing] *s.* **1** (*elettr.*, *tel.*) impianto, complesso delle linee: *surface* —, impianto non incassato // (*inform.*) — *board*, matrice di connessioni **2** (*elettr.*) cablaggio, fascio dei conduttori.

wiry ['waɪərɪ] *agg.* **1** di, simile a filo metallico // — *hair*, capelli ispidi **2** flessibile; sottile e resistente; (*fig.*) tenace; instancabile: *a — person*, una persona instancabile // **-iness** *s.*

to **wis** [wɪs] *v.tr.* (*ant.*) sapere: *I* —, so bene.

wisdom ['wɪzdəm / wis·dom] *s.* **1** saggezza; giudizio, senno; discernimento, buon senso **2** (*ant.*) scienza, erudizione // *received* (o *conventional*) —, opinione, giudizio prevalente.

wisdom tooth ['wɪzdəm,tu:θ] *s.* (*anat.*) dente del giudizio: *to cut one's wisdom teeth*, (*fig.*) mettere giudizio.

wise[1] [waɪz] *agg.* **1** saggio, savio, assennato; prudente: *it would not be — to do it*, non sarebbe prudente farlo // *to get — to*, (*fam.*) aprire gli occhi su // — *after the event*, (*fam.*) con il senno di poi **2** (*ant.*) sapiente, erudito // *the Three Wise Men*, i Re Magi **3** (*amer.*) ben informato: *to put s.o. — to sthg.*, informare qlcu., mettere qlcu. al corrente di qlco. // *to be none the wiser*, (*fam.*) saperne quanto prima **4** (*ant.*) abile, esperto **5** (*ant.*) sano di mente **6** (*ant.*) esperto nelle arti magiche.

wise[2] *s.* (*antiq.*) modo, maniera; sorta, guisa: *in no* —, in nessun modo; *in some* —, in qualche modo.

to **wise**[2] *v.tr.* (*rar.*) guidare; mostrare (la strada).

-wise [waɪz] *suff.* di origine anglosassone che indica **1** somiglianza: *crabwise*, alla maniera del granchio **2** direzione; posizione: *clockwise*, in senso orario; *northwise*, in direzione nord **3** rapporto, relazione: *taxwise*, in relazione alle tasse.

wiseacre ['waɪz,eɪkə* / wise·acre] *s.* persona saccente, sapientone.

wisecrack ['waɪzkræk / wise·crack] *s.* (*fam.*) spiritosaggine, battuta pronta; risposta arguta.

to **wisecrack** *v.intr.* (*fam.*) dire, fare spiritosaggini; avere la battuta pronta.

wise guy ['waɪzgaɪ] *s.* (*fam. iron.*) sapientone, saccentone.

wisehead ['waɪzhed / wise·head] *s.* (*non com. iron.*) saccentone.

wisely ['waɪzlɪ] *avv.* saggiamente; giudiziosamente, assennatamente.

to **wise up** [waɪzʌp] *v.tr.* e *avv.* (*fam. amer.*) informare; fare aprire gli occhi a ◆ *v.intr.* e *avv.* (*fam. amer.*) aprire gli occhi.

wish [wɪʃ] *s.* **1** desiderio; voglia: *he has no — to go to school*, non ha alcun desiderio di andare a scuola // *the — is father to the thought*, (*prov.*) i desideri guidano i pensieri // *if wishes were horses, beggars might ride*, (*prov.*) se i desideri bastassero i poveri andrebbero in carrozza **2** desiderio, richiesta: *to carry out s.o.'s wishes*, realizzare i desideri di qlcu.; *to make a* —, esprimere un desiderio **3** augurio, voto: *best wishes!*, auguroni! tanti auguri!, i migliori auguri! **4** desiderio, cosa desiderata: *you have got your — at last*, hai finalmente ottenuto quello che volevi.

to **wish** *v.tr.* **1** (IV; VI) volere, desiderare: *do you — me to go?*, vuoi che me ne vada?; *to — to do sthg.*, voler fare qlco.; *I — it* (*to be*) *done*, (*form.*) voglio che ciò sia fatto **2** (*seguito dal pass. cong.*) volere (al condizionale): *I — I could go*, vorrei poter andare; *I — I had a car*, vorrei avere l'automobile, (se) avessi l'automobile!; *she wishes she were younger*, vorrebbe essere più giovane; *I — she had phoned me earlier*, se mi avesse telefonato prima! **3** augurare, augurarsi: *to — s.o. joy*, *luck*, augurare a qlcu. gioia, buona fortuna; *I — you joy of it!*, buon pro ti faccia!; *to — s.o. well*, *ill*, augurare ogni bene, male a qlcu.; *I wouldn't — it on* (o *upon*) *my worst enemy*, non lo augurerei (nemmeno) al mio peggior nemico // *it is to be wished that...*, (*form.*) ci si deve augurare, c'è da augurarsi che... // *to — s.o. good night*, augurare la buona notte a qlcu. ◆ *v.intr.* **1** desiderare, volere; augurare, augurarsi: *to — for sthg.*, desiderare qlco.; *to — for nothing more*, non desiderare altro; *to — for nothing better*, non desiderare niente di meglio; *to have everything one could — for*, avere tutto ciò che si può desiderare **2** esprimere un desiderio: *to — on a star*, esprimere un desiderio guardando una stella.

□ **wish away** *v.tr.* e *avv.* ignorare, far finta che (qlco.) non esista: *you cannot simply — away the problem*, non si può semplicemente ignorare il problema.

□ **wish on** (**to**) *v.tr.* e *prep.* (*fam.*) scaricare su: *they want to — her on us for the holidays*, vogliono scaricarla a noi per le vacanze.

wishbone ['wɪʃbəʊn / wish·bone] *s.* forcella, forchetta (dello sterno di un uccello).

wisher ['wɪʃə*] *s.* **1** chi desidera **2** chi augura.

wishful ['wɪʃfʊl / wish·ful] *agg.* desideroso, bramoso: *to be — of sthg.*, *to do sthg.*, (*non com.*) essere desideroso di qlco., di fare qlco. // — *thinking*, pio desiderio, il credere vero qualcosa perché lo si desidera intensamente // **-ly** *avv.* // **-ness** *s.*

wishing ['wɪʃɪŋ / wish·ing] *agg.* desideroso, bramoso ◆ *s.* il desiderare.

wishing-cap ['wɪʃɪŋkæp] *s.* berretto magico (chi lo porta ottiene ciò che desidera).

wishing well ['wɪʃɪŋ,wel] *s.* pozzo dei desideri.

wish-wash ['wɪʃwɒʃ] *s.* **1** brodaglia; bevanda lunga **2** (*fig.*) discorso insulso e prolisso.

wishy-washy ['wɪʃɪ,wɒʃɪ] *agg.* **1** annacquato, lungo (di brodo, bevanda) **2** (*fig.*) debole; insignificante; non determinato.

wisp [wɪsp] *s.* **1** piccolo fascio, ciuffo (di paglia, erba ecc.): *a — of hair*, una ciocca, un ciuffo di capelli // *a — of smoke*, un filo di fumo **2** stormo (di beccaccini).

to **wisp** *v.tr.* **1** legare in piccoli fasci **2** attorcigliare **3** strigliare.

wispy ['wɪspɪ] *agg.* a ciuffi; a ciocche.

wist *pass.* di to **wit**.

wistaria [wɪ'steərɪə / wis·taria] **wisteria** [wɪ'stɪərɪə / wis·teria] *s.* (*bot.*) (*Wistaria sinensis*) glicine.

wistful ['wɪstfʊl / wist·ful] *agg.* **1** pieno di desiderio **2** pensoso, meditabondo; malinconico: *he grew silent and* —, si fece pensoso e assorto; — *look*, sguardo malinconico // **-ly** *avv.* // **-ness** *s.*

wit [wɪt] *s.* **1** spirito, brio, arguzia: *flash of* —, tratto di spirito; *a man of* —, un uomo di spirito **2** persona arguta, spiritosa; bello spirito // (*st. lett.*) *the university wits*, i begli ingegni universitari **3** (*ant.*) intelligenza, ingegno; intuito, buon senso: *the — of man*, l'intelletto umano // *to be beyond s.o.'s* —, essere al di fuori della portata di qlcu. **4** *pl.* facoltà mentali: *to have quick wits*, essere d'ingegno vivace // *to be at one's wits end*, (*fam.*) essere perplesso, non sapere più cosa fare // *to be out of one's wits*, essere pazzo; essere sconvolto; *to have* (o *to keep*) *one's wits about oneself*, essere nel pieno possesso delle proprie facoltà; avere prontezza di spirito // *to live by one's wits*, vivere di espedienti.

to **wit** (usato nel *pres. I, he* **wot** [wɒt]) *pass.* **wist** [wɪst] *p.pres.* **witting** ['wɪtɪŋ / wit·ting] *v.tr.* e *intr.* (*ant.*) sapere: *God wot*, Dio lo sa // (*dir.*) *to* —, vale a dire, cioè.

Witan ['wɪtən] *s.pl.* (*st.*) **1** 'Witan', i membri dell'assemblea nazionale anglosassone **2** l'assemblea stessa.

witch [wɪtʃ] *s.* **1** strega, maga, fattucchiera // *as nervous as a* —, (*fam. amer.*) nervoso e agitato // *white* —, maga che pratica la magia bianca **2** megera **3** giovane donna affascinante; maliarda **4** (*ant.*) stregone, mago: *and he is one / the truest manner'd; such a holy witch / that he enchants societies into him*, (SH. Cymbeline) è il più compito dei gentiluomini, un sacro mago che incanta gli animi.

to **witch** *v.tr.* (*non com.*) stregare; affascinare, ammaliare.

witchcraft ['wɪtʃkrɑ:ft *amer.* 'wɪtʃkræft / witch·craft] *s.* stregoneria, magia.

witchdoctor ['wɪtʃ,dɒktə* / witch·doctor] *s.* stregone.

witch-elm ['wɪtʃelm] *s.* (*bot.*) → **wych-elm**.

witchery ['wɪtʃərɪ / witch·ery] *s.* **1** stregoneria, incantesimo **2** fascino; incanto.

witches'-broom ['wɪtʃəz,brʊm *amer.* 'wɪtʃəz,bru:m] *s.* (*bot.*) scopazzo (malattia di alcune piante).

witch-finder ['wɪtʃ,faɪndə*] *s.* (*st.*) cacciatore di streghe.

witch-hazel ['wɪtʃ,heɪzl] *s.* (*bot.*) (*Hamamelis virginiana*) amamelide.

witch-hunt ['wɪtʃhʌnt] *s.* caccia alle streghe.

witch-hunter ['wɪtʃ,hʌntə*] *s.* **1** cacciatore di streghe **2** (*fam. amer.*) chi accusa presunti sovversivi.

witching hour ['wɪtʃɪŋ,aʊə*] *s.* **1** l'ora delle streghe **2** (*fig.*) momento in cui accadrà qualcosa di importante; ora X.

Witenagemot [,wɪtɪnəgɪ'məʊt / Wit·ena·ge·mot] *s.* (*st.*) assemblea nazionale degli anglosassoni.

with [wɪð] *prep.* **1** (*compagnia*, *unione*) con, insieme a: *come for a walk — me*, vieni a fare una passeggiata con me; *I had dinner — a friend*, ho pranzato con un amico; *I have been — this firm two years*, lavoro presso questa ditta da due anni; *I have no money — me*, non ho denaro con me; *he has no one to go out* —, non ha nessuno con cui uscire; *this colour does not go — my hair*, questo colore non s'intona col colore dei miei capelli // — *child*, (*form.*) incinta; — *young*, gravido (di animale) // — *God*, defunto **2** (*opposizione*, *contrasto*) con, contro: *to fight — s.o.*, lottare contro qlcu.; *to quarrel — s.o.*, litigare con qlcu. **3** (*mezzo*) con, per mezzo di: *I'll cut it — a knife*, lo taglierò con un coltello; *we see — our* (o *the*) *eyes*, vediamo con gli occhi // *he interrupted me — "What rubbish you talk!"*, m'interruppe dicendo "Che stupidaggini dici!" **4** (*causa*) per; di; a causa di: *bent — age*, curvo per gli anni; *she shivered — fear*, tremava di paura; *— floodwaters rising all around it, the village had to be evacuated*, con le acque che salivano da ogni parte, il paese dovette essere evacuato **5** (*qualità, modo*) con; provvisto di; dotato di: *a coat — three pockets*, una giacca con tre tasche; *a knife — a wooden handle*, un coltello col manico di legno; *a woman — grey hair*, una donna dai capelli grigi // *words ending — a vowel*, parole che terminano per vocale **6** (*con valore concessivo*) con, malgrado, nonostante: *— all his faults, I like him*, malgrado tutti i suoi difetti, mi piace; *— all his money, he is unhappy*, con tutto il suo denaro, è infelice **7** (*relazione*) per, quanto a, riguardo a: *— him everything is a question of personal prestige*, tutto per lui è questione di prestigio personale. ◆ FRASEOLOGIA: *— ease*, facilmente // *— an eye to*, non trascurando, tenendo d'occhio // *— one accord*, unanimemente // *— reference to*, in riferimento a // *— regard* (o *respect*) *to*, a proposito di // *— this* (o *that*), con ciò, pertanto // *— your leave*, col vostro permesso // *away — him!*, (*antiq.*) portatelo via! // *down — traitors!*, morte ai traditori! // *be off — you!*, (*fam.*) vattene! // *bear — me*, (*form.*) scusatemi // *the decision lies* (o *rests*) *— you*, sta a te decidere // *get along — you!*, muoviti! // *I am — you there*, ne convengo // *— you, I think that...*, come te, penso che... // *I could do — a cup of tea*, (*fam.*) gradirei una tazza di tè // *I have done — it*, non ne voglio più sentir parlare // *I have nothing to do — him*, non ho niente in comune con lui // *it is a habit — me*, è una mia abitudine // *it is pouring — rain*, piove a catinelle, a dirotto // *you must part — your friends*, devi separarti dai tuoi amici // *to begin —*, (tanto) per cominciare.

withal [wɪ'ðɔ:l] *avv.* (*ant.*) anche, inoltre, nello stesso tempo: *she is young and beautiful —*, è giovane e anche bella ◆ *prep.* (*ant.*) con (usato con lo stesso valore di *with* per lo più in fine di proposizioni relative o interrogative posposto al sostantivo o al pronome): *what's that good for? To bait fish withal*, (SH. The Merchant of Venice) a che serve? per farne esca per i pesci.

to **withdraw** [wɪð'drɔ: / with·draw] *pass.* **withdrew** [wɪð'dru: / with·drew] *p.p.* **withdrawn** [wɪð'drɔ:n / with·drawn] *v.tr.* **1** tirare indietro, levare: *he withdrew his hand from the stove*, ritirò la mano dalla stufa; *to — one's support*, ritirare il proprio appoggio **2** ritirare; allontanare: *those coins were withdrawn from circulation*, quelle monete furono ritirate dalla circolazione **3** prelevare (fondi): *to — money from the bank*, prelevare denaro dalla banca **4** (*dir.*) rinunciare a, revocare; ritrattare: *to — a charge*, ritirare un'accusa ◆ *v.intr.* **1** ritirarsi; allontanarsi: *the members withdrew*, i soci si ritirarono **2** (*dir.*) recedere **3** ritrattare (*anche dir.*).

withdrawal [wɪð'drɔ:əl / with·drawal] *s.* **1** ritirata; ritiro **2** (*dir.*) recesso, rinuncia; revoca; desistenza: *— of appeal*, rinuncia all'appello; *— of the plea bargaining*, revoca del patteggiamento (tra accusa e difesa) **3** (*comm.*) prelevamento di fondi **4** ritrattazione (*anche dir.*) **5** (*med.*) cessazione di somministrazione di farmaco // *— symptoms*, sindrome da astinenza, da privazione.

withdrawn [wɪð'drɔ:n / with·drawn] *p.p.* di to **withdraw** ◆ *agg.* chiuso, introverso; riservato.

withdrew *pass.* di to **withdraw**.

withe [wɪθ] *s.* (*rar.*) vimine.

wither ['wɪðə*] *s.* essiccazione (delle foglie di tè).

to **wither** *v.intr.* **1** appassire; avvizzire; inaridirsi (*anche fig.*): *your roses have withered* (*up*), le vostre rose sono appassite **2** deperire, languire ◆ *v.tr.* **1** far appassire; far avvizzire; disseccare; inaridire (*anche fig.*): *age has withered her beauty*, l'età ha fatto sfiorire la sua bellezza **2** (*letter.*) paralizzare: *that withering smile was turned upon them*, (MACAULAY) quel sarcastico sorriso fu rivolto a loro.

wither ['wɪðə*] *avv.* (*ant.*) dove: *and wither are you bound?*, (BUNYAN) e dove sei diretto?

withered ['wɪðəd / with·ered] *agg.* appassito, sfiorito, avvizzito; disseccato; inaridito.

withering ['wɪðərɪŋ / wither·ing] *agg.* **1** che inaridisce, che appassisce; che fa appassire **2** languente **3** (*fig.*) sprezzante; fulminante: *she gave him a — look*, gli lanciò uno sguardo fulminante // **-ly** *avv.*

witherite ['wɪðəraɪt / wither·ite] *s.* (*min.*) witherite.

withers ['wɪðəz] *s.pl.* (*zool.*) garrese // *my — are unwrung*, (*fig.*) l'accusa, l'argomento non mi tocca.

to **withhold** [wɪð'həʊld / with·hold] *pass.p.p* **withheld** [wɪð'held / with·held] *v.tr.* **1** trattenere; ritirare; rifiutare: *I will — my consent*, negherò il mio consenso // *to — the truth from s.o.*, nascondere la verità a qlcu **2** (*dir.*) segretare.

withholding [wɪð'həʊldɪŋ, wɪθ'həʊldɪŋ / with·hold·ing] *s.* **1** trattenuta, ritenzione (*anche dir.*) // *— of evidence*, soppressione illegale della prova **2** (*trib.*) trattenuta alla fonte: *— (tax)*, (imposta) cedolare d'accordo; *personal — tax*, imposta personale con ritenuta alla fonte.

within [wɪ'ðɪn] *prep.* **1** dentro, entro, in; al di qua di: *— the building*, all'interno dell'edificio; *— its own frontiers*, entro i propri confini; *one circle — another*, un cerchio dentro l'altro; *— a radius of two miles*, in un raggio di due miglia; *— (the) walls*, entro le mura; *dissensions — the Church*, dissensi in seno alla Chiesa; *to keep — the law*, mantenersi nella legalità; *it's not — my power to make such a decision*, non è nelle mie possibilità, non ho l'autorità di prendere una simile decisione; *to live* (o *to keep*) *— one's income*, vivere secondo le proprie possibilità // (*mar.*) *— board*, a bordo // *— call*, a portata di voce // *— doors*, in casa // *— hearing*, fin dove si può udire // *— limits*, moderatamente // *— oneself*, tra sé, mentalmente: *he thought — himself that...*, pensò tra sé che... // *— s.o.'s reach*, a portata di qlcu. // *— sight*, in vista, visibile **2** (*in espressioni di tempo*) entro, nel giro di; in meno di, non oltre: *— a week*, entro una settimana, in meno di una settimana; *— the week*, entro la (fine della) settimana // (*comm.*) *delivery — a month*, consegna a un mese; *it has to be delivered — three days, the next six months*, dev'essere consegnato entro tre giorni, i prossimi sei mesi.

within *avv.* **1** all'interno, dentro (*anche fig.*) [cfr. *inside*]: *to decorate a house — and without*, imbiancare una casa all'interno e all'esterno; *he looked cheerful, but he was sorrowful —*, aveva un'aria allegra, ma dentro era triste // *from —*, dall'interno: *he stood outside the bar, listening to the noise from —*, rimase fuori dal bar ad ascoltare il rumore (che veniva) dal di dentro; *either the medical profession enforces reforms from —, or the government will have to pass legislation to reform it from without*, o la classe dirigente attua le riforme dall'interno, oppure il governo dovrà ricorrere alla legislazione per riformarla dall'esterno **2** in casa, a casa: *is the doctor —?*, è in casa il dottore? **3** (*teatr.*) dietro le quinte.

without [wɪ'ðaʊt / with·out] *prep.* **1** senza (di): *— delay*, senza indugio; *— doubt*, senza dubbio; *— fail*, senza fallo; *— me*, senza di me; *— speaking*, senza parlare; *— your saying so*, senza che tu lo dica; *times — number*, un'infinità di volte; *he went out — an umbrella*, uscì senza ombrello; *I was — money*, ero senza soldi, non avevo soldi // *— so much as apologizing*, senza nemmeno scusarsi // *it goes — saying*, va da sé, è ovvio // *to do* (o *to go*) *—*, fare a meno di: *if we can't afford a new bedroom suite, we'll have to do* (o *to go*) *—*, se non possiamo permetterci una nuova camera da letto, dovremo farne a meno // *to go — food*, digiunare **2** (*letter.*) fuori (di), al di fuori di: *the church stands — the city wall*, la chiesa sorge fuori dalle mura cittadine ◆ *cong.* (*ant.*) senza che, a meno che (non): *— you tell him, he'll never know the truth*, non saprà mai la verità, a meno che non gliela dica tu.

without *avv.* (*letter.*) fuori, al di fuori (*anche fig.*): *he listened to the noise —*, ascoltò il rumore di fuori // *are all these things perceived in me? They are all perceived without ye*, (SH. The Two Gentlemen of Verona) si notano in me tutte queste cose? Si notano tutte fuori di voi.

without *s.* esterno, parte esterna: *to look at sthg. from —*, (*form.*) guardare qlco. dall'esterno.

to **withstand** [wɪθ'stænd / with·stand] *pass.p.p.* **withstood** [wɪθ'stʊd / with·stood] *v.tr.* resistere a, opporre resistenza a: *a cloth that can — the test of time*, una stoffa che resiste all'usura; *to — a siege*, sostenere un assedio ◆ *v.intr.* opporsi; resistere.

withstood *pass.p.p.* di to **withstand**.

withy ['wɪðɪ] *s.* (*rar.*) vimine, giunco.

witless ['wɪtlɪs / wit·less] *agg.* senza intelligenza; privo di spirito; sciocco, stupido // **-ly** *avv.* // **-ness** *s.*

witling ['wɪtlɪŋ / wit·ling] *s.* (*antiq.*) chi si reputa spiritoso.

witness ['wɪtnɪs / wit·ness] *s.* **1** testimone, teste: *hostile —*, teste avverso; *— for the defence*, teste a difesa; *— for the prosecution*, testimone d'accusa; *— summons*, citazione testimoniale // *— box* (amer. *— stand*), banco dei testimoni (in tribunale) // *expert —*, consulente tecnico, perito // *to be — to sthg.*, essere presente a, vedere qlco.; *as God is my —*, che Dio mi sia testimone **2** testimonianza (*anche dir.*); prova, dimostrazione: *in — of*, a testimonianza di; *to bear — to sthg.*, (*form.*) testimoniare qlco.

to **witness** *v.intr.* testimoniare (*anche dir.*): *to — against*, testimoniare contro; *to — for*, testimoniare a favore di; *to — to sthg.*, (*form.*) fare da testimone a qlco. ◆ *v.tr.* **1** testimoniare, dimostrare, attestare: *his actions witnessed his guilt*, le sue azioni testimoniavano la sua colpevolezza **2** essere presente a, vedere: *to — an accident*, essere presente a un incidente; *recent years have witnessed important developments in nuclear physics*, gli ultimi anni hanno visto importanti sviluppi nel campo della fisica nucleare **3** firmare (un documento) come testimone.

wittchetty (grub) ['wɪtʃɪtɪ(,grʌb)] *s.* (*zool.*) rodilegno.

witted ['wɪtɪd] *agg.* (*nei composti*) di, dalla mente; di, dallo spirito; di, dall'ingegno: *quick-—*, acuto di mente, svelto a capire; *slow- —*, lento a capire, tardo.

wittichenite ['wɪtəkənaɪt / wit·tich·en·ite] *s.* (*min.*) wittichenite.

witticism ['wɪtɪsɪzəm / wit·ti·cism] *s.* **1** frizzo, arguzia, motto di spirito **2** (*ant.*) dileggio, beffa.

wittol ['wɪtəl / wit·tol] *s.* (*ant.*) marito tradito e compiacente; sciocco: *Wittol! Cuckold! The devil himself hath not such a name*, (SH. The Merry Wives of Windsor) Becco! Cornuto! Nemmeno il diavolo ha tale nome.

witty ['wɪtɪ] *agg.* **1** spiritoso; brillante; brioso; arguto: *a — remark*, un'osservazione arguta **2** (*antiq.*) intelligente; abile // **-ily** *avv.* // **-iness** *s.*

to **wive** [waɪv] *v.intr.* (*ant.*) **1** prendere moglie **2** dare moglie (a) **3** divenire la moglie (di) ◆ *v.tr.* **1** prendere in moglie **2** dare moglie a.

wives *pl.* di **wife**.

wizard ['wɪzəd / wiz·ard] *agg.* **1** stregato, incantato; magico **2** che ha poteri magici ◆ *s.* stregone; mago (*anche fig.*): *he is a financial —*, è un mago della finanza; *a computer —*, un mago dell'informatica.

wizardry ['wɪzədrɪ / wiz·ardry] *s.* stregoneria; (*fig.*) bravura eccezionale.

to **wizen** ['wɪzn] *v.tr.* avvizzire; disseccare; raggrinzire ◆ *v.intr.* avvizzirsi; disseccarsi; raggrinzirsi.

wizened ['wɪznd / wiz·ened] *agg.* avvizzito, raggrinzito; rugoso.

woad [wəʊd] *s.* (*bot.*) (*Isatis tinctoria*) guado.

to **woad** *v.tr.* tingere col guado.

wobble ['wɒbl] *s.* **1** dondolio, oscillazione; barcollamento **2** (*fig.*) incertezza, esitazione, ondeggiamento **3** (*mecc.*) rotazione fuori piano // *— plate*, rotore a disco oscillante **4** (*aut.*) sfarfallamento.

to **wobble** *v.intr.* **1** dondolare, oscillare; barcollare, vacillare; tremolare **2** (*fig. non com.*) tentennare, esitare; ondeggiare: *to — between two opinions*, esitare fra due opinioni **3** (*mecc.*) girare fuori piano **4** (*aut.*) sfarfallare ◆ *v.tr.* far dondolare, oscillare; far barcollare, vacillare; far tremolare.

wobbly ['wɒblɪ / wob·bly] *agg.* **1** barcollante, vacillante; tremolante **2** (*fig.*) esitante, titubante.

wobbly *s.* (*fam. amer.*) 'wobbly' (membro dell'International Workers of the World).

woe [wəʊ] *s.* (*letter.*) dolore, pena, male; calamità, sventura: *a tale of —*, un racconto di sventure; *in weal and —*, nella prosperità e nella miseria; *to tell all one's woes*, raccontare tutte le proprie sventure // *— is me!*, ahimè! // *— betide!*, sia maledetto!, maledizione!: *woe betide those who came last!*, (THACKERAY) guai agli ultimi! // *oh leave me not in this eternal woe*, (KEATS) oh non mi lasciare in questa eterna pena.

woebegone ['wəʊbɪgɒn *amer.* 'wəʊbɪgɔ:n / woe·be·gone] *agg.* (*letter.*) triste, desolato, abbattuto.

woeful ['wəʊfʊl / woe·ful] *agg.* **1** doloroso; triste; afflitto: *a — day*, un triste giorno **2** deplorevole // **-ly** *avv.* // **-ness** *s.*

wog [wɒg] *s.* (*fam. volg.*) straniero, negro.

woke *pass.p.p.* di to **wake**.

woken *p.p.* di to **wake**.

wold [wəʊld] *s.* zona collinare brulla; landa, brughiera; usato spec. unito a nomi di località: *the Cotswolds*; *long fields of barley and of rye, / that clothe the wold and meet the sky*, (TENNYSON) estesi campi d'orzo e di segale che rivestono l'altopiano fino ad incontrare il cielo.

wolf [wʊlf] *pl.* **wolves** [wʊlvz] *s.* **1** (*zool.*) (*Canis lupus*) lupo: *he —*, lupo maschio; *she —*, lupa; *— cub*, lupacchiotto; lupetto (degli scout); *the wolves howled from the prairies*, i lupi ululavano nelle praterie // *to be a — in sheep's clothing*, essere un lupo in veste d'agnello // *to be as hungry as a —*, avere una fame da lupo // *to cry —*, gridare al lupo; dare falsi allarmi // *to hold the — by the ears*, (*fig.*) essere in una situazione difficile // *to keep the — from the door*, tener lontana la miseria // *to throw s.o. to the wolves*, dare qlcu. in pasto ai lupi, ai nemici **2** (*fam.*) donnaiolo **3** (*mus.*) dissonanza (di strumenti a corda); lupo (di strumenti ad arco).

to **wolf** *v.tr.* **1** (*fam.*) divorare avidamente // *to — down food*, divorare il cibo ingordamente **2** (*rar.*) ingannare con falsi allarmi ◆ *v.intr.* cacciare, andare a caccia di lupi.

wolfer ['wʊlfə*] *s.* cacciatore di lupi.

wolf-fish ['wʊlffɪʃ] *s.* (*zool.*) pesce lupo → **swine-fish**.

wolfish ['wʊlfɪʃ / wolf·ish] *agg.* da, di lupo; simile a un lupo; (*fig.*) selvaggio; crudele; vorace: *a — appetite*, un appetito da lupo // **-ly** *avv.* // **-ness** *s.*

wolfling ['wʊlflɪŋ / wolf·ling] *s.* lupacchiotto.

wolfram ['wʊlfrəm / wolf·ram] *s.* (*chim.*) wolframio (vecchio nome del tungsteno) // (*metall.*) *— steel*, acciaio al wolframio.

wolframite ['wʊlfrəmaɪt / wolf·ram·ite] *s.* (*min.*) wolframite.

wolf's bane ['wʊlfsbeɪn] *s.* (*bot.*) **1** → aconite **2** (*Aconitum lycoctonum*) luparia.

wolf's foot ['wʊlfsfʊt] *s.* (*bot.*) licopodio, coda di topo → **club-moss**.

wolf-spider ['wʊlf,spaɪdə*] *s.* (*zool.*) ragno dei licosidi.

wolf whistle ['wʊlf,wɪsəl] *s.* fischio di ammirazione (rivolto a una donna).

wollastonite ['wʊləstnaɪt / wol·las·ton·ite] *s.* (*min.*) wollastonite.

to **wolve** [wʊlv] *v.intr.* (*rar.*) agire da lupo.

wolverene, **wolverine** ['wʊlvəri:n / wol·ver·ene] *s.* **1** (*zool.*) (*Gulo gulo*) ghiottone **2** (*fam. amer.*) soprannome degli abitanti del Michigan // *Wolverine State*, il Michigan.

wolves *pl.* di **wolf**.

woman ['wʊmən / wo·man] *pl.* **women** ['wɪmɪn] *s.* **1** donna, femmina; (*fam.*) moglie: *a — of the world*, una donna di mondo; *a — with a past*, una donna con un passato; *born of —*, nato da donna, mortale; *a single —*, una single (donna che vive e si mantiene da sola); (*form.*) una (donna) nubile; *women's movement*, movimento femminista; *Womens's Lib*, (*fam.*) movimento di liberazione della donna; *Women's Libber*, femminista; *Women's rights*, i diritti della donna; *women's suffrage*, suffragio femminile; *—'s wit*, intuito femminile **2** femminuccia, donnicciola: *there is sthg. of the — in his character*, c'è un che di femmineo nel suo carattere; *to play the —*, fare la donnicciola **3** dama di compagnia; cameriera **4** (*nei composti per indicare il femminile*): *— doctor*, dottoressa; *— friend*, amica; *— servant*, cameriera; *businesswoman*, donna d'affari; *countrywoman*, donna di campagna; *a Frenchwoman*, una Francese.

to **woman** *v.tr.* **1** (*ant.*) spingere a comportarsi come una donna **2** (*spreg.*) apostrofare col nome 'donna' **3** rifornire di personale femminile.

woman hater ['wʊmən,heɪtə*] *s.* misogino.

womanhood ['wʊmənhʊd / wo·man·hood] *s.* **1** qualità, condizione, stato di donna; maturità fisica della donna **2** (*form.*) tutte le donne; il gentil sesso.

womanish ['wʊmənɪʃ / wo·man·ish] *agg.* **1** effeminato **2** femminile; donnesco // **-ly** *avv.* // **-ness** *s.*

to **womanize** ['wʊmənaɪz / wo·man·ize] *v.intr.* andare a donne; essere un donnaiolo ◆ *v.tr.* (*non com.*) effeminare; rendere effeminato.

womanizer ['wʊmənaɪzə* / wo·man·izer] *s.* donnaiolo, chi va a donne.

womankind [,wʊmən'kaɪnd / wo·man·kind] *s.* (*form.*) le donne; il gentil sesso.

womanly ['wʊmənlɪ / wo·man·ly] *agg.* femminile, di donna; degno di donna: *— modesty*, pudore femminile // **-iness** *s.*

womb [wu:m] *s.* **1** (*anat.*) utero **2** (*fig.*) ventre; grembo; seno: (*letter.*) *fruit of the —*, i figli; *in the — of time*, (*fig.*) nel grembo del tempo.

wombat ['wɒmbæt / wom·bat] *s.* (*zool.*) vombato.

women *pl.* di **woman**.

womenfolk ['wɪmɪnfəʊk / wo·men·folk] *s.pl.* (*fam.*) **1** le donne (di una famiglia, un gruppo ecc.) **2** le donne; il sesso femminile.

won *pass.p.p.* di to **win**.

wonder ['wʌndə* / won·der] *s.* **1** meraviglia; prodigio, portento; miracolo: *the seven wonders of the world*, le sette meraviglie del mondo; *what a —!*, che miracolo!; *this child is a —*, questo bambino è un prodigio; *to do* (o *to perform* o *to work*) *wonders*, far miracoli; fare grandi cose // *signs and wonders*, miracoli e prodigi // *no* (o *little* o *small*) *—*, non fa meraviglia, non c'è da stupirsi **2** meraviglia, stupore; sorpresa; ammirazione: *I listened to him in —*, lo ascoltavo con stupore; *to be filled with —*, essere pieno di meraviglia; *it's a — that*, è sorprendente che // *wonders will never cease!*, (*iron.*) non si finisce mai di stupirsi // *a nine days' —*, un fuoco di paglia // (*mil.*) *ninety day —*, (*sl. amer.*) cadetto.

wonder *agg.attr.* meraviglioso; prodigioso,

portentoso; miracoloso: — *drug*, medicina miracolosa // — *child*, bambino prodigio // — *boy*, persona che ha raggiunto il successo molto presto; (*sport*) giocatore, atleta ecc. prodigio.

to **wonder** *v.intr.* e *tr.* **1** chiedersi, domandarsi: *I* —, mi domando, mi chiedo; chissà; *I — why she has not arrived*, mi domando perché non sia arrivata; *I — what the time is*, chissà che ora è; *I — whether he's coming or not*, chissà se viene; *I — if you could do this for me*, potresti fare questo per me?; *to — out loud*, esprimere un dubbio, farsi una domanda ad alta voce **2** meravigliarsi (di), stupirsi (di): *I wondered to see him walking so soon after the accident*, mi stupii di vederlo in piedi così presto dopo l'incidente // *can you — at it?*, perché ti stupisci?, cosa c'è di strano?

wondered ['wʌndəd / won·dered] *agg.* (*ant.*) che opera meraviglie: *so rare a wonder'd father and a wise / make this place Paradise*, (SH. The Tempest) un padre così raro che compie prodigi ed è tanto saggio trasforma questo luogo in un paradiso.

wonderful ['wʌndəfʊl / won·der·ful] *agg.* meraviglioso, stupendo; prodigioso; portentoso; sorprendente; superlativo: — *courage*, coraggio prodigioso; — *news*, notizie meravigliose; *a — sight*, una vista stupenda; — *weather*, tempo splendido // **-ly** *avv.* // **-ness** *s.*

wonderingly ['wʌndərɪŋlɪ / won·der·ing·ly] *avv.* con meraviglia, con stupore; con aria stupefatta.

wonderland ['wʌndəlænd / won·der·land] *s.* **1** paese delle meraviglie, regno delle fate **2** luogo particolarmente bello.

wonderment ['wʌndəmənt / won·der·ment] *s.* (*letter.*) **1** meraviglia; stupore **2** (*non com.*) fatto, cosa meravigliosa.

wonder-stricken ['wʌndə,strɪkən]
wonder-struck ['wʌndə,strʌk] *agg.* stupefatto, trasecolato, esterrefatto.

wonder-work ['wʌndəwɜ:k] *s.* (*antiq.*) prodigio, miracolo.

wonder-worker ['wʌndə,wɜ:kə*] *s.* (*antiq.*) operatore di miracoli; taumaturgo.

wondrous ['wʌndrəs / won·drous] *agg.* (*letter.*) meraviglioso, mirabile, stupendo ◆ *avv.* (*antiq. letter.*) mirabilmente; straordinariamente: — *kind*, straordinariamente gentile; — *pretty*, infinitamente grazioso // **-ly** *avv.* // **-ness** *s.*

wonk [wɒŋk] *s.* (*fam. amer.*) secchione.

wonky ['wɒŋkɪ] *agg.* (*fam.*) vacillante, traballante; instabile; malfermo; (*fig.*) tentennante, incerto: — *chair*, sedia traballante.

won't [wəʊnt] contr. di *will not*.

wont [wəʊnt *amer.* wɔ:nt] *agg.pred.* (*form.*) abituato, solito, avvezzo: *to be* —, essere abituato; *she was — to go for a walk every morning*, usava fare una passeggiata ogni mattina ◆ *s.* (*form.*) uso, abitudine; costume: *it was his — to say so*, era sua abitudine dire così; *as is her —, she woke up late*, si alzò tardi com'è suo solito // *and Satan bowing low, / as to superior spirits is wont in heaven, / ...took leave*, (MILTON) e con un profondo inchino, come in cielo si usa fare agli spiriti superiori, Satana prese congedo // *use and* —, uso e costume.

wonted ['wəʊntɪd *amer.* 'wɔ:ntɪd] *agg.* (*form.*) **1** solito, avvezzo, abituato **2** abituale, solito.

to **woo** [wu:] *v.tr.* **1** (*antiq.*) corteggiare; chiedere in matrimonio **2** sollecitare; allettare: *to — the electorate*, cercare di ottenere l'appoggio degli elettori ◆ *v.intr.* (*antiq.*) corteggiare una donna.

wood [wʊd] *s.* **1** bosco, foresta; selva: *a — of beech trees*, un bosco di faggi; *to ride through the woods*, andare a cavallo per i boschi // *old man of the woods*, orangutan // *to be unable to see the — for the trees*, (*fam.*) perdersi nei dettagli // *out of the* —, fuori dei guai: *don't halloo till you are out of the* —, (*prov.*) non dire quattro se non l'hai nel sacco **2** legno; legname; legna: *a table made of* —, un tavolo di legno; *put some — on the fire*, metti della legna sul fuoco // *touch —!*, (*fam.*) tocca ferro! **3** (*fig. rar.*) sostanza, stoffa: *I know of what — that man is made*, so di che stoffa è fatto quell'uomo **4** botte, barile: *whisky from the* —, whisky in fusto **5** (*sport*) boccia **6** (*golf*) legno.

to **wood** *v.tr.* (*non com.*) **1** rimboschire **2** rifornire di legna da ardere **3** caricare di legname ◆ *v.intr.* (*non com.*) rifornirsi di legna da ardere.

wood alcohol ['wʊd,ælkəhɒl] *s.* alcol di legno, alcol metilico grezzo.

wood-anemone ['wʊdə,nemənɪ] *s.* (*bot.*) (*Anemone nemorosa*) anemone dei boschi.

woodbind ['wʊdbaɪnd / wood·bind]
woodbine ['wʊdbaɪn / wood·bine] *s.* (*bot.*) **1** caprifoglio → **honeysuckle** **2** (*Parthenocissus quinquefolia*) vite del Canada.

woodblock ['wʊdblɒk / wood·block] *s.* **1** (*tip.*) matrice, carattere di legno SIN. **woodcut** **2** blocchetto di legno.

wood-carver ['wʊd,kɑ:və*] *s.* intagliatore (di legno).

wood-carving ['wʊd,kɑ:vɪŋ] *s.* **1** arte d'intagliare il legno **2** scultura in legno.

woodchuck ['wʊdtʃʌk / wood·chuck] *s.* (*zool.*) (*Marmota monax*) marmotta americana.

wood-coal ['wʊdkəʊl] *s.* **1** carbone di legna **2** lignite.

woodcock ['wʊdkɒk / wood·cock] *pl.* **woodcock(s)** *s.* **1** (*zool.*) (*Scolopax rusticola*) beccaccia **2** (*ant.*) persona sciocca; sempliciotto: *O! this woodcock, what an ass it is*, (SH. The Taming of the Shrew) Ah questo scemo, che somaro!

woodcraft ['wʊdkrɑ:ft *amer.* 'wʊdkræft / wood·craft] *s.* U **1** conoscenza dei boschi **2** abilità nel lavorare il legno.

woodcut ['wʊdkʌt / wood·cut] *s.* **1** incisione su legno; silografia, xilografia **2** → **woodblock** 1.

woodcutter ['wʊd,kʌtə* / wood·cut·ter] *s.* **1** boscaiolo, legnaiolo; taglialegna **2** silografo, xilografo.

wooded ['wʊdɪd] *agg.* boscoso, coperto di alberi; boschivo.

wooden ['wʊdn] *agg.* **1** di legno; legnoso: — *steps*, scalini di legno; — *leg*, gamba di legno // — *horse*, cavallo di Troia; (*ginnastica*) cavalletto; (*ant.*) nave // (*st.*) — *walls*, navi da guerra **2** (*fig.*) legnoso, rigido; impacciato; inespressivo: *a — smile*, un sorriso stereotipato; *a — stare*, sguardo inespressivo **3** (*fig.*) duro, insensibile // **-ly** *avv.* // **-ness** *s.*

wood-engraver ['wʊdɪn,greɪvə*] *s.* incisore su legno, silografo, xilografo.

wood-engraving ['wʊdɪn,greɪvɪŋ] *s.* **1** l'incidere su legno **2** incisione su legno; silografia, xilografia.

woodenhead ['wʊdn,hed / wood·en·head] *s.* testa di legno; stupido.

woodenheaded [,wʊdn'hedɪd / wood·en·headed] *agg.* stupido, testone.

wooden spoon [,wʊdn'spu:n] *s.* (*fig.*) maglia nera (assegnata all'ultimo in classifica): *to win the* —, arrivare ultimo.

wood-house ['wʊdhaʊs] → **woodshed**.

woodland ['wʊdlənd / wood·land] *s.* terreno boscoso.

wood-lark ['wʊdlɑ:k] *s.* (*zool.*) (*Lullula arborea*) tottavilla.

wood lily ['wʊd,lɪlɪ] *s.* (*bot.*) **1** mughetto → **lily of the valley** **2** (*Pyrola minor*) piroletta soldanina.

woodlouse ['wʊdlaʊs / wood·louse] *pl.* **woodlice** ['wʊdlaɪs] *s.* (*zool.*) (*Porcelio scaber*) onisco delle cantine; (*pop.*) porcellino di terra SIN. **sow-bug**.

woodman ['wʊdmən / wood·man] *pl.* **woodmen** *s.* **1** guardaboschi; guardia forestale **2** taglialegna **3** (*ant.*) cacciatore.

wood-note ['wʊdnəʊt] *s.* canto di uccello (nel bosco).

wood-nymph ['wʊdnɪmf] *s.* (*mit.*) ninfa dei boschi, driade.

woodpecker ['wʊd,pekə* / wood·pecker] *s.* (*zool.*) picchio SIN. **pecker**.

wood-pigeon ['wʊd,pɪdʒɪn] *s.* (*zool.*) colombaccio → **ring-dove**.

woodpile ['wʊdpaɪl / wood·pile] *s.* catasta di legna // *nigger in the* —, (*fam.*) difetto nascosto.

wood pulp ['wʊd,pʌlp] *s.* (*tecn.*) pasta di legno.

woodruff ['wʊdrʌf / wood·ruff] *s.* (*bot.*) (*Asperula odorata*) stellina odorosa.

wood-screw ['wʊdskru:] *s.* vite per legno.

woodshed ['wʊdʃed / wood·shed] *s.* legnaia SIN. **wood-house**.

woodsman ['wʊdzmən / woods·man] *pl.* **woodsmen** *s.* **1** taglialegna **2** guardia forestale.

woodsy ['wʊdsɪ] *agg.* (*amer.*) boschivo, silvano.

wood-tar ['wʊdtɑ:*] *s.* (*chim.*) catrame di legno.

wood-turner ['wʊd,tɜ:nə*] *s.* tornitore (di legno).

wood-turning ['wʊd,tɜ:nɪŋ] *s.* tornitura del legno.

wood-vinegar ['wʊd,vɪnɪgə*] *s.* (*chim.*) acido pirolegnoso, acido acetico grezzo.

woodward ['wʊdwəd / wood·ward] *s.* (*st.*) guardaboschi; guardia forestale.

woodwind ['wʊdwɪnd / wood·wind] *s.* strumento musicale a fiato (flauto, oboe, clarinetto, fagotto).

wood wool ['wʊdwʊl] *s.* lana di legno, paglia di legno.

woodwork ['wʊdwɜ:k / wood·work] *s.* U **1** abilità nel fare oggetti di legno; falegnameria; carpenteria **2** lavoro di legno, oggetti di legno lavorato (*pl.*) **3** (*fam.*) interni in legno (di una casa), boiserie.

woodworking ['wʊd,wɜ:kɪŋ / wood·work·ing] *s.* lavorazione del legno; falegnameria; carpenteria.

woodworm ['wʊdwɜ:m / wood·worm] *s.* (*zool.*) tarlo.

woody ['wʊdɪ] *agg.* **1** boscoso, coperto d'alberi: *a — hill*, una collina boscosa **2** legnoso, ligneo: *the — parts of a plant*, le parti legnose di una pianta // **-iness** *s.*

wooer ['wu:ə*] *s.* (*antiq.*) corteggiatore, spasimante.

woof[1] [wu:f] *s.* (*tess.*) trama; tessuto; tessitura.

woof[2] [wʊf] *s.* latrato (del cane) ◆ *inter.* bau (del cane).

to **woof**[2] *v.intr.* **1** abbaiare, latrare, ringhiare **2** (*sl. dei neri d'America*) blaterare, parlare a vanvera.

woofer ['wu:fə*] *s.* (*elettr.*) altoparlante per basse frequenze, woofer.

wooing ['wu:ɪŋ / woo·ing] *agg.* (*antiq.*) che corteggia ◆ *s.* (*antiq.*) corteggiamento.

wool [wʊl] *s.* U **1** lana; filato, tessuto di lana: *ball of —*, gomitolo di lana; *long-stapled —*, lana a fibra lunga // *cotton —*, bambagia, ovatta; cotone idrofilo // *— waste*, cascame di lana // *— hall*, mercato della lana // *against the —*, contropelo, (*fig. antiq.*) in direzione sbagliata // *dyed in the —*, lana tinta (prima della filatura, della tessitura), (*fig.*) da una parte all'altra, completamente // *much cry and little —*, (*fig. antiq.*) molto fumo e poco arrosto // *to pull the — over s.o.'s eyes*, gettar fumo negli occhi di qlcu., imbrogliare qlcu. **2** vello (delle pecore); peluria, pelo (di animale, insetto ecc.) **3** (*non com.*) capigliatura riccia e lanosa; (*scherz.*) capigliatura // *to lose one's —*, (*fam. antiq.*) arrabbiarsi.

wool-carding ['wʊl,kɑ:dɪŋ] *s.* cardatura della lana.

woolen → **woollen**.

woolfat ['wʊlfæt / wool·fat] *s.* (*chim.*) lanolina grezza.

woolfell ['wʊlfel / wool·fell] *s.* vello.

woolgathering ['wʊl,gæðərɪŋ / wool·gath·er·ing] *s.* U distrazione, sbadataggine; sogno ad occhi aperti: *to go —*, perdersi in fantasticherie ◆ *agg.* (*non com.*) distratto, sbadato.

woollen ['wʊlən / wool·len] *agg.* di lana; lanoso: *she was wearing a — dress*, portava un abito di lana; *— yarn*, filato di lana; *— manufacturer*, produttore di lana, industriale laniero; *— draper*, venditore di articoli di lana ◆ *s.* (*gener. pl.*) stoffa, articolo di lana.

woolliness ['wʊlɪnɪs / wool·li·ness] *s.* (*non com.*) **1** lanosità **2** (*fig.*) confusione mentale.

woolly ['wʊlɪ] *agg.* **1** di lana, lanoso; lanuto; lanuginoso: *— clouds*, (*fig.*) (cielo a) pecorelle; *— hair*, capelli lanosi **2** (*fig.*) indistinto, impreciso; confuso; annebbiato; farraginoso: *a — mind*, una mente annebbiata; *— voice*, voce indistinta ◆ *s.* (*fam.*) indumento di lana.

woolly-headed ['wʊlɪ,hedɪd] **woolly-minded** ['wʊlɪ,maɪndɪd] *agg.* confuso, vago; confusionario; poco pratico.

woolpack ['wʊlpæk / wool·pack] *s.* balla di lana.

woolsack ['wʊlsæk / wool·sack] *s.* **1** cuscino del seggio del Lord Cancelliere d'Inghilterra **2** carica, dignità di Lord Cancelliere **3** (*rar.*) balla di lana.

woolshed ['wʊlʃed / wool·shed] *s.* stazione di tosa (delle pecore) e imballaggio della lana.

wool-stapler ['wʊl,steɪplə*] *s.* commerciante di lana.

woozy ['wu:zɪ] *agg.* (*fam.*) intontito, stordito, confuso; vago // **-ily** *avv.* // **-iness** *s.*

wop [wɒp] *s.* (*spreg.*) immigrato negli Stati Uniti (spec. dall'Italia).

word [wɜ:d] *s.* **1** parola, termine, vocabolo: *'beautiful' is not the — for her*, 'bella' non è il termine esatto per lei // *— for —*, parola per parola, alla lettera, letteralmente // *in a —*, in una parola, in breve // *a play on words*, un gioco di parole; *— game*, gioco con le parole, di vocabolario // *honesty? they don't even know the meaning of the —*, onestà? non sanno neanche cosa significa // *don't say* (o *breathe*) *a — about it*, non dire una parola di ciò // *I don't believe a — he says*, non credo a una parola di quello che dice **2** parola; discorso: *big words*, parole grosse, vanterie; *high words*, parole grosse, ingiurie; *fair words*, belle parole, complimenti; *good words*, parole incoraggianti; *hard words*, parole dure; *in other words*, in altre parole; *a man of few words*, un uomo di poche parole; *he never says a —*, non parla mai; *I am repeating his very words*, ripeto esattamente le sue parole; *mark my words!*, ricorda ciò che ti dico! // *a — in, out of season*, un consiglio, un'osservazione opportuna, fuori luogo // *beyond words*, che non può essere espresso a parole // *by* (o *through*) *— of mouth*, oralmente; a parole // *the last —*, l'ultima novità // *on* (o *with*) *the —*, subito dopo aver detto // *"You hate him, don't you?" "Well, not in so many words, but I don't like him very much"*, "Lo detesti, vero?" "Non è proprio così, diciamo che non mi piace molto" // *I can't find words to express what I feel*, non trovo le parole per esprimere ciò che sento // *put your feelings into words*, cerca di esprimere ciò che provi // *words fail me!*, mi mancano le parole!, non ho parole! // *I'll tell it in my own words*, lo dirò con le mie parole // *it is a — and a blow with him*, (*antiq.*) passa facilmente dalle parole ai fatti // *to be too kind for words*, essere gentile oltre ogni dire // *it's too silly for words*, è indicibilmente stupido // *to eat one's words*, ritrattare le proprie parole, scusarsi // *to have* (o *to get*) *the last* (o *final*) *— on*, avere l'ultima parola su // *to have a — with s.o.*, scambiare qualche parola con qlcu. // *to have words* (*with s.o.*), litigare (con qlcu.) // *to put in, to say a good — for s.o.*, mettere, dire una buona parola per qlcu. // *to waste words*, sprecare il fiato // *the Word* (*of God*), il Verbo (di Dio); *the Word of God*, il Vangelo // *a — to the wise* (*is sufficient*), (*prov.*) a buon intenditor poche parole **3** parola (d'onore); promessa: *I give you my — for it*, vi do la mia parola; *he kept his —*, mantenne la parola; *you must never break your —*, non devi mai mancare alla parola data; *my — upon it*, vi do la mia parola; *he is a man of his —*, è un uomo di parola; *he is as good as his —*, mantiene tutto ciò che promette; *to take s.o. at his —*, prendere qlcu. in parola // *to take s.o.'s — for it*, (*fam.*), prendere le parole di qlcu. per buone, per vere, fidarsi // *upon my —!*, (*antiq.*) perbacco! **4** ordine, comando; parola d'ordine; motto: *to give the —* (*to do sthg.*), dare ordine (di fare qlco.); *they must give the — before they can pass*, devono dare la parola d'ordine prima di passare // *from the — go*, fin dall'inizio **5** notizia, informazione: *— came that I was to leave at once*, giunse notizia che dovevo partire immediatamente; *to send s.o. — of sthg.* (o *to send — to s.o. about sthg.*), mandare a dire, far sapere qlco. a qlcu. **6** (*inform.*) parola (di macchina): *control, check —*, parola di controllo; *— originator*, autore di un testo; *— spill* (o *— wrap*), ritorno a capo.

to **word** *v.tr.* **1** esprimere; mettere in parole; formulare: *I should — it rather differently*, lo esprimerei con parole diverse; *telegram worded as follows*, telegramma del seguente tenore **2** (*ant.*) prendere in giro (a parole): *he words me, girls, he words me, that I should not / be noble to myself*, (SH. Antony and Cleopatra) mi raggira, fanciulle, mi raggira perché io non agisca nobilmente verso me stessa.

word blindness ['wɜ:d,blaɪndnɪs] *s.* (*psic.*) alessia.

wording ['wɜ:dɪŋ / word·ing] *s.* **1** espressione, enunciazione: *a different — might make the meaning clearer*, una espressione diversa potrebbe rendere più chiaro il significato; *the meaning is clear, though the — is involved*, il significato è chiaro benché l'enunciazione sia involuta **2** dicitura: *rubber stamp bearing the —...*, timbro recante la dicitura...

wordless ['wɜ:dlɪs / word·less] *agg.* senza parole; silenzioso // **-ly** *avv.* // **-ness** *s.*

word-perfect [,wɜ:d'pɜ:fɪkt] *agg.* **1** che sa a memoria un testo, una parte **2** perfetto in ogni dettaglio, nei minimi particolari.

word-picture ['wɜ:d,pɪktʃə*] *s.* descrizione vivida e accurata.

wordplay ['wɜ:dpleɪ / word·play] *s.* U gioco di parole.

word processing ['wɜ:d,prəʊsesɪŋ] *s.* (*inform.*) trattamento testi, word processing.

word processor ['wɜ:d,prəʊsesə* *amer.* 'wɜ:d,prɒsesə*] *s.* (*inform.*) macchina per il trattamento testi, software per il trattamento testi, word processor.

wordy ['wɜ:dɪ] *agg.* verboso, prolisso (di discorso, persona ecc.) // **-ily** *avv.* // **-iness** *s.*

wore *pass.* di to **wear**.

work [wɜ:k] *s.* **1** lavoro; il lavorare: *skilled, unskilled —*, lavoro qualificato, non qualificato; *it was hard — digging the well*, è stato un duro lavoro scavare il pozzo; *to be at — (up)on sthg.*, essere intento a far qlco.; *to set* (o *to get* o *to go*) *to —*, mettersi, cominciare a lavorare; *to set* (o *to go*) *about one's —*, fare il proprio lavoro // *all in the day's —*, tutto regolare, niente di particolare; secondo il solito trantran // *to have one's — cut out*, avere un bel daffare // *to make short — of it*, sbrigarsela in fretta // *— permit*, permesso di lavoro // *all — and non play makes Jack a dull boy*, (*prov.*) chi troppo studia matto diventa **2** lavoro, attività; impiego, occupazione: *a teacher does his — at school*, un insegnante svolge la sua attività a scuola; *to look for —*, cercare lavoro; *to be in —*, avere un lavoro, un impiego; *what line of — are you in?*, in che campo lavori?; *to be out of —*, essere disoccupato; *the out-of-work youth*, i giovani disoccupati; *to make — for s.o.*, trovare un'occupazione a qlcu. // *job* (o *task*) *—*, lavoro a cottimo **3** (posto di) lavoro: *to be at —*, essere al lavoro, sul posto di lavoro;

she goes to — on foot, va a lavorare, al lavoro a piedi; *to be late for —*, arrivare in ritardo al lavoro // *accident at —*, incidente, infortunio sul lavoro **4** lavoro; oggetto lavorato: *the villagers sell their — to the tourists*, gli abitanti del villaggio vendono oggettini ricordo ai turisti; *what a beautiful piece of —!*, che bell'oggetto! // (*comm.*) *— in process* (o *in progress*), merci in lavorazione, semilavorati **5** opera; prodotto dell'ingegno: *— of art*, opera d'arte; *the works of Coleridge*, le opere di Coleridge; *historical —*, opera storica; *this is your best —*, è la tua opera migliore // (*fis.*) lavoro: *to convert heat into —*, trasformare il calore in lavoro; *— function*, funzione lavoro.

to **work** *pass.p.p.* **worked** [wɜːkt] (*rar.*) **wrought** [rɔːt] *v.intr.* **1** lavorare: *I have been working hard all day*, ho lavorato sodo tutto il giorno; *to — on one's own*, lavorare da solo; lavorare in proprio; *to — for oneself*, lavorare in proprio; *to — under s.o.*, lavorare sotto (la direzione di) qlcu.; *to — as a journalist*, fare il giornalista; *he's working on a new novel*, sta lavorando a un nuovo romanzo; *to — closely with s.o.*, lavorare in stretta collaborazione con qlcu. // *they always — overtime*, fanno sempre lavoro straordinario // *to — to rule*, fare lo sciopero bianco // *to — at a problem*, impegnarsi a fondo per risolvere un problema // *to — against s.o., sthg.*, lavorare, complottare contro qlcu., qlco.: *time works against us*, il tempo lavora contro di noi **2** funzionare (*anche fig.*): *the bell doesn't —*, il campanello non funziona; *his hearth is working badly*, il suo cuore funziona male; *the plan worked well*, il piano ha funzionato (bene); *we do not think your idea will —*, non crediamo che la tua idea sia attuabile **3** penetrare; introdursi: *the roots worked down through the earth*, le radici riuscirono a penetrare nel terreno // *to — through a difficult problem*, riuscire a risolvere un problema difficile **4** divenire a poco a poco: *the screw has worked loose*, la vite si è allentata a poco a poco **5** agitarsi; contrarsi: *his face was working with excitement*, i suoi lineamenti si contraevano per l'eccitazione ◆ *v.tr.* **1** far lavorare: *they — us non stop here*, qui ci fanno lavorare senza sosta, ininterrottamente // *to — oneself to death*, ammazzarsi di lavoro // *to — one's fingers to the bone*, lavorare sodo **2** far funzionare; azionare, manovrare; muovere, far muovere; mettere in moto: *the millwheel is worked by the stream*, la ruota del mulino è azionata dalla corrente; *to — a machine*, far funzionare, mettere in funzione una macchina // *to — a key into a hole*, far girare una chiave nella toppa; *to — a knife into a crack*, infilare un coltello in una fessura **3** coltivare: *to — a piece of land*, coltivare un terreno **4** ottenere; raggiungere: *he worked his way through the crowd*, si aprì un varco tra la folla; *I've worked my way through the whole book*, ho finalmente finito di leggere quel (pesantissimo) libro // *to — one's way up*, fare la gavetta **5** pagare, ottenere col lavoro: *to — one's passage on a ship*, pagarsi la traversata su una nave lavorando **6** far divenire a poco a poco: *he worked his hands free*, a poco a poco si liberò le mani; *to — oneself into a rage*, montare in collera a poco a poco; *to — s.o. into a fit of anger*, far arrabbiare qlcu. **7** produrre, esercitare, causare, operare, compiere: *time works many changes*, il tempo opera molti cambiamenti; *to — wonders* (o *miracles*), compiere, fare miracoli; *to — one's influence*, esercitare la propria influenza **8** sfruttare: *the silver mines are no longer worked*, le miniere d'argento non sono più sfruttate **9** plasmare, modellare; lavorare: *he worked the clay into the shape of a vase*, plasmò l'argilla a forma di vaso **10** ricamare: *the flowers are worked by hand*, i fiori sono ricamati a mano **11** (*fam.*) sistemare, mettere a posto: *how did you manage to — it?*, sei riuscito a sistemare le cose? **12** girare (una zona) per lavoro (di rappresentante di commercio, propagandista ecc.) **13** (*amer.*) risolvere; calcolare: *to — a problem in algebra*, risolvere un problema algebrico.

□ **work around** *v.intr.* e *avv.* (*fam.*) avvicinarsi: *they are working around to our point of view*, stanno venendo dalla nostra parte, si stanno avvicinando al nostro punto di vista.

□ **work in** *v.tr.* e *avv.* **1** infilare, inserire; introdurre a fatica (*anche fig.*): *the lecture would be better if you could — in some amusing examples*, la conferenza sarebbe più piacevole se si potessero inserire esempi divertenti **2** combaciare; essere compatibile: *his plan does not — in with ours*, il suo piano non è compatibile con il nostro.

□ **work off** *v.tr.* e *avv.* **1** liberarsi di, eliminare (facendo attività fisica); (*comm.*) estinguere: *to — off extra weight*, liberarsi del peso eccessivo (facendo ginnastica ecc.); *to — off a loan*, estinguere un prestito **2** sfogare: *to — off one's anger on s.o.*, sfogare la propria ira, i propri nervi su qlcu.

□ **work out** *v.tr.* e *avv.* **1** progettare, elaborare: *they appointed a committee to — out a plan for a new constitution*, incaricarono un comitato di elaborare un progetto per una nuova costituzione; *the plan is being worked out*, il progetto è allo studio **2** calcolare, fare un calcolo di: *we have worked out our share of the expenses*, abbiamo calcolato la nostra quota di spese **3** risolvere: *to — a puzzle out*, risolvere un rompicapo // *to — things out*, (*fam.*) risolvere i propri problemi; sistemare le cose; *things will — themselves out*, le faccende si sistemeranno da sole **4** (*fam.*) capire, comprendere: *I'll never be able to — you out*, non ti capirò mai **5** esaurire: *the mine was worked out long ago*, la miniera si esaurì molto tempo fa ◆ *v.intr.* e *avv.* **1** (*fam.*) dimostrarsi, risultare: *things are working out well for them*, le faccende si mettono bene per loro **2** (*sport*) allenarsi; fare esercizi ginnici faticosi.

□ **work out at** *v.intr.* e *avv.* e *prep.* ammontare a: *what does your capital — out at?*, a quanto ammonta il tuo capitale?

□ **work over** *v.tr.* e *avv.* (*sl.*) pestare, riempire di botte: *he was worked over by a gang of thugs*, fu pestato da una banda di teppisti.

□ **work round** → to work around.

□ **work to** *v.intr.* e *prep.* rispettare: *to — to a timetable*, rispettare i tempi, le scadenze.

□ **work up** *v.tr.* e *avv.* **1** sviluppare; estendere, ampliare: *to — up a market for one's products*, sviluppare un mercato per i propri prodotti **2** stimolare; eccitare; agitare: *to take a walk to — up one's appetite*, fare una passeggiata per stimolare l'appetito; *his words worked up the feelings of the audience*, le sue parole eccitarono gli animi; *to — up a rebellion*, fomentare una rivolta; *she works herself up over nothing*, si agita per niente **3** trasformare; sviluppare: *he worked up the sketch into a picture*, sviluppò lo schizzo in un quadro.

□ **work up to** *v.intr.* e *avv.* e *prep.* raggiungere; arrivare a: *to — up to a climax*, raggiungere l'apice.

workability [ˌwɜːkəˈbɪlətɪ / work·ab·il·ity] *s.* fattibilità; praticabilità.

workable [ˈwɜːkəbl / work·able] *agg.* **1** eseguibile; lavorabile; sfruttabile; praticabile **2** realizzabile (di piano, schema) // (*econ.*) *— competition*, concorrenza operativa.

workaday [ˈwɜːkədeɪ / work·aday] *agg.* di ogni giorno; ordinario, comune: *— clothes*, abiti ordinari, da lavoro; *this — world*, questo mondo prosaico e noioso.

workaholic [ˌwɜːkəˈhɒlɪk / work·aholic] *s.* (*fam.*) persona a cui piace lavorare tanto; maniaco del lavoro.

workbag [ˈwɜːkbæg / work·bag] *s.* borsa da lavoro; borsa degli attrezzi.

workbasket [ˈwɜːkˌbɑːskət *amer.* ˈwɜːkˌbæskɪt / work·bas·ket] *s.* cestino da lavoro SIN. workbox.

workbench [ˈwɜːkbentʃ / work·bench] *s.* banco di lavoro.

workbook [ˈwɜːkbʊk / work·book] *s.* libro di esercizi, eserciziario.

workbox [ˈwɜːkbɒks / work·box] → **workbasket**.

workday [ˈwɜːkdeɪ / work·day] → **working day**.

worker [ˈwɜːkə*] *s.* lavoratore; operaio; lavorante; bracciante: *clerical —*, impiegato; *seasonal —*, lavoratore stagionale; *unskilled —*, manovale, operaio non qualificato // *the workers*, il proletariato // *social* (o *welfare*) *—*, assistente sociale.

workflow [ˈwɜːkˌfləʊ / work·flow] *s.* (*inform.*) flusso di lavoro.

workforce [ˈwɜːkfɔːs / work·force] *s.* forza lavoro.

workgroup [ˈwɜːkˌgruːp / work·group] *s.* **1** gruppo di lavoro **2** (*inform.*) gruppo di utenti collegati in rete.

workhorse [ˈwɜːkhɔːs / work·horse] *s.* **1** cavallo da lavoro **2** (*fam.*) gran lavoratore.

workhouse [ˈwɜːkhaʊs / work·house] *s.* **1** ospizio di mendicità **2** (*amer.*) casa di lavoro per condannati per reati minori **3** (*ant.*) laboratorio.

working [ˈwɜːkɪŋ / work·ing] *agg.attr.* **1** che lavora; laborioso, attivo; operante: *— man*, operaio; uomo che lavora, che non vive di rendita; *— woman*, operaia, donna che lavora, che non fa la casalinga // (*inform.*) *— length*, lunghezza attiva // (*amm.*) *— capital turnover*, rapporti di liquidità **2** di, da lavoro; inerente il lavoro: *— clothes*, abiti da lavoro; *— hours*, orario di ufficio, di lavoro; *— party*, gruppo di lavoro; *— week*, settimana lavorativa; *— speed*, velocità di lavoro; *— life*, età lavorativa; (*di macchina*) vita; *— cost*, costo di lavorazione // (*inform.*) *— register*, registro di lavoro **3** che funziona; funzionante; operativo; mobile, in movimento: *— model*, modello funzionante; (*tecn.*) *— cylinder*, cilindro motore; *— parts*, parti mobili **4** di funzionamento // (*amm.*) *— expenses*, spese di esercizio, di gestione ◆ *s.* **1** lavoro; attività; processo; lavorio: *the — of conscience*, il lavorio della coscienza // *— out*, elaborazione, sviluppo; risoluzione (di un problema) // (*econ.*) *under-capacity —*, l'operare in condizioni di sotto utilizzo (riferito all'industria) **2** (*mecc.*)

funzionamento; operazione: *the — of an engine*, il funzionamento di un motore **3** (*tecn.*) lavorazione: (*metall.*) *cold, hot* —, lavorazione a freddo, a caldo **4** (*miner.*) scavo; galleria **5** calcolo.

working class ['wɜ:kɪŋ,klɑ:s *amer.* 'wɜ:kɪŋ,klæs] *s.* classe operaia, proletariato.

working-class *agg.attr.* della classe operaia; proletario.

working day ['wɜ:kɪŋ,deɪ] *s.* giorno lavorativo, giornata lavorativa; giorno feriale.

working-drawing ['wɜ:kɪŋ,drɔ:ɪŋ] *s.* disegno costruttivo.

working knowledge [,wɜ:kɪŋ'nɒlɪdʒ] *s.* competenza, esperienza pratica sufficiente.

working order [,wɜ:kɪŋ'ɔ:də*] *s.* efficienza, ordine: *in* (o *into*) —, efficiente, funzionante.

workings ['wɜ:kɪŋs / work·ings] *s.pl.* **1** meccanismo (*anche fig.*): *the — of a watch*, i meccanismi di un orologio; *the — of the mind*, i meccanismi della mente **2** (*miner.*) spessori, strati coltivati.

workload ['wɜ:kləʊd / work·load] *s.* carico di lavoro.

workman ['wɜ:kmən / work·man] *pl.* **workmen** *s.* operaio, lavoratore; salariato; artigiano: *skilled* —, operaio specializzato, qualificato.

workmanlike ['wɜ:kmən,laɪk / work·man·like] *agg.* **1** ben fatto; fatto a regola d'arte **2** abile; competente.

workmanship ['wɜ:kmənʃɪp / work·man·ship] *s.* **1** abilità; abilità tecnica **2** fattura, esecuzione, lavorazione, lavoro: *articles of excellent* —, articoli di eccellente fattura.

workmate ['wɜ:kmeɪt / work·mate] *s.* compagno di lavoro.

workout ['wɜ:kaʊt / work·out] *s.* (*fam.*) allenamento fisico di preparazione agli sport.

workpeople ['wɜ:kpi:pl / work·people] *s.pl.* operai.

workplace ['wɜ:kpleɪs / work·place] *s.* posto di lavoro, luogo in cui si lavora.

workroom ['wɜ:krʊm / work·room] *s.* officina; laboratorio; stanza da lavoro.

works ['wɜ:ks] *s.* **1** *pl.* meccanismi; le parti funzionanti (di una macchina) // *to gum* (o *to bung*) *up the* —, (*fam. fig.*) mandare all'aria, rovinare piani, progetti ecc. **2** *sing.* fabbrica; officina: *a printing* —, una tipografia // — *committee*, consiglio d'azienda, di fabbrica **3** *pl.* (*fam.*) tutto, il tutto, tutto quanto: *he lost the rod, the bait, the hooks, the nets, in fact the whole* —, perse la canna, le esche, gli ami, le reti, insomma tutto quanto // *last night at the restaurant we had the full* —, ieri sera al ristorante abbiamo mangiato di tutto // *they gave the director the full — when he visited the new offices*, accolsero il direttore con tutti gli onori quando visitò gli uffici nuovi // *she really gave him the — for coming home late*, gliene ha dette di tutti i colori perché era tornato a casa tardi // *give me the* —, dimmi tutto.

worksheet ['wɜ:kʃi:t / work·sheet] *s.* **1** foglio di appunti, note **2** foglio contabile **3** foglio di lavoro; (*inform.*) foglio di programmazione.

workshop ['wɜ:kʃɒp / work·shop] *s.* **1** officina; laboratorio; bottega **2** seminario, serie di incontri; gruppo di lavoro, studio, discussione.

workshy ['wɜ:kʃaɪ / work·shy] *agg.* (*fam.*) pigro; lazzarone; sfaticato; restio a lavorare.

workstation ['wɜ:k,steɪʃn / work·sta·tion] *s.* (*inform.*) posto di lavoro, stazione di lavoro.

work-study ['wɜ:k,stʌdɪ] *s.* studio dell'organizzazione del lavoro.

work-table ['wɜ:kteɪbl] *s.* tavolo da lavoro.

worktop ['wɜ:ktɒp / work·top] *s.* piano di lavoro (in una cucina).

work-to-rule [,wɜ:ktə'ru:l] *s.* sciopero bianco.

world [wɜ:ld] *s.* **1** mondo, terra; pianeta: *the creation of the* —, la creazione del mondo; *the end of the* —, la fine del mondo; *the youngest nation in the* —, la più giovane nazione del mondo; *the —'s smallest engine*, il motore più piccolo del mondo; *to go round the* —, fare il giro del mondo; *there are other worlds besides ours*, ci sono altri pianeti oltre al nostro // *he lives in a — of his own*, vive in un mondo tutto suo, fuori dal mondo // *developed* —, mondo industrializzato, paesi industrializzati // *the New World*, il Nuovo Mondo; *the Old World*, il Vecchio Mondo // *all over the* — (o *all the — over*), dappertutto; *corrupt politicians are the same* (*all*) *the — over*, i politicanti corrotti sono uguali in tutto il mondo; *in this* —, in questo mondo // *the Gandhis of this — are few and far between*, persone come Gandhi a questo mondo se ne trovano poche e raramente **2** mondo, universo // *the other* —, l'altro mondo, l'oltretomba; *the lower* —, (*non com.*) l'inferno // — *without end*, (*letter.*) per sempre **3** mondo, vita: *to bring a child into the* —, mettere al mondo un bambino; *to come into the* —, venire al mondo // *how goes the — with you?*, (*fam.*) come va la vita? // *to take the — as it is*, prendere il mondo, la vita come viene **4** mondo, vita sociale; vita mondana: *a man of the* —, un uomo di mondo; *a woman of the* —, (*ant.*) una donna maritata; *to forsake the* —, abbandonare il mondo, i piaceri mondani // *he knows the ways of the* —, sa come va il mondo // *so the — wags*, (*antiq.*) così va il mondo // *to let the — slide*, lasciar che le cose vadano per il loro verso; lasciar che il mondo parli // *to make a noise in the* —, (*antiq.*) far parlare molto di sé **5** mondo, gente: *the — of letters*, il mondo delle lettere; *the business* —, il mondo degli affari; *the — of sport*, il mondo dello sport; *what will the — think of it?*, che cosa ne penserà le gente? // *the English speaking* —, i popoli di lingua inglese // *animal* —, regno animale.

♦ FRASEOLOGIA: *where in the — have you been?*, dove diavolo sei stato; *what in the — are you doing?*, cosa diavolo stai facendo? // *nothing in the — can help him*, nulla al mondo lo può aiutare // *to the* —, totalmente, completamente; *he's asleep to the* —, dorme come un sasso; *drunk to the* —, ubriaco fradicio // *a — of*, una grande quantità di; *there's a — of difference*, c'è una gran differenza; *the bath did me a* (o *the*) — *of good*, fare il bagno mi fece veramente molto bene; *a — of trouble*, un sacco di guai // *he thinks the — of his brother*, vuole molto bene a, ammira suo fratello // *her family is* (o *means*) *the — to her*, la famiglia è tutto per lei // *I wouldn't work in a bank for* (*all*) *the* —, non lavorerei in banca per nulla al mondo // *for all the — as if* (o *like*), esattamente, proprio come se: *he behaved for all the — as if he ran the firm*, si comportava proprio come se fosse stato lui a dirigere la ditta // *out of this* —, eccezionale, meraviglioso, sorprendente; *his cocktails are out of this* —, i suoi cocktail sono divini // *to be worlds apart*, essere completamente differenti, essere agli estremi opposti: *he's one of my best friends but we are worlds apart politically*, è uno dei miei migliori amici ma politicamente abbiamo idee opposte, siamo agli antipodi // *to have* (o *to get*) *the best of both worlds*, avere il meglio di due situazioni (senza gli svantaggi) // *to go* (o *to come*) *up in the* —, arricchirsi e salire nella scala sociale; *to go* (o *to come*) *down in the* —, impoverirsi e perdere lo status sociale precedente // *to have the — at one's feet*, avere il mondo ai propri piedi // *to set the — on fire*, (*fam.*) avere un grande successo, sfondare // *with that fortune in his hands he thought the — was his oyster*, (*fam.*) con quella fortuna nelle sue mani si sentiva padrone del mondo, pensava di avere il mondo in mano // *to be, to feel on top of the* —, essere, sentirsi in ottima forma; essere al settimo cielo // *it's the same the — over*, tutto il mondo è paese // *all the — and his wife knows about it*, lo sanno proprio tutti.

world ['wɜ:ld] *agg.attr.* mondiale, del mondo: — *power*, potere mondiale; — *war*, guerra mondiale; *World Bank*, Banca Mondiale; *the — market for copper*, il mercato mondiale del rame.

world-beater ['wɜ:ld,bi:tə*] *s.* (*fam.*) campione mondiale, fuoriclasse; il meglio.

world-beating ['wɜ:ld,bi:tɪŋ] *agg.* (*fam.*) grande; strepitoso; vincente: *a — invention*, un'invenzione strepitosa.

world-class ['wɜ:ld,klɑ:s *amer.* 'wɜ:ld,klæs] *agg.* di classe, livello internazionale.

worldling ['wɜ:ldlɪŋ / world·ling] *s.* (*antiq.*) persona mondana, persona amante dei piaceri della vita.

worldly ['wɜ:ldlɪ] *agg.* **1** di questo mondo, terreno: — *goods*, beni temporali // *all one's — goods*, (*fam.*) tutta la propria roba **2** mondano: — *life*, vita mondana, dedicata ai piaceri materiali // **-iness** *s.*

worldly-minded [,wɜ:ldlɪ'maɪndɪd] *agg.* attaccato alle cose terrene.

worldly-wise [,wɜ:ldlɪ'waɪz] *agg.* esperto delle cose del mondo; navigato; accorto.

world series [,wɜ:ld'sɪəri:z] *s.* campionato di baseball degli Stati Uniti.

worldshaking ['wɜ:ld,ʃeɪkɪŋ / world·shak·ing] *agg.* che ha risonanza mondiale.

world-weary ['wɜ:ld,wɪərɪ] *agg.* stanco del mondo; annoiato // **-iness** *s.*

worldwide [,wɜ:ld'waɪd / world·wide] *agg.* mondiale; universale: (*comm.*) — *distribution*, distribuzione su scala mondiale ♦ *avv.* a livello, su scala mondiale; in tutto il mondo.

worm [wɜ:m] *s.* **1** verme; baco; bruco; larva; lombrico; tarlo: *to be food for worms*, essere cibo per i vermi, essere morto; *to have worms*, avere i vermi; — *fishing*, pesca coi lombrichi; *the — of envy*, (*fig.*) il tarlo dell'invidia // *even a — would turn*, anche la pazienza ha un limite // — *in the bud* (o *apple*), (*letter. fig.*) qlcu. che rovina dall'interno, mela marcia; qlco. che corrode, rovina, tarlo **2** (*fig.*) verme, persona vile, spregevole; codardo **3** (*mecc.*) — (*screw*), vite senza fine; — *gear*, ingranaggio a vite senza fine e ruota dentata; — *hob*, fresa a vite senza fine; — *wheel*, ruota elicoidale **4** filetto della lingua (di cane) **5** (*inform.*) 'worm' (tipo di virus).

to **worm** *v.tr.* **1** muoversi lentamente su, attraverso ecc.; strisciare (come un verme) su, in ecc.; (*fig.*) insinuarsi: *he wormed his way through the bushes*, avanzò strisciando tra i cespugli; *she wormed her way into my heart*, si insinuò nel mio cuore **2** liberare dai vermi; estrarre i vermi da **3** tagliare il filetto della lingua a (un cane) **4** (*mar.*) intregnare ◆ *v.intr.* strisciare: *he wormed along the floor*, strisciò sul pavimento.

□ **worm out of** *v.tr.* e *avv.* e *prep.* (*fam.*) carpire, scoprire (segreti, informazioni ecc.): *they wormed the secret out of him*, riuscirono a carpirgli il segreto.

worm-eaten ['wɜ:m,i:tən] *agg.* roso dai vermi; (*fig.*) decrepito, decadente.

wormhole ['wɜ:mhəʊl / worm·hole] *s.* foro di tarlo, di verme.

worm-holed ['wɜ:m,həʊld] *agg.* bacato; tarlato.

worm-powder ['wɜ:m,paʊdə*] *s.* vermifugo.

wormseed ['wɜ:msi:d / worm·seed] *s.* santonina (vermifugo).

wormwood ['wɜ:mwʊd / worm·wood] *s.* **1** (*bot. pop.*) assenzio **2** (*fig.*) mortificazione; amarezza.

wormy ['wɜ:mɪ] *agg.* pieno di vermi, bacato, verminoso; tarlato.

worn [wɔ:n] *p.p.* di to **wear** ◆ *agg.* **1** consumato; sciupato; portato **2** esausto; indebolito; stanco.

worn-out [,wɔ:n'aʊt] *agg.* logoro; stanco, esaurito; esausto.

worried ['wʌrɪd / wor·ried] *agg.* preoccupato; inquieto; tormentato: *he was — sick about her*, era tremendamente preoccupato per lei; *he had me — for a moment until I realised that he was joking*, per un attimo mi ha fatto spaventare ma poi ho capito che stava scherzando // **-ly** *avv.*

worrier ['wʌrɪə* / wor·rier] *s.* **1** seccatore; tormentatore **2** persona ansiosa, apprensiva **3** animale da preda.

worriment ['wʌrɪmənt / wor·ri·ment] *s.* **1** (*fam. amer.*) seccatura; preoccupazione **2** inquietudine; affanno; ansietà.

worrisome ['wʌrɪsəm / wor·ri·some] *agg.* (*dial. fam.*) **1** che causa preoccupazione; inquietante **2** preoccupato; inquieto.

to **worrit** ['wʌrɪt] (*dial. antiq.*) → to **worry**.

worry ['wʌrɪ] *s.* **1** ansia; inquietudine: *to show signs of* —, dar segni di inquietudine **2** preoccupazione, fastidio, dispiacere, guaio: *little domestic worries*, piccole preoccupazioni familiari; *what a — this boy is!*, che assillo è questo ragazzo! **3** cosa, persona che causa preoccupazione **4** compito, occupazione: *the teacher's — is to make the lessons enjoyable*, compito dell'insegnante è rendere le lezioni gradevoli; *let it be his* —, lascia che se ne occupi lui **5** l'azzannare la preda (di cane, gatto).

to **worry** *v.tr.* **1** infastidire, importunare; seccare, disturbare; annoiare: *don't — him!*, lasciatelo tranquillo! **2** preoccupare; tormentare: *his behaviour worried his teachers*, il suo comportamento preoccupava i suoi insegnanti; *my mother worries herself sick* (o *silly*) *over me*, mia madre si angoscia sempre per me; *this insecurity worries me a lot*, questa insicurezza mi tormenta molto **3** azzannare, dilaniare, tormentare (la preda): *the dog was worrying the sheep*, il cane non lasciava in pace le pecore ◆ *v.intr.* preoccuparsi; tormentarsi; essere in ansia: *don't — about me*, non preoccuparti per me; *she was always worrying over her children's health*, si preoccupava sempre della salute dei suoi bambini; *there's nothing to — about*, non c'è nulla di cui preoccuparsi // *not to —!*, non importa, non c'è da preoccuparsi.

□ **worry at** *v.intr.* e *prep.* **1** azzannare, lacerare a morsi: *the dog was worrying at my old slipper*, il cane continuava a mordere la mia vecchia ciabatta **2** (*fig.*) tentare e ritentare di risolvere, accanirsi su: *he worried at the problem until he found a solution*, provò in tutti i modi a risolvere il problema finché non trovò una soluzione.

worry beads ['wʌrɪ,bi:dz] *s.pl.* (specie di) scacciapensieri (costituito da una serie di grani tenuti insieme da un filo che si fanno scorrere fra le dita per allentare la tensione, lo stato di nervosismo).

worrying ['wʌrɪɪŋ / wor·ry·ing] *agg.* **1** preoccupante; angosciante **2** tormentoso; molesto // **-ly** *avv.*

worrywart ['wʌrɪ,wɔ:t / wor·ry·wart] *s.* (*fam. amer.*) persona che si preoccupa sempre di cose non importanti.

worse [wɜ:s] *agg.* **1** (*compar. di* bad) peggiore; peggio: *she's a — player than he (is)*, lei gioca peggio di lui; *they couldn't have had — weather*, non avrebbero potuto avere un tempo peggiore; *the film was much — than I expected*, il film era molto peggiore di quanto mi aspettassi // *to get* —, peggiorare, deteriorarsi: *his temper is getting* —, il suo carattere sta peggiorando // *to make things* —, peggiorare le cose, la situazione: *don't interfere, you'll only make things* —, non intrometterti, non farai che peggiorare la situazione // *to be the — for wear*, essere consumato dall'uso; essere logoro (*anche fig.*): *her dress was the — for wear*, il suo vestito era consumato dall'uso; *her reputation was a little the — for wear*, la sua reputazione era alquanto compromessa // *to be none the — for*, non risentire minimamente di: *she's none the — for the accident*, (ella) non ha minimamente risentito dell'incidente **2** (*compar. di* ill; *solo con uso pred.*) peggio, peggiorato (di salute): *to be, to feel* —, stare, sentirsi peggio; *he's getting — and* —, sta sempre peggio, continua a peggiorare ◆ *s.* (il) peggio: — *could not happen*, (di) peggio non poteva capitare; *his son was imprisoned, but — was yet to follow* (o *to come*), suo figlio fu messo in prigione, ma il peggio doveva ancora venire; *I had — to tell*, non avevo ancora detto il peggio; *things were going from bad to* —, le cose andavano di male in peggio // *to change for the* —, cambiare in peggio, peggiorare; alterarsi // *to have the* —, avere la peggio // *to put to the* —, sconfiggere.

worse *avv.* (*compar. di* badly, ill) peggio: *he has been taken* —, è peggiorato; — *than ever*, peggio che mai // *from bad to* —, di male in peggio // *for better or* —, nella buona e nella cattiva sorte // *so much the —, all the* —, tanto peggio // — *off*, in situazione peggiore: *she has lost her job and is — off than ever*, ha perso il posto e sta peggio che mai // *none the* —, per nulla meno; ugualmente: *I shall love you none the — if you go away*, ti vorrò bene lo stesso anche se te andrai; *to think none the — of s.o.*, avere sempre stima, non perdere la stima di qlcu.

worsement ['wɜ:smənt / worse·ment] *s.* (*dir.*) deterioramento di una proprietà a causa di terzi.

to **worsen** ['wɜ:sn] *v.intr.* peggiorare; aggravarsi: *the situation has worsened*, la situazione è peggiorata ◆ *v.tr.* peggiorare; aggravare.

worse-off [,wɜ:s'ɒf] *agg.* (*compar. di* badly -off) che sta peggio; meno abbiente.

worship ['wɜ:ʃɪp / wor·ship] *s.* **1** adorazione, venerazione, culto: *place of* —, luogo sacro; *to do a person* —, fare omaggio, onorare una persona // *the — of success*, il culto del successo **2** servizio religioso: *public* —, servizio religioso in una chiesa **3** (*titolo*) eminenza; eccellenza; signoria: *Your Worship*, le Signorie Vostre **4** (*ant.*) merito, virtù: *to win* —, acquistare vasta fama.

to **worship** *pass.p.p.* **worshipped** ['wɜ:ʃɪpt / wor·shipped] *v.tr.* **1** adorare, venerare: *the Greeks worshipped many gods*, i greci adoravano molti dei; *I worshipped the ground she walked on*, veneravo il suolo su cui camminava // *the fans worshipped at his feet*, (*fig.*) i suoi ammiratori erano ai suoi piedi **2** venerare, avere un culto per, idolatrare: *to — one's mother*, idolatrare la propria madre ◆ *v.intr.* prender parte a servizi religiosi; essere praticante.

worshipful ['wɜ:ʃɪpfʊl / wor·ship·ful] *agg.* (*titolo onorifico*) eccellente, eccellentissimo; onorevole, venerabile: *the Right Worshipful the Mayor of Bath*, il molto onorevole sindaco di Bath.

worshipfully ['wɜ:ʃɪpfʊlɪ / wor·ship·fully] *avv.* (*rar.*) onorevolmente, rispettabilmente.

worshipfulness ['wɜ:ʃɪpfʊlnɪs / wor·ship·ful·ness] *s.* (*rar.*) onorabilità.

worshipper ['wɜ:ʃɪpə* / wor·ship·per] *s.* chi venera; chi adora: *the worshippers*, i fedeli.

worst [wɜ:st] *agg.* (*superl. di* bad, ill) (il) peggiore: *the — picture I ever saw*, il peggior film che io abbia mai visto; *he was her — enemy*, era il suo peggior nemico; *his — fear was that...*, la sua paura più grande era che... // *the — ever*, il peggiore possibile: *last winter's freeze-up was the — ever*, il gelo dello scorso inverno è stato il peggiore che si possa immaginare ◆ *s.* (il) peggio: *the — of it is that...*, il peggio è che...; *the — of the winter has passed now*, il peggio dell'inverno è ormai passato; *I am prepared for the* —, sono preparato al peggio // *at (the)* —, nella peggiore delle ipotesi, alla peggio // *if the — comes to the* —, nel peggiore dei casi // *to be at one's* —, essere, trovarsi nel peggior stato possibile // *to do one's* —, agire nel modo peggiore, fare tutto il possibile per nuocere; (*fam.*) far tutto ciò che si vuole: *she did her — to spoil the evening*, ha fatto di tutto per rovinare la serata; *let her do her* —, (*fam.*) faccia pure ciò che vuole // *to have* (o *to get*) *the — of it*, avere la peggio.

worst *avv.* (*superl. di* badly) peggio, nel modo peggiore: *Charles played (the)* —, Carlo è stato quello che ha giocato peggio, il peggior giocatore; *that frightened him — of all*, questo lo spaventò di più, maggiormente; *the — hit area*, la zona più colpita; *she was the — dressed* *lady at the party*, era la signora peggio vestita alla festa.

to **worst** *v.tr.* vincere, avere la meglio su: *to be worsted*, soccombere, avere la peggio.

worsted ['wɜ:stɪd / wors·ted] *s.* [U] (*tess.*) pettinato, tessuto di lana pettinata.

worst-off [,wɜ:st'ɒf] *agg.* (*superl. di* badly -off) che sta peggio; (il) meno abbiente: *the people who will be — under the new tax regulations*, le persone che staranno peggio con le nuove disposizioni fiscali.

wort[1] [wɜ:t] *s.* (*rar.*) pianta; erba.

wort[2] *s.* mosto di malto.

worth[1] [wɜ:θ] *agg.* (*gener. pred.*) **1** che vale, di valore; equivalente al valore di: *how much is it —?*, quanto vale?; *it is not — the trouble*, non ne vale la pena; *this contract isn't — the paper it is written on*, questo contratto non vale la carta su cui è scritto; *for what it's —, I'll tell you all I know*, per quanto possa valere, ti dirò tutto quello che so; *she is — a lot of money*, è molto ricca // *the game is not — the candle*, (*fam.*) il gioco non vale la candela // *don't go, it's not — it*, non andare, non ne vale la pena, è inutile // *he worked for all he was —*, lavorò mettendocela tutta // *it is not — your while trying to convince him*, è inutile, non vale la pena tentare di convincerlo // *to make it — one's while*, ricompensare qualcuno adeguatamente // *a bird in the hand is — two in the bush*, (*prov.*) meglio un uovo oggi che una gallina domani **2** degno, meritevole: *the book is not — reading*, il libro non merita di esser letto; *is it — going there?*, vale la pena di andarci? // *to be — one's salt*, (*fam.*) essere degni del proprio nome ◆ *s.* **1** valore: *a ring of great —*, un anello di grande valore; *I bought a pound's — of stamps*, ho comperato francobolli per una sterlina **2** (*fig.*) valore, merito: *a person of great —*, una persona di gran merito.

worth[2] *s.* (*st.*) cascina, fattoria.

to **worth**[3] *v.intr.* (*poet. ant.*) accadere: *well — the hour!*, benedetta l'ora!, ben venga l'ora!; *woe — the day!*, maledetto sia il giorno!

worthily ['wɜ:ðɪlɪ / wor·thily] *avv.* degnamente; meritatamente: *a life — spent*, una vita trascorsa degnamente.

worthiness ['wɜ:ðɪnɪs / wor·thi·ness] *s.* **1** merito, valore **2** rispettabilità; dignità.

worthless ['wɜ:θlɪs / worth·less] *agg.* **1** senza valore, di nessun valore **2** immeritevole, indegno: *a — woman*, una donna indegna // **-ly** *avv.* // **-ness** *s.*

worthwhile [,wɜ:θ'waɪl / worth·while] *agg.* utile, proficuo; che vale la pena: *it is — doing it*, vale la pena di farlo; *a — job*, un lavoro che dà soddisfazione, pregevole, utile per la comunità.

worthy ['wɜ:ðɪ] *agg.* **1** meritevole, degno: *behaviour — of great respect*, comportamento degno di grande rispetto; *he found an enemy — of him*, trovò un nemico degno di lui; *to be — to do sthg.*, essere degno di fare qlco. **2** (*iron.*) rispettabile, onorevole: *who is that — gentleman?*, chi è quel degno signore? ◆ *s.* **1** persona illustre, celebrità; notabile: *an Elizabethan —*, una personalità dell'epoca elisabettiana; *the village worthies*, i maggiorenti del paese **2** (*scherz.*) personaggio, tipo: *who is the — with the bald head?*, chi è quel tipo con la testa calva?

to **wot** [wɒt] *v.intr.* (*ant.*) sapere: *my mother, you wot well / my hazards still have been your solace*, (SH. Coriolanus) madre, sai bene che i rischi che correvo son sempre stati la tua delizia.

wotcher ['wɒtʃə*] *inter.* (*fam.*) ciao.

would [wʊd (*forma forte*) wəd, əd (*forme deboli*)] *modal verb* (V) *pass.* di **will**; *forma negativa* **would not** ['wʊdnɒt] *forma contr.* **wouldn't** ['wʊdnt] **1** (*ausiliare per il cond.*): *if I had the money, I — change my car*, se avessi i soldi, cambierei la macchina; *he — do it if he could*, lo farebbe se potesse; *— you mind coming back later?*, ti dispiacerebbe ripassare più tardi?; *"Are they likely to come by plane?" "I — say so"*, "Verranno in aereo?" "Credo di sì"; *they wouldn't accept it*, loro non accetterebbero; *he may get the prize, but I wouldn't bet on it*, può darsi che vinca il premio, ma non ci giurerei; *he told me he — come*, mi disse che sarebbe venuto; *we — have never thought of it*, non ci avremmo mai pensato; *had she warned him, he — have done something*, se lei lo avesse avvertito, lui avrebbe in qualche modo provveduto; *Would you believe it? He missed an open goal*, Ci crederesti? Ha mancato un goal bell'e fatto **2** (*nel significato di* volere, avere l'intenzione di, *in tutte le persone sing. e pl. del pass. e del condiz.*): *he — continue though he was warned to stop*, volle continuare nonostante lo consigliassero di fermarsi; (*I*) *— (that) I were a poet*, (*ant.*) vorrei essere poeta; *the man I — meet*, (*antiq.*) l'uomo che vorrei incontrare; *what — you have him do?*, (*form.*) che cosa vorresti che facesse? // *— you kindly pass me the salt?*, vorresti per favore passarmi il sale? // *he — have none of it*, non ne voleva sentir parlare // *"How — I know?" "Ask Jim!"*, "Come faccio a saperlo?" "Chiedilo a Jim" // *"I'm afraid I've broken the teapot" "You —!"*, "Mi spiace, ho rotto la teiera" "C'era da aspettarselo da te" // *you — go and hurt yourself on the day of the race!*, era proprio da te andare a farti male il giorno della gara! // *"He denied having an affair with you" "Well, he —, wouldn't he?"*, "Ha negato di aver avuto una relazione con te" "È ovvio che lo neghi" // *So you —, — you? Drop that gun!*, Ah, è così? Metti giù quella pistola! **3** (*nel significato di* volere, *in tutte le pers. sing. e pl. dell'imperf. cong.*): *he could leave if he —*, potrebbe partire se volesse // *— it were not so!*, volesse il cielo che non fosse così!; *— to God!, to Heaven!*, (*ant.*) a Dio piacesse!, volesse il cielo! // *it was very cold and the car wouldn't start*, faceva molto freddo, e la macchina non partiva **4** (*con valore di* essere solito, solere, usare, *in tutte le pers. dell'imperf. indic.*): *the cat — come every day for its milk*, il gatto veniva tutti i giorni per il latte; *he — come to see us twice in a week in those days*, allora veniva, era solito venire a trovarci un paio di volte alla settimana; *whenever you turned on the washing machine, the lights — fuse*, ogni volta che si metteva in moto la lavatrice, saltavano le valvole; *the bus — always be late on Sundays*, la domenica l'autobus era sempre in ritardo **5** (*per esprimere supposizione*): *I was a young man then, it — be before you were born*, ero un giovanotto allora, dev'essere stato prima che tu nascessi; *I would say £ 10,000 — be enough*, io direi che 10.000 sterline dovrebbero bastare.

woulda ['wʊdə] (*fam. spec. amer.*) contr. di *would have*.

would-be ['wʊdbi:] *agg.attr.* sedicente; preteso: *a — poet*, un sedicente poeta; *my daughter's — husband*, l'aspirante alla mano di mia figlia.

wouldn't ['wʊdnt] contr. di *would not*.

wouldst [wʊdst] (*ant., poet.*) 2ª *pers.sing.pass.* di *will*; nell'inglese moderno *would*.

wound[1] [wu:nd] *s.* **1** ferita, piaga: *lacerated, open —*, ferita lacerata, aperta; *he had a knife — in his leg*, aveva una ferita da coltello nella gamba // *to open old wounds*, (*fig.*) riaprire vecchie ferite **2** (*fig.*) offesa, ingiuria **3** (*poet.*) pena d'amore.

to **wound**[1] *v.tr.* **1** ferire: *thirty soldiers were wounded in the action*, trenta soldati furono feriti nell'azione **2** (*fig.*) offendere: *to — s.o.'s feelings*, urtare la suscettibilità di qlcu.

wound[2] *pass.p.p.* di to **wind**[2].

wounded ['wu:ndɪd] *agg.* ferito: *seriously —*, gravemente ferito; *his pride was —*, fu ferito nell'orgoglio.

wound-up [,waʊnd'ʌp] *agg.* agitato; teso.

woundwort ['wu:ndwɜ:t / wound·wort] *s.* (*bot.*) (*Anthyllis vulneraria*) vulneraria SIN. vulnerary, kidney-vetch.

wove *pass.* di to **weave**.

woven *p.p.* di to **weave**.

wow[1] [waʊ] *inter.* (*fam.*) wow!, oh! ◆ *s.* (*sl. spec. amer.*) successo clamoroso, sensazionale: *it was a —*, fu un successo clamoroso.

to **wow**[1] *v.tr.* (*fam.*) aver successo presso, entusiasmare: *the speech wowed the citizens*, il discorso entusiasmò i cittadini.

wow[2] *s.* (*elettr.*) wow.

wrack[1] [ræk] *s.* **1** danno, oltraggio (a persona) **2** rovina: *to go to — and ruin*, andare in completa rovina, in malora SIN. rack.

wrack[2] *s.* [U] **1** (*antiq.*) relitti **2** alghe, rifiuti di mare (usati come concime).

wrack[3] *s.* nuvolaglia SIN. rack.

wraith [reɪθ] *s.* (*letter.*) spettro, fantasma.

wrangle ['ræŋgl] *s.* litigio; alterco; baruffa, rissa.

to **wrangle** *v.intr.* litigare; disputare; azzuffarsi.

wrangler ['ræŋglə* / wran·gler] *s.* **1** attaccabrighe **2** (*a Cambridge*) studente classificato tra i primi all'esame di matematica **3** (*amer.*) guardiano di cavalli; cowboy che raduna il bestiame **4** (*ant.*) avversario: *he hath made a match with such a wrangler / that all the courts of France will be disturbed*, (SH. Henry V) sta per misurarsi con un tale avversario che metterà in subbuglio tutti i campi da gioco di Francia.

wrap [ræp] *s.* **1** scialle; sciarpa **2** (*spec. pl.*) (*amer.*) coperta (da viaggio); cappotto; soprabito da donna // *to keep sthg. under wraps*, (*fam.*) tenere qlco. segretissimo.

to **wrap** *pass.p.p.* **wrapped** [ræpt] *v.tr.* avvolgere; imballare; coprire (*anche fig.*): *his private life was wrapped in mystery*, la sua vita privata era avvolta nel mistero; *they wrapped the child in a shawl*, avvolsero il bimbo in uno scialle; *to — sthg. in paper*, incartare qlco. ◆ *v.intr.* (*rar.*) sovrapporsi: *the edges do not —*, gli orli non si sovrappongono.

□ **wrap around** *v.tr.* e *prep.* **1** avvolgere: *he wrapped his arms around her*, la strinse tra le braccia **2** (*inform.*) unire di nuovo (le parole) (nel trattamento testi).

□ **wrap up** *v.tr.* e *avv.* **1** impacchettare; avvolgere; coprire: *she wrapped herself up and went out*, si coprì bene e uscì // *to be wrapped up in s.o., sthg.*, essere completamente preso da qlcu., qlco.: *she is wrapped up in her child*, vive per il suo bambino; *they are wrapped up in their work*, sono completamente assorbiti dal lavoro **2** (*fam.*) concludere, terminare (accordo, contratto ecc.) // *— up!*, chiudi il becco! **3** dire in modo indiretto; nascondere; mascherare **4** (*comm.*) imballare ◆ *v.intr.* e *avv.* coprirsi; avvolgersi.

wrap(a)round [ˈræp(ə)raʊnd / wrap·(a)round] *agg.* che avvolge completamente.

wrapper [ˈræpə* / wrap·per] *s.* **1** (*non com.*) imballatore **2** carta da imballo; incarto, involucro, copertina; fascetta (di giornale) **3** (*fam. amer.*) foglia esterna di tabacco di un sigaro **4** (*rar.*) veste da camera.

wrapping [ˈræpɪŋ / wrap·ping] *s.* **1** l'avvolgere; il fare pacchi **2** (*gener. pl.*) involucro, copertura; imballaggio, materiale da imballo.

wrap-up [ˈræpʌp] *s.* (*fam. amer.*) riepilogo delle notizie principali (alla radio, televisione).

wrasse [ræs] *s.* (*zool.*) labro.

wrath [rɔ:θ] *s.* (*form.*) collera, ira; indignazione: *the — of God*, la collera di Dio, divina; *to be slow to —*, non essere facile alla collera.

wrathful [ˈrɔ:θfʊl / wrath·ful] *agg.* adirato, sdegnato; indignato // **-ly** *avv.* // **-ness** *s.*

wreak [ri:k] *s.* (*ant.*) vendetta: *then if thou hast / a heart of wreak in thee*, (SH. Coriolanus) perciò, se hai un cuore che alberghi la vendetta.

to **wreak** *v.tr.* **1** dar libero corso a; sfogare: *he wreaked his anger upon the poor child*, sfogò la sua ira sul povero bambino **2** provocare, causare: *the hurricane wreaked havoc along the Caribbean coastline*, il ciclone causò distruzioni lungo la costa caraibica **3** (*ant.*) vendicare.

wreath [ri:θ] *s.* **1** ghirlanda, serto, corona, (di fiori, foglie) **2** anello, cerchio; spirale: *a — of smoke*, un anello di fumo.

to **wreathe** [ri:ð] *v.tr.* (*letter.*) **1** intrecciare: *to — a garland*, intrecciare una ghirlanda **2** inghirlandare; incoronare // *their faces were wreathed in smiles*, sorridevano felici **3** attorcigliare; avvolgere: *I saw a snake wreathing itself round a branch*, vidi un serpente che si attorcigliava attorno a un ramo ◆ *v.intr.* (*letter.*) **1** attorcigliarsi; avvolgersi **2** innalzarsi in spire, in volute (di fumo).

wreck [rek] *s.* **1** naufragio, rovina, distruzione (*anche fig.*): *the — of the Titanic*, il naufragio del Titanic; *his life is a —*, la sua vita è un fallimento **2** nave che ha subito un naufragio; relitto, rottame, rudere (*anche fig.*): *after the crash the car was reduced to a —*, dopo lo scontro l'automobile era ridotta a un rottame; *she was just a — of her former self*, non era più che l'ombra di se stessa; *the man was a nervous —*, l'uomo aveva i nervi a pezzi **3** (*inform.*) intasamento.

to **wreck** *v.tr.* **1** far naufragare: *the storm wrecked the ship*, la tempesta fece naufragare la nave **2** rovinare, distruggere, mandare in pezzi (*anche fig.*): *the car wrecked the newsstand*, l'automobile distrusse l'edicola; *he has wrecked my plans*, ha rovinato i miei progetti **3** (*inform.*) intasare (lo schermo) ◆ *v.intr.* **1** naufragare **2** andare in pezzi (*anche fig.*) **3** (*inform.*) (*dello schermo*) intasarsi.

wreckage [ˈrekɪdʒ / wreck·age] *s.* **1** (*antiq.*) naufragio (*anche fig.*); rovina: *the — of his hopes*, il naufragio delle sue speranze **2** ⓤ relitti (*pl.*) (*anche fig.*); rottami (*pl.*).

wrecked [rekt] *agg.* naufragato, rovinato, distrutto (*anche fig.*): *— car*, automobile distrutta; *a — life*, una vita distrutta; *— sailors*, (marinai) naufraghi.

wrecker [ˈrekə*] *s.* **1** saccheggiatore; persona che causa naufragi a scopo di saccheggio **2** nave, persona addetta al recupero di navi, di oggetti naufragati **3** (*amer.*) carro attrezzi **4** (*amer.*) demolitore di case.

wren [ren] *s.* (*zool.*) (*Troglodytes troglodytes*) scricciolo, troglodita SIN. jenny-wren.

wrench [rentʃ] *s.* **1** strappo, spinta; torsione; tirata **2** (*med.*) strappo muscolare; storta; slogatura: *to give one's knee a —*, slogarsi un ginocchio **3** (*fig.*) strazio, dolore: *it was a terrible — to leave our old home*, fu uno strazio lasciare la nostra vecchia casa **4** (*mecc.*) (*amer.*) chiave (fissa) BRIT. spanner: *box —*, chiave poligonale (*o* a stella); *monkey —*, chiave inglese (*o* a rullino); *stillson —*, chiave stringitubi; *tap —*, giramaschi.

to **wrench** *v.tr.* **1** strappare; torcere; tirare con forza: *to — a plant out of the ground*, strappare una pianta dal terreno **2** storcere, slogare: *to — one's foot*, slogarsi un piede **3** (*fig.*) strappare, allontanare con forza: *to — oneself free of s.o.*, liberarsi dalla presa di qlcu. con uno strattone **4** causare dolore, sofferenza a **5** alterare, svisare.

wrest [rest] *s.* **1** (*mus.*) chiave per accordare strumenti musicali **2** strappo; tirata; torsione.

to **wrest** *v.tr.* **1** strappare, togliere con violenza; torcere (*anche fig.*); estorcere: *to — a confession*, strappare una confessione; *to — a weapon from s.o.'s grasp*, strappare un'arma di mano a qlcu. **2** ottenere con difficoltà.

wrestle [ˈresl] *s.* **1** lotta; (*sport*) incontro di lotta libera **2** (*fig.*) dura lotta, combattimento.

to **wrestle** *v.intr.* lottare, fare la lotta (*anche sport*); combattere (*anche fig.*): *he wrestled with difficulties*, egli lottò contro le difficoltà // *to — in prayer* (o *to — with God*), (*rar.*) pregare con fervore ◆ *v.tr.* fare la lotta con; combattere contro (*anche fig.*): *he wrestled his opponent to the ground*, riuscì ad atterrare il suo avversario // *he wrestled the car round the bend*, riuscì a tenere, a non far sbandare la macchina in curva.

wrestler [ˈreslə* / wrest·ler] *s.* (*sport*) lottatore.

wrestling [ˈreslɪŋ / wrest·ling] *s.* lotta, combattimento; (*sport*) lotta libera; 'wrestling'; catch: *— match*, incontro di lotta libera.

wretch [retʃ] *s.* **1** persona miserabile, infelice, disgraziata: *poor —*, poveretto, povero disgraziato **2** persona spregevole; sciagurato; persona vile **3** (*scherz.*) incosciente, disgraziato.

wretched [ˈretʃɪd] *agg.* **1** miserabile; infelice, disgraziato, sfortunato: *a — life*, una vita infelice, disgraziata; *the — woman had lost all her money*, la povera donna aveva perso tutto il suo denaro **2** vile, spregevole **3** di cattiva qualità; non soddisfacente; pessimo, orribile: *— food*, cibo di cattiva qualità; *— health*, salute malferma; *— weather*, brutto tempo **4** squallido, deprimente: *what a — place to live in!*, che luogo squallido per viverci! **5** (*spreg.*) enorme; spaventoso: *— ignorance*, ignoranza crassa; *his — stupidity*, la sua enorme stupidità **6** (*fam.*) maledetto: *where are my — keys?*, dove sono le mie maledette chiavi? // **-ly** *avv.* // **-ness** *s.*

(to) **wrick** [rɪk] → (to) **rick**[2].

wriggle [ˈrɪgl] *s.* contorsione; contorcimento.

to **wriggle** *v.intr.* **1** contorcersi; dimenarsi: *he wriggled in pain*, si contorceva per il dolore // *the prisoner wriggled free of his ropes*, il prigioniero si liberò dalle corde divincolandosi; *the cat wriggled out of his hands*, il gatto sgusciò via divincolandosi dalle sue mani // *the soldiers wriggled along the ground*, i soldati avanzavano strisciando sul terreno **2** (*fig.*) dare risposte evasive; equivocare ◆ *v.tr.* contorcere; dimenare.

□ **wriggle out of** *v.intr.* e *avv.* e *prep.* cavarsi di impaccio con espedienti; evitare: *he wriggled out of all kinds of difficulties*, se l'è cavata con ogni tipo di difficoltà.

wright [raɪt] *s.* **1** (*rar.*) artigiano; operaio **2** (*rar.*) falegname, carpentiere.

wring [rɪŋ] *s.* **1** torsione; stretta: *he gave my hand a —*, mi diede una stretta di mano; *she gave the sheets a —*, strizzò le lenzuola **2** (*antiq.*) dolore acuto.

to **wring** *pass.p.p.* **wrung** [rʌŋ] *v.tr.* **1** torcere; contorcere: *to — one's hands in despair*, torcersi le mani dalla disperazione; *to — a bird's neck*, tirare il collo a un volatile; *I'll — your neck!*, (*scherz.*) ti tiro il collo! **2** stringere, serrare (*anche fig.*): *he wrung my hand*, mi serrò forte la mano; *her sad story wrung my heart*, la sua triste storia mi strinse il cuore **3** torcere, strizzare: *to — (out) the linen*, torcere, strizzare la biancheria **4** estorcere, strappare: *they wrung a confession from the prisoner*, strapparono una confessione al prigioniero ◆ *v.intr.* contorcersi: *to — with pain*, contorcersi per il dolore.

□ **wring out** *v.tr.* e *avv.* **1** strizzare; spremere (torcendo): *— the water out of the sheets*, strizza le lenzuola; *he managed to — out a cry*, riuscì a spremere una lacrimuccia **2** strappare, estorcere: *to — money out of s.o.*, estorcere denaro a qlcu.

wringer [ˈrɪŋə*] *s.* **1** (*tecn.*) torcitoio **2** strizzatoio **3** torcitore **4** (*rar.*) estorcitore // *she's a — of men's hearts*, (*fig.*) è una mangiatrice d'uomini.

wringing [ˈrɪŋɪŋ / wrin·ging] *agg.* **1** (*antiq.*) lacerante (di dolore) **2** *— wet*, bagnato fradicio ◆ *s.* **1** torcitura: *— machine*, torcitoio **2** asciugatura meccanica (dei panni): *— machine*, asciugatrice meccanica.

wrinkle [ˈrɪŋkl] *s.* **1** ruga; grinza; piega: *the wrinkles of a dress*, le grinze di un vestito; *she has a lot of wrinkles on her face*, ha il viso tutto rughe **2** (*fam.*) espediente, trovata astuta; suggerimento; consiglio utile.

to **wrinkle** *v.tr.* corrugare; raggrinzire; increspare; spiegazzare: *to — (up) one's forehead*, corrugare la fronte; *to — one's nose*, arricciare il naso ◆ *v.intr.* corrugarsi; raggrinzirsi.

wrinkled [ˈrɪŋkld] **wrinkly** [ˈrɪŋklɪ] *agg.* corrugato; rugoso; raggrinzito: *— with age*, rugoso per l'età.

wrist [rɪst] *s.* **1** polso **2** (*mecc.*) — (*pin*), spinotto.

wristband ['rɪstbænd / wrist·band] *s.* **1** polsino (di camicia) **2** cinturino (di orologio ecc.).

wrist-drop ['rɪst,drɒp] *s.* (*med.*) paralisi dei muscoli estensori del corpo.

wrist-joint ['rɪst,dʒɔɪnt] *s.* (*anat.*) articolazione radio-carpica.

wristlet ['rɪstlɪt / wrist·let] *s.* **1** braccialetto, bracciale **2** braccialetto (di orologio): — *watch*, orologio da polso **3** (*sl.*) manetta.

wristwatch ['rɪstwɒtʃ / wrist·watch] *s.* orologio da polso.

wristy ['rɪstɪ] *agg.* (*spec. sport*) con un forte gioco di polso.

writ [rɪt] *s.* **1** (*dir.*) mandato; ordine; mandato esecutivo: — *of summons*, citazione; *to serve a — on s.o.*, notificare un mandato a qlcu. // — *of subpoena*, mandato di comparizione // — *of sequestration*, sequestro giudiziario **2** (*rar.*) scritto; documento // *the Holy Writ*, la Sacra Scrittura.

writ *pass.p.p.* (*ant.*) di to **write** // *if this be error, and upon me prov'd, / I never writ, or no man ever lov'd*, (SH. Sonetti) se questo è errato e su di me provato, né io mai scrissi né alcun uom ha amato.

writable ['raɪtəbl / writ·able] *agg.* **1** scrivibile **2** adatto per scrivere.

write [raɪt] *s.* (*inform.*) scrittura: — *head*, testina di scrittura; — *pulse*, impulso di scrittura // — *-once medium*, supporto a scrittura permanente.

to **write** *pass.* **wrote** [rəʊt] (*ant.*) **writ** [rɪt] *p.p.* **written** ['rɪtn / writ·ten] (*ant.*) **writ** *v.intr.* **1** scrivere: *to — with a pen, in pencil*, scrivere a penna, a matita; *she writes to me every week*, mi scrive ogni settimana; *she writes in a good hand*, ha una bella calligrafia; *to — in one's own hand*, scrivere di proprio pugno; — *about your holidays*, descrivete le vostre vacanze // *that's nothing to — home about*, non è niente di straordinario, di speciale **2** scrivere, fare lo scrittore: *he makes a living by writing*, vive facendo lo scrittore; *to — for the papers*, fare il giornalista ♦ *v.tr.* **1** scrivere (*anche fig.*): *to — a novel*, scrivere un romanzo; *to — a letter*, scrivere una lettera; *she wrote two sheets*, riempì due fogli; *to — a symphony*, scrivere, comporre una sinfonia; *to — a computer program*, stendere un programma al computer; *pain was written all over her face*, il dolore era dipinto sul suo volto // *written in the dust* (o *in sand* o *in water*), scritto sulla sabbia, effimero **2** (*spec. amer.*) scrivere una lettera a: *he wrote me he would arrive on Sunday*, mi scrisse che sarebbe arrivato domenica **3** compilare, riempire: *he wrote a cheque for 2000 dollars*, compilò un assegno di 2000 dollari **4** (*antiq.*) qualificare, designare: *he writes himself a doctor*, si qualifica dottore.

□ **write away** *v.intr.* e *avv.* scrivere, mandare un ordine: — *away now for the free gift*, scrivete ora per ricevere il dono.

□ **write back** *v.intr.* e *avv.* rispondere: *I sent him a letter a month ago but he hasn't written back yet*, gli ho mandato una lettera un mese fa, ma non ha ancora risposto.

□ **write down** *v.tr.* e *avv.* **1** scrivere, prender nota di; metter giù: — *down my telephone number*, prendi nota del mio numero di telefono; — *down your ideas about...*, mettete giù le vostre idee circa... **2** (*econ.*) svalutare.

□ **write in** *v.tr.* e *avv.* **1** includere, inserire (in un testo scritto): *to — in a new word*, inserire una nuova parola **2** aggiungere, inserire (in una lista elettorale): *to — in a new candidate's name*, aggiungere il nome di un nuovo candidato // *to — s.o. in*, (*amer.*) votare per qlcu., dare un voto di preferenza a qlcu. ♦ *v.intr.* e *avv.* rivolgere, indirizzare, inoltrare una protesta, un esposto, una lettera: *they wrote in to complain of the service*, fecero un esposto per lamentarsi del servizio.

□ **write into** *v.tr.* e *prep.* includere, inserire: *to — a clause into a contract*, inserire una clausola in un contratto.

□ **write off** *v.tr.* e *avv.* **1** considerare un fallimento: *their marriage had been written off even before it began*, il loro matrimonio era stato considerato un fallimento ancora prima che incominciasse // *to — s.o. off*, dare per spacciato qlcu. **2** rendere inservibile; danneggiare (un'automobile) in modo da non essere più riparata **3** cancellare; (*econ.*) ammortizzare: *to — off a debt*, cancellare un debito ♦ *v.intr.* e *avv.* → to write away.

□ **write off as** *v.tr.* e *avv.* e *prep.* spacciare per; tacciare di essere: *you can't — him off as a charlatan*, non può essere tacciato di ciarlataneria.

□ **write out** *v.tr.* e *avv.* **1** scrivere, trascrivere; stendere, compilare: *to — out a composition properly*, trascrivere un tema in bella copia; *to — out a receipt*, compilare una ricevuta **2** togliere, eliminare (un personaggio da un serial radiofonico, televisivo) **3** esaurire: *to — oneself out*, esaurire la propria vena creativa (di scrittore, compositore).

□ **write up** *v.tr.* e *avv.* **1** riscrivere, trascrivere, riordinare: *to — up one's notes*, riordinare i propri appunti **2** recensire, scrivere la recensione, la critica di (film, commedia, libro).

write-down ['raɪtdaʊn] *s.* ammortamento.

write-in ['raɪtɪn] *s.* (*amer.*) voto (scritto).

write-off ['raɪtɒf *amer.* 'raɪtɔ:f] *s.* **1** ferrovecchio, rottame: *after the crash his car was a —*, dopo l'incidente la sua macchina era un rottame **2** ammortamento (completo).

writer ['raɪtə*] *s.* **1** chi scrive; scrittore; autore: *the — (of this letter)*, lo scrivente; *—'s cramp*, crampo dello scrivano **2** (*antiq.*) copista **3** (*inform.*) programma di scrittura; scrittore **4** (*Borsa*) venditore di un contratto a premio // *net —*, operatore nel mercato delle opzioni che vende più di quanto ha comprato **5** (*scoz.*) avvocato, procuratore // *Writer to the Signet*, alto funzionario dei tribunali scozzesi.

writership ['raɪtəʃɪp / writer·ship] *s.* (*st.*) ufficio, mestiere di scrivano, di copista.

write-up ['raɪtʌp] *s.* (*fam.*) **1** resoconto **2** critica, recensione **3** (*inform.*) documentazione sommaria **4** (*comm.*) rivalutazione.

writhe [raɪð] *s.* (*non com.*) contorcimento; convulsione.

to **writhe** *v.intr.* **1** contorcersi; dimenarsi (convulsamente): *to — in agony*, contorcersi nell'agonia **2** (*fig.*) fremere; risentirsi: *he writhed with hatred*, fremeva d'odio; *to — at* (o *under*) *an insult*, fremere a un insulto; *to — with shame*, fremere di vergogna.

writing ['raɪtɪŋ / writ·ing] *s.* **1** lo scrivere: *she was busy with her —*, era occupata a scrivere **2** scrittura, calligrafia: *I cannot understand his —*, non capisco la sua calligrafia **3** scritto; documento scritto; scritta: *that leading article is a fine piece of —*, quell'articolo di fondo è un buon pezzo // *the — on the wall*, (*fig.*) presagio infausto // *in —*, per iscritto: (*dir.*) *evidence in —*, prova scritta **4** *pl.* scritti, opere letterarie: *the writings of John Henry Newman*, gli scritti di John Henry Newman **5** (*inform.*) scrittura; registrazione // — *head*, testina di scrittura.

writing-book ['raɪtɪŋbʊk] *s.* quaderno.

writing-case ['raɪtɪŋkeɪs] *s.* astuccio con il necessario per scrivere.

writing desk ['raɪtɪŋdesk] *s.* scrivania.

writing-off [,raɪtɪŋ'ɒf *amer.* ,raɪtɪŋ'ɔ:f] *s.* (*comm.*) ammortamento: — *of debt*, ammortamento del debito; — *down allowance*, quota di ammortamento.

writing pad ['raɪtɪŋ,pæd] *s.* blocco; block -notes.

writing paper ['raɪtɪŋ,peɪpə*] *s.* carta da lettera.

writing table ['raɪtɪŋ,teɪbl] *s.* scrittoio, scrivania.

written ['rɪtn / writ·ten] *p.p.* di to **write** ♦ *agg.* **1** messo per iscritto: *I want a — apology*, voglio delle scuse per iscritto; (*dir.*) — *evidence*, prova scritta **2** (*dir.*) formulato nei codici, in documenti: — *law*, legge scritta, codificata **3** iscritto, scolpito.

wrong [rɒŋ] *agg.* **1** sbagliato; erroneo; inesatto; scorretto: *you gave the — answer*, hai dato la risposta sbagliata; *your clock is —*, il tuo orologio non è esatto // *to be —*, avere torto: *it is — of you to help her*, fai male ad aiutarla // — *side*, rovescio (di tessuto) // *to be on the — side of thirty*, aver oltrepassato la trentina // *to get out of bed on the — side*, alzarsi di cattivo umore // *to be on* (o *from*) *the — side of the tracks*, (*amer.*) essere nato nella zona meno rispettabile della città // *to be born on the — side of the blanket*, (*antiq.*) essere figlio illegittimo // — *end up*, capovolto, a rovescio // *to get* (o *to hold*) *the — end of the stick*, (*fam.*) avere una idea, una teoria completamente sbagliata // *to get off on the — foot*, essere impreparato; cominciare male, col piede sbagliato // *to be caught on the — foot*, essere preso in contropiede // *he took what I said the — way*, ha frainteso quello che ho detto // *to be in the — box*, (*antiq.*) essere in una situazione imbarazzante, difficile, in condizioni di inferiorità **2** sbagliato, non adatto: *we got into the — train*, salimmo sul treno sbagliato; *you always do the — thing*, fai sempre quello che non dovresti fare **3** cattivo, immorale: *what is — with her?*, (*fam.*) che trovate da ridire sul suo conto? **4** illegittimo: *it is — to steal*, non si deve rubare **5** guasto, difettoso; in cattive condizioni (fisiche, mentali): *what is — with you?*, (*fam.*) cosa c'è che non va?; *something is — with this computer*, qualcosa non va in questo computer; *he's — in the head*, gli manca qualche rotella.

wrong *s.* **1** ingiustizia; torto; danno: *he complained of the wrongs he had suffered*, si lamentò dei torti subiti; *to be in the —*, essere dalla parte del torto; *to put s.o. in the —*, fare apparire colpevole qlcu.; (*dir.*) dimostrare la colpevolezza di qlcu. // *the king can do no —*, il re non è responsabile // *two wrongs do not make a right*, (*prov.*) due neri non fanno un bianco **2** male, peccato; ingiustizia morale: *to* *know right from* —, distinguere il bene dal male **3** (*dir.*) illecito; danno // *private* —, violazione del diritto privato; *public* —, violazione del diritto pubblico.

wrong *avv.* **1** erroneamente; in modo inesatto; ingiustamente; male, malamente; a torto: *you have got it* —, vi siete sbagliati, non avete capito bene; *to guess* (o *to get*) —, capire male, fraintendere; *to go* —, sbagliare; andare male; guastarsi: *something's gone — with my sewing machine*, c'è qualcosa che non va nella macchina da cucire // *to get in — with s.o.*, (*fam. amer.*) diventare antipatico a qlcu. **2** impropriamente, non convenientemente **3** in modo peccaminoso, immorale: *to go* —, peccare, cadere in peccato; deviare dalla retta via **4** (*dir.*) illecitamente.

to **wrong** *v.tr.* **1** far torto a, offendere; trattare ingiustamente; maltrattare; giudicare male: *you've wronged her by treating her like that*, sei stato ingiusto a trattarla così **2** imbrogliare; nuocere a **3** (*mar.*) superare nel navigare; navigare più velocemente di; (*fig.*) oltrepassare.

wrongdoer ['rɒŋ,du:ə* *amer.* ,rɔ:ŋ'du:ə* / wrong·doer] *s.* **1** malfattore; peccatore **2** (*dir.*) trasgressore, autore di un illecito.

wrongdoing ['rɒŋ,du:ɪŋ *amer.* ,rɔ:ŋ'du:ɪŋ / wrong·do·ing] *s.* (*dir.*) il compiere trasgressioni, atti illeciti; il commettere infrazioni: *there has been an increase in — in recent years*, la delinquenza è aumentata negli ultimi anni.

wrong fount ['rɒŋfaʊnt *amer.* 'rɔ:ŋfaʊnt] *s.* (*tip.*) refuso.

wrongful ['rɒŋfʊl / wrong·ful] *agg.* **1** ingiusto; iniquo; sleale **2** (*dir.*) illegale: — *act*, atto illecito; — *arrest, imprisonment*, arresto, detenzione illegale; — *dismissal*, licenziamento illegale; — *heir*, erede illegittimo **3** ingiustificato // **-ly** *avv.* // **-ness** *s.*

wrong gee [,rɒŋ'dʒi: *amer.* ,rɔ:ŋ'dʒi:] *s.* (*fam. amer.*) persona non affidabile; presunto criminale.

wrongheaded [,rɒŋ'hedɪd *amer.* ,rɔ:ŋ 'hedɪd / wrong·headed] *agg.* **1** ostinato nell'errore **2** sbagliato, errato; male interpretato // **-ly** *avv.* // **-ness** *s.*

wrongly ['rɒŋlɪ / wrong·ly] *avv.* **1** a torto; ingiustamente: *rightly or* —, a torto o a ragione **2** male, erroneamente: *I was — informed*, fui informato male.

wrongo ['rɒŋəʊ *amer.* 'rɔ:ŋəʊ] *s.* (*fam. amer.*) **1** malfattore **2** persona sgradevole; persona non all'altezza.

wrote *pass.* di to **write**.

wroth [rəʊθ] *agg.pred.* (*poet., antiq.*) irritato, adirato, sdegnato; furente: *to wax* —, irritarsi, adirarsi, divenire furibondo.

wrought [rɔ:t] *pass.p.p.* (*antiq.*) di to **work** ◆ *agg.* **1** lavorato; elaborato; fatto **2** (*metall.*) lavorato; battuto, fucinato; saldato: — *iron*, ferro battuto; ferro saldato; — *metal*, metallo battuto; — *silver*, argento lavorato; — *steel*, acciaio saldato // *and of the happiest moments which were wrought / within the web of my existence, some / from thee, fair Venice! have their colours caught*, (BYRON) e alcuni dei più felici momenti intessuti nella trama della mia esistenza da te, bella Venezia, hanno catturato i loro colori.

wrought-up [,rɔ:t'ʌp] *agg.* teso, agitato, eccitato, nervoso: *my nerves are* —, ho i nervi a pezzi.

wrung *pass.p.p.* di to **wring**.

wry [wraɪ] *comp.* **wryer**, **wrier** ['raɪə*] *superl.* **wryest**, **wriest** ['raɪɪst] *agg.* **1** storto; obliquo, sbieco: *on hearing it, he gave a — smile*, udendolo fece un sorriso ironico // *to make a — face*, fare una smorfia (di disgusto, di disappunto ecc.) **2** svisato, falso (di parola, pensiero ecc.) // **-ly** *avv.* // **-ness** *s.*

wrybill ['raɪbɪl / wry·bill] *s.* (*zool.*) (*Anarhynchus frontalis*) becco storto.

wryneck ['raɪnek / wry·neck] *s.* **1** (*med.*) torcicollo SIN. loxia, stiff neck **2** (*zool.*) (*Iynx torquilla*) torcicollo, collotorto.

wry-necked ['raɪnekt] *agg.* dal collo torto; che ha il torcicollo.

wulfenite ['wʊlfənaɪt / wul·fen·ite] *s.* (*min.*) wulfenite.

wunderkind ['vʊndəkɪnt / wun·der·kind] *s.* (*fam. amer.*) bambino prodigio.

wurtzite ['wɜ:tsaɪt / wurtz·ite] *s.* (*min.*) wurtzite.

wüstite ['wʊstaɪt / wüst·ite] *s.* (*min.*) wüstite.

wych-elm ['wɪtʃelm] *s.* (*bot.*) (*Ulmus montana*) olmo riccio.

wych-hazel *s.* (*bot.*) → **witch-hazel**.

Wyclif(f)ite ['wɪklɪfaɪt / Wyc·lif·(f)ite] *agg.* (*st. relig.*) di, appartenente a Wycliffe (riformatore religioso del sec. XIV) ◆ *s.* (*st. relig.*) seguace di Wycliffe.

wyvern ['waɪvən / wy·vern] *s.* (*arald.*) dragone alato a due zampe.

x [eks] *pl.* **xs**, **x's** ['eksɪz] *s.* **1** (*ventiquattresima lettera dell'alfabeto inglese*) x // (*tel.*) — *for Xmas* (o amer. — *for X*), x come Xeres // *Mr X*, il Signor X // *x marks the spot*, (*fam. amer.*) proprio qui; il punto esatto: *I pointed to the map and told them "x marks the spot"*, ho indicato loro il punto esatto sulla cartina // *X*, (*cifra romana*) 10 **2** (segno che al termine di una lettera o cartolina indica un) bacio **3** film vietato ai minori di 16 anni **4** (*mat.*) x, prima incognita.

xanthate ['zænθɪt / xanth·ate] *s.* (*chim.*) xantato.

xanthein ['zænθɪɪn / xanth·ein] *s.* (*chim.*) xanteina, pigmento giallo vegetale.

xanthelasma [,zænθə'læzmə / xan·the·las·ma] *s.* (*med.*) xantelasma.

xanthene ['zænθi:n / xanth·ene] *s.* (*chim.*) xantene: — *dye*, colorante allo xantene.

xanthic ['zænθɪk] *agg.* (*chim.*) — *acid*, acido xantico.

xanthine ['zænθɪn / xanth·ine] *s.* (*chim.*) xantina.

Xanthippe [zæn'θɪpɪ / Xan·thippe] *s.* Santippe, moglie bisbetica.

xanthoconite [zæn'θɒkənaɪt / xan·tho·con·ite] *s.* (*min.*) xantocono.

xanthogenate [zæn'θɒdʒəneɪt / xan·tho·gen·ate] *s.* (*chim.*) xantogenato.

xanthogenic [,zænθə'dʒenɪk / xan·tho·genic] *agg.* (*chim.*) xantogenico: — *acid*, acido xantogenico.

xanthoma [zæn'θəʊmə / xanth·oma] *pl.* **xanthomas**, **xanthomata** [zæn'θəʊmətə / xanth·omata] *s.* (*med.*) xantoma.

xanthone ['zænθəʊn / xanth·one] *s.* (*chim.*) xantone.

xanthophyll ['zænθəfɪl / xan·tho·phyll] *s.* (*chim.*) xantofilla.

xanthopsia [,zæn'θɒpsɪə / xan·tho·psia] *s.* (*med.*) xantopsia.

xanthoxenite [zæn'θɒksənaɪt / xan·tho·xen·ite] *s.* (*min.*) xantoxeno, xantoxenite.

Xantippe [zæn'tɪpɪ / Xan·tippe] → **Xanthippe**.

x-double-minus [,eks,dʌbl'maɪnəs] *agg.* (*fam. amer.*) schifoso, di pessima qualità.

xebec ['zi:bek / xe·bec] *s.* (*mar.*) sciabecco.

xenarthran [zə'nɑ:θrən / xen·arth·ran] *agg.* e *s.* (*zool.*) xenartro.

xeno- [zenəʊ, zi:nəʊ] *pref.* di origine greca che significa "straniero, estraneo"; it. xeno-, seno-: *xenophobic*, xenofobico.

xenocurrency [,zenə'kʌrənsɪ / xeno·cur·rency] *s.* (*fin.*) xenovaluta.

xenodochium [,zenədə'kaɪəm / xe·no·do·chium] *pl.* **xenodochia** [,zenədə'kaɪə / xe·no·do·chia] *s.* (*st.*) xenodochio.

xenoecological [,zenəʊ,i:kə'lɒdʒɪkl / xe·no·eco·lo·gical] *agg.* xenoecologico.

xenoecology [,zenəʊ,i:'kɒlədʒɪ / xe·no·eco·logy] *s.* xenoecologia.

xenogamy [zi:'nɒgəmɪ / xe·no·gamy] *s.* (*bot.*) xenogamia.

xenoglossy ['zenə,glɒsɪ / xe·no·glossy] *s.* xenoglossia.

xenograft ['zenəgrɑ:ft *amer.* 'zenəgræft / xeno·graft] *s.* (*med.*) eterotrapianto.

xenolith ['zenəlɪθ / xeno·lith] *s.* (*geol.*) xenolite, incluso.

xenomania [,zenə'meɪnɪə / xeno·mania] *s.* esterofilia, esteromania.

xenon ['zenɒn] *s.* (*chim.*) xeno: — *tetrafluoride*, tetrafluoruro di xeno.

xenophilia [,zenə'fɪljə / xeno·philia] *s.* xenofilia.

xenophilous [ze'nɒfɪləs / xeno·phil·ous] *agg.* xenofilo.

xenophobe ['zenəfəʊb / xeno·phobe] *s.* xenofobo.

xenophobia [,zenə'fəʊbjə / xe·no·pho·bia] *s.* xenofobia.

xenopus ['zenəpəs / xe·no·pus] *s.* (*zool.*) xenopo.

xenotime ['zenətaɪm / xeno·time] *s.* (*min.*) xenotimo.

xeroderma [,zɪərə'dɜ:mə / xero·derma] *s.* (*med.*) xeroderma.

xerogram ['zɪərəgræm / xero·gram] *s.* xerocopia.

xerographic [,zɪərə'græfɪk / xero·graphic] *agg.* xerografico.

xerographic copier [,zɪərə,græfɪk'kɒpɪə*] *s.* xerocopiatrice.

xerography [,zɪə'rɒgrəfɪ / xero·graphy] *s.* xerografia.

xerophilous [zɪ'rɒfɪləs / xero·phil·ous] *agg.* (*biol.*) xerofilo.

xerophthalmia [,zɪə,rɒf'θælmɪə / xero·phthal·mia] *s.* (*med.*) xeroftalmia, xeroftalmo.

xerophthalmic [,zɪə,rɒf'θælmɪk / xero·phthal·mic] *agg.* xeroftalmico.

xerophyte ['zerəfaɪt / xero·phyte] *s.* (*bot.*) xerofito.

xeroradiographic [,zɪərə,reɪdɪəʊ'græfɪk / xero·radio·graphic] *agg.* xeroradiografico.

xeroradiography [,zɪərəʊ,reɪdɪ'ɒgrəfɪ / xero·radio·graphy] *s.* xeroradiografia.

xerosis [,zə'rəʊsɪs / xero·sis] *pl.* **xeroses** *s.* (*med.*) xerosi.

xerosphere ['zerəsfɪə* / xero·sphere] *s.* (*geogr.*) xerosfera, ambiente desertico.

to **xerox** ['zɪərɒks] *v.tr.* xerocopiare, riprodurre mediante xerografia.

Xhosa ['kɔ:sə] *s.* (*pl. anche invar.*) **1** Xosa (*tribù sudafricana*) **2** lingua degli Xosa ◆ *agg.* della popolazione Xosa.

xi [saɪ] *s.* ksi (lettera dell'alfabeto greco).

xiphisternum [,zɪfɪ'stɜ:nəm / xiphi·sternum] *pl.* **xiphisternums**, **xiphisterna** [,zɪfɪ'stɜ:nə / xiphi·sterna] *s.* (*anat.*) xifoide.

xiphoid ['zɪfɔɪd / xiph·oid] *agg.* (*anat.*) xifoideo ◆ *s.* (*anat.*) xifoide.

xiphosure ['zɪfə,sjʊə* / xipho·sure] *s.* (*zool.*) xifosuro.

Xmas *s.* → **Christmas**.

to **x-out** [,eks'aʊt] *v.tr.* e *intr.* e *avv.* (*amer.*) cancellare con delle x (un testo); fare delle crocette su (un testo per annullarlo).

x-rated ['eks,reɪtɪd] *agg.* vietato ai minori.

X-ray ['eksreɪ] *s.* **1** raggi X **2** radiografia ◆ *agg.attr.* a, di raggi X // (*fis.*): — *astronomy*, astronomia a raggi X; — *chrystallography*, cristallografia a raggi X; — *diffraction*, diffrazione dei raggi X; — *microscopy*, microscopia a raggi X; — *spectrum*, spettro a raggi X; — *tube*, tubo a raggi X // (*med.*): — *photograph*, radiografia; — *therapy*, roentgenterapia.

to **X-ray** *v.tr.* sottoporre a raggi X; radiografare: *x-rayed*, sottoposto a raggi X.

xx [,dʌbl'eks] *s.* (*fam. amer.*) tradimento: *she gave him the* —, lo tradì.

xylan ['zaɪlæn / xy·lan] *s.* xilano.

xylem ['zaɪlem / xy·lem] *s.* (*bot.*) xilema, silema.

xylene ['zaɪli:n / xy·lene] *s.* (*chim.*) xilene: *meta* —, metaxilene; *ortho* —, orthoxilene; *para* —, paraxilene.

xylenol ['zaɪlənɒl / xy·lenol] *s.* (*chim.*) xilenolo.

xylidine ['zaɪlədi:n / xy·lid·ine] *s.* (*chim.*) xilidina.

xylite ['zaɪlaɪt / xyl·ite] **xylitol** ['zaɪlətɒl / xyl·itol, xy·litol] *s.* (*chim.*) xilitolo.

xylograph ['zaɪləgrɑ:f *amer.* 'zaɪləgræf / xy·lo·graph] *s.* xilografia.

xylographer [zaɪ'lɒgrəfə* / xy·lo·grapher] *s.* xilografo.

xylography [zaɪ'lɒgrəfɪ / xy·lo·graphy] *s.* xilografia.

xylol ['zaɪlɒl / xy·lol] *s.* (*chim.*) xilolo.

xylophagan [zaɪ'lɒfəgən / xy·lo·phagan] *s.* (*zool.*) xilofago, silofago.

xylophagous [zaɪ'lɒfəgəs / xy·lo·phag·ous] *agg.* xilofago, che mangia il legno.

xylophone ['zaɪləfəʊn / xy·lo·phone] *s.* (*mus.*) xilofono.

xylophonist [zaɪ'lɒfənɪst / xy·lo·phon·ist] *s.* xilofonista.

xylose ['zaɪləʊs / xy·lose] *s.* (*chim.*) xilosio.

xyster ['zɪstə*] *s.* (*med.*) raschiatoio.

Yy

y [waɪ] *pl.* **ys**, **y's** *s.* **1** (*vencinquesima lettera dell'alfabeto inglese*) y // (*tel.*) — *for Yellow* (o amer. — *for Yoke*), y come Yacht **2** (*mat.*) y, seconda incognita.

yabber ['jæbə* / yab·ber] *s.* (*austr.*) discorso, conversazione.

to **yabber** *v.intr.* (*austr.*) chiacchierare; parlare.

yacht [jɒt] *s.* (*mar.*) yacht, panfilo.

to **yacht** *v.intr.* viaggiare su yacht; prender parte a gare di panfili.

yachting ['jɒtɪŋ / yacht·ing] *s.* yachting, navigazione da diporto, il viaggiare su yacht; il prendere parte a gare di panfili // — *holiday*, vacanza in yacht.

yachtsman ['jɒtsmən / yachts·man] *pl.* **yachtsmen** *s.* proprietario, comandante di yacht.

yachtsmanship ['jɒtsmənʃɪp / yachts·man·ship] *s.* abilità nel guidare uno yacht.

yack [jæk] *s.* (*fam. amer.*) **1** chiacchierio **2** risata; pausa (per le risate del pubblico in uno spettacolo).

to **yack** *v.intr.* (*fam. amer.*) chiacchierare, ciarlare // *to — it up*, sputare sentenze, parlare a vanvera.

yah [jɑ:] *inter.* puah!

yahoo [jə'hu: / ya·hoo] *s.* **1** bruto; persona irragionevole e violenta **2** (*amer.*) zoticone, ignorante.

yak¹ [jæk] *s.* (*zool.*) (*Bos grunniens*) yak.

(to) **yak**² → (to) **yack**.

yakkety-yak ['jækɪtɪ'jæk] → **yack** 1.

yam [jæm] *s.* (*bot.*) **1** (*Dioscorea opposita*) igname (anche la radice) **2** (*amer.*) → batata.

to **yammer** ['jæmə* / yam·mer] *v.intr.* **1** piangere, lamentarsi **2** (*fam. amer.*) ciarlare, chiacchierare.

yang [jæŋ] *s.* **1** yang (principio maschile nel taoismo) **2** (*sl. amer.*) pene.

yank¹ [jæŋk] *s.* (*fam.*) strattone.

to **yank**¹ *v.intr.* (*fam.*) dare uno strattone ◆ *v.tr.* **1** tirare con violenza **2** (*fam. amer.*) vittimizzare, infastidire, tormentare.

Yank², **Yankee** ['jæŋkɪ / Yan·kee] *s.* **1** (*fam.*) yankee, americano (degli Stati Uniti) **2** (*amer.*) nativo della Nuova Inghilterra **3** (*amer.*) nordista (durante la guerra di secessione).

Yankeedom ['jæŋkɪdəm / Yan·kee·dom] *s.* (*fam.*) **1** gli yankee **2** il paese, la terra degli yankee.

Yankeefied ['jæŋkɪfaɪd / Yan·kee·fied] *agg.* (*fam.*) americanizzato.

Yankeeism ['jæŋkɪɪzəm / Yan·kee·ism] *s.* (*fam.*) americanismo.

Yankeeland ['jæŋkɪlænd / Yan·kee·land] *s.* (*fam.*) l'America, gli Stati Uniti.

yantsy ['jæntsɪ] *agg.* (*fam. amer.*) su di giri, eccitato.

yap [jæp] *s.* **1** guaito, l'uggiolare (di un cucciolo) **2** (*fam.*) chiacchierata: *to have a* —, fare una chiacchierata **3** (*fam. amer.*) tonto **4** (*sl. amer.*) bocca.

to **yap** *pass.p.p.* **yapped** [jæpt] *v.intr.* **1** guaire, uggiolare (di un cucciolo) **2** (*fam.*) parlare a vanvera **3** parlare in modo brusco.

yard¹ [jɑ:d] *s.* **1** (abbr. *yd.*) yard, iarda (misura di lunghezza = 91,4399 cm): *cubic* —, iarda cubica (misura di volume = 0,7645 m³); *square* —, iarda quadrata (misura di superficie = 0,8361 m²) // — *measure*, strumento di misura di una iarda // — *goods*, (*amer.*) merce venduta in yarde (tessuti ecc.) // *a — of ale*, un boccale (alto circa una iarda e dal collo molto stretto) di birra **2** (*mar.*) pennone: *main* —, pennone di maestra; *crossjack* —, pennone di mezzana; — *arm*, estremità di un pennone; *to man the yards*, far salire i marinai sui pennoni **3** (*fam. amer.*) cento dollari.

yard² *s.* **1** cortile; recinto; terreno cintato; piazzale; (*amer.*) prato, giardino attorno alla casa: *school* —, cortile della scuola; *cattle* —, recinto del bestiame // *Scotland Yard* (o *the Yard*), Scotland Yard (sede centrale della polizia londinese) **2** (*ferr.*) scalo: (*goods*) —, scalo merci; — *goose*, scambista; — *locomotive*, locomotiva di manovra **3** cantiere: *building* —, cantiere edile // (*mar.*): *ship* —, cantiere navale; *navy* —, arsenale.

to **yard**² *v.tr.* (*amer.*) rinchiudere (bestiame) in un recinto.

yardage ['jɑ:dɪdʒ / yard·age] *s.* **1** misurazione in iarde **2** (*edil.*) materiale di sterro in iarde cubiche.

yardbird ['jɑ:dbɜ:d / yard·bird] *s.* (*amer.*) **1** (*fam.*) carcerato, recluso **2** (*sl.*) recluta.

yard-man ['jɑ:dmən] *s.* (*amer.*) giardiniere.

yardstick ['jɑ:dstɪk / yard·stick] *s.* **1** stecca di una iarda di lunghezza **2** (*fig.*) parametro, criterio di valutazione.

yare [jeə*] *agg.* (*ant.*) agile, veloce: *our ship / ... / is tight and yare and bravely rigg'd*, (SH. The Tempest) la nostra nave... è a perfetta tenuta, agile e ben attrezzata di vele // **-ly** *avv.*

yarn [jɑ:n] *s.* **1** filo, filato (di lana, cotone ecc.); *carded* —, filato cardato; *dyed* —, filato tinto; *mercerized* —, filo mercerizzato; *woollen* —, filato di lana; *weft* —, filo di trama // (*tess.*): — *lever*, leva di alimentazione del filo; — *reel*, aspo (per filato) **2** (*fig.*) racconto, storia, aneddoto: *to spin a —, yarns*, (*fam.*) raccontare una storia, frottole.

to **yarn** *v.intr.* (*fam.*) raccontare storie, frottole.

yarrow ['jærəʊ / yar·row] *s.* (*bot.*) achillea, millefoglio → **milfoil**.

yashmak ['jæʃmæk / yash·mak] *s.* velo delle donne musulmane.

yaw [jɔ:] *s.* **1** (*aer.*) imbardata **2** (*mar.*) straorzata.

to **yaw** *v.intr.* **1** (*aer.*) imbardare **2** (*mar.*) straorzare.

yawl¹ [jɔ:l] *s.* (*mar.*) iole.

(to) **yawl**² → (to) **yowl**.

yawn [jɔ:n] *s.* **1** sbadiglio **2** (*fig. fam.*) cosa noiosa; persona noiosa: *the film was a big* —, il film era una noia mortale, una pizza **3** apertura; voragine; abisso.

to **yawn** *v.intr.* **1** sbadigliare; parlare sbadigliando **2** aprirsi, spalancarsi: *the gulf yawned at his feet*, l'abisso si spalancava sotto i suoi piedi ◆ *v.tr.* dire sbadigliando: *she yawned sthg.*, disse qlco. sbadigliando.

yawning ['jɔ:nɪŋ / yawn·ing] *agg.* **1** sonnolento; che sbadiglia **2** spalancato: *a — chasm*, (*letter.*) un abisso spalancato // **-ly** *avv.*

yawp [jɔ:p] *s.* (*fam. amer.*) **1** guaito **2** grido rauco **3** cicaleccio.

to **yawp** *v.intr.* (*fam. amer.*) **1** guaire **2** emettere un grido rauco **3** parlare a vanvera **4** sbadigliare rumorosamente.

yaws [jɔ:z] *s.* (*med.*) framboesia.

yclept [ɪ'klept] *agg.* (*ant.*) chiamato; nominato.

ye¹ [ji:] *pron.pers.* **1** (*ant.*) (*2ª pers. pl. sogg. e compl.*) voi: *I do beseech* —, vi prego; *where were —?*, dove eravate? **2** (*poet., scherz.*) (*2ª pers. sing. pl. sogg. e compl.*) tu, voi: *how d'— do?*, come stai?, come state?; *thank* —, grazie // *Nor you, ye Proud, impute to these the fault*, (GRAY) E voi, o orgogliosi, non imputate a questi la colpa.

ye² forma scritta ant. dell'art. *the*.

yea [jeɪ] *s.* (*ant.*) **1** sì, affermazione; voto favorevole: *yeas and nays*, (dei) sì e (dei) no, voti favorevoli e voti contrari **2** sì, voto favorevole, persona che vota a favore **3** anzi, addirittura: *I am happy, —, wishing to marry her,* sono contento, anzi desideroso di sposarla ◆ *avv.* (*ant.*) sì, certo, veramente: *Yea,... I will fear no evil*, (*Bibbia*) Sì, non temerò alcun male.

yeah [jeə] *avv.* (*fam.*) sì.

to **yean** [ji:n] *v.tr.* (*non com.*) partorire (agnelli, capretti) ◆ *v.intr.* (*non com.*) figliare (di pecore, capre).

yeanling ['ji:nlɪŋ / yean·ling] *s.* (*non com.*) **1** agnellino **2** capretto.

year [jɜ:* *amer.* jɪə*] *s.* **1** anno, annata: *1961 was a good — for wine*, il 1961 è stato una buona annata per il vino // *calendar* (o *civil*) —, anno civile; *lunar, solar* —, anno lunare, solare // *school* —, anno scolastico // (*dir.*) *legal* —, anno legale // (*comm.*): *fiscal* —, anno fiscale; *business* (o *financial*) —, esercizio finanziario // — *by* — (o *from* — *to* —), di anno in anno; — *after* — (o — *in* — *out*), un anno dopo l'altro, per anni; *all* (*the*) — *round*, (per) tutto l'anno // *New Year's Day*, Capodanno; *New Year's Eve*, fine d'anno, ultimo dell'anno, San Silvestro **2** *pl.* anni, età: *he's eighteen years old*, ha diciott'anni; *he's very fit for his years*, porta bene i suoi anni, è in forma, in gamba per la sua età; *that dress puts years on you*, quel vestito ti invecchia; *that hairstyle takes years off you*, quella pettinatura ti ringiovanisce // *in years*, vecchio, in età **3** *pl.* (*fam.*) anni, lungo periodo: *I've known him for years*, lo conosco da anni, da una vita.

yearbook ['jɜ:bʊk *amer.* 'jɪəbʊk / year·book] *s.* annuario.

year dot [,jɜ:'dɒt *amer.* ,jɪə'dɒt] *s.* (*fam.*) molto tempo // *my family have lived in this town since the* —, la mia famiglia vive da sempre in questa città.

year-end [,jɪə'end] *agg.attr.* (*comm.*) di fine anno: — *balance*, consuntivo di fine anno.

yearling ['jɜ:lɪŋ / year·ling] *agg.* e *s.* (animale) di un anno di età.

yearlong ['jɜ:lɒŋ / year·long] *agg.* che dura un anno.

yearly ['jɜ:lɪ / year·ly] *agg.* annuale; annuo // (*comm.*) — *income*, reddito annuo ◆ *avv.* annualmente.

to **yearn** [jɜ:n] *v.intr.* **1** languire, struggersi: *to — for sthg.*, agognare, bramare, desiderare ardentemente qlco. // *his heart yearned within him*, (STEELE) il suo cuore si riempì di malinconia **2** essere profondamente commosso; provare tenerezza.

yearning ['jɜ:nɪŋ / yearn·ing] *agg.* desideroso, bramoso ◆ *s.* desiderio ardente, brama; struggimento // **-ly** *avv.*

year-round ['jɜ:'raʊnd] *agg.* di tutto l'anno, non stagionale.

yeast [ji:st] *s.* **1** lievito; fermento **2** (*fig.*) fermento, agitazione.

to **yeast** *v.intr.* fermentare (*anche fig.*).

yeasty ['ji:stɪ] *agg.* **1** di lievito; simile a lievito; contenente lievito **2** spumoso, schiumante, spumeggiante **3** in fermento, in agitazione **4** superficiale; frivolo // **-iness** *s.*

yegg [jeg] *s.* (*sl. amer.*) scassinatore; svaligiatore.

yelk [jelk] (*ant.*) → **yolk**[1].

yell [jel] *s.* **1** urlo, strillo, grido **2** (*amer.*) grido d'incitamento (di studenti) **3** (*amer. antiq.*) persona, cosa molto buffa.

to **yell** *v.tr.* e *intr.* urlare, strillare, gridare: *he yelled with rage*, sfogò la sua collera gridando; *the sergeant yelled* (*out*) *an order*, il sergente urlò un ordine; *he yelled with pain*, urlò di dolore; *to — for help*, gridare per chiedere aiuto.

yellow ['jeləʊ / yel·low] *agg.* **1** giallo: — *earth*, ocra gialla; — *flag*, bandiera gialla, di quarantena; (*med.*) — *fever* (o sl. — *jack*), febbre gialla; — *peril*, (*fam.*) pericolo giallo // — *jacket*, (*fam. amer.*) vespa, calabrone // (*anat.*) — *spot*, macula lutea // *Yellow Book*, rivista letteraria inglese dal 1894 al 1897 // *Yellow Sea*, Mar Giallo **2** di pelle gialla; di razza gialla **3** (*fig. fam.*) vile, codardo: *he's got a bit of — streak*, (*fam.*) è un po' vigliacco **4** (*ant.*) geloso, invidioso **5** scandalistico: — *journalism*, giornalismo scandalistico; — *press*, stampa scandalistica ◆ *s.* **1** (colore) giallo **2** tuorlo, rosso (dell'uovo) **3** (*fam.*) viltà, codardia **4** *pl.* giallume (*sing.*) delle piante; (*ant.*) gelosia.

to **yellow** *v.tr.* e *intr.* ingiallire: *we found some books yellowed with age*, trovammo dei libri ingialliti dal tempo.

yellowback ['jeləʊbæk / yel·low·back] *s.* romanzo (francese) in edizione economica, dalla copertina gialla.

yellow-bellied [,jeləʊ'belɪd] *agg.* (*fam.*) codardo, vigliacco.

yellow-bellied toad [,jeləʊ,belɪd'təʊd] *s.* (*zool.*) (*Bombina variegata*) ululone dal ventre giallo.

yellowcake ['yeləʊ,keɪk / yel·low·cake] *s.* (*chim.*) ossido di uranio.

yellowfish ['jeləʊfɪʃ / yel·low·fish] *s.* (*fam. amer.*) cinese immigrato illegalmente negli Stati Uniti.

yellow-(h)ammer ['jeləʊ,(h)æmə*] *s.* (*zool.*) (*Emberiza citrinella*) zigolo giallo.

yellowish ['jeləʊɪʃ / yel·low·ish] *agg.* giallastro, giallognolo.

yellowishness ['jeləʊɪʃnɪs / yel·low·ish·ness] **yellowness** ['jeləʊnɪs / yel·low·ness] *s.* colore giallastro.

yellow pages® [,jeləʊ'peɪdʒɪz] *s.pl.* pagine gialle.

yellowy ['jeləʊɪ / yel·lowy] *agg.* giallastro.

yelp [jelp] *s.* **1** guaito **2** strillo; grido.

to **yelp** *v.intr.* **1** guaire **2** strillare; gridare.

yelper ['jelpə*] *s.* **1** chi guaisce **2** cucciolo **3** (*fam. amer.*) sirena (di auto della polizia, ambulanza ecc.).

Yemeni ['jemənɪ / Ye·me·ni] *agg.* e *s.* yemenita.

yen[1] [jen] *s.pl.invar.* yen (unità monetaria giapponese).

yen[2] *s.* (*fam.*) intenso desiderio; gran voglia: *to have a — for a whisky*, desiderare ardentemente un whisky; *I've a — to visit Paris*, ho una gran voglia di vedere Parigi.

to **yen**[2] *v.intr.* (*fam.*) smaniare; avere una gran voglia, un ardente desiderio.

yenems ['jenəmz / yen·ems] *s.* (*fam. amer.*) proprietà altrui (spec. sigarette, liquori ecc.): *"What's your favorite cigar?" "Yenems"*, "Quali sono i suoi sigari preferiti?" "Quelli degli altri".

yenta ['jentə] *s.* (*fam. amer.*) donna pettegola.

yeoman ['jəʊmən / yeo·man] *pl.* **yeomen** *s.* **1** (*st.*) piccolo proprietario terriero; agricoltore **2** (*st. mil.*) volontario di corpo di cavalleria composto da agricoltori // (*st.*) *Yeoman of the Guard*, guardia del corpo reale; guardiano della torre di Londra // —(*'s*) *service*, aiuto utile, prezioso **3** (*st.*) proprietario di terre (che avendo una rendita annua di 40 scellini, poteva far parte di giurie, votare per i cavalieri della contea ecc.) **4** (*mar.*) furiere.

yeomanly ['jəʊmənlɪ / yeo·man·ly] *agg.* **1** (*st.*) di piccolo proprietario terriero, di agricoltore **2** (*ant.*) vigoroso, forte.

yeomanry ['jəʊmənrɪ / yeo·manry] *s.* (*st.*) **1** classe dei piccoli proprietari terrieri **2** guardia nazionale a cavallo composta di agricoltori volontari.

yep [jep] *avv.* (*fam.*) sì.

to **yerk** [jɜ:k] *v.tr.* (*ant.*) pestare: *with wild rage / yerk out their armed heels at their dead master*, (SH. Henry V) con rabbia selvaggia pestano i loro calcagni ferrati sui padroni morti.

yes [jes] *avv.* **1** sì; certo (nelle risposte): *"Are you ready?" "Yes"*, "Sei pronto?" "Sì"; *"Will you write to me?" "Yes, I will"*, "Mi scriverai?" "Sì"; *"Can you be there by ten?" "Yes, but the others aren't ready"*, "Puoi essere là per le dieci?" "Sì, ma gli altri non sono pronti"; *to say* —, dire di sì, affermare; — *please!*, sì grazie! // — *indeed!*, altro che! // *"He's not right" "Yes, he is"*, "Non ha ragione" "Invece sì" // *"Paul!" "Yes!"*, "Paolo!" "Eccomi!" // — *and no*, sì e no, a malapena **2** *interr.* davvero?; d'accordo?; è chiaro?: *"Nobody can speak German in Italy" "Oh —?"*, "Nessuno in Italia sa parlare tedesco" "Oh davvero?"; *"I hate using public transport" "Yes?"*, "Odio usare i mezzi pubblici" "Davvero?" ◆ *inter.* non solo; e per di più; anzi: *he will insult you, — and cheat you as well*, ti insulterà e, per di più, ti ingannerà.

yes *pl.* **yeses** *s.* **1** sì, riposta affermativa, positiva **2** voto favorevole; chi vota favorevolmente: *there were only five yeses*, c'erano solo cinque voti favorevoli **3** chi dice, risponde sì.

yes-man ['jesmæn] *pl.* **yes-men** ['jesmen] *s.* persona servile; persona accondiscendente; tirapiedi.

yester ['jestə*] *agg.* (*spec. nei composti*) di ieri; precedente; del passato: *yesternight*, ieri sera, ieri notte; *yesteryear*, l'anno scorso.

yesterday ['jestədɪ / yes·ter·day] *avv.* **1** ieri: *she arrived* —, è arrivata ieri; — *week*, ieri a otto // *the day before* —, l'altro ieri **2** recentemente, poco fa // *I wasn't born* —, (*fig.*) non sono nato ieri ◆ *s.* **1** ieri: — *was the tenth*, ieri sera alle dieci // — *afternoon*, ieri pomeriggio; — *evening*, ieri sera; — *morning*, ieri mattina **2** tempo, periodo recente **3** (*spec. pl.*) il passato: *all our yesterdays*, il nostro passato; *yesterday's men*, gli uomini di ieri, superati.

yestereve(ning) [,jestə'i:v(nɪŋ) / yes·ter·eve, yes·ter·even·ing] *avv.* e *s.* (*ant., poet.*) ieri sera.

yestermorn(ing) [,jestə'mɔ:n(ɪŋ) / yes·ter·morn·(ing)] *avv.* e *s.* (*ant.*) ieri mattina.

yet [jet] *avv.* **1** (*spec. letter.*) ancora, tuttora: *he is — alive*, (*form.*) è tuttora vivo; *I can see her* —, la vedo ancora **2** ancora, in più: *much work has — to be done*, c'è ancora molto lavoro da fare; *we have — much to say*, abbiamo ancora molto da dire // — *again* (o — *once more*), ancora una volta // — *more*, ancor più: *a — more interesting lecture*, una conferenza ancora più interessante // — *one more*, ancora un altro **3** (*in frasi negative o interrogative*) ancora, già; finora: *he has not — arrived*, non è ancora arrivato; *I have never found a fault in them —*, finora non sono riuscito a trovare in loro alcun difetto; *have you finished —?*, hai già finito?; *"Need you go —?" "Not —"*, "Devi già andare?" "Non ancora" // *as —*, fino ad ora: *as — nothing has been done*, fino ad ora niente è stato fatto **4** eppure, malgrado tutto, ciononostante: *he will win —*, malgrado tutto vincerà; *she is poor, — honest*, è povera, ma onesta **5** *nor —*, neppure: *they won't talk to me nor — to you*, non vogliono parlare con me e neppure con te ◆ *cong.* ma, però, tuttavia: *he seems honest, — I don't trust him*, sembra onesto, tuttavia non mi fido di lui.

yew [ju:] *s.* (*bot.*) (*Taxus baccata*) tasso.

yid [jɪd] *s.* (*spreg.*) sporco ebreo, giudeo.

Yiddish ['jɪdɪʃ / Yid·dish] *agg.* e *s.* yiddish (tedesco arcaico, frammisto a parole slave ed ebraiche, parlato attualmente dagli ebrei originari dell'Europa orientale).

yield [ji:ld] *s.* **1** prodotto; raccolto: *there is a good — of wheat this year*, il raccolto del grano è buono quest'anno **2** (*ind.*, *chim.*, *agr.*) resa, rendimento; produzione **3** (*comm.*) rendita, reddito, frutto: *— on securities*, reddito su azioni; *dividend —*, rendimento (in termini di dividendi); *earnings —*, rendimento complessivo; *equity —*, rendimento azionario; *gross flat —*, ammontare annuo di interessi (al lordo delle imposte); *— to maturity*, rendimento alla scadenza // *— of taxation*, gettito (fiscale) **4** (*amer.*) diritto di precedenza (scritto sul relativo cartello stradale) **5** (*mecc.*) *— point*, carico di snervamento.

to **yield** *v.tr.* **1** produrre, fruttare, rendere: *his investment yielded a handsome profit*, il suo investimento ha reso un buon profitto; *the new tax has yielded 2 million pounds*, la nuova imposta ha dato un gettito di 2 milioni di sterline; *the trees didn't — much fruit this year*, gli alberi non hanno prodotto molti frutti quest'anno; *to — a result*, dare un risultato; *to — an answer*, dare una risposta **2** cedere, concedere; dare // *to — oneself prisoner*, darsi prigioniero; *to — consent*, (*form.*) acconsentire; *to — pride of place to*, cedere il posto d'onore a; *to — right of way*, (*aut.*) dare la precedenza ◆ *v.intr.* **1** fruttare, essere produttivo **2** cedere, arrendersi, sottomettersi: *to — to force*, cedere alla forza; *I won't — to their requests*, non cederò alle loro pretese // *I — to none*, non sono secondo a nessuno **3** cedere, piegarsi: *the roof is beginning to — under the weight of the snow*, il tetto comincia a cedere sotto il peso della neve // *to — to persuasion*, lasciarsi convincere **4** (*amer.*) dare la precedenza.

□ **yield up** *v.tr.* e *avv.* (*form.*) rivelare; svelare // *to — up the ghost* (o *one's soul*), rendere l'anima.

yielder ['ji:ldə* / yield·er] *s.* chi si arrende, chi cede.

yielding ['ji:dɪŋ / yield·ing] *agg.* **1** docile; condiscendente; remissivo **2** pieghevole, flessibile **3** produttivo, fruttifero // **-ly** *avv.* // **-ness** *s.*

yin [ɪn] *s.* yin (principio femminile nel taoismo).

yip [jɪp] *s.* **1** guaito, uggiolio **2** strillo.

to **yip** *v.intr.* **1** guaire, uggiolare **2** strillare.

yippee ['jɪpɪ: / yip·pee] *inter.* (*fam.*) urrà, viva, bene.

yob [jɒb] **yobbo** ['jɒbəʊ] *s.* (*fam.*) giovinastro, teppista; cafone.

yodel ['jəʊdl / yo·del] *s.* jodler (canto dei montanari tirolesi).

to **yodel** *pass.p.p.* **yodel(l)ed** ['jəʊdld / yo·del(l)ed] *v.tr.* e *intr.* cantare alla maniera dei montanari tirolesi.

yoga ['jəʊgə] *s.* yoga.

yog(h)urt ['jɒgət *amer.* 'jəʊgət / yog·(h)urt] meno com. **yoghourt** *s.* yogurt.

yogi ['jəʊgɪ] *s.* yogin, chi pratica lo yoga.

yo-heave-ho ['jəʊ,hi:v'həʊ] **yoho** [jəʊ'həʊ] *inter.* (*mar.*) issa!

yohimbine [jə'hɪmbi:n / yo·himb·ine] *s.* (*chim.*) yohimbina.

yoke [jəʊk] *s.* **1** giogo (*anche st.*); (*fig.*) giogo, schiavitù: *to pass under the —*, passare sotto il giogo; *to throw* (o *to cast*) *off the —*, liberarsi dal giogo // *the — of convention*, (*letter.*) il giogo delle convenzioni **2** (*fig.*) legame, vincolo; vincolo matrimoniale **3** (*pl. invar.*) (*gener. dopo numerali*) paio, coppia: *a — of oxen*, una coppia di buoi; *four — of oxen*, quattro coppie di buoi **4** giogo da acquaiolo **5** (*sartoria*) sprone **6** (*mar.*) barra del timone **7** (*edil.*) traversa superiore (di finestra) **8** (*elettr.*) giogo magnetico **9** (*mecc.*) brida.

to **yoke** *v.tr.* **1** aggiogare, mettere il giogo a (*anche fig.*) **2** (*fig.*) accoppiare; (*fam.*) unire (in matrimonio ecc.) **3** (*sl. amer.*) rapinare, assalire ◆ *v.intr.* accoppiarsi; unirsi (in matrimonio ecc.).

yoke-fellow ['jəʊk,feləʊ] *s.* **1** compagno, partner; coniuge **2** collega; socio.

yokel ['jəʊkl] *s.* (*spreg.*) bifolco, cafone, zoticone.

yold [jəʊld] *s.* (*fam. amer.*) facile preda.

yolk[1] [jəʊk] *s.* (*biol.*) tuorlo, vitello: *— sac*, sacco del tuorlo, sacco vitellino // *— stalk*, cordone embrionale.

yolk[2] *s.* lanolina.

yon [jɒn] *agg.* (*ant.*, *poet.*) lontano, distante ◆ *avv.* (*ant.*, *poet.*) laggiù; lassù; là ◆ *pron.* (*ant.*, *poet.*) quello là, quella cosa là: *graved on the stone beneath yon aged thorn*, (GRAY) inciso sulla pietra sotto quel vecchio spino; *dash down yon cup of Samian wine*, (BYRON) infrangete quella coppa di vino di Samo.

yonder ['jɒndə* / yon·der] *agg.* (*letter.*) situato lassù; situato laggiù: *on — mountain*, su quella montagna là ◆ *avv.* lassù; laggiù.

yonks ['jɒŋks] *s.* (*fam.*) un sacco di tempo, un'eternità: *I haven't seen her for —*, non la vedo da un sacco di tempo.

to **yoo-hoo** ['ju:hu:] *v.intr.* (*fam.*) gridare (per richiamare l'attenzione).

yore [jɔ:*] *s.* (*ant.*) tempo antico // *of —*, antico, di un tempo: *in times of —*, in antico, anticamente // *the antique brood / of Este ... / ...was of yore / Patron or Tyrant*, (BYRON) l'antica stirpe d'Este... fu in antico mecenate o tiranna.

yorker ['jɔ:kə] *s.* (*cricket*) lancio della palla (che arriva fin sotto la mazza e quindi non può essere ribattuta).

you [ju:] *pron.pers.* 2ª *pers.sing.pl.* (*sogg. e compl.*) **1** tu, te, ti; voi, ve, vi; (*nelle formule di cortesia*) Ella, Lei, Loro: *— and I will go by train*, tu ed io andremo in treno; *— are very kind, Sir*, lei è molto gentile, signore; *— are wrong, my children*, avete torto, figli miei; *all of — who entered first*, tutti voi che siete entrati per primi; *all of — were there*, eravate tutti là; *how are —?*, come stai?, come state?; *I'll come with —*, verrò con te; *I love — all*, vi amo tutti; *if I were —*, se fossi in te; *it's — I'm speaking to*, è a te che parlo; *Ladies and Gentlemen, — will excuse my broken English*, Signore e Signori, mi scuseranno se il mio inglese non è perfetto // *— lawyers*, voi(altri) avvocati // *away with —!*, vattene!, andatevene! // Nelle forme contratte: *I see you're a university graduate*, vedo che sei laureato; *you've made a mess of the whole project*, hai rovinato tutto il progetto; *you'd be wrong to criticize him*, avresti torto a criticarlo; *I think you'll be sorry you sold the house*, credo che ti dispiacerà di aver venduto la casa; *you'll have forgotten all about it by next week*, fra una settimana avrai bell'e dimenticato tutto; *if you'd bet on that horse, you'd have lost your money*, se avessi scommesso su quel cavallo, avresti perso i tuoi soldi // In *tail questions* e *short answers*: *you're leaving tomorrow, aren't —?*, parti domani, vero?; *you've got two children, haven't —?*, hai due figli, no? *you'll be home late, won't —?*, rincaserai tardi, non è vero?; *you'd prefer coffee, wouldn't —?*, preferiresti il caffè, non è così?; *you'd never been there, had —?*, non ci eravate mai stati, vero? // Dopo *so*, *nor*, *neither*, per esprimere conferma o assenso: *he found a solution and so will —*, lui ha trovato una soluzione e la troverai anche tu; *we don't make much noise, and neither do —*, noi non facciamo molto rumore, e neanche voi; *"He didn't do military service" "Neither did —"*, "Lui non ha fatto il servizio militare" "Neanche tu"; *the train will be on time and so will —*, il treno arriverà in tempo e tu pure; *"I was right all the time" "So — were!"*, "Io avevo sempre ragione" "È vero"; *I didn't feel frightened and nor would — have*, io non avevo paura e nemmeno tu ne avresti avuta **2** (*talvolta espresso nell'imp.*): *— sit down and eat your breakfast*, siediti e fa' colazione; *now — make a speech*, ora tocca a voi parlare **3** (*con uso esclamativo*): *— darling!*, cara!; *— silly boy!*, sciocchino che sei!; *— there! why don't — answer?*, ehi, tu laggiù!, perché non rispondi? **4** (*con valore indef.*) si: *— never can tell*, non si sa mai, non si può mai dire; *the joy — feel when — meet a friend*, la gioia che si prova quando si incontra un amico **5** (*ant. per* yourself): *sit — down*, siediti.

you-all ['ju:ɔ:l] *pron.sing.* e *pl.* (*dial. amer.*) voi; voialtri; loro; lei.

you'd [ju:d *forma forte* jʊd,jəd *forma debole*] contr. di *you had*, *you should*, *you would*.

you'll [ju:l *forma forte*, jəl,jʊl *forma debole*] contr. di *you will*.

young [jʌŋ] *agg.* **1** giovane: *which is — Smith?*, qual è il giovane Smith? // *— lady*, signorina; (*antiq.*) innamorata; *— man*, giovanotto, giovane; (*antiq.*) innamorato; *the — ones*, i bambini; *— people*, i giovani, la gioventù // (*dir.*) *— offender*, delinquente minorenne // *— blood*, damerino, giovanotto alla moda // *in my — days*, nei miei verdi anni // *the night is —*, la notte è appena cominciata **2** giovanile: *she still has a — face*, ha conservato un aspetto giovanile // *to look — for one's age*, non dimostrare l'età che si ha // *to be — at heart*, essere giovane di spirito **3** (*fig.*) inesperto, alle prime armi ◆ *s.pl.* **1** *the —*, i giovani, la gioventù **2** piccoli, prole (di animale) // *to be with* —, essere gravido (di animale).

youngblood [ˌjʌŋˈblʌd / young·blood] *s.* (*fam. amer.*) giovane nero.

youngish [ˈjʌŋɪʃ / young·ish] *agg.* piuttosto giovane.

youngling [ˈjʌŋlɪŋ / young·ling] *agg.* (*rar.*) giovane ◆ *s.* **1** (*rar.*) bimbo **2** (*zool.*) ultimo nato (del gregge); agnellino.

youngness [ˈjʌŋnɪs / young·ness] *s.* giovinezza.

youngster [ˈjʌŋstə* / young·ster] *s.* ragazzo, giovincello, giovane.

younker [ˈjʌŋkə* / youn·ker] *s.* (*ant. fam.*) ragazzo // *will you make a younker of me?*, (SH. Henry IV) mi prendi per un giovanotto di primo pelo?

your [jɔ:*] *agg.poss. 2ª pers.sing.pl.* **1** tuo, tua, tuoi, tue; vostro, vostra, vostri, vostre; (*nelle formule di cortesia*) Suo, Sua, Suoi, Sue; Loro: — *father and mother*, tuo padre e tua madre; — *friends*, i tuoi amici; — *house*, la vostra casa; *have you hurt — hand?*, ti sei fatto male alla mano?; *how is — father, Miss Brown?*, come sta suo padre, signorina Brown?; *you are kindly requested to show — passports, please*, i signori sono pregati di esibire i loro passaporti // *Your Majesty*, Vostra Maestà // — *turn!*, tocca a te! **2** (*con valore indefinito*) proprio: *you cannot alter — nature*, non si può cambiare il proprio carattere **3** (*con uso enfatico, gener. spreg.*) *this is — cricket, is it?*, è tutto qui il tuo famoso cricket?

you're [juə*] contr. di *you are.*

yours [jɔ:z] *pron.poss. 2ª pers.sing.pl.* il tuo, la tua, i tuoi, le tue; il vostro, la vostra, i vostri, le vostre; (*nelle formule di cortesia*) il Suo, la Sua, i Suoi, le Sue; il Loro, la Loro, i Loro, le Loro: *my children and* —, i miei bambini e i vostri; *you and* —, tu e i tuoi, tu e la tua famiglia; *give me some books of* —, dammi qualche tuo libro; *isn't this a book of —, Mr Smith?*, non è un suo libro questo, Signor Smith?; *that is no business of* —, non ti riguarda, non è affar tuo // (*comm.*) — *of the 15th inst.*, la vostra pregiata del 15 c.m.; — *truly* (o *sincerely*), (*nella chiusa delle lettere*) sinceramente vostro; distinti saluti.

yourself [jɔ:ˈself / your·self] *pron. 2ª pers.sing.* **1** *rifl.* ti; te, te stesso; (*nelle formule di cortesia*) si; Lei stesso, Lei stessa: *how did you cut —?*, come ti sei tagliato?; *you should take care of* —, dovresti aver cura di te stesso; *why don't you pour — some whisky?*, perché non ti versi un po' di whisky?; *don't make a fool of* —, non renderti ridicolo; *help* —, serviti, si serva // *all* (*by*) —, da solo: *you must do this work* (*all*) *by* —, devi fare questo lavoro da solo **2** (*enfatico*) tu stesso, tu stessa; Lei stesso; Lei stessa: *you told me* — (o *you — told me*), me l'hai detto tu stesso, proprio tu; *won't you go —?*, non vuoi andare tu stesso?; *you saw it —, didn't you, Mr Brown?*, l'ha visto Lei stesso, non è vero, signor Brown? ◆ *s.* tu stesso; (*nelle formule di cortesia*) Lei stesso: *you were not — yesterday*, non eri tu, non eri del tuo solito umore ieri.

yourselves [jɔ:ˈselvz / your·selves] *pron. 2ª pers.pl.* **1** *rifl.* vi; voi stessi, voi stesse; (*nelle formule di cortesia*) si; Loro stessi, Loro stesse: *did you buy — a computer?*, vi siete comprati il computer?; *help* —, servitevi, si servano; *look after* —, abbiate cura di voi // (*all*) *by* —, da soli: *why did you stay by — all evening?*, perché siete rimasti da soli tutta la sera?; *you'll have to do it all by* —, dovrete farlo tutto da soli **2** (*enfatico*) voi stessi; Loro stessi: *you told me so* — (o *you — told me so*), me l'avete detto voi stessi, proprio voi ◆ *s.* voi stessi; (*nelle formule di cortesia*) Loro stessi: *you are not* —, non siete voi, non siete del vostro solito umore.

youth [ju:θ] *s.* **1** gioventù, giovinezza, adolescenza: *he had lived in France in his* —, in gioventù aveva vissuto in Francia **2** adolescente, giovane, ragazzo: *there was a bunch of youths around the dance hall*, c'era un gruppo di giovani, di ragazzi e ragazze nella sala da ballo **3** (i) giovani, (la) gioventù: *the — of the town*, la gioventù della città // — *club*, circolo giovanile // — *unemployment*, disoccupazione giovanile; — *hostel*, ostello della gioventù.

youthful [ˈju:θfʊl / youth·ful] *agg.* **1** giovane, giovanile: *a — bride*, una giovane sposa **2** giovanile, di gioventù: — *ambitions*, ambizioni giovanili // **-ly** *avv.* // **-ness** *s.*

you've [ju:v *forma forte*, jəv *forma debole*] contr. di *you have.*

yowl [jaʊl] *s.* **1** ululato **2** miagolio (di gatto in amore).

to **yowl** *v.intr.* **1** ululare **2** miagolare (di gatto in amore).

yo-yo [ˈjəʊjəʊ] *pl.* **yo-yos** *s.* **1** yo-yo® **2** (*fam. amer.*) banderuola, persona volubile **3** (*sl. amer.*) stupido **4** (*sl. amer.*) barbone • Dall'abitudine che alcuni di essi hanno di trascorrere la notte sui treni della metropolitana che percorrono più volte lungo la stessa linea.

y-punch [ˈwaɪpʌntʃ] *s.* (*inform.*) perforazione dodici.

ytterbia [ɪˈtɜ:bɪə / yt·ter·bia] *s.* (*chim.*) ossido di itterbio.

ytterbic [ɪˈtɜ:bɪk / yt·ter·bic] *agg.* (*chim.*) itterbico.

ytterbium [ɪˈtɜ:bɪəm / yt·ter·bium] *s.* (*chim.*) itterbio: — *oxide*, ossido di itterbio.

yttria [ˈɪtrɪə / yt·tria] *s.* (*chim.*) ossido di ittrio.

yttric [ˈɪtrɪk / yt·tric] *agg.* (*chim.*) ittrico.

yttrium [ˈɪtrɪəm / yt·trium] *s.* (*chim.*) ittrio: — *oxide*, ossido di ittrio.

yttrocrasite [ˌɪtrəˈkreɪsaɪt / yt·tro·cras·ite] *s.* (*min.*) ittrocrasite.

yttrotantalite [ˌɪtrəˈtæntəlaɪt / yt·tro·tan·tal·ite] *s.* (*min.*) ittrotantalite.

yucca [ˈjʌkə] *s.* **1** (*bot.*) yucca **2** (*zool.*) — *moth*, (insetto) pronubo.

yuck [ˈjʌk] *inter.* (*sl. amer.*) puah! ◆ *s.* (*sl. amer.*) schifezza, porcheria.

yugawaralite [ˌju:gəˈwɑ:rəlaɪt / yu·ga·wa·ral·ite] *s.* (*min.*) yugawaralite.

Yugoslav [ˌju:gəʊˈslɑ:v / Yu·go·slav] *agg.* e *s.* iugoslavo.

Yugoslavian [ˌju:gəʊˈslɑ:vɪən / Yu·go·sla·vian] *agg.* e *s.* iugoslavo.

yuk *inter.* e *s.* → **yuck**.

yukky [ˈjʌkɪ] *agg.* (*sl. amer.*) schifoso.

yule [ju:l] *s.* feste natalizie // — *log*, ceppo di Natale.

yuletide [ˈju:ltaɪd / yule·tide] *s.* U (*ant.*) Natale, feste natalizie, periodo natalizio: — *greetings*, auguri natalizi.

yummy [ˈjʌmɪ] *agg.* (*fam. amer.*) delizioso, squisito: *what a — cake!*, che torta squisita!

yum yum [ˈjʌmˈjʌm] *inter.* (*fam.*) gnam gnam.

yuppie, yuppy [ˈjʌpɪ] *s.* yuppie, giovane efficiente e carrierista • Dalle iniziali di *Young Urban Professional*, giovane professionista di città con la terminazione vezzeggiativa *-ie* o la sua variante grafica *-y*.

yurt [jɜ:t] *s.* (*tenda mongola*) yurta.

Zz

z [zed, *amer.* zi:] *pl.* **zs**, **z's** *s.* **1** (*ventiseiesima lettera dell'alfabeto inglese*) z // (*tel.*) — *for Zebra*, z come Zara **2** oggetto a forma di Z **3** (*mat.*) z, terza incognita.

zaffer, **zaffre** ['zæfə / zaf·fer] *s.* (*chim.*) zaffera.

zaftig ['za:ftɪk] *agg.* (*fam. amer.*) tutta curve, formosa, rotondetta.

Zairean [zaɪ'rɪən / Za·ire·an] *agg.* e *s.* zairese, zairiano.

Zambian ['zæmbɪən / Zam·bi·an] *agg.* e *s.* zambiano.

zamia ['zeɪmɪə] *s.* (*bot.*) zamia.

zander ['zændə* / zan·der] *s.* (*zool.*) (*Lucioperca lucioperca*) lucioperca.

zany ['zeɪnɪ] *s.* (*ant.*) **1** zanni, buffone **2** sempliciotto ◆ *agg.* claunesco, buffonesco, comico // — *comedy*, commedia di una comicità demenziale.

to **zany** *v.tr.* (*ant.*) mimare, imitare goffamente.

Zanzibari [,zænzɪ'ba:rɪ / Zanzi·bari] *agg.* e *s.* (nativo) di Zanzibar.

zap [zæp] *s.* **1** (*fam.*) forza, energia, vitalità **2** (*inform.*) modifica di un programma.

to **zap** *pass.p.p.* **zapped** [zæpt] *v.tr.* (*fam.*) **1** attaccare, distruggere; uccidere, eliminare **2** fare andare a tutta velocità **3** colpire, impressionare **4** (*inform.*) cancellare (per modificare) ◆ *v.intr.* (*fam.*) **1** sfrecciare, andare a tutta velocità; muoversi fulmineamente (*anche fig.*): *I'll just — into the village and buy some food*, faccio un salto in paese per comprare del cibo; *he zapped through the thriller in an hour*, in un'ora si è letto il giallo tutto di un fiato **2** (*inform.*) cancellare, modificare un programma.

zappy ['zæpɪ] *agg.* (*fam.*) forte, energico, vitale.

zaratite ['za:rətaɪt / za·rat·ite] *s.* (*min.*) zaratite.

z-car ['zedka:*] *s.* (*fam. antiq.*) auto di pattuglia (della polizia).

zeal [zi:l] *s.* (*form.*) zelo, ardore.

zealot ['zelət] *s.* zelatore, zelante, partigiano, fanatico // *Zealot*, (*st.*) zelota.

zealotry ['zelətrɪ / zeal·otry] *s.* zelo; fanatismo.

zealous ['zeləs / zeal·ous] *agg.* (*form.*) zelante, premuroso, sollecito // **-ly** *avv.* // **-ness** *s.*

zebra [zi:brə] *pl.* **zebra(s)** *s.* **1** (*zool.*) (*Equus zebra*) zebra // — *crossing*, attraversamento pedonale zebrato **2** (*sl. amer.*) arbitro (dalla casacca a strisce).

zebra-wood ['zi:brəwʊd] *s.* (*bot.*) (*Connarus guaianensis*) albero-zebra.

zebrine ['zi:braɪn / zeb·rine] *agg.* **1** simile a zebra; di zebra **2** zebrato.

zebu ['zi:bu:] *pl.* **zebu(s)** *s.* (*zool.*) (*Bos indicus*) zebù.

zed [zed] *s.* zeta (la lettera *z*) // *Thou... zed! thou unnecessary letter!*, (SH. King Lear) Tu... zeta! lettera superflua!

zee [zi:] *s.* (*amer.*) zeta (la lettera *z*).

to **zee** *v.intr.* (*fam. amer.*) dormicchiare, fare un sonnellino russando leggermente.

zein ['zi:ən] *s.* (*chim.*) zeina.

Zelda ['zeldə] *s.* (*fam. amer.*) donna poco attraente, racchia, befana.

zemindar ['zemɪnda:* / ze·min·dar] *s.* (*st. angloindiana*) **1** proprietario terriero che pagava l'imposta fondiaria al governo britannico **2** esattore di imposte fondiarie.

Zen [zen] *s.* (*fil. relig.*) Zen.

zenana [ze'nɑ:nə / ze·nana] *s.* gineceo, harem (in India).

zend [zend] *s.* zend (lingua persiana in cui è scritto lo Zend-Avesta).

zenith ['zenɪθ / zen·ith] *s.* **1** (*astr.*) zenit // — *distance*, distanza zenitale **2** (*fig.*) culmine, apice: *he was at the — of his career*, era all'apice della carriera.

zenithal ['zenɪθəl / zen·ithal] *agg.* (*astr.*) zenitale.

zeolite ['zi:əlaɪt / ze·ol·ite] *s.* (*chim.*) zeolite: — *catalyst*, catalizzatore a base di zeolite.

zephyr ['zefə*] *s.* **1** (*letter.*) zefiro, favonio **2** zefir (tessuto leggero di lino, di cotone).

zero ['zɪərəʊ] *pl.* **zero(e)s** *s.* (*mat.*) zero: *above, below* —, sopra, sotto zero; *my number is double four — six*, il mio numero è quattro quattro zero sei // (*aer.*) *at* —, sotto i 1000 piedi (riferito a volo) ◆ *agg.* **1** zero; — *gravity*, gravità zero // — *hour*, ora zero // (*pol.*) — *option*, opzione zero // (*econ.*) — *sum game*, gioco a somma zero // (*fis.*) — *point energy*, energia di punto zero // (*inform.*) — *level address*, indirizzo immediato **2** nullo, inesistente: *there's — interest in opera around here*, da queste parti l'interesse per l'opera è inesistente // (*elettr.*) — *potential*, potenziale nullo // (*fin.*) — *coupon band*, obbligazione priva di cedola // (*trib.*) — *rated*, con aliquota nulla // (*econ.*) — *economic growth*, crescita zero // — *population growth*, crescita zero della popolazione.

to **zero** *v.tr.* azzerare.

□ **zero in** *v.intr.* e *avv.* **1** (*mil.*) mirare; essere puntato: *the missiles zeroed in on the target*, i missili furono puntati sul bersaglio **2** (*fig.*) concentrarsi, focalizzare l'attenzione: *to — in on a problem*, concentrarsi su un problema.

zero-zero ['zɪərəʊ'zɪərəʊ] *agg.* con visibilità zero.

zest [zest] *s.* **1** aroma, gusto, sapore piccante **2** U scorzetta di arancia, di limone **3** (*fig.*) godimento; gusto; interesse; entusiasmo: *to give — to sthg.*, accrescere il piacere di qlco.; *the — for life*, il gusto della vita **4** nota, elemento piccante: *to add a — to the story*, aggiungere un po' di pepe alla storia.

zeta ['zi:tə] *s.* zeta (lettera greca).

zeugma ['zju:gmə] *s.* (*gramm.*) zeugma.

zibel(l)ine ['zɪbəlɪn / zib·el·(l)ine] *s.* **1** (*zool.*) zibellino **2** pelliccia di zibellino ◆ *agg.* di zibellino.

zibet ['zɪbət] *s.* (*zool.*) (*Viverra zibetha*) zibetto.

zigger-zagger ['zɪgə,zægə*] *s.* (*fam. amer.*) campanaccio, sonaglio.

zigzag ['zɪgzæg / zig·zag] *agg.* a zigzag: — *ruler*, metro a stecche ◆ *s.* zigzag; strada a zigzag; (*mil.*) trincea a zigzag ◆ *avv.* a zigzag.

to **zigzag** *pass.p.p.* **zigzagged** ['zɪgzægd / zig·zagged] *v.intr.* andare, procedere a zigzag, zigzagare ◆ *v.tr.* percorrere a zigzag.

zigzaggy ['zɪg,zægɪ / zig·zaggy] *agg.* a zigzag.

zilch ['zɪltʃ] *s.* (*fam. amer.*) niente (di niente), zero: *I got this bike for* —, questa bicicletta l'ho avuta per niente.

zillion ['zɪljən / zil·lion] *s.* (*fam.*) infinità, fantastilione: *there are zillions of insects in the jungle*, ci sono milioni e milioni d'insetti nella giungla.

Zimbabwean [zɪm'bɑ:bwɪən / Zim·bab·we·an] *agg.* e *s.* (nativo, abitante) dello Zimbabwe.

zinc [zɪŋk] *s.* (*chim.*) zinco: — *oxide*, ossido di zinco.

to **zinc** *pass.p.p.* **zin(c)ked** [zɪŋkt] *v.tr.* zincare.

zincaluminite [,zɪŋkə'lu:mɪnaɪt / zinc·alu·min·ite] *s.* (*min.*) zincaluminite.

zincate ['zɪŋkeɪt / zinc·ate] *s.* (*chim.*) zincato.

zincic [ˈzɪŋkɪk] *agg.* (*chim.*) di zinco.

zincification [ˌzɪŋkɪfɪˈkeɪʃn / zin·ci·fica·tion] *s.* zincatura.

to **zincify** [ˈzɪŋkɪfaɪ / zin·cify] *v.tr.* zincare.

zincing [ˈzɪŋkɪŋ / zinc·ing] *s.* zincatura.

zincite [ˈzɪŋkaɪt / zinc·ite] *s.* (*min.*) zincite.

zinckenite [ˈzɪŋkəˌnaɪt / zinck·en·ite] *s.* (*min.*) zinchenite.

zincograph [ˈzɪŋkəʊgrɑːf / zin·co·graph] *s.* (*tip.*) zincografia.

zincographer [zɪŋˈkɒgrəfə* / zin·co·grapher] *s.* zincografo.

zincographic [ˌzɪŋkəʊˈgræfɪk / zin·co·graphic] *agg.* zincografico.

zincography [zɪŋˈkɒgrəfɪ / zin·co·graphy] *s.* (*tip.*) zincografia.

zincoid [ˈzɪŋkɔɪd / zinc·oid] *agg.* (*chim.*) zincoide, simile allo zinco ◆ *s.* (*elettr.*) anodo di zinco.

zincotype [ˈzɪŋkəʊtaɪp / zin·co·type] *s.* (*tip.*) zincotipia.

zincous [ˈzɪŋkəs / zinc·ous] *agg.* di zinco.

zineb [ˈzɪneb] *s.* (*chim.*) zineb.

zing [zɪŋ] *s.* (*fam.*) **1** sibilo, fischio **2** [U] energia, brio, vitalità, entusiasmo: *she is a girl with a lot of* —, è una ragazza tutto pepe.

to **zing** *v.intr.* (*fam.*) fischiare, sibilare ◆ *v.tr.* (*fam. amer.*) insultare, assalire verbalmente, attaccare; stroncare.

zinger [ˈzɪŋə*] *s.* (*fam. amer.*) motto arguto, battuta di spirito.

zingy [ˈzɪŋɪ] *agg.* (*fam. amer.*) **1** brioso, pieno di energia **2** emozionante.

zinky [ˈzɪŋkɪ] *agg.* di zinco; contenente zinco.

zinnia [ˈzɪnjə / zin·nia] *s.* (*bot.*) zinnia.

Zion [ˈzaɪən] *s.* Sion.

Zionism [ˈzaɪənɪzəm / Zi·on·ism] *s.* sionismo.

Zionist [ˈzaɪənɪst / Zi·on·ist] *agg.* e *s.* sionista.

zip [zɪp] *s.* **1** cerniera, chiusura lampo **2** (*fam.*) sibilo, fischio **3** (*fam.*) energia, vigore, vitalità.

to **zip** *pass.p.p.* **zipped** [zɪpt] *v.tr.* **1** chiudere, aprire, fissare con una cerniera lampo: *to — sthg. open, shut*, aprire, chiudere la cerniera lampo di qlco.; *to — two sleeping bags to each other*, unire due sacchi a pelo chiudendo la cerniera lampo // *to — one's lip* (o *mouth*), (*fam. amer.*) tapparsi la bocca, chiudere il becco **2** chiudere, aprire (una cerniera lampo) **3** spostare, portare velocemente: *the ambulance zipped him to the hospital*, l'ambulanza lo trasportò all'ospedale a tutta velocità ◆ *v.intr.* **1** chiudere, aprire una cerniera lampo **2** chiudersi, aprirsi per mezzo di una cerniera lampo **3** sfrecciare, muoversi; agire velocemente, risolutamente: *the car zipped along the motorway*, la macchina volava sull'autostrada **4** fischiare, sibilare.

□ **zip up** *v.tr.* e *avv.* chiudere con una cerniera lampo: *would you — me up at the back, please?*, per favore, mi chiudi la cerniera lampo sulla schiena?; *he zipped her dress up*, le chiuse la cerniera lampo del vestito.

zip code [ˈzɪpˌkəʊd] *s.* (*amer.*) codice di avviamento postale BRIT. postcode • Da *Zoning Improvement Plan*, piano di miglioramento a zone.

zip fastener [ˈzɪpˌʃɑːsnə* *amer.* ˈzɪpˌʃæsnə*] *s.* cerniera, chiusura lampo.

zip gun [ˈzɪpgʌn] *s.* (*fam. amer.*) arma rudimentale.

zippeite [ˈtsɪpəaɪt / zip·pe·ite] *s.* (*min.*) zippeite.

zipper [ˈzɪpə* / zip·per] *s.* (*spec. amer.*) cerniera, chiusura lampo.

zippy [ˈzɪpɪ] *agg.* (*fam.*) vivace, pieno di energia.

ziram [ˈzaɪræm] *s.* (*chim.*) ziram.

zircon [ˈzɜːkən / zir·con] *s.* (*min.*) zircone.

zirconate [ˈzɜːkəneɪt / zir·con·ate] *s.* (*chim.*) zirconato.

zirconia [ˌzɜːˈkəʊnɪə / zir·conia] *s.* (*chim.*) ossido di zirconio.

zirconite [ˈzɜːkənaɪt / zir·con·ite] *s.* (*min.*) zircone.

zirconium [zɜːˈkəʊnjəm / zir·co·nium] *s.* (*chim.*) zirconio: — *oxide*, ossido di zirconio; — *nitride*, nitruro di zirconio.

zit [zɪt] *s.* (*amer.*) **1** (*fam.*) foruncolo; punto nero // — *doctor*, dermatologo **2** (*sl.*) succhiotto, segno lasciato da un bacio violento.

zither [ˈzɪðə*] meno com. **zithern** [ˈzɪðən] *s.* (*mus.*) zither, cetra tirolese.

zizania [zɪˈzeɪnɪə / zi·zania] *s.* (*bot.*) (*Zizania aquatica*) zizania.

zizz [zɪz] *s.* (*fam.*) sonnellino, dormitina: *to have* (o *to take*) *a* —, schiacciare un pisolino.

zizzy [ˈzɪzɪ] *agg.* (*fam. amer.*) frivolo; appariscente.

zloty [zlɒtɪ] *s.* zloty (unità monetaria polacca).

zod [zɒd] *s.* (*fam. amer.*) persona sgradevole.

zodiac [ˈzəʊdɪæk / zo·diac] *s.* (*astr.*) zodiaco: *the signs of the* —, i segni dello zodiaco.

zodiacal [zəʊˈdaɪəkl / zo·di·acal] *agg.* (*astr.*) zodiacale.

zoiatria [zəʊˌaɪəˈtraɪə / zo·iatria] **zoiatrics** [ˌzəʊaɪˈætrɪks / zo·iat·rics] *s.* zoiatria, chirurgia veterinaria.

zoic [ˈzəʊɪk] *agg.* **1** degli animali **2** (*geol.*) contenente tracce di vita animale.

zoid [zɔɪd] *s.* (*sl. amer.*) anticonformista.

zoisite [ˈzɔɪsaɪt / zois·ite] *s.* (*min.*) zoisite.

zombi → **zombie** 1, 2, 3.

zombie [ˈzɒmbɪ] *s.* **1** pitone (divinità) **2** morto resuscitato (per magia) **3** (*sl.*) persona sciocca **4** (*fam. amer.*) bevanda alcolica.

zonal [zəʊnl] *agg.* zonale // **-ly** *avv.*

zonary [ˈzəʊnərɪ / zon·ary] *agg.* (*zool.*) zonale.

zonate [ˈzəʊneɪt / zon·ate] *agg.* a zone.

zonation [zəʊˈneɪʃn / zona·tion] *s.* (*bot.*) zonazione.

zone [zəʊn] *s.* **1** zona; area: *frigid, temperate, torrid* —, zona glaciale, temperata, torrida // — *time*, ora locale // (*econ.*) *development* —, area di sviluppo **2** (*ant.*) fascia, cintura: *I made a garland for her head, and bracelets too, and fragrant zone*, (KEATS) ho preparato una ghirlanda per il suo capo e braccialetti e una cintura fragrante **3** (*amer.*) zona postale **4** (*inform.*) zona, gruppo di caratteri, sottogruppo di computer (in rete); parte fuori testo di una scheda perforata: — *bit*, bit fuori testo.

to **zone** *v.tr.* **1** circondare; fasciare // *to — sthg. out*, (*fam. amer.*) rimuovere qlco., dimenticarsi di qlco. **2** dividere in zone; zonizzare.

□ **zone out** *v.intr.* e *avv.* (*sl. amer.*) drogarsi.

zoned [zəʊnd] *agg.* **1** a zone **2** diviso in zone, in regioni **3** (*rar.*) che indossa una cintura; (*fig.*) vergine, casto **4** — *out*, (*sl. amer.*) drogato.

zoning [ˈzəʊnɪŋ / zon·ing] *s.* zoning, suddivisione in zone (secondo il piano regolatore) ◆ *agg.* di, delle zone, relativo alle zone: (*dir.*) — *legislation*, regolamento urbanistico.

zonked [ˈzɒŋkt] **zonked-out** [ˌzɒŋkt ˈaʊt] *agg.* (*sl. amer.*) **1** fatto, drogato **2** fatto, esausto.

zoo [zuː] *s.* (*fam.*) giardino zoologico, zoo.

zooblast [ˈzəʊəʊblæst / zo·oblast] *s.* (*biol.*) zooblasto.

zoochory [ˈzəʊəʊkɔːrɪ / zo·ochory] *s.* (*ecol.*) zoocoria, disseminazione zoocora.

zoocoenosis [ˌzəʊəʊsiːˈnəʊsɪs / zo·ocoen·osis] *s.* (*ecol.*) zoocenosi.

zoogenic [ˌzəʊəˈdʒenɪk / zo·ogenic] *agg.* (*geol.*) zoogeno, zoogenico.

zoogeographic(al) [ˌzəʊəˌdʒɪəˈgræfɪk(l) / zo·ogeo·graphic, zo·ogeo·graph·ical] *agg.* (*geogr.*) zoogeografico.

zoogeography [ˌzəʊəˌdʒɪˈɒgrəfɪ / zo·ogeo·graphy] *s.* (*geogr.*) zoogeografia.

zoograft [ˈzəʊəgrɑːft *amer.* ˈzəʊəgræft / zo·ograft] → **zooplasty**.

zoography [zəʊˈɒgrəfɪ / zo·ography] *s.* zoografia.

zooid [ˈzəʊɔɪd / zo·oid] *s.* (*biol.*) zooide.

zoolatry [zəʊˈɒlətrɪ / zo·olatry] *s.* zoolatria.

zoolite [ˈzəʊəlaɪt / zo·ol·ite] *s.* (*paleont.*) zoolito.

zoological [ˌzəʊəˈlɒdʒɪkl / zo·olo·gical] *agg.* zoologico: — *garden*, giardino zoologico.

zoologist [zəʊˈɒlədʒɪst / zo·olo·gist] *s.* zoologo.

to **zoologize** [zəʊˈɒlədʒaɪz / zo·olo·gize] *v.intr.* studiare zoologia ◆ *v.tr.* esaminare dal punto di vista zoologico.

zoology [zəʊˈɒlədʒɪ / zo·ology] *s.* zoologia.

zoom [zuːm] *s.* **1** rombo **2** (*cinem.*, *tv*, *inform.*) zumata **3** — (*lens*), zoom, obiettivo a lunghezza focale variabile **4** (*aer.*) salita in candela.

to **zoom** *v.intr.* **1** rombare **2** (*cinem.*, *tv*, *inform.*) zumare: *to — in on sthg.*, fare una zumata su qlco., (*fig.*) concentrarsi, focalizzarsi su qlco. **3** (*aer.*) salire in candela **4** (*sl. amer.*) ottenere (qlco.) senza pagarla; entrare (in un locale) senza pagare il biglietto.

zoomagnetism [ˌzəʊəʊˈmægnɪtɪzəm / zo·omag·net·ism] *s.* magnetismo animale.

zoomorph [ˈzəʊəʊmɔːf / zo·omorph] *s.* figura, disegno zoomorfo.

zoomorphic [ˌzəʊəʊˈmɔːfɪk / zo·omorphic] *agg.* zoomorfo.

zoomorphism [ˌzəʊəˈmɔːfɪzəm / zo·omorph·ism] *s.* zoomorfismo.

zoonosis [ˌzəʊəˈnəʊsɪs / zo·on·osis] *pl.* **zoonoses** [ˌzəʊəˈnəʊsiːz] *s.* (*med.*) zoonosi.

zoophagous [zəʊˈɒfəgəs / zo·ophag·ous] *agg.* carnivoro.

zoophile [ˌzəʊəfaɪl / zo·ophile] *s.* chi soffre di zoofilia.

zoophilist [zəʊˈɒfɪlɪst / zo·ophil·ist] *s.* zoofilo.

zoophilous [zəʊ'ɒfɪləs / zo·ophil·ous] *agg.* zoofilo.

zoophily [zəʊ'ɒfɪlɪ / zo·ophily] *s.* zoofilia.

zoophobia [,zəʊə'fəʊbɪə / zo·opho·bia] *s.* (*psic.*) zoofobia.

zoophyte ['zəʊəfaɪt / zo·ophyte] *s.* (*zool.*) zoofito.

zooplankton [,zəʊə'plæŋktən / zo·oplank·ton] *s.* (*ecol.*) zooplancton.

zooplanktonic [,zəʊə,plæŋ'tɒnɪk / zo·oplank·tonic] *agg.* (*ecol.*) zooplantonico.

zooplasty ['zəʊəʊ,plæstɪ / zo·oplasty] *s.* (*med.*) trapianto di tessuto da animale a uomo.

zoosperm ['zəʊəspɜ:m / zo·osperm] *s.* (*biol.*) **1** spermatozoo **2** zoospora.

zoosphere [,zəʊə'sfɪər / zo·osphere] *s.* (*zool.*) zoosfera.

zoospore [,zəʊəspɔ:* / zo·ospore] *s.* (*biol.*) zoospora.

zoosterol [zəʊ'ɒstərɒl / zo·os·terol] *s.* (*chim.*) zoosterolo, sterolo animale.

zootechnical [,zəʊə'teknɪkl / zo·otech·nical] *agg.* (*zool.*) zootecnico.

zootechnician [,zəʊətek'nɪʃn / zo·otech·nician] *s.* (*zool.*) zootecnico.

zootechnics [,zəʊəʊ'teknɪks / zo·otech·nics] [U] **zootechny** ['zəʊəʊ,teknɪ / zo·otechny] *s.* zootecnia.

zootomic(al) [,zəʊəʊ'tɒmɪk(l) / zo·otomic, zo·otom·ical] *agg.* zootomico.

zootomy [zəʊ'ɒtəmɪ / zo·otomy] *s.* zootomia.

zoot suit ['zu:tsu:t] *s.* (*sl.*) abito da uomo con giacca molto lunga e pantaloni a tubo.

zoril ['zɒrɪl] **zorilla** [zə'rɪlə / zo·rilla] **zorille** [zə,rɪl / zor·ille] *s.* (*zool.*) zorilla.

Zoroastrian [,zɒrəʊ'æstrɪən / Zo·ro·as·trian] *agg.* di Zoroastro ◆ *s.* seguace di Zoroastro.

Zoroastrianism [,zɒrəʊ'æstrɪənɪzəm / Zo·ro·as·trian·ism] *s.* (*st. relig.*) zoroastrismo, dottrina di Zoroastro.

zot(z) [zɒt(s)] *s.* (*sl. amer.*) zero, niente, nulla.

zouave [zu:'ɒ:v / zou·ave] *s.* (*mil.*) zuavo.

zounds [zaʊnds] *inter.* (*ant.*) caspita!, perbacco!, diamine!: *zounds, madam, you had no taste when you married me!*, (SHERIDAN) diamine, signora, non aveste gusto quando mi sposaste!

zucchini [zu:'ki:nɪ / zuc·chini] *pl.* **zucchinis** *s.* (*amer.*) zucchina, zucchino SIN. marrow -squash BRIT. courgette.

Zulu ['zu:lu:] *agg.* e *s.* zulù.

zwitterion [,zvɪtəraɪən / zwit·ter·ion] *s.* (*chim.*) ione dipolare, anfoione.

zygodactyl [,zaɪgəʊ'dæktɪl / zy·go·dac·tyl] *agg.* e *s.* (*zool.*) zigodattilo.

zygodactylous [,zaɪgəʊ'dæktɪləs / zy·go·dac·tyl·ous] *agg.* (*zool.*) zigodattilo.

zygoma [zaɪ'gəʊmə / zy·goma] *pl.* **zygomata** [zaɪ'gəʊmətə / zy·go·mata] *s.* (*anat.*) zigomo.

zygomatic [,zaɪgəʊ'mætɪk / zy·go·matic] *agg.* (*anat.*) zigomatico: — *bone*, osso malare, osso zigomatico.

zygomorphous [,zaɪgəʊ'mɔ:fəs / zy·go·morph·ous] *agg.* (*bot.*) zigomorfo.

zygosis [zaɪ'gəʊsɪs / zy·gosis] *pl.* **zygoses** [zaɪ'gəʊsi:z] *s.* (*biol.*) zigosi.

zygospore ['zaɪgəʊspɔ:* / zy·go·spore] *s.* (*biol.*) zigospora.

zygote ['zaɪgəʊt / zy·gote] *s.* (*biol.*) zigote.

zymase ['zaɪmeɪs / zy·mase] *s.* (*biochim.*) zimasi.

zyme [zaɪm] *s.* (*biol.*) **1** enzima, fermento **2** virus che produce una malattia infettiva.

zymogen ['zaɪmədʒən / zy·mo·gen] *s.* (*biochim.*) zimogeno; proenzima.

zymogenesis [,zaɪmə'dʒenɪsɪs / zy·mo·gen·esis] *s.* (*biochim.*) zimogenesi.

zymogenic [,zaɪmə'dʒenɪk / zy·mo·genic] **zymogenous** [,zaɪ'mɒdʒənəs / zy·mo·gen·ous] *agg.* (*biochim.*) zimogeno, che causa fermentazione.

zymosis [zaɪ'məʊsɪs / zy·mosis] *pl.* **zymoses** [zaɪ'məʊsi:z] *s.* **1** (*biochim.*) zimosi, fermentazione **2** malattia infettiva.

zymosterol [,zaɪmɒstərɒl / zy·mos·terol] *s.* (*biochim.*) zimosterolo.

zymotic [zaɪ'mɒtɪk / zy·motic] *agg.* **1** (*biol.*) enzimatico, fermentativo; soggetto a fermentazione **2** (*med.*) infettivo: — *disease*, malattia infettiva.

zymurgy ['zaɪ,mɜ:dʒɪ / zy·murgy] *s.* (*chim.*) chimica delle fermentazioni.

Appendice 1

UNITÀ DI MISURA E SISTEMI MONETARI

Measures of length - Misure di lunghezza

NEL REGNO UNITO E NEGLI STATI UNITI
line (*abbr.* l.), 1l. = 2,12 mm
inch (*abbr.* in.), 1 in. = 12 l. = 2,54 cm
foot (*abbr.* ft.), 1 ft. = 12 in. = 30,48 cm
yard (*abbr.* yd.), 1 yd. = 3 ft. = 91,4399 cm
fathom (*abbr.* fm.), 1 fm. = 2 yd. = 1,829 m
rod (*abbr.* rd.), *pole* (*abbr.* po.), *perch*, 1 rd. = 1 po. = 1 perch = 5,5 yd. = 5,0292 m
chain (*abbr.* chn.), 1 chn. = 4 rd. = 20,12 m
furlong (*abbr.* fur.), 1 fur. = 10 chn. = 201,16 m
(statute) mile (*abbr.* (sta.) mi.), 1 sta. mi. = 8 fur. = 1,6093 km
(nautical) mile (*abbr.* (naut.) mi.), *knot* (*abbr.* k.), 1 naut. mi. = 1 k. = 1,15 sta. mi. = 1,852 km
league (*abbr.* lea.), 1 lea. = 3 naut. mi. = 5.559,78 m

Square measures - Misure di superficie

NEL REGNO UNITO E NEGLI STATI UNITI
square inch (*abbr.* sq. in.), 1 sq. in. = 6,4516 cm^2
square foot (*abbr.* sq. ft.), 1 sq. ft. = 144 sq. in. = 929,03 cm^2
square yard (*abbr.* sq. yd.), 1 sq. yd. = 9 sq. ft. = 0,8361 m^2
square rod (*abbr.* sq. rd.), *square pole* (*abbr.* sq. po.), *square perch*, 1 sq. rd. = 1 sq. po. = 1 sq. perch = 30,25 sq. yd. = 25,292 m^2
rood (*abbr.* ro.), 1 ro. = 40 sq. rd. = 10,11 a. = 1011,68 m^2
acre (*abbr.* a.), 1 a. = 4 ro. = 40,46 a. = 4047 m^2
square chain (*abbr.* sq. chn.), 1 sq. chn. = 16 sq. rd. = 4,04 a = 404 m^2
square mile (*abbr.* sq. mi.), 1 sq. mi. = 6,400 sq. chn. = 640 a. = 2,59 km^2

Cubic measures - Misure di volume

NEL REGNO UNITO E NEGLI STATI UNITI
cubic inch (*abbr.* cu. in.), 1 cu. in. = 16,388 cm^3
cubic foot (*abbr.* cu. ft.), 1 cu. ft. = 1.728 cu. in. = 28,318 dm^3
cubic yard (*abbr.* cu. yd.), 1 cu. yd. = 27 cu. ft. = 0,7645 m^3

Measures of capacity - Misure di capacità
for liquid commodities - per liquidi

NEL REGNO UNITO
gill (*abbr.* gi.), 1 gi. = 0,142 l
pint (*abbr.* pt.), 1 pt. = 4 gi. = 0,5683 l
quart (*abbr.* qt.), 1 qt. = 2 pt. = 1,1365 l
(imperial) gallon (*abbr.* (imp.) gal.), 1 imp. gal. = 4 qts. = 4,546 l
barrel (*abbr.* bbl.), 1 bbl. = 36 imp. gal. = 163,65 l
hogshead (*abbr.* hhd.), 1 hhd. = 52,5 imp. gal. = 238,5 l
pipe 1 pipe = 2 hhd. = 105 imp. gal. = 477 l
butt 1 butt = 108 imp. gal. = 491 l
(wine) gallon (*abbr.* gal.) (*ant.*), 1 gal. = 3,78 l
tierce (*abbr.* tc.) (*ant.*), 1 tc. = 42 wine gal. = 159 l
puncheon (*abbr.* pun.) (*ant.*), 1 pun. = 2 tc. = 318 l
tun (*ant.*), 1 tun = 252 wine gal. = 953,9 l

NEGLI STATI UNITI
U.S. gill (*abbr.* gi.), 1 U.S. gi. = 0,12 l
U.S. pint (*abbr.* pt.), 1 U.S. pt. = 4 U.S. gi. = 0,4732 l
U.S. quart (*abbr.* qt.), 1 U.S. qt. = 2 U.S. pt. = 0,9463 l
U.S. gallon (*abbr.* gal.), 1 U.S. gal. = 4 U.S. qts. = 3,785 l
U.S barrel (*abbr.* bbl.), 1 U.S. bbl. = 31,5 U.S. gal. = 119,24 l
U.S hogshead (*abbr.* hhd.), 1 U.S. hhd. = 63 U.S. gal. = 238,47 l
pipe 1 pipe = 2 U.S. hhd. = 126 U.S. gal. = 477 l
butt 1 butt = 129,7 U.S. gal. = 491 l

Measures of capacity - Misure di capacità
for dry commodities - per aridi

NEL REGNO UNITO
(dry) pint (*abbr.* pt.), 1 pt. = 0,56 l
(dry) quart (*abbr.* qt.), 1 qt. = 2 pt. = 1,13 l
(dry) gallon (*abbr.* gal.), 1 gal. = 4 qts. = 4,54 l
peck (*abbr.* pk.), 1 pk. = 8 qts. = 9,09 l
(imperial) bushel (*abbr.* (imp.) bu.), 1 imp. bu. = 4 pk. = 36,36 l
barrel (*abbr.* bbl.), 1 bbl. = 115,50 l
quarter (*abbr.* qr.), 1 qr. = 8 imp. bu. = 2,909 hl
chaldron (*abbr.* ch.), 1 ch. = 36 imp. bu. = 13,09 hl

NEGLI STATI UNITI
U.S. (dry) pint (*abbr.* pt.), 1 U.S. pt. = 0,55 l
U.S. (dry) quart (*abbr.* qt.), 1 U.S. qt. = 2 U.S. pt. = 1,10 l
U.S. peck (*abbr.* pk.), 1 U.S. pk. = 8 U.S. qts. = 8,81 l
U.S. (standard) bushel (*abbr.* (std.) bu.), 1 U.S. bu. = 4 U.S. pk. = 35,24 l

Avoirdupois weights - Pesi avoirdupois

NEL REGNO UNITO
grain (avoirdupois) (*abbr.* gr. av.), 1 gr. av. = 0,0648 g
dram (*abbr.* dr.), 1 dr. = 27,34 gr. av. = 1,772 g
ounce (avoirdupois) (*abbr.* oz. av.), 1 oz. av. = 16 dr. = 28,35 g
pound (avoirdupois) (*abbr.* lb. av.), 1 lb. av. = 16 oz. av. = 453,60 g
stone (*abbr.* st.), 1 st. = 14 lb. av. = 6,350 kg
quarter (*abbr.* qr.), 1 qr. = 28 lb. av. = 12,70 kg
cental (*abbr.* ctl.), 1 ctl. = 100 lb. av. = 45,36 kg
hundredweight (*abbr.* cwt.), 1 cwt. = 112 lb. av. = 50,80 kg
ton (*abbr.* t.), 1 t. = 2.240 lb. av. = 1.016 kg

NEGLI STATI UNITI
grain (avoirdupois) (*abbr.* gr. av.), 1 gr. av. = 0,065 g
dram (*abbr.* dr.), 1 dr. = 27,34 gr. av. = 1,77 g
ounce (avoirdupois) (*abbr.* oz. av.), 1 oz. av. = 16 dr. = 28,35 g
pound (avoirdupois) (*abbr.* lb. av.), 1 lb. av. = 16 oz. av. = 453,60 g
U.S. quarter (*abbr.* qr.), 1 U.S. qr. = 1/4 short cwt. = 25 lb. av. = 11,37 kg
U.S. quarter (*abbr.* qr.), 1 U.S. qr. = 1/4 long cwt. = 28 lb. av. = 12,70 kg
U.S. quarter (*abbr.* qr.), 1 U.S. qr. = 1/4 s.t. = 500 lb. av. = 226,79 kg
U.S. quarter (*abbr.* qr.), 1 U.S. qr. = 1/4 l.t. = 560 lb. av. = 254 kg
short hundredweight (*abbr.* cwt.), 1 short cwt. = 100 lb. av. = 45,36 kg
long hundredweight (*abbr.* cwt.), 1 long cwt. = 112 lb. av. = 50,80 kg
short ton (*abbr.* s.t.), 1 s.t. = 2.000 lb. av. = 907,18 kg
long ton (*abbr.* l.t.), 1 l.t. = 2.240 lb. av. = 1.016 kg

Troy weights - Pesi troy
for precious stones - per preziosi

NEL REGNO UNITO E NEGLI STATI UNITI
grain (troy) (*abbr.* gr. t.), 1 gr. t. = 0,064 g
(carat) grain, (pearl) grain (*abbr.* gr.), 1 gr. = 1/4 M.C. = 0,77 gr. t. = 50 mg
metric carat (*abbr.* M.C.), 1 M.C. = 3,08 gr. t. = 200 mg
pennyweight (*abbr.* dwt.), 1 dwt. = 24 gr. t. = 1,555 g
ounce (troy) (*abbr.* oz. t.), 1 oz. t. = 20 dwt. = 31,10 g
pound (troy) (*abbr.* lb. av.), 1 lb. av. = 12 dwt. = 373, 242 g

Sistemi monetari dei paesi anglosassoni

REGNO UNITO
(*unità base* = pound, *sterlina; il tradizionale sistema duodecimale è stato sostituito il 15 febbraio 1971 dal sistema decimale*)

Sistema decimale (dal 1971): 1 pound = 100 new pence

coins monete
half penny (*½ p*), mezzo penny.
penny (*1p*), un penny.
two pence (*2p*), due pence.
five pence (*5p*), cinque pence.
ten pence (*10p*), dieci pence.
fifty pence (*50p*), cinquanta pence.
one pound (*£1*), una sterlina.
two pounds (*£2*), due sterline.

banknotes banconote
five pounds (*£5*), cinque sterline.
ten pounds (*£10*), dieci sterline.
twenty pounds (*£20*), venti sterline.
fifty pounds (*£50*), cinquanta sterline
a hundred pounds (*£100*), cento sterline.

Sistema duodecimale (fino al 1971): 1 pound = 20 shillings; 1 shilling = 12 pence

coins monete
farthing (*¼ d*), un quarto di penny (soppresso già dal gennaio 1961).
halfpenny (*½ d*), mezzo penny.
penny (*1d*), penny, dodicesima parte dello scellino.
threepence, threepenny (*bit*) (*3d*), tre pence.
sixpence (*6d*), sei pence, mezzo scellino.
shilling (*1s, 1/—*), scellino, ventesima parte della sterlina.
florin, two-shilling piece (*2s, 2/—*), due scellini.
half-crown (*2s, 6d, 2/6*), mezza corona, due scellini e sei pence.
crown (*5s, 5/—*), corona, cinque scellini (*).

gold coin moneta d'oro
sovereign, pound sterling (*£1*), sovrana, sterlina oro (**).

banknotes banconote
ten-shilling note (*10s*), mezza sterlina, dieci scellini.
pound note (*£1*), sterlina.
five-pound note (*£5*), cinque sterline.
ten-pound note (*£10*), dieci sterline.
twenty-pound note (*£20*), venti sterline.

nominal coin moneta nominale (***)
guinea (*£1.1s, 21s*), ghinea, ventuno scellini.

(*) Moneta non circolante, coniata in occasione di avvenimenti di grande importanza.
(**) Moneta non circolante.
(***) Già usata nelle parcelle di professionisti, quote di associazioni, prezzi di libri e di oggetti di lusso ecc.

PAESI DEL COMMONWEALTH BRITANNICO
Australia (*Commonwealth of Australia*): *Australian dollar* (*$ A.*), dollaro australiano.
Ghana (*Republic of Ghana*): *cedi*, cedi.
India (*Indian Union, Bharat*): *rupee*, rupia.
Nigeria (*Federation of Nigeria*): *naira*, naira.
Canada (*Dominion of Canada*): *Canadian dollar* (*$ Can.*), dollaro canadese.
Nuova Zelanda (*New Zealand*): *New Zealand dollar* (*$ NZ.*), dollaro neozelandese.
Singapore (*State of Singapore*): *Singapore dollar*, dollaro di Singapore.
Srī Lanka (*Srī Lanka Jamarajaya*): *rupee* (*R.*), rupia.

STATI UNITI D'AMERICA
(unità base = *dollar*, dollaro)

coins monete
cent (*1c*), un centesimo di dollaro.
nickel, five cents (*5c*), cinque centesimi di dollaro.
dime (*10c*), dieci centesimi di dollaro.
quarter (*25c*), venticinque centesimi di dollaro.
half-dollar (*50c*), mezzo dollaro, cinquanta centesimi di dollaro.
dollar (*$1*), dollaro.

gold coins monete d'oro (*)
dollar (*$1*), dollaro.
quarter-eagle (*$2.5*), due dollari e mezzo.
half-eagle (*$5*), cinque dollari.
eagle (*$10*), dieci dollari.
double-eagle (*$20*), venti dollari.

bills banconote
Si hanno tagli da *$ 1, 2, 5, 10, 20, 50, 100, 500, 1000.*
(*) Le monete auree non sono in circolazione.

Tavola generale di conversione (*)

	to convert per trasformare →	**into** in	**multiply by below** moltiplicare per i valori sotto indicati ↓
0,3937	*inches*, pollici	*centimetres*, centimetri	2,54
3,2808	*feet*, piedi	*metres*, metri	0,3048
1,0933	*yards*, iarde	*metres*, metri	0,9144
0,6214	*statute miles*, miglia	*kilometres*, chilometri	1,6093
0,5396	*nautical miles*, miglia marine	*kilometres*, chilometri	1,85315
0,1550	*square inches*, pollici quadrati	*square centimetres*, cm quadrati	6,4516
10,7639	*square feet*, piedi quadrati	*square metres*, metri quadrati	0,09290
1,1960	*square yards*, iarde quadrate	*square metres*, metri quadrati	0,8361
0,3861	*square miles*, miglia quadrate	*square kilometres*, km quadrati	2,590
0,06102	*cubic inches*, pollici cubici	*cubic centimetres*, cm cubici	16,3870
35,3148	*cubic feet*, piedi cubici	*cubic metres*, metri cubici	0,02831
1,3080	*cubic yards*, iarde cubiche	*cubic metres*, metri cubici	0,7646
2,20462	*pounds avoirdupois*, libbre av.	*kilogrammes*, chilogrammi	0,4536
0,03527	*ounces avoirdupois*, once av.	*grammes*, grammi	28,3495
15,3846	*grains*, grani	*gramme*, grammi	0,064
0,01968	*hundredweights*	*kilogrammes*, chilogrammi	50,80
0,984	(*long*) *tons*, tonnellate (inglesi)	*tons*, tonnellate (metriche)	1,016
0,220	(*imperial*) *gallons*, galloni	*litres*, litri	4,546
0,9863	*horsepowers*	*chevaux-vapeurs*, cavalli-vapore	1,0139
multiply by above moltiplicare per i valori sopra indicati	**to obtain** per ottenere	↑ **from** da	

(*) La punteggiatura adottata per tutti i numeri è quella metrica: il punto divide il numero in periodi (migliaia ecc.), la virgola divide la parte decimale.

PRINCIPALI VERBI IRREGOLARI INGLESI

infinito	*passato*	*participio passato*
to **abide** [ə'baɪd]	**abode** [ə'bəʊd], **abided** [ə'baɪdɪd]	**abode** [ə'bəʊd], **abided** [ə'baɪdɪd]
to **arise** [ə'raɪz]	**arose** [ə'rəʊz]	**arisen** [ə'rɪzn]
to **awake** [ə'weɪk]	**awoke** [ə'wəʊk], **awaked** [ə'weɪkt]	**awoken** [ə'wəʊkən]
to **be** [bi:]	**was** [wɒz] **were** [wɜ:*]	**been** [bi:n]
to **bear** [beə*]	**bore** [bɔ:*]; (*ant.*) **bare** [beə*]	**borne** [bɔ:n], **born**
to **beat** [bi:t]	**beat** [bi:t]	**beaten** ['bi:tn], **beat** [bi:t]
to **become** [bɪ'kʌm]	**became** [bɪ'keɪm]	**become** [bɪ'kʌm]
to **befall** [bɪ'fɔ:l]	**befell** [bɪ'fel]	**befallen** [bɪ'fɔ:lən]
to **beget** [bɪ'get]	**begot** [bɪ'gɒt]	**begot** [bɪ'gɒt], **begotten** [bɪ'gɒtn]
to **begin** [bɪ'gɪn]	**began** [bɪ'gæn]	**begun** [bɪ'gʌn]
to **behold** [bɪ'həʊld]	**beheld** [bɪ'held]	**beheld** [bɪ'held]
to **bend** [bend]	**bent** [bent]	**bent** [bent]
to **bereave** [bɪ'ri:v]	**bereaved** [bɪ'ri:vd], **bereft** [bɪ'reft]	**bereaved** [bɪ'ri:vd], **bereft** [bɪ'reft]
to **beseech** [bɪ'si:tʃ]	**besought** [bɪ'sɔ:t], **beseeched** [bɪ'si:tʃt]	**besought** [bɪ'sɔ:t], **beseeched** [bɪ'si:tʃt]
to **beset** [bɪ'set]	**beset** [bɪ'set]	**beset** [bɪ'set]
to **bespeak** [bɪ'spi:k]	**bespoke** [bɪ'spəʊk]	**bespoken** [bɪ'spəʊkən]
to **bestrew** [bɪ'stru:]	**bestrewed** [bɪ'stru:d]	**bestrewed** [bɪ'stru:d], **bestrewn** [bɪ'stru:n], **bestrown** [bɪ'strəʊn]
to **bestride** [bɪ'straɪd]	**bestrode** [bɪ'strəʊd]	**bestridden** [bɪ'strɪdn]
to **bet** [bet]	**bet** [bet]	**bet** [bet]
to **betake** [bɪ'teɪk]	**betook** [bɪ'tʊk]	**betaken** [bɪ'teɪkən]
to **bethink** [bɪ'θɪŋk]	**bethought** [bɪ'θɔ:t]	**bethought** [bɪ'θɔ:t]
to **bid** [bɪd]	**bad** [bæd], **bade** [beɪd], **bid** [bɪd]	**bidden** ['bɪdn], **bid** [bɪd]
to **bind** [baɪnd]	**bound** [baʊnd]	**bound** [baʊnd]
to **bite** [baɪt]	**bit** [bɪt]	**bit** [bɪt], **bitten** ['bɪtn]
to **bleed** [bli:d]	**bled** [bled]	**bled** [bled]
to **bless** [bles]	**blessed**; (*letter.*) **blest** [blest]	**blessed**; (*letter.*) **blest** [blest]
to **blow** [bləʊ]	**blew** [blu:]	**blown** [bləʊn]
to **break** [breɪk]	**broke** [brəʊk]; (*ant.*) **brake** [breɪk]	**broken** ['brəʊkən]; (*ant.*) **broke** [brəʊk]
to **breed** [bri:d]	**bred** [bred]	**bred** [bred]
to **bring** [brɪŋ]	**brought** [brɔ:t]	**brought** [brɔ:t]
to **broadcast** ['brɔ:dkɑ:st *amer.* 'brɔ:dkæst]	**broadcast** ['brɔ:dkɑ:st], meno com. **broadcasted** ['brɔ:d,kɑ:stɪd *amer.* 'brɔ:d,kæstɪd]	**broadcast** ['brɔ:dkɑ:st], meno com. **broadcasted** ['brɔ:d,kɑ:stɪd *amer.* 'brɔ:d,kæstɪd]
to **build** [bɪld]	**built** [bɪlt]	**built** [bɪlt]
to **burn** [bɜ:n]	**burnt** [bɜ:nt]; (*rar.*) **burned** [bɜ:nd]	**burnt** [bɜ:nt]; (*rar.*) **burned** [bɜ:nd]
to **burst** [bɜ:st]	**burst** [bɜ:st]	**burst** [bɜ:st]
to **buy** [baɪ]	**bought** [bɔ:t]	**bought** [bɔ:t]
to **cast** [kɑ:st *amer.* kæst]	**cast** [kɑ:st *amer.* kæst]	**cast** [kɑ:st *amer.* kæst]
to **catch** [kætʃ]	**caught** [kɔ:t]	**caught** [kɔ:t]
to **chide** [tʃaɪd]	**chided** ['tʃaɪdɪd], meno com. **chid** [tʃɪd]	**chided** ['tʃaɪdɪd], meno com. **chid** [tʃɪd], **chidden** ['tʃɪdn]
to **choose** [tʃu:z]	**chose** [tʃəʊz]	**chosen** ['tʃəʊzn]
to **cleave** [kli:v]	**cleaved** [kli:vd], **cleft** [kleft]; (*letter.*) **clove** [kləʊv], **clave** [kleɪv]	**cleaved** [kli:vd], **cleft** [kleft]; (*letter.*) **cloven** ['kləʊvn], **clove** [kləʊv]
to **climb** [klaɪm]	**climbed** [klaɪmd]; (*ant. dial.*) **clomb** [kləʊm]	**climbed** [klaɪmd]; (*ant. dial.*) **clomb** [kləʊm]
to **cling** [klɪŋ]	**clung** [klʌŋ]	**clung** [klʌŋ]
to **clothe** [kləʊð]	**clothed** [kləʊðd]; (*ant., letter.*) **clad** [klæd]	**clothed** [kləʊðd]; (*ant., letter.*) **clad** [klæd]
to **come** [kʌm]	**came** [keɪm]	**come** [kʌm]
to **cost** [kɒst]	**cost** [kɒst]	**cost** [kɒst]
to **creep** [kri:p]	**crept** [krept]	**crept** [krept]
to **crow** [krəʊ]	**crowed** [krəʊd], **crew** [kru:]	**crowed** [krəʊd]
to **cut** [kʌt]	**cut** [kʌt]	**cut** [kʌt]
to **dare** [deə*]	**dared** [deəd]; (*ant.*) **durst** [dɜ:st]	**dared** [deəd]

to **deal** [di:l]	**dealt** [delt]	**dealt** [delt]
to **dig** [dɪg]	**dug** [dʌg]	**dug** [dʌg]
to **dive** [daɪv]	**dived** [daɪvd], *amer.* **dove** [dəʊv]	**dived** [daɪvd]
to **do** [du:]	**did** [dɪd]	**done** [dʌn]
to **draw** [drɔ:]	**drew** [dru:]	**drawn** [drɔ:n]
to **dream** [dri:m]	**dreamed** [dri:md], **dreamt** [dremt]	**dreamed** [dri:md], **dreamt** [dremt]
to **drink** [drɪŋk]	**drank** [dræŋk]	**drunk** [drʌŋk]; (*ant.*) **drunken** ['drʌŋkən]
to **drive** [draɪv]	**drove** [drəʊv]	**driven** ['drɪvn]
to **dwell** [dwel]	**dwelt** [dwelt], **dwelled** [dweld]	**dwelt** [dwelt], **dwelled** [dweld]
to **eat** [i:t]	**ate** [et *amer.* eɪt]; (*ant.*) **eat** [i:t]	**eaten** ['i:tn]
to **fall** [fɔ:l]	**fell** [fel]	**fallen** ['fɔ:lən]
to **feed** [fi:d]	**fed** [fed]	**fed** [fed]
to **feel** [fi:l]	**felt** [felt]	**felt** [felt]
to **fight** [faɪt]	**fought** [fɔ:t]	**fought** [fɔ:t]
to **find** [faɪnd]	**found** [faʊnd]	**found** [faʊnd]
to **flee** [fli:]	**fled** [fled]	**fled** [fled]
to **fling** [flɪŋ]	**flung** [flʌŋ]	**flung** [flʌŋ]
to **fly** [flaɪ]	**flew** [flu:]	**flown** [fləʊn]
to **forbear** [fɔ:'beə*]	**forbore** [fɔ:'bɔ:*]	**forborne** [fɔ:'bɔ:n]
to **forbid** [fə'bɪd]	**forbade** [fə'beɪd]	**forbidden** [fə'bɪdn]
to **forecast** ['fɔ:kɑ:st *amer.* 'fɔ:kæst]	**forecast** ['fɔ:kɑ:st *amer.* 'fɔ:kæst]	**forecast** ['fɔ:kɑ:st *amer.* 'fɔ:kæst]
to **foreknow** [fɔ:'nəʊ]	**foreknew** [fɔ:'nju:]	**foreknown** [fɔ:'nəʊn]
to **foresee** [fɔ:'si:]	**foresaw** [fɔ:'sɔ:]	**foreseen** [fɔ:'si:n]
to **foretell** [fɔ:'tel]	**foretold** [fɔ:'təʊld]	**foretold** [fɔ:'təʊld]
to **forget** [fə'get]	**forgot** [fə'gɒt]	**forgotten** [fə'gɒtn]
to **forgive** [fə'gɪv]	**forgave** [fə'geɪv]	**forgiven** [fə'gɪvn]
to **forsake** [fə'seɪk]	**forsook** [fə'sʊk]	**forsaken** [fə'seɪkən]
to **forswear** [fɔ:'sweə*]	**forswore** [fɔ:'swɔ:*]	**forsworn** [fɔ:'swɔ:n]
to **freeze** [fri:z]	**froze** [frəʊz]	**frozen** ['frəʊzn]
to **gainsay** [geɪn'seɪ]	**gainsaid** [geɪn'sed]	**gainsaid** [geɪn'sed]
to **get** [get]	**got** [gɒt]	**got** [gɒt]; (*ant.* o *amer.*) **gotten** ['gɒtn]
to **gird** [gɜ:d]	**girded** ['gɜ:dɪd], **girt** [gɜ:t]	**girded** ['gɜ:dɪd], **girt** [gɜ:t]
to **give** [gɪv]	**gave** [geɪv]	**given** ['gɪvn]
to **go** [gəʊ]	**went** [went]	**gone** [gɒn]
to **grave** [greɪv]	**graved** [greɪvd]	**graved** [greɪvd], **graven** ['greɪvən]
to **grind** [graɪnd]	**ground** [graʊnd]	**ground** [graʊnd]
to **grow** [grəʊ]	**grew** [gru:]	**grown** [grəʊn]
to **hamstring** ['hæmstrɪŋ]	**hamstrung** ['hæmstrʌŋ]	**hamstrung** ['hæmstrʌŋ]
to **hang** [hæŋ]	**hung** [hʌŋ], **hanged** [hæŋd]	**hung** [hʌŋ], **hanged** [hæŋd]
to **have** [hæv]	**had** [hæd]	**had** [hæd]
to **hear** [hɪə*]	**heard** [hɜ:d]	**heard** [hɜ:d]
to **heave** [hi:v]	**heaved** [hi:vd], **hove** [həʊv]	**heaved** [hi:vd]
to **hew** [hju:]	**hewed** [hju:d]	**hewed** [hju:d], **hewn** [hju:n]
to **hide** [haɪd]	**hid** [hɪd]	**hid** [hɪd], **hidden** ['hɪdn]
to **hit** [hɪt]	**hit** [hɪt]	**hit** [hɪt]
to **hold** [həʊld]	**held** [held]	**held** [held]; (*ant.*) **holden** ['həʊldən]
to **hurt** [hɜ:t]	**hurt** [hɜ:t]	**hurt** [hɜ:t]
to **inlay** ['ɪn'leɪ]	**inlaid** ['ɪn'leɪd]	**inlaid** ['ɪn'leɪd]
to **keep** [ki:p]	**kept** [kept]	**kept** [kept]
to **kneel** [ni:l]	**kneeled** [ni:ld], **knelt** [nelt]	**kneeled** [ni:ld], **knelt** [nelt]
to **knit** [nɪt]	**knitted** ['nɪtɪd], **knit** [nɪt]	**knitted** ['nɪtɪd], **knit** [nɪt]
to **know** [nəʊ]	**knew** [nju:]	**known** [nəʊn]
to **lade** [leɪd]	**laded** ['leɪdɪd]	**laden** ['leɪdn]
to **lay** [leɪ]	**laid** [leɪd]	**laid** [leɪd]
to **lead** [li:d]	**led** [led]	**led** [led]
to **lean** [li:n]	**leaned** [li:nd], **leant** [lent]	**leaned** [li:nd], **leant** [lent]
to **leap** [li:p]	**leapt** [lept], *amer.* **leaped** [li:pt]	**leapt** [lept], *amer.* **leaped** [li:pt]
to **learn** [lɜ:n]	**learnt** [lɜ:nt], **learned** [lɜ:nd]	**learnt** [lɜ:nt], **learned** [lɜ:nd]
to **leave** [li:v]	**left** [left]	**left** [left]
to **lend** [lend]	**lent** [lent]	**lent** [lent]
to **let** [let]	**let** [let]	**let** [let]
to **lie** [laɪ]	**lay** [leɪ]	**lain** [leɪn]
to **light** [laɪt]	**lighted** ['laɪtɪd], **lit** [lɪt]	**lighted** ['laɪtɪd], **lit** [lɪt]
to **lose** [lu:z]	**lost** [lɒst]	**lost** [lɒst]
to **make** [meɪk]	**made** [meɪd]	**made** [meɪd]
to **mean** [mi:n]	**meant** [ment]	**meant** [ment]
to **meet** [mi:t]	**met** [met]	**met** [met]
to **melt** [melt]	**melted** ['meltɪd]	**melted** ['meltɪd], (*ant.*) **molten** ['məʊltən]
to **misdeal** [mɪs'di:l]	**misdealt** [mɪs'delt]	**misdealt** [mɪs'delt]
to **mislay** [mɪs'leɪ]	**mislaid** [mɪs'leɪd]	**mislaid** [mɪs'leɪd]
to **mislead** [mɪs'li:d]	**misled** [mɪs'led]	**misled** [mɪs'led]
to **mistake** [mɪs'teɪk]	**mistook** [mɪs'tʊk]	**mistaken** [mɪs'teɪkən]
to **misunderstand** ['mɪsʌndə'stænd]	**misunderstood** [mɪsʌndə'stʊd]	**misunderstood** [mɪsʌndə'stʊd]
to **mow** [məʊ]	**mowed** [məʊd]	**mown** [məʊn]
to **outbid** [aʊt'bɪd]	**outbid** [aʊt'bɪd]	**outbidden** [aʊt'bɪdn]

to **outdo** [aʊt'du:]	**outdid** [aʊt'dɪd]	**outdone** [aʊt'dʌn]
to **outgo** [aʊt'gəʊ]	**outwent** [aʊt'went]	**outgone** [aʊt'gɒn]
to **outgrow** [aʊt'grəʊ]	**outgrew** [aʊt'gru:]	**outgrown** [aʊt'grəʊn]
to **outride** [aʊt'raɪd]	**outrode** [aʊt'rəʊd]	**outridden** [aʊt'rɪdn]
to **outrun** [aʊt'rʌn]	**outran** [aʊt'ræn]	**outrun** [aʊt'rʌn]
to **outshine** [aʊt'ʃaɪn]	**outshone** [aʊt'ʃɒn]	**outshone** [aʊt'ʃɒn]
to **outspread** [aʊt'spred]	**outspread** [aʊt'spred]	**outspread** [aʊt'spred]
to **outwear** [aʊt'weə*]	**outwore** [aʊt'wɔ:*]	**outworn** [aʊt'wɔ:n]
to **overbear** [,əʊvə'beə*]	**overbore** [,əʊvə'bɔ:*]	**overborne** [,əʊvə'bɔ:n]
to **overcast** ['əʊvəkɑ:st *amer.* 'əʊvəkæst]	**overcast** ['əʊvəkɑ:st *amer.* 'əʊvəkæst]	**overcast** ['əʊvəkɑ:st *amer.* 'əʊvəkæst]
to **overcome** [,əʊvə'kʌm]	**overcame** [,əʊvə'keɪm]	**overcome** [,əʊvə'kʌm]
to **overdo** [,əʊvə'du:]	**overdid** [,əʊvə'dɪd]	**overdone** [,əʊvə'dʌn]
to **overdraw** [,əʊvə'drɔ:]	**overdrew** [,əʊvə'dru:]	**overdrawn** [,əʊvə'drɔ:n]
to **overeat** [,əʊvər'i:t]	**overate** [,əʊvər'et *amer.* ,əʊvər'eɪt]	**overeaten** [,əʊvər'i:tn]
to **overfeed** [,əʊvə'fi:d]	**overfed** [,əʊvə'fed]	**overfed** [,əʊvə'fed]
to **overgrow** [,əʊvə'grəʊ]	**overgrew** [,əʊvə'gru:]	**overgrown** [,əʊvə'grəʊn]
to **overhang** ['əʊvəhæŋ]	**overhung** ['əʊvəhʌŋ]	**overhung** ['əʊvəhʌŋ]
to **overhear** [,əʊvə'hɪə*]	**overheard** [,əʊvə'hɜ:d]	**overheard** [,əʊvə'hɜ:d]
to **overlay** [,əʊvə'leɪ]	**overlaid** [,əʊvə'leɪd]	**overlaid** [,əʊvə'leɪd]
to **overleap** [,əʊvə'li:p]	**overleaped**, **overleapt** [,əʊvə'lept]	**overleaped**, **overleapt** [,əʊvə'lept]
to **overlie** [,əʊvə'laɪ]	**overlay** [,əʊvə'leɪ]	**overlain** [,əʊvə'leɪn]
to **override** [,əʊvə'raɪd]	**overrode** [,əʊvə'rəʊd]	**overridden** [,əʊvə'rɪdn]
to **overrun** [,əʊvə'rʌn]	**overran** [,əʊvə'ræn]	**overrun** [,əʊvə'rʌn]
to **oversee** [,əʊvə'si:]	**oversaw** [,əʊvə'sɔ:]	**overseen** [,əʊvə'si:n]
to **overset** [,əʊvə'set]	**overset** [,əʊvə'set]	**overset** [,əʊvə'set]
to **overshoot** [,əʊvə'ʃu:t]	**overshot** [,əʊvə'ʃɒt]	**overshot** [,əʊvə'ʃɒt]
to **oversleep** [,əʊvə'sli:p]	**overslept** [,əʊvə'slept]	**overslept** [,əʊvə'slept]
to **overspread** [,əʊvə'spred]	**overspread** [,əʊvə'spred]	**overspread** [,əʊvə'spred]
to **overtake** [,əʊvə'teɪk]	**overtook** [,əʊvə'tʊk]	**overtaken** [,əʊvə'teɪkən]
to **overthrow** [,əʊvə'θrəʊ]	**overthrew** [,əʊvə'θru:]	**overthrown** [,əʊvə'θrəʊn]
to **partake** [pɑ:'teɪk]	**partook** [pɑ:'tʊk]	**partaken** [pɑ:'teɪkən]
to **pay** [peɪ]	**paid** [peɪd]	**paid** [peɪd]
to **put** [pʊt]	**put** [pʊt]	**put** [pʊt]
to **read** [ri:d]	**read** [red]	**read** [red]
to **rebuild** ['ri:'bɪld]	**rebuilt** ['ri:'bɪlt]	**rebuilt** ['ri:'bɪlt]
to **recast** ['ri:'kɑ:st *amer.* 'ri:'kæst]	**recast** ['ri:'kɑ:st *amer.* 'ri:'kæst]	**recast** ['ri:'kɑ:st *amer.* 'ri:'kæst]
to **relay** ['ri:'leɪ]	**relaid** ['ri:'leɪd]	**relaid** ['ri:'leɪd]
to **rend** [rend]	**rent** [rent]	**rent** [rent]
to **repay** [ri:'peɪ]	**repaid** [ri:'peɪd]	**repaid** [ri:'peɪd]
to **reset** ['ri:'set]	**reset** ['ri:'set]	**reset** ['ri:'set]
to **retell** ['ri:'tel]	**retold** ['ri:'təʊld]	**retold** ['ri:'təʊld]
to **rid** [rɪd]	**rid** [rɪd], **ridded** ['rɪdɪd]	**rid** [rɪd]
to **ride** [raɪd]	**rode** [rəʊd]; (*ant.*) **rid** [rɪd]	**ridden** ['rɪdn]; (*ant.*) **rid** [rɪd]
to **ring** [rɪŋ]	**rang** [ræŋ]	**rung** [rʌŋ]
to **rise** [raɪz]	**rose** [rəʊz]	**risen** ['rɪzn]
to **rive** [raɪv]	**rived** [raɪvd]	**rived** [raɪvd], **riven** ['rɪvən]
to **run** [rʌn]	**ran** [ræn]	**run** [rʌn]
to **saw** [sɔ:]	**sawed** [sɔ:d]	**sawn** [sɔ:n], *amer.* **sawed** [sɔ:d]
to **say** [seɪ]	**said** [sed]	**said** [sed]
to **see** [si:]	**saw** [sɔ:]	**seen** [si:n]
to **seek** [si:k]	**sought** [sɔ:t]	**sought** [sɔ:t]
to **seethe** [si:ð]	**seethed** [si:ðd]; (*ant.*) **sod** [sɒd]	**seethed** [si:ðd], (*ant.*) **sodden** ['sɒdn]
to **sell** [sel]	**sold** [səʊld]	**sold** [səʊld]
to **send** [send]	**sent** [sent]	**sent** [sent]
to **set** [set]	**set** [set]	**set** [set]
to **sew** [səʊ]	**sewed** [səʊd]	**sewn** [səʊn]
to **shake** [ʃeɪk]	**shook** [ʃʊk]	**shaken** ['ʃeɪkən]
to **shear** [ʃɪə*]	**sheared** [ʃɪəd]; (*ant.*) **shore** [ʃɔ:*]	**shorn** [ʃɔ:n]
to **shed** [ʃed]	**shed** [ʃed]	**shed** [ʃed]
to **shine** [ʃaɪn]	**shone** [ʃɒn], **shined** [ʃaɪnd]	**shone** [ʃɒn], **shined** [ʃaɪnd]
to **shoe** [ʃu:]	**shod** [ʃɒd]	**shod** [ʃɒd]
to **shoot** [ʃu:t]	**shot** [ʃɒt]	**shot** [ʃɒt]
to **show** [ʃəʊ]	**showed** [ʃəʊd]	**shown** [ʃəʊn]; (*spec. amer.*) **showed** [ʃəʊd]
to **shrink** [ʃrɪŋk]	**shrank** [ʃræŋk]	**shrunk** [ʃrʌŋk]; (*ant.*) **shrunken** ['ʃrʌŋkən]
to **shrive** [ʃraɪv]	**shrove** [ʃrəʊv]	**shriven** ['ʃrɪvn]
to **shut** [ʃʌt]	**shut** [ʃʌt]	**shut** [ʃʌt]
to **sing** [sɪŋ]	**sang** [sæŋ]	**sung** [sʌŋ]
to **sink** [sɪŋk]	**sank** [sæŋk]; (*rar.*) **sunk** [sʌŋk]	**sunk** [sʌŋk]
to **sit** [sɪt]	**sat** [sæt]	**sat** [sæt]
to **slay** [sleɪ]	**slew** [slu:]	**slain** [sleɪn]
to **sleep** [sli:p]	**slept** [slept]	**slept** [slept]
to **slide** [slaɪd]	**slid** [slɪd]	**slid** [slɪd]
to **sling** [slɪŋ]	**slung** [slʌŋ]	**slung** [slʌŋ]
to **slink** [slɪŋk]	**slunk** [slʌŋk], (*rar.*) **slank** [slæŋk]	**slunk** [slʌŋk]
to **slit** [slɪt]	**slit** [slɪt]	**slit** [slɪt]

to **smell** [smel]	**smelled** [smeld], **smelt** [smelt]	**smelled** [smeld], **smelt** [smelt]
to **smite** [smaɪt]	**smote** [sməʊt]	**smitten** [ˈsmɪtn]
to **sow** [səʊ]	**sowed** [səʊd]	**sowed** [səʊd], **sown** [səʊn]
to **speak** [spi:k]	**spoke** [spəʊk]; (*ant.*) **spake** [speɪk]	**spoken** [ˈspəʊkən]
to **speed** [spi:d]	**sped** [sped], **speeded** [ˈspi:dɪd]	**sped** [sped], **speeded** [ˈspi:dɪd]
to **spell** [spel]	**spelt** [spelt], **spelled** [speld]	**spelt** [spelt], **spelled** [speld]
to **spend** [spend]	**spent** [spent]	**spent** [spent]
to **spill** [spɪl]	**spilt** [spɪlt], **spilled** [spɪld]	**spilt** [spɪlt], **spilled** [spɪld]
to **spin** [spɪn]	**span** [spæn], **spun** [spʌn]	**spun** [spʌn]
to **spit** [spɪt]	**spat** [spæt]; (*ant.* o *amer.*) **spit** [spɪt]	**spat** [spæt]; (*ant.* o *amer.*) **spit** [spɪt]
to **split** [splɪt]	**split** [splɪt]	**split** [splɪt]
to **spoil** [spɔɪl]	**spoiled**, **spoilt** [spɔɪlt]	**spoiled**, **spoilt** [spɔɪlt]
to **spread** [spred]	**spread** [spred]	**spread** [spred]
to **spring** [sprɪŋ]	**sprang** [spræŋ], *amer.* **sprung** [sprʌŋ]	**sprung** [sprʌŋ]
to **stand** [stænd]	**stood** [stʊd]	**stood** [stʊd]
to **stave** [steɪv]	**staved** [steɪvd], **stove** [stəʊv]	**staved** [steɪvd], **stove** [stəʊv]
to **steal** [sti:l]	**stole** [stəʊl]	**stolen** [ˈstəʊlən]
to **stick** [stɪk]	**stuck** [stʌk]	**stuck** [stʌk]
to **sting** [stɪŋ]	**stung** [stʌŋ]	**stung** [stʌŋ]
to **stink** [stɪŋk]	**stank** [stæŋk]	**stunk** [stʌŋk]
to **strew** [stru:]	**strewed** [stru:d]	**strewn** [stru:n], **strewed** [stru:d]
to **stride** [straɪd]	**strode** [strəʊd]	**stridden** [ˈstrɪdn]
to **strike** [straɪk]	**struck** [strʌk]	**struck** [strʌk]; (*ant.*) **stricken** [ˈstrɪkən]
to **string** [strɪŋ]	**strung** [strʌŋ]	**strung** [strʌŋ]
to **strive** [straɪv]	**strove** [strəʊv]	**striven** [ˈstrɪvn]
to **swear** [sweə*]	**swore** [swɔ:*]; (*ant.*) **sware** [sweə*]	**sworn** [swɔ:n]
to **sweep** [swi:p]	**swept** [swept]	**swept** [swept]
to **swell** [swel]	**swelled** [sweld]	**swollen** [ˈswəʊlən]; (*rar.*) **swelled** [sweld]
to **swim** [swɪm]	**swam** [swæm]	**swum** [swʌm]
to **swing** [swɪŋ]	**swung** [swʌŋ]; (*rar.*) **swang** [swæŋ]	**swung** [swʌŋ]
to **take** [teɪk]	**took** [tʊk]	**taken** [ˈteɪkən]
to **teach** [ti:tʃ]	**taught** [tɔ:t]	**taught** [tɔ:t]
to **tear** [teə*]	**tore** [tɔ:*]	**torn** [tɔ:n]
to **tell** [tel]	**told** [təʊld]	**told** [təʊld]
to **think** [θɪŋk]	**thought** [θɔ:t]	**thought** [θɔ:t]
to **thrive** [θraɪv]	**thrived** [ˈθraɪvd] meno com. **throve** [θrəʊv]	**thrived** [ˈθraɪvd]
to **throw** [θrəʊ]	**threw** [θru:]	**thrown** [θrəʊn]
to **thrust** [θrʌst]	**thrust** [θrʌst]	**thrust** [θrʌst]
to **tread** [tred]	**trod** [trɒd]	**trodden** [ˈtrɒdn]
to **unbend** [ˌʌnˈbend]	**unbent** [ˌʌnˈbent]	**unbent** [ˌʌnˈbent]
to **unbind** [ˌʌnˈbaɪnd]	**unbound** [ˌʌnˈbaʊnd]	**unbound** [ˌʌnˈbaʊnd]
to **underbid** [ˌʌndəˈbɪd]	**underbid** [ˌʌndəˈbɪd]	**underbid** [ˌʌndəˈbɪd]
to **undergo** [ˌʌndəˈgəʊ]	**underwent** [ˌʌndəˈwent]	**undergone** [ˌʌndəˈgɒn]
to **undersell** [ˌʌndəˈsel]	**undersold** [ˌʌndəˈsəʊld]	**undersold** [ˌʌndəˈsəʊld]
to **understand** [ˌʌndəˈstænd]	**understood** [ˌʌndəˈstʊd]	**understood** [ˌʌndəˈstʊd]
to **undertake** [ˌʌndəˈteɪk]	**undertook** [ˌʌndəˈtʊk]	**undertaken** [ˌʌndəˈteɪkən]
to **underwrite** [ˈʌndəraɪt]	**underwrote** [ˈʌndərəʊt]	**underwritten** [ˈʌndəˌrɪtn]
to **undo** [ˌʌnˈdu:]	**undid** [ˌʌnˈdɪd]	**undone** [ˌʌnˈdʌn]
to **uphold** [ˌʌpˈhəʊld]	**upheld** [ˌʌpˈheld]	**upheld** [ˌʌpˈheld]
to **upset** [ʌpˈset]	**upset** [ʌpˈset]	**upset** [ʌpˈset]
to **wake** [weɪk]	**waked** [weɪkt], **woke** [wəʊk]	**waked** [weɪkt], **woke** [wəʊk], **woken** [ˈwəʊkən]
to **waylay** [weɪˈleɪ]	**waylaid** [weɪˈleɪd]	**waylaid** [weɪˈleɪd]
to **wear** [weə*]	**wore** [wɔ:*]	**worn** [wɔ:n]
to **weave** [wi:v]	**wove** [wəʊv]	**woven** [ˈwəʊvən]
to **wed** [wed]	**wedded** [ˈwedɪd]; (*rar.*) **wed** [wed]	**wedded** [ˈwedɪd]; (*rar.*) **wed** [wed]
to **weep** [wi:p]	**wept** [wept]	**wept** [wept]
to **wet** [wet]	**wet** [wet], **wetted** [ˈwetɪd]	**wet** [wet], **wetted** [ˈwetɪd]
to **win** [wɪn]	**won** [wʌn]	**won** [wʌn]
to **wind** [waɪnd]	**wound** [waʊnd]	**wound** [waʊnd]
to **withdraw** [wɪðˈdrɔ:]	**withdrew** [wɪðˈdru:]	**withdrawn** [wɪðˈdrɔ:n]
to **withhold** [wɪðˈhəʊld]	**withheld** [wɪðˈheld]	**withheld** [wɪðˈheld]
to **withstand** [wɪðˈstænd]	**withstood** [wɪðˈstʊd]	**withstood** [wɪðˈstʊd]
to **work** [wɜ:k]	**worked** [wɜ:kt]; (*rar.*) **wrought** [rɔ:t]	**worked** [wɜ:kt]; (*rar.*) **wrought** [rɔ:t]
to **wring** [rɪŋ]	**wrung** [rʌŋ]	**wrung** [rʌŋ]
to **write** [raɪt]	**wrote** [rəʊt]; (*ant.*) **writ** [rɪt]	**written** [ˈrɪtn]; (*ant.*) **writ** [rɪt]

COGNOMI

Abbott ['æbət / Ab·bott].
Abercrombie ['æbəkrʌmbı / Aber·crom·bie].
Acheson ['ætʃısn / Ache·son].
Acton ['æktən / Ac·ton].
Adams ['ædəmz / Ad·ams].
Addison ['ædısn / Ad·di·son].
Aiken ['eıkın / Aik·en].
Ainsworth ['eınzwɜ:θ / Ains·worth].
Akenside ['eıkınsaıd / Aken·side].
Albermarle ['ælbımɑ:l / Al·ber·marle].
Alcock ['ælkɒk / Al·cock].
Alcott ['ɔ:lkət / Al·cott].
Aldington ['ɔ:ldıŋtən / Al·ding·ton].
Aldrich ['ɔ:ldrıtʃ / Al·drich].
Allein(e) ['ælın / Al·lein(e)].
Allen ['ælın / Al·len].
Allenby ['ælənbı / Al·len·by].
Alleyn ['ælın / Al·leyn].
Allingham ['ælıŋəm / Al·ling·ham].
Allsop(p) ['ɔ:lsəp / All·sop(p)].
Althorp ['ɔ:lθɔ:p / Al·thorp].
Amery ['eımərı].
Amory ['eımərı].
Ampthill ['æm*p*t*h*ıl / Amp·thill].
Anderson ['ændəsn / An·der·son].
Andrade ['ændreıd / An·dra·de].
Andrew(e)s ['ændru:z / An·drew(e)s].
Anstey ['ænstı / An·stey].
Appleby ['æplbı / Ap·ple·by].
Appleton [æpltən / Ap·ple·ton].
Aram ['eərəm].
Arbuthnot(t) [ɑ:'bʌθnət / Ar·buth·not(t)].
Archer ['ɑ:tʃə* / Arch·er].
Arkwright ['ɑ:kraıt / Ark·wright].
Armitage ['ɑ:mıtıdʒ / Ar·mit·age].
Armstrong ['ɑ:mstrɒŋ / Arm·strong].
Arnold ['ɑ:nld / Ar·nold].
Arrowsmith ['ærə*ʊ*smıθ / Ar·row·smith].
Arundel(l) ['ærəndl / Arun·del(l)].
Asbury ['æzbərı / As·bury].
Ascham ['æskəm / As·cham].
Asquith ['æskwıθ / As·quith].
Astor ['æstə* / As·tor].
Atkins ['ætkınz / At·kins].
Atkinson ['ætkınsn / At·kin·son].
Attlee ['ætlı / Att·lee].
Auchinleck [,ɔ:kın'lek / Au·chin·leck].
Auden ['ɔ:dn / Au·den].
Austen ['ɒstın / Aus·ten].
Austin ['ɒstın / Aus·tin].
Avebury ['eıvbərı / Ave·bury].
Aylmer ['eılmə* / Ayl·mer].

Babbitt ['bæbıt / Bab·bitt].
Babington ['bæbıŋtən / Bab·ing·ton].
Baden-Powell ['beıdn'pəʊel].
Bagehot ['bædʒət / Bage·hot].
Bailey ['beılı / Bai·ley].
Baillie ['beılı / Bail·lie].
Baker ['beıkə* / Bak·er].
Balch [bɔ:ltʃ].
Baldwin ['bɔ:ldwın / Bald·win].
Balfour ['bælfʊə* / Bal·four].
Ballantyne ['bæləntaın / Bal·lan·tyne].
Ba(l)liol ['beıljəl / Ba(l)·liol].
Bancroft ['bæŋkrɒft / Ban·croft].
Barbour ['bɑ:bə* / Bar·bour].
Barclay ['bɑ:klı / Bar·clay].
Baring ['beərıŋ / Bar·ing].
Barker ['bɑ:kə* / Bar·ker].
Barlow ['bɑ:ləʊ / Bar·low].
Barnes [bɑ:nz].
Barnfield ['bɑ:nfi:ld / Barn·field].
Barnum ['bɑ:nəm / Bar·num].
Barrett ['bærət / Bar·rett].
Barrie ['bærı / Bar·rie].
Barrow ['bærəʊ / Bar·row].
Barrymore ['bærımɔ:* / Barry·more].
Bartlett ['bɑ:tlıt / Bart·lett].
Barton ['bɑ:tn / Bar·ton].
Baruch [bə'ru:k / Bar·uch].
Baskervill(e) ['bæskəvıl / Bas·ker·vill(e)].
Basset(t) ['bæsıt / Bass·et(t)].
Bates [beıts].
Bathurst ['bæθɜ:st / Bat·hurst].
Baxter ['bækstə* / Bax·ter].
Beaconsfield ['bi:kənzfi:ld / Bea·cons·field].
Beardsley ['bıədzlı / Beards·ley].
Beattie ['bi:tı / Beat·tie].
Beauchamp ['bi:tʃəm / Beau·champ].
Beaufort ['bəʊfət / Beau·fort].
Beaumont ['bəʊmənt / Beau·mont].
Beauregard ['bəʊrəgɑ:d / Beau·re·gard].
Beaverbrook ['bi:vəbrʊk / Beaver·brook].
Becket(t) ['bekıt / Beck·et(t)].
Beckford ['bekfəd / Beck·ford].
Beddoes ['bedəʊz / Bed·does].
Beecham ['bi:tʃəm / Beech·am].
Beerbohm ['bıəbəʊm / Beer·bohm].
Behn [beın].
Behrman ['beəmən / Behr·man].
Bell [bel].
Bellamy ['bələmı / Bell·amy].
Belloc [be'lɒk / Bel·loc].
Benét [be'neı / Ben·ét].
Bennet(t) ['benıt / Ben·net(t)].
Benson ['bensn / Ben·son].
Bentham ['bentəm / Ben·tham].
Bentinck ['bentıŋk / Ben·tinck].
Bentley ['bentlı / Bent·ley].
Beresford ['berızfəd / Be·res·ford].
Bering ['berıŋ / Ber·ing].
Berkeley ['bɑ:klı *amer.* 'bɜ:klı / Berke·ley].
Berners ['bɜ:nəz / Ber·ners].
Besant ['besənt].
Bessborough ['bezbrə / Bess·bo·rough].
Betterton ['betətən / Bet·ter·ton].
Bevan ['bevən / Bev·an].
Beveridge ['bevərıdʒ / Bev·er·idge].
Bevin ['bevın / Bev·in].
Bickerstaff ['bıkəstɑ:f / Bick·er·staff].
Biddle ['bıdl / Bid·dle].
Bierce [bıəs].
Bigelow ['bıgıləʊ / Bige·low].
Billings ['bılıŋz / Bill·ings].
Binyon ['bınjən / Bin·yon].
Birkbeck ['bɜ:kbek / Birk·beck].
Birrell ['bırəl / Bir·rell].
Blackmore ['blækmɔ:* / Black·more].
Blackwell ['blækwəl / Black·well].
Blackwood ['blækwʊd / Black·wood].
Blaine [bleın].
Blair [bleə*].
Blake [bleık].
Bligh [blaı].
Blo(o)mfield ['blu:mfi:ld / Blo(o)m·field].
Blount [blʌnt].

Blunden [ˈblʌndn / Blun·den].
Blunt [blʌnt].
Boas [ˈbəʊæz].
Bodley [ˈbɒdlɪ].
Bolingbroke [ˈbɒlɪŋbrʊk / Bo·ling·broke].
Bolinger [ˈbəʊlɪndʒə* / Bol·inger].
Bollinger [ˈbɒlɪndʒə* / Bol·lin·ger].
Bonar [ˈbɒnə*].
Boone [bu:n].
Boots [bu:ts].
Borrow [ˈbɒrəʊ / Bor·row].
Boswell [ˈbɒzwəl / Bos·well].
Bosworth [ˈbɒzwɜ:θ / Bos·worth].
Bothwell [ˈbɒθwəl / Both·well].
Bourne [bʊən].
Bowater [ˈbəʊˌwɔ:tə* / Bo·water].
Bowden [ˈbəʊdn / Bow·den].
Bowdler [ˈbaʊdlə* / Bow·dler].
Bowen [ˈbəʊɪn / Bow·en].
Bowes [bəʊz].
Bowes-Lyon [ˈbəʊzˈlaɪən].
Bowra [ˈbaʊrə].
Bowring [ˈbaʊrɪŋ / Bow·ring].
Boyd [bɔɪd].
Boyle [bɔɪl].
Bradford [ˈbrædfəd / Brad·ford].
Bradlaugh [ˈbrædlɔ: / Brad·laugh].
Bradley [ˈbrædlɪ / Brad·ley].
Bradshaw [ˈbrædʃɔ: / Brad·shaw].
Bradstreet [ˈbrædstri:t / Brad·street].
Bragg [bræg].
Brailsford [ˈbreɪlsfəd / Brails·ford].
Braun [brɔ:n].
Brawne [brɔ:n].
Bridges [ˈbrɪdʒɪz].
Bridg(e)water [ˈbrɪdʒˌwɔ:tə* / Bridg(e)·water].
Briggs [brɪgz].
Brinsley [ˈbrɪnzlɪ / Brins·ley].
Britten [ˈbrɪtn / Brit·ten].
Brixton [ˈbrɪkstən / Brix·ton].
Broome [bru:m].
Bromfield [ˈbrɒmfi:ld / Brom·field].
Brontë [ˈbrɒntɪ / Bron·të].
Brook(e) [brʊk].
Brooks [brʊks].
Brougham [brʊm].
Broughton [ˈbraʊtn / Brough·ton].
Brown(e) [braʊn].
Browning [ˈbraʊnɪŋ / Brown·ing].
Bruce [bru:s].
Bryant [ˈbraɪənt / Bry·ant].
Bryce [braɪs].
Buchan [ˈbʌkən / Buch·an].
Buchanan [bju:ˈkænən / Bu·chan·an].
Buck [bʌk].
Buckle [ˈbʌkl].
Buckley [ˈbʌklɪ / Buck·ley].
Buell [ˈbju:əl].
Buick [ˈbju:k].
Bullough [ˈbʊləʊ / Bull·ough].
Bulwer [ˈbʊlwə* / Bul·wer].
Bunyan [ˈbʌnjən / Bun·yan].
Burbage [ˈbɜ:bɪdʒ / Bur·bage].
Burdett Coutts [ˈbɜ:detˈku:ts].
Burgess [ˈbɜ:dʒɪs / Bur·gess].
Burgh [bɜ:g, ˈbʌrə].
Burghley [ˈbɜ:lɪ / Burgh·ley].
Burgoyne [ˈbɜ:gɔɪn / Bur·goyne].
Burke [bɜ:k].
Burleigh [ˈbɜ:lɪ / Bur·leigh].
Burlington [ˈbɜ:lɪŋtən / Bur·ling·ton].
Burnaby [ˈbɜ:nəbɪ / Burn·aby].
Burne-Jones [ˈbɜ:nˈdʒəʊnz].
Burnet [ˈbɜ:nɪt / Bur·net].
Burney [ˈbɜ:nɪ / Bur·ney].
Burns [bɜ:nz].
Burnside [ˈbɜ:nsaɪd / Burn·side].
Burroughs [ˈbʌrəʊz / Bur·roughs].
Burton [ˈbɜ:tn / Bur·ton].
Bury [ˈberɪ].
Butler [ˈbʌtlə* / But·ler].
Butterick [ˈbʌtərɪk / But·ter·ick].
Buxton [ˈbʌkstən / Bux·ton].
Byrd [bɜ:d].
Byrom [ˈbaɪərəm / By·rom].
Byron [ˈbaɪərən / By·ron].

Cabell [ˈkæbəl / Cab·ell].
Cable [ˈkeɪbl].
Cabot [ˈkæbət / Cab·ot].
Cadillac [ˈkædɪlæk / Cad·il·lac].
Cadogan [kəˈdʌgən / Cad·ogan].
Caird [keəd].
Calder [ˈkɔ:ldə* / Cal·der].
Caldwell [ˈkɔ:ldwəl / Cald·well].
Calhoun [kælˈhəʊn / Cal·houn].
Callaghan [ˈkæləhən / Cal·la·ghan].
Calvert [ˈkælvət / Cal·vert].
Camden [ˈkæmdən / Cam·den].
Campbell [ˈkæmbl / Camp·bell].
Campion [ˈkæmpjən / Cam·pion].
Canning [ˈkænɪŋ / Can·ning].
Carew [kəˈru:].
Carey [ˈkeərɪ].
Carl(e)ton [ˈkɑ:ltən / Carl(e)·ton].
Carlyle [kɑ:ˈlaɪl / Car·lyle].
Carmichael [ˈkɑ:ˌmaɪkəl / Car·michael].
Carnegie [ˈkɑ:nəgɪ / Car·negie].
Carpenter [ˈkɑ:pɪntə* / Car·pent·er].
Carrington [ˈkærɪŋtən / Car·ring·ton].
Carroll [ˈkærəl / Car·roll].
Carson [ˈkɑ:sn / Car·son].
Carteret [ˈkɑ:təret / Car·ter·et].
Cassel(l) [ˈkæsl / Cas·sel(l)].
Castlereagh [ˈkɑ:slreɪ / Castle·reagh].
Cather [ˈkæðə* / Ca·ther].
Cavendish [ˈkævəndɪʃ / Cav·en·dish].
Caxton [ˈkækstən / Cax·ton].
Chadwick [ˈtʃædwɪk / Chad·wick].
Chamberlain [ˈtʃeɪmbəlɪn / Cham·ber·lain].
Chambers [ˈtʃeɪmbəz / Cham·bers].
Chandler [ˈtʃɑ:ndlə* / Chan·dler].
Channing [ˈtʃænɪŋ / Chan·ning].
Chantrey [ˈtʃɑ:ntrɪ / Chan·trey].
Chaplin [ˈtʃæplɪn / Chap·lin].
Chapman [ˈtʃæpmən / Chap·man].
Chappell [ˈtʃæpəl / Chap·pell].
Charrington [ˈtʃærɪŋtən / Char·ring·ton].
Chase [tʃeɪs].
Chatham [ˈtʃætəm / Chat·ham].
Chatterton [ˈtʃætətn / Chat·ter·ton].
Chatto [ˈtʃætəʊ / Chat·to].
Chaucer [ˈtʃɔ:sə* / Chau·cer].
Cheke [tʃi:k].
Chesterfield [ˈtʃestəfi:ld / Ches·ter·field].
Chesterton [ˈtʃestətən / Ches·ter·ton].
Chettle [ˈtʃetl].
Cheyne [ˈtʃeɪnɪ / Chey·ne].
Chillingworth [ˈtʃɪlɪŋwɜ:θ / Chil·ling·worth].
Chorley [ˈtʃɔ:lɪ / Chor·ley].
Chrysler [ˈkraɪzlə* / Chrys·ler].
Church [tʃɜ:tʃ].
Churchill [ˈtʃɜ:tʃɪl / Church·ill].
Churchyard [ˈtʃɜ:tʃəd / Church·yard].
Chuzzlewit [ˈtʃʌzlwɪt / Chuzzle·wit].
Cibber [ˈsɪbə* / Cib·ber].
Clare [kleə*].
Claridge [ˈklærɪdʒ / Cla·ridge].
Clark(e) [klɑ:k].
Claverhouse [ˈkleɪvəhaʊs / Cla·ver·house].
Clay [kleɪ].
Clemens [ˈklemənz / Clem·ens].
Clifford [ˈklɪfəd / Cliff·ord].
Clinton [ˈklɪntən / Clin·ton].
Clive [klaɪv].
Clough [klʌf].
Cobb(e) [kɒb].
Cobbett [ˈkɒbɪt / Cob·bett].
Cobden [ˈkɒbdən / Cob·den].
Cody [ˈkəʊdɪ].
Cohen [ˈkəʊɪn / Co·hen].
Coke [kəʊk].
Cole [kəʊl].
Col(e)man [ˈkəʊlmən / Col(e)·man].
Coleridge [ˈkəʊlrɪdʒ / Cole·ridge].
Collier [ˈkɒlɪə* / Coll·ier].
Collins [ˈkɒlɪnz].
Colman [ˈkəʊlmən].
Colquhoun [kəˈhu:n / Col·quhoun].
Combe [ku:m].
Compton [ˈkʌmptən / Comp·ton].
Conant [ˈkɒnənt / Con·ant].
Congreve [ˈkɒŋgri:v / Con·greve].
Conrad [ˈkɒnræd / Con·rad].
Constable [ˈkʌnstəbl / Con·stable].
Conway [ˈkɒnweɪ / Con·way].
Cook(e) [kʊk].
Coolidge [ˈku:lɪdʒ / Cool·idge].
Cooper [ˈku:pə* / Coop·er].
Cop(e)land [ˈkəʊplənd / Cop(e)·land].
Cornell [kɔ:ˈnel / Cor·nell].

Cornwallis [kɔ:n'wɒlɪs / Corn·wallis].
Coryate ['kɒrɪət / Cory·ate].
Cotton ['kɒtn / Cot·ton].
Coverdale ['kʌvədeɪl / Cov·er·dale].
Coward ['kaʊəd / Cow·ard].
Cowley ['kaʊlɪ / Cow·ley].
Cowper ['kaʊpə*, 'ku:pə* / Cow·per].
Cox [kɒks].
Crabb(e) [kræb].
Craigavon [kreɪg'ævən / Craig·avon].
Crane [kreɪn].
Cranford ['krænfəd / Cran·ford].
Cranmer ['krænmə* / Cran·mer].
Crashaw ['kræʃɔ: / Cra·shaw].
Crawford ['krɔ:fəd / Craw·ford].
Creighton ['kraɪtn / Creigh·ton].
Crichton ['kraɪtn / Crich·ton].
Crockett ['krɒkɪt / Crock·ett].
Croker ['krəʊkə* / Cro·ker].
Cromwell ['krɒmwəl / Crom·well].
Cronin ['krəʊnɪn / Cro·nin].
Cruickshank ['krʊkʃæŋk / Cruick·shank].
Crusoe ['kru:səʊ / Cru·soe].
Cudworth ['kʌdwəθ / Cud·worth].
Cummings ['kʌmɪŋz / Cum·mings].
Cunningham ['kʌnɪŋəm / Cun·ning·ham].
Curtis ['kɜ:tɪs / Cur·tis].
Curzon ['kɜ:zn / Cur·zon].
Custer ['kʌstə* / Cus·ter].

Daimler ['deɪmlə* / Daim·ler].
Dale [deɪl].
Dalrymple [dæl'rɪmpl / Dal·rymple].
Dalton ['dɔ:ltən / Dal·ton].
Daniel ['dænjəl / Dan·iel].
D'Arcy, **Darcy** ['dɑ:sɪ / Dar·cy].
Darnley ['dɑ:nlɪ / Darn·ley].
Darwin ['dɑ:wɪn / Dar·win].
Davenant ['dævɪnənt / Dav·en·ant].
Davenport ['dævnpɔ:t / Dav·en·port].
Davidson ['deɪvɪdsn / Dav·id·son].
Davies ['deɪvɪs / Da·vies].
Davis ['deɪvɪs / Da·vis].
Day [deɪ].
Dayton ['deɪtn / Day·ton].
De Bourgh, **De Burgh** [də'bɜ:g].
Defoe [də'fəʊ / De·foe].
Dekker ['dekə* / Dek·ker].
De la Mare [,delə'meə].
Delany [də'leɪnɪ / Del·any].
De Morgan [də'mɔ:gən].
Denham ['denəm / Den·ham].
Dennis ['denɪs / Den·nis].
De Quincey [də'kwɪnsɪ / De Quin·cey].
Deronda [də'rɒndə / De·ron·da].
de Selincourt [də'selɪnkɔ:t / de Sel·in·court].
De Valera [dəvə'leərə / De Val·era].
De Vere [də'vɪə*].
Devereux ['devəru: / Dev·er·eux].
Dewey ['dju:ɪ / Dew·ey].
Dickens ['dɪkɪnz / Dick·ens].
Dickinson ['dɪkɪnsn / Dick·in·son].
Digby ['dɪgbɪ / Dig·by].
Dilke(s) [dɪlk(s)].
Dillon ['dɪlən / Dil·lon].
Disney ['dɪznɪ / Dis·ney].
Disraeli [dɪz'reɪlɪ / Dis·raeli].
Dix [dɪks].
Dixon ['dɪksn / Dix·on].
Dobell [dəʊ'bel / Do·bell].
Dobson ['dɒbsn / Dob·son].
Doddrige ['dɒdrɪdʒ / Dodd·ridge].
Dodge [dɒdʒ].
Dodgson ['dɒdʒsn / Dodg·son].
Dombey ['dɒmbɪ / Dom·bey].
Donald(son) ['dɒnld(sn) / Don·ald(·son)].
Donne [dʌn].
Doolittle ['du:lɪtl / Doo·little].
Dos Passos [dɒs'pæsɒs].
Doughty ['daʊtɪ].
Douglas ['dʌgləs / Doug·las].
Dowden ['daʊdn / Dow·den].
Dowland ['daʊlənd / Dow·land].
Dowson ['daʊsn / Dow·son].
Doyle [dɔɪl].
Drake [dreɪk].
Drayton ['dreɪtn / Dray·ton].
Dreiser ['draɪzə* / Drei·ser].
Drew [dru:].
Dreyfus ['dreɪfəs / Drey·fus].
Drinkwater ['drɪŋk,wɔ:tə* / Drink·water].
Drummond ['drʌmənd / Drum·mond].
Dryden ['draɪdn / Dry·den].
Duchesne [dju:'ʃeɪn / Du·chesne].
Duckworth ['dʌkwɜ:θ / Duch·worth].
Duff [dʌf].
Duffy ['dʌfɪ].
Dulles ['dʌlɪs / Dul·les].
Du Maurier [dju'mɒrɪeɪ / Du Maur·ier].
Dunbar ['dʌnbɑ:* / Dun·bar].
Dundas [dʌn'dæs / Dun·das].
Dunsany [dʌn'seɪnɪ / Dun·sany].
Dupont, **Du Pont** ['dju:pɒnt].
Dwight [dwaɪt].
Dyce [daɪs].
Dyer ['daɪə* / Dy·er].

Earle [ɜ:l].
Eastman ['i:stmən / East·man].
Eaton ['i:tn / Eat·on].
Eccles ['eklz].
Eddington ['edɪŋtən / Ed·ding·ton].
Eden ['i:dn].
Edgeworth ['edʒwɜ:θ / Edge·worth].
Edison ['edɪsn / Edi·son].
Edward(e)s ['edwədz / Ed·ward(e)s].
Eggleston ['eglstən / Eg·gles·ton].
Einstein ['aɪnstaɪn / Ein·stein].
Eisenhower ['aɪzən,haʊə* / Eis·en·how·er].
Elgar ['elgə* / El·gar].
El(l)iot(t) ['eljət / El(l)·iot(t)].
Ellis ['elɪs / El·lis].
Ellwood ['elwʊd / Ell·wood].
Elyot ['eljət / Ely·ot].
Emerson ['eməsn / Em·er·son].
Erskine ['ɜ:skɪn / Ers·kine].
Etherege ['eθərɪdʒ / Eth·er·ege].
Evans ['evənz / Ev·ans].
Everett ['evərɪt / Ev·er·ett].

Faber ['feɪbə* / Fa·ber].
Fagin ['feɪgɪn / Fa·gin].
Fahrenheit ['færənhaɪt / Fahr·en·heit].
Fairclough ['feəklʌf / Fair·clough].
Fairfax ['feəfæks / Fair·fax].
Fairle(i)gh ['feəlɪ / Fair·le(i)gh].
Falkenbridge ['fɔ:kənbrɪdʒ / Fal·ken·bridge].
Falstaff ['fɔ:lstɑ:f / Fal·staff].
Fanshawe ['fænʃɔ: / Fan·shawe].
Faraday ['færədɪ / Fara·day].
Farjeon ['fɑ:dʒən / Far·jeon].
Farquhar ['fɑ:kə* / Far·quhar].
Farrell ['færəl / Far·rell].
Faulkes [fɔ:ks].
Faulkner ['fɔ:knə* / Faulk·ner].
Faulks [fəʊks].
Fawcett ['fɔ:sɪt / Faw·cett].
Fawkes [fɔ:ks].
Featherston(e) ['feðəstən / Feath·er·ston(e)].
Fenton ['fentən / Fen·ton].
Fergus(s)on ['fɜ:gəsn / Fer·gus·(s)on].
Ferrier ['ferɪə* / Fer·rier].
Field [fi:ld].
Fielding ['fi:ldɪŋ / Field·ing].
Finlay ['fɪnleɪ / Fin·lay].
Finn [fɪn].
Fisher ['fɪʃə* / Fish·er].
Fitzgerald [fɪts'dʒerəld / Fitz·ger·ald].
Fitzherbert [fɪts'hɜ:bət / Fitz·her·bert].
Fitzjames [fəts'dʒeɪmz / Fitz·james].
Fitzpatrick [fɪts'pætrɪk / Fitz·pat·rick].
Fitzroy [fɪts'rɔɪ / Fitz·roy].
Flaherty ['fleətɪ / Fla·herty].
Flanagan ['flænəgən / Flan·agan].
Flaxman ['flæksmən / Flax·man].
Flecker ['flekə* / Fleck·er].
Fleming ['flemɪŋ / Flem·ing].
Fletcher ['fletʃə* / Fletch·er].
Flint [flɪnt].
Florio ['flɔ:rɪəʊ / Flo·rio].
Foerster ['fɜ:stə* / Föer·ster].
Foote [fʊt].
Forbes [fɔ:bz].
Ford [fɔ:d].
Forester ['fɒrɪstə* / For·est·er].
Forster ['fɔ:stə* / For·ster].
Forsyte ['fɔ:saɪt / For·syte].
Forsyth [fɔ:'saɪθ / For·syth].
Fortescue ['fɔ:tɪskju: / For·tes·cue].
Foster ['fɒstə* / Fos·ter].

Fowler [ˈfaʊlə* / Fow·ler].
Fowles [faʊlz].
Fox(e) [fɒks].
Foyle [fɔɪl].
Franklin [ˈfræŋklɪn / Frank·lin].
Fraser [ˈfreɪzə* / Fra·ser].
Freeman [ˈfri:mən / Free·man].
Fremantle [ˈfri:mæntl / Free·mantle].
Frémont [ˈfri:mɒnt / Fré·mont].
Freneau [frɪˈnəʊ / Fre·neau].
Frere [frɪə*].
Frost [frɒst].
Froude [fru:d].
Fry(e) [fraɪ].
Fuller [ˈfʊlə* / Ful·ler].
Fulton [ˈfʊltən / Ful·ton].
Fyfield [ˈfaɪfi:ld / Fy·field].

Gadsby [ˈgædzbɪ / Gads·by].
Gage [geɪdʒ].
Gager [ˈgeɪdʒə* / Ga·ger].
Gainsborough [ˈgeɪnzbərə / Gains·bor·ough].
Gaitskell [ˈgeɪtskəl / Gait·skell].
Gallup [ˈgæləp / Gal·lup].
Galsworthy [ˈgɔ:lzwɜ:ðɪ / Gals·worthy].
Galt [gɔ:lt].
Gandhi [ˈgændɪ / Gan·dhi].
Gard(i)ner [ˈgɑ:dnə* / Gard·(i)ner].
Garland [ˈgɑ:lənd / Gar·land].
Garner [ˈgɑ:nə* / Gar·ner].
Garnet(t) [ˈgɑ:nɪt / Gar·net(t)].
Garrick [ˈgærɪk / Gar·rick].
Garth [gɑ:θ].
Gascoigne [ˈgæskɔɪn / Gas·coigne].
Gascoyne [ˈgæskɔɪn / Gas·coyne].
Gaskell [ˈgæskəl / Gas·kell].
Gates [geɪts].
Gatling [ˈgætlɪŋ / Gat·ling].
Gauden [ˈgɔ:dn / Gau·den].
Gaunt [gɔ:nt].
Gay [geɪ].
Geddes [ˈgedɪs / Ged·des].
Geiger [ˈgaɪgə* / Gei·ger].
Geikie [ˈgi:kɪ / Gei·kie].
George [dʒɔ:dʒ].
Gerald [ˈdʒerəld / Ger·ald].
Gershwin [ˈgɜ:ʃwɪn / Gersh·win].
Gibbon(s) [ˈgɪbən(z) / Gib·bon(s)].
Gibbs [gɪbz].
Gibson [ˈgɪbsn / Gib·son].
Gielgud [ˈgɪlgʊd / Giel·gud].
Gifford [ˈgɪfəd].
Gilder [ˈgɪldə* / Gil·der].
Gillette [dʒɪˈlet / Gil·lette].
Gil(l)man [ˈgɪlmən / Gil(l)·man].
Gilpin [ˈgɪlpɪn / Gil·pin].
Gissing [ˈgɪsɪŋ / Giss·ing].
Gladstone [ˈglædstən / Glad·stone].
Glanvill [ˈglænvɪl / Glan·vill].
Glover [ˈglʌvə* / Glov·er].
Glyn [glɪn].
Goddard [ˈgɒdəd / God·dard].
Godolphin [gəˈdɒlfɪn / God·ol·phin].
Godwin [ˈgɒdwɪn / God·win].
Gogarty [ˈgəʊgətɪ / Gog·arty].
Golding [ˈgəʊldɪŋ / Gold·ing].
Goldsmith [ˈgəʊldsmɪθ / Gold·smith].
Gollancz [gəˈlænts / Goll·ancz].
Gooch [gu:tʃ].
Googe [gu:dʒ].
Gosson [ˈgɒsn / Goss·on].
Gough [gɒf].
Gower [ˈgaʊə* / Gow·er].
Grafton [ˈgrɑ:ftən / Graf·ton].
Graham(e) [ˈgreɪəm / Gra·ham(e)].
Grainger [ˈgreɪndʒə* / Grain·ger].
Grand [grænd].
Grandison [ˈgrændɪsn / Grand·ison].
Grant [grɑ:nt].
Granville [ˈgrænvɪl / Gran·ville].
Graves [greɪvz].
Gray [greɪ].
Green(e) [gri:n].
Greensleeves [ˈgri:n,sli:vz / Green·sleeves].
Gregory [ˈgregərɪ / Greg·ory].
Gresham [ˈgreʃəm / Gresh·am].
Grey [greɪ].
Grierson [ˈgrɪəsn / Grier·son].
Griffin [ˈgrɪfɪn / Grif·fin].
Grimes [graɪmz].
Grocyn [ˈgrəʊsɪn / Gro·cyn].
Grosvenor [ˈgrəʊvnə* / Gros·ven·or].
Guedalla [gwɪˈdælə / Gue·dalla].
Guggenheim [ˈgʊgənhaɪm / Gug·gen·heim].
Guildenstern [ˈgɪldənstɜ:n / Guil·den·stern].
Guinnes [ˈgɪnɪs / Guin·ness].
Gwyn(ne) [gwɪn].

Habington [ˈhæbɪŋtən / Hab·ing·ton].
Hadley [ˈhædlɪ / Had·ley].
Haggard [ˈhægəd / Hag·gard].
Haig(h) [heɪg].
Hakluyt [ˈhæklu:t / Hak·luyt].
Haldane [ˈhɔ:ldeɪn / Hal·dane].
Hales [heɪlz].
Hall [hɔ:l].
Hallam [ˈhæləm / Hal·lam].
Halleck [ˈhælək / Hall·eck].
Hamilton [ˈhæmɪtən / Ham·il·ton].
Hammond [ˈhæmənd / Ham·mond].
Hannay [ˈhæneɪ / Han·nay].
Harcourt [ˈhɑ:kɔ:t / Har·court].
Harding(e) [ˈhɑ:dɪŋ / Hard·ing(e)].
Hardy [ˈhɑ:dɪ].
Harewood [ˈheəwʊd / Hare·wood].
Hargreaves [ˈhɑ:gri:vz / Har·greaves].
Harlow(e) [ˈhɑ:ləʊ / Har·low(e)].
Harnack [ˈhɑ:næk / Har·nack].
Harper [ˈhɑ:pə* / Har·per].
Harrap [ˈhærəp / Har·rap].
Har(r)ington [ˈhærɪŋtən / Har·(r)ing·ton].
Harris [ˈhærɪs / Har·ris].
Harrison [ˈhærɪsn / Har·ris·on].
Harrow [ˈhærəʊ / Har·row].
Hart(e) [hɑ:t].
Hartley [ˈhɑ:tlɪ / Hart·ley].
Harvey [ˈhɑ:vɪ / Har·vey].
Haslett [ˈhæzlɪt / Has·lett].
Haughton [ˈhɔ:tn / Haugh·ton].
Havelo(c)k [ˈhævlɒk / Have·lo(c)k].
Hawes [hɔ:z].
Hawkesworth [ˈhɔ:kswəθ / Hawkes·worth].
Hawkins [ˈhɔ:kɪnz / Haw·kins].
Hawkwood [ˈhɔ:kwʊd / Hawk·wood].
Hawthorne [ˈhɔ:θɔ:n / Haw·thorne].
Hay [heɪ].
Haydn [ˈhaɪdn].
Haydon [ˈheɪdn / Hay·don].
Hayes [heɪz].
Haynes [heɪnz].
Hazlitt [ˈhæzlɪt / Haz·litt].
Heal(e)y [ˈhi:lɪ].
Hearn(e) [hɜ:n].
Hearst [hɜ:st].
Heathfield [ˈhi:θfi:ld / Heath·field].
Heinemann [ˈhaɪnəmən / Heine·mann].
Hemingway [ˈhemɪŋweɪ / Hem·ing·way].
Henderson [ˈhendəsn / Hen·der·son].
Henryson [ˈhenrɪsn / Hen·ry·son].
Henslowe [ˈhenzləʊ / Hens·lowe].
Hepburn [ˈhepbɜ:n / Hep·burn].
Herbert [ˈhɜ:bət / Her·bert].
Herrick [ˈherɪk / Her·rick].
Herschel(l) [ˈhɜ:ʃəl / Her·schel(l)].
Hervey [ˈhɑ:vɪ / Her·vey].
Hewlett [ˈhju:lɪt / Hew·lett].
Heywood [ˈheɪwʊd / Hey·wood].
Hichens [ˈhɪtʃɪnz / Hich·ens].
Higgins [ˈhɪgɪnz / Hig·gins].
Hill [hɪl].
Hilliard [ˈhɪlɪəd / Hill·iard].
Hillman [ˈhɪlmən / Hill·man].
Hillyard [ˈhɪljəd / Hill·yard].
Hilton [ˈhɪltn / Hil·ton].
Hitchcock [ˈhɪtʃkɒk / Hitch·cock].
Hoare [hɔ:*].
Hobbes [hɒbz / Hob·bes].
Hobhouse [ˈhɒbhaʊs / Hob·house].
Hoby [ˈhəʊbɪ].
Hoccleve [ˈhɒkli:v / Hoc·cleve].
Hogarth [ˈhəʊgɑ:θ / Ho·garth].
Hogg [hɒg].
Holcroft [ˈhəʊlkrɒft / Hol·croft].
Holinshed [ˈhɒlɪnʃed / Hol·in·shed].
Holland [ˈhɒlənd / Hol·land].
Holmes [həʊmz].
Home [həʊm, hju:m].
Hood [hʊd].
Hook [hʊk].
Hooker [ˈhʊkə* / Hook·er].

Hoover ['hu:və* / Hoo·ver].
Hope [həʊp].
Hopkins ['hɒpkɪnz / Hop·kins].
Horne [hɔ:n].
Horton ['hɔ:tn / Hor·ton].
Hough [hʌf].
Houghton ['hɔ:tn / Hough·ton].
Housman ['haʊsmən / Hous·man].
Houston ['hu:stən / Hous·ton].
Howard ['haʊəd / How·ard].
Howe [haʊ].
Howells ['haʊəlz].
Hubbard ['hʌbəd / Hub·bard].
Hughes [hju:z].
Hull [hʌl].
Hume [hju:m].
Hunt [hʌnt].
Hunter ['hʌntə* / Hun·ter].
Hurd [hɜ:d].
Hutcheson ['hʌtʃɪsn / Hutch·eson].
Hutchinson ['hʌtʃɪnsn / Hutch·in·son].
Hutton ['hʌtn / Hut·ton].
Huxley ['hʌkslɪ / Hux·ley].
Hyde [haɪd].

Ingoldsby ['ɪŋgəl*d*zbɪ / In·golds·by].
Irving ['ɜ:vɪŋ / Irv·ing].
Irwin ['ɜ:wɪn / Ir·win].
Isaacs ['aɪzəks].
Isherwood ['ɪʃəwʊd / Ish·er·wood].

Jackson ['dʒæksn / Jack·son].
Jacob(s) ['dʒeɪkəb(z) / Ja·cob(s)].
James [dʒeɪmz].
Jameson ['dʒeɪmsn / Jame·son].
Jansen ['dʒænsn / Jan·sen].
Jefferies ['dʒefrɪz / Jef·fer·ies].
Jeffers ['dʒefəz / Jef·fers].
Jefferson ['dʒefəsn / Jef·fer·son].
Jekyll ['dʒekɪl / Jek·yll].
Jenner ['dʒenə* / Jen·ner].
Jerome [dʒə'rəʊm / Jer·ome].
Johnson ['dʒɒnsn / John·son].
Johnston ['dʒɒnstən / John·ston].
Jones [dʒəʊnz].
Jonson ['dʒɒnsn / Jon·son].
Jowett ['dʒaʊɪt / Jow·ett].
Jowitt ['dʒaʊɪt / Jow·itt].
Joyce [dʒɔɪs].

Kay [keɪ].
Kean [ki:n].
Keats [ki:ts].
Keble ['ki:bl].
Kellogg ['kelɒg / Kell·ogg].
Keith [ki:θ].
Kemble ['kembl].
Kennan ['kenən / Ken·nan].
Kennedy ['kenɪdɪ / Ken·nedy].
Key [ki:].
Keyes [ki:z].
Keynes [keɪnz].
Kidd [kɪd].
Killigrew ['kɪlɪgru: / Kil·li·grew].
Kinglake ['kɪŋleɪk / King·lake].
Kingsley ['kɪŋzlɪ / Kings·ley].
Kipling ['kɪplɪŋ / Kip·ling].
Kirkpatrick [kɜ:k'pætrɪk / Kirk·pat·rick].
Kneller ['nelə* / Knel·ler].
Knickerbocker ['nɪkəbɒkə* / Knick·er·bock·er].
Knox [nɒks].
Kyd [kɪd].

Lafayette [,lɑ:faɪ'et / La·fay·ette].
Landor ['lændɔ:* / Lan·dor].
Lang [læŋ].
Langland ['læŋlənd / Lang·land].
Langton ['læŋtən / Lang·ton].
Lansdowne ['lænzdaʊn / Lans·downe].
Lascelles ['læsəlz / Las·celles].
Latimer ['lætɪmə* / Lati·mer].
Laughton ['lɔ:tn / Laugh·ton].
Law [lɔ:].
Lawrence ['lɒrəns / Law·rence].
Lecky ['lekɪ].
Lee [li:].
Legge [leg].
Legros [lə'grəʊ / Le·gros].
Lehmann ['leɪmən / Leh·mann].
Leigh [li:].
Leighton ['leɪtn / Leigh·ton].
Lely ['li:lɪ].
Len(n)ox ['lenəks / Len·(n)ox].
L'Estrange [ləs'treɪn*d*ʒ / L'Est·range].
Lever ['li:və* / Lev·er].
Leverhulme ['li:vəhju:m / Le·ver·hulme].
Leveson ['levɪsn / Le·ve·son].
Leveson-Gower ['lu:sn'gɔ:*].
Levy ['li:vɪ].
Lewes ['lu:ɪs / Lew·es].
Lewis ['lu:ɪs / Lew·is].
Liddel ['lɪdl / Lid·del].
Liebig ['li:bɪg / Lie·big].
Linacre ['lɪnəkə* / Lin·acre].
Lincoln ['lɪŋkən / Lin·coln].
Lindsay ['lɪn*d*zɪ / Lind·say].
Linklater ['lɪŋk,leɪtə* / Link·later].
Lipton ['lɪptən / Lip·ton].
Littleton ['lɪtltən / Lit·tle·ton].
Livingston(e) ['lɪvɪŋstən / Liv·ings·ton(e)].
Lloyd [lɔɪd].
Locke [lɒk].
Lockhart ['lɒkət / Lock·hart].
Locksley ['lɒkslɪ / Locks·ley].
Lodge [lɒdʒ].
London ['lʌndən / Lon·don].
Longfellow ['lɒŋ,feləʊ / Long·fellow].
Longman ['lɒŋmən / Long·man].
Longstreet ['lɒŋ,stri:t / Long·street].
Lonsdale ['lɒnzdeɪl / Lons·dale].
Lough [lʌf].
Loughborough ['lʌfbərə / Lough·bor·ough].
Loughton ['laʊtn / Lough·ton].
Lovat ['lʌvət / Lov·at].
Lovelace ['lʌvleɪs / Love·lace].
Lowell ['ləʊəl / Low·ell].
Lowes [ləʊz].
Lubbock ['lʌbək / Lub·bock].
Lundy ['lʌndɪ / Lun·dy].
Lydgate ['lɪdgeɪt / Lyd·gate].
Lyly ['lɪlɪ / Ly·ly].
Lynch [lɪn*t*ʃ].
Lyndsay ['lɪn*d*zɪ / Lind·say].
Lyons ['laɪənz / Ly·ons].
Lytton ['lɪtn / Lyt·ton].

MacArthur [mə'kɑ:θə* / Mac·Arth·ur].
Macaulay [mə'kɔ:lɪ / Mac·aul·ey].
McCallum [mə'kæləm / Mc·Cal·lum].
McCarthy [mə'kɑ:θɪ / Mc Car·thy].
McCormack [mə'kɔ:mək / Mc·Cor·mack].
Macdonald [mək'dɒnəld / Mac·don·ald].
MacDuff [mək'dʌf / Mac·Duff].
MacFarlane [mək'fɑ:lɪn / Mac·Far·lane].
Macintosh ['mækɪntɒʃ / Mac·in·tosh].
Mackay [mə'kaɪ / Mac·kay].
Mackaye [mə'kaɪ / Mac·kaye].
McKenna [mə'kenə / Mc·Ken·na].
Mackenzie [mə'kenzɪ / Mac·ken·zie].
McKinley [mə'kɪnlɪ / Mc·Kin·ley].
Mackintosh ['mækɪntɒʃ / Mac·kin·tosh].
Macleane [mə'kleɪn / Mac·leane].
MacLeish [mə'kli:ʃ / Mac·Leish].
Macleod [mə'klaʊd / Mac·leod].
MacManus [mək'mænəs / Mac·Man·us].
Macmillan [mək'mɪlən / Mac·mil·lan].
Macmorran [mək'mɒrən / Mac·mor·ran].
MacNeice [mək'ni:s / Mac·Neice].
MacPherson [mək'fɜ:sn / Mac·Pher·son].
Macready [mə'kri:dɪ / Mac·ready].
Madison ['mædɪsn / Madi·son].
Malan ['mælən / Mal·an].
Mal(l)ory ['mælərɪ / Mal·(l)ory].
Malthus ['mælθəs / Mal·thus].
Mandeville ['mændəvɪl / Man·de·ville].
Manley ['mænlɪ / Man·ley].
Manning ['mænɪŋ / Man·ning].
Mansfield ['mænsfi:ld / Mans·field].
Map [mæp].
Markham ['mɑ:kəm / Mark·ham].
Marlow(e) ['mɑ:ləʊ / Mar·low(e)].
Marquand ['mɑ:kwənd / Mar·quand].
Marryat ['mærɪət / Mar·ry·at].
Marshall ['mɑ:ʃəl / Mar·shall].
Marston ['mɑ:stən / Mars·ton].
Martineau ['mɑ:tɪnəʊ / Mar·tin·eau].
Masefield ['meɪsfi:ld / Mase·field].
Mason ['meɪsn / Ma·son].
Massinger ['mæsɪn*d*ʒə* / Mas·sin·ger].
Masters ['mɑ:stəz / Mas·ters].
Mather ['meɪðə* / Ma·ther].

Ma(t)thews ['mæθju:z / Ma(t)t·hews].
Matthiessen ['mæθɪsn / Mat·thies·sen].
Maturin ['mætjʊrɪn / Mat·urin].
Maugham [mɔ:m / Mau·gham].
Maxwell ['mækswəl / Max·well].
Meade [mi:d].
Melville ['melvɪl / Mel·ville].
Mencken ['meŋkən / Menck·en].
Menzies ['menzɪz / Men·zies].
Meredith ['merədɪθ / Me·re·dith].
Meres [mɪəz].
Mer(r)ivale ['merɪveɪl / Me(r)·ri·vale].
Merton ['mɜ:tn / Mer·ton].
Methuen ['meθjʊɪn / Meth·uen].
Meyer ['maɪə* / Mey·er].
Meynell ['menl / Mey·nell].
Micawber [mɪ'kɔ:bə* / Mi·caw·ber].
Middleton ['mɪdltən / Mid·dle·ton].
Milford ['mɪlfəd / Mil·ford].
Millais ['mɪleɪ / Mil·lais].
Millay [mɪ'leɪ / Mil·lay].
Miller ['mɪlə* / Mil·ler].
Mills [mɪlz].
Milne [mɪln].
Milton ['mɪltən / Mil·ton].
Minot ['maɪnət / Mi·not].
Minto ['mɪntəʊ / Min·to].
Mitchell ['mɪtʃəl / Mitch·ell].
Mitford ['mɪtfəd / Mit·ford].
Monro(e) [mən'rəʊ / Mon·ro(e)].
Montagu ['mɒntəgju: / Mon·ta·gu].
Montaigne [mɒn'teɪn / Mont·aigne].
Moody ['mu:dɪ].
Moore [mʊə*].
Moran ['mɔ:rən].
More [mɔ:*].
Morgan ['mɔ:gən / Mor·gan].
Morison ['mɒrɪsn / Mo·ri·son].
Morrell ['mʌrəl / Mor·rel].
Morris ['mɒrɪs / Mor·ris].
Morton ['mɔ:tn / Mor·ton].
Motley ['mɒtlɪ / Mot·ley].
Mountbatten [maʊnt'bætn / Mount·bat·ten].
Muir [mjʊə*].
Muirhead ['mjʊəhed / Muir·head].
Munday ['mʌndɪ / Mun·day].
Munro [mʌn'rəʊ / Mun·ro].
Murphy ['mɜ:fɪ / Mur·phy].
Murr(a)y ['mʌrɪ / Mur·r(a)y].
Myers ['maɪəz / My·ers].

Napier ['neɪpɪə* / Na·pier].
Nash [næʃ].
Nelson ['nelsn / Nel·son].
Newbolt ['nju:bəʊlt / New·bolt].
Newman ['nju:mən / New·man].
Newton ['nju:tn / New·ton].
Nichols ['nɪkəlz / Nich·ols].
Nicholson ['nɪkəlsn / Nich·ol·son].
Nickleby ['nɪklbɪ / Nickle·by].
Nicolls ['nɪkəlz / Nic·olls].
Nicolson ['nɪkəlsn / Nic·ol·son].
Nixon ['nɪksn / Nix·on].
Norris ['nɒrɪs / Nor·ris].
Norton ['nɔ:tn / Nor·ton].
Noyes [nɔɪz].
Nye [naɪ].

O'Brien [əʊ'braɪən].
O'Callaghan [əʊ'kæləhən / O'Cal·la·ghan].
O'Casey [əʊ'keɪsɪ].
Occam ['ɒkəm / Oc·cam].
Occleve ['ɒkli:v / Oc·cleve].
O'Connell [əʊ'kɒnl / O'Con·nel].
O'Con(n)or [əʊ'kɒnə* / O'Con·(n)or].
O'Donnell [əʊ'dɒnl / O'Don·nell].
O'Flaherty [əʊ'fleətɪ / O'Fla·herty].
Ogilvie ['əʊglvɪ / Ogil·vie].
O'Hara [əʊ'hɑ:rə].
O'Kelly [əʊ'keli].
Oldham ['əʊldəm / Old·ham].
O'Neil(l) [əʊ'ni:l].
Orczy ['ɔ:ksɪ].
Orwell ['ɔ:wəl / Or·well].
Osborn(e) ['ɒzbən / Os·born(e)].
O'Sullivan [əʊ'sʌlɪvən / O'Sulli·van].
Otis ['əʊtɪs].
Otway ['ɒtweɪ / Ot·way].
Overbury ['əʊvəbərɪ / Over·bury].

Packard ['pækɑ:d / Pack·ard].
Paget ['pædʒɪt / Pag·et].
Pain(e) [peɪn].
Painter ['peɪntə* / Pain·ter].
Palgrave ['pɔ:lgreɪv / Pal·grave].
Palmer ['pɑ:mə* / Pal·mer].
Palmerston(e) ['pɑ:məstən / Pal·mers·ton(e)].
Palsgrave ['pɔ:lzgreɪv / Pals·grave].
Pankhurst ['pæŋkhɜ:st / Pank·hurst].
Parker ['pɑ:kə* / Park·er].
Parkinson ['pɑ:kɪnsn / Par·kin·son].
Parnell [pɑ:'nel / Par·nell].
Parsons ['pɑ:snz / Par·sons].
Paston ['pæstən / Pas·ton].
Pater ['peɪtə* / Pa·ter].
Pat(t)erson ['pætəsn / Pat·(t)er·son].
Patmore ['pætmɔ:* / Pat·more].
Peabody ['pi:ˌbɒdɪ / Pea·body].
Peacock ['pi:kɒk / Pea·cock].
Pears [pɪəz].
Pearson ['pɪəsn / Pear·son].
Peel(e) [pi:l].
Penn [pen].
Pepys [pi:ps].
Perkins ['pɜ:kɪnz / Per·kins].
Pershing ['pɜ:ʃɪŋ / Per·shing].
Peters ['pi:təz / Pe·ters].
Pettie ['petɪ / Pet·tie].
Phelps [felps].
Philips ['fɪlɪps / Phil·ips].
Phillpotts ['fɪlpɒts / Phill·potts].
Phipps [fɪps].
Pickering ['pɪkərɪŋ / Pick·er·ing].
Pickford ['pɪkfəd / Pick·ford].
Pickwick ['pɪkwɪk / Pick·wick].
Pierce [pɪəs].
Pinero [pɪ'nɪərəʊ / Pin·ero].
Pitman ['pɪtmən / Pit·man].
Pitt [pɪt].
Plunket(t) ['plʌŋkɪt / Plunk·et(t)].
Poe [pəʊ].
Polk [pəʊk].
Pollard ['pɒləd / Pol·lard].
Pollock ['pɒlək / Pol·lock].
Pomfret ['pʌmfrɪt / Pom·fret].
Ponsonby ['pɒnsnbɪ / Pon·son·by].
Poole [pu:l].
Pope [pəʊp].
Pound [paʊnd].
Powell ['pəʊəl / Pow·ell].
Praed [preɪd].
Pratt [præt].
Price [praɪs].
Priestley ['pri:stlɪ / Priest·ley].
Pringle ['prɪŋgl / Prin·gle].
Prior ['praɪə*].
Pritchard ['prɪtʃəd / Prit·chard].
Procter ['prɒktə* / Proc·ter].
Prowse [praʊs].
Prynne [prɪn].
Pugin ['pju:dʒɪn / Pu·gin].
Pulitzer ['pʊlɪtsə* / Pul·itzer].
Pullman ['pʊlmən / Pull·mann].
Purcell ['pɜ:sl / Pur·cell].
Pusey ['pju:zɪ / Pus·ey].
Putnam ['pʌtnəm / Put·nam].

Quiller-Couch ['kwɪlə'ku:tʃ / Quil·ler -Couch].
Quinault ['kwɪnlt / Qui·nault].
Quinc(e)y ['kwɪnsɪ / Quin·c(e)y].

Radcliffe ['rædklɪf / Rad·cliffe].
Raeburn ['reɪbɜ:n / Rae·burn].
Rale(i)gh ['rɔ:lɪ, 'rælɪ / Ral·e(i)gh].
Ramsay ['ræmzɪ / Ram·say].
Ramsey ['ræmzɪ / Ram·sey].
Rank [ræŋk].
Ransom(e) ['rænsəm / Ran·som(e)].
Rathbone ['ræθbəʊn / Rath·bone].
Rawlings ['rɔ:lɪŋz / Rawl·ings].
Rawlinson ['rɔ:lɪnsn / Raw·lin·son].
Read(e) [ri:d].
Reading ['redɪŋ / Read·ing].
Reed [ri:d].
Rees(e) [ri:s].
Reeve [ri:v].
Reid [ri:d].
Remington ['remɪŋtən / Rem·ing·ton].
Reynolds ['renldz / Rey·nolds].
Rhodes [rəʊdz].

Ricardo [rɪ'kɑ:dəʊ / Ric·ardo].
Rice [raɪs].
Rich [rɪtʃ].
Richardson ['rɪtʃədsn / Rich·ard·son].
Ridgway ['rɪdʒweɪ / Ridg·way].
Riley ['raɪlɪ / Ri·ley].
Roberts ['rɒbəts / Rob·erts].
Robertson ['rɒbətsn / Rob·ert·son].
Robins ['rɒbɪnz / Rob·ins].
Robinson ['rɒbɪnsn / Rob·in·son].
Rockefeller ['rɒkɪfelə* / Rocke·fel·ler].
Rockingham ['rɒkɪŋəm / Rock·ing·ham].
Rodgers ['rɒdʒəz / Rodg·ers].
Rogers ['rɒdʒəz / Rog·ers].
Rolle [rəʊl].
Romney ['rɒmnɪ / Rom·ney].
Roosevelt ['rəʊzəvelt, 'ru:svelt / Roose·velt].
Roper ['rəʊpə* / Ro·per].
Roscoe ['rɒskəʊ / Ros·coe].
Ross [rɒs].
Rossetti [rɒ'setɪ / Ros·setti].
Rothermere ['rɒðəmɪə* / Roth·er·mere].
Rothschild ['rɒθsʃaɪld / Roths·child].
Routledge ['raʊtlɪdʒ / Rout·ledge].
Rowe [rəʊ].
Rowley ['rəʊlɪ / Row·ley].
Rowse [raʊs].
Rush [rʌʃ].
Ruskin ['rʌskɪn / Rus·kin].
Russell ['rʌsl / Rus·sell].
Rutherford ['rʌθəfəd / Ruth·er·ford].
Ryan ['raɪən / Ry·an].
Rymer ['raɪmə* / Ry·mer].

Sacheverell [sə'ʃevərəl / Sa·chev·er·ell].
Sackville ['sækvɪl / Sack·ville].
Saintsbury ['seɪntsbərɪ / Saints·bury].
Sandburg ['sændbɜ:g / Sand·burg].
Sandys [sændz].
Sarge(a)nt ['sɑ:dʒənt / Sarg·e(a)nt].
Saroyan [sə'rɔɪən / Sa·ro·yan].
Sassoon [sə'su:n / Sas·soon].
Savile ['sævɪl / Sav·ile].
Sawyer ['sɔ:jə* / Saw·yer].
Scott [skɒt].
Scribner ['skrɪbnə* / Scrib·ner].
Sedgwick ['sedʒwɪk / Sedg·wick].
Sedley ['sedlɪ / Sed·ley].
Selden ['seldən / Sel·den].
Selfridge ['selfrɪdʒ / Sel·fridge].
Seward ['si:wəd / Sew·ard].
Seymour ['si:mɔ:* / Sey·mour].
Shackleton ['ʃækltən / Shackle·ton].
Shadwell ['ʃædwəl / Shad·well].
Shak(e)spear(e) ['ʃeɪkspɪə* / Shak(e)·spear(e)].
Shandy ['ʃændɪ / Shan·dy].
Shaw [ʃɔ:].
Shelley ['ʃelɪ / Shel·ley].
Sheridan ['ʃerɪdn / Sheri·dan].
Sherman ['ʃɜ:mən / Sher·man].
Sherwood ['ʃɜ:wʊd / Sher·wood].
Shirley ['ʃɜ:lɪ / Shir·ley].
Siddons ['sɪdnz / Sid·dons].
Sidgwick ['sɪdʒwɪk / Sidg·wick].
Sidney ['sɪdnɪ / Sid·ney].
Simpson ['sɪmpsn / Simp·son].
Sinclair ['sɪŋkleə* / Sin·clair].
Singer ['sɪŋə* / Sing·er].
Singleton ['sɪŋgltən / Sin·gle·ton].
Sitwell ['sɪtwəl / Sit·well].
Skelton ['skeltn / Skel·ton].
Skinner ['skɪnə* / Skin·ner].
Sloan(e) [sləʊn].
Smith [smɪθ].
Smollett ['smɒlɪt / Smol·lett].
Smyth [smɪθ].
Soane [səʊn].
Somerville ['sʌməvɪl / Som·er·ville].
Southerne ['sʌðən / South·erne].
Southey ['saʊðɪ / South·ey].
Southwell ['saʊθwəl / South·well].
Spencer ['spensə* / Spen·cer].
Spender ['spendə* / Spen·der].
Spenser ['spensə* / Spen·ser].
Spurgeon ['spɜ:dʒən / Spur·geon].
Stanford ['stænfəd / Stan·ford].
Stanhope ['stænəp / Stan·hope].
Stanley ['stænlɪ / Stan·ley].
Stanyhurst ['stænɪhɜ:st / Stany·hurst].
Steel(e) [sti:l].
Stein [staɪn].
Steinbeck ['staɪnbek / Stein·beck].
Stephens ['sti:vnz / Steph·ens].
Stephenson ['sti:vnsn / Ste·phen·son].
Sterne [stɜ:n].
Stevens ['sti:vnz / Stev·ens].
Stevenson ['sti:vnsn / Ste·ven·son].
Stewart ['stjʊət / Stew·art].
Stillingfleet ['stɪlɪŋ,fli:t / Stil·ling·fleet].
Stokes [stəʊks].
Stowe [stəʊ].
Strachey ['streɪtʃɪ / Stra·chey].
Stuart ['stjʊət / Stu·art].
Studebaker ['stu:dəbeɪkə* / Stu·de·baker].
Suckling ['sʌklɪŋ / Suck·ling].
Sullivan ['sʌlɪvən / Sul·li·van].
Sumner ['sʌmnə* / Sum·ner].
Surtees ['sɜ:ti:z / Sur·tees].
Swift [swɪft].
Swinburne ['swɪnbɜ:n / Swin·burne].
Swinnerton ['swɪnətn / Swin·ner·ton].
Sykes [saɪks].
Sylvester [sɪl'vestə* / Syl·vest·er].
Symond ['saɪmənd / Sy·mond].
Symonds ['saɪməndz / Sy·monds].
Symons ['saɪmənz / Sy·mons].
Synge [sɪŋ].

Taft [tæft].
Tagore [tə'gɔ:* / Ta·gore].
Talfourd ['tælfəd / Tal·fourd].
Tanner ['tænə* / Tan·ner].
Tarkington ['tɑ:kɪŋtən / Tar·king·ton].
Tate [teɪt].
Taylor ['teɪlə* / Tay·lor].
Temple ['templ / Tem·ple].
Tennyson ['tenɪsn / Ten·ny·son].
Thackeray ['θækərɪ / Thack·eray].
Thomas ['tɒməs / Thom·as].
Thompson ['tɒmpsn / Thomp·son].
Thomson ['tɒmsn / Thom·son].
Thoreau ['θɔ:rəʊ / Tho·reau].
Thornhill ['θɔ:nhɪl / Thorn·hill].
Thornton ['θɔ:ntən / Thorn·ton].
Thorp(e) [θɔ:p].
Ticknor ['tɪknə* / Tick·nor].
Tillotson ['tɪlətsn / Til·lot·son].
Tindal(e) ['tɪndl / Tin·dal(e)].
Toland ['təʊlənd / To·land].
Tompkins ['tɒmpkɪnz / Tomp·kins].
Tottel ['tɒtl / Tot·tel].
Tourneur ['tɜ:nə* / Tour·neur].
Tovey ['tʌvɪ / Tov·ey].
Townsend ['taʊnzənd / Towns·end].
Toynbee ['tɔɪnbɪ / Toyn·bee].
Traherne [trə'hɜ:n / Tra·herne].
Trelawn(e)y [trɪ'lɔ:nɪ / Tre·law·n(e)y].
Trenchard ['trentʃɑ:d / Tren·chard].
Trevelyan [trɪ'vɪljən / Tre·vel·yan].
Trevithick ['trevɪθɪk / Tre·vith·ick].
Trollope ['trɒləp / Trol·lope].
Truman ['tru:mən / Tru·man].
Tucker ['tʌkə* / Tuck·er].
Turner ['tɜ:nə* / Tur·ner].
Twain [tweɪn].
Tyler ['taɪlə* / Ty·ler].
Tyndale ['tɪndl / Tyn·dale].

Udall ['ju:dəl].
Unwin ['ʌnwɪn / Un·win].
Upton ['ʌptən / Up·ton].
Urquhart ['ɜ:kət / Ur·quhart].

Valera [və'leərə / Val·era].
Vanbrugh ['vænbrə / Van·brugh].
Van Buren [væn'bjuːrən].
Vandenberg ['vændənbɜ:g / Van·den·berg].
Vanderbilt ['vændəbɪlt / Van·der·bilt].
Vansittart [væn'sɪtət / Van·sit·tart].
Vaughan [vɔ:n / Vau·ghan].
Vere [vɪə*].
Vickers ['vɪkəz / Vick·ers].
Villiers ['vɪljəz / Vil·liers].

Wainwright ['weɪnraɪt / Wain·wright].
Walford ['wɔ:lfəd / Wal·ford].
Walker ['wɔ:kə* / Walk·er].
Wallace ['wɒlɪs / Wal·lace].
Waller ['wɒlə* / Wal·ler].
Walpole ['wɔ:lpəʊl / Wal·pole].
Walsh [wɔ:lʃ].
Walsingham ['wɔ:lsɪŋəm / Wal·sing·ham].

Walton [ˈwɔ:ltən / Wal·ton].
Warbeck [ˈwɔ:bek / War·beck].
Warburton [ˈwɔ:bətn / War·bur·ton].
Ward [wɔ:d].
Warner [ˈwɔ:nə* / War·ner].
Warren [ˈwɒrɪn / War·ren].
Warton [ˈwɔ:tn / War·ton].
Watson [ˈwɒtsn / Wat·son].
Watts [wɒts].
Waugh [wɔ:].
Wavell [ˈweɪvəl / Wav·ell].
Webb [web].
Webster [ˈwebstə* / Web·ster].
Welle(s) [wel(z)].
Wellesley [ˈwelzlɪ / Welles·ley].
Wellington [ˈwelɪŋtən / Wel·ling·ton].
Wendell [ˈwendl / Wen·dell].
Wesley [ˈwezlɪ / Wes·ley].
West [west].
Wharton [ˈwɔ:tn / Whar·ton].
Wheeler [ˈwi:lə* / Wheel·er].
Whistler [ˈwɪslə*].
Whiston [ˈwɪstən / Whis·ton].
Whit(t)aker [ˈwɪtɪkə* / Whit·(t)·ak·er].
White [waɪt].
Whitehead [ˈwaɪthed / White·head].
Whitman [ˈwɪtmən / Whit·man].
Whittier [ˈwɪtɪə* / Whit·tier].
Whittington [ˈwɪtɪŋtən / Whit·ting·ton].
Wicklif(fe) [ˈwɪklɪf / Wick·lif(fe)].
Wilberforce [ˈwɪlbəfɔ:s / Wil·ber·force].
Wilde [waɪld].
Wilder [ˈwɒɪldə*].
Wilk(e)s [wɪlks].
Wilkie [ˈwɪlkɪ / Wil·kie].
Wilkins [ˈwɪlkɪnz / Wil·kins].
Wilkinson [ˈwɪlkɪnsn / Wil·kin·son].
Williams [ˈwɪljəmz / Wil·liams].
Willoughby [ˈwɪləbɪ / Wil·lough·by].
Wilmot [ˈwɪlmət / Wil·mot].
Wilson [ˈwɪlsn / Wil·son].
Windsor [ˈwɪnzə* / Wind·sor].
Wiseman [ˈwaɪzmən / Wise·man].
Wither [ˈwɪðə* / With·er].
Wodehouse [ˈwʊdhaʊs / Wode·house].
Wolf [wʊlf].
Wollstonecraft [ˈwʊlstənkrɑ:ft / Woll·stone·craft].
Wolsey [ˈwʊlzɪ / Wol·sey].
Woods [wʊdz].
Woodward [ˈwʊdwəd / Wood·ward].
Woolf [wʊlf].
Woolner [ˈwʊlnə* / Wool·ner].
Woolsey [ˈwʊlzɪ / Wool·sey].
Woolworth [ˈwʊlwɜ:θ / Wool·worth].
Wordsworth [ˈwɜ:dzwɜ:θ / Words·worth].
Wotton [ˈwɒtn / Wot·ton].
Wren [ren].
Wright [raɪt].
Wriothesley [ˈraɪəθslɪ / Wriothes·ley].
Wyat(t) [ˈwaɪət / Wy·at(t)].
Wycherley [ˈwɪtʃəlɪ / Wych·er·ley].
Wyclif(fe) [ˈwɪklɪf / Wy·clif(fe)].
Wyndham [ˈwɪndəm / Wynd·ham].
Wythe [wɪθ].

Yeat(e)s [jeɪts].
Yonge [jʌŋ].
Young [jʌŋ].

Zangwill [ˈzæŋgwɪl / Zang·will].
Zilliacus [ˌzɪlɪˈɑ:kəs / Zil·li·acus].

NOMI PROPRI DI PERSONA

1 · Sezione inglese / italiano

Aaron ['earən / Aa·ron] *no.pr.m.* Aronne.

Ab [æb] **Abbe** ['æbɪ] *no.pr.f.* dim. di **Abigail**.

Abbi ['æbɪ] **Abby** ['æbɪ] *no.pr.f.* dim. di **Abigail**.

Abe [eɪb] *no.pr.m.* dim. di **Abraham**.

Abel ['eɪbəl] *no.pr.m.* Abele.

Abigail ['æbɪgeɪl / Abi·gail] *no.pr.f.* Abigaille DIM. Ab, Abbe, Abbi, Abby, Gael, Gail, Gale, Gayl.

Abraham ['eɪbrəhæm / Ab·ra·ham] *no.pr.m.* Abramo DIM. Abe, Aby.

Aby ['eɪbɪ] *no.pr.m.* dim. di **Abraham**.

Achilles [ə'kɪli:z / Achil·les] *no.pr.m.* Achille.

Ad [æd] **Addie** ['ædɪ] **Addy** *no.pr.f.* dim. di **Ada**.

Ada ['eɪdə] *no.pr.f.* Ada DIM. Ad, Addie, Addy.

Adalbert ['ædəlbɜ:t / Ad·al·bert] *no.pr.m.* Adalberto.

Adam ['ædəm] *no.pr.m.* Adamo.

Adela ['ædɪlə,ə'deɪlə / Ad·ela] **Adele** *no.pr.f.* Adele.

Adelaide ['ædəleɪd / Adel·aide] *no.pr.f.* Adelaide.

Adelina [,ædɪ'li:nə / Adel·ina] **Adeline** ['ædɪli:n] *no.pr.f.* Adelina.

Adlai ['ædleɪ / Ad·laɪ] *no.pr.m.* Adlai.

Adolf ['ædɒlf] **Adolphus** [ə'dɒlfəs / Ad·olph·us] *no.pr.m.* Adolfo.

Adrian ['eɪdrɪən] *no.pr.m.* Adriano.

Aeneas [i:'ni:æs / Ae·neas] *no.pr.m.* Enea.

Ag [æg] *no.pr.f.* dim. di **Agatha**.

Agatha ['ægəθə / Ag·atha] *no.pr.f.* Agata DIM. Ag, Aggie, Aggy.

Aggie ['ægɪ] **Aggy** *no.pr.f.* dim. di **Agatha**.

Agnes ['ægnɪs / Ag·nes] *no.pr.f.* Agnese DIM. Nancy, Nessie.

Aileen ['eɪli:n / Ai·leen] *no.pr.f.* Aileen.

Al [æl] *no.pr.m.* dim. di **Albert**.

Alan, Alain ['ælən / Al·ain] *no.pr.m.* Alan.

Alastair ['æləstə* / Al·ast·air] *no.pr.m.* variante di **Alexander**.

Alban ['ɔ:lbən / Al·ban] *no.pr.m.* Albano.

Albert ['ælbət / Al·bert] *no.pr.m.* Alberto DIM. Al, Bert, Bertie.

Alberta [æl'bɜ:tə / Al·berta] *no.pr.f.* Alberta DIM. Berta, Berte, Bartie.

Albertine ['ælbəti:n / Al·bert·ine] *no.pr.f.* Albertina.

Albin ['ælbɪn / Al·bin] *no.pr.m.* Albino.

Aldous ['ɔ:ldəs / Al·dous] *no.pr.m.* Aldo.

Alec(k) ['ælɪk] *no.pr.m.* dim. di **Alexander**.

Alex ['ælɪks] *no.pr.m.* dim. di **Alexander**.

Alexander [,ælɪg'zɑ:ndə* *amer.* ,ælɪg'zændə* / Al·ex·an·der] *no.pr.m.* Alessandro DIM. Alex, Alec, Aleck.

Alexandra [,ælɪg'zɑ:ndrə *amer.* ,ælɪg'zændrə / Al·ex·an·dra] *no.pr.f.* Alessandra DIM. Alexa, Alexis, Alix, Sandi(e).

Alexia [ə'leksɪə / Al·ex·ia] *no.pr.f.* Alessia.

Alexis [ə'leksɪs / Al·ex·is] *no.pr.m.* Alessio ◆ *no.pr.f.* dim. di **Alexandra**.

Alf [ælf] *no.pr.m.* dim. di **Alfred**.

Alfie ['ælfɪ / Alf·ie] **Alfy** *no.pr.m.* dim. di **Alfred**.

Alfred ['ælfrɪd / Al·fred] *no.pr.m.* Alfredo DIM. Alf, Alfie, Alfy.

Ali ['ɑ:lɪ *amer.* 'ælɪ] *no.pr.m.* Alì.

Alice ['ælɪs] *no.pr.f.* Alice.

Alicia [ə'lɪʃɪə / Al·icia] *no.pr.f.* variante di **Alice**.

Alick ['ælɪk] *no.pr.m.* dim. di **Alexander**.

Alison ['ælɪsn / Alis·on] *no.pr.f.* variante di **Alice**.

Alix ['ælɪks] *no.pr.f.* dim. di **Alexandra**.

Alphonso [æl'fɒnzəʊ / Al·phonso] *no.pr.m.* Alfonso.

Alvin ['ælvɪn / Al·vin] *no.pr.m.* variante di **Aylwyn**.

Amalia [ə'mɑ:ljə / A·ma·lia] **Amelia** [ə'mi:ljə] *no.pr.f.* Amalia, Amelia.

Ambrose ['æmbrəʊz / Am·brose] *no.pr.m.* Ambrogio.

Amy ['eɪmɪ] *no.pr.f.* Amy, (*rar.*) Amata.

Anastasia [,ænə'steɪzjə / Ana·stasia] *no.pr.f.* Anastasia.

Andrea [ɑ:n'dreɪə / An·drea] *no.pr.f.* Andreina.

Andreas ['ændrɪæs / An·dreas] **Andrew** ['ændru: / An·drew] *no.pr.m.* Andrea DIM. Andy.

Andy ['ændɪ] *no.pr.m.* dim. di **Andrew**.

Angel ['eɪndʒəl / An·gel] *no.pr.m.* Angelo.

Angela ['ændʒələ / An·gela] *no.pr.f.* Angela DIM. Angie.

Angelica [æn'dʒelɪkə / An·gel·ica] *no.pr.f.* Angelica.

Angelina [,ændʒɪ'li:nə / An·gel·ina] *no.pr.f.* Angelina.

Angus ['æŋgəs / An·gus] *no.pr.m.* Angus.

Anita [ə'ni:tə / An·ita] *no.pr.f.* Anita.

Ann [æn] **Anna** ['ænə] *no.pr.f.* Anna DIM. Annette, Annie, Nancy, Nina.

Annabel(le) ['ænəbel / Anna·bel(le)] *no.pr.f.* Annabella.

Anne [æn] *no.pr.f.* Anna.

Annette [ə'net / Ann·ette] *no.pr.f.* dim. di **Ann**.

Annie ['ænɪ] *no.pr.f.* dim. di **Ann**.

Anselm ['ænselm / An·selm] *no.pr.m.* Anselmo.

Anthony ['æntənɪ / An·thony] *no.pr.m.* Antonio.

Antoinette [,æntwɑ:'net / An·toin·ette] *no.pr.f.* Antonietta, dim. di Antonia.

Antonia [æn'təʊnjə / An·tonia] *no.pr.f.* Antonia DIM. Antoinette, Toni.

Antony ['æntənɪ / Ant·ony] *no.pr.m.* Antonio DIM. Tony.

Arabella [,ærə'belə / Ara·bella] *no.pr.f.* Arabella DIM. Bella, Belle.

Archibald ['ɑ:tʃɪbɔ:ld / Archi·bald] *no.pr.m.* Arcibaldo DIM. Archie.

Archie ['ɑ:tʃɪ] *no.pr.m.* dim. di **Archibald**.

Arden ['ɑ:dn] *no.pr.m.* Arden.

Arnie ['ɑ:nɪ] *no.pr.m.* dim. di **Arnold**.

Arnold ['ɑ:nəld / Arn·old] *no.pr.m.* Arnoldo, Arnaldo DIM. Arnie.

Art [ɑ:t] **Artie** ['ɑ:tɪ] *no.pr.m.* dim. di **Arthur**.

Arthur ['ɑ:θə* / Ar·thur] *no.pr.m.* Arturo; (*lett.*) Artù DIM. Art, Artie.

Ashley ['æʃlɪ / Ash·ley] *no.pr.m.* Ashley.

Aubrey ['ɔ:brɪ / Au·brey] *no.pr.m.* Alberico.

Audrey ['ɔ:drɪ / Aud·rey] *no.pr.f.* Audrey.

Augusta [ɔ:'gʌstə / Au·gusta] *no.pr.f.* Augusta.

Augustin(e) [ɔ:'gʌstɪn / Au·gust·ine] *no.pr.m.* Agostino.

Augustus [ɔ:'gʌstəs / Au·gus·tus] *no.pr.m.* Augusto.

Aure ['ɔ:ri:] *no.pr.m.* dim. di **Aurelius**.

Aurelia [ɔ:'ri:ljə / Au·re·lia] *no.pr.f.* Aurelia.

Aurelius [ɔ:'ri:ljəs / Au·re·lius] *no.pr.m.* Aurelio DIM. Aure.

Austin ['ɒstɪn *amer.* 'ɔ:stɪn / Aus·tin] *no.pr.m.* Agostino.

Ava ['ɑ:və] *no.pr.f.* Ava.

Aylwyn ['eɪlwɪn / Ayl·wyn] *no.pr.m.* Aylwyn, Alvin.

Aymon ['eɪmən / Ay·mon] *no.pr.m.* Aimone.

Babs [bæbs] *no.pr.f.* dim. di **Barbara**.

Baldwin ['bɔ:ldwɪn / Bald·win] *no.pr.m.* Baldovino.

Balthazar ['bælθə,zɑ:* / Bal·tha·zar] *no.pr.m.* Baldassarre.

Barbara ['bɑ:bərə / Bar·bara] *no.pr.f.* Barbara DIM. Babs, Barby, Barb.

Barb(y) ['bɑ:b(ɪ)] *no.pr.f.* dim. di **Barbara**.

Barnabas ['bɑ:nəbəs / Barn·abas] *no.pr.m.* Barnaba.

Barnaby ['bɑ:nəbɪ / Barn·aby] *no.pr.m.* Barnaba DIM. Barney.

Barney ['bɑ:nɪ / Barn·ey] *no.pr.m.* dim. di Barnaby.

Bart [bɑ:t] *no.pr.m.* dim. di **Bartholomew**.

Bartholomew [bɑ:'θɒləmju: / Bar·tholo·mew] *no.pr.m.* Bartolomeo DIM. Bart.

Bartie ['bɑ:tɪ] *no.pr.f.* dim. di **Alberta**.

Basil ['bæzl / Bas·il] *no.pr.m.* Basilio.

Bayard ['beɪɑ:d / Bay·ard] *no.pr.m.* Baiardo.

Bea [bi:] *no.pr.f.* dim. di **Beatrice**, **Beatrix**.

Beatrice ['bɪətrɪs / Bea·trice] **Beatrix** ['bɪətrɪks / Bea·trix] *no.pr.f.* Beatrice DIM. Bea, Trix, Trixie.

Becky ['bekɪ] *no.pr.f.* dim. di **Rebecca**.

Bel [bel] **Bella** ['belə] **Belle** [bel] *no.pr.f.* dim. di **Arabella** e **Isabel**.

Belinda [bɪ'lɪndə / Be·linda] *no.pr.f.* Belinda DIM. Linda.

Bel(l)amy ['beləmɪ / Bel(l)·amy] *no.pr.m.* Bellamy.

Benedict ['benɪdɪkt / Ben·edict] *no.pr.m.* Benedetto DIM. Ben, Benny.

Benjamin ['bendʒəmɪn / Ben·ja·min] *no.pr.m.* Beniamino DIM. Ben, Benny.

Bennet(t) ['benɪt / Ben·net(t)] *no.pr.m.* variante di **Benedict**.

Ben(ny) ['ben(ɪ)] *no.pr.m.* dim. di **Benedict** e di **Benjamin**.

Berenice [,berɪ'naɪsi: *opera di Handel* ,berɪ'ni:tʃɪ / Be·re·nice] *no.pr.f.* Berenice.

Bernard ['bɜ:nəd / Bern·ard] *no.pr.m.* Bernardo DIM. Bernie.

Bert [bɜ:t] **Bertie** ['bɜ:tɪ] *no.pr.m.* dim. di **Albert**, **Herbert**, **Humbert**.

Berta ['bɜ:tə] *no.pr.f.* dim. di **Alberta**.

Bertha ['bɜ:θə / Ber·tha] *no.pr.f.* Berta.

Berthold ['bɜ:thəʊld / Bert·hold] *no.pr.m.* Bertoldo.

Bertram ['bɜ:trəm / Bert·ram] *no.pr.m.* Bertrando.

Beryl ['berɪl] *no.pr.m.* Beryl.

Bess [bes] **Bessie** ['besɪ] *no.pr.f.* dim. di **Elizabeth**.

Beth [beθ] **Betsy** ['betsɪ] **Betty** ['betɪ] *no.pr.f.* dim. di **Elizabeth**.

Bevis ['bi:vɪs] *no.pr.m.* Bevis.

Bill(y) ['bɪl(ɪ)] *no.pr.m.* dim. di **William**.

Blanche [blɑ:ʃ *amer.* blæntʃ] *no.pr.f.* Bianca.

Bob(by) ['bɒb(ɪ) / Bob·(by)] *no.pr.m.* dim. di **Robert**.

Boniface ['bɒnɪfeɪs / Bo·ni·face] *no.pr.m.* Bonifacio.

Brenda ['brendə] *no.pr.f.* Brenda.

Brett [bret] *no.pr.m.* Brett.

Brian ['braɪən] *no.pr.m.* Brian.

Bridget ['brɪdʒɪt / Brid·get] *no.pr.f.* Brigida.

Brigid ['brɪdʒɪd / Bri·gid] *no.pr.f.* Brigida.

Bruce [bru:s] *no.pr.m.* Bruce.

Bruno ['bru:nəʊ] *no.pr.m.* Bruno.

Burgess ['bɜ:dʒɪs / Bur·gess] *no.pr.m.* Burgess.

Bysshe [bɪʃ] *no.pr.m.* Bysshe.

Caesar ['si:zə*] *no.pr.m.* Cesare.

Caleb ['keɪləb / Ca·leb] *no.pr.m.* Caleb.

Calvin ['kælvɪn / Cal·vin] *no.pr.m.* Calvin DIM. Cal.

Camilla [kə'mɪlə / Cam·illa] **Camille** [kə'mi:] *no.pr.f.* Camilla.

Candida ['kændɪdə / Can·dida] *no.pr.f.* Candida.

Carl [kɑ:l] *no.pr.m.* variante di **Charles**.

Carol ['kærəl] *no.pr.f.* Carol.

Caroline ['kærəlaɪn / Car·ol·ine] *no.pr.f.* Carolina DIM. Carrie.

Carrie ['kærɪ] *no.pr.f.* dim. di **Caroline**.

Casimir ['kæzɪmɪə* / Cas·imir] *no.pr.m.* Casimiro.

Caspar ['kæspə* / Cas·par] *no.pr.m.* Gaspare.

Catherine ['kæθərɪn / Cath·er·ine] **Catharine** *no.pr.f.* Caterina DIM. Cathy, Kate, Kit, Kitty.

Cathy ['kæθɪ] *no.pr.f.* dim. di **Catherine**.

Cecil ['sesl] *no.pr.m.* Cecil, (*non com.*) Cecilio.

Cecilia [sɪ'sɪljə / Ce·ci·lia] **Cecily** ['sɪsɪlɪ / Ce·ci·ly] *no.pr.f.* Cecilia DIM. Cis, Cissy.

Cedric ['sedrɪk / Ced·ric] *no.pr.m.* Cedric.

Celeste [sɪ'lest / Ce·leste] *no.pr.f.* Celeste.

Celestine ['selɪstaɪn / Ce·les·tine] *no.pr.f.* Celestina.

Celia ['si:ljə / Ce·lia] *no.pr.f.* Celia.

Charlene [ʃɑ:'li:n / Char·lene] **Charline** *no.pr.f.* variante di **Charlotte**.

Charles [tʃɑ:lz] *no.pr.m.* Carlo DIM. Charlie, Charley.

Charley ['tʃɑ:lɪ / Char·ley] **Charlie** *no.pr.m.* dim. di **Charles**.

Charlotte ['ʃɑ:lət / Char·lotte] *no.pr.f.* Carlotta DIM. Lottie, Lotty.

Cherry ['tʃerɪ] **Cheryl** ['tʃerɪl / Che·ryl] *no.pr.f.* Cheryl.

Chester ['tʃestə* / Ches·ter] *no.pr.m.* Chester DIM. Chet.

Chet ['tʃet] *no.pr.m.* dim. di **Chester**.

Chloe ['kləʊɪ] *no.pr.f.* Cloe.

Chris ['krɪs] *no.pr.m.* dim. di **Christian** e **Christopher**.

Chrissie ['krɪsɪ / Chris·sie] *no.pr.f.* dim. di **Christina**, **Christine**.

Christabel ['krɪstəbel / Chris·ta·bel] *no.pr.f.* Christabel.

Christian ['krɪstjən / Chris·tian] *no.pr.m.* Cristiano DIM. Chris, Christie.

Christiana [,krɪstɪ'ɑ:nə / Chris·ti·ana] *no.pr.f.* Cristiana.

Christina [krɪs'ti:nə / Chris·tina] **Christine** ['krɪsti:n] *no.pr.f.* Cristina DIM. Chrissie, Tina.

Christopher ['krɪstəfə* / Chris·to·pher] *no.pr.m.* Cristoforo DIM. Chris.

Cindy ['sɪndɪ / Cin·dy] *no.pr.f.* dim. di **Cynthia**.

Cis [sɪs] **Cissy** ['sɪsɪ / Cis·sy] *no.pr.f.* dim. di **Cecilia**, **Cecily**.

Clara ['kleərə] **Clare** [kleə*] *no.pr.f.* Clara, Chiara.

Clarabelle ['klærəbel / Cla·ra·belle] **Claribel** *no.pr.f.* Clarabella.

Clarence ['klærəns / Cla·rence] *no.pr.m.* Clarence.

Clarice ['klærɪs / Cla·rice] *no.pr.f.* Clarice.

Clarissa [klə'rɪsə / Cla·rissa] *no.pr.f.* Clarissa.

Claude [klɔ:d] *no.pr.m.* Claudio.

Claudia ['klɔ:djə / Clau·dia] *no.pr.f.* Claudia.

Clemence ['klemәns / Clem·ence] *no.pr.f.* Clemence, (*rar.*) Clemenza.

Clement ['klemәnt / Clem·ent] *no.pr.m.* Clemente DIM. Clem.

Clementina [,klemən'ti:nə / Clem·ent·ina] **Clementine** ['kleməntaɪn] *no.pr.f.* Clementina.

Clifton ['klɪftən / Clif·ton] *no.pr.m.* Clifton.

Clive [klaɪv] *no.pr.m.* Clive.

Clothilda [kləʊ'tɪldə / Clo·thilda] *no.pr.f.* Clotilde.

Connie ['kɒnɪ / Con·nie] *no.pr.f.* dim. di **Constance**.

Conrad ['kɒnræd / Con·rad] *no.pr.m.* Corrado.

Constance ['kɒnstəns / Con·stance] *no.pr.f.* Costanza DIM. Connie.

Constantine ['kɒnstəntaɪn / Con·stant·ine] *no.pr.m.* Costantino.

Corinne [kə'rɪn / Co·rinne] *no.pr.f.* Corinna.

Cornelia [kɔ:'ni:ljə / Cor·nelia] *no.pr.f.* Cornelia.

Cornelius [kɔ:'ni:ljəs / Cor·ne·lius] *no.pr.m.* Cornelio.

Crispin ['krɪspɪn / Cris·pin] *no.pr.m.* Crispino.

Cy [saɪ] *no.pr.m.* dim. di **Cyrus**.

Cynthia ['sɪnθɪə / Cyn·thia] *no.pr.f.* Cinzia DIM. Cindy.

Cyril ['sɪrəl / Cy·ril] *no.pr.m.* Cirillo.

Cyrus ['saɪərəs / Cy·rus] *no.pr.m.* Ciro DIM. Cy.

Daisy ['deɪzɪ] *no.pr.f.* Margherita.

Dan [dæn] *no.pr.m.* dim. di **Daniel**.

Daniel ['dænjəl / Dan·iel] *no.pr.m.* Daniele DIM. Dan.

Daphne ['dæfnɪ / Daph·ne] *no.pr.f.* Daphne.

Dave [deɪv] **Dav(e)y** ['deɪvɪ] *no.pr.m.* dim. di **David**.

David ['deɪvɪd / Da·vid] *no.pr.m.* Davide DIM. Dave, Davey, Davy.

Debby ['debɪ / Deb·by] *no.pr.f.* dim. di **Deborah**.

Deborah ['debərə / Deb·orah] *no.pr.f.* Debora DIM. Debby.

Delia ['di:ljə / De·lia] *no.pr.f.* Delia.

Demetrius [dɪ'mi:trɪəs / De·me·trius] *no.pr.m.* Demetrio.

Den(n)is ['denɪs / Den·(n)is] *no.pr.m.* Dionigi.

Denise [də'ni:z / Den·ise] *no.pr.f.* Dionisia.

Diana [daɪ'ænə / Di·ana] *no.pr.f.* Diana.

Dick [dɪk] *no.pr.m.* dim. di **Richard**.

Dinah ['daɪnə / Di·nah] *no.pr.f.* Dina.

Dolly ['dɒlɪ] *no.pr.f.* dim. di **Dorothea**.

Dominic(k) ['dɒmɪnɪk / Dom·in·ic(k)] *no.pr.m.* Domenico.

Don [dɒn] *no.pr.m.* dim. di **Donald**.

Donald ['dɒnld / Don·ald] *no.pr.m.* Donaldo DIM. Don.

Dora ['dɔ:rə] *no.pr.f.* dim. di **Dorothea**.

Dorcas ['dɔ:kəs / Dor·cas] *no.pr.f.* Dorcas.

Doreen [dɔ:'ri:n / Dor·een] *no.pr.f.* Dorina.

Dorian ['dɔ:rɪən / Dor·ian] *no.pr.m.* Dorian, Doriano.

Dorothea [,dɒrə'θɪə / Do·ro·thea] **Dorothy** ['dɒrəθɪ] *no.pr.f.* Dorotea DIM. Dolly, Dora, Dotty.

Dotty ['dɒtɪ / Dot·ty] *no.pr.f.* dim. di **Dorothea**.

Doug [dʌg] *no.pr.m.* dim. di **Douglas**.

Dougal ['du:gəl / Dou·gal] *no.pr.m.* Dougal.

Douglas ['dʌgləs / Doug·las] *no.pr.m.* Douglas DIM. Doug.

Dudley ['dʌdlɪ / Dud·ley] *no.pr.m.* Dudley.

Dulcie ['dʌlsɪ / Dul·cie] *no.pr.f.* Dulcinea.

Duncan ['dʌŋkən / Dun·can] *no.pr.m.* Duncan.

Dustin ['dʌstɪn / Dus·tin] *no.pr.m.* Dustin.

Dwight [dwaɪt] *no.pr.m.* Dwight.

Ed [ed] *no.pr.m.* dim. di **Edgar**, **Edmund**, **Edward**.

Eddie ['edɪ / Ed·die] *no.pr.m.* dim. di **Edgar**, **Edmund**, **Edward**, **Edwin**.

Edgar ['edgə* / Ed·gar] *no.pr.m.* Edgardo DIM. Ed, Ned, Eddie.

Edith ['i:dɪθ] *no.pr.f.* Editta.

Edmund ['edmənd / Ed·mund] *no.pr.m.* Edmondo DIM. Ed, Ned, Eddie.

Edward ['edwəd / Ed·ward] *no.pr.m.* Edoardo DIM. Ed, Ned, Eddie.

Edwin ['edwɪn / Ed·win] *no.pr.m.* Edwin.

Edwina [ed'wi:nə / Ed·wina] *no.pr.f.* Edvina.

Eileen ['aɪli:n / Eileen] *no.pr.f.* Eileen (Elena).

Eleanor ['elɪnə* / El·ea·nor] **Eleonora** [,elɪə'nɔ:rə] *no.pr.f.* Eleonora.

Elias [ɪ'laɪəs] *no.pr.m.* Elia.

Elisabeth [ɪ'lɪzəbəθ / Elisa·beth] *no.pr.f.* Elisabetta.

Eliza [ɪ'laɪzə] *no.pr.f.* Elisa.

Elizabeth [ɪ'lɪzəbəθ / Eliza·beth] *no.pr.f.* Elisabetta DIM. Bess, Bessie, Beth, Betsy, Betty, Elsie, Libby, Lizzie.

Ellis ['elɪs / El·lis] *no.pr.m.* Ellis, Eliseo.

Eloise [eləʊ'i:z / El·oise] *no.pr.f.* Eloisa.

Elsie ['elsɪ / El·sie] *no.pr.f.* dim. di **Elizabeth**.

Elvina [el'vi:nə / El·vina] *no.pr.f.* Elvina.

Elvira [el'vaɪərə / El·vira] *no.pr.f.* Elvira.

Emanuel [ɪ'mænjʊəl / Em·an·uel] *no.pr.m.* variante di **Emmanuel**.

Emil ['i:mɪl] *no.pr.m.* Emilio.

Emilia [ɪ'mɪlɪə / Em·ilia] *no.pr.f.* Emilia.

Emilian [ɪ'mi:lɪən / Emil·ian] *no.pr.m.* Emiliano.

Emily ['emɪlɪ / Em·ily] *no.pr.f.* Emilia DIM. Emmy, Millie.

Emma ['emə] *no.pr.f.* Emma.

Emmanuel [ɪ'mænjʊəl / Em·man·uel] *no.pr.m.* Emanuele.

Emmy ['emɪ / Em·my] *no.pr.f.* dim. di **Emily**.

Eric ['erɪk] *no.pr.m.* Eric(h).

Ernest ['ɜ:nɪst / Ern·est] *no.pr.m.* Ernesto DIM. Ernie.

Ernestine ['ɜ:nɪsti:n / Ern·est·ine] *no.pr.f.* Ernestina.

Ernie ['ɜ:nɪ / Ern·ie] *no.pr.m.* dim. di **Ernest**.

Estella [ɪ'stelə / Es·tella] **Estelle** [ɪ'stel] *no.pr.f.* Estella.

Esther ['estə* / Es·ther] *no.pr.f.* Ester.

Ethel ['eθl] *no.pr.f.* Ethel.

Etta ['etə / Et·ta] *no.pr.f.* dim. di **Henrietta**.

Eugene [ju:'ʒeɪn / Eu·gene] *no.pr.m.* Eugenio DIM. Gene.

Eugenia [ju:'dʒi:njə / Eu·gen·ia] *no.pr.f.* Eugenia DIM. Genie.

Eulalia [ju:'leɪljə / Eu·la·lia] *no.pr.f.* Eulalia.

Eunice ['ju:nɪs / Eu·nice] *no.pr.f.* Eunice.

Euphemia [ju:'fi:mjə / Eu·phe·mia] *no.pr.f.* Eufemia.

Euphrasia [ju:'freɪzɪə / Eu·phra·sia] *no.pr.f.* Eufrasia.

Eusebius [ju:'si:bjəs / Eu·se·bius] *no.pr.m.* Eusebio.

Eustace ['ju:stəs / Eu·stace] *no.pr.m.* Eustachio.

Eva ['i:və / Eva] *no.pr.f.* Eva.

Evan ['evən / Ev·an] *no.pr.m.* variante gallese di **John**.

Evangeline [ɪ'vændʒɪli:n / Ev·an·gel·ine] *no.pr.f.* Evangelina.

Evelina [,evɪ'li:nə / Eve·lina] **Eveline**, **Evelyn** ['i:vlɪn, 'evlɪn] *no.pr.f.* Evelina.

Fabian ['feɪbjən / Fa·bian] *no.pr.m.* Fabiano, Fabio.

Faith [feɪθ] *no.pr.f.* Fede.

Fannie, **Fanny** ['fænɪ / Fan·ny] *no.pr.f.* dim. di **Frances**.

Faustus ['fɔ:stəs / Faust·us] *no.pr.m.* Fausto.

Fedora [fɪ'dɔ:rə / Fe·dora] *no.pr.f.* Fedora.

Felicia [fə'lɪsɪə / Fe·li·cia] *no.pr.f.* Felicia, Felicita.

Felix ['fi:lɪks / Fe·lix] *no.pr.m.* Felice.

Ferd [fɜ:d] **Ferdie** ['fɜ:dɪ / Ferd·ie] *no.pr.m.* dim. di **Ferdinand**.

Ferdinand ['fɜ:dɪnənd / Ferdi·nand] *no.pr.m.* Ferdinando DIM. Ferd, Ferdie.

Fiona [fɪ'əʊnə / Fi·ona] *no.pr.f.* Fiona.

Firmin ['fɜ:mɪn / Fir·min] *no.pr.m.* Firmino.

Flavia ['fleɪvjə / Fla·via] *no.pr.f.* Flavia.

Flavian ['fleɪvjən / Fla·vian] *no.pr.m.* Flavio.

Flo [fləʊ] **Flossie** ['flɒsɪ / Flos·sie] *no.pr.f.* dim. di **Florence**.

Flora ['flɔ:rə] *no.pr.f.* Flora.

Florence ['flɒrəns / Flor·ence] *no.pr.f.* Fiorenza DIM. Flo, Flossie.

Fran [fræn] *no.pr.f.* dim. di **Frances**.

Frances ['frɑ:nsɪs *amer.* 'frænsɪs / Fran·ces] *no.pr.f.* Francesca DIM. Fran, Fannie, Fanny.

Francis ['frɑ:nsɪs *amer.* 'frænsɪs / Fran·cis] *no.pr.m.* Francesco.

Frank [fræŋk] *no.pr.m.* Franco.

Fred [fred] **Freddie** ['fredɪ / Fred·die] **Freddy** *no.pr.m.* dim. di **Alfred**, **Frederick**.

Frederica [,fredə'ri:kə / Fred·erica] *no.pr.f.* Federica.

Frederic(k) ['fredrɪk / Fred·er·ic(k)] *no.pr.m.* Federico DIM. Fred.

Fulvia ['fʌlvɪə / Ful·via] *no.pr.f.* Fulvia.

Gabe [geɪb] *no.pr.m.* dim. di **Gabriel**.

Gabriel ['geɪbrɪəl / Ga·bri·el] *no.pr.m.* Gabriele DIM. Gabe.

Gabriella [,geɪbrɪ'elə / Ga·bri·el·la] **Gabrielle** ['geɪbrɪəl] *no.pr.f.* Gabriella.

Gael [geɪl] **Gail**, **Gale**, **Gayl** *no.pr.f.* dim. di **Abigail**.

Gavin ['gævɪn / Ga·vin] *no.pr.m.* Gavino.

Gene [dʒi:n] *no.pr.m.* dim. di **Eugene**.

Geneviève [,dʒenə,vi:v / Ge·ne·viève] *no.pr.f.* Genoveffa.

Genie ['dʒi:nɪ / Ge·nie] *no.pr.f.* dim. di **Eugenia**.

Geoff [dʒef] *no.pr.m.* dim. di **Geoffrey**.

Geoffrey ['dʒefrɪ / Geof·frey] *no.pr.m.* Goffredo DIM. Jeffr(e)y, Geoff, Jeff.

George [dʒɔ:dʒ] *no.pr.m.* Giorgio DIM. Georgie.

Georgia ['dʒɔ:dʒjə / Geor·gia] *no.pr.f.* Giorgia.

Georgiana [,dʒɔ:dʒɪ'ɑ:nə / Geor·gi·ana] *no.pr.f.* Giorgiana.

Georgie ['dʒɔ:dʒɪ / Geor·gie] *no.pr.m.* dim. di **George**.

Gerald ['dʒerəld / Ger·ald] *no.pr.m.* Gerardo, Gherardo DIM. Gerry.

Geraldine ['dʒerəldi:n / Ger·ald·ine] *no.pr.f.* Geraldina.

Gerard ['dʒerɑ:d / Ger·ard] *no.pr.m.* Gherardo, Gerardo.

Germaine [dʒɜ:'meɪn / Ger·maine] *no.pr.f.* Germana.

Gerry ['gerɪ] *no.pr.m.* dim. di **Gerald**.

Gertrude ['gɜ:tru:d / Gert·rude] *no.pr.f.* Geltrude DIM. Gerty, Trudy.

Gerty ['gɜ:tɪ] *no.pr.f.* dim. di **Gertrude**.

Gervase ['dʒɜ:vəs / Ger·vase] *no.pr.m.* Gervasio.

Gideon ['gɪdɪən / Gid·eon] *no.pr.m.* Gedeone.

Gilbert ['gɪlbət / Gil·bert] *no.pr.m.* Gilberto DIM. Gil.

Gilda ['gɪldə] *no.pr.f.* Gilda.

Giles [dʒaɪlz] *no.pr.m.* Egidio.

Gill [dʒɪl] *no.pr.f.* Gill.

Ginny ['dʒɪnɪ] *no.pr.f.* dim. di **Virginia**.

Gladys ['glædɪs / Glad·ys] *no.pr.f.* Gladys.

Gloria ['glɔːrɪə] *no.pr.f.* Gloria.

Godfrey ['gɒdfrɪ / God·frey] *no.pr.m.* Goffredo.

Godwin ['gɒdwɪn / God·win] *no.pr.m.* Godwin.

Gordon ['gɔːdn / Gor·don] *no.pr.m.* Gordon.

Grace [greɪs] *no.pr.f.* Grazia.

Greg [greg] *no.pr.m.* dim. di **Gregory**.

Gregory ['gregərɪ / Greg·ory] *no.pr.m.* Gregorio DIM. Greg.

Greta ['griːtə / Gre·ta] *no.pr.f.* Greta.

Griffith ['grɪfɪθ / Grif·fith] *no.pr.m.* Griffith.

Guinevere ['gwɪnɪ,vɪə* / Guin·evere] *no.pr.f.* Ginevra.

Gus [gʌs] *no.pr.m.* dim. di **Gustavus**.

Gustavus [gʊs'tɑːvəs / Gus·tav·us] *no.pr.m.* Gustavo DIM. Gus.

Guy [gaɪ] *no.pr.m.* Guido.

Gwen [gwen] *no.pr.f.* dim. di **Gwendolen**.

Gwendolen ['gwendəlɪn / Gwen·do·len] *no.pr.f.* Guendalina DIM. Gwen, Wendy.

Hal [hæl] *no.pr.m.* dim. di **Henry** e di **Harold**.

Hamlet ['hæmlɪt / Ham·let] *no.pr.m.* Amleto.

Hank [hæŋk] *no.pr.m.* dim. di **Henry**.

Harold ['hærəld / Har·old] *no.pr.m.* Aroldo DIM. Hal.

Harriet ['hærɪət / Har·ri·et] *no.pr.f.* Enrichetta DIM. Hattie.

Harris ['hærɪs] *no.pr.m.* Harris.

Harry ['hærɪ] *no.pr.m.* variante di **Henry**.

Harvey ['hɑːvɪ / Har·vey] *no.pr.m.* Harvey.

Hazel ['heɪzl / Ha·zel] *no.pr.f.* Hazel.

Hector ['hektə* / Hec·tor] *no.pr.m.* Ettore.

Helen ['helɪn] **Helena** ['helɪnə / Hel·ena] *no.pr.f.* Elena DIM. Nell, Nellie, Lena.

Henrietta [,henrɪ'etə / Hen·ri·et·ta] *no.pr.f.* Enrica DIM. Etta, Hetty, Nettie, Netty.

Henry ['henrɪ / Hen·ry] *no.pr.m.* Enrico DIM. Hal, Hank.

Herb [hɜːb] *no.pr.m.* dim. di **Herbert**.

Herbert ['hɜːbət / Her·bert] *no.pr.m.* Erberto DIM. Herb, Bert.

Herman ['hɜːmən / Her·man] *no.pr.m.* Ermanno.

Hester ['hestə* / Hes·ter] *no.pr.f.* variante di **Ester**.

Hetty ['hetɪ] *no.pr.f.* dim. di **Henrietta**.

Hi [haɪ] *no.pr.m.* dim. di **Hiram**.

Hieronymus [,haɪə'rɒnəməs / Hie·ron·ymus] *no.pr.m.* Geronimo; Gerolamo.

Hilary ['hɪlərɪ / Hil·ary] *no.pr.m.* Ilario ◆ *no.pr.f.* Ilaria.

Hilda ['hɪldə] *no.pr.f.* Ilda, Elda.

Hildebrand ['hɪldəbrænd / Hilde·brand] *no.pr.m.* Ildebrando.

Hippolytus [hɪ'pɒlɪtəs / Hip·poly·tus] *no.pr.m.* Ippolito.

Hiram ['haɪərəm / Hi·ram] *no.pr.m.* Hiram DIM. Hi.

Hope [həʊp] *no.pr.f.* Speranza.

Horace ['hɒrəs / Hor·ace] **Horatio** [hə'reɪʃɪəʊ / Hor·atio] *no.pr.m.* Orazio.

Hortense ['hɔːtens / Hor·tense] **Hortensia** [hɔː'tensɪə] *no.pr.f.* Ortensia.

Howard ['haʊəd / How·ard] *no.pr.m.* Howard.

Hubert ['hjuːbət / Hu·bert] *no.pr.m.* Uberto.

Hugh [hjuː] *no.pr.m.* Ugo.

Humbert ['hʌmbət / Hum·bert] *no.pr.m.* Umberto DIM. Bert, Bertie.

Humphrey ['hʌmfrɪ / Humph·rey] *no.pr.m.* Humphrey, (*rar.*) Onfredo.

Ian [ɪən] *no.pr.m.* variante scozzese di **John**.

Ida ['aɪdə] *no.pr.f.* Ida.

Ignace ['igneɪs / Ig·nace] **Ignatius** [ɪg'neɪʃjəs / Ig·na·tius] *no.pr.m.* Ignazio.

Ignacia [ɪg'neɪʃjə / Ig·na·cia] *no.pr.f.* Ignazia.

Immanuel [ɪ'mænjʊəl / Im·man·uel] *no.pr.m.* variante di **Emmanuel**.

Imogen ['ɪməʊdʒən / Im·ogen] *no.pr.f.* Imogene.

Ines ['aɪnez] *no.pr.f.* Ines.

Irene [aɪ'riːnɪ, 'aɪriːn] *no.pr.f.* Irene.

Iris ['aɪərɪs] *no.pr.f.* Iride.

Irma ['ɜːmə / Ir·ma] *no.pr.f.* Irma.

Isaac ['aɪzək] *no.pr.m.* Isacco.

Isabel ['ɪzəbel / Isa·bel] **Isabella** [,ɪzə'belə / Isa·bel·la] *no.pr.f.* Isabella DIM. Bel.

Iseult [iː'zuːlt] *no.pr.f.* Isotta.

Isidore ['ɪzɪdɔː* / Isi·dore] *no.pr.m.* Isidoro.

Isolda, **Isolde** [ɪ'zɒldə] *no.pr.f.* Isolda, Isotta.

Ives [aɪvz] *no.pr.m.* Ivo.

Ivy ['aɪvɪ] *no.pr.f.* Ivy.

Jack [dʒæk] *no.pr.m.* dim. di **John** e di **Jacob**.

Jacky ['dʒækɪ] *no.pr.m.* dim. di **Jack** e di **Jacqueline**.

Jacob ['dʒeɪkəb / Ja·cob] *no.pr.m.* Giacobbe DIM. Jake, Jack.

Jacqueline ['dʒækliːn / Jac·quel·ine] *no.pr.f.* Giacomina DIM. Jacky.

Jake [dʒeɪk] *no.pr.m.* dim. di **Jacob**.

James [dʒeɪmz] *no.pr.m.* Giacomo DIM. Jim, Jimmy, Jamie.

Jamy ['dʒeɪmɪ] *no.pr.m.* dim. di **James**.

Jane [dʒeɪn] *no.pr.f.* Gianna DIM. Janet, Jenny.

Janet ['dʒænɪt / Jan·et] *no.pr.f.* dim. di **Jane**.

Jasmine ['dʒæzmɪn / Jas·mine] *no.pr.f.* Gelsomina.

Jasper ['dʒæspə* / Jas·per] *no.pr.m.* Gaspare.

Jean [dʒiːn] *no.pr.f.* Giovanna ◆ *no.pr.m.* variante di **John**.

Jeff [dʒef] **Jeffr(e)y** ['dʒefrɪ / Jeff·r(e)y] *no.pr.m.* dim. di **Geoffrey**.

Jeffrey ['dʒefrɪ] *no.pr.m.* dim. di **Geoffrey**.

Jennifer ['dʒenɪfə* / Jen·ni·fer] *no.pr.f.* Jennifer.

Jenny ['dʒenɪ] *no.pr.f.* dim. di **Jane**.

Jeremy ['dʒerɪmɪ / Jere·my] *no.pr.m.* Geremia.

Jerome [dʒə'rəʊm / Je·rome] *no.pr.m.* Gerolamo DIM. Jerry.

Jerry ['dʒerɪ] *no.pr.m.* dim. di **Jeremy** e **Jerome**.

Jervis ['dʒɑːvɪs / Jer·vis] *no.pr.m.* variante di **Gervase**.

Jessica ['dʒesɪkə / Jes·si·ca] *no.pr.f.* Gessica.

Jill [dʒɪl] *no.pr.f.* Jill.

Jim [dʒɪm] **Jimmy** ['dʒɪmɪ / Jim·my] *no.pr.m.* dim. di **James**.

Jo [dʒəʊ] *no.pr.m.* e *f.* dim. di **Joseph**, **Josephine**.

Joachim ['jəʊəkɪm / Jo·a·chim] *no.pr.m.* Gioacchino.

Joan [dʒəʊn] **Joanna** [dʒəʊ'ænə / Jo·anna] *no.pr.f.* Giovanna.

Jocelyn ['dʒɒslɪn / Jo·celyn] *no.pr.f.* Jocelyn.

Joe [dʒəʊ] *no.pr.m.* dim. di **Joseph**.

Joel ['dʒəʊəl] *no.pr.m.* Gioele.

John [dʒɒn] *no.pr.m.* Giovanni DIM. Jack, Johnnie, Johnny.

Johnnie, **Johnny** ['dʒɒnɪ / John·ny] *no.pr.m.* dim. di **John**.

Joice [dʒɔɪs] *no.pr.f.* Joice.

Jonathan ['dʒɒnəθən / Jon·athan] *no.pr.m.* Gionata.

Joseph ['dʒəʊzɪf / Jo·seph] *no.pr.m.* Giuseppe DIM. Joe, Jo.

Josephine ['dʒəʊzɪfiːn / Jo·seph·ine] *no.pr.f.* Giuseppina DIM. Jo.

Josephus [dʒəʊ'siːfəs / Jo·seph·us] *no.pr.m.* Giuseppe.

Josh [dʒɒʃ] *no.pr.m.* dim. di **Joshua**.

Joshua ['dʒɒʃwə / Josh·ua] *no.pr.m.* Giosuè DIM. Josh.

Joy [dʒɔɪ] *no.pr.f.* Gioia.

Juan ['dʒuːən, hwɑːn] *no.pr.m.* Giovanni.

Judah ['dʒuːdə / Ju·dah] **Judas** ['dʒuːdəs] **Jude** ['dʒuːd] *no.pr.m.* Giuda.

Judith ['dʒuːdɪθ / Ju·dith] *no.pr.f.* Giuditta DIM. Judy.

Judy ['dʒuːdɪ / Ju·dy] *no.pr.f.* dim. di **Judith**.

Jule [dʒuːl] *no.pr.m.* dim. di **Julian**.

Julia ['dʒuːljə / Ju·lia] *no.pr.f.* Giulia.

Julian ['dʒuːljən / Ju·lian] *no.pr.m.* Giuliano DIM. Jule.

Juliana [,dʒuːlɪ'ɑːnə / Ju·li·ana] *no.pr.f.* Giuliana.

Juliet ['dʒuːljət / Ju·liet] *no.pr.f.* Giulietta.

Julius ['dʒuːljəs / Ju·lius] *no.pr.m.* Giulio.

June [dʒuːn] *no.pr.f.* Giunia.

Junius ['dʒuːnjəs / Ju·nius] *no.pr.m.* Giunio.

Justin ['dʒʌstɪn / Jus·tin] *no.pr.m.* Giustino.

Justina [dʒʌs'tiːnə / Just·ina] **Justine** [dʒʌs'tiːn] *no.pr.f.* Giustina.

Justus ['dʒʌstəs / Jus·tus] *no.pr.m.* Giusto.

Kate [keɪt] *no.pr.f.* dim. di **Katharina**.

Katharina [,kæθə'riːnə / Kath·ar·ina]

Katharine, **Katherine** [ˈkæθənn] **Kathleen** [ˈkæθli:n] *no.pr.f.* variante di **Catherine**.

Katie [ˈkeɪtɪ] *no.pr.f.* dim. di **Katherine**.

Kay [keɪ] *no.pr.f.* dim. di **Katharina**.

Keith [ki:θ] *no.pr.m.* Keith.

Kenneth [ˈkenɪθ / Ken·neth] *no.pr.m.* Kenneth.

Kit [kɪt] **Kitty** [ˈkɪtɪ] *no.pr.f.* dim. di **Catherine**.

Konrad [ˈkɒnræd / Kon·rad] *no.pr.m.* Corrado.

Laetitia [lɪˈtɪʃɪə / Lae·ti·tia] *no.pr.f.* Letizia.

Lambert [ˈlæmbət / Lam·bert] *no.pr.m.* Lamberto.

Lance [lɑ:ns] *no.pr.m.* Lance.

Larry [ˈlærɪ] *no.pr.m.* dim. di **Laurence**.

Laura [ˈlɔ:rə] *no.pr.f.* Laura.

Laurence [ˈlɒrəns / Lau·rence] *no.pr.m.* Lorenzo DIM. Larry.

Laurie [ˈlɒrɪ / Lau·rie] *no.pr.m.* dim. di **Lawrence**.

Lavinia [ləˈvɪnɪə / La·vin·ia] *no.pr.f.* Lavinia.

Lawrence [ˈlɒrəns / Law·rence] *no.pr.m.* Lorenzo.

Lazarus [ˈlæzərəs / La·za·rus] *no.pr.m.* Lazzaro.

Leah [lɪə / Le·ah] *no.pr.f.* Lia, Lea.

Lena [ˈli:nə / Le·na] *no.pr.f.* dim. di **Helen** e **Magdalen(e)**.

Leo [ˈli:əʊ] *no.pr.m.* Leone.

Leonard [ˈlenəd / Leo·nard] *no.pr.m.* Leonardo.

Leonora [ˌli:əˈnɔ:rə / Leo·nora] *no.pr.f.* Leonora.

Leopold [ˈlɪəpəʊld / Leo·pold] *no.pr.m.* Leopoldo DIM. Leo.

Lesley [ˈlezlɪ / Les·ley] *no.pr.m.* Lesley.

Lew [lu:] *no.pr.m.* dim. di **Lewis**.

Lewis [ˈlu:ɪs / Lew·is] *no.pr.m.* Luigi DIM. Lew, Lewie.

Libby [ˈlɪbɪ / Lib·by] *no.pr.f.* dim. di **Elizabeth**.

Lil(l)ian [ˈlɪlɪən / Lil·ian] *no.pr.f.* Liliana.

Linda [ˈlɪndə / Lin·da] *no.pr.f.* dim. di **Belinda**.

Lionel [ˈlaɪənl / Lio·nel] *no.pr.m.* Lionello.

Lisa [ˈli:zə] *no.pr.f.* Lisa.

Liza [ˈlaɪzə] *no.pr.f.* dim. di **Elizabeth**.

Lizzie [ˈlɪzɪ / Liz·zie] *no.pr.f.* dim. di **Elizabeth**.

Lloyd [lɔɪd] *no.pr.m.* Lloyd.

Logan [ˈləʊgən / Lo·gan] *no.pr.m.* Logan.

Lotty [ˈlɒtɪ / Lot·ty] **Lottie** *no.pr.f.* dim. di **Charlotte**.

Louis [ˈlu:ɪ / Lou·is] *no.pr.m.* Luigi.

Louisa [lu:ˈi:zə / Lou·isa] **Louise** [lu:ˈi:z] *no.pr.f.* Luisa, Luigia DIM. Lou.

Lucian [ˈlu:sjən / Lu·cian] *no.pr.m.* Luciano.

Lucie [ˈlu:sɪ] *no.pr.f.* variante di **Lucy**.

Lucius [ˈlu:sjəs / Lu·cius] *no.pr.m.* Lucio.

Lucretia [lu:ˈkri:ʃjə / Lu·cre·tia] *no.pr.f.* Lucrezia.

Lucy [ˈlu:sɪ] *no.pr.f.* Lucia.

Ludovic(k) [ˈlu:dəvɪk / Lu·do·vic(k)] *no.pr.m.* Ludovico.

Luke [lu:k] *no.pr.m.* Luca.

Lydia [ˈlɪdɪə] *no.pr.f.* Lidia.

Lynn [lɪn] *no.pr.f.* Lynn.

Mabel [ˈmeɪbəl / Ma·bel] *no.pr.f.* Mabel.

Madge [mædʒ] *no.pr.f.* dim. di **Margaret**.

Magdalen [ˈmægdəlɪn / Mag·da·len] **Magdalene** [ˌmægdəˈli:nɪ / Mag·da·lene] *no.pr.f.* Maddalena DIM. Lena.

Maggie [ˈmægɪ / Mag·gie] *no.pr.f.* dim. di **Margaret**.

Malcolm [ˈmælkəm / Mal·colm] *no.pr.m.* Malcolm.

Mamie [ˈmeɪmɪ] *no.pr.f.* (*amer.*) dim. di **Mary**.

Manfred [ˈmænfred / Man·fred] *no.pr.m.* Manfredi.

Manuel [ˈmænjʊel / Man·uel] *no.pr.m.* Manuele.

Marcus [ˈmɑ:kəs / Mar·cus] *no.pr.m.* Marco.

Margaret [ˈmɑ:gərɪt / Mar·gar·et] *no.pr.f.* Margherita DIM. Madge, Maggie, Margot, Meg, Peg, Peggy.

Margot [ˈmɑ:gəʊ / Mar·got] *no.pr.f.* dim. di **Margaret**.

Maria [məˈraɪə] *no.pr.f.* Maria.

Marian [ˈmærɪən / Mar·ian] *no.pr.f.* Marianna.

Marie [məˈri:] *no.pr.f.* Maria.

Marigold [ˈmærɪgəʊld / Mari·gold] *no.pr.f.* Marigold.

Marilyn [ˈmærɪlɪn / Ma·ri·lyn] *no.pr.f.* Marilyn.

Marjorie [ˈmɑ:dʒərɪ / Mar·jorie] **Marjory** *no.pr.f.* dim. di **Margaret**.

Mark [mɑ:k] *no.pr.m.* Marco.

Martha [ˈmɑ:θə / Mar·tha] *no.pr.f.* Marta.

Martin [ˈmɑ:tɪn / Mar·tin] *no.pr.m.* Martino.

Mary [ˈmeərɪ] *no.pr.f.* Maria DIM. May, Moll, Molly, Poll(y).

Mathilda [məˈtɪldə / Ma·thilda] **Matilda** [məˈtɪldə / Ma·tilda] *no.pr.f.* Matilde DIM. Maud(e), Tilda, Tilly.

Mat(t) [mæt] *no.pr.m.* dim. di **Matthew**.

Matthew [ˈmæθju: / Mat·thew] *no.pr.m.* Matteo DIM. Mat(t).

Matthias [məˈθaɪəs / Mat·thias] *no.pr.m.* Mattia.

Maud(e) [mɔ:d] *no.pr.f.* dim. di **Matilda**, **Magdalen**.

Maureen [ˈmɔ:ri:n / Maur·een] *no.pr.f.* Maureen.

Maurice [ˈmɒrɪs / Maur·ice] *no.pr.m.* Maurizio.

Mavis [ˈmeɪvɪs] *no.pr.f.* Mavis.

Max [mæks] *no.pr.m.* dim. di **Maximilian**.

Maximilian [ˌmæksiˈmɪljən / Max·im·il·ian] *no.pr.m.* Massimiliano DIM. Max.

May [meɪ] *no.pr.f.* dim. di **Mary**.

Meg [meg] *no.pr.f.* dim. di **Margaret**.

Melanie [ˈmelənɪ / Mel·anie] *no.pr.f.* Melania.

Michael [ˈmaɪkl / Mi·chael] *no.pr.m.* Michele DIM. Mike, Mickey.

Mike [maɪk] **Mikey** [ˈmɪkɪ] *no.pr.m.* dim. di **Michael**.

Mildred [ˈmɪldrɪd / Mil·dred] *no.pr.f.* Mildred.

Miles [maɪlz] *no.pr.m.* Miles.

Millicent [ˈmɪlɪsnt / Milli·cent] *no.pr.f.* Millicent DIM. Milli, Millie, Milly.

Millie [ˈmɪlɪ / Mil·lie] **Milly** *no.pr.f.* dim. di **Emily**, **Millicent**.

Minnie [ˈmɪnɪ] *no.pr.f.* dim. di **Wilhelmine**.

Miranda [mɪˈrændə / Mi·randa] *no.pr.f.* Miranda.

Miriam [ˈmɪrɪəm / Mir·iam] *no.pr.f.* Miriam.

Moira [ˈmɔɪərə] *no.pr.f.* variante irlandese di **Mary**.

Moll [mɒl] **Molly** [ˈmɒlɪ / Mol·ly] *no.pr.f.* dim. di **Mary**.

Mona [ˈməʊnə] *no.pr.f.* (*irl.*) Mona.

Monica [ˈmɒnɪkə / Mon·ica] **Monique** [mɒnˈi:k] *no.pr.f.* Monica.

Morgan [ˈmɔ:gən / Mor·gan] *no.pr.m.* Morgan.

Morris [ˈmɒrɪs / Mor·ris] *no.pr.m.* Maurizio.

Mort [mɔ:t] **Mortie** [ˈmɔ:tɪ] **Morty** *no.pr.m.* dim. di **Mortimer**.

Mortimer [ˈmɔ:tɪmə* / Mort·imer] *no.pr.m.* Mortimer DIM. Mort, Mortie, Morty.

Murdoch [ˈmɜ:dɒk / Mur·doch] *no.pr.m.* Murdoch.

Muriel [ˈmjʊərɪəl / Mu·riel] *no.pr.f.* Muriel.

Nadine [ˈnædi:n / Na·dine] *no.pr.f.* Nadine, Nadia.

Nancy [ˈnænsɪ] *no.pr.f.* dim. di **Agnes**, **Ann(a)**.

Naomi [ˈneɪəmɪ] *no.pr.f.* Naomi, Noemi.

Natalie [ˈnætəlɪ / Nat·alie] *no.pr.f.* Natalina, Natalia.

Nathan [ˈneɪθən / Na·than] *no.pr.m.* Nathan.

Nathaniel [nəˈθænjəl / Na·than·iel] *no.pr.m.* Nataniele.

Ned [ned] *no.pr.m.* dim. di **Edgar**, **Edmund**, **Edward**.

Nell [nel] **Nellie** [ˈnelɪ / Nel·lie] *no.pr.f.* dim. di **Helen**.

Nessie [ˈnesɪ / Nes·sie] *no.pr.f.* dim. di **Agnes**.

Nettie [ˈnetɪ / Net·tie] **Netty** *no.pr.f.* dim. di **Henrietta**.

Nevil(le) [ˈnevɪl / Ne·vil(le)] *no.pr.m.* Neville.

Nicholas [ˈnɪkələs / Nich·olas] *no.pr.m.* Nicola, Niccolò DIM. Nick.

Nick [nɪk] *no.pr.m.* dim. di **Nicholas**.

Nicola [ˈnɪkəl / Nic·ola] *no.pr.f.* Nicoletta DIM. Niki, Nikki.

Nigel [ˈnaɪdʒəl / Ni·gel] *no.pr.m.* Nigel.

Nina [ˈni:nə] *no.pr.f.* dim. di **Ann**.

Noel [nəʊˈel] *no.pr.m.* Natale.

Nora(h) [ˈnɔ:rə] *no.pr.f.* Nora.

Norman [ˈnɔ:mən / Norm·an] *no.pr.m.* Norman.

Octavia [ɒkˈteɪvjə / Oct·avia] *no.pr.f.* Ottavia.

Octavius [ɒkˈteɪvjəs / Oct·avius] *no.pr.m.* Ottavio.

Olga [ˈɒlgə] *no.pr.f.* Olga.

Oliver [ˈɒlɪvə* / Oli·ver] *no.pr.m.* Oliviero.

Olivia [ɒ'lɪvɪə / O·liv·ia] **Olive** ['ɒlɪv / O·live] *no.pr.f.* Olivia.

Olivier [ə'lɪvɪeɪ / Oliv·ier] *no.pr.m.* Oliviero.

Olympia [əʊ'lɪmpɪə / O·lym·pia] *no.pr.f.* Olimpia.

Orlando [ɔ:'lændəʊ / Or·lan·do] *no.pr.m.* Orlando.

Orson ['ɔ:sn / Or·son] *no.pr.m.* Orson.

Osbert ['ɒzbɜt / Os·bert] *no.pr.m.* Osbert.

Oscar ['ɒskə* / Os·car] *no.pr.m.* Oscar.

Osmund ['ɒzmənd / Os·mund] *no.pr.m.* Osmund.

Oswald ['ɒzwəld / Os·wald] *no.pr.m.* Osvaldo.

Otto ['ɒtəʊ] *no.pr.m.* Ottone, Otto.

Owen ['əʊɪn] *no.pr.m.* Owen.

Paddy ['pædɪ] *no.pr.m.* dim. di **Patrick**.

Pamela ['pæmələ / Pam·ela] *no.pr.f.* Pamela.

Pat [pæt] *no.pr.m.* dim. di **Patrick** ◆ *no.pr.f.* dim. di **Patricia**.

Patience ['peɪʃəns / Pa·tience] *no.pr.f.* Patience, (*rar.*) Pazienza.

Patricia [pə'trɪʃə / Pat·ri·cia] *no.pr.f.* Patrizia DIM. Pat, Patty.

Patrick ['pætrɪk / Pat·rick] *no.pr.m.* Patrizio DIM. Paddy, Pat.

Patty ['pætɪ] *no.pr.f.* dim. di **Patricia**.

Paul [pɔ:l] *no.pr.m.* Paolo.

Paula ['pɔ:lə] *no.pr.f.* Paola.

Paulina [pɔ:'li:nə / Paul·ina] **Pauline** ['pɔ:li:n] *no.pr.f.* dim. di **Paula**.

Pearl [pɜ:l] *no.pr.f.* Perla.

Peg [peg] **Peggy** ['pegɪ] *no.pr.f.* dim. di **Margaret**.

Percival ['pɜ:sɪvəl / Per·ci·val] *no.pr.m.* Percival DIM. Percy.

Perry ['perɪ] *no.pr.m.* dim. di **Percival**.

Pete [pi:t] *no.pr.m.* dim. di **Peter**.

Peter ['pi:tə*] *no.pr.m.* Pietro, Piero DIM. Pete.

Philip ['fɪlɪp / Phil·ip] *no.pr.m.* Filippo DIM. Phil.

Philippa ['fɪlɪpə / Phil·ippa] *no.pr.f.* Filippa.

Phineas ['fɪnɪəs / Phin·eas] *no.pr.m.* Phineas.

Poll(y) ['pɒl(ɪ)] *no.pr.f.* dim. di **Mary**.

Primrose ['prɪmrəʊz / Prim·rose] *no.pr.f.* Primrose.

Priscilla [prɪ'sɪlə / Pris·cilla] *no.pr.f.* Priscilla.

Prudence ['pru:dns / Pru·dence] *no.pr.f.* Prudenza DIM. Prue.

Prue [pru:] *no.pr.f.* dim. di **Prudence**.

Queenie ['kwi:nɪ / Queen·ie] *no.pr.f.* Queenie.

Quentin ['kwentɪn / Quen·tin] **Quintin** ['kwɪntɪn] *no.pr.m.* Quintino.

Quintus ['kwɪntəs / Quin·tus] *no.pr.m.* Quinto.

Quirinus [kwɪ'raɪnəs / Qui·rinus] *no.pr.m.* Quirino.

Rachel ['reɪtʃəl / Ra·chel] *no.pr.f.* Rachele.

Ralph [reɪf, rælf] *no.pr.m.* Rodolfo.

Randolph ['rændɒlf / Ran·dolph] *no.pr.m.* Rodolfo.

Raphael ['ræfeɪəl] *no.pr.m.* Raffaele.

Ray [reɪ] *no.pr.m.* dim. di **Raymond**.

Raymond ['reɪmənd / Ray·mond] *no.pr.m.* Raimondo DIM. Ray.

Rebecca [rɪ'bekə / Re·becca] *no.pr.f.* Rebecca DIM. Becky.

Reg [redʒ] **Reggie** ['redʒɪ] *no.pr.m.* dim. di **Reginald**.

Regina [rɪ'dʒaɪnə / Re·gina] *no.pr.f.* Regina.

Reginald ['redʒɪnld / Reg·inald] *no.pr.m.* Reginaldo DIM. Reg, Reggie.

Remus ['ri:məs / Re·mus] *no.pr.m.* Remo.

Renée ['reni] *no.pr.f.* Renata.

Reynold ['renld / Rey·nold] *no.pr.m.* Rinaldo.

Rhoda ['rəʊdə] *no.pr.f.* Rhoda.

Richard ['rɪtʃəd / Rich·ard] *no.pr.m.* Riccardo DIM. Dick.

Rita ['ri:tə] *no.pr.f.* (dim. di *Margaret*) Rita.

Rob [rɒb] **Robbie** ['rɒbɪ / Rob·bie] *no.pr.m.* dim. di **Robert**.

Robert ['rɒbət / Rob·ert] *no.pr.m.* Roberto DIM. Rob, Robbie.

Roberta [rə'bɜ:tə / Rob·erta] *no.pr.f.* Roberta.

Robin ['rɒbɪn / Rob·in] *no.pr.m.* dim. di **Robert**.

Roderic(k) ['rɒdərɪk / Rod·eric(k)] *no.pr.m.* Rodrigo.

Rodney ['rɒdnɪ / Rod·ney] *no.pr.m.* Rodney.

Roger ['rɒdʒə*] *no.pr.m.* Ruggero.

Roland ['rəʊlənd / Ro·land] *no.pr.m.* Rolando, Orlando.

Rolf ['rɒlf] *no.pr.m.* dim. di **Rudolph**.

Romeo ['rəʊmɪəʊ / Ro·meo] *no.pr.m.* Romeo.

Romola ['rɒmələ / Ro·mola] *no.pr.f.* Romola.

Romulus ['rɒmjʊləs / Rom·ulus] *no.pr.m.* Romolo.

Ronald ['rɒnld / Ron·ald] *no.pr.m.* Ronaldo, Rinaldo.

Rosalba [rəʊ'zælbə / Ros·alba] *no.pr.f.* Rosalba.

Rosalie ['rɒzəlɪ / Ros·alie] *no.pr.f.* Rosalia.

Rosalind ['rɒzəlɪnd / Ros·a·lind] *no.pr.f.* Rosalinda.

Rosamund ['rɒzəmənd / Ros·a·mund] *no.pr.f.* Rosmunda.

Rose [rəʊz] *no.pr.f.* Rosa.

Rosemary ['rəʊzmərɪ / Rose·mary] *no.pr.f.* Rosamaria.

Roxana [rɒk'sænə / Rox·ana] *no.pr.f.* Rossana.

Roy [rɔɪ] *no.pr.m.* Roy.

Rudolf, **Rudolph** ['ru:dɒlf / Ru·dolph] *no.pr.m.* Rodolfo DIM. Rudy, Rolf.

Rudy ['ru:dɪ] *no.pr.m.* dim. di **Rudolf**.

Rudyard ['rʌdjəd / Rud·yard] *no.pr.m.* Rudyard.

Rufus ['ru:fəs] *no.pr.m.* Rufus.

Rupert ['ru:pət / Ru·pert] *no.pr.m.* variante di **Robert**.

Ruth [ru:θ] *no.pr.f.* Ruth.

Sabina [sə'bi:nə / Sab·ina] **Sabine** ['sæbaɪn] *no.pr.f.* Sabina, Savina.

Sal [sæl] **Sally** ['sælɪ / Sal·ly] *no.pr.f.* dim. di **Sarah**.

Sam [sæm] **Sammy** ['sæmɪ / Sam·my] *no.pr.m.* dim. di **Samuel**.

Samuel ['sæmjʊəl / Sam·uel] *no.pr.m.* Samuele DIM. Sam, Sammy.

Sandi(e) ['sændɪ] *no.pr.f.* dim. di **Alexandra**.

Sara(h) ['seərə / Sar·ah] *no.pr.f.* Sara DIM. Sal, Sally.

Sean [ʃɔ:n] *no.pr.m.* variante irlandese di **John**.

Sebastian [sɪ'bæstjən / Seb·ast·ian] *no.pr.m.* Sebastiano.

Selwyn ['selwɪn / Sel·wyn] *no.pr.m.* Selwyn.

Serge [sɜ:dʒ] **Sergius** ['sɜ:dʒɪəs / Ser·gius] *no.pr.m.* Sergio.

Seymour ['si:mɔ:* / Sey·mour] *no.pr.m.* Seymour.

Sheila ['ʃi:lə] *no.pr.f.* Sheila.

Shirley ['ʃɜ:lɪ / Shir·ley] *no.pr.f.* Shirley.

Sibyl ['sɪbɪl] *no.pr.f.* Sibilla.

Sidney ['sɪdnɪ / Sid·ney] *no.pr.m.* Sidney DIM. Sid, Syd.

Silas ['saɪləs / Si·las] *no.pr.m.* Silas.

Silvius ['sɪlvɪəs / Sil·vius] *no.pr.m.* Silvio.

Simeon ['sɪmɪən / Sim·eon] *no.pr.m.* Simeone.

Simon ['saɪmən / Si·mon] *no.pr.m.* Simone.

Sophia [sə'faɪə] **Sophie** ['səʊfɪ] **Sophy** *no.pr.f.* Sofia.

Stanislas ['stænɪsləs / Stan·is·las] *no.pr.m.* Stanislao.

Stella ['stelə] *no.pr.f.* dim. di **Estella**.

Stephanie ['stefənɪ / Steph·anie] *no.pr.f.* Stefania.

Stephen ['sti:vn / Ste·phen] *no.pr.m.* Stefano DIM. Steve, Stevie.

Steve [sti:v] **Stevie** ['sti:vɪ] *no.pr.m.* dim. di **Stephen**.

Sue [su:] *no.pr.f.* dim. di **Susan**.

Susan ['su:zn / Su·san] *no.pr.f.* Susanna DIM. Sue, Susie, Suzy.

Susie ['su:zɪ / Su·sie] **Suzy** ['su:zɪ] *no.pr.f.* dim. di **Susan**.

Sybil ['sɪbɪl] **Sybyl** *no.pr.f.* Sibilla.

Sylvester [sɪl'vestə* / Syl·vester] *no.pr.m.* Silvestro.

Sylvia ['sɪlvɪə / Syl·via] *no.pr.f.* Silvia DIM. Sylvie.

Sylvie ['sɪlvɪ / Syl·vie] *no.pr.f.* dim. di **Sylvia**.

Teddy ['tedɪ] *no.pr.m.* dim. di **Theodore**.

Terence ['terəns / Ter·ence] *no.pr.m.* Terenzio DIM. Terry.

Teresa [tə'ri:zə / Ter·esa] *no.pr.f.* Teresa.

Terry ['terɪ] *no.pr.f.* dim. di **Theresa** ◆ *no.pr.m.* dim. di **Terence**.

Tess [tes] *no.pr.f.* dim. di **Theresa**.

Thad(d)eus [θæ'di:əs / Thad·(d)eus] *no.pr.m.* Taddeo.

Thecla [ˈθeklə] *no.pr.f.* Tecla.

Theo [ˈθi:əʊ] *no.pr.m.* dim. di **Theodore** ◆ *no.pr.f.* dim. di **Theodora**.

Theobald [ˈθɪəbɔ:ld / Theo·bald] *no.pr.m.* Teobaldo.

Theodora [θɪəˈdɔ:rə / Theo·dora] *no.pr.f.* Teodora DIM. Theo.

Theodore [ˈθɪədɔ:* / Theo·dore] *no.pr.m.* Teodoro DIM. Ted, Teddy, Theo.

Theodosia [θɪəˈdəʊsjə / Theo·dosia] *no.pr.f.* Teodosia.

Theodosius [θɪəˈdəʊsjəs / Theo·do·sius] *no.pr.m.* Teodosio.

Theresa [tɪˈri:zə / Ther·esa] *no.pr.f.* Teresa DIM. Terry, Tess.

Thomas [ˈtɒməs] *no.pr.m.* Tommaso DIM. Tom, Tommy.

Tilda [ˈtɪldə /] *no.pr.f.* dim. di **Mat(h)ilda**.

Tilly [ˈtɪlɪ] *no.pr.f.* dim. di **Mat(h)ilda**.

Timothy [ˈtɪməθɪ / Tim·othy] *no.pr.m.* Timoteo DIM. Tim.

Tina [ˈti:nə] *no.pr.f.* dim. di **Christina**, **Christine**.

Titus [ˈtaɪtəs / Ti·tus] *no.pr.m.* Tito.

Tobiah [təˈbaɪə / To·biah] **Tobias** [təˈbaɪəs] *no.pr.m.* Tobia DIM. Toby.

Toby [ˈtəʊbɪ] *no.pr.m.* dim. di **Tobiah**, **Tobias**.

Tom [tɒm] **Tommy** [ˈtɒmɪ] *no.pr.m.* dim. di **Thomas**.

Tony [ˈtəʊnɪ] *no.pr.m.* dim. di **Antony**.

Trevor [ˈtrevə*] *no.pr.m.* Trevor.

Tristan [ˈtrɪstən / Tris·tan] **Tristram** [ˈtrɪstrəm] *no.pr.m.* Tristano.

Trix(ie) [ˈtrɪks(ɪ)] *no.pr.f.* dim. di **Beatrice**, **Beatrix**.

Trudy [ˈtru:dɪ] *no.pr.f.* dim. di **Gertrude**.

Ulric [ˈʌlrɪk / Ul·ric] *no.pr.m.* Ulrico.

Ulysses [ju:ˈlɪsi:z / Ulys·ses] *no.pr.m.* Ulisse.

Urban [ˈɜ:bən / Ur·ban] *no.pr.m.* Urbano.

Ursula [ˈɜ:sjʊlə / Ur·sula] *no.pr.f.* Orsola, Ursula.

Valentina [ˌvælənˈti:nə / Val·en·tina] *no.pr.f.* Valentina DIM. Val.

Valentine [ˈvæləntaɪn / Val·en·tine] *no.pr.m.* Valentino.

Valeria [vəˈlɪərɪə / Val·eria] **Valerie** [ˈvælərɪ] *no.pr.f.* Valeria.

Valerius [vəˈlɪərɪəs / Val·erius] *no.pr.m.* Valerio.

Vanessa [vəˈnesə / Va·nessa] *no.pr.f.* Vanessa.

Vera [ˈvɪərə] *no.pr.f.* Vera.

Vergil [ˈvɜ:dʒɪl / Ver·gil] *no.pr.m.* Virgilio.

Veronica [vəˈrɒnɪkə / Ver·on·ica] *no.pr.f.* Veronica.

Vicky [ˈvɪkɪ] *no.pr.f.* dim. di **Victoria**.

Victor [ˈvɪktə* / Vic·tor] *no.pr.m.* Vittorio, Vittore DIM. Vic.

Victoria [vɪkˈtɔ:rɪə / Vic·toria] *no.pr.f.* Vittoria.

Vincent [ˈvɪnsənt / Vin·cent] *no.pr.m.* Vincenzo.

Viola [ˈvaɪələ] *no.pr.f.* Viola.

Violet [ˈvaɪələt / Vio·let] *no.pr.f.* Viola, Violetta.

Virginia [vəˈdʒɪnjə / Vir·ginia] *no.pr.f.* Virginia DIM. Ginny.

Vivian [ˈvɪvɪən / Viv·ian] **Vivien(ne)** [ˈvɪvɪən / Viv·ien(ne)] *no.pr.f.* Viviana.

Waldemar [ˈvældəmɑ:* / Wald·emar] *no.pr.m.* Valdemaro.

Walter [ˈwɔ:ltə* / Walt·er] *no.pr.m.* Walter, Gualtiero.

Wenceslaus [ˈwensɪsləs / Wen·ces·laus] *no.pr.m.* Venceslao.

Wendy [ˈwendɪ] *no.pr.f.* dim. di **Gwendolen**.

Wilfred [ˈwɪlfrɪd / Wilf·red] *no.pr.m.* Vilfredo.

Wilhelmina [ˌwɪlhelˈmi:nə / Wil·helm·ina] *no.pr.f.* Guglielmina.

William [ˈwɪljəm / Wil·liam] *no.pr.m.* Guglielmo DIM. Bill, Billy, Will, Willy.

Will(y) [wɪl(ɪ)] *no.pr.m.* dim. di **William**.

Wilma [ˈwɪlmə / Wil·ma] *no.pr.f.* Vilma, Wilma.

Winifred [ˈwɪnɪfrɪd / Win·ifred] *no.pr.f.* Winifred.

Winston [ˈwɪnstən / Win·ston] *no.pr.m.* Winston.

Woodie, **Woody** [ˈwʊdɪ] *no.pr.m.* dim. di **Woodrow**.

Woodrow [ˈwʊdrəʊ / Wood·row] *no.pr.m.* Woodrow DIM. Woodie, Woody.

Xavier [ˈzævɪə* / Xa·vier] *no.pr.m.* Saverio.

Yves [i:v] *no.pr.m.* Ivo.

Zachariah [ˌzækəˈraɪə / Zach·ariah] **Zacharias** [ˌzækəˈraɪəs / Zach·arias] **Zachary** [ˈzækərɪ] *no.pr.m.* Zaccaria DIM. Zach.

2 · Sezione italiano / inglese

Abramo *no.pr.m.* Abraham.

Achille *no.pr.m.* Achilles.

Ada *no.pr.f.* Ada.

Adamo *no.pr.m.* Adam.

Adelaide *no.pr.f.* Adelaide.

Adele *no.pr.f.* Adela, Adele.

Adelina *no.pr.f.* Adelina, Adeline.

Adolfo *no.pr.m.* Adolph, Adolphus.

Adriano *no.pr.m.* Adrian.

Agata *no.pr.f.* Agatha.

Agnese *no.pr.f.* Agnes.

Agostino *no.pr.m.* Augustin(e), Austin.

Alberta *no.pr.f.* Alberta.

Alberto *no.pr.m.* Albert.

Aldo *no.pr.m.* Aldous.

Alessandra *no.pr.f.* Alexandra.

Alessandro *no.pr.m.* Alexander.

Alessio *no.pr.m.* Alexis.

Alfonso *no.pr.m.* Alphonso.

Alfredo *no.pr.m.* Alfred.

Alice *no.pr.f.* Alice.

Amalia *no.pr.f.* Amalia, Amelia.

Ambrogio *no.pr.m.* Ambrose.

Amelia *no.pr.f.* Amelia.

Anastasia *no.pr.f.* Anastasia.

Andrea *no.pr.m.* Andrew, Andreas.

Angela *no.pr.f.* Angela.

Angelica *no.pr.f.* Angelica.

Angelo *no.pr.m.* Angel.

Anita *no.pr.f.* Anita.

Anna *no.pr.f.* Anna, Anne, Ann.

Annabella *no.pr.f.* Annabel(le).

Annibale *no.pr.m.* Hannibal.

Anselmo *no.pr.m.* Anselm.

Antonia *no.pr.f.* Antonia.

Antonio *no.pr.m.* Ant(h)ony.

Arcibaldo *no.pr.m.* Archibald.

Armando *no.pr.m.* Herman(n).

Arnaldo, **Arnoldo** *no.pr.m.* Arnold.

Aroldo *no.pr.m.* Harold.

Arrigo *no.pr.m.* variante di **Enrico**.

Arturo *no.pr.m.* Arthur.

Assunta *no.pr.f.* Assunta.

Attilio *no.pr.m.* Attilio.

Augusta *no.pr.f.* Augusta.

Augusto *no.pr.m.* Augustus.

Aurelia *no.pr.f.* Aurelia.

Aurelio *no.pr.m.* Aurelius.

Aurora *no.pr.f.* Aurora.

Baldassarre *no.pr.m.* Balthazar.

Baldovino *no.pr.m.* Baldwin.

Barbara *no.pr.f.* Barbara.

Barnaba *no.pr.m.* Barnabas, Barnaby.

Bartolomeo *no.pr.m.* Bartholomew.

Basilio *no.pr.m.* Basil.

Beatrice *no.pr.f.* Beatrice, Beatrix.

Belinda *no.pr.f.* Belinda.

Benedetto *no.pr.m.* Benedict, Bennet.

Beniamino *no.pr.m.* Benjamin.

Beppe *no.pr.m.* dim. di **Giuseppe**.

Berenice *no.pr.f.* Berenice.

Bernardino, **Bernardo** *no.pr.m.* Bernard.

Berta *no.pr.f.* Bertha.

Bertoldo *no.pr.m.* Berthold.

Bertrando *no.pr.m.* Bertrand, Bertram.

Biagio *no.pr.m.* Blaise.

Bianca *no.pr.f.* Blanche.

Bonifacio *no.pr.m.* Boniface.

Brigida *no.pr.f.* Bridget, Brigid.
Bruno *no.pr.m.* Bruno.

Camilla *no.pr.f.* Camilla, Camille.
Carlo *no.pr.m.* Charles.
Carlotta *no.pr.f.* Charlotte.
Carolina *no.pr.f.* Caroline.
Casimiro *no.pr.m.* Casimir, Kasimir.
Caterina *no.pr.f.* Catherine, Catharine.
Cecilia *no.pr.f.* Cecily, Cecilia.
Celeste *no.pr.f.* Celeste.
Celestina *no.pr.f.* Celestine.
Cesare *no.pr.m.* Caesar.
Chiara *no.pr.f.* Clara, Clare.
Cinzia *no.pr.f.* Cynthia.
Ciriaco *no.pr.m.* Cyriac.
Cirillo *no.pr.m.* Cyril.
Ciro *no.pr.m.* Cyrus.
Clara *no.pr.f.* Clara, Clare, Claire.
Clarabella *no.pr.f.* Claribel, Clarabelle.
Clarice *no.pr.f.* Clarice.
Clarissa *no.pr.f.* Clarissa.
Claudia *no.pr.f.* Claudia.
Claudio *no.pr.m.* Claude.
Clementina *no.pr.f.* Clementina, Clementine.
Cloe *no.pr.f.* Chloe.
Clotilde *no.pr.f.* Clothilda.
Corinna *no.pr.f.* Corinne.
Cornelia *no.pr.f.* Cornelia.
Cornelio *no.pr.m.* Cornelius.
Corrado *no.pr.m.* Conrad(e), Konrad.
Cosimo *no.pr.m.* Cosmo.
Costantino *no.pr.m.* Constantine.
Costanza *no.pr.f.* Constance.
Costanzo *no.pr.m.* Constant.
Cristiana *no.pr.f.* Christiana.
Cristiano *no.pr.m.* Christian.
Cristina *no.pr.f.* Christine, Christina.
Cristoforo *no.pr.m.* Christopher.

Damiano *no.pr.m.* Damian.
Daniele *no.pr.m.* Daniel.
Davide *no.pr.m.* David.
Debora *no.pr.f.* Deborah.
Delia *no.pr.f.* Delia.
Demetrio *no.pr.m.* Demetrius.
Diana *no.pr.f.* Diana.
Dina *no.pr.f.* Dinah.
Dionigi *no.pr.m.* Denis, Dennis.
Dionisia *no.pr.f.* Denise.
Domenico *no.pr.m.* Dominic(k).
Dorotea *no.pr.f.* Dorothy, Dorothea.

Edgardo *no.pr.m.* Edgar.
Edmondo *no.pr.m.* Edmund, Edmond.
Edoardo *no.pr.m.* Edward.
Egidio *no.pr.m.* Giles.
Elena *no.pr.f.* Helen, Helena.
Eleonora *no.pr.f.* Eleanor, Eleanora.
Elia *no.pr.m.* Elias.
Elisa *no.pr.f.* Eliza.
Elisabetta *no.pr.f.* Elizabeth, Elisabeth.
Eliseo *no.pr.m.* Ellis.
Elsa *no.pr.f.* Elsa.
Elvira *no.pr.f.* Elvira.
Emanuele *no.pr.m.* Em(m)anuel.
Emilia *no.pr.f.* Emily, Emilia.
Emilio *no.pr.m.* Emil.
Emma *no.pr.f.* Emma.
Enrichetta *no.pr.f.* Henrietta.
Enrico *no.pr.m.* Henry, Harry.
Ermanno *no.pr.m.* Herman.
Ernesta *no.pr.f.* Ernestine.
Ernesto *no.pr.m.* Ernest, Earnest.
Ester *no.pr.f.* Esther.
Ettore *no.pr.m.* Hector.
Eufemia *no.pr.f.* Euphemia.
Eugenia *no.pr.f.* Eugenia.
Eugenio *no.pr.m.* Eugene.
Eusebio *no.pr.m.* Eusebius.
Eustachio *no.pr.m.* Eustace.
Eva *no.pr.f.* Eve, Eva.
Evangelina *no.pr.f.* Evangeline.
Evelina *no.pr.f.* Eveline, Evelina, Evelyn.

Fabiano, **Fabio** *no.pr.m.* Fabian.
Fausto *no.pr.m.* Faustus.
Fede *no.pr.f.* Faith.
Federica *no.pr.f.* Frederica.
Federico *no.pr.m.* Frederic(k).
Fedora *no.pr.f.* Fedora.
Felice *no.pr.m.* Felix.
Felicita *no.pr.f.* Felicity.
Ferdinando *no.pr.m.* Ferdinand.
Filippo *no.pr.m.* Philip.
Fiorenza *no.pr.f.* Florence.
Flavia *no.pr.f.* Flavia.
Flavio *no.pr.m.* Flavius.
Flora *no.pr.f.* Flora.
Franca, **Francesca**, *no.pr.f.* Frances.
Francesco, **Franco** *no.pr.m.* Francis.
Fulvia *no.pr.f.* Fulvia.

Gabriele *no.pr.m.* Gabriel.
Gabriella *no.pr.f.* Gabriella, Gabrielle.
Gaspare *no.pr.m.* Caspar, Jasper.
Gedeone *no.pr.m.* Gideon.
Geltrude *no.pr.f.* Gertrude.
Genoveffa *no.pr.f.* Genevieve.
Geraldina *no.pr.f.* Geraldine.
Gerardo *no.pr.m.* Gerald, Gerard.
Geremia *no.pr.m.* Jeremy.
Germana *no.pr.f.* Germaine.
Gerolamo *no.pr.m.* Jerome.
Gertrude *no.pr.f.* Gertrude.
Gervaso *no.pr.m.* Gervase, Jervis.
Gherardo *no.pr.m.* Gerard, Gerald.
Giacomina *no.pr.f.* Jacqueline.
Giacomo *no.pr.m.* James.
Gianna *no.pr.f.* dim. di **Giovanna**.
Gianni *no.pr.m.* dim. di **Giovanni**.
Giannina *no.pr.f.* dim. di **Giovanna**.
Gigi *no.pr.m.* dim. di **Luigi**.
Gilberto *no.pr.m.* Gilbert.
Gioacchino *no.pr.m.* Joachim.
Gioia *no.pr.f.* Joy.
Gionata *no.pr.m.* Jonathan.
Giorgia *no.pr.f.* Georgia.
Giorgiana *no.pr.f.* Georgiana.
Giorgio *no.pr.m.* George.
Giosuè *no.pr.m.* Joshua.
Giovanna *no.pr.f.* Jane, Jean, Joan, Jo(h)anna.
Giovanni *no.pr.m.* John.
Girolamo *no.pr.m.* Jerome.
Giuditta *no.pr.f.* Judith.
Giulia *no.pr.f.* Julia.
Giuliana *no.pr.f.* Juliana.
Giuliano *no.pr.m.* Julian.
Giulietta *no.pr.f.* Juliet.
Giulio *no.pr.m.* Julius.
Giuseppa *no.pr.f.* Josepha.
Giuseppe *no.pr.m.* Joseph.
Giuseppina *no.pr.f.* Josephine.
Giustina *no.pr.f.* Justina, Justine.
Giustino *no.pr.m.* Justin.
Giusto *no.pr.m.* Justus.
Gloria *no.pr.f.* Gloria.
Goffredo *no.pr.m.* Geoffrey, Godfrey.
Grazia, **Graziella** *no.pr.f.* Grace.
Gregorio *no.pr.m.* Gregory.
Gualtiero *no.pr.m.* Walter.
Guendalina *no.pr.f.* Gwendolen.
Guglielmina *no.pr.f.* Wilhelmina.
Guglielmo *no.pr.m.* William.
Guido *no.pr.m.* Guy.
Gustavo *no.pr.m.* Gustavus.

Iacopo *no.pr.m.* variante di **Giacomo**.
Ida *no.pr.f.* Ida.
Ieronimo *no.pr.m.* variante di **Geronimo**.
Ignazio *no.pr.m.* Ignatius, Ignace.
Ilaria *no.pr.f.* Hilary.
Ilario *no.pr.m.* Hilary.
Ilda *no.pr.f.* Hilda.
Ildebrando *no.pr.m.* Hildebrand.
Ines *no.pr.f.* Ines.
Innocenzo *no.pr.m.* Innocent.
Ippolito *no.pr.m.* Hippolytus.
Irene *no.pr.f.* Irene.
Irma *no.pr.f.* Irma.
Isabella *no.pr.f.* Isabella, Isabel.
Isacco *no.pr.m.* Isaac.
Isidoro *no.pr.m.* Isidore.
Isotta *no.pr.f.* Isolde, Iseult.
Ivo *no.pr.m.* Ives.

Lamberto *no.pr.m.* Lambert.
Lanfranco *no.pr.m.* Lanfranc.
Laura *no.pr.f.* Laura.
Lavinia *no.pr.f.* Lavinia.
Lea *no.pr.f.* Leah.
Leonardo *no.pr.m.* Leonard.

Leone *no.pr.m.* Leo.
Leonora *no.pr.f.* variante di **Eleonora**.
Leopoldo *no.pr.m.* Leopold.
Letizia *no.pr.f.* Laetitia.
Lia *no.pr.f.* Leah.
Lidia *no.pr.f.* Lydia.
Liliana *no.pr.f.* Lilian, Lillian.
Lodovico, **Ludovico** *no.pr.m.* Ludovic(k).
Lorenzo *no.pr.m.* Laurence, Lawrence.
Luca *no.pr.m.* Luke.
Lucia *no.pr.f.* Lucy.
Luciano *no.pr.m.* Lucian.
Lucio *no.pr.m.* Lucius.
Lucrezia *no.pr.f.* Lucretia.
Luigi *no.pr.m.* Louis, Lewis.
Luisa *no.pr.f.* Louise, Louisa.

Maddalena *no.pr.f.* Magdalen(e).
Marcella *no.pr.f.* Marcella.
Marcello *no.pr.m.* Marcellus.
Marco *no.pr.m.* Mark, Marcus.
Margherita *no.pr.f.* Margaret.
Maria *no.pr.f.* Mary, Marie.
Marianna *no.pr.f.* Marian(ne).
Marina *no.pr.f.* Marina.
Mario *no.pr.m.* Mario.
Marta *no.pr.f.* Martha.
Martino *no.pr.m.* Martin.
Massimiliano *no.pr.m.* Maximilian.
Massimo *no.pr.m.* Massimo.
Matilde *no.pr.f.* Mat(h)ilda.
Matteo *no.pr.m.* Matthew.
Mattia *no.pr.m.* Matthias.
Maurizio *no.pr.m.* Maurice.
Melania *no.pr.f.* Melania, Melanie.
Michele *no.pr.m.* Michael.
Miranda *no.pr.f.* Miranda.
Monica *no.pr.f.* Monica, Monique.

Nadia *no.pr.f.* Nadine.
Nando *no.pr.m.* dim. di **Ferdinando**.
Natale *no.pr.m.* Noël.
Natalia, **Natalina** *no.pr.f.* Natalie, Natalia.
Niccolò, **Nicola** *no.pr.m.* Nicholas.
Nino *no.pr.m.* dim. di **Giovanni**.
Noemi *no.pr.f.* Naomi.
Nora *no.pr.f.* Nora(h).
Norma *no.pr.f.* Norma.

Odoardo *no.pr.m.* Edward.
Olga *no.pr.f.* Olga.
Olimpia *no.pr.f.* Olympia.
Olivia *no.pr.f.* Olive, Olivia.
Oliviero *no.pr.m.* Olivier, Oliver.
Oreste *no.pr.m.* Orestes.
Orlando *no.pr.m.* Roland.
Orsola *no.pr.f.* Ursula.
Ortensia *no.pr.f.* Hortense, Hortensia.
Osvaldo *no.pr.m.* Oswald.
Ottavia *no.pr.f.* Octavia.
Ottavio *no.pr.m.* Octavius.
Otto, **Ottone** *no.pr.m.* Otto.

Pamela *no.pr.f.* Pamela.
Pancrazio *no.pr.m.* Pancras.
Paola *no.pr.f.* Paula.
Paolo *no.pr.m.* Paul.
Patrizia *no.pr.f.* Patricia.
Patrizio *no.pr.m.* Patrick.
Piero, **Pietro** *no.pr.m.* Peter.
Pina *no.pr.f.* dim. di **Giuseppina**.
Pio *no.pr.m.* Pius.
Priscilla *no.pr.f.* Priscilla.
Prudenzia *no.pr.f.* Prudence.

Quintino *no.pr.m.* Quintin, Quentin.
Quinto *no.pr.m.* Quintus.
Quirino *no.pr.m.* Quirinus.

Rachele *no.pr.f.* Rachel.
Raffaele *no.pr.m.* Raphael.
Raimondo *no.pr.m.* Raymond.
Rebecca *no.pr.f.* Rebecca.
Regina *no.pr.f.* Regina.
Reginaldo *no.pr.m.* Reginald.
Remo *no.pr.m.* Remus.
Renata *no.pr.f.* Renée.
Renzo *no.pr.m.* dim. di **Lorenzo**.
Riccardo *no.pr.m.* Richard.
Rinaldo *no.pr.m.* Ronald, Reynold.
Rita *no.pr.f.* dim. di **Margherita**.
Roberta *no.pr.f.* Roberta.
Roberto *no.pr.m.* Robert.
Rodolfo *no.pr.m.* Rudolph, Rudolf.
Rodrigo *no.pr.m.* Roderic(k).
Rolando *no.pr.m.* Roland.
Romeo *no.pr.m.* Romeo.
Rosa *no.pr.f.* Rose, Rosa.
Rosalia *no.pr.f.* Rosalia, Rosalie.
Rosalinda *no.pr.f.* Rosalind.
Rosamunda *no.pr.f.* Rosamond.
Rosina *no.pr.f.* dim. di **Rosa**.
Rosmunda *no.pr.f.* Rosamond.
Rossana *no.pr.f.* Roxana.
Ruggero *no.pr.m.* Roger.
Ruth *no.pr.f.* Ruth.

Sabina *no.pr.f.* Sabina, Sabine.
Salvatore *no.pr.m.* Salvatore.
Samuele *no.pr.m.* Samuel.
Sandro *no.pr.m.* dim. di **Alessandro**.
Sara *no.pr.f.* Sara(h).
Saverio *no.pr.m.* Xavier.
Sebastiano *no.pr.m.* Sebastian.
Sergio *no.pr.m.* Sergius, Serge.
Sibilla *no.pr.f.* Sibyl, Sybil.
Silvestro *no.pr.m.* Silvester.
Silvia *no.pr.f.* Sylvia, Sylvie.
Silvio *no.pr.m.* Silvius.
Simeone *no.pr.m.* Simeon.
Simone *no.pr.m.* Simon.
Sofia *no.pr.f.* Sophia, Sophie, Sophy.
Speranza *no.pr.f.* Hope.
Stanislao *no.pr.m.* Stanislas.
Stefania *no.pr.f.* Stephanie.
Stefano *no.pr.m.* Stephen.
Stella *no.pr.f.* Stella, Estella.
Susanna *no.pr.f.* Susan.

Taddeo *no.pr.m.* Thaddeus.
Tecla *no.pr.f.* Thecla.
Teobaldo *no.pr.m.* Theobald.
Teodora *no.pr.f.* Theodora.
Teodoro *no.pr.m.* Theodore.
Teodosia *no.pr.f.* Theodosia.
Teodosio *no.pr.m.* Theodosius.
Teresa *no.pr.f.* Theresa.
Timoteo *no.pr.m.* Timothy.
Tito *no.pr.m.* Titus.
Tobia *no.pr.m.* Tobias, Tobiah.
To(m)maso *no.pr.m.* Thomas.
Tonino, **Tonio** *no.pr.m.* dim. di **Antonio**.
Tristano *no.pr.m.* Tristram, Tristan.
Tullia *no.pr.f.* Tullia.

Uberto *no.pr.m.* Hubert.
Ugo *no.pr.m.* Hugh.
Ulisse *no.pr.m.* Ulysses.
Ulrico *no.pr.m.* Ulric.
Umberto *no.pr.m.* Humbert.
Urbano *no.pr.m.* Urban.

Valentina *no.pr.f.* Valentina.
Valentino *no.pr.m.* Valentine.
Valeria *no.pr.f.* Valeria, Valerie.
Valerio *no.pr.m.* Valerius.
Veronica *no.pr.f.* Veronica.
Vincenzo *no.pr.m.* Vincent.
Virginia *no.pr.f.* Virginia.
Vittore *no.pr.m.* Victor.
Vittoria *no.pr.f.* Victoria.
Vittorio *no.pr.m.* Victor.
Viviana *no.pr.f.* Vivian, Vivien(ne).

Waldemaro *no.pr.m.* Waldemar.
Walter *no.pr.m.* Walter.
Wilma *no.pr.f.* Wilma.

Zaccaria *no.pr.m.* Zachariah, Zacharias, Zachary.

PERSONAGGI STORICI, MITOLOGICI, LETTERARI

1 · Sezione inglese / italiano

Abelard ['æbɪlɑ:d / Ab·el·ard] *no.pr.m.* (*st.*) Abelardo.

Absalom ['æbsələm / Ab·sa·lom] *no.pr.m.* (*Bibbia*) Assalonne.

Achilles [ə'kɪli:z / Achil·les] *no.pr.m.* (*lett.*) Achille.

Actaeon [æk'ti:ən / Act·aeon] *no.pr.m.* (*mit.*) Atteone.

Adonis [ə'dəʊnɪs / Adon·is] *no.pr.m.* (*mit.*) Adone.

Aegisthus [ɪ'gi:sθəs / Ae·gis·thus] *no.pr.m.* (*lett.*) Egisto.

Aeneas [ɪ'ni:əs / Ae·neas] *no.pr.m.* (*lett.*) Enea.

Aeolus ['i:əʊləs / Ae·olus] *no.pr.m.* (*mit.*) Eolo.

Aeschines ['i:skɪni:z / Aes·chin·es] *no.pr.m.* (*st. lett.*) Eschine.

Aeschylus ['i:skɪləs / Aes·chy·lus] *no.pr.m.* (*st. lett.*) Eschilo.

Aesculapius [,i:skjʊ'leɪpjəs / Aes·cu·la·pius] *no.pr.m.* (*st. med.*) Esculapio.

Aesop ['i:sɒp / Ae·sop] *no.pr.m.* (*st. lett.*) Esopo.

Agamemnon [,ægə'memnən / Aga·mem·non] *no.pr.m.* (*lett.*) Agamennone.

Agesilaus [ə,dʒesɪ'leɪəs / Age·si·laus] *no.pr.m.* (*st.*) Agesilao.

Aglaia [ə'glaɪə / Ag·laia] *no.pr.f.* (*mit.*) Aglaia.

Agrippa [ə'grɪpə / Agrip·pa] *no.pr.m.* (*st.*) Agrippa.

Agrippina [ægrɪ'pi:nə / Agrip·pina] *no.pr.f.* (*st.*) Agrippina.

Ahab ['eɪhæb] *no.pr.m.* (*Bibbia*) Achab.

Ahasuerus [ə,hæzjʊ'ɪərəs / Aha·suerus] *no.pr.m.* (*st.*) Assuero.

Ajax ['eɪdʒæks] *no.pr.m.* (*lett.*) Aiace.

Akhenaten, **Akhenaton** [ɑ:kə'nɑ:tən / Ak·hena·ton] *no.pr.m.* (*st.*) Ekhnaton.

Alaric ['ælərɪk / Al·aric] *no.pr.m.* (*st.*) Alarico.

Alberic ['ælbərɪk / Al·ber·ic] *no.pr.m.* (*mit.*) Alberico.

Alboin ['ælbɔɪn / Al·boin] *no.pr.m.* (*st.*) Alboino.

Alcaeus [æl'si:əs / Al·caeus] *no.pr.m.* (*st. lett.*) Alceo.

Alcestis [æl'sestɪs / Al·ces·tis] *no.pr.f.* (*mit.*) Alcesti.

Alcibiades [,ælsɪ'baɪədi:z / Al·ci·bi·ades] *no.pr.m.* (*st.*) Alcibiade.

Alcinous [æl'sɪnəʊəs / Al·cin·ous] *no.pr.m.* (*mit.*) Alcinoo.

Alcuin ['ælkwɪn / Al·cuin] *no.pr.m.* (*st. lett.*) Alcuino.

Alcyone [æl'saɪənɪ / Al·cy·one] *no.pr.f.* (*mit., astr.*) Alcione.

Alecto [ə'lektəʊ / Al·ecto] *no.pr.f.* (*mit.*) Aletto.

Allah ['ælə / Al·lah] *no.pr.m.* (*st. relig.*) Allah.

Alph(a)eus [æl'fi:əs / Al·ph(a)eus] *no.pr.m.* (*mit.*) Alfeo.

Althea [æl'θi:ə / Al·thea] *no.pr.f.* (*mit.*) Altea.

Am(m)on ['æmən / Am·(m)on] *no.pr.m.* (*mit.*) Ammone.

Amphitryon [æm'fɪtrɪən / Am·phi·tryon] *no.pr.m.* (*mit.*) Anfitrione.

Anacreon [ə'nækrɪən / Anac·reon] *no.pr.m.* (*st. lett.*) Anacreonte.

Anaxagoras [,ænæk'sægərəs / An·ax·agor·as] *no.pr.m.* (*st. fil.*) Anassagora.

Anaximander [ə,næksɪ'mændə* / An·axi·man·der] *no.pr.m.* (*st. fil.*) Anassimandro.

Anaximenes [,ænæk'sɪməni:z / An·axi·menes] *no.pr.m.* (*st. fil.*) Anassimene.

Anchises [æŋ'kaɪsi:z / An·chi·ses] *no.pr.m.* (*lett.*) Anchise.

Androcles ['ændrəʊkli:z / An·dro·cles] *no.pr.m.* (*mit.*) Androclo.

Andromache [æn'drɒməkɪ / An·drom·ache] *no.pr.f.* (*lett.*) Andromaca.

Andromeda [æn'drɒmɪdə / An·drom·eda] *no.pr.f.* (*mit., astr.*) Andromeda.

Andronicus [æn'drɒnɪkəs / An·droni·cus] *no.pr.m.* (*st. lett.*) Andronico.

Antaeus [æn'ti:əs / Ant·aeus] *no.pr.m.* (*mit.*) Anteo.

Antigone [æn'tɪgənɪ / An·tig·one] *no.pr.f.* (*mit., lett.*) Antigone.

Antisthenes [æn'tɪsθəni:z / An·tis·thenes] *no.pr.m.* (*st. fil.*) Antistene.

Antoninus [,æntəʊ'naɪnəs / An·toni·nus] *no.pr.m.* (*st.*) Antonino.

Anubis [ə'nju:bɪs *amer.* ə'nu:bɪs / Anu·bis] *no.pr.m.* (*mit.*) Anubi.

Aphrodite [,æfrəʊ'daɪtɪ / Aphro·dite] *no.pr.f.* (*mit.*) Afrodite.

Apis ['ɑ:pɪs] *no.pr.m.* (*mit.*) Api.

Apollo [ə'pɒləʊ / Apol·lo] *no.pr.m.* (*mit.*) Apollo.

Apuleius [,æpjʊ'li:əs / Apu·leius] *no.pr.m.* (*st. lett.*) Apuleio.

Archimedes [,ɑ:kɪ'mi:di:z / Archi·me·des] *no.pr.m.* (*st.*) Archimede.

Arethusa [,ærɪ'θju:zə / Are·thusa] *no.pr.f.* (*mit.*) Aretusa.

Argus ['ɑ:gəs / Ar·gus] *no.pr.m.* (*mit.*) Argo.

Ariadne [,ærɪ'ædnɪ / Ari·ad·ne] *no.pr.f.* (*mit.*) Arianna.

Ariel ['eərɪəl / Ar·iel] *no.pr.m.* (*lett.*) Ariele.

Aristarchus [,ærɪs'tɑ:kəs / Ari·star·chus] *no.pr.m.* (*st. lett.*) Aristarco.

Aristides [,ærɪ'staɪdi:z / Aris·ti·des] *no.pr.m.* (*st.*) Aristide.

Aristophanes [,ærɪ'stɒfəni:z / Ar·is·to·phanes] *no.pr.m.* (*st. lett.*) Aristofane.

Aristotle ['ærɪstɒtl / Ar·is·totle] *no.pr.m.* (*st. fil.*) Aristotele.

Arius ['eərɪəs] *no.pr.m.* (*st. relig.*) Ario.

Artaxerxes [,ɑ:tə'zɜ:ksi:z / Ar·ta·xer·xes] *no.pr.m.* (*st.*) Artaserse.

Artemis ['ɑ:tɪmɪs / Ar·te·mis] *no.pr.f.* (*mit.*) Artemide.

Arthur ['ɑ:θə* / Ar·thur] *no.pr.m.* (*lett.*) Artù.

Ascanius [æ'skeɪnjəs / As·can·ius] *no.pr.m.* (*mit., lett.*) Ascanio.

Asclepiades [,æsklə'pɪədi:z / As·cle·pi·ades] *no.pr.m.* (*st.*) Asclepiade.

Asclepius [æs'kli:pɪəs / As·cle·pius] *no.pr.m.* (*mit.*) Asclepio.

Asmodeus [æs'məʊdjəs / As·mo·deus] *no.pr.m.* (*Bibbia*) Asmodeo.

Astyanax [æs'tɪənæks / As·ty·anax] *no.pr.m.* (*mit.*) Astianatte.

Atahual [,ɑ:tɑ:'wɑ:l / Ata·hual] *no.pr.m.* (*mit.*) Atahual.

Athanasius [,æθə'neɪʃəs / Athan·as·ius] *no.pr.m.* (*st. relig.*) Atanasio.

Athena [ə'θi:nə / Ath·ena] *no.pr.f.* (*mit.*) Atena.

Atlas ['ætləs / At·las] *no.pr.m.* (*mit.*) Atlante.

Atreus ['eɪtrɪəs / At·reus] *no.pr.m.* (*mit.*) Atreo.

Atropos ['ætrəpɒs / At·ro·pos] *no.pr.f.* (*mit.*) Atropo.

Attila [ə'tɪlə / At·tila] *no.pr.m.* (*st.*) Attila.

Aurelian [ɔ:'ri:ljən / Au·re·lian] *no.pr.m.* (*st.*) Aureliano.

Aurelius [ɔ:'ri:ljəs / Au·re·lius] *no.pr.m.* (*st.*) Aurelio.

Aurora [ɔ:'rɔ:rə / Au·rora] *no.pr.f.* (*mit.*) Aurora.

Averroes ['æverəʊz / Av·er·roes] *no.pr.m.* (*st. fil.*) Averroes.

Baal ['beɪəl, bɑ:l] *no.pr.m.* (*mit.*) Baal.

Bacchus ['bækəs / Bac·chus] *no.pr.m.* (*mit.*) Bacco.

Bacon ['beɪkən / Ba·con] *no.pr.* (*st. fil.*) Bacone.

Banquo ['bæŋkwəʊ / Ban·quo] *no.pr.m.* (*lett.*) Banco.

Barabbas [bə'ræbəs / Ba·rab·bas] *no.pr.m.* (*Bibbia*) Barabba.

Baruch ['bɑ:rʊk / Bar·uch] *no.pr.m.* (*Bibbia*) Baruc.

Bashful ['bæʃfʊl / Bash·ful] *no.pr.m.* (*W. Disney*) Mammolo.

Bathsheba [bæθ'ʃi:bə / Bath·sheba] *no.pr.f.* (*Bibbia*) Betsabea.

Baucis ['bɔ:sɪs / Bau·cis] *no.pr.f.* (*mit.*) Bauci.

Bede [bi:d] *no.pr.m.* (*st. lett.*) Beda.

Beelzebub [bi:'elzɪbʌb / Be·el·ze·bub] *no.pr.m.* (*Bibbia*) Belzebù.

Belial ['bi:ljəl / Be·lial] *no.pr.m.* Satana, il Maligno.

Bellerophon [bə'lerəfn / Bel·lero·phon] *no.pr.m.* (*mit.*) Bellerofonte.

Belshazzar [bel'ʃæzə* / Bel·shaz·zar] *no.pr.m.* (*Bibbia*) Baldassarre.

Beowulf ['beɪəwʊlf / Beo·wulf] *no.pr.m.* (*st. lett.*) Beowulf.

Big Bad Wolf [,bɪg,bæd'wʊlf] *no.pr.m.* (*W. Disney*) Ezechiele Lupo.

Blackbeard ['blækbɪəd / Black·beard] *no.pr.m.* (*st.*) Barbanera.

Bluebeard ['blu:bɪəd / Blue·beard] *no.pr.m.* (*lett.*) Barbablù.

Boethius [bəʊ'i:θjəs / Boe·thius] *no.pr.m.* (*st. fil.*) Boezio.

Boleyn ['bʊlɪn, bəʊ'lɪn / Bo·leyn] *no.pr.* (*st.*) Boleyn: *Anne* —, Anna Bolena.

Boreas ['bɒrɪæs / Bor·eas] *no.pr.m.* (*mit.*) Borea.

Bourbon ['bʊəbən / Bour·bon] *no.pr.* (*st.*) Borbone.

Brahma ['brɑ:mə / Brah·ma] *no.pr.m.* (*relig. indù*) Brahma.

Briareus [braɪ'eərɪəs / Bri·ar·eus] *no.pr.m.* (*mit.*) Briareo.

Briseis [braɪ'si:ɪs / Bris·eis] *no.pr.f.* (*lett.*) Briseide.

Brunhild ['brʊ:nhɪlt / Brun·hild] *no.pr.f.* (*lett.*) Brunilde.

Brutus ['bru:təs / Bru·tus] *no.pr.m.* (*st.*) Bruto.

Bucephalus [bju:'sefələs / Bu·cepha·lus] *no.pr.m.* (*mit.*) Bucefalo.

Buddha ['bʊdə / Bud·dha] *no.pr.m.* (*st. relig.*) Budda.

Cabot ['kæbət / Ca·bot] *no.pr.* (*st.*) Caboto.

Cacus ['keɪkəs / Ca·cus] *no.pr.m.* (*mit.*) Caco.

Cadmus ['kædməs / Cad·mus] *no.pr.m.* (*mit.*) Cadmo.

Caedmon ['kædmən / Caed·mon] *no.pr.m.* (*st.*) Caedmon.

Caiaphas ['kaɪəfæs / Caia·phas] *no.pr.m.* (*Bibbia*) Caifa.

Cain [keɪn] *no.pr.m.* (*Bibbia*) Caino.

Caius ['kaɪəs] *no.pr.m.* (*st.*) Caio.

Calchas ['kælkəs / Cal·chas] *no.pr.m.* (*lett.*) Calcante.

Caliban ['kælɪbæn / Cali·ban] *no.pr.m.* (*lett.*) Calibano.

Caligula [kə'lɪgjʊlə / Cali·gula] *no.pr.m.* (*st.*) Caligola.

Callimachus [kə'lɪməkəs / Cal·li·machus] *no.pr.m.* (*st.lett.*) Callimaco.

Calliope [kə'laɪəpɪ / Cal·li·ope] *no.pr.f.* (*mit.*) Calliope.

Callisto [kə'lɪstəʊ / Cal·listo] *no.pr.f.* (*mit., astr.*) Callisto.

Calvin ['kælvɪn / Cal·vin] *no.pr.m.* (*st. relig.*) Calvino.

Calypso [kə'lɪpsəʊ / Ca·lypso] *no.pr.f.* (*mit.*) Calipso.

Camillus [kə'mɪləs / Cam·illus] *no.pr.m.* (*st.*) Camillo.

Canute [kə'nju:t / Can·ute] *no.pr.m.* (*st.*) Canuto.

Capaneus [,kæpə'ni:əs / Cap·an·eus] *no.pr.m.* (*mit.*) Capaneo.

Capulet ['kæpjʊlət / Ca·pu·let] *no.pr.* (*lett.*) Capuleto.

Cassandra [kə'sændrə / Cas·san·dra] *no.pr.f.* (*lett.*) Cassandra.

Cassiodorus [,kæsɪə'dɔ:rəs / Cas·sio·dorus] *no.pr.m.* (*st.*) Cassiodoro.

Cassiopeia [,kæsɪəʊ'pi:ə / Cassio·peia] *no.pr.f.* (*mit., astr.*) Cassiopea.

Cassius ['kæsɪəs / Cas·sius] *no.pr.m.* (*st.*) Cassio.

Castor ['kɑ:stə*, 'kæstə* / Cas·tor] *no.pr.m.* (*mit.*) Castore.

Catiline ['kætɪlaɪn / Cati·line] *no.pr.m.* (*st.*) Catilina.

Cato ['keɪtəʊ] *no.pr.m.* (*st.*) Catone: — *the Elder*, Catone il Censore.

Catullus [kə'tʌləs / Ca·tul·lus] *no.pr.m.* (*st. lett.*) Catullo.

Cerberus ['sɜ:bərəs / Cer·berus] *no.pr.m.* (*mit.*) Cerbero.

Ceres ['sɪəri:z] *no.pr.f.* (*mit., astr.*) Cerere.

Charlemagne ['ʃɑ:ləmeɪn / Charle·magne] *no.pr.m.* (*st.*) Carlomagno.

Charon ['keərən / Cha·ron] *no.pr.m.* (*mit.*) Caronte.

Chaucer ['tʃɔ:sə* / Chau·cer] *no.pr.* (*st. lett.*) Chaucer.

Cheops ['ki:ɒps / Che·ops] *no.pr.m.* (*st.*) Cheope.

Chimera [kaɪ'mɪərə / Chi·mera] *no.pr.f.* (*mit.*) Chimera.

Chiron ['kaɪərən / Chi·ron] *no.pr.m.* (*mit.*) Chirone.

Christ [kraɪst] *no.pr.m.* (*st. relig.*) Cristo.

Chryseis [kraɪ'si:ɪs / Chry·seis] *no.pr.f.* (*mit.*) Criseide.

Cicero ['sɪsərəʊ / Ci·cero] *no.pr.* (*st. lett.*) Cicerone.

Cimon ['saɪmən / Ci·mon] *no.pr.m.* (*st.*) Cimone.

Cincinnatus [,sɪnsɪ'neɪtəs / Cin·cin·natus] *no.pr.m.* (*st.*) Cincinnato.

Cinderella [,sɪndə'relə / Cin·der·ella] *no.pr.f.* (*lett.*) Cenerentola.

Circe ['sɜ:sɪ] *no.pr.f.* (*mit.*) Circe.

Claudius ['klɔ:djəs / Claud·ius] *no.pr.m.* (*st.*) Claudio.

Cleopatra [klɪə'pætrə / Cleo·patra] *no.pr.f.* (*st.*) Cleopatra.

Clio ['klaɪəʊ] *no.pr.f.* (*mit.*) Clio.

Clovis ['kləʊvɪs / Clo·vis] *no.pr.m.* (*st.*) Clodoveo.

Clystemnestra [,klaɪtɪm'nestrə / Cly·tem·nestra] *no.pr.f.* (*lett.*) Clitennestra.

Columba [kə'lʌmbə / Col·um·ba] *no.pr.m.* (*st.*) Colombano.

Columbine ['kɒləmbaɪn / Col·um·bine] *no.pr.f.* (*st. teatr.*) Colombina.

Columbus [kə'lʌmbəs / Col·um·bus] *no.pr.m.* (*st.*) Colombo.

Commodus ['kɒmədəs / Com·modus] *no.pr.m.* (*st.*) Commodo.

Confucius [kən'fju:ʃjəs / Con·fu·cius] *no.pr.m.* (*st. relig.*) Confucio.

Copernicus [kəʊ'pɜ:nɪkəs / Co·per·ni·cus] *no.pr.m.* (*st. astr.*) Copernico.

Cordelia [kɔ:'di:ljə / Cor·delia] *no.pr.f.* (*lett.*) Cordelia.

Coriolanus [,kɒrɪəʊ'leɪnəs / Co·rio·lanus] *no.pr.m.* (*st.*) Coriolano.

Crassus ['kræsəs / Cras·sus] *no.pr.m.* (*st.*) Crasso.

Creon ['kri:ɒn / Cre·on] *no.pr.m.* (*mit.*) Creonte.

Cressida ['kresɪdə / Cress·ida] *no.pr.f.* (*lett.*) Criseide.

Creusa [krɪ'u:zə] *no.pr.f.* (*lett.*) Creusa.

Criseyde [krɪ'seɪdə / Cris·eyde] *no.pr.f.* (*lett.*) Criseide.

Croesus ['kri:səs / Croe·sus] *no.pr.m.* (*st.*) Creso.

Cronus ['krəʊnəs / Cro·nus] *no.pr.m.* (*mit.*) Crono.

Crusoe ['kru:səʊ / Cru·soe] *no.pr.* (*lett.*) Crusoe.

Cupid ['kju:pɪd / Cu·pid] *no.pr.m.* (*mit.*) Cupido.

Custer [,kʌstə / Cus·ter] *no.pr.* (*st.*) Custer.

Cybele ['sɪbəli: / Cy·bele] *no.pr.f.* (*mit.*) Cibele.

Cymbeline ['sɪmbɪli:n / Cym·bel·ine] *no.pr.m.* (*lett.*) Cimbelino.

Cynewulf ['kɪnɪwʊlf / Cyne·wulf] *no.pr.m.* (*st.*) Cynewulf.

Cyprian ['sɪprɪən / Cyp·rian] *no.pr.m.* (*st. relig.*) Cipriano.

Cyrano ['sɪrənəʊ / Cy·rano] *no.pr.m.* (*lett.*) Cirano.

Cytherea [,sɪθə'rɪ:ə / Cyth·erea] *no.pr.f.* (*mit.*) Citerea, Venere.

Daedalus ['di:dələs / Daed·alus] *no.pr.m.* (*mit.*) Dedalo.

Daisy Duck [,deɪzɪ'dʌk] *no.pr.f.* (*W. Disney*) Paperina.

Damocles ['dæməkli:z / Damo·cles] *no.pr.m.* (*mit.*) Damocle.

Damon ['deɪmən / Da·mon] *no.pr.m.* (*mit.*) Damone.

Danae ['dæneɪi: / Dan·ae] *no.pr.f.* (*mit.*) Danae.

Danaïdes [də'neɪidi:z / Dan·aides] *no.pr.f.pl.* (*mit.*) Danaidi.

Danaus ['dæni:əs / Dan·aus] *no.pr.m.* (*mit.*) Danao.

Dante ['dæntɪ] *no.pr.m.* (*st. lett.*) Dante.

Daphne ['dæfnɪ] *no.pr.f.* (*mit.*) Dafne.

Daphnis ['dæfnɪs / Daph·nis] *no.pr.m.* (*lett.*) Dafni.

Darius [də'raɪəs / Dar·ius] *no.pr.m.* (*st.*) Dario.

Decius ['di:ʃjəs / De·cius] *no.pr.m.* (*st.*) Decio.

Delilah [dɪ'laɪlə / De·li·lah] *no.pr.f.* (*Bibbia*) Dalila.

Demeter [dɪ'mi:tə* / Dem·eter] *no.pr.f.* (*mit.*) Demetra.

Democritus [dɪ'mɒkrɪtəs / Demo·cri·tus] *no.pr.m.* (*st. fil.*) Democrito.

Demogorgon [,di:məʊ'gɔ:gən / Demo·gor·gon] *no.pr.m.* (*mit.*) Demogorgone.

Demosthenes [dɪ'mɒsθəni:z / De·mos·thenes] *no.pr.m.* (*st. lett.*) Demostene.

Descartes [deɪ'kɑ:t / Des·cartes] *no.pr.* (*st. fil.*) Cartesio.

Desdemona [,dezdɪ'məʊnə / Des·de·mona] *no.pr.f.* (*lett.*) Desdemona.

Desiderius [,dezɪ'di:rɪəs / Desi·der·ius] *no.pr.m.* (*st.*) Desiderio.

Deucalion [dju:'keɪljən / Deu·cal·ion] *no.pr.m.* (*mit.*) Deucalione.

Dewey, **Huey**, **Louie** ['dju:ɪ, 'hju:ɪ, 'lu:ɪ] *no.pr.* (*W. Disney*) Qui, Quo, Qua.

Diana [daɪ'ænə / Di·ana] *no.pr.f.* (*mit.*) Diana.

Dido ['daɪdəʊ] *no.pr.f.* (*lett.*) Didone.

Didymus ['dɪdɪməs / Di·dy·mus] *no.pr.m.* (*Bibbia*) Didimo.

Diocletian [,daɪə'kli:ʃjen / Dio·cle·tian] *no.pr.m.* (*st.*) Diocleziano.

Diodorus [,daɪə'dɔ:rəs / Dio·dorus] *no.pr.m.* (*st.*) Diodoro.

Diogenes [daɪ'ɒdʒɪni:z / Dio·genes] *no.pr.m.* (*fil.*) Diogene.

Diomed ['daɪəməd / Dio·med] **Diomede** ['daɪəmi:d] **Diomedes** [,daɪə'mi:di:z] *no.pr.m.* (*mit.*) Diomede.

Dionysius [,daɪə'nɪsɪəs / Di·onys·ius] *no.pr.m.* (*st.*) Dionigi.

Dionysus [,daɪə'naɪsəs / Di·onysus] *no.pr.m.* (*mit.*) Dioniso.

Dioscuri (the) [,daɪə'skju:raɪ / Di·oscuri] *no.pr.m.pl.* (*mit.*) Dioscuri.

Dis [dɪs] *no.pr.m.* (*mit.*) Dite.

Doc [dɒk] *no.pr.m.* (*W. Disney*) Dotto.

Domitian [dəʊ'mɪʃɪən / Do·mit·ian] *no.pr.m.* (*st.*) Domiziano.

Donald Duck [,dɒnld'dʌk / Don·ald Duck] *no.pr.m.* (*W. Disney*) Paperino.

Don Juan ['dɒn'dʒu:ən] *no.pr.m.* (*lett.*) Don Giovanni.

Don Quixote ['dɒn'kwɪksət / Don Quix·ote] *no.pr.* (*lett.*) Don Chisciotte.

Dopey ['dəʊpɪ] *no.pr.m.* (*W. Disney*) Cucciolo.

Dracula ['drækjʊlə / Dra·cula] *no.pr.m.* (*lett.*) Dracula.

Dulcinea [,dʌlsɪ'nɪə / Dul·ci·nea] *no.pr.f.* (*lett.*) Dulcinea.

Echo ['ekəʊ] *no.pr.f.* (*mit.*) Eco.

Edda ['edə] *no.pr.* (*st. lett.*) Edda.

Egeria [i:'dʒɪərɪə / Eger·ia] *no.pr.f.* (*mit.*) Egeria.

Electra [ɪ'lektrə / Elec·tra] *no.pr.f.* (*mit.*) Elettra.

Elijah [ɪ'laɪdʒə / Eli·jah] *no.pr.m.* (*Bibbia*) Elia.

Elisha [ɪ'laɪʃə / Eli·sha] *no.pr.m.* (*Bibbia*) Eliseo.

Empedocles [em'pedəʊkli:z / Em·pe·do·cles] *no.pr.m.* (*st. fil.*) Empedocle.

Endymion [en'dɪmɪən / En·dy·mion] *no.pr.m.* (*mit.*) Endimione.

Enoch ['i:nɒk] *no.pr.m.* (*Bibbia*) Enoch.

Epaminondas [e,pɪmɪ'nɒndæs / Epam·in·ondas] *no.pr.m.* (*st.*) Epaminonda.

Ephraim ['i:freɪm / Eph·raim] *no.pr.m.* (*Bibbia*) Efraim.

Epictetus [,epɪk'ti:təs / Ep·ic·te·tus] *no.pr.m.* (*st. fil.*) Epitteto.

Epicurus [,epɪ'kjʊərəs / Epi·curus] *no.pr.m.* (*st. fil.*) Epicuro.

Erasmus [ɪ'ræzməs / Eras·mus] *no.pr.m.* (*st. lett.*) Erasmo.

Erastus [ɪ'ræstəs / Eras·tus] *no.pr.m.* (*st. teol.*) Erasto.

Erato ['erətəʊ / Era·to] *no.pr.f.* (*mit.*) Erato.

Eratosthenes [,erə'tɒsθəni:z / Era·tos·thenes] *no.pr.m.* (*st. mat.*) Eratostene.

Erechtheus [ɪ'rekθju:s / Erec·theus] *no.pr.m.* (*mit.*) Eretteo.

Erinyes [ɪ'rɪnɪi:z / Erin·yes] *no.pr.f.pl.* (*mit.*) Erinni.

Eros ['ɪərəs] *no.pr.m.* (*mit.*) Eros.

Esau ['i:sɔ:] *no.pr.m.* (*Bibbia*) Esaù.

Eteocles [ɪ'ti:əkli:z / Eteo·cles] *no.pr.m.* (*mit.*) Eteocle.

Euclid ['ju:klɪd / Eu·clid] *no.pr.m.* (*st. mat.*) Euclide.

Eumenides [ju:'menɪdi:z / Eu·men·ides] *no.pr.f.pl.* (*mit.*) Eumenidi.

Euphrosyne [ju:'frɒzɪni: / Eu·phro·syne] *no.pr.f.* (*mit.*) Eufrosine.

Euripides [jʊə'rɪpɪdi:z / Euri·pides] *no.pr.m.* (*st. lett.*) Euripide.

Europa [jʊə'rəʊpə / Eu·ropa] *no.pr.f.* (*mit.*) Europa.

Euryalus [jʊə'raɪələs / Eu·ry·alus] *no.pr.m.* (*lett.*) Eurialo.

Eurydice [jʊə'rɪdɪsi: / Eu·ry·dice] *no.pr.f.* (*mit.*) Euridice.

Eurypylus [jʊə'rɪpɪləs / Eu·ry·py·lus] *no.pr.m.* (*lett.*) Euripilo.

Eusebius [ju:'si:bjəs / Eu·se·bius] *no.pr.m.* (*st. relig.*) Eusebio.

Eustachius [ju:'steɪkjəs / Eu·stach·ius] *no.pr.m.* (*st. med.*) Eustachio.

Euterpe [ju:'tɜ:pɪ / Eu·terpe] *no.pr.f.* (*mit.*) Euterpe.

Eve [i:v] *no.pr.f.* (*Bibbia*) Eva.

Ezekiel [ɪ'zi:kjəl / Eze·kiel] *no.pr.m.* (*Bibbia*) Ezechiele.

Ezra ['ezrə] *no.pr.m.* (*Bibbia*) Esdra.

Fabius ['feɪbjəs / Fa·bius] *no.pr.m.* (*st.*) Fabio.

Fabricius [fə'brɪʃɪəs / Fa·bri·cius] *no.pr.m.* (*st.*) Fabrizio.

Falstaff ['fɔ:lstɑ:f / Fal·staff] *no.pr.m.* (*lett.*) Falstaff.

Faunus ['fɔ:nəs / Faun·us] *no.pr.m.* (*mit.*) Fauno.

Faust [faʊst] *no.pr.m.* (*lett.*) Faust.

Fortinbras ['fɔ:tɪnbræs / For·tin·bras] *no.pr.m.* (*lett.*) Fortebraccio.

Gaea ['dʒi:ə] *no.pr.f.* (*mit.*) Gea.

Galatea [,gælə'tɪə / Ga·la·tea] *no.pr.f.* (*mit.*) Galatea.

Galen ['geɪlɪn / Ga·len] *no.pr.m.* (*st.*) Galeno.

Ganymede ['gænɪmi:d / Gany·mede] *no.pr.m.* (*mit.*) Ganimede.

Gargantua [gɑ:'gæntjʊə / Gar·gan·tua] *no.pr.m.* (*lett.*) Gargantua.

Gawain ['gɑ:weɪn / Ga·wain] *no.pr.m.* (*lett.*) Galvano.

Geryon ['gerɪən / Gery·on] *no.pr.m.* (*mit.*) Gerione.

Giotto ['dʒɪɒtəʊ] *no.pr.m.* (*st. pitt.*) Giotto.

Godiva [gəʊ'daɪvə / Go·diva] *no.pr.f.* (*st.*) Godiva.

Gog and Magog ['gɒgən'meɪgɒg / Gog and Ma·gog] *no.pr.* (*Bibbia*) Gog e Magog.

Goliath [gə'laɪəθ / Go·li·ath] *no.pr.m.* (*Bibbia*) Golia.

Goneril ['gɒnərɪl / Gon·eril] *no.pr.f.* (*lett.*) Gonerilla.

Goofy ['gu:fɪ] *no.pr.m.* (*W. Disney*) Pippo.

Gorgon ['gɔ:gən / Gor·gon] *no.pr.f.* (*mit.*) Gorgone.

Gracchus ['grækəs / Grac·chus] *no.pr.m.* (*st.*) Gracco.

Graces ['greɪsɪz] *no.pr.f.pl.* (*mit.*) Grazie.

Grumpy ['grʌmpɪ] *no.pr.m.* (*W. Disney*) Brontolo.

Guinevere ['gwɪnɪ,vɪə* / Guine·vere] *no.pr.f.* (*lett.*) Ginevra.

Gulliver ['gʌlɪvə* / Gul·li·ver] *no.pr.* (*lett.*) Gulliver.

Hadrian ['heɪdrɪən / Ha·drian] *no.pr.m.* (*st.*) Adriano.

Ham [hæm] *no.pr.m.* (*Bibbia*) Cam.

Hamlet ['hæmlɪt / Ham·let] *no.pr.m.* (*lett.*) Amleto.

Happy ['hæpɪ] *no.pr.m.* (*W. Disney*) Gongolo.

Hapsburg ['hæpsbɜ:g / Haps·burg] *no.pr.* (*st.*) Asburgo.

Harlequin ['hɑːlɪkwɪn / Har·le·quin] *no. pr.m.* (*lett.*) Arlecchino.

Harpies ['hɑːpɪz / Har·pies] *no.pr.f.pl.* (*mit.*) Arpie.

Hebe ['hiːbiː] *no.pr.f.* (*mit.*) Ebe.

Hecate ['hekətɪ / Hec·ate] *no.pr.f.* (*mit.*) Ecate.

Hecuba ['hekjʊbə / Hec·uba] *no.pr.f.* (*lett.*) Ecuba.

Helenus ['helɪnəs / Hel·enus] *no.pr.m.* (*lett.*) Eleno.

Helios ['hiːlɪɒs] *no.pr.m.* (*mit.*) Elios.

Heloïse [,heləʊ'iːz / He·lo·ise] *no.pr.f.* (*lett.*) Eloisa.

Hephaestus [hɪ'fiːstəs / He·phaes·tus] *no.pr.m.* (*mit.*) Efesto.

Hera ['hɪərə] *no.pr.f.* (*mit.*) Era.

Heracles ['herəkliːz / Hera·cles] *no.pr.m.* (*mit.*) Eracle.

Heraclitus [,herə'klaɪtəs / Hera·cli·tus] *no.pr.m.* (*st. fil.*) Eraclito.

Hercules ['hɜːkjʊliːz / Her·cu·les] *no.pr.m.* (*mit.*) Ercole.

Hermaphroditus [hɜː,mæfrə'daɪtəs / Herm·aphro·ditus] *no.pr.m.* (*mit.*) Ermafrodito.

Hermes ['hɜːmiːz / Her·mes] *no.pr.m.* (*mit.*) Ermes, Mercurio.

Hermione [hɜː'maɪənɪ / Her·mione] *no.pr.f.* (*mit.*) Ermione.

Hero ['hɪərəʊ] *no.pr.f.* (*mit.*) Ero.

Herod ['herəd / Her·od] *no.pr.m.* (*st.*) Erode.

Herodias [he'rəʊdɪæs / Hero·dias] *no.pr.f.* (*Bibbia*) Erodiade.

Herodotus [he'rɒdətəs / Her·od·otus] *no.pr.m.* (*st. lett.*) Erodoto.

Herostratus [he'rɒstrətəs / Hero·stratus] *no.pr.m.* (*st.*) Erostrato.

Hesiod ['hiːsɪɒd / Hes·iod] *no.pr.m.* (*st. lett.*) Esiodo.

Hesperides [he'sperɪdiːz / Hes·per·ides] *no.pr.pl.* (*mit.*) Esperidi.

Hezekiah [,hezə'kaɪə / He·ze·kiah] *no.pr.m.* (*Bibbia*) Ezechia.

Hippocrates [hɪ'pɒkrətiːz / Hip·po·cra·tes] *no.pr.m.* (*st.*) Ippocrate.

Hippolyta [hɪ'pɒlɪtə / Hip·po·lyta] *no.pr.f.* (*mit.*) Ippolita.

Holofernes [,hɒlə'fɜːniːz / Ho·lo·fer·nes] *no.pr.m.* (*Bibbia*) Oloferne.

Homer ['həʊmə*] *no.pr.m.* (*st. lett.*) Omero.

Hop-o'-my-thumb [,hɒpəmɪ'θʌm] *no.pr.m.* Pollicino.

Horatio [hə'reɪʃɪəʊ / Ho·ra·tio] *no.pr.m.* Orazio.

Humpty Dumpty [,hʌmptɪ'dʌmptɪ / Hump·ty Dump·ty] *no.pr.m.* (*lett.*) Humpty Dumpty.

Hyacinthus [haɪə'sɪnθəs / Hy·acinth·us] *no.pr.m.* (*mit.*) Giacinto.

Hyades ['haɪədiːz / Hy·ades] *no.pr.f.pl.* (*mit.*) Iadi.

Hydra ['haɪdrə / Hy·dra] *no.pr.f.* (*mit.*) Idra.

Hygeia [haɪ'dʒiːə / Hy·geia] *no.pr.f.* (*mit.*) Igea.

Hymen ['haɪmən / Hy·men] *no.pr.m.* (*mit.*) Imene.

Hyperion [haɪ'pɪərɪən / Hy·per·ion] *no. pr.m.* (*mit.*) Iperione.

Iago [ɪ'ɑːgəʊ] *no.pr.m.* (*lett.*) Iago.

Icarus ['ɪkərəs / Ic·arus] *no.pr.m.* (*mit.*) Icaro.

Idomeneus [aɪ'dɒmɪnjuːs / Ido·men·eus] *no.pr.m.* (*mit.*) Idomeneo.

Innocent ['ɪnəsnt / In·no·cent] *no.pr.m.* (*st.*) Innocente.

Io ['aɪəʊ] *no.pr.f.* (*mit.*) Io.

Iphigenia [ɪ,fɪdʒɪ'naɪə / Iphi·genia] *no.pr.f.* (*mit.*) Ifigenia.

Irenaeus [,aɪrɪ'niːəs / Iren·aeus] *no.pr.m.* (*st. relig.*) Ireneo.

Isaiah [aɪ'zaɪə / Isai·ah] *no.pr.m.* (*Bibbia*) Isaia.

Iscariot [ɪs'kærɪət / Is·ca·riot] *no.pr.m.* Iscariota (soprannome di Giuda).

Ishmael ['ɪʃmeɪəl / Ish·mael] *no.pr.m.* (*Bibbia*) Ismaele.

Isis ['aɪsɪs] *no.pr.f.* (*mit.*) Iside.

Isocrates [aɪ'sɒkrətiːz / Iso·cra·tes] *no.pr.m.* (*st.*) Isocrate.

Ivanhoe ['aɪvənhəʊ / Iv·an·hoe] *no.pr.m.* (*lett.*) Ivanoe.

Jack the Ripper [,dʒækθə'rɪpə*] *no.pr.m.* (*st.*) Jack lo Squartatore.

Jacob ['dʒeɪkəb / Ja·cob] *no.pr.m.* (*Bibbia*) Giacobbe.

Jael ['dʒeɪəl] *no.pr.f.* (*Bibbia*) Giaele.

Jahveh, Jahve, Jahweh, Jahwe ['jɑːveɪ / Jah·veh] *no.pr.* (*Bibbia*) Javè.

Janus ['dʒeɪnəs / Ja·nus] *no.pr.m.* (*mit.*) Giano.

Japheth ['dəeɪfəθ / Ja·pheth] *no.pr.m.* (*Bibbia*) Iafet.

Jason ['dʒeɪsn / Ja·son] *no.pr.m.* (*mit.*) Giasone.

Jehoshaphat [dʒɪ'hɒʃəfæt / Je·ho·sha·phat] *no.pr.m.* (*Bibbia*) Giosafat.

Jehovah [dʒɪ'həʊvə / Je·ho·vah] *no.pr.m.* (*Bibbia*) Jeova.

Jephthah ['dʒefθə / Jeph·thah] *no.pr.m.* (*Bibbia*) Jefte.

Jeremiah [,dʒerɪ'maɪə / Je·re·miah] *no. pr.m.* (*Bibbia*) Geremia.

Jeroboam [,dʒerə'bəʊəm / Je·ro·boam] *no.pr.m.* (*Bibbia*) Geroboamo.

Jesus ['dʒiːzəs] *no.pr.m.* Gesù.

Jezebel ['dʒezəbl *amer.* 'dʒezəbel / Jez·ebel] *no.pr.f.* (*Bibbia*) Gezabele.

Job [dʒəʊb] *no.pr.m.* (*Bibbia*) Giobbe.

Jocasta [dʒəʊ'kæstə / Jo·casta] *no.pr.f.* (*mit.*) Giocasta.

Jonah ['dʒəʊnə / Jo·nah] *no.pr.m.* (*Bibbia*) Giona.

Jonas ['dʒəʊnəs / Jo·nas] *no.pr.m.* (*Bibbia*) Giona.

Josiah [dʒəʊ'saɪə / Jo·siah] *no.pr.m.* (*Bibbia*) Giosia.

Jove [dʒəʊv] *no.pr.m.* (*mit.*) Giove.

Judas ['dʒuːdəs / Ju·das] *no.pr.m.* (*Bibbia*) Giuda.

Jugurtha [dʒʊ'gɜːθə / Jug·urtha] *no.pr.m.* (*st.*) Giugurta.

Julius Caesar [,dʒuːlɪəs'siːzə* / Jul·ius Cae·sar] *no.pr.m.* (*st.*) Giulio Cesare.

Juno ['dʒuːnəʊ] *no.pr.f.* (*mit.*) Giunone.

Jupiter ['dʒuːpɪtə* / Ju·piter] *no.pr.m.* (*mit.*) Giove.

Justinian [dʒʌs'tɪnɪən / Jus·tin·ian] *no.pr.m.* (*st.*) Giustiniano.

Juvenal ['dʒuːvənl / Juv·enal] *no.pr.m.* (*st. lett.*) Giovenale.

Kriemhild ['kriːmhɪld / Kriem·hild] *no.pr.f.* (*lett.*) Crimilde.

Kublai Khan [,kʊblaɪ'kɑːn / Ku·blai Khan] *no.pr.m.* (*lett.*) Kublai Khan.

Kynewulf ['kɪnɪwʊlf / Kyne·wulf] *no.pr.m.* (*lett.*) Kynewulf.

Lachesis ['lækɪsɪs / Lach·esis] *no.pr.f.* (*mit.*) Lachesi.

Lactantius [læk'tænʃjəs / Lac·tan·tius] *no.pr.m.* (*st. lett.*) Lattanzio.

Laertes [leɪ'ɜːtiːz / La·ertes] *no.pr.m.* (*lett.*) Laerte.

Lancelot ['lɑːnsələt / Lance·lot] *no.pr.m.* (*lett.*) Lancillotto.

Laocoon [leɪ'ɒkəʊɒn / Lao·coon] *no.pr.m.* (*mit.*) Laocoonte.

Laodamia [,leɪəʊdə'maɪə / Lao·damia] *no.pr.f.* (*mit.*) Laodamia.

Laomedon [leɪ'ɒmɪdɒn / Lao·me·don] *no.pr.m.* (*mit.*) Laomedonte.

Latona [lə'təʊnə / Lat·ona] *no.pr.f.* (*mit.*) Latona.

Launcelot ['lɑːnslət / Laun·ce·lot] *no.pr.m.* (*lett.*) Lancillotto.

Lazarus ['læzərəs / Laz·arus] *no.pr.m.* (*Bibbia*) Lazzaro.

Leander [liː'ændə* / Lean·der] *no.pr.m.* (*lett.*) Leandro.

Leda ['liːdə] *no.pr.f.* (*mit.*) Leda.

Leonidas [liː'ɒnɪdæs / Leo·ni·das] *no.pr.m.* (*st.*) Leonida.

Lepidus ['lepɪdəs / Le·pi·dus] *no.pr.m.* (*st.*) Lepido.

Lesbia ['lezbɪə / Les·bia] *no.pr.f.* (*lett.*) Lesbia.

Leto ['liːtəʊ] *no.pr.f.* (*mit.*) Latona.

Leucippus [ljuː'sɪpəs / Leu·cip·pus] *no. pr.m.* (*st. fil.*) Leucippo.

Levi ['liːvaɪ] *no.pr.m.* (*Bibbia*) Levi.

Leviathan [lɪ'vaɪəθn / Le·vi·athan] *no.pr.m.* (*Bibbia*) Leviatano.

Linnaeus [lɪ'niːəs / Lin·naeus] *no.pr.m.* (*st. scient.*) Linneo.

Livy ['lɪvɪ] *no.pr.m.* (*st. lett.*) (Tito) Livio.

Longinus [lɒn'dʒaɪnəs / Lon·gi·nus] *no.pr.m.* (*st. fil.*) Longino.

Lothario [ləʊ'θɑːrɪəʊ / Lo·thario] *no.pr.m.* (*st.*) Lotario.

Lucan ['luːkən / Lu·can] *no.pr.m.* (*st. lett.*) Lucano.

Lucifer ['luːsɪfə* / Lu·ci·fer] *no.pr.m.* Lucifero.

Lucilius [luː'sɪlɪəs / Lu·cil·ius] *no.pr.m.* (*st. lett.*) Lucilio.

Lucretius [luː'kriːʃəs / Lu·cre·tius] *no.pr.m.* (*st. lett.*) Lucrezio.

Lucullus [lu:'kʌləs / Lu·cul·lus] *no.pr.m.* (*st.*) Lucullo.

Luther ['lu:θə* / Lu·ther] *no.pr.m.* (*st. relig.*) Lutero.

Lycidas ['lɪsɪdæs / Ly·ci·das] *no.pr.m.* (*lett.*) Licida.

Lycurgus [laɪ'kɜ:gəs / Ly·cur·gus] *no.pr.m.* (*st.*) Licurgo.

Lysander [laɪ'sændə* / Ly·san·der] *no.pr.m.* (*st. lett.*) Lisandro.

Lysias ['lɪsɪæs / Lys·ias] *no.pr.m.* (*st. lett.*) Lisia.

Lysippus [laɪ'sɪpəs / Ly·sip·pus] *no.pr.m.* (*st. arte*) Lisippo.

Lysistratus [laɪ'sɪstrətəs / Ly·sis·tra·tus] *no.pr.m.* (*st.*) Lisistrato.

Mab [mæb] *no.pr.f.* (*mit.*) Mab (regina delle fate).

Machiavelli [,mækɪə'velɪ / Ma·chi·avelli] *no.pr.* (*st.*) Machiavelli.

Maecenas [mi:'si:nəs / Mae·cenas] *no.pr.m.* (*st. lett.*) Mecenate.

Magellan [mə'gelən / Ma·gel·lan] *no.pr.* (*st.*) Magellano.

Mahomet [mə'hɒmɪt / Ma·homet] *no.pr.m.* (*st. relig.*) Maometto.

Malachi ['mæləkaɪ / Mal·achi] *no.pr.m.* (*Bibbia*) Malachia.

Mammon ['mæmən / Mam·mon] *no.pr.* (*mit.*) Mammone.

Manasseh [mə'næsɪ / Man·asseh] *no.pr.m.* (*Bibbia*) Manasse.

Manitou ['mænɪtu: / Ma·ni·tou] *no.pr.* (*relig.*) Manitù.

Marcellus [mɑ:'seləs / Mar·cel·lus] *no.pr.m.* (*st.*) Marcello.

Mars [mɑ:z] *no.pr.m.* (*mit.*) Marte.

Martial ['mɑ:ʃl / Mar·tial] *no.pr.m.* (*st. lett.*) Marziale.

Maxentius [mæk'sentɪəs / Max·ent·ius] *no.pr.m.* (*st.*) Massenzio.

Maximus ['mæksɪməs / Max·imus] *no.pr.m.* (*st.*) Massimo.

Medea [mɪ'dɪə / Me·dea] *no.pr.f.* (*mit.*) Medea.

Medusa [mɪ'dju:zə *amer.* mɪ'du:zə / Me·dusa] *no.pr.f.* (*mit.*) Medusa.

Megaera [me'geərə / Meg·aera] *no.pr.f.* (*mit.*) Megera.

Melanchthon [me'læŋkθɒn / Me·lanch·thon] *no.pr.m.* (*st. fil.*) Melantone.

Melchizedek [mel'kɪzədek / Mel·chi·zedek] *no.pr.m.* (*st.*) Melchisedec.

Meleager [,melɪ'eɪgə* / Me·lea·ger] *no.pr.m.* (*mit.*) Meleagro.

Melpomene [mel'pɒmɪni: / Mel·po·mene] *no.pr.f.* (*mit.*) Melpomene.

Menander [mɪ'nændə* / Me·nan·der] *no.pr.m.* (*st. lett.*) Menandro.

Menelaus [,menɪ'leɪəs / Me·ne·laus] *no.pr.m.* (*mit.*) Menelao.

Mentor ['mentɔ:* / Men·tor] *no.pr.m.* (*mit.*) Mentore.

Mephistopheles [,mefɪ'stɒfɪli:z / Meph·is·toph·eles] *no.pr.m.* Mefistofele.

Mercator [mɜ:'keɪtɔ:* / Mer·cator] *no.pr.* (*st.*) Mercatore.

Mercury ['mɜ:kjʊrɪ / Mer·cury] *no.pr.m.* (*mit.*) Mercurio.

Mercutio [mɜ:'kju:ʃjəʊ / Mer·cutio] *no.pr.m.* (*lett.*) Mercuzio.

Merlin ['mɜ:lɪn / Mer·lin] *no.pr.m.* (*lett.*) Merlino.

Merovaeus [,merəʊ'vi:əs / Me·ro·vaeus] *no.pr.m.* (*st.*) Meroveo.

Messalina [,mesə'li:nə / Messa·lina] *no.pr.f.* (*st.*) Messalina.

Methuselah [mɪ'θju:zələ / Me·thu·selah] *no.pr.m.* (*Bibbia*) Matusalemme.

Micah ['maɪkə / Mi·cah] *no.pr.m.* (*Bibbia*) Michea.

Michelangelo [,maɪkəl'ændʒələʊ / Mich·el·an·gelo] *no.pr.m.* (*st. arte*) Michelangelo.

Mickey Mouse [,mɪkɪ'maʊs] *no.pr.m.* (*W. Disney*) Topolino.

Midas ['maɪdæs / Mi·das] *no.pr.m.* (*mit.*) Mida.

Miltiades [mɪl'taɪədi:z / Mil·ti·ades] *no.pr.m.* (*st.*) Milziade.

Minerva [mɪ'nɜ:və / Min·erva] *no.pr.f.* (*mit.*) Minerva.

Minnie ['mɪnɪ / Min·nie] *no.pr.f.* (*W. Disney*) Minni.

Minos ['maɪnɒs / Mi·nos] *no.pr.m.* (*mit.*) Minosse.

Minotaur ['maɪnətɔ:* / Mi·no·taur] *no.pr.m.* (*mit.*) Minotauro.

Mithra ['mɪθrə] **Mithras** ['mɪθræs / Mith·ras] *no.pr.m.* (*mit.*) Mitra.

Mithridates [,mɪθrɪ'deɪti:z / Mith·ri·dates] *no.pr.m.* (*st.*) Mitridate.

Mohammed [məʊ'hæməd / Mo·ham·med] *no.pr.m.* (*st. relig.*) Maometto.

Moloch ['məʊlɒk / Mo·loch] *no.pr.m.* (*mit.*) Moloc.

Montagu(e) ['mɒntəgju: / Mon·ta·gu(e)] *no.pr.* (*lett.*) Montecchi.

Mordecai [,mɔ:dɪ'keɪaɪ / Mor·de·cai] *no.pr.m.* (*Bibbia*) Mardocheo.

Morgana [mɔ:'gɑ:nə / Mor·gana] *no.pr.f.* (*fata*) Morgana.

Morpheus ['mɔ:fɪəs / Mor·pheus] *no.pr.m.* (*mit.*) Morfeo.

Moses ['məʊzɪz / Mo·ses] *no.pr.m.* (*Bibbia*) Mosè.

Muse [mju:z] *no.pr.f.* (*mit.*) Musa.

Napoleon [nə'pəʊljən / Na·po·leon] *no.pr.m.* (*st.*) Napoleone.

Narcissus [nɑ:'sɪsəs / Nar·cissus] *no.pr.m.* (*mit.*) Narciso.

Nausicaä [nɔ:'sɪkɪə / Nau·sicaa] *no.pr.f.* (*lett.*) Nausicaa.

Nazarene, the ['næzə,ri:n / Naz·ar·ene] *no.pr.m.* (*Bibbia*) il Nazareno.

Nebuchadnezzar [,nebjʊkəd'nezə* / Ne·bu·chad·nez·zar] *no.pr.m.* (*st.*) Nabucodonosor.

Nemesis ['nemɪsɪs / Nem·esis] *no.pr.f.* (*mit.*) Nemesi.

Nepos ['nepɒs] *no.pr.m.* (*st.*) Nepote.

Neptune ['neptju:n *amer.* 'neptu:n / Nep·tune] *no.pr.m.* (*mit.*) Nettuno.

Nereid ['nɪərɪɪd / Ner·eid] *no.pr.f.* (*mit.*) Nereide.

Nereus ['nɪərju:s / Ner·eus] *no.pr.m.* (*mit.*) Nereo.

Nero ['nɪərəʊ] *no.pr.m.* (*st.*) Nerone.

Nessus ['nesəs] *no.pr.m.* (*mit.*) Nesso.

Nestor ['nestɔ:* / Nes·tor] *no.pr.m.* (*lett.*) Nestore.

Nicodemus [,nɪkəʊ'di:məs / Ni·co·demus] *no.pr.m.* (*Bibbia*) Nicodemo.

Nicomedes [,nɪkəʊ'mi:di:z / Ni·co·medes] *no.pr.m.* (*st.*) Nicomede.

Nike ['naɪki:] *no.pr.f.* (*mit.*) Nike.

Nimrod ['nɪmrɒd / Nim·rod] *no.pr.m.* (*Bibbia*) Nembrotte.

Ninus ['naɪnəs / Ni·nus] *no.pr.m.* (*mit.*) Nino.

Niobe ['naɪəbɪ / Ni·obe] *no.pr.f.* (*mit.*) Niobe.

Nisus ['naɪsəs] *no.pr.m.* (*lett.*) Niso.

Noah ['nəʊə] *no.pr.m.* (*Bibbia*) Noè.

Obadiah [,əʊbə'daɪə / Oba·diah] *no.pr.m.* (*Bibbia*) Abdia.

Oberon ['əʊbərən / Ober·on] *no.pr.m.* (*mit.*) Oberon.

Oceanus [əʊ'sɪənəs / Ocean·us] *no.pr.m.* (*mit.*) Oceano.

Octavian [ɒk'teɪvjən / Oct·av·ian] *no.pr.m.* (*st. romana*) Ottaviano.

Odin ['əʊdɪn] *no.pr.m.* (*mit. nordica*) Odino.

Odoacer [,ɒdəʊ'eɪsə* / Odo·acer] *no.pr.m.* (*st.*) Odoacre.

Odysseus [ə'dɪsju:s / Odys·seus] *no.pr.m.* (*lett.*) Odisseo.

Oedipus ['i:dɪpəs / Oed·ipus] *no.pr.m.* (*mit.*) Edipo.

Offa ['ɒfə] *no.pr.m.* (*st. lett.*) Offa.

Ophelia [ɒ'fi:ljə / Ophe·lia] *no.pr.f.* (*lett.*) Ofelia.

Orestes [ɒ'resti:z / Or·estes] *no.pr.m.* (*mit.*) Oreste.

Orion [ə'raɪən / Or·ion] *no.pr.m.* (*mit.*) Orione.

Orpheus ['ɔ:fju:s / Or·pheus] *no.pr.m.* (*mit.*) Orfeo.

Osiris [əʊ'saɪərɪs / Os·iris] *no.pr.m.* (*mit.*) Osiride.

Ossian ['ɒsɪən / Os·sian] *no.pr.m.* (*lett.*) Ossian.

Othello [əʊ'θeləʊ / Oth·ello] *no.pr.m.* (*lett.*) Otello.

Otho ['əʊθəʊ] *no.pr.m.* (*st.*) Ottone.

Ovid ['ɒvɪd] *no.pr.m.* (*st. lett.*) Ovidio.

Palinurus [,pælɪ'njʊərəs / Pali·nurus] *no.pr.m.* (*lett.*) Palinuro.

Pallas ['pælæs / Pal·las] *no.pr.f.* (*mit.*) Pallade.

Pan [pæn] *no.pr.m.* (*mit.*) Pan, Pane (il dio dei pastori).

Pandora [pæn'dɔ:rə / Pan·dora] *no.pr.f.* (*mit.*) Pandora.

Pantagruel [pæn'tægru:el / Pan·ta·gruel] *no.pr.m.* (*lett.*) Pantagruele.

Pantaloon [ˌpæntəˈluːn / Pan·ta·loon] *no.pr.m.* (*st. teatr.*) Pantalone.

Paracelsus [ˌpærəˈselsəs / Pa·ra·cel·sus] *no.pr.m.* (*st. med.*) Paracelso.

Parcae [ˈpɑːsiː / Par·cae] *no.pr.f.pl.* (*mit.*) Parche.

Paris [ˈpærɪs / Pa·ris] *no.pr.m.* (*mit.*) Paride.

Parmenides [pɑːˈmenədiːz / Par·me·ni·des] *no.pr.m.* (*st. fil.*) Parmenide.

Parthenope [pɑːˈθenəpɪ / Par·then·ope] *no.pr.f.* (*mit.*) Partenope.

Pasiphae [pəˈsɪfiː / Pa·si·phae] *no.pr.f.* (*mit.*) Pasifae, Pasife.

Patroclus [pəˈtrɒkləs / Pa·tro·clus] *no.pr.m.* (*lett.*) Patroclo.

Pausanias [pɔːˈseɪnɪæs / Pau·san·ias] *no.pr.m.* (*st.*) Pausania.

Pegasus [ˈpegəsəs / Peg·asus] *no.pr.m.* (*mit.*) Pegaso.

Peg Leg Pete [ˌpeg,legˈpiːt] *no.pr.m.* (*W. Disney*) Gambadilegno.

Peleus [ˈpiːljuːs / Pel·eus] *no.pr.m.* (*mit.*) Peleo.

Pelops [ˈpelɒps / Pel·ops] *no.pr.m.* (*mit.*) Pelope.

Penelope [pɪˈneləpɪ / Pen·el·ope] *no.pr.f.* (*lett.*) Penelope.

Penthesilea [ˌpenθesɪˈlɪə / Pen·the·si·lea] *no.pr.f.* (*mit.*) Pentesilea.

Pepin [ˈpepɪn / Pe·pin] *no.pr.m.* (*st.*) Pipino | — *the Short*, Pipino il Breve.

Perceval [ˈpɜːsɪvl / Per·ce·val] *no.pr.m.* (*lett.*) Parsifal.

Pericles [ˈperɪkliːz / Peri·cles] *no.pr.m.* (*st.*) Pericle.

Persephone [pɜːˈsefənɪ / Per·se·phone] *no.pr.f.* (*mit.*) Persefone.

Perseus [ˈpɜːsjuːs / Per·seus] *no.pr.m.* (*mit.*) Perseo.

Petrarch [ˈpetrɑːk / Pet·rarch] *no.pr.* (*st. lett.*) Petrarca.

Petronius [pɪˈtrəʊnɪəs / Pe·tron·ius] *no. pr.m.* (*st. lett.*) Petronio.

Phaedo [ˈfiːdəʊ / Phae·do] *no.pr.m.* (*lett.*) Fedone.

Phaedra [ˈfiːdrə / Phae·dra] *no.pr.f.* (*mit.*) Fedra.

Phaedrus [ˈfiːdrəs / Phae·drus] *no.pr.m.* (*st. lett.*) Fedro.

Phaethon [ˈfeɪəθən / Phae·thon] *no.pr.m.* (*mit.*) Fetonte.

Phidias [ˈfɪdɪæs / Phid·ias] *no.pr.m.* (*st. arte*) Fidia.

Philemon [fɪˈliːmɒn / Phi·le·mon] *no.pr.m.* (*mit.*) Filemone.

Philoctetes [fɪlˈɒctətiːz / Phi·loc·te·tes] *no.pr.m.* (*lett.*) Filottete.

Philomel [ˈfɪləmel / Philo·mel] **Philomela** [ˌfɪləʊˈmiːlə / Philo·mela] *no.pr.f.* (*mit.*) Filomela.

Philostratus [fɪˈlɒstrətəs / Philo·stratus] *no.pr.m.* (*lett.*) Filostrato.

Phoebe [ˈfiːbɪ] *no.pr.f.* (*mit.*) Artemide.

Phoebus [ˈfiːbəs / Phoe·bus] *no.pr.m.* (*mit.*) Febo.

Phryne [ˈfraɪnɪ] *no.pr.f.* (*st.*) Frine.

Phyllis [ˈfɪlɪs / Phyl·lis] *no.pr.f.* (*lett.*) Fillide.

Pierides [paɪˈerɪdiːz / Pier·ides] *no.pr.f.pl.* (*mit.*) Pieridi, Muse.

Pilate [ˈpaɪlət / Pi·late] *no.pr.m.* (*st.*) Pilato.

Pindar [ˈpɪndə* / Pin·dar] *no.pr.m.* (*st. lett.*) Pindaro.

Pisistratus [paɪˈsɪstrətəs / Pisi·stratus] *no.pr.m.* (*st.*) Pisistrato.

Pius [ˈpaɪəs] *no.pr.m.* (*st.*) Pio.

Plantagenet [plænˈtædʒɪnət / Plan·ta·genet] *no.pr.* (*st.*) Plantageneto.

Plato [ˈpleɪtəʊ] *no.pr.m.* (*st. fil.*) Platone.

Plautus [ˈplɔːtəs / Plau·tus] *no.pr.m.* (*st. lett.*) Plauto.

Pleiad [ˈplaɪəd / Plei·ad] *no.pr.f.* (*mit.*) Pleiade.

Pleiades [ˈplaɪədiːz / Plei·ades] *no.pr.pl.* (*astr.*) Pleiadi.

Pliny [ˈplɪnɪ] *no.pr.m.* (*st. lett.*) Plinio: — *the Elder*, Plinio il Vecchio; — *the Younger*, Plinio il Giovane.

Plotinus [pləˈtaɪnəs / Plo·ti·nus] *no.pr.m.* (*st. fil.*) Plotino.

Plutarch [ˈpluːtɑːk / Plut·arch] *no.pr.m.* (*st. lett.*) Plutarco.

Pluto[1] [ˈpluːtəʊ] *no.pr.m.* (*mit.*) Plutone.

Pluto[2] [ˈpluːtəʊ] *no.pr.m.* (*W. Disney*) Pluto.

Plutus [ˈpluːtəs / Plu·tus] *no.pr.m.* (*mit.*) Pluto.

Politian [pəˈlɪʃn / Poli·tian] *no.pr.* (*st. lett.*) Poliziano.

Pollux [ˈpɒləks / Pol·lux] *no.pr.m.* (*mit.*) Polluce.

Polonius [pəˈləʊnjəs / Po·lon·ius] *no.pr.m.* (*lett.*) Polonio.

Polybius [pɒˈlɪbɪəs / Poly·bius] *no.pr.m.* (*st. lett.*) Polibio.

Polycrates [pɒˈlɪkrətiːz / Poly·crates] *no. pr.m.* (*st.*) Policrate.

Polydorus [ˌpɒlɪˈdɔːrəs / Poly·dorus] *no. pr.m.* (*st.*) Polidoro.

Polyhymnia [ˌpɒlɪˈhɪmnjə / Poly·hym·nia] *no.pr.f.* (*mit.*) Polinnia.

Polypheme [ˈpɒlɪfiːm / Poly·pheme] **Polyphemus** [ˌpɒlɪˈfiːməs / Poly·phe·mus] *no.pr.m.* (*lett.*) Polifemo.

Polyxena [pɒˈlɪksɪnə / Poly·xena] *no.pr.f.* (*lett.*) Polissena.

Pomona [pəˈməʊnə / Po·mona] *no.pr.f.* (*mit.*) Pomona.

Pompey [ˈpɒmpɪ / Pom·pey] *no.pr.m.* (*st.*) Pompeo.

Pontius Pilate [ˈpɒntjəsˈpaɪlət / Pontius Pi·late] *no.pr.* (*st.*) Ponzio Pilato.

Popeye [ˈpɒpaɪ / Pop·eye] *no.pr.m.* Braccio di Ferro.

Poppaea [pɒˈpeɪə / Pop·paea] *no.pr.f.* (*st.*) Poppea.

Porphyrius [pɔːˈfɪrɪəs / Por·phy·rius] *no. pr.m.* (*st. fil.*) Porfirio.

Porsena [ˈpɔːsɪnə / Por·sena] *no.pr.m.* (*st.*) Porsenna.

Portia [ˈpɔːʃjə / Por·tia] *no.pr.f.* Porzia.

Poseidon [pɒˈsaɪdən / Po·sei·don] *no.pr.m.* (*mit.*) Poseidone.

Potiphar [ˈpɒtɪfə* / Po·ti·phar] *no.pr.m.* (*Bibbia*) Putifarre.

Praxiteles [prækˈsɪtəliːz / Prax·it·eles] *no.pr.m.* (*st. arte*) Prassitele.

Priam [ˈpraɪəm] *no.pr.m.* (*lett.*) Priamo.

Priapus [praɪˈeɪpəs / Pri·apus] *no.pr.m.* (*mit.*) Priapo.

Procopius [prəˈkəʊpjəs / Pro·co·pius] *no. pr.m.* (*st.*) Procopio.

Prometheus [prəˈmiːθjuːs / Pro·meth·eus] *no.pr.m.* (*mit.*) Prometeo.

Propertius [prəˈpɜːʃjəs / Pro·per·tius] *no.pr.m.* (*st. lett.*) Properzio.

Proserpine [ˈprɒsəpaɪn / Pro·ser·pine] *no.pr.f.* (*mit.*) Proserpina.

Protagoras [prəʊˈtægərəs / Prot·ag·oras] *no.pr.m.* (*st. fil.*) Protagora.

Proteus [ˈprəʊtjuːs / Pro·teus] *no.pr.m.* (*mit.*) Proteo.

Psyche [ˈsaɪkiː / Psy·che] *no.pr.f.* (*mit.*) Psiche.

Ptolemy [ˈtɒlɪmɪ / Ptol·emy] *no.pr.m.* (*st.*) Tolomeo.

Pygmalion [pɪgˈmeɪljən / Pyg·ma·lion] *no.pr.m.* (*mit.*) Pigmalione.

Pylades [ˈpɪlədiːz / Py·la·des] *no.pr.m.* (*mit.*) Pilade.

Pyramus [ˈpɪrəməs / Py·ra·mus] *no.pr.m.* (*mit.*) Piramo.

Pyrrhus [ˈpɪrəs / Pyr·rhus] *no.pr.m.* (*st.*) Pirro.

Pythia [ˈpɪθɪə / Py·thia] *no.pr.f.* (*st.*) Pizia.

Pythagoras [paɪˈθægəræs / Py·thag·oras] *no.pr.m.* (*st. fil.*) Pitagora.

Pyrrho [ˈpɪrəʊ] *no.pr.m.* (*st. fil.*) Pirrone.

Quintilian [kwɪnˈtɪljən / Quin·ti·lian] *no.pr.m.* (*st. lett.*) Quintiliano.

Quirinus [kwɪˈraɪnəs / Qui·ri·nus] *no.pr.m.* (*mit.*) Quirino.

Ramses [ˈræmsiːz / Ram·ses] *no.pr.m.* (*st.*) Ramesse, Ramsete.

Raphael [ˈræfeɪəl / Raph·ael] *no.pr.m.* **1** (*Bibbia*) Raffaele **2** (*st. pitt.*) Raffaello (Sanzio).

Red Riding Hood [ˌredˈraɪdɪŋ,hʊd] *no.pr.f.* (*lett.*) Cappuccetto rosso.

Regan [ˈriːgən / Re·gan] *no.pr.f.* (*lett.*) Regana.

Regulus [ˈregjʊləs / Regu·lus] *no.pr.m.* (*st.*) Regolo.

Rehoboam [ˌriːəˈbəʊəm / Re·ho·boam] *no.pr.m.* (*Bibbia*) Roboamo.

Remus [ˈriːməs / Re·mus] *no.pr.m.* (*mit.*) Remo.

Rhadamanthus [ˌrædəˈmænθəs / Rha·da·manthus] *no.pr.m.* (*mit.*) Radamanto.

Rhea [rɪə] *no.pr.f.* (*mit.*) Rea.

Romulus [ˈrɒmjʊləs / Rom·ulus] *no.pr.m.* (*mit.*) Romolo.

Rosencrantz [ˈrəʊzənkrænts / Ros·en·crantz] *no.pr.m.* (*lett.*) Rosencrantz.

Rowland [ˈrəʊlənd / Row·land] *no.pr.m.* (*lett.*) Rolando, Orlando.

Sallust [ˈsæləst / Sal·lust] *no.pr.m.* (*st. lett.*) Sallustio.

Salome [səˈləʊmɪ / Sal·ome] **Salomè** [ˌsɑːləʊˈmeɪ] *no.pr.f.* (*Bibbia*) Salomè.

Sam(p)son [ˈsæmpsən / Sam(p)·son] *no.pr.m.* (*Bibbia*) Sansone.

Sancho Panza [ˌsæntʃəʊˈpænzə / San·cho Pan·za] *no.pr.m.* (*lett.*) Sancio Panza.

Santa Claus [ˈsæntəˌklɔːz] *no.pr.m.* Santa Claus (personaggio di fiaba corrispondente a Babbo Natale).

Sappho [ˈsæfəʊ / Sap·pho] *no.pr.f.* (*st. lett.*) Saffo.

Sardanapalus [ˌsɑːdəˈnæpələs / Sar·da·nap·alus] *no.pr.m.* (*st.*) Sardanapalo.

Satan [ˈseɪtən] *no.pr.m.* Satana.

Saturn [ˈsætən / Sat·urn] *no.pr.m.* (*mit.*) Saturno.

Saul [sɔːl] *no.pr.m.* (*Bibbia*) Saul.

Scaramouch [ˈskærəmuːtʃ / Scara·mouch] *no.pr.m.* (*teatr.*) Scaramuccia.

Scheherazade [ʃɪˌhɪərəˈzɑːdə / Sche·her·az·ade] *no.pr.f.* (*lett.*) Shahrazad.

Scipio [ˈskɪpɪəʊ / Scip·io] *no.pr.m.* (*st.*) Scipione.

Scrooge McDuck [ˌskruːdʒmək'dʌk] *no.pr.m.* (*W. Disney*) Paperon de' Paperoni.

Sejanus [sɪˈdʒeɪnəs / Sej·anus] *no.pr.m.* (*st.*) Seiano.

Selene [sɪˈliːniː / Sel·ene] *no.pr.f.* (*mit.*) Selene.

Semiramis [seˈmɪrəmɪs / Semi·ramis] *no.pr.f.* (*st.*) Semiramide.

Seneca [ˈsenɪkə / Se·neca] *no.pr.m.* (*st. lett.*) Seneca.

Severus [sɪˈvɪərəs / Sev·erus] *no.pr.m.* (*st.*) Severo.

Sextus [ˈsekstəs / Sex·tus] *no.pr.m.* (*st.*) Sesto.

Shem [ʃem] *no.pr.m.* (*Bibbia*) Sem.

Shylock [ˈʃaɪlɒk / Shy·lock] *no.pr.m.* (*lett.*) Shylock.

Siegfried [ˈsiːgfriːd / Sieg·fried] *no.pr.m.* (*lett.*) Sigfrido.

Sisyphus [ˈsɪsɪfəs / Si·sy·phus] *no.pr.m.* (*mit.*) Sisifo.

Sitting Bull [ˈsɪtɪŋˈbʊl] *no.pr.m.* (*st.*) Toro Seduto.

Siva [ˈʃiːvə] *no.pr.m.* (*st. relig.*) Siva.

Sixtus [ˈsɪkstəs / Six·tus] *no.pr.m.* (*st.*) Sisto.

Sleepy [ˈsliːpɪ] *no.pr.m.* (*W. Disney*) Pisolo.

Sneezy [ˈsniːzɪ] *no.pr.m.* (*W. Disney*) Eolo.

Snow White [ˌsnəʊˈwaɪt] *no.pr.f.* (*lett.*) Biancaneve.

Socrates [ˈsɒkrətiːz / Soc·rates] *no.pr.m.* (*st. fil.*) Socrate.

Solomon [ˈsɒləmən / Solo·mon] *no.pr.m.* (*Bibbia*) Salomone.

Solon [ˈsəʊlɒn / So·lon] *no.pr.m.* (*st.*) Solone.

Sophocles [ˈsɒfəkliːz / Soph·oc·les] *no.pr.m.* (*st. lett.*) Sofocle.

Sphinx [sfɪŋks] *no.pr.f.* (*mit.*) Sfinge.

Statius [ˈsteɪʃəs / Stat·ius] *no.pr.m.* (*st. lett.*) Stazio.

Stentor [ˈstentɔː* / Sten·tor] *no.pr.m.* (*lett.*) Stentore.

Strabo [ˈstreɪbəʊ] *no.pr.m.* (*st. lett.*) Strabone.

Stradivarius [ˌstrædɪˈveərɪəs / Stra·di·varius] *no.pr.* (*st. mus.*) Stradivari.

Suetonius [swiːˈtəʊnjəs / Sue·ton·ius] *no.pr.m.* (*st. lett.*) Svetonio.

Sulla [ˈsʌlə] *no.pr.m.* (*st.*) Sulla.

Tacitus [ˈtæsɪtəs / Ta·citus] *no.pr.m.* (*st. lett.*) Tacito.

Tamerlane [ˈtæməleɪn / Tam·er·lane] *no.pr.m.* (*st.*) Tamerlano.

Tancred [ˈtæŋkred / Tan·cred] *no.pr.m.* (*st.*) Tancredi.

Tantalus [ˈtæntələs / Tan·talus] *no.pr.m.* (*mit.*) Tantalo.

Tarquin [ˈtɑːkwɪn / Tar·quin] **Tarquinius** [tɑːˈkwɪnɪəs / Tar·quin·ius] *no.pr.m.* (*st.*) Tarquinio.

Tartuffe [ˌtɑːˈtuːf / Tar·tuffe] *no.pr.m.* (*lett.*) Tartufo.

Telamon [ˈteləmən / Tel·amon] *no.pr.m.* (*lett.*) Telamone.

Telemachus [tɪˈleməkəs / Tele·machus] *no.pr.m.* (*lett.*) Telemaco.

Terence [ˈterəns / Ter·ence] *no.pr.m.* (*st. lett.*) Terenzio.

Terpsichore [tɜːpˈsɪkərɪ / Terp·si·chore] *no.pr.f.* (*mit.*) Tersicore.

Tertullian [tɜːˈtʌlɪən / Ter·tul·lian] *no.pr.m.* (*st.*) Tertulliano.

Tethys [ˈtiːθɪs / Te·thys] *no.pr.f.* (*mit.*) Teti.

Thais [taɪz] *no.pr.f.* (*st.*) Taide.

Thales [ˈθeɪliːz] *no.pr.m.* (*st. fil.*) Talete.

Thalia [θəˈlaɪə, ˈθeɪljə] *no.pr.f.* (*mit.*) Talia.

Themis [ˈθemɪs] *no.pr.f.* (*mit.*) Temi.

Themistocles [θɪˈmɪstəkliːz / The·mis·to·cles] *no.pr.m.* (*st.*) Temistocle.

Theocritus [θɪˈɒkrɪtəs / Theo·critus] *no.pr.m.* (*st. lett.*) Teocrito.

Theodoric [θɪˈɒdərɪk / Theo·doric] *no.pr.m.* (*st.*) Teodorico.

Theodosius [θɪəˈdəʊsjəs / Theo·dos·ius] *no.pr.m.* (*st.*) Teodosio.

Theophrastus [θɪəˈfræstəs / Theo·phras·tus] *no.pr.m.* (*st. fil.*) Teofrasto.

Thersites [θɜːˈsaɪtiːz / Ther·sites] *no.pr.m.* (*lett.*) Tersite.

Theseus [ˈθiːsjuːs / The·seus] *no.pr.m.* (*mit.*) Teseo.

Thespis [ˈθespɪs / Thes·pis] *no.pr.m.* (*st. lett.*) Tespi.

Thetis [ˈθetɪs] *no.pr.f.* (*mit.*) Teti, Tetide.

Thisbe [ˈθɪzbɪ / This·be] *no.pr.f.* (*mit.*) Tisbe.

Thor [θɔː*] *no.pr.m.* (*mit.*) Thor (divinità nordica).

Thucydides [θjuːˈsɪdɪdiːz / Thu·cyd·ides] *no.pr.m.* (*st. lett.*) Tucidide.

Thyestes [ˈθaɪəstiːz / Thy·estes] *no.pr.m.* (*mit.*) Tieste.

Thyrsis [ˈθɜːsɪs / Thyr·sis] *no.pr.m.* (*lett.*) Tirsi.

Tiberius [taɪˈbɪərɪəs / Ti·ber·ius] *no.pr.m.* (*st.*) Tiberio.

Tibullus [tɪˈbʌləs / Tib·ul·lus] *no.pr.m.* (*st. lett.*) Tibullo.

Timaeus [taɪˈmiːəs / Tim·aeus] *no.pr.m.* (*st.*) Timeo.

Timon [ˈtaɪmən / Ti·mon] *no.pr.m.* (*lett.*) Timone.

Tiresias [taɪˈriːsɪæs / Tir·esias] *no.pr.m.* (*mit.*) Tiresia.

Titan [ˈtaɪtən / Ti·tan] *no.pr.m.* (*mit.*) Titano.

Titania [tɪˈtɑːnjə / Ti·tania] *no.pr.f.* (*lett.*) Titania.

Tithonus [tiːˈθəʊnəs / Ti·tho·nus] *no.pr.m.* (*mit.*) Titone.

Titian [ˈtɪʃɪən / Ti·tian] *no.pr.m.* (*st. pitt.*) Tiziano (Vecellio).

Titus [ˈtaɪtəs] *no.pr.m.* (*st.*) Tito.

Tom Thumb [ˈtɒmˈθʌm] *no.pr.m.* (*lett.*) Pollicino.

Trajan [ˈtreɪdʒən / Tra·jan] *no.pr.m.* (*st.*) Traiano.

Tristan [ˈtrɪstən / Tris·tan] *no.pr.m.* (*lett.*) Tristano.

Tristram [ˈtrɪstrəm / Tris·tram] *no.pr.m.* (*lett.*) Tristano.

Triton [ˈtraɪtn / Tri·ton] *no.pr.m.* (*mit.*) Tritone.

Troilus [ˈtrəʊɪləs / Tro·ilus] *no.pr.m.* (*lett.*) Troilo.

Tully [ˈtʌlɪ] *no.pr.m.* (*st. lett.*) Tullio (Cicerone).

Tutankhamen [ˌtuːtənˈkɑːmən / Tut·ankh·amen] *no.pr.m.* (*st.*) Tutankhamon.

Typhoeus [taɪˈfəʊjuːs / Ty·phoeus] *no.pr.m.* (*mit.*) Tifone, Tifeo.

Typhon [ˈtaɪfɒn / Ty·phon] *no.pr.m.* (*mit.*) Tifone, Tifeo.

Tyrtaeus [tɜːˈtɪəs / Tyr·taeus] *no.pr.m.* (*st. lett.*) Tirteo.

Ugly Duckling [ˌʌglɪˈdʌklɪŋ] *no.pr.m.* (*lett.*) Brutto Anatroccolo.

Ulysses [juːˈlɪsiːz / Ulys·ses] *no.pr.m.* (*lett.*) Ulisse.

Urania [ˌjʊəˈreɪnɪə / Ur·ania] *no.pr.f.* (*mit.*) Urania.

Uranus [ˈjʊərənəs / Ur·anus] *no.pr.m.* (*mit.*) Urano.

Urban [ˈɜːbən / Ur·ban] *no.pr.m.* (*st.*) Urbano.

Uriah [ˌjʊəˈraɪə] *no.pr.m.* (*Bibbia*) Uria.

Uriel [ˈjʊərɪəl] *no.pr.m.* (*lett.*) Uriel.

Valkyrie [vælˈkɪərɪ / Val·kyrie] *no.pr.f.* (*mit.*) Valchiria.

Vandyke [ˌvænˈdaɪk / Van·dyke] *no.pr.* (*st. pitt.*) Van Dyck.

Venus [ˈviːnəs] *no.pr.f.* (*mit.*) Venere.

Vespasian [veˈspeɪʒjən / Ves·pa·sian] *no.pr.m.* (*st.*) Vespasiano.

Vesta [ˈvestə] *no.pr.f.* (*mit.*) Vesta.

Virgil [ˈvɜːdʒɪl / Vir·gil] *no.pr.m.* (*st. lett.*) Virgilio.

Vishnu [ˈvɪʃnuː] *no.pr.m.* (*st. relig.*) Visnù.

Vitruvius [vɪˈtruːvjəs / Vi·truv·ius] *no.pr.m.* (*st. arch.*) Vitruvio.

Vulcan [ˈvʌlkən / Vul·can] *no.pr.m.* (*mit.*) Vulcano.

Woden [ˈwəʊdn / Wo·den] *no.pr.m.* (*mit.*) Odino.

Xanthippe [zænˈθɪpɪ / Xan·thippe] *no.pr.f.* (*st.*) Santippe.

Xenocrates [zɪˈnɒkrətiːz / Xeno·crates] *no.pr.m.* (*st. fil.*) Senocrate.

Xenophanes [zen'ɒfəni:z / Xeno·phanes] *no.pr.m.* (*st. fil.*) Senofane.

Xenophon ['zenəfən / Xen·ophon] *no.pr.m.* (*st. lett.*) Senofonte.

Xerxes ['zɜ:ksi:z / Xer·xes] *no.pr.m.* (*st.*) Serse.

Yahoo [jə'hu: / Ya·hoo] *no.pr.* (*lett.*) Yahoo.

Yahveh ['jɑ:veɪ / Yah·veh] *no.pr.m.* (*Bibbia*) Geova.

Zebedee ['zebɪdi: / Ze·be·dee] *no.pr.m.* (*Bibbia*) Zebedea.

Zeno ['zi:nəʊ] *no.pr.m.* (*st. fil.*) Zenone.

Zenobia [zɪ'nəʊbjə* / Ze·nobia] *no.pr.f.* Zenobia.

Zephyrus ['zefərəs / Ze·phyr·us] *no.pr.m.* (*mit.*) Zefiro.

Zeus [zju:s] *no.pr.m.* (*mit.*) Zeus.

Zoroaster [,zɒrəʊ'æstə* / Zoro·aster] *no.pr.m.* (*st. relig.*) Zoroastro.

Zwingli ['zwɪŋglɪ / Zwin·gli] *no.pr.* (*st. relig.*) Zwingli.

2 · Sezione italiano / inglese

Abdia *no.pr.m.* (*Bibbia*) Obadiah.

Abelardo *no.pr.m.* (*st.*) Abelard.

Adone *no.pr.m.* (*mit.*) Adonis.

Adriano *no.pr.m.* (*st.*) Hadrian.

Afrodite *no.pr.f.* (*mit.*) Aphrodite.

Agamennone *no.pr.m.* (*lett.*) Agamemnon.

Agesilao *no.pr.m.* (*st.*) Agesilaus.

Agrippa *no.pr.m.* (*st.*) Agrippa.

Agrippina *no.pr.f.* (*st.*) Agrippina.

Aiace *no.pr.m.* (*lett.*) Ajax.

Alarico *no.pr.m.* (*st.*) Alaric.

Alberico *no.pr.m.* (*st.*) Alberich.

Alboino *no.pr.m.* (*st.*) Alboin.

Alceo *no.pr.m.* (*st., lett.*) Alcaeus.

Alcesti *no.pr.f.* (*mit.*) Alcestis.

Alcibiade *no.pr.m.* (*st.*) Alcibiades.

Alcinoo *no.pr.m.* (*mit.*) Alcinous.

Alcione *no.pr.f.* (*mit.*) Alcyone.

Alcuino *no.pr.m.* (*st.*) Alcuin.

Alessio *no.pr.m.* (*st.*) Alexius.

Aletto *no.pr.f.* (*mit.*) Alecto.

Alfeo *no.pr.m.* (*mit.*) Alph(a)eus.

Allah *no.pr.m.* (*relig.*) Allah.

Amilcare *no.pr.m.* (*st.*) Hamilcar.

Amleto *no.pr.m.* (*lett.*) Hamlet.

Ammone *no.pr.m.* (*mit.*) Am(m)on.

Anacreonte *no.pr.m.* (*st., lett.*) Anacreon.

Anassagora *no.pr.m.* (*st., fil.*) Anaxagoras.

Anassimandro *no.pr.m.* (*st., fil.*) Anaximander.

Anassimene *no.pr.m.* (*st., fil.*) Anaximenes.

Anchise *no.pr.m.* (*lett.*) Anchises.

Androclo *no.pr.m.* (*mit.*) Androcles.

Andromaca *no.pr.f.* (*lett.*) Andromache.

Andromeda *no.pr.f.* (*mit., astr.*) Andromeda.

Andronico *no.pr.m.* (*lett.*) Andronicus.

Anfitrione *no.pr.m.* (*mit.*) Amphitryon.

Anteo *no.pr.m.* (*mit.*) Antaeus.

Antigone *no.pr.f.* (*mit.*) Antigone.

Antistene *no.pr.m.* (*st., fil.*) Antisthenes.

Antonino *no.pr.m.* (*st.*) Antoninus.

Aubi *no.pr.m.* (*mit.*) Anubis.

Api *no.pr.m.* (*mit.*) Apis.

Apollo *no.pr.m.* (*mit.*) Apollo.

Apuleio *no.pr.m.* (*st., lett.*) Apuleius.

Archimede[1] *no.pr.m.* (*st.*) Archimedes.

Archimede[2] *no.pr.m.* (*W. Disney*) Gyro Gearloose.

Aretusa *no.pr.f.* (*mit.*) Arethusa.

Argo *no.pr.m.* (*mit.*) Argus.

Arianna *no.pr.f.* (*mit.*) Ariadne.

Ariele *no.pr.m.* (*lett.*) Ariel.

Ario *no.pr.m.* (*st., relig.*) Arius.

Aristarco *no.pr.m.* (*st., lett.*) Aristarchus.

Aristide *no.pr.m.* (*st.*) Aristides.

Aristofane *no.pr.m.* (*st., lett.*) Aristophanes.

Aristotele *no.pr.m.* (*st., fil.*) Aristotle.

Artaserse *no.pr.m.* (*st.*) Artaxerxes.

Artemide *no.pr.f.* (*mit.*) Artemis, Phoebe.

Artù *no.pr.m.* (*lett.*) Arthur.

Ascanio *no.pr.m.* (*lett.*) Ascanius.

Asclepio *no.pr.m.* (*mit.*) Asclepius.

Assalonne *no.pr.m.* (*Bibbia*) Absalom.

Assuero *no.pr.m.* (*Bibbia*) Ahasuerus.

Astianatte *no.pr.m.* (*lett.*) Astyanax.

Atanasio *no.pr.m.* (*st.*) Athanasius.

Atena *no.pr.f.* (*mit.*) Athena.

Atlante *no.pr.m.* (*mit.*) Atlas.

Atropo *no.pr.f.* (*mit.*) Atropos.

Attila *no.pr.m.* (*st.*) Attila.

Aureliano *no.pr.m.* (*st.*) Aurelian.

Aurelio *no.pr.m.* (*st.*) Aurelius.

Averroè *no.pr.m.* (*st., fil.*) Averroes.

Baal *no.pr.m.* (*mit.*) Baal.

Bacco *no.pr.m.* (*mit.*) Bacchus.

Bacone *no.pr.m.* (*st., fil.*) Bacon.

Baldassarre *no.pr.m.* (*Bibbia*) Belshazzar.

Banco *no.pr.m.* (*lett.*) Banquo.

Banda Bassotti *no.pr.pl.* (*W. Disney*) Beagle Boys Inc.

Barabba *no.pr.m.* (*Bibbia*) Barabas.

Barbablù *no.pr.m.* (*lett.*) Bluebeard.

Barbanera *no.pr.m.* (*st.*) Blackbeard.

Basettoni *no.p.m.* (*W. Disney*) O'Hara.

Bauci *no.pr.f.* (*mit.*) Baucis.

Beda *no.pr.m.* (*st., lett.*) Bede.

Bellerofonte *no.pr.m.* (*mit.*) Bellerophon.

Belzebù *no.pr.m.* (*Bibbia*) Beelzebub.

Berengario *no.pr.m.* (*st.*) Berengarius.

Betsabea *no.pr.f.* (*Bibbia*) Bathsheba.

Biancaneve *no.pr.f.* (*lett.*) Snow White.

Boezio *no.pr.m.* (*st., fil.*) Boethius.

Bolena *no.pr.* (*st.*) Boleyn.

Borbone *no.pr.* (*st.*) Bourbon.

Borea *no.pr.m.* (*mit.*) Boreas.

Brahma *no.pr.m.* (*relig.*) Brahma.

Briareo *no.pr.m.* (*mit.*) Briareus.

Briseide *no.pr.f.* (*lett.*) Briseis.

Brontolo *no.pr.m.* (*W. Disney*) Grumpy.

Brunilde *no.pr.f.* (*lett.*) Brunhild, Brünhilde, Brynhild.

Bruto *no.pr.m.* (*st.*) Brutus.

Brutto Anatroccolo *no.pr.m.* (*lett.*) Ugly Duckling.

Bucefalo *no.pr.m.* (*mit.*) Bucephalus.

Budda *no.pr.m.* (*st., relig.*) Buddha.

Caboto *no.pr.* (*st.*) Cabot.

Caco *no.pr.m.* (*mit.*) Cacus.

Cadmo *no.pr.m.* (*mit.*) Cadmus.

Caifa *no.pr.m.* (*Bibbia*) Caiaphas.

Caino *no.pr.m.* (*Bibbia*) Cain.

Caio *no.pr.m.* (*st.*) Caius.

Calcante *no.pr.m.* (*lett.*) Calchas.

Calibano *no.pr.m.* (*lett.*) Caliban.

Caligola *no.pr.m.* (*st.*) Caligula.

Calipso *no.pr.f.* (*mit.*) Calypso.

Callimaco *no.pr.m.* (*st. lett.*) Callimachus.

Calliope *no.pr.f.* (*mit.*) Calliope.

Calvino *no.pr.* (*st., relig.*) Calvin.

Cam *no.pr.m.* (*Bibbia*) Ham.

Canuto *no.pr.m.* (*st.*) Canute.

Capaneo *no.pr.m.* (*mit.*) Capaneus.

Cappuccetto rosso *no.pr.f.* (*lett.*) Red Riding Hood.

Capuleti *no.pr.* (*lett.*) Capulet.

Carlomagno *no.pr.m.* (*st.*) Charlemagne.

Caronte *no.pr.m.* (*lett.*) Charon.

Cartesio *no.pr.* (*st., fil.*) Descartes (*o* Cartesius).

Cassandra *no.pr.f.* (*lett.*) Cassandra.

Cassio *no.pr.m.* (*st.*) Cassius.

Cassiodoro *no.pr.m.* (*st., lett.*) Cassiodorus.

Cassiopea *no.pr.f.* (*mit.*) Cassiopeia.

Castore *no.pr.m.* (*mit.*) Castor.

Catilina *no.pr.m.* (*st.*) Catiline.

Catone *no.pr.m.* (*st.*) Cato.

Catullo *no.pr.m.* (*st. lett.*) Catullus.

Cecrope *no.pr.m.* (*mit.*) Cecrops.

Cenerentola *no.pr.f.* (*lett.*) Cinderella.

Cerbero *no.pr.m.* (*mit.*) Cerberus.

Cerere *no.pr.f.* (*mit.*) Ceres.

Cheope *no.pr.m.* (*st.*) Cheops.
Chimera *no.pr.f.* (*mit.*) Chimera.
Chirone *no.pr.m.* (*mit.*) Chiron.
Cibele *no.pr.f.* (*mit.*) Cybele.
Cicerone *no.pr.m.* (*st., lett.*) Cicero.
Cimbelino *no.pr.m.* (*lett.*) Cymbeline.
Cimone *no.pr.m.* (*st.*) Cimon.
Cincinnato *no.pr.m.* (*st.*) Cincinnatus.
Cip e Ciop *no.pr.* (*W. Disney*) Chip 'n' Dale.
Circe *no.pr.f.* (*mit.*) Circe.
Citerea *no.pr.f.* (*mit.*) Cytherea.
Claudio *no.pr.m.* (*st.*) Claudius.
Cleopatra *no.pr.f.* (*st.*) Cleopatra.
Clio *no.pr.f.* (*mit.*) Clio.
Clistene *no.pr.m.* (*st.*) Cleisthenes.
Clitennestra *no.pr.f.* (*lett.*) Clytemnestra.
Clodoveo *no.pr.m.* (*st.*) Clovis.
Colombano *no.pr.m.* (*st.*) Columbo.
Colombina *no.pr.f.* (*st., teatr.*) Columbine.
Colombo *no.pr.* (*st.*) Columbus.
Commodo *no.pr.m.* (*st.*) Commodus.
Confucio *no.pr.m.* (*st., relig.*) Confucius.
Copernico *no.pr.* (*st., astr.*) Copernicus.
Coriolano *no.pr.m.* (*st.*) Coriolanus.
Crasso *no.pr.m.* (*st.*) Crassus.
Creonte *no.pr.m.* (*mit.*) Creon.
Creso *no.pr.m.* (*st.*) Croesus.
Crimilde *no.pr.f.* (*lett.*) Kriemhild.
Criseide *no.pr.f.* (*lett.*) Criseyde; (*in Chaucer*) Cressida.
Cristo *no.pr.m.* Christ.
Crono *no.pr.m.* (*mit.*) Cronus, Cronos.
Cucciolo *no.pr.m.* (*W. Disney*) Dopey.
Cupido *no.pr.m.* (*mit.*) Cupid.

Dafne *no.pr.f.* (*mit.*) Daphne.
Dafni *no.pr.m.* (*mit.*) Daphnis.
Damocle *no.pr.m.* (*st.*) Damocles.
Damone *no.pr.m.* (*mit.*) Damon.
Danae *no.pr.f.* (*mit.*) Danae.
Danaidi *no.pr.f.pl.* (*mit.*) Danaides.
Danao *no.pr.m.* (*mit.*) Danaus.
Dante *no.pr.m.* (*st. lett.*) Dante.
Dario *no.pr.m.* (*st.*) Darius.
Decio *no.pr.m.* (*st.*) Decius.
Dedalo *no.pr.m.* (*mit.*) Daedalus.
Demetra *no.pr.f.* (*mit.*) Demeter.
Democrito *no.pr.m.* (*st. fil.*) Democritus.
Demogorgone *no.pr.m.* (*mit.*) Demogorgon.
Demostene *no.pr.m.* (*st. lett.*) Demosthenes.
Desdemona *no.pr.f.* (*lett.*) Desdemona.
Desiderio *no.pr.m.* (*st.*) Desiderius.
Deucalione *no.pr.m.* (*mit.*) Deucalion.
Diana *no.pr.f.* (*mit.*) Diana.
Didimo *no.pr.m.* (*Bibbia*) Didymus.
Didone *no.pr.f.* (*lett.*) Dido.
Diocleziano *no.pr.m.* (*st.*) Diocletian.
Diodoro *no.pr.m.* (*st.*) Diodorus.
Diogene *no.pr.m.* (*st., fil.*) Diogenes.
Diomede *no.pr.m.* (*lett.*) Diomed, Diomede(s).
Dionigi *no.pr.m.* (*st.*) Dionysius.
Dioniso *no.pr.m.* (*mit.*) Dionysus.
Dioscuri *no.pr.m.pl.* (*mit.*) Dioscuri.
Dite *no.pr.m.* (*mit.*) Dis.
Domiziano *no.pr.m.* (*st.*) Domitian.
Dotto *no.pr.m.* (*W. Disney*) Doc.
Dulcinea *no.pr.f.* (*lett.*) Dulcinea.
Durlindana *no.pr.f.* (*lett.*) Durendal.

Ebe *no.pr.f.* (*mit.*) Hebe.
Ecate *no.pr.f.* (*mit.*) Hecate.
Eco *no.pr.f.* (*mit.*) Echo.
Ecuba *no.pr.f.* (*lett.*) Hecuba.
Edda *no.pr.f.* (*st., lett.*) Edda.
Edipo *no.pr.m.* (*lett.*) Oedipus.
Efesto *no.pr.m.* (*mit.*) Hephaestus.
Efraim *no.pr.m.* (*Bibbia*) Ephraim.
Egeria *no.pr.f.* (*mit.*) Egeria.
Egisto *no.pr.m.* (*lett.*) Aegisthus.
Elagabalo *no.pr.m.* (*st.*) Elagabalus.
Eleno *no.pr.m.* (*lett.*) Helenus.
Elia *no.pr.m.* (*Bibbia*) Elijah.
Elettra *no.pr.f.* (*lett.*) Electra.
Eliogabalo *no.pr.m.* (*st.*) Elagabalus, Heliogabalus.
Eliseo *no.pr.m.* (*Bibbia*) Elisha.
Eloisa *no.pr.f.* (*lett.*) Héloïse.
Empedocle *no.pr.m.* (*st., fil.*) Empedocles.
Endimione *no.pr.m.* (*mit.*) Endymion.
Enea *no.pr.m.* (*lett.*) Aeneas.
Enoch *no.pr.m.* (*Bibbia*) Enoch.
Eolo *no.pr.m.* (*W. Disney*) Sneezy.
Epaminonda *no.pr.m.* (*st.*) Epaminondas.
Epicuro *no.pr.m.* (*st,. fil.*) Epicurus.
Epimeteo *no.pr.m.* (*mit.*) Epimetheus.
Epitteto *no.pr.m.* (*st., fil.*) Epictetus.
Era *no.pr.f.* (*mit.*) Hera.
Eracle *no.pr.m.* (*mit.*) Heracles.
Eraclito *no.pr.m.* (*st., fil.*) Heraclitus.
Erasmo *no.pr.m.* (*st., lett.*) Erasmus.
Erasto *no.pr.m.* (*st., relig.*) Erastus.
Erato *no.pr.f.* (*mit.*) Erato.
Eratostene *no.pr.m.* (*st. mat.*) Eratosthenes.
Ercole *no.pr.m.* (*mit.*) Hercules.
Eretteo *no.pr.m.* (*mit.*) Erechteus.
Erinni *no.pr.f.* (*mit.*) Erinys (*pl.* Erinyes), Fury.
Ermafrodito *no.pr.m.* (*mit.*) Hermaphroditus.
Ermes, Ermete *no.pr.m.* (*mit.*) Hermes.
Ermione *no.pr.f.* (*mit.*) Hermione.
Ero *no.pr.f.* (*mit.*) Hero.
Erode *no.pr.m.* (*st.*) Herod.
Erodiade *no.pr.f.* (*Bibbia*) Herodias.
Erodoto *no.pr.m.* (*st. lett.*) Herodotus.
Eros *no.pr.m.* (*mit.*) Eros.
Erostrato *no.pr.m.* (*st.*) Herostratus.
Esaù *no.pr.m.* (*Bibbia*) Esau.
Eschilo *no.pr.m.* (*st. lett.*) Aeschylus.
Esculapio *no.pr.m.* (*st., med.*) Aesculapius.
Esdra *no.pr.m.* (*Bibbia*) Ezra.
Esiodo *no.pr.m.* (*st. lett.*) Hesiod.
Esopo *no.pr.m.* (*st. lett.*) Aesop.
Esperidi *no.pr.f.pl.* (*mit.*) Hesperides.
Eta Beta *no.pr.m.* (*W. Disney*) Eega Beeva.
Eteocle *no.pr.m.* (*mit.*) Eteocles.
Euclide *no.pr.m.* (*st. mat.*) Euclid.
Eufrosine *no.pr.f.* (*mit.*) Euphrosyne.
Eumenidi *no.pr.f.pl.* (*mit.*) Eumenides.
Euridice *no.pr.f.* (*mit.*) Eurydice.
Euripide *no.pr.m.* (*st. lett.*) Euripides.
Europa *no.pr.f.* (*mit.*) Europa.
Eusebio *no.pr.m.* (*st. relig.*) Eusebius.
Eustachi(o) *no.pr.* (*st. med.*) Eustachius.
Euterpe *no.pr.f.* (*mit.*) Euterpe.
Eva *no.pr.f.* (*Bibbia*) Eve.
Ezechia *no.pr.m.* (*Bibbia*) Hezekiah.
Ezechiele *no.pr.m.* (*Bibbia*) Ezekiel.
Ezechiele Lupo *no.pr.m.* (*W. Disney*) Big Bad Wolf.

Fabio *no.pr.m.* (*st.*) Fabius.
Fabrizio *no.pr.m.* (*st.*) Fabricius.
Farnace *no.pr.m.* (*st.*) Pharnaces.
Fauno *no.pr.m.* (*mit.*) Faunus.
Febo *no.pr.m.* (*mit.*) Phoebus.
Fedone *no.pr.m.* (*lett.*) Phaedo.
Fedra *no.pr.f.* (*mit.*) Phaedra.
Fedro *no.pr.m.* (*st. lett.*) Phaedrus.
Fetonte *no.pr.m.* (*mit.*) Phaeton.
Fidia *no.pr.m.* (*st. scult.*) Phidias.
Filemone *no.pr.m.* (*mit.*) Philemon.
Fillide *no.pr.f.* (*lett.*) Phyllis, Phillis.
Filomela, **Filomena** *no.pr.f.* (*mit.*) Philomela.
Filostrato *no.pr.m.* (*lett.*) Philostratus.
Filottete *no.pr.m.* (*lett.*) Philoctetes.
Flaminio *no.pr.m.* (*st.*) Flaminius.
Fortebraccio *no.pr.m.* (*lett.*) Fortinbras.
Frine *no.pr.f.* (*st.*) Phryne.
Furie *no.pr.f.pl.* (*mit.*) Furies.

Galatea *no.pr.f.* (*mit.*) Galatea.
Galvano *no.pr.m.* (*lett.*) Gawain.
Gambadilegno *no.pr.m.* (*W. Disney*) Peg Leg Pete.
Ganimede *no.pr.m.* (*mit.*) Ganymede.
Gastone *no.pr.m.* (*W. Disney*) Gladstone Gander.
Gea *no.pr.f.* (*mit.*) Gaea.
Gerione *no.pr.m.* (*mit.*) Geryon.
Geroboamo *no.pr.m.* (*Bibbia*) Jeroboam.
Gesù *no.pr.m.* Jesus.
Giacinto *no.pr.m.* (*mit.*) Hyacinthus.
Giacobbe *no.pr.m.* (*Bibbia*) Jacob.
Giaele *no.pr.f.* (*Bibbia*) Jael.
Giano *no.pr.m.* (*mit.*) Janus.
Giasone *no.pr.m.* (*mit.*) Jason.
Ginevra *no.pr.f.* (*lett.*) Guinever(e), Guenever.
Giobbe *no.pr.m.* (*Bibbia*) Job.

Giocasta *no.pr.f.* (*lett.*) Jocasta, Jocaste.
Giona *no.pr.m.* (*Bibbia*) Jonah, Jonas.
Giosafatte *no.pr.m.* (*Bibbia*) Jehoshaphat.
Giosia *no.pr.m.* (*Bibbia*) Josiah, Josias.
Giotto *no.pr.m.* (*st., pitt.*) Giotto.
Giove *no.pr.m.* (*mit.*) Jove, Jupiter.
Giovenale *no.pr.m.* (*st. lett.*) Juvenal.
Giuda *no.pr.m.* (*l'Iscariota*) Judas; (*il figlio di Giacobbe*) Judah; (*il santo*) Jude, Judas.
Giugurta *no.pr.m.* (*st.*) Jugurtha.
Giulio Cesare *no.pr.m.* (*st.*) Julius Caesar.
Giunone *no.pr.f.* (*mit.*) Juno.
Giustiniano *no.pr.m.* (*st.*) Justinian.
Gog(a) e Magog(a) *no.pr.m.* (*Bibbia*) Gog and Magog.
Golia *no.pr.m.* (*Bibbia*) Goliath.
Gongolo *no.pr.m.* (*W. Disney*) Happy.
Gorgone *no.pr.f.* (*mit.*) Gorgon.
Gracco *no.pr.m.* (*st.*) Gracchus.
Grazie *no.pr.f.pl.* (*mit.*) (the) Graces.
Horus *no.pr.m.* (*mit.*) Horus.

Iadi *no.pr.f.pl.* (*mit.*) Hyades.
Iafet *no.pr.m.* (*Bibbia*) Japheth.
Icaro *no.pr.m.* (*mit.*) Icarus.
Idomeneo *no.pr.m.* (*mit.*) Idomeneus.
Idra *no.pr.f.* (*mit.*) Hydra.
Ieova *no.pr.m.* (*Bibbia*) Jehovah.
Iezabele *no.pr.f.* (*Bibbia*) Jezebel.
Ifigenia *no.pr.f.* (*lett.*) Iphigenia.
Igea *no.pr.f.* (*mit.*) Hygeia.
Imene *no.pr.m.* (*mit.*) Hymen.
Imeneo *no.pr.m.* (*mit.*) Hymen.
Io *no.pr.f.* (*mit.*) Io.
Ippocrate *no.pr.m.* (*st., med.*) Hippocrates.
Ippolita *no.pr.f.* (*mit.*) Hippolyta.
Ireneo *no.pr.m.* (*st., relig.*) Irenaeus.
Isaia *no.pr.m.* (*Bibbia*) Isaiah.
Iside *no.pr.f.* (*mit.*) Isis.
Ismaele *no.pr.m.* (*Bibbia*) Ishmael.
Isocrate *no.pr.m.* (*st., lett.*) Isocrates.
Ivanoe *no.pr.m.* (*lett.*) Ivanhoe.

Jack lo Squartatore *no.pr.m.* (*st.*) Jack the Ripper.

Keplero *no.pr.* (*st., astr.*) Kepler.

Labano *no.pr.m.* (*Bibbia*) Laban.
Lachesi *no.pr.f.*(*mit.*) Lachesis.
Laerte *no.pr.m.* (*lett.*) Laertes.
Lancillotto *no.pr.m.* (*lett.*) Lancelot, Launcelot.
Laocoónte *no.pr.m.* (*mit.*) Laocoön.
Laodamia *no.pr.f.* (*mit.*) Laodamia.
Laomedonte *no.pr.m.* (*mit.*) Laomedon.
Lapiti *no.pr.m.pl.* (*mit.*) Lapithae.
Latona *no.pr.f.* (*mit.*) Latona, Leto.
Lattanzio *no.pr.m.* (*st. lett.*) Lactantius.
Lazzaro *no.pr.m.* (*Bibbia*) Lazarus.
Leandro *no.pr.m.* (*lett.*) Leander.
Leda *no.pr.f.* (*mit.*) Leda.
Leonida *no.pr.m.* (*st.*) Leonidas.
Lepido *no.pr.m.* (*st.*) Lepidus.
Lesbia *no.pr.f.* (*lett.*) Lesbia.
Leucippo *no.pr.m.* (*st., fil.*) Leucippus.
Levi *no.pr.m.* (*Bibbia*) Levi.
Leviatano *no.pr.m.* (*Bibbia*) Leviathan.
Licurgo *no.pr.m.* (*st.*) Lycurgus.
Linneo *no.pr.* (*st., bot.*) Linnaeus.
Lisandro *no.pr.m.* (*st.*) Lysander.
Lisia *no.pr.m.* (*st., lett.*) Lysias.
Lisippo *no.pr.m.* (*st., scult.*) Lysippus.
Livio *no.pr.m.* (*st., romana*) Livy.
Longino *no.pr.* (*st., fil.*) Longinus.
Lotario *no.pr.m.* (*st.*) Lothario.
Lucano *no.pr.m.* (*st., lett.*) Lucan.
Lucifero *no.pr.m.* **1** (*Bibbia*) Lucifer **2** (*astr.*) Lucifer.
Lucilio *no.pr.m.* (*st., lett.*) Lucilius.
Lucrezio *no.pr.m.* (*st., lett.*) Lucretius.
Lucullo *no.pr.m.* (*st., romana*) Lucullus.
Lutero *no.pr.m.* (*st., relig.*) Luther.

Mab *no.pr.f.* (*mit.*) Mab.
Macario *no.pr.m.* (*st. eccl.*) Macarius.
Magellano *no.pr.* (*st.*) Magellan.
Maia *no.pr.f.* (*mit.*) Maia.
Malachia *no.pr.m.* (*Bibbia*) Malachi.
Mammolo *no.pr.m.* (*W. Disney*) Bashful.
Mammona *no.pr.m.* (*Bibbia*) Mammon.
Mammone *no.pr.m.* (*mit.*) Mammon.
Manasse *no.pr.m.* (*Bibbia*) Manasseh.
Manitù *no.pr.m.* (*st., relig.*) Manito(u), Manitu.
Maometto *no.pr.m.* (*st., relig.*) Mohammed, Mahomet.
Marcantonio *no.pr.m.* (*st.*) Mark Antony.
Marc'Aurelio *no.pr.m.* (*st.*) Marcus Aurelius.
Marcello *no.pr.m.* (*st.*) Marcellus.
Marciano *no.pr.m.* (*st.*) Marcianus.
Mardocheo *no.pr.m.* (*Bibbia*) Mordecai.
Marte *no.pr.m.* (*mit.*) Mars.
Marziale *no.pr.m.* (*st. lett.*) Martial.
Massenzio *no.pr.m.* (*st.*) Maxentius.
Massimo *no.pr.m.* (*st.*) Maximus.
Matusalemme *no.pr.m.* Methuselah.
Mecenate *no.pr.m.* (*st.*) Maecenas.
Medea *no.pr.f.* (*mit.*) Medea.
Medusa *no.pr.f.* (*mit.*) Medusa.
Mefistofele *no.pr.m.* (*lett.*) Mephistopheles.
Megera *no.pr.f.* (*mit.*) Megaera.
Melantone *no.pr.m.* (*st. fil.*) Melanchthon.
Melchisedèc *no.pr.m.* (*Bibbia*) Melchizedek, Melchisedec.
Meleagro *no.pr.m.* (*mit.*) Meleager.
Melpomene *no.pr.f.* (*mit.*) Melpomene.
Menandro *no.pr.m.* (*st. lett.*) Menander.
Menelao *no.pr.m.* (*lett.*) Menelaus.
Menippo *no.pr.m.* (*st. lett.*) Menippus.
Mentore *no.pr.m.* (*mit.*) Mentor.
Mercurio *no.pr.m.* (*mit.*) Mercury.
Mercurio *no.pr.m.* (*lett.*) Mercurio.
Meroveo *no.pr.m.* (*st.*) Merovaeus.
Messalina *no.pr.f.* (*st.*) Messalina.
Michea *no.pr.m.* (*Bibbia*) Micah, Micheas.
Mida *no.pr.m.* (*mit.*) Midas.
Milziade *no.pr.m.* (*st.*) Miltiades.
Minerva *no.pr.f.* (*mit.*) Minerva.
Minni *no.pr.f.* (*W. Disney*) Minnie.
Minosse *no.pr.m.* (*mit.*) Minos.
Minotauro *no.pr.m.* (*mit.*) Minotaur.
Mitra *no.pr.m.* (*mit.*) Mithra(s).
Mitridate *no.pr.m.* (*st.*) Mithridates.
Moloc *no.pr.m.* (*mit.*) Moloch.
Montecchi *no.pr.* (*lett.*) Montague.
Morfeo *no.pr.m.* (*mit.*) Morpheus.
Morgana *no.pr.f.* (*nelle fiabe*) Morgana; (*nei poemi medioevali*) Morgan le Fay.
Mosè *no.pr.m.* (*Bibbia*) Moses.

Nabuccodonosor *no.pr.m.* (*st.*) Nebuchadnezzar, Nebuchadrezzar.
Napoleone *no.pr.m.* (*st.*) Napoleon.
Narciso *no.pr.m.* (*mit.*) Narcisuss.
Nausicaa *no.pr.f.* (*mit.*) Nausicaä.
Nazareno, il *no.pr.m.* (*Bibbia*) Nazarene, the.
Nembrot(te) *no.pr.m.* (*Bibbia*) Nimrod.
Nemesi *no.pr.f.* (*mit.*) Nemesis.
Nepote *no.pr.m.* (*st., lett.*) Nepos.
Nereide *no.pr.f.* (*mit.*) Nereid.
Nereo *no.pr.m.* (*mit.*) Nereus.
Nerone *no.pr.m.* (*st.*) Nero.
Nesso *no.pr.m.* (*mit.*) Nessus.
Nestore *no.pr.m.* (*lett.*) Nestor.
Nettuno *no.pr.m.* (*mit.*) Neptune.
Nicomede *no.pr.m.* (*st.*) Nicomedes.
Nike *no.pr.f.* (*mit.*) Nike.
Nino *no.pr.m.* (*st.*) Ninus.
Niobe *no.pr.f.* (*mit.*) Niobe.
Noè *no.pr.m.* (*Bibbia*) Noah.
Nonna Papera *no.pr.f.* (*W. Disney*) Grandma Duck.

Oceano *no.pr.m.* (*mit.*) Oceanus.
Oddone *no.pr.m.* (*st.*) Odo, Otho, Otto.
Odino *no.pr.m.* (*mit.*) Odin.
Odoacre *no.pr.m.* (*st.*) Odoacer, Odovacar.
Ofelia *no.pr.f.* (*lett.*) Ophelia.
Oloferne *no.pr.m.* (*Bibbia*) Holofernes, Holopherne.
Omero *no.pr.m.* (*st., lett.*) Homer.
Orazio *no.pr.m.* (*st., lett.*) Horace.
Orco *no.pr.m.* (*mit.*) Orcus.
Ore *no.pr.f.pl.* (*mit.*) Horae.
Orfeo *no.pr.m.* (*mit.*) Orpheus.
Origene *no.pr.m.* (*st., fil.*) Origen.
Orione *no.pr.m.* (*mit.*) Orion.
Osea *no.pr.m.* (*Bibbia*) Hosea.
Osiride *no.pr.m.* (*mit.*) Osiris.

Otello *no.pr.m.* (*lett.*) Othello.
Ottaviano *no.pr.m.* (*st.*) Octavian.
Ovidio *no.pr.m.* (*st., lett.*) Ovid.

Palinuro *no.pr.m.* (*lett.*) Palinurus.
Pan *no.pr.m.* (*mit.*) Pan.
Pandora *no.pr.f.* (*mit.*) Pandora.
Paperina *no.pr.f.* (*W. Disney*) Daisy Duck.
Paperino *no.pr.m.* (*W. Disney*) Donald Duck.
Paperoga *no.pr.m.* (*W. Disney*) Fethry.
Paperon de' Paperoni *no.pr.m.* (*W. Disney*) Scrooge McDuck.
Paracelso *no.pr.* (*st., med.*) Paracelsus.
Parche *no.pr.f.* (*mit.*) Parcae.
Paride *no.pr.m.* (*mit.*) Paris.
Parmenide *no.pr.m.* (*st., fil.*) Parmenides.
Parsifal *no.pr.m.* (*lett.*) Perceval.
Partenope *no.pr.f.* (*mit.*) Parthenope.
Pasifae *no.pr.f.* (*mit.*) Pasiphae.
Patroclo *no.pr.m.* (*lett.*) Patroclus.
Pausania *no.pr.m.* (*st.*) Pausanias.
Pegaso *no.pr.m.* (*mit.*) Pegasus.
Peleo *no.pr.m.* (*mit.*) Peleus.
Pelope *no.pr.m.* (*mit.*) Pelops.
Penelope *no.pr.f.* (*mit.*) Penelope.
Pentesilea *no.pr.f.* (*mit.*) Penthesilea.
Pericle *no.pr.m.* (*st.*) Pericles.
Persefone *no.pr.f.* (*mit.*) Persephone.
Perseo *no.pr.m.* (*mit.*) Perseus.
Petrarca *no.pr.* (*st., lett.*) Petrarch.
Petronio *no.pr.m.* (*st.*) Petronius.
Pico de Paperis *no.pr.m.* (*W. Disney*) Ludwig von Drake.
Pieridi *no.pr.f.pl.* (*mit.*) Pierides.
Pigmalione *no.pr.m.* (*mit.*) Pygmalion.
Pilade *no.pr.m.* (*lett.*) Pylades.
Pilato *no.pr.m.* (*st.*) Pilate.
Pindaro *no.pr.m.* (*st., lett.*) Pindar.
Pio *no.pr.m.* (*st.*) Pius.
Pipino *no.pr.m.* (*st.*) Pepin.
Pippo *no.pr.m.* (*W. Disney*) Goofy.
Piramo *no.pr.m.* (*mit.*) Pyramus.
Pirro *no.pr.m.* (*st.*) Pyrrhus.
Pirrone *no.pr.m.* (*st., fil.*) Pyrrho.
Pisistrato *no.pr.m.* (*st.*) Pisistratus.
Pisolo *no.pr.m.* (*W. Disney*) Sleepy.
Pitagora *no.pr.m.* (*st. fil.*) Pythagoras.
Pizia *no.pr.f.* (*mit.*) Pythia.
Plantageneto *no.pr.* (*st.*) Plantagenet.
Platone *no.pr.m.* (*st., fil.*) Plato.
Plauto *no.pr.m.* (*st., lett.*) Plautus.
Pleiadi *no.pr.f.pl.* (*mit.*) Pleiad(e)s.
Plinio *no.pr.m.* (*st., lett.*) Pliny: — *il Giovane*, Pliny the Younger; — *il Vecchio*, Pliny the Elder.
Plotino *no.pr.m.* (*st. fil.*) Plotinus.
Plutarco *no.pr.m.* (*st. lett.*) Plutarch.
Pluto[1] *no.pr.m.* (*mit.*) Pluto.
Pluto[2] *no.pr.m.* (*W. Disney*) Pluto.
Plutone *no.pr.m.* (*mit.*) Pluto.
Polibio *no.pr.m.* (*st.*) Polybius.
Policrate *no.pr.m.* (*st.*) Polycrates.
Polidoro *no.pr.m.* (*lett.*) Polydorus.
Polifemo *no.pr.m.* (*mit.*) Polyphemus.
Polinice *no.pr.m.* (*mit.*) Polynices.
Polinnia *no.pr.f.* (*mit.*) Polyhymnia.
Polissena *no.pr.f.* (*mit.*) Polyxena.
Poliziano *no.pr.* (*st. lett.*) Politian.
Polluce *no.pr.m.* (*mit.*) Pollux.
Pomona *no.pr.f.* (*mit.*) Pomona.
Pompeo *no.pr.m.* (*st.*) Pompeius, Pompey.
Pompilio *no.pr.m.* (*st.*) Pompilius.
Ponzio *no.pr.m.* (*st.*) Pontius.
Poppea *no.pr.f.* (*st.*) Poppaea.
Porfirio *no.pr.m.* (*st. fil.*) Porphyrius.
Porsenna *no.pr.m.* (*st.*) Porsena.
Porzia *no.pr.f.* (*st.*) Portia.
Posidone *no.pr.m.* (*mit.*) Poseidon.
Prassitele *no.pr.m.* (*st., scult.*) Praxiteles.
Priamo *no.pr.m.* (*lett.*) Priam.
Priapo *no.pr.m.* (*mit.*) Priapus.
Procopio *no.pr.m.* (*st.*) Procopius.
Procuste *no.pr.m.* (*mit.*) Procustes.
Prometeo *no.pr.m.* (*mit.*) Prometheus.
Properzio *no.pr.m.* (*st., lett.*) Propertius.
Proserpina *no.pr.f.* (*mit.*) Proserpina, Proserpine.
Protagora *no.pr.m.* (*st., fil.*) Protagoras.
Proteo *no.pr.m.* (*mit.*) Proteus.
Protesilao *no.pr.m.* (*lett.*) Protesilaus.
Psiche *no.pr.f.* (*mit.*) Psyche: *Amore e* —, Eros and Psyche.
Pulcinella *no.pr.m.* (*st., teatr.*) Punch, Punchinello.
Putifarre *no.pr.m.* (*Bibbia*) Potiphar.

Quintiliano *no.pr.m.* (*st., lett.*) Quintilian.
Qui, **Quo**, **Qua** *no.pr.* (*W. Disney*) Dewey, Huey, Louie.
Quirino *no.pr.m.* (*mit.*) Quirinus.

Radamanto *no.pr.m.* (*mit.*) Rhadamanthus.
Raffaello *no.pr.m.* (*st., pitt.*) Raphael.
Ramsete *no.pr.m.* (*st.*) Ram(e)ses.
Rea *no.pr.f.* (*mit.*) Rhea.
Regolo *no.pr.m.* (*st.*) Regulus.
Romolo *no.pr.m.* (*st.*) Romulus.

Saffo *no.pr.f.* (*st., lett.*) Sappho.
Sallustio *no.pr.m.* (*st., lett.*) Sallust.
Salomè *no.pr.f.* (*Bibbia*) Salome.
Salomone *no.pr.m.* (*Bibbia*) Solomon.
Sansone *no.pr.m.* (*Bibbia*) Samson.
Santippe *no.pr.f.* (*st.*) Xant(h)ippe.
Sardanapalo *no.pr.m.* (*st.*) Sardanapalus.
Satana *no.pr.m.* Satan.
Saturno *no.pr.m.* (*mit.*) Saturn.
Saul *no.pr.m.* (*Bibbia*) Saul.
Scaramuccia *no.pr.m.* (*teatr.*) Scaramouch.
Scipione *no.pr.m.* (*st.*) Scipio.
Seiano *no.pr.m.* (*st.*) Sejanus.
Selene *no.pr.f.* (*mit.*) Selene.
Sem *no.pr.m.* (*Bibbia*) Shem.
Semiramide *no.pr.f.* (*st.*) Semiramis.
Sempronio *no.pr.m.* Sempronius.
Seneca *no.pr.m.* (*st., lett.*) Seneca.
Senofane *no.pr.m.* (*st., fil.*) Xenophanes.
Senofonte *no.pr.m.* (*st., lett.*) Xenophon.
Serse *no.pr.m.* (*st.*) Xerxes.
Sesto *no.pr.m.* (*st.*) Sextus.
Severo *no.pr.m.* (*st.*) Severus.
Sfinge *no.pr.f.* (*mit.*) Sphinx.
Silla *no.pr.m.* (*st.*) Sulla.
Sisifo *no.pr.m.* (*mit.*) Sisyphus.
Sisto *no.pr.m.* Sistus, Sixtus.
Siva *no.pr.m.* (*relig.*) Siva, Shiva.
Socrate *no.pr.m.* (*st., fil.*) Socrates.
Sofocle *no.pr.m.* (*st., lett.*) Sophocles.
Solone *no.pr.m.* (*st.*) Solon.
Stazio *no.pr.m.* (*st. lett.*) Statius.
Stentore *no.pr.m.* (*mit.*) Stentor.
Strabone *no.pr.m.* (*st., lett.*) Strabo.
Svetonio *no.pr.m.* (*st., lett.*) Suetonius.

Tacito *no.pr.m.* (*st., lett.*) Tacitus.
Taide *no.pr.f.* (*lett.*) Thais.
Talete *no.pr.m.* (*st., fil.*) Thales.
Talia *no.pr.f.* (*mit.*) Thalia.
Tamerlano *no.pr.m.* (*st.*) Tamerlane, Tamburlaine.
Tancredi *no.pr.m.* (*st.*) Tancred.
Tantalo *no.pr.m.* (*mit.*) Tantalus.
Tarquinio *no.pr.m.* (*st.*) Tarquin.
Telamone *no.pr.m.* (*lett.*) Telamon.
Telemaco *no.pr.m.* (*lett.*) Telemachus.
Temi *no.pr.f.* (*mit.*) Themis.
Temistocle *no.pr.m.* (*st.*) Themistocles.
Teocrito *no.pr.m.* (*st. lett.*) Theocritus.
Teodorico *no.pr.m.* (*st.*) Theodoric.
Teodosio *no.pr.m.* (*st.*) Theodosius.
Teofrasto *no.pr.m.* (*st., lett.*) Theophrastus.
Terenzio *no.pr.m.* (*st., lett.*) Terence.
Tersicore *no.pr.f.* (*mit.*) Terpsichore.
Tersite *no.pr.m.* (*lett.*) Thersites.
Tertulliano *no.pr.m.* (*st., lett.*) Tertullian.
Teseo *no.pr.m.* (*mit.*) Theseus.
Teti *no.pr.f.* (*mit.*) Tethys.
Teti, **Tetide** *no.pr.f.* (*mit.*) Thetis.
Tieste *no.pr.m.* (*mit.*) Thyestes.
Tifeo *no.pr.m.* (*mit.*) Typhoeus.
Tifone *no.pr.m.* (*mit.*) Typhon.
Timone *no.pr.m.* (*st.*) Timon.
Tiresia *no.pr.m.* (*mit.*) Tiresias.
Tirteo *no.pr.m.* (*st., lett.*) Tyrtaeus.
Tisbe *no.pr.f.* (*mit.*) Thisbe.
Titania *no.pr.f.* (*mit.*) Titania.
Titano *no.pr.m.* (*mit.*) Titan.
Tito *no.pr.m.* (*st.*) Titus.
Titone *no.pr.m.* (*mit.*) Tithonus.
Tiziano *no.pr.m.* (*st., pitt.*) Titian.

Tolomeo *no.pr.m.* (*st.*) Ptolemy.

Topolina *no.pr.f.* (*W. Disney*) Minnie.

Topolino *no.pr.m.* (*W. Disney*) Mickey Mouse.

Traiano *no.pr.m.* (*st.*) Trajan.

Tritone *no.pr.m.* (*mit.*) Triton.

Troilo *no.pr.m.* (*lett.*) Troilus.

Tucidide *no.pr.m.* (*st. lett.*) Thucydides.

Tullio *no.pr.m.* (*st. lett.*) (*Cicerone*) Tully.

Ulisse *no.pr.m.* (*lett.*) Ulysses.

Urania *no.pr.f.* (*mit.*) Urania.

Urano *no.pr.m.* (*mit.*) Uranus.

Urbano *no.pr.m.* (*st.*) Urban.

Uria *no.pr.m.* (*Bibbia*) Uriah.

Uriele *no.pr.m.* (*lett.*) Uriel.

Valchiria *no.pr.f.* (*mit.*) Valkyrie.

Valeriano *no.pr.m.* (*st.*) Valerian, Valerianus.

Varrone *no.pr.m.* (*st.*) Varro.

Venceslao *no.pr.m.* (*st.*) Wenceslaus.

Venere *no.pr.f.* (*mit.*) Venus.

Vespasiano *no.pr.m.* (*st.*) Vespasian.

Vesta *no.pr.f.* (*mit.*) Vesta.

Virgilio *no.pr.m.* (*st. lett.*) Virgil.

Visnù *no.pr.m.* (*relig.*) Vishnu.

Vitruvio *no.pr.m.* (*st.*) Vitruvius.

Vulcano *no.pr.m.* (*mit.*) Vulcan.

Wotan *no.pr.m.* (*mit. nordica*) Odin, Woden.

Zebedia *no.pr.m.* (*Bibbia*) Zebedee.

Zeffiro *no.pr.m.* (*mit.*) Zephyrus.

Zenobia *no.pr.f.* (*st.*) Zenobia.

Zenone *no.pr.m.* (*st. fil.*) Zeno.

Zeus *no.pr.m.* (*mit.*) Zeus.

1 · Sezione inglese / italiano

Aachen ['ɑ:kən / Aa·chen] *no.pr.* Aquisgrana.

Aberdeen [,æbə'di:n / Aber·deen] *no.pr.* Aberdeen.

Abidjan [,æbɪ'dʒɑ:n / Abid·jan] *no.pr.* Abidjan.

Abukir [,æbu:'kɪə* / Abu·kir] *no.pr.* Abukir.

Abyssinia [,æbɪ'sɪnjə / Abys·sinia] *no.pr.* Abissinia.

Achaea [ə'ki:ə / A·chaea] *no.pr.* Acaia.

Acheron ['ækərɒn / Ach·er·on] *no.pr.* (*geogr. mit.*) Acheronte.

Actium ['æktɪəm / Act·ium] *no.pr.* Azio.

Addis Ababa [,ædɪs'æbəbə] *no.pr.* Addis Abeba.

Adriatic [,eɪdrɪ'ætɪk / Adri·at·ic] *no.pr.* Adriatico.

Aduwa ['ɑ:du:wə / Ad·uwa] *no.pr.* Adua.

Aegean [i:'dʒi:ən / Ae·gean] *no.pr.* Egeo.

Aethiopia [,i:θɪ'əʊpjə / Aethi·opia] *no.pr.* → **Ethiopia**.

Aetna ['etnə] *no.pr.* → **Etna**.

Afghanistan [æf'gænɪstæn / Af·ghan·is·tan] *no.pr.* Afghanistan.

Africa ['æfrɪkə / Af·rica] *no.pr.* Africa.

Ajaccio [ə'jætʃɪəʊ / Ajac·cio] *no.pr.* Ajaccio.

Alabama [,ælə'bæmə / Ala·bama] *no.pr.* Alabama.

Alaska [ə'læskə] *no.pr.* Alaska.

Albania [æl'beɪnjə / Al·ba·nia] *no.pr.* Albania.

Alberta [æl'bɜ:tə / Al·berta] *no.pr.* Alberta.

Albuquerque [,ɑ:lbu:'kɜ:kə / Al·bu·quer·que] *no.pr.* Albuquerque.

Alcatraz [,ælkə'træz / Al·ca·traz] *no.pr.* Alcatraz.

Aldebaran [æl'debərən / Al·de·baran] *no.pr.* (*astr.*) Aldebaran.

Alexandria [,ælɪg'zɑ:ndrɪə *amer.* ,ælɪg'zændrɪə / Al·ex·an·dria] *no.pr.* Alessandria (d'Egitto).

Algeria [æl'dʒɪərɪə / Al·geria] *no.pr.* Algeria.

Algiers [æl'dʒɪəz / Al·giers] *no.pr.* Algeri.

Algol ['ælgɒl / Al·gol] *no.pr.* (*astr.*) Algol.

Alleghenies ['ælɪgeɪnɪz / Al·le·ghen·ies] *no.pr.pl.* Allegheny.

Alps [ælps] *no.pr.pl.* Alpi.

Alsace [æl'sæs / Al·sace] antiq. **Alsatia** [æl'seɪʃjə / Al·sa·tia] *no.pr.* Alsazia.

Altair [æl'teə* / Al·tair] *no.pr.* (*astr.*) Altair.

Amazon ['æməzən *amer.* 'æməzɒn / Am·azon] *no.pr.* Rio delle Amazzoni.

America [ə'merɪkə / Am·er·ica] *no.pr.* America.

Amsterdam ['æmstə,dæm / Am·ster·dam] *no.pr.* Amsterdam.

Anatolia [,ænə'təʊljə / Ana·tolia] *no.pr.* Anatolia.

Anchorage ['æŋkərɪdʒ / An·chor·age] *no.pr.* Anchorage.

Andalusia [,ændə'lu:zjə / Anda·lu·sia] *no.pr.* Andalusia.

Andes ['ændi:z / An·des] *no.pr.pl.* Ande.

Andorra [æn'dɔ:rə / An·dorra] *no.pr.* Andorra.

Andromeda [æn'drɒmɪdə / An·dro·meda] *no.pr.* (*astr.*) Andromeda.

Anglesey ['æŋglsɪ / Angle·sey] *no.pr.* Anglesey.

Angola [æŋ'gəʊlə / An·gola] *no.pr.* Angola.

Angus ['æŋgəs / An·gus] *no.pr.* Angus (ex contea della Scozia).

Ankara ['æŋkərə / An·kara] *no.pr.* Ankara.

Antananarivo ['æntə,nænə'ri:vəʊ / Anta·nana·rivo] *no.pr.* Tananarive.

Antarctic(a) [ænt'ɑ:ktɪk(ə) / Ant·arc·tic(a)] *no.pr.* Antartide.

Antares [æn'teəri:z / An·tares] *no.pr.* (*astr.*) Antares.

Antilles [,æn'tɪli:z / An·til·les] *no.pr.pl.* Antille.

Antioch ['æntɪɒk / Ant·ioch] *no.pr.* Antiochia.

Antwerp ['æntwɜ:p / Ant·werp] *no.pr.* Anversa.

Apennines ['æpɪnaɪnz / Ap·en·nines] *no.pr.pl.* Appennini.

Appalachians [,æpə'leɪtʃjənz / Ap·pa·lach·ians] *no.pr.pl.* Appalachi.

Apulia [ə'pju:ljə / Apu·lia] *no.pr.* (*geogr. st.*) Apulia.

Aquarius [ə'kweərɪəs / Aquar·ius] *no.pr.* (*astr.*) Aquario.

Aquitaine ['ækwɪteɪn / Aqui·taine] *no.pr.* (*geogr. st.*) Aquitania.

Arabia [ə'reɪbjə / Ar·abia] *no.pr.* Arabia.

Aragon ['ærəgən / Ara·gon] *no.pr.* Aragona.

Arcadia [ɑ:'keɪdjə / Ar·ca·dia] **Arcady** ['ɑ:kədɪ / Ar·cady] *no.pr.* (*geogr. st.*) Arcadia.

Arctic ['ɑ:ktɪk / Arc·tic] *no.pr.* Artico.

Arcturus [ɑ:k'tjʊərəs / Arc·turus] *no.pr.* (*astr.*) Arturo.

Ardennes [ɑ:'denz / Ar·dennes] *no.pr.pl.* Ardenne.

Areopagus [ærɪ'ɒpəgəs / Ar·eo·pagus] *no.pr.m.* (*st.*) Areopago.

Argentina [,ɑ:dʒən'ti:nə / Ar·gen·tina] *no.pr.* Argentina.

Argo ['ɑ:gəʊ] *no.pr.* (*astr.*) Argo.

Argolis ['ɑ:gəlɪs / Ar·go·lis] *no.pr.* Argolide.

Argos ['ɑ:gɒs / Ar·gos] *no.pr.* Argo.

Argyll [ɑ:'gaɪl / Ar·gyll] *no.pr.* Argyll (contea della Scozia).

Aries ['eəri:z / Ar·ies] *no.pr.* (*astr.*) Ariete.

Arizona [,ærɪ'zəʊnə / Ari·zona] *no.pr.* Arizona.

Arkansas ['ɑ:kənsɔ: / Ar·kan·sas] *no.pr.* Arkansas.

Armenia [ɑ:'mi:njə / Ar·menia] *no.pr.* Armenia.

Ascot ['æskət] *no.pr.* Ascot.

Asia ['eɪʃə *amer.* 'eɪʒə] *no.pr.* Asia.

Assyria [ə'sɪrɪə / As·syria] *no.pr.* (*geogr. st.*) Assiria.

Asturias [ə'stʊərɪæs / As·tur·ias] *no.pr.* Asturie.

Athens ['æθɪnz / Ath·ens] *no.pr.* Atene.

Atlanta [ət'læntə / At·lanta] *no.pr.* Atlanta.

Atlantic [ət'læntɪk / At·lan·tic] *no.pr.* Atlantico.

Atlantis [ət'læntɪs / At·lan·tis] *no.pr.* (*geogr. mit.*) Atlantide.

Attica ['ætɪkə / At·tica] *no.pr.* Attica.

Auriga [ɔ:'raɪgə / Au·riga] *no.pr.* (*astr.*) Auriga.

Austin ['ɒstɪn / Aus·tin] *no.pr.* Austin.

Australasia [,ɒstrə'leɪʒjə / Aus·tra·la·sia] *no.pr.* Australasia.

Australia [ɒ'streɪljə / Aus·tra·lia] *no.pr.* Australia.

Austria ['ɒstrɪə / Aus·tria] *no.pr.* Austria.

Avernus [ə'vɜ:nəs / A·vernus] *no.pr.* (*geogr. mit.*) Averno.

Avignon [,ævɪ'gnɒŋ / Avi·gnon] *no.pr.* Avignone.

Avon ['eɪvən] *no.pr.* Avon (contea dell'Inghilterra).

Ayr [eə*] *no.pr.* Ayr (ex contea della Scozia).

Azerbaijan [,æzəbaɪ'dʒɑ:n / Azer·bai·jan] *no.pr.* Azerbaigian.

Azores [ə'zɔ:z] *no.pr.pl.* Azzorre.

Babel ['beɪbl / Ba·bel] *no.pr.* (*Bibbia*) Babele.

Babylon ['bæbɪlən / Ba·by·lon] *no.pr.* (*geogr. st.*) Babilonia.

Bag(h)dad [,bæg'dæd / Bag(h)·dad] *no.pr.* Baghdad.

Bahamas [bə'hɑ:məz / Ba·ha·mas] *no.pr.pl.* Bahamas.

Balaklava [,bælə'klɑ:və / Ba·la·klava] *no.pr.* Balaclava.

Bâle [bɑ:l] *no.pr.* → **Basel**.

Balearic Islands [,bælɪ,ærɪk'aɪləndz] *no.pr.pl.* isole Baleari.

Bali ['bɑ:li] *no.pr.* Bali.

Balkans ['bɔ:lkənz / Bal·kans] *no.pr.pl.* Balcani.

Baltic Sea ['bɔ:ltɪk'si:] *no.pr.* mar Baltico.

Baltimore ['bɔ:ltɪmɔ:* / Bal·ti·more] *no.pr.* Baltimora.

Bamberg ['bæmbɜ:g / Bam·berg] *no.pr.* Bamberga.

Banff [bænf] *no.pr.* Banff (ex contea della Scozia).

Bangkok [,bæŋ'kɒk / Bang·kok] *no.pr.* Bangkok.

Bangladesh [,bæŋglə'deʃ / Ban·gla·desh] *no.pr.* Bangladesh.

Bannockburn ['bænəkbɜ:n / Ban·nock·burn] *no.pr.* Bannockburn (teatro della battaglia in cui nel 1314 gli scozzesi sconfissero gli inglesi conquistando l'indipendenza).

Barbados [bɑ:'beɪdəs / Bar·ba·dos] *no.pr.pl.* Barbados.

Barbary ['bɑ:bərɪ / Bar·bary] *no.pr.* (*geogr. st.*) Barberia.

Barcelona [,bɑ:sɪ'ləʊnə / Bar·ce·lona] *no.pr.* Barcellona.

Basel ['bɑ:zəl] *no.pr.* Basilea.

Bath [bɑ:θ *amer.* bæθ] *no.pr.* Bath.

Baton Rouge ['bætən'ru:ʒ] *no.pr.* Baton Rouge.

Bavaria [bə'veərɪə / Ba·varia] *no.pr.* Baviera.

Bechuanaland [,betʃʊ'ɑ:nəlænd / Bechu·ana·land] *no.pr.* Beciuania.

Bedfordshire ['bedfədʃɪə* / Bed·ford·shire] *no.pr.* Bedfordshire, contea di Bedford.

Beijing [beɪ'dʒɪŋ / Bei·jing] *no.pr.* Pechino.

Beirut [,beɪ'ru:t / Bei·rut] *no.pr.* Beirut.

Belarus [,belə'ru:s / Be·la·rus] *no.pr.* Bielorussia.

Belfast [bel'fɑ:st / Bel·fast] *no.pr.* Belfast.

Belgium ['beldʒəm / Bel·gium] *no.pr.* Belgio.

Belgrade [bel'greɪd / Bel·grade] *no.pr.* Belgrado.

Belgravia [bel'greɪvjə / Bel·gra·via] *no.pr.* Belgravia (quartiere elegante nel centro di Londra).

Belize [be'li:z / Bel·ize] *no.pr.* Belize.

Belorussia [,beləʊ'rʌʃə / Be·lo·rus·sia] *no.pr.* Bielorussia.

Benares [bɪ'nɑ:rɪz / Ben·ares] *no.pr.* Benares.

Ben Nevis [ben'nevɪs] *no.pr.* Ben Nevis.

Bering Strait ['berɪŋ'streɪt] *no.pr.* stretto di Bering.

Berkeley [bɑ:klɪ *amer.* 'bɜ:klɪ / Berke·ley] *no.pr.* Berkeley.

Berkshire ['bɑ:kʃɪə* / Berk·shire] *no.pr.* Berkshire, contea di Berks.

Berlin [bɜ:'lɪn / Ber·lin] *no.pr.* Berlino.

Bermuda(s) [bə'mju:də(z) / Ber·muda(s)] *no.pr.pl.* Bermude.

Bern(e) [bɜ:n] *no.pr.* Berna.

Berwick ['berɪk / Ber·wick] *no.pr.* Berwick (ex contea della Scozia).

Betelgeuse [,bi:tl'ʒɜ:z / Be·tel·geuse] *no.pr.* (*astr.*) Betelgeuse.

Bethlehem ['beθlɪhem / Beth·le·hem] *no.pr.* Betlemme.

Bilbao [bɪl'bɑ:əʊ / Bil·bao] *no.pr.* Bilbao.

Billingsgate ['bɪlɪŋzgɪt / Bil·lings·gate] *no.pr.* Billingsgate (ex mercato del pesce di Londra).

Birmingham ['bɜ:mɪŋəm / Bir·ming·ham] *no.pr.* Birmingham.

Biscay ['bɪskeɪ / Bis·cay] *no.pr.* Biscaglia.

Bithynia [bɪ'θɪnɪə / Bi·thynia] *no.pr.* (*geogr. st.*) Bitinia.

Blackpool ['blækpu:l / Black·pool] *no.pr.* Blackpool.

Boeotia [bɪ'əʊʃjə / Bo·eotia] *no.pr.* (*geogr. st.*) Beozia.

Bohemia [bəʊ'hi:mjə / Bo·he·mia] *no.pr.* Boemia.

Bolivia [bə'lɪvɪə / Bo·livia] *no.pr.* Bolivia.

Bombay [,bɒm'beɪ / Bom·bay] *no.pr.* Bombay.

Bonn [bɒn] *no.pr.* Bonn.

Borneo ['bɔ:nɪəʊ / Bor·neo] *no.pr.* Borneo.

Bosphorus ['bɒsfərəs / Bos·phorus] *no.pr.* Bosforo.

Boston ['bɒstən / Bos·ton] *no.pr.* Boston.

Botswana [bɒ'tswɑ:nə / Bots·wana] *no.pr.* Botswana.

Brabant [brə'bænt / Bra·bant] *no.pr.* Brabante.

Bradford ['brædfəd / Brad·ford] *no.pr.* Bradford.

Brandenburg ['brændənbɜ:g / Bran·den·burg] *no.pr.* Brandeburgo.

Brasilia [brə'zɪljə / Bra·silia] *no.pr.* Brasilia.

Brazil [brə'zɪl / Bra·zil] *no.pr.* Brasile.

Bremen ['breɪmən / Bre·men] *no.pr.* Brema.

Brighton ['braɪtn] *no.pr.* Brighton.

Brisbane ['brɪzbən / Bris·bane] *no.pr.* Brisbane.

Bristol ['brɪstl / Bris·tol] *no.pr.* Bristol.

Britain ['brɪtn / Brit·ain] *no.pr.* (*geogr. st.*) Britannia.

Britannia [brɪ'tænjə / Bri·tan·nia] *no.pr.* Britannia.

Brittany ['brɪtənɪ / Brit·tany] *no.pr.* Bretagna.

Broadway ['brɔ:dweɪ / Broad·way] *no.pr.* Broadway (strada di New York famosa per i teatri, i locali notturni ecc.).

Brobdingnag ['brɒbdɪŋnæg / Brob·ding·nag] *no.pr.* (*lett.*) Brobdingnag.

Bronx [brɒŋks] *no.pr.* Bronx (quartiere di New York).

Brooklyn ['brʊklɪn / Brook·lyn] *no.pr.* Brooklyn (quartiere di New York).

Brussels ['brʌslz / Brus·sels] *no.pr.* Bruxelles.

Bucharest [,bu:kə'rest / Bu·cha·rest] *no.pr.* Bucarest.

Buckinghamshire ['bʌkɪŋəmʃɪə* / Buck·ing·ham·shire] *no.pr.* Buckinghamshire.

Budapest [,bu:də'pest / Buda·pest] *no.pr.* Budapest.

Buenos Aires [,bwenəs'aɪərɪz] *no.pr.* Buenos Aires.

Buffalo ['bʌfələʊ / Buf·falo] *no.pr.* Buffalo.

Bulgaria [bʌl'geərɪə / Bul·garia] *no.pr.* Bulgaria.

Burgundy ['bɜ:gəndɪ / Bur·gundy] *no.pr.* Borgogna.

Burma ['bɜ:mə] *no.pr.* Birmania.

Bute [bju:t] *no.pr.* Bute (ex contea della Scozia).

Byelorussia [,bjələʊ'rʌʃə / Bye·lo·rus·sia] *no.pr.* Bielorussia.

Byzantium [bɪ'zæntɪəm / By·zan·tium] *no.pr.* (*geogr. st.*) Bisanzio.

Cadiz [kə'dɪz] *no.pr.* Cadice.

Caernarvonshire [kə'nɑ:vənʃɪə* / Caer·nar·von·shire] *no.pr.* Caernarvonshire, contea di Caernarvon (ex contea del Galles).

Cairo ['kaɪərəʊ] *no.pr.* Cairo.

Caithness ['keɪθnes / Caith·ness] *no.pr.* Caithness (ex contea della Scozia).

Calais ['kæleɪ] *no.pr.* Calais.

Calcutta [kæl'kʌtə / Cal·cutta] *no.pr.* Calcutta.

Caledonia [,kælɪ'dəʊnjə / Ca·le·donia] *no.pr.* (*geogr. st.*) Caledonia, Scozia.

California [,kælɪ'fɔ:njə / Ca·li·for·nia] *no.pr.* California.

Calvary ['kælvərɪ / Cal·vary] *no.pr.* Calvario, Golgota.

Cambodia [kæm'bəʊdjə / Cam·bo·dia] *no.pr.* Cambogia.

Cambridge ['keɪmbrɪdʒ / Cam·bridge] *no.pr.* Cambridge.

Cambridgeshire ['keɪmbrɪdʒʃɪə* / Cam·bridge·shire] *no.pr.* Cambridgeshire, contea di Cambridge.

Cameroon ['kæməru:n / Cam·er·oon] *no.pr.* Camerun (inglese).

Cameroun [kæm'ru:n / Cam·er·oun] *no.pr.* Camerun (francese).

Canada ['kænədə / Can·ada] *no.pr.* Canada.

Canary Islands [kə'neərɪ,aɪləndz] *no.pr.pl.* isole Canarie.

Canberra ['kænbərə / Can·berra] *no.pr.* Canberra.

Cancer ['kænsə* / Can·cer] *no.pr.* (*astr.*) Cancro.

Canopus [kə'nəʊpəs / Ca·no·pus] *no.pr.* (*astr.*) Canapo.

Canterbury ['kæntəbərɪ / Can·ter·bury] *no.pr.* Canterbury.

Capernaum [kə'pɜ:njəm / Ca·per·naum] *no.pr.* (*geogr. st.*) Cafarnao.

Cape Town ['keɪptaʊn] *no.pr.* Città del Capo.

Cappadocia [ˌkæpəˈdəʊsjə / Cap·pa·docia] *no.pr.* (*geogr. st.*) Cappadocia.

Capricorn [ˈkæprɪkɔ:n / Cap·ri·corn] *no.pr.* (*astr.*) Capricorno.

Caracas [kəˈrækəs / Ca·ra·cas] *no.pr.* Caracas.

Cardiff [ˈkɑ:dɪf / Car·diff] *no.pr.* Cardiff.

Cardiganshire [ˈkɑ:dɪgənʃɪə* / Car·di·gan·shire] *no.pr.* Cardiganshire, contea di Cardigan (ex contea del Galles).

Caribbean Sea [ˌkærɪˌbi:ənˈsi:] *no.pr.* Mare dei Caraibi.

Carinthia [kəˈrɪnθɪə / Car·in·thia] *no.pr.* Carinzia.

Carlisle [kɑ:ˈlaɪl / Car·lisle] *no.pr.* Carlisle.

Carmarthenshire [kəˈmɑ:ðənʃɪə* / Car·mar·then·shire] *no.pr.* (*geogr.*) Carmarthenshire, contea di Carmarthen (ex contea del Galles).

Carnic Alps [ˌkɑ:nɪkˈælps] *no.pr.pl.* (Alpi) Carniche.

Carolina [ˌkærəˈlaɪnə / Caro·lina] *no.pr.* Carolina.

Carpathians [kɑ:ˈpeɪθjənz / Car·pa·thians] *no.pr.pl.* Carpazi.

Carthage [ˈkɑ:θɪdʒ / Car·thage] *no.pr.* (*geogr. st.*) Cartagine.

Caspian Sea [ˌkæspɪənˈsi:] *no.pr.* Mar Caspio.

Cassiopeia [ˌkæsɪəʊˈpi:ə / Cas·sio·peia] *no.pr.* (*astr.*) Cassiopea.

Castile [kæˈsti:l / Cas·tile] *no.pr.* Castiglia.

Castor [ˈkɑ:stə*] *no.pr.* (*astr.*) Castore.

Catalonia [ˌkætəˈləʊnjə / Ca·ta·lo·nia] *no.pr.* Catalogna.

Cathay [kæˈθeɪ / Ca·thay] *no.pr.* (*geogr. st.*) Catai.

Caucasus [ˈkɔ:kəsəs / Cau·casus] *no.pr.* Caucaso.

Cayenne [keɪˈen / Cay·enne] *no.pr.* Caienna.

Centaur [ˈsentɔ:* / Cen·taur] **Centaurus** [senˈtɔ:rəs / Cen·taurus] *no.pr.* (*astr.*) Centauro.

Cephalonia [ˌsefəˈləʊnɪə / Cepha·lonia] *no.pr.* Cefalonia.

Cepheus [ˈsi:fju:s] *no.pr.* (*astr.*) Cefeo.

Ceres [ˈsɪəri:z] *no.pr.* (*astr.*) Cerere.

Cevennes [sɪˈven / Ce·vennes] *no.pr.pl.* Cevenne.

Ceylon [sɪˈlɒn / Cey·lon] *no.pr.* Ceylon.

Chad [tʃæd] *no.pr.* Ciad.

Chaldea [kælˈdi:ə / Chal·dea] *no.pr.* (*geogr. st.*) Caldea.

Chamaeleon [kəˈmi:lɪən / Cha·mael·eon] *no.pr.* (*astr.*) Camaleonte.

Channel Islands [ˈtʃænəlˈaɪləndz] *no.pr.pl.* Isole del Canale.

Charybdis [kəˈrɪbdɪs / Cha·ryb·dis] *no.pr.* (*mit.*) Cariddi.

Chechenia [ˈtʃetʃnɪɑ: / Che·chenia] **Chechnya** *no.pr.* Cecenia.

Chechen Republic [ˈtʃetʃenrɪˈpʌblɪk] *no.pr.* Repubblica Cecena.

Cheshire [ˈtʃeʃə* / Chesh·ire] *no.pr.* Cheshire (contea d'Inghilterra).

Chester [ˈtʃestə*] *no.pr.* Chester.

Chicago [ʃɪˈkɑ:gəʊ / Chi·cago] *no.pr.* Chicago.

Chile [ˈtʃɪlɪ] *no.pr.* Cile.

China [ˈtʃaɪnə] *no.pr.* Cina.

Christiania [ˌkrɪstɪˈɑ:njə / Chris·ti·ania] *no.pr.* (*geogr. st.*) Cristiania.

Clackmannan [klækˈmænən / Clack·man·nan] *no.pr.* (*geogr.*) Clackmannan (ex contea della Scozia).

Cleveland [ˈkli:vlənd / Cleve·land] *no.pr.* Cleveland.

Clyde [klaɪd] *no.pr.* Clyde.

Cnidus [ˈnaɪdəs / Cni·dus] *no.pr.* (*geogr. st.*) Cnido.

Cnossus [ˈnɒsəs / Cnos·sus] *no.pr.* (*geogr. st.*) Cnosso.

Coblenz [kɒˈblens / Cob·lenz] *no.pr.* Coblenza.

Coburg [ˈkəʊbɜ:g / Co·burg] *no.pr.* Coburgo.

Cochin-China [ˈkɒtʃɪnˈtʃaɪnə] *no.pr.* Cocincina.

Cocytus [kəʊˈsaɪtəs / Co·cytus] *no.pr.* (*geogr. mit.*) Cocito.

Colchester [ˌkɒltʃɪstə* / Col·chester] *no.pr.* Colchester.

Colchis [ˈkɒlkɪs / Col·chis] *no.pr.* (*geogr. st.*) Colchide.

Coliseum [ˌkɒlɪˈsɪəm / Co·lis·eum] **Colosseum** [ˌkɒlɪˈsɪəm / Co·los·seum] *no.pr.* (*archeol.*) Colosseo.

Cologne [kəˈləʊn / Col·ogne] *no.pr.* Colonia.

Colombia [kəˈlʌmbɪə / Co·lom·bia] *no.pr.* Colombia.

Colorado [ˌkɒləˈrɑ:dəʊ / Col·or·ado] *no.pr.* Colorado.

Columbia [kəˈlʌmbɪə / Co·lum·bia] *no.pr.* Columbia.

Coma Berenices [ˌkəʊməˌberɪˈnaɪsi:z] *no.pr.* (*astr.*) Chioma di Berenice.

Comoros Islands [ˈkɒmərəʊzˈaɪləndz] *no.pr.pl.* Comore.

Concord [ˈkɒnkɔ:d / Con·cord] *no.pr.* Concord.

Congo [ˈkɒŋgəʊ] *no.pr.* Congo.

Connecticut [kəˈnetɪkət / Con·nect·icut] *no.pr.* Connecticut.

Constance [ˈkɒnstəns / Con·stance] *no.pr.* Costanza.

Constantinople [ˌkɒnstæntɪˈnəʊpl / Con·stan·tin·ople] *no.pr.* (*geogr. st.*) Costantinopoli.

Copenhagen [ˌkəʊpnˈheɪgən / Cop·en·hagen] Copenaghen.

Corcyra [kɔ:ˈsaɪərə / Cor·cyra] *no.pr.* (*geogr. st.*) Corcira.

Cordova [ˈkɔ:dəvə / Cor·dova] *no.pr.* Cordova.

Corfu [kɔ:ˈfu:] *no.pr.* Corfù.

Corinth [ˈkɒrɪnθ / Cor·inth] *no.pr.* Corinto.

Cork [kɔ:k] *no.pr.* Cork (contea d'Irlanda).

Cornwall [ˈkɔ:nwəl / Corn·wall] Cornovaglia.

Corsica [ˈkɔ:sɪkə / Cor·sica] *no.pr.* Corsica.

Costa Rica [ˌkɒstəˈri:kə] *no.pr.* Costa Rica.

Côte d'Azur [ˌkəʊtdʌˈzʊə*] *no.pr.* Costa Azzurra.

Cottian Alps [ˈkɒtɪənˈælps] *no.pr.pl.* (Alpi) Cozie.

Coventry [ˈkɒvəntrɪ / Cov·en·try] *no.pr.* Coventry.

Crab [kræb] *no.pr.* (*astr.*) → **Cancer**.

Cracow [ˈkrækəʊ / Cra·cow] *no.pr.* Cracovia.

Crete [kri:t] *no.pr.* Creta.

Crimea [kraɪˈmɪə / Cri·mea] *no.pr.* Crimea.

Croatia [krəʊˈeɪʃjə / Cro·atia] *no.pr.* Croazia.

Croydon [ˈkrɔɪdn / Croy·don] *no.pr.* Croydon.

Crux [krʌks] *no.pr.* (*astr.*) Croce del Sud.

Cuba [ˈkju:bə] *no.pr.* Cuba.

Cumae [ˈkju:mi:] *no.pr.* (*geogr. st.*) Cuma.

Cumberland [ˈkʌmbələnd / Cum·ber·land] *no.pr.* Cumberland (ex contea d'Inghilterra).

Cumbria [ˈkʌmbrɪə / Cum·bria] *no.pr.* Cumbria (contea dell'Inghilterra).

Curaçao [ˌkjʊərəˈsəʊ / Cura·çao] **Curaçoa** *no.pr.* Curaçao.

Cyclades [ˈsɪklədi:z / Cyc·la·des] *no.pr.pl.* Cicladi.

Cygnus [ˈsɪgnəs / Cyg·nus] *no.pr.* (*astr.*) Cigno.

Cyprus [ˈsaɪprəs / Cy·prus] *no.pr.* Cipro.

Cyrenaica [ˌsaɪərəˈneɪɪkə / Cy·ren·aica] *no.pr.* Cirenaica.

Cyrene [saɪˈri:n / Cy·rene] *no.pr.* (*geogr. st.*) Cirene.

Cythera [sɪˈθɪərə / Cyth·era] *no.pr.* Citera.

Czech Republic [tʃekrɪˈpʌblɪk] *no.pr.* Repubblica Ceca.

Dachau [ˈdɑ:kaʊ / Dach·au] *no.pr.* Dachau.

Dallas [ˈdæləs / Dal·las] *no.pr.* Dallas.

Dalmatia [dælˈmeɪʃjə / Dal·matia] *no.pr.* Dalmazia.

Damascus [dəˈmæskəs / Da·mas·cus] *no.pr.* Damasco.

Danelagh, **Danelaw** [ˈdeɪnlɔ: / Dane·law] *no.pr.* (*geogr. st.*) Danelagh, Danelaw (zona dell'Inghilterra sotto la giurisdizione danese, IX e X sec.).

Danube [ˈdænju:b / Dan·ube] *no.pr.* Danubio.

Dead Sea [ˌdedˈsi:] *no.pr.* Mar Morto.

Delaware [ˈdeləweə* / De·la·ware] *no.pr.* Delaware.

Delhi [ˈdelɪ] *no.pr.* Delhi.

Delos [ˈdi:lɒs] *no.pr.* Delo.

Delphi [ˈdelfaɪ / Del·phi] *no.pr.* Delfi.

Denbighshire [ˈdenbɪˌʃɪə* / Den·bigh·shire] *no.pr.* Denbighshire, contea di Denbigh (ex contea del Galles).

Deneb [ˈdeneb / Den·eb] *no.pr.* (*astr.*) Deneb.

Denmark [ˈdenmɑ:k / Den·mark] *no.pr.* Danimarca.

Denver [ˈdenvə* / Den·ver] *no.pr.* Denver.

Derby [ˈdɑ:bɪ *amer.* ˈdɜ:bɪ] *no.pr.* Derby.

Derbyshire ['dɑ:bɪʃɪə* / Der·by·shire] *no.pr.* Derbyshire, contea di Derby.

Detroit [də'trɔɪt / De·troit] *no.pr.* Detroit.

Devon(shire) ['devn(·ʃɪə*) / De·von·(shire)] *no.pr.* Devon(shire), contea di Devon.

Dijon ['di:ʒɒn / Di·jon] *no.pr.* Digione.

Djakarta [dʒə'kɑ:tə / Dja·karta] *no.pr.* Giacarta.

Dodecanese [,dəʊdɪkə'ni:z / Do·deca·nese] *no.pr.* Dodecaneso.

Dolomites ['dɒləmaɪts / Do·lo·mites] *no.pr.pl.* Dolomiti.

Dominican Republic [də,mɪnɪkənrɪ 'pʌblɪk] *no.pr.* Repubblica Dominicana.

Donegal ['dɒnɪgɔ:l / Don·egal] *no.pr.* Donegal (contea dell'Irlanda).

Dorset(shire) ['dɔ:sɪt(ʃɪə*) / Dor·set·(shire)] *no.pr.* (*geogr.*) Dorset(shire), contea di Dorset.

Dover ['dəʊvə*] *no.pr.* Dover.

Dresden ['drezdən / Dres·den] *no.pr.* Dresda.

Drogheda ['drɔɪɪdə / Drogh·eda] *no.pr.* Drogheda.

Dublin ['dʌblɪn / Dub·lin] *no.pr.* Dublino.

Dumbarton [dʌm'bɑ:tn / Dum·bar·ton] *no.pr.* Dumbarton.

Dumfries [dʌm'fri:s / Dum·fries] *no.pr.* Dumfries (contea della Scozia).

Dunbarton [dʌn'bɑ:tn / Dun·bar·ton] *no.pr.* Dunbarton (ex contea della Scozia).

Dundee [dʌn'di: / Dun·dee] *no.pr.* Dundee.

Dunsinane [dʌn'sɪnən, *in Shakespeare* 'dʌnsɪneɪn / Dun·si·nane] *no.pr.* Dunsinane (località scozzese dove fu sconfitto Macbeth).

Durham ['dʌrəm / Dur·ham] *no.pr.* Durham (contea d'Inghilterra).

Dyfed ['dʌvɪd / Dy·fed] *no.pr.* Dyfed (contea del Galles).

Ealing ['i:lɪŋ / Eal·ing] *no.pr.* Ealing.

East Sussex ['i:st'sʌsɪks] *no.pr.* East Sussex.

Eboracum [i:'bɒrəkəm / Ebor·acum] *no.pr.* (*geogr. st.*) York.

Ecuador ['ekwə:dɔ:* / Ecua·dor] *no.pr.* Ecuador.

Edinburgh ['edɪnbərə / Ed·in·burgh] *no.pr.* Edimburgo.

Edmonton ['edməntən / Ed·mon·ton] *no.pr.* Edmonton.

Egypt ['i:dʒɪpt] *no.pr.* Egitto.

Eire ['eərə] *no.pr.* Repubblica di Irlanda.

Eleusis [ə'lju:sɪs / Eleu·sis] *no.pr.* Eleusi.

Elis ['i:lɪs] *no.pr.* Elide.

El Salvador [el'sælvədɔ:*] *no.pr.* El Salvador.

England ['ɪŋglənd / Eng·land] *no.pr.* Inghilterra.

Eritrea [,erɪ'treɪə / Eri·trea] *no.pr.* Eritrea.

Essex ['esɪks] *no.pr.* Essex (contea d'Inghilterra).

Est(h)onia [es'təʊnjə / Est(h)·onia] *no.pr.* Estonia.

Ethiopia [,i:θɪ'əʊpjə / Ethi·opia] *no.pr.* (*geogr.*) Etiopia.

Etna ['etnə] *no.pr.* Etna.

Eton ['i:tn] *no.pr.* Eton.

Etruria [ɪ'trʊərɪə / Et·ruria] *no.pr.* (*geogr. st.*) Etruria.

Euboea [ju:'bɪə / Eu·boea] *no.pr.* Eubea.

Euphrates [ju:'freɪti:z / Eu·phra·tes] *no.pr.* Eufrate.

Europe ['jʊərəp / Eur·ope] *no.pr.* Europa.

Everest (Mount) ['evərɪst / Ever·est] *no.pr.* (Monte) Everest.

Exeter ['eksətə* / Exe·ter] *no.pr.* Exeter.

Falkland Islands ['fɔ:lklənd'aɪləndz] *no.pr.pl.* isole Falkland.

Falmouth ['fælməθ / Fal·mouth] *no.pr.* Falmouth.

Fermanagh [fə'mænə / Fer·man·agh] *no.pr.* (*geogr. st.*) Fermanagh.

Fife [faɪf] *no.pr.* Fife (regione della Scozia).

Fiji [,fi:'dʒi:] *no.pr.* isole Figi.

Finland ['fɪnlənd / Fin·land] *no.pr.* Finlandia.

Flanders ['flɑ:ndəz / Flan·ders] *no.pr.* Fiandre.

Flintshire ['flɪntʃɪə* / Flint·shire] *no.pr.* Flintshire, contea di Flint (ex contea del Galles).

Florence ['flɒrəns / Flor·ence] *no.pr.* Firenze.

Florida ['flɒrɪdə / Flor·ida] *no.pr.* Florida.

Folkestone ['fəʊkstən / Folke·stone] *no.pr.* Folkestone.

France [frɑ:ns] *no.pr.* Francia.

Frankfurt ['fræŋkfət / Frank·furt] *no.pr.* Francoforte.

Freiburg ['fraɪbɜ:g / Frei·burg] *no.pr.* Friburgo.

Friesland ['fri:zlənd / Fries·land] *no.pr.* Frisia.

Frisco ['frɪskəʊ] *no.pr.* dim. di **San Francisco**.

Frisian Islands ['frɪzɪən'aɪləndz] *no.pr.pl.* isole Frisone.

Gabon [gə'bɒn / Ga·bon] *no.pr.* Gabon.

Galapagos Islands [gə'læpəgəs,aɪləndz] *no.pr.pl.* isole Galapagos.

Galilee ['gælɪli: / Ga·li·lee] *no.pr.* Galilea.

Galloway ['gæləweɪ / Gal·lo·way] *no.pr.* Galloway.

Galway ['gɔ:lweɪ / Gal·way] *no.pr.* (contea di) Galway.

Gambia ['gæmbɪə / Gam·bia] *no.pr.* Gambia.

Ganges ['gændʒi:z / Gan·ges] *no.pr.* Gange.

Gascony ['gæskənɪ / Gas·cony] *no.pr.* Guascogna.

Gaul [gɔ:l] *no.pr.* (*geogr. st.*) Gallia.

Gaza ['gɑ:zə] *no.pr.* Gaza.

Gehenna [gə'henə / Ge·henna] *no.pr.* (*Bibbia*) Geenna.

Gemini ['dʒemɪnaɪ / Gem·ini] *no.pr.pl.* (*astr.*) Gemelli.

Geneva [dʒɪ'ni:və / Ge·neva] *no.pr.* Ginevra.

Genoa ['dʒenəʊə] *no.pr.* Genova.

Georgia ['dʒɔ:dʒjə / Geor·gia] *no.pr.* Georgia.

Germany ['dʒɜ:mənɪ / Ger·many] *no.pr.* Germania.

Gethsemane [geθ'semənɪ / Geth·se·mane] *no.pr.* (*Bibbia*) Getsemani.

Ghana ['gɑ:nə] *no.pr.* Ghana.

Ghats [gɔ:ts] *no.pr.* monti Ghati.

Ghent [gent] *no.pr.* Gand.

Gibraltar [dʒɪ'brɔ:ltə* / Gib·ral·tar] *no.pr.* Gibilterra.

Glamorgan [glə'mɔ:gən / Gla·mor·gan] *no.pr.* Glamorgan (ex contea del Galles).

Glasgow ['glɑ:sgəʊ / Glas·gow] *no.pr.* Glasgow.

Glen More [glen'mɔ:*] *no.pr.* Glen More.

Gloucester ['glɒstə* / Glou·ces·ter] *no.pr.* Gloucester.

Gloucestershire ['glɒstəʃɪə* / Glou·ces·ter·shire] *no.pr.* Gloucestershire, contea di Gloucester.

Golgotha ['gɒlgəθə / Gol·gotha] *no.pr.* (*Bibbia*) Golgota.

Gomorrah, Gomorrha [gə'mɒrə / Go·morrah] *no.pr.* (*Bibbia*) Gomorra.

Gondwanaland [gɒn'dwɑ:nəlænd / Gond·wana·land] *no.pr.* (*geol.*) (terra di) Gondwana.

Graian Alps ['greɪən'ælps] *no.pr.pl.* (Alpi) Graie.

Grampians ['græmpjənz / Gram·pians] *no.pr.pl.* Grampiani.

Granada [grə'nɑ:də / Gran·ada] *no.pr.* Granada.

Great Britain ['greɪt'brɪtn] *no.pr.* Gran Bretagna.

Great Lakes ['greɪt'leɪks] *no.pr.pl.* Grandi Laghi.

Greece [gri:s] *no.pr.* Grecia.

Greenland ['gri:nlənd / Green·land] *no.pr.* Groenlandia.

Greenwich ['grenɪdʒ / Green·wich] *no.pr.* Greenwich.

Grenada [gre'neɪdə / Gre·nada] *no.pr.* Grenada.

Guadeloupe [,gwɑ:də'lu:p / Gua·de·loupe] *no.pr.* Guadalupa.

Guatemala [,gwætɪ'mɑ:lə / Gua·te·mala] *no.pr.* Guatemala.

Guernsey ['gɜ:nzɪ / Guern·sey] *no.pr.* Guernsey.

Guinea ['gɪnɪ] *no.pr.* Guinea.

Guyana [gaɪ'ænə / Guy·ana] *no.pr.* Guyana.

Gwent [gwent] *no.pr.* Gwent (contea del Galles).

Gwynedd ['gwɪnəð/ Gwyn·edd] *no.pr.* Gwynedd (contea del Galles).

Hague, the [heɪg] *no.pr.* l'Aja.

Haiti ['heɪtɪ] *no.pr.* Haiti.

Halifax ['hælɪfæks / Ha·li·fax] *no.pr.* Halifax.

Hamburg ['hæmbɜ:g / Ham·burg] *no.pr.* Amburgo.

Hamilton ['hæmɪltən / Ham·il·ton] *no.pr.* Hamilton.

Hampshire ['hæmpʃɪə* / Hamp·shire] *no.pr.* Hampshire (contea d'Inghilterra).

Hanover ['hænəvə* / Han·over] *no.pr.* Hannover.

Harley Street ['hɑ:lɪ,stri:t] *no.pr.* Harley Street (via di Londra dove abitano illustri medici).

Hastings ['heɪstɪŋz / Hast·ings] *no.pr.* Hastings (teatro della battaglia in cui Guglielmo il Conquistatore sconfisse i sassoni, 1066).

Havana [hə'vænə / Hav·ana] *no.pr.* Avana.

Hawaii [hə'waii: / Ha·waii] *no.pr.* Hawaii.

Hebrides ['hebrɪdi:z / Heb·ri·des] *no.pr.pl.* Ebridi.

Helicon ['helɪkən / Hel·icon] *no.pr.* Elicona.

Hellas ['helæs / Hel·las] *no.pr.* Ellade.

Helsinki ['helsɪŋkɪ / Hel·sinki] *no.pr.* Helsinki.

Helvetia [hel'vi:ʃjə / Hel·vetia] *no.pr.* (*letter.*) Elvezia.

Herculaneum [,hɜ:kjʊ'leɪnjəm / Her·cu·la·neum] *no.pr.* (*geogr. st.*) Ercolano.

Hereford ['herɪfəd / Here·ford] *no.pr.* Hereford.

Hertfordshire ['hɑ:tfədʃɪə* / Hert·ford·shire] *no.pr.* Hertfordshire, contea di Hertford.

Herzegovina [,hɜ:tsəgəʊ'vi:nə / Her·ze·go·vi·na] *no.pr.* Erzegovina.

Highlands, the ['haɪləndz / High·lands] *no.pr.pl.* Highlands (regione montuosa della Scozia).

Himalaya [,hɪmə'leɪə / Hi·ma·laya] *no.pr.* Himalaia.

Hindustan [,hɪndʊ'stɑ:n / Hin·du·stan] *no.pr.* Indostan.

Hiroshima [hɪ'rɒʃɪmə / Hi·ro·shima] *no.pr.* Hiroshima.

Holland ['hɒlənd / Hol·land] *no.pr.* Olanda.

Hollywood ['hɒlɪwʊd / Holly·wood] *no.pr.* Hollywood.

Holstein ['hɒlstaɪn / Hol·stein] *no.pr.* Holstein.

Homburg ['hɒmbɜ:g / Hom·burg] *no.pr.* Homburg.

Honduras [hɒn'djʊərəs / Hon·duras] *no.pr.* Honduras.

Hong Kong [hɒŋ'kɒŋ] *no.pr.* Hong Kong.

Honolulu [,hɒnə'lu:lu: / Hono·lulu] *no.pr.* Honolulu.

Houston ['hju:stən *amer.* 'hu:stən / Hous·ton] *no.pr.* Houston.

Huddersfield ['hʌdəzfi:ld / Hud·ders·field] *no.pr.* Huddersfield.

Hudson ['hʌdsn / Hud·son] *no.pr.* Hudson.

Hudson Bay ['hʌdsn'beɪ] *no.pr.* baia di Hudson.

Hull [hʌl] *no.pr.* Hull.

Hungary ['hʌŋgərɪ / Hun·gary] *no.pr.* Ungheria.

Hunter ['hʌntə* / Hun·ter] *no.pr.* (*astr.*) Orione.

Huntingdonshire ['hʌntɪŋdənʃɪə* / Hun·ting·don·shire] *no.pr.* Huntingdonshire, contea di Huntingdon (ex contea dell'Inghilterra).

Hyades ['haɪədi:z / Hy·ades] *no.pr.pl.* (*astr.*) Iadi, Gallinelle.

Iceland ['aɪslənd / Ice·land] *no.pr.* Islanda.

Idaho ['aɪdəhəʊ] *no.pr.* Idaho.

Ilium ['ɪlɪəm / Il·ium] *no.pr.* (*geogr. st.*) Ilio, Troia.

Illinois [,ɪlɪ'nɔɪ / Il·li·nois] *no.pr.* Illinois.

Illyria [ɪ'lɪrɪə / Il·lyria] *no.pr.* (*geogr. st.*) Illiria.

India ['ɪndjə / In·dia] *no.pr.* India.

Indiana [,ɪndɪ'ænə / In·di·ana] *no.pr.* Indiana.

Indianapolis [,ɪndɪə'næpəlɪs / In·dia·nap·olis] *no.pr.* Indianapolis.

Indian Ocean ['ɪndjən'əʊʃn] *no.pr.* oceano Indiano.

Indochina ['ɪndəʊ'tʃaɪnə / In·do·china] *no.pr.* Indocina.

Indonesia [,ɪndəʊ'ni:zjə / In·do·nesia] *no.pr.* Indonesia.

Innsbruck ['ɪnzbrʊk / Inns·bruck] *no.pr.* Innsbruck.

Inverness [,ɪnvə'nes / In·ver·ness] *no.pr.* Inverness.

Ionian Sea [aɪ'əʊnjən'si:] *no.pr.* Mar Ionio.

Iowa ['aɪəwə] *no.pr.* Iowa.

Irak, Iraq [ɪ'rɑ:k, ɪ'ræk] *no.pr.* Irak.

Iran [ɪ'rɑ:n, ɪ'ræn] *no.pr.* Iran.

Ireland ['aɪələnd / Ire·land] *no.pr.* Irlanda.

Israel ['ɪzreɪəl / Is·rael] *no.pr.* (stato di) Israele.

Istanbul [,ɪstæn'bʊl / Is·tan·bul] *no.pr.* Istanbul.

Italy ['ɪtəlɪ / It·aly] *no.pr.* Italia.

Ithaca ['ɪθəkə / Ith·aca] Itaca.

Ivory Coast ['aɪvərɪ,kəʊst] *no.pr.* Costa d'Avorio.

Jacksonville ['dʒæksnvɪl / Jack·son·ville] *no.pr.* Jacksonville.

Jaffa ['dʒæfə] *no.pr.* Giaffa.

Jakarta [dʒə'kɑ:tə / Ja·karta] *no.pr.* Giacarta.

Jamaica [dʒə'meɪkə / Ja·maica] *no.pr.* Giamaica.

Japan [dʒə'pæn / Ja·pan] *no.pr.* Giappone.

Java ['dʒɑ:və] *no.pr.* Giava.

Jericho ['dʒerɪkəʊ / Jer·icho] *no.pr.* Gerico.

Jersey ['dʒɜ:zɪ / Jer·sey] *no.pr.* Jersey.

Jersey City ['dʒɜ:zɪ'sɪtɪ] *no.pr.* Jersey City.

Jerusalem [dʒə'ru:sələm / Je·ru·sa·lem] *no.pr.* Gerusalemme.

Johannesburg [dʒəʊ'hænɪsbɜ:g / Jo·han·nes·burg] *no.pr.* Johannesburg.

Jordan ['dʒɔ:dn / Jor·dan] *no.pr.* **1** Giordano **2** Giordania.

Jud(a)ea [dʒu:'dɪə / Ju·d(a)ea] *no.pr.* (*geogr. st.*) Giudea.

Jugoslavia [,ju:gəʊ'slɑ:vjə / Ju·go·sla·via] *no.pr.* Iugoslavia.

Julian Alps [,dʒu:lɪən'ælps] *no.pr.pl.* Alpi Giulie.

Jupiter ['dʒu:pɪtə* / Ju·piter] *no.pr.* (*astr.*) Giove.

Jura ['dʒʊərə] *no.pr.* Giura.

Kabul [kə'bʊl / Ka·bul] *no.pr.* Kabul.

Kampuchea [,kæmpʊ'tʃi:ə / Kam·pu·chea] *no.pr.* Cambogia.

Kansas ['kænzəs / Kan·sas] *no.pr.* Kansas.

Kansas City ['kænzəs'sɪtɪ] *no.pr.* Kansas City.

Karachi [kə'rɑ:tʃɪ / Ka·ra·chi] *no.pr.* Karachi.

Karst [kɑ:st] *no.pr.* Carso.

Kashmir [kæʃ'mɪə* / Kash·mir] *no.pr.* Kashmir.

Kazakhstan [,kæzæk'stɑ:n / Kaz·akh·stan] *no.pr.* Kazakistan.

Keeling Islands ['ki:lɪŋ,aɪləndz] *no.pr.pl.* isole Cocos.

Kent [kent] *no.pr.* Kent, contea del Kent.

Kentucky [ken'tʌkɪ / Ken·tucky] *no.pr.* Kentucky.

Kenya ['kenjə] *no.pr.* Kenia.

Kerry ['kerɪ] *no.pr.* Kerry (contea dell'Irlanda).

Khartoum [kɑ:'tu:m / Khar·toum] *no.pr.* Khartum.

Kiev [ki:'ev] *no.pr.* Kijev.

Kildare [kɪl'deə* / Kil·dare] *no.pr.* Kildare (contea dell'Irlanda).

Kilimanjaro [,kɪlɪmən'dʒɑ:rəʊ / Ki·li·ma·njaro] *no.pr.* Kilimangiaro.

Kilkenny [kɪl'kenɪ / Kil·kenny] *no.pr.* Kilkenny (contea dell'Irlanda).

Kincardine [kɪn'kɑ:dɪn / Kin·car·dine] *no.pr.* Kincardine (ex contea della Scozia).

Kinross [kɪn'rɒs / Kin·ross] *no.pr.* Kinross (ex contea della Scozia).

Kirghizia [kɜ:'gɪzɪə / Kir·ghizia] *no.pr.* Kirghizistan.

Kirkcudbright [kɜ:'ku:brɪ / Kirk·cud·bright] *no.pr.* Kirkcudbright (ex contea della Scozia).

Klondike ['klɒndaɪk / Klon·dike] *no.pr.* Klondike.

Koblenz ['kəʊblents / Kob·lenz] *no.pr.* Coblenza.

Korea [kə'rɪə / Ko·rea] *no.pr.* Corea.

Kosovo ['kɒsəvəʊ] *no.pr.* Kos(s)ovo.

Kurdistan ['kɜrdɪstɑ:n / Kurd·istan] *no.pr.* Kurdistan.

Kuwait [ku:'weɪt / Ku·wait] *no.pr.* Kuwait.

Kyrgyzstan [kɜ:gɪ'stɑ:n / Kyr·gyz·stan] *no.pr.* Kirghizistan.

Laccadive ['lækədɪv / Lacca·dive] *no.pr.* Laccadive.

Lacedaemon [,læsɪ'di:mən / La·ce·daemon] *no.pr.* (*geogr. st.*) Lacedemone.

Lake District ['leɪk'dɪstrɪkt] *no.pr.* la regione dei laghi nell'Inghilterra Settentrionale.

Lanark ['lænək / Lan·ark] *no.pr.* Lanark (ex contea della Scozia).

Lancashire ['læŋkəʃɪə* / Lan·ca·shire] *no.pr.* Lancashire, contea di Lancaster.

Lancaster ['læŋkəstə* / Lan·cas·ter] *no.pr.* Lancaster.

Languedoc [,lɔ:ŋ'dɒk / Langue·doc] *no.pr.* Linguadoca.

Laodicea [,leɪəʊdɪ'sɪə / Lao·di·cea] *no.pr.* (*geogr. st.*) Laodicea.

Laos [laʊs] *no.pr.* Laos.

Lapland ['læplænd / Lap·land] *no.pr.* Lapponia.

Laputa [lə'pju:tə / La·puta] *no.pr.* (*lett.*) Laputa.

Latium ['leʃjəm / La·tium] *no.pr.* Lazio.

Latvia ['lætvɪə / Lat·via] *no.pr.* Lettonia.

Lausanne [ləʊ'zæn / Lau·sanne] *no.pr.* Losanna.

Lebanon ['lebənən / Leb·anon] *no.pr.* Libano.

Leeds [li:dz] *no.pr.* Leeds.

Leeward Islands ['li:wəd'aɪləndz] *no.pr.pl.* isole Sottovento.

Leghorn ['leghɔ:n / Leg·horn] *no.pr.* Livorno.

Leicester ['lestə* / Lei·ces·ter] *no.pr.* Leicester.

Leicestershire ['lestəʃɪə* / Lei·ces·ter·shire] *no.pr.* Leicestershire, contea di Leicester.

Leipzig ['laɪpzɪg / Leip·zig] *no.pr.* Lipsia.

Lemnos ['lemnɒs / Lem·nos] *no.pr.* Lemno.

Leningrad ['lenɪngræd / Len·in·grad] *no.pr.* Leningrado.

Leo ['li:əʊ] *no.pr.* (*astr.*) Leone.

Lesbos ['lezbɒs / Les·bos] *no.pr.* Lesbo.

Lethe ['li:θi: / Le·the] *no.pr.* (*geogr. mit.*) Lete.

Leyden ['laɪdn / Ley·den] *no.pr.* Leida.

Liberia [laɪ'bɪərɪə / Li·beria] *no.pr.* Liberia.

Libra ['li:brə] *no.pr.* (*astr.*) Bilancia.

Libya ['lɪbɪə] *no.pr.* Libia.

Liège [lɪ'eɪʒ / Li·ège] *no.pr.* Liegi.

Lille [li:l] *no.pr.* Lilla.

Lilliput ['lɪlɪpʌt, 'lɪlɪpʊt / Lil·li·put] *no.pr.* (*lett.*) Lilliput.

Limerick ['lɪmərɪk / Lim·er·ick] *no.pr.* Limerick (contea dell'Irlanda).

Lincolnshire ['lɪŋkənʃɪə* / Lin·coln·shire] *no.pr.* Lincolnshire, contea di Lincoln.

Lion ['laɪən] *no.pr.* (*astr.*) Leone.

Lisbon ['lɪzbən / Lis·bon] *no.pr.* Lisbona.

Lithuania [,lɪθju:'eɪnjə / Li·thu·ania] *no.pr.* Lituania.

Liverpool ['lɪvəpu:l / Liv·er·pool] *no.pr.* Liverpool.

Llareggub [hə'lerəgɪb / Lla·reg·gub] *no.pr.* (*lett.*) Llareggub.

Loch Ness [,lɒk'nes] *no.pr.* Loch Ness.

Locris ['ləʊkrɪs / Loc·ris] *no.pr.* (*geogr. st.*) Locride.

Loire [lwɑ:*] *no.pr.* Loira.

Lombardy ['lɒmbədɪ / Lom·bardy] *no.pr.* Lombardia.

London ['lʌndən / Lon·don] *no.pr.* Londra.

Long Beach ['lɒŋ'bi:tʃ] *no.pr.* Long Beach.

Lorraine [lɒ'reɪn / Lor·raine] *no.pr.* Lorena.

Los Angeles [lɒs'ændʒɪli:z] *no.pr.* Los Angeles.

Louisiana [lu:,i:zɪ'ænə / Loui·si·ana] *no.pr.* Louisiana.

Lubeck ['lu:bek / Lu·beck] *no.pr.* Lubecca.

Lucerne [lu:'sɜ:n / Lu·cerne] *no.pr.* Lucerna.

Luton ['lu:tn / Lu·ton] *no.pr.* Luton.

Luxemburg ['lʌksəmbɜ:g / Lux·em·burg] *no.pr.* Lussemburgo.

Lycia ['lɪsɪə / Ly·cia] *no.pr.* (*geogr. st.*) Licia.

Lyons [lɪ'ɒŋ] *no.pr.* Lione.

Lyra ['laɪərə] **Lyre** ['laɪə*] *no.pr.* (*astr.*) Lira.

Macedonia [,mæsɪ'dəʊnjə / Ma·ce·donia] *no.pr.* Macedonia.

Mackenzie [mə'kenzɪ / Mac·ken·zie] *no.pr.* Mackenzie.

Madagascar [,mædə'gæskə* / Ma·da·gas·car] *no.pr.* Madagascar.

Madeira [mə'dɪərə / Ma·deira] *no.pr.* Madera.

Madrid [mə'drɪd / Mad·rid] *no.pr.* Madrid.

Main [meɪn] *no.pr.* Meno.

Maine [meɪn] *no.pr.* Maine.

Mainz [maɪnts] *no.pr.* Magonza.

Majorca [mə'dʒɔ:kə / Ma·jorca] *no.pr.* Maiorca.

Malacca [mə'lækə / Ma·lacca] *no.pr.* Malacca.

Malaga ['mæləgə / Mal·aga] *no.pr.* Malaga.

Malaysia [mə'leɪzɪə *amer.* mə'leɪʒɪə / Ma·lay·sia] *no.pr.* Malaysia.

Maldive Islands ['mɔ:ldɪv,aɪləndz] *no.pr.pl.* isole Maldive.

Mali ['mɑ:lɪ] *no.pr.* Mali.

Malta ['mɔ:ltə] *no.pr.* Malta.

Man, Isle of ['aɪləv'mæn] *no.pr.* isola di Man.

Managua [mɑ:'nɑ:gwɑ: / Man·agua] *no.pr.* Managua.

Manchester ['mæntʃɪstə* / Man·ches·ter] *no.pr.* Manchester.

Manchuria [mæn'tʃʊərɪə / Man·churia] *no.pr.* Manciuria.

Manhattan [mæn'hætn / Man·hat·tan] *no.pr.* Manhattan.

Manila [mə'nɪlə / Ma·nila] *no.pr.* Manila.

Manitoba [,mænɪ'taʊbə / Man·it·oba] *no.pr.* Manitoba.

Mantua ['mæntjʊə / Man·tua] *no.pr.* Mantova.

Marathon ['mærəθn *amer.* 'mærəθɒn / Mara·thon] *no.pr.* (*geogr. st.*) Maratona.

Marquesas Islands [mɑ:'keɪsæs'aɪləndz] *no.pr.pl.* isole Marchesi.

Mars [mɑ:z] *no.pr.* (*astr.*) Marte.

Marseille [,mɑ:'seɪ / Mar·seille] *no.pr.* Marsiglia.

Marshall Islands ['mɑ:ʃəl'aɪləndz] *no.pr.pl.* Isole Marshall.

Martinique [,mɑ:tɪ'ni:k / Mar·tin·ique] *no.pr.* Martinica.

Maryland ['meərɪlænd *amer.* 'merɪlənd / Mary·land] *no.pr.* Maryland.

Massachusetts [,mæsə'tʃu:sets / Mas·sa·chu·setts] *no.pr.* Massachusetts.

Matterhorn ['mætəhɔ:n / Mat·ter·horn] *no.pr.* monte Cervino.

Mauritania [,mɒrɪ'teɪnjə / Mau·ri·ta·nia] *no.pr.* Mauritania.

Mauritius [mə'rɪʃəs / Mau·ri·tius] *no.pr.* isole Maurizio.

Mayfair ['meɪfeə* / May·fair] *no.pr.* Mayfair (quartiere elegante di Londra).

Mayo ['meɪəʊ] *no.pr.* Mayo (contea dell'Irlanda).

Mecca ['mekə] *no.pr.* Mecca.

Media ['mi:djə] *no.pr.* (*geogr. st.*) Media.

Mediterranean Sea [,medɪtə'reɪnjən'si:] *no.pr.* mare Mediterraneo.

Melanesia [,melə'ni:zjə / Mel·an·esia] *no.pr.* Melanesia.

Melbourne ['melbən / Mel·bourne] *no.pr.* Melbourne.

Melos ['mi:lɒs] *no.pr.* Milo.

Memphis ['memfɪs / Mem·phis] *no.pr.* (*geogr. st.*) Menfi.

Memphis ['memfɪs] *no.pr.* Memphis.

Menton [,mɑ:n'tɔ: / Men·ton] *no.pr.* Mentone.

Mercia ['mɜ:sjə / Mer·cia] *no.pr.* (*geogr. st.*) Mercia (uno dei regni della eptarchia anglosassone).

Mercury ['mɜ:kjʊrɪ / Mer·cury] *no.pr.* (*astr.*) Mercurio.

Merionethshire [,merɪ'ɒnɪθʃɪə* / Meri·on·eth·shire] *no.pr.* Merionethshire, contea di Merioneth (ex contea del Galles).

Mersey ['mɜ:zɪ / Mer·sey] *no.pr.* Mersey.

Merseyside ['mɜ:zɪsaɪd / Mer·sey·side] *no.pr.* Merseyside (contea dell'Inghilterra).

Mesopotamia [,mesəpə'teɪmjə / Meso·pot·amia] *no.pr.* (*geogr. st.*) Mesopotamia.

Mexico ['meksɪkəʊ / Mex·ico] *no.pr.* Messico.

Mexico City ['meksɪkəʊ'sɪtɪ] *no.pr.* Città di Messico.

Miami [maɪ'æmɪ / Mi·ami] *no.pr.* Miami.

Michigan ['mɪʃɪgən / Mich·igan] *no.pr.* Michigan.

Middlesex ['mɪdlseks / Mid·dle·sex] *no.pr.* Middlesex (ex contea dell'Inghilterra).

Midlothian [mɪd'ləʊðjən / Mid·lothian] *no.pr.* Midlothian (ex contea della Scozia).

Milan [mɪ'læn / Mi·lan] *no.pr.* Milano.

Milos ['maɪlɒs] *no.pr.* Milo.

Minnesota [,mɪnə'səʊtə / Min·ne·sota] *no.pr.* Minnesota.

Minorca [mɪ'nɔ:kə / Min·orca] *no.pr.* Minorca.

Mississippi [,mɪsɪ'sɪpɪ / Mis·sis·sippi] *no.pr.* Mississippi.

Missouri [mɪ'zʊərɪ / Mis·souri] *no.pr.* Missouri.

Mogadishu [,mɒgə'dɪʃu: / Mo·ga·di·shu] *no.pr.* Mogadiscio.

Moluccas [mə'lʊkəz / Mo·luccas] *no.pr.* Molucche.

Monaco ['mɒnəkəʊ / Mon·aco] *no.pr.* (Principato di) Monaco.

Monaghan ['mɒnəhən / Mon·ag·han] *no.pr.* Monaghan (contea dell'Irlanda).

Mongolia [mɒŋ'gəʊljə / Mon·golia] *no.pr.* Mongolia.

Monmouthshire ['mɒnməθʃɪə* / Mon·mouth·shire] *no.pr.* Monmouthshire, contea di Monmouth (ex contea del Galles).

Montana [mɒn'tænə / Mon·tana] *no.pr.* Montana.

Mont Blanc [,mɔ:m'blɑ:n] *no.pr.* Monte Bianco.

Mont Cenis [,mɔ:nsə'ni:] *no.pr.* Moncenisio.

Monte Carlo [ˌmɒntɪ'kɑ:ləʊ] *no.pr.* Montecarlo.

Montenegro [ˌmɒntɪ'ni:grəʊ / Mon·te·negro] *no.pr.* Montenegro.

Montgomeryshire [mənt'gʌmərɪʃɪə* / Mont·gom·ery·shire] *no.pr.* Montgomeryshire, contea di Montgomery (ex contea del Galles).

Montreal [ˌmɒntrɪ'ɔ:l / Mont·real] *no.pr.* Montreal.

Moravia [mə'reɪvjə / Mo·ra·via] *no.pr.* Moravia.

Moray ['mʌrɪ] *no.pr.* Moray (ex contea della Scozia).

Morocco [mə'rɒkəʊ / Mo·rocco] *no.pr.* Marocco.

Moscow ['mɒskəʊ / Mos·cow] *no.pr.* Mosca.

Mozambique [ˌməʊzəm'bi:k / Mo·zam·bique] *no.pr.* Mozambico.

Munich ['mju:nɪk / Mun·ich] *no.pr.* Monaco di Baviera.

Munster ['mʌnstə* / Mun·ster] *no.pr.* Munster.

Muscovy ['mʌskəʊvɪ / Mus·covy] *no.pr.* (*geogr. st.*) Moscovia.

Mycenae [maɪ'si:ni: / My·cen·ae] *no.pr.* (*geogr. st.*) Micene.

Nairn [neən] *no.pr.* Nairn (ex contea della Scozia).

Nairobi [ˌnaɪə'rəʊbɪ / Nai·robi] *no.pr.* Nairobi.

Namibia [næ'mɪbɪə / Na·mi·bia] *no.pr.* Namibia.

Nanking [ˌnæŋ'kɪŋ / Nan·king] *no.pr.* Nanchino.

Naples ['neɪplz] *no.pr.* Napoli.

Nashville ['næʃvɪl / Nash·ville] *no.pr.* Nashville.

Navarre [nə'vɑ:* / Na·varre] *no.pr.* Navarra.

Nazareth ['næzərəθ / Naz·ar·eth] *no.pr.* Nazareth.

Nebraska [nɪ'bræskə / Neb·raska] *no.pr.* Nebraska.

Nepal [nɪ'pɔ:l / Ne·pal] *no.pr.* Nepal.

Neptune ['neptju:n *amer.* 'neptu:n / Nep·tune] *no.pr.* (*astr.*) Nettuno.

Netherlands ['neðələndz / Neth·er·lands] *no.pr.pl.* Paesi Bassi.

Nevada [nə'vɑ:də / Ne·vada] *no.pr.* Nevada.

Newark ['nju:ək / New·ark] *no.pr.* Newark.

New Caledonia [ˌnju:ˌkælɪ'dəʊnjə *amer.* ˌnu:ˌkælɪ'dəʊnjə / New Ca·le·donia] *no.pr.* Nuova Caledonia.

Newcastle ['nju:ˌkɑ:sl *amer.* 'nu:ˌkæsl / New·castle] *no.pr.* Newcastle.

New Delhi [ˌnju:'delɪ] *no.pr.* Nuova Delhi.

New England [ˌnju:'ɪŋglənd *amer.* ˌnu:'ɪŋglənd / New Eng·land] *no.pr.* Nuova Inghilterra.

Newfoundland ['nju:fəndlənd *amer.* 'nu:fəndlənd / New·found·land] *no.pr.* Terranova.

New Guinea [nju:'gɪnɪ *amer.* nu:'gɪnɪ] *no.pr.* Nuova Guinea.

New Hampshire [nju:'hæmpʃɪə* *amer.* nu:'hæmpʃɪə*] *no.pr.* New Hampshire.

New Hebrides [nju:'hebrɪdi:z *amer.* nu:'hebrɪdi:z] *no.pr.pl.* Nuove Ebridi.

New Jersey [nju:'dʒɜ:zɪ *amer.* nu:'dʒɜ:zɪ] *no.pr.* New Jersey.

New Mexico [nju:'meksɪkəʊ *amer.* nu:'meksɪkəʊ] *no.pr.* Nuovo Mexico.

New Orleans [nju:'ɔ:lɪənz *amer.* nu:'ɔlɪənz] *no.pr.* New Orleans.

Newport ['nju:pɔ:t *amer.* 'nu:pɔ:t / New·port] *no.pr.* Newport.

New South Wales [ˌnju:saʊθ'weɪlz *amer.* ˌnu:saʊθ'weɪlz] *no.pr.* Nuovo Galles del Sud.

New York [ˌnju:'jɔ:k *amer.* ˌnu:'jɔ:k] *no.pr.* Nuova York.

New Zealand [ˌnju:'zi:lənd *amer.* ˌnu:'zi:lənd] *no.pr.* Nuova Zelanda.

Niagara [naɪ'ægərə / Ni·ag·ara] *no.pr.* Niagara.

Niagara Falls [naɪ'ægərə'fɔ:lz] *no.pr.* Cascate del Niagara.

Nicaragua [ˌnɪkə'rægjʊə / Ni·car·agua] *no.pr.* Nicaragua.

Nice [ni:s] *no.pr.* Nizza.

Niger ['naɪdʒə* / Ni·ger] *no.pr.* Niger.

Nigeria [naɪ'dʒɪərɪə / Ni·geria] *no.pr.* Nigeria.

Nile [naɪl] *no.pr.* Nilo.

Nineveh ['nɪnɪvə / Nin·eveh] *no.pr.* (*geog. st.*) Ninive.

Norfolk ['nɔ:fək / Nor·folk] *no.pr.* Norfolk.

Normandy ['nɔ:məndɪ / Nor·mandy] *no.pr.* Normandia.

Northamptonshire [nɔ:'θæmptənʃɪə* / North·amp·ton·shire] *no.pr.* Northamptonshire, contea di Northampton.

North Carolina ['nɔ:θˌkærə'laɪnə] *no.pr.* Carolina del Nord.

North Dakota ['nɔ:θdə'kəʊtə] *no.pr.* Dakota del Nord.

Northern Ireland ['nɔ:ðən'aɪələnd] *no.pr.* Irlanda del Nord.

North Sea [ˌnɔ:θ'si:] *no.pr.* Mare del Nord.

Northumberland [nɔ:'θʌmbələnd / North·um·ber·land] *no.pr.* Northumberland (contea d'Inghilterra).

Northumbria [nɔ:'θʌmbrɪə / North·um·bria] *no.pr.* (*geogr. st.*) Northumbria (uno dei regni della eptarchia anglosassone).

Norway ['nɔ:weɪ / Nor·way] *no.pr.* Norvegia.

Nottinghamshire ['nɒtɪŋəmʃɪə* / Not·ting·ham·shire] *no.pr.* Nottinghamshire, contea di Nottingham.

Nova Scotia [ˌnəʊvə'skəʊʃə] *no.pr.* Nuova Scozia.

Nuremberg ['njʊərəmbɜ:g / Nu·rem·berg] *no.pr.* Norimberga.

Nyasa [naɪ'æsə / Ny·asa] *no.pr.* (lago) Niassa.

Oceania [ˌəʊʃɪ'eɪnjə] *no.pr.* Oceania.

Ohio [əʊ'haɪəʊ] *no.pr.* Ohio.

Oklahoma [əʊklə'həʊmə / Ok·la·homa] *no.pr.* Oklahoma.

Olympia [əʊ'lɪmpɪə / Olym·pia] *no.pr.* (*geogr. st.*) Olimpia.

Olympus [əʊ'lɪmpəs / Olym·pus] *no.pr.* (*geogr. mit.*) Olimpo.

Oman [əʊ'mæn / Oman] *no.pr.* Oman.

Ontario [ɒn'teərɪəʊ / On·tario] *no.pr.* Ontario.

Oregon ['ɒrɪgən] *no.pr.* Oregon.

Orinoco [ˌɒrɪ'nəʊkəʊ / Ori·noco] *no.pr.* Orinoco.

Orion [ə'raɪən] *no.pr.* (*astr.*) Orione.

Orkney Islands ['ɔ:knɪ'aɪləndz] *no.pr.pl.* isole Orcadi.

Orléans [ɔ:'lɪənz / Or·léans] *no.pr.* Orléans.

Ostend [ɒs'tend / Ost·end] *no.pr.* Ostenda.

Ottawa ['ɒtəwə / Ot·tawa] *no.pr.* Ottawa.

Ouse [u:z] *no.pr.* Ouse.

Oxford ['ɒksfəd / Ox·ford] *no.pr.* Oxford (famoso centro universitario inglese).

Oxfordshire ['ɒksfədʃɪə* / Ox·ford·shire] *no.pr.* Oxfordshire, contea di Oxford.

Pacific [pə'sɪfɪk / Pa·ci·fic] *no.pr.* Pacifico.

Padua ['pædjʊə] *no.pr.* Padova.

Pakistan [ˌpɑ:kɪ'stɑ:n / Pak·is·tan] *no.pr.* Pakistan.

Palatinate [pə'lætɪnɪt / Pa·lat·in·ate] *no.pr.* (*geogr. st.*) Palatinato.

Palestine ['pæləstaɪn / Pal·es·tine] *no.pr.* Palestina.

Panama [ˌpænə'mɑ: / Pan·ama] *no.pr.* Panama.

Papua ['pɑ:pʊə] *no.pr.* Papuasia.

Paraguay ['pærəgwaɪ / Pa·ra·guay] *no.pr.* Paraguay.

Paris ['pærɪs] *no.pr.* Parigi.

Parnassus [pɑ:'næsəs / Par·nas·sus] *no.pr.* Parnas(s)o.

Patagonia [ˌpætə'gəʊnɪə / Pa·ta·gonia] *no.pr.* Patagonia.

Patras [pə'træs / Pat·ras] *no.pr.* Patrasso.

Peebles ['pi:blz] *no.pr.* Peebles (ex contea della Scozia).

Pegasus ['pegəsəs / Peg·asus] *no.pr.* (*astr.*) Pegaso.

Peking [pi:'kɪŋ / Pe·king] *no.pr.* Pechino.

Pelion ['pi:lɪən / Pe·lion] *no.pr.* Pelio.

Peloponnesus [ˌpeləpə'ni:səs / Pe·lo·pon·nesus] *no.pr.* Peloponneso.

Pembrokeshire ['pembrəkʃɪə* / Pem·broke·shire] *no.pr.* Pembrokeshire, contea di Pembroke (ex contea del Galles).

Pennine Alps [ˌpenaɪn'ælps] *no.pr.pl.* Alpi Pennine.

Pennine Chain [ˌpenaɪn'tʃeɪn] *no.pr.* monti Pennini.

Pennsylvania [ˌpensɪl'veɪnjə / Penn·syl·vania] *no.pr.* Pennsylvania.

Perseus ['pɜ:sju:s / Per·seus] *no.pr.* (*astr.*) Perseo.

Persia ['pɜ:ʃə *amer.* 'pɜ:ʒə / Per·sia] *no.pr.* Persia.

Persian Gulf ['pɜ:ʃən,gʌlf *amer.* 'pɜ:ʒən,gʌlf] *no.pr.* Golfo Persico.

Perth [pɜ:θ] *no.pr.* Perth.

Peru [pə'ru:] *no.pr.* Perù.

Pharsalia [fɑ:'seɪljə / Phar·salia] *no.pr.* (*geogr. st.*) Farsaglia.

Philadelphia [ˌfɪlə'delfjə / Phil·adel·phia] *no.pr.* Filadelfia.

Philippi [fɪ'lɪpaɪ / Phi·lip·pi] *no.pr.* (*geogr. st.*) Filippi.

Philippines ['fɪlɪpi:nz / Phil·ip·pines] *no.pr.pl.* Filippine.

Phlegethon ['flegɪθɒn / Phlege·thon] *no.pr.* (*geog. mit.*) Flegetonte.

Phoenicia [fɪ'nɪʃɪə / Phoe·nicia] *no.pr.* (*geogr. st.*) Fenicia.

Phoenix ['fi:nɪks] *no.pr.* Phoenix.

Phrygia ['frɪdʒɪə / Phry·gia] *no.pr.* (*geogr. st.*) Frigia.

Picardy ['pɪkədɪ / Pic·ardy] *no.pr.* Piccardia.

Piedmont ['pi:dmənt / Pied·mont] *no.pr.* Piemonte.

Piraeus [paɪ'rɪəs / Pi·raeus] *no.pr.* Pireo.

Pisces ['paɪsi:z / Pis·ces] *no.pr.pl.* (*astr.*) Pesci.

Pleiades ['plaɪədi:z / Plei·ades] *no.pr.pl.* (*astr.*) Pleiadi.

Pluto ['plu:təʊ] *no.pr.* (*astr.*) Plutone.

Plymouth ['plɪməθ / Ply·mouth] *no.pr.* Plymouth.

Poland ['pəʊlənd / Pol·and] *no.pr.* Polonia.

Pollux ['pɒləks / Pol·lux] *no.pr.* (*astr.*) Polluce.

Polynesia [,pɒlɪ'ni:zjə / Poly·ne·sia] *no.pr.* Polinesia.

Pompeii [pɒm'peɪ / Pom·peii] *no.pr.* Pompei.

Portsmouth ['pɔ:tsməθ / Ports·mouth] *no.pr.* Portsmouth.

Portugal ['pɔ:tʃʊgl / Por·tu·gal] *no.pr.* Portogallo.

Powys ['pəʊɪs] *no.pr.* Powys (contea del Galles).

Prague [prɑ:g] *no.pr.* Praga.

Preston ['prestən / Pres·ton] *no.pr.* Preston.

Pretoria [prɪ'tɔ:rɪə / Pre·toria] *no.pr.* Pretoria.

Princeton ['prɪnstən / Prince·ton] *no.pr.* Princeton.

Procyon ['prəʊsjən / Pro·cyon] *no.pr.* (*astr.*) Procione.

Provence [prɒ'vɑ:ns / Pro·vence] *no.pr.* Provenza.

Prussia ['prʌʃə] *no.pr.* Prussia.

Puerto Rico [,pwɜ:təʊ'ri:kəʊ] *no.pr.* Portorico.

Pyrenees [,pɪrə'ni:z / Pyr·en·ees] *no.pr.pl.* Pirenei.

Quebec [kwɪ'bek / Que·bec] *no.pr.* Quebec.

Quirinal ['kwɪrɪnəl / Qui·ri·nal] *no.pr.* Quirinale.

Radnorshire ['rædnəʃɪə* / Rad·nor·shire] *no.pr.* Radnorshire, contea di Radnor (ex contea del Galles).

Ram [ræm] *no.pr.* (*astr.*) Ariete.

Ratisbon ['rætɪzbɒn / Rat·is·bon] *no.pr.* Ratisbona.

Reading ['redɪŋ / Read·ing] *no.pr.* Reading.

Red Sea ['red'si:] *no.pr.* Mar Rosso.

Renfrew ['renfru: / Ren·frew] *no.pr.* Renfrew (ex contea della Scozia).

Réunion (Island) [,rɪ'ju:njən('aɪlənd)] *no.pr.* Isola Riunione.

Rhaetia ['ri:ʃɪə / Rhae·tia] *no.pr.* (*geogr. st.*) Rezia.

Rhaetian Alps ['ri:ʃɪən'ælps] *no.pr.pl.* (Alpi) Retiche.

Rhine [raɪn] *no.pr.* Reno.

Rhineland ['raɪnlænd / Rhine·land] *no.pr.* Renania.

Rhode Island [,rəʊd'aɪlənd] *no.pr.* Rhode Island.

Rhodes [rəʊdz] *no.pr.* Rodi.

Rhodesia [rəʊ'di:zjə *amer.* rəʊ'di:ʒə / Rho·desia] *no.pr.* (*geogr. st.*) Rhodesia.

Rhone [rəʊn] *no.pr.* Rodano.

Richmond ['rɪtʃmənd / Rich·mond] *no.pr.* Richmond.

Rio de Janeiro [,rɪəʊdədʒə'nɪərəʊ] *no.pr.* Rio de Janeiro.

Rocky Mountains ['rɒkɪ'maʊntɪnz] *no.pr.pl.* Montagne Rocciose.

Romania [ru:'meɪnjə / Ro·mania] *no.pr.* Romania.

Rome [rəʊm] *no.pr.* Roma.

Roscommon [rɒs'kɒmən / Ros·com·mon] *no.pr.* Roscommon (contea dell'Irlanda).

Ross and Cromarty ['rɒsən'krɒmətɪ] *no.pr.* Ross and Cromarty (ex contea della Scozia).

Roxburgh ['rɒksbərə / Rox·burgh] *no.pr.* Roxburgh (ex contea della Scozia).

Rubicon ['ru:bɪkən / Ru·bi·con] *no.pr.* (*geogr. st.*) Rubicone.

Rumania [ru:'meɪnjə / Ru·mania] *no.pr.* Romania.

Russia ['rʌʃə / Rus·sia] *no.pr.* Russia.

Rutland(shire) ['rʌtlənd(ʃɪə*) / Rut·land(·shire)] *no.pr.* Rutland(shire), contea di Rutland (ex contea dell'Inghilterra).

Rwanda [ru:'ændə / Rwan·da] *no.pr.* Ruanda.

Sacramento [,sækrə'mentəʊ / Sac·ra·mento] *no.pr.* Sacramento.

Sagittarius [,sædʒɪ'teərɪəs / Sa·git·tarius] *no.pr.* (*astr.*) Sagittario.

Sahara [sə'hɑ:rə / Sa·hara] *no.pr.* Sahara.

Salamis ['sæləmɪs / Sal·amis] *no.pr.* Salamina.

Salisbury ['sɔ:lzbərɪ / Salis·bury] *no.pr.* Salisbury.

Salonica [*st. moderna* sə'lɒnɪkə, *st. greca* ,sælə'naɪkə / Sa·lon·ica] **Salonika** *no.pr.* Salonicco.

Salt Lake City ['sɔ:lt'leɪk'sɪtɪ] *no.pr.* Salt Lake City.

Salzburg ['sæltsbɜ:g / Salz·burg] *no.pr.* Salisburgo.

Samoa [sə'məʊə / Sa·moa] *no.pr.* Samoa.

Samos ['seɪmɒs / Sa·mos] *no.pr.* Samo.

Samothrace ['sæməʊθreɪs / Sa·mo·thrace] *no.pr.* Samotracia.

Sandhurst ['sændhɜ:st / Sand·hurst] *no.pr.* Sandhurst.

San Diego [,sændɪ'eɪgəʊ] *no.pr.* San Diego.

San Francisco [,sænfrən'sɪskəʊ] *no.pr.* San Francisco.

Santa Fé [,sæntə'feɪ] *no.pr.* Santa Fe.

Santo Domingo [,sæntəʊdə'mɪŋgəʊ] *no.pr.* San Domingo.

Saragossa [,særə'gɒsə / Sara·gossa] *no.pr.* Saragozza.

Sardinia [sɑ:'dɪnjə / Sar·dinia] *no.pr.* Sardegna.

Sargasso Sea [sɑ:'gæsəʊ'si:] *no.pr.* Mare dei Sargassi.

Saturn ['sætən / Sat·urn] *no.pr.* (*astr.*) Saturno.

Saudi Arabia [,saʊdɪə'reɪbɪə] *no.pr.* Arabia Saudita.

Savoy [sə'vɔɪ / Sa·voy] *no.pr.* Savoia.

Saxony ['sæksənɪ / Sax·ony] *no.pr.* Sassonia.

Scandinavia [,skændɪ'neɪvjə / Scan·din·avia] *no.pr.* Scandinavia.

Scheldt [skelt] *no.pr.* Schelda.

Scilly Isles ['sɪlɪ'aɪlz] *no.pr.pl.* isole Scilly.

Scorpio ['skɔ:pɪəʊ / Scor·pio] **Scorpius** ['skɔ:pɪəs / Scor·pius] *no.pr.* (*astr.*) Scorpione.

Scotland ['skɒtlənd / Scot·land] *no.pr.* Scozia.

Scylla ['sɪlə / Scyl·la] *no.pr.* (*mit.*) Scilla.

Scythia ['sɪðɪə] *no.pr.* (*geogr. st.*) Scizia.

Seattle [sɪ'ætl] *no.pr.* Seattle.

Seine [seɪn] *no.pr.* Senna.

Selkirk ['selkɜ:k / Sel·kirk] *no.pr.* Selkirk (ex contea della Scozia).

Senegal [,senɪ'gɔ:l / Se·ne·gal] *no.pr.* Senegal.

Serbia ['sɜ:bjə / Ser·bia] *no.pr.* Serbia.

Seville ['sevɪl / Sev·ille] *no.pr.* Siviglia.

Seychelles [seɪ'ʃelz / Sey·chelles] *no.pr.pl.* Seychelles.

Shanghai [,ʃæŋ'haɪ / Shang·hai] *no.pr.* Shanghai.

Shangri-La [,ʃæŋgrɪ'lɑ: / Shan·gri-La] *no.pr.* (*lett.*) Shangri-La.

Sheba ['ʃi:bə] *no.pr.* (*Bibbia*) Saba.

Sheffield ['ʃefi:ld / Shef·field] *no.pr.* Sheffield.

Shetland ['ʃetlənd / Shet·land] *no.pr.* Shetland.

Siberia [saɪ'bɪərɪə / Si·ber·ia] *no.pr.* Siberia.

Sicily ['sɪsɪlɪ / Si·cily] *no.pr.* Sicilia.

Sierra Leone [sɪ,erəlɪ'əʊn] *no.pr.* Sierra Leone.

Silesia [saɪ'li:zjə / Si·lesia] *no.pr.* Slesia.

Simplon ['sɪmplən, 'sæmplɒŋ / Sim·plon] *no.pr.* Sempione.

Sinai ['saɪnaɪ / Si·nai] *no.pr.* Sinai.

Singapore [,sɪŋə'pɔ:* / Sin·ga·pore] *no.pr.* Singapore.

Sirius ['sɪrɪəs] *no.pr.* (*astr.*) Sirio.

Sligo ['slaɪgəʊ] *no.pr.* Sligo (contea dell'Irlanda).

Slovakia [sləʊ'vækɪə / Slo·vakia] *no.pr.* Slovacchia.

Slovenia [sləʊ'vi:njə / Slo·venia] *no.pr.* Slovenia.

Smyrna ['smɜ:nə] *no.pr.* Smirne.

Sodom ['sɒdəm] *no.pr.* (*geogr. st.*) Sodoma.

Sofia ['səʊfjə / So·fia] *no.pr.* Sofia.

Soho ['səʊhəʊ / So·ho] *no.pr.* Soho (quartiere di Londra).

Solomon Islands ['sɒləmən'aɪləndz] *no.pr.pl.* isole Salomone.

Somalia [səʊ'mɑːlɪə / So·ma·lia] *no.pr.* Somalia.

Somerset ['sʌməsɪt / Som·er·set] *no.pr.* Somerset, contea di Somerset.

South Africa [ˌsaʊθ'æfrɪkə] *no.pr.* Sud Africa.

South America [ˌsaʊə'merɪkə] *no.pr.* Sud America.

Southampton [saʊθ'æmptən / South·amp·ton] *no.pr.* Southampton.

South Dakota [ˌsaʊθdə'kəʊtə] *no.pr.* Dakota del Sud.

Southern Cross [ˌsʌðən'krɒs *amer.* ˌsʌðən'krɔːs] *no.pr.* (*astr.*) Croce del Sud.

Southwark ['sʌðək / South·wark] *no.pr.* Southwark (quartiere di Londra).

Spain [speɪn] *no.pr.* Spagna.

Sparta ['spɑːtə] *no.pr.* Sparta.

Splugen Pass ['spluːgən,pɑːs] *no.pr.* Passo dello Spluga.

Sporades ['spɒrədiːz / Spor·ades] *no.pr.* Sporadi.

Sri Lanka ['sriː'læŋkə] *no.pr.* Sri Lanka.

Staffordshire ['stæfədʃɪə* / Staf·ford·shire] *no.pr.* Staffordshire, contea di Stafford.

Stalingrad ['stælɪngræd / Stalin·grad] *no.pr.* Stalingrado.

St. Gotthard [snt'gɒtəd] *no.pr.* (passo del) San Gottardo.

St. Helena [ˌsentɪ'liːnə] *no.pr.* Sant'Elena.

Stirling ['stɜːlɪŋ / Stir·ling] *no.pr.* Stirling (ex contea della Scozia).

St. Lawrence [snt'lɒrəns] *no.pr.* San Lorenzo.

St. Louis [snt'luːɪs] *no.pr.* St. Louis.

St. Lucia [snt'luːʃə] *no.pr.* Santa Lucia.

Stockholm ['stɒkhəʊm / Stock·holm] *no.pr.* Stoccolma.

Strasbourg ['stræzbɜːg / Stras·bourg] *no.pr.* Strasburgo.

Stratford(-on-Avon) [ˌstrætfəd(ɒn'eɪvn) / Strat·ford] *no.pr.* Stratford-on-Avon.

Stuttgart ['stʊtgɑːt / Stutt·gart] *no.pr.* Stoccarda.

St. Vincent [snt'vɪnsənt] *no.pr.* St. Vincent.

Styria ['stɪrɪə] *no.pr.* Stiria.

Styx [stɪks] *no.pr.* (*mit.*) Stige.

Sudan [suː'dæn / Su·dan] *no.pr.* Sudan.

Suffolk ['sʌfək / Suf·folk] *no.pr.* Suffolk (contea dell'Inghilterra).

Surrey ['sʌrɪ / Sur·rey] *no.pr.* Surrey (contea dell'Inghilterra).

Sussex ['sʌsɪks / Sus·sex] *no.pr.* (*geogr. st.*) Sussex (ex contea dell'Inghilterra).

Sutherland ['sʌðələnd / Suth·er·land] *no.pr.* Sutherland (ex contea della Scozia).

Swabia ['sweɪbjə / Swa·bia] *no.pr.* (*geogr. st.*) Svevia.

Swan [swɒn] *no.pr.* (*astr.*) Cigno.

Swansea ['swɒnzɪ / Swan·sea] *no.pr.* Swansea.

Swaziland ['swɑːzɪlænd / Swa·zi·land] *no.pr.* Swaziland.

Sweden ['swiːdn / Swe·den] *no.pr.* Svezia.

Switzerland ['swɪtsələnd / Swit·zer·land] *no.pr.* Svizzera.

Sydney ['sɪdnɪ / Syd·ney] *no.pr.* Sydney.

Syracuse ['saɪərəkiuːz *negli Stati Uniti* 'sɪrəkjuːs / Sy·ra·cuse] *no.pr.* Siracusa.

Syria ['sɪrɪə] *no.pr.* Siria.

Syrtis ['sɜːtɪs / Syr·tis] *pl.* **Syrtes** ['sɜːtiːz] *no.pr.* Sirte.

Tadzhikistan [tɑːˌdʒɪkɪ'stɑːn / Ta·dzhik·is·tan] *no.pr.* Tagikistan.

Tagus ['teɪgəs / Ta·gus] *no.pr.* Tago.

Tahiti [tɑː'hiːtɪ / Ta·hiti] *no.pr.* Ta(h)iti.

Taiwan [taɪ'wɑːn / Tai·wan] *no.pr.* Taiwan (Formosa).

Tajikistan [tɑːˌdʒɪkɪ'stɑːn / Tɑ·jik·is·tan] *no.pr.* Tagikistan.

Tanganyika [ˌtæŋgə'njiːkə / Tan·gan·yika] *no.pr.* Tanganica.

Tangier [tæn'dʒɪə* / Tan·gier] *no.pr.* Tangeri.

Tanzania [ˌtænzə'niːə / Tan·za·nia] *no.pr.* Tanzania.

Tarragona [ˌtærə'gəʊnə / Tar·ra·gona] *no.pr.* Tarragona.

Tarsus ['tɑːsəs / Tar·sus] *no.pr.* (*geogr. st.*) Tarso.

Tartarus ['tɑːtərəs / Tar·tarus] *no.pr.* (*mit.*) Tartaro.

Tasmania [tæz'meɪnjə / Tas·ma·nia] *no.pr.* Tasmania.

Taunton ['tɔːntən / Taun·ton] *no.pr.* Taunton.

Taurus ['tɔːrəs] *no.pr.* (*astr.*) Toro.

Tennessee [ˌtenə'siː / Ten·nes·see] *no.pr.* Tennessee.

Texas ['teksəs] *no.pr.* Texas.

Thailand ['taɪlænd / Thai·land] *no.pr.* Thailandia.

Thames [temz] *no.pr.* Tamigi.

Thebaid ['θiːbeɪd / Theb·aid] *no.pr.* (*geogr. st.*) Tebaide.

Thebes [θiːbz] *no.pr.* (*geogr. st.*) Tebe.

Thermopylae [θɜː'mɒpɪliː / Ther·mo·pylae] *no.pr.pl.* (*geogr. st.*) Termopili.

Thessaly ['θesəlɪ / Thess·aly] *no.pr.* Tessaglia.

Thrace [θreɪs] *no.pr.* Tracia.

Thuringia [θjʊə'rɪndʒɪə / Thu·ringia] *no.pr.* Turingia.

Tiber ['taɪbə* / Ti·ber] *no.pr.* Tevere.

Tiberias [taɪ'bɪərɪæs / Ti·ber·ias] *no.pr.* Tiberiade.

Tibet [tɪ'bet / Ti·bet] *no.pr.* Tibet.

Tigris ['taɪgrɪs / Ti·gris] *no.pr.* Tigri.

Timbuktu [ˌtɪmbʌk'tuː / Tim·buktu] *no.pr.* Timbuctu.

Tintagel [tɪn'tædʒəl / Tin·ta·gel] *no.pr.* Tintagel (nella tradizione arturiana: luogo di nascita di re Artù).

Tobago [tə'beɪgəʊ / To·bago] *no.pr.* Tobago.

Togo(land) ['təʊgəʊ(lænd) / To·go(·land)] *no.pr.* Togo.

Tokyo ['təʊkjəʊ] *no.pr.* Tokyo.

Toledo [tə'leɪdəʊ *amer.* tə'liːdəʊ / To·ledo] *no.pr.* Toledo.

Tonga ['tɒŋə] *no.pr.* Tonga.

Toronto [tə'rɒntəʊ / To·ronto] *no.pr.* Toronto.

Tottenham ['tɒtnəm / Tot·ten·ham] *no.pr.* Tottenham.

Transylvania [ˌtrænsɪl'veɪnjə / Tran·syl·va·nia] *no.pr.* Transilvania.

Trent [trent] *no.pr.* Trento.

Treves [triːvz] *no.pr.* Treviri.

Trinidad ['trɪnɪdæd / Trini·dad] *no.pr.* Trinidad.

Tripoli ['trɪpəlɪ / Tri·poli] *no.pr.* Tripoli.

Trossachs ['trɒsəks / Tross·achs] *no.pr.pl.* Trossachs.

Troy [trɔɪ] *no.pr.* (*geogr. st.*) Troia.

Tunis ['tjuːnɪs *amer.* 'tuːnɪs] *no.pr.* Tunisi.

Tunisia [tjuː'nɪzɪə *amer.* tuː'nɪzɪə / Tu·nisia] *no.pr.* Tunisia.

Turin [tjʊ'rɪn *amer.* tʊ'rɪn] *no.pr.* Torino.

Turkestan [ˌtɜːkɪ'stɑːn / Tur·ke·stan] *no.pr.* Turkestan.

Turkey ['tɜːkɪ / Tur·key] *no.pr.* Turchia.

Tuscany ['tʌskənɪ / Tus·cany] *no.pr.* Toscana.

Tweed [twiːd] *no.pr.* Tweed.

Twins [twɪnz] *no.pr.pl.* (*astr.*) Gemelli.

Tyburn ['taɪbɜːn / Ty·burn] *no.pr.* (*geogr. st.*) Tyburn (luogo in Londra dove avvenivano le esecuzioni capitali).

Tyre ['taɪə*] *no.pr.* (*geogr. st.*) Tiro.

Tyrol ['tɪrəl / Ty·rol] *no.pr.* Tirolo.

Tyrrhenian Sea [tɪ'riːnjən'siː] *no.pr.* mare Tirreno.

Uganda [juː'gændə] *no.pr.* Uganda.

Ukraine [juː'kreɪn] *no.pr.* Ucraina.

Ulster ['ʌlstə* / Ul·ster] *no.pr.* Ulster.

United Arab Emirates [juː'naɪtɪd'ærəb 'emɪrəts] *no.pr.pl.* Emirati Arabi Uniti.

United Kingdom [juː'naɪtɪd'kɪŋdəm] *no.pr.* Regno Unito.

United States [juː'naɪtɪd'steɪts] *no.pr.pl.* Stati Uniti (d'America).

Ural [jʊərəl] *no.pr.* Urali.

Uranus ['jʊrənəs / Ur·anus] *no.pr.* (*astr.*) Urano.

Ursa Major ['ɜːsə'meɪdʒə*] *no.pr.* (*astr.*) Orsa Maggiore.

Ursa Minor ['ɜːsə'maɪnə*] *no.pr.* (*astr.*) Orsa Minore.

Uruguay ['jʊərʊgwaɪ / Uru·guay] *no.pr.* Uruguay.

Utah ['juːtɑː] *no.pr.* Utah.

Utopia [juː'təʊpjə / Uto·pia] *no.pr.* (*geogr. lett.*) Utopia (isola ideata da T. More come sede di un sistema politico-sociale ideale).

Uzbekistan [ʊzˌbekɪ'stɑːn / Uz·bek·is·tan] *no.pr.* Uzbekistan.

Valencia [və'lenʃɪə / Va·len·cia] *no.pr.* Valencia.

Vancouver [væn'kuːvə* / Van·couver] *no.pr.* Vancouver.

Vatican City ['vætɪkən'sɪtɪ / Vat·ican City] *no.pr.* Vaticano.

Vega ['viːgə] *no.pr.* (*astr.*) Vega.

Venezuela [ˌvenəˈzweɪlə / Ven·ez·uela] *no.pr.* Venezuela.
Venice [ˈvenɪs / Ven·ice] *no.pr.* Venezia.
Venus [ˈviːnəs] *no.pr.* (*astr.*) Venere.
Vermont [vɜːˈmɒnt / Ver·mont] *no.pr.* Vermont.
Vesuvius [vɪˈsuːvjəs / Ve·su·vius] *no.pr.* Vesuvio.
Vienna [vɪˈenə / Vi·enna] *no.pr.* Vienna.
Vietnam [ˌvjetˈnæm / Viet·nam] *no.pr.* Vietnam.
Viminal [ˈvɪmənl] *no.pr.* Viminale.
Virginia [vəˈdʒɪnjə / Vir·ginia] *no.pr.* Virginia.
Virgin Islands [ˌvɜːdʒɪnˈaɪləndz] *no.pr.pl.* isole Vergini.
Virgo [ˈvɜːgəʊ] *no.pr.* (*astr.*) Vergine.

Wakefield [ˈweɪkfiːld / Wake·field] *no.pr.* Wakefield.
Wales [weɪlz] *no.pr.* Galles.
Wallsend [ˈwɔːlzənd / Walls·end] *no.pr.* Wallsend.
Warsaw [ˈwɔːsɔː / War·saw] *no.pr.* Varsavia.
Warwickshire [ˈwɒrɪkʃɪə* / War·wick·shire] *no.pr.* Warwickshire, contea di Warwick.
Wash [wɒʃ *amer.* wɔːʃ] *no.pr.* Wash (grande baia lagunare che divide il Lincolnshire dal Norfolk).
Washington [ˈwɒʃɪŋtən / Wash·ing·ton] *no.pr.* Washington.
Waterford [ˈwɔːtəfəd / Wa·ter·ford] *no.pr.* Waterford (contea dell'Irlanda).
Waterloo [ˌwɔːtəˈluː / Wa·ter·loo] *no.pr.* Waterloo.
Wellington [ˈwelɪŋtən / Well·ing·ton] *no.pr.* Wellington.
Wessex [ˈwesɪks / Wes·sex] *no.pr.* (*geogr. st.*) Wessex (uno dei regni della eptarchia anglosassone).
Westminster [ˈwes*t*mɪnstə* / West·min·ster] *no.pr.* Westminster (distretto di Londra).
Westphalia [westˈfeɪljə / West·pha·lia] *no.pr.* Vestfalia.
Westmorland [ˈwes*t*mələnd / West·mor·land] *no.pr.* Westmorland (ex contea dell'Inghilterra).
West Sussex [ˈwestˈsʌsɪks] *no.pr.* West Sussex.
Wexford [ˈweksfəd / Wex·ford] *no.pr.* Wexford (contea dell'Irlanda).
Wicklow [ˈwɪkləʊ / Wick·low] *no.pr.* Wicklow (contea dell'Irlanda).
Wigtown [ˈwɪgtən / Wig·town] *no.pr.* Wigtown (ex contea della Scozia).
Wiltshire [ˈwɪltʃɪə* / Wilt·shire] *no.pr.* Wiltshire.
Wimbledon [ˈwɪmbldən / Wimble·don] *no.pr.* Wimbledon.
Winchester [ˈwɪn*t*ʃɪstə* / Win·ches·ter] *no.pr.* Winchester (contea dell'Inghilterra).
Windermere [ˈwɪndəmɪə* / Wind·er·mere] *no.pr.* Windermere.
Windsor [ˈwɪnzə* / Wind·sor] *no.pr.* Windsor.
Windward Islands [ˈwɪndwədˈaɪləndz] *no.pr.pl.* isole Sopravvento.
Wisconsin [wɪsˈkɒnsɪn / Wis·con·sin] *no.pr.* Wisconsin.
Worcester [ˈwʊstə* / Wor·ces·ter] *no.pr.* Worcester.
Wyoming [waɪˈəʊmɪŋ / Wy·om·ing] *no.pr.* Wyoming.

Xanthus [ˈzænθəs / Xan·thus] *no.pr.* Xanto.

Yellowstone [ˈjeləʊstəʊn / Yel·low·stone] *no.pr.* Yellowstone.
Yemen [ˈjemən] *no.pr.* Yemen.
York [jɔːk] *no.pr.* York.
Yorkshire [jɔːkʃɪə* / York·shire] *no.pr.* Yorkshire, contea di York (ex contea dell'Inghilterra).
Yugoslavia [ˌjuːgəʊˈslɑːvjə / Yu·go·sla·via] *no.pr.* Iugoslavia.

Zagreb [ˈzɑːgreb / Za·greb] *no.pr.* Zagabria.
Zaire [zaɪˈɪə / Za·ire] *no.pr.* Zaire.
Zambesi [zæmˈbiːzɪ / Zam·besi] *no.pr.* Zambesi.
Zambia [ˈzæmbɪə / Zam·bia] *no.pr.* Zambia.
Zanzibar [ˈzænzɪˌbɑː* / Zanzi·bar] *no.pr.* Zanzibar.
Zealand [ˈziːlənd / Zea·land] *no.pr.* Zelanda.
Zimbabwe [zɪmˈbɑːbweɪ / Zim·babwe] *no.pr.* Zimbabwe.
Zion [ˈzaɪən] *no.pr.* Sion (la collina sacra di Gerusalemme).
Zululand [ˈzuːluːlænd / Zulu·land] *no.pr.* Zululand.
Zurich [ˈzjʊərɪk / Zur·ich] *no.pr.* Zurigo.

2 · Sezione italiano / inglese

Abidjan *no.pr.f.* Abidjan.
Abissinia *no.pr.f.* Abyssinia.
Abukir *no.pr.f.* Abukir.
Acaia *no.pr.f.* (*geogr. st.*) Achaea.
Acheronte *no.pr.m.* (*geogr. mit.*) Acheron.
Addis Abeba *no.pr.f.* Addis Ababa.
Adriatico *no.pr.m.* Adriatic.
Adua *no.pr.f.* Aduwa.
Afghanistan *no.pr.m.* Afghanistan.
Africa *no.pr.f.* Africa.
Aja, L' *no.pr.f.* the Hague.
Ajaccio *no.pr.m.* Ajaccio.
Alaska *no.pr.f.* Alaska.
Albania *no.pr.f.* Albania.
Albuquerque *no.pr.f.* Albuquerque.
Alcatraz *no.pr.f.* Alcatraz.
Aldebaran *no.pr.f.* (*astr.*) Aldebaran.
Alessandria *no.pr.f.* Alexandria.
Algeri *no.pr.f.* Algiers.
Algeria *no.pr.f.* Algeria.
Algol *no.pr.f.* (*astr.*) Algol.
Allegheny *no.pr.m.pl.* Alleghenies.
Alpi *no.pr.f.pl.* Alps.
Alsazia *no.pr.f.* Alsace.
Altair *no.pr.f.* (*astr.*) Altair.
Amazzoni, Rio delle *no.pr.m.* Amazon.
Amburgo *no.pr.f.* Hamburg.
America *no.pr.f.* America.
Amsterdam *no.pr.f.* Amsterdam.
Anatolia *no.pr.f.* Anatolia.
Anchorage *no.pr.f.* Anchorage.
Andalusia *no.pr.f.* Andalusia.
Ande *no.pr.f.pl.* Andes.
Andorra *no.pr.f.* Andorra.
Andromeda *no.pr.f.* (*astr.*) Andromeda.
Angola *no.pr.f.* Angola.
Ankara *no.pr.f.* Ankara.
Antares *no.pr.f.* (*astr.*) Antares.
Antartide *no.pr.f.* Antarctica.
Antille *no.pr.f.pl.* Antilles.
Antiochia *no.pr.f.* Antioch.
Anversa *no.pr.f.* Antwerp.
Appalachi *no.pr.m.pl.* Appalachians.
Appennini *no.pr.m.pl.* Apennines.
Apulia *no.pr.f.* (*geogr. st.*) Apulia.
Aquario *no.pr.m.* (*astr.*) Aquarius.
Aquisgrana *no.pr.f.* Aachen.
Aquitania *no.pr.f.* (*geogr. st.*) Aquitaine.
Arabia Saudita *no.pr.f.* Saudi Arabia.
Aragona *no.pr.f.* Aragon.
Arcadia *no.pr.f.* (*geogr. st.*) Arcady; Arcadia.
Ardenne *no.pr.f.pl.* Ardennes.
Argentina *no.pr.f.* Argentina.
Argo *no.pr.f.* Argos.
Argo *no.pr.m.* (*astr.*) Argo.
Argolide *no.pr.f.* Argolis.
Ariete *no.pr.* (*astr.*) Aries, Ram.
Armenia *no.pr.f.* (*geogr.*) Armenia.
Artico *no.pr.m.* Arctic.
Arturo *no.pr.m.* (*astr.*) Arcturus.
Ascot *no.pr.f.* (città e ippodromo di) Ascot.
Asia *no.pr.f.* Asia.
Assiria *no.pr.f.* (*geogr. st.*) Assyria.
Asturie *no.pr.f.pl.* Asturias.
Atene *no.pr.f.* Athens.
Atlanta *no.pr.f.* Atlanta.
Atlantico *no.pr.m.* Atlantic.
Atlantide *no.pr.f.* (*geogr. mit.*) Atlantis.
Attica *no.pr.f.* Attica.
Australasia *no.pr.f.* Australasia.
Australia *no.pr.f.* Australia.
Austria *no.pr.f.* Austria.
Avana *no.pr.f.* Havana.
Averno *no.pr.m.* (*geogr. mit.*) Avernus.

Avignone *no.pr.f.* Avignon.
Azerbaigian *no.pr.m.* Azerbaijan.
Azio *no.pr.f.* Actium.
Azzorre *no.pr.f.pl.* Azores.

Babele *no.pr.f.* (*Bibbia*) Babel.
Babilonia *no.pr.f.* (*geogr. st.*) (*città*) Babylon; (*impero*) Babylonia.
Baghdad *no.pr.f.* Bag(h)dad.
Bahama(s) *no.pr.f.pl.* Bahamas.
Bahrain, **Bahrein** *no.pr.m.* Bahrain, Bahrein.
Balaclava *no.pr.f.* Balaklava.
Balcani *no.pr.m.pl.* Balkans.
Baleari *no.pr.f.pl.* Balearic Islands.
Bali *no.pr.f.* (*geogr.*) Bali.
Baltico, Mar *no.pr.m.* Baltic Sea.
Baltimora *no.pr.f.* Baltimore.
Bamberga *no.pr.f.* Bamberg.
Bangkok *no.pr.f.* Bangkok.
Bangladesh *no.pr.m.* Bangladesh.
Barbados *no.pr.f.pl.* Barbados.
Barberia *no.pr.f.* (*geogr. st.*) Barbary.
Barcellona *no.pr.f.* Barcelona.
Basilea *no.pr.f.* Basel.
Bath *no.pr.f.* Bath.
Baton Rouge *no.pr.f.* Baton Rouge.
Baviera *no.pr.f.* Bavaria.
Beciuania *no.pr.f.* Bechuanaland.
Beirut *no.pr.f.* Beirut.
Belfast *no.pr.f.* Belfast.
Belgio *no.pr.m.* Belgium.
Belgrado *no.pr.f.* Belgrade.
Belize *no.pr.m.* Belize.
Benares *no.pr.f.* Benares.
Ben Nevis *no.pr.m.* Ben Nevis.
Beozia *no.pr.f.* (*geogr. st.*) Boetia.
Bering, stretto di *no.pr.m.* Bering Strait.
Berlino *no.pr.f.* Berlin.
Bermude *no.pr.f.pl.* the Bermudas.
Berna *no.pr.f.* Bern(e).
Betelgeuse *no.pr.f.* (*astr.*) Betelgeuse.
Betlemme *no.pr.f.* Bethlehem.
Bielorussia *no.pr.f.* Belorussia, Byelorussia, Belarus.
Bilancia *no.pr.f.* (*astr.*) Libra.
Bilbao *no.pr.f.* Bilbao.
Birmania *no.pr.f.* Burma.
Birmingham *no.pr.f.* Birmingham.
Bisanzio *no.pr.f.* (*geogr. st.*) Byzantium.
Biscaglia *no.pr.f.* Biscay.
Bitinia *no.pr.f.* (*geogr. st.*) Bithynia.
Boemia *no.pr.f.* Bohemia.
Bolivia *no.pr.f.* Bolivia.
Bombay *no.pr.f.* Bombay.
Bonn *no.pr.f.* Bonn.
Borgogna *no.pr.f.* Burgundy.
Borneo *no.pr.m.* Borneo.
Bosforo *no.pr.m.* Bosphorus.
Bosnia *no.pr.f.* Bosnia.
Boston *no.pr.f.* Boston.
Botswana *no.pr.m.* Botswana.
Brabante *no.pr.m.* Brabant.
Brandeburgo *no.pr.m.* Brandenburg.
Brasile *no.pr.m.* Brazil.
Brasilia *no.pr.f.* Brasilia.
Brema *no.pr.f.* Bremen.
Bretagna *no.pr.f.* Brittany.
Britannia *no.pr.f.* (*geogr. st.*) Britain.
Bruxelles *no.pr.f.* Brussels.
Bucarest *no.pr.f.* Bucharest.
Budapest *no.pr.f.* Budapest.
Buenos Aires *no.pr.f.* Buenos Aires.
Buffalo *no.pr.f.* Buffalo.
Bulgaria *no.pr.f.* Bulgaria.

Cadice *no.pr.f.* Cadiz.
Cafarnao *no.pr.f.* (*geogr. st.*) Capernaum.
Caienna *no.pr.f.* Cayenne.
Cairo, Il *no.pr.m.* Cairo.
Calais *no.pr.f.* Calais.
Calcutta *no.pr.f.* Calcutta.
Caldea *no.pr.f.* (*geogr. st.*) Chaldea.
Caledonia *no.pr.f.* (*geogr. st.*) Caledonia.
California *no.pr.f.* California.
Calvario *no.pr.m.* Calvary.
Camaleonte *no.pr.m.* (*astr.*) Chamaeleon.
Cambogia *no.pr.f.* Cambodia, Kampuchea.
Camerun *no.pr.m.* (*inglese*) Cameroon; (*francese*) Cameroun.
Canada *no.pr.m.* Canada.
Canarie *no.pr.f.pl.* Canary Islands, the Canaries.
Cancro *no.pr.m.* (*astr.*) Cancer.
Cappadocia *no.pr.f.* (*geogr. st.*) Cappadocia.
Capricorno *no.pr.m.* (*astr.*) Capricorn.
Caraibi, Mare dei *no.pr.m.* Caribbean Sea.
Cariddi *no.pr.f.* (*mit.*) Charybdis.
Carinzia *no.pr.f.* Carinthia.
Carniche (Alpi) *no.pr.f.pl.* Carnic Alps.
Carpazi *no.pr.m.pl.* Carpathians.
Carso *no.pr.m.* Karst.
Cartagine *no.pr.f.* (*geogr. st.*) Carthage.
Caspio (Mar) *no.pr.m.* Caspian Sea.
Cassiopea *no.pr.f.* (*astr.*) Cassiopeia.
Castiglia *no.pr.f.* Castile.
Castore *no.pr.m.* (*astr.*) Castor.
Catai *no.pr.m.* (*geogr. st.*) Cathay.
Catalogna *no.pr.f.* Catalonia.
Caucaso *no.pr.m.* Caucasus.
Cecenia *no.pr.f.* Chechnya, Chechenia.
Cefalonia *no.pr.f.* Cephalonia.
Cefeo *no.pr.m.* (*astr.*) Cepheus.
Cenisio → **Moncenisio**.
Centauro *no.pr.m.* (*astr.*) Centaurus.
Cerere *no.pr.f.* (*astr.*) Ceres.
Cervino *no.pr.m.* Matterhorn.
Cevenne *no.pr.f.pl.* Cevennes.
Ceylon *no.pr.m.* Ceylon.
Chioma di Berenice *no.pr.f.* (*astr.*) Coma Berenices.
Ciad *no.pr.m.* Chad.
Cicladi *no.pr.f.pl.* Cyclades.
Cigno *no.pr.m.* (*astr.*) Cygnus, Swan.
Cile *no.pr.m.* Chile.
Cina *no.pr.f.* China.
Cipro *no.pr.f.* Cyprus.
Cirenaica *no.pr.f.* Cyrenaica.
Cirene *no.pr.f.* (*geogr. st.*) Cyrene.
Citera *no.pr.f.* Cythera.
Città del Capo *no.pr.f.* Cape Town.
Città del Messico *no.pr.f.* Mexico City.
Cnido *no.pr.f.* (*geogr. st.*) Cnidus.
Cnosso *no.pr.f.* (*geogr. st.*) Cnossus.
Coblenza *no.pr.f.* Coblenz.
Coburgo *no.pr.f.* Coburg.
Cocincina *no.pr.f.* Cochin-China.
Cocito *no.pr.m.* (*geogr. mit.*) Cocytus.
Colchide *no.pr.f.* (*geogr. st.*) Colchis.
Colombia *no.pr.f.* Colombia.
Colonia *no.pr.f.* Cologne.
Colosseo *no.pr.m.* (*archeol.*) Coliseum, Colosseum.
Columbia *no.pr.f.* Columbia.
Comore *no.pr.f.pl.* Comoros Islands.
Congo *no.pr.m.* Congo.
Congo (Rep. Democratica) *no.pr.f.* Congo (Democratic Republic).
Copenaghen *no.pr.f.* Copenhagen.
Corcira *no.pr.f.* (*geogr. st.*) Corcyra.
Cordova *no.pr.f.* Cordoba.
Corea *no.pr.f.* Korea.
Corfù *no.pr.f.* Corfu.
Corinto *no.pr.f.* Corinth.
Cornovaglia *no.pr.f.* Cornwall.
Corsica *no.pr.f.* Corsica.
Costa Azzurra *no.pr.f.* Côte d'Azur.
Costantinopoli *no.pr.f.* (*geogr. st.*) Constantinople.
Costanza *no.pr.f.* Constance.
Costa Rica *no.pr.f.* Costa Rica.
Cozie (Alpi) *no.pr.f.pl.* Cottian Alps.
Cracovia *no.pr.f.* Cracow.
Creta *no.pr.f.* Crete.
Crimea *no.pr.f.* Crimea.
Cristiania *no.pr.f.* (*geogr. st.*) Christiania.
Croazia *no.pr.f.* Croatia.
Croce del Sud *no.pr.f.* (*astr.*) Crux, Southern Cross.
Cuba *no.pr.f.* Cuba.
Cuma *no.pr.f.* (*geogr. st.*) Cumae.
Curdistan *no.pr.m.* Kurdistan.

Dachau *no.pr.f.* Dachau.
Dallas *no.pr.f.* Dallas.
Dalmazia *no.pr.f.* Dalmatia.
Damasco *no.pr.f.* Damascus.
Danimarca *no.pr.f.* Denmark.
Danubio *no.pr.m.* Danube.
Delfi *no.pr.f.* Delphi.
Delhi *no.pr.f.* Delhi.
Delo *no.pr.f.* Delos.
Digione *no.pr.f.* Dijon.
Dodecanneso *no.pr.m.* Dodecanese.
Dolomiti *no.pr.f.pl.* Dolomites.
Dominicana, Repubblica *no.pr.f.* Dominican Republic.
Doride *no.pr.f.* (*geogr. st.*) Doris.
Dresda *no.pr.f.* Dresden.
Dublino *no.pr.f.* Dublin.

Ebridi *no.pr.f.pl.* Hebrides.
Ecuador *no.pr.m.* Ecuador.
Edimburgo *no.pr.f.* Edinburgh.
Efeso *no.pr.f.* (*geogr. st.*) Ephesus.
Egeo *no.pr.m.* Aegean Sea.
Egitto *no.pr.m.* Egypt.
Eleusi *no.pr.f.* Eleusis.
Elicona *no.pr.m.* Helicon.
Elide *no.pr.f.* Elis.
Elisio *no.pr.m.* (*geogr. mit.*) Elysium.
Ellade *no.pr.f.* Hellas.
Ellesponto *no.pr.m.* (*geogr. st.*) Hellespont.
Emirati Arabi Uniti *no.pr.m.pl.* United Arab Emirates.
Engadina *no.pr.f.* Engadine.
Epidauro *no.pr.f.* (*geogr. st.*) Epidaurus.
Epiro *no.pr.m.* Epirus.
Ercolano *no.pr.f.* (*geogr. st.*) Herculaneum.
Erebo *no.pr.m.* (*geogr. mit.*) Erebus.
Eridano *no.pr.m.* (*astr.*) Eridanus.
Eritrea *no.pr.f.* Eritrea.
Esperia *no.pr.f.* (*geogr. st.*) Hesperia.
Estonia *no.pr.f.* Esthonia.
Estremadura *no.pr.f.* Estremadura.
Etiopia *no.pr.f.* Ethiopia.
Etna *no.pr.m.* (Mount) Etna.
Etruria *no.pr.f.* (*geogr. st.*) Etruria.
Eubea *no.pr.f.* Evvoia; (*st.*) Euboea.
Eufrate *no.pr.m.* Euphrates.
Europa *no.pr.f.* Europe.
Everest *no.pr.m.* (Mount) Everest.

Farsaglia *no.pr.f.* (*geogr. st.*) Pharsalia.
Fenicia *no.pr.f.* (*geogr. st.*) Phoenicia.
Fiandre *no.pr.f.pl.* Flanders.
Figi (Isole) *no.pr.f.pl.* Fiji Islands.
Filadelfia *no.pr.f.* Philadelphia.
Filippi *no.pr.f.* (*geogr. st.*) Philippi.
Filippine *no.pr.f.pl.* Philippines, Philippine Islands.
Finlandia *no.pr.f.* Finland.
Firenze *no.pr.f.* Florence.
Flegetonte *no.pr.m.* (*geogr. mit.*) Phlegethon.
Focea *no.pr.f.* (*geogr. st.*) Phocaea.
Focide *no.pr.f.* (*geogr. st.*) Phocis.
Francia *no.pr.f.* France.
Francoforte *no.pr.f.* Frankfurt.
Friburgo *no.pr.f.* Freiburg.
Frigia *no.pr.f.* (*geogr. st.*) Phrygia.
Frisia *no.pr.f.* Friesland.
Frisone, Isole *no.pr.f.pl.* Frisian Islands.

Gabon *no.pr.m.* Gabon.
Galilea *no.pr.f.* Galilee.
Galles *no.pr.m.* Wales.
Gallia *no.pr.f.* (*geogr. st.*) Gaul.
Gand *no.pr.f.* Ghent.
Gange *no.pr.m.* Ganges.
Geenna *no.pr.f.* (*Bibbia*) Gehenna.
Gemelli *no.pr.m.pl.* (*astr.*) Gemini, Twins.
Genova *no.pr.f.* Genoa.
Georgia *no.pr.f.* Georgia.
Gerico *no.pr.f.* Jericho.
Germania *no.pr.f.* Germany.
Gerusalemme *no.pr.f.* Jerusalem.
Getsemani *no.pr.m.* (*Bibbia*) Gethsemane.
Ghana *no.pr.m.* Ghana.
Ghati *no.pr.m.pl.* Ghats.
Giacarta *no.pr.f.* Djakarta, Jakarta.
Giaffa *no.pr.f.* Jaffa.
Giamaica *no.pr.f.* Jamaica.
Gianicolo *no.pr.m.* Janiculum.
Giappone *no.pr.m.* Japan.
Giava *no.pr.f.* Java.
Gibilterra *no.pr.f.* Gibraltar.
Ginevra *no.pr.f.* (*geogr.*) Geneva.
Giordania *no.pr.f.* Jordan.
Giordano *no.pr.m.* Jordan.
Giove *no.pr.m.* (*astr.*) Jupiter.
Giudea *no.pr.f.* (*geogr. st.*) Judea, Judaea.
Giulie (Alpi) *no.pr.f.pl.* Julian Alps.
Giura *no.pr.m.* Jura.
Golgota *no.pr.m.* (*Bibbia*) Golgotha.
Gomorra *no.pr.f.* (*Bibbia*) Gomorrah, Gomorrha.
Gondwana *no.pr.m.* (*geol.*) Gondwanaland.
Gordio *no.pr.m.* (*geogr. st.*) Gordius.
Graie (Alpi) *no.pr.f.pl.* Graian Alps.
Grampiani *no.pr.m.pl.* Grampians, Grampian Mountains.
Granada *no.pr.f.* Granada.
Gran Bretagna *no.pr.f.* Great Britain.
Grandi Laghi *no.pr.m.pl.* Great Lakes.
Grecia *no.pr.f.* Greece.
Grigioni *no.pr.m.pl.* Grisons.
Groenlandia *no.pr.f.* Greenland.
Guadalupa *no.pr.f.* Guadaloupe.
Guascogna *no.pr.f.* Gascony.
Guatemala *no.pr.m.* Guatemala.
Guienna *no.pr.f.* (*geogr. st.*) Guienne, Guyenne.
Guinea *no.pr.f.* Guinea: *Nuova* —, New Guinea.
Guyana *no.pr.f.* Guyana.

Haiti *no.pr.f.* Haiti.
Hannover *no.pr.f.* Hanover.
Hawaii *no.pr.f.pl.* Hawaii, Hawaiian Islands.
Helsinki *no.pr.f.* Helsinki.
Himalaia *no.pr.m.* Himalaya.
Honduras *no.pr.m.* Honduras.
Hong Kong *no.pr.f.* Hong Kong.

Iadi *no.pr.f.pl.* (*astr.*) Hyades.
Idra *no.pr.f.* (*astr.*) Hydra.
Ilio *no.pr.f.* (*st.*) Ilium.
Illiria *no.pr.f.* (*geogr. st.*) Illyria.
India *no.pr.f.* India; *le Indie Orientali, Occidentali*, the East, West Indies.
Indiano, Oceano *no.pr.m.* Indian Ocean.
Indocina *no.pr.f.* Indochina.
Indonesia *no.pr.f.* Indonesia.
Indostan *no.pr.m.* Hindustan.
Inghilterra *no.pr.f.* England.
Ionio *no.pr.m.* Ionian Sea.
Iran *no.pr.m.* Iran.
Iraq, **Irak** *no.pr.m.* Irak, Iraq.
Irlanda *no.pr.f.* Ireland.
Islanda *no.pr.f.* Iceland.
Israele *no.pr.m.* Israel.
Istria *no.pr.f.* Istria.
Itaca *no.pr.f.* Ithaca.
Italia *no.pr.f.* Italy.
Iugoslavia *no.pr.f.* Yugoslavia, Jugoslavia.

Kampuchea *no.pr.f.* Cambodia, Kampuchea.
Kazakistan *no.pr.m.* Kazakhstan.
Kenia *no.pr.m.* Kenya.
Khartum *no.pr.f.* Khartoum.
Kilimangiaro *no.pr.m.* Kilimanjaro.
Kirghizistan, **Kirgizistan** *no.pr.m.* Kirghizia, Kyrgyzstan.
Kos(s)ovo *no.pr.m.* Kosovo.
Kurdistan *no.pr.m.* Kurdistan.
Kuwait *no.pr.m.* Kuwait.

Lacedemone *no.pr.f.* (*geogr. st.*) Lacedaemon.
Laodicea *no.pr.f.* (*geogr. st.*) Laodicea.
Laos *no.pr.m.* Laos.
Lapponia *no.pr.f.* Lapland.
Lazio *no.pr.m.* Latium.
Leida *no.pr.f.* Leyden, Leiden.
Lemano *no.pr.m.* Lake Leman.
Lemno *no.pr.f.* Lemnos.
Leningrado *no.pr.f.* Leningrad.
Leone *no.pr.m.* (*astr.*) Leo, Lion.
Lesbo *no.pr.f.* Lesbos.
Lete *no.pr.m.* (*geogr. mit.*) Lethe.
Lettonia *no.pr.f.* Latvia.
Libano *no.pr.m.* Lebanon.
Liberia *no.pr.f.* Liberia.
Libia *no.pr.f.* Libya.
Licia *no.pr.f.* (*geogr. st.*) Lycia.
Lidia *no.pr.f.* (*geogr. st.*) Lydia.
Liegi *no.pr.f.* Liege.
Lilla *no.pr.f.* Lille.
Linguadoca *no.pr.f.* Languedoc.
Lione *no.pr.f.* Lyons.
Lipsia *no.pr.f.* Leipzig.
Lira *no.pr.f.* (*astr.*) Lyra, Lyre.
Lisbona *no.pr.f.* Lisbon.
Lituania *no.pr.f.* Lithuania.
Livorno *no.pr.f.* Leghorn.
Locride *no.pr.f.* (*geogr. st.*) Locris.
Loira *no.pr.f.* Loire.
Lombardia *no.pr.f.* Lombardy.
Londra *no.pr.f.* London.
Lorena *no.pr.f.* Lorraine.
Losanna *no.pr.f.* Lausanne.
Lubecca *no.pr.f.* Lubeck.
Lucerna *no.pr.f.* Lucerne.
Lussemburgo *no.pr.m.* Luxemburg.

Macedonia *no.pr.f.* Macedonia.
Madagascar *no.pr.m.* Madagascar.
Madera *no.pr.f.* Madeira.
Madrid *no.pr.f.* Madrid.
Magdeburgo *no.pr.m.* Magdeburg.
Magellano, stretto di *no.pr.m.* Strait of Magellan.
Magonza *no.pr.f.* Mainz.
Maiorca *no.pr.f.* Majorca.
Malacca *no.pr.f.* Malacca.
Malaga *no.pr.f.* Malaga.
Malaysia, **Malesia** *no.pr.f.* Malaysia.
Maldive (Isole) *no.pr.f.pl.* Maldive Islands.
Mali *no.pr.m.* Mali.
Malta *no.pr.f.* Malta.
Managua *no.pr.m.* Managua.
Manchester *no.pr.f.* Manchester.
Manciuria *no.pr.f.* Manchuria.
Manica, La *no.pr.f.* (*geogr.*) the (English) Channel.
Manila *no.pr.f.* Manila.
Mantova *no.pr.f.* Mantua.
Maratona *no.pr.f.* (*geogr. st.*) Marathon.
Marchesi (Isole) *no.pr.f.pl.* Marquesas (Islands).
Marocco *no.pr.m.* Morocco.
Marshall, Isole *no.pr.f.pl.* Marshall Islands.
Marsiglia *no.pr.f.* Marseille.
Marte *no.pr.m.* (*astr.*) Mars.
Martinica *no.pr.f.* Martinique.
Mauritania *no.pr.f.* Mauritania.
Maurizio (isola) *no.pr.m.* Mauritius.
Mecca, La *no.pr.f.* Mecca.
Media *no.pr.f.* (*geogr. st.*) Media.
Mediterraneo, Mar *no.pr.m.* Mediterranean Sea.
Megara *no.pr.f.* (*geogr. st.*) Megara.
Melanesia *no.pr.f.* Melanesia.
Menfi *no.pr.f.* (*geogr. st.*) Memphis.
Meno *no.pr.m.* Main.
Mentone *no.pr.f.* Menton.
Mercurio *no.pr.m.* (*astr.*) Mercury.
Mesopotamia *no.pr.f.* (*geogr. st.*) Mesopotamia.
Messico *no.pr.m.* Mexico.
Messico, Città del *no.pr.f.* Mexico City.
Micene *no.pr.f.* (*geogr. st.*) Mycenae.
Milano *no.pr.f.* Milan.
Mileto *no.pr.f.* (*geogr. st.*) Miletus.
Milo *no.pr.f.* Melos, Milos.
Minorca *no.pr.f.* Minorca.
Misia *no.pr.f.* (*geogr. st.*) Mysia.
Mississippi *no.pr.m.* (*geogr.*) Mississippi.
Molucche *no.pr.f.pl.* Moluccas.
Monaco *no.pr.f.* (*di Baviera*) Munich.
Monaco *no.pr.m.* (*Principato*) Monaco.
Moncenisio *no.pr.m.* Mont Cenis.
Mongolia *no.pr.f.* Mongolia.
Montagne Rocciose *no.pr.f.pl.* Rocky Mountains.
Montecarlo *no.pr.m.* Monte Carlo.
Montenegro *no.pr.m.* Montenegro.
Moravia *no.pr.f.* Moravia.
Mosca *no.pr.f.* Moscow.
Moscovia *no.pr.f.* (*geogr. st.*) Muscovy.
Mozambico *no.pr.m.* Mozambique.

Namibia *no.pr.f.* Namibia.
Nanchino *no.pr.f.* Nanking.
Napoli *no.pr.f.* Naples.
Nasso *no.pr.f.* Naxos.
Navarra *no.pr.f.* Navarre.
Nazareth *no.pr.f.* Nazareth.
Nemea *no.pr.f.* (*geogr. st.*) Nemea.
Nepal *no.pr.m.* Nepal.
Nettuno *no.pr.m.* (*astr.*) Neptune.
Niagara *no.pr.m.* Niagara.
Nicaragua *no.pr.m.* Nicaragua.
Nicea *no.pr.f.* (*geogr. st.*) Nicaea.
Nicobare, Isole *no.pr.f.pl.* Nicobar Islands.
Niger *no.pr.m.* Niger.
Nigeria *no.pr.f.* Nigeria.
Nilo *no.pr.m.* Nile.
Ninive *no.pr.f.* (*geogr. st.*) Nineveh.
Nizza *no.pr.f.* Nice.
Nord America *no.pr.m.* North America.
Nord, Mare del *no.pr.m.* North Sea.
Norimberga *no.pr.f.* Nuremberg.
Normandia *no.pr.f.* Normandy.
Norvegia *no.pr.f.* Norway.
Nubia *no.pr.f.* Nubia.
Numidia *no.pr.f.* (*geogr. st.*) Numidia.
Nuova Caledonia *no.pr.f.* New Caledonia.
Nuova Delhi *no.pr.f.* New Delhi.
Nuova Guinea *no.pr.f.* New Guinea.
Nuova Inghilterra *no.pr.f.* New England.
Nuova Scozia *no.pr.f.* Nova Scotia.
Nuova York *no.pr.f.* New York.
Nuova Zelanda *no.pr.f.* New Zealand.
Nuove Ebridi *no.pr.f.pl.* New Hebrides.
Nuovo Galles del Sud *no.pr.f.* New South Wales.

Oceania *no.pr.f.* Oceania.
Olanda *no.pr.f.* Holland.
Olimpia *no.pr.f.* (*geogr. st.*) Olympia.
Olimpo *no.pr.m.* (*geogr. mit.*) Olympus.
Olinto *no.pr.f.* (*geogr. st.*) Olynthus.
Oman *no.pr.m.* Oman.
Orcadi *no.pr.f.pl.* Orkney Islands.
Orinoco *no.pr.m.* Orinoco.
Orione *no.pr.m.* (*astr.*) Orion, Hunter.
Orléans *no.pr.f.* Orléans.
Orsa Maggiore *no.pr.f.* (*astr.*) Ursa Major.
Orsa Minore *no.pr.f.* (*astr.*) Ursa Minor.
Ostenda *no.pr.f.* Ostend.

Pacifico, Oceano *no.pr.m.* Pacific Ocean.
Padova *no.pr.f.* Padua.
Paesi Bassi *no.pr.m.pl.* Netherlands.
Paestum *no.pr.f* (*geogr. archeol.*) Paestum.
Pakistan *no.pr.m.* Pakistan.
Palatinato *no.pr.m.* (*geogr. st.*) Palatinate.
Palatino *no.pr.m.* Palatine.
Palestina *no.pr.f.* Palestine.
Palmira *no.pr.f.* (*geogr. st.*) Palmyra.
Panama *no.pr.m.* Panama.
Papuasia *no.pr.f.* Papua.
Paraguay *no.pr.m.* Paraguay.
Parigi *no.pr.f.* Paris.
Parnas(s)o *no.pr.m.* Parnassus.
Patagonia *no.pr.f.* Patagonia.
Patrasso *no.pr.f.* Patras.
Pechino *no.pr.f.* Peking, Beijing.
Pegaso *no.pr.m.* (*astr.*) Pegasus.
Pelio *no.pr.m.* Pelion.
Peloponneso *no.pr.m.* Peloponnesus.
Pennine (Alpi) *no.pr.f.pl.* Pennine Alps.
Pennini (monti) *no.pr.m.pl.* Pennine Chain.
Pergamo *no.pr.f.* (*geogr. st.*) Pergamum.
Perpignano *no.pr.f.* Perpignan.
Perseo *no.pr.m.* (*astr.*) Perseus.
Persia *no.pr.f.* Persia, Iran.
Perù *no.pr.m.* Peru.
Pesci *no.pr.m.pl.* (*astr.*) Pisces.
Piccardia *no.pr.f.* Picardy.
Piemonte *no.pr.m.* Piedmont.
Pirenei *no.pr.m.pl.* Pyrenees.
Pireo *no.pr.m.* Piraeus.
Pleiadi *no.pr.f.pl.* (*astr.*) Pleiades.
Plutone *no.pr.m.* (*astr.*) Pluto.
Polinesia *no.pr.f.* Polynesia.
Polluce *no.pr.m.* (*astr.*) Pollux.
Polonia *no.pr.f.* Poland.
Pompei *no.pr.f.* Pompeii.
Ponto *no.pr.m.* (*geogr. st.*) Pontus.
Portogallo *no.pr.m.* Portugal.
Portorico *no.pr.m.* Puerto Rico.
Praga *no.pr.f.* Prague.
Pretoria *no.pr.f.* Pretoria.
Procione *no.pr.m.* (*astr.*) Procyon.
Provenza *no.pr.f.* Provence.
Prussia *no.pr.f.* Prussia.
Puglia *no.pr.f.* Apulia.

Quebec *no.pr.m.* Quebec.
Quirinale *no.pr.m.* Quirinal.

Ratisbona *no.pr.f.* Ratisbon.
Regno Unito *no.pr.m.* United Kingdom.
Renania *no.pr.f.* Rhineland.
Reno *no.pr.m.* Rhine.
Repubblica Ceca *no.pr.f.* Czech Republic.
Retiche (Alpi) *no.pr.f.pl.* Rhaetian Alps.
Rezia *no.pr.f.* (*geogr. st.*) Rhaetia.
Rio de Janeiro *no.pr.m.* Rio de Janeiro.
Rio delle Amazzoni *no.pr.m.* (river) Amazon.
Rodano *no.pr.m.* Rhone.
Rodesia *no.pr.f.* (*geogr. st.*) Rhodesia.
Rodi *no.pr.f.* Rhodes.

Roma *no.pr.f.* Rome.
Romania *no.pr.f.* Romania, Rumania.
Rosso, Mar *no.pr.m.* Red Sea.
Ruanda *no.pr.m.* Rwanda.
Rubicone *no.pr.m.* (*geogr. st.*) Rubicon.
Russia *no.pr.f.* Russia.

Saba *no.pr.f.* (*Bibbia*) Sheba.
Sagittario *no.pr.m.* (*astr.*) Sagittarius.
Sahara *no.pr.m.* Sahara.
Salamina *no.pr.f.* Salamis.
Salisburgo *no.pr.f.* Salzburg.
Salomone (Isole) *no.pr.m.pl.* Solomon Islands.
Salonicco *no.pr.f.* Salonica, Salonika.
Samo *no.pr.f.* Samos.
Samoa *no.pr.f.* Samoa.
Samotracia *no.pr.f.* Samothrace.
San Bernardo *no.pr.m.* Saint Bernard: *Gran, Piccolo —*, Great, Little Saint Bernard.
San Domingo *no.pr.m.* Santo Domingo.
San Francisco *no.pr.f.* San Francisco.
San Gottardo (Passo del) *no.pr.m.* St. Gotthard.
Sant'Elena *no.pr.f.* Saint Helena (Island).
Saragozza *no.pr.f.* Saragossa.
Sardegna *no.pr.f.* Sardinia.
Sargassi, Mare dei *no.pr.m.* Sargasso Sea.
Sassonia *no.pr.f.* Saxony.
Saturno *no.pr.m.* (*astr.*) Saturn.
Savoia *no.pr.f.* Savoy.
Scamandro *no.pr.m.* (*geogr. mit.*) Scamander.
Scandinavia *no.pr.f.* Scandinavia.
Schelda *no.pr.f.* Scheldt.
Sciangai *no.pr.f.* Shanghai.
Scilla *no.pr.f.* (*mit.*) Scylla.
Scizia *no.pr.f.* (*geogr. st.*) Scythia.
Scorpione *no.pr.m.* (*astr.*) Scorpius, Scorpio.
Scozia *no.pr.f.* Scotland.
Seleucia *no.pr.f.* (*geogr. st.*) Seleucia.
Sempione *no.pr.m.* Simplon.
Senegal *no.pr.m.* Senegal.
Senna *no.pr.f.* Seine.
Serbia *no.pr.f.* Serbia.
Siam → Thailandia.
Siberia *no.pr.f.* Siberia.
Sicilia *no.pr.f.* Sicily.
Sierra Leone *no.pr.f.* Sierra Leone.
Sinai *no.pr.m.* Sinai.
Singapore *no.pr.f.* Singapore.
Sion *no.pr.m.* (*geogr. st.*) Zion.
Siracusa *no.pr.f.* Syracuse.
Siria *no.pr.f.* Syria.
Sirio *no.pr.m.* (*astr.*) Sirius, Dogstar.
Sirte *no.pr.f.*: *la Gran —, la Piccola —*, Syrtis Major, Syrtis Minor.
Siviglia *no.pr.f.* Seville.
Slesia *no.pr.f.* Silesia.
Slovacchia *no.pr.f.* Slovakia.
Slovenia *no.pr.f.* Slovenia.
Smirne *no.pr.f.* Smyrna.
Sodoma *no.pr.f.* (*Bibbia*) Sodom.
Sofia *no.pr.f.* Sofia.
Somalia *no.pr.f.* Somalia.
Spagna *no.pr.f.* Spain.
Sparta *no.pr.f.* (*geogr. st.*) Sparta.
Spluga (Passo dello) *no.pr.m.* Splugen Pass.
Sporadi *no.pr.f.pl.* Sporades.
Stagira *no.pr.f.* (*geogr. st.*) Stagyra.
Stalingrado *no.pr.f.* Stalingrad.
Stati Uniti d'America *no.pr.m.pl.* United States of America.
Stige *no.pr.m.* (*mit.*) Styx.
Stiria *no.pr.f.* Styria.
Stoccarda *no.pr.f.* Stuttgart.
Stoccolma *no.pr.f.* Stockholm.
Strasburgo *no.pr.f.* Strasbourg.
Sudafricana, Repubblica *no.pr.f.*, **Sudafrica** *no.pr.m.* South African Republic, South Africa.
Sud America *no.pr.m.* South America.
Sudan *no.pr.m.* Sudan.
Sudeti (Monti) *no.pr.m.pl.* Sudetes Mountains.
Suez *no.pr.f.* Suez: *il Canale di —*, the Suez Canal.
Svevia *no.pr.f.* (*geogr. st.*) Swabia.
Svezia *no.pr.f.* Sweden.
Svizzera *no.pr.f.* Switzerland.

Tabor (Monte) *no.pr.m.* (Mount) Tabor.
Tagikistan *no.pr.m.* Tadzhikistan, Tajikistan.
Tago *no.pr.m.* Tagus.
Tahiti *no.pr.f.* Tahiti.
Tamigi *no.pr.m.* Thames.
Tanganica *no.pr.m.* Tanganyika.
Tangeri *no.pr.f.* Tangier.
Tanzania *no.pr.f.* Tanzania.
Taranto *no.pr.f.* Taranto; (*st.*) Tarentum.
Tarquinia *no.pr.f.* (*geogr. st.*) Tarquinia.
Tarso *no.pr.m.* (*geogr. st.*) Tarsus.
Tartaro *no.pr.m.* (*geogr. mit.*) Tartarus.
Tasmania *no.pr.f.* Tasmania.
Tebaide *no.pr.f.* (*geogr. st.*) Thebaid.
Tebe *no.pr.f.* (*geogr. st.*) Thebes.
Tempe *no.pr.f.* (*geogr. st.*) Tempe.
Tenerife *no.pr.f.* Tenerife.
Termopili *no.pr.f.pl.* (*geogr. st.*) Thermopylae.
Terranova *no.pr.f.* Newfoundland.
Terrasanta *no.pr.f.* Holy Land, Palestine.
Tessaglia *no.pr.f.* Thessaly.
Tessalonica *no.pr.f.* (*geogr. st.*) Thessalonica.
Tevere *no.pr.m.* Tiber.
Thailandia *no.pr.f.* Thailand.
Tiberiade *no.pr.f.* Tiberias.
Tibet *no.pr.m.* Tibet.
Tigri *no.pr.m.* Tigris.
Timbuctu *no.pr.f.* Timbuktu.
Tiro *no.pr.f.* (*geogr. st.*) Tyre.
Tirolo *no.pr.m.* Tyrol.
Tirreno, Mar *no.pr.m.* Tyrrhenian Sea.
Tokyo *no.pr.f.* Tokyo.
Toledo *no.pr.f.* Toledo.
Tolosa *no.pr.f.* Toulouse.
Torino *no.pr.f.* Turin.
Toro *no.pr.m.* (*astr.*) Taurus.
Toronto *no.pr.f.* Toronto.
Toscana *no.pr.f.* Tuscany.
Tracia *no.pr.f.* Thrace.
Transilvania *no.pr.f.* Transylvania.
Trentino *no.pr.m.* Trentino.
Trento *no.pr.f.* Trent.
Treviri *no.pr.f.* Treves.
Trieste *no.pr.f.* Trieste.
Trinidad e Tobago *no.pr.m.* Trinidad and Tobago.
Tripoli *no.pr.f.* Tripoli.
Troia *no.pr.f.* (*geogr. st.*) Troy.
Tucano *no.pr.m.* (*astr.*) Toucan.
Tunisi *no.pr.f.* Tunis.
Tunisia *no.pr.f.* Tunisia.
Turchia *no.pr.f.* Turkey.
Turenna *no.pr.f.* Touraine.
Turingia *no.pr.f.* Thuringia.
Turkmenistan *no.pr.m.* Turkmenistan.

Ucraina *no.pr.f.* Ukraine.
Uganda *no.pr.f.* Uganda.
Ulma *no.pr.f.* Ulm.
Umbria *no.pr.f.* Umbria.
Ungheria *no.pr.f.* Hungary.
Urali (gli) *no.pr.m.pl.* (the) Ural (mountains).
Urano *no.pr.m.* (*astr.*) Uranus.
Uruguay *no.pr.m.* Uruguay.
Uzbekistan *no.pr.m.* Uzbekistan.

Valencia *no.pr.f.* Valencia.
Vandea *no.pr.f.* Vendée.
Varsavia *no.pr.f.* Warsaw.
Vaticano, Città del *no.pr.f.* Vatican City.
Vega *no.pr.f.* (*astr.*) Vega.
Venere *no.pr.f.* (*astr.*) Venus.
Venezia *no.pr.f.* Venice.
Venezuela *no.pr.m.* Venezuela.
Vergine *no.pr.f.* (*astr.*) Virgo.
Vespero *no.pr.m.* (*astr.*) Vesper, Evening Star, Hesperus.
Vestfalia *no.pr.f.* Westphalia.
Vesuvio *no.pr.m.* Vesuvius.
Vienna *no.pr.f.* Vienna.
Vietnam *no.pr.m.* Vietnam.
Viminale *no.pr.m.* Viminal.
Vistola *no.pr.f.* Vistula.
Vosgi *no.pr.m.pl.* the Vosges.

Yemen *no.pr.m.* (*geogr.*) Yemen.

Zagabria *no.pr.f.* Zagreb.
Zaire *no.pr.m.* Zaire.
Zambesi *no.pr.m.* Zambezi.
Zambia *no.pr.m.* Zambia.
Zelanda *no.pr.f.* Zealand.
Zurigo *no.pr.f.* Zurich.

PRINCIPALI TERMINI CON TRADUCENTI DIVERSI NELL'INGLESE BRITANNICO E STATUNITENSE

Italiano	GB	USA
affittare	let	lease/rent
agente immobiliare	estate agent	realtor
andata e ritorno	return ticket	round trip ticket
antenna	aerial	antenna
appartamento	flat	apartment
aringa affumicata	kipper	smoked herring
ascensore	lift	elevator
aspirapolvere	hoover	vacuum cleaner
autoarticolato	articulated lorry	trailer truck
automatico (bottone)	press stud	snap
autostrada	motorway	superhighway/ freeway
autunno	autumn	fall
bagagliaio	boot	trunk
banconota	bank note	bill
batteria (di auto)	dynamo	generator
benzina	petrol	gas/gasoline
berlina (auto)	saloon	sedan
biscotto	biscuit	cookie
bombetta	bowler/hard hat	derby
borsetta	handbag	purse
bretelle	braces	suspenders
calcio (gioco)	football/soccer	soccer
camion	lorry	truck
capotreno	guard	conductor
caramelle	sweets	candies
carne trita	mince	hamburger meat
carrozzina	pram	baby buggy
casalinghi	hardware	housewares
cassetta delle lettere	pillar box	mail box
cassettone	chest of drawers	dresser
cavalcavia	flyover	overpass
centro città	city centre	downtown
chiave (mecc.)	spanner	wrench
cinema	cinema	movie theater
classe (a scuola)	class/form	grade
coda (fila)	queue	line
fare la coda	queue	stand in line/line up
codice postale	postal code	zip code
cofano	bonnet	hood
colazione al sacco	packed lunch	sack lunch
collant	tights	pantie hose
commessa	shop assistant	sales girl
commesso	shop assistant	sales clerk

Italiano	GB	USA
contamiglia	mileometer	odometer
conto (al ristorante)	bill	check
corridoio	gangway	aisle
cotone idrofilo	cotton wool	cotton
cracker	biscuit	cracker
credenza	cupboard	closet
crumiro	blackleg	scab
cucina *vedi* **fornello**		
dama (gioco)	draughts	checkers
deposito bagagli	left luggage office	baggage room
deviazione	diversion	detour
direttore	headmaster	principal
direttrice	headmistress	principal
due settimane	fortnight	two weeks
etichetta	label	tag
fare il bagno (nella vasca)	bath	bathe
farmacia	chemist's shop	pharmacy /drugstore
farmacista	chemist	druggist
fermacapelli	hair slide	barrette
ferramenta	ironmonger	hardware store
film	film/pictures	movie
filo (da cucire)	cotton	thread
filo elettrico	flex	electric wire
fornello	cooker	stove
gabinetto	lavatory/toilet/w.c.	toilet/john /bathroom
galleria (teatro)	gallery	balcony
prima galleria	upper circle	first balcony
ghiacciolo	ice lolly	popsicle
giacca a vento	anorak	parka
giornalaio	newsagent	news dealer
granoturco	maize	corn
grigliare	grill	broil
guanto di spugna	facecloth	washcloth
guardaroba	cloakroom	check room
iniezione	jab (fam.)	shot (fam.)
jeans	blue jeans	jeans
lampada a stelo	standard lamp	floor lamp
con **latte?** (di caffè)	black or white?	with or without?
lattina	tin	can
lavare i piatti	wash up	do the dishes
lavarsi le mani	wash one's hands	wash up
lettino (per bambini)	cot	crib

Italiano	GB	USA
leva (militare)	conscription	draft
leva del cambio	gear level	gear shift
liquori	spirits	liquor
liscio (whisky ecc.)	neat	straight
luna park	funfair	carnival
maglia (intima)	vest	undershirt
marmitta (di auto)	silencer	muffler
marciapiede	pavement	sidewalk
mazzo (di carte)	pack	deck
melanzana	aubergine	eggplant
messa a terra	earth wire	ground wire
metropolitana	underground	subway
molletta (del bucato)	clothes peg	clothes pin
molletta (per capelli)	hairgrip	bobby pin
molo	quay	wharf/pier
motorino	moped	motorbike
mutande	pants	shorts
nocciolo	stone	pit
nastro adesivo	sellotape	Scotch tape
oggetti smarriti (ufficio)	lost property	lost and found
ovatta	cotton wool	cotton
pacchetto	parcel	package
palazzo d'appartamenti	block of flats	apartment house
pannolino (per neonati)	nappy	diaper
pantaloni	trousers	pants
parabrezza	windscreen	windshield
parafango	mudguard	fender
parcheggio	car park	parking lot
passaggio a livello	level crossing	grade crossing
passeggino	pushchair	stroller
passare (al telefono)	put through	connect
patatine fritte	chips crisps	French fries chips
pattumiera	dustbin	garbage can
pelle d'oca	goose pimples	goose bumps
pensionante	lodger	roomer
piazzola (di sosta)	lay-by	pull-off
pollice verde	green fingers	green thumb
poltrone di platea	stalls	orchestra seats
portabagagli	boot	trunk
portafoglio	wallet	billfold
portinaio/portiere	caretaker/porter	janitor
posta	post	mail
postino	postman	mailman
presidente	chairman	president
prigione	prison	penitentiary
prima galleria	dress circle	mezzanine
primo piano	first floor	second floor

Italiano	GB	USA
puntina da disegno	drawing pin	thumbtack
punto (segno)	full stop	period
rondò	roundabout	traffic circle
racchetta (da ping pong)	bat	paddle
a **rate**	hire purchase	instalment plan
receptionist	receptionist	desk clerk
residence	service flats	apartment hotel
ripostiglio	boxroom	lumber room
roulotte	caravan	trailer
rubinetto	tap	faucet
salopette	dungarees	overalls
scaldacqua a immersione	immersion heater	water heater
scarpa décolleté	court shoe	pump
scarpe da ginnastica	gym shoes/ plimsolls tennis shoes	sneakers/ tennis shoes
scarico, scolo	drain	sewer pipe
scatoletta	tin	can
scuola pubblica	state school	public school
semaforo	traffic lights	stop lights
slitta	sledge	sled
sorbetto	sorbet	sherbet
spazzatura	rubbish	garbage/trash
station wagon	estate car	station wagon
stazione di servizio	filling station	gas station
stringa	bootlace/shoelace	shoestring
strada:		
senza uscita	cul-de-sac	dead end
a doppia carreggiata	dual carriageway	divided highway
superare (un veicolo)	overtake	pass
targa (d'auto)	numberplate	licence plate
telefonata a carico	reverse charges	call collect
telefonata con preavviso	personal call	person-to-person
tende	curtains	drapes
tendina	blind	shade
tettarella	dummy	pacifier
torcia	torch	flashlight
trapunta	quilt	comforter
uvetta	sultana	raisin
vacanza	holiday	vacation
vasca da bagno	bath	bathtub
vestaglia	dressing gown	bathrobe
zero	nought	zero
zeta	zed	zee
zucchero filato	candy floss	cotton candy
zucchini	courgettes	zucchini

ALFABETI TELEFONICI

	Italian *Italiano*	*English* *Inglese*	*American* *Americano*
A	Ancona	Andrew	Abel
B	Bologna	Benjamin	Baker
C	Como	Charlie	Charlie
D	Domodossola	David	Dog
E	Empoli	Edward	Easy
F	Firenze	Frederick	Fox
G	Genova	George	George
H	Hotel	Harry	How
I	Imola	Isaac	Item
J	I lunga, jersey	Jack	Jig
K	Kursaal	King	King
L	Livorno	Lucy	Love
M	Milano	Mary	Mike

	Italian *Italiano*	*English* *Inglese*	*American* *Americano*
N	Napoli	Nellie	Nan
O	Otranto	Oliver	Oboe
P	Padova	Peter	Peter
Q	Quarto	Queenie	Queen
R	Roma	Robert	Roger
S	Savona	Sugar	Sugar
T	Torino	Tommy	Tare
U	Udine	Uncle	Uncle
V	Venezia	Victor	Victor
W	Washington	William	William
X	Ics, xeres	Xmas	X
Y	York, yacht	Yellow	Yoke
Z	Zara	Zebra	Zebra

ITALIANO-INGLESE

Aa

a[1] *s.f.* o *m.* (*prima lettera dell'alfabeto*) a (*pl.* as, a's) // *dalla — alla zeta*, (*fig.*) from A to Z; *essere alla —*, (*fig.*) to be at the beginning // (*tel.*) *— come Ancona*, a for Andrew (*o amer.* a for Abel).

a[2], **ad** *prep.* **1** (*termine*) to: *gli ho scritto ieri*, I wrote to him yesterday; *mi hanno dato un assegno; l'ho dato a tuo fratello*, they gave me a cheque (*o* they gave a cheque to me); I gave it to your brother **2** (*stato in luogo, posizione*) at, in, (*su*) on: *— casa, — scuola, alla stazione, — teatro, al lavoro*, at home, at school, at the station, at the theatre, at work; *è nato — Milano ma abita — Como*, he was born in Milan but lives at Como; *il Primo Ministro britannico abita al 10 di Downing Street*, the British Prime Minister lives at 10 Downing Street; *l'appartamento era al 3º piano*, the flat was on the 3rd floor **3** (*moto a luogo, direzione*) to; (*con* to arrive) at, in (*con* home *non si traduce*): *vado — Torino domani*, I'm going to Turin tomorrow; *siamo arrivati — pagina 40*, we've got to page 40; *l'aereo arriva — Heathrow, non — Gatwick*, the plane arrives at Heathrow, not Gatwick; *è arrivato — Venezia ieri*, he arrived in Venice yesterday; *a che ora torni — casa?*, what time do you arrive (*o* get) home? **4** (*tempo*) at; in; on: *alle tre*, at three o'clock; *— mezzanotte*, at midnight; *— Natale*, at Christmas; *— maggio*, in May; *— primavera*, in spring; *al mattino*, in the morning; *alla sera*, in the evening; *— dieci anni* (*di età*), at ten (years of age); *ai tempi della regina Elisabetta*, in the time of Queen Elizabeth; *al mio arrivo*, on my arrival // *fino —*, till, until: *fino — domani*, till tomorrow **5** (*distributivo*) a, an; by: *due volte al giorno*, twice a day; *mille lire al chilo*, a thousand lire a kilo; *100 km all'ora*, 100 km an (*o* per) hour; *— decine, — dozzine*, by the tens (*o* in tens), by the dozen; *— due — due*, two by two (*o* in twos) **6** (*distanza*) away (from): *il mare è — 2 km*, the sea is 2 km away (from here); *— due ore da Roma*, two hours away from Rome **7** (*modo*) at; in, after: *— caso*, at random; *— modo mio*, in my own way; *— passo di lumaca*, at a snail's pace; *alla moda francese*, in (*o* after) the French fashion; *pasta al burro*, pasta with butter; *bistecca ai ferri*, grilled steak; *cotoletta alla milanese*, Milanese veal cutlet **8** (*fine, scopo, vantaggio*) to, for: *l'alcol fa male alla salute*, alcohol is bad for you; *perché non restate — pranzo?*, why don't you stay for lunch? // *— proprio rischio*, at one's own risk // *ho parlato — suo favore*, I spoke on his behalf **9** (*mezzo*) by; in; on: *— mano, — macchina*, by hand, by machine; *fatto — mano*, handmade; *dipingere — olio*, to paint in oils; *andare — cavallo, — piedi*, to go on horseback, on foot; *parlare alla radio, al telefono*, to speak on the radio, on the phone **10** (*seguito da un v. all'inf.*; *in ingl. non si traduce*) *sono venuti — trovarmi*, they came to see me; *— dire il vero*, to tell the truth; *non è facile — dirsi*, it isn't easy to say; *imparare — nuotare*, to learn to swim; *fu il primo — arrivare*, he was the first to arrive.

◆ FRASEOLOGIA: *— bordo*, aboard // *alla rinfusa*, helter skelter // *— bizzeffe*, galore // *— mano — mano*, gradually // *— braccia aperte*, with open arms // *— occhi chiusi*, with one's eyes closed // *— intervalli*, intermittently // *— digiuno*, on an empty stomach // *fianco — fianco*, side by side // *— modo*, properly (*o* well); (*con cura*) carefully // *— noi due!*, here's to us!

a- *pref.* di origine greca usato per formare agg. e s., indica 'mancanza, privazione'; ingl. a-, non-: *atipico*, atypical; *amoralità*, amorality; *areligioso*, non-religious.

abaca *s.f.* (*bot.*) (*Musa textilis*) abaca.

abaco *s.m.* (*arch.*) abacus*.

abate *s.m.* (*rettore di abbazia*) abbot; (*titolo*) abbé.

abat-jour *s.m.* (*fr.*) (*paralume*) lampshade; (*lume*) table lamp.

abazia *s.f.* **1** abbey **2** (*dignità di abate*) abbacy.

abbacchiare *v.tr.* **1** to knock down with a pole **2** (*fig. fam.*) (*deprimere*) to get* (s.o.) down, to depress, to dishearten.

□ **abbacchiarsi** *v.intr.pron.* (*fam.*) to get* depressed, to become* depressed; to get* disheartened, to become* disheartened: *ogni giorno si abbacchiava sempre di più*, he was getting more and more depressed every day.

abbacchiato *agg.* (*fam.*) (*avvilito*) depressed, disheartened, in low spirits: *era davvero — quando il suo manoscritto è stato rifiutato per la terza volta*, he was really cheesed off when his manuscript was returned for the third time.

abbacchiatura *s.f.* knocking down (of nuts, olives).

abbacchio *s.m.* (*region.*) (spring) lamb.

abbacinamento *s.m.* dazzling; dazzle.

abbacinare *v.tr.* (*abbagliare*) to dazzle (*anche fig.*).

abbadessa *s.f.* abbess.

abbagliamento *s.m.* dazzling; dazzle.

abbagliante *agg.* dazzling // (*aut.*) *luci abbaglianti*, high-beams.

abbagliare *v.tr.* to dazzle (*anche fig.*); to blind (with a light): *fu abbagliato dalle luci di un'auto*, he was dazzled by the lights of a car; *una bellezza che abbaglia*, a dazzling beauty.

abbaglio *s.m.* **1** (*abbagliamento*) dazzling **2** (*errore, sbaglio*) blunder: *prendere un —*, to make a blunder.

abbaiare *v.intr.* **1** to bark; (*di cane da caccia*) to bay; (*latrare*) to howl // *— alla luna*, to bark (*o* to bay) at the moon // *can che abbaia non morde*, (*prov.*) his bark is worse than his bite **2** (*minacciare, inveire*) to bark (at s.o.), to threaten (s.o.), to insult (s.o.).

abbaino *s.m.* **1** (*finestrino*) dormer(-window) **2** (*soffitta*) garret.

abballare *v.tr.* (*non com.*) to bale, to pack (goods) into bales.

abballottare *v.tr.* (*non com.*) to handle roughly.

abbandonare *v.tr.* **1** to leave*, to abandon; (*form.*) to forsake*; (*spec. venendo meno a un dovere*) to desert: *abbandonò moglie e figli*, he deserted (*o* left) his wife and children; *— la nave*, to abandon ship; *— un amico nel bisogno*, to forsake a friend in need **2** (*trascurare*) to neglect **3** (*rinunciare a*) to drop; (*con sacrificio*) to give* up; (*form.*) to renounce: *— un progetto, un'idea*, to drop a plan, an idea; *dovette — ogni progetto di una vacanza all'estero*, he had to give up any thought of a holiday abroad; *dopo la morte del padre dovette — gli studi*, after his father's death he had to give up his studies; *— una pretesa*, to renounce a claim **4** (*dir.*) (*un diritto, un credito*) to waive **5** (*venir meno*) to fail: *la salute lo abbandonò*, his health failed him **6** (*lasciar cadere*) to drop: *— un progetto*, to drop a plan; *— il capo sul petto*, to hang one's head; *— le braccia* (*lungo il corpo*), to let one's arms drop.

□ **abbandonarsi** *v.rifl.* **1** (*lasciarsi andare*) to let* oneself go; (*alle passioni, al dolore ecc.*) to give* oneself up (to sthg.); (*a vizi, fantasie*) to indulge (in sthg.): *si abbandonò a sogni a occhi aperti*, he indulged in daydreaming **2** (*perdersi d'animo*) to lose* heart, to lose* courage **3** (*lasciarsi cadere*) to flop; (*rilassarsi*) to relax: *si abbandonò sul divano*, she dropped onto the sofa; *abbandonati!*, relax!

abbandonato *agg.* **1** deserted; abandoned: *un posto —*, a deserted place **2** (*trascurato*) neglected: *un giardino —*, a neglected garden **3** (*fuori uso, obsoleto*) obsolete **4** (*rilasciato, disteso*) hanging: *se ne stava lì in piedi con le braccia abbandonate lungo i fianchi*, he stood there with his arms hanging loosely by his sides

5 (*contravvenendo a una legge*) deserted: *una moglie abbandonata*, a deserted wife.

abbandono *s.m.* 1 (*trascuratezza*) neglect: *lasciare in —*, to neglect; *lasciava il suo giardino in stato di —*, he let his garden run wild 2 (*dir.*) abandonment; (*di diritto, credito*) waiver; (*di causa*) discontinuance: *dichiarazione di —*, abandonment notice; *— di minore*, child abandonment; *— del tetto coniugale*, desertion (of matrimonial home) // (*comm.*): *— della merce in dogana*, abandonment of goods in customs; *— di nave, del carico*, abandonment of ship, of cargo; *— di beni assicurati*, abandonment of insured property 3 (*rinuncia*) giving up, renouncing: *vincere per — dell'avversario*, to win by default 4 (*disinibizione*) abandon // *in un momento di —*, in an unguarded moment.

abbarbagliamento *s.m.* dazzling.

abbarbagliare *v.tr.* to dazzle.

abbarbicamento *s.m.* (*bot.*) radication.

abbarbicare *v.intr.* **abbarbicarsi** *v.intr. pron.* to cling* (*anche fig.*).

abbaruffare *v.tr.* (*scompigliare*) (*capelli*) to ruffle; (*abiti*) to rumple.

□ **abbaruffarsi** *v.rifl.rec.* to scuffle; to come* to blows.

abbaruffio *s.m.* (*non com.*) confusion; (*baruffa*) scuffle.

abbassalingua *s.m.* (*med.*) tongue depressor.

abbassamento *s.m.* 1 lowering; (*caduta*) fall: *un — dello standard*, a lowering of (*o* fall in) standards; *— di temperatura*, fall (*o* drop) in temperature // (*geol.*) *— della falda freatica, — piezometrico*, drawdown 2 (*di prezzi*) knockoff, knockdown, reduction 3 (*inform.*) droop.

abbassare *v.tr.* 1 (*portare più in basso, chinare*) to lower: *— le vele*, to lower the sails; *— gli occhi, il capo*, to lower one's eyes, head; *— il livello di vita*, to lower the standard of living; *— la voce*, to lower (*o* to drop) one's voice; *— la guardia*, to lower (*o* to drop) one's guard // *— un primato*, to beat a record // (*mat.*): *— una perpendicolare*, to drop a perpendicular; *— un numero*, (*nelle divisioni*) to bring down a number // *— le armi*, (*fig.*) to lay down one's arms // *— la cresta*, (*fig.*) to eat humble pie 2 (*ridurre*) (*i prezzi*) to reduce, to knock down, to knock off; (*gas ecc.*) to turn down: *abbassa la televisione per piacere*, turn down the television, please; *— la luce*, to dim the light 3 (*far scendere*) to let* down, to lower: *— una saracinesca*, to let a shutter down; *— un finestrino*, to let a window down 4 (*umiliare*) to humble, to abase: *Dio abbassa i superbi*, God humbles the proud.

□ **abbassarsi** *v.rifl.* o *intr.pron.* 1 (*chinarsi*) to stoop (down); to bend* (down): *sono troppo rigido per abbassarmi*, I'm too stiff to bend (down) 2 (*fig.*) to lower oneself, to humble oneself 3 (*diminuire*) to lower, to diminish: *fare — i prezzi*, to depress prices 4 (*calare, ridursi*): (*di acque*) to subside; (*di vento*) to drop; (*di temperatura*) to drop, to fall*; (*di luce*) to dim; (*di sipario*) to drop.

abbasso *avv.* below; down; downstairs ◆ *inter.* down!, down with!: *— il tiranno!*, down with the tyrant!

abbastanza *avv.* 1 (*sufficientemente, a sufficienza*) enough, sufficiently: *sta — bene*, he's well enough; *è — grande per capire*, she's old enough to understand; *quel ragazzo non mangia —*, that boy doesn't eat enough (*o* doesn't get enough to eat) // *ne ho avuto — di lui*, I have had enough of him // (*con funzione di agg. invar.*): *hai — denaro, hai denaro —?*, have you got enough (*o* sufficient) money? 2 (*discretamente*) fairly: *è — bravo nel suo lavoro*, he's fairly good at his job 3 (*alquanto, piuttosto*) rather; (*fam.*) pretty: *il vino è — caro da queste parti*, the wine is rather dear around here; *siamo arrivati a casa — tardi*, we got home pretty late.

abbattere *v.tr.* 1 (*far cadere*) to pull down; (*con un colpo*) to knock down: *il pugile fu abbattuto dopo pochi secondi*, the boxer was knocked down after a few seconds 2 (*demolire*) to knock down, to pull down, to demolish: *questo edificio dovrà essere abbattuto*, this building will have to be knocked down; *— con esplosivi*, to blast // *— un regime*, to overthrow a regime // *— le barriere tariffarie*, to knock down tariff barriers 3 (*alberi*) to fell, to cut* down 4 (*aer.*) to shoot* down 5 (*animali*) (*per macellazione*) to slaughter; (*per malattia o vecchiaia*) to destroy, to put* down; (*con armi da fuoco*) to shoot*: *abbatté tre fagiani*, he shot three pheasants 6 (*fig.*) (*scoraggiare*) to dishearten; to depress.

□ **abbattersi** *v.intr.pron.* 1 (*cadere*) to fall*; (*colpire*) to hit*: *— al suolo*, to fall to the ground; *un violento uragano si è abbattuto sulla costa*, a violent hurricane hit the coast 2 (*fig.*) (*scoraggiarsi*) to get* disheartened, to lose* heart: *si abbatte se non lo si loda*, he gets disheartened if you don't praise him; *dopo una schiacciante sconfitta, s'abbatté e si diede per vinto*, after a crushing defeat, he lost heart and gave up.

abbattifieno *s.m.* trapdoor (in a hay-loft).

abbattimento *s.m.* 1 pulling down, knocking down 2 (*demolizione*) demolition, (*con esplosivi*) blasting // *l'— di una dittatura*, the overthrow of a dictatorship 3 (*di alberi*) felling, cutting down 4 (*aer.*) shooting down 5 (*di animali*) (*per macellazione*) slaughter; (*per malattia o vecchiaia*) putting down; (*con armi da fuoco*) shooting 6 (*fig.*) (*avvilimento*) dejection, despondency, low spirits (*pl.*); (*prostrazione fisica*) exhaustion: *era in uno stato di profondo —*, he was totally run down. 7 (*trib.*) abatement, knocking down: *— alla base*, (*dell'imponibile*) basic abatement; (*dell'imposta*) tax abatement 8 (*inform.*) droop.

abbattitore *s.m.* 1 destroyer 2 (*di animali*) slaughterer 3 (*di alberi*) lumberjack.

abbattuta *s.f.* 1 (*di alberi*) felling, clearing 2 (*mar.*) turn: *— in carena*, careening.

abbatuffolare *v.tr.* (*non com.*) to wind* into a ball.

abbazia *s.f.* 1 abbey 2 (*dignità di abate*) abbacy.

abbaziale *agg.* abbatial: *chiesa —*, abbey church.

abbecedario *s.m.* primer; spelling-book.

abbellimento *s.m.* 1 embellishment 2 (*pl.*) (*mus.*) grace-notes.

abbellire *v.tr.* 1 to embellish, to adorn, to beautify 2 to make* (s.o.) look prettier: *questa pettinatura ti abbellisce*, you look much prettier with that hairstyle.

abbellito *agg.* embellished, adorned.

abbeveraggio *s.m.* watering.

abbeverare *v.tr.* 1 to water (*anche mar.*) 2 (*non com.*) (*irrigare*) to irrigate, to water.

□ **abbeverarsi** *v.rifl.* (*di persone*) to drink* (*anche fig.*); (*di animali*) to water.

abbeverata *s.f.* 1 watering 2 (*il luogo*) watering place.

abbeveratoio *s.m.* (drinking) trough.

abbicare *v.tr.* (*agr.*) to shock.

abbiccì *s.m.* 1 (*principi elementari*) ABC: *l'— della fisica*, the ABC of physics // *esser all'—*, (*fig.*) to be at the very beginning 2 (*antiq.*) (*alfabeto*) alphabet; (*sillabario*) primer.

abbiente *agg.* well-to-do, well-off ◆ *s.m.pl.* the well-to-do, the well-off.

abbietto e *deriv.* → **abietto** e *deriv.*

abbigliamento *s.m.* clothes: *industria dell'—*, clothing industry; *negozio d'—*, clothes shop; *un capo d'—*, an item (*o* article) of clothing; *curare l'—*, to dress with great care.

abbigliare *v.tr.* to dress.

□ **abbigliarsi** *v.rifl.* to dress (oneself) up.

abbinamento *s.m.* coupling.

abbinare *v.tr.* to couple, to link together: *— una lotteria a una corsa a ostacoli*, to couple the lottery with a steeplechase.

abbinata *s.f.* (*ippica*) → **accoppiata**.

abbindolamento *s.m.* cheat, trick, deception.

abbindolare *v.tr.* 1 (*non com.*) to reel, to spool 2 (*fig.*) to cheat, to trick, to dupe, to take* (s.o.) in: *si lascia facilmente —*, he's a sucker.

abbindolatore *s.m.* **abbindolatrice** *s.f.* cheater, duper, trickster.

abbisciare *v.tr.* (*mar.*) to jag.

abbisognare *v.intr.* (*non com.*) to need (s.o., sthg.); to want (s.o., sthg.): *— d'aiuto*, to need (*o* to want) help.

abbittare *v.tr.* (*mar.*) to bitt, to secure to a bitt.

abboccamento *s.m.* 1 (*colloquio*) interview, talk, conversation: *avere un —*, to have an interview; *chiedere un —*, to ask for an interview; *fissare un —*, to arrange for an interview 2 (*med.*) anastomosis*.

abboccare *v.intr.* 1 (*di pesci*) to bite*: *una bella trota ha abboccato all'amo*, a magnificent trout took the bait; *i pesci non abboccano oggi*, the fish aren't biting today 2 (*fig.*) to rise* to the bait: *non so se tuo fratello abboccherà (all'amo)*, I don't know whether your brother will rise to the bait (*o* will be taken in) 3 (*combaciare*) to join ◆ *v.tr.* 1 (*non com.*) (*afferrare*) to catch*, to snap up 2 (*far combaciare*) to join: *— due tubi*, to join two pipes 3 (*riempire fino all'orlo*) to fill up (to the brim).

□ **abboccarsi** *v.rifl.rec.* to have* an interview, to meet*.

abboccato *agg.* (*di vino*) palatable, sweet.

abboccatura *s.f.* (*di pesci*) biting.

abboffarsi → **abbuffarsi**.

abbonacciare *v.tr.* (*mar.*) to calm.

□ **abbonacciarsi** *v.intr.pron.* (*di mare*) to calm down.

abbonamento *s.m.* 1 (*a giornale, rivista*) subscription: *fare un —*, to take out a subscription; *rinnovare un —*, to renew one's subscription; *non intendo rinnovare l'—*, I don't intend to renew my subscription; *quanto costa l'—?*, how much are the subscription fees? **2** (*trasporti*) pass, season ticket: — *settimanale, mensile, studenti*, weekly, monthly, student pass **3** (*teatr., cinem.*) season ticket **4** (*rad., tv*) *canone d'*—, licence fee.

abbonare[1] *v.tr.* to take* out a subscription (for s.o. to sthg.).
□ **abbonarsi** *v.rifl.* **1** (*a giornale, rivista*) to subscribe **2** (*trasporti*) to get* a pass **3** (*teatr., cinem.*) to get* a season ticket: *voglio abbonarmi ai concerti del mercoledì*, I want to get a season ticket for the Wednesday concerts **4** (*rad., tv*) to pay* one's licence fees.

abbonare[2] *v.tr.* **1** (*defalcare*) to make* a reduction (in sthg.) **2** (*rimettere una somma ecc.*) to remit **3** (*perdonare*) to forgive*.

abbonato *s.m.* **1** subscriber **2** (*trasporti*) pass-holder **3** (*teatr., cinem.*) season-ticket holder **4** (*rad., tv ecc.*) radio, television licence holder **5** (*tel.*) — *richiesto*, called party // *elenco abbonati* (*al telefono*), directory.

abbondante *agg.* **1** abundant, plentiful: *il cibo non era mai — a quei tempi*, food was never plentiful in those days; *aggiungere acqua* —, add plenty of water; *saranno tre etti abbondanti*, that's a good three hectogrammes **2** (*ricco*) rich (in sthg.); abounding (in sthg.): *una terra — di minerali*, a land rich in minerals.

abbondantemente *avv.* abundantly, plentifully; *è stato — pagato*, he was extremely well paid.

abbondanza *s.f.* **1** abundance, plenty; plenitude // *in* —, plenty of: — *di tempo, tempo in* —, plenty of time // *il corno dell'*—, the horn of plenty **2** (*fis., astr.*) abundance: — *naturale*, natural abundance; — *cosmica*, cosmic abundance.

abbondare *v.intr.* **1** (*avere in abbondanza*) to have* plenty (of sthg.); to abound, to be rich (in sthg.): *questa regione ha sempre abbondato d'acqua*, this region has always been rich in water // *queste acque abbondano di pesci*, these waters are always teeming with fish **2** (*essere abbondante*) to abound; to be plentiful: *i soldi non sono mai abbondanti*, money has never abounded (*o* been plentiful); *il riso abbonda quest'anno*, rice is plentiful this year **3** (*eccedere, essere prodigo*) to lavish (sthg. on s.o.); to be lavish (with sthg.): *abbondava in regali con i bambini*, he was lavish with gifts for his children // — *in attenzioni*, to lavish attention (on s.o.).

abbonire *v.tr.* (*calmare*) to calm, to appease, to soothe.
□ **abbonirsi** *v.intr.pron.* to grow* calm, to be appeased.

abbordabile *agg.* accessible; (*spec. di persona*) approachable: *prezzi abbordabili*, reasonable prices.

abbordaggio *s.m.* (*mar.*) boarding.

abbordare *v.tr.* **1** (*mar.*) to board **2** (*fig.*) (*una persona*) to approach // — *un argomento*, to tackle a subject // — *una curva*, to take a curve.

abbordo *s.m.* access, approach: *un uomo di facile* —, (*fig.*) an affable (*o* approachable) man.

abborracciamento *s.m.* bungling.

abborracciare *v.tr.* to bungle, to botch, to cobble: *il lavoro fu abborracciato in qualche modo*, the job had been done in a slipshod manner.

abborracciato *agg.* careless, slipshod: *un lavoro* —, a slipshod piece of work.

abborracciatura *s.f.* bungling.

abbottonare *v.tr.* to button (up): *abbottonati la camicia*, button (up) your shirt (*o* button your shirt up).
□ **abbottonarsi** *v.intr.pron.* to button: *il vestito si abbottona sulle spalle*, the dress buttons on the shoulders ◆ *v.rifl.* **1** button up: *abbottonati che fa freddo*, button up, it's cold! **2** (*fig. fam.*) to clam up: *dopo quelle osservazioni si è abbottonato*, after those remarks he clammed up.

abbottonato *agg.* (*cauto, riservato*) reserved, reticent: *è un tipo molto* —, he's a very reserved person; *stai* —, (*fam.*) keep your mouth shut (*o* keep mum).

abbottonatura *s.f.* **1** row of buttons: *l'abito aveva una lunga — sulla schiena*, the dress had a long row of buttons down the back; *abito con — laterale*, a dress that buttons at the side **2** (*l'abbottonare*) buttoning.

abbozzare[1] *v.tr.* **1** (*disegno*) to sketch; (*statua*) to rough-hew **2** (*estens.*) to sketch, to outline: — *un progetto*, to outline a plan; — *un sorriso*, to smile faintly (*o* to give the hint of a smile).

abbozzare[2] *v.intr.* (*subire*) to put* up with it: *ha dovuto* —, he had to grin and bear it.

abbozzare[3] *v.tr.* (*mar.*) to stop.

abbozzata *s.f.* sketch, outline.

abbozzato *agg.* (*incompleto*) sketchy // *un sorriso appena* —, a faint smile; *un programma solo* —, a rough programme.

abbozzo *s.m.* sketch, outline; draft; (*scult.*) rough cast: *il primo — del suo romanzo*, the first draft of his novel // *l'— di un sorriso*, the hint of a smile.

abbozzolarsi *v.rifl.* **1** (*di bachi*) to cocoon, to form a cocoon **2** (*di farina*) to form lumps, to become* lumpy.

abbracciaboschi *s.m.* (*bot. pop.*) → **caprifoglio**.

abbracciare *v.tr.* **1** to hug, to embrace: *la bimba abbracciava teneramente la bambola*, the little girl was hugging her doll // *l'edera abbracciava la quercia*, (the) ivy twined round the oak **2** (*carriera ecc.*) to embrace; (*partito, causa*) to espouse: — *la politica*, to take up politics **3** (*comprendere, contenere*) to enclose, to span, to include; to embrace, to cover: *un periodo che abbraccia molti anni*, a period that covers (*o* spans) many years.
□ **abbracciarsi** *v.intr.pron.* to embrace (s.o., sthg.) ◆ *v.rifl.rec.* to hug, to embrace each other (one another): *si abbracciarono e baciarono*, they hugged and kissed.

abbraccio *s.m.* hug, embrace: *un forte* —, a big hug; *fu un lungo, tenero* —, it was a long, tender embrace // *un* —, (*nelle lettere*) all my love.

abbrancare[1] *v.tr.* to grasp, to clutch, to grip; (*afferrare*) to seize.
□ **abbrancarsi** *v.rifl.* to catch* hold (of s.o., sthg.), to grasp (at s.o.), to clutch (at s.o., sthg.).

abbrancare[2] *v.tr.* (*mettere in branco*) to put* (an animal) in a herd, to round up (animals).
□ **abbrancarsi** *v.rifl.* (*unirsi in branco*) to form a herd.

abbreviamento *s.m.* **1** abbreviation **2** (*poet.*) shortening.

abbreviare *v.tr.* to shorten, to cut* short, to curtail; (*compendiare*) to abridge; (*una parola*) to abbreviate (a word): — *un discorso, le vacanze*, to cut a speech, one's holidays short (*o form.* to curtail a speech, one's holidays) // *abbrevia!*, please, be brief.

abbreviativo *agg.* abbreviating.

abbreviazione *s.f.* abbreviation // (*dir.*) — *dei termini*, shortening of time limits.

abbrivare *v.tr.* (*mar.*) to get* (a ship) under way ◆ *v.intr.* to pull away, to start off; to make* headway.

abbrivo *s.m.* (*mar., aer.*) fresh way: — *in avanti*, headway; — *indietro*, sternway; *prendere l'*—, to make headway (*o* to begin to move on).

abbronzamento *s.m.* → **abbronzatura** *s.f.*

abbronzante *agg.* sun-tanning (*attr.*) ◆ *s.m.* sun-tanning lotion, sun-tanning milk.

abbronzare *v.tr.* **1** to bronze **2** (*di sole*) to tan, to make* (s.o., sthg.) brown: *un sole che abbronza*, a sun that tans.
□ **abbronzarsi** *v.rifl.* (*al sole*) to get* brown, to get* tanned.

abbronzato *agg.* (sun-)tanned, brown.

abbronzatura *s.f.* (*atto*) tanning; (*effetto*) tan: — *al sole*, suntan; *i pericoli dell'*—, the dangers of tanning; *un'— durevole, intensa*, a lasting, deep tan.

abbruciacchiare e *deriv.* → **bruciacchiare** e *deriv.*

abbrunare *v.tr.* **1** (*rendere scuro*) to darken; to brown **2** (*parare a lutto*) to drape in black: — *le bandiere*, (*issarle a mezz'asta*) to hang flags at half-mast.
□ **abbrunarsi** *v.intr.pron.* (*diventare scuro*) to grow* dark, to darken ◆ *v.rifl.* (*mettersi il lutto*) to go* into mourning, to dress in mourning.

abbrunato *agg.* (*parato a lutto*) draped in black // *bandiere abbrunate*, flags hung at half-mast.

abbrunire *v.tr.* to darken.

abbrustolare → **abbrustolire**.

abbrustolimento *s.m.* roasting; toasting; broiling.

abbrustolire *v.tr.* (*carne*) to roast, (*amer.*) to broil; (*caffè*) to roast; (*pane*) to toast; *pane abbrustolito*, toast // *si stavano abbrustolendo al sole*, (*fam.*) they lay roasting in the sun.

abbrutimento *s.m.* **1** (*l'abbrutirsi*) brutalization **2** (*stato di abbrutimento*) brutishness **3** (*avvilimento*) dejection, despondency.

abbrutire *v.tr.* to brutalize, to make* brutal: *la vita di prigione l'aveva abbrutito*, prison life had brutalized him.
□ **abbrutirsi** *v.intr.pron.* to become* a brute, to become* brutish.

abbuffarsi *v.rifl.* (*fam.*) to stuff oneself, to guzzle oneself, to pig oneself, to gorge oneself.

abbuffata *s.f.* (*fam.*) nosh-up; (*amer.*) pigout: *che — ieri sera!*, what a nosh-up we had last night!; *ci siamo fatti un'— di spaghetti*, we ate spaghetti until we were fit to burst.

abbuiare *v.tr.* to darken, to obscure.
□ **abbuiarsi** *v.intr.pron.* (*non com.*) **1** to get* dark, to grow* dark, to grow* dim **2**

(*fig.*) to darken: *si rabbuiò in volto*, his face darkened.

abbuono *s.m.* **1** (*comm., econ.*) abatement, allowance, rebate: *concedere un* —, to grant an allowance; *fare un — sul prezzo*, to make an allowance on the price; — *per calo di peso*, draft (allowance); — *sul prezzo d'acquisto*, abatement of purchase money; — *per permuta*, trade-in allowance; — *sulle vendite*, sales allowance; — *di fine d'anno*, end-year rebate; — *per avaria*, allowance for average; — *per il peso*, weight draft; — *per scarto di qualità*, allowance for difference of quality; — *sottobanco*, (*fam.*) kickback // (*trib.*) — *fiscale, d'imposta*, tax relief **2** (*sport*) time bonus; (*ippica*) (*di distanza*) start.

abburattamento *s.m.* sifting.

abburattare *v.tr.* to sift (*anche fig.*).

abburattatore *s.m.* **abburattatrice** *s.f.* (*non com.*) sifter.

abburattatura *s.f.* sifting.

ABC → **abbicci**.

abdicare *v.intr.* **1** to abdicate (sthg.): — *alla corona*, to abdicate the crown **2** (*fig.*) to abdicate (sthg.), to relinquish (sthg.): — *ai propri diritti*, to abdicate (*o* to relinquish) one's rights.

abdicatario *agg.* abdicating.

abdicazione *s.f.* abdication.

abducente *agg.* (*med.*) abducent // (*nervo*) —, abducens.

abduttore *agg.* (*anat.*) abducent: *muscolo* —, abducent muscle (*o* abductor) ◆ *s.m.* (*anat.*) abductor.

abduzione *s.f.* (*med.*) abduction.

abecedario → **abbecedario**.

abeliano *agg.* (*mat.*) Abelian.

abelmosco *s.m.* (*bot.*) (*Hibiscus abelmoschus*) abelmosk; (*Hibiscus esculentus*) gumbo*.

aberrante *agg.* aberrant: *comportamento* —, aberrant behaviour // (*dir.*) *reato* —, criminal responsibility for unintended consequence.

aberrare *v.intr.* (*letter.*) to deviate, to stray, to go* astray.

aberrazione *s.f.* **1** aberration: *in un momento di* —, in a moment of aberration **2** (*astr., fis.*) aberration: — *sferica*, spherical aberration; — *cromatica*, chromatic aberration; — *della luce*, aberration of light.

abetaia *s.f.* fir-wood.

abete *s.m.* fir: *legno di* —, pinewood; *un tavolo di* —, a deal table // (*bot.*): — *bianco*, (*Abies alba*) silver fir, (*pop.*) white-deal; — *canadese*, (*Abies canadensis*) hemlock, spruce; — *di Douglas*, (*fam.*) — *odoroso*, (*Pseudotsuga taxifolia*) Douglas fir; — *kauri*, (*Agathis australis*) kauri; — *rosso*, (*Picea excelsa*) Norway spruce, red-deal.

abetella *s.f.* (*edil.*) circular section wooden pole.

abetina *s.f.* fir-wood.

abiatico *s.m.* (*dial.*) grandchild*.

abici → **abbicci**.

abiettezza *s.f.* despicableness, contemptibility, baseness.

abietto *agg.* despicable, contemptible, base; degraded.

abiezione *s.f.* degradation, despicableness, contemptibility: *cadere in uno stato di profonda* —, to fall into a state of extreme degradation.

abigeato *s.m.* (*dir.*) cattle-stealing; (*amer.*) rustling.

abigeo *s.m.* (*dir.*) cattle-stealer; (*amer.*) rustler.

abile *agg.* **1** able, capable; (*intelligente*) clever (at, in); (*destro*) skilful (at, in): *un bambino — e intelligente*, an able and intelligent child; *era un'infermiera — e intelligente, ma mancava di umanità*, she was a capable and efficient nurse, but lacked humanity; *era — nel dire agli altri cosa fare*, he was clever at telling other people what to do; *è un abilissimo guidatore*, he's a very skilful driver; *era sempre stata — con le mani*, she had always been clever with her hands; *era un — acrobata*, he was a skilful acrobat; *abbiamo lasciato la cosa in mani abili*, we have left the matter in skilled hands // — *adulatore*, adroit flatterer **2** (*fatto con abilità*) able; clever; skilful: *con un'— mossa, s'accaparrò tutto il mercato*, with an able (*o* clever) move he cornered the market **3** (*idoneo*) fit: (*dichiarare*) — *al servizio militare*, (to report) fit for military service **4** (*dir.*) legally qualified.

abilità *s.f.* **1** ability, capability; (*perizia*) cleverness: *la sua — è fuori discussione*, his capability is undoubted; *finora ha dimostrato grande* —, so far she has demonstrated great ability; *il brano fu eseguito con grande — tecnica*, the piece was played with great technical ability; *mostrava — nel fare qualsiasi cosa*, she showed cleverness at doing everything // *vincere qlcu. in* —, to outwit s.o. **2** (*destrezza*) skill, dexterity: *impugnava l'arma con* —, he wielded his weapon with skill (*o* dexterity); — *manuale*, manual dexterity.

abilitante *agg.* qualifying: *corso* —, teacher's diploma course.

abilitare *v.tr.* **1** to qualify: — *all'insegnamento*, to qualify for teaching **2** (*dir.*) to entitle, to qualify, to enable **3** (*inform.*) to enable; to validate.

abilitativo *agg.* qualifying.

abilitato *agg.* qualified.

abilitazione *s.f.* qualification (*anche dir.*): *esame di* —, qualifying examination; (*all'insegnamento*) teacher's diploma exam.

abilmente *avv.* skilfully.

ab intestato *locuz. agg.* e *avv.* (*lat.*) (*dir.*) abintestate.

abiocenosi *s.f.* (*ecol.*) abiocoen.

abiogenesi *s.f.* (*biol.*) abiogeny, abiogenesis.

abiogenetico *agg.* (*biol.*) abiogenetic.

abiotico *agg.* (*biol., ecol.*) abiotic.

abissale *agg.* **1** abysmal, profound, bottomless **2** (*geol., oceanografia*) abyssal: *piana* —, deep-sea (*o* abyssal) plain **3** (*fig.*) (*incommensurabile*) measureless, unfathomable.

abissino *agg.* e *s.m.* Abyssinian.

abisso *s.m.* **1** abyss, gulf, chasm: *fra te e me c'è un* —, there is a gulf between us; *i profondi abissi dell'oceano*, the unfathomed deep; *gli abissi della terra*, the bowels of the earth // *essere sull'orlo dell'*—, to be on the verge of ruin (*o* to be on the brink of disaster) **2** (*inferno*) hell **3** (*gran quantità*) great quantity, mass: *è un — di ignoranza*, he's an ignoramus.

abitabile *agg.* inhabitable, habitable // *cucina* —, dinette kitchen.

abitabilità *s.f.* habitability, habitableness // *licenza di* —, declaration of habitability.

abitacolo *s.m.* **1** (*di autovettura*) driver and passenger compartment; (*di auto da corsa, imbarcazione da competizione*) cockpit; (*di autocarro*) cabin, cab **2** (*aer.*) cockpit, cabin.

abitante *agg.* living, dwelling ◆ *s.* inhabitant: — *di città*, town resident; — *di villaggio*, villager; *questa città ha tre milioni di abitanti*, this city has three million inhabitants.

abitare *v.intr.* to live, to reside, to dwell*: — *in campagna*, to live in the country; — *all'estero*, to live (*o* to reside) abroad; — *al primo piano*, to live on the first floor; *abita a Milano da tre anni*, he has been living in Milan for three years; *una volta abitava qui*, he used to live here once ◆ *v.tr.* to live in (a place), to inhabit, to dwell* in (a place): — *una piccola casa*, to live in a small house.

abitativo *agg.* house (*attr.*): *edilizia abitativa*, development building.

abitato *agg.* inhabited, peopled ◆ *s.m.* (*luogo abitato*) inhabited place, built-up area: *fuori dell'*—, outside built-up areas.

abitatore *s.m.* **abitatrice** *s.f.* inhabitant, dweller.

abitazione *s.f.* **1** habitation; dwelling (place), residence; house: *problema dell'*—, housing problem; *questo appartamento non è adatto come* —, this flat is not fit for habitation; *casa d'*—, dwelling-house **2** (*dir.*) occupancy: *diritto di* —, right of occupancy.

abito *s.m.* **1** (*da uomo*) suit; (*da donna*) dress, frock; *pl.* (*indumenti*) clothes: *abiti fatti*, ready-made (*o* off-the-peg) clothes; *abiti su misura*, clothes made to measure; *abiti usati* (*smessi*), hand-me-downs; *abiti donati* (*in beneficenza*), handouts; *abiti da lutto*, mourning clothes; — *da cerimonia*, formal dress; — *da sera*, evening dress; — *a coda* (*di rondine*), tailcoat; *abiti da lavoro*, working clothes; *taglio d'*—, dress-length (*da donna*), suit-length (*da uomo*); *l'— di Mary non le va molto bene*, Mary's dress doesn't fit her very well; *quest'— ti sta malissimo*, this frock doesn't suit you at all; *farsi fare un* —, to have a suit (*o* a dress) made **2** (*di sacerdote*) cassock; (*di frate, suora*) habit: *vestire l'*—, to don the religious habit // *l'— non fa il monaco*, (*prov.*) it is not the cowl that makes the monk **3** (*disposizione d'animo*) habit: — *mentale*, habit of mind **4** (*zool., bot.*) habit **5** (*med.*) habit.

abituale *agg.* habitual, usual, customary; regular; (*letter.*) wonted: *un cliente* —, a regular customer (*o* an habitué) // (*dir.*) *delinquente* —, habitual (*o* persistent) offender, recidivist; *con la sua — gentilezza*, with her wonted kindness.

abitualmente *avv.* habitually, usually; regularly.

abituare *v.tr.* to accustom; (*assuefare*) to inure: — *all'ordine, alla disciplina*, to accustom (*o* to make used) to order, to discipline.

□ **abituarsi** *v.rifl.* to get* used (to), to get* accustomed (to); to accustom oneself (to): *col tempo si abituò ad alzarsi presto*, in time he accustomed himself to getting up early; *da principio non potevo sopportare il rumore, ma adesso mi ci sono abituato*, at first I couldn't stand the noise, but now I've got used to it.

abituato *agg.* accustomed (to sthg., to doing sthg.), used (to sthg., to doing sthg.); (*avvezzo, allenato*) inured (to sthg., to doing sthg.); (*solito*) wont (*form.*) (to do sthg.): *com'è — a fare*, as he usually does (*o form.* as he is wont to do); *com'era — a fare*, as he used to do (*o form.* as he was wont to do); *è — al freddo*, he is inured to cold; *sono — a mangiare a mezzogiorno*, I am accustomed to (*o* used to) having lunch at noon; *certo che sei — bene*, you've certainly got it easy!

abitudinario *agg.* e *s.m.*: (*uomo*) —, creature of habit.

abitudine *s.f.* habit, practice; (*usanza*) custom, use: *come d'—*, as usual; *d'—*, as a rule; *secondo l'—*, according to the custom; *come è — fra i giovani*, as is the practice among the younger generation; *ormai ho l'— di alzarmi presto*, by now I am used to getting up early; *avere l'— di fare qlco.*, to be in the habit of doing sthg.; *prendere una brutta —*, to fall into a bad habit; *ci farai l'—*, you will get used to it; *fare qlco. per forza d'—*, to do sthg. from force of habit.

abituro *s.m.* (*letter.*) humble dwelling; hovel; (*poet.*) abode.

abiura *s.f.* abjuration.

abiurare *v.tr.* to abjure.

ablativo *agg.* e *s.m.* (*gramm.*) ablative: — *assoluto*, ablative absolute.

ablatore *agg.* (*geol.*) *bacino —*, ablation basin ◆ *s.m.* (*del tartaro*) dental scaler; curette.

ablazione *s.f.* (*scient.*) ablation.

ablegato *s.m.* (*eccl.*) ablegate.

ablutorio *agg.* (*letter.*) ablutionary: *riti ablutori*, ablutions.

abluzione *s.f.* ablution.

abnegazione *s.f.* abnegation, self-denial.

abnorme *agg.* abnormal: *sviluppo —*, abnormal development.

abolire *v.tr.* **1** to abolish, to suppress: — *una legge*, to abrogate (*o* to repeal) a law; — *un dazio doganale*, to abolish a customs duty; — *un'imposta*, to lift a tax; — *le imposte locali sugli immobili*, to derate; — *i controlli* (*su qlco.*), to decontrol (sthg.) **2** (*estens.*) to cut* out: *il medico gli ha ordinato di — l'alcol e le sigarette*, the doctor ordered him to cut out alcohol and cigarettes.

abolitivo *agg.* of annulment: *decreto —*, law annulling (sthg.).

abolizione *s.f.* abolition, abolishment, suppression; lifting; (*di decreti, leggi ecc.*) repeal, rescission, annulment, abrogation // (*trib.*): — *delle barriere doganali*, abolition of customs barriers; — *delle quote d'importazione*, lifting of quotas on imported goods // (*amm.*): — *delle tariffe*, suppression of tariffs; — *dei controlli sui canoni d'affitto*, decontrol on rents.

abolizionismo *s.m.* abolitionism.

abolizionista *s.m.* e *f.* abolitionist.

abolizionistico *agg.* abolitionary.

abomaso *s.m.* (*zool.*) abomasus*, abomasum*, rennet, maw.

abominazione *s.f.* (*non com.*) abomination, loathing, abhorrence.

abominevole *agg.* **1** abominable, detestable, loathsome **2** (*disgustoso*) disgusting, revolting: *cibo, pranzo —*, disgusting food, lunch.

abominio *s.m.* abomination; loathing, abhorrence.

aborigeno *agg.* e *s.m.* native, aborigine, aboriginal: *gli aborigeni*, the natives (*o* the aborigines).

aborrimento *s.m.* abhorrence, loathing.

aborrire *v.tr.* e *intr.* to abhor, to loathe: — (*dal*)*la violenza*, to abhor violence.

abortire *v.intr.* **1** to have* a miscarriage; (*non naturalmente*) to have* an abortion **2** (*di animale*) to slip **3** (*fig.*) to fall* through; (*form.*) to miscarry: *l'impresa, il progetto è abortito*, the enterprise, the plan fell through.

abortista *agg.* e *s.m.* e *f.* (person) in favour of abortion.

abortito *agg.* abortive: *un tentativo —*, an abortive attempt.

abortivo *agg.* abortive: *intervento —*, abortion ◆ *s.m.* (*med.*) abortifacient, aborticide.

aborto *s.m.* **1** (*med.*) (*procurato*) abortion; (*naturale*) miscarriage: *chi pratica l'—*, abortionist; *movimento pro —*, abortion group **2** (*di animale*) slink **3** (*il feto*) fetus* **4** (*fig.*) (*opera mal riuscita*) failure, abortion; (*di persona*) abortion; shrimp, runt **5** (*inform.*) abort, abortion.

abracadabra *s.m.* abracadabra.

abradere *v.tr.* to abrade; to scrape off.

abramide comune *s.m.* (*zool.*) (*Abramis brama*) bream.

abranchiato *agg.* (*zool.*) abranchial, abranchiate.

abrasione *s.f.* **1** abrasion (*anche med.*); scraping off **2** (*escoriazione*) abrasion, excoriation **3** (*geol., tecn.*) abrasion.

abrasività *s.f.* (*tecn.*) abrasiveness.

abrasivo *agg.* e *s.m.* abrasive: *azione abrasiva*, abrasive action.

abrogabile *agg.* revocable; (*dir.*) repealable, rescindable.

abrogare *v.tr.* (*dir.*) to abrogate, to cancel, to annul, to rescind, to revoke, to repeal: — *una legge*, to repeal an act (*o* a law).

abrogativo *agg.* abrogative: *referendum — di una legge*, referendum to abrogate a law.

abrogatorio *agg.* (*dir.*) abrogative, annulling, rescinding.

abrogazione *s.f.* (*dir.*) abrogation, annulment, repeal, rescission.

abrogazionista *s.m.* e *f.* e *agg.* abolitionist: *campagna —*, abolitionist campaign.

abrotano *s.m.* (*bot.*) (*Artemisia abrotanum*) southernwood.

abrupto, ex *locuz.avv.* (*lat.*) abruptly, suddenly.

abruzzese *agg.* living in the Abruzzi; (coming) from Abruzzi: *vino —*, wine from the Abruzzi (*o* Abruzzi wine) ◆ *s.* inhabitant of the Abruzzi.

abscissione *s.f.* (*bot.*) abscission.

absidale *agg.* (*arch.*) apsidal.

abside *s.f.* (*arch.*) apse, apsis* ◆ *s.m.* (*astr.*) apsis*.

abulia *s.f.* (*med.*) abulia; (*fig.*) lack of will-power.

abulico *agg.* **1** (*med.*) abulic **2** (*fig.*) lacking in will-power; (*fam.*) weak-kneed.

abusare *v.intr.* **1** (*usare malamente*) to misuse (sthg.), to abuse (sthg): *abusò del potere che aveva*, he misused the power he had; *abusò della sua posizione*, he misused (*o* abused) his position **2** (*usare smodatamente, eccedere*) to overindulge; to... too much: *non bisogna — dell'alcol, del cibo*, you mustn't drink, eat too much (*o* overindulge in drink, in food); *non devi — delle tue forze*, you mustn't overdo it **3** (*approfittare di*) to take* advantage (of sthg.); to abuse (sthg.): *non voglio — della tua fiducia*, I don't want to take advantage of your trust in me; — *di un privilegio*, to abuse a privilege // *temo tu abbia abusato della mia ospitalità*, I'm afraid you've outstayed your welcome **4** (*sessualmente*) to rape (s.o.).

abusato *agg.* abused: *un termine molto —*, a greatly (*o* much) abused term.

abusivamente *avv.* illegally, unlawfully; without authorization.

abusivismo *s.m.* abusiveness: — *edilizio*, unauthorized building.

abusivo *agg.* abusive; (*dir.*) unlawful: *porto d'armi —*, illegal possession of firearms.

abuso *s.m.* **1** abuse; (*l'usare malamente*) misuse: — *di potere*, abuse (*o* stretch) of power; — *di diritto*, abuse of right **2** (*uso eccessivo*) abuse, excessive use: — *di farmaci*, excessive use of drugs; — *di alcol*, overindulgence in alcohol (*o* drink).

abutilon *s.m.* (*bot.*) (*Abutilon indicum*) abutilon.

acacia *s.f.* (*bot.*) acacia: — *australiana*, (*Acacia pendula*) myall, (*pop.*) spearwood; — *spinosa*, (*Gleditschia triacanthos*) thorntree; — *arborea*, (*Albizia julibrissin*) acacia.

acagiù *s.m.* (*bot.*) **1** (*Anacardium occidentale*) acajou **2** (*Swietenia mahogani*) acajou; (*pop.*) toon.

acanto *s.m.* (*bot.*) (*Acanthus mollis*) brank-ursine, bear's breech; — *spinoso*, (*Acanthus spinosus*) acanthus*.

acariasi *s.f.* (*med.*) acariasis.

acaro *s.m.* (*zool.*) acarus*; mite: — *del formaggio*, (*Acarus siro*) cheese-mite; — *della scabbia*, (*Sarcoptes scabiei*) itch-mite.

acaroide *agg.* (*chim.*) acaroid: *resina —*, acaroid resin.

acarpellare *agg.* (*bot.*) acarpellous.

acarpo *agg.* (*bot.*) acarpous.

acatalettico *agg.* (*metrica*) acatalectic.

acattolico *agg.* non-Catholic.

acaudato *agg.* (*zool.*) acaudal.

acaule *agg.* (*bot.*) acaulous.

acca *s.f.* aitch, letter H // *non ne capimmo un'—*, we could not make head or tail of it; *non ne sapeva un'—*, he knew nothing about it; *non vale un'—*, it isn't worth a fig.

accademia *s.f.* academy; (*scuola*) school, institute: — *militare*, military academy; — *di musica*, academy of music (*o* music academy) // *fare dell'—*, (*fig.*) to talk rhetorically.

accademicamente *avv.* **1** academically **2** (*in astratto*) abstractly, theoretically.

accademico *agg.* academic: *corpo —*, academic staff; *anno —*, academic year; *quarto d'ora —*, traditional fifteen minutes' grace before a university lecture starts ◆ *s.m.* academician.

accademismo *s.m.* academicism.

accademista *s.m.* (*mil.*) cadet.

accadere *v.intr.* to happen: *che cosa è accaduto?*, what's happened?; *accadde una strana cosa*, a funny thing happened; *mi accadde di vederlo*, I happened (*o* chanced) to see him; *è accaduto a me*, this happened to me.

accaduto *s.m.* event, happening: *è molto spiacente dell'*—, he is very sorry for what happened.

accalappiacani *s.m.* dogcatcher.

accalappiamento *s.m.* **1** catching **2** (*fig.*) ensnaring, seduction.

accalappiare *v.tr.* **1** to catch* **2** (*fig.*) to ensnare: *si è lasciato — come uno stupido*, he was taken in like a fool; *lasciarsi* —, to fall into the trap.

accalappiatore *s.m.* **accalappiatrice** *s.f.* deceiver, ensnarer.

accalcare *v.tr.* to crowd.

□ **accalcarsi** *v.intr.pron.* to crowd, to throng: *migliaia di persone si accalcavano in strada per vedere il corteo*, there were thousands of people milling around in the street to see the procession.

accaldarsi *v.intr.pron.* **1** to get* hot, to become* hot: *mi sono accaldato caricando l'auto*, I got hot loading the car **2** (*fig.*) to get* heated, to get* hot (about *o* over sthg.).

accaldato *agg.* hot.

accaloramento *s.m.* excitement; heat.

accalorare *v.tr.* to warm up; to stir up; (*rendere vivace*) to animate, to enliven.

□ **accalorarsi** *v.rifl.* to get* excited, to get* heated; (*diventare vivace*) to become* lively, to become* animated.

accampamento *s.m.* camp; (*mil.*) encampment, camp.

accampare *v.tr.* **1** to encamp, to camp **2** (*fig.*) to advance, to put* forward: — *una scusa per qlco.*, to advance an excuse for sthg.; — *diritti su qlco.*, to lay claim (*o* to stake a claim) to sthg.

□ **accamparsi** *v.intr.* e *rifl.* **1** to camp **2** (*mil.*) to encamp, to camp.

accampionare *v.tr.* (*registrare al catasto*) to register, to record.

accanimento *s.m.* **1** (*furia*) fury, rage; (*odio*) inveterate hatred, deep hatred **2** (*tenacia*) doggedness, tenacity // — *terapeutico*, aggressive nursing (*o* therapy), therapeutic obstinacy.

accanirsi *v.intr.pron.* **1** (*infierire*) to be ruthless, pitiless **2** (*ostinarsi*) to persist (in *o* with sthg., in doing sthg.), to persevere (with sthg.).

accanitamente *avv.* **1** furiously, (*senza pietà*) ruthlessly **2** (*ostinatamente*) doggedly, tenaciously.

accanito *agg.* **1** (*spietato*) pitiless, ruthless, relentless, fierce: *odio* —, fierce hatred **2** (*ostinato*) obstinate, dogged: *con tenacia accanita*, with dogged tenacity; *fumatore* —, inveterate smoker; — *giocatore di golf*, a keen golfer.

accanto *avv.* (*vicino*) nearby: *questo è il nostro albergo e — c'è l'ufficio postale*, this is our hotel and the post office is nearby; *qui* —, near here ◆ *agg.* (*vicino*) next, nearby: *la casa* —, the house nearby; *le persone della porta* —, the neighbours (*o* the people next door).

accanto (a) *prep.* (*vicino a*) by, next to, beside, close to: *abitavano — a noi*, they lived next to us; *era seduto — a me*, he was sitting next to me (*o* beside me); *stava in piedi — a lui*, she was standing by him; *stammi* —, keep close to me.

accantonamento *s.m.* **1** (*mil.*) cantonment **2** (*econ.*) (*contabile*) fund; (*di fondi per fini speciali*) earmarking; (*straordinario*) appropriated surplus; (*riserva*) reserve; allowance.

accantonare *v.tr.* **1** (*mettere da parte*) to set* aside, to put* aside, to lay* aside: — *un problema*, to set aside a problem (*o* to set a problem aside) **2** (*econ.*) to appropriate, to earmark, to lay* up: — *moneta*, to fund **3** (*mil.*) to provide with quarters.

accantonato *agg.* **1** (*messo da parte*) set aside, put aside, laid aside: *avevo una piccola somma accantonata per momenti peggiori*, I had a small sum put aside for a rainy day **2** (*arch.*) angular **3** (*econ.*) appropriated, earmarked; (*di interessi*) accrued; (*rimandato*) shelved.

accaparramento *s.m.* (*econ.*) engrossing, buying up, buying in; (*tesaurizzazione*) hoarding; (*di merce, titoli*) cornering.

accaparrare *v.tr.* **1** to hoard, to corner **2** (*econ.*) to buy* up, to buy* in, to engross; (*tesaurizzare*) to hoard; (*merce, titoli*) to corner **3** (*assicurarsi con caparra*) to secure **4** (*fig.*) to gain, to win*, to secure: *si accaparrò la simpatia di tutti*, he gained (*o* won) every-body's favour; *in questo modo si accaparrò molti voti*, in this way he secured a lot of votes.

accaparratore *s.m.* **accaparratrice** *s.f.* **1** (*estens.*) hoarder **2** (*econ.*) hoarder, corner man, buyer up, engrosser.

accapigliarsi *v.rifl.rec.* **1** to brawl, to scrap, to scuffle, to come* to blows **2** (*litigare*) to quarrel.

accapo *s.m.* new line ◆ *avv.* on a new line.

accappatoio *s.m.* bathrobe.

accapponare *v.intr.* **accapponarsi** *v.intr.pron.*: *ti farà accapponare la pelle*, it'll make your flesh creep; *mi si accapponò la pelle*, I got goose-flesh (*o* goose-pimples).

accarezzare *v.tr.* **1** to caress, to fondle // — *le spalle di qlcu.*, (*fam.*) to thrash s.o. soundly **2** (*un animale*) to stroke, to pet, to pat: *accarezzò il gatto*, he stroked his cat **3** (*lusingare*) to flatter: — *la vanità di qlcu.*, to flatter s.o.'s vanity **4** (*vagheggiare*) to cherish, to entertain: — *un progetto*, to entertain a project; — *una speranza*, to cherish a hope.

accarezzevole *agg.* soothing: *una voce* —, a soothing voice.

accartocciamento *s.m.* **1** (*di foglie, carta ecc.*) curling up, shrivelling up **2** twisting **3** (*arch.*) cartouche.

accartocciare *v.tr.* **1** (*spiegazzare*) to crumple up **2** (*fare un cartoccio*) to twist (into a cone).

□ **accartocciarsi** *v.intr.pron.* to curl up; to shrivel up.

accartocciatura *s.f.* curling up, shrivelling.

accasare *v.tr.* to marry, to give* in marriage.

□ **accasarsi** *v.intr.pron.* **1** to marry, to get* married **2** (*metter su casa*) to set* up house.

accasato *agg.* **1** married **2** (*sport*) (*che fa parte di una squadra ecc.*) member of a team.

accasciamento *s.m.* prostration; (*morale*) dejection.

accasciare *v.tr.* to prostrate, to crush; (*moralmente*) to deject: *la notizia li accasciò*, they were crushed by the news.

□ **accasciarsi** *v.intr.pron.* **1** (*lasciarsi cadere*) to fall*: — *al suolo*, to fall to the ground **2** (*fig.*) to lose* heart, to become* utterly discouraged.

accasciato *agg.* prostrated, crushed; (*moralmente*) dejected.

accasermare *v.tr.* (*mil.*) to barrack.

accastellare *v.tr.* **1** (*ammucchiare*) to pile (up), to stack (up), to heap (up) **2** (*ant.*) to fortify.

accatastabile *agg.* that can be registered.

accatastamento[1] *s.m.* **1** pile, stack, heap **2** (*l'accatastare*) piling (up), stacking (up), heaping (up).

accatastamento[2] *s.m.* (*registrazione al catasto*) registration (of real estate).

accatastare[1] *v.tr.* to pile (up), to stack (up), to heap (up).

accatastare[2] *v.tr.* (*registrare al catasto*) to register at the land-registry office.

accattabrighe *s.m.* e *f.* troublemaker.

accattare *v.tr.* (*elemosinare*) to beg.

accattivante *agg.* winning (*attr.*): *sorriso* —, winning smile.

accattivare *v.tr.* to win*, to gain, to earn: *accattivarsi le simpatie di qlcu.*, to win s.o. over.

accatto *s.m.* begging; (*elemosina*) alms // *d'*—, second-hand.

accattonaggio *s.m.* begging, mendicity.

accattone *s.m.* beggar, mendicant.

accavallamento *s.m.* overlap, overlapping; (*accumulo*) piling up; (*intrico di linee, fili ecc.*) crossing.

accavallare *v.tr.* **1** (*sovrapporre*) to overlap **2** (*incrociare*) to cross: — *le gambe*, to cross one's legs.

□ **accavallarsi** *v.intr.pron.* to overlap; (*accumularsi*) to pile up: *i suoi impegni si accavallavano*, his commitments were piling up; *mi si è accavallato un tendine*, I have strained a tendon // *un — di avvenimenti*, a rapid succession of events.

accecamento *s.m.* **1** blinding **2** (*fig.*) derangement of mind, lack of perception.

accecare *v.tr.* **1** to blind **2** (*fig.*) to blind, to dim the mind of (s.o.): *era accecato dalla passione*, he was blinded with passion **3** (*mecc.*) to countersink*.

□ **accecarsi** *v.rifl.* o *intr.pron.* to become* blind.

accecatoio *s.m.* (*mecc.*) countersink: — *cilindrico*, counterbore.

accecatura *s.f.* **1** blinding **2** (*mecc.*) countersink (*la svasatura*); countersinking (*l'operazione di svasatura*).

accedere *v.intr.* **1** (*avvicinarsi*) to approach (s.o., sthg.); (*entrare*) to enter (a place) // (*dir.*) — *a un trattato internazionale*, to accede to an international treaty // — *a una carica*, to enter into office **2** (*aderire*) to comply (with): — *a una richiesta*, to comply with (*o* to accede to) a request **3** (*inform.*) to gain access; to page to.

acceleramento *s.m.* acceleration: *l'— di una pratica*, the speeding up of a case.

accelerante *s.m.* (*chim.*) accelerant.

accelerare *v.tr.* to quicken, to hasten, to speed* up; to accelerate: — *il lavoro*, to speed up the work; — *il passo*, to quicken one's steps; — *il traffico*, to speed up the traffic; — *la velocità*, to accelerate (*o* to increase the speed) ◆ *v.intr.* to accelerate: *l'auto accelerò*, the car accelerated // (*econ.*) *accelera e frena*, go-stop.

accelerativo *agg.* accelerating, quickening.

accelerato *agg.* quick; (*scient.*) accelerated ◆ *s.m.* slow train; (*fam. amer.*) whistle train.

acceleratore *s.m.* (*chim.*, *fis.*, *mecc.*) accelerator // (*fis.*): — *lineare*, linear accelerator; — *di particelle*, particle accelerator.

acceleratorio *agg.* accelerative.

accelerazione *s.f.* 1 (*fis.*) acceleration: — *centripeta*, *centrifuga*, centripetal, centrifugal acceleration; — *di gravità*, acceleration due to gravity; — *di caduta libera*, acceleration of free fall // (*econ.*) *principio di* —, accelerator principle 2 (*aut.*, *mecc.*) acceleration // — *di ripresa*, pick-up.

accendere *v.tr.* 1 to light*: *si accese la sigaretta*, he lit his cigarette // — *un fiammifero*, to strike a match 2 (*interruttore*) to switch on: to turn on; to put* on: — *la luce*, to switch on the light (*o* the light on); — *la radio*, to turn on the radio (*o* the radio on) 3 (*fig.*) to inflame; to kindle; to stir up, (*form.*) to foment; — *la fiamma della passione*, to kindle the flame of passion; — *una rivolta*, to stir up a revolt; — *una speranza*, to kindle hope 4 (*banca*, *econ.*, *dir.*): — *un conto*, to open an account; — *un'ipoteca*, to raise (*o* to take out) a mortgage; — *un prestito*, to raise a loan.
□ **accendersi** *v.intr.pron.* 1 to light* (up): *tutte le luci si accesero d'improvviso*, all the lights lit up (*o* went on) suddenly 2 (*prendere fuoco*) to catch* fire 3 (*fig.*) to light* up; to become* inflamed: *i suoi occhi s'accesero di passione*, her eyes lit up with passion; — *d'amore*, to become inflamed with love // — *in volto*, to go red.

accendigas *s.m.* gaslighter.

accendino *s.m.* (cigarette) lighter.

accendisigaro *s.m.* (cigarette) lighter.

accenditoio *s.m.* lighting-stick.

accenditore *s.m.* (*tecn.*) igniter: — *di endoreattore*, rocket igniter.

accennare *v.intr.* 1 to sign; to make* signs; (*con la mano*) to beckon; (*col capo*) to nod: *accennò di sì col capo*, he nodded his agreement 2 (*fig.*) to hint (at sthg.); (*alludere*) to allude; (*menzionare*) to mention: *cercai di — al fatto che meritavo un aumento di stipendio*, I tried to hint that I deserved an increase in salary; *a chi accennavi con quella battuta?*, who(m) were you alluding to with that remark?; — *a un argomento*, to mention a subject (*o* to touch on a subject); *come già accennato*, as already mentioned 3 (*dar segno di*) to show* signs (of): *la pioggia non accennava a smettere*, the rain showed no signs of stopping ◆ *v.tr.* (*abbozzare*) to outline, to sketch: — *un progetto*, to outline a plan; — *un disegno*, to sketch a drawing // — *un motivo musicale*, to sing (*o* to play) a few notes (*o* a tune) // — *un moto di stizza*, to barely disguise one's annoyance // — *uno sbadiglio*, to stifle a yawn.

accenno *s.m.* 1 sign, indication; (*col capo*) nod: *non dava alcun — di miglioramento*, he showed no signs of recovery 2 (*fig.*) hint; (*allusione*) allusion; (*menzione*) mention // *fare* —, to hint (at); (*alludere*) to allude (to); (*menzionare*) to mention.

accensione *s.f.* 1 lighting 2 (*mecc.*, *aut.*) ignition; (*di caldaia*) starting: — *a batteria*, battery ignition; — *a scintilla*, spark ignition; — *a spinterogeno*, coil ignition; — *difettosa*, faulty ignition; *chiavetta d'*—, ignition key 3 (*dir.*) — *di un'ipoteca*, creating of a mortgage.

accentare *v.tr.* 1 to accent; (*con la voce*) to stress 2 (*dare risalto a*) to accentuate, to stress, to emphasize.

accentato *agg.* accented; (*con la voce*) stressed.

accentatura *s.f.* accentuation, stressing.

accentazione *s.f.* accentuation, stress, emphasis*.

accento *s.m.* 1 accent; (*tonico*) stress // *porre l'— su qlco.*, to stress sthg. 2 (*pronuncia*) accent, pronunciation 3 (*mus.*) accent 4 (*fig.*) (*tono*, *inflessione*) tone (of voice): *con — umile*, in a humble tone 5 (*poet.*) (*voce*, *parola*) word.

accentramento *s.m.* centralization.

accentrare *v.tr.* to centralize; to concentrate.
□ **accentrarsi** *v.intr.pron.* to be centralized; to be concentrated: *il potere si accentra nelle mani di pochi*, power is concentrated in the hands of a few people.

accentratore *s.m.* **accentratrice** *s.f.* centralizer ◆ *agg.* centralizing.

accentuare *v.tr.* 1 to accentuate (*anche fig.*); to lay* stress on (sthg.) 2 (*dare risalto a*) to stress, to emphasize.
□ **accentuarsi** *v.intr.pron.* to be accentuated: *il divario si accentuò col passare del tempo*, the gap was accentuated (*o* grew wider) with the passing of time.

accentuato *agg.* accentuated.

accentuazione *s.f.* accentuation.

accerchiamento *s.m.* encircling, surrounding.

accerchiare *v.tr.* to encircle, to surround.

accertabile *agg.* 1 ascertainable, verifiable 2 (*trib.*) assessable: *non* —, non-assessable; *imponibile* —, assessable income.

accertamento *s.m.* 1 (*verifica*) verification, control // (*econ.*) — *di cassa*, cash inventory // (*trib.*) — *d'imposta*, tax assessment 2 (*dir.*) investigation: *sentenza di* —, declaratory judgement.

accertare *v.tr.* 1 (*verificare*) to verify, to ascertain, to control, to check 2 (*trib.*) to assess // (*assicurazioni*) — *i danni*, to assess damages 3 (*non com.*) (*assicurare*) to assure.
□ **accertarsi** *v.rifl.* to ascertain, to check, to make* sure: *accertati dell'orario di partenza*, check the departure times; *si accertò di aver capito bene*, he made sure he had understood properly.

accertato *agg.* (*dir. comm.*) liquidated: *danni accertati*, *non accertati*, liquidated, unliquidated damages.

acceso *agg.* 1 alight (*pred.*); lit up, lighted: *candela accesa*, lighted candle 2 (*in funzione*) on: *non bisogna lasciare accesa la* TV, *la radio*, you mustn't leave the TV, the radio on; *è sceso dalla macchina lasciando il motore* —, he got out of the car leaving the engine on (*o* running) // (*inform.*) — *a uno*, up 3 (*in volto*) blushing, flushed: — *d'indignazione*, highly indignant; — *d'ira*, in a temper (*o* in a rage); *discussione accesa*, heated argument // *sguardo* —, fiery look 4 (*di colore*) very vivid, bright: *rosso* —, bright (*o* flaming) red.

accessibile *agg.* 1 accessible, within reach of 2 (*di persona*) approachable: *è difficilmente* —, he is difficult to approach (*o* to get at) 3 (*di prezzo*) reasonable: *prezzi accessibili a tutte le borse*, prices within the reach of every purse; *i prezzi stanno diventando accessibili*, prices are getting easier 4 (*di idea ecc.*) easily understood, comprehensible.

accessibilità *s.f.* accessibility.

accessione *s.f.* 1 (*l'accedere*) accession 2 (*consenso*) assent, agreement; (*form.*) accession 3 (*pol.*) adhesion 4 (*dir.*) accession 5 (*nuova acquisizione*) accession.

accesso *s.m.* 1 access, approach (to); (*entrata*, *ingresso*) admission; (*form.*) admittance: — *libero*, free admission; *il viale d'— alla casa*, the avenue leading to the house // (*econ.*) — *a un mercato*, access to a market // *uomo di facile* —, (*fig.*) very approachable man 2 (*impulso violento*) fit: — *d'ira*, fit of anger 3 (*med.*) fit, attack, access: — *isterico*, hysterical fit (*o* fit of hysterics) 4 (*inform.*) access: — *casuale*, *diretto*, random, direct access; — *diretto per chiave*, (IBM) random by key access; — *sequenziale*, serial (*o* sequential) access.

accessoriato *agg.* with accessories: *auto ben accessoriata*, car (supplied) with many useful accessories.

accessorio *agg.* accessory, additional: *funzioni accessorie*, additional functions ◆ *s.m.* 1 accessory 2 *pl.* (*mecc.*) fittings.

accessorista *s.m.* manufacturer, seller of accessories.

accestimento *s.m.* (*bot.*) bunching.

accestire *v.intr.* (*bot.*) to head.

accetta *s.f.* hatchet // *fatto con l'*—, (*fig.*) roughhown // *darsi l'— sui piedi*, (*fig.*) to cut off one's nose to spite one's face.

accettabile *agg.* acceptable (*anche comm.*).

accettabilità *s.f.* 1 acceptability 2 (*comm.*) acceptability, acceptance: *controllo di* —, acceptance inspection.

accettante *s.m.* e *f.* (*comm.*) acceptor.

accettare *v.tr.* 1 to accept, to agree to (sthg.); (*form.*) to consent to (sthg.): — *la presidenza*, to accept the presidency (*o* to agree to be president); — *un'offerta*, to accept (*o* to agree to) an offer; — *di fare qlco.*, to agree to do sthg.; — *la propria sorte*, to accept one's lot; (*dir.*) — *un'eredità*, to accept an inheritance 2 (*comm.*) to accept; to honour: — *una cambiale*, to accept a bill; — *un'offerta*, to close with an offer; *non — un effetto*, to dishonour a bill; *non si accettano reclami*, no complaints will be considered.

accettata *s.f.* blow with a hatchet.

accettazione *s.f.* 1 acceptance (*anche comm.*): — *di un contratto*, acceptance of a contract; — *di un'eredità*, acceptance of an inheritance; — *bancaria*, bank (*o* banker's) acceptance; — *bancaria condizionata*, conditional qualified acceptance; — *incondizionata*, *senza riserve*, general (*o* clean) acceptance; — *in bianco*, blank acceptance; *mancata* —, non-acceptance; — *per intervento*, acceptance for honour; — *su piazza*, local acceptance; — *contro documenti*, acceptance against documents; — *della marca*, brand acceptance; — *commerciale*, trade acceptance; *casa di* —, acceptance house; *regione di* —, acceptance region; *retta di* —, acceptance line 2 (*ufficio*) reception (desk); (*di ospedale*) reception.

accetto *agg.* received with pleasure; (*caro*) dear: *ben* —, welcome; *sei sempre bene* —, you're always welcome.

accettore *s.m.* (*chim.*, *fis.*) acceptor.

accezione *s.f.* acceptation, meaning: *in tutte le accezioni del termine*, in all the accepted meanings of the word.

acchetare, **acchetarsi** → **acquietare**, **acquietarsi**.

acchiappacani *s.m.* dogcatcher.

acchiappafarfalle *s.m.* **1** (*reticella*) butterfly net **2** (*persona perditempo*) dreamer.

acchiappamosche *s.m.* **1** (*paletta*) flyswatter **2** (*fannullone*) idler, loafer **3** (*bot. pop.*) → dionea **4** (*zool.*) (*Muscicapa grisola*) flycatcher.

acchiappare *v.tr.* **1** to catch*; to seize: — *un ladro*, to catch (*o fam.* to nab) a thief; *il poliziotto lo acchiappò per le braccia*, the policeman seized him by the arms; *vi ho acchiappato sul fatto*, I caught you red-handed **2** (*malattia*) to catch*: *acchiappò un raffreddore*, he caught a cold **3** (*colpire*) to hit*: *lo acchiappò con una sassata*, he hit him with a stone.

□ **acchiapparsi** *v.rifl.* to hold* (on to): *s'acchiappò a un ramo per non cadere*, he held on to a branch so as not to fall ◆ *v.rifl.rec.* to catch* each other (one another) // *giocare ad* —, to play tag, to play catch.

acchitare *v.tr.* (*biliardo*) to lead* off.

acchito *s.m.* (*biliardo*) lead-off // *di primo* —, (*fig.*) (*a prima vista*) at first sight; (*immediatamente*) straightaway.

acciabattare *v.tr.* (*non com.*) to cobble together, to cobble up ◆ *v.intr.* (*non com.*) to shuffle.

acciaccamento *s.m.* crushing, squashing, bruising.

acciaccare *v.tr.* **1** (*fam.*) to crush, to squash; (*ammaccare*) to bruise: — *un vestito*, to crush (*o* to crease) a suit **2** (*fig.*) to enfeeble, to weaken.

acciaccato *agg.* **1** (*ammaccato*) bruised **2** (*abbattuto*) broken-down; (*indisposto*) ailing, feeble, rotten: *sentirsi* —, (*fam.*) to feel rotten (*o* seedy).

acciaccatura *s.f.* **1** (*ammaccatura*) bruise **2** (*mus.*) acciaccatura.

acciacco *s.m.* (chronic) infirmity, ailment: *gli acciacchi della vecchiaia*, the infirmities of old age; *pieno di acciacchi*, full of aches and pains.

acciaccoso *agg.* sickly, seedy.

acciaiare *v.tr.* (*metall.*) to acierate, to steel.

acciaiatura *s.f.* (*metall.*) acieration, steeling.

acciaieria *s.f.* steelworks, steel mill, steel plant: *l'— sta lavorando in perdita*, the steelworks is (*o* are) running at a loss.

acciaio *s.m.* **1** steel: — *dolce*, low carbon (*o* mild, *o* soft) steel; — *duro*, hard steel; — *forgiato, fucinato*, forged steel; — *in lingotti*, ingot steel; — *inossidabile*, stainless steel; — *laminato*, rolled steel; — *legato, speciale*, alloy (*o* compound) steel; — *al nichel*, nickel steel; — *semidolce*, medium carbon steel; — *stampato*, pressed steel; — *temprabile*, hardenable steel; — *temprato*, hardened steel // *blu* —, steel blue; *lamiera di* —, sheet steel; *lana d'*—, steel wool; *profilato d'*—, structural steel; *struttura d'*—, steel work **2** (*fig.*) steel: *cuore d'*—, heart of steel **3** (*poet.*) (*spada*) steel, sword.

acciaiolo *s.m.* sharpener, sharpening steel.

acciambellare *v.tr.* **acciambellarsi** *v.rifl.* to curl up; to coil up: *il cane si acciambellò sul tappeto*, the dog curled up on the carpet.

acciarino *s.m.* **1** steel (of tinder-box), flint-lock **2** (*di fucile*) gun-lock **3** (*mecc.*) (*di ruota*) linchpin **4** (*di siluro*) exploder: — *a inerzia, a pendolo*, inertia exploder.

acciarpare *v.tr.* **1** (*eseguire male*) to bungle; (*fam.*) to muff **2** (*raccogliere senza ordine*) to bundle up.

accidempoli *inter.* (*fam.*) crikey!, good heavens!

accidentaccio *inter.* (*fam.*) damn!, damnit!, blast!

accidentale *agg.* **1** casual, accidental, fortuitous // (*mecc., edil.*) *carico* —, live load **2** (*non essenziale*) accidental, non-essential, accessory, additional **3** (*mus.*) accidental.

accidentalità *s.f.* casualness, fortuity, fortuitousness.

accidentalmente *avv.* accidentally, casually, by chance.

accidentato *agg.* **1** (*di terreno*) uneven, irregular, rough **2** (*pieno di imprevisti*) eventful: *un viaggio* —, an eventful journey // *una carriera accidentata*, a chequered career **3** (*non com.*) (*paralitico*) paralyzed.

accidente *s.m.* **1** (*caso non previsto*) accident, mishap // *per* —, by chance **2** (*fam.*) (*colpo apoplettico*) apopletic fit // *se esci vestito così ti prenderai un* —, if you go out dressed like that you'll catch your death (of cold) // *per poco non mi è venuto un* —, I nearly had a fit // *che ti venga un —!*, drop dead! // *quell'— di*, that darn: *quell'— di ragazzo rompe sempre tutto*, that darn child breaks everything **3** (*fil.*) accident // *non capisco un* —, I don't understand a word (*o* a damn thing *o* I haven't a clue) // *non fa un — tutto il giorno*, he doesn't do a damn thing all day long // *non m'importa un* —, I don't care (*o* give) a damn **4** (*ling.*) accidence **5** (*mus.*) accident.

accidenti *inter.* dash!, dash it!, damn!

acciderba *inter.* drat (it)!, damn!

accidia *s.f.* sloth.

accidioso *agg.* slothful.

accigliamento *s.m.* (*non com.*) frown; stern look; scowl.

accigliarsi *v.intr.pron.* to frown; to scowl; to knit one's brows.

accigliato *agg.* frowning.

accigliatura *s.f.* **1** (*non com.*) (*cipiglio*) frown, frowning **2** (*ant.*) (*spazio tra le sopracciglia*) space between the eyebrows.

accingersi *v.rifl.* to set* about (sthg., doing sthg.); to get* ready; (*stare per*) to be on the point of (doing sthg.): *bisogna che mi accinga a fare i bagagli*, I must set about my packing; — *a partire*, to get ready to leave; — *a un'impresa*, to undertake an enterprise.

acciocché *cong.* (*ant., letter.*) → **affinché**.

acciottolare *v.tr.* to cobble.

acciottolato *s.m.* cobbled paving.

acciottolio *s.m.* clatter.

accipicchia *inter.* good Lord!

accisa *s.f.* (*trib.*) excise, excise duty.

acciuffare *v.tr.* (*prendere*) to seize; to catch*: *acciuffò il portafoglio e fuggì*, he seized the wallet and ran away; *il poliziotto acciuffò il ladro*, the policeman caught (*o* nabbed) the thief.

acciuga *s.f.* **1** (*Engraulis encrasicholus*) anchovy: *pasta d'acciughe*, anchovy paste // *pigiati, stretti come acciughe*, packed like sardines **2** (*fig.*) (*donna magra*) very thin woman // *è un'*—, she's as thin as a rake.

acciugata *s.f.* anchovy sauce.

acclamare *v.tr.* **1** (*applaudire*) to acclaim; to cheer; to applaud: *l'oratore fu acclamato calorosamente*, the speaker was loudly cheered **2** (*eleggere con grida di consenso*) to acclaim; to hail; to elect by acclamation: *lo acclamarono re*, they hailed him (as) king ◆ *v.intr.* to cheer: *la folla acclamò per la vittoria dell'imperatore*, the crowd cheered for the emperor's victory; — *alla proposta*, to cheer (*o* to applaud) a proposal.

acclamatore *s.m.* **acclamatrice** *s.f.* applauder, acclaimer, cheerer.

acclamazione *s.f.* acclamation, applause, ovation, cheering: *per* —, by acclamation.

acclimare, **acclimatare** *v.tr.* to acclimatize, to acclimate.

□ **acclimarsi**, **acclimatarsi** *v.rifl.* **1** to get* acclimatized, to become* acclimatized; to acclimatize (oneself) **2** (*di animale*) to be naturalized.

acclimatamento *s.m.* **1** → acclimatazione **2** (*Borsa*) seasoning.

acclimatazione, **acclimazione** *s.f.* acclimatization, acclimation.

acclive *agg.* steep, sheer.

accludere *v.tr.* to enclose; (*non com.*) to inclose: (*comm.*) *vi accludiamo...*, please find enclosed... (*o* enclosed please find...); — *qlco. in una lettera*, to enclose sthg. in a letter.

accluso *agg.* enclosed // (*comm.*): — *alla presente, qui* —, (herewith) enclosed; *come da acclusa fattura*, as per enclosed invoice.

accoccare *v.tr.* **1** (*tess.*) to fasten to the notch of the spindle **2** (*una freccia*) to nock, to set* (an arrow) into the bowstring.

accoccolarsi *v.rifl.* to squat (down), to crouch (down).

accodare *v.tr.* **1** to put* in line, to arrange one behind the other; to place in the rear **2** (*inform.*) to queue.

□ **accodarsi** *v.rifl.* (*mettersi in coda*) to queue (up) // — *a qlcu.*, to follow s.o.

accogliente *agg.* cosy; comfortable; snug; inviting: *una casa* —, a cosy house.

accoglienza *s.f.* welcome; reception: *fare buona — a qlcu.*, to welcome s.o. (*o* to make s.o. welcome); *trovare un'— calorosa*, to receive a warm welcome.

accogliere *v.tr.* **1** to receive; (*far buona accoglienza a*) to welcome: — *qlcu. a braccia aperte*, to receive s.o. with open arms; — *qlcu. con un bacio*, to greet (*o* to welcome) s.o. with a kiss; *ci accolse freddamente*, she gave us a cold welcome (*o* received us coldly); *tutti hanno accolto con gioia la notizia della sua promozione*, everybody welcomed the news of his promotion **2** (*ospitare*) to put* up: *ci accolse per la notte*, she put us up for the night **3** (*esaudire*) to grant: — *una richiesta*, to grant a request **4** (*accettare*) to agree to, to agree with, to accept: — *una proposta*, to agree to a proposal; — *un suggerimento*, to agree to (*o* with) a suggestion; — *le scuse di qlcu.*, to accept s.o.'s apologies; — *una voce in un dizionario*, to agree with an entry in a dictionary // (*dir.*) — *un ricorso, un'istanza*, to admit a claim **5** (*contenere*) to hold*, to take*: *questa sala può — 500 persone*, this room can hold (*o* take) 500 people.

accoglimento *s.m.* **1** (*accoglienza*) welcome; reception **2** (*l'accettare*) granting; acceptance: — *di una domanda*, granting of a request.

accogliticcio *agg.* picked up here and there, collected at random.

accolito *s.m.* acolyte (*anche fig.*).

accollare *v.tr.* **1** (*fig.*) to saddle, to charge: — *un compito a qlcu.*, to saddle (*o* to charge) s.o. with a task; — *una responsabilità a qlcu.*, to saddle s.o. with a responsibility (*o* to lay a responsibility on s.o.) // *accollarsi i debiti, la responsabilità, la colpa*, to shoulder debts, responsibility, blame **2** (*mettere intorno al collo*) to put* round the neck **3** (*caricare male*) to load* unevenly.

accollata *s.f.* (*st.*) accolade.

accollatario *s.m.* (*non com.*) entrepreneur, contractor; (*dir.*) contractor.

accollato *agg.* high-necked: *abito* —, high-necked dress.

accollatura *s.f.* neckline.

accollo *s.m.* **1** (*dir.*) tender, contract **2** (*arch.*) accolade.

accolta *s.f.* (*letter.*) gathering; assembly; (*spreg.*) mass.

accoltellamento *s.m.* stabbing, knifing.

accoltellare *v.tr.* to stab, to knife.

accoltellato *s.m.* (*edil.*) edge course.

accoltellatore *s.m.* **accoltellatrice** *s.f.* stabber, knifer.

accomandante *s.m.* (*comm.*) limited partner.

accomandatario *s.m.* (*comm.*) general partner, unlimited partner.

accomandita *s.f.* (*comm.*) (*società in*) — *semplice*, limited partnership; (*società in*) — *per azioni*, limited share partnership.

accomiatare *v.tr.* (*congedare*) to let* (s.o.) leave; to dismiss.

□ **accomiatarsi** *v.rifl.* to take* leave (of s.o.), to say* good-bye (to s.o.).

accomodabile *agg.* **1** (*che si può riparare*) repairable **2** (*adattabile*) adjustable, adaptable **3** (*fig.*) (*che si può comporre, conciliare*) that can be settled.

accomodamento *s.m.* **1** → riparazione **2** (*accordo*) settlement, accommodation, arrangement: *giungere a un* —, to come to an arrangement // (*dir.*): — *con i creditori*, settlement with creditors; — *amichevole*, settlement out of court.

accomodante *agg.* obliging, accommodating.

accomodare *v.tr.* **1** (*riparare, aggiustare*) to repair, to mend; (*fam.*) to fix: *è ora di farlo* —, it's time to have it mended (*o* fixed) // *t'accomodo io!*, (*fam.*) I'll fix you! // — *qlcu. per le feste*, (*fam.*) to beat the daylights out of s.o. **2** (*sistemare*) to arrange: *s'accomodò la gonna per benino*, she arranged her skirt neatly **3** (*fig.*) (*appianare*) to settle: — *una lite, una questione*, to settle a quarrel ◆ *v.intr.* (*riuscire gradito*) to like (*costr. pers.*); to do* what suits one; to suit oneself: *fate come vi accomoda*, do as you like (*o* suit yourself *o* do as you please); *venite quando vi accomoda*, come whenever you like.

□ **accomodarsi** *v.rifl.* **1** (*sedersi*) to sit* down, to take* a seat: *s'accomodi!*, take a seat! (*o* do sit down!) **2** (*servirsi*) to help oneself: *accomodati pure!*, do help yourself! **3** (*adattarsi*) to adapt oneself: *per questa sera ci accomoderemo*, for tonight we'll make do ◆ *v.rifl. rec.* (*accordarsi*) to come* to an agreement.

accomodatura *s.f.* (*non com.*) → **riparazione**.

accomodazione *s.f.* (*med.*) accommodation.

accompagnabile *agg.* (*non com.*) that can be accompanied; (*di cose*) matchable.

accompagnamento *s.m.* **1** accompanying: *lettera d'*—, covering letter **2** (*seguito*) retinue, train, suite **3** (*mus.*) accompaniment.

accompagnare *v.tr.* **1** to take* to, to see* to, to accompany: — *un ragazzo a scuola*, to take a boy to school; — *qlcu. a casa*, to see s.o. home; *mi ha accompagnato a casa in auto*, he drove me home; — *qlcu. alla stazione*, to see s.o. to the station (*o* to see s.o. off); — *una signora*, to escort a lady; — *una sposa all'altare*, to give a bride away // — *con l'occhio*, to follow with one's eyes // — *l'uscio*, to close the door gently (*o* without slamming it) // *il mio pensiero ti accompagnerà sempre*, my thoughts will always be with you **2** (*accoppiare*) to couple **3** (*fare armonizzare*) to match **4** (*mus.*) to accompany.

□ **accompagnarsi** *v.rifl.* o *intr.pron.* **1** to keep* company with // — *a qlcu.*, to go along with s.o. **2** (*armonizzare con*) to match (sthg.), to go* with: *i guanti dovrebbero — al vestito*, the gloves should match the dress **3** (*mus.*) to accompany oneself: *si accompagnava con la chitarra*, he accompanied himself on his guitar.

accompagnatore *s.m.* **accompagnatrice** *s.f.* **1** (*chi accompagna*) companion: — *turistico*, tourist guide **2** (*mus.*) accompanist **3** (*sport*) team-manager.

accompagnatorio *agg.* accompanying: *fattura accompagnatoria*, accompanying invoice.

accomunabile *agg.* that may be joined, united, that may be associated (with).

accomunare *v.tr.* (*unire*) to join, to unite; (*associare*) to associate; (*mettere in comune*) to share.

□ **accomunarsi** *v.rifl.* (*fraternizzare*) to commune together, to fraternize, to mix.

acconciabile *agg.* adjustable; suitable, fitting.

acconciare *v.tr.* to adjust, to arrange; to adorn; (*abbigliare*) to dress: — *la sposa*, to dress the bride; — *i capelli*, to do s.o.'s hair // (*fig.*) — *l'animo a qlco.*, to prepare oneself mentally for sthg.

□ **acconciarsi** *v.rifl.* **1** (*ornarsi*) to adorn oneself, to dress up, to bedeck oneself; (*vestirsi*) to dress oneself, to attire oneself: — *i capelli*, to do one's hair **2** (*non com.*) (*adattarsi*) to adapt oneself; (*rassegnarsi*), to resign oneself.

acconciatore *s.m.* **acconciatrice** *s.f.* hairdresser, (*form.*) coiffeur.

acconciatura *s.f.* hairstyle; coiffure; (*fam.*) hairdo; (*ornamento*) headdress.

acconcio *agg.* (*adatto*) fit, proper, seemly; (*opportuno*) convenient.

accondiscendente e *deriv.* → **condiscendente** e *deriv.*

accondiscendere *v.intr.* (*acconsentire*) to consent, to agree, to comply (with sthg.): *accondiscese a una riduzione di prezzo*, he consented to a reduction in price (*o* to reduce the price); *siamo pronti ad — ai vostri desideri*, we are ready to comply with your wishes; *il Primo Ministro accondiscese a ricevere i giornalisti*, the Prime Minister agreed to receive the journalists.

acconsentimento *s.m.* (*non com.*) consent, approval, agreement.

acconsentire *v.intr.* to consent, to agree, to assent: — *a una richiesta*, to agree to a request; *acconsentì ad aiutarmi*, he agreed to help me; *acconsentì con un cenno del capo*, he assented (*o* agreed) with a nod // *chi tace acconsente*, (*prov.*) silence gives consent ◆ *v.tr.* (*mar.*) to spring, to crack.

acconsenziente *agg.* consenting, consentient, willing: *la tua proposta mi trova* —, I willingly accept your proposal.

accontentare *v.tr.* to satisfy, to please, to content, to meet*: — *i desideri di qlcu.*, to meet (*o* to satisfy) s.o.'s wishes; — *qlcu.*, to please s.o.; *è difficile da* —, she's hard (*o* difficult) to please; *fallo per accontentarmi*, do it to please me.

□ **accontentarsi** *v.rifl.* to be satisfied (with sthg.), to be pleased (with sthg.), to be content (with sthg.): *ci accontentiamo di molto poco*, we are content with very little; *voleva centomila lire ma poi si è accontentato di molto meno*, he wanted one hundred thousand lire but in the end he settled for much less.

acconto *s.m.* down payment, advance, payment on account, partial payment, part payment; (*amer.*) instalment: — *in denaro*, deposit; *in* —, on account (*o* down); *versare, pagare un* —, to pay a deposit; *versare come* —, to deposit; *come* —, by way of account // — *dividendo*, interim dividend; — *sul nolo*, advance freight.

accoppare *v.tr.* (*fam.*) to kill, to do* in, to bump off.

accoppiabile *agg.* matchable, that can be coupled.

accoppiamento *s.m.* **1** coupling, pairing, matching **2** (*di buoi al giogo*) yoking, pairing **3** (*mecc.*) connection, coupling **4** (*biol.*) copulation; (*di animali*) mating **5** (*zootecnia*) inbreeding.

accoppiare *v.tr.* **1** to couple; (*appaiare*) to pair; (*aggiogare*) to yoke // *Dio li fa e poi li accoppia*, (*prov.*) birds of a feather flock together **2** (*unire*) to join, to unite, to bring* together **3** (*zootecnia*) to inbreed* (*tra soggetti consanguinei*); to outbreed* (*tra soggetti non consanguinei*).

□ **accoppiarsi** *v.rifl.* o *rifl.rec.* **1** (*di animali*) to mate; to pair off **2** (*star bene o male insieme*) to go* with; (*spec. di colori*) to match; (*di persone*) to be (well *o* badly) matched: *si sono accoppiati bene*, they are well matched.

accoppiata *s.f.* (*ippica*) a first and second place bet.

accoramento *s.m.* grief, sorrow, heartache.

accorare *v.tr.* to grieve, to cause grief (to s.o.).

□ **accorarsi** *v.rifl.* to grieve (at, for).

accorato *agg.* sad, sorrowful, mournful.

accorciabile *agg.* reducible, that can be shortened.

accorciamento *s.m.* shortening.

accorciare *v.tr.* to shorten, to make* shorter: — *un discorso*, to cut a speech short; — *un abito*, to take up (*o* to shorten) a dress; — *le distanze*, to shorten the distances; — *i tempi di produzione*, to speed up the production rate. □ **accorciarsi** *v.intr.pron.* to shorten, to become* short(er): *le giornate cominciano ad* —, the days are getting shorter.

accorciativo *agg.* shortening ◆ *s.m.* short form: *Gianni è l'— di Giovanni*, Gianni is short for Giovanni.

accorciatura *s.f.* shortening.

accordabile *agg.* **1** allowable, grantable, reconcilable; compatible **2** (*mus.*) that can be tuned.

accordare *v.tr.* **1** (*concedere*) to grant, to concede: *gli fu accordato il permesso di partire*, he was granted permission to leave // *gli fu accordata una borsa di studio*, he was given a grant **2** (*banca, comm.*) to grant, to allow, to give*: — *uno sconto del 10%*, to grant a 10 per cent discount; — *l'interesse del 5% sui depositi*, to allow 5 per cent interest on deposits; — *una proroga*, to grant a respite (*o* an extension); — *un ribasso*, to give a reduction **3** (*mus.*) to tune (up) **4** (*gramm.*) to make* agree: — *soggetto e verbo*, to make the verb agree with the subject **5** (*conciliare*) to conciliate, to reconcile: — *la fede con la ragione*, to conciliate (*o* to reconcile) faith with reason. □ **accordarsi** *v.rifl.* o *rifl.rec.* (*mettersi d'accordo*) to come* to an agreement, to reach an agreement: — *sul prezzo*, to come to an agreement on (*o* about) the price; *si sono finalmente accordati*, they've finally reached an agreement // — *su un'offerta*, to close with an offer ◆ *v.intr.pron.* (*armonizzarsi*) to go* with; to match: *non è vero che il blu non si accorda col verde*, it's not true that blue doesn't go with green; *quei colori non s'accordano*, those colours don't match.

accordata *s.f.* (quick) tuning.

accordatore *s.m.* **accordatrice** *s.f.* tuner: — *di pianoforte*, piano tuner.

accordatura *s.f.* (*mus.*) tuning.

accordo *s.m.* **1** (*intesa*) agreement, consent: *di comune* —, by mutual (*o* common) consent; *salvo — contrario*, excepting agreement to the contrary // *come d'* —, as agreed // *agire d'— con qlcu.*, to act in accordance with s.o. // *mettersi d'*—, to reach an agreement; *venire a un* —, to make a deal (*o* to come to an agreement) // *allora restiamo d'— così!*, that's settled, then! // *sono d'— con te*, I agree with you; *non sono d'*—, I don't agree (*o* I disagree) // *andare d'— con qlcu.*, to get along (*o* to get on) well with s.o.; *padre e figlio non vanno per niente d'*—, father and son do not get on at all well together // *d'amore e d'*—, in perfect harmony **2** (*comm., econ., banca*) arrangement, agreement, accommodation, deal, indenture: — *di cartello*, pool (*o* price) agreement; — *sui prezzi*, price agreement; — *di clearing*, clearing agreement; — *di reciprocità commerciale*, fair-trade agreement; — *d'indicizzazione*, (*dei salari*) threshold agreement; — *finanziario particolare*, facility; — *verbale*, gentlemen's agreement; — *bilaterale*, bilateral agreement; — *commerciale*, trade agreement; — *di locazione-vendita*, leasing agreement; — *stand-by*, standby agreement; — *di vendita esclusiva*, exclusive dealing agreement; — *generale sulle tariffe e il commercio*, General Agreement on Tariffs and Trade; — *monetario europeo*, European Monetary Agreement; — *unilaterale*, unilateral agreement // (*dir.*): *accordi economici collettivi*, bargaining agreements; — *delle parti*, meeting of the minds; *esecuzione di un* —, observance of an agreement // — *sindacale*, union agreement // *accordi salariali*, wage settlements **3** (*mus.*) chord; (*armonia, consonanza*) tune, pitch: — *arpeggiato*, broken chord; *essere in* —, to be in tune **4** (*gramm.*) concordance.

accorgersi *v.intr.pron.* (*percepire*) to perceive (sthg.); (*divenire consapevole*) to become* aware (of sthg.), to notice (sthg.); (*rendersi conto*) to realize (sthg.): *non me ne sono mai accorto*, I have never noticed it; *non mi ero accorto che pioveva*, I was not aware (*o* I hadn't noticed) it was raining; *si accorse di essere osservato*, he perceived that he was being watched; *ti sei accorto che stavi commettendo un errore?*, did you realize that you were making a mistake?; *senza* —, (*inavvertitamente*) inadvertently; (*con facilità*) with the greatest ease (*o* effortlessly).

accorgimento *s.m.* **1** (*intuito*) sagacity, shrewdness **2** (*prudenza*) precaution: *bisogna avere l' — di chiudere a chiave le porte*, it would be a wise precaution to lock all the doors **3** (*stratagemma*) trick, clever device, expedient.

accorpamento *s.f.* unification, standardization: (*trib.*) — *delle aliquote*, standardization of rates.

accorrere *v.intr.* to run*, to hasten, to rush: *molti accorsero a sentirlo*, many people flocked to hear him; — *in aiuto di qlcu.*, to rush to the help of s.o.; — *sul luogo dell'incidente*, to rush to the scene of the accident.

accortezza *s.f.* **1** (*sagacia*) sagacity, shrewdness, adroitness **2** (*astuzia*) cunning.

accorto *agg.* **1** perspicacious, discerning, shrewd: *fare — qlcu.*, to warn (*o* to caution) s.o. **2** (*prudente*) cautious, wary: *persona accorta*, cautious (*o* wary) person; *bisogna essere, stare accorti nell'accettare passaggi in auto*, you must be wary (*o* cautious) of (*o* about) accepting lifts // *parole accorte*, carefully chosen (*o* well-chosen) words.

accosciarsi *v.rifl.* to squat (down), to crouch (down).

accostabile *agg.* approachable, accessible; (*affabile*) affable.

accostamento *s.m.* **1** approach, approaching: (*mar.*) *manovra d'*—, hauling (*o* haulage) **2** (*combinazione*) combination; (*di colori ecc.*) matching.

accostare *v.tr.* **1** (*mettere vicino*) to draw* near, to draw* close; to draw* (sthg.) up: — *una sedia al muro*, to draw a chair near the wall; *accostò il tavolo alla finestra*, he drew the table up (*o* close) to the window; — *un'auto al marciapiede*, to draw a car up (*o* close) to the kerb; — *l'auto al marciapiede e parcheggiare*, to pull up and park near the kerb **2** (*persone*) to approach: *mi accostò per parlarmi*, he approached me to speak to me **3** (*porte, finestre*) to set* ajar, to leave* ajar: *accostò la porta*, he set the door ajar // *per favore, accosta appena la finestra*, please leave the window half open ◆ *v.intr.* **1** (*aderire*) to fit*: *l'armadio non si accosta bene alla parete*, the cupboard doesn't fit properly against the wall **2** (*avvicinarsi*) to draw* in (to sthg.), to draw* alongside (sthg.): *la nave stava accostando alla banchina*, the ship was drawing in to the pier // — *al marciapiede*, (*di auto*) to pull in to the kerb (*o* to draw up alongside the kerb) **3** (*aer., mar.*) to haul, to tack: — *a dritta*, to haul (*o* to tack) to starboard; — *a sinistra*, to haul (*o* to tack) to port. □ **accostarsi** *v.rifl.* o *intr.pron.* (*avvicinarsi*) to go* near (s.o., sthg.), to come* near (s.o., sthg.): *accostati alla finestra*, go near the window // — *ad un partito*, to join a party // — *a un autore*, to start studying an author // — *all'Eucarestia*, to receive Holy Communion.

accostata *s.f.* (*mar., aer.*) hauling.

accostevole *agg.* approachable, accessible; (*affabile*) affable.

accosto *avv.* near, close to: *stare* —, to remain close; *farsi* —, to draw near (*o* close) // — *a*, near, close to ◆ *s.m.* (*mar.*) *gancio di* —, boat hook // (*mar., aer.*) *manovra di* —, hauling.

accostolare *v.tr.* (*mar.*) to rib (a ship).

accostumare *v.tr.* (*rar.*) to accustom. □ **accostumarsi** *v.rifl.* to become* accustomed, to get* accustomed, to get* used.

accostumato *agg.* (*non com.*) used (to), accustomed (to).

accotonare *v.tr.* (*capelli*) to backcomb.

accotonatura *s.f.* (*di capelli*) backcombing.

accovacciarsi *v.rifl.* to crouch (down), to squat (down): *la tigre s'accovacciò prima di balzare sulla preda*, the tiger crouched before pouncing upon its prey.

accozzaglia *s.f.* huddle, rabble, medley, disorderly mass, jumble; (*fam.*) hotchpotch: *un'— di gente*, a motley crowd; *un'— di oggetti*, a motley collection of things.

accozzamento *s.m.* jumble, muddle, huddle, medley.

accozzare *v.tr.* to huddle, to throw* together, to mix together: — *i colori più disparati*, to mix the oddest colours together // *non sa — due parole*, he can't put two words together // — *un esercito*, to rake up an army. □ **accozzarsi** *v.rifl.rec.* **1** (*letter.*) to huddle, to get* together **2** (*ant.*) (*cozzare*) to butt.

accozzo *s.m.* huddle, medley, confusion: *un — di colori*, a medley of colours.

accreditabile *agg.* creditable, trustworthy, reliable.

accreditamento *s.m.* (*comm.*) credit: *lettera di* —, credit advice (*o* advice note).

accreditante *agg.* (*banca*) crediting: *la banca* —, the crediting bank ◆ *s.m.* e *f.* (*banca*) crediting party.

accreditare *v.tr.* **1** to credit: — *una somma a qlcu.*, to credit s.o. with an amount (*o* to credit an amount to s.o.); — *un conto di una somma*, to credit an account with a sum **2** (*confermare, avvalorare*) to confirm, to bear* out, to make* credible: *nuove prove accreditarono la sua versione*, his story was born out by later evidence **3** (*pol.*) to accredit, to supply with credentials. □ **accreditarsi** *v.rifl.* to obtain credit, esteem; to gain credit.

accreditatario *s.m.* (*banca*) credited party, accreditee.

accreditato *agg.* **1** (*munito di credenziali*) accredited: *ambasciatore — presso la Santa Sede*, ambassador accredited to the Holy See // *giornalista* —, accredited journalist **2** (*che gode di fiducia*) reliable: *notizie accreditate*, reliable information **3** (*di somma*) credited ◆ *s.m.* (*banca*) accreditee, beneficiary of an open credit.

accredito *s.m.* (*banca*) crediting, credit: *l'— di una somma*, the crediting of a sum; *l'— in conto a qlcu.*, the crediting to s.o.'s account; *— bancario*, bank credit; *nota di —*, credit note.

accrescere *v.tr.* to augment, to increase; (*ampliare*) to enlarge.
□ **accrescersi** *v.intr.pron.* to increase, to grow*; (*moltiplicarsi*) to multiply.

accrescimento *s.m.* (*crescita*) increase, growth; (*scient.*) accretion; (*l'accrescersi*) increasing.

accrescitivo *agg.* augmentative; accretive ◆ *s.m.* (*gramm.*) augmentative: *riccone è — di ricco*, 'riccone' (very rich man) is an augmentative of 'ricco' (rich man).

accucciarsi *v.tr.* to curl (oneself) up; to squat.

accudire *v.tr.* e *intr.* to look (after s.o., sthg.), to nurse; (*form.*) to attend: *— (a) un malato*, to look after (*o* to nurse) a sick person; *— alle faccende domestiche*, to do the housework.

acculare *v.tr.* to move back, backwards; (*un cavallo*) to rein back, to back: *— il carro al muro*, to back the cart against the wall.
□ **accularsi** *v.rifl.* (*di animali*) to squat on the haunches; to sit on the hind legs.

acculturamento *s.m.* → **acculturazione** *s.f.*

acculturare *v.tr.* to acculturize.

acculturazione *s.f.* acculturation.

accumulabile *agg.* accumulative, cumulative.

accumulamento *s.m.* accumulation.

accumulare *v.tr.* to amass, to accumulate, to pile up; to stockpile, to hoard; (*immagazzinare*) to store up: *— un patrimonio*, to amass (*o* to make) a fortune; *— merci*, to store up goods; *— denaro in banca*, to hoard money in the bank; *— debiti*, to pile up debts // *— polvere*, to gather dust // *interessi accumulati*, accrued interests ◆ *v.intr.* to save up: *ha accumulato per tutta la vita*, he saved up all his life.
□ **accumularsi** *v.intr.pron.* to accumulate, to pile up: *il lavoro si accumulava sulla mia scrivania*, the work was piling up on my desk // *nuvole temporalesche si accumulavano all'orizzonte*, storm clouds were gathering on the horizon.

accumulatore *s.m.* **1** (*non com.*) hoarder, accumulator **2** (*elettr.*) accumulator, (storage) battery: *— alcalino*, alkaline battery **3** tank: *— d'aria*, compressed air tank; *— di pressione*, pressure tank.

accumulazione *s.f.* **1** (*l'accumulare*) accumulating; stockpiling; hoarding; (*cumulo*) accumulation, pile; hoard // (*geol.*) *zona, bacino di —*, (*di ghiacciaio*) firn field // (*fis.*) *anello di —*, storage ring **2** (*econ., fin.*) accumulation, accrual: *— di capitale*, capital accumulation.

accumulo *s.m.* **1** accumulation, store; stockpile; hoard: *— di materiale, di energia*, store of material, of energy; *— di capitali*, accumulation of capital **2** (*geomorfologia*) accumulation.

accuratezza *s.f.* accuracy, care, precision, exactness: *lavoro che manca di —*, work that lacks precision.

accurato *agg.* accurate, careful, precise, exact.

accusa *s.f.* **1** (*attribuzione di una colpa*) accusation, charge; *fare, muovere un'— a qlcu.*, to accuse s.o.; *provare un'—*, to show an accusation to be true; *smentire un'—*, to show an accusation to be untrue; *negare un'—*, to deny an accusation; *difendersi da un'—*, to defend oneself from an accusation **2** (*dir.*) accusation, charge, indictment, arraignment; *ritirare un'—*, to withdraw a charge; *formulare, intentare un'—*, to charge, to bring a charge; *essere assolto, prosciolto da un'—*, to be acquitted of a charge // *stato d'—*, committal for trial; *essere in stato d'—*, to be committed for trial (*o* to be under accusation); *messa in stato d'— del Presidente*, (*amer.*) impeachment of the President // *atto d'—*, (bill of) indictment (*o* charge) // (*pubblica*) *—*, (Public) Prosecution; (*la persona*) Public Prosecutor, Prosecutor for the Crown (GB), District Attorney (USA) // *testimone d'—*, witness for the Prosecution; witness for the Crown (GB), witness for the People (USA) // *— di crimini contro lo stato*, impeachment **3** (*carte*) call.

accusabile *agg.* chargeable (with sthg.), indictable (for sthg.) (*anche dir.*).

accusare *v.tr.* **1** (*incolpare*) to accuse (s.o. of sthg., of doing); (*form.*) to charge (s.o. with sthg., with doing): *l'accusò di aver dimenticato di chiudere la porta a chiave*, he accused her of forgetting to lock the door; *l'accusò di negligenza*, he accused her of negligence; *fu accusata ingiustamente di furto e licenziata*, she was wrongly charged with theft and sacked **2** (*dir.*) to accuse (s.o. of sthg., of doing); to indict, to prosecute (s.o. for sthg., for doing); to charge (s.o. with sthg., with doing): *fu accusato di omicidio*, he was charged with murder // *— qlcu. di crimini contro lo stato*, to impeach s.o. for crimes against the state **3** (*fig.*) to blame: *— il destino*, to blame fate **4** (*rivelare, manifestare*) to reveal, to betray: *— stanchezza*, to betray tiredness; *parole che accusano una grande ignoranza*, words that reveal (*o* show) great ignorance **5** (*dire di sentire*) to complain (of sthg.): *accusava un fortissimo mal di testa*, she complained of a splitting headache **6** (*comm.*) to acknowledge: *accusiamo ricevuta della Vs. lettera*, we acknowledge receipt of your letter **7** (*carte*) to declare, to call: *accusò tre assi*, he called three aces **8** (*scherma*) to acknowledge.
□ **accusarsi** *v.rifl.* to accuse oneself (of sthg., of doing): *si accusò del furto*, he accused himself of the theft.

accusativo *agg.* e *s.m.* (*gramm.*) accusative.

accusato *s.m.* (*dir.*) accused; defendant, prisoner (at the bar), indicted.

accusatore *agg.* accusing, accusative ◆ *s.m.* accuser, prosecutor: (*dir.*) *pubblico —*, public prosecutor, indicter, indictor.

accusatorio *agg.* **1** accusatory: *tono —*, accusing tone; *lettera accusatoria*, letter of accusation **2** (*dir.*) accusatorial.

acefalia *s.f.* (*med.*) acephalia, acephalism.

acefalo *agg.* headless, acephalous (*anche zool.*).

acellulare *agg.* (*biol.*) acellular.

acerbamente *avv.* **1** (*aspramente*) sharply, tartly **2** (*letter.*) (*dolorosamente*) bitterly: *rimpiangere —*, to regret bitterly.

acerbità *s.f.* **1** (*immaturità*) unripeness **2** (*fig.*) (*asprezza, durezza*) acerbity, sharpness, tartness.

acerbo *agg.* **1** unripe, green **2** (*fig.*) immature, green: *è — per certi studi*, he is not ready for certain studies **3** (*acido, agro*) sour, tart, bitter: *gusto —*, sour taste **4** (*fig.*) (*aspro, duro*) acerbic, sharp, tart **5** (*letter.*) (*doloroso*) bitter.

acereta *s.f.* maple wood.

acerina *s.f.* (*zool.*) (*Gymnocephalus cernua*) ruff.

acero *s.m.* (*bot.*) maple: *zucchero, sciroppo d' —*, maple sugar, maple syrup.

acerrimamente *avv.* fiercely, implacably.

acerrimo *agg.superl.* (very) fierce, implacable, most bitter: *odio —*, most bitter (*o* fierce) hatred.

acescente *agg.* turning sour.

acescenza *s.f.* acescence.

acetabolo *s.m.* acetabulum* (*anche anat.*).

acetabularia *s.f.* (*bot.*) acetabularia.

acetabulo *s.m.* → **acetabolo**.

acetaldeide *s.f.* (*chim.*) acetaldehyde.

acetale *s.m.* (*chim.*) acetal.

acetammide *s.f.* (*chim.*) acetamide.

acetanilide *s.f.* (*chim.*) acetanilide.

acetato *s.m.* **1** (*chim.*) acetate: *— di piombo*, lead acetate; sugar of lead // *— di amile*, banana oil // *— basico*, subacetate **2** (*mus.*) acetate disc **3** (*filato*) *—*, acetate silk.

acetico *agg.* (*chim.*) acetic: *acido —*, acetic acid; *acido — grezzo*, wood vinegar // *trattato con acido —*, acetated.

acetificare *v.tr.* (*chim.*) to acetify.

acetificazione *s.f.* (*chim.*) acetification.

acetilare *v.tr.* (*chim.*) to acetylate.

acetilazione *s.f.* (*chim.*) acetylation.

acetilcolina *s.f.* (*biochim.*) acetylcholine.

acetile *s.m.* (*chim.*) acetyl.

acetilene *s.m.* acetylene.

acetilide *s.m.* (*chim.*) acetylide.

acetilsalicilico *agg.* (*chim.*) acetyl-salicylic: *acido —*, acetyl-salicylic acid.

acetimetro *s.m.* (*chim.*) acetometer, acetimeter.

acetina *s.f.* (*chim.*) acetin.

aceto *s.m.* vinegar: *verdura sotto —*, pickles; *pigliare d'—*, to turn sour; *— aromatico*, aromatic vinegar; *conservare sott'—*, to pickle.

acetometro → **acetimetro**.

acetone *s.m.* (*chim., med.*) acetone.

acetonemia *s.f.* (*med.*) acetonemia.

acetonuria *s.f.* (*med.*) acetonuria.

acetosa *s.f.* (*bot.*) (*Rumex acetosa*) sorrel, sour dock.

acetosella *s.f.* (*bot.*) (*Oxalis acetosella*) (wood-)sorrel; (*pop.*) cuckoo-flower; (*scient.*) oxalis.

acetosità *s.f.* acidity, sourness, tartness.

acetoso *agg.* vinegary, vinegarish; acetous, sour, tart.

achenio *s.m.* (*bot.*) achene.

acheo *agg.* e *s.m.* (*st.*) Achaean // *gli achei*, the Achaei.

achillea *s.f.* (*bot.*) (*Achillea millefolium*) milfoil, thousand-leaf, yarrow.

aciclico *agg.* acyclic.

acidificante *agg.* (*chim.*) acidifying; acidulating ◆ *s.m.* (*chim.*) acidifier; acidulant.

acidificare *v.tr.* to acidify.

acidificatore *s.m.* (*chim.*) acidifier.

acidificazione *s.f.* (*chim.*) acidification.

acidimetria *s.f.* (*chim.*) acidimetry.

acidimetro *s.m.* (*chim.*) acidimeter.

acidità *s.f.* **1** acidity, sourness, tartness **2** (*chim.*) acidity **3** (*di stomaco*) hyperchlorhydria.

acido *agg.* **1** acid, sour, tart (*anche fig.*); (*di terreno*) sour: *il latte è diventato* —, the milk has gone sour **2** (*chim.*) acid(ic): *gas acidi*, acid gases; *titolante* —, acidic titrant **3** (*fig.*) sharp: *è sempre molto acida con me*, she's always very sharp with me ◆ *s.m.* (*chim.*) acid.

acidofilo *agg.* (*chim.*) acidophilic ◆ *s.m.* (*chim.*, *biol.*) acidophil.

acidosi *s.f.* (*med.*) acidosis*.

acidulare *v.tr.* to acidulate, to make* slightly acid.

acidulo *agg.* **1** acidulous, slightly acid (*anche fig.*): *un tono* —, a fairly sharp tone **2** (*chim.*) acidulent; subacid.

acilazione *s.f.* (*chim.*) acylation.

acile *s.m.* (*chim.*) acyl.

aciloino *s.m.* (*chim.*) acyloin.

acinesia *s.f.* (*psic.*) akinesia.

acinetico *agg.* (*med.*) akinesic.

aciniforme *agg.* aciniform (*anche scient.*); berry-like.

acino *s.m.* **1** (*di uva*) grape **2** (*scient.*) acinus* **3** (*estens.*) (*di rosario*, *collana*) bead.

acinoso *agg.* **1** acinaceous; berry-like **2** (*aciniforme*) aciniform (*anche anat.*).

aclamidato *agg.* (*bot.*) achlamydeous.

aclassismo *s.m.* classlessness; system without class distinctions.

aclassista *agg.* classless; (*di persona*) not class conscious ◆ *s.m.* e *f.* person without class prejudice, person free from prejudice.

aclassistico *agg.* classless; (*riferito a persona*) not class conscious: *una società aclassistica*, a classless society; *un atteggiamento* —, an attitude that ignores class distinctions.

acloridria *s.f.* (*med.*) achlorhydria.

acme *s.f.* **1** acme; climax **2** (*di malattia*) crisis*.

acne *s.m.* (*med.*) acne.

acneico *agg.* suffering from acne: *gli adolescenti sono soggetti acneici*, adolescents suffer from acne (*o* are prone to acne).

aconcettuale *agg.* non-conceptual.

aconfessionale *agg.* non-sectarian, unsectarian; non-denominational, undenominational.

aconfessionalità *s.f.* non-sectarianism, unsectarianism.

aconitina *s.f.* (*chim.*) aconitine.

aconito *s.m.* (*bot.*) (*Aconitum napellus*) monk's hood, wolf's bane; (*scient.*) aconite.

acoro *s.m.* (*bot.*) **1** — *falso*, (*Iris pseudacorus*) flag **2** — *vero*, (*Acorus calamus*) calamus*, flag root, sedge.

acotiledone *agg.* (*bot.*) acotyledonous ◆ *s.f.* acotyledon.

acqua *s.f.* **1** water: — *di mare*, seawater; — *dolce*, *salata*, fresh, salt water; — *dura*, *leggera*, hard, soft water; — *ferma*, stagnant water; — *piovana*, rainwater; — *minerale*, mineral water; — *distillata*, distilled water; — *salmastra*, brackish water; — *sorgiva*, spring water; — *termale*, hot spring; — *lustrale*, *santa*, holy water // *filo d'*—, trickle of water // *giochi d'*—, fountains // *specchio d'*—, expanse of water // *vortice d'*—, eddy // (*geogr.*): — *alta*, tidal wave; — *di riflusso*, *stagnante*, backwater; — *morta*, slack; *acque poco profonde*, soundings; *corso d'*—, stream (*o* watercourse) // (*meteor.*) *acque meteoriche*, meteoric water // (*geol.*): — *sotterranea*, groundwater; *ritorno di* — *sotterranea*, backflooding; *acque vadose*, vadose water // (*chim.*): — *ossigenata*, hydrogen peroxide; — *regia*, aqua regia // (*fis.*) — *pesante*, heavy water // — *di rose*, rosewater; *all'*— *di rose*, (*fig.*) superficial, shallow // — *cheta*, (*fig.*) sly person; (*fam.*) slyboots: *l'*— *cheta rovina i ponti*, still waters run deep // — *in bocca!*, keep it under your hat! // *diamante della più bell'*—, diamond of the first water; *della più bell'*—, (*fig.*) first class (*o* of the highest order) // *un pesce fuor d'*—, a fish out of water // *tempesta in un bicchier d'*—, a storm in a teacup // *affogare in un bicchier d'*—, to drown in an inch of water // *assomigliarsi come due gocce d'*—, to be as like as two peas (in a pod) // *avere l'*— *alla gola*, to be in a tight corner // *fare* —, to leak; *un ragionamento che fa* — *da tutte le parti*, (*fig.*) an unsound argument; *quell'azienda fa* —, that company isn't doing well // *fare un buco nell'*—, to beat the air (*o* to get nowhere *o* to come up against a stone wall) // *sott'* —, underwater; *lavorare sott'* —, (*fig.*) to act in an underhand way // *lasciar correre l'*— *per la sua china*, to let matters take their course (*o* to refrain from interfering) // *gettare* — *sul fuoco*, to dampen s.o.'s enthusiasm (*o* to pour oil on troubled waters) // *navigare in cattive acque*, to be in deep waters // *pestare l'*— *nel mortaio*, to flog a dead horse // *tirar l'*— *al proprio mulino*, to bring grist to one's mill // *è* — *passata*, it's all water under the bridge; *ne è passata di* — *sotto i ponti!*, that's a long time ago!; — *passata non macina più*, (*prov.*) let bygones be bygones **2** (*pioggia*) rain: — *a catinelle*, heavy rain; *piovere* — *a catinelle*, to rain cats and dogs // *rovescio d'*—, shower (*o* downpour) // *scroscio d'*—, cloud burst (*o* downpour) // *prendere un sacco d'*—, to get soaked (*o* drenched) **3** *pl.* (*med.*) (*liquido amniotico*) the waters.

acquacedrata *s.f.* citron-water.

acquacoltura → **acquicoltura**.

acqua di colonia *s.f.* eau-de-Cologne.

acquaforte *s.f.* **1** (*arte*) etching **2** (*chim. antiq.*) nitric acid.

acquafortista *s.m.* e *f.* etcher, aquafortist.

acquaio *s.m.* (kitchen) sink.

acquaiolo *s.m.* water-carrier; seller of water ◆ *agg.* aquatic: *piante acquaiole*, aquatic plants; (*zool.*) *serpe acquaiola*, water snake.

acquamanile *s.m.* (*eccl.*) ewer.

acquamarina *s.f.* (*min.*) aquamarine.

acquapark *s.m.* aquapark.

acquaplano *s.m.* (*sport*) aquaplane.

acquaragia *s.f.* (*chim.*) spirit, oil of turpentine.

acquarello → **acquerello**.

acquario *s.m.* aquarium*: — *per delfini*, dolphinarium.

acquartieramento *s.m.* (*mil.*) quartering.

acquartierare *v.tr.* to quarter.
□ **acquartierarsi** *v.rifl.* to be quartered.

acquasanta *s.f.* holy water.

acquasantiera *s.f.* (holy water) stoup.

acquata *s.f.* **1** downpour **2** (*mar.*) watering.

acqua-terra *agg.* sea-to-ground: *missile* —, sea-to-ground missile.

acquatico *agg.* aquatic: *sport* —, aquatic sport.

acquatinta *s.f.* aquatint.

acquattarsi *v.rifl.* **1** to crouch, to squat (down): *la tigre si acquattò prima di balzare*, the tiger crouched before springing **2** (*nascondersi*) to hide* oneself (by squatting, crouching): *si acquattò nell'ombra della torre*, he crouched hidden in the shadow of the tower.

acquavite *s.f.* brandy.

acquazzone *s.m.* (heavy) shower, downpour, cloudburst: *che* — *torrenziale!*, what a downpour!

acquedotto *s.m.* aqueduct.

acqueo *agg.* watery; (*scient.*) aqueous: *vapor* —, steam (*o* water vapour); (*anat.*) *umor* —, aqueous (*o* watery) humour.

acquerellare *v.tr.* to paint in, with watercolours.

acquerellista *s.m.* e *f.* watercolourist.

acquerello *s.m.* **1** (*arte*) watercolour **2** (*vinello*) watered-down wine.

acquerugiola *s.f.* drizzle, misty rain, mizzle.

acquicoltore *s.m.* aquaculturist, aquiculturist.

acquicoltura *s.f.* (*zool.*) aquaculture, aquiculture; (*agr.*) hydroponics Ⓤ.

acquiescente *agg.* acquiescent.

acquiescenza *s.f.* acquiescence (to s.o., sthg.), compliance (with s.o., sthg.), submission (to s.o., sthg.).

acquietabile *agg.* appeasable.

acquietamento *s.m.* appeasement, calming, quieting.

acquietare *v.tr.* **1** to appease, to still, to calm (down); to pacify: — *la collera di qlcu.*, to appease s.o.'s anger **2** (*liti*) to settle; (*creditori*) to satisfy.
□ **acquietarsi** *v.rifl.* to become* appeased, to quieten down, to subside: *il temporale si è acquietato*, the storm has subsided.

acquifero *agg.* **1** aquiferous, water-bearing **2** (*geol.*) aquifer: *falda acquifera*, groundwater table (*o* water table).

acquirente *s.m.* e *f.* buyer, purchaser, shopper; (*dir.*) vendee // (*dir.*) *terzo* —, subsequent buyer.

acquisire *v.tr.* to acquire, to obtain: — *un'abitudine*, *una reputazione*, to acquire a habit, a reputation.

acquisitivo *agg.* acquisitive: (*dir.*) *prescrizione acquisitiva*, acquisitive prescription.

acquisito *agg.* acquired: *un diritto* —, an acquired right; *gusto* —, acquired taste; *parente* —, in-law; *cugino* —, cousin by marriage // *un fatto* —, an unquestionable fact // (*med.*) *sindrome acquisita*, acquired syndrome.

acquisitore *s.m.* acquirer; (*non com.*) (*chi procura affari*) intermediary, middleman.

acquisizione *s.f.* acquisition // (*inform.*): — *dati*, data acquisition (*o* entry); — *di memoria*, storage acquisition // (*econ., fin.*): — *di una società mediante l'acquisto di capitali*, leveraged buy-out; — *in Borsa*, exchange acquisition; — *di controllo*, (*di società*) takeover.

acquistabile *agg.* buyable, purchasable; (*ottenibile*) obtainable; (*disponibile*) available.

acquistare *v.tr.* **1** (*comm.*) to buy*, to purchase; (*fin.*) to underwrite*: — *a buon mercato*, to buy cheap; — *a credito*, to buy on credit; — *in contanti*, to buy for cash (*o* to pay cash down); — *a rate*, to buy by instalments (*o* on hire purchase); — *all'ingrosso*, to buy wholesale; — *al dettaglio, al minuto*, to buy retail; — *a prezzo di svendita*, to underbuy; — *grossi quantitativi di*, to buy up; — *una quota del capitale di un'impresa*, to buy into a company; — *il controllo di una società*, to take over a company; — *il pacchetto di maggioranza di una società*, to take over a company // — *la libertà a prezzo della vita*, to purchase freedom with one's blood **2** (*fig.*) (*ottenere, guadagnarsi*) to acquire, to get*, to obtain, to gain; to win: — *meriti*, to gain credit; — *fama*, to obtain a reputation; — *terreno*, to make progress; — *tempo*, to gain time; — *la fiducia di qlcu.*, to win (*o* to gain) s.o.'s confidence; *si è acquistato molti amici con la sua bontà*, his goodness gained him many friends **3** (*sport*) (*ingaggiare*) to buy*: *X Y è stato acquistato dall'Inter*, X Y has been bought by Inter ◆ *v.intr.* (*migliorare*) to improve: — *in bellezza, in simpatia*, to become more attractive, nicer.

acquisto *s.m.* **1** purchase; buy: *andare a fare acquisti*, to go shopping; *fai vedere i tuoi acquisti*, show me what you have bought, (*form.*) show me your purchases // (*sport*) *campagna acquisti*, (*di giocatori*) transfer campaign // (*comm., fin.*): — *a credito*, purchase on credit (*o* on margin); — *a forfait*, lump-sum purchase; — *all'ingrosso*, bulk purchase; — *a pronti, per contanti*, cash purchase; — *a rate*, instalment buying; — *in blocco*, bargain purchase; — *a premio*, giving for the call; — *di titoli*, stock purchase; — *coattivo* (*di titoli*), buying-in (of stocks); — *da parte della banca centrale*, buying-in; — *di copertura*, covering purchase; — *di copertura dei ribassisti*, bear covering; — *allo scoperto*, bull purchase; — *su ordinativo*, order buying; — *a termine*, forward purchase; — *non programmato, fatto d'impulso*, impulse buy (*o* buying); *acquisti all'estero*, (*amer.*) offshore buying // *valore d'*—, acquisition value; *potere d'*—, purchasing (*o* buying) power **2** (*acquisizione*) acquisition // (*dir.*): — *a titolo originario*, original acquisition; — *a titolo derivato*, derivative acquisition; — *per decorso del tempo*, acquisition by lapse of time **3** (*annessione*) annexation.

acquitrino *s.m.* marsh, swamp, bog, fen, mire, morass, quagmire.

acquitrinoso *agg.* marshy, swampy, boggy.

acquolina *s.f.* **1** drizzle **2** *far venire l'* — *in bocca a qlcu.*, to make s.o.'s mouth water.

acquosità *s.f.* wateriness, aquosity.

acquoso *agg.* **1** watery, soggy, sodden **2** (*chim., fis.*) aqueous.

acre *agg.* **1** pungent, acrid, sharp, (*acido*) sour, tart; (*stridulo*) sharp, shrill: *fumo* —, acrid smoke; *suono* —, piercing sound; *vino* —, sour wine **2** (*fig.*) acrimonious, sarcastic, sharp: *osservazione* —, cutting (*o* pungent) remark.

acredine *s.f.* **1** acridity, sharpness, shrillness; (*acidità*) sourness, tartness **2** (*fig.*) acrimony, bitterness.

acridina *s.f.* (*chim.*) acridine.

acridio *s.m.* (*zool.*) locust.

acriflavina *s.f.* (*chim.*) acriflavine.

acrilato *s.m.* (*chim.*) acrylate.

acrilico *agg.* (*chim.*) acrylic: *resine acriliche*, acrylic resins; *fibre acriliche*, acrylic fibres.

acrilonitrile *s.m.* (*chim.*) acrylonitrile.

acrimonia *s.f.* acrimony, pungency; (*form.*) acerbity.

acrimonioso *agg.* acrimonious, pungent; harsh.

acritico *agg.* uncritical; undiscerning; undiscriminating.

acro *s.m.* (*agr.*) acre (*misura di superficie* = *4047* m^2).

acrobata *s.m.* e *f.* acrobat, funambulist, tumbler.

acrobatica *s.f.* acrobatics Ⓤ: *l'— è un'arte*, acrobatics is an art.

acrobatico *agg.* acrobatic: *volo* —, acrobatics; *gli esercizi acrobatici erano la parte migliore dello spettacolo*, the acrobatics were the best part of the show; *pattuglia acrobatica*, acrobatic team (*o* precision flying team).

acrobatismo *s.m.* acrobatism.

acrobazia *s.f.* acrobatics (*pl.*): *fare delle acrobazie*, (*fig.*) to use all one's wits; *acrobazie aeree*, aerobatics (*o* aerial acrobatics).

acrocefalo *agg.* (*med.*) acrocephalic, acrocephalous.

acrocoro *s.m.* plateau.

acroleina *s.f.* (*chim.*) acrolein.

acromatico *agg.* (*fis.*) achromatic: *lente acromatica*, achromatic lens.

acromatismo *s.m.* (*fis.*) achromatism.

acromatopsia *s.f.* (*med.*) achromatopsia, colour blindness.

acromegalia *s.f.* (*med.*) acromegaly.

acromion *s.m.* (*anat.*) acromion.

acronimo *s.m.* acronym.

acropoli *s.f.* acropolis.

acrostico *s.m.* acrostic.

acroterio *s.m.* (*arch.*) acroterion, acroterium (*pl.* -ia).

acrotonico *agg.* (*ling.*) stressed on the first syllable.

actea *s.f.* (*bot.*) (*Actea spicata*) baneberry, (*pop.*) cocosh, necklaceweed.

actina *s.f.* (*biol.*) actin.

actinia → **attinia**.

actinomicete *s.m.* (*biol.*) actinomycete.

actinomicosi *s.f.* (*med.*) actinomycosis.

actinomorfo *agg.* (*bot., zool.*) actinomorphic.

acuire *v.tr.* to sharpen, to stimulate, to whet (*anche fig.*): — *l'interesse*, to stimulate interest. □ **acuirsi** *v.intr.pron.* to increase: *il dolore si è acuito col passar del tempo*, the pain increased as time passed.

aculeato *agg.* **1** (*zool., bot.*) aculeate **2** (*appuntito*) pointed.

aculeo *s.m.* **1** (*bot.*) aculeus*, prickle, thorn **2** (*zool.*) aculeus*, sting; (*dell'istrice*) quill; (*di porcospino*) spear, pen, spine.

acume *s.m.* acumen, acuteness, insight, perspicacity: *ha un grande — critico*, he has deep critical insight; *uomo di grande* —, man of great perspicacity.

acuminare *v.tr.* to sharpen, to whet.

acuminato *agg.* acuminated, tapering to a point.

acustica *s.f.* **1** (*fis.*) acoustics Ⓤ: *l'— è lo studio scientifico del suono*, acoustics is the scientific study of sound **2** (*di ambiente*) acoustics (*pl.*): *l'— del teatro dell'opera non era buona*, the acoustics of the opera house were not good.

acustico *agg.* acoustic: (*fis.*) *assorbimento* —, sound absorption // *cornetto* —, ear trumpet.

acutamente *avv.* acutely, sharply.

acutangolo *agg.* (*mat.*) acute-angled.

acutezza *s.f.* **1** acuteness, sharpness **2** (*di mente*) acumen, perspicacity.

acutizzare *v.tr.* to make* acute.

□ **acutizzarsi** *v.intr.pron.* to become*, to grow* acute: *i sintomi si acutizzarono improvvisamente*, the symptoms suddenly became acute; *c'è il pericolo che la crisi internazionale si acutizzi*, there is every danger of the international situation becoming more acute.

acutizzazione *s.f.* (*med.*) flare-up.

acuto *agg.* **1** acute, pointed, sharp: *spigolo* —, sharp corner; (*mat.*) *angolo* —, acute angle; (*arch.*) *arco* —, lancet (*o* pointed) arch **2** (*violento, intenso*) intense, acute; strong: *desiderio* —, strong desire; *freddo* —, intense (*o* piercing) cold; *malattia acuta*, acute illness; *crisi acuta*, acute crisis; *odore* —, strong (*o* pungent) smell **3** (*perspicace*) sharp, subtle, perspicacious, acute: *mente acuta*, subtle mind; *un tipo* —, a sharp guy **4** (*fis.*) (*di suono*) shrill: *suono* —, shrill (*o* piercing) sound **5** (*mus.*) *nota acuta*, high note **6** (*fon.*) *accento* —, acute accent.

ad *prep.* → **a**[2].

adacquare *v.tr.* (*agr.*) to irrigate; to water.

adagiare *v.tr.* to lay* down with care, to put* down with care.

□ **adagiarsi** *v.rifl.* **1** (*sdraiarsi*) to lie* down: *si adagiò sul letto*, he lay down on the bed **2** (*fig.*) to subside, to sink*: — *nell'ozio*, to sink (*o* to subside) into (a state of) idleness; *si adagiò nella rassegnazione*, he gradually resigned himself; *si adagiò nella poltrona*, he subsided (*o* he sank) into an armchair; *si adagiò nel trantran quotidiano*, he gradually settled into the daily routine.

adagio[1] *avv.* **1** (*lentamente*) slowly; (*fam.*) slow: *il suo cuore batte più* —, his heart is beating more slowly (*o* slower); *andare* —, to go slow(ly) **2** (*senza fretta*) in a leisurely way **3** (*cautamente*) slowly, cautiously, warily: *fai — con quella scatola*, be careful with that box **4** (*con delicatezza*) gently, softly.

adagio[1] *s.m.* (*mus.*) adagio.

adagio[2] *s.m.* (*proverbio*) adage, proverb, saying, saw: *un vecchio* —, and old saw.

adamantino *agg.* **1** adamantine, adamant (*anche fig.*): *coscienza adamantina*, righteous conscience; *carattere* —, upright character; *onestà adamantina*, sterling honesty **2** (*di stile*) terse, lucid.

adamellite *s.f.* (*geol.*) adamellite.

adamitico *agg.* Adamic(al): *usanze adamitiche*, primitive customs; *in costume* —, in one's birthday suit (*o* in one's pelt).

adamsite *s.f.* (*chim.*) adamsite.

adattabile *agg.* adaptable.

adattabilità *s.f.* adaptability.

adattamento *s.m.* **1** adaptation, adaption: *spirito di* —, spirit of adaptability; — *teatrale, radiofonico*, theatrical, radio adaptation **2** (*ling.*) adaptation **3** (*paleont., biol., med.*) adaptation **4** (*assestamento*) adjustment.

adattare *v.tr.* to adapt, to modify; to fit*, to adjust; (*trasformare*) to turn into: — *un vestito a qlcu.*, to fit a garment on s.o.; *adattò gli occhiali al mio naso*, he fitted the glasses on my nose; *adattò lo studio a camera da letto*, he turned the study into a bedroom; — *un romanzo per lo schermo, per la televisione*, to adapt a novel for the screen, for television. □ **adattarsi** *v.rifl.* (*conformarsi, adeguarsi*) to adapt (oneself), to fit* (oneself), to adjust (onesefl): — *a un nuovo ambiente*, to adjust (oneself) to new surroundings; — *alle circostanze*, to adapt oneself to circumstances; *ha dovuto — ai suoi gusti*, she had to adapt herself to his tastes; *dobbiamo adattarci*, we must make the best of things (*o* circumstances) ◆ *v.intr.pron.* **1** (*andar bene*) to suit (s.o., sthg.): *le scarpe non si adattano all'abito*, the shoes don't go with the dress **2** (*convenire*) to suit (s.o., sthg.): *questo lavoro si adatta ai miei gusti*, this job suits my tastes.

adattato *agg.* adapted; (*geol.*) adjusted: *un abito* —, a dress that has been altered; *appartamento — a studio*, a flat turned into a study; (*biol.*) *specie animale, vegetale adattata*, adapted animal, vegetable species // (*inform.*) — *all'applicazione*, application-oriented.

adattatore *s.m.* adapter // (*inform.*) — *di linea*, data adapter // (*mecc.*) — *per punte da trapano*, drill socket.

adatto *agg.* **1** fit, suited; proper, right: *non è — per questo clima*, he is ill-suited to this climate; *scegli il momento* —, choose the right time **2** (*che va bene*) suitable; (*qualificato*) qualified: *vestito — alle circostanze*, dress suitable for (*o* to) the circumstances; *non è — per questo lavoro*, he isn't suitable for this work; *non è il luogo — per discutere*, it isn't a suitable place to discuss matters.

addebitamento *s.m.* (*comm.*) debiting, debit: *gli addebitamenti stanno nella colonna sinistra*, debits are in the left-hand column.

addebitare *v.tr.* to debit: — *una cifra a qlcu.*, to charge an amount to s.o. (*o* to debit s.o. with an amount) // — *la responsabilità a qlcu.*, to hold s.o. responsible for sthg.

addebito *s.m.* **1** (*comm.*) charge, charging, debit: *nota di* —, debit note; — *di spese*, charge of costs; — *per rottura*, breakage debit **2** (*accusa*) charge, accusation, imputation: *fare un — a qlcu. per qlco.*, to charge s.o. with sthg. (*o* to accuse s.o. of sthg.).

addenda *s.m.pl.* addenda.

addendo *s.m.* (*mat.*) addend, addendum*.

addensamento *s.m.* **1** thickening, condensation **2** (*di persone*) crowd, gathering **3** (*tess.*) beating up.

addensante *s.m.* (*chim.*) thickener.

addensare *v.tr.* to thicken. □ **addensarsi** *v.rifl.* o *intr.pron.* **1** to thicken **2** (*affollarsi*) to gather, to throng, to crowd.

addensatore *s.m.* (*miner.*) thickener.

addentare *v.tr.* **1** to seize with one's teeth, to bite*; to snap at (sthg.) **2** (*afferrare*) to catch*.

addentatura *s.f.* bite.

addentellato *s.m.* clue, connection, connexion ◆ *agg.* (*dentellato, dentato*) toothed; dentate.

addentrarsi *v.rifl.* to penetrate; to go* (into sthg.): — *in una discussione difficile*, to go into a difficult argument; — *in una questione*, (*fig.*) to probe a question.

addentro *avv.* inside, within: *è molto — nella faccenda*, he is very well acquainted with the matter.

addestrabile *agg.* trainable.

addestramento *s.m.* training; (*mil.*) drilling: — *fisico*, physical training; — *professionale*, vocational training; — *al lavoro*, job training; — *sul posto di lavoro*, on-the-job training // — *con l'ausilio dell'elaboratore*, computer assisted training (*abbr.* CAT).

addestrare *v.tr.* to train; (*mil.*) to drill. □ **addestrarsi** *v.rifl.* to train, to practise: — *nell'uso del computer*, to practise using a computer.

addestratore *s.m.* trainer.

addetto *agg.* **1** employed (in sthg.), attached: *ufficiale — allo Stato Maggiore come interprete*, officer attached to the Staff as interpreter **2** (*adibito*) assigned (to): *treno — al trasporto di militari*, train assigned to military transport ◆ *s.m.* — *militare*, military attaché; — *culturale*, cultural attaché; — *alla segreteria*, secretary; — *alle pulizie*, cleaner; — *stampa*, press agent // — *alla sicurezza*, security administrator // (*comm.*): — *agli acquisti*, buyer; — *alla contabilità*, accountant (*o* bookkeeper); — *alle consegne*, delivery man; — *alla produzione*, production worker; — *alle vendite*, salesperson; — *commerciale*, attaché; — *alle spedizioni*, dispatch clerk; — *all'automazione d'ufficio*, office automator // *non — ai lavori*, outsider (*o* unauthorized person).

addì *avv.* on the (day) of: — *25 maggio*, on the 25th of May.

addiaccio *s.m.* open, fold; (*mil.*) bivouac: *dormire all'*—, to sleep in the open.

addietro[1] *avv.* **1** (*form.*) before, ago, back: *era accaduto tre anni* —, it had happened three years before; *tempo* —, some time back // *per l'*—, in the past **2** (*letter. ant.*) → indietro.

addietro[2] *s.m.* (*mar.*) stern ◆ *avv.* (*letter.*) **1** (*indietro*) behind: *dare* —, to go backwards **2** (*avanti, prima*) before, beforehand, previously: *alcuni giorni* —, some days beforehand // *per l'*—, in the past.

addio *s.m.* **1** goodbye: *dire — a qlcu.*, to say goodbye to s.o.; *puoi dire — ai soldi che gli hai dato, non te li renderà mai*, you can say goodbye to the money you gave him, he'll never pay you back // *andarsene senza dire* —, to leave without saying goodbye **2** (*poet.*) farewell: *un discorso d'*—, a farewell speech; *dare l'ultimo — a qlcu.*, to bid the last farewell to s.o.

addio *inter.* **1** goodbye; (*fam.*) byebye, bye, ta-ta: — *vacanze!*, byebye holidays!; *facciamo così e —, non parliamone più!*, we'll do it this way and that's that! We'll say no more about it **2** (*arrivederci*) so long, see you soon, see you later **3** (*poet.*) farewell, adieu: — *per sempre!*, farewell, adieu!

addirittura *avv.* **1** (*assolutamente, completamente*) absolutely, completely: *un simile atteggiamento è — inconcepibile*, such an attitude is absolutely inconceivable **2** (*nientedimeno, persino*) even: *non solo ha vinto la gara, ha — battuto il record del mondo*, he not only won the race but even beat the world record // —*!*, really!; *"Tra gli invitati c'era anche il sindaco" "Addirittura!"*, "The guests included the mayor" "Really!" **3** (*direttamente*) straight away: *non si è limitato a telefonare, è venuto* —, he didn't just phone, he came straight away.

addirsi *v.intr.pron.* to become* (s.o.), to suit (s.o.): *quest'abito non mi si addice*, this dress does not suit me.

additamento *s.m.* pointing out, indication.

additare *v.tr.* to point at, to (s.o., sthg.), to point out; to indicate; (*mostrare*) to show: *additò l'uomo che stava passando*, he pointed at the man who was passing by; *tutto lo addita come il solo colpevole*, everything points to him as the only culprit; — *il cammino a qlcu.*, to show s.o. the way.

additività *s.f.* (*mat.*) additivity, additive law.

additivo *agg.* (*mat., fis.*) additive: *proprietà additiva*, additive property; *processo* —, additive process.

additivo *s.m.* (*chim.*) additive.

addivenire *v.intr.* **1** (*venire*) to come*: — *a un accordo*, to come to an understanding (*o* to an agreement) **2** (*ant.*) (*accadere*) to happen, to chance.

addizionale *agg.* additional, supplementary; (*imposta*) —, additional tax (*o* surtax); (*assicurazioni*) *premio* —, loading (*o* additional premium).

addizionare *v.tr.* **1** to add up, to sum up: *addiziona queste cifre*, add these figures up // (*inform.*): — *una cifra troppo elevata*, to add over; — *una cifra troppo bassa*, to add short **2** (*chim.*) — *anidride carbonica*, to charge with carbon dioxide.

addizionatrice *s.f.* adding machine.

addizione *s.f.* addition, adding up: *metodo di* —, addition method // (*inform.*) — *in parallelo, seriale*, parallel, serial addition // (*chim.*) *reazione di* —, addition reaction.

addobbamento → **addobbo** 1.

addobbare *v.tr.* **1** to adorn, to deck (sthg.) out, to decorate: *i muri erano addobbati con...*, the walls were adorned with...; *la sala era addobbata con bandiere colorate*, the hall was decked out with coloured flags // *essere addobbato come un albero di Natale*, to be all decked out **2** (*ant.*) (*armare cavaliere*) to dub (s.o.) a knight. □ **addobbarsi** *v.rifl.* to adorn oneself; (*fam.*) to dress up; to deck oneself out.

addobbatore *s.m.* decorator.

addobbo *s.m.* **1** decoration; hangings (*pl.*) **2** (*eccl.*) sacred ornaments (*pl.*).

addolcimento *s.m.* **1** sweetening **2** (*fig.*) softening, soothing, easing, alleviation; appeasement; mitigation.

addolcire *v.tr.* **1** to sweeten: — *una bibita*, to sweeten a drink **2** (*fig.*) to soften: — *un rimprovero*, to soften a rebuke; *cerca di — i tuoi modi*, try to be more gentle in your manner; *solo gli anni potrebbero — il suo carattere*, only age could soften his character **3**

(*calmare, lenire*) to soothe, to relieve, to ease, to alleviate; to appease; to mitigate: — *la collera di qlcu.*, to soothe s.o.'s anger; — *un dolore*, to soothe (*o* to relieve) a pain **4** (*metalli*) to soften.

□ **addolcirsi** *v.intr. pron.* **1** (*fig.*) to soften, to become* mild(er), to grow* mild(er), to become* soft(er); to grow* gentle: *il clima si è addolcito*, the climate has grown milder; *il suo sguardo si addolcì*, his look became softer **2** (*lenirsi*) to soften, to relent, to calm down: *col tempo il dolore si addolcì*, with time the pain eased.

addolcitore *s.m.* (*chim.*) deconcentrator: — *d'acqua*, water-softener.

addolorare *v.tr.* to grieve, to sadden, to pain, to give* pain to (s.o.), to distress: *m'addolora sapere che...*, it grieves me (*o* it saddens me *o* it makes me sad *o* it pains me) to know that...; *queste notizie lo hanno addolorato*, he was grieved at the news; *le sue parole mi hanno profondamente addolorato*, his words have deeply distressed me.

□ **addolorarsi** *v.intr.pron.* to grieve, to be grieved (at sthg.); (*essere spiacente*) to be sorry, to regret: *si addolorò di non aver potuto pagare i debiti*, she regretted not having been able to pay her debts; *si addolorò per le sue parole*, she regretted her words.

Addolorata, l' *s.f.* Our Lady of Sorrows.

addolorato *agg.* grieved; sorrowful; sorry: *uno sguardo* —, a sorrowful look; *ne sono molto* —, I am very sorry; *siamo addolorati di apprendere che...*, we are grieved (*o* distressed) to hear that...

addome *s.m.* (*anat.*) abdomen.

addomesticabile *agg.* tamable, tameable; domesticable.

addomesticamento *s.m.* domestication, taming.

addomesticare *v.tr.* **1** to domesticate, to tame; (*fig.*) to tame, to subdue; to make* gentle, to make* sociable, to make* tractable // — *un bilancio, i conti*, to fiddle (*o* to cook) a balance, the accounts; — *un risultato, una partita*, to rig a result, a game **2** (*assuefare*) to accustom; (*piante*) to acclimatize **3** (*agr.*) (*terreno*) to reclaim.

□ **addomesticarsi** *v.rifl.* (*non com.*) (*divenir familiare*) to get* accustomed to (sthg.); to grow* familiar with (sthg.).

addomesticato *agg.* **1** tame, domesticated **2** (*manipolato*); *elezioni addomesticate*, rigged elections.

addomesticatore *s.m.* **addomesticatrice** *s.f.* tamer.

addominale *agg.* (*anat.*) abdominal.

addoppiatrice *s.f.* (*tess.*) doubler.

addormentare *v.tr.* **1** to put* to sleep, to send* to sleep: — *cullando*, to lull (*o* to rock) to sleep; *questo genere di film mi addormenta*, this kind of film sends me to sleep **2** (*med.*) to anaesthetize, to give* an anaesthetic to (s.o.) **3** (*intorpidire*) to benumb: *mi si è addormentata la gamba*, my leg has gone to sleep (*o* I have pins and needles in my leg); — *i sensi*, to dull the senses; — *la volontà*, to numb the will; *i lunghi anni di prigionia avevano addormentato la sua volontà*, the long years of imprisonment had numbed his will.

□ **addormentarsi** *v.intr.pron.* to fall* asleep, to go* to sleep: — *profondamente*, to fall into a sound sleep; *non riusciva ad* —, he couldn't get to sleep; *non addormentarti sui libri*, don't fall asleep over your books // — *nel Signore*, to die peacefully // — *sugli allori*, to rest on one's laurels.

addormentato *agg.* **1** asleep (*pred.*), sleeping // *la Bella Addormentata*, the Sleeping Beauty **2** (*assonnato, sonnolento*) sleepy, drowsy: *sguardo* —, sleepy look; *aver l'aria addormentata*, to look half asleep; (*fig.*) to have no life in one (*o* to be a slowcoach) **3** (*fig.*) slow; stupid: *è un ragazzo un po'* —, that boy is a bit slow (*o* dim) **4** (*intorpidito*) benumbed, numb **5** (*con anestetico*) anaesthetized **6** (*di passione*) dormant.

addossabile *agg.* attributable: *la colpa non è — a nessuno*, the blame for what happened cannot be laid at anybody's door.

addossare *v.tr.* **1** (*appoggiare*) to lean*: — *una scala a un muro*, to lean a ladder against a wall **2** (*gravare di*) to lay* (sthg.) on (s.o.), to saddle (s.o.) with (sthg.); (*attribuire, imputare*) to charge (s.o.) with (sthg.): — *una colpa a qlcu.*, to lay (*o* to throw) the blame on s.o.; — *una responsabilità a qlcu.*, to lay the responsibility on s.o. (*o* to saddle s.o. with a responsibility); *gli addossò tutto il lavoro*, he entrusted him with the whole job **3** (*fig.*) (*prendere su di sé*) to take* upon oneself, to saddle oneself with (sthg.), to undertake*, to shoulder: *si addossò tutta la colpa*, he took all the blame upon himself (*o* shouldered all the blame); *mi addosserò personalmente la responsabilità*, I shall take (*o* assume) the responsibility myself; *addossarsi un peso*, to shoulder a burden.

□ **addossarsi** *v.rifl.* o *rifl.rec.* **1** (*appoggiarsi*) to lean* **2** (*affollarsi*) to crowd, to throng (together).

addossato *agg.* **1** leaning (against sthg.) **2** (*arald.*) addorsed.

addosso *avv.* (*su di sé*) on: *non ho denari* —, I have no money on me; *aveva — un vecchio cappotto*, he was wearing an old coat (*o* he had an old coat on); *mettersi qlco.* —, to put sthg. on (*o* to put on sthg.); *avere* (*sentirsi*) — *una malattia*, to be (*o* feel) ill // *avere il diavolo* —, to be possessed; (*fig.*) (*essere di pessimo umore*) to be in a foul mood // *avere l'argento vivo* —, to be restless // (*dagli*) —*!*, after him!

addosso (a) *prep.* **1** (*molto vicino*) close to: *la casa è — alla chiesa*, the house is close to the church **2** (*sopra, su*) on: *mettere le mani — a qlcu.*, to lay hands on s.o.; *mettere gli occhi — a qlco., qlcu.*, to lay one's eyes on sthg., s.o.; *mi sta sempre* —, (*fig.*) he's always on my back (*o* he keeps on at me).

addottoramento *s.m.* (*non com.*) (*conseguimento di laurea*) graduation; (*conferimento di laurea*) graduation, conferring of a university degree.

addottorare *v.tr.* to graduate, to confer a university degree on (s.o.).

□ **addottorarsi** *v.rifl.* to take* a university degree, to graduate.

addottrinamento *s.m.* teaching, instruction.

addottrinare *v.tr.* to instruct, to teach*.

□ **addottrinarsi** *v.rifl.* to acquire knowledge, to become* learned.

addottrinato *agg.* learned.

adducibile *agg.* adducible: — *come prova*, adducible as proof.

addurre *v.tr.* **1** to adduce, to advance, to bring* forward, to put* forward, to produce; (*allegare*) to allege; (*citare*) to quote, to cite; (*come scusa*) to plead: *addusse come scusa l'ignoranza*, he pleaded ignorance; — *delle buone ragioni*, to give (*o* to put forward *o* to produce) good arguments; — *un pretesto*, to advance a pretext; — *una prova*, to adduce proof; — *qlcu. ad esempio*, to quote s.o. as an example **2** (*med.*) to adduct.

adduttore *agg.* (*anat.*) adducent ◆ *s.m.* (*med.*) adductor.

adduzione *s.f.* (*med.*) adduction.

adeguabile *agg.* proportionable, adjustable; conformable, adaptable.

adeguamento *s.m.* **1** equalization, proportioning; (*comm.*) adjustment, correction: (*trib.*) — *dei dazi*, border tax adjustment; — *dei salari*, wage adjustment; — *delle scorte*, tax adjustment; — *degli stipendi al costo della vita*, adjustment of salary to the cost of living (*o* cost-of-living adjustment); — *monetario automatico*, monetary correction; — *automatico*, (*di valori al variare di determinati indici*), escalation **2** (*adattamento*) adaptation.

adeguare *v.tr.* (*adattare*) to conform, to adapt, to adjust, to fit: — *i prezzi al mercato*, to adjust prices to the market; — *il proprio comportamento all'occasione*, to adapt one's behaviour to the occasion; — *alle regole*, to conform to the rules.

□ **adeguarsi** *v.rifl.* to conform oneself, to adapt oneself: — *alle circostanze*, to adapt oneself to the circumstances.

adeguatamente *avv.* **1** adequately, proportionately **2** (*in modo conveniente*) suitably, properly **3** (*in modo giusto*) fairly.

adeguatezza *s.f.* adequacy; fairness.

adeguato *agg.* **1** adequate, proportionate **2** (*adatto*) suitable, convenient, fit: *parole adeguate all'occasione*, words suitable to the occasion **3** (*giusto*) fair, right: *prezzo* —, fair price ◆ *s.m.* (*econ.*) equation (of accounts); — *composto*, compound equation; — *semplice*, simple equation.

adempibile *agg.* accomplishable; that may be fulfilled; (*eseguibile*) executable, performable.

adempiere → **adempire**.

adempimento *s.m.* **1** fulfilment, accomplishment; (*esecuzione*) execution (*anche dir.*), carrying out, performance: *morì nell'— del suo dovere*, he died in the execution of his duty **2** (*comm.*) execution, performance, fulfilment.

adempire *v.tr.* e *intr.* (*compiere*) to fulfil, to accomplish; (*eseguire*) to execute (*anche dir.*), to carry out, to perform: *ciò gli impedì di — il suo compito*, that prevented him from accomplishing his task; *adempì (a)i suoi ordini*, he carried out his orders; — *(a)i desideri di qlcu.*, to meet (*o* to fulfil) s.o.'s wishes; — *(a) un obbligo*, to meet (*o* to fulfil) an obligation; — *(a) una promessa*, to keep a promise; — *(a)i propri doveri*, to fulfil (*o* to perform *o* to discharge) one's duties; (*comm.*) — *(a) un contratto*, to execute a contract; — *(a) un progetto*, to execute a plan.

□ **adempirsi** *v.intr.pron.* (*avverarsi*) to come* true, to be fulfilled: *la profezia si adempì*, the prophecy came true.

adenina *s.f.* (*biochim.*) adenine.

adenite *s.f.* (*med.*) adenitis // — *equina*, strangles.

adenocarpo *s.m.* (*bot.*) adenocarp.

adenoideo *agg.* (*med.*) adenoidal.

adenoidi *s.f.pl.* (*anat.*) adenoids.

adenoidismo *s.m.* (*med.*) adenoidism.

adenoma *s.m.* (*med.*) adenoma.

adenopatia *s.f.* (*med.*) adenopathy.

adenosina *s.f.* (*biochim.*) adenosine.

adenotomia *s.f.* (*med.*) adenoidectomy.

adenovirus *s.m.* (*biol.*) adenovirus.

adepto *s.m.* initiate; (*seguace*) follower, adherent.

aderente *agg.* **1** (*di abito*) tight, close-fitting: *abito — in vita*, dress close-fitting round the waist **2** (*che aderisce*) sticking, adherent, adhering: — *alla parete*, sticking to the wall; *commento — al testo*, a comment faithful to the text ♦ *s.m.* supporter, follower, partisan, adherent.

aderenza *s.f.* **1** adhesion, adherence **2** (*med.*) adhesion **3** (*edil.*) bond **4** (*ferr.*) *coefficiente di* —, traction coefficient **5** *pl.* (*relazioni*) (high) connections.

aderire *v.intr.* **1** (*stare attaccato*) to adhere, to stick* (*anche fig.*): *questo cerotto non aderisce*, this plaster doesn't stick; *la camicia bagnata gli aderiva alle spalle*, his wet shirt was sticking (*o* clinging) to his back **2** (*acconsentire, accondiscendere*) to assent, to give* assent; (*a proposta, clausola*) to agree (to sthg.); (*a desideri, richieste*) to comply with (sthg.): (*cedere*) to yield; (*a invito*) to accept (sthg.): — *ai desideri di qlcu.*, to comply with s.o.'s wishes; — *a una richiesta*, to grant a request; — *a un partito*, to join a party; *aderì prontamente al nostro invito*, he promptly accepted (*o fam.* he jumped at) our invitation; *non me la sento proprio di — alla vostra proposta*, I really can't agree to your proposal.

adescabile *agg.* that can be enticed; that can be seduced.

adescamento *s.m.* **1** enticement, soliciting, allurement; (*seduzione*) seduction **2** (*idraulica*) priming.

adescare *v.tr.* **1** to lure, to allure, to entice; to inveigle; (*sedurre*) to seduce **2** (*idraulica*) to prime.

adescatore *s.m.* **adescatrice** *s.f.* enticer; allurer; seducer.

adesione *s.f.* **1** adhesion; adherence **2** (*consenso*) adhesion, assent: *dar la propria — a un partito*, to join a party; *dare la propria — a una proposta*, to give one's support (*o* assent) to a proposal; *ritirare la propria — da un partito*, to leave a party (*o* to stop supporting a party) **3** (*fis.*) adhesion.

adesività *s.f.* adhesiveness.

adesivo *agg.* adhesive: *nastro* —, adhesive tape; *etichette adesive*, sticky labels ♦ *s.m.* **1** adhesive **2** (*autoadesivo*) sticker.

adesso *avv.* (*ora*) now, at present: *partiamo* —, we're leaving now; *e — che cosa facciamo?*, now what do we do?; *sono partiti adesso* (*adesso*), they've just (this minute) left // *fino* —, till now (*o* so far) // *proprio* —, right now // *da — in poi*, from now on // *per* —, at present (*o* at the moment *o* for the time being).

ad hoc *locuz.avv* e *agg.* (*lat.*) ad hoc.

adhocrazia *s.f.* adhocracy.

ad honorem *locuz.agg.* honorary: *laurea* —, an honorary degree.

adiabatico *agg.* (*fis., chim., meteor.*) adiabatic: *processo* —, adiabatic process; *magnetizzazione adiabatica*, adiabatic magnetization; *parete adiabatica*, adiabatic wall.

adiacente *agg.* **1** adjacent; adjoining, contiguous; next: *la casa* —, the adjoining house **2** (*mat.*) adjacent: *angoli adiacenti*, adjacent angles.

adiacenza *s.f.* **1** adjacency, contiguity **2** (*vicinanza*) nearness, vicinity **3** (*gener. pl.*) (*luoghi adiacenti*) neighbourhood (*sing.*), environs (*pl.*), surroundings (*pl.*): *nelle immediate adiacenze del giardino*, in the immediate neighbourhood of the garden **4** (*mat.*) adjacency.

adianto *s.m.* (*bot.*) → **capelvenere**.

adiatermano *agg.* (*fis.*) adiathermanous, adiathermic.

adibire *v.tr.* to use (sthg.) as, for (sthg.); (*destinare*) to assign: — *a uso di*, to use as; — *un locale a magazzino*, to use a room as a store; *parte del personale sarà adibito alle cucine*, part of the staff will be assigned to the kitchens.

adimensionale *agg.* (*fis.*) dimensionless.

adinamia *s.f.* (*med.*) adynamia.

adipe *s.m.* fat, fatness.

adipico *agg.* (*chim.*) adipic: *acido* —, adipic acid.

adiposi *s.f.* (*med.*) adipose.

adiposità *s.f.* adiposity.

adiposo *agg.* adipose, fat(ty): *tessuto* —, adipose tissue.

adirarsi *v.intr.pron.* to get* angry, to get* enraged, to fret and fume, to lose* one's temper, to flare up, to fly* into a passion: *si adira per tutto*, he frets and fumes about everything; *vedi di non farlo adirare*, try not to make him angry.

adirato *agg.* angry; irritated; out of temper.

adire *v.tr.* (*dir.*) to resort: — *un'eredità*, to take possession of an inheritance; — *le vie legali*, to take legal steps (*o* to start legal proceedings *o* to go to court); — *a un compromesso*, to come to a compromise.

adito *s.m.* entry, entrance, access: *un diploma che dà — all'università*, a diploma giving access to university // *dare* —, to give rise; to give cause (for sthg.); *dare — a chiacchiere*, to give cause for gossip; *non dare — a speranze*, to allow no hope.

adiuvante *agg.* (*med.*) adjuvant, auxiliary: *terapia* —, ancillary treatment.

adobe *s.m.* adobe.

adocchiamento *s.m.* ogle, ogling; glance.

adocchiare *v.tr.* **1** to eye, to glance at (s.o., sthg.) **2** (*con desiderio*) to ogle; to covet; to give* (s.o.) the glad eye **3** (*scorgere*) to perceive, to see*, to catch* a glimpse of (s.o., sthg.): — *la preda*, to catch sight of the prey.

adolescente *agg.* adolescent, teenage(d) ♦ *s.m.* e *f.* adolescent, teenager, youth.

adolescenza *s.f.* adolescence, youth; (*fam.*) teens (*pl.*).

adolescenziale *agg.* adolescent (*attr.*).

adombrabile *agg.* **1** touchy **2** (*di cavallo ecc.*) shy, skittish.

adombramento *s.m.* **1** umbrage **2** (*cenno*) suggestion, suspicion.

adombrare *v.tr.* **1** (*letter.*) (*oscurare*) to shade **2** (*un disegno*) to overshadow; to adumbrate **3** (*celare*) to hide*, to conceal: — *le proprie cattive intenzioni*, to conceal one's evil intentions **4** (*abbozzare*) to outline: — *un progetto*, to outline a plan **5** (*offuscare*) to make* gloomy; to darken: *la tristezza gli adombrava la mente*, sadness darkened his mind.

□ **adombrarsi** *v.intr.pron.* **1** (*di cavallo ecc.*) to shy, to get* skittish **2** (*impermalirsi*) to take* umbrage, to take* offence (at sthg.), to feel* hurt: *si adombra facilmente*, he takes umbrage (*o* offence) easily **3** (*letter.*) (*oscurarsi*) to darken.

adone *s.m.* Adonis, beau: *non è un* —, he is nothing much to look at.

adonide *s.f.* (*bot.*) **1** (*Adonis aestivalis*) pheasant's eye, (*scient.*) adonis **2** — *gialla*, (*Adonis vernalis*) adonis.

adonio *s.m.* (*metrica*) Adonic (verse).

adontare *v.tr.* (*ant.*) to offend.

□ **adontarsi** *v.intr.pron.* to be offended (at, by sthg.), to take* offence (at sthg.), to feel* hurt.

adoperabile *agg.* employable, us(e)able.

adoperare, **adoprare** *v.tr.* to employ, to use: *adopera il cervello!*, use your head!

□ **adoperarsi**, **adoprarsi** *v.rifl.* (*impegnarsi*) to do* one's best, to do* one's utmost: *mi adoprerò per accontentarti*, I'll do my best to satisfy you; — *molto per fare qlco.*, to go to a lot of trouble to do sthg.

adorabile *agg.* adorable; charming.

adorante *agg.* adoring, worshipping.

adorare *v.tr.* **1** to adore, to worship: — *Dio*, to worship God **2** (*fam.*) to adore, to love passionately.

adoratore *s.m.* **adoratrice** *s.f.* **1** adorer, worshipper **2** (*scherz.*) (*ammiratore*) ardent admirer; (*corteggiatore*) lover.

adorazione *s.f.* adoration, worship.

adornabile *agg.* capable of embellishment.

adornamento *s.m.* ornament, adornment, embellishment; (*di abiti ecc.*) trimming.

adornare *v.tr.* to adorn, to decorate: *l'altare era adornato da fiori*, the altar was adorned with flowers.

□ **adornarsi** *v.rifl.* to adorn oneself; (*fam.*) to dress up, to deck oneself out.

adorno *agg.* **1** adorned, embellished **2** (*letter.*) (*bello*) beautiful, comely.

adottabile *agg.* **1** adoptable; acceptable **2** (*di bambino*) free for adoption.

adottabilità *s.f.* (*dir.*) adoptability: *stato di* —, condition (*o* state) of adoptability.

adottando *agg.* to be adopted (*pred.*) ♦ *s.m.* person to be adopted, person in process to be adopted.

adottante *agg.* e *s.m.* e *f.* (*dir.*) adopter.

adottare *v.tr.* **1** (*dir.*) to adopt **2** (*fig.*) (*far proprio*; *mettere in atto*) to adopt, to accept: — *una dottrina*, to accept a doctrine; — *un nome*, to adopt (*o* to take) a name; — *un provvedimento*, to adopt (*o* to take) a measure; — *una politica deflazionistica*, to deflate; — *un progetto di legge*, to pass a bill.

adottato *agg.* e *s.m.* adopted.

adottivo *agg.* adoptive; (*dir.*) adopted: *figlio* —, adopted son.

adozione *s.f.* **1** adoption (*anche dir.*): *il mio paese di* —, my country of adoption (*o* my adopted country) **2** (*fig.*) (*scelta*) choice: *libri di* —, prescribed (*o* set) books **3** (*fig.*) (*attuazione*) — *di misure speciali, preventive*, adoption of special, preventive measures (*o* precautions); *la visita del presidente richiederà l'— di severe misure di sicurezza*, the President's visit will call for tight security.

adragante *agg.* (*chim.*) nella locuz. *gomma* —, (gum) tragacanth.

adrenalina *s.f.* (*biochim.*) adrenalin(e), epinephrine.

adrenergico *agg.* (*med.*) adrenergic.

adriatico *agg.* e *s.m.* Adriatic.

adrone *s.m.* (*fis.*) hadron.

adsorbato *s.m.* (*chim., fis.*) adsorbate.

adsorbente *agg.* e *s.m.* (*chim., fis.*) adsorbent // — *di gas*, getter.

adsorbimento *s.m.* (*chim., fis.*) adsorption.

adsorbire *v.tr.* (*chim., fis.*) to adsorb.

adsorbitore *s.m.* (*chim., fis.*) adsorber.

adulare *v.tr.* to flatter, to adulate, to fawn upon (s.o.): — *sfacciatamente qlcu.*, to flatter s.o. shamelessly.

adularia *s.f.* (*min.*) adularia.

adulatore *s.m.* **adulatrice** *s.f.* flatterer, adulator; sycophant ◆ *agg.* flattering, adulatory; sycophantic.

adulatorio *agg.* adulatory, flattering, sycophantic.

adulazione *s.f.* adulation, flattery, cajolery: — *grossolana*, gross (*o* base) flattery.

adultera *s.f.* adulteress.

adulterabile *agg.* liable to adulteration.

adulteramento *s.m.* → **adulterazione**.

adulterante *agg.* **1** adulterating **2** (*chim.*) adulterant ◆ *s.m.* (*chim.*) adulterant.

adulterare *v.tr.* **1** to adulterate: — *alimenti, cibo, vino*, to adulterate foodstuffs, food, wine **2** (*fig.*) (*falsare, guastare*) to corrupt: — *una lingua*, to corrupt a language.

adulterato *agg.* **1** adulterated: *merce adulterata*, adulterated goods **2** (*chim.*) adulterated; impure.

adulteratore *agg.* adulterating ◆ *s.m.* adulterator.

adulterazione *s.f.* **1** adulteration: — *di cibo, vino*, adulteration of food, wine **2** (*fig.*) corruption: — *della verità*, corruption of the truth.

adulterino *agg.* **1** adulterine **2** (*fig. rar.*) spurious.

adulterio *s.m.* adultery.

adultero *agg.* adulterous ◆ *s.m.* adulterer.

adulto *agg.* adult, grown-up; (*di animale, pianta*) fully-grown ◆ *s.m.* grown-up (person); (*amer.*) oldster: *gli adulti*, grown-up people (*o* grown-ups).

adunamento *s.m.* (*non com.*) gathering, assembling.

adunanza *s.f.* assembly, meeting: — *di famiglia*, family gathering; *indire un'*—, to call a meeting; *sciogliere un'*—, to bring a meeting to an end.

adunare *v.tr.* to assemble, to gather, to collect; (*mil.*) to muster: *adunò i suoi soldati per l'ultimo attacco*, he rallied his men for the last attack; — *ricchezze*, to amass riches.

□ **adunarsi** *v.intr.pron.* to assemble, to meet*, to gather.

adunata *s.f.* **1** (*mil.*) muster; parade: —*!*, fall in! (*o* form up!); *suonare l'*—, to sound the fall-in (call) **2** (*raduno*) assembly.

adunco *agg.* hooked: *naso* —, hooked nose.

adunghiare *v.tr.* to clutch, to claw; to seize, to grasp.

adunque *cong.* (*letter.*) then, therefore, so [cfr. *dunque*].

adusare *v.tr.* (*letter.*) to accustom.

□ **adusarsi** *v.intr.pron.* to accustom oneself, to habituate oneself, to grow* accustomed, to get* accustomed.

adusto *agg.* (*letter.*) **1** sunburnt, scorched **2** (*fig.*) (*secco, magro*) skinny.

aedo *s.m.* (*cantore*) singer; (*poeta*) (Greek) poet, bard.

aeramento *s.m.* (*agr.*) aeration; aerification.

aerare *v.tr.* **1** to air, to ventilate **2** (*scient.*) to aerate.

aerato *agg.* **1** well-aired, airy, ventilated **2** (*tecn.*) aerated // *cemento* —, aerated concrete.

aeratore *s.m.* **1** ventilator, fan **2** (*tecn.*) aerator.

aerazione *s.f.* **1** ventilation, airing **2** (*tecn.*) aeration.

aere *s.m.* (*poet.*) air.

aerenchima *s.m.* (*bot.*) aerenchyma.

aereo *agg.* **1** air (*attr.*); aerial (*anche biol.*); of the air: *difesa aerea*, air defence; *battaglia aerea*, air (*o* aerial) battle; *linea aerea*, airline; *forze aeree*, airforce; *fotografia aerea*, aerial photo; *veduta aerea*, aerial view; *cartografia aerea*, aerial mapping; *fotogrammetria aerea*, aerial photogrammetry // *per via aerea*, by air; *posta aerea*, airmail // *ferrovia aerea*, elevated railway **2** (*fig.*) (*inconsistente*) vain; airy: *speranze aeree*, vain hopes; *argomentazioni, visioni aeree*, airy-fairy arguments, views **3** (*pitt.*) *prospettiva aerea*, aerial perspective **4** (*anat.*) *vie aeree*, respiratory airways (*o* tract) **5** (*bot.*) aerial.

aereo *s.m.* → **aeromobile** e **aeroplano**.

aeriforme *agg.* (*fis.*) aeriform, gaseous ◆ *s.m.* aeriform substance: *meccanica degli aeriformi*, pneumatics.

aero- *pref.* di origine greca che indica relazione con 'aria' o 'aeromobile'; ingl. aer(o)-; air-: *aerosol*, aerosol; *aeromobile*, aircraft; *aerodromo*, aerodrome.

aerobica *s.f.* aerobics [U].

aerobico *agg.* aerobic (*anche biol.*): *ginnastica aerobica*, aerobics.

aerobio *s.m.* (*biol.*) aerobe.

aerobrigata *s.f.* group-wing; air brigade.

aerobus *s.m.* airbus.

aerocartografia *s.f.* aerial mapping.

aerocentro *s.m.* aeronautic(al) centre.

aerocisterna *s.f.* (*aer.*) air tanker.

aeroclub *s.m.* flying club.

aerodina *s.f.* (*aer.*) aerodyne.

aerodinamica *s.f.* (*fis.*) aerodynamics [U].

aerodinamicità *s.f.* (*fis.*) aerodynamic properties (*pl.*).

aerodinamico *agg.* **1** (*fis.*) aerodynamic: *tunnel* —, wind tunnel **2** (*di linea affusolata*) streamlined: *carrozzeria aerodinamica*, streamlined bodywork.

aerodromo *s.m.* aerodrome; (*amer.*) airdrome: — *galleggiante*, seadrome (*o* floating aerodrome).

aerofagia *s.f.* (*med.*) aerophagia.

aerofaro *s.m.* (*aer.*) (air) beacon.

aerofita *s.m.* e *f.* (*bot.*) aerophyte.

aerofobia *s.f.* (*med.*) aerophobia.

aerofono *s.m.* **1** (*tecn.*) aerophone, sound locator **2** (*mus.*) aerophone.

aerofotografia *s.f.* aerial photography.

aerofotogramma *s.m.* aerophotogram.

aerofotogrammetria *s.f.* aerophotogrammetry, aerial survey.

aerogiro *s.m.* (*aer.*) rotorcraft.

aerografia *s.f.* **1** (*l'operazione*) air-brush **2** (*il risultato*) air-brush work.

aerografo *s.m.* **1** (*tecn.*) spray gun **2** (*fot.*) air-brush.

aerogramma *s.m.* aerogram.

aerolinea *s.f.* (*aer.*) airline.

aerolite, **aerolito** *s.m.* (*geol.*) aerolite, aerolith.

aerologia *s.f.* (*meteor.*) aerology.

aerologico *agg.* (*meteor.*) aerological: *sondaggio* —, air sounding.

aerologo *s.m.* aerologist.

aeromagnetico *agg.* (*geofisica*) aeromagnetic.

aeromanzia *s.f.* aeromancy.

aeromeccanica *s.f.* aeromechanics [U].

aerometria *s.f.* (*fis.*) aerometry.

aerometro *s.m.* (*metrol.*) aerometer.

aeromobile *s.m.* aircraft.

aeromodellismo *s.m.* (*aer., sport*) model aircraft construction.

aeromodellista *s.m.* e *f.* model aircraft enthusiast.

aeromodellistica *s.f.* → **aeromodellismo**.

aeromodello *s.m.* model aircraft.

aeronauta *s.m.* aeronaut; airman*.

aeronautica *s.f.* aeronautics [U] // *Aeronautica Militare*, Air Force; *Ministero dell'Aeronautica*, Air Ministry; — *civile*, civil aviation.

aeronautico *agg.* aeronautical.

aeronavale *agg.* aeronaval.

aeronave *s.f.* airship.

aeronavigazione *s.f.* aerial navigation.

aeronomia *s.f.* (*geofisica*) aeronomy.

aeroplano *s.m.* aircraft*, (aero)plane; (*amer.*) airplane: — *a energia atomica*, atomic-powered aeroplane; — *a grande autonomia*, long-range aircraft; — *a pattini*, ski plane; — *a razzo*, rocket plane; — *a reazione, a getto*, jet plane; — *anfibio*, amphibian (aeroplane); — *bimotore*, twin-engined aircraft; — *da bombardamento*, bomber (aircraft); — *da caccia*, fighter (*o* pursuit) aircraft; — *da combattimento*, combat aircraft; — *da corsa*, racing aircraft; — *da ricognizione*, scout (*o* reconnaissance) plane; — *da trasporto*, transport plane; — *da trasporto merci*, cargo aircraft; — *da traspor-*

to passeggeri, passenger aircraft; — *di linea*, airliner; — *di linea a reazione*, jet-airliner; — *di portaerei*, carrier-based aircraft; — *militare*, war plane; — *monomotore*, *multimotore*, single-engined, multi-engined aircraft; — *quadrimotore*, four-engined aircraft.

aeroportato *agg.* airborne: *truppe aeroportate*, airborne troops.

aeroporto *s.m.* airport: — *civile*, civil airport; — *militare*, military airport, airbase.

aeroportuale *agg.* airport (*attr.*) ◆ *s.m.* e *f.* airport employee.

aeropostale *agg.* airmail (*attr.*) ◆ *s.m.* mail plane.

aerorazzo *s.m.* rocket-plane.

aerorimessa *s.f.* hangar.

aerosbarco *s.m.* airlanding.

aeroscalo *s.m.* air station.

aeroscivolante *s.m.* hovercraft.

aerosfera *s.f.* (*meteor.*) aerosphere.

aerosilurante *s.m.* torpedo-bomber.

aerosiluro *s.m.* aerial torpedo.

aerosoccorso *s.m.* air rescue.

aerosol *s.m.* **1** (*chim.*, *fis.*) aerosol: *bomboletta* —, aerosol can (*o* bomb) **2** (*apparecchio*) inhalator: *cura di* —, inhalation therapy.

aerosolterapia *s.f.* (*med.*) inhalation therapy.

aerosostentato *agg.* airborne.

aerospaziale *agg.* aerospace.

aerospazio *s.m.* airspace.

aerostatica *s.f.* (*fis.*) aerostatics [U].

aerostatico *agg.* (*fis.*) aerostatic, aerostatical: *bilancia aerostatica*, aerostatic balance.

aerostato *s.m.* aerostat, balloon.

aerostazione *s.f.* air terminal.

aerostiere *s.m.* aeronaut, balloonist.

aerotaxi *s.m.* air-taxi.

aerotecnica *s.f.* aerotechnics [U].

aeroterapia *s.f.* (*med.*) aerotherapeutics [U], aerotherapy.

aerotermico *agg.* aerothermic.

aerotrasportato *agg.* airborne.

aerovia *s.f.* airway.

afa *s.f.* sultriness; stuffiness, closeness: *che —!*, what sultry weather!

afasia *s.f.* (*med.*) aphasia.

afasico *agg.* (*med.*) aphasic.

afelio *s.m.* (*astr.*) aphelion*.

aferesi *s.f.* (*gramm.*) aph(a)eresis.

affabile *agg.* affable, amiable, friendly.

affabilità *s.f.* affability, friendliness; courtesy, kindness.

affaccendamento *s.m.* bustle, fuss.

affaccendarsi *v.rifl.* to bustle about, to busy oneself: — *nei preparativi per la festa*, to busy oneself with the preparations (*o* to busy oneself getting ready) for the party.

affaccendato *agg.* bustling; busy: *era — nello studio*, he was very busy studying.

affacciare *v.tr.* **1** (*non com.*) (*mostrare*) to show, to present // *stare affacciato alla finestra*, to be at the window **2** (*fig.*) (*esporre*) to point out: — *un dubbio*, to raise a doubt; — *una ipotesi*, to propound (*o* to put forward) a hypothesis **3** (*tecn.*) to face ◆ *v.intr.* (*non com.*) to overlook.

□ **affacciarsi** *v.intr.pron.* to overlook (a place): *quella casa si affaccia sulla piazza*, that house overlooks the square ◆ *v.rifl.* **1** to appear, to show oneself: — *alla finestra*, to appear at the the window; (*far capolino*) to peep out; *si affacciò alla finestra per salutare l'amico che si allontanava*, she went to the window to wave goodbye to her friend who was leaving; *dopo un'ora il Presidente si affacciò alla finestra*, after an hour the President came to the window **2** (*fig.*) to occur (to s.o.): *mi si affacciò un'idea*, an idea occurred to (*o* struck) me.

affagottare *v.tr.* (*non com.*) to bundle up, to wrap (sthg.) up in a bundle.

□ **affagottarsi** *v.rifl.* to dress carelessly; to muffle oneself up.

affamare *v.tr.* to starve (out); to reduce to starvation: — *una città, una guarnigione*, to starve out a town, a garrison.

affamato *agg.* **1** hungry, starving (*anche fig.*) **2** (*fig.*) greedy, avid, eager: — *di gloria, di lodi*, greedy for glory, praise.

affamatore *s.m.* e *f.* (*antiq.*) — *del popolo*, tyrant.

affannare *v.tr.* to trouble, to vex, to worry.

□ **affannarsi** *v.intr.pron.* **1** (*angustiarsi*) to worry oneself, to be anxious: *si è affannata tutta la vita inutilmente*, she spent her life worrying about nothing **2** (*darsi da fare*) to busy oneself, to bustle about: *non affannarti a cercare di convincerlo, è inutile*, don't bother (yourself) trying to convince him, it's no use.

affannato *agg.* **1** (*senza fiato*) breathless, panting **2** (*tormentato*) troubled: *vita, anima affannata*, troubled life, soul.

affanno *s.m.* **1** breathlessness **2** (*travaglio*) labour, toil **3** (*pena*) worry, apprehension, pain; (*angoscia*) anxiety, anguish: *prendersi — per qlco.*, to worry about sthg.; *vivere in* —, to live in a state of constant apprehension.

affannosamente *avv.* **1** breathlessly **2** (*ansiosamente*) anxiously.

affannoso *agg.* **1** breathless, gasping; *respiro* —, difficult breathing **2** (*fig.*) (*faticoso*) troubled: *lavoro* —, hard work; *esistenza affannosa*, laborious existence.

affaraccio *s.m.* trickey business, dicey business; trickey affair, dicey affair.

affardellare *v.tr.* **1** to bundle up: (*mil.*) — *lo zaino*, to pack up one's kit **2** (*mettere insieme alla rinfusa*) to heap up.

affare *s.m.* **1** affair, matter, business [U]: — *di cuore*, (love) affair; *questo è — tuo*, that is your (own) business; *"Che cosa fai?" "Sono affari miei"*, "What are you doing?" "That's none of your business"; *questo è un altro* —, that is another question; *questo è un brutto* —, this is a bad business // *affari di stato*, affairs of state; *non facciamone un — di stato*, let's not exaggerate (*o fam.* don't make such a fuss about it) // *affari esteri*, foreign affairs; *affari pubblici*, public affairs; *affari interni*, home affairs; *il Ministero degli Affari Esteri*, (*in Gran Bretagna*) the Foreign Office; (*negli Stati Uniti*) the State Department; (*in Italia*) the Italian Minister of Foreign Affairs // *un — d'oro*, a golden opportunity (*o* the chance of a lifetime) // *è un — di un attimo*, it won't take a minute **2** (*comm.*) business [U], transaction, deal, buy; (*vantaggioso*) bargain: *un buon* —, a bargain; *un — rischioso*, a risky transaction (*o* an adventure); *un — commerciale*, a business transaction; *affari di ordinaria amministrazione*, normal business; *affari interni*, domestic business; *affari con l'estero*, foreign business; *affari magri*, poor business; *un affarone*, a smart deal; *è un vero — a quel prezzo*, it's a real buy at that price; *essere negli affari*, to be in business; *entrare in affari*, to enter (*o* to go into) business; *entrare in rapporti di affari con qlcu.*, to enter into business relations with s.o.; *fare affari*, to do business; *fare un — con qlcu.*, to do a deal with s.o.; *concludere un* —, to strike a bargain; *mettersi negli affari*, to go into business; *viaggiare per affari*, to travel on business; *ritirarsi dagli affari*, to retire from business; *parlare d'affari*, to talk business; *avere rapporti d'affari*, to have business dealings // *giro d'affari*, turnover // *ciclo d'affari*, business cycle // *senso degli affari*, business acumen // *centro d'affari*, business centre // *ramo d'affari*, business line // *andamento degli affari*, run of business // *uomo d'affari*, businessman // *— fatto!*, that's settled! (*o* it's a deal!) // *gli affari sono affari!*, business is business **3** (*fam.*) (*arnese, coso, cosa*) thing, thingummyjig: *che cos'è quell'—?*, what's that thingummyjig (*o* whatnot)?

affarismo *s.m.* sharp business, unscrupulous business; (*speculazione*) profiteering, speculation, (*amer.*) wheeling and dealing.

affarista *s.m.* e *f.* sharp businessman* (*o* businesswoman*); unscrupulous businessman* (*o* businesswoman*); (*speculatore*) profiteer, speculator.

affaristico *agg.* business (*attr.*); speculative: *spirito* —, business sense.

affarone *s.m.* big (business) deal, big bargain.

affaruccio, **affarucolo** *s.m.* petty business.

affascinante *agg.* enchanting, charming, fascinating, glamorous.

affascinare *v.tr.* **1** to fascinate, to charm **2** (*stregare*) to enchant, to bewitch.

affascinatore *s.m.* (*non com.*) charmer, enchanter, seducer.

affascinatrice *s.f.* (*non com.*) charmer, enchantress.

affastellamento *s.m.* **1** fag(g)oting, tying in bundles **2** (*mucchio*) bundle, heap **3** (*fig.*) confused mass: — *di notizie, dati, nozioni*, confused mass of news, data, notions.

affastellare *v.tr.* **1** (*legare in fastelli*) to bundle up, to tie into bundles **2** (*ammucchiare confusamente*) to hoard, to heap (up), to pile (up); to bundle together, to string* together: — *idee*, to cumulate ideas (*o* to string ideas together); — *parole*, to string words together.

affastellato *agg.* **1** bundled up, tied into bundles **2** (*bot.*) fasciate(d).

affaticamento *s.m.* (*fatica*) weariness, fatigue.

affaticare *v.tr.* **1** to tire, to weary, to fatigue: *quel lavoro lo affaticò*, that work tired him; — *gli occhi*, to strain one's eyes // — *un cavallo*, to override a horse // *il capitano affaticò il nemico con frequenti attacchi*, the captain harassed the enemy with frequent attacks **2** (*impoverire*) to exhaust: — *il terreno*, to impoverish land.

□ **affaticarsi** *v.rifl.* **1** to tire, to get* tired; to get* strained: — *a furia di parlare*, to talk oneself tired; — *nel fare qlco.*, to tire oneself doing sthg. // *cerca di non affaticarti*, try not to overdo it **2** (*adoperarsi*) to strive* **3** (*lavorare accanitamente*) to work hard, to toil: *quell'uomo si affaticò per tutta la vita*, that man worked hard (*o* toiled) all his life.

affatto *avv.* **1** quite, entirely: *un punto di vista — diverso*, quite a different point of view **2** (*con valore negativo*) at all: *niente —*, nothing at all; *non sono — contento del risultato*, I'm not at all pleased with the result; *non l'abbiamo visto —*, we didn't see him (at all); *"Disturbo?" "Affatto!"*, "Am I disturbing you?" "Not at all".

affatturare *v.tr.* **1** to bewitch, to charm, to put* under a spell **2** (*non com.*) (*adulterare*) to adulterate.

affé *inter.* (*ant.*) forsooth, truly; (in) faith!: *— mia!*, upon my word.

afferente *agg.* (*med.*) afferent.

affermabile *agg.* affirmable.

affermare *v.tr.* to affirm, to declare, to maintain, to aver, to state; (*sostenere*) to assert: *— qlco. sotto giuramento*, to state sthg. on oath; *— la propria innocenza*, to declare (*o* assert) one's innocence; *— un diritto*, to assert a right; *— la propria autorità*, to assert one's authority (*o* to make one's authority felt) ◆ *v.intr.* (*dire di sì*) to nod: *— con un cenno del capo*, to agree with a nod (*o* to nod agreement).
□ **affermarsi** *v.rifl.* to assert one's authority, to assert oneself; to impose oneself, to establish oneself; (*farsi un nome*) to make* a name for oneself: *già famoso come attore, adesso si è affermato anche come regista*, already famous as an actor he's now made a name for himself as a director; *la moda ben presto si affermò*, the fashion rapidly imposed itself.

affermativa *s.f.* affirmative.

affermativo *agg.* affirmative: *in caso —*, if that is so (*o* if that is the case).

affermato *agg.* established, well-known: *un professionista —*, an established professional; *un attore —*, a well-known actor.

affermazione *s.f.* **1** affirmation, statement; assertion; assurance: *— dei propri diritti*, assertion of one's rights; *fare un'— arrischiata*, to make a rash statement **2** (*successo*) achievement, success; performance.

afferrabile *agg.* easy to grasp; comprehensible.

afferrare *v.tr.* **1** to seize, to get* hold of (s.o., sthg.), to grasp, to grab, to clutch, to catch*: *— qlcu. per il braccio*, to catch s.o. by the arm; *afferrò un piatto e glielo diede in testa*, he grabbed a plate and hit him on the head with it; *afferrò il bambino impedendogli di cadere in acqua*, he seized (*o* caught) the child and saved him from falling into the water; *la polizia non riuscì ad afferrarlo*, the police were unable to catch him **2** (*fig.*) to seize, to grasp: *non afferro il concetto*, I don't get the meaning; *— un'idea, un significato*, to grasp an idea, a meaning; *non so se afferri l'idea*, I don't know if you understand (*o* get the idea); *— un'occasione*, to seize an opportunity.
□ **afferrarsi** *v.rifl.* to grasp at (s.o., sthg.), to clutch at (s.o., sthg.), to seize (s.o., sthg.): *il nuotatore cercava di — al remo*, the swimmer tried to grasp at the oar; *si afferrò alla ringhiera*, she held tight to the handrail; *— a un pretesto qualsiasi*, to clutch at any excuse.

affettare[1] *v.tr.* (*tagliare a fette*) to slice // *affettarsi un dito*, to cut one's finger.

affettare[2] *v.tr.* (*ostentare, fingere*) to affect, to pretend, to feign, to simulate: *— un'aria disinvolta*, to simulate indifference.

affettatamente *avv.* **1** (*con ostentazione*) affectedly, ostentatiously **2** (*in modo snob*) snobbishly.

affettato[1] *s.m.* sliced salami; (*prosciutto*) sliced ham: *un piatto di affettati*, a dish of sliced salami.

affettato[2] *agg.* **1** (*ostentato*) affected **2** (*da snob*) snobbish.

affettatrice *s.f.* slicing machine, slicer.

affettatura *s.f.* cutting into slices; slicing up.

affettazione *s.f.* **1** (*ostentazione*) affectation, pretence; ostentation; show **2** (*snobismo*) snobbishness.

affettività *s.f.* (*psic.*) affectivity: *disturbi dell'—*, emotional problems.

affettivo *agg.* affective; emotional.

affetto[1] *agg.* suffering (from sthg.); afflicted (with sthg.): *era — da mania di persecuzione*, he was suffering from a persecution complex // (*dir.*) *beni affetti da ipoteca*, mortgaged property.

affetto[2] *s.m.* affection; fondness; love: *con —*, (*in fine di lettera*) with love; *era il mio unico —*, he was my only love; *nutrire — per qlcu.*, to cherish s.o.

affettuosamente *avv.* lovingly; tenderly; affectionately; (*nelle lettere*) Love...

affettuosità *s.f.* affection; affectionateness; tenderness; fondness: *Tante —!*, (*nelle lettere*) Lots of love!

affettuoso *agg.* tender, loving, affectionate; fond: *saluti affettuosi da Giorgio*, love from George; *mostrarsi — verso qlcu.*, to behave affectionately towards s.o.; *ha un carattere —*, he has an affectionate nature.

affezionare *v.tr.* to inspire with affection, to endear: *— qlcu. a qlco.*, to get s.o. to like sthg.
□ **affezionarsi** *v.rifl.* to grow* fond of, to become* fond of (s.o., sthg.), to get* to like (sthg.) ◆ *v.rifl.rec.* to grow*, to become* fond of each other (one another).

affezionato *agg.* affectionate, loving; fond: *è molto — al nonno*, he is very fond of his grandfather.

affezione *s.f.* **1** affection, attachment; fondness // *prezzo d'—*, fancy price **2** (*med.*) affection, disease: *— bronchiale*, bronchial disease.

affiancare *v.tr.* **1** (*mettere vicino*) to put* beside; (*fianco a fianco*) to place side by side **2** (*aiutare*) to help, to support: *sarà affiancato da un tecnico*, he will have the assistance of a technician **3** (*mil.*) to flank.
□ **affiancarsi** *v.rifl.* **1** (*avvicinarsi*) to come* alongside, to come* up by the side of (s.o., sthg.) **2** (*fig.*) (*collaborare con*) to collaborate (with s.o., sthg.): *il figlio si affiancò al padre nella conduzione dell'azienda*, the son collaborated with his father in running the business **3** (*mil.*) to march side by side.

affiancato *agg.* **1** (*aiutato*) supported, helped, seconded: *nel progetto ero — da due abili collaboratori*, two good collaborators helped (*o* assisted) me on the project **2** (*mil.*) flanked: *— a*, at the side of; *marciare affiancati*, to march side by side.

affiatamento *s.m.* concord, harmony; (*comprensione*) understanding: *mancare di —*, to lack harmony.

affiatare *v.tr.* (*creare affiatamento*) to make* (s.o.) to get on well (with, together).
□ **affiatarsi** *v.rifl.* to get* on (well): *si è affiatato subito con i colleghi*, he got on well at once with his colleagues; *si è affiatato subito nel nuovo lavoro*, he immediately fitted well into his new job; *ci vuole tempo per — con la gente*, it takes time to learn to get on with people ◆ *v.rifl.rec.* to get* on well with each other (one another): *la squadra si è affiatata subito*, the team members were soon working together well.

affiatato *agg.* close: *un gruppo —*, a harmonious (*o* a unified) group (*o* a group that works well together); *amici affiatati*, close friends.

affibbiare *v.tr.* **1** to buckle, to fasten: *affibbiarsi la cintura*, to buckle one's belt **2** (*fam. fig.*) to saddle (s.o.) with (sthg.), to shift: *affibbiò la responsabilità del delitto al suo complice*, he saddled his partner with the responsibility for the crime; *mi hanno affibbiato un cinquantamila falso*, they fobbed (*o* palmed) me off with a false fifty thousand lira note; *— a qlcu. i propri misfatti*, to saddle s.o. with one's misdeeds **3** (*ingiurie, botte*) to give*, to land: *gli affibbiai uno schiaffo*, I gave him a slap in the face; *— una pedata a qlcu.*, to land s.o. a kick.

affibbiatura *s.f.* buckling, fastening; clasp.

affiche *s.f.* poster.

affidabile *agg.* reliable, trustworthy, dependable: *un professionista, una persona —*, a reliable professional man, person.

affidabilità *s.f.* reliability (*anche inform.*), dependability, trustworthiness: *l'— di una ditta, di una macchina*, the reliability of a firm, of a car // (*dir.*) *minore in stato di —*, adoptable child (*o* minor) // (*banca*) *— creditizia*, credit standing.

affidamento *s.m.* **1** trust, confidence: *non dà —*, he doesn't inspire confidence: *fare — su qlcu.*, to rely on s.o.; *l'— di una somma*, the entrusting of a sum **2** (*dir.*) (*in prova al servizio sociale*) probation **3** (*fin., banca*) credit worthiness.

affidare *v.tr.* **1** to entrust, to confide: *— una somma, un compito, un dovere a qlcu.*, to entrust s.o. with a sum, a task, a duty (*o* to entrust a sum, a task, a duty to s.o.) // (*comm.*): *— merci in deposito per garanzia*, to bail; *— beni in amministrazione fiduciaria*, to trustee **2** (*consegnare*) to commit: *— alla memoria, a uno scritto*, to commit to memory, to writing; *— l'anima a Dio*, to commit one's soul to God **3** (*dir.*) to grant: *— la custodia di un bambino alla madre*, to grant custody of a child to its mother; *— in amministrazione fiduciaria*, to trustee.
□ **affidarsi** *v.rifl.* to rely (up)on (s.o., sthg.); to depend upon (s.o., sthg.), to trust in (s.o., sthg.): *affidati alle tue forze e non al caso*, trust in your own strength, don't leave it to chance; *mi affido a voi*, I am relying (*o* I am depending) (up)on you; *mi affido al vostro buon senso*, I am relying on your common sense.

affidatario *s.m.* (*dir.*) (*di beni*) trustee; (*di minore*) guardian.

affidavit *s.m.* (*dir.*) affidavit.

affido *s.m.* (*dir.*) trust.

affienare *v.tr.* (*agr.*) to feed* on hay.

affievolimento *s.m.* **1** weakening, attenuation, diminution **2** (*rad.*) fading.

affievolire *v.tr.* to weaken, to enfeeble; to diminish: *la notizia affievoliva le sue speranze*, the news diminished his hopes.
□ **affievolirsi** *v.intr.pron.* to weaken, to grow* weak; to fade, to diminish: *la sua voce si affievoliva*, his voice was growing faint (*o* weak); *il suono si affievolì*, the sound grew faint; *col passare del tempo il suo desiderio di tornare si era affievolito*, as time passed his desire to return faded (*o* diminished).

affiggere *v.tr.* **1** to post up, to stick* up, to affix: — *un manifesto*, to put up a poster; — *manifesti su un muro*, to placard a wall **2** (*letter.*) (*fissare*) to fix: — *lo sguardo su qlco., qlcu.*, to fix one's eyes on sthg., on s.o.
□ **affiggersi** *v.rifl.* (*non com.*) **1** (*fissarsi*) to fix; (*guardare fissamente*) to gaze at (s.o., sthg.), to stare at (s.o., sthg.) **2** (*concentrarsi*) to concentrate hard (on), to get* engrossed in (sthg.).

affilacoltelli *s.m.* knife sharpener.

affilare[1] *v.tr.* (*dare il filo a*) to sharpen, to whet, to give* an edge to (sthg.), to put* an edge on (sthg.); (*sul cuoio*) to strop; (*sulla mola*) to grind*; (*sulla pietra*) to hone: *quella matita ha bisogno di essere affilata*, that pencil needs (*o* wants) sharpening; — *una lama*, to put an edge on a blade; — *un rasoio*, to strop a razor // — *le armi*, (*fig.*) to sharpen one's knife.
□ **affilarsi** *v.intr.pron.* to get* thin, to get* lean: *gli si è affilato il viso*, he got (*o* grew) thinner in the face (*o* his face grew thinner).

affilare[2] *v.tr.* (*ant.*) (*disporre in fila*) to place in a row.

affilata *s.f.* *dare un'— al coltello*, to put an edge on the knife.

affilato *agg.* **1** sharp (*anche fig.*): *coltello —*, sharp knife; *lingua affilata*, sharp tongue **2** thin: *naso, viso —*, thin nose, face.

affilatoio *s.m.* sharpener.

affilatrice *s.f.* (*mecc.*) sharpener, grinder: — *per lame*, blade sharpener; — *universale per utensili*, universal tool grinder.

affilatura *s.f.* sharpening, whetting.

affiliando *agg.* (*dir.*) to be adopted ◆ *s.m.* person to be adopted, person in process to be adopted.

affiliante *agg.* (*di società, istituzioni*) affiliating ◆ *s.m.* (*dir.*) adopter, foster father ◆ *s.f.* adopter, foster mother.

affiliare *v.tr.* **1** to affiliate, to associate; (*iscrivere*) to enroll **2** (*dir., comm.*) to affiliate.
□ **affiliarsi** *v.rifl.* to become* a member (of sthg.), to join (sthg.): — *a una società*, to affiliate with a society.

affiliato *agg.* affiliated; (*di minore*) adopted: *società affiliata*, affiliated company; *sindacati affiliati*, affiliated trade unions ◆ *s.m.* **1** (affiliated) member; associate **2** (*dir.*) affiliated member; (*di minore*) adopter.

affiliazione *s.f.* **1** affiliation // — *commerciale*, franchising **2** (*dir.*) affiliation, adoption.

affinaggio *s.m.* (*tecn. del vetro*) refining.

affinamento *s.m.* **1** refining, refinement: — *dell'intelligenza*, (*fig.*) sharpening of one's intelligence (*o* wits) **2** (*metall.*) refining, smelting: — *di minerali ferrosi*, smelting of iron ores **3** (*tecn.*) — *aerodinamico*, cleanup // — *della forma*, streamlining // — *dello spessore*, thinning.

affinare *v.tr.* **1** (*fig.*) to improve, to refine: — *il proprio gusto*, to refine (*o* to improve) one's taste **2** (*aguzzare*) to sharpen; (*assottigliare*) to (make*) thin; (*dare forma aerodinamica*) to streamline **3** (*metall.*) to refine; to smelt.
□ **affinarsi** *v.rifl.* **1** (*diventare migliore*) to improve, to refine, to get* refined **2** (*aguzzarsi*) to become* sharp(er); (*assottigliarsi*) to become* thin, thinner **3** (*metall.*) to get* refined, smelted.

affinatore *agg.* (*spec. metall.*) refining ◆ *s.m.* (*spec. metall.*) refiner.

affinazione *s.f.* (*metall.*) refining.

affinché *cong.* so that, in order that [cfr. *perché*]: *te lo dico ora — tu possa provvedere in tempo*, I'm telling you now so that (*o* in order that) you can be prepared; *parlò a voce alta — tutti lo potessero sentire*, he spoke up so that everyone could hear him.

affine *agg.* **1** similar, analogous; (*form.*) like; akin to (*pred.*), alike (*pred.*); (*connesso*) allied: *prodotti affini*, similar goods; *una situazione —*, a similar (*o* analogous) situation; *lingue, parole affini*, cognate languages, words **2** (*mat.*) affine: *geometria —*, affine geometry ◆ *s.m.* e *f.* **1** relative by marriage, relation by marriage; (*pl.*) (*fam.*) in-laws; (*dir.*) relative in law **2** (*bot., zool.*) ally.

affinità *s.f.* **1** affinity, relationship **2** (*fig.*) affinity, resemblance, similarity of character; (*attrazione*) affinity, liking, attraction: — *spirituale*, spiritual affinity **3** (*chim.*) affinity **4** (*dir.*) affinity **5** (*mat.*) affinity.

affiochimento *s.m.* hoarseness.

affiochire *v.intr.* **affiochirsi** *v.intr.pron.* (*di voce, suono ecc.*) to grow* weak, to faint; (*di luce*) to grow* dim, to fade.

affioramento *s.m.* **1** emerging; (*dall'acqua*) surfacing **2** (*miner., geol.*) outcrop.

affiorare *v.intr.* **1** to appear on the surface, to surface **2** (*fig.*) to appear: *un velo di tristezza affiorò sul suo viso*, a veil of sadness appeared on his face **3** (*miner., geol.*) to outcrop, to crop out.

affissione *s.f.* (*anche dir.*) billposting, billsticking, placarding: *è vietata l'—*, stick (*o* post) no bills.

affisso *s.m.* **1** (*non com.*) (*avviso*) bill, broadsheet; (*cartello*) placard; (*manifesto*) poster **2** (*ling.*) affix **3** → infisso.

affittacamere *s.m.* landlord ◆ *s.f.* landlady.

affittanza *s.f.* (*comm.*) tenancy, leasehold, lease: — *perpetua*, perpetual lease.

affittare *v.tr.* **1** (*dare in affitto*) to let* (out), to rent, to lease (out); (*in parte*) to let* off: *casa da —*, house to let; *la villa è da —*, the villa is for rent; *affittasi*, to let; *ho affittato la mia casa a un amico*, I have let my house to a friend **2** (*prendere in affitto*) to rent **3** (*prendere a noleggio*) to hire; (*dare a noleggio*) to hire (out).

affitto *s.m.* rent; lease: *non ho ancora pagato l'—*, I haven't paid the rent yet; *l'appartamento è tuo o è in —?*, is the flat yours or is it rented?; *prendere in —*, to rent (*o* to lease); *prendere in — una casa*, to rent a house; *prendere in — un'automobile*, to hire (*o* to rent) a car; *dare in —*, to let (*o* to lease) out // *lavoro in —*, temporary transfer of labour // *affitti bloccati*, controlled rent; — *figurativo*, implicit rent // *contratto d'—*, lease; — *a lungo termine*, long-term lease; — *di suolo*, ground lease.

affittuario *s.m.* tenant, lodger; lessee; (*a lunga scadenza*) leaseholder.

afflato *s.m.* **1** (*letter.*) breath **2** (*ispirazione*) afflatus.

affliggente *agg.* distressing; troublesome.

affliggere *v.tr.* to afflict, to distress, to vex; (*tormentare*) to trouble, to bother, to annoy, to pester: *la sua lettera mi ha profondamente afflitto*, his letter has deeply distressed me; *essere afflitto dai reumatismi*, to be afflicted with rheumatism; *mi affligge sempre con le sue lamentele*, she's always bothering me with her complaints.
□ **affliggersi** *v.rifl.* to grieve; (*tormentarsi*) to worry: *non hai motivo di affliggerti*, you have no reason to worry; — *per cose da niente*, to worry about nothing.

afflitto *agg.* sad, distressed // *gli afflitti*, the afflicted.

afflizione *s.f.* affliction, distress; (*flagello*) calamity: *le afflizioni della vecchiaia*, the afflictions of old age; *la guerra è una grande —*, war is a great calamity.

afflosciare *v.tr.* **1** (*rendere floscio*) to wilt; to deflate: *la calura ha afflosciato le foglie*, the heat has wilted the leaves; *la temperatura elevata aveva afflosciato i pneumatici*, the high temperature had deflated the tyres **2** (*fig.*) (*svigorire*) to weaken, to enervate.
□ **afflosciarsi** *v.rifl.* o *intr.pron.* to droop, to wilt; to sag (*anche fig.*): *i fiori si afflosciarono il giorno dopo*, the flowers wilted the following day; *sentii il corpo — tra le mie braccia*, I felt the body go limp in my arms; *il nostro morale si afflosciò*, our spirits sagged (*o* deflated) // *si afflosciò sulla poltrona*, he collapsed into the armchair.

affluente *agg.* affluent ◆ *s.m.* (*geogr.*) affluent, tributary.

affluenza *s.f.* **1** (*di acque*) flow; flowing; flood; (*di persone*) crowd, multitude; (*form.*) concourse **2** (*econ.*) inflow, influx, flow: — *di capitali*, flow of capital.

affluire *v.intr.* to flow; to pour; to stream; (*solo di persone*) to crowd, to flock, to throng: *la gente affluiva al cinema*, people were flocking (*o* thronging) to the cinema.

afflusso *s.m.* **1** flow, stream, flux: *l'— di gente era continuo*, the flow (*o* stream *o* flux) of people was non-stop **2** (*econ.*) inflow, influx: — *di capitali*, influx of capital; — *di capitali nel paese*, inflow of capital into the country; *l'— di capitali all'estero*, the flow of capital abroad **3** (*med.*) afflux.

affogamento *s.m.* drowning.

affogare *v.tr.* **1** to drown **2** (*fig.*) to drown, to smother, to stifle: — *qlcu. di complimenti*, to smother s.o. with kindness; — *i dispiaceri*, to drown one's sorrows ◆ *v.intr.* to drown, to be drowned: *cadde nell'acqua e affogò*, he fell into the water and drowned (*o* was drowned) // — *nei debiti*, to be overburdened with debts (*o fam.* to be up to one's eyes in debt) // — *in un bicchiere d'acqua*, to drown in an inch of water // *o bere o —*, to be between the devil and the deep blue sea.

□ **affogarsi** *v.rifl.* **1** to drown oneself **2** (*fig.*) to throw* oneself (into sthg.).

affogato *agg.* drowned; (*fig.*) oppressed (with sthg.); overwhelmed (with sthg.) // (*cuc.*): *uova affogate*, poached eggs; *un gelato — al cognac*, an ice cream laced with brandy; *un — al caffè*, an ice cream with hot coffee poured over it ◆ *s.m.* a drowned man.

affogliamento *s.m.* (*banca*) coupon (sheet) renewal.

affollamento *s.m.* (*l'affollarsi*) crowding; (*ressa*) over-crowding: *l'— negli stadi ha causato incidenti*, over-crowding in stadiums has caused accidents.

affollare *v.tr.* to crowd, to throng, to pack: *— un teatro*, *una sala*, to crowd (*o* to throng) a theatre, a hall.

□ **affollarsi** *v.rifl.* o *intr.pron.* to throng, to crowd (together), to mill around, to mill about, to press (up): *la gente si affollava intorno a lui*, people pressed round him; *pensieri si affollavano nella sua mente*, thoughts were milling around in his mind.

affollato *agg.* crowded, packed: *uno stadio, un tram, un locale —*, a crowded (*o* packed) stadium, tram, room.

affondamento *s.m.* sinking (*anche fig.*), foundering.

affondamine *s.m.* minelayer.

affondare *v.tr.* **1** (*sommergere*) to sink*; to submerge **2** (*immergere*) to dip; (*far penetrare*) to drive*, to plunge: *— una spada nel petto di qlcu.*, to plunge a sword (*o* a dagger) into s.o.'s breast; *— la vanga nel terreno*, to drive a spade into the ground; *— la penna nel calamaio*, to dip one's pen into the inkpot // (*mar.*) *— l'ancora*, to cast anchor ◆ *v.intr.* to sink*: *la nave affondò*, the ship sank.

□ **affondarsi** *v.intr.pron.* to sink* (*anche fig.*); to founder.

affondatore *s.m.* sinker.

affondo *s.m.* (*sport*) (*ginnastica*) knee-flex, knee-bend; (*scherma*) lunge; (*calcio*) run: *fare un —*, to make a run.

afforco *s.m.* (*mar.*) second anchor, spare anchor.

afforestamento *s.m.* (*non com.*) reafforestation; (*amer.*) reforestation.

afforestare *v.tr.* (*non com.*) to reafforest; (*amer.*) to reforest.

affossamento *s.m.* **1** ditching; (*fig.*) shelving **2** (*fosso*) ditch; (*scavo*) trench.

affossare *v.tr.* **1** to ditch **2** (*fig.*) (*insabbiare*) to shelve: *— un progetto, una legge*, to shelve a project, a law **3** (*incavare*) to make* (sthg.) sag, sink: *il peso ha affossato il pavimento*, the weight has made the floor sag (*o* sink).

□ **affossarsi** *v.intr.pron.* to become* hollow.

affossato *agg.* **1** entrenched; surrounded by ditches **2** (*insabbiato*) shelved **3** (*incavato*) hollow; sunken: *occhi infossati*, hollow (*o* sunken *o* deepset) eyes.

affossatore *s.m.* **1** (*al cimitero*) grave -digger **2** (*chi affossa un progetto*) a person who shelves a project; a shelver **3** (*agr.*) ditcher.

affossatura *s.f.* → **affossamento**.

affrancabile *agg.* **1** releasable; that can be franked; remissible **2** that can be stamped.

affrancamento *s.m.* **1** release, deliverance, liberation **2** (*di lettera*) stamping, franking.

affrancare *v.tr.* **1** to release, to set* free, to liberate, to free: *— uno schiavo*, to free a slave **2** (*lettera, pacco ecc.*) to stamp; to frank **3** (*dir.*) to remit: *— una proprietà, un'eredità*, to redeem a property, an inheritance.

□ **affrancarsi** *v.rifl.* to free oneself, to rid* oneself (of sthg.): *— dai pregiudizi*, to free (*o* to rid) oneself of prejudice.

affrancato *agg.* **1** (*liberato*) free **2** (*di lettera ecc.*) stamped; franked.

affrancatrice *s.f.* (*macchina*) franking machine; postal franker.

affrancatura *s.f.* (*posta*) postage: *lettera priva di —*, unstamped letter.

affrancazione *s.f.* (*non com.*) (*posta*) stamping.

affranto *agg.* **1** (*dal dolore*) broken-hearted, prostrate: *un cuore —*, a broken heart **2** (*stanchissimo*) worn out, exhausted.

affratellamento *s.m.* **1** fraternization **2** (*cameratismo*) camaraderie; fellowship; intimacy.

affratellare *v.tr.* to unite in close friendship, to bring* together, to get* to fraternize.

□ **affratellarsi** *v.rifl.rec.* to fraternize.

affrescare *v.tr.* (*pitt.*) to fresco.

affreschista *s.m.* e *f.* fresco painter, frescoist.

affresco *s.m.* (*pitt.*) fresco*: *dipingere ad —*, to paint in fresco.

affrettare *v.tr.* **1** to hasten, to hurry: *— il passo*, to quicken one's pace **2** (*anticipare*) to anticipate: *— le nozze*, to anticipate the date of the marriage.

□ **affrettarsi** *v.rifl.* **1** to hurry, to hurry up, to make* haste: *affrettatevi, per favore*, hurry up, please **2** (*farsi premura di*) to hasten, to make* haste: *si affrettò a comunicarmi la notizia*, he hastened to tell me the news.

affrettatamente *avv.* hastily, in haste; (*in gran fretta*) in a hurry, hurriedly.

affrettato *agg.* **1** hasty, hurried: *un pasto —*, a hurried meal **2** (*fig.*) (*poco curato*) rushed; careless: *un lavoro —*, a rushed piece of work.

affricato *agg.* (*fon.*) affricative.

affrontabile *agg.* that can be faced.

affrontare *v.tr.* **1** to face; to brave, to confront: *per voi affronterei la morte*, I would face death for you; *un uomo coraggioso affronta il pericolo senza paura*, a bold man confronts danger without fear; *— il nemico*, *l'ira del padre...*, to face the enemy, one's father's anger...; *— gli elementi*, to brave the elements **2** (*fig.*) to face up to (sthg.), to deal* with (s.o., sthg.), to tackle: *è ora di — la realtà*, it's time to face up to reality; *— un argomento difficile*, to deal with (*o* to tackle) a difficult subject; *— un problema*, to tackle (*o* to discuss) a problem **3** (*tecn.*) to face.

□ **affrontarsi** *v.rifl.rec.* to meet* with hostility; (*venire alle mani*) to come* to blows; to begin* to fight: *gli eserciti si affrontarono all'alba*, the armies met at dawn.

affronto *s.m.* affront, insult, outrage, slight, snub: *fare un — a qlcu.*, (*form.*) to offer an affront to s.o. (*o* to slight s.o. *o* to insult s.o.); *subire, patire un — da parte di qlcu.*, to be insulted by (*o form.* to suffer an affront at the hands of) s.o.

affumicamento *s.m.* **1** smoking **2** (*annerimento da fumo*) blackening with smoke **3** (*di carne, di pesce ecc.*) smoking, curing; smoke-drying; (*di aringhe*) curing, kippering; bloating.

affumicare *v.tr.* **1** to fill with smoke // *— un nido di api*, to smoke bees out of their nest **2** (*annerire col fumo*) to stain, to blacken with smoke **3** (*carne, pesce ecc.*) to smoke, to cure, to smoke-dry; (*aringhe*) to cure, to kipper; to bloat.

affumicato *agg.* **1** blackened by smoke **2** (*di carne, pesce ecc.*) cured, smoked; (*di aringhe*) kippered, cured; bloated **3** (*lenti affumicate*) smoked-glasses: *vetro —*, smoked glass.

affumicatoio *s.m.* smoke-house.

affumicatore *s.m.* smoker.

affumicatura *s.f.* → **affumicamento**.

affusolare *v.tr.* to taper.

affusolato *agg.* tapered, tapering: *colonna affusolata*, tapered column; *dita affusolate*, tapering fingers.

affusto *s.m.* **1** (*mil.*) carriage, mount: *— a scomparsa*, disappearing carriage **2** (*ferr.*) mount: *— ferroviario*, railway mount.

afgano, **afghano** *agg.* e *s.m.* Afghan.

afide *s.m.* (*zool.*) aphid*, aphis*; (*pop.*) plant louse* // *— verde* (*del pesco*), (*Myzus persicae*) greenfly.

afnio *s.m.* (*chim.*) hafnium.

afonia *s.f.* (*med.*) aphonia.

afono *agg.* voiceless; (*rauco*) hoarse; (*med.*) aphonic, aphonous // *stamattina è —*, (*fam.*) he's lost his voice this morning.

aforisma, **aforismo** *s.m.* aphorism.

aforistico *agg.* aphoristic.

afosità *s.f.* sultriness, closeness.

afoso *agg.* sultry, sweltering, oppressive: *tempo —*, sultry weather.

africander *s.m.* e *f.* Afrikaner, Afrikander.

africanismo *s.m.* Africanism.

africanista *s.m.* e *f.* Africanist.

africanistica *s.f.* African studies (*pl.*).

africano *agg.* e *s.m.* African.

afrikaans *s.m.* Afrikaans.

afrikander → **africander**.

afro- *pref.* Afro-: *afroasiatico*, Afro-Asian.

afrodisiaco *agg.* e *s.m.* aphrodisiac.

afrodite *s.f.* (*zool.*) (*Aphrodite aculeata*) sea-mouse*.

afrometro *s.m.* aphrometer.

afrore *s.m.* stink, reek, stench.

afta *s.f.* (*med.*) aphtha*: (*vet.*) *— epizootica*, foot-and-mouth disease.

aftoso *agg.* aphtous.

agama comune *s.m.* (*zool.*) (*Agama agama*) agama.

agami *s.m.* (*zool.*) → **trombettiere** 2.

agamia *s.f.* (*biol.*) agamogenesis.

agamico *agg.* (*biol.*) agamic, agamous.

agamogenesi → **agamia**.

agape *s.f.* agape*.

agar-agar *s.m.* agar-agar.

agarico *s.m.* (*bot.*) agaric.

agata *s.f.* (*min.*) agate.

agave *s.f.* (*bot.*) agave // *— americana*, (*Agave americana*) American aloe; *— sisalana*, (*Agave sisalana*) sisal.

agemina, **ageminare** → **damaschinatura**, **damaschinare**.

agenda *s.f.* **1** (*taccuino*) diary, notebook, memorandum book: — *tascabile*, pocket diary **2** (*ordine del giorno*) agenda: *che cosa c'è in — oggi?*, what's on the agenda today?; *il prossimo punto in — è...*, the next item on the agenda is... **3** (*inform.*) electronic data book, electronic diary.

agente *s.m.* **1** agent: — *pubblicitario*, press agent, (*fam. amer.*) flack (*o* huckster); — *letterario*, literary agent; — *commissionario*, commission (*o* sales) agent; — *di commercio*, business agent; — *compratore*, buying agent; — *di vendita*, sales representative (*o* sales agent *o* selling agent); — *esclusivo*, sole (*o* esclusive) agent; — *di spedizioni*, forwarding (*o* freight *o* shipping) agent; — *marittimo*, shipping agent (*o* ship-broker); — *immobiliare*, estate (*o* land) agent, (*amer.*) realtor; — *di assicurazioni*, insurance agent (*o* broker) // — *del fisco*, inspector of taxes; — *delle imposte*, assessor // (*fin.*): — *di cambio*, stockbroker, (*del mercato monetario*) bill-broker; — *che negozia merci in borsa*, commodities broker // — *di polizia*, policeman; — *investigativo*, detective; — (*del governo*) *federale*, federal agent; — *antidroga*, narcotics agent // — *doganale*, customs agent (*o* officer) // — *di custodia*, (prison) guard (*o* ward) // — *segreto*, secret agent // (*pol.*) — *provocatore*, 'agent provocateur' // — *diplomatico*, diplomatic agent **2** (*med*, *fis.*, *chim.*) agent: — *patogeno*, *fisico*, *chimico*, pathogenic, physical, chemical agent; — *ionizzante*, ionizing agent **3** (*gramm.*) agent.

agenzia *s.f.* **1** agency: — *d'informazioni*, information bureau (*o* enquiry office); — *di pubblicità*, advertising agency; — *di trasporti*, *di spedizioni*, forwarding agency; — *marittima*, shipping agency; — *di viaggi*, travel agency (*o* travel bureau); — *immobiliare*, estate agency; — *di cambio*, 'bureau de change' (*o* foreign exchange office); — *d'affari*, business agency; — *d'assicurazione*, insurance agency; — *di investigazione*, detective agency; — *di collocamento*, employment agency (*o* bureau); — *di prestiti su pegno*, pawnshop; (*trib.*) — *di riscossione*, collecting agency **2** (*filiale*) branch office.

agerato *s.m.* (*bot.*) ageratum.

agevolare *v.tr.* to facilitate, to make* easy; (*aiutare*) to help, to assist; (*favorire*) to favour.

agevolazione *s.f.* facilitation, facility: *agevolazioni creditizie*, borrowing (*o* credit) facilities; *agevolazioni di pagamento*, easy terms of payment; *agevolazioni alle esportazioni*, export rebates; (*trib.*) *agevolazioni fiscali*, tax relief.

agevole *agg.* **1** easy; handy; (*comodo*) comfortable; (*di strada*) smooth: *un compito non certo* —, not by any means an easy task **2** (*di prezzo*) reasonable.

agevolmente *avv.* easily; smoothly; comfortably.

agganciamento *s.m.* **1** hooking, clasping **2** (*ferr.*) coupling **3** (*allacciamento*) linking, linkage.

agganciare *v.tr.* **1** to hook, to clasp // — *i salari al costo della vita*, to link wages to the cost of living **2** (*ferr.*) to couple (up): — *la locomotiva*, to couple up the engine **3** (*fig.*) to get* onto (s.o.) **4** (*sport*) (*raggiungere*) to catch* up on (s.o.) // (*calcio*) — *la palla*, to stop the ball (with one's foot).

aggancio *s.m.* **1** (*mecc.*) hooking **2** (*fig.*) (*contatto*) contact: *avere dei buoni agganci politici*, (*fam.*) to have political pull (*o* clout).

aggeggio *s.m.* gadget, device, contrivance, contraption: *uno strano* —, a strange gadget; *che cos'è quell'—?*, what's that contraption?

aggettare *v.intr.* (*arch.*) to jut (out), to project.

aggettivale *agg.* adjectival: *valore*, *funzione* —, adjectival value, function; *locuzione* —, adjectival phrase.

aggettivare *v.tr.* **1** (*gramm.*) to turn (sthg.) into an adjective; to use (sthg.) as an adjective **2** to put* adjectives in (sthg.) **3** (*assol.*) (*usare aggettivi*) to use adjectives.

aggettivazione *s.f.* (*gramm.*) adjectivation.

aggettivo *s.m.*(*gramm.*) adjective: — *predicativo*, *attributivo*, *numerale*, *interrogativo*, predicative, attributive, numeral, interrogative adjective.

aggetto *s.m.* **1** (*arch.*) boss; overhang **2** (*aer.*) overhang **3** (*mecc.*) lug.

agghiacciante *agg.* terrible, frightful, dreadful, appalling: *una scena* —, a dreadful scene.

agghiacciare *v.tr.* to congeal; to freeze* (*anche fig.*): *la notizia mi agghiacciò*, the news chilled me (*o* the news struck me dumb); — *il sangue*, to freeze one's blood.

□ **agghiacciarsi** *v.intr.pron.* to freeze*, to congeal; to turn to ice; to become* frozen: — *dalla paura*, to freeze with (*o* to become frozen with *o* to be paralysed by) fear; *gli si agghiacciò il sangue nelle vene*, his blood froze in his veins; *l'urlo mi fece agghiacciare il sangue*, the scream made my blood run cold.

agghiaccio *s.m.* (*mar.*) steering gear.

agghiaiare *v.tr.* to gravel; to strew* with gravel.

agghindamento *s.m.* dressing up, rigging out, showy dressing.

agghindare *v.tr.* to dress smartly; to deck out; (*fig.*) (*abbellire*) to adorn (with sthg.), to embellish.

□ **agghindarsi** *v.rifl.* to dress (oneself) up, to deck oneself out.

agghindato *agg.* dressed up (*pred.*), decked out (*pred.*); (*fig.*) embellished.

aggio *s.m.* (*fin.*) agio, premium: — *dell'oro*, gold premium; — *del dollaro*, dollar premium // — *dell'esattore*, collecting commission.

aggiogabile *agg.* fit for harness.

aggiogamento *s.m.* yoking.

aggiogare *v.tr.* **1** to yoke; to team, to join in pairs **2** (*soggiogare*) to subjugate; to subject.

aggiornamento *s.m.* **1** updating, bringing up to date; (*di un libro*) revision; (*di un impianto*) updating, renovation: — *tecnico*, technical modernization; *corso di* —, refresher course; *l'opera è in corso di* —, the work is being updated; *volume di* —, updated supplement // (*amm.*) — *dei libri contabili*, posting **2** (*inform.*) updating; update; (*di dati*) maintenance **3** (*rinvio*) adjournment, postponement.

aggiornare *v.tr.* **1** (*mettere al corrente*) to update, to bring* (s.o., sthg.) up to date: — *un libro*, *un catalogo*, to update a book, a catalogue; *aggiornami sulla situazione*, bring me up to date on the situation **2** (*prezzi*, *tariffe*) to bring* up to date: — *le tariffe postali*, to bring (the) postal rates up to date **3** (*rinviare*) to adjourn, to postpone: *la riunione è stata aggiornata a lunedì prossimo*, the meeting has been adjourned untill next Monday **4** (*inform.*) to update ◆ *v.intr.* (*farsi giorno*) to dawn.

□ **aggiornarsi** *v.rifl.* **1** to keep* oneself up to date, to keep* oneself abreast of the times: — *nella tecnica*, to keep oneself abreast of technical developments; *bisogna* —, one must keep up (*o* move *o* march) with the times **2** (*di assemblea*) to adjourn: *la corte si aggiornò*, the court adjourned; *la seduta si aggiorna*, the sitting is adjourned.

aggiornato *agg.* up-to-date: *essere — nel progresso tecnico*, to be abreast of technical progress; *un dizionario* —, an up-to-date dictionary.

aggiotaggio *s.m.* (*Borsa*) agiotage, rigging the market, rig; stockjobbing.

aggiotatore *s.m.* (*Borsa*) stockjobber, rigger.

aggiramento *s.m.* **1** turning, encirclement **2** (*mil.*) outflanking.

aggirare *v.tr.* **1** to go* round (sthg.), to avoid (*anche fig.*): — *un ostacolo*, *una difficoltà*, to avoid an obstacle, a difficulty **2** (*mil.*) to outflank **3** (*raggirare*, *ingannare*) to deceive, to cheat, to dupe.

□ **aggirarsi** *v.intr.pron.* **1** to wander about, to go* about, to roam (about), to rove: *si aggirava per le vie*, he roaved the streets; — *nei boschi*, *per le strade*, to wander through the woods, about the streets; — *per le colline*, to roam over the hills **2** (*fig.*) (*approssimarsi a*) to be around, to be about: *il prezzo si aggirava sulle cinque sterline*, the price was around five pounds **3** (*fig.*) (*trattare di*) to be about (sthg.), to deal* with (sthg.): *il sermone si aggirava su questi argomenti*, the sermon dealt with (*o* was on, about) these subjects.

aggiudicabile *agg.* awardable (*anche dir.*).

aggiudicante *s.m.* **1** awarder **2** (*dir.*) adjudger.

aggiudicare *v.tr.* **1** to award; (*a un'asta*) to award; to knock down: — *un appalto*, *un premio*, to award a contract, a prize; *il quadro è stato aggiudicato per un milione*, the picture was knocked down at (*o* was sold for) a million // *aggiudicato!*, gone! **2** *aggiudicarsi*, (*aggiudicare a sé stessi*) to obtain, to win*, to gain: *aggiudicarsi un quadro*, to obtain a picture; *aggiudicarsi la vittoria*, to win (o to gain) a victory **3** (*dir.*) to adjudge, to adjudicate.

aggiudicatario *s.m.* **1** (*dir.*) person to whom sthg. has been adjudged **2** (*a un'asta*) highest bidder.

aggiudicativo *agg.* (*dir.*) adjudicative.

aggiudicazione *s.f.* **1** award **2** (*dir.*) adjudgement, adjudication.

aggiungere *v.tr.* to add: — *delle note marginali*, to add marginal notes; — *un posto*, to add a seat; *"e verrò anch'io", aggiunse*, "I'll come too", he added.

□ **aggiungersi** *v.rifl.* o *intr.pron.* (*di persona*) to join (s.o.); (*di cosa*) to be added: *a tutto ciò si aggiunse il cattivo tempo*, in addition to this (*o* what's more) the weather was bad.

aggiunta *s.f.* **1** addition: *con l'— di*, with the addition of; *un'— indispensabile*, an indispensable addition **2** (*econ.*) accession; (*sovrappiù*) boot.

aggiuntare *v.tr.* to join; to fasten together; to piece together: — *due pezzi di corda*, to join two pieces of rope.

aggiuntatura *s.f.* **1** joining together; piecing together **2** (*punto di aggiuntatura*) joint, juncture.

aggiuntivo *agg.* additional: *pezzo —, nota aggiuntiva*, additional piece, note.

aggiunto *agg.* added, joined ◆ *s.m.* **1** (*antiq.*) (*gramm.*) adjective, epithet **2** (*delegato*) assistant, deputy.

aggiustabile *agg.* adjustable, arrangeable (*anche fig.*); mendable, repairable: *la situazione è ancora —*, the situation can still be resolved.

aggiustaggio *s.m.* (*mecc.*) adjustment, fitting.

aggiustamento *s.m.* **1** repairing, mending, (*topografia*) adjustment **2** (*fig.*) settlement: *venire a un —*, to come to an agreement // (*mil.*) *tiri di —*, adjustment fire // (*fin., econ.*): — *di cambio*, valuation adjustment; — *dei conti*, settlement of accounts; *intervallo di —*, adjustment lag.

aggiustare *v.tr.* **1** (*riparare*) to mend, to repair; (*fam.*) to fix: — *scarpe*, to mend (*o* to repair) shoes; *me lo sai —?*, can you mend (*o* fix) it for me? **2** (*sistemare*) to adjust: *si aggiustò la cravatta*, he adjusted (*o* straightened) his tie; *aggiustarsi i capelli*, to tidy (*o* to fix) one's hair // *lo aggiusto io!*, (*fam.*) I'll fix him! // — *i conti*, (*anche fig.*) to settle accounts.
□ **aggiustarsi** *v.intr.pron.* to come* out right, to turn out right: *alla fine tutto si aggiusterà*, it will all come out right in the end ◆ *v.rifl.* o *rifl.rec.* (*fam.*) **1** to make* do, to get* by: *per stanotte ci aggiusteremo*, for tonight we'll make do (*o* get by) **2** (*mettersi d'accordo*) to come* to an agreement: *ci aggiusteremo sul prezzo*, we can come to an agreement on the price.

aggiustata *s.f.* adjustment: *sei capace di dare un'— a questo orlo?*, could you fix this hem for me?

aggiustatore *s.m.* **1** adjuster **2** (*mecc.*) fitter.

aggiustatura *s.f.* **1** (*l'azione*) repair, mending **2** (*l'effetto*) repair, mend.

agglomeramento *s.m.* agglomeration; (*di persone*) gathering, collection.

agglomerare *v.tr.* to agglomerate, to accumulate, to bring* together.
□ **agglomerarsi** *v.rifl.* o *intr.pron.* to agglomerate; to bind*; (*di persone*) to gather, to collect.

agglomerato *s.m.* agglomerate (*anche geol.*): — *urbano*, urban conglomeration.

agglomerazione *s.f.* agglomeration.

agglutinamento *s.m.* agglutination.

agglutinante *agg.* **1** agglutinant, adhesive: *sostanze agglutinanti*, agglutinants (*o* agglutinant substances) **2** (*ling.*) agglutinative: *lingue agglutinanti*, agglutinative languages.

agglutinare *v.tr.* to glue together; to agglutinate.
□ **agglutinarsi** *v.intr.pron.* to agglutinate.

agglutinazione *s.f.* agglutination.

agglutinina *s.f.* (*biochim.*) agglutinin.

agglutinogeno *s.m.* (*biol.*) agglutinogen.

aggobbire *v.tr.* e *intr.* (*non com.*) to crook.

aggomitolare *v.tr.* to wind* up, to wind* (sthg.) into a ball.
□ **aggomitolarsi** *v.rifl.* (*fig.*) to roll oneself up, to curl up; to huddle up.

aggomitolatura *s.f.* winding into a ball.

aggottamento *s.m.* (*mar.*) bailing out.

aggottare *v.tr.* (*mar., edil.*) to bail out: — *una barca*, to bail (out) a boat (*o* to bail the water out of a boat).

aggottatura *s.f.* (*mar.*) bailing out.

aggradare *v.intr.* (*form.*) (*vivo solo nella 3ª persona sing. del pres. indic.*) to like (sthg.): *come vi aggrada*, as you like (*o* as you please); *se ciò non vi aggrada...*, if you don't like it...

aggraffare *v.tr.* (*mecc.*) to seam.

aggraffatrice *s.f.* **1** (*mecc.*) seamer **2** (*fam.*) stapler.

aggraffatura *s.f.* (*mecc.*) seaming.

aggrandire *v.tr.* **aggrandirsi** *v.rifl.* (*non com.*) → **ingrandire**, **ingrandirsi**.

aggrapparsi *v.rifl.* to cling* (*anche fig.*): — *a una speranza*, to cling to a hope // — *a un filo*, to clutch at straws.

aggrappato *agg.* clinging: *stare — a qlco.*, to cling to sthg.

aggravamento *s.m.* (*spec. di ammalato*) worsening.

aggravante *agg.* aggravating ◆ *s.f.* (*dir.*) aggravating circumstance.

aggravare *v.tr.* (*peggiorare*) to make* worse, to worsen: *voi non fate che — le cose*, you are only making matters worse; — *la situazione*, to make the situation worse // (*dir.*) — *la pena*, to increase the sentence.
□ **aggravarsi** *v.intr.pron.* to grow* worse, to become* worse, to get* worse, to worsen: *il malato si è aggravato*, the patient has got worse.

aggravato *agg.* **1** (*peggiorato*) worse // (*dir.*) *reato —*, aggravated crime **2** (*non com.*) (*oppresso*) overburdened (with sthg.).

aggravio *s.m.* **1** (*peso*) burden // — *di coscienza*, burden on s.o.'s conscience **2** (*inasprimento*) increase; rise: — *di spese*, rise in costs; — *fiscale*, tax increase.

aggraziare *v.tr.* to make* pretty, to embellish: — *un abito*, to embellish a dress // *aggraziarsi qlcu.*, (*non com.*) to win s.o.'s favour.

aggraziato *agg.* **1** graceful; handsome: *ha lineamenti aggraziati*, she's got handsome features; *un movimento —*, a graceful movement **2** (*cortese*) graceful, courteous.

aggredire *v.tr.* to assault, to assail, to attack (*anche fig.*): — *qlcu. alle spalle*, to assault (*o* to attack) s.o. from behind; — *un problema*, to attack a problem // (*med.*) — *un tumore*, to attack a tumour.

aggregabile *agg.* that can be added; addable.

aggregamento *s.m.* (*non com.*) aggregation.

aggregare *v.tr.* to aggregate.
□ **aggregarsi** *v.rifl.* o *intr.pron.* **1** (*associarsi*) to join (s.o., sthg.): — *a una spedizione*, to join an expedition **2** (*ammassarsi*) to aggregate, to unite.

aggregativo *agg.* aggregative.

aggregato *agg.* **1** associated; (*unito*) united: *forze aggregate*, united (*o* joint) forces; *un socio —*, an associated member **2** (*mil.*) (*aggiunto*) temporary; temporarily attached **3** (*econ.*) aggregate: *domanda, offerta aggregata*, aggregate demand, supply **4** (*geol.*) aggregate ◆ *s.m.* **1** (*unione*) aggregate // (*econ.*) — *monetario*, broad money **2** (*impiegato aggiunto*) temporary clerk **3** (*geol., mat.*) aggregate.

aggregazione *s.f.* aggregation; union: (*inform.*) — *di dati statistici*, accounting.

aggressione *s.f.* assault (*anche dir.*), attack, mugging(s); aggression (*spec.mil.*): — *a mano armata*, armed assault; *essere vittima di un'—*, to be assaulted (*o* mugged).

aggressività *s.f.* aggressiveness.

aggressivo *agg.* aggressive; belligerent ◆ *s.m.* (*chim., mil.*) — *chimico*, chemical weapon.

aggressore *agg.* aggressive ◆ *s.m.* aggressor, attacker; assailant.

aggrinzare, **aggrinzire** *v.tr.* to wrinkle (up): *il sole aggrinza la pelle*, sun wrinkles the skin.
□ **aggrinzarsi**, **aggrinzirsi** *v.intr.pron.* to wrinkle, to shrivel (up).

aggrondare → **aggrottare**.

aggroppare[1] *v.tr.* (*letter.*) to knot; (*avvolgere*) to wind*; to coil.
□ **aggropparsi** *v.rifl.* (*ammassarsi*) to bundle together, to gather, to accumulate.

aggroppare[2] *v.tr.* (*curvare*) to hunch, to hump: — *le spalle*, to hunch one's shoulders.

aggrottare *v.tr.* to wrinkle: — *la fronte*, to frown; — *le ciglia*, to frown, to knit* one's brows.

aggrottato *agg.* wrinkled: *essere —*, to be frowning.

aggrovigliamento *s.m.* entanglement.

aggrovigliare *v.tr.* to wind*; to tangle: — *una matassa di lana*, to tangle a skein of wool.
□ **aggrovigliarsi** *v.rifl.* o *intr.pron.* to kink; to get* entangled (*anche fig.*): *non aggrovigliarti in discorsi difficili*, don't get tangled up in difficult arguments.

aggrovigliato *agg.* kinked; entangled (*anche fig.*): *rapporti d'affari aggrovigliati*, intricate business dealings.

aggrumare *v.tr.* (*coagulare*) to coagulate, to clot, to curdle.
□ **aggrumarsi** *v.intr.pron.* to coagulate, to clot; (*di latte*) to curdle; (*di salsa ecc.*) to go* lumpy.

aggruppare *v.tr.* (*non com.*) to group, to assemble; to arrange in groups.
□ **aggrupparsi** *v.intr.pron.* to group, to form into groups; (*riunirsi*) to assemble, to gather together, to collect.

agguagliare *v.tr.* (*non com.*) **1** to equalize; to place on the same level, to level; to balance **2** (*paragonare*) to compare **3** (*eguagliare*) to equal.
□ **agguagliarsi** *v.rifl.* o *rifl.rec.* (*letter.*) **1** to become* equal to (s.o., sthg.); to place oneself on the same footing as (s.o.) **2** (*paragonarsi*) to compare oneself to (s.o.).

agguantare *v.tr.* **1** to catch*, to grasp, to seize // *lo agguantò con un pugno*, he caught him with a blow **2** (*mar.*) to hold* on to (sthg.).

agguato *s.m.* ambush, ambuscade; (*trappola*) trap, snare: *cadere in un —*, to fall into an ambush (*o* to be caught in a snare); *stare in —*, to lie in wait; *tendere un —*, to make (*o* to lay) an ambush (*o* to waylay *o* to ambush); (*fig.*) to lay a snare (for s.o.).

agguerrimento *s.m.* (*non com.*) **1** (*mil.*) (battle, combat) training **2** (*fig.*) inuring, inurement, hardening process.

agguerrire *v.tr.* **1** (*allenare*) to train (s.o.) for war(fare), for combat **2** (*fig.*) to inure; to harden: — *alle privazioni*, to inure to hardship. □ **agguerrirsi** *v.rifl.* **1** to train oneself for war(fare), for combat **2** (*fig.*) to become* hardened, to become* inured: — *alla fatica*, to become inured to fatigue.

agguerrito *agg.* **1** combat-hardened, battle -trained **2** (*fig.*) inured, hardened, seasoned // *un traduttore* —, an expert translator; *un sostenitore* —, a passionate supporter.

aghetto *s.m.* (*stringa*) lace.

aghiforme *agg.* needle-shaped; (*bot.*) aciform, acerose, spicular, spiculate.

agiatamente *avv.* in ease and comfort: *vivere* —, to be comfortably off.

agiatezza *s.f.* comfort, ease: *vive nell'*—, she is well-off (*o* comfortably off).

agiato *agg.* well-off, well-to-do; in easy circumstances.

agibile *agg.* feasible, practicable: *i locali sono stati dichiarati agibili*, the premises have been declared fit for habitation.

agibilità *s.f.* (*di edificio*) fitness for habitation; (*di impianto*) fitness for use: *richiedere l'— di un edificio*, to ask for a building to be declared habitable.

agile *agg.* agile, nimble, quick (*anche fig.*); (*di mano*) deft.

agilità *s.f.* agility, nimbleness, quickness (*anche fig.*): — *mentale*, mental agility; *acquistare* —, to become agile.

agilmente *avv.* nimbly, with agility; (*con destrezza*) deftly.

agio *s.m.* **1** comfort; (*comodo*) ease, leisure: *gli agi della vita*, the comforts of life; *lo farò a mio* —, I shall do it at my leisure; *sentirsi a proprio* —, to feel at one's ease; *vivere negli agi*, to live in luxury **2** (*opportunità*) time; opportunity: *era tardi e non ebbi — di risentirlo*, it was late and I had no time to hear him again **3** (*mecc.*) clearance, gap.

agiografia *s.f.* hagiography.

agiografico *agg.* hagiographic(al).

agiografo *s.m.* hagiographer.

agiologia *s.f.* hagiology.

agiologo *s.m.* hagiologist.

agire *v.intr.* **1** to act, to operate: *alcuni veleni agiscono lentamente*, some poisons act slowly; — *nell'interesse di qlcu.*, to act in the interest(s) of (*o* on behalf of) s.o.; — *per conto proprio*, to act on one's own account; — *su qlcu.*, (*fig.*) to influence s.o. (*o* to act on s.o.); *dovete —, non stare solo a guardare!*, get up and do something, don't just sit and watch! **2** (*comportarsi*) to act, to behave: *questo non è modo di* —, this is not the way to behave; *agì da criminale*, he acted like a criminal **3** (*funzionare*) to work: *la molla non agisce*, the spring does not work **4** (*dir.*) to institute, to take* legal proceedings, legal steps (against s.o.); to proceed (against s.o.); to file a lawsuit.

agitabile *agg.* (*non com.*) **1** shakable **2** (*fig.*) (*di persona*) excitable.

agitamento *s.m.* shaking.

agitare *v.tr.* **1** to agitate; (*scuotere*) to shake*, to stir; (*violentemente*) to toss: — *prima dell'uso*, shake well before using; — *la mano, un fazzoletto*, to wave one's hand, a handkerchief **2** (*eccitare*) to stir, to excite: *le parole del poeta agitarono la sua fantasia*, the poet's words stirred (*o* stimulated) his imagination **3** (*rendere inquieto*) to upset*, to agitate: *la notizia lo ha agitato*, the news upset him **4** (*discutere*) to discuss, to debate; (*form.*) to moot: — *un problema*, to bring up (*o* to air) a problem.
□ **agitarsi** *v.rifl.* o *intr.pron.* **1** to be agitated; to be restless; to toss: *i bambini sono stanchi di aspettare, cominciano ad* —, the children are tired of waiting, they are getting restless; — *nel sonno*, to toss in one's sleep // *il mare si agita*, the sea is rising (*o* getting rough); *qualcosa si agita nell'acqua*, something is bobbing up and down in the water **2** (*emozionarsi*) to fuss; (*turbarsi*) to become* upset, to get* upset, to worry **3** (*pol.*) to agitate; to clamour **4** (*essere indaffarato*) to bustle (about).

agitato *agg.* **1** agitated; troubled; excited; (*irrequieto*) restless // *mare* —, rough sea **2** (*mus.*) agitato ♦ *s.m.* (*psic.*) seriously disturbed, violent patient.

agitatore *s.m.* **1** (*pol.*) agitator; ringleader; (*fam.*) stirrer **2** (*tecn.*) agitator; stirrer; mixer.

agitazione *s.f.* **1** agitation (*anche fig.*); anxiety: *lo trovai in uno stato di grave agitazione*, I found him terribly upset // (*chim.*) — *molecolare*, molecular agitation **2** (*pol.*) unrest, agitation: — *sociale*, social unrest; — *sindacale*, industrial action (*o* labour trouble).

agit-prop *s.m.* e *f.* agitprop.

agliaceo *agg.* garlicky; garlic-smelling; garlic-tasting: *una pianta con un odore* —, a garlic-smelling plant.

agliata *s.f.* (*cuc.*) garlic sauce.

aglio *s.m.* garlic: *spicchio d'*—, clove of garlic // (*bot.*): (*Allium sativum*) garlic; — *selvatico*, (*Allium moly*) moly; — *orsino*, (*Allium ursinum*) ramson; — *di Spagna*, (*Allium scorodoprasum*) rocambole.

agnatizio *agg.* (*dir.*) agnatic.

agnato *s.m.* (*dir.*, *zool.*) agnate.

agnazione *s.f.* (*dir.*) agnation.

agnellino *s.m.* little lamb; (*letter.*) lambkin // — *di Persia*, Persian lamb.

agnello *s.m.* lamb: *costoletta di* —, lamb cutlet // *l'Agnello di Dio*, the Lamb of God // *un lupo in veste di* —, a wolf in sheep's clothing.

agnizione *s.f.* (*lett.*) recognition.

agnocasto *s.m.* (*bot.*) chaste tree.

agnolotti *s.m.pl.* (*cuc.*) 'agnolotti' (sort of ravioli filled with forcemeat).

agnosticismo *s.m.* agnosticism.

agnostico *agg.* agnostic.

ago *s.m.* **1** needle: — *da calza*, knitting needle; — *da rammendo*, darning needle; — *torto*, crochet hook; *cruna dell'*—, eye of the needle; *lavoro ad* —, needlework; *infilar l'*—, to thread a needle // *cercare un — in un pagliaio*, to look for a needle in a haystack **2** (*di bilancia*) pointer, tongue, index **3** (*mecc.*) needle; (*di stampante a punti*) pin; (*ferr.*) — *dello scambio*, switch point (*o* tongue); — *d'inclinazione magnetica*, dipping needle; — *magnetico*, magnetic needle **4** (*bot.*) needle **5** (*pungiglione, di vespa ecc.*) sting.

agognare *v.tr.* (*letter.*) to yearn for (sthg.), to desire eagerly, to long for (sthg.), to crave for (sthg.).

agognato *agg.* coveted, longed for: *la meta agognata*, the coveted goal.

agone[1] *s.m.* **1** athletic contest; contest **2** (*arena*) sports ground; field; arena; (*letter.*) combat // *scendere nell'*—, to enter the lists.

agone[2] *s.m.* (*zool.*) (*Alosa alosa*) allis shad.

agonia *s.f.* **1** pangs of death (*pl.*), death throes (*pl.*); agony: *è in* —, he is in the throes of death (*o* he is at death's door); *morire dopo una lunga* —, to die a lingering death **2** (*tormento*) agony, anguish.

agonismo *s.m.* competitive spirit: *campione dell'— mondiale*, world-class competitor.

agonista *s.m.* e *f.* (*st.*) athlete.

agonistica *s.f.* **1** agonistics [U], athletics [U] **1** (*arte di addestrare il corpo*) athletic training.

agonistico *agg.* agonistic; athletic, competitive: *attività agonistica*, competitive sports; *spirito* —, competitive spirit.

agonizzante *agg.* dying; (*fig.*) moribund, languishing: *essere* —, to be dying (*o* to be in the throes of death *o* to be at death's door); *l'economia è* —, the economy is languishing.

agonizzare *v.intr.* **1** to be dying, to be on the point of death, to be in the throes of death, to be at death's door **2** (*fig.*) to languish.

agopuntore *agg.* e *s.m.* (*med.*) acupuncturist.

agopuntura *s.f.* (*med.*) acupuncture.

agorafobia *s.f.* (*psic.*) agoraphobia.

agorafobo *agg.* e *s.m.* (*psic.*) agoraphobic.

agoraio *s.m.* needle-case.

agostano *agg.* August (*attr.*): *fieno* —, August hay.

agostiniano *agg.* Augustinian ♦ *s.m.* Augustinian friar, Austin friar.

agostino *agg.* (*non com.*) **1** born in August **2** (*che matura in agosto*) ripening in August: *uva agostina*, August grapes.

agosto *s.m.* August: *in* —, in August.

agramente *avv.* sourly; bitterly.

agranulocitosi *s.f.* (*med.*) agranulocytosis (*pl.* -ses).

agraria *s.f.* agriculture: *facoltà di* —, faculty of agriculture.

agrario *agg.* agricultural; agrarian: *perito* —, agricultural expert; *riforma agraria*, agrarian reform; *chimica agraria*, agricultural chemistry; *ecologia agraria*, agrioecology.

agresta *s.f.* sour, unripened grapes.

agreste *agg.* **1** rural, rustic; (*form.*) agrestic: *vita* —, rural life; *pace, fascino* —, rustic peace, charm // *piante agresti*, wild plants **2** (*ecol.*) agrestal.

agresto[1] → **agreste**.

agresto[2] *agg.* sour ♦ *s.m.* **1** unripe grapes **2** (*succo*) verjuice.

agretto *s.m.* (*agro*) sourish and tart taste.

agrezza *s.f.* sourness (*anche fig.*); acidity (*anche fig.*).

agricolo *agg.* agricultural: *mostra agricola*, agricultural show; *azienda agricola*, farm; *macchine agricole*, agricultural machinery; *prodotti agricoli*, agricultural products; *anno* —, farmer's year.

agricoltore *s.m.* farmer; (*form.*) agriculturist.

agricoltura *s.f.* agriculture, farming: — *intensiva, estensiva*, intensive, extensive agriculture; — *di sussistenza*, subsistence agriculture.

agrifoglio *s.m.* (*bot.*) (*Ilex aquifolium*) holly.

agrigno *agg.* sourish.

agrimensore *s.m.* land surveyor.

agrimensura *s.f.* land surveying.

agrimonia *s.f.* (*bot.*) (*Agrimonia eupatoria*) agrimony.

agriturismo *s.m.* **1** farm holidays **2** holidays working on a farm.

agrituristа *s.m.* e *f.* farm holidaymaker.

agro[1] *agg.* **1** sour, acid **2** (*fig.*) sharp, harsh, pungent ◆ *s.m.* (*agrezza*) sourness; acidity // (*cuc.*) *cibi all'*—, food with vinegar or lemon (added).

agro[2] *s.m.* **1** field; territory; country surrounding a town: *l'— romano*, the countryside around Rome // *l'Agro Pontino*, the Pontine marshes (*pl.*) **2** (*poet.*) field, mead.

agroalimentare *agg.* agroindustrial: *industria* —, agribusiness (*o* agrobusiness); *il settore* —, the agroindustrial sector.

agrobiologia *s.f.* agrobiology.

agroclimatologia *s.f.* (*meteor.*) agroclimatology.

agrodolce *agg.* **1** sweet and sour // (*cuc.*) *maiale in* —, sweet and sour pork **2** (*fig.*) catty, cattish.

agrofilo *agg.* (*ecol.*) agrophilous.

agroindustria *s.f.* agroindustry.

agrologia *s.f.* agrology.

agrometeorologia *s.f.* (*meteor.*) agrometeorology.

agronica *s.f.* agro-electronics ⓤ.

agronomia *s.f.* agronomy.

agronomico *agg.* agronomic, agronomial.

agronomo *s.m.* agronomist.

agropastorale *agg.* agropastoral.

agrostide *s.f.* (*bot.*) (*Agrostis alba*) fiorin; — *alpina*, (*Agrostis alpina*) bent, (*pop.*) hair-grass; — *canina*, (*Agrostis canina*) dog's-grass.

agrume *s.m.* **1** citrus, citrus fruit: *pianta di agrumi*, citrus (*o* citrous) tree **2** (*ant.*) sourness.

agrumeto *s.m.* citrus plantation, citrus orchard.

agrumi *s.m.pl.* citrus fruit(s); citruses.

agrumicolo *agg.* citrus (*attr.*).

agrumicoltore *s.m.* citrus fruit grower, cultivator.

agrumicoltura *s.f.* citrus fruit growing, cultivation.

agucchiare *v.intr.* **1** (*cucire*) to stitch, to sew*, to ply one's needle **2** (*lavorare a maglia*) to knit.

aguglia[1] *s.f.* (*ant.*) (*aquila*) eagle.

aguglia[2] *s.f.* **1** (*ant.*) (*punta*) tip, point **2** (*di chiesa*) spire.

aguglia[3] *s.f.* (*zool.*) (*Belone belone*) gar; (*pop.*) needlefish.

agugliata *s.f.* (*antiq.*) needleful; a length of thread.

agugliotto *s.m.* (*mar.*) **1** solepiece **2** — (*del timone*), pintle.

aguti *s.m.* (*zool.*) (*Dasyprocta aguti*) agouti, agouty.

aguzzamento *s.m.* sharpening; whetting; excitement; stimulation.

aguzzare *v.tr.* **1** to sharpen, to point, (*form.*) to whet (*fig.*) **2** (*fig.*) to whet, to excite, to stimulate; to quicken: — *la vista*, to keep one's eyes peeled (*o* to take a closer look); — *l'appetito a qlcu.*, to whet s.o.'s appetite; — *l'ingegno, la mente di qlcu.*, to sharpen s.o.'s wits // *il bisogno aguzza l'ingegno*, (*prov.*) necessity is the mother of invention // — *gli orecchi*, to prick up one's ears.

□ **aguzzarsi** *v.intr.pron.* **1** (*divenire aguzzo*) to get* sharper, to sharpen **2** (*fig.*) (*acuirsi*) to sharpen.

aguzzatura *s.f.* (*non com.*) sharpening.

aguzzino *s.m.* **1** (*st.*) galley-sergeant **2** (*carceriere*) jailor, jailer, gaoler **3** (*fig.*) tyrant, slave driver, taskmaster.

aguzzo *agg.* **1** sharp; pointed **2** (*fig.*) (*penetrante*) sharp, keen, penetrating: *uno sguardo* —, a sharp (*o* keen) glance.

ah *inter.* ah!; ah ah!; aha!

ahi *inter.* ah!

ahimè *inter.* alas!; (*povero me*) dear me!

aia *s.f.* farmyard, barnyard // *menare il can per l'*—, (*fig.*) to beat about the bush.

ai-ai *s.m.* (*zool. pop.*) (*Bradypus tridactylus*) ai.

AIDS *s.f.* e *m.* Aids.

aigrette *s.f.* (*pennacchio*) aigrette plume, egret.

aiguille *s.f.* (*geogr.*) aiguille.

ailanto *s.m.* (*bot.*) (*Ailanthus altissima*) ailanthus, tree of heaven.

aio *s.m.* (*antiq.*) tutor.

aiola → **aiuola**.

aire *s.m.* (*non com.*) swing, impulse; turn: *dar l'— a qlco., a qlcu.*, to set sthg. going, to start sthg. off; *prendere l'*—, to get going (*o* to start off).

airone *s.m.* (*zool.*) (*Ardea cinerea*) heron // — *bianco*, (*Casmerodius albus*) egret.

air terminal *s.m.* air terminal.

aita *s.f.* (*poet.*) help!

aitante *agg.* strong, vigorous, sturdy, robust: *un giovane* —, a sturdy young man.

aiuola *s.f.* flowerbed.

aiutante *s.m.* **1** assistant; helper **2** (*mil.*) adjutant: — *di campo*, aide-de-camp.

aiutare *v.tr.* **1** to help, to assist; (*form.*) to aid; (*fam.*) (*dare una mano*) to lend* (s.o.) a hand; (*soccorrere*) to assist; to relieve: *mi sono fatto — da mia sorella*, I got my sister to help me; — *qlcu. a mettere il cappotto*, to help s.o. on with his overcoat; — *qlcu. a uscire* (*da un veicolo*), to help s.o. out **2** (*stimolare, favorire*) to stimulate, to help: *un whiskey aiuta la digestione*, a whisky helps (*o* facilitates) digestion; — *la memoria*, to stimulate (the) memory.

□ **aiutarsi** *v.rifl.* to help oneself, to do* one's best: *si aiuta come può*, he does his best // *aiutati che Dio t'aiuta*, (*prov.*) God helps those who help themselves ◆ *v.rifl.rec.* to help each other (one another).

aiuto *s.m.* **1** help, assistance, aid, relief: —!, help!; — *ai poveri*, poor relief; *chiamare, chiedere* —, to call for help; *gridare* —, to call out for help; *dare aiuto a qlcu.*, to help s.o., to give help to s.o.; *essere di grande — a qlcu.*, to be of great help to s.o.; *un buon dizionario è un valido — nelle traduzioni*, a good dictionary is a valuable aid in translating // (*econ.*) *aiuti economici all'estero*, foreign aid **2** (*chi aiuta*) helper; assistant: — *giardiniere*, under gardener; — *regista*, assistant director; (*inform.*) — *in linea*, help on-line **3** (*medico*) assistant, deputy **4** *pl.* (*mil.*) reinforcements.

aizzamento *s.m.* incitement; instigation, provocation, goading.

aizzare *v.tr.* to incite, to instigate, to provoke; to goad s.o. (into sthg.): — *un cane contro qlcu.*, to set a dog on s.o.; — *alla rivolta*, to incite to revolt.

aizzatore *s.m.* instigator; inciter.

ala *s.f.* **1** wing; (*di pinguino*) flipper: *l'uccello batteva le ali*, the bird beat (*o* fluttered) its wings; *fornito di ali*, pinnate(d); *privo di ali*, wingless (*o* unwinged); *apertura d'ali*, wingspan; *ad ali spiegate*, with (out)spread wings; *battere le ali*, to fly // *la paura gli metteva le ali ai piedi*, (*fig.*) fear lent him wings; *essere sotto le ali di qlcu.*, (*fig.*) to be under s.o.'s wing; *spiegare le ali*, to spread one's wings; *tarpare le ali*, to pinion (*o anche fig.* to clip the wings); *in un batter d'ali*, (*fig.*) in a flash; *sulle ali del ricordo*, on the wings of memory **2** (*aer.*) wing: — *a delta*, delta wing **3** (*mecc.*) flange: — *inferiore* (*di una trave a I*), bottom flange **4** (*arch.*) wing; (*di chiesa*) aisle **5** (*di cappello*) brim **6** (*di polmone*) lobe **7** (*mil.*) wing, flank: *la cavalleria era ammassata all'— sinistra*, the cavalry were massed on the left wing **8** (*sport*) (*posizione*) wing; (*persona*) winger: (*calcio*) *mezz'— destra, sinistra*, inside (*o* outside) right, inside (*o* outside) left.

alabarda *s.f.* halberd.

alabardiere *s.m.* halberdier.

alabastrino *agg.* alabaster (*attr.*); alabastrine (*anche fig.*).

alabastro *s.m.* alabaster.

alacre *agg.* **1** active; brisk; (*laborioso*) industrious; (*sollecito*) prompt, ready; zealous **2** (*vivace*) lively, quick; *ingegno* —, a lively (*o* quick) mind.

alacremente *avv.* with alacrity, briskly; with dispatch; (*con sollecitudine*) promptly, readily.

alacrità *s.f.* alacrity; briskness; (*laboriosità*) laboriousness; (*sollecitudine*) promptness, readiness.

alaggio *s.m.* **1** (*mar.*) haulage // *scalo di* —, slipway **2** (*aer.*) beaching: *carrello di* —, beaching gear.

alalia *s.f.* (*med.*) alalia.

alamanno *agg.* e *s.m.* German.

alamaro *s.m.* frog.

alambicco *s.m.* (*chim.*) alembic.

alanina *s.f.* (*biochim.*) alanine.

alano *s.m.* (*cane*) Great Dane // — *arlecchino*, harlequin.

à la page *agg.* (*fr.*) fashionable, (*fam.*) in: *un ristorante* —, an 'in' restaurant (*o* a fashionable restaurant *o* a restaurant in vogue); *un giornale* —, an 'in' newspaper ◆ *locuz.avv. mantenersi* —, to keep up to date (with sthg.).

alare[1] *s.m.* andiron, firedog.

alare[2] *v.tr.* **1** (*mar.*) to haul **2** (*aer.*) to beach.

alare[3] *agg.* wing (*attr.*); (*non com.*) alar, alary // (*aer.*) *allungamento* —, aspect ratio; *apertura* —, (wing) span; *superficie* —, wing area.

alato *agg.* **1** winged **2** (*letter.*) lofty: *poesia alata*, lofty poetry.

alba *s.f.* **1** dawn, daybreak: *all'*—, at dawn (*o* at daybreak); *allo spuntare dell'*—, at daybreak; *mancano dieci minuti all'*—, it's about ten minutes to sunrise **2** (*fig.*) dawn, dawning, beginning **3** (*mus.*) aubade.

albacora *s.f.* (*zool.*) (*Thunnus albacore*) albacore.

albagia *s.f.* (*letter.*) haughtiness, arrogance.

albagioso *agg.* (*letter.*) haughty, arrogant.

albana *s.m.* 'Albana' (an Italian wine).

albanella *s.f.* (*zool.*) harrier // — *reale*, (*Circus cyaneus*) hen harrier.

albanese *agg.* e *s.m.* Albanian.

albaspina *s.f.* → **biancospino**.

albatro[1] *s.m.* → **corbezzolo**.

albatro[2] *s.m.* (*zool.*) (*Diomedea albatrus*) albatross // — *fuligginoso*, (*Phoebetria fusca*) nelly.

albedine *s.f.* (*letter.*) (*bianchezza*) whiteness.

albedo *s.m.* (*astr.*, *fis.*) albedo.

albeggiamento *s.m.* dawning.

albeggiare *v.intr.impers.* to dawn (*anche fig.*), to grow* light: *albeggiava quando uscimmo*, it was growing light (*o* dawn was breaking) when we went out ◆ *v.intr.* **1** (*letter.*) (*biancheggiare*) to shine with a white light; to verge on white **2** (*fig.*) (*essere agli inizi*) to dawn.

alberare *v.tr.* **1** to plant (sthg.) with trees **2** (*mar.*) to mast (a ship); to step a mast.

alberato *agg.* planted with trees; tree-lined: *viale* —, a tree-lined road.

alberatura *s.f.* (*mar.*) masts (*pl.*), masting.

alberello *s.m.* sapling.

albereto *s.m.* **albereta** *s.f.* plantation of trees.

alberetto *s.m.* (*mar.*) mast.

albergare *v.tr.* **1** to lodge; (*dare asilo a*) to shelter, to put* up **2** (*fig. letter.*) (*nell'animo*) to harbour, to nurture; to cherish ◆ *v.intr.* (*aver dimora*) to lodge; to dwell (*anche fig.*): *nel suo animo albergava l'invidia*, he harboured envy in his soul.

albergatore *s.m.* **albergatrice** *s.f.* hotelier, hotelkeeper.

alberghiero *agg.* hotel (*attr.*): *industria alberghiera*, hotel trade; *una città con poca ricettività alberghiera*, a town with little hotel accommodation.

albergo *s.m.* **1** hotel: *scese all'*—, he put up at the hotel; *vivere in* —, to live in a hotel; — *di lusso*, a luxury hotel; *direttore d'*—, hotel manager // *casa* —, residential hotel **2** (*letter.*) (*rifugio*, *ricovero*) shelter: *dare*, *chiedere* —, to give (*o* to ask for) shelter **3** (*poet.*) (*dimora*) abode.

albero *s.m.* **1** tree: — *da frutto*, fruit tree; — *di mele*, apple tree; — *da legname*, timber tree; *coperto d'alberi*, timbered, wooded, woody; *senza alberi*, treeless; — *di Natale*, Christmas tree; *salire su un* —, to climb a tree // (*bot.*): — *del burro*, (*Butyrospermum parkii*) shea (butter tree); — *del latte*, (*Brosimum galactodendron*) cow-tree; — *del mammut*, (*Sequoia gigantea*) wellingtonia, giant sequoia; — *del pane*, (*Artocarpus incisa*) bread-tree, (*pop.*) jack; — *del sapone*, (*Sapindus saponaria*) sapindus; — *della gomma*, (*Hevea brasiliensis*) rubber tree; — *di Giuda*, (*Cercis siliquastrum*) red bud, (*scient.*) arbor Judae, Judas tree **2** (*mar.*) mast: — *di mezzana*, mizzenmast; — *di prua*, foremast; — *maestro*, mainmast **3** (*mecc.*) shaft; arbor: — *a camme*, camshaft; — *a gomiti*, crankshaft; — *cavo*, hollow shafting, quill; — *motore*, drive shaft; — *portafresa*, cutter arbor **4** (*chim.*) arbor **5** (*ind. miner.*) Christmas tree.

albicocca *s.f.* apricot.

albicocco *s.m.* (*Prunus armeniaca*) apricot (tree).

albigese *agg.* (*st. relig.*) Albigensian ◆ *s.m.pl.* (*st. relig.*) Albigenses.

albinismo *s.m.* albinism.

albino *agg.* whitish ◆ *s.m.* albino*.

albite *s.f.* (*min.*) albite.

albitite *s.f.* (*geol.*) albitite.

albo *s.m.* **1** (*dir.*) roll; list; register: — *degli avvocati*, the Rolls; — *dei medici*, medical register; — *dei giurati*, jury list; — *d'onore*, roll of honour; *essere radiato dall'*—, to be struck off the register, (*di avvocato*) to be struck off the Rolls; *iscriversi all'*—, (*dei ragionieri ecc.*) to be put on the register; *è iscritto all'*—?, is he on the register? **2** (*per fotografie ecc.*) album **3** (*tavola per l'affissione di avvisi*) notice board: — *pretorio*, municipal notice board **4** (*di fumetti*) album: — *di Topolino*, a Mickey Mouse album.

albore *s.m.* (*letter.*) **1** dawn, dawning (*anche fig.*): *gli albori della civiltà*, the dawning of civilization; *ai primi albori*, at dawn **2** (*biancore*) whiteness.

alborella *s.f.* (*zool.*) (*Alburnus albidus*) bleak.

album *s.m.* album: — *da disegno*, sketchbook; — *discografico*, album (*o* L.P.); — *di francobolli*, stamp album.

albume *s.m.* (*biol.*) albumen.

albumina *s.f.* (*biochim.*) albumin.

albuminoide *s.m.* (*biochim.*) albuminoid.

albuminoso *agg.* (*biochim.*) albuminose, albuminous.

albuminuria *s.f.* (*med.*) albuminuria.

albumosa *s.f.* (*biochim.*) albumose.

alburno *s.m.* (*bot.*) alburnum, sapwood.

alca *s.f.* (*zool.*) auk // — *crestata*, (*Aethia cristatella*) auklet; — *impenne*, (*Alca impennis*) garefowl.

alcachengi → **alchechengi**.

alcade *s.m.* alcalde.

alcaico *agg.* (*poet.*) Alcaic.

alcale → **alcali**.

alcalescente *agg.* (*chim.*) alkalescent.

alcalescenza *s.f.* (*chim.*) alkalescence, alkalescency.

alcali *s.m.* (*chim.*) alkali*.

alcalimetria *s.f.* (*chim.*) alkalimetry.

alcalimetro *s.m.* (*chim.*) alkalimeter.

alcalinità *s.f.* (*chim.*) alkalinity.

alcalinizzare *v.tr.* (*chim.*) to alkalize, to alkalify ◆ *v.intr.* (*chim.*) to alkalify.

alcalino *agg.* (*chim.*, *geol.*) alkaline; alkali (*attr.*): *metalli alcalini*, alkaline metals; *metalli* — *-terrosi*, alkaline-earth metals.

alcalizzare → **alcalinizzare**.

alcalizzazione *s.f.* (*chim.*) alkalization.

alcaloide *s.m.* (*chim.*) alkaloid.

alcalosi *s.f.* (*med.*) alkalosis.

alcanna *s.f.* (*bot.*) (*Lawsonia inermis*) henna; — *spuria*, (*Alkanna tinctoria*) alkanet.

alcano *s.m.* (*chim.*) alkane.

alcazar *s.m.* alcazar.

alce *s.m.* (*zool.*) (*Alces alces*) elk* // — *americano*, (*Alces americana*) moose.

alcelafo *s.m.* (*zool.*) (*Alcelaphus caama*) hartebeest*.

alchechengi *s.m.* (*bot.*) (*Physalis alkekengi*) winter-cherry; (*pop.*) strawberry-tomato.

alchemico *agg.* (*chim.*) alchemic.

alchene *s.m.* (*chim.*) alkene.

alchermes *s.m.* alkermes.

alchidico *agg.* (*chim.*) alkyd: *resina alchidica*, alkyd (resin).

alchilazione *s.f.* (*chim.*) alkylation.

alchilbenzene *s.m.* (*chim.*) alkylbenzene.

alchile *s.m.* (*chim.*) alkyl.

alchilico *agg.* (*chim.*) alkylic.

alchimia *s.f.* alchemy.

alchimista *s.m.* alchemist.

alchimistico *agg.* alchemistic(al), alchemic(al).

alchimizzare *v.tr.* **1** to alchemize **2** (*fig.*) (*falsificare*) to falsify ◆ *v.intr.* to practise alchemy.

alchino *s.m.* (*chim.*) alkyne.

alcione *s.m.* **1** (*letter.*, *mit.*) halcyon **2** (*zool.*) — *gigante*, (*Dacelo gigas*) laughing jackass, (*pop.*) kookaburra.

alcol *s.m.* **1** (*chim.*) alcohol: — *assoluto*, absolute alcohol; — *denaturato*, denatured alcohol; — *etilico*, ethyl alcohol; — *metilico*, methyl alcohol **2** (*bevanda alcolica*) alcohol; (*spec. amer.*) liquor: *non bevo* —, I don't drink (alcohol); *un uomo rovinato dall'*—, a man ruined by drink // *affogare i dispiaceri nell'*—, to drown one's sorrows in drink // *darsi all'*—, to take to drink.

alcolato *s.m.* (*chim.*) alkoholate.

alcoldipendenza *s.f.* alcoholism, alcohol addiction.

alcolemia *s.f.* (*med.*) presence of alcohol in the blood.

alcolicità *s.f.* spirituousness.

alcolico *agg.* alcoholic; spirituous: *bevande alcoliche*, wines and spirits ◆ *s.m.* alcoholic drink.

alcolimetria *s.f.* alcoholometry.

alcolismo *s.m.* alcoholism.

alcolista *s.m.* e *f.* alcoholic.

alcolizzare *v.tr.* to alcoholize.

□ **alcolizzarsi** *v.intr.pron.* to become* alcoholic.

alcolizzato *agg.* e *s.m.* alcoholic.

alcoltest *s.m.* (*con palloncino*) breath test; (*sul sangue*) blood test to establish the alcohol level // *apparecchio per* —, breathalyser; (*amer.*) breathalyzer.

alcool e *deriv.* → **alcol** e *deriv.*

alcossido *s.m.* (*chim.*) alkoxide.

alcova *s.f.* **1** alcove; recess **2** (*letter.*) bedroom, boudoir // *segreti d'*—, pillow talk.

alcun, alcuno *agg.indef.* **1** *pl.* (*in frasi affermative o interr. da cui si attenda risposta affermativa*) [cfr. *qualche*] some; a few: *alcuni anni fa*, some years ago; *ho alcune osservazioni da fare*, I have some remarks to make; *abbiamo visitato solo alcune città della Francia*, we only visited a few cities in France; *potrebbe darmi alcuni consigli?*, could you give me some advice? **2** (*in frasi negative*) any; (*se si usa in ingl. la forma affermativa*) no: *senza — dubbio*, without any doubt; *non aveva — nemico*, he had no enemies; *non c'era alcuna traccia dei rapitori*, there was no trace of the kidnappers **3** (*in frasi interr. o dubitative*) any: *avete alcune domande da fare?*, have you any questions?

alcun, alcuno *pron.indef.* **1** *pl.* (*in frasi affermative*; cfr. *qualcuno*) some, a few; (*alcune persone*) some people; (*con partitivo*) some, a few: *alcuni sostengono che la luna sia abitata*, some people say the moon is inhabited; *ho rivisto alcuni dei miei vecchi amici*, I met some of my old friends again; *alcuni applaudivano, altri fischiavano*, some (people) clapped, others booed; *ha venduto alcuni dei suoi quadri*, he sold some of his paintings; *alcuni di noi, di voi, di loro*, some of us, of you, of them: *solo alcuni di loro parteciperanno alla corsa*, only a few of them will take part in the race // al sing. letter. per → **qualcuno** **2** (*in frasi negative*) (*solo riferito a persona*) anyone, anybody; (*negli altri casi*) any; (*se si usa in ingl. la forma affermativa*) no one, nobody (*per persone*); none: *non vidi* —, I saw no one (*o* I didn't see anyone); *non si rivolse ad — dei presenti in particolare*, he didn't address any of those present in particular; *"Trovami una soluzione a questo problema" "Non ne ho alcuna"*, "Find me an answer to the problem" "I have none" **3** (*in frasi interr. o dubitative*) (*solo riferito a persona*) anyone, anybody; (*negli altri casi*) any: *"Alcuni di voi vogliono iscriversi?" "No, nessuno"*, "Do any of you want to sign up?" "No, nobody does"; *Mi servono delle riviste inglesi, ne sono rimaste alcune?*, I need some English magazines, are there any left?

alcunché *pron.indef.* (*letter.*) **1** (*in frasi affermative*) something: *c'era — di sinistro nel suo aspetto*, there was something sinister about him **2** (*in frasi negative*) nothing; (*in presenza di altra negazione*) anything: *non ebbe — a ridire sul mio operato*, he had nothing (*o* he hadn't anything) to say about what I'd done.

alcuno → **alcun**.

aldeide *s.f.* (*chim.*) aldehyde: — *formica*, formaldehyde.

aldilà *s.m.* other world, afterlife, hereafter: *credere nell'*—, to believe in an afterlife.

aldino *agg.* (*tip.*) Aldine: *carattere* —, Aldine type.

aldoesoso *agg.* (*chim.*) aldohexose.

aldolo *s.m.* (*chim.*) aldol.

aldoso *s.m.* (*chim.*) aldose.

alea *s.f.* **1** chance, risk, hazard // *correre l'*—, to run the risk **2** (*mus.*) randomness.

aleatico *s.m.* **1** variety of large black grape **2** strong, sweet, red Italian wine.

aleatorietà *s.f.* **1** uncertainty **2** randomness, aleatory quality.

aleatorio *agg.* **1** uncertain; (*fam.*) chancy **2** (*casuale*) random, chance, aleatory: *processo* —, random process **3** (*dir.*) aleatory: *contratto* —, aleatory contract.

aleggiare *v.intr.* **1** (*letter.*) to flutter **2** (*fig.*) (*spirare*) to stir, to flutter, to waft **3** (*fig.*) (*esser diffuso*) to hover (about); to be in the air: *aleggiava un senso di mistero*, there was an indefinable sense of mystery in the air.

aleggio *s.m.* (*mar.*) → **alleggio**.

alemanno *agg.* (*letter.*) Alemannian: *dialetto* —, Alemannian dialect ◆ *s.m.* (ancient) German.

alerione *s.m.* (*arald.*) a(l)lerion.

alerone *s.m.* (*aer.*) → **alettone**.

alesaggio *s.m.* (*mecc.*) bore: — *del cilindro*, cylinder bore.

alesare *v.tr.* (*mecc.*) (*a mano*) to ream; (*su alesatrice*) to bore; (*al tornio*) to lathe-bore.

alesatoio *s.m.* (*mecc.*) reamer.

alesatore *s.m.* **1** (*utensile*) reamer: — *cilindrico, conico*, straight, taper reamer; — *fisso*, solid reamer; — *sferico*, ball reamer **2** (*operaio*) borer.

alesatrice *s.f.* (*mecc.*) boring machine.

alesatura *s.f.* (*mecc.*) (*a mano*) reaming; (*su alesatrice*) boring: — *sferica*, spherical boring; — *su tornio*, lathe-boring.

alessandrinismo *s.m.* **1** Alexandrian character **2** (*estens.*) over-refined stile, decadent style.

alessandrino *agg.* Alexandrian, Alexandrine: *la scuola alessandrina*, the Alexandrian School; *verso* —, Alexandrine (line) ◆ *s.m.* (*metrica*) Alexandrine.

alessia *s.f.* (*psic.*) alexia.

alessifarmaco *s.m.* (*med.*) alexipharmic.

aletta *s.f.* **1** (*pinna*) fin; (*piccola ala*) winglet **2** (*di libro*) flap **3** (*tecn.*) fin: — *di raffreddamento*, cooling fin // — *di fuso*, flight (*o* feather) **4** (*aer.*) tab; flap: — *di compensazione*, balance tab; — *comandata*, controlled tab; — *ipersostentatrice*, high-lift flap.

alettare *v.tr.* (*mecc.*) to fin.

alettatura *s.f.* (*mecc.*) finning.

alettone *s.m.* **1** (*aer.*) aileron: — *compensato*, balanced aileron; — *diruttore*, upper surface aileron **2** (*aut.*) stabilizer.

aleurone *s.m.* (*biochim.*) aleuron(e).

alfa[1] *s.f.* e *m.* **1** (*prima lettera dell'alfabeto greco*) alpha **2** (*fig.*) (*inizio*) alpha: *l'— e l'omega*, the Alpha and Omega (*o* the beginning and the end *o* the first and the last); *dall'— all'omega*, from A to Z (*o* from beginning to end) **3** (*fis.*) alpha: *particella* —, alpha particle; *raggi* —, alpha rays; — *radioattività*, alpha radioactivity; *decadimento* —, alpha decay.

alfa[2] *s.f.* (*bot.*) (*Stipa tenacissima*) halfa, esparto*.

alfabeta *s.m.* e *f.* literate.

alfabetario *s.m.* alphabet; (*gioco didattico*) alphabet blocks.

alfabeticamente *avv.* alphabetically.

alfabetico *agg.* alphabetic(al): *per ordine* —, alphabetically (*o* in alphabetical order).

alfabetiere *s.m.* → **alfabetario**.

alfabetismo *s.m.* (*non com.*) literacy.

alfabetizzare *v.tr.* **1** to teach to read and write, to teach literacy skills; to diffuse literacy **2** (*mettere in ordine alfabetico*) to put in alphabetical order.

alfabetizzazione *s.f.* **1** teaching or diffusion of literacy skills: *una campagna di* —, a literacy campaign; — *della popolazione*, diffusion of literacy skills among the population // (*inform.*) — *informatica*, computer literacy **2** (*estens.*) familiarization; the first steps of **3** putting in alphabetic order.

alfabeto *s.m.* **1** alphabet: — *Morse*, Morse code (*o* alphabet); — *fonetico*, phonetic alphabet **2** (*primi rudimenti*) alphabet; primer: *questo libro contiene l'— della medicina*, this book contains the A B C of medicine; *stiamo studiando l'— della matematica*, we are just studying the first steps of mathematics.

alfalfa *s.f.* (*bot.*) (*Medicago sativa*) alfalfa, (*pop.*) lucern(e) grass.

alfanumerico *agg.* alphanumeric // (*inform.*) *caratteri alfanumerici*, alphanumerics [U].

alfiere[1] *s.m.* **1** (*mil.*) ensign; standard bearer **2** (*fig.*) standard bearer **3** (*sport*) (team) captain.

alfiere[2] *s.m.* (*scacchi*) bishop.

alfine *avv.* (*letter., ant.*) (*finalmente*) at last.

alga *s.f.* (*bot.*) alga*; (*d'acqua dolce*) frog; (*marina*) seaweed: — *rossa commestibile*, laver // (*ecol.*) *fioritura di alghe*, algae bloom.

algale *agg.* (*geol.*) algal.

algebra *s.f.* (*mat.*) algebra (*anche fig.*): *questo libro è — per me*, this book is double-dutch (*o* Greek), as far as I am concerned // — *booleana*, Boolean algebra.

algebricamente *avv.* algebraically.

algebrico *agg.* (*mat.*) algebraic(al).

algebrista *s.m.* e *f.* algebr(a)ist.

algerino *agg.* e *s.m.* Algerian.

algesia *s.f.* (*med.*) algesia.

algesimetria *s.f.* (*med.*) algometry.

algesimetro *s.m.* (*med.*) algometer, algesimeter.

alghicida *s.m.* algicide.

-algia *suff.* della terminologia medica che significa 'dolore'; ingl. -algia: *nevralgia*, neuralgia.

algidità *s.f.* (*med.*) algidity.

algido *agg.* **1** (*med.*) algid **2** (*poet.*) gelid, icy cold.

algina *s.f.* (*chim.*) algin.

alginato *s.m.* (*chim.*) alginate.

alginico *agg.* (*chim.*) alginic: *acido* —, alginic acid.

algocoltura *s.f.* cultivation of algae, of seaweed.

algofilia *s.f.* (*psic.*) algophilia.

algofobia *s.f.* (*psic.*) algophobia.

Algol *s.m.* (*inform.*) Algol.

algologia *s.f.* (*bot.*) algology.

algometria *s.f.* (*med.*) algometry.

algonchiano *s.m.* e *agg.* (*geol.*) Algonkian.

algonchino *agg.* e *s.m.* Algonquian.

algore *s.m.* (*poet.*) intense cold.

algoritmico *agg.* (*mat.*) algorithmic.

algoritmo *s.m.* (*mat., fis.*) algorithm: — *del simplesso*, simplex algorithm.

algoso *agg.* (*non com.*) weed infested.

aliante *s.m.* (*aer.*) glider: — *rimorchiato*, towed glider; (—) *veleggiatore*, sailplane; *lancio di un* —, casting off of a glider.

aliantista *s.m.* e *f.* glider pilot.

aliare *v.intr.* (*letter.*) (*aleggiare*) to flutter; (*volare*) to fly*.

alias *avv.* (*lat.*) alias, a.k.a. (*abbrev. di* also known as).

alibi *s.m.* **1** (*dir.*) alibi: *un solido* —, a cast-iron (*o* a solid) alibi; *costruire un* —, to create an alibi; *provare un* —, to establish (*o* to prove) an alibi **2** (*fig.*) (*pretesto*) excuse; pretext.

alice *s.f.* (*zool.*) (*Engraulis encrasicholus*) anchovy: *alici sott'olio*, *sotto sale*, anchovies in oil, in brine.

aliciclico *agg.* (*chim.*) alicyclic.

alidada *s.f.* (*topografia*) alidad(e).

alienabile *agg.* (*dir.*) alienable, transferable.

alienabilità *s.f.* (*dir.*) alienability.

alienamento *s.m.* → **alienazione**.

alienante *s.m.* e *f.* (*dir.*) alienator ◆ *agg.* alienating; estranging: *un lavoro* —, an alienating job.

alienare *v.tr.* **1** (*dir.*) to alienate, to part with (sthg.), to transfer: — *un diritto*, to alienate a right **2** (*fig.*) to alienate, to estrange, to turn against, to lose*: *questa azione gli alienò l'animo di tutti*, this action turned everyone against him; — *l'affetto*, *la stima di qlcu.*, to lose (*o* to alienate) s.o.'s affection, esteem; *alienarsi le simpatie di qlcu.*, to alienate s.o. (*o* to turn s.o. against oneself) **3** (*produrre alienazione*) to alienate.

□ **alienarsi** *v.rifl.* o *intr.pron.* **1** to estrange oneself, to become* estranged (from s.o., sthg.), to become* alienated **2** (*subire alienazione*) to become* alienated.

alienatario *s.m.* (*dir.*) alienee.

alienato *s.m.* **1** lunatic, madman (*pl.* madmen): *casa, asilo per alienati*, lunatic asylum (*o* mental home) **2** alienated person.

alienazione *s.f.* **1** (*dir.*) alienation, transfer, conveyance **2** (*fil.*) alienation // (*med.*) — (*mentale*), (mental) alienation; derangement; insanity, madness.

alienia *s.f.* (*med.*) → **asplenia**.

alienista *s.m.* e *f.* alienist.

alieno *agg.* **1** averse (to sthg., to doing), opposed (to sthg., to doing), adverse (to sthg., to doing): *sono* — *dai compromessi*, I am opposed to compromises (*o* I am unwilling to compromise) **2** (*riluttante*) loath (*pred.*); reluctant, unwilling, disinclined: *era* — *dal prestare denaro agli amici*, he was loath to lend money to his friends **3** (*letter.*) (*straniero*) alien, foreign, strange ◆ *s.m.* alien.

alifatico *agg.* (*chim.*) aliphatic.

aligero *agg.* (*poet.*) (*alato*) winged.

alighiero *s.m.* (*mar.*) boat hook.

alimentare *agg.* alimentary: *sostanza* —, food, foodstuff; *regime* —, diet; *frode* —, food adulteration; *intossicazione* —, food poisoning // (*ecol.*) *catena* —, food chain.

alimentare *v.tr.* **1** to feed*, to nourish (*anche fig.*): *i ruscelli che alimentano un fiume*, the streams that feed a river; — *artificialmente*, to feed artificially; *bambino alimentato al seno*, breast-fed baby; — *la speranza*, to nourish (*o* to foster) hope; — *l'odio*, to foment hatred **2** (*inform.*) to feed* **3** (*dir.*) to provide maintenance, alimony for (s.o.) **4** (*fornire*) to supply, to furnish **5** (*tecn.*) to feed*; (*di carbone*) to stoke.

□ **alimentarsi** *v.rifl.* to feed* (on sthg.), to feed* oneself with (sthg.): — *in modo sbagliato*, to follow a bad diet.

alimentari *s.m.pl.* (*generi*) —, foodstuffs; *negozio di* —, grocer's (shop).

alimentarista *s.m.* e *f.* **1** grocer **2** person who works in the food industry **3** dietician.

alimentatore *s.m.* **1** nourisher, feeder; (*di discordia*) fomenter **2** (*tecn.*) feeder; (*di carbone*) stoker.

alimentazione *s.f.* **1** feeding, alimentation; (*cibo*) food, nourishment; (*dieta*) diet: — *ricca*, *povera*, rich, poor diet; — *artificiale*, artificial feeding **2** (*tecn.*) feeding; (*rifornimento*) supply **3** (*inform.*) feed: — *schede*, card feed; — *aciclica*, acyclic feed; — *per riga*, *per colonna*, sideways, endwise feed // — *elettrica*, power supply; — *del nastro*, tape threading.

alimento *s.m.* **1** food, nourishment, nutriment, aliment: — *ricco di proteine*, protein rich food; *trarre* — *da*, (*alimentarsi*) to feed on (*o* to get nourishment from) **2** (*fig.*) food, nourishment; fuel: — *dello spirito*, spiritual nourishment (*o* food for the spirit) **3** *pl.* (*dir.*) alimony [U], maintenance [U]: *provvedere gli alimenti alla propria moglie*, to provide alimony for one's wife.

alimonia *s.f.* maintenance; (*dir.*) alimony [U].

alinea *s.m.* **1** (*dir.*) (new) paragraph **2** (*estens.*) subsection; clause.

aliotide *s.f.* (*zool.*) (*Haliotis tuberculata*) abalone, ormer.

aliquante *agg.* (*mat.*) aliquant.

aliquota *s.f.* **1** (*trib.*) rate: — *di una imposta*, tax rate; — *dell'imposta sul reddito*, rate of income tax; — *costante*, flat rate; — *progressiva*, progressive rate; — *proporzionale*, proportional rate; *aliquote* IVA, value-added tax rates; (*assicurazioni*) — *del premio*, premium rate; *un'— del 5%*, a 5% rate; *con* — *nulla*, zero rated **2** (*quota*) quote **3** (*mat.*) aliquot (part).

aliscafo *s.m.* hydrofoil (boat); (*amer.*) hydroplane.

alisei *s.m.pl.* (*meteor.*) trade winds, trades.

alisso *s.m.* (*bot.*) (*Alissum maritimum*) alyssum.

alitare *v.intr.* **1** to breathe; (*di vento*) to blow* gently; to sigh **2** (*fig.*) to breath, to utter a word: *nessuno alitava*, nobody breathed a word.

alite[1] *s.m.* (*min.*) halite.

alite[2] *s.m.* (*zool.*) (*Alytes obstetricans*) midwife toad, nurse frog.

alito *s.m.* **1** breath: — *cattivo*, bad breath; (*med.*) halitosis **2** (*venticello*) breeze.

alitosi *s.m.* (*med.*) halitosis.

alizarina *s.f.* (*chim.*) alizarin.

allacciamento *s.m.* **1** lacing, tying, fastening, linking **2** (*collegamento*) connection, link: — *telefonico*, phone connection; (*di telefono nuovo*) phone installation.

allacciare *v.tr.* **1** to lace, to tie; (*legare insieme*) to tie together; (*fibbia*) to buckle: — *le scarpe*, to lace one's shoes; — *le cinture di sicurezza*, to fasten one's safety-belt // (*med.*) — *una vena*, to tie a vein **2** (*abbottonare*) to fasten, to button up: *allacciò il cappotto e se ne andò*, he buttoned up his coat and left **3** (*fig.*) to establish: — *un'amicizia*, to establish a friendship **4** (*collegare*) to connect, to link up: — *due linee ferroviarie*, to connect two railway lines **5** (*elettr.*, *mecc.*) to connect.

allacciatura *s.f.* lacing, tying, fastening; (*di bottoni*) buttoning, fastening; (*di fibbia*) buckling.

allagamento *s.m.* flood, inundation; overflowing: *c'è pericolo di* —, there is a danger of flooding.

allagare *v.tr.* to inundate, to flood; (*fig.*) to spread* all over (sthg.): *le recenti piogge hanno allagato i campi*, the recent rains have flooded the fields.

□ **allagarsi** *v.intr.pron.* to flood: *si è allagata la cucina*, the kitchen has flooded.

allampanato *agg.* lanky; (*fam.*) tall and skinny.

allantoide *s.f.* (*biol.*) allantois.

allappare *v.tr.* → **allegare**[1] 2.

allargabile *agg.* stretchable.

allargamento *s.m.* widening, broadening; (*ampliamento*) enlargement: *si è reso necessario l'— della cucina*, the kitchen had to be enlarged // (*mecc.*) *prova di* —, expansion test.

allargare *v.tr.* **1** (*rendere ampio o più ampio*) to widen, to broaden, to enlarge, to increase (*anche fig.*): — *una strada*, to widen a street; — *una stanza*, to enlarge a room; *quell'attore ha allargato il suo repertorio*, that actor has widened (*o* broadened) his repertoire; — *la cerchia dei propri affari*, to widen one's sphere of activity // — *la propria cerchia di amici*, to make new friends // *ho allargato i vasi sul balcone*, I moved the flower pots on the balcony further apart **2** (*estendere*) to extend, to spread*; (*aprire*) to open: *il pavone allargò la coda*, the peacock spread its tail; — *le braccia*, to open one's arms; — *la mano*, to open one's hand; (*fig.*) to act generously; — *le ricerche scientifiche*, to extend scientific research // *la polizia ha allargato le sue ricerche*, the police have widened their search **3** (*abiti*) to let* out; (*scarpe*) to stretch: *devo far allargare questo vestito*, this dress wants letting out **4** (*allentare*) to release: — *il freno*, to release the break; (*fig.*) to give more freedom **5** (*sport*) to open up ◆ *v.intr.* **1** (*aut.*) to take* (a corner) too widely **2** (*mus.*) to slacken (the tempo).

□ **allargarsi** *v.rifl.* o *intr.pron.* **1** to become* wide, to widen (out): *più avanti la strada si allarga*, the road widens out farther on **2** (*estendersi*) to extend, to spread* out, to grow*: *l'azienda si è allargata in questi ultimi anni*, the firm has grown in the last few years // *mi si allargò il cuore*, (*fig.*) my heart lightened.

allargata *s.f.* stretch(ing), widening; (*di abiti*) letting out: *dare un'— alle scarpe*, to have one's shoes stretched.

allargatoio, **allargatore** *s.m.* (*mecc.*) counterbore; reaming bit.

allargatubi *s.m.* (*mecc.*) tube expander.

allargatura *s.f.* widening; broadening; enlargement.

allarmante *agg.* alarming: *in modo* —, alarmingly; *sintomi allarmanti*, alarming symptoms; *notizia* —, alarming news.

allarmare *v.tr.* to alarm, to frighten; to worry: *la notizia non mi allarmò*, the news did not frighten me.

□ **allarmarsi** *v.rifl.* to become* alarmed, to worry, to get* worried: *non devi allarmarti per il minimo ritardo*, you mustn't let little delays worry you.

allarme *s.m.* **1** alarm, warning, alert: *cessato —*, all clear; *segnale d'—*, alarm signal; *segnale d'— aereo*, air-raid warning; *sirena d'—*, siren; *falso —*, false alarm; *la polizia fu tenuta in stato d'— per settimane*, the police were kept on the alert for weeks **2** (*fig.*) fear; agitation; sudden apprehension: *mettersi in —*, to become (*o* to get) alarmed; *la notizia suscitò —*, the news alarmed everyone.

allarmismo *s.m.* alarmism; (*il diffondere allarme*) scaremongering, alarmism.

allarmista *s.m.* e *f.* alarmist, scaremonger.

allarmistico *agg.* alarming, alarmist: *voci allarmistiche*, alarming rumours.

allascare *v.tr.* (*mar.*) to loosen, to let* go.

allato, a lato *avv.* → **accanto**.

allattamento *s.m.* suckling, nursing; (*periodo*) lactation: *— artificiale*, bottle-feeding; *— materno, al seno*, breast-feeding.

allattare *v.tr.* **1** to nurse, to suckle: *— al seno*, to breast-feed*; *— artificialmente, col biberon*, to bottle-feed* **2** (*nutrire*) to nourish.

alleanza *s.f.* alliance; (*coalizione*) coalition: *stringere — con qlcu.*, to form an alliance with s.o.; *— difensiva*, defensive alliance; *l'— delle forze democratiche*, the coalition of democratic forces // *la Santa Alleanza*, the Holy Alliance // *arca dell'Alleanza*, Ark of the Covenant.

allearsi *v.rifl.* to form an alliance, to ally oneself, to enter into an alliance; (*unirsi*) to unite, to join forces:— *con qlcu. contro...*, to ally with s.o. against...; *dopo anni di dissidi tribali si allearono contro il nemico*, after years of tribal quarrels they joined forces against the enemy.

alleato *agg.* allied (to s.o.) ◆ *s.m.* ally: *gli alleati*, the allies.

allegabile *agg.* allegeable, citeable, adducible.

allegagione *s.f.* (*bot.*) setting.

allegamento *s.m.* **1** (*bot.*) setting **2** (*non com.*) (*dei denti*) setting on edge (of the teeth).

allegare[1] *v.tr.* **1** (*accludere*) to enclose: *alleghiamo i documenti richiesti*, please find enclosed the required documents **2** (*i denti*) to set on edge: *la frutta acerba mi allega i denti*, sour fruit sets my teeth on edge **3** (*ant.*) (*metall.*) to alloy ◆ *v.intr.* **1** (*bot.*) (*attecchire*) to take root; to set **2** (*metall.*) to alloy.

allegare[2] *v.tr.* (*letter.*) (*produrre, addurre*) to allege, to plead as an excuse, to give* as a reason to cite, to adduce, to produce as evidence, to advance, to plead.

allegato *s.m.* (*comm.*) enclosure: *avete dimenticato di unire gli allegati*, you have forgotten to put in the enclosures.

allegazione[1] *s.f.* (*di denti*) setting on edge (of the teeth).

allegazione[2] *s.f.* (*ant.*) allegation, assertion; citation.

alleggerimento *s.m.* **1** lightening, unburdening; reduction: *— fiscale*, tax relief; *— delle scorte*, destocking **2** (*fig.*) alleviation, mitigation, relief.

alleggerire *v.tr.* **1** to lighten, to unburden: *— una nave*, to lighten a ship **2** (*fig.*) to relieve, to ease, to reduce, to alleviate: *lo alleggerii del lavoro di ribattitura*, I gave him a hand with the retyping // *— le tasche di qlcu.*, (*derubarlo*) to relieve s.o. of his money; *lo alleggerirono del portafoglio*, (*scherz.*) they relieved him of his wallet.

□ **alleggerirsi** *v.rifl.* **1** to become* lighter **2** (*liberarsi*) to relieve oneself (*anche fig.*): *— di un carico*, to unburden oneself of a load; *si alleggerì la coscienza*, he eased his conscience **3** (*negli abiti*) to put* on lighter clothes.

alleggio *s.m.* (*mar.*) **1** (*scarico*) lightening; (*pontone*) lighter **2** (*valvola di scarico di imbarcazione*) bunghole, boat plug.

allegheniano *agg.* (*geol.*) Alleghenian: *orogenesi allegheniana*, Alleghenian orogeny.

allegoria *s.f.* allegory.

allegoricamente *avv.* allegorically.

allegorico *agg.* allegoric(al).

allegorismo *s.m.* **1** (system of) allegory **2** the repeated use of allegory.

allegorista *s.m.* allegorist.

allegorizzare *v.tr.* e *intr.* to allegorize.

allegramente *avv.* **1** merrily, cheerfully, gaily: *prendila —*, (*fam.*) take it with a smile **2** (*spensieratamente*) light-heartedly, unconcernedly, thoughtlessly.

allegrare *v.tr.* (*letter.*) to gladden, to cheer (up).

□ **allegrarsi** *v.rifl.* to rejoice, to cheer up, to cheer oneself up.

allegretto *s.m.* (*mus.*) allegretto.

allegrezza *s.f.* **1** cheerfulness, happiness, light-heartedness, mirth, gaiety **2** (*di colori*) brightness, vividness.

allegria *s.f.* fun, mirth, cheerfulness, merriment, happiness, jolliness, gaiety, high spirits (*pl.*), light-heartedness: *mettere — addosso*, to brighten up s.o.'s day // *stare, vivere in —*, to have a good time (*o* to lead a carefree life).

allegro *agg.* **1** cheerful, (*non com.*) merry, gay, jolly; good-humoured, blithe: *è un bambino —*, he's a lively baby; *stare —*, to be merry **2** (*spensierato*) blithe; happy-go-lucky; light-hearted **3** (*irresponsabile*) thoughtless, irresponsible // *donnina allegra*, (*di facili costumi*) easy (*o* fast) woman **4** (*che dà allegria*): *musica allegra*, cheerful music; *il rosso è un colore —*, red is a bright (*o* cheerful) colour; *una stanza allegra*, a bright (*o* cheerful) room **5** (*di luogo*) pleasant **6** (*scherz.*) tipsy, tight.

allegro *s.m.* (*mus.*) allegro.

allegrone *s.m.* (*fam.*) laugh: *è un —*, he's a right laugh (*o* he's always cheerful).

allele, allelo *s.m.* (*biol.*) allele.

allelomorfo *agg.* (*biol.*) allelomorphic: *gene —*, allele.

alleluia *s.m.* hallelujah, halleluiah, alleluia.

allenamento *s.m.* training (*anche sport*); coaching: *essere in —*, to be in training; *perdere l'—*, to get out of condition (*o* of practice); *mantenersi in —*, to keep in form; *gara, partita d'—*, training match.

allenare *v.tr.* to train (*anche sport*); to exercise; to coach // *— il cervello, la memoria*, to exercise the brain, the memory.

□ **allenarsi** *v.rifl.* to train, to make* oneself fit: *— nella corsa, a correre*, to practise running; *deve — di più*, he should train more.

allenatore *s.m.* **1** (*sport*) trainer; coach; (*di corridori*) pacemaker, pacer; (*pugile*) sparring partner **2** piece of training equipment ◆ *agg.* training: *squadra allenatrice*, training team.

allentamento *s.m.* **1** (*di velocità*) slackening, reduction, slowing down **2** (*di tensione*) loosening, slackening, relaxation (*anche fig.*) **3** (*mecc.*) release: *— del freno*, release of the brake.

allentare *v.tr.* **1** to slacken, to loosen, to relax; *— le redini*, to loosen (*o* to slacken) the reins; *— la stretta*, to relax one's hold; *— la cintura*, to loosen one's belt; *— il freno*, to release the brake; *— una vite*, to loosen a screw // *— la disciplina*, to relax the discipline; *— la sorveglianza*, to reduce the surveillance **2** (*rallentare*) to slacken, to slow down: *— il passo*, to slacken one's pace **3** (*fam.*) (*sferrare*) to give*: *— un calcio, un ceffone*, to give a kick, a slap.

□ **allentarsi** *v.intr.pron.* to slacken (off), to loosen, to become* slack; (*di ingranaggio*) to work loose: *i rapporti di amicizia si sono allentati*, the ties of friendship loosened // *la disciplina si allentò*, discipline was relaxed.

allergene *s.m.* (*biol.*) allergen.

allergia *s.f.* (*med.*) allergy: *provocare —*, to cause an allergy // *mi dà —*, (*fig. scherz.*) she gives me the creeps.

allergico *agg.* **1** allergic: *— alla polvere, ai gatti*, allergic to dust, to cats **2** (*fig. scherz.*) allergic: *è — alla fatica*, he's allergic to work.

allergizzante *agg.* allergenic: *fattori allergizzanti*, allergenic factors.

allergizzare *v.tr.* (*med.*) to cause an allergy in (s.o.).

allergologia *s.f.* (*med.*) allergology.

allergologo *s.m.* (*med.*) allergist.

allerta *inter.* (*mil.*) look out ◆ *s.f.* o *m.* alert: *mettere in stato di —*, to put on (the) alert (*o* to put in a state of alert); *stare* (*in stato di*) *—*, to be on (the) alert (*o* on the look out).

allertare *v.tr.* to put* on (the) alert, to put* in a state of alert, to alert.

allessare *v.tr.* (*non com.*) to boil.

allessatura *s.f.* (*non com.*) (*lessatura*) boiling.

allesso *agg.* (*non com.*) boiled // *chi la vuole — e chi arrosto*, (*fig.*) some want it one way and some want it another ◆ *s.m.* (*non com.*) boiled meat.

allestimento *s.m.* **1** preparation, getting ready, fitting (out): *— delle vetrine*, window dressing **2** (*teatr.*) staging **3** (*cinem.*) *— scenico*, set design **4** (*mar.*) rigging, fitting out.

allestire *v.tr.* **1** to prepare, to make* ready: *— il pranzo*, to prepare dinner; *— una spedizione*, to get* an expedition ready; *— una camera*, to furnish a room **2** (*teatr.*) to stage **3** (*letter.*) to hurry **4** (*mar.*) to rig out, to fit out.

allettamento[1] *s.m.* **1** allurement, enticement; lure **2** (*attrazione*) attraction; charm, fascination.

allettamento[2] *s.m.* (*agr.*) setting.

allettante *agg.* alluring, inviting, tempting; (*attraente*) attractive, charming: *un'offerta —*, a tempting offer; *un programma —*, an attractive programme.

allettare[1] *v.tr.* **1** to allure, to entice **2** (*affascinare*) to attract; to charm, to fascinate, to tempt: *— qlcu. con promesse*, to tempt s.o. with promises.

allettare[2] *v.tr.* **1** (*agr.*) to beat* down, to flatten: *il vento ha allettato il grano*, the wind has beaten down (*o* laid *o* lodged) the wheat **2** (*non com.*) to confine to bed.

□ **allettarsi** *v.intr.pron.* (*agr.*) to lie* down, to become* flattened ◆ *v.rifl.* (*non com.*) (*mettersi, essere costretto a letto*) to take* to one's bed, to be confined to bed.

allettevole *agg.* (*rar.*) alluring, enticing; (*attraente*) inviting, attractive, tempting.

allevamento *s.m.* **1** (*di bambino*) bringing up; rearing, upbringing **2** (*di animali*) rearing, breeding: — *di bestiame*, cattle-breeding; — *di cavalli*, horse-breeding; — *di pecore*, sheep -breeding; — *di polli*, chicken farming // *polli di* —, battery chicken **3** (*luogo di allevamento*) farm: — *di cavalli*, stud-farm; — *di pecore*, sheep farm (*o austr.* sheep-station) **4** (*agr.*) plant breeding, culture.

allevare *v.tr.* **1** (*bambini*) to bring* up; to rear, to nurse; (*non com.*) (*allattare*) to nurse, to suckle: *ha allevato bene i suoi figli*, she has brought her children up well **2** (*bestiame*) to breed*, to rear: — *polli, pecore*, to rear chickens, sheep.

allevatore *s.m.* **allevatrice** *s.f.* breeder; farmer: — *di bestiame*, stockbreeder (*o* cattle breeder); — *di pecore*, sheep farmer.

alleviamento *s.m.* relief; alleviation; mitigation.

alleviare *v.tr.* to relieve; to alleviate; to mitigate: — *una sofferenza a qlcu.*, to relieve s.o.'s suffering.

allibare *v.tr.* (*mar.*) to lighten (the ship, by unloading); to jettison.

allibire *v.intr.* **1** (*impallidire di paura*) to turn pale with fear **2** (*restare sbigottito*) to be dismayed, to be left speechless; to be bewildered: *a quella risposta allibì*, the reply left him speechless (*o* dumbfounded).

allibramento *s.m.* (*econ.*) entry: *certificato di* —, certificate of entry.

allibrare *v.tr.* (*econ.*) to enter.

allibratore *s.m.* bookmaker, (*fam.*) bookie.

allietare *v.tr.* to gladden; to cheer up; to raise* s.o.'s spirits, to cheer.

□ **allietarsi** *v.rifl.* o *intr.pron.* to rejoice (in, at sthg.), to become* cheerful.

allieva *s.f.* **1** pupil, schoolgirl; (*studentessa*) student **2** (*apprendista*) apprentice.

allievo *s.m.* **1** pupil, schoolboy; (*studente*) student; (*seguace*) disciple **2** (*apprendista*) apprentice **3** (*mil.*) cadet: — *di marina*, naval cadet; — *ufficiale*, officer cadet // — *marconista*, apprentice wireless operator **4** (*sport*) *categoria allievi*, under 18.

alligante *s.m.* (*chim., metall.*) alloy element.

alligatore *s.m.* (*zool.*) alligator.

alligazione *s.f.* (*metall.*) **1** alloy **2** alligation.

allignare *v.intr.* **1** to take* root; to thrive **2** (*fig.*) to grow*, to catch* on.

allile *s.m.* (*chim.*) allyl.

allilico *agg.* (*chim.*) allylic: *resina allilica*, allyl resin; *gruppo* —, allyl group.

allineamento *s.m.* **1** alignment, lining up, ranging, setting in a row; laying out (of sthg.); coming into line: — *dei prezzi*, price lining (*o* adjustment of prices); — *monetario*, monetary alignment; — *valutario*, currency alignment **2** (*tip., inform.*) alignment; array; registration: — *al byte*, byte boundary alignment // — *a destra, a sinistra*, right, left adjust; — *di schede*, jogging **3** (*tecn.*) alignment, lining **4** (*mil.*) falling in, dressing.

allineare *v.tr.* **1** to line up, to align, to set* in a row, to bring* into line, to lay* out: — *gli alberi*, to lay out trees (in a line); — *delle cifre*, to tabulate figures (*o* to go into figures) **2** (*econ.*) to adjust, to align **3** (*mil.*) to dress, to draw* up: — *i soldati*, to dress a line of soldiers **4** (*tip., inform.*) to justify.

□ **allinearsi** *v.rifl.* **1** to fall* into line **2** (*mil.*) to dress: — *a destra!*, right dress! **3** (*fig.*) (*adeguarsi*) to fall* into line with, to conform to, to align (oneself) with: *l'opposizione si è allineata col governo*, the opposition has fallen into line with the government.

allineato *agg.* aligned, drawn up, lined up: *paesi non allineati*, non-aligned countries.

allineatore *s.m.* **1** (*canottaggio*) starter **2** (*tecn.*) aligner.

allitterare *v.intr.* to alliterate.

allitterazione *s.f.* alliteration.

allo- *pref.* di origine greca che indica 'diversità'; ingl. allo-: *allogamia*, allogamy.

allobrogo *agg.* e *s.m.* **1** member of the Allobroges people **2** (*poet.*) Piedmontese; Savoyard.

allocare *v.tr.* (*econ.*) to allocate.

allocarpia *s.f.* (*bot.*) allocarpy.

allocazione[1] *s.f.* (*ippica*) prize-money.

allocazione[2] *s.f.* **1** (*econ.*) allocation: — *dei costi*, cost allocation; — *delle risorse*, resource allocation; — *di spese*, expense allocation, distribution; — (*di fondi*) *per fini speciali*, earmarking **2** (*inform.*) allocation.

alloccaggine, **allocheria** (*non com.*) *s.f.* stupidity, foolishness.

allocchire *v.intr.* (*restare sbalordito*) to be dumbfounded, to be amazed.

allocco *s.m.* **1** (*zool.*) (*Strix aluco*) tawny owl **2** (*fig.*) dunce, fool, booby, ninny: *far l'*—, to play the fool.

allocromatico *agg.* (*scient.*) allochromatic.

alloctono *agg.* (*geol.*) allochthonous.

allocutore *s.m.* **allocutrice** *s.f.* **1** speaker, orator **2** (*ling.*) receiver, receptor.

allocutorio, **allocutivo** *agg.* (*ling.*) *pronome* —, polite form of a pronoun.

allocuzione *s.f.* (*lett.*) allocution, address; (*eccl., dir.*) charge: *fare un'*—, to deliver an authoritative address (*o* to pronounce an allocution).

allodiale *agg.* (*dir.*) allodial, freehold: *beni allodiali*, allodial (*o* freehold) estate; *proprietario di beni allodiali*, freeholder.

allodio *s.m.* (*dir.*) allodium.

allodola *s.f.* (*zool.*) (*Alauda arvensis*) lark, skylark, (*pop.*) meadow.

allofono *s.m.* (*ling.*) allophone.

allogamento *s.m.* accommodation, arrangement, placing, location.

allogamia *s.f.* (*bot.*) allogamy, cross -fertilization.

allogare *v.tr.* (*non com.*) **1** (*ospitare*) to accommodate; (*sistemare*) to arrange, to settle **2** (*sposare*) to marry (off) **3** (*econ.*) to invest **4** (*dare in affitto*) to lease.

□ **allogarsi** *v.rifl.* (*non com.*) (*sistemarsi presso qlcu.*) to find* oneself a job with s.o.; to get* oneself a job.

allogenico *agg.* (*ecol.*) allogenic.

allogeno *agg.* of foreign extraction; citizen of foreign extraction // *gli allogeni*, ethnic minorities.

alloggiamento *s.m.* **1** (*non com.*) accommodation, lodging, housing **2** (*mil.*) (*in caserma*) quartering, quarters (*pl.*); (*in casa privata*) billet, billeting; (*accampamento*) encampment, camp **3** (*mecc.*) housing, slot: — *della chiavetta*, key slot (*o* keyway); — *del grilletto*, trigger housing.

alloggiare *v.tr.* **1** to accommodate, to lodge, to house, to give* (s.o.) lodgings; (*fam.*) to put* (s.o.) up: *ti posso — per la notte*, I can put you up for the night **2** (*mil.*) (*in caserma*) to quarter; (*in casa privata*) to billet; (*in accampamento*) to camp **3** (*mecc.*) to lodge, to seat, to house; to fit in a slot ◆ *v.intr.* **1** to lodge; (*abitare*) to live, to stay, to take* up lodgings **2** (*mil.*) (*in caserma*) to be quartered; (*in casa privata*) to be billeted.

alloggio *s.m.* **1** lodging; (*appartamento*) flat; (*stanze*) lodgings (*pl.*); (*spec. amer.*) apartment: *dare — a qlcu.*, to put s.o. up (*o* to board s.o.); *trovare* —, to find lodgings; *trovare — presso qlcu.*, to find accommodation with s.o. // *indennità di* —, hotel expenses; subsistence allowance; *vitto e* —, board and lodging **2** (*mil., mar.*) quarters (*pl.*): *maresciallo d'*—, quartermaster.

alloglotto *agg.* (*ling.*) speaking a different language ◆ *s.m.* a person speaking a different language.

allografo *s.m.* (*ling.*) allograph ◆ *agg.* allographic.

allomeria *s.f.* (*chim.*) allomerism.

allomorfo *s.m.* (*ling.*) allomorph.

allontanamento *s.m.* **1** removal, removing, sending away; (*estraniamento*) estrangement **2** (*licenziamento*) dismissal, (*fam.*) sacking.

allontanare *v.tr.* **1** to remove, to get* (s.o., sthg.) out of the way; (*fig.*) to put* away, to avert: *allontanò la sedia dal tavolo*, he moved the chair away from the table; — *un pericolo*, to avert a danger; — *qlcu. da un'idea*, to deter s.o. from an idea **2** (*cacciar via*) to turn away, out; to send* out; to drive* away; (*licenziare*) to dismiss, to remove: *fu allontanato dalla stanza*, he was sent out of the room; — *in malo modo*, to send s.o. packing; *fu allontanato dal suo incarico manageriale*, he was relieved of his managerial responsibilities ◆ *v.intr.* (*respingere*) to keep* at a distance: *un atteggiamento che allontana*, a forbidding attitude.

□ **allontanarsi** *v.intr.pron.* **1** to go* away, to depart: *si allontanò senza dire una parola*, she departed without saying a word; — *da qlcu.*, to leave s.o.; — *da casa, dalla famiglia*, to move away from home, from one's family **2** (*deviare*) to swerve, to deviate: — *dalla virtù*, to deviate from virtue **3** (*assentarsi*): *"Scusami. Devo allontanarmi per un momento"*, "Excuse me. I'll be back in a moment".

allopatia *s.f.* (*med.*) allopathy.

allopatico *agg.* (*med.*) allopathic.

allora *avv.* **1** (*in quel tempo*) then, at that time, in those times: — *abitavamo a Parigi*, we lived in Paris at that time; — *erano amici, oggi non si rivolgono nemmeno la parola*, they were friends then, but now they're not even on speaking terms; — *non me ne resi conto*, I didn't realise at that time (*o* then); *i miei amici* di —, my friends at that time; — *non c'era l'energia elettrica*, in those times there was no electricity; *il Presidente di* — (o *l'— Presidente*), the then President // *da — in poi*, from then on // *sino ad* —, until then // *sin da* —, since then // *per* —, (*per quei tempi*) for those times // (*con uso enfatico*) — *sì che eravamo felici!*, those were the days! **2** (*in quel preciso momento*) (just) then: *era uscito* — (o *proprio* —), he had just (that minute) gone out // — *come* —, at the time: — *come* — *non ci badai*, I didn't notice at the time **3** (*in tal caso*) then, well then; in that case, such being the case: —, *che cosa avete intenzione di fare?*, (well) then, what are you going to do? **4** (*quindi*) therefore, so: *la strada era dissestata:* — *tornammo indietro*, the road was up, so we turned back // *e —?*, so what?: *"Ho capito, c'era lo sciopero dei treni. E —?"*, "I see, there was a train strike. So what?".

allorché *cong.* (*form.*, *letter.*) when.

alloro *s.m.* **1** (*bot.*) (*Laurus nobilis*) bay, sweet bay, laurel // *cucinare il maiale con l'*—, to cook pork with bay leaves **2** (*fig.*) laurel: *incoronare di* —, to crown with laurels; *riposare sugli allori*, to rest on one's laurels // *conquistare l'— olimpico*, to win Olympic honours.

allorquando *cong.* (*letter.*) when.

allotrapianto *s.m.* (*med.*) allograft.

allotriomorfo *agg.* (*min.*) allotriomorphic.

allotropia *s.f.* (*chim.*) allotropy.

allotropico *agg.* (*chim.*) allotropic(al).

allotropo *s.m.* (*chim.*) allotrope.

alluce *s.m.* big toe.

allucinante *agg.* **1** hallucinating **2** (*abbagliante*) dazzling, blinding **3** (*fig.*) incredible, amazing; (*fam.*) far out: *è una storia* —, it's an incredible story.

allucinare *v.tr.* **1** to hallucinate **2** (*abbagliare*) to dazzle; (*ingannare*) to deceive, to illude **3** (*fig.*) to terrify, to amaze.

allucinato *agg.* (*di sguardo*) hallucinated; haunted; (*di persona*) dazzled.

allucinatorio *agg.* hallucinatory.

allucinazione *s.f.* hallucination: *soffrire di allucinazioni*, to be subject to hallucinations.

allucinogeno *s.m.* (*chim.*) hallucinogen.

allucinosi *s.f.* (*med.*) hallucinosis.

alludere *v.intr.* to allude, to refer; to hint (at sthg.): *a questo si alludeva durante la discussione*, this was alluded (*o* referred) to during the debate; *non ho capito a che cosa alludesse*, I didn't understand what he was getting (*o* hinting) at.

allumare[1] *v.tr.* (*letter.*) **1** (*illuminare*) to lighten, to illuminate **2** (*accendere*) to light (up).

□ **allumarsi** *v.intr.pron.* (*letter.*) to illuminate, to illumine.

allumare[2] *v.tr.* (*tecn.*) to alum, to treat with alum.

allume *s.m.* (*chim.*) alum.

allumiera *s.f.* (*min.*) alum mine.

allumina *s.f.* (*chim.*) alumina.

alluminare *v.tr.* (*metall.*) to aluminize.

alluminato *s.m.* (*chim.*) aluminate.

alluminatore *s.m.* **1** (*metall.*) aluminizer **2** (*ant.*) illuminator.

alluminico *agg.* (*chim.*) aluminic.

alluminieria *s.f.* aluminium processing plant.

alluminifero *agg.* (*min.*) alluminiferous.

alluminio *s.m.* (*chim.*) aluminium: — *anodizzato*, anodized aluminium // (*metall.*) *eliminazione dell'*—, de-aluminizing.

alluminotermia *s.f.* (*metall.*) aluminothermy.

allumite *s.f.* (*min.*) alumite.

allunaggio *s.m.* moon-landing.

allunga *s.f.* **1** (*tecn.*) → prolunga **2** (*banca*) allonge.

allungabile *agg.* extensible; extendible: *tavolo* —, extension (*o* extendible) table.

allungamento *s.m.* **1** lengthening, extension; prolongation; (*fon.*) lengthening: — *vocalico*, vowel lengthening **2** (*mecc.*, *fis.*) elongation, extension, stretching, stretch: — *alla trazione*, stretch (*o* elongation); — *a rottura*, extensibility // (*aer.*) — *alare*, aspect ratio **3** (*banca*) → allunga 2.

allungare *v.tr.* **1** to lengthen; to extend: — *un vestito*, to lengthen (*o* to let down) a dress; — *una vocale*, to lengthen a vowel; — *la strada*, to go the long way round; — *le vacanze*, to extend one's holidays // — *il passo*, to quicken one's steps **2** (*stendere*) to stretch (out): — *le gambe*, to stretch out one's legs; — *le mani*, to stretch out one's hands; — *le mani su qlco.*, to get hold of (*o* to lay hands on) sthg.; *"Non — le mani!", disse Maria*, "Don't touch me!" said Mary // — *il collo*, (*fig.*) to stretch one's neck // — *il muso*, to pull a long face // — *le orecchie*, to strain one's ears **3** (*porgere*) to pass, to hand: *allungami il sale, per favore*, pass me the salt, please // *gli allungò 10.000 lire di nascosto dal padre*, she passed him 10,000 lire unseen by his father **4** (*fam.*) (*tirare*) to give*, to land: — *una pedata*, to give s.o. a kick **5** (*annacquare*) to dilute, to water (down) **6** (*sport*) (*la palla*) to pass forward.

□ **allungarsi** *v.intr.pron.* **1** to lengthen, to grow* long(er): *i giorni si allungano*, the days are drawing out **2** (*crescere*) to grow* tall(er) ◆ *v.rifl.* to lie* down: — *su un letto*, to lie down on a bed.

allungato *agg.* **1** lengthened; extended **2** (*oblungo*) long and narrow **3** (*liquido*) watered (down); diluted.

allungatura *s.f.* lengthening; prolongation; extension.

allungo *s.m.* (*sport*) (*calcio*) forward pass; (*scherma*) extended lunge; (*pugilato*) reach; (*ciclismo*) spurt.

allupato *agg.* (*fam.*) as hungry as a hunter, famished, ravenous; (*sessualmente eccitato*) randy, horny.

allure *s.f.* (*fr.*) **1** (*portamento*) distinction, elegance **2** (*sport*) (*andatura*) pace.

allusione *s.f.* allusion, hint, reference: *non si fece — all'argomento*, no reference was made to the subject; *una — velata, chiara, pesante*, a veiled, clear, strong hint (*o* allusion).

allusività *s.f.* (*l'essere allusivo*) allusiveness.

allusivo *agg.* allusive.

alluviale *agg.* (*geol.*) alluvial.

alluvionale *agg.* (*geol.*) alluvial: *deposito* —, alluvium (*o* warp); *giacimento* —, placer.

alluvionato *agg.* damaged by floods: *territorio* —, flood damaged region ◆ *s.m.* flood victim.

alluvione *s.f.* **1** (*geogr.*) flood; inundation; (*geol.*) alluvium*: *alluvioni recenti*, wash **2** (*fig.*) flood, torrent, stream: *un'— di scuse*, a stream of excuses; *un'— di chiacchiere*, a flood of gossip.

alma *s.f.* (*poet.*) soul; spirit.

almagesto *s.m.* (*letter.*) almagest.

almanaccare *v.intr.* **1** (*fantasticare*) to (day) dream* (of, about s.o., sthg.); to build* castles in the air; (*congetturare*) to muse (on, upon s.o., sthg.) **2** (*sforzarsi di capire*) to puzzle (about, over sthg.); to rack one's brains (about sthg.).

almanacchista *s.m.* e *f.* writer of almanacs.

almanacco *s.m.* almanac, calendar: — *astronomico*, ephemeris; — *di Gotha*, Almanach de Gotha.

almanco *avv.* (*ant.*) at least.

almandino *s.m.* (*min.*) almandine.

almeno *avv.* at least: — *telefonasse!*, he could at least phone!

almo *agg.* (*poet.*) **1** vivifying; life-giving, beneficent **2** (*nobile*, *eccelso*) noble, great.

alnico *s.m.* (*metall.*) alnico.

alno *s.m.* (*bot.*) alder.

aloe *s.m.* (*bot.*) aloe.

aloetico *agg.* aloetic.

alofilo *agg.* (*ecol.*) halophilous, halophilic: *organismo* —, halophile.

alofita *s.f.* (*ecol.*) halophyte.

alogenare *v.tr.* (*chim.*) to halogenate.

alogenato *s.m.* (*chim.*) halogen compound ◆ *agg.* halogenated: *idrocarburo* —, halogenated hydrocarbon (o halocarbon); *resina alogenata*, halocarbon resin.

alogenazione *s.f.* (*chim.*) halogenation.

alogeno *agg.* (*chim.*) halogenous, halogen: *lampada alogena*, halogen lamp ◆ *s.m.* (*chim.*) halogen.

alogenuro *s.m.* **1** (*chim.*) halide **2** → aloide.

alogico *agg.* (*fil.*) alogical.

aloide *s.m.* (*min.*) halogen mineral, haloid.

aloina *s.f.* (*chim.*) aloin.

alone *s.m.* **1** (*astr.*, *fot.*, *fis.*) halo* **2** (*fig.*) halo*; aura; glow **3** (*di macchia*) mark; ring.

alopecia *s.f.* (*med.*) alopecia.

alosa *s.f.* (*zool.*) **1** (*Alosa alosa*) (allis) shad **2** — *pseudoaringa*, (*Alosa pseudoharengus*) alewife.

alotano *s.m.* (*chim.*) halothane.

alpaca *s.m.* (*zool.*) (*Lama guanicöe pacos*) alpaca ◆ *s.f.* (*lana*, *tessuto*) alpaca.

alpacca *s.m.* (*metall.*) nickel silver.

alpe *s.f.* **1** alp // *Le Alpi*, the Alps **2** → alpeggio.

alpeggiare *v.tr.* to lead* animals to summer pasture in the mountains.

alpeggio *s.m.* mountain pasture.

alpenstock *s.m.* alpenstock.

alpestre *agg.* **1** (*alpino*) alpine **2** (*montagnoso*) mountainous **3** (*ripido*) steep ◆ *s.m.* (*liquore*) Alpestre (liqueur made from herbs).

alpicoltura *s.f.* alpine farming.

alpigiano *s.m.* mountaineer ◆ *agg.* (*montano*) alpine, mountain: *popolazione alpigiana*, mountain (*o* alpine) population.

alpinismo *s.m.* (*sport*) mountaineering, (mountain-)climbing, alpinism.

alpinista *s.m.* mountaineer, (mountain-) climber, alpinist.

alpinistico *agg.* climbing, alpine.

alpino *agg.* alpine (*anche geol.*); mountain (*attr.*): *sci* —, downhill skiing; *orogenesi alpina*, alpine orogeny; *pastura alpina*, alpage; *tundra alpina*, alpine tundra ◆ *s.m.* (*mil.*) 'alpino'* (member of the Italian alpine troops).

alquanto *agg.indef.* **1** (*un po' di, una certa quantità di*) some, a certain amount of, quite a lot of: *aveva — denaro con sé*, he had some (*o* quite a lot of) money on him **2** *pl.* several, (quite) a few, a number of: *sembra avere alquanti problemi*, he seems to have quite a few problems ◆ *pron.indef.* **1** some, a certain amount of, quite a lot of: *ne presi alquanti*, I took some (*o* I took a certain amount of it) **2** *pl.* some, several, (quite) a few: *c'erano molti libri interessanti ma ce n'erano alquanti inutili*, there were a lot of interesting books, but there were some useless ones too ◆ *avv.* somewhat, a little, a bit, rather: *parlavano una lingua — strana*, they spoke a rather strange language; *quel bambino è — vivace*, that child is rather lively; *sono — stanco*, I'm rather tired; *ha bevuto* —, he's drunk quite a lot (*o* he's rather drunk).

alsaziano *agg.* Alsatian ◆ *s.m.* **1** Alsatian **2** (*zool.*) Alsatian dog, Alsatian wolf.

alt *inter.* **1** (*mil.*) halt **2** (*su strada*) stop.

altacassa *s.f.* (*tip.*) upper case.

alta fedeltà *s.f.* hi-fi, high-fidelity: *impianto ad* —, hi-fi equipment.

altaico *agg.* e *s.m.* Altaic, Altaian: *lingue altaiche*, Altaic languages.

altalena *s.f.* **1** (*appesa a due funi*) swing; (*tavola messa in bilico*) seesaw: *giocare all'*—, to play on a seesaw **2** (*fig.*) ups and downs (*pl.*), seesaw: *l'— dell'opinione pubblica*, the seesaw of public opinion; *l'— della vita*, the ups and downs of life **3** (*fig.*) (*indecisione*) indecision, wavering.

altalenare *v.intr.* **1** (*non com.*) (*su funi*) to play with a swing; (*su tavole*) to seesaw **2** (*fig.*) (*essere indeciso*) to dither.

altaleno → **mazzacavallo**.

altamente *avv.* **1** highly; greatly, deeply; very much: — *qualificato*, highly qualified **2** (*letter.*) nobly **3** (*ant.*) aloud, loudly.

altana *s.f.* covered roof-terrace.

altare *s.m.* **1** altar: — *maggiore*, high altar; *tovaglia d'*—, altar-cloth // *sacrificio dell'*—, Mass // *condurre all'*—, to lead to the altar // *porre qlcu. sugli altari*, to hero-worship (*o* to exalt) s.o. // *scoprire gli altarini*, (*scherz.*) to reveal (*o* to give away) s.o.'s little secrets (*o* to give away the skeletons in s.o.'s cupboard) **2** (*tecn.*) bridgewall.

altazimut *s.m.* (*astr.*) altazimuth.

altazimutale *agg.* e *s.m.* (*astr.*) altazimuth.

altea *s.f.* (*bot.*) (*Althea officinalis*) althea, marshmallow.

alterabile *agg.* **1** alterable, changeable: *merci alterabili al calore*, heat perishable goods; *colori alterabili*, fading (*o* unfixe) colours **2** (*adulterabile*) liable to adulteration, liable to deterioration **3** (*fig.*) (*irritabile*) irritable, touchy: *un carattere* —, an irritable character.

alterabilità *s.f.* **1** alterability, changeableness, changeability **2** (*adulterabilità*) liability to adulteration, to deterioration **3** (*irritabilità*) irritability, touchiness.

alterare *v.tr.* **1** to alter, to change; (*cibo*) to adulterate; (*lineamenti*) to disfigure: *questo altera le cose*, this alters matters **2** (*falsificare*) to falsify, to forge, to counterfeit: — *fatti*, to misrepresent (*o* to distort) facts; — *una firma*, to forge a signature; — *una moneta*, to counterfeit a coin; — *un testo*, to falsify a text; — *la verità*, to twist the truth **3** (*fig.*) (*turbare*) to trouble: — *la mente*, to trouble the mind.

□ **alterarsi** *v.rifl.* o *intr.pron.* **1** (*mutarsi*) to alter, to change; (*andare a male*) (*di cibo*) to go* bad; (*di latte, burro*) to go* sour; (*di merci*) to deteriorate, to perish: *la sua voce si alterò*, his voice changed (*o* broke) **2** (*turbarsi*) to be affected; (*arrabbiarsi*) to get* angry, to get* worked up, to work oneself up: *si altera facilmente*, he is easily annoyed; *il suo viso si alterò quando mi vide*, his face frowned when he saw me.

alterato *agg.* **1** altered, changed; (*adulterato*) adulterated; (*guasto*) (gone) bad, gone off; (*falsificato*) forged: *grafia alterata*, disguised handwriting // *polso* —, irregular pulse // *essere — dal vino*, to be drunk **2** (*turbato*) upset, unsettled; (*irato*) angry, annoyed, worked up // *voce alterata*, broken voice.

alterazione *s.f.* **1** (*mutamento*) alteration, change // (*geol.*): — *chimica*, decay; — *superficiale*, weathering **2** (*deteriorazione*) deterioration; (*di cibo*) adulteration; (*di merci*) perishing **3** (*distorsione*) distortion **4** (*falsificazione*) forgery, falsification, counterfeiting, forging **5** (*turbamento*) emotion; (*eccitazione*) excitement; (*della voce*) breaking // *in uno stato di — psichica*, while psychically disturbed **6** (*mus.*) inflecting (of note).

altercare *v.intr.* to quarrel, to argue, to wrangle, to dispute.

alterco *s.m.* non com. **altercazione** *s.f.* quarrel, wrangle, altercation, dispute.

alter ego *s.m.* alter ego.

alterezza *s.f.* (*non com.*) **1** (*fierezza*) pride **2** (*superbia*) haughtiness, arrogance.

alterigia *s.f.* haughtiness, arrogance.

alterità *s.f.* (*fil.*) alterity, otherness.

alternamente → **alternativamente** 1.

alternanza *s.f.* **1** (*l'alternarsi*) alternation, succession, change: *l'— delle stagioni*, the succession of the seasons; *l'— di notte e giorno*, the alternation of night and day // (*biol.*) — *di generazione*, alternation of generations // (*pol.*) *principio dell'*—, the principle of alternate government // (*ling.*) — *consonantica*, *vocalica*, consonant, vowel alternation **2** (*agr.*) (crop) rotation, alternation of crops.

alternare *v.tr.* **1** to alternate: — *il lavoro col riposo*, to alternate between work and rest (*o* to alternate work with rest) **2** (*agr.*) to rotate (crops).

□ **alternarsi** *v.rifl.rec.* **1** to alternate, to take* turns **2** (*accadere alternamente*) to happen by turns.

alternativa *s.f.* **1** (*l'alternarsi*) alternation: — *di timori e speranze*, alternation of fear and hope **2** (*scelta*) alternative, choice, option: *non c'è* —, there is no alternative; *questo fatto non ci lascia alcuna* —, this fact leaves us no choice (*o* option) // — *politica*, political alternative.

alternativamente *avv.* **1** alternately, by turns, in turn, one after the other **2** (*in alternativa*) alternatively, otherwise.

alternativo *agg.* **1** alternating; (*mecc.*) reciprocating: *compressore* —, reciprocating compressor **2** (*che pone una scelta*) alternative, alternate: *soluzioni alternative*, alternative solutions **3** (*non tradizionale*) alternative: *energia alternativa*, alternative energy; *cinema* —, alternative cinema.

alternato *agg.* **1** alternate(d), alternating: *colori alternati*, alternating colours // (*agr.*) *coltivazione alternata*, rotation of crops **2** (*elettr.*) alternating: *corrente alternata*, alternating current.

alternatore *s.m.* (*elettr.*) alternator.

alterno *agg.* **1** alternate: *venire a giorni alterni*, to come on alternate days // (*ecol.*) *successione alterna*, alterne **2** (*fig.*) (*variabile*) up and down, changeable: *essere d'umore* —, to be moody **3** (*bot.*) alternate **4** (*mat.*) alternate: *angoli alterni*, alternate angles **5** (*inform.*) alternate; two-way.

altero *agg.* **1** (*fiero*) proud **2** (*altezzoso*) haughty, arrogant.

altezza *s.f.* **1** height: — *sul livello del mare*, height above sea level; *lo lasciò cadere da un'— di dieci metri*, he dropped it from a height of ten meters // *l'automobile si fermò all'— del numero sette, del ponte*, the car stopped opposite number seven, the bridge // *la nave era all'— di Capo Horn*, the ship was off Cape Horn **2** (*statura*) height, stature **3** (*profondità*) depth: — *d'un pozzo*, depth of a well // (*inform.*) — *del foglio*, form depth **4** (*di tessuto*) width **5** (*di suono*) pitch **6** (*fig.*) (*di carattere*) nobility, loftiness, grandeur; (*di pensiero, sentimenti*) loftiness // *non era all'— di trattare l'argomento*, he was not up to the task of dealing with the subject // *essere all'— di un compito*, to be equal to a task // *essere all'— dei tempi*, to be up-to-date (*o* to be abreast of the times) // *essere all'— di una situazione*, to be up to a situation (*o* to be equal to a situation) **7** (*titolo*) Highness: *Sua Altezza Reale il Principe di Galles*, His Royal Highness the Prince of Wales; *Vostra Altezza*, Your Highness **8** (*astr., mat.*) altitude.

altezzosamente *avv.* haughtily, proudly, arrogantly.

altezzosità *s.f.* haughtiness, pride, arrogance.

altezzoso *agg.* haughty, arrogant, lofty.

altica *s.f.* (*zool.*) flea-beetle.

alticcio *agg.* tipsy, tight, merry.

altimetria *s.f.* altimetry.

altimetrico *agg.* altimetrical.

altimetro *s.m.* (*metrol.*) altimeter.

altipiano *s.m.* → **altopiano**.

altiplanazione *s.f.* (*geol.*) altiplanation.

altiporto *s.m.* mountain landing strip.

altisonante *agg.* resounding, magniloquent, sonorous, grandiloquent; (*iron.*) high-flown; (*fam.*) highfalutin.

altissimo *agg.superl.* **1** very high; (*fig.*) (*sublime*) sublime **2** (*relig.*) Almighty, Most High ◆ *s.m.* *l'Altissimo*, the Almighty (*o* the Most High).

altitudine *s.f.* **1** (*geogr.*) altitude, height; elevation **2** (*letter.*) (*elevatezza*) nobility.

alto *agg.* **1** high; (*di statura*) tall; (*di spessore*) thick: *quella torre è molto alta*, that tower is very high; *il monte è — 2114 metri*, the mountain is 2114 metres high; *il ragazzo è — per la sua età*, the boy is tall for his age; *una bistecca bella alta*, a really thick steak // *il sole era — sull'orizzonte*, the sun was high above the horizon // *andare a testa alta*, to hold one's head high // *tenere — il morale*, to keep one's morale high **2** (*profondo*) deep: *qui l'acqua è alta*, the water is deep here **3** (*di tessuto*) wide: *questa stoffa è alta 140 cm*, this material is 140 cm wide **4** (*di suono*) (*acuto*) high, shrill; (*forte*) loud: *parlare a voce alta*, to speak in a loud voice (*o* loudly) **5** (*elevato*) high: *il prezzo mi sembra molto —*, the price seems very high to me // (*econ.*): *— costo*, expensiveness; *alta congiuntura*, boom // (*med.*) *pressione alta*, high pressure **6** (*fig.*) (*nobile, sublime*) high, excellent; noble; *un gesto di alta generosità*, a very generous gesture; *un uomo di alti sentimenti*, a man of noble character; *avere un'alta opinione di qlcu.*, to have a high (*o* excellent) opinion of s.o. // *tenere — il proprio nome, la propria reputazione*, to keep one's (good) reputation **7** (*fig.*) (*di classe, di importanza*) high; (*di grado*) high-ranking, top: *l'alta società*, high society; *l'alta finanza*, high finance; *l'alta matematica*, higher mathematics; *le classi alte*, upper classes; *un — funzionario*, a high-ranking (*o* top) official; *l'alta direzione*, top management; *alti studi*, advanced studies // *l'alta stagione*, the high season // *— tradimento*, high treason **8** (*geogr.*) northern, upper: *Alta Italia*, Northern Italy; *Alta Lombardia*, Upper Lombardy **9** (*st.*) early: *— Medioevo*, early Middle Ages **10** (*di tempo*) late: *la Pasqua è alta quest'anno*, Easter is late this year // *a giorno —, a notte alta*, late in the day, in the night ◆ *s.m.* **1** height, top // *gli alti e bassi della vita*, the ups and downs of life (*o* the vicissitudes of life) // *un ordine venuto dall'—*, an order from the top // *far cadere una cosa dall'—*, to do (*o* to give) sthg. condescendingly // *guardare qlcu. dall'— in basso*, to look down on s.o. **2** (*cielo*) heaven: *un'ispirazione venuta dall'—*, an inspiration from heaven above.

alto *avv.* **1** high; above, up; *volare —*, to fly high; *mirare —*, to aim high // *mani in —!*, hands up! **2** (*ad alta voce*) aloud, loudly: *proclamare — che...*, to proclaim loudly that... **3** (*letter.*) (*nobilmente*) nobly.

altoatesino *agg.* from Alto Adige, of Alto Adige ◆ *s.m.* person from Alto Adige.

altocumulo *s.m.* (*meteor.*) altocumulus*.

altoforno *s.m.* (*metall.*) blast furnace.

altolà *inter.* e *s.m.* halt: *— ! chi va là?* Halt! Who goes there? // *dare l'— a qlcu.*, (*fig. fam.*) to tell s.o. not to go any further: *—! non voglio continuare questa discussione*, just stop right there, I don't want to continue this discussion.

altolocato *agg.* high-ranking, important.

altomare *s.m.* high seas (*pl.*), open sea.

altoparlante *s.m.* loudspeaker.

altopiano *s.m.* (*geogr.*) upland, plateau, tableland; altiplano*.

altorilievo *s.m.* (*arte*) high relief, alto -relievo*.

altostrato *s.m.* (*meteor.*) altostratus*.

altresì *avv.* (*letter.*) also, too; likewise.

altrettanto *agg.indef.* as much (...as), *pl.* as many (...as); (*in frasi negative*) as (*o* so) much (...as), *pl.* as (*o* so) many (...as); the same number (...as): *ha speso — denaro di quanto ne ha guadagnato*, he spent as much money as he earned; *non ho altrettanti problemi quanti ne hai tu*, I haven't as many problems as you have; *ci sono venti uomini e altrettante donne*, there are twenty men and as many (*o* the same number of) women ◆ *pron.indef.* as much (...as), *pl.* as many (...as); (*in frasi negative*) as (*o* so) much (...as), *pl.* as (*o* so) many (... as); the same: *di Giovanni ci si può fidare, ma non posso dire — di Davide*, John's reliable, but I can't say as much (*o* the same) for David; *ho passato tre mesi a Londra e altrettanti a Parigi*, I spent three months in London and the same in Paris; *lei ha molti amici, lui non ne ha altrettanti*, she has a lot of friends, but he hasn't as many; *egli si alzò e tutti fecero —*, he stood up and everyone did the same // *"Buon Natale!" "Grazie, —!"*, "Merry Christmas!" "Thanks. The same to you!" ◆ *avv.* **1** (*con agg. e avv.*) as (...as); (*in frasi negative*) as (*o* so) (... as): *era — presuntuosa quanto ignorante*, she was as ignorant as she was presumptuous; *riesce — bene in francese quanto in inglese*, he's as good at French as he is at English; *questa strada è più breve ma non — facile*, this road is quicker, but it isn't as easy **2** (*con un v.*) as much (as); (*in frasi negative*) as (*o* so) much (as): *mangia molto e beve —*, he eats a lot and drinks as much; *è intelligente quanto suo fratello, ma non studia —*, he's as clever as his brother, but he doesn't study as hard.

altri *pron.indef.sing.* (*form.*) (*qualcun altro*) someone else: *lasciamo ad — la decisione*, let's leave it to someonc else to decide; (*in frasi negative*) anyone else; (*se si usa in ingl. la forma affermativa*) no one else: *né tu né — potrà impedirmelo*, neither you nor anyone else can stop me (from doing it); *non l'ho detto ad — che a te*, I've told no one but you (*o* I haven't told anyone else) // *chi — potrebbe essere?*, who else could it be? // *non — che...*, no one else but...

altrieri *avv.* (*letter.*) the day before yesterday.

altrimenti *avv.* (*diversamente*) otherwise: *non abbiamo potuto fare —*, we couldn't do otherwise // *— detto*, also called, alias: *Michelangelo Merisi, — detto il Caravaggio*, Michelangelo Merisi, alias Caravaggio ◆ *cong.* (*in caso contrario*) or else, otherwise: *vi conviene partire subito, — perderete il treno*, you'd better leave at once, or else you'll miss your train.

altro *agg.indef.* **1** other; another; (*in più*) more; further: *l'— uomo*, the other man; *un'altra volta*, another time; *ci sono altre domande?*, are there any other (*o* more *o* further) questions?; *non ho altri amici a Milano*, I haven't any other friends in Milan; *ci sono altre sei case in questa strada*, there are six other (*o* another six) houses in this street; *dove sono tutti gli altri ospiti?*, where are all the other guests?; *si crede un — Picasso*, he thinks he's another Picasso; *non aveva altre ragioni per rifiutare*, he had no further reason to refuse; *ripetilo un'altra volta*, say it once more; *vuoi dell'— tè?*, will you have some more tea?; *leggete altri due capitoli*, read two more (*o* another two) chapters **2** (*diverso*) different: *devi prendere un'altra strada per arrivarci*, you must take a different route to get there // *è tutt'altra cosa, è un — paio di maniche*, it's quite a different matter // *sono cose dell'— mondo*, it's quite unheard of **3** (*seguito da pron. indef. o interr. o da avv. composti con* where) else: *qualcun —*, someone else; *nessun'altra cosa*, nothing else; *chi —?*, who else?; *in qualche — luogo*, somewhere else; *da nessun'altra parte*, nowhere else **4** (*in espressioni di tempo passato*) other; (*nel senso di penultimo*) before last: *l'— giorno*, the other day; *l'— anno*, the year before last // *l'— ieri, ieri l'—*, the day before yesterday **5** (*in espressioni di tempo futuro*) next: *ci vediamo quest'altra settimana*, we'll see each other next week // *l'— lunedì*, a week on Monday **6** *noi altri*, we; *voi altri*, you.

altro *pron.indef.* **1** another (one); the other (one); *pl.* others, other people: *ho letto questo libro, puoi darmene un —?*, I've read this book. Can you give me another one?; *pensa sempre agli altri*, he always thinks of others; *non mi piace questo vestito, preferisco l'—*, I don't like this dress, I prefer the other one; *tutti gli altri sono partiti*, all the others have left; *un — al mio posto avrebbe agito diversamente*, another in my place would have acted differently; *se non volete fare il tentativo, ci sono altri che lo faranno*, if you don't want to make the effort, there are others who will // *pare un —*, he seems another person // *è uno sport come un —*, it's no different from any other sport **2** (*corr.*): *alcuni..., altri...*, some..., some... (*o* some..., others...); (*l'*) *uno..., l'— ...*, one..., the other...; *uno..., un — ...*, one..., another...; *l'uno e l'—*, both: *né l'uno, né l'—*, neither, (*in presenza di altra negazione*) either; *o l'uno o l'—*, either: *gli uni e gli altri*, they all (*o* all of them); (*compl.*) them all (*o* all of them) **3** *l'un l'—*, (*reciprocamente*) one another, (*spec. tra due*) each other **4** (*altra cosa*) something else, (*in frasi negative e nelle interr. dubitative o negative*) anything else; (*niente —*) nothing else; (*in più*) more: *"Avete finito il vino?" "No, ce n'è dell'—"*, "Have you finished the wine?" "No, there is some more"; *e non è tutto, c'è dell'—*, and that's not all I have to say, there's something else; *ho ben — da fare!*, I've got something better to do!; *ma non chiedo —!*, I'd like nothing better!; *penso a ben —!*, I'm thinking of something quite different!; *ci vuol —!*, it takes much more than that! // *non — che*, nothing but // *bugiardo che non sei —!*, you're a liar if ever there was one! // *tra l'—*, besides (*o* among other things).

◆ FRASEOLOGIA: *— che!*, certainly!: *"Vi sentite di andare?" "— che!"*, "Do you feel like going?" "Certainly!" // *da un giorno all'—*, from day to day; *un giorno o l'—*, one of these days // *se non —*, at least: *se non —, è una ragazza di buon senso*, at least she is a sensible girl // *senz'—*, certainly (*o* by all means *o* of course *o* presently): *hai senz'— ragione*, of course you are right; *verrò senz'—*, I'll certainly come (*o* I will come immediately *o* presently) // *tutt'—!*, not at all!: *"Sei stanco?" "Tutt'—!"*, "Are you tired?" "Not at all!" // *tutt'— che*, anything but: *è tutt'— che facile*, it is anything but easy.

altroché *avv.* certainly: *"Hai mangiato bene?" "—!"*, "Did you eat well?" "Certainly!"; *"Sei contento?" "—!"*, "Are you glad?" "Certainly I am!".

altronde *avv.* *d'—*, (*d'altra parte*) besides, on the other hand, however.

altrove *avv.* elsewhere, somewhere else: *sono qui ma vorrei tanto essere —*, I'm here but I wish I were somewhere else; *era diretto —*, he was going elsewhere.

altrui *agg.poss.invar.* (*degli altri*) other people's; (*di qualcun altro*) someone else's: *non immischiarti nei fatti —*, don't poke your nose into other people's business; *la roba —*, someone else's property; *non amo discutere in casa —*, I don't like arguing in someone else's house ◆ *s.* (*letter.*): *l'—*, (*la roba d'altri*) the property of others.

altruismo *s.m.* altruism, unselfishness.

altruista *s.m.* e *f.* altruist, unselfish person ◆ *agg.* altruistic, unselfish.

altruistico *agg.* altruistic, unselfish.

altura *s.f.* **1** high ground, rise: *il castello sorge su un'—*, the castle stands on a rise **2** (*mar.*) high sea, deep-sea: *pesca d'—*, deep-sea fishing; *motoscafo d'—*, powerboat.

alturiere *s.m.* (*mar.*) sea pilot.

aluatta *s.f.* (*zool.*) howler.

alula *s.f.* **1** (*zool.*) bastard wing **2** (*aer.*) slat.

alunite *s.f.* (*min.*) alunite.

alunna *s.f.* pupil; schoolgirl.

alunnato *s.m.* (*non com.*) apprenticeship, probationary period.

alunno *s.m.* **1** pupil; schoolboy; (*discepolo*) disciple, follower **2** (*apprendista*) apprentice.

alunogenite *s.f.* (*min.*) alunogenite.

alveare *s.m.* **1** beehive, hive, apiary **2** (*fig.*) (*di caseggiato*) (rabbit) warren.

alveo *s.m.* (*geogr.*) bed, riverbed; (*canale*) canal, channel: *— di piena*, floodplain.

alveolare *agg.* **1** alveolate, cell-like, cellular, honeycombed; locular (*anche bot.*) **2** (*anat.*) alveolar **3** (*fon.*) alveolar.

alveolato *agg.* → **alveolare** 1.

alveolite *s.f.* (*med.*) alveolitis.

alveolo *s.m.* **1** (*med.*) alveolus*; loculus*; *— di dente*, alveolus (*o* tooth-socket); *— polmonare*, alveolus of a lung **2** (*bot.*) loculus* **3** (*cella di alveare*) alveolus*.

alzabandiera *s.m.* flag-raising ceremony.

alzabile *agg.* that can be lifted, liftable.

alzacristallo *s.m.* winder.

alzaia *s.f.* **1** (*fune*) tow(ing-)line; hawser **2** (*strada*) towpath.

alzamento *s.m.* (*non com.*) lifting, raising, rise, lift.

alzare *v.tr.* **1** to lift (up), to raise; (*con fatica*) to heave: *aiutami ad — questo baule*, help me to lift this trunk; *— una tapparella*, to raise a blind; *— il sipario*, to raise the curtain; *— gli occhi*, to raise one's eyes (*o* to look up); *— pesi*, to lift weights // *— la bandiera*, to hoist the flag // *— le vele*, to hoist the sails, (*salpare*) to set sail // *— le carte*, to cut the pack // *— le mani al cielo*, to lift up one's hands; *— le mani su qlcu.*, to beat s.o. // *— le spalle*, to shrug (one's shoulders) // *— il gomito*, to drink a bit too much (*o* to bend the elbow) // *— i tacchi*, to take to one's heels // *— i bicchieri*, to drink a toast // *— la cresta*, to get above oneself // *— qlcu. alle stelle*, to extol s.o. **2** (*accrescere*) to raise, to increase; (*il volume*) to turn up: *alza un po' il volume, la radio*, turn up the volume, the radio; *ogni autunno i commercianti alzano i prezzi*, every autumn the tradesmen raise (*o* put up) prices; *alza un po' il gas*, turn up the gas a little // *— i prezzi*, (*amer.*) to hike prices // *— la voce*, to raise one's voice; *alza la voce, non ci sento*, speak up, I can't hear you; *non — la voce con me, sai!*, don't raise your voice with me! **3** (*costruire*) to build*; (*erigere*) to erect: *— un muro*, to build a wall; *— una statua*, to erect a statue **4** (*rialzare*) to heighten: *— il tetto di una casa*, to heighten the roof of a house **5** (*caccia*) to start: *— un fagiano*, to start a pheasant.

□ **alzarsi** *v.intr.pron.* **1** (*di vento, astro*) to rise*: *ora il sole si alza alle quattro*, now the sun rises at four; *il vento si alza*, the wind is rising (*o* the wind is beginning to blow) **2** (*crescere*) (*di livello*) to rise*; (*in altezza*) to grow*(taller): *il livello del lago si è alzato*, the level of the lake has risen; *il tuo ragazzo si è alzato molto*, your son has grown a lot ◆ *v.rifl.* **1** (*in piedi*) to stand* up, to rise* to one's feet; to get to one's feet; *alzati!*, stand up!; *alla fine del concerto il pubblico si alzò ad applaudirlo*, at the end of the concert the audience rose to their feet and cheered **2** (*dal letto*) to get* up: *a che ora ti alzi?*, at what time do you get up? **3** (*levarsi in volo*) (*di aereo*) to take* off; (*di uccello*) to take* to flight.

alzata *s.f.* **1** (*l'alzare*) lifting up, raising; (*l'alzarsi*) rise, rising: *l'— del sole*, the rising of the sun // *— d'ingegno*, (*fig.*) brain-wave // *— di scudi*, (*fig.*) revolt, rising // *— di testa*, whim (*o* caprice) // *— di spalle*, shrug of the shoulders // *votare per — di mano*, to vote by show of hands **2** (*vassoio*) cakestand, fruitstand; (*di mobile*) shelf **3** (*arch.*) elevation **4** (*di carte*) cut **5** (*altezza di scalino*) rise **6** (*sport*) lofted ball; lob; (*sollevamento pesi*) full lift.

alzataccia *s.f.* (*fam.*) early rising: *è stata un'— ma ne valeva la pena*, it meant getting up at an ungodly hour but it was worth it.

alzato *agg.* **1** up: *la tapparella è alzata*, the shutter is up **2** (*fuori del letto*) up, out of bed: *non è ancora —*, he's not up yet (*o* he's still in bed); *stare — tutta la notte*, to be up all night.

alzavavola *s.m.* (*mecc.*) valve lifter.

alzavola *s.f.* (*zool.*) (*Anas crecca*) teal*.

alzo *s.m.* (*di fucile*) rear sight, back sight; (*di cannone*) elevating arc.

amabile *agg.* **1** lovable, amiable, kind, friendly: *una persona —*, a lovable person **2** (*di vino*) sweet: *vino —*, sweet (*o* sweetish) wine.

amabilità *s.f.* lovableness, amiability, kindness, sweetness; (*cortesia*) courtesy.

amaca *s.f.* hammock.

amadriade *s.f.* (*zool.*) (*Papio hamadryas*) hamadryad.

amagnetico *agg.* (*fis.*) nonmagnetic.

amalgama *s.m.* **1** (*chim., metall.*) amalgam **2** (*estens.*) amalgam, mixture.

amalgamare *v.tr.* **1** (*chim., metall.*) to amalgamate **2** (*estens.*) to mix; to amalgamate; to combine.

□ **amalgamarsi** *v.rifl.* o *intr.pron.* **1** to amalgamate, to mix: *colori che non si amalgamano*, colours which don't mix; *il gruppo si è bene amalgamato*, the group has come together well; *fa fatica ad — con il nuovo ambiente*, he finds it difficult to fit in with the new environment **2** (*comm.*) to amalgamate, to merge.

amalgamazione *s.f.* (*chim., metall.*) amalgamation.

amamelide *s.f.* (*bot.*) (*Hamamelis virginiana*) witch hazel.

amanita *s.f.* (*bot.*) amanita // *— muscaria*, (*Amanita muscaria*) fly-agaric, flybane, fly mushroom.

amante *agg.* loving, fond, keen: *— della pesca*, keen on fishing; *non è molto — della musica*, she is not very fond of music ◆ *s.m.* lover // *è un'— di R. Chandler*, she's an admirer of R. Chandler ◆ *s.f.* mistress, lover.

amantiglio *s.m.* (*mar.*) lift.

amanuense *s.m.* **1** amanuensis*, copyist, scribe **2** (*dir.*) secretary.

amaramente *avv.* bitterly: *pentirsi —*, to repent bitterly; *piangere —*, to weep bitterly.

amarantino *agg.* (*non com.*) amaranthine.

amaranto *agg.* amaranthine ◆ *s.m.* (*bot.*) (*Celosia cristata*) cockscomb.

amarasca → **marasca**.

amarascato *agg.* (*di vino*) flavoured with morello cherry juice.

amarasco → **marasco**.

amare *v.tr.* **1** to love, to be in love with (s.o.): *l'ama alla follia*, he loves her to distraction; *sa farsi — da tutti*, he knows how to endear himself to everyone **2** to be fond of (s.o., sthg.); to like; to care for (s.o., sthg.): *amo molto la musica*, I am very fond of (*o* I like *o* I delight in) music; *non amo il freddo*, I don't like the cold; *amerei vederlo*, I'd like (*o* love) to see him. **3** (*richiedere*) to require, to need, to like: *quest'albero ama il terreno sassoso*, this tree requires a stony soil.

□ **amarsi** *v.rifl.rec.* **1** to love each other (one another): *si amano come fratelli*, they love each other like brothers **2** (*avere una relazione*) to be in love: *ci amiamo da tre anni*, we've been in love with each other for three years ◆ *v.rifl.* to love oneself: *si ama troppo*, he's too full of self-love (*o* he really loves himself *o* he's got too high an opinion of himself).

amareggiare *v.tr.* **1** (*rar.*) to make* bitter; (*fig.*) to embitter **2** (*rattristare*) to sadden, to grieve: *il comportamento del figlio l'aveva amareggiato*, his son's behaviour made him bitter towards life.

□ **amareggiarsi** *v.rifl.* (*rattristarsi*) to grieve: *non amareggiarti per questo*, don't let it bring you down (*o* don't grieve over *o* about it).

amareggiato *agg.* embittered, saddened, pained: *essere — per qlco.*, to be embittered about sthg.

amarella *s.f.* (*bot. pop.*) → **partenio**.

amarena *s.f.* (*bot.*) sour black cherry.

amareno *s.m.* (*bot.*) (*Prunus cerasus*) black cherry (tree).

amaretto *s.m.* **1** (*biscotto*) macaroon **2** (*liquore*) amaretto (almond liqueur).

amarezza *s.f.* **1** (*non com.*) (*sapore amaro*) bitter taste; tartness; bitterness **2** (*fig.*) bitterness; sadness: *parlò con molta —*, he spoke with great sadness (*o* bitterness) **3** *pl.* (*contrarietà*) disappointments, griefs: *una vita piena di amarezze*, a life full of bitter disappointments.

amaricante *agg.* bitter, tart.

amarilli, **amarillide** *s.f.* (*bot.*) (*Amaryllis belladonna*) amaryllis.

amaro *agg.* **1** bitter (*anche fig.*): — *come il fiele*, as bitter as gall; *lacrime amare*, bitter tears // *avere la bocca amara per qlco.*, to feel bad about sthg.; *la cosa mi ha lasciato la bocca amara*, it left a bad taste in my mouth; *inghiottire un boccone* —, to swallow a bitter pill **2** (*non zuccherato*) unsweetened, without sugar: *il caffè lo prendo* —, I take coffee without sugar (*o* unsweetened) ◆ *s.m.* **1** bitter taste **2** (*amarezza*) bitterness; (*rancore*) grudge, resentment, rancour **3** (*liquore*) bitters (*pl.*).

amarognolo *agg.* bitterish.

amarra *s.f.* (*mar.*) moorings (*pl.*), hawser.

amarrare *v.tr.* (*mar.*) to moor.

amarume *s.m.* **1** (*non com.*) bitter substance; (*sapore*) bitter taste **2** (*fig.*) (*animosità, malanimo*) bitterness, animosity, resentment, grudge.

amato *agg.* dear, beloved ◆ *s.m.* darling, beloved, sweetheart.

amatore *s.m.* **1** lover // *è un grande* —, (*scherz.*) he's a Don Juan **2** (*appassionato, intenditore*) enthusiast, lover: *è un vero — della musica*, he's a true music lover **3** (*collezionista*) collector: — *d'armi antiche*, a collector of antique weapons; *auto d'*—, collector's car; *prezzo d'*—, collector's price (*o* value) **4** (*sport*) (*dilettante*) amateur.

amatoriale *agg.* of a collector: *prezzo* —, collector's price.

amatorio *agg.* (*letter.*) amatory, love-: *filtro* —, love-philtre.

amatriciano *agg.* of, from Amatrice (a town near Rieti): *spaghetti all'amatriciana*, spaghetti made with a hot sauce of tomatoes, bacon and sheep's cheese.

amaurosi *s.f.* (*med.*) amaurosis*.

amaurotico *agg.* (*med.*) amaurotic.

amazzone *s.f.* **1** (*mit.*) Amazon **2** (*donna che cavalca*) lady rider: *cavalcare all'*—, to ride sidesaddle **3** (*fig.*) amazon, masculine woman **4** (*costume femminile per equitazione*) (lady's) riding-habit.

amazzoniano, **amazzonico** *agg.* Amazonian.

amazzonite *s.f.* (*min.*) amazonite.

ambasceria *s.f.* **1** (*incarico*) embassy, ambassadorship **2** (*missione diplomatica*) diplomatic mission, legation.

ambascia *s.f.* **1** (*non com.*) breathlessness **2** (*gravissima afflizione*) anguish, pain, distress.

ambasciata *s.f.* **1** (*ufficio e sede di ambasciatore*) embassy **2** (*messaggio*) message: *fare, portare un'*—, to bring (*o* to give) a message.

ambasciatore *s.m.* **1** ambassador **2** (*messaggero*) messenger // — *non porta pena*, (*prov.*) don't blame the messenger (for the bad news).

ambasciatrice *s.f.* ambassadress.

ambedue *agg.* e *pron.* (*tutti e due*) both: — *i fratelli*, both brothers; *uscirono — dalla stanza*, they both left the room.

ambiare *v.intr.* (*ippica*) to amble; to pace.

ambiatore *agg.* (*di cavallo*) ambling: *è un* —, it's an ambler (*o* a pacer).

ambidestrismo *s.m.* ambidextrousness, ambidexterity.

ambidestro *agg.* ambidexter, ambidextrous ◆ *s.m.* ambidexter.

ambientale *agg.* ambient, environmental (*anche ecol.*): *condizioni ambientali*, environmental conditions; *mutamenti ambientali*, changes in the environment; *temperatura* —, ambient temperature; *difesa* —, environmental protection.

ambientalismo *s.m.* **1** ecology **2** (*psic.*) environmentalism.

ambientalista *agg.* e *s.m.* e *f.* **1** ecologist, environmentalist **2** (*psic.*) environmentalist.

ambientalistico *agg.* environmentalistic.

ambientamento *s.m.* acclimatisation; adaption: *avere problemi di* —, to have problems of acclimatisation.

ambientare *v.tr.* **1** to acclimatize, to adapt **2** (*personaggio, fatto ecc.*) to place; to set*: — *un film nel deserto*, to set a film in the desert. □ **ambientarsi** *v.rifl.* to get* used to the place, to adapt oneself; to settle down; (*fam.*) to find* one's feet: *fa fatica ad* —, he is having trouble settling down.

ambientazione *s.f.* **1** (*teatr.*, *cinem.*) setting; set; scenery: *l'— è molto curata*, the setting is very authentic (*o* well done *o* accurate) **2** (*sfondo*) setting; background: *un romanzo d'— medievale*, a novel with a medieval setting.

ambiente *s.m.* **1** (*spazio*) environment, surroundings (*pl.*); habitat; world: — *artificiale*, artificial habitat **2** (*ecol.*) environment; station: — *naturale*, habitat // *tutela dell'*—, protection of the environment // (*dir.*) *reati contro l'*—, environmental crimes **3** (*fig.*) environment, surroundings (*pl.*); milieu, sphere, circle, setting; ambience: — *storico*, historical setting; *fuori del suo — è come un pesce fuor d'acqua*, out of his environment (*o* sphere) he is like a fish out of water; *ho bisogno di cambiare* —, I need a change of air; *creare l'— adatto alla rivoluzione*, to create the right conditions for revolution // *ambienti finanziari, industriali influenti*, business circle **4** (*stanza*) room; (*luogo*) place, interior **5** (*inform.*) environment ◆ *agg.* ambient (*attr.*): *temperatura* —, ambient (*o* room) temperature.

ambientista *s.m.* e *f.* painter, photographer of interiors.

ambigenere *agg.* (*gramm.*) of common gender: *un sostantivo* —, a noun of common gender.

ambiguità *s.f.* ambiguousness, ambiguity; duplicity; equivocalness.

ambiguo *agg.* **1** (*di persona*) doubtful, dubious; (*fam.*) shady **2** (*di discorso, linguaggio*) ambiguous, equivocal, obscure.

ambio *s.m.* (*ippica*) amble; pace.

ambire *v.tr.* e *intr.* to desire (sthg.); to yearn for (sthg.); to long for (sthg.); to aim at (sthg.); to have ambitions (for sthg.), to aspire (to sthg.): — (*a*) *un premio*, (*a*) *una ricompensa*, to yearn for a prize, a reward.

àmbito[1] *s.m.* **1** (*spazio circoscritto*) ambit, precincts (*pl.*); compass **2** (*fig.*) sphere, ambit; circle: *nell'— familiare*, within the family (circle); *nell'— del lavoro*, at the workplace; *in — medico si dice che ...*, in medical circles (*o* in the medical world) it is said that... // *entro l'— della legge*, within the limits of the law.

ambìto[2] *agg.* desired, coveted, longed-for.

ambivalente *agg.* ambivalent.

ambivalenza *s.f.* ambivalence (*anche psic.*).

ambizione *s.f.* ambition; (strong) desire: — *di popolarità*, hankering after popularity; *divorato dall'*—, eaten up with ambition; *senza* —, unambitious(ly); *aveva delle grandi ambizioni*, he had great ambitions; *ha una grande — di fare bene, di riuscire*, he has a strong desire to do good (*o* to succeed).

ambiziosaggine *s.f.* (*non com.*) petty minded ambition.

ambizioso *agg.* ambitious ◆ *s.m.* ambitious person.

ambliopia *s.f.* (*med.*) amblyopia.

ambo *agg.num.* both; either: — *i sessi*, both sexes; *prendere con — le mani*, to take with both hands; *da — i lati, le parti*, from both sides (*o* from either side); *in — i casi*, in both cases (*o* in either case).

ambo *s.m.* (*lotto*) double.

ambone *s.m.* (*arch.*) ambo*.

ambosessi *agg.* of either sex.

ambra *s.f.* **1** amber **2** (*biol.*) — *grigia*, ambergris. **3** — *nera*, jet coal ◆ *agg.* (*colore*) amber.

ambrato *agg.* **1** amber-coloured **2** (*odoroso d'ambra*) amber-scented.

ambretta *s.f.* (*bot.*) **1** (*Centaurea moschata*) sweet sultan **2** (*pop.*) → abelmosco **3** — *selvatica* → cariofillàta.

ambrogetta *s.f.* (*edil.*) ornamental tile.

ambrosia *s.f.* ambrosia.

ambrosiano *agg.* **1** (*eccl.*) Ambrosian: *canto* —, Ambrosian chant; *inno* —, Te Deum **2** (*milanese*) Milanese ◆ *s.m.* Milanese.

ambulacro *s.m.* (*arch.*) ambulatory.

ambulante *agg.* strolling, itinerant: *fruttivendolo, pescivendolo* —, coster, costermonger; *suonatore* —, street-musician; *venditore* —, pedlar (*o* huckster *o* hawker) (*amer.* pitchman) // *biblioteca* —, (*fig.*) walking encyclopaedia // *cadavere* —, (*fig.*) walking ghost ◆ *s.m.* **1** pedlar **2** (— *postale*) mail coach.

ambulanza *s.f.* **1** (*autoambulanza*) ambulance **2** (*mil.*) (*infermeria da campo*) field hospital.

ambulatoriale *agg.* casualty, outpatient (*attr.*): *intervento* —, outpatient operation.

ambulatorio *agg.* **1** ambulatory **2** (*dir.*) ambulatory **3** (*non com.*) → ambulatoriale ◆ *s.m.* **1** department; (*di ospedale*) outpatient's department; (*pronto soccorso*) casualty department, first aid station **2** (*di medico*) surgery: — *oculistico*, *dentistico*, optician's surgery, dentist's surgery; — *veterinario*, veterinary surgery.

ameba *s.f.* (*zool.*) (*Amoeba proteus*) amoeba*.

amebico *agg.* (*med.*) amoebic.

ameboide *agg.* (*biol.*) amoeboid.

amen *s.m.* amen // *in un* —, in a flash ◆ (*inter.*) amen: *e allora —, fai come vuoi*, OK then, do whatever you want.

amenità *s.f.* **1** pleasantness, agreeableness, amenity **2** (*facezia*) pleasantry, joke; (*iron.*) nonsense, silly remarks.

ameno *agg.* **1** pleasant, pleasing, agreeable, delightful: *luogo* —, pleasant spot **2** (*divertente*) amusing, funny: *tipo* —, funny chap; *storielle amene*, amusing stories.

amenorrea *s.f.* (*med.*) amenorrhoea.

amentaceo *agg.* (*bot.*) amentaceous, catkin-like.

amento *s.m.* (*bot.*) amentum*; ament, catkin, (*fam.*) lamb's tail; (*di betulla, di nocciolo*) aglet.

americana *s.f.* (*sport*) (*ciclismo*) two or more men relay.

americanata *s.f.* (*spreg.*) exhibitionism, showing-off.

americanismo *s.m.* Americanism.

americanista *s.m.* e *f.* **1** Americanist **2** (*ciclismo*) a rider in an 'Americana'.

americanistica *s.f.* American studies.

americanizzare *v.tr.* to Americanize.
□ **americanizzarsi** *v.intr.pron.* to Americanize, to become* Americanized.

americano *agg.* American ◆ *s.m.* **1** American; U.S. citizen **2** (*lingua*) American (English) **3** cocktail made of vermouth, bitters, soda and a twist of lemon.

americio *s.m.* (*chim.*) americium.

amerindio *agg.* Amerindian ◆ *s.m.* Amerind.

ametista *s.f.* (*min.*) amethyst.

amfetamina, **amfetammina** *s.f.* (*chim.*) amphetamine.

amianto *s.m.* (*min.*) asbestos, amiant(h)us.

amica *s.f.* friend; girlfriend; woman friend; lady friend; (*amante*) lover, (*fam.*) girl(friend): *è andata con delle amiche a fare un viaggio*, she's gone on a trip with her (girl)friends.

amichevole *agg.* friendly, (*form.*) amicable: *accoglienza* —, friendly welcome (*o* friendly reception); *colloquio* —, friendly chat // *in via* —, in a friendly way (*o* confidentially): *risolvere una lite in via* —, to settle a dispute out of court // (*sport*) *un incontro* —, a friendly match.

amichevolezza *s.f.* friendliness.

amichevolmente *avv.* in a friendly way, friendly, amicably.

amicizia *s.f.* **1** friendship; (*form.*) amity: *coltivare un'*—, to cultivate a friendship; *dire qlco. in* —, to tell sthg. in confidence; *fare — con qlcu.*, to make friends with s.o.; *guastare un'*—, to spoil a friendship; *troncare un'*—, to break (off) a friendship; *un'— interessata*, an interested friendship; *— tra due paesi, popoli*, friendship between two peoples, countries // *patti chiari — lunga*, (*prov.*) clear understandings breed long friendships **2** (*relazione amorosa*) affair // *— particolare*, homosexual relationship **3** *pl.* (*amici*) friends: *hai molte amicizie?*, have you many friends?; *amicizie influenti*, influential friends.

amico[1] *agg.* **1** friendly; (*non com.*) (*amato*) beloved; (*affezionato*) devoted: *famiglia amica*, friendly family; **2** (*letter.*) (*propizio*) favourable, propitious: *le stelle non erano amiche*, the planets were not propitious **3** (*alleato*) allied; friendly: *nazione amica*, friendly nation.

amico[2] *s.m.* **1** friend, man friend: *— del cuore*, bosom friend; *— di casa*, old friend; *— di famiglia*, family friend; *— d'infanzia*, childhood friend; *— di scuola*, schoolfriend; *siamo grandi amici*, (*fam.*) we are great pals; *agire da* —, to act as a friend; *diventare — di qlcu.*, to make friend with s.o.; *fingersi* —, to feign friendship // *amici per la pelle*, bosom friends // *— del giaguaro*, who (inadvertently) sides with (*o* helps) an opponent // *l'*—, (*scherz.*) that fellow (*o* our fellow) // *l'— di tutti non è — di nessuno*, (*prov.*) a friend to everybody is a friend to nobody // *gli amici si riconoscono nelle avversità*, (*prov.*) a friend in need is a friend indeed // *chi trova un — trova un tesoro*, (*prov.*) a good friend is worth his weight in gold **2** (*amante*) lover; (*fam.*) boyfriend **3** (*cultore*) friend, lover: *un — delle arti*, a friend (*o* a lover) of the arts; *un — dell'ordine*, a strong supporter of order.

amicrobico *agg.* (*biol.*) amicrobial.

amidaceo → **amilaceo**.

amidatore *agg.* e *s.m.* (*tess.*) starcher.

amidatura *s.f.* (*tess.*) starching; stiffening.

amido *s.m.* starch: *— di riso*, rice starch // *colla d'*—, starch paste.

amigdala *s.f.* **1** (*anat.*) amygdala*, tonsil **2** (*min.*) amygdale **3** (*paletnologia*) chopper.

amigdalico *agg.* (*chim.*) amygdalic.

amigdalina *s.f.* (*chim.*) amygdalin.

amigdalite *s.f.* (*med.*) tonsillitis.

amigdaloide *agg.* amygdaloid.

amilaceo *agg.* starchy, amylaceous.

amilasi *s.f.* (*chim.*) amylase.

amile *s.m.* (*chim.*) amyl: *gruppo* —, amyl group.

amilopectina *s.f.* (*biochim.*) amylopectin.

amilopsina *s.f.* (*biochim.*) amylopsin.

amilosio *s.m.* (*chim.*) amylose.

aminoacido → **amminoacido.**

amistà *s.f.* (*ant., letter.*) friendship; amity.

amitosi *s.f.* (*biol.*) amitosis.

amitto *s.m.* (*eccl.*) amice.

amletico *agg.* Hamlet-like: *avere un dubbio* —, to be in a dilemma.

amletismo *s.m.* Hamlet-like behaviour; irresolution, contradictory behaviour.

amlira *s.f.* Allied military lira.

ammaccamento *s.m.* → **ammaccatura**.

ammaccare *v.tr.* to dent; to crush; (*di frutta, di pelle*) to bruise: *ho ammaccato l'auto contro un albero*, I've hit a tree and dented the car; *la grandine ha ammaccato il tetto della macchina*, the hail has dented the roof of the car.
□ **ammaccarsi** *v.intr.pron.* to get* dented; to get* crushed; (*di frutta, di pelle*) to bruise: *nel colpo l'auto si è tutta ammaccata*, the car got crushed in the collision; *la frutta si ammacca facilmente*, fruit bruises easily.

ammaccato *agg.* **1** dented; buckled // *sentirsi le ossa ammaccate*, to feel battered and bruised **2** (*di frutta*) bruised.

ammaccatura *s.f.* dent; (*di frutta, di pelle*) bruise: *pieno di ammaccature*, covered in bruises; *non è niente di serio, solo un'*—, it's nothing serious, it's only a dent.

ammaestrabile *agg.* trainable; (*di fiere*) tamable.

ammaestramento *s.m.* **1** (*addestramento*) training **2** (*insegnamento*) teaching, lesson; precept; (*form.*) instruction **3** (*di fiere*) taming.

ammaestrare *v.tr.* **1** (*addestrare*) to train; (*fiere*) to tame **2** (*insegnare a*) to teach*, to instruct.

ammaestrato *agg.* **1** trained: *cane* —, trained dog **2** (*di fiera*) tame: *leone* —, tame lion.

ammaestratore *s.m.* trainer; (*di fiere*) tamer.

ammainabandiera *s.m.* the lowering of the flag.

ammainare *v.tr.* **1** to lower, to strike*, to furl: *— la bandiera*, to lower (*o* to haul down) the flag; *— le vele*, to strike the sails **2** (*fig.*) to give* up, to renounce.

ammalarsi *v.intr.pron.* to fall* ill, to be taken ill: *si ammalò seriamente*, she was taken seriously ill; *si ammalò di tifo*, he fell ill with typhoid.

ammalato *agg.* ill, unwell (*gener. pred.*); sick (*gener. attr.*); diseased (*anche fig.*): *bimbo* —, sick child; *organi ammalati*, diseased organs; *è — di corpo e di spirito*, he is sick in body and mind; *sei —?*, are you ill?; *— di tifo*, ill with typhus; *— di nostalgia*, suffering from homesickness ◆ *s.m.* **1** sick person: *curare un* —, to nurse a sick man **2** (*cliente di medico*) patient.

ammaliamento *s.m.* enchantment; (*fig.*) fascination.

ammaliante *agg.* bewitching, enchanting, fascinating: *uno sguardo* —, a bewitching glance.

ammaliare *v.tr.* to bewitch; to charm (*anche fig.*).

ammaliato *agg.* bewitched, enchanted; (*fig.*) fascinated.

ammaliatore *agg.* charming; fascinating; bewitching: *occhi ammaliatori*, bewitching eyes; *sorriso* —, charming smile ◆ *s.m.* charmer.

ammaliatrice *s.f.* enchantress; bewitcher.

ammalinconire *v.tr.* (*non com.*) to make* melancholy.
□ **ammalinconirsi** *v.intr.pron.* (*non com.*) to become* sad, to become* melancholy.

ammaliziare *v.tr.* to make* cunning.
□ **ammaliziarsi** *v.intr.pron.* to grow* cunning, to become* artful.

ammaliziato *agg.* cunning, artful, sly.

ammalizzire → **ammaliziare**.

ammanco *s.m.* (*comm.*) cash short, shortage, deficit: *— di cassa*, cash shortage (*o* deficit); *ammanchi ed eccedenze di cassa*, cash shorts and overs; *colmare un* —, to make good a deficit.

ammandorlato *agg.* almond-shaped; lozenge-shaped; diamond-shaped ◆ *s.m.* (*edil.*) brick lattice.

ammanettare *v.tr.* to handcuff; (*estens.*) to arrest.

ammanierare *v.tr.* (*non com.*) to embellish, to ornament, to make* mannered.

ammanierato *agg.* (*non com.*) affected, artificial; mannered.

ammanigliare *v.tr.* (*mar.*) to shackle, to bend.
□ **ammanigliarsi** *v.intr.pron.* (*fig. fam.*) to cultivate (the right people).

ammanigliato *agg.* (*fig. fam.*) (well) connected.

ammannare *v.tr.* (*agr.*) to sheave; to bind* in sheaves.

ammannire *v.tr.* **1** to prepare; (*cuc.*) to dress: *— il pranzo*, to get dinner ready **2**

(*fam. scherz.*) (*propinare*) to subject: *gli ammannirono un film di tre ore*, they subjected him to a three-hour film.

ammansire non com. **ammansare** *v.tr.* **1** (*addomesticare*) to domesticate, to tame **2** (*fig.*) to calm (down), to appease, to placate: *solo sua moglie riesce ad ammansirlo*, his wife is the only person who can calm him down.
□ **ammansirsi** non com. **ammansarsi** *v.intr.pron.* **1** to become* tame **2** (*fig.*) to calm down, to become* calm, to be appeased.

ammantare *v.tr.* **1** to mantle; to cover **2** (*fig.*) to conceal, to cover up, to cloak, to disguise.
□ **ammantarsi** *v.rifl.* **1** to put* on a mantle, to wrap oneself in a cloak **2** (*ricoprirsi di*) to be covered (with sthg.): *i prati si ammantano di fiori*, the meadows are carpeted (*o* covered) with flowers **3** (*fig.*) (*ostentare*) to make* a display (of): — *di dignità*, to parade one's dignity (*o* to make a display of one's dignity).

ammantatura *s.f.* **1** (*non com.*) covering **2** (*letter.*) mantle, cloak.

ammantellare *v.tr.* (*non com.*) **1** to cloak, to cast a cloak over (s.o., sthg.) **2** (*fig.*) to disguise, to shield.

ammaraggio *s.m.* (*di capsula spaziale*) splashdown; (*di idrovolante*) landing: — *forzato*, (*di idrovolante*) forced landing; (*di aereo terrestre*) ditching.

ammarare *v.intr.* (*aer.*) to land (on water).

ammarezzare → **marezzare**.

ammarraggio *s.m.* (*mar.*) mooring.

ammarrare *v.tr.* (*mar.*) to moor.

ammassamento *s.m.* **1** heap, mass, accumulation; (*di merce*) stockpile; (*l'ammassare*) accumulation; stockpiling, heaping **2** (*di persone*) gathering, crowd **3** (*mil.*) (*concentramento di forze*) concentration, massing.

ammassare *v.tr.* **1** (*radunare*) to assemble; (*accumulare*) to amass, to accumulate, to hoard, to pile (up): *le merci erano ammassate in cantina*, the goods were stockpiled in the basement; — *ricchezze*, to accumulate riches **2** (*mil.*) to mass: — *le truppe al confine*, to mass troops on the border **3** (*portare all'ammasso*) to stockpile: — *il grano*, to stockpile grain.
□ **ammassarsi** *v.rifl.* o *intr.pron.* **1** (*affollarsi*) to crowd together, to gather together **2** (*accumularsi*) to accumulate.

ammasso *s.m.* **1** heap, mass, pile, hoard: *un — di macerie, di detriti*, a pile of rubble, of detritus; *un — di bugie*, a pack of lies **2** (*amm.*) stockpiling; (luogo) government pool // *portare il cervello all'—*, (*fam.*) to toe the (party) line **3** (*scient.*) cluster: — *globulare*, globular cluster; — *cristallino*, crystal cluster; — *stellare*, star cluster.

ammatassare *v.tr.* to wind* into skeins.

ammattire *v.intr.* **ammattirsi** *v.intr.pron.* **1** to go* mad: *non farmi —!*, don't drive me mad! **2** (*scervellarsi*) to puzzle one's brains; to rack one's brains: — *su un problema*, to rack one's brains over a problem.

ammattonare *v.tr.* to pave with bricks.

ammattonato *s.m.* brick floor, brick pavement ◆ *agg.* paved with bricks.

ammattonatura *s.f.* brick paving.

ammazza *inter.* (*region.*) Good Lord; (*fam.*) wow!: — *che fame!*, God, I'm hungry!; — *che macchina!*, wow, what a car!; — *che bel vestito!*, wow, what an attractive dress!

ammazzamento *s.m.* **1** killing; murder; slaughter **2** (*fig.*) hard work; (*fam.*) murder.

ammazzare *v.tr.* **1** to kill; (*assassinare*) to slaughter, to murder: *fu ammazzato in una rapina*, he was (*o* got) killed in a robbery; — *qlcu. come un cane*, to butcher s.o. like a dog // — *il tempo*, to kill time **2** (*macellare*) to slaughter; to butcher: — *il maiale*, to slaughter a pig **3** (*fig.*) to kill; to wear* out, to exhaust; to crush; to destroy: *il caldo mi ammazza*, the heat is killing me; *certi metodi d'insegnamento ammazzano l'ingegno*, some teaching methods crush the intellect; *il professionismo ammazza lo sport*, professionalism is destroying sport.
□ **ammazzarsi** *v.rifl.* (*suicidarsi*) to kill oneself, to commit suicide // — *di lavoro*, (*fig.*) to overwork, to work oneself to death ◆ *v.intr. pron.* (*rimanere ucciso*) to get* killed: *si ammazzò in uno scontro*, he got killed in a crash.

ammazzasette *s.m.* braggart; bully.

ammazzatoio *s.m.* slaughterhouse.

ammenda *s.f.* **1** (*dir.*) fine, pecuniary penalty **2** (*riparazione*) amends (*pl.*): *fare — di qlco.*, to make amends for sthg.

ammendamento *s.m.* **1** → emendamento **2** (*agr.*) amendment.

ammendare *v.tr.* **1** → emendare **2** (*agr.*) (*bonificare*) to amend.
□ **ammendarsi** *v.rifl.* (*letter.*) to amend oneself; to correct oneself.

ammennicolo *s.m.* **1** (*aggeggio*) gadget, jigger **2** (*fronzolo*) trinket **3** (*rar.*) (*cavillo*) cavil; (*pretesto*) pretext **4** (*dir.*) adminicle.

ammesso *s.m.* **1** (*studente*) student admitted to; (*candidato*) candidate **2** (*sport*) qualifier.

ammesso che *locuz.cong.* granted that, supposing that.

ammettenza *s.f.* (*fis.*) admittance.

ammettere *v.tr.* **1** (*introdurre, lasciar entrare*) to admit, to receive: *essere ammesso alla presenza di*, to be received by; — *qlcu. a corte*, to receive s.o. at Court; — *qlcu. nella Chiesa*, to receive s.o. into the Church; *essere ammesso all'accademia, in un club*, to be admitted to the Academy, to a club // *i cani, i bambini non sono ammessi*, dogs, children, not admitted **2** (*accettare*) to admit; to grant: *la tua domanda è stata ammessa*, your request has been granted (*o* accepted) **3** (*concedere*) to admit, to concede, to grant, to acknowledge; (*supporre*) to suppose: *ammetto che fu una buona idea*, I concede (*o* grant) that it was a good idea; *ammettendo che egli non parta subito ...*, given that (*o* supposing that) he isn't leaving straightaway...; *ammettiamo pure che tu abbia ragione*, let us grant you are right **4** (*tollerare*) to allow: *non ammetterò interruzioni*, I won't allow any interruption // *il problema ammette più soluzioni*, more than one solution is possible.

ammezzare *v.tr.* **1** (*non com.*) to halve: — *una bottiglia*, (*riempirla a metà*) to half-fill a bottle; (*vuotarla a metà*) to half-empty a bottle **2** (*non com.*) (*eseguire a metà*) to half-finish.

ammezzato *s.m.* (*arch.*) mezzanine.

ammezzire *v.intr.* **ammezzirsi** *v.intr. pron.* to become* overripe.

ammiccamento *s.m.* winking (*anche fig.*).

ammiccante *agg.* alluring, inviting: *sguardo, sorriso —*, come-on look, smile.

ammiccare *v.intr.* to wink (at s.o.), to tip the wink.

ammicco *s.m.* wink (*anche fig.*).

ammide *s.f.* (*chim.*) amide.

ammidico *agg.* (*chim.*) amidic.

ammina *s.f.* (*chim.*) amine.

amminazione *s.f.* (*chim.*) amination.

amminico *agg.* (*chim.*) amino, ammine: *complesso —*, ammine complex; *gruppo —*, amino group.

amminicolo → **ammennicolo**.

amministrare *v.tr.* **1** to manage, to direct: — *una azienda*, to conduct (*o* to run) a business; — *un paese*, to run a country; — *una scuola*, to run a school **2** (*dir., eccl.*) to administer: — *la giustizia*, to administer justice; — *i Sacramenti*, to administer the Sacraments **3** (*estens.*) to regulate; to govern; to ration: — *le proprie forze, tempo*, to ration one's energy, time.
□ **amministrarsi** *v.rifl.* to manage oneself: *una persona che sa —*, a person who knows how to manage himself well.

amministrativamente *avv.* administratively.

amministrativista *s.m.* e *f.* specialist in administrative law.

amministrativo *agg.* administrative: *anno —*, financial year; *dettagli d'ordine —*, administrative details; *divisione amministrativa* (*dello Stato*), administrative division (of the State); *ufficio —*, administration; *provvedimento —*, administrative measure; *revisione amministrativa*, administrative audit; *elezioni amministrative*, local elections; *potere —*, executive power; *diritto —*, administrative law.

amministratore *s.m.* **1** manager, director, (*di beni privati*) administrator: — *del condominio*, (*spec. amer.*) apartment house manager **2** (*dir.*) curator // — *fiduciario*, trustee // *carica di —*, curatorship // — *giudiziario*, stakeholder (*o* receiver); — *delegato*, managing director; — *di società*, governing director **3** (*inform.*) — *di sistema*, system administrator.

amministratrice *s.f.* **1** manageress, manager; administrator **2** (*dir.*) curatrix*.

amministrazione *s.f.* **1** (*comm., amm.*) administration, management; government: *cattiva —*, mismanagement // — *aziendale*, business administration; — *degli affari*, business management; — *dei crediti*, credit administration; — *dei patrimoni*, property administration; — *centrale*, central government; — *statale, federale*, government; — *locale, pubblica*, local, public authority; — *preposta a riscossione dei dazi doganali*, Excise Department // *spese d'—*, administrative costs // *consiglio di —*, board of directors // *entrare nell'— civile*, to enter the civil service // *di ordinaria —*, routine **2** (*sede, luogo*) administrative headquarters; administration (offices): *si recò in —*, he went to the administration building **3** (*dir.*) administration: — *fiduciaria*, trusteeship; — *di un fallimento*, receivership **4** (*carica, durata, periodo*) directorship.

amminoacido *s.m.* (*chim.*) amino acid.

amminobenzene *s.m.* (*chim.*) aminobenzene.

amminoplasto *s.m.* (*chim.*) aminoplast.

amminutamento *s.m.* (*agr.*) harrowing.

amminutare *v.tr.* (*agr.*) to harrow.

ammirabile *agg.* admirable, wonderful.

ammiraglia *s.f.* (*mar.*) (*nave*) —, flagship.

ammiragliato *s.m.* **1** Admiralty **2** (*grado e ufficio*) admiralship.

ammiraglio *s.m.* admiral: — *della flotta*, — *dell'armata navale*, (GB) Admiral of the Fleet, (USA) Fleet Admiral; — *di divisione*, (GB e USA) Vice-admiral; *grand'*—, (GB) Lord High Admiral.

ammirare *v.tr.* to admire: *lo ammiro per il suo coraggio*, I admire him for his courage; *ammiro la sua tenacia*, I admire his tenacity.

ammirativo *agg.* admiring.

ammirato *agg.* **1** admired **2** (*meravigliato*) amazed, astonished.

ammiratore *s.m.* **ammiratrice** *s.f.* admirer; lover; (*di attore, cantante, campione sportivo ecc.*) fan: *lettere degli ammiratori*, fan mail.

ammirazione *s.f.* admiration: *destare l'*—, to excite the admiration; *guadagnarsi l'— di qlcu.*, to earn s.o.'s admiration; *il suo giardino è l'— di tutti*, his garden is the admiration of everyone // *degno di* —, worthy of admiration.

ammirevole *agg.* admirable: *contegno — per la sua dignità*, behaviour admirable for its dignity.

ammissibile *agg.* **1** admissible; allowable: *un'ipotesi* —, an admissible hypothesis; *non è — che arrivi sempre in ritardo*, your persistent lateness is inadmissible **2** (*dir.*) admissible: *prova* —, admissible evidence; *ricorso* —, receivable claim.

ammissibilità *s.f.* admissibility.

ammissione *s.f.* **1** admission, admittance: *esame di* —, entrance examination; *esame di — all'università*, university entrance examination; *norme per l'*—, conditions for admittance; *tassa di* —, entrance fee **2** (*dir.*) (*riconoscimento*) acknowledgment, admission: — *di colpa*, admission of guilt; — *della parte in giudizio*, party admission; — *al fallimento*, proof of debt in a bankruptcy **3** (*mecc.*) admission, induction: *tubo, valvola di* —, induction pipe, valve.

ammobiliamento *s.m.* (*non com.*) furnishing; (*mobilio*) furniture [U].

ammobiliare *v.tr.* to furnish.

ammobiliato *agg.* furnished: *camere ammobiliate*, furnished rooms.

ammocolo *agg.* (*ecol.*) ammocolous.

ammodernamento *s.m.* modernization, modernizing: — *degli impianti*, plant modernization.

ammodernare *v.tr.* to modernize: — *un impianto, un appartamento*, to modernize a plant, a flat.

ammodite *s.m.* (*zool.*) launce.

ammodo *agg.* (*per bene*) nice, well-bred; proper: *una persona* —, a nice person; *una persona — non interrompe mai*, a well-bred (*o* a well-brought-up) person never interrupts ◆ *avv.* (*come si deve*) nicely; properly: *devi fare le cose* —, you must do things properly.

ammofila *s.f.* (*bot.*) (*Ammophila arenaria*) beach-grass.

ammofilo *agg.* (*ecol.*) ammocolous.

ammogliare *v.tr.* to give* a wife to (s.o.).
□ **ammogliarsi** *v.rifl.* to marry, to get* married (to s.o.).

ammogliato *agg.* married ◆ *s.m.* married man*.

ammollamento *s.f.* soaking; softening.

ammollare[1] *v.tr.* **1** (*inzuppare*) to soak **2** (*ammorbidire*) to soften.
□ **ammollarsi** *v.intr.pron.* (*non com.*) **1** (*inzupparsi*) to get* soaked **2** (*afflosciarsi*) to become* soft.

ammollare[2] *v.tr.* **1** (*allentare*) to slack, to slacken **2** (*fig.*) (*affibbiare*) to deal*, to give*.

ammollimento *s.m.* **1** (*l'ammollire*) soaking; (*l'ammorbidire*) softening **2** (*geol.*) earthflow, mudslide.

ammollire *v.tr.* (*ammorbidire*) to soften (*anche fig.*).
□ **ammollirsi** *v.intr.pron.* (*fig.*) to soften, to mellow.

ammollo *s.m.* (*del bucato*) soaking: *lascia i panni in* —, leave the clothes to soak.

ammoniaca *s.f.* (*chim.*) ammonia.

ammoniacale *agg.* (*chim.*) ammoniac(al).

ammoniacato *agg.* (*chim.*) ammoniated.

ammoniaco *agg.* (*chim.*) ammoniac.

ammoniato *s.m.* (*chim.*) ammoniate.

ammonico *agg.* (*chim.*) ammonic.

ammonificante *s.m.* (*ecol.*) ammonifier.

ammonimento *s.m.* admonition (*anche dir.*); rebuke, admonishment; (*rimprovero*) reproof; (*avvertimento*) warning; (*consiglio*) advice; (*esortazione*) exhortation: *questo ti serva, ti sia di* —, let this be a warning (*o* a lesson) to you; *dare un — a qlcu.*, to give s.o. a warning (*o* to warn s.o.); *ha bisogno di un severo* —, he needs a severe lesson.

ammonio *s.m.* (*chim.*) ammonium: *carbonato d'*—, ammonium carbonate; *solfato d'*—, ammonium sulphate.

ammonire *v.tr.* **1** to admonish; to rebuke, to reprimand; (*mettere in guardia*) to warn; to caution; (*esortare*) to exhort, to urge, to counsel: *fu ammonito per lo scarso impegno*, he was rebuked for his lack of commitment; *mi ammonì a studiare di più*, he urged me to study more **2** (*sport*) to caution; to book: *l'arbitro ammonì il terzino*, the referee booked the fullback **3** (*dir.*) to admonish, to warn, to caution.

ammonite *s.f.* (*paleont.*) ammonite.

ammonito *agg.* e *s.m.* (*dir.*) admonished.

ammonitore *s.m.* **ammonitrice** *s.f.* warner, adviser.

ammonitorio *agg.* (*dir.*) warning, admonitory.

ammonizione *s.f.* **1** admonition; reprimand; (*rimprovero*) reproof; (*avvertimento*) warning **2** (*sport*) caution; booking **3** (*dir.*) warning, admonition: — *di polizia*, police warning.

ammonizzazione *s.f.* **1** (*chim.*) ammoniation **2** (*chim., agr.*) ammonification.

ammontare[1] *v.intr.* to amount to, to come* to; to total: *a quanto ammonta il mio debito?*, how much does my debt amount to?; *il conto ammonta a 50 sterline*, the bill comes to (*o* figures up at) fifty pounds; *i nostri crediti complessivi ammontano a 200 milioni di lire*, our credits total 200 million lire.

ammontare[2] *s.m.* **1** (*comm.*) amount, sum, figure: — *esatto*, exact amount; — *lordo*, gross amount; — *presunto*, amount expected; — *globale*, aggregate amount; — *delle vendite*, sales figure; — *delle spese*, total costs; — *a credito, a debito*, credit, debit amount; *per l'— netto*, for net amount **2** (*chim.*) — *di volume contenuto*, holdup.

ammonticchiare *v.tr.* to heap up, to pile up.
□ **ammonticchiarsi** *v.rifl.* o *intr.pron.* **1** to pile up **2** (*affollarsi*) to crowd (together).

ammorbamento *s.m.* infection, infecting, taint, tainting; (*puzzo*) stink, stench.

ammorbare *v.tr.* **1** to infect, to taint, to contaminate; (*corrompere*) to corrupt, to taint **2** (*aria ecc.*) to make* (sthg.) stink, to pollute: — *l'aria*, to pollute the air **3** (*fig. fam.*) (*annoiare*) to bore (stiff).

ammorbidare *v.tr.* **ammorbidarsi** *v.intr.* o *intr.pron.* → **ammorbidire**, **ammorbidirsi**.

ammorbidente *agg.* (*tess.*) softening ◆ *s.m.* (*tess.*) softener; softening agent.

ammorbidimento *s.m.* softening.

ammorbidire *v.tr.* to soften (*anche fig.*) // (*pitt.*) — *il contorno*, to soften the outline.
□ **ammorbidirsi** *v.intr.pron.* to grow* soft, to soften.

ammorsare *v.tr.* **1** (*tecn.*) (*stringere con una morsa*) to clamp in a vice, to put in a vice, to vice; (*collegare con un'ammorsatura*) to scarf **2** (*edil.*) to tooth.

ammorsatura *s.f.* (*edil.*) tooth, toothing.

ammortamento *s.m.* (*econ.*) amortization; depreciation; allowance; consumption: — *diretto*, direct amortization; — *di capitale*, depreciation of capital; — *a quote costanti*, straight-line amortization; (*o* depreciation); — *degli investimenti*, capital consumption allowance; — *accelerato*, emergency amortization; — *anticipato*, accelerated depreciation; — *dei debiti*, amortization of debts; — *di un prestito*, redemption of a loan; — *finanziario*, extinction of a debt; — *fisico*, capital consumption; *fondo di* —, amortization (*o* sinking) fund; *piano di* —, sinking plan (*o amer.* amortization schedule); *quota di* —, depreciation (*o* writing down) allowance, amortization quota // (*trib.*): — *di un'imposta*, tax amortization; — *fiscale*, depreciation allowance, investment allowances.

ammortare *v.tr.* (*comm.*) to amortize, to write* down, to redeem.

ammortizzabile *agg.* (*comm.*) amortizable; depreciable.

ammortizzamento → **ammortamento**.

ammortizzare *v.tr.* **1** (*econ., amm.*) to amortize; to depreciate, to extinguish; to sink*; to cancel: — *un debito, un prestito*, to amortize (*o* to sink) a debt, a loan; — *un'ipoteca*, to cancel a mortgage **2** (*attutire*) to damp, to cushion.

ammortizzatore *s.m.* **1** (*mecc.*) shock absorber; vibration damper: — *idraulico*, hydraulic shock absorber, oleo gear; — *a olio*, oleo damper **2** (*inform.*) pad **3** — *sociale*, social security cushion.

ammortizzazione *s.f.* → **ammortamento**.

ammosciare, **ammoscire** *v.tr.* (*fam.*) (*rendere floscio*) to make* flabby, to soften; (*avvizzire*) to wither (up).
□ **ammosciarsi** *v.intr.pron.* (*fam.*) **1** to become* flabby, to droop; (*avvizzirsi*) to wither up **2** (*intristirsi*) to mope.

ammosciato *agg.* (*fam.*) **1** (*floscio*) flabby, soft **2** (*abbacchiato*) depressed.

ammostare *v.tr.* to press (grapes), to tread* (grapes) ♦ *v.intr.* to yield must.

ammotrago *s.m.* (*zool.*) (*Ammotragus lervia*) udad.

ammucchiamento *s.m.* **1** (*non com.*) (*mucchio*) mound, heap; (*di persone*) crowd; bunch, pile **2** (*l'ammucchiare, l'ammucchiarsi*) heaping, piling up; (*di persone*) crowding; bunching.

ammucchiare *v.tr.* to heap; (*con ordine*) to pile up.

□ **ammucchiarsi** *v.rifl.* o *intr.pron.* (*affollarsi*) to throng (together), to crowd (together): *si ammucchiarono tutti nella stanza*, they all crowded into the room.

ammucchiata *s.f.* (*fam.*) **1** bunch; (*di cose*) heap **2** (*sl.*) orgy; group-sex.

ammuffimento *s.m.* **1** the growth of a mould, the spreading of a mould **2** (*muffa*) mould.

ammuffire *v.intr.* **ammuffirsi** *v.intr. pron.* **1** to grow* musty, to get* mouldy: *la frutta si è ammuffita*, the fruit has gone mouldy; *tenere qlco. ad —*, to keep sthg. (lying) idle (*o* to let sthg. gather dust); *tiene l'auto ad —, non la usa mai*, he's just letting the car go rusty, he never uses it // *— in casa*, (*fig.*) to rot at home **2** (*bot.*) to must; (*delle graminacee*) to mildew.

ammuffito *agg.* **1** (*con muffa*) mouldy: *pane —*, mouldy bread **2** (*fig.*) (*superato*) fossilized; (*fam.*) fogeyish: *idee ammuffite*, out-of-date ideas; *mentalità ammuffita*, fossilized mentality **3** (*bot.*) mildewy.

ammutinamento *s.m.* mutiny.

ammutinarsi *v.intr.pron.* to mutiny, to revolt, to rebel: *l'equipaggio si è ammutinato*, the crew has mutinied.

ammutinato *agg.* mutinous; rebellious.

ammutolire *v.intr.* **ammutolirsi** *v.intr. pron.* to become* dumb; (*essere ridotto al silenzio*) to be struck dumb; (*tacere*) to fall* silent; to remain silent: *— dallo spavento, dalla paura*, to be struck dumb by fright, by fear.

amnesia *s.f.* amnesia, loss of memory.

amnicolo *agg.* (*ecol.*) amnicolous.

amnio *s.m.* (*biol.*) amnion*.

amniocentesi *s.f.* (*med.*) amniocentesis.

amniografia *s.f.* (*med.*) amniography.

amnioscopia *s.f.* (*med.*) amnioscopy.

amniotico *agg.* (*biol.*) amniotic.

amnistia *s.f.* (*dir.*) amnesty; pardon: *legge di —*, pardon law (*o* act of oblivion).

amnistiare *v.tr.* to amnesty, to give* amnesty to (s.o.), to grant amnesty to (s.o.), to grant pardon to (s.o.).

amnistiato *agg.* (*dir.*) pardoned.

amo *s.m.* **1** (fish) hook: *abboccare, mordere all'—*, to take (*o* bite) the bait; (*fig.*) to swallow the bait; *prendere all'—*, to hook (*anche fig.*) **2** (*esca*) bait: *tendere l'— a qlcu.*, (*fig.*) to set a trap for s.o.

amolo *s.m.* (*bot.*) (*Prunus cerasifera*) cherry-plum.

amorale *agg.* amoral.

amoralismo *s.m.* amoralism.

amoralità *s.f.* amorality.

amorazzo *s.m.* (love) affair.

amore *s.m.* **1** love; tenderness, devotion: *— platonico*, Platonic love; *la sposò per —*, he married her for love; *fare (al)l'— con qlcu.*, to make love to s.o.; *soffrire di mal d'—*, to be love-sick; *dichiarare il proprio —*, to declare one's love // *— di sé*, self-love; *amor proprio*, self-respect (*o* self-esteem); *libero —*, free love // (*mit.*) *Amore*, Cupid // *per — di*, for the sake of: *per — di brevità*, for the sake of brevity; *per — di Dio*, for God's sake; *per — mio*, for my sake // *per — o per forza*, willy-nilly (*o* by hook or by crook) // *andare d'— e d'accordo*, to get on very well together **2** (*carità*) charity **3** (*persona amata*) beloved, darling; sweetheart, love: *— mio*, my beloved (*o* my darling) **4** (*cosa, persona graziosa*) darling; (*cosa graziosa*) beauty: *quel bambino è un —*, that child is a darling; *quel quadro è un —*, that painting is a beauty; *il suo terrazzo è un —*, she has a gorgeus terrace **5** (*zelo*) enthusiasm; zeal: *con —*, heartily (*o* willingly): *egli studia con —*, he studies with enthusiasm **6** (*desiderio*) desire: *— del denaro, del sapere*, desire for money, for knowledge **7** (*interesse*) passion, love, enthusiasm: *il suo — sono i cavalli*, horses are his passion.

amoreggiamento *s.m.* flirtation.

amoreggiare *v.intr.* to flirt: *— con qlcu.*, to flirt with s.o.

amoretto *s.m.* (*non com.*) flirtation, passing fancy.

amorevole *agg.* loving, affectionate.

amorevolezza *s.f.* lovingness; (*gentilezza*) loving kindness; tenderness.

amorevolmente *avv.* lovingly.

amorfismo *s.m.* amorphism.

amorfo *agg.* **1** amorphous; unformed **2** (*fig. spreg.*) characterless; colourless **3** (*fis., chim.*) amorphous.

amorino *s.m.* **1** (*Cupido*) Cupid **2** (*bambino grazioso*) little darling **3** (*bot. pop.*) → reseda **4** (*divano fatto a S*) love seat.

amor nascosto, **amor perfetto** *s.m.* (*bot. pop.*) (*Aquilegia vulgaris*) columbine, (*scient.*) aquilegia.

amorosamente *avv.* lovingly; amorously.

amoroso *agg.* **1** (*che vuol bene*) loving, affectionate, amorous: *figlio —*, affectionate (*o* loving) son **2** (*d'amore*) amorous: *poesia amorosa*, amorous verse; *lettere amorose*, love letters **3** (*mus.*) amoroso ♦ *s.m.* lover, sweetheart; (*fam.*) boyfriend.

amovibile *agg.* (*non com.*) **1** movable, removable **2** (*di funzionario ecc.*) transferable.

amovibilità *s.f.* **1** movability, removability **2** (*di funzionario ecc.*) transferability.

ampelografia *s.f.* (*bot.*) ampelography.

amperaggio *s.m.* (*fis.*) amperage.

ampere *s.m.* (*elettr.*) ampere.

amperometro *s.m.* (*metrol.*) ammeter.

amperora *s.m.* (*fis.*) ampere-hour.

amperspira *s.f.* (*fis.*) ampere-turn.

ampiamente *avv.* **1** amply, fully **2** widely, extensively, at great length.

ampiezza *s.f.* **1** (*larghezza*) width, wideness; (*di ambiente*) spaciousness, roominess: *— di pensiero*, (*fig.*) breadth of thought // (*mil.*) *— di tiro*, fire range **2** (*abbondanza*) ampleness, abundance, fullness, copiousness // (*geogr.*) *— di marea*, tide amplitude **3** (*fis., elettr.*) amplitude.

ampio *agg.* **1** wide, ample, large, capacious; (*spazioso*) spacious, roomy: *un — teatro*, a spacious theatre // *un discorso di — respiro*, a wide-ranging speech; *persona di ampie vedute*, s.o. with broad views; *nel senso più — della parola*, in the widest meaning of the word; *conseguenze di ampia portata*, far-ranging consequences; *in — misura*, to a large extent **2** (*di abito*) comfortable // *gonna ampia*, full skirt **3** (*copioso*) abundant; plenty of: *disponeva di ampi mezzi*, he was rather wealthy; *è un paese di ampie risorse naturali*, it's a country rich in natural resources // *fornì ampie spiegazioni, ampi dettagli*, he gave ample explanations, details.

amplesso *s.m.* **1** (*letter.*) embrace **2** (*rapporto sessuale*) sexual intercourse, intimacy.

ampliamento *s.m.* amplification, enlargement; enlarging; (*aumento*) increase: *lavori di —*, extension work; (*econ.*) *— del capitale*, capital widening.

ampliare *v.tr.* to amplify, to enlarge, to extend, to dilate; (*aumentare*) to increase: *— un edificio*, to enlarge a building; *— le proprie cognizioni*, to widen (*o* to increase) one's knowledge // *— i propri orizzonti*, to widen one's horizons.

□ **ampliarsi** *v.intr.pron.* to become* larger, to extend.

amplidina *s.f.* (*elettr.*) amplidyne.

amplificare *v.tr.* **1** to enlarge, to broaden, to expand, to extend **2** (*fis.*) to amplify **3** (*esagerare*) to magnify; to enhance; to exaggerate: *— i vizi, le virtù di qlcu.*, to exaggerate s.o.'s. vices, virtues.

amplificativo *agg.* amplifying; (*amer.*) amplificatory: *stile —*, (*fig.*) diffuse (*o* pompous) style.

amplificatore *s.m.* (*fis.*) amplifier: *— di alta frequenza*, high frequency amplifier; *— di bassa frequenza*, low frequency amplifier; *— lineare*, linear amplifier.

amplificatorio *agg.* amplifying, extending.

amplificazione *s.f.* **1** enlargement; extension, development **2** amplification; enlarging **3** (*fis.*) amplification, gain: *— totale*, over-all amplification (*o* gain); *coefficiente di —*, amplification factor.

amplitudine *s.f.* amplitude (*anche scient.*).

ampolla *s.f.* **1** small bottle; (*antiq.*) phial **2** (*per olio, aceto*) cruet **3** (*eccl.*) ampulla* **4** (*elettr.*) bulb **5** (*scient.*) ampulla*.

ampolliera *s.f.* cruet-stand; cruet.

ampollina *s.f.* (*eccl.*) ampulla*.

ampollosamente *avv.* bombastically, pompously; pretentiously.

ampollosità *s.f.* pomposity; exaggeration, inflatedness; pretentiousness.

ampolloso *agg.* inflated, pompous, pretentious, affected; bombastic: *stile —*, bombastic style.

amputare *v.tr.* to amputate (*anche fig.*).

amputazione *s.f.* amputation (*anche fig.*).

amuleto *s.m.* amulet; talisman; charm.

anabasi *s.f.* (*med.*) anabasis.

anabate *s.m.* (*zool.*) (*Anabas testudineus*) anabas, climbing perch.

anabatico *agg.* (*meteor.*) anabatic: *vento* —, anabatic wind.

anabattismo *s.m.* (*st. relig.*) anabaptism.

anabattista *s.m.* e *f.* (*st. relig.*) anabaptist.

anabattistico *agg.* (*relig.*) anabaptist.

anabbagliante *agg.* dipped, dimmed ◆ *s.m.* (*aut.*) dipped headlight.

anabiosi *s.f.* (*biol.*) anabiosis.

anabolico *agg.* (*biol.*) anabolic.

anabolismo *s.m.* (*biol.*) anabolism.

anabolizzante *s.m.* (*biochim.*) anabolic steroid.

anacardio *s.m.* (*bot.*) (*Anacardium occidentale*) acajou, cashew.

anaciclico *agg.* palindromic.

anaclasi *s.f.* (*fis.*) refraction of light.

anaclastico *agg.* (*fis.*) anaclastic.

anacoluto *s.m.* (*gramm.*) anacoluthon*.

anaconda *s.m.* (*zool.*) (*Eunectes murinus*) water boa, (*scient.*) anaconda.

anacoresi *s.f.* the life of an anchorite; withdrawal from the world.

anacoreta *s.m.* anchorite; hermit (*anche fig.*).

anacoretico *agg.* anchoretic; (*fig.*) solitary; hermit-like.

anacoretismo *s.m.* anchoritism.

anacreonteo *agg.* e *s.m.* anacreontic.

anacreontica *s.f.* (*poesia*) anacreontic (poem).

anacreontico *agg.* (*metrica*) anacreontic.

anacronismo *s.m.* anachronism.

anacronistico *agg.* anachronistic.

anacrusi *s.f.* (*metrica, mus.*) anacrusis*.

anadiplosi *s.f.* (*ret.*) anadiplosis.

anadromo *agg.* (*zool.*) anadromous.

anaelettrico *agg.* (*fis.*) anelectric.

anaerobico *agg.* (*biol.*) anaerobic.

anaerobio *s.m.* (*biol.*) anaerobe.

anafase *s.f.* (*biol.*) anaphase.

anafilassi *s.f.* (*med.*) anaphylaxis*.

anafilattico *agg.* (*med.*) anaphylactic.

anafora *s.f.* (*ret.*) anaphora.

anaforesi *s.f.* (*fis.*) anaphoresis.

anafrodisiaco *agg.* anaphrodisiac.

anagallide *s.f.* (*bot.*) **1** — *azzurra*, (*Anagallis arvensis coerulea*) pimpernel **2** — *rossa*, (*Anagallis arvensis phoenicea*) scarlet pimpernel.

anaglifo *s.m.* anaglyph.

anaglittica *s.f.* anaglyphics [U].

anaglittico *agg.* anaglyptic, anaglyphic.

anagogia *s.f.* (*teol.*) anagoge.

anagogico *agg.* (*teol.*) anagogic(al).

anagrafe *s.f.* registry office, registrar's office // *Ufficio Anagrafe*, General Registry Office // *iscrivere un bambino all'*—, to register a birth // (*dir.*) — *tributaria*, tax register.

anagrafico *agg.* registry (*attr.*): *dati anagrafici*, personal data // (*inform.*) — *clienti*, customer master.

anagramma *s.m.* anagram.

anagrammare *v.tr.* to anagrammatize.

anagrammatico *agg.* anagrammatic(al).

anagrammista *s.m.* e *f.* anagrammatist.

analcite *s.f.* (*min.*) analcite.

analcolico *agg.* soft: *bibita analcolica*, soft drink ◆ *s.m.* soft drink.

anale *agg.* (*anat.*) anal.

analecta *s.m.pl.* analecta; analects.

analemma *s.m.* (*astr.*) analemma.

analessi *s.f.* (*ret.*) insistent repetition of a word.

analettico *agg.* e *s.m.* (*med.*) analeptic.

analfabeta *agg.* illiterate; (*estens.*) ignorant ◆ *s.m.* e *f.* illiterate; (*estens.*) ignoramus.

analfabetico *agg.* analphabetic.

analfabetismo *s.m.* illiteracy.

analgesia *s.f.* (*med.*) analgesia.

analgesico *agg.* e *s.m.* (*med.*) analgesic, analgetic.

analisi *s.f.* **1** analysis*; test; testing: — *del sangue*, blood test; — *dell'urina*, urine test; — *chimiche*, chemical tests; — *matematica*, mathematical analysis; (*fis.*) — *dimensionale*, dimensional analysis // (*chim.*): — *qualitativa, quantitativa*, qualitative, quantitative analysis; — *spettroscopica*, spectroscopic analysis // (*geol.*): — *granulometrica*, grain size analysis; — *dei tempi e dei metodi*, methods-time measurement; — *radiocarbonica*, radiocarbon analysis // (*miner.*) — *densimetrica*, float-and -sink analysis **2** (*econ.*) analysis*: — *dei costi*, cost analysis; — *costi e benefici*, cost-benefit analysis; — *costi-efficacia*, cost-effectiveness analysis; — *delle immissioni*, input-output analysis; — *delle interdipendenze strutturali*, input-output (*o* interindustry) analysis; — *delle mansioni*, job analysis; — *di bilancio*, financial statement (*o* balance sheet) analysis; — *input-output*, input-output analysis; — *degli investimenti*, investment analysis; — *del flusso monetario*, money-flow analysis; — *della concorrenza*, competitor analysis; — *della domanda*, demand analysis; — *delle vendite*, sales analysis; — *di mercato*, market analysis (*o* market research); — *generale, macroeconomica*, aggregate analysis; — *del funzionamento di un sistema*, systems analysis; — *di tendenza*, trend analysis **3** (*inform.*) analysis*; test; systems study: — *funzionale*, systems analysis; — *reticolare*, network analysis; — *ottica*, optical scanning; — *di relazione, di classe*, relation, class test; — *automatica dei documenti*, automatic abstracting **4** (*gramm.*) parsing; analysis*: — *grammaticale*, grammatical analysis; *fare l'— di una frase*, to analyse a sentence **5** (*indagine*) analysis*, study: *fare un'accurata — della situazione*, to make an accurate analysis of the situation // *in ultima* —, after all **6** (*psic.*) analysis*: *essere in* —, to be in (*o* under) analysis; *sottoporsi ad* —, to undergo analysis.

analista *s.m.* e *f.* **1** analyst // (*econ.*) — *di mercato*, market analyst; — *dei costi*, cost accountant; — *finanziario*, financial analyst; — *degli investimenti*, investment analyst; — *del valore*, value analyst **2** (*inform.*) analyst; computer analyst; systems analyst **3** (*psic.*) analyst.

analitica *s.f.* analytics [U].

analiticamente *avv.* analytically.

analiticità *s.f.* analytics [U].

analitico *agg.* analytical, analytic: *chimica analitica*, analytical chemistry; *lingua analitica*, analytical language; *geometria analitica*, analytic geometry.

analizzabile *agg.* analysable, analyzable; (*inform.*) scannable.

analizzare *v.tr.* **1** to analyse (*anche gramm.*): — *una frase*, to parse (*o* to analyse) a sentence; — *le condizioni di mercato*, to analyse market conditions; — *una situazione*, to analyse a situation **2** (*psic.*) to analyse **3** (*inform.*) to scan **4** (*chim.*) to analyse; to break* down.

analizzatore *s.m.* **1** (*chim.*) (*persona*) analyst **2** (*dispositivo*) analyser: — *di immagini*, scanner // (*inform.*) — *sintattico*, parser.

anallergico *agg.* anallergic, not allergic.

analogamente *avv.* analogously; likewise, similarly.

analogia *s.f.* analogy: — *con, tra*, analogy with, between; *per — con* ..., on the analogy of...; *ragionare per* —, to argue from analogy; *ci sono molte analogie fra i due problemi*, the two problems have many points in common.

analogico *agg.* **1** analogic(al) // (*dir.*) *interpretazione analogica*, interpretative by analogy **2** (*inform.*) analog, analogue.

analogismo *s.m.* analogy; argument by analogy.

analogo *agg.* analogous, similar, parallel.

analysis situs *locuz.s.* (*mat.*) analysis situs.

anamnesi *s.f.* **1** (*med.*) case history, anamnesis* **2** (*fil.*) anamnesis*.

anamnestico *agg.* (*med.*) anamnestic.

anamorfico *agg.* anamorphic.

anamorfosi *s.f.* (*biol.*) anamorphosis*.

ananas *s.f.* (*bot.*) (*Ananas sativus*) pineapple.

anapestico *agg.* (*metrica*) anapaestic; (*amer.*) anapestic.

anapesto *s.m.* (*metrica*) anapaest; (*amer.*) anapest.

anaplasmosi *s.f.* (*vet.*) anaplasmosis, gall sickness.

anapodittico *agg.* (*fil.*) non-apodictic, non-apodictical.

anarchia *s.f.* anarchy.

anarchicamente *avv.* anarchically.

anarchico *agg.* anarchic(al) ◆ *s.m.* anarchist.

anarchismo *s.m.* anarchism.

anarcoide *agg.* e *s.m.* e *f.* anarchist.

anarmonico *agg.* (*mat., fis.*) anharmonic: *rapporto* —, anharmonic ratio.

anasarca *s.m.* (*med.*) anasarca.

anastatico *agg.* (*tip.*) anastatic: *ristampa anastatica*, anastatic reprint.

anastigmatico *agg.* (*fis.*) anastigmatic: *lente anastigmatica*, anastigmatic lens.

anastigmatismo *s.m.* (*fis.*) anastigmatism.

anastomizzare *v.tr.* (*med.*) to anastomose.

anastomosi *s.f.* (*anat., med.*) anastomosis*.

anastrofe *s.f.* (*ret.*) anastrophe.

anatema *s.m.* anathema, excommunication; (*maledizione*) imprecation: *lanciare un* —, to curse.

anatematizzare, **anatemizzare** *v.tr.* to anathematize; to excommunicate.

anatocismo *s.m.* (*econ.*) anatocism.

anatolico *agg.* e *s.m.* Anatolian.

anatomia *s.f.* anatomy (*anche fig.*); (*fig.*) analysis*: — *comparata*, comparative anatomy;

— vegetale, vegetable anatomy (*o* phytotomy); *— zoologica*, animal anatomy (*o* zootomy); *esame di —*, anatomy exam // *pezzo di —*, anatomical specimen (*o rar.* anatomy).

anatomico *agg.* anatomic(al): *tavolo —*, anatomy table; *sala anatomica*, anatomy theatre; *plantare —*, arch support ◆ *s.m.* (*non com.*) anatomist.

anatomista *s.m.* e *f.* anatomist.

anatomizzare *v.tr.* to anatomize; (*fig.*) to analyse.

anatossina *s.f.* (*med.*) anatoxin.

anatra *s.f.* duck*; (*maschio*) drake: *— da richiamo*, decoy-duck // (*cuc.*) *— all'arancia*, duck à l'orange // (*zool.*): *— dal piumino*, (*Somateria mollissima*) eider; *— muta*, *— muschiata*, (*Cairina moschata*) musk duck; *— selvatica*, stock duck, mallard; *— mandarina*, (*Aix galericulata*) mandarin duck.

anatroccolo *s.m.* duckling: *il brutto —*, the ugly duckling.

anca *s.f.* **1** hip; (*spec. di animali*) haunch: *camminare dimenando le anche*, to sway one's hips (*o* to waddle); *lussazione dell'—*, dislocation of the hip **2** (*mar.*) quarter.

ancata *s.f.* **1** hip movement, movement of the hips **2** (*lotta*) hiplock.

ancella *s.f.* (*letter. o scherz.*) maidservant, maid.

ancestrale *agg.* ancestral.

anche *cong.* **1** (*pure*) also, too, as well; (*in frasi negative*) either: *— noi lo vedemmo*, we saw him as well (*o* we saw him too); (*form.*) we also saw him; *veniamo — noi*, we're coming too; *hanno chiamato — me*, they called me too; *c'ero anch'io*, I was there too; *— oggi piove*, it's raining today as well; *non vuole rispondere, ed è — offeso*, he won't answer, and he's offended too; *— Paolo non beve*, Paul doesn't drink either // *avresti potuto — dirmelo!*, you might have told me! // *potremmo — andare*, we might as well go // (*con ellissi del verbo*) *"Ho lavorato tutto il giorno ieri" "Anch'io"*, "I worked all day yesterday" "So did I"; *"Anna scia molto bene" "Anche suo fratello"*, "Ann can ski very well" "So can her brother"; *"Io ho finito. E tu?" "Anche"*, "I've finished. What about you?" "So have I" **2** (*davanti a compar.*) even, still: *è — meglio di quanto pensassi*, it's even better than I thought **3** (*persino, addirittura*) even: *era — troppo facile*, it was even too easy // *— se, quand'—*, even if; (*concessivo*) even though: *— se partissi subito, non arriveresti in tempo*, even if you left now, you wouldn't get there in time; *— se era stanco, continuò a lavorare*, even though he was tired, he went on working.

ancheggiare *v.intr.* to waddle.

anchilosare *v.tr.* **anchilosarsi** *v.intr. pron.* (*med.*) to ankylose.

anchilosato *agg.* ankylosed.

anchilosi *s.f.* (*med.*) ankylosis*.

anchilostoma *s.m.* (*zool.*) hookworm.

anchilostomiasi *s.f.* (*med.*) ankylostomiasis, ancylostomiasis.

anchorman *s.m.* anchorman*, presenter.

ancia *s.f.* reed; (*di oboe, clarinetto*) tongue.

ancillare *agg.* (*letter.*) **1** ancillary **2** (*fig.*) servile.

ancipite *agg.* **1** (*letter. fig.*) two-headed; double-edged; uncertain, dubious, ambiguous **2** (*metrica*) syllable capable of being either long or short.

anco *cong.* o *avv.* → **anche**.

ancona *s.f.* **1** (*tavola di altare*) altarpiece **2** (*arch.*) ancon.

anconetano, **anconitano** *agg.* e *s.m.* (native, inhabitant) of Ancona.

àncora[1] *s.f.* **1** (*mar.*) anchor: *— a una marra*, one-armed anchor; *— a picco*, anchor apeak; *— a tazza*, mushroom anchor; *— da terra*, shore anchor; *— di ormeggio*, mooring anchor; *— di poppa*, stern anchor; *— di posta*, bower (anchor); *— di tonneggio*, kedge anchor; *— flottante*, drogue (*o* drag anchor); *— impigliata*, foul anchor; *gettare l'—*, to drop (*o* to cast) anchor; *levar l'—*, to weigh anchor; *stare all'—*, to be (*o* to lie *o* to ride) at anchor // *— di salvezza*, (*fig.*) last hope **2** (*elettr.*) keeper **3** (*di orologio*) anchor: *scappamento ad —*, anchor escapement.

ancóra[2] *avv.* **1** (*tuttora*) still: *abitate — a Venezia?*, do you still live in Venice?; *ero — molto giovane*, I was still very young; *ci stai pensando —?*, are you still thinking about it?; *stavano — parlando della partita*, they were still talking about the match **2** (*in frasi negative, nel significato di finora*) yet: *la cena non è — pronta*, dinner isn't ready yet; *non l'ho — visto*, I haven't seen him yet **3** (*di nuovo*) again: *dimmelo —*, tell me again; *verrai —?*, will you come again?; *spero che ci vedremo —*, I hope we'll meet again **4** (*davanti a compar.*) even, still: *è — più difficile da capire*, it's even (*o* still) harder to understand **5** (*in più, in aggiunta*) more: *— un po'*, a little more; *c'è — vino?*, is there any more wine?; *vorrei — del pane*, I'd like some more bread; *avete — delle domande?*, have you got any more questions? **6** (*più a lungo*) longer: *restate — (un po')*, stay a little longer.

ancoraché *cong.* → **ancorché**.

ancoraggio *s.m.* **1** (*mar.*) anchorage, berth: *diritti di —*, anchorage (dues) **2** (*tecn.*) anchorage: *bullone di —*, anchor bolt; *morsetto di —*, anchor clamp **3** (*econ.*) (*di una moneta a un'altra*) pegging.

ancorare *v.tr.* **1** (*mar.*) to anchor **2** (*fissare*) to anchor: *— al suolo*, to anchor to the ground **3** (*assicurare*) to anchor, to ground: *— le proprie opinioni a valori solidi*, to ground one's ideas to solid values // (*econ.*) *— la lira al marco*, to link (*o* to peg) the lira to the mark.

□ **ancorarsi** *v.rifl.* **1** (*mar.*) to anchor **2** (*attaccarsi*) to cling* to: *— a una speranza*, to cling to a hope.

ancorato *agg.* **1** riding at anchor **2** (*a forma di ancora*) anchor-shaped.

ancorché *cong.* (*letter.*) even if, though.

ancoressa *s.f.* (*mar.*) one-armed anchor; buoy type single arm anchor.

ancorotto *s.m.* (*mar.*) kedge anchor, grapnel.

ancorquando *cong.* → **ancorché**.

andalusite *s.f.* (*min.*) andalusite.

andaluso *agg.* e *s.m.* Andalusian.

andamento *s.m.* **1** (*tendenza*) trend; (*corso*) course state; (*procedimento*) proceeding; progress: *riferire sull'— delle cose*, to report on the state of affairs; *l'— del pensiero romantico è alieno dal materialismo*, the trend of romantic thought is away from materialism; *com'è il suo — scolastico?*, how is he getting on at school? // (*econ.*): *l'— del mercato monetario*, the tendency of the money market; *l'— dei prezzi*, the price trend; *l'— della domanda*, the trend of the demand **2** (*andatura*) gait **3** (*mus.*) progression.

andana *s.f.* **1** (tree-lined) walk **2** (*mar.*) tier: *ormeggiarsi all'—*, to anchor by the stem.

andante *agg.* **1** (*ordinario*) ordinary, common, plain; (*di qualità*) poor; second-rate; cheap: *articolo —*, cheap article; *merce —*, second-rate goods // *di qualità —*, poor quality (*attr.*) **2** (*di stile*) plain **3** (*non com.*) (*comm.*) current, instant: *anno, mese —*, current year, month **4** (*continuo*) continuous: *muro —*, continuous wall ◆ *s.m.* (*mus.*) andante.

andantino *s.m.* (*mus.*) andantino.

andare[1] *v.intr.* **1** to go*; (*in auto*) to drive*; (*a piedi*) to walk: *andiamo a lavorare tutti i giorni*, we go to work every day; *è appena andato a scuola*, he's just gone to school; *vado da mia zia domani*, I'm going to my auntie's tomorrow; *andiamo, è tardi!*, let's go, it's late!; *va a Londra questo treno?*, is this train going to London?; *questa nave va in Australia*, this ship is going to (*o* is bound for *o* is sailing to) Australia; *dovrò per forza andarci in auto*, I've no option but to drive there; *è una bella giornata, perché non ci vai a piedi?*, it's a nice day, why don't you walk there?; *andò col pensiero ai giorni della sua infanzia*, he thought back to when he was a child; *andò con lo sguardo al gruppo di persone davanti all'ingresso*, he glanced over (*o* across) at the people in front of the entrance; *dove va il sale?*, where does the salt go?; *le sedie vanno in cucina*, the chairs go in the kitchen // *queste banconote non vanno più*, these banknotes are no longer in circulation; *— in treno, per nave, in autobus*, to go by train, by boat, by bus; *— in aereo*, to go by plane (*o* to fly); *— in bicicletta*, to go by bicycle (*o* by bike), to cycle (*o* to bike); *sai — in bicicletta?*, can you ride a bicycle?; *— a cavallo*, to go on horseback (*o* to ride) // *— all'estero*, to go abroad; *— in campagna*, to go to the country; *— in città*, to go to town; *— in vacanza*, to go on holiday; *— al cinema*, to go to the pictures; *— a mangiare*, to go to eat; *— a dormire*, to go to bed; *— in campeggio*, to go camping; *— a nuotare*, to go swimming; *— a fare un giro in bicicletta, in automobile*, to go for a ride, for a drive; *— a fare una passeggiata*, to go for a walk; *— a cavalcare*, to go riding; *— a giocare a tennis, a football*, to go to play tennis, football // *— avanti*, to go on; (*avanzare*) to advance; (*precedere*) to go ahead // *— avanti e indietro*, to go backwards and forwards, to go to and fro // *— dentro*, to go inside; (*in prigione*) to be sent to prison (*o* to go inside) // *— dentro e fuori*, to go in and out // *— fuori*, to go out // *— dietro a qlcu.*, to follow s.o.; (*corteggiare*) to run after s.o. // *— oltre*, to go beyond (*o* to go over); (*fig.*) to go too far (*o* to exaggerate); *— troppo oltre, troppo in là*, (*anche fig.*) to go too far // *— su, giù*, to go up, down // *— lontano*, to go far; (*fig.*) to distinguish oneself; to be successful // *— per le lunghe*, to go on and on **2** (*funzionare*) to work: *il mio computer va bene*, my computer works well; *il riscaldamento va ancora?*, is the heating still working? // *— bene, male*, (*di orologio*) to be right, wrong; *— avanti, indietro*, (*di orologio*) to be fast, slow **3** (*procedere*) to go*; to get* on: *come va l'inglese?*, how are you getting on with your English?; *come vanno gli affari?*, how is business going?; *la ditta è andata proprio bene, male l'anno scorso*, the firm did well, badly last year; *"Come va la vita?" "Va"*, "How is life treating you?" "Not too badly" // *così va il mondo!*, that's the way of the world! // *— di bene in meglio*, to go better and better; *— di male in peggio*, to go from bad to worse // *far — le cose per il verso giusto*, to get things to go properly **4** (*succedere*) to happen: *come va che sei sempre stanco?*, how come you're always so tired?; *vada come vada!*, whatever happens! **5** (*convenire, confarsi*) to suit: *ci andrebbe bene il treno delle cinque*, the five o'clock train would suit us; *ti andrebbe bene per domani sera?*, would tomorrow evening suit you (*o* be all right for you)? **6** (*andar bene, di indumento*) to fit: *queste scarpe non mi vanno più*, these shoes don't fit me any more; *è così cresciuto che non gli va più niente*, he has outgrown all his clothes **7** (*occorrere*) to need: *vanno tanti soldi per una vacanza come quella*, a holiday like that would cost a lot of money; *per un abito così ci vanno tre metri di stoffa*, you'll need three metres of material for a dress like that; *ti andrebbe bene una bella dormita*, what you need is a good sleep **8** (*piacere*) to like (*costr. pers.*); (*sentirsi di*) to feel* like (*costr. pers.*): *ti andrebbe qlco. da bere?*; would you like sthg. to drink?; *il tuo comportamento non mi va affatto*, I don't like your behaviour at all; *non mi va di uscire stasera*, I don't feel like going out this evening **9** (*essere di moda*) to be in (fashion): *quel tipo di scarpe non va più*, shoes like that aren't in any more (*o* are out); *va molto il nero quest'anno*, black is in (fashion) this year // *— per la maggiore*, to be very fashionable **10** (*essere venduto*) to sell*: *il suo ultimo romanzo è andato a ruba*, his latest novel sold like hot cakes **11** (*essere, sentirsi*) to be, to feel*: *va molto orgoglioso della sua nuova casa*, he's very proud of his new house **12** (*avvicinarsi*) to be about: *la spesa andrà sulle 100.000 lire*, the cost will be about 100,000 liras // *— per*, to be almost: *va per i 15* (*anni*), he is almost fifteen // *va per la pensione*, he is almost retired **13** *— a*, (*con idea di futuro*) to be going to, to be about: *lo spettacolo andava a incominciare*, the show was about (*o* was going) to begin **14** (*dover essere*) to have to be; must be: *questa pianta va tenuta all'ombra*, this plant has (*o* is) to be kept in the shade; *questo interruttore non va toccato*, this switch mustn't be touched **15** (*con valore ausiliare di 'essere'*) to be, to get*: *rischia di — perduto*, it's likely to get lost; *se non vado errato*, if I'm not mistaken **16** (*seguito da ger. per indicare la continuità di un'azione*) to be + -ing: *va peggiorando ogni giorno*, he is getting worse every day; *vanno dicendo che è partito*, they are saying he's left **17** (*con valore pleonastico o rafforzativo*): *dove sei andato a cacciarti?*, where have you been hiding?; *— a finire bene*, to end well; *— a finire male*, to come to a bad end; *è andato a finire nel lago*, it ended up in the lake; *— in scena*, to be put on // (*radio, tv*) *— in onda*, to be on (*o* broadcast) // (*sport*): *— a canestro*, to score a point; *— a rete*, to score a goal; *— al tappeto*, (*di pugile*) to be knocked out // (*tip.*) *— in macchina*, to go to press // *— all'asta*, to be auctioned off // *— alla deriva*, to go adrift, to drift; (*fig.*) to drift with the tide // *— a picco, a fondo*, to sink; *— a fondo di qlco.*, to dig into sthg.; *— fino in fondo*, to carry on to the end // *— a gambe all'aria*, to tumble // *— all'altro mondo, al Creatore*, (*fam.*) to kick the bucket // *— all'inferno, in paradiso*, to go to hell, to heaven // *— per la propria strada, per i fatti propri*, to go one's own way // *— fuori strada*, to leave the road // *— in cerca di guai*, to look for trouble // *— a male*, (*di cibo*) to go off (*o* to go bad) // *— a monte*, to fall through // *— per il sottile*, to split hairs (*o* to be very particular); *non — per il sottile*, to be rather rough // *— per le lunghe*, to go on and on // *lasciar — un pugno, uno schiaffo a qlcu.*, to let fly a punch, a slap at s.o.; *lascia —!*, forget it!; *lasciarsi —*, to let oneself go // *ma va là, andiamo!*, oh, come on (*o* come off it)!; *andiamo, coraggio!*, cheer up! // *va da sé che hai torto*, it goes without saying, you're wrong // *va' al diavolo!*, go to hell!; *va' a morire ammazzato!*, drop dead!, go to hell!; *va' in malora!*, go to the devil! // *— a Canossa*, to eat humble pie // *— in brodo di giuggiole*, to be ecstatic; *— in visibilio per qlco.*, to go crazy about sthg. // *è andata!*, (*è finita*), it's over and done with!, (*ha avuto successo*) it's gone off well! // *se la va, la va!*, we'll be lucky if it works // *e vada per questa volta*, we'll let it pass for this time // *— a donne*, to womanize // *— a letto con qlcu.*, to go to bed with s.o. // *— di corpo*, to empty one's bowels.

□ **andarsene** *v.intr.pron.* **1** to go* (away), to leave*: *se ne è andato appena finito il concerto*, he left as soon as the concert ended; *te ne vai di già?*, are you going already; *vattene, non ti voglio più vedere!*, go away, I don't want to see you again! // *se ne è andato l'anno scorso* (*è morto*), he passed away last year **2** (*di macchia*) to come* off.

andare[2] *s.m.* **1** *a lungo —*, in the long run // *a tutt'—*, (*anche fig.*) without ceasing // *con l'— del tempo*, with the passing of time; *c'era tutto un — e venire*, there was a continual coming and going // *di quest'— finirà presto i suoi soldi*, at this rate he'll soon get through his money **2** (*andatura*) gait, walk.

andata *s.f.* going: *— e ritorno*, (departure) there and back; *biglietto di —*, single ticket; *biglietto di — e ritorno*, return ticket; *viaggio di —*, outward journey; *viaggio di — e ritorno*, journey there and back; (*mar.*) voyage out and home; *l'— a Bologna è ormai urgente*, the trip to Bologna is now urgent // (*sport*) *girone di —*, first half of the championship.

andato *agg.* **1** (*trascorso*) gone (by), elapsed, passed: *il mese —*, last month; *in tempi andati*, in times gone by **2** (*rovinato*) *essere bell'e —*, to be ruined; (*di persona*) to be done for (*o* finished); (*di cosa*) to be worn out; (*molto ammalato*) to be in poor health (*o* run down); *carne andata*, spoilt meat.

andatoia *s.f.* (*edil.*) ramp.

andatura *s.f.* **1** (*modo di camminare*) walk; gait; carriage; bearing: *— marziale*, soldierly bearing; *— sciolta*, easy gait; *riconoscere qlcu. dall'—*, to know s.o. by his walk (*o* gait) **2** (*velocità; lunghezza del passo*) pace: *— di un cavallo*, pace of a horse; *camminare ad — sostenuta*, to walk at a brisk pace // (*sport*) *fare l'—*, to set the pace (*o* to make the running) **3** (*mar.*) point of sailing; (*velocità di navigazione*) rate: *all'— di venti nodi*, at the rate of twenty knots.

andazzo *s.m.* **1** custom of the moment, fashion of the moment, trend: *questo è l'— corrente*, this is the way things are going at the moment **2** (*cattiva abitudine*) bad custom: *prendere un brutto —*, to get into a bad habit.

andesite *s.f.* (*geol.*) andesite.

andino *agg.* (*geogr.*) Andean.

andirivieni *s.m.* **1** coming and going **2** (*intrico*) maze, labyrinth (*anche fig.*); (*confusione*) bustle: *perdersi in un — di vicoli*, to loose oneself in a maze of streets (*o* alley ways); *vieni al nocciolo senza tanti —*, stop beating about the bush and come to the point.

andito *s.m.* **1** passage; (*ingresso*) vestibule **2** (*estens.*) nook, cranny.

andorrano *agg.* e *s.m.* (native, inhabitant) of Andorra.

andro- *pref.* di origine greca che significa 'uomo'; ingl. andro-: *androginia*, androgyny; *androfobia*, androphobia.

androceo *s.m.* (*bot.*) androecium*.

androgeno *agg.* (*biol.*) androgenic ◆ *s.m.* androgen.

androginia *s.f.* (*biol.*) androgyny.

androginico *agg.* (*biol.*) androgynous.

androgino *agg.* (*biol.*) androgynous ◆ *s.m.* (*biol.*) androgyne.

androide *s.m.* e *f.* android.

andrologia *s.f.* (*med.*) andrology.

andrologo *s.m.* (*med.*) andrologyst.

andromania *s.f.* (*med.*) nymphomania.

androne *s.m.* lobby, (entrance) hall, corridor.

andropausa *s.f.* male climateric, andropause.

androsterone *s.m.* (*biochim.*) androsterone.

aneddotica *s.f.* collection of anecdotes, anecdotage.

aneddotico *agg.* anecdotal, anecdotical.

aneddotista *s.m.* e *f.* anecdotist.

aneddoto *s.m.* anecdote.

anelante *agg.* **1** panting, breathless **2** (*fig.*) eager, longing.

anelare *v.intr.* (*letter.*) **1** to gasp, to pant **2** (*fig.*) to long (for sthg.), to yearn (for, after sthg.): *il suo cuore anelava a partire*, her heart yearned to leave ◆ *v.tr.* (*letter.*) **1** (*emettere*) to give* forth **2** (*bramare*) to long for (sthg.), to yearn for (sthg.), to yearn after (sthg.).

anelasticità *s.f.* (*fis.*) anelasticity.

anelastico *agg.* (*fis.*) anelastic.

anelettrico *agg.* (*fis.*) anelectric.

anelito *s.m.* (*letter.*) **1** gasp, panting: *l'estremo —*, the last breath **2** (*fig.*) yearning (for, after sthg.), longing (for sthg.).

anellide *s.m.* (*zool.*) annelid; (*pop.*) segmented worm.

anello *s.m.* **1** (*gioiello*) ring: *— di fidanzamento*, engagement ring; *— di matrimonio*, wedding ring; *— d'oro, di brillanti*, gold, diamond ring // *dare, prendere l'—*, (*letter.*) to get married **2** (*oggetto a forma di cerchio*) ring; link: *gli anelli di una catena*, the links of a chain; *— da tovagliolo*, napkin ring; *— di una chiave*, bow of a key // *ad —*, circular // *— stradale*, link road // *— di congiunzione*, link; *— mancante*, missing link // (*mecc.*): *— di guarnizione*, packing ring; *— di tenuta*, gas ring; *— di trazione*, shackle; *— distanziatore*, spacer ring // (*mar.*) *anelli di ormeggio*, mooring rings (*o* bollards) // (*aer.*) *— di strappamento*, rip link // (*mil.*): *— plastico di tenuta*, gas-check ring (*o* gas-check pad); — *portamiccia di una spoletta*, time ring // (*astr.*) *anelli di Saturno*, rings of Saturn **3** *pl.* (*ginnastica*) the rings **4** (*arch.*) listel **5** (*letter.*) (*ricciolo*) curl, ringlet **6** (*di albero*) ring: — *di crescita annuale*, annual ring **7** (*chim.*) ring: — *benzenico*, benzene ring; *composti ad* —, ring compounds **8** (*mat.*) ring: *teoria degli anelli*, ring theory; — *di valutazione*, valuation ring // (*fis.*) *anelli di accumulazione a intersezione*, Intersecting Storage Rings **9** (*inform.*) ring; loop: — *di protezione file*, file protection ring; — *di retroazione*, feedback loop; — *di scrittura*, file protection (*o* protection ring); — *del nastro*, ribbon loop; — *toroidale del magnetico selenoide*, core.

anemia *s.f.* (*med.*) anaemia: — *perniciosa*, pernicious anaemia.

anemico *agg.* anaemic.

anemo- *pref.* di origine greca che indica 'vento, aria'; ingl. anemo-: *anemoscopio*, anemoscope.

anemocoro *agg.* (*ecol.*): *disseminazione anemocora*, anemochory.

anemofilia *s.f.* (*bot.*) anemophily.

anemofilo *agg.* (*bot.*) anemophilous.

anemografia *s.f.* (*meteor.*) anemography.

anemografo *s.m.* (*meteor.*) anemograph.

anemologia *s.f.* (*meteor.*) anemology.

anemometria *s.f.* (*meteor.*) anemometry.

anemometro *s.m.* (*fis., meteor.*) anemometer.

anemone *s.m.* **1** (*bot.*) anemone: — *dei boschi*, (*Anemone nemorosa*) wood anemone; — *pulsatilla*, (*Anemone pulsatilla*) pasqueflower **2** (*zool.*) — *di mare*, sea anemone, (*scient.*) actinia*.

anemoscopio *s.m.* (*meteor.*) anemoscope.

anerobio e *deriv.* → **anaerobio** e *deriv.*

aneroide *agg.* (*fis.*) aneroid: *barometro* —, aneroid barometer.

anestesia *s.f.* (*med.*) anaesthesia.

anestesiologia *s.f.* (*med.*) anaesthesiology.

anestesista *s.m.* e *f.* anaesthetist.

anestetico *agg.* e *s.m.* (*med.*) anaesthetic.

anestetizzare *v.tr.* (*med.*) to anaesthetize: — *con etere*, to etherize.

anestetizzazione *s.f.* (*med.*) anaesthetization: — *con etere*, etherization.

aneto *s.m.* (*bot.*) (*Anethum graveolens*) dill.

anetolo *s.m.* (*chim.*) anethole.

aneurina *s.f.* (*biochim.*) aneurin.

aneurisma *s.m.* (*med.*) aneurism, aneurysm.

aneurismatico *agg.* aneurismal, aneurysmal.

anfesibena → **anfisbena**.

anfeta(m)mina → **amfetamina**.

anfiartrosi *s.f.* (*med.*) amphiarthrosis.

anfibio *agg.* amphibious ◆ *s.m.* **1** (*zool.*) amphibian **2** (*mil., aer.*) amphibian; (*per operazioni di sbarco*) amphibious landing craft; (*amer.*) amtrack.

anfibiologia *s.f.* (*zool.*) amphibiology.

anfibiotico *agg.* (*zool.*) amphibiotic.

anfibolia → **anfibologia**.

anfibolite *s.f.* (*min.*) amphibolite.

anfibolo *s.m.* (*min.*) amphibole.

anfibologia *s.f.* (*ret., fil.*) amphibology, amphiboly.

anfibologico *agg.* (*ret., fil.*) amphibolic.

anfibraco *s.m.* (*metrica*) amphibrach.

anfidromo *agg.* (*mar.*) amphidromic.

anfigeo *s.m.* (*ecol.*) amphigean.

anfigonia *s.f.* (*biol.*) amphigony.

anfiosso *s.m.* (*zool.*) (*Branchiostoma lanceolatum*) lancelet, (*scient.*) amphioxus*.

anfipodo *s.m.* (*zool.*) amphipod.

anfiprione *s.m.* (*zool.*) (*Amphiprion percula*) anemone fish.

anfiprostilo *agg.* (*archeol.*) amphiprostyle.

anfisbena *s.f.* (*zool.*) amphisb(a)ena*.

anfiteatro *s.m.* amphitheatre (*anche geogr.*); (*amer.*) amphitheater.

anfitrione *s.m.* amphitryon, host.

anfiuma *s.m.* (*zool.*) amphiuma, (*pop.*) congo eel.

anfizioni *s.m.pl.* (*st. greca*) amphictyons.

anfizionico, **anfizionio** *agg.* (*st. greca*) amphictyonic.

anfolito *s.m.* (*chim.*) ampholyte.

anfora *s.f.* amphora*.

anfotero *agg.* (*chim.*) amphoteric.

anfratto *s.m.* ravine, gorge.

anfrattuoso *agg.* tortuous, winding, anfractuous.

angariare *v.tr.* to oppress; (*con tasse, balzelli*) to overtax.

angariatore *s.m.* **angariatrice** *s.f.* oppressor; (*tiranno*) tyrant; (*prepotente*) overbearing person.

angelica *s.f.* (*bot.*) (*Angelica archangelica*) angelica, (*pop.*) master-wort.

angelicale *agg.* (*letter.*) angelic.

angelicato *agg.* (*letter.*) angel-like: *la donna angelicata*, the angel-like woman (*o* the angel-woman).

angelico *agg.* angelic(al) // *L'Angelico, il Beato Angelico*, Fra' Angelico // *il Dottore Angelico*, the Angelic Doctor // (*eccl.*) *la Salutazione Angelica*, the Angelic Salutation.

angelo *s.m.* **1** angel: — *custode*, guardian angel; (*scherz.*) policeman; *l'— delle tenebre*, the angel of darkness // *lunedì dell'Angelo*, Easter Monday **2** (*sport*) (*pattinaggio*) spread eagle; (*tuffo ad angelo*) swallow dive **3** (*zool.*) (*Heniochus acuminatus*) angel fish.

angelologia *s.f.* (*teol.*) angelology.

angelus *s.m.* (*eccl.*) angelus.

angheria *s.f.* (*sopruso*) imposition, hardship, harsh treatment; (*di governi*) tyrannical act, act of oppression.

angina *s.f.* (*med.*) angina; quinsy: — *pectoris*, angina pectoris.

anginoso *agg.* anginous, anginal ◆ *s.m.* person suffering from angina.

angio- *pref.* di origine greca che significa 'vaso' o 'ricettacolo'; ingl. angio-: *angiologia*, angiology; *angiospermo*, angiospermous.

angiocolite *s.f.* (*med.*) angiocholitis.

angiografia *s.f.* (*med.*) angiography.

angiogramma *s.m.* (*med.*) angiogramme, (*amer.*) angiogram.

angioino *agg.* e *s.m.* (*st.*) Angevin.

angiologia *s.f.* (*med.*) angiology.

angiologo *s.m.* (*med.*) angiologist.

angioma *s.m.* (*med.*) angioma.

angioplastica *s.f.* (*med.*) angioplasty.

angiospasmo *s.m.* (*med.*) angiospasm.

angiosperma *s.f.* (*bot.*) angiosperm.

angiospermo *agg.* (*bot.*) angiospermous.

angiporto *s.m.* **1** (*stradetta angusta*) narrow lane, alley **2** (*non com.*) archway; covered passageway.

anglesite *s.f.* (*min.*) anglesite.

anglicanesimo *s.m.* (*st. relig.*) Anglicanism.

anglicano *agg.* e *s.m.* (*st. relig.*) Anglican.

anglicismo *s.m.* (*ling.*) anglicism.

anglicizzare *v.tr.* to anglicize.

anglicizzazione *s.f.* anglicization.

anglico *agg.* (*letter.*) English.

anglismo → **anglicismo**.

anglista *s.m.* e *f.* anglicist.

anglistica *s.f.* anglistics [U].

anglo- *pref.* di origine latina che significa 'inglese'; ingl. Anglo-, anglo-: *angloamericano*, Anglo-American; *anglofilo*, anglophile.

angloamericano *agg.* Anglo-American.

anglofilia *s.f.* anglophilism; anglophilia.

anglofilo *agg.* anglophilic ◆ *s.m.* anglophile.

anglofobia *s.f.* anglophobia.

anglofobo *agg.* anglophobic ◆ *s.m.* anglophobe.

anglofono *agg.* e *s.m.* anglophone.

anglomane *agg.* e *s.m.* e *f.* anglomaniac.

anglomania *s.f.* anglomania.

anglosassone *agg.* e *s.m.* e *f.* Anglo-Saxon ◆ *s.m.* (*lingua*) Old-English, Anglo-Saxon, the Anglo-Saxon language.

angolano *agg.* e *s.m.* Angolan.

angolare[1] *agg.* **1** angular: (*arch.*) *pietra* —, cornerstone (*o* headstone) (*anche fig.*) **2** (*mat., fis.*) angular: *velocità* —, angular velocity ◆ *s.m.* (*tecn.*) angle bar, angle iron: — *di ringhiera*, angle post.

angolare[2] *v.tr.* **1** (*mettere in angolo*) to angle **2** (*sport*) to angle.

angolarità *s.f.* angularity.

angolarmente *avv.* angularly.

angolato *agg.* **1** (*non com.*) angled **2** (*sport*) *tiro* —, angled shot.

angolatura *s.f.* angle, perspective, slant.

angolazione *s.f.* **1** (*cinem.*) angle-shot: — *dal basso*, low-shot **2** (*fig.*) angle: *da questa — il problema si ridimensiona*, from this angle (*o* in this light) the problem looks less serious.

angoliera *s.f.* corner cupboard; corner unit.

angolo *s.m.* **1** corner: — *di strada*, street corner; *casa d'*—, corner house; *posto d'*—, corner seat; *girare l'*—, to go round the corner; *cercare qlco. in ogni* —, to look high and low (*o* in every corner) for sthg. // *un — appartato*, a secluded spot (*o* place *o* nook) // *un — di cielo*, a corner of heaven // *i quattro angoli della terra*, the four corners of the earth // — *di cottura*, kitchenette // *mettere un bambino nell'*—, to put a child in the corner // (*calcio*) *calcio d'*—, corner kick; *mettere in* —, to concede a corner // (*boxe*) *mettere all'*—, to corner **2** (*mat., fis. ecc.*) angle: — *acuto, ottuso, retto*, acute, obtuse, right angle; — *piatto*, straight angle; — *giro*, perigon (*o* round angle); — *al centro*, central angle; — *al vertice*, summit angle;

— *alla circonferenza*, peripherical angle; — *coniugato*, opposed angle; — *esterno*, exterior angle; *angoli alterni*, alternate angles; *angoli complementari*, complementary angles; *angoli corrispondenti*, step angles (*o* corresponding angles); *angoli opposti al vertice*, vertically opposite angles // (*fis.*): — *di incidenza*, angle of incidence; *angoli di direzione*, direction angles; — *di direzione*, bearing; — *di rifrazione*, refraction angle; — *limite*, critical angle; — *visivo*, visual angle // (*tecn.*) — *di curvatura*, bending angle // (*aer.*): — *di attacco*, angle of attack; — *di atterraggio*, landing angle; — *di beccheggio*, pitching angle; — *d'imbardata*, angle of yaw; — *d'incidenza*, angle of incidence; — *di rollio*, angle of roll; — *di salita*, angle of climb // (*mil.*): — *di caduta*, angle of fall (*o* striking angle); — *di mira*, angle of sighting; — *di tiro*, firing angle; — *morto*, dead angle.

angolosità *s.f.* angularity.

angoloso *agg.* **1** angular (*anche fig.*); sharp-cornered: *donna angolosa*, bony woman; *viso* —, bony face **2** (*scontroso*) difficult; touchy: *carattere* —, difficult (*o* touchy) character.

angora *s.f.* angora (*anche maiuscolo*): *coniglio d'*—, Angora rabbit; *gatto d'*—, Angora cat; *lana d'*—, Angora wool (*o* angora).

angoscia *s.f.* **1** anguish, woe, distress, anxiety (*anche med.*): *passare ore di* —, to spend hours in a state of anguish; *vederlo così triste mi dà l'*—, it fills me with anguish to see him so unhappy **2** (*fil.*) anguish; angst.

angosciante *agg.* distressing, worrying: *un dubbio* —, a worrying doubt.

angosciare *v.tr.* to cause anguish, to cause anxiety, to afflict, to distress, to grieve: *mi angoscia il saperlo ammalato e lontano*, it upsets me terribly to know that he is sick and far from home.

□ **angosciarsi** *v.rifl.* to worry (about sthg.), to be distressed (about sthg.), to grieve (over sthg.), to torment oneself: *non angosciarti così!*, don't torment yourself!; *è inutile* —, it's not worth getting anxious about.

angosciato *agg.* anguished, distressed, anxious: *è sempre* —, he's always anxious.

angoscioso *agg.* **1** (*che dà angoscia*) distressing, painful: *una situazione angosciosa*, a painful situation **2** (*che è pieno di angoscia*) full of anguish, anguished.

angostura *s.f.* angostura.

angstrom *s.m.* (*fis.*) angstrom.

anguiforme *agg.* snakelike.

anguilla *s.f.* **1** (*zool.*) eel: — *giovane*, elver; — *marinata*, soused eel // — *di mare*, (*Conger conger*) conger, conger-eel // — *elettrica*, (*Electrophorus electricus*) electric eel, (*scient.*) gymnotus // *prendere l'*— *per la coda*, to get out of a difficult situation // *che* —!, what a slippery eel!; *è sfuggente come un'*—, she is as slippery as an eel **2** (*mar.*) carling; *pl.* (*per ponti*) deck girders.

anguillaia *s.f.* eel-pond, eel-bed.

anguilliforme *agg.* eel-shaped.

anguillula *s.f.* (*zool.*) eelworm.

anguria *s.f.* (*Citrullus vulgaris*) watermelon.

angustamente *avv.* **1** narrowly **2** (*meschinamente*) meanly, pettily, niggardly, stingily.

angustia *s.f.* **1** (*strettezza di spazio*) straitness, narrowness **2** (*ristrettezza di tempo*) limited time, lack of time **3** (*affanno, tribolazione*) distress: *essere in angustie*, to be in dire straits (*o* in distress *o* in difficulties).

angustiare *v.tr.* to torment, to afflict, to distress.

□ **angustiarsi** *v.rifl.* to worry (about sthg.), to fret (over, about sthg.), to be afflicted (by sthg.), to be tormented (by, with sthg.): *smetti di angustiarti*, stop worrying.

angusto *agg.* **1** narrow, restricted: *spazio* —, restricted space **2** (*fig.*) mean(-spirited), petty; narrow(-minded), small minded; (*ristretto*) restricted: *mentalità angusta*, narrow (*o fam.* blinkered) mentality; *idee anguste*, narrow ideas.

anice *s.m.* (*bot.*) (*Pimpinella anisum*) anise*: *seme d'*—, aniseed.

anicino *s.m.* (*biscotto*) aniseed biscuit; (*confetto*) aniseed ball.

anidride *s.f.* (*chim.*) anhydride // — *carbonica*, carbon dioxide.

anidrite *s.f.* (*min.*) anhydrite.

anidro *agg.* (*chim.*) anhydrous.

anile *s.m.* (*bot.*) (*Indigofera anil*) anil.

anilina *s.f.* (*chim.*) aniline.

anima *s.f.* **1** soul: — *e corpo*, body and soul; *darsi a qlco.* — *e corpo*, to give oneself body and soul to sthg. (*o* to throw oneself heart and soul into sthg. *o* to throw one's whole soul into sthg.); *la salvezza dell'* —, the salvation of one's soul; *cura d'anime*, care of souls; *le anime dei defunti*, the souls of the departed; *anime dannate, beate, purganti*, lost, blessed souls, souls in Purgatory; *render l'*—, to die (*o* to give up the ghost *o* to breathe one's last); *raccomandarsi l'*— *a Dio*, to commend one's soul to God // *vender l'*— *al diavolo*, to sell one's soul to the devil // *la buon'*— (*dello zio*), *lo zio buon'*—, my dear departed uncle // — *candida*, simple soul // *un'* — *in pena*, a soul in torment // *essere l'*— *nera di qlcu.*, to be an evil spirit behind s.o. // *avere qlco. sull'*—, to be burdened with sthg. // *dannarsi l'*—, (*fam.*) to go mad; *far dannare l'*— *a qlcu.*, (*fam.*) to torment s.o. (*o* to drive s.o. mad) // *cavar l'*—, *romper l'* — *a qlcu.*, to pester s.o. // *reggere l'*— *coi denti*, to hang on to (*o* for) dear life // *all'* —!, about time too! **2** (*affetto, sentimento*) feeling, heart: *volere un bene dell'*— *a qlcu.*, to love s.o. dearly (*o* deeply); *amare, odiare qlcu. con tutta l'* —, to love, to hate s.o. heart and soul (*o* with all one's heart); *metterci l'*— *nel fare qlco.*, to give sthg. everything one's got; *toccar l'*—, (*commuovere*) to move deeply; *cantare, recitare con, senza* —, to sing, to act with, without feeling // — *mia!*, my beloved! **3** (*persona, individuo*) soul: *un'* — *buona*, a good soul; *un villaggio di poche anime*, a village of few souls; *non c'era* — *viva*, there wasn't a soul to be seen // — *gemella*, twin spirit **4** (*fig.*) (*elemento essenziale che vivifica*) soul; essence: *essere l'*— *della festa*, to be the life and soul of the party; *la pubblicità è l'*— *del commercio*, advertising is the essence (*o* the life blood) of selling **5** (*parte interna*) core (*anche metall.*); (*di arma da fuoco*) bore; (*di rotaia*) web; (*di timone*) rudderpost, rudderstock: *l'* — *di un bottone*, the core of a button // *l'* — *di una matita*, the lead of a pencil // *l'* — *del legno*, the heart of wood **6** (*di strumento musicale*) soundpost.

animale *agg.* **1** animal: *regno* —, animal kingdom; *comunità* —, animal community **2** (*fig.*) animal, sensual, brutal ◆ *s.m.* **1** animal: *animali domestici, selvatici*, domestic, wild animals; *animali da cortile*, farmyard animals; — *da compagnia*, pet: *pesci rossi, cani e gatti sono comuni animali da compagnia*, goldfish, dogs and cats are common pets // — *castrato*, neuter; — *da latte*, suckling; — *da macello*, stocker; — *di razza mista*, half-breed; — *giovane da ingrasso*, fatling; — *pelagico*, pelagian; — *stanziale*, inhabitant; — *vecchio*, cull; *animali e piante selvatici*, wildlife // *Società Protettrice degli Animali*, Society for Prevention of Cruelty to Animals **2** (*fig.*) brute, beast.

animalescamente *avv.* in a bestial way; (*fig.*) coarsely.

animalesco *agg.* bestial, animal(-like); (*fig.*) coarse; gross: *istinti animaleschi*, animal instincts.

animalista *agg.* e *s.m.* e *f.* animalist.

animalistico *agg.* (*arte*) animalistic.

animalità *s.f.* animality, animal nature.

animare *v.tr.* **1** to animate, to give* life to (s.o., sthg.), to liven up, to enliven (*anche fig.*): *una casa che anima il paesaggio*, a house that animates (*o* gives life to) the landscape; — *la conversazione*, to enliven (*o* to animate) conversation; — *una festa*, to liven up a party; *la gioia le animava il volto*, joy lit up her face; *lo spirito che anima le sue opere*, the spirit that breathes through his works **2** (*stimolare*) to stimulate; (*incoraggiare*) to encourage: — *scambi commerciali*, to stimulate (*o* to encourage) commercial exchanges; — *i soldati*, to encourage the soldiers // *essere animato da buone intenzioni*, to be well-meaning; *essere animato da buoni sentimenti verso qlcu.*, to have a good feeling about s.o.

□ **animarsi** *v.intr.pron.* **1** to become* animated, to become* livelier; (*di persone*) to get* lively; (*di cose*) to get* busy: *la discussione si animò*, the debate became livelier; *le vie si andavano animando*, the streets got busy **2** (*illuminarsi*) to light* up; (*rallegrarsi*) to brighten up: *il suo viso si animò*, her face lit (*o* brightened) up.

animatamente *avv.* animatedly.

animato *agg.* **1** (*vivente*) alive, living, animated: *esseri animati*, living beings // *cartoni animati*, (animated) cartoons **2** (*vivace*) animated, lively; vivacious; busy: *descrizione, discussione animata*, a lively (*o* animated) description, discussion; *festa animata*, a lively party; *una strada animata*, a busy street.

animatore *agg.* animating, enlivening, quickening, inspiring ◆ *s.m.* **1** organiser, promoter, animator: — (*di villaggio turistico*), entertainment organiser **2** (*chi disegna o fa cartoni animati*) animator.

animazione *s.f.* **1** animation; liveliness; vivacity; bustle: — *culturale*, cultural activity; *parlare con* —, to speak animatedly; *l'*— *delle strade*, the bustle of the streets; *commedia che manca di* —, play that lacks vivacity (*o* life) // (*Borsa*) — *fittizia del mercato*, churning **2** (*cinem.*) animation: *cinema di* —, cartoon cinema.

animelle *s.f.pl.* sweetbread(s).

animismo *s.m.* (*fil.*) animism.

animista *s.m.* **1** (*fil.*) animist **2** (*metall.*) core-maker.

animistico *agg.* (*fil.*) animistic.

animo *s.m.* **1** (*mente, pensiero*) mind; heart: *ho in — di andare a Roma*, I have a (good) mind (*o* I intend *o* it is my intention) to go to Rome; *mi nasce nell'— un sospetto*, there is a suspicion growing in my mind; *aprire l'— a qlcu.*, to open one's heart to s.o.; *avere l'— altrove*, to have one's mind (*o* thoughts) elsewhere; *leggere nell' — di qlcu.*, to read s.o.'s heart; *tenere qlco. nell' —*, to keep (*o* to have) sthg. in mind; *toccare l'— di qlcu.*, to move (*o* to touch) s.o.'s heart; *avere qlcu. nell'—*, to keep s.o. in one's heart // *con tutto l'— mio*, with all my heart **2** (*intendimento*) thoughts (*pl.*); intentions (*pl.*): *con quelle parole scoprì chiaramente il suo —*, with those words he clearly revealed his intentions **3** (*coraggio*) courage, heart, daring: *non ho l'—, non mi regge l'—, non mi basta l'— di fare qlco.*, I haven't the heart (*o* the courage) to do sthg. (*o* I don't feel up to doing sthg.); *farsi —*, to take heart (*o* to pluck up courage); *perdersi d'—*, to lose heart // *—!*, cheer up! (*o* come on!) **4** (*inclinazione, disposizione*) character; nature; disposition: *bontà d'—*, goodness of heart; *con mal —*, with malevolence (*o* ill will); *di mal —*, reluctantly (*o* unwillingly); *di buon —*, willingly; *stato d'—*, mood: *non sono nello stato d'— adatto per ciò*, I am in no mood for that; *sono nello stato d' — di andare a teatro*, I am in the mood (*o* I feel inclined) to go to the theatre; *era d'— gentile*, she had a kind character; *alienare l'— di qlcu.*, to alienate s.o. // *stare di buon —*, to be cheerful.

animosamente *avv.* **1** (*con coraggio*) courageously, daringly, bravely **2** (*con rancore*) grudgingly, with animosity, spitefully.

animosità *s.f.* **1** (*mal animo*) animosity, animus, spite; hatred: *agire per —*, to act out of spite; *nutrire dell'— verso qlcu.*, to bear a grudge against s.o. **2** (*letter.*) courage.

animoso *agg.* **1** (*letter.*) brave, bold, courageous, spirited // *un pugno di animosi*, a handful of brave men **2** (*ostile*) malevolent, spiteful.

aninga *s.f.* (*zool.*) darter.

anione *s.m.* (*chim., fis.*) anion.

anionico *agg.* (*chim., fis.*) anionic.

anisetta *s.f.* anisette.

aniso- *pref.* di origine greca che indica 'disuguaglianza'; ingl. aniso-: (*med.*) *anisocoria*, anisocoria; (*biol.*) *anisogamete*, anisogamete.

anisocitosi *s.f.* (*med.*) anisocytosis.

anisocoria *s.f.* (*med.*) anisocoria.

anisofillia *s.f.* (*bot.*) anisophylly.

anisogamia *s.f.* (*biol.*) anisogamy.

anisolo *s.m.* (*chim.*) anisole.

anisotropia *s.f.* (*fis.*) anisotropy, aelotropy.

anisotropico *agg.* (*fis.*) anisotropic.

anisotropo *agg.* (*fis.*) anisotropic.

anitra → **anatra**.

ankerite *s.f.* (*min.*) ankerite.

annabergite *s.f.* (*min.*) nickel bloom, annabergite.

annacquamento *s.m.* watering; diluting (*anche fig.*) // (*econ.*) — *del capitale*, stock watering.

annacquare *v.tr.* **1** to water, to dilute **2** (*fig.*) to moderate, to mitigate; to dilute: *annacquò il suo entusiasmo*, he moderated his enthusiasm.

annacquata *s.f.* **1** slight dilution, sprinkling **2** (*pioggerella*) brief shower; (bit of) drizzle.

annacquato *agg.* **1** watered, diluted: *vino —*, diluted wine **2** (*fig.*) watered; (*di stile*) weak; (*di colore*) washed out, pale, watery.

annacquatura *s.f.* **1** watering, dilution **2** (*ciò che è annacquato*) diluted liquid, watered -down drink, wishy-washy.

annaffiamento *s.m.* watering, sprinkling, sprinkle.

annaffiare *v.tr.* to water, to sprinkle: *— il giardino*, to water the garden; *— il pranzo con un buon vino*, (*fig. fam.*) to wash down the meal with a good wine; *questo cibo va annaffiato con un buon barolo*, (*fig.*) this dish should be accompanied by a good Barolo.

annaffiata *s.f.* **1** watering, sprinkling, sprinkle **2** (*pioggerella*) light shower.

annaffiatoio *s.m.* watering can.

annaffiatore *agg.* watering, sprinkling: *autobotte annaffiatrice*, road sprinkler ◆ *s.m.* water sprinkler.

annaffiatrice *s.f.* (*antiq.*) water cart, road sprinkler.

annaffiatura *s.f.* watering, sprinkling, sprinkle.

annali *s.m.pl.* annals.

annalista *s.m.* annalist; chronicler.

annalistica *s.f.* annal-writing, chronicling.

annalistico *agg.* annalistic, chronicle (*attr.*).

annamita *agg.* e *s.m.* e *f.* Annamite, Annamese.

annamitico *agg.* e *s.m.* Annamite, Annamese.

annasare → **annusare**.

annaspare *v.tr.* to reel, to wind* (thread) on reels, to spool ◆ *v.intr.* **1** to grope; to gesticulate wildly: *— per tenersi a galla*, to flounder about in order to keep one's head above water **2** (*fig.*) to flounder about; to bustle about aimlessly; (*fam.*) to mess about (with sthg.): *smettila di — intorno alla televisione, chiama il tecnico*, stop messing about with the television and call the technician // *— nel buio*, to grope about in the dark.

annaspicare *v.intr.* (*non com.*) to falter, to stutter, to become* tongue-tied.

annaspio *s.m.* groping, bustling; floundering about.

annata *s.f.* **1** year: *— di intensi affari*, active year; *movimento di affari nell'—*, yearly turnover; *gli devo un'— d'affitto*, I owe him one year's rent // *è stata una buona — per i film*, it was a good year for films **2** (*raccolto*) crop; (*di vino*) year, vintage: *una cattiva —*, a poor crop **3** (*insieme di periodici*) volume.

annebbiamento *s.m.* **1** fogginess **2** (*offuscamento*) dimness: *— della vista*, dimming of the eyesight; *— della coscienza*, clouding of consciousness.

annebbiare *v.tr.* **1** to fog; to dim, to obscure: *occhi annebbiati dalle lacrime*, eyes misted with tears **2** (*fig.*) to dull, to cloud: *le passioni annebbiano l'intelletto*, emotions cloud the intellect ◆ *v.intr.impers.* to get* foggy, to become* misty.

□ **annebbiarsi** *v.intr.pron.* **1** (*diventar nebbioso*) to become*, to grow* foggy **2** (*offuscarsi*) to grow* dim: *mi si annebbiò la vista*, my sight dimmed.

annebbiato *agg.* **1** foggy, covered with fog, misty **2** (*fig.*) dim, obscured: *vista annebbiata*, cloudy vision.

annegamento *s.m.* drowning: *morte per —*, death by drowning.

annegare *v.tr.* to drown: *— i dispiaceri nell'alcol*, (*fig.*) to drown one's sorrows in alcohol ◆ *v.intr.* to drown, to be drowned, to get* drowned: *annegò nel lago*, he drowned in the lake; *poco mancava che annegasse*, he was nearly drowned // *— in un mare di guai*, to drown in a sea of troubles.

□ **annegarsi** *v.rifl.* to drown oneself.

annegato *agg.* drowned ◆ *s.m.* drowned person: *10 annegati, 8 dispersi*, 10 drowned, 8 missing.

annerare → **annerire**.

annerimento *s.m.* blackening; darkening.

annerire *v.tr.* to blacken.

□ **annerirsi** *v.intr.pron.* to blacken, to darken, to grow* dark: *le pareti (si) anneriscono in fretta in questa città*, walls blacken quickly in this city // *il cielo si annerì*, the sky grew dark.

annessione *s.f.* **1** attachment; addition **2** (*di territorio*) annexation.

annessionismo *s.m.* policy of annexation, annexiationism.

annessionista *agg.* e *s.m.* e *f.* annexationist.

annessionistico *agg.* annexational.

annessite *s.f.* (*med.*) adnexitis.

annesso *agg.* **1** of, belonging (to), part of: *il parco — al castello*, the grounds of the castle; *la portineria annessa alla villa*, the porter's lodge of the villa **2** (*di documenti ecc.*) attached, appended; annexed; (*comm.*) (*accluso*) enclosed ◆ *s.m.* **1** (*edificio aggiunto*) annex(e), outbuilding, outlying building **2** (*documento aggiunto*) appendage, annex(e); (*comm.*) (*allegato*) enclosure **3** (*annessi e connessi*) appendages **4** *pl.* (*ant.*) adnexa.

annestare → **innestare**.

annettere *v.tr.* **1** to annex: *— politicamente un paese (a un altro)*, to annex a country (to another); *— un'ala a un edificio*, to add a wing to a building **2** (*documenti ecc.*) to annex, to join, to append, to attach; (*comm.*) (*accludere*) to enclose **3** (*attribuire*) to attach: *— importanza a qlco.*, to attach importance to sthg.

annichilare e *deriv.* → **annichilire** e *deriv.*

annichilazione *s.f.* annihilation (*anche fis.*).

annichilimento *s.m.* annihilation; destruction: *l'— della volontà*, the destruction of the will.

annichilire *v.tr.* **1** to annihilate, to destroy **2** (*fig.*) to crush, to humiliate.

□ **annichilirsi** *v.rifl.* to abase oneself, to lower oneself; (*fam.*) to eat* humble pie.

annidamento *s.m.* nesting.

annidare *v.tr.* **1** to nest **2** (*fig.*) to nurse in one's bosom: *— nell'animo sentimenti di vendetta*, to nurse (*o* to harbour) feelings of revenge in one's heart.

□ **annidarsi** *v.rifl.* **1** (*fare il nido*) to nest, to build* a nest **2** (*nascondersi*) to hide* **3** (*fig.*) to lie* concealed, to lurk: *l'odio si annida spesso negli animi degli oppressi*, hatred often lurks in the minds of the oppressed.

annientamento *s.m.* annihilation, destruction (*anche fig.*): — *dell'esercito nemico*, the destruction of the enemy army; — *delle speranze*, (*fig.*) the destruction of one's hopes.

annientare *v.tr.* **1** to annihilate, to destroy **2** (*fig.*) (*abbattere*) to destroy, to prostrate: *la sua morte l'ha annientato*, her death destroyed him.
□ **annientarsi** *v.rifl.* **1** to come* to nothing **2** (*fig.*) to humiliate oneself, to abase oneself.

anniversario *agg.* e *s.m.* **1** anniversary: *è l'— del mio matrimonio*, it is the anniversary of my marriage **2** (*non com.*) birthday.

anno *s.m.* **1** year: *l'— scorso*, last year; *l'— prossimo*, *venturo*, next year; *l'— che viene*, the year to come; *un — dopo l'altro*, year in year out (*o* year after year *o* year by year); *di — in —*, from year to year; *col passare degli anni*, as years go, went by; *due volte all'—*, twice a year; *durante tutto l'—*, all year round; *per molti anni di fila*, for many years on end; *per un certo numero di anni*, for some years; *tutti gli anni*, every year; *in capo a un — sarà ministro*, before the end of the year (*o* the year is out) he will be a minister // — *bisestile*, leap year; — *scolastico*, school year; — *accademico*, academic year; — *civile*, civil (*o* calendar) year; — *giuridico*, legal year; — *finanziario*, financial year; *l'— in corso*, the current year // (*agr.*) — *agricolo*, farmer's year // (*astr.*): — *anomalistico*, *periodico*, anomalistic year; — *luce*, light year; — *solare*, calendar year // (*eccl.*) *Anno Santo*, Holy (*o* Jubilee) Year // *gli anni '20, '30 ecc.*, the twenties, thirties ecc. // *quest'— è l'— internazionale della donna*, this year is international women's year // *i migliori anni della nostra vita*, the best years of our lives; *nel fiore degli anni*, in the prime of life; *gli anni verdi*, early years // *studente del terzo —*, student in his third year // *è stato un — a novembre*, it was a year last November; *sarà un — a ottobre*, it will be a year in (*o* next) October // *carico di anni*, advanced in age; *essere avanti negli anni*, to be on in years; *finire*, *compiere gli anni*, to have one's birthday; *levarsi gli anni*, to knock a few years off one's age; *portare bene gli anni*, not to look one's age // *aspettare l'— nuovo*, to see the New Year in; *augurare a qlcu. Buon Anno*, to wish s.o. a happy New Year; — *nuovo vita nuova*, a new year brings a fresh start **2** (*periodo di tempo lungo e indeterminato*) a long time: *cent'anni*, *mill'anni*, a very long (*o* undefined) time; *sono cent'anni che non vi vedo*, I have not seen you for years and years (*o* for such a long time), (*fam.*) I haven't seen you for a month of Sundays (*o* it is donkey's years since I saw you *o* I haven't seen you for donkey's years); *è un — che lo aspetto*, I have been waiting for him a long time (*o* for ages) **3** (*nelle indicazioni di età*): *di età tra i tredici e i diciannove anni*, teenage (*attr.*); *ragazzo tra i tredici e i diciannove anni*, teenager (*o* teenage boy); *essere tra i tredici e i diciannove anni*, to be in one's teens; *poteva essere tra i quaranta e i cinquant'anni*, he could have been any age between forty and fifty; *"Quanti anni hai?" "Ho vent'anni"*, "How old are you?" "I am twenty (years old)"; *avere poco più di trent'anni*, to be in one's early thirties; *essere nel tredicesimo —*, to be in one's thirteenth year; *un bambino di sette anni*, a child of seven (*o* a seven-year-old child).

annobilire *v.tr.* (*non com.*) **1** to ennoble; to elevate **2** (*abbellire*) to embellish, to adorn.

annoccare *v.tr.* **annoccarsi** *v.intr.pron.* to kink.

annodare *v.tr.* to knot, to tie in a knot, to tie in knots: *annodarsi una sciarpa al collo*, to knot a scarf around the neck // — *amicizie*, to make friends.
□ **annodarsi** *v.intr.pron.* to become* knotted, to form a knot // *gli si annodò la lingua in bocca*, he became tongue-tied.

annodatura *s.f.* knotting; (*nodo*) knot.

annoiare *v.tr.* (*infastidire*) to annoy; (*stancare*) to bore, to weary, to tire: *la sua compagnia mi annoia*, his company bores me.
□ **annoiarsi** *v.intr.pron.* to grow* weary, to be bored: — *a morte*, to be bored to death, (*fam.*) to be fed up; *mi annoio a non far niente*, I get bored doing nothing.

annoiato *agg.* bored; weary, tired; (*fam.*) fed up, sick.

annona *s.f.* (*econ. ant.*) food administration (board).

annonario *agg.* pertaining to provisions, food- (*attr.*): *carta annonaria*, ration-card; *leggi annonarie*, food rationing laws.

annosità *s.f.* agedness.

annoso *agg.* **1** old: *albero —*, old (*o* ancient) tree **2** (*fig.*) hoary, age-old: *un problema —*, a hoary problem.

annotare *v.tr.* **1** (*corredare di note*) to annotate **2** (*prender nota di*) to note, to make* a note of (sthg.), to jot down, to write* notes: — *un appuntamento nell'agenda*, to jot down an appointment in the diary.

annotariare *v.tr.* (*dir.*) to appoint notary.

annotatore *s.m.* annotator; commentator.

annotazione *s.f.* annotation, note // (*amm.*) — *cronologica*, journal entry.

annottare *v.intr.impers.* to grow* dark, to get* dark, to darken: *annotta presto d'inverno*, it gets dark early in winter.

annoverabile *agg.* (*letter.*) that can be listed, that can be counted among.

annoverare *v.tr.* **1** (*contare tra*) to number, to count: *lo annovero fra i miei amici*, I count him among my friends **2** (*letter.*) (*elencare*) to enumerate; to number, to count.

annuale *agg.* **1** (*che dura un anno*) year's, that lasts a year: *abbonamento —*, a year's subscription; *corso — di francese*, a one-year French course **2** (*che si verifica ogni anno*) annual, yearly // (*astr.*) *parallasse —*, annual parallax // (*ecol.*) *variazione —*, annuation // (*comm.*) *interesse —*, yearly interest ◆ *s.m.* (*non com.*) anniversary.

annualità *s.f.* annuity; (*reddito annuo*) yearly income; (*rata annuale*) yearly instalment: — *di interessi*, yearly interest; — *differita*, deferred annuity.

annualmente *avv.* **1** annually, yearly **2** (*di anno in anno*) from year to year.

annuario *s.m.* yearbook: — *commerciale*, trade directory; — *parlamentare*, parliamentary yearbook.

annuire *v.intr.* **1** (*col capo*) to nod (in assent) **2** (*acconsentire*) to consent, to assent.

annullabile *agg.* annullable; avoidable, voidable (*anche dir.*).

annullabilità *s.f.* voidability, annullability.

annullamento *s.m.* **1** cancellation: — *di un volo*, *di una prenotazione*, cancellation of a flight, of a reservation **2** (*annullo postale*) cancellation **3** (*dir.*) annulment, avoidance; (*di una legge*) repeal: — *di matrimonio religioso*, annulment of a marriage **4** (*comm.*) cancellation, abatement: — *di un'ordinazione*, cancellation of an order.

annullare *v.tr.* **1** to cancel, to annul: — *un volo*, *una prenotazione*, to cancel a flight, a reservation; — *un francobollo*, to cancel a stamp **2** (*vanificare*) to ruin, to make* pointless: *annullerai gli effetti della cura*, you'll undo the benefits of the cure **3** (*dir.*) to annul, to avoid: — *una legge*, to repeal a law; — *una sentenza*, to quash a sentence **4** (*comm.*) to cancel, to countermand, to write* off; to dissolve, to wind* up: — *un ordine*, to cancel (*o* to countermand) an order; — *una società*, (*scioglierla*) to dissolve a partnership, to wind up a company **5** (*inform.*) to delete, to backout; to undo.
□ **annullarsi** *v.rifl.* to humble oneself ◆ *v.rifl.rec.* (*escludersi a vicenda*) to cancel each other out: *leggi che si annullano*, laws that cancel each other out.

annullativo *agg.* nullifying.

annullatore *agg.* e *s.m.* cancelling, annulling // (*bollo*) —, cancelling postmark.

annullo *s.m.* (*di francobollo*) cancellation.

annunciare *v.tr.* **1** to announce, to herald, to give* notice of (sthg.): *chi devo —?*, what name shall I say?; *ti annuncio che sono stato promosso*, I want to tell you that I've passed my exams // *farsi — presso qlcu.*, to send in one's name (*o* to give in one's name) to s.o. **2** (*predire*) to foretell*, to indicate; to promise: *il cielo annunzia bel tempo*, the sky foretells fine weather // *si annuncia un temporale*, there is a storm blowing up.

annunciatore *s.m.* **annunciatrice** *s.f.* announcer.

annunciazione *s.f.* annunciation // (*eccl.*) (*festa dell'*) *Annunciazione*, the Annunciation (*o* Lady Day).

annuncio *s.m.* **1** communication; announcement, notice, news: *chi ha dato l'—?*, who made the announcement? // (*comm.*): — *di vendita*, announcement of sale, offer for sale; *effetto di —*, announcement effect // (*Borsa*) — *di una prossima emissione* (*di titoli o azioni*), tombstone announcement **2** (*pubblicitario, economico*) advertisement, notice; ad: — *economico*, classified ad (*o* advertisement); — *pubblicitario*, advertisement; (*televisivo*) TV spot **3** (*letter.*) presage **4** (*inform.*) posting.

annunziare → **annunciare**.

annuo *agg.* **1** annual, yearly: *abbonamento —*, yearly subscription **2** (*non com.*) (*che ricorre ogni anno*) yearly // (*astr.*) *equazione annua*, annual equation.

annusare *v.tr.* **1** to smell*; (*rumorosamente*) to sniff: — *tabacco*, to take snuff **2** (*fig.*) to smell* out, to suspect: — *qlco. di losco*, to smell a rat; — *un tranello*, to suspect a trap.

annusata *s.f.* sniff: *dare un'—*, to sniff (*o* to take a sniff).

annuvolamento *s.m.* darkening; cloudiness; clouding over (*anche fig.*).

annuvolare *v.tr.* to cloud over; to darken (*anche fig.*): — *la mente*, to cloud the mind.

□ **annuvolarsi** *v.intr.pron.* **1** to get* cloudy, to grow* cloudy, to cloud; to become* overcast, to become* gloomy: *il cielo si è annuvolato*, the sky became overcast (with clouds) **2** (*fig.*) to darken, to become* gloomy: *si annuvolò in volto*, his face darkened (*o* became gloomy).

ano *s.m.* (*anat.*) anus*.

anodico *agg.* (*fis.*) anodic: *raggi anodici*, anode rays.

anodino *agg.* **1** (*med.*) anodyne, soothing **2** (*insignificante*) insignificant; colourless, anodyne.

anodizzante *agg.* (*chim.*) anodizing.

anodizzare *v.tr.* (*chim.*) to anodize.

anodizzazione *s.f.* (*chim.*) anodizing.

anodo *s.m.* (*fis.*) anode.

anofele *s.f.* (*zool.*) anopheles*.

anolide *s.m.* (*zool.*) anole.

anomalia *s.f.* **1** anomaly **2** (*inform.*) abnormal condition, fault, trouble **3** (*astr., fis., geofisica*) anomaly: — *di gravità*, gravimetric anomaly.

anomalistico *agg.* anomalistic (*anche astr.*): *anno, mese* —, anomalistic year, month.

anomalo *agg.* **1** anomalous, irregular: *verbi anomali*, irregular verbs **2** (*inform.*) abnormal **3** (*fis.*) anomalous: *dispersione anomala*, anomalous dispersion.

anomia[1] *s.f.* anomie, anomia, anomy.

anomia[2] *s.f.* (*med.*) anomia, anomic aphasia.

anomico *agg.* anomic.

anona *s.f.* (*bot.*) (*Anona cherimolia*) custard-apple.

anonimato *s.m.* anonymity: *mantenere l'*—, to remain anonymous // *vivere nell'*—, to live in anonymity (*o* obscurity).

anonimia *s.f.* anonymity.

anonimo *agg.* **1** anonymous: *una lettera anonima*, an anonymous letter; (*comm.*) *società anonima*, joint-stock company // *anonima sequestri*, organized kidnapping **2** (*impersonale*) anonymous: *prosa anonima*, anonymous prose ◆ *s.m.* anonym.

anorchidia *s.f.* (*med.*) anorchia, anorchidism, anorchism.

anoressante *agg.* (*med.*) anorectic, anoretic ◆ *s.m.* anorexiant.

anoressia *s.f.* (*med.*) anorexia.

anoressico *agg.* e *s.m.* (*med.*) anorexic.

anoressizzante *agg.* e *s.m.* (*med.*) → **anoressante**.

anorganico *agg.* **1** (*scient.*) inorganic **2** (*med.*) functional.

anormale *agg.* **1** abnormal; anomalous: *situazione* —, abnormal situation **2** (*psic.*) abnormal ◆ *s.m.* e *f.* **1** something abnormal: *c'è dell'— nel suo comportamento*, there is something abnormal about his behaviour **2** (*persona*) abnormal person; (*subnormale*) subnormal person.

anormalità *s.f.* abnormality.

anormalmente *avv.* abnormally.

anortite *s.f.* (*min.*) anorthite.

anosmia *s.f.* (*med.*) anosmia, loss of the sense of smell.

anossiemia *s.f.* (*med.*) anox(a)emia.

ansa *s.f.* **1** (*manico*) handle **2** (*fig.*) (*pretesto*) pretext, opportunity: *dare — alle critiche*, to lay oneself open to criticism **3** (*geogr.*) (*meandro*) bight **4** (*anat.*) ansa (*pl.* ansae).

ansante *agg.* **1** panting; breathless **2** (*letter.*) anxious.

ansare *v.intr.* to pant.

ansato *agg.* with handles; (*form.*) ansate: *vaso* —, vase with handles.

anseatico *agg.* (*st.*) Hanseatic: *Lega Anseatica*, Hanseatic League (*o* Hanse).

anserina *s.f.* (*bot.*) (*Potentilla anserina*) silverweed, goose-grass.

anserino *agg.* (*scient.*) anserine: *pelle anserina*, anserine skin, (*fam.*) gooseflesh, goosepimples.

ansia *s.f.* **1** anxiety, anxiousness: *pieno d'*—, full of anxiety; *essere, mettersi in* —, to be, to get anxious **2** (*psic.*) anxiety **3** (*desiderio*) eagerness, longing: *ti attendo con* —, I long to see you.

ansietà → **ansia** 1.

ansimante *agg.* panting, gasping.

ansimare *v.intr.* to pant, to be out of breath.

ansiogeno *agg.* that causes anxiety, anxiety -inducing.

ansiolitico *s.m.* (*med.*) tranquilizer ◆ *agg.* tranquilizing.

ansiosamente *avv.* **1** anxiously **2** (*con desiderio vivo*) eagerly.

ansioso *agg.* **1** anxious: *stato* —, state of anxiety **2** (*desideroso*) eager, longing, anxious: *essere — d'imparare l'inglese*, to be eager to learn English ◆ *s.m.* (*psic.*) anxious person.

ansito *s.m.* (*letter.*) panting; laboured breathing.

anta[1] *s.f.* shutter; (*di armadio*) door; (*di polittico*) panel.

anta[2] *s.m.pl.* (*scherz.*) from the fortieth year onwards: *quell'uomo ha passato gli* —, he won't see forty again.

antagonismo *s.m.* antagonism; rivalry.

antagonista *s.m.* e *f.* opponent, rival; antagonist (*anche med.*) ◆ *agg.* **1** opposing, rival // (*mecc.*) *molla* —, return spring **2** (*med.*) antagonist.

antagonistico *agg.* antagonistic.

antalgico *agg.* e *s.m.* (*med.*) analgesic, antalgic.

antartico *agg.* Antarctic: *Circolo Polare Antartico*, Antarctic Circle ◆ *s.m.* (the) Antarctic.

ante- *pref.* di origine latina che significa 'antecedenza, priorità'; ingl. ante-, pre-: *anteguerra*, prewar (*o* ante-bellum).

antebellico *agg.* prewar.

antecedente *agg.* antecedent, previous, prior (*a*, to); preceding, foregoing ◆ *s.m.* **1** (*fil., gramm., mat.*) antecedent // *un episodio senza antecedenti*, an unprecedented event **2** *pl.* (*avvenimenti*) antecedents.

antecedentemente *avv.* previously, before, prior.

antecedenza *s.f.* (*di tempo*) antecedence, priority, precedence; (*di posizione*) anteriority, precedence: *in* —, previously, before.

antecedere *v.tr.* e *intr.* (*letter.*) to precede.

antecessore *s.m.* (*letter.*) predecessor, antecessor.

antefatto *s.m.* antecedent fact, previous history; what goes before: *mi narrò l'*—, he told me what had happened before; *dovrei conoscere tutti gli antefatti*, I ought to know everything that has happened up till now.

anteguerra *s.m.* prewar period ◆ *agg.* (*d'*)—, prewar: *prezzi d'*—, prewar prices.

antela *s.f* (*bot.*) anthela.

antelio *s.m.* (*astr.*) anthelion*.

ante litteram *locuz.agg.invar.* e *avv.* ahead of one's time: *un romantico* —, a romantic ahead of his time.

antelmintico *agg.* e *s.m.* (*med.*) anthelminthic.

antelucano *agg.* (*letter.*) before dawn; before the break of day, antelucan: *chiarore* —, first light of dawn; *ore antelucane*, the hours before dawn; *in ore antelucane*, (*scherz.*) very early in the morning.

antelunare *agg.* before the new moon: *giorni antelunari*, the first three days of the new moon.

antemarcia *agg.* e *s.m.* before the March on Rome (by the fascists in 1922): *un fascista* —, a fascist from before the March on Rome.

antemurale *s.m.* **1** advanced, defence wall, rampart, barbican **2** (*mar.*) breakwater **3** (*fig.*) defence, protection.

antenato *s.m.* ancestor, forefather.

antenna *s.f.* **1** (*rad.*) aerial, antenna*: — *trasmittente*, transmitting antenna (*o* radiator); — *televisiva*, radio aerial; — *parabolica*, parabolic (*o* dish) aerial, satellite dish **2** (*zool.*) antenna*; feeler **3** (*mar.*) lateen yard **4** (*edil.*) pole.

antennale *s.m.* (*mar.*) head of a (lateen) sail.

antennaria *s.f.* (*bot.*) (*Antennaria dioica*) cat's-foot.

antennista *s.m.* aerial fitter.

antennula *s.f.* (*zool.*) antennule.

anteporre *v.tr.* to place before, to put* before; (*preferire*) to prefer: *antepone il lavoro a tutto*, he puts work before everything.

□ **anteporsi** *v.rifl.* to consider oneself superior.

anteprima *s.f.* (*cinem.*) preview: *film in* —, film preview; *l'— teatrale, televisiva*, the preview of a play, of a television program.

antera *s.f.* (*bot.*) anther.

anteridio *s.m.* (*bot.*) antheridium*.

anteriore *agg.* **1** (*nello spazio*) front, fore; (*rar.*) anterior: (*aut.*) *i fari anteriori*, the front lights; *ruote anteriori*, front wheels; *zampe anteriori*, fore legs **2** (*nel tempo*) previous, preceding; prior; former; (*rar.*) anterior: *in una vita* —, in a former life **3** (*ling.*) front: *vocali anteriori*, front vowels.

anteriorità *s.f.* **1** priority, anteriority **2** (*preminenza*) precedence.

anteriormente *avv.* previously, before, formerly: (*dir.*) — *alla promulgazione della legge*, prior to the promulgation of the law.

anterogrado *agg.* (*scient.*) anterograde.

anterozoo *s.m.* (*bot.*) antherozoid.

antesi *s.f.* (*bot.*) anthesis.

antesignano *s.m.* **1** (*st. romana*) front line soldier **2** (*precursore*) forerunner, precursor: *un — del socialismo*, a forerunner of socialism.

anti-[1] *pref.* di origine greca che significa 'contro, di fronte'; ingl. anti-: *antiaereo*, anti-aircraft; *antiatomico*, anti-atomic.

anti-[2] → **ante-**.

antiabbagliante *agg.* anti-dazzle ◆ *s.m.* dipped headlight.

antiabortista *agg.* e *s.m.* e *f.* anti-abortionist.

antiacido *agg.* e *s.m.* (*chim.*) antacid.

antiaerea *s.f.* (*mil.*) anti-aircraft (defence).

antiaereo *agg.* anti-aircraft: *batteria antiaerea*, antiaircraft battery; *fuoco* —, anti-aircraft fire.

antialcolico *agg.* teetotal, antialcoholic: *campagna antialcolica*, antialcoholism campaign.

antialisei → **controalisei**.

antiallergico *agg.* e *s.m.* (*med.*) antiallergic.

antialonico *agg.* e *s.m.* (*fot.*) anti-halo, anti-halation.

antiappannante *agg.* antifogging, demisting ◆ *s.m.* demister.

antiaride *s.f.* (*bot.*) (*Antiaris toxicaria*) upas, upas-tree.

antiatomico *agg.* anti-atomic: *rifugio* —, anti-atomic shelter.

antiautoritario *agg.* anti-authoritarian.

antibagno *s.m.* access area to bathroom.

antibatterico *agg.* (*biol.*) antibacterial.

antibecco *s.m.* (*edil.*) cutwater.

antibiogramma *s.m.* (*med.*) antibiotic essay.

antibiosi *s.f.* (*biol.*) antibiosis.

antibiotico *agg.* e *s.m.* (*chim.*) antibiotic: *curare con antibiotici*, to treat with antibiotics.

antiblasfemo *agg.* anti-blasphemy.

antibolscevico *agg.* e *s.m.* anti-Bolshevist, anti-Bolshevik.

antiboreale *agg.* (*ecol.*) antiboreal: *regione faunistica* —, antiboreal faunal region.

antiborghese *agg.* anti-bourgeois, anti -middle-class: *atteggiamento* —, anti-bourgeois attitude.

anticaglia *s.f.* **1** (*spreg.*) bric-à-brac; junk: *negozio di anticaglie*, junk shop: *quell'orologio è un'—!*, that watch is a museum piece! **2** (*letter.*) (*oggetto antico*) antique, old curiosity: *negozio di anticaglie*, old curiosity shop.

anticamente *avv.* in ancient times, in times past, in times gone by, formerly; (*letter.*) of yore.

anticamera *s.f.* anteroom, antechamber; lobby // *fare* —, to be kept waiting; *far fare — a qlcu.*, to keep s.o. waiting; *non mi passa neppure per l'— del cervello*, it never even crossed my mind (*o* occurred to me).

anticancro *agg.* anticancer.

anticarie *agg.* e *s.m.* anticaries.

anticarro *agg.* (*mil.*) anti-tank.

anticatarrale *agg.* e *s.m.* (*med.*) anticatarrhal.

anticatodo *s.m.* (*fis.*) anticathode.

anticattolico *agg.* anticatholic.

anticellulite *agg.* anti-cellulite.

anticheggiare *v.intr.* (*non com.*) to affect old-fashioned manners.

antichista *s.m.* e *f.* scholar of ancient (Greek, Roman) history.

antichità *s.f.* **1** antiquity, ancientness; (*antiq.*) ancientry: *l'— di una tradizione*, the antiquity of a tradition **2** (*tempo antico*) antiquity; ancient times (*pl.*) **3** *pl.* (*oggetti antichi*) antiques; (*costumi*) customs of ancient times; antiquities: *negozio di* —, antique shop.

anticiclico *agg.* (*econ.*) anti-cyclical, contracyclic, counter-cyclical: *provvedimenti anticiclici*, anticyclic measures.

anticiclone *s.m.* (*meteor.*) anticyclone, high: — *delle Bermude*, Bermuda high.

anticiclonico *agg.* (*meteor.*) anticyclonic.

anticipare *v.tr.* **1** to anticipate; (*denaro*) to advance: — *la partenza*, to anticipate one's departure; — *una somma*, to pay a sum in advance; (*imprestarla*) to advance a sum // — *un'idea*, to anticipate an idea // — *i tempi*, to be ahead of one's time // (*mecc.*) — *l'accensione*, to advance the ignition **2** (*far sapere, divulgare*) to divulge, to disclose: — *il contenuto di una relazione, dei colloqui*, to divulge (*o* to disclose) the outcome of a paper, of the meetings **3** (*prevenire*) to anticipate, to forestall: — *le mosse di qlcu.*, to forestall s.o.'s moves; — *le obiezioni di qlcu.*, to anticipate s.o.'s objections ◆ *v.intr.* to come* early, to arrive early; to happen early: *quest'anno il caldo ha anticipato*, this year the warm weather has come early; *il treno ha anticipato di dieci minuti*, the train was ten minutes early.

anticipatamente *avv.* in advance, beforehand, in anticipation: *ringraziare, pagare* —, to thank, to pay* in advance.

anticipato *agg.* advance: (*comm.*) *pagamento* —, payment in advance, prepayment, advance payment.

anticipatore *s.m.* forerunner, precursor, anticipator ◆ *agg.* anticipating; precursory: *l'economia surriscaldata è di solito un fenomeno — d'inflazione*, an overheated economy is usually a precursor to inflation.

anticipazione *s.f.* **1** anticipation; putting forward; bringing forward **2** (*banca*) advance, imprest, loan: *fondo di* —, imprest fund; — *allo scoperto*, uncovered advance; — *in conto corrente*, deposit loan; — *su garanzia*, advance against security; — *su titoli*, collateral loan; (*comm.*) — *su merci*, goods loan **3** (*previsione*) forecast: *fare anticipazioni sul futuro*, to make forecasts about the future.

anticipo *s.m.* **1** anticipation, advance: *prendiamo un caffè, siamo in* —, as we've got time to spare, why don't we have a coffee?; *in* —, in advance (*o* before time); *arrivare con due ore di* —, to arrive two hours early; *un — di tre ore*, three hours early **2** (*in denaro*) advance; earnest; (*econ.*) advance; lead: *dare un* —, to give an earnest; *pagare in* —, to pay in advance (*o* to prepay); — *sullo stipendio*, advance against wages // (*econ.*) — *di pagamento*, earnest // (*banca*): — *di cassa*, advance of cash; — *in conto*, advance on account // (*comm.*) *anticipi e ritardi* (*nei pagamenti o negli incassi*), leads and lags **3** (*mecc.*) spark advance; lead.

anticlericale *agg.* e *s.m.* anticlerical.

anticlericalismo *s.m.* anticlericalism.

anticlimax *s.m.* (*ret.*) anticlimax.

anticlinale *s.f.* (*geol.*) anticline ◆ *agg.* anticlinal.

anticlino *agg.* (*bot.*) anticlinal.

anticlinorio *s.m.* (*geol.*) anticlinorium.

antico *agg.* **1** ancient: *greco* —, ancient Greek; *il mondo* —, the ancient world; *monumento* —, ancient monument; *storia antica*, ancient history; *i tempi più antichi*, the earliest times // *l'Antico Testamento*, the Old Testament // *all'antica*, old-fashioned, out of date, antiquated: *siamo un tantino all'antica*, we are a bit old-fashioned **2** (*vecchio*) old, antique: *mobili antichi*, old (*o* antique) furniture; *un — palazzo rinascimentale*, an old Renaissance palace ◆ *s.m.* **1** (*stile*) the old; antiquity **2** (*spec. pl.*) the ancients.

anticoagulante *agg.* e *s.m.* (*med.*) anticoagulant.

anticoincidenza *s.f.* (*fis.*) anticoincidence: *circuito di* —, anticoincidence circuit.

anticomunismo *s.m.* anticommunism.

anticomunista *agg.* e *s.m.* e *f.* anticommunist.

anticoncezionale meno com. **anticoncettivo** *agg.* e *s.m.* contraceptive.

anticoncorrenziale *agg.* (*econ.*) anti -competitive.

anticonfessionale *agg.* antireligious.

anticonformismo *s.m.* anticonformism; nonconformism.

anticonformista *s.m.* e *f.* anticonformistic; nonconformist.

anticonformistico *agg.* nonconformist.

anticongelante *s.m.* (*aut.*) antifreeze.

anticongiunturale *agg.* (*econ.*) anti -recession.

anticorpo *s.m.* (*biochim.*) antibody.

anticorrosivo *agg.* anticorrosive ◆ *s.m.* anticorrosive; corrosion inhibitor.

anticostituzionale *agg.* (*dir.*) anticonstitutional, unconstitutional: *atto, legge, procedura* —, anticonstitutional act, law, procedure.

anticostituzionalità *s.f.* (*dir.*) anticonstitutionality.

anticresi *s.f.* (*dir.*) antichresis.

anticrimine *agg.* anticrime; crime prevention (*attr.*): *squadra* —, crime squad.

anticristiano *agg.* antichristian.

anticristo *s.m.* Antichrist.

anticrittogamico *agg.* (*agr.*) anticryptogamic ◆ *s.m.* fungicide.

anticrollo *agg.* (*edil.*) anti-collapse.

antidata *s.f.* antedate, foredate.

antidatare *v.tr.* to antedate, to foredate, to predate, to backdate.

antideflagrante *agg.* e *s.m.* antiexplosive.

antidemocratico *agg.* antidemocratic.

antidepressivo *agg.* e *s.m.* (*med.*) antidepressant.

antiderapante *agg.* anti-sideslip.

antidetonante *agg.* e *s.m.* antiknock.

antidiabetico *agg.* e *s.m.* (*med.*) anti -diabetic.

antidiarroico *agg.* (*med.*) anti-diarrhoeic ◆ *s.m.* (*med.*) anti-diarrhoea.

antidifterico *agg.* (*med.*) antidiphtheric.

antidiluviano *agg.* e *s.m.* antediluvian (*anche fig.*).

antidiuretico *agg.* e *s.m.* (*med.*) antidiuretic.

antidiva *s.f.* **antidivo** *s.m.* unconventional star.

antidivorzista *agg.* e *s.m.* e *f.* opponent of divorce.

antidogmatico *agg.* anti-dogmatic.

antidogmatismo *s.m.* anti-dogmatism.

antidolorifico *agg.* e *s.m.* (*med.*) analgesic.

antidoping *agg.* (*sport*) antidoping ◆ *s.m.* dope test(ing).

antidoto *s.m.* (*med.*) antidote.

antidroga *agg.* against drugs: *campagna* —, campaign against drugs.

antidumping *agg.* (*econ.*) anti-dumping.

antieconomico *agg.* uneconomic.

antielettrone *s.m.* (*fis. nucleare*) antielectron.

antielmintico *agg.* e *s.m.* (*med.*) anthelmint(h)ic.

antielusivo *agg.* antievasion: *norme antielusive*, antievasion measures.

antiemetico *agg.* (*med.*) antiemetic.

antiemorragico *agg.* (*med.*) antihemorrhagic ◆ *s.m.* (*med.*) antihemorrhagic agent.

antieroe *s.m.* anti-hero.

antiestetico *agg.* unaesthetic.

antifascismo *s.m.* antifascism.

antifascista *agg.* e *s.m.* e *f.* antifascist.

antifebbrile *agg.* (*med.*) febrifugal, antipyretic, antifebrile ◆ *s.m.* (*med.*) febrifuge, antipyretic.

antifecondativo *agg.* e *s.m.* contraceptive.

antifemminismo *s.f.* anti-feminism.

antifemminista *agg.* e *s.m.* e *f.* antifeminist.

antifermentativo *agg.* e *s.m.* antifermentative.

antifiscalismo *s.m.* (*econ.*) tax-reduction policy, tax-relief policy.

antifiscalistico *agg.* (*econ.*) tax-reduction (*attr.*), tax-relief (*attr.*); aimed at reducing taxes (*pred.*), aimed at cutting taxes (*pred.*): *un piano* —, a tax-relief scheme.

antiflogistico *agg.* (*med.*) antiphlogistic.

antifona *s.f.* (*mus.*, *eccl.*) antiphon, antiphony // *capire l'*—, (*fig.*) to take a hint // *ripetere la stessa* —, (*fig.*) to be always playing the same old tune.

antifonale *agg.* antiphonal.

antifonario *s.m.* (*mus.*, *eccl.*) antiphonary.

antifonia *s.f.* (*mus.*, *eccl.*) antiphony.

antiforfora *agg.* anti-dandruff.

antifrasi *s.f.* (*ret.*) antiphrasis.

antifrastico *agg.* (*ret.*) antiphrastic.

antifrizione *agg.* antifriction: *lega* —, babbitt metal.

antifumo *agg.* anti-smoking: *campagna* —, anti-smoking campaign.

antifurto *agg.* e *s.m.* antitheft: *dispositivo* —, antitheft device; *sirena* —, burglar alarm.

antigas *agg.* anti-gas, gas-proof: *maschera* —, gas mask.

antigelo *agg.* e *s.m.* antifreeze.

antigene *s.m.* (*biol.*) antigen.

antigenico *agg.* (*biol.*) antigenic.

antigienico *agg.* unhygienic, unsanitary.

antigiuridicità *s.f.* illegality.

antigiuridico *agg.* (*dir.*) illegal, unlawful.

antigorite *s.f.* (*min.*) antigorite, marmolite.

antigrandine *agg.* anti-hail: *dispositivo* —, anti-hail device.

antigravità *agg.* antigravity: *tuta* —, antigravity suit.

antiliberale *agg.* e *s.m.* e *f.* anti-liberal, reactionary.

antilocapra *s.f.* (*zool.*) (*Antilocapra americana*) pronghorn (antelope).

antilogaritmo *s.m.* (*mat.*) antilogarithm.

antilogia *s.f.* (*fil.*) antilogy.

antilope *s.f.* (*zool.*) antelope // — *addax*, (*Addax nasomaculatus*) addax; — *alcina*, (*Taurotragus oryx*) eland; — *camoscio*, (*Oryx gazella*) gemsbok; — *cervicapra*, (*Antilope cervicapra*) sasin; — *indiana*, goral; — *nera*, (*Hippotragus niger*) sable antelope; — *saltante*, (*Antidorcas euchore*) springbok, springer.

antimacchia *agg.* dirt-resistant, dirt-repellent.

antimafia *agg.* anti-mafia.

antimagnetico *agg.* antimagnetic: *orologio* —, antimagnetic watch.

antimalarico *agg.* (*med.*) antimalarial.

antimateria *s.f.* (*fis.*) antimatter.

antimeridiano[1] *agg.* antemeridian; morning; ante meridiem (*abbr.* a. m.): *erano le sette antimeridiane*, it was seven a.m. (*o* seven in the morning).

antimeridiano[2] *s.m.* (*geogr.*) antimeridian.

antimero *s.m.* (*zool.*) antimere.

antimicotico *agg.* e *s.m.* (*med.*) antimycotic.

antimilitarismo *s.m.* antimilitarism.

antimilitarista *agg.* e *s.m.* e *f.* antimilitarist; pacifist.

antimine *agg.* mine-disposal.

antimissile *agg.* antimissile.

antimonarchico *agg.* antimonarchical.

antimoniale *agg.* (*chim.*) antimonial.

antimonico *agg.* (*chim.*) antimonic.

antimonile *s.m.* (*chim.*) antimonyl.

antimonio *s.m.* (*chim.*) antimony: *solfuro di* —, antimony sulfide.

antimonioso *agg.* (*chim.*) antimonious.

antimonite *s.f.* (*min.*) stibnite.

antimonopolista *s.m.* e *f.* antimonopolist ◆ *agg.* antimonopolistic.

antimonopolistico *agg.* antimonopolistic; (*di disposizioni legislative e politiche*) antitrust.

antimperialista *agg.* e *s.m.* e *f.* anti-imperialist.

antimuffa *agg.* e *s.m.* anti-mould.

antinazionale *agg.* antinational.

antincendio *agg.* e *s.m.* anti-fire; fire fighting; fire-prevention: *servizio* —, fire fighting service; *misure* —, fire-prevention methods.

antinebbia *agg.* e *s.m.* anti-fog: *fari* —, fog lamps; *dispositivo* —, anti-fog device.

antineoplastico *agg.* e *s.m.* (*med.*) antineoplastic.

antineuritico *agg.* e *s.m.* (*med.*) antineuritic.

antineurotico *agg.* (*med.*) antineurotic.

antineutrino *s.m.* (*fis. nucleare*) antineutrino.

antineutrone *s.m.* (*fis. nucleare*) antineutron.

antineve *agg.* snow (*attr.*): *pneumatici* —, snow tyres.

antinevralgico *agg.* (*med.*) antineuralgic.

antinevritico → **antineuritico**.

antinevrotico → **antineurotico**.

antinfettivo *agg.* (*med.*) anti-infectious.

antinfiammatorio *agg.* e *s.m.* (*med.*) anti-inflammatory.

antinflazionistico meno com. **antinflativo** *agg.* (*econ.*) anti-inflationary; anti-inflation (*attr.*).

antinfluenzale *agg.* e *s.m.* (*med.*) flu (*attr.*): *vaccino* —, flu vaccine.

antinfortunistico *agg.* accident prevention: *misure antinfortunistiche*, accident prevention measures; *legislazione antinfortunistica*, industrial injury legislation.

antinodo *s.m.* (*fis.*) antinode.

antinomia *s.f.* antinomy.

antinquinamento *agg.* (*ecol.*) antipollution.

antinucleare *agg.* antinuclear; (*fam. spec. amer.*) antinuke: *campagna* —, antinuclear campaign.

antinucleo *s.m.* (*fis. nucleare*) antinucleus.

antiofidico *agg.* (*med.*) antiophidic: *siero* —, antiophidic serum.

antiorario *agg.* anticlockwise, counterclockwise.

antiossidante *agg.* e *s.m.* (*chim.*) antioxidant.

antipapa *s.m.* antipope.

antipapale *agg.* antipapal.

antiparallelo *s.m.* (*mat.*, *fis.*) antiparallel.

antiparassitario *agg.* antiparasitic ◆ *s.m.* parasiticide.

antiparlamentare *agg.* anti-parliamentary.

antiparticella *s.f.* (*fis. nucleare*) antiparticle.

antipartito *agg.* anti-party.

antipastiera *s.f.* hors d'oeuvre dish.

antipasto *s.m.* hors d'oeuvre.

antipatia *s.f.* antipathy, dislike, aversion: *provammo subito un'— reciproca*, we took a dislike to each other at once; *avere — per qlcu.*, *qlco.*, to have an aversion to (*o* for) s.o., sthg.; *suscitare* —, to arouse dislike; *provare — per qlcu.*, *qlco.*, to dislike s.o., sthg.

antipatico *agg.* nasty, disagreeable; unpleasant: *come sei — oggi!*, you're being really nasty today!; *mi è* —, I don't like (*o* dislike) him.

antipatriottico *agg.* unpatriotic.

antipatriottismo *s.m.* unpatriotic behaviour.

antiperiodo *s.m.* (*mat.*) anti-period.

antiperistalsi *s.f.* (*med.*) antiperistalsis.

antiperistaltico *agg.* (*med.*) antiperistaltic.

antipiega *agg.* crease-proof (*attr.*), crease-resistant (*attr.*); crush-proof (*attr.*).

antipiretico *agg.* (*med.*) antipyretic.

antiplacca *agg.* antiplaque: *dentifricio* —, antiplaque toothpaste.

antipode, antipodo *s.m.* (*geogr.*) antipode.

antipoetico *agg.* unpoetic, prosaic.

antipolio *agg.* (*med. fam.*) antipolio: *vaccinazione* —, antipolio vaccination ◆ *s.f.* (*fam.*) antipolio vaccination.

antipoliomielitico *agg.* antipoliomyelitic; (*fam.*) antipolio.

antiproiettile *agg.* bullet-proof (*attr.*): *giubbotto* —, bullet-proof jacket.

antiprotone *s.m.* (*fis. nucleare*) antiproton.

antipulci *agg.* anti-insect: *collare* —, anti-insect collar.

antiquariato *s.m.* antique trade: *un pezzo di* —, an antique.

antiquario *agg.* antiquarian: *libreria antiquaria*, antiquarian bookshop ◆ *s.m.* **1** antique dealer **2** (*studioso d'antichità*) antiquary; archaeologist.

antiquato *agg.* **1** antiquated, out of date, obsolete, archaic: *persona antiquata*, antiquated person; *termine* —, obsolete word **2** (*fuori moda*) old-fashioned.

antirabbico *agg.* (*med.*) antirabier, antirabic.

antiradar *agg.* anti-radar.

antirazionale *agg.* irrational.

antirecessivo *agg.* (*econ.*) antislump, antirecession.

antireligioso *agg.* antireligious.

antireumatico *agg.* e *s.m.* (*med.*) antirheumatic.

antiriciclaggio *s.m.* anti-money laundering: *provvedimento* —, law against money laundering.

antirivoluzionario *agg.* e *s.m.* counter -revolutionary.

antirollante, **antirollio** *agg.* (*aer.*, *mar.*) antirolling.

antiromanzo *s.m.* anti-novel.

antirrino *s.m.* (*bot.*) (*Antirrhinum majus*) snapdragon.

antiruggine *agg.* anti-rust (*attr.*); rust-proof, rust-resistant: *vernice* —, anti-rust paint ◆ *s.m.* rust preventive.

antisala *s.f.* antechamber.

antischiavismo *s.m.* antislavery.

antischiavista *agg.* e *s.m.* e *f.* abolitionist.

antiscientifico *agg.* unscientific.

antisciopero *agg.* strike-bearing (*attr.*); anti-strike (*anche dir.*): *legislazione* —, anti -strike legislation.

antiscippo *agg.* anti-snatch (*attr.*).

antiscivolo *agg.* anti-slip (*attr.*).

antisdrucciolevole *agg.* anti-slip (*attr.*); (*aut.*) antiskid (*attr.*), non-skid (*attr.*).

antisemita *s.m.* e *f.* anti-Semite ◆ *agg.* anti-Semitic.

antisemitismo *s.m.* anti-Semitism.

antisepsi *s.f.* (*med.*) antisepsis.

antisettico *agg.* (*med.*) antiseptic: *medicazione antisettica*, antiseptic dressing.

antisimmetrico *agg.* (*mat.*) antisymmetric.

antisindacale *agg.* anti-union (*attr.*).

antisismico *agg.* aseismic, (earth)quake proof.

antisociale *agg.* antisocial.

antisocialista *agg.* e *s.m.* e *f.* antisocialist.

antisolare *agg.* sun-protection (*attr.*): *olio* —, sun-protection oil; *crema* —, sun-protection cream ◆ *s.m.* sun-protection oil, sun-protection cream.

antisole *agg.* sun (*attr.*): *occhiali* —, sunglasses.

antisommergibile *agg.* e *s.m.* (*mil.*) anti -submarine.

antispasmodico *agg.* e *s.m.* (*med.*) antispasmodic.

antispastico *agg.* e *s.m.* (*med.*) antispasmodic.

antisportivo *agg.* unsporting, unsportsmanlike: *comportamento* —, unsporting behaviour.

antistaminico *agg.* antihistaminic ◆ *s.m.* antihistamine.

antistante *agg.* in front of, before: *il giardino* — *la casa*, the garden in front of the house.

antistatico *agg.* antistatic.

antisterico *agg.* e *s.m.* (*med.*) antihysteric.

antistite *s.m.* (*eccl.*) antistes*.

antistoricismo *s.m.* antihistoricism.

antistoricistico *agg.* antihistoricist.

antistorico *agg.* antihistorical.

antistreptolisina *s.f.* (*med.*) antistreptolysin.

antistrofe *s.f.* antistrophe.

antitarlo *agg.* anti-woodworm.

antitarma *agg.* moth-proof (*attr.*): *lana* —, moth-proof wool.

antitarmico *agg.* (*chim.*) for use against moths.

antitermico *agg.* (*med.*) antithermic.

antiterrorismo *agg.* e *s.m.* anti-terrorism.

antiterroristico *agg.* anti-terrorist (*attr.*).

antitesi *s.f.* antithesis* (*anche fig.*); contrast.

antitetanico *agg.* (*med.*) antitetanus.

antitetico *agg.* antithetic(al).

antitifico *agg.* (*med.*) antityphoid.

antitossico *agg.* e *s.m.* (*med.*) antitoxic.

antitossina *s.f.* (*med.*) antitoxin.

antitrombina *s.f.* (*biol.*) antithrombin.

antitrust *agg.* (*econ.*) antitrust.

antitubercolare *agg.* (*med.*) antitubercular, antitubercolotic, antituberculous.

antitumorale *agg.* e *s.m.* (*med.*) antitumoural.

antiuomo *agg.* (*mil.*) anti-personnel.

antiurico *agg.* (*med.*) anti-uric.

antiurto *agg.* e *s.m.* shock resistant (*attr.*), shock proof (*attr.*).

antivaiolosa *s.f.* (*med.*) smallpox vaccine.

antiveggente *agg.* (*letter.*) foreseeing, clairvoyant.

antiveggenza *s.f.* (*letter.*) foresight; foreknowledge.

antivenereo *agg.* (*med.*) antivenereal ◆ *s.m.* (*med.*) antivenereal remedy.

antivigilia *s.f.* the day before the eve: *l'— di Natale*, two days before Christmas.

antivipera *agg.* *siero* —, anti-viper serum.

antivirale *agg.* (*med.*) antiviral.

antivirus *s.m.* (*inform.*) antivirus.

antivivisezione *agg.* antivivisection.

antocianina *s.f.* (*chim.*) anthocyanin.

antociano *s.m.* (*chim.*) anthocyan.

antologia *s.f.* anthology: — *di letteratura inglese*, anthology of English Literature; — *Shakespeariana*, Shakespeare anthology.

antologico *agg.* anthological.

antologista *s.m.* e *f.* anthologist.

antologizzare *v.tr.* to anthologise.

antoniano *agg.* Anthonine, of St. Anthony.

antonimia *s.f.* (*ling.*) antonymy.

antonimico *agg.* (*ling.*) antonymous.

antonimo *s.m.* (*ling.*) antonym ◆ *agg.* antonymous.

antonomasia *s.f.* (*ret.*) antonomasia.

antonomastico *agg.* (*ret.*) antonomastic.

antonomo *s.m.* (*zool.*) weevil.

antozoo *s.m.* (*zool.*) anthozoan.

antrace *s.m.* (*med.*) anthrax.

antracene *s.m.* (*chim.*) anthracene.

antracenico *agg.* (*chim.*) anthracenic.

antrachinone *s.m.* (*chim.*) anthraquinone.

antracite *s.f.* (*geol.*) anthracite.

antracitico *agg.* (*chim.*) anthracitic.

antracosi *s.f.* (*med.*) anthracosis.

antro *s.m.* **1** (*caverna*) cave, cavern; grotto; (*tana*) den (*anche fig.*) **2** (*fig.*) (*luogo squallido*) hole, pit **3** (*anat.*) antrum; cavity: — *pilorico*, antrum pyloricum.

antropico *agg.* anthropic(al), human: *geografia antropica*, anthropic geography (*o* anthropogeography *o* human geography).

antropo- *pref.* di origine greca che significa 'relazione, rapporto con uomo, essere umano'; ingl. anthropo-: *antropologia*, anthropology.

antropocentrico *agg.* (*fil.*) anthropocentric.

antropocentrismo *s.m.* anthropocentrism.

antropocoria *s.f.* (*ecol.*) anthropochory.

antropofagia *s.f.* anthropophagy, cannibalism.

antropofago *agg.* anthropophagous, cannibal ◆ *s.m.* cannibal // *gli antropofagi*, the anthropophagi (*o* cannibals).

antropofilo *agg.* anthropophilic, anthropophilous: *organismo* —, androphile.

antropogenesi *s.f.* anthropogenesis.

antropogenico *agg.* (*ecol.*) anthropogenic.

antropogeografia *s.f.* anthropogeography, human geography.

antropoide *agg.* e *s.m.* (*zool.*) anthropoid.

antropologia *s.f.* anthropology: (*dir.*) — *criminale*, criminology.

antropologico *agg.* anthropological.

antropologo *s.m.* anthropologist.

antropometria *s.f.* anthropometry.

antropometrico *agg.* anthropometric(al).

antropometro *s.m.* anthropometer.

antropomorfico *agg.* anthropomorphic.

antropomorfismo *s.m.* anthropomorphism.

antropomorfo *agg.* anthropomorphic, anthropomorphous.

antroponimo *s.m.* anthroponym.

antroposfera *s.f.* (*ecol.*) anthroposphere.

antroposofia *s.f.* anthroposophy.

antropozoico *agg.* e *s.m.* (*geol.*) Anthropozoic.

anturio *s.m.* (*bot.*) anthurium.

anulare *agg.* annular; ring-like: *raccordo* —, ring road, (*amer.*) beltway // (*astr.*) *eclisse* —, annular eclipse ◆ *s.m.* ring finger.

anuresi *s.f.* (*med.*) anuresis*.

anuria *s.f.* (*med.*) anuria.

anuro *agg.* (*zool.*) anurous ◆ *s.m.* anuran.

-anza variante di -enza; ingl. -ance, -ancy: *arroganza*, arrogance.

anzi *cong.* **1** (*al contrario*) on the contrary; in fact; of course not: *non ero in ritardo*, — *ero arrivato in anticipo*, I wasn't late, in fact I was early; *"Disturbo?" "Anzi!"*, "Am I disturbing you?" "Of course not!" (*o* "On the contrary!") **2** (*o meglio, o piuttosto*) or better still; even better: *ti telefonerò*, — *verrò a trovarti*, I'll call you, even better I'll come and see you **3** (*con valore rafforzativo*) rather: *era un vero amico, —, un fratello per me*, he was a real friend, rather, he was a brother to me; *hai agito male, — malissimo*, you've behaved badly, very badly **4** *anzi che* → anziché.

anzi *prep.* (*ant., letter.*) before: *— tempo*, before time, before one's time; *— tutto*, first of all ◆ *avv.* (*letter.*) *poc'—*, (*poco fa*) just before.

anzianità *s.f.* seniority: *diritto di —*, right of seniority; *per —*, in order of seniority; *ha vent'anni di —*, he has got 20 years' service; *avanzare per —*, to be promoted according to the length of one's service // (*dir.*) *— di servizio*, length of service.

anziano *agg.* **1** (*avanti negli anni*) elderly; (*vecchio*) old **2** (*che è stato nominato prima, che ha occupato per primo un posto*) senior: *il socio —*, the senior partner ◆ *s.m.* **1** (*st.*) (*magistrato delle repubbliche italiane nel Medioevo*) elder **2** (*decano*) doyen **3** (*all'università*) (*studente dal 3º anno in su*) senior student.

anziché non com. **anzi che** *cong.* **1** (*piuttosto che*) rather than: *— domani, preferirei partire oggi*, I'd rather leave today than tomorrow **2** (*invece di*) instead of (sthg., doing): *— parlare, faresti meglio ad agire*, you'd better do sthg. instead of talking about it.

anzidetto *agg.* (*letter., form.*) aforesaid, aforenamed, above-mentioned, aforecited.

anzitempo *avv.* (*letter.*) before time; (*prematuramente*) prematurely.

anzitutto *avv.* first of all, in the first place, first and foremost, primarily.

aoristico *agg.* (*gramm.*) aoristic.

aoristo *s.m.* (*gramm.*) aorist.

aorta *s.f.* (*anat.*) aorta*.

aortico *agg.* aortic.

aortite *s.f.* (*med.*) aortitis.

aortocoronarico *agg.* (*med.*) aortocoronary.

aortografia *s.f.* (*med.*) aortography.

aostano *agg.* of Aosta ◆ *s.m.* inhabitant of Aosta.

apache *s.m.* **1** (*pellerossa*) Apache **2** (*antiq.*) (*teppista parigino*) apache.

apagoge, **apagogia** *s.f.* (*fil.*) apagoge.

apagogico *agg.* (*fil.*) apagogic.

apale *s.f.* (*zool.*) marmoset.

apartheid *s.f.* apartheid; racial segregation.

apartiticità *s.f.* indipendence of political parties; non-party nature.

apartitico *agg.* non-party (*attr.*).

apatia *s.f.* apathy, indifference, listlessness: *vivere nell'—*, to live in a state of apathy; *cadere nell'—*, to fall into a state of apathy.

apatico *agg.* apathetic, listless: *uno sguardo —*, an apathetic look (*o* expression); *un ragazzo —*, a bored and listless child.

apatite *s.f.* (*min.*) apatite.

ape *s.f.* bee; (*maschio*) drone; (*che ha cura delle larve*) nurse: *— operaia*, worker (bee); *— legnaiola*, carpenter-bee; *— regina*, queen bee; *nido di api*, honeycomb // *nido d'—*, (*ricamo*) smocking.

aperiodicità *s.f.* (*fis., mat.*) aperiodicity.

aperiodico *s.m.* aperiodic.

aperitivo *s.m.* aperitif; appetizer.

apertamente *avv.* openly, plainly, frankly; (*in pubblico*) publicly.

aperto[1] *agg.* **1** open (*anche fig.*): *— al pubblico*, open to the public; *perché hai lasciato la finestra aperta?*, why did you leave the window open?; *siamo aperti tutta la notte*, we're open all night; *una gara aperta a tutti*, an open competition // *a braccia aperte*, with open arms; *accogliere qlcu. a braccia aperte*, to greet s.o. with open arms // *ad occhi aperti*, with open eyes; *sognare ad occhi aperti*, to daydream; *tieni gli occhi ben aperti!*, keep your eyes well open! // *a bocca aperta*, with one's mouth open; *rimanere a bocca aperta*, to be left open mouthed (*o* to stand gaping) // *a mani aperte*, with open hands; *distribuire denaro a mani aperte*, to give out one's money generously // *a cuore —*, with an open heart; *ti parlo a cuore —*, I'm talking to you openheartedly; *intervento a cuore —*, (*med.*) an open-heart operation // *all'aria aperta*, in the open (air); *giochi all'aria aperta*, outdoor games // *la mia vita non ha segreti: è un libro —*, my life has no secrets: it's an open book // *lettera aperta*, open letter; *è stata inviata una lettera aperta a tutti i genitori*, an open letter was sent to all parents *questione aperta*, open question (*o* open issue) // (*dir.*) *fare un processo a porte aperte*, to try in the open court // *mare —*, open sea // (*mat.*) *insieme —*, open set **2** (*franco, schietto*) open; frank: *è una persona molto aperta*, he is a very frank (*o* generous) person; *un bel viso —*, a nice open face; *guardare la gente a viso —*, to look at people openly (*o* frankly); *ha un carattere molto —*, he's very outgoing **3** (*di grandi vedute*) open-minded; broadminded: *avere una mente aperta*, to be open-minded; *non si può certo dire che tuo fratello sia — di vedute*, it certainly can't be said that your brother is a broadminded person // *coppia aperta*, broadminded couple; *sono una coppia aperta*, theirs is an open marriage **4** (*manifesto*) open: *guerra aperta*, open war; *nemico —*, open enemy **5** (*fin., dir.*) open-end: *fondo —*, open-end fund; *fondo di investimento — (a capitale variabile)*, open-end investment trust; *ipoteca aperta*, open-end mortgage // (*comm.*) *conto —*, open account **6** (*di fiore*) open, unfolded **7** (*fonet.*) open: *vocale aperta*, open vowel **8** (*inform.*) open ◆ *s.m.* open; open air: *all'—*, in the open (air), outdoors; *uscire all'—*, to go out into the open (*o* to go outdoors); *cura all'—*, open-air treatment; *spettacolo all'—*, an open-air show; *scuola all'—*, open-air school; *piscina all'—*, outdoor swimming pool.

aperto[2] *avv.* plainly; frankly: *parlare —*, to speak frankly (*o* to speak one's mind).

apertura *s.f.* **1** opening: *— di una porta*, opening of a door; *— del Parlamento*, opening of Parliament; *conferenza, cerimonia, discorso di —*, opening lecture, ceremony, speech // (*zool.*) *— alare*, wingspan (*o* wingspread); (*aer.*) (wing)span // *ore di —*, (*di negozio ecc.*) business hours; (*di museo*) visiting hours // (*pol.*) *— a sinistra*, opening to the left // *— della caccia*, the first day of the shooting season // *— delle ostilità*, outbreak of hostilities **2** (*dir.*) (*di testamento*) reading; (*di udienza*) opening **3** (*spacco, foro*) opening, aperture; (*di una grotta*) mouth; (*in una siepe*) gap, break; (*di macchina automatica*) slot; *praticare un'— nella porta*, to cut a hole in the door **4** (*di mente*) broadmindedness **5** (*banca*) opening: *— di un conto*, opening of an account; *— di credito*, opening of credit (*o* credit opening); *— di credito allo scoperto*, overdraft (facility) (*o* loan on overdraft) // (*comm.*) *l'— di nuovi mercati*, the opening up of new markets. **6** (*ampiezza di un arco*) width, span; (*di compasso*) spread of compass-legs **7** (*mus.*) ouverture **8** (*fot.*) aperture **9** (*fis.*) aperture.

aperturismo *s.m.* (*pol.*) willingness to negotiate, readiness to negotiate.

aperturista *agg.* e *s.m.* e *f.* (a politician) ready to negotiate, (a politician) willing to negotiate.

apetalo *agg.* (*bot.*) apetalous.

apiaio → **apicoltore**.

apiario *s.m.* **1** apiary **2** (*alveare*) beehive.

apicale *agg.* (*scient.*) apical // (*ling.*) *consonante —*, apical consonant.

apice *s.m.* **1** peak, summit, top **2** (*fig.*) height, apex*, acme, climax, culmination: *l'— della gloria*, the height of glory **3** (*mat., tip.*) prime **4** (*anat., bot.*) apex*: *— del polmone*, apex of the lung **5** (*astr.*) apex*.

apicectomia *s.f.* (*med.*) apicectomy.

apicoltore *s.m.* beekeeper; apiarist, apiculturist.

apicoltura *s.f.* beekeeping, apiculture.

a piè → **appiè**.

apiressia *s.f.* (*med.*) apyrexy.

apiretico *agg.* (*med.*) apyretic.

apistico *agg.* apiarian, bee- (*attr.*).

apivoro *agg.* (*zool.*) apivorous, bee-eating.

aplacentato *agg.* e *s.m.* (*zool.*) aplacental.

aplanatico *agg.* (*fis.*) aplanatic.

aplasia *s.f.* (*biol.*) aplasia.

aplisia *s.f.* (*zool.*) (*Aplysia punctata*) sea hare.

aplite *s.f.* (*geol.*) aplite.

aplomb *s.m.* aplomb, self-assurance, self -possession: *perdere l'—*, to loose one's self -possession.

aplostele *agg.* (*bot.*) haplostele.

apnea *s.f.* (*scient.*) apnoea, apnea // *immersione in —*, breath-held diving.

apnoico *agg.* apn(o)eic.

apoastro *s.m.* (*astr.*) apastron*.

apocalisse *s.f.* apocalypse.

apocalittico *agg.* apocalyptic(al).

apocino *s.m.* (*bot.*) (*Apocynum cannabium*) Indian hemp, hemp dogbane.

apocopare *v.tr.* (*gramm.*) to apocopate.

apocope *s.f.* (*gramm.*) apocope.

apocrifo *agg.* apocryphal // *libri apocrifi*, apocrypha.

apocrino *agg.* (*biol.*) apocrine.

apocromatico *agg.* (*fis.*) apochromatic: *obiettivo —*, apochromatic lens.

apode → **apodo**.

apodittico *agg.* (*fil.*) apodictic(al), apodeictic(al).

apodo *agg.* (*zool.*) apodal, apod ◆ *s.m.* (*zool.*) apod*.

apodosi *s.f.* (*gramm.*) apodosis*.

apoenzima *s.m.* (*biochim.*) apoenzyme.

apofantico *agg.* (*fil.*) apophantic.

apofisi *s.f.* (*anat.*) apophysis*.

apofonia *s.f.* (*ling.*) apophony.

apofonico *agg.* apophonic.

apoftegma *s.m.* apophthegm.

apogeo *s.m.* **1** (*astr.*, *fis.*) apogee **2** (*fig.*) apogee, height, summit: *la sua gloria ha raggiunto l'*—, his glory is at its apogee (*o* he is at the height of his glory).

apografo *s.m.* apograph.

apolide *agg.* e *s.m.* e *f.* stateless (person), displaced (person).

apoliticità *s.f.* **1** non-political position **2** (*non attinenza con la politica*) non-political nature, non-political character.

apolitico *agg.* non-political.

apollineo *agg.* **1** Apollonian **2** (*bellissimo*) classically handsome, classically beautiful, Apollinian.

apollo *s.m.* (*zool.*) apollo butterfly.

apologeta *s.m.* apologist.

apologetica *s.f.* (*teol.*) apologetics [U].

apologetico *agg.* apologetic.

apologia *s.f.* apologia; (*estens.*) apology, defence.

apologista *s.m.* e *f.* apologist.

apologizzare *v.tr.* to defend ◆ *v.intr.* to offer (as) a defence, to apologize (for).

apologo *s.m.* apologue.

aponeurosi *s.f.* (*anat.*) aponeurosis.

apoplessia *s.f.* (*med.*) apoplexy.

apoplettico *agg.* apoplectic: *colpo* —, apoplectic fit (*o* stroke) ◆ *s.m.* apoplectic.

aporia *s.f.* (*fil.*) aporia.

apostasia *s.f.* apostasy.

apostata *s.m.* e *f.* apostate.

apostatare *v.intr.* to apostatize.

apostatico *agg.* apostatical, apostate.

a posteriori *agg.* with hindsight (*attr.*); (*form.*) a posteriori ◆ *avv.* afterward; (*form.*) a posteriori.

apostolato *s.m.* apostolate, apostleship; mission.

apostolicamente *avv.* apostolically.

apostolicità *s.f.* apostolicity.

apostolico *agg.* apostolic; (*papale*) papal: *benedizione apostolica*, apostolic benediction (*o* papal blessing); *legato* —, papal legate; *successione apostolica*, apostolic succession // *Chiesa apostolica romana*, Roman Catholic Church // *Sede apostolica*, Apostolic See // *simbolo* —, Apostles' Creed.

apostolo *s.m.* apostle: *il principe degli apostoli*, the Prince of the Apostles.

apostrofare[1] *v.tr.* (*gramm.*) to apostrophize.

apostrofare[2] *v.tr.* **1** to reproach, to rebuke **2** (*rivolgersi*) to address: — *qlcu.*, to address s.o.

apostrofe *s.f.* (*ret.*) apostrophe.

apostrofo *s.m.* (*gramm.*) apostrophe.

apotecio *s.m.* (*bot.*) apothecium.

apotema *s.m.* (*mat.*) apothem.

apoteosi *s.f.* apotheosis*, deification // *fare l'— di qlcu.*, (*fig.*) to sing the praises of s.o.

apotropaico *agg.* apotropaic.

appacificare *v.tr.* (*non com.*) to pacify, to appease; to reconcile (s.o. with s.o.).

□ **appacificarsi** *v.rifl.* to be reconciled, to make peace; (*fam.*) to make* up.

appagabile *agg.* satisfiable, gratifiable: *una curiosità* —, a curiosity that can be satisfied; *un desiderio facilmente* —, a wish that can easily be met.

appagamento *s.m.* satisfaction, gratification, fulfilment.

appagare *v.tr.* to satisfy, to gratify, to please, to fulfil: — *il desiderio di qlcu.*, to gratify (*o* to meet *o* to grant) s.o.'s wish; — *la propria curiosità*, to gratify (*o* to satisfy) one's curiosity; *questo lavoro non mi appaga*, I can't get any satisfaction out of this job; — *la fame*, to appease (*o* to satisfy) one's hunger; — *la sete*, to quench (*o* to slake) one's thirst.

□ **appagarsi** *v.rifl.* to be satisfied (with sthg.), to be content (with sthg.): — *di poco*, to be content with a little.

appaiamento *s.m.* (*non com.*) **1** pairing, coupling **2** (*di colori*) match.

appaiare *v.tr.* **1** to couple, to pair **2** (*armonizzare colori, capi di vestiario*) to match **3** (*sport*) (*raggiungere*) to draw* level with s.o. **4** (*aggiogare buoi in coppia*) to yoke; (*appaiare cavalli*) to match.

□ **appaiarsi** *v.rifl.* **1** to pair; (*di animali*) to mate **2** (*armonizzare*) to match.

appallottolare *v.tr.* to roll into a ball, into a pellet, to make* into a ball, into a pellet.

□ **appallottolarsi** *v.rifl.* o *intr.pron.* **1** to form into a ball, into balls, into lumps **2** (*avvolgersi su se stesso*) to coil up; to curl up; to roll up.

appaltante *agg.* contracting ◆ *s.m.* contractor.

appaltare *v.tr.* **1** to give* (sthg.) out by contract (*anche dir.*): — *la costruzione di un nuovo tratto di autostrada*, to award a contract for the construction of a new stretch of motorway **2** (*dir.*) (*prendere in appalto*) to contract, to undertake* on contract; (*dare in appalto*) to let* out on contract, to farm out.

appaltatore *s.m.* **appaltatrice** *s.f.* bidder, contractor (*anche dir.*); (*comm.*) undertaker: *aspirante* —, tenderer ◆ *agg.* contracting: *ditta* —, contracting firm.

appalto *s.m.* contract: *dare in* —, to let out on contract (*o* to farm out); *indire una gara d'*—, to call for tenders; *lavoro in* —, contract work.

appannaggio *s.m.* **1** apanage, appanage; civil list payment annuity **2** (*fig. letter.*) prerogative.

appannamento *s.m.* **1** (*di metalli*) tarnishing; (*di vetri, specchi*) clouding, misting, dimming, tarnishing **2** (*della vista*) dimming, blurring.

appannare *v.tr.* **1** (*metalli*) to tarnish; (*vetri, specchi*) to cloud, to mist up, to dim, to dull: — *uno specchio*, to mist up a mirror **2** (*la vista*) to mist (up), to cloud, to dim: *le lacrime gli appannavano gli occhi*, tears misted his eyes.

□ **appannarsi** *v.intr.pron.* **1** (*di vetri, specchi*) to mist up **2** (*della vista*) to grow* dim (*anche fig.*); to blur **3** (*di riflessi*) to dull, to slow down.

appannato *agg.* **1** (*di metalli*) tarnished; (*di specchi, vetri*) clouded up, misted up **2** (*di vista*) dim **3** (*di voce*) husky: *voce appannata*, husky voice.

appannatura *s.f.* → **appannamento**.

apparato *s.m.* **1** (*apparecchiatura*) apparatus*; machinery; (*inform.*) computer equipment; (*mecc.*) contrivance: — *chirurgico*, surgical apparatus; — *refrigerante*, refrigerating machinery; — *di guerra*, machinery of war // (*econ.*) — *produttivo*, machinery // (*aer.*) — *motore*, power plant // (*teatr.*) — *scenico*, scenery // — *burocratico*, burocratic machinery // — *critico*, apparatus criticus **2** (*addobbo*) decoration, ornament; (*pompa*) pomp **3** (*spiegamento*) display: — *di forze*, display of forces **4** (*anat.*) apparatus*: — *digerente*, digestive system (*o* apparatus).

apparecchiamento *s.m.* (*antiq.*) preparation; (*di tavola*) setting.

apparecchiare *v.tr.* **1** (*preparare*) to prepare; (*approntare*) to make* ready: — *la tavola*, to lay the table (*o* the cloth); — *per due*, to lay the table for two **2** (*tess.*) to dress: — *tessuti*, to dress textile fabrics.

□ **apparecchiarsi** *v.rifl.* (*ant.*, *letter.*) to get* ready, to make* oneself ready.

apparecchiatore *s.m.* (*non com.*) **1** decorator **2** (*tecn.*) dresser.

apparecchiatura *s.f.* **1** (*attrezzatura*) equipment [U]: *quella ditta produce sofisticate apparecchiature elettroniche*, that firm manufactures sophisticated electronic equipment **2** (*inform.*) equipment [U], device; (IBM) hardware: — *supplementare*, add-ons; — *analogica*, analog device; — *lenta*, low-speed unit; — *periferica*, dump device **3** (*tess.*) dressing.

apparecchio *s.m.* **1** apparatus*, set; (*congegno*) device, appliance: (*ferr.*) — *compensatore*, compensating device; — *di ascolto*, listening apparatus; — *di illuminazione*, lighting apparatus; — *fotografico*, camera; (*elettr.*) — *per alta frequenza*, high-frequency apparatus; — *radio*, radio set (*o* wireless); — *radiografico*, radiographic apparatus; — *ricevente*, receiving set; — *telefonico*, telephone (apparatus); — *telegrafico*, telegraph set; — *televisivo*, television set; — *trasmittente*, sender // *resti all'—!*, hold the line! **2** (*aeroplano*) aircraft*, machine, plane: — *da bombardamento*, bomber; — *da combattimento*, fighter; — *da ricognizione*, reconnaissance aircraft; — *di linea*, airliner.

apparentamento *s.m.* **1** kinship, relationship (*anche fig.*): — *con vincolo di matrimonio*, relationship by marriage **2** (*fig.*) alliance (*anche pol.*); connection.

apparentare *v.tr.* **1** to relate through marriage **2** (*fig.*) to establish a connection (between), to establish a relationship, to establish a kinship.

□ **apparentarsi** *v.rifl.* **1** to become* related **2** (*fig.*) to form an alliance (with).

apparente *agg.* **1** (*evidente, chiaro*) apparent, evident, obvious, clear, plain: *senza ragione* —, for no obvious reason **2** (*non reale*) seeming, apparent: (*med.*) *morte* —, catalepsy; *la sua era una calma solo* —, his calm was more apparent than real **3** (*astr.*, *fis.*, *geol.*) apparent: *inclinazione* —, apparent dip; *magnitudine* —, apparent magnitude; *posizione* —, apparent position (*o* aspect).

apparentemente *avv.* apparently, seemingly.

apparenza *s.f.* **1** appearance; (*indizio*) indication: *in* —, seemingly (*o* to all appearances); *giudicando dalle apparenze*, to (*o* by) all appearances; *non bisogna giudicare dalle apparenze*, you shouldn't judge by appearances; *secondo le apparenze, dice il vero*, there is every indication that he is telling the truth; *introdursi presso qlcu. sotto falsa* —, to force one's way in under false pretences; *per salvare* *l'*—, for the sake of appearances (*o* to keep up appearances) // *l'— inganna*, (*prov.*) appearances can be deceptive **2** (*aspetto*) appearance, aspect, look: *di bella* —, good-looking.

apparigliare *v.tr.* to pair; to match, to couple.

apparire *v.intr.* **1** (*mostrarsi*) to appear, to become* visible, to come* into sight: *gli apparve un fantasma*, a ghost appeared to him; *un sorriso apparve sulle sue labbra*, a smile came to his lips // — *nella nebbia, all'orizzonte*, to loom out of the fog, to loom up on the horizon **2** (*sembrare*) to look, to seem: *l'impresa appariva difficile*, it seemed (to be) a difficult undertaking; *il tuo pessimismo appare ingiustificato*, your pessimism doesn't seem (*o* appear) to be justified **3** (*risultare*) to appear, to result: *da questi documenti appare che tu sbagli*, from these documents it appears you are wrong **4** (*mettersi in vista*) to show off: *le piace* —, she likes to show off.

appariscente *agg.* **1** (*che colpisce*) striking, conspicuous, remarkable **2** (*vistoso*) showy; ostentatious; (*di colore*) gaudy.

appariscenza *s.f.* **1** strikingness, impressiveness **2** (*vistosità*) showiness, ostentatiousness, gaudiness.

apparizione *s.f.* apparition (*anche astr.*).

appartamento *s.m.* flat, (*amer.*) apartment: — *ammobiliato*, furnished flat; — *da affittare*, flat to let; — *senza ascensore*, (*amer.*) walk-up apartment; *vivere in un* —, to live in a flat; *gli appartamenti della regina*, the Queen's apartments.

appartare *v.tr.* (*non com.*) to set* apart.

□ **appartarsi** *v.rifl.* **1** (*separarsi dagli altri*) to withdraw*, to retire (*anche fig.*); (*come atteggiamento*) to stand* aloof: *si appartarono per discutere della faccenda*, they withdrew to discuss the matter **2** (*vivere isolato*) to seclude oneself: *fa male ad* — *così*, he's not doing himself any good living such an isolated life; — *nella propria stanza*, to retire to one's room.

appartato *agg.* secluded; set apart (*pred.*); lonely, solitary, aloof: *vivere* —, to live in seclusion; *un luogo* —, a secluded place; *vita appartata*, a solitary life.

appartenenza *s.f.* **1** belonging; (*l'essere membro*) membership: *qual è il suo gruppo d'—?*, which group does he belong to? **2** (*non com.*) (*annesso*) appurtenance, appendage: *il podere e le sue appartenenze*, the farm and its appurtenances.

appartenere *v.intr.* **1** to belong to (s.o.): *terre appartenenti allo Stato*, lands belonging to the State; *questa casa gli appartiene*, this house belongs to him; *a chi appartiene l'auto?*, who does the car belong to? **2** (*spettare*) to be for, to be up to: *non appartiene a me giudicare*, it's not for me (*o* up to me) to judge **3** (*far parte di*) to belong to, to come* from: *appartiene a una buona famiglia, a una famiglia di commercianti*, he comes from a good family, from a family of traders (*o* he belongs to a good family, to a family of traders); *una retta che appartiene a un piano*, a line belonging to a plane.

appassimento *s.m.* withering, drying; fading.

appassionamento *s.m.* (*non com.*) passion, ardour, fervour.

appassionante *agg.* fascinating: *una conferenza* —, an absorbing lecture; *una conversazione* —, a fascinating conversation; *un libro* —, a good read; *una gara* —, an exciting race.

appassionare *v.tr.* to thrill, to arouse passion, to excite passion, to move: *la faccenda appassionò l'opinione pubblica*, the affair aroused (*o* stirred up) public opinion.

□ **appassionarsi** *v.intr.pron.* to become* fond of (sthg.), to become* keen on (sthg.), to conceive a passion for (sthg.): — *allo sci*, to become very keen on skiing.

appassionatamente *avv.* passionately.

appassionato *agg.* **1** impassioned, passionate: *un amore* —, a passionate love; *una lettera appassionata*, a passionate letter **2** (*che ha passione per qlco.*) keen (on sthg.): — *per la musica*, keen on music ◆ *s.m.* fan, enthusiast, lover: *è un* — *di fotografia*, he's very keen on photography; — *del calcio*, football fan.

appassire *v.tr.* to wither, to fade; to dry up // *fare* —, to wither.

□ **appassirsi** *v.intr.pron.* to wither, to fade (*anche fig.*): *i fiori* (*si*) *appassiscono con questo caldo*, the flowers are withering with this heat.

appellabile *agg.* (*dir.*) appealable.

appellabilità *s.f.* (*dir.*) power, right of appeal; appealability.

appellante *agg.* (*dir.*) appellant, appealing: *la parte* —, the appealing party ◆ *s.m.* e *f.* (*dir.*) appellant.

appellare *v.tr.* **1** (*letter.*) to name, to denominate, to call **2** (*incitare*) to incite.

□ **appellarsi** *v.intr.pron.* **1** to appeal (*anche dir.*): *mi appello al vostro buon senso*, I appeal to your common sense; — *a una corte più alta*, to appeal to a higher court; — *alla legge*, to appeal to the law **2** (*letter.*) (*chiamarsi*) to be called.

appellativo *agg.* (*gramm.*) appellative: *nome* —, common noun ◆ *s.m.* epithet, appellation.

appellatorio *agg.* (*dir.*) of appeal, appeal (*attr.*).

appellazione *s.f.* (*ant.*, *letter.*) **1** (*dir.*) appellation **2** (*denominazione*) name, appellation.

appello *s.m.* **1** (*dir.*) appeal: *giudizio senza* —, final decision; *andare in* —, to appeal; *senza* —, not appealable; *la decisione di questa corte è senza* —, there is no appeal from this court; *fare* — (*a un tribunale*) *contro una decisione*, to appeal (to a court) against a decision; *interporre* — *contro qlcu.*, to bring an appeal against s.o.; *respingere una sentenza in* —, to quash a sentence on appeal; *ricorrere in* —, to appeal // *Corte d'Appello*, Court of Appeal **2** (*chiamata, rassegna*) roll call, muster: *fare l'*—, to call (over) the roll; *mancare all'*—, to be absent; *rispondere all'*—, to answer the roll call // (*inform.*) — *selettivo*, address call **3** (*esortazione, invocazione*) appeal, call: *il suo caldo* — *fu ascoltato*, his ardent appeal was heeded; *fare* — *a qlcu.*, to appeal to s.o. (*o* to call upon s.o.'s help) // *fare* — *a tutto il proprio coraggio*, to summon up (*o* to call up) all one's courage.

appena *avv.* **1** (*a stento, a malapena*) scarcely, hardly, with difficulty: *ci si vede* —, you can hardly see a thing; *riuscivo* — *a sentire la sua voce*, I could hardly hear her voice **2** (*soltanto, solo un poco*) only, hardly: *erano* — *le dieci*, it was only ten o'clock; *mi guardò* —, he hardly looked at me; *morì* — *diciottenne*, he was only nineteen when he died // (*appena*) *lo stipendio bastava* — — *a coprire le spese d'affitto*, his salary only just covered the rent **3** (*da pochissimo tempo*) only just: *è* — *partito*, he's only just left **4** (*corr. con* che *o* quando) hardly... (when); as soon as, no sooner... than: *era* — *entrato che* (o *quando*) *squillò il telefono*, he had hardly come in when the phone rang; *eravamo* — *usciti quando incominciò a piovere*, no sooner had we left the house than it began to rain ◆ *cong.* (*subito dopo che*) as soon as: — *mi vide mi corse incontro*, as soon as he saw me, he ran to meet me; (*non*) — *avrà finito gli studi, cercherà lavoro*, he'll look for a job (just) as soon as he finished his studies.

appendere *v.tr.* **1** to hang* (up) (*anche fig.*): — *quadri alle pareti*, to hang pictures on the walls; *la sua vita è appesa a un filo*, his life is hanging by a thread; *speranza appesa a un filo*, hope that hangs by a thread // (*sport*) — *i guantoni al chiodo*, to hang up one's gloves (*o* to retire) **2** (*impiccare*) to hang.

appendiabiti *s.m.* coat hook; coat stand, clothes stand; (*gruccia*) coat hanger.

appendice *s.f.* **1** (*aggiunta*) appendage; (*di libro, giornale*) appendix* // *romanzo d'*—, serial (story) **2** (*aggiornamento*) addendum*; (*annuario di aggiornamento*) yearbook **3** (*dell'intestino*) appendix*: — *vermicolare*, vermiform appendix; *farsi togliere l'*—, to have one's appendix out **4** (*biol.*, *anat.*, *zool.*) process, appendage: — *caudale*, caudal appendage; — *prensile*, (*di insetto, pesce*) clasper **5** (*bot.*) process: — *ombrelliforme*, umbraculum.

appendicectomia *s.f.* (*med.*) appendectomy, appendicectomy.

appendicite *s.f.* (*med.*) appendicitis U.

appendicolare *agg.* (*anat.*) appendicular.

appendizie *s.f.pl.* payment in kind (*sing.*).

appennellare *v.tr.* (*mar.*) to back; to cockbill.

appenninico meno com. **appennino** *agg.* Apennine (*attr.*).

appercettivo *agg.* (*fil.*, *psic.*) apperceptive.

appercezione *s.f.* (*fil.*) apperception.

appesantimento *s.m.* heaviness; burdening.

appesantire *v.tr.* to make* heavy, to weigh down; (*fig.*) to make* dull: *occhi appesantiti dal sonno*, eyes heavy with sleep; *troppi particolari appesantiscono questo romanzo*, too many details make this novel dull reading; *i cibi grassi appesantiscono lo stomaco*, fat foods are difficult to digest.

□ **appesantirsi** *v.intr.pron.* **1** to become* heavier, to get* heavier, to grow* heavier **2** (*ingrassare*) to put* on weight, to gain weight; to grow* stout: *con l'età si è appesantito*, he has grown stout (*o* put on weight) with age.

appestare *v.tr.* **1** (*infettare*) to infect; to taint; (*rar.*) to plague **2** (*ammorbare*) to stink*, to foul; (*inquinare*) to pollute: *le sue sigarette sono così forti che appestano l'intera stanza*, his cigarettes are so strong they stink the room out **3** (*fig.*) to taint; to corrupt.

appestato *agg.* **1** infected (with the plague), plague-stricken; tainted **2** (*fig.*) tainted, corrupt **3** (*fetido*) stinking, fetid ◆ *s.m.* person infected with the plague; plague-victim, plague -stricken person.

appestatore *agg.* plague carrying; (*fig.*) corrupting ◆ *s.m.* plague carrier; (*fig.*) corruptor.

appetenza *s.f.* **1** (*non com.*) (*appetito*) appetite **2** (*fil.*) (*desiderio*) desire, appetency, appetence, longing for (sthg.).

appetibile *agg.* desirable, pleasing, attractive, (*scherz.*) tasty.

appetibilità *s.f.* desirability, attractiveness.

appetire *v.tr.* (*non com.*) (*desiderare*) to desire eagerly; to crave for (sthg.), to long for (sthg.), to hunger for (sthg.), to hunger after (sthg.) ◆ *v.intr.* (*non com.*) (*destare l'appetito*) to stimulate the appetite, to whet the appetite: *quel cibo appetisce poco*, that food is not very appetizing.

appetitivo *agg.* (*non com.*) appetitive.

appetito *s.m.* **1** appetite: *un buon* —, a good appetite; *mancanza di* —, loss of appetite; *mangiare con* —, to eat with (an) appetite; *riacquistare l'*—, to recover one's appetite; *rovinare l'— a qlcu.*, to spoil (*o* to take away) s.o.'s appetite; *stuzzicare l'*—, to whet one's appetite // *l'— viene mangiando*, (*prov.*) appetite comes with eating // *buon —!*, enjoy your meal (*o* have a good meal)! **2** (*desiderio*) appetite, desire, lust, urge: — *sessuale*, sexual appetite // *mortificare gli appetiti*, to mortify carnal lusts.

appetitoso *agg.* **1** appetizing, tasty: *un piatto* —, a tasty (*o* appetizing) dish; *cibo* —, appetizing food **2** (*fig.*) tempting, attractive.

appetizione *s.f.* (*fil.*) appetition.

appezzamento *s.m.* plot of land, piece of ground; allotment.

appezzare *v.tr.* **1** (*mettere insieme*) to piece together **2** (*ant.*) (*dividere in pezzi*) to divide, to separate into pieces.

appezzatura *s.f.* **1** piecing, repairing, patching **2** (*punto di congiunzione*) join.

appiacevolire *v.tr.* (*rar.*) to make* pleasant, to make* agreeable.

appianabile *agg.* **1** that may be levelled; that may be smoothed over, out **2** (*fig.*) that may be smoothed out, away, over: *divergenze appianabili*, differences that can be smoothed out.

appianamento *s.m.* **1** levelling, smoothing **2** settlement, settling, smoothing out, away.

appianare *v.tr.* **1** to level, to flatten, to smooth; (*con la pialla*) to plane: — *una strada*, to level a road **2** (*fig.*) to smooth out, to smooth away; to remove; to settle (*anche dir.*): — *una difficoltà*, to smooth over (*o* away) a difficulty (*o* to remove a difficulty); — *una questione*, to settle a question; — *una divergenza*, to smooth out a difference.

□ **appianarsi** *v.intr.pron.* (*risolversi*) to be resolved: *il tutto si è appianato*, everything has sorted itself out.

appianatura *s.f.* **1** levelling, flattening **2** (*punto appianato*) levelled patch; levelled area.

appiastricciare → **impiastricciare**.

appiastro *s.m.* (*bot.*) → **melissa**.

appiattare *v.tr.* (*non com.*) (*nascondere*) to hide*, to conceal.

□ **appiattarsi** *v.rifl.* (*nascondersi*) to conceal oneself, to hide* oneself, to be in hiding; (*stare in agguato*) to lie* in wait, (*rannicchiarsi*) to crouch: *si appiattò dietro a un cespuglio*, he crouched behind a bush.

appiattimento *s.m.* flattening; levelling: *l'— dei salari, della cultura*, the levelling off of wages, of culture.

appiattire *v.tr.* **1** to flatten, to make* flat; to level **2** (*fig.*) to even out: — *i salari*, to level out wages; *una vita che appiattisce la fantasia*, a soul-destroying life (*o* a life that crushes the imagination).

□ **appiattirsi** *v.rifl.* o *intr.pron.* **1** to become* flat, to flatten: *si appiattì contro il muro*, he flattened himself against the wall **2** (*di salari ecc.*) to level out **3** (*di pneumatici*) to become* deflated.

appiccagnolo *s.m.* (*non com.*) **1** hook, peg **2** (*fig.*) pretext, cavil.

appiccamento *s.m.* hanging.

appiccare *v.tr.* **1** → **appendere** **2** (*non com.*) (*impiccare*) to hang* **3** (*cominciare*) to start // — *il fuoco a*, to set fire to.

appiccicare *v.tr.* **1** to stick*; (*attaccare*) to attach, to join; (*con colla liquida*) to glue; (*con colla in pasta*) to paste: — *un'etichetta*, (*anche fig.*) to stick a label on (sthg., s.o.) **2** (*fig.*) (*appioppare*) to palm off, to fob off, to foist: *mi appiccicarono un cinquantamila falso*, they palmed me off with a forged fifty thousand lira note // — *uno schiaffo a qlcu.*, to slap (*o* to smack) s.o.'s face ◆ *v.intr.* to be sticky, gluey: *come appiccica questo tavolo*, this table is really sticky.

□ **appiccicarsi** *v.rifl.* o *intr.pron.* to stick*, to adhere; (*fig.*) to hang* on, to stick*, to cling*: *è sempre appiccicato alle gonne della mamma*, he is always clinging to his mother's skirts; *si appiccica a tutti*, he latches on (*o* attaches himself) to everybody.

appiccicaticcio *agg.* sticky (*anche fig.*); gluey; (*di persona*) clinging.

appiccicatura *s.f.* sticking, gumming.

appiccicoso *agg.* sticky, gluey; (*di persona*) clinging.

appicco[1] *s.m.* (*fig.*) pretext, peg, cavil.

appicco[2] *s.m.* sheer rock face.

appiè, **a piè** *prep.* below, at the bottom, at the foot: — *del letto, del monte*, at the foot of the bed, of the mountain; — *delle scale*, downstairs; — *di pagina*, at the foot of the page.

appiedare *v.tr.* **1** to dismount **2** (*estens.*) to leave* without (one's own) transport: *il guasto della macchina mi ha appiedato per una settimana*, the car breakdown left me without (my own) transport for a week.

appiedato *agg.* dismounted; on foot; without transport (of one's own): *sono rimasto* —, I was left without transport.

appieno *avv.* fully; quite; thoroughly, completely, entirely: *condividere — il giudizio di qlcu.*, to share fully s.o.'s opinion.

appigionamento *s.m.* (*non com.*) letting; renting.

appigionare *v.tr.* (*affittare*) to let*, to lease (out).

appigliarsi *v.rifl.* **1** to get* hold (of sthg.), to seize, to hold* on, to cling* **2** (*fig.*) to follow (sthg.): — *a un pretesto*, to cling to a pretext.

appiglio *s.m.* **1** hold, grip: *dare — alle critiche*, to lay oneself open to (*o* to give a pretext for) criticism **2** (*fig.*) pretext, excuse, cavil: *cercare un — per litigare*, to look for an excuse for a quarrel.

appio *s.m.* (*bot.*) (*Apium graveolens*) celery, smallage.

appiombo *avv.* perpendicularly ◆ *s.m.* perpendicularity: *prendere l'— di un muro*, to take the plumb of a wall.

appioppare *v.tr.* **1** (*fig. fam.*) to give*: — *un calcio a qlcu.*, to give s.o. a kick; — *uno schiaffo a qlcu.*, to slap (*o* to smack) s.o.'s face; — *un soprannome a qlcu.*, to give s.o. a nickname **2** (*fig. fam.*) (*affibbiare*) to palm off, to fob off, to foist, to pass off: — *un diamante falso a qlcu.*, to fob off (*o* to palm off) an imitation diamond on s.o. **3** (*agr.*) (*piantare a pioppi*) to plant with poplars.

appisolarsi *v.intr.pron.* (*fam.*) to doze off, to drop asleep: *si appisolò sulla poltrona*, he dozed off in the armchair.

applaudire *v.tr.* e *intr.* **1** to applaud; (*con la voce*) to cheer; (*con le mani*) to clap: — (*a*) *un cantante*, (*a*) *uno spettacolo*, to applaud a singer, a show **2** (*fig.*) to applaud, to praise, to approve, to commend; (*battere le mani*) to clap one's hands; — *a un'iniziativa*, to applaud an initiative.

applauso *s.m.* **1** applause [U]; (*a gran voce*) cheers (*pl.*): *applausi prolungati*, lengthy applause; *uno scroscio di applausi accolse il suo ingresso*, his entry was greeted with a burst of applause **2** (*fig.*) praise, approval.

applausometro *s.m.* applausometer; (*fam.*) clapometer.

applicabile *agg.* applicable, enforceable (*anche dir.*): *questa regola è — a tutti i casi*, this rule applies to all cases.

applicabilità *s.f.* applicability (*anche inform.*); enforceability (*anche dir.*).

applicare *v.tr.* **1** to apply, to put* on, to lay*; (*incollare*) to stick* on: — *un linimento, un cataplasma*, to apply a liniment, a poultice; — *un'etichetta*, to stick a label on; — *una tassa*, to put on a tax **2** (*fig.*) (*non com.*) to give*, to deal*: — *uno schiaffo a qlcu.*, to slap (*o* to smack) s.o. **3** (*dir.*) to carry out, to enforce, to administer, to apply: — *la legge*, to enforce (*o* to apply) the law; — *una legge a un caso particolare*, to apply a law to a special case; — *una multa*, to impose a fine **4** (*rivolgere, dedicare*) to apply: — *la mente a qlco.*, to apply (*o* to turn *o* to bend) one's mind to sthg.; — *il proprio sapere*, to apply one's knowledge **5** (*assegnare, a un ufficio*) to appoint, to nominate **6** (*inform.*) to raise* **7** (*mat.*) to map.

□ **applicarsi** *v.rifl.* to apply oneself, to devote oneself: — *allo studio, al lavoro*, to apply oneself to one's studies, to one's work; — *molto, poco*, to work hard, not to work hard; *dovresti applicarti di più*, you ought to apply yourself more.

applicativo *agg.* **1** applicatory: *metodo* —, application **2** (*inform.*) application-oriented.

applicato *agg.* applied: *arte applicata*, applied art; *chimica, fisica applicata*, applied chemistry, physics.

applicatore *s.m.* (*tecn.*) applicator.

applicazione *s.f.* **1** application; use: — *di ghiaccio sulla fronte*, application of ice to the forehead // (*mil.*) *scuola d'*—, training school **2** (*fig.*) application, concentration; diligence **3** (*guarnizione*) trimming: *applicazioni di raso*, satin appliqués **4** (*dir.*) enforcement // *in — della legge*, in pursuance of the law **5** (*tecn.*) appliance **6** (*inform.*) application, program; data proceeding: — *commerciale, industriale, scientifica*, commercial, industrial, scientific data processing; — *aziendale, commerciale*,

(IBM) business application; *applicazioni di sportello*, front office application; *applicazioni speciali*, dedicated uses **7** (*mat.*) mapping: — *iniettiva*, injection (*o* injective mapping); — *suriettiva*, surjection (*o* surjective mapping).

applique *s.f.* wall lamp; (*a forma di candela*) sconce.

appoderamento *s.m.* division of land into holdings or estates.

appoderare *v.tr.* to parcel out (land) into holdings.

appoggiacapo *s.m.* **1** headrest **2** (*copripoltrona*) antimacassar; (*amer.*) tidy.

appoggiaferro *s.m.* iron stand.

appoggiamano *s.m.* **1** handrail **2** (*pitt.*) maulstick.

appoggiare *v.tr.* **1** to lean*; (*posare*) to lay*, to put*; to rest: *ecco il piatto, appoggialo sul tavolo*, here is the plate, put it on the table; — *una scala al muro*, to lean a ladder against the wall; — *la testa su un cuscino*, to rest one's head on a pillow; — *il capo sulla spalla di qlcu.*, to rest one's head on s.o.'s shoulder **2** (*fig.*) to back, to support: — *una mozione*, to second a motion; — *una petizione*, to support a petition; — *qlcu. in una richiesta*, to support (*o* to back up) s.o. in a request **3** (*fondare*) to base: — *un'affermazione su un dato di fatto*, to base a statement on a fact **4** (*mus.*) to dwell* on (a note), to sustain (a note).
□ **appoggiarsi** *v.rifl.* **1** to lean*: *voleva — al mio braccio*, he wanted to lean on my arm; — *al muro*, to lean against the wall **2** (*fig.*) to rely (on s.o., sthg.), to depend (on s.o., sthg.): *si appoggia molto a me*, he relies on me a lot // — *sull'autorità di qlcu.*, to found upon (*o* to take one's stand on) s.o.'s authority **3** (*di uccello*) to perch, to roost.

appoggiatesta → **appoggiacapo**.

appoggiatoio *s.m.* **1** support, rest **2** (*ringhiera di scala*) stair rail, banister(s).

appoggiatura *s.f.* (*mus.*) appoggiatura.

appoggio *s.m.* **1** support: *punto di* —, (point of) support; *muro d'*—, supporting (*o* retaining) wall; (*mil.*): *nave* —, support ship; — *aereo*, air support **2** (*fig.*) assistance, support, backing, protection: — *a un candidato*, support for a candidate; *dare il proprio — a qlcu.*, to back s.o. up; *essere senza alcun* —, to be unprotected (*o* without backing); — *morale*, moral support; *contare sull'— di qlcu.*, to count on s.o.'s support **3** (*persona che appoggia*) supporter: *ha degli appoggi autorevoli*, he has influential backing **4** (*comm.*) (*comprova*) voucher: *documenti all'*—, proofs and illustrations; *documento d'*—, voucher **5** (*alpinismo*) hold.

appollaiarsi *v.rifl.* to roost, to perch (*anche estens.*): *si appollaiò sul bracciolo della poltrona*, he perched on the arm of the chair.

appollaiato *agg.* perched: *un paese — sulla cima della collina*, a village perched on the hilltop.

appontaggio *s.m.* (*aer.*) deck landing.

appontare *v.intr.* (*aer.*) to deck land.

appoppamento *s.m.* **1** (*aer.*) trim by the stern; tail heaviness **2** (*mar.*) trim by the stern **3** (*mar., aut.*) squatting.

appoppare *v.intr.* **appopparsi** *v.intr. pron.* **1** (*aer., mar.*) to trim by the stern **2** (*mar., aut.*) to squat.

apporre *v.tr.* **1** to affix, to append, to add: — *una data a qlco.*, to date sthg. (*o* to put the date on sthg.); — *la propria firma*, to affix one's signature; — *il proprio sigillo*, to affix one's seal; — *i sigilli*, to seal **2** (*una clausola*) to insert, to append: — *una clausola ad un atto*, to insert a clause in (*o* to add a clause to) an act **3** (*attribuire, imputare*) to ascribe, to impute.

apportare *v.tr.* **1** to bring*: — *delle notizie a qlcu.*, to bring news to s.o. **2** (*produrre*) to produce, to yield, to bring* in; (*causare*) to cause, to occasion: *la guerra apporta carestia*, war causes famine; — *danni*, to cause damage; *il commercio apporta benessere*, trade produces prosperity **3** (*non com.*) (*citare*) to cite.

apportatore *s.m.* **apportatrice** *s.f.* messenger; bearer: — *di pace*, messenger of peace // (*econ.*) — *di capitale*, contributor of capital.

apporto *s.m.* **1** (*la cosa apportata*) supply; (*l'apportare*) bringing: *dare il proprio — a qlco.*, to make one's own contribution to sthg. // (*nelle saldature*) *materiale, metallo d'*—, deposit metal, weld metal **2** (*econ.*) contribution: — *di capitale*, contribution (*o* bringing-in) of capital // (*fin.*) *apporti in conto capitale eccedenti il valore nominale*, capital surplus.

appositamente *avv.* **1** (*di proposito*) on purpose, purposely, deliberately, intentionally **2** (*in modo appropriato*) suitably, appropriately.

appositivo *agg.* **1** completing, complementing **2** (*gramm.*) appositive, in apposition, appositional.

apposito *agg.* **1** (*speciale*) special: *con — manifesto saranno indicati il giorno e l'ora di partenza*, the date and time of departure will be announced by special notices **2** (*adatto*) suitable, fitting, proper, apposite: *luogo* —, proper place.

apposizione *s.f.* **1** affixing (*anche dir.*), adding: — *di un sigillo*, affixing of a seal; — *della firma, della data*, signing, dating **2** (*gramm.*) apposition.

apposta *avv.* **1** (*di proposito*) on purpose; deliberately, intentionally: *sono certo che l'ha fatto* —, I am sure he did it on purpose; *neanche a farlo — è arrivato proprio al momento giusto*, without meaning to he arrived just at the right moment **2** (*con scopo preciso*) specially, for a special purpose, expressly, designedly ◆ *agg.* (*idoneo, adatto*) special, specially designed, specially made: *ci vorrebbe un attrezzo* —, we need a specially designed tool.

appostamento *s.m.* **1** (*agguato*) ambush; (*caccia*) cover: *truppe in* —, troops in ambush **2** (*postazione*) emplacement, position.

appostare *v.tr.* **1** to lie* in wait for (s.o., sthg.); to waylay*; to stalk **2** (*mil.*) to position, to emplace.
□ **appostarsi** *v.rifl.* to lie* in wait, to lurk.

appratimento *s.m.* (*agr.*) turning into pasture-land; grassing.

appratire *v.tr.* e *intr.* to turn into pasture -land; to grass (over).

apprendere *v.tr.* **1** (*imparare*) to learn*; (*venire a sapere*) to learn*, to hear*; to come* to know of (sthg.): *ho appreso che...*, I have heard that... (*o* it has come to my knowledge that...); *l'ho appreso da fonte sicura*, I had it on good authority; — *facilmente*, to be a quick learner; *è una lingua che si apprende con facilità*, it's a language that you can learn easily **2** (*letter.*) (*insegnare*) to teach*.

apprendibile *agg.* learnable, that can be learned.

apprendimento *s.m.* learning: *l'— di una lingua*, language learning; *lingua di facile* —, a language that is easy to learn; — *artificiale, automatico*, machine learning.

apprendista *s.m.* e *f.* apprentice, beginner; (*in ufficio*) junior clerk: *mettere qlcu. come — presso qlcu.*, to apprentice s.o. to s.o. (*o* to bind s.o. as an apprentice to s.o.) // — *stregone*, sorcerer's apprentice.

apprendistato *s.m.* **1** apprenticeship: *fare l'— presso qlcu.*, to serve one's apprenticeship with s.o.; *un periodo di tre mesi di* —, a three month apprenticeship **2** (*la categoria degli apprendisti*) apprentices.

apprensione *s.f.* (*ansia*) concern, anxiety; apprehension, nervousness; (*paura*) fear: *nutrire apprensioni sulla sorte di qlcu.*, to be uneasy about s.o.'s fate; *destare* —, to create anxiety; *mettere in* —, to make anxious; *essere in stato di* —, to be worried.

apprensivo *agg.* (*ansioso*) uneasy, anxious, apprehensive, nervous; (*pauroso*) fearful: *un carattere* —, a nervous character; *una donna apprensiva*, a nervous (*o* an anxious) woman.

appressare, **appressarsi** → **avvicinare**, **avvicinarsi**.

appresso *avv.* **1** (*vicino*) close, near, by; (*con sé*) with: *stare* —, to stay close; *si porta sempre — il cane*, he always takes his dog with him **2** (*dietro*) behind: *io vado avanti, voi venite* —, I'll go ahead, you follow on behind **3** (*in seguito, dopo*) below; *come si legge — nella nota*, as below, in the note ◆ *agg.* **1** (*vicino*) next, nearby: *la casa* —, the house nearby **2** (*seguente*) following: *il giorno* —, the following day.

appresso (a) *prep.* **1** (*vicino a*) close, near to **2** (*dietro*) behind.

apprestamento *s.m.* (*letter.*) preparation.

apprestare *v.tr.* (*letter.*) to prepare, to get* ready; (*allestire*) to fit, to equip.
□ **apprestarsi** *v.rifl.* to prepare (oneself), to get* ready: — *a fare qlco.*, to prepare to do sthg.

apprettamento *s.m.* → **apprettatura**.

apprettare *v.tr.* (*tess.*) to size.

apprettatore *s.m.* **apprettatrice** *s.f.* sizer.

apprettatrice *s.f.* (*macchina*) sizing machine.

apprettatura *s.f.* (*tess.*) sizing.

appretto *s.m.* (*tess.*) size.

apprezzabile *agg.* **1** (*degno di apprezzamento*) appreciable, considerable; perceptible, appraisable; valuable **2** (*notevole*) appreciable, considerable: *una somma* —, a considerable sum; *c'è stato un cambiamento* —, there has been a remarkable change.

apprezzamento *s.m.* **1** (*stima*) appreciation, esteem, regard **2** (*valutazione*) appraisal, estimation; valuation, evaluation: (*econ.*) — *della moneta*, currency appreciation; — *di merce*, evaluation of goods **3** (*giudizio*) opinion, judgement: *fece apprezzamenti sfavorevoli sulla tua condotta*, he expressed an unfavourable opinion on your behaviour.

apprezzare *v.tr.* **1** to appreciate; to esteem: *apprezzo il fatto che...*, I appreciate the fact that...; *essere apprezzato*, to be appreciated (*o* to be held in esteem) **2** (*assicurazioni*) (*valutare*) to appraise, to rate: — *i danni*, to appraise damages.

apprezzato *agg.* valued, appreciated, esteemed: *un collaboratore* —, a valued colleague.

approcciare *v.tr.* (*fam.*) to approach, to make* an approach: — *un problema*, to approach a problem (*o* a subject).

approccio *s.m.* **1** approach (*anche fig.*), overtures (*fig.*) (*pl.*); advances (*pl.*): *tentare un* —, to attempt an approach (*o* overtures *o* advances); *essere ai primi approcci*, to be at the beginning (*o* at the outset); *un — diverso all'insegnamento*, a different approach to teaching **2** (*alpinismo*) approach.

approdare *v.intr.* **1** (*mar.*) to dock; (*giungere a riva*) to get* ashore: *la nave approdò a New York*, the ship docked (*o* berthed) at New York; *non poterono* —, they could not get ashore **2** (*riuscire*) to achieve (sthg.), to come* to (sthg.): *non — a nulla*, to come to nothing; *questa discussione non approda a nulla*, this discussion is of no avail; *i suoi progetti ambiziosi non approdarono a niente*, his ambitious plans came to nothing.

approdo *s.m.* (*mar.*) **1** (*l'approdare*) landing; (*attracco*) docking; berthing **2** (*luogo d'approdo*) landingplace (*anche fig.*): *cercare un* —, to look for a landingplace.

approfittare *v.intr.* **approfittarsi** *v.intr.pron.* **1** to profit (by s.o., sthg.), to benefit (by s.o., sthg.); to gain (from s.o., sthg.); (*avvantaggiarsi, valersi*) to take* advantage; to avail oneself: — *dell'occasione*, to avail oneself of the opportunity **2** (*abusare*) to impose on (s.o.), to take* undue advantage of (s.o., sthg.): *apprezzo la tua generosità, ma non voglio* —, I appreciate your generosity but I don't want to impose on you.

approfittatore *s.m.* **approfittatrice** *s.f.* profiter; (*indebitamente*) profiteer.

approfondare *v.tr.* (*letter.*) → **approfondire**.

approfondimento *s.m.* widening, study in depth, investigation: *l'— di un'indagine*, the widening (*o* intensification) of an inquiry; — *di un discorso*, analysis of a speech; *è necessario un — del problema ambientale*, we need a thorough analysis of the ecological problem // (*fin.*) — *di capitali*, capital deepening.

approfondire *v.tr.* **1** to deepen: — *una fossa*, to deepen a trench (*o* a grave) **2** (*fig.*) to go* into (sthg.) thoroughly, to analyse thoroughly, to study in depth, to study in detail: — *gli studi di storia greca*, to study Greek history in depth (*o* detail).

approfondito *agg.* in-depth (*attr.*): *uno studio* —, an in-depth study.

approntamento *s.m.* preparation; readiness.

approntare *v.tr.* to make* ready; to prepare: — *le difese*, to prepare the defences; (*mil.*) — *un esercito*, to prepare an army.

appropinquare *v.tr.* (*ant.* o *scherz.*) to approach (s.o., sthg.).

□ **appropinquarsi** *v.rifl.* (*ant.* o *scherz.*) to approach (s.o., sthg.); to draw* near (sthg.): *appropinquati*, come nearer.

appropriabile *agg.* appropriable.

appropriamento *s.m.* appropriation.

appropriarsi *v.intr.pron.* to appropriate, to take* possession of (sthg.); (*indebitamente*) to embezzle, to misappropriate (*anche dir.*): — *di denaro pubblico*, to embezzle public money; — *di un titolo*, to usurp a title.

appropriato *agg.* appropriate; suitable (for s.o., sthg.); (*opportuno*) convenient (for s.o., sthg.): *abito — all'occasione*, suitable dress to the occasion; — *a questo uso*, suitable for this use; *un vocabolo* —, an appropriate word.

appropriazione *s.f.* appropriation: — *fraudolenta*, fraudulent conversion; — *indebita*, embezzlement.

approssimabilità *s.f.* (*mat.*) approximability.

approssimare *v.tr.* (*non com.*) to bring* (sthg.) near.

□ **approssimarsi** *v.rifl.* o *intr.pron.* **1** (*avvicinarsi*) to approach, to come near(er); (*di tempo*) to draw* near: *l'inverno si approssima*, winter is drawing near **2** (*fig.*) to approximate, to come* near; to approach (s.o., sthg.): — *al vero*, to come close to the truth; — *alla perfezione*, to approach (*o* come near) perfection.

approssimativamente *avv.* approximately; roughly; about.

approssimativo, approssimato *agg.* **1** approximate; rough: *ammontare* —, approximate amount; *calcolo* —, rough estimate; *non è che una cifra approssimativa*, it is only a rough figure **2** (*estens.*) imprecise; superficial: *un giudizio* —, a superficial judgement.

approssimazione *s.f.* approximation (*anche mat.*): *per* —, approximately, roughly; *formula di* —, approximation formula; — *per difetto*, approximation by defect; — *per eccesso*, approximation by excess.

approvabile *agg.* approvable; deserving approval; (*che si può lodare*) commendable.

approvare *v.tr.* **1** to approve of (sthg.): *mio padre non approva la mia scelta*, my father doesn't approve of my choice; *approvò con un cenno*, he showed his approval by nodding **2** (*promuovere*) to pass: *essere approvato agli esami*, to pass one's examinations **3** (*accettare ufficialmente*) to approve, to sanction: — *una legge*, to pass a bill; — *un bilancio di previsione*, to approve a budget; — *un bilancio finale*, to adopt a balance sheet **4** (*acconsentire a*) to assent to (sthg.): — *una teoria*, to assent to a theory.

approvativo *agg.* (*non com.*) approbatory.

approvazione *s.f.* approval, approvation; (*consenso*) assent: *ottenere l'— di qlcu.*, to obtain s.o.'s approval; *dare la propria* —, to give one's assent (*o* to assent); *non ho bisogno della tua* —, I don't need your approval // (*dir.*) — *di una legge*, passage of a law // (*econ.*) — *di un bilancio*, adoption of a balance sheet.

approvvigionamento *s.m.* (*l'approvvigionare*) supplying, provisioning, victualling; (*gener.pl.*) (*provviste*) provisions, supplies: *fonte di* —, source of supply; *vennero a mancare gli approvvigionamenti*, supplies ran out // *servizio* —, catering // (*econ.*) — *di capitali*, supply of capital.

approvvigionare *v.tr.* to provision, to supply: — *di cibo*, to victual (*o* supply with food); — *di combustibile*, to supply with fuel; — *un esercito*, to supply an army.

appruamento *s.m.* (*aer., mar.*) trim by the head.

appruare *v.intr.* **appruarsi** *v.intr.pron.* (*aer., mar.*) to trim by the head.

appulso *s.m.* (*astr.*) appulse.

appuntamento *s.m.* rendezvous, (*fam.*) date; (*professionale*) appointment, engagement; (*incontro*) meeting: — *d'affari*, business meeting; — *amoroso*, date; *luogo di* —, meeting place; *ho un — col dentista*, I have an appointment with my dentist; *fissare un — con qlcu.*, to make a date with s.o.; *mancare a un* —, to break an appointment; *rispettare un* —, to keep an appointment // — *spaziale*, rendezvous in space // *casa d'appuntamenti*, brothel.

appuntare *v.tr.* **1** (*rendere appuntito*) to sharpen, to point **2** (*non com.*) (*dirigere, puntare*) to point: — *il fucile contro qlcu.*, to point the gun at s.o. **3** (*annotare*) to note (down), to make* a note of (sthg.) **4** (*con spilli*) to pin (up): *appuntarsi un fiore all'abito*, to pin a flower to one's dress.

□ **appuntarsi** *v.rifl.* (*essere rivolto*) to be pointed (at s.o., sthg.), to be turned: *il suo sguardo si appuntò su di me*, he fixed his gaze on me (*o* he stared at me).

appuntato[1] *agg.* (*non com.*) (*aguzzo*) pointed, sharpened.

appuntato[2] *s.m.* (*mil.*) lance-corporal (of the Carabinieri).

appuntellare *v.tr.* **1** to prop; to stay; to shore up **2** (*fig.*) (*non com.*) to back, to support.

□ **appuntellarsi** *v.rifl.* (*non com.*) (*appoggiarsi*) to support oneself; to prop oneself up.

appuntellatura *s.f.* **1** propping (up) **2** (*fig.*) support.

appuntino *avv.* nicely, precisely: *cotto* —, done to a turn; *eseguito* —, done with precision.

appuntire *v.tr.* to sharpen, to point: — *una matita*, to sharpen a pencil.

appuntito *agg.* pointed; sharpened.

appunto[1] *s.m.* **1** (*annotazione*) note, record: *prendere un* —, to make a note; *prendere* (*degli*) *appunti*, to make (*o* to take) notes; *devo guardare i miei appunti*, I must look at my notes **2** (*form.*) (*osservazione*) remark, comment; (*critica*) criticism; reprimand: *muovere un — a qlcu.*, to reprimand s.o.

appunto[2] *avv.* exactly, precisely; (*proprio*) just: *per l'*—, that's (*o* just) so; that's it; *le cose stanno — così*, that's exactly the way things are; *"Sei arrabbiato?" "Appunto"*, "Are you angry?" "Right (*o* Exactly)".

appuramento *s.m.* verification; ascertainment, check: *un — dei fatti*, a verification of the facts.

appurare *v.tr.* **1** (*verificare*) to verify; to check: *bisognerà — se i fatti stanno proprio così*, we will have to check the accuracy of the facts **2** (*chiarire*) to make* clear, to clear up **3** (*accertare*) to ascertain.

appuzzare *v.tr.* **1** to stink* **2** (*fig.*) to infect; to pollute.

aprassia *s.f.* (*med.*) apraxia.

apriballe *s.m.* (*tess.*) ball breaker.

apribile *agg.* that can be opened; extendable.

apribocca *s.m.* (*med.*) mouth clamp.

apribottiglie *s.m.* bottle opener.

apricasse *s.m.* ripping bar.

aprile *s.m.* April // *pesce d'—!*, April fool!; *un pesce d'*—, April fool's trick; *fare un pesce d'— a qlcu.*, to make an April fool of s.o.; *primo d'*—, April Fool's Day (*o* All Fool's

Day) // — *dolce dormire*, in April one sleeps soundly.

a priori *agg.* (*form.*) a priori, presumptive ◆ *avv.* beforehand.

apriorismo *s.m.* apriorism.

aprioristico *agg.* aprioristic, a priori.

apriorità *s.f.* (*fil.*) apriority.

apripista *s.m.* **1** (*sport*) forerunner **2** (*mecc.*) bulldozer.

apriporta *s.m.* door opener: — *elettrico*, electric door opener.

aprire *v.tr.* **1** to open (*anche fig.*): *apri la finestra, per favore*, open the window, will you?; *ho aperto una bottiglia di vino*, I've opened a bottle of wine; *non riesco ad — questa borsa*, I can't open this bag (*o* I can't get this bag open); *mi piace — i regali a Natale*, I enjoy opening presents at Christmas; *hanno aperto una filiale a Ginevra*, they've opened (up) a branch office in Geneva; *vorrei — una scuola*, I'd like to open (up) a school; — *la mente, l'animo* (*a qlcu.*), to open one's mind, heart (to s.o.); *aprì gli occhi e sorrise*, he opened his eyes and smiled; *è tempo che apra gli occhi*, (*fig.*) it's time he opened his eyes; *quel libro mi ha aperto gli occhi*, that book was a real eye-opener; *apri bene la bocca!*, open up your mouth! // — *la bocca dallo stupore*, to gape // — *le braccia*, to open (o stretch out) one's arms; (*accogliere*) to welcome (s.o.) // — *un pesce per pulirlo*, to cut a fish open to clean it // — *una porta con un calcio*, to kick a door open // — *una porta chiusa a chiave*, to unlock a door // — *bruscamente* (*una porta, una finestra*), to fling (*o* to throw) open // *farò — una porta in quel muro*, I'll have a door put in the wall // — *un corteo*, to lead a procession // (*comm.*) — *un conto*, to open an account // (*sport*) — *il gioco*, (*allargarlo*) to open out // (*mil.*) — *il fuoco*, to open fire **2** (*gas, luce*) to turn on **3** (*spaccare*) to split*, to crack: — *il guscio di un uovo*, to crack an egg (open) **4** (*scavare*) to dig*: — *un pozzo*, to dig a well **5** (*incominciare*) to begin*, to open: *aprì la serie*, he began the series; *aprì il discorso con parole di ringraziamento*, he opened his speech with some words of thanks ◆ *v.intr.* **1** to open: *i negozi aprono alle tre e mezzo*, the shops open at half past three **2** (*a carte*) to open **3** (*pol.*) to open up: *hanno aperto a sinistra*, they've opened up to the left.

□ **aprirsi** *v.rifl.* o *intr.pron.* **1** to open (*anche fig.*): *le finestre si aprivano su un parco*, the windows opened on a park; *la lettera si apriva con una minaccia*, the letter opened with a threat; *la porta si aprì lentamente*, the door slowly opened // *mi si è aperta la borsa ed è uscito tutto*, my bag opened and everything fell out // — *con violenza*, to burst open // — *un varco tra la folla*, to push one's way through the crowd // *apriti cielo!*, (*fam.*) good heavens! (*o* Good God!) **2** (*econ.*) to open out **3** (*fendersi*) to split* open; to crack open; *la terra si aprì*, the earth split open **4** (*sbocciare*) to bloom: *le rose si stanno aprendo*, the roses are blooming **5** (*confidarsi*) to open one's mind (to s.o.); (*antiq.*) to unbosom oneself (to s.o.) **6** (*rasserenarsi di tempo*) to clear up: *il cielo si è aperto all'improvviso*, the sky cleared up all of a sudden.

apriscatole *s.m.* tin opener; (*spec. amer.*) can opener.

apritoio *s.m.* (*tess.*) opener.

apside *s.m.* (*astr.*) apsis*.

aptero → **attero**.

apuano *agg.* Apuan, of the Apuan Alps.

apulo *agg.* e *s.m.* Apulian.

a puntino → **appuntino**.

aquaplaning *s.m.* aquaplaning.

Aquario *no.pr.m.* (*astr.*) Aquarius, Water-bearer.

aquatico → **acquatico**.

aquila *s.f.* **1** eagle // — *reale*, (*Aquila chrysaëtos*) golden eagle // — *di mare*, (*Haliaeëtus albicilla*) ern(e), (*pop.*) sea eagle // — *di mare dalla testa bianca*, (*Haliaeëtus leucocephalus*) bald-eagle // (*pesce*) — *di mare*, (*Myliobatis aquila*) eagle-ray // (*fig.*): *dagli occhi d'—*, eagle-eyed (*o* sharp-sighted); *sguardo d'—*, keen (*o* penetrating) glance **2** (*arald.*) eagle: — *bicipite*, double-headed eagle (*o amer.* double-eagle) **3** (*mil.*) eagle, standard: *l'— nera di Prussia*, the black eagle of Prussia; *le aquile romane*, the Roman eagles **4** (*fig.*) genius, mastermind, man of outstanding intelligence: *non è un'—*, he is no genius.

aquilano *agg.* of Aquila, from Aquila.

aquilegia *s.f.* (*bot.*) (*Aquilegia vulgaris*) columbine, (*scient.*) aquilegia.

aquiliano *agg.* (*dir.*) concerning injurious damages.

aquilifero *s.m.* (*st. romana*) standard-bearer.

aquilino *agg.* aquiline: *naso* —, aquiline (*o* hooked) nose.

aquilone[1] *s.m.* (*vento del nord*) north wind; (*nord*) the north.

aquilone[2] *s.m.* kite: *far volare un* —, to fly a kite.

aquilotto *s.m.* **1** young eagle, eaglet **2** (*sl. aer.*) (*allievo pilota*) trainee pilot.

a quo *locuz.agg.* (*lat.*) (*dir.*) a quo, from which (*pred.*).

ara[1] *s.f.* altar.

ara[2] *s.f.* (*agr.*) are (*misura di superficie* = 100 m^2).

ara[3] *s.f.* (*zool.*) macaw.

arabesca *s.f.* (*mus.*) arabesque.

arabescare *v.tr.* to decorate with arabesques; (*fig.*) (*scarabocchiare*) to doodle.

arabesco *s.m.* arabesque (*anche mus.*).

arabico *agg.* Arabic, Arabian: *cifre arabiche*, Arabic numerals // *Golfo Arabico*, Arabian Sea // *gomma arabica*, gum-arabic.

arabile *agg.* arable, ploughable, tillable: *non* —, untillable.

arabismo *s.m.* arabism.

arabista *s.m.* e *f.* Arabist.

arabizzare *v.tr.* to arabize.

arabizzazione *s.f.* arabization.

arabo *agg.* (*persone, cavalli*) Arab; (*tradizioni, costumi*) Arabian: *cavallo* —, Arab horse // *araba fenice*, Arabian bird (*o* phoenix) ◆ *s.m.* **1** Arab; (*rar.*) Arabian **2** (*lingua*) Arabic // *questo è — per me*, this is Greek to me (*o* this is beyond my comprehension).

arachide *s.f.* (*bot.*) (*Arachis hypogaea*) peanut, groundnut, earth-nut, monkeynut, (*scient.*) arachis: *burro di* —, peanut butter; *olio di* —, peanut oil.

aracnide *s.m.* (*zool.*) arachnid.

aracnidismo *s.m.* (*med.*) arachnidism.

aracnoide *s.f.* (*anat.*) arachnoid membrane, arachnoidea, arachnoides.

aracnoidite *s.f.* (*med.*) arachnitis, arachnoiditis.

aragonese *agg.* e *s.m.* e *f.* Aragonese.

aragonite *s.f.* (*min.*) aragonite.

aragosta *s.f.* (*Palinurus vulgaris*) (spiny) lobster, crayfish, crawfish.

araldica *s.f.* heraldry.

araldico *agg.* heraldic: *consulta araldica*, Heralds' College.

araldista *s.m.* e *f.* heraldist.

araldo *s.m.* herald.

aralia *s.f.* (*bot.*) (*Aralia spinosa*) — *spinosa*, angelica tree, devil's walking stick, Hercule's club.

aramaico *agg.* e *s.m.* Aramaic.

aranceto *s.m.* orangegrove, orangerie.

arancia *s.f.* orange: *succo d'—*, orange juice; *un chilo d'arance*, a kilo of oranges; *spremuta d'—*, fresh orange juice // — *sanguigna*, blood-orange; — *amara*, sour orange (*o* Seville orange).

aranciata *s.f.* orange squash; orange juice; orangeade.

aranciato *agg.* orange(-coloured).

aranciera *s.f.* orangery.

arancino *agg.* orange (*attr.*); (*che ha sapore d'arancia*) tasting of orange ◆ *s.m.* **1** small orange **2** (*cuc.*) (*crocchetta*) croquette.

arancio *s.m.* **1** (*albero*) orange(-tree): *fiori d'—*, orange blossom; *profumo d'—*, smell of oranges **2** (*colore*) orange.

arancione *agg.* orange(-coloured) ◆ *s.m.* **1** bright orange: *colorare d'—*, to colour bright orange **2** (*fam.*) follower of Bhagwan Shree Rajneesh // *gli Arancioni*, the orange people.

araneide *s.m.* (*zool.*) araneid.

arapaima *s.m.* (*zool.*) (*Arapaima gigas*) arapaima.

arare *v.tr.* **1** to plough; to furrow; (*amer.*) to plow **2** (*mar.*) to drag.

arativo *agg.* arable, tillable, ploughable.

aratore *s.m.* ploughman*; (*amer.*) plowman*.

aratrice *s.f.* (*agr.*) motor-plough.

aratro *s.m.* plough; (*amer.*) plow: — *assolcatore*, lister; — *bivomere*, two-bottom plough (*o* two-furrow plough); — *da trattore*, sulky plough; — *multiplo*, *polivomere* (*per trattrici*), gangplough.

aratura *s.f.* **1** ploughing **2** (*tempo dell'aratura*) ploughing-time.

araucano *agg.* Araucan; Araucanian: *cultura, lingua araucana*, Araucan culture, language.

araucaria *s.f.* (*bot.*) (*Araucaria araucaria*) monkey-puzzle, (*scient.*) araucaria.

arazzeria *s.f.* **1** tapestry weaving **2** tapestry factory **3** (*arazzi*) tapestry.

arazziere *s.m.* **1** (*chi fa arazzi*) tapestry-weaver, tapestry-maker **2** (*chi vende arazzi*) tapestry seller.

arazzo *s.m.* tapestry, hanging, arras: *la sala era adorna di arazzi*, the hall was hung with tapestries.

arbitraggio *s.m.* **1** (*sport*) refereeing, umpiring **2** (*dir.*) umpirage **3** (*Borsa*) arbitrage: — *di interessi*, interest arbitrage; — *su indici*, index arbitrage; — *sui titoli*, stock arbitrage; — *dei, sui cambi*, arbitration of, in exchange.

arbitraggista *s.m.* (*Borsa*) arbitrager.

arbitrale *agg.* **1** (*sport*) arbitral, arbitration; arbitrator's: *decisione* —, arbitrator's award; *commissione* —, referees' committee **2** (*dir.*) arbitral: *decisione* —, umpirage; *compromesso* —, reference (*o* submission).

arbitrare *v.tr.* **1** to arbitrate, to umpire (*anche dir.*) **2** (*cricket, tennis*) to umpire; (*calcio, boxe*) to referee ◆ *v.intr.* to arbitrate, to umpire (*anche dir.*); to act as arbitrator; to make* an award.

□ **arbitrarsi** *v.intr.pron.* (*non com.*) to take* the liberty (to do, of doing).

arbitrariamente *avv.* arbitrarily.

arbitrarietà *s.f.* arbitrariness.

arbitrario *agg.* arbitrary.

arbitrato *s.m.* arbitration, umpirage (*anche dir.*): *decidere per* —, to decide by arbitration; *ricorrere a un* —, to take to arbitration; *sottoporre una controversia ad* —, to submit a claim to arbitration; *risolvere una lite tramite* —, to settle a dispute by umpirage; — *forzoso, coercitivo*, compulsory arbitration; — *internazionale*, international arbitration.

arbitratore *s.m.* (*dir.*) arbitrator.

arbitrio *s.m.* **1** will; judgement: *agire secondo il proprio* —, to act of one's own free will (*o* to follow one's own judgement) // *ad* —, arbitrarily // (*fil.*) *libero* —, free will **2** (*sopruso*) abuse: *è stato un — bello e buono*, it was a total abuse.

arbitro *s.m.* **1** (*dir.*) arbitrator: *terzo* —, umpire **2** (*tennis, cricket*) umpire; (*calcio, boxe*) referee: *fare da — in una partita di calcio*, to referee (*o* to act as referee in) a football match **3** (*fig.*) arbiter: — *dell'eleganza*, arbiter of taste.

arboreo *agg.* arboreous; arboreal; tree-like (*attr.*).

arborescente *agg.* arborescent (*anche bot.*); ramifying.

arborescenza *s.f.* arborescence (*anche bot.*); branching.

arboreto *s.m.* arboretum*.

arboricolo *agg.* **1** (*zool.*) arboreal **2** (*bot.*) arboricole, arboricolous.

arboricoltore *s.m.* arboriculturist.

arboricoltura *s.f.* arboriculture.

arborizzato *agg.* (*scient.*) arborized.

arborizzazione *s.f.* (*scient.*) arborization.

arboscello *s.m.* sapling, shrub; young tree.

arbustaceo, **arbustivo** *agg.* shrubby, shrub (*attr.*): *vegetazione arbustacea*, shrubbery.

arbusto *s.m.* shrub; (*basso*) undershrub: — *tagliato ad alberello*, standard.

arbuto *s.m.* (*bot.*) arbutus, arbute.

arca *s.f.* **1** ark // (*Bibbia*) *Arca dell'Alleanza*, Ark of the Covenant // — *di Noè*, Noah's ark: *vecchio quanto l'— di Noè*, as old as the hills // — *di scienza*, (*fig.*) eminent scholar (*o fam.* walking encyclopedia *o* mine of information) **2** (*sarcofago*) sarcophagus; tomb.

arcaccia *s.f.* (*mar.*) stern-frame.

arcade *agg.* Arcadian ◆ *s.m.* e *f.* **1** (*st. lett.*) Arcadian **2** (*fig.*) mannered, rhetorical writer.

arcadico *agg.* (*st. lett.*) Arcadian.

arcaicità *s.f.* antiquity, ancientness.

arcaico *agg.* archaic; (*di parole, stile*) obsolete.

arcaismo *s.m.* archaism.

arcaistico *agg.* archaistic.

arcaizzante *agg.* archaizing.

arcaizzare *v.intr.* to archaize.

arcale *s.m.* (*di porta*) arch; (*di tetto*) rafter.

arcanamente *avv.* mysteriously; occultly; secretly.

arcangelo *s.m.* archangel.

arcano *agg.* arcane; mysterious, hidden, enigmatic ◆ *s.m.* mystery, arcanum*: *svelare l'*—, to solve the mystery.

arcareccio *s.m.* (*edil.*) purlin, purline.

arcata *s.f.* **1** (*arco*) arch; (*serie di archi*) arcade; arches; (*passaggio ad arco*) archway: (*arch.*) — *cieca*, blind arcade **2** (*anat.*) arch, arcus: — *dentale*, dental arch; — *orbitale*, orbital arch **3** (*mus.*) bowing.

arcato *agg.* arched.

arcavolo *s.m.* (*non com.*) great-great -grandfather.

archaeopteryx *s.m.* (*paleont.*) Archaeopteryx.

archeano *agg.* e *s.m.* (*geol.*) Archaean, Archean.

archeggio *s.m.* (*mus.*) bow.

archegonio *s.m.* (*bot.*) archegonium*.

archeografia *s.f.* archaeography.

archeografo *s.m.* archaeographist.

archeologa *s.f.* archaeologist.

archeologia *s.f.* archaeology.

archeologico *agg.* archaeological.

archeologo *s.m.* archaeologist.

archeopterige *s.m.* (*paleont.*) Archaeopteryx.

archeozoico *agg.* e *s.m.* (*geol.*) Archaeozoic.

archetipico *agg.* archetypal.

archetipo *agg.* (*fil.*) archetypal ◆ *s.m.* archetype; original model; prototype.

archetto *s.m.* **1** small arch **2** (*per catturare uccelli*) birdtrap, snare, gin **3** (*mus.*) bow **4** (*tecn.*) — *da traforo*, copying saw **5** (*ferr.*) — *del pantografo*, sliding bow.

archi- *pref.* di origine greca che significa 'primato, comando'; ingl. arch(i)-: *archidiocesi*, archdiocese; *arcidiavolo*, arch-fiend.

archiacuto *agg.* (*arch.*) gothic, ogived, ogival.

archiatra *s.m.* archiater, chief physician.

archibugiata *s.f.* (*colpo*) (h)arquebus shot; (*ferita*) (h)arquebus wound.

archibugiere *s.m.* (*st.*) (h)arquebusier.

archibugio *s.m.* (*st.*) (h)arquebus.

archicembalo *s.m.* (*mus.*) harpsichord.

archidiocesi *s.f.* archdiocese.

archimandrita *s.m.* archimandrite.

archimedeo *agg.* (*fis., mat.*) Archimedean: *spinta archimedea*, buoyancy.

archipendolo, **archipenzolo** *s.m.* plumb -rule.

architettare *v.tr.* **1** to draw* up plans for (sthg.), to design **2** (*fig.*) to plot; to plan, to devise: — *un imbroglio*, to devise a swindle.

architetto *s.m.* architect (*anche fig.*).

architettonicamente *avv.* architecturally, architectonically.

architettonico *agg.* architectural, architectonic.

architettura *s.f.* **1** architecture: — *romanica*, Romanesque architecture **2** (*fig.*) (*schema*), structure, construction **3** (*inform.*) network, typology, architecture.

architravato *agg.* architraved.

architrave *s.m.* (*arch.*) architrave.

archiviare *v.tr.* **1** to register, to record, to place in the archives; (*comm.*) to file, to place on file: *la vostra pratica è stata archiviata*, your papers have been placed on file // (*dir.*): — *un processo*, to dismiss a case; — *l'esercizio dell'azione penale*, to drop the prosecution **2** (*fig.*) to abandon (sthg.), to let* (sthg.) drop **3** (*inform.*) to archive, to save.

archiviazione *s.f.* **1** registration; (*comm., inform.*) filing **2** (*dir.*) dismissal, closure **3** (*fig.*) abandonment.

archivio *s.m.* **1** archives (*pl.*); (*comm.*) file: *ricerche d'*—, archive research // *Archivio di Stato*, Record Office **2** (*inform.*) file, card, index, report file, set: — *permanente, principale*, master, main file; — *dei dati*, data file; — *dei movimenti*, detail file; — *originale*, disk master; — *messaggi*, mailphone; — *di lavoro*, scratch file; — *di lettura*, input file; — *di indirizzo*, address file; — *di statistiche*, accounting file; — *parti*, item master file; — *sequenziale*, batch file; — *bidimensionale*, flat file; — *delle consegne*, logging record; — *di attesa*, spooling.

archivista *s.m.* e *f.* **1** archivist **2** (*inform.*) file boy, file girl, file clerk.

archivistica *s.f.* system for regulating an archive.

archivistico *agg.* archival: *ricerca archivistica*, archive research.

archivolto *s.m.* (*arch.*) archivolt.

arci- *pref.* di origine greca che indica 'primato, comando' **1** → archi- **2** entra nella composizione di superlativi; ingl. very: *arcicontento*, very happy.

arciconfraternita *s.f.* archconfraternity.

arcicontento *agg.* (*fam.*) very glad, very happy, extremely glad.

arcidiaconato *s.m.* (*eccl.*) archdeaconry; archdeaconship.

arcidiacono *s.m.* (*eccl.*) archdeacon.

arcidiavolo *s.m.* **1** arch-fiend **2** (*bot. pop.*) (*Celtis occidentalis*) hackberry.

arcidiocesi *s.f.* (*eccl.*) archdiocese.

arciduca *s.m.* archduke.

arciducale *agg.* archducal.

arciducato *s.m.* **1** (*titolo*) archdukedom **2** (*territorio*) archduchy.

arciduchessa *s.f.* archduchess.

arciera *s.f.* loophole, embrasure.

arciere *s.m.* archer, bowman*.

arcigno *agg.* stern, grim, surly; (*imbronciato*) sullen, sulky.

arcinoto *agg.* very well known.

arcionato *agg.* with saddle-bows.

arcione *s.m.* saddle-bow; (*sella*) saddle: *montare in* —, to get on horseback.

arcipelago *s.m.* archipelago*.

arciprete *s.m.* (*eccl.*) dean, archpriest.

arcipretura *s.f.* (*dignità di arciprete*) deanship, deanery.

arcivescovado, **arcivescovato** *s.m.* archbishopric.

arcivescovile *agg.* archiepiscopal.

arcivescovo *s.m.* archbishop.

arco *s.m.* **1** (*arma*) bow: *corda dell'*—, bowstring; *tiro d'*—, bowshot; *tendere l'*—, to draw the bow // *avere ancora molte frecce al proprio* —, (*fig.*) to have still many cards to play **2** (*arch.*) arch: — *a sesto acuto*, ogive (*o* gothic) arch; — *a tutto sesto*, round arch; — *trionfale*, triumphal arch **3** (*mus.*) bow: *quartetto d'archi*, string quartet; *strumenti ad* —, the strings **4** (*violinista*) violinist; (*fam.*) fiddler **5** (*mat.*, *fis.*, *geol.*) arc: — *voltaico*, voltaic arc; *lampada ad* —, arc-lamp; *lunghezza dell'*—, arc length **6** (*anat.*) arch: — *del piede*, arch of the foot **7** (*fig.*) (*periodo di tempo*) space, ark: *nell'— di un mese*, in the space of a month (*o* in a month).

arcobaleno *s.m.* rainbow.

arcolaio *s.m.* wool winder; skein winder; reel winder.

arcontato *s.m.* (*st. greca*) archonship.

arconte *s.m.* (*st. greca*) archon.

arcoscenico *s.m.* (*teatr.*) proscenium arch.

arcose *s.m.* (*geol.*) arkose.

arcosecante *s.f.* (*mat.*) arc secant.

arcoseno *s.m.* (*mat.*) arc sine.

arcotangente *s.f.* (*mat.*) arc tangent.

arcuare *v.tr.* to arch; to curve; (*piegare*) to bend*.

arcuato *agg.* arched; curved; (*spec. med.*) arcuated; (*piegato*) bent: *dalle gambe arcuate*, bow-legged (*o* bandy-legged).

ardente *agg.* **1** (*che brucia*) burning, scorching; (*infuocato*) hot, red hot, blazing: *carboni ardenti*, burning coals; *sole* —, scorching sun **2** (*fig.*) burning; fervent; ardent; passionate; fiery: *amore* —, passionate love; *occhi ardenti*, burning eyes; *preghiera* —, fervent prayer; *temperamento* —, fiery temper **3** (*di colore*) bright, brilliant: *rosso* —, fiery (*o* bright) red **4** *camera* —, funeral chamber; *cappella* —, mortuary chapel.

ardentemente *avv.* ardently; passionately; fervently; eagerly: *sperava — che tornasse*, she ardently (*o* passionately *o* fervently) hoped he would return.

ardere *v.tr.* **1** (*bruciare*) to burn* **2** (*inaridire, seccare*) to dry (up); to scorch, to parch, to wither, to shrivel: *il sole le ha arso i capelli*, the sun has dried up her hair **3** (*fig.*) (*infiammare*) to inflame; to burn*; to set* ablaze ◆ *v.intr.* **1** to burn*, to be on fire: *ardono i lumi*, the lights are burning (*o* the lights are shining); *la casa arde*, the house is burning (*o* the house is on fire) **2** (*fig.*) to glow (with sthg.); to burn (with sthg.): *ardeva di collera*, she was burning with rage; — *di entusiasmo*, to be glowing with enthusiasm; — *di sete*, to be dying of thirst **3** (*fig.*) (*imperversare*) to rage; *ardeva la lotta*, the struggle continued fiercely.

ardesia *s.f.* slate: *cava di* —, slate quarry; *tetto di* —, slate roof; (*arch.*) *lavoro* (*di copertura*) *con* —, slating.

ardica *s.f.* (*arch.*) → **nartece**.

ardiglione *s.m.* **1** (*non com.*) tongue of a buckle **2** (*dell'amo*) barb.

ardimento *s.m.* boldness, daring; (*coraggio*) courage.

ardimentoso *agg.* bold, daring; brave; fearless: *atto* —, bold deed; *persona ardimentosa*, bold (*o* daring) person.

ardire[1] *s.m.* boldness; daring; (*sfacciataggine*) impudence, cheek: *ebbe l'— di continuare a mentire*, he had the impudence to go on lying.

ardire[2] *v.intr.* to dare; to venture: *non ardì di parlare*, he dared (*o antiq.* durst) not speak (*o* he didn't have the courage to speak).

arditezza *s.f.* courage; boldness, daring; (*audacia*) audacity; forwardness: *l'— delle linee architettoniche*, the boldness of the architectural lines.

ardito *agg.* **1** (*coraggioso, audace*) bold, audacious, daring: *ha dei concetti arditi*, he has some audacious ideas; *un progetto* —, a daring (*o* audacious) project // *farsi* —, to make bold **2** (*che presenta rischi*) risky; hazardous; dangerous: *impresa ardita*, risky undertaking ◆ *s.m.* (*mil.*) 'ardito'* (Italian assault soldier, 1915-18).

ardore *s.m.* **1** fierce heat **2** (*fig.*) ardour; passion; (*fervore*) fervour; (*entusiasmo*) zeal, zest: *cavallo pieno di* —, high-spirited (*o* high -mettled) horse; *fare qlco. con* —, to do sthg. fervently (*o* with zeal); — *di vita*, zest for life.

arduità *s.f.* (*non com.*) arduousness; difficulty.

arduo *agg.* **1** arduous, hard, tough, difficult; laborious: *è un — compito*, this is a difficult (*o* hard) task; *sarà un'impresa ardua convincerlo*, it will be difficult to convince him (*o* convincing him will be a tough job) **2** (*non com.*) (*erto*) arduous, steep.

area *s.f.* **1** area: — *fabbricabile*, site (*o* building lot); — *di servizio*, service area; — *culturale*, cultural area; — *ciclonica*, area of high pressure // (*sport*) — *di rigore*, penalty area // (*econ.*): — *del dollaro, della sterlina*, dollar, sterling area; — *depressa*, depressed (*o* distressed) area; — *di interesse, di attività*, line; — *di sviluppo*, development area; — *industriale*, industrial area; — *di libero scambio*, free trade area; — *monetaria*, monetary area; — *di prodotti da reclamizzare* (*affidati a un'agenzia di pubblicità*), account// (*inform.*): — *di memoria*, storage area; — *di testi*, textual file; — *di transito*, buffer; — *di introduzione*, input area block; — *di ripristino*, recovery area; — *di programma*, program storage (*o* instruction area); — *di servizio*, clearance space; — *di fondo*, background area; — *di comodo*, hold area; — *programmabile* (*dall'utente*), field area; — (*di memoria*) *utilizzabile dall'utente*, field erasable **2** (*mat.*) area, surface **3** (*schieramento ideologico*) area: *deputato di — comunista*, a communist MP.

areale *agg.* areal: (*fis.*) *velocità* —, areal velocity ◆ *s.m.* (*ecol.*) areale.

areato *agg.* **1** aired; ventilated **2** (*scient.*) aerated.

areca *s.f.* (*bot.*) **1** areca **2** (*noce di betel*) areca-nut; betel-nut.

areligioso *agg.* areligious.

arem *s.m.* harem.

arena *s.f.* **1** (*non com.*) (*sabbia*) sand **2** (*arch.*) arena (*anche fig.*): *l'— politica*, (*fig.*) the political arena.

arenaceo *agg.* sandy; (*geol.*) arenaceous.

arenamento *s.m.* **1** (*mar.*) running aground, stranding **2** (*deposito di sabbia*) silting up **3** (*fig.*) stranding.

arenare *v.intr.* **arenarsi** *v.intr.pron.* **1** (*mar.*) to run* aground, to strand **2** (*fig.*) to strand.

arenaria *s.f.* **1** (*geol.*) sandstone: — *grossolana*, grit **2** (*bot.*) — *comune*, (*Arenaria serpyllifolia*) sandwort.

arenario *agg.* sandy; (*non com.*) arenaceous: *roccia arenaria*, sandstone.

arene *s.m.* (*chim.*) arene.

arengario *s.m.* communal palace.

arengo *s.m.* (*st.*) **1** (*assemblea*) assembly **2** (*luogo di raduno*) meeting place.

arenico *agg.* (*chim.*) arenic: *composto* —, arenic compound.

arenicola *s.m.* (*zool.*) lobworm, lugworm.

arenicolo *agg.* (*scient.*) arenaceous.

arenile *s.m.* sandy shore.

arenite *s.f.* (*geol.*) arenite.

arenoso *agg.* sandy, (*non com.*) arenaceous.

areografia *s.f.* (*astr.*) areography.

areola *s.f.* **1** small area, areola* **2** (*anat.*) areola*.

areolo *s.m.* (*chim.*) santalol.

areometria *s.f.* (*fis.*) areometry.

areometro *s.m.* (*fis.*) areometer.

areopagita *s.m.* Areopagite.

areopagitico *agg.* Areopagitic.

areopago *s.m.* Areopagus.

aretino *agg.* of Arezzo.

argali *s.m.* (*zool.*) (*Ovis ammon*) argali.

arganista *s.m.* hoistman; windlasser; wincher, winchman.

argano *s.m.* hoist; capstan; windlass, winch: — *ad aria compressa*, air hoist; — *a mano*, monkey winch; — *a vapore*, steam capstan; — *dell'ancora*, anchor windlass; — *di sollevamento*, cargo winch.

argentana *s.f.* (*chim.*) nickel silver.

argentare *v.tr.* to silver; (*non com.*) to silverise; (*metall.*) to silver-plate.

argentato *agg.* **1** (*color argento*) silvery, silver // *volpe argentata*, silver fox **2** (*metall.*) silver-plated; (*non com.*) silverised.

argentatore *s.m.* (*metall.*) silver plater.

argentatura *s.f.* silvering; (*metall.*) silver plating: — *galvanica*, silver electro-plating.

argent de poche *s.m.* pocket money.

argenteo *agg.* silvery, silver: *capelli argentei*, silver hair; *il chiarore — della luna*, the silvery light of the moon.

argenteria *s.f.* silver, silver plate, silverware: — *da tavola*, silver service (*o* silverware).

argentico *agg.* (*chim.*) argentic.

argentiere *s.m.* silversmith; (*la bottega*) silversmith's.

argentifero *agg.* argentiferous.

argentina[1] *s.f.* (*indumento*) (long-sleeved, round-necked) sweater.

argentina[2] *s.f.* **1** (*bot.*) → anserina **2** (*zool.*) (*Argentina sphyraena*) argentine.

argentino[1] *agg.* silvery; (*rar.*) argentine: *voce argentina*, silvery voice.

argentino[2] *agg.* e *s.m.* Argentine.

argentite *s.f.* (*min.*) argentite, silver glance.

argento *s.m.* **1** (*chim.*) silver: *bromuro d'*—, silver bromide; *cloruro d'*— silver chloride; *nitrato d'*—, silver nitrate // (*metall.*) — *925/1000*, sterling silver // — *lavorato*, wrought silver; — *dorato*, silver gilt; — *vivo*, quicksilver; *avere addosso l'— vivo*, (*fig.*) to be restless (*o fam.* to be a real fidget) // (*pitt.*) *bianco d'*—, white lead // *nozze d'*—, silver wedding // *ca-*

pelli d'—, (*fig.*) silver hair // *la parola è d'—, il silenzio è d'oro*, (*prov.*) speech is silver, silence is golden **2** *pl.* (*argenteria*) silver, silverware [U] **3** *pl.* (*monete d'argento*) silver coins.

argentone *s.m.* → **argentana**.

argentoso *agg.* (*chim.*) argentous.

argilla *s.f.* clay: — *espansa*, expanded clay; — *refrattaria*, fireclay // *minerali delle argille*, clay minerals // *uomo d'—*, man of clay.

argillaceo *agg.* clayey, argillaceous.

argillite *s.f.* (*geol.*) argillite, shale.

argilloso *agg.* argillaceous, clayey: *terreno —*, clayey ground.

arginamento *s.m.* **1** embanking; (*sbarramento, diga*) damming (up); (*tamponamento*) stemming **2** (*fig.*) (*contenimento*) containment: *tattica di —*, containment policy.

arginare *v.tr.* **1** (*munire di argini*) to embank; (*sbarrare*) to dam; to dyke, to stem **2** (*fig.*) to stem, to check: — *un'ondata di corruzione*, to stem (*o* to check) a tide of corruption.

arginatura → **arginamento.**

argine *s.m.* embankment; bank; (*diga*) dyke: — (*naturale*), levee // *porre — a qlco.*, (*fig.*) to stem (*o* to check) sthg.

arginina *s.f.* (*chim.*) arginine.

arginnide *s.f.* (*zool.*) fritillary.

argirismo *s.m.* (*med.*) argyrism, argyria.

argironeta *s.f.* (*zool.*) (*Argyroneta aquatica*) water-spider.

argivo *agg.* e *s.m.* Argive.

argolico *agg.* Argive, of Argolis; (*estens.*) Greek.

argomentare *v.tr.* to infer, to deduce: *lo argomentarono dalle sue parole*, they deduced it from his words ◆ *v.intr.* to argue: — *una tesi* (*universitaria*), to defend a thesis; — *una presa di posizione*, to argue one's position (*o* case).

argomentativo *agg.* (*non com.*) by topic, by theme: *procedimento —*, proceeding point by point, (*form.*) proceeding by topics.

argomentatore *s.m.* **argomentatrice** *s.f.* arguer, reasoner.

argomentazione *s.f.* **1** reasoning, (*non com.*) argumentation **2** (*ret.*) argumentation.

argomento *s.m.* **1** subject; topic; subject matter; matter: *film, romanzo di — storico*, historical film, novel; *entrare in —*, to come to the point; *uscire dall'—*, to go off the point (*o* to wander); *questo non è un — per una conversazione piacevole*, this is no topic for a pleasant conversation; *ritorneremo su quest'— più tardi*, we'll come back to this subject later; *il vostro libro tratta ampiamente l'—*, your book deals extensively with the subject // *non cambiare —!*, don't change the subject! **2** (*prova a sostegno, ragionamento*) argument: *dare più di un —*, to advance (*o* to put forward) more than one argument; *confutare un —*, to refute an argument // (*dir.*) — *di difesa*, plea **3** (*non com.*) (*indizio, segno*) proof: *il silenzio è — di colpa*, silence is a proof of guilt **4** (*cagione*) occasion: *le buone azioni sono — di lode*, good actions are occasion for praise **5** (*non com.*) (*sommario*) summary; synopsis* **6** (*astr., mat.*) argument.

argo(n) *s.m.* (*chim.*) argon.

argonauta *s.m.* **1** (*mit.*) Argonaut **2** (*zool.*) (*Argonauta argo*) paper nautilus, (*scient.*) argonaut.

argot *s.m.* slang; (*gergo della malavita*) argot.

arguire *v.tr.* (*dedurre*) to deduce, to infer; (*indovinare*) to guess: — *le intenzioni di qlcu.*, to guess s.o.'s intentions.

argutezza *s.f.* **1** acuteness, keenness; shrewdness **2** (*l'essere spiritoso*) wittiness.

arguto *agg.* **1** shrewd, sharp-witted, quick -witted; (*acuto*) acute, sharp, keen; lively; penetrating: *un'osservazione arguta*, a shrewd observation; *persona arguta*, sharp-witted (*o* quick-witted) person **2** (*spiritoso*) witty **3** (*di sguardo*) keen, sharp, penetrating.

arguzia *s.f.* **1** (*di spirito*) wit; humour **2** (*detto arguto*) witty remark, witticism.

aria *s.f.* **1** air; (*vento*) air, breeze: — *viziata*, stale air; — *secca*, dry air; — *mefitica*, foul air; *non c'era un filo d'—*, there wasn't a breath of air; *dare — a una stanza*, to air (*o* to ventilate) a room; *prendere una boccata d'—*, to get a breath of air // *all'— aperta*, in the open air; *giochi all'— aperta*, outdoor games // *colpo d'—, corrente d'—*, draught // *massa d'—*, air mass // *vortice d'—*, whirlwind (*o* vortex) // *spostamento d'—*, displacement of air; (*da bomba*) blast // *in linea d'—*, as the crow flies // *per via d'—*, by air // — *condizionata*, air conditioning; — *compressa*, compressed air // (*fis.*) — *liquida*, liquid air // (*aer.*) *vuoto d'—*, air pocket // *camera d'—*, inner tube // (*aut.*): *filtro dell'—*, air filter; *presa d'—*, air intake (*o* air inlet) // *sentirsi mancare l'—*, to feel suffocated // *c'è qlco. in —*, there is sthg. in the air // *andare all'—*, (*fig.*) to fail (*o* to fall through); *mandare all'—*, to upset // *buttare tutto all'—*, to turn everything upside down, (*fig.*) to throw up everything // *mandare qlcu. a gambe all'—*, to trip s.o. up // *—!*, get out of the way! // *campar d'—*, to live on air (*o* on nothing) // *dire qlco. a mezz'—*, to hint at sthg. // *fare castelli in —*, (*fig.*) to build castles in Spain (*o* in the air) // *tira una brutta —*, there is a bad atmosphere // *mettere tutto in —*, to throw everything into confusion // *è solo — fritta*, it's just host air **2** (*clima*) air, climate: *cambiamento d'—*, change of air; *l'— è molto buona da queste parti*, the air is good here; *il medico gli ha consigliato l'— di mare*, the doctor advised sea-air // *mutare, cambiare —*, (*fig.*) to move (*o* to change) one's residence **3** (*aspetto*) appearance, look; (*atteggiamento*) air, demeanour; (*del volto*) look, expression: — *di famiglia*, family likeness; *la città prese un'— di festa*, the town took on a holiday atmosphere; *ha l'— di un galantuomo*, he looks like an honest man; *ha un'— molto dolce*, she looks very gentle; *mi venne incontro con — triste*, he came towards me looking sad (*o* with a sad expression on his face) // *darsi delle arie*, to give oneself airs **4** (*mus.*) tune, air, melody; (*di opera*) aria: *vecchia canzone su un'— nuova*, old song to a new tune.

aria-aria *agg.* air-to-air: *missile, razzo —*, air-to-air missile, rocket.

arianesimo, **arianismo** *s.m.* (*st. relig.*) Arianism.

ariano[1] *agg.* e *s.m.* (*seguace di Ario*) Arian.

ariano[2] *agg.* e *s.m.* (*indoeuropeo*) Aryan.

aria-terra *agg.* air-to-ground: *missile —*, air -to-ground missile.

aridità *s.f.* **1** (*di terreno, mente, argomento*) aridity; barrenness; sterility **2** (*di cuore*) lack of feeling; hard-heartedness, coldness, insensitiveness.

arido *agg.* **1** (*di terreno, mente, argomento*) arid; dry; barren; sterile; unwatered **2** (*di cuore*) lacking feeling; hard-hearted, cold, insensitive.

aridocoltura *s.f.* dry farming.

arieggiante *agg.* resembling, suggestive of, reminiscent of, that recalls: *una stanza — un certo gusto ottocentesco*, a room with a certain eighteenth-century atmosphere to it.

arieggiare *v.tr.* **1** (*dare aria a*) to air, to ventilate: — *una stanza*, to air a room **2** (*somigliare a*) to resemble, to look like: *uno stile che arieggia il Petrarca*, a style reminiscent of Petrarca ◆ *v.intr.* (*atteggiarsi*) to give* oneself airs, to imitate, to play: — *a genio, a poeta*, to play the genius, the poet.

arieggiato *agg.* aired: *una stanza ben arieggiata*, a well-aired room.

ariete *s.m.* **1** (*zool.*) ram, tup **2** (*mil.*) battering ram.

Ariete *no.pr.m.* (*astr.*) Aries, the Ram.

arile *s.m.* (*chim.*) aryl.

arilico *agg.* (*chim.*) aryl (*attr.*): *gruppo —*, aryl group.

arillo *s.m.* (*bot.*) aril.

aringa *s.f.* (*zool.*) (*Clupea harengus*) herring: — *affumicata*, kipper (*o* smoked herring); — *salata*, salted herring // *essere pigiati come aringhe*, to be packed (in) like sardines.

ario *agg.* e *s.m.* Aryan.

arioso *agg.* airy: *stile —*, expansive style ◆ *s.m.* (*mus.*) ariose.

ariostesco *agg.* (*lett.*) of Ariosto; in Ariosto's style.

arista[1] *s.f.* (*cuc.*) (roast) saddle of pork, chine of pork.

arista[2] *s.f.* (*bot.*) arista.

aristato *agg.* (*bot.*) aristate, bearded.

aristocratico *agg.* **1** aristocratic(al) **2** (*fig.*) refined, cultivated, aristocratic ◆ *s.m.* aristocrat.

aristocrazia *s.f.* **1** aristocracy **2** (*élite*) elite, cream, aristocracy **3** (*raffinatezza*) refinement, distinction.

aristofanesco *agg.* (*lett.*) Aristophanic.

aristolochia *s.f.* (*bot.*) (*Aristolochia clematis*) birthwort.

aristotelico *agg.* e *s.m.* (*fil.*) Aristotelian.

aristotelismo *s.m.* (*fil.*) Aristotelianism.

aritmetica *s.f.* arithmetic.

aritmetico *agg.* **1** arithmetical: *media aritmetica*, arithmetic mean; *progressione aritmetica*, arithmetical progression **2** (*fig.*) logical, clear ◆ *s.m.* arithmetician.

aritmia *s.f.* (*med.*) arrhythmia, arrhythmy.

aritmico *agg.* arrhythmic(al).

arlecchinata *s.f.* **1** (*buffonata*) (piece of) buffoonery, clowning **2** (*teatr.*) harlequinade.

arlecchinesco *agg.* clownish.

arlecchino *s.m.* **1** harlequin **2** (*fig.*) buffoon, clown ◆ *agg.* (*di tanti colori*) harlequin: *tessuto —*, harlequin patterned material // (*zool.*) *alano —*, harlequin.

arma *s.f.* **1** weapon, arm (*anche fig.*): — *a ripetizione*, repeater; — *atomica*, atomic weapon; *armi bianche*, sidearms, bayonets, cold steel; *combattere all'— bianca*, to fight hand to hand (*o* to fight at close quarters); *armi corte, portatili*, small arms; *armi da fuoco*, fire-arms; *armi subacquee*, underwater weapons; *fatto d'armi*, action (*o* engagement *o* feat) of arms; *galleria d'armi*, armoury; *gente d'arme*, soldiers; *maestro d'arme*, fencing -master; *piazza d'armi*, parade ground; *porto d'armi*, firearm licence; *uomo d'armi*, man at arms // *abbassare le armi*, (*fig.*) to surrender; *caricare un'— da fuoco*, to load; *chiamare alle armi*, to call to arms; *correre alle armi*, to rush to arms (*o* to prepare for battle); *deporre le armi*, to lay down one's arms (*o* to cease hostilities); *essere sotto le armi*, to serve in the army (*o* to be doing military service); *levarsi in armi contro qlcu.*, to rise up in arms against s.o.; *passare qlcu. per le armi*, to shoot (*o* execute) s.o.; *prendere le armi*, to begin hostilities (*o* to take up arms); *presentare le armi*, to present arms; *spianare l'— contro qlcu.*, to level one's weapon at s.o. // *all'armi!*, to arms! // *essere alle prime armi*, (*fig.*) to be a novice **2** (*mil.*) force; arm, service: — *azzurra*, air force; — *di fanteria*, infantry // *l'Arma* (*dei carabinieri*), the (carabineers) Service **3** (*arald.*) coat of arms.

armacollo, ad *locuz.avv.* slung across the shoulder.

armadietto *s.m.* (*di metallo con serratura*) locker.

armadillo *s.m.* (*zool.*) armadillo.

armadio *s.m.* **1** (*per abiti*) wardrobe, closet; cupboard: — *a muro*, built-in wardrobe; — *a specchio*, mirror wardrobe **2** (*per stoviglie*) cupboard **3** (*per strumenti tecnici, medici*) cabinet.

armaiolo *s.m.* armourer; gunsmith; (*chi vende armi*) gun dealer.

armamentario *s.m.* **1** (*strumenti*) instruments (*pl.*), implements (*pl.*): — *chirurgico*, surgical instruments **2** (*fig.*) fund, arsenal: *lui e il suo — ideologico*, him and his fund of ideological clichés.

armamento *s.m.* **1** arming; armament // (*aer.*): — *di lancio*, disposable armament; — *fisso*, fixed armament // *corsa agli armamenti*, arms race **2** (*mar.*) equipment, fitting-out, rigging: — *di lancia*, crew of a launch // *in* —, on commission **3** (*ferr.*) superstructure, unballasted permanent way: *posa dell'*—, laying of the superstructure **4** (*miner.*) timbering.

armare *v.tr.* **1** to arm; to provide with arms: *armò i suoi uomini*, he armed his men // — *qlcu. cavaliere*, to dub s.o. knight **2** (*mar.*) to equip, to rig, to fit out: — *una barca*, to man a boat; — *i remi*, to lay on oars **3** (*armi*) to cock, to load: — *un fucile*, to cock a rifle **4** (*edil.*) to reinforce **5** (*mus.*) — *la chiave*, to put the key signature (to a piece of music) **6** (*fortificare*) to fortify, to strengthen, to brace.
□ **armarsi** *v.rifl.* to arm oneself (with sthg.): — *di fucile, di bastone*, to arm (oneself) with a rifle, with a stick; — *di coraggio*, (*fig.*) to pluck up courage // — *di pazienza*, to decide to be patient.

armata *s.f.* **1** army: *un'— di ventimila uomini*, an army twenty thousand strong; *corpo d'*—, army corps **2** (*mar.*) fleet // (*st.*) *l'Invincibile Armata*, the Invincible Armada.

armato *agg.* **1** armed (*anche fig.*): — *di rivoltella*, armed with a revolver; *andare in giro* —, to go around armed; — *di pazienza, di coraggio*, armed with patience, with courage // *rapina a mano armata*, armed robbery **2** (*fornito*) provided, equipped, furnished: — *degli strumenti adatti*, provided (*o* equipped) with the right instruments **3** (*mar.*) manned **4** (*elettr.*) armoured: *cavo* —, armoured cable **5** (*edil.*) reinforced: *cemento* —, reinforced concrete ◆ *s.m.* armed man.

armatore *s.m.* **1** (*chi allestisce una nave*) fitter-out **2** (*chi possiede una nave*) shipowner.

armatoriale *agg.* shipping; shipowning; commissioning.

armatura *s.f.* **1** (suit of) armour: *una vecchia* —, an old suit of armour **2** (*telaio*) framework; (*impalcatura edile*) scaffolding; (*intelaiatura di ferro*) reinforcement // — *di legno*, timbering **3** (*elettr.*) (*di cavo*) armour; (*di magnete*) armature **4** (*rad.*) (*di condensatore variabile*) plate **5** (*tess.*) weave: — *semplice*, plain weave.

arme *s.f.* **1** → (*ant.*) arma **2** (*arald.*) arms, armorial bearings.

armeggiamento *s.m.* **1** (*l'affaccendarsi*) bustle; fuss; (*il tramare*) manoeuvring, intrigue **2** (*st.*) (*torneamento*) joust, tournament.

armeggiare *v.tr.* **1** (*fig.*) (*darsi da fare*) to bustle, to busy oneself; to fuss: — *intorno ai fornelli*, to busy oneself at the oven **2** (*brigare*) to intrigue, to manoeuvre, to scheme: — *per ottenere un lavoro*, to scheme to obtain a job.

armeggio *s.m.* (*l'affaccendarsi*) bustling; muddle; (*intrigo*) scheming, manoeuvring: *quel loro — non mi piace*, I don't like their manoeuvring.

armeggione *s.m.* **1** (*chi fa imbrogli*) swindler **2** (*intrigante*) busybody.

armeno *agg.* e *s.m.* Armenian.

armento *s.m.* herd.

armeria[1] *s.f.* armoury; (*negozio*) gunshop.

armeria[2] *s.f.* (*bot.*) (*Armeria vulgaris*) thrift.

armiere *s.m.* (*mil.*) gunner.

armigero *agg.* (*letter.*) **1** armed **2** (*fig.*) warlike, bellicose ◆ *s.m.* (*letter.*) **1** (*guerriero*) warrior **2** (*ant.*) (*scudiero*) armiger; squire.

armilla *s.f.* **1** armlet; (*braccialetto*) bracelet **2** (*astr.*) armillary sphere.

armillare *agg.* armillary: (*astr.*) *sfera* —, armillary sphere.

armistiziale *agg.* (*non com.*) armistice (*attr.*), of an armistice: *trattativa* —, armistice negotiations.

armistizio *s.m.* armistice: *chiedere l'*—, to ask for an armistice // *anniversario dell'*—, Armistice Day.

armo *s.m.* (*canottaggio*) crew, boat.

armonia *s.f.* harmony; consonance; accord; agreement: *in* —, in harmony; *quest'affermazione non è in — con i tuoi principi*, this statement is not in keeping with your principles; — *di colori*, matching colours; *non si può dire che tra loro regni l'*—, you can't say that they are well matched.

armonica *s.f.* **1** (*mus.*) glass harmonica: — *a bocca*, harmonica (*o* mouthorgan) **2** (*fis., mat.*) harmonic: — *superiore*, overtone.

armonicista *s.m.* e *f.* **1** (glass) harmonica player **2** musical instrument maker.

armonico *agg.* **1** harmonic, harmonious: (*mus.*) *cassa armonica*, sound box **2** (*fis., mat.*) harmonic: *frequenza armonica*, harmonic frequency; *serie armonica*, harmonic series.

armonio → **armonium**.

armonioso *agg.* harmonious (*anche fig.*).

armonista *s.m.* e *f.* (*mus.*) harmonist.

armonistico *agg.* harmonistic.

armonium *s.m.* (*mus.*) harmonium.

armonizzamento *s.m.* → **armonizzazione**.

armonizzare *v.tr.* **1** (*mus.*) to harmonize; to attune **2** (*fig.*) (*mettere in armonia*) to bring* into harmony; to harmonize; to attune ◆ *v.intr.* → armonizzarsi.
□ **armonizzarsi** *v.intr.pron.* **1** (*essere in armonia*) to harmonize **2** (*di colori, abiti*) to match.

armonizzazione *s.f.* **1** (*mus.*) harmonization **2** (*fig.*) attuning.

armoricano *agg.* e *s.m.* Armorican.

armotomo *s.m.* (*min.*) harmotome.

arnese *s.m.* **1** (*attrezzo*) tool, implement; (*spec. da cucina*) utensil: *arnesi da giardino*, garden (*o* gardening) tools **2** (*aggeggio*) gadget, contrivance; (*fam.*) contraption, thingummyjig, whatsit, thing: *dammi quell'—!*, give me that thingummyjig! **3** (*modo di vestire*) dress; (*fam.*) getup, rig // *male in* —, *in cattivo* —, shabbily (*o* sadly) dressed (*o* shabby) **4** (*fam. spreg.*) (*persona losca*) crook: *cattivo* —, crook (*o* nasty piece of work *o* rogue).

arnia *s.f.* (bee)hive, apiary.

arnica *s.f.* (*bot.*) (*Arnica montana*) arnica.

arnoglossa *s.f.* (*bot.*) (*Plantago lanceolata*) ribwort, ribwort plantain.

aro *s.m.* (*bot.*) → **gigaro**.

aroma *s.m.* **1** spice, aromatic herb // *sale e aromi*, salt and spices **2** (*profumo*) aroma, fragrance.

aromaticità *s.f.* aroma, flavour, spiciness.

aromatico *agg.* **1** aromatic; (*aromatizzato*) spicy **2** (*chim.*) aromatic: *serie aromatica*, aromatic series; *composto* —, *della serie aromatica*, aromatic compound.

aromatizzante *agg.* aromatizing, flavouring ◆ *s.m.* aromatizer; flavouring essence.

aromatizzare *v.tr.* to make* aromatic, to aromatize, to flavour.

arpa *s.f.* (*mus.*) harp: — *eolia*, Aeolian harp; *suonare l'*—, to play the harp.

arpagone[1] *s.m.* (*mar.*) (*rostro*) grapple, grapnel.

arpagone[2] *s.m.* (*avaro*) miser.

arpeggiamento *s.m.* (*mus.*) harping, playing arpeggios, spreading of chords.

arpeggiare *v.intr.* (*mus.*) **1** to play the harp **2** (*fare arpeggi*) to arpeggio, to play arpeggios.

arpeggiato *agg.* e *s.m.* (*mus.*) played as an arpeggio.

arpeggio *s.m.* (*mus.*) arpeggio*.

arpia *s.f.* **1** (*mit.*) harpy (*anche fig.*) **2** (*zool.*) (*Harpia harpyia*) harpy; (*Thrasaëtus harpyia*) harpy eagle.

arpicordo *s.m.* (*mus.*) harpsichord.

arpionare *v.tr.* to harpoon.

arpione *s.m.* **1** (*da baleniere*) harpoon **2** (*uncino*) hook **3** (*cardine*) hinge **4** (*ferr.*) spike.

arpionismo *s.m.* (*mecc.*) ratchet gear.

arpista *s.m.* e *f.* (*mus.*) harpist.

arrabattarsi *v.intr.pron.* to do* one's best, to do* all one can: *si arrabatta per trovare un lavoro*, he's trying hard to find a job; — *per campare*, to do one's best to get by.

arrabbiare *v.intr.* (*di cane*) to become* affected with rabies, to become* rabid.

□ **arrabbiarsi** *v.intr.pron.* to get* angry; to fly into a temper, to lose* one's temper: *si arrabbiò molto con me*, he got really angry with me; *non farmi arrabbiare!*, don't make me lose my temper! // *non t'—!*, take it easy! (*o* keep cool!).

arrabbiata *s.f.* (*fam.*) tantrum, fit of anger.

arrabbiato *agg.* **1** (*di cane*) rabid, mad; (*di persona*) angry, enraged, furious: *non essere — con me!*, don't be angry with me! // *'i giovani arrabbiati'*, 'the angry young men' **2** (*cuc.*) hot and spicy **3** (*accanito*) incorrigible; relentless; enthusiastic; keen: *pescatore —*, enthusiastic angler; *sportivo —*, (mad)keen sportsman **4** (*fig. fam.*) incredibly, impossibly: *questo ristorante è caro —*, this restaurant is incredibly expensive.

arrabbiatura *s.f.* rage, fit of anger: *prendersi un'—*, to fly into a rage (*o* to have a fit of anger).

arraffare *v.tr.* **1** to grasp, to seize; to grab; to snatch at (sthg.) **2** (*rubare*) to steal*, to snatch (at sthg.), to grab.

arraffone *s.m.* (*fam.*) grabber, money grabber, greedy person.

arrampicamento *s.m.* climbing.

arrampicarsi *v.intr.pron.* **1** to climb (up), to shin up; (*con difficoltà*) to clamber (up); (*sport*) to climb: — *sulle montagne*, to climb mountains; — *su un albero*, to climb a tree; — *su una scala, su un muro*, to climb up (*o* to shin up) a ladder, a wall // — *sui vetri, sugli specchi*, (*fig.*) to try to defend an untenable opinion (*o* to clutch at straws) **2** (*estens.*) to climb: *il pullman si arrampicava sulla collina*, the coach climbed the hill **3** (*di piante*) to creep*, to climb, to trail.

arrampicata *s.f.* climb, climbing: *è stata una bella —*, it was a real climb; (*sport*) — *libera*, free climbing.

arrampicatore *s.m.* **arrampicatrice** *s.f.* **1** mountain climber **2** (*fig.*) climber: — *sociale*, social climber.

arrancare *v.intr.* **1** (*camminare zoppicando*) to limp, to hobble; (*camminare a fatica*) to plod along, to trudge **2** (*fig.*) to strive* hard **3** (*mar.*) to row vigorously, to pull (at the oars): *arranca!*, pull away!

arrancata *s.f.* **1** limping; trudging **2** (*mar.*) pull.

arrangiamento *s.m.* **1** agreement, arrangement, settlement **2** (*mus.*) arrangement.

arrangiare *v.tr.* **1** to arrange, to settle, to sort out // *ti arrangio io!*, I'll sort you out! (*o* I'll fix you!) **2** (*fam.*) to fix up; to improvise **3** (*mus.*) to arrange.

□ **arrangiarsi** *v.intr.pron.* **1** (*cavarsela alla meglio*) to make* shift; to manage; to do* the best one can, to fix things as best one can // *arrangiatevi!*, do the best you can!; *che si arrangi!*, that's his own lookout! **2** (*accordarsi*) to come* to an agreement: *arrangiatevi tra voi*, sort it out amongst yourselves **3** (*accomodarsi*) to make* oneself comfortable: *ci siamo arrangiati alla meglio*, we made ourselves as comfortable as we could.

arrangiatore *s.m.* (*mus.*) arranger.

arrapare *v.tr.* (*volg.*) to excite sexually, to make* horny.

□ **arraparsi** *v.intr.pron.* (*volg.*) to become* sexually excited, to become* horny.

arrecare *v.tr.* **1** (*letter.*) (*portare*) to bring* **2** (*causare*) to cause: — *dolore*, to cause sorrow; — *piacere*, to give pleasure.

arredamento *s.m.* **1** furnishing, fitting out: *rivista di —*, home furnishing (*o* interior decoration) magazine; *studiare —*, to study interior decoration **2** (*i mobili ecc.*) furnishings (*pl.*); (*mobilia*) furniture [U]: — *stile impero*, empire style furniture; *un — raffinato*, stylish (*o* refined) furnishings; — *cinematografico, teatrale*, film, theatre set.

arredare *v.tr.* to furnish: — *un appartamento*, to furnish a flat.

arredatore *s.m.* **arredatrice** *s.f.* **1** interior decorator **2** (*cinem., teatr.*) set dresser.

arredo *s.m.* piece of furniture; (*spec. pl.*) furniture [U]; furnishings; fittings: — *per l'ufficio*, office equipment // *arredi sacri*, vestments, altar cloths and holy vessels.

arrembaggio *s.m.* (*mar.*) boarding.

arrembare *v.tr.* e *intr.* (*mar.*) (*abbordare*) to board.

arrembatura *s.f.* (*vet.*) founder, laminitis (*pl.* -es).

arrendersi *v.rifl.* **1** to surrender, to give* oneself up; to submit: — *a condizioni onorevoli*, to surrender on honourable terms **2** (*fig.*) to give* up, to yield: — *al destino*, to submit to fate.

arrendevole *agg.* **1** pliant, flexible, supple **2** (*fig.*) yielding, docile, compliant: *un carattere —*, a docile character.

arrendevolezza *s.f.* **1** pliability, flexibility, suppleness **2** (*fig.*) docility; compliance.

arrestare *v.tr.* **1** (*fermare*) to stop, to halt, to arrest; to hold* back, to check: — *un'epidemia*, to halt an epidemic; — *un motore*, to stop an engine; — *il progresso*, to stop progress **2** (*trarre in arresto*) to arrest; (*catturare*) to capture, to seize: *l'assassino non è ancora stato arrestato*, the murderer is still at large; *lo arrestarono per furto*, they arrested him for theft.

□ **arrestarsi** *v.rifl.* **1** (*fermarsi*) to stop, to come* to a halt: *l'orologio si arrestò alle cinque*, the watch stopped at five; *il treno si arrestò in aperta campagna*, the train came to a halt in open countryside **2** (*fare una pausa*) to pause, to linger: *si arrestò qualche secondo, poi aggiunse...*, he paused for a second and then added... **3** (*inform.*) (*di macchina*) to hang up.

arresto *s.m.* **1** (*fermata*) stop, arrest, halt, stopping; (*rallentamento*) slowdown: *segnale d'—*, stop signal; *linea di —*, stopline; *gli affari hanno subito un'—*, business has come to a standstill // (*med.*) — *cardiaco*, cardiac arrest // *battuta di —*, halt (*o* standstill) // (*econ.*) — *di un investimento*, setback in an investment **2** (*dir.*) arrest: — *semplice*, open arrest; — *di sicurezza*, safety arrest (*o* catch); *mandato di —*, warrant; *spiccare un mandato di —*, to issue a warrant; *in stato di —*, under arrest **3** *pl.* (*mil.*) arrest (*sing.*): *agli arresti*, under arrest; *mettere un ufficiale agli arresti*, to put an officer under arrest **4** (*mecc.*) stop, catch: — *di emergenza*, emergency stop; — *di sicurezza*, safety catch; *valvola d'—*, cut off valve; *vite d'—*, stop screw **5** (*inform.*) abort, stop: — *per mancanza di alimentazione*, power check; — *immediato*, drop dead halt (*o* hard stop) **6** (*sport*) suspension, stoppage, interruption.

arretramento *s.m.* moving back, backing; withdrawal: (*inform.*) — *di uno spazio*, backspace.

arretrare *v.tr.* to pull back; (*ritirare*) to withdraw*: *arretrarono, fecero — le loro truppe*, they withdrew their troops ◆ *v.intr.* to draw* back, to move back, to step back: *arretrò spaventato*, he drew back in a fright.

arretratezza *s.f.* backwardness: — *culturale*, cultural backwardness.

arretrato *agg.* **1** rear, back, behind: *lavoro —*, work behind schedule (*o* backlog of work *o* arrears of work); *numero —*, back number; *ho una fame arretrata*, (*scherz.*) I've got a lot of eating to catch up on **2** (*sottosviluppato*) backward; underdeveloped: *è un paese —*, it is an underdeveloped country **3** (*comm.*) outstanding: *debiti arretrati*, outstanding debts **4** (*superato*) backward, superseded: *idee arretrate*, outmoded ideas ◆ *s.m.* **1** arrear(s): *essere in — con qlco.*, to be in arrear(s) with sthg. (*o* to be behindhand with sthg.) **2** *pl.* (*comm.*) arrears: *arretrati dello stipendio*, salary arrears; *arretrati dell'affitto*, rent arrears; *liquidare gli arretrati*, to pay off the arrears.

arri *inter.* gee-up.

arricchimento *s.m.* **1** enrichment, enriching: — *del proprio linguaggio*, the enriching of one's language // (*dir.*) — *illecito*, illegal enrichment // (*comm.*) — *disonesto*, (*spec. in tempo di guerra ecc.*) profiteering **2** (*metall.*) beneficiation: — *dei minerali*, ore dressing **3** (*fis.*) enrichment: — *isotopico*, isotopic enrichment.

arricchire *v.tr.* **1** to enrich, to make* rich, to make* wealthy (*anche fig.*): — *la mente di cognizioni*; to enrich one's mind with knowledge; — *una collezione*, to enlarge (*o* to add to) a collection // — *le casse dello stato*, to fill the state's coffers **2** (*miner.*) to dress: — *un minerale*, to upgrade **3** (*fis.*) to enrich ◆ *v.intr.* (*diventare ricco*) → arricchirsi.

□ **arricchirsi** *v.rifl.* o *intr.pron.* to become* rich, to get* rich, to grow* rich; to add to one's wealth; (*fig.*) to be enriched, to grow* richer: *la lingua inglese si arricchisce continuamente di parole nuove*, the English language is continually being enriched by new words; — *a spese altrui*, to grow rich at the expense of others; — *in fretta*, to get rich quick; — *in modo disonesto*, (*spec. in tempo di guerra ecc.*) to profiteer.

arricchito *agg.* (*fis.*) enriched: *uranio —*, enriched uranium ◆ *s.m.* nouveau riche, new rich: — *di guerra*, (war) profiteer.

arricciaburro *s.m.* butter curler.

arricciacapelli *s.m.* curling-tongs (*pl.*).

arricciamento *s.m.* (*di capelli*) curling.

arricciare *v.tr.* **1** to curl **2** (*estens.*) to crumple (up): — *un foglio*, to crumple a sheet; — *il pelo*, to bristle // — *il naso*, to turn up one's nose **3** (*edil.*) — *una parete*, to give a brown coat to a wall.

□ **arricciarsi** *v.intr.pron.* to curl one's hair, to bristle up; (*diventar riccio*) to become* curly.

arricciato *agg.* curled, curly ◆ *s.m.* (*edil.*) brown coating; arriccio.

arricciatura *s.f.* **1** (*di capelli*) curling **2** (*edil.*) brown coat; brown coating.

arriccio → **arricciato**.

arricciolamento *s.m.* curling.

arricciolare *v.tr.* **arricciolarsi** *v.intr. pron.* to form into curls, to become* curly.

arridare *v.tr.* (*mar.*) to set* up.

arridatoio *s.m.* (*mar.*) screw coupling.

arridere *v.intr.* (*letter.*) **1** to be favourable, to be propitious, to favour (s.o.), to assist (s.o.); to smile on (s.o.): *se vi arride la fortuna*, if fortune smiles on you **2** (*piacere*) to appeal: *l'idea non mi arride*, the idea doesn't appeal to me.

arrière-pensée *s.f.* (*fr.*) (mental) reservation.

arringa *s.f.* harangue, address; speech; (*dir.*) pleading, defense.

arringare *v.tr.* to harangue, to address.

arringatore *s.m.* **arringatrice** *s.f.* (*non com.*) haranguer.

arrischiare *v.tr.* **1** to risk, to venture: *arrischiò la vita per lui*, he risked his life for him; *ha arrischiato molto in investimenti all'estero*, he risked a great deal in foreign investments // *spesso bisogna* —, often you have to take risks **2** (*azzardare*) to hazard, to venture: — *un giudizio, una mossa*, to hazard a judgement, a move.

□ **arrischiarsi** *v.rifl.* to venture, to risk, to dare: *non mi arrischio a contraddirlo*, I daren't contradict him.

arrischiatamente *avv.* (*non com.*) **1** hazardously, riskily **2** (*imprudentemente*) rashly.

arrischiato *agg.* **1** risky, hazardous: *un tentativo* —, a risky attempt; *una speculazione arrischiata*, a dangerous investment **2** (*imprudente*) rash, reckless.

arriva *avv.* (*mar.*) aloft.

arrivare *v.intr.* **1** to arrive (in, at a place), to come* (to a place), to reach (a place, s.o., sthg.), to get* (to a place): *arrivammo a Roma troppo tardi per la coincidenza*, we arrived in Rome too late for our connection; *arrivarono a Linate appena in tempo*, they arrived at Linate just in time; *spero che arriverete a Hong Kong sani e salvi*, I hope you'll reach Hong Kong safe and sound; *non — alla festa troppo presto!*, don't get to (*o* turn up at) the party too early!; *vedi di — a casa piuttosto presto*, try and get home nice and early; *l'acqua mi arrivava alle ginocchia*, the water came up to (*o* reached) my knees; *la sua voce mi arrivò attraverso il lago*, his voice reached me across the lake // — *primo, secondo, ultimo*, to come first, second, last // *gli arrivarono molti libri nuovi*, he received many new books // *chi tardi arriva male alloggia*, (*prov.*) first come, first served **2** (*giungere*) (*fig.*) to get* (to sthg.); to reach (sthg.): — *alla verità*, to get at the truth; — *a una conclusione*, to reach a conclusion; — *a una soluzione*, to reach a solution // *mi dispiace, ma non ci arrivo proprio!*, sorry, I just don't get it (*o* I can't make it out) **3** (*conseguire*) to attain (sthg.), to achieve (sthg.): — *al proprio scopo*, to attain (*o* to achieve) one's ends **4** (*riuscire*) to manage (to do); to succeed (in doing): *è arrivato a fare cose incredibili*, he managed to do the most incredible things; *non arriverò mai a parlare il cinese!*, I'll never succeed in speaking Chinese! **5** (*avere successo*) to attain success; to be successful: *il suo unico interesse è quello di* —, he's only interested in attaining success; *il suo scopo è quello di* —, his aim is to be successful **6** (*giungere al punto di*) to go* as far as (doing); to go* so far as (to do); (*essere ridotto a*) to be* reduced to (doing sthg.): *è arrivato a picchiarmi*, he went as far hitting me; *arrivò a insultarla, tanto era arrabbiato*, he was so cross, he went so far as to insult her (*o* he even insulted her); *è arrivato a rubare per pagarsi la droga*, he was reduced to stealing to pay for his drugs **7** (*accadere*) to happen: *qualunque cosa arrivi*, whatever happens // *le disgrazie non arrivano mai sole*, (*prov.*) it never rains but it pours **8** (*inform.*) — *sul mercato*, to marketplace.

arrivato *agg.* successful: *è un uomo d'affari* —, he is a successful businessman // *ben —!*, welcome! // *gente arrivata*, (*spreg.*) parvenus ◆ *s.m.* successful man; (*spreg.*) parvenu: *un nuovo* —, a newcomer; *primo, secondo* —, the first, second to arrive.

arrivederci, **arrivederla** *inter.* goodbye; (*fam.*) so long; see you (soon), bye-bye: — *giovedì*, goodbye till Thursday, see you (on) Thursday // — *e grazie!*, that'll do!, that's enough of that!

arrivismo *s.m.* social climbing, careerism, (*non com.*) arrivism; (*sl. amer.*) go-getting.

arrivista *s.m.* e *f.* careerist, social climber; arriviste; (*sl. amer.*) go-getter.

arrivistico *agg.* careerist, arriviste; (*sl. amer.*) go-getting.

arrivo *s.m.* **1** arrival: *arrivi e partenze*, arrivals and departures; *all'albergo vi sono nuovi arrivi*, there are new arrivals at the hotel; *all'— tutti mi aspettavano*, when I arrived everyone was waiting for me; (*comm.*) *attendiamo nuovi arrivi di merce*, we are expecting fresh supplies **2** (*sport*) finish, finishing line, winning post.

arroccamento *s.m.* **1** (*scacchi*) castling **2** (*mil.*) *linea d'*—, line of communication.

arroccare[1] *v.tr.* **1** (*scacchi*) to castle **2** (*mil.*) to move (troops) along the front, to move (troops) behind the lines **3** (*proteggere*) to secure, to protect.

□ **arroccarsi** *v.rifl.* to protect oneself; to retreat (into sthg.).

arroccare[2] *v.tr.* to fill the distaff with (sthg.).

arrocco *s.m.* (*scacchi*) castling.

arrochimento *s.m.* hoarseness.

arrochire *v.tr.* (*non com.*) to hoarsen, to make* hoarse ◆ *v.intr.* → arrochirsi.

□ **arrochirsi** *v.intr.pron.* (*farsi rauco*) to hoarsen, to become* hoarse, to grow* hoarse.

arrochito *agg.* hoarse: *una voce arrochita*, a hoarse voice.

arrogante *agg.* arrogant, haughty; presumptuous, insolent: *fare l'*—, to play the high and mighty.

arroganza *s.f.* arrogance, haughtiness; presumption; insolence: *parlare, agire, rispondere con* —, to speak, act, reply arrogantly.

arrogare, **arrogarsi** *v.tr.* to arrogate to oneself; to claim: *arrogarsi un diritto*, to arrogate oneself a right; *arrogarsi dei meriti*, to claim all the credit for oneself.

arrogazione *s.f.* (*dir.*) adoption.

arrossamento *s.m.* (*l'arrossarsi*) reddening; (*sfogo*) rash.

arrossare *v.tr.* to redden; (*tingere di rosso*) to dye red.

□ **arrossarsi** *v.intr.pron.* (*diventare rosso*) to become* red, to redden.

arrossimento *s.m.* blush, blushing.

arrossire *v.intr.* to blush, to turn red; (*vergognarsi*) to be ashamed: — *di, dalla vergogna*, to blush with shame; *il complimento lo fece* —, the compliment made him blush.

arrostimento *s.m.* roasting.

arrostire *v.tr.* to roast; (*sulla graticola*) to grill, to broil: — *il pane*, to toast bread.

□ **arrostirsi** *v.intr.pron.* to roast, to get* roasted: — *al sole*, to roast (*o* bake) in the sun.

arrostito *agg.* roasted, roast; (*sulla graticola*) grilled, broiled; *carne arrostita*, roast meat; *castagne arrostite*, roasted (*o* roast) chestnuts.

arrostitura *s.f.* (*non com.*) roasting.

arrosto *agg.* roast: *carne, patate* —, roast meat, potatoes ◆ *s.m.* roast: — *di maiale*, roast pork; — *di manzo*, roast beef; — *di vitello*, roast veal // *molto fumo e poco* —, (*fig.*) much show and little substance; *non c'è fumo senza* —, (*prov.*) there's no smoke without fire.

arrotamento *s.m.* sharpening, whetting; grinding.

arrotare *v.tr.* **1** (*affilare*) to sharpen; to whet; to grind* // — *i denti*, to grind one's teeth; — *le parole, la lingua*, (*fig.*) to talk spitefully **2** (*levigare*) to smooth //— *la 'r'*, to roll one's 'r' 's **3** (*fam.*) (*investire*) to run* over **4** (*st.*) (*sottoporre al supplizio della ruota*) to break* on the wheel.

□ **arrotarsi** *v.rifl.rec.* (*urtarsi con le ruote*) to collide wheel against wheel.

arrotatrice *s.f.* (*tecn.*) **1** (*molatrice*) grinder **2** (*spianatrice per pavimenti*) planing machine.

arrotatura *s.f.* sharpening; whetting; grinding.

arrotino *s.m.* knife-grinder.

arrotolamento *s.m.* rolling (up).

arrotolare *v.tr.* to roll up.

□ **arrotolarsi** *v.rifl.* o *intr.pron.* to roll up.

arrotolatrice *s.f.* (*mecc.*) coiling drum.

arrotondamento *s.m.* **1** (*mat.*) rounding off; (*per eccesso*) rounding up: — *all'n^{ma} cifra decimale*, rounding off to the nth decimal place **2** (*inform.*) half adjust **3** (*estens.*) supplementing: — *dello stipendio*, supplementing of salary.

arrotondare *v.tr.* **1** to round, to make* round **2** (*fig.*) to round off; to supplement: — *il prezzo, una cifra*, to round off the price, a figure; *guadagna poco e deve — lo stipendio con un secondo lavoro*, he doesn't earn much and has to supplement (*o* to round out) his income by doing another job.

□ **arrotondarsi** *v.intr.pron.* to become* round; (*diventare grassottello*) to become* plump.

arrovellamento *s.m.* striving.

arrovellare *v.tr.* to torment, to distress: *il pensiero mi arrovella*, the thought is tormenting me // *arrovellarsi il cervello*, to rack one's brains.

□ **arrovellarsi** *v.rifl.* **1** (*stizzirsi*) to get* angry, to loose* one's temper **2** (*accanirsi*) to strive*, to do* all one can: *mi sono arrovellato tutto il giorno per trovare una soluzione*, I slogged away all day trying to find a solution.

arroventamento *s.m.* (*l'arroventare*) making red-hot; becoming red-hot.

arroventare *v.tr.* to make* red-hot.

□ **arroventarsi** *v.intr.pron.* to become* red-hot.

arroventato *agg.* red-hot.

arroventatura *s.f.* red-heat.

arrovesciare → **rovesciare**.

arruffamatasse *s.m.* e *f.* (*pop.*) mischief -maker; swindler.

arruffamento *s.m.* ruffling; entangling, rumpling.

arruffapopoli *s.m.* e *f.* agitator; demagogue; rabble rouser.

arruffare *v.tr.* (*intricare*) to muddle; to meddle; to ruffle, to rumple: — *i capelli a qlcu.*, to ruffle s.o.'s hair; — *le penne*, to ruffle (up) one's feathers // — *il pelo*, (*fig.*) to get ruffled (*o* to bristle) // — *la matassa*, (*fig.*) to muddle up (*o* to make a mess of) everything // — *le idee*, to muddle (one's) ideas.

□ **arruffarsi** *v.intr.pron.* **1** (*di capelli, peli*) to ruffle (up), to bristle (up): *gli si arruffò il pelo*, its hair bristled **2** (*intricarsi*) to get* entangled (*anche fig.*), to get* complicated.

arruffatamente *avv.* untidily, in disorder, confusedly.

arruffato *agg.* **1** (*scompigliato*) ruffled, tangled, dishevelled; untidy **2** (*fig.*) confused, muddled, complicated.

arruffianare *v.tr.* **1** (*fam.*) to procure, to pimp **2** (*fig.*) to creep, to ingratiate oneself: *si è arruffianato il capo*, he sucked up to his boss.

□ **arruffianarsi** *v.rifl.* (*fam.*) to plot together, to plan mischief together.

arruffio *s.m.* untidiness, disorder; confusion, muddle.

arruffone *s.m.* **1** (*confusionario*) muddler, bungler **2** (*imbroglione*) cheat.

arrugginimento *s.m.* rusting.

arrugginire *v.tr.* to rust, to make* rusty: *l'umidità l'ha arrugginito*, the damp has rusted it; *l'inattività arrugginisce i muscoli*, (*fig.*) if you don't get any exercise, your muscles will get stiff ◆ *v.intr.* → arrugginirsi.

□ **arrugginirsi** *v.intr.pron.* **1** to rust, to get* rusty, to grow* rusty **2** (*fig.*) to become* dull, to become* rusty: *la mente si arrugginisce se non la si esercita*, the mind gets rusty if it isn't used.

arruolamento *s.m.* recruitment, enlistment.

arruolare *v.tr.* to recruit, to enlist, to enrol, to call up: — *mercenari*, to recruit mercenaries.

□ **arruolarsi** *v.rifl.* (*mil.*) to join up, to enlist; (*volontariamente*) to volunteer.

arruvidire *v.tr.* (*non com.*) to make* rough, to roughen ◆ *v.intr.* → arruvidirsi.

□ **arruvidirsi** *v.intr.pron.* (*non com.*) to become* rough, to grow* rough, to roughen.

arsella *s.f.* (*zool. pop.*) mussel, clam.

arsenale *s.m.* **1** (*cantiere*) naval dockyard **2** (*fabbrica, deposito di armi*) arsenal **3** (*fam. scherz.*) (*ripostiglio*) lumber-room; (*accozzaglia*) mass, heap: *viaggia sempre con un — di roba*, he always travels with masses of stuff.

arsenalotto *s.m.* shipyard worker.

arseniato *s.m.* (*chim.*) arsenate.

arsenicale *agg.* (*chim.*) arsenic, arsenical.

arsenicismo *s.m.* (*med.*) arseniasis, arsenicalism.

arsenico *s.m.* (*chim.*) arsenic.

arsenioso *agg.* (*chim.*) arsenious.

arsenite *s.f.* (*min.*) arsenite.

arseniuro *s.m.* (*chim.*) arsenide.

arsenobenzene, arsenobenzolo *s.m.* (*chim.*) arsenobenzene.

arsenolite *s.f.* (*min.*) arsenolite.

arsenopirite *s.f.* (*min.*) arsenopyrite, mispi(c)kel.

arsi *s.f.* (*metrica, mus.*) arsis*.

arsiccio *agg.* (*letter.*) singed, scorched; (*riarso*) parched.

arsina *s.f.* (*chim.*) arsine.

arso *agg.* **1** (*bruciato*) burnt **2** (*riarso, secco*) dry, dried up, parched.

arsura *s.f.* **1** (*grande caldo*) scorching heat: *l'— estiva*, the intense heat of summer **2** (*da sete*) burning feeling in the throat; burning thirst.

arte *s.f.* **1** art: *belle arti*, fine arts; *arti applicate*, applied arts; — *decorativa*, decorative art; — *plastica e figurativa*, the plastic and figurative arts; *opera d'—*, work of art; *mostra d'—*, art show (*o* exhibition); *storia dell'—*, history of art; *l'— greca, romana*, Greek, Roman art // *arti marziali*, martial arts // *arti drammatiche*, dramatic arts; *l'— della pittura*, the art of painting; *l'— cinematografica*, the art of cinèma // *l'— per l'—*, art for art's sake // *la settima —*, the cinema **2** (*mestiere, professione*) art, skills, craft: *l'— del falegname*, the skills of carpentry; *l'— di governare*, statesmanship; *l'— oratoria*, oratory; *imparare un'—*, to learn a skill (*o* craft) // *fatto a regola d'—*, craftsmanlike (*o* well-done) // *l'— della guerra*, warcraft (*o* the art of war) // *non avere né — né parte*, to be good for nothing // *nome d'—*, (*di attore*) stage name; (*di scrittore*) pen name // *è figlio d'—*, he's following in his father's footsteps // *in —*, (with the) stage name (of) **3** (*abilità*) skill, talent, art, craftsmanship: *fatto con molta —*, made with great skill (*o* very skilfully made) // *l'— del Michelaccio*, laziness // *l'— di godersi la vita*, the art of enjoying life **4** (*estens.*) (*astuzia*) cunning, art(fulness); ability: *ha l'— di farsi amare da tutti*, he has the ability to make everyone love him; *quell'uomo è pieno di arti*, he is a very cunning man // *ad —*, on purpose (*o* deliberately); *voci diffuse ad —*, deliberately started rumours **5** (*st.*) (*corporazione*) corporation, guild: *l'— della lana*, the wool guild.

artefare *v.tr.* to adulterate, to counterfeit.

artefatto *agg.* adulterated; not genuine; faked; (*artificioso*) artificial: *vino —*, adulterated wine; *voce artefatta*, artifical voice.

artefice *s.m.* **1** artificer, maker, craftsman* **2** (*fig.*) author, creator: *è l'— della mia fortuna*, he is the author of (*o* the man responsible for) my success // *il Sommo Artefice*, the Almighty (*o* the Creator).

artemisia *s.f.* (*bot.*): — *comune*, (*Artemisia vulgaris*) mugweed, mugwort; — *abrotano*, (*Artemisia abrotanum*) southernwood; — *tridentata*, (*Artemisia tridentata*) sagebrush.

arteria *s.f.* **1** (*anat.*) artery **2** (*estens.*) artery; route; channel of communication; main road: — *di traffico*, thoroughfare; — *ferroviaria*, main line.

arterializzazione *s.f.* (*med. antiq.*) arterialization.

arteriografia *s.f.* (*med.*) arteriography.

arteriola *s.f.* (*anat.*) arteriole.

arteriopatia *s.f.* (*med.*) arteriopathy.

arteriosclerosi *s.f.* (*med.*) arteriosclerosis.

arteriosclerotico *agg.* (*med.*) arteriosclerotic.

arterioso *agg.* (*med.*) arterial.

arteriotomia *s.f.* (*med.*) arteriotomy.

arterite *s.f.* (*med.*) arteritis.

artesiano *agg.* artesian: *pozzo —*, artesian well.

artico *agg.* arctic // *Circolo Polare Artico*, Arctic Circle // *Polo Artico*, North (*o* Arctic) Pole ◆ *s.m.* the Arctic.

articolare[1] *v.tr.* **1** to articulate **2** (*pronunciare bene*) to articulate, to pronounce distinctly; (*proferire*) to utter: *non poté — parola*, he could not utter a single word **3** (*fig.*) to subdivide, to break* down: — *un trattato in più sezioni*, to organize an essay into several sections.

□ **articolarsi** *v.rifl.* o *intr.pron.* **1** to articulate **2** (*fig.*) (*suddividersi*) to consist (of sthg.), to be divided (into sthg.): *il libro si articola in tre capitoli*, the book is divided into three chapters; *il mercato si articola in tre settori*, the market segments into three sectors.

articolare[2] *agg.* articular: *dolori articolari*, pains in the joints.

articolatamente *avv.* distinctly, clearly.

articolato[1] *agg.* **1** (*pronunciato distintamente*) articulate: *suoni articolati*, articulate sounds **2** (*mecc.*) articulated: *giunto —*, articulated joint; *treno —*, articulated train **3** (*fig.*) well-constructed, articulate: *ragionamento ben —*, a well-constructed argument **4** (*di sciopero*) staggered.

articolato[2] *agg.* (*gramm.*) contracted: *preposizioni articolate*, contracted prepositions.

articolatore *s.m.* (*ling.*) articulator.

articolatorio *agg.* (*ling.*) articulatory.

articolazione *s.f* **1** (*anat.*) articulation, joint: — *a sella*, saddle-joint; — *radio-carpica*, wrist-joint **2** (*mecc.*) articulation; articulated joint **3** (*l'articolare le parole*) articulation; utterance **4** (*mus.*) articulation.

articolista *s.m.* e *f.* columnist; (*giornalista*) journalist; leader writer.

articolo *s.m.* **1** (*gramm.*) article: — *determinativo, indeterminativo*, definite, indefinite article **2** (*di giornale*) article: — *di fondo*, editorial (*o* leading article *o* leader); — *di prima pagina*, front-page article; — *di cronaca*, news item (*o* item of news) **3** (*comm.*) article, item; (*pl.*) goods; (*insieme di articoli trattati*) line: — *in esclusiva*, proprietary article; — *di lusso*, luxury article (*o* product); *articoli di lusso*, luxury goods; — *di marca*, branded article (*o* item); *articoli di marca*, branded goods; — *principale*, stock article; — *che si vende* (*bene*), a (good) seller, (*amer.*) checkout; — *che si vende male*, a bad seller; — *esente da dazio*, duty-free article; — *civetta*, loss leader (*o* bait -and-switch product); — *altamente profittevole*, money-spinner; *articoli in cuoio*, leather goods; *articoli di moda*, fashionwear; *articoli di calzature*, footwear; *articoli di vetro*, glassware; *articoli da cucina*, kitchenware; *articoli di cancelleria*, stationery; *articoli da caccia, da pesca*, hunting, fishing equipment; *articoli di base*, staple commodities; *articoli di seconda qualità*, rejects (*o* seconds), (*amer.*) thirds; *essere ben fornito di un —*, to be well stocked with an article; *essere sprovvisto di un —*, to be out of an article; *questo non è il mio —*, this is not my line // *sei proprio un bell'—*, (*scherz.*) you're a right one **4** (*dir.*) item, clause, paragraph: — *di un contratto*, paragraph of an agreement; —

di legge, paragraph (*o* section) of statute // — *del bilancio*, item (*o* entry) in the budget // — *numero uno*, item (number) one **5** (*teol.*) article: — *di fede*, article of faith **6** (*ant.*) (*istante*) article: *in — di morte*, in the article of death (*o* at the point of death) **7** (*inform.*) item; logical record.

artiere *s.m.* (*mil.*) sapper; pioneer.

artificiale *agg.* **1** artificial: *fiori artificiali*, artificial flowers // *allattamento* —, bottle -feeding **2** (*non spontaneo*) artificial, unnatural.

artificiere *s.m.* **1** (*mil.*) artillery artificer; (*amer.*) artificer; (*mar.*) gunner **2** (*sminatore, disinnescatore*) explosive ordnance disposal agent: *reparto artificieri*, explosive ordnance disposal unit **3** (*pirotecnico*) pyrotechnist.

artificio *s.m.* **1** (*espediente*) artifice, contrivance, device; (*tattica*) stratagem: *ricorrere a ogni — per...*, to have recourse (*o* to resort) to any stratagem in order to... **2** (*astuzia*) cunning, slyness, craftiness: *uomo pieno d'—*, man full of cunning (*o* a cunning man) // *parlare con —*, (*fig.*) to speak in an affected way **3** (*dir.*) device **4** (*pl.*) (*mil.*) artifices; (*per segnalazioni*) light and smoke devices, flares and light signals // *fuochi d'—*, fireworks.

artificiosamente *avv.* **1** artfully, cunningly, slyly **2** (*affettatamente*) affectedly, artificially.

artificiosità *s.f.* artfulness, cunning, slyness, affectation, artificiality.

artificioso *agg.* **1** artful, sly, cunning, crafty **2** (*non naturale*) unnatural, affected: *non sopporto le sue maniere artificiose*, I can't stand his affected manners.

artifizio e *deriv.* → **artificio** e *deriv.*

artigianale *agg.* (*da artigiano*) craftsmanlike, craftmade: *lavoro* —, craft; *gelato di produzione* —, homemade icecream (*o* icecream made on the premises); *film* —, amateurish film.

artigianato *s.m.* **1** handicraft; (*insieme di prodotti*) handicrafts; *i prodotti dell'— italiano*, Italian handicrafts **2** (*classe artigiana*) craftsmen (*pl.*), artisans (*pl.*), the artisan class.

artigianesco *agg.* (*rar.*) pertaining to handicraft; homemade; locally produced.

artigiano *agg.* artisan ◆ *s.m.* craftsman*, artisan, handicraftsman*.

artigliare *v.tr.* (*letter.*) **1** to claw, to scratch **2** (*fig.*) (*prendere con forza*) to grab, to seize, to grasp.

artigliato *agg.* **1** (*con artigli*) clawed **2** (*a forma di artiglio*) clawlike.

artigliere *s.m.* (*mil.*) artilleryman*, artillerist; gunner (*anche mar.*).

artiglieria *s.f.* artillery, ordnance: — *da campagna*, field artillery; — *di marina*, naval armament; — *pesante*, heavy artillery; *pezzo d'—*, piece of ordnance.

artiglio *s.m.* claw; (*di uccelli rapaci*) talon: *colpo d'—*, scratch // *cadere sotto gli artigli di qlcu.*, to fall into s.o.'s clutches // *tirar fuori gli artigli*, to show one's mettle (*o* claws *o* teeth).

artinite *s.f.* (*min.*) artinite.

artiodattilo *s.m.* e *agg.* (*zool.*) artiodactyl(e).

artista *s.m.* e *f.* **1** artist; (*scultore*) sculptor; (*pittore*) painter: — *di canto*, singer (*o* artiste); — *drammatico*, actor; — *comico*, comedian; *un — di varietà*, a variety artist **2** (*fig.*) artist: *è un — nello spillare soldi a tutti*, he's a past master at getting money out of anyone.

artisticamente *avv.* artistically.

artistico *agg.* artistic(al): *senso* —, artistry; *non c'è niente di — in quell'opera*, there is nothing artistic in that work.

arto *s.m.* **1** (*anat.*) limb: — *artificiale*, artificial limb; *arti inferiori*, lower limbs; *arti superiori*, upper limbs **2** (*zool.*) arm: — *addominale*, swimmeret.

artocarpo *s.m.* (*bot.*) (*Artocarpus integrifolia*) jack.

artocefalo *s.m.* (*zool.*) seabear.

artrite *s.f.* (*med.*) arthritis*: — *deformante*, rheumatoid arthritis.

artritico *agg.* (*med.*) arthritic: *dolori artritici*, arthritic pains.

artritismo *s.m.* (*med.*) arthritism.

artrodesi *s.f.* (*med.*) arthrodesis (*pl.* -ses).

artrologia *s.f.* (*med.*) arthrology.

artropatia *s.f.* (*med.*) arthropathy.

artroplastica *s.f.* (*med.*) arthroplasty.

artropode *s.m.* (*zool.*) arthropod.

artroscopia *s.f.* (*med.*) arthroscopy.

artroscopio *s.m.* (*med.*) arthroscope.

artrosi *s.f.* (*med.*) arthrosis (*pl.* -ses).

artrotomia *s.f.* (*med.*) arthrotomy.

arturiano *agg.* Arthurian.

aruspice *s.m.* (*st. romana*) haruspex*.

aruspicina *s.f.* (*st. romana*) haruspicy.

aruspicio *s.m.* haruspicy.

arvicola *s.m.* (*zool.*) (*Micromys minutus*) fieldmouse*.

arzigogolare *v.intr.* **1** (*fantasticare*) to daydream, to indulge in fantasies, to woolgather **2** (*sottilizzare*) to quibble (at sthg.), to split hairs (over sthg.), to cavil (at sthg.).

arzigogolato *agg.* fantastic, elaborate, artificial: *frasi arzigogolate*, elaborate sentences.

arzigogolo *s.m.* **1** (*cavillo*) cavil, subtlety, quibble **2** (*espediente*) expedient, contrivance.

arzillo *agg.* sprightly, lively; animated: *un vecchietto* —, a lively old man; *un vino* —, a lively wine.

asaro *s.m.* (*bot.*) asarum.

asbesto *s.m.* (*ant., letter.*) (*min.*) asbestos.

asbestosi *s.f.* (*med.*) asbestosis.

asburgico *agg.* Hapsburg.

ascaride *s.m.* (*zool.*) ascarid, roundworm: — *lombricoide*, (*Ascaris lumbricoides*) stomach worm.

ascaro *s.m.* (*mil.*) askari.

ascella *s.f.* **1** (*anat.*) armpit, axilla* **2** (*bot.*) axil, axilla*.

ascellare *agg.* axillary.

ascendentale *agg.* **1** (*non com.*) ascendental **2** ancestral.

ascendente *agg.* **1** ascendent, ascendant, rising, upward (*anche inform.*): (*mus.*) *scala* —, ascending scale; (*aer.*) *volo* —, ascending flight; (*comm.*) *tendenza* —, upward trend **2** (*bot.*) assurgent ◆ *s.m.* **1** (*prestigio, influenza*) ascendency, ascendancy, influence: *avere — su qlcu.*, to have ascendancy over s.o. **2** (*astr.*) ascendant **3** (*antenato in linea diretta*) ascendant, ascendent, ancestor.

ascendenza *s.f.* **1** (*antenati*) ancestors (*pl.*), lineal ascendants (*pl.*) **2** (*influenza*) authority.

ascendere *v.intr.* **1** (*letter.*) to ascend, to rise* (*anche fig.*): — *a grandi onori*, to ascend to great honours; — *al trono*, to ascend the throne **2** (*non com.*) (*ammontare*) to amount (to sthg.), to come* (to sthg.) ◆ *v.tr.* (*non com.*) to ascend, to go* up (sthg.), to climb.

ascensionale *agg.* ascensional; upward (*anche comm.*): *forza — (di un aerostato)*, lift; *velocità — (di un aeroplano)*, rate of climb; (*meteor.*) *corrente* —, thermal current (*o* updraught).

ascensione *s.f.* ascension; (*scalata*) climb, ascent; (*aer.*) climb, ascent: (*astr.*) — *retta*, right ascension // (*eccl.*) *l'Ascensione*, Ascension Day.

ascensore *s.m.* lift; (*amer.*) elevator.

ascensorista *s.m.* lift attendant, lift boy.

ascesa *s.f.* ascent; (*al trono*) accession: *la sua azienda è in continua* —, his firm is doing well (*o fam.* is on the up and up); *la costante — dei prezzi*, the constant upward movement of prices.

ascesi *s.f.* ascesis*, ascetism.

ascesso *s.m.* (*med.*) abscess: — *alla gengiva*, gumboil; — *a un dente*, dental abscess.

ascessuale *agg.* (*med.*) suppurative.

asceta *s.m.* e *f.* ascetic; *vivere da* —, to lead an ascetic life.

ascetica *s.f.* (*teol.*) ascetical theology.

asceticamente *avv.* ascetically.

ascetico *agg.* ascetic(al).

ascetismo *s.m.* asceticism.

ascia *s.f.* axe; (*accetta*) hatchet: *tagliato con l'*—, (*fig.*) (*di persona*) uncouth (*o* loutish); (*di lavoro*) clumsy (*o* rough and ready) // (*mar.*) *maestro d'*—, carpenter // *seppellire l'— di guerra*, (*fig.*) to bury the hatchet.

asciare *v.tr.* (*non com.*) to rough-hew; to shape with an axe.

asciata *s.f.* axe stroke; axe blow.

ascidia *s.f.* (*zool.*) sea-squirt.

ascidio *s.m.* (*bot.*) ascidium*, pitcher.

ascissa *s.f.* (*mat.*) abscissa*.

ascite *s.f.* (*med.*) ascites.

ascitico *agg.* (*med.*) ascitic(al).

asciugacapelli *s.m.* hairdryer.

asciugamano *s.m.* towel.

asciugamento *s.m.* drying; wiping.

asciugante *agg.* drying: *carta* —, blotting paper ◆ *s.m.* (*ind.*) dryer.

asciugare *v.tr.* to dry (up); (*con un panno, con una mano*) to wipe, to dry: *asciugati le mani*, wipe your hands; *asciugarsi le lacrime*, to wipe away one's tears // — *una bottiglia*, (*fig.*) to drain a bottle ◆ *v.intr.* → asciugarsi.

□ **asciugarsi** *v.intr.pron.* **1** to dry (up), to get* dry: *ho steso i panni ad* —, I've hung the washing out to dry **2** (*fig.*) (*dimagrire*) to become* lean ◆ *v.rifl.* (*con un panno*) to wipe oneself (dry); to dry oneself: *asciugati bene, quando esci dall'acqua*, dry yourself well when you get out of the water.

asciugatoio *s.m.* (*tecn.*) dryer.

asciugatore *s.m.* (hand) dryer.

asciugatrice *s.f.* (*mecc.*) dryer.

asciugatura *s.f.* drying; wiping.

asciuttamente *avv.* drily, dryly; (*fig.*) sharply.

asciuttezza *s.f.* dryness, aridity, curtness (*anche fig.*).

asciutto[1] *agg.* **1** dry: *clima* —, dry climate; *tempo, regione, vento* —, dry weather, country, wind; *da tenere in luogo* —, to be kept dry; *indossai vestiti asciutti*, I put on dry clothing // *balia asciutta*, dry nurse // *pasta asciutta*, pasta // *rimanere a bocca asciutta*, (*fig.*) to be disappointed **2** (*fig.*) brusque, abrupt, terse, curt: *tono* —, brusque tone; *risposta asciutta*, terse reply (*o* dry reply); *un discorso* —, a dry speech; *è un tipo dai modi asciutti*, he's very abrupt (*o* curt) **3** (*senza lacrime*) without tears, dry: *occhi asciutti*, dry eyes **4** (*magro*) thin, lean: *un viso* —, a thin face **5** (*di vino*) dry: *vino* —, dry wine ◆ *s.m.* dry place, dry land, dry ground: *essere all'*—, to be out of the rain (*o* under cover) // *restare all'*—, (*fig.*) to be penniless (*o* to have run out of money *o* to be hard up).

asciutto[2] *avv.* brusquely, curtly, tersely.

asclepiade *s.f.* (*bot.*) asclepiad.

asclepiadeo *agg.* Asclepiadean ◆ *s.m.* (*metrica*) Asclepiad.

asco *s.m.* (*bot.*) ascus*.

ascocarpo *s.m.* (*bot.*) ascocarp.

ascogonio *s.m.* (*bot.*) ascogonium (*pl.* -ia).

ascoltare *v.tr.* **1** to listen to (s.o., sthg.): *ascoltami!*, listen to me!; *ascoltatemi fino in fondo*, hear me out; — *cantare gli uccelli*, to listen to the birds singing; — *con tutte e due le orecchie*, to listen closely; — *da un solo orecchio*, to be only half listening (*o* to pay little attention); — *la radio*, to listen to the radio // (*inform.*) — *clandestinamente*, to tap **2** (*dar retta a*) to pay* attention to (s.o., sthg.), to listen to (s.o., sthg.): *non ascolta nessuno*, he doesn't listen to anyone; *non avete voluto ascoltarmi*, you would not listen to me; *se mi avessero ascoltato!*, if only they had listened (*o* paid attention) to me!; — *il consiglio di qlcu.*, to take s.o.'s advice **3** (*med.*) to auscultate **4** (*assistere a*) to attend: — *le lezioni*, to attend classes; — *la Messa*, to hear (*o* to attend) Mass **5** (*esaudire*) to hear*, to grant ◆ *v.intr.* **1** (*origliare*) to eavesdrop **2** (*prestare ascolto*) to lend* an ear.

ascoltatore *s.m.* **ascoltatrice** *s.f.* **1** listener; hearer **2** *pl.* (*uditorio*) audience (*sing.*), listeners.

ascoltazione *s.f.* **1** (*letter.*) listening **2** (*med.*) auscultation.

ascolto *s.m.* listening (*anche rad.*), hearing: *sono in* —, I am listening; *dare* — *a*, to listen to (*o* to pay attention to) // *al primo* —, at first hearing // (*rad., tv*) *indice di* —, listening (*o* viewing) figures.

ascomicete *s.m.* (*bot.*) ascomycete.

ascon *s.m.* (*zool.*) ascon.

ascondere *v.tr.* **ascondersi** *v.intr.pron.* (*poet.*) to hide*.

ascorbato *s.m.* (*chim.*) ascorbate.

ascorbico *agg.* (*chim.*) ascorbic: *acido* —, ascorbic acid.

ascoso *agg.* (*poet.*) hidden.

ascospora *s.f.* (*bot.*) ascospore.

ascritto *s.m.* → **iscritto**[1].

ascrivere *v.tr.* (*letter.*) **1** (*annoverare*) to count, to enrol, to register **2** (*attribuire*) to attribute, to impute, to ascribe: *gli fu ascritto a merito, a biasimo, il fatto di essersi opposto*, he got the praise, the blame, for opposing.

asepsi *s.f.* (*med.*) asepsis.

asessuale *agg.* (*biol.*) asexual.

asessualità *s.f.* (*biol.*) asexuality.

asessuato *agg.* **1** (*biol.*) asexual **2** (*fig.*) neutral.

asettico *agg.* (*med.*) aseptic.

asfaltare *v.tr.* to asphalt.

asfaltatore *s.m.* asphalter.

asfaltatura *s.f.* **1** asphalting **2** asphalt surface.

asfaltico *agg.* asphalt (*attr.*): *bitume* —, asphalt bitumen; oil asphalt.

asfaltista *s.m.* asphalter.

asfaltite *s.f.* (*geol.*) asphaltite.

asfalto *s.m.* asphalt; (*geol.*) pitch.

asfissia *s.f.* (*med.*) asphyxia, asphyxiation; suffocation; (*da gas*) gassing; *morte per* —, death by asphyxiation.

asfissiante *agg.* **1** asphyxiating; suffocating: *gas* —, poison-gas **2** (*fig.*) tiresome, boring: *una persona* —, a crashing bore.

asfissiare *v.tr.* **1** to asphyxiate; to suffocate; (*con gas venefici*) to gas **2** (*fig.*) to weary, to tire, to stifle; to bore: *non asfissiarlo con le tue domande*, stop badgering him with questions ◆ *v.intr.* to suffocate; to die of asphyxia: *con questo caldo mi sento* —, this heat is suffocating. □ **asfissiarsi** *v.rifl.* to asphyxiate oneself; (*col gas*) to gas oneself.

asfissiato *agg.* asphyxiated; suffocated; (*da gas*) gassed; *morire* —, to die of asphyxia.

asfittico *agg.* **1** (*med.*) asphyxial **2** (*fig.*) feeble, without vitality.

asfodelo *s.m.* (*bot.*) (*Asphodelus ramosus*) asphodel, (*pop.*) king's spear.

asiadollaro *s.m.* (*econ.*) Asiandollar.

asiago *s.m.* 'asiago' (type of cheese).

asianesimo, **asianismo** *s.m.* florid, ornate style.

asiatica *s.f.* Asian flu.

asiatico *agg.* e *s.m.* Asiatic, Asian: *lusso* —, oriental splendour; (*med.*) *morbo* —, cholera.

asigmatico *agg.* (*ling.*) asigmatic.

asillabico *agg.* (*ling.*) asyllabic.

asilo *s.m.* **1** (*rifugio*) refuge, shelter, retreat: *luogo di* —, (place of) refuge; *senza* —, homeless; *cercare* —, to seek refuge; *dare* — *a qlcu.*, to harbour (*o* to shelter) s.o. // (*dir.*) *diritto d'*—, right of sanctuary (*o* of asylum); — *politico*, political asylum **2** (*ricovero, scuola*): — *infantile*, kindergarten (*o* nursery school *o* preschool); — *nido*, crêche; — *notturno*, night shelter; — *per i poveri*, workhouse.

asimmetria *s.f.* asymmetry (*anche fis.*).

asimmetricità *s.f.* asymmetry.

asimmetrico *agg.* **1** asymmetrical, unsymmetrical **2** (*fis.*) asymmetric **3** (*bot., zool.*) oblique.

asinaggine *s.f.* **1** stupidity; ignorance, asininity **2** (*asinata*) foolish act; foolish remark.

asinaio *s.m.* (*guidatore d'asini*) donkey driver.

asinata *s.f.* (*fam.*) foolish action; stupid action; foolish remark, stupid remark.

asincronia *s.f.* asynchrony.

asincronismo *s.m.* asynchronism.

asincrono *agg.* asynchronous.

asindetico *agg.* (*ling.*) asyndetic.

asindeto *s.m.* (*ling.*) asyndeton.

asinergia *s.f.* (*med.*) asynergia, asynergy.

asineria *s.f.* **1** stupidity, asininity; (*grande ignoranza*) gross ignorance **2** (*asinata*) foolish act; foolish remark: *non dire asinerie!*, don't talk nonsense!; *questa è una bella* —*!*, this is sheer nonsense!

asinesco *agg.* asinine; (*fig.*) stupid, foolish.

asinino *agg.* asinine; (*fig.*) stupid, foolish // *tosse asinina*, whooping cough.

asinità *s.f.* stupidity, foolishness; asininity.

asino *s.m.* **1** (*zool.*) (*Equus asinus*) ass, donkey, jackass: — *maschio*, jackass // *sgobbare come un* —, to work like a donkey // *la bellezza dell'*—, the passing beauty of youth // *strada a schiena d'*—, cambered road // *è un* — *calzato e vestito*, he is an unmitigated ass (*o* a complete and utter fool) // *è inutile lavare la testa all'*—, don't waste your energies in a pointless task // *credere che un* — *voli*, to swallow anything // *fare come l'*— *di Buridano*, to be unable to make a choice // *lega l'*— *dove vuole il padrone*, the ass must be tied where master will have it **2** (*fig.*) ass, jackass, fool, blockhead: — *che non sei altro!*, you fool! (*o* you jackass!) // *pezzo d'*—*!*, you big fool! // *qui casca l'*—, there is the rub // *ponte dell'*—, Asses' bridge (*o* Pons Asinorum) // *meglio un* — *vivo che un dottore morto*, (*prov.*) a live dog is better than a dead lion // *raglio d'*— *non sale al cielo*, (*prov.*) a fool's talk carries no weight.

asintotico *agg.* (*mat.*) asymptotic.

asintoto *s.m.* (*mat.*) asymptote.

asismico *agg.* (earth) quake-proof, aseismic.

asma *s.f.* (*med.*) asthma: — *bronchiale*, bronchial asthma.

asmatico *agg.* asthmatic(al) ◆ *s.m.* asthmatic.

asociale *agg.* asocial.

asocialità *s.f.* asociality.

asola *s.f.* **1** buttonhole **2** (*mecc.*) slot.

asolaia *s.f.* buttonholer.

asolare *v.intr.* (*letter.*) **1** (*alitare, spirare, di brezza*) to blow* gently **2** (*aggirarsi in un luogo*) to go* round and round **3** (*andare a prendere l'aria*) to go* out for a breath of air.

aspa *s.f.* (*tess.*) reel.

asparageto *s.m.* **asparagiaia** *s.f.* asparagus-bed.

asparagina *s.f.* (*chim.*) asparagine.

asparago *s.m.* (*bot.*) (*Asparagus officinalis*) asparagus [U], (*pop.*) sparrow-grass.

aspargicoltura *s.f.* asparagus cultivation, asparagus growing.

aspartico *agg.* (*chim.*) aspartic.

aspatoio *s.m.* (*tess.*) reeling frame: — *meccanico*, power reel.

aspatore *s.m.* (*tess.*) reeler.

aspatura *s.f.* (*tess.*) reeling.

aspe *s.m.* (*mar.*) capstan bar.

aspecifico *agg.* (*scient.*) aspecific.

aspergere *v.tr.* to sprinkle, to besprinkle: — *d'acqua santa*, to sprinkle with holy water.

aspergillo *s.m.* (*bot.*) aspergillus*.

aspergillosi *s.f.* (*med.*) aspergillosis.

asperità *s.f.* **1** (*di superficie*) harshness; unevenness; ruggedness; roughness; (*di caratte-*

re) harshness, sharpness; (*di stile*) crabbedness **2** (*fig.*) difficulty; asperity: *le — della vita*, life's obstacles (*o* difficulties).

asperrimo *agg.superl.* very bitter, very harsh, very severe, very rough.

aspersione *s.f.* sprinkling, aspersion.

asperso *agg.* (*letter.*) sprinkled, strewed: — *di rugiada*, sprinkled with dew.

aspersorio *s.m.* (*eccl.*) aspergillum*.

aspettare *v.tr.* **1** to wait for (s.o., sthg.), to expect; to await; (*con ansia*) to be looking forward (to s.o., sthg., doing): — *un amico, una telefonata*, to wait for a friend, for a telephone call; — *un bambino*, to expect (a baby); *aspetto degli amici a cena*, I'm expecting friends for dinner; *aspetta che arrivi il treno*, wait for the train to arrive; *aspettami!*, wait for me!; *non correre! aspetta un momento*, don't run! wait a moment; *aspetta che ti sistemo io!*, I'll get you for this!; *i tuoi progressi si fanno —*, your progress leaves much to be desired // *farsi — da qlcu., far — qlcu.*, to keep s.o. waiting; *si fa sempre —*, he never comes on time (*o* he's never punctual) // *aspettiamo prima di giudicare*, let's wait before judging // *— la palla al balzo*, to wait for a favourable opportunity // *qui vi aspettavo*, now let's see what you can do // *hai voglia di aspettarlo!*, you like waiting around, then? // *chi ha tempo non aspetti tempo*, (*prov.*) a stitch in time saves nine **2** (*prevedere*) to expect: *non mi aspettavo che tu arrivassi subito*, I didn't expect you to arrive at once; *si aspettavano troppo da me*, they expected too much of me; *me l'aspettavo*, just as I expected // *chi la fa, l'aspetti*, (*prov.*) we reap as we sow **3** (*comm.*) to look forward (to sthg., doing): *aspettando cortese risposta*, looking forward to hearing from you (*o* to receiving your reply).

aspettativa *s.f.* **1** (*attesa*) wait, waiting **2** (*speranza*) expectation; hope; anticipation: *contrariamente ad ogni —*, contrary to all expectation(s); *corrispondere all'—*, to come up to s.o.'s expectation(s); *deludere le aspettative*, not to come up to (*o* to fall short of *o* to fail to meet) expectation(s) **3** (*dir.*) (*esonero temporaneo*) leave (of absence): *essere in —*, to be temporarily relieved of one's duties (*o* to be on leave); *— di un diritto*, expectation of a right; *— per malattia*, sick leave.

aspettazione *s.f.* (*letter.*) **1** expectation **2** (*speranza*) expectancy.

aspetto[1] *s.m.* **1** appearance; look; aspect: *la città ha un — europeo*, the town has a European look // *a primo —*, at first sight **2** (*di persona*) appearance; looks (*pl.*); expression; mien: *un giovane di bell'—*, a good-looking young man; *che — ha?*, what does he look like?; *ha l'— di un pazzo*, he looks like a lunatic; *ha un — triste*, he looks sad; *il suo — smentisce le sue parole*, his looks belie his words; *cambiare —*, to change appearance **3** (*punto di vista*) side; aspect: *sotto questo —*, from this point of view; *avete considerato ogni — del problema?*, have you considered every aspect of the question? // (*inform.*) *aspetti privati*, privacy **4** (*astr.*) aspect.

aspetto[2] *s.m.* (*non com.*) wait; (*l'aspettare*) waiting: *sala d'—*, waiting room.

aspic *s.f.* (*cuc.*) aspic.

aspide *s.m.* **1** (*zool.*) (*Vipera aspis*) asp **2** (*fig., letter.*) viper.

aspidistra *s.f.* (*bot.*) aspidistra.

aspirante *agg.* **1** aspiring, aspirant: *è un — giornalista*, he wants to become a journalist (*o* he's an aspiring journalist) **2** (*mecc.*) sucking: *pompa —*, suction pump ◆ *s.m.* **1** aspirant; applicant; (*candidato*) candidate: *— a un impiego*, applicant for a position (*o* a job) **2** (*mar.*) midshipman.

aspirapolvere *s.m.* **1** vacuum cleaner **2** (*inform.*) tape cleaner.

aspirare *v.tr.* **1** to breathe in, to inhale, to inspire: *— l'aria pura*, to breathe in the pure air; *— il fumo*, to inhale the smoke **2** (*mecc.*) to suck, to intake* **3** (*fon.*) to aspirate: *non — le h*, to drop one's h's ◆ *v.intr.* (*desiderare di ottenere*) to aspire; to aim (at sthg.): *— alla mano di qlcu.*, to seek* s.o. in marriage; *— alla fama*, to aspire to stardom.

aspirato *agg.* **1** (*ling.*) aspirated **2** (*mecc.*) aspirated: *motore —*, normally aspirated motor.

aspiratore *s.m.* **1** (*mecc.*) aspirator, extractor fan, exhaust fan: *— a pale*, vane aspirator; *— centrifugo*, centrifugal fan **2** (*med.*) aspirator.

aspirazione *s.f.* **1** inhalation, breathing in **2** (*fig.*) aspiration; yearning (after, for sthg.); longing (for sthg.): *legittima —*, legitimate aspiration; *nutrire delle aspirazioni a...*, to nurse (*o* to have) aspirations to (*o* for) **3** (*mecc.*) suction, intake: *— della polvere*, dust suction; *lavoro di —*, intake work; *valvola di —*, suction valve (*o* air inlet) **4** (*fon.*) aspiration **5** (*med.*) aspiration.

aspirina® *s.f.* aspirin®.

asplenia *s.f.* (*med.*) asplenia.

asplenio *s.m.* (*bot.*) spleenwort, scale fern, (*pop.*) finger fern.

aspo *s.m.* (*tess.*) reel.

asportabile *agg.* removable.

asportare *v.tr.* **1** to remove, to take* away: *cibi da —*, takeaway food **2** (*rubare*) to steal*, to remove **3** (*med.*) to extirpate.

asportazione *s.f.* **1** removal **2** (*med.*) extirpation.

asporto *s.m.* removal: *materiali da —*, excavated earth; *cibi da —*, takeaway food.

aspreggiare *v.tr.* (*letter.*) to treat harshly, to ill-treat.

aspretto *agg.* sourish, tart ◆ *s.m.* sour taste.

asprezza *s.f.* **1** sourness, tartness, roughness: *— dell'inverno*, harshness of winter **2** (*ruvidezza*) roughness: *l'— del terreno*, the roughness of the ground **3** (*fig.*) harshness, keenness; bitterness: *trattare con —*, to treat harshly.

asprì *s.m.* aigrette, spray, osprey.

asprigno *agg.* **1** (*di sapore*) rather sharp, rather sour, rather tart **2** (*fig.*) rather sour, rather mean.

aspro *agg.* **1** (*acido*) sour, tart, bitter, acid; (*di odore*) pungent, acrid **2** (*ruvido*) rough: *un sentiero —*, a rough track **3** (*fig.*) harsh, sharp; (*sgarbato*) rude, rough: *modi aspri*, rough manners; *parole aspre*, harsh words **4** (*di clima*) hard, severe, rigorous: *inverno —*, hard winter **5** (*arduo*) hard; (*accanito*) bitter, relentless: *un — compito*, a hard task; *un'aspra salita*, a steep ascent; *combattimento —*, fierce (*o* hard) fight **6** (*fon.*) unvoiced, voiceless: *una consonante aspra*, an unvoiced consonant.

assafetida *s.f.* (*bot.*) (*Ferula assa-foetida*) asafoetida.

assaggiare *v.tr.* **1** to taste; to sample; to try: *assaggia se manca il sale*, (try it and) see if it needs salt // *— la frusta*, (*fig.*) to have a taste of the whip **2** (*metalli*) to assay, to test.

assaggiatore *s.m.* **assaggiatrice** *s.f.* taster.

assaggiatura *s.f.* **1** tasting **2** (*miner.*) assaying.

assaggio *s.m.* **1** tasting, sampling **2** (*campione*) sample **3** (*piccola quantità*) small quantity; taste: *si limitò a un —*, he only had a taste **4** (*miner.*) assay.

assai[1] *avv.* **1** (*molto*) very, much, most: *è — mal pagato*, it's very badly paid; *accettarono — volentieri*, they accepted very (*o* most) willingly; *lo spettacolo è riuscito — meglio del previsto*, the show came off much better than expected // *so — io!*, I know nothing about it!; *m'importa —!*, I don't give a damn! **2** (*abbastanza*) enough: *hai parlato —*, you've said enough // *averne — di qlcu., qlco.*, to have had enough of s.o., sthg.; *ne abbiamo avuto — di te e delle tue lamentele*, we've had enough of you and your grumbling.

assai[2] *agg.* (*molto*) a lot of, plenty of; (*molti*) many; (*moltissimi*) a good many; (*fam.*) loads of: *c'era — gente nella piazza*, there were a lot of people in the square // usato anche come *s.*: *tanti pochi valgono un —*, (*prov.*) many a mickle makes a muckle // *l'— basta e il tempo guasta*, (*prov.*) enough is as good as a feast.

assale *s.m.* (*mecc.*) axle; *— anteriore, posteriore*, front, rear axle.

assalire *v.tr.* **1** to attack, to assail: *ci assalirono a tradimento*, they attacked us by stealth; *ci assalirono alle spalle*, they attacked us from behind (*o* from behind our backs); *assalirono il nostro accampamento*, they attacked our camp **2** (*fig.*) to seize, to assail, to overcome*: *fu assalito dai dubbi*, he was assailed by doubts; *fu assalito dalla paura*, he was seized with fear; *lo assalì la nostalgia*, he was overcome by (*o* with) nostalgia **3** (*di malattia*) to strike* down, to attack, to affect: *l'assalì una febbre violenta*, he was struck down by a violent fever **4** (*di temporale ecc.*) to catch*: *fummo assaliti dal temporale*, we were caught in the storm.

assalitore *agg.* assailing, attacking ◆ *s.m.*, **assalitrice** *s.f.* assailant; assaulter; (*attaccante*) attacker.

assaltare *v.tr.* to assault, to attack: *— una banca*, to raid a bank (*o* to hold up a bank).

assaltatore *s.m.* assailant, attacker, assaulter.

assalto *s.m.* **1** assault, attack (*anche mil.*); (*rapina*) holdup, raid: *— all'alba a un furgone postale*, dawn raid on a post-office van; *brutale — a un portavalori*, brutal attack (*o* holdup) on a courier; *muovere all'—*, to move into the attack (*o* to attack); *respingere un —*, to repel an assault (*o* an attack); *truppe d'—*, storm (*o* assault) troops; *prendere d'—*, to take by storm (*o* to storm); (*anche fig.*): *nel periodo delle svendite i banchi dei negozi sono presi d'— dai compratori*, during the sales the shops are stormed by bargain-hunters; *durante il festival i divi sono presi d'— dai loro fans*, during the festival the stars are literally besieged by their fans; *prese d'— il nuovo lavoro*, he really got his teeth into his new job // *un giornalista d'—*, an aggressive journalist // *di primo —*, (*fig.*) at first **2** (*sport*) bout; (*boxe*) round.

assaporamento *s.m.* tasting, savouring.

assaporare *v.tr.* **1** to savour; to taste, to relish **2** (*fig.*) to enjoy, to relish: — *la libertà*, to relish one's freedom; — *la vendetta*, to savour revenge.

assaporire *v.tr.* (*non com.*) to season, to flavour.

assassinare *v.tr.* **1** to murder, to assassinate: *Kennedy fu assassinato a Dallas*, Kennedy was assassinated in Dallas **2** (*fig.*) to murder, to ruin, to crush: — *un'iniziativa*, to crush an initiative; — *un brano musicale*, to murder (*o* to ruin) a tune.

assassinio *s.m.* murder: *accusare qlcu. d'*—, to accuse s.o. of murder; *commettere un* —, to commit a murder // *l'— della libertà*, (*fig.*) the destruction of freedom.

assassino *agg.* **1** murderous: *mano assassina*, murderous hand; *tendenze assassine*, killer instinct (*o* tendencies) // *mosca assassina*, beauty spot // *occhi assassini*, (*fig.*) seductive eyes; *sguardo* —, (*fig.*) provocative (*o* seductive) look **2** (*faticoso*) killing ◆ *s.m.* murderer, assassin: *una banda di assassini*, a murderous gang (*o* band); *scoprire l'*—, to find out who the murderer is // *quel chirurgo è un vero* —, (*fig.*) that surgeon is a butcher; *che — quel-l'idraulico!*, that plumber is useless (*o* a complete waste of time)!

asse[1] *s.f.* (*tavola di legno*) board; plank: — *da stiro*, ironing board; — *per lavare*, scrubbing board // (*sport*) — *di equilibrio*, balance beam.

asse[2] *s.m.* **1** (*scient.*) axis*: — *di rotazione*, rotation axis; (*fis.*) — *di rotazione istantanea*, instantaneous axis; (*geogr.*): — *terrestre*, polar axis; *inclinazione dell'— terrestre*, axial tilt **2** (*mecc.*) axle: — *fisso*, *mobile*, rigid, turning axle; — *motore*, driving axle **3** (*aer.*): — *di resistenza*, drag axis; — *longitudinale*, *di rollio*, rolling axis; — *trasversale*, *di beccheggio*, pitching axis **4** (*ferr.*) — *montato normale*, standard wheel set; (*aut.*) — *motore*, driving axle.

asse[3] *s.m.* **1** (*moneta romana*) as **2** (*dir.*): — *demaniale*, the whole of the real estate owned by the State; — *ecclesiastico*, Church estate (annexed to the Italian State before the 'Conciliazione'); — *ereditario*, hereditament; — *patrimoniale*, the whole patrimony.

assecondare *v.tr.* **1** (*favorire*) to support; to help; to back up; to favour: *devo — i suoi piani?*, shall I help him on with his plans?; — *un'idea*, to support (*o* to uphold) an idea **2** (*esaudire*) to comply with (sthg.): — *un capriccio*, to give in to a whim; *assecondai il suo desiderio*, I complied with his wish **3** (*accompagnare*) to follow: *assecondava col corpo il ritmo della danza*, her body moved in time to the music.

assediante *agg.* besieging ◆ *s.m.* besieger.

assediare *v.tr.* **1** to besiege **2** (*fig.*) (*non dar pace a*) to beset, to besiege; to pester: *lo assediarono di richieste*, they pestered him with requests **3** (*circondare in folla*) to surround; to crowd round (s.o., sthg.); to throng round (s.o., sthg.): *l'attrice era assediata dai suoi fans*, the actress's fans crowded round her.

assediato *agg.* besieged // *gli assediati*, the besieged.

assediatore *s.m.* (*letter.*) besieger.

assedio *s.m.* siege: *levare l'*—, to raise the siege; *stato d'*—, state of siege, (*fig.*) state of emergency; *proclamare lo stato d'*—, to proclaim martial law; *stringere d'— una città*, to lay siege to (*o* to besiege) a town; *cercò di sfuggire all'— dei fotografi*, she tried to get away from the mob of photographers.

assegnabile *agg.* assignable.

assegnamento *s.m.* **1** (*non com.*) assignment, allotment **2** (*affidamento*) reliance: *fare — su qlcu.*, *su qlco.*, to rely on s.o., on sthg. **3** (*non com.*) (*somma assegnata*) allocation, sum allotted.

assegnare *v.tr.* **1** (*dare*) to assign; to allot, to allocate, to grant, to award: — *una parte*, to assign a part; — *una pensione*, to award (*o* to grant) a pension; *il primo premio è stato assegnato a lui*, the first prize has been awarded to him **2** (*affidare*) to assign, to entrust: — *un compito*, *un incarico*, to assign a task, a responsibility **3** (*destinare*) to assign: *è stato assegnato a un nuovo incarico*, he has been assigned to a new job **4** (*fissare*) to fix, to establish: — *una data di scadenza*, to fix a deadline **5** (*dir.*) to grant, to vest **6** (*econ.*) to allocate: — (*fondi*) *a scopo speciale*, to earmark; — *un prezzo*, to price.

assegnatario *s.m.* (*dir.*) assignee; allottee, grantee: — *di una rendita vitalizia*, grantee of a life-annuity.

assegnato *agg.* **1** allotted, assigned: *il tempo — è scaduto*, the time allotted (*o* allowed) has expired; *fare bene il lavoro* —, to carry out the allotted (*o* assigned) task well **2** (*comm.*) unpaid: *porto* —, carriage forward // *non* —, (*non venduto*) undisposed.

assegnazione *s.f.* **1** assignation, assignment; allotment: — *di un premio*, prize-giving // (*econ.*): — *di azioni*, *di obbligazioni*, allotment of shares, of bonds; — *di valuta per turismo*, foreign currency allowance; — (*di fondi*) *per fini speciali*, earmarking; — *di quote*, allocation of quotas; — *di denaro*, appropriation of money; (*Borsa*) — *di azioni gratuite*, (*amer.*) stock dividend **2** (*dir.*) grant: — *testamentaria*, devise **3** (*inform.*) allocation; assignment: — *di tempo*, time slicing.

assegnista *s.m.* e *f.* a person who receives a research grant.

assegno *s.m.* **1** (*previdenza*) allowance, benefit: — *familiare* (*per figli a carico*), child benefit; *assegni familiari*, family allowance (*o* dependency benefits) **2** (*banca*) cheque, (*amer.*) check: — *a vuoto*, *scoperto*, bouncer (*o* bounce *o* bad cheque *o* dishonoured cheque *o* uncovered cheque *o fam.* dud cheque *o* kite *o amer.* flash check *o* rubber check); — *al portatore*, cheque to bearer, (*amer.*) bearer check; — *all'ordine*, cheque to order; — *bancario a copertura garantita*, certified cheque; — *circolare*, bank draft (*o* bank cheque *o* banker's draft *o* cashier's cheque); — *di sportello*, (*amer.*) counter check; — *in bianco*, blank cheque; — *non sbarrato*, open cheque; — *trasferibile*, (*pagabile al portatore*) negotiable cheque; — *non trasferibile*, non-negotiable cheque; — *sbarrato*, crossed cheque; — *postale*, giro cheque; — *di conto corrente*, personal cheque; — *turistico*, traveller's cheque.

assemblaggio *s.m.* **1** assemblage: *catena d'*—, assembly line // (*aer.*) — *finale*, rigging **2** (*arte*) assemblage.

assemblare *v.tr.* to assemble, to gather, to collect, to muster.

assemblatore *s.m.* **1** (*mecc.*) assembler **2** (*inform.*) assembler.

assemblea *s.f.* **1** meeting: — *pubblica*, public meeting; — *di fabbrica*, factory workers' meeting; — *studentesca*, student meeting; — *aperta*, open meeting; — *di condominio*, condominium meeting; — *dei soci*, partners' meeting; — *straordinaria*, *ordinaria*, extraordinary, ordinary meeting // (*fin.*): — (*generale*) *degli azionisti*, shareholders' (general) meeting; — *societaria*, company meeting // — *di famiglia*, family reunion **2** (*corpo deliberante*) assembly: — *legislativa*, legislative assembly; — *costituente*, constituent assembly **3** (*mar. mil.*) muster.

assembleare *agg.* of an assembly, assembly: *decisione* —, decision taken by the assembly; *regime* —, assembly system.

assemblearismo *s.m.* **1** assembly system **2** (*estens.*) towing the collective line.

assembramento *s.m.* **1** concourse of people; assemblage: *divieto di* —, ban (put) on meetings (*o* assembly) **2** (*folla*) throng, mob: *un — di curiosi*, a mob of curious onlookers.

assembrare *v.tr.* (*non com.*) to assemble; to gather.

□ **assembrarsi** *v.rifl.* to assemble; to meet*; to gather.

assennatezza *s.f.* common sense; wisdom; (*prudenza*) prudence.

assennato *agg.* sensible; judicious; wise: *un ragazzo* —, a sensible (*o* judicious) boy; *un ragionamento* —, a sensible argument.

assenso *s.m.* assent; approval; approbation; sanction.

assentarsi *v.intr.pron.* to leave* (a place), to go* away: *dovrò assentarmi per qualche giorno*, I have to go away for a few days; *posso assentarmi cinque minuti?*, may I be excused for five minutes?; *si assentò per un po' di giorni senza alcuna spiegazione*, he absented himself for a few days without an explanation.

assente *agg.* **1** absent; away from: *è — da casa da un anno*, he has been away from home for a year **2** (*fig.*) distracted: *avere un'aria* —, to seem distracted; *il suo spirito è* —, his thoughts are far away ◆ *s.m.* e *f.* **1** absentee: *lista degli assenti*, absentees' list; *gli assenti hanno sempre torto*, the absent are always in the wrong **2** (*defunto*) the absent one: *il nostro* —, our absent friend (*o* our late-lamented friend).

assenteismo *s.m.* **1** absenteeism; (*fam.*) skiving: *l'— è molto elevato*, there is a high rate of absenteeism **2** (*disinteresse*) indifference: *fu deplorato l'— delle classi dirigenti*, the indifference of the ruling classes was deplored.

assenteista *s.m.* e *f.* habitual absentee, (*fam.*) skiver ◆ *agg.* → assenteistico.

assenteistico *agg.*: *quell'uomo ha un atteggiamento* —, that man is always trying to find an excuse not to go to work; *ha un comportamento — verso la politica*, he is indifferent to politics (*o* apolitical).

assentimento *s.m.* (*non com.*) assent; consent; approval.

assentire *v.intr.* to assent, to consent; to approve (sthg.), to acquiesce (in sthg.): — *col capo*, to nod in assent.

assenza *s.f.* **1** absence: — *da scuola*, non -attendance at school, (*fam.*) truancy, skiving; — *dal lavoro*, absence from work, (*fam.*) skiving; *durante la mia* —, in (*o* during) my absence; *quante assenze hai fatto?*, how often have you been absent? // *brillare per l'*—, to be conspicuous by one's absence **2** (*mancanza*) lack; want, absence: — *di gusto*, lack of taste; — *di luce*, absence of light; — *di immaginazione*, lack of imagination; *sentire l'— di qlcu.*, to miss s.o. // (*inform.*) — *di battuta di stampa*, print holidays **3** (*dir.*): *dichiarazione d'*—, assumption of death; *presunzione d'*—, presumed death.

assenziente *agg.* willing; (*form.*) consentient, assenting.

assenzio *s.m.* **1** (*bot.*) (*Artemisia absinthium*) wormwood, (*scient.*) absinth(e) // — *selvatico*, (*Artemisia vulgaris*) mugweed, mugwort // (*chim.*) *olio, essenza di* —, wormwood oil **2** (*liquore*) absinth(e).

assere → **assero**.

asserire *v.tr.* (*affermare, sostenere*) to affirm, to assert, to claim: — *un diritto*, to claim a right; — *la propria innocenza*, to affirm one's innocence.

assero *s.m.* (*mar.*) ram.

asserragliamento *s.m.* **1** blocking, barricading // (*dir.*) *protesta sindacale con* —, lock in **2** (*sbarramento*) obstruction, obstacle, impediment **3** (*barriera*) barricade, barrier.

asserragliare *v.tr.* to block; to barricade. □ **asserragliarsi** *v.rifl.* to barricade oneself: — *in casa*, to barricade oneself in the house; — *in un ostinato silenzio*, to barricade oneself behind a wall of silence.

assertivo *agg.* assertive, affirmative.

asserto *s.m.* (*letter.*) assertion, affirmation; statement.

assertore *s.m.* **1** assertor **2** (*difensore*) defender; advocate, upholder, champion: — *dei diritti dei popoli*, champion of peoples' rights.

assertorio *agg.* assertive.

asservimento *s.m.* **1** enslavement, enthralment, subjection: — *politico, culturale*, political, cultural subjection **2** (*tecn.*) interlocking.

asservire *v.tr.* **1** to enslave, to subdue, to subject, to subjugate, to subordinate, to reduce (s.o.) to slavery: — *un popolo*, to subjugate a country; — *il bene pubblico all'interesse privato*, to subordinate the public interest to private interest; — *le proprie passioni*, to subdue one's passions **2** (*tecn.*) to interlock. □ **asservirsi** *v.rifl.* to submit, to become* a slave (of s.o., sthg.).

asserzione *s.f.* assertion; statement; affirmation: — *gratuita*, gratuitous remark.

assessorato *s.m.* assessorship; aldermanship; town councillorship; (*sede*) council office, council department.

assessore *s.m.* (*alle imposte*) assessor; (*municipale, in Gran Bretagna*) alderman*; town councillor: — *comunale, regionale*, town, district (*o* county) councillor; — *al bilancio*, council treasurer; — *alla cultura*, spokesman for the Arts (of a council).

assessoriale meno com. **assessorile** *agg.* council; councillor's (*attr.*), alderman's (*attr.*).

assestamento *s.m.* arrangement, adjustment; (*sistemazione definitiva*) settlement: *periodo di* —, period of adjustment (*o* settling-down period); (*amm.*) — *del bilancio*, balance of the budget; (*edil.*) — *del terreno*, ground settling; (*geol.*) *piano di* —, bed plane; *scosse di* —, after shocks.

assestare *v.tr.* **1** to arrange; to settle: — *una faccenda*, to settle a matter // — *la propria stanza*, to tidy (up) one's room **2** (*regolare con cura*) to adjust (carefully): — *la mira*, to adjust one's aim **3** (*dare*) to deal*, to deliver, to land: — *un colpo*, to deal a blow. □ **assestarsi** *v.rifl.* o *intr.pron.* **1** to settle (down); to get* organized **2** (*edil.*) to set*, to settle.

assestata *s.f.* tidying up, sorting out: *dare un'— alla casa*, to give the house a good tidying up.

assestato *agg.* **1** (*in ordine*) orderly, tidy **2** (*non com.*) (*assennato*) sensible.

assesto *s.m.* (*non com.*) settlement.

assetare *v.tr.* to make* thirsty.

assetato *agg.* **1** thirsty: *sentirsi* —, to feel thirsty // *dar da bere agli assetati*, to give drink to the thirsty **2** (*fig.*) eager, longing, thirsty: *è — di gloria*, he thirsts for (*o* after) glory **3** (*di terreno, riarso*) parched, dry, thirsty.

assettamento *s.m.* (*rar.*) arrangement; settlement, ordering.

assettare *v.tr.* to arrange, to put* in order. □ **assettarsi** *v.rifl.* (*mettersi in ordine*) to tidy up; (*mettersi gli abiti migliori*) to spruce up.

assettato *agg.* (*non com.*) well arranged, adjusted; orderly; (*in ordine*) tidy, neat.

assetto *s.m.* **1** good order: *in* —, in trim; *mettere in* —, to put in order; *rimettersi in* —, to tidy up again // *in — di guerra*, in fighting trim **2** (*ordinamento, struttura*) structure, set up: *l'— economico di un'azienda*, the financial structure of a company **3** (*mar., aer.*) trim: *una nave in* —, a ship in (good) trim // (*aer.*) — *di volo*, attitude of flight **4** (*edil.*) bond.

asseveramento *s.m.* (*non com.*) asseveration.

asseverare *v.tr.* to assert, to affirm: (*dir.*) — *con giuramento*, to declare on oath.

asseverativo *agg.* affirmative; positive.

asseverazione *s.f.* affirmation, asseveration.

assiale *agg.* (*mat., fis.*) axial: (*mecc.*) *gioco* —, end float.

assibilare *v.tr.* (*ling.*) to assibilate.

assibilazione *s.f.* (*ling.*) assibilation.

assicella *s.f.* **1** small board, small plank **2** (*edil.*) lath // — *di copertura*, shingle.

assicurabile *agg.* insurable: *bene, rischio* —, insurable property, risk.

assicurare *v.tr.* **1** (*fissare, legare*) to fasten, to secure; (*con una corda*) to tie (up) **2** (*mettere al sicuro*) to assure, to secure, to guarantee, to ensure: *assicurarsi una vecchiaia tranquilla*, to ensure (*o* to secure) a peaceful old age for oneself; *assicurarsi la sopravvivenza*, to ensure one's survival // *assicurarsi un lavoro*, to secure a job // — *qlcu. alla giustizia*, to deliver s.o. to justice (*o* to arrest s.o. *o* to bring s.o. to justice) **3** (*garantire*) to assure: *mi assicurò che avrebbe parlato*, he assured me he would speak **4** (*dir.*) to insure; (*spec. sulla vita*) to assure; (*mar.*) to underwrite: — *la casa*, to insure one's house; — *una macchina contro il furto*, to insure a car against theft; — *un carico*, to underwrite a shipment **5** (*posta*) to register: — *una lettera, un pacco*, to register a letter, a parcel. □ **assicurarsi** *v.rifl.* **1** (*reggersi*) to hold* on; (*legarsi*) to fasten oneself: — *a una fune*, to fasten oneself to a rope **2** (*accertarsi*) to make* sure, to be sure: *desiderano — della tua onestà*, they want to make sure of your honesty; *mi sono assicurato che non vi sia pericolo*, I have made sure there is no danger **3** (*dir.*) to insure oneself, to take* out an insurance: — *contro un rischio*, to insure oneself against a risk; — *sulla vita*, to take out life insurance **4** (*alpinismo*) to secure oneself, to fasten oneself, to rope oneself up.

assicurativo *agg.* **1** insurance (*attr.*), assurance (*attr.*) **2** (*non com.*) assuring, reassuring.

assicurato *agg.* **1** assured **2** (*dir.*) insured, assured // *lettera, pacco* —, insured letter, parcel ◆ *s.m.* the insured (party); policy holder: *è un nostro* —, he is one of our policy holders.

assicuratore *agg.* insurance (*attr.*): *compagnia assicuratrice*, insurance company ◆ *s.m.* (*chi lavora presso una compagnia di assicurazioni*) insurer; assurer; insurance underwriter; (*agente*) insurer agent; (*chi vende polizze anche di varie compagnie*) insurance broker: *fare l'*—, to work in insurance.

assicurazione *s.f.* **1** (*garanzia*) assurance; pledge: *mi diede — di ciò*, he assured me of it **2** (*dir.*) insurance; (*spec. sulla vita*) assurance: *stipulare un'*—, to take out insurance; *agente di* —, insurance agent; *polizza di* —, insurance policy; *compagnia di* —, insurance company; — *aperta*, open insurance; — *collettiva*, group insurance; — *auto*, motor insurance; — *contro la disoccupazione*, unemployment insurance; — *sulla vita*, life insurance (*o* assurance); — *nel caso di sopravvivenza*, endowment insurance; — *di responsabilità civile* (*o contro terzi*), third party insurance; — *del ramo 'danni'*, non-life insurance; — *contro gli infortuni*, accident insurance; — *contro gli infortuni sul lavoro*, industrial accident insurance; — *contro i danni*, indemnity insurance; — *contro il furto*, theft insurance; — *di responsabilità civile auto* (RCA), automobile liability insurance; — *contro le malattie*, health insurance; — *contro la vecchiaia*, old-age insurance; — *contro l'incendio*, fire insurance; — *contro l'invalidità*, disability insurance; — *contro i rischi del montaggio industriale*, engineering insurance; — *del nolo*, freight insurance; — *marittima*, maritime insurance (*o amer.* sea assurance); — *obbligatoria*, compulsory insurance; *assicurazioni sociali*, social insurance (*o* national insurance); — *contro i danni derivanti da malattie professionali*, workmen's compensation insurance; — *contro i sinistri*, casualty insurance; — *marittima sulle merci*, cargo insurance; — *sulle merci trasportate in autocarro*, motor-cargo insurance.

assideramento *s.m.* (*di una parte del corpo*) frostbite: *morire d'*—, to die of cold (*o* to freeze to death).

assiderare *v.tr.* (*non com.*) to freeze*, to expose to the cold, to numb with cold, to chill. □ **assiderarsi** *v.intr.* o *intr.pron.* **1** (*med.*) to die* of cold, to freeze* to death **2** (*estens.*) to freeze*, to get* frozen: *mi sono assiderato ad aspettarti*, I froze (to death) waiting for you.

assiderato *agg.* **1** (*med.*) dead of cold, frozen to death; (*di una parte del corpo*) frostbitten **2** (*estens.*) frozen to death, dead with cold, numb with cold: *sono* —, I'm absolutely frozen.

assiduamente *avv.* **1** assiduously **2** (*diligentemente*) diligently, sedulously: *vi sta lavorando* —, he is hard at work on it.

assiduità *s.f.* **1** (*diligenza*) assiduousness, diligence, devotion, steadiness: — *al lavoro*, devotion to work **2** (*costanza*) assiduity, perseverance; constancy, sedulousness, application: — *allo studio*, close application to study; — *nel fare qlco.*, assiduity in doing sthg.

assiduo *agg.* **1** assiduous, diligent; persevering; steady: — *al proprio lavoro*, devoted to his work; *lavoratore* —, hard worker; *sforzi assidui*, untiring efforts **2** (*di visitatore, cliente*) assiduous, persistent, steady, regular, constant: *è un — frequentatore di questo ristorante*, he is a regular customer at this restaurant.

assieme *avv.* → insieme ◆ *s.m.* whole; ensemble; unity; group; set; entity: *gioco d'*—, team game; *musica d'*—, music for ensemble.

assiepamento *s.m.* **1** (*affollamento*) crowding **2** (*ant.*) (*il circondare con siepe*) hedging.

assiepare *v.tr.* **1** (*affollare*) to crowd, to throng: *il pubblico assiepava l'ingresso*, the audience thronged the entrance **2** (*ant.*) (*circondare con siepe*) to hedge (in), to fence (in); to enclose with a hedge.
□ **assieparsi** *v.rifl.* (*affollarsi*) to crowd (round s.o., sthg.).

assile *agg.* (*biol.*) axile.

assillante *agg.* troubling, tormenting, insistent: *una persona* —, an insistent person; *un pensiero* —, a tormenting thought.

assillare *v.tr.* to worry, to harass, to pester, to torment, to trouble: — *qlcu. di domande*, to pester s.o. with questions; — *qlcu. con richieste di denaro*, to harass s.o. with demands for money; *lo assillava il pensiero del figlio lontano*, he was tormented by the thought of his absent son; *era assillata dai creditori*, she was harassed by creditors.
□ **assillarsi** *v.rifl.* to torment oneself.

assillo *s.m.* **1** (*zool.*) robber fly; (*pop.*) horsefly* **2** (*fig.*) (*tormento*) worry; (*pensiero tormentoso*) harassing thought, insistent thought, torment // *sotto l'— della miseria*, goaded by need.

assimilabile *agg.* **1** assimilable **2** (*paragonabile*) comparable.

assimilabilità *s.f.* assimilability.

assimilare *v.tr.* **1** (*considerare simile*) to compare, to assimilate: — *un fatto a un altro*, to compare one fact with another **2** to assimilate, to absorb (*anche fig.*): *mangia molto, ma non assimila*, she eats a lot, but burns it up; — *la cultura di un popolo*, to assimilate the culture of a people **3** (*ling.*) to assimilate.
□ **assimilarsi** *v.intr.pron.* **1** (*letter.*) (*rendersi simile a*) to become* similar (to s.o., sthg.), to make* oneself like (s.o.) **2** (*ling.*) to assimilate.

assimilativo *agg.* assimilative.

assimilatore *s.m.* assimilator.

assimilazione *s.f.* **1** assimilation, absorption (*anche fig.*): *l'— di una lingua straniera*, the acquisition of a foreign language **2** (*fon.*) assimilation.

assiolo *s.m.* (*zool.*) (*Otus scops*) horned owl.

assiologia *s.f.* (*fil.*) axiology.

assiologico *agg.* (*fil.*) axiological.

assioma *s.m.* (*log.*) axiom.

assiomatica *s.f.* (*log.*) axiomatics [U].

assiomaticamente *avv.* axiomatically.

assiomatico *agg.* (*log.*) axiomatic.

assiomatizzare *v.tr.* to axiomatize.

assiomatizzazione *s.f.* axiomatization.

assiometro *s.m.* (*mar.*) telltale, rudder indicator.

assiriologia *s.f.* Assyriology.

assiriologo *s.m.* Assyriologist.

assiro *agg.* e *s.m.* Assyrian.

assiro-babilonese *agg.* Assyro-Babylonian.

assisa[1] *s.f.* **1** (*letter.*) uniform **2** (*geol.*) bed, stratum* **3** (*biol.*) cell, layer.

assisa[2] *s.f.* (*ant.*) (*tassa*) excise; duty, tax.

assise *s.f.pl.* assizes // *Corte d'Assise*, Court of Assizes.

assiso *agg.* (*letter.*) **1** seated **2** (*situato*) situated.

assistentato *s.m.* assistantship: — *universitario*, assistant lectureship.

assistente *s.m.* e *f.* assistant: — *chirurgo*, assistant surgeon; — *di laboratorio*, laboratory assistant; — *di volo*, hostess; — *universitario*, assistant lecturer; — *alla regia*, assistant director; — *sociale*, social worker; — *sanitario*, health inspector; — *medico*, registrar; — *di vendita*, sales assistant.

assistenza *s.f.* **1** presence, attendance **2** (*aiuto*) assistance, aid, help: *prestare — ai feriti*, to attend to the wounded; *ha bisogno di — psichiatrica*, he needs psychiatric help; — *alla navigazione*, navigational aids; — *legale*, legal aid **3** (*beneficenza*) welfare: *opera di* —, welfare institution; *vivere di — pubblica*, to live on social security **4** (*comm.*) service, aid: — *clienti*, customer service; — *finanziaria*, financial aid; — *negli affari*, business assistance; — *tecnica*, technical assistance **5** (*inform.*) aid.

assistenziale *agg.* charitable: *centro* —, welfare centre; *opera* —, charitable institution; *attività* —, charity work // *stato* —, welfare state.

assistenzialismo *s.m.* welfarism.

assistenziario *s.m.* rehabilitation centre.

assistere *v.tr.* **1** to assist, to support, to help, to aid, to favour: *se la fortuna vi assiste*, if fortune favours you; *ti assisterò come posso*, I'll give you all the assistance I can **2** (*curare*) to nurse, to tend, to look after, to cure: — *gli ammalati*, to nurse (*o* to cure *o* to look after) the sick ◆ *v.intr.* to be present (at sthg.); to attend (sthg.); (*essere testimone*) to witness (sthg.), to be a witness: — *a una cerimonia*, to be present at a ceremony; — *a un incidente stradale*, to witness a road accident; — *a una lezione*, to attend (*o* to go to) a lesson; — *a una partita di calcio*, to watch a football match.

assistito *agg.* helped, assisted: *volo* —, assisted flight ◆ *s.m.* beneficiary: *abbiamo circa 2000 assistiti*, we have about 2000 welfare beneficiaries.

assito *s.m.* wooden partition; (*pavimento di assi*) floor boards (*pl.*), wooden flooring; plank floor.

assiuolo → **assiolo**.

asso *s.m.* **1** (*carte, dadi ecc.*) ace: *l'— di picche*, the ace of spades // *avere l'— nella manica*, to hold the trump card // *piantare in* —, to leave in the lurch **2** (*sport*) ace, champion: — *dell'aviazione*, air-ace (*o* acepilot); — *del volante*, crack racing-driver; — *del pugilato*, champion boxer // *è un — in matematica*, he's tops in maths.

associabile *agg.* associable; compatible.

associabilità *s.f.* associability, compatibility.

associare *v.tr.* **1** (*correlare*) to associate; to combine; to join: — *idee, concetti*, to associate (*o* to connect *o* to put together) ideas, concepts; — *un'idea a un fatto*, to associate an idea with a fact **2** (*prendere come socio*) to take* into partnership; (*dir.*) to incorporate: *associò il figlio all'azienda*, he has taken his son into partnership **3** (*riunire*) to pool: — *i capitali*, to pool capital **4** (*condurre*) to take* (s.o.) to: — *qlcu. al carcere regionale*, to take s.o. to the regional prison.
□ **associarsi** *v.rifl.* **1** (*essere solidale*) to join, to support: *mi associo a loro nel ringraziarti*, I join (with) them in thanking you; — *contro qlcu.*, to join forces against s.o.; — *a una decisione*, to support a decision; — *al lutto*, to sympathize with s.o.'s (*o* in one's) bereavement; *si associarono nell'impresa*, they supported the enterprise **2** (*divenire membro*) to become* a member (of sthg.); (*abbonarsi*) to subscribe: — *a un giornale*, to subscribe to a newspaper; — *a un circolo*, to become a member of (*o* to join) a club **3** (*comm.*) to affiliate; to incorporate; to enter into partnership (with s.o.), to partner.

associatività *s.f.* (*mat.*) associativity, associative law.

associativo *agg.* associative: (*mat.*) *proprietà associativa*, associative property; *processo* —, process of association.

associato *s.m.* **1** associate, member **2** (*comm.*) partner, member (of a company) **3** (*abbonato*) subscriber ◆ *agg.* associate(d): *professore* —, assistant (*o* associate lecturer); (*amer.*) associate professor.

associazione *s.f.* **1** association: — *di idee*, association of ideas; — *di sforzi*, combined efforts; (*psic.*) — *libera*, free association **2** (*organizzazione*) association; (*sindacale*) combination: — *commerciale*, trading association; — *sovversiva*, subversive organization // (*comm., fin.*): — *di categoria*, trade association; — *illecita*, illegal enterprise; — *imprenditoriale*, employers' association; — *commercianti*, chamber of trade; — *dei consumatori*, consumers' association; — *di vendita*, joint selling association; — *senza scopo di lucro*, non-profit association; — *priva di personalità giuridica*, unincorporated association; — *in partecipazione*, joint venture (*o* adventure); *Associazione Nazionale degli Industriali*, National Association of Manufacturers; *Associazione Europea di Libero Scambio*, European Free Trade Association // (*dir.*) — *per delinquere*, criminal association **3** (*comm., fin.*) (*unione di due o più soci*) copartnership, partnership; (*consorzio*) consortium **4** (*scient.*) association.

associazionismo *s.m.* **1** tendency to form associations; (*insieme di associazioni*) associations **2** (*econ.*) co-operation **3** (*psic.*) associationism.

associazionista *s.m.* e *f.* (*psic.*) associationist.

associazionistico *agg.* associationist, associationistic.

assodamento *s.m.* 1 (*consolidamento*) consolidation; (*indurimento*) hardening 2 (*accertamento*) ascertainment, finding out.

assodare *v.tr.* 1 (*consolidare*) to consolidate; (*indurire*) to harden; to strengthen: — *i muscoli*, to strengthen one's muscles 2 (*accertare*) to ascertain, to make* sure, to find* out.
□ **assodarsi** *v.intr.pron.* 1 (*diventare sodo*) to become* compact, firm; (*indurirsi*) to grow* hard, to harden 2 (*fig. non com.*) (*consolidarsi*) to become* more firmly rooted; to strengthen.

assoggettabile *agg.* subduable, that may be subjugated.

assoggettamento *s.m.* 1 (*stato di soggezione*) subjection 2 (*l'assoggettare*) subduing, subjugation.

assoggettare *v.tr.* 1 to subject, to subjugate, to subdue (*anche fig.*): — *un popolo, una cultura*, to subjugate a people, a culture 2 (*sottoporre*) to subject: — *qlcu. a ogni tipo di violenza*, to subject s.o. to every type of violence; (*econ.*) — *un reddito a una imposta*, to subject an income to a tax.
□ **assoggettarsi** *v.rifl.* to submit: — *ai desideri di qlcu.*, to submit to s.o.'s wishes.

assolato *agg.* sunny: *campagna assolata*, countryside bathed in sunshine; *un angolino* —, a sunny nook.

assolcare *v.tr.* (*agr.*) to furrow; (*arare*) to plough.

assolcatore *s.m.* (*agr.*) lister.

assolcatura *s.f.* (*agr.*) listing.

assoldamento *s.m.* (*non com.*) recruiting, enlistment.

assoldare *v.tr.* (*reclutare*) to recruit; to enlist; (*estens.*) to engage, to hire: — *un sicario*, to hire a killer.

assolo *s.m.* (*mus.*) solo*: *esibirsi in un* —, to play a solo; *esibirsi in un — di danza*, to dance a solo.

assolotto *s.m.* (*zool.*) axolotl.

assolto *agg.* (*dir.*) acquitted, discharged.

assolutamente *avv.* absolutely, really; (*senza dubbio*) undoubtedly: *hai — ragione*, you're dead (*o* absolutely) right; *è — improbabile*, it's absolutely (*o* utterly) impossible; *non devi — farlo*, you just (*o* really) must not do it; *"Ti è piaciuto?" "Assolutamente no!"*, "Did you like it?" "No, not at all!" // *governare* —, to be an absolute ruler.

assolutezza *s.f.* absoluteness.

assolutismo *s.m.* (*pol.*) absolutism.

assolutista *agg.* (*pol.*) absolutist (*attr.*) ◆ *s.m.* e *f.* absolutist.

assolutistico *agg.* absolutist (*attr.*).

assolutizzare *v.tr.* to carry to extremes, to take* to extremes: — *un punto di vista*, to insist blindly on one's point of view.

assolutizzazione *s.f.* carrying to extremes: *tende all'— delle sue idee*, he tends to become dogmatic (*o* extreme) in his ideas.

assoluto *agg.* absolute: *maggioranza assoluta*, absolute (*o* clear) majority; *padrone* —, absolute (*o* despotic) master; *potere* —, absolute (*o* unrestricted) power; *la più assoluta tranquillità*, absolute quiet; *c'è l'assoluta necessità di ritrovare i documenti*, it's absolutely necessary to find the documents // (*gramm.*) *ablativo* —, ablative absolute // (*fil.*) *ente* —, the absolute // (*fis.*): *temperatura assoluta*, absolute temperature; *vuoto* —, absolute vacuum; *zero* —, absolute zero; *scala assoluta*, absolute scale // (*astr.*) *grandezza, magnitudine assoluta*, absolute magnitude // (*geol.*) *età assoluta*, absolute age // (*meteor.*) *umidità assoluta*, absolute humidity // (*mus.*) *orecchio* —, perfect (*o* absolute) pitch ◆ *s.m.* (*fil.*) the Absolute.

assolutore *s.m.* absolver.

assolutorio *agg.* 1 absolutory; absolving 2 (*dir.*) acquitting: *decisione assolutoria*, acquittal.

assoluzione *s.f.* 1 (*relig.*) absolution 2 (*dir.*) acquittal, discharge: *una sentenza di* —, a verdict of acquittal; — *piena*, full acquittal (*o* complete discharge); — *per insufficienza di prove*, acquittal for insufficiency of evidence.

assolvere *v.tr.* 1 (*sciogliere*) to release, to free: — *qlcu. da una promessa, da un giuramento*, to release s.o. from a promise, an oath 2 (*dir.*) to acquit, to discharge: *l'imputato fu assolto dall'accusa di omicidio*, the accused was acquitted of the charge of murder 3 (*adempiere*) to accomplish: — *un compito*, to accomplish a task 4 (*relig.*) to absolve.

assolvimento *s.m.* performance, discharge, fulfilment.

assomiglianza *s.f.* (*non com.*) resemblance, likeness, similarity.

assomigliare *v.intr.* to be like (s.o.), to look like (s.o.); to resemble (s.o.): *assomiglia a suo padre*, he is like his father (*o* he takes after his father); *a che cosa assomiglia?*, what is it like?; *a chi assomiglia?*, who does he look like?
□ **assomigliarsi** *v.rifl.rec.* to resemble each other (one another); to be alike: *questi due fratelli non si assomigliano*, these two brothers do not resemble each other (*o* are not alike); *si assomigliano come due gocce d'acqua*, they are like two peas in a pod; *le due situazioni si assomigliano*, the two situations are alike.

assommare *v.intr.* (*ammontare*) to add (together, up to), to amount to: *il debito ammonta a circa 200 sterline*, the debt amounts to (*o* adds up to) a couple of hundred pounds ◆ *v.tr.* (*riunire in sé*) to combine.
□ **assommarsi** *v.rifl.* o *rifl.rec.* (*aggiungersi*) to add (to): *alla fatica si assommò un nuovo lavoro*, in addition to (*o* added to) the fatigue, there was a new job.

assonante *agg.* assonant.

assonanza *s.f.* assonance.

assone *s.m.* (*anat.*) axon.

assonnacchiato *agg.* half asleep, drowsy.

assonnato *agg.* sleepy, drowsy, half asleep.

assonometria *s.f.* axonometric projection.

assopimento *s.m.* drowsiness, dozing, doziness.

assopire *v.tr.* 1 to drowse, to make* drowsy, to make* sleepy, to make* dozy 2 (*calmare*) to appease.
□ **assopirsi** *v.intr.pron.* 1 to doze off, to grow* sleepy, to grow* drowsy, to drop off to sleep 2 (*calmarsi*) to be appeased: *col passare del tempo, le discordie si assopirono*, with the passing of time the disagreements faded; *le passioni si assopirono*, the passions cooled.

assorbente *agg.* absorbing, absorbent: *carta* —, blotting paper ◆ *s.m.* 1 absorbent; sorbent // (*edil.*) — *acustico*, deadening (*o* sound-proofing) 2 — (*igienico*), sanitary towel.

assorbibile *agg.* (*chim.*) absorbable.

assorbibilità *s.f.* (*chim.*) absorbability.

assorbimento *s.m.* 1 absorption: — *delle riserve*, using up of reserves; — *di energia elettrica* (*da parte di un apparecchio ecc.*), electrical input // (*econ.*): — *dei costi*, cost absorption; — *di società*, company absorption; *approccio* —, absorption approach // (*chim., fis.*): *spettro di* —, absorption spectrum; *fattore di* —, absorptance, absorption factor; *coefficiente di* —, absorption coefficient (*o* absorptivity); *misuratore di* —, absorptionmeter 2 (*econ., dir.*) merger.

assorbimetro *s.m.* (*fis.*) absorptiometer.

assorbire *v.tr.* 1 to absorb; (*liquidi*) to soak; (*gas*) to occlude: *le spugne assorbono l'acqua*, sponges absorb (*o* soak up) water; — *radiazioni*, to absorb radiations 2 (*fig.*) to absorb, to take* up; to engross: *l'Impero assorbì tutti i piccoli stati*, the Empire absorbed all the lesser states; — *le energie*, to absorb (*o* to take up) one's energy; *l'affitto assorbe gran parte del suo stipendio*, the rent takes up most of his salary (*o fam.* most of his salary goes to pay the rent); *la lettura lo assorbiva*, he was engrossed in his reading // — *un colpo*, (*fig.*) to absorb a blow (*o* a punch) 3 (*fis.*) to absorb 4 (*econ., dir.*) to absorb, to take* over; (*essere assorbito*) to merge: *le due società vennero assorbite in una nuova*, the two companies were merged into a new one; *quell'azienda assorbì l'altra*, that firm merged into the other; — *un'impresa*, to absorb (*o* to take over) a business.

assorbito *agg.* absorbed (*anche fig.*): *era completamente — nella lettura del libro*, he was completely (*o* utterly) absorbed in his book.

assordamento *s.m.* 1 deafening; deafness 2 (*ling.*) voicelessness 3 (*fis.*) deafening.

assordante *agg.* deafening.

assordare *v.tr.* 1 to deafen; (*stordire*) to stun: *mi stai assordando*, you are deafening me 2 (*attutire*) (*un suono*) to deaden, to muffle 3 (*fis.*) to deafen.
□ **assordarsi** *v.intr.pron.* 1 (*attutirsi*) (*di suono*) to be deadened; to be muffled 2 (*ling.*) to become* voiceless.

assordimento *s.m.* (*non com.*) deafening; deafness.

assordire, **assordirsi** → **assordare**, **assordarsi**.

assortimento *s.m.* 1 assortment (*anche fig.*); selection, stock, choice; (*gamma*) range: — *limitato, variato*, limited, varied choice; *ricco* —, large (*o* extensive *o* rich) choice; *esaurire, rinnovare l'*—, to run out of, to renew stock 2 (*tecn.*) assortment.

assortire *v.tr.* 1 to stock, to furnish: — *un negozio*, to stock a shop 2 (*fig.*) to (as)sort, to match: *i colori vanno assortiti con cura*, colours should be well matched.

assortito *agg.* 1 assorted, sorted: *caramelle assortite*, assorted sweets 2 (*fornito*) stocked, supplied, furnished: *negozio bene* —, well-stocked (*o* well-supplied) shop 3 (*che armonizza*) matched: *colori bene assortiti*, well-matched colours // *sono bene assortiti*, they are well matched; *una coppia male assortita*, an ill-assorted (*o* a badly matched) couple.

assortitore *s.m.* grader.

assortitura *s.f.* (*tecn.*) **1** grading; classification **2** → assortimento.

assorto *agg.* absorbed, engrossed; immersed: — *nella preghiera*, absorbed in prayer; — *nel lavoro*, intent on one's work.

assottigliamento *s.m.* **1** thinning **2** (*diminuzione*) diminution; reduction; cutting down: — *delle scorte*, a reduction of supplies.

assottigliare *v.tr.* **1** (*rendere sottile*) to thin, to make* thin // *quest'abito ti assottiglia*, that dress makes you look slimmer **2** (*fig. non com.*) (*aguzzare*) to sharpen: — *la mente*, to sharpen one's wits **3** (*diminuire*) to diminish; to reduce: — *il patrimonio*, to reduce one's inheritance.

□ **assottigliarsi** *v.intr.pron.* **1** (*diventar sottile, più sottile*) to grow* thin, thinner: *il suo viso si assottigliava sempre più*, her face grew thinner and thinner **2** (*diminuire*) to diminish, to decrease: *le scorte si assottigliavano*, supplies were running out **3** (*fig.*) (*diventare più acuto*) to sharpen: *il suo ingegno si assottigliò con l'età*, his wits sharpened (*o* grew sharper) with age.

assuefare *v.tr.* to inure, to accustom, to habituate.

□ **assuefarsi** *v.rifl.* o *intr.pron.* to get* accustomed, to get* used (to), to become* accustomed, to get* inured; to accustom oneself, to inure oneself: *si era assuefatto alla fatica*, he was inured to hard work // — *a un farmaco*, to develop a tolerance to a medicine.

assuefatto *agg.* tolerant (to sthg.); (*dipendente*) addicted (to sthg.) ◆ *s.m.* one who is tolerant (to sthg.); (*dipendente*) addict.

assuefazione *s.f.* **1** habit; inurement **2** (*med.*) tolerance; (*dipendenza*) addiction; habituation: — *a un farmaco*, tolerance to a medicine; — *a una droga*, addiction to a drug.

assumere *v.tr.* **1** to assume: — *un'aria di protezione*, to assume (*o* to put on) a patronizing air; — *una carica*, to enter upon (*o* to take up) an office (*o* to assume a position); — *un incarico*, to accept an appointment; — *un impegno*, to accept an engagement; — *uno pseudonimo*, to assume (*o* to adopt) a pseudonym; — *informazioni su qlcu., qlco.*, to make inquiries about s.o., sthg.; — *la presidenza*, to take the chair // (*dir.*): — *una prova*, to admit on evidence; — *un testimone*, to examine a witness **2** (*addossarsi*) to undertake*; to assume, to take* upon oneself: *assumersi a carico*, to take (*o* to assume) upon oneself; *assumersi tutti i rischi*, to assume all risks; —, *assumersi una responsabilità*, to take (*o* to take upon oneself *o* to assume) a responsibility; *devi assumerti la responsabilità dell'accaduto*, you must take (*o* assume) the responsibility for what has happened; *assumersi l'incarico di fare qlco.*, to undertake to do sthg. // (*comm.*) *assumersi un debito*, to assume (*o* to take over) a debt **3** (*introdurre nell'organismo*) to take* **4** (*in servizio*) to engage, to employ, to take* on: — *un impiegato*, to engage a clerk (*o* to employ s.o. as a clerk); — *al proprio servizio*, to employ **5** (*innalzare a dignità*) to raise, to elevate: *assunto al pontificato*, raised to the Papacy // *essere assunto in cielo*, to ascend to Heaven **6** (*ammettere come ipotesi*) to assume.

Assunta *s.f.* Our Lady of the Assumption // (*festa dell'*) —, Assumption Day (*o* Feast of the Assumption) // (*opera d'arte*) *l'*—, the Assumption.

assuntivo *agg.* assumptive: (*arald.*) *armi assuntive*, assumptive arms; *giudizio* —, assumptive judgment.

assunto[1] *s.m.* employee: *i nuovi assunti prenderanno servizio domani*, the new employees (*o* newcomers *o* new recruits) will enter service tomorrow.

assunto[2] *s.m.* **1** (*fil.*) assumption **2** (*letter.*) (*impresa*) undertaking; enterprise; (*compito*) task.

assunzione *s.f.* **1** (*l'assumere, l'assumersi*) taking on; (*accettazione*) taking (up), acceptance: — *di un nuovo compito*, the taking on (*o* accepting) of a new task; *la sua — della carica di ministro ha destato polemiche*, his acceptance of the ministerial job has caused a stir; — *del potere*, assumption of power // (*fin.*): — *a fermo*, direct underwriting; — *di debito pubblico*, public borrowing; (*assicurazioni*) — *di rischio*, risk taking (*o* underwriting) // (*inform.*) — *per difetto*, (IBM) default // (*dir.*): — *di prova*, admission of evidence; — *di un testimone*, examination of a witness **2** (*l'ingerire*) taking: — *di cibo, di farmaci*, consumption (*o* taking) of food, medicines; *è sconsigliata l'— di alcol durante la cura*, alcohol should not be taken during treatment **3** (*di personale*) engagement; hiring, employment: — *a termine*, short-term employment; *le assunzioni sono diminuite*, recruitment is down **4** (*teol.*) Assumption: *festa dell'Assunzione*, Assumption Day **5** (*fil.*) assumption.

assunzionista *s.m.* (*eccl.*) Assumptionist, Augustinian of the Assumption.

assurdamente *avv.* absurdly.

assurdità *s.f.* **1** absurdity: *l'— di una simile situazione*, the absurdity of such a situation; *è il colmo dell'*—, it is the height of absurdity; *dire delle* —, to talk nonsense **2** (*fatto, frase assurda*) nonsense [U]; (*frase*) drivel [U]: *che —!*, what nonsense (*o* rubbish)!

assurdo *agg.* absurd, preposterous; ridiculous: *sospetto* —, an absurd suspicion; *conclusione assurda*, absurd conclusion; *rivendicazione assurda*, preposterous (*o* ridiculous) claim ◆ *s.m.* absurdity: *l'— di questa ipotesi*, the absurdity of this hypothesis; *dimostrazione per* —, proof ab absurdo (*o* reductio ab absurdum) // *teatro dell'*—, theatre of the absurd.

assurgere *v.intr.* to rise*: — *ad alta carica*, to rise to high office (*o* dignity).

asta *s.f.* **1** staff, pole: (*degli occhiali*) arm, (*amer.*) stem; — *del compasso*, compass leg; — *della bilancia*, balance arm; — *di bandiera*, flagstaff (*o* flag pole); (*sport*) *salto con l'*—, pole-jumping **2** (*lancia*) lance, spear **3** (*segno verticale*) straight stroke **4** (*comm.*) auction: *banditore d'*—, auctioneer; — *pubblica*, public auction; — *truccata*, mock auction; — *olandese, al ribasso*, Dutch auction; *andare all'*—, to be up for auction; *mandare all'*—, to auction; *mettere all'*—, to put up for auction (*o* to auction); *vendita all'*—, auction sale; *vendere all'*—, to auction (to auctioneer) // (*Borsa*): — *di titoli, di buoni del tesoro*, competitive bidding; — *di Borsa*, exchange business **5** (*mar.*) boom; (*di timone*) stock: — *di controfiocco*, flying jib boom; — *di fiocco*, jib boom; — *di posta*, lower (*o* swinging) boom **6** (*tecn.*) rod; bar: — *del parafulmine*, lightening rod; — *di collegamento*, connecting rod (*o amer.* pitman); — *di comando*, control rod; — *di guida*, slide bar; — *di livello*, dipstick; — *di livello dell'olio*, oil dipstick; — *di presa di corrente*, trolley pole; — *dello stantuffo*, piston rod // (*tip.*) — *del carattere*, type bar.

astabile *agg.* (*elettr.*) astatic.

astaco *s.m.* (*zool.*) crayfish.

astante *s.m.* (*spettatore*) onlooker, bystander.

astanteria *s.f.* casualty ward.

astatico *agg.* (*fis.*) astatic: *galvanometro* —, astatic galvanometer.

astato *agg.* armed with a lance ◆ *s.m.* **1** (*st. romana*) soldier armed with a lance **2** (*chim.*) astatine.

asteggiare *v.intr.* (*rar.*) to draw* strokes; to do* writing exercises.

astemio *agg.* abstemious: *sono* —, I do not drink ◆ *s.m.* teetotaller.

astenersi *v.rifl.* to abstain, to refrain, to forbear*: *dovrebbe — dal divulgare chiacchiere*, he ought to refrain (*o form.* he ought to forbear) from spreading gossip; *mi astenni dall'interrogarla*, I refrained from questioning her; *non potevo astenermi dal sorridere*, I couldn't help (*o* keep) smiling; — *dall'alcool*, to abstain from drinking alcohol // *nel dubbio, astieniti*, when in doubt, do nothing.

astenia *s.f.* (*med.*) asthenia.

astenico *agg.* e *s.m.* asthenic.

astenopia *s.f.* (*med.*) asthenopia.

astenosfera *s.f.* (*geol.*) asthenosphere.

astensione *s.f.* abstention: — *dal voto*, abstention.

astensionismo *s.m.* (*pol.*) abstentionism, policy of abstention.

astensionista *agg.* e *s.m.* e *f.* (*pol.*) abstentionist.

astensionistico *agg.* abstentionist.

astenuto *s.m.* (*spec. pl.*) abstention: *10 i contrari, 2 gli astenuti*, 10 against, 2 abstentions.

aster *s.m.* (*bot.*) aster.

astergere *v.tr.* (*letter.*) to wipe (away); to cleanse.

asteria *s.f.* **1** (*zool.*) starfish, asteroid **2** (*min.*) asteriated corundum.

asterisco *s.m.* asterisk.

asterismo *s.m.* (*astr.*) asterism.

asteroide *s.m.* **1** (*astr.*) asteroid, minor planet **2** (*fis.*) asteroid **3** (*mat.*) astroid **4** (*zool.*) asteroid.

astersione *s.f.* (*letter.*) cleansing.

astice *s.m.* (*zool.*) (*Homarus vulgaris*) lobster.

asticella *s.f.* **1** small bar **2** (*sport*) (*salto in alto*) (cross) bar.

astigiano *agg.* of Asti, from Asti ◆ *s.m.* inhabitant of Asti.

astigmatico *agg.* astigmatic: *lente astigmatica*, astigmatic lens; *occhio* —, astigmatic eye.

astigmatismo *s.m.* (*med., fis.*) astigmatism.

astigmometro *s.m.* (*med.*) astigmatometer, astigmometer.

astilo *agg.* (*arch.*) astylar.

astinente *agg.* (*non com.*) abstinent, abstemious, temperate, sober.

astinenza *s.f.* abstinence, abstention; abstemiousness: (*med.*) *sindrome da* —, abstinence syndrome; *crisi di* —, abstinence crisis; (*fam.*) cold turkey.

astio *s.m.* rancour, resentment; grudge; (*malevolenza*) spite: *mostrare — contro qlcu.*, to bear a grudge against s.o.; *rispondere con —*, to answer resentfully.

astiosità *s.f.* rancour, resentfulness; (*malevolenza*) spitefulness.

astioso *agg.* rancorous, resentful; (*malevolo*) spiteful.

astista *s.m.* (*sport*) pole-vaulter.

astore *s.m.* (*zool.*) (*Accipiter gentilis*) goshawk: — *maschio*, tercel.

astracan → **astrakan**.

astragalo *s.m.* **1** (*anat.*) astragalus* **2** (*bot.*) (*Astragalus glycyphyllos*) milk-vetch **3** (*arch.*) astragal.

astrakan *s.m.* astrakhan.

astrale *agg.* **1** astral: *lampada —*, astral lamp; *influsso —*, astral influence (*o* the influence of the stars) // *corpo —*, (*teosofia*) astral body **2** (*fig.*) (*smisurato*) infinite, immense: *una distanza, una difficoltà —*, an immense distance, problem.

astranzia *s.f.* (*bot.*) (*Astrantia maior*) astrantia.

astrarre *v.tr.* **1** to abstract (*anche fil.*), to consider apart, to separate **2** (*letter.*) (*distogliere*) to distract: — *la mente dalle preoccupazioni*, to take one's mind off one's worries ◆ *v.intr.* (*prescindere*) not to take* into consideration: *non si può giudicare astraendo dalle circostanze*, you can't judge (*o* pass judgement) without taking the circumstances into consideration. □ **astrarsi** *v.rifl.* to lose* oneself, to go* into another world: *quando ascolta la musica si astrae da tutto*, when he listens to music he loses himself completely.

astrattamente *avv.* in the abstract, abstractly: — *parlando*, speaking in the abstract.

astrattezza *s.f.* abstractness.

astrattismo *s.m.* (*arte*) abstractionism.

astrattista *s.m.* (*arte*) abstractionist.

astratto *agg.* abstract: *concetto —*, abstract concept; (*gramm.*) *nome —*, abstract noun; *quadro —*, abstract picture ◆ *s.m.* abstract // *in —*, in the abstract: *parlare in —*, to speak in the abstract; *la virtù in —*, virtue in the abstract.

astrazione *s.f.* **1** abstraction: *fare — da qlco.*, to leave sthg. out of consideration (*o* to disregard sthg.); *fatta — da ciò*, apart from that **2** (*concetto astratto*) abstraction, abstract concept **3** (*inform.*) abstraction.

astringente *agg.* e *s.m.* (*med.*) astringent.

astringere *v.tr.* to inhibit; to constrict; to bind.

astro *s.m.* **1** star; (*pianeta*) planet; (*scient.*) celestial body, heavenly body **2** (*bot.*) aster **3** (*fig.*) star.

astro- *pref.* di origine greca che indica relazione con gli astri oppure con la navigazione spaziale; ingl. astro-: *astrodromo*, astrodome; *astronomo*, astronomer; *astrobussola*, astrocompass.

astrochimica *s.f.* astrochemistry.

astrodinamica *s.f.* astrodynamics ⓤ.

astrofisica *s.f.* astrophysics ⓤ.

astrofisico *agg.* astrophysical ◆ *s.m.* astrophysicist.

astrofotografia *s.f.* astrophotography.

astrofotometria *s.f.* astrophotometry.

astrogeologia *s.f.* (*astr.*) astrogeology.

astrografo *s.m.* astrograph.

astrolabio *s.m.* (*st. astr.*) astrolabe.

astrolatria *s.f.* star worship, astrolatry.

astrologare *v.intr.* **1** to practise astrology; to astrologize **2** (*fantasticare*) to daydream*.

astrologia *s.f.* astrology.

astrologico *agg.* astrologic(al).

astrologo *s.m.* astrologer; (*estens.*) fortune -teller, soothsayer // *crepi l'—!*, God (*o* Heaven) forbid!

astrometria *s.f.* (*astr.*) astrometry.

astrometrico *agg.* (*astr.*) astrometric: *posizione astrometrica*, astrometric position.

astronauta *s.m.* astronaut, spaceman*.

astronautica *s.f.* astronautics ⓤ.

astronautico *agg.* astronautic(al).

astronave *s.f.* spaceship, spacecraft, space vessel.

astronomia *s.f.* astronomy: — *di posizione*, astrometry; — *all'infrarosso*, infrared astronomy.

astronomico *agg.* **1** astronomic(al): *anno —*, sidereal year; *latitudine, longitudine, unità astronomica*, astronomical latitude, longitude, unit; *crepuscolo, triangolo —*, astronomical twilight, triangle **2** (*fam.*) astronomical, enormous: *una cifra astronomica*, an astronomical figure.

astronomo *s.m.* astronomer.

astrusaggine → **astruseria**.

astruseria, **astrusità** *s.f.* abstruseness: *dire delle astruserie*, to speak abstrusely.

astruso *agg.* abstruse: *esprimersi in modo —*, to express oneself abstrusely; *un ragionamento —*, an abstruse argument.

astuccio *s.m.* case, box; container, holder; (*fodero*) sheath: — *da lavoro*, housewife (*o fam.* hussy); — *di cuoio*, leather case; — *per gioielli*, jewel case; — *per occhiali*, glasses case (*o* spectacle case); — *porta-aghi*, needle-case.

astutezza *s.f.* astuteness, shrewdness; cunning.

astuto *agg.* astute, shrewd; cunning: *una risposta astuta*, a shrewd answer; *una soluzione astuta*, a clever solution; *una persona astuta*, a cunning (*o* an astute) person.

astuzia *s.f.* **1** (*qualità*) astuteness, shrewdness, craftiness, cunning **2** (*atto*) trick, stratagem, artifice.

atabagico *s.m.* (*med.*) antismoking preparation.

atarassia *s.f.* (*fil.*) ataraxy, ataraxia.

atarassico *agg.* (*fil.*) ataractic, ataraxic.

atassia *s.f.* (*med.*) ataxy, ataxia.

atassico *agg.* (*med.*) ataxic.

atavico *agg.* atavistic, atavic.

atavismo *s.m.* (*biol.*) atavism.

atavo *s.m.* great-great-great-grandfather, great-great-great-grandmother; (*letter.*) ancestor.

ateismo *s.m.* atheism.

ateista *s.m.* e *f.* (*antiq.*) atheist.

ateistico *agg.* atheistic.

atele *s.m.* (*zool.*) spider monkey.

atelettasia *s.f.* (*med.*) atelectasis.

atelier *s.m.* studio, atelier; (*sartoria*) atelier, workroom.

atellana *agg.* e *s.f.* (*st. teatr.*) Atellan.

atematico *agg.* (*ling.*) athematic.

atemporale *agg.* (*fil.*) atemporal, timeless.

atemporalità *s.f.* (*fil.*) atemporality, timelessness.

ateneo *s.m.* **1** (*accademia*) academy **2** (*università*) university.

ateniese *agg.* e *s.m.* e *f.* Athenian.

ateo *agg.* atheistic ◆ *s.m.* atheist.

atermano *agg* (*fis.*) athermanous.

atermico *agg.* (*fis.*) athermic.

ateroma *s.m.* (*med.*) atheroma (*pl.* -mas, -mata).

aterosclerosi *s.f.* (*med.*) atherosclerosis (*pl.* -ses).

aterosclerotico *agg.* (*med.*) atherosclerotic.

atesino *agg.* of the river Adige ◆ *s.m.* inhabitant of the region of the upper Adige.

atetesi *s.f.* (*filologia*) athetesis.

atimia *s.f.* (*psic.*) athymia.

atipicità *s.f.* atypicalness.

atipico *agg.* atypic(al) (*anche med.*).

atlante *s.m.* **1** atlas*; book of maps // — *celeste*, star atlas // — *stradale*, road atlas // — *di anatomia*, atlas of anatomy **2** (*anat.*) atlas **3** (*zool.*) atlas moth **4** (*arch.*) telamon.

atlantico *agg.* **1** (*geogr.*) Atlantic // *l'oceano —*, the Atlantic (ocean) // (*pol.*): *Carta Atlantica*, Atlantic Charter; *Patto Atlantico*, North Atlantic Treaty (*o* Pact) **2** (*fig.*) huge, gigantic: *fatica atlantica*, huge (*o* gigantic) effort.

atlantismo *s.m.* (*pol.*) foreign policy based on support or adherence to the Atlantic Pact.

atlantosauro *s.m.* (*paleont.*) atlantosaurus (*pl.* -ri).

atleta *s.m.* e *f.* athlete // (*med.*) *piede d'—*, athlete's foot.

atletica *s.f.* athletics ⓤ: — *leggera*, athletics (*o* track and field events).

atletico *agg.* athletic: *gare atletiche*, athletic events.

atmosfera *s.f.* **1** (*scient.*) atmosphere: (*astr.*) — *tipo*, standard atmosphere; (*fis.*) — *superiore*, upper atmosphere // — *irrespirabile*, chokedamp **2** (*fig.*) atmosphere; environment, ambience, surroundings.

atmosferico *agg.* atmospheric(al): (*fis., meteor.*) *pressione atmosferica*, atmospheric pressure; (*meteor.*) *umidità atmosferica*, humidity; (*geofisica*) *luminescenza atmosferica*, airglow; (*ecol.*) *inquinamento —*, air pollution.

atollo *s.m.* (*geogr.*) atoll.

atomica *s.f.* atom(ic) bomb.

atomicità *s.f.* atomicity.

atomico *agg.* atomic: *bomba atomica*, atom(ic) bomb; *energia atomica*, atomic energy; *massa atomica*, atomic mass; *peso —*, atomic weight; *numero, volume —*, atomic number, volume; *pila atomica*, atomic pile; *spettri atomici*, atomic spectra.

atomismo *s.m.* (*st. fil.*) atomism.

atomista *s.m.* (*st. fil.*) atomist.

atomistica *s.f.* (*fis.*) atomic theory.

atomistico *agg.* (*fis.*) atomistic.

atomizzare *v.tr.* **1** to atomize, to vaporize **2** (*non com.*) to destroy with atomic weapons.

atomizzatore *s.m.* atomizer, vaporizer.

atomizzazione *s.f.* atomization, vaporization.

atomo *s.m.* **1** (*chim.*, *fis.*) atom: (*fis.*) *frantumatore dell'*—, atom smasher; (*fis.*) *grammo* —, gram atom **2** (*estens.*) atom, grain, speck, bit.

atonale *agg.* (*mus.*) atonal.

atonalità *s.f.* (*mus.*) atonality.

atonia *s.f.* (*med.*) atonia, atony.

atonicità *s.f.* **1** (*med.*) atonicity **2** (*ling.*) atony, atonia.

atonico *agg.* (*med.*) atonic.

atono *agg.* **1** (*ling.*) atonic **2** (*estens.*) blank: *uno sguardo* —, a blank look.

atossico *agg.* non-toxic.

atout *s.m.* (*delle carte*) trump: *giocare degli atout*, to trump.

atrabile *s.f.* (*ant.*) **1** black bile, atrabiliousness **2** (*fig.*) melancholy, acrimony, gloominess.

atreplice *s.m.* (*bot.*) (*Atriplex hortense*) orach(e).

atrepsia *s.f.* (*med.*) athrepsia, athrepsy.

atresia *s.f.* (*med.*) atresia.

atriale *agg.* (*anat.*) atrial.

atrichia *s.f.* (*med.*) atrichia, atrichosis.

atrio *s.m.* **1** (*vestibolo*) foyer, lobby, entrance-hall **2** (*archeol.*) atrium* **3** (*anat.*) auricle, atrium*.

atro *agg.* (*poet.*) **1** black; dark, gloomy **2** (*fig.*) fearful, horrid, dreadful.

atroce *agg.* atrocious, dreadful, terrible, ferocious, cruel: *un delitto* —, an atrocious crime; *avere dei dolori atroci*, to have terrible pains; *un caldo* —, a terrible (*o* a ferocious) heat // *un dubbio* —, a nasty suspicion.

atrocità *s.f.* atrociousness; atrocity: *le — naziste*, nazi atrocities.

atrofia *s.f.* (*med.*) atrophy.

atrofico *agg.* (*med.*) atrophic.

atrofizzare *v.tr.* to atrophy (*anche fig.*).
□ **atrofizzarsi** *v.intr.pron.* to atrophy (*anche fig.*); to wither.

atropina *s.f.* (*chim.*) atropine.

atropo *s.f.* (*zool.*) (*Acherontia atropos*) death's-head moth.

attaccabile *agg.* attackable, open to attack.

attaccabottoni *s.m.* e *f.* (*fam. fig.*) buttonholer; chatterbox.

attaccabrighe *s.m.* e *f.* (*fam.*) quarrelsome person: *conosco quel ragazzo: è un* —, I know that boy: he is always ready to pick a quarrel.

attaccamani *s.m.* (*bot. pop.*) (*Galium aparine*) catchweed, cleavers, goose-grass, beggar's lice.

attaccamento *s.m.* **1** (*non com.*) attachment, attaching; fastening **2** (*fig.*) attachment, affection: *avere dell'— per qlcu.*, to feel affection for s.o.

attaccante *agg.* attacking ◆ *s.m.* **1** attacker **2** (*sport*) forward.

attaccapanni *s.m.* **1** (*mobile*) hatstand, hall stand, clothes stand; (*da parete*) (clothes) peg, clothes hook **2** (*gruccia*) hanger.

attaccare *v.tr.* **1** (*unire*) to attach, to fasten; (*legare*) to tie (up): *attaccale insieme*, fasten (*o* tie) them together // *egli è ancora attaccato alle gonnelle di sua madre*, he is still tied to his mother's apron strings **2** (*cucire*) to sew* on // — *bottone a qlcu.*, (*fig.*) to buttonhole s.o. **3** (*appiccicare*) to stick*; (*con colla*) to glue, to paste: — *un manifesto*, to stick up a poster **4** (*bestie da tiro*) to harness: *attaccò i cavalli alla carrozza*, he harnessed the horses to the carriage **5** (*appendere*) to hang*: *attaccò il quadro alla parete*, he hung the picture on the wall // — *cartelli, manifesti pubblicitari*, to placard **6** (*assalire*) to attack (*anche fig.*): *l'opposizione ha attaccato il governo*, the opposition attacked the government; — *le opinioni di qlcu.*, to attack s.o.'s opinions **7** (*iniziare*) to begin*, to start; (*mus.*) to strike* up: — *discorso con qlcu.*, to start talking to s.o.; — *lite*, to start a quarrel (*o* to begin quarelling) **8** (*malattia*) to infect; to pass on to, to give*: *attaccò il morbillo a sua sorella*, he gave his sister (the) measles **9** (*chim.*) to etch ◆ *v.intr.* **1** (*aderire*) to stick* (well), to adhere **2** (*attecchire*) to take* root; (*fig.*) to catch* on; to find* favour; to find* followers; to be successful: *la rosa non ha attaccato*, the rose hasn't taken root; *i suoi scherzi non attaccano*, his jokes don't work; *questa moda attacca davvero*, this fashion is really catching on // *non attacca!*, that won't wash.
□ **attaccarsi** *v.rifl.* o *intr.pron.* **1** (*appigliarsi*) to cling* // — *a una scusa*, to cling to an excuse // *attaccati al tram!*, (*fam.*) get on with it! **2** (*affezionarsi*) to become* fond of (s.o., sthg.); to become* attached to (s.o., sthg.) **3** (*fam.*) (*di cibi*) to stick* (on the bottom of the pan) ◆ *v.rifl.rec.* to attack each other (one another).

attaccaticcio *agg.* **1** sticky **2** (*fig.*) (*di persona*) boring, sticky.

attaccato *agg.* **1** attached: — *alle comodità*, attached to one's comforts; *persona attaccata al denaro*, stingy person **2** (*affezionato*) attached, devoted: *le era profondamente* —, he was deeply attached to her; *sono molto attaccati*, they are very close **3** (*ligio*) faithful, true (to sthg.), observant (of sthg.): *è — alle regole, alla forma*, he's a stickler for the rules, for appearances.

attaccatura *s.f.* join, joint, union: — *della manica*, armhole.

attaccatutto *s.m.* glue.

attaccavesti *s.m.* (*bot.*) → **attaccamani**.

attacchinaggio *s.m.* sticking up posters, placarding.

attacchinare *v.intr.* to stick* up posters; to placard.

attacchino *s.m.* bill poster, bill sticker.

attacco *s.m.* **1** (*mil.*) attack, assault: — *aereo*, air attack; — *di sorpresa*, surprise attack; *formazione d'*—, attack formation; *precipitarsi all'*—, to start an attack; *ritornare all'*—, to return to the attack; *dopo l'— violento i terroristi si rifugiarono in un paese neutrale*, after the laughter the terrorists took refuge in a neutral country **2** (*sport*) attack, (*amer.*) offense **3** (*med.*) attack; fit; seizure: — *di cuore*, heart attack; — *di fegato*, liver attack; — *di tosse*, coughing fit; — *isterico*, hysterics; — *epilettico*, convulsive seizure, epilectic fit **4** (*avvio, inizio*) opening, beginning (*anche teatr.*); (*mus.*) entry: *l'— è stato deludente*, the opening was disappointing; *battuta di* —, opening bar **5** (*fig.*) attack; (*molto violento*) onslaught: *gli attacchi della stampa*, the attacks of the press **6** (*di rapace*) swoop **7** (*punto di unione*) juncture **8** (*mecc.*) connection: — *di un tubo*, pipe connection; — *elettrico*, connection **9** (*chim.*) etching **10** (*ferr.*) coupling **11** (*insieme di animali da tiro*) team // — *a due*, carriage and pair **12** (*per sci*) ski fastening.

attaché *s.m.* attaché.

attagliarsi *v.intr.pron.* (*non com.*) to suit (s.o.), to fit (s.o.).

attanagliamento *s.m.* **1** pulling with pincers **2** (*st.*) torturing with red hot pincers.

attanagliare *v.tr.* **1** (*afferrare con tenaglie*) to grip with pincers; to seize with pincers **2** (*estens.*) (*serrare*) to claw, to grasp **3** (*fig.*) to torment, to grip: *essere attanagliato dai rimorsi*, to be gripped by remorse.

attante *s.m.* (*ling.*) agent.

attardarsi *v.intr.pron.* (*indugiare*) to loiter, to linger, to lag (behind); (*essere in ritardo*) to be late; — *per la strada*, to loiter in the streets; *si attardò a parlare con l'amico*, he lingered to talk to a friend.

attardato *agg.* **1** late **2** (*fig.*) anachronistic, backward: *posizione attardata*, anachronistic (*o* outmoded) position.

attecchimento *s.m.* (*agr.*) taking root, sprouting; flourishing (*anche fig.*).

attecchire *v.intr.* **1** (*agr.*) to take* root, to strike* root, to sprout; to flourish **2** (*fig.*) to find* favour, to catch* on: *la nuova rivista ha attecchito subito*, the new magazine caught on at once: *è una moda che attecchirà*, it's a fashion that will catch on.

attediare *v.tr.* (*ant.*, *letter.*) to weary, to annoy.
□ **attediarsi** *v.intr.pron.* (*ant.*, *letter.*) to become* tired (of s.o., sthg.), to become* annoyed (with s.o., sthg.).

atteggiamento *s.m.* attitude, pose; air: — *ostile*, hostile attitude; — *politico*, political leaning; — *da diva*, film star pose; — *positivo, negativo*, positive, negative attitude.

atteggiare *v.tr.* **1** to give* an expression to (sthg.), to display, to put* on: *atteggiò il viso a compassione*, he put on a sympathetic expression; *quando parlava con la vedova, atteggiava la sua voce a compianto*, when he spoke to the widow his voice was suitably sorrowful (*o* he made his voice sound suitably sorrowful) **2** (*modellare*) to shape.
□ **atteggiarsi** *v.rifl.* to assume an attitude, to put* on an expression; (*posare a*) to pose as: — *a persona annoiata*, to strike a bored pose (*o* to have a bored expression); *si atteggiava ad artista*, he posed as an artist.

attempato *agg.* elderly, aged.

attendamento *s.m.* camp; (*mil.*) encampment, camp.

attendarsi *v.intr.pron.* to camp out; (*mil.*) to encamp, to pitch tents: *si è attendato a casa mia per un mese*, he has been camping out at my place for a month.

attendente *s.m.* **1** (*mil.*) orderly, batman* **2** (*spreg.*) slave: *non sono il tuo* —, I am not your servant.

attendere *v.tr.* to wait for (s.o., sthg.), to await: (*comm.*) *attendiamo pronta risposta*, we await a prompt reply; *attendo una tua telefonata*, I'm waiting for a phone call from you; — *che qlcu. faccia qlco.*, to wait for s.o. to do sthg.: *non attese che noi arrivassimo*, he did not wait for us to arrive; *andare ad — qlcu. alla stazione*, to meet s.o. at the station // *non so* *che cosa mi attende*, I do not know what to expect // *si attende che arrivi da un momento all'altro*, he is expected (*o* we are expecting him) at any moment ◆ *v.intr.* **1** (*aspettare*) to wait: *attendi un momento*, wait a moment; *era stanco di* —, he was tired of waiting **2** (*applicarsi, dedicarsi*) to attend, to apply oneself, to devote oneself: — *agli studi*, to apply oneself to one's studies; — *agli affari*, to attend to one's business **3** (*accudire*) to attend, to look after (s.o., sthg.): — *a un bambino*, to look after a child.

attendibile *agg.* reliable, trustworthy: *persona, notizia* —, reliable person, information; (*dir.*) *prova* —, reliable evidence.

attendibilità *s.f.* reliability, trustworthiness.

attendismo *s.m.* wait and see attitude, fence sitting.

attendista *s.m.* e *f.* fence sitter.

attenere *v.intr.* (*non com.*) (*concernere*) to concern (sthg.), to regard (sthg.): *per ciò che attiene al fatto*, as far as this matter is concerned ◆ *v.tr.* to keep*, to maintain.

□ **attenersi** *v.rifl.* **1** to cling* (on, to sthg.), to hold* (on, to sthg.): *egli si attiene alla sua idea*, he clings to his idea; — *a un prezzo*, to keep to a price **2** (*seguire*) to follow (sthg.), to conform; to keep*: *dovete attenervi alle regole*, you must follow the rules; — *ai consigli di qlcu.*, to follow s.o.'s advice; — *alle istruzioni di qlcu.*, to follow s.o.'s instructions.

attentamente *avv.* attentively; (*con cura*) carefully.

attentare *v.intr.* **1** to make* an attempt (on, against s.o.), to attempt (sthg.): — *alla vita di qlcu.*, to make an attempt on s.o.'s life **2** (*fig.*) to attempt, to harm, to assail.

attentato *s.m.* attempt, outrage, (attempted) attack: *commettere un* — *alla vita di qlcu.*, to make an attempt on s.o.'s life; — *terroristico*, terrorist outrage; — *alla libertà*, attack on freedom // — *alla moralità*, indecent behaviour.

attentatore *s.m.* **attentatrice** *s.f.* assailant, attacker.

attentatorio *agg.* criminal.

attenti *s.m.* attention: *mettersi sull'* —, to stand to attention; *stare sull'*—, to stand at attention.

attento *agg.* **1** (*che presta attenzione*) (*di persona*) attentive; heedful; careful; diligent, painstaking: —*!*, take care! (*o* look out!); *attenti al cane*, beware of the dog; — *al gradino*, mind the step; *sta'* —*!*, be careful!; *sta'* — *alla tua salute*, look after (*o* watch) your health; *sta'* — *a ciò che dico*, pay attention to what I'm saying; *stammi* — *al bambino*, look after (*o* mind) the child for me **2** (*fatto con attenzione*) (*di cosa*) careful, thorough: *un'attenta lettura*, a careful reading; *un'attenta analisi*, a thorough analysis.

attenuamento *s.m.* attenuation; mitigation; (*di colpa*) extenuation.

attenuante *agg.* (*dir.*) extenuating, extenuatory, mitigating: *circostanze attenuanti*, extenuating circumstances (*o* mitigating factors) ◆ *s.f.* (*dir.*) extenuating circumstance, extenuating proof.

attenuare *v.tr.* to attenuate, to weaken; to mitigate; to subdue; to tone down; (*diminuire la gravità di*) to extenuate, to minimize: *nulla può* — *la sua colpa*, nothing can extenuate his guilt; — *un colpo*, to soften a blow (*o* to lessen the force of a blow); — *un danno*, to minimize the damage.

□ **attenuarsi** *v.intr.pron.* to decrease, to diminish: *le luci si attenuarono*, the lights dimmed.

attenuatamente *avv.* in a subdued way.

attenuazione *s.f.* **1** attenuation, mitigation (*anche dir.*), minimization, toning down; (*di colpa*) extenuation **2** (*fis.*) attenuation.

attenzione *s.f.* **1** attention, care: *fare* —, to take care (*o* to be careful *o* to look out): *fare* — *alla propria salute*, to take care of one's health; *prestare* — *a qlcu.*, *a qlco.*, to pay attention to s.o., to sthg.; *richiamare, attirare l'*— *di qlcu. su qlco.*, to call (*o* to draw) s.o.'s attention to sthg. (*o* to point out sthg. to s.o.); *fate* —*!*, take care! (*o* be careful!); *maneggiare con* —*!*, handle with care! // (*comm.*): *alla cortese* — *di*, for the attention of; *mi permetto di richiamare le vostra cortese* — *su*, we would like to call your kind attention to **2** *pl.* (*premure*) attention(s), kindness [U]: *colmare qlcu. di attenzioni*, to overwhelm s.o. with kindness.

attergare *v.tr.* to endorse.

atterice, **atterige** *s.m.* (*zool.*) (*Apteryx australis*) kiwi, (*pop.*) running bird.

attero *agg.* **1** (*zool.*) apterous, apteral, apteran, wingless **2** (*arch.*) apteral.

atterraggio *s.m.* (*aer.*) landing: — *cieco*, blind landing; — *di coda*, tail landing; — *di fortuna*, crash landing; — *forzato*, forced landing; — *guidato, strumentale*, instrument landing; *carrello di* —, landing gear; *operazione di* —, landing procedure; *pista di* —, runway; landing strip; *campo d'*—, landing ground.

atterramento *s.m.* **1** (*sport*) (*lotta*) fall, throw; (*salto in alto*) landing; (*calcio*) push, trip **2** → **atterraggio**.

atterrare *v.tr.* **1** to knock down, to fell: — *un albero*, to fell (*o* to cut down) a tree; — *un avversario*, to knock down an opponent **2** (*fig.*) to humiliate, to crush ◆ *v.intr.* (*aer.*) to land: — *sul ventre* (*con carrello rientrato*), to bellyland; — *corto*, to undershoot; — *lungo*, to overshoot.

atterrimento *s.m.* frightening; fright, terror.

atterrire *v.tr.* to terrify, to frighten.

□ **atterrirsi** *v.intr.pron.* to become* terrified, to be terrified, to become* frightened; to be frightened.

attesa *s.f.* **1** (*periodo d'attesa*) wait; (*l'attendere*) waiting: *una lunga* —, a long wait; *l'*— *è spesso penosa*, waiting is often painful; *essere in* — *di qlcu.*, to be waiting for s.o.; (*comm.*) *in* — *di una vostra risposta*, we look forward to hearing from you // *sala d'*—, waiting room; *lista di* —, waiting list **2** (*spec. pl.*) (*aspettativa*) expectation, hope: *deludere le attese di qlcu.*, to fall short of s.o.'s expectations.

atteso *agg.* **1** awaited, expected **2** (*desiderato, sperato*) eagerly awaited, longed for: *abbiamo finalmente ricevuto la notizia tanto attesa*, we have at last received the eagerly awaited news.

attesoché, **atteso che** *cong.* seeing that, taking into consideration that.

attestabile *agg.* attestable, certifiable.

attestamento *s.m.* (*mil.*) the consolidation of a bridgehead, the consolidation of a forward position.

attestare[1] *v.tr.* (*certificare*) to attest, to certify; (*testimoniare*) to attest, to bear* witness to (sthg.); (*asserire, dichiarare*) to state, to testify.

attestare[2] *v.tr.* to join; (*mecc.*) to abut.

□ **attestarsi** *v.rifl.* **1** (*mil.*) to consolidate a bridgehead; to occupy a position: *il nemico si attestò sulla riva destra del fiume*, the enemy consolidated their bridgehead on the right bank of the river **2** (*estens.*) to become* fixed (in one's position etc.).

attestato *s.m.* **1** (*certificato*) certificate; testimonial (*anche dir.*): — *di buona condotta*, certificate of good conduct **2** (*prova*) proof, demonstration; (*segno*) token: *accettate questo in* — *della mia amicizia*, accept this as a token of my friendship.

attestatura *s.f.* (*mecc.*) abutment.

attestazione *s.f.* **1** (*testimonianza*) statement; declaration; attestation; affirmation **2** (*attestato*) certificate; testimonial; (*documentazione*) documentary evidence **3** (*dimostrazione*) demonstration; (*segno*) sign; token.

atticciato *agg.* sturdy, thickset, stocky.

atticismo *s.m.* atticism.

atticista *s.m.* atticist.

atticizzare *v.intr.* to atticize.

attico[1] *agg.* e *s.m.* Attic: *sale* —, (*fig.*) Attic salt (*o* Attic wit *o* refined wit).

attico[2] *s.m.* (*arch.*) attic, penthouse.

attiguità *s.f.* contiguity; adjacency.

attiguo *agg.* contiguous; adjoining; adjacent: *il giardino è* — *alla sua casa*, the garden is next to his house.

attillare *v.tr.* e *intr.* (*non com.*) **1** to make* fit tightly **2** (*vestire con ricercatezza*) to dress up.

□ **attillarsi** *v.rifl.* (*vestirsi con ricercatezza*) to dress (oneself) up, to dress smartly.

attillato *agg.* **1** close-fitting; tight: *abito* —, close-fitting (*o* tight) dress **2** (*azzimato*) well dressed, smart, elegant.

attillatura *s.f.* (*non com.*) smartness; dressing up.

attimo *s.m.* **1** moment, instant, bit: *in un* —, in a moment **2** (*fam.*) (*breve spazio*) bit, inch: *tirati un* — *più in là*, move a bit further over there.

attinente *agg.* pertaining, belonging, relating, related: *la vostra risposta non è* — *all'argomento*, your reply has no bearing on the subject.

attinenza *s.f.* **1** relation, connection, bearing: *non ha alcuna* — *con l'argomento in questione*, it has no bearing on the subject **2** (*pl.*) (*annessi*) fittings, accessories, appurtenances.

attingere *v.tr.* **1** (*trarre*) to draw*: — *acqua da un pozzo*, to draw water from a well; — *denaro da qlcu.*, (*fig.*) to sponge on (*o* off) s.o. **2** (*procurarsi*) to get*: — *informazioni da qlcu.*, to get (*o* to obtain) information from s.o.; — *notizie*, to get news **3** (*letter.*) (*raggiungere*) to reach, to attain.

attingitoio *s.m.* (*non com.*) pail; bucket.

attinia *s.f.* (*zool.*) actinia*, sea anemone.

attinico *agg.* (*chim., fot., fis.*) actinic.

attinide *s.m.* (*chim.*) actinide.

attinio *s.m.* (*chim.*) actinium.

attinismo *s.m.* (*chim.*) actinism.

attinografia *s.f.* (*med.*) actinography.

attinoide *s.m.* (*chim.*) actinoid.

attinometria *s.f.* (*fis.*) actinometry.

attinometro *s.m.* (*metrol.*) actinometer; (*fot.*) exposure meter.

attinomicete → **actinomicete**.

attinomorfo → **actinomorfo**.

attinon *s.m.* (*chim.*) actinon.

attinoterapia *s.f.* (*med.*) actinotherapy.

attinouranio *s.m.* (*chim.*) actinouranium.

attirare *v.tr.* **1** to attract, to draw* (*anche fig.*): *il magnete attira il ferro*, a magnet attracts iron; *la sua commedia attira un gran pubblico*, his play attracts large audiences; — *l'attenzione di qlcu.*, to attract (*o* to draw) s.o.'s attention; — *qlco. su qlcu.*, to draw (*o* to bring) sthg. on s.o.; *il suo atteggiamento gli attirò molta antipatia*, his attitude made him disliked; *questa azione attirò su di lui la collera di suo padre*, he incurred his father's anger with this action (*o* by doing this); *mi sono lasciato — dal prezzo*, I let myself be persuaded by the price; — *lo sguardo di qlcu.*, to draw s.o.'s eye **2** (*adescare*) to allure, to entice: — *qlcu. con promesse*, to entice s.o. with promises **3** (*uccelli con richiamo*) to decoy.

□ **attirarsi** *v.rifl.rec.* to be attracted to each other (to one another): *sono personalità che si attirano*, their characters attract each other.

attitudinale *agg.* aptitude (*attr.*): *test* —, aptitude test.

attitudine[1] *s.f.* aptitude, gift, ability, bent: — *per la musica*, natural gift for music; *avere* (*molta*) — *per le lingue*, to have a (real) bent (*o* aptitude) for languages.

attitudine[2] *s.f.* (*atteggiamento*) attitude; posture, position, pose: *in — di preghiera*, praying.

attivamente *avv.* actively, industriously, busily.

attivare *v.tr.* **1** to activate, to start (up), to set* going; (*mettere in attività*) to put* in action, in activity; to bring* into action; — *una macchina*, to start up a machine; — *una mina*, to set off a mine // (*amm.*) — *una pratica*, to open a file **2** (*dare impulso*) to stimulate; (*comm.*) to push // — *il fuoco*, to kindle the fire **3** (*chim.*) to activate.

attivato *agg.* (*chim.*) activated: *carbone* —, activated carbon; *complesso* —, activated complex.

attivatore *s.m.* activator (*anche chim.*) // (*biol.*) — *dell'*RNA, RNA activator ◆ *agg.* activating.

attivazionale *agg.* starting up; promotional.

attivazione *s.f* **1** (*chim., fis., metall.*) activation: *energia, analisi di* —, activation energy, analysis **2** (*messa in funzione*) activation, starting (up): *l'— di una ferrovia*, the opening of a railway line.

attivismo *s.m.* **1** (*st., fil.*) activism **2** (*pol.*) activism, militancy **3** (*dinamicità*) energy, activeness, industry: *per la sua età dimostra un grande* —, he's very energetic for his age.

attivista *s.m e f.* **1** (*st., fil.*) activist **2** (*pol.*) activist, militant.

attivistico *agg.* **1** (*fil., pol.*) activist(ic) **2** (*attivo*) active.

attività *s.f.* **1** activity; operation: *campo di* —, sphere of activity (*o* of action) // *in* —, in action (*o* at work); *è un momento di grande* —, this is a very busy time; *a Natale tutti i negozi sono in piena* —, at Christmas the shops are very busy; *la fabbrica è in piena* —, the factory is at full production (*o* is working at full stretch); *la nuova fabbrica è adesso in piena* —, the new factory is now fully operational; *mantenere in — un'industria*, to keep an industry going; *entrare in* —, (*di vulcano*) to become active // *nonostante i suoi anni, è ancora in* —, in spite of his age, he's still an active man **2** (*lavoro, occupazione*) occupation, work; job: *quale è la tua —?*, what's your job?; *quale è il tuo campo di —?*, what field do you work in? // — *criminosa organizzata*, racket; — *industriale*, industry; — *terziaria*, service industry; — *mineraria*, mining // (*comm., fin.*): — *ausiliaria*, service; — *collaterale*, side line (*o* business); — *imprenditoriale rischiosa*, venture; *persone che svolgono — professionali*, people in professional occupations // (*banca*) — *di una banca d'affari*, merchant banking // (*Borsa*) *chi pratica l'— di share pushing*, share pusher **3** *pl.* (*comm.*) assets: — *e passività*, assets and liabilities; — *di pronto realizzo*, quick assets; — *di lento realizzo*, slow assets; — *di riserva*, reserve assets; — *materiali, tangibili*, tangible assets; — *produttive*, productive assets; — *reali*, physical (*o* real) assets **4** (*operosità*) activity; industry; energy; briskness; dispatch: *la sua — è sorprendente*, his energy is surprising **5** (*fis., chim.*) activity: — *ottica*, optical activity; — *solare*, solar activity **6** (*inform.*) activity; (IBM) task: — *di collegamento logico*, (PERT) dummy activity.

attivizzare *v.tr.* to start (up), to get* going.

attivo *agg.* **1** active; (*in attività*) working: *collaborazione attiva*, active collaboration; (*mil.*) *in servizio* —, on the active list; *vulcano* —, active volcano; *popolazione attiva*, working population; *impianto* —, working plant **2** (*operoso*) active, industrious; (*di scolaro*) diligent; (*di commercio ecc.*) brisk, operative: *uomo* —, active (*o* industrious *o* energetic) man; *vita attiva*, active life // *essere parte attiva di qlco.*, to play an active part in sthg. **3** (*comm.*) active, profitable, productive; (*esigibile*) receivable: *conti attivi*, active accounts; *cambiali attive*, receivable bills // (*econ.*): *interessi attivi*, interest earned (*o* received); *bilancio* (*in*) —, credit balance **4** (*gramm.*) active: *verbo* —, active verb **5** (*chim.*) active, activated: *carbone* —, activated carbon **6** (*inform.*) active ◆ *s.m.* **1** (*comm.*) assets (*pl.*); (*di un conto*) the credit side (of an account), credit balance: — *disponibile, indisponibile*, liquid assets, unavailable assets; — *e passivo*, assets and liabilities; — *fallimentare*, bankruptcy assets; — *sociale*, partnership assets; *ammontare dell'*—, total assets; *accertare l'*—, to ascertain assets // *in* —, on the credit side (*o* in the black); *avere qlco. al proprio* —, to have sthg. to one's credit (*anche fig.*); *mettere qlco. all'— di qlcu.*, to credit s.o. with sthg. (*anche fig.*) **2** (*gramm.*) active form; (*di verbo*) active voice: *verbo all'*—, verb in the active voice **3** (*pol.*) leading members, activists (*pl.*).

attizzamento *s.m.* **1** poking; stirring up **2** (*fig.*) stirring up, excitement; (*aizzamento*) incitement, instigation.

attizzare *v.tr.* **1** to poke; to stir up **2** (*fig.*) (*eccitare*) to stir up; to excite; to arouse; (*aizzare*) to incite, to instigate, to urge.

attizzatoio *s.m.* poker.

attizzatore *s.m.* (*letter.*) stirrer (up); (*fig.*) inciter, instigator.

atto[1] *s.m.* **1** act; (*azione*) action; (*fatto*) deed: — *di coraggio*, brave deed; *un — generoso*, a generous deed; *rendere conto dei propri atti*, to explain (*o* to give account of) one's actions // (*teol.*) — *di fede, di contrizione*, act of faith, of contrition **2** (*atteggiamento*) attitude; (*gesto*) gesture, movement; (*segno*) mark, sign: — *di stima, amicizia*, sign of esteem, friendship **3** (*teatr.*) act: *commedia in tre atti*, three-act play **4** (*attestato, certificato*) certificate: — *di morte, nascita*, death, birth certificate **5** (*dir.*) act; (*il documento*) deed; (*comm.*) bill: — *lecito*, lawful act; — *amministrativo*, administrative act; — *giuridico*, legal transaction; — *illecito civile*, tort; — *apocrifo, autentico*, forged, original deed; — *di accusa*, indictment; — *di vendita*, bill of sale; — *di vendita di beni immobili*, unconditional bill of sale; *legalizzazione di un* —, certification (*o* authentication) of a deed; *registrazione di un* —, record (*o* recording) of a deed; *rilascio di un* —, delivery of a deed; *sottoscrizione di un* —, signature of a deed; *trascrizione di un* —, transcription of a deed; *annullare, autenticare, legalizzare, redigere un* —, to cancel, to authenticate, to certify, to draw up a deed; *registrare un* —, to record a deed; *rilasciare un* —, to deliver (*o* to issue) a deed; *dare* —, to give notice // (*fin.*): — *costitutivo*, (*di società*) company act (*o* company charter); — *costitutivo di una società di capitali*, memorandum of association; — *di fidecommisso* (*di negozio fiduciario*), trust deed **6** *pl.* (*dir.*) legal proceedings: *fare gli atti a qlcu.*, to institute (*o* to take) legal proceedings against s.o.; *mettere agli atti*, to record in the journals; *passare agli atti*, to file (documents) (*o* to register in the archives) **7** *pl.* (*di assemblea, società ecc.*) proceedings, minutes; (*transazioni*) transactions: *gli atti di un'assemblea*, the proceedings of a meeting; *mettere agli atti*, to record in the minutes **8** *pl.* (*verbale*) records (of proceedings); transactions // *Atti del Parlamento*, Official Records of Parliamentary Proceedings; (*del parlamento inglese*) Hansard.

◆ FRASEOLOGIA: *all'— del carico, dello scarico*, on loading, on unloading; *all'— della consegna*, on delivery; *all'— delle dimissioni*, on resignation (*o* resigning); *all'— dell'ordinazione*, when ordering (*o* when placing the order); *all'— del pagamento*, on payment; *all'— della partenza* (*per mare*), on sailing // *all'— pratico*, in practice // *nell'— di*, in the act of; *fu sorpreso nell'— di rubare*, he was caught in the act of stealing // *inflazione in* —, inflation in progress // *dare — di qlco.*, to admit sthg.: *devo dargli — che è stato molto bravo*, I must admit that he has been very clever // *fare — di presenza*, to put in an appearance; *fece — di colpirlo*, he made as if to hit him // *mettere, tradurre in — qlco.*, to carry out (*o* to implement) sthg. (*o* to put sthg. into action): *il nostro programma è già in* —, our programme is already being carried out // *prendere — di qlco.*, to take note of sthg. (*o* to note sthg. *o* to record sthg.).

atto[2] *agg.* **1** (*adatto, idoneo*) fit, fitted; suitable; qualified (for sthg., to do sthg.) **2** (*capace*) capable, able.

atto- *pref.* (*metrol.*) 10^{-18}; ingl. atto-: *attosecondo*, attosecond.

attonitamente *avv.* in amazement.

attonito *agg.* astonished; amazed; astounded, dumbfounded: *mi guardava* —, he looked at me in amazement (*o* in astonishment).

attorcere *v.tr.* (*non com.*) to twist; (*con forza*) to wring*.
□ **attorcersi** *v.rifl.* (*non com.*) to twist; to writhe, to squirm.

attorcigliamento *s.m.* twisting; twining.

attorcigliare *v.tr.* to twist; to twine, to wind*: — *qlco. intorno a qlco.*, to twist (*o* to twine) sthg. round sthg.
□ **attorcigliarsi** *v.rifl.* o *intr.pron.* to wind*, to twine; (*di serpente*) to coil: *l'edera si attorciglia* (*intorno*) *alla quercia*, the ivy is twining round the oak; *il serpente si attorcigliò intorno alla sua preda*, the serpent coiled (itself) round its prey.

attorcigliatura *s.f.* twisting, twining.

attore *s.m.* **1** actor; (*spreg.*) play-actor: — *cinematografico*, screen (*o* cinema) actor, (*amer.*) movie actor; — *di prosa*, actor; *attori girovaghi*, strolling players; *primo* —, leading man; *diventare* —, to become an actor (*o* to go on the stage) **2** (*fig.*) actor, moving spirit, participant: *fu il principale — delle riforme*, he was the moving spirit behind the reforms **3** (*dir.*) plaintiff: *l'— e il convenuto*, the plaintiff and the defendant.

attoreo *agg.* (*dir.*) of plaintiff.

attorniare *v.tr.* to surround, to encircle; (*assediare*) to besiege.
□ **attorniarsi** *v.rifl.* to surround oneself (with s.o., sthg.): *si è attorniato di gente poco onesta*, he has surrounded himself with dubious characters.

attorno *avv.* about, around, round; roundabout [cfr. *intorno*]: *non c'era nessuno* —, there was nobody about; *vivono qui* —, they live somewhere round here (*o* hereabouts); *andare* —, to stroll about; *tutt'*—, all around // *darsi d'*—, to get busy // *levarsi d'*—, to get out of the way // *levarsi qlcu. d'*—, to get rid of s.o. // *guardarsi* —, to look around.

attorno a *prep.* about, around, round: — *alla tavola*, round the table; *le colline — alla città*, the hills around the town; *sedere — al fuoco*, to sit round the fire; *non ci accorgemmo di ciò che stava accadendo — a noi*, we didn't notice what was happening around us; *la Terra gira — al Sole*, the Earth goes round the Sun // *girare — a un problema*, (*fam.*) to beat about the bush // *stare — a qlcu.* (*per ottenere qlco.*), to pester s.o. (for sthg.).

attortigliare, **attortigliarsi** → **attorcigliare**, **attorcigliarsi**.

attossicare *v.tr.* (*letter.*) **1** to poison **2** (*appestare*) to pollute: — *l'aria*, to pollute the air **3** (*fig.*) (*amareggiare*) to embitter; (*corrompere*) to corrupt; (*rovinare*) to spoil*; to poison.

attraccaggio *s.m.* (*mar.*) mooring; (*alla banchina*) docking.

attraccare *v.tr.* (*mar.*) to moor; (*alla banchina*) to dock, to draw* along side.

attracco *s.m.* **1** (*manovra*) mooring; docking; drawing alongside **2** (*luogo*) berth; mooring.

attraente *agg.* attractive; charming, fascinating; interesting; (*allettante*) alluring; seductive; (*simpatico*) engaging: *modi attraenti*, charming manners; *sorriso* —, engaging (*o* fetching) smile; *è poco* —, she is rather plain.

attrappire → **rattrappire**.

attrarre → **attirare**.

attrattiva *s.f.* attraction, appeal; (*seduzione*) fascination, lure; (*fascino*) charm, attractiveness: *è una donna di grandi attrattive*, she's a woman of many charms (*o* a very attractive woman); *questo genere di spettacoli non esercita alcuna — su di me*, this type of show doesn't appeal to me at all.

attrattivo *agg.* (*letter.*) **1** attractive **2** (*fig.*) charming, inviting, enticing.

attratto *agg.* attracted: *sentirsi — da qlco., qlcu.*, to feel (*o* to be) attracted by sthg., s.o.

attraversamento *s.m.* crossing: — *pedonale*, pedestrian crossing; — *zebrato*, zebra crossing, (*amer.*) crosswalk.

attraversare *v.tr.* **1** to cross, to go* across; to pass through (a place): *il ponte attraversa il fiume*, the bridge crosses (*o* spans) the river; — *una strada*, to cross (*o* to go across *o* to walk across) a road; *quel pensiero mi attraversò la mente*, that thought crossed my mind; — *a nuoto un fiume*, to swim across a river; — *un bosco*, to walk through a wood; — *una città*, to go (*o* to pass) through a town; — *di corsa una strada*, to run across a road; — *in aereo*, to fly across; — *in bicicletta, in automobile, a cavallo un paese*, to cycle, to drive, to ride through a country // — *un periodo difficile*, to go through a difficult period; — *il cammino di qlcu.*, to get in s.o.'s way (*o* to cross *o* to thwart s.o.'s plans) **2** (*mar.*) — *l'ancora*, to fish the anchor.

attraverso *avv.* through: *passare* —, to pass through ♦ *prep.* **1** (*da una parte all'altra*) across; (*in mezzo a*) through: *il sole filtrava — le imposte*, the sun filtered through the shutters; *nuotò — il fiume*, he swam across the river; *guardare* — (*a*) *una lente*, to look through a lens **2** (*di traverso*) across: *hanno messo uno sbarramento* — (*al*)*la strada*, they put a barrier across the road **3** (*in seguito a*) through: *questi sono i dati ottenuti — indagini di mercato*, these are the data obtained through market research.

attrazione *s.f.* attraction: — *sessuale*, sex appeal; *fra loro c'è molta* —, they are strongly attracted to each other // (*fis.*): — *magnetica*, magnetic attraction; — *molecolare*, molecular (*o* adhesive) attraction (*o* cohesive force).

attrezzamento *s.m.* (*non com.*) **1** equipping; fitting out **2** (*attrezzi*) equipment; fittings (*pl.*).

attrezzare *v.tr.* **1** (*equipaggiare*) to equip; (*arredare*) to fit out; (*rifornire di attrezzi*) to supply with tools **2** (*mar.*) to rig.
□ **attrezzarsi** *v.rifl.* (*equipaggiarsi*) to get* ready, to prepare oneself: *devi attrezzarti un po' meglio per le passeggiate in montagna*, you'll have to equip yourself a bit better to go walking in the mountains.

attrezzatura *s.f.* **1** equipping, fitting out **2** (*impianto*) equipment, outfit, device: *l'— di una fabbrica*, the tooling up of a factory; *attrezzature di ufficio*, office equipment; *attrezzature commerciali*, trade fixtures; *attrezzature produttive*, productive plants; *un paese povero di attrezzature turistiche*, a country with inadequate tourist facilities **3** (*mar.*) rigging **4** (*inform.*) equipment: — *supplementare*, add-on equipment; — *di soccorso, di riserva*, back-up facilities.

attrezzeria *s.f.* **1** (*teatr.*) properties, props **2** (*mecc.*) tooling.

attrezzista *s.m.* e *f.* **1** (*teatr.*) property-man, property-master, scene shifter **2** (*sport*) gymnast (that uses the parallel bars, the beam etc.) **3** (*mecc.*) toolmaker.

attrezzistica *s.f.* (*sport.*) gymnastics (on the parallel bars, the beam etc.).

attrezzistico *agg.* on apparatus* (*pred.*), with apparatus* (*pred.*).

attrezzo *s.m.* **1** tool, implement; utensil: *gli attrezzi del falegname*, the carpenter's tools // *carro attrezzi*, breakdown truck **2** (*sport*) piece of equipment, piece of apparatus*.

attribuibile *agg.* attributable; (*dir.*) imputable.

attribuire *v.tr.* **1** to attribute, to ascribe, to put* down; (*dir.*) to impute: *attribuimmo la sua ira a un malinteso*, we put his anger down to a misunderstanding; *non vi attribuimmo importanza*, we attached no importance to it **2** (*assegnare*) to assign, to award: — *un premio*, to award a prize; — *la colpa*, to lay the blame; *si attribuì tutto il merito dell'invenzione*, he assumed (*o* took) all the credit for the invention // (*comm.*) — *valore a*, to confer (*o* set) value on, to attach value to.

attributivo *agg.* attributive: *aggettivo* —, attributive adjective.

attributo *s.m.* **1** attribute; characteristic; quality // *attributi virili, muliebri*, masculine, femine characteristics **2** (*gramm.*) attribute, attributive **3** (*emblema*) symbol, attribute.

attribuzione *s.f.* **1** attribution: *opera d'incerta* —, a work of uncertain attribution **2** (*spec. pl.*) (*funzioni e doveri*) competence, powers, functions // (*dir.*) *conflitto di* —, conflict of competence (*o* conflict of powers) **3** (*inform.*) allocation.

attrice *s.f.* actress.

attristare *v.tr.* **attristarsi** *v.intr.pron.* (*letter.*) to sadden.

attristire *v.intr.* (*non com.*) **1** to sadden **2** (*perdere le forze*) to lose* strength, to weaken.
□ **attristirsi** *v.intr.pron.* to become* sad, to sadden.

attrito[1] *agg.* **1** (*letter.*) (*consumato*) worn out; attrited **2** (*teol.*) feeling attrition, attrite.

attrito[2] *s.m.* **1** (*fis.*) friction: *fattore di* —, damping factor **2** (*fig.*) (*contrasto*) friction, dissension: *profondi attriti dividevano le due famiglie*, there was enormous friction between the two families.

attrizione *s.f.* (*teol.*) attrition.

attruppamento *s.m.* (*non com.*) **1** trooping **2** (*folla*) crowd, throng; (*spreg.*) mob.

attruppare *v.tr.* to crowd (together).
□ **attrupparsi** *v.rifl.* to troop (together); to crowd (together), to throng.

attuabile *agg.* feasible; practicable, possible, realizable: *il progetto non era* —, the project wasn't feasible.

attuabilità *s.f.* feasability, practicability.

attuale *agg.* **1** (*del momento*) present, current: *la situazione — non è chiara*, the present situation isn't clear; *l'indirizzo* —, the present address; *il valore* —, the present value **2** (*che ha ancora valore*) topical, relevant: *è un libro sempre* —, it's still a topical book **3** (*fil.*) (*in atto*) actual, existing // (*teol.*) *grazia* —, actual grace.

attualismo *s.m.* **1** (*st., fil.*) actualism **2** (*geol.*) uniformitarianism, actualism.

attualistico *agg.* actualistic.

attualità *s.f.* **1** (*l'essere attuale*) topicality, topical interest, relevance to the present, up-to-dateness: *l'— di un problema*, the topicality of a problem; *l'— di uno scrittore*, the relevance of a writer to the present day // *di —*, topical; *è un argomento di —*, it is a topical subject; *essere di grande —*, to be of great interest; *tornare di —*, to become topical (*o* fashionable) again **2** *pl.* (*fatti recenti*) recent events; up-to-date news; (*cinem.*) newsreel: *settimanale di —*, current affairs; *le — della settimana*, the week's events (*o* news) // *documentario di —*, current affairs documentary.

attualizzare *v.tr.* **1** to make* topical, to make* up-to-date: *— un problema*, to present a problem in contemporary terms **2** (*fin.*) to discount back.

attualizzazione *s.f.* **1** topical presentation, bringing up-to-date **2** (*fin.*) discounting back.

attualmente *avv.* **1** (*al momento*) at present, at the present time, at the moment, now, nowadays: *— è assente*, he's not here at the moment **2** (*per il momento*) for the time being: *— non sono previste modifiche*, for the time being we do not foresee changes.

attuare *v.tr.* to carry into effect, to carry out, to put* into practice; to accomplish; to realize: *— un progetto*, to put a plan into practice; *— una riforma*, to bring about a reform.

□ **attuarsi** *v.intr.pron.* (*realizzarsi*) to come* true, to prove true; (*avvenire*) to be fulfilled, to come* to pass: *tutte le sue previsioni si sono attuate*, all his expectations were fulfilled (*o* all his forecasts proved true).

attuariale *agg.* (*mat.*) actuarial.

attuario[1] *s.m.* **1** (*dir.*) registrar **2** (*mat.*) actuary.

attuario[2] *agg.* (*mar.*) solo nella loc. *nave attuaria*, supply ship.

attuatore *s.m.* (*tecn.*) actuator.

attuazione *s.f.* putting into effect, carrying out, accomplishment; realization; fulfilment.

attutire *v.tr.* to mitigate, to moderate, to soothe, to appease: *— un rumore*, to deaden (*o* to muffle) a sound.

□ **attutirsi** *v.intr.pron.* to calm down, to become* appeased, to become* deadened, to die* down; (*di suono*) to become* muffled: *presi le pastiglie e il dolore si attutì*, I took some tablets and the pain eased.

aubrezia *s.f.* (*bot.*) (*Aubretia deltoides*) aubretia.

aucuba *s.f.* (*bot.*) aucuba.

audace *agg.* **1** bold, audacious, fearless, daring: *un navigatore —*, a fearless navigator; *un gesto —*, a daring gesture; *un progetto —*, a bold project **2** (*arrischiato*) risky, rash, reckless: *un'impresa —*, a reckless undertaking **3** (*provocante*) bold, daring, risqué; (*irriguardoso*) impudent, spicy: *un abito —*, a daring dress; *una scollatura —*, a plunging (*o* daring) neckline; *una barzelletta —*, a risqué joke ◆ *s.m.* e *f.* bold person, fearless person.

audacemente *avv.* boldly, audaciously, daringly.

audacia *s.f.* **1** boldness, audacity, daring, fearlessness: *l'— di un progetto*, the boldness of a plan **2** (*sfrontatezza*) audacity, impudence: *avete l'— di dirmi questo!*, you have the cheek to tell me that!

audio *s.m.* (*tv*) sound; audio, volume control: *la televisione ha l'— difettoso*, the television volume control doesn't work.

audiocassetta *s.f.* tape cassette, audio cassette.

audiofrequenza *s.f.* (*fis.*) audio frequency.

audiogramma *s.m.* (*fis.*) audiogram.

audioleso *agg.* e *s.m.* (*med.*) (person) with hearing disorders.

audiologia *s.f.* (*med.*) audiology.

audiologico *agg.* (*med.*) audiological.

audiologo *s.m.* (*med.*) audiologist.

audiomessaggeria *s.f.* (*inform.*) voice mail.

audiometria *s.f.* (*med.*) audiometry.

audiometrico *agg.* audiometric: *esame —*, audiometric test.

audiometro *s.m.* (*metrol.*) audiometer.

audioprotesi *s.f.* hearing aid.

audiovisivo *agg.* (*attr.*) audio-visual: *mezzi audiovisivi*, audiovisual media ◆ *s.m.* audio-visual aids, audio-visual media.

auditel® *s.m.* audience research statistics (*pl.*).

auditorio *s.m.* **1** (*luogo dove si dà udienza*) audience chamber; auditorium* **2** (*sala per concerti*) concert hall, auditorium* **3** (*pubblico*) audience.

audizione *s.f.* **1** (*teatr.*) audition: *fare, concedere un'—*, to do, to give an audition **2** (*dir.*) examination of witnesses.

auge *s.m.* **1** (*astr.*) apogee **2** (*fig.*) summit, highest point, apex: *essere in —*, to enjoy great favour, to be at the height (*o* summit) of one's fortune; *tornare in —*, to come into favour (*o* fashion) again, to come back into vogue.

augello (*poet.*) → **uccello**.

augite *s.f.* (*min.*) augite.

augurabile *agg.* to be hoped for, desiderable: *è — che la questione si risolva*, it's to be hoped that (*o* hopefully) the problem will be solved soon.

augurale *agg.* **1** (*st. romana*) augural **2** (*di augurio*) auspicious; of good wish: *espressioni augurali*, good wishes; *discorso —*, a speech of good wishes (*o fam.* a good luck speech).

augurare *v.tr.* **1** to wish: *gli augurai la buona notte e poi me ne andai a letto*, I wished (*o* bid) him goodnight and then went to bed; *gli auguro buona fortuna, ogni felicità*, I wish him good luck, happiness; *gli auguro la morte*, I wish he were dead; *mi auguro di non vederti più*, I hope I shall not see you again **2** (*predire*) to predict, to forebode.

augure *s.m.* (*st. romana*) augur.

augurio *s.m.* **1** wish: *auguri di Natale*, Christmas greetings; *auguri di Natale e Capodanno*, season's greetings; *con i migliori auguri*, wishing you all the best; *auguri di compleanno e cento di questi giorni*, happy birthday and many happy returns of the day; *gli ho fatto gli auguri di Natale*, I wished him a merry Christmas // *Auguri!*, (*per evento lieto*) Congratulations!; (*per un esame*) good (*o* best of) luck!; (*di buona salute*) get well soon! // *fare gli auguri a qlcu. di qlco.*, to wish s.o. sthg. **2** (*presagio*) omen; presage: *ritenere qlco. di buon —*, to take sthg. as a good omen; *essere di buon, di cattivo —*, to augur well, ill; *la sua elezione unanime è di buon — per il suo periodo di carica*, his unanimous election augurs well for his term of office // *uccello di mal —*, bird of ill omen (*o* Jonah).

auguroso *agg.* (*letter.*) propitious, auspicious, of good omen; (*di cattivo augurio*) ominous.

augustale *agg.* (*rar.*) Augustan; (*imperiale*) imperial.

augusteo *agg.* Augustan: *l'età augustea*, the Augustan Age.

augusto[1] *agg.* august, stately: *un tempio —*, a majestic temple; *un — sovrano*, an august (*o* a stately) king ◆ *s.m.* **1** (*titolo dato agli imperatori romani*) Augustus **2** (*letter.*) (*imperatore*) emperor.

augusto[2] *s.m.* (*pagliaccio*) circus clown.

aula *s.f.* hall; room: *— di scuola*, classroom; *— di tribunale*, courtroom; *— magna*, Aula Magna (*o* Great Hall); *— universitaria*, lecturehall.

aulicamente *avv.* **1** (*di corte*) in a courtly style **2** (*fig.*) pompously, solemnly.

aulico *agg.* **1** (*di corte*) aulic, courtly **2** (*pomposo*) pompous, solemn; high-flown, bombastic.

aumentabile *agg.* increasable, augmentable; (*pred.*) that can be increased.

aumentare *v.tr.* to increase; to raise; (*fam.*) to up; (*ampliare*) to enlarge; (*form.*) to augment; *— uno stipendio*, to raise a salary; *aumentò la velocità*, he increased his speed; *— i prezzi*, to raise (*o* increase *o amer.* hike) prices; *— la produzione*, to increase (*o* boost) production; *— progressivamente i prezzi*, to scale up prices; *— il valore della merce*, to raise the value of the goods; *— il tasso di sconto*, to raise the discount rate; *— le imposte*, to increase taxes; *— i dazi*, to raise duties // (*assicurazioni*) *— il premio*, to load the insurance premium ◆ *v.intr.* to increase, to grow*, to enlarge; (*salire*) to rise*; (*accumularsi*) to pile up: *la febbre gli aumentò*, his temperature rose; *il prezzo della carne aumenta*, the price of meat is rising; *simili casi andavano aumentando*, such cases were on the increase (*o* were increasing in number); *le spese aumentano*, costs are going up; *in questi ultimi anni la popolazione è aumentata*, in the last few years the population has increased; *— di valore*, to rise in value; *— di peso*, to put on weight; *i debiti aumentano*, debts are piling up.

aumentazione *s.f.* (*mus.*) augmentation.

aumentista *s.m.* e *f.* (*Borsa*) stag.

aumento *s.m.* **1** increase; augmentation; addition: *— di capitale*, addition (*o* increase) in capital; *— di stipendio*, rise (*o* increase) in wages; wage rise (*o fam. amer.* raise); *— di popolazione, demografico*, population increase // *— progressivo indicizzato dei salari*, wage escalation // *essere in —*, to be on the increase; *le vendite sono in —*, sales are increasing (*o* going up) **2** (*rincaro, rialzo*) rise: *un — di prezzi*, a rise in prices (*o* a price rise); *un — di temperatura*, a rise in temperature; *— di valore*, rise in value (*o* appreciation); *un — del costo della vita*, a rise in the cost of living; *— improvviso*, leap // (*Borsa*) *— dei prezzi dei titoli*, advance in stock prices **3** (*inform.*) extension.

au pair *locuz. agg.* e *avv.* au pair: *una ragazza —*, an au pair girl; *lavora — da una fa-*

miglia, she's working as an au pair with a family.

aura *s.f.* 1 (*poet.*) breeze 2 (*med.*) aura* 3 (*fig.*) (*atmosfera*) aura*: *un'— di santità, pace*, an aura of sanctity, peace.

aurato[1] *agg.* (*poet.*) golden.

aurato[2] *s.m.* (*chim.*) aurate.

aureo *agg.* 1 (*d'oro*) gold: *un — bracciale*, a gold bracelet // (*fin.*): *sistema —*, gold standard; *riserva aurea*, gold reserve 2 (*letter.*) (*dorato*) golden: *aurei capelli, auree chiome*, golden hair 3 (*fig.*) golden, superb, excellent: *l'età aurea della nostra poesia*, the golden age of our poetry 4 (*scient.*) golden: (*astr.*) *numero —*, golden number; (*mat.*): *regola aurea*, golden rule; *sezione aurea*, golden section.

aureola *s.f.* 1 aureola, aureole, halo: *un'— luminosa*, a luminous halo 2 (*fig.*) glory; halo: *si è creato un'— di santità*, he's created an aura of sanctity 3 (*geol., meteor.*) aureole.

aureomicina® *s.f.* (*med.*) aureomycin®.

aurica *agg.* e *s.f.* (*mar.*): (*vela*) —, fore-and -aft sail.

aurico *agg.* (*chim.*) auric.

auricola *s.f.* (*anat.*) auricle.

auricolare *agg.* auricular: (*eccl.*) *confessione —*, auricular confession; (*dir.*) *testimone —*, auricular witness // (*anat.*) *padiglione —*, auricle ◆ *s.m.* earphone.

auricolato *agg.* 1 (*biol.*) auriculate 2 (*bot.*) eared.

aurifero *agg.* auriferous, gold-bearing: *terreno —*, goldfield; *bacino —*, goldfields.

auriga *s.m.* charioteer.

aurignaciano, **aurignaziano** *s.m.* (*geol.*) Aurignacian.

aurora *s.f.* 1 dawn, daybreak, break of day: *prima dell'—*, before dawn 2 (*geofisica*) aurora*: *— polare*, aurora; *— boreale, australe*, aurora borealis, australis 3 (*fig.*) dawn; beginning, rise: *l'— di una civiltà*, the dawn of a civilization.

aurorale *agg.* auroral.

auroso *agg.* (*chim.*) aurous.

auscultare *v.tr.* (*med.*) to auscultate.

auscultazione *s.f.* (*med.*) auscultation.

ausiliare *agg.* 1 (*gramm.*) auxiliary: *verbo —*, auxiliary verb 2 → **ausiliario** ◆ *s.m.* 1 (*collaboratore*) assistant; helper; auxiliary 2 (*gramm.*) auxiliary.

ausiliaria *s.f.* (*mil.*) member of the Women's Army Auxiliary Corps (*abbr.* WAAC).

ausiliario *agg.* auxiliary (*anche inform.*); subsidiary: *macchina ausiliaria*, auxiliary engine; *truppe ausiliarie*, auxiliary troops (*o* auxiliaries); *ufficiale —*, reserve officer ◆ *s.m.* (*mil.*) auxiliary.

ausiliatore *s.m.* **ausiliatrice** *s.f.* helper // (*relig.*) *Maria —*, Our Lady Help of Christians.

ausilio *s.m.* (*letter.*) help, aid, succour.

auspicabile *agg.* desirable, (*pred.*) to be hoped for.

auspicale *agg.* auspicious, favourable.

auspicare *v.tr.* (*desiderare vivamente*) to wish: *tutti auspicano la fine delle ostilità*, everyone is firmly hoping hostilities will cease ◆ *v.intr.* (*rar.*) to auspicate.

auspice *s.m.* 1 (*st. romana*) augur 2 (*protettore*) patron: *— sua altezza reale*, under the patronage (*o* under the auspices) of his (*o* her) Royal Highness.

auspicio *s.m.* 1 (*st. romana*) auspice, omen: *di buon, cattivo —*, of good, ill omen 2 (*augurio*) wish 3 (*protezione*) protection, favour: *sotto gli auspici di*, under the auspices (*o* patronage) of.

austenite *s.f.* (*metall.*) austenite.

austeramente *avv.* austerely, in an austere manner; sternly, strictly.

austerità *s.f.* 1 austerity, sternness; strictness; severity 2 (*econ.*) austerity: *misure di —*, austerity drive.

austero *agg.* austere; stern, severe, strict; (*disadorno*) unadorned, plain: *arredamento —*, plain furniture; *bellezza austera*, austere beauty; *un volto —, un'espressione austera*, a stern face, expression; *fare una vita austera*, to lead an austere life.

australe *agg.* austral, southern: *vento —*, south wind; *aurora —*, southern lights (*o* aurora australis); *emisfero —*, southern hemisphere // *Polo Australe*, South Pole.

australiana *s.f.* (*sport*) cycle pursuit race on track.

australiano *agg.* e *s.m.* Australian.

australide *agg.* Australoid.

australoide *agg.* e *s.m.* e *f.* Australoid.

australopiteco *s.m.* (*paleont.*) Australopithecus.

austriacante *agg.* (*spreg.*) pro-Austrian ◆ *s.m.* e *f.* pro-Austrian sympathizer.

austriaco *agg.* e *s.m.* Austrian.

austro *s.m.* (*letter.*) 1 (*vento*) Auster, Austro 2 (*estens.*) South.

austro- *pref.* che può indicare 'austriaco, relazione con l'Austria' oppure 'australe, relazione con l'emisfero australe'; ingl. austr(o)-: *austroungarico*, Austro-Hungarian; *austroasiatico*, Austroasiatic.

austroungarico *agg.* (*st.*) Austro-Hungarian.

autarchia[1] *s.f.* 1 (*fil.*) autarchy, autarky 2 (*econ.*) autarchy, economic self-sufficiency.

autarchia[2] *s.f.* (*dir.*) self-government.

autarchico[1] *agg.* autartic, autartik, self -sufficient: *prodotti autarchici*, home produce; *politica autarchica*, autartik (*o* autartic) policy (*o* a policy of economic self-sufficiency).

autarchico[2] *agg.* (*dir.*) self-governmental.

autarchizzare *v.tr.* to render economically independent and self-sufficient.

aut-aut *s.m.* dilemma: *mi pose un —*, he put me in a dilemma (*o* he gave me no choice *o* alternative *o* option).

autentica → **autenticazione**.

autenticabile *agg.* that can be authenticated, that must be authenticated.

autenticamente *avv.* authentically.

autenticare *v.tr.* to authenticate, (*anche dir.*) to legalize; to certify: *— un'opera d'arte*, to authenticate a work of art; *il documento è stato autenticato da un notaio*, the document has been authenticated (*o* certified) by a notary.

autenticato *agg.* (*dir.*) certified: *copia autenticata*, certified copy.

autenticazione *s.f.* authentication, legalization; certification: *— del notaio*, notarization.

autenticità *s.f.* authenticity, genuineness; truth: *mettere in dubbio l'— di un quadro*, to question the authenticity of a painting.

autentico *agg.* 1 authentic: *atto —*, authentic act; *testo —*, authentic text 2 (*vero*) true; (*genuino*) genuine, pure, real: *mobile — del settecento*, an authentic (*o* genuine) eighteenth-century piece of furniture; *racconto —*, true story.

autentificare → **autenticare**.

autiere *s.m.* (*mil.*) driver.

autismo *s.m.* (*psic.*) autism.

autista[1] *s.m.* e *f.* driver, motorcar driver: *— di piazza*, (*antiq.*) taxi driver.

autista[2] *s.m.* e *f.* (*psic.*) person suffering from autism.

autistico *agg.* (*psic.*) autistic.

auto abbr. di → **automobile**.

auto-[1] *pref.* di origine greca che significa se stesso; ingl. self-, auto-: *autobiografia*, autobiography; *autoanalisi*, self-analysis.

auto-[2] *pref.* che indica relazione 1 con automobili; ingl. car: *autonoleggiatore*, car renter 2 con l'uso automobilistico; ingl. motor-: *autostrada*, motorway 3 può indicare anche un autoveicolo speciale con attrezzatura particolare: *autoemoteca*, bloodmobile.

autoabbronzante *agg.* self-tanning ◆ *s.m.* self-tanning cream, lotion etc.

autoaccensione *s.f.* autoignition.

autoaccessorio *s.m.* car accessory.

autoaccusa *s.f.* (*dir.*) self-incrimination.

autoadesivo *agg.* self-adhesive ◆ *s.m.* sticker.

autoaffondamento *s.m.* scuttling.

autoallergia *s.f.* (*med.*) autoallergy.

autoambulanza *s.f.* ambulance.

autoanalisi *s.f.* (*psic.*) self-analysis*.

autoarticolato *s.m.* articulated lorry.

autobetoniera *s.f.* concrete-mixer lorry, truck mixer.

autobiografia *s.f.* autobiography.

autobiografico *agg.* autobiographic(al).

autobiografismo *s.m.* autobiographical tendency.

autoblinda, **autoblindata** *s.f.* → **autoblindo**.

autoblindato *agg.* light-armoured: *reparto —*, light-armoured unit.

autoblindo *s.m.* armoured car.

autoblindomitragliatrice *s.f.* light armoured car.

autobotte *s.f.* (*aut.*) tank lorry, tanker; (*amer.*) tank truck.

autobruco *s.m.* caterpillar.

autobus *s.m.* bus; (*per lunghi viaggi*) coach: *— a due piani*, double-decker.

autocalunnia *s.f.* (*dir.*) false self -incrimination.

autocamionale *s.f.* truckway.

autocampeggio *s.m.* 1 (*luogo*) caravan site 2 (*pratica*) caravanning.

autocaravan *s.f.* mobile home, motor caravan, (*amer.*) trailer.

autocarrato *agg.* (*mil.*) trucked, transported, carried by military vehicle.

autocarro *s.m.* lorry; (*amer.*) truck: — *da cava*, off-highway truck.

autocatalisi *s.f.* (*chim.*) autocatalysis.

autocefalia *s.f.* (*eccl.*) autocephaly.

autocefalo *agg.* (*eccl.*) autocephalous.

autocensura *s.f.* self-censorship.

autocentrante *agg.* (*mecc.*) self-centring ◆ *s.m.* self-centring device.

autocentro *s.m.* **1** (*mil.*) motor pool, vehicle depot, vehicle park **2** (*concessionario*) car dealer's garage.

autocinetico *agg.* (*med.*) autokinetic.

autocingolato *s.m.* caterpillar motor lorry.

autocisterna *s.f.* tank lorry, tanker; (*amer.*) tank truck.

autocitarsi *v.rifl.* to quote oneself: *ama molto* —, he's very fond of quoting himself.

autocitazione *s.f.* self-quotation: *l'— non è più considerata un difetto*, quoting oneself (*o* quoting from one's own work) is no longer considered a sin.

autoclave *s.f.* autoclave.

autocolonna *s.f.* motor column.

autocombustione *s.f.* spontaneous combustion; spontaneous ignition; self -combustion.

autocommiserarsi *v.rifl.* to feel* sorry for oneself.

autocommiserazione *s.f.* self-pity.

autocompiacimento *s.m.* self -congratulation.

autocontrollo *s.m.* self-control.

autoconvoglio *s.m.* motorcade, (motor) convoy.

autocoria *s.f.* (*ecol.*) autochory.

autocoro *agg.* (*bot.*) autochorous.

autocorrelazione *s.f.* (*stat.*, *tel.*) autocorrelation.

autocorriera *s.f.* (motor) coach.

autocoscienza *s.f.* **1** self-consciousness, consciousness of self, self-awareness **2** (*fil.*, *psic.*) self-knowledge.

autocrate *s.m.* e *f.* autocrat; despot (*anche fig.*).

autocratico *agg.* autocratic; despotical, despotic.

autocrazia *s.f.* autocracy.

autocritica *s.f.* self-criticism: *fare l'*—, (*anche fig.*) to make a self-criticism.

autocritico *agg.* self-critical: *il suo non è certo un atteggiamento* —, he's not very self -critical.

autocross *s.m.* (*sport*) autocross.

autoctono *agg.* autochthonous ◆ *s.m.* autochthon* (*anche geol.*); aboriginal, native.

autodafé *s.m.* **1** (*st.*) auto-da-fé* **2** (*rogo*) pyre.

autodecisione *s.f.* self-determination.

autodemolizione *s.f.* car wrecking.

autodenuncia *s.f.* (*dir.*) self-denunciation, self-incrimination.

autodeterminazione *s.f.* self-determination.

autodidatta *s.m.* autodidact; self-taught man* ◆ *s.f.* autodidact; self-taught woman*.

autodidattico *agg.* autodidactic(al), self -study (*attr.*).

autodifesa *s.f.* self-defence.

autodina *s.f.* (*tel.*) autodyne circuit.

autodisciplina *s.f.* self-discipline.

autodisseminazione *s.f.* (*ecol.*) autochory.

autodistruggersi *v.rifl.* to destroy oneself, to self-destruct: *il razzo si autodistrugge quando abbandona l'atmosfera terrestre*, the rocket self-destructs when it leaves the earth's atmosphere.

autodistruzione *s.f.* self-destruction: *è una forma di* —, it's a form of self-destruction; *tendenza all'*—, self-destructive tendency.

autodromo *s.m.* (motor racing) circuit, (motor racing) track, autodrome.

autoeccitazione *s.f.* (*elettr.*) self-excitation.

autoecologia *s.f.* (*ecol.*) autoecology.

autoeducazione *s.f.* self-education.

autoemoteca *s.f.* mobile blood bank.

autoemoterapia *s.f.* (*med.*) autohemotherapy.

autoerotismo *s.m.* autoeroti(ci)sm.

autofattura *s.f.* (*comm.*) self-invoice.

autofecondazione *s.f.* (*biol.*) self -fertilization.

autoferrotranviario *agg.* public transport (*attr.*).

autoferrotranvieri *s.m.pl.* public transport workers.

autofertilizzante *agg.* (*fis.*) breeder: *reattore* —, breeder reactor.

autofficina *s.f.* **1** mobile repair unit **2** (*officina*) repair shop, garage.

autofilettante *agg.* (*mecc.*) self-threading: *vite* —, self-tapping screw.

autofilotranviario *agg.* car, trolley bus and tram (*attr.*).

autofinanziamento *s.m.* self-financing, autofinancing; financing by corporate saving.

autofinanziarsi *v.rifl.* to self-finance, to finance oneself.

autofobia *s.f.* (*psic.*) autophobia.

autofocus *s.m.* e *f.* autofocus.

autofunzione *s.f.* (*mat.*) eigenfunction.

autofurgone *s.m.* van.

autogamia *s.f.* **1** (*biol.*) autogamy **2** (*bot.*) self-pollination.

autogenesi *s.f.* (*biol.*) autogenesis.

autogeno *agg.* autogenous: (*mecc.*) *saldatura autogena*, autogenous welding; (*biol.*) *vaccino* —, autogenous vaccine.

autogestione *s.f.* **1** (*econ.*) self-management, autogestion **2** (*estens.*) autonomous management, self-management.

autogestire *v.tr.* to run* autonomously, to manage autonomously.

□ **autogestirsi** *v.rifl.* to be run autonomously, to be managed autonomously; (*econ.*) to self -manage.

autogiro *s.m.* (*aer.*) autogyro.

autogol *s.m.invar.* (*sport*) own goal.

autogovernarsi *v.rifl.* to rule oneself autonomously, to exercise self-government.

autogoverno *s.m.* self-government.

autografare *v.tr.* to autograph.

autografia *s.f.* autography.

autografo *agg.* autographic(al): *una lettera autografa di Keats*, a letter in Keats's own hand ◆ *s.m.* autograph.

autogrill® *s.m.* motorway restaurant.

autogru *s.f.* crane truck; breakdown lorry, breakdown truck.

autoguidato *agg.* homing: *missile* —, homing missile; *missile — a raggi infrarossi*, heatseeker.

autoimmunità *s.f.* (*biol.*) auto-immunity.

autoimpollinazione *s.f.* (*bot.*) self -pollination.

autoinduzione *s.f.* (*fis.*) self-induction.

autoinganno *s.m.* self-deception.

autoinnaffiatrice *s.f.* watering lorry; (*amer.*) sprinkling truck.

autoinnesto *s.m.* (*med.*) autotransplantation.

autointossicazione *s.f.* (*med.*) auto -intoxication.

autolatria *s.f.* self-worship; narcissism.

autolavaggio *s.m.* car wash.

autolesione *s.f.* **1** (*med.*) autolesion **2** (*lesione a scopo doloso*) self-injury.

autolesionismo *s.m.* **1** self-inflicted wounding **2** (*estens.*) self-damaging behaviour, self-destructive behaviour.

autolesionista *s.m.* e *f.* **1** self-injurer **2** (*fig.*) self-denigrator.

autolesionistico *agg.* self-wounding; (*fig.*) self-damaging, self-destructive.

autolettiga *s.f.* ambulance car.

autolinea *s.f.* bus service, bus route.

autoliquidazione *s.f.* (*trib.*) advance self -assessment; partial self-assessment.

autolisi *s.f.* (*chim.*) autolysis.

automa *s.m.* automaton* (*anche fig.*); robot.

automaticamente *avv.* automatically.

automaticità *s.f.* automaticity.

automaticizzare *v.tr.* to automate, to automize.

automatico *agg.* **1** automatic (*anche inform.*): *distributore* —, slot machine (*o* automatic machine); *pistola, fucile* —, automatic pistol, gun; *ristorante* —, automat **2** (*fig.*) automatic, mechanical, involuntary: *azione automatica*, automatic action; *è stato un gesto* —, it was an automatic gesture; *l'aumento delle tariffe provoca un — aumento dei prezzi*, an increase in taxes automatically leads to an increase in prices // (*econ.*) *adeguamento — dei salari*, automatic wage adjustment; (*trib.*) *flessibilità automatica*, built-in flexibility ◆ *s.m.* (*bottone*) —, snap fastener (*o* press stud); (*fam. amer.*) snapper.

automatismo *s.m.* automatism.

automatizzare *v.tr.* to automate, to automize.

automatizzato *agg.* (*inform.*) computer -based.

automatizzazione *s.f.* automation.

automazione *s.f.* automation: — *industriale*, factory automation; — *d'ufficio*, office automation; — *dei progetti*, design automation.

automezzo *s.m.* motor vehicle.

automobile *agg.* (*che si muove da sé*) self -moving; self-propelling; (*amer.*) automotive ◆ *s.f.* (motor) car; (*amer.*) automobile: — *aperta*, open car (*o* cabriolet); — *da corsa*, racing car; — *di serie*, production-model car (*o amer.* stock car); — *fuori serie*, special-body car; — *sportiva*, sports car; *salone dell'*—, motor show; *andare in — in un luogo*, to drive (*o* to motor) to a place; *guidare l'*—, to drive a car; *fare un giro in* —, to go for a drive.

automobilina *s.f.* small car; (*giocattolo*) toy car.

automobilismo *s.m.* **1** motoring **2** (*sport*) motor racing.

automobilista *s.m.* e *f.* motorist.

automobilistico *agg.* motor (*attr.*): *corsa automobilistica*, motor race; *tassa automobilistica*, road tax.

automontato *agg.* (*mil.*) motorized.

automorfismo *s.m.* (*mat.*) automorphism.

automotore *agg.* self-propelling.

automotrice *s.f.* (*ferr.*) rail car; (*amer.*) motor car.

automutilazione *s.f.* self-mutilation.

autonoleggiatore *s.m.* car hire firm.

autonoleggio *s.m.* car hire.

autonomia *s.f.* **1** autonomy, self-government, independence: — *di governo*, autonomy of government **2** (*fig.*) independence, freedom // (*dir.*): — *contrattuale*, freedom of contract; — *dell'ordine giudiziario*, independence of the judiciary **3** (*pol.*) extreme left-wing political group (that in the 1970's denied the legitimacy of the existing sociopolitical structures): *l'area di* —, the extreme left **4** (*aer.*, *aut.*, *mar.*) (*di distanza*) range; fuel distance; (*di tempo*) endurance: — (*a velocità*) *di crociera*, cruising range, cruising radius, range at economic speed; — *di durata pratica*, prudent limit of endurance; — *di volo*, maximum range.

autonomismo *s.m.* autonomism.

autonomista *s.m.* e *f.* e *agg.* autonomist: *movimento* —, autonomist movement.

autonomistico *agg.* autonomous, self -governing, independent.

autonomo *agg.* **1** autonomous; self -governing; independent // (*econ.*): *investimento* —, autonomous investment; *tariffa doganale autonoma*, autonomous tariff // *lavoratore* —, self-employed worker; *sindacati autonomi*, independent (trade) unions **2** (*mecc.*) self-contained; packaged ◆ *s.m.* **1** (*pol.*) member of an extreme left-wing political group **2** (*di sindacato*) member of an independent trade union.

autoossidazione → **autossidazione**.

autoparcheggio *s.m.* car park.

autoparco *s.m.* car fleet, motor vehicles, car pool: *l'— del comune, della polizia*, council, police vehicles; *l'— di una società*, company car pool.

autopattuglia *s.f.* car patrol.

autopiano *s.m.* (*mus.*) pianola.

autopilota *s.m.* automatic pilot, autopilot.

autopista *s.f.* **1** car track, unmetalled road **2** (*gioco*) electric car track.

autoplastica *s.f.* (*med.*) autoplasty.

autoplastico *agg.* (*med.*) autoplastic.

autopompa *s.f.* fire engine, fire truck, powered pump.

autoporto *s.m.* customs vehicle inspection area.

autopropulsione *s.f.* (*fis.*) self-propulsion.

autopsia *s.f.* autopsy, postmortem (examination).

autoptico *agg.* postmortem: *esame* —, postmortem examination (*o* autopsy); *reperto* —, results of a postmortem.

autopubblica *s.f.* taxi, cab, taxicab.

autopulente *agg.* (*tecn.*) self-cleaning.

autopullman *s.m.* (motor)coach.

autopunitivo *agg.* self-punishing.

autopunizione *s.f.* self-punishment.

autoradio *s.f.* **1** (*radio per auto*) car radio, radio **2** (*auto con ricetrasmettitore*) radio car.

autoraduno *s.m.* car rally.

autore *s.m.* **1** author; maker; originator; promoter: *l'— di un delitto*, perpetrator of a crime; *essere l'— della rovina di qlcu.*, to be the cause of s.o.'s downfall // *gli autori dei nostri giorni*, (*letter.*) (*i nostri genitori*) our progenitors **2** (*di libri*) author, writer; (*di musica*) composer; (*di quadri*) painter; (*di sculture*) sculptor: *quadro d'— antico*, (painting by) an old master; *film d'*—, auteur film **3** (*dir.*) original owner // *diritto d'*—, copyright; *diritti* (*patrimoniali*) *d'*—, royalties **4** (*inform.*) (*di un testo*) word originator.

autoreattore *s.m.* ramjet (engine): — *a razzo*, rocket ramjet.

autoregolamentazione *s.f.* self-regulation; self-government.

autoregolazione *s.f.* self-regulation, self -adjustment.

autoreparto *s.m.* (*mil.*) motorized unit.

autorespiratore *s.m.* **1** breathing apparatus **2** (*per sub*) aqualung.

autorete *s.f.* → **autogol**.

autorevole *agg.* authoritative; influential.

autorevolezza *s.f.* authoritativeness.

autorevolmente *avv.* authoritatively.

autoribaltabile *s.m.* end tipper, end-tip lorry.

autoricambio *s.m.* motor part: *un negozio di autoricambi*, a motor parts shop.

autoriduzione *s.f.* unilateral reduction (of rent ecc. by an individual or group as a form of protest): — *del canone*, withholding of part of the rent.

autorimessa *s.f.* garage.

autoriparazione *s.f.* (*negozio*) car repairs, (car) repair shop, garage.

autorità *s.f.* **1** (*potere*) authority, power: — *costituita*, legal authority; — *competente*, competent authority; — *civile*, *ecclesiastica*, *militare*, civil, religious, military authority; — *di vigilanza*, supervisory authority (*o* power); — *paterna*, paternal authority // *è una persona di grande* —, he's a very influential man // *agire con piena* —, to act with full powers; *agire d'*—, to act using one's authority; *avere — su qlcu.*, to have authority over s.o. **2** (*spec. pl.*) authority: *tutte le — cittadine erano presenti alla cerimonia*, the town authorities were present at the ceremony // *le — militari*, military authorities; — *monetarie*, monetary authorities; — *doganali*, customs authorities; — *fiscali*, fiscal (*o* tax) authorities **3** (*esperto*) authority, expert: *è davvero un'— in questo campo*, he's an authority on the subject.

autoritario *agg.* authoritative; dictatorial; (*pol.*) authoritarian.

autoritarismo *s.m.* authoritarianism.

autoritativo *agg.* (*non com.*) of an authority: *decreto* —, official decree.

autoritratto *s.m.* self-portrait.

autorizzare *v.tr.* **1** (*dare autorità a*) to authorize, to empower **2** (*permettere a*) to authorize, to permit, to allow (*anche dir.*): *la pesca è autorizzata*, fishing is permitted; — *un pagamento*, to authorize payment **3** (*dare diritto a*) to entitle; to justify: *queste scoperte autorizzano a pensare che...*, these discoveries entitle us to believe that...

autorizzazione *s.f.* **1** authorization; warrant; (*permesso*) permission; (*licenza*) licence; (*consenso*) consent: *con l'— dell'autore*, under licence from the author; — *di importazione*, *esportazione*, import, export licence; *avere l'— per la vendita di qlco.*, to be licensed to sell sthg.; *ottenere*, *chiedere l'*—, to obtain, to ask permission // (*dir.*) — *a procedere*, authorization to proceed // (*Borsa*) — *all'emissione di nuove azioni*, permission to deal // (*econ.*): *chi concede un'*—, licenser; *chi possiede un'*—, licensee **2** (*documento*) permit.

autosalone *s.m.* car showroom.

autoscala *s.f.* motor ladder; (*veicolo*) ladder truck.

autoscatto *s.m.* (*fot.*) self-timer, autotimer.

autoscontro *s.m.* bumper cars.

autoscuola *s.f.* driving school.

autoservizio *s.m.* bus service.

autosilo *s.m.* multistorey carpark.

autosnodato *s.m.* articulated vehicle.

autosoccorso *s.m.* **1** (*autoveicolo*) breakdown truck, breakdown van **2** (*servizio*) breakdown service.

autospazzatrice *s.f.* street-sweeper, mechanical road-sweeper.

autospurgatore *s.m.* cesspit emptier.

autossidazione *s.f.* (*chim.*) autoxidation.

autostarter[1] *s.m.* (*ippica*) mobile barrier.

autostarter[2] *s.m.* automatic starter.

autostazione *s.f.* **1** bus station, coach station **2** (*per rifornimento e manutenzione*) service station.

autostop *s.m.* hitchhiking: *fare l'—, viaggiare con l'*—, to hitchhike (*o* to thumb).

autostoppista *s.m.* e *f.* hitchhiker.

autostrada *s.f.* motorway; (*amer.*) superhighway, expressway: — *a quattro corsie*, four-lane motorway; (*inform.*) — *dell'informazione*, information highway.

autostradale *agg.* motorway (*attr.*).

autosufficiente *agg.* self-sufficient.

autosufficienza *s.f.* self-sufficiency.

autosuggestionabile *agg.* autosuggestible, subject to autosuggestion.

autosuggestionarsi *v.rifl.* to be victim of autosuggestion.

autosuggestione *s.f.* autosuggestion.

autotassarsi *v.rifl.* to assess oneself (for tax); to contribute voluntarily.

autotassazione *s.f.* (*dir.*) self-taxation.

autotelaio *s.m.* (*aut.*) chassis.

autotomia *s.f.* (*zool.*) autotomy.

autotrainato *agg.* truck-drawn (*attr.*).

autotrapianto *s.m.* (*med.*) autograft.

autotrasformatore *s.m.* (*elettr.*) autotransformer.

autotrasfusione *s.f.* (*med.*) autotransfusion.

autotrasportare *v.tr.* to transport by road, to haul.

autotrasportatore *s.m.* road haulage contractor.

autotrasporto *s.m.* road haulage.

autotreno *s.m.* lorry with trailer, road train.

autotrofia *s.f.* (*biol.*) autotrophy.

autotrofismo *s.m.* (*biol.*) autotrophism.

autotrofo *agg.* (*biol.*) autotrophic.

autotutela *s.f.* (*dir.*) self-protection; self -defence.

autovaccino *s.m.* (*biol.*) autogenous vaccine, autovaccine.

autovalore *s.m.* (*mat., fis.*) eigenvalue.

autoveicolo *s.m.* motorvehicle.

autovettore *s.m.* (*mat.*) eigenvector.

autovettura *s.f.* motorcar, car; (*amer.*) automobile.

autrice *s.f.* author, (*non com.*) authoress.

autunite *s.f.* (*min.*) autunite.

autunnale *agg.* autumnal.

autunno *s.m.* autumn; (*amer.*) fall // *l'— della vita*, the autumn of life.

auxina *s.f.* (*biochim.*) auxin.

auxocromo *s.m.* (*chim.*) auxochrome.

auxologia *s.f.* auxology.

auxologico *agg.* (*biol., med.*) auxologic.

auxologo *s.m.* (*biol., med.*) auxologist.

auxometria *s.f.* (*biol.*) auxometry.

avallante *s.m.* (*comm.*) guarantor; backer: — *di una cambiale*, guarantor (*o* backer) of a bill of exchange.

avallare *v.tr.* to guarantee, to back: (*comm.*) — *una cambiale*, to back a bill; — *una girata*, to guarantee an endorsement.

avallato *agg.* (*dir., banca*) guaranteed, backed: *effetti avallati*, backed bills.

avallo *s.m.* (*comm.*) backing, guarantee (*anche fig.*).

avambecco *s.m.* (*edil.*) forestarling.

avambraccio *s.m.* (*anat.*) forearm.

avampaese *s.m.*(*geol.*) foreland.

avamporto *s.m.* outer port.

avamposto *s.m.* (*mil.*) outpost.

avana *s.m.* (*sigaro*) Havana (cigar) ♦ *agg.* (*di colore*) light brown.

avancarica solo nella locuz. agg. *ad* —, muzzle loading: *cannone ad* —, muzzle-loading gun.

avance *s.f.* advance: *fare delle* —, to make advances.

avancorpo *s.m.* (*arch.*) forepart.

avanguardia *s.f.* vanguard (*anche mil.*), van, avant-garde, forefront: *artisti, letteratura d'*—, avant-garde artists, literature; *essere all'*—, to be in the van: *è all'— della moda*, she is in the van of fashion; *il nostro dipartimento universitario è all'— nella ricerca linguistica*, our University department is in the forefront of linguistic research.

avanguardismo *s.m.* **1** (*arte, letter.*) avant-gardism **2** (*st.*) fascist youth movement.

avanguardista *s.m.* e *f.* **1** (*arte, letter.*) avant-gardiste **2** (*st.*) fascist youth (aged fourteen to eighteen).

avannotto *s.m.* (*zool.*) fry, alevin.

avanscoperta *s.f.* (*mil.*) scouting party: *andare in* —, to reconnoitre (*o* to make a reconnaissance *o* to scout); (*fam.*) to scout (a)round: *vado io in — per vedere se il ristorante va bene*, I'll go ahead to see whether the restaurant is all right.

avanscorta *s.f.* (*mar.*) advance escort.

avanspettacolo *s.m.* (*teatr.*) curtain raiser.

avanti *avv.* **1** (*nello spazio*) ahead; (*davanti*) in front; (*in avanti*) forward: *correre* —, to run ahead; *guardare* —, to look ahead (*anche fig.*); *andare* —, to go ahead (*o* to go on); *andate —, io vi raggiungo*, go ahead and I'll catch you up; *non possiamo andare — così*, we can't go on like this; *piegarsi in* —, to lean (*o* to bend) forward; *fare due passi* —, to take two steps forward; *farsi* —, to come forward; (*fig.*) to push oneself; *la chiesa è un po' più* —, the church is a bit further on; — *c'è posto!*, go on, there's room in front! // — *e indietro*, to and fro: *c'era molta gente che andava — e indietro*, there were a lot of people going to and fro // *tirare* —, to keep going: *cerchiamo di tirare* —, let's try to keep going // *deve mandare — la famiglia da sola*, she has to keep the family going by herself // *mettere le mani* —, (*fig.*) to play safe // In frasi escl.: *"Permesso?" "Avanti!"* "May I?" "Come in!"; *Su, — smettila di ridere!*, Come on, stop laughing!; (*andate*) —!, go ahead!; (*mil.*) forward! // — *a tutto vapore!*, full steam ahead! **2** (*nel tempo*) before; forward, on: *di qui in —, d'ora in* —, from now on; *non ora, più* —, not now, later on; *essere — negli anni*, to be getting on (*o fam.* to be a bit long in the tooth); *è molto — negli studi*, he's well on with his studies // *il mio orologio è — (di) 5 minuti*, my watch is five minutes fast // — *Cristo*, before Christ (*abbr.* B.C.) **3** (*letter.*) (*prima*) before, beforehand: *avrebbe dovuto provvedere* —, he should have thought of it beforehand.

avantieri *avv.* the day before yesterday.

avantreno *s.m.* **1** (*di veicolo*) forecarriage **2** (*di affusto di cannone*) limber.

avanvomere *s.m.* (*agr.*) skim coulter.

avanzamento *s.m.* **1** advancing, putting forward // (*miner.*) *fronte di* —, face **2** (*progresso*) advancement, advance, progress **3** (*promozione*) promotion: — *di grado*, promotion **4** (*mecc.*) feed: — *automatico*, automatic feed; — *laterale*, cross feed; — *longitudinale*, longitudinal feed **5** (*inform.*) advance, feed, progress, movement: — *carta*, form feed; — *lavori*, work progress; — *per articolo*, item advance; — *di un'interlinea*, line feed.

avanzare *v.tr.* **1** to advance; (*fig.*) to put* forward, to put* forth; (*dir.*) to prefer: — *un piede*, to put one foot forward; — *pretese*, to lay claims (*o* to claim); — *una proposta, una teoria*, to put forward a proposal, a theory; — *un'accusa contro qlcu.*, to prefer an indictment against s.o. **2** (*superare*) to surpass; to exceed: *egli mi avanzava di una testa*, he was a head taller than I **3** (*promuovere*) to promote: — *di grado*, to promote **4** (*essere creditore di*) to be creditor for (sthg.): *quanto avanzi da lui?*, how much does he owe you? **5** (*risparmiare*) to set* money by, to save money: *ha avanzato qlco. per la vecchiaia*, he has saved some money for his old age ♦ *v.intr.* **1** to move forward, to go* forward, to go* on, to proceed, to advance: *avanzammo nel bosco*, we advanced into the wood; *non potevamo* —, we couldn't proceed (*o* go any farther); — *a grandi passi*, to stride forward, (*fig.*) to make great strides (forward) // *il mio lavoro non avanza*, I'm not making any headway in my work // — *negli anni*, to get on in years (*o* to grow old) // *fare — le truppe*, to advance the troops (*o* to move the troops forward) **2** (*essere d'avanzo*) to be left: *quando avrò pagato tutti i debiti, non mi avanzerà nulla*, when I pay (*o* have paid) all my debts there will be nothing left; *è avanzato poco o nulla*, little or nothing was left (over) **3** (*ind., miner.*) to drive*.

□ **avanzarsi** *v.intr.pron.* (*farsi innanzi, inoltrarsi*) to get* on, to advance: *l'estate si avanza*, summer is coming (*o* approaching); *una lingua di terra si avanza nel mare*, a strip of land runs out into the sea.

avanzata *s.f.* (*mil.*) advance.

avanzato *agg.* advanced: — *negli anni*, elderly (*o* advanced in years); *a un'ora avanzata della notte*, late in the night; *a stagione avanzata*, late in the season; *in età avanzata*, well on in years; (*mil.*) *posizione avanzata*, advanced post; *teorie avanzate*, advanced theories.

avanzo *s.m.* **1** remainder, residue, remnant: — *di cibo*, leftovers (*pl.*); — *di stoffa*, remnant of material; *divisione senza* —, division with no remainder // (*comm.*) *avanzi di magazzino*, old (*o* dead) stock // — *di galera*, gallows-bird (*o* jailbird) // *d'*—, more than enough; even too much: *ne ho d'*—, I have quite (*o* more than) enough **2** *pl.* (*rovine*) remains, ruins: *avanzi di un tempio*, ruins of a temple **3** (*econ.*) surplus: — *di bilancio*, budget surplus; — *di cassa*, cash in (*o* on) hand; — *della bilancia dei pagamenti*, balance of payments surplus.

avaria *s.f.* **1** (*mar.*) breakdown; damage: *la merce ha sofferto una grave* —, the goods have been seriously damaged **2** (*comm.*) damage, injury; (*assicurazioni*) average: — *generale*, general average; — *particolare*, particular average; — *alla nave*, damage to ship; *liquidatore d'*—, average adjuster; *indennizzare un'*—, to make good an average **3** (*tecn.*) failure: *tempo medio fra un'— e la successiva*, mean time between failures (*abbr.* MTBF).

avariare *v.tr.* to damage, to cause damage to (sthg.).

□ **avariarsi** *v.intr.pron.* (*di cibo*) to perish, to rot, to go* bad; (*di cose*) to become* damaged, to perish, to deteriorate.

avariato *agg.* (*danneggiato*) damaged; (*deteriorato*) rotten, gone bad.

avarizia *s.f.* avarice; stinginess, meanness, niggardliness: *peccare di* —, to be tightfisted (*o* mean) // *crepi l'—!*, to hell with penny pinching!

avaro *agg.* avaricious; stingy, mean, niggardly; tight-fisted: *essere — di lodi*, to be reluctant with one's praise ♦ *s.m.* miser; niggard.

ave *inter.* hail! ♦ *s.f.* e *m.* (*preghiera*) Hail Mary // *in men di un* —, in the twinkling of an eye (*o* in no time at all).

avellana *s.f.* (*bot.*) filbert; hazelnut.

avellano *s.m.* (*bot.*) (*Corylus avellanus*) hazel, filbert.

avello *s.m.* (*letter.*) sepulchre, tomb, grave.

avemaria, **avemmaria** *s.f.* **1** (*preghiera*) Hail Mary: *dieci avemmarie*, ten Hail Marys; *quando suona l'—*, when the (evening) Angelus bell rings **2** (*grano del rosario*) ave.

avena *s.f.* **1** (*bot.*) (*Avena sativa*) oats (*pl.*): *fiocchi d'—*, rolled oats // *— selvatica, — matta*, (*Avena fatua*) wild oats // *— nuda*, (*Avena nuda*) pilcorn **2** (*letter.*) (*zampogna*) oat.

avente causa *s.m.* e *f.* (*dir.*) ayant cause; assignee.

avente diritto *s.m.* e *f.* (*dir.*) party entitled.

aventiniano *s.m.* politician who protests by refusing to collaborate with the existing political institutions • From the word used to describe the deputies who withdrew from the Italian Parliament in protest at the assassination of Matteotti in 1924.

avere *s.m.* **1** (*patrimonio*) property, possession; estate; riches (*pl.*): *perse tutti i suoi averi al gioco*, he gambled away all his possessions (*o* everything he had) **2** (*comm.*) assets (*pl.*); (*amm.*) assets side, credit side, credit: *a quanto ammonta il suo avere?*, what are his assets? // *a vostro —*, to your credit // *dare e —*, debit and credit.

avere *v. ausiliare* (*nella formazione dei tempi composti*) to have: *ho letto il tuo libro*, I've read your book; *"Hai finito?" "Non ancora"*, "Have you finished?" "Not yet"; *Maria ha appena telefonato*, Mary has just phoned; *avevamo già visto quel film*, we had already seen that film; *se avessi avuto tempo, ti avrei accompagnato*, if I had had time, I would have gone with you; *non avendo avuto risposta, pensai che non ci fosse nessuno*, not having got (*o* not having had) any reply, I thought there was no one in; *deve aver avuto molti problemi in famiglia*, he must have had a lot of family problems ◆ *v.tr.* **1** (*possedere*) to have (got) (*nell'uso amer. le forme interr. e neg. richiedono l'ausiliare* do): *hanno una casa in campagna*, they have (o they've got) a house in the country; *sua madre ha molti gioielli*, her mother's got a lot of jewellery; *ha gli occhi azzurri e i capelli biondi*, she's got fair hair and blue eyes; *aveva una bella voce*, she had a lovely voice; *per ottenere quel posto, occorre — la laurea in economia e commercio*, to get that job you need (to have) a degree in economics; *— la febbre, il raffreddore*, to have a temperature, a cold; *non ho soldi*, I haven't got (*amer.* I don't have) any money; *"Hai la macchina?" "No, non ce l'ho"*, "Have you got (*amer.* do you have) a car?" "No, I haven't (*amer.* No, I don't)" // *— il diritto di fare qlco.*, to have a (*o* the) right to do sthg.: *ho il diritto di sapere dove sei stato*, I have a right to know where you've been; *— del sadico*, to have a cruel streak // *— di qlcu., qlco.* (*rassomigliargli*), to have a look of s.o., sthg.: *ha* (*molto*) *di suo padre*, he has a look of his father **2** (*tenere*) to have: *ha sempre le mani in tasca*, he has his hands in his pockets all the time; *non avevo niente in mano*, I had nothing (*o* I didn't have anything) in my hands; *aveva un giornale sotto il braccio*, he had a newspaper under his arm **3** (*indossare*) to have on, to wear*: *aveva un abito nuovo*, she had a new dress on; *aveva* (*addosso*) *un vecchio cappotto*, she was wearing an old coat; *ha sempre gli occhiali*, he always wears glasses; *non aveva niente addosso*, he had nothing on **4** (*acquistare, ottenere, ricevere*) to get*: *— un incarico, un premio, un lavoro*, to get a post, a prize, a job; *ha avuto 200 milioni dalla vendita della casa*, he got 200 million liras from the sale of his house // *vedrò se posso averlo a metà prezzo*, I'll see if I can get it for half price // *— una casa in eredità*, to inherit a house **5** (*sentire, provare*) to feel*: *— compassione per qlcu.*, to feel sorry for s.o.; *— voglia di piangere*, to feel like crying; *non ho nessuna simpatia per quel genere di comportamento*, I don't feel any sympathy for that kind of behaviour; *— caldo, freddo*, to feel hot, cold • In questo significato è spesso reso in ingl. col v. *to be*: *— fame*, to be hungry; *— sete*, to be thirsty; *— paura*, to be afraid; *— vergogna*, to be ashamed; *— interesse per qlco.*, to be interested in sthg.; *— sonno*, to be sleepy // *— sentore di qlco.*, to get wind of sthg. **6** *— da*, (*dovere*) to have to (do sthg.): *ho da lavorare tutto il giorno*, I have (got) to work all day; *non avete che da rispondere 'sì' o 'no'*, you have only (got) to say 'yes' or 'no' // Nella forma interr. o negativa richiede l'ausiliare *do* o il rafforzamento con *got*: *hai molto da studiare per domani?*, have you got (*o* do you have) much studying to do for tomorrow?; *non abbiamo niente da fare stasera*, we haven't got (*o* we don't have) anything to do this evening **7** (*con uso impers.*) (*verificarsi*) to be: *si è avuto un calo delle nascite*, there has been a drop in the birthrate; *i meteorologi prevedono che si avrà un aumento della nuvolosità sull'arco alpino*, the weathermen say there will be an increase in cloud over the Alps // *non si è avuto l'esito sperato*, we didn't get the result we'd hoped for.

◆ FRASEOLOGIA: *che hai?*, what's the matter with you? // *"Quanti anni hai?" "Ho sedici anni"*, "How old are you?" "I'm sixteen" // *— bisogno*, to need: *non ho bisogno di aiuto*, I don't need any help // *— in odio*, to hate // *— una mezza intenzione di fare qlco.*, to have half a mind to do sthg. // *— parte*, to take part (in) // *— sembianza*, to look like // *— a mente*, to remember // *— a cuore*, to have at heart // *— ragione, torto*, to be right, wrong // *non — niente a che fare con qlcu., qlco.*, to have nothing to do with s.o., sthg. // *avercela con qlcu.*, to have it in for s.o. // *aversela a male*, to take offence, to be offended: *non avertela a male se non vengo alla festa*, don't be offended if I don't come to the party // *— qlcu. dalla propria parte*, to have s.o. on one's side // *— molte probabilità di riuscire*, to stand a good chance (of succeeding) // *— per regola di fare qlco.*, to make it a rule to do sthg.

averla *s.f.* (*zool.*) shrike.

avernale, **averno** *agg.* invernal; avernal.

averroismo *s.m.* (*st. fil.*) Averroism.

averroista *s.m.* (*st. fil.*) Averroist.

aviario *agg.* bird (*attr.*), avian; of birds (*pred.*) ◆ *s.m.* aviary.

aviatore *s.m.* aviator, airman*, flyer.

aviatorio *agg.* aircraft (*attr.*), aviation (*attr.*).

aviazione *s.f.* aviation; (*arma*) Air Force: *campo d'—*, airfield; *scuola d'—*, aviation school; *ufficiale d'—*, flying officer.

avicolo *agg.* avicultural, bird (*attr.*).

avicoltore *s.m.* aviculturist, bird-fancier.

avicoltura *s.f.* aviculture; bird-rearing; bird-fancying.

avidità *s.f.* avidity; (*ingordigia*) greed; (*brama*) eagerness (for sthg., to do).

avido *agg.* avid; (*ingordo*) greedy; (*desideroso*) eager (for sthg., to do): *— d'imparare*, eager to learn; *— di ricchezze*, greedy for wealth; *— di dolci*, greedy for sweet things.

aviere *s.m.* (*aer. mil.*) **1** (GB) aircraftman*: *— scelto*, leading aircraftman; *primo —*, senior aircraftman **2** (USA) airman*: *— scelto*, airman third class; *primo —*, airman second class.

avifauna *s.f.* birdlife, avifauna.

aviogetto *s.m.* (*aer.*) jet, jet plane, jet aircraft.

avioimbarco *s.m.* aircraft boarding.

aviolanciare *v.tr.* to parachute.

aviolancio *s.m.* (*di cose*) air-drop; (*di persona*) parachute jump.

aviolinea *s.f.* (*aer.*) airline, airway, air route.

avionica *s.f.* (*aer.*) avionics [U].

avioraduno *s.m.* air rally.

aviorazzo *s.m.* (*aer.*) rocket plane.

aviorimessa *s.f.* (*aer.*) hangar.

aviosbarco *s.m.* (*mil.*) airlanding.

aviotrasportare *v.tr.* to airtransport.

aviotrasporto *s.m.* air transport.

aviotruppa *s.f.* airborne troop.

avitaminosi *s.f.* (*med.*) avitaminosis*.

avito *agg.* ancestral.

avo *s.m.* **1** grandfather **2** *pl.* ancestors, forefathers, forebears.

avocado *s.m.* (*bot.*) **1** (*albero*) (*Persea gratissima*) avocado (tree) **2** (*frutto*) avocado (pear), (*pop. amer.*) alligator pear.

avocare *v.tr.* (*dir.*) to remove (a lawsuit) to a higher office of the public prosecutor // *— a sé*, to take it upon oneself.

avocazione *s.f.* (*dir.*) removing to a higher office of the public prosecutor.

avocetta *s.f.* (*zool.*) **1** (*Recurvirostra avosetta*) avocet, (*pop.*) scooper **2** *— americana*, (*Recurvirostra americana*) bluestocking.

avola *s.f.* (*zool.*) (*Alburnus albidus*) bleak.

avolo *s.m.* **1** grandfather **2** *pl.* ancestors.

avorio *s.m.* ivory: *— vegetale*, vegetable ivory; *mani, carnagione d'—*, ivory hands, complexion; *collezione di avori*, a collection of ivories; *mercante d'—*, ivory dealer // *— nero*, (*gli schiavi*) black ivory.

avosetta → **avocetta** 1.

avulsione *s.f.* **1** (*med.*) avulsion **2** (*dir.*) alluvion.

avulsivo *agg.* (*ling.*) click.

avulso *agg.* (*sradicato*) uprooted; (*strappato via*) torn away, torn off: *una parola che non significa niente, avulsa dal contesto*, (*fig.*) a word that doesn't mean anything, (taken) out of context.

avvalersi *v.intr.pron.* to make* use; to avail oneself: *— di un diritto*, to make a use of a right; *— dell'aiuto di qlcu.*, to make use of s.o.'s help.

avvallamento *s.m.* **1** sinking; subsidence, depression, hollow; (*geogr.*) trough: *le recenti piogge hanno prodotto un — nel terreno*, the recent rain has caused a subsidence **2** (*econ.*) (*depressione*) trough.

avvallarsi *v.intr.pron.* to sink*, to subside.

avvallato *agg.* **1** (*incavato*) sunken: *pavimento* —, sunken floor **2** (*posto in fondo a una valle*) in a valley: *borgo* —, village in a valley.

avvallatura *s.f.* (*non com.*) depression, hollow.

avvaloramento *s.m.* (*non com.*) strengthening; convalidation.

avvalorare *v.tr.* to give* value to (stgh.); to convalidate, to bear* out; (*rafforzare*) to strengthen: *la sua testimonianza avvalorò la mia dichiarazione*, his testimony bore out my statement; *le recenti scoperte avvalorano la sua teoria*, recent discoveries have bolstered (*o* strengthened) his theory.

□ **avvalorarsi** *v.intr.pron.* to increase in strength; to become stronger.

avvampamento *s.m.* (*non com.*) flare; flash; flaring up.

avvampare *v.intr.* to flare up, to blaze up (*anche fig.*): *avvampò di collera*, he flared up in a temper; — *per la vergogna*, to blush with shame ◆ *v.tr.* (*ardere*) **1** (*letter.*) to burn* **2** (*con ferro da stiro*) to scorch.

avvantaggiare *v.tr.* to benefit, to favour, to further: *questo lo ha molto avvantaggiato*, he has benefited a lot from this; *la sua carriera è stata avvantaggiata dalle sue conoscenze*, his career has been greatly furthered by his contacts.

□ **avvantaggiarsi** *v.rifl.* **1** to take* advantage (of sthg.), to improve, to profit (by *o* from sthg.): *la mia salute se ne è avvantaggiata*, my health has improved; — *di una situazione*, to take advantage of a situation **2** (*guadagnare vantaggio*) to gain (a lead), to get* ahead: *nel secondo giro si è avvantaggiato sul suo inseguitore*, on the second lap he increased his lead on his pursuer.

avvedersi *v.intr.pron.* to perceive (s.o., sthg.), to notice (s.o., sthg.); to realize: — *del proprio errore*, to realize one's mistake.

avvedimento *s.m.* (*form.*) **1** wisdom; sagacity; shrewdness **2** (*accorgimento*) awareness, discernment.

avvedutamente *avv.* (*accortamente*) shrewdly; cannily; cleverly; (*sagacemente*) sagaciously, wisely; (*prudentemente*) warily, cautiously, carefully.

avvedutezza *s.f.* (*accortezza*) shrewdness, canniness, cleverness; (*sagacia*) sagacity; (*prudenza*) wariness, cautiousness, carefulness.

avveduto *agg.* (*accorto*) shrewd, canny; clever; (*sagace*) sagacious; wise; (*prudente*) wary, cautious, careful: *è sempre stato — nei suoi investimenti*, he's always been shrewd with his investments; *non si è mai abbastanza avveduti*, you can never be too careful.

avvelenamento *s.m.* poisoning: — *da cibo guasto*, food poisoning.

avvelenare *v.tr.* **1** to poison **2** (*fig.*) (*amareggiare*) to poison, to embitter: *gli avvelenò l'esistenza*, she made his life a misery **3** (*inquinare*) to pollute.

□ **avvelenarsi** *v.rifl.* to poison oneself.

avvelenato *agg.* **1** poisoned: *morire* —, to die from poisoning **2** (*velenoso*) poisonous // *avere il dente — contro qlcu.*, to bear s.o. a grudge **3** (*amareggiato*) embittered **4** (*inquinato*) polluted.

avvelenatore *s.m.* **avvelenatrice** *s.f.* poisoner.

avvelenire *v.tr.* (*rar.*) to poison.

avvenente *agg.* attractive, charming; pretty; lovely.

avvenenza *s.f.* attractiveness; charm; prettiness; loveliness.

avvenimento *s.m.* **1** event; occurrence: *un romanzo pieno di avvenimenti*, a novel full of incident; *è stato l'— dell'anno*, it was the event of the year // *mi ha pagato da bere: che —!*, he bought me a drink. Hang out the flags! **2** (*ant.*) (*al trono*) accession.

avvenire[1] *s.m.* future: *avere l'— assicurato*, to have a secure (*o* assured) future // *in* —, in future; *in —, per l'— sappiti regolare*, you'll know what to do in the future // *giovane di grande* —, youth of great promise.

avvenire[2] *v.intr.* to happen, to occur; (*aver luogo*) to take* place: *è avvenuta una disgrazia*, there's been an accident; *come spesso avviene*, as often happens; *checché avvenga*, whatever may happen.

avvenirismo *s.m.* optimistic faith in the future.

avvenirista *s.m.* e *f.* person who has an optimistic faith in the future.

avveniristico *agg.* futuristic: *un'opera d'arte avveniristica*, a futuristic work of art.

avventare *v.tr.* **1** (*letter.*) to hurl **2** (*fig.*) to speak* rashly, to speak* hastily: — *un giudizio*, to make a rash judgement ◆ *v.intr.* (*non com.*) (*essere troppo vistoso*) to be gaudy, to be showy.

□ **avventarsi** *v.rifl.* to throw* oneself (at s.o., sthg.); to fling* oneself (on s.o., sthg.); to hurl oneself (at s.o., sthg.); (*dall'alto*) to swoop down (on s.o., sthg.): *il cane s'avventò contro il ragazzo*, the dog jumped (*o* pounced) on the boy.

avventataggine → **avventatezza**.

avventatamente *avv.* rashly; inconsiderately.

avventatezza *s.f.* rashness, recklessness, hastiness, inconsiderateness.

avventato *agg.* rash, reckless, hasty, inconsiderate: *giudizio* —, rash judgement; *parole avventate*, rash words; *un ragazzo* —, a reckless boy.

avventista *s.m.* e *f.* (*st. relig.*) Adventist.

avventiziato *s.m.* **1** (*periodo*) temporary employment **2** (*categoria*) temporary workers (*pl.*); casual workers (*pl.*).

avventizio *agg.* **1** (*provvisorio*) casual, occasional, temporary **2** (*dir.*) adventitious: *beni avventizi*, adventitious property **3** (*che viene da fuori*) outside **4** (*bot.*) adventitious **5** (*geol.*) adventive ◆ *s.m.* temporary employee.

avvento *s.m.* **1** (*relig.*) Advent **2** (*arrivo*) coming; arrival, advent: *l'— di una nuova era*, the coming (*o* the beginning) of a new age **3** (*assunzione al trono*) accession.

avventore *s.m.* regular customer; patron.

avventura *s.f.* **1** adventure: *una vita piena d'*—, an adventurous life; — *a lieto fine*, an adventure with a happy ending; *trascinò l'azienda in avventure rischiose*, he dragged the firm into risky ventures // *per* —, (*per caso*) by chance // *film d'*—, adventure film **2** (*relazione amorosa*) flirtation, (*fam.*) fling: *non è niente di serio, solo un'*—, it's nothing serious, it's only a fling.

avventurarsi *v.rifl.* to venture: *ci avventurammo in un viaggio pericoloso*, we ventured on a perilous journey; — *in mare aperto*, to venture out to sea.

avventurato *agg.* **1** (*letter.*) fortunate, lucky **2** (*non com.*) (*arrischiato*) risky.

avventuriero *s.m.* adventurer ◆ *agg.* adventurous: *spirito* —, adventurous spirit.

avventurina *s.f.* (*min.*) aventurine.

avventurismo *s.m.* (*spec. pol.*) adventurism.

avventurista *s.m.* e *f.* adventurist ◆ *agg.* adventuristic.

avventuristico *agg.* adventuristic; badly thought-out; risky.

avventurosamente *avv.* adventurously.

avventuroso *agg.* **1** adventurous, venturesome, enterprising: *viaggio* —, adventurous trip // *tentativo* —, daring (*o* bold) venture **2** (*che ama le avventure*) adventurous: *giovane* —, adventurous youngster **3** (*letter.*) (*fortunato*) lucky, fortunate.

avverabile *agg.* realizable: *previsione* —, realizable forecast (*o* an expectation that can be fulfilled).

avveramento *s.m.* (*letter.*) fulfilment, accomplishment, realization.

avverare *v.tr.* to fulfil, to realize.

□ **avverarsi** *v.intr.pron.* to come* true, to be realized; to prove true: *i miei sogni si sono avverati*, my dreams have come true; *la sua profezia si avverò presto*, his prophecy soon came true.

avverbiale *agg.* (*gramm.*) adverbial.

avverbialmente *avv.* (*gramm.*) adverbially.

avverbio *s.m.* (*gramm.*) adverb.

avversare *v.tr.* (*opporsi a*) to oppose; (*ostacolare*) to thwart, to hinder, to obstruct: *il progetto era avversato da tutti*, the plan was opposed by everyone.

avversario *agg.* contrary, opposing; (*ostile*) hostile: *la squadra avversaria*, the opposing team ◆ *s.m.* opponent, adversary, antagonist: — *politico*, political opponent; *battere l'*—, to beat one's opponent; *era più forte di tutti i suoi avversari*, he was stronger than all his opponents (*o* rivals).

avversativo *agg.* (*gramm.*) adversative.

avversatore *s.m.* (*non com.*) opposer; (*avversario*) opponent, antagonist, enemy.

avversione *s.f.* aversion, dislike, antipathy; (*ripugnanza*) loathing: *provare una grande — per qlcu., qlco.*, to feel a strong dislike for s.o., sthg.; *provare — per il cibo*, to be off one's food // (*econ.*) — *al rischio*, risk aversion.

avversità *s.f.* adversity; misfortune: *le — della vita*, the adversities of life.

avverso *agg.* **1** (*sfavorevole*) adverse, unfavourable; (*ostile*) adverse, hostile, opposing: — *al governo democratico*, hostile to democratic government; *circostanze avverse*, adverse (*o* unfavourable) circumstances // (*dir.*) *la parte avversa*, the opposing party **2** (*che sente avversione*) averse: *essere — a qualsiasi novità*, to be unfavourable to any kind of novelty ◆ *prep.* (*rar.*) against: *reclamare — una decisione*, to claim against a decision.

avvertenza *s.f.* **1** (*consideratezza*) considerateness: *avreste dovuto avere l'— di informarlo*, you should have been considerate enough to let him know **2** (*attenzione, cura*) attention, care; prudence: *abbi l'— di non toccarlo con le mani*, take care not to touch it with your hands **3** *pl.* (*istruzioni*) instructions: *leggere attentamente le avvertenze*, read the instructions carefully **4** (*avvertimento*) warning **5** (*osservazione*) notice, remark **6** (*prefazione*) preface, introduction, foreword.

avvertibile *agg.* noticeable, perceptible: *è chiaramente — un calo nell'assenteismo*, there is a noticeable drop in absenteeism.

avvertimento *s.m.* **1** (*informazione*) notice, remark **2** (*ammonimento*) warning, admonition; advice // *la bomba è stata un chiaro — della malavita*, the bomb was a clear warning sign from the underworld.

avvertire *v.tr.* **1** (*avvisare, informare*) to inform, to let* (s.o.) know; to advise: *nessuno mi avvertì della sua partenza*, nobody informed (*o* told) me he had left; — *qlcu. per tempo, in ritardo*, to let s.o. know in time, late **2** (*mettere in guardia*) to warn, to caution: *guarda che non scherzo! Ti avverto!*, Look! I'm warning you! I'm not joking! **3** (*percepire, osservare*) to notice, to observe: — *un dolore*, to feel a pain; — *un rumore*, to hear a noise.

avvertitamente *avv.* (*di proposito*) on purpose, deliberately.

avvertito *agg.* (*letter.*) (*avveduto*) shrewd; (*sagace*) sagacious; (*attento*) alert.

avvezione *s.f.* (*scient.*) advection.

avvezzare, **avvezzarsi** → **abituare**, **abituarsi.**

avvezzo *agg.* accustomed; used: — *ai sacrifici*, accustomed to making sacrifices.

avviamento *s.m.* **1** starting, start, opening; (*introduzione*) introduction: *corsi di — (professionale)*, training course (for professional people) **2** (*scuola*) type of technical or commercial school (that existed before the present system) **3** (*comm.*) (*di ditta, negozio*) goodwill; (*di impresa*) starting-up **4** (*mecc.*) (*azione*) starting, setting in motion; (*meccanismo*) starting device: — *a pedale*, kick start; — *automatico*, self-starting; — *elettrico*, electric starting; *manovella d'—*, starting handle; *motorino d'—*, starter.

avviare *v.tr.* **1** (*indirizzare*) to guide, to direct, to show, to help: — *i passeggeri all'uscita*, to show the passengers to the exit; — *qlcu. a una professione*, to initiate s.o. into a career **2** (*mettere in moto*) to start (up), to set* in motion; to set* going: — *una macchina, un motore*, to start (up) a machine, an engine // — *il fuoco*, to start (*o* to kindle) a fire **3** (*iniziare*) to begin*, to start (up): — *una conversazione*, to start a conversation; — *trattative*, to start dealings // — *un'azienda*, to start (*o* set) up a firm; — *un negozio*, to set up a shop // — *un lavoro a maglia*, (*mettere su i punti*) to cast on stitches.

□ **avviarsi** *v.intr.pron.* **1** (*incamminarsi*) to set* out: — *a scuola*, to set out for school; — *all'uscita*, to make for the exit; *la commedia si avvia alla fine*, the play is drawing to an end **2** (*fig.*) (*stare per*) to be going to (+ *inf.*).

avviato *agg.* **1** (*di persona*) launched, doing well: *ormai è — bene nel suo lavoro*, he's now well launched on his career **2** (*comm.*) going; thriving: *azienda bene avviata*, a going concern (*o* a thriving business).

avviatore *s.m.* starter: — *a combustione interna*, internal-combustion starter; — *automatico*, self-starter; — *elettrico*, electric starter.

avviatura *s.f.* (*di lavoro a maglia*) first row of stitches.

avvicendamento *s.m.* **1** alternation, rotation **2** (*agr.*) rotation, shift (of crops) **3** (*inform.*) scheduling: — *lavori*, job scheduling; — *sequenziale*, sequential scheduling.

avvicendare *v.tr.* **1** to alternate, to rotate **2** (*agr.*) to rotate (crops).

□ **avvicendarsi** *v.rifl.rec.* to alternate; to take* turns: *si avvicendava al fratello nella gestione dell'azienda*, he took turns with his brother in running the company; *è meglio se vi avvicendate in questo lavoro*, it's better to take turns doing this job.

avvicinabile *agg.* approachable.

avvicinamento *s.m.* **1** approaching, approach: *marcia d'—*, approach march; *c'è stato un — tra le loro posizioni*, they have moved closer together **2** (*tip.*) set size.

avvicinare *v.tr.* **1** to draw* up, to bring* near(er): *avvicina la sedia*, draw up your chair; — *qlco. a qlcu., a qlco.*, to bring sthg. near(er) to s.o., sthg. **2** (*conoscere*) to approach, to meet*, to get* to know: *non è facile avvicinarlo*, he's not easy to get to know.

□ **avvicinarsi** *v.rifl.* o *intr.pron.* **1** to approach (s.o.), to get* near (s.o., sthg.): *l'uomo mi si avvicinò*, the man came up to me; *la fine si avvicina*, the end is approaching; *la notte si avvicina*, night is drawing on; *l'ora si avvicina*, the hour is drawing near; — *al vero*, to come close to the truth **2** (*somigliare*) to be similar: *per carattere si avvicina al padre*, his character resembles his father's.

avvilente *agg.* disheartening; humiliating; discouraging: *situazione —*, humiliating situation; *lavoro —*, disheartening job; *punizione —*, humiliating punishment.

avvilimento *s.m.* **1** (*scoraggiamento*) discouragement, dejection **2** (*degradazione*) debasement **3** (*umiliazione*) humiliation.

avvilire *v.tr.* **1** (*scoraggiare*) to dishearten, to discourage: *l'insuccesso l'ha molto avvilito*, failure has disheartened him **2** (*degradare*) to degrade, to dishonour, to debase: *un comportamento che avvilisce la sua professione*, behaviour that is a dishonour to his profession **3** (*umiliare*) to humiliate, to demoralize, to upset*.

□ **avvilirsi** *v.intr.pron.* **1** (*scoraggiarsi*) to get* disheartened, to lose* heart, to get* demoralized **2** (*umiliarsi*) to humble oneself.

avvilito *agg.* (*scoraggiato*) downcast, disheartened, dejected, discouraged: *sentirsi —*, to feel disheartened.

avviluppamento *s.m.* **1** (*avvolgimento*) envelopment, wrapping up **2** (*intrico*) entanglement **3** (*confusione*) jumble.

avviluppare *v.tr.* **1** (*avvolgere*) to envelop, to wrap up: *lo avviluppò in un mantello*, she wrapped him in a cloak; *le fiamme avevano ormai avviluppato tutto l'edificio*, flames had enveloped the whole building **2** (*aggrovigliare*) to entangle **3** (*non com.*) (*imbrogliare*) to dupe, to cheat.

□ **avvilupparsi** *v.rifl.* o *intr.pron.* **1** (*avvolgersi*) to wrap oneself up **2** (*aggrovigliarsi*) to get* entangled.

avvinare *v.tr.* to rinse with wine.

avvinatore *s.m.* wine bottle rinser.

avvinazzare *v.tr.* (*non com.*) to make* drunk.

□ **avvinazzarsi** *v.rifl.* to get* drunk, to become* tipsy.

avvinazzato *agg.* tipsy ◆ *s.m.* drunk: *voce da —*, drunken voice.

avvincente *agg.* engaging, fascinating, charming, winning: *modi avvincenti*, winning ways; *un racconto —*, a fascinating story; *un sorriso —*, a winning smile.

avvincere *v.tr.* **1** (*non com.*) to bind*, to tie up **2** (*attrarre*) to attract, to fascinate, to charm, to enthral: *fu avvinto dalla bellezza del paesaggio*, he was charmed by the beauty of the countryside.

avvinghiare *v.tr.* to clutch, to clinch.

□ **avvinghiarsi** *v.rifl.* o *rifl.rec.* to cling*: *mi si avvinghiò*, she clung to me; *i due lottatori si avvinghiarono violentemente*, the two wrestlers gripped each other violently.

avvio *s.m.* start (*anche inform.*): *dare, prendere l'—*, to start, to start off; *l'affare ha avuto un buon —*, the affair got off to a good start; (*comm.*) *un'azienda in fase di —*, a starting business.

avvisaglia *s.f.* **1** (*scaramuccia*) skirmish **2** (*primo segno*) first sign.

avvisare *v.tr.* **1** to inform, to let* know, to advise: *non fummo avvisati a tempo debito*, we were not advised (*o* informed) in time **2** (*mettere in guardia*) to warn: *avreste dovuto avvisarlo del pericolo*, you ought to have warned him of the danger.

avvisato *agg.* informed, acquainted // *uomo —, mezzo salvato*, (*prov.*) forewarned is forearmed.

avvisatore *s.m.* (*dispositivo d'allarme*) warning signal, call-bell, alarm.

avviso *s.m.* **1** (*annunzio*) notice, advice, announcement: — *al lettore*, foreword (*o* prefatory note); — *al pubblico*, notice to the public; *c'era un — sul giornale*, there was an announcement in the newspaper; — *pubblicitario*, (*sui giornali*) advertisement // (*comm.*): — *di pagamento*, payment (*o* remittance) advice (*o* notice of payment); — *di consegna*, delivery note; — *di ricevuta*, acknowledgment of receipt; — *di spedizione*, advice of despatch (*o* shipping notice); *previo —*, on notice; *come da —*, as per advice; *fino a nuovo —*, till further notice; *salvo — contrario*, unless advised to the contrary; — *di saldi*, announcement of sale // (*Borsa*) — *di esecuzione*, exercise notice // (*banca*): — *di scadenza*, expiry notice; — *di mancata accettazione, di mancato pagamento* (*di una cambiale*), notice of dishonour // *dare —*, to give notice: (*dir.*) *dare — formale a qlcu.*, to serve a notice on s.o. **2** (*avvertimento*) warning: — *di burrasca*, gale warning; *stare, essere sull'—*, to be on the alert; *ciò ti sia d'—*, let this be a warning to you **3** (*manifesto*) notice, poster, placard **4** (*opinione*) opinion, judgement: *a mio —*, in my opinion; *sono dello stesso —*, I am of the same opinion; *mutare d'—*, to change one's mind **5** (*mar.*) — *scorta*, escort vessel.

avvistamento *s.m.* sighting // (*aer.*): — *acustico*, sound ranging; *radar d'—*, warning radar.

avvistare *v.tr.* to sight: — *una nave, la terra*, to sight a ship, land.

avvitamento *s.m.* **1** (*mecc.*) screwing: *lunghezza d'—*, length of engagement **2** (*aer.*) spin **3** (*sport*) spin.

avvitare *v.tr.* to screw: — *una vite, una lampadina*, to screw in a screw, a light bulb; *avvitò il coperchio del barattolo*, he screwed on the lid of the jar; — *insieme due pezzi di legno*, to screw two pieces of wood together.
□ **avvitarsi** *v.rifl.* (*aer.*) (*involontariamente*) to spin, to fall into a spin; (*volontariamente*) to go* into a spin.

avvitata *s.f.* **1** screw **2** (*aer.*) spin.

avvitato *agg.* (*di abito*) tight-waisted.

avvitatore *s.m.* **avvitatrice** *s.f.* (*mecc.*) screwer.

avvitatura *s.f.* (*tecn.*) screwing; tightening up with a screw: *l'— è più stabile dell'inchiodatura*, using screws gives more stability than using nails.

avviticchiamento *s.m.* (*letter.*) twining, twisting, interlacing.

avviticchiare *v.tr.* to twine.
□ **avviticchiarsi** *v.rifl.* o *intr.pron.* to twine (round s.o., sthg.), to twist (round s.o., sthg.), to wind* (round s.o., sthg.); (*fig.*) to cling*: *l'edera si avviticchia al tronco*, ivy twines round the trunk.

avvivamento *s.m.* (*letter.*) enlivening, animation, vivification.

avvivare *v.tr.* (*letter.*) to enliven, to quicken, to animate, to vivify; (*di colori*) to brighten.
□ **avvivarsi** *v.intr.pron.* to be enlivened; (*diventare animato*) to become* lively; (*di fuoco*) to rekindle (*anche fig.*).

avvizzimento *s.m.* withering; fading.

avvizzire *v.intr.* **1** to wither (*anche fig.*); (*perdere freschezza e colori*) to fade **2** (*languire*) to droop, to wilt ◆ *v.tr.* (*far appassire*) to shrivel up, to wither (*anche fig.*).

avvizzito *agg.* withered; faded.

avvocata *s.f.* **1** protectress **2** (*non com.*) (*donna avvocato*) (woman) lawyer.

avvocatesco *agg.* (*spreg.*) pettifogging.

avvocatessa *s.f.* **1** (*non com.*) woman lawyer **2** (*iron.*) talkative woman.

avvocato *s.m.* **1** (*genericamente*) lawyer; counsel, attorney at law, counsellor: *rivolgersi a un —*, to consult a lawyer **2** (*in Gran Bretagna*) (*patrocinante nelle giurisdizioni inferiori*) solicitor; (*patrocinante al dibattimento nelle giurisdizioni superiori*) barrister // *Albo degli Avvocati*, Law-List // *Ordine degli Avvocati*, Law Society, (*amer.*) Bar Association **3** (*negli Stati Uniti*) attorney(-at-law) **4** (*consulente legale*) legal adviser **5** (*difensore*) counsel for the defence, defending counsel **6** (*fig.*) advocate, defender // — *del diavolo*, devil's advocate; — *delle cause perse*, defender of lost causes.

avvocatura *s.f.* legal profession; the bar; (*funzione di avvocato*) advocacy: *esercitare l'—*, to practice law.

avvolgente *agg.* **1** encircling: *manovra —*, encirclement (*anche fig.*) **2** (*che affascina*) fascinating, deceiving.

avvolgere *v.tr.* **1** to wrap (up), to envelop: — *qlco. nella carta, in un panno*, to wrap (up) sthg. in paper, in a cloth **2** (*arrotolare*) to wind*; to roll up: — *filo, spago*, to wind thread, string; — *un tappeto*, to roll up a carpet **3** (*fig.*) to wrap; to shroud: *la notte ci avvolse*, darkness closed in upon us; — *qlcu. con uno sguardo*, to look s.o. over.
□ **avvolgersi** *v.rifl.* **1** (*avvilupparsi*) to wrap oneself up: — *in una coperta*, to wrap oneself in a blanket **2** (*attorcigliarsi*) to twine (round sthg.), to wind* (round sthg.).

avvolgibile *agg.* that may be rolled up, that may be twined round ◆ *s.m.* (rolling) blind; (*saracinesca*) (rolling) shutter.

avvolgimento *s.m.* **1** envelopment, winding, rolling up; encirclement; (*di pacchi*) wrapping up // (*mil.*) *manovra di —*, encircling manoeuvre **2** (*elettr., fis.*) winding **3** (*di molla*) coiling.

avvolgitore *s.m.* **avvolgitrice** *s.f.* **1** (*tess.*) beamer **2** (*mecc.*) coiler **3** (*cinem.*) take up **4** (*inform.*) *avvolgitore di nastro magnetico*, tape spool.

avvolticchiare *v.tr.* (*non com.*) to wind* round and round.
□ **avvolticchiarsi** *v.intr.pron.* (*attorcigliarsi*) to twine (round sthg.).

avvoltoio *s.m.* **1** (*zool.*) vulture: — *monaco*, (*Aegypius monachus*) cinereus vulture; — *barbuto, degli agnelli*, (*Gypaëtus barbatus*) lammergeyer, (*non com.*) ossifrage; — *dal collo rosso*, (*Cathartes aura*) turkey buzzard (*o* turkey vulture) **2** (*fig.*) vulture.

avvoltolare *v.tr.* **1** to wrap roughly **2** (*arrotolare*) to roll up.
□ **avvoltolarsi** *v.rifl.* to roll up; to wallow: — *nel fango*, to wallow in the mud.

axolotl *s.m.* (*zool.*) (*Ambystoma tigrinum*) axolotl.

ayatollah *s.m.* ayatollah.

aye-aye *s.m.* (*zool.*) (*Daubentonia madagascariensis*) aye-aye.

azalea *s.f.* (*bot.*) azalea.

azeotropia *s.f.* (*chim.*) azeotropy.

azeotropico *agg.* (*chim.*) azeotropic.

azeotropo *agg.* e *s.m.* (*chim.*) azeotrope.

azero *agg.* e *s.m.* Azerbaijani.

azide *s.f.* (*chim.*) azide.

azienda *s.f.* business, concern, firm, company, enterprise, establishment: — *agricola*, farm; — *autonoma*, public corporation; — *di acquicoltura*, aquafarm; — *familiare*, family concern (*o* business); — *individuale*, one-man business; — *a partecipazione statale*, state-controlled enterprise; — *municipalizzata*, municipal enterprise (*o* public utility *o* public concern); — *pubblica*, state-owned enterprise (*o* public corporation); — *industriale*, manufacturing firm; — *privata*, private concern; — *dei servizi pubblici*, (public) utility; — *primaria*, leading company; — *leader*, market leader; — *florida*, thriving (*o* going) business; — *in perdita*, lossmaker; — *traballante, in cattive acque*, (*fam.*) lame duck // *Azienda Autonoma di Soggiorno*, local tourist office.

aziendale *agg.* company (*attr.*); business (*attr.*), corporate: *il regolamento —*, company rule (*o* the firm's rule); *programmazione —*, corporate planning; *politica —*, corporate policy; *sviluppo —*, corporate development (*o* growth); *economia —*, business economics, (*materia di studio*) business administration; *gestione —*, business management; *organizzazione —*, business organization.

aziendalismo *s.m.* company-mindedness; putting the company's interests first.

aziendalista *s.m.* e *f.* **1** company man; company woman **2** (*studioso di economia aziendale*) business economist ◆ *agg.* company-orientated.

aziendalistico *agg.* company-minded; company-orientated.

azigote *s.m.* (*biol.*) azygote.

azimut *s.m.* **1** (*astr.*) azimuth **2** (*topografia*) bearing.

azimutale *agg.* (*astr., fis.*) azimuthal: (*cartografia*) *proiezione —*, azimuthal projection.

azina *s.f.* (*chim.*) azine.

azionabile *agg.* that can be operated: *meccanismo — elettricamente*, mechanism that can be operated electrically.

azionamento *s.m.* operation, drive, working: (*mecc.*) *dispositivo d'—*, driving gear.

azionare *v.tr.* to operate, to drive*, to work, to run*, to set* in action, to set* in motion, to set* going: — *i freni*, to apply (*o* to put on) the brakes; — *una leva*, to move a lever; — *una macchina*, to set a machine going; *essere azionato da una molla*, to be moved by a spring; *essere azionato dal vapore*, to be steam-driven // (*inform.*) (*pulsante*) to activate; (*interruttore*) to raise.

azionariato *s.m.* (*econ.*) shareholding, body of shareholders.

azionario *agg.* (*econ.*) share (*attr.*); stock (*attr.*): *capitale —*, share capital; *investimento —*, share investment; *pacchetto —*, share parcel.

azione *s.f.* **1** (*l'agire*) action: *libertà d'—*, freedom of action; *uomo d'—*, man of action; *entrare in —*, to enter into action; *passare all'—*, to move into action // *verbi d'—*, verbs of action // *mettere in — un meccanismo*, to set a mechanism going // (*cinem.*) *—!*, action! **2** (*atto*) action, act; (*letter.*) deed; (*gesto*) gesture: *è stata un'— deplorevole*, it was a deplorable action; *fare una buona —*, to do a good deed; *avere il coraggio delle proprie azioni*, to have the courage of one's convictions **3** (*opera, operato*) action: *l'— di un acido sul metallo*, the action of an acid on metal; *farmaco ad — immediata, lenta*, fast-acting, slow acting medicine; — *reciproca*, reciprocal action // — *sindacale*, (*amer.*) job action // — *illegale con elaboratore*, computer crime // (*fis.*): — *a distanza*, action at a distance; — *lubrificante*, lubrication action; *potenziale di —*, action potential **4** (*teatr., letter., cinem.*) action: *l'— si svolge a Parigi*, the action takes place in Paris **5** (*estens.*) (*ritmo*) action: *film d'—*, action film; *romanzo ricco d'—*, action-packed book **6** (*dir.*) action; lawsuit; trial: — *di risarcimento*, action for damages; — *penale*, penal action (*o* criminal prosecution); — *pubblica*, prosecution; *intentare un'— contro qlcu.*, to bring an action against s.o.; — *riconvenzionale*, cross action **7** (*mil.*) action, deed, exploit, fight, engagement: *un'— brillante*, a brilliant feat of arms **8** (*fin.*) share, stock: — *di godimento*, jouissance share; — *gratuita*, bonus share, (*amer.*) bonus stock (*o* stock dividend); — *ordinaria*, equity, ordinary (*o* dividend) share, (*amer.*) common stock; — *postergata*, deferred share (*o* stock); — *privilegiata*, preference (*o* preferred) share; — *di investimento*, investment share; — *al portatore*, bearer share; — *nominativa*, personal (*o* registered) share; — *interamente liberata*, paid-up share (*o* stock), fully-paid share (*o* stock); *azioni che rendono il 10%*, shares giving 10%; — *di godimento*, dividend-bearing share; *azioni di nuova emissione*, newly-issued shares; *azioni di sicurezza*, defensive stocks;

azioni di società australiane, kangaroos; *azioni di società industriali*, industrials; *azioni emesse sull'euromercato*, Euroequities; *azioni in circolazione*, outstanding shares; *azioni industriali di prim'ordine*, blue chips; *azioni redimibili, riscattabili*, redeemable (*o* call) shares; *azioni quotate in Borsa*, listed securities (*o* shares); *azioni convertibili*, convertible stock (*o* shares); *azioni senza diritto di voto*, non -voting shares; *azioni attive*, active stock; *azioni cumulative*, cumulative stock; *azioni garantite*, guaranteed shares; *azioni bancarie*, bank shares; *azioni di risparmio*, savings shares; *azioni negoziabili*, transferable stock; *le azioni hanno toccato un minimo storico*, shares have hit an all-time low; *le azioni erano in ribasso*, the stocks lowered in price; *le azioni salirono in apertura di seduta*, the shares opened higher.

azionista *s.m.* e *f.* (*fin.*) shareholder, stockholder: — *prestanome*, dummy stockholder; — *di minoranza*, minority shareholder; — *di riferimento*, majority shareholder ; — *intestatario*, nominee shareholder; — *privilegiato*, preference shareholder; *l'assemblea degli azionisti*, the shareholders' meeting.

azo- *pref.* (*chim.*) che indica la presenza del gruppo azoico; ingl. azo-.

azobenzene *s.m.* (*chim.*) azobenzene.

azocomposto *s.m.* (*chim.*) azocompound.

azoico[1] *agg.* (*geol.*) Azoic.

azoico[2] *agg.* (*chim.*) azoic, azo: *colorante* —, azo dye.

azoimmide *s.f.* (*chim.*) azoimide, hidrazoic acid.

azoospermia *s.f.* (*biol.*) azoospermia.

azotare *v.tr.* (*chim. antiq.*) to azotize.

azotato *agg.* (*chim.*) nitrogenous: *concime* —, nitrogenous fertilizer; *essenza azotata*, nitrogenated oil; *soluzione azotata*, nitrogen solution.

azotemia *s.f.* (*med.*) azotemia.

azotico *agg.* (*chim. antiq.*) azotic.

azotidrico *agg.* (*chim.*) hydrazoic: *acido* —, hydrazoic acid.

azoto *s.m.* (*chim.*) nitrogen: *fissazione dell'*—, nitrogen fixation.

azoturia *s.f.* (*med.*) azoturia.

azteco *agg.* Aztec, Aztecan ◆ *s.m.* Aztec.

azulene *s.m.* (*chim.*) azulene.

azza *s.f.* battleaxe.

azzannare *v.tr.* to savage (*anche fig.*).
□ **azzannarsi** *v.rifl.rec.* **1** (*mordersi*) to snap at each other **2** (*fig.*) to (almost) come to blows.

azzannata *s.f.* savaging; (*morso*) bite.

azzannatura *s.f.* (*morso*) bite; (*segni*) fang marks; teethmarks.

azzardare *v.tr.* to hazard, to risk, to venture, to chance: — *le proprie sostanze*, to risk (*o* to venture) one's fortune; — *una supposizione*, to hazard (*o* to venture) a guess; — *un tentativo*, to risk an attempt.
□ **azzardarsi** *v.intr.pron.* to venture, to dare, to risk: *non mi azzarderei a uscire con questo tempo*, I wouldn't risk going out in such weather; *non azzardarti, sai!*, don't you dare!

azzardato *agg.* risky, hazardous; bold, daring; (*precipitoso*) rash; *una risposta azzardata*, a rash answer; *un tentativo* —, a daring attempt.

azzardo *s.m.* hazard, risk; (*pericolo*) peril; danger: *giocatore d'*—, gambler; *gioco d'*—, game of chance; *mettersi, esporsi all'*—, to run a risk.

azzardoso *agg.* risky, hazardous; (*di persona*) bold, daring.

azzeccagarbugli *s.m.* (*spreg.*) pettifogger; quibbler, pettifogging lawyer.

azzeccare *v.tr.* **1** (*colpire nel segno*) to hit*, to strike*: — *il bersaglio*, to hit the target; — *un colpo*, to strike a blow // *azzeccarla*, to hit the mark (*o fam.* to hit the nail on the head) // *non azzeccarne una*, to miss every time **2** (*affibbiare*) to give*, (*fam.*) to land: — *un calcio a qlcu.*, to land s.o. a kick **3** (*indovinare giustamente*) to guess: — *una risposta*, to hit upon a solution (*o* to guess an answer); *s'è messo a fare il sarto e l'ha azzeccata*, he set up as a tailor and did very well.

azzeramento *s.m.* zero setting, zeroing.

azzerare *v.tr.* **1** to set* at zero, to zero, to zeroize **2** (*inform.*) to clear; to set* at zero; (*amer.*) to zeroise; (IBM) to zero-fill; to reset*; to blank: — *dopo la stampa*, to blank after printing; — *la memoria*, to cancel.

azzeruolo → **lazzeruolo**.

azzima *s.f.* unleavened bread.

azzimare *v.tr.* to dress smartly, to dress up, to deck up.
□ **azzimarsi** *v.rifl.* to deck oneself out.

azzimato *agg.* dressed up, smartly dressed.

azzimo *agg.* unleavened: *pane* —, unleavened bread (*o* azyme).

azzittare, **azzittire** *v.tr.* to silence, to hush.
□ **azzittarsi**, **azzittirsi** *v.intr.pron.* to become* silent, to fall* silent.

azzonamento *s.m.* zoning.

azzoppamento *s.m.* **1** laming; making lame **2** (*divenire zoppo*) becoming lame.

azzoppare *v.tr.* to lame.
□ **azzopparsi** *v.intr.pron.* to become* lame.

azzoppimento → **azzoppamento**.

azzoppire, **azzoppirsi** → **azzoppare**, **azzopparsi**.

azzuffamento *s.m.* (*non com.*) scuffle, brawl.

azzuffarsi *v.rifl.* e *rifl.rec.* to come* to blows; to quarrel.

azzurraggio *s.m.* (*tecn.*) bluing.

azzurramento *s.m.* (*fis.*, *tecn.*) bluing.

azzurrare *v.tr.* to colour blue; (*tecn.*) to blue.
□ **azzurrarsi** *v.intr.pron.* to become* blue.

azzurrato *agg.* **1** blue-coloured (*attr.*); painted blue: *lenti azzurrate*, blue-tinted lenses **2** (*tecn.*) blued: *acciaio* —, blued steel.

azzurreggiare *v.intr.* (*non com.*) to be bluish, to be of a bluish colour.

azzurrigno *agg.* light blue.

azzurrino *agg.* clear blue, azurine.

azzurrità *s.f.* (*letter.*) blueness.

azzurrite *s.f.* (*min.*) azurite.

azzurro *agg.* blue, sky-blue, azure: — *cupo*, dark blue; *dagli occhi azzurri e dai capelli d'oro*, with blue eyes and golden hair (*o* blue -eyed and golden-haired) // *principe* —, (*fam.*) Prince Charming // *pesce* —, anchovy, sardine etc. // (*sport*) *gli azzurri*, sportsmen who play for the Italian national team ◆ *s.m.* azure, sky blue // *l'*—, (*il cielo*) the sky.

azzurrognolo *agg.* bluish.

Bb

b *s.f.* o *m.* **1** (*seconda lettera dell'alfabeto*) b (*pl.* bs, b's) // (*tel.*) — *come Bologna*, b for Benjamin (*o amer.* b for Baker) **2** (*mus.*) si.

babà *s.m.* (*cuc.*) 'baba' (sponge cake steeped in rum syrup).

babau *s.m.* bugbear, bogey, bugaboo.

babbeo *agg.* foolish, stupid ◆ *s.m.* idiot, fool, dummy, (*amer.*) meathead.

babbo *s.m.* father; (*fam.*) dad, daddy; (*amer.*) pop.

babbuccia *s.f.* slipper; (*orientale*) babouche.

babbuino *s.m.* **1** (*zool.*) (*Papio cynocephalus*) baboon, dog-ape, dog-faced baboon **2** (*fig.*) fool, dummy.

Babele *no.pr.f.* (*geogr. st.*) Babel // *torre di* —, tower of Babel ◆ **babele** *s.f.* (*confusione*) babel, pandemonium [U], confusion: *è una vera* —, it is absolute pandemonium.

babelico *agg.* **1** pertaining to Babel **2** (*confuso*) chaotic; confused: *confusione babelica*, babel (*o* chaos).

babilonese *agg.* e *s.m.* Babylonian.

babilonia *s.f.* (*confusione*) bedlam, babel.

babilonico *agg.* Babylonian.

babirussa *s.m.* (*zool.*) (*Babyrousa babyrussa*) pig-deer, (*scient.*) babiroussa, babirussa.

babismo *s.m.* (*relig.*) Babism.

babordo *s.m.* (*mar.*) port; larboard.

babuvismo *s.m.* Babouvism.

baby *s.m.* e *f.* e *agg.* baby: *moda* —, children's fashions.

babydoll *s.m.*babydoll pyjamas (*pl.*).

baby-pensionato *s.m.* pensioner who has retired at an exceptionally young age.

babysitter *s.f.*e *m.* baby-sitter, sitter, baby -minder.

bacare *v.intr.* **bacarsi** *v.intr.pron.* to get* worm-eaten; (*marcire*) to rot, to go* rotten, to go* bad, to decay.

bacato *agg.* **1** worm-eaten, maggoty; (*marcio*) rotten, decayed: *frutta bacata*, rotten fruit // *avere il cervello* —, to have a screw loose **2** (*fig.*) rotten, morally corrupt.

bacatura *s.f.* rotting, decaying.

bacca *s.f.* berry; fruit: *fornito di bacche*, berried; *produrre bacche*, to berry.

baccalà *s.m.* **1** stockfish, dried cod **2** (*persona allampanata*) tall, thin person, beanpole; (*persona sciocca*) fool.

baccalaureato *s.m.*baccalaureate.

baccanale *s.m.* Bacchanal; orgy.

baccano *s.m.* row, uproar, din: *che cos'è tutto questo* —?, what's all this row about?; *fare* —, (*fam.*) to kick up a row.

baccante *s.f.* Bacchante.

baccarà *s.m.* (*gioco*) baccarat.

baccarat *s.m.* (*cristallo*) Baccarat® glass.

baccellierato *s.m.* (*letter.*) bachelor's degree; baccalaureate.

baccelliere *s.m.* bachelor (of Arts, of Sciences).

baccellina *s.f.* (*bot.*) → **ginestrella**.

baccello *s.m.* (*bot.*) pod; cod; case; hull; husk: *produrre baccelli*, to pod.

bacchetta *s.f.* **1** rod, stick; (*del direttore d'orchestra*) baton; (*di tamburo*) drumstick; (*del pittore*) maulstick: — *divinatoria*, divining rod; — *magica*, magic wand // *comandare a* —, (*fig.*) to rule with a rod of iron **2** (*tess.*) faller.

bacchettare *v.tr.* to beat*: *una volta si usava* — *i bambini sulle mani*, in the past children used to be rapped on the knockles.

bacchettata *s.f.* blow (with a stick).

bacchetto *s.m.* **1** short stick **2** (*manico della frusta*) whip-handle.

bacchettona *s.f.* **bacchettone** *s.m.* bigot.

bacchettoneria *s.f.* bigotry.

bacchiare *v.tr.* to beat* down (fruit).

bacchiata *s.f.* blow.

bacchiatura *s.f.* beating down (fruit).

bacchico *agg.* Bacchic.

bacchio *s.m.* long pole.

bacciforme *agg.* (*bot.*) berry-shaped, bacciform.

Bacco *no.pr.m.* (*mit.*) Bacchus // *devoto a* —, (*iron.*) devotee of Bacchus; *effetti di* —, effects of drinking // *per* —!, by Jove!

bacheca *s.f.* **1** (*vetrinetta*) showcase **2** (*per avvisi*) notice board // (*inform.*) — *elettronica*, Bulletin Board System (BBS).

bachelite® *s.f.* (*chim.*) bakelite®.

bacherozzo, **bacherozzolo** *s.m.* **1** (*bruco*) maggot, grub; (*verme*) worm **2** (*scarafaggio*) cockroach, bug **3** (*scherz.*) (*prete*) priest.

bachicoltore *s.m.* silkworm breeder.

bachicoltura *s.f.* silkworm breeding.

baciamano *s.m.* hand-kissing.

baciapile *s.m.* e *f.* bigot; hypocrite.

baciare *v.tr.* **1** to kiss: — *qlcu. sulla guancia*, to kiss s.o. on the cheek // — *la terra sotto i piedi di qlcu.*, (*fig.*) to worship the ground on which s.o. walks // *vi bacio le mani*, (*antiq.*) my kindest regards // — *la polvere*, (*fig.*) to bite the dust **2** (*toccare*) to touch lightly, to kiss; (*lambire*) to lap.

□ **baciarsi** *v.rifl.rec.* **1** to kiss each other **2** (*mecc.*) (*combaciare*) to fit together.

baciato *agg.*: *rima baciata*, rhyming couplet.

bacile *s.m.* **1** (hand) basin **2** (*arch.*) echinus.

bacillare *agg.* (*biol.*) bacillary, bacillar.

bacilliforme *agg.* (*biol.*) bacilliform.

bacillo *s.m.* **1** (*biol.*) bacillus* **2** (*zool.*) — *del Rossi*, (*Bacillus rossii*) stick insect.

bacillosi *s.f.* (*med.*) bacillosis*.

bacinella *s.f.* **1** (small) basin, bowl **2** (*fot.*) tray.

bacino *s.m.* **1** (*bacinella*) basin **2** (*metall.*) basin: — *di colata*, pouring basin; — *di raccolta*, catch basin **3** (*anat.*) pelvis **4** (*geogr.*) basin: *il* — *del Po*, the Po basin; — *idrografico*, catchment basin **5** (*mar.*) dock, wet dock: — *di carenaggio*, dry dock; — *di costruzione navale*, shipbuilding dock; — *di marea*, tidal dock (o tidal basin); — *di raddobbo*, graving (*o* dry) dock; — *di ripulsa*, flushing basin (*o* dock); — *galleggiante*, floating dock; *diritti di* —, dockage; *prova in* —, dock trial; *far entrare una nave in* —, to dock a ship **6** (*geol.*) field: — *carbonifero*, coal field.

bacio *s.m.* kiss: — *d'addio*, parting kiss; *gli diede il* — *della buona notte*, she kissed him goodnight // *baci e abbracci*, hugs and kisses // *al* —, (*avv.*) perfectly, (*agg.*) excellent: *una cena al* —, an excellent dinner // — *di Giuda*, Judas kiss // *mangiare qlcu. di baci*, to smother s.o. with kisses // *morire nel* — *del Signore*, to die peacefully.

baciucchiamento *s.m.* (*non com.*) repeated kissing; billing; (*fam.*) necking.

baciucchiare *v.tr.* (*non com.*) to kiss repeatedly; to fondle.

□ **baciucchiarsi** *v.rifl.rec.* to kiss (each other) repeatedly, to go* on kissing (each other); to pet, to bill; (*fam.*) to neck.

backgammon *s.m.* (*gioco*) backgammon.

baco *s.m.* **1** worm; (*bruco*) grub, caterpillar: — *da seta*, silkworm; — *del formaggio*, cheese-hopper **2** (*fig.*) (*difetto*) defect, taint **3** (*fig.*) (*tarlo*) gnawings (*pl.*); pangs (*pl.*).

bacolo *s.m.* (*non com.*) (*eccl.*) cross staff.

bacologia *s.f.* sericulture, silkworm -breeding.

bacologico *agg.* sericultural.

bacologo *s.m.* sericulturist.

baconiano *agg.* (*fil.*) Baconian.

bacterio → **batterio**.

bacucco *agg.* decrepit: *un vecchio —*, a decrepit old man; *è ormai —*, he's now in his dotage; (*di cosa*) it's decrepit.

bada *s.f.*: *tenere a — qlcu.*, to hold s.o. at bay.

badalone *s.m.* (*leggio da chiesa*) lectern.

badare *v.intr.* **1** (*fare attenzione*) to mind (s.o., sthg.); to pay* attention (to s.o., sthg.): *bada al gradino*, mind the step; *bada a non cadere*, mind you don't fall; *bada a quello che fai*, be careful what you're doing; *farai meglio a — a quello che ti dice*, you'd better pay attention to what he says **2** (*prendersi cura*) to look after (s.o., sthg.), to take* care (of s.o., sthg.): *chi bada ai bambini?*, who is looking after the children?; *deve — a una famiglia numerosa*, he has to look after a big family; *bisogna che qlcu. badi all'organizzazione*, someone has to take care of the organization; *— alla propria salute*, to look after one's health; *non sa — ai propri interessi*, he doesn't know how to take care of (*o* how to look after) his interests // *— al proprio interesse*, to put one's own interests first **3** (*dare peso a*) to mind: *non badategli, è fatto così*, don't mind him, he's like that; *— al sodo*, to stick to essentials; *senza — a spese*, regardless of expense.

□ **badarsi** *v.intr.pron.* (*non com.*) to look out, to be careful: *badatevi dalle cattive compagnie*, be careful about the company you keep.

baderna *s.f.* (*mar.*) pudd(en)ing.

badessa *s.f.* abbess.

badia *s.f.* abbey.

badiale *agg.* (*letter.*) enormous, large, spacious.

badiana *s.f.* (*bot.*) (*Illicium anisatum*) star anise.

badilante *s.m.* navvy.

badilata *s.f.* **1** (*quantità*) shovelful **2** (*colpo*) blow with a shovel.

badile *s.m.* shovel.

badinage *s.m.* (*mus.*) scherzo*.

baffo *s.m.* **1** moustache (*gener. sing.*); (*di animali*) whisker: *baffi corti, a spazzola*, short, clipped moustache; *portare i baffi*, to wear (*o* to have) a moustache // *farla sotto i baffi a qlcu.*, to do sthg. under s.o.'s nose // *farsene un —*, not to care a rap (about it) // *leccarsi i baffi*, to lick one's lips: *manicaretto da leccarsi i baffi*, very tasty dish // *ridere sotto i baffi*, to snigger // *coi baffi*, splendid; (*fam.*) brilliant **2** (*sgorbio, macchia*) smear: *un — d'inchiostro sulla carta*, a smear of ink on the paper **3** (*mar.*) bow wave **4** (*rad.*) *— di gatto*, cat's whisker.

baffuto *agg.* moustached; with a moustache (*pred.*).

bagagliaio *s.m.* **1** (*sui treni*) luggage van; (*amer.*) baggage car **2** (*dell'auto*) boot; (*amer.*) trunk **3** (*deposito bagagli in stazione*) left luggage office, (*amer.*) baggage room.

bagaglio *s.m.* **1** luggage [U], (*amer.*) baggage [U]: *— a mano*, hand luggage; *fare i bagagli*, to pack (*o* to do the packing); *disfare i bagagli*, to unpack // *deposito bagagli*, left luggage office (*o amer.* baggage room); *scontrino del —*, luggage check **2** (*mil.*) kit, gear // *partire con armi e bagagli*, (*fig.*) to leave with all one's belongings **3** (*fig.*) fund: *— culturale*, education (*o* experience); *— di nozioni inutili*, a fund of useless knowledge.

bagarinaggio *s.m.* touting, (*amer.*) scalping; (*comm., Borsa*) forestalling.

bagarino *s.m.* tout; (*amer.*) scalper; (*comm., Borsa*) forestaller.

bagarre *s.f.* (*fr.*) **1** row, brawl **2** (*sport*) brawl, scrimmage.

bagascia *s.f.* (*volg.*) slut, whore.

bagassa *s.f.* (*ind. saccarifera*) bagasse.

bagatellare *agg.* (*dir.*) *reato —*, petty offence.

bagattella *s.f.* **1** trifle; bagatelle: *è una —!*, it's a mere trifle! **2** (*mus.*) bagatelle.

bagatto *s.m.* a card of the tarot pack.

baggeo *s.m.* (*non com.*) (*sciocco*) fool, booby.

baggiana *s.f.* (*bot.*) broad bean.

baggianata *s.f.* **1** foolish action; piece of foolery **2** *pl.* (*sciocchezze*) rubbish [U], nonsense [U].

baggiano *agg.* stupid, foolish ◆ *s.m.* fool; simpleton, booby.

baghetta *s.f.* (*di calza*) clock.

baglio *s.m.* (*mar.*) beam: *— di boccaporto*, hatch beam; *— di ponte*, deck beam; *— maestro*, midship beam; *— mobile*, shifting beam.

bagliore *s.m.* **1** flash, glare, beam: *bagliori dei lampi*, flashes of lightning **2** (*fig.*) ray, gleam, flash: *— di speranza*, ray of hope **3** (*pl.*) (*segni*) signs: *i bagliori di un risveglio culturale*, the first signs of a cultural reawakening.

bagnabile *agg.* (*chim.*) wettable.

bagnabilità *s.f.* (*chim.*) wettability.

bagnante *s.m.* e *f.* **1** bather **2** (*agr.*) wetter.

bagnare *v.tr.* **1** to wet; (*immergere*) to dip; (*inzuppare*) to soak; to steep; (*inumidire*) to damp(en), to moist(en); (*spruzzare*) to sprinkle, to water: *la pioggia mi bagnò fino alle ossa*, the rain soaked me to the skin; *— i fiori*, to water flowers; *— i piedi nel ruscello*, to dip one's feet in the stream; *— una spugna*, to soak (*o* to wet) a sponge // *bagnarsi la gola*, to wet one's whistle **2** (*di mare, fiume ecc.*) to wash: *la città è bagnata dal mare*, the town is on the sea (*o* is washed by the sea); *il fiume bagna la città*, the river flows through the town **3** (*festeggiare bevendo*) to drink* to (sthg.): *— una promozione*, to drink to one's promotion.

□ **bagnarsi** *v.rifl.* (*prendere un bagno*) (*in luogo aperto*) to bathe ◆ *v.intr.pron.* to get* wet.

bagnarola *s.f.* **1** bath(tub): *— di zinco*, zinc bath **2** (*scherz.*) (*vecchia barca*) tub; (*vecchia auto*) wreck, heap.

bagnasciuga *s.f.* **1** (*mar.*) boot topping **2** (*battigia*) strand.

bagnata *s.f.* soaking: *mi sono preso una bella —*, I got soaked through.

bagnato *agg.* wet: *— come un pulcino*, as wet as a drowned rat; *— fino alle ossa, fradicio*, wet through (*o* soaked through *o* soaked); *scivolare sul terreno —*, to slip on the wet ground // *piovere sul —*, (*fig.*) it never rains but it pours.

bagnina *s.f.* **bagnino** *s.m.* bathing attendant; (*di salvataggio*) lifeguard.

bagno *s.m.* **1** bath; (*in mare ecc.*) bathe: *fare un —*, to take (*o* to have) a bath; *vasca da —*, bathtub; *stagione dei bagni*, bathing season; *fare il — (in mare)*, to bathe (*o* to swim); *mettere a —*, to soak; *accappatoio da —* bathrobe; *costume da —*, swimsuit (*o* bathing costume); *cuffia da —*, bathing cap; *sali da —*, bath salts // *— di sole*, sun-bath; *— turco*, turkish bath; *— di fango*, mud bath // *bagni pubblici*, public baths // *essere in un — di sudore*, to perspire profusely • Nell'inglese della Gran Bretagna il termine 'bath' indica quasi esclusivamente il 'bagno fatto per pulizia'; nell'inglese degli Stati Uniti indica anche 'bagno in mare o in piscina' **2** *pl.* (*località balneari, termali*) baths: *bagni termali*, hot springs **3** (*stanza da bagno*) bathroom; (*gabinetto*) toilet: *dov'è il —?*, where's the toilet? **4** (*chim., fot., metall.*) bath: *— d'annerimento*, blackening bath; *— d'arresto*, shortstop bath; *— d'inversione*, reversing bath; *— rallentatore*, restraining bath; *— di tempra*, quenching bath (*o* hardening medium) **5** *— penale*, penitentiary (*o* penal colony).

bagnolo *s.m.* (*edil.*) lime slaking vat.

bagnomaria *s.m.* bain-marie, double boiler: *cuocere a —*, to cook in a bain-marie; *scaldare a —*, to heat in a bain-marie (*o* a double boiler).

bagnoschiuma *s.m.* bubble bath, bath foam.

bagolaro *s.m.* (*bot.*) (*Celtis occidentalis*) hackberry.

bagordare *v.intr.* to revel, to carouse.

bagordo *s.m.* revelry, carousal.

baguette *s.f.* **1** → baghetta **2** (*taglio di pietre preziose*) baguette **3** (*bastone di pane*) French loaf.

bah *inter.* er..., ah..., well... (interjection used to express uncertainty, indecision, lack of knowledge).

bai *inter.* *né ai né —*, nothing: *uscì senza dire né ai né —*, he went out without saying a word.

baia[1] *s.f.* **1** (*scherzo, canzonatura*) joke; prank; jest: *dare la — a qlcu.*, to make fun of s.o. **2** (*non com.*) (*inezia*) nonsense.

baia[2] *s.f.* (*geogr.*) bay: *la — di Hudson*, Hudson Bay.

baiadera *s.f.* **1** (Indian) dancing girl **2** (*estens.*) courtesan.

baiata *s.f.* shouting; uproar; (*chiassata per schernire una persona*) hooting, catcalls (*pl.*).

bailamme *s.m.* (*baccano*) uproar, hubbub, hullabaloo.

baio *agg.* e *s.m.* bay.

baiocco *s.m.* 'baiocco' (copper coin of the old Papal States) // *non vale un —*, (*antiq.*) it is not worth a brass farthing.

baionetta *s.f.* bayonet: *assalto alla —*, bayonet charge; *inastare la —*, to fix bayonet // (*mecc.*): *innesto a —*, bayonet coupling; *attacco (di lampada) a —*, bayonet lamp base.

baionettata *s.f.* (*colpo di baionetta*) bayonet thrust.

baita *s.f.* 'baita', (Alpine) refuge.

balafon *s.m.* (*mus.*) balaphon.

balalaica *s.f.* (*mus.*) balalaika.

balanino *s.m.* (*zool.*) weevil.

balano *s.m.* (*zool.*) barnacle.

balascio *s.m.* (*min.*) balas.

balata *s.f.* (*chim.*) balata.

balaustra, **balaustrata** *s.f.* (*arch.*) balustrade.

balaustrato *agg.* balustraded.

balaustrino *s.m.* (*compasso di precisione*) bow-compass.

balaustro *s.m.* (*arch.*) baluster.

balbettamento *s.m.* stammering, stuttering; babbling.

balbettare *v.intr.* to stammer, to stutter; (*del bambino che impara a parlare*) to babble ◆ *v.tr.* to stumble over, to falter: *lo scolaro balbettò la sua lezione*, the schoolboy stumbled over his lesson; *Tommaso balbetta un po' di tedesco*, Thomas speaks broken German; — *una scusa*, to mumble an excuse.

balbettio *s.m.* stammering, stuttering.

balbuzie *s.f.* stammer, stutter; (*med.*) dysphemia.

balbuziente *agg.* stammering, stuttering ◆ *s.m.* e *f.* stammerer, stutterer.

balcanico *agg.* Balkan.

balcanizzare *v.tr.* to balkanize.

balcanizzazione *s.f.* balkanization.

balconata *s.f.* **1** balcony **2** (*di teatro*) dress circle, balcony.

balconcino *s.m.* balcony // *reggiseno a* —, strapless bra.

balcone *s.m.* balcony: *stare al* —, to stand on the balcony; *affacciarsi al* —, to stand at the balcony.

baldacchino *s.m.* canopy, baldachin; (*del letto*) tester.

baldanza *s.f.* (*sicurezza di sé*) (self-)assurance, self-confidence; cockiness, boldness, arrogance: *essere pieno di* —, to be very cocky.

baldanzoso *agg.* (*sicuro di sé*) self-confident; daring, cocky, bold, arrogant.

baldo *agg.* self-confident, daring, bold // *un — giovane*, (*scherz.*) a bold youth.

baldoria *s.f.* (noisy) fun, good time, merrymaking: *far* —, to have a good time.

baldracca *s.f.* (*volg.*) whore, slut, tart.

balena *s.f.* **1** whale: — *femmina*, cow whale; — *maschio*, bull whale; *caccia alla* —, whaling; *andare a caccia di balene*, to whale; *stecca di* —, whalebone; *grasso di* —, blubber; *olio di* —, whale oil // *bianco di* —, spermaceti **2** (*fig.*) (*persona grossa e goffa*) fat clumsy person.

balenamento *s.m.* flashing (*anche fig.*).

balenare *v.intr.* **1** (*impers.*) to flash with lightning, to lighten: *balenò tutta la notte*, it lightened all night long **2** (*fig.*) to flash: *un'idea mi balenò nella mente*, an idea flashed through my mind; *gli balenò il sospetto che...*, he was suddenly struck by the suspicion that...

baleniera *s.f.* (*mar.*) whaler, whale-boat.

baleniere *s.m.* whaler, whale-man*.

balenio *s.m.* lightning; (*folgorio*) flashing, glitter, flashes of light (*pl.*): *il — delle spade*, the flashing of the swords.

baleno *s.m.* lightning; (*folgorio*) flash // *in un* —, in a flash.

balenottera *s.f.* (*zool.*): — *comune*, (*Balaenoptera physalus*) finner; — *azzurra*, (*Balaenoptera sulphurea*) sulphur-bottom, sulphur -whale, blue whale.

balenottero, **balenotto** *s.m.* (*zool.*) whale calf.

balera *s.f.* open-air dance-hall.

balestra *s.f.* **1** crossbow, arbalest **2** (*mecc.*) leaf spring.

balestriera *s.f.* (*fortificazioni*) loophole.

balestriere *s.m.* crossbowman*, arbalester.

balestruccio *s.m.* (*zool.*) (*Delichon urbica*) house martin.

balia[1] *s.f.* wet nurse: — *asciutta*, dry nurse, nanny; *dare a* —, to put out to nurse // *non posso tenerlo a — per tutta la vita*, I can't mollycoddle (*o* wet-nurse) him all his life.

balia[2] *s.f.* (*ant.*) power, authority // *in — delle onde*, at the mercy of the waves; *in — di se stesso*, without any help (*o* helpless); *essere in — di qlcu.*, to be at s.o.'s mercy.

baliatico *s.m.* **1** wet-nursing **2** (*retribuzione della balia*) wet-nurse's wages (*pl.*) **3** (*non com.*) (*bimbo a balia*) nurs(e)ling.

balilla *s.m.* member of the Italian Fascist Youth Movement (aged 8 to 14) ◆ *s.f.* (*auto*) trade name of a Fiat car of the 1930's.

balio *s.m.* **1** husband of the wet nurse **2** (male) baby minder.

balipedio *s.m.* (*mil.*) firing range: — *a scintilla*, spark range.

balista *s.f.* ballista*.

balistica *s.f.* ballistics [U].

balistico *agg.* ballistic: (*fis.*) *galvanometro, missile, pendolo* —, ballistic galvanometer, missile, pendulum.

balistite *s.f.* (*chim.*) ballistite.

balivo *s.m.* (*st.*) Knight Commander.

balla[1] *s.f.* (*di lana, cotone ecc.*) bale: *comprimere in balle*, to press into bales.

balla[2] *s.f.* (*fam.*) (*fandonia*) lie, tall story; rubbish [U]; (*volg.*) bullshit [U]: *è una —!*, it's a load of rubbish!; *raccontare balle*, to talk (a load of) rubbish.

balla[3] *s.f.* (*sbronza*) bender: *prendere la* —, to go on a bender.

ballabile *agg.* dance (*attr.*): *musica* —, dance music ◆ *s.m.* (*mus.*) dance music.

ballare *v.intr.* **1** (*anche tr.*) to dance: — *un valzer*, to dance a waltz (*o* to waltz); *balla come un orso*, he dances very clumsily; — *dalla gioia*, to dance with joy; *balla bene*, he dances well; *non gli piace* —, he doesn't like dancing // *far — qlcu.*, (*fig.*) to make s.o. dance (to one's tune) // *quando non c'è la gatta i topi ballano*, (*prov.*) when the cat's away the mice will play **2** (*sobbalzare*) to wobble, to rock; (*agitarsi*) to fidget: *si è alzato il mare, fra poco la nave balla*, the sea is getting rough, soon the boat will start tossing about // *ora si balla*, (*fig.*) now for the hard part **3** (*essere largo*) to be too big: *questo vestito mi balla addosso*, this dress is too big for me.

ballata *s.f.* **1** (*poesia*) ballad, ballade; (*popolare*) ballad **2** (*mus.*) ballade.

ballatoio[1] *s.m.* **1** balcony (external accessway running along the wall of a block of flats) **2** (*alpinismo*) ledge **3** (*mar.*) gallery.

ballatoio[2] *s.m.* (*per uccelli*) perch.

ballerina *s.f.* **1** (professional) dancer; (*classica*) ballerina*, ballet dancer **2** (*donna che balla bene*) good dancer; (*in una coppia, la dama*) partner **3** (*tipo di scarpa*) ballet shoe, slipper **4** (*zool.*) → cutrettola **5** (*bot. pop.*) deadly nightshade.

ballerino *s.m.* professional dancer; (*classico*) ballet-dancer; (*uomo che balla bene*) good dancer; (*in una coppia, il cavaliere*) partner ◆ *agg.* dancing: *terra ballerina*, quake country.

ballettistico *agg.* ballet (*attr.*): *stagione ballettistica*, ballet season.

balletto *s.m.* (*teatr.*) ballet.

ballista *s.m.* e *f.* (*fam.*) tall story teller, (*volg.*) bullshitter.

ballo *s.m.* **1** dance; (*il ballare*) dancing; (*giro di danza*) dance: *corpo di* —, corps de ballet; *maestro di* —, dancing-master; *musica da* —, dance music; *scuola di* —, dancing-school; *fare un* —, to have a dance; *canzone a* —, (*ballata*) ballade // *essere in* —, (*fig.*) to be involved in sthg.; *abbiamo in — un lungo lavoro*, (*fig.*) we have got a long job on at the moment; *tirare in* —, (*fig.*) to call into question (*o* to bring up); *venire in* —, (*fig.*) to come up for discussion; *entrare in* —, (*fig.*) to come into the picture // *quando si è in — bisogna ballare*, (*prov.*) once one has put one's hand to the plough there is no turning back **2** (*festa da ballo*) ball: — *in maschera*, masked ball; — *in costume*, fancy dress ball; *sala da* —, ballroom (*o fam.* dance hall) **3** (*med.*) — *di San Vito*, St. Vitus' dance.

ballon d'essai *s.m.* trial balloon.

ballonzolare *v.intr.* (*saltellare*) to trip (along), to skip; to bounce: *il ciuffo gli ballonzolava sulla fronte*, the quiff (of hair) bounced against his forehead.

ballotta[1] *s.f.* (unpeeled) boiled chestnut.

ballotta[2] *s.f.* (*st.*) (*per votazioni*) ballot.

ballottaggio *s.m.* **1** second ballot **2** (*sport*) playoff.

ballottamento *s.m.* (*med.*) ballottement: — *renale*, renal ballottement.

ballottare *v.tr.* **1** (*ant.*) to ballot **2** (*letter.*) (*sballottare*) to toss; to jerk.

balneabile *agg.* where bathing is permitted: *acque balneabili*, bathing area.

balneabilità *s.f.* suitability for swimming: *divieto di* —, swimming prohibited.

balneare, **balneario** *agg.* bathing (*attr.*): *stabilimento* —, bathing establishment; *stagione* —, bathing season; *stazione* —, seaside resort.

balneazione *s.f.* **1** bathing, swimming: *divieto di* —, bathing prohibited **2** (*med.*) balneotherapy.

balneoterapia *s.f.* (*med.*) balneotherapy, balneotherapeutics [U].

balneoterapico *agg.* (*med.*) balneotherapeutic.

baloccare *v.tr.* (*far giocare*) to amuse, to keep* amused.

□ **baloccarsi** *v.rifl.* **1** to play **2** (*fig.*) (*gingillarsi*) to waste time, to idle away the time.

balocco *s.m.* toy; plaything (*anche fig.*): *non era che un — nelle sue mani*, she could twist him round her little finger // *paese dei balocchi*, toyland.

balordaggine *s.f.* **1** stupidity; dullness **2** (*atto da balordo*) foolish action; stupid act: *dire delle balordaggini*, to talk nonsense.

balordamente *avv.* stupidly; foolishly.

balordo *agg.* 1 stupid, slow-witted, senseless: *discorso* —, senseless talk // *sentirsi* —, (*non sentirsi bene di salute*) to feel out of sorts (*o* to feel queer) 2 (*mal fatto; che promette male*) bad, pointless: *affare* —, bad business; *un lavoro* —, a bad job; *tempo* —, uncertain weather ◆ *s.m.* fool, blockhead; dullard.

balsa *s.f.* 1 (*bot.*) (*Ochroma lagopus*) balsa 2 (*legno*) balsa (wood).

balsamico *agg.* balsamic; (*salubre*) balmy ◆ *s.m.* (*med.*) balsam.

balsamina *s.f.* (*bot.*) (*Impatiens noli tangere*) balsam, (*pop.*) touch-me-not.

balsamo *s.m.* 1 balm; balsam: — *del Canada*, Canada balsam 2 (*fig.*) balm, comfort.

balteo *s.m.* (*st.*) baldric.

baltico *agg.* Baltic: *lingue baltiche*, Baltic languages // *mar Baltico*, the Baltic.

baltoslavo *agg.* Baltoslavic.

baluardo *s.m.* rampart, bulwark, bastion (*anche fig.*): *il — della libertà*, the bulwark of liberty; *l'ultimo* —, the last defence.

baluba *agg.* (*fig. fam.*) yob, yobbo*.

baluginare *v.intr.* 1 to flicker; to blink; to glimmer 2 (*fig.*) to flicker: *tutto a un tratto mi baluginò un'idea*, all of a sudden an idea flicked across my mind.

baluginio *s.m.* flickering; blinking; glimmering.

balza *s.f.* 1 cliff; ledge 2 (*di abito*) flounce 3 → **balzana** 1.

balzana *s.f.* 1 white mark (on horse's fetlock), stocking 2 (*di abito*) flounce.

balzano *agg.* 1 horse with white markings on its fetlocks: *cavallo* —, white-footed horse 2 (*stravagante*) queer, odd, eccentric, peculiar: *cervello* —, queer fellow; *tipo* —, odd type; *idea balzana*, peculiar idea.

balzare *v.intr.* 1 to jump, to leap*; to spring*; (*sussultare*) to start: *balzò giù dall'albero*, he jumped (o leapt) down from the tree; — *a cavallo*, to mount one's horse; — *a terra*, to jump down (*o* to alight *o* to dismount); — *dal letto*, to leap out of bed; — *di gioia*, to jump (*o* to leap) for joy; — *in avanti*, to jump forward; — *in piedi*, to jump to one's feet; — *su qlco.*, to pounce on sthg. // — *agli occhi*, to be obvious (*o* to strike one immediately) // — *in primo piano*, to suddenly assume importance // *mi è balzata in mente un'idea che...*, it suddenly struck me that... 2 (*fig.*) (*emergere*) to stand* out: *dall'interrogatorio del testimone balzò fuori la verità*, the truth emerged (*o* came out) during the examination of the witness ◆ *v.tr.* (*sbalzare*) to throw*: *il cavallo lo balzò di sella*, the horse threw him from the saddle.

balzellare *v.intr.* to skip, to hop.

balzello *s.m.* (*ant.*) (*tassa*) unjust tax.

balzelloni *avv.* by leaps and bounds: *andare avanti* (*a*) *balzelloni*, to proceed by leaps and bounds.

balzo[1] *s.m.* bound, jump, leap: *fare un* —, to make a leap // *d'un* —, in a single leap (*o* bound) // *aspettare la palla al* —, (*fig.*) to wait for a favourable opportunity; *cogliere la palla al* —, (*fig.*) to seize an opportunity // *un — in avanti*, (*fig.*) a vast improvement.

balzo[2] *s.m.* 1 (*di monte*) cliff; ledge: *campo a balzi*, terrace 2 (*fascia*) stripe, band.

bambagia *s.f.* 1 (*ovatta*) cotton wool // *di* —, delicate // *tenere, crescere nella* —, (*fig.*) to pamper (*o* to mollycoddle) 2 (*cascame*) cotton-waste, wadding.

bambagioso *agg.* as soft as cotton wool; woolly, fleecy.

bambina *s.f.* child*; (*in fasce*) baby girl; (*ragazzina*) little girl.

bambinaggine *s.f.* 1 (*spreg.*) childishness 2 (*azione*) childish action.

bambinaia *s.f.* nursemaid; governess; (*fam.*) nanny.

bambinata *s.f.* childish action; childish remark, nonsense [U]: *non dargli peso, è solo una* —, don't worry about it, it's only a childish prank (*o* it's nothing serious); *cosa ci vuole a farlo, è solo una* —, there is nothing to it, a child could do it.

bambineggiare *v.intr.* to behave like a child: *bambineggia un po' troppo*, she's being a little too childish.

bambineria → **bambinaggine**.

bambinesco *agg.* childish.

bambino *s.m.* child*; (*fam.*) kid; (*in fasce*) baby, infant; (*ragazzetto*) little boy: *racconti per bambini*, nursery tales; *dare alla luce un* —, to bring forth a child (*o* to give birth to a child); *ha trent'anni, ma è un* —, he's thirty years old, but he is still a little boy // *il Bambino Gesù*, the Infant Jesus.

bambinone *s.m.* great big baby.

bambo *s.m.* fool, stupid, silly person, booby.

bambocceria → **bambocciata**.

bamboccianti *s.m.* (*pitt.*) painter of bamboches.

bambocciata *s.f.* 1 childishness; childish remark, childish action 2 (*pitt.*) bamboche.

bamboccio *s.m.* 1 plump child 2 (*fig.*) (*sciocco*) baby; fool: *non fare il —!*, don't be such a baby! 3 (*bambola*) (rag) doll.

bambola *s.f.* 1 doll: *giocare alle bambole*, to play with dolls; — *di pezza*, rag doll 2 (*fig.*) (*ragazza*) doll 3 (*sl.*) *andare in* —, (*di atleta*) to fall (*o* to come) apart (at the seams).

bamboleggiamento *s.m.* childish behaviour; affected behaviour.

bamboleggiare *v.intr.* 1 (*agire da bambino*) to act like a child, to behave childishly 2 (*prendere atteggiamenti infantili*) to behave affectedly, to simper.

bambolificio *s.m.* doll factory.

bambolina *s.f.* 1 small doll 2 (*riferito a persona*) lovely little girl, lovely little baby.

bambolotto *s.m.* 1 big doll 2 (*estens.*) chubby baby.

bambu *s.m.* (*bot.*) bamboo*.

banale *agg.* banal, trite, uninteresting, commonplace: *una frase* —, a banal phrase; *una persona* —, an uninteresting person; *un'osservazione* —, a trivial remark.

banalità *s.f.* banality, triviality: *questa è pura* —, this is sheer banality; *non sa parlare senza dire delle* —, whatever he says is banal.

banalizzare *v.tr.* to make* (sthg.) banal; (*non com.*) to banalize.
□ **banalizzarsi** *v.intr.pron.* to become* trivial, to become* trite: *certi modi di dire, alla lunga, si banalizzano*, with repetition, certain turns of phrase become trite.

banalizzazione *s.f.* banalization.

banana *s.f.* 1 banana; (*consumata come legume*) plantain 2 (*elettr.*) banana (plug).

bananeto *s.m.* banana plantation.

bananicoltore *s.m.* banana grower.

bananicoltura *s.f.* banana growing.

bananiera *s.f.* banana boat.

bananiero *agg.* banana (*attr.*) ◆ *s.m.* (*non com.*) banana grower; banana trader.

banano *s.m.* (*bot.*) 1 (*Musa sapientium*) banana(-tree) 2 (*Musa paradisiaca*) plantain.

banato *s.m.* (*st.*) (*dignità di bano*) banate.

banca *s.f.* 1 bank: *depositare in* —, to bank; *rapinare una* —, to rob a bank; *versare in* —, to bank; *libretto di* —, bankbook (*o* passbook); *conto in* —, bank account; *a mezzo* —, by banker // — *centrale*, central bank; — *commerciale*, joint-stock bank (*o* commercial bank); — *delle banche*, bankers' bank; — *d'affari*, merchant bank (*o* banker); — *di deposito*, deposit bank; — *di emissione*, bank of issue (*o* issuing bank); —, *cassa di risparmio*, savings bank; — *di sconto*, discount bank (*o* acceptance house); — *di investimento mobiliare*, investment bank; — *senza filiali*, unit bank; — *corrispondente*, correspondent bank; — *esattrice*, collecting bank; — *locale*, — *di provincia*, country bank; — *trassata*, drawee bank; — *di credito fondiario*, mortgage bank; — *affiliata alla stanza di compensazione*, clearing bank; — *di credito agrario*, agricultural bank (*o* rural credit bank); — *universale*, full-service bank; — *cooperativa*, co-operative bank; — *di cambio*, exchange bank; — *fiduciaria*, trustee bank; — *di stato*, Government bank (*o* State bank); *banche pubbliche, di Stato*, state-owned banks; *Banca Europea per gli Investimenti*, European Investment Bank; *Banca Mondiale*, World Bank; *Banca dei Regolamenti Internazionali*, Bank for International Settlements; — *che si presta a riciclare danaro sporco*, (*fam. amer.*) laundry; *Banca della Riserva Federale*, (*amer.*) Federal Reserve Bank 2 (*estens.*) bank: — *del sangue*, blood bank; (*inform.*) — *dati*, data bank.

bancabile *agg.* (*fin.*) bankable.

bancale *s.m.* (*mecc.*) 1 (*banco*) bench 2 (*struttura di sostegno*) bed: — *del tornio*, lathe bed.

bancarella *s.f.* stall; (*coperta*) booth, (*di libri*) bookstall, (*banco di esposizione merce*) fly pitch: *avere una* —, (*al mercato*) to have a stall.

bancarellista *s.m.* e *f.* stall holder, costermonger.

bancario *agg.* banking, bank (*attr.*); banker's (*attr.*): *assegno* —, cheque (*o amer.* check); *assegno — circolare*, bank draft (*o* banker's draft); *deposito* —, bank deposit; *prestito* —, bank loan; *spese bancarie*, bank charges; *credito* —, bank credit; *fido* —, line of credit (*o* credit line *o* bank loan); *operazione bancaria*, bank transaction; *sconto* —, bank discount; *istituto* —, banking house; *segreto* —, banking secret; *sistema* —, banking system; *riserva bancaria*, bank reserve.

bancario *s.m.* bank clerk; bank worker.

bancarotta *s.f.* bankruptcy (*anche fig.*): — *fraudolenta*, fraudulent bankruptcy: — *semplice*, bankruptcy; *fare* —, to go bankrupt.

bancarottiere *s.m.* bankrupt.

banchettante *agg.* banqueting ◆ *s.m.* e *f.* banqueter; guest (at a banquet).

banchettare *v.intr.* to banquet; to feast; to eat* well.

banchetto[1] *s.m.* banquet; feast: *sala dei banchetti*, banqueting-hall // *il — celeste*, (*fig.*) the heavenly banquet.

banchetto[2] *s.m.* 1 (small) desk 2 → **bancarella**.

banchiere *s.m.* banker.

banchiglia → **banchisa**.

banchina *s.f.* 1 (*mar.*) quay, wharf, dock: (*mar.*) — *di carico*, loading dock; (*mar.*) — *di scarico*, unloading (*o* discharging) wharf; *tassa di* —, wharfage (o quayage); (*comm.*) *franco* —, free on quay (*o* free on wharf), ex wharf (*o* ex quay) 2 (*lungomare*) waterfront 3 (*ferr.*) platform 4 (*terrapieno*) bank 5 (*per pedoni*) sidewalk; (*per ciclisti*) cycle-lane 6 (*di fortificazione*) firing step 7 (*di strada*) (hard) shoulder, verge.

banchisa *s.f.* ice pack, ice-floe, pack ice.

banchista → **banconista**.

banco[1] *s.m.* 1 bench, seat: — *degli accusati*, dock; — *dei magistrati*, magistrate's bench; — *della giuria*, jury box; — *di chiesa*, pew; — *di scuola*, (school) desk; — *dei testimoni*, witness box, (*amer.*) stand; — *della difesa*, defence counsel's box; (*mar.*) — *dei rematori*, thwart 2 (*di negozio*) counter; (*di bar*) counter, bar; (*di mercato*) stall, stand // *sotto* —, (*fig.*) under the counter 3 (*tavolo da lavoro*) table, bench, work bench // (*tecn.*): — *di collaudo*, test stand (*o* test bench); — *di controllo*, inspection table; — *di taratura*, calibrating table // (*inform.*): — *di memoria*, memory bank; — *di prova*, (*anche fig.*) test-bed 4 (*tess.*) — *a fusi*, fly frame (*o* spindle frame); — *del pettine*, hackling bench; — *per stoppino*, rowing frame 5 (*massa, raggruppamento*): (*miner.*) — *di carbone*, coal seam; — *di coralli*, cay (*o* coral reef); — *di ghiaccio*, floating ice, ice-field (*o* ice-floe); — *di nebbia*, fog bank; — *di ostriche*, oyster bed; (*geol.*) — *di rocce*, reef; — *di sabbia*, sandbank (*o* sandbar); — *di pesci*, school (*o* shoal) of fish; *raggrupparsi in banchi*, to school (*o* to shoal).

banco[2] *s.m.* 1 (*banca*) bank: — *di cambio*, exchange bank; *Banco di Napoli*, Bank of Naples // — *lotto*, State lottery office 2 (*di gioco*) bank, (*estens.*) (*il giocatore stesso*) banker: *far saltare il* —, to break the bank; *tenere il* —, to hold the bank // *tenere* —, (*fig.*) to lead a discussion.

bancogiro *s.m.* (*banca*) bank giro, giro, money transfer.

bancomat® *s.m.* (automatic) cash dispenser, cashpoint, cashomat, (*amer.*) automatic teller: *tessera del* —, cash (*o* cashpoint) card.

banconista *s.m.* e *f.* 1 shop assistant; counter clerk 2 (*di bar*) barman*.

banconota *s.f.* banknote, note; (*amer.*) bill, (*fam.*) greenback: *una — da cinque sterline*, a five-pound note; *una — da cinque dollari*, a five-dollar bill; — *di piccolo, di grosso taglio*, low, high denomination note; — *danneggiata*, mutilated banknote.

bancoposta *s.m.* (*fin.*) bank post: *trasferimento a mezzo* —, bank post remittance.

banda[1] *s.f.* 1 (*insegna, drappo*) (arm)band, device 2 (*mil.*) troop: (*gruppo di malviventi, di giovinastri*) gang: *una — di malviventi*, a gang of criminals; — *armata*, armed band // *tu e la tua* —, (*estens.*) you and your gang (*o* mob) 3 (*di suonatori*) band.

banda[2] *s.f.* 1 (*arald.*) bend 2 (*striscia di colore differente*) band 3 (*fis.*) band: — *di assorbimento*, absorption band; — *proibita*, forbidden band; *larghezza di* —, bandwidth; *spettro a bande*, band-spectrum 4 (*elettr., inform., rad.*) band, paper, tape, range: — *cittadina*, citizens' band; — *di frequenza*, frequency band; — *di frequenza del parlato*, audio-frequency band; — *larga*, broadband; — *laterale*, sideband; — *laterale residua*, vestigial sideband; — *magnetica*, magnetic band; — *perforata*, paper (*o* perforated *o* punched) tape; — *a perforazione completa*, chadded tape; — *pilotata*, paper tape loop; *movimenti di* —, transaction tape.

banda[3] *s.f.* 1 (*parte*) side: *accorrere da ogni* —, to rush up from all sides 2 (*pl.*) (*luoghi*) part: *se ti trovi da queste bande...*, if you ever happen to be round this way...

banda[4] *s.f.* (*metall.*) plate: — *stagnata*, tinplate.

bandana *s.m.* e *f.* bandan(n)a.

bandeggio *s.m.* (*biol.*) banding technique.

bandella *s.f.* 1 (*di porta*) hinge 2 (*elettr.*) bus bar 3 (*metall.*) strap.

banderuola *s.f.* 1 (*piccola bandiera*) pennon, pennant 2 (*indicatore del vento*) weathercock, (wind) vane 3 (*fig.*) weathercock, fickle person, inconstant person: *sei una* —, you try to be all things to all people.

bandiera *s.f.* 1 flag; banner; (*di nave*) ensign; (*mil.*) colours (*pl.*): *ammainare la* —, to lower the flag (*o* to strike the colours); *alzare la* —, to raise the flag; *battere — inglese*, to fly the Union Jack; *issare la* —, to hoist the flag; *issare la — a mezz'asta*, to hoist the flag at half-mast // — *bianca*, (*fig.*) white flag; — *gialla*, yellow (*o* quarantine) flag; — *ombra*, flag of convenience // *a bandiere spiegate*, (*fig.*) with flying colours (*o* with flags flying) // *spiegare le bandiere*, (*fig.*) to raise the standards // *servire la* —, (*fig.*) to do military service // *mutare* —, (*fig.*) to change allegiance (*o* to change opinion) // *tenere alta la* —, (*fig.*) to keep the flag flying // (*sport*) *punto della* —, consolation goal // — *vecchia onor di capitano*, (*prov.*) it's well-worn, but it's worn well 2 (*fig.*) (*ideale*) flag: *la — della libertà*, the flag of liberty 3 (*inform.*) flag; flip-flop.

bandieraio *s.m.* flag maker.

bandierina *s.f.* 1 small flag 2 (*segnale*) pennant: (*calcio*) *tiro dalla* —, corner kick.

bandinella *s.f.* roller towel.

bandire *v.tr.* 1 to announce publicly, to proclaim, to publish; to advertise: — *un concorso*, to advertise a (competitive) competition; — *un nuovo credo*, to proclaim a new belief // — *ai quattro venti*, (*fam.*) to tell to the four winds 2 (*esiliare*) to banish, to exile: — *una persona*, to banish a person 3 (*mettere da parte*) to put* aside; to dispense with: — *i complimenti*, to dispense with ceremony; *bisogna — la malinconia*, let's get rid of all these long faces.

bandista *s.m.* bandsman*.

bandistico *agg.* band (*attr.*).

bandita *s.f.* preserve: — *di caccia*, game preserve.

banditesco *agg.* criminal.

banditismo *s.m.* 1 banditry, brigandage 2 (*estens.*) lawlessness, banditry: — *economico, politico*, economic, political banditry.

bandito *s.m.* 1 bandit, brigand, outlaw; (*ant.*) highwayman* 2 (*esiliato*) exile.

banditore *s.m.* 1 (*st.*) town crier 2 (*di aste pubbliche*) auctioneer 3 (*fig.*) (*propugnatore*) preacher; propagandist.

bando *s.m.* 1 ban: *essere al* —, to be under a ban (*o* to be forbidden); *mettere al* —, to ban // — *alle cerimonie!*, don't stand on ceremony!; — *alle sciocchezze!*, no more nonsense! 2 (*esilio*) banishment; *essere al* —, to be banished 3 (*annuncio pubblico*) announcement, notification; proclamation: — *di concorso*, announcement of competition; — *di asta pubblica*, notification of public auction; — *di gara d'appalto*, call for bids.

bandoliera *s.f.* bandoleer, cross belt // *a* —, baldric-wise.

bandolo *s.m.* end of skein // *perdere il* —, (*fig.*) to get mixed up (*o* muddled) // *trovare il — di un problema*, to find the solution (*o* the key) to a problem.

bandone *s.m.* (*metall.*) galvanized iron sheet: — *ondulato*, corrugated iron (sheet).

bang *inter.* bang ◆ *s.m.* (*aer.*) — *sonico*, sonic boom.

bangio *s.m.* (*mus.*) banjo*.

bangioista *s.m.* e *f.* banjo player, banjoist.

baniano *s.m.* (*bot.*) (*Ficus benghalensis*) banian, bany(i)an.

banjo → **bangio**.

bano *s.m.* (*st.*) (*governatore, in territori slavi*) ban.

bantù *agg.* e *s.m.* Bantu.

baobab *s.m.* (*bot.*) (*Adansonia digitata*) baobab, (*pop.*) monkey bread.

bar[1] *s.m.* 1 (*locale pubblico*) bar, pub: — *tavola calda*, snack bar; *il — all'angolo*, the pub at the corner 2 (*mobile*) bar.

bar[2] *s.m.* (*fis.*) bar.

bara *s.f.* coffin: *avere un piede nella* —, to have one foot in the grave.

barabba *s.m.* (*briccone*) scoundrel, villain, rotter.

baracca *s.f.* 1 hut, cabin, shed, shack, shanty; (*spreg.*) dump, hovel // *piantare — e burattini*, to pack in // *stentare a mandare avanti la* —, to have difficulty in making both ends meet 2 (*fig.*) (*di oggetto, apparecchio ecc.*) junk, heap: *quest'auto è proprio una* —, this car is (a piece of) junk 3 (*fracasso*): *fare* —, to have fun (*o* a good time).

baraccamento *s.m.* (*mil.*) barracks (*pl.*); hutments (*pl.*).

baraccare *v.intr.* 1 (*costruire*) to erect huts, to erect shacks 2 (*fig. non com.*) to have fun, to have a good time.

baraccato *agg.* hut dwelling, shack-dwelling ◆ *s.m.* shanty-dweller: *a tre anni dal terremoto c'erano ancora dei baraccati*, three years after the earthquake some people were still living in temporary (*o* emergency) housing.

baracchino *s.m.* 1 small shed, small hut 2 (*chiosco*) stall, stand, kiosk.

baraccone *s.m.* large shed; booth: *i baracconi della fiera*, showmen's booths // *fenomeno da* —, (circus) freak // *i baracconi*, fairground.

baraccopoli *s.f.* shantytown.

baraonda *s.f.* babel, hubbub; chaos: *che —!*, what a row!; *una — di ricordi*, a (confused) jumble of memories.

barare *v.intr.* to cheat: *— alle carte*, to cheat at cards; *— con se stessi*, to lie to oneself.

baratro *s.m.* chasm, abyss, gulf (*anche fig.*): *c'è un — fra noi*, we're poles apart; *il — del vizio*, the depths of vice.

barattamento *s.m.* (*rar.*) barter; (*scambio*) exchange.

barattare *v.tr.* to barter; (*scambiare*) to exchange; (*fam.*) to swap, to swop: *barattò il giradischi con una macchina fotografica*, he swapped his record player for a camera // *passò giorni interi senza — parola con nessuno*, he spent days without exchanging a single word with anyone; *— saluti*, to exchange greetings.

baratteria *s.f.* (*ant.*) **1** corruption in public office **2** (*estens.*) fraud; deception **3** (*mar.*) barratry.

barattiere *s.m.* (*dir.*) barrator.

baratto *s.m.* **1** barter; (*scambio*) exchange **2** (*dir.*) (*permuta*) permutation; barter.

barattolo *s.m.* **1** pot, jar **2** (*di metallo*) tin; can.

barba *s.f.* **1** beard: *— a punta*, pointed beard; *— lunga*, long beard; *sapone da —*, shaving soap; *servizio di — e capelli*, shave and haircut; *quanto prendete per la —?*, how much do you charge for a shave?; *far la — a qlcu.*, to shave s.o.; *farsi la —*, to shave (*o* to have a shave); *farsi crescere la —*, to grow a beard; *avere la —*, to have a beard (*o* to be bearded) // *alla — di qlcu.*, at the expense of s.o. // *in — a*, in spite of // *farla in — a qlcu.*, to do sthg. to s.o.'s face // *servire qlcu. di — e capelli*, (*fig.*) to teach s.o. a lesson **2** (*di animale*) beard; (*pl.*) whiskers (*pl.*); (*di pesce*) barbel, barb, wattle; (*di piuma*) barb, harle, vexillum* **3** (*bot.*) (*radici*) rootlets (*pl.*): *mettere la —*, to take (*o* to strike) root // *— del granoturco*, silk; *— della pannocchia*, tassel; *— dei cereali*, awn **4** (*bot. pop.*): *— di becco*, (*Tragopogon pratensis*) goat's beard, (*Tragopogon porrifolius*) salsify; *— di Giove*, (*Anthyllis barba-Iovis*) Jupiter's-beard; *— di capra* → actea **5** (*fam.*) (*noia*) bore: *che —!*, what a bore!

barbabietola *s.f.* (*bot.*): *— rossa*, (*Beta vulgaris rubra*) beetroot; *— da zucchero*, sugar beet.

barbacane *s.m.* (*edil.*) scarp wall, buttress; (*fortificazioni*) barbican.

barbaforte *s.m.* (*bot.*) (*Armoracia rusticana*) horseradish.

barbagianni *s.m.* **1** (*zool.*) (*Tyto alba*) barn owl **2** (*sciocco*) old fool; dolt.

barbaglio[1] *s.m.* dazzle; glare; glitter.

barbaglio[2] *s.m.* flashing.

barbanera *s.m.* almanac (similar to Old Moore's Almanac).

barbaramente *avv.* barbarously; savagely.

barbaresco *agg.* **1** barbaric **2** (*della Barberia*) Barbaresque ◆ *s.m.* (*abitante della Barberia*) Barbaresque, Barberian.

barbaricamente *avv.* barbarically.

barbarico *agg.* **1** (*dei barbari*) barbarian: *le invasioni barbariche*, the barbarian invasions **2** (*feroce*) barbaric: *usanze barbariche*, barbaric customs.

barbarie *s.f.* **1** barbarism, barbarousness: *ricadere nella —*, to revert to barbarism **2** (*crudeltà*) cruelty; barbarity: *commettere delle —*, to commit acts of barbarism; *un atto di —*, an act of cruelty.

barbarismo *s.m.* (*ling.*) barbarism.

barbaro *agg.* **1** (*dei barbari*) barbarian, barbarous **2** (*crudele*) ferocious; barbaric, cruel; uncouth ◆ *s.m.* barbarian.

barbasso *s.m.* (*bot.*) → **tassobarbasso**.

barbata *s.f.* **1** (*bot.*) mass of roots; roots (*pl.*) **2** (*agr.*) vine shoot.

barbato *agg.* **1** (*letter.*) bearded **2** (*bot., zool.*) barbate **3** (*bot.*) barbed.

barbazzale *s.m.* curb.

barbecue *s.m.* barbecue.

barbera *s.m.* 'barbera' (kind of Italian red wine).

barbero *agg.* e *s.m.* (*cavallo*) barb.

barbetta *s.f.* **1** small beard, short beard: *— a punta*, goatee **2** (*mil.*) barbette **3** (*mar.*) painter **4** (*di pesce*) wattle; (*peli del garretto di cavallo*) fetlock.

barbicare, **barbicarsi** → **abbarbicare**, **abbarbicarsi**.

barbiere *s.m.* barber, (men's) hairdresser: *negozio di —*, barber's shop.

barbieria *s.f.* barber's shop.

barbificare *v.intr.* to take* root, to strike* root.

barbigi *s.m.pl.* (*fam. scherz.*) whiskers.

barbiglio *s.m.* **1** (*zool.*) barbel **2** (*pesca*) barb.

barbino *agg.* (*fam.*) poor, ghastly // *fare una figura barbina*, to cut a very poor figure.

barbio → **barbo**.

barbitonsore *s.m.* (*scherz.*) barber.

barbiturico *agg.* (*chim.*) barbituric: *acido —*, barbituric acid ◆ *s.m.* (*chim.*) barbiturate.

barbiturismo *s.m.* (*med.*) barbiturism.

barbo *s.m.* (*zool.*) barbel.

barbogio *agg.* decrepit, senile: *un vecchio —*, an old dodderer ◆ *s.m.* dotard.

barboncino *s.m.* (*zool.*) poodle.

barbone *s.m.* **1** long beard **2** (*uomo barbuto*) long-bearded man **3** (*straccione*) tramp; vagrant **4** (*zool.*) poodle.

barboso *agg.* (*fam.*) boring; tedious; tiresome.

barbottare → **borbottare**.

barbozza *s.f.* **1** lower jaw of horse **2** (*parte dell'elmo*) beaver, chin-guard.

barbudo *s.m.* **1** supporter of Fidel Castro (during the Cuban revolution 1956-9) **2** (*estens.*) supporter of Castroism.

barbugliamento *s.m.* mumbling; stammering.

barbugliare *v.tr.* to mumble, to mutter, to stammer out ◆ *v.intr.* to stammer, to stutter, to splutter.

barbula *s.f.* (*zool.*) barbule.

barbuta *s.f.* **1** (*tipo di elmo*) helmet without crest **2** (*parte dell'elmo*) beaver, chin -guard.

barbuto *agg.* **1** bearded **2** (*zool.*) barbate.

barca *s.f.* boat: *— a remi*, rowing boat; *— a vela*, sailing boat; *— da pesca*, fishing boat; *— di salvataggio*, lifeboat; *arrivammo in —*, we came by boat; *ci andremo in —*, we'll go by boat; *ti piace andare in —?*, do you like boating? // *mandare avanti la —*, (*fig.*) to keep the ship afloat.

barcaccia *s.f.* (*teatr.*) stage box.

barcaiolo *s.m.* boatman*; waterman*; (*di traghetto*) ferryman*.

barcamenarsi *v.intr.pron.* (*destreggiarsi*) to get* by; (*tenere il piede in due staffe*) to steer a middle course, to keep* in with both sides *o* to run* with the hare and hunt with the hounds.

barcarizzo *s.m.* (*mar.*) gangway, gangplank.

barcarola *s.f.* (*mus.*) barcarole, barcarolle.

barcata *s.f.* **1** boat-load, boatful **2** (*fig.*) loads (*pl.*), heaps (*pl.*): *una — di soldi*, loads of money.

barcheggiare *v.intr.* (*non com.*) **1** to go* boating; (*in barca a vela*) to go* sailing **2** (*fig.*) → barcamenarsi.

barcheggio *s.m.* **1** boating **2** (*il traghettare*) ferrying.

barchetta *s.f.* small boat; dinghy // *scollatura a —*, boat neck.

barchetto *s.m.* **1** (*da caccia*) punt; very small boat; small dinghy **2** (*da pesca*) fishing boat.

barchino *s.m.* **1** → barchetto **2** (*mar. mil.*) small motorboat.

barcollamento *s.m.* staggering, swaying, tottering.

barcollare *v.intr.* **1** to stagger, to sway, to totter: *— sotto un colpo*, (*anche fig.*) to stagger under a blow; *— come un ubriaco*, to stagger (*o* to sway) like a drunk **2** (*fig.*) to totter, to be shaky: *la dittatura ormai barcollava*, by now the dictatorship was hanging by a thread (*o* was ready to fall).

barcollio *s.m.* staggering, tottering, swaying.

barcolloni *avv.*: *entrò —*, he staggered in; *andare —*, to stagger along.

barcone[1] *s.m.* **1** barge **2** (*per ponti di barche*) pontoon.

barcone[2] *s.m.* heap of corn, stack of corn.

barda *s.f.* **1** horse-armour **2** (*sella*) pack saddle.

bardamento *s.m.* **1** (*il bardare*) harnessing **2** (*bardatura, finimenti*) harness; trappings (*pl.*); caparison.

bardana *s.f.* (*bot.*) (*Arctium lappa*) burdock.

bardare *v.tr.* **1** to harness; to caparison; to trap **2** (*scherz.*) to dress up.

□ **bardarsi** *v.rifl.* to dress up.

bardato *agg.* **1** (*di cavallo*) harnessed; caparisoned **2** (*vestito vistosamente*) dressed up, dressed up to the nines **3** (*fig.*) covered, clothed: *collina bardata di vigne*, a hill covered in vines.

bardatura *s.f.* **1** harness; caparison; trappings (*pl.*) **2** (*scherz.*) (*abbigliamento*) outfit, finery: *cos'è quella strana —?*, what's that strange outfit?

bardella *s.f.* rough wooden saddle.

bardellone *s.m.* large saddle (for breaking in young horses).

bardiglio *s.m.* (*geol.*) bardiglio.

bardo *s.m.* (*st.*) bard.

bardolino *s.m.* 'bardolino' (red wine from the Verona region).

bardotto *s.m.* 1 (*zool.*) hinny 2 (*chi tira l'alzaia*) tower 3 (*apprendista*) apprentice.

barella *s.f.* 1 (*per trasportare infermi*) stretcher; (*in processione*) litter: *portare qlcu. su una* —, to carry s.o. on a stretcher 2 (*per trasportare materiali*) handbarrow.

barellante *s.m.* e *f.* → **barelliere**.

barellare *v.tr.* (*non com.*) to carry on a stretcher, to carry on a litter ◆ *v.intr.* (*letter.*) (*barcollare*) to stagger, to totter, to sway.

barelliere *s.m.* 1 stretcher bearer 2 (*manovale*) workman who uses a handbarrow.

barena[1] *s.f.* shoal, sandbank, shelf (left dry at low tide in a lagoon).

barena[2] *s.f.* (*mecc.*) boring machine.

barenatore *agg.* (*mecc.*) boring: *barra barenatrice*, boring bar ◆ *s.m.* (*mecc.*) borer.

barenatrice → **barena**[2].

barenatura *s.f.* (*mecc.*) boring.

bareno *s.m.* (*mecc.*) boring bar.

barese *agg.* from Bari, of Bari ◆ *s.m.* e *f.* inhabitant of Bari; native of Bari.

barestesia *s.f.* (*med.*) baresthesia.

barestesiometro *s.m.* baresthesiometer.

bargello *s.m.* (*st.*) bargello, head of police.

bargiglio *s.m.* wattle; (*di tacchino*) lappet: *munito di bargigli*, wattled.

bargigliuto *agg.* wattled.

baria *s.f.* (*fis.*) barye.

baricentrico, **baricentrale** *agg.* (*fis.*, *mat.*) barycentric.

baricentro *s.m.* (*fis.*, *mat.*), barycentre, centre of gravity.

barico[1] *agg.* (*meteor.*) baric.

barico[2] *agg.* (*chim.*) baric.

barilaio *s.m.* cooper.

barile[1] *s.m.* 1 barrel, cask // *fare a scarica barili*, to put the blame on others (*o fam.* to pass the buck) // *essere un* —, (*fig.*) to be a tub 2 (*quantità*) barrel(ful): *un — di vino*, a barrel (*o* cask) of wine 3 (*mar.*) (*coffa*) crow's nest.

barile[2] *s.m.* (*unità di misura di capacità*) barrel (= 35 galloni imperiali, circa 159 litri, per il petrolio; 36 galloni imperiali, circa 164 litri, per la birra e altre bevande fermentate).

bariletto *s.m.* (*di orologio*) barrel.

barilotto, **barilozzo** *s.m.* 1 keg, small cask // *è un* —, he's a barrel 2 (*centro del bersaglio*) bull's eye: *fare* —, (*fig.*) to score a bull's eye.

bario *s.m.* (*chim.*) barium: (*idr*)*ossido di* —, baryta; *solfato di* —, barium sulphate.

barione *s.m.* (*fis. nucleare*) baryon.

barionico *agg.* (*fis.*) baryon (*attr.*): *ottetto* —, baryon octet.

barisfera *s.f.* (*geol.*) barysphere, centrosphere.

barisferico *agg.* baryspheric.

barista *s.m.* 1 barman*; bartender 2 (*chi possiede, conduce un bar*) barkeeper; barkeep; proprietor of a bar ◆ *s.f.* barmaid.

barite, **baritina** *s.f.* (*min.*) baryte(s), barite, heavy spar.

baritonale *agg.* baritone (*attr.*): *voce* —, baritone voice.

baritoneggiare *v.intr.* (*scherz.*) to imitate a baritone.

baritono *s.m.* baritone, barytone ◆ *agg.* (*ling.*) barytone.

barlume *s.m.* 1 dim light, glimmer, gleam 2 (*fig.*) gleam, glimpse, faint idea: *un — di speranza*, a ray of hope.

barn *s.m.* (*metrol.*) barn (= 10^{-24} cm^2).

barnabita *s.m.* (*eccl.*) Barnabite.

baro *s.m.* card-sharper, cheat; swindler.

barocchetto *s.m.* (*arte, arch.*) late baroque.

barocchismo *s.m.* baroque (style); (*ampollosità*) bombast, inflated style.

baroccio e *deriv.* → **barroccio** e *deriv.*

barocco *agg.* 1 baroque 2 (*fig.*) (*eccessivo*) over-elaborate; (*strano*, *bizzarro*) odd, bizarre ◆ *s.m.* baroque.

baroccume *s.m.* (*spreg.*) superfluous, excessive ornamentation: *non mi piace tutto questo* —, I don't like this meaningless over-ornamentation.

barocettore *s.m.* (*biol.*) baroreceptor, baroceptor.

barografico *agg.* (*meteor.*) barographic.

barografo *s.m.* (*meteor.*) barograph.

barogramma *s.m.* (*meteor.*) barogram.

barolo *s.m.* 'barolo' (red wine from Piedmont).

barometria *s.f.* (*fis.*) barometry.

barometrico *agg.* (*fis.*) barometric: *formula barometrica*, barometric formule.

barometro *s.m.* (*metrol.*) barometer: *il — si abbassa*, *sale*, the barometer is falling, rising; — *aneroide*, aneroid barometer.

baronaggio *s.m.* barony, baronry.

baronale *agg.* baronial.

baronato *s.m.* → **baronia**.

barone[1] *s.m.* 1 baron 2 (*chi detiene un grande potere*) powerful figure, baron: *i baroni dell'industria*, the captains of industry; *un — della medicina*, a very powerful senior doctor (*o* surgeon).

barone[2] *s.m.* (*ant.*, *letter.*) (*briccone*) rogue.

baronesco[1] *agg.* (*letter.*) baronial.

baronesco[2] *agg.* (*ant.*, *letter.*) (*di, da briccone*) roguish.

baronessa *s.f.* baroness.

baronetto *s.m.* baronet (*abbr.* Bart.); (*davanti al nome*) Sir; (*facoltativo dopo il cognome*) Bart.: *il — James Brown*, Sir James Brown, Bart.

baronia *s.f.* barony, baronry.

baroscopio *s.m.* (*fis.*) baroscope.

barra *s.f.* 1 (*metall.*) bar: — *d'oro*, bar of gold; *oro in barre*, gold in bars; — *di ferro*, iron bar; *ferro in barre*, bar iron // (*mecc.*) — *di torsione*, torsion bar 2 (*del timone*) tiller, helm 3 (*aer.*) — *di comando*, joystick 4 (*geogr.*) ball, bar: — *di sabbia*, sandbar 5 (*equitazione*) bar 6 (*segno grafico*) stroke, bar: (*inform.*) — *obliqua*, *invertita*, backlash; — *degli strumenti, delle applicazioni*, tool bar, applications bar.

barracano *s.m.* barracan.

barracuda *s.m.* (*zool.*) barracuda*.

barrage *s.m.* (*sport*) eliminator, play-off.

barramina *s.f.* drill bit, steel; drill bar: — *meccanica*, piston drill.

barranco *s.m.* (*geol.*) barranca, barranco.

barrare *v.tr.* 1 to cross 2 (*non com.*) (*barricare*) to block, to barricade.

barrato *agg.* 1 crossed: *assegno* —, crossed cheque 2 (*non com.*) (*chiuso con una barra*) barred.

barratura *s.f.* crossing.

barricadiero *agg.* e *s.m.* revolutionary, extremist: *atteggiamento* —, extremist attitude.

barricamento *s.m.* 1 (*azione*) barricading 2 (*barricata*) barricade.

barricare *v.tr.* to barricade, to block.
□ **barricarsi** *v.rifl.* to barricade oneself: *si barricò dietro un mucchio di bugie*, he took refuge behind a pack of lies // — *in casa*, (*fig.*) to barricade oneself in one's house // — *dietro un silenzio impenetrabile*, to entrench oneself behind an impenetrable silence (*o* a wall of silence).

barricata *s.f.* barricade.

barriera *s.f.* 1 barrier: *la — del suono*, the sound barrier; (*fis.*) — *isolante*, insulating barrier; — *di calore*, heat barrier; — *naturale*, natural barrier; — *architettonica*, architectural feature that denies access to the handicapped // (*econ.*): — *tariffaria*, tariff barrier; — *commerciale*, trade barrier; — *doganale*, customs barrier 2 (*cancello, steccato*) barrier, gate, fence; railing 3 (*fig.*) (*ostacolo*) barrier; obstacle; bound: *la poca salute e la mancanza di denaro possono essere entrambe — all'istruzione*, poor health and lack of money can both be barriers to education; — *di classe*, class barrier 4 (*geogr.*) bar // — *corallina*, barrier (*o* coral) reef 5 (*sport*) (*calcio*) wall; (*equitazione*) jump.

barrire *v.intr.* to trumpet.

barrito *s.m.* trumpet.

barrocciaio *s.m.* carter.

barroccino *s.m.* handcart; light two-wheeled cart.

barroccio *s.m.* (*carro*) cart; (*carico*) cartload.

baruffa *s.f.* quarrel; brawl, scuffle: *far* —, to quarrel (*o* to brawl *o* to scuffle) // *amor senza — fa la muffa*, (*prov.*) a good quarrel prevents love from becoming stale.

baruffare *v.intr.* to quarrel, to brawl, to scuffle.

barzelletta *s.f.* joke; funny story: *raccontare bene le barzellette*, to be good at telling jokes; — *spinta*, risqué joke // *prendere in — qlco.*, to make fun of sthg.

basale *agg.* 1 basal: (*chim.*) *piani basali*, basal planes; (*geol.*) *conglomerato* —, basal conglomerate 2 (*med.*) basal.

basaltico *agg.* (*geol.*) basaltic.

basalto *s.m.* (*geol.*) basalt.

basamento *s.m.* 1 base, pedestal; (*di colonna*) plinth: *il — di una statua*, the base of a statue 2 (*zoccolo di pareti*) skirting board 3 (*zoccolo di muro esterno*) footing 4 (*di edificio*) basement 5 (*di motore*) block 6 (*di macchina*) bed 7 (*geol.*) basement.

basare *v.tr.* to base, to found: — *una teoria su principi scientifici*, to base a theory on scientific principles.
□ **basarsi** *v.rifl.* to base oneself: *non devi basarti sulle prime impressioni!*, you must not judge by first impressions!

baschina *s.f.* basque.

basco *agg.* Basque ◆ *s.m.* **1** Basque **2** (*berretto*) beret.

basculante *agg.* balancing.

bascul(l)a *s.f.* platform balance.

base *s.f.* **1** (*arch.*) base, basement **2** (*edil.*) (*fondazione*) sill, foundations (*pl.*) **3** (*fondamento*) basis*, foundation, ground: *la — delle ricerche*, the basis for research work; *le basi della matematica*, the elements of mathematics // *in — a ciò*, on the basis of that (*o* according to that); *in — a qlco.*, on the grounds of sthg.; *senza —*, groundless // *a — di*, based on **4** (*econ.*) basis*, base: *— monetaria*, monetary base; *— imponibile*, basis of assessment (*o* taxable basis); *— tariffaria*, rate basis; *— di credito*, credit base; *industria di —*, key industry // *— oro*, gold standard **5** (*mat.*) (*di un triangolo*) base; (*di uno spazio vettoriale*) basis*: *teorema della —*, basis theorem **6** (*inform.*) base: *— della numerazione*, base number; *— di dati*, data base; *— di dati relazionale*, relation data base **7** (*mil.*) base: *— aerea, navale*, air, naval base; (*aer.*) *ritorno alla —*, return to base; *— di lancio*, launch site (*o* missile base) **8** (*chim.*) base **9** (*baseball*) base **10** (*mecc.*) base(plate), bed(plate) **11** (*pol.*) base; rank-and-file members (*pl.*) **12** (*meteor.*) (*di nubi*) ceiling **13** (*topografia, astr.*) *linea di —*, baseline ◆ *agg.* basic; base (*attr.*): *campo —*, base camp; *stipendio —*, basic wage (*o* salary); *prezzo —*, basic (*o* base) price.

baseball *s.m.* baseball.

basedowismo *s.m.* (*med.*) Basedow's disease.

basetta *s.f.* sideburns (*pl.*), sideboards (*pl.*).

basettino *s.m.* (*zool.*) (*Panurus biarmicus*) reed pheasant, reedling.

basic *s.m.* (*inform.*) Basic • Da B(*eginners*) A(*ll-purpose*) S(*ymbolic*) I(*nstruction*) C(*ode*), codice simbolico di istruzione per principianti per applicazioni di carattere generale.

basicità *s.f.* **1** → **basilarità** **2** (*chim.*) basicity.

basico *agg.* **1** (*chim.*) basic: *sale —*, basic salt **2** (*geol.*) basic **3** (*non com.*) (*fondamentale*) basic.

basidio *s.m.* (*bot.*) basidium*.

basidiospora *s.f.* (*bot.*) basidiospore.

basificare *v.tr.* (*chim.*) to basify.

basilare *agg.* **1** basic, fundamental **2** (*anat.*) basilar: *arteria —*, basilar artery.

basilarità *s.f.* fundamental nature, essential nature.

basilica *s.f.* basilica.

basilicale *agg.* basilican.

basilico *s.m.* (*bot.*) (*Ocimum basilicum*) basil.

basilisco *s.m.* **1** (*mit.*) basilisk, cockatrice **2** (*zool.*) basilisk.

basilissa *s.f.* (*st.*) Byzantine empress.

basista *s.m.* e *f.* **1** (*pol.*) activist (who supports the policies of the rank and file membership) **2** (*sl.*) inside man, (*amer.*) finger, finger man.

basket(-ball) *s.m.* basketball.

basofilia *s.f.* (*biol.*) basophilia.

basofilo *s.m.* **1** (*biol.*) basophil(e) **2** (*bot.*) basophile plant.

bassa *s.f.* **1** (*region.*) plain, lowland: *la — milanese*, the Milanese lowland **2** (*meteor.*) cyclone.

bassa corte *s.f.* poultry-yard.

bassamente *avv.* **1** meanly, basely **2** (*a bassa voce*) in a low voice, softly.

bassarisco *s.m.* (*zool.*) (*Bassariscus astutus*) civet (cat).

bassetto *s.m.* (*mus.*) viol: *corno di —*, basset horn.

bassezza *s.f.* **1** (*non com.*) lowness **2** (*fig.*) baseness, meanness, vileness: *— d'animo*, meanness (of spirit) **3** (*azione meschina*) mean action: *è capace di qualsiasi —*, he's capable of any mean action.

basso *agg.* **1** low; (*di statura*) short; (*di spessore*) thin: *questo soffitto è molto —*, this ceiling is very low; *tacchi bassi*, low heels; *mi piace portare le scarpe coi tacchi bassi*, I like wearing low-heeled shoes; *ha voti molto bassi in pagella*, he has very low marks on his report; *è — per i suoi 14 anni*, he's short for a fourteen-year-old; *è un libretto —*, it's a thin little book // *punto —*, (*uncinetto*) low stitch // *il sole era — sull'orizzonte*, the sun was low on the horizon // *tenere la testa bassa, gli occhi bassi*, to hold (*o* to keep) one's head, eyes low // *avere il morale —*, to be in low spirits (*o* to be dispirited) **2** (*poco profondo*) shallow: *l'acqua è molto bassa qui*, the water is very shallow here // *trovarsi in acque basse*, (*fig.*) to be in a fix **3** (*di tessuto*) narrow **4** (*di suono*) (*sommesso*) low; soft: *mi parlò a voce bassa*, he spoke to me in a low voice; *ha un tono di voce molto —*, he's very soft-spoken **5** (*esiguo, poco intenso*) low: *è uno stipendio molto —*, it's a very low salary; *prezzo —*, low (*o* cheap *o* keen) price; *cuocere a bassa temperatura*, to cook at a low temperature // (*econ.*): *— costo*, low cost; *bassa congiuntura*, slump // (*dir.*) *pena bassa*, low sentence // (*med.*) *pressione bassa*, low blood pressure **6** (*vile*) low, base, vile: *ho di lui un'opinione piuttosto bassa*, I have a rather low opinion of him (*o* I don't really think much of him); *seguire i propri istinti più bassi*, to follow one's basest instincts **7** (*umile*) lower; (*di grado*) low-ranking: *le classi basse della società*, the lower classes of society **8** (*poco pregiato*) low, inferior: *una produzione di bassa qualità*, an inferior quality production; *un metallo di bassa lega*, a low metal **9** (*geogr.*) Southern, Lower: *bassa Italia*, Southern Italy; *le basse Alpi*, the Lower Alps; *il — Egitto*, Lower Egypt; *il — Po*, the Lower Po // *i Paesi Bassi*, the Low Countries **10** (*st.*) Late: *— Medioevo*, Late Middle Ages **11** (*ling.*) low: *— Latino*, low Latin; *antico — tedesco*, Old Low German **12** (*di tempo*) early: *la Pasqua è bassa quest'anno*, Easter is early this year // *bassa stagione*, low season **13** (*eccl.*) low: *altare —*, low altar; *messa bassa*, Low Mass // *— Clero*, Lower Clergy ◆ *s.m.* **1** lower part, bottom: *il — della pagina*, the lower part (*o* the bottom) of the page // *da —*, downstairs: *scendere da —*, to go downstairs // *in —*: low, far down: *è troppo in —*, it's too low (*o* far down); *appendilo più in —*, hang it a bit lower (*o* further down); *cadere in —*, (*fig.*) to lose one's reputation (*o* one's social standing *o* to come down in the world); *guardare qlcu. dall'alto in —*, (*fig.*) to look down on s.o. // *gli alti e i bassi*, (*fig.*) ups and downs; *la vita è piena di alti e bassi*, life's full of ups and downs **2** (*mus.*) bass: *è un — dalla voce meravigliosa*, he's a bass with a beautiful voice; *chiave di —*, bass clef; *chitarra —*, bass guitar // *— continuo*, basso continuo **3** (*inform.*) bottom.

bassofondo *s.m.* **1** (*geogr.*) shoal, shallows (*pl.*); shallow water; (*di fiume*) riffle **2** *pl.* (*quartieri poveri*) slums: *i bassifondi sociali*, the dregs of society.

bassopiano *s.m.* lowland.

bassorilievo *s.m.* bas-relief.

bassotto *agg.* smallish, shortish ◆ *s.m.* (*cane*) dachshund*; (*fam.*) sausage dog.

bassotuba *s.m.* (*mus.*) bass tuba.

bassura *s.f.* **1** lowland **2** (*fig.*) baseness, vileness.

basta[1] *s.f.* **1** (*imbastitura*) basting, tacking **2** (*orlo*) tuck.

basta[2] *inter.* stop (it), that's enough: *—!*, enough! (*o* stop it! *o mar.* avast!); *—, è ora di finirla!*, that's enough now (*o* stop it)!; *punto e —*, and that's that, (*amer.*) period; *— con i dittatori!*, down with dictators!; *— con queste chiacchiere*, enough of this gossip // *averne a —*, to be fed up (with sthg.).

bastante *agg.* sufficient, enough.

bastarda *s.f.* (*bot.*) (*Mercurialis perennis*) mercury.

bastardaggine *s.f.* illegitimacy.

bastardo *agg.* **1** bastard, illegitimate **2** (*di animale*) underbred **3** (*fig.*) false, spurious **4** (*tecn.*) bastard: *lima bastarda*, bastard file // (*tip.*) *carattere —*, bastard type ◆ *s.m.* **1** bastard, illegittimate son **2** (*di animali*) crossbreed; (*di cane*) mongrel.

bastardume *s.m.* (*di persone*) scum [U]; (*di cose*) trash [U].

bastare *v.intr.* **1** to be enough, to be sufficient, to suffice (s.o.): *bastò una parola per persuaderlo*, one word was enough to persuade him; *basti dire che...*, you have only (*o* need only) to say...; *gli bastò la mia parola*, my word was enough for him; *mi bastano poche migliaia di lire*, a few thousand lire will be enough for me; *mi pare che basti*, I think that will do // *non mi basta l'animo* (*di fare qlco.*), I haven't the heart (to do sthg.) // *— a se stesso*, to have no need for others (*o* to be self-sufficient) // *basta che*, as long as: *basta che poi non ti lamenti*, as long as you don't complain afterwards **2** (*durare*) to last: *queste provviste mi devono — per 2 giorni*, these provisions have to last me two days.

bastevole *agg.* sufficient, enough.

bastia[1] → **basta**[1].

bastía[2] *s.f.* (*mil.*) fortification, rampart, stockade.

bastiglia *s.f.* bastille, fortress // *la Bastiglia*, the Bastille.

bastimento *s.m.* **1** (*nave*) ship, vessel; (*nave da carico*) cargo boat; (*mercantile*) merchant ship **2** (*carico*) shipload.

bastingaggio *s.m.* (*mar.*) topgallant bulwarks (*pl.*).

bastionare *v.tr.* to rampart, to fortify with ramparts.

bastionata *s.f.* fortification, ramparts (*pl.*).

bastione *s.m.* rampart, bastion.

basto *s.m.* **1** pack-saddle: *cavallo da —*, pack-horse // *essere da — e da sella*, (*fig.*) to be able to turn one's hand to anything (*o* to be a Jack of all trades) // *mettere il — a qlcu.*, (*fig.*) to subjugate s.o.; *portare il* —, (*fig.*) to shoulder the burden (*o* to carry the load) **2** (*edil.*) — *rovescio*, culvert.

bastonare *v.tr.* **1** to beat*, to thrash; (*antiq.*) to cudgel: *lo bastonarono a sangue*, they beat him black and blue (*o* they beat him up *o* they lammed into him) // *ha l'aria di un cane bastonato*, (*fig.*) he looks crestfallen **2** (*fig.*) to drub, to maul; to criticize.

□ **bastonarsi** *v.rifl.rec.* to come* to blows.

bastonata *s.f.* beating, thrashing; (*colpo*) blow with a stick, blow with a cane; (*randellata*) blow with a cudgel: *dare, ricevere una* —, to give, to get a blow with a stick; *dare, prendere a bastonate*, to give, a beating up (*o* a thrashing *o fam.* a drubbing *o* a mauling) // *bastonate da orbi*, furious beating.

bastonatore *s.m.* (*non com.*) beater; drubber (*anche fig.*).

bastonatura *s.f.* beating; (*con randello*) cudgelling; drubbing, mauling (*anche fig.*).

bastoncello *s.m.* (*anat.*) rod.

bastoncino *s.m.* **1** small stick; rod: *un — di liquirizia*, a stick of liquorice // *bastoncini da sci*, ski sticks (*o* ski poles) // — *di pesce*, fish finger **2** (*arch.*) → astragalo **3** (*sport*) (*staffetta*) baton.

bastone *s.m.* **1** stick; cane; staff; baton; (*randello*) cudgel, club: — *da passeggio*, walking stick; — *da pastore*, shepherd's crook (*o* sheep-hook); — *di maresciallo*, field marshal's baton // *mettere il — tra le ruote a qlcu.*, (*fig.*) to put a spoke in s.o.'s wheel (*o* to thwart s.o.) // — *animato*, swordstick // *usare il — e la carota*, (*fig.*) to use the carrot and the stick // (*sport*): — *da golf*, golf club; — *da hockey*, hockey stick // — *sedile*, shooting stick **2** (*forma di pane*) French loaf **3** (*fig.*) (*sostegno*) staff, support: *il — della sua vecchiaia*, the staff of his old age **4** *pl.* (*a carte*) the suit in Italian (playing) cards corresponding to cudgels.

batacchiare *v.tr.* to strike* with a clapper.

batacchio *s.m.* **1** (*di campana*) clapper **2** (*di porta*) doorknocker.

batata *s.f.* (*bot.*) (*Ipomoea batatas*) batata, sweet potato, Spanish potato, (*pop.*) arrowroot of Brazil, (*amer*) yam.

batiale *agg.* (*oceanografia*) bathyal: *zona* —, bathyal zone.

batimetria, **batigrafia** *s.f.* (*oceanografia*) bathymetry, sounding.

batimetrico *agg.* (*oceanografia*) bathymetric.

batimetro *s.m.* bathymeter.

batiscafo *s.m.* bathyscaph(e).

batisfera *s.f.* bathysphere.

batista *s.f.* (*tela*) batiste, cambric.

batocchio *s.m.* **1** (*di campana*) clapper **2** (*di porta*) doorknocker **3** (*bastone*) walking stick.

batolite *s.f.* (*geol.*) batholith, bathylith.

batometro e *deriv.* → **batimetro** e *deriv.*

batoscopico *agg.* (*mar.*) bathyscopic(al): *sfera batoscopica*, bathysphere.

batosta *s.f.* **1** (*percossa*) blow **2** (*fig.*) blow; setback; stroke of bad luck; misfortune; (*perdita finanziaria*) financial setback; (*sconfitta*) defeat; caning, trouncing.

batrace *s.m.* (*zool.*) batrachian.

battage *s.m.* campaign: — *giornalistico, elettorale*, newspaper, election campaign; — *pubblicitario*, build-up.

battaglia *s.f.* **1** battle, fight: — *campale*, (*anche fig.*) pitched battle; — *navale, aerea*, naval, air battle; *campo di* —, battlefield (*o* battleground); *fronte di* —, line of battle; *ordine di* —, battle order (*o letter.* battle array); *esercito schierato in* —, army drawn up in battle array (*o* in battle order); *dare —, attaccare* —, to give battle; *vincere, perdere una* —, to win, to lose a battle; *ingaggiare — con qlcu.*, to engage s.o. in battle // *cavallo da* —, war horse (*o* charger) **2** (*pitt.*) battle-piece **3** (*conflitto*) conflict, struggle; — *di interessi*, conflict of interests; — *politica, ideologica*, political, ideological struggle // *nome di* —, nom de guerre **4** (*campagna*) campaign: — *contro l'inquinamento*, anti-pollution campaign.

battagliare *v.intr.* **1** to battle, to fight*, to struggle **2** (*fig.*) (*disputare*) to argue, to dispute.

battagliero *agg.* warlike, bellicose, combative: *avversario* —, fierce opponent.

battaglio *s.m.* **1** (*di campana*) clapper **2** (*di porta*) doorknocker.

battagliola *s.f.* (*mar.*) stanchion.

battaglione *s.m.* (*mil.*) battalion.

battana *s.f.* **1** (*imbarcazione*) punt **2** (*remo corto*) scull.

battelliere *s.m.* boatman*.

battello *s.m.* boat: — *a remi*, rowing boat; — *a vela*, sailing boat; — *da pesca*, fishing boat; — *di salvataggio*, lifeboat; — *a vapore*, steamer (*o* steamboat); *servizio di — ogni ora*, ferry(boat) every hour; *andare, venire in, col* —, to go, to come by boat.

battente *s.m.* **1** (*di porta*) leaf; wing; (*di finestra*) shutter; *porta a due battenti*, double door (*o* folding door) **2** (*di boccaporto*) washboard **3** (*batacchio di porta*) doorknocker **4** (*idraulica*) head **5** (*tess.*) batten, sley.

battere *v.tr.* **1** to beat*; to hit*; to strike*: — *un tappeto*, to beat a carpet; — *con un bastone*, to beat with a stick; — *col martello*, to hit with a hammer; — *la testa contro il muro*, to beat (*o* to bash) one's head against a wall; — *la schiena cadendo*, to hit one's back falling // — *le ali*, to beat (*o* to flutter) one's wings // *batteva i denti*, (*dal freddo*) his teeth were chattering // — *le mani*, to clap (one's hands) // *battersi il petto*, to beat (*o* to pound) one's chest; (*fig.*) to repent // — *i piedi*, to stamp (one's feet) // — *i tacchi*, to click one's heels // — *qlcu. sulla spalla*, to pat s.o. on the shoulder // *non saper dove — il capo*, to be at a loss // — *il naso in qlcu.*, to run into s.o. // — *sullo stesso tasto*, to harp on the same subject // — *il tempo*, to beat time; *l'orologio ha battuto le cinque*, the clock struck five // — *la campagna*, to scour the countryside // — *un sentiero*, to beat a path // — *il marciapiede*, to walk the streets // *questa costa è spesso battuta da tempeste*, this coastline is often lashed by storms // *in un batter d'occhio*, in the twinkling of an eye // *senza batter ciglio*, without batting an eyelid // — *la fiacca*, to loaf about // — *cassa*, to cadge // *battersela*, to beat it **2** (*sconfiggere*) to beat*; to defeat; to overcome*; *fu battuto tre volte di fila*, he was beaten three times running; *non verremo battuti!*, we shan't be defeated! (*o* overcome!); — *un primato*, to beat a record **3** (*dattiloscrivere*) to type, to typewrite* **4** (*metall.*) to hammer; (*coniare*) to mint: *ferro battuto*, wrought iron; — *moneta*, to mint coin // — *il ferro finché è caldo*, (*prov.*) to strike while the iron is hot **5** (*mar.*) to fly*: — *bandiera panamense*, to fly the Panamese flag **6** (*trebbiare*) to thresh, to thrash **7** (*lino, canapa*) to swingle **8** (*calcio*) to kick; (*tennis*) to serve; *tocca a me* —, it's my turn to serve; — *un rigore*, to kick a penalty ♦ *v.intr.* **1** (*dar colpi*) to beat*; to knock; (*piano*) to tap: *non — sulla parete!*, don't beat on the wall!; — *alla porta di qlcu.*, to knock at s.o.'s door; *batti piano due volte alla finestra*, tap twice on the window // — *in testa*, (*di motore*) to knock (*o* to pink) // *la lingua batte dove il dente duole*, (*prov.*) the tongue ever turns to the aching tooth **2** (*insistere*) to go* on (about sthg.); to harp (on sthg.); to keep* on (about sthg.): *il preside batte molto sulla disciplina durante l'intervallo*, the headmaster is always going on about discipline during break; *batte sempre sui soldi*, he's always harping on (*o* keeping on about) money // *batti e ribatti, ce la faremo!*, we'll make it, if we try hard enough! **3** (*pulsare*) to beat*; to throb: *mi batte forte il cuore*, my heart's beating fast; *vederla gli fece — il cuore*, seeing her sent his heart throbbing **4** (*prostituirsi*) to walk the streets.

□ **battersi** *v.intr.pron.* o *rifl.rec.* to fight* (*anche fig.*): — *per un ideale*, to fight for an ideal; — *inutilmente*, to fight in vain // — *in duello*, to duel ♦ *v.rifl.* to beat* oneself.

batteria *s.f.* **1** (*mil.*) battery: — *a cavallo*, horse battery; — *contraerea*, antiaircraft battery; — *costiera*, coastal battery; — *da campo*, field battery; — *di mortai*, trench-mortar battery; *fuoco di* —, battery fire // *scoprire le proprie batterie*, (*fig.*) to flex one's muscles **2** (*elettr.*) (electric) battery: — *di accumulatori*, storage battery // (*inform.*): — *di avvolgitori*, cluster; — *di memoria*, bank **3** (*mus.*) drums (*pl.*), percussion (section): *alla* —, on drums **4** (*mar.*) (*ponte di*) — battery (deck) **5** — *da cucina*, battery (*o* set) of saucepans **6** (*sport*) heat **7** (*di orologio*) striking mechanism **8** (*di polli*) battery.

battericida *agg.* (*biol.*) bactericidal ♦ *s.m.* bactericide.

batterico *agg.* bacterial.

batterio *s.m.* bacterium*.

batteriofago *s.m.* (*biol.*) bacteriophage.

batteriolisi *s.f.* (*biol.*) bacteriolysis.

batteriolisina *s.f.* (*biol.*) bacteriolysin.

batteriolitico *agg.* (*biol.*) bacteriolytic.

batteriologia *s.f.* bacteriology.

batteriologico *agg.* bacteriologic(al).

batteriologo *s.m.* bacteriologist.

batterioscopia *s.f.* bacterioscopy.

batteriosi *s.f.* (*bot.*) bacteriosis.

batteriostatico *agg.* (*biol.*) bacteriostatic.

batterioterapia *s.f.* bacteriotherapy.

batterista *s.m.* e *f.* (*mus.*) drummer, percussionist, percussion player.

batteriuria *s.f.* (*med.*) bacteriuria.

battesimale *agg.* baptismal: *fonte* —, christening font.

battesimo *s.m.* **1** (*relig.*) baptism, christening: *certificato di* —, certificate of baptism; *nome di* —, Christian (*o* first *o* baptismal) name; *dare il — a qlcu.*, to baptize s.o.; *ricevere il* —, to be baptized; *tenere a* —

un bambino, (*di padrino*) to stand (as) godfather to a child; (*di madrina*) to stand (as) godmother to a child **2** (*fig.*) baptism, initiation: — *dell'aria*, first flight; — *del fuoco*, baptism of fire **3** (*di campane, navi*) baptism, blessing.

battezzando *s.m.* (*relig.*) person to be christened ◆ *agg.* that must be christened.

battezzante *s.m.* e *f.* baptizer, baptist ◆ *agg.* baptizing.

battezzare *v.tr.* **1** (*relig.*) to baptize, to christen: *quando sarà battezzata?*, when will she be baptized?; — *un bambino con il nome di Carlo*, to christen a child Charles **2** (*soprannominare*) to christen, to nickname; to dub: *lo avevano battezzato 'il secco'*, they nicknamed (*o* dubbed) him 'skinny' **3** (*inaugurare*) (*campane, navi*) to baptize **4** (*annacquare*) to water (down): — *il vino*, to water (down) one's wine.

□ **battezzarsi** *v.rifl.* o *intr.pron.* (*autoproclamarsi*) to proclaim oneself: *si battezzò da sé un grande uomo*, he proclaimed himself a great man.

battezzato *agg.* baptized, christened; (*fig.*) nicknamed ◆ *s.m.* a person who has been baptized a Christian.

battezzatoio *s.m.* baptismal font.

battezzatore *s.m.* (*non com.*) baptizer.

battibaleno *s.m.*: *in un* —, in a twinkling (*o* in a flash); (*fam.*) in a jiffy.

battibeccare *v.intr.* to bicker, to squabble.

battibecco *s.m.* squabble, petty quarrel, bickering: *battibecchi in famiglia*, family squabbles.

battibile *agg.* beatable; that can be beaten (*pred.*).

batticarne *s.m.* meat pounder, tenderizer.

batticoda → **cutrettola**.

batticuore *s.m.* **1** heartthrob, throbbing, palpitation **2** (*apprensione*) anxiety; (*timore*) fear: *aspettare col* —, to wait with pounding heart.

battifalce *s.m.* (*agr.*) whetting anvil.

battifiacca *s.m.* e *f.* shirker, slacker, lazybones.

battifianco *s.m.* stable cross-bar.

battigia *s.f.* shore, shoreline, water's edge, strand.

battilana, **battilano** *s.m.* wool beater.

battilardo *s.m.* chopping-board.

battilastra *s.m.* (*metall.*) panel beater; sheet metal worker.

battiloro *s.m.* gold-beater.

battimani, **battimano** *s.m.* clapping; applause.

battimare *s.m.* (*mar.*) breakwater.

battimento *s.m.* **1** (*fis.*) beat **2** (*mecc.*) striking **3** (*aut.*) knock, knocking.

battimuro *s.m.* (*gioco*) tossing coins (against a wall).

battipalo *s.m.* (*mecc.*) pile-driver.

battipanni *s.m.* carpet beater.

battipista *s.m.* **1** (*sciatore*) forerunner **2** (*mezzo meccanico*) snowcat.

battiporta *s.f.* **1** double door **2** (*batacchio*) doorknocker.

battiscopa *s.m.* skirting (board).

battista *s.m.* e *f.* **1** (*non com.*) (*chi battezza*) baptist: *Giovanni il* —, John the Baptist **2** (*st. relig.*) Baptist.

battistero *s.m.* baptist(e)ry.

battistrada *s.m.* **1** (*chi precede*) outrider: *fare da* —, to lead the way **2** (*sport*) pacesetter **3** (*di pneumatico*) tread: — *applicato*, cap; — *liscio*, smooth tread; — *scolpito*, engraved tread; *applicare un nuovo* —, to cap; *ricostruire il* —, to retread.

battitappeto *s.m.* carpet cleaner, carpet sweeper.

battito *s.m.* **1** (*del cuore*) heartbeat, throb, pulsation, palpitation: — *irregolare*, pulsus alternans **2** (*d'ali*) wingbeat, wing-stroke; flitting **3** (*estens.*) beating: *il* — *della pioggia*, the beating (*o* pattering) of the rain **4** (*mecc.*) pant; (*anormale*) rattle; (*battimento*) knock(ing): — *dello stantuffo*, piston slap; — *in testa*, spark knock (*o* spark ping).

battitoia *s.f.* (*tip.*) planer.

battitoio *s.m.* **1** (*tess.*) willow; (*per lino, canapa*) stencher, beater **2** (*battente di porta*) doorknocker **3** (*battuta di infisso*) rabbet **4** (*st. mil.*) battering ram.

battitore *s.m.* **1** (*di asta*) auctioneer **2** (*sport*) (*tennis*) server; (*cricket*) batsman*; (*baseball*) batter; (*calcio*) (*di un rigore*) penalty taker: — *libero*, libero (*o* sweeper) **3** (*caccia*) beater **4** (*del grano*) thresher **5** (*mecc.*) (*di trebbiatrice*) awner; (*di macchina tessile*) beater.

battitrice *s.f.* (*trebbiatrice*) threshing machine.

battitura *s.f.* **1** (*percossa*) beating; (*fam.*) thrashing **2** (*a macchina*) typed text, typed copy **3** (*inform.*) typing: — *diretta*, typethrough **4** (*trebbiatura*) threshing.

battola *s.f.* **1** clapper **2** (*edil.*) cement -smoother **3** (*metall.*) rammer.

battologia *s.f.* (*ret.*) battology; word repetition.

battologico *agg.* (*ret.*) battological.

battona *s.f.* (*region.*) streetwalker, prostitute.

battuta *s.f.* **1** beat, beating, blow: — *di mani*, handclap (*o* clapping of hands); — *di piedi*, stamping (of feet) // *dare una* — *a qlcu.*, (*fam.*) to give s.o. a beating **2** (*tip., di macchina per scrivere*) character, beat, space: *una riga di 45 battute*, a line of 45 spaces **3** (*di caccia*) hunting: — *di caccia al cinghiale*, boar hunting **4** (*rastrellamento*) round-up, search **5** (*teatr.*) cue: *dimenticare le battute*, to forget one's cues // *dare la* —, to prompt // — *di spirito*, witticism (*o* quip); *è una* — *spiritosa!*, it's a real quip! // *avere la* — *pronta*, (*fig.*) to have a reply ready // *non perder una* —, not to miss a word **6** (*mus.*) beat, bar, measure: — *d'arresto*, rest (*o* lull pause) // *essere alle prime battute*, to be at the beginning **7** (*sport*) (*tennis*) service; (*baseball*) strike.

battuto *agg.* **1** beaten, struck: *un promontorio* — *dal vento*, a windswept promontory // *a spron* —, at full speed (*o* at full pelt) // *pavimento in terra battuta*, dirt floor **2** (*fig.*) (*affranto*) crushed, beaten **3** (*metall.*) hammered, beaten, wrought: *ferro* —, wrought iron; *oro* —, beaten gold **4** (*di strada*) beaten, trodden, frequented: *un sentiero* —, a well-trodden path ◆ *s.m.* **1** (*cuc.*) chopped herbs, chopped vegetables; stuffing, forcemeat **2** (*pavimento*) concrete pavement; beaten earth floor.

batuffolo, **batufolo** *s.m.* flock: *un* — *di cotone*, a cotton flock.

bau (*voce onomatopeica*) bow wow, woof woof: *far* —, to (go) bowwow; to woof.

baud *s.m.* (*inform.*) baud: — *di frequenza*, frequency baud.

baule *s.m.* **1** trunk: — *armadio*, wardrobe trunk; *fare, disfare il* —, to pack, to unpack one's luggage (*o* trunk) // *fare i bauli*, (*fig.*) to go away **2** (*aut.*) boot; (*amer.*) trunk.

bauletto *s.m.* **1** travelling case, beauty case, case, jewel case **2** (*di ciclomotori*) carrier.

bautta *s.f.* domino*; (*mascherina*) mask.

bauxite *s.f.* (*min.*) bauxite.

bava *s.f.* **1** dribble, slaver, slobber // *avere la* — *alla bocca*, (*fig.*) to be foaming at the mouth **2** (*di lumache*) slime **3** (*mar.*) — *di vento*, light breeze **4** (*di baco da seta*) silk filament; (*del bozzolo*) floss **5** (*metall.*) flash, burr **6** (*di colore*) smear, smudge.

bavaglino *s.m.* bib.

bavaglio *s.m.* gag: *metter il* — *a qlcu.*, (*fig.*) to gag s.o.; to prevent s.o. from speaking.

bavagliolo → **bavaglino**.

bavarese *agg.* e *s.m.* e *f.* Bavarian.

bavella *s.f.* **1** floss **2** (*tessuto*) floss silk.

bavero *s.m.* collar: — *di pelliccia*, fur collar // *prendere qlcu. per il* —, to seize s.o. by the scruff of his neck; (*fig.*) (*turlupinarlo*) to make a fool of s.o.

bavetta *s.f.* **1** (*bavaglino*) bib **2** (*metall.*) burr **3** (*parafango*) mudguard.

bavosa → **blennio**.

bavoso *agg.* slavering, slobbering, dribbling.

bazar *s.m.* **1** (*mercato orientale*) bazaar **2** (*emporio*) department store, cut-price store.

bazooka, **bazuca** *s.m.* (*mil.*) bazooka.

bazza[1] *s.f.* (*mento sporgente*) protruding chin.

bazza[2] *s.f.* (*fortuna*) good luck: *che* —*!*, what luck!

bazzecola *s.f.* trifle; trinket; (*di soldi*) peanuts (*pl.*): *costa una* —, it costs peanuts.

bazzica *s.f.* (*gioco di carte*) bezique; (*gioco di biliardo*) kind of pool.

bazzicare *v.tr.* to frequent; to haunt; to hang around: — *il bel mondo*, to hobnob with high society; *non mi piacevano le persone che bazzicava*, I didn't like the people he went around with; *egli bazzica sempre lo stesso luogo*, he always frequents the same place ◆ *v.intr.* to frequent (a place); *non bazzica più nei bar*, he no longer frequents (*o* haunts) bars.

bazzotto *agg.* soft-boiled: *uova bazzotte*, soft-boiled eggs.

bdellio *s.m.* (*bot.*) bdellium.

be' *inter.* → **beh**.

bè (*voce onomatopeica riproducente un belato*) baa.

be- *pref.* → **bi-**.

beare *v.tr.* (*non com.*) to make* glad, to make* happy.

□ **bearsi** *v.intr.pron.* to rejoice (at, over sthg.), to delight (in sthg.): — *alla vista di qlco.*, to be delighted to see s.o.

beat *agg.* beat: *la generazione* —, the beat generation ◆ *s.m.* e *f.* beatnik, beat.

beatamente *avv.* blissfully; happily.

beatificare *v.tr.* to beatify.

beatificazione *s.f.* beatification.

beatifico *agg.* beatific(al).

beatitudine *s.f.* **1** beatitude; blessedness // *le Beatitudini del Discorso della Montagna*, the Beatitudes of the Sermon on the Mount **2** (*felicità terrena*) happiness, bliss: *si trovava in uno stato di* —, he was in a state of utter bliss.

beato *agg.* **1** happy, glad; blissful: *vita beata*, life of bliss // — *lui!*, (*fam.*) lucky fellow! (*o* how lucky he is!); — *te!*, lucky you!; *beata ignoranza!*, (*iron.*) blissful ignorance! **2** (*relig.*) blessed // *beati i poveri di spirito*, blessed are the poor in spirit ♦ *s.m.* (*relig.*) blessed soul, soul in bliss.

beauty-case *s.m.* beauty case, make-up case.

bebè *s.m.* baby.

beccaccia *s.f.* (*zool.*) **1** (*uccello*) (*Scolopax rusticola*) woodcock // — *d'acqua*, godwit // — *di mare*, (*Haematopus ostralegus*) sea pie, (*pop.*) oystercatcher **2** (*pesce*) — *di mare*, (*Macrorhampus scolopax*) sea-snipe.

beccaccino *s.m.* (*zool.*) (*Capella gallinago*) snipe // — *dell'America settentrionale*, (*Catoptrophorus semipalmatus*) willet.

beccafico *s.m.* (*zool.*) (*Sylvia borin*) beccafico*, (*pop.*) fig-eater, figpecker.

beccamorto *s.m.* **1** (*spreg.*) grave-digger **2** (*fig.*) misery guts (*pl.*).

beccare *v.tr.* **1** (*afferrare*) to peck; to beak*; to pick up (with the beak) **2** (*ferire col becco*) to peck, to give* a peck **3** (*estens.*) (*di insetto*) to sting*, to bite* **4** (*fig.*) (*stuzzicare*) to tease **5** (*ottenere*) to win*, to get* **6** (*buscare*) to catch*; to take*; (*fam.*) to nab: *ho beccato un raffreddore*, I have caught a cold; *non mi beccherai!*, you won't catch me doing that!; — *uno schiaffo*, to get a slap **7** (*fig.*, *attore e simili*) to boo, to catcall.

□ **beccarsi** *v.rifl.rec.* **1** (*di uccelli*) to peck each other (*o* one another) **2** (*fig.*) (*litigare*) to quarrel, to wrangle.

beccata *s.f.* **1** (*colpo di becco*) peck; (*fam.*) bite, sting **2** (*quantità afferrata col becco*) beakful; (*non com.*) billful.

beccatello *s.m.* **1** (*edil.*) bracket, corbel **2** (*di attaccapanni*) peg; hook.

beccatoio *s.m.* seedtray (of a bird-cage).

beccatura *s.f.* pecking.

beccheggiare *v.intr.* (*mar.*, *aer.*) to pitch.

beccheggiata *s.f.* (*non com.*) pitch.

beccheggio *s.m.* (*mar.*, *aer.*) pitch, pitching.

becchettare *v.tr.* to peck away at (s.o., sthg.), to peck rapidly.

□ **becchettarsi** *v.rifl.rec.* **1** to peck away at each other; to bill **2** (*fig.*) to quarrel continuously.

becchettio *s.m.* pecking.

becchime *s.m.* birdseed.

becchino *s.m.* **1** gravedigger, sexton **2** (*zool.*) sexton-beetle.

becco[1] *s.m.* **1** beak, bill: — *ricurvo*, hook-bill; *munito di* —, beaked; *a* —, snouted; *dal* — *lungo*, snipy; *dal* — *adunco*, hook-beaked; *dal* — *dentellato*, tooth-billed // (*zool.*): — *a forbice nero*, (*Ryncops nigra*) scissors-bill (*o* shearwater); — *di corallo*, (*Estrilda troglodytes*) waxbill; — *storto*, (*Anarhyncus frontalis*) wrybill // *ecco fatto il* — *all'oca!*, there you are! (*o* that's that! *o* that's that done!); (*scherz.*) (*bocca*) mouth // *bagnarsi il* —, to drink (*o fam.* to wet one's whistle) // *mettere il* — *in*, to poke one's nose into // *chiudi il* —!, shut up (*o* shut your mouth)! **2** (*punta fatta a forma di becco*) spout; lip: — *del gas*, gas burner; *il* — *di una penna*, the nib of a pen // (*chim.*) — (*di*) *Bunsen*, Bunsen burner // *non ha il* — *d'un quattrino*, he is penniless (*o* he's broke) **3** (*mar.*) bow, prow.

becco[2] *s.m.* **1** (*zool.*) billygoat **2** (*marito tradito*) cuckold // *essere* — *e bastonato*, to have insult added to injury.

beccofrusone *s.m.* (*zool.*) (*Bombycilla garrulus*) waxwing.

beccolare *v.tr.* e *intr.* (*rar.*) to eat* slowly, to peck (at sthg.).

beccuccio *s.m.* **1** small beak **2** (*di ampolla*) neck; (*di teiera, caffettiera ecc.*) spout; (*di caraffa*) lip.

beccuto *agg.* beaked, billed.

becerata *s.f.* (*dial.*) (*azione*) boorish behaviour, vulgar behaviour; yobbishness; (*linguaggio*) coarse language, rough language.

becero *s.m.* (*dial.*) boor, vulgar person; (*fam.*) yob.

becerume *s.m.* boors (*pl.*), (*fam.*) yobs (*pl.*).

bechamel *s.f.* (*cuc.*) bechamel, white sauce.

becher *s.m.* (*chim.*) beaker.

becquerel *s.m.* (*fis.*) becquerel.

bedanatrice *s.f.* mortiser.

bedano *s.m.* mortise chisel.

beduino *agg.* e *s.m.* Bedouin.

bee (*voce onomatopeica riproducente un belato*) baa.

befana *s.f.* **1** (*Epifania*) Epiphany **2** 'befana' (kindly old witch who brings children toys at Epiphany) **3** (*donna brutta*) ugly woman*, hag: *è una vecchia* —, she's an old hag.

beffa *s.f.* **1** (*inganno*) joke, hoax, cheat: *che* —!, what a joke (*o* a cheat)! **2** (*scherno*) mockery, derision: *farsi beffe di qlcu.*, to make a fool of s.o.; (*deriderlo, dileggiarlo*) to laugh at s.o. (*o* to sneer at s.o.) // *avere il danno e le beffe*, to have insult added to injury.

beffardo *agg.* scoffing; mocking: *riso* —, derisive laughter.

beffare *v.tr.* to mock, to deride; to banter; to laugh at.

□ **beffarsi** *v.rifl.* to scoff (at s.o., sthg.), to laugh at (s.o., sthg.), to make* fun of (s.o., sthg.); (*fam.*) to take* the mickey out of (s.o.); (*disprezzare*) to care nothing about (s.o., sthg.), to take* no notice of (s.o., sthg.): *si beffa di tutto e di tutti*, (*fam.*) he does not give a damn for anybody or anything.

beffeggiare *v.tr.* to mock, to jeer at (s.o., sthg.), to taunt.

beffeggiatore *s.m.* **beffeggiatrice** *s.f.* mocker, taunter.

bega *s.f.* **1** quarrel, squabble, dispute: *ha sempre beghe con tutti*, he's always squabbling with everyone **2** (*grattacapo*) problem, nasty business; trouble [U]: *ha delle beghe sul lavoro*, he's got problems (*o* troubles) at work.

beghina *s.f.* **1** (*st. relig.*) beguine **2** (*bigotta*) bigot.

beghinaggio *s.m.* (*st. relig.*) beguinage.

beghino *s.m.* **1** (*st. relig.*) beghard **2** (*bigotto*) bigot.

begliuomini *s.m.* (*bot.*) (*Impatiens balsamina*) garden balsam.

begonia *s.f.* (*bot.*) begonia, elephant's ear.

beguine *s.f.* (*mus.*) beguine.

begum *s.f.* begum.

beh *inter.* well..., and then...?, so what...?

behaviorismo *s.m.* (*psic.*) behaviourism.

behavioristico *agg.* (*psic.*) behaviouristic.

bei *s.m.* bey.

beige *agg.* e *s.m.* beige.

beilicato *s.m.* (*grado di bei, distretto governato dal bei*) beylic.

bel *s.m.* (*fis.*) bel.

belare *v.intr.* **1** to bleat, (*fam.*) to baa **2** (*fig.*) (*piagnucolare*) to whimper, to moan, to bleat.

belato *s.m.* baa, bleat, bleating (*anche fig.*).

belemnite *s.m.* (*paleont.*) belemnite.

belga *agg.* e *s.m.* e *f.* Belgian.

belio *s.m.* (*rar.*) **1** continual bleating **2** (*piagnucolio*) whimpering, whining.

belite *s.f.* (*min.*) larnite.

bella *s.f.* **1** beauty, belle: *la* — *del villaggio, del ballo*, the belle of the village, of the ball // *la Bella Addormentata*, the Sleeping Beauty // *la Bella e la Bestia*, Beauty and the Beast // *sentirne, vederne delle belle*, to hear, to see incredible things **2** (*innamorata*) sweetheart; girlfriend, fiancée **3** (*sport*) decider **4** (*a carte*) final game **5** (*bot.*): — *di giorno*, (*Convolvulus tricolor*) scammony; — *di notte*, (*Mirabilis jalapa*) four-o'clock; (*Calonyction aculeatum*) moonflower **6** (*stesura*) fair copy.

belladonna *s.f.* (*bot.*) **1** (*Atropa belladonna*) belladonna, (*pop.*) deadly nightshade, dwale **2** → dulcamara[1].

bellamente *avv.* **1** (*in bel modo*) nicely; (*con bella maniera*) politely; gracefully **2** (*abilmente*) skilfully; adroitly, with self-assurance **3** (*beatamente*) gently, peacefully.

bellavista *s.f.* panorama, view // *in* —, in view.

belletto *s.m.* **1** cosmetic, make-up **2** (*fig.*) (*letter.*) affectation, rhetorical flourish.

bellezza *s.f.* **1** beauty; loveliness, good looks (*pl.*), (*di uomo*) handsomeness: *apparve in tutta la sua* —, she appeared in all her beauty; *questo quadro è una* —, this picture is a beauty // *canta che è una* —, she sings beautifully; *cresce che è una* —, it grows beautifully (*o* really well) // *chiudere, finire in* —, to end with a flourish // *istituto di* —, beauty parlour; *prodotti di* —, beauty preparations (*o* aids to beauty); *trattamento di* —, beauty treatment **2** (*bella donna*) beautiful woman*, belle, beauty: *vi erano tutte le bellezze della città*, all the beautiful women of the town were there; *tua sorella è una vera* —, your sister is a real beauty // *vieni qua,* — *mia*, come here, (my) darling; *senti* —, listen darling **3** *pl.*: *le bellezze della natura*, the beauties of nature; *le bellezze della campagna*, the beauties of the countryside **4** (*iron.*) *la* — *di un anno*, a whole year; *ho speso la* — *di centomila lire*, I have spent a cool (*o* a good) hundred thousand lire; *possiede la* — *di tre appartamenti*, he's got no less than three houses.

bellicismo *s.m.* warmongering.

bellicista *agg.* warmongering ◆ *s.m.* e *f.* warmongerer.

bellico *agg.* (*del tempo di guerra*) wartime (*attr.*); military, martial; war (*attr.*): *materiale* —, war material; *ordine* —, martial array; *ordigno* —, weapon.

bellicosità *s.f.* bellicosity.

bellicoso *agg.* warlike; bellicose; martial; combative, belligerent: *ha un carattere* —, he has a combative character.

belligerante *agg.* belligerent ◆ *s.m.* e *f.* belligerent.

belligeranza *s.f.* belligerency, belligerence.

belligero *agg.* (*letter.*) warlike; bellicose; martial.

bellimbusto *s.m.* dandy; fop; beau*; coxcomb: *fare il* —, to play the dandy.

bello *agg.* **1** beautiful, fine; (*spec. di donna*) beautiful; (*di uomo*) handsome; good-looking; (*di bambino*) lovely: *ci sono palazzi bellissimi in questa città*, there are some very fine buildings in this town; *Pamela è proprio bella*, Pamela's really beautiful; *Tony è un bell'uomo*, Tony's a handsome man; *quei due bambini sono molto belli*, those two children are really lovely; *aveva un bel paio di gambe*, she had a fine (*o* good *o* shapely) pair of legs; *ha bellissimi occhi blu*, he's got lovely (*o* beautiful) blue eyes; *un bel film, libro*, a fine (*o* good) film, book; *abitano in una bella villa in collina*, they live in a fine (*o* lovely) house on the hills // *che* —*!*, how nice (*o* lovely)! // *Belle Arti*, Fine Arts // *Belle Lettere*, Literature // (*mus.*) *bel canto*, bel canto // *bella* (*copia*), fair copy // *un bel gioco*, (*a carte*) a good hand // *un — spirito*, a wit // *nei miei begli anni*, in my youth // *ai suoi bei giorni*, in his day // *è un'esponente del bel sesso*, she belongs to the fair sex // *ha una bella intelligenza*, he's pretty clever // *non è — ciò che è —, è — ciò che piace*, there's no accounting for taste // (*st.*) *Filippo il Bello*, Philip the Fair **2** (*elegante*) smart: *un bel tailleur*, a smart suit; *come sei* —*!*, you do look smart! // *mettersi l'abito* —, to wear one's Sunday best // *belle maniere*, good manners // *il bel mondo*, the jet-set; high society // *farsi* —, to spruce up // *farsi — di qlco.*, (*fig.*) to brag about sthg. **3** (*gentile*) kind, fine: *un bel gesto*, a kind gesture // *non è — ciò che fai*, that's not kind of you **4** (*nobile*) fine: *bei sentimenti*, fine feelings **5** (*importante, considerevole*) fine, good: *ha un bel posto in banca*, he's got a good job with a bank: *farsi un bel nome*, to make a name for oneself // *è una bella cifra!*, that's a lot of money! **6** (*piacevole*) nice, pleasant: *una bella gita*, a nice outing (*o* trip); *Tom ha un gran bel carattere*, Tom has a very nice character (*o* is very easy going) **7** (*sereno*) fine, nice: *è una bella giornata*, it's a fine (*o* nice) day; *un bel cielo*, a clear sky // *fa* —, it's fine.

◆ FRASEOLOGIA: *bel* —, slowly, unhurriedly // *bell'e fatto*, (*di vestiti*), ready-made // *è bell'è fatta!*, that's that! // *bell'e morto*, as dead as a door nail // *bell'e pronto*, nice and ready // *bell'e vestito*, fully dressed // *alla bell'e meglio*, any old how; (*appena appena*) by the skin of one's teeth // *sei bell'e sistemato!*, that's settled that! // *sei un mascalzone bell'e buono*, you're a thorough rascal (*o* rogue) // *una bella età*, a ripe (old) age // *un bel giorno*, one fine day // *ti darò un bel niente*, I'll give you absolutely nothing // *una bella paura*, an awful fright // *un bel pasticcio*, a pretty mess // *a bella posta*, on purpose // *bella roba!*, (*iron.*) congratulations! // *bel vantaggio!*, (*scherz.*) a fine advantage indeed! // *nel bel mezzo*, right in the middle // *hai un bel correre: non lo prenderai*, you can run as fast as you like, you won't catch him // *hai un bel dire*, in spite of what you say // *hai un bel parlare*, you can talk till you're blue in the face // *ebbi un bel cercare, non trovai niente*, hard as I searched I found nothing // *scamparla bella*, to have a narrow escape (*o* a close shave) // *questa è bella!*, that's funny! (*o* that's a good one!) // *oh bella!, non lo sapevo*, well, I never! I didn't know.

bello *s.m.* **1** the beautiful; (*bellezza*) beauty; *il — della vita*, the beauty of life; *il — piace a tutti*, everybody likes beautiful things **2** (*bel tempo*) nice weather, fine weather: *speriamo che domani faccia* —, let's hope the weather is nice (*o* fine) tomorrow; *speriamo che torni il* —, let's hope it clears up **3** (*innamorato*) boyfriend, sweetheart; (*di bambino*) baby: *come sta il tuo* —*?*, how's your boyfriend?; *fai la nanna*, —, go to sleep, baby.

◆ FRASEOLOGIA: *sul più* —, (*iron.*) at the most awkward moment // *che si fa di* —*?*, what are we going to do? // *dove vai di* —*?*, where are you going? // *ci volle del — e del buono per convincerlo*, it took a lot to persuade him (*o* he wasn't easily persuaded) // *e ora viene il* —, and now you'll hear the best bit; (*iron.*) now the fat's in the fire // *ne ha fatte delle belle!*, the things he's been up to! // *ne ha raccontate delle belle!*, he's been telling some good ones!

belloccio *agg.* fairly good-looking, fresh -faced; (*di donna*) buxom.

bellona *s.f.* buxom woman*, buxom girl.

bellospirito *s.m.* character, wit, witty person, wag: *è proprio un* —, he is a character.

belluino *agg.* **1** (*letter.*) bestial, brutal, animal (*attr.*) **2** (*estens.*) ferocious, wild: *furore* —, wild frenzy.

bellumore *s.m.* character, wag, joker, witty person.

beltà *s.f.* (*letter.*) beauty.

beluga *s.m.* (*zool.*) (*Delphinapterus leucas*) beluga.

belva *s.f.* **1** wild animal, wild beast **2** (*fig.*) brute, beast: *se lo contraddicono diventa una* —, if they contradict him he goes wild.

belvedere *s.m.* **1** (*luogo di veduta panoramica*) lookout, viewpoint **2** (*arch.*) belvedere **3** (*mar.*) mizzen-topgallant sail **4** (*ferr.*) observation end: *vettura* —, observation car.

belzebù *s.m.* Beelzebub; (*fam. scherz.*) Old Nick.

bemolle *s.m.* (*mus.*) flat: *mi — maggiore*, E flat major.

benaccetto *agg.* welcome, acceptable.

benallevato *agg.* well-bred, well-brought-up.

benalzato *inter.* good morning!

benamato *agg.* beloved, dear; darling.

benanche *avv.* (*non com.*) → **anche**.

benandata *s.f.* (*rar.*) **1** (*mancia*) tip **2** (*buonuscita*) indemnity, compensation.

benarrivato *inter.* e *s.m.* welcome: *dare il — a qlcu*, to welcome s.o.

benavveduto *agg.* (*non com.*) shrewd, wise, sagacious.

benché *cong.* (*sebbene*) although, though; (*per quanto*) however: — *fosse ricca, non era felice*, though she was rich, she wasn't happy; — *facessi ogni sforzo, non riuscivo a capire*, I couldn't understand, however hard I tried; — *ammalato, continuava a lavorare*, although he was ill, he went on working.

benda *s.f.* **1** (*fascia per medicazioni*) bandage: — *elastica*, elastic bandage; *domani gli toglieranno le bende*, tomorrow they are taking off (*o* removing) his bandages **2** (*striscia di tela*) blindfold, bandage: *togliere le bende dagli occhi a qlcu.*, (*fig.*) to open s.o.'s eyes **3** (*st.*) band, fillet // *le sacre bende*, the holy bands; (*veli di monaca*) nun's veils **4** (*mar.*) — *di terzarolo*, reef-band.

bendaggio *s.m.* **1** (*boxe*) handwraps (*pl.*) **2** (*fasciatura*) bandage, bandaging, dressing: — *stretto*, tight bandage.

bendare *v.tr.* **1** to bandage, to dress; to bind* up; to wrap up: — *un dito, una mano*, to bandage a finger, a hand; — *una ferita*, to dress a wound **2** (*coprire gli occhi*) to bandage, to blindfold (*anche fig.*): — *gli occhi a qlcu.*, (*fig.*) to blindfold s.o. // *la dea bendata*, the goddess Fortune // *il dio bendato*, blind love.

bendatura *s.f.* **1** bandaging **2** (*fasciatura*) bandage, dressing.

bendetto *inter.* well-said, bravo.

bendisposto *agg.* **1** well-disposed: — *verso, nei confronti di qlcu.*, to be well-disposed towards s.o. **2** (*fam.*) (*robusto*) well-built.

bendone *s.m.* (*eccl.*) mitre-band.

bene *s.m.* **1** good: *il — e il male*, good and evil; *questo ti farà* —, this will do you good; *augurare del — a qlcu.*, to wish s.o. well; *dire — di qlcu.*, to speak well of s.o.; *opere di* —, good works; *fare del* —, to do good // *a fin di* —, to a good purpose; *lo ha fatto a fin di* —, he meant well // *ogni ben di Dio*, (*fig.*) all sorts of good things // *per il tuo* —, (*per amor tuo*) for your sake // *Sommo Bene*, (*Dio*) Summum Bonum **2** (*affetto, amore*) fondness, affection: *voler — a qlcu.*, to be fond of s.o.; *volersi* —, to be fond of each other (*o* of one another); *le vuole un — dell'anima*, he loves her with all his heart **3** (*persona amata*) beloved person, darling; (*innamorato, innamorata*) sweetheart: *mio* —, (my) darling (*o* my sweetheart *o* my love) **4** (*vantaggio*) sake, good; (*benessere*) welfare: *per il — del popolo*, for the welfare of the people; *per il tuo* —, for your own good **5** (*dono*) gift; blessing: *la salute è il più grande dei beni*, health is the greatest of blessings // *ogni ben di Dio*, all sorts of good things **6** (*spec. pl.*) goods (*pl.*), property, possession: *persero i loro beni durante la guerra*, they lost all their possessions during the war; *avere dei beni al sole*, to be a man of property // (*comm.*): *beni all'estero*, property abroad; *beni pubblici*, collective (*o* public) goods; *beni reali*, (*non monetari*) real assets; *beni strumentali*, auxiliary capital (*o* industrial goods); *beni superflui*, superfluities; *beni superiori*, superior goods; *beni di prestigio*, positional goods; *beni di prima necessità*, necessaries; *beni utilitari*, utility goods; *beni di rifugio*, shelter goods; *beni e servizi diversi*, sundry goods and services; *beni alternativi, succedanei*, rival commodities; *beni bloccati* (*per ordine del tribunale*), frozen assets; *beni capitali, di produzione*, capital goods; *soggetti all'imposta di registro*, goods that are liable to stamp duty; *beni commer-*

ciabili internazionalmente, tradeables; *beni complementari*, complementary goods (*o* complements); *beni di consumo*, consumer goods (*o* consumables); *beni di consumo deperibili*, soft (*o* perishable) goods (*o* perishables); *beni di consumo durevoli*, consumer durable goods, durable (*o* hard) goods; *beni di consumo non durevoli*, non durables (*o* non durable goods); *beni di consumo semidurevoli*, semi-durable goods; *beni di investimento*, investment goods; *beni di lusso*, *voluttuari*, luxury goods (*o* luxuries); *beni economici*, goods; *beni finali*, final goods; *beni fungibili*, fungible (*o* replaceable) goods; *beni immateriali*, intangibles (*o* intangible assets *o* non -material goods) // (*dir.*): *beni dotali*, dowry; *beni ereditari*, estate hereditaments; *beni demaniali*, public domain; *beni pignorabili*, seizable chattels (*o* goods); *beni impignorabili*, privileged from execution goods; *beni mobili*, personal property (*o* movables *o* goods and chattels); *beni mobili facenti parte dell'abitazione*, household; *beni immobili*, real estate (*o* immovables *o* real assets); *beni immateriali*, incorporeal property (*o* intangible assets); *beni rubati*, stolen property.

bene *avv.* **1** (*in modo giusto, correttamente*) well; properly: *parla molto — l'inglese*, he speaks English very well; *comportarsi* —, to behave well; *trattare — qlcu.*, to treat s.o. well; *una persona — educata*, a well-mannered person; *una cosa ben fatta*, something well done; *se ben ricordo, se ricordo* —, if I remember well // *sa fare molto —il suo lavoro*, he's a good worker // *non sta* —, it's not nice (*o* it isn't polite) // *hai fatto* —, you did the right thing // *sono persone per* —, they're respectable people // *lo hanno sistemato per* —, (*iron.*) they made a fine mess of him **2** (*completamente*) properly; thoroughly: *hai chiuso — la porta?*, have you closed the door properly?; *non hai inserito — la spina*, you haven't plugged it in properly; *ricordati di lavare — l'insalata*, remember to wash the lettuce thoroughly // *mi hai sentito —?*, did you hear what I said? **3** (*in modo conveniente, piacevole*): *avete mangiato —?*, did you have a good meal?; *guadagnare* —, to make a lot of money (*o* to earn good money); *quella persona veste molto* —, that person dresses very well // *stare* — (*di salute*) to be well (*o* in good health); (*di abito ecc.*) to fit, to suit: *"Come stai?" "Abbastanza —"*, "How are you?" "Quite well"; *questa giacca non mi sta* — this jacket doesn't suit me // *star — a soldi*, to be well off // *ti sta* — (o *ben ti sta*), it serves you right // *mi è andata* —, I made it // — *o male*, somehow (or other) // *di — in meglio*, better and better // *né — né male*, so-so **4** (*con valore rafforzativo*): *è ben difficile che arrivi in orario*, he's very unlikely to be on time // *saremo ben lieti se...*, we'll be delighted if...; *era ben lontano dal pensare che...*, he was far from thinking that...; *"Pensi che accetterà?" "Lo spero —"*, "Do you think he'll agree?" "I hope so"; *vorrei ben vedere...*, I'd like to see...; *lo credo —!*, I should think so!; *abbiamo ben cento pagine di storia da studiare*, we've got a good hundred pages of history to study; *ho pagato ben 4 milioni di spese condominali*, I spent a good 4 million on condominium expenses; *si tratta di ben altro*, it's quite a different matter // *ben* —, well, properly: *copritelo ben —, fa molto freddo*, wrap him up well, it's bitterly cold; *l'abbiamo sgridato ben* —, we gave him a good telling off **5** (*in espressioni esclamative*): —, *continua così!*, good, keep it up!; *ma —, è questo il modo di comportarsi?*, come along, that's no way to behave! **6** (*con valore conclusivo*): —, *ora possiamo incominciare*, well then, now we can begin; —, *non parliamone più*, well, let's say no more about it ◆ *agg.* (*di alto livello sociale*) upper-class: *la società, la gente* —, upper-class society, the upper classes // *frequenta i locali — della città*, he goes to all the best places in town.

beneaugurato *agg.* (*letter.*) auspicious; happy; desired.

benedettino *agg.* (*eccl.*) Benedictine ◆ *s.m.* **1** (*eccl.*) Benedictine // *pazienza da* —, patience of a saint **2** (*liquore*) benedictine.

benedetto *agg.* **1** (*consacrato*) consecrated, blessed; holy: *acqua benedetta*, holy water; *pane* —, consecrated bread; *un rosario* —, a blessed rosary **2** (*venerato*) blessed: *la memoria benedetta di mio padre*, my late, beloved father // *Benedetto Iddio!*, Good Lord! **3** (*agognato*) longed-for: *il dì — della vittoria*, the longed-for day of our victory **4** (*fig.*) blessed, (*eufemismo*) damn, wretched: — *figliolo, stai attento!*, my dear boy, be careful!; *questo — autobus non arriva mai*, this blessed (*o* damn) bus isn't coming (*o* there's no sign of the blessed *o* damn bus).

benedicente *agg.* benedictory.

benedicite *s.m.* benedicite; (*fam.*) grace: *recitare il* —, to say grace.

benedire *v.tr.* **1** to bless: *Dio vi benedica!*, God bless you!; *il sacerdote benedisse la casa*, the priest blessed the house; *Dio lo benedica per il bene che mi ha fatto*, may God bless him for the good he has done me // *va' a farti —!*, (*fam.*) go to hell!; *mandare a farsi* —, (*fam.*) to send to hell **2** (*consacrare*) to consecrate, to bless.

benedizione *s.f.* **1** blessing; (*alla fine delle funzioni*) benediction: *impartire la* —, to give (*o* to impart) a blessing; *il Papa diede la sua — ai pellegrini*, the Pope gave the pilgrims his blessing **2** (*consacrazione*) consecration **3** (*fig.*) blessing: *questa pioggia è una — per la campagna*, this rain is a blessing for the countryside; *i tuoi consigli sono una vera — per noi*, your advice is a real blessing for us; *quel ragazzo è la — della famiglia*, that boy is a credit to his family.

beneducato *agg.* well-mannered, polite, well-brought-up.

benefattore *s.m.* benefactor.

benefattrice *s.f.* benefactress.

beneficare *v.tr.* to benefit; (*aiutare*) to aid, to help.

beneficenza *s.f.* charity; (*non com.*) beneficence: *istituto di* —, charitable institution; *recita di* —, benefit performance.

beneficiale *agg.* (*dir.*, *eccl.*) beneficed.

beneficiare *v.tr.* to benefit; to offer advantage to (s.o., sthg.) ◆ *v.intr.* to benefit (from sthg.), to take* advantage (of sthg.): *beneficiò di un'amnistia*, he benefited from an amnesty.

beneficiario *agg.* (*dir.*) beneficiary ◆ *s.m.* **1** (*dir.*) beneficiary **2** (*dir.*, *eccl.*) incumbent **3** (*econ.*) recipient.

beneficiata *s.f.* (*teatr.*) benefit, benefit performance; benefit night.

beneficiato *agg.* (*dir.*, *eccl.*) beneficed ◆ *s.m.* **1** (*dir.*) beneficiary **2** (*dir. eccl.*) incumbent.

beneficio *s.m.* **1** benefit (*anche dir.*); (*vantaggio*) advantage: *a — di qlcu.*, for the benefit of s.o.; *ricambiare un* —, to return a favour; *benefici del riposo*, the benefits (*o* advantages) of rest; *trarre — da qlco.*, to benefit from sthg. // *il — del dubbio*, the benefit of the doubt **2** (*comm.*) gain, profit: — *lordo*, *netto*, gross, net gain; *margine di — dell'8%*, 8% profit margin (*o* margin of profit) // *accettare col — di inventario*, to accept with benefit of inventory (*o* to accept with reserve); (*fig.*) to accept (sthg.) for what it is worth (*o fam.* to take sthg. with a grain of salt) // *benefici accessori, marginali*, fringe (*o amer.* supplemental) benefits **3** (*evacuazione*) evacuation (of the bowels).

benefico *agg.* **1** beneficent; charitable: *associazione benefica*, charitable association; *spettacolo* —, benefit performance **2** (*vantaggioso*) beneficial: *pioggia benefica*, beneficial rain.

benefizio e *deriv.* → **beneficio** e *deriv.*

benemerente *agg.* (*letter.*) well-deserving; meritorious.

benemerenza *s.f.* merit // *in* —, as a reward.

benemerito *agg.* well-deserving: *cittadino* —, well-deserving citizen // *la Benemerita*, 'the Carabinieri'.

beneplacito *s.m.* **1** (*consenso*) consent; (*approvazione*) approval; (*form.*) sanction **2** (*arbitrio*) will: *a tuo* —, at your pleasure (*o* as you like).

benessere *s.m.* **1** (*di salute*) wellbeing, comfort; welfare **2** (*prosperità*) affluence; wealth: *vivere nel* —, to be well off (*o* well-to-do) // *società del* —, affluent society.

benestante *agg.* well-off, well-to-do ◆ *s.m.* e *f.* well-to-do person.

benestare *s.m.* **1** assent, approval, (*form.*) sanction; (*fam.*) okay: *dare il — per qlco.*, to give one's approval of sthg. (*o fam.* to okay sthg.) **2** (*non com.*) (*benessere*) good living.

benevolente *agg.* (*letter.*) benevolent; benign; (*gentile*) kind: *un sorriso* —, an indulgent (*o* benign) smile.

benevolenza *s.f.* **1** benevolence; kindness: *trattare qlcu. con* —, to deal with s.o. clemently **2** (*indulgenza*) benevolence, indulgence: *affidarsi alla — di qlcu.*, (*form.*) to confide in s.o.'s benevolence.

benevolmente *avv.* benevolently; kindly; indulgently, benignly.

benevolo *agg.* benevolent, well-disposed; indulgent; (*gentile*) kind, benign: *parole benevole*, kind words.

benfatto *agg.* **1** well-made; (*bello*) handsome; (*proporzionato*) well-proportioned, well-shaped **2** (*eseguito bene*) done well (*pred.*): *lavoro* —, a good job.

bengala *s.m.* Bengal light.

bengalese *agg.* e *s.m.* e *f.* Bengali, Bengalese.

bengali *s.m.* Bengali.

bengalina *s.f.* (*stoffa*) bengaline.

bengalino *s.m.* (*zool.*) bengalee.

Bengodi *s.m.*: *il paese di* —, land of plenty, land of milk and honey; (*non com.*) Cockaigne.

beniamino *s.m.* pet, favourite, the apple of one's eye: *il — della maestra*, the teacher's pet (*o* favourite); *— della fortuna*, Fortune's darling.

benignità *s.f.* **1** benignity; kindness of heart; benevolence **2** (*di clima*) mildness.

benigno *agg.* **1** benign (*anche med.*); benignant, benevolent: *stelle benigne*, benignant stars; *tumore —*, benign tumour **2** (*di clima*) mild.

beninformato *agg.* well-informed, knowledgeable ◆ *s.m.* well-informed person, person in the know.

benintenzionato *agg.* well-meaning, well -intentioned.

beninteso *avv.* of course, naturally, needless to say, it goes without saying (that...): *verrai con noi, —*, you will come with us, of course.

benissimo *avv.* very well, perfectly well, all right; (*amer.*) okay (*abbr.* O.K.): *egli sta —*, he is very well (*o* okay).

benmeritare *v.intr.* to be deserving.

benna *s.f.* (*mecc.*) bucket: *— a gabbia*, skeleton bucket; *— a due valve*, grapple bucket (*o* grab); *— a quattro valve*, orange-peel bucket.

bennato *agg.* (*letter.*) **1** well-born **2** (*beneducato*) well-bred, well-brought-up.

benone *avv.* very well, fine; (*fam.*) okay, OK.

benparlante *agg.* (*non com.*) eloquent ◆ *s.m.* e *f.* eloquent speaker, elegant speaker, fluent speaker.

benpensante *agg.* moderate, conformist; conventional ◆ *s.m.* e *f.* orthodox person, right-minded person // *i benpensanti*, the conventional thinkers.

benportante *agg.* hale and hearty.

benservito *s.m.* testimonial; service letter: *dare il — a qlcu.* (*licenziarlo*), to dismiss s.o. (*o* to sack s.o. *o* to give s.o. the sack).

bensì *cong.* (*con valore avversativo*) but: *non c'erano 20.000 persone, — 40.000 allo stadio*, there weren't 20,000 people at the stadium, but 40,000; *non ha agito per interesse personale, (ma) — per il bene comune*, he didn't do it for personal gain, but for the public good.

benthos → **bentos**.

bentonico *agg.* (*biol.*) benthic, benthonic.

bentonite *s.f.* (*geol.*) bentonite.

bentornato *inter.* welcome (back)!: *— a casa!*, welcome home!; *— in Italia!*, welcome back to Italy! ◆ *agg.* e *s.m.* welcome: *dare il — a qlcu.*, to welcome s.o.'s return.

bentos *s.m.* (*biol.*) benthos, benthon.

benveduto → **benvisto**.

benvenuto *inter.* welcome! ◆ *agg.* e *s.m.* welcome: *un cordiale —*, a hearty welcome; *dare il — a qlcu.*, to welcome s.o.

benvisto *agg.* agreeable, liked, well-thought-of: *è — da tutti*, he's liked by everyone.

benvolere *s.m.* benevolence.

benvolere *v.tr.* to like, to love: *farsi —*, to make oneself liked; *prendere a — qlcu.*, to take a liking to s.o.

benvoluto *agg.* well-liked, loved, beloved: *essere — da tutti*, to be well-liked by everyone.

benzaldeide *s.f.* (*chim.*) benzaldehyde.

benzedrina® *s.f.* (*chim.*) benzedrine®.

benzene *s.m.* (*chim.*) benzene.

benzenico *agg.* (*chim.*) benzene: *serie benzenica*, benzene series; *anello —*, benzene ring.

benzidina *s.f.* (*chim.*) benzidine.

benzile *s.m.* (*chim.*) benzyl.

benzilico *agg.* (*chim.*) benzyl: *radicale —*, benzyl radical.

benzina *s.f.* **1** petrol; (*amer.*) gasoline, gas: *fare il pieno di —*, to fill up; *sta finendo la —*, the petrol is running out; *— normale*, normal grade petrol; *— super*, premium petrol; *— verde*, green petrol; *— senza piombo*, unleaded petrol, lead-free petrol **2** (*smacchiatore*) benzine, benzoline.

benzinaio *s.m.* (*addetto*) forecourt attendant, filling station attendant; (*gestore*) filling station owner.

benzino *s.m.* (*chim.*) benzyne: *radicale —*, benzyne radical.

benzo- *pref.* della terminologia chimica che indica relazione col benzene; ingl. benzo-: *benzocaina*, benzocaine; *benzochinone*, benzoquinone.

benzoato *s.m.* (*chim.*) benzoate.

benzofenone *s.m.* (*chim.*) benzophenone.

benzoico *agg.* (*chim.*) benzoic.

benzoile *s.m.* (*chim.*) benzoyl: *radicale —*, benzoyl radical.

benzoino *s.m.* **1** (*chim.*) benzoin **2** (*bot.*) (*Styrax benzoin*) benjamin-tree, spicebush, spicewood.

benzolo *s.m.* (*chim.*) benzol(e).

benzopirene *s.m.* (*chim.*) benz(o)pyrene.

beone *s.m.* drunkard, hard drinker; (*sl.*) boozer.

beota *s.m.* **1** Boeotian **2** (*fig.*) numbskull, idiot ◆ *agg.* (*idiota*) dull, obtuse, (*fam.*) thick.

bequadro *s.m.* (*mus.*) natural.

berberina *s.f.* (*chim.*) berberine.

berbero[1] *agg.* Berber ◆ *s.m.* Berber.

berbero[2] *s.m.* (*bot.*) barberry, berberry.

berceau *s.m.* arbour, bower, pergola.

berceuse *s.f.* (*mus.*) berceuse; lullaby, cradlesong.

berchelio → **berkelio**.

berciare *v.intr.* to bawl, to yell.

bercio *s.m.* bawl, yell.

bercione *s.m.* bawler.

bere *s.m.* **1** (*bevanda*) drink **2** (*atto del bere*) drinking: *il — in fretta ti fa male*, drinking in a hurry is bad for you; *è portato al —*, he is addicted to drinking.

bere *v.tr.* **1** to drink*: *egli beve molto latte*, he drinks a lot of milk; *beve volentieri*, he likes wine; *questo vino si lascia —*, this wine goes down well (*o* is palatable) // *beviamoci su!*, let us forget it! (*o* let bygones be bygones!) // *— a garganella*, to swallow in one gulp; *— a lunghi sorsi*, to gulp; *— dalla bottiglia, a canna*, to drink from the bottle; *— a sazietà*, to drink one's fill; *— alla salute di qlcu.*, to drink (to) s.o.'s health; *— come una spugna, come un otre*, to drink like a fish; *— fino all'ultima goccia*, to drain a glass // *— un uovo*, to suck an egg // *— cogli occhi*, (*fig.*) to drink s.o. in; *o — o affogare*, to like it or lump it; *è come — un bicchier d'acqua*, it's as easy as falling off a log **2** (*assorbire*) to absorb, to soak up, to suck in: *la terra arida bevve tutta l'acqua*, the parched land absorbed all the water **3** (*fig.*) (*credere*) to swallow, to believe, to lap up: *si beve tutto*, he swallows everything; *si è bevuta quella storia*, she swallowed that story; *bersi le parole di qlcu.*, to lap up (*o* drink in) s.o.'s words; *darla a —*, to get s.o. to swallow sthg.; *— grosso*, to believe everything.

bergamasco *agg.* of Bergamo, from Bergamo ◆ *s.m.* inhabitant of Bergamo; native of Bergamo.

bergamotta *agg.* e *s.f.* (*bot.*) (*pera*) —, bergamot (pear).

bergamotto *s.m.* **1** (*bot.*) (*Citrus bergamia*) bergamot **2** (*essenza*) bergamot.

bergere *s.f.* (*poltrona*) easy chair.

beriberi *s.m.* (*med.*) beriberi.

berillato *s.m.* (*chim.*) beryllate.

berillio *s.m.* (*chim.*) beryllium.

berillo *s.m.* (*min.*) beryl.

beriolo *s.m.* drinking tray (for a birdcage).

berkelio *s.m.* (*chim.*) berkelium.

berlicche *s.m.* (*ant. scherz.*) devil // *far — e berlocche*, to break one's word.

berlina[1] *s.f.* (*gogna*) pillory: *essere alla —*, to stand in the pillory; (*fig.*) to be exposed to ridicule; *mettere alla —*, to put in the pillory, (*fig.*) to pillory (*o* to expose to ridicule).

berlina[2] *s.f.* **1** (*carrozza*) berlin, gala carriage **2** (*automobile*) saloon, limousine; (*amer.*) sedan.

berlinese *agg.* Berlinese ◆ *s.m.* e *f.* Berliner.

berma *s.f.* (*geogr., miner.*) berm.

bermuda *s.m.pl.* Bermuda shorts, Bermudas.

bernacla *s.f.* (*zool.*) (*Branta leucopsis*) barnacle-goose.

bernardo l'eremita → **paguro**.

bernese *agg.* e *s.m.* e *f.* Bernese.

bernoccolo *s.m.* **1** bump; (*gonfiore*) swelling **2** (*fig.*) flair, bent, talent: *avere il — della medicina*, to have a flair (*o* a bent) for medicine.

bernoccoluto *agg.* bumpy, lumpy.

berretta *s.f.* **1** cap: *— da notte*, night cap **2** (*eccl.*) biretta: *— cardinalizia*, Cardinal's biretta.

berrettaio *s.m.* **1** (*chi fa berretti*) cap-maker **2** (*chi vende berretti*) cap-seller.

berrettificio *s.m.* cap factory.

berretto *s.m.* cap: *— basco*, beret; *— con visiera*, peaked cap // (*st.*) *— frigio*, Phrygian cap.

bersagliare *v.tr.* **1** (*sparare contro*) to fire upon (s.o., sthg.), to bombard, to batter **2** (*perseguitare*) to bombard, to harass, to plague, to pester: *essere bersagliato dalla sfortuna*, to be plagued by ill luck.

bersagliere *s.m.* (*mil.*) 'bersagliere' // *alla bersagliera*, boldly (*o* bravely *o* arrogantly): *procedere alla bersagliera*, to go on at full speed.

bersaglieresco *agg.* **1** bersagliere's, bersagliere-like **2** (*fig.*) swift, rapid; arrogant.

bersaglio *s.m.* target; butt (*anche fig.*): *un difficile —*, a difficult target; *tiro al —*, target-shooting; *colpire il —*, to hit the mark (*o* target); *mancare il —*, to miss; *divenne il — di tutte le nostre burle*, he became the butt of all our practical jokes; *era il — di tutte le sue critiche*, he was the butt (*o* target) of all his criticisms; *centrare il* —, (*fig.*) to hit the bull's eye.

bersò *s.m.* arbour, bower; pergola.

Berta[1] *no.pr.f.* Bertha // *non è più il tempo che — filava*, it's not like the good old days.

berta[2] *s.f.* joke, mockery: *dar la — a qlcu.*, to mock s.o. (*o* to make fun of s.o.).

berta[3] *s.f.* (*mecc.*) **1** (*battipalo*) ram, rammer **2** (*maglio*) drop hammer.

berta[4] *s.f.* (*zool.*) shearwater.

berteggiare *v.tr.* to mock; (*schernire*) to make* fun of.

bertesca *s.f.* (*fortificazione*) bartizan, turret.

bertoldo *s.m.* (*balordo*) blockhead, dolt.

bertuccia *s.f.* **1** (*zool.*) (*Macaca sylvana*) Barbary ape **2** (*fig.*) (*persona brutta*) ugly person; (*persona dispettosa*) mischievous person, pryer.

bertuccione *s.m.* (*fig.*) (*persona brutta*) ugly person.

bertuello *s.m.* (*pesca*) fish trap.

bes *s.m.* (*metrol.*) bes.

besciamella *s.f.* bechamel, white sauce.

bestemmia *s.f.* **1** blasphemy, blaspheming; (*estens.*) curse, oath, swearword: *una litania di bestemmie*, a volley of oaths; *tirar bestemmie*, to swear (*o* to blaspheme) **2** (*sproposito*) nonsense: *non dire bestemmie!*, (*fam.*) don't talk nonsense!

bestemmiare *v.tr.* e *intr.* **1** to curse (at), to swear* (at): — *come un turco*, to swear like a trooper // *non ci si vede neanche a* —, (*fig.*) you can't see a damned thing **2** (*maledire*) to curse (at), to swear* (at): — *la propria sorte*, to curse one's fate **3** (*scherz.*) to speak* badly, to mangle: *bestemmia un po' d'inglese*, he speaks broken English.

bestemmiatore *agg.* blasphemous, profane ◆ *s.m.* blasphemer, swearer.

bestia *s.f.* **1** beast, animal: — *da soma*, beast of burden (*o* sumpter); — *da tiro*, draught animal; *le bestie*, (*il bestiame*) cattle (*o* livestock) // *lavoro da* —, drudgery (*o* grind) // *conoscere l'umore della* —, (*fig.*) to know s.o.'s whims // *fare una vita da* —, to lead a dog's life (*o* a hard life) // *montare in* —, to lose one's temper (*o* to fly into a rage) // *la povertà è una brutta* —, poverty is a terrible (*o* an ugly) thing // — *nera*, bête noire (*o* pet hate): *la matematica è la sua — nera*, mathematics is his pet hate (*o* bugbear) **2** (*fig.*) (*uomo ignorante*) fool, blockhead; (*brutale*) brute, animal **3** (*fam.*) (*pelliccia*) fur(coat).

bestiale *agg.* **1** bestial, beastlike, beastly, brutish; (*di animale selvatico*) feral: *crudeltà* —, bestial cruelty; *aspetto* —, brutish appearance **2** (*fam.*) (*insopportabile*) terrible, awful; (*eccezionale*) fantastic, incredible, amazing: *una festa* —, a fantastic party.

bestialità *s.f.* **1** bestiality; brutishness **2** (*fig.*) non-sense [U]; rubbish [U]; big blunder, dreadful mistake // *non dire* —!, (*fam.*) don't talk nonsense!; *fare delle* —, to make blunders.

bestialmente *avv.* bestially; brutishly.

bestiame *s.m.* cattle, livestock: — *grosso*, cattle (*o* heavy livestock); — *minuto*, smaller livestock (*o* light beasts); — *da ingrasso*, store -cattle; — *da macello*, fat-stock; *il suo — è selezionato*, his livestock is (*o* are) of the highest pedigree; *adunata del — per la marcatura*, roundup; *cento capi di* —, a hundred head of cattle; *allevare* —, to breed cattle; *condurre il* —, to herd.

bestiario[1] *s.m.* (*gladiatore*) gladiator who fights wild animals.

bestiario[2] *s.m.* bestiary.

bestiola *s.f.* **1** little animal, (*fam.*) beastie **2** (*fig.*) (*di persona*) silly thing, ass.

bestione *s.m.* **1** big beast **2** (*uomo sciocco e brutale*) brute, beast; blockhead.

best seller *s.m.* best-seller.

beta *s.f.* **1** (*seconda lettera dell'alfabeto greco*) beta **2** (*fis.*) beta: *raggi* —, beta rays; *particella, decadimento* —, beta particle, decay.

betaina *s.f.* (*chim.*) betaine.

betatrone *s.m.* (*fis. nucleare*) betatron.

betel *s.m.* (*bot.*) (*Piper betle*) betel: *foglia di* —, pan; *noce di* —, betel-nut.

beton *s.m.* (*edil.*) concrete.

betonaggio *s.m.* (*edil.*) concrete mixing; concreting.

betonica *s.f.* (*bot.*) (*Betonica officinalis*) betony // *essere più noto della* —, to be very well known everywhere.

betoniera *s.f.* (*edil.*) concrete mixer.

betonista *s.m.* (*edil.*) concrete mixer operator.

betta *s.f.* (*mar.*) barge.

bettola[1] *s.f.* tavern; (*fam.*) dive, joint: *contegno da* —, coarse behaviour; *discorsi da* —, coarse talk.

bettola[2] *s.f.* (*mar.*) hopper.

bettolante *s.m.* **1** (*frequentatore*) pub customer; (*fam.*) pub crawler **2** (*gestore*) pub -keeper.

bettoliere *s.m.* pub-keeper, innkeeper, publican.

bettolina *s.f.* (*mar.*) lighter; barge.

bettolino *s.m.* (*mil.*) canteen.

bettongia *s.f.* (*zool.*) kangaroo-rat.

bettonica → **betonica**.

betulla *s.f.* (*bot.*) (*Betula alba*) birch: *di* —, birchen // — *bianca*, (*Betula verrucosa*) silver birch.

beuta *s.f.* (*chim.*) flask: — *di aspirazione*, suction flask.

BeV *s.m.* (*fis.*) BeV.

bevanda *s.f.* drink; beverage: — *alcolica*, (alcoholic) drink; — *analcolica*, soft drink.

bevatrone *s.m.* (*fis. nucleare*) bevatron.

beveraggio *s.m.* **1** beverage; (*per animali*) mash **2** (*pozione*) potion, draught.

bevereccio *agg.* (*gradevole a bersi*) good to drink.

beverino *s.m.* birdcage tray.

beverone *s.m.* **1** mash **2** (*spreg.*) brew, swill.

bevibile *agg.* **1** (*potabile*) drinkable **2** (*fig. scherz.*) credible, believable.

bevicchiare *v.tr.* **1** to sip, to drink* slowly, to drink* hesitatingly **2** (*bere abitualmente alcolici*) to like a drink or two, to tipple.

bevitore *s.m.* **bevitrice** *s.f.* drinker: — *abituale, occasionale*, habitual, occasional drinker; *essere un forte* —, to be a hard (*o* heavy) drinker.

bevone → **beone**.

bevuta *s.f.* **1** drink: *fare una bella* —, to have a good drink: *venite per una — a casa mia*, come round for a drink at my place **2** (*atto del bere*) drinking.

bevuto *agg.* (*fam.*) tight, drunk: *sei un po' — stasera*, you're a bit tight tonight.

bey *s.m.* bey.

bi *s.f.* letter B.

bi- *pref.* di origine latina con significato di 'due, composto di due, doppio'; ingl. bi-: *biannuale*, biannual; *bifocale*, bifocal.

biacca *s.f.* ceruse: — *di piombo*, white lead.

biacco *s.m.* (*zool.*) coluber.

biada *s.f.* forage, fodder, provender, grain.

biadare *v.tr.* to feed,* to fodder.

biancastro *agg.* whitish.

biancheggiamento *s.m.* (*letter.*) **1** (*l'imbianchire*) whitening **2** (*biancore*) whiteness.

biancheggiare *v.intr.* (*essere bianco*) to be white, to look white; (*diventare bianco*) to whiten, to grow* white: *i campi biancheggiano di neve*, the fields are white with snow; *il cielo biancheggia*, the sky is white; *i miei capelli cominciano a* —, my hair is growing white (*o* is turning white) ◆ *v.tr.* (*imbiancare*) to whiten: — *una stanza*, to whiten a room.

biancheria *s.f.* linen: — *da letto*, bed linen; — *da tavola*, table linen; — *intima*, underwear (*o* underclothes); — *per uomo*, men's underwear; — *per signora*, ladies' underwear.

bianchetto *s.m.* **1** (*biacca cosmetica*) ceruse **2** (*per pareti*) whitewash **3** (*correttore liquido*) correction fluid **4** (*per scarpe bianche*) white shoe-cleaner, white shoe polish **5** (*sbiancante*) bleach **6** *pl.* (*zool.*) whitebait [U].

bianchezza *s.f.* whiteness.

bianchiccio *agg.* whitish.

bianchimento *s.m.* **1** whitening; bleaching **2** (*bagno per metalli preziosi*) dipping.

bianchire *v.tr.* **1** to whiten; to bleach **2** (*metalli preziosi*) to polish; to clean.

bianco *agg.* **1** white: — *sporco*, off-white; — *avorio*, ivory; — *latte*, milk-white; *la campagna era bianca di neve*, the countryside was white with snow; *era tutto — di farina*, he had flour all over him **2** (*pulito, candido*) clean, white: *sul tavolo c'era una bella tovaglia bianca*, there was a spotless white tablecloth on the table; *non è tanto bianca la tua camicetta*, your blouse isn't so clean **3** (*non scritto*) blank: *un foglio* —, a blank sheet; *riempire gli spazi bianchi*, fill in the blanks; *scheda bianca*, blank ballot // *dare a qlcu. carta bianca*, to give s.o. unlimited power to act (*o* to give carte blanche to s.o.) **4** (*canuto*) white, (*letter.*) hoary: *capelli bianchi*, white hair; *a trent'anni era già tutto* —, his hair had gone completely white when he was thirty; *ha qualche filo — nei capelli*, he has some white hairs // *far venire i capelli bianchi*, (*fig.*) to turn s.o.'s hair white (*o* grey) **5** (*pallido*) pale, white, wan: *era — come un cencio, come un panno lavato*, he was as white as a sheet; *diventare — per la paura*, (*fig.*) to turn pale (*o* white) with fear.

◆ FRASEOLOGIA: *arma bianca*, cold steel // *arte bianca*, (*arte del fornaio*) bakery // *carbone* —, hydro-electric power // *la razza bianca*, the white race // *voci bianche*, children's choir // *settimana bianca*, weeklong skiing holiday // *libro* —, white book // *carni bianche*, white meat // *la Casa Bianca*, the White House // *il Mar Bianco*, the White Sea // *il Monte Bianco*, Mont Blanc.

bianco *s.m.* **1** (*colore*) white: *la sposa vestiva di —*, the bride was dressed in white (*o* wore white); *il — ti dona*, white suits you; *ho deciso di tinteggiare la mia stanza da letto di —*, I've decided to paint my bedroom white; *la neve era di un — abbagliante*, the snow was dazzlingly white // *film, fotografia in — e nero*, black and white film, photography // *un giorno dice — un altro dice nero*, he has a different story every day // *far vedere — per nero a qlcu.*, (*fig.*) to deceive s.o. (*o* to take s.o. in) // *mettere, porre nero su —*, to put down in writing // *di punto in —*, all of a sudden **2** (*parte bianca di qlco.*) white: *il — dell'occhio*, the white of the eye; *il — dell'uovo*, the white of an egg (*o* an egg white); *sbattete a neve tre bianchi d'uovo*, beat three egg whites stiff **3** (*biancheria di casa*) household linen: *fiera del —*, sale of household linen; *sconto del 20% sul —*, 20% discount on household linen; *cucitrice di —*, seamstress **4** (*uomo bianco*) white man: *sua madre era una bianca*, his mother was a white woman (*o* was white) // *i bianchi*, the whites; *i privilegi dei bianchi*, white man's privileges // *— povero*, (*in* USA) poor white // *tratta delle bianche*, white-slave traffic **5** (*per tinteggiatura*) whitewash: *dare il — a una casa*, to whitewash a house **6** (*vino*) white wine: *una bottiglia di —*, a bottle of white wine **7** *in —*, (*non scritto*) blank: *riempire gli spazi in —*, fill in the blanks; *lasciare uno spazio in —*, to leave a blank // (*comm.*): *assegno in —*, blank cheque; *cambiale in —*, blank bill; *girata in —*, blank endorsement; *firmare in —*, to sign a blank cheque; (*fig.*) to take (sthg.) on spec // *ha consegnato il compito in —*, he handed in a blank paper **8** *in —*, (*di cibo*) boiled; plain: *pesce in —*, boiled fish; *riso in —*, boiled rice; *deve mangiare in —*, he must cut out sauces and fried food.

biancomangiare *s.m.* (*cuc.*) blancmange.

biancone *s.m.* (*zool.*) harrier eagle.

biancore *s.m.* (*poet.*) whiteness.

biancospino *s.m.* (*bot.*) (*Crataegus oxyacantha*) hawthorn, whitethorn, may-blossom // *— della Virginia*, (*Crataegus crus-galli*) cockspur.

biancume *s.m.* (*spreg.*) **1** whitish colour **2** (*insieme di cose bianche*) white mass.

biarticolato *agg.* (*anat.*) biarticular.

biasciare → **biascicare**.

biascicamento *s.m.* drooling, mumbling.

biascicapaternostri *s.m.* (*non com.*) bigot; devotee.

biascicare *v.tr.* to drool; to mumble (*anche fig.*): *— preghiere, parole*, to mumble prayers, words.

biascicatura *s.f.* drooling; mumbling.

biascicone *s.m.* (*fam.*) mumbler.

biasimabile *agg.* blameworthy, blam(e)able.

biasimare *v.tr.* to blame, to condemn, to censure; to reproach, to reprove: *non puoi che — te stesso per quanto è accaduto*, you have only yourself to blame for what's happened; *è molto da —*, he's greatly at fault.

biasimevole *agg.* blameworthy, blam(e)able.

biasimo *s.m.* blame; censure; reproof: *degno di —*, blameworthy; *merita tutto il nostro —*, it deserves our censure; *nota di —*, reprimand; *meritava le sue parole di —*, she deserved to be reprimanded by him.

biathlon *s.m.* (*sport*) biathlon.

biatomico *agg.* (*chim.*) diatomic.

biauricolare *agg.* biauricular.

biavo *agg.* e *s.m.* (*letter.*) pale blue, faded blue.

bibasico *agg.* (*chim.*) bibasic.

bibbia *s.f.* Bible.

biberon *s.m.* (feeding) bottle, baby's bottle: *nutrire un bambino con il —*, to bring up a child on the bottle.

bibita *s.f.* (soft) drink, beverage: *— analcolica*, soft drink // *bibite*, (*rinfreschi*) refreshments.

bi-bivalente *agg.* (*chim.*) bibivalent: *elettrolita —*, bibivalent electrolyte.

biblicismo *s.m.* (*relig.*) biblicism.

biblico *agg.* biblical.

bibliobus *s.m.* (*con biblioteca*) mobile library; (*amer.*) bookmobile.

bibliofilia *s.f.* bibliophily, bibliophilism.

bibliofilo *s.m.* bibliophile; booklover.

bibliografia *s.f.* bibliography.

bibliografico *agg.* bibliographic(al).

bibliografo *s.m.* bibliographer.

biblioiatrica *s.f.* art of book-restoring.

bibliologia *s.f.* bibliology, booklore.

bibliologo *s.m.* bibliologist.

bibliomane *s.m.* e *f.* bibliomane, bibliomaniac.

bibliomania *s.f.* bibliomania.

bibliomanzia *s.f.* bibliomancy.

biblioteca *s.f.* **1** library: *— circolante*, lending library; *— pubblica, privata*, public, private library; *fare ricerche in —*, to do research in a library // (*inform.*): *— di programmi*, program library; *— di routine di input, output*, input, output library; *— dei moduli eseguibili*, core image library; *— dei programmi applicativi*, application library // *— ambulante*, (*scherz.*) (*persona erudita*) walking encyclopaedia **2** (*mobile*) bookcase; (*scaffale*) bookshelf*.

bibliotecaria *s.f.* **bibliotecario** *s.m.* librarian.

biblioteconomia *s.f.* librarianship; library science.

biblioteconomista *s.m.* e *f.* **biblioteconomo** *s.m.* expert in library science.

biblista *s.m.* e *f.* Bible scholar, biblist.

biblistica *s.f.* Bible studies (*pl.*)

bibulo *agg.* (*non com.*) absorbent: *carta bibula*, blotting paper ◆ *s.m.* (*scherz.*) soak, drunkard.

bica *s.f.* **1** (*di grano*) stack, stook, shock **2** (*fig.*) (*mucchio, massa*) heap; pile.

bicamerale *agg.* (*pol.*) bicameral: *sistema —*, bicameral system.

bicameralismo *s.m.* bicameralism.

bicamere *agg.* two-room (*attr.*), two-roomed ◆ *s.m.* two-roomed flat.

bicarbonato *s.m.* (*chim.*) bicarbonate: *— di sodio*, sodium bicarbonate (*o* bicarbonate of soda).

bicchierata *s.f.* **1** (drinking) party, celebration; drink; (*fam.*) get-together: *la — finì in una rissa*, the (drinking) party finished in a riot; *ha fatto una — con gli amici per festeggiare la laurea*, he had a drink with his friends to celebrate his graduation **2** (*contenuto di un bicchiere*) glassful; glass.

bicchiere *s.m.* **1** glass; *— per l'acqua*, tumbler, glass; *— per il vino*, wine glass; *bicchieri di carta*, disposable paper cup; *bere un — di troppo*, to have one too many; *il — trabocca*, the glass is running over // *il — della staffa*, the stirrup cup // *una tempesta in un — d'acqua*, a storm in a teacup // *affogare, perdersi in un — d'acqua*, to drown in an inch of water // *fondo di —*, imitation (*o* false) diamond **2** (*contenuto*) glassful, glass: *un — di acqua, vino*, a glass of water, of wine.

bicchierino *s.m.* **1** small glass; liqueur glass **2** (*il contenuto*) tot, dram; (*fam.*) drop, snort, snifter, nip: *un — di grappa*, a drop (*o* a snort *o* a snifter) of grappa.

bicefalo *agg.* bicephalous, two-headed.

bicellulare *agg.* (*biol.*) bicellular.

bicentenario *agg.* e *s.m.* bicentenary.

bici *s.f.* (*fam.*) abbr. di → **bicicletta**.

bicicletta *s.f.* bicycle; (*fam.*) bike: *— a motore*, motorcycle (*o fam.* motorbike); *— da corsa*, racing bicycle; *andare in —*, to ride a bicycle (*o* to cycle); *recarsi in un luogo in —*, to cycle to a place; *viaggiare l'Italia in —*, to cycle round Italy.

biciclettata *s.f.* (*fam.*) bicycle ride.

biciclo *s.m.* velocipede; (*fam.*) penny-farthing.

bicilindrico *agg.* (*tecn.*) **1** (*con due superfici cilindriche*) bicylindrical: *lente bicilindrica*, bicylindrical lens **2** (*con due cilindri*) twin -cylinder: *motore —*, twin-cylinder engine.

bicipite *agg.* two-headed: *l'aquila —*, the two-headed eagle ◆ *s.m.* (*anat.*) biceps*.

bicloruro *s.m.* (*chim.*) bichloride.

bicocca *s.f.* (*casupola*) hut; hovel; shanty, (*fam.*) dump.

bicolore *agg.* **1** two-coloured, bicoloured **2** (*pol.*) two-party: *governo —*, two-party government.

bicomando *agg.* dual-control.

bicompattezza *s.f.* (*mat.*) bicompactness.

bicompatto *agg.* (*mat.*) bicompact.

biconcavo *agg.* (*fis.*) biconcave.

biconico *agg.* biconical.

biconvesso *agg.* (*fis.*) biconvex.

bicoppia *s.f.* (*tel.*) quad.

bicorne *agg.* **1** two-horned // *argomento —*, dilemma **2** (*biforcuto*) forked.

bicornia *s.f.* **1** two-beaked anvil **2** beakiron, bickiron.

bicorno *s.m.* two-cornered hat.

bicornuto *agg.* two-horned; forked.

bicromato *s.m.* (*chim.*) dichromate.

bicromia *s.f.* (*tip.*) two-colour print.

bicuspidale *agg.* bicuspid(ate).

bicuspide *agg.* bicuspid.

bidè *s.m.* bidet.

bidella *s.f.* caretaker; porter.

bidello *s.m.* caretaker, janitor; porter: *— di università*, university porter; *— di scuola*, school caretaker.

bidente *s.m.* (*agr.*) two-pronged fork.

bidet *s.m.* bidet.

bidimensionale *agg.* two-dimensional, bidimensional.

bidimensionalità *s.f.* bidimensionality.

bidirezionale *agg.* bidirectional; two-way (*attr.*); (*inform.*) half-duplex.

bidonare *v.tr.* (*fam.*) (*truffare*) to cheat, to swindle; (*mancare a un impegno, appuntamento*) to let* (s.o.) down, to leave* (s.o.) in the lurch, to stand* (s.o.) up.

bidonata *s.f.* (*fam.*) swindle, cheat, rip-off: *è stata una bella —*, it was a real swindle; *che —!*, what a rip-off!; *fare una — a qlcu.*, to cheat s.o. (*o* to let s.o. down); (*mancare all'appuntamento*) to stand s.o. up.

bidone *s.m.* **1** drum, tank: *— per l'olio*, oil drum; *— della spazzatura*, dustbin; (*amer.*) garbage can **2** (*fam.*) (*imbroglio*) dirty trick, dirty deal; (*fam. amer.*) lemon bouncing: *prendersi un —*, to be taken for a ride **3** (*fam.*) (*oggetto malfunzionante*) dud, dead loss: *ci hanno imbrogliato, questa auto è un vero —*, we have been conned, this car is a real rip-off **4** (*metall.*) sheet bar.

bidonista *s.m.* e *f.* (*fam.*) (*imbroglione*) swindler, cheat, crook; conman* // *sei il solito —: mi fai preparare tutto e poi mi telefoni che non vieni!*, you're always standing me up: you let me get everything ready and then phone and tell me you're not coming!

bidonvia *s.f.* cable car (in continuous movement).

bidonville *s.f.* shantytown.

biecamente *avv.* obliquely, askance; (*torvamente*) sullenly; (*malvagiamente*) wickedly, perversely: *lo guardò —*, she looked at him askance.

bieco *agg.* oblique, malevolent, menacing; (*torvo*) sullen, surly, sinister-looking; (*malvagio*) wicked: *animo —*, evil soul.

bielica *agg.* (*aer., mar.*) twin-screw.

biella *s.f.* (*mecc.*) connecting rod: *occhio, piede di —*, connecting rod, small end; *testa di —*, big end of the connecting rod // (*ferr.*): *— accoppiata*, side rod; *— madre*, master (connecting) rod.

bielorusso *agg.* e *s.m.* white Russian, belorussian, bielorussian.

biennale *agg.* (*di ogni due anni*) biennial (*anche bot.*): (*che dura due anni*) two-year, two- yearly: *un corso —*, a two-year course; *una mostra —*, a biennial exhibition // *la Biennale* (*di Venezia*), the Biennial Exhibition (of Modern Art in Venice).

bienne *agg.* (*bot.*) biennial.

biennio *s.m.* biennium*, period of two years, two-year period.

bierre *s.m.* e *f.* member of the Red Brigade.

bieticoltore *s.m.* beet grower.

bieticoltura *s.f.* beet growing.

bietola *s.f.* (*bot.*) **1** → **barbabietola** **2** (*Beta vulgaris cicla*) (Swiss) chard **3** (*da foraggio*) mangold.

bietolone *s.m.* **1** (*bot. pop.*) → **atreplice** **2** (*fig.*) clod, fool.

bietta *s.f.* **1** (*cuneo*) wedge **2** (*mecc.*) key, spline: *— trasversale*, cotter.

bifase *agg.* (*elettr.*) two-phase (*attr.*): *alternatore —*, two-phase alternator.

bifasico *agg.* (*chim.*) biphasic, diphase, diphasic.

biffa *s.f.* (*topografia*) grade stake: *— da misura*, levelling staff.

biffare *v.tr.* **1** (*cancellare con crocette*) to cross out **2** (*fig.*) (*rubare*) to steal*; (*fam.*) to pinch, to nick.

bifido *agg.* bifid: *lingua bifida*, forked tongue.

bifilare *agg.* **1** bifilar **2** (*elettr.*) double-wire (*attr.*).

bifocale *agg.* (*fis.*) bifocal: *lente —*, bifocal lens.

bifolco *s.m.* **1** ploughman*; farm labourer **2** (*persona rozza*) boor; yokel, clod.

bifora *s.f.* (*arch.*) double lancet window, twin lancet window.

biforcamento *s.m.* bifurcation, fork.

biforcare *v.tr.* to bifurcate, to fork.
□ **biforcarsi** *v.intr.pron.* to fork; to branch off: *a un certo punto la strada si biforca*, at a certain point the road forks.

biforcatura *s.f.* bifurcation, fork.

biforcazione *s.f.* **1** bifurcation, fork **2** (*bot.*) divarication.

biforcuto *agg.* bifurcate, forked; furcate: *ha la lingua biforcuta!*, she's a great gossip!

biforme *agg.* (*letter.*) biform.

bifronte *agg.* **1** two-faced; (*in enigmistica*) palindromic: *Giano —*, two-faced Janus **2** (*insincero*) two-faced: *uomo —*, opportunist.

big *s.m.* e *f.* big shot, big name, giant; star: *i — della finanza*, the giants of finance.

biga *s.f.* **1** (*cocchio romano*) biga (*pl.* -ae) **2** (*mar.*) shears (*pl.*).

bigamia *s.f.* bigamy.

bigamo *agg.* bigamous ◆ *s.m.* bigamist.

bigattiera *s.f.* silkworm house, silkworm nursery.

bigatto *s.m.* (*region.*) silkworm.

bigeminismo *s.m.* (*med.*) bigeminy.

bigemino *agg.* (*med.*) bigeminal.

bighellare *v.intr.* **bighellarsi** *v.intr.pron.* → **bighellonare**.

bighellona *s.f.* **bighellone** *s.m.* loafer; dawdler.

bighellonaggio *s.m.* loitering (*anche dir.*).

bighellonare *v.intr.* to loiter (*anche dir.*); to saunter, to dawdle; (*perdere tempo*) to loaf (about); to hang* around aimlessly.

bighelloni *avv.* (*letter.*) loafing, dawdling: *andare —*, to dawdle along (*o* to loaf along).

bigiare *v.tr.* (*region.*): *— la scuola*, to play truant (*o amer.* to play hooky); *— la lezione di francese*, to skip the French lesson.

bigino *s.m.* crib; (*amer.*) pony.

bigio *agg.* (dull) grey; (*amer.*) (dull) gray: *filo —*, grey thread; *tempo, cielo —*, (dull) grey weather, sky ◆ *s.m.* grey; (*amer.*) gray.

bigiognolo *agg.* (dull) greyish; (*amer.*) (dull) grayish.

bigiotteria *s.f.* **1** (*negozio*) (costume) jeweller's; gift shop **2** (*oggetti*) (costume) jewellery; trinkets (*pl.*).

biglia e *deriv.* → **bilia** e *deriv.*

bigliettaio *s.m.* ticket seller; (*sui tram, autobus*) conductor; (*sui treni*) ticket collector; (*di stazione*) booking clerk.

bigliettazione *s.f.* (*burocrazia*) the emission of tickets.

biglietteria *s.f.* ticket office; (*di stazione*) booking office, ticket office; (*di teatro*) box office.

biglietto *s.m.* **1** (*breve scritto*) note: *mandagli un — per informarlo*, drop him a note to let him know; *— galante*, love letter **2** (*cartoncino*) card: *— da visita*, visiting card; *— di invito*, invitation card;*— di Natale*, Christmas card; *— postale*, letter-card; *eccovi il mio — da visita*, here is my card **3** (*contrassegno*) ticket: *— a prezzo ridotto*, cheap ticket; *— di andata e ritorno*, return ticket, (*amer.*) round-trip ticket; *— di* (*sola*) *andata*, single ticket (*o* one-way ticket); *— di favore*, complimentary ticket; *— di ingresso*, (*in stazione*) platform ticket; *— di prenotazione*, (*di un posto*) reserved-seat ticket (*o* reservation *o* seat reservation); *— ferroviario*, railway ticket; *— festivo*, weekend ticket; *— supplementare*, train supplement; *mezzo —*, half-price ticket; *il — vale sino alla fine del mese*, the ticket is valid until the end of the month; *essere munito di —*, to be provided with ticket **4** (*banconota*) (bank)note, (*amer.*) bill: *— da mille lire*, a thousand-lire note; *un — da dieci dollari*, a ten-dollar bill; *biglietti di piccolo taglio*, small -value notes; *— di banca*, (currency) note; *emissione di biglietti di banca*, issue of banknotes.

bigliettone *s.m.* (*fam.*) high denomination banknote.

bignami *s.m.* (*pop.*) crib.

bignè *s.m.* cream puff.

bigodino *s.m.* curler.

bigoncia *s.f.* **1** bin // *a bigonce*, in great quantity: *piove a bigonce*, it is pouring with rain **2** (*ant.*) chair, pulpit.

bigoncio *s.m.* tub, vat.

bigotta[1] *s.f.* bigot, bigoted woman: *una vecchia —*, a bigoted (*o* sanctimonious) old woman.

bigotta[2] *s.f.* (*mar.*) dead-eye.

bigotteria *s.f.* **bigottismo** *s.m.* bigotry.

bigotto *agg.* over-devout, bigoted ◆ *s.m.* bigot, bigoted man, sanctimonious man.

bijezione *s.f.* (*mat.*) bijection.

bijou *s.m.* **1** jewel, gem; precious object: *dovresti vedere la sua nuova casa: è un —!*, you should see his new house: it's a dream (*o* a gem)! **2** (*di persona*) treasure, gem.

bikini *s.m.* bikini.

bilabiale *agg.* e *s.f.* (*ling.*) bilabial.

bilabiato *agg.* (*bot.*) bilabial.

bilama *agg.* double-bladed.

bilancia *s.f.* **1** balance, scale(s): *— a bilico*, platform scales; *— a indice*, dial balance; *— a molla*, spring balance; *— a ponte*, weigh bridge; *— d'assaggio*, (*per orefici*) assay balance; *— di precisione*, precision balance; *— elettrica*, electric balance; *— idrostatica*, hydrostatic balance; *— pesa bambini*, baby scales; *— romana*, (*stadera*) steelyard; *piatto della —*, scale // *far pendere la — da una parte*, to tip the scales (in favour of) (*o* to give more weight to sthg.) // *la — della giustizia*, the scales of justice // *porre due cose sulla —*, (*fig.*) to weigh two things against each other // *tenere in pari la —*, to hold the scales even **2** (*econ.*) balance: *— commerciale*, balance of trade (*o* trade balance *o* trade account); *— commerciale attiva*, active (*o* favourable) trade balance; *— commerciale passiva*, passive (*o* adverse) trade balance; *— dei pagamenti*, balance of payments; *— dei pa-*

gamenti in attivo, in passivo, favourable, unfavourable balance of payments; — *delle partite visibili, invisibili*, visible, invisible balance; — *dei pagamenti correnti*, balance of current payments; — *dei conti esteri*, balance of external (*o* international) payments; — *delle importazioni ed esportazioni*, balance of imports and exports; — *dei capitali*, capital balance; — *dei conti*, capital account **3** (*rete da pesca*) trawl(-net) **4** (*traversa di carrozza, carro*) whipple tree, swingle tree **5** (*astr.*) *Bilancia*, Libra, the Scales.

bilanciaio *s.m.* (*non com.*) scales maker.

bilanciamento *s.m.* balance, balancing.

bilanciare *v.tr.* **1** to balance: *sei capace di — un bastone sulla punta del naso?*, can you balance a stick on the tip of your nose?; — *un carico*, to distribute a load // (*comm.*): — *un conto*, to balance an account; — *il proprio reddito*, to balance one's income; — *i titoli*, to balance securities; *il guadagno non bilancia la spesa*, the profit doesn't balance the expense **2** (*ponderare*) to weigh (up), to consider carefully: — *le parole*, to weigh one's words; — *il pro e il contro*, to weigh (up) the pros and cons.

□ **bilanciarsi** *v.rifl.* (*stare in equilibrio*) to balance ◆ *v.rifl.rec.* to be equivalent, to balance out.

bilanciatamente *avv.* in equilibrium.

bilanciato *agg.* balanced: *pesi bilanciati*, balanced loads; *dieta bilanciata*, balanced diet; (*comm.*) *conto* —, balanced account; (*fin.*) *fondo* —, balanced fund.

bilanciatura *s.f.* balance, balancing: (*aut.*) — *delle ruote*, wheel balancing.

bilanciere *s.m.* **1** (*di orologio*) balance (wheel): — *compensato*, compensation balance; *molla del* —, hairspring (*o* balance spring) **2** (*mecc.*) equalizer, compensator; (*pressa a mano*) fly press.

bilancino *s.m.* **1** (*di carrozza*) splinter-bar **2** (*cavallo di rinforzo*) trace-horse.

bilancio *s.m.* **1** (*econ., comm.*) balance; (*spec. di previsione*) budget; (*di esercizio*) balance sheet: — *attivo, passivo*, credit, debit balance; — *comunitario*, community budget; — *consolidato*, consolidated balance sheet; — *consuntivo*, closed budget (*o* final balance); — *dello stato*, (national) budget; — *di costituzione*, establishment balance sheet; — *di apertura*, opening balance sheet; — *familiare*, household budget; — *in pareggio*, balanced budget; — *provvisorio*, interim (*o* provisional) balance sheet; — (*statale*) *di competenza*, budget of authorisation; — *annuale*, annual balance sheet; *revisione, verifica del* —, balance sheet auditing (*o* audit); *voce di* —, balance sheet item; — *di apertura*, opening balance; — *di chiusura*, closing balance; — *fiscale*, tax balance sheet; — *di verifica*, trial balance; — *preventivo delle vendite*, sales budget; *fare un* —, to draw up (*o* strike) a balance sheet; *approvare il* —, to pass the budget; *chiudere un — in attivo*, to close a balance (*o* to balance the books) with a profit (*o* in the black); *chiudere un — in passivo*, to close a balance (*o* to balance the books) with a loss (*o* in the red); *chiudere un — in pareggio*, to balance the budget (*o* the break even); *fare un — preventivo*, to budget; *falsificare un* —, to counterfeit a balance // *di* —, budgetary // *fuori* —, off balance sheet **2** (*fig.*) (net) result, outcome: *fare il — della propria vita*, to take stock of one's life; *mettere in* —, to consider (*o* to take into consideration); *fare il — di una situazione*, to take stock (*o* to weigh the pros and cons) of a situation **3** (*scient.*) balance; budget: — *idrologico*, water budget; — *termico*, heat balance.

bilarzia *s.f.* (*zool.*) bilharzia.

bilarziosi *s.f.* (*med.*) bilharziasis, bilharziosis.

bilaterale *agg.* bilateral: (*dir.*) *contratto* —, bilateral (*o* reciprocal) contract; (*med.*) *paralisi* —, bilateral paralysis; (*pol.*) *patto* —, bilateral pact; (*econ.*) *accordo* —, bilateral agreement.

bilateralismo *s.m.* (*econ., med.*) bilateralism.

bilateralità *s.f.* bilaterality.

bilatero *agg.* (*biol.*) bilateral.

bile *s.f.* **1** bile **2** (*fig.*) (*collera*) bile, (bad) temper, ill-humour, anger, rage: *verde dalla* —, purple with rage (*o* livid with anger); *rodersi dalla* —, to be consumed with rage (*o* to eat oneself up with anger) // *sputare* —, to be livid with, to be hopping mad (at sthg., s.o.) // *ingoiare* —, to swallow one's rage // *riversare la propria — contro qlcu.*, to rail at s.o.

bilenco → **sbilenco**.

bilharzia → **bilarzia**.

bilia *s.f.* **1** (*al biliardo*) (palla) billiard (ball); (*buca*) pocket: *fare* —, to pocket a ball **2** (*pallina di vetro ecc.*) marble: *giocare alle bilie*, to play marbles.

biliardaio *s.m.* **1** (*chi fabbrica biliardi*) billiard table maker, billiard equipment maker **2** (*chi vende biliardi*) billiard equipment seller.

biliardino *s.m.* bagatelle table: — *elettrico*, pinball machine.

biliardo *s.m.* (*gioco*) billiards ⓤ; (*tavolo*) billiard table: *stecca da* —, billiard cue; *panno del* —, beize (*o* billiard cloth); *stanza del* —, billiard room; *giocare a* —, to play billiards.

biliare *agg.* biliary; bile (*attr.*): *calcolo* —, bilestone (*o* gallstone); *colica* —, biliary colic; *dotti biliari*, bile-ducts.

bilico *s.m. nelle locuz.*: *in* —, in the balance; *mettere in* —, to balance (*o* to poise); *tenere qlcu. in* —, (*fig.*) to keep s.o. hanging on; *stare in* —, to be balanced (*o* to be in equilibrium) // *essere in — tra la vita e la morte*, to hover between life and death.

bilineare *agg.* (*mat.*) bilinear: *equazione* —, bilinear equation.

bilinearità *s.f.* (*mat.*) bilinearity.

bilingue *agg.* **1** bilingual: *testo* —, bilingual text; *dizionario* —, bilingual dictionary **2** (*parlante due lingue*) bilingual: *persona* —, bilingual person.

bilinguismo *s.m.* bilingualism.

bilione *s.m.* **1** (*un milione di milioni*) trillion **2** (*miliardo*) (one) thousand million, billion.

bilioso *agg.* **1** bilious **2** (*fig.*) peevish, irascible, bad tempered.

bilirubina *s.f.* (*biochim.*) bilirubin.

biliverdina *s.f.* (*biochim.*) biliverdin.

billeri *s.m.* (*bot.*) → **cardamine**.

bilobato *agg.* (*bot.*) bilobate.

bilocale *agg.* two-roomed ◆ *s.m.* two-roomed flat.

bilocazione *s.f.* bilocation, presence in two places simultaneously.

biluce *agg.* twin-light (*attr.*): *lampada* —, twin-light lamp.

bilustre *agg.* (*letter.*) ten years old (*pred.*); ten years long (*pred.*); ten-year-(old) (*attr.*).

bimane *s.m.* bimane*.

bimano *agg.* bimanal, bimanous, two-handed.

bimba *s.f.* **bimbo** *s.m.* child*, (small) child; baby.

bimensile *agg.* fortnightly; (*non com.*) bimonthly; (*spec. amer.*) semimonthly: *rivista* —, fortnightly magazine ◆ *s.m.* semimonthly, bimonthly.

bimestrale *agg.* **1** (*che ricorre ogni due mesi*) bimonthly, two-monthly: *pagamento* —, two-monthly (*o* bimonthly) payment; *rata* —, two-monthly instalment **2** (*che dura due mesi*) bimestrial, two-month: *corso* —, two-month course.

bimestre *s.m.* (period of) two months.

bimetallico *agg.* bimetallic.

bimetallismo *s.m.* (*econ.*) bimetallism.

bimetallista *s.m.* (*econ.*) bimetallist.

bimetallo *s.m.* bimetal: — *termico*, thermometal.

bimillenario *s.m.* two thousandth anniversary.

bimolecolare *agg.* (*chim.*) bimolecular.

bimotore *agg.* (*aer.*) twin-engined: *caccia* —, twin-engined fighter ◆ *s.m.* twin-engined aircraft: — *da bombardamento*, twin-engined bomber.

binario *agg.* (*scient.*) binary: *stella binaria*, binary (star); *scala binaria*, binary scale; (*chim.*) *composto* —, binary compound; (*inform.*) *codice* —, binary code.

binario *s.m.* (railway) line, track; (*amer.*) railroad: — *a scartamento ridotto*, narrow gauge line; — *cieco*, dead-end siding; — *di carico*, loading siding; — *di raccordo*, connecting line; — *morto*, dead-end track; — *unico*, single track; *doppio* —, double track; *uscire dai binari*, to derail; (*fig.*) to go off the rails; *il treno parte dal — 6*, the train leaves from platform 6; *biglietto di accesso ai binari*, platform ticket.

binato *agg.* binate (*anche bot.*); in pairs, coupled; twin: (*arch.*) *colonne binate*, twin columns; (*mil.*) *torretta binata*, twin turret.

binatrice *s.f.* (*tess.*) doubler.

binatura *s.f.* (*tess.*) doubling.

binda *s.f.* (*mecc.*) (lifting) jack: — *a cremagliera*, ratchet jack.

bindolo *s.m.* **1** (*tess.*) winder **2** (*ruota per attingere acqua*) water-wheel **3** (*fig.*) (*truffa*) trick; (*truffatore*) cheat, trickster.

bingo *s.m.* bingo.

binocolo *s.m.* binoculars (*pl.*); pair of binoculars; field glasses; (*da teatro*) opera glass(es).

binoculare *agg.* binocular.

binodo *s.m.* (*elettr.*) dual diod.

binomiale *agg.* (*mat.*) binomial: *coefficiente* —, binomial coefficient.

binomio *s.m.* **1** (*mat.*) binomial **2** (*estens.*) couple, pair.

binormale *agg.* e *s.f.* (*stat.*) binormal.

binucleare *agg.* (*fis.*) binucleate, binuclear.

bio- *pref.* di origine greca che indica relazione con la 'vita', con 'le cose viventi'; ingl. bio-: *biogenesi*, biogenesis; *biochimica*, biochemistry.

bioastronautica *s.f.* bioastronautics [U].

biobibliografico *agg.* biobibliographical.

biocatalisi *s.f.* (*chim.*) biocatalysis.

biocatalizzatore *s.m.* (*biochim.*) biocatalyst.

bioccolo *s.m.* **1** (*di fibra tessile*) flock **2** (*di candela*) candledrip **3** (*di neve*) snowflake.

bioccoluto *agg.* flocky, flocculent, floccose.

biocenologia *s.f.* (*ecol.*) biocoenology, biocenology.

biocenosi *s.f.* (*ecol.*) biocoenosis, biocenosis.

biochimica *s.f.* biochemistry.

biochimico *agg.* biochemical ◆ *s.m.* biochemist.

biociclo *s.m.* (*ecol.*) biocycle.

bioclastico *agg.* (*geol.*) bioclastic.

bioclimatologia *s.f.* (*ecol.*) bioclimatology.

biocora *s.f.* (*ecol.*) biochore.

biocronologia *s.f.* (*geol.*) biochronology.

biodegradabile *agg.* (*biochim.*) biodegradable.

biodegradabilità *s.f.* (*biochim.*) biodegradability.

biodegradazione *s.f.* (*biochim.*) biodegradation.

biodinamica *s.f.* biodynamics [U].

biodo *s.m.* (*bot.*) (*Scirpus lacustris*) club-rush.

bioelettricità *s.f.* (*fis.*) bioelectricity.

bioelettrico *agg.* (*fis.*) bioelectrical.

bioelettronica *s.f.* bioelectronics [U].

bioenergetica *s.f.* (*biol.*) bioenergetics [U].

bioenergetico *agg.* (*biol.*) bioenergetic.

bioetica *s.f.* bioethics [U].

biofisica *s.f.* biophysics [U].

biofisico *agg.* biophysical ◆ *s.m.* biophysicist.

biogas *s.m.* biogas.

biogenesi *s.f.* biogenesis.

biogenetica *s.f.* (*biol.*) biogenetics [U].

biogenetico *agg.* biogenetic.

biogenia *s.f.* biogeny, biogenesis.

biogeno *agg.* biogenic.

biogeografia *s.f.* biogeography: — *descrittiva*, areography.

biografia *s.f.* biography: — *romanzata*, biographical novel.

biograficamente *avv.* biographically.

biografico *agg.* biographic(al).

biografo *s.m.* biographer.

bioherma *s.m.* (*geol.*) bioherm.

bioingegnere *s.m.* bioengineer.

bioingegneria *s.f.* bioengineering.

biolco → **bifolco**.

biolisi *s.f.* (*biol.*) biolysis.

biolite *s.f.* (*geol.*) biolite, biolith.

biologia *s.f.* biology // — *spaziale*, exobiology.

biologicamente *avv.* biologically.

biologico *agg.* biological, (*meno com.*) biologic // (*chim.*, *biol.*) *verifica, prova biologica*, bioassay // (*ecol.*) *controllo* —, biological control.

biologismo *s.m.* biologism.

biologo *s.m.* biologist.

bioluminescenza *s.f.* (*fis.*) bioluminescence.

bioma *s.m.* (*ecol.*) biome.

biomassa *s.f.* (*ecol.*) biomass.

biomeccanica *s.f.* biomechanics [U].

biomedicina *s.f.* biomedicine.

biomedico *agg.* biomedical.

biometeorologia *s.f.* biometeorology.

biometria, **biometrica** *s.f.* biometry, biometrics [U].

biometrico *agg.* (*biol.*) biometric.

bionda[1] *s.f.* **1** blonde, fair(-haired) woman: — *incendiaria*, (*fam.*) stunning blonde **2** (*sl.*) (*sigaretta*) cigarette.

bionda[2] *s.f.* (*merletto*) blonde (lace).

biondastro *agg.* fairish; blondish.

biondeggiante *agg.* yellowing.

biondeggiare *v.intr.* to turn yellow, to turn golden.

biondezza *s.f.* fairness, blondness.

biondiccio *agg.* (*spreg.*) blondish; fairish.

biondina *s.f.* fair-haired girl, blonde; (*bambina bionda*) fair-haired little girl.

biondino *s.m.* fair-haired boy; blond.

biondo *agg.* fair, flaxen; (*di uomo*) blond, fair-haired; (*di donna*) blonde, fair-haired: *le bionde spighe*, the golden (*o* yellow) ears ◆ *s.m.* **1** (*colore*) fair colour, blond colour: — *cenere*, ash-blond; — *platino*, platinum blond; *capelli di un — dorato*, golden hair **2** (*uomo biondo*) fair-haired man, blond.

bionica *s.f.* bionics [U].

bionico *agg.* bionic.

bionomia *s.f.* (*biol.*) bionomics [U], bionomy.

bionte *s.m.* (*ecol.*) bion.

bioplasma *s.m.* (*biol.*) bioplasm.

biopsia *s.f.* (*med.*) biopsy.

bioptico *agg.* (*med.*) bioptic.

bioritmo *s.m.* (*biol.*) biorhythm.

biortogonale *agg.* e *s.f.* (*mat.*) biorthogonal.

bioscopia *s.f.* bioscopy.

biosfera *s.f.* biosphere.

biosintesi *s.f.* (*biol.*) biosynthesis.

biossido *s.m.* (*chim.*) dioxide: — *di manganese*, manganese dioxide.

biostatica *s.f.* biostatics [U].

biostatistica *s.f.* biostatistics [U].

biostratigrafia *s.f.* (*geol.*) biostratigraphy.

biostroma *s.m.* (*geol.*) biostrome.

biotecnologia *s.f.* biotechnology.

biotico *agg.* (*biol.*) biotic // (*ecol.*) *zona biotica*, biotic zone.

biotina *s.f.* (*biochim.*) biotin.

biotipo *s.m.* (*biol.*) biotype.

biotite *s.f.* (*min.*) biotite.

biotopo *s.m.* (*ecol.*) biotope.

biotto *agg.* (*dial.*) **1** naked, nude **2** (*ant.*) wretched, miserable.

biovulare *agg.* (*biol.*) biovular.

bipala *agg.* (*aer.*) two-bladed: *elica* —, two-bladed propeller.

biparo *agg.* (*biol.*) biparous.

bipartire *v.tr.* to halve; to cut* in two. □ **bipartirsi** *v.intr.pron.* to fork; to branch off, to divide, to bifurcate.

bipartitico *agg.* two-party (*attr.*), bipartisan.

bipartitismo *s.m.* two-party system.

bipartito *agg.* bipartite.

bipartizione *s.f.* **1** bipartition **2** (*punto di divisione*) bifurcation.

bip bip *s.m.* bip, beep.

bipede *agg.* biped(al), two-footed ◆ *s.m.* biped.

bipennato *agg.* (*bot.*) bipinnate.

bipenne *s.f.* two-edged hatchet.

biplano *s.m.* (*aer.*) biplane.

bipolare *agg.* (*elettr.*, *biol.*) bipolar.

bipolarità *s.f.* (*fis.*) bipolarity.

bipolarizzazione *s.f.* bipolarisation.

bipolide *agg.* dual national, with dual nationality ◆ *s.m.* e *f.* dual national.

bipolo *s.m.* (*elettr.*) dipole.

biposto *s.m.* (*aer.*) two-seater.

biprisma *s.m.* (*fis.*) biprism.

biquadrare *v.tr.* (*mat.*, *antiq.*) to biquadrate.

biquadratico *agg.* (*mat.*) biquadratic.

biquadrato *s.m.* (*mat.*) biquadrate.

birapporto *s.m.* (*mat.*) anharmonic ratio.

birazionale *agg.* (*mat.*) birational: *trasformazione* —, birational transformation.

birba *s.m.* **1** (*monello*) rascal, scamp **2** (*furfante*) scoundrel, rogue, rascal.

birbantaggine *s.f.* roguery, knavery.

birbante *s.m.* **1** scoundrel, rogue; (*sl.*) rotter **2** (*monello*) rascal: *ah, —, ti ho preso!*, I've caught you, you little rogue!

birbanteggiare *v.intr.* (*non com.*) to act like a rogue.

birbanteria *s.f.* knavery, villainy; (*tiro birbone*) monkey business, dirty trick.

birbantesco *agg.* scoundrelly, rotten, knavish.

birbata, **birberia** → **birbanteria**.

birbesco *agg.* (*rar.*) **1** knavish **2** (*furbo*) sly, mischievous: *modi birbeschi*, cunning ways.

birbo → **birba**.

birbonaggine *s.f.* villainy, roguery; (*tiro birbone*) monkey business, dirty trick.

birbonata *s.f.* dirty trick; monkey business [U].

birbone *agg.* **1** (*da furfante*) unfair, underhand; (*iron.*) dastardly: *un tiro, uno scherzo* —, a dirty trick; *è stata un'azione birbona da parte tua*, it was really underhand (*o* unfair) of you **2** (*molto intenso*) terrible: *fa un freddo* —, it's terribly (*o* wickedly) cold; *ebbi una paura birbona*, I was scared stiff ◆ *s.m.* scoundrel, rogue, rascal; (*fam.*) rat.

birboneggiare *v.intr.* to act roguishly.

birboneria → **birbanteria**.

birbonesco *agg.* roguish, knavish, rascally.

bireattore *s.m.* (*aer.*) two-jet aircraft.

bireme *s.f.* (*mar.*) bireme.

biribissi *s.m.* **1** 'biribissi' (a game of chance played with counters) **2** (*piccola trottola*) small spinning top.

birichinata *s.f.* prank; escapade; mischievous trick: *è una delle sue solite birichinate*, he's up to his usual tricks again.

birichino *agg.* **1** cheeky, naughty **2** (*malizioso, furbo*) sly, mischievous: *occhi birichini*, mischievous eyes; *sguardo* —, sly (*o* cheeky) look ◆ *s.m.* urchin, mischievous, cheeky boy.

birifrangente *agg.* (*fis.*) birefringent.

birifrangenza *s.f.* (*fis.*) birefringence.

birifrazione *s.f.* (*fis.*) double refraction, birefraction.

birignao *s.m.* (*teatr.*) drawl.

birillo *s.m.* **1** skittle: *giocare ai birilli*, to play skittles (*o* ninepins) **2** (*segnaletica*) traffic cone.

birmano *agg.* e *s.m.* Burmese, Burman.

biro® *s.f.* biro*®, ballpoint(pen).

biroccio → **barroccio**.

birotore *agg.* (*aer.*) twin-rotor: *elicottero* —, twin-rotor helicopter.

birra *s.f.* beer; (*chiara, bionda*) lager; (*scura*) stout; — *alla spina*, draught beer; *un boccale di* —, a tankard of beer; *fabbricare* —, to brew beer // *a tutta* —, (*fam.*) flat out.

birraio *s.m.* **1** (*venditore di birra*) brewer **2** (*operaio addetto alla produzione della birra*) worker in a brewery.

birreria *s.f.* **1** pub, public house **2** (*fabbrica*) brewery.

birrificio *s.m.* brewery.

bis *s.m.* (*a teatro*) encore; (*di cibo*) second helping; (*di bevanda*) the same again: *chiedere il — a un cantante*, to ask a singer for an encore ◆ *agg.* additional: *treno* —, additional train.

bisaccaride → **disaccaride**.

bisaccia *s.f.* pack-saddle; (*zaino*) rucksack, knapsack, haversack.

bisarca *s.f.* (*aut.*) car transporter.

bisarcavolo *s.m.* (*non com.*) great-great-great-grandfather.

bisava, **bisavola** *s.f.* great-grandmother.

bisavo, **bisavolo** *s.m.* great-grandfather.

bisbetica *s.f.* shrew, quarrelsome woman, cantankerous woman, shrewish woman // *La bisbetica domata*, The Taming of the Shrew.

bisbeticamente *avv.* cantankerously, crabbedly, testily, irritably; (*di donna*) waspishly, shrewishly.

bisbetico *agg.* **1** cantankerous, crabbed, irritable; quarrelsome, crotchety; (*di donna*) waspish, shrewish: *ha un carattere* —, he is quarrelsome; *un vecchio* —, a cantankerous old man **2** (*stravagante*) eccentric; odd; peculiar ◆ *s.m.* quarrelsome man, cantankerous man.

bisbigliamento *s.m.* whispering, murmuring.

bisbigliare *v.intr.* **1** to whisper (*anche fig.*), to murmur: *parla più forte, non* —, speak up, don't whisper **2** (*spettegolare*) to gossip, to tattle: *si bisbiglia un po' sul tuo conto!*, there has been some gossip about you! (*o* people have been talking about you!) ◆ *v.tr.* **1** to whisper: — *qlco. nell'orecchio a qlcu.*, to whisper sthg. to s.o. **2** (*insinuare*) to spread* a rumour that...

bisbiglio *s.m.* **1** whisper, murmur: *in un* —, in a whisper **2** (*rad.*) (*interferenza*) monkey chatter.

bisbiglio *s.m.* whispering, murmuring.

bisboccia *s.f.* merrymaking, (*fam.*) binge: *fare* —, to go on a binge.

bisbocciare *v.intr.* to make* merry, (*fam.*) to binge, to go* on a spree, to go* on a binge.

bisboccione *s.m.* merrymaker.

bisca *s.f.* gambling house: — *clandestina*, gambling den.

biscaglina *s.f.* (*mar.*) Jacob's ladder, rope ladder.

biscaglino *agg.* e *s.m.* Biscayan.

biscaiolo *s.m.* (*non com.*) gambler.

biscazziere *s.m.* **1** (*chi tiene bisca*) gambling-house-keeper **2** (*chi segna i punti al gioco del biliardo*) marker **3** (*spreg.*) (*chi frequenta le bische*) gambler.

bischero *s.m.* **1** (*mus.*) tuning peg; (*di piano, arpa*) tuning pin **2** (*region. volg.*) cock.

bischetto *s.m.* (*region.*) cobbler's bench.

biscia *s.f.* grass snake // — *dal collare*, (*Natrix natrix*) ring snake // *procedere a* —, to zigzag (*o* to move in a zigzag).

biscottare *v.tr.* (*tostare*) to toast: — *il pane*, to toast the bread.

biscotteria *s.f.* **1** (*fabbrica*) biscuit factory **2** (*negozio*) biscuit shop **3** (*biscotti*) biscuits (*pl.*).

biscottiera *s.f.* biscuit tin, (*amer.*) cookie can.

biscottificio *s.m.* biscuit factory.

biscottino *s.m.* (*aut.*) spring shackle.

biscotto *s.m.* **1** biscuit; (*amer.*) cookie: — *da tè*, tea biscuit; *pane* —, ship('s) biscuit (*o* sea-biscuit); — *salato*, salted biscuit **2** → biscuit 1.

biscroma *s.f.* (*mus.*) demisemiquaver.

biscugina *s.f.* **biscugino** *s.m.* second cousin.

biscuit *s.m.* **1** (*porcellana*) (ceram) biscuit, bisque **2** (*gelato*) type of ice cream.

bisdrucciolo *agg.* (*gramm.*) having an accent on the fourth-last syllable.

bisecante *agg.* (*mat.*) bisector.

bisecare *v.tr.* (*mat.*) to bisect.

bisecolare *agg.* two hundred years old (*pred.*), two centuries old (*pred.*); two-hundred-year-old (*attr.*), two-century-old (*attr.*).

bisellare *v.tr.* (*tecn.*) to chamfer.

bisello *s.m.* (*tecn.*) chamfer.

bisenso *s.m.* **1** word with a double meaning **2** (*enigmistica*) punning game.

bisessuale *agg.* (*biol.*) bisexual.

bisessualità *s.f.* (*biol.*) bisexuality.

bisessuato *agg.* bisexual, hermaphrodite.

bisestile *agg.* bissextile: *anno* —, leap year.

bisesto *s.m.* leap day, intercalary day ◆ *agg.* (*non com.*) → bisestile.

bisettimanale *agg.* twice weekly, (*amer.*) semiweekly: *il pagamento è* —, the payment is twice weekly; *un corso che richiede frequenza* —, a course that requires twice weekly attendance.

bisettore *s.m.* (*mat.*) bisector.

bisettrice *s.f.* (*mat.*) (angle) bisector.

bisex *agg.* e *s.m.* e *f.* **1** bisexual **2** (*di indumento*) unisex.

bisezione *s.f.* (*mat.*) bisection: *formula di* —, half-angle formula.

bisillabico *agg.* bisyllabic, disyllabic.

bisillabo *agg.* bisyllabic, disyllabic ◆ *s.m.* bisyllable, disyllable.

bisimmetria *s.f.* (*biol.*) bisymmetry.

bisimmetrico *agg.* (*biol.*) bisymmetric.

bislaccheria *s.f.* oddness, strangeness, peculiarity.

bislacco *agg.* odd, peculiar, strange, eccentric: *è una testa bislacca*, he is an odd (*o* peculiar) fellow; *mi diede una risposta bislacca*, he gave me a strange reply.

bislungo *agg.* oblong.

bismutico *agg.* (*chim.*) bismuthic: *ossido* —, bismuthic oxide.

bismuto *s.m.* (*chim.*) bismuth: *minerali di* —, bismuth ores.

bisnipote *s.m.* e *f.* **1** (*di nonni*) great-grandchild*; (*maschio*) great-grandson; (*femmina*) great-granddaughter **2** (*di zii*) (*maschio*) great-nephew; (*femmina*) great-niece.

bisnonna *s.f.* great-grandmother.

bisnonno *s.m.* **1** great-grandfather **2** *pl.* (*antenati*) ancestors.

bisogna *s.f.* **1** (*affare, caso*) affair, business **2** (*necessità*) necessity, need: *servire alla* —, to answer the need.

bisognare *v.intr.* **1** *impers.* (*essere necessario*) to be necessary; (*con costr. pers.*) to have (to do); must; ought to; to be forced; to be compelled: *bisogna che partiate subito*, you must leave at once (*o* it is necessary for you to leave at once); *bisogna che sia sempre aggiornato*, I always have (*o* need) to be up-to-date; *bisognerebbe vederlo*, you would have to see it; *bisognerebbe averlo visto*, you would have to have seen it; *bisognava vederlo*, you should have seen him; *bisogna diffidare*, you must be on your guard; *bisogna proprio dire che si è comportato bene*, I really must (*o* I am bound to) say that he behaved well; *bisognerà strappare quel dente*, that tooth will have to come out; *non c'è l'autobus, bisognerà andare a piedi*, there's no bus so we'll have to walk **2** (*non com.*) (*aver bisogno*) to need, to require, to want (*tutti con costr. pers.*): *al momento non gli bisognano capitali ma dirigenti in gamba*, at the moment it's not capital he needs but good managers.

bisognatario *s.m.* (*banca*) referee in case of need.

bisognevole *agg.* (*letter.*) **1** necessary **2** (*che ha bisogno*) in need (of) (*pred.*), needing: *gente — di aiuto*, needy people (*o* people in need of help) ◆ *s.m.* (*letter.*) the necessary.

bisognino *s.m.* (*fam.*): *fare un* —, to spend a penny.

bisogno *s.m.* **1** (*necessità*) need, necessity; (*mancanza*) lack: *in caso di* —, *al* —, in case of need (*o* if necessary); *c'è — di un medico*, we need (*o* require) a doctor; *c'è — di personale specializzato*, there's a lack of qualified personnel; *non ci fu — di dirglielo due volte*, there was no need (*o* we didn't have) to tell him twice; *non c'è — di dirlo, di dire che*, it goes without saying (that) // *avere — di qlco.*, to need (*o* to want) sthg.; to be short of sthg.: *hai — di qualcosa?*, do you need (*o* want) anything?; *se hai — sono a tua disposizione*, if you need anything I'm always available; *i bambini hanno molto — di affetto*, children need (*o* want) a lot of affection; *ha sempre — di denaro*, he always needs money (*o* he's always short of money); *non darmi consigli: non ne ho* —, don't give me advice: I don't need it; *questo tetto ha proprio — di riparazioni*, this roof really needs to be repaired; *ho — di trovare una brava baby-sitter*, I've got (*o*

I need) to find a good baby-sitter; *ha urgente — del vostro aiuto*, he's in urgent need of your help **2** (*povertà*) need, poverty: *trovarsi nel —*, to be in need // *il — aguzza l'ingegno*, necessity is the mother of invention **3** *pl.* (*fabbisogno, necessità*) needs; requirements: *i miei bisogni sono pochi*, my needs are few; *bisogni materiali*, material needs **4** (*bisogno fisiologico*): *avere un —*, to want (*o* have) to go to the toilet (*o fam.* to want *o* have to spend a penny).

bisognosamente *avv.* (*nel bisogno*) in poverty.

bisognoso *agg.* e *s.m.* needy, poor: *un fratello — di aiuto dev'essere aiutato*, a brother in need of help must be helped // *i bisognosi*, the poor (*o* the needy).

bisolfato *s.m.* (*chim.*) bisulphate.

bisolfito *s.m.* (*chim.*) bisulphite.

bisonte *s.m.* (*zool.*) bison // *— europeo*, (*Bison bonasus*) aurochs; *— americano*, (*Bison bison*) buffalo.

bissare *v.tr.* (*teatr.*) to give* an encore of (sthg.); (*estens.*) to repeat.

bisso *s.m.* byssus (*anche zool.*).

bistabile *agg.* (*elettr.*) bistable.

bistecca *s.f.* steak, beefsteak: *— al sangue*, rare steak; *— ben cotta*, well-done steak; *— media cottura*, medium steak; *— di filetto*, fillet steak.

bistecchiera *s.f.* grill, broiler.

bisticciamento *s.m.* (*non com.*) to squabble; quarrel; (*il bisticciare*) quarrelling, bickering.

bisticciare *v.intr.* **bisticciarsi** *v.rifl.* o *rifl.rec.* to squabble, to bicker; to quarrel: (*si*) *bisticciano sempre*, they're always squabbling.

bisticcio *s.m.* **1** (*litigio*) squabble, bicker; quarrel, bicker, tiff **2** (*gioco di parole*) quibble, pun.

bistorta *s.f.* (*bot.*) (*Polygonum bistorta*) snakeroot, snakeweed, (*scient.*) bistort.

bistorto *agg.* (*non com.*) **1** twisted, crooked **2** (*fig.*) strange, twisted, distorted.

bistrato *agg.* bistred: *occhi bistrati*, bistred eyes (*o* eyes made up with eye shadow).

bistrattare *v.tr.* to mistreat, to ill-treat; to bully; to tonguelash.

bistro *s.m.* bistre.

bistrot *s.m.* bistro.

bisturi *s.m.* scalpel, lancet, bistoury.

bisunto *agg.* greasy, oily: *unto e —*, filthy.

bit *s.m.* (*inform.*) bit: *— di contrassegno*, tag bit; *— di controllo*, check bit; *— di fermo, di punteggiatura*, punctuation bit; *— di parità*, parity bit; *— di formazione*, intelligence bit; *— di informazione*, data bit (*o* information bit); *— di riempimento*, padding bit; *— rilevatore*, sensing byte; *— utile*, data bit (*o* information bit); *bits/*pollice, bpi; *bit/*secondo, bps.

bitartrato *s.m.* (*chim.*) bitartrate.

bitonale *agg.* (*mus.*) bitonal.

bitonalità *s.f.* (*mus.*) bitonality.

bitorzolo *s.m.* lump; (*di pelle*) swelling, wart.

bitorzoluto *agg.* lumpy; (*di pelle*) warty.

bitta *s.f.* (*mar.*) bollard, bitt: *prove alla —*, bollard tests; *trazione alla —*, bollard pull; *volta di —*, bitter.

bitter *s.m.* (*aperitivo*) bitters (*pl.*); appetizer.

bitumare *v.tr.* to bituminize.

bitumatore *s.m.* bitumen-sprayer; tar -sprayer.

bitumatrice *s.f.* (*mecc.*) bitumen-sprayer; tar-sprayer.

bitumatura *s.f.* **1** bituminization **2** (*superficie bitumata*) bitumen layer; asphalt.

bitume *s.m.* bitumen, (*fam.*) pitch: *— da petrolio*, residual oil; *— da cracking*, tar.

bituminare *v.tr.* to bituminize.

bituminoso *agg.* (*geol.*) bituminous: *scisto —*, bituminous shale (*o* oil shale); *sabbia bituminosa*, tar sand; *lignite bituminosa*, pitch coal.

bitumizzare *v.tr.* to tar, to bituminize, to bituminate.

biunivocità *s.f.* (*mat.*) biuniqueness.

biunivoco *agg.* (*mat.*) biunique.

biureto *s.m.* (*chim.*) biuret.

bivaccare *v.intr.* to bivouac; to camp out.

bivacco *s.m.* bivouac; camp.

bivalente *agg.* (*chim.*) bivalent, divalent.

bivalenza *s.f.* (*chim.*) bivalence.

bivalve *agg.* (*zool., bot.*) bivalve, bivalvular ◆ *s.m.* (*zool., bot.*) bivalve.

bivio *s.m.* **1** crossroads; junction; fork; parting of the ways: *arrivati al —, prendere a destra*, at the fork take the road to the right **2** (*fig.*) alternative; uncertainty: *la Gran Bretagna è a un — importante*, Britain is at an important crossroads.

bizantineggiare *v.intr.* (*letter.*) **1** to imitate the Byzantine style **2** (*ragionare con eccessivo spirito analitico*) to be prolix, to be pedantic.

bizantinismo *s.m.* Byzantinism; (*fig.*) prolixity, pedantry.

bizantinista *s.m.* e *f.* byzantinist.

bizantino *agg.* **1** Byzantine **2** (*fig.*) (*eccessivamente analitico*) prolix, pedantic ◆ *s.m.* Byzantine.

bizza *s.f.* tantrum, whim, caprice: *fare le bizze*, to fly into (*o* to throw) a tantrum.

bizzarramente *avv.* oddly, strangely, peculiarly, extravagantly.

bizzarria *s.f.* **1** peculiarity; quaintness; oddness **2** (*atto, detto bizzarro*) eccentricity; oddity: *gli si perdonano le sue bizzarrie*, people overlook his eccentricity **3** (*cosa bizzarra*) freak, curiosity.

bizzarro *agg.* **1** strange; odd; peculiar; extravagant; eccentric; (*grottesco*) bizarre: *opinioni bizzarre*, odd opinions; *è un tipo un po' —*, he's a bit strange; *certo che fa delle cose bizzarre*, he really does some strange things; *conosceva tutta gente bizzarra*, all the people he knew were odd (*o* eccentric) **2** (*di cavallo*) high spirited.

bizzeffe, a *locuz.avv.* in great quantity, plentifully, in abundance; abundantly, galore: *denaro a —*, money galore (*o* lots of money); *aver denaro a —*, to have money to burn.

bizzosamente *avv.* (*capricciosamente*) capriciously, waywardly, wilfully; (*in modo irascibile*) irritably; peevishly.

bizzoso *agg.* (*capriccioso*) capricious, wayward, wilful; (*irascibile*) irritable, irascible; peevish; (*di cavallo*) screwy.

bla bla *s.m.* (*fam.*) blah blah.

blackout *s.m.* blackout: *probabili — causa sciopero in atto*, possibility of blackouts due to strike action // *— giornalistico*, news blackout.

blagueur *s.m.* (*fr.*) boaster, braggart.

blandimento *s.m.* (*letter.*) blandishment; cajolery.

blandire *v.tr.* to blandish; to cajole; to soothe; to coax; to wheedle; (*lenire*) to ease; (*adulare*) to flatter.

blandizia *s.f.* (*letter.*) cajolery; wheedling; caressing; (*adulazione*) flattery; (*lusinga*) allurement.

blando *agg.* **1** (*mite*) bland, soft, mild; (*delicato*) delicate, gentle: *una cura blanda*, a bland (*o* mild) treatment; *punizione blanda*, mild punishment; *reazione blanda*, mild reaction; *luce blanda*, soft light **2** (*fig.*) (*carezzevole*) soothing, caressing: *con voce blanda*, in soothing tones (*o* in a soothing tone of voice).

blasfemo *agg.* blasphemous; profane: *una parola blasfema*, a blasphemous word ◆ *s.m.* blasphemer.

blasonato *agg.* **1** blazoned; (*nobile*) noble **2** (*fig.*) titled: *una squadra blasonata*, a titled team.

blasone *s.m.* blazon; coat of arms: *ridare prestigio al proprio —*, to restore the fortunes of one's house // *è nato con un —*, he's of noble birth.

blasonista *s.m.* e *f.* heraldic expert, heraldist.

blastico *agg.* (*biol., med.*) blastic.

blasto- *pref.* di origine greca della terminologia scientifica; ha il significato di 'germe, crescita' o 'embrione'; ingl. blasto-: *blastoderma*, blastoderm; *blastomicete*, blastomyces.

blastocele *s.f.* (*biol.*) blastoc(o)ele.

blastocisti *s.f.* (*med.*) blastocyst.

blastocito *s.m.* (*biol.*) blastocyte.

blastoderma *s.m.* (*biol.*) blastoderm.

blastofaga *s.f.* (*zool.*) (*Blastophaga psenes*) blastophaga.

blastogenesi *s.f.* (*biol.*) blastogenesis.

blastoide *s.m.* (*paleont.*) blastoid.

blastoma *s.m.* (*med.*) blastoma.

blastomero *s.m.* (*biol.*) blastomere.

blastomicosi *s.f.* (*med.*) blastomycosis.

blastula *s.f.* (*biol.*) blastula*.

blaterare *v.intr.* to blether (on); to prattle (on); (*chiacchierare*) to chatter (on): *ha blaterato per ore*, he chattered (on) for hours ◆ *v.tr.* to blether (on) about (sthg.), to prattle (on) about (sthg.), to chatter (on) about (sthg.): *— di politica*, to prattle (on) about politics; *non so di che cosa va blaterando*, I don't know what he's blethering (on) about.

blaterone *s.m.* chatterbox; prattler, bletherer, bletherskate.

blatta *s.f.* (*scarafaggio*) cockroach.

blefarismo *s.m.* (*med.*) blepharism.

blefarite *s.f.* (*med.*) blepharitis.

blefaroplastica *s.f.* (*med.*) blepharoplasty.

blefarospasmo *s.m.* (*med.*) blepharospasm.

blenda *s.f.* (*min.*) blende.

blennio *s.m.* (*zool.*) blenny: *— viviparo*, (*Zoarces viviparus*) eelpout.

blenorragia *s.f.* (*med.*) blennorrhoea, blennorrhagia.

blesità *s.f.* lisping.

bleso *agg.* lisping: *pronuncia blesa*, lisp.

bleu *agg.* e *s.m.* → **blu**.

blinda *s.f.* (*mil.*) **1** blockhouse **2** armour (plate).

blindaggio, **blindamento** *s.m.* armour -plating.

blindare *v.tr.* (*mil.*) to armour; to protect with armour-plating.

blindato *agg.* armoured, armour-plated: *treno* —, armoured train, *auto blindata*, armour-plated car; *camera blindata*, strong room.

blindatura *s.f.* → **blindaggio**.

blister *s.m.* blister: *confezione* —, blister pack.

blitz *s.m.* blitz; raid.

bloccaggio *s.m.* (*tecn.*) blocking, lock(ing), clamp(ing).

bloccare *v.tr.* **1** (*fermare*) to block (*anche fig.*), to stop: — *il traffico, la circolazione*, to block (*o* to stop) the traffic; — *un ladro*, to stop a thief; — *un'iniziativa*, to block an initiative; (*sport*) — *la palla*, to stop the ball; — *una legge*, to block a bill **2** (*ostruire*) to block, to bar; (*impedire l'accesso o l'uscita*) to isolate, to cut* off: *una forte nevicata ci ha bloccati*, we were isolated (*o* cut off) by a heavy snowfall; *la strada fu bloccata da una frana*, the road was blocked by a landslide; — *il passaggio, l'ingresso*, to bar (*o* to block) the way, the entrance **3** (*paralizzare*) to block, to immobilize; (*fig.*) to paralyze: *l'artrite gli ha bloccato l'articolazione*, arthritis has blocked (*o* seized up) the joint; *lo bloccò l'emozione*, he was paralyzed by emotion **4** (*econ.*) to block; to freeze*: — *i prezzi*, to block (*o* to freeze) prizes; — *gli affitti*, to control rents; — *un assegno*, to stop a cheque; — *un conto*, to block an account **5** (*mecc.*) to lock; (*serrare*) to tighten; (*fermare improvvisamente*) to stall: — *i comandi*, to lock the controls; — *lo sterzo*, to lock the steering wheel; — *una vite*, to tighten a screw; *qualcosa bloccò il motore*, something stalled the engine **6** (*mil.*) to blockade: — *un porto*, to blockade a port.
□ **bloccarsi** *v.rifl.* to stop, to get* stuck: *si è bloccato di colpo nel mezzo della strada*, he stopped dead (*o* short) in the middle of the road; *si è bloccato nel bel mezzo dell'esame*, he got stuck in the middle of his oral exam ♦ *v.intr.pron.* to jam; to stick*; to get* stuck: *l'ascensore si è bloccato*, the lift has jammed; *la sua automobile si bloccò nel fango*, his car stuck (*o* got stuck) in the mud.

bloccaruote *s.m.* wheel clamp.

bloccasterzo *s.m.* (*aut.*) steering lock.

blocchetto *s.m.* notebook.

blocchista *s.m.* e *f.* wholesaler.

blocco[1] *s.m.* **1** (*il bloccare*) halt, stoppage, blockage, block: — *della produzione dovuto agli scioperi*, production stoppage due to strikes; — *dei rifornimenti*, blockage in supplies // (*inform.*) — *alla tastiera*, keyboard lockout (*o* lockup) **2** (*mil.*) blockade: *forzare, rompere il* —, to run the blockade; *togliere il* —, to raise the blockade // (*st.*) *il Blocco continentale*, the Continental System **3** (*su strade, ferrovie*) block: — *stradale*, (*occupazione*) obstruction of highway; *posto di* —, roadblock; *segnale di* —, block signal; *cabina di* —, signal box **4** (*econ.*) freeze: — *dei prezzi, dei salari*, price, wage freeze; — *dei licenziamenti*, restriction on dismissal (*o* freeze on lay-off); — *dei fitti*, rent control **5** (*med.*) block: — *atrioventricolare*, atrioventricular block; — *renale*, renal failure // — *emotivo*, emotional block.

blocco[2] *s.m.* **1** block: — *di marmo*, block of marble // (*aut.*) — *cilindri*, cylinder block **2** (*comm.*) bulk, lump, lot: *comprare in* —, to buy in bulk; *vendere in* —, to sell in the lump **3** (*pol.*) bloc, coalition: — *di centro*, centre parties **4** (*di carta*) pad: — *di carta da lettere*, writing-pad; — *per appunti*, notebook **5** (*inform.*) block, package, (*sl.*) box; (*suddivisione logica dei dischi*) page; physical record; (*di schema a blocchi*) block: — *a lunghezza variabile*, variable block; — *di memoria*, storage block.

block-notes *s.m.* notepad, notebook.

blonda *s.f.* (*merletto*) blonde (lace).

blondin *s.m.* (*mecc.*) blondin, overhead cableway.

blu *agg.* dark blue, navy blue // *sangue* —, blue blood // *ho avuto una fifa* —, (*fam.*) it put me in a blue funk ♦ *s.m.* blue: — *di Prussia*, Prussian blue.

bluastro *agg.* dark bluish, navy bluish.

blue-jeans *s.m.pl.* jeans.

bluette *agg.* e *s.m.* cornflower blue.

bluff *s.m.* bluff.

bluffare *v.intr.* to bluff (*anche fig.*).

bluffatore *s.m.* bluffer.

blusa *s.f.* **1** blouse **2** (*camiciotto per uomo*) smock.

blusante *agg.* blouson style.

blusotto *s.m.* jerkin.

boa[1] *s.m.* **1** (*zool.*) boa: — *costrittore*, (*Boa constrictor*) boa constrictor **2** (*abbigl.*) boa.

boa[2] *s.f.* (*mar.*) buoy: — *con campana*, bell buoy; — *luminosa*, light buoy.

boario *agg.* cattle (*attr.*): *foro, mercato* —, cattle market.

boaro → **bovaro**.

boato *s.m.* rumble; bellow; roar: *il terremoto fu preceduto da diversi boati*, the earthquake was preceded by a series of rumbles.

bob *s.m.* **1** (*guidoslitta*) bob-sleigh, bobsled, bob **2** (*sport*) bob-sleighing: — *a due, a quattro*, two man bob, four man bob.

bobbista *s.m.* e *f.* bobsledder.

bobina *s.f.* **1** (*tess.*) bobbin: — *cilindrica*, straight bobbin; *formare la* —, to build the bobbin **2** (*elettr.*) coil: — *a nido d'ape*, honeycomb coil; — *d'induzione*, induction coil // (*aut.*) — *d'accensione*, ignition coil **3** (*fot., cinem.*) spool: — *della pellicola*, film spool; — *svolgitrice*, delivery spool **4** (*tip.*) reel: *stampa dalla* —, reel printing.

bobinare *v.tr.* to spool; to reel; to wind.

bobinatrice *s.f.* **1** (*tecn.*) winding machine **2** (*elettr.*) coil winder **3** (*tess.*) winding frame.

bobinatura *s.f.* winding.

bobista → **bobbista**.

bobolink *s.m.* (*zool.*) (*Dolichonyx oryzivorus*) bobolink, (*pop. amer.*) rice-bird.

bocca *s.f.* **1** mouth: *aveva la* — *piena*, he had his mouth full // *da prendersi per* —, (*di farmaco*) to be taken orally // *acqua in* —!, hush! // *in* — *al lupo!*, good luck! // *è la* — *della verità*, he is truth itself // *non osò aprir* —, he didn't dare to open his mouth; *non aprì* — *tutto il giorno*, she didn't say a word all day; *non ha chiuso* — *tutto il giorno*, she hasn't stopped talking all day // *cavare qlco. di* — *a qlcu.*, (*fig.*) to get s.o. to tell sthg.; *parlare, dire, rispondere a mezza* —, to speak, to say, to answer reluctantly; *tappare, chiudere la* — *a qlcu.*, to silence s.o. // *essere sulla* — *di tutti*, to be on everyone's lips (*o* to be the talk of the town) // *levare il pane di* — *a qlcu.*, (*fig.*) to take the bread out of s.o.'s mouth; *si leverebbe il pane di* — *per me*, he would give me the shirt off his back (*o* he would give his all for me); *avere molte bocche da sfamare*, to have many mouths to feed // *avere la* — *buona*, to have a pleasant taste in one's mouth // *essere di* — *buona*, to be easily satisfied; *fare la* — *a qlco.*, to acquire a taste for sthg.; (*estens.*) to get used to sthg. // *mi fa venire l'acquolina in* —, it makes my mouth water // *mettere le parole in* — *a qlcu.*, to put words into s.o.'s mouth // *pendere dalla* — *di qlcu.*, (*fig.*) to hang on s.o.'s every word (*o* on s.o.'s lips) // *restare a* — *aperta*, (*fig.*) to be dumbfounded (*o* to stand open-mouthed) // *restare a* — *asciutta*, (*fig.*) to be left empty-handed **2** (*apertura*) opening, mouth; (*di pozzo*) mouth, pithead; (shaft) collar: — *di alto forno*, throat; — *dello stomaco*, pit of the stomach; — *di una caverna*, mouth of a cave; — *di forno*, stoke-hole; — *di un sacco*, mouth of a bag; — *di un vaso*, mouth of a jar // — *d'acqua*, hydrant; — *da incendio*, fire-plug // (*mil.*) — *da fuoco*, gun **3** (*geogr.*) (*di fiume*) mouth; (*di laguna*) inlet; (*vulcanica*) vent **4** (*bot.*) — *di leone*, (*Antirrhinum majus*) snapdragon, (*scient.*) antirrhinum.

boccaccesco *agg.* **1** of Boccaccio; in the style of Boccaccio **2** (*licenzioso*) licentious; lascivious.

boccaccia *s.f.* **1** grimace: *fare una* —, to make a wry face (*o* a grimace); *far le boccacce a qlcu.*, to pull (*o* to make) faces at s.o. **2** (*persona sboccata*) foul-mouthed person: *essere una* —, (*fig.*) to have a dirty (*o* foul) mouth.

boccadopera *s.f.* (*teatr.*) proscenium.

boccaglio *s.m.* (*mecc.*) nozzle; (*di autorespiratore*) mouthpiece.

boccale[1] *agg.* mouth (*attr.*), of the mouth (*pred.*); (*anat.*) buccal: *apparato* —, buccal organs; *infiammazione* —, inflammation of the mouth.

boccale[2] *s.m.* tankard; (*con beccuccio*) jug: — *di birra*, beer mug; (*in metallo*) tankard.

boccalino *s.m.* small jug, small tankard.

boccaporto *s.m.* (*mar.*) hatchway, hatch.

boccascena *s.m.* (*teatr.*) proscenium.

boccata *s.f.* mouthful // *prendere una* — *d'aria*, to take a breath of air // *tirare una* — *di sigaretta*, to take a drag (*o* a puff) on a cigarette.

boccetta *s.f.* small bottle.

boccheggiamento *s.m.* gasping.

boccheggiante *agg.* **1** gasping; (*morente*) dying **2** (*fig.*) moribund: *economia* —, moribund economy.

boccheggiare *v.intr.* **1** to gasp: *si boccheggiava per il caldo*, the heat made us gasp for air **2** (*fig.*) to be moribund.

bocchello *s.m.* (*metall.*) gate: — *puntiforme, a punta di spillo*, pinpoint gate.

bocchetta *s.f.* **1** (*tecn.*) mouth, opening: — *di alimentazione*, feed opening **2** (*di strumento musicale*) mouthpiece **3** (*di serratura*) plate; selvage **4** (*di scarpe*) tongue.

bocchettone *s.m.* (*mecc.*) pipe union: — *di riempimento*, filler; — *di scarico*, outlet.

bocchino *s.m.* **1** small mouth, pretty little mouth // *fare il* —, to screw up one's mouth **2** (*per fumatori*) mouthpiece: — *di pipa*, pipe mouthpiece; — *per sigarette*, cigarette holder; — *per sigari*, cigar holder **3** (*di strumento musicale*) mouthpiece.

boccia *s.f.* **1** bowl; (*per l'acqua*) jug, bottle; (*per il vino*) carafe, decanter **2** (*per il gioco delle bocce*) bowl: *fare una partita a bocce*, to play a game of bowls; *giocare alle bocce*, to play bowls **3** (*scherz.*) (*testa*) nut **4** (*letter.*) (*boccio*) bud.

bocciarda *s.f.* (*edil.*) bushhammer.

bocciardare *v.tr.* (*edil.*) to bushhammer.

bocciare *v.tr.* **1** (*respingere*) to reject, to turn down: *la mozione fu bocciata*, the motion was rejected; — *un progetto di legge*, to reject (*o* to throw out) a bill **2** (*agli esami*) to fail; (*amer.*) to flunk: *essere bocciato, farsi* —, to fail (at an examination) (*o fam.* to get flunked); *l'insegnante di francese disse che l'avrebbe bocciato*, the French teacher said she would fail him **3** (*alle bocce*) to hit*.

bocciata *s.f.* (*a bocce*) strike.

bocciatura *s.f.* defeat, rejection; (*agli esami*) failure.

boccino *s.m.* **1** (*alle bocce*) jack **2** (*scherz.*) (*testa*) nut.

boccio *s.m.* bud: *essere in* —, to be in bud.

bocciodromo *s.m.* (indoor) bowls area.

bocciofilo *agg.* bowls (*attr.*) ◆ *s.m.* bowls enthusiast, bowls player.

bocciolo *s.m.* **1** bud, button **2** (*mecc.*) cam **3** (*di canna*) internode.

boccola *s.f.* **1** (*orecchino*) earring **2** (*mecc.*) bushing, bush, ferrule // (*elettr.*) — *per banana*, banana jack **3** (*ferr.*) axle box.

boccolo *s.m.* curl, ringlet.

bocconcino *s.m.* **1** morsel // *a bocconcini*, in tiny pieces **2** (*boccone squisito*) titbit, choice morsel, delicacy **3** (*persona, cosa desiderabile*) desirable person, desirable thing **4** *pl.* (*cuc.*) piece, morsel: *bocconcini di vitello al vino bianco*, veal (pieces) stewed in white wine.

boccone *s.m.* **1** bit, morsel; (*fam.*) bite: *un — di pane*, a morsel of bread; *dammene un —!*, give me a bit!; *mangiamo un — e poi partiamo*, let us have a quick snack and then leave // — *amaro*, (*fig.*) bitter pill // *a pezzi e a bocconi*, bit by bit // — *ghiotto*, titbit (*o* tasty morsel) // *è un — che fa gola a tanti*, it's a plum that would appeal to many **2** (*boccata*) mouthful: *in un* —, in a mouthful: *mangiare in un* —, to gulp down // *mangiarsi qlcu., qlco. in un* —, (*fig.*) to make mincemeat of s.o., sthg. **3** (*esca avvelenata*) poisoned bait (*anche fig.*).

bocconi *avv.* prone, face downwards: *cadere* —, to fall flat on one's face; *giacere* —, to lie face downwards (*o* to lie on one's face).

bodino → **budino**.

bodoniano *agg.* (*tip.*) in Bodoni's style, in Bodoni's manner: *carattere* —, Bodoni type; *rilegato alla bodoniana*, with board binding (*o* bound in boards).

body *s.m.* (*abbigl.*) leotard.

boemite *s.f.* (*min.*) boehmite.

boemo *agg.* e *s.m.* Bohemian.

boero *agg.* Boer ◆ *s.m.* **1** Boer **2** (*dolce*) chocolate-coated cherry with liqueur.

bofonchiare *v.intr.* to grumble, to grouse ◆ *v.tr.* to grumble about, to grouse about.

boga *s.f.* (*zool.*) (*Box boops*) bogue, (*pop.*) boce.

bohème *s.f.* (*vita di bohème*) bohemianism: *fare una vita da* —, to lead a Bohemian (*o* an unconventional) life.

bohèmien *agg.* e *s.m.* (*artista*) Bohemian.

bohèmienne *s.f.* (*danza*) Bohemian folk dance.

boia *s.m.* **1** executioner; (*addetto all'impiccagione*) hangman*; (*addetto alla decapitazione*) headsman* **2** (*estens.*) rascal ◆ *agg. fa un freddo* —, it's bitterly cold // *mondo —!*, lousy world!

boiacca *s.f.* (*edil.*) grout.

boiardo *s.m.* boyar(d).

boiata *s.f.* **1** rubbish [U]; (*fam.*) codswallop [U]: *quel film era una* —, that film was rubbish (*o* a load of codswallop); *dice sempre delle boiate*, he's always talking nonsense (*o* whatever he says is bunk) **2** (*cattiva azione*) nasty trick.

boicottaggio *s.m.* boycott, boycotting: — *parlamentare*, filibustering.

boicottare *v.tr.* to boycott: — *una proposta*, to boycott a proposal.

boicottatore *s.m.* boycotter ◆ *agg.* boycotting.

boiler *s.m.* boiler.

boiserie *s.f.* (*fr.*) wood panelling, wainscot(t)ing.

boldo *s.m.* (*bot.*) (*Peumus boldus*) boldo.

boldrone *s.m.* fleece (of a sheep).

bolero *s.m.* **1** (*musica, danza*) bolero **2** (*giacchettina per signora*) bolero.

boleto *s.m.* (*bot.*) boletus.

bolgia *s.f.* **1** (*dell'Inferno dantesco*) pit (of hell) **2** (*fig.*) bedlam, babel; chaos: *che — in quella casa*, it's bedlam in that house.

bolide *s.m.* **1** (*astr.*) bolide; fireball **2** (*auto molto veloce*) racing car // *arrivò come un* —, he dashed (*o* shot) in **3** (*fig. scherz.*) mountain (of flesh), big person, fat person.

bolina *s.f.* (*mar.*) bowline: *andar di* —, to sail close to the wind.

bolinare *v.tr.* e *intr.* (*mar.*) **1** to haul the bowlines (of the sails) **2** to sail close to the wind.

boliviano *agg.* e *s.m.* Bolivian.

bolla[1] *s.f.* **1** bubble: — *d'aria*, air bubble, (*metall.*) gas pocket; *fare bolle di sapone*, to blow bubbles // *finire in una — di sapone*, to come to nothing **2** (*vescica*) blister; (*pustola*) pimple.

bolla[2] *s.f.* **1** (*eccl.*) (Papal) bull **2** (*comm.*) bill; note: — *di consegna*, delivery note; — *di accompagnamento*, packing list; — *doganale*, bill of entry; — *di spedizione*, dispatch note; — *di entrata*, entry for home use; — *di merce esente da dazio*, entry for free goods.

bollare *v.tr.* **1** to stamp; to seal: — *una lettera*, to stamp a letter **2** (*con marchio a fuoco*) to brand (*anche fig.*): *il suo delitto lo bollò per sempre*, his crime branded him for ever.

bollario *s.m.* (*eccl.*) collection of Papal bulls.

bollato *agg.* **1** stamped: *carta bollata*, stamped paper **2** (*con marchio a fuoco*) branded (*anche fig.*): *dopo quello scandalo la sua reputazione rimase bollata*, after the scandal his reputation was marred.

bollatura *s.f.* **1** stamping **2** (*con marchio a fuoco*) branding (*anche fig.*).

bollente *agg.* **1** boiling; (*molto caldo*) hot; (*rovente*) burning, fiery: *acqua* —, boiling water **2** (*fig.*) (*esuberante*) irrepressible, exuberant: *i bollenti spiriti della gioventù*, the irrepressible spirits of youth.

bollentemente *avv.* (*chim.*) ebulliently.

bolletta *s.f.* **1** (*comm.*) bill: — *del gas, della luce, del telefono*, gas, electricity, telephone bill; — *di spedizione*, dispatch note; — *di consegna*, delivery note; — *di importazione, di esportazione*, import, export entry; — *di merce in franchigia*, bill of sufferance; — *doganale*, bill of entry; — (*doganale*) *di entrata, di uscita*, entry inwards, outwards; — *di uscita*, (*di merci soggette a dazio*) shipping bill **2** (*fam.*) (*carenza di denaro*) lack of money: *trovarsi, essere in* —, to be penniless (*o* to be hard up *o* to be on one's uppers).

bollettario *s.m.* (*comm.*) counterfoil book, receipt book; (*amer.*) stub book.

bollettino *s.m.* **1** (*comunicato*) report; bulletin: — *di guerra*, war bulletin; — *meteorologico*, weather report; — *commerciale*, trade report **2** (*pubblicazione periodica*) news, newsletter; (*lista*) list: — *finanziario*, financial news; — *dei cambi*, exchange list; — *dei prezzi*, price list; (*banca*) — *dei protesti*, black list; — *della Borsa*, Stock Exchange list // — *finanziario della City*, City article // — *ufficiale*, (official) gazette **3** (*modulo, bolletta*) form, note: — *di versamento*, paying-in slip; — *di spedizione*, waybill.

bollilatte *s.m.* milk saucepan.

bollino *s.m.* (*tagliandino*) stamp // — *premio*, gift stamp // — *per generi alimentari razionati*, coupon.

bollire *v.intr.* **1** to boil: *l'acqua non bolle ancora*, the water isn't boiling yet; *cominciare a* —, to come to the boil// *il sangue gli bolliva nelle vene*, (*fig.*) his blood was boiling // — *di collera*, (*fig.*) to boil (*o* to seethe) with anger // *qualcosa bolle in pentola*, (*fig.*) something is brewing; *mi piacerebbe sapere cosa bolle in pentola*, I'd like to know what's brewing **2** (*sentir molto caldo*) to feel hot: *si bolle qui dentro*, it's sweltering in here ◆ *v.tr.* (*fare bollire*) to boil: *hai bollito la verdura per oggi?*, have you boiled the vegetables for today?

bollita *s.f.* boiling: *dare una — a qlco.*, to bring sthg. to the boil.

bollito *agg.* boiled ◆ *s.m.* boiled meat: *oggi c'è — a cena*, there's boiled meat for dinner this evening.

bollitore *s.m.* **1** kettle: — *elettrico*, electric kettle **2** (*tecn.*) boiler.

bollitura *s.f.* boiling // (*metall.*) *saldatura mediante* —, forge welding.

bollo *s.m.* **1** stamp: *un — da 650 lire*, a 650 lire stamp; *carta da* —, stamped paper; *imposta, diritti di* —, stamp duty (*o* tax); *marca da* —, revenue stamp; — *di quietanza*, receipt stamp // (*dir.*) *legge sul* —, stamp law // (*aut.*) — *di circolazione*, road tax (disc) **2** (*sigillo*) seal: — *a secco*, embossed seal (*o* blind stamp) **3** (*bernoccolo*) bump **4** (*marchio*) brand.

bollore *s.m.* **1** boil, boiling, ebullition: *dare il — a qlco., portare a — qlco.*, to bring sthg. to the boil; *levare, alzare il* —, to come to the boil

2 (*caldo eccessivo*) excessive heat 3 (*ardore*) excitement, ardour: *i bollori della gioventù*, the ardour of youth.

bolloso *agg.* pimply, covered with blisters.

bolo *s.m.* 1 (*vet.*) (*grossa pillola*) bolus 2 — *alimentare*, chewed food (*o* bolus); (*di ruminante*) cud 3 (*med.*) — *isterico*, globus hystericus.

bolognese *agg.* e *s.m.* e *f.* Bolognese.

bolometrico *agg.* (*fis.*) bolometric.

bolometro *s.m.* (*fis.*) bolometer.

bolsaggine *s.f.* 1 (*vet.*) heaves (*pl.*), broken -wind 2 (*debolezza*) weakness.

bolscevico *agg.* e *s.m.* Bolshevik, Bolshevist.

bolscevismo *s.m.* Bolshevism.

bolscevizzare *v.tr.* to Bolshevize.

bolso *agg.* 1 (*di cavallo*) broken-winded, heavy, weedy 2 (*estens.*) (*di persona*) breathless; puffed, short of breath (*pred.*) 3 (*fig.*) (*enfatico*) inflated 4 (*fig.*) (*debole*) weak.

bolzone *s.m.* 1 (*ariete*) ram 2 (*freccia per balestra*) bolt 3 (*punzone*) punch.

boma *s.f.* (*mar.*) boom.

bomba[1] *s.f.* 1 bomb: — *a gas*, gas bomb; — *a mano*, hand grenade; — *antisommergibili, di profondità*, depth charge; — *a scoppio ritardato*, time bomb; — *atomica*, atomic bomb; — *dirompente*, fragmentation bomb; — *incendiaria*, incendiary bomb; *gettar bombe*, to drop bombs // *a prova di* —, bombproof // (*geol.*) — *vulcanica*, (volcanic) bomb 2 (*grossa sorpresa*) sensation, sensational event; bomb(shell): *le sue dimissioni sono state una* —, the news of his resignation was a real bombshell; *ora scoppia la* —!, now the fat is in the fire! 3 (*cuc.*) — *di riso*, rice pudding 4 (*cappello*) bowler 5 (*fam. sport*) (*eccitante*) pep pill.

bomba[2] *s.f.* (*nei giochi dei bambini*) base // *tornare a* —, to get back to the point.

bombaggio *s.m.* (*tecn.*) swelling.

bombarda *s.f.* 1 (*mortaio*) mortar: — *da trincea*, spigot mortar 2 (*st. mil.*) bombard 3 (*mar.*) two-mast sailing ship 4 (*mus.*) bombardon.

bombardamento *s.m.* bombardment, bombing; (*cannoneggiamento*) shelling: *aeroplano da* —, bomber // (*fis.*) — *catodico*, cathodic bombardment.

bombardare *v.tr.* 1 to bomb; (*cannoneggiare*) to shell: — *in picchiata*, to dive bomb 2 (*fis.*) to bombard 3 (*fig.*) to bombard: *l'azienda fu bombardata dalle richieste di assunzione per il posto*, the firm was bombarded with applications for the post; *essere bombardati dalla pubblicità*, to be bombarded with advertising.

bombardiere *s.m.* 1 (*aer.*) bomber 2 (*soldato addetto alle bombarde*) bombardier.

bombardino *s.m.* (*mus.*) euphonium, tuba.

bombardone *s.m.* (*mus.*) bombardon(e), bass tuba.

bombare[1] *v.tr.* (*rendere convesso*) to camber; to make* convex.

bombare[2] *v.intr.* (*fam.*) (*inform.*) to bomb.

bombarolo *s.m.* bomber.

bombato *agg.* rounded, convex, bombé: *mobili bombati*, bombé furniture.

bombatura *s.f.* convexity, roundedness, camber.

bombé *agg.* convex, rounded; (*di mobile*) bombé.

bomber *s.m.* 1 (*sport*) (*calcio*) striker; (*boxe*) hard puncher 2 (*giubbotto*) bomber jacket.

bombetta *s.f.* bowler hat, bowler; (*amer.*) derby.

bombice *s.m.* (*zool.*) bombyx: — *del gelso*, (*Bombyx mori*) silkworm moth; — *delle querce*, (*Lasiocampa quercus*) egger.

bombo *s.m.* (*zool.*) bumble-bee, humble-bee.

bombola *s.f.* cylinder, bottle, bomb: — *d'ossigeno*, oxygen bottle; — *di gas liquido*, liquid gas cylinder; — *per nebulizzazione*, aerosol (bomb).

bomboletta *s.f.* bomb: — *spray*, aerosol bomb.

bombolo *s.m.* (*scherz.*) barrel, tub.

bombolone *s.m.* (*cuc.*) cream puff, jam puff.

bomboniera *s.f.* bonbonnière; box of sweets.

bompresso *s.m.* (*mar.*) bowsprit.

bonaccia *s.f.* 1 (dead) calm: *essere in* —, to be becalmed // *bonacce subtropicali*, horse latitudes 2 (*fig.*) tranquillity, ease.

bonaccione *agg.* good-natured, kindly ◆ *s.m.* good-natured person, simple and kind -hearted man*, kindly chap.

bonapartismo *s.m.* (*st.*) Bonapartism.

bonapartista *s.m* e *f.* (*st.*) Bonapartist.

bonariamente *avv.* good-naturedly, kind -heartedly; in a friendly manner.

bonarietà *s.f.* good nature; kindness, kindliness, friendliness.

bonario *agg.* good-natured, friendly, kind, kind-hearted, affable.

bonbon *s.m.* bon-bon, sweet; (*spec. amer.*) candy.

bonderizzazione *s.f.* (*metall.*) bonderizing.

bongiorno → **buongiorno**.

bongos *s.m. pl.* (*mus.*) bongos.

bonifica *s.f.* 1 (land) reclamation; drainage, draining, improvement: *è stato approvato il progetto di* — *del delta*, the delta reclamation scheme has been approved // — *edilizia*, urban renewal (*o* redevelopment); — *sanitaria*, decontamination 2 (*luogo bonificato*) reclaimed land 3 (*mil.*) degassing; decontamination; (mine) clearing 4 (*metall.*) austempering.

bonificabile *agg.* 1 reclaimable; drainable 2 (*metall.*) heat-treatable.

bonificamento *s.m.* (*non com.*) → **bonifica**.

bonificare *v.tr.* 1 to reclaim, to drain; (*estens.*) to improve; to reclaim, to rehabilitate: — *un quartiere dalla droga*, to reclaim an area from drug traffic 2 (*mil.*) to degas; to decontamine; to clear 3 (*econ.*) (*scontare*) to allow, to discount; (*banca*) to credit.

bonificatore *agg.* improving ◆ *s.m.* 1 reclaimer 2 (*mil.*) mine clearer.

bonificazione → **bonifica**.

bonifico *s.m.* (*banca*) credit transfer, money transfer, transfer account; — *bancario*, bank transfer; — *cablografico*, cable transfer; — *telegrafico*, cable (*o* wire) transfer; *ordine di* —, transfer order.

bonita *s.f.* (*zool.*) (*Katsuwonus pelamis*) skipjack.

bonne *s.f.* (*antiq.*) (*bambinaia*) nursemaid.

bonomia *s.f.* 1 good nature, affability, bonhomie: *con* —, good-naturedly 2 (*semplicità*) ingenuity, naïvety.

bonsai *s.m.* bonsai.

bontà *s.f.* 1 (*d'animo*) goodness (of heart), goodheartedness, good nature; kindliness; (*benevolenza*) kindness, benignity: — *di cuore*, goodness of heart; *approfittare della* — *di una persona*, to take advantage of a person's kind -heartedness; *un gesto di* —, a kindness; *trattare qlcu. con* —, to treat s.o. with kindness (*o* kindly) // *il nostro cane è di una* — *incredibile*, our dog is unbelievably meek 2 (*gentilezza, condiscendenza*) kindness, courtesy, amiability, goodness: *abbiate la* — *di ascoltarmi*, will you be so kind as to listen to me?, (*più perentorio*) have the courtesy to listen to me; *abbiate la* — *di attendere*, will you be so kind as to wait 3 (*pregio*) excellence, quality, goodness; (*efficacia*) effectiveness: *la* — *di un prodotto*, the excellence (*o* good quality) of a product; *la* — *di un rimedio*, the effectiveness of a cure 4 (*di cibo*) tastiness, excellence: *la* — *di questa torta è indescrivibile*, I can't begin to describe how tasty this cake is; *è una* —!, it's delicious! 5 (*di clima*) wholesomeness.

bon ton *s.m.* good manners (*pl.*), bon ton.

bonuomo → **buonuomo**.

bonus *s.m.* (*comm.*) bonus.

bonus-malus *s.m.* (*assicurazioni*) no claims bonus.

bonza *s.f.* (*edil.*) tar-laying.

bonzo *s.m.* bonze.

boogie-woogie *s.m.* (*mus.*) boogie-woogie.

booleano *agg.* (*mat.*) Boolean: *reticolo* —, Boolean lattice; *algebra booleana*, Boolean algebra.

boom *s.m.* boom: *il* — *delle paninoteche*, the sandwich bar boom; — *edilizio*, housing boom; *gli anni del* —, the boom years; *il* — *consumistico*, the consumer boom; *il* — *delle nascite*, the baby boom.

boomerang *s.m.* boomerang.

booster *s.m.* (*tecn.*) booster.

bora *s.f.* (*meteor.*) bora.

borace *s.m.* (*chim.*) borax: — *greggio*, tincal.

boracifero *agg.* (*min.*) boraciferous.

boracite *s.f.* (*min.*) boracite.

borale *s.m.* (*chim.*) boral.

borano *s.m.* (*chim.*) borane.

borasso *s.m.* (*bot.*) (*Borassus flabelliformis*) palmyra.

borato *s.m.* (*chim.*) borate.

borazone *s.m.* (*chim.*) borazon.

borbogliare *v.intr.* (*non com.*) 1 (*gorgogliare*) to gurgle, to bubble 2 (*borbottare*) to grumble, to mumble.

borboglio *s.m.* (*non com.*) 1 (*gorgoglio*) gurgling, bubbling 2 (*borbottio*) grumbling.

borbonico *agg.* 1 (*st.*) Bourbon (*attr.*) 2 (*fig.*) reactionary ◆ *s.m.* (*fautore dei Borboni*) Bourbonist.

borborigmo *s.m.* (*med.*) borborygmus.

borbottamento *s.m.* grumbling, mumbling, muttering.

borbottare *v.intr.* **1** (*brontolare*) to grumble, to mumble, to mutter **2** (*emettere un rumore sordo*) to rumble, to grumble, to bubble.

borbottio *s.m.* grumbling, mumbling, muttering.

borbottona *s.f.* **borbottone** *s.m.* grumbler, mutterer.

borchia *s.f.* stud, boss, knob; (*da tappezziere*) upholsterer's nail.

borchiato *agg.* studded.

bordaglia *s.f.* (*non com.*) (*marmaglia*) mob, rabble.

bordame *s.m.* (*mar.*) foot (of a sail): *rinforzo di* —, footband.

bordare *v.tr.* **1** (*orlare*) to hem; to border, to edge **2** (*mecc.*) (*cerchiare*) to rim; (*fare il bordo a*) to bead **3** (*mar.*) (*fasciare*) to plank; (*spiegare le vele*) to flatten (in) (sail) ◆ *v.intr.* (*mar.*) (*bordeggiare*) to tack.

bordata *s.f.* (*mar.*) **1** (*di cannoni*) broadside **2** (*navigazione obliqua*) tacking: *prendere una* —, to tack **3** (*ciascuno dei tratti percorsi nel bordeggiare*) beat.

bordatino, **bordato** *s.m.* (*tessuto*) ticking.

bordatrice *s.f.* (*mecc.*) beading machine, curling machine.

bordatura *s.f.* **1** (*orlo*) rim, border; (*orlatura*) hemming **2** (*mecc.*) lag; beading **3** (*modanatura*) swage.

bordeaux *s.m.* **1** (*vino*) Bordeaux **2** (*colore*) bordeaux (red).

bordeggiare *v.intr.* **1** (*mar.*) to tack **2** (*fig.*) to manoeuvre to avoid difficulties.

bordeggio *s.m.* (*mar.*) tacking (about).

bordello *s.m.* **1** (*postribolo*) brothel; (*fig.*) den of iniquity **2** (*fam.*) (*schiamazzo*) uproar; din.

borderline *agg.* (*al confine*) borderline: *un* (*caso*) —, a borderline case; *ha una pressione ai valori* —, his blood pressure is borderline.

borderò *s.m.* **1** (*comm.*) bordereau: (*fin.*) — *d'acquisto*, bought note; (*Borsa*) — *di cambio*, Exchange contract **2** (*teatr.*) takings (*pl.*).

bordino *s.m.* **1** (*ferr.*) (wheel) flange **2** (*mecc.*) flat band **3** (*arch.*) moulding.

bordo *s.m.* **1** (*orlo, margine*) border, edge, hem; (*di recipiente*) rim: *tovaglia con* — *ricamato*, tablecloth with an embroidered edge **2** (*mecc.*) rim, edge // (*aer.*) — *d'attacco*, leading edge; — *d'uscita*, trailing edge **3** (*mat.*) boundary, edge **4** (*mar.*) board; (*fianco d'imbarcazione*) (ship's) side: *andare a* —, to go on board; *essere a* —, to be on board; *gettare fuori* —, to throw overboard; *virare di* —, to alter course (*o* to go about); *nave d'alto* —, tall-sided ship // *d'alto* —, (*fig.*) VIP: *gente d'alto* —, VIPS // (*comm.*) *franco* —, free on board // *giornale di* —, ship's log **5** (*estens.*) (on) board: *un'auto con tre persone a* —, a car with three people in it; *non prendo mai a* — *autostoppisti*, I never give lifts to hitchhikers.

bordò → **bordeaux**.

bordolese *agg.* of Bordeaux, from Bordeaux: *poltiglia* —, Bordeaux mixture.

bordone[1] *s.m.* pilgrim's staff; (*ant.*) burdon.

bordone[2] *s.m.* (*mus.*) low undersong to a melody; (*di organo, piva*) burden, drone // *tener* — *a qlcu.*, (*fig.*) to aid and abet s.o. (*o* to be s.o.'s accomplice).

bordone[3] *s.m.* (*zool.*) plumule, down-feather.

bordura *s.f.* **1** (*orlatura*) hem; border; fringe; rim **2** (*arald.*) bordure.

borea *s.m.* **1** (*letter.*) North **2** (*vento del nord*) Boreas.

boreale *agg.* northern, boreal: *aurora* —, aurora borealis (*o* northern lights).

borgata *s.f.* **1** village **2** (*di Roma*) working-class suburb.

borghese *agg.* **1** bourgeois; middle-class (*attr.*), middle class (*pred.*): *morale* —, bourgeois morals; *mentalità* —, middle-class mentality **2** (*civile*) civilian: *abito* —, civilian dress // (*mil.*) *in* —, in civilian dress (*o* in mufti): *poliziotto in* —, plainclothes detective (*o* policeman); *mettersi in* —, to change into civilian dress (*o* to put on mufti) ◆ *s.m.* e *f.* middle-class person; (*spreg.*) bourgeois: *piccolo* —, lower middle-class person (*o spreg.* petty bourgeois).

borghesia *s.f.* middle class(es); (*spreg.*) bourgeoisie: *l'alta* —, the upper middle class(es); *la piccola* —, the lower middle class(es); *media* —, middle class(es).

borghesismo *s.m.* (*spreg.*) bourgeois behaviour.

borghigiano *s.m.* villager.

borgo *s.m.* **1** village **2** (*sobborgo*) suburb.

borgogna *s.m.* Burgundy (wine).

borgognone *agg.* e *s.m.* Burgundian: *poltiglia borgognona*, burgundy mixture.

borgomastro *s.m.* burgomaster.

boria *s.f.* haughtiness, arrogance; (self-)conceit: *è un uomo pieno di* —, he is a (self-)conceited man (*o* he is an arrogant man); *metter su* —, to put on airs.

boriarsi *v.intr.pron.* (*non com.*) to boast (about sthg.); (*fam.*) to show off (sthg.).

borico *agg.* (*chim.*) boric: *acido* —, boric acid.

boriosità *s.f.* arrogance, haughtiness, conceit.

borioso *agg.* haughty, arrogant, conceited.

borneolo *s.m.* (*chim.*) borneol.

bornite *s.f.* (*min.*) bornite, peacock ore.

boro *s.m.* (*chim.*) boron: *carburo di* —, boron carbide.

borosilicato *s.m.* (*min.*) borosilicate.

borotalco® *s.m.* talcum powder.

borra *s.f.* **1** (*tess.*) dropping; waste wool; flocks (*pl.*) **2** (*imbottitura*) stuffing **3** (*mil.*) (*stoppaccio*) wad **4** (*fig.*) (*robaccia*) rubbish, trash Ⓤ; (*parole superflue*) waffle Ⓤ.

borraccia *s.f.* water-bottle, flask; (*mil.*) canteen.

borraccina *s.f.* (*bot.*) (*Sedum acre*) stonecrop, wall-pepper.

borraggine *s.f.* (*bot.*) (*Borago officinalis*) borage.

borrare *v.tr.* (*geol.*) to stem, to tamp.

borro *s.m.* (*torrente*) torrent; (*fosso*) (irrigation) ditch, (irrigation) channel.

borsa[1] *s.f.* **1** purse, money purse; (*borsetta*) bag, handbag; (*tasca*) pouch: — *di pelle, di paglia*, leather, straw bag; — *della spesa*, shopping bag; — *da viaggio*, travelling bag; *le hanno scippato la* —, she's had her bag snatched; — *per documenti*, briefcase // — *da tabacco*, tobacco pouch; — *per l'acqua calda*, hot-water bottle // — *di studio*, scholarship // *allentare, stringere i cordoni della* —, to loosen, to tighten the purse strings; *far* — *comune*, to share expenses; *tenere i cordoni della* —, to hold the purse strings; *avere la* — *piena*, (*fig.*) to be rolling in it // *pagare di* — *propria*, to pay out of one's own pocket // *la* — *o la vita!*, your money or your life! // *avere le borse agli occhi*, to have bags under one's eyes **2** (*anat.*) bursa **3** (*eccl.*) burse **4** (*boxe*) purse **5** (*bot.*) bourse: — *da pastore*, (*Capsella bursa-pastoris*) shepherd's purse **6** (*zool.*) — *mielaria*, honey-bag, honey sac.

borsa[2] *s.f.* (*Borsa valori*) (Stock) Exchange, (*fam.*) Change, Security Exchange: *Borsa Valori di Londra*, the House; *la* — *americana*, Wall Street; *in* —, on Exchange (*o* on Change); *indici di* —, Stock Exchange indices; — *del grano*, wheat pit; — *merci*, commodity Exchange; — *merci*, (*esclusi i metalli*) produce Exchange; *contratto di* —, Stock Exchange contract (*o* transaction); *mediatore, agente di* —, stockbroker; *listino di* —, Stock Exchange list; *listino ufficiale della Borsa Valori di Londra*, Stock Exchange daily official list; *quotazioni di* —, Stock Exchange quotations; *liquidazione di* —, Stock Exchange settlement; *operatore di* —, (*della Borsa di Londra non in diretto contatto col pubblico*) stockjobber; *speculatore di* —, Stock gambler; *speculazione in* —, Stock gambling; *speculare, giocare in* —, to gamble on the Stock Exchange; *rialzo, ribasso in* —, rise, fall on the Stock Exchange; — *fiacca*, weak (*o* dull) market; — *ferma*, strong market; *chiusura di* —, close of business on the Exchange // *fuori* —, over-the-counter (*attr.*).

borsacchina *s.f.* (*bot.*) (*Capsella bursa-pastoris*) shepherd's purse.

borsaiolo *s.m.* pickpocket; (*dir.*) hooker.

borsanera *s.f.* black market.

borsanerista *s.m.* e *f.* black marketeer.

borsata *s.f.* **1** bagful **2** (*colpo*) blow with a bag.

borseggiare *v.tr.* to pick (s.o.'s) pockets.

borseggiatore *s.m.* **borseggiatrice** *s.f.* pickpocket.

borseggio *s.m.* pickpocketing.

borsellino *s.m.* purse.

borsello *s.m.* (shoulder) bag.

borsetta *s.f.* handbag, bag.

borsettificio *s.m.* handbag manufacturer.

borsetto *s.m.* (shoulder) bag.

borsino *s.m.* (*Borsa*) **1** (*Borsa non ufficiale*) coulisse **2** (*dopoborsa*) kerb market, street market.

borsista[1] *s.m.* e *f.* (*chi specula in Borsa*) speculator; (*solo in* GB) stockjobber.

borsista[2] *s.m.* e *f.* (*chi gode di una borsa di studio*) scholarship holder.

borsistico *agg.* Stock Exchange (*attr.*): *operazione borsistica*, Stock Exchange transaction.

borsite *s.f.* (*med.*) bursitis // — *prepatellare*, housemaid's knee.

borunduk *s.m.* (*zool.*) (*Eutamias sibiricus*) chipmunk.

boruro *s.m.* (*chim.*) boride.

boscaglia *s.f.* scrub, undergrowth, brush; (*bosco fitto*) thick wood: *coperto di* —, scrubby.

boscaiolo *s.m.* **1** woodsman*, woodcutter, lumberjack **2** (*guardaboschi*) forester.

boscato *agg.* (*non com.*) wooded, woody.

boschereccio *agg.* woody; (*letter.*) sylvan; woodland (*attr.*): *poesia boschereccia*, sylvan poetry.

boschetto *s.m.* thicket, copse; grove: — *di aranci*, orange grove.

boschivo *agg.* woody, wooded, arboreous: *terreno* —, woodland.

boscimano *s.m.* bushman*.

bosco *s.m.* **1** wood: *attraversare un* —, to go through a wood // — *ceduo*, coppice // *essere uccel di* —, (*fig.*) to be free // *portare legna al* —, to carry coals to Newcastle **2** (*in bachicoltura*) cocoonery.

boscosità *s.f.* tree density.

boscoso *agg.* woody, wooded.

bosniaco *agg.* e *s.m.* Bosnian.

bosone *s.m.* (*fis. nucleare*) boson.

boss *s.m.* boss, baron; (*fam.*) big boy: *i — della finanza*, the big boys of finance (*o* big bug in business).

bossa nova *s.f.* (*danza*) bossa nova.

bosso *s.m.* **1** (*bot.*) (*Buxus sempervirens*) box **2** (*legno*) boxwood.

bossolo *s.m.* **1** (*urna per estrazione, elettorale*) ballet box; small wooden box **2** (*mil.*) (*di cartuccia*) (cartridge) case; (*di proiettile d'artiglieria*) (shell) case.

bostoniano *agg.* e *s.m.* Bostonian.

bot *s.m.* (*fin.*) Treasury bill, T bill.

botanica *s.f.* botany.

botanico *agg.* botanic(al): *orto* —, botanical garden ◆ *s.m.* botanist.

botola *s.f.* trapdoor.

botolo *s.m.* (*cane*) mongrel, cur: — *ringhioso*, snarling cur (*o* dog).

botriocefalo *s.m.* (*zool.*) (*Diphyllobothrium latum*) diphyllobothrium.

botrioterapia *s.f.* (*med.*) botryotherapy.

botta[1] *s.f.* **1** (*colpo*) blow, stroke; (*fam.*) whack: *dare un sacco di botte a qlcu.*, to whack s.o. (*o* to give s.o. a through thrashing); *menar botte da orbi*, to deal a volley of blows **2** (*contusione*) bruise: *il segno della — è rimasto un mese*, the bruise remained for a month **3** (*fig.*) blow, shock: *fu una terribile* —, it was a terrible blow (*o* shock) // *a — calda*, on the spur of the moment **4** (*d'arma da fuoco*) report, shot, bang **5** (*scherma*) pass, thrust, lunge **6** (*battuta*) sarcastic remark, witty retort: (*rad., tv*) *spettacolo di — e risposta*, quiz programme (*o* giveaway show) // — *e risposta*, tit for tat (*o* quick repartee *o* cut and thrust).

botta[2] *s.f.* (*rospo*) toad.

bottaccio *s.m.* **1** (*stagno di mulino*) millpond **2** (*ant.*) (*barile*) barrel.

bottaio *s.m.* cooper.

bottale *s.m.* drum tumbler: *concia al* —, drum tannage.

bottame *s.m.* casks (*pl.*), barrels (*pl.*).

bottarga *s.f.* (*cuc.*) botargo, salted mullet role.

bottata *s.f.* (*non com.*) gibe, retort, quip.

bottatrice *s.f.* (*zool.*) (*Lota lota*) burbot, (*amer.*) ling.

botte *s.f.* **1** barrel; (*spec. per liquidi*) cask: *mettere in* —, to barrel (*o* to cask) // *dare un colpo al cerchio e uno alla* —, (*fig.*) to run with the hare and hunt with the hounds // *essere in una — di ferro*, (*fig.*) to be on sure ground (*o* home and dry) // *non si può avere la — piena e la moglie ubriaca*, (*prov.*) you cannot have your cake and eat it // *la — dà il vino che ha*, (*prov.*) what is bred in the bone comes out in the flesh **2** (*arch.*): *volta a* —, barrel vault; *volta a mezza* —, semicircular vault **3** (*per caccia in palude*) hide.

bottega *s.f.* **1** shop, store, business: *la — del panettiere*, baker's shop; *vetrina di* —, shop window; *aprire una* —, to open a shop; *aprire, metter su* —, to set up shop; *tenere una* —, (*antiq.*) to keep a shop; *chiudere* —, (*anche fig.*) to shut up shop; *fondi, scarti di* —, leftovers // *fa' — di tutto!*, he's the sort of man who would sell his grandmother // *essere casa e* —, *uscio e* —, to live next to one's job // *avere la — aperta*, (*fam. fig.*) to have one's flies open **2** (*laboratorio*) workshop, studio: — *di artigiano*, craftman's studio (*o* workshop); *mettersi, andare a — da qlcu.*, to be apprenticed to s.o.

bottegaio *s.m.* shopkeeper; (*amer.*) storekeeper ◆ *agg.* (*spreg.*) shopkeeper's: *mentalità bottegaia*, shopkeeper's mentality.

bottegante → **bottegaio**.

botteghino *s.m.* **1** (*di teatro*) box office; (*di stadio*) ticket office; (*per scommesse su cavalli*) betting shop **2** (*del lotto*) lottery office.

bottello *s.m.* (*rar.*) (*etichetta*) label.

bottiglia *s.f.* bottle: — *da vino*, wine bottle; *una — da un litro*, a litre bottle; *stappare una — di vino*, to uncork a bottle of wine; *è capace di bersi un'intera — di vino*, he can drink a whole bottle of wine // *collo di* —, bottleneck // *vino di* —, select wine // *mettere vino in* —, to bottle wine // (*fis.*): — *di Leyda*, Leyden jar; — *magnetica*, magnetic bottle // — *Molotov*, Molotov cocktail // *verde* —, bottle green.

bottigliata *s.f.* blow with a bottle.

bottiglieria *s.f.* **1** wine shop **2** (*cantina*) wine cellar.

bottiglione *s.m.* large bottle, two-litre bottle.

bottinaio *s.m.* sewer-man.

bottinare[1] *v.intr.* (*delle api*) to collect honey.

bottinare[2] *v.tr.* (*agr.*) to dung.

bottino[1] *s.m.* **1** booty, loot, spoils (*pl.*); pickings (*pl.*): *i ladri si spartirono il* —, the thieves shared the spoil(s) **2** (*mil.*) plunder.

bottino[2] *s.m.* (*fogna, pozzo nero*) cesspool.

botto *s.m.* **1** (*rumore*) bang, crack, shot, report // *di* —, (*improvvisamente*) suddenly; (*subito*) at once // *in un* —, in a tick (*o* in a second) // *tutto in un* —, all of a sudden **2** (*region.*) (*mortaretto*) firework, cracker.

bottonaio *s.m.* **1** (*chi fabbrica bottoni*) button-manufacturer, button-maker **2** (*chi vende bottoni*) button-seller.

bottonatura → **abbottonatura**.

bottoncino *s.m.* **1** small button; (*di camicia*) stud **2** (*bocciolo*) bud: — *di rosa*, rose bud; (*fig.*) pretty girl **3** (*di fioretto*) button.

bottone *s.m.* **1** button: *automatico*, snap fastener (*o* press stud *o amer.* snapper); — *del colletto*, collar stud; *bottoni gemelli*, cufflinks; *allacciare un* —, to fasten a button; *attaccare un — (a un abito ecc.)*, to sew a button (on a dress etc.) // *attaccare un — a qlcu.*, (*fig.*) to buttonhole s.o. **2** (*bocciolo*) bud: — *di rosa*, rose bud; — *fiorale*, eye **3** (*bot.*): *botton d'oro*, (*Trollius europaeus*) globe-flower, globe -crowfoot; (*Ranunculus bulbosus*) kingcup **4** (*tecn.*) button; knob: — *di manovella*, crank pin; — *di regolazione*, setting knob // *stanza dei bottoni*, control room **5** (*med.*) — *di Aleppo, d'Oriente* → leishmaniosi.

bottoniera *s.f.* **1** row of buttons **2** (*occhiello*) buttonhole.

bottonificio *s.m.* button factory.

botulinico *agg.* (*med.*) botulinic.

botulino *s.m. zool.* (*Clostridium botulinum*) botulinus.

botulismo *s.m.* (*med.*) botulism.

bouclé *agg.* bouclé: *lana* —, bouclé wool.

boule *s.f.* **1** (*borsa dell'acqua calda*) hot -water bottle **2** (*chim.*) boule.

bouquet *s.m.* **1** (*di fiori*) bouquet, bunch **2** (*di vino*) bouquet, nose.

bouquiniste *s.m.* e *f.* (*fr.*) second-hand bookseller.

bourbon *s.m.* bourbon (whisky).

boutade *s.f.* flash of wit, quip, witticism.

bovarismo *s.m.* bovarysm.

bovarista *agg.* like Madame Bovary; (*fig.*) frustrated bourgeois (*attr.*).

bovaro *s.m.* cowherd, cattledrover, cowboy, (cow) puncher.

bove *s.m.* (*letter.*) → **bue**.

bovina *s.f.* cowpat.

bovindo *s.m.* (*arch.*) bow window; oriel.

bovini *s.m.pl.* cattle (*pl.*).

bovino *agg.* bovine ◆ *s.m.* ox.

bovo *s.m.* (*mar.*) bovo (a lateen-rigged masted fishing boat).

bovolo *s.m.* (*mecc.*) volute spring.

box *s.m.* **1** (*autorimessa*) (lock-up) garage **2** (*nelle stalle*) box **3** (*automobilismo*) pit **4** (*per bambini*) playpen **5** (*suddivisione con tramezzi*) stall.

boxare *v.intr.* to box.

boxe *s.f.* (*pugilato*) boxing: *un incontro di* —, a boxing match.

boxer *s.m.* (*cane*) boxer.

boxeur *s.m.* (*pugilatore*) boxer.

boy *s.m.* **1** (*ballerino di fila*) dancer **2** (*inserviente d'albergo*) bellboy **3** (*tennis*) (*raccattapalle*) ball boy.

boy-scout *s.m.* boy scout.

bozza[1] *s.f.* **1** (*arch.*) (*bugna*) ashlar **2** (*bernoccolo, gonfiore*) bump, swelling // (*anat.*) — *frontale*, frontal eminence.

bozza[2] *s.f.* **1** (*tip.*) proof: — *finale*, press proof; — *impaginata*, page proof; — *in colonna*, galley proof; *correttore, revisore di bozze*, proofreader; *correzione di bozze*, proofreading (*o* proof-correction); *prima* —, foul (*o* flat) proof; *seconda* —, revise; *terza* —, second revise; *correggere le bozze*, to proofread (*o* to proof-correct); *tirare una* —, to pull a proof **2** (*di contratti, lettere ecc.*) draft (*abbozzo, brutta copia*) rough draft, rough copy: — *di contratto*, draft contract; // (*dir.*) — *di capitolato*, tentative specification.

bozza[3] *s.f.* (*mar.*) stopper; (*spezzone di cavo*) guy, rope: *nodo di* —, stopper knot.

bozzato *agg.* (*arch.*) ashlar(-work).

bozzello *s.m.* (*mar.*) block: — *a braccio*, brace block; — *a coda*, tail block; — *a mulinello, girevole*, swivel block; — *apribile*, snatch block; — *da fune*, rope block.

bozzettista *s.m.* e *f.* sketch writer.

bozzettistica *s.f.* art of writing sketches, sketch writing.

bozzettistico *agg.* sketch (*attr.*); (*fig.*) immediate, vivid; (*sommario*) sketchy.

bozzetto *s.m.* **1** sketch, outline **2** (*breve componimento narrativo*) sketch.

bozzima *s.f.* **1** (*tess.*) size **2** (*pastone per i polli*) mash.

bozzo[1] → **bozza**[1].

bozzo[2] *s.m.* (*buca*) ditch; puddle, pothole.

bozzolaia *s.f.* cocoon room.

bozzolaio *s.m.* **1** cocoon-seller **2** → bozzolaia.

bozzolo *s.m.* **1** pod, follicle; (*di baco da seta*) cocoon: *fare il* —, to spin (*o* to cocoon) // *chiudersi nel proprio* —, (*fig.*) to withdraw into oneself **2** (*di farina, crema ecc.*) lump, knot.

bozzoloso, **bozzoluto** *agg.* lumpy, knotty, knotted.

braca *s.f.* **1** (*imbrigliatura di carichi voluminosi*) sling: — *a ganci*, can hook **2** (*ciascuna delle due parti che formano i calzoni*) trouser leg **3** *pl.* (*calzoni*) trousers; (*mutande*) drawers // *calar*(*si*) *le brache*, (*fig. fam.*) to chicken out.

bracalone *s.m.* slovenly person; untidy person.

braccare *v.tr.* **1** (*una preda*) to hunt, to chase **2** (*una persona*) to hunt down: *il fuggiasco era braccato dalla polizia*, the fugitive was hunted down by the police.

braccata *s.f.* hunt; (*con fucile*) shoot.

braccetto, a *locuz.avv.* arm in arm: *camminavano a* —, they walked arm in arm.

braccheggiare *v.tr.* (*non com.*) (*cercare ovunque*) to search for (sthg.); to hunt for (sthg.) ◆ *v.intr.* (*non com.*) (*andare in giro spiando*) to sniff about.

braccheggio *s.m.* (*non com.*) searching, hunting; (*col fiuto*) scenting (of hounds).

bracchetto *s.m.* (*zool.*) beagle.

bracchiere *s.m.* (*ant.*) (*caccia*) whipper-in.

bracciale *s.m.* **1** armlet; (*da polso*) bracelet, bangle: — *in cuoio*, (*per orologio*) wristwatch strap (*o* wristband) **2** (*fascia portata al braccio come segno distintivo*) armband **3** (*armatura del braccio*) armlet **4** (*per nuotare*) waterwings (*pl.*) **5** (*di poltrona ecc.*) arm.

braccialetto *s.m.* bracelet; armlet (*anche da caviglia*); bangle.

bracciantato *s.m.* farm labour.

bracciante *s.m.* labourer, (manual) worker, (hired) hand, day labourer, hire man: — *agricolo*, farm labourer, farmhand.

bracciantile *agg.* manual: *lavoro* —, manual work.

bracciare *v.tr.* (*mar.*) to brace: — *di punta*, to brace up; — *in croce*, to brace in (*o* to).

bracciata *s.f.* **1** armful: *una* — *di fiori*, an armful of flowers // *a bracciate*, in great quantity **2** (*nuoto*) stroke: *attraversò il canale a lunghe bracciate*, with long strokes he crossed the canal.

bracciatura *s.f.* (*non com.*) measuring by arm's length.

braccio *pl.m.* **bracci**; *pl.f.* **braccia** *nei significati 1 e 2*, *s.m.* **1** arm: *si è rotto il* — *sinistro*, he's broken his left arm; *a braccia aperte*, with open arms; *accogliere qlcu. a braccia aperte*, (*fig.*) to welcome s.o. with open arms; *con le braccia conserte, incrociate*, with folded arms (*o* with one's arms folded); *con le braccia tese*, with outstretched arms (*o* with one's arms outstretched); *spostare qlco. a braccia*, to move sthg. by hand; *in* —, in one's arms; *portava in* — *un bel bambino*, she was carrying (*o* holding) a lovely child in her arms; *lo prese in* — *perché piangeva*, she picked him up into her arms because he was crying; *cadere tra le braccia di qlcu.*, to fall into s.o.'s arms; *svenne e mi cadde tra le braccia*, he fainted and fell into my arms; *prendere qlcu. per il* —, to grab (*o* to seize) s.o. by the arm; *mi prese per un* — *e mi fece sedere*, he grabbed (*o* seized) me by the arm and made me sit down; *sotto* —, arm in arm; *camminavano tenendosi sotto* —, they were walking arm in arm; *sotto il* —, under one's arm; *teneva la borsetta stretta sotto il* —, she was holding her bag tight under her arm; *sul* —, on one's arm; *teneva l'ombrello sul* —, he was carrying an umbrella on his arm; *offrire il* — *a una signora*, to offer a lady one's arm; *le offrì il* — *per portarla in sala da pranzo*, he took her in to dinner; *avere un* — *al collo*, to have one's (*o* an) arm in a sling; *gettare le braccia al collo di qlcu.*, to fling one's arms round s.o.'s neck; *avere le braccia legate*, (*anche fig.*) to have one's hands tied; *ho le braccia legate e non posso proprio aiutarti*, my hands are tied and I just can't help you; *incrociare le braccia*, to fold one's arms; (*fig.*) to go on strike; *tendere le braccia*, to stretch out one's arms; (*fig.*) to ask for help // — *di ferro*, arm wrestling // *a* —, approximately; *fare un discorso a* —, to give an impromptu speech // *il* — *della giustizia, della legge*, the arm of the law // *il* — *secolare*, the secular arm // *il* — *e la mente*, brains and brawn // *avere le braccia lunghe*, (*fig.*) to be very influential // *essere il* — *destro di qlcu.*, to be s.o.'s right-hand man // *quando mi ha detto di rifarlo mi sono sentito cadere le braccia*, when he told me to do it all again I could have wept // *dagli un dito e si prenderà un* —, give him an inch and he'll take a mile // *essere in* — *a Morfeo*, to be fast asleep **2** *pl.* (*manodopera*) hands, labourers: *abbiamo bisogno di altre braccia alla fattoria*, we need more labourers (*o* hands) on the farm **3** (*di edificio*) wing: *il* — *di un carcere*, the wing of a prison // *il* — *della morte*, the death row **4** (*di croce*) limb **5** (*di fiume*) arm; (*di mare*) sound, strait **6** (*misura di lunghezza*) ell; (*misura di profondità*) fathom **7** (*mar.*) (*di ancora*) arm; (*di remo*) web; (*per orientare i pennoni*) brace **8** (*mecc.*) arm; (*di bilancia*) beam, bar; (*di grammofono*) (pick-up) arm; — *di leva*, lever arm; — *di manovella*, crank arm (*o* web); — *mobile* (*di gru*), (adjustable) jib; — *di sestante*, index bar; — *portante*, supporting arm **9** (*inform.*) arm: — *di scrittura*, writing arm; — *di lettura*, reading arm; — *di accesso dati*, access arm.

bracciolo *s.m.* **1** arm: *sedia a braccioli*, armchair **2** (*di scala*) banister(s), handrail **3** (*mar.*) bracket, knee.

bracco *s.m.* **1** (*cane*) hound **2** (*sbirro*) (*fam.*) sleuth.

bracconaggio *s.m.* poaching.

bracconiere *s.m.* poacher.

brace *s.f.* embers (*pl.*); live charcoal: *cuocere alla* —, to barbecue; *farsi di* —, (*fig.*) to blush // *cadere dalla padella nella* —, (*fig.*) to jump out of the frying pan into the fire // *stare sulle braci*, (*fig.*) to be like a cat on hot bricks.

brachetta *s.f.* **1** trouser flap **2** *pl.* (*mutandine*) panties, pants.

brachiale *agg.* (*anat.*) brachial.

brachialgia *s.f.* (*med.*) brachialgia.

brachicardia *s.f.* (*med.*) brachycardia, bradycardia.

brachicefalia *s.f.* (*anat.*) brachycephaly.

brachicefalo *agg.* (*anat.*) brachycephalic, brachycephalous ◆ *s.m.* brachycephal.

brachigrafia *s.f.* brachygraphy.

brachilogia *s.f.* (*ret.*) brachylogy.

brachiopode *s.m.* (*zool.*) brachiopod.

brachistocrona *s.f.* (*mat., fis.*) brachistochrone.

brachitipo *s.m.* brachytype.

bracia → **brace**.

braciere *s.m.* brazier.

braciola *s.f.* **1** chop; (*bistecca*) steak: — *di maiale*, pork chop; — *di montone*, mutton chop **2** (*costoletta*) cutlet.

bradicardia *s.f.* (*med.*) bradycardia.

bradicardico *agg.* (*med.*) bradycardic.

bradilalia *s.f.* (*med.*) bradylalia.

bradipo *s.m.* (*zool.*) sloth: — *didattilo*, (*Choloepus didactylus*) unau; — *tridattilo*, (*Bradypus tridactylus*) ai.

bradisismo *s.m.* (*geol.*) bradyseism.

brado *agg.* wild: *bestiame* —, wild cattle; *cavallo* —, unbroken horse; *allo stato* —, in a wild (*o* natural) state.

bradsot *s.m.* (*vet.*) braxy.

braga → **braca**.

bragia → **brace**.

bragozzo *s.m.* (*mar.*) bragozzo (two-masted fishing boat in the Adriatic).

brahmanesimo *s.m.* Brahmanism.

brahmanico *agg.* Brahmanic(al).

brahmanismo → **brahmanesimo**.

brahmano *s.m.* Brahman.

braille® *s.m.* (*sistema di scrittura per ciechi*) braille®.

brama *s.f.* longing; craving; avidity, lust, greed: — *di denaro*, longing (*o* craving *o* lust) for wealth; — *di sapere*, thirst for knowledge.

bramano e *deriv.* → **brahmano** e *deriv.*

bramare *v.tr.* to long for (s.o., sthg.), to desire, to crave for, after (sthg.), to yearn for (sthg.): *bramava di ritornare in patria*, he longed to go back to his country.

bramino *s.m.* e *deriv.* → **brahmano** e *deriv.*

bramire *v.intr.* to roar; to troat; (*di cervo in amore*) to bell.

bramito *s.m.* roar, roaring; bellow, bellowing; troat; (*di cervo in amore*) bell.

bramosamente *avv.* longingly; avidly, greedly.

bramosia, bramosità *s.f.* longing; craving; avidity, greed.

bramoso *agg.* desirous; eager (for sthg., to do); thirsting (for sthg.); greedy; (*form.*) desirous: — *di gloria*, avid (*o* eager) for glory; *guardava le caramelle con occhi bramosi*, he looked at the sweets with greedy eyes.

branca *s.f.* **1** jaw: *branche della tenaglia*, jaws of pliers **2** (*zampa, artiglio*) claw; (*fig.*) clutches (*pl.*): *cadere nelle branche di qlcu.*, to fall into s.o.'s clutches **3** (*sezione, settore*) branch: *una — della scienza*, a branch of science **4** — *di scale*, (*non com.*) flight of stairs **5** (*anat.*) branch **6** (*mar.*) cringle **7** (*bot.*): — *ursina*, (*Acanthus mollis*) brank -ursine; (*Heracleum sphondylium*) hogweed.

brancata *s.f.* **1** handful: *una — di terra, di monete*, a handful of earth, of coins **2** (*non com.*) (*zampata*) scratch with a claw.

branchia *s.f.* (*zool.*) gill, branchia*.

branchiale *agg.* (*zool.*) branchial.

branchiato *agg.* (*zool.*) branchiate.

brancicamento *s.m.* (*non com.*) handling, feeling, fingering, clutching.

brancicare *v.tr.* **1** to handle, to feel*, to finger **2** (*stazzonare*) to paw, to squeeze ◆ *v.intr.* (*brancolare*) to fumble.

brancicatura *s.f.* handling, feeling; pawing.

branco *s.m.* **1** (*mandria*) herd; drove; (*di oche*) gaggle;(*di lupi*) pack; (*di pecore, di uccelli*) flock; (*di pesci*) shoal, school **2** (*spreg.*) (*folla di persone*) herd, pack; gang: *un — di sciocchi*, a pack of fools // *a branchi*, in droves, in numbers // *restare nel* —, (*fig.*) to remain one of the crowd.

brancolamento *s.m.* groping, fumbling.

brancolare *v.intr.* **1** to grope (one's way), to fumble, to proceed tentatively (*anche fig.*): *brancolando uscì dalla cella*, he groped his way out of the cell; *brancolava nel buio*, he groped in the dark **2** (*esitare*) to hesitate, to waver: *sto brancolando, non so che soluzione prendere*, I'm hesitating, I don't know which solution to choose.

branda *s.f.* **1** camp bed, folding bed **2** (*su navi*) hammock.

brandeburghese *agg.* Brandenburg (*attr.*) ◆ *s.m.* e *f.* inhabitant of Brandenburg.

brandeggiare *v.tr.* (*far ruotare intorno a un asse orizzontale*) to traverse: — *un cannone, una telecamera*, to traverse a gun, a television camera.

brandeggio *s.m.* (*rotazione intorno a un asse verticale*) traverse.

brandello *s.m.* **1** shred, rag; piece: *con gli abiti a brandelli*, in tatters; *fare a brandelli*, to tear to pieces (*o* to tear up) **2** (*fig.*) bit, scrap, shred: *non gli è rimasto neppure un — di dignità*, he hasn't a shred of dignity left.

brandire *v.tr.* to brandish, to wave.

brando *s.m.* (*poet.*) sword.

brano *s.m.* **1** (*brandello*) piece, shred // *a brani*, in small pieces: *fare a brani*, to tear to pieces **2** (*passo di un testo*) passage, piece, extract: *imparare un — a memoria*, to learn a passage by heart; *ha suonato un — di Vivaldi*, he played a piece by Vivaldi.

branzino *s.m.* (*zool.*) (sea) bass.

brasare *v.tr.* **1** (*cuc.*) to braise **2** (*metall.*) to braze.

brasato *agg.* (*cuc.*) braised: *manzo* —, braised beef.

brasatura *s.f.* (*metall.*) brazing: — *ad arco*, arc-brazing.

brasca *s.f.* (*metall.*) dross.

brasile *s.m.* (*legno*) Brazil (wood).

brasiliano *agg.* e *s.m.* Brazilian.

brattea *s.f.* (*bot.*) bract: *grappolo di brattee*, coma.

bratteale *agg.* (*bot.*) bracteal.

bratteato *agg.* (*bot.*) bracteate.

bratteola *s.f.* (*bot.*) bracteole, bractlet.

braunite *s.f.* (*min.*) braunite.

bravaccio *s.m.* **1** (*prepotente*) bully, bullyboy **2** (*spaccone*) braggart, swaggerer: *non fare il —!*, stop boasting! (*o* stop bragging!).

bravamente *avv.* **1** (*risolutamente*) bravely **2** (*con abilità*) cleverly **3** (*con spavalderia*) nonchalantly, cockily.

bravare *v.tr.* (*letter.*) (*provocare, sfidare*) to provoke, to defy ◆ *v.intr.* (*letter.*) (*fare il gradasso*) to brag, to boast, to swagger.

bravata *s.f.* **1** (*atto da spaccone*) boasting, bragging, showing off **2** (*azione inutilmente rischiosa*) act of bravado; bravado [U], effrontery, insolence: *uscire di casa con la febbre è stata una* —, it was an act of bravado to go out when he had a temperature; *fa sempre delle bravate*, he's always showing off.

braveggiare *v.intr.* (*non com.*) to swagger, to show off; to brag, to boast.

bravo *agg.* **1** (*abile, capace*) clever; skilful, capable, good (at sthg.); fine; (*esperto*) expert, (*fam.*) hot; (*ricco di esperienza*) experienced: *è un — operaio*, he is a skilled workman; *è una brava insegnante*, she is a good teacher; *mio fratello è — in matematica*, my brother is good at mathematics, (*fam.*) my brother is hot at maths // *—!*, bravo! (*o* well done! *o* good for you! *o amer.* attaboy!) // *alla brava*, skilfully, cleverly **2** (*buono*), good; (*egregio*) very good; (*degno di stima*) honest, reliable, worthy: *è una brava persona*, he is an honest person; *è un — uomo*, he is a good (*o* honest) chap // *da —!, su, da —!*, (*fam.*) be a good boy! (*o* there's a good boy!) **3** (*non com.*) (*ardito*) brave, courageous // *notte brava*, wild night // *fare il* —, to swagger (*o* to boast) **4** (*enfatico*) *ci vorrà il suo — tempo*, it will take a good deal of time; *deve dormire le sue brave otto ore*, he has to have his full eight hours' sleep; *fece la sua brava colazione e andò a scuola*, he ate up all his breakfast and went to school; — *furbo!*, (*iron.*) very clever! (*o* brilliant!) ◆ *s.m.* (*scherano*) bravo*.

bravura *s.f.* **1** (*abilità*) cleverness, skill **2** (*ardimento*) bravery, courage **3** (*mus.*) bravura: *pezzo di* —, bravura.

brazilina *s.f.* (*chim.*) brazilin.

break[1] *s.m.* **1** break, pause: *fare un* —, to take a break **2** (*tv, rad.*) advertising break **3** (*tennis*) break.

break[2] *s.f.* (*aut.*) estate car; (*amer.*) station wagon.

breccia[1] *s.f.* breach, gap: *aprire, fare una* —, to open gap (*o* a breach); (*mil.*) *battere in* —, to shell one point; *essere sulla* —, to stand in the breach (*anche fig.*); *far — su qlcu.*, (*fig.*) to find one's way to s.o.'s heart.

breccia[2] *s.f.* **1** (*pietrisco*) crushed stone, road metal **2** (*ghiaia*) gravel **3** (*geol.*) breccia: — *ossifera*, bone breccia; — *vulcanica*, agglomerate (*o* volcanic) breccia.

brecciame *s.m.* crushed stone, road metal.

breccioso *agg.* **1** (*coperto con breccia, con brecciame*) gravelly, metalled: *strada brecciosa*, metalled road **2** (*geol.*) brecciated.

brechtiano *agg.* Brechtian.

brefotrofio *s.m.* foundling hospital.

bregma *s.m.* (*anat.*) bregma (*pl.* -ta).

brenta *s.f.* (*region.*) **1** (*bigoncia*) wine cask **2** 'brenta' (*misura di capacità pari a ca 50 litri*).

brentolo → **brugo**.

bresaola *s.f.* (*region.*) (*cuc.*) cured raw beef.

bresciano *agg.* of Brescia, from Brescia ◆ *s.m.* inhabitant of Brescia; native of Brescia.

bretella *s.f.* **1** (*spec. pl.*) (*per pantaloni*) brace, (*amer.*) suspender; (*spallina*) shoulder strap: *le bretelle della sottoveste*, the shoulder straps of the slip **2** (*raccordo stradale ecc.*) link road // (*aer.*) — *di rullaggio*, taxiway.

bretone, brettone *agg.* e *s.m.* e *f.* Breton: (*st. lett.*) *il ciclo* —, the Breton cycle.

breve[1] *agg.* **1** (*di durata, estensione*) short, brief; (*conciso*) concise: — *discorso*, brief speech; — *distanza*, short distance; — *intervallo*, brief interval; — *soggiorno*, brief stay; *andare per la strada più* —, to go the shortest way // *in* —, in short (*o* briefly *o* in brief); *tra* —, shortly (*o* in a short time); *ritornerà tra* —, he'll be back soon // *per farla* —, to make it brief (*o* to cut a long story short) // (*econ.*): *a — termine*, (*avv.*) in the short-term (*o* period *o* run), (*agg.*) short-term (*attr.*); *pagamento a — (termine)*, short-term payment; *recuperare i crediti a — (termine)*, to recover credits in the short run; *cambiale a — scadenza*, short-dated draft (*o* bill) **2** (*fon.*) short ◆ *s.f.* **1** (*fon.*) short syllable, breve **2** (*mus.*) breve.

breve[2] *s.f.* (*lettera papale*) breve, brief.

brevemente *avv.* **1** briefly, shortly **2** (*in breve*) in short, to sum up.

brevettabile *agg.* patentable.

brevettare *v.tr.* **1** (*fornire del brevetto di invenzione*) to patent: — *un'invenzione*, to patent an invention **2** (*conferire un brevetto*) to license.

brevettato *agg.* patent, patented: *sistema* —, patented system; *serratura brevettata*, patent lock; *marchio* —, registered trade mark.

brevetto *s.m.* **1** patent: — *di invenzione*, invention patent; — *industriale*, design patent; — *in corso di registrazione*, patent pending; — *esclusivo*, exclusive patent; *diritto di* —, patent right; *detentore di* —, patentee; *concessore di* —, licensor, patentor; *concedere un* —, to grant a patent; *presentare la domanda di* —, to file a patent // *Ufficio Brevetti*, Patent Office // *diritto (disciplina normativa) dei brevetti*, patent law // *diritto patrimoniale da* —, royalty **2** (*patente di pilota aeronautico*) pilot's licence: *prendere un* —, to take out a pilot's licence; *rilasciare un* —, to issue a pilot's licence **3** (*mil.*) commission: — *di ufficiale*, officer's commission.

breviario *s.m.* **1** (*eccl.*) breviary **2** (*compendio*) compendium*.

brevilineo *agg.* short-statured.

breviloquente *agg.* concise; laconic.

breviloquenza *s.f.* conciseness, concision; laconicism.

brevi manu *locuz.avv.* (*lat.*) personally, directly.

brevità *s.f.* brevity, shortness; (*concisione*) conciseness: *per* —, for the sake of brevity.

brezza *s.f.* breeze: *una leggera* —, a gentle breeze; — *di mare*, sea breeze; — *di terra*, land breeze.

brezzeggiare *v.intr.* (*letter.*) to blow*.

briaco e *deriv.* → **ubriaco** e *deriv.*

bricco *s.m.* pot; jug: — *del caffè*, coffeepot; — *del latte*, milk jug.

bricconaggine *s.f.* roguery; rascality.

bricconata *s.f.* roguish trick, dodge.

bricconcello *s.m.* (*scherz.*) little rogue, scamp.

briccone *s.m.* rogue; rascal.

bricconeggiare *v.intr.* (*non com.*) to play the rogue; to cheat; to swindle.

bricconeria *s.f.* **1** roguery, rascality **2** (*azione da briccone*) rascally trick, dodge.

bricconesco *agg.* rascally, roguish.

briciola *s.f.* crumb, bit (*anche fig.*): *non ne ha lasciato una* —, he did not leave a crumb // *andare in briciole*, to crumble (*o* to fall to pieces); *ridurre in briciole*, (*anche fig.*) to take apart; *abbiamo ridotto in briciole la squadra avversaria*, we took our opponents apart.

briciolo *s.m.* bit, grain, scrap: *non hai un briciolo di buonsenso*, you haven't got a single grain of common sense.

bricolage *s.m.* bricolage.

bricolla *s.f.* smuggler's bag; (*contenuto*) contraband.

bridge *s.m.* (*gioco di carte*) bridge: — *contratto* contract bridge.

bridgista *s.m.* e *f.* bridge player.

bridgistico *agg.* bridge (*attr.*).

briga *s.f.* **1** (bit of) trouble, bother, care, difficulty: *prendersi, darsi la — di fare qlco.*, to take the trouble to do sthg. **2** (*lite*) quarrel: *attaccar — con qlcu.*, to pick a quarrel with s.o.

brigadiere *s.m.* (*mil.*) **1** (*nell'esercito britannico, generale di brigata*) brigadier; (*negli Stati Uniti*) brigadier general **2** (*sottufficiale dei Carabinieri*) 'brigadiere' (rank corresponding to a sergeant in the army).

brigantaggio *s.m.* brigandage, banditry; highway robbery.

brigante *s.m.* **1** brigand, bandit, robber, highwayman* **2** (*fam.*) (*cattivo soggetto*) scoundrel **3** (*scherz.*) rogue, rascal.

brigantesco *agg.* brigandish.

brigantino *s.m.* (*mar.*) brig, brigantine: — *a palo*, bark (*o* barque); — *goletta*, hermaphrodite brig.

brigare *v.intr.* to intrigue (for sthg.), to pull strings: *ha brigato per avere la nomina di sindaco*, he intrigued for his election as mayor (*o* he pulled all the strings to get chosen as mayor).

brigata *s.f.* **1** party; company // *poca — vita beata*, the fewer the better (*o* two's a company, three's a crowd) **2** (*mil.*) brigade: — *aerea*, air brigade // *brigate partigiane*, partisan brigades // *Brigate rosse*, Red Brigades.

brigatismo *s.m.* organised terrorism.

brigatista *s.m.* e *f.* member of a terrorist group; member of the Red Brigades.

brighella *s.m.* (*persona furba*) intriguer, schemer.

briglia *s.f.* **1** bridle; (*redine*) rein(s): *a — sciolta*, hell for leather (*o* at full gallop *o* at full speed); *abbandonare la* —, to drop the reins (*anche fig.*); *allentare la* —, to slacken the reins (*anche fig.*); *dar la — a un cavallo*, to give a horse free rein; *mettere la — a un cavallo*, to bridle (*o* to put a bridle on) a horse; *reggere, tenere le briglie*, to hold the reins (*anche fig.*); *tirare la* —, to rein in (*anche fig.*) // *lasciare la — sul collo a qlcu.*, (*fig.*) to give s.o. a free rein **2** (*mar.*) bobstay **3** (*idraulica*) dike **4** (*mecc.*) bridle.

brillamento *s.m.* **1** glitter, gleam, shining // (*astr.*) — *solare*, (solar) flare **2** (*di esplosivo*) exploding, setting off, firing.

brillantante *s.m.* (*tecn.*) polish.

brillantare *v.tr.* **1** (*rendere lucido*) to shine*, to polish **2** (*tecn.*) to polish **3** (*sfaccettare*) to cut, to facet **4** (*ornare con brillanti*) to spangle **5** (*cuc.*) (*glassare*) to ice, to frost: — *un dolce*, to frost (*o* to ice) a cake.

brillantatura *s.f.* (*lucidatura*) polishing; (*sfaccettatura*) cutting, faceting; (*glassatura*) icing.

brillante *agg.* **1** (*scintillante*) sparkling, brilliant; (*splendente*) shining, bright **2** (*fig.*) brilliant, bright, sparkling, witty: *un — risultato*, a brilliant (*o* striking) result; *conversazione, ingegno* —, sparkling conversation, wit; *idea* —, brilliant idea; *è d'intelligenza* —, he is brilliant (*o* bright); *personaggio* —, witty character; *è stato molto* —, he was very brilliant; *un futuro* —, a bright future; *verde, rosso* —, bright green, red; *condurre una vita* —, to lead a socially active life; *fare una figura* —, to cut a fine figure ◆ *s.m.* **1** (*gemma*) brilliant **2** (*teatr.*) light comedy actor, comic actor.

brillantemente *avv.* brilliantly: *superò l'esame* —, he passed his exam with flying colours (*o* brilliantly).

brillantezza *s.f.* brilliance, brightness (*anche fig.*).

brillantina *s.f.* brilliantine.

brillanza *s.f.* (*fis.*) luminance.

brillare[1] *v.intr.* **1** (*splendere*) to shine*; (*spec. di stelle*) to twinkle; (*scintillare*) to sparkle; to glisten; (*di luce fredda, metallica*) to glitter, to gleam: *gli occhi del gatto brillano al buio*, a cat's eyes shine (*o* gleam) in the dark; *l'oro brilla*, gold gleams (*o* glitters); *un grosso anello le brillava al dito*, a huge ring gleamed on her finger; *il suo viso brillò di contentezza*, his face shone with happiness; *i suoi occhi brillarono di gioia*, her eyes sparkled with joy **2** (*fig.*) (*farsi notare*) to shine*, to distinguish oneself: *non brilla nella conversazione*, he does not shine in conversation; — *per qlco.*, to stand* out for sthg.; *brilla per la sua intelligenza*, he is exceptionally intelligent // *brilla per la sua assenza*, (*scherz.*) he is conspicuous by his absence ◆ *v.tr.* (*far brillare*): — *una mina*, to set off (*o* to explode) a mine.

brillare[2] *v.tr.* to polish, to hull, to husk: — *il riso, l'orzo*, to polish (*o* to husk) rice, barley.

brillatoio *s.m.* **1** (*macchina*) polisher, husking machine **2** (*stabilimento*) rice mill.

brillatore[1] *s.m.* (*chi fa brillare esplosivi*) firer.

brillatore[2] *s.m.* (*chi brilla il riso*) polisher, husker.

brillatura *s.f.* (*del riso*) polishing, husking.

brillio *s.m.* (*letter.*) sparkling, twinkling, gleaming: *il — delle stelle*, the twinkling of the stars.

brillo *agg.* (*fam.*) tipsy, slightly drunk.

brina *s.f.* **1** (white) frost, hoarfrost; (*poet.*) rime **2** (*letter.*) (*canizie incipiente*) first grey hairs.

brinaiola *s.f.* (*bot.*) (*Chenopodium vulvaria*) stinging goosefoot.

brinare *v.intr.impers.* to frost over: *ha brinato*, there was a (hoar) frost (*o* it frosted over); *stanotte brinerà*, there will be a frost tonight ◆ *v.tr.* (*ricoprire di brina*): *il freddo ha brinato le piante*, the plants are frosted over // — *un bicchiere*, to frost a glass.

brinata *s.f.* frost, hoarfrost.

brinato *agg.* **1** covered with frost, frosted over, covered with hoarfrost; (*poet.*) rimy **2** (*di capelli e simili*) grey haired, grizzled.

brindare *v.intr.* to toast (s.o.), to drink a toast: — *a qlcu.*, to toast s.o. (*o* to drink a toast to s.o.): — *alla salute di qlcu.*, to drink s.o.'s health; — *con qlcu.*, to touch glasses with s.o.; *brindo alla tua vittoria!*, here's to your victory!

brindello *s.m.* tatter, rag, shred, strip.

brindellone *s.m.* slovenly person, sloven; (*fam.*) slob.

brindisi *s.m.* toast: *fare un — a qlcu.*, to drink (*o* make) a toast to s.o.

brindisino *agg.* of Brindisi, from Brindisi ◆ *s.m.* inhabitant of Brindisi.

brinoso *agg.* frosty, frost-covered; frosted over (*pred.*).

brio *s.m.* **1** vivacity, spirit, animation, liveliness, sprightliness; verve; (*fam.*) go: *persona piena di* —, lively person; *una festa senza* —, a lifeless party; *parlare con* —, to talk animatedly; *essere pieno di* —, to be full of go (*o* of life) **2** (*mus.*) brio.

brioche *s.f.* brioche.

briologia *s.f.* (*bot.*) bryology.

brionia *s.f.* (*bot.*) (*Bryonia dioica*) bryony.

briosità *s.f.* vivaciousness, good spirits (*pl.*), verve, dash.

brioso *agg.* vivacious, spirited, lively, sprightly.

briscola *s.f.* **1** (*gioco di carte*) 'briscola' **2** (*carta importante*) trump (card) (*anche fig.*) // *contare come il due di* —, (*fig.*) to count for nothing **3** (*fam.*) (*percossa*) blow, knock ◆ *inter.* (*fam.*) —, *che conto salato!*, Good God, what a stiff bill!

briscolata *s.f.* (*fam.*) game of briscola.

briscolone *s.m.* trump (card), high card in 'briscola'.

britannico *agg.* British; (*form.*) Britannic // *Sua Maestà Britannica*, Her Britannic Majesty // *Isole Britanniche*, British Isles.

britanno *s.m.* Briton.

brivido *s.m.* **1** shiver; (*di paura, di orrore*) shudder; (*fam.*) creeps (*pl.*): *ascoltarlo mi faceva venire i brividi*, it made me shudder (*o* it gave me the shivers *o* it gave me the creeps) to listen to him; *aveva brividi di febbre, di freddo*, she was shivering with fever, with cold **2** (*emozione*) thrill.

brizzolato *agg.* **1** (*macchiettato*) speckled **2** (*di capelli*) greying, grey-haired: *mio padre è un po'* —, my father is going grey.

brizzolatura *s.f.* **1** (*macchiettatura*) speckledness **2** (*canizie*) greying hair.

brocca[1] *s.f.* **1** jug; (*anfora*) pitcher, ewer: *una — di latte*, a jug of milk **2** (*contenuto di una brocca*) jugful.

brocca[2] *s.f.* **1** (*chiodo*) tingle; nail; (*da scarpe*) hobnail **2** (*borchia*) stud **3** (*ant.*) (*centro del bersaglio*) target-centre, bull.

broccaio *s.m.* (*punteruolo*) punch.

broccardo *s.m.* (*st. dir.*) brocard, maxim.

broccatello *s.m.* **1** (*tessuto*) brocatel(le) **2** (*marmo*) brocatello.

broccato *s.m.* brocade: — *d'oro*, gold brocade.

broccia *s.f.* (*mecc.*) broach.

brocciatrice *s.f.* (*mecc.*) broacher, broaching machine.

brocco *s.m.* **1** (*ramoscello*) stick; (*ant.*) (*germoglio*) shoot, sprout **2** (*ronzino*) jade; worn-out horse **3** (*persona scadente*): *è un* —, he is useless (*o* hopeless).

broccoletto → **broccolo** 1.

broccoli *s.m.pl.* cauliflower.

broccolo *s.m.* **1** (*bot.*) broc(c)oli ⓤ **2** (*fig.*) fool.

broche *s.f.* **1** (*spilla*) brooch **2** (*spiedo*) spit: *pollo alla* —, chicken on the spit.

brochure *s.f.* **1** brochure, pamphlet **2** *en* —, paper-bound.

broda *s.f.* **1** (*acqua sudicia*) dishwater, slops (*pl.*) **2** (*brodo lungo*) thin broth; (*minestra lunga*) thin soup, slop; (*caffè lungo*), weak coffee **3** (*pappa per animali*) lap **4** (*fig.*) (*discorso prolisso*) waffle.

brodaglia *s.f.* slops (*pl.*).

brodame *s.m.* watery soup; (*fam.*) dishwater.

brodetto *s.m.* **1** sauce made from broth, beaten eggs and lemon juice **2** (*zuppa di pesce*) fish soup.

brodicchio *s.m.* **1** (*brodo lungo*) thin broth **2** (*fango*) mud, mire.

brodo *s.m.* broth, clear soup: — *di pollo*, chicken broth; *minestra di — di pollo*, chicken soup; — *lungo*, thin broth; — *ristretto*, consommé (*o* beef-tea *o* bouillon); *tagliatelle, fettuccine in* —, noodle soup; *prendere un* —, to take a cup (*o* a bowl) of broth // *lasciar cuocere qlcu. nel suo* —, to let s.o. stew in his own juice (*o* to let s.o. get on with it) // *starsene nel proprio* —, to stew in one own's juice // *tutto fa* —, it's all grist to the mill (*o* every little bit helps) // (*biol.*) — *primordiale*, primordial soup; — *di coltura*, culture medium.

brodolone → **sbrodolone**.

brodoso *agg.* watery; (*fam.*) wishy-washy: *minestra brodosa*, thin soup.

brogliaccio *s.m.* **1** notepad, scribbling-pad; (*brutta copia*) rough draft **2** (*amm.*) day-book: — *di cassa*, counter cash-book.

brogliare *v.intr.* to intrigue.

brogliazzo *s.m.* waste-book.

broglio *s.m.* intrigue, fraud: (*pol.*) — *elettorale*, electoral fraud (*o* gerrymander *o* gerrymandering).

broker *s.m.* (*fin., Borsa*) (stock)broker.

brokeraggio *s.m.* (*fin., Borsa*) brokerage.

broletto *s.m.* (*st.*) 'Broletto' (Court of Justice in the Lombard communes).

bromalio *s.m.* (*chim.*) bromal.

bromato *s.m.* (*chim.*) bromate.

bromico *agg.* (*chim.*) bromic: *acido* —, bromic acid.

bromidrico *agg.* (*chim.*) hydrobromic: *acido* —, hydrobromic acid.

bromidrosi *s.f.* (*med.*) bromhidrosis, bromidrosis.

bromismo *s.m.* (*med.*) bromism.

bromo *s.m.* (*chim.*) bromine: (*far*) *reagire con* —, to bromate; *trattare con* —, to bromize, to brominate.

bromoformio *s.m.* (*chim.*) bromoform.

bromografo *s.m.* (*fot.*) printing box; (*amer.*) photocopier.

bromolio *s.m.* (*fot.*) bromoil.

bromurare *v.tr.* (*chim.*) to brominate.

bromurato *agg.* (*chim.*) brominated.

bromurazione *s.f.* (*chim.*) bromination.

bromuro *s.m.* (*chim.*) bromide: — *d'argento*, silver bromide.

bronchiale *agg.* (*anat.*) bronchial.

bronchiectasia *s.f.* (*med.*) bronchiectasis.

bronchiolitico *agg.* (*med.*) bronchiolitic.

bronchiolo *s.m.* (*anat.*) bronchiolus*, bronchiole.

bronchite *s.f.* (*med.*) bronchitis.

bronchitico *agg.* bronchitic.

broncio *s.m.* sulky expression, sullen expression, pout: *avere, fare il* —, to have a sulky expression (*o* to sulk *o* to pout); *mi tiene il — perché non gli ho detto niente*, he is sulking because I haven't said anything to him.

bronco[1] *s.m.* **1** (*tronco nodoso*) knotty branch; spiny bush; (*ceppo*) stump; (*sterpo*) scrub **2** (*di cervo*) tine.

bronco[2] *s.m.* (*anat.*) bronchus*.

broncocele *s.m.* (*med.*) bronchocele.

broncografia *s.f.* (*med.*) bronchography.

broncone *s.m.* (*palo per sostenere le viti*) vine-prop.

broncopatia *s.f.* (*med.*) bronchopathy.

broncopleurite *s.f.* (*med.*) broncopleuritis.

broncopolmonare *agg.* (*anat.*) bronchopulmonary.

broncopolmonite *s.f.* (*med.*) bronchopneumonia.

broncoscopia *s.f.* (*med.*) bronchoscopy.

broncoscopio *s.m.* (*med.*) bronchoscope.

broncostenosi *s.f.* (*med.*) bronchostenosis.

broncotomia *s.f.* (*med.*) bronchotomy.

broncotracheale *agg.* (*anat.*) bronchotracheal.

brontolamento *s.m.* **1** grumbling; (*borbottio*) muttering, mumbling **2** (*del tuono*) rumble, growl.

brontolare *v.intr.* **1** to grumble; (*borbottare*) to mutter, to mumble **2** (*del tuono*) to rumble, to growl ◆ *v.tr.* to mutter, to mumble: *se ne andò brontolando frasi minacciose*, he left muttering threats.

brontolio *s.m.* **1** grumbling, murmuring; (*borbottio*) muttering, mumbling **2** (*del tuono*) rumble, growl.

brontolona *s.f.* **brontolone** *s.m.* grumbler, moaner.

brontosauro *s.m.* (*paleont.*) brontosaur, brontosaurus*.

brontoterio *s.m.* (*paleont.*) brontotherium.

bronzare *v.tr.* to bronze.

bronzato *agg.* bronzed.

bronzatore *s.m.* (*metall.*) bronzer.

bronzatrice *s.f.* (*metall.*) bronzing machine.

bronzatura *s.f.* (*metall.*) bronzing.

bronzeo *agg.* **1** bronze (*attr.*): *di color* —, bronze **2** (*fig.*) steely: *carattere* —, steely character.

bronzetto *s.m.* small bronze.

bronzina *s.f.* (*mecc.*) brass.

bronzino *agg.* bronze // (*med.*) *morbo* —, Addison's disease.

bronzista *s.m.* e *f.* worker in bronze.

bronzo *s.m.* **1** bronze: *un vaso di* —, a bronze vase; — *duro*, gunmetal; — *per campane*, bell-metal // *un cuore di* —, a hard (*o* steely)-hearted person; *una faccia di* —, a brazen-faced person // *l'età del* —, the Bronze Age **2** (*statua*) bronze: *una collezione di bronzi e di avori*, a collection of bronzes and ivories **3** *pl.* (*campane*) bells: *suonano i sacri bronzi*, the church bells are ringing **4** *pl.* (*cannoni*) guns: *lasciamo parlare i bronzi*, let the guns speak (out).

brookite *s.f.* (*min.*) brookite.

brossura *s.f.* paperback binding: *libro in* —, paperback.

browniano *agg.* (*fis.*) Brownian: *moto* —, Brownian movement.

browning® *s.f.* Browning (automatic firearm): *mitragliatrice* —, Browning machine gun.

brucare *v.tr.* **1** to browse on (sthg.), to crop, to graze; to nibble at (sthg.) **2** (*sfrondare*) to strip, to strip off (leaves).

brucatura *s.f.* **1** browsing; nibbling, grazing **2** (*dai rami*) stripping off (leaves from a plant).

brucella *s.f.* (*biol.*) brucella.

brucellosi *s.f.* (*med., vet.*) brucellosis.

bruciabile *agg.* burnable.

bruciacchiare *v.tr.* **1** (*bruciare in superficie*) to scorch, to sear; (*strinare*) to singe **2** (*del gelo*) to frost, to nip; (*del sole*) to scorch: *è bruciacchiato dal gelo*, it is frostbitten.

bruciacchiatura *s.f.* scorching; singeing; (*il segno*) scorch(mark).

bruciamento *s.m.* burning.

bruciante *agg.* **1** (*che brucia*) burning, scorching; (*che offende, ferisce*) smarting, stinging: *un insulto* —, a stinging insult (*o* an insult that rankles) **2** (*fig.*) (*fulmineo*) scorching, sizzling: *partenza* —, scorching start.

bruciapelo, a *locuz.avv.* **1** (*improvvisamente*) suddenly, unexpectedly, out of the blue: *chiedere qlco. a* —, to ask sthg. out of the blue **2** (*da vicino*) point-blank: *colpo a* —, point-blank shot; *sparare a — a qlcu.*, to fire at s.o. point-blank.

bruciaprofumi *s.m.* incense burner.

bruciare *v.tr.* **1** to burn*: (*incendiare*) to burn* down, to set* fire to (sthg.); (*del gelo*) to frost, to wither; (*del calore*) to scorch: *quel pazzo bruciò la propria casa*, that lunatic set fire to his own house; *domani bruceremo le foglie secche in giardino*, tomorrow we are going to burn the dead leaves in the garden; *la gelata notturna ha bruciato le prime foglie*, the night frost has blackened the new leaves; *ha bruciato la camicetta col ferro da stiro*, she scorched (*o* burned) her shirt with the iron; *mi sono bruciato un dito*, I have burnt my finger // — *le cervella a qlcu.*, to blow s.o.'s brains out // — *la scuola*, (*fig.*) to play truant // — *il paglione*, (*fig.*) to break a promise // *bruciarsi la carriera*, to put paid to one's career // *bruciarsi le ali*, (*fig.*) to burn one's wings **2** (*cibi*) to burnt, to char: *ha bruciato l'arrosto*, she has burnt the roast **3** (*corrodere*) to corrode, to burn*: *secondo me quello smacchiatore è troppo forte e brucia i tessuti*, in my opinion that stain remover is too strong and eats into the fabric **4** (*consumare*) to burn*: *quest'auto brucia olio*, this car burns oil; *durante la combustione si brucia ossigeno*, oxygen is burnt during combustion **5** (*med.*) (*cauterizzare*) to cauterize **6** (*superare velocemente*) to scorch past, to flash past: — *un avversario*, to scorch (*o* streak) past an opponent; — *il traguardo*, to flash past the finishing line; — *il semaforo*, to jump a light // — *le tappe*, to forge ahead: *non cercare di — le tappe*, don't go too fast ◆ *v.intr.* **1** to burn*; (*fiammeggiare*) to blaze: *il fuoco brucia allegramente*, the fire is blazing merrily; *il granaio brucia*, the barn is on fire; *questa legna non brucia bene*, this wood doesn't burn well; *tutti i suoi mobili sono bruciati nell'incendio*, all his furniture has been burnt in the fire; *hai lasciato di nuovo — la torta*, you've let the cake burn again // *sentirsi — la terra sotto i piedi*, to have itchy feet **2** (*dare sensazione di bruciore*) to sting*; to smart; to burn*: *ti bruciano gli occhi?*, are your eyes stinging?; *mi brucia la gola*, my throat is burning (*o* sore); *se metti l'alcol su una ferita brucia*, if you put alcohol on a wound it stings (*o* smarts) // *una sconfitta che brucia ancora*, a defeat that still smarts (*o* rankles) **3** (*fig.*) to burn*, to be burning: — *dalla curiosità*, to be burning with curiosity; — *dalla sete*, to be very thirsty (*o* to have a burning thirst): — *di passione per qlcu.*, to be consumed (*o* to burn) with passion for s.o. **4** (*scottare*) to burn*, to be burning, (*fam.*) to be boiling: — *per la febbre*, to burn with fever.

□ **bruciarsi** *v.rifl.* to burn* oneself: *attento a non bruciarti*, careful you don't burn yourself // *ha agito precipitosamente e si è bruciato*, he behaved too recklessly and spoilt his chances ◆ *v.intr.pron.* to burn* out: *si è bruciata una lampadina*, a light bulb burnt out; *è andata via la luce perché si è bruciato un fusibile*, the light went out because a fuse had gone (*o* burnt out).

bruciata *s.f.* roast chestnut.

bruciaticcio *s.m.* **1** burnt remains (*pl.*), burnt residue **2** (*odore di bruciato*) smell of burning **3** (*sapore di bruciato*) burnt taste: *questa crema sa di* —, this custard tastes burnt.

bruciato *agg.* **1** burnt; (*dal gelo*) frostbitten, nipped; (*dal calore*) scorched: — *dal sole*, sunburnt; *germoglio — dal gelo*, frostbitten bud **2** (*di colore*) maroon, burnt **3** (*fig.*) finished: *come uomo politico è* —, he's finished as a politician // *tempo* —, wasted time // *gioventù bruciata*, wasted youth ◆ *s.m.* smell of burning: *sapere di* —, to taste burnt.

bruciatore *s.m.* burner: — *di gas*, gas burner.

bruciatorista *s.m.* burner man.

bruciatura *s.f.* **1** burning **2** (*scottatura*) burn; scald.

brucina *s.f.* (*chim.*) brucine.

bruciore *s.m.* **1** burning; soreness, smarting: — *di stomaco*, heartburn **2** (*fig.*) smart, soreness, sting: *il — di una sconfitta*, the sting of a defeat.

brucite *s.f.* (*min.*) brucite.

bruco *s.m.* (*zool.*) caterpillar; worm; grub; (*baco*) maggot: — *peloso*, palmer; — *misuratore*, inchworm (*o* span worm).

brufolo *s.m.* spot, pimple.

brufoloso *agg.* spotty, pimply.

brughiera *s.f.* heath(land); moor(land): *di* —, moory.

brugo *s.m.* (*bot.*) (*Calluna vulgaris*) heather, (*pop.*) ling.

brugola *s.f.* (*mecc.*) (*chiave*) allen spanner; (*vite*) allen screw.

brûlé *agg.*: *vino* —, mulled wine.

brulicame *s.m.* swarm, swarming; (*di persone*) throng.

brulicante *agg.* swarming (with s.o., sthg.): *carogna — di vermi*, carrion swarming with maggots; *strade brulicanti di gente*, streets swarming with people.

brulicare *v.intr.* to swarm (with s.o., sthg.); to seethe (with sthg.) (*anche fig.*): *la strada brulicava di soldati*, the street was swarming with soldiers; *mille idee brulicavano nella sua testa*, his mind was seething with thousands of ideas.

brulichio *s.m.* (*di persone*) teeming mass; (*di idee*) whirl.

brullo *agg.* **1** bare, naked; (*sterile*) barren: *un albero* —, a bare tree; *una distesa di brulle colline*, a stretch of bare hills **2** (*fig.*) (*spoglio, privo*) destitute.

brulotto *s.m.* (*mar.*) fire-ship.

bruma[1] *s.f.* (*foschia*) fog, mist; haze.

bruma[2] → **teredine**.

brumaio *s.m.* (*st. francese*) Brumaire.

brumale *agg.* **1** (*invernale*) wintry **2** (*nebbioso*) foggy, misty; hazy.

brumista *s.m.* (*region.*) cabby, cabman*.

brumoso *agg.* foggy, misty, hazy.

bruna *s.f.* dark-haired woman; brunette.

brunastro *agg.* brownish.

brunella *s.f.* (*bot.*) (*Brunella vulgaris*) self-heal.

brunimento *s.m.* (*non com.*) → **brunitura**.

brunire *v.tr.* to burnish, to polish; to blue.

brunito *agg.* burnished, polished; blued.

brunitoio *s.m.* burnisher.

brunitore *s.m.* burnisher, polisher.

brunitura *s.f.* polishing, burnishing; blueing.

bruno *agg.* brown, dark; dusky: — *di capelli*, brown- (*o* dark-) haired; — *di pelle, di carnagione*, swarthy (*o* dark) ◆ *s.m.* **1** (*colore*) brown **2** (*uomo bruno*) dark-haired man.

brusca *s.f.* horse-brush.

bruscamente *avv.* brusquely, rudely, roughly; bluntly.

bruscare *v.tr.* **1** (*di piante*) to prune **2** (*di cavalli*) to groom.

bruschetta *s.f.* (*region.*) (*cuc.*) toasted bread seasoned with garlic, olive oil and salt.

bruschezza *s.f.* **1** (*fig.*) brusqueness, sharpness: — *di tono*, sharpness of tone; *trattare con* —, to treat brusquely **2** (*rapidità*) sharpness, rapidity.

bruschinare *v.tr.* to brush, to groom.

bruschino *s.m.* scrubbing brush.

brusco *agg.* **1** (*di sapore aspro*) sharp; sourish; tart: *vino* —, sharp wine **2** (*aspro, rozzo, crudo*) sharp, harsh, rough, brusque: *modi bruschi*, rude manners; *un risveglio* —, an unpleasant awakening; *in tono* —, brusquely // *tempi bruschi*, (*fig.*) hard times // *con le brusche*, with rough (*o* brusque) manners **3** (*improvviso*) abrupt, sudden, sharp: *una brusca partenza*, an abrupt departure ◆ *s.m.* sourish taste.

bruscolo *s.m.* speck; mote: *ho un — nell'occhio*, I have a speck in my eye.

brusío *s.m.* buzz, buzzing, humming; whispering, murmuring: *il — delle foglie*, the rustling of the leaves.

brusire *v.intr.* to buzz; to whisper, to murmur, to rustle.

brustolino *s.m.* salted and roasted pumpkin seed.

brutale *agg.* **1** (*animalesco*) brutish, brutal, bestial: *istinti brutali*, brutal instincts **2** (*violento*) brutal; savage: *hanno un padre* —, they have a brutal father; *un — assassinio*, a ruthless (*o* savage) murder.

brutalità *s.f.* **1** (*natura bruta*) brutishness, brutality, bestiality **2** (*violenza*) brutality, savagery **3** (*atto brutale*) brutality, brutal act: *commettere una* —, to commit a brutal act.

brutalizzare *v.tr.* to brutalize, to ill-treat.

brutalmente *avv.* **1** (*violentemente*) brutally, savagely **2** (*spietatamente*) brutally, ruthlessly: — *assassinato*, ruthlessly killed.

bruto *agg.* **1** brute, brutal, brutish: *forza bruta*, brute force **2** (*violento*) brutal, savage **3** (*fig.*) (*non elaborato*) rough, unprocessed, crude: *un resoconto — dei fatti*, a rough account of the events; *un elenco — di cifre*, a rough list of figures // *materia bruta*, raw material ◆ *s.m.* brute; beast.

brutta *s.f.* rough copy, first draft: *non puoi consegnare il tema in* —, you can't hand in a rough draft of the essay.

bruttare *v.tr.* (*letter.*) to soil, to dirty, to sully (*anche fig.*).

bruttezza *s.f.* ugliness.

brutto *agg.* **1** ugly, nasty: *una brutta casa*, an ugly house; *un — uomo*, an ugly man; *lo spettacolo era più — di quanto pensassi*, the show was even worse than I expected; *che brutta statua!*, what an ugly statue! // — *come il peccato*, as ugly as sin **2** (*scialbo, insignificante*) plain, unattractive: *un volto piuttosto* —, a rather plain face; *ha un bel viso, ma un — corpo*, she has a pretty face but her body isn't very attractive **3** (*di aspetto malsano*) sick; bad: *avere una brutta cera*, to look sick (*o* off colour) **4** (*sfavorevole*) nasty, ugly; (*sgradevole*) unpleasant, nasty; (*serio, grave*) bad, nasty: *è un — posto per viverci*, it's an unpleasant place to live in; *è una brutta situazione*, it's a nasty situation; *ha una brutta ferita*, he has an ugly (*o* nasty) wound; *è stato un — incidente*, it was a really nasty accident; *brutte notizie*, bad news; — *segno*, bad sign; — *tempo*, nasty (*o* filthy *o* foul) weather; — *voto*, bad mark; *avere un — raffreddore*, to have a bad cold; *fare brutta figura*, to cut a bad (*o* a poor) figure // *alle brutte*, if the worst happens (*o* if the worst comes to the worst) // *venire alle brutte*, to come to blows // *vederne delle brutte*, (*fig.*) to have a bad time **5** (*biasimevole*) mean, low-down; (*sconveniente*) unseemly: *una brutta azione*, a bad action; *un — comportamento*, an unseemly behaviour; *un — tiro*, a mean trick **6** (*rafforzativo*) great, nasty, terrible; (*fam.*) big: — *villano!*, big oaf!; *è una brutta bestia*, it's a hard nut to crack ◆ *s.m.* **1** (*persona brutta*) ugly person **2** ugliness: *non distingue il — dal bello*, he can't tell the difference between what's ugly and what's beautiful; *il — della situazione è che non abbiamo una lira*, the bad thing about the situation is that we haven't got a penny **3** (*di tempo*): *il tempo volge al —*, the weather is turning ugly.

bruttura *s.f.* **1** ugly thing, horrible thing **2** (*fig.*) (*cosa vergognosa*) shameful thing, disgusting thing.

bua *s.f.* (*piccolo dolore*) pain, ache.

buaggine *s.f.* stupidity, foolishness, nonsense.

bubalo *s.m.* (*zool.*) (*Antilope bubalis*) bubal.

bubbola[1] *s.f.* **1** (*frottola*) tale, story; (*bugia*) lie, fib **2** (*cosa da poco*) trifle.

bubbola[2] *s.f.* (*zool. pop.*) → **upupa**.

bubbola[3] *s.f.* (*bot.*) — *maggiore*, (*Lepiota procera*) parasol mushroom.

bubbolare[1] *v.intr.* (*region.*) **1** (*del tuono*) to rumble; to roar **2** (*tremare*) to quake, to shiver.

bubbolare[2] *v.tr.* (*region.*) (*ingannare*) to cheat, to trick; (*fam.*) to con.

bubboliera *s.f.* collar of bells.

bubbolo *s.m.* sleigh bell; harness bell.

bubbone *s.m.* bubo*.

bubbonico *agg.* (*med.*) bubonic: *peste bubbonica*, bubonic plague.

buca *s.f.* **1** hole; pit; (*di strada*) pothole; (*cavità*) hollow, depression: *scavare una —*, to dig a hole (*o* a pit); *dopo la pioggia il sentiero era pieno di buche*, after the rain the path was full of potholes // (*teatr.*): — *del suggeritore*, prompter's box; — *dell'orchestra*, orchestra pit // (*caccia*) — *cieca*, pit fall **2** — *delle lettere*, letterbox, postbox, pillar box **3** (*biliardo*) pocket // *far —*, to pot the ball **4** (*golf*) hole: *far —*, to hole out **5** (*tomba*) grave.

bucaneve *s.m.* (*bot.*) (*Galanthus nivalis*) snowdrop.

bucaniere *s.m.* buccaneer; pirate.

bucare *v.tr.* **1** to hole; to make* a hole in (sthg.); to pierce; (*trivellare*) to bore, to perforate: — *biglietti*, to punch tickets // *un grido da — gli orecchi*, an earsplitting scream **2** (*un pneumatico*) to puncture: *un chiodo sulla strada ha bucato la gomma*, a nail on the road punctured the tyre **3** (*pungere*) to prick: *bucarsi un dito*, to prick one's finger.

□ **bucarsi** *v.rifl.* o *intr.pron.* **1** (*forarsi*) to have a puncture, to puncture: *mi si è bucata una gomma*, my tyre has punctured **2** (*pungersi*) to prick oneself: *mi sono bucato con uno spillo*, I've pricked myself with a pin **3** (*fam.*) (*drogarsi*) to mainline, to shoot* up, to hype.

bucatini *s.m.pl.* (*cuc.*) 'bucatini' (large hollow spaghetti).

bucato[1] *agg.* pierced, perforated; with holes in (*pred.*) // *avere le mani bucate*, (*fig.*) to be a spendthrift.

bucato[2] *s.m.* washing; laundry: *giorno del —*, washday; *fare il —*, to do the laundry; *stendere il —*, to hang (out) the washing // *di —*, white (*o* clean); *lenzuolo di —*, freshly laundered sheet // *stirare il —*, to do the ironing.

bucatura *s.f.* **1** (*azione del bucare*) piercing, boring; (*di pneumatico*) puncturing **2** (*buco*) hole; (*di pneumatico*) puncture.

bucchero *s.m.* bucchero, bucaro.

buccia *s.f.* (*di frutto*) peel, skin, rind; (*di legume*) hull; husk, pod, shell; (*di albero*) cortex*, skin, bark: — *d'arancia*, orange peel // *avere la — dura*, (*fig.*) to be tough-skinned // *rivedere le bucce a qlcu.*, (*fig.*) to examine s.o.'s work with a fine toothcomb.

buccina *s.f.* **1** (*conchiglia*) conch **2** (*mus.*) Roman bugle(-horn).

buccinatore *s.m.* (*anat.*) buccinator.

buccinatorio *agg.* buccinatory.

buccino *s.m.* (*zool.*) (*Buccinum undatum*) common whelk.

buccola *s.f.* earring.

buccolo → **boccolo**.

bucefalo *s.m.* (*scherz.*) (*cavallo di poco pregio*) jade, hack, worn-out horse.

bucero *s.m.* (*zool.*) hornbill.

bucherellare *v.tr.* to riddle (with holes).

bucintoro *s.m.* (*st.*) bucentaur.

buco *s.m.* **1** hole; (*apertura*) opening, aperture: *un — nella scarpa*, a hole in a shoe; *un — in una parete*, a hole in a wall; *fare un — in qlco.*, to make a hole in sthg. // — *della chiave*, keyhole; *chiudere, tappare un —*, to stop a hole; (*fig.*) to pay off a debt // *fare un — nell'acqua*, to fail (*o* to flop) // *non cavare un ragno da un —*, to be on a hiding to nothing // (*fis., astr.*) — *nero*, black hole **2** (*fig.*) (*luogo piccolo*) cubbyhole; (*nascondiglio*) hidey-hole: *ha un — vicino all'Università*, he lives in a hole near the University **3** (*intervallo*) gap: *nel suo alibi c'è un — di tre ore*, there's a three-hour gap in his alibi **4** (*ammanco*) cash deficit, deficiency; (*fam.*) hole **5** (*fam.*) (*di droga*) shot, fix.

bucolica *s.f.* (*poet.*) bucolic.

bucolico *agg.* bucolic, pastoral.

bucorvo → **bucero**.

buddismo *s.m.* (*relig.*) Buddhism.

buddista *s.m.* (*relig.*) Buddhist.

buddistico *agg.* (*relig.*) Buddhist.

budellame *s.m.* entrails (*pl.*), bowels (*pl.*).

budello *pl.m.* **budelli**; *pl.f.* **budella** *nel sign. 1, s.m.* **1** bowel, intestine, gut: *budella*, bowels (*o* intestines *o* casings *o fam.* guts); *riempirsi le budella*, to stuff one's guts // *cavare le budella a qlcu.*, to stab s.o. in the guts // *sentirsi tremare, torcere le budella*, to feel one's stomach tighten **2** (*materiale per corde di violino ecc.*) (cat)gut: *corde di —*, (cat)gut strings **3** (*fig.*) (*passaggio, strada stretta*) alley; *i budelli malfamati nella zona del porto*, the disreputable alleys near the docks **4** (*tubo*) narrow tube: *un — di gomma*, a narrow rubber tube.

budget *s.m.* (*econ.*) budget: — *operativo*, — *dei costi e dei ricavi*, operating budget; — *promozionale*, promotional budget; — *variabile*, step (*o* flexible) budget; — *aziendale*, business budget; — *degli investimenti di capitali*, (capital) budget; — *della manodopera*, labour budget; — *delle spese*, expense budget; — *delle spese di ordinaria amministrazione*, administrative budget; — *della pubblicità*, advertising budget; — *delle vendite*, sales budget; — *di cassa*, cash budget; — *finanziario*, financial budget; — *rigido*, fixed budget.

budgetario *agg.* (*econ.*) budgetary: *politica budgetaria*, budgetary policy; *controllo —*, budgetary control.

budino *s.m.* pudding.

budorcade *s.m.* (*zool.*) (*Budorcas taxicolor*) takin.

budriere *s.m.* (*ant.*) sword-belt, baldric.

bue *s.m.* **1** ox*; (*giovane*) steer: *carne di —*, beef // (*zool.*): — *domestico*, (*Bos primigenius taurus*) ox; — *muschiato*, (*Ovibos moschatus*) musk ox; — *tibetano*, (*Bos grunniensis*) yak // (*arch.*) *occhio di —*, bull's eye // *sangue di —*, (*colore*) dark red (*o* oxblood) // *mettere il carro davanti ai buoi*, (*fig.*) to put the cart before the horse // *chiudere la stalla quando sono fuggiti i buoi*, (*fig.*) to close the stable door after the horse has bolted **2** (*fig.*) (*persona grossolana*) numbskull, dunce; dolt, dumb ox* **3** (*bot. pop.*) *occhio di —* → margherita dei campi 2.

bufala *s.f.* **1** (*zool.*) cow buffalo* **2** (*fig. scherz.*) (*errore grossolano*) blunder; howler; (*cosa noiosa*) bore.

bufalo *s.m.* **1** buffalo*: *pelle di —*, buff // — *indiano*, (*Bubalus bubalus*) buffalo // *mangiare come un —*, to eat like a horse // *soffiare come un —*, to puff and blow; *una fatica da —*, a Herculean task (*o* a heavy job) **2** (*fig.*) (*persona grossolana*) numbskull, dunce; dolt, dumb ox*.

bufera *s.f.* storm: — *di neve*, snowstorm (*o* blizzard); — *di vento*, gale; *la — della guerra*, (*fig.*) the fury of war.

buffata *s.f.* gust; puff.

buffet *s.m.* **1** (*mobile*) sideboard, cupboard **2** (*rinfresco*) buffet **3** (*bar della stazione*) (station) buffet, snackbar.

buffetteria *s.f.* (*mil.*) accoutrements (*pl.*).

buffetto *s.m.* light blow, light slap; tweak: *dare un — a qlcu.*, to tweak s.o.'s cheek.

buffo[1] *agg.* **1** (*divertente*) funny, droll, amusing; comical **2** (*strano*) funny, odd, queer: *questa è buffa!*, this is funny! **3** (*teatr.*) buffo, comic: *opera buffa*, comic opera ◆ *s.m.* **1** (*ciò che è buffo*) funny thing, amusing thing, odd thing: *questo è il — della situazione*, this is the funny thing about the situation **2** (*teatr.*) buffo (*pl.* -i).

buffo[2] *s.m.* gust; puff, breath.

buffonaggine *s.f.* **1** (*mancanza di serietà*) tomfoolery, clownishness **2** (*buffonata*) jest, prank.

buffonata *s.f.* buffoonery, prank, jest.

buffone *s.m.* **1** buffoon, clown, fool, joker: — *di corte*, court jester (*o* fool); *è un —*, he is a wag; *è il — della compagnia*, he is the joker of the group; *smettila di fare il —!*, stop playing the clown! **2** (*fig.*) (*persona di scarsa serietà*) unreliable person.

buffoneggiare *v.intr.* **1** (*fare il buffone*) to play the fool, to clown around **2** (*scherzare*) to joke, to jest.

buffoneria *s.f.* buffoonery, clowning; tomfoolery.

buffonescamente *avv.* jokingly, jestingly, comically.

buffonesco *agg.* **1** (*da buffone*) clownish **2** (*comico*) funny, comical.

bufonite *s.f.* (*alchimia*) toadstone.

buftalmo[1] *s.m.* (*bot.*) (*Buphthalmum salicifolium*) buphthalmum.

buftalmo[2] *s.m.* (*med.*) buphthalmos (*pl.* -es), buphthalmia.

buganvillea *s.f.* (*bot.*) (*Bougainvillea spectabilis*) bougainvillea.

buggerare *v.tr.* (*fam.*) to deceive, to cheat, to swindle, to con.

buggerata, **buggeratura** *s.f.* (*fam.*) trick, swindle, con.

bughi-bughi *s.m.* (*pop.*) boogie-woogie.

bugia[1] *s.f.* **1** lie; (*falsità*) falsehood: — *innocente, innocua*, fib; — *pietosa*, white lie; *dire bugie*, to tell lies // *le bugie hanno le gambe corte*, (*prov.*) truth will out **2** (*fam.*) (*macchiolina delle unghie*) white spot (on the finger nail).

bugia[2] *s.f.* (*candeliere*) candle holder, flat candlestick.

bugiardaggine *s.f.* untruthfulness, deceitfulness.

bugiarderia *s.f.* **1** (*grossa bugia*) big lie; (*fam.*) real whopper **2** → **bugiardaggine**.

bugiardo *agg.* **1** false, lying, untruthful // *far — qlcu.*, to prove s.o. a liar **2** (*ingannevole*) deceiving, deceitful ♦ *s.m.* liar.

bugigattolo *s.m.* **1** (*stanzino*) small room, poky little room; (*fam.*) hole **2** (*ripostiglio*) boxroom, lumber-room.

bugliolo *s.m.* bucket, pail.

buglossa *s.f.* (*bot*) **1** (*Anchusa officinalis*) bugloss **2** — *vera* → **borraggine**.

bugna *s.f.* **1** (*arch.*) ashlar **2** (*mar.*) clew, clue.

bugnato *s.m.* (*arch.*) ashlar(-work).

bugno *s.m.* beehive.

buio *agg.* **1** dark: *luogo* —, dark place; *era già — fuori*, it was already dark outside **2** (*fig.*) — *in volto*, (*accigliato*) frowning, gloomy: *essere — in volto*, to be gloomy ♦ *s.m.* **1** (*oscurità*) dark, darkness: — *pesto*, pitch dark; *essere al* —, to be in the dark (*o* in darkness) // *essere* (*completamente*) *al — di qlco.*, to be in the dark about sthg.; *tenere qlcu. al — di qlco.*, to keep s.o. in the dark about sthg. (*o* to conceal sthg. from s.o.); *mettere qlcu. al* —, (*in prigione*) to put s.o. in prison (*o* to imprison s.o.) // *fare un salto nel* —, to take a chance; *è un salto nel* —, it's a risky business **2** (*l'imbrunire*) nightfall: *sarò qui a — fatto*, I'll be here at nightfall; *si sta facendo* —, it's getting dark.

bulangismo *s.m.* nationalism inspired by the military (from Gen. Boulanger).

bulbare *agg.* (*anat.*) bulbar.

bulbicoltura *s.f.* (*bot.*) bulb growing.

bulbifero *agg.* bulbiferous.

bulbiforme *agg.* bulbiform.

bulbillo *s.m.* (*bot.*) bulbil.

bulbo *s.m.* **1** (*bot.*) bulb **2** (*di capello*) bulb, root **3** (*dell'occhio*) eyeball, globe **4** (*di termometro*) bulb.

bulbocastano *s.m.* (*bot.*) (*Bunium bulbocastanum*) earth-nut, pignut.

bulboso *agg.* bulbous.

bulgaro *agg.* e *s.m.* Bulgarian // *cuoio* —, Russian leather.

bulimia *s.f.* (*med.*) bulimia.

bulimico *agg.* (*med.*) bulimic.

bulinare *v.tr.* to engrave.

bulinatore *s.m.* engraver.

bulinatura *s.f.* engraving.

bulino *s.m.* burin, graver.

bulldog *s.m.* bulldog.

bulldozer *s.m.* bulldozer.

bulletta *s.f.* (*chiodo*) tingle; nail; (*da scarpe*) hobnail.

bullionismo *s.m.* (*econ.*) bullionism.

bullo *s.m.* (*region.*) tough guy.

bullonare *v.tr.* (*mecc.*) to bolt.

bullonatura *s.f.* (*mecc.*) bolting.

bullone *s.m.* (*mecc.*) bolt, screw bolt: — *a chiavetta*, cotter bolt; — *a testa esagonale*, hexagonal-headed bolt; — *a testa quadra*, square-head bolt.

bulloneria *s.f.* nuts and bolts (*pl.*).

bum *inter.* **1** (*imitazione di rumore*) boom, bang **2** (*per esprimere incredulità*) pull the other one!

buncheraggio → **bunkeraggio**.

bungalow *s.m.* bungalow.

bunker[1] *s.m.* **1** (*deposito di carbone*) bunker **2** (*golf*) bunker.

bunker[2] *s.m.* (*mil.*) bunker, blockhouse // *aula* —, heavily protected court.

bunkeraggio *s.m.* (*mar.*) bunkering, bunkerage.

bunkerare *v.tr.* (*mar.*) to bunker.

buonafede *s.f.* **1** good faith: *essere in* —, to be in good faith; *fare qlco. in* —, to do sthg. in good faith // (*dir.*) *acquirente di* —, bona fide purchaser **2** (*estens.*) (*fiducia*) confidence: *carpire la — altrui*, to take advantage of s.o.'s confidence.

buonagrazia *s.f.* courtesy; affability // *con — di qlcu.*, by courtesy of s.o.

buonalana *s.f.* (*iron.*) rogue; (*di bambino*) little imp.

buonamano *s.f.* tip.

buonanima *s.f.* late lamented: *la — di mio marito*, my husband, God rest his soul.

buonanotte *s.f.* e *inter.* goodnight: *dare la* —, to say goodnight; *augurare la* —, to wish (s.o.) goodnight.

buonasera *s.f.* e *inter.* good evening: *dare la* —, to say good evening.

buonavoglia *s.m.* (*iron.*) good-for-nothing.

buoncostume *s.m.* (*dir.*) public morality, decency: *reato contro il* —, offence against (public) decency // *la* (*squadra del*) —, the vice squad.

buondì *inter.* e *s.m.* hello!

buongiorno *s.m.* e *inter.* (*al mattino*) good morning; (*al pomeriggio*) good afternoon; (*ant.*) good day: *un caloroso* —, a warm greeting; *dare il — a qlcu.*, to greet (*o* to salute) s.o. (*o* to say good morning to s.o. *o fam.* to say hello to s.o.).

buongoverno *s.m.* good government.

buongrado, di *locuz.avv.* willingly: *lo fece di* —, he did it willingly.

buongustaio *s.m.* gourmet; (*di vino*) connoisseur.

buongusto *s.m.* (good) taste: *mancare di* —, to lack (good) taste; *ha molto* —, he has very good taste; *il soggiorno è arredato con* —, the living room is tastefully furnished.

buonismo *s.m.* readiness to cooperate with political opponents.

buonista *agg.* cooperative (with political opponents): *atteggiamento* —, spirit of cooperation.

buono[1] *agg.* **1** (*chi ha, rivela bontà d'animo*) good; (*bonario, gentile*) good, kind: *è un uomo molto* —, he's a very good man; *essere d'animo* —, to be kind-hearted (*o* good -hearted); *è sempre stato — con me*, he has always been kind to me; *gli disse una parola buona*, he said a kind word to him; *mi accolse con buone parole*, he greeted me with sympathetic words; *una persona di buon cuore*, a good-hearted person; *buoni pensieri*, kind thoughts; *buoni sentimenti*, good sentiments // *troppo —!* too kind! // — *come il pane*, as good as gold **2** (*onesto, rispettabile*) good, honest, virtuous, upright: *un buon cittadino*, an honest citizen; *di buona famiglia*, of good family (*o* with a good background) // *buona società*, high society **3** (*calmo, tranquillo*) good; (*di tempo*) fine, good: *sono stati buoni i bambini?*, have the children been good (*o* have the children behaved)?; *sii —!*, be a good boy!; *il tempo è sempre stato* —, the weather has always been fine (*o* good); *presto arriverà la buona stagione*, summer will soon be here **4** (*pregevole, di qualità*) good; fine; first-rate (*attr.*): *è un tessuto di buona qualità*, it's good quality material; *ha fatto un buon lavoro*, he made a good (*o* fine) job of it; *un prodotto di buona marca*, a quality brand product; *è un buon vino ma ce ne sono di migliori*, it's a good wine but there are better; *è un buon Sironi*, it's a fine Sironi; *in quell'albergo il vitto è molto* —, the food is very good (*o* excellent) in that hotel // *l'abito, il vestito* —, one's best suit // *il salotto* —, the best living room **5** (*gradevole, piacevole*) good; nice; lovely: *che buon profumo hanno questi fiori!*, what a nice (*o* lovely) scent these flowers have!; *è stata una buona giornata*, it's been a good day; *dopo un buon pasto ci si sente meglio*, after a good meal you feel better; *come è buona questa torta, questa minestra!*, this cake, this soup is really delicious (*o* lovely) **6** (*abile, capace*) good, fine: *un buon meccanico, medico*, a good mechanic, doctor; *è sempre stata una buona madre*, she's always been a good mother // *non sei — a nulla*, you're no good at anything // *non è — di fare niente*, (*region.*) he can't do anything; *non sono — di dirgli di no*, (*region.*) I just can't say no **7** (*efficace, efficiente*) good, effective; (*adatto*) right, proper; fit: *è un buon rimedio per la tosse*, it's a good (*o* effective) remedy for a cough; *per la sua età ha ancora la vista buona*, considering his age his sight is still good; *per tagliarlo mi ci vuole un buon coltello*, I need a sharp knife to cut it with; *è stata una buona idea*, it was a good idea; — *da mangiare*, fit to eat; *è proprio la vettura buona per andare nel deserto*, (*fam.*) it's the right (*o* proper) car to use in a desert // — *da buttar via*, (*fam.*) ready to throw out **8** (*abbondante*) abundant; (*grande*) large; (*lungo*) long: *una buona dose*, a good strong dose; *un buon pezzo di pane*, a big piece of bread; *ci vorrà un'ora buona*, it will take a full hour; *lo aspettai un'ora buona*, I waited for him more than an hour; *dobbiamo ancora percorrere un tre chilometri buoni*, we've still got a good three kilometres to go **9** (*propizio, vantaggioso*) good, profitable, advantageous: *un buon investimento*, a good (*o* advantageous) investment; *una buona occasione*, a favourable opportunity; *una buona stella*, a lucky star // — *affare*, snip (*o* bargain) // *a buon prezzo*, cheaply (*avv.*); cheap, inexpensive (*agg.*) **10** (*in formule di cortesia*) good, happy; nice: *buona fortuna!*, good luck!; *buona notte!*, good night!; *buon viaggio!*, have a pleasant journey!; *buona giornata!*, have a nice day!

◆ FRASEOLOGIA: *buon pro vi faccia!*, much good may it do you! // *alla buona*, informal: *una persona alla buona*, an easy-going person; *una riunione alla buona*, a get-together; *era vestito molto alla buona*, he was dressed very plainly; *fare alla buona*, to do things simply // *a buon diritto*, rightly // *con le buone*, with kindness; *con le buone (si ottiene tutto)!*; with a gentle touch (you get everything) // *di buon grado*, with pleasure // *di buon'ora*, early (in the morning) // *di buon passo*, briskly // *di buona voglia*, willingly // *Dio ce la mandi buona!*, God help us! // *darsi al buon tempo*, to have a good time // *essere di buona bocca*, to eat everything and anything; (*fig.*) to be easily pleased // *essere in buona*, to be in a good mood; (*essere in buoni rapporti con qlcu.*) to be on good terms (with s.o.) // *essere, parlare in buona fede*, to be, to speak in good faith // *far buon viso a cattivo gioco*, to put a good face on it // *guardare qlcu. di buon occhio*, to look kindly on s.o. // *menar* —, to bring good luck // *tornare in buona con qlcu.*, to make it up with s.o. // *prendere per buona una scusa*, to accept an excuse // *lascialo in pace una buona volta!*, leave him alone for once! // *un uomo tre volte* —, a simpleton • Dato il molteplice numero di espressioni fraseologiche in cui l'agg. 'buono' compare con diverse sfumature di significato, si consiglia di consultare i rispettivi sostantivi cui questo agg. si accompagna: p.e. *meritare una buona lezione* → lezione; *un uomo di buoni principi* → principio.

buono[1] *s.m.* **1** (*fil.*) (the) Good; (*cosa buona*) good thing: *nel suo saggio si indaga sul vero, il bello e il* —, in his essay he investigates Truth, Beauty and Good; *c'è del — nella sua poesia*, there is something in his poetry (*o* his poetry has got something); *ha di — che non perde mai la pazienza*, one good thing about him is that he never loses his patience // *buon per te!*, luckily for you! // *portare* —, to bring good luck (*o* fortune) // *ci volle del bello e del — per convincerlo!*, it took a lot to convince him! (*o* he took a lot of convincing) // *è un poco di* —, he is a nasty customer (*o* a nasty piece of work) // *un — a nulla*, a good-for -nothing // *il tempo si mette al*—, the weather is clearing up *saper di* —, to smell fine (*o* to have a nice smell) **2** (*persona*) good person: *i buoni*, good people; *i buoni e i cattivi*, the good and the wicked; *mio padre alza la voce, ma in fondo è un* —, my father does tend to shout but really he's a good-hearted (*o* good-natured) person // *fare il* —, to be good (*o* to behave oneself): *fa il —!*, keep quiet (*o* behave yourself)!

buono[2] *s.m.* **1** (*tagliando*) coupon, voucher, token: — *acquisto, regalo*, (*pubblicitario*) token; *un — per l'acquisto di libri*, a book token; — *d'acquisto*, (*dato come regalo*) gift token (*o* gift voucher); — *premio*, free-gift coupon; — *benzina*, petrol coupon; — *sconto*, discount voucher; — *mensa*, luncheon voucher; — *viveri governativo*, food stamp // (*comm.*): — *di cassa*, cash voucher; — *frazionario*, script; — *di consegna*, delivery order; — *di carico* (*di magazzino*), warehouse bond; — *d'imbarco*, shipping order; — *di pagamento*, voucher; — *di prelievo per l'esportazione*, customs warrant; — *di opzione*, subscription warrant **2** (*titolo di credito*) bill; bond: — (*ordinario*) *del Tesoro*, Treasury bill (*o* bond), T bill, (*antiq.*) Exchequer bill (*o* bill of Exchequer); — *del tesoro di nuova emissione*, hot Treasury bill; — *del tesoro poliennale*, long-term Treasury bond, (*amer.*) long-term Treasury note.

buonora *s.f.*: *di* —, early; *alzarsi di* —, to get up early; *andare a letto di* —, to go to bed early // *alla —!*, at long last (*o* at last)!

buonsenso *s.m.* common sense: *è pieno di* —, he's a very sensible person (*o* he's got his head well screwed on).

buontempo *s.m.* good time: *darsi al* —, to have a good time (*o fam.* to have a ball).

buontempone *s.m.* a jovial person: *è un* —, he lives it up.

buonumore *s.m.* good humour, good mood, good spirits (*pl.*): *mi mette di* —, it puts me in a good humour; *perdere il* —, to lose one's temper.

buonuomo *s.m.* a good-natured man, an easygoing man: *è un* —, he's a good chap (*o* a decent fellow).

buonuscita *s.f.* **1** (*per locazione di immobili*) key money; (*per avviamento di negozio*) goodwill **2** (*liquidazione*) (*a funzionario*) compensation for loss of office; (*a un dipendente*) golden handshake; (*fam.*) (*gener. molto elevata*) golden parachute.

bupreste *s.m.* (*zool.*) (*Calcophora mariana*) buprestid.

burattare *v.tr.* to sift.

burattinaio *s.m.* **1** puppeteer, puppet showman*; Punch and Judy showman* **2** (*fig.*) architect; (*spreg.*) wheeler-dealer.

burattinata *s.f.* **1** puppet show **2** (*fig.*) puppetlike action.

burattinesco *agg.* puppetlike; (*poco serio*) clownish: *mosse burattinesche*, stiff (*o* rigid) movements.

burattino *s.m.* **1** puppet; marionette: *spettacolo di burattini*, puppet show (*o* Punch and Judy show); *teatro dei burattini*, puppet (*o* marionette) theatre // *piantare baracca e burattini*, to pack up lock, stock and barrel **2** (*persona influenzabile*) puppet.

buratto *s.m.* sifter.

burbanza *s.f.* haughtiness; arrogance; conceit.

burbanzoso *agg.* (*non com.*) haughty; arrogant; conceited.

burbera *s.f.* (*mecc.*) windlass.

burbero *agg.* grumpy, surly; brusque, rough; gruff: *un aspetto* —, a forbidding countenance; *un'indole burbera*, a surly disposition; *una risposta burbera*, a rough reply; *lo chiamò con tono* —, he called him roughly (*o* with a gruff manner) // *un — benefico*, (*fig.*) a rough diamond.

burchiello *s.m.* (*mar.*) wherry.

burchio *s.m.* (*mar.*) lighter, barge.

bure *s.f.* (*agr.*) (plough) beam.

bureau *s.m.* **1** (*ufficio*) office; (*amer.*) bureau* **2** (*d'albergo*) reception desk.

buretta *s.f.* (*chim.*) buret(te).

burgraviato *s.m.* (*st.*) burgraviate.

burgravio *s.m.* (*st.*) burgrave.

burgundo *agg.* e *s.m.* Burgundian.

buriana *s.f.* (*region.*) **1** thunderstorm **2** (*trambusto*) confusion, bedlam; (*chiasso*) row, racket: *in mezzo a quella — ho perso il cane*, in that confusion I lost my dog.

burina → **bolina**.

burino *s.m.* **1** (*st.*) peasant, yokel **2** (*fam. estens.*) yob, boor, lout, clodhopper ◆ *agg.* crass.

burla *s.f.* **1** trick, prank; (*scherzo*) joke; practical joke; (*beffa*) hoax: *mi fecero una bella* —, they played a fine trick on me // *da, per* —, just for fun (*o* in fun *o* in jest) // *mettere in — qlco.*, to make light of sthg. // *mettere in — qlcu.*, to make fun of s.o. **2** (*inezia, cosa da poco*) trifle; bagatelle; (*riferito a soldi*) peanuts (*pl.*): *per lui farlo è una* —, it's nothing for him; *non è una* —, it's no joke // *da* —, farcical, laughable: *un poeta da* —, a farcical poet.

burlare *v.tr.* (*prendere in giro*) to play a trick on (s.o.); to play a prank on (s.o.); to make* a joke on (s.o.).

□ **burlarsi** *v.intr.pron.* (*scherzare, prendersi gioco*) to make* fun of (s.o.), to laugh at (s.o.), to mock (s.o. *o* at s.o.); (*farsi beffe*) to jeer (at s.o.): — *di qlcu.*, to make fun of s.o. (*o fam.* to pull s.o.'s leg); *si burla di tutto e di tutti*, he makes fun of everything and everyone (*o fam.* he takes the mickey out of people).

burlescamente *avv.* comically, jokingly, in a burlesque fashion.

burlesco *agg.* farcical, comical.

burletta *s.f.* jest; joke: *mettere qlcu., qlco. in* —, to poke fun at (*o* to take the mickey out of) s.o., sthg.

burlevole *agg.* (*non com.*) (*burlesco*) comical, farcical; (*incline alle burle*) humorous, playful.

burlone *s.m.* teaser, joker; jester, leg-puller, prankster.

burnus *s.m.* (*mantello arabo*) burnous.

burò → **bureau**.

burocrate *s.m.* **1** (*spreg.*) bureaucrat **2** (*impiegato statale*) civil servant.

burocraticamente *avv.* bureaucratically.

burocratico *agg.* bureaucratic; redtape (*attr.*): *linguaggio* —, officialese (*o* Civil Service jargon).

burocratismo *s.m.* bureaucracy.

burocratizzare *v.tr.* to bureaucratize.

burocratizzazione *s.f.* bureaucratization.

burocrazia *s.f.* **1** bureaucracy; red tape; (*i funzionari*) officialdom [U] **2** (*amministrazione statale*) Civil Service.

burrasca *s.f.* **1** storm, tempest, squall: — *di vento*, gale; *il mare è in* —, the sea is very rough; *c'è aria di* —, (*anche fig.*) there is a storm brewing // — *magnetica*, magnetic storm **2** (*fig.*) storm, squall: *desidero una vita tranquilla, senza burrasche*, I want a quiet, trouble-free life.

burrascoso *agg.* stormy (*anche fig.*): *discussione burrascosa*, stormy discussion; *mare* —, stormy sea.

burrato *agg.* (*non com.*) (*imburrato*) buttered.

burriera *s.f.* butter dish.

burrificare *v.tr.* to churn.

burrificazione *s.f.* churning.

burrificio *s.m.* dairy.

burro *s.m.* butter: — *fuso*, melted butter; *uova al* —, fried eggs; *riso, spaghetti al* —, rice, spaghetti with butter // — *di cacao*, cocoa-butter // *tenero come* —, as soft as butter // *una bi-*

stecca che è un —, a steak that melts like butter (in one's mouth).

burrona *agg.*: *pera* —, butterpear; *pesca* —, a ripe juicy peach.

burrone *s.m.* ravine, gorge.

burroso *agg.* buttery.

bus *s.m.* **1** (*autobus*) bus **2** (*nei composti*): *aerobus*, airbus; *filobus*, trolleybus **3** (*inform.*) highway // — *di indirizzamento*, address bus.

busca *s.f.* (*non com.*) quest, search: *andare in* — *di qlco.*, to go in quest of sthg. // *andare alla* —, to go in search of adventure; (*mar.*) to load goods for an unknown destination.

buscare *v.tr.* to get*; (*malattia*) to catch*, to come* down with: *mi sono buscato un raffreddoraccio*, I have caught a bad cold; *si è buscata l'influenza*, she's come down with flu // *buscarle*, *buscarne*, (*fam.*) to get (*o* cop) a beating; *buscarne di sode*, (*fam.*) to get a thrashing (*o* a good hiding).

buscherare *v.tr.* (*region.*) **1** (*ingannare*) to deceive to trick, to take* (s.o.) in; (*truffare*) to swindle **2** (*non com.*) (*sciupare*) to spoil*.

buscherata *s.f.* (*region.*) **1** (*sproposito*) mistake, blunder **2** (*sciocchezza*) nonsense [U]; (*cosa da nulla*) rubbish [U], trifle, nothing.

buscheratura *s.f.* (*region.*) (*inganno*) deception; trick; (*truffa*) swindle.

busillis *s.m.*: *qui sta il* —, (*fam.*) there is the rub (*o* the snag).

bussa *s.f.* (*spec. pl.*) (*non com.*) blow: *prender le busse*, to get a thrashing.

bussare *v.tr.* to knock: *bussò a lungo alla porta*, he knocked several times on (*o* at) the door // — *a quattrini*, (*fam.*) to cadge money (*o* to sponge off on s.o.).

bussata *s.f.* knock.

bussola[1] *s.f.* compass: — *azimutale*, azimuth compass; — *di rotta*, steering compass; — *giroscopica*, gyrocompass; *ago della* —, compass needle; *inclinazione magnetica dell'ago della* —, dip of compass needle; *rosa della* —, compass card (*o* rose) // *perdere la* —, (*fig.*) to lose one's bearings (*o* one's head).

bussola[2] *s.f.* **1** (*portantina*) sedan (chair) **2** (*paravento*) screen **3** (*cassetta delle elemosine*) poor box **4** (*mecc.*) bush, sleeve.

bussolotto *s.m.* (*per giocare ai dadi*) dice -box; (*del prestigiatore*) juggler's box: *giocatore di bussolotti*, juggler (*o* prestidigitator); (*imbroglione*) cheat (*o* trickster *o* sharper).

busta *s.f.* **1** envelope: — *a finestra*, window envelope; — *affrancata e con indirizzo*, stamped addressed envelope; — *intestata*, headed envelope; — *commerciale*, commercial envelope; *lettera in* — *aperta*, unsealed letter (*o* letter in unsealed envelope); *in* — *chiusa*, in a sealed envelope; *in* — *a parte*, under separate cover; — *per la risposta*, return envelope // — *paga*, pay (*o* wage) packet, (*amer.*) pay envelope **2** (*astuccio*) case: *la* — *degli occhiali*, the glasses case.

bustaia *s.f.* corset maker.

bustarella *s.f.* (*fig.*) bribe; backhander; (*amer.*) payola [U]: *dare una* — *a qlcu.*, to grease s.o.'s palm.

bustina *s.f.* **1** small envelope // *medicinale in bustine*, medicine in packets; *zucchero in* —, sugar in sachets; *una* — *di zucchero*, a sachet of sugar **2** (*mil.*) service cap.

bustino *s.m.* bodice; (*corpetto*) girdle.

busto *s.m.* **1** (*anat.*, *scult.*) bust: *fotografia a mezzo* —, half-length photograph; *tenere il* — *eretto*, to sit up (*o* stand up) straight **2** (*indumento femminile*) corset; stays (*pl.*).

butadiene *s.m.* (*chim.*) butadiene.

butano *s.m.* (*chim.*) butane.

butanolo *s.m.* (*chim.*) butanol.

butanone *s.m.* (*chim.*) butanone.

butene *s.m.* (*chim.*) butene.

butile *s.m.* (*chim.*) butyl.

butilene *s.m.* (*chim.*) butylene.

butilico *agg.* (*chim.*) butyl: *alcol* —, butyl alcohol; *gomma butilica*, butyl rubber.

butirraldeide *s.f.* (*chim.*) butyraldehyde.

butirrato *s.m.* (*chim.*) butyrate.

butirrico *agg.* (*chim.*) butyric: *acido* —, butyric acid; *fermentazione butirrica*, butyric fermentation.

buti(r)rina *s.f.* (*chim.*) butyrin(e).

butirro *agg.* (*di frutta*): *pere butirre*, pears as soft as butter.

butirrometro *s.m.* (*chim.*) butyrometer.

butirroso *agg.* buttery.

butta *s.f.* (*edil.*) shore.

buttafuori *s.m.* **1** (*teatr.*) call-boy; (*di locali*) boucer **2** (*mar.*) outrigger.

buttare *v.tr.* **1** (*gettare*, *lanciare*) to throw*, to cast*, to fling*: *buttami la palla, per favore*, throw me the ball, please; *mi buttò un'occhiataccia*, he threw an angry look at me; *non buttar sassi al mio cane!*, don't throw stones at my dog!; *i pescatori buttarono le reti*, the fishermen cast their nets; *il giocatore buttò i dadi*, the player cast the dice; *l'ancora fu buttata in acqua*, the anchor was thrown into the water; *fu arrestato e buttato in prigione*, he was arrested and thrown into prison; — *a terra qlcu.*, to knock s.o. to the ground; *non* — *niente in terra!*, don't throw (*o* drop) anything on to the floor; *l'ha buttato per sbaglio dalla finestra*, he threw it out of the window by mistake; *gli buttò le braccia al collo*, she flung her arms round his neck; *aprì la valigia e vi buttò dentro un paio di vestiti*, he opened his suitcase and threw some clothes in (*o* inside); *l'ubriaco fu buttato fuori*, the drunken man was thrown out; *buttò le braccia in avanti*, he flung his arms forwards; *buttò indietro la testa*, she threw her head back; *buttò indietro le coperte e si alzò*; he flung his bedclothes back and got up; *buttalo via!*, throw it away!; *buttamelo giù, su, per favore*, throw it down, up to me, please // *mi ha buttato in faccia la verità*, he flung the truth in my face // *buttò un occhio al sedile prima di sedersi*, he gave a look round before sitting down // — *giù*, (*abbattere*) to knock down; (*ingoiare*) to swallow; (*abbozzare*) to rough out; to scribble: *hanno buttato giù la chiesetta in piazza*, they've knocked down (*o* demolished) the small church in the square; (*fin.*) — *giù il mercato*, to bang the market; *butta giù questa medicina, da bravo*, be a good little boy and swallow this medicine!; *non sono riuscito a* — *giù neanche un boccone*, I wasn't able to swallow a single mouthful; *ti ho buttato giù uno schizzo dell'appartamento*, I've sketched out a rough plan of the flat for you; *pensavo di poter buttar giù il tema in fretta*, I thought I could get the essay done out of the way; *buttami giù due righe come promemoria*, jot down (*o* scribble) a few lines for me as a reminder; *la malattia l'ha buttata giù molto*, her illness has really left her very weak // *ha buttato là una frase per ferirmi*, he dropped a hint just to hurt me; *buttò là un'idea che ci sembrò meravigliosa*, he casually suggested an idea we thought was wonderful // *ha buttato all'aria tutta la casa per cercare gli occhiali che credeva d'aver perso*, she turned the house upside down looking for her glasses she thought she had lost; *ha buttato all'aria tutti i miei piani*, he upset all my plans; *furono costretti a* — *all'aria i loro progetti*, they had to scrap their plans // — *la pasta, il riso*, to start cooking the pasta, the rice **2** (*sprecare*) to waste, to throw* away: *buttar* (*via*) *il denaro, il tempo*, to waste money, time; *non mi piace* — *i soldi dalla finestra*, I don't approve of wasting (*o* squandering) money **3** (*emettere*) to send* out; (*perdere, spec. di recipienti*) to leak: *il camino buttava fumo*, the chimney was sending out smoke; *il vaso buttava acqua da tutte le parti*, the pot was leaking all over the place // *la ferita buttava sangue*, the wound was bleeding **4** (*di piante*) to put* out: *le rose incominciano a* — *le gemme*, the roses are beginning to put out buds ◆ *v.intr.* **1** (*volgere, tendere*) to become*: *il tempo butta al bello*, the weather is becoming nice (*o* is clearing) // *butta male!*, things look pretty grim! **2** (*di piante*) to put* out (buds, flowers etc.); (*gemme*) to bud; (*germogli*) to sprout.

□ **buttarsi** *v.rifl.* to throw* oneself, to fling* oneself: *si buttò* (*giù*) *dalla finestra*, he threw himself out of the window; *si buttò esausto sul letto*, he flung himself onto the bed exhausted; *si buttò su una poltrona*, he threw himself (*o* collapsed) into an armchair; *si buttò ai miei piedi*, he threw himself at my feet // *si è buttato sotto il treno*, he threw himself under the train; *si buttò* (*con impeto*) *contro l'avversario*, he flung himself at his opponent // — *col paracadute*, to parachute // — *nel lavoro*, to throw oneself into a job; — *nella politica*, to plunge into politics; — *anima e corpo in qlco.*, to throw oneself heart and soul into sthg.; *non ha fatto niente tutto l'anno, ma alla fine si è buttato nello studio anima e corpo*, he did nothing for the whole year but finally he really got stuck into his studies // *io mi butto!*, I'll have a go at it! // *si butterebbe nel fuoco per sua figlia*, he'd do absolutely anything for his daughter // — *giù*, (*deprimersi*) to let oneself go.

buttata *s.f.* **1** throw **2** (*germoglio*) shoot, sprout.

butterare *v.tr.* (*metall.*, *med.*) to pit, to pockmark.

butterato *agg.* (*metall.*, *med.*) pitted, pockmarked; pocked: *pelle butterata dal vaiolo*, pockmarked (*o* pocked) skin.

butteratura *s.f.* (*metall.*, *med.*) pitting, pockmarking // (*agr.*) — *delle mele*, bitter.

buttero *s.m.* cowherd of the Maremma.

butto *s.m.* **1** (*getto d'acqua*) spurt, jet **2** (*region.*) (*gemma*) shoot, sprout.

buzzo *s.m.* (*fam.*) (*grosso ventre*) potbelly, pot // *di* — *buono*, (*fig.*) with great enthusiasm (*o* with great gusto).

buzzurro *s.m.* (*zoticone*) clod, boor, lout.

by-night *avv.* e *agg.*: *Roma, Milano* —, Rome, Milan by night.

by-pass *s.m.* (*med.*) bypass.

bypassare *v.tr.* to bypass.

byroniano *agg.* (*lett.*) Byronic.

byte *s.m.* (*inform.*) byte.

Cc

c *s.f.* o *m.* **1** (*terza lettera dell'alfabeto*) c (*pl.* cs, c's) // (*tel.*) — *come Como*, c for Charlie **2** C, (*numero romano equivalente a 100*) C (one hundred).

ca' abbr. di → **casa**.

cabala *s.f.* **1** (*st. fil.*) cab(b)ala **2** (*occultismo*) cab(b)ala **3** (*nel lotto*) way of foretelling lottery numbers **4** (*intrigo*) cabal, secret intrigue: *far cabale*, to intrigue (*o* to plot).

cabaletta *s.f.* (*mus.*) cabaletta.

cabalista *s.m.* **1** (*occultista*) cabalist **2** (*nel lotto*) foreteller of lottery numbers.

cabalistico *agg.* cabalistic.

cabaret *s.m.* **1** (*spettacolo*) cabaret **2** (*region.*) (*vassoio*) tray.

cabarettistico *agg.* cabaret (*attr.*).

cabazite *s.f.* (*min.*) chabazite.

cabbala → **cabala**.

cabestano *s.m.* (*ferr.*, *mar.*) capstan.

cabila *s.m.* e *f.* Kabyle.

cabina *s.f.* **1** box, hut, booth: — *balneare*, bathing-hut; — *di proiezione*, projection booth; — *elettorale*, polling booth; — *telefonica*, telephone box (*o* telephone booth) **2** (*di funivia, ascensore*) cage **3** (*mar.*) cabin: — *a due cuccette*, two-berth cabin; — *di coperta*, main deck cabin; — *di poppa*, aft cabin; *cameriere di* —, room steward **4** (*aer.*) cabin; cockpit: — *di pilotaggio*, cockpit, flight deck; — *passeggeri*, passenger compartment **5** (*ferr.*) cab, box, tower: — *di blocco*, signal box; — *comando segnali*, signal tower; — *di comando*, (*della locomotiva*) engineer's cab **6** (*elettr.*, *rad.*, *tv*) room: — *di regia*, production room; — *di registrazione*, recording room; — *di trasformazione*, transformer room.

cabinato *s.m.* (cabin) cruiser.

cabinista *s.m.* (*cinem.*) projectionist.

cabinovia *s.f.* (endless) cableway.

cablaggio *s.m.* (*elettr.*) wiring.

cablare *v.tr.* **1** (*elettr.*) to wire; to hardwire **2** (*tel.*) to cable.

cablatore *s.m.* (*elettr.*) wireworker.

cablo abbr. di → **cablogramma**.

cablografare *v.tr.* to cable, to wire.

cablografista *s.m.* e *f.* cabler.

cablogramma *s.m.* cablegram, cable: *per* —, by cable.

cabochon *s.m.* cabochon.

cabotaggio *s.m.* (*mar.*) cabotage, coastal shipping, coastal navigation, coasting trade: (*attività di*) *piccolo* —, coasting trade; (*attività di*) *grande* —, offshore coasting trade; *nave di piccolo* —, coaster (*o* coasting ship).

cabotare *v.intr.* (*mar.*) to coast.

cabotiero *agg.* (*mar.*) coasting, coastal ◆ *s.m.* coaster, coasting vessel.

cabrare *v.intr.* (*aer.*) to nose up.

cabrata *s.f.* (*aer.*) nose-up.

cabriolé, **cabriolet** *s.m.* (*aut.*) cabriolet, convertible.

cacadubbi *s.m.* e *f.* (*fam.*) ditherer.

cacao *s.m.* **1** (*bot.*) (*Theobroma cacao*) cacao: *semi di* —, cacao seeds (*o* cacao beans) // *burro di* —, cocoa-butter **2** (*polvere, bevanda*) cocoa: *una tazza di* —, a cup of cocoa.

cacare *v.intr.* e *tr.* (*volg.*) to defecate, to evacuate one's bowels; (*fam.*) to shit, to crap.

cacarella *s.f.* (*fam.*) the runs (*pl.*); (*fig.*) the shits (*pl.*).

cacasenno *s.m.* (*fam.*) wiseacre, know-all.

cacata *s.f.* (*volg.*) **1** defecation; (*fam.*) shit, crap **2** (*fig.*) (*cosa di nessun valore*) load of crap, load of shit.

cacatoa, **cacatua** *s.m.* (*zool.*) cockatoo.

cacatura *s.f.* dirt: — *di mosche*, fly dirt.

cacca *s.f.* (*fam.*) shit, crap; (*sudiciume*) dirt.

cacchio *s.m.* (*fam.*) tool ◆ *inter.* sugar, damn, (*amer.*) shoot.

caccia[1] *s.f.* **1** hunt; hunting; (*di uccelli*) shooting: — *grossa*, big game hunting; (*i capi abbattuti nel corso di questa*) big game; — *agli uccelli di palude*, wildfowling; — *alla balena*, whaling; — *subacquea*, underwater fishing; *cane da* —, hunting dog; *capanno di* —, hunting box (*o* hunting seat *o* hunting lodge); *corno da* —, hunting horn; *fucile da* —, hunting rifle; (*per uccelli*) shot gun; *licenza di* —, game licence (*o* shooting licence *o* hunting licence); *pallini da* —, small shot; *una riserva di* —, a game preserve; *stagione di* —, shooting season, (*alla volpe*) (fox) hunting season; *partecipammo a una* — *alla volpe*, we joined in a foxhunt; *ti piace la* — *alla volpe?*, do you like foxhunting?; *andare a* —, to go hunting; (*di uccelli*) to go shooting **2** (*estens. fig.*) hunt, chase, pursuit, search: — *all'uomo*, manhunt; *andare a* — *di guadagni, soldi, onori*, to pursue profits, money, honours; *andare a* — *di complimenti*, to fish for compliments; *essere alla* — *di qlcu.*, to hunt s.o.; *la polizia gli dà la* —, the police are hunting him // — *al tesoro*, treasure hunt **3** (*mil.*) hunt: — *aerea, navale*, air, naval battle // *aereo da* —, fighter (aircraft).

caccia[2] *s.m.* **1** (*aer.*) fighter: — *a reazione*, jet fighter **2** abbr. di → cacciatorpediniere.

cacciaballe *s.m.* e *f.* (*fam.*) bullshitter.

cacciabile *agg.* game (*attr.*).

cacciabombardiere *s.m.* (*aer.*) fighter -bomber.

cacciachiodi *s.m.* nail-driver.

cacciafebbre *s.m.* (*bot. pop.*) (*Centaurium umbellatum*) centaury.

cacciagione *s.f.* **1** game **2** (*antiq.*) (*caccia*) hunting.

cacciamine *s.m.* (*mar.*) minesweeper.

cacciamosche *s.m.* flyswatter, flywhisk.

cacciare *v.tr.* **1** (*di animali*) to hunt, to prey on: *il leone caccia la gazzella*, the lion preys on the gazelle **2** (*di uomini*) to hunt; (*uccelli*) to shoot*: *ama* —, he likes hunting; *è cacciato dalla polizia*, he's being hunted by the police **3** (*mar. mil.*) to chase **4** (*scacciare*) to drive* out, to expel, to throw* out, to chase (away): *lo cacciò di casa*, she threw him out of the house; *riuscì a cacciarglielo dalla mente*, he succeeded in driving it out of his head; — *un ragazzo da scuola*, to expel a boy from school **5** (*fam.*) (*ficcare, mettere*) to drive* in, to thrust: — *il naso negli affari altrui*, to poke one's nose into other people's business; *cacciarsi qlco. in testa*, to get sthg. into one's head // *si cacciò addosso una maglietta e un paio di jeans e uscì*, he pulled (*o* threw) on a shirt and a pair of jeans and left **6** (*fam.*) (*mettere*) to put*, to stick*, to stuff: *dove ho cacciato il mio ombrello?*, where did I put my umbrella? **7** (*emettere*) to utter, to let* out; — *un grido*, to let out a cry **8** (*fam.*) (*tirare fuori*) to take* out.

□ **cacciarsi** *v.rifl.* **1** (*ficcarsi*) to plunge: — *tra la folla*, to plunge into the crowd; — *in un pasticcio*, to get oneself into a mess **2** (*andare a finire*) to get* (in) to: *dove ti sei cacciato?*, where have you got to?

cacciasommergibili *s.m.* (*mar.*) submarine chaser.

cacciata *s.f.* **1** (*partita di caccia*) shooting party **2** (*espulsione*) expulsion: *la* — *di Adamo ed Eva dal Paradiso Terrestre*, the expulsion of Adam and Eve from the Garden of Eden.

cacciatora *s.f.* **1** (*giacca*) shooting jacket **2** (*cuc.*) *pollo alla* —, chicken chasseur.

cacciatore *s.m.* **1** hunter (*anche fig.*); (*di uccelli*) fowler; shooter, sportsman*: — *di frodo*, poacher; *cacciatori di teste*, headhunters // — *di dote*, fortune hunter **2** (*mil.*) light infantryman*: *cacciatori a cavallo*, light cavalry **3** (*aereo*) fighter.

cacciatorpediniere *s.m.* (*mar.*) (torpedo -boat) destroyer.

cacciavite *s.m.* screwdriver.

cacciù → **catecù**.

cacciucco *s.m.* (*region.*) 'cacciucco', fish soup.

caccola *s.f.* (*fam.*) **1** (*degli occhi*) eye-rheum, (*fam.*) sleep **2** (*moccio*) snot **3** (*sudiciume nella lana delle pecore*) dirt, dung.

cache-col *s.m.* (*fr.*) (*abbigl.*) cravat.

cachemire *s.m.* cashmere.

cache-pot *s.m.* (*fr.*) flowerpot holder.

cacherella → **cacarella**.

cacherello *s.m.* dung, droppings (*pl.*) (of goat, sheep etc.).

cache-sexe *s.m.* (*fr.*) G-string.

cachessia *s.f.* (*med.*) cachexy, cachexia.

cachet *s.m.* **1** (*confezione*) sachet, cachet, envelope; (*analgesico*) painkiller **2** (*per capelli*) colour rinse **3** (*distinzione*, *eleganza*) cachet **4** (*compenso*) attendance fee: *lavorare a —*, to work freelance.

cachettico *agg.* (*med.*) cachectic.

cachettista *s.m.* e *f.* (*teatr. ecc.*) person paid by performance.

cachi[1] *agg.* khaki: *color —*, khaki (colour); *divisa —*, khaki uniform.

cachi[2] *s.m.* (*bot.*) **1** (*Diospyros kaki*) kaki, (*pop.*) (Japanese) persimmon **2** (*frutto*) date plum, persimmon.

caciaio *s.m.* cheese-monger.

caciara *s.f.* (*region.*) (*confusione*) hubbub, din.

caciarone *s.m.* (*region.*) boisterous person, rowdy (person).

cacicco *s.m.* (*capo messicano*) cacique.

cacio *s.m.* cheese: *crosta di —*, cheese rind; *una forma di —*, a (whole) cheese // *cascare come il — sui maccheroni*, (*fig.*) to happen (*o* to turn up) at the right moment // *essere alto come un soldo di —*, to be knee-high to a grasshopper; (*di bambino*) to be a tiny tot // *essere pane e — con qlcu.*, (*fig.*) to be as thick as thieves.

caciocavallo *s.m.* 'caciocavallo' (strong cheese from Southern Italy).

caciotta *s.f.* 'caciotta' (Italian cheese).

caco → **cachi**[2].

cacodile *s.m.* (*chim.*) cacodyl.

cacofonia *s.f.* cacophony.

cacofonico *agg.* cacophonous.

cacografia *s.f.* (*non com.*) cacography, bad spelling.

cacologia *s.f.* (*ret.*) cacology, bad diction.

cacone *s.m.* (*volg. fig.*) coward, (*amer.*) shitheel.

cactus meno com. **cacto** *s.m.* (*bot.*) cactus*: *di —*, cactaceous.

cacuminale *agg.* (*ling.*) cacuminal, retroflex.

cadauno *agg.* e *pron. indef.* each: *il prezzo delle azalee è di 15.000 lire cadauna*, the azaleas cost 15,000 lire each.

cadavere *s.m.* **1** corpse, dead body; (*per dissezione*) cadaver // (*dir.*): *soppressione di —*, suppression of a dead body; *occultamento di —*, concealment of a dead body; *vilipendio di —*, mistreatment of a dead body (*o* abuse of corpse) **2** (*fig.*) (*persona macilenta*) ghost, skeleton // *è un — ambulante*, he is a living corpse.

cadaverico *agg.* cadaverous, corpse-like; (*med.*) cadaveric; (*mortalmente pallido*) deadly pale; ghastly // (*med.*) *rigidità cadaverica*, rigor mortis.

cadaverina *s.f.* (*chim.*) cadaverine.

cadente *agg.* **1** (*che cade*) falling: *foglie cadenti*, falling leaves // *stella —*, shooting star // *il sole —*, the setting sun **2** (*in rovina*) ruined, crumbling, tumbledown, ramshackle, decrepit: *una casa —*, an old ramshackle house; *un muro —*, a ruined wall **3** (*di persona*) decrepit: *un vecchio —*, a decrepit old man.

cadenza *s.f.* **1** cadence; (*ritmo*) rhythm; (*mus.*) cadenza: *in —*, rhythmically; *battere la —*, to beat time **2** (*accento*) inflection, intonation, lilt: *parla con — inglese*, he speaks with an English intonation **3** (*banca*) *— di variazione del tasso di interesse*, reset frequency.

cadenzare *v.tr.* **1** to cadence, to give* rhythm to (sthg.), to point the rhythm of (sthg.) **2** (*mus.*) to lead* (sthg.) up to a cadence.

cadenzato *agg.* rhythmic(al): *passo —*, rhythmic(al) step.

cadere *v.intr.* **1** to fall* (down): *i bambini cadono spesso quando giocano*, children often fall when playing; *sono cadute molte foglie*, a lot of leaves have fallen; *la neve sta cadendo fitta*, the snow is falling hard; *la colpa è caduta sulla persona sbagliata*, the blame fell upon the wrong person; *inciampò e cadde bocconi*, he tripped and fell flat on his face; *scivolò e cadde supino*, he slipped and fell on his back; *— a capofitto*, to fall headlong (*o* head first); *è caduta in ginocchio*, she fell on her knees; *— in piedi*, to fall on one's feet (*anche fig.*); *è fortunata: cade sempre in piedi*, she's lucky: she always falls on her feet; *il puzzle mi è caduto in pezzi*, my puzzle has fallen to pieces; *— a terra*, *sul pavimento*, to fall to the ground, to the floor; *— in acqua*, to fall into the water; *— in mare* (*da una imbarcazione*), to fall overboard; *sono caduta dalla sedia*, I fell off my chair; *cadde dalle scale*, he fell (*o* tumbled) down the stairs; *è caduto dalla scala* (*a pioli*), he's fallen off the ladder; *— dalla bicicletta*, to fall off one's bike; *sono caduti in un'imboscata*, they fell into an ambush; *il topo è caduto nella trappola*, the mouse fell into the trap (*o* was caught in a trap); *— ai piedi di qlcu.*, to fall at s.o.'s feet // *far — qlcu.*, *qlco.*, to make s.o., sthg. fall; *attento! mi fai cadere!*, take care! you'll make me fall! // *lasciar — qlco.*, to drop sthg.; *lasciar — un argomento*, to drop a subject; *si lasciò — sul letto*, he flopped on to the bed // *— di mano a qlcu.*, to slip from s.o.'s hands: *m'è caduto di mano il vassoio*, the tray slipped from my hands (*o* I've dropped the tray) // *gli sono caduti i capelli dopo l'intervento*, he lost his hair after the operation // *— dal sonno*, to be half-asleep; *— addormentato*, to fall asleep; *— ammalato*, to fall ill // *— in contraddizione*, to contradict oneself // *— in errore*, to be mistaken // *— in estasi*, to fall into ecstasies // *— in disgrazia*, *miseria*, *nel peccato*, to fall into disgrace, poverty, sin // *— dalla padella nella brace*, to fall out of the frying pan into the fire // *— nel nulla*, to come to nothing // *— a proposito*, (*venire al momento giusto*) to come at the right moment; (*venir comodo*) to come in handy // *— dalle nuvole*, to be flabbergasted: *ma cosa mi dici? cado dalle nuvole!*, what's that you're telling me? I'm simply astounded! // *non cade mica dal cielo!*, you have to work hard for it! **2** (*ricadere*) to hang*: *questi pantaloni cadono bene*, these trousers hang (*o* drop *o* fit) well; *i capelli le cadevano morbidi sulle spalle*, her hair hung (*o* fell) loose on her shoulders **3** (*morire*) to die*, to fall*: *molti soldati caddero in quella battaglia*, a lot of soldiers died (*o* fell) in that battle; *— per la libertà*, to die for freedom **4** (*capitolare*) to be* brought down, to fall*: *è caduto il governo di coalizione*, the coalition government has been brought down (*o* has fallen)// *far —*, to bring* down: *il dibattito sulla legge fiscale ha fatto — il governo*, the debate on tax legislation has brought the government down **5** (*far fiasco*) to fail; (*di spettacolo*) to flop: *è caduto agli esami finali*, he failed his finals; *lo spettacolo cadde la sera della prima*, the show flopped on opening night // *l'ha fatto — l'emozione*, he failed because of his nerves; *è caduto su una domanda facilissima*, he tripped up over a very easy question **6** (*comm.*) to drop, to fall*: *il prezzo dell'oro sta cadendo*, the price of gold is falling (*o* dropping) // *la crisi di governo ha fatto — i prezzi in Borsa*, the government crisis has caused stock prices to drop (*o* to fall) **7** (*calare*) to drop: *la pressione è caduta*, the pressure has dropped; *gli è caduta la febbre*, his temperature's dropped **8** (*tramontare*) to set* **9** (*posarsi*) to fall*: *gli cadde lo sguardo sulla lettera*, his eyes fell on the letter; *l'accento cade sull'ultima sillaba*, the stress falls on the last syllable; *la conversazione cadde sulla politica*, the conversation fell on politics **10** (*ricorrere*) to fall*: *il nostro anniversario cade di domenica*, our anniversary falls on a Sunday; *Pasqua cade tardi quest'anno*, Easter falls late this year.

cadere *s.m.*: *al — del giorno*, at the close of day; *al — della notte*, at nightfall; *al — del sole*, at sunset; *il — delle foglie*, the falling of the leaves (*o scient.* defoliation).

cadetto *s.m.* **1** cadet, younger son: *era il — di un'antica famiglia*, he was the younger son of an old family **2** (*mil.*) cadet **3** (*mar.*) midshipman* (*abbr.* middy) **4** (*sport*) second division, lower division, B (team) ◆ *agg.* cadet (*attr.*).

cadì *s.m.* (*magistrato musulmano*) cadì.

caditoia *s.f.* **1** (*edil.*) drain **2** (*botola*) trapdoor.

cadmiatura *s.f.* (*metall.*) cadmium plating.

cadmico *agg.* (*chim.*) cadmic.

cadmio *s.m.* (*chim.*) cadmium.

cadreghino *s.m.* (*dial.*): *è come tutti attaccato al —*, like everyone else, he clings to a position of power.

caducare *v.tr.* (*dir.*) → **abrogare**.

caduceo *s.m.* caduceus*.

caducifoglio *agg.* (*bot.*) deciduous.

caducità *s.f.* **1** (*letter.*) perishableness, frailness, frailty; (*il rapido passare*) transience **2** (*dir.*) caducity, lapse: *— della proposta contrattuale*, lapse of offer **3** (*biol.*) caducity.

caduco *agg.* **1** perishable, frail; ephemeral; (*che passa*) fleeting, transient: *età caduca*, declining age **2** (*biol.*, *bot.*) deciduous, transient, caducous: *foglie caduche*, caducous leaves;

denti caduchi, milk teeth **3** (*med.*) *mal* —, falling sickness (*o* epilepsy).

caduta *s.f.* **1** fall, falling; (*crollo*) collapse; (*di capelli, denti*) loss: — *d'acqua*, waterfall; — *dei capelli*, loss of hair; *la — delle foglie*, the falling (*o* the shedding) of the leaves; *l'abbondante — della pioggia ha paralizzato il traffico cittadino*, the heavy rainfall has paralyzed city traffic; — *massi*, falling rocks **2** (*di aeroplano*) crash: *la caduta del Boeing ha provocato numerose vittime*, the crash of the Boeing caused many deaths **3** (*capitombolo*) fall, tumble: *in seguito a quella — non parteciperà alla gara*, after his fall he will not be taking part in the race; *una — da cavallo*, a tumble from a horse **4** (*fig.*) fall, downfall; ruin, failure: *la — del governo*, the fall of the government; *la — dell'Impero Romano*, the fall of the Roman Empire // (*Bibbia*) *la — dell'uomo*, the Fall (of man) **5** (*comm.*) fall, drop: — *dei prezzi*, drop in prices; *lieve* —, dip; *una lieve — dei prezzi*, a dip in prices; — *brusca*, plunge; (*banca*) *una brusca — dei tassi d'interesse*, a plunge in interest rates; (*Borsa*) — *delle quotazioni*, drop in market **6** (*fis.*) fall, drop: — *di potenziale*, potential drop (*o* fall of potential); — *di pressione*, pressure drop; — *di temperatura*, drop in temperature; — *di tensione*, voltage drop; — *termica*, heat drop; — *libera*, free fall **7** (*inform.*) drop: — *di controllo*, control break; — *di corrente*, alternating current dump **8** (*mar.*) (*di vela quadra*) leech.

caduto *agg.* **1** fallen **2** (*fig.*) (*rovinato*) ruined; (*vinto*) vanquished **3** (*morto in battaglia*) fallen // *i caduti*, the fallen; *monumento ai caduti*, war memorial.

caffè *s.m.* **1** (*bot.*) (*Coffea arabica*) coffee: *chicco di* —, coffee bean; *piantagione di* —, coffee plantation **2** (*prodotto, bevanda*) coffee: *macinare il* —, to grind coffee; *un chilo di — macinato*, a kilo of ground coffee; *macinino da* —, coffee mill; — *tostato*, roasted coffee; — *nero*, black coffee; — *e latte*, white coffee (*o* café au lait); — *macchiato*, coffee with a dash of milk; — *corretto al cognac*, coffee with a dash of brandy; — *ristretto*, strong coffee; — *leggero*, weak coffee; — *solubile*, instant coffee; *fondi di* —, coffee-grounds; *tazza da* —, coffee cup **3** (*locale pubblico*) coffee bar, coffee house; (*amer.*) coffee shop; (*spec. di tipo italiano, francese*) café ♦ *agg.* coffee-coloured: *abito* —, coffee-coloured suit.

caffeario *agg.* coffee (*attr.*).

caffè-concerto *s.m.* café-chantant.

caffeicolo *agg.* coffee-growing.

caffeina *s.f.* (*chim.*) caffeine.

caffe(l)latte *s.m.* milk and coffee, white coffee.

caffettano *s.m.* caftan, kaftan.

caffetteria *s.f.* refreshments (*pl.*); (*in albergo*) breakfast room, breakfast bar; (*in stazione*) buffet.

caffettiera *s.f.* **1** coffeepot; (*macchina per il caffè*) coffee maker, percolator **2** (*scherz.*) (*automobile malandata*) heap, old banger, wreck.

cafonaggine *s.f.* boorishness, loutishness, ill-manneredness, crudeness; (*di persona giovane*) yobbishness.

cafonata *s.f.* boorish act, loutish act; (*di persona giovane*) yobbish act.

cafone *s.m.* (*region.*) **1** (*non com.*) Southern Italian peasant **2** (*estens.*) (*zoticone*) boor, lout; (*di persona giovane*) yob.

cafoneria → **cafonaggine**.

cafonesco *agg.* boorish, loutish, crude, yobbish.

cafro *agg.* e *s.m.* Kafir.

cagare e *deriv.* → **cacare** e *deriv.*

cagionare *v.tr.* (*causare*) to cause; (*dare occasione a*) to occasion; (*dare origine a*) to give* rise to (sthg.): — *dispiacere a qlcu.*, to displease s.o.

cagione *s.f.* (*letter.*) (*causa*) cause; (*motivo*) reason, motive, occasion: *a — di*, owing to (*o* because of *o* on account of); *trovar* —, (*ant.*) to find a pretext.

cagionevole *agg.* sickly, weak, delicate: *salute* —, delicate health.

cagionevolezza *s.f.* sickliness, frailty, weakness.

cagliare *v.intr.* **cagliarsi** *v.rifl.* to curdle; to coagulate, to clot.

cagliaritano *agg.* of Cagliari, from Cagliari ♦ *s.m.* inhabitant of Cagliari; native of Cagliari.

cagliata *s.f.* curd.

cagliatura *s.f.* curdling, clotting.

caglio *s.m.* **1** (*per latte*) (cheese-)rennet; coagulant **2** (*bot.*) (*Galium verum*) cheese -rennet.

cagna *s.f.* **1** bitch **2** (*spreg.*) (*donna di facili costumi*) bitch, whore **3** (*pessima attrice*) bad actress; (*pessima cantante*) bad singer **4** (*ferr.*) (*piegarotaie*) jim-crow.

cagnaccio *s.m.* cur.

cagnara *s.f.* **1** (*non com.*) furious barking (of several dogs together) **2** (*clamore*) uproar, din; rumpus; (*trambusto*) fuss; hubbub // *far* —, (*polemizzare*) to kick up a fuss (*o* a rumpus) about sthg.

cagnesco *agg.* dog-like; (*fig.*) surly: *sguardo* —, surly look // *in* —, surlily: *guardare qlcu. in* —, to scowl at s.o.; *guardarsi in* —, to scowl at each other.

cagnetto *s.m.* (little) dog; (*fam.*) doggy.

cagnolino *s.m.* **1** (*cucciolo*) doggy, puppy **2** (*cane piccolo*) small dog **3** (*cane da salotto*) lapdog; (*cane da compagnia*) poodle.

cagnotto *s.m.* **1** (*ant.*) (*sicario*) hired cutthroat; (*bravaccio*) hired bully **2** (*seguace servile*) hanger-on* **3** (*esca*) bait.

cahier de doléances *s.m.* (*letter.*) list of grievances.

caiaco *s.m.* kayak.

caicco *s.m.* (*mar.*) caique.

caimano *s.m.* (*zool.*) cayman, caiman // — *dagli occhiali*, (*Caiman crocodylus*) spectacled caiman.

caino *s.m.* fratricide; (*traditore*) traitor.

cainosite *s.f.* (*min.*) kainosite.

cairota *agg.* of Cairo, from Cairo, Cairo (*attr.*), Cairene ♦ *s.m.* e *f.* Cairene, inhabitant of Cairo.

cala[1] *s.f.* (*geogr.*) cove, creek.

cala[2] *s.f.* (*mar.*) (*stiva*) hold.

calabrache *s.m.* (*fam.*) weakling, quitter, wimp.

calabrese *agg.* e *s.m.* e *f.* Calabrian.

calabro *agg.* Calabrian.

calabrone *s.m.* **1** bumble-bee, humble-bee; (*zool.*) (*Vespa crabro*) dor, grint hornet **2** (*fam.*) persistent suitor; nuisance.

calafataggio *s.m.* (*mar.*) caulking.

calafatare *v.tr.* (*mar.*) to caulk.

calafato *s.m.* (*mar.*) caulker.

calaite *s.f.* (*min.*) calaite, turquoise.

calamaio *s.m.* **1** inkstand, inkpot **2** (*zool.*) → calamaro.

calamaretto, **calamaro** *s.m.* (*zool.*) (*Loligo vulgaris*) squid, (*rar.*) calamary.

calamina *s.f.* (*min.*) calamine.

calaminta *s.f.* (*bot.*) (*Satureja calamintha*) calamint.

calamita *s.f.* magnet (*anche fig.*): — *artificiale*, artificial magnet.

calamità *s.f.* calamity, misfortune, disaster: *dichiarare lo stato di — nazionale*, to declare a state of national emergency // *quella donna è una* —, that woman is a disaster.

calamitare *v.tr.* **1** to magnetize **2** (*fig.*) to attract.

calamitato *agg.* magnetic, magnetized: *ago* —, magnetic needle.

calamitazione *s.f.* magnetization.

calamite *s.f.* (*paleont.*) calamite.

calamitoso *agg.* (*letter.*) calamitous, disastrous.

calamo *s.m.* **1** (*bot.*) calamus*: — *aromatico*, (*Acorus calamus*) calamus (*o* sedge) **2** (*stelo d'erba*) stalk **3** (*di penna*) calamus*; quill **4** (*mus.*) pipe **5** (*zool.*) pen.

calanchi *s.m.pl.* (*geogr.*) badlands.

calanco *s.m.* (*geogr.*) gully, ravine.

calando *s.m.* (*mus.*) calando, dying away.

calandra[1] *s.f.* (*zool.*) **1** (*uccello*) (*Melanocorypha calandra*) titlark **2** (*insetto*) — *del grano*, (*Calandra granaria*) grain weevil.

calandra[2] *s.f.* **1** (*tess.*) calender; rotary press: — *a tre rulli*, three-roller calender; — *a vapore*, rotary steam press **2** (*tecn. cartaria*) calender; rolling press **3** (*mecc.*) (*piegatrice per lamiere*) bending rolls; (*spianatrice per lamiere*) levelling rolls **4** (*aut.*) radiator cowling.

calandrare *v.tr.* (*tecn.*) to calender; to roll.

calandratore *s.m.* calenderer, calender man.

calandratura *s.f.* (*tecn.*) calendering; rolling.

calandrino[1] *s.m.* (*letter.*) simpleton, dupe.

calandrino[2] *s.m.* (*squadra falsa*) bevel rule.

calandro *s.m.* (*zool.*) (*Anthus campestris*) meadow pipit.

calante *agg.* **1** falling, sinking; setting: *sole* —, setting sun; *luna* —, waning moon; *marea* —, ebb tide **2** (*declinante*) declining: *fama* —, declining fame **3** (*comm.*) *moneta* —, coin below weight.

calappio *s.m.* (*non com.*) **1** (*laccio*) snare **2** (*agguato*) trap; snare.

calapranzi *s.m.* dumbwaiter, service lift (from kitchen to dining room).

calare *v.tr.* **1** (*far scendere*) to lower; to let* down: — *un cesto dalla finestra*, to let a basket down (*o* to lower a basket) from the window; — *le reti*, to let down (*o* to lower) the nets; — *un'imbarcazione*, to lower a boat // *calarsi il* *cappello sugli occhi*, to pull one's hat down over one's eyes // (*teatr.*) — *il sipario*, to drop the curtain (*anche fig.*) // — *un fendente*, to deliver (*o* to strike) a slashing blow **2** (*ammainare*) (*bandiera*) to strike*; (*vela*) to take* in **3** (*lavoro a maglia*) to drop (stitches) **4** (*a carte*) to play: *ha calato un fante*, he played a knave ◆ *v.intr.* **1** (*discendere*) to descend (on), to go* down: *d'estate molti turisti calano sulle spiagge italiane*, during the summer a lot of tourists descend on (*o* invade) the Italian beaches // *la notte cala*, night is falling // (*teatr.*) *cala il sipario*, the curtain drops **2** (*tramontare*) to set*: *in questa stagione il sole cala alle 6*, at this time of the year the sun sets at six **3** (*diminuire*) to fall*; (*di acque*) to ebb (away); (*di vento, temperatura*) to drop: *il vento sta calando*, the wind is dropping; *quando finalmente la febbre calò...*, when eventually the temperature fell...; *il livello di quel ristorante è molto calato*, the standard of that restaurant has fallen // — *nella stima di qlcu.*, to fall in s.o.'s estimation **4** (*diminuire di peso*) to lose* weight: *è calato di due chili*, he lost two kilos **5** (*econ.*) to fall*, to drop, to come* down: *le quotazioni di Borsa stanno calando*, stock prices are falling; *i generi alimentari sono calati di prezzo*, foodstuffs have come down in price; *l'oro sta calando*, the price of gold is dropping // *far — i prezzi*, to lower (*o* to force down) prices **6** (*mus.*) — *di tono*, to drop in pitch; (*fig.*) to decline.

□ **calarsi** *v.rifl.* to let* oneself down: *scappò calandosi dalla finestra*, he escaped by letting himself down from the window // — *nel personaggio*, to identify with the character.

calare *s.m.*: *al — della notte*, at nightfall; *al — del sole*, at sunset.

calastra *s.f.* (*mar.*) chock.

calata *s.f.* **1** (*discesa*) descent **2** (*abbassamento*) fall: (*teatr.*) — *del sipario*, curtain fall **3** (*invasione*) invasion: *la prima — dei Visigoti in Italia*, the first Visigothic invasion of Italy **4** (*banchina*) quay **5** (*fam.*) (*parlata, cadenza*) intonation, lilt, cadence.

calaverite *s.f.* (*min.*) calaverite.

calaverna *s.f.* (*brina*) rime, frost.

calaza *s.f.* (*bot.*) chalaza*.

calazio *s.m.* (*med.*) chalazion.

calca *s.f.* crowd, throng: *fendere la —*, to force one's way (*o* to squeeze) through the crowd; *fare — intorno a qlcu.*, to crowd around s.o.

calcagnata *s.f.* (*non com.*) heel kick, blow with the heel.

calcagno *s.m.* heel; (*anat.*) calcaneum*, calcaneus* // *stare alle calcagna di qlcu.*, to follow s.o. closely; (*pedinarlo*) to shadow (*o* to tail) s.o. // *avere qlcu. alle calcagna*, to have s.o. at one's heels // *mostrare, voltar le calcagna*, to show (s.o.) a clean pair of heels.

calcagnolo *s.m.* (*mar.*) heel, skeg.

calcantite *s.f.* (*min.*) chalcanthite.

calcara *s.f.* (*fornace*) calcar, limekiln.

calcare[1] *s.m.* (*geol.*) limestone: — *corallino, cavernoso, litografico*, coral, cavernous, lithographic limestone; — *da cemento*, cement rock; (*metall.*) — *fondente*, flux ◆ *agg.* (*geol.*) calcareous.

calcare[2] *v.tr.* **1** (*calpestare*) to tread*, to trample, to tramp: — *l'uva nei tini*, to tread grapes in the vats; — *un sentiero*, to tread a path // — *le orme di qlcu.*, (*fig.*) to tread in s.o.'s footsteps // (*teatr.*) — *le scene*, to tread the boards (*o* to be on the stage) **2** (*premere con forza*) to press (down), to squeeze, to cram: *si calcò il cappello sugli occhi*, he pulled his hat down over his eyes // — *la mano*, (*fig.*) to exaggerate **3** (*accentuare*) to emphasize, to stress: — *l'accento su qlco.*, to stress (*o* to emphasize) sthg.; — *la voce*, to raise one's voice **4** (*ricalcare*) to trace: — *un disegno*, to trace a drawing.

calcareo *agg.* (*geol.*) calcareous: *crostone —*, calcrete.

calcata *s.f.* trampling; pressure, crushing.

calcatoio *s.m.* **1** (*tecn.*) beater, stemmer, tamping bar **2** (*mil.*) rammer.

calcatreppola *s.f.* (*bot.*) (*Centaurea calcitrapa*) caltrop.

calce[1] *s.f.* lime: — *aerea*, common lime; — *idraulica*, water (*o* hydraulic) lime;— *spenta*, slaked lime (*o* lime paste); — *viva*, burnt lime (*o* quicklime); *acqua di —*, limewater; *bianco di —*, whitewash.

calce[2], **in** *locuz.avv.* (*amm., comm., dir.*) below, at foot, at bottom: *in — alla presente*, (here) below; *firmare in —*, to sign below; *apporre la firma in — alla domanda*, to sign the application.

calcedonia *s.f.* (*geol.*) chert.

calcedonio *s.m.* (*min.*) chalcedony.

calcemia *s.f.* (*med.*) calcemia.

calceolaria *s.f.* (*bot.*) (*Calceolaria hybrida*) slipperwort, (*scient.*) calceolaria.

calceolato *agg.* (*bot.*) calceolate.

calcescisto *s.m.* (*geol.*) calcareous schist.

calcese *s.m.* (*mar.*) top of a lateen mast: *albero a —*, lateen mast.

calcestruzzo *s.m.* concrete.

calcetto *s.m.* **1** (*gioco*) table football **2** (*sport*) five-a-side (football); seven-a-side (football).

calciare *v.tr.* to kick (*anche sport*): — *in porta*, to shoot; — *una punizione*, to take a free kick; — *un rigore*, to take a penalty.

calciatore *s.m.* (*sport*) footballer, football player.

calciatura *s.f.* rifle stock.

calcico *agg.* (*chim.*) calcic, rich in calcium.

calcicolo *agg.* (*bot.*) calcicolous ◆ *s.m.* (*ecol.*) calcicole.

calcifero *agg.* (*min.*) calciferous.

calciferolo *s.m.* (*biochim.*) calciferol.

calcificante *agg.* (*chim.*) calcific.

calcificare *v.tr.* e *intr.* **calcificarsi** *v.intr.pron.* to calcify.

calcificato *agg.* (*chim.*) calcific.

calcificazione *s.f.* calcification: (*med.*) — *delle arterie*, arterial calcification.

calcifugo *agg.* (*bot.*) calcifugous ◆ *s.m.* **1** (*bot.*) calcifuge **2** (*ecol.*) calcifuge, calciphobe.

calcimetria *s.f.* calcimetry.

calcimetro *s.m.* calcimeter.

calcimmina *s.f.* (*chim.*) calcimine, kalsomine.

calcina *s.f.* **1** (*calce spenta*) slaked lime (*o* lime paste) **2** (*malta di calce*) lime mortar.

calcinabile *agg.* (*chim.*) calcinable.

calcinaccio *s.m.* **1** flake of dry plaster **2** (*pl.*) rubble (*sing.*).

calcinaio *s.m.* lime-pit.

calcinare *v.tr.* **1** (*chim.*) to calcine, to ignite **2** (*agr.*) to lime, to dress with lime.

□ **calcinarsi** *v.intr.pron.* (*chim.*) to calcine.

calcinatura *s.f.* **1** (*chim.*) calcination **2** (*agr.*) liming.

calcinazione *s.f.* (*chim.*) calcination.

calcino *s.m.* (*vet.*) silkworm rot, muscardine.

calcinosi *s.f.* (*med.*) calcinosis.

calcinoso *agg.* limy.

calcio[1] *s.m.* **1** kick: *gli ha dato un —*, she kicked him; *ho ricevuto un — negli stinchi*, I was kicked in the shins; *aprì la porta con un —*, he kicked the door open; *lo mandai fuori a calci*, I kicked him out; *prender a calci qlcu.*, to kick s.o. // *dare un — alla fortuna*, to turn one's back on fortune // *dare un — al passato*, to put the past behind oneself // (*nel football*): — *d'angolo*, corner; — *d'inizio*, kick-off; — *di punizione*, free kick; — *di rigore*, penalty **2** (*gioco del calcio*) football; (*fam.*) soccer: *giocare al —*, to play football; *campo di —*, pitch (*o* football field *o* football ground); *partita di —*, football match; *campionato di —*, football championship.

calcio[2] *s.m.* (*di arma da fuoco*) butt: — *di fucile*, rifle butt (*o* rifle stock).

calcio[3] *s.m.* (*chim.*) calcium.

calcio-balilla *s.m.* table football.

calciocianam(m)ide *s.f.* (*chim.*) **1** calcium cyanamide **2** (*fertilizzante*) calcium cyanamide, lime nitrogen, nitrolime.

calcio-mercato *s.m.* transfer market.

calcio-scommesse *s.m.* illegal betting on football.

calcioterapia *s.f.* (*med.*) calcium treatment.

calcistico *agg.* (*sport*) football (*attr.*): *incontro —*, football match; *società calcistica*, football club.

calcite *s.f.* (*min.*) calcite, calcspar.

calco *s.m.* **1** impression, imprint mould, tracing **2** (*copia*) copy **3** (*scult.*) cast **4** (*ling.*) calque **5** (*paleont.*) cast.

calcocite *s.f.* (*min.*) chalcocite.

calcofilo *s.m.* (*ecol.*) calcicole.

calcofobo *s.m.* (*ecol.*) calcifuge, calciphobe.

calcografia *s.f.* **1** (*stampa*) chalcography **2** (*incisione*) copperplate engraving.

calcografico *agg.* chalcographic(al).

calcografo *s.m.* chalcographer, chalcographist.

calcoideo *agg.* (*anat.*) tarsal.

calcola *s.f.* (*tess.*) (loom) treadle.

calcolabile *agg.* calculable, computable, that can be reckoned.

calcolare *v.tr.* **1** (*determinare mediante un calcolo*) to calculate, to compute, to reckon: — *la superficie di un rettangolo*, to calculate the area of a rectangle; — *il guadagno*, to calculate the profit; — *una somma a mente*, to do a sum mentally; — *il costo della merce*, to calculate (*o* to reckon) the cost of the goods // (*fin.*) — *il valore attuale di un capitale fisso*, to capitalize one's permanent assets **2** (*stimare, valutare*) to estimate, to calculate, to evaluate: — *il peso ad occhio*, to make a rough estimate of the weight; *calcolò che ci fossero 150.000 persone al concerto*, he estimated (*o* calculated) that there were 150,000 people at the concert; *ha calcolato male i rischi*, he miscalculated the risks; *calcolo di essere di ritorno la settimana prossima*, I reckon I'll be back next week **3** (*includere in un calcolo*) to include, to take* into account, to count; (*considerare*) to consider; to think* of (sthg.); to allow for (sthg.): *calcolando anche le spese accessorie la cifra è sempre bassa*, allowing for (*o* considering) the extras the expense is still low; *non devi — anche me, io non ci sarò*, you mustn't count me in, I won't be there; *devi — anche i vantaggi*, you must consider (*o* think of) the advantages as well; *non ha calcolato i ritardi*, he didn't allow for delays (in his calculations); *tutto calcolato*..., all things considered... (*o* all in all...).

calcolatore *agg.* calculating: *macchina calcolatrice*, calculator (*o* calculating machine); *regolo —*, slide rule ◆ *s.m.* **1** reckoner, computer // (*aer.*) *— d'impatto*, impact predictor // (*mil.*) *— di mira*, gunsight computer; *— di tiro*, director **2** (*inform.*) → **elaboratore** **3** (*fig.*) shrewd fellow, calculating man.

calcolatrice *s.f.* **1** reckoner, computer **2** (*fig.*) shrewd woman, calculating woman **3** (*mecc.*) calculator, calculating machine: *— tascabile*, pocket calculator.

calcolista *agg.* reckon ◆ *s.m.* e *f.* reckoner.

calcolitografia *s.f.* copperplate lithography.

calcolo *s.m.* **1** calculation, reckoning, computation; (*stima*) estimate, (*mat.*) calculus*: *— approssimativo*, rough estimate; *— delle probabilità*, calculus of probability; *— differenziale, algebrico*, differential, algebraic calculus; *— integrale*, integral calculus; *essere svelto, bravo nei calcoli*, to be quick (*o* good) at figures; *fare calcoli*, to make calculations (*o* to calculate) // *fare i propri calcoli*, (*fig.*) to make one's plans; *ha fatto male i suoi calcoli*, he miscalculated // *agire per —*, to act out of self-interest // *far — su qlco., qlcu.*, to rely (*o* to count) on sthg., s.o. // (*econ.*): *— delle retribuzioni*, wage calculation; *— degli interessi*, calculation of interest; *— economico*, economic calculation **2** (*inform.*) arithmetic; calculating **3** (*med.*) calculus*; stone: *— biliare*, gall stone; *— renale*, renal calculus.

calcolosi *s.f.* (*med.*) calculosis*.

calcoloso *agg.* (*med.*) calculous.

calcomania *s.f.* transfer.

calcopirite *s.f.* (*min.*) chalcopyrite, copper pyrites.

calcosilografia *s.f.* wood engraving.

calcosina *s.f.* (*min.*) chalcocite.

calcostibite *s.f.* (*min.*) chalcostibite.

calcotipia *s.f.* copperplate printing.

caldaia *s.f.* **1** (*recipiente chiuso*) boiler: *— a vapore*, steam boiler; *— elettrica*, electric boiler **2** (*recipiente aperto*) cauldron, copper.

caldaico *agg.* Chaldaic.

caldaio *s.m.* cauldron, copper.

caldaista *s.m.* boiler man.

caldallessa *s.f.* boiled chestnut.

caldamente *avv.* warmly; hotly (*anche fig.*).

caldana *s.f.* **1** (*scalmana*) hot flush **2** (*calura*) heat; stuffiness.

caldano *s.m.* brazier.

caldareria *s.f.* boiler works.

caldarrosta *s.f.* roast chestnut.

caldarrostaio *s.m.* roast chestnut seller, roast chestnut vendor.

caldeggiare *v.tr.* to favour, to support warmly; to back (up); (*form.*) to advocate: *— una proposta*, to support (*o* to back up) a proposal.

caldeggiato *agg.* favoured, supported: *candidatura (molto) caldeggiata*, favoured candidature.

caldeo *agg.* e *s.m.* Chaldean, Chaldee.

caldera *s.f.* (*geol.*) caldera.

calderaio *s.m.* boilermaker; coppersmith; (*lattoniere*) tinker.

calderina *s.f.* (*mar.*) donkey boiler.

calderone *s.m.* **1** cauldron **2** (*fig.*) (*gran quantità di cose disordinate*) mishmash, medley, hotchpotch // *fare di tutto un —*, to lump everything together.

caldo *agg.* **1** hot, warm: *acqua calda*, hot water; *bottiglia dell'acqua calda*, hot-water bottle; *una tazza di tè ben —*, a cup of hot tea // *battere il ferro finché è —*, (*fig.*) to strike while the iron is hot // *a botta calda*, on the spur of the moment // *a sangue —*, in hot blood // *avere il sangue — della gioventù*, to have the hot blood of youth **2** (*fig.*) warm, ardent, fervent, passionate: *un — appello*, a warm appeal; *una calda preghiera*, a fervent prayer; *una calda raccomandazione*, a warm recommendation // *pigliarsela calda per qlco.*, to take sthg. to heart (*o* to put one's best into sthg.) **3** (*di colore*) warm: *un colore —*, a warm colour; *tinte calde*, warm tints **4** (*recente*) hot, fresh, recent: *notizie calde (calde)*, hot news **5** (*fig.*) (*critico, difficile*) troubled, turbulent; hot: *il Medio Oriente è un'area calda*, the Middle East is a hot spot // *autunno —*, hot autumn (period of political and social tension and disorder in 1969) ◆ *s.m.* **1** heat, warmth: *— soffocante*, stifling (*o* oppressive) heat; *ondata di —*, heat wave; *che —!*, how hot it is!; *avete —?*, are you hot?; *fa più — oggi*, it is warmer today; *il mio nuovo cappotto tiene molto —*, my new coat is very warm; *tenere un piatto in —*, to keep a dish hot; *vuoi mangiare qlco. di —?*, would you like sthg. hot to eat? // *non fare né — né freddo*, (*fig.*) to make no difference **2** (*fig.*) (*fervore*) heat, fervour; eagerness: *nel — della discussione*, in the heat of the argument // *a —*, on the spur of the moment.

caldura *s.f.* oppressive heat, sultriness.

caledoniano *agg.* (*geol.*) Caledonian.

calefazione *s.f.* (*fis.*) calefaction.

caleidoscopico *agg.* kaleidoscopic.

caleidoscopio *s.m.* kaleidoscope.

calendario *s.m.* **1** calendar: *— Gregoriano, Giuliano*, Gregorian, Julian calendar; *— solare, lunare*, solar, lunar calendar; *— scolastico*, school calendar; *— delle gare*, calendar of events **2** (*taccuino*) calendar, almanac: *— a fogli mobili*, tear-off calendar; *— da tavolo*, desk calendar.

calende *s.f.pl.* kalends, calends // *alle — greche*, on (*o* at) the Greek calends: *rimandare qlco. alle — greche*, to put off sthg. till doomsday.

calendimaggio *s.m.* **1** May Day: *a —*, on May Day (*o* on May 1st) **2** (*festeggiamenti*) May Day festivities (*pl.*).

calendola, **calendula** *s.f.* (*bot.*) (*Calendula officinalis*) pot marigold, (*scient.*) calendula.

calenz(u)ola *s.f.* (*bot.*) (*Euphorbia helioscopia*) wart grass, wartweed.

calenzuolo *s.m.* (*zool.*) → **verdone**.

calepino *s.m.* (*antiq.*) dictionary; (*scherz.*) tome.

calere *v.intr.impers.* (*letter.*) to matter // *mettere qlco. in non cale*, to disregard (*o* to attach no importance to *o* to care nothing about) sthg.

calesse *s.m.* gig; calash, cabriolet.

calessino *s.m.* gig.

caletta *s.f.* (*mecc.*) mortise, mortice; (*a coda di rondine*) dovetail.

calettamento *s.m.* (*mecc.*) keying: *— a caldo*, shrinking on.

calettare *v.tr.* (*mecc.*) **1** to key: *— con chiavetta a cuneo*, to key by wedge; *— a caldo*, to shrink on **2** (*incastrare*) to fit; to mortise; to dovetail ◆ *v.intr.* to tally, to fit closely.

calettatura *s.f.* fitting; mortising; (*a coda di rondine*) dovetailing.

calibrare *v.tr.* **1** (*portare a misura*) to ream, to gauge **2** (*misurare con il calibro*) to calibrate, to gauge **3** (*fig.*) (*misurare*) to measure, to gauge: *— le parole*, to measure (*o* to weigh) one's words carefully.

calibratoio *s.m.* (*mecc.*) reamer.

calibratore *s.m.* **1** (*per bocche da fuoco*) caliber rule **2** (*addetto alla calibratura*) calibrator.

calibratura *s.f.* (*mecc.*) calibration; gauging.

calibro *s.m.* **1** (*diametro interno*) calibre; caliber, bore, gauge: *di grosso, medio, piccolo —*, large, medium, small caliber; *fucile di — dodici*, twelve-bore gun; (*mil.*) *grossi calibri*, heavy guns **2** (*strumento di misura*) cal(l)ipers (*pl.*); gauge: *— a corsoio*, vernier cal(l)ipers **3** (*fig.*) (*importanza*) calibre; caliber; standing; importance, level: *due atleti dello stesso —*, two athletes of the same calibre // *un grosso —*, (*fam.*) a big shot: *un grosso — della finanza*, a big shot in the world of finance **4** (*inform.*) gauge, gage.

calicanto *s.m.* (*bot.*): *— d'estate*, (*Calycanthus floridus*) calycanthus, (*pop.*) strawberry-shrub.

calice[1] *s.m.* **1** goblet; chalice, (drinking) cup: *un — di vino*, a glass (*o* goblet) of wine // *un amaro —*, (*fig.*) a bitter cup // *bere il — fino alla feccia*, to drain the cup to its dregs **2** (*eccl.*) chalice.

calice[2] *s.m.* (*bot.*) calyx*; flower-cup.

calicetto *s.m.* (*bot.*) calycle.

caliche *s.m.* (*chim.*) caliche.

caliciforme *agg.* (*bot.*) caliciform.

calicò *s.m.* (*tessuto*) calico.

calidario *s.m.* (*archeol.*) calidarium (*pl.* -ia).

caliere *s.m.* (*mar.*) storekeeper.

califfato *s.m.* caliphate.

califfo *s.m.* caliph.

californiano *agg.* e *s.m.* Californian.

californio *s.m.* (*chim.*) californium.

caligine *s.f.* **1** fog, (*leggera*) haze; (*nebbia unita a fumo*) smog **2** (*poet.*) (*oscurità*) darkness **3** (*ant.*) (*offuscamento della vista*) dimness.

caliginoso *agg.* **1** foggy **2** (*oscuro*) dark, obscure.

caliofilite *s.f.* (*min.*) kaliophilite.

caliorna *s.f.* (*mar.*) winding tackle.

caliptra *s.f.* (*bot.*) calyptra, (*scient.*) pileorhiza.

calla[1] *s.f.* (*paratoia*) watergate.

calla[2] *s.f.* (*bot.*) (*Calla palustris*) calla // — *dei fioristi*, (*Zantedeschia aethiopica*) calla (-lily) (*o* arum lily).

callaite *s.f.* (*min.*) turquoise.

calle *s.m.* (*poet.*) path ◆ *s.f.* 'calle' (narrow street in Venice).

callifugo *s.m.* corn-plaster ◆ *agg.* corn (*attr.*): *pomata callifuga*, corn ointment.

calligrafia *s.f.* **1** (*scrittura*) handwriting, hand, calligraphy: *avere una bella, brutta* —, to write in a good, bad hand; *ha una — illeggibile*, his handwriting is illegible **2** (*arte di scrivere bene*) penmanship **3** (*inform.*) hand printing.

calligraficamente *avv.* **1** (*in bella grafia*) clearly written **2** (*in modo eccessivamente formale*) calligraphically, in a stylized way.

calligrafico *agg.* **1** calligraphic, handwriting (*attr.*): *saggio* —, sample of handwriting; *perizia calligrafica*, expert opinion in handwriting **2** (*fig.*) stylized: *stile* —, (over)elaborate style; *scrittore, pittore* —, (over)stylized writer, painter.

calligrafismo *s.m.* overelaboration.

calligrafo *s.m.* calligrapher, calligraphist: *perito* —, handwriting expert.

calligramma *s.m.* (*poesia*) calligram.

callionimo *s.m.* (*zool.*): — *lira*, (*Callionymus lyra*) sculpin.

callista *s.m.* e *f.* chiropodist.

callitrichide *s.m.* (*zool.*) marmoset.

callo *s.m.* corn: *mi fa male un* —, I've got a corn that hurts // *pestare i calli a qlcu.*, (*fig.*) to tread on s.o.'s toes // *fare il — a qlco.*, (*fig.*) to get used (*o* inured) to sthg. // (*med.*) — *osseo*, callus // (*bot.*) — *cicatriziale*, callus.

callorino *s.m.* (*zool.*): — *dell'Alaska*, (*Callorhinus alaskanus*) sea bear.

callosità *s.f.* callosity.

calloso *agg.* **1** callous; horny; (*ruvido*) rough, hardened: *mani callose*, rough hands **2** (*fig.*) (*insensibile*) callous, hardened: *coscienza callosa*, hardened conscience **3** (*med.*) *corpo* —, corpus callosum, corpus striatum.

calma *s.f.* **1** (*condizione di quiete*) calm (*anche meteor.*), quiet(ness): *la — della campagna*, the calm of the countryside; *la — della notte*, the calm of the night; *la — del mare*, the calm of the sea; *il mare è in* —, the sea is calm; *non ho mai un momento di* —, I never get a moment's peace; *desidero un po' di — e di tranquillità*, I'd like a bit of peace and quiet // (*meteor.*) *fascia delle calme*, calm belt; *calme equatoriali*, doldrums **2** (*fig.*) (*pacatezza*) calm(ness): *tutti lo ammirano per la sua* —, everyone admires him for his calmness; *bisogna agire con* —, we have to act calmly (*o* carefully); *esamineremo la faccenda con* —, we'll examine the matter calmly; *fai pure con* —, take your time; *mantenere, perdere la* —, to keep, to lose one's temper // — *e sangue freddo!*, don't panic! **3** (*comm.*) slack, quiet period: *un periodo di — negli affari*, a slack period for business.

calmante *agg.* calming; soothing, sedative ◆ *s.m.* (*med.*) sedative; tranquillizer: *vorrei un — per il mal di denti*, I need a painkiller because I've got a toothache.

calmare *v.tr.* **1** to calm (down), to quiet, to pacify; (*placare*) to appease, to tranquillize: — *gli animi accesi*, to calm (down) heated feelings; — *la folla*, to calm the crowd; *quando è in quello stato solo lui riesce a calmarla*, when she's in that mood only he can calm her down **2** (*lenire*) to soothe, to relieve, to ease: *prendi questa pastiglia, ti calmerà il dolore*, take this pill, it will ease the pain.
□ **calmarsi** *v.intr.pron.* **1** to calm down, to become* calm, to compose one's mind: *calmati!*, calm down! **2** (*placarsi*) to be appeased, to ease: *poi la sua collera si calmò*, then his anger cooled; *il dolore non si è calmato*, the pain hasn't eased **3** (*diminuire di violenza*) to abate: *la tempesta si calmò*, the storm abated (*o* blew over); *il vento si sta calmando*, the wind is dropping (*o* abating).

calmata *s.f.*: *darsi una* —, (*fam.*) to calm down.

calmieramento *s.m.* ceiling price fixing, price control.

calmierare *v.tr.* to control the price of (sthg.) officially, to subject to price control: — *i prezzi*, to peg prices.

calmieratore *agg.* price control (*attr.*): *effetto* —, price control (*o* price fixing) effect; *misure calmieratrici*, price control measures.

calmiere *s.m.* controlled price, fixed price; ceiling price, flat price: *prezzo di* —, controlled (*o* official) price.

calmo *agg.* **1** calm, quiet, still // *stai —!*, (*fam.*) keep your hair on! **2** (*di persona che non perde la calma*) composed, cool, self-collected **3** (*del mare*) calm, smooth **4** (*econ.*) slack: *gli affari sono calmi*, business is slack.

calmucco *agg.* e *s.m.* Kalmuck, Kalmyk.

calo *s.m.* **1** (*diminuzione*) drop, fall, loss: — *di peso*, loss of weight; *si è registrato un sensibile — nelle presenze*, we've noticed a marked drop in attendance; — *di prestigio*, loss of prestige // (*metall.*) — *di fusione*, melting loss **2** (*econ., comm.*) decrease, deficiency, downturn, decline, drop; (*di volume*) shrinkage; (*di liquidi*) ullage, vacuity; (*di merce per colaggio*) leakage; (*di merce per scarti*) wastage:— *di peso*, deficiency (*o* loss) in weight; — *dei prezzi*, fall (*o* drop) in prices; *abbuono per* —, tret (*o* allowance for short weight); — *della produzione*, downturn (*o* step-down *o* drop) in production; — *della domanda*, drop in demand; — *moderato*, dip; — *di qualità*, falling-off in quality // (*Borsa*) — (*temporaneo*) *dei prezzi delle azioni*, dip in share prices.

calomelano® *s.m.* (*chim.*) calomel, mercurous chloride.

calore *s.m.* **1** heat; (*moderato*) warmth: *produrre* —, to generate heat; *la stufa emanava un piacevole — nella stanza*, the stove sent out a pleasant warmth in the room; *cuocere a — moderato*, to cook at a moderate heat; *il — del sole*, the heat of the sun // (*aer.*) — *differenziale*, superheat // (*fis.*): — *costante, latente, specifico*, constant, latent, specific heat; — *residuo*, afterheat; — *di fusione*, melting heat; *scambiatore di* —, heat exchanger; *pompa di* —, heat pump; *coefficiente di trasmissione di* —, heat transfer coefficient **2** (*estens.*) warmth: *provava una sensazione di — alle guance*, she felt a hot flush come to her cheeks **3** (*fig.*) (*cordialità*) warmth, friendliness; (*entusiasmo*) heat; ardour: *fu accolto con molto* —, he was greeted with great warmth (*o* very warmly); *nel — della discussione*, in the heat of the argument; *un ambiente privo di* —, an unfriendly atmosphere; *nel — della mischia*, in the thick of the fury; *accettò la nostra proposta con* —, he eagerly agreed to our proposal **4** (*med.*) heat rash // *colpo di* —, heatstroke (*o* heat apoplexy) **5** (*di animale*) heat: *andare in* —, to be (*o* to go) on heat.

caloria *s.f.* (*fis., med.*) calorie, calory: *cibi ricchi, poveri di calorie*, food rich, low in calories; (*fis.*) *grande, piccola* —, great (*o* large), small calorie.

calorico *agg.* **1** (*fis.*) caloric, heat (*attr.*) **2** (*med.*) caloric.

calorifero *s.m.* radiator.

calorifico *agg.* calorific: (*fis.*) *potere* —, calorific value.

calorigeno *agg.* (*scient.*) calorigenic; thermogen(et)ic: *azione calorigena*, calorigenic action.

calorimetria *s.f.* (*fis.*) calorimetry.

calorimetrico *agg.* (*fis.*) calorimetric, calorimetrical.

calorimetro *s.m.* (*fis.*) calorimeter.

calorizzare *v.tr.* (*metall.*) to calorize.

calorizzazione *s.f.* (*metall.*) calorizing.

calorna → **caliorna**.

calorosamente *avv.* warmly, heartily; eagerly.

calorosità *s.f.* warmth, heat, warm-heartedness.

caloroso *agg.* **1** (*che non soffre il freddo*) not feeling the cold: *mio fratello è* —, my brother doesn't feel the cold; *io non sono calorosa*, I feel the cold **2** (*cordiale*) friendly, cordial, warm, hearty; (*vivace*) animated: *un abbraccio* —, a friendly hug; *un'accoglienza calorosa*, a warm welcome; *una discussione calorosa*, an animated discussion.

caloscia *s.f.* galosh, overshoe.

calotta *s.f.* **1** cap: (*anat.*) — *cranica*, skullcap // (*geogr.*): — *glaciale*, ice sheet (*o* ice cap); — *polare*, polar cap // (*mat.*) — *sferica*, spherical cap **2** (*papalina*) skullcap; (*eccl.*) calotte **3** (*mecc.*) cap: — *esterna*, outer cap; — *di protezione*, cover **4** (*aer.*) (*di paracadute*) canopy.

calpestamento *s.m.* (*non com.*) trampling (down).

calpestare *v.tr.* **1** to trample on (sthg.), to tread* heavily on (sthg.), to crush underfoot // *è vietato — l'erba*, keep off the grass **2** (*fig.*) (*non rispettare*) to trample on (sthg.); (*opprimere, violare, non tenere conto di*) to oppress, to ride* roughshod over: *non puoi — i diritti altrui*, you can't ride roughshod over other people's rights.

calpestio *s.m.* trampling; pattering.

calta *s.f.* (*bot.*): — *palustre*, (*Caltha palustris*) cowslip, kingcup, (*pop.*) marsh marigold.

calugine, **caluggine** *s.f.* (*bot.*) down.

calumare *v.tr.* (*mar.*) to lay* out (a chain, a cable).

calumet *s.m.* calumet // — *della pace*, peace pipe.

calumo *s.m.* (*mar.*) cable length.

calunnia *s.f.* **1** (*dir.*) calumny; slander; defamation **2** (*estens.*) slander, calumny, false accusation: *è stato rovinato dalle calunnie dei* *cosiddetti amici*, he was ruined by the false accusations of his so-called friends **3** (*scherz.*) lie: *è una —!*, it's a lie!

calunniare *v.tr.* to calumniate, to slander, to defame, to backbite*.

calunniatore *s.m.* **calunniatrice** *s.f.* slanderer, backbiter, calumniator.

calunnioso *agg.* slanderous, calumnious.

calura *s.f.* heat.

calutrone *s.m.* (*fis.*) calutron.

calvario *s.m.* ordeal, trial, calvary: *la sua vita fu un —*, his life was a long ordeal.

calvinismo *s.m.* (*st. relig.*) Calvinism.

calvinista *s.m.* e *f.* (*st. relig.*) Calvinist ◆ *agg.* Calvinist, Calvinistic: *dottrina —*, Calvinist doctrine.

calvinistico *agg.* (*st. relig.*) Calvinistic(al).

calvizie *s.f.* baldness.

calvo *agg.* bald(-headed) ◆ *s.m.* bald(-headed) person; (*fam.*) bald-head, baldy.

calza *s.f.* **1** (*da uomo*) sock; (*da donna*) stocking: *— di cotone*, cotton sock; *calze lunghe, corte*, long, short socks; *mettersi, infilarsi le calze*, to put one's socks on // *calze elastiche*, elastic (*o* support) stockings; *— di lana*, woollen sock; *un paio di calze di nailon*, a pair of nylon stockings; *venditore di calze*, hosier **2** (*lavoro a maglia*) knitting: *ferro da —*, knitting needle // *fare la —*, to knit **3** (*lucignolo*) wick **4** *pl.* (*ant.*) hose Ⓤ.

calzamaglia *s.f.* leotard; tights (*pl.*).

calzante *agg.* suitable, appropriate, fitting: *una scarpa —*, a snugly fitting shoe ◆ *s.m.* shoehorn.

calzare[1] *s.m.* (*letter.*) footwear Ⓤ, shoe.

calzare[2] *v.tr.* **1** (*mettere ai piedi, indossare*) to put* on: *stava calzando le scarpe quando suonò il telefono*, he was putting on his shoes when the telephone rang **2** (*avere ai piedi, indosso, portare*) to wear*: *che numero (di scarpe) calzi?*, what size (of shoes) do you wear?; *calzava un paio di guanti marroni*, he wore a pair of brown gloves **3** (*fornire di scarpe*) to provide with shoes **4** (*puntellare*) to wedge: *— un tavolo*, to wedge sthg. under the leg of a table; *— un carro*, to wedge up a cart ◆ *v.intr.* (*andar bene*) to fit (s.o., sthg.): *le scarpe nuove mi calzano perfettamente*, my new shoes fit me perfectly; *ti calza come un guanto*, it fits you like a glove // *l'esempio calza a perfezione*, the example fits perfectly (*o* is really appropriate).

calzascarpe *s.m.* shoehorn.

calzato *agg.* shod: *ben —*, well shod // *sei un asino — e vestito*, you are a perfect fool (*o* ass).

calzatoia *s.f.* (*mecc., aut.*) chock; wedge.

calzatoio → **calzascarpe**.

calzatura *s.f.* footwear Ⓤ; (*scarpa*) shoe; (*scarpa alta, stivale*) boot: *negozio di calzature*, shoe-shop; *reparto calzature*, footwear department.

calzaturiere *s.m.* shoe manufacturer.

calzaturiero *agg.* shoe, footwear: *industria calzaturiera*, shoe (*o* footwear) industry; *mercato —*, shoe market.

calzaturificio *s.m.* shoe factory, footwear factory.

calzerotto *s.m.* sock.

calzetta *s.f.* sock // *fare la —*, to knit // *mezza —*, (*fig. spreg.*) mediocrity, second -rater.

calzettaio *s.m.* **1** (*chi fabbrica calze*) hosiery manufacturer **2** (*chi vende calze*) hosier.

calzetteria *s.f.* **1** (*fabbrica*) sock manufacturer, hosiery factory **2** (*genere*) hosiery.

calzettone *s.m.* knee(-length) sock.

calzificio *s.m.* hosiery factory.

calzino *s.m.* sock.

calzolaio *s.m.* shoemaker, bootmaker, cobbler.

calzoleria *s.f.* **1** shoemaker's shop, cobbler's shop **2** (*negozio*) shoe-shop.

calzoncini *s.m.pl.* shorts.

calzone *s.m.* **1** → calzoni **2** (*cuc.*) savoury turnover.

calzoni *s.m.pl.* trousers; slacks; (*amer.*) pants: *— a righe*, striped trousers; *— alla zuava*, knickerbockers; *— corti*, shorts; *— di flanella*, flannel trousers // *farsela nei —*, (*volg.*) to shit in one's pants // *portare i —*, (*fig.*) to wear the trousers.

camacite *s.f.* (*min.*) kamacite.

camaglio *s.m.* **1** (*di armatura*) camail **2** (*estens.*) balaclava.

camaldolese *agg.* e *s.m.* (*eccl.*) Camaldolite.

camaleonte *s.m.* chameleon (*anche fig.*).

camaleontico *agg.* chameleon (*attr.*), chameleon-like, chameleonic.

camaleontismo *s.m.* opportunism.

camallo *s.m.* (*scaricatore di porto in Liguria*) docker, dockhand, dock worker, (*amer.*) longshoreman*.

camarilla *s.f.* **1** (*st.*) camarilla **2** (*estens.*) clique, cabal.

camauro *s.m.* (*eccl.*) 'camauro' (red velvet cap, bordered with ermine, worn by the Pope).

cambellotto → **cammellotto**.

cambiabile *agg.* changeable.

cambiadischi *s.m.* (automatic) record -changer.

cambiale *s.f.* (*comm.*) bill (of exchange), draft, draught, paper: *— tratta*, draft; *— all'ordine*, order bill (*o* bill to order); *— a favore del traente*, bill to drawer; *— a data fissa*, date bill; *— a tempo, a termine*, time bill; *— a vista*, bill at sight (*o* sight bill), bill on demand (*o* demand bill *o* demand draft); *— attiva*, note (*o* bill) receivable; *— avallata, garantita*, backed bill; *— bancabile*, bankable bill, *— bancaria*, bank bill (*o* draft), banker's bill; *— breve, a breve scadenza*, short (*o* short-dated) bill; *— lunga, a lunga scadenza*, long-dated bill; *— media, a media scadenza*, medium-term bill; *— di comodo, di favore*, accommodation (*o* pro forma) bill, windbill, (*fam.*) kite; *— diretta, propria*, promissory note (*o* note of hand); *— documentata, documentaria*, document, documentary bill; *— non documentata, netta*, clean bill; *— ipotecaria*, note secured by mortgage; *— pagabile al portatore*, bill payable to bearer (*o* bearer bill); *— domiciliata*, domiciled bill; *— su agenzia*, agency bill; *— su piazza*, town (*o* local) bill; *— in bianco*, blank bill; *— falsa*, forged (*o* counterfeit) bill, (*fam. amer.*) stiff; *— in sofferenza*, bill in distress, unpaid (*o* overdue) bill; *— non onorata*, dishonoured bill; *— scaduta*, due (*o* expired) bill; *— passiva*, note (*o* bill) payable; *— ritirata*, (*prima della scadenza*), rebated bill; *cambiali all'incasso*, bills for collection (*o* payment bills); *cambiali da pagare*, pressing bills; *cambiali esigibili*, bills receivable; *cambiali in circolazione*, outstanding bills; *cambiali scontabili*, discountable bills; *avallare una —*, to back a bill; *emettere una —*, to issue a bill; *incassare una —*, to cash a bill; *scontare una —*, to discount a bill; *girare una —*, to endorse a bill.

cambiamento *s.m.* change; (*modifica*) alteration: *c'è stato un brusco — di temperatura oggi*, there has been a sudden change in the temperature today; *sarà necessario un — radicale*, a radical change will be necessary; *un — in meglio, in peggio*, a change for the better, for the worse; *questo vestito non ha bisogno di cambiamenti*, this dress doesn't need any alteration; (*mar.*) *— di rotta*, alteration of course; *— d'aria*, change of air; *— di proprietario*, change of ownership; *c'è stato un cambiamento di proprietario*, the property has changed hands; *c'è stato un — al vertice dell'azienda*, there has been a shift in the company's top management; *fare un —*, to make a change; *non voglio fare altri cambiamenti*, I don't want to make any other changes; *ha fatto un gran —*, he's changed very much; *aver bisogno di un —*, to need a change; *sento il bisogno di un —*, I feel the need for a change; *apportare un —*, to bring about a change; *abbiamo apportato un — a una clausola*, we've altered a clause // *— di marea*, turn of tide // *— di vento*, shift of wind.

cambiamonete *s.m.* moneychanger.

cambiare *v.tr.* **1** to change: *non — discorso*, don't change the subject; *tanto vale — argomento*, we might as well change the subject; *cambiò tono quando seppe la verità*, he changed his note (*o* tune) when he learnt the truth; *ho dovuto — tutti i miei progetti*, I've had to change (*o* alter) all my plans; *— idea, opinione, parere*, to change one's mind; *cambia idea ogni due minuti*, he changes his mind from one minute to the next; *— colore*, to change colour; (*impallidire*) to turn pale; *— aspetto*, to change one's looks; *cambi espressione con quegli occhiali nuovi!*, those new glasses seem to change your expression; *devo — questi pantaloni: sono sporchi*, I must change these trousers: they're dirty; *bisogna — il bambino prima della pappa*, you've got to change the baby before feeding it; *vogliamo — i mobili del salotto*, we want to change the sitting room furniture; *— casa*, to move house (*o* to move); *— indirizzo*, to change one's address; *— posto*, to change one's seat; *— posto con qlcu.*, to change places with s.o.; *non cambierei posto con lui*, I wouldn't change places with him; *— strada*, to take another road; *— direzione*, to change direction; *ha cambiato macchina e ha preso un modello nuovo*, he changed his car for a new model; *— treno*, to change trains; *si cambia!*, all change!; *— passo*, to change step // *— le carte in tavola*, to confuse the issue **2** (*trasformare*) to change: *la vita militare lo ha cambiato*, life in the army has changed him; *— vita*, to turn over a new leaf; *quel lavoro gli cambiò la vita*, that job changed his life completely **3** (*aut.*) to change: *— marcia*, to change (*o* to shift) gear **4** (*denaro*) to change; (*valuta*) to change, to exchange: *può cambiarmi questa banconota* *da cinque sterline?*, can you change this five -pound note for me?; — *sterline in dollari*, to change pounds into dollars (*o* to exchange pounds for dollars); — *un assegno*, to cash a cheque **5** (*penne, pelo*) to moult ◆ *v.intr.* to change: *il tempo sta cambiando*, the weather is changing; — *di casa*, to move; *cambiamo di casa tra un mese*, we're moving in a month; *lo trovo cambiato anche di carattere*, he seems to have changed his character, too; *sei cambiato da quando ti ho visto l'ultima volta*, you've changed since I last saw you // *tanto per* —, just for a change.

□ **cambiarsi** *v.rifl.* to change: *non ci cambiamo mai per cena*, we never change for dinner; *non ho nulla per cambiarmi*, I've got nothing to change into; *mi cambiai i pantaloni e mi misi una gonna*, I changed out of my trousers and into a skirt ◆ *v.intr.pron.* **1** (*trasformarsi*) to change: *come ti sei cambiato in questi anni!*, how you've changed in these last years! **2** (*mutarsi*) to turn (into s.o., sthg.); to change (to sthg.): *il dolore col tempo si cambiò in rassegnazione*, in time, sorrow turned into acceptance.

cambiario *agg.* (*comm.*) exchange (*attr.*): *effetto* —, bill of exchange; *pagherò* —, *vaglia* —, promissory note (*o* note of hand) // (*dir.*) *legge cambiaria*, Bill of Exchange Act (*o* exchange law).

cambiavalute *s.m.* (*econ.*) cambist, exchanger, money-broker, moneychanger.

cambio *s.m.* **1** change; (*modifica*) alteration; (*scambio*) exchange: — *d'abiti*, change of clothes; — *dei cavalli*, change of horses; (*mil.*) — *della guardia*, (*anche fig.*) changing of the guard; — *di biancheria*, change of linen // *dare il — a qlcu.*, to stand in for s.o. // *in — di*, in exchange for; (*invece di*) instead of **2** (*la cosa avuta, data in cambio*) exchange **3** (*econ.*) change, exchange, conversion; (*tasso di cambio*) exchange rate, rate of exchange: — *alla pari*, exchange at par; — *estero*, foreign exchange, exchange; — *favorevole*, favourable exchange; — *fluttuante, flessibile*, floating exchange rate; — *libero*, unofficial (*o* free) exchange rate; — *sopra la pari*, exchange above par (*o* at a premium); — *sotto la pari*, exchange below par (*o* at a discount); — *su Londra*, exchange on London; — *fisso*, fixed exchange rate; — *a pronti, contanti*, spot exchange; — *a termine*, time exchange rate; — *ufficiale*, official exchange rate; — *reale*, real exchange; — *corrente, del giorno*, current exchange; — *d'acquisto*, buying rate of exchange; — *di vendita*, selling rate of exchange; — *d'apertura*, opening rate of exchange; — *di chiusura*, closing rate of exchange; — *dei titoli*, security exchange; *mercato dei cambi*, foreign exchange market **4** (*cambio di una moneta in spiccioli*) change: *fare il* —, to get change **5** (*spiccioli*) (small) change: *mi spiace, ma non ho* —, sorry, I haven't any change **6** (*mecc.*) change gear, speed gear: — *a gradini*, gate change **7** (*aut.*) gear, gearbox: — *a pedale*, (*di motocicletta*) foot operated gear shift; — *idraulico automatico*, fluid drive gear shift; — *sincronizzato*, synchromesh (gear); *albero del* —, gear shaft; *leva del* —, gear lever; *scatola del* —, gearbox; *selettore del* —, gear shift.

cambista → **cambiavalute**.

cambogiano *agg.* e *s.m.* Cambodian.

cambra *s.f.* (*edil.*) cramp.

cambretta *s.f.* (*tecn.*) staple.

cambrì *s.m.* (*tessuto*) cambric.

cambriano, **cambrico** *agg.* e *s.m.* (*geol.*) Cambrian.

cambusa *s.f.* (*mar.*) **1** (*magazzino*) storeroom **2** (*cucina*) galley, caboose.

cambusiere *s.m.* (*mar.*) storekeeper.

camelia *s.f.* (*bot.*) (*Camelia japonica*) camellia, camelia, (*pop.*) japonica.

camepizio *s.m.* (*bot.*) (*Ajuga chamaepitys*) ground-pine.

camera *s.f.* **1** (*stanza*) room; (*stanza da letto*) bedroom: — *degli ospiti*, spare room; — *a due letti, matrimoniale*, double room; — *a un letto, singola*, single room; — *sul retro*, backroom; — *dei bambini*, nursery; — *ammobiliata*, furnished room; *camere da affittare*, rooms to let; *camere in affitto*, rented rooms (*o* lodgings): *ha una — in affitto vicino all'università*, he has lodgings (*o fam.* digs) near the University; *cerco un appartamento di tre camere*, I'm looking for a three-room flat; *comprerò una nuova — da letto* (*il mobilio*), I shall buy a new bedroom suite // *compagno di* —, roommate; *veste da* —, dressing gown // — *ardente*, mortuary chapel // — *blindata*, strong room (*o* vault) // — *di sicurezza*, (police station) lockup // *musica da* —, chamber music; *concerto di musica da* —, chamber concert // (*dir.*): — *di consiglio*, chambers (*pl.*); *decidere in — di consiglio*, to decide in chambers // (*fot.*) — *oscura*, dark room, (*ottica*) camera obscura **2** *Camera*, (*corpo deliberante*) Chamber; House: *Camera dei Deputati*, Chamber of Deputies; (*in Gran Bretagna*) House of Commons (*o* Lower House); (*negli Stati Uniti*) House of Representatives; *Camera dei Lord, dei Pari*, House of Lords (*o* Upper House); *Camera del Lavoro*, Trade Union Headquarters; *Camera di Commercio*, Chamber of Commerce **3** (*tecn., mil.*) chamber: — *a gas*, gas chamber; — *d'aria*, (*di pneumatico*) inner tube; (*di pallone*) bladder; (*intercapedine*) air space; (*idraulica*) air chamber; — *di caricamento*, loading chamber; — *di combustione*, (*di fornace, di forno*) firebox; (*di motore*) combustion chamber; — *di compressione, di decompressione*, compression, decompression chamber // (*mar.*) — *di lancio*, torpedo room.

camera charitatis, in *locuz.avv.* (*lat.*) confidentially.

camerale *agg.* **1** Chamber (*attr.*), Chamber's (*attr.*): *decisione* —, Chamber's decision **2** (*fin.*) Treasury (*attr.*), financial: *anno* —, financial year; *beni camerali*, state property.

cameralismo *s.m.* cameralism.

camerario *s.m.* **1** chamberlain **2** → **camerlengo**.

camerata[1] *s.f.* **1** (*stanza*) dormitory **2** (*le persone che ci dormono*) roommates (*pl.*).

camerata[2] *s.m.* **1** (*compagno*) comrade, companion; (*fam.*) mate, chum, pal, (*amer.*) buddy; (*di scuola*) schoolfellow **2** (*st.*) 'camerata' (form of address used by members of the party during the Fascist period).

cameratesco *agg.* comradely: *spirito* —, comradely spirit (*o* spirit of solidarity); *è stato un bel gesto* —, it was a fine gesture of solidarity.

cameratismo *s.m.* comradeship, camaraderie, companionship, fellowship.

cameriera *s.f.* (*domestica*) (house)maid, maidservant; (*in albergo*) chambermaid; (*al ristorante*) waitress; — *a ore*, charwoman* (*o* daily help *o fam.* char daily); — *personale*, lady's maid; — *fissa*, live-in maid.

cameriere *s.m.* (*domestico*) manservant; (*al ristorante*) waiter: — *particolare*, valet (de chambre) (*o* gentleman's servant); *capo* —, head waiter.

camerino *s.m.* **1** small room, closet **2** (*teatr.*) dressing room **3** (*latrina*) lavatory, bathroom.

camerista *s.f.* (*cameriera di corte*) lady -in-waiting.

cameristico *agg.* chamber (*attr.*); *musica cameristica*, chamber music; *complesso* —, chamber group.

camerlengo *s.m.* (*eccl.*) camerlingo (treasurer of the Papal Court).

camerotto *s.m.* (*mar.*) cabin boy.

camice *s.m.* **1** (*eccl.*) surplice **2** (*per medici ecc.*) overall; white coat // *camici bianchi*, doctors; researchers; technicians.

camiceria *s.f.* **1** (*fabbrica*) shirt factory **2** (*negozio*) shirt shop.

camicetta *s.f.* blouse: — *di seta*, silk blouse.

camicia *s.f.* **1** (*da uomo*) shirt; (*da donna, per giorno*) blouse: — *da notte*, (*da uomo*) nightshirt; (*da donna*) nightgown (*o* nightdress); — *di forza*, strait-jacket; *in* —, in one's shirt; *in maniche di* —, in one's shirtsleeves; *sparato della* —, shirtfront // *le Camicie Nere*, the Black Shirts; *le Camicie Rosse*, the Red Shirts // (*cuc.*) *uova in* —, poached eggs // *è nato con la* —, he was born with a silver spoon in his mouth // *dare via anche la* —, to give away the shirt off one's back // *lasciare qlcu. in* —, to reduce s.o. to beggary (*o* to leave s.o. in the lurch); *ridursi in* —, to lose everything // *perdere anche la* —, to lose everything; *giocarsi la* —, to lose the shirt off one's back // *chi lavora ha una* —, *chi non lavora ne ha due*, (*prov.*) the more one works the less one has **2** (*tecn.*) jacket, liner, sleeve: — *d'acqua*, water jacket; — *d'aria*, air jacket; — (*del cilindro*), (cylinder) liner; — *refrigerante*, wet sleeve **3** (*edil.*) plaster bond **4** (*copertina di una fascicolo*) wrapper.

camiciaia *s.f.* **camiciaio** *s.m.* **1** (*chi fabbrica camicie*) shirtmaker **2** (*chi vende camicie*) shirtseller.

camiciola *s.f.* **1** (*maglietta*) vest, undervest; (*amer.*) undershirt **2** (*camicia leggera*) sports shirt.

camicione *s.m.* overblouse.

camiciotto *s.m.* **1** (*blusa da lavoro*) workshirt, workblouse **2** (*camicia leggera*) sports shirt.

caminetto *s.m.* **1** fireplace: *raccolti attorno al* —, gathered round the fireside **2** (*alpinismo*) chimney.

caminiera *s.f.* **1** (*specchio*) mirror over a mantelpiece **2** (*parafuoco*) fireguard **3** (*mensola*) mantelpiece.

camino *s.m.* **1** (*focolare*) fireplace, hearth: *accendere il* —, to light the fire; *angolo del* —, chimney corner; *gola del* —, flue; *mensola del* —, mantelpiece; *si raccolsero attorno al* —, they gathered round the fireside **2** (*canna fumaria*) chimney; (*alto, di terracotta*) chimney pot: *il — tira male*, the chimney doesn't draw well; *gruppo di camini*, chimney stack // *fumava come un* —, he was smoking like a chimney **3** (*ciminiera*) chimney stack **4** (*al-

pinismo) chimney **5** (*geol.*) — *vulcanico*, volcanic vent (*o* pipe *o* chimney).

camion *s.m.* lorry; (*amer.*) truck.

camionabile, **camionale** *agg.* open to heavy traffic ◆ *s.f.* road open to heavy traffic.

camioncino *s.m.* van; pick-up.

camionetta *s.f.* (*mil.*) jeep®.

camionista *s.m.* e *f.* lorry driver; (*amer.*) truck driver.

camisaccio *s.m.* sailor's blouse.

camita *s.m.* e *f.* Hamite.

camitico *agg.* Hamitic.

camma *s.f.* (*mecc.*) cam: — *frontale*, face cam; *albero a camme*, camshaft.

cammellato *agg.* mounted on camels, camel (*attr.*): *truppe cammellate*, camel troops.

cammelliere *s.m.* camel-driver.

cammello *s.m.* **1** camel; (*scient.*) (*Camelus bactrianus*) two humped camel, Bactrian camel **2** (*tessuto*) camelhair.

cammellotto *s.m.* (*tessuto*) camlet.

cammeo *s.m.* cameo.

camminamento *s.m.* (*mil.*) bay, communication trench.

camminare *v.intr.* **1** to walk: *mi piace* —, I like walking; *il mio bambino non cammina ancora*, my baby can't walk yet; *non potrà — per almeno un mese*, he won't be able to walk for a month at least; — *su e giù*, to walk up and down; *camminava su e giù per la stanza*, he walked up and down the room (*o* he paced the room); — *avanti e indietro*, to walk backwards and forwards (*o* back and forth); *mi piace — nel parco*, I like walking in the park; *mi piace — per la campagna*, I like walking (*o* tramping) round the country; *camminava sul marciapiede della stazione, in attesa del treno*, he walked along (*o* paced) the platform, waiting for the train; *non — sul tappeto!*, don't walk (*o* tread) on the carpet! // — *adagio*, to walk slowly; *camminava adagio, guardandosi attorno*, he was walking slowly (*o* ambling along), looking around him; — *in fretta, di buon passo*, to walk fast (*o* quickly *o* briskly); — *a grandi passi*, to stride; — *faticosamente*, to plod; — *in punta di piedi, in silenzio*, to tiptoe; — *zoppicando*, to limp; — *in fila indiana*, to walk in single file; — *in fila per due*, to walk two by two // *su, cammina!*, come on! (*o* get going!); (*va' via!*) get out! (*o* go away!) // *cammina, cammina, arrivammo a...*, after walking a long way, we got to... // — *a quattro zampe*, to go on all fours // — *sul sicuro*, (*fig.*) to tread on safe ground **2** (*fam.*) to work: *quest'auto non cammina*, this car won't go (*o* work); *il mio orologio non cammina più*, my watch isn't working any more **3** (*di lavoro, affari*) to proceed, to get* going: *gli affari camminano, non camminano*, business is proceeding (*o* is brisk), business is slack; *finalmente il lavoro cammina*, finally our work has got going.

camminata *s.f.* **1** (*passeggiata*) walk, stroll: *andiamo a fare una* —, let us go for a walk; *da qui al mare c'è una bella* —, it is a long walk from here to the seaside; *fare una buona* —, to take a long walk **2** (*andatura*) gait: *ha una — aggraziata*, she has a graceful gait (*o* walk).

camminatore *s.m.* **camminatrice** *s.f.* walker: *è una buona* —, she's a good walker.

camminatura *s.f.* (*andatura*) gait, walk.

cammino *s.m.* **1** way; journey; (*percorso*) route; path: *qual è il — più breve?*, what's the shortest way?; *dopo un lungo* —, after a long way; *indicare il — a qlcu.*, to show s.o. the way (*o* route); *riprendere il* —, to resume one's journey; *essere in — verso un luogo*, to be on one's way towards a place; *è a 10 minuti di* —, it's ten minutes on foot; *per tutto il — non incontrammo nessuno*, we didn't meet anyone during the entire journey; *fece un tratto di — con noi*, he walked with us for a while; *un — tortuoso*, a winding road (*o* path *o* route); — *battuto*, well-trodden path // *cammin facendo*, on the way: *cammin facendo lo incontrammo*, we met him on the way // *fare molto* —, (*fig.*) to get on (*o* ahead *o* to go far) // *lasciare il retto* —, (*fig.*) to wander from the straight and narrow (*o* to go astray) **2** (*astr.*) path, orbit **3** (*fig.*) (*progresso*) progress: *il — della scienza*, the march of science; *il — dell'umanità*, the progress of humanity.

camola *s.f.* (*dial.*) moth.

camomilla *s.f.* camomile, chamomile: *una tazza di* (*infuso di*) —, a cup of camomile tea // (*bot.*): — *comune*, (*Matricaria chamomilla*) c(h)amomile; — *mezzana*, (*Anthemis cotula*) dog-fennel; — *romana*, (*Anthemis nobilis*) c(h)amomile.

camorra *s.f.* **1** 'Camorra' (Mafia-style criminal organization originating in Campania) **2** (*estens.*) racket, Mafia.

camorrismo *s.m.* Mafia-style behaviour.

camorrista *s.m.* **1** Camorrist, member of the 'Camorra' **2** (*estens.*) mafioso (*pl.* -si).

camorristico *agg.* camorra (*attr.*), camorra -style.

camosciare e *deriv.* → **scamosciare** e *deriv.*

camoscio *s.m.* **1** (*zool.*) (*Rupicapra rupicapra*) chamois **2** (*pelle di camoscio*) chamois leather, shammy; suede: *borsa di* —, suede handbag.

campagna *s.f.* **1** country, countryside: *vivere in* —, to live in the country; *andare in* —, to go to the country; *gente di* —, country folk (*o* rural people); *ho una casa in* —, I have a house in the country; *una residenza di* —, a country-seat // *la Campagna Romana*, the Campagna // *in aperta* —, in the open country **2** (*tenuta*) estate, land, property: *ha della — in Puglia*, he has estates in Puglia **3** (*villeggiatura*) holidays (*pl.*): *quando vai in —?*, when are you going on holiday? **4** (*mil.*) campaign: *la — di Russia*, the Russian campaign // *artiglieria da* —, field artillery **5** (*mar.*) long cruise **6** (*propaganda*) campaign: — *elettorale*, electoral campaign; — *pubblicitaria*, advertising campaign; — *promozionale*, promotion campaign; — *di vendita*, sales drive (*o* campaign); — *giornalistica*, press campaign.

campagnolo *agg.* (*rustico, dei campi*) rustic, rural; country (*attr.*): *usanze campagnole*, country ways // *topo* —, fieldmouse* ◆ *s.m.* peasant, countryman*.

campaio → **camparo**.

campale *agg.* (*mil.*) field (*attr.*): *battaglia* —, pitched battle; *batteria* —, field battery; *vittoria* —, victory in the (battle)field; (*vittoria decisiva*) decisive victory // *una giornata* —, (*fig.*) (*dura, faticosa*) a hard day.

campana *s.f.* **1** bell: *suonare le campane*, to ring the bells; *suonare le campane a martello*, to sound (*o* to ring) the alarm-bell; *suonare la — a morto*, to knell (*o* to toll); — *da palombaro*, diving bell; *boa a* —, bell-buoy // *a* —, bell-shaped // *sordo come una* —, as deaf as a post // *sentir tutte e due le campane*, to hear both sides (of the question) **2** (*vaso di vetro per coprire oggetti delicati*) bell-glass, bell-jar // *tenere sotto una — di vetro*, (*fig.*) to mollycoddle.

campanaccio *s.m.* cowbell.

campanario *agg.* bell (*attr.*): *torre campanaria*, bell-tower; *cella campanaria*, belfry.

campanaro *s.m.* bell-ringer.

campanatura *s.f.* **1** (*delle ruote anteriori di un autoveicolo*) camber **2** (*di una pala dell'elica aerea*) blade tilt.

campanella *s.f.* **1** little bell, small bell **2** (*batacchio*) doorknocker **3** (*bot.*) (*Campanula rotundifolia*) bellflower, bluebell, trumpet -flower, harebell, campanula // — *dei giardini*, (*Ipomoea purpurea*) morning-glory **4** (*anello da tende*) curtain ring.

campanello *s.m.* (hand)bell; (*della porta*) doorbell: — *d'allarme*, alarm bell; (*fig.*) sign of danger; — *elettrico*, electric bell; *suonare il* —, to ring the bell.

campaniforme *agg.* bell-shaped; (*form.*) campaniform.

campanile *s.m.* bell tower; campanile* // *amore di* —, love for one's native town (*o* village); *lotte, questioni di* —, parish quarrels (*o* local affairs).

campanilismo *s.m.* parochialism, exaggerated local pride.

campanilista *s.m.* e *f.* parochial person.

campanilistico *agg.* parochial, parochially -minded: *lotte campanilistiche*, parochial squabbles.

campano *agg.* of Campania, from Campania ◆ *s.m.* inhabitant of Campania.

campanone *s.m.* great bell; (*campana principale*) main bell: *il — del duomo*, the main bell of the Cathedral.

campanula → **campanella** 3.

campanulaceo *agg.* (*bot.*) campanulaceous.

campanulato *agg.* bell-shaped; (*bot.*) campanulate.

campare[1] *v.intr.* (*vivere*) to live: — *del proprio lavoro*, to earn one's living; — *di rendita*, to live on one's private income; — *alla giornata*, to live from hand to mouth; *tirare a* —, to survive (*o* to get by).

campare[2] *v.tr.* (*mettere in risalto*) to bring* (sthg.) into relief, to set* (sthg.) off.

camparo *s.m.* (*non com.*) land warden.

campata *s.f.* (*arch.*) bay, span.

campato *agg.* **1** — *in aria*, groundless (*o* unfounded); (*lontano dalla realtà*) fanciful **2** (*pitt.*): — *in oro*, in gold relief.

campeggiare *v.intr.* **1** (*far campeggio*) to camp **2** (*risaltare*) to stand* out: *nella piazza campeggia il monumento ai caduti*, the war memorial dominates the square **3** (*ant.*) (*porre il campo*) to encamp.

campeggiatore *s.m.* **campeggiatrice** *s.f.* camper.

campeggio[1] *s.m.* **1** (*il campeggiare*) camping **2** (*terreno su cui campeggiare*) campsite, camping ground.

campeggio[2] *s.m.* (*bot.*) (*Haematoxylon campechianum*) logwood.

camper *s.m.* (*aut.*) camper.

campereccio *agg.* (*non com.*) rural, rustic.

campestre *agg.* rural, rustic; country (*attr.*): *abitudini campestri*, rural customs; *vita* —, rural life // (*sport*) *corsa* —, cross-country race // *guardia* —, land warden.

campicchiare *v.intr.* to live from hand to mouth.

Campidoglio (il) *s.m.* the Capitol.

campiello *s.m.* 'campiello' (small square in Venice).

camping *s.m.* (*terreno per campeggio*) campsite, camping ground.

campionamento *s.m.* (*stat.*) sampling: — *a più stadi*, multistage sampling; — *casuale*, random sampling; — *proporzionale*, quota sampling; — *sistematico*, patterned sampling; — *per area*, area sampling; — *statistico*, statistical sampling; — *ragionato*, purposive sampling; — *delle attività*, activity sampling.

campionare *v.tr.* to sample.

campionario *s.m.* collection, (set of) samples; (*di stoffe*) pattern book: *il nostro — più recente*, our latest pattern book ◆ *agg.* sample (*attr.*), trade (*attr.*): *fiera campionaria*, trade fair.

campionarista *s.m.* e *f.* sample man, sample woman; sampler.

campionato *s.m.* championship: *vinse il — di tennis*, he won the tennis championship.

campionatore *s.m.* sampler.

campionatura *s.f.* sampling.

campione *s.m.* **1** sample; (*esemplare*) specimen; (*solo di stoffa*) swatch; (*disegno*) pattern: *un — di vino*, a wine sample; *prelevare, analizzare un* —, to take, to analyse a sample // (*comm.*): — *gratuito*, free sample; — *senza valore*, sample only, sample of no commercial value; *campioni di merce spedita*, shipment samples; *al —, come da* —, as per sample; *conforme a —, secondo* —, up to standard; *vendita su* —, sale by sample // (*stat.*): — *casuale*, random sample; — *rappresentativo*, representative sample; — *di prova*, trial sample; — *di zona*, area sample; — *statistico*, statistical sample; *metodo del* —, sample method // (*metrol.*) *il metro* —, the standard meter **2** (*sport*) champion: — *di nuoto*, swimming champion; *ecco il futuro —!, ecco un — in erba!*, here's the budding champion! **3** (*difensore*) champion: — *della libertà*, champion of freedom ◆ *agg.* **1** (*vincitore*) champion (*attr.*): *la squadra* —, the champions (*pl.*) **2** (*preso a modello*) sample (*attr.*): *indagine* —, sample survey, (*amer.*) pilot survey; *esemplare* —, model sample (*o* specimen).

campionessa *s.f.* women's champion: — *di tennis*, women's tennis champion.

campionissimo *s.m.* champion of champions.

campire *v.tr.* (*pitt.*) to paint the background.

campitura *s.f.* (*pitt.*) **1** (*il campire*) painting of the background **2** (*risultato*) background.

campo *s.m.* **1** field: — *di grano*, cornfield; — *arato*, ploughed field (*o* field that has been ploughed); — *seminato*, sown (*o* sowed) field; *campi e prati*, fields and meadows; — *di neve*, snowfield **2** (*mil.*) field; (*accampamento*) camp: — *di battaglia*, battlefield; *aiutante di* —, aide-de-camp; *artiglieria da* —, field artillery; *lettino da* —, camp bed; *ospedale da* —, field hospital; *fu decorato di medaglia sul* —, he was awarded a medal on the field; *morì sul* —, he died in battle (*o* in action); *essere al* —, to camp; *levare il* —, to break camp // *in — aperto*, in the open (field) // *prendere* —, to take on (*o* to spread) // *scendere in* —, to enter the field (*o* to come into action); *mettere in* —, (*schierare*) to put into the field; (*fig.*) (*accampare*) to put forward: *mettere in — delle scuse*, to put forward excuses // *rimanere padrone del* —, to be in possession of the field; (*fig.*) to be master of the situation // *avere il — libero*, to have a free hand // *dare, avere — di fare qlco.*, (*non com.*) to give s.o., to have the scope to do sthg. **3** (*aer.*) airfield: — *d'atterraggio*, landing field; — *di fortuna*, emergency landing field **4** (*sport*) field, pitch: — *di calcio*, football field (*o* pitch); — *delle corse*, racecourse (*o* racetrack); — *di gioco*, playground; — *di golf*, golf course (*o* links); — *sportivo*, sports (*o* athletics) ground; — *di tennis*, tennis court; *campi di sci*, ski-runs (*o* ski slopes) **5** (*scient.*) field: — *aurifero*, gold field; — *petrolifero*, oilfield // (*fis.*): — *angolare*, angle of view; — *visivo*, field of vision; — *elettrico*, electric field; — *elettrostatico*, electrostatic field; — *magnetico*, magnetic field; — *rotante*, rotating field; — *gravitazionale*, gravity field // (*rad.*) — *d'onda*, wave band // (*mat.*): — *vettoriale*, vector field; — *dei numeri reali, razionali*, field of real numbers (*o* real field), field of rational numbers (*o* rational field) **6** (*fig.*) (*sfera di attività, di conoscenza*) field, sphere, sector: *è un'autorità nel suo* —, he is an authority in his own field; *il — dell'elettronica*, the electronics field; *il — dell'economia*, the field of economics; — *di attività di un'impresa*, a firm's range of activities; *ciò non rientra nel mio — d'affari*, that's not my line of business // *ricerca sul* —, research in the field (*o* sector) **7** (*inform.*) field: — *di controllo, di stampa*, control, printing field; — *dei dati*, data field; — *di variabilità*, range; — *di indirizzo*, address part; portion; address field (*di un'istruzione*) **8** (*arald.*) field: *un leone rampante di nero in — d'argento*, argent a lion rampant sable **9** (*pitt.*) background.

camporella *s.f.* (*region.*) small field // *andare in* —, (*scherz.*) to have a roll in the hay.

camposanto *s.m.* cemetery; (*presso la chiesa*) graveyard, churchyard.

camuffamento *s.m.* **1** (*azione*) disguising; (*risultato*) disguise **2** (*mil.*) (*azione*) camouflaging; (*risultato*) camouflage.

camuffare *v.tr.* to disguise; (*mimetizzare*) to camouflage; (*mascherare*) to mask: *il nemico camuffò i cannoni con rami*, the enemy camouflaged their guns with branches; — *la verità*, to disguise the truth.

□ **camuffarsi** *v.rifl.* to disguise oneself (as s.o., sthg.), to dress (up) as: — *da clown*, to disguise oneself as a clown; — *da Pierrot*, to dress up as Pierrot; — *da benefattore*, to disguise oneself (*o* to pass oneself off) as a benefactor.

camuno *agg.* e *s.m.* 'camuno' (regarding the ancient inhabitants of Valcamonica).

camuso *agg.* **1** snub: *naso* —, snub nose **2** (*dal naso camuso*) snub-nosed.

canadese *agg.* e *s.m.* e *f.* Canadian // *canoa* —, (Indian) canoe; *tenda* —, ridge tent.

canaglia *s.f.* **1** (*persona malvagia, vile*) scoundrel, rogue **2** (*scherz.*) (*birbante*) rascal: *che — quel ragazzo!*, what a rascal that boy is! **3** (*letter.*) (*infima plebe*) rabble; canaille, riffraff.

canagliata *s.f.* dirty trick.

canagliesco *agg.* rascally, dirty, scoundrelly.

canagliume *s.m.* rabble, scum, riffraff, canaille.

canaio *s.m.* (*fam.*) mess, confusion.

canale *s.m.* **1** canal; (*di mare*) channel; (*di marea*) tideway; (*costiero*) gat: — *navigabile*, shipway (*o* ship-canal) // *il — di San Lorenzo*, the St. Laurence Seaway // *il — di Suez*, the Suez Canal // *il — della Manica*, the Channel **2** (*condotto*) pipe, tube: — *di gronda*, gutter; — *di scolo*, drain; — *di scolo per fognatura*, sewer **3** (*anat., bot.*) canal, duct, passage: — *biliare*, biliary duct **4** (*estens.*) channel; means (*pl.*): *le notizie giungevano attraverso diversi canali*, the news arrived via various channels; — *commerciale*, channel of trade; — *diplomatico*, diplomatic channel; *canali di distribuzione*, distribution channels; *canali di vendita*, sales channels **5** (*radio, tv*) channel, band **6** (*inform.*) bus; channel: — *analogico*, analog (*o* analogic) channel; — *di interfaccia*, interface channel; — *di entrata, uscita*, input, output channel; — *di trasmissione dati*, information channel; (*tel.*) — *rapido*, high-speed channel; — *multiplatore*, multiplexor.

canalicolo *s.m.* (*anat.*) canaliculus*.

canalizzare *v.tr.* **1** to canalize: — *un fiume*, to canalize a river **2** (*fig.*) (*indirizzare*) to channel: — *il traffico*, to channel the traffic.

canalizzazione *s.f.* canalization.

canalone *s.m.* (*geogr.*) canyon, defile; (*amer.*) flume.

cananeo *agg.* e *s.m.* Canaanite.

canapa *s.f.* hemp: *tela di* —, hemp cloth // (*bot.*): — *comune*, (*Cannabis sativa*) cannabis (*o* hemp); — *indiana*, (*Cannabis indica*) cannabis; — *indiana*, (*Apocynum cannabium*) Indian hemp; — *di Calcutta*, (*Crotalaria juncea*) sunn(-hemp); — *di Manila*, (*Musa textilis*) abaca.

canapaia *s.f.* hemp field.

canapaio *s.m.* **1** (*chi lavora la canapa*) hemp worker **2** (*terreno coltivato a canapa*) hemp field.

canapè *s.m.* **1** sofa **2** (*tartina*) canapé.

canapicolo *agg.* hemp-growing, hemp (*attr.*): *produzione canapicola*, hemp production.

canapicoltura *s.f.* hemp growing.

canapiero *agg.* hemp: *industria canapiera*, hemp industry.

canapificio *s.m.* hemp mill.

canapiglia *s.f.* (*zool.*) (*Anas strepera*) gadwall.

canapina *s.f.* hempen cloth.

canapino *agg.* hempen ◆ *s.m.* hemp worker.

canapo *s.m.* hemp rope.

canapone *s.m.* female hemp plant.

canapule *s.m.* hemp stalk.

canard[1] *agg.* e *s.m.* (*aer.*) canard.

canard[2] *s.m.* (*sl. giornalistico*) invented scoop; canard; (*per saggiare le reazioni del pubblico*) trial balloon.

canarina *s.f.* (*zool.*) hen-canary.

canarino *s.m.* **1** (*zool.*) (*Serinus canarius*) canary: — *ibrido*, mule canary; *mangiare come un* —, (*fig.*) to have the appetite of a sparrow **2** (*informatore*) grass, canary ◆ *agg.* canary -coloured.

canasta *s.f.* canasta: *giocare a* —, to play canasta.

canavaccio → **canovaccio**.

cancan[1] *s.m.* French cancan.

cancan[2] *s.m.* (*baccano*) noise: *fare un gran* —, to make a big fuss (*o* to kick up a row).

cancellabile *agg.* erasable; (*form.*) effaceable.

cancellamento *s.m.* (*non com.*) cancelling, cancellation; deletion.

cancellare *v.tr.* **1** to delete; (*con un tratto di penna*) to cross out, to strike* out; (*con una gomma*) to rub out, to erase; (*con un raschietto*) to scratch out; (*con uno strofinaccio*) to wipe out: *cancellate con un tratto la risposta sbagliata*, cross out (*o* put a cross against) the wrong answer **2** (*fig.*) to obliterate, to efface, to blot out, to wipe out, to sponge out: *aveva cancellato ogni ricordo del passato*, he wiped out every memory of the past **3** (*disdire*) to cancel: — *un appuntamento, un volo, una partenza*, to cancel an appointment, a flight, a departure **4** (*comm., dir.*) to cancel: — *un contratto*, to cancel a contract; — *un debito*, to cancel (*o* to write off) a debt; — *una causa dal ruolo*, to cancel a case from the role **5** (*inform.*) to delete, to cancel; (*un comando*) to undo*.

□ **cancellarsi** *v.intr.pron.* to fade: *un ricordo che non si cancellerà mai*, a memory that will never fade (away).

cancellata *s.f.* railing, railings (*pl.*).

cancellatura *s.f.* **1** erasure, delation: *la lettera era piena di cancellature*, a lot of words in the letter had been rubbed (*o* crossed) out **2** (*fig.*) obliteration; effacement.

cancellazione *s.f.* annulment; cancellation: — *di un volo*, cancellation of a flight; — *di un debito, di un'ipoteca*, write-off of a debt, of a mortgage // (*dir.*) — *dall'ordine degli avvocati*, striking off the roll // (*mat.*) (*legge di*) —, cancellation law // (*inform.*) — *di campo*, field erasing.

cancelleresco *agg.* legal; chancery (*attr.*): *scrittura cancelleresca*, chancery (writing); *termine* —, legal term.

cancelleria *s.f.* **1** (*carica e ufficio di cancelliere*) chancellery, chancellory; (*sede*) chancery **2** (*dir.*) office of the court's clerk **3** (*articoli di*) —, stationery (articles) (*o* writing materials).

cancellierato *s.m.* chancellorship.

cancelliere *s.m.* **1** chancellor: *il* — *austriaco*, the Austrian Chancellor // *Cancelliere dello Scacchiere*, Chancellor of the Exchequer; *Gran Cancelliere*, Lord (High) Chancellor **2** (*di tribunale*) registrar; (*dir. amer.*) court reporter: — *della pretura*, magistrate's clerk.

cancellino *s.m.* (blackboard) eraser.

cancello *s.m.* gate.

cancerizzarsi *v.intr.pron.* (*med.*) to become* cancerous.

cancerizzazione *s.f.* (*med.*) canceration.

cancerogeno *agg.* (*med.*) cancerogenic, cancerogenous.

cancerologia *s.f.* cancerology.

cancerologo *s.m.* cancerologist, cancer specialist.

canceroso *agg.* cancerous.

canchero *s.m.* (*ant.*) **1** cancer // *che ti venga un* —!, (*estens.*) a plague on you! **2** (*persona, cosa molesta*) bloody nuisance, pain in the neck.

cancrena *s.f.* (*med.*) gangrene: *andare in* —, to gangrene.

cancrenare *v.intr.* **cancrenarsi** *v.intr.pron.* (*non com.*) to gangrene, to become* affected with gangrene.

cancrenoso *agg.* gangrenous.

Cancro[1] *no.pr.m.* (*astr.*) Cancer, Crab // *il Tropico del* —, the Tropic of Cancer.

cancro[2] *s.m.* **1** (*med.*) cancer, malignant tumour: *morì di* — *al polmone*, he died of lung cancer **2** (*bot.*) canker **3** (*fig.*) canker: *il* — *del sospetto*, the canker of suspicion.

candeggiamento *s.m.* bleaching, whitening.

candeggiante *s.m.* bleach, whitener.

candeggiare *v.tr.* to bleach, to whiten.

candeggiatore *s.m.* bleacher, whitener.

candeggina *s.f.* (*fam.*) bleach.

candeggio *s.m.* bleaching.

candela *s.f.* **1** candle: — *di sego*, tallow candle; — *sottile*, taper; *a lume di* —, by candlelight // *il gioco non vale la* —, the game is not worth the candle // *puoi accendere una* — *alla Madonna!*, (*fam.*) you've had a narrow escape! (*o* you can thank your lucky stars!) // *struggersi come una* —, (*fig.*) to pine away // (*aer.*): *precipitare in* —, to (be in a) nosedive; *salire in* —, to chandelle **2** (*elettr.*) candle, candela: *una lampada da quaranta candele*, a forty-candle bulb **3** (*aut.*) — (*d'accensione*) spark(ing)-plug.

candelabro *s.m.* branched candlestick, candelabrum*.

candelaggio *s.m.* (*elettr.*) candle-power.

candelaio *s.m.* (*non com.*) chandler.

candeletta *s.f.* (*med.*) (vaginal) suppository.

candeliere *s.m.* **1** (*per una candela*) candlestick; (*per più candele*) candelabrum* **2** (*mar.*) stanchion.

Candelora *s.f.* (*eccl.*) Candlemas.

candelotto *s.m.* short thick candle // — *fumogeno*, smoke bomb; — *di dinamite*, stick of dynamite.

candidamente *avv.* **1** (*innocentemente*) innocently **2** (*con franchezza*) candidly, frankly, openly **3** (*ingenuamente*) ingenuously, naively.

candidare *v.tr.* to propose (s.o.) as a candidate, to propose s.o.'s candidature, (*amer.*) to propose s.o.'s candidacy.

□ **candidarsi** *v.rifl.* to present one's candidature, to offer oneself as a candidate; to candidate: *si è candidato alla presidenza*, he stood for president.

candidato *s.m.* candidate: (*pol.*) *il* — *liberale*, the Liberal candidate; *all'esame finale c'erano 50 candidati*, there were 50 candidates at the final examinations; — *a un posto di lavoro*, candidate for a job.

candidatura *s.f.* candidature; (*amer.*) candidacy: *chi sosterrà la sua* —?, who will support (*o* back) his candidature?

candidezza *s.f.* → **candore**.

candido *agg.* **1** (pure) white, snow-white **2** (*senza macchia*) spotless, clean **3** (*innocente*) innocent, pure **4** (*franco, schietto*) candid, frank; (*ingenuo*) ingenuous, naive.

candire *v.tr.* to candy, to crystallize: — *lo zucchero*, to crystallize sugar; — *la frutta*, to candy fruits.

candito *agg.* candied: *frutti canditi*, candied fruit ◆ *s.m.* candied fruit.

canditore *s.m.* candying machine.

canditura *s.f.* candying.

candore *s.m.* **1** whiteness **2** (*innocenza*) innocence, purity **3** (*franchezza*) candour, frankness; (*ingenuità*) ingenuousness, naivety.

cane *s.m.* **1** dog: *aizzare un* — *contro qlcu.*, to set a dog on s.o. // — *bastardo*, mongrel; — *da pagliaio*, farm dog (*o* cur); — *da guardia*, guard dog (*o* watchdog); — *da difesa*, guard dog; — *da caccia*, hunting (*o* sporting) dog, (*per caccia a cavallo*) hound; *una muta di cani* (*da caccia*), a pack of hounds; — *da ferma*, setter; — *da punta*, pointer; — *da riporto*, retriever; — *da corsa*, whippet; — *da salotto*, lapdog; — *da pastore*, sheepdog; — *da slitta*, husky; — *poliziotto*, police dog // — *barbone*, poodle; — *bassotto*, basset hound; — *levriere*, greyhound; — *San Bernardo*, St. Bernard (dog); — *dalmata*, dalmatian; — *lupo*, wolf dog (*o* Alsatian dog *o* Alsatian wolf); — *maltese*, Maltese (dog); — *pechinese*, Pekin(g)ese // *fatica da cani*, very hard work // *roba da cani*, loathsome stuff // *tempo da cani*, lousy weather // *fare una vita da cani*, to lead a dog's life // *è fortunato come un* — *in chiesa*, he has not got a dog's chance; *fui accolto come un* — *in chiesa*, I was as welcome as snow in harvest // *non trovai un* —, (*fig.*) I did not find a single soul // *andare d'accordo come* — *e gatto*, to be like cat and dog // *drizzare le gambe ai cani*, (*fig.*) to attempt the impossible // *essere solo come un* —, to be all alone (and miserable) // *menare il can per l'aia*, to beat about the bush (*o* not to come to the point) // *morire come un* —, to die like a dog (*o* to die a dog's death) // *can che abbaia non morde*, (*prov.*) his bark is worse than his bite // — *non mangia* —, (*prov.*) dog does not eat dog (*o* there's honour amongst thieves) // *non toccare il can che dorme*, (*prov.*) let sleeping dogs lie // (*astr.*): *il Cane Maggiore*, the Greater Dog; *il Cane Minore*, the Lesser Dog **2** (*zool.*) (*Canis familiaris*) dog // — *delle praterie*, (*Canis latrans*) prairie wolf (*o* coyote); (*Cynomys ludovicianus*) prairie dog // — *marsupiale*, (*Thylacinus cynocephalus*) thylacine (*o* Tasmanian wolf) **3** (*come insulto*) dog: *figlio d'un* —, son of a bitch **4** (*persona spietata*): *che* — *!*, what a brute!; *è un* —, he is very hard-hearted **5** (*pessimo attore*) bad actor; (*pessimo cantante*) bad singer **6** (*di arma da fuoco*) cock, hammer **7** (*falegnameria*) bench knife.

canea *s.f.* **1** (*muta*) pack of hounds **2** (*schiamazzo*) uproar **3** (*invettive*) loud invective, baying (for blood): *la* — *dei giornali*, the baying of the newspapers.

canefora *s.f.* canephora (*pl.* -ae).

canesca *s.f.* (*zool.*) (*Galeorhinus galeus*) tope, (*pop.*) dogfish, huss.

canestra *s.f.* (round) wicker basket.

canestraio *s.m.* **1** (*chi fabbrica canestri*) basket maker **2** (*chi vende canestri*) basket seller.

canestrata *s.f.* basketful.

canestrello *s.m.* **1** (*mar.*) collar **2** (*cuc.*) biscuit.

canestro[1] *s.m.* **1** basket; (*con coperchio*) hamper **2** (*il contenuto*) basketful **3** (*di pallacanestro*) basket.

canestro[2] *s.m.* (*piccolo bidone*) can: *un — di benzina*, a petrol can.

canfene *s.m.* (*chim.*) camphene.

canfolo *s.m.* (*chim.*) camphol.

canfora *s.f.* camphor.

canforare *v.tr.* (*chim.*) to camphorate.

canforato *agg.* camphoric; (*trattato con canfora*) camphorated: *olio —*, camphorated oil ◆ *s.m.* camphorate.

canforo *s.m.* (*bot.*) (*Cinnamomum camphora*) camphor.

cangiabile *agg.* changeable.

cangiamento *s.m.* (*letter.*) change.

cangiante *agg.* changing: *colore —*, iridescent colour; *seta —*, shot silk.

cangiare *v.tr.* (*letter.*) to change, to alter. □ **cangiarsi** *v.intr.pron.* to change; (*trasformarsi*) to transform oneself (into s.o., sthg.); to be transformed (into s.o., sthg.).

canguro *s.m.* (*zool.*) kangaroo: *— gigante*, (*Macropus giganteus*) boomer; *— delle rocce*, (*Macropus robustus*) wallaroo.

canicola *s.f.* **1** (*calura estiva*) the height of summer: *i giorni della —*, the dog days **2** (*astr.*) Canicula, Dog star.

canicolare *agg.* **1** extremely hot: *i giorni canicolari*, the dog days **2** (*astr.*) canicular.

canile *s.m.* **1** (*cuccia*) kennel **2** (*luogo di custodia*) kennels (*pl.*), dog's home **3** (*fig.*) pigsty.

canino *agg.* caníne: *dente —*, canine tooth (*o* eyetooth); *— inferiore*, stomach tooth; *rabbia canina*, hydrophobia // *tosse canina*, whooping cough // *mostra —*, dog show ◆ *s.m.* (*dente*) canine.

canizie *s.f.* **1** white hair, grey hair; hoariness **2** (*fig. letter.*) (*vecchiaia*) old age.

canizza *s.f.* **1** (*di cani*) baying, furious barking **2** (*fig.*) row, uproar, din.

canna *s.f.* **1** cane; (*d'acqua*) reed: *una palizzata di canne*, a cane fence // *essere una — al vento*, to be weak-willed // *tremare come una —*, to shake like a leaf // *povero in —*, as poor as a church mouse **2** (*bot.*) (*Arundo donax*) reed: *— di palude*, (*Phragmites communis*) ditch reed // *— da zucchero*, (*Saccharum officinarum*) sugarcane // *— d'India*, (*Calamus rotang*) rattan **3** (*bastone*) cane **4** (*da pesca*) (fishing) rod **5** (*di fucile*) (gun) barrel: *fucile a doppia —*, double-barrelled gun **6** (*tubo*) pipe: *— d'organo*, organ pipe // *— fumaria*, chimney flue **7** (*della bicicletta*) crossbar.

cannabina *s.f.* (*chim.*) cannabin.

cannabismo *s.m.* (*med.*) cannabism.

cannaiola *s.f.* (*zool.*) (*Acrocephalus scirpaceus*) reedwarbler, reedwren.

cannare[1] *v.tr.* (*region.*) (*tracannare*) to drink* greedily, to gulp down.

cannare[2] *v.tr.* (*sl.*) to blow*, to mess up, to flunk.

cannata[1] *s.f.* **1** (*colpo di canna*) blow with a cane **2** (*stuoia di canne*) screen made of reeds **3** (*region.*) (*grande bevuta*) long pull.

cannata[2] *s.f.* (*sl.*) (*fallimento*) cock-up.

cannella[1] *s.f.* faucet; tap.

cannella[2] *s.f.* **1** (*bot.*) (*Cinnamomum zeylanicum*) cinnamon // *— bianca*, (*Canella alba*) canella // *— del Malabar*, (*Cinnamomum cassia*) cassia **2** (*cuc.*) cinnamon **3** (*color*) —, cinnamon.

cannello *s.m.* **1** (*metall.*) blowlamp, torch: *— ferruminatorio, da soffiatore*, blowpipe; *— ossiacetilenico*, oxyacetylene torch; *— per saldatura*, welding torch **2** (*tess.*) quill **3** (*mil.*) primer **4** (*di penna*) penholder, barrel.

cannelloni *s.m.pl.* (*cuc.*) cannelloni [U]: *— ripieni*, (stuffed) cannelloni.

canneté *s.m.* grosgrain.

canneto *s.m.* reed thicket; cane-brake; (*se coltivato*) cane field.

cannetta *s.f.* **1** walking stick **2** penholder, barrel.

cannibale *s.m.* cannibal.

cannibalesco *agg.* cannibalistic: *riti cannibaleschi*, cannibalistic rites.

cannibalico *agg.* cannibalistic.

cannibalismo *s.m.* cannibalism.

cannibalizzare *v.tr.* to cannibalize.

cannibalizzazione *s.f.* cannibalization.

cannicciata *s.f.* trellis.

canniccio *s.m.* **1** (*graticcio di canne*) reed mat **2** (*edil.*) lath(s).

cannista *s.m.* e *f.* angler.

cannocchiale *s.m.* spyglass: *— astronomico*, telescope.

cannolicchio *s.m.* (*zool.*) (*Solen vagina*) razor-clam, razor-shell.

cannolo *s.m.* (*cuc.*) 'cannolo' (a Sicilian pastry with a sweet filling).

cannonata *s.f.* **1** (*colpo di cannone*) cannon shot, cannonade; (*rimbombo*) report of gunfire **2** (*fig. fam.*) smasher: *è una —*, it's sensational (*o* amazing) **3** (*calcio*) fierce shot.

cannoncino *s.m.* **1** (*mil.*) light cannon, light gun **2** (*cuc.*) 'cannoncino' (an Italian pastry filled with cream).

cannone *s.m.* **1** (*mil.*) gun; cannon: *— antiaereo*, anti-aircraft gun; *— anticarro*, anti-tank gun; *— da campagna*, field gun; *— pesante*, heavy gun; *affusto di —*, gun carriage; *palla di —*, cannonball **2** (*fam.*) (*chi si distingue in una determinata attività*) ace, wizard, champion: *è un — in latino*, he is brilliant at Latin; *sei un —!*, you're a champion! **3** (*tubo*) pipe, tube: *— della stufa*, stovepipe **4** (*piega di abito*) box pleat: *sottana a cannoni*, box-pleated skirt **5** (*fis.*) *— elettronico*, electron gun.

cannoneggiamento *s.m.* cannonade, shelling.

cannoneggiare *v.tr.* to shell, to bombard, to cannonade ◆ *v.intr.* to cannonade.

cannoniera *s.f.* **1** (*mar.*) gunboat: *— silurante*, torpedo boat **2** (*mil.*) (*feritoia*) gunport, embrasure.

cannoniere *s.m.* (*mil.*) gunner.

cannoso *agg.* (*non com.*) thickly reeded.

cannotto *s.m.* short tube: *— dello sterzo* (*di bicicletta*), head tube.

cannuccia *s.f.* **1** (*canna sottile*) thin cane **2** (*per bibite*) straw **3** (*di pipa*) stem **4** (*di penna*) penholder, barrel **5** (*tubicino*) small tube.

cannula *s.f.* (*med.*) cannula*.

canoa *s.f.* canoe: *andare in —*, to canoe.

canocchia *s.f.* (*zool.*) (*Squilla mantis*) squill, squilla.

canocchiale → **cannocchiale**.

canoismo *s.m.* canoeing.

canoista *s.m.* e *f.* canoeist.

cañon *s.m.* canyon.

canone *s.m.* **1** (*regola*) canon; rule, standard, norm: *comportarsi secondo i canoni*, to follow the rules // (*dir.*) *— di interpretazione* (*della legge*), rule of construction **2** (*eccl.*) canon **3** (*somma da pagare*) fee; rent: *— agricolo*, ground rent; *— d'affitto*, rent; *equo —*, controlled rent; *— di abbonamento*, (*radio, tv*) licence fee, (*del telefono*) subscriber's fee; *— di concessione*, royalty rent **4** (*mus.*) canon.

canonica *s.f.* rectory; parsonage.

canonicale *agg.* canonical.

canonicamente *avv.* **1** (*eccl.*) canonically **2** (*secondo le norme*) according to the rules.

canonicato *s.m.* **1** canonry **2** (*fig. scherz.*) (*sinecura*) sinecure.

canonicità *s.f.* canonicity.

canonico *agg.* canonical: *diritto —*, canon law; *libri canonici*, canonical books // (*eccl.*): *ore canoniche*, canonical hours; *età canonica*, canonical age // *ora canonica*, (*fig.*) (*ora, momento opportuno*) canonical hour // (*mat.*) *equazione, forma canonica*, canonical equation, form ◆ *s.m.* canon: *— minore*, minor canon; *— regolare*, canon regular.

canonista *s.m.* canonist.

canonizzare *v.tr.* **1** to canonize **2** (*approvare*) to sanction; to approve, to ratify.

canonizzazione *s.f.* canonization.

canopo *s.m.* (*archeol.*) Canopus (*pl.* -pi); Canopic vase.

canorità *s.f.* melodiousness, tunefulness.

canoro *agg.* **1** singing, song (*attr.*): *uccello —*, song bird **2** (*estens.*) musical; melodious; tuneful: *prosa canora*, musical prose; (*spreg.*) empty prose.

canotta *s.f.* **1** tank top **2** (*fam.*) (*canottiera*) vest; (*amer.*) undershirt.

canottaggio *s.m.* rowing; canoeing: *gara di —*, boat race (*o* rowing regatta).

canottiera *s.f.* **1** (*maglietta*) vest, singlet **2** (*cappello*) boater, straw hat.

canottiere *s.m.* oarsman*; rower // *circolo canottieri*, boat (*o* rowing) club.

canotto *s.m.* **1** (*piccola barca*) small boat, rowing boat, rowboat **2** (*di gomma*) rubber dinghy.

canovaccio *s.m.* **1** (*per stoviglie*) tea cloth, tea towel **2** (*per ricamo*) canvas **3** (*trama di un'opera*) plot **4** (*schema di dramma*) outline; (*abbozzo*) sketch; *commedia a —*, dramatic improvisation.

cantabile *agg.* **1** singable **2** (*mus.*) cantabile ◆ *s.m.* (*mus.*) cantabile.

cantafavola *s.f.* **1** interminable story **2** (*storia inverosimile*) yarn, cock-and-bull story, tall story.

cantalupo *s.m.* (*bot.*) (*varietà di melone*) cantaloup(e).

cantambanco *s.m.* **1** (*chi canta per le strade*) street ballad singer, street singer, busker **2** (*saltimbanco*) tumbler **3** (*ciarlatano*) quacksalver; mountebank, charlatan.

cantante *s.m.* e *f.* singer: — *lirica*, opera singer; — *pop*, pop singer.

cantare *v.intr.* **1** to sing*: — *a orecchio*, to sing by ear; — *a voce bassa*, to sing low; — *a voce spiegata*, to sing out; — *bene*, to sing well; — *alla tirolese*, to yodel; — *con accompagnamento di piano*, to sing to a piano accompaniment; *Beniamino Gigli cantava da tenore*, Beniamino Gigli was a tenor; — *in televisione*, to sing on TV // *lasciar — qlcu.*, (*fig.*) to let s.o. talk (*o* say what he wants) **2** (*del gallo*) to crow; (*della gallina*) to cackle, to cluck; (*degli uccelli in genere*) to sing*; (*cinguettare*) to chirp, to warble **3** (*fam.*) (*fare la spia*) to grass; to squeal, to rat, to spill* the beans, to let* sthg. out // *far — qlcu.*, to make s.o. talk **4** (*attestare*) to be clear: *la lettera canta chiaro*, the letter is clear **5** (*cigolare, scricchiolare*) to creak ◆ *v.tr.* **1** to sing*: *cantami quella canzone*, sing me that song (*o* sing that song for me); — *salmi*, to chant psalms; — *una canzone a bocca chiusa*, to hum a song; — *messa*, to sing mass // *cantarla chiara*, to speak one's mind // — *sempre la stessa canzone*, to harp on the same string // — *vittoria su qlcu.*, to crow over s.o. **2** (*celebrare, specialmente con versi*) to sing*, to celebrate in verse, to write* verses on (s.o., sthg.): — *le lodi di qlcu.*, to sing s.o.'s praises (*o* to praise s.o. enthusiastically); — *la bellezza della natura*, to sing the beauties of nature.

cantare *s.m.* **1** (*modo di cantare*) singing **2** (*poema in ottava rima*) cantare (*pl.* -ri).

cantarellare → **canterellare**.

cantarello *s.m.* (*bot.*) (*Cantharellus cibarius*) chanterelle.

cantaride *s.f.* (*zool.*) (*Lytta vesicatoria*) Spanish fly; blister-beetle, (*scient.*) cantharis* // (*med.*) *polvere di cantaridi*, cantharides.

cantaridina *s.f.* (*chim.*) cantharidin.

cantarina *s.f.* (*med.*) cantharides (*pl.*).

cantaro *s.m.* (*archeol.*) cantharus (*pl.* -ri).

cantastorie *s.m.* street singer, ballad singer.

cantata *s.f.* **1** song, singing **2** (*mus.*) cantata.

cantato *agg.* sung // *messa cantata*, sung mass.

cantatore *agg.* singing ◆ *s.m.* **1** singer, songster **2** (*uccello di richiamo*) call-bird, decoy.

cantatrice *s.f.* singer, (*non com.*) songstress.

cantautore *s.m.* singer-songwriter.

canterano *s.m.* chest of drawers.

canterellare *v.tr.* e *intr.* to sing* softly, to croon; to sing* to oneself; to hum.

canterellio *s.m.* humming, crooning.

canterino *agg.* singing, warbling, chirping: *grillo* —, chirping cricket; *uccello* —, songbird, songster.

cantero *s.m.* (*region.*) chamber pot.

cantica *s.f.* (religious) poem, (religious) song // *le tre cantiche della Divina Commedia*, the three parts of the Divine Comedy.

canticchiare *v.tr.* e *intr.* to sing* softly, to croon, to sing* to oneself; to hum.

cantico *s.m.* canticle; hymn // (*Bibbia*) *Il Cantico dei Cantici*, The Song of Songs (*o* The Song of Solomon *o* The Canticles).

cantiere *s.m.* yard: — *edile*, building yard; — *stradale*, road yard; — *navale*, shipyard (*o* dockyard), (*amer.*) navy yard; — *di raddobbo*, refitting yard; — *di demolizione*, scrapyard; *in* —, on the stocks; (*fig.*) *avere in* —, to be preparing; (*miner.*) — *di abbattaggio*, stope.

cantieristica *s.f.* (*mar.*) shipbuilding industry.

cantieristico *agg.* shipyard (*attr.*), dockyard (*attr.*), (building) yard (*attr.*): *maestranze cantieristiche*, shipyard (*o* dockyard) hands (*o* workmen).

cantilena *s.f.* **1** singsong; (*ninna nanna*) lullaby; (*filastrocca*) rigmarole **2** (*piagnucolio*) moan, lament **3** (*discorso monotono*) singsong talk.

cantilenare *v.tr.* e *intr.* to chant.

cantina *s.f.* **1** cellar, basement: — *del carbone*, coal cellar; — *del vino*, wine cellar; — *di deposito*, storage basement; *avere una — ben fornita*, to keep a good cellar // — *sociale*, cooperative wine growers' association (*o* cooperative) **2** (*rivendita di vino*) wineshop **3** (*luogo buio e umido*) dungeon.

cantinella *s.f.* (*edil.*) rafter.

cantiniere *s.m.* **1** cellarman*; cellarer **2** (*venditore di vino*) wineshop keeper.

cantino *s.m.* (*mus.*) E-string.

canto[1] *s.m.* **1** (*il cantare, l'arte del canto*) singing: *maestro di* —, singing-master; *mia sorella insegna* —, my sister teaches singing // — *fermo, gregoriano*, Gregorian chant (*o* plainsong) **2** (*voce di animale*): — *di cicala, di grillo*, chirping of a cicada, of a cricket; — *di gallina*, cackling of hen; — *di gallo*, crowing of a cock; — *di uccelli*, chirping (*o* warbling) of birds // — *del cigno*, (*fig.*) swansong // *al — del gallo*, at cockcrow **3** (*canzone*) song; melody, air, tune: — *di guerra*, war-song; — *di Natale*, Christmas carol; — *di vittoria*, song of victory; — *indiano*, Indian song **4** (*poesia*) poem, lyric **5** (*parte di un poema*) canto*.

canto[2] *s.m.* (*angolo*) corner; (*lato, parte*) side, hand // *dal — mio*, (*per parte mia*) for my part; (*quanto a me*) as for me (*o* as far as I'm concerned) // *d'altro* —, on the other hand // *da un — ... dall'altro*, on (the) one hand... on the other // *da ogni* —, on all sides // *per ogni* —, everywhere; (*fig.*) on every hand // *porre da un* —, to put aside (*o* to one side); (*trascurare*) to neglect.

cantonale *s.m.* (*metall.*) angle iron.

cantonata *s.f.* **1** (*di strada*) corner, street corner **2** (*errore grossolano*) blunder: *prendere una* —, to make a blunder (*o* to be grossly mistaken).

cantone[1] *s.m.* **1** corner: *mettere in un* —, to put out of the way // *giocare ai quattro cantoni*, to play puss-in-the-corner **2** (*di bandiera*) band.

cantone[2] *s.m.* (*geogr.*) district; (*della Svizzera*) canton: *i Cantoni svizzeri*, the Swiss Cantons // *il Lago dei Quattro Cantoni*, the Lake of the Four Forest Cantons.

cantoniera *s.f.* **1** (*mobile d'angolo*) corner cupboard **2** (*casa cantoniera*) roadman's house; (*casello ferroviario*) signalman's house.

cantoniere *s.m.* **1** (*addetto ferroviario*) signalman*, trackman* **2** (*addetto stradale*) roadman*.

cantore *s.m.* **1** (*eccl.*) cantor; (*del coro*) chorister **2** (*poeta*) poet, bard.

cantoria *s.f.* **1** choir, chancel **2** (*insieme di cantori*) choir.

cantorino *s.m.* choir book.

cantuccio *s.m.* **1** (*angolo*) corner **2** (*luogo appartato*) nook: *stare in un* —, to keep apart **3** (*pezzetto*) bit: *un — di pane, di cacio*, a bit of bread, of cheese.

canutezza *s.f.* (*letter.*) hoariness.

canutiglia *s.f.* **1** tinsel **2** leads (*pl.*).

canutire *v.intr.* to grow* grey; to turn grey.

canuto *agg.* white(-haired), grey(-haired), hoary.

canyon *s.m.* canyon.

canzonaccia *s.f.* coarse song, bawdy song.

canzonare *v.tr.* **1** to make* fun of (s.o., sthg.), to tease, to ridicule, to laugh at (s.o., sthg.), to mock; (*fam.*) to take* the mickey out of (s.o.): — *qlcu.*, to make fun of s.o.; *smettila di canzonarlo*, stop teasing him **2** (*trarre in inganno*) to hoax; to take* in.

canzonatore *s.m.* mocker, teaser, tease; (*fam.*) mickey taker, scoffer; hoaxer.

canzonatorio *agg.* mocking; teasing, mickey taking: *commento* —, teasing remark.

canzonatura *s.f.* mockery, ridicule; hoax, joke, teasing, leg-pull.

canzone *s.f.* **1** song: — *napoletana*, Neapolitan song; *il festival della* —, the song festival // *è l'eterna* —, (*fig.*) it is the same old story **2** (*poesia*) canzone (*pl.* -i); song: — *a ballo*, ballad.

canzonella *s.f.* (*burla*) ridicule, mockery: *mettere in* —, to ridicule.

canzonetta *s.f.* **1** short song; popular song, pop song **2** (*poesia*) canzonet, short lyric.

canzonettista *s.m.* e *f.* **1** singer, pop singer **2** (*autore di canzonette*) songwriter.

canzoniere *s.m.* **1** (*raccolta di poesie*) collection of poems, collection of ballads **2** (*raccolta di canzonette*) songbook **3** (*paroliere*) lyricist **4** (*cantante*) folk singer.

caolinite *s.f.* (*min.*) kaolinite.

caolinizzazione *s.f.* (*geol.*) kaolinisation, kaolinization.

caolino *s.m.* (*min.*) kaolin; china clay.

caos *s.m.* **1** chaos **2** (*fig.*) chaos, mess, jumble: *vivere nel* —, to live in chaos; *come pretendi di trovare qlco. in questo —?*, how can you expect to find anything in all this mess?

caotico *agg.* chaotic; confused.

capace *agg.* **1** able: *sei — di nuotare?*, can you swim?; *chi sarà — di aiutarci?*, who will be able to help us?; *non fui assolutamente — di farlo*, I was quite unable to do it; *non si sentiva — di affrontare la situazione*, he did not feel equal (*o* he felt unequal) to (facing) the situation // *è — che piova*, it may (*o* might) rain **2** (*atto, idoneo*) fit (for sthg.); (*dir.*) (*in possesso dei requisiti*) eligible **3** (*disposto a un'azione anche cattiva*) capable: *sarebbe capacissimo di imbrogliarmi*, he would be quite capable of cheating me **4** (*abile, esperto*) clever; skilled, skilful; expert, competent: *un medico* —, a clever physician **5** (*non com.*) (*persuaso*) persuaded: *far — qlcu. di qlco.*, to persuade s.o. of sthg. **6** (*ampio, spazioso*) large, wide, spacious, capacious, roomy, ample: *una valigia* —, a large suitcase **7** (*atto a conte-*

nere) holding, with a capacity of: *uno stadio — di ottantamila persone*, a stadium holding (*o* that holds) eighty thousand people.

capacimetro *s.m.* (*elettr.*) capacitance meter.

capacità *s.f.* **1** (*abilità*) ability, capability, talent; (*intelligenza*) cleverness, intelligence; abilities (*pl.*); (*perizia*) skill, skilfulness: *uomo di grande —*, very able man; *avere la — di fare qlco.*, to be qualified to do sthg. // *— di sopravvivenza*, livability **2** (*capienza*) capacity; capaciousness: *misure di —*, measures of capacity; *questo teatro ha una capacità di duemila posti*, this theatre has a seating capacity of two thousand **3** (*dir.*) (legal) capacity, (legal) competency, (legal) ability, eligibility, qualification: *— di intendere e di volere, — mentale*, mental competence (*o* mental capacity); *— di fare testamento, di testare*, testamental (*o* testamentary) capacity; *— del testimone* (*a deporre*), competency of witness (to testify) **4** (*econ.*) capacity, power, ability: *— d'acquisto*, purchasing power; *— di sopravvivere, di produrre profitti* (*di una ditta*), viability; *— di spesa*, spending power; *— imprenditoriale*, entrepreneurial capacity (*o* entrepreneurship); *— di produrre reddito*, earning capacity (*o* power); *— inutilizzata*, unused capacity; *— manageriale, direttiva*, managerial capacity; *— produttiva*, production (*o* service) capacity; *— produttiva eccedente*, excess capacity (*o* overcapacity); *— produttiva inutilizzata*, idle (*o* slack) capacity; *— produttiva di riserva*, spare capacity;*— utilizzata*, utilized capacity (*o* capacity utilization); *— concorrenziale*, competitiveness; *— di guadagno*, earning capacity; (*fin.*) *— finanziaria*, financial potential; *— contributiva*, ability to pay, taxable faculty (*o* taxable capacity); *— di credito*, credit worthiness; *— di vendere*, salesmanship **5** (*fis.*) capacitance; capacity: *— termica*, thermal (*o* heat) capacity; (*elettr.*) *— elettrostatica*, electrostatic capacitance **6** (*inform.*) capacity, memory size; (*potenza*) power; *— di trattamento*, throughput.

capacitanza *s.f.* (*elettr.*) capacitance.

capacitare *v.tr.* **1** to persuade, to convince, to reconcile (s.o. to sthg.): *non riuscimmo a capacitarlo della perdita del lavoro*, we couldn't reconcile him to the loss of his job **2** (*rassicurare*) to reassure.

□ **capacitarsi** *v.rifl.* to understand*, to make* out: *non riesco a capacitarmi di come ciò sia potuto accadere*, I cannot make out how it could have happened.

capacitività *s.f.* (*fis.*) dialectric constant.

capacitivo *agg.* (*elettr.*) capacitive.

capanna *s.f.* **1** hut, cabin // *due cuori e una —*, love in a cottage **2** (*tugurio*) hut, hovel, shanty.

capannello *s.m.* group of persons, small crowd, a knot of people.

capanno *s.m.* **1** (*da caccia*) shooting box **2** (*pergola*) arbour, bower **3** (*cabina per bagnanti*) bathing-hut.

capannone *s.m.* **1** shed; (*agr.*) barn **2** (*aer.*) hangar.

caparbietà *s.f.* stubbornness, obstinacy.

caparbio *agg.* stubborn, obstinate: *— come un mulo*, as stubborn as a mule.

caparra *s.f.* **1** deposit, down payment; earnest (money), caution money, hand money: *dare una —*, to put down a deposit; *dare la — per vincolare il contratto*, to give an earnest to bind the bargain; *dare una somma come —*, to give an amount of money in earnest **2** (*fig.*) (*pegno*) pawn, pledge, earnest.

capata *s.f.* **1** (*dial.*) (head) butt, knock, blow with the head: *battere, dare una — in qlco.*, to butt (*o* to knock one's head) against sthg. **2** (*breve visita*) call, brief visit.

capatina *s.f.* call, flying visit, brief visit: *fare, dare una — (in un posto, da qlcu.)*, to call (at a place, on s.o.) (*o* to drop in on s.o.); *fate una — (da noi) a prendere il tè!*, do drop in to tea!; *ho fatto una — nel suo ufficio*, I dropped in at his office; *tutti i giorni fa una — da me*, every day he drops in on me.

capecchio *s.m.* hards (*pl.*); hurds (*pl.*); (*stoppa*) tow.

capeggiare *v.tr.* to lead*, to head: *si sa per certo che fu lui a — la rivolta*, it is known for certain that he headed the revolt.

capeggiatore *s.m.* leader.

capelan *s.m.* (*zool.*) (*Mallotus villosus*) capelin.

capello *s.m.* hair, (*capigliatura*) hair [U]: *capelli biondi*, fair (*o* blond) hair; *capelli d'oro*, golden hair; *capelli lisci*, smooth hair; *capelli neri*, dark hair; *capelli ondulati*, wavy hair; *capelli ricci*, curly hair; *acconciatura di capelli*, hairstyle (*o fam.* hairdo); *ha dei bei capelli*, she's got a fine head of hair; *forcina per capelli*, hairpin; *rigeneratore dei capelli*, hair -restorer; *spazzola per capelli*, hairbrush; *spessore di un —*, hair's breadth; *taglio di capelli*, haircut; *ecco un — bianco!*, here is a grey (*o* white) hair!; *i miei capelli si fanno grigi*, my hair is going grey (*o* is greying); *portava i capelli lunghi sulle spalle*, she had long hair falling over her shoulders; *portava i capelli molto corti*, she wore her hair very short; *ho trovato tre capelli nella minestra!*, I've found three hairs in my soup!; *farsi tagliare i capelli*, to have one's hair cut (*o* to get a haircut); *raccogliersi i capelli sulla nuca*, to put up one's hair; *sciogliersi i capelli*, to let down one's hair; *strapparsi i capelli, mettersi le mani nei capelli*, (*per la disperazione*) to tear one's hair (out) (in desperation); *tirare i capelli a qlcu.*, to pull s.o.'s hair; *trascinare qlcu. per i capelli*, to drag s.o. (*o* to force s.o.).

◆ FRASEOLOGIA: (*cuc.*) *capelli d'angelo*, fine vermicelli // *aveva un diavolo per —*, she was furious // *mi si rizzarono i capelli (in capo)*, my hair stood on end // *far rizzare i capelli a qlcu.*, to make s.o.'s hair stand on end // *fino ai capelli*, up to one's ears // *ne ho fin sopra i capelli di questa storia!*, I'm fed up with this story! (*o* I'm sick to death of this story!) // *essere indebitato fin sopra i capelli*, to be up to one's ears in debt // *non ti torcerò un —*, I shall not hurt you at all (*o* I shall not hurt a single hair of your head) // *si salvò per un —*, he escaped by the skin of his teeth (*o* had a narrow escape) // *fare i capelli bianchi in un lavoro*, to age on a job // *spaccare un — in quattro*, to split hairs.

capellone *s.m.* longhair, hippie.

capelluto *agg.* (*che ha capelli*) hairy, hirsute; (*che ha capelli lunghi*) longhaired // *cuoio —*, scalp.

capelvenere *s.m.* (*bot.*) (*Adiantum capillus-Veneris*) maidenhair (fern), Venus's hair, Venus's fern, (*scient.*) adiantum.

capestro *s.m.* **1** rope, halter: *uomo da —*, gallows-bird; *mandare qlcu. al —*, to sentence s.o. to be hanged // *contratto —*, tying contract **2** (*cordiglio dei frati francescani*) Franciscan girdle.

capetingio *agg.* (*st.*) Capetian.

capetto *s.m.* a bossy person.

capezzale *s.m.* bolster: *al — di qlcu.*, at s.o.'s bedside.

capezzolo *s.m.* (*anat.*) nipple, teat; (*di animale*) dug, teat.

capibara *s.m.invar.* (*zool.*) (*Hydrochoerus capybara*) capybara.

capidoglio → **capodoglio**.

capiente *agg.* capacious, roomy; (*econ.*) sufficient as a guarantee.

capienza *s.f.* capacity: *il nuovo stadio avrà una — di 40.000 spettatori*, the new stadium will have a capacity of 40,000 // *— di un magazzino*, storage.

capifosso *s.m.* (*agr.*) main ditch.

capigliatura *s.f.* hair [U]; (*acconciatura*) hairstyle.

capillare *agg.* **1** (*sottile*) capillary: (*anat.*) *vaso —*, capillary vessel **2** (*fig.*) detailed, minute **3** (*estens.*) widespread, scattered, diffused: *distribuzione —*, widespread distribution; *organizzazione di vendita —*, diffused sales organization ◆ *s.m.* (*anat.*) capillary (vessel).

capillarità *s.f.* (*fis.*) capillarity.

capillarizzazione *s.f.* extension, further development (of a network, of a system): *la nostra rete di vendita ha bisogno di maggiore —*, our sales network needs extending further.

capillifero *agg.* (*anat.*) hair (*attr.*): *bulbo —*, hair bulb.

capinera *s.f.* (*zool.*) (*Sylvia atricapilla*) blackcap.

capintesta *s.m.* e *f.* (*fam.*) head, leader; (*in una banda*) ringleader.

capire *v.tr.* to understand*; to comprehend; (*accertare, stabilire*) to make* out; (*rendersi conto di*) to realize: *capii allora perché me lo avessero detto*, I realized then why they had told me so; *capisci l'inglese?*, do you understand English?; *gli feci — che non era gradito*, I made him understand he wasn't welcome; *non capisco nulla*, I don't understand anything // *non riesco a — di che si tratti*, I can't understand what it's about // *farsi —*, to make oneself understood // *si capisce!*, naturally! // *la vuoi — di smetterla?*, can't you get it into your head that you must stop it? // *capisco!*, I see (*o* I understand)!

□ **capirsi** *v.rifl.rec.* to understand* each other.

capitale *agg.* **1** (*che riguarda la vita*) capital: *pena —*, capital punishment: *questo delitto è punito con la pena —*, this crime is punished with death; *sentenza —*, death sentence; *reato passibile di pena —*, crime punishable with the death penalty **2** (*mortale*) mortal: *nemico —*, mortal enemy // *peccato —*, deadly sin **3** (*principale*) main (*attr.*); chief (*attr.*); capital, cardinal, essential; fundamental: *la città —*, the chief town; *il punto — del problema*, the main point of the question; *il problema è di — importanza per noi*, the question is of capital (*o* of the utmost) importance to us **4** (*tip.*) *lettera —*, capital letter.

capitale *s.m.* **1** (*econ.*) capital, capital sum; (*fin.*) (*opposto a interessi*) principal; (*Borsa*) stock; (*beni*) assets: — *annacquato*, watered capital (*o* watered stock); — *azionario*, equity (*o* share *o* equity shares) capital (*o* corporate stock); — *azionario con diritto di voto*, (*amer.*) equity capital;— *circolante*, circulating (*o* business *o* working *o* floating) capital; — *di credito*, loan (*o* borrowed) capital; — *di esercizio*, circulating (*o* working) capital; — *di fusione*, merger capital; — *di rischio*, risk (*o* equity) capital; owner's equity; — *di riserva*, reserve capital; — *fisso*, fixed capital; — *improduttivo*, unproductive capital; — *interamente versato*, fully paid-up capital, (*amer.*) fully paid-in capital; — *monopolistico*, monopoly capital; — *netto*, equity (*o* net capital); — *nominale*, nominal (*o* registered *o* authorized) capital; — *non ancora versato*, uncalled capital; — *obbligazionario*, debenture capital (*o* debenture stock); — *proprio*, owner's equity; — *sociale*, (capital) stock (*o* company's capital *o* authorized capital), (*amer.*) authorized stock; — *sociale conferito*, stated capital; — *sociale nominale*, (*di Spa*) authorized (*o* share *o* registered) capital; — *sottoscritto*, (*amer.*) subscribed capital; — *immobilizzato*, permanent assets (*o* capital equipment); — *in commercio*, stock-in-trade; — *reale*, real capital; — *privilegiato*, preference capital; *capitali vaganti*, refugee capital; *capitali vaganti*, (*nel mercato internazionale*) hot money; *capitali* (*finanziari*), funds; *da* —, unearned: *guadagni da* —, capital gains; *dotare di* —, to capitalize // — *e lavoro*, capital and labour; **2** (*estens.*) fortune: *attento con quel vaso, vale un* —, be careful with that vase, it's worth a fortune.

capitale *s.f.* capital (city): *Parigi è la — della Francia*, Paris is the capital of France; *Parigi, Roma e Madrid sono capitali*, Paris, Rome and Madrid are capital cities.

capitalismo *s.m.* capitalism: — *di stato*, state capitalism; — *manageriale*, managerial capitalism.

capitalista *s.m.* e *f.* **1** (*chi possiede grandi capitali*) capitalist **2** (*scherz.*) (*persona ricca*) tycoon, capitalist ◆ *agg.* capitalist: *società* —, capitalist society.

capitalistico *agg.* capitalist(ic): *sistema* —, capitalist system.

capitalizzare *v.tr.* (*econ.*) to capitalize; (*a interesse composto*) to compound: — *i dividendi delle azioni*, to capitalize stock dividends; — *una rendita*, to capitalize an income.

capitalizzazione *s.f.* (*econ.*) capitalization, accumulation, compounding: — *dei profitti*, capitalization of profits; — *del reddito*, capitalization of income; — *degli interessi*, capitalization of interests; *fattore di* —, accumulation factor // (*Borsa*) — *di borsa*, (stock) market (*o* stock exchange) capitalization // (*fin.*) — *di un'imposta*, capitalization of tax.

capitana *s.f.* (*mar.*) flagship.

capitanare *v.tr.* to head; (*guidare*) to lead*; (*comandare*) to command, to captain: — *una squadra di calcio*, to captain a football team; — *una rivolta*, to lead a revolt; (*econ.*) — *un'impresa*, to manage a business enterprise (*o* to be at the head of a company).

capitanato *s.m.* (*st.*) captaincy.

capitaneggiare → **capitanare**.

capitaneria *s.f.* (*mar.*): — (*di porto*), harbour -office.

capitano *s.m.* **1** captain; leader, head: — *d'industria*, captain of industry (*o* business leader); *ha la stoffa di un grande* —, he's got the stuff that great leaders are made of **2** (*condottiero*) commander, captain, leader: — *di ventura*, commander of a group of mercenaries **3** (*mil.*, *mar.*) captain; (*aer.* GB) Flight Lieutenant: *nel nostro esercito il — comanda una compagnia*, in our army a captain commands a company; *passare* —, (*nell'esercito*) to be promoted captain **4** (*mar. mercantile*) captain: — *di lungo corso*, sea captain; — *di cabotaggio*, master; — *in seconda*, *secondo*, mate **5** (*sport*) captain, leader: — *di una squadra*, team captain.

capitare *v.intr.* **1** (*venire*, *giungere*) to come* (to a place); to arrive (at a place); (*fam.*) to turn up (at a place): *capitarono qui mentre meno li aspettavamo*, they came (*o* arrived *o* turned up) when we least expected them; *se capiti a Milano vieni a trovarmi*, if you come to Milan come and see me; *aspetta che Marco mi capiti tra le mani!*, just wait till I get hold of Marco! // — *bene*, *male*, (*essere fortunato*, *sfortunato*) to be lucky, unlucky **2** (*presentarsi*, *accadere*) to happen, to occur, to arise*, to chance (to do): *cosa gli è capitato?*, what has happened to him?; *mi capitò di rivederli alle corse*, I happened (*o* I chanced) to see them again at the races; *se capita l'occasione...*, if the opportunity arises (*o* should the opportunity arise)...; *capitano tutte a lui*, everything happens to him; *sono cose che capitano*, things like that happen (*o* these things happen) // *a chi capita, capita*, it's the luck of the draw.

capitato *agg.* (*bot.*) capitate.

capitazione *s.f.* (*dir.*) capitation, poll tax: *imposta di* —, poll (*o* capitation) tax.

capitello *s.m.* (*arch.*) capital: — *dorico*, *ionico*, *corinzio*, Doric, Ionic, Corinthian capital.

capitolare[1] *agg.* (*eccl.*) capitular.

capitolare[2] *s.m.* (*st.*) capitulary // *Capitolari Carolingi*, Carolingian Capitularies.

capitolare[3] *v.intr.* **1** to capitulate: *la città capitolò dopo tre mesi di assedio*, the town capitulated after three months' siege **2** (*fig.*) to give* in, to surrender: *dopo molte insistenze capitolò*, after a lot of insistence he gave in.

capitolato *s.m.* **1** (*atto amministrativo diviso in capitoli*) document divided into clauses **2** (*dir.*) terms of contract (*pl.*); specification(s): *bozza di* —, tentative specification // — *d'appalto*, tender.

capitolazione *s.f.* **1** capitulation, surrender **2** *pl.* (*st.*) extraterritorial capitulations, extraterritorial rights.

capitolino *agg.* Capitolian, Capitoline // *Colle Capitolino*, Capitoline (Hill).

capitolo *s.m.* **1** chapter: *domani tratteremo il terzo — di questo libro*, we shall deal with the third chapter of this book tomorrow **2** (*articolo di una convenzione*) article; (*di bilancio*) item **3** (*eccl.*) chapter: *sala del* —, chapter -house // *aver voce in* —, (*avere voce autorevole*) to have a say in a matter.

capitombolare *v.intr.* to fall* headlong, to tumble down: *capitombolò per le scale*, he fell headlong (*o* tumbled) down the stairs.

capitombolo *s.m.* **1** tumble, headlong fall: *fare un* —, to take a tumble (*o* to tumble down *o* to fall headlong) // *a capitomboli*, headlong (*o* head over heels) **2** (*fig.*) (*crollo*) collapse.

capitone *s.m.* large eel.

capitozza *s.f.* (*agr.*) pollard.

capitozzare *v.tr.* (*agr.*) to pollard.

capo *s.m.* **1** head: *a — alto*, with one's head held high; (*fig.*) proudly; *a — chino*, with drooping head; *a — scoperto*, bare-headed (*o* hatless); *da — a piedi*, from head to foot; (*di cosa*) from top to bottom; *ho mal di* —, *mi duole il* —, I have a headache, my head aches; *chinare il* —, to bend (*o* to bow) one's head; (*fig.*) to bow; *scrollare il* —, to shake one's head; *dar di* —, *battere il* —, to bang one's head; *una buona lavata di* —, a thorough dressing-down (*o* scolding) // *senza — né coda*, without rhyme or reason: *un ragionamento senza — né coda*, a nonsensical (*o* loose) reasoning // *tra — e collo*, unexpectedly // *mettere in — a qlcu.*, to put into s.o.'s head; *mettersi in — qlco.*, to take (*o* to get) sthg. into one's head // *non sapere dove battere il* —, to be at a loss; *rompersi il* —, (*fig.*) to rack one's brains • Specialmente nelle frasi idiomatiche la parola 'capo' in questa accezione viene sempre più spesso sostituita da 'testa', per cui si consiglia di consultare anche questo lemma **2** (*estremità*, *principio*) head; (*fine*) end: *da un — all'altro*, from end to end; *sedevano ai due capi della tavola*, they were sitting at both ends of the table; *in — a un mese*, within a month (*o* after a whole month) // *Capo d'Anno*, New Year's Day // *a* —, (*dettando*) new line (*o* new paragraph): *andare a* —, to begin a new paragraph; *punto e a* —, full stop and new line (*anche fig.*) // *da* —, over again (*o* from the beginning): *dobbiamo ricominciare da* —, we have to start all over again // *andare in — al mondo*, to go to the end of the world // *venire a — di qlco.*, to carry sthg. through (*o fam.* to get through sthg.) // *cosa fatta — ha*, what is done cannot be undone **3** (*geogr.*) cape; headland; ness; (*spec. scoz.*) mull: *doppiare un* —, to round a cape // *il Capo di Buona Speranza*, the Cape of Good Hope; *Città del Capo*, Capetown; *la Provincia del Capo*, Cape Province **4** (*singolo animale*, *in un gregge*, *in una mandria*) animal; (*al pl.*) head: *questo è il più bel — della mia mandria*, this is the best animal in my herd; *furono venduti ottanta capi di bestiame*, eighty head of cattle were sold **5** (*articolo commerciale*) article: *un — di vestiario*, an article of clothing; *a lire cinquantamila il* —, at fifty thousand lire each **6** (*chi presiede*, *comanda*) head, chief, (*fam.*) boss; (*pol.*) leader: *il — di un'azienda*, the head of a firm (*o* company); — *di una tribù*, chief of a tribe; — *sindacale*, labour leader; *il — di un partito*, the leader of a party; — *di stato*, head of state; *dov'è il —?*, where's the boss? // — *del personale*, personnel manager; — *dell'ufficio vendite*, sales director; — *contabile*, chief accountant; — *magazziniere*, storekeeper; — *operaio*, foreman; — *cameriere*, head waiter; — *cantiere*, yard foreman; *ragioniere* —, head (*o* chief) accountant; *dirigente* —, top executive; *ispettore* —, chief inspector (*o* inspector general) // — *cronista*, news editor // — *d'Istituto*, principal, (*preside*) headmaster // — *storico*, founding father // (*mil.*) *comandante in* —, commander-in-chief // *essere a — di un'a-*

zienda, to be at the head of a business; *essere a — di un esercito*, to be at the head of an army **7** (*articolo, punto di un discorso, di una relazione*) head, item: (*dir.*) *— d'accusa*, charge (*o* count); *— primo, secondo, terzo...*, item one, two, three...; *discorso diviso in sette capi*, speech arranged under seven heads // *— primo*, first of all // *per sommi capi*, in short (*o* summarily): *una relazione per sommi capi*, a summary account.

capoarea *s.m.* e *f.* area manager.

capoarma *s.m.* (*mil.*) machine gunner.

capobanda *s.m.* **1** (*direttore di corpo bandistico*) bandmaster, band leader **2** (*capo di una banda di criminali*) ringleader (of a gang).

capobandito *s.m.* robber chief.

capobarca *s.m.* master (of a ship), skipper.

capobranco *s.m.* e *f.* (*zool.*) leader of the pack, leader of the herd.

capoc *s.m.* kapok.

capocaccia *s.m.* chief huntsman*.

capocameriere *s.m.* head waiter.

capocannoniere *s.m.* **1** (*mil.*) master gunner **2** (*sport*) leading goalscorer, top goalscorer.

capocantiere *s.m.* foreman*.

capocarceriere *s.m.* head warder, chief warder.

capocarro *s.m.* (*mil.*) tank commander.

capocchia *s.f.* **1** head: *— di chiodo*, head of a nail (*o* nail head); *— di fiammifero*, head of a match; *— di spillo*, head of a pin (*o* pinhead) **2** (*fam.*) (*testa*) head, skull // *a —*, at random (*o* haphazardly).

capoccia *s.m.* **1** (*capo di una famiglia contadina*) head of a peasant family **2** (*fam.*) leader **3** (*sorvegliante di lavoratori*) foreman*, works superintendent, overseer.

capocciata *s.f.* (*dial.*) (head)butt, blow with the head.

capoccione *s.m.* (*dial.*) **1** person with a big head, bighead **2** (*persona intelligente*) brain (box) **3** (*persona influente*) bigwig, big noise.

capocellula *s.m.* e *f.* cell leader.

capoclan *s.m.* mafia boss.

capoclaque *s.m.* claque leader.

capoclasse *s.m.* e *f.* form monitor.

capoclassifica *s.m.* e *f.* league leader.

capocomico *s.m.* (*teatr.*) leader of a theatre company.

capocommessa *s.f.* (*comm.*) prime contractor.

capoconvoglio *s.m.* **1** (*ferr.*) chief conductor **2** (*mar.*) flagship of a convoy.

capocorda *s.m.* (*elettr.*) lug.

capocordata *s.m.* e *f.* (*alpinismo*) lead climber.

capocorrente *s.m.* e *f.* faction leader.

capocronaca *s.m.* leading article, leader.

capocronista *s.m.* e *f.* news editor.

capocuoco *s.m.* head cook, chef.

capodanno *s.m.* New Year's Day: *festa di —*, New Year's Eve party.

capodipartimento *s.m.* e *f.* head of department.

capodivisione *s.m.* e *f.* head of a (Government) Department; chief of a division.

capodoglio *s.m.* (*zool.*) (*Physeter macrocephalus*) sperm whale, (*pop.*) cachalot.

capodopera *s.m.* (*non com.*) (*capolavoro*) masterpiece.

capofabbrica *s.m.* e *f.* foreman;* works manager.

capofamiglia *s.m.* e *f.* head of a family; (*chi mantiene la famiglia*) breadwinner.

capofficina *s.m.* shop foreman*.

capofila *s.m.* e *f.* **1** head of a queue **2** (*esponente principale*) leader.

capofitto, a *locuz.avv.* head first; headlong (*anche fig.*): *cadere a —*, to fall head first (*o* head foremost *o* headlong); *correre a — verso la rovina*, to head straight for disaster; *gettarsi a — in un pericolo*, to rush headlong into danger; *buttarsi a — in qlco.*, to throw (*o* to fling) oneself into sthg.

capogabinetto *s.m.* chief secretary; private secretary.

capogiro *s.m.* (fit of) dizziness, (fit of) giddiness: *un'altezza che fa venire il —, che dà il —*, a dizzy height; *avere il —*, to feel dizzy; *far venire il — a qlcu.*, to make s.o. dizzy (*o* to make s.o.'s head spin); *una cifra da —*, a mind -boggling figure.

capogruppo *s.m.* e *f.* (group) leader; (*pol.*) leader of a parliamentary group.

capoguardia *s.m.* **1** head guard **2** (*mar. mil.*) chief coastguard.

capolavoro *s.m.* masterpiece: *la National Gallery ospita molti capolavori*, the National Gallery contains many masterpieces.

capolega *s.m.* e *f.* **1** head of a league **2** (*st.*) secretary of a local farmworkers' union.

capolettera *s.m.* (*tip.*) initial (letter).

capoletto *s.m.* **1** (*testata*) head of a bed **2** (*drappo*) hangings (*pl.*) (at the head of a bed).

capolinea *s.m.* terminus*: *devo scendere al —*, I have to get off at the terminus.

capolino *s.m.* **1** peep, peek: *far —*, to peep in; (*dall'interno*) to peep out: *giunse alla porta della mia camera e vi fece —*, she came to the door of my bedroom and peeped in; *molti bimbi facevano — dalle finestre*, lots of children were peeping out of the windows **2** (*bot.*) flower-head.

capolista *s.m.* e *f.* **1** first name on a list, head of a list: *mettere a —*, to put s.o.'s name at the top (*o* head) of a list; *essere a —*, to be at the head (*o* top) of a list // *il candidato, la squadra —*, the candidate, the team heading the list **2** (*pol.*) first name on an electoral list.

capoluogo *s.m.* chief town (of province, district) // *città — di provincia*, the capital of the province.

capomacchinista *s.m.* chief engineer.

capomaestro → **capomastro**.

capomafia *s.m.* mafia boss.

capomastro *s.m.* master builder, master mason; (*piccolo imprenditore*) contractor.

capomissione *s.m.* e *f.* head of a diplomatic mission.

capomorto *s.m.* (*chim.*) caput mortuum.

capomovimento *s.m.* (*ferr.*) **1** railway traffic manager **2** (*capomanovratore*) shunting officer.

capomusica *s.m.* bandmaster.

caponaggine *s.f.* stubbornness, obstinacy.

caponare *v.tr.* (*mar.*) to cat.

caponata *s.f.* (*cuc.*) **1** (*galletta*) sea biscuit **2** (*piatto di verdure*) Sicilian dish made from aubergines, celery, olives, tomatoes, capers etc.

capone *s.m.* (*mar.*) cat.

capoofficina → **capofficina**.

capopagina *s.m.* (*tip.*) headpiece.

capopartito *s.m.* party leader.

capopattuglia *s.m.* patrol leader.

capopezzo *s.m.* (*mil.*) head gunner.

capopopolo *s.m.* popular leader; demagogue.

capoposto *s.m.* (*mil.*) guard commander.

caporalato *s.m.* **1** (*non com.*) (*mil.*) corporalship, rank of corporal **2** system of directly hiring farm labour for very low wages by landowner's agents.

caporale *s.m.* **1** (*mil.*) corporal: *— di giornata*, orderly corporal **2** (*caposquadra di operai*) charge hand, ganger.

caporalesco *agg.* corporal's; (*estens.*) overbearing, bossy: *un atteggiamento —*, an overbearing behaviour.

caporalmaggiore *s.m.* corporal.

caporedattore *s.m.* deputy editor; editor -in-chief; (*amer.*) managing editor.

caporeparto *s.m.* e *f.* **1** head of a department **2** (*nei grandi magazzini*) shopwalker; (*amer.*) floorwalker **3** (*operaio capo*) foreman*; forewoman*; (*di ufficio*) department head, superintendent.

caporione *s.m.* **1** leader, head **2** (*di una banda*) ringleader (of a gang).

caporovescio *avv.* (*non com.*) head downwards, upside down.

caposala *s.m.* e *f.* (*di ospedale*) ward sister; (*di ufficio*) head clerk; (*di fabbrica*) foreman*; forewoman*.

caposaldo *s.m.* **1** (*topografia*) (*altimetrico*) bench mark; (*trigonometrico*) datum point **2** (*fondamento*) basis*, foundation, main point **3** (*mil.*) stronghold, strong point.

caposcala *s.m.* (staircase) landing.

caposcalo *s.m.* (*aer.*) traffic manager; (*ferr.*) traffic control officer.

caposcarico *s.m.* (*non com.*) (*buontempone*) a jovial person, a bundle of laughs.

caposcuola *s.m.* e *f.* leader of a movement: *Wordsworth è un — del Romanticismo*, Wordsworth is a leading figure of the Romantic Movement.

caposervizio *s.m.* e *f.* **1** department head **2** (*di un giornale*) senior editor.

caposezione *s.m.* e *f.* (*di ufficio pubblico*) head of department, section head.

caposquadra *s.m.* e *f.* **1** (*di operai*) foreman*, ganger; charge hand; **2** (*mil.*) squad leader **3** (*sport*) team captain.

caposquadriglia *s.m.* (*mil.*) squadron leader.

capostazione *s.m.* e *f.* stationmaster.

capostipite *s.m.* e *f.* **1** founder of a family, progenitor (*anche dir.*); stock **2** (*estens.*) ancestor, first example.

capostorno *s.m.* (*vet.*) staggers [U], goggles (*pl.*).

capostruttura *s.m.* e *f.* head of sector.

capotamburo *s.m.* drum major.

capotare → **capottare**.

capotasto *s.m.* (*mus.*) capotasto.

capotavola *s.m.* e *f.* head of the table: *sedere a* —, to sit at the head of the table.

capote *s.f.* (*aut.*) hood, soft top.

capotecnico *s.m.* technical director; chief technician.

capotesta *s.m.* (*mar.*) head link.

capotimoniere *s.m.* (*mar.*) coxswain.

capotreno *s.m.* e *f.* (*ferr.*) guard; (chief) conductor.

capotribù *s.m.* chief, chieftain.

capotta → **capote**.

capottare *v.tr.* (*di automobile*) to overturn, to somersault; (*di aereo*) to somersault, to nose up.

capoturno *s.m.* e *f.* (shift) foreman*.

capoufficio *s.m.* e *f.* office manager, head clerk, chief clerk, office supervisor, (*fam.*) boss:— *di zona*, field supervisor; — *assunzioni*, employment manager; (*banca*) — *crediti*, credit manager.

capoverso *s.m.* **1** (*in testi poetici, inizio di verso*) beginning of a line **2** (*in testi in prosa, inizio di paragrafo*) beginning of a paragraph; (*il paragrafo*) paragraph, section **3** (*tip.*) indention.

capovoga *s.m.* e *f.* (*sport*) stroke: *fare da* —, to row stroke.

capovolgere *v.tr.* **1** to turn over, to overturn, to turn upside down, to upset*; to capsize: — *un bicchiere*, to turn a glass upside down; *l'urto capovolse l'automobile*, the impact turned the car over **2** (*fig.*) to reverse, to change completely, to transform: — *la situazione*, to reverse (*o* to turn round) the situation. □ **capovolgersi** *v.intr.pron.* **1** to turn over, to overturn, to upset*; (*di barca*) to capsize: *la barca si capovolse in mezzo al lago*, the boat capsized in the middle of the lake **2** (*fig.*) to be reversed, to be transformed: *d'improvviso la sua situazione economica si capovolse*, his economic situation was suddenly transformed (*o* turned round).

capovolgimento *s.m.* **1** overturning, capsizing; (*fig.*) reversal, transformation: — *radicale*, radical transformation **2** (*bot.*) resupination.

capovolta *s.f.* **1** (*capovolgimento*) upset, overturning **2** (*capriola*) somersault.

capovoltare → **capovolgere**.

capovolto *agg.* **1** upside down, overturned, upturned, capsized: *sedia capovolta*, upturned chair **2** (*bot.*) resupinate.

cappa[1] *s.f.* **1** (*mantello*) cloak; coat: *una — di visone*, a mink coat // *romanzo di — e spada*, (*letter.*) cloak-and-dagger novel // *sotto una — di piombo*, (*fig.*) under a mantle (*o* burden) of gloom **2** (*mantello con cappuccio*) hooded mantle **3** (*di prete*) cape; (*di frate*) cowl // *per un punto Martin perse la* —, (*prov.*) for want of a nail the shoe was lost **4** (*volta*) vault; (*di camino*) cowl; (*di cucina*) hood: *su per la — del camino*, up the chimney; *la — del cielo*, (*fig.*) the vault of heaven **5** (*mar.*) cope: *alla* —!, heave to!; *vela di* —, storm sail; *essere alla* —, to lie (*o* to heave) to.

cappa[2] → **cappalunga**.

cappa[3] *s.f.* letter K.

cappalunga *s.f.* (*zool.*) (*Solen vagina*) razor-clam, razor-shell.

cappamagna *s.f.* **1** (*di prelato*) cappa magna **2** (*di ordine cavalleresco*) ceremonial cloak **3** (*di dignitario*) state robe: *essere in* —, to be dressed in ceremonial robes; (*fig.*) to dress in finery (*o fam.* to dress up).

cappasanta, **cappatonda** → **cappalunga**.

cappeggiare *v.intr.* (*mar.*) to heave to, to lie* to.

cappella[1] *s.f.* **1** chapel: — *mortuaria*, mortuary chapel; — *della Madonna*, Lady chapel; — *laterale*, side chapel; — *reale*, chapel royal // *Cappella Sistina*, Sistine Chapel **2** (*mus.*) choir: *maestro di* —, choirmaster; *musica a* —, sacred music for unaccompanied voices.

cappella[2] *s.f.* (*di fungo*) cap.

cappellaccia *s.f.* (*zool.*) (*Galerita cristata*) crested lark.

cappellaccio *s.m.* **1** shabby hat **2** (*min.*, *agr.*) outcrop **3** (*geol.*) gossan, gozzan; (*di giacimento*) capping.

cappellaio *s.m.* hatter, milliner.

cappellania *s.f.* (*eccl.*) chaplaincy.

cappellano *s.m.* (*eccl.*) chaplain: — *militare*, military chaplain; — *delle carceri, dell'ospedale*, prison, hospital chaplain.

cappellata *s.f.* **1** (*contenuto*) hatful: *una — di monete*, a hatful of coins // *a cappellate*, (*fam.*) in piles (*o* in heaps): *far denaro a cappellate*, to pile up money **2** (*fam.*) blunder, clanger: *fare una* —, to drop a clanger.

cappelleria *s.f.* hat shop, milliner's.

cappelletto *s.m.* **1** (*di ombrello*) cap **2** (*di calza*) (toe) cap **3** *pl.* (*cuc.*) 'cappelletti' (kind of ravioli) **4** (*elmetto*) helmet **5** *pl.* (*st.*) cavalrymen.

cappelliera *s.f.* hatbox.

cappellificio *s.m.* hat factory.

cappello *s.m.* **1** hat: — *a cencio*, soft (*o* floppy) hat; — *a cilindro*, top hat; — *a cilindro compressibile*, gibus (*o* opera hat); — *a tre punte*, cocked hat; — *alla Mimì*, bonnet; — *da sole*, sunhat; — *di carta*, paper hat; — *di feltro*, felt hat; — *di paglia*, straw hat; — *di paglia di Firenze*, Leghorn hat; — *duro*, bowler hat (*o amer.* derby); *col — in testa*, with one's hat on; *giù i cappelli!*, hats off!; *levarsi il* —, (*come atto di stima*) to take off one's hat; (*per salutare*) to raise one's hat; *mettersi il* —, to put on one's hat (*o* to put one's hat on); *tirarsi il — sugli occhi*, to pull one's hat over one's eyes // *portare il — sulle ventitré*, to wear one's hat at a rakish angle // *gli faccio tanto di* —, I take my hat off to him // *pigliar* —, (*fig.*) to take offence **2** (*capocchia*) cap: — *di fungo*, mushroom cap // (*mus.*) — *della tromba, del trombone*, mute **3** (*introduzione*) introduction, preface, preamble; (*articolo introduttivo*) introductory article; lead **4** (*mecc.*) cap **5** (*geol.*): — *di ferro*, gossan (*o* gozzan); (*di giacimento*) capping.

cappellone *s.m.* **1** large hat **2** (*recluta*) recruit; (*fam.*) rookie.

cappellotto *s.m.* **1** (*tecn.*) cap **2** (*mil.*) percussion cap.

capperi *inter.* (*fam.*) good heavens!

cappero *s.m.* **1** (*bot.*) (*Capparis spinosa*) caper **2** (*cuc.*) caper: *salsa di capperi*, caper -sauce.

cappio *s.m.* slipknot, noose // *avere il — al collo*, to have one's hands tied.

capponaia *s.f.* **1** (*gabbia per capponi*) fattening coop **2** (*gergo*) (*prigione*) prison, (*fam.*) clink, stir.

capponare *v.tr.* **1** to caponize **2** (*castrare*) to castrate, to geld.

cappone[1] *s.m.* **1** capon // *ho la pelle di* —, I have got gooseflesh; *far venire la pelle di — a qlcu.*, to give s.o. the creeps **2** (*zool.*) — *imperiale*, (*Trigla hirundo*) swallow-fish, gurnard.

cappone[2] *s.m.* (*mar.*) cat.

cappotta → **capote**.

cappotto[1] *s.m.* (over)coat.

cappotto[2] *s.m.* (*nei giochi a carte*) capot // *dare — a un giocatore*, (*a carte*) to capot a player (*o* to win all the tricks) // (*sport*) *dare* —, to sweep the board (*o fam.* to whitewash *o amer.* to shut out).

cappuccina *s.f.* (*bot.*) **1** → nasturzio **2** (*lattuga*) lettuce.

cappuccino[1] *s.m.* (*eccl.*) Capuchin // *far vita da* —, to live poorly.

cappuccino[2] *s.m.* (*bevanda*) cappuccino* (frothy white coffee).

cappuccio[1] *s.m.* **1** hood; (*eccl.*) cowl **2** (*tecn.*) cap: (*elettr.*) — *isolante*, cap (*o* hood).

cappuccio[2] *s.m.* (*bot.*): (*cavolo*) —, (*Brassica oleracea capitata*) cabbage.

cappuccio[3] → **cappuccino**[2].

capra *s.f.* **1** goat: *una — e un caprone*, a she -goat (*o* a nanny goat) and a he-goat (*o* a billy goat); *pelle di* —, goatskin // *sentieri da capre*, goat track // *salvar — e cavoli*, to manage to have it both ways **2** (*edil.*) (*cavalletto*) trestle, horse.

capraio, **capraro** *s.m.* goatherd.

caprese *agg.* from Capri, of Capri // *insalata* —, salad made from tomatoes, mozzarella and basil ◆ *s.m.* e *f.* inhabitant of Capri.

capretta *s.f.* kid.

capretto *s.m.* goatling; kid: *carne di* —, kid; *pelle di* —, kid (*o* kidskin).

capriata *s.f.* (*edil.*) truss: — *a due monaci*, queen truss; *catena di* —, tie beam.

capriccio *s.m.* **1** whim, caprice, fancy, tantrum; (*assurdità*) freak: *è stato proprio un — da parte sua*, it was merely a whim on his part // *i capricci della fortuna*, the quirks of Fate // *fare i capricci*, to be capricious; (*di bambino*) to be naughty **2** (*infatuazione*) passing fancy **3** (*mus.*) capriccio.

capriccioso *agg.* capricious; whimsical; (*bizzarro*) bizarre, freakish; (*stravagante*) extravagant, wild; (*di bambino*) naughty; (*di cavallo*) screwy.

caprico *agg.* (*chim.*) capric: *acido* —, capric acid.

Capricorno *no.pr.m.* (*astr.*) Capricorn // *il Tropico del* —, the Tropic of Capricorn.

caprificazione *s.f.* (*agr.*) caprification.

caprifico *s.m.* (*bot.*) (*Ficus carica sylvestris*) caprifig.

caprifoglio *s.m.* (*bot.*) (*Lonicera caprifolium*) honeysuckle, woodbind, woodbine.

caprigno *agg.* (*letter.*) goatlike, goatish, caprine.

caprilico *agg.* (*chim.*) caprylic: *acido* —, caprylic acid.

caprimulgo *s.m.* (*zool.*) (*Caprimulgus europaeus*) goatsucker, fern-owl, moth-hunter, puck.

caprini *s.m.pl.* (*zool.*) goats.

caprino *agg.* goatlike, goatish, caprine: *barba caprina*, goatee // *questione di lana caprina*, futile debate (*o* argument) ◆ *s.m.* **1** (*puzzo di capra*) goatish smell **2** (*formaggio*) goat's milk cheese.

capriola *s.f.* somersault; caper: *fare una* —, to do a somersault; *fare capriole*, to somersault, (*fig.*) to move heaven and earth (*o* to do one's utmost *o* to go all out); *fare le capriole per aiutare qlcu.*, to bend over backwards to help s.o.

capriolare *v.intr.* to cut* capers, to caper (about).

capriolo *s.m.* **1** (*zool.*) (*Capreolus capreolus*) roe (deer) // — *maschio*, roe buck **2** (*cuc.*) venison.

capro *s.m.* **1** he-goat, billy goat // — *espiatorio*, scapegoat **2** (*fig.*) animal.

caproico *agg.* (*chim.*) caproic: *acido* —, caproic acid.

caprolattame *s.m.* (*chim.*) caprolactam.

caprone *s.m.* billy goat, he-goat.

capronico → **caproico**.

capruggine *s.f.* croze.

capsico *s.m.* **1** (*bot.*) capsicum **2** (*chim.*) capsaicin.

capside *s.f.* (*biol.*) capsid.

capsula *s.f.* **1** capsule **2** (*cappellotto esplosivo*) (percussion) cap **3** (*di dente*) crown **4** — *spaziale*, space capsule **5** (*anat.*) capsule: — *surrenale*, suprarenal capsule **6** (*bot.*) capsule, seed-ball: — *globosa*, (*di lino*, *cotone*) boll **7** (*tappo*) crown cap.

capsulatrice *s.f.* capper.

capsulatura *s.f.* capping.

capsulismo *s.m.* (*mecc.*) gear pump.

captare *v.tr.* **1** (*rad.*) to pick up **2** (*trarre a sé*) to tap: — *l'energia solare*, to tap the sun's energy **3** (*ottenere*) to win*: — *la benevolenza di qlcu.*, to win s.o.'s approval **4** (*fig.*) to get*, to catch*: — *lo sguardo di qlcu.*, to catch s.o.'s glance; *captò il mio silenzioso messaggio d'aiuto*, he caught my silent appeal for help.

captativo *agg.* (*psic.*) possessive, exclusive.

captazione *s.f.* **1** (*rad.*) picking up **2** (*psic.*) possessiveness.

capufficio → **capoufficio**.

capziosità *s.f.* captiousness.

capzioso *agg.* captious, insidious, specious: *ragionamento* —, specious reasoning.

CAR *s.m.* (*mil.*) Recruit Training Centre.

carabattola *s.f.* thing, trinket, odds and ends: *pigliar su le proprie carabattole*, (*fam.*) to pack up one's odds and ends.

carabina *s.f.* rifle, carbine: — *ad aria compressa*, air rifle.

carabiniere *s.m.* **1** (*st.*) carabineer **2** 'carabiniere' (member of a militia maintained by the governement for police duties) // *essere un* —, (*fig.*) to be a martinet.

carabottino *s.m.* (*mar.*) grating.

caracal *s.m.* (*zool.*) (*Lynx caracal*) caracal.

caracca *s.f.* (*st. mar.*) carrack.

carachiri *s.m.* hara-kiri.

caracollare *v.intr.* to caracole.

caracollo *s.m.* caracole.

caracul *s.m.* (*zool.*) caracul, karakul, Persian lamb.

caraffa *s.f.* carafe; decanter.

caraibo e *deriv.* → **caribo** e *deriv.*

carambola *s.f.* **1** (*biliardo*) cannon: *far* —, to cannon **2** (*estens.*) (*di auto*) pileup, chain accident; car pileup.

carambolare *v.tr.* (*biliardo*) to cannon, to carambole.

caramella *s.f.* **1** sweet: — *molle*, toffee; — *ripiena*, soft-centred sweet; — *per la tosse*, cough drop **2** (*fam.*) (*monocolo*) monocle, eyeglass.

caramellaio *s.m.* confectioner.

caramellare *v.tr.* to coat with melted sugar; (*candire*) to candy.

caramello *s.m.* caramel.

caramelloso *agg.* **1** sweet **2** (*fig.*) sugary, cloying: *frasi caramellose*, sugary words.

caramente *avv.* dearly.

carampana *s.f.* (*volg.*) old bag.

carapace *s.m.* (*zool.*) carapace.

carassio *s.m.* (*zool.*) (*Carassius vulgaris*) crucian: — *dorato*, (*Carassius auratus*) goldfish.

caratare *v.tr.* to weigh (sthg.) in carats.

caratello *s.m.* keg.

caratista *s.m.* e *f.* **1** (*comm.*) shareholder **2** (*comproprietario di nave*) part-owner.

carato *s.m.* **1** carat (*unità di misura di peso per pietre preziose* = 200 mg) **2** (*unità di misura di purezza dell'oro*) carat: *oro a 18 carati*, 18-carat gold **3** (*quota di società*) share **4** (*quota di comproprietà di una nave*) ship's part, one twenty-fourth of the value of a ship.

carattere *s.m.* **1** character, temper, disposition; nature: *un* — *gentile*, a kindly disposition; *è di* — *aggressivo*, he's aggressive by nature; *formazione del* —, character-building; *un uomo di* —, a man of character; *un uomo senza* —, a spineless man; *è proprio di buon* —, he is really good-natured; *ha un* — *nobile*, *forte*, *debole*, he has a noble, strong, weak character; *aver* —, to have character (*o* backbone); *mancare di* —, to lack strength of character (*o* to have no backbone) **2** (*caratteristica*, *qualità*) feature, characteristic, character, peculiarity: *il* — *peculiare di questa nuova specie*, the distinctive feature (*o* characteristic) of this new species; *una conferenza di* — *letterario*, a literary conference; — *qualitativo*, (*di un prodotto*) attribute **3** (*inform.*) character: — *di annullamento*, cancel character; — *di scambio codice*, escape character; — *d'impaginazione*, layout character; — *d'identificazione*, address character; — *di controllo*, check character; — *di comando*, control character; — *diverso dallo spazio bianco*, non-blank character; *caratteri alfabetici*, alphabetics; *caratteri numerici*, numerics; *caratteri alfanumerici*, alphanumerics **4** (*tip.*) type; (*lettera*) letter; (*scrittura*) character: *caratteri di testo*, book -face; — *neretto*, bold (*o* boldface); *caratteri schiacciati*, worm type; *fonderia di caratteri*, type foundry; *in* — *corsivo*, in Italic type (*o* Italics); *titolo a caratteri di scatola*, banner (headline) (*o* large-type headline); *scritto in caratteri cinesi*, *greci*, written in Chinese, Greek characters // *caratteri gotici*, black letters // *scritto a caratteri d'oro*, (*fig.*) written in letters of gold; *sono avvenimenti scritti a caratteri di sangue*, they are events written in blood **5** (*personaggio*) character: *commedia di* —, character play // *essere in* —, to be in character; *non essere in* — *con qlco.*, to be out of character with sthg. **6** (*teol.*) character.

caratteriale *agg.* (*psic.*) psychologically disturbed.

caratterino *s.m.* (*iron.*) difficult character: *che* —, *si arrabbia subito!*, what a temper, he flares up immediately!

caratterista *s.m.* (*teatr.*, *cinem.*) character actor ◆ *s.f.* (*teatr.*, *cinem.*) character actress.

caratteristica *s.f.* **1** characteristic, feature, peculiarity **2** (*mat.*) characteristic; (*di matrice*) rank **3** (*comm.*) (*prodotto caratteristico*) speciality.

caratteristico *agg.* characteristic, distinctive; (*tipico*) typical: *accento* —, typical accent.

caratterizzare *v.tr.* **1** (*rappresentare*) to portray, to characterize: *la fede nel progresso che caratterizza un periodo*, the strong belief in progress that characterizes a period **2** (*contraddistinguere*) to mark (out), to characterize, to be typical of, to distinguish: *lo caratterizza un'eccessiva timidezza*, his excessive shyness marks him out.

caratterizzazione *s.f.* characterization.

caratterologia *s.f.* characterology.

caratterologico *agg.* characterologic(al).

caratteropatia *s.f.* (*psic.*) psychological disturbance.

caratura *s.f.* **1** (*misurazione in carati*) weighing into carats **2** (*partecipazione societaria*) share **3** (*comproprietà di una nave*) part-ownership.

caravaggesco *agg.* in the style of Caravaggio; after the manner of Caravaggio ◆ *s.m.* painter of the school of Caravaggio.

caravana → **carovana**.

caravanista *s.m.* e *f.* caravan(n)er.

caravanserraglio *s.m.* caravanserai, caravansarai, caravansary; (*fam.*) bedlam, madhouse.

caravella *s.f.* (*st. mar.*) caravel, carvel.

carbammato *s.m.* (*chim.*) carbamate.

carbammico *agg.* (*chim.*) carbamic: *acido* —, carbamic acid.

carbanione *s.m.* (*chim.*) carbanion.

carbazolo *s.m.* (*chim.*) carbazole.

carbene *s.m.* (*chim.*) carbene.

carbinolo *s.m.* (*chim.*) carbinol.

carb(o)- *pref.* della terminologia chimica che indica la presenza di carbonio; ingl. carb(o)-: *carboidrato*, carbohydrate.

carboidrato *s.m.* (*chim.*) carbohydrate.

carbolico *agg.* (*chim.*) carbolic: *acido* —, carbolic (acid); *trattare*, *sterilizzare con acido* —, to carbolize; *trattato con acido* —, carbolated.

carbonaceo *agg.* (*geol.*) carbonaceous.

carbonado *s.m.* (*min.*) black diamond; carbonado.

carbonaia *s.f.* **1** (*buca in cui si prepara il carbone di legna*) charcoal pit **2** (*catasta di le-*

gna da carbone) charcoal pile **3** (*cantina del carbone*) coal cellar **4** (*mar.*) (*deposito di carbone nelle navi*) bunker ◆ *agg.*: *nave* —, collier.

carbonaio *s.m.* **1** (*chi prepara carbone*) charcoal burner **2** (*chi vende carbone*) coal merchant; coalman*.

carbonamento *s.m.* (*mar.*) bunkerage.

carbonare *v.tr.* (*mar.*) to bunker, to coal.

carbonaro *s.m.* (*st.*) Carbonaro (*pl.* -i).

carbonatazione *s.f.* (*chim.*) carbonation.

carbonato *s.m.* (*chim.*) carbonate: — *di calcio*, calcium carbonate.

carbonchio *s.m.* **1** (*min.*) carbuncle, ruby **2** (*vet.*) carbuncle, anthrax **3** (*agr.*) smut.

carbonchioso *agg.* **1** (*vet.*) carbuncled **2** (*agr.*) smutty.

carboncino *s.m.* (*pitt.*) charcoal.

carbone *s.m.* **1** coal: *deposito di* —, coal storage; *secchio del* —, coalscuttle; *un pezzo di* —, a (lump of) coal; — *fossile*, fossil coal; *giacimento di* —, coalfield; *miniera di* —, coalmine (*o* colliery); *combustione del* —, coal burning // *nero come il* —, coal-black (*o* as black as coal)// — *animale*, animal charcoal; — *di legna*, charcoal; — *d'ossa*, bone charcoal // — *bianco*, white coal // *carta* —, carbon paper **2** (*malattia delle piante*) black, smut.

carbonella *s.f.* charcoal.

Carboneria *s.f.* (*st.*) Carbonarist movement.

carbonetto *s.m.* (*non com.*) dark red coral.

carboniccio *agg.* coal-black.

carbonico *agg.* (*chim.*) carbonic: *anidride carbonica*, carbon dioxide.

carboniera *s.f.* **1** → carbonaia **2** (*mar.*) (*deposito di carbone*) bunker **3** (*mar.*) (*nave carbonaia*) collier.

carboniere *s.m.* **1** (*industriale*) coal merchant **2** (*minatore*) coalminer, collier.

carboniero *agg.* coal (*attr.*): *industria carboniera*, coal industry.

carbonifero *agg.* (*geol.*) carboniferous, coal (*attr.*): *bacino* —, coalfield; *strato, livello* —, coal(-bearing) seam; *sequenza di strati carboniferi*, coal measures // (*periodo*) —, Carboniferous (period).

carbonile[1] *s.m.* (*mar.*) coalbunker.

carbonile[2] *s.m.* (*chim.*) carbonyl.

carbonilico *agg.* (*chim.*) carbonylic: *gruppo* —, carbonylic group.

carbonio *s.m.* (*chim.*) carbon: *biossido di* —, carbon dioxide; *monossido di* —, carbon monoxide; (*metall.*) *acciaio al* —, carbon steel; (*geochimica*) *ciclo del* —, carbon cycle.

carbonite *s.f.* (*chim.*) carbonite.

carbonizzare *v.tr.* **1** to carbonize; to char **2** (*estens.*) to burn* (down): *l'incendio carbonizzò l'edificio*, the fire burnt down the building; *morire carbonizzato*, to be burnt to death **3** (*geol.*) to coalify.

□ **carbonizzarsi** *v.rifl.* (*chim.*) to char.

carbonizzazione *s.f.* **1** carbonization, carbonification // (*tess.*): *bagno di* —, carbonizing bath; *forno di* —, carbonizing stove **2** (*geol.*) coalification.

carbonoso *agg.* (*chim.*) carbonaceous.

carborundo, carborundum *s.m.* (*chim.*) carborundum®.

carbosiderurgico *agg.* coal and steel (*attr.*): *industria carbosiderurgica*, coal and steel industry.

carbossiemoglobina *s.f.* (*biochim.*) carboxyhemoglobin.

carbossiemoglobinemia *s.f.* (*med.*) carboxyhemoglobinemia.

carbossilasi *s.f.* (*biochim.*) carboxylase.

carbossilato *s.m.* (*chim.*) carboxylate.

carbossile *s.m.* (*chim.*) carboxyl: *gruppo* —, carboxyl group.

carbossilico *agg.* (*chim.*) carboxylic.

carburante *s.m.* **1** fuel: — *antidetonante*, antiknock fuel; *rifornimento di* —, refuelling; *usato come* —, used for fuel **2** (*chim.*) carburetant.

carburare *v.tr.* **1** (*chim.*) to carburize, to carburet **2** (*aut.*) to carburet ◆ *v.intr.* (*fig.*) to click: *la squadra non ha ancora carburato*, the team hasn't clicked yet.

carburatore *s.m.* carburettor, carburetter.

carburazione *s.f.* **1** (*chim.*) carburization, carburetion **2** (*aut.*) carburation.

carburo *s.m.* (*chim.*) carbide: *lampada a* —, carbide lamp.

carcadè *s.m.* (*bot.*) (*Hibiscus sabdariffa*) roselle (hemp), (*pop.*) Jamaica sorrel, Java jute.

carcame *s.m.* (*letter.*) carcass; (*di imbarcazione*) skeleton.

carcassa *s.f.* **1** (*di animale morto*) carcass **2** (*estens.*) carcass, framework, frame, skeleton: — *di nave*, hulk of a ship; *la* — *di un dirigibile è fatta di metallo molto resistente*, the framework of a dirigible is made of very strong metal; *la* — *di quell'edificio è fatta di acciaio*, the skeleton of that building is made of steel **3** (*fig. spreg.*) wreck: *quella* — *di automobile*, that old wreck; *quella nave è una vecchia* —, that ship is an old tub **4** (*persona malridotta*) walking skeleton, wreck: *è ormai una* — *d'uomo*, he's now a wreck of a man.

carceramento *s.m.* imprisonment.

carcerare *v.tr.* to imprison; to jail, to gaol; to commit to prison.

carcerario *agg.* prison (*attr.*): *guardia carceraria*, warder (*o* gaoler *o* jailor); *regolamento* —, prison regulations; *vitto* —, prison fare.

carcerata *s.f.* **carcerato** *s.m.* prisoner; prison inmate; (*sl. amer.*) jail bird.

carcerazione *s.f.* imprisonment: — *preventiva*, pre-trial detention (*o* preventive detention); — *in isolamento*, solitary confinement.

carcere *s.m.* prison, jail, gaol: — *preventivo*, preventive detention (*o* pre-trial detention); *direttore delle carceri*, prison governor; *fu condannato a venticinque anni di* —, he was sentenced to twenty-five years' imprisonment; *andare in* —, to go (*o* to be sent) to prison; *essere in* —, to be in prison; *fuggire dal* —, to escape from prison; *evasione dal* —, jail break; *mettere, rinchiudere in* —, to put into prison // — *minorile*, correctional institution (*o* juvenile prison *o* remand centre) // — *di massima sicurezza*, high security prison.

carceriere *s.m.* warder, gaoler; (*spreg.*) screw.

carcinoma *s.m.* (*med.*) carcinoma*.

carcinomatoso *agg.* (*med.*) carcinomatous.

carcinosi *s.f.* (*med.*) carcinosis, carcinomatosis.

carciofo *s.m.* **1** (*bot.*) (*Cynara cardunculus scolymus*) artichoke // *cuore del* —, choke **2** (*fig.*) idiot, numbskull.

carda *s.f.* (*tess.*) card, carding machine.

cardamine *s.f.* (*bot.*): — *dei prati*, (*Cardamine pratensis*) cuckoo-flower, lady-smock.

cardamomo *s.m.* (*bot.*) (*Elettaria cardamomum*) cardamom.

cardanico *agg.* (*mecc.*) cardanic; cardan (*attr.*): *giunto* —, cardan (*o* universal) joint; (*mar.*) *sospensione cardanica*, gimbals.

cardano *s.m.* (*mecc.*) cardan joint.

cardare *v.tr.* (*tess.*) to card.

cardata *s.f.* **1** (*cardatura*) carding **2** (*quantità di lana cardata*) quantity of carded wool.

cardatore *s.m.* carder.

cardatrice *s.f.* **1** carder **2** (*mecc.*) card, carding machine.

cardatura *s.f.* carding: — *della lana*, wool -carding (*o* -combing).

cardellino *s.m.* (*zool.*) (*Carduelis carduelis*) goldfinch, thistle finch.

carderia *s.f.* cardroom.

cardiaco *agg.* (*anat.*) cardiac, heart (*attr.*): *attacco* —, heart attack; *arresto* —, cardiac arrest; *insufficienza cardiaca*, cardiac failure; *massaggio* —, cardiac massage; *flusso* —, cardiac plexus; *valvola cardiaca*, cardiac valve; *disturbi cardiaci*, heart disease ◆ *s.m.* cardiac, heart patient.

cardialgia *s.f.* (*med.*) cardialgia, (*fam.*) heartburn.

cardias *s.m.* (*anat.*) cardia.

cardinalato *s.m.* (*eccl.*) cardinalate; cardinalship.

cardinale[1] *agg.* cardinal: *numeri cardinali*, cardinal numbers; *punti cardinali*, cardinal points; *regola* —, cardinal rule; *virtù cardinali*, cardinal virtues.

cardinale[2] *s.m.* (*eccl.*) cardinal: *Cardinale Legato*, Cardinal Legate.

cardinale[3] *s.m.* (*zool.*): — *rosso*, (*Richmondena cardinalis*) cardinal-bird, cardinal -grosbeak.

cardinalesco *agg.* cardinal (*attr.*).

cardinalismo *s.m.* (*econ.*) cardinalism.

cardinalità *s.f.* (*mat.*) cardinality.

cardinalizio *agg.* cardinal (*attr.*): *cappello* —, cardinal's hat // *rosso* —, cardinal red.

cardine *s.m.* **1** hinge, pivot, pintle: *porta fuori dai cardini*, door off its hinges // *i cardini terrestri*, the poles of the earth **2** (*fig.*) (*base, fondamento*) foundation, cornerstone, basis*.

cardio *s.m.* (*zool.*) (*Cardium edule*) cockle.

cardiochirurgia *s.f.* (*med.*) cardiac (*o* heart) surgery.

cardiochirurgico *agg.* (*med.*) heart surgery (*attr.*).

cardiochirurgo *s.m.* (*med.*) heart surgeon.

cardiocinetico *agg.* (*med.*) cardiokinetic.

cardiocircolatorio *agg.* (*med.*) cardio -circulatory.

cardiografia *s.f.* (*med.*) cardiography.

cardiografico *agg.* (*med.*) cardiographic.

cardiografo *s.m.* (*med.*) cardiograph.

cardiogramma *s.m.* (*med.*) cardiogram.

cardioide *s.f.* (*mat.*) cardioid.

cardiologia *s.f.* cardiology.

cardiologico *agg.* heart (*attr.*): *centro* —, cardiology unit; *mi consigliò una visita cardiologica*, he adviced me to see a cardiologist.

cardiologo *s.m.* cardiologist.

cardiopatia *s.f.* (*med.*) cardiopathy.

cardiopatico *agg.* e *s.m.* (*med.*): (*soggetto*) —, cardiopath.

cardioplegia *s.f.* (*med.*) cardioplegia.

cardiopolmonare *agg.* (*anat.*) cardiopulmonary.

cardiosclerosi *s.f.* (*med.*) cardiosclerosis.

cardiospasmo *s.m.* (*med.*) cardiospasm.

cardiotonico *agg.* e *s.m.* (*med.*) cardiotonic.

cardiovascolare *agg.* (*anat.*) cardiovascular.

cardite *s.f.* (*med.*) carditis.

cardo *s.m.* **1** (*bot.*) thistle: — *mangereccio*, (*Cynara cardunculus*) cardoon; — *azzurro*, (*Eryngium alpinum*) pine-thistle; — *dei lanaioli*, (*Dipsacus fullonum*) teasel; — *palustre*, (*Cirsium palustre*) marsh thistle; — *stellato*, (*Centaurea calcitrapa*) caltrop **2** (*riccio di castagna*) chestnut bur, chestnut husk **3** (*strumento per cardare*) card.

carena *s.f.* **1** (*mar.*) bottom **2** (*aer.*) hull **3** (*anat.*, *zool.*, *bot.*) carina*.

carenaggio *s.m.* (*mar.*) **1** (*operazione*) careening: *bacino di* —, dry (*o* graving) dock **2** (*luogo*) careenage.

carenare *v.tr.* **1** (*mar.*) to careen, to heave down, to dry-dock **2** (*tecn.*) to streamline, to fair.

carenato *agg.* (*bot.*, *zool.*) carinate.

carenatura *s.f.* (*tecn.*) fairing.

carente *agg.* deficient (in), lacking (in): *organismo — di minerali*, organism deficient in minerals; — *di manodopera*, short-handed.

carenza *s.f.* **1** (*mancanza*) want, lack, absence: *per — di calcio e di vitamine*, for want (*o* lack) of calcium and vitamins **2** (*scarsità*) shortage, scarcity, dearth: — *di manodopera*, manpower (*o* labour) shortage.

carestia *s.f.* **1** famine: *una lunga* —, a long famine **2** (*mancanza*) shortage, scarcity, dearth: — *di grano*, shortage of grain (*o* grain shortage); — *di vino*, shortage of wine (*o* wine shortage); — *di alloggi*, housing shortage.

carezza *s.f.* caress: *fare una — a un cane*, to pat (*o* to stroke) a dog; *fare una* —, *delle carezze a qlcu.*, to caress (*o* to fondle) s.o.; (*fig.*) (*blandirlo*) to flatter s.o.

carezzare → **accarezzare**.

carezzevole *agg.* caressing; (*affettuoso*) affectionate; (*persuasivo*) coaxing: *voce* —, caressing voice.

carezzevolmente *avv.* caressingly; (*con affetto*) affectionately; (*con blandizie*) coaxingly.

cargo *s.m.* **1** (*aer.*) cargo plane, freighter **2** (*mar.*) cargo boat, freighter.

cariare *v.tr.* to rot, to decay, to cause to decay.
□ **cariarsi** *v.intr.pron.* to rot, to decay.

cariatide *s.f.* (*arch.*) caryatid*.

cariato *agg.* **1** decayed, carious: *dente* —, decayed (*o* carious) tooth **2** (*corroso*) corroded.

caribico *agg.* Caribbean.

caribo *agg.* e *s.m.* Carib.

caribù *s.m.* (*zool.*) (*Rangifer caribou*) caribou*.

carica *s.f.* **1** (*pubblico ufficio*) office, position, appointment: *dimettersi da una* —, to resign office; *entrare in* —, to take (*o* to come into) office; *essere in* —, to be in (*o* to hold) office; *occupare una — pubblica*, to hold public office; *restare in* —, to continue in office; *uscire di* —, to leave office; — *di revisore* (*dei conti*), *di sindaco* (*di società*), auditorship; — *di ispettore*, inspectorship; — *di tesoriere*, treasurership; *è una — di responsabilità*, it's a responsible position; *le alte cariche dello Stato*, the high offices of state; *accettare una — onorifica*, to accept an honorary appointment **2** (*mil.*) charge, attack: — *alla baionetta*, bayonet charge; — *di cavalleria*, cavalry charge; *ritornare alla* —, to return to the charge; (*fig.*) to persist (*o* to insist); *suonare la* —, to sound the charge **3** (*sport*) tackle, charge: — *regolare*, *irregolare*, fair, unfair tackle **4** (*di arma da fuoco*) charge: — *di lancio*, propelling (*o* powder) charge; — *di profondità*, depth charge; — *di scoppio*, blasting charge **5** (*elettr.*) charge: — *a corrente costante*, constant current charge; — *elettrica*, electric charge; — *spaziale*, space charge; *entità di* —, charging rate; *potenziale di* —, charging potential **6** (*metall.*) charge: — *del minerale e del fondente*, charge of ores and fluxes; — *solida*, cold charge; *prima — di metallo*, bed charge **7** (*di orologio*) winding up: *dare la — a un orologio*, to wind up a clock; (*da polso*) to wind up a watch **8** (*fig.*) charge, drive, boost, lift: *questo nuovo lavoro mi ha dato la* —, this new job has given me a lift; *ha una grande — di entusiasmo*, he has a large store of enthusiasm; — *emotiva*, emotional potential // *dare la — a qlcu.*, to encourage s.o. // *perdere la* —, to run out of steam.

caricaballe *s.m.* bale loader.

caricabatteria *s.m.* battery charger.

caricafieno, **caricaforaggi** *s.m.* (*agr.*) hay-loader.

caricamento *s.m.* **1** (*di veicolo*) loading; (*di nave*) loading, lading **2** (*di arma da fuoco*) loading, charging **3** (*elettr.*) charging **4** (*inform.*) loading; (*in memoria centrale*) page-in: — *di un programma*, program load; — *e lancio*, load and go **5** (*di orologio*) winding (up) **6** (*di pompa*) priming.

caricare *v.tr.* **1** to load (up): *avete finito di —?*, have you finished loading (up)?; *si caricò il pacco in spalla*, he loaded the pack on his back (*o* he hoisted the pack on his shoulder); — *un autocarro*, *una nave*, to load a lorry, a ship // (*inform.*) — *un programma*, to load a program **2** (*prendere a bordo*) to take* (on), to load: *l'autobus non riuscì a — tutti i passeggeri*, the bus was unable to take on all the passengers; *questa nave non carica passeggeri per Marsiglia*, this ship doesn't take passengers for Marseilles **3** (*gravare*) to overload, to load down, to cram, to pile up: *hai caricato troppo lo scaffale di libri*, you've overloaded the bookshelf with books (*o* you've crammed too many books on the bookshelf); — *qlcu. di responsabilità*, to load s.o. down with responsibilities (*o* to burden s.o. with responsibilities) // — *lo stomaco*, to overburden one's stomach **4** (*esagerare*) to exaggerate: — *il prezzo*, to overcharge // — *la mano*, *la dose*, (*fig.*) to exaggerate (*o* to overdo it) // — *le tinte*, to lay it on thick **5** (*riempire*) to fill; to charge: — *una mina*, to charge a mine; — *la pipa*, to fill one's pipe; — *la stufa*, to fill (*o* to make up) the stove **6** (*mil.*) to charge: — *il nemico*, to charge the enemy **7** (*arma da fuoco*) to load: — *un fucile*, to load a gun **8** (*elettr.*) to charge; (*elevare la tensione di*) to boost: — *un accumulatore*, to charge an accumulator **9** (*metall.*) to charge **10** (*un orologio*) to wind up **11** (*una pompa*) to prime **12** (*sport*) to charge.
□ **caricarsi** *v.rifl.* **1** to overburden oneself (with sthg.): — *di debiti*, to plunge into debt **2** (*concentrarsi*) to psych oneself up: *si caricò per l'esame*, he psyched himself up for the exam.

caricatamente *avv.* **1** (*con affettazione*) affectedly, in an affected way **2** (*esageratamente*) exaggeratedly.

caricato *agg.* **1** (*affettato*) affected **2** (*esagerato*) exaggerated.

caricatore *s.m.* **1** loader, charger **2** (*mar.*) (*proprietario del carico*) charterer **3** (*di arma da fuoco*) charger, cartridge clip magazine **4** (*fot.*) cassette, film holder; (*per diapositive*) slide tray.

caricatura *s.f.* caricature: *fare la — di qlcu.*, *qlco.*, to make a caricature of s.o., sthg. (*o* to caricature s.o., sthg.); *mettere in* —, to caricature; *è la — di un manager*, he's a poor apology for a manager.

caricaturale *agg.* caricatural.

caricaturista *s.m.* e *f.* caricaturist.

caricazione *s.f.* (*mar.*) loading, lading: — *a turno*, loading in turn; — *senza spese*, free in.

carice *s.m.* (*bot.*) sedge.

carico *agg.* **1** loaded (with sthg.); laden (with sthg.) (*anche fig.*): *un autocarro — di mattoni*, a lorry loaded with bricks; *una nave carica di merci*, a ship loaded (*o* laden) with goods; *era — di debiti*, he was burdened (*o* weighed down) with debt(s) (*o* he was up to his ears in debt); *era — di onori*, he was loaded with honours **2** (*di caffè*) strong **3** (*di colore*) deep, dark **4** (*riempito*) filled (with sthg.); full; charged (with sthg.): *è carica la tua pipa?*, is your pipe full? **5** (*di arma da fuoco*) loaded (with sthg.); live (*attr.*): *fucile* —, loaded gun; *è — il tuo fucile?*, is your gun loaded?; *proiettile* —, live shell **6** (*elettr.*) charged, live: *condensatore* —, charged condenser; *batteria carica*, live battery **7** (*di orologio*) wound up.

carico *s.m.* **1** (*il caricare*) (*veicoli*) loading; (*navi*) loading, lading // (*comm.*): *polizza di* —, bill of lading; *mediatore di* —, loading broker // (*amm.*) — *e scarico*, charge and discharge **2** (*comm.*) (*merce caricata*) cargo, load, freight, (*solo di nave*) shipload, shipment: *nave da* —, cargo boat (*o* ship); — *pagante*, paying freight; *pieno* —, — *completo*, full load (*o* cargo); — *alla rinfusa*, bulk (*o* loose) cargo; — *utile*, pay load (*o* live load); — *di esportazione*, export cargo; — *di importazione*, import cargo; — *di andata*, outward cargo; — *di ritorno*, return (*o* home) cargo; — *massimo*, peak load; — *misto*, mixed load (*o* cargo); — *sopra coperta*, dead cargo; *dichiarare un — alla dogana*, to declare a cargo to the customs; *vendere il — completo*, to sell in bulk; *la nave trasportava un — di macchinari in Marocco*, the ship was transporting a cargo of machinery to Morocco; *portare un — sulle spalle*, to carry a load on one's shoulders; *sbarcare un* —, to unload a cargo **3** (*fig.*) burden; load; weight: *un — di preoccupazioni, di responsabilità*, a burden of worries, of responsibility; *un — di botte*, a load of (*o* a sound) thrashing; *avere qlcu. a* —, to have to provide for s.o.; *essere a*

— *di qlcu.*, to be dependent on s.o.; *farsi — di qlcu., qlco.*, to make oneself responsible for s.o., sthg.; *persone a —*, dependent people (*o* dependants) // (*trib.*) — *tributario*, burden of taxation (*o* tax burden) // (*dir.*) — *ipotecario*, encumbrance **4** (*comm.*) *a — di*, charged to, to be paid by, at expense of, to be debited to: *spedizione (via mare) a — del committente*, shipping at the buyer's expense (*o* shipping charges to be paid by customer); *a — del destinatario*, at consignee's expense; *spese a — del nostro conto*, expense to be charged (*o* debited) to our account; *segnare una somma a — di qlcu.*, to debit s.o. with an amount **5** (*dir.*) charge, accusation, imputation: — *pendente*, pending suit // *teste a —*, witness for the prosecution; *processo a — di qlcu.*, action against s.o. **6** (*tecn.*) load: — *accidentale*, live load; — *al limite di elasticità*, load at elastic limit; — *di lavoro*, working load; — *di rottura*, ultimate (*o* maximum) tensile stress; — *di snervamento*, yield point; — *eccentrico*, eccentric load; — *mobile*, live (*o* moving) load; — *unitario*, unit load; — *variabile*, variable load **7** (*elettr.*) load factor: — *crescente*, increasing load; — *di avviamento*, starting load; — *massimo ammissibile*, maximum permissible load; — *variabile*, changing load **8** (*aer.*) load, loading: — *alare*, wing load; — *amovibile*, disposable load; — *d'apertura*, span loading; — *di potenza*, power loading; — *di prova*, proof load; — *di robustezza*, ultimate load; — *totale*, full load; — *utile*, useful load.

carie *s.f.* **1** (*med.*) decay, caries [U] **2** (*bot.*, *zool.*) rot.

carillon *s.m.* **1** (*serie di campane*) carillon **2** (*scatola musicale*) musical box.

carino *agg.* nice, pretty, charming, delightful: *quant'è —!*, (*di bimbo*) isn't he a darling!; *è sempre — con me*, he's always nice to me.

cariocinesi *s.f.* (*biol.*) karyokinesis.

cariocinetico *agg.* (*biol.*) karyokinetic.

cariofillata *s.f.* (*bot.*) (*Geum urbanum*) avens-root, bennet.

cariogenesi *s.f.* (*biol.*) karyogenesis.

cariola → **carriola**.

carioplasma *s.m.* (*biol.*) karyoplasm.

cariosside *s.f.* (*bot.*) caryopsis*, kernel.

carisma *s.m.* (*teol.*) charism, charisma (*anche fig.*).

carismatico *agg.* charismatic.

carità *s.f.* **1** (*teol.*) charity // *Fede, Speranza, Carità*, Faith, Hope, Charity **2** (*beneficenza*) charity: *istituto di —*, charitable institution; *vivere di —*, to live on charity // — *fiorita*, disinterested charity; — *pelosa*, interested charity // *dama di —*, benefactress // *figli della —*, children of charity // *Suore della Carità*, Sisters of Charity// *la — comincia in casa propria*, (*prov.*) charity begins at home **3** (*elemosina*) alms: *chiedere la —*, to beg for alms; *fare la —*, to give s.o. alms **4** (*favore, cortesia*) favour: *fammi la — di lasciarmi in pace!*, please leave me in peace (*o* alone); *per — smettila!*, for Heaven's sake stop it!

caritatevole *agg.* charitable.

caritativo *agg.* charitable.

caritevole → **caritatevole**.

carlina *s.f.* (*bot.*): — *comune* (*Carlina vulgaris*), — *bianca* (*Carlina acaulis*), carline.

carlinga *s.f.* (*aer.*) nacelle.

carlino[1] *s.m.* (*antica moneta*) carlin, carline.

carlino[2] *s.m.* (*zool.*) (*cane*) pug (dog).

carlista *s.m.* (*st.*) Carlist.

carlona, alla *locuz.avv.* carelessly, in a slapdash way, thoughtlessly.

carme *s.m.* **1** ode, poem, song **2** *pl.* poetry (*sing.*).

carmelitana *s.f.* (*eccl.*) Carmelite.

carmelitano *agg.* e *s.m.* (*eccl.*) Carmelite // *i Carmelitani*, the Carmelites (*o fam.* the White Friars) // *Carmelitani scalzi*, Barefooted (*o* Discalced) Carmelites.

carminativo *agg.* e *s.m.* (*med.*) carminative.

carminio *s.m.* carmine // *labbra di —*, carmine lips.

carminite *s.f.* (*min.*) carminite.

carnagione *s.f.* complexion: — *chiara*, fair complexion; — *rosea*, pink complexion; — *scura*, dark (*o* swarthy) complexion; *avere una bella —*, to have a fine complexion.

carnaio *s.m.* **1** (*ammasso di cadaveri*) charnel house **2** (*spreg.*) (*luogo affollato*) very crowded place: *la discoteca al sabato sera è un —*, you can't move for bodies on Saturday night at the disco.

carnale *agg.* **1** (*letter.*) physical, bodily // *fratelli carnali*, blood brothers (*o* brothers german) **2** (*sensuale*) sensual, carnal // (*dir.*) *violenza —*, (forcible) rape.

carnalità *s.f.* carnality, sensuality.

carnallite *s.f.* (*min.*) carnallite.

carnalmente *avv.* **1** physically **2** (*sensualmente*) carnally; sensually, sexually.

carname *s.m.* **1** mass of rotten flesh **2** (*cumulo di cadaveri*) heap of corpses.

carnascialesco *agg.* carnival (*attr.*): *canti carnascialeschi*, carnival songs.

carnauba *s.f.* (*chim.*) carnauba: *cera —*, carnauba wax.

carne *s.f.* **1** flesh: *sono — della mia —*, they are my own flesh and blood // *in — ed ossa*, in the flesh (*o* in person)// *rosa —*, flesh pink; *color —*, flesh-coloured //*essere bene in —*, to be plump (*o* stout); *rimettersi in —*, to put on weight again // — *da cannone*, (*fig.*) cannon fodder **2** (*polpa, parte carnosa*) flesh **3** (*fig.*) flesh: *il mondo, la —, il diavolo*, the world, the flesh, the devil; *i peccati della —*, the sins of the flesh; (*teol.*) *resurrezione della —*, resurrection of the body **4** (*alimento*) meat: — *bianca*, white meat; — *congelata*, frozen meat; — *conservata*, corned meat; — *fresca*, fresh meat; — *in scatola*, tinned meat (*o amer.* canned meat); — *in stufato*, stewed meat; — *rossa*, (*di bue*) beef; (*di montone*) mutton; (*di porco*) pork; — *tritata*, minced meat (*o* mincemeat); *questa — è tenera*, this meat is tender // *non è — per i vostri denti*, (*fig.*) it is too good for you (*o* it is beyond your possibilities) // *avere troppa — al fuoco*, to have too many irons in the fire // *non essere né — né pesce*, to be neither fish, nor flesh, nor fowl (*o* to be neither one thing nor the other).

carnefice *s.m.* **1** executioner; (*per impiccagione*) hangman*; (*per decapitazione*) headsman* **2** (*fig.*) (*aguzzino*) persecutor, tormentor.

carneficina *s.f.* massacre, slaughter, bloodbath: *è stata una vera —*, it was a real bloodbath.

carneo *agg.* meat (*attr.*): *dieta carnea*, meat diet.

carnesecca *s.f.* cured raw ham.

carnet *s.m.* **1** notebook **2** (*comm.*) book: — *di assegni*, cheque book; — *delle ordinazioni*, order book; — *doganale*, carnet.

carnevalare *v.intr.* (*non com.*) to make* merry, to revel.

carnevalata *s.f.* **1** (*divertimento carnevalesco*) carnival revelry; (*baccano*) uproar **2** (*buffonata*) buffoonery, joke: *che cos'è questa —?*, is this some kind of a joke?

carnevale *s.m.* carnival: *fare —*, (*far baldoria*) to revel (*o* to make merry *o* to have a good time) //*avere molti carnevali sulle spalle*, to be a man of many summers // *a, di — ogni scherzo vale*, (*prov.*) when it's carnival time, anything goes.

carnevalesco *agg.* carnival (*attr.*).

carnevalino *s.m.* first Sunday of Lent.

carnevalone *s.m.* (Milanese) carnival.

carnicino *agg.* flesh-coloured.

carnico *agg.* Carnic.

carniere *s.m.* game-bag.

carnificazione *s.f.* (*med.*) carnification.

carnitina *s.f.* (*biochim.*) carnitine.

carnivoro *agg.* carnivorous flesh-eating: *animale —*, carnivorous (*o* flesh-eating) animal; *pianta carnivora*, carnivorous plant ◆ *s.m.* carnivore.

carnosità *s.f.* **1** fleshiness; plumpness; (*fig.*) softness **2** (*escrescenza*) fleshy excrescence.

carnoso *agg.* **1** fleshy: *braccia carnose*, plump arms **2** (*estens.*) fleshy, pulpy; (*di foglie*) succulent, fleshy: *un frutto —*, a succulent fruit.

carnotite *s.f.* (*min.*) carnotite.

caro *agg.* **1** dear, charming, kind, nice; (*gradito*) dear, loved: *che — bambino!*, what a dear child!; *mia carissima mamma*, my dearest mother; *in risposta alla tua cara lettera*, in reply to your charming letter; *mi è —*, he is dear to me; *è un tuo — amico*, he is a dear friend of yours; *tua cugina è una cara ragazza*, your cousin is a dear (*o* a charming) girl; *cari saluti*, best wishes // *aver — di fare qlco.*, to be glad to do sthg.; *aver — qlcu.*, to love s.o. (*o* to be fond of s.o.); *rendere cara una persona a qlcu.*, to endear a person to s.o.; *rendersi — a qlcu.*, to endear oneself to s.o.; *tenersi — qlco., qlcu.*, to be fond of (*o* to like) sthg., s.o. very much **2** (*costoso*) dear, expensive: *la frutta è cara in questa stagione*, fruit is dear in this season; *un negozio molto —*, a very dear shop; *la vita si fa ogni giorno più cara*, the cost of living is rising every day // *vendere cara la pelle*, (*fig.*) to sell one's life dearly // *pagarla cara*, (*fig.*) to pay a lot for sthg. (*o* to pay dearly for sthg.) ◆ *s.m.* **1** dear, darling: *sì, —!, no, —!*, yes, dear! no, dear!; *così non va, — mio!*, I don't like this, dear fellow (*o* my friend)!; *mio —*, (*nella intestazione delle lettere*) my dear (*o* my dearest *o* my darling) **2** (*parente, amico ecc.*) someone close; relative; (*pl.*) loved ones; family: *passerà il Natale con i suoi cari*, he will spend Christmas with his loved ones; *la morte di un proprio — reca sempre dolore*, the death of someone close is always distressing **3** (*costo*) high cost, high price: *il — degli affitti*, the high cost of rents.

caro *avv.* (*a caro prezzo*) dear, dearly: *costar —*, to cost dear; *pagar — qlco.*, to pay dear (*o* dearly) for sthg. (*o* to buy sthg. dearly) (*anche fig.*); *vender —*, to sell dear (*anche fig.*): *vendettero — le loro vite*, they sold their lives dear.

carogna *s.f.* **1** carrion; (*spreg.*) (*cadavere*) corpse **2** (*fig.*) (*persona spregevole*) swine; (*volg.*) sod.

carognata *s.f.* (*fam.*) rotten trick: *è stata una vera —*, it was a really rotten (*o* lousy) thing to do.

carola *s.f.* ring-dance, dancing and singing in a circle.

carolina[1] *s.f.* (*tess.*) cotton print fabric.

carolina[2] *s.f.* (*biliardo*) carolina.

carolingio *agg.* e *s.m.* (*st.*) Carolingian, Carlovingian.

carolino *agg.* Carolingian, Caroline.

caropane *s.m.* high price of bread, rise in the price of bread.

carosello *s.m.* **1** (*st.*) (*torneo*) carousel; tournament; (*estens.*) display **2** (*giostra*) merry-go-round, roundabout; (*amer.*) carousel **3** (*movimento vorticoso*) whirl, vortex **4** (*tv*) 'carosello' (a very popular extended advertising break, at the end of which young children were put to bed).

carota *s.f.* **1** (*bot.*) (*Daucus carota*) carrot // *non mi piacciono le carote*, I don't like carrots // *piantar carote*, (*fig. fam.*) to tell tall stories **2** (*miner.*) core.

carotaggio *s.m.* log: (*geol.*) *— geofisico*, log; *— elettrico*, electrical log; *— radioattivo*, radioactive logging; *fare il — geofisico di*, to log.

carotene *s.m.* (*chim.*) carotene.

carotenoide *s.m.* (*chim.*) carotenoid.

carotide *s.f.* (*anat.*) carotid.

carotideo *agg.* (*anat.*) carotid: *glomo —*, carotid body; *seno —*, carotid sinus.

carotiere *s.m.* (*miner.*) core barrel.

carovana *s.f.* **1** caravan // *viaggiare in —*, to travel in convoy **2** (*estens.*) file, group: *una — di turisti*, a group of tourists.

carovaniera *s.f.* caravan route.

carovaniere *s.m.* caravaneer.

carovaniero *agg.* caravan (*attr.*): *pista carovaniera*, caravan route.

carovita, **caroviveri** *s.m.* **1** high cost of living **2** (*indennità*) cost of living bonus, cost of living allowance.

carpa *s.f.* (*zool.*) (*Cyprinus carpio*) carp, round-fish.

carpale *agg.* (*anat.*) carpal.

carpatico *agg.* Carpathian.

carpellare *agg.* (*bot.*) carpellary.

carpello *s.m.* (*bot.*) carpel.

carpenteria *s.f.* **1** carpentry **2** (*edil.*) structural work: *— metallica*, metal structural work; *— in legno*, wooden structural work, carpentry.

carpentiere *s.m.* **1** carpenter **2** (*mar.*) shipwright.

carpetta *s.f.* (*cartelletta*) file, folder.

carpiato *agg.* pike // *tuffo —*, pike dive.

carpine, **carpino** *s.m.* (*bot.*): *— bianco*, (*Carpinus betulus*) hornbeam.

carpio *s.m.* **1** (*zool.*) → carpione **2** (*sport*) pike.

carpionare *v.tr.* (*cuc.*) to souse.

carpione *s.m.* **1** (*zool.*) (*Salmo carpio*) large carp **2** (*cuc.*) *in —*, soused.

carpire *v.tr.* **1** (*sottrarre con violenza*) to snatch, to extort, to seize: *gli carpì di mano la rivoltella*, he snatched the revolver from his hand **2** (*estorcere con astuzia*) to swindle, to cheat; (*fam.*) to do (s.o.) out of (sthg.), to diddle (s.o.) out of (sthg.): *— denaro a qlcu.*, to do s.o. out of money; *— un segreto*, to worm out a secret.

carpo *s.m.* (*anat.*) carpus*.

carpogeno *agg.* (*bot.*) carpogenous.

carpogonio *s.m.* (*bot.*) carpogonium*.

carpologia *s.f.* (*bot.*) carpology.

carpone, **carponi** *avv.* on all fours, on one's hands and knees: *trascinarsi —*, to crawl on all fours.

carpospora *s.f.* (*bot.*) carpospore.

carrabile *agg.* carriageable // *passo —*, (*scritta*) keep clear.

carradore *s.m.* wheelwright, cartwright.

carraia *agg.* e *s.f.* (*porta*) carriage gateway; (*strada*) carriage road, cartroad.

carraio *s.m.* wheelwright, cartwright.

carrareccia *s.f.* **1** (*strada*) cartway, cartroad **2** (*solco*) rut.

carrata *s.f.* cartful; cartload: *una — di carbone*, a cartload of coal // *a carrate*, galore (*o* in plenty *o* in tons): *si raccoglievano mele a carrate*, we gathered tons of apples.

carré *s.m.* **1** (*sartoria*) yoke **2** (*macelleria*) loin **3** *pan —*, toasting bread **4** (*roulette*) carré.

carreggiabile *agg.* carriageable ◆ *s.f.* cartway, cartroad.

carreggiare *v.tr.* to cart; to transport.

carreggiata *s.f.* **1** (*parte della strada*) carriageway, roadway; cartroad; (*solco, rotaia*) rut // *rimettere qlcu. in —*, (*moralmente*) to set s.o. on the right track, (*riportarlo all'argomento*) to bring s.o. back to the point; *rimettersi in —*, (*fig.*) (*moralmente*) to get back on the right track, (*tornare in argomento*) to get back to the point; *stare in —*, (*fig.*) (*moralmente*) to keep to the straight and narrow; (*in argomento*) to stick (*o* to keep) to the point; *uscire dalla —*, (*fig.*) to go astray (*o* to fail in one's duty); (*deviare col discorso*) not to keep to the point **2** (*aut.*) track.

carreggio *s.m.* **1** (*trasporto con carri*) cartage, carting; (*miner.*) haulage, tramming: *galleria di —*, haulage **2** (*mil.*) transport; (*salmerie*) goods train **3** (*aut.*) (*imposta*) cartage tax.

carrellare *v.intr.* (*cinem.*, *tv*) to track, to dolly: *— all'indietro*, to track (*o* to dolly) out; *— in avanti*, to track (*o* to dolly) in.

carrellata *s.f.* **1** (*cinem.*, *tv*) tracking shot, travel shot, running shot **2** (*fig.*) roundup, summary: *— sui fatti del giorno*, a roundup of the day's news // *una — di successi*, a medley of hits.

carrellista *s.m.* e *f.* **1** (*cinem.*, *tv*) dollyman **2** (*in stazione*) station vendor.

carrello *s.m.* **1** trolley, truck; (*amer.*) wagon: *il — delle bibite*, refreshments trolley **2** (*ferr.*) trolley, truck; (*telaio*) bogie; (*amer.*) truck **3** (*aer.*) undercarriage, landing gear: *— retrattile*, retractable undercarriage; *ritirare il —*, to draw up (*o* to pull in) the undercarriage **4** (*cinem.*, *tv*) dolly **5** (*di macchina per scrivere*) carriage **6** (*di trasformatore elettrico*) truck **7** (*miner.*) bogey, (*amer.*) bogie.

carretta *s.f.* **1** cart: *— a mano*, handcart // *tirar la —*, (*fig.*) to slog (*o* to slave *o* to plod along) **2** (*vecchio veicolo*) (*nave*) tub; (*auto*) wreck, banger.

carrettaio *s.m.* **1** (*guidatore*) carter **2** (*fabbricante*) cartwright.

carrettata *s.f.* cartload; cartful.

carrettiere *s.m.* carter.

carretto *s.m.* handcart, barrow.

carriaggio *s.m.* (*mil.*) baggage wag(g)on; (*salmerie*) baggage of an army.

carriera *s.f.* **1** (*professione*) career: *— diplomatica, militare*, diplomatic, military career; *far —*, to get on (*o* to make a career for oneself); *rovinarsi la —*, to ruin one's career; *una — aperta alle donne*, a career open to women; *funzionario di —*, career official (*o* civil servant); *ufficiale di —*, regular career officer // *farai molta —!*, you'll have a very successful career! (*o fam.* you'll make good!) **2** (*velocità*) full speed, career: *andare di gran —*, to run at full speed (*o* to career).

carrierismo *s.m.* careerism.

carrierista *s.m.* e *f.* careerist.

carrieristico *agg.* careerist.

carriola *s.f.* (wheel)barrow.

carriolante *s.m.* **1** (*manovale sterratore*) (wheel)barrow man **2** (*region.*) (*chi esegue trasporti su carro*) wag(g)oner.

carrista *s.m.* (*mil.*) tankman*.

carro *s.m.* **1** (*a due ruote*) cart; (*a quattro ruote*) wa(g)gon // (*aut.*) *— attrezzi*, breakdown van; (*amer.*) wrecking car, wrecker // *— funebre*, hearse // *— di Tespi*, travelling theatre // (*astr.*): *Gran Carro*, the Plough, Great Bear; *Piccolo Carro*, Little Bear // *essere l'ultima ruota del —*, (*fig.*) to count for nothing // *mettere il — innanzi ai buoi*, (*fig.*) to put the cart before the horse **2** (*ferr.*) wag(g)on; (*amer.*) freight car: *— bagagli*, luggage van; *— di scorta*, tender; *— scoperto*, truck; *— frigorifero*, refrigerated wag(g)on; *— bestiame*, cattle car, (*amer.*) stockcar; *— merci scoperto*, open car, van **3** (*mil.*): *— armato*, tank (*o* armoured car); *— armato leggero*, light tank.

carroccio *s.m.* (*st.*) 'carroccio' (a waggon which accompanied the army and bore the standard of an Italian free city of the Middle Ages).

carroponte *s.m.* bridge crane.

carrozza *s.f.* **1** carriage, coach; landau: *— di piazza*, (horse-drawn) cab (*o* hackney-coach); *— tirata da due cavalli*, coach and pair; *— tirata da quattro cavalli*, coach and four; *andare in —*, to drive in a carriage **2** (*ferr.*) carriage, coach; (*amer.*) railroad-car: *— belvedere*, observation car; *— diretta*, through coach; *— letto*, sleeping car (*o* sleeper); *— ristorante*, dining car (*o* restaurant car); *— viaggiatori*, passenger car; *la — di prima classe è davanti*, the first-class carriage is at the front of the train.

carrozzabile *agg.* carriageable, suitable for vehicles; carriage (*attr.*): *strada —*, carriage road.

carrozzaio → **carrozziere** 1.

carrozzare *v.tr.* (*un'automobile*) to fit the body onto (a motorcar).

carrozzata *s.f.* coachload, coachful.

carrozzella *s.f.* **1** (*di piazza*) cab, light carriage; hansom; cabriolet **2** (*per bambini*) perambulator; (*fam.*) pram, (*spec. amer.*) baby carriage **3** (*per invalidi*) wheelchair.

carrozzeria *s.f.* **1** (*di automobile*) body, bodywork: — *portante*, chassis; — *bicolore*, two-tone body; — *da corsa*, racing body; — *fuori serie*, custom-built body // *ragazza dotata di una bella* —, (*scherz.*) girl with curves in all the right places **2** (*reparto*, *officina*) body shop.

carrozziere *s.m.* **1** (*chi fabbrica carrozze*) coachbuilder, carriage-builder **2** (*chi fabbrica carrozzerie di automobili*) coachbuilder; panel beater.

carrozzina *s.f.* (*per bambini*) pram, (*form.*) perambulator, (*spec. amer.*) baby carriage.

carrozzino *s.m.* **1** → carrozzella 1 **2** (*di motocicletta*) sidecar.

carrozzone *s.m.* **1** large carriage: — *di zingari*, gipsy caravan // — *mortuario*, hearse **2** (*fam.*) (*cellulare*) black Maria **3** (*ente inefficiente*) unwieldy, bureaucratic organization.

carruba *s.f.* (*bot.*) carob.

carrubo *s.m.* (*bot.*) (*Ceratonia siliqua*) carob, locust.

carrucola *s.f.* pulley: — *per catena*, chain pulley.

carrucolare *v.tr.* to hoist with a pulley.

carruggio *s.m.* (*dial.*) alley.

carsico *agg.* (*geol.*) Karst (*attr.*), Karstic: *formazione carsica*, Karst formation; *pozzo* —, pot(hole).

carsismo *s.m.* (*geol.*) Karstification.

carta *s.f.* **1** paper: — *da lettera*, notepaper (*o* writing paper); — *intestata*, headed notepaper; — *da disegno*, drawing paper; — *rigata*, lined (*o* ruled) paper; — *quadrettata*, squared paper, (*tecn.*) graph paper; — *da pacchi*, wrapping (*o* brown) paper; — *da giornali*, newsprint; — *patinata*, glossy paper; — *da lucido*, tracing paper; — *velina*, tissue paper; — *stagnola*, tinfoil (*o* aluminium foil *o* silver paper); — *pergamena*, parchment (*o* vellum); — *oleata*, greaseproof paper; — *assorbente*, blotting paper; — *carbone*, carbon paper; — *da musica*, music paper; — *da parati*, wallpaper; — *igienica*, toilet paper; — *moschicida*, flypaper; (*fot.*) — *sensibile*, sensitized paper // *fabbricazione della* —, paper manufacturing; *industria della* —, paper manufacture // (*Bibbia*) *le sacre carte*, the Holy Writ (*o* the Scriptures) // *mangiare alla* —, to dine à la carte // *mettere qlco. sulla* —, to put sthg. down in writing **2** (*documento*) paper, document, writing: — *d'identità*, identity card; *fare le carte per il passaporto*, to get together the necessary documentation in order to apply for a passport; *carte di bordo*, ship's papers; — *di sbarco*, landing card; — *d'imbarco*, boarding card // (*banca*) — *di credito*, credit card // — *semplice*, unstamped card; — *bollata*, — *da bollo*, stamped paper // (*fin.*): — *breve*, short bill of exchange (*o* short paper); — *lunga*, long-dated paper (*o* long paper): — *media*, medium-term bill;— *di banca*, — *finanziaria*, finance bill; — *societaria*, corporate paper // (*aut.*) — *verde*, Green Card (International Motor Insurance Form) // *avere le carte in regola*, to have one's papers in order (*o* to have everything in order); (*fig.*) to have all the necessary requirements // *far carte false*, (*fig.*) to go to any lengths // *dare a qlcu.*, *avere* — *bianca*, to give (s.o.), to have carte blanche **3** (*statuto*) charter // *Magna Carta*, Magna Carta (*o* Magna Charta) // — *costituzionale*, Constitution, Bill of Rights **4** (*carta geografica*) map; chart: — *automobilistica*, road map; *la* — *d'Italia*, the map of Italy; — *meteorologica*, weather chart; — *nautica*, (nautical) chart; — *aeronautica*, aeronautical chart; — *topografica*, topographic map; — *sinottica*, synoptical chart; — *orografica*, relief map; — *celeste*, star map **5** (*da gioco*) playing card, card: *mazzo di carte*, pack of cards; *alzare le carte*, to cut the cards; *giocare una* — *sicura*, to play a safe card; *mescolare le carte*, to shuffle the cards // *fare le carte a qlcu.*, to read the cards for s.o. (*o* to tell s.o.'s fortune by reading the cards) // *giocare bene le proprie carte*, (*fig.*) to play one's cards well // *giocare a carte scoperte*, (*fig.*) to act above board (*o* to play fair) // *mandare a carte quarantotto*, to send to the devil // *mettere le carte in tavola*, (*fig.*) to lay (*o* to put) one's cards on the table; *il mettere le carte in tavola*, (*fig.*) a show-down.

cartacarbone *s.f.* carbon paper.

cartaccia *s.f.* **1** (*cartastraccia*) waste paper **2** (*carta da gioco di poco o nessun valore*) worthless card.

cartaceo *agg.* papery; paper (*attr.*): *circolazione cartacea*, paper (*o* currency) circulation; *moneta cartacea*, paper money.

cartaginese *agg.* e *s.m.* e *f.* Carthaginian.

cartaio *s.m.* **1** (*fabbricante di carta*) paper -manufacturer **2** (*lavoratore dell'industria cartaria*) worker in a paper factory **3** (*non com.*) (*chi fa le carte al gioco*) dealer.

cartamo *s.m.* (*bot.*) (*Carthamus tinctorius*) safflower, (*pop.*) saffron bastard: *olio di* —, safflower oil.

cartamodello *s.m.* paper pattern.

cartamoneta *s.f.* paper money, paper currency: — *falsa*, slush; — *non convertibile*, irredeemable paper money.

cartapecora *s.f.* parchment, vellum // *faccia di* —, wizened face.

cartapesta *s.f.* paper-pulp; papier-mâché // *uomo di* —, weakling (*o* weak-kneed person) // *eroe di* —, tin god.

cartario[1] *agg.* paper (*attr.*), papermaking (*attr.*): *industria cartaria*, paper (*o* papermaking) industry.

cartario[2] *s.m.* (*non com.*) collection of papers.

cartastraccia *s.f.* **1** waste paper **2** (*fam.*) (*cartamoneta di nessun valore*) mickey mouse money; (*titolo*) junk bond.

cartavetrare *v.tr.* to sandpaper.

cartavetrata *s.f.* sandpaper, glass-paper.

carteggiare *v.intr.* **1** to correspond **2** (*mar.*, *aer.*) to chart ◆ *v.tr.* (*cartavetrare*) to sandpaper.

carteggiatura *s.f.* sandpapering.

carteggio *s.m.* **1** correspondence; exchange of letters **2** (*collezione di lettere*) collection of letters **3** (*mar.*, *aer.*) charting.

cartella *s.f.* **1** (*di cartone*) folder; file; (*di cuoio*) portfolio, briefcase; (*da scrittoio*) writing pad **2** (*da scuola*) satchel, schoolbag **3** (*pagina*) page, sheet: *manoscritto in tre cartelle*, three sheets (*o* pages) of manuscript; *articolo in tre cartelle dattiloscritte*, article in three typewritten pages // — *clinica*, case history (*o* file) // — *esattoriale*, income tax form (*o* tax return form) **4** (*fin.*) bond, certificate, form, ticket: — *del debito pubblico*, Government bond; — *fondiaria*, *ipotecaria*, mortgage bond; — *di rendita*, irredeemable bond; — *azionaria*, share certificate; — *di cedole*, coupon sheet **5** (*della tombola*) bingo scorecard; (*di lotteria*) lottery ticket **6** (*lapide*, *targa*) tablet **7** (*inform.*) folder.

cartelliera *s.f.* card index, file.

cartellina *s.f.* folder.

cartellinare *v.tr.* (*comm.*) (*mettere il cartellino del prezzo*) to ticket.

cartellino *s.m.* **1** (*biglietto*) ticket; label; tag: — *del prezzo*, price ticket (*o* tag); — *di ordinativo*, order slip **2** (*targhetta su porta ecc.*) nameplate **3** (*scheda*) card: — *di archivio*, tracer **4** (*di presenza*) time card: *timbrare il* —, (*all'entrata*) to sign (*o* to clock) in, (*all'uscita*) to sign (*o* to clock) out **5** (*sport*) contract, registration.

cartellista *s.m.* (*econ.*) member of a trust, member of a cartel, cartelist ◆ *agg.* cartelist, cartelistic.

cartello[1] *s.m.* **1** notice; bill; (*pubblicitario*) poster, placard: *un* — *annunciava la riunione*, there was a notice announcing the meeting; — *di divieto*, warning notice; — *stradale*, (road) sign; traffic sign; — *da esposizione*, display card // *artista di* —, top billing artist **2** (*etichetta*) label **3** (*insegna*) shop-sign **4** — *di sfida*, challenge (*o* cartel).

cartello[2] *s.m.* (*econ.*) (*consorzio monopolistico*) cartel, combine, ring, syndicate; (*coalizione di imprese*) pool, trust: — *dell'acciaio*, steel pool; — *internazionale*, international cartel; — *bancario*, banker's syndicate (*o* cartel of banks).

cartellone *s.m.* **1** (wall) poster, placard: — *pubblicitario*, (advertising) poster; (*amer.*) billboard **2** (*teatr.*) (play)bill // *tenere il* —, to run (*o* to have a run): *tiene il* — *da due anni*, it's been running for two years.

cartellonista *s.m.* e *f.* commercial artist, poster designer.

carter *s.m.* **1** (*mecc.*) case, casing **2** (*copricatena*) guard.

cartesianismo *s.m.* (*st. fil.*) Cartesianism.

cartesiano *agg.* e *s.m.* Cartesian // (*mat.*): *asse* —, Cartesian axis; *coordinate cartesiane*, Cartesian coordinates.

cartevalori *s.f.pl.* stamped paper (*solo sing.*), paper money [U], paper securities.

cartiera *s.f.* paper mill, paper factory.

cartiglia *s.f.* (*al gioco delle carte*) low card.

cartiglio *s.m.* (*arch.*) (*fregio a forma di rotolo di carta*) cartouche; scroll ornament.

cartilagine *s.f.* (*anat.*) cartilage.

cartilagineo *agg.* cartilaginoid.

cartilaginoso *agg.* cartilaginous.

cartina *s.f.* **1** (*di medicinale*) dose: *una* — *di chinino*, a dose of quinine **2** *una* — *di aghi*, a packet of needles **3** — *per sigarette*, cigarette paper **4** (*mappa*) map.

cartismo *s.m.* (*st. pol.*) Chartism.

cartista *s.m.* e *f.* (*st. pol.*) Chartist.

cartocciata *s.f.* bag(ful).

cartoccio *s.m.* **1** (paper) bag; (*fatto a cono*) cornet // (*cuc.*): *al* —, in (tin *o* aluminium) foil; *pesce al* —, fish baked in foil **2** (*arch.*) cartouche; (*voluta di capitello ionico, corinzio*) scroll **3** (*mil.*) (*carica di lancio*) powder charge **4** (*di lume a petrolio*) (lamp) chimney.

cartografare *v.tr.* e *intr.* to map; to chart: *non cartografato*, unsurveyed.

cartografia *s.f.* cartography, chartography; map-making: — *aerea*, aerial mapping; — *con tecniche elettroniche*, geometronics.

cartografico *agg.* cartographic(al): *proiezione cartografica*, map projection.

cartografo *s.m.* cartographer; map-maker.

cartogramma *s.m.* (*geogr.*) cartogram.

cartolaio *s.m.* stationer.

cartoleria *s.f.* (*negozio*) stationer's (shop), stationery shop // *articoli di* —, stationery.

cartolibreria *s.f.* stationer and bookseller.

cartolina *s.f.* (post)card: — *illustrata*, picture postcard; — *postale*, postcard; — *per ordinazioni*, return card // (*mil.*) — *precetto*, call-up papers (*pl.*).

cartomante *s.m.* e *f.* fortune-teller.

cartomanzia *s.f.* cartomancy.

cartonaggio *s.m.* pasteboard articles, paperboard articles (*pl.*); (*lavoro in cartone*) pasteboard work, paperboard work.

cartonare *v.tr.* to bind* in paperboards.

cartonato *agg.* bound in paperboards.

cartoncino *s.m.* **1** (*materiale*) (thin) card: — *patinato*, coated board (*o* art board) **2** (*bigliettino*) card: — *da visita*, visiting card; — *di auguri*, greetings card.

cartone *s.m.* **1** cardboard; paperboard, pasteboard; (*molto grosso*) millboard: — *ondulato*, corrugated cardboard; *scatola di* —, cardboard box (*o* carton) **2** (*pitt.*) cartoon: *i cartoni di Raffaello*, Raphael's cartoons **3** (*cinem.*) *cartoni animati*, cartoons **4** (*imballaggio*) carton, box; case: *un* — *da sei bottiglie*, a box of six bottles.

cartonificio *s.m.* cardboard factory.

cartonista *s.m.* e *f.* cartoonist.

cartoteca *s.f.* collection of maps.

cartotecnica *s.f.* paper and cardboard industry.

cartotecnico *s.m.* worker in the paper and cardboard industry.

cartuccia *s.f.* cartridge (*anche inform.*): — *a polvere sola, a salve*, blank cartridge // *mezza* —, (*spreg.*) (*omuncolo*) mediocrity, second-rater // *l'ultima* —, (*fig.*) one's last resource.

cartucciera *s.f.* cartridge-belt.

caruncola *s.f.* **1** (*anat., bot.*) caruncle **2** (*zool.*) wattle.

caruso *s.m.* (*dial.*) 'caruso' (youth employed in sulphur mines or on cooperative farms in Sicily).

carvacrolo *s.m.* (*chim.*) carvacrol.

carvi *s.m.* (*bot.*) (*Carum carvi*) caraway.

carvone *s.m.* (*chim.*) carvone.

casa *s.f.* **1** (*abitazione*) house; (*residenza abituale, ambiente familiare*) home; (*appartamento*) flat, apartment: — *di campagna*, house in the country; *seconda* —, holiday home; — *in affitto*, rented house; — *popolare*, council house; — *colonica*, farmhouse; *abita a* — *nostra*, he lives at our house (*o* he lives with us); *dove stai di* —?, where do you live?; *andammo a* — *loro*, we went to their house (*o* we went to them); *passerò l'estate a* — *di mio zio*, I'm going to spend the summer at my uncle's (house); *andare a* —, to go home; *essere fuori di* —, to be out; *essere in* —, to be at home (*o* to be indoors); *esser via da, lontano da* —, to be away (*o* far) from home; *restare a* —, to stay at home (*o* to keep indoors); *tornare a* —, to go back (*o* to come back *o* to return) home; *uscire di* —, to go out // *amico di* —, family friend; *donna di* —, woman fond of her home; (*brava massaia*) housewife; *fatto in* —, homemade; *nostalgia di* —, homesickness; *spese di* —, household expenses (*o* housekeeping) // (*sport*) *giocare in* —, *fuori* —, to play at home, to play away // — *dolce* —, home sweet home // *andare di* — *in* —, to go from door to door // *stare a* — *del diavolo*, to live in the back of beyond // *fare gli onori di* —, to receive guests (*o* to play host) // *mettere su* —, to set up house; (*sposarsi*) to get married // *non avere né* — *né tetto*, to be homeless // *ognuno è re in casa propria*, (*prov.*) every man is master in his own home **2** (*convento*) religious house, religious community, convent: — *madre*, mother house **3** (*edificio pubblico*) house: — *da gioco*, gambling (*o* gaming) house; *gestire una* — *da gioco illegale*, to conduct an illegal gambling enterprise;— *dello studente*, (university) students' hostel; — *di correzione*, reformatory (*o* Borstal); — *di cura, di salute*, nursing home; — *di pena*, penitentiary (*o* prison *o* gaol); — *di riposo*, rest home; — *di tolleranza*, licensed brothel; — *malfamata*, house of ill fame **4** (*famiglia, stirpe, lignaggio, dinastia*) family, house; dynasty: *la* — *regnante*, the ruling dynasty **5** (*comm.*) house, business house, firm, company:— *commerciale*, business house (*o* firm); — *commissionaria*, commission house; — *madre*, (*sede principale*) head office, (*società controllante*) parent company; — *editrice*, publishing house; — *discografica*, record company; — *d'esportazione*, export house; — *d'importazione*, importing house; — *di pegno*, pawn agency (*o* pawnshop *o* pawnbroker's); — *di spedizione*, forwarding agency, (*marittima*) shipping agency; — *vinicola*, wine producing company (*o* wine producer); — *di vendita per corrispondenza*, mail order firm (*o* house) // (*fin.*): — *di sconto*, discount house; — *di accettazione*, acceptance (*o* accepting) house **6** (*astrologia*) house **7** (*scacchi, dama*) square

casacca *s.f.* **1** coat; jacket **2** (*mil.*) surcoat, cloak // *voltar, mutar* —, (*fig.*) to turn one's coat (*o* to change sides).

casaccio, a *locuz.avv.* at random, haphazardly: *un'osservazione fatta a* —, a random remark; *parlare a* —, to talk at random; *sparare a* —, to shoot at random.

casale *s.m.* **1** (*gruppo di case in campagna*) hamlet **2** (*casolare*) farmhouse.

casalinga *s.f.* housewife*.

casalingo *agg.* **1** (*di casa*) homely, domestic: *abitudini casalinghe, costumi casalinghi*, domestic habits; *atmosfera casalinga*, homely atmosphere **2** (*semplice, alla buona*) plain, simple, homely: *cucina casalinga*, plain (*o* home) cooking // *alla casalinga*, simply (*o* plainly *o* in a homely fashion) **3** (*fatto in casa*) homemade: *pane* —, homemade bread **4** (*che ama stare in casa*) home-loving: *uomo* —, home-loving man ◆ *s.m.pl.* household objects.

casamatta *s.f.* (*mil.*) casemate, pillbox.

casamento *s.m.* **1** (*caseggiato*) block of flats **2** (*gli inquilini*) tenants (*pl.*).

casanova *s.m.* casanova.

casareccio → **casereccio**.

casaro *s.m.* dairyman*, cheese maker.

casata *s.f.* family, house, clan; (*estens.*) lineage.

casato *s.m.* **1** (*antiq.*) (*cognome*) surname, family name **2** (*casata, famiglia*) family, house; (*nascita*) birth: *di nobile* —, of noble birth.

casba *s.f.* casbah.

cascaggine *s.f.* (*stanchezza*) weariness; (*fiacchezza*) languor; (*sonnolenza*) drowsiness.

cascame *s.m.* waste [U]: — *di cotone*, cotton waste; — *di seta*, silk waste; — *di metallo*, metal waste // *cascami*, waste products.

cascamorto *s.m.* (*scherz.*) (*innamorato*) spoon, lovesick person: *fare il* — *con una ragazza*, to run after (*o* to flirt with) a girl.

cascante *agg.* (*debole*) weak, feeble; (*floscio, flaccido*) flabby (*anche fig.*); (*cadente*) drooping, sagging: *guance cascanti*, flabby cheeks.

cascara sagrada *s.f.* **1** (*bot.*) (*Rhamnus purshiana*) cascara (buckthorn) **2** (*med.*) cascara sagrada.

cascare *v.intr.* to fall* (down), to tumble (down): (*con fracasso*) to crash (down): *attento a non* —, mind you don't fall; *è cascato il soffitto*, the ceiling has fallen down; *i piatti cascarono sul pavimento*, the dishes crashed to the floor // *mi cascano le braccia*, I despair // *nemmeno se cascasse il mondo*, happen what may; *non casca il mondo se...*, it's not the end of the world if... // *qui casca l'asino*, here is the stumbling block (*o* problem) // — *dalle nuvole*, to be struck with amazement // — *dal sonno*, to be overcome with sleep // — *in piedi*, (*fig.*) to fall on one's feet // *far* — *qlco. dall'alto*, to grant (*o* to do) sthg. as a special favour // — *bene, male*, to come off well, badly // *non ci sei cascato*, you didn't fall for it.

cascata *s.f.* **1** (*caduta*) fall, tumble **2** (*d'acqua*) fall, waterfall, cascade: *una* — *famosa*, a famous waterfall // *le cascate del Niagara*, Niagara Falls **3** (*di perle, pizzi ecc.*) cascade.

cascaticcio *agg.* **1** (*di frutto*) ready to drop **2** (*fig. non com.*) (*debole, fiacco*) feeble, weak.

cascatore *s.m.* (*cinem.*) stuntman*.

caschetto *s.m.* (*acconciatura*) bob, page boy (cut).

cascina *s.f.* **1** (*fattoria con bestie da latte*) dairy farm; (*cascinale*) farmstead **2** (*caseificio*) dairy.

cascinaio *s.m.* (*region.*) (dairy) farmer.

cascinale *s.m.* farmstead, homestead.

cascino *s.m.* (*forma per formaggio*) cheese -mould.

casco *s.m.* **1** helmet; (*coloniale*) sun helmet, topee, topi // (*inform.*) — *virtuale*, Head Mounted Display (HMD) **2** (*per asciugare i capelli*) hairdryer, dryer **3** (*per motociclisti*) crash helmet **4** (*di banane*) bunch, hand.

caseario *agg.* cheese (*attr.*).

caseasi *s.f.* (*chim.*) casease.

caseggiato *s.m.* **1** (*insieme di case*) block (of buildings) **2** (*grosso edificio*) block (of flats).

caseificazione *s.f.* **1** cheese making **2** (*trasformazione del latte in cagliata*) coagulation of milk (for cheese making).

caseificio *s.m.* dairy.

caseina *s.f.* (*chim.*) casein.

caseinogeno *s.m.* (*chim.*) caseinogen.

casella *s.f.* **1** (*scomparto*) compartment; (*di schedario*) pigeonhole // — *postale*, post office box **2** (*riquadro*) square: *le caselle di un cruciverba*, the squares of a crossword **3** (*antiq.*) (*cella di alveare*) cell.

casellante *s.m.* **1** (*ferr.*) line inspector; (*custode di passaggio a livello*) (level) crossing keeper **2** (*di autostrada*) (motorway) toll collector.

casellario *s.m.* **1** (*mobile*) (set of) pigeonholes //— *postale*, (set of) post office boxes **2** (*raccolta di schede*) records office: (*dir.*) — *penale*, — *giudiziario*, criminal records office; judicial register.

casellista *s.m.* e *f.* a post-office boxholder.

casello *s.m.* **1** (*ferr.*) crossing keeper's box **2** (*di autostrada*) tollbooth.

casentino *s.m.* (*tess.*) casentino.

caseosio *s.m.* (*chim.*) caseose.

caseoso *agg.* (*chim.*) caseous.

casereccio *agg.* homely, homemade: *pane* —, homemade bread.

caserma *s.f.* barracks (*pl.*).

casermaggio *s.m.* (*mil.*) barracks equipment, barracks furniture and fittings.

casermesco *agg.* (*spreg.*) barrack-room (*attr.*).

casermone *s.m.* ugly barrack-like building.

casertano *agg.* of Caserta, from Caserta ◆ *s.m.* inhabitant of Caserta.

casetta *s.f.* little house; small house; cottage.

cash and carry *s.m.* (*comm.*) cash and carry.

cash-flow *s.m.* (*fin.*) cash flow.

cashmere → **cachemire**.

casigliano *s.m.* (*region.*) fellow tenant.

casinista *s.m.* e *f.* region. **casinaro** *s.m.* (*fam.*) **1** (*pasticcione, confusionario*) person who makes a mess, bungler, (*sl. volg.*) wanker: *è un* —, he's hopeless (*o* useless) **2** (*persona chiassosa*) rowdy (person).

casino *s.m.* **1** (*capanno da caccia*) shooting lodge **2** (*sede di circolo o club*) club, club-house **3** (*postribolo*) brothel **4** (*fam.*) (*chiasso*) mess, row, din, (*volg.*) balls-up: *non fare*—, don't make such a row; *è un* —, it's a complete mess (*o* a complete balls-up); *fa sempre* —, he's always kicking up a row.

casipola → **casupola**.

casista *s.m.* (*teol.*) casuist.

casistica *s.f.* **1** survey; (*med.*) case histories, record of cases **2** (*teol.*) casuistry.

casmogamo *agg.* (*bot.*) chasmogamous.

caso *s.m.* **1** chance: *il — volle che gli parlassi*, I happened (*o* chanced) to speak to him; *fu un puro* —, it was pure (*o* sheer) chance // *a* —, at random: *scegliere a* —, to choose at random // *per* —, by chance: *udimmo per* —, we heard by chance // *guarda* —, as chance would have it // *si dà il — che*, it so happens that **2** (*fatto, circostanza, situazione*) case; (*avvenimento*) event, matter, affair: *i casi della vita*, (*gli alti e bassi*) the ups and downs of life; — *di coscienza*, matter of conscience; *un — di difterite*, a case of diphtheria; — *medico*, medical case; — *imprevisto*, unforeseen event; *è un brutto* —, it's an unpleasant affair; (*dir.*) — *giudiziario*, (legal) case; (*dir.*) — *fortuito*, fortuitous event; — *limite*, extreme case; *ci sono stati molti casi di rapina*, there have been many cases of robbery; *esponimi il tuo* —, put your case to me; *farò un'eccezione nel vostro* —, I'll make an exception in your case; *questo non è il vostro* —, this is not your case // *pensate ai casi vostri*, mind your own business // *questo fa al — nostro*, this is what we want (*o* it's just what we need) // *non farne un — di stato*, don't make a mountain out of a molehill (*o* out of it) // *non è il — di preoccuparsi*, there is no need to worry **3** (*eventualità*) instance, case: *in — affermativo*, in the affirmative; *in — di attacco nemico*, in case of enemy attack; *in — di incendio telefonate a questo numero*, in case of fire call this number; *nel — che non ci sia*, in case he's not there; *nel — vi abbisognasse denaro...*, should you need any money... // — *mai, in* —, in case // *in ogni* —, in any case (*o* at any rate *o* at all events) // *in tal* —, in that case // *poniamo il — che*, let us suppose that // *in — contrario*, otherwise (*o* should that not be the case) **4** (*possibilità, modo*) way, possibility, alternative: *non c'è — di convincerlo*, there is no way of convincing him **5** *far — a qlco., qlcu.*, to take sthg., s.o. into account; *non fare — a qlco., qlcu.*, to take no account (*o* notice) of sthg., s.o. **6** (*gramm.*) case: — *nominativo*, nominative case.

casolare *s.m.* cottage.

casolite *s.f.* (*chim.*) kasolite.

casomai *cong.* if (by any chance), in case.

casotto *s.m.* **1** cabin; (*cabina da spiaggia*) bathing hut, cabin; (*garitta*) sentry box **2** (*mar.*): — *del timone*, wheelhouse; — *di rotta*, chartroom, charthouse **3** (*postribolo*) brothel **4** (*fam.*) (*chiasso*) mess, row, din, (*volg.*) balls-up.

caspita, **caspiterina** *inter.* **1** (*per esprimere meraviglia*) good heavens, good gracious! **2** (*per esprimere impazienza*) for goodness' sake!

cassa *s.f.* **1** case, box, chest; (*a gabbia*) crate: *una — di merci*, a case of goods; *una — di tè*, a chest of tea; *una — di pomodori*, a box of tomatoes; *dieci casse di mele*, ten cases (*o* boxes) of apples // (*fis.*): — *di risonanza*, resonance box; — *acustica*, speaker **2** (*di negozio, bar ecc.*) counter, cash, desk, cash desk, cashier's desk, cash box; (*di banca*) counter: *deve pagare alla* —, you have to pay at the cash desk (*o* till); *si accomodi alla — n. 2*, please go to cash desk no. 2; — *di uscita*, (*al supermarket*) checkout; *registratore di* —, cash register // (*comm.*): *avanzo, disponibilità di* —, cash on (*o* in) hand; (*in un negozio per iniziare l'attività quotidiana*) float; *vuoto, ammanco di* —, cash shortage (*o* deficit); *libro di* —, cash book; *pagamento a pronta* —, cash payment; *a pronta* —, cash down (*o* in cash *o* by cash *o* promptly); *netto* —, net cash; *eccedenza di* —, cash surplus; *flusso di* —, cash flow; *fondo* —, reserve fund; *avere, non avere denaro in* —, to have, not to have money on hand; *tenere la* —, to be in charge of the cash // (*di banca*): *sportello di* —, cashier's (*o* teller's) window; — *automatica*, cash dispenser (*o* cash point *o* cashomat); — *continua*, night safe // *le casse dello stato*, the coffers of the State // *batter* —, to ask for money // — *comune*, (*fam.*) kitty **3** (*fondo*) fund: — *di ammortamento*, sinking (*o* redemption) fund // — *malattia*, health insurance fund; *casse pensionistiche*, superannuation fund; — *integrazione guadagni*, redundancy fund; body that pays the wages of workers laid off temporarily; *essere in — integrazione*, to receive redundancy payments // *Cassa del Mezzogiorno*, Southern Italy Development Fund **4** (*banca*) bank: — *di risparmio*, savings bank, (*amer.*) thrift institution; — *di risparmio postale*, post-office savings bank; — *di risparmio nazionale*, national savings bank; — *di risparmio* (*fiduciario*), trustee savings bank; — *rurale e artigiana*, agricultural and merchant bank; *casse di risparmio*, (*amer.*) Savings and Loan Associations **5** (*anat.*): — *del timpano*, eardrum; — *toracica*, chest **6** (*mus.*) case: — *del pianoforte*, piano case; — *del violino*, violin case **7** (*da morto*) coffin **8** (*tip.*) case: — *per la spaziatura*, space and quad case; *alta, bassa* —, upper, lower case **9** (*mar.*): — *d'aria*, air-lock; — *di rapida immersione*, crash diving tank; *casse di rollio*, rolling tanks; — *per zavorra d'acqua*, ballast tank **10** (*tess.*): — *battente*, sley; — *del fuso*, spindle box **11** (*mil.*) — *del fucile*, rifle-stock.

cassaforma *s.f.* (*tecn.*) formwork.

cassaforte *s.f.* **1** safe, strongbox: (*dir.*) *furto da — con effrazione*, safe cracking **2** (*camera blindata*) strong room.

cassaintegrato *s.m.* (*econ.*) redundancy fund beneficiary, redundancy fund recipient.

cassaio *s.m.* case maker, box maker.

cassamento *s.m.* cassation, annulment, revocation.

cassandra *s.f.* (*chi predice avvenimenti tristi*) Cassandra.

cassapanca *s.f.* chest.

cassare *v.tr.* **1** to cancel, to annul, to quash // (*comm.*) — *un debito*, to cancel a debt **2** (*dir.*) to abrogate, to quash, to repeal, to reverse, to vacate.

cassata *s.f.* **1** 'cassata' (kind of Sicilian cake) **2** (*di gelato*) ice cream gâteau.

cassatura *s.f.* **1** (*atto ed effetto del cassare*) erasure, annulment **2** (*frego fatto per cassare*) cancellation.

cassava → **manioca**.

cassazione *s.f.* (*dir.*) cassation: *andare in* —, to file an appeal to the Supreme Court // *corte di* —, court of cassation.

casseretto *s.m.* (*mar.*) poop deck.

cassero *s.m.* (*mar.*) quarterdeck.

casseruola *s.f.* saucepan; stewpan: *vitello in* —, braised veal (*o* veal casserole).

cassetta *s.f.* **1** box, (small) case; crate: *una — di mele*, a box of apples; — *degli attrezzi*, toolbox; — *dei reclami*, complaints box; — *di pronto soccorso*, first-aid kit; — *di sicurezza*, safe-deposit box; — *delle lettere*, letterbox, postbox, (*amer.*) mail box;— *per le lettere a colonna, a pilastro*, pillar box **2** (*posto del cocchiere*) box, coachman's seat; driver's seat: *montare a* —, to take the driver's seat; *stare a* —, to drive **3** (*cassetto per l'incasso*) till; (*l'incasso*) takings (*pl.*): *questo film ha avuto un grande successo di* —, this film has been a big box office success // *libro, film di* —, a commercial book, film (*o* a book, a film made to make money) // (*fin.*) *titolo di* —, gilt -edged (*o* long-dated) security.

cassettiera *s.f.* chest of drawers.

cassettista *s.m.* e *f.* (*banca*) holder, renter of a safe-deposit box.

cassetto *s.m.* **1** drawer // *avere dei sogni nel* —, to have unrealized dreams **2** (*in negozi ecc., per riporre il denaro*) till.

cassettone *s.m.* **1** chest of drawers; (*amer.*) bureau* **2** (*arch.*) lacunar: *soffitto a cassettoni*, lacunar (ceiling).

cassia *s.f.* (*bot.*) cassia.

cassiera *s.f.* **cassiere** *s.m.* cashier; (*di banca*) teller, cashier; (*in una ditta*) receiver, treasurer: — *ai pagamenti*, teller out (*o* paying teller); — *alle riscossioni*, teller in (*o* receiving teller).

cassinense, **cassinese** *agg.* of the monastery of Montecassino, from the monastery of Montecassino.

cassino[1] *s.m.* (*cancellino*) (round) blackboard duster.

cassino[2] *s.m.* (*carretto dello spazzino*) rubbish cart; (*carretto dell'accalappiacani*) dog catcher's van.

cassintegrato → **cassaintegrato**.

cassiterite *s.f.* (*min.*) cassiterite, tinstone.

cassone *s.m.* **1** large case; (*cassapanca*) chest **2** (*mil.*) (*carro per trasporto munizioni*) ammunition waggon, caisson **3** (*edil.*) caisson; (*a compartimento stagno*) coffer-dam **4** (*agr.*) greenhouse, cloche **5** (*aut.*) body: — *ribaltabile*, tipping body.

cassonetto *s.m.* **1** (*per rifiuti*) rubbish skip **2** (*edil.*) rolling-shutter box.

cast *s.m.* (*cinem.*) cast.

casta *s.f.* **1** caste **2** (*spreg.*) class, caste: *la* — *dei politici*, the political class (*o* caste).

castagna *s.f.* **1** chestnut: — *lessata, arrosto*, boiled, roast chestnut; — *secca*, dried chestnut // — *d'India*, horse chestnut; *togliere la* — *dal fuoco con la zampa del gatto*, to make a cat's paw of s.o. (*o* to use a person as a tool) // *prendere qlcu. in* —, to catch s.o. red-handed **2** (*bot.*): — *d'acqua*, (*Trapa natans*) water -chestnut, caltrop; — *di terra*, (*Bunium bulbocastanum*) earth-nut, pignut **3** (*mar.*) pawl **4** (*vet.*) (*di equino*) chestnut, castor **5** (*sport*) (*boxe*) hot punch; (*calcio*) fierce shot.

castagnaccio *s.m.* chestnut cake.

castagnaio *s.m.* **1** (*chi raccoglie castagne*) gatherer of chestnuts **2** (*venditore di castagne*) chestnut seller.

castagnatura *s.f.* chestnut harvest.

castagneto *s.m.* chestnut grove, chestnut wood.

castagnetta *s.f.* (*petardo*) banger.

castagnette *s.f.pl.* **1** castanets **2** (*schiocco delle dita*) click, snap (of the fingers).

castagnino *agg.* (*non com.*) **1** (*colore*) chestnut(-coloured) **2** (*agr.*) suitable for the growing of chestnuts.

castagno[1] *s.m.* **1** (*bot.*) (*Castanea sativa*) chestnut // — *d'India*, (*Aesculus hippocastanum*) horse chestnut **2** (*legno*) chestnut (wood).

castagno[2] *agg.* → **castano**.

castagnola *s.f.* (*petardo*) banger.

castagnuola → **castagnola**.

castaldo *s.m.* **1** land agent, steward **2** (*st.*) steward: — *del re*, the king's steward **3** (*region.*) (*lavoratore agricolo*) agricultural labourer, farm worker.

castanicoltura *s.f.* chestnut-growing.

castano *agg.* chestnut(-coloured), brown, nut-brown: — *chiaro*, light brown; *capelli castani*, brown hair.

castellana *s.f.* **1** lady of a castle, chatelaine **2** (*signora di residenza di campagna*) lady of the manor **3** (*guardiana di castello*) castellan.

castellano *s.m.* **1** lord of a castle **2** (*signore di residenza di campagna*) lord of the manor **3** (*guardiano di castello*) castellan.

castellatura *s.f.* frame.

castelletto *s.m.* **1** (*miner.*) headgear, headframe **2** (*banca*) credit line, credit limit.

castello *s.m.* **1** castle // *un* — *di carte*, a house of cards // — *di menzogne*, (*fig.*) pack of lies // *fare castelli in aria*, to build castles in the air (*o* in Spain) **2** (*residenza di signori di campagna*) manor, country house **3** *letto a* —, bunk bed **4** (*macchina di legno per assedio*) siege-tower **5** (*edil.*) scaffold **6** (*mar.*) deck, castle: — *di poppa*, quarterdeck; — *di prua*, forecastle **7** (*impalcatura per bachi da seta*) silkworm frames **8** (*impianto mobile per riparare fili aerei*) mobile maintenance tower (for repairing overhead wires).

castigabile *agg.* punishable.

castigamatti *s.m.* **1** (*bastone*) stick, cudgel **2** (*fig.*) (*persona rigida, severa*) martinet.

castigare *v.tr.* **1** to punish, to chastise, to castigate **2** (*emendare, disciplinare*) to chasten, to discipline: — *i propri sensi*, to chastise the body **3** (*letter.*) (*correggere*) to correct, to purify, to chasten: — *i costumi*, to moderate one's habits // — *un libro*, to expurgate (*o* bowdlerize) a book.

castigatamente *avv.* **1** (*castamente*) chastely, with modesty, modestly **2** (*correttamente*) correctly.

castigatezza *s.f.* restraint, moderation, modesty: — *di linguaggio*, decency of speech (*o* decent language) // — *di stile, di lingua*, correctness (*o* purity) of style, of language.

castigato *agg.* **1** (*casto*) chaste, pure, modest, moderate: *linguaggio* —, chaste (*o* decent *o* pure) language **2** (*espurgato*) bowdlerized: *edizione castigata*, expurgated (*o* bowdlerized) edition **3** (*corretto*) correct; (*di stile*) pure, sober.

castigatore *s.m.* punisher; castigator.

castigliano *agg.* e *s.m.* Castilian.

castigo *s.m.* punishment, chastisement: *infliggere un* —, to punish (*o* to inflict a punishment); *mettere in* — *un bambino*, (*metterlo in un angolo*) to put a child in a corner; *non può venire al cinema con noi perché è in* —, he can't come to the cinema with us because he's being punished // — *di Dio*, (*fig.*) calamity (*o* scourge).

castimonia *s.f.* (*non com.*) pure life, chaste life, chastity.

castità *s.f.* chastity.

casto *agg.* chaste, pure.

castone *s.m.* setting, mounting, bezel, collet.

castorino *s.m.* (*pelliccia*) nutria, coypu.

castoro *s.m.* (*zool.*) beaver: *pelliccia di* —, beaver (fur) // — *di montagna*, (*Aplodontia rufa*) boomer.

castracani *s.m.* **1** dog gelder **2** (*spreg.*) (*chirurgo maldestro*) incompetent surgeon; (*fam.*) butcher.

castrametazione *s.f.* (*mil.*) castrametation.

castrante *agg.* inhibiting; frustrating: *personalità* —, inhibiting personality; *lavoro* —, frustrating job.

castraporci *s.m.* **1** pork gelder **2** (*spreg.*) (*chirurgo maldestro*) incompetent surgeon; (*fam.*) butcher.

castrare *v.tr.* **1** to castrate, to geld; (*piccoli animali, spec. gatto*) to neuter; (*arieti*) to swig; (*la femmina di un animale*) to spay **2** (*fig.*) to inhibit, to frustrate: — *le potenzialità di qlcu.*, to stifle s.o.'s potential **3** (*castagne*) to slit **4** (*ant.*) (*emendare un libro*) to expurgate, to bowdlerize.

castrato *agg.* **1** castrated, gelded; (*di piccolo animale, spec. gatto*) neutered **2** (*fig.*) inhibited; frustrated **3** (*ant.*) (*emendato, di libro*) expurgated, bowdlerized ◆ *s.m.* **1** wether; (*carne*) mutton **2** (*cantante*) castrato (*pl.* -ti).

castratoio *s.m.* castrating knife*.

castratore *s.m.* **castratrice** *s.f.* **1** castrator **2** (*fig.*) suppressor.

castratura, **castrazione** *s.f.* castration // (*psic.*) *complesso di castrazione*, castration complex.

castrense *agg.* castrensian, of a military camp // *vescovo* —, bishop in ordinary to the forces.

castrismo *s.m.* Castroism.

castrista *agg.* e *s.m.* e *f.* Castroist.

castro *s.m.* (*st. mil.*) castra.

castronaggine *s.f.* stupidity; (*fam.*) load of balls.

castrone *s.m.* **1** (*montone castrato*) wether; (*cavallo castrato*) gelding **2** (*fig. fam.*) (*persona stupida e grossolana*) blockhead, dummy.

castroneria *s.f.* stupidity; (*fam.*) howler // *dire castronerie*, to talk nonsense.

casuale *agg.* random, fortuitous, accidental: *incontro* —, accidental (*o* chance) meeting // *diritti casuali*, special bonuses // (*mat.*) *numero, variabile* —, random number, variable // (*stat.*) *passeggiata* —, random walk.

casualismo *s.m.* (*fil.*) casualism.

casualità *s.f.* **1** (*l'essere casuale*) randomness, fortuitousness **2** (*circostanza casuale*) accident, chance (happening).

casualmente *avv.* by chance, accidentally.

casuario *s.m.* (*zool.*) cassowary.

casuista *s.m.* (*teol.*) casuist.

casuistica *s.f.* (*teol.*) casuistry.

casupola *s.f.* modest little house; (*amer.*) cabin; (*tugurio*) hovel.

casus belli *locuz.sost.m.* **1** (*lat.*) casus belli, reason for war **2** (*fig.*) issue: *non farne un* —, don't make an issue out of it.

catabolico *agg.* (*biol.*) catabolic.

catabolismo *s.m.* (*biochim.*) catabolism, katabolism.

catabolito *s.m.* (*biochim.*) catabolite.

catabolizzare *v.tr.* (*chim.*) to catabolize.

cataclasi *s.f.* (*geol.*) cataclasis.

cataclisma *s.m.* **1** cataclysm, flood, inundation **2** (*fig.*) cataclysm, disaster.

catacomba *s.f.* catacomb.

catacombale *agg.* of a catacomb, like a catacomb (*pred.*)

catacresi *s.f.* (*ret.*) catachresis.

catadiottrica *s.f.* (*fis.*) catadioptrics.

catadiottrico *agg.* (*fis.*) catadioptric: (*astr.*) *telescopio* —, catadioptric telescope.

catadromo *agg.* (*zool.*) catadromous.

catafalco *s.m.* catafalque.

catafascio, a *locuz.avv.* upside down, topsyturvy, higgledy-piggledy: *andare a* —, (*in rovina*) to go to rack and ruin.

catafillo *s.m.* (*bot.*) cataphyll.

catafora *s.f.* (*med.*) cataphora.

cataforesi *s.f.* (*chim.*) cataphoresis.

catafratta *s.f.* (*armatura*) cataphract.

catafratto *s.m.* (*soldato vestito di catafratta*) cataphract.

cataglosso *s.m.* (*med.*) → **abbassalingua**.

catalano *agg.* Catalan, of Catalonia ◆ *s.m.* **1** (*abitante*) Catalan **2** (*lingua*) Catalan.

catalasi *s.f.* (*biochim.*) catalase.

catalessi[1], **catalessia** *s.f.* (*med.*) catalepsy.

catalessi[2] *s.f.* (*metrica*) catalexis.

catalettico[1] *agg.* e *s.m.* (*med.*) cataleptic.

catalettico[2] *agg.* (*metrica*) catalectic.

cataletto *s.m.* **1** (*barella*) stretcher **2** (*bara*) bier.

catalisi *s.f.* (*chim.*) catalysis: — *enzimatica*, enzymatic catalysis; — *eterogenea*, heterogeneous catalysis; — *omogenea*, homogeneous catalysis.

cataliticamente *avv.* (*chim.*) catalytically.

catalitico *agg.* (*chim.*) catalytic: *cracking* —, catalytic cracking; *marmitta catalitica*, catalytic exhaust.

catalizzare *v.tr.* (*chim.*) to catalyze.

catalizzatore *s.m.* (*chim.*) catalyst, activator, catalyzer (*anche fig.*): *letto di* —, catalyst bed; — *negativo*, anticatalyst, depressor ◆ *agg.* catalytic.

catalizzazione → **catalisi**.

catalogabile *agg.* classifiable, catalogable.

catalogare *v.tr.* to catalogue, to list, to classify: *le sue opere non sono state ancora catalogate*, his work hasn't been catalogued yet.

catalogatore *agg.* cataloguing ◆ *s.m.* cataloguer, cataloguist.

catalogazione *s.f.* cataloguing.

cataloghista *s.m.* e *f.* cataloguer, cataloguist.

catalogico *agg.* catalogic.

catalogno *s.m.* (*bot.*) (*Jasminum grandiflorum*) Catalonian jasmine, Spanish jasmine.

catalogo *s.m.* **1** catalogue, list; (*amer.*) catalog: — *generale*, *illustrato*, general (*o* master), illustrated catalogue; — *dei prezzi*, *dei libri*, price list, book list; — *stellare*, star catalogue; — *di vendita per corrispondenza*, mail-order catalogue; *consultare un* —, to look at (*o* to look up in) a catalogue **2** (*inform.*) catalog.

catalografico *agg.* cataloguing, catalogue (*attr.*).

catalpa *s.f.* (*bot.*) (*Catalpa bignonioides*) common catalpa, (*pop.*) Indian bean.

catamarano *s.m.* (*mar.*) catamaran.

catapecchia *s.f.* (*baracca*) hovel, (*fam.*) dump; (*casa in rovina*) dilapidated house.

cataplasma *s.m.* **1** poultice, plaster, cataplasm **2** (*fig.*) (*persona noiosa*) bore; (*persona piena di acciacchi*) crock.

cataplessia *s.f.* (*med.*) cataplexy.

catapletico *agg.* (*med.*) cataplectic.

catapulta *s.f.* catapult, launcher: (*aer.*) — *di portaerei*, deck catapult.

catapultamento *s.m.* (*aer.*) catapulting.

catapultare *v.tr.* **1** to catapult, to launch (by catapult) **2** (*estens.*) to catapult: *l'urto lo catapultò fuori dell'auto*, the impact catapulted him out of the car.

□ **catapultarsi** *v.rifl.* to catapult oneself.

cataraffio *s.m.* (*mar.*) caulking iron.

cataratta → **cateratta**.

catarifrangente *agg.* reflecting ◆ *s.m.* **1** reflector: — *di bicicletta*, bicycle rear reflector **2** (*ai bordi della carreggiata*) cat's-eye.

catarismo *s.m.* (*st. relig.*) Catharism.

cataro *s.m.* (*st. relig.*) Cathar(ist).

catarometro *s.m.* (*fis.*) katharometer.

catarrale *agg.* catarrhal.

catarrina *s.f.* (*zool.*) cata(r)rhine.

catarro *s.m.* (*med.*) catarrh.

catarroso *agg.* catarrhal.

catarsi *s.f.* **1** (*teatr.*) catharsis **2** (*estens.*) purification **3** (*psic.*) catharsis, abreaction.

catartico *agg.* **1** cathartic: *rito* —, cathartic rite; (*psic.*) *metodo* —, cathartic method **2** (*ant.*) cathartic, purgative.

catasta *s.f.* **1** pile, heap, stack **2** (*miner.*) (*d'armatura*) chock.

catastale *agg.* cadastral: *mappa* —, cadastral map; *rendita* —, cadastral income (presumptive income of land etc. determined by a public office for purpose of taxation); *registro* —, cadastral register; *partita* —, cadastral number.

catastare[1] *v.tr.* (*non com.*) (*ammassare*) to pile up, to heap up.

catastare[2] *v.tr.* (*mettere a catasto*) to register.

catasto *s.m.* cadastre, land register: *ufficio del* —, land (registry) office.

catastrofale *agg.* catastrophic: *danni catastrofali*, catastrophic damage.

catastrofe *s.f.* **1** catastrophe, disaster, ruin: — *finanziaria*, financial disaster (*o* crash) **2** (*mat.*) catastrophe: *teoria delle catastrofi*, catastrophe theory.

catastrofico *agg.* catastrophic, catastrophical.

catastrofismo *s.m.* **1** (*geol.*) catastrophism **2** (*fig.*) cassandraism, catastrophism.

catastrofista *s.m.* e *f.* (*geol.*) catastrophist // (*ecol.*) *catastrofisti*, doomsters.

catastrofistico *agg.* catastrophic, catastrophical.

catatonia *s.f.* (*psic.*) catatonia, catatony.

catatonico *agg.* e *s.m.* (*psic.*) catatonic.

catch *s.m.* (*sport*) all-in wrestling.

catechesi *s.f.* (*eccl.*) catechesis*.

catecheta *s.m.* e *f.* (*non com.*) catechist.

catechetica *s.f.* catechetics [U].

catechetico *agg.* catechetic.

catechina *s.f.* (*chim.*) catechin.

catechismo *s.m.* **1** (*eccl.*) catechism **2** (*estens.*) fundamental principles.

catechista *s.m.* e *f.* catechist.

catechistica *s.f.* catechistics [U].

catechistico *agg.* catechistic.

catechizzare *v.tr.* **1** to catechize **2** (*fig.*) (*cercare di persuadere*) to seek to persuade; to indoctrinate.

catechizzatore *s.m.* catechizer.

catechizzazione *s.f.* catechizing.

catecolammina *s.f.* (*biochim.*) catecholamine.

catecù *s.m.* (*bot.*) (*Acacia catechu*) catechu, cachou.

catecumenato *s.m.* catechumenate.

catecumeno *s.m.* catechumen.

categorema *s.m.* (*fil.*) categorem.

categoria *s.f.* **1** category, sector, class: — *impiegatizia*, white-collar workers; — *professionale*, professional category; — *operaia*, working class; *associazione di* —, trade association; — *sindacale* (*nelle contrattazioni collettive*), bargaining unit; *gente di ogni* — *sociale*, people of all ranks; *ristorante di prima* —, first-class (*o* first-rate) restaurant // (*trib.*): — *di reddito*, income bracket; *categorie d'imposta*, tax schedules **2** (*fil.*) category **3** (*mat.*) category: *teoria delle categorie*, category theory.

categoriale *agg.* **1** (*di categoria*) sectorial: *organizzazione* —, professional organization **2** (*fil.*) categorial **3** (*mat.*) categorical, categoric: *topologia* —, categoric(al) topology.

categoricamente *avv.* categorically.

categoricità *s.f.* categoricalness.

categorico *agg.* **1** (*assoluto*) categorical, absolute, unconditional; (*preciso*, *esplicito*) outspoken, precise, direct: *ordine* —, unconditional order; *rifiuto* —, flat (*o* categorical) refusal; *risposta categorica*, outspoken answer **2** (*fil.*) categorical: *imperativo* —, categorical imperative; *giudizio* —, categorical judgment **3** (*per categoria*) classified according to categories: *elenco* —, list divided according to categories; *elenco telefonico* —, classified telephone directory.

categorizzare *v.tr.* (*letter.*) to categorize.

catena *s.f.* **1** chain: — *dell'uscio*, door chain; *una lunga* — *di ferro*, a long iron chain; *mettere un cane alla* —, to put a dog on the chain; *prigioniero in catene*, prisoner in chains, (*in ceppi*) prisoner in fetters **2** (*fig.*) bond, tie; shackles (*pl.*): *le catene dell'amicizia*, the bonds of friendship; *liberarsi dalle catene del convenzionalismo*, to shake off the shackles of convention; *spezzare le catene*, to shake off one's fetters; *tenere qlcu. in catene*, to keep s.o. in complete subjection **3** (*serie*, *successione*) chain, succession, sequence: — *di avvenimenti*, chain of events // — *di S. Antonio*, chain letter // — *alimentare*, food chain **4** (*comm.*, *econ.*) chain, line: *una* — *di negozi*, chain of shops; *negozi a* —, chain stores (*o* multiple shops); *una* — *di ristoranti fast food*, a chain of fast food restaurants; *una* — *di supermercati*, a string of supermarkets; — *di giornali*, newspaper chain; — *di distribuzione*, chain of distribution; — *di montaggio*, assembly line; — *di produzione*, chain of production **5** (*di montagne*) chain, range; (*di monti*) ridge: — *montuosa*, mountain range **6** (*scient.*) chain // (*mat.*): — *ascendente*, ascending chain; *regola della* —, chain rule // (*chim.*): — *aperta*, *chiusa*, open, closed chain (of atoms); *reazione a* —, chain reaction.

catenaccio *s.m.* **1** bolt, padlock: *chiudere a — una porta*, to bolt a door **2** (*vecchio veicolo*) banger, old crock; jalopy.

catenaria *s.f.* (*mat.*, *scienza delle costruzioni*) catenary.

catenella *s.f.* small chain, fine chain: — *da orologio*, watch chain // *punto* —, (*cucito*) chain stitch.

catenina *s.f.* (thin) chain: *portava al collo una — d'oro*, she was wearing a thin gold chain round her neck.

catenoide *s.f.* (*mat.*) catenoid.

cateratta *s.f.* **1** cataract: *le cateratte del Nilo*, the cataracts of the Nile // *piovere a cateratte*, to rain heavily (*o* to pour *o fam.* to bucket down) **2** (*chiusa di canale*) sluice-gate, sluice **3** (*med.*) cataract: *operare una* —, to remove a cataract.

caterinetta *s.f.* apprentice dressmaker.

caterva *s.f.* (*di persone*) crowd, multitude, great number, host; (*di cose*) great quantity, piles (*pl.*), heaps (*pl.*): *ha una — di amici*, he has a large number (*o fam.* he has loads) of friends; *una — di sciocchezze*, a load of nonsense.

catetere *s.m.* (*med.*) catheter.

cateterismo *s.m.* (*med.*) catheterization.

cateterizzare *v.tr.* (*med.*) to catheterize.

cateto *s.m.* (*mat.*) cathetus*.

catetometro *s.m.* (*topografia*) cathetometer.

catgut *s.m.* (*med.*) catgut.

catilinaria *s.f.* **1** Cicero's Catiline Oration **2** (*estens.*) invective; violent abuse.

catinella *s.f.* basin // *piovere a catinelle*, to rain hard (*o* to pour *o fam.* to bucket down).

catino *s.m.* basin.

catione *s.m.* (*fis.*) cation.

cationico *agg.* (*fis.*) cationic.

catodico *agg.* (*fis.*) cathode (*attr.*): *raggi catodici*, cathode rays.

catodo *s.m.* (*elettr.*) cathode: — *caldo*, hot cathode; — *freddo*, cold cathode.

catodoluminescenza *s.f.* (*fis.*) cathodoluminescence.

catolito *s.m.* (*fis.*) catholyte.

catone *s.m.* (*uomo di rigidi principi*) man* of strict principles; puritan, moralizer; prig, censorious man*: *fare il* —, to be a fault-finder.

catoneggiare *v.intr.* to moralize, to affect strict principles, to be censorious.

catoniano *agg.* Catonian.

catoptrico e *deriv.* → **catottrico** e *deriv.*

catorcio *s.m.* (*persona malandata*) physical wreck; (*cosa vecchia*) crock.

catorzolo *s.m.* **1** (*di vite*) dry vineshoot **2** (*nodo di un tronco*) knot, gnarl.

catorzoluto *agg.* **1** (*secco*) dry, dried up; withered **2** (*nodoso*) knotty, gnarled.

catottrica *s.f.* (*fis.*) catoptrics [U].

catottrico *agg.* (*fis.*) catoptric(al).

catramare *v.tr.* to tar.

catramato *agg.* tarred: *carta catramata*, tar -paper.

catramatore → **catramista**.

catramatrice *s.f.* (*edil.*) tar sprinkler, tar sprayer.

catramatura *s.f.* tarring.

catrame *s.m.* tar: — *di conifere*, pine tar; — *di legna*, wood tar; — *di torba*, peat tar; — *minerale*, coal tar.

catramista *s.m.* (*edil.*) tar sprayer.

catramosità *s.f.* tarriness.

catramoso *agg.* tarry: *residuo* —, tarry residue; *sabbia catramosa*, tar-sand.

cattedra *s.f.* **1** (*dell'insegnante*) desk // *montare*, *salire in* —, (*fig.*) to pontificate (*o fam.* to get on one's soapbox) **2** (*l'ufficio dell'insegnare*) (*nelle scuole medie*) teaching post; (*nelle università*) chair: *ha la — di filosofia a Palermo*, he holds the chair of philosophy (*o* he is professor of philosophy) at Palermo University **3** (*seggio*) pulpit, chair; (*di vescovo*) bishop's throne (*o* chair) // *la — di San Pietro*, St. Peter's Chair.

cattedrale *agg.* cathedral (*attr.*) ◆ *s.f.* cathedral (church): *la — di Lincoln*, Lincoln Cathedral // — *nel deserto*, (*opera improduttiva*) white elephant.

cattedrante *s.m.* (*non com.*) **1** (*professore universitario*) university professor **2** (*pedante*) pedant.

cattedraticamente *avv.* **1** (*in modo professorale*) professorially **2** (*da pedante*) pedantically.

cattedratico *agg.* **1** (*professorale*) professorial **2** (*pedantesco*) pedantic ◆ *s.m.* professor.

cattivare → **accattivare**.

cattivello *agg.* naughty; impish ◆ *s.m.* little imp, naughty boy.

cattiveria *s.f.* **1** wickedness, malice, spite; (*capricciosità di bambino*) naughtiness: *l'ha fatto per* (*pura*) —, he did it out of (mere) spite **2** (*azione malvagia*) wicked action, (piece of) mischief; (*parole crudeli*) nasty thing to say: *questa è una vera* —, this is really nasty; *fare una — a qlcu.*, to be nasty to s.o.; *dire una* —, to say sthg. catty (*o* nasty).

cattività *s.f.* captivity; bondage: *alcuni animali non si riproducono in* —, some animals do not breed in captivity // *la — babilonese*, the Babylonian captivity.

cattivo *agg.* **1** bad: *un — affare*, a bad business; — *gusto*, bad taste; *una cattiva madre*, a bad mother; *cattive maniere*, bad manners; *cattiva reputazione*, bad name; *una cattiva traduzione*, a bad translation; — *umore*, bad temper; *parla un — inglese*, he speaks bad English; *avere una cattiva cera*, to look ill; *essere in — stato*, to be in a bad (*o* sorry) plight; *fare una cattiva scelta*, to make a poor choice // *farsi — sangue*, to get angry (*o* to worry) **2** (*di cattiva qualità*) bad, second-rate: *un — film*, a second-rate (*o* bad) film **3** (*sgradevole*) nasty, bad; (*malsano*) unhealthy: — *odore*, bad smell; — *sapore*, nasty taste; *aria cattiva*, unhealthy air **4** (*brutto*) (*di tempo*) bad; (*di mare*) rough; (*di vento*) nasty **5** (*incapace*, *inetto*) poor; incompetent; inefficient: *un — avvocato*, an incompetent lawyer; *un — impiegato*, an inefficient clerk; *un — scrittore*, a poor (*o* bad) writer; *cattiva amministrazione*, mismanagement (*o* bad management) **6** (*malvagio*, *di animo cattivo*) bad; wicked, ill-natured; malicious, mischief-making, mischievous: *una vita cattiva*, a bad life; *non è così — come sembra*, he is not as bad as he looks // *prendere qlcu. con le cattive*, to treat s.o. harshly **7** (*capriccioso*) naughty: *non fare il —!*, don't be naughty! **8** (*amaro*, *pungente*) bitter, harsh: *parole cattive*, bitter (*o* harsh) words ◆ *s.m.* **1** (*cosa cattiva*) bad: *prendere il buono e il* —, to take the bad with the good **2** (*persona cattiva*) bad person, wicked person: *i cattivi*, the wicked.

cattolicamente *avv.* catholically.

cattolicesimo, **cattolicismo** *s.m.* (Roman) Catholicism.

cattolicità *s.f.* **1** catholicity **2** (*i cattolici*) the Catholics (*pl.*).

cattolico *agg.* e *s.m.* (Roman) Catholic.

cattura *s.f.* **1** capture; (*arresto*) arrest: *mandato di* —, warrant (of arrest); *sfuggire alla* —, to escape capture **2** (*geogr.*, *astr.*) capture: — *fluviale*, river capture; (*geomorfologia*) abstraction.

catturare *v.tr.* **1** to capture, to catch*, to seize; (*arrestare*) to arrest: *l'assassino non è stato ancora catturato*, the murderer is still at large; *furono catturati cinquecento soldati nemici*, five hundred enemy soldiers were taken prisoner; *essere catturato dalla polizia*, to be arrested by the police // — *l'attenzione di qlcu.*, to attract s.o.'s attention // (*inform.*) — *un'immagine*, to capture an image **2** (*geogr.*) to capture.

catulliano *agg.* Catullian.

caucasico *agg.* e *s.m.* Caucasian.

caucciù *s.m.* caoutchouc, (India) rubber, gum elastic.

caudale *agg.* caudal.

caudato *agg.* caudate.

caudiforme *agg.* caudiform.

caule *s.m.* (*bot.*) caulis (*pl.* -es).

caulescente *agg.* (*bot.*) caulescent.

caulinare *agg.* (*bot.*) cauline.

cauri *s.m.* cowry, cowrie.

causa *s.f.* **1** cause: *fu la — della mia rovina*, he was the cause of my ruin; *il mio errore fu — di un grave incidente*, my blunder was the cause of (*o* caused) a bad accident; — *ed effetto*, cause and effect // *a — di*, owing to (*o* on account of *o* because of) // *per — vostra*, because of you (*o* through your fault) // (*gramm.*) *complemento di* —, complement of cause // (*fil.*) *la Causa prima*, the First Cause **2** (*motivo*) reason, motive, ground, cause: *ditemi la vera — della vostra richiesta*, tell me the real reason for your request **3** (*scopo*, *obiettivo*) cause: *far — comune con qlcu.*, to make common cause with s.o.; *sposare la — della libertà*, to embrace the cause of liberty; *tradire la* —, to betray the cause **4** (*dir.*) (law)suit, case; cause: — *civile*, civil suit; — *penale*, criminal case; *essere parte in* —, to be a party to a suit; (*fig.*) to be concerned in the matter; *far — a qlcu. per danni*, to sue s.o. for damages; *intentare*, *fare — a qlcu.*, to bring a suit (*o* to take legal action *o* to file a lawsuit) against s.o.; *perorare una* —, to plead a cause; (*fig.*) to plead s.o.'s case // *parlare con cognizione di*

—, to speak authoritatively (*o* to speak from personal experience) // *essere fuori* —, not to be included // *dar — vinta*, (*fig.*) to give in (*o* to give up).

causale *agg.* causal, causative: *rapporto* —, causative (*o* causal) relationship; (*gramm.*) *proposizione* —, causative (clause) ◆ *s.f.* (*motivo*) cause, reason, motive: — *di un versamento*, reason for payment; (*dir.*) — *di contratto*, consideration of a contract; (*amm.*) *colonna delle causali*, description column.

causalità *s.f.* causality; (*dir.*) causation.

causare *v.tr.* to cause, to be the cause of (sthg.), to bring* about, to produce; to give* rise to (sthg.): — *un cambiamento*, to bring about a change; — *un incendio*, to cause a fire; — *malintesi*, to give rise to misunderstandings; *la gamba gli causava un dolore continuo*, his leg caused him continual pain.

causativo *agg.* causative.

caustica *s.f.* (*fis.*) caustic (curve).

causticamente *avv.* (*sarcasticamente*) caustically, sarcastically, bitingly.

causticità *s.f.* causticity.

caustico *agg.* **1** caustic: *soda caustica*, caustic soda **2** (*sarcastico*) caustic, sarcastic, biting, cutting ◆ *s.m.* (*chim.*) caustic.

caustificare *v.tr.* (*chim.*) to causticize.

caustificazione *s.f.* (*chim.*) causticization.

cautamente *avv.* cautiously.

cautela *s.f.* **1** caution, cautiousness; (*prudenza*) prudence **2** (*precauzione*) precaution, cautious action **3** (*dir.*) surety, bail, security.

cautelare[1] *v.tr.* to protect, to secure, to safeguard.

□ **cautelarsi** *v.rifl.* to take* precautions, to safeguard oneself (against).

cautelare[2] *agg.* precautionary, protective: *provvedimenti cautelari*, precautionary measures // (*dir.*): *sequestro* —, precautionary sequestration; *arresto* —, provisional arrest; *fermo* —, imprisonment on suspicion.

cautelativo *agg.* (*dir.*) precautionary, protective.

cauteloso *agg.* (*non com.*) (very) prudent, (very) cautious, wary.

cauterio *s.m.* (*med.*) cautery.

cauterizzare *v.tr.* (*med.*) to cauterize.

cauterizzazione *s.f.* (*med.*) cauterization, cautery.

cautezza *s.f.* (*non com.*) caution, cautiousness, prudence.

cauto *agg.* cautious, prudent, circumspect: *un giudizio* —, a cautious judgement; *un — investimento*, prudent investment; *bisogna essere cauti, andar cauti*, we should be cautious (*o* proceed cautiously).

cauzionale *agg.* (*dir.*) cautionary: *deposito* —, caution money; (*versato per ottenere la libertà provvisoria*) bail.

cauzionare *v.tr.* to guarantee, to bail.

cauzione *s.f.* security, guarantee; (*deposito di garanzia*) caution money; (*doganale*) customs bond; (*per ottenere la libertà provvisoria*) bail: *dare, versare* —, to give bail; *essere rilasciato su* —, to be released on bail; *depositare, versare una* —, to lodge, to pay a deposit.

cava *s.f.* **1** quarry; (*miniera*) mine, pit: — *aperta*, open quarry; *una — di ardesia*, a slate quarry; *una — di marmo*, a marble quarry; *una — di pietra*, a stone quarry; *una — di torba*, a peat bank (*o* peatery) **2** (*elettr.*) slot **3** (*mecc.*) (*alloggiamento per chiavetta*) key-way; (*mortasa*) mortise.

cavadenti *s.m.* (*spreg.*) tooth-drawer.

cavafango *s.m.* mud-boat.

cavagno *s.m.* (*dial.*) basket.

cavalcabile *agg.* ridable, suitable for riding.

cavalcare *v.tr.* **1** to ride* // — *la tigre*, (*fig.*) to ride the tiger **2** (*stare a cavalcioni su*) to bestride*, to sit* astride, to straddle **3** (*passare sopra, di strada, ponte ecc.*) to span: *un ponte cavalca il torrente*, a bridge spans the torrent ◆ *v.intr.* (*andare a cavallo*) to ride*, to ride* on horseback, to go* on horseback: *sta imparando a* —, she's learning to ride.

cavalcata *s.f.* ride: *fare una* —, to go for a ride.

cavalcatura *s.f.* mount.

cavalcavia *s.f.* **1** (*di strada*) flyover; (*di linea ferroviaria*) bridge over a railway **2** (*fra due edifici*) (foot) bridge.

cavalcioni, (a) *avv.* astride: *sedeva a — di, su un muretto*, he was sitting astride a low wall; *stare, mettersi a* —, to straddle.

cavalierato *s.m.* knighthood.

cavaliere *s.m.* **1** (*chi cavalca*) rider; horseman*: *un — perfetto*, an accomplished horseman **2** (*soldato a cavallo*) cavalryman*, mounted soldier **3** (*di ordini cavallereschi*) knight; (*in Francia*) Chevalier: — *della Giarrettiera*, Knight of the Garter; — *della Legion d'Onore*, Chevalier of the Legion of Honour; *creare — qlcu.*, to knight (*o* to confer a knighthood on) s.o. **4** (*chi accompagna una signora*) escort, squire, cavalier; (*compagno di ballo*) (dance) partner; (*persona galante*) cavalier, gallant // *cavalier servente*, devoted slave (*o* gallant) **5** (*st. medioevale, romana*) knight: *i Cavalieri della Tavola Rotonda*, the Knights of the Round Table; — *errante*, knight errant; *armare qlcu.* —, to knight s.o. (*o* to dub s.o. (a) knight) **6** (*gentiluomo*) gentleman*: *comportarsi da perfetto* —, to behave like a perfect gentleman **7** (*fig.*) (*a cavallo*): *essere a — di*, to be between (*o* to bestride *o* to span); *essere a — di due secoli*, to be between (o to bestride *o* to span) two centuries **8** (*della bilancia*) rider **9** (*zool.*) — *d'Italia*, (*Himantopus himantopus*) stilt-bird, stilt-plover, stilt-walker.

cavalierino *s.m.* **1** (*fis.*) rider **2** (*targhetta*) signal, card index tab.

cavalla *s.f.* mare: — *storna*, grey mare; — *fattrice*, stud mare.

cavallaio *s.m.* **1** (*mercante di cavalli*) horse-dealer **2** (*custode di cavalli*) stable man, groom.

cavallante *s.m.* (*chi custodisce i cavalli*) stable man.

cavallaro → **cavallaio**.

cavalleggero, **cavalleggiere** *s.m.* (*mil.*) light cavalryman*: *i cavalleggieri del re*, the King's Light Horse.

cavallerescamente *avv.* chivalrously.

cavalleresco *agg.* **1** (*di, da cavaliere*) knightly, chivalrous // *ordine* —, order of chivalry, order of knighthood // *poema* —, poem of chivalry; *romanzo* —, romance of chivalry **2** (*nobile, generoso*) chivalrous, noble, generous, gallant: *contegno* —, chivalrous behaviour; *gesto* —, chivalrous gesture.

cavalleria *s.f.* **1** (*mil.*) cavalry: — *leggera*, light cavalry (*o* light horse) **2** (*st.*) chivalry: *le leggi della* —, the laws of chivalry **3** (*condotta cavalleresca*) chivalry, chivalrousness, gallantry.

cavallerizza *s.f.* **1** (*maneggio*) riding school **2** (*arte del cavalcare*) horsemanship **3** (*donna che cavalca*) (lady) rider; horsewoman* **4** (*stella del circo*) equestrienne, circus rider.

cavallerizzo *s.m.* **1** (*chi cavalca*) rider; horseman* **2** (*maestro di equitazione*) riding master **3** (*acrobata a cavallo in un circo*) equestrian, circus rider.

cavalletta *s.f.* **1** grasshopper; (*scient.*) locust: — *migratrice*, migratory locust **2** (*fig.*) (*persona invadente*) pest; (*persona avida*) greedy person.

cavalletto *s.m.* **1** trestle; horse; stand; (*per macchina fotografica*) tripod; (*da pittore*) easel; (*per segare*) saw-buck, saw-horse, saw -bench **2** (*pilone*) tower, pylon **3** (*st.*) (*strumento di tortura*) rack.

cavallina *s.f.* **1** filly, young mare // *correre la* —, to sow one's wild oats: *Mark da giovane ha corso la* —, Mark was a one in his day **2** (*attrezzo ginnico*) (vaulting) horse **3** (*gioco*) leapfrog.

cavallino[1] *agg.* (*equino*) equine, horsy; horse (*attr.*): *mosca cavallina*, horsefly*; *risata cavallina*, horselaugh; *viso* —, horsy face // *tosse cavallina*, whooping cough.

cavallino[2] *s.m.* **1** (*cavallo giovane*) foal, colt; young horse **2** (*pelo di puledro*) pony, pony-skin **3** (*mar.*) sheer **4** (*mecc.*) donkey pump.

cavallo *s.m.* **1** horse: — *da corsa*, racehorse (*o* racer); — *da corsa a ostacoli*, steeplechaser; — *da caccia*, hunter; — *da sella*, saddle-horse; — *da soma*, pack-horse (*o* sumpter horse *o mil.* bathorse); — *da tiro*, draught-horse; — *di battaglia*, warhorse (*o* charger *o poet.* steed); (*fig.*) favourite piece; — *purosangue*, blood -horse; — *di razza*, (*anche fig.*) thoroughbred; — *pezzato, pomellato*, dapple; — *sauro*, sorrel; — *baio*, bayard; — *bigio*, grey; — *bolso*, roarer; *corsa di cavalli*, horse-race // — *a dondolo*, rocking horse // *ferro di* —, horseshoe: *tavola a ferro di* —, horseshoe table // *a* —, on horseback (*o* mounted *o* astride): *andare a* —, to ride (on horseback); *essere a* —, to be riding on horseback; (*fig.*) to be out of danger (*o* to be safe *o* to be home and dry); *montare a* —, to mount; *percorrere* (*un lungo tratto*) *a* —, to ride (a long distance); *a —!*, to horse! // *guardie a* —, horse guards; *artiglieria a* —, horse artillery // *scendere da* —, to dismount // (*mil.*) — *di Frisia*, cheval de Frise // *coda di* —, (*acconciatura*) ponytail // *andare col — di S. Francesco*, to go on shanks's pony // *avere una febbre da* —, to have a raging fever; *gli hai dato una dose da* —, you have given him enough to kill a horse // — *di Troia*, wooden horse of Troy; (*fig.*) Trojan horse // *a caval donato non si guarda in bocca*, (*prov.*) you must not look a gift horse in the mouth // *l'occhio del padrone ingrassa il* —, (*prov.*) business prospers under the master's eye // *campa — che l'erba cresce*, that'll be the day **2** (*zool.*) — *marino*, (*Odobenus rosmarus*) walrus, (*pop.*) morse, sea cow, seahorse **3** *pl.* (*soldati a cavallo*) mounted soldiers; horse (*coll. con costruzione pl.*) **4** (*scacchi*) knight **5** (*attrezzo per ginnastica*) (vaulting) horse: *volteggi sul* —, (horse) vaulting (*o* horse vaults) **6** (*metrol.*) — *vapore*, horsepower (*abbr.* HP *o* hp): *un motore di 35 cavalli (vapore)*, a 35 horsepower (*o* a 35 HP) engine **7** (*di pantaloni*) crotch, crutch **8** (*bot.*) *erba da cavalli*, (*Melilotus officinalis*) sweet clover.

cavallona *s.f.* (*fig.*) awkward, heavily-built woman*.

cavallone *s.m.* **1** (*cavallo grosso*) big horse, large horse **2** (*maroso*) billow, high wave, roller; (*frangente*) breaker.

cavallotto *s.m.* (*mecc.*) staple; U-bolt.

cavalluccio *s.m.* **1** (*cavallo piccolo*) small horse; (*malandato*) nag; (*di razza nana*) pony **2** *a* —, astride one's shoulders: *il bimbo era a — sulle spalle di suo padre*, the child was riding on his father's shoulders; *portare a* —, to carry astride one's shoulders **3** (*zool.*) — *marino*, seahorse; hippocampus*.

cavamento *s.m.* (*non com.*) **1** (*il cavare*) excavating, digging **2** (*cavità*) excavation.

cavapietre *s.m.* quarryman*, quarrier.

cavare *v.tr.* **1** (*togliere*) to take* off, to remove; (*tirar fuori*) to take* out, to pull out; (*estrarre*) to extract, to dig out; to quarry: — *un dente*, to pull out a tooth; *non sono riuscito a cavargli di bocca nemmeno una parola*, I wasn't able to get a word out of him // *farsi — un dente*, to have a tooth out **2** (*soddisfare*) to slake: *cavarsi la sete*, to quench one's thirst // *cavarsi una voglia*, to satisfy one's wish **3** (*ricavare*) to get*, to obtain, to gain: *da quell'individuo non si cava nulla di buono*, he's good for nothing **4** (*indumenti*) to take* off: *cavarsi il cappello*, to take off one's hat **5** *cavarsela*, to get off: *se la cavò a buon mercato*, he got off cheaply; *se la sono cavata*, (*non sono stati puniti*) they got away with it.

□ **cavarsi** *v.rifl.* (*liberarsi*) to free oneself; to get* out (of sthg.): — *d'impaccio*, to get out of trouble.

cavastivali *s.m.* boot-jack.

cavastracci *s.m.* wad-extractor.

cavata *s.f.* **1** extraction **2** (*mus.*) touch.

cavatappi *s.m.* corkscrew // (*fis.*) *regola del* —, corkscrew rule.

cavatina *s.f.* (*mus.*) cavatina.

cavatoia *s.f.* (*mar.*) sheave-hole.

cavatore *s.m.* quarryman*, quarrier.

cavatrice *s.f.* (*mecc.*) slotting machine, mortising machine, mortiser.

cavatuberi *s.m.* potato-digger.

cavatura *s.f.* (*non com.*) **1** (*il cavare*) digging, extraction **2** (*cavità*) excavation; hollow.

cavaturaccioli *s.m.* corkscrew.

cavazione *s.f.* (*scherma*) disengagement.

cavea *s.f.* (*archeol.*) cavea (*pl.* -ae).

caveau *s.m.* (*banca*) vault, coffer.

cavedano *s.m.* (*zool.*) (*Leuciscus cephalus*) chub.

cavedio *s.m.* **1** small courtyard (guaranteeing light and air to the overlooking premises) **2** (*archeol.*) cavaedium (*pl.* -ia), atrium*.

caverna *s.f.* **1** cave, cavern; (*tana*) den: — *artificiale*, grotto*; *orso delle caverne*, cave-bear; *uomo delle caverne*, caveman // (*miner.*) — *artificiale*, chamber **2** (*med.*) cavern, cavity.

cavernicolo *agg.* cavernicolous ◆ *s.m.* cave-dweller, troglodyte (*anche scherz.*): *è un vero* —, he's a right caveman.

cavernosità *s.f.* **1** (*non com.*) (*l'essere cavernoso*) hollowness **2** (*parte cava*) cavity **3** (*med.*) cavern, cavity.

cavernoso *agg.* **1** cavernous (*anche geol.*): *montagne cavernose*, cavernous mountains; *calcare* —, cavernous limestone **2** (*anat.*) cavernous **3** (*fig.*) (*cupo*, *roco*) deep, hollow, sepulchral, raucous: *voce cavernosa, suono* —, deep voice, sound.

cavetto[1] *s.m.* (*arch.*) cavetto (*pl.* -i).

cavetto[2] *s.m.* (*elettr.*) (thin) cable.

cavezza *s.f.* halter: *mettere la — a un cavallo*, to halter (*o* to put a halter on) a horse; *mettere la — a qlcu.*, to rein s.o. in; *rompere la* —, to get out of hand (*anche fig.*); *tenere a* —, (*fig.*) to keep in check.

cavia *s.f.* **1** (*zool.*) (*Cavia cobaya*) guinea pig, (*scient.*) cavy, (*pop.*) acouchy **2** (*estens.*) guinea pig: *fare da* —, to be a guinea pig; *una — umana*, a human guinea pig.

caviale *s.m.* caviar, caviare.

cavicchia *s.f.* **1** (*chiavarda*) bolt **2** (*grosso cavicchio*) big wooden peg.

cavicchio *s.m.* **1** wooden pin **2** (*agr.*) (*piantatoio*) dibble.

cavicorne *agg.* (*zool.*) cavicorn, hollow -horned.

caviglia *s.f.* **1** (*anat.*) ankle: *osso della* —, ankle bone; *slogarsi una* —, to sprain one's ankle **2** (*ferr.*) screw spike, sleeper screw **3** (*tecn.*) dowel, peg **4** (*mar.*) treenail; (*per dar volta*) belaying pin; (*per impiombare*) marlinespike.

cavigliatoio *s.m.* (*tess.*) spindle.

cavigliera *s.f.* **1** ankle support; ankle band **2** (*mar.*) belaying pin rack.

cavillare *v.intr.* to cavil (at sthg.), to quibble.

cavillatore *s.m.* **cavillatrice** *s.f.* caviller, quibbler.

cavillo *s.m.* cavil, quibble, captious objection // *cercar cavilli*, to look for loopholes (*o* to nitpick *o* to quibble).

cavillosamente *avv.* captiously.

cavillosità *s.f.* captiousness.

cavilloso *agg.* captious: *discorso* —, specious argument.

cavità *s.f.* **1** cavity; hollow // (*elettr.*) — *risonante*, cavity resonator **2** (*di corpo*, *pianta*) chamber.

cavitazione *s.f.* (*fis.*) cavitation.

cavo[1] *agg.* hollow, empty; sunken // (*anat.*) *vena cava*, vena cava ◆ *s.m.* **1** cavity, hollow: *nel — della mano*, in the hollow of one's hand // (*anat.*) — *orale*, buccal cavity **2** (*metall.*) mould, chill.

cavo[2] *s.m.* **1** (*fune*) cable, rope: — *metallico*, wire rope; — *di acciaio*, steel cable // (*mar.*): — *di ammaraggio*, mooring rope; — *di ritegno*, guy; *filare un* —, to pay out a rope **2** (*elettr.*) cable: — *elettrico*, electric cable; — *a fibre ottiche*, optical fibre cable; — *armato*, armored cable; — *sotterraneo*, underground cable; — *sottomarino*, submarine cable; *trasmissione via* —, cable broadcasting.

cavobuono *s.m.* (*mar.*) toprope.

cavolaia *s.f.* **1** (*zool.*) (*Pieris brassicae*) cabbage-butterfly, garden-white **2** (*coltivazione di cavoli*) cabbage-bed.

cavolata *s.f.* **1** (*minestra*) cabbage soup **2** (*fig. fam.*) (*cosa da poco*) rubbish, trash; (*azione stupida*) blunder, boob: *Non ci vuol niente a farlo! È una* —, There's nothing to it! It's as easy as sin (*o* as falling off a log!); *che —!*, what a howler!; *ho fatto una —!*, what a blunder I've made!

cavolfiore *s.m.* (*bot.*) (*Brassica oleracea botrytis*) cauliflower.

cavolini di Bruxelles *s.m.pl.* (*bot.*) (*Brassica oleracea gemmifera*) Brussel(s) sprouts, (*pop.*) thousand-headed cabbage.

cavolo *s.m.* cabbage, cabbagehead // (*bot.*): — *cappuccio*, (*Brassica oleracea capitata*) cabbage; — *rapa*, (*Brassica oleracea gangyloides*) kohlrabi, turnip cabbage; — *verde*, (*Brassica oleracea acephala*) kale; — *verza*, (*Brassica oleracea sabauda*) savoy.

◆ FRASEOLOGIA: *non me ne importa un —!*, I couldn't care less about it (*o* I don't give a damn *o* a hoot for it)! // *col — che lo farò!*, I jolly well won't! // *sono cavoli miei!*, that's my business! (*o* mind your own business!) // *che — vuoi?*, what the hell do you want? // *è una testa di* —, he is a dummy (*o* a pillock) // *c'entra come il — a merenda*, it has nothing to do with it // *salvare capra e cavoli*, to have one's cake and eat it.

cavouriano, **cavuriano** *agg.* Cavour's (*attr.*), of Cavour (*pred.*).

cazza *s.f.* (*metall.*) crucible, melting pot.

cazzame *s.m.* (*mar.*) foot (of a sail).

cazzare *v.tr.* (*mar.*) to haul taut.

cazzata *s.f.* (*volg.*) cock-up; (*azione stupida*) boob: *che —!*, what a cock-up! (*o* what a load of crap!).

cazzo *s.m.* (*volg.*) cock, prick // *che — stai facendo?*, what the fuck are you doing?

cazzottare *v.tr.* (*fam.*) to punch.

□ **cazzottarsi** *v.rifl.rec.* to come* to blows; to have a punch-up.

cazzottatura *s.f.* punching.

cazzotto *s.m.* punch: *fare a cazzotti*, to have a punch-up.

cazzuola *s.f.* (*edil.*) trowel.

ce *particella pron.* (*a noi*) to us; us (talvolta in inglese è sottinteso): *perché non — l'avete detto prima?*, why didn't you tell us before?; *non — ne ha mai parlato*, he has never spoken about it; *gli abbiamo prestato dei libri, ma non — li ha ancora restituiti*, we lent him some books, but he hasn't given them back yet; *vi preghiamo di firmare il contratto e di inviarcelo al più presto*, please sign the contract and return it (to us) as soon as possible.

ce *avv.* (*là*) there: *"Ci sono camere libere?" "Sì, — n'è ancora qualcuna"*, "Are there any rooms free?" "Yes, there are still a few".

cebo *s.m.* (*zool.*) — *cappuccino*, (*Cebus capucinus*) capuchin monkey.

ceca *s.f.* (*zool.*) elver.

cecaggine *s.f.* **1** blindness **2** (*fig.*) blindness, shortsightedness **3** (*sonnolenza*) sleepiness.

cecale *agg.* (*anat.*) caecal, cecal.

cecamente → **ciecamente**.

cecare → **accecare.**

cecca[1] *s.f.* **1** (*zool. pop.*) → **gazza** **2** (*donna ciarliera*) gossip, gossipmonger.

cecca[2] *s.f.*: *far* —, to misfire.

cecchinaggio *s.m.* (*non com.*) sniping.

cecchino *s.m.* **1** (*st.*) 'cecchino' (Austrian sharp-shooter during the First World War) **2** sniper **3** (*pol.*) (*franco tiratore*) someone who votes against his own party in a secret ballot.

cece *s.m.* (*bot.*) (*Cicer arietinum*) chickpea, (*non com.*) gram.

ceceno *agg.* e *s.m.* Chechen.

cecidomia *s.f.* (*zool.*) (*Cecidomia destructor*) Hessian fly.

cecilia *s.f.* (*zool.*) (*Caecilia gracilis*) blindworm.

cecità *s.f.* **1** blindness **2** (*fig.*) blindness; (*stoltezza*) ignorance; folly: — *all'evidenza*, blindness to the facts.

ceco *agg.* e *s.m.* Czech.

cecogramma *s.m.* Braille letter.

cecoslovacco *agg.* e *s.m.* Czechoslovak.

cedente *agg.* yielding; crumbling ◆ *s.m.* e *f.* **1** (*di diritti*) assignor, grantor, releasor; (*di beni, titoli*) transferor, transferring party, alienor **2** (*mecc.*) follower.

cedenza *s.f.* (*Borsa*) drop, decrease in value: — *delle azioni*, a drop (*o* decrease) in the value of shares.

cedere *v.tr.* **1** (*dare*) to give*; to let* s.o. have: *ti cedo volentieri la mia stanza*, I'll be happy to give you (*o* to let you have) my room; *mi cedette il posto a capotavola*, he gave me (*o* let me have) his seat at the head of the table // — *terreno*, to yield ground // — *il passo*, to let s.o. pass // — *la strada*, to give way // — *la destra*, to walk on s.o.'s left **2** (*trasferire*) to hand over; to transfer: *ho ceduto il mio posto nel consiglio*, I've handed over my place on the Board; *ha ceduto la guida del partito al suo braccio destro*, he handed over (*o* ceded) the leadership of his party to his right-hand man // (*fin., comm.*): — *una tenuta*, to transfer an estate; — *una cambiale*, to transfer a bill; — *un privilegio*, to surrender a privilege; *fu obbligato a — i diritti d'autore ad altri*, he was obliged to assign his copyrights to another person; — *una proprietà mediante atto pubblico*, to grant a property by deed **3** (*vendere*) to sell*: *mi ha ceduto la sua quota di azioni*, he sold me his quota of shares; *hanno ceduto il negozio qui di fronte per quattro soldi*, they've sold the shop across the street for peanuts; — *merce sottocosto*, to sell goods under cost price **4** (*consegnare*) to surrender; (*con un trattato*) to cede: *la nostra città fu ceduta al nemico*, our town was surrendered to the enemy; *la Corsica fu ceduta alla Francia*, Corsica was ceded to France // — *le armi*, to surrender ◆ *v.intr.* **1** (*arrendersi*) to give* in, to yield, to surrender: *non —!*, don't give in!; *non cederà alla forza*, she won't yield to force; *il nostro esercito fu costretto a —*, our army was forced to surrender **2** (*sprofondare*) to give* way: *il ghiaccio sta cedendo*, the ice is giving way; *hanno ceduto le fondamenta*, the foundations have given way; *c'è rischio che ceda il tetto della galleria*, the roof of the tunnel might give way (*o* cave in); *il terreno ha ceduto per via degli scavi*, the land gave way (*o* subsided) because of excavations **3** (*rompersi*) to give* way: *la corda cedette e la barca fu trascinata via*, the rope gave way and the boat floated off **4** (*di prezzi, quotazioni*) to sag, to give* way.

cedevole *agg.* **1** yielding; (*malleabile*) pliable: *terreno* —, soft ground (*o* loose soil); *l'acciaio è più — della ghisa*, steel is more pliable than cast-iron **2** (*fig.*) (*arrendevole*) accommodating, docile, amenable.

cedevolezza *s.f.* **1** (*arrendevolezza*) compliance, docility, amenability, tractability **2** (*di materiali*) pliability.

cedibile *agg.* (*fin., dir.*) transferable; negotiable: *biglietto non* —, non-transferable ticket; *diritto* —, transferable right; *documento* —, negotiable document.

cedibilità *s.f.* (*fin., dir.*) transferability; negotiability.

cediglia *s.f.* (*gramm.*) cedilla.

cedimento *s.m.* **1** yielding, giving in; (*di prezzi ecc.*) sagging, giving way: *i giocatori sembrano aver avuto un — nell'ultimo quarto d'ora*, the players seem to have let up in the last quarter of an hour; *c'è stato un — dei prezzi nell'ultima settimana*, there was a sagging in prices in the last week // *avere un — morale*, to go to pieces **2** (*di terreno*) sinking, subsiding, sagging; (*geol.*) failure **3** (*miner.*) (*di pareti*) slough, sluff; (*del tetto*) cave-in.

ceditore *s.m.* (*dir.*) transferor, assignor, grantor.

cedola *s.f.* (*comm., fin.*) coupon; (*di azione*) share coupon, (*amer.*) stock coupon; (*mandato di pagamento di dividendi*) dividend warrant: *con* —, cum coupon; *ex* —, ex dividend (*o* dividend off *o* ex coupon); — *di dividendo*, dividend coupon; — *di interessi*, interest coupon; — *di affogliamento*, renewal coupon, talon; — *semestrale*, half-yearly coupon; *foglio delle cedole*, dividend sheet; — *non pagata*, outstanding coupon; — *scaduta*, coupon in arrears; — *di commissione libraria*, bookseller's order form.

cedolare *agg.* coupon (*attr.*): *imposta* —, coupon tax ◆ *s.f.* (*trib.*) dividend tax, tax on dividends, coupon tax: — *d'acconto*, withholding tax; — *secca*, all-inclusive tax on dividends.

cedracca *s.f.* (*bot.*) (*Ceterach officinarum*) ceterach, finger fern.

cedrangola → **lupinella**.

cedrangolo → **cetrangolo**.

cedrata *s.f.* (*bibita al cedro*) citron juice.

cedrato *agg.* citron-flavoured (*attr.*), citron (*attr.*).

cedreto *s.m.* **1** (*piantagione di cedri*) citron tree plantation **2** (*bosco di cedri del Libano*) cedar wood, wood of cedar trees.

cedrina *s.f.* (*bot.*) (*Lippia citriodora*) lemon verbena.

cedrino[1] *agg.* (*di cedro*) citron- (*attr.*): *di colore* —, citron-coloured.

cedrino[2] *agg.* (*di cedro del Libano*) cedar (*attr.*): *legname* —, cedarwood.

cedro[1] *s.m.* **1** (*bot.*) (*Citrus medica*) citron (tree): *boschetto di cedri*, citron grove **2** (*frutto*) citron.

cedro[2] *s.m.* **1** (*bot.*) cedar: — *del Libano*, (*Cedrus libani*) cedar of Lebanon // — *bianco*, (*Thuja occidentalis*) white cedar **2** (*legno*) cedar, cedarwood.

ceduazione *s.f.* (*agr.*) felling.

ceduo *agg.*: *bosco* —, coppice (*o* copse).

cefalgia, **cefalea** *s.f.* (*med.*) cephalea, cephalalgia.

cefalico *agg.* cephalic: *indice* —, cephalic index.

cefalina *s.f.* (*biochim.*) cephalin.

cefalo *s.m.* (*zool.*) (*Mugil cephalus*) grey mullet.

cefalocordato *s.m.* (*zool.*) cephalocordate.

cefalofo *s.m.* (*zool.*) duiker*.

cefalometria *s.f.* cephalometry, craniometry.

cefaloplegia *s.f.* (*med.*) cephaloplegia.

cefalopode *s.m.* (*zool.*) cephalopod.

cefalorachidiano *agg.* (*med.*) cephalorrhachidian.

cefalorinco *s.m.* (*zool.*) sea hog.

cefalosporina *s.f.* (*biochim.*) cephalosporin.

cefalotorace *s.m.* (*zool.*) cephalothorax.

cefalottero *s.m.* (*zool.*) (*Cephalopterus ornatus*) umbrella bird.

cefeide *s.f.* (*astr.*) cepheid.

cefenomia *s.f.* (*zool.*) deer-bot-fly.

ceffo *s.m.* **1** (*muso*) muzzle; (*grugno*) snout **2** (*spreg.*) mug, puss: *un brutto* —, *un — da galera*, an ugly (*o* a sinister) mug.

ceffone *s.m.* slap in the face; box on the ear: *gli diedi un* —, I boxed his ears (*o* I slapped him in the face).

cefo *s.m.* (*zool.*): — *del grano*, (*Cephus pygmaeus*) wheat stem sawfly.

celacanto *s.m.* (*zool.*) coelacanth.

celare *v.tr.* to conceal, to hide*: *gli celammo la notizia*, we concealed the news from him; — *i propri sentimenti*, to hide (*o* to mask) one's feelings; — *un terribile segreto*, to conceal a terrible secret.
□ **celarsi** *v.rifl.* (*nascondersi*) to hide* oneself, to conceal oneself; (*essere nascosto*) to be hidden, to hide*, to be in hiding.

celata *s.f.* (*sorta di elmo*) sallet.

celatamente *avv.* secretly.

celato *agg.* concealed; secret: *odio, rancore mal* —, ill-concealed hatred, rancour.

celeberrimo *agg.* very famous, renowned.

celebrabile *agg.* praiseworthy, commendable.

celebrante *s.m.* (*eccl.*) celebrant, officiant.

celebrare *v.tr.* **1** (*esaltare*) to celebrate, to sing* the praises of (s.o., sthg.), to praise, to honour, to extol // (*dir.*) — *un processo*, to hold a trial **2** (*festeggiare*) to celebrate, to keep, to observe: — *un anniversario*, to celebrate an anniversary **3** (*eccl.*) to celebrate; (*solennizzare*) to solemnize: — *la Messa*, to celebrate (*o* to say) Mass; — *le nozze di qlcu.*, to officiate at s.o.'s wedding.

celebrativo *agg.* commemorative, celebration (*attr.*): *francobollo* —, commemorative stamp; *rito* —, celebration.

celebrato *agg.* (*letter.*) (*celebre*) famous, renowned, celebrated.

celebratore *s.m.* celebrator.

celebrazione *s.f.* celebration.

celebre *agg.* celebrated, renowned, famous // *è — per la sua avarizia*, he's notorious for his meanness.

celebrità *s.f.* **1** (*notorietà*) celebrity: *il primo film gli diede la* —, the first film made him famous **2** (*persona celebre*) celebrity: *alla prima del film erano presenti tutte le* —, all the celebrities were present at the first night of the film.

celenterato *s.m.* (*zool.*) coelenterate.

celere *agg.* quick, swift, rapid, speedy // *treno* —, express train ◆ *s.f. la Celere*, riot police (*o* Special Patrol Group).

celerimensura → **tacheometria**.

celerimetro → **tacheometro**.

celerino *s.m.* (*fam.*) (*poliziotto*) riot cop, member of the riot police.

celerità *s.f.* quickness, swiftness, rapidity, celerity // — *di tiro* (*di arma da fuoco*) rate of fire.

celermente *avv.* quickly, swiftly, rapidly, speedily.

celesta *s.f.* (*mus.*) celesta, celeste.

celeste *agg.* **1** (*del cielo*) celestial, heavenly: *corpi celesti*, celestial (*o* heavenly) bodies; *globo, sfera* —, celestial globe, sphere; *equatore, polo* —, celestial equator, pole; *atlante* —, star atlas // (*fis.*) *meccanica* —, celestial mechanics **2** (*divino*) celestial, heavenly, divine: *la città* —, the Celestial City; (*teol.*) *grazia* —, heavenly (*o* divine) grace // *il Celeste Impero*, the Celestial Empire **3** (*colore*) sky-blue, light blue, azure; (*rar.*) celeste ♦ *s.m.* **1** (*colore*) sky blue, light blue, azure; (*rar.*) celeste **2** *pl.* (*dèi*) gods: *così non vollero i celesti*, but the gods willed otherwise.

celestiale *agg.* celestial, heavenly: *bellezza* —, heavenly beauty; *felicità* —, celestial happiness; *visione* —, heavenly vision.

celestina *s.f.* (*min.*) celestine.

celestino[1] *agg.* pale blue, light blue.

celestino[2] *agg.* e *s.m.* (*eccl.*) Celestine.

celestite *s.f.* (*min.*) celestite.

celetto *s.m.* (*teatr.*) border.

celia *s.f.* jest, joke: *lo disse per* —, he said it in jest (*o* he said it just for fun); *reggere alla* —, to know how to take a joke.

celiachia *s.f.* (*med.*) c(o)eliac disease.

celiaco *agg.* (*anat.*) celiac, coeliac.

celiare *v.intr.* to jest, to joke.

celibato *s.m.* bachelorhood; single state; celibacy // *il — ecclesiastico*, ecclesiastical celibacy.

celibe *agg.* single, unmarried; (*eccl.*) celibate ♦ *s.m.* bachelor, single.

celidonia *s.f.* (*bot.*) (*Chelidonium majus*) celandine, pilewort.

celioscopia *s.f.* (*med.*) coelioscopy, celioscopy.

celioscopio *s.m.* (*med.*) coelioscope, celioscope.

cella *s.f.* **1** (*di monastero, di alveare, di prigione*) cell: — *d'isolamento*, isolation cell; (*dir. mil.*) — *di rigore*, solitary confinement cell **2** (*dispensa*) larder, store-room // — *frigorifera*, cold store (*o* cold room) **3** (*archeol.*) cella (*pl.* -ae) **4** (*scient.*) cell: (*meteor.*) — *di convezione*, convection cell; (*miner.*) — *di flottazione*, flotation cell; (*fis.*) — *elettrolitica*, electrolytic cell; — *fotovoltaica*, photovoltaic cell.

cellario, **cellerario** *s.m.* (*dispensiere*) cellarer.

cellofan *s.m.* cellophane ®.

cellofanare *v.tr.* (*avvolgere nel cellofan*) to wrap (sthg.) in cellophane.

cellofanatrice *s.f.* cellophaner, cellophaning machine; shrinker, shringing machine.

cellofanatura *s.f.* (*operazione*) shrink-wrapping; (*risultato*) shrink-wrap.

celloidina *s.f.* (*chim.*) celloidin.

cellula *s.f.* **1** cell: (*biol.*) *le cellule del cervello*, brain cells // — *uovo*, egg-cell; — *adiposa*, fat cell // (*elettr.*) — *fotoelettrica*, photoelectric cell **2** (*pol.*) cell: — *comunista*, communist cell **3** (*aer.*) cell.

cellulare *agg.* **1** cellular; cell (*attr.*) // (*biol.*): *membrana* —, cell membrane; *divisione* —, cell division; *affinità* —, cellular affinity **2** (*diviso in celle*) divided into cells **3** (*che ha relazione con la prigione*) prison (*attr.*), jail (*attr.*): *segregazione* —, solitary confinement; *furgone* —, prison van (*o fam.* Black Maria) **4** *telefono* —, cell-phone, portable phone ♦ *s.m.* **1** (*prigione*) prison, gaol, jail **2** (*furgone*) prison van **3** (*telefono*) cell-phone, portable phone.

cellulasi *s.f.* (*biochim.*) cellulase.

cellulite *s.f.* (*med.*) (*infiammazione*) cellulitis; (*accumulo di adipe*) cellulite.

cellulitico *agg.* (*med.*) cellulite (*attr.*).

celluloide *s.f.* (*chim.*) celluloid.

cellulosa *s.f.* (*chim.*) cellulose.

cellulosico *agg.* (*chim.*) cellulosic.

celluloso *agg.* **1** cellulose **2** (*cellulare*) cellular.

celoma *s.m.* (*anat.*, *zool.*) coelom, celom.

celostata, **celostato** *s.m.* (*astr.*) coelostat.

celta *s.m.* Celt.

celtibero *agg.* e *s.m.* Celtiberian.

celtico *agg.* e *s.m.* Celtic.

celtio *s.m.* (*chim.*) celtium.

celtismo *s.m.* (*ling.*) Celticism.

celzio → **celtio**.

cembalista *s.m.* e *f.* **1** (*suonatore di cembalo*) tambourine player; dulcimer player; (*suonatore di clavicembalo*) harpsichordist **2** (*compositore di pezzi per cembalo*) composer for the tambourine; composer for the dulcimer; (*compositore di pezzi per clavicembalo*) composer for the harpsichord.

cembalistico *agg.* (*mus.*) tambourine (*attr.*); dulcimer (*attr.*); harpsichord (*attr.*).

cembalo *s.m.* (*mus.*) **1** (*tamburello*) tambourine **2** (*strumento cordofono*) dulcimer **3** (*clavicembalo*) harpsichord; (*spinetta*) spinet.

cembanella *s.f.* (*mus.*) **1** small kettle drum **2** (*spec. pl.*) cymbal.

cembia → **cembra**.

cembolo → **cembalo**.

cembra *s.f.* (*arch.*) cimbia.

cembro *s.m.* (*bot.*) (*Pinus cembra*) Swiss stone pine, (*pop.*) arolla pine.

cementante *agg.* cementing, binding ♦ *s.m.* cementing agent.

cementare *v.tr.* to cement (*anche fig.*): — *un'amicizia*, to cement a friendship.

□ **cementarsi** *v.intr.pron.* **1** to cement, to concrete **2** (*fig.*) to cement, to bind*, to strengthen: *la loro unione si è cementata con l'andar del tempo*, their relationship strengthened with the passing of time.

cementazione *s.f.* **1** cementation; (*fig.*) cementing **2** (*metall.*) cementation: — *dell'acciaio*, carburization; *rame di* —, blister copper.

cementiere *s.m.* cement manufacturer.

cementiero *agg.* cement (*attr.*) ♦ *s.m.* cement (factory) worker.

cementifero *agg.* cement manufacturing; cement (*attr.*): *industria cementifera*, cement industry.

cementificio *s.m.* cement works.

cementista *s.m.* cement layer, cementer.

cementite *s.f.* (*metall.*) cementite.

cementizio *agg.* cement (*attr.*), cementitious: *materiale* —, cementitious material.

cemento *s.m.* **1** cement: — *a presa lenta*, slow-setting cement: — *a presa rapida*, quick-setting (*o* quick-drying) cement; — *armato*, reinforced concrete (*o* ferroconcrete); (*geol.*) *calcare da* —, cement rock; (*edil.*) *intonaco di* —, cement plastering **2** (*fig.*) bond, link **3** (*anat.*) cementum **4** (*per otturazioni*) amalgam; filling.

cena *s.f.* dinner; (*pasto leggero*) supper: *verrà a — alle sette*, he is coming to dinner at seven; *andremo a cena dagli zii*, we're going to my uncle and aunt's to have dinner // *l'Ultima Cena*, the Last Supper.

cenacolo *s.m.* **1** supper room; refectory // *il Cenacolo di Leonardo da Vinci*, Leonardo's Last Supper **2** (*fig. letter.*) (*luogo*) artists' meeting place, salon; (*circolo di artisti*) artistic coterie, literary clique.

cenare *v.intr.* to have dinner, to dine, to have supper: *alle 10 non avevano ancora finito di cenare*, at ten o' clock they still hadn't finished dinner (*o* dining).

cenciaia *s.f.* (*mucchio*) heap of rags, rag heap; (*luogo*) rag warehouse, warehouse for storing rags.

cenciaio, **cenciaiolo** *s.m.* ragman*, rag-picker; (*all'ingrosso*) rag wholesaler.

cencio *s.m.* **1** rag: *il tuo vestito sembra un* —, your dress looks like a rag // *cappello a* —, soft (felt) hat; *cappello a — a tesa larga*, slouch hat; *essere, sentirsi un* —, (*fisicamente molto debole*) to feel like a wet rag (*o* to be extremely weak *o* to feel run down) **2** (*per spolverare*) duster; (*per pavimenti*) floor cloth; (*per stoviglie*) dishcloth, drying-up cloth // *essere bianco come un — lavato*, to be as white as a sheet **3** *pl.* rags, tatters: *coperto di cenci*, in rags (*o* in tatters) **4** (*bot. pop.*) — *molle*, (*Chenopodium polyspermum*) allseed.

cencioso *agg.* ragged, tattered: *un vecchio* —, a ragged old man, an old man in rags.

ceneraio, **ceneratoio** *s.m.* (*di stufa*) ash-pan; (*di fucina*) ash-hole; (*di caldaia a vapore*) ash-pan, ash-pit.

cenere *s.f.* **1** ash (*gener. pl.*), cinder (*gener. pl.*): *la — era ancora calda*, the ashes were still warm; *non lasciar cadere la — della sigaretta sul tappeto*, don't drop your cigarette ash on the carpet; (*del*) *color della* —, ash-coloured; *ridurre in* —, to burn (*o* to reduce) to ashes; (*fig.*) to destroy; *covare rancore sotto la* —, to smoulder with resentment // (*geol.*): — *vulcanica*, ash, cinder; *cono di ceneri*, cinder cone **2** *pl.* (*del corpo umano*) ashes: *le ceneri dei morti*, the ashes of the dead // *il mercoledì delle Ceneri*, Ash Wednesday.

cenerentola *s.f.* (*persona, cosa negletta*) Cinderella.

cenerino *agg.* ash-grey, ashy, ash (*attr.*), ash-coloured, ashen ♦ *s.m.* ash grey.

cenerognolo *agg.* ash-grey, ashy, ash (*attr.*), ash-coloured, ashen.

cenerume *s.m.* heap of ashes.

cenestesi, **cenestesia** *s.f.* (*med.*) coenesthesis, coenesthesia.

cengia *s.f.* (*geogr.*) ledge.

cennamella *s.f.* (*mus.*) reed flute, reed pipe; shawm.

cenno *s.m.* **1** (*gesto*) sign, gesture; (*col capo*) nod; (*con gli occhi*) wink; (*con la mano*) wave (of the hand): *ci fecero — di avvicinarci*, they beckoned to us to come nearer; *faceva grandi cenni per farsi capire*, he was making great gestures to make himself understood; *fece — di sì*, (*col capo*) he nodded assent (*o* yes); *gli feci un —*, I gave him a nod (*o* I nodded to him); *ti farò un — al momento opportuno*, I will give you a sign at the right moment; *fare — con gli occhi a qlcu.*, to wink at s.o. **2** (*comando*) sign, signal, order: *a un tuo — uscirò*, at your signal I'll go out **3** (*allusione*) hint, allusion, mention: *fare — a qlcu., a qlco.*, to hint at s.o., at sthg. (*o* to mention s.o., sthg.); *non fatene —*, do not mention it **4** (*indizio*) sign, hint: *i primi cenni della rivolta*, the first signs of the revolt **5** (*breve notizia*) notice, note, short account: *sul giornale c'era un — sul suo arrivo*, there was a notice in the newspaper about his arrival // (*comm.*) *gradiremmo un — di ricevuta*, please acknowledge receipt **6** *pl.* (*breve trattato*) outline (*sing.*): *cenni di letteratura inglese*, an outline of English literature; *cenni sul Manzoni*, a short essay on Manzoni; *cenni sulla vita e sulle opere di Orazio*, a short account of Horace's life and works.

cenobio *s.m.* **1** (*eccl.*) cenoby **2** (*zool.*) coenobium.

cenobita *s.m.* **1** (*eccl.*) cenobite, coenobite **2** (*fig.*) hermit, ascetic.

cenobitico *agg.* (*eccl.*) cenobitic(al), coenobitic(al).

cenobitismo *s.m.* (*eccl.*) cenobitism, coenobitism.

cenone *s.m.* (*di Natale*) Christmas Eve dinner; (*di Capodanno*) New Year's Eve dinner.

cenosi *s.f.* (*ecol.*) coenosis.

cenotafio *s.m.* cenotaph.

cenozoico *agg.* e *s.m.* (*geol.*) Cainozoic, Kainozoic, Cenozoic: *era cenozoica*, Cainozoic era; *rocce cenozoiche*, Cenozoic rocks.

censimento *s.m.* census: *modulo di —*, census form (*o* paper); *— del traffico, della disoccupazione*, traffic, unemployment census; *fare un —*, to take a census; *fare il — dei malati negli ospedali*, to make a survey of hospital patients.

censire *v.tr.* **1** to take* a census of (a nation, a district) **2** (*proprietà, beni tassabili*) to assess **3** (*iscrivere nei registri del censo*) to register for assessment.

censito *agg.* **1** (*iscritto nel censo*) included in the census **2** (*gravato d'imposta*) assessed **3** (*iscritto nei registri del censo*) registered.

censo *s.m.* **1** (*st. romana*) census **2** (*econ.*) (*ricchezza*) wealth; (*patrimonio*) property, estate; (*rendita*) income: *persone di gran —*, people of great wealth.

censorato *s.m.* (*st. romana*) censorship.

censore *s.m.* **1** (*st. romana*) censor **2** (*chi esercita la censura per mandato ufficiale*) censor **3** (*fig.*) (*critico severo*) critic, censor.

censoriale *agg.* censorial.

censorio *agg.* **1** (*di censore*) censorial **2** (*di critica severa*) censorious.

censuario *agg.* (*dir.*) taxable, subject to tax: *beni censuari*, taxable property; *registro —*, register of taxable property.

censura *s.f.* **1** (*st. romana*) (*ufficio e dignità di censore*) censorship **2** (*azione ufficiale di censura*) censorship: *la scena fu tagliata dalla —*, the scene was cut out by the censor **3** (*dir.*) (*sanzione disciplinare*) censure; official reprimand **4** (*fig.*) (*critica*) censure, criticism: *incorrere nella pubblica —*, to incur public censure.

censurabile *agg.* (*biasimevole*) censurable, reprehensible.

censurare *v.tr.* **1** (*da parte di un'autorità ufficiale*) to censor: *— una lettera*, to censor a letter **2** (*fig.*) (*criticare*) to censure, to blame; to find* fault with (s.o., sthg.), to criticize: *— il comportamento di qlcu.*, to censure s.o.'s behaviour.

cent *s.m.* **1** (*centesima parte di un dollaro*) cent **2** (*mus.*) cent.

centaurea *s.f.* (*bot.*) centaury: *— nera*, (*Centaurea nigra*) knapweed; *— minore*, (*Centaurium umbellatum*) centaury.

centauro *s.m.* **1** (*mit.*) centaur **2** (*fig.*) (*motociclista*) motorcyclist.

centellinare *v.tr.* **1** to sip **2** (*fig.*) (*gustare con lentezza*) to savour; (*dosare*) to ration, to measure out: *centellinava le sue ferie*, he enjoyed every moment of his holiday; *— le proprie energie*, to ration one's energy.

centellino *s.m.* sip: *bere a centellini*, to sip.

centenario *agg.* **1** (*che ha cent'anni*) hundred -year-old (*attr.*); hundred years old (*pred.*); (*di persona*) centenarian; (*secolare*) age-old, ancient: *un albero —*, an ancient (*o* hundred -year-old) tree **2** (*che ricorre ogni cent'anni*) centenary ◆ *s.m.* **1** (*commemorazione*) centenary, centennial (anniversary), (the) hundredth anniversary **2** (*persona che ha cent'anni*) centenarian.

centennale *agg.* **1** (*che dura cento anni*) centennial; (*secolare*) age-old: *una tradizione —*, an age-old tradition **2** (*che avviene ogni cento anni*) centennial: *commemorazione —*, centennial celebration ◆ *s.m.* centenary, centennial (anniversary).

centennio *s.m.* century, a hundred years.

centerbe *s.m.* 'centerbe' (liqueur made from herbs in Abruzzi).

centesima *s.f.* (*st.*) centesimal taxation.

centesimale *agg.* centesimal.

centesimo *agg.num.ord.* e *s.m.* (the) hundredth // *è la centesima volta che te lo ripeto*, I'm telling you for the hundredth time ◆ *s.m.* (*centesima parte*) (one *o* a) hundredth (of sthg.), (the) hundredth part (of sthg.): *— di dollaro*, cent; *— di franco*, centime; *— di lira*, centesimo; *ti ripagherò fino all'ultimo —*, I'll pay you back to the last penny; *calcolare al —*, to count to the last penny; *non avere un —, essere senza un —*, to be (completely) penniless // *questa macchina per scrivere non vale un —*, this typewriter isn't worth a brass farthing // *spendere sino all'ultimo —*, to spend one's last penny.

centi- *pref.* di origine latina che significa 'cento'; ingl. centi-.

centiara *s.f.* (*metrol.*) centiare.

centibar *s.m.* (*metrol.*) centibar.

centigrado *agg.* centigrade: *termometro —*, centigrade thermometer; *zero gradi centigradi*, nought (*o* zero) degrees centigrade (0 °C).

centigrammo *s.m.* (*metrol.*) centigram(me).

centile → **percentile**.

centilitro *s.m.* (*metrol.*) centilitre; (*amer.*) centiliter.

centimano *agg.* hundred-handed.

centimetrare *v.tr.* to divide into centimetres.

centimetro *s.m.* **1** (*metrol.*) centimetre; (*amer.*) centimeter **2** (*nastro centimetrato*) tape measure.

centina *s.f.* **1** (*edil.*) centre, centring **2** (*aer.*) rib **3** (*ricamo*) scallop **4** (*curvatura*) curve, bend: *a —*, curved.

centinaio *s.m.* hundred: *a centinaia*, by (*o* in) hundreds; *centinaia di feriti*, hundreds of wounded people; *un — circa di persone*, about one hundred people; *parecchie centinaia di persone*, several hundred people; *ne ricevemmo centinaia*, we received hundreds of them.

centinamento *s.m.* curving, bending, arching.

centinare *v.tr.* **1** (*edil.*) to support with a centre **2** (*aer.*) to rib **3** (*ricamare a centina*) to scallop **4** (*curvare*) to curve, to bend, to arch.

centinatura *s.f.* **1** (*edil.*) centring, centering **2** (*aer.*) ribbing **3** (*mecc.*) camber.

centinodia *s.f.* (*bot.*) (*Polygonum aviculare*) knot-grass.

centista *s.m.* e *f.* hundred metre sprinter.

cento *agg.num.card.* e *s.m.* hundred: *— giorni*, a (*o* one) hundred days; *un'automobile da — cavalli*, a one hundred horsepower car; *una persona su —*, one person in a hundred (*o* out of a hundred); *te l'ho detto — volte*, I have told you a hundred times (*o* again and again); *— è il numero massimo delle iscrizioni possibili*, one (*o* a) hundred is the maximum number of enrolments; *è stato stabilito il nuovo record mondiale nei — stile libero*, a new world record was established for the hundred metres freestyle // *— di questi giorni!*, many happy returns of the day! // *sconto del cinque per —*, five percent discount; *interesse del dodici per —*, twelve per cent (*o* percent) interest; *a quanto per —?*, at what percentage?; *far pagare un interesse del dieci per —*, to charge interest at ten per cent // *la Guerra dei Cento Anni*, the Hundred Years' War // *al — per —*, absolutely (*o* completely): *ti garantisco la mia presenza al — per —*, I will definitely be there // *farsi in —*, to fall over oneself (*o* to do everything in one's power).

centochilometri *s.f.* (*sport*) hundred -kilometre race.

centodieci *agg.num.card.* e *s.m.* hundred and ten: *correre i — (metri) a ostacoli*, to run the hundred and ten metres hurdles; *laurearsi con — e lode*, to get a first.

centogambe *s.m.* (*zool.*) (*non com.*) centipede.

centometrista *s.m.* e *f.* hundred-metre runner, hundred-metre sprinter.

centomila *agg.num.card.* e *s.m.* a hundred thousand, one hundred thousand: *una biblioteca con più di — volumi*, a library with more than a hundred thousand volumes.

centomillesimo *agg.num.ord.* e *s.m.* hundred thousandth.

centonchio *s.m.* (*bot.*) (*Stellaria media*) chickweed.

centone[1] *s.m.* (*letter., mus.*) cento.

centone[2] *s.m.* (*fam.*) hundred thousand lira note.

centopelle *s.m.* omasum*.

centopiedi *s.m.* (*zool.*) centipede.

centotredici *s.m.* emergency (phone) number: *in caso di emergenza chiamare il* —, in case of emergency call 113 (999 in Gran Bretagna e negli Stati Uniti).

centraggio *s.m.* (*tecn.*) centring, balancing.

centrale *agg.* **1** central, in the centre: *il negozio è in una strada* —, the shop is in a street in the town centre; *riscaldamento* —, central heating // (*geogr.*) *America* —, central America **2** (*fig.*) main, principal, central, head (*attr.*): *la sede — di una società, di una banca*, the head office of a firm, of a bank; *il tema — di un romanzo*, the main theme of a novel; *potere* —, centralized power ◆ *s.f.* **1** (*luogo di produzione*) plant, works (*pl.*): — *nucleare*, nuclear power station; — *elettrica*, power plant (*o* electric power station); — *idraulica*, water power plant; — *idroelettrica*, hydroelectric power plant; — *telefonica*, (telephone) exchange (*o amer.* central); (*a selezione automatica*) automatic telephone exchange **2** (*centro di coordinamento*) headquarters (*pl.*): — *di polizia*, police headquarters.

centralinista *s.m.* e *f.* (switchboard) operator.

centralino *s.m.* (*telefonico*) (telephone) exchange; (*di albergo, istituti ecc.*) switchboard: *il — funziona ventiquattro ore su ventiquattro*, the switchboard is manned twenty-four hours a day.

centralismo *s.m.* centralism.

centralista *s.m.* e *f.* **1** (*pol.*) centralist **2** (*addetto alle centrali elettriche*) power (station) worker.

centralità *s.f.* centrality, centralness, central position.

centralizzare *v.tr.* to centralize: — *i servizi*, to centralize services.

centralizzatore *agg.* centralizing ◆ *s.m.* centralizer.

centralizzazione *s.f.* centralization.

centramento → **centratura**.

centrare *v.tr.* **1** (*colpire nel centro*) to hit* the centre of (sthg.), to score a direct hit on (sthg.): — *un bersaglio*, to hit the mark (*o* target *o* bull's eye) **2** (*collocare al centro*) to centre: — *una fotografia nella cornice*, to centre a photo in the frame **3** (*equilibrare*) to centre, to adjust, to balance: — *una ruota*, to balance a wheel **4** (*gioco del calcio*) to centre **5** (*fig.*) to understand* clearly, to grasp fully: — *un problema*, to grasp a problem fully.

centrato *agg.* **1** (*colpito nel segno*) hit squarely: *bersaglio —!*, bull's eye! **2** (*ben equilibrato*) well-balanced, centred.

centratore *s.m.* (*mecc.*) centre square.

centrattacco → **centravanti**.

centratura *s.f.* centring, balancing.

centravanti *s.m.* (*sport*) centre forward.

centrico *agg.* centric(al).

centrifuga *s.f.* (*mecc.*) **1** centrifuge, centrifugal machine: — *del latte*, milk centrifuge (*o* cream separator *o* creamer) **2** (*della lavatrice*) spin-dryer.

centrifugare *v.tr.* **1** to centrifuge, to whirl in a centrifuge **2** (*asciugare con la centrifuga*) to spin-dry.

centrifugato *agg.* centrifuged, whirled, separated by centrifuge: *latte* —, separated milk.

centrifugazione *s.f.* centrifugation.

centrifugo *agg.* (*fis.*) centrifugal: *forza centrifuga*, centrifugal force // *pompa centrifuga*, centrifugal pump.

centrino *s.m.* doily.

centriolo *s.m.* (*biol.*) centriole.

centripeto *agg.* (*fis.*) centripetal: *forza centripeta*, centripetal force.

centrismo *s.m.* (*pol.*) centrism; political ideas of centre parties.

centrista *agg.* (*pol.*) moderate; centre (*attr.*): *un partito* —, a centre party ◆ *s.m.* e *f.* centre politician; supporter of a centre party.

centro *s.m.* **1** (*scient.*) centre, (*amer.*) center: (*fis.*) — *di gravità, di curvatura*, centre of gravity, of curvature; (*mecc.*) — *di inerzia*, centre of gyration; (*geol.*) — *sismico*, focus; (*anat.*) — *nervoso*, nerve centre; (*mat.*) *conica a* —, central conic **2** (*punto, area nel mezzo di qlco.*) centre: *il — del bersaglio*, the bull's eye; *al — di una stanza, di una piazza*, in the middle of a room, of a square // (*sport*): *palla al* —, ball on the centre spot; *tirare dal* —, to shoot from the centre of the field // *far* —, to hit the bull's eye (*o* to hit the bull); (*fig.*) to hit the mark // *essere al — dell'attenzione*, to be the centre of attention // (*pol.*) *il Centro*, the Centre **3** (*di città e simili*) (town) centre: *abita in* —, he lives in the centre of the town (*o* in the town centre); *è andata in — a fare spese*, she's gone to the town centre to do the shopping; *il — storico di Milano*, the old town centre of Milan **4** (*punto, area principale di una attività*) centre: — *di potere*, power centre; — *di profitti*, profit centre; — *di distribuzione*, distribution centre; — *di vendita*, sales outlet; — *di costo*, burden centre; — *di produzione, di servizi*, production, service centre; — *degli affari*, business centre **5** (*aggregato urbano, città, paese*) centre, town; resort: — *industriale*, industrial town; — *agricolo*, agricultural centre (*o* town); — *turistico*, tourist centre (*o* resort); — *balneare*, seaside resort; — *di sport invernali*, winter resort; — *residenziale*, residential centre (*o* district); — *direzionale*, office district **6** (*complesso di impianti e attrezzature*) centre; institute: — *di studi atomici*, institute for atomic research; — *culturale, sportivo*, arts, sports centre; — *commerciale*, shopping centre; — *di orientamento professionale*, vocational guidance centre // (*inform.*): — *di calcolo*, computer centre; — *elaborazione dati*, data processing centre; — *meccanografico*, punched card centre, tabulating department.

centroattacco → **centrattacco**.

centroavanti → **centravanti**.

centrocampista *s.m.* (*sport*) midfielder.

centrocampo *s.m.* (*sport*) midfield.

centrodestra *s.m.* coalition between centre and right-wing parties.

centroeuropeo *agg.* Central European, Middle European; of Central Europe (*pred.*).

centromediano *s.m.* (*sport*) halfback, midfielder.

centromero *s.m.* (*biol.*) centromere.

centropagina *s.m.* centrepage article.

centrosinistra *s.m.* coalition between centre and left-wing parties.

centrosoma *s.m.* (*biol.*) centrosome.

centrotavola *s.m.* table decoration, centrepiece.

centumvirato *s.m.* (*st. romana*) centumvirate.

centumviro *s.m.* (*st. romana*) centumvir (*pl.* -i).

centuplicare *v.tr.* **1** to multiply by a hundred, to increase a hundredfold, to centuple, to centuplicate **2** (*accrescere*) to increase; to multiply.

centuplice *agg.* hundredfold, centuple.

centuplo *agg.* hundredfold, centuple ◆ *s.m.* hundredfold, one hundred times as much, centuple: *mille è il — di dieci*, a thousand is a hundred times ten.

centuria *s.f.* (*st. romana*) century.

centuriato *agg.* (*st. romana*) centurial.

centurione *s.m.* (*st. romana*) centurion.

ceppa *s.f.* **1** (*parte interrata dell'albero*) underground part of a tree **2** (*cavità*) hollow (in a stump).

ceppaia *s.f.* **1** tree stump, stump, stub **2** (*terreno*) area of a wood where the trees have been cut leaving the stumps.

ceppata *s.f.* **1** → ceppaia **2** (*per uso di ormeggio*) group of mooring poles.

ceppatello *s.m.* **1** small log **2** (*bot. pop.*) pore mushroom.

ceppo *s.m.* **1** (*base dell'albero*) stump, stub, stool; (*d'innesto*) understock **2** (*fig.*) (*famiglia, razza*) stock: — *indoeuropeo*, Indo-European stock // *essere del medesimo* —, to come from the same stock **3** (*da ardere*) log: — *di Natale*, Yule log **4** (*per la decapitazione*) block **5** (*per battervi la carne*) block, chopping-block **6** *pl.* (*strumenti per serrare i piedi ai prigionieri*) shackles, fetters (*anche fig.*): *i ceppi delle convenzioni*, the shackles of convention **7** (*mecc.*) (*del freno*) brake block **8** (*di aratro*) plough-stock **9** (*mar.*) (*di ancora*) anchor stock **10** (*cassetta delle elemosine*) alms-box.

cera[1] *s.f.* wax: — *autolucidante*, self-polishing wax; — *da calzolaio*, cobbler's wax; — *da pavimento*, floor wax; — *da scarpe*, shoe polish; — *di Spagna*, sealing wax; — *vegetale*, vegetable wax; — *vergine*, beeswax; *dare la* —, to wax // (*chim.*) — *del Giappone*, Japan wax // (*geol.*) — *fossile*, ozokerite (*o* ozocerite) // *bianco come la* —, as white as a sheet // *essere come — nelle mani di qlcu.*, to be like putty (*o* wax) in s.o.'s hands // *museo delle cere*, waxworks.

cera[2] *s.f.* (*aspetto*) air, look; appearance; (*espressione*) expression; (*letter.*) mien: *avere bella, buona* —, to look well; *avere brutta* —, to look peaky // *far buona — a qlcu.*, to welcome s.o. heartily (*o* to give s.o. a hearty welcome).

ceraio *s.m.* candle maker ◆ *agg.*: *ape ceraia*, wax bee (*o* worker bee).

ceraiolo *s.m.* **1** (*chi lavora la cera*) maker of wax objects **2** (*chi fabbrica o vende cera*) wax-chandler; candle maker.

ceralacca *s.f.* sealing wax.

ceramica *s.f.* **1** (*arte*) ceramics [U], pottery [U] **2** (*oggetto in ceramica*) piece of pottery **3** (*materiale*) baked clay: *stufa in* —, tiled stove **4** *pl.* pottery [U]: *ceramiche inglesi*, English pottery.

ceramico *agg.* ceramic.

ceramista *s.m.* e *f.* potter, ceramist.

ceramografia *s.f.* **1** (*arte*) art of pottery decoration, art of pottery painting **2** (*studio delle ceramiche*) ceramography, study of ceramics.

ceramografo *s.m.* ceramic decorator.

ceramologia *s.f.* the study of ceramics, ceramography.

ceramologo *s.m.* expert on ceramics.

cerargirite *s.f.* (*min.*) cerargyrite, horn silver.

cerasa *s.f.* (*dial.*) cherry.

cerasella *s.f.* (*region.*) cherry brandy.

ceraso *s.m.* (*dial.*) → **ciliegio**.

cerasta *s.f.* **ceraste** *s.m.* (*zool.*) (*Cerastes cornutus*) cerastes, horned viper.

cerastio *s.m.* (*bot.*) cerastium.

cerata *s.f.* **1** (*indumento*) oilskins (*pl.*) **2** (*tela*) oilcloth, oilskin.

cerato *agg.* waxed; wax (*attr.*): *tela cerata*, oilskin (*o* oilcloth).

ceratura *s.f.* (*tecn.*) waxing.

ceraunografo *s.m.* ceraunograph.

cerbero *s.m.* (*estens.*) watchdog, ogre.

cerbiatto *s.m.* (*zool.*) (*di età inferiore all'anno*) fawn; (*di due anni*) pricket.

cerbottana *s.f.* **1** (*arma primitiva*) blowgun, blowpipe **2** (*giocattolo per bambini*) peashooter **3** (*mil. ant.*) kind of arquebus.

cerca *s.f.* **1** search; quest: *andare in — di qlcu., qlco.*, to go in search of (*o* to look for) s.o., sthg. **2** (*eccl.*) begging: *andare alla —*, (*di religiosi*) to go begging **3** (*caccia*) scenting, tracking.

cercafase *s.m.* (*elettr.*) phase detector.

cercafughe *s.m.* leak detector.

cercamine *s.m.* **1** (*mil.*) mine detector **2** (*nave*) minesweeper.

cercapersone *s.m.* bleeper.

cercare *v.tr.* **1** to look for (s.o., sthg.), to search for (s.o., sthg.); to seek: *chi cercate?*, who are you looking for?; *— un impiego*, to look for a job; *— casa*, to look for a house; *— fortuna all'estero*, to seek one's fortune abroad // *— briga*, to look for trouble // *— qlco. per mare e per terra*, to look for sthg. everywhere // *— scampo nella fuga*, to seek safety in flight // *chi cerca trova*, (*prov.*) whoever seeks will find **2** (*per consultazione*) to look up: *— una parola nel dizionario*, to look up a word in the dictionary **3** (*a tastoni*) to fumble for (sthg.): *nell'oscurità cercava l'interruttore della luce*, in the darkness he fumbled (about) for the switch **4** (*richiedere*) to ask for (sthg.); to want: *cercasi abile infermiera*, well-trained nurse wanted; *cercò un libro*, he asked for a book; *non ho cercato nulla da voi*; I have not asked anything of you ◆ *v.intr.* (*tentare*) to try, to strive*: *cercava di persuadermi a partire*, he was trying to get me to leave; *cercò a lungo di tenersi a galla*, he strove a long time to keep his head above water; *— di imporre un prodotto*, to push a product; *cercarono di accordarsi sul prezzo*, they tried to reach an agreement on the price.

cercata *s.f.* quick look, brief search: *dare una —*, to have a quick look around.

cercatore *s.m.* **1** seeker, inquirer, searcher; (*di minerali*) prospector: *— d'oro*, gold digger **2** (*di telescopio*) finder **3** (*rad.*) detector ◆ *agg.*: *frate —*, mendicant friar.

cerchia *s.f.* **1** circle: *la città alta, entro la — delle mura*, the upper town, set within the walls **2** (*fig.*) circle, set: *non appartiene alla nostra —*, he does not belong to our circle **3** (*fig.*) (*ambito*) range, sphere, scope: *allargare la — degli affari*, to extend the range of business; *allargare la — di interessi*, to widen one's interests.

cerchiaggio *s.m.* → **cerchiatura**.

cerchiare *v.tr.* **1** (*tecn.*) to ring; to hoop; to rim, to tyre: *— un tubo*, to ring a pipe; *— una botte*, to hoop a barrel; *— una ruota*, to rim a wheel **2** (*chiudere in un cerchio*) to circle: *— di rosso una parola*, to circle a word in red **3** (*circondare*) to surround, to encircle: *— d'assedio una città*, to besiege a city.

cerchiata *s.f.* latticework.

cerchiato *agg.* ringed, circled: *aveva gli occhi cerchiati*, he had rings round his eyes (*o* he had bags under his eyes).

cerchiatura *s.f.* **1** (*il cerchiare*) ringing; hooping; rimming, tyring **2** (*il risultato*) ringing, ring; hooping, hoops: *— di rinforzo*, reinforcement ring.

cerchietto *s.m.* **1** (*piccolo cerchio*) small ring **2** (*braccialetto*) bracelet **3** (*per capelli*) (hair-)band.

cerchio *s.m.* **1** circle, ring, round: *danzare in —*, to dance in a ring; *girare in —*, to turn round; (*aer.*) *— della morte*, loop, (*di motociclisti*) wall of death; *gli aerei descrivono dei cerchi nel cielo*, the planes are circling overhead // *fare —*, to stand in a circle: *fare — intorno a qlcu.*, to make a circle round s.o. // *— vizioso*, vicious circle; *fare dei cerchi viziosi*, to argue in circles (*o* to go round in circles) // *avere un — alla testa*, to have a headache **2** circle: *— circoscritto*, circumscribed circle (*o* circumcircle); *— inscritto*, inscribed circle (*o* incircle); *— exinscritto*, escribed circle; *— massimo* (*di sfera*), great circle **3** (*di botte*) hoop // *dare un colpo al — e uno alla botte*, to run with the hare and hunt with the hounds (*o* to keep in with both sides) **4** (*cerchione di ruota*) rim **5** (*cerchio di legno usato come giocattolo*) hoop: *far correre un —*, to bowl a hoop.

cerchione *s.m.* (*di ruota*) rim.

cercinare *v.tr.* (*agr.*) to girdle.

cercinatura *s.f.* (*agr.*) girdling.

cercine *s.m.* **1** pad **2** (*bot.*) ring.

cercoletto *s.m.* (*zool.*) (*Potus flavus*) kinkajou.

cercopiteco *s.m.* (*zool.*) cercopithecus: *— nano*, (*Cercopithecus talapoin*) talapoin; *— verde*, (*Cercopithecus pygerythrus*) vervet.

cereale *s.m.* (*spec. pl.*) cereal, grain [U], corn [U] ◆ *agg.*: *piante cereali*, cereals.

cerealicolo *agg.* cereal (*attr.*), grain (*attr.*), corn (*attr.*).

cerealicoltore *s.m.* cereal grower, grain farmer.

cerealicoltura *s.f.* cereal growing, cultivation of cereals, corn growing, grain farming.

cerebellare *agg.* (*anat.*) cerebellar.

cerebrale *agg.* **1** (*anat.*) cerebral; of the brain; brain (*attr.*): *febbre, infiammazione —*, brain fever; *emorragia —*, cerebral hemorrhage; *paralisi — (spastica) infantile*, cerebral palsy; *morte —*, brain death // *commozione —*, concussion (of the brain) **2** (*fig.*) cerebral, over intellectual, (*fam.*) highbrow: *poesia —*, cerebral poetry.

cerebralismo *s.m.* cerebralism, intellectualism.

cerebralità *s.f.* → **cerebralismo**.

cerebriforme *agg.* (*scient.*) cerebriform.

cerebro- *pref.* di origine latina che indica 'il cervello' o 'relazione col cervello'; ingl. cerebr(o)-, encephal(o)-: *cerebrospinale*, cerebrospinal; *cerebroma*, cerebroma, encephaloma.

cerebroleso *agg.* e *s.m.* (*med.*) encephalopathic.

cerebropatia *s.f.* (*med.*) encephalopathy, cerebropathy.

cerebropatico *agg.* e *s.m.* (*med.*) cerebropathic, encephalopathic.

cerebrospinale *agg.* (*anat.*) cerebrospinal: *liquido —*, cerebrospinal fluid; (*med.*) *meningite —*, cerebrospinal meningitis.

cereo *agg.* **1** (*pallido come cera*) waxen, wan, ashen, extremely pale: *carnagione cerea*, waxen complexion; *viso —*, wan face **2** (*di cera*) wax (*attr.*); (*rar.*) waxen.

cereria *s.f.* (*fabbrica di cera*) wax factory.

ceresina *s.f.* (*chim.*) ceresin.

ceretta *s.f.* **1** (*lucido per scarpe*) shoe polish, boot polish; blacking **2** (*cera per depilare*) wax: *devo farmi fare la — alle gambe*, I have to have my legs waxed.

cerfoglio *s.m.* (*bot.*) (*Anthriscus cerefolium*) chervil.

cerico *agg.* (*chim.*) ceric.

cerifero *agg.* wax-producing.

cerimonia *s.f.* **1** ceremony: *una — imponente*, an imposing ceremony; *maestro di —*, master of ceremonies; *partecipare a una —*, to attend a ceremony; *abito da —*, formal dress; *— nuziale*, marriage ceremony **2** (*pompa*) pomp, splendour **3** (*spec. pl.*) (*complimento, formalità*) ceremony: *con —*, with ceremony; *una persona piena di cerimonie*, a formal person; *senza —*, without ceremony; *senza tante cerimonie mi comunicò il mio licenziamento*, without standing on (*o* without undue) ceremony he informed me of my dismissal (*o fam.* he told me I was sacked); *glielo dissi per —*, I told him so out of politeness; *fare delle cerimonie*, to stand on ceremony.

cerimoniale *agg.* (*letter.*) ceremonial; formal ◆ *s.m.* **1** (*insieme di regole*) ceremonial; etiquette, protocol: *il — dell'incoronazione*, the coronation ceremonial **2** (*testo che descrive le regole*) ceremonial.

cerimoniare *v.intr.* (*non com.*) to stand* on ceremony, to be formal.

cerimoniere *s.m.* master of ceremonies.

cerimoniosità *s.f.* cerimoniousness; formality.

cerimonioso *agg.* ceremonious, formal: *un saluto —*, a formal salute.

cerino *s.m.* (wax) match; (*stoppino*) taper.

cerio *s.m.* (*chim.*) cerium.

cerite *s.f.* (*min.*) cerite.

cerna *s.f.* (*ant.*) choice, selection; pick; sifting.

cernecchio *s.m.* (*ciocca di capelli*) unruly lock of hair.

cernere *v.tr.* to sort (out); to separate, to select: *— le mele*, to sort out apples; *— il bene dal male*, to distinguish good from evil.

cernia *s.f.* (*zool.*) grouper.

cerniera *s.f.* **1** (*di occhiali, di finestra, di porta, delle valve dei molluschi*) hinge **2** *— lampo*, zip, zip-fastener, (*amer.*) zipper.

cerniere *s.m.* (*mar.*) scuttlebutt.

cernire → **cernere**.

cernita *s.f.* **1** choice, selection, sorting **2** (*miner.*) picking.

cernitore *s.m.* sorter; (*miner.*) picker.

cernitrice *s.f.* **1** sifter **2** (*miner.*) grading machine: — *a gravità*, gravity grading machine.

cernitura (*rar.*) → **cernita**.

cero *s.m.* large candle: — *di chiesa*, (church) candle.

ceroferario *s.m.* (*eccl.*) candle-bearer, torch-bearer.

cerolite *s.f.* (*min.*) cerolite.

cerone *s.m.* (*per attori*) greasepaint.

ceroplasta *s.m.* e *f.* wax modeller.

ceroplastica *s.f.* wax modelling, ceroplastics [U].

ceroso *agg.* wax (*attr.*), waxen, waxy.

cerotico *agg.* (*chim.*) cerotic: *acido* —, cerotic acid.

cerotto *s.m.* **1** plaster, sticking plaster **2** (*fig.*) (*persona noiosa*) bore; (*persona malaticcia*) weakling.

cerretano *s.m.* (*letter.*) (*ciarlatano*) quack; (*imbroglione*) charlatan, trickster.

cerreto *s.m.* grove of Turkey oaks, plantation of Turkey oaks.

cerro *s.m.* **1** (*Quercus cerris*) Turkey oak **2** (*legno*) bitter oak.

certame *s.m.* (*poet.*) duel, fight, combat: — *poetico*, poetic competition (*o* contest).

certamente *avv.* **1** (*senza dubbio*) certainly, undoubtedly: *sarà — eletto*, he will definitely be elected (*o* he is bound to be elected) **2** (*rafforzativo*) certainly, definitely, of course, indeed: *"Vuoi venire?" "Sì, —"*, "Do you want to come?" "Yes, of course"; *"L'hai fatto tu?" "Certamente no"*, "Did you do it?" "Certainly not" **3** (*affermativo*) certainly, of course, by all means: *"Posso prendere la macchina?" "Certamente"*, "Can I take the car?" "Of course".

certare *v.intr.* (*ant.*) (*combattere*) to fight*.

certezza *s.f.* certitude; certainty: *sapere con* —, to know for certain (*o* for a certainty): *lo so con* —, I know it for sure; *scommettere con* —, to bet on a certainty; *sono poche le certezze nella vita*, there are few things that are certain in life; *non avere certezze*, to be without certainties // (*dir.*) — *del diritto*, certainty of law.

certificare *v.tr.* to certify, to attest, to declare, to confirm: *il documento certifica che...*, the document attests to the fact that...; — *che qlco. è vero*, to certify that sthg. is true; — *un decesso*, to certify a death; (*dir.*) *copia certificata*, certified copy; (*amm.*) *non certificato*, inaudited.

certificato *s.m.* **1** certificate: — *di matrimonio*, marriage certificate; — *di morte*, death certificate; — *di nascita*, birth certificate; — *di origine*, certificate of origin; — *di sana costituzione, medico*, health certificate; — *consolare*, consular certificate (*o* document); — *di congedo*, discharge papers (*o* certificate); *richiedere, rilasciare, presentare un* —, to request, to issue, to present a certificate **2** (*comm.*) certificate, bill: — *di consegna*, bill of delivery; — *di debito*, note on hand; — *di garanzia*, certificate of guarantee; — *di origine*, certificate of origin // (*mar.*): — *di stivaggio*, certificate of stowage (*o* stowage certificate); — *di imbarco*, certificate of shipment (*o* shipping bill); — *di sbarco, di scarico*, landing certificate // — *doganale*, custom-house certificate; — *di deposito* (*doganale*), deposit warrant; — *di uscita* (*doganale*), certificate of clearing outwards; — *di verifica doganale*, inwards clearing bill // (*assicurazioni*): — *di assicurazione*, certificate of insurance (*o* insurance certificate); — *di copertura di rischio*, cover note // (*banca*): — *di deposito*, certificate of deposit; — *di risparmio*, savings certificate // (*dir.*): — *di cancellazione di ipoteca*, memorandum of satisfaction (of a mortgage); — *di ipoteca garantita*, guaranteed mortgage certificate; — *di iscrizione ipotecaria*, certificate of registration // (*trib.*): — *di credito d'imposta*, tax voucher; — *di detrazione ai fini dell'imposta sul reddito*, certificate of deduction of income tax // (*amm.*) — *catastale*, land certificate **3** (*fin.*) certificate; warrant: — *azionario*, share certificate, (*amer.*) stock certificate; — *azionario al portatore*, share warrant, (*amer.*) stock warrant; — *di sottoscrizione azioni*, certificate of subscription, stock subscription warrant, (*amer.*) stock allotment warrant; — *provvisorio* (*di sottoscrizione di titoli*), script; — *aureo*, gold certificate; — *di cessione, di trapasso di azioni*, transfer certificate; — *obbligazionario*, bond certificate (*o* debenture -stock certificate); — *di prestito*, loan certificate; — *di registrazione* (*di società anonima*), certificate of incorporation.

certificazione *s.f.* certification, authentication: — *di un documento*, certification (*o* authentication) of a document // (*dir.*): — *notarile*, notarization; — *di bilancio*, auditing.

certo[1] *agg.indef.* **1** certain: *dovevo parlare con una certa persona*, I was to speak to a certain person; *per avere il diploma occorre sostenere un — numero di esami*, to get the diploma you have to take a certain number of exams; *abitava in un — quartiere di Parigi*, she lived in a certain part of Paris; *una signora di una certa età*, a lady of a certain age; *un — signor Smith*, a certain Mr Smith // *un, quel — non so che*, a, that certain something // *ho un — appetito*, I'm rather hungry **2** (*qualche, un po' di*) some: *dopo un — tempo*, after some time; *un episodio di una certa importanza*, an event of some importance; *ci vuole un — coraggio*, it takes (some) courage; *sono andato da certi miei amici*, I went to see some friends of mine; *non sono tutti qui i libri, certi sono dal rilegatore*, not all the books are here, some of them are at the binder's // *certe volte non ti capisco*, there are times I (just) can't understand you // *ho visto certe facce in quel bar!*, I saw some sinister faces in that bar! **3** (*tale, simile*) such: *ha raccontato certe bugie!*, he told such lies!; *non dovresti dire certe cose!*, you shouldn't say such things! ◆ *pron.indef.pl.* (*alcuni*) some, some people: *certi sostengono che è ancora vivo*, some (people) say he's still alive; *certi approvavano, certi no*, some were in favour and others were against.

certo[2] *agg.* **1** (*vero, indubbio, indiscutibile*) certain, sure; definite: *è un fatto —, è cosa certa*, it's a sure thing; *la commedia avrà un successo* —, the play is sure to succeed; *un rimedio* —, a sure remedy; *un appuntamento* —, a definite appointment // (*dir.*): *prova certa*, irrefutable evidence; *data certa*, fixed date // (*fin.*) — *per incerto*, (*di cambio*) fixed exchange (*o* fixed currency rate) **2** (*sicuro, convinto*) certain, sure: *era — di riuscire*, he was certain of success; *siamo certi della sua innocenza*, we're sure he's innocent; *ne sei —?*, are you (quite) sure?; *sei — che venga?*, are you sure he'll come? ◆ *avv.* (*con certezza, sicuramente*): *se non è venuto, ci sarà — una ragione*, there must be a reason if he hasn't turned up; *"Hai chiuso la porta?" "Certo"*, "Have you shut the door?" "Yes, of course"; *"L'hai letto?" "Certo che l'ho letto!"*, "Have you read it?" "Of course I have!"; *Sì, —!*, Yes of course, sure!; *No,* —, Of course not // *"Hai piacere di venire alla festa?" "Certo che sì"*, "Do you want to come to the party?" "(Yes) of course (I do)" // *di* —, for certain, for sure // *ma —!*, by all means! (*o* of course!); *sapere per* —, to know for sure; *davo per — che sarebbe venuto*, I was sure he'd come ◆ *s.m.* (*cosa certa*): *lasciare il — per l'incerto*, to take a chance.

certosa *s.f.* (*monastero certosino*) charterhouse, Carthusian monastery, chartreuse.

certosina *s.f.* certosina table.

certosino *agg.* **1** Carthusian **2** (*fig.*) painstaking ◆ *s.m.* **1** (*eccl.*) Carthusian (monk) **2** (*fig.*) (*persona che ama la vita solitaria*) hermit, recluse, solitary // *pazienza da* —, patience of Job **3** liquor similar to chartreuse.

certuno *agg.* (*rar.*) (*qualche*) some ◆ *pron.indef.* someone, somebody; (*pl.*) some, some people: *certuni non la pensano così*, some people think differently.

ceruleite *s.f.* (*min.*) ceruleite.

ceruleo, cerulo *agg.* sky-blue; (*letter.*) cerulean.

cerume *s.m.* earwax, cerumen.

ceruminoso *agg.* ceruminous.

cerusico *s.m.* **1** (*ant.*) surgeon **2** (*spreg.*) bad surgeon, (*fam.*) butcher.

cerussa *s.f.* (*chim.*) ceruse.

cerussite *s.f.* (*min.*) cerussite.

cerva *s.f.* (*zool.*) hind, doe.

cervellaccio *s.m.* (*fig. fam.*) brains, talent.

cervelletto *s.m.* (*anat.*) cerebellum*; little brain.

cervellino *s.m.* (*fig.*) birdbrain, scatterbrain; peabrain.

cervello *s.m.* **1** brain (*usato talvolta al pl., specie nel senso di materia cerebrale*): — *di vitello*, calves' brains; *avere un tumore al* —, to have a brain tumour // *farsi saltare le cervella*, to blow out one's brains // *far saltare le cervella a qlcu.*, to blow out s.o.'s brains **2** (*fig.*) brain, brains (*pl.*), wits (*pl.*), head, mind, sense: — *sveglio*, quick mind; *sono certo che ha* —, I am sure he has brains (*o* I am sure he is brainy); *usare il* —, to use one's brains (*o* wits); *lambiccarsi il* —, to rack (*o* to cudgel) one's brains; *non lasciare arrugginire il* —, not to let one's brains rust; *avere il — nelle nuvole*, to have one's head in the clouds; *non gli passa neanche per l'anticamera del* —, it doesn't even cross his mind; *il suo — è del tutto sconvolto*, his mind is unhinged; *è un — balzano*, he is a crackpot; *devi mettere il — a partito*, you must mend your ways; *gli si è rammollito il* —, he has gone soft in the head; *non ha il — a posto*, he's crazy (*o* he is out of his senses); *gli ha dato di volta il* —, he has gone off his head // — *di gallina, d'oca*, birdbrain (*o* silly goose) // *senza* —, brainless (*o* thoughtless) // *lavaggio del* —, brainwashing **3** (*fig.*) (*persona intelligente*) brain(s): *è il — dell'azienda*, he's the brains of the company // *fuga di cervelli*, brain drain **4** — *elettronico*, (*fam.*) computer.

cervellone *s.m.* (*scherz.*) **1** brain, genius **2** big computer.

cervellotico *agg.* **1** (*bizzarro*) odd, strange, unreasonable, extravagant **2** (*contorto*) tortuous.

cervelluto *agg.* (*scherz.*) smart, bright.

cervicale *agg.* (*anat.*) cervical: *artrosi* —, cervical arthrosis.

cervicapra *s.f.* (*zool.*) nagor.

cervice *s.f.* **1** (*letter.*) (*nuca*) nape; (*collo*) neck: *piegare la* —, (*fig.*) to stoop; *di dura* —, (*fig.*) stubborn person **2** (*anat.*) cervix*.

cervicite *s.f.* (*med.*) cervicitis.

cervino *agg.* cervine; deer (*attr.*).

cervo *s.m.* **1** deer*, buck; (*maschio adulto*) stag, hart: *carne di* —, venison; — *reale*, royal stag // (*zool.*): — *pomellato*, (*Axis axis*) chital; — *unicolore*, (*Cervus unicolor*) sambur **2** (*zool.*) — *volante*, (*Lucanus cervus*) stag-beetle; (*fig.*) (*aquilone*) kite.

cervona *s.f.* (*tipo di colla*) animal glue.

cesare *s.m.* (*imperatore*) Caesar // *date a Cesare quel ch'è di Cesare*, (*Bibbia*) render unto Caesar that which is Caesar's.

cesareo[1] *agg.* Caesarean, Caesarian; (*estens.*) imperial: *poeta* —, poet laureate.

cesareo[2] *agg.* (*med.*) caesarean, caesarian: *taglio* —, caesarean (section); *parto* —, caesarian (birth).

cesariano *agg.* e *s.m.* Caesarian.

cesarismo *s.m.* Caesarism.

cesaropapismo *s.m.* Erastianism.

cesaropapista *agg.* Erastian.

cesellamento *s.m.* chiselling; engraving, chasing.

cesellare *v.tr.* **1** to chisel; to engrave, to chase **2** (*fig.*) to work with great care, to polish.

cesellato *agg.* **1** chiselled; engraved, chased: *un bassorilievo finemente* —, a finely chiselled bas-relief **2** (*fig.*) finely wrought.

cesellatore *s.m.* **1** engraver, chaser, chiseller **2** (*fig.*) careful artist: *quel poeta è un fine — di versi*, that poet writes polished verse.

cesellatura *s.f.* chisel work, chiselling, engraving, chasing.

cesello *s.m.* chisel, graver, graving tool // *lavorare di* —, (*fig.*) to finish with care (*o* to polish).

cesena *s.f.* (*zool.*) (*Turdus pilaris*) fieldfare, storm-cock.

cesio *s.m.* (*chim.*) c(a)esium: (*fis.*) *orologio al* —, caesium clock.

cesoia *s.f.* shear; (*mecc.*) shear(s); shearing machine: — *da lattoniere*, tinsmith shear; — *a ghigliottina*, guillotine shears.

cesoiata *s.f.* snip, clip, cut.

cesoiatore *s.m.* shearer.

cesoiatrice *s.f.* (*mecc.*) shearing machine; shear(s).

cespite *s.m.* (*econ.*) source; asset: — *di entrata*, source of income; — *di guadagno*, source of profits; *cespiti ammortizzabili*, depreciable assets; *cespiti immobiliari*, fixed (*o* immovable) assets.

cespo *s.m.* (*ciuffo*) tuft; (*cespuglio*) bush: *un — di lattuga*, a head of lettuce.

cespuglio *s.m.* **1** bush; shrub; tussock; clump of bushes **2** (*estens.*) (*ciuffo di capelli, peli ecc.*) tuft.

cespuglioso *agg.* **1** bushy, shrubby; tussocky **2** (*coperto di cespugli*) overgrown with bushes **3** (*a folti ciuffi*) bushy: *sopracciglia cespugliose*, bushy eyebrows.

cessante *agg.* **1** ceasing, coming to an end **2** (*dir.*) *lucro* —, loss of anticipated profits (*o* ceasing gain).

cessare *v.tr.* to cease, to stop: (*comm.*) — *gli affari*, to give up business; (*mil.*) — *il fuoco*, to cease fire; (*comm.*) — *i pagamenti*, to cease (*o* to stop) payments; — *l'attività*, (*chiudere*) to close down; (*temporaneamente*) to break up ◆ *v.intr.* **1** to cease (to do, doing); to leave* off (doing); to stop (doing): — *di lavorare*, to stop working (*o* work); *cessate di deriderlo*, leave off (*o* stop) laughing at him; *cessò di cantare*, she ceased (*o* left off) singing; *ha cessato di piovere*, it has stopped raining (*o* the rain has ceased); *il presidente ha cessato di vivere alle cinque di stamani*, the president breathed his last (*o* died) this morning at five o'clock **2** (*calmarsi*) to subside, to die* down, to go* down: *finalmente la tempesta cessò*, at last the storm subsided **3** (*dir.*) (*di contratto*) to lapse.

cessazione *s.f.* **1** cessation, suspension; (*fine*) end **2** (*comm., econ.*) cessation, discontinuance; (*scadenza, termine*) expiry, termination: — *di commercio*, discontinuance of business (*o* retirement from business); — *di un contratto*, expiry of a contract; — *di esercizio*, closing down; — (*di attività*), cutback; — *di pagamenti*, stopping (*o* suspension) of payments; — *del lavoro*, (*per incidenti o sciopero*) tie-up // (*assicurazioni*): — *di copertura* (*per mancato pagamento del premio*), lapse; — *automatica di copertura*, automatic termination of cover // (*dir.*) — *di una locazione*, termination of a lease.

cessinare *v.tr.* (*agr.*) to manure (with night soil).

cessino *s.m.* (*agr.*) night soil.

cessionario *s.m.* (*dir.*) transferee; assignee ◆ *agg.* cessionary: *creditore* —, cessionary creditor.

cessione *s.f.* **1** surrender, cession, ceding **2** (*dir.*) transfer, assignment: — *di un credito*, assignment of a credit; *atto di* —, deed of assignment; — *di proprietà*, conveyance; — *gratuita*, voluntary conveyance; — *dei beni ai creditori*, assignment of property to creditors; — *di immobili*, transfer of real estate // (*fin.*): — *di titoli*, stock transfer; — *di quota*, assignment of share.

cesso *s.m.* **1** loo; (*fam.*) bog **2** (*fig. volg.*) (*riferito a luogo*) dive, shithole; (*riferito a cosa*) load of shit; (*riferito a persona*) gross: *quella ragazza è un* —, that girl is really gross.

cesta *s.f.* **1** basket; (*grossa*) hamper: — *della biancheria, del bucato*, clothes basket (*o* laundry basket *o* linen basket); — *della spesa*, shopping basket **2** (*quantità contenuta in una cesta*) basket, basketful: *una — di frutta, di fiori*, a basket(ful) of fruit, of flowers **3** (*teatr.*) theatrical trunk **4** (*ant.*) (*barroccio*) governess-cart **5** (*pelota*) cesta.

cestaio *s.m.* **1** (*chi fabbrica ceste*) basket -maker **2** (*chi vende ceste*) basket-seller.

cestello *s.m.* **1** small basket **2** (*di lavastoviglie*) rack; (*di lavatrice*) drum **3** (*per bicicletta*) basket **4** (*contenitore di bottiglie*) crate **5** (*di altoparlante*) horn.

cesteria *s.f.* **1** (*fabbrica*) basket factory **2** (*negozio*) basket shop.

cestinare *v.tr.* **1** to throw* into the wastepaper basket, to throw* away, to bin **2** (*fig.*) (*rifiutare*) to reject, to turn down; (*rifiutare di pubblicare*) to refuse to publish: — *una proposta*, to reject a proposal.

cestino *s.m.* **1** small basket: — *da lavoro*, work basket (*o* sewing basket); — *da viaggio*, packed meal; — *della colazione*, packed lunch **2** (*per la carta straccia*) wastepaper, basket.

cestire → **accestire**.

cestismo *s.m.* (*non com.*) (*pallacanestro*) basketball.

cestista *s.m.* e *f.* basketball player.

cesto[1] *s.m.* **1** (*pallacanestro*) basket **2** → cesta.

cesto[2] *s.m.* (*archeol.*) cestus (*pl. invar.*).

cestode *s.m.* (*zool.*) cestode, cestoid.

cesura *s.f.* (*metrica*) caesura.

cetaceo *agg.* e *s.m.* (*zool.*) cetacean.

cetano *s.m.* (*chim.*) cetane: *numero di* —, cetane number.

cetile *s.m.* (*chim.*) cetyl.

cetilico *agg.* (*chim.*) cetyl: *alcol* —, cetyl alcohol.

cetina *s.f.* (*biochim.*) cetin.

ceto *s.m.* class, rank, order: *il — medio*, the middle classes; *gente di ogni* —, people of all ranks; — *operaio*, working class, (*fam.*) blue-collar workers; — *impiegatizio*, (*fam.*) white-collar workers.

cetologia *s.f.* cetology.

cetonia *s.f.* (*zool.*) (*Cetonia aurata*) rose -beetle, rose-chafer, goldsmith beetle.

cetra *s.f.* **1** (*mus.*) cither; cittern; zither; zither-like instrument **2** (*citara, lira*) cithara; lyre.

cetracca → **cedracca**.

cetrangolo *s.m.* (*arancio amaro*) bitter orange.

cetriolino *s.m.* gherkin: *cetriolini sott'aceto*, pickled gherkins.

cetriolo *s.m.* (*bot.*) (*Cucumis sativus*) cucumber.

cha-cha-cha *s.m.* (*musica, danza*) cha cha cha.

challenge *s.m.* challenge match, title, trophy; (*pugilato*) title fight.

chance *s.f.* chance: (*non*) *avere delle* —, (not) to have a chance.

chantilly *s.m.* (*pizzo*) Chantilly (lace) ◆ *s.f.* (*panna montata*) Chantilly ◆ *agg.*: *crema* —, whipped cream (*o* crème Chantilly).

charlotte *s.f.* **1** (*dolce*) charlotte, trifle **2** (*strumento musicale*) charlotte.

charmant *agg.* charming, delightful.

charme *s.m.* charm.

charter *s.m.* charter // *volo* —, charter flight // *aereo* —, charter(ed) plane.

châssis *s.m.* (*fr.*) **1** (*aut.*) chassis* **2** (*fot.*) plateholder **3** (*rad., tv*) chassis.

che[1] *agg.interr.* (*quale*) what (*riferito a numero indeterminato di cose o persone*); which (*riferito a numero limitato di cose o persone*): — *libri leggi?*, what (kind of) books do you read?; — *libro preferisci tra questi?*, which book do you like best?; — *musica ti piace?*, what music do you like?; — *tipo è?*, what kind of a person is he?; — *vestito mi metto stasera?*, what shall I wear tonight? // — *ora è?*, what time is it (*o* what's the time)? ◆ *pron.interr.* (*che cosa*) what: — *è questo?*, what's this?; — *fai?*, what are you doing?; — *guardi?*, what are you looking at?; — *hai?*, what's the matter with you?; — *importa?*, why bother about it?; *non so — dire*, I don't know what to say; — *altro* (*c'è*)*?*, what else (is there)? // — *succede?*, what's going on? // — *è — non è*, all of a sudden // *a* — (*pro*)*?*, what for (*o* to what purpose)?

che[1] *agg.escl.* **1** (*quale, quali*) what; (*con s. che in inglese ammettono il pl.*) what a: — *bella giornata!*, what a lovely day!; — *bella notizia mi hai dato!*, what good news you've given me!; — *simpatico quel vostro amico!*, what a nice person that friend of yours is!; — *mascalzone!*, what a rascal!; — *musica meravigliosa!*, what wonderful music!; — *seccatura!*, what a nuisance!; — *pazienza ci è voluta per convincerla!*, what a lot of patience it took to persuade her!; — *idee!*, what ideas!; — *ingenui siamo stati!*, what fools we were!; — *vergogna!*, what a disgrace! **2** (*come*) how: — *strano!*, how strange!; — *bello!*, how lovely! ◆ *pron.escl.* (*che cosa*) what: — *dici!*, what are you saying!; *guarda — mi doveva capitare!*, just look what's happened to me!; — *mi tocca sentire!*, what's this I hear?; *"Ti sei divertito?" "Altro —!"*, "Did you have a good time?" "And how!" ◆ *inter.* (*fam.*) what!: *"Che! Stai scherzando?"*, "What! Are you kidding?".

che[1] *pron.indef.* (*qualcosa*) something: *le sue parole avevano un —, un non so — di profetico*, there was something prophetic about his words // *non* (*un*) *gran* —, (*non molto*) not much, not up to much: *non ho combinato* (*un*) *gran* —, I didn't get much done; *la commedia non era* (*un*) *gran* —, the play wasn't up to much.

che[1] *pron.rel.invar.* **1** (*con funzione di sogg.*) who, that (*riferito a persone*); which, that (*riferito ad animali e cose*): *il signore — è entrato ora è il nuovo direttore*, the man who (*o* that) has just come in is the new director; *il ragazzo — studiava con me ha cambiato scuola*, the boy who (*o* that) studied with me has changed school; *l'ultimo — entra chiuda la porta, per favore*, will the last one who comes in (*o* the last one to come in) please shut the door; *gli atleti — sono iscritti alla prossima gara si presentino subito alla linea di partenza*, the athletes (who are) entered for the next race should report to the starting line at once; *non trovo nessuno — sia in grado di risolvere questo problema*, I can't find anyone (who is) capable of solving this problem; *c'è qualcuno — sa come funziona questa macchina fotografica?*, is there anybody that (*o* who) knows how this camera works?; *il cavallo — ha vinto la corsa era il favorito*, the horse that (*o* which) won the race was the favourite; *dammi il libro — sta sulla scrivania*, give me the book that's on the desk; *i volumi — trattano di anatomia sono nell'ultimo scaffale a destra*, the books that deal (*o* the books dealing) with anatomy are on the top shelf, right-hand side; *Dante Alighieri, — nacque a Firenze nel 1265, è il massimo poeta italiano*, Dante Alighieri, who was born in Florence in 1265, is Italy's greatest poet; *la Torre di Londra, — fu costruita da Guglielmo il Conquistatore, è un castello normanno*, the Tower of London, which was built by William the Conqueror, is a Norman castle // *colui —, coloro —*, → colui, coloro // *ciò —*, what // *tutto ciò —*, all that **2** (*con funzione di compl. ogg.; gener. è omesso in inglese*) who, (*form.*) whom, that (*riferito a persone*); which, that (*riferito ad animali e cose*): *sei proprio la persona — volevo vedere*, you're the very person (that *o* who) I wanted to see; *avete mangiato tutta la frutta — ho comprato?*, have you eaten all the fruit (that) I bought?; *eccoti i libri — mi avevi prestato*, here are the books (that) you lent me; *tutti gli animali — abbiamo citato sono in via di estinzione*, all the animals (that) we have mentioned are endangered species; *i solisti — abbiamo sentito ieri sera sono famosi in tutto il mondo*, the soloists (that) we heard last night are world famous; *l'argomento — stiamo per affrontare è della massima importanza*, the subject (that) we're about to deal with is of the utmost importance; *l'illustre ospite, — abbiamo l'onore di presentarvi, è nientemeno che il Presidente*, our distinguished guest, who(m) we are honoured to present to you, is none other than the President; *il duomo di Milano, — visiteremo domani, è un capolavoro di architettura gotica*, Milan cathedral, which we shall visit tomorrow, is a masterpiece of Gothic architecture • Come si nota dagli esempi, nei significati 1 e 2, quando il pron. *che* introduce una frase incidentale, viene tradotto con *who*(*m*) o *which*, e non può essere omesso **3** (*in correl. con* stesso, medesimo) as, that: *ha dato la stessa risposta — ho dato io*, he gave the same answer (as *o* that) I did; *è accaduta la stessa cosa — era accaduta ieri*, the same thing happened as (*o* that) had happened yesterday; *incontrerete le stesse difficoltà — abbiamo incontrato noi*, you'll meet the same difficulties (as *o* that) we did **4** (*fam.*) (*col valore di* in cui, con cui, per cui): *il giorno — arrivò era il 1º di agosto*, the day he arrived was 1st August; *ricordi l'estate — ci siamo incontrati?*, can you remember the summer we met?; *l'ultima volta — lo vidi era molto depresso*, the last time I saw him he was very depressed; *con quello stipendio ha di — vivere agiatamente*, he can live comfortably on that salary; *non ha proprio di — lamentarsi*, he has nothing at all to complain about // *non c'è — dire*, you only have to say // *non c'è di —*, (*forma di cortesia*) don't mention it // *paese — vai usanze che trovi*, (*prov.*) when in Rome (do as the Romans do) **5** *il —*, (*la qual cosa*) which: *beve come una spugna, il — gli fa male alla salute*, he drinks like a fish, which is bad for his health; *ha superato la prova, del — ci siamo tutti rallegrati*, he passed the test, which delighted us all; *cominciò ad alzare la voce, al — gli ordinai di uscire dalla stanza*, he started raising his voice, at which I ordered him out of the room; *non si sono fatti più vivi, dal — deduco che si sono trasferiti altrove*, they haven't shown up any more, from which I presume that they've moved elsewhere // *dopo di —*, after which, and then; afterwards ◆ *agg.* (*quale*) that: *da trenta — erano, solo dieci sono arrivati alla fine del corso*, out of the original thirty, only ten completed the course; *da quel colosso — era, è diventato pelle e ossa*, from the giant he was, he has become all skin and bones.

che[2] *cong.dichiarativa* **1** (*dopo verbi che esprimono opinione; in inglese è spesso omessa*) that: *dicono — la luna sia abitata*, they say (that) the moon is inhabited; *so — tu cercherai di comprendermi*, I know you'll try to understand; *sono certo — arriveremo in tempo*, I'm sure (that) we'll get there on time **2** (*dopo verbi di volontà non si traduce e richiede la costruzione oggettiva: compl. ogg. + inf. del verbo*): *voglio — (lui) venga immediatamente*, I want him to come at once; *vuoi — ti accompagni?*, do you want me to go with you?; *volevano — (io) restassi a cena*, they wanted me to stay to dinner; *vorrei — mi dicessi come la pensi*, I'd like you to tell me what you think // *avrei tanto voluto — ci fossi anche tu*, I wish you'd been there ◆ *cong.consecutiva* (*spesso in correlazione con* così, tanto, tale*; in inglese può essere omessa*) that: *ero così stanco — mi addormentai*, I was so tired (that) I fell asleep; *c'era una tale nebbia — non si distinguevano le case di fronte*, it was so foggy (that) you couldn't see (the houses) across the street ◆ *cong.compar.* than: *ha più denaro — cervello*, he has more money than sense; *è più furbo — intelligente*, he's more crafty than intelligent; *nell'albergo c'erano più stranieri — italiani*, there were more foreigners than Italians in the hotel ◆ *cong. causale* (*in inglese non si traduce*): *copriti — fa freddo*, wrap up warm, it's cold outside ◆ *cong. finale* (*in inglese è spesso omessa*) that: *bada — non si faccia male*, mind he doesn't get hurt; *fate in modo — non si accorga di niente*, make sure (that) he doesn't notice anything ◆ *cong.temporale* (*quando*) when; (*da quando*) since, for; (*dopo che*) after: *arrivai — era già partito*, he'd already left when I got there; *è da Natale — non abbiamo sue notizie*, we haven't heard from him since Christmas; *sono due anni — non si vedono*, they haven't seen each other for two years // *ogni volta —*, whenever // *una volta —*, once: *una volta — hai imparato la tecnica, l'uso del computer non è difficile*, once you've learnt the technique, it isn't hard to use the computer ◆ *cong.eccettuativa* only, but: *non ho — poche lire*, I've only got a few lire; *non hai — dirmelo*, you only have to tell me; *non ho potuto far altro — accettare*, I could do nothing but accept; *non fa — dire sciocchezze*, he talks nothing but nonsense; *non potevo fare altrimenti — così*, there was nothing else (that) I could do.

checca *s.f.* (*region. spreg.*) gay, fairy, pansy, queen.

checché *pron.indef.* (*letter.*) whatever: — *tu ne dica, è stato un fallimento*, whatever you say it was a failure.

checchessia *pron.indef.* (*letter.*) **1** (*qualsiasi cosa*) anything; (*ogni cosa, tutto*) everything **2** (*in frasi negative*) nothing; (*in presenza di altra negazione*) anything.

check-in *s.m.* check-in*, check-in counter, check-in desk.

check-up *s.m.* **1** (*med.*) checkup **2** (*revisione*) overhaul.

cheddite *s.f.* (*esplosivo*) cheddite.

chefir *s.m.* kefir, kephir.

cheilite *s.f.* (*med.*) cheilitis, chilitis.

cheilofagia *s.f.* (*med.*) cheilophagia, chilophagia.

cheiloschisi *s.f.* (*med.*) cheiloschisis (*pl.*-es).

cheiro- → **chiro-**.

chela *s.f.* (*zool.*) pincer, (*meno com.*) chela*; (*di crostaceo*) claw; (*di granchio*) nipper.

chelato *agg.* e *s.m.* (*chim.*) chelate.

chelidonia → **celidonia**.

chelidro *s.m.* (*zool.*) (*Chelydra serpentina*) snapping turtle.
chellerina *s.f.* barmaid, waitress.
cheloide *s.m.* (*med.*) cheloid.
chem- → **chemio-**.
chemiadsorbimento *s.m.* (*chim.*, *fis.*) chemisorption.
chemigrafia *s.f.* (*tip.*) chemigraphy.
chemiluminescenza *s.f.* (*chim.*) chemiluminescence.
chemio- *pref.* della terminologia scientifica che indica rapporto con sostanze o reazioni chimiche; ingl. chem(o)-: *chemiosterilizzante*, chemosterilant; *chemiurgia*, chemurgy; *chemosintesi*, chemosynthesis; *chemosmosi*, chemosmosis.
chemiogenesi *s.f.* (*biol.*) chemogenesis.
chemiorecettore → **chemocettore**.
chemiosintesi *s.f.* (*biochim.*) chemosynthesis.
chemiotassi *s.f.* (*biol.*) chemotaxis.
chemiotattico *agg.* (*biol.*) chemotactic.
chemiotattismo *s.m.* → **chemiotassi**.
chemioterapeutico *agg.* chemotherapeutic.
chemioterapia *s.f.* (*med.*) chemotherapy.
chemioterapico *agg.* e *s.m.* (*med.*) chemotherapeutic(al).
chemioterapista *s.m.* e *f.* chemotherapist.
chemiotropismo *s.m.* chemotropism.
chemisier *s.m.* (*abbigl.*) chemise, shirtdress.
chemisorbimento *s.m.* (*chim.*) chemisorption.
chemisorbire *v.tr.* (*chim.*) to chemisorb.
chemisorzione *s.f.* (*chim.*) chemisorption.
chemo- → **chemio-**.
chemocettore *s.m.* (*biochim.*) chemoceptor, chemoreceptor.
chemosfera *s.f.* (*meteor.*) chemosphere.
chenopodio **1** (*chim.*) wormseed: *essenza di —*, *olio di —*, wormseed oil **2** (*bot.*) (*Chenopodium bonus-henricus*) fat-hen; — *bianco*, (*Chenopodium album*) pigweed.
chepì *s.m.* (*mil.*) kepi.
cheque *s.m.* cheque; (*amer.*) check.
cheratina *s.f.* (*biochim.*) keratin.
cheratinizzare *v.tr.* e *intr.pron.* (*biochim.*) to keratinize.
cheratinizzazione *s.f.* (*biochim.*) keratinization.
cheratite *s.f.* (*med.*) keratitis.
cherato- *pref.* di origine greca della terminologia scientifica che significa **1** corneo, relativo alla sostanza cornea; ingl. kerat(o)-: *cheratosi*, keratosis **2** relativo alla cornea; ingl. kerat(o)-: (*med.*) *cheratoplastica*, keratoplasty; *cheratotomia*, keratotomy.
cheratodermia *s.f.* (*med.*) keratodermia.
cheratogeno *agg.* (*biol.*) keratogenous.
cheratolitico *agg.* e *s.m.* (*biochim.*) keratolytic.
cheratoplastica *s.f.* (*med.*) keratoplasty.
cheratosi *s.f.* (*med.*) keratosis.
cheratotomia *s.f.* (*med.*) keratotomy.
cherico e *deriv.* → **chierico** e *deriv.*
cherigma *s.m.* (*teol.*) kerygma.
cherigmatico *agg.* (*teol.*) kerygmatic.

chermes *s.m.* (*chim.*) kermes.
chermesite *s.f.* (*min.*) kermesite.
chermisi → **cremisi**.
chermisino → **cremisino**.
cherosene *s.m.* (*chim.*) kerosene, kerosine.
cherubico *agg.* (*letter.*) cherubic.
cherubino *s.m.* cherub* (*anche fig.*).
chetare *v.tr.* **1** (*calmare*) to quiet; to quieten; (*lo spirito*) to calm, to appease **2** (*far tacere*) to silence, to hush.
□ **chetarsi** *v.rifl.* **1** to quiet down, to calm down **2** (*tacere*) to be silent: *chetati!*, be silent! (*o fam.* shut up!).
chetene *s.m.* (*chim.*) ketene.
chetichella, alla *locuz.avv.* on the sly, secretly, stealthily: *andarsene alla —*, to slip (*o* steal) away.
cheto *agg.* **1** (*calmo*) quiet, calm, tranquil **2** (*immobile e silenzioso*) still // *acqua cheta*, (*fig.*) sly person // *l'acqua cheta rovina i ponti*, (*prov.*) still waters run deep **3** (*silenzioso*) silent.
chetoacido *s.m.* (*biochim.*) keto acid.
chetogenico, **chetogeno** *agg.* (*biochim.*) ketogenic: *ormone —*, ketogenic hormone.
chetognato *s.m.* (*zool.*) chaetognath, arrow-worm.
chetolasi *s.f.* (*biochim.*) ketolase.
chetolisi *s.f.* (*biochim.*) ketolysis.
chetone *s.m.* (*chim.*) ketone.
chetonemia *s.f.* (*med.*) ketonemia.
chetonico *agg.* (*biochim.*) ketone (*attr.*): *corpo —*, ketone body.
chetoso *s.m.* (*chim.*) ketose.
chetosteroide *s.m.* (*biochim.*) ketosteroid.
chewing-gum *s.m.* chewing gum.
chi *pron.rel.dimostr.* (*colui, colei che*) the one (who), the person (who), anyone (who); (*coloro che*) those (who), people (who): — *ha risposto al telefono non era al corrente*, the person who answered the phone didn't know; *non parlo volentieri con — non conosco*, I don't like talking to people I don't know; *non conosco — ha scritto quel libro*, I don't know who wrote that book; *vorrei conoscere — ha messo in giro queste voci*, I'd like to know who spread that rumour • Nella lingua letter., si usano anche le forme *he who, she who, those who*: *ride bene — ride ultimo*, he laughs best who laughs last; — *s'aiuta, il ciel l'aiuta*, God helps those who help themselves; *c'è — dice che non si possa fidare di lui*, there are those who say he can't be trusted; *non c'è — possa farlo*, there's no one who can do it ◆ *pron.rel.indef.* **1** (*chiunque*) whoever, anyone (who): — *desidera partecipare alla gita deve iscriversi entro venerdì*, anyone who wishes (*o* wishing) to take part in the trip must sign up by Friday; — *ha qualcosa da dire lo dica subito*, whoever has anything to say should speak up at once; *può entrare — vuole, l'ingresso è libero*, anyone can enter, admittance is free; — *ti ha detto questo ha mentito*, whoever told you this was lying **2** (*qualcuno che*) someone (who), somebody (who); (*in frasi negative*) no one (who), nobody (who); (*in presenza di altra negazione*) anyone (who); anybody (who): *c'è — potrebbe farlo*, there's someone who could do it; *non c'è — possa darmi torto*, no one could blame me; *non ho trovato — possa aiutarmi*, I haven't found anyone who can help me **3** (*chi... chi*) some... some, some... others: *i giudizi dei critici non sono unanimi: — lo considera un grande scrittore, — semplicemente un erudito*, the critics are divided: some think he's a great writer, others think he's just a scholar; — *la pensa in un modo, — (la pensa) nell'altro*, some have one idea, some have another.
chi *pron.interr.* **1** (*sogg.*) who: — *parla?*, who's speaking?; — *sono quelle persone?*, who are those people?; *"Chi è?" "Sono io"*, "Who is it?" "It's me"; — (*lo*) *sa?*, who knows?; — *te l'ha detto?*, who told you?; — *l'avrebbe detto che sarebbe diventato presidente?*, who would (ever) have said he'd have become President?; — *non ha visto il film ieri sera?*, who didn't see the film last night?; *mi domando — abbia avuto un'idea simile*, I wonder who could have thought that one up; *non saprei a — rivolgermi*, I wouldn't know who to ask // — *sarà mai?*, whoever can it be? **2** (*compl.ogg.* e *indiretto*) who; (*form.*) whom: — *hai conosciuto alla festa?*, who did you meet at the party?; *a — scrivi?*, who are you writing to?; — *aspettate?*, who are you waiting for?
chiacchiera *s.f.* **1** chat, chatter, talk: *smettetela con le vostre chiacchiere*, stop chattering; *fare due chiacchiere*, to have a chat // *ha molta —*, he has a glib tongue (*o fam.* he's got the gift of the gab) **2** (*notizia infondata*) unfounded rumour, false report: *mettere in giro una —*, to start a rumour **3** (*pettegolezzo*) gossip, gossiping: *non credere a tutte le chiacchiere che ti racconta*, don't believe all the gossip she tells you; *sul suo conto corrono molte chiacchiere*, there's a lot of gossip about him.
chiacchierare *v.intr.* **1** to talk (idly), to chat; to chatter; to prattle, (*fam.*) to waffle: — *del più e del meno*, to chat about one thing and another **2** (*fare pettegolezzi*) to gossip.
chiacchierata *s.f.* **1** chat, (idle) talk: *abbiamo fatto una bella —*, we had a nice chat (*o* a good gossip) together **2** (*discorso vuoto*) rigmarole; long rambling talk.
chiacchiericcio → **chiacchierio**.
chiacchierino *s.m.* **1** chatterer, chatterbox **2** (*pizzo*) lace rosette.
chiacchierio *s.m.* babble of voices, babbling, chattering.
chiacchierone *s.m.* **1** chatterer, chatterbox, great talker **2** (*che fa pettegolezzi*) gossip; (*fam.*) blabbermouth.
chiama *s.f.* roll call: (*mil.*) *fare la —*, to call the roll.
chiamare *v.tr.* **1** to call; (*alzando la voce*) to call out: *chi mi chiama?*, who is calling me?; *chiamalo alle cinque*, call him at five; *il dovere mi chiama*, duty calls me; *smettila di chiamarmi sciocco*, stop calling me a fool; — *aiuto*, to call for help; — (*qlcu.*) *con un cenno*, to beckon (to s.o.); — *un taxi*, to hail a taxi // *molti sono i chiamati, ma pochi gli eletti*, many are called but few are chosen // (*teatr.*) — *alla ribalta*, to call to the footlights (*o* to ask for a curtain call) // — *in causa qlcu.*, to involve s.o. (*o* to call s.o. into question *o* to make reference to s.o.) // — *le cose col loro nome*, (*fam.*) to call a spade a spade **2** (*mil.*) to call up: — *una classe*, to call up a class; — *sotto le armi*, to call s.o. to the colours **3** (*dir.*) to call: — *a testimoniare*, to call to witness; — *qlcu. a testimoniare con mandato di comparizione*, to subpoena

s.o. (ad testificandum); — *una causa*, to call a cause; — *in giudizio*, to summon(s) (before the court) **4** (*far venire*) to call, to send* for (s.o.): *chiamate il dottore*, call for the doctor **5** (*al telefono*) to phone (up), to call (up), to ring (up): *chiamalo subito*, ring (*o* phone) him (up) at once; *Parigi sta chiamando*, Paris is calling **6** (*dar nome a*) to name, to call: *lo chiamarono Giovanni*, they named (*o* called) him John **7** (*invocare*) to call on (s.o., sthg.), to invoke; to appeal to (s.o., sthg.): — *una benedizione*, to invoke a blessing; — *la collera di Dio*, to call down the wrath of heaven **8** (*alle carte*) to declare **9** (*designare*) to call, to nominate, to appoint, to elect **10** (*richiedere un pagamento*) to call.
□ **chiamarsi** *v.intr.pron.* o *rifl.* (*aver nome*) to be called; (*considerarsi*) to count oneself, to consider oneself, to acknowledge oneself: *come si chiama quest'oggetto?*, what is this thing called? (*o* what do you call this thing?); *come si chiama tuo padre?*, what is your father's name?; *si chiama Giovanni*, his name is John; *mi chiamo fortunato*, I consider myself lucky; *si chiamò vinto*, he declared himself beaten // *questo si chiama parlar chiaro!*, that's what you call being frank!

chiamata *s.f.* **1** call, appeal, call-up: (*tel.*) — *interurbana*, trunk call (*o* long-distance call); *rispondere a una* —, to answer a call **2** (*mil.*) call-up, call to arms; draft: — *alle armi in tempo di pace*, peacetime call-up (*o amer.* draft); *la — di una classe*, the calling-up of a class **3** (*appello*) roll call **4** (*tip.*) cross-reference mark; footnote reference **5** (*teatr.*) curtain call **6** (*dir.*) summons **7** (*comm.*) (*richiesta di pagamento*) call.

chiamavetture *s.m.* commissionaire, doorman*.

chianti *s.m.* Chianti (Tuscan wine).

chiantigiano *agg.* of Chianti, from Chianti ◆ *s.m.* inhabitant of Chianti.

chiappa *s.f.* (*volg.*) buttock.

chiappamosche *s.m.* (*fam.*) **1** flycatcher; flypaper **2** (*fig.*) (*buono a nulla*) good-for-nothing.

chiappanuvole *s.m.* e *f.* dreamer, daydreamer.

chiappare *v.tr.* (*fam.*) **1** (*afferrare*) to catch*, to seize, to snatch: — *qlcu. per un braccio*, to seize s.o. by the arm **2** (*sorprendere*) to surprise, to catch* (s.o.) in the act.

chiapparello, **chiapperello** *s.m.* **1** (*raggiro*) snare, trap, catch **2** (*gioco*) tag.

chiappino *s.m.* **1** (*maniglia*) handle, grip **2** (*strumento per afferrare oggetti*) grip.

chiara *s.f.* (*fam.*) egg white.

chiaramente *avv.* clearly; (*francamente*) openly, frankly, plainly; (*distintamente*) evidently, distinctly.

chiaretto *s.m.* (*vino*) chiaretto, light red wine.

chiarezza *s.f.* **1** (*luminosità*) brightness, luminosity: *la — del cielo*, the brightness of the sky **2** (*comprensibilità*) clearness; (*di discorso, scritto ecc.*) lucidity, clarity; (*franchezza*) openness, frankness: *esprimere con — la propria idea*, to express one's opinion with clarity (*o* clearly).

chiarificante *agg.* clarifying ◆ *s.m.* clarifying agent, clarifier.

chiarificare *v.tr.* **1** to clarify (*anche fig.*): — *un concetto*, to clarify a concept **2** (*chim.*) to clarify; to defecate.

chiarificatore *s.m.* **1** clarifier **2** (*chim.*) clarifier; defecator ◆ *agg.* clarifying, explanatory: *un esempio* —, an explanatory example.

chiarificazione *s.f.* **1** clarification, elucidation **2** (*franca spiegazione*) (frank) explanation, clearing of the air **3** (*chim.*) clarification; defecation.

chiarimento *s.m.* explanation.

chiarire *v.tr.* **1** (*rendere chiaro*) to make* clear, to explain, to clarify: *non potei — tutto ciò*, I could not make all this clear; — *un dubbio*, to remove a doubt; — *un mistero*, to clear up a mystery; — *una questione*, to explain a question **2** (*purificare, liquidi*) to clarify.
□ **chiarirsi** *v.intr.pron.* (*diventar chiaro*) to become* clear: *la situazione si è chiarita*, the situation became clear.

chiarissimo *agg.* **1** very clear **2** (*titolo*) dear.

chiarita *s.f.* **1** (*non com.*) (*schiarita*) clearing **2** (*fam.*) (*chiarimento*) clarification, explanation.

chiarità *s.f.* (*letter.*) clearness, splendour; (*luminosità*) brightness, light, luminosity.

chiaritoio *s.m.* clarifier; defecator.

chiaritura *s.f.* **1** clarification (of liquids); defecation **2** (*chiarificazione*) explanation.

chiaro *agg.* **1** clear; (*luminoso*) bright; (*detto di colore*) light: *acque chiare*, clear water; *azzurro* —, light blue; *carnagione chiara*, fair complexion; *luce chiara*, bright light; *note chiare*, clear notes; *voce chiara*, clear voice; *immagine chiara*, clear image; *la campana ha un suono* —, the bell has a clear tone; *sono stato —?*, have I made myself clear?; *quello scrittore ha uno stile* —, that writer has a clear style; *avere una chiara visione del futuro*, to have a clear vision of the future // *giorno* —, full day // *un no — e tondo*, a definite no // *patti chiari amicizia lunga*, (*prov.*) short reckonings make long friends **2** (*evidente*) clear, evident, manifest, plain: *è — che avete torto*, it is evident (*o* clear) you are wrong **3** (*famoso*) eminent, renowned, illustrious, distinguished: *uno scienziato di chiara fama*, a renowned (*o* eminent) scientist **4** (*franco*) frank, clear ◆ *s.m.* (*luminosità*) clearness, brightness; (*luce*) light: *i chiari di un dipinto*, the lights in a painting; — *di luna*, moonlight; *si fa* —, dawn is breaking (*o* it's getting light); *vestirsi di* —, to wear light-coloured clothes // *con questi chiari di luna*, (*fig.*) in these difficult times // *mettere in — qlco.*, to clear sthg. up (*o* to make sthg. clear *o* to explain sthg.); *venire in — di qlco.*, to get to the bottom of sthg. (*o* to get at the truth); *far — su una vicenda*, to shed (*o* to throw) light on an affair.

chiaro *avv.* clearly; (*con franchezza*) frankly, openly: *parlar* —, to speak clearly (*o* distinctly); (*con franchezza*) to speak frankly (*o* bluntly); *veder — in qlco.*, to have a clear idea about sthg.; *puoi scrivere più —?*, can you write more clearly? // — *e tondo*, plainly: *glielo dirò — e tondo*, I'll tell him plainly (*o* in no uncertain terms).

chiarore *s.m.* feeble light, glimmer, faint light: *il — dell'alba*, the first (*o* faint) light of dawn; — *lunare*, light of the moon (*o* moonlight).

chiaroscurare *v.tr.* (*pitt.*) to shade.

chiaroscuro *s.m.* (*pitt.*) chiaroscuro*, light and shade: *effetti di* —, light and shade effects (*o* chiaroscuro).

chiarosonante *agg.* clear, sonorous.

chiaroveggente *agg.* e *s.m.* e *f.* clairvoyant: *capacità* —, clairvoyant powers.

chiaroveggenza *s.f.* **1** (*dono profetico*) clairvoyance **2** (*chiarezza mentale*) clear-sightedness, perspicacity, penetration.

chiasmo *s.m.* **1** (*ret.*) chiasmus* **2** (*anat.*) chiasm, chiasma*: — *dei nervi ottici*, chiasma opticum (*o* optic chiasm).

chiassaiola *s.f.* (*agr.*) rainwater ditch.

chiassata *s.f.* **1** (*schiamazzo*) racket, row, din, rumpus: *fare una* —, to make a racket **2** (*scenata*) scene: *fecero una* —, they made a scene.

chiasso[1] *s.m.* noise, uproar, racket: *fare* —, to make a noise; (*fig.*) to make a sensation (*o* to create a stir); *i bambini facevano un — indiavolato*, the children were making a dreadful racket (*o fam.* a hell of a racket).

chiasso[2] *s.m.* (*vicolo*) lane, alley.

chiassone *s.m.* (*persona chiassosa*) boisterous person.

chiassosità *s.f.* **1** rowdiness, noisiness **2** (*di colore*) gaudiness, loudness.

chiassoso *agg.* **1** noisy, rowdy: *una chiassosa comitiva entrò nel bar*, a rowdy group entered the bar **2** (*di colore, abito*) gaudy; (*fam.*) loud: *una cravatta, una camicia chiassosa*, gaudy (*o* bud) necktie, shirt.

chiastico *agg.* chiastic.

chiastolite *s.f.* (*min.*) macle.

chiatta *s.f.* (*nei porti*) lighter; (*su fiumi, canali*) barge: *ponte di chiatte*, pontoon-bridge.

chiavaio *s.m.* (*chi fa le chiavi*) keysmith.

chiavarda *s.f.* (*mecc.*) bolt: — *a becco, a uncino*, hook bolt; — *da rotaia*, track bolt; — *di fondazione*, foundation bolt.

chiavare *v.tr.* (*volg.*) **1** (*fottere*) to screw, to fuck **2** (*imbrogliare*) to cheat, to chisel, to pull a fast one (on s.o.).

chiavaro → **chiavaio**.

chiavata *s.f.* (*volg.*) **1** screw, fuck **2** (*fig.*) (*imbroglio*) rip-off, swindle.

chiave *s.f.* **1** key: — *falsa*, skeleton key; — *maestra, apritutto*, master key; *buco della* —, keyhole; *un mazzo di chiavi*, a bunch of keys; *chiudere a* —, to lock; *uno o più giri di* —, one or more turns of the key // *chiavi in mano*, (*di contratto*) turnkey (*attr.*), key in hand (*pred.*), (*per auto*) on stream (*o* on the road); *sotto* —, under lock and key: *tenere qlco., qlcu. sotto* —, to keep sthg., s.o. locked up (*o* to keep sthg., s.o. under lock and key) // (*arch.*) — *di volta*, keystone // (*eccl.*) *chiavi apostoliche, di S. Pietro*, St. Peter's keys **2** (*fig.*) clue, key: — *di un enigma*, clue to a puzzle; — *di un messaggio cifrato*, cipher key; — *di un mistero*, key to a mystery; *posizione* —, key position; *uomo* —, key man*; *la — del suo successo è la simpatia*, the key to his success is charm **3** (*mecc.*) key, spanner, (*amer.*) wrench: — *a brugola*, allen spanner; — *a bussola*, socket spanner; — *a cricchetto*, ratchet spanner; — *a rullino*, — *inglese*, monkey spanner; — *a stella, poligonale*, ring spanner, (*amer.*) box wrench; — *per tubi*, pipe spanner; — *regolabile*, adjustable spanner; — *semplice, aperta, a forcella*, open-end spanner // (*aut.*) — *d'accensione*, ignition key **4** (*mus.*) clef: — *di violino*, G (*o* treble) clef; — *d'accordatore*, tuning hammer; — *di strumento a corda*, peg // *commentare in — politica*, to comment from a political viewpoint.

chiavetta *s.f.* 1 small key: — *del gas*, gas tap; *gira la — e accendi il gas*, turn on the gas 2 (*mecc.*) key: — *a cuneo*, wedge; — *trasversale*, cotter.

chiavica *s.f.* drain, sewer.

chiavistello *s.m.* bolt: — *a saliscendi*, latch; *mettere il — a una porta*, to bolt a door; *togliere il —*, to unbolt the door (*o* to draw the bolt).

chiazza *s.f.* spot, stain, patch: *una — d'olio*, an oil stain.

chiazzare *v.tr.* to stain, to spot; to blotch, to mottle: *quella automobile mi ha chiazzato di fango*, that car splashed mud all over me. □ **chiazzarsi** *v.intr.pron.* to get* stained: *il vestito si è chiazzato*, my suit has got stained.

chiazzatura *s.f.* blotch; stain, spot.

chic *agg.* chic, smart ◆ *s.m.* (*non com.*) chic, elegance, style.

chicane *s.f.* (*sport, bridge*) chicane: *la pericolosa — dell'autodromo di Monza*, the dangerous chicane on the Monza circuit.

chicca *s.f.* 1 sweet, (*fam.*) sweetie, (*amer.*) candy 2 (*fig. non com.*) (*rarità*) rarity, treat.

chicchera *s.f.* 1 cup: — *da caffè*, coffee cup 2 (*il liquido in essa contenuto*) cup(ful).

chicchessia *pron.indef.* anyone, anybody: *parlerebbe a —*, he would talk to anybody; *non ammetto ordini da —*, I won't take orders from anyone.

chicchiriare *v.intr.* (*rar.*) to crow.

chicchirichì *s.m.* 1 (*voce onomatopeica riproducente il canto del gallo*) cock-a-doodle-doo 2 (*crestina di cameriera*) waitress's cap.

chicco *s.m.* (*di cereali*) corn, kernel, grain; (*di grandine*) hailstone; (*di caffè*) coffee-bean; (*d'uva*) grape.

chi è *s.m.* (*repertorio*) who's who.

chiedere *v.tr.* 1 (*per sapere*) to ask; (*imperiosamente*) to demand; (*umilmente*) to beg; (*informarsi, indagare*) to inquire; (*per avere*) to ask for (sthg.): *chiedigli l'ora, che ora è*, ask him the time, what time it is; *mi chiese di andare da lui*, he asked me to go to him; *chiese notizie del mio lavoro*, he inquired about my work; *chiesi notizie di suo padre*, I asked after his father; *mi chiese mille lire*, he asked me for a thousand lire; — *un aumento*, to ask for a rise; *non c'è che da chiederlo*, it's yours for the asking (*o* you only have to ask); — *un favore a qlcu.*, to ask a favour of s.o.; — *perdono, scusa a qlcu. di qlco.*, to beg (*o* to ask) s.o.'s pardon for sthg.; — *il permesso di fare qlco.*, to ask permission to do sthg.; — *la mano di una donna*, to ask for a woman's hand 2 (*prezzo*) to charge, to ask: *per questo quadro gli chiederò due milioni*, I'm going to ask him two million for this picture; *quanto chiedi al giorno per un'automobile?*, how much do you charge a day for a car?; — *500 lire al metro*, to charge 500 lire a metre 3 (*mendicare*) to beg 4 (*richiedere*) to demand, to require, to need: *un lavoro che chiede molta applicazione*, a job that requires a lot of hard work 5 (*domandarsi*) to wonder: *mi chiedo se venga*, I wonder whether he'll come ◆ *v.intr.* (*domandare notizie*) to ask (about, after sthg., s.o.), to inquire (about sthg., s.o.): *mi chiede sempre di te*, she's always asking after you.

chierica *s.f.* 1 tonsure; (*estens.*) priesthood, clergy: *prendere, ricevere la —*, to enter the priesthood 2 (*scherz.*) (*calvizie*) bald patch.

chiericato *s.m.* 1 (*clero*) clergy 2 (*condizione di chierico*) priesthood.

chierichetto *s.m.* altar boy.

chierico *s.m.* 1 clergyman*, priest 2 (*seminarista*) seminarist, minor clerk; (*estens.*) altar boy 3 (*st.*) (*studioso*) scholar.

chiesa *s.f.* 1 church: *andare in —*, to go to church // *persona di —*, churchgoer (*o* devout person) 2 *Chiesa*, (*comunità religiosa*) Church: *la Chiesa Anglicana*, the Church of England (*o* the Anglican Church *o* the English Church); *la Chiesa Cattolica*, the (Roman) Catholic Church; *la Chiesa Militante*, the Church Militant; *Chiesa Riformata*, Reformed Church; *il Papa è il capo della Chiesa Cattolica*, the Pope is the head of the Roman Catholic Church.

chiesastico *agg.* ecclesiastical, church (*attr.*).

chies(u)ola *s.f.* 1 little church 2 (*fig.*) (*cenacolo*) coterie, set, group, clique: — *artistica, letteraria*, artistic, literary coterie; — *politica*, political set 3 (*mar.*) binnacle.

chietino *agg.* 1 of Chieti, from Chieti 2 (*eccl.*) Theatine ◆ *s.m.* 1 inhabitant of Chieti 2 (*eccl.*) Theatine.

chifel *s.m.* (*cuc.*) crescent roll, croissant.

chiffon *s.m.* (*tessuto*) chiffon.

chiglia *s.f.* (*mar.*) keel: — *a pinna*, fin keel; — *di rollio*, bilge keel.

chignon *s.m.* chignon.

chihuahua *s.m.* (*zool.*) chihuahua.

chili *s.m.* (*bot., cuc.*) chil(l)i*.

chilifero *agg.* (*anat.*) chyliferous.

chilificare *v.tr.* (*biol.*) to chylify.

chilificazione *s.f.* (*biol.*) chylification, chylifaction.

chilo[1] *s.m.* (*biol.*) chyle // *fare il —*, (*riposare dopo il pranzo*) to take a nap (*o* a short rest *o* to have forty winks) after lunch.

chilo[2] abbr. di → **chilogrammo**.

chilo- *pref.* di origine greca che anteposto a una unità di misura la moltiplica per mille (10^3); ingl. kilo-: *chilometro*, kilometer (*o* kilometre); *chilocaloria*, kilocalorie.

chilociclo *s.m.* (*rad.*) kilocycle.

chilogrammetro *s.m.* (*metrol.*) kilogrammetre; (*amer.*) kilogrammeter.

chilogrammo *s.m.* kilogram(me) (*abbr.* kilo) (*unità di misura di massa e di peso* = 2.204 lb).

chilohertz *s.m.* (*rad.*) kilohertz.

chilolitro *s.m.* (*metrol.*) kilolitre; (*amer.*) kiloliter.

chilometraggio *s.m.* distance in kilometres; (*distanza in miglia*) mileage.

chilometrare *v.tr.* to measure (a distance, in kilometres).

chilometrico *agg.* kilometric(al); (*fig.*) interminable, extremely long.

chilometro *s.m.* kilometre; (*amer.*) kilometer (*misura di lunghezza* = 0.6214 mi.) // (*sport*) (*sci*) — *lanciato*, flying kilometre.

chilotone *s.m.* (*fis.*) kiloton.

chilovolt *s.m.* (*elettr.*) kilovolt.

chilovoltampere *s.m.* (*elettr.*) kilovoltampere.

chilowatt *s.m.* (*elettr.*) kilowatt.

chilowattora *s.m.* (*elettr.*) kilowatt hour.

chimasi *s.f.* (*biochim.*) chymase.

chimera *s.f.* 1 (*mit.*) chimera 2 (*fig.*) chimera, pipe dream, impossible dream 3 (*zool.*) (*Chimaera monstrosa*) chim(a)era 4 (*biol.*) chimera.

chimerico *agg.* chimerical, visionary, unreal, fanciful.

chimica *s.f.* chemistry: — *organica*, organic chemistry; — *inorganica*, inorganic chemistry; — *farmaceutica*, pharmaceutical chemistry; — *fisica*, physical chemistry.

chimicamente *avv.* chemically.

chimico *agg.* chemical: *analisi chimica*, chemical analysis; *azione chimica*, chemical action; *processo —*, chemical process; *reazione chimica*, (*processo*) chemical reaction, (*scrittura*) chemical equation; *sostanze chimiche*, chemicals; *armi chimiche*, chemical weapons; *concime —*, chemical fertilizer; *perito —*, qualified chemist ◆ *s.m.* chemist: *un — capace*, a good chemist.

chimificare *v.tr.* (*biol.*) to chymify.

chimificazione *s.f.* (*biol.*) chymification.

chimismo *s.m.* (*biol.*) chemism.

chimo *s.m.* (*biol.*) chyme.

chimono *s.m.* kimono: *manica a —*, kimono sleeve.

chimosina *s.f.* (*biochim.*) chymosin.

china[1] *s.f.* 1 slope; descent, declivity 2 (*fig.*) turn: *mettersi su una brutta —*, to take a bad turn (*o* to take a turn for the worse); (*in senso morale*) to go off the straight and narrow.

china[2] *s.f.* (*bot.*) (*Smilax china*) chinaroot // *corteccia di —*, cinchona (bark) (*o* chinabark).

china[3] *s.f. inchiostro di —*, Indian ink.

chinacrina *s.f.* (*chim.*) quinacrine.

chinaldina *s.f.* (*chim.*) quinaldine.

chinalizarina *s.f.* (*chim.*) quinalizarin.

chinare *v.tr.* to bend*, to bow, to incline; (*abbassare*) to lower: — *il capo*, (*in segno di saluto*) to nod (one's head) (*o* to bow), (*per pregare*) to bow one's head; (*fig.*) (*cedere*) to give* in (*o* to yield); — *la schiena*, to submit. □ **chinarsi** *v.rifl.* to stoop, to bend* down: *mi chinai per raccoglierlo*, I stooped to pick it up.

chinasi *s.f.* (*biochim.*) kinase.

chinato[1] *agg.* (*piegato*) bent, bowed, inclined.

chinato[2] *agg.* (*aromatizzato alla china*) flavoured with quinquina.

chinatura *s.f.* (*non com.*) 1 bending, bowing 2 (*inclinatura*) inclination, slope.

chincaglia → **chincaglieria** 1.

chincagliere *s.m.* fancy goods merchant; seller of trinkets.

chincaglieria *s.f.* 1 (*oggetti ornamentali di poco valore*) knick-knacks (*pl.*), trinkets (*pl.*), fancy goods (*pl.*) 2 (*negozio*) gift shop, fancy goods shop.

chiné *agg.* (*tessuto*) shadowed, clouded.

chinesiterapia *s.f.* (*med.*) kinesitherapy, kinesiotherapy, kinesipathy, kinetotherapy.

chinesiterapico *agg.* (*med.*) kinesitherapeutic, kinesipathic.

chinesiterapista *s.m.* e *f.* kinesipath, kinesipathist.

chinetosi *s.f.* (*med.*) kinetosis.

chinico *agg.* (*chim.*) quinic: *acido —*, quinic acid.

chinidina *s.f.* (*chim.*) quinidine.

chinidrone *s.m.* (*chim.*) quinhydrone.

chinina *s.f.* (*chim.*) quinine: *sale di —*, quinine salt.

chinino *s.m.* (*chim.*) **1** quinine; quinine salt; quinine sulphate **2** kinin.

chino *agg.* bent, bowed: *a capo —*, with bent (*o* bowed) head.

chinoidina *s.f.* (*chim.*) quinoidine.

chinolina *s.f.* (*chim.*) quinoline.

chinone *s.m.* (*chim.*) quinone.

chinossalina *s.f.* (*chim.*) quinoxalin.

chinotto *s.m.* **1** (*bot.*) (*Citrus aurantium myrtifolia*) chinotto, myrtle-leaved orange **2** (*bevanda*) soft drink flavoured with chinotto.

chiocchiolio → **chioccolio**.

chioccia *s.f.* **1** brood-hen, broody-hen: *una — con i pulcini*, a hen with her brood of chickens **2** (*fig.*) over-protective mother.

chiocciare *v.intr.* **1** to cluck, to chuckle **2** (*covare*) to sit* (on eggs), to brood.

chiocciata *s.f.* brood of chicks, clutch of chicks.

chioccio *agg.* clucking; (*estens.*) hoarse, harsh.

chiocciola *s.f.* **1** (*zool.*) snail, helix* // *scala a —*, winding (*o* spiral) staircase **2** (*anat.*) cochlea* **3** (*conchiglia*) seashell **4** (*mecc.*) (*del tornio*) split nut; (*filiera*) thread cutting die.

chioccolare *v.intr.* **1** (*di uccello*) to sing*, to trill; (*del merlo*) to whistle **2** (*gorgogliare*) to gurgle, to bubble **3** (*col chioccolo*) to blow* a bird-whistle.

chioccolatore *agg.* e *s.m.*: *uccello —*, songbird.

chioccolio *s.m.* **1** (*di uccelli*) whistling **2** (*gorgoglio*) gurgle, gurgling sound.

chioccolo *s.m.* **1** (*verso degli uccelli*) birdcall **2** (*fischio dei cacciatori*) bird-whistle // *caccia con il —*, shooting with the help of bird-whistles **3** (*gorgoglio*) gurgling.

chiodaia *s.f.* (*mecc.*) swage block.

chiodaio *s.m.* (*non com.*) nail-maker; nail -seller.

chiodaiolo *s.m.* **1** → chiodaio **2** (*fig. scherz.*) person who always runs up debts.

chiodame *s.m.* nails (*pl.*).

chiodare *v.tr.* **1** to nail (together) **2** (*mecc.*) to rivet.

chiodato *agg.* **1** nailed: *scarpa chiodata*, hobnail shoe (*o* boot); *pneumatici chiodati*, snow tyres; *bastone —*, spiked stick **2** (*mecc.*) riveted: *lamiere chiodate*, riveted sheets.

chiodatrice *s.f.* (*mecc.*) riveter.

chiodatura *s.f.* (*mecc.*) riveting: *— a caldo*, hot riveting; *— a catena*, chain riveting; *— ermetica*, tight riveting; *— semplice*, single riveting.

chioderia *s.f.* **1** nailery, nail factory **2** (*chiodame*) nails (*pl.*).

chiodino *s.m.* (*bot.*) (*Armillaria mellea*) honey mushroom.

chiodo *s.m.* **1** nail, stud; (*mecc.*) rivet: *— da roccia*, piton; *— da scarpe*, hobnail; *estrarre un —*, to draw (*o* to take out) a nail; *piantare un —*, to drive in a nail; *ribadire un —*, to rivet a nail // *attaccare qlco. al —*, (*fig.*) to give up sthg.: *attaccare la bicicletta al —*, to give up cycling // *magro come un —*, as thin as a rake // *è roba da chiodi!*, it's incredible // *— scaccia —*, (*prov.*) one pain drives out another **2** (*per lamiera*) rivet **3** (*debito*) debt: *piantar chiodi*, to run into debt **4** (*idea fissa*) fixed idea, obsession, fixation: *quello è il suo —*, that is his fixed idea // *avere un — fisso*, to have an obsession (*o fam.* to have a bee in one's bonnet) **5** (*dolore*) pain, ache, pang: (*med.*) *— solare*, neuralgic headache // *ho un — qui*, (*fam.*) I have got a sharp pain here **6** (*bot.*, *cuc.*) *— di garofano*, clove.

chioma *s.f.* **1** hair [U], head of hair; (*poet.*) tresses (*pl.*), locks (*pl.*): *aveva una bella — folta*, she had beautiful, thick hair (*o* she had a beautiful head of hair) **2** (*criniera*) mane **3** (*fogliame*) foliage, leafage; leaves (*pl.*) **4** (*astr.*) coma* (of a comet) **5** (*pennacchio*) plume.

chiomato *agg.* (*letter.*) **1** longhaired **2** (*di alberi*) leafy **3** (*con criniera*) with flowing mane **4** (*con pennacchio*) plumy.

chiomoso *agg.* (*poet.*) longhaired, with flowing hair.

chiosa *s.f.* **1** explanatory note, annotation, gloss, footnote **2** (*commento malevolo*) wicked remark, malicious remark.

chiosare *v.tr.* **1** to annotate, to gloss; to explain **2** (*estens.*) to comment upon (sthg.).

chiosatore *s.m.* annotator, commentator, glossator.

chiosco *s.m.* **1** kiosk, stall: *un — di bibite*, drinks stall **2** (*per giornali*) newsstand, newspaper kiosk, bookstall.

chiostra *s.f.* (*letter.*) **1** ring, circle: *una — di monti*, a range (*o* ring) of mountains **2** (*chiostro*) cloister **3** (*di denti*) set.

chiostro *s.m.* **1** (*cortile di monastero*) cloister **2** (*monastero*) cloister // *lasciare il —*, to give up monastic life.

chiotto *agg.* quiet, still: *se ne stette — —*, he kept quite still (*o* he kept very quiet *o* he did not stir).

chiovolo *s.m.* (*di giogo*) yoke peg.

chiozzotta *s.f.* (*mar.*) (*imbarcazione da trasporto usata nella laguna veneta*) 'chiozzotta', cargo boat from Chioggia.

chip *s.m.* **1** (*inform.*) chip **2** (*in gioco d'azzardo*) chip.

chips *s.f.pl.* crisps, (*a bastoncino*) chips; (*amer.*) chips, (*a bastoncino*) French fries.

chirghiso *agg.* e *s.m.* Kirgiz, Khirgiz.

chirie → **kyrie**.

chirieleison *s.m.* (*eccl.*) kyrie eleison.

chiro- *pref.* di origine greca che significa relazione, rapporto con 'mano' o 'ala'; ingl. chiro-: *chiromanzia*, chiromancy; *chirospasmo*, chirospasm.

chirografario *agg.* (*dir.*) chirographary: *credito —*, unsecured credit; *debiti chirografari*, book debts; *creditore —*, unsecured (*o* chirographary) creditor; *obbligazione chirografaria*, simple (*o* naked) debenture.

chirografo *s.m.* (*dir.*) chirograph.

chirologia *s.f.* palmistry, chiromancy.

chiromante *s.m.* e *f.* palmist, chiromancer.

chiromantico *agg.* chiromantic, of palmistry.

chiromanzia *s.f.* palmistry, chiromancy.

chiroprassi, **chiropratica** *s.f.* chiropractic.

chiropratico *agg.* chiropractical ◆ *s.m.* chiropractor.

chiroterapia e *deriv.* → **chiropratica** e *deriv.*

chirottero *s.m.* (*zool.*) chiropteran.

chirurgia *s.f.* surgery: *— plastica*, plastic surgery.

chirurgicamente *avv.* surgically: *intervenire —*, to operate.

chirurgico *agg.* surgical: *anatomia chirurgica*, surgical anatomy; *caso —*, surgical case; *strumenti chirurgici*, surgical instruments.

chirurgo *s.m.* surgeon: *— odontoiatra*, dental surgeon.

chissà *avv.* **1** I wonder; (*enfatico*) goodness knows: *— chi sarà a quest'ora?*, I wonder who it can be at this hour; *— dov'è andato a finire!*, goodness knows where he's got to!; *— quanto mi faranno aspettare!*, goodness knows how long I'll have to wait!; *"Pensi che verrà?" "Chissà!"*, "Do you think he'll turn up?" "Goodness knows!" (*o* "That's anyone's guess!"); *— se mi puoi aiutare*, I wonder if you can help me; *— che lui non possa fare qualcosa per te*, I wonder (*o* I'm wondering) whether he could do something for you **2** (*forse*) perhaps, maybe: *"Andrai in Inghilterra quest'estate?" "Chissà"*, "Are you going to England this summer?" "Maybe".

chissisia *pron.indef.* (*rar.*) anyone, anybody.

chitarra *s.f.* (*mus.*) guitar: *— elettrica, acustica*, electric, acoustic guitar; *suonare la —*, to play the guitar.

chitarrata *s.f.* **1** (*musica per chitarra*) piece of music for the guitar, guitar piece **2** (*spreg.*) din, row, racket.

chitarrista *s.m.* e *f.* guitarist.

chitina *s.f.* (*biochim.*) chitin.

chitinoso *agg.* (*biochim.*) chitinous.

chitone *s.m.* chiton.

chiú *s.m.* (*zool.*) horned owl.

chiudere *v.tr.* **1** to shut*, to close; (*sbarrare*) to bar: *— a catenaccio*, to bolt; *— a chiave*, to lock; *— un cancello, una finestra, una porta*, to shut a gate, a window, a door; *— un cassetto*, to shut a drawer; *— con lucchetto*, to padlock; *— il gas, un rubinetto*, to turn off the gas, a tap; *— la radio*, to switch off the radio; *— una busta*, to seal an envelope; *— un libro*, to shut a book; *— un passaggio*, to bar a passage; *— violentemente*, to slam (*o* to bang); *— il pugno*, to clench one's fist // *non ho chiuso occhio la notte scorsa*, I did not sleep a wink last night // *— al traffico*, to close to traffic // *— le frontiere*, to close the borders // *— la bocca*, to shut one's mouth; *— la bocca a qlcu.*, (*impedirgli di parlare*) to gag s.o. // *— gli occhi*, (*morire*) to end one's days // *— un occhio su qlco.*, to turn a blind eye to sthg. (*o* to pretend not to see sthg.) **2** (*recingere*) to enclose, to fence (in), to surround: *— un giardino con un muro*, to enclose a garden with a wall **3** (*concludere*) to conclude, to close; (*finire*) to end, to finish; (*fam.*) to wind up: *è ora che tu chiuda il tuo discorso*, it's time you wound up your speech; *— una conferenza con un motto di spirito*, to close a lecture with a joke; *— un dibattito al Parlamento*, to close (*o* to wind up) a debate in Parliament; *— una lettera*, to close a letter; *la banda chiudeva il corteo*, the band brought up the rear (of the procession) **4** (*comm.*) to close: *— un conto*, to close an account; — *i conti*, to balance (*o* to close the books); — *il bilancio*, to balance accounts (*o* to strike a final balance); (*banca*) — *il credito*, to stop credit **5** (*rinchiudere*) to shut up: *dovresti — i gioielli nella cassaforte*, you ought to shut up your jewels in your safe; *ti chiuderò nella tua stanza*, I'll shut you up in your room; — (*il bestiame*) *in un recinto*, to corral (cattle) **6** (*un negozio, un ufficio, una fabbrica*) (*temporaneamente*) to close; (*permanentemente*) to shut down, to close down **7** (*delimitare*) to shut in: *due catene di montagne chiudono la valle*, two ranges of mountains shut in (*o* enclose) the valley **8** (*tappare*) to stop; (*con sughero*) to cork: — *un buco*, to stop a hole **9** (*un circuito elettrico*) to close // (*elettr.*) — *un motore in corto circuito*, to close a motor in a short circuit ◆ *v.intr.* **1** to close: *la finestra non chiude*, the window won't close (*o* shut); *i negozi chiudono alle sei in questa città*, the shops close at six in this town; *questa porta chiude bene?*, does this door close well? **2** (*finire*) to close: *la riunione chiuse alle sei*, the meeting closed at six // (*cinem.*) — *in dissolvenza*, to fade out **3** (*comm.*) — *in pareggio*, to balance: *il bilancio chiuse in pareggio l'anno scorso*, the budget balanced last year; — *in attivo*, to show a profit (*o* a credit balance) // — *con prezzi fermi*, to close firm.

□ **chiudersi** *v.rifl.* o *intr.pron.* **1** to close: *le acque si chiusero sulla nave che affondava*, the waters closed over the sinking ship; *la porta si chiuse senza rumore*, the door closed noiselessly; *questi fiori si chiudono di sera*, these flowers close at night **2** (*di tempo*) to close in, to get* cloudy: *il tempo si chiude*, the weather is closing in (*o* getting cloudy) **3** (*rinchiudersi*) to shut oneself up **4** (*ritirarsi, concentrarsi*) to withdraw: — *in se stesso*, to withdraw into oneself; — *nel dolore*, to withdraw into one's sufferings; — *nel silenzio*, to withdraw into silence **5** (*finire, terminare*) to close, to shut*, to end: *l'incontro si è chiuso con un discorso del primo ministro*, the meeting closed with a speech by the Prime Minister; *l'anno finanziario si chiude il 30 giugno*, the financial year ends on June 30th.

chiudetta *s.f.* (*agr.*) sluice.

chiudilettera *s.m.* charity stamp, paper seal.

chiudiporta *s.m.* door closer, door check.

chiunque *pron.indef.* (*qualunque persona*) anybody, anyone: — *potrebbe farlo*, anyone could do it; *ti potrebbe aiutare meglio di* — (*altro*), he could help you better than anyone (else); *chiedilo a* —, ask anybody ◆ *pron.rel.indef.* (*qualunque persona che*) **1** (*con funzione di sogg.*) whoever, anyone (who): — *venga, ditegli che non sono in casa*, whoever comes, tell them I'm not at home; — *trovasse un passaporto è pregato di darne comunicazione alla direzione dell'albergo*, if anyone should find a passport, please inform the hotel management; — *tu sia, rispondi, per favore*, please answer, whoever you are **2** (*con funzione di compl.*) who(m)ever, anyone, anybody: — *incontriate, non fermatevi*, don't stop for anybody; *lo dirò a — vorrò*, I'll tell whoever I like **3** (*seguito da partitivo*) whichever (one): — *di voi arrivi per primo, è pregato di prendere i biglietti*, whichever of you arrives first should get the tickets **4** *di* —, (*poss.*) whosever: *usa la macchina di —, ma non la mia!*, you can use whosever car you like, as long as it isn't mine!

chiurlare *v.intr.* (*imitare il canto del chiurlo*) to imitate the song of the curlew; to hoot.

chiurlo *s.m.* **1** (*zool.*) (*Numenius arquata*) curlew, (*pop.*) whaup // — *piccolo*, (*Numenius phaeopus*) whimbrel **2** (*grido*) hoot.

chiusa *s.f.* **1** lock; (*sbarramento idraulico*) sluice, weir; dam **2** (*recinto*) enclosure **3** (*conclusione*) (*di discorso*) conclusion; ending; (*di lettera*) close.

chiusino *s.m.* **1** cover, (*stradale*) manhole cover; drain cover **2** (*di forno*) oven door.

chiuso *agg.* **1** closed, shut: — *a chiave*, locked; *i negozi sono chiusi la domenica*, shops are closed on Sundays; *restò — in casa a studiare*, he remained shut up in his house to study; *indossava un abito — sino al collo*, she wore a dress closed (*o* buttoned up) to the neck // *a occhi chiusi*, (*fig.*) (*sconsideratamente*) blindly; (*con fiducia*) blindly (*o* with total confidence) // *avere il naso — per il raffreddore*, to have one's nose blocked // (*dir.*) *a porte chiuse*, in camera // *mente chiusa*, narrow mind // *cielo* —, overcast sky // *trotto* —, quick trot // (*fon.*) *vocale chiusa*, closed vowel // *capitolo —, non ne parliamo più!*, it's over and done with; let's not talk any more about it! // *numero* —, fixed number (*o* numerus clausus) // *casa chiusa*, brothel // (*econ.*): *mercato* —, closed market; *economia chiusa*, closed economy **2** (*circondato, racchiuso*) enclosed, narrow: *spazio* —, enclosed space // *mare* —, inland sea **3** (*riservato*) (*di persona*) taciturn, reserved, close: *avere un carattere* —, to be reserved **4** (*comm.*) settled, balanced: *conto* —, account balanced (*o* settled) ◆ *s.m.* **1** (*recinto*) enclosure; (*per animali in genere*) pen; (*per pecore*) fold **2** (*aria stagnante*) stale air, stuffy air; stale smell, stuffy smell: *c'è odore di — qui dentro!*, there's a stale smell in here!

chiusura *s.f.* **1** (*il chiudere*) closing, shutting: *orario di* —, closing time; — *anticipata*, early closing; *giorno di* —, closing day; — *estiva*, summer closing; *discorso di* —, closing speech; *ordinare la — di un locale*, to order the closure of a club // (*comm., fin.*): — *di cassa*, cash balance; — *annuale dei conti*, annual closing; — *dei conti*, closing (*o* settlement) of accounts; — *temporanea* (*di un'azienda*), shutdown; — *del bilancio*, closing (*o* striking) of the balance; — (*di una società con realizzazione delle attività*), liquidation; *inventario di* —, year-end inventory; *prezzi di* —, (*anche nelle aste*) closing prices // (*dir.*) — *del fallimento*, discharge of the bankrupt **2** (*fine*) end, ending, close: *la nuova auto verrà presentata prima della — della mostra*, the new car will be presented before the end of the show; *la — di un convegno*, the end (*o* the close) of a meeting; — *di un dibattito parlamentare*, closure (*o* winding up) of a debate in Parliament **3** (*serratura*) lock **4** (*allacciatura*) fastening: — *lampo*, zip (fastener), (*spec. amer.*) zipper **5** (*fig.*) narrow -mindedness, inability to communicate: — *mentale*, narrow-mindedness; *ha un atteggiamento di totale — verso gli altri*, he's unable to communicate with others.

choc *s.m.* shock.

chopper *s.m.* **1** chopper bike **2** (*fis.*) chopper.

chow-chow *s.m.* (*zool.*) chow chow.

ci[1] *pron.pers.* *1ª pers.pl.* **1** (*con funzione di compl. ogg.*) us: *tutti — guardano*, everyone's looking at us; *non — hanno visto*, they didn't see us; *prendeteci con voi*, take us with you; *non è neppure venuto a salutarci*, he didn't even come to say goodbye (to us); *non — disturbare, per favore*, please don't disturb us **2** (*con funzione di compl. di termine*) (to) us: — *ha dato un buon indirizzo*, he gave us a good address; *non hanno voluto parlarci*, they wouldn't speak to us; *raccontateci tutto*, tell us all about it; *spediteci la merce al più presto possibile*, send us the goods as soon as possible ◆ *pron.rifl.* *1ª pers.pl.* ourselves (*spesso sottinteso*): *sono certo che — divertiremo molto*, I'm sure we'll enjoy ourselves immensely; — *costruiremo una bella casetta in campagna*, we'll build ourselves a nice little house in the country; — *siamo lasciati imbrogliare un'altra volta*, we've let ourselves be fooled again; — *alzammo presto e — preparammo a partire*, we got up early and prepared to leave; *dobbiamo lavarci le mani*, we must wash our hands; — *eravamo più volte lamentati del servizio*, we had complained about the service several times ◆ *pron.rec.* one another; (*spec. tra due*) each other: — *guardammo senza parlare*, we looked at each other without speaking; *noi tutti — vogliamo molto bene*, we're all very fond of one another; *non — siamo ancora salutati*, we haven't said hallo yet; — *siamo scambiati gli indirizzi*, we exchanged addresses ◆ *pron.dimostr.* this; that; it: *non posso farci nulla*, I can't do anything about it; — *penserò*, I'll think about it; *non badarci*, never mind about it (*o* pay no attention to it); — *puoi scommettere!*, you bet!

ci[1] *avv.* **1** (*là*) there; (*qui*) here: — *andremo subito*, we'll go there at once; *eccoci, finalmente!*, here we are, at last!; — *risiamo!*, (*fig.*) here we go again!; *"Sei mai stato a New York?" "No, non — sono mai stato, ma spero di andarci prima o poi"*, "Have you ever been to New York?" "No, I haven't, but I hope to go there sooner or later"; *"Ci sarai domani?" "Certo, — saremo tutti"*, "Will you be (t)here tomorrow?" "Of course, we'll all be (t)here"; *è andato in Venezuela per lavoro e — resterà tre settimane*, he has gone to Venezuela on business, and he'll be there for three weeks; *non — stiamo tutti in una macchina*, we can't all get into one car **2** (*per questo o quel luogo*) through: *conosco la zona, — passo tutti i giorni per andare in ufficio*, I know the area, as I pass through it every day on my way to the office; *è un importante nodo ferroviario, — passano tutti i treni diretti al nord*, it's an important railway junction, as all the northbound trains pass through it **3** (*con il v.* essere) there: *c'è, — sono*, there is, there are; *c'erano più di 60.000 persone allo stadio*, there were over 60,000 people at the stadium; — *sono ospiti stasera*, we are having guests this evening; *c'è modo e modo*, there's a right way and a wrong way // *non c'è verso di farglielo capire*, there's no way of making him understand // *non c'è che dire*, there's no doubt about it.

ci[2] *s.m.* o *f.* letter c.

ciabatta *s.f.* **1** slipper: *scese in ciabatte*, he came downstairs in his slippers // *una scarpa e una* —, (*fig. fam.*) chalk and cheese **2** (*scarpa vecchia e scalcagnata*) down-at-heel shoe, worn-out shoe **3** (*fig.*) (*persona malandata*) worn-out person, wreck; (*cosa malandata*) old thing **4** (*region.*) (*forma di pane*) loaf.

ciabattare *v.intr.* to shuffle (along) in one's slippers.

ciabattata *s.f.* spank with a slipper, whack with a slipper.

ciabattino *s.m.* cobbler, shoemaker.

ciabattone *s.m.* **1** (*chi trascina ciabatte*) shuffler **2** (*fig. spreg.*) bungler **3** (*estens.*) (*persona sciatta*) tramp.

ciac *s.m.* (*cinem.*) clapperboard: —, *si gira!*, action!

ciacchista *s.m.* e *f.* (*cinem.*) clapper boy.

ciaccona *s.f.* (*mus.*) chaconne.

ciacola *s.f.* (*dial.*) chatter, gossip.

ciacolare *v.intr.* (*dial.*) to chatter, to gossip.

ciaf *inter.* (*in acqua*) splash; (*in fango*) squelch.

ciak → **ciac**.

cialda *s.f.* **1** wafer **2** (*di medicinale*) wafer (capsule).

cialdone *s.m.* cornet.

cialtrona *s.f.* slob.

cialtronaglia *s.f.* riffraff, bunch of creeps, bunch of slobs.

cialtronata *s.f.* rascally action, knavish action; vile trick; despicable trick; shabby behaviour.

cialtrone *s.m.* **1** (*fam.*) slob **2** (*manigoldo*) rogue; creep, bum, scoundrel.

cialtroneria *s.f.* **1** (*sciatteria*) slovenliness; (*fam.*) slobbishness **2** (*furfanteria*) roguery; (*fam.*) creepishness; rascality **3** → cialtronata.

cialtronesco *agg.* despicable, vile; slovenly; (*fam.*) slobbish.

ciambella *s.f.* **1** (*dolce*) ring-shaped cake, doughnut // *non tutte le ciambelle riescono col buco*, (*prov.*) not everything turns out as it should **2** ring-shaped object; (*salvagente*) rubber ring; (*cerchietto d'osso che i bambini mordono durante la dentizione*) teething-ring.

ciambellaio *s.m.* pastrycook; cake seller, doughnut seller.

ciambellano *s.m.* chamberlain: — *di corte*, court chamberlain.

ciamberlano → **ciambellano**.

cianamide *s.f.* (*chim.*) cyanamide.

cianato *s.m.* (*chim.*) cyanate.

ciancia *s.f.* (*pettegolezzo*) idle talk, tittle-tattle, chitchat, gossip; (*fam.*) yak // *ciance!*, (*fandonie*) nonsense (*o* rubbish)!

cianciafruscola *s.f.* (*fam.*) trifle.

cianciare *v.intr.* **1** to chatter, to talk idly, to prattle; (*fam.*) to yak, to jabber **2** (*ant.*) (*scherzare*) to joke.

cianciatore *s.m.* (*non com.*) chatterbox, tattler, windbag, prattler.

ciancicare *v.tr.* e *intr.* **1** to jabber, to stammer (out), to mumble: — *una frase*, to mumble a sentence **2** (*biascicare*) to chew slowly, to chew with difficulty: *il vecchio ciancicava un tozzo di pane*, the old man was slowly chewing a crust of bread **3** (*fare un lavoro male*) to make* a mess (of sthg.), to bungle **4** (*sgualcire*) to crease, to crush.

ciancione *s.m.* chatterbox, tattler, gossip.

cianfrinare *v.tr.* (*mecc.*) to caulk.

cianfrinatore *s.m.* caulker.

cianfrinatura *s.f.* (*mecc.*) caulking.

cianfrino *s.m.* (*mecc.*) caulker.

cianfrugliare *v.tr.* e *intr.* **1** (*parlare*) to mumble, to jabber **2** (*abborracciare*) to bungle, to botch.

cianfruglione *s.m.* bungler.

cianfrusaglia *s.f.* (*cosa senza importanza*) trifle, bagatelle; (*cosa senza valore*) rubbish, trash ⓤ, (piece of) junk.

ciangottare *v.intr.* **1** (*storpiare parole*) to stammer, to lisp; (*di bambini*) to babble, to jabber **2** (*cinguettare*) to chirp, to twitter **3** (*di acqua*) to babble.

ciangottio *s.m.* **1** lisping, chattering, gabbling **2** (*di bambini*) babbling **3** (*di uccelli*) chirping, twittering.

cianico *agg.* (*chim.*) cyanic: *acido* —, cyanic acid.

cianidrico *agg.* (*chim.*) hydrocyanic: *acido* —, hydrocyanic acid.

cianidrina *s.f.* (*chim.*) cyanohydrin.

cianina *s.f.* (*chim.*) cyanine.

cianite *s.f.* (*min.*) cyanite, kyanite.

cian(o)- *pref.* della terminologia chimica che indica la presenza del radicale nitrile; ingl. cyan(o)-: *cianazina*, cyanazine; *cianoacetico*, cyanoacetic.

cianocobalamina *s.f.* (*biochim.*) cyanocobalamin.

cianogeno *s.m.* (*chim.*) cyanogen.

cianografia, **cianografica** *s.f.* (*fot.*) blueprint, cyanotype.

cianografico *agg.* blueprint (*attr.*): *carta cianografica*, blueprint paper; *copia cianografica*, blueprint copy; *procedimento* —, blueprint process.

cianografo *s.m.* blueprinter.

cianosi *s.f.* (*med.*) cyanosis*.

cianotico *agg.* (*med.*) cyanotic.

cianotipia e *deriv.* → **cianografia** e *deriv.*

cianurato *s.m.* (*chim.*) cyanurate.

cianurazione *s.f.* (*metall.*) cyanidation.

cianurico *agg.* (*chim.*) cyanuric: *acido* —, cyanuric acid.

cianuro *s.m.* (*chim.*) cyanide: — *di potassio*, potassium cyanide; — *di sodio*, sodium cyanide; *processo al* —, cyanide process; *trattare con* —, to cyanide.

ciao *inter.* (*fam.*) **1** (*incontrandosi*) hullo!, hello!, hallo!; (*amer.*) hi! **2** (*congedandosi*) goodbye, bye-bye, bye, cheerio: *non mi ha neanche detto* —*!*, he didn't even say hallo!

ciappola *s.f.* (*tecn.*) graver, graving-tool; burin.

ciappolare *v.tr.* to grave.

ciaramella → **cennamella**.

ciarda *s.f.* (*mus.*) czardas.

ciarla *s.f.* **1** (*loquacità*) garrulity, loquaciousness, loquacity, talkativeness: *quella donna ha una gran* —, that woman has a loose tongue **2** (*chiacchiera*) gossip, tittle-tattle; (*fam.*) yak // *ciarle!*, nonsense! (*o* twaddle! *o* yak!).

ciarlare *v.intr.* to chat, to chatter, to natter; to gossip.

ciarlata *s.f.* chat, natter, chinwag.

ciarlatanata *s.f.* fraud, humbug, sham; piece of quackery.

ciarlataneria *s.f.* humbug, sham, charlatanism; quackery.

ciarlatanesco *agg.* quack: *un rimedio* —, a quack remedy.

ciarlatano *s.m.* **1** mountebank, charlatan (*anche fig.*); quack, quacksalver: *quel medico è un* —*!*, that doctor is a quack! **2** (*estens.*) fraud, humbug, impostor.

ciarlatore *agg.* (*non com.*) garrulous, loquacious; gossipy ◆ *s.m.* chatterbox, gossip.

ciarliero *agg.* talkative, loquacious, chatty.

ciarlone *s.m.* (*non com.*) chatterbox, chatterer; (*fam.*) gasbag.

ciarpame *s.m.* rubbish, trash, junk ⓤ.

ciarpume → **ciarpame**.

ciascheduno *pron.* (*ant.*) → **ciascuno**.

ciascuno *agg.indef.* (*solo sing.*) **1** (*ogni*) every: *ciascun candidato riceverà un modulo di iscrizione*, every candidate will receive an enrolment form; *ciascuna copia dev'essere firmata*, every copy must be signed; *a ciascun ospite verrà dato un omaggio*, every guest will receive a gift **2** (*con valore distr.*) each: *ciascun volume costa 30.000 lire*, each volume costs 30,000 liras ◆ *pron.indef.* (*solo sing.*) **1** (*ognuno, tutti*) everyone, everybody: — *è responsabile degli effetti personali*, everyone is responsible for their own belongings **2** (*con valore distr. o con partitivo*) each (one): — *di loro aveva un'opinione diversa*, each (one) of them had a different opinion; — *di questi quadri vale un patrimonio*, each (one) of these pictures is worth a fortune; *diede loro un regalo* —, he gave each one (of them) a present; *"Quanto costano questi orologi?" "50.000 lire* —*"*, "How much are these clocks?" "50,000 liras each"; *riceverete un libro (per)* —, you will each get a book.

ciato, **ciazio** *s.m.* (*bot.*) cyathium.

cibare *v.tr.* to feed*, to nourish.

□ **cibarsi** *v.rifl.* to eat* (sthg.); to feed* (on sthg.); to live (on sthg.) // — *di illusioni, di speranze*, to cherish (*o* to nourish) illusions, hopes.

cibaria *s.f.* (*spec. pl.*) food ⓤ, foodstuff; (*vettovaglie*) victuals (*pl.*); provisions (*pl.*).

cibario *agg.* (*non com.*) edible, nutritive, food (*attr.*).

cibernauta *s.m.* e *f.* cybernaut.

cibernetica *s.f.* cybernetics ⓤ.

cibernetico *agg.* cybernetic.

ciberspazio *s.m.* (*inform.*) cyberspace.

cibo *s.m.* **1** food: — *genuino*, wholesome food; *non ha toccato cibo*, he hasn't eaten a thing; — *e bevanda*, food and drink; — *in abbondanza*, plenty of food (*o fam.* plenty of grub); — *per cani*, dog food **2** (*fig.*) food, nourishment **3** (*bot. pop.*) — *degli ebrei* → iuta.

ciborio *s.m.* (*arch.*) ciborium (*pl.* -ia).

cicadea *s.f.* (*bot.*) cycad.

cicala *s.f.* **1** (*zool.*) balm-cricket, (*scient.*) cicada*: — *di mare*, (*Squilla mantis*) squill (fish) **2** (*fig.*) (*persona chiacchierona*) chatterbox, windbag **3** (*elettr.*) buzzer **4** (*mar.*) ring (of an anchor).

cicalare *v.intr.* to chatter, to jabber; (*fam.*) to yak.

cicaleccio *s.m.* chatter, chattering, babble.

cicalino *s.m.* (*elettr.*) buzzer.

cicalio *s.m.* chattering, prattling.

cicatrice *s.f.* scar (*anche fig.*): *gli è rimasta una brutta — sul braccio*, he was left with a nasty scar on his arm.

cicatricola *s.f.* **1** (*biol.*) cicatric(u)le **2** (*bot.*) → ilo.

cicatriziale *agg.* (*med.*) cicatricial.

cicatrizzante *agg.* cicatrizant.

cicatrizzare *v.tr.* to cicatrize, to heal ◆ *v.intr.* → cicatrizzarsi.

□ **cicatrizzarsi** *v.intr.pron.* to cicatrize, to heal, to close, to skin over: *la ferita non si è ancora cicatrizzata*, the wound hasn't closed yet.

cicatrizzazione *s.f.* cicatrization, healing.

cicca[1] *s.f.* **1** stub, butt; (*di sigaretta*) cigarette end; (*sl.*) fag-end, dog-end; (*di sigaro*) cigar end **2** (*di tabacco da masticare*) quid, plug **3** (*fig.*) worthless thing; worthless person: *non vale una —*, it isn't worth a brass farthing.

cicca[2] *s.f.* (*region.*) piece of chewing gum: *vuoi una —?*, do you want a piece of (chewing) gum?

ciccaiolo *s.m.* picker-up of cigarette ends.

ciccare *v.tr.* (*region.*) to fail, to miss: *— il bersaglio*, to miss the target ◆ *v.intr.* **1** to chew tobacco **2** (*fig.*) (*region.*) (*rodersi*) to fret, to be annoyed.

cicchettare *v.intr.* to have a drop, to take* a nip; to tipple, to be fond of a drop ◆ *v.tr.* (*non com.*) to give* (s.o.) a talking to, to give (s.o.) a dressing-down.

cicchetto *s.m.* **1** (*fam.*) (*bicchierino di liquore*) pick-me-up, dram, nip, drop: *un caffè col —*, a cup of coffee with a nip of brandy // *dare il —*, (*al motore*) to prime (the engine) **2** (*fam.*) (*ramanzina*) dressing-down: *mi presi un bel —*, I got a thorough dressing-down; *gli daremo un —*, we'll give him a dressing-down (*o* a talking to).

ciccia *s.f.* (*fam.*) **1** (*nel linguaggio infantile*) meat **2** (*scherz.*) (*carne umana*) flesh: *metter su —*, to put on weight (*o* to get fat).

cicciolo *s.m.* **1** (*cuc.*) crackling, fried scraps (*pl.*) of pork fat **2** (*fam.*) fleshy excrescence.

cicciona *s.f.* fat woman; (*fam.*) fatty.

ciccione *s.m.* (*fam.*) fat man*; (*fam.*) fatty.

ciccioso *agg.* plump, fat, fleshy.

cicciotto, **cicciuto** *agg.* (*fam.*) plump, chubby.

cicerbita *s.f.* (*bot.*) (*Sonchus oleraceus*) sow-thistle.

cicerchia *s.f.* (*bot.*) (*Lathyrus sativus*) chickling, (*pop.*) grass-pea.

cicero *s.m.* (*tip.*) pica: *carattere —*, pica type.

cicerone *s.m.* guide, cicerone: *fare da —*, to act as guide // *smettila di fare il —!*, (*spreg.*) stop being such a know-all.

ciceronianismo *s.m.* Ciceronianism.

ciceroniano *agg.* e *s.m.* Ciceronian.

cicindela *s.f.* (*zool.*) tiger-beetle.

cicisbeo *s.m.* **1** (*st.*) cicisbeo* **2** (*estens.*) (*damerino*) gallant, ladies' man.

ciclabile *agg.* cycle (*attr.*), for cyclists (*pred.*): *pista —*, cycle track.

ciclamino *s.m.* (*bot.*) (*Cyclamen europaeum*) sowbread, (*scient.*) cyclamen ◆ *agg.* cyclamen-coloured, cyclamen (*attr.*).

ciclammato *s.m.* (*chim.*) cyclamate.

ciclicità *s.f.* cyclicity: *la — di un fenomeno*, the cyclic nature of a phenomenon.

ciclico *agg.* **1** cyclic(al): *fasi cicliche*, cyclical phases // *poema —*, cyclic poem **2** (*mus.*) cyclic(al) **3** (*chim.*) cyclic(al).

ciclismo *s.m.* (*sport*) cycling: *— su strada*, road-racing; *— su pista*, track-racing.

ciclista *s.m.* **1** cyclist, bicyclist **2** (*chi ripara biciclette*) (bi)cycle repairer; (*chi vende biciclette*) (bi)cycle seller.

ciclistico *agg.* cycling (*attr.*); cycle (*attr.*): *gara ciclistica*, cycle race; *giro —*, cycling tour; *pista ciclistica*, cycle track.

ciclite *s.f.* (*med.*) cyclitis.

ciclizzare *v.tr.* (*chim.*) to cycle.

ciclizzato *agg.* (*chim.*) cycled.

ciclizzazione *s.f.* (*chim.*) cyclization.

ciclo[1] *s.m.* **1** cycle: *il — delle stagioni*, the cycle of the seasons; (*astr.*) *— lunare*, lunar cycle; (*mecc.*) *— a due, a quattro tempi*, two-stroke, four-stroke cycle // (*med.*): *— cardiaco*, cardiac cycle; *— mestruale*, menstrual cycle // (*econ.*): *— economico*, business (*o* trade) cycle; *— di fabbricazione*, manufacturing cycle; *— di produzione, produttivo*, production cycle; *— di produzione continuo*, continuous process; *— di lavorazione*, (*programma*) operation (*o* working) schedule // *rimettere in —*, to recycle **2** (*serie*) series*, cycle: *un — di lezioni*, a series of lessons **3** (*mat.*, *inform.*) cycle, loop **4** (*fis.*) cycle **5** (*lett.*) cycle: *il — di re Artù*, the Arthurian cycle.

ciclo[2] *s.m.* (*sport*) cycle.

ciclo- *pref.* della terminologia scientifica, ingl. cycle; indica **1** struttura ciclica: *cicloparaffina*, cycloparaffin **2** relazione con 'ruota o bicicletta': *ciclopista*, cycle track; *cicloturistico*, cycle-touring.

ciclocampestre *agg.* cross-country cycle (*attr.*) ◆ *s.f.* cross-country cycle race.

ciclocross *s.m.* cyclo-cross, cross-country cycle racing: *pista per —*, cyclo-cross course; *bicicletta per —*, cyclo-cross bicycle.

ciclocrossista *s.m.* e *f.* cross-country cyclist.

cicloesano *s.m.* (*chim.*) cyclohexane.

ciclofurgone *s.m.* three-wheeled delivery vehicle, tricycle.

cicloidale *agg.* (*mat.*) cycloidal.

cicloide *s.m.* **1** (*mat.*) cycloid **2** (*psic.*) cycloid, cyclothymic.

ciclomotore *s.m.* moped, motorbicycle; (*fam.*) motorbike.

ciclomotorista *s.m.* e *f.* moped rider, motorcyclist.

ciclone *s.m.* **1** cyclone; hurricane, typhoon // *trovarsi nell'occhio del —*, to find oneself in the eye of the storm **2** (*fig.*) (*avvenimento catastrofico*) catastrophe, disaster; (*persona attivissima*) bundle of energy, dynamo.

ciclonico *agg.* cyclonic.

ciclonite *s.f.* (*esplosivo*) cyclonite.

cicloparaffina *s.f.* (*chim.*) cycloparaffin.

ciclope *s.m.* (*mit.*) Cyclops*.

ciclopentano *s.m.* (*chim.*) cyclopentane.

ciclopia *s.f.* (*med.*) cyclopia.

ciclopico *agg.* **1** Cyclopean, Cyclopian // *mura ciclopiche*, Cyclopean (*o* Cyclopian) masonry **2** (*estens.*) Cyclopean, Cyclopian; huge, gigantic, immense: *fatica ciclopica*, Herculean task, immense task.

ciclopismo *s.m.* → **ciclopia**.

ciclopista *s.f.* cycle track.

ciclopo → **ciclope**.

ciclostilare *v.tr.* to cyclostyle.

ciclostilato *agg.* cyclostyled, duplicated ◆ *s.m.* cyclostyled sheet.

ciclostile *s.m.* cyclostyle; duplicator: *matrice di —*, stencil (for duplicator).

ciclotimia *s.f.* (*psic.*) cyclothymia.

ciclotimico *agg.* e *s.m.* (*psic.*) cyclothymic.

ciclotomia *s.f.* (*mat.*) cyclotomy.

ciclotrone *s.m.* (*fis. nucleare*) cyclotron.

ciclottero *s.m.* (*zool.*) (*Cyclopterus lumpus*) lump (fish).

cicloturismo *s.m.* cycling tourism, touring by (bi)cycle.

cicloturista *s.m.* e *f.* tourist cyclist.

cicloturistico *agg.* cycle-touring, holiday-cycling (*attr.*).

cicogna *s.f.* **1** (*zool.*) stork // *l'arrivo della —*, (*fig. fam.*) a visit from the stork **2** (*aer.*) grasshopper **3** (*edil.*) gutter-bracket **4** (*autotreno per trasporto di autoveicoli*) car transporter.

cicoria *s.f.* (*bot.*) (*Cichorium intybus*) chicory, succory.

cicuta *s.f.* (*bot.*) **1** (*Conium maculatum*) hemlock, bennet // *— acquatica*, (*Cicuta virosa*) cowbane // *— rossa*, (*Geranium robertianum*) cranesbill **2** (*veleno*) conium, (poison) hemlock.

cicutina *s.f.* (*chim.*) con(i)ine.

cieca → **ceca**.

ciecamente *avv.* blindly; (*sconsideratamente*) unthinkingly, recklessly: *agire —*, to act unthinkingly // *credere — a qlcu.*, to believe s.o. blindly // *fidarsi — di qlcu.*, to trust s.o. completely.

cieco *agg.* blind (*anche fig.*): *— da un occhio*, blind in one eye; *— nato*, born blind; *diventar —*, to go (*o* to become) blind; *— di rabbia*, blind with rage; *l'amore è —*, love is blind; *obbedienza cieca*, blind obedience // *— come una talpa*, as blind as a bat (*o* as a mole) // *alla cieca*, blindly: *andare alla cieca*, to go blindly on (*o* to grope one's way); *fare qlco. alla cieca*, to do sthg. blindly (*o* unthinkingly *o* rashly *o* recklessly) // (*aer.*) *volo —*, blind flight // *finestra cieca*, blind window // *vicolo —*, blind alley // (*anat.*) *intestino —*, caecum ◆ *s.m.* **1** blind man: *i ciechi*, the blind **2** (*anat.*) caecum*.

ciellenista *s.m.* e *f.* supporter of the Italian Comitato di Liberazione Nazionale (CLN).

cielo *s.m.* **1** sky; (*letter.*) heaven(s), firmament: *— coperto*, overcast sky; *— sereno*, clear (*o* cloudless) sky; *— a pecorelle*, mackerel sky; *sotto il —*, under the sky; *nel — si vedeva solo una stella*, only one star was to be seen in the heavens // *a — aperto*, under the open sky (*o* in the open air) // *a — sereno*, (*inaspettatamente*) out of the blue sky: *la suocera è piovuta in casa a — sereno*, her mother-in-law turned up out of the blue // *gli è piovuta dal — un'eredità*, he inherited a lot of money quite (*o* totally) unexpectedly // *muovere — e terra*, to move heaven and earth // *non stare né in — né in terra*, to be utter nonsense // *toccare il — con un dito*, to walk on air (*o* to be as pleased as Punch) **2** (*volta*) ceiling; vault: *il — di una* *stanza*, the ceiling of a room **3** (*astr.*) (*nel sistema Tolemaico*) heaven // *essere al settimo —*, to be in (the) seventh heaven // *portare al —, ai sette cieli*, to praise to the skies **4** (*paradiso*) heaven, paradise: *essere in —*, to be in heaven **5** (*Dio, la Provvidenza*) Heaven: *il Regno dei Cieli*, the Kingdom of Heaven // *giusto —!, santo —!*, good heavens (*o* my goodness *o* goodness gracious)! // *grazie al —*, thank heaven(s) (*o fam.* thank goodness) // *per amore del —*, for heaven's sake // *lo sa il —*, heaven knows (*o fam.* goodness knows) // *volesse il — che...*, would to heaven (*o* I wish to goodness) that...

ciera → **cera**[1].

cifosi *s.f.* (*med.*) kyphosis.

cifra *s.f.* **1** figure, number, numeral, digit: *cifre arabiche*, arabic numerals (*o* ciphers); *in cifre*, in figures; *un numero di tre cifre*, a three-figure (*o* three-digit) number // *le cifre dell'esportazione*, (*i dati statistici*) the export figures // *in — tonda*, in round figures (*o* numbers) **2** (*somma di denaro*) amount of money; figure: *— preventivata*, estimated figure; *— lorda*, gross figure; *— d'affari*, turnover; *domandò una — esageratamente alta*, he asked an exaggeratedly high figure; *il progetto è costato una — astronomica*, the project has cost an astronomical figure **3** (*segno di cifrario segreto*) cipher, cypher, code: *chiave della —*, cipher key; *scrittura in —*, cipher (*o* writing in cipher); *telegramma in —*, cipher telegram (*o* code telegram) **4** (*monogramma*) monogram; cipher, cypher, mark: *ricamare le cifre sulle lenzuola*, to embroider a monogram (*o* one's initials) on the sheets.

cifrare *v.tr.* **1** (*scrivere in cifrario*) to cipher, to code, to encode **2** (*ricamare in cifra*) to mark, to monogram: *— la propria biancheria*, to mark one's linen.

cifrario *s.m.* cipher book, code book.

cifrato *agg.* **1** ciphered; cipher (*attr.*), coded, in code, code (*attr.*): *messaggio —*, coded message **2** (*ricamato*) monogrammed, initialled, with initials.

cifratura *s.f.* coding, ciphering, code.

cifrista *s.m.* e *f.* coder, cipherer.

cigliare → **ciliare**.

cigliato *agg.* **1** (*biol.*) → ciliato **2** (*letter.*) having long eyelashes.

ciglio *pl.m.* **cigli** *nel sign. 4*; *pl.f.* **ciglia** *nei significati 1, 2, e 3, s.m.* **1** eyelash; (*sopracciglio*) eyebrow: *lunghe ciglia*, long eyelashes; *aggrottare le ciglia*, to frown (*o* to knit one's brows) // *in un batter di —*, in a (*o* the) twinkling of an eye // *non batté —*, (*fig.*) he did not turn a hair **2** (*poet.*) (*occhio*) eye; (*sguardo*) look; (*volto*) face: *a — asciutto*, with dry eyes (*o* dry-eyed); *abbassare le ciglia*, to lower one's eyes **3** *pl.* (*biol.*) (*ciglia vibratili*) cilia **4** (*bordo*) edge, border, margin, brink, (*di strada di campagna*) verge: *— d'un fosso*, edge of a ditch; *fermò l'auto sul — della strada*, he stopped the car at the side of the road.

ciglione *s.m.* **1** bank, embankment **2** (*bordo*) edge, border, brink, verge.

cigliuto *agg.* (*non com.*) bushy-browed, beetle-browed.

cignere → **cingere**.

cigno *s.m.* **1** swan; (*giovane*) cygnet; (*femmina*) pen // *— domestico*, mute (*o* domestic) swan // *— trombetta*, (*Olor buccinator*) trumpeter swan **2** (*fig.*) swan: *il — dell'Avon*, (Shakespeare) the Swan of Avon // *canto del —*, swan-song **3** (*astr.*) *Cigno*, Swan, Cygnus.

cigolamento *s.m.* creaking; squeaking; grating.

cigolare *v.intr.* (*di ruote, cardini*) to creak; to squeak; to grate; (*di legna verde che brucia*) to hiss.

cigolio *s.m.* creaking; squeaking; grating.

cilecca *s.f.* (*region.*) joke, unfulfilled promise // *far —*, to misfire; (*fig.*) to fail.

cileno *agg.* e *s.m.* Chilean.

cilestrino, cilestro *agg.* (*letter.*) sky-blue, light blue, pale blue.

ciliare *agg.* ciliary; of the eyelash.

ciliato *agg.* e *s.m.* (*biol., zool.*) ciliate.

cilicio *s.m.* **1** (*veste portata per penitenza*) hair shirt, sackcloth, cilice **2** (*stoffa grossolana*) cilice, haircloth **3** (*fig.*) torture.

ciliegeto *s.m.* cherry orchard.

ciliegia *s.f.* cherry: *— corniola*, bigaroon; *— visciola*, ratafee; *grappolo di ciliege*, cherry-bob (*o* bunch of cherries); *nocciolo di —*, cherry-stone; *rosso —*, cherry red.

ciliegio *s.m.* (*bot.*) (*Prunus avium*) cherry tree: *— selvatico*, wild cherry // *fiori di —*, cherry blossom.

ciliegiolo *agg.* cherry red ◆ *s.m.* (*liquore*) cherry brandy, cherry liqueur.

cilindraia *s.f.* (*tecn.*) roller mill.

cilindrare *v.tr.* (*tecn.*) to calender; to roll: (*metall.*) *— a caldo*, to hot-roll; *— a freddo*, to cold-roll.

cilindrasse *s.m.* (*anat.*) cylindraxis.

cilindrata *s.f.* (*mecc.*) (piston) displacement: *un'auto di media —*, a medium-powered car; *in Formula 1 gareggiano solo potenti cilindrate*, only high-powered cars take part in Formula One races.

cilindratrice *s.f.* (*tecn.*) roller.

cilindratura *s.f.* rolling: *— stradale*, road rolling.

cilindretto *s.m.* (*tecn.*) pellet.

cilindrico *agg.* cylindrical.

cilindro *s.m.* **1** (*mat.*) cylinder **2** (*mecc.*) cylinder: *una quattro cilindri*, a four-cylinder car **3** (*tecn.*) roll, roller, drum, barrel **4** (*cappello*) top hat, silk hat; (*fam.*) stovepipe hat: *il prestigiatore estrasse dal — un coniglio*, the conjurer pulled a rabbit out of the top hat.

cilindroide *s.m.* (*mat.*) cylindroid.

cima *s.f.* **1** (*sommità*) top, tip, summit; highest point; peak: *sulla — del colle*, on the top of the hill (*o* on the hilltop); *cime nevose*, snowy summits; *in —*, at the top: *lo scaffale in —*, the top shelf; *— di albero*, treetop; *la — delle scale*, the top of the stairs // *da — a fondo*, from top to bottom; from beginning to end: *ha rovistato la stanza da — a fondo*, he has searched the room from top to bottom; *ho letto il tuo libro da — a fondo*, I have read your book from beginning to end **2** (*fig.*) (*persona molto intelligente*) genius; very clever person: *tuo cugino non è una —*, your cousin is no genius (*o* not very bright) **3** (*fig.*) (*apice*) highest point **4** (*mar.*) line, rope **5** (*bot.*) cyme **6** (*cuc.*) *cime di rapa*, broccoli; *— genovese*, stuffed veal roll, typical of Genoa.

cimanalisi *s.f.* (*stat.*) analysis of periodic curves.

cimare *v.tr.* **1** (*agr.*) (*potare dalla radice*) to poll; (*potare solo le cime sporgenti*) to lop; (*cespugli di rose ecc.*) to prune, to trim, to clip; (*alberi*) to pollard; (*piante di granturco*) to tassel **2** (*tess.*) to clip, to shear.

cimasa *s.f.* (*arch.*) cyma*; cymatium (*pl.* -ia).

cimata *s.f.* **1** (*agr.*) polling; pollarding; lopping; pruning **2** (*tess.*) clipping, shearing.

cimatore *s.m.* **1** (*agr.*) poller **2** (*tess.*) clipper, shearer.

cimatoria *s.f.* (*tess.*) clipping, shearing shop.

cimatrice *s.f.* (*tess.*) shearing machine.

cimatura *s.f.* **1** (*agr.*) polling; pollarding **2** clipping, shearing **3** (*peluria tagliata*) clippings (*pl.*).

cimbalaria *s.f.* (*bot.*) (*Cymbalaria muralis*) mother of thousands.

cimbalo *s.m.* (*mus.*) cymbal // *essere in cimbali*, to be merry (*o* tipsy).

cimbanella → **cembanella**.

cimbro *agg.* e *s.m.* Cimbrian.

cimelio *s.m.* **1** (*oggetto antico di valore*) antique, relic, memento **2** (*scherz.*) junk [U].

cimene *s.m.* (*chim.*) cymene.

cimentare *v.tr.* **1** (*mettere alla prova*) to put* to the test; (*provare*) to try **2** (*arrischiare*) to risk **3** (*provocare*) to provoke, to rouse.

□ **cimentarsi** *v.rifl.* **1** (*mettersi alla prova*) to test oneself (against s.o., sthg.), to measure oneself (against s.o., sthg.) **2** (*arrischiarsi*) to venture (on sthg.), to undertake* (sthg.): *mi sono cimentato in un difficile compito*, I have undertaken a difficult task **3** (*confrontarsi*) to compete (with s.o.), to face (s.o.).

cimento *s.m.* (*letter.*) (*prova*) test, trial: *mettere a —*, to put to the test.

cimentoso *agg.* (*letter.*) **1** (*pericoloso*) dangerous, risky **2** (*audace*) audacious, reckless, daring.

cimice *s.f.* **1** bug, bedbug, (*amer.*) chinch: *infestato da cimici*, buggy **2** (*puntina da disegno*) drawing pin **3** (*sl.*) (*microspia*) bug.

cimiciaio *s.m.* **1** place infested with bugs **2** (*fig.*) (*abitazione sudicia*) filthy house, filthy hovel.

cimicioso *agg.* (*non com.*) infested with bugs (*pred.*); bug-infested. (*attr.*); buggy.

cimiero *s.m.* **1** crest **2** (*poet.*) crest, helmet **3** (*arald.*) crest.

ciminiera *s.f.* **1** (*di fabbrica*) smokestack, chimney **2** (*di nave*) funnel.

cimino[1] *s.m.* (*pesca*) tip.

cimino[2] → **cumino**.

cimiteriale *agg.* **1** cemetery (*attr.*); cemeterial; graveyard (*attr.*); churchyard (*attr.*) // *arte — cristiana*, Christian art of the catacombs **2** (*fig.*) (*lugubre*) graveyard (*attr.*), gloomy.

cimitero *s.m.* **1** cemetery, graveyard, burial ground; (*a lato della chiesa*) churchyard: *— di guerra*, war cemetery // *— delle auto*, car cemetery **2** (*fig.*) deserted spot, morgue.

cimmerio *agg.* **1** (*mit.*) Cimmerian **2** (*fig.*) (*oscuro*) Cimmerian, dark, gloomy ◆ *s.m.* (*mit.*) Cimmerian.

cimoanalisi → **cimanalisi**.

cimofane *s.m.* (*min.*) cymophane.

cimolo *s.m.* (*bot.*) shoot; (*di lattuga*) head.

cimometro *s.m.* (*elettr.*) cymometer, wavemeter.

cimosa *s.f.* **1** (*di tessuto*) selvage, selvedge **2** (*non com.*) (*cancellino*) blackboard duster.

cimoso *agg.* (*bot.*) cymose.

cimossa → **cimosa**.

cimurro *s.m.* **1** (*vet.*) distemper **2** (*scherz.*) bad cold, nasty cold.

cinabrese *s.m.* red ochre; ruddle.

cinabro *s.m.* **1** cinnabar, vermilion **2** (*colore rosso*) vermilion.

cinasi *s.f.* (*biochim.*) kinase.

cincia *s.f.* (*zool.*) **1** tit // — *bigia*, (*Parus palustris*) marsh tit // — *boreale*, (*Parus atricapillus*) tomtit // — *mora*, (*Parus ater*) coal -mouse* (*o* coal-tit *o* tomtit) **2** (*Panurus biarmicus*) reed-pheasant, reedling.

cinciallegra *s.f.* (*zool.*) (*Parus major*) titmouse*.

cinciarella, **cinciazzurra** *s.f.* (*zool.*) (*Parus caeruleus*) tomtit, nun.

cincillà *s.f.* (*zool.*) (*Chinchilla laniger*) chinchilla // *una pelliccia di* —, a chinchilla fur coat.

cincin *inter.* cheers, chin-chin; (*fam.*) bottoms up.

cincischiamento *s.m.* **1** (*spiegazzamento*) creasing, crumpling **2** (*fig.*) (*di parole*) mumbling **3** (*perdita di tempo*) dawdling.

cincischiare *v.tr.* **1** (*tagliare malamente*) to cut* unevenly **2** (*sgualcire*) to rumple, to crease // — *le parole*, (*fig.*) to mumble some words ◆ *v.intr.* (*perdere tempo senza costrutto*) to dawdle, to waste time.

□ **cincischiarsi** *v.intr.pron.* (*sgualcirsi*) to rumple, to crease.

cincona *s.f.* (*bot.*) chinabark.

cinconidina *s.f.* (*chim.*) cinconidine.

cinconina *s.f.* (*chim.*) cinchonine.

cinconismo *s.m.* (*med.*) cinchonism.

cine abbr. di → **cinematografo**.

cineamatore *s.m.* cineaste, (amateur) film maker.

cineamatoriale *agg.* amateur film (*attr.*).

cineasta *s.m.* cineaste, cinematographer; person professionally involved with the cinema.

cinebox *s.m.* video jukebox.

cinecamera *s.f.* (film) camera, (cine)camera; (*spec. amer.*) movie camera.

Cinecittà *s.f.* Cinecittà, film studios (near Rome).

cineclub *s.m.* film club, film society.

cinedilettante *s.m.* e *f.* → **cineamatore**.

cinedilettantismo *s.m.* amateur film -making.

cinedo *s.m.* (*letter.*) young homosexual.

cinedramma *s.m.* (*antiq.*) screenplay.

cinefilia *s.f.* love of the cinema.

cineforum *s.m.* debate after a film, discussion after a film; (*estens.*) film club, film society.

cinegetica *s.f.* cynegetics [U].

cinegetico *agg.* cynegetic.

cinegiornale *s.m.* newsreel.

cinelandia *s.f.* filmland, filmdom.

cinema *s.m.* **1** (*cinem.*) cinema, films (*pl.*), pictures (*pl.*); (*spec. amer.*) movies (*pl.*): *il — italiano attraversa un momento di crisi*, the Italian cinema is going through a crisis; *Marlon Brando è un grande divo del* —, Marlon Brando is a great movie star; *sono due mesi che non vado al* —, I haven't been to the cinema for two months; — *sonoro*, talkies; — *muto*, silent cinema (*o* films); — *di prima, di seconda visione*, first, second run film; — *d'essai*, experimental (*o* avant-garde *o* art) cinema (*o* art film) **2** (*locale pubblico*) cinema; pictures (*pl.*); (*spec. amer.*) movies (*pl.*), movie theatre, movie house **3** (*fig.*) film, play, comedy, circus; (*di persona*) comic, comedian: *la sua vita è un* —, his life is like a film.

cinemateatro *s.m.* cinema; (*spec. amer.*) movie theatre.

cinematica *s.f.* **1** (*fis.*) kinematics [U] **2** (*econ.*) (*dinamica*) dynamics [U]: *la — dei fatti economici*, economic dynamics.

cinematico *agg.* (*fis.*) kinematic(al): *viscosità cinematica*, kinematic viscosity.

cinematismo *s.m.* (*fis.*) kinematic mechanism.

cinematografare *v.tr.* to film.

cinematografia *s.f.* cinematography, cinema: — *a colori*, colour cinematography; — *muta*, silent cinema; — *sonora*, sound pictures (*o* talking pictures *o fam.* talkies).

cinematograficamente *avv.* cinematographically.

cinematografico *agg.* cinematographic; film (*attr.*), screen (*attr.*): *attore* —, film actor (*o* film star *o* screen actor).

cinematografo *s.m.* **1** (*cinem.*) cinema, films (*pl.*), pictures (*pl.*); (*spec. amer.*) movies (*pl.*) **2** (*locale*) cinema; pictures (*pl.*); (*spec. amer.*) movies (*pl.*), movie theatre, movie house **3** (*ant.*) (*apparecchio*) cinematograph **4** (*fig.*) film, play, comedy, circus; (*di persona*) comedian, comic: *questo ufficio è un* —, this office is a circus.

cinematoscopio *s.m.* kinematoscope.

cinemobile *s.m.* travelling cinema van.

cineoperatore *s.m.* cameraman*.

cineparcheggio *s.m.* (*non com.*) drive-in (cinema).

cinepresa *s.f.* (film) camera, (cine)camera.

cineraria *s.f.* (*bot.*) (*Senecio vulgaris*) groundsel // — *rossa*, (*Senecio cruentus*) cineraria.

cinerario *agg.* cinerary: *urna cineraria*, cinerary urn ◆ *s.m.* (*archeol.*) funerary urn.

cinerastro *agg.* ashy, ash-coloured.

cinereo *agg.* cinereous; ash-coloured, ashen-grey: *volto* —, ashen face // (*astr.*) *luce cinerea*, earthlight (*o* earthshine).

cinerognolo → **cenerognolo**.

cineromanzo *s.m.* **1** (*riduzione cinematografica*) screen version, film version (of a novel) **2** (*fotoromanzo*) photo romance.

cinescopio *s.m.* (*tv*) kinescope.

cinese *agg.* Chinese: *ombre cinesi*, shadow theatre; *tortura* —, Chinese torture ◆ *s.m.* **1** (*abitante*) Chinese (*pl.invar.*); Chinaman* **2** (*lingua*) (the) Chinese (language) ◆ *s.f.* Chinese woman.

cineseria *s.f.* (*spec. pl.*) chinoiserie [U].

cinesica *s.f.* kinesics [U].

cinesina *s.f.* (*pl.*) light, canvas shoes.

cinesino *s.m.* (*aer.*) boundary marker.

cinesiterapia e *deriv.* → **chinesiterapia** e *deriv.*

cinestesia *s.f.* (*med.*) kinesthesia.

cinestetico *agg.* (*med.*) kinesthetic.

cineteca *s.f.* (*cinem.*) film library: *un film da* —, a classic film.

cinetica *s.f.* (*fis.*) kinetics [U]: — *del calore, dei gas*, kinetic theory of heat, of gases.

cinetico *agg.* (*fis.*) kinetic: *energia cinetica*, kinetic energy; *teoria cinetica*, kinetic theory.

cinetina *s.f.* (*biochim.*) kinetin.

cinetoscopio *s.m.* (*fis.*) kinetoscope.

cinetosi → **chinetosi**.

cingalese → **singalese**.

cingere *v.tr.* **1** to fasten round, to tie round; (*letter.*) to gird: — *la spada*, to gird on one's sword // — *la corona*, to assume the crown; (*fig.*) to succeed to the throne: — *la corona di alloro*, to be crowned with laurel(s) // — *le braccia al collo di qlcu.*, to clasp s.o. (*o* to embrace s.o. *o* to put one's arms round s.o.'s neck) **2** (*circondare*) to encircle, to surround: — *di mura una città*, to surround a town with walls // — *d'assedio*, to besiege (*o* to lay siege to).

cinghia *s.f.* **1** (*per legare*) strap: — *per i libri di scuola*, book-strap **2** (*cintura*) belt: *la — dei pantaloni*, trouser belt // *stringere la* —, (*fig.*) to tighten one's belt **3** (*mecc.*) belt: — *ad anello*, endless belt; — *di trasmissione*, drive belt; — *trapezoidale*, V-shaped belt; — *della ventola*, fan-belt.

cinghiale *s.m.* **1** (*zool.*) (*Sus scrofa*) wild boar, wild pig // (*cuc.*) *cosciotto di — al forno*, roast leg of boar **2** (*pelle di cinghiale*) boarskin: *guanti di* —, boarskin gloves.

cinghiare *v.tr.* **1** (*legare con cinghia*) to strap, to fasten **2** (*fam.*) to thrash.

cinghiata *s.f.* lash, blow with a strap, blow with a belt: *prendere qlcu. a cinghiate*, to give s.o. a thrashing.

cingolato *agg.* (*aut.*) tracked: *mezzi cingolati*, tracked vehicles ◆ *s.m.* caterpillar lorry.

cingoletta *s.f.* (*aut.*) caterpillar car.

cingolo *s.m.* **1** (*di carro armato, trattore*) track, caterpillar: *trattore su cingoli*, caterpillar tractor **2** (*cintura*) girdle; belt; (*eccl.*) cincture **3** (*anat.*) cingulum*.

cingottare → **ciangottare**.

cinguettamento → **cinguettìo**.

cinguettare *v.intr.* **1** to chirp, to chirrup; to twitter **2** (*di bambini*) to prattle; (*chiacchierare*) to chatter.

cinguettìo *s.m.* **1** chirping; twittering **2** (*chiacchierio*) chattering; prattling.

cinico *agg.* **1** cynical: *riso* —, cynical laugh **2** (*st. fil.*) Cynic: *i filosofi cinici*, the Cynic philosophers ◆ *s.m.* **1** cynic **2** (*st. fil.*) Cynic.

ciniglia *s.f.* chenille.

cinipe *s.f.* (*zool.*) gall-fly, gall-wasp.

cinismo *s.m.* **1** cynicism: *agire con freddo* —, to act with cold cynicism **2** (*fil.*) Cynism.

cinnamico *agg.* (*chim.*) cinnamic: *acido* —, cinnamic acid.

cinnamomo *s.m.* (*bot.*) cinnamon.

cino- abbr. di *cinese*, usata spesso come pref.; ingl. Sino-: *cino-giapponese*, Sino-Japanese.

cinocefalo *s.m.* (*zool.*) cynocephalus, dog-faced baboon ◆ *agg.* dog-headed.

cinodromo *s.m.* (*sport*) greyhound racing track; (*fam.*) dog track.

cinofilia *s.f.* love of dogs, interest in dogs.

cinofilo *agg.* **1** (*che ama i cani*) dog-loving **2** (*che impiega i cani*) dog (*attr.*): *unità cinofile* (*della polizia*), dog unit ◆ *s.m.* dog lover, dog-fancier, cynophilist.

cinofobia *s.f.* cynophobia; fear of dogs.

cinofobo *agg.* cynophobic ◆ *s.m.* cynophobe.

cinoglossa *s.f.* (*bot.*) (*Cynoglossum officinale*) dog's-tongue, hound's tongue.

cinomio *s.m.* (*zool.*) (*Cynomys ludovicianus*) prairie dog.

cinopiteco *s.m.* (*zool.*) cynopythecus.

cinquanta *agg.num.card.* e *s.m.* fifty: *un uomo di anni*, a fifty-year-old man // *la moda degli anni* —, fifties fashion.

cinquantamila *agg.num.card.* e *s.m.* fifty thousand: *una città di — abitanti*, a city of fifty thousand inhabitants ◆ *s.f.pl.* e (*fam.*) *s.m.* (*banconota*) fifty thousand lira note: *tieniti le tue —, il tuo —*, you can keep your fifty thousand lira note.

cinquantenario, **cinquantennale** *agg.* **1** (*che capita ogni cinquant'anni*) that occurs every fifty years **2** (*che dura cinquant'anni*) fifty-year(-long) ◆ *s.m.* fiftieth anniversary; jubilee.

cinquantenne *agg.* fifty years old (*pred.*); fifty-year-old (*attr.*) ◆ *s.m.* fifty-year-old man ◆ *s.f.* fifty-year-old woman.

cinquantennio *s.m.* period of fifty years; half century.

cinquantesimo *agg.num.ord.* fiftieth ◆ *s.m.* a fiftieth part, fiftieth.

cinquantina *s.f.* about fifty, some fifty: *una — di persone*, about (*o* some) fifty people; *una donna sulla —*, a woman about fifty years old (*o* of about fifty); *una donna che ha passato la —*, a woman in her fifties; *avvicinarsi alla —*, to be getting on for fifty.

cinque *agg.num.card.* e *s.m.* five: *un biglietto da — sterline*, a five pound note; (*fam.*) a fiver; *una tragedia in — atti*, a five-act tragedy; *prendere — in un tema*, to get five for an essay; *il — di ottobre*, the fifth of October; *sono le —*, it's five (o'clock).

cinquecentesco *agg.* (*arte, letter.*) sixteenth century (*attr.*); (*in Italia*) cinquecento (*attr.*): *lingua, arte cinquecentesca*, cinquecento language, art.

cinquecentesimo *agg.num.ord.* e *s.m.* five hundredth.

cinquecentista *s.m.* **1** sixteenth century writer, artist; (*italiano*) cinquecentist **2** (*studioso del Cinquecento*) expert on the Cinquecento; expert on the sixteenth century.

cinquecentistico *agg.* of the sixteenth century; of the Cinquecento; cinquecento (*attr.*).

cinquecento *agg.num.card.* five hundred: *— lire*, five hundred lire ◆ *s.m.* **1** five hundred **2** *il Cinquecento*, (*sedicesimo secolo*) sixteenth century; (*arte, lett. italiana*) cinquecento ◆ *s.f.* ® (*automobile*) FIAT 500 (very small car): *salì sulla sua vecchia —*, he got into his old FIAT 500.

cinquefoglie → **potentilla**.

cinquemila *agg.num.card.* e *s.m.* five thousand: *correre i — (metri)*, to run the five thousand metres.

cinquenne *agg.* (*che ha 5 anni*) five-year-old (*attr.*), five year old (*pred.*).

cinquina *s.f.* **1** set of five **2** (*gioco*) set of five winning numbers in lottery, in bingo; prize given for five winning numbers in lottery, in bingo **3** (*mil.*) (*fam.*) five days' pay.

cinta *s.f.* **1** wall; (*steccato*) fence; (*di città*) town wall; (*di castello*) castle wall: *muro di —*, boundary wall; *scavalcarono la —*, they jumped over the wall // (*trib.*): *— daziaria*, excise duty fence; *— doganale*, customs fence **2** (*perimetro*) perimeter; bounds (*pl.*): *entro la — della città*, inside the city limits **3** (*cintura*) belt **4** (*mil.*) enceinte **5** (*mar.*) gunwale.

cintare *v.tr.* **1** to fence in (sthg.): *— un orto*, to fence in a vegetable plot **2** (*sport*) to get* (s.o.) in a bear hug.

cinto[1] *agg.* surrounded; girded (*pred.*); (*poet.*) girt (*pred.*): *un'isola cinta dal mare*, a seagirt island; *— dalle mura*, surrounded (*o* enclosed) by walls.

cinto[2] *s.m.* **1** (*letter.*) (*cintura*) belt, zone, girdle **2** (*med.*) truss **3** (*zool.*) *— di Venere*, (*Cestus veneris*) Venus's girdle.

cintola *s.f.* **1** (*vita*) waist, middle: *nudo fino alla —*, stripped to the waist; *che arriva fino alla —*, waist-deep (*o* waist-high); *era in acqua fino alla —*, he was up to his waist in water; *la neve gli arrivava fino alla —*, the snow came up to his waist // *dalla — in giù*, below the waist; *dalla — in su*, above the waist **2** (*cintura*) belt, girdle // *star con le mani alla —*, (*fig.*) to be idle.

cintura *s.f.* **1** belt, girdle; (*fusciacca*) sash; (*di gonna, calzoni*) waistband: *allacciare la —*, to fasten one's belt; *— di cuoio*, leather belt; *— di salvataggio*, life belt; *— di sicurezza*, safety belt; *fibbia della —*, (belt) buckle **2** (*sport*) (*lotta*) waistlock; (*judo*) belt: *— nera*, black belt **3** (*fig.*) (*zona circostante*) outer belt; hinterland **4** (*mar.*) belt; (*fune di rinforzo di una barca*) swifter: *— corazzata*, armoured belt **5** (*anat.*) girdle: *— pelvica*, pelvic (*o* hip) girdle; *— toracica*, thoracic girdle.

cinturare *v.tr.* (*sport*) to hold (an opponent) by the waist.

cinturato *agg.* e *s.m.* (*aut.*) radial ply (tyre).

cinturino *s.m.* strap: *— di scarpa*, shoestrap; *— d'orologio*, watch strap.

cinturone *s.m.* belt: *— della sciabola*, sword-belt.

ciò *pron.dimostr.* **1** that; this; it: *— non ti riguarda*, that (*o* this) is no concern of yours; *di — parleremo più tardi*, we'll talk about this later; *— mi dispiace molto*, I'm very sorry about it // *detto —*, having said this // *e con —?*, so what? // *malgrado —, — nonostante*, in spite of this // *con tutto —*, for all that // *oltre a —*, besides this (*o* furthermore) **2** *— che*, what: *hai sentito — che ho detto?*, did you hear what I said?; *— che mi piace in lui è la sincerità*, what I like about him is his sincerity // *tutto — che*, all (that), everything (that): *prendetevi tutto — che vi serve*, take everything you need // *per —* → **perciò**.

ciocca *s.f.* **1** (*di capelli*) lock; tuft **2** (*region.*) (*di fiori, di frutti*) bunch, cluster.

ciocco *s.m.* (*ceppo*) log // *dormire come un —*, (*fig.*) to sleep like a log.

cioccolata *agg.* chocolate (*attr.*): *color —*, chocolate(-coloured) ◆ *s.f.* **1** → **cioccolato** **2** (*bevanda*) chocolate: *una (tazza di) — ben calda*, a cup of hot chocolate.

cioccolataio *s.m.* (*fabbricante*) chocolate manufacturer; (*venditore*) chocolate seller // *fare una figura da —*, (*fig.*) to look ridiculous (*o* to behave ridiculously).

cioccolatiera *s.f.* chocolate pot, chocolate jug.

cioccolatiere → **cioccolataio**.

cioccolatino *s.m.* chocolate: *una scatola di cioccolatini*, a box of chocolates; *— al liquore*, liqueur chocolate; *cioccolatini ripieni, con ripieno*, chocolates with soft centres.

cioccolato *s.m.* chocolate: *— al latte*, milk chocolate; *— fondente*, plain chocolate; *biscotti al —*, chocolate biscuits; *una tavoletta di —*, a bar of chocolate ◆ *agg.* chocolate (brown); dark brown: *dopo tre ore di sole era diventata color —*, his skin went dark brown after three hours in the sun.

ciociaro *s.m.* inhabitant of Ciociaria ◆ *agg.* of Ciociaria, from Ciociaria.

cioè *avv.* **1** (*con valore dichiarativo o esplicativo; abbr.* i.e.) that is (to say); (*nelle enumerazioni; abbr.* viz.) namely: *verrò a trovarti dopodomani, — venerdì*, I'll come and see you the day after tomorrow, that's to say Friday; *la matematica, — la scienza dei numeri...*, mathematics, i.e. the science of numbers... // *"C'è qualcosa che non va in questa faccenda" "Cioè?"*, "There's something fishy about this" "What do you mean?" **2** (*con valore correttivo*) better, or rather: *telefonerò, — ci andrò di persona*, I'll phone, or rather I'll go myself.

ciondolamento *s.m.* (*non com.*) **1** (*penzolamento*) dangling; (*ondeggiamento*) swaying **2** (*fig.*) (*il bighellonare*) lounging, loafing.

ciondolare *v.intr.* **1** to dangle, to swing*, to hang* loosely: *lasciar — la testa*, to let one's head loll **2** (*estens.*) (*reggersi a malapena*) to sway; to loll **3** (*fig.*) (*bighellonare*) to lounge about, to hang* about, to loaf around, to loll: *ciondolò l'intera giornata*, he loafed around the whole day ◆ *v.tr.* to swing*: *— le braccia*, to dangle one's arms.

ciondolio *s.m.* swaying, rolling; (*di bambino*) toddle.

ciondolo *s.m.* pendant, pendent, charm, trinket: *— portafortuna*, good luck charm; *orecchini a —*, pendant earrings.

ciondolone *s.m.* **1** (*persona oziosa*) loafer, idler, dawdler **2** (*non com.*) (*persona sciatta*) slovenly person; (*fam.*) slob.

ciondoloni, **ciondolone** *avv.* hanging loosely, dangling: *con le braccia, gambe (a) —*, with arms, legs dangling.

ciononostante *avv.* nonetheless, nevertheless.

ciotola *s.f.* **1** (*recipiente*) bowl; (*di legno*) wooden bowl: *riempì di latte la — del gatto*, he filled the cat's bowl with milk **2** (*contenuto*) cupful, bowl(ful).

ciotolata *s.f.* **1** (*contenuto di ciotola*) bowl(ful) **2** (*colpo dato con ciotola*) blow with a bowl.

ciottolata *s.f.* blow with a pebble, blow with a cobblestone.

ciottolato *s.m.* (*di strada*) cobbled paving, cobblestones (*pl.*); (*di giardini*) crazy paving.

ciottolo *s.m.* **1** stone; (*per pavimentazione*) cobblestone **2** (*geol.*) cobble, pebble; (*spec. di spiaggia*) shingle.

ciottoloso *agg.* pebbly.

cip[1] *inter.* (*verso onomatopeico*) chirp.

cip[2] *s.m.* (*poker*) chip.

cipiglio *s.m.* frown, scowl, stern expression: *guardare qlcu. con —*, to frown (*o* to scowl) at s.o.

cipiglioso *agg.* (*non com.*) stern, severe; frowning.

cipolla *s.f.* **1** (*Allium cepa*) onion: *— bianca, rossa*, white, red onion; *— d'inverno*, Welsh onion (*o* stone leek) // *frittata di cipolle*, onion omelette // *mangiar pane e —*, (*fig.*) to live on bread and dripping **2** (*bulbo*) bulb: *la — del tulipano*, the tulip bulb **3** (*orologio*) turnip **4** (*palla bucherellata dell'annaffiatoio*) rose.

cipollaccio *s.m.* (*bot.*) (*Muscari comosum*) tassel hyacinth, (*amer.*) tassel grapehyacinth.

cipollaio *s.m.* **1** (*agr.*) onion bed **2** (*chi vende cipolle*) onion seller.

cipollata *s.f.* onion stew.

cipollatura *s.f.* ring shake.

cipollina *s.f.* small onion: *cipolline sotto aceto*, pickled onions.

cipollino *agg.* e *s.m.*: (*marmo*) —, cipolin.

cipolloso → **cipollato**.

cippo *s.m.* **1** (*arch.*) cippus (*pl.* -i) **2** (*di confine*) boundary stone.

ciprea *s.f.* (*zool.*) cowrie, cowry.

cipressaia *s.f.* **cipresseto** *s.m.* cypress grove.

cipressina *s.f.* (*bot.*) (*Tamarix gallica*) heath.

cipresso *s.m.* (*bot.*) (*Cupressus sempervirens*) cypress.

cipria *s.f.* (face) powder: *piumino per —*, powder puff; *darsi la —*, to powder one's face.

ciprinide *s.m.* (*zool.*) cyprinoid, cyprinid.

ciprino *s.m.* (*zool.*): *— dorato*, (*Carassius auratus*) goldfish.

cipriota *agg.* e *s.m.* e *f.* Cypriot.

cipripedio *s.m.* (*bot.*) (*Cypripedium calceolus*) cypripedium*.

circa *avv.* about, nearly, approximately: *c'erano — 80.000 persone allo stadio*, there were about (*o* nearly) 80,000 people at the stadium; *erano — le 3*, it was about 3 o'clock; *il paese è a — 10 km*, the village is about 10 km away; *un uomo di — 40 anni*, a man of about forty; *deve avere — la mia età*, he must be about my age ◆ *prep.* about; as regards; concerning: *non sapeva nulla — l'incidente*, he knew nothing about the accident; *— il compenso, ci accorderemo in seguito*, as regards the salary, we'll agree on it later; *— la vostra richiesta di collaborazione, siamo spiacenti di dovervi comunicare che...*, concerning your application, we regret to inform you that... // (*comm.*) *— la vostra richiesta del 14 aprile*, re your inquiry of 14th April.

circadiano *agg.* (*biol.*) circadian.

circasso *agg.* e *s.m.* Circassian.

circe *s.f.* enchantress, temptress.

circense *agg.* **1** (*st. romana*) circensian **2** (*di circo equestre*) circus (*attr.*): *spettacolo —*, circus show.

circinato *agg.* (*bot.*) circinate.

circo *s.m.* **1** (*st. romana*) circus* **2** (*equestre*) circus*: *— a tre piste*, three-ring circus **3** (*geol.*) *— glaciale*, cirque, coomb(e); (*scoz.*) corrie: *ghiacciaio, lago di —*, cirque glacier, lake.

circocentro *s.m.* (*mat.*) circumcentre.

circolante *agg.* circulating: *biblioteca —*, lending (*o* circulating) library // (*econ.*): *capitale —*, circulating capital (*o* current assets); *moneta —*, currency ◆ *s.m.* circulating medium; currency.

circolare *agg.* circular: *pista —*, circular track; *movimento —*, circular movement; *lettera —*, circular letter; (*tecn.*) *sega —*, circular saw; (*mat.*) *funzione —*, circular function // (*econ.*): *flusso —*, circular flow; *integrazione —*, circular integration ◆ *s.f.* **1** circular, circular letter, memo, memorandum*: *— ministeriale*, ministerial (*o* departmental) memorandum; *diramare una — all'interno di un'azienda*, to issue a memo within a firm **2** (*linea di trasporto*) circle line.

circolare *v.intr.* **1** (*di aria, sangue*) to circulate, to flow, to go* round: *nel nostro corpo circola il sangue*, blood circulates in our bodies; *far — l'aria*, to circulate the air **2** (*muoversi*) to circulate, to move round; to get* about; to keep* moving: *— liberamente*, to circulate freely; *la domenica gli autotreni non possono —*, juggernauts can't circulate on Sundays; *in centro si circola solo a piedi*, you can only move around on foot in the city centre // *—!*, move along (*o* keep moving *o* move on)! **3** (*diffondersi*) to circulate, to spread, to go* the rounds: *far — notizie*, to spread news; *circolano strane voci sul suo conto*, there are strange rumours going around (*o* circulating) about him **4** (*andare di mano in mano*) to pass around, to pass on: *fate — quel questionario!*, pass that questionnaire on! **5** (*di denaro*) to be in circulation, to circulate: *far — il denaro*, to put money into circulation; *circolano molte banconote da 10.000 lire false*, there are a lot of counterfeit 10,000 lire notes in circulation.

circolarità *s.f.* circularity.

circolarmente *avv.* circularly, round in a circle.

circolatorio *agg.* circulatory (*anche med.*): *apparato —*, circulatory system; *collasso —*, circulatory failure.

circolazione *s.f.* **1** circulation: *mettere un libro in —*, to put a book into circulation (*o* to circulate a book); *ritirare un libro dalla —*, to withdraw a book from circulation // *togliere qlcu. dalla —*, to get rid of s.o., (*ucciderlo*) to bump s.o. off (*o* to knock s.o. off *o* to do s.o. in) **2** (*traffico*) traffic: *— intensa*, heavy traffic; *strada con — a senso unico*, one-way street; *la folla rallentava la —*, the crowd was slowing up the traffic; *arrestare la —*, to block (*o* to hold up) the traffic // *divieto di —*, no thoroughfare // *libretto di —*, logbook // *tassa di —*, road (fund) tax // (*dir.*) *infrazione in materia di — stradale*, traffic violation **3** (*fin.*) circulation: *valuta in —*, currency; *— cartacea*, note (*o* paper) circulation; paper currency; *— monetaria*, money circulation; currency; *— (monetaria) effettiva*, active circulation; *— fiduciaria*, fiduciary circulation (*o* issue); *— metallica*, metallic currency (*o* specie); *— di monete*, coin circulation; *— cambiaria*, bill circulation; *— bancaria*, bank circulation; *aumento della — (monetaria)*, rise (*o* increase) in money circulation; *contrazione della — monetaria*, drop (*o* decrease) in money circulation **4** (*med.*) circulation: *— del sangue*, blood circulation; *disturbi di —*, circulation disorders.

circolo *s.m.* **1** circle (*anche scient.*): *in —*, in a circle: *stavamo in — intorno a lui*, we were standing in a circle round him // (*mat.*) *— massimo*, great circle // (*geogr.*) *Circolo Polare, Artico, Antartico*, Polar, Arctic, Antarctic Circle // (*biol., med.*) *entrare in —*, to enter the circulation (*o* the bloodstream) // *— vizioso*, (*fig.*) vicious circle **2** (*spec. pl.*) (*ambiente*) circle: *circoli politici*, political circles **3** (*associazione*) club: *— sportivo*, sports club **4** (*gruppo di persone*) circle, group; party; set: *un vasto — d'amici*, a large circle of friends // *far —, tener —*, (*riunirsi*) to meet (*o* to get together); *ci vediamo nel suo ufficio, è lei che tiene —*, we'll meet in her office, she's hosting the meeting; *l'ho visto che teneva — nell'aula di chimica*, I saw him holding court in the chemistry lab **5** (*circoscrizione*) district: *— didattico*, teaching district.

circoncentro *s.m.* (*mat.*) circumcentre.

circoncidere *v.tr.* to circumcise.

circoncisione *s.f.* circumcision.

circonciso *agg.* circumcised.

circondabile *agg.* surroundable.

circondare *v.tr.* to surround; to encircle, to encompass; to enclose: *è un lago circondato da folti boschi*, it is a lake encircled by thick woods; *i nostri soldati furono circondati dai nemici*, our soldiers were surrounded by the enemy; *— con un muro*, to surround with a wall (*o* to wall in); *— con uno steccato*, to fence (in); *— qlcu. di cure*, to surround s.o. with care; *è circondato da amici*, he is surrounded by (*o* with) friends.

□ **circondarsi** *v.rifl.* to surround oneself: *si circondò di agi, lusso e belle donne*, he surrounded himself with comfort, luxury and beautiful women.

circondariale *agg.* district (*attr.*): *casa —*, prison (*o* county penitentiary *o* district penitentiary); *ufficio —*, district office.

circondario *s.m.* **1** district **2** (*estens.*) (*territorio circostante*) neighbourhood; surroundings (*pl.*), environs (*pl.*): *la notizia dilagò in tutto il —*, the news spread throughout the neighbourhood.

circondurre *v.tr.* **1** to lead* (a)round // *— le braccia*, to circle one's arms **2** (*fig.*) (*raggirare*) to cheat, to swindle.

circonduzione *s.f.* circling.

circonferenza *s.f.* **1** (*mat.*) circumference: *angolo alla —*, peripherical angle **2** (*estens.*) circumference; measurement: *la — di una città*, the boundaries of a city; *la — del torace*, the chest measurement.

circonflessione *s.f.* (*non com.*) circumflexion, circumflection.

circonflesso *agg.* circumflex // *accento —*, circumflex accent.

circonflettere *v.tr.* to circumflect.

circonfluire *v.tr.* (*letter.*) to flow* round, to surround.

circonfondere *v.tr.* (*letter.*) to bathe, to envelop: *il suo volto era circonfuso di luce*, her face was bathed in light.

circonlocuzione *s.f.* circumlocution.

circonscrivere e *deriv.* → **circoscrivere** e *deriv.*

circonspetto e *deriv.* → **circospetto** e *deriv.*

circonstante e *deriv.* → **circostante** e *deriv.*

circonvallare *v.tr.* to circumvallate; to surround with a trench; to surround with a rampart.

circonvallazione *s.f.* **1** (*mil.*) circumvallation **2** (*strada*) ring road: *per raggiungere il paese è meglio prendere la* —, to reach the village it's better to take the ring road // (*linea di*) —, outer circle line.

circonvenire *v.tr.* to cheat, to swindle, to trick (*anche dir.*).

circonvenzione *s.f.* deception, circumvention: (*dir.*) — *di incapace*, circumvention of an incapable.

circonvicino *agg.* surrounding (*attr.*); neighbouring (*attr.*): *la campagna circonvicina*, the surrounding countryside.

circonvoluto *agg.* (*rar.*) circumvoluted.

circonvoluzione *s.f.* **1** circumvolution **2** (*anat.*) convolution.

circoscrittibile *agg.* (*mat.*) circumscribable.

circoscritto *agg.* circumscribed (*anche fig.*): *un argomento ben* —, a clearly-defined subject; *si tratta di un fenomeno ancora* —, we are dealing with a phenomenon that is still circumscribed.

circoscrivere *v.tr.* **1** (*mat.*) to circumscribe: — *un poligono a un cerchio*, to circumscribe a polygon about a circle **2** (*fig.*) to circumscribe, to limit: — *i propri interessi*, to limit (*o* to set limits to) one's interests; — *un'epidemia, un incendio*, to get an epidemic, a fire under control.

circoscrizione *s.f.* area, district: — *elettorale*, (electoral) constituency; (*dir.*) — *giudiziaria*, area of jurisdiction.

circospetto *agg.* circumspect, cautious, wary: *mi raccomandò di agire in modo* —, he warned me to proceed cautiously.

circospezione *s.f.* circumspection, caution: *agire con* —, to act cautiously.

circostante *agg.* surrounding (*attr.*); neighbouring (*attr.*): *le popolazioni circostanti*, the surrounding peoples ◆ *s.m.pl.* bystanders: *i circostanti credettero alle sue parole*, the bystanders believed him.

circostanza *s.f.* circumstance; occasion: *concorso di circostanze*, combination of circumstances; *in quella* —, on that occasion; *in queste circostanze*, in (*o* under) the present circumstances; *secondo le circostanze*, according to circumstances; *disse alcune parole di* —, he said a few words suitable for the occasion; *approfittare delle circostanze*, to seize the opportunity; *dipendere dalle circostanze*, to depend (up)on circumstances; *un insieme di circostanze negative ha fatto fallire l'azienda*, a series of negative circumstances made the firm go bankrupt // (*dir.*): — *aggravante*, aggravating circumstance; — *attenuante*, extenuating circumstance.

circostanziale *agg.* circumstantial: (*dir.*) *prova* —, circumstantial evidence.

circostanziare *v.tr.* to circumstantiate, to describe (sthg.) in detail.

circostanziatamente *avv.* circumstantially, in detail.

circostanziato *agg.* circumstantial, detailed: *un racconto* —, a circumstantial account // (*dir.*) *reato* —, crime with mitigating, or aggravating, circumstances.

circuire *v.tr.* (*raggirare*) to take* (s.o.) in, to trick; to deceive; (*fam.*) to get* round: *lo circuì per impadronirsi dell'eredità*, she got round him to get hold of his inheritance.

circuitazione *s.f.* (*fis.*) circulation.

circuito *s.m.* **1** (*circonferenza, cinta*) circumference, circuit: *il* — *della città*, the circumference of the town **2** (*sport*) circuit, course: — *chiuso*, (*di una corsa*) closed course **3** (*fis.*) circuit // (*elettr.*): — *aperto, chiuso*, open, closed circuit; — *integrato*, integrated circuit; *interrompere il* —, to break the circuit // (*inform.*): — *di comando*, control circuit; — *logico, di decisione*, decision element; — *dell'informazione*, information channel (*o* path) // (*rad.*): — *di antenna*, aerial circuit; — *oscillante*, resonant circuit // (*tel.*): — *interurbano*, trunk system; — *virtuale*, phantom circuit **4** (*catena di distribuzione*) circuit; distribution: — *cinematografico*, cinema circuit; — *di vendita*, sales distribution chain // (*fin.*): — *di capitali*, circulation of capital; — *monetario*, money circulation.

circuìto *agg.* (*fig.*) (*raggirato*) taken in, tricked.

circuizione *s.f.* (*non com.*) (*raggiro*) circumvention, entrapment, fraud (*anche dir.*).

circumlunare *agg.* (*astr.*) circumlunar.

circumnavigare *v.tr.* to circumnavigate.

circumnavigatore *s.m.* circumnavigator.

circumnavigazione *s.f.* circumnavigation: — *del globo*, circumnavigation of the globe.

circumpolare *agg.* (*astr., geogr.*) circumpolar: *oceano* —, circumpolar ocean; *stella* —, circumpolar star.

circumterrestre *agg.* circumterrestrial: *orbita* —, circumterrestrial orbit.

circumzenitale *agg.* circumzenithal.

cirenaico *agg.* **1** Cyrenaic, of Cyrenaica **2** (*st. fil.*) Cyrenaic.

cireneo *s.m.* **1** Cyrenaic **2** (*fig.*) altruistic person.

cirillico *agg.* Cyrillic: *alfabeto* —, Cyrillic alphabet.

cirrifero *agg.* (*bot., zool.*) cirriferous.

cirriforme *agg.* (*meteor.*) cirriform, cirrus -shaped.

cirripede *s.m.* (*zool.*) cirriped.

cirro *s.m.* **1** (*meteor.*) cirrus* **2** (*bot., zool.*) tentacle; barb **3** (*ant.*) (*ricciolo*) curl, lock, tendril.

cirrocumulo *s.m.* (*meteor.*) cirrocumulus*.

cirrosi *s.f.* (*med.*) cirrhosis: — *atrofica*, atrophic cirrhosis; — *epatica*, cirrhosis of the liver.

cirroso *agg.* **1** (*meteor.*) cirrus-covered, covered with cirrus clouds **2** (*bot.*) cirrose, cirrous.

cirrostrato *s.m.* (*meteor.*) cirrostratus*.

cirrotico *agg.* e *s.m.* (*med.*) cirrhotic.

cisalpino *agg.* (*geogr.*) cisalpine.

cismontano *agg.* cismontane.

cispa *s.f.* eye-rheum.

cispadano *agg.* (*geogr.*) cispadane.

cisposità *s.f.* **1** bleariness **2** → **cispa**.

cisposo *agg.* bleary, rheumy: *occhi cisposi*, bleary eyes (*o* rheumy).

cissoide *s.f.* (*mat.*) cissoid.

cistamina *s.f.* (*biochim.*) urotropin.

ciste → **cisti**.

cistectomia *s.f.* (*med.*) cystectomy.

cisteina *s.f.* (*biochim.*) cysteine.

cistercense *agg.* e *s.m.* (*eccl.*) Cistercian.

cisterna *s.f.* cistern; (*serbatoio*) tank: *nave* —, tanker, (*per acqua*) water-supply ship; *vagone* —, tank wagon (*o* truck), (*amer.*) tank car.

cisti *s.f.* (*med.*) cyst.

cisticerco *s.m.* (*biol.*) cysticercus*.

cisticercosi *s.f.* (*med.*) cysticercosis.

cistico *agg.* (*med.*) cystic.

cistifellea *s.f.* (*anat.*) gall bladder.

cistifellico *agg.* **1** (*anat.*) gall-bladder (*attr.*) **2** (*fig. non com.*) (*collerico, bilioso*) irascible, choleric.

cistina *s.f.* (*biochim.*) cystine.

cistite *s.f.* (*med.*) cystitis.

cisto *s.m.* (*bot.*) cistus.

cistocarpo *s.m.* (*bot.*) cystocarp.

cistografia *s.f.* (*med.*) cystography.

cistogramma *s.m.* (*med.*) cystogram.

cistoma *s.m.* (*med.*) cystoma.

cistopielite *s.f.* (*med.*) cystopyelitis.

cistoscopia *s.f.* (*med.*) cystoscopy.

cistoscopio *s.m.* (*med.*) cystoscope.

cistotomia *s.f.* (*med.*) cystotomy.

citabile *agg.* quotable, citable: *citazioni citabili*, quotable quotes.

citante *agg.* summoning ◆ *s.m.* (*dir.*) plaintiff.

citara *s.f.* (*letter.*) cithara; sort of lyre.

citare *v.tr.* **1** to cite; (*menzionare*) to mention: — *un esempio*, to cite an instance; *fu citato per il suo coraggio*, he was mentioned for his courage; — *come prova*, to cite as proof **2** (*fare una citazione da un libro, da un discorso*) to quote // *opera citata*, op. cit.; (*se già citata nella stessa pagina*) ibidem (*abbr.* ib., ibid.) **3** (*dir.*) to summon (*come testimone o imputato*); to summons (*come testimone*); to subpoena (*un testimone da parte del giudice*); (*intentare causa a*) to sue, to bring an action against (s.o., sthg.): — *per danni*, to sue for damages; — *in giudizio*, to convene.

citaredo *s.m.* (*letter.*) citharist, bard, Greek poet who accompanied his songs on a lyre.

citarista *s.m.* e *f.* citharist.

citazione *s.f.* **1** (*da un libro, da un discorso*) quotation; (*fam.*) quote: *infarcire un discorso di citazioni*, to overuse quotation **2** (*dir.*) summons; subpoena: *atto di* —, statement of claim **3** (*menzione*) mention: *per il suo coraggio si è guadagnato una* — *al merito*, he earned a mention in dispatches for his courage.

citello *s.m.* (*zool.*) gopher.

citereo *agg.* (*letter.*) **1** cytherean **2** (*mit.*) cytherean, sacred to Venus.

citeriore *agg.* (*geogr.*) hither, on this side: (*st.*) *Gallia —*, Hither Gaul.

citiso *s.m.* (*bot.*) cytisus.

cito- *pref.* di origine greca che indica relazione con 'cavità, cellula'; ingl. cyto-: *citologia*, cytology; *citoplasma*, cytoplasm.

citochimica *s.f.* cytochemistry.

citocinesi *s.f.* (*biol.*) cytokinesis, cytocinesis.

citocromo *s.m.* (*chim., biol.*) cytochrome.

citodieresi *s.f.* (*biol.*) cytodieresis.

citofagia *s.f.* (*biol.*) cytophagy.

citofonare *v.intr.* to give* a buzz to, to buzz.

citofoniera *s.f.* Entryphone® panel.

citofono *s.m.* **1** (*telefono interno*) intercommunication system, interphone; (*fam.*) intercom **2** (*fra centralino e locali diversi*) house-phone **3** (*fra l'ingresso e gli appartamenti*) Entryphone®.

citogenesi *s.f.* (*biol.*) cytogenesis.

citogenetica *s.f.* cytogenetics [U].

citologia *s.f.* (*biol.*) cytology.

citologico *agg.* (*biol.*) cytologic(al).

citologo *s.m.* cytologist.

citopenia *s.f.* (*biol.*) cytopenia.

citoplasma *s.m.* (*biol.*) cytoplasm.

citoplasmatico *agg.* (*biol.*) cytoplasmic.

citosina *s.f.* (*biochim.*) cytosine.

citosoma *s.m.* (*biol.*) cytosome.

citostatico *agg.* e *s.m.* cytostatic.

citostoma *s.m.* (*biol.*) cytostome.

citotossico *agg.* (*biol.*) cytotoxic.

citozima *s.m.* (*biol.*) cytozyme.

citrale *s.m.* (*chim.*) citral.

citramontano *agg.* (*geogr.*) cismontane.

citrato *s.m.* (*chim.*) citrate.

citrico *agg.* (*chim.*) citric: *acido —*, citric acid.

citrina *s.f.* (*biol.*) citrin.

citrino *agg.* citrine ◆ *s.m.* (*min.*) citrine.

citronella *s.f.* (*bot.*) (*Cymbopogon nardus*) citronella, lemongrass.

citronellale *s.m.* (*chim.*) citronellal.

citrullaggine, citrulleria *s.f.* **1** stupidity, silliness, idiocy **2** (*azione da citrullo*) foolish action, idiotic action: *è stata una —!*, it was an idiotic thing to do!

citrullo *agg.* half-witted, moronic, stupid ◆ *s.m.* fool, half-wit, idiot, moron.

città *s.f.* **1** town: *— di provincia*, country town; *— giardino*, garden town (*o* city); *— natale*, native (*o* home) town; *— universitaria*, university town; *— satellite*, satellite town; *— industriale*, industrial town; *— dormitorio*, dormitory town; *— commerciale*, trading town; *— sede di mercato*, market town; *— portuale*, seaport; *una casa di — e una di campagna*, a town house and a country house; *gente di —*, townspeople (*o* city-dwellers); *— alta, bassa*, the upper, lower town; *vita di —*, town life; *preferisci vivere in — o in campagna?*, do you prefer living in town or in the country?; *andare in —*, to go (in)to town; *essere in —, fuori di —*, to be in town, out of town; *centro —*, city (*o* town) centre; (*amer.*) downtown: *un ristorante in centro —*, a downtown restaurant **2** (*città grande, importante, metropoli*) city: *la — di Londra e il suo centro d'affari*, the city of London and the City; *la — e lo Stato di New York*, New York city and New York State; *Monza è una cittadina vicino a Milano, la grande — lombarda*, Monza is a small town near Milan, the great city of Lombardy // *la — celeste*, the Heavenly City (*o* our Heavenly Home) // *la Città del Vaticano*, the Vatican City // *la Città Eterna*, the Eternal City // *la — santa*, the Holy City // (*st.*) *— stato*, city-state **3** (*gli abitanti*) town: *tutta la — ne parla, è la favola della —*, the whole town is talking about it (*o* it is the talk of the town); *la — è in festa*, the town is celebrating.

cittadella *s.f.* **1** citadel, fortress **2** (*baluardo*) stronghold.

cittadina *s.f.* (*piccola città*) small town; country town.

cittadiname *s.m.* (*spreg.*) townsfolk (*con v. al pl.*).

cittadinanza *s.f.* **1** (*dir.*) nationality, citizenship: *— onoraria*, freedom of a city; *diritto di —*, right of citizenship; *acquistò la — britannica*, he became a British subject; *rinunciare alla —*, to give up one's nationality; *doppia —*, dual nationality **2** (*popolazione di una città*) body of citizens, people of the city: *l'intera — era presente*, the whole town was present.

cittadinesco *agg.* civic; town (*attr.*); (*raffinato*) citified.

cittadino *agg.* town (*attr.*); civic: *centro —*, (*dei servizi pubblici*) civic centre; (*dei negozi*) shopping centre: *la manifestazione percorrerà le più importanti vie cittadine*, the demonstration will follow the main streets of the city; *abitudini cittadine*, city ways ◆ *s.m.* citizen; (*abitante di città*) city-dweller, town-dweller: *— americano*, American citizen; *— britannico*, British subject; *— del mondo*, citizen of the world; *— onorario di una città*, freeman of a city; *essere libero —*, to be a free citizen // (*dir.*) *privato —*, private citizen.

city *s.f.* City.

ciucaggine *s.f.* stupidity, ignorance.

ciucca *s.f.* (*region.*) (*sbornia*) binge: *prendere una —*, to get plastered.

ciuccia *s.f.* (*fam.*) (*mammella*) tit.

ciucciare *v.tr.* e *intr.* (*fam.*) to suck, to suckle.

ciucciata *s.f.* (*fam.*) suck.

ciuccio[1] *s.m.* (*fam.*) dummy; (*amer.*) pacifier.

ciuccio[2] *s.m.* (*region.*) (*asino*) ass, donkey, jackass.

ciucciotto → **ciuccio**[1].

ciucco *agg.* (*region.*) **1** (*ubriaco*) plastered **2** (*sciocco*) stupid, dumb, idiotic.

ciucheria *s.f.* (*non com.*) stupidity, idiocy.

ciuchesco *agg.* (*non com.*) stupid, thickheaded.

ciuco *s.m.* **1** donkey, ass **2** (*ignorante*) ass; jackass, dunce.

ciuf *inter.* puff // *il — — del treno*, (*fam.*) the puff puff of the train.

ciuffete → **ciuf**.

ciuffo *s.m.* **1** quiff; (*sulla fronte*) forelock: *afferrare qlcu. per il —*, to seize s.o. by the forelock; *vorrei il — corto sulla fronte*, I want my hair short at the front // *prendere la fortuna per il —*, (*fig.*) to seize fortune by the forelock (*o* to seize one's chance) **2** (*di penne*) tuft, bunch, topknot **3** (*di peli, d'erba*) tuft **4** (*gruppetto*) group, clump: *un — d'alberi*, a group of trees.

ciuffolotto *s.m.* (*zool.*) (*Pyrrhula pyrrhula*) bullfinch.

ciurlare *v.intr.* (*rar.*) to waver // *— nel manico*, (*fig.*) to be unreliable.

ciurma *s.f.* **1** crew **2** (*st.*) galley slaves **3** (*fig. spreg.*) mob, crew, gang.

ciurmaglia *s.f.* mob, rabble.

ciurmare *v.tr.* (*non com.*) to swindle, to cheat; to hoodwink.

civada *s.f.* (*mar.*) spritsail.

civadiera *s.f.* (*mar.*) spritsail yard.

civetta *s.f.* **1** (*zool.*) owlet; (*Athene noctua*) owl // *— delle nevi*, (*Nyctea nyctea*) snow owl; *— zibetto*, (*Civettictis civetta*) civet (*o* musk-cat) **2** (*fig.*) coquette, flirt: *far la —*, to flirt (*o* to play the coquette) ◆ *agg.*: *notizia —*, provocative news story (designed to test public opinion or produce a reaction); *nave —*, decoy ship; *auto —*, unmarked (police) car; *articolo —*, loss leader; *prezzo —*, loss leader price.

civettare *v.intr.* (*fare la civetta*) to flirt, to play the coquet(te).

civetteria *s.f.* flirtatiousness, coquetry // *un tocco di —*, a touch of coquetry // *sorridere con —*, to smile coyly // *si rivolse a lui con — e gli chiese di aiutarla*, she turned to him coquettishly and asked for help.

civettone *s.m.* aging gallant, aging wolf.

civettuolo *agg.* coquettish; flirtatious; (*attraente*) attractive, pretty, smart.

civico *agg.* **1** civic; *dovere, senso —*, public spirit; *educazione civica*, civics **2** (*municipale*) civic, municipal; town (*attr.*): *guardia civica*, civic (*o* municipal) guard; *biblioteca civica*, municipal (*o* town) library // *numero —*, street number.

civile *agg.* **1** civil: *guerra —*, civil war; *ingegneria —*, civil engineering; *matrimonio —*, civil marriage; *stato —*, civil status; *ufficio dello stato —*, registry office // (*dir.*): *diritto —*, civil law; *processo —*, civil trial; *tribunale —*, civil court; *parte —*, plaintiff; *costituirsi parte —*, to sue for damages in a criminal prosecution; *morte —*, civil death (*o* loss of citizen's rights); *diritti civili*, civil rights // *giorno, mese, anno —*, calendar day, month, year **2** (*che concerne la civiltà*) civilized: *nazione —*, civilized nation; *paesi civili*, civilized countries **3** (*cortese*) civil, courteous, refined, polite: *modi civili*, polite manners **4** (*in opposizione a militare, ecclesiastico*) civilian: *abito —*, civilian dress (*o* plain clothes *o sl. mil.* mufti); *autorità —*, civil (*o* civilian) authorities ◆ *s.m.* civilian.

civilista *s.m.* e *f.* (*dir.*) **1** lawyer (specialized in civil law) **2** (*studioso di diritto civile*) expert on civil law, jurist.

civilistico *agg.* concerning civil law (*pred.*); civil law (*attr.*).

civilizzare *v.tr.* to civilize.
□ **civilizzarsi** *v.rifl.* to become* civilized; to become* more refined.

civilizzato *agg.* civilized.

civilizzatore *agg.* civilizing ◆ *s.m.* civilizer.

civilizzazione *s.f.* civilization.

civilmente *avv.* **1** civilly: *sposato* —, married at a registry office (*o* before a registrar); (*dir.*) — *responsabile*, civilly liable **2** (*educatamente*) politely, civilly.

civiltà *s.f.* **1** civilization, culture: — *europea*, European civilization **2** (*progresso*) civilization; society: *la — del benessere*, the affluent society **3** (*cortesia*) politeness, civility, courtesy.

civismo *s.m.* public spirit, sense of civic duty, civic-mindedness.

clacchista *s.m.* e *f.* member of a claque.

clacson *s.m.* (*aut.*) horn, klaxon, hooter.

clacsonare *v.intr.* (*aut.*) to hoot, to sound the horn.

cladodio, **cladofillo** *s.m.* (*bot.*) cladophyll.

claire *s.f.* (*region.*) (*saracinesca di negozio*) (shop) shutter.

clamidato *agg.* **1** wearing a chlamys **2** (*bot.*) chlamydeous **3** (*zool.*) chlamydate.

clamide *s.f.* **1** (*st.*) chlamys* **2** (*manto reale*) royal cloak; (*manto imperiale*) imperial mantle.

clamidospora *s.f.* (*bot.*) chlamydospore.

clamore *s.m.* **1** (*schiamazzo*) clamour, uproar **2** (*fig.*) outcry: *la notizia ha sollevato un enorme* —, the news has caused a tremendous outcry.

clamorosamente *avv.* clamorously; noisily, loudly; (*in modo sensazionale*) sensationally.

clamoroso *agg.* **1** clamorous; noisy **2** (*fig.*) crushing, resounding, sensational: *una sconfitta clamorosa*, a crushing defeat; *clamorosa rapina*, sensational robbery.

clan *s.m.* **1** clan **2** (*estens.*) clan; (*fam.*) gang **3** (*sport*) team.

clandestinamente *avv.* clandestinely, secretly, surreptitiously, stealthily.

clandestinità *s.f.* secrecy, clandestinity: *vivere nella* —, to live underground.

clandestino *agg.* clandestine, underground, secret, surreptitious; (*illegale*) illegal, illicit: *lotta clandestina*, underground struggle; *stampa clandestina*, underground press; *commercio* —, illegal trade; *movimento* —, underground movement; *lavoro* —, illegal work; *bisca clandestina*, illegal (*o* secret) gambling-house; *scommessa clandestina*, illicit betting; *televisione clandestina*, pirate broadcast; *aborto* —, back-street abortion ◆ *s.m.* (*passeggero*) stowaway.

clanico *agg.* (*etnologia*) clan (*attr.*); tribal.

claque *s.f.* claque.

claquettes *s.f.pl.* taps (*pl.*).

clarinettista *s.m.* e *f.* (*mus.*) clarinettist, clarinet player.

clarinetto *s.m.* (*mus.*) clarinet; clarionet.

clarinista *s.m.* e *f.* clarion player.

clarino *s.m.* clarion.

clarissa *s.f.* (*eccl.*) Clarisse.

clarone *s.m.* (*mus.*) bass clarinet.

classamento *s.m.* **1** (*non com.*) → classificazione **2** (*fin.*) (*dei titoli*) classification.

classare *v.tr.* **1** (*non com.*) → classificare **2** (*fin.*) to classify.

classe *s.f.* **1** class: — *operaia*, working class; — *dirigente*, ruling class; — *imprenditoriale*, entrepreneurial class; *le classi lavoratrici*, the working classes; *classi privilegiate*, privileged classes; *le classi medie*, the middle classes; *lotta di* —, class struggle; *spirito di* —, class -consciousness **2** (*di mezzo di trasporto*) class: *prima, seconda* —, first, second class; — *turistica, economica*, tourist class; *biglietto di prima* —, first-class ticket; *scompartimento, cabina di prima, di seconda* —, first-class, second-class compartment, cabin; *viaggiare in prima* —, to travel first class // (*mar.*): — *delle navi*, classification of ships; *certificato di* —, certificate of classification **3** (*a scuola*) class; (*aula*) classroom; (*corso*) form, (*amer.*) grade: — *mista*, mixed class; *che — fai?*, what form are you in? **4** (*mil.*) (annual) contingent, class: *la — del 1964*, the 1964 contingent // — *di ferro*, (*scherz.*) the best **5** (*econ.*) class, bracket: — *di reddito*, income bracket; — *catastale*, land (*o* cadastral) classification // (*Borsa*) — *di azioni*, class of shares **6** (*mat.*) class: *partizioni in classi*, class partition; — *dei resti*, residue class **7** (*gramm.*) class **8** *di* —, high-class, excellent, first-rate; (*fam.*) classy: *un ristorante di* —, a smart restaurant; *una donna di* —, a woman with class.

classica *s.f.* (*sport*) classic.

classicamente *avv.* classically.

classicheggiante *agg.* classical, imitative of a classical style: *stile* —, classical style.

classicheggiare *v.intr.* to imitate the classics.

classicismo *s.m.* (*st. lett.*) classicism: *il — rinascimentale*, Renaissance classicism.

classicista *s.m.* e *f.* (*st. lett.*) classicist.

classicistico *agg.* classical, classicistic: *movimento* —, classical movement.

classicità *s.f.* **1** (*carattere classico*) classicism **2** (*estens.*) (*armonia*) (classical) harmony, balance, proportion **3** (*età classica*) classical antiquity.

classicizzare *v.tr.* to classicize ◆ *v.intr.* to imitate the classics.

classico *agg.* classic(al): *corsa classica*, (*ippica*) classic race; *istruzione classica*, classical education; *abito di taglio* —, suit of classic cut; *stile* —, classical style; *studi classici*, classical studies (*o* classics); *liceo* —, secondary school (specializing in classical studies); *'La Divina Commedia' è un'opera classica*, 'The Divine Comedy' is a classic (work); *suona solo musica classica*, he only plays classical music; *è il — tipo che non direbbe mai di no*, (*fig.*) he's the classic (case of a) man who can't say no // *questa è classica!*, that's rich! ◆ *s.m.* classic: *le opere di D'Annunzio sono ormai considerate un — della letteratura italiana*, D'Annunzio's works are now universally accepted as classics of Italian literature // *i Classici*, the Classics.

classifica *s.f.* **1** classification; (*di dischi*) hit parade, charts (*pl.*); (*di concorso*) results (*pl.*): — *finale*, final results; *essere il primo in* —, to be classed first; (*di disco*) to be number one (*o* to be top of the charts), (*di libro*) to be top of the best-sellers' list; *risultare primo in* —, (*a concorso, esame*) to be (*o* to come) first **2** → classificazione.

classificabile *agg.* classifiable.

classificare *v.tr.* **1** to classify; (*assegnare a una classe*) to class: — *fiori, piante*, to classify flowers, plants **2** (*valutare*) to give* a mark, to mark: *classificarsi, essere classificato*, to rank.

□ **classificarsi** *v.rifl.* to come*: — *primo*, to be placed (*o* to be classed) first; *si classificò terzo*, he came third.

classificatore *s.m.* **1** (*chi classifica*) classifier: (*tess.*) — *della lana*, stapler; — *di merci*, classer **2** (*per lettere, documenti*) file **3** (*per francobolli*) stamp book **4** (*mecc., miner.*) classifier, classificator.

classificazione *s.f.* **1** classification; (*selezione*) sorting: — *zoologica, botanica*, zoological, botanical classification; — *per argomento*, subject matter classification; — *dei terreni*, soil classification; (*mar.*) — *delle navi*, classification of ships // (*trib.*): — *delle imposte*, classification of taxes; — *catastale*, land (*o* cadastral) classification // (*econ.*): — *del lavoro*, work classification; — *delle mansioni*, job classification; — *delle merci*, grading of goods; *certificato di* —, certificate of classification **2** (*schedatura*) filing: (*amm.*) — *visibile, non visibile*, visible, blind filing; — *verticale*, vertical filing **3** (*valutazione, giudizio*) marking, grading.

classismo *s.m.* **1** class-consciousness **2** defence of class interests.

classista *agg.* (*pol.*) class (*attr.*); class -conscious: *politica* —, class politics; *mentalità* —, class-conscious mentality ◆ *s.m.* e *f.* class -conscious person.

classistico *agg.* class (*attr.*), class-based, class-conscious.

clastico *agg.* (*geol.*) clastic.

clatrato *agg.* (*chim.*) clathrate.

claudicante *agg.* lame, limping, halting, hobbling // (*dir.*) *contratto* —, contract void for incapacity of one party.

claudicare *v.intr.* to limp, to hobble.

claudicazione *s.f.* **1** limping, hobbling **2** (*med.*) claudication: — *intermittente*, intermittent claudication.

claunesco *agg.* clownish: *aspetto* —, clownish look.

clausola *s.f.* **1** (*comm., dir.*) clause, provision, term; (*condizione, riserva*) provision, condition, reservation: *inserire una* —, to add (*o* to insert) a clause; *secondo le clausole*, under the terms // (*dir.*): — *penale*, penal (*o* penalty) clause; — *addizionale*, rider; — *risolutiva*, let-out (*o* resolutory) clause; — *restrittiva*, restrictive covenant; — *di giurisdizione*, competence clause; *clausole contrattuali implicite*, officious bystander clauses; — *esonerativa*, exception clause (*o* escape exception *o* waiver clause); — *di tregua sindacale*, no-strike clause; — *esecutoria*, execution of judgement order; — *della nazione più favorita*, most-favoured-nation clause; — *di un contratto di matrimonio*, marriage articles // (*econ., fin.*): — *del salario equo*, fair wages clause; — *di adeguamento*, wage-adjustment clause; — *valuta*, exchange clause; — *di compensazione*, set-off clause; — *di indicizzazione*, escalator clause; — *di rimborso anticipato*, prepayment clause; — *oro*, gold clause; — *valutaria*, currency clause // (*mar.*): — *di avaria*, average clause; — *di idoneità al trasporto*, cargo-worthy clause; — *della polizza di carico*, bill of lading clause; (*assicurazioni*) — *del valore stabilito*, agreed valuation clause **2** (*metrica*) close, final line.

claustrale *agg.* (*letter.*) cloistered; monastic, claustral: *regola* —, claustral (*o* monastic) rule; *vita* —, cloistered life // *vocazione* —, monastic vocation.

claustro *s.m.* (*letter.*) cloister.

claustrofobia *s.f.* (*psic.*) claustrophobia.

claustrofobico *agg.* claustrophobic ♦ *s.m.* claustrophobe.

claustrofobo *s.m.* claustrophobe ♦ *agg.* claustrophobic.

clausura *s.f.* (*eccl.*) **1** seclusion: *voto di —*, vow of seclusion **2** (*convento*) cloister **3** (*fig.*) seclusion, cloistered life: *vivono in completa —*, they live in complete seclusion.

clava *s.f.* **1** club, bludgeon **2** (*da ginnastica*) Indian club.

clavicembalista *s.m.* e *f.* (*mus.*) harpsichord player, harpsichordist.

clavicembalistica *s.f.* (*mus.*) (art of) harpsichord playing.

clavicembalistico *agg.* (*mus.*) harpsichord (*attr.*).

clavicembalo *s.m.* (*mus.*) harpsichord.

clavicola *s.f.* (*anat.*) clavicle, collarbone.

clavicolare *agg.* (*anat.*) clavicular.

clavicord(i)o *s.m.* (*mus.*) clavichord.

claxon → **clacson**.

clearance *s.f.* (*med.*) clearance.

clearing *s.m.* (*econ.*) clearance, clearing: *accordi di —*, clearing agreement.

cleistogamia *s.f.* (*bot.*) cleistogamy.

cleistogamo *agg.* (*bot.*) cleistogamic, cleistogamous.

clematide *s.f.* (*bot.*) (*Clematis vitalba*) clematis, greybeard.

clemente *agg.* **1** (*di persona*) clement, lenient; merciful; (*tollerante*) indulgent: *un giudice —*, a lenient judge **2** (*di clima*) mild, clement: *tempo —*, mild weather.

clementina *s.f.* (*bot.*) clementine.

clementino *agg.* Clementine: *letteratura clementina*, Clementine literature.

clemenza *s.f.* **1** (*di persona*) clemency, leniency; mercifulness; (*tolleranza*) indulgence: *— verso i colpevoli*, leniency towards the guilty // (*dir.*): *provvedimento di —*, pardon (*o* amnesty) law; *invocare la — dei giudici*, to appeal to the court's mercy **2** (*dir.*) (*atto di grazia*) mercy **3** (*di clima*) mildness, clemency.

cleptomane *agg.* e *s.m.* e *f.* kleptomaniac.

cleptomania *s.f.* kleptomania.

clergyman *s.m.* clergyman's suit.

clericale *agg.* clerical: *abito —*, clerical dress; *i giornali clericali*, the clerical press; *privilegi clericali*, clerical privileges; *partito —*, clerical party ♦ *s.m.* e *f.* clericalist, supporter of clericalism // *i clericali*, the clericals.

clericaleggiante *agg.* supporting, favourable to clericalism.

clericaleggiare *v.intr.* to be a clericalist.

clericalismo *s.m.* clericalism.

clericato → **chiericato**.

clero *s.m.* clergy: *— regolare*, regular clergy; *— secolare*, secular clergy.

cleromanzia *s.f.* cleromancy, divination.

cleruchia *s.f.* (*st. greca*) cleruchy.

clessidra *s.f.* (*a sabbia*) hourglass, sand-glass; (*ad acqua*) clepsydra*; water-clock.

cleveite *s.f.* (*min.*) cleveite.

clic *s.m.* e *inter.* click.

cliccare *v.tr.* to click, to clic.

clicchettio *s.m.* clicking; tapping; (*spec. di orologio*) ticking.

cliché *s.m.* **1** (*tip.*) cliché, stereotype **2** (*fig.*) cliché; commonplace, stereotype: *il — dell'impiegato*, the stereotype of the office worker.

click → **clic**.

cliente *s.m.* e *f.* **1** (*di negozio, ditta ecc.*) customer; (*di albergo*) guest: *— abituale*, regular customer (*o* patron); *— potenziale*, prospective client; *visitare clienti potenziali*, to call on prospects; *essere — di una banca*, to bank with // (*amm.*) *partitario dei clienti*, customers' (*o* sales) ledger **2** (*di professionista*) client; (*di medico*) patient **3** (*spreg.*) hanger-on*; follower **4** (*st. romana*) client **5** (*inform.*) client.

clientela *s.f.* **1** (*di negozio, esercizio*) clientele; customers (*pl.*); clients (*pl.*); custom: *alienarsi la —*, to drive away one's customers; *conservare la —*, to keep (*o* to preserve) one's custom; *quella ditta ha una vasta —*, that firm has a large clientele; *visitare la —*, to call on one's customers; *— potenziale*, prospective customers; *rapporti con la —*, customer relations **2** (*di professionista*) practice, clients (*pl.*); (*di medico*) practice; patients (*pl.*): *il dott. Smith aveva una numerosa —*, Dr. Smith had a large practice **3** (*st. romana*) clients (*pl.*) **4** (*estens. spreg.*) hangers-on (*pl.*); supporters (*pl.*); followers (*pl.*).

clientelare *agg.* (*spreg.*) client (*attr.*); patronage (*attr.*): *politica —*, policy of patronage (*o* of favouritism); *favori clientelari*, patronage favours.

clientelismo *s.m.* patronage system: *— elettorale*, electoral patronage system.

clientelistico *agg.* patronage (*attr.*), client (*attr.*): *sistema —*, patronage system.

clima *s.m.* **1** climate: *— continentale, marittimo*, continental, maritime climate; *andò verso un — più caldo*, he went to a warmer climate; *ha vissuto in ogni clima*, he has lived in all climates **2** (*fig.*) climate, atmosphere: *— di lavoro*, work atmosphere; *— economico, politico*, economic, political climate; *— sindacale*, labour situation; *il dibattito si è svolto in un — di tensione*, the debate took place in an atmosphere of tension; *il — di un'epoca*, the character of an age.

climaterico *agg.* climacteric(al).

climaterio *s.m.* (*med.*) climacteric, climacterium.

climaticamente *avv.* climatically.

climatico *agg.* climatic; health (*attr.*): *stazione climatica*, health resort; *condizioni climatiche*, climatic conditions.

climatizzare *v.tr.* to air-condition.

climatizzazione *s.f.* air-conditioning.

climatografia *s.f.* (*meteor.*) climatography.

climatologia *s.f.* climatology: *— applicata*, applied climatology.

climatologico *agg.* climatological.

climatologo *s.m.* climatologist.

climatoterapia *s.f.* (*med.*) climatotherapy.

climax *s.m.* e *f.* climax: *il — del dibattito si raggiunse col suo intervento*, the debate reached a climax when he spoke.

clinica *s.f.* **1** (*disciplina*) clinical medicine; (*pratica ospedaliera*) bedside instruction: *— neurologica, pediatrica*, clinical neurology, pediatrics **2** (*casa di cura*) clinic; nursing home; (*reparto*) hospital department.

clinico *agg.* clinical: *diagnosi clinica*, clinical diagnosis; *quadro —*, clinical picture; *termometro —*, clinical thermometer // *avere l'occhio —*, (*fig.*) to have an expert eye ♦ *s.m.* (*medico, chirurgo*) clinician, doctor; (*docente*) professor of clinical medicine.

clinker *s.m.* clinker.

clinometro *s.m.* clinometer.

clip[1] *s.f.* clip.

clip[2] *s.m.* abbr. di → **videoclip**.

clipeato *agg.* (*zool.*) clypeate ♦ *s.m.* (*st.*) warrior armed with a clipeus.

clipeo *s.m.* **1** (*scudo*) clipeus (*pl.* -ei) **2** (*di tartaruga*) carapace; (*di insetto*) clypeus*.

clipper *s.m.* (*mar., aer., elettr.*) clipper.

clisimetro *s.m.* clinometer.

clisma *s.m.* (*med.*) clysma.

clistere *s.m.* (*med.*) enema*; clyster: *fare un — a qlcu.*, to give s.o. an enema.

clistron® *s.m.* (*elettr.*) klystron®.

clitoride *s.f.* o *m.* (*anat.*) clitoris.

clitoridectomia *s.f.* clitoridectomy.

clitorideo *agg.* (*anat.*) clitoral, clitoridean.

clivaggio *s.m.* (*geol.*) cleavage: *piano di —*, cleavage plane.

clivia *s.f.* (*bot.*) clivia.

clivo *s.m.* (*letter.*) (*pendio*) slope; (*collinetta*) hillock, rise.

cloaca *s.f.* **1** (*fogna*) sewer, drain, cloaca* // (*archeol.*) *la Cloaca Massima*, the Cloaca Maxima **2** (*fig.*) sink, cesspool **3** (*zool.*) cloaca*.

cloacale *agg.* cloacal.

clochard *s.m.* tramp.

cloche *s.f.* **1** (*aer.*) control stick, joystick **2** (*aut.*) gearshift lever: *cambio a —*, floor-type gearshift lever **3** (*cappello*) cloche (hat).

clonale *agg.* (*biol.*) clonal.

clonare *v.intr.* (*biol.*) to clone.

clone *s.m.* (*biol., inform.*) clone.

clonico *agg.* (*med.*) clonic.

clono *s.m.* (*med.*) clonus.

cloracne *s.f.* (*med.*) chloracne.

cloralio *s.m.* (*chim.*) chloral: *idrato di —*, chloral hydrate.

cloralismo *s.m.* (*med.*) chloralism.

cloramfenicolo *s.m.* (*chim.*) chloramphenicol.

clorato *s.m.* (*chim.*) chlorate ♦ *agg.* chlorinated: *acqua clorata*, chlorinated water.

cloratore *s.m.* (*chim.*) chlorinator.

clorazione *s.f.* (*chim.*) chlorination.

clorico *agg.* (*chim.*) chloric.

cloridrato *s.m.* (*chim.*) hydrochloride.

cloridrico *agg.* (*chim.*) hydrochloric: *acido —*, hydrochloric acid.

cloridrina *s.f.* (*chim.*) chlorohydrin.

clorite *s.f.* (*min.*) chlorite.

clorito *s.m.* (*chim.*) chlorite.

cloritoscisto *s.m.* (*geol.*) chlorite-schist.

cloro *s.m.* (*chim.*) chlorine.

clor(o)- *pref.* della terminologia chimica che indica relazione con il cloro; ingl. *chlor(o)-*: *cloroalcano*, chloralkane.

clorobenzene *s.m.* (*chim.*) chlorobenzene.

clorocalcite *s.f.* (*min.*) hydrophilite.

clorofilla *s.f.* chlorophyl(l): *dentifricio alla —*, chlorophyll toothpaste.

clorofilliano *agg.* chlorophyllose, chlorophyllous.

cloroformico *agg.* (*chim.*) chloroformic.

cloroformio *s.m.* (*chim.*) chloroform.

cloroformizzare *v.tr.* (*med.*) to chloroform.

cloroformizzatore *s.m.* (*chim.*) chloroformist ◆ *agg.* chloroformizing.

cloromicetina® *s.f.* (*chim.*) chloromycetin®.

cloropicrina *s.f.* (*chim.*) chloropicrin.

cloroplasto *s.m.* (*bot.*) chloroplast.

cloroplatinico *agg.* (*chim.*) chloroplatinic: *acido —*, chloroplatinic acid.

cloroprene *s.m.* (*chim.*) chloroprene.

clorosi *s.f.* **1** (*med.*) chlorosis*; (*pop.*) green sickness **2** (*bot.*) chlorosis*.

cloroso *agg.* (*chim.*) chlorous.

clorosolfonico *agg.* (*chim.*) chlorosulphonic: *acido —*, chlorosulphonic acid.

clorotetraciclina *s.f.* (*chim.*) chlorotetracycline.

clorotico *agg.* (*bot.*, *med.*) chlorotic.

clorurare *v.tr.* (*chim.*) to chlorinate.

clorurato *agg.* (*chim.*) chlorinated: *lana clorurata*, chlorinated wool.

clorurazione *s.f.* (*chim.*) chlorination.

cloruro *s.m.* (*chim.*) chloride: *— di sodio*, sodium chloride.

clou *s.m.* climax, highlight, culminating point: *il — dello spettacolo*, the highlight of the show ◆ *agg.* culminating: *il momento — della gara*, the climax of the race.

clown *s.m.* clown.

clownesco *agg.* clownish, of a clown.

club *s.m.* club // (*fin.*): *— di credito*, credit club; *— d'investimento*, investment club.

cluniacense *agg.* (*eccl.*) Cluniac.

cnidario *agg.* e *s.m.* (*zool.*) cnidarian.

coabitante *agg.* cohabiting ◆ *s.m.* e *f.* cohabitant.

coabitare *v.intr.* to cohabit, to live together.

coabitatore *s.m.* **coabitatrice** *s.f.* cohabitant.

coabitazione *s.f.* cohabitation, living together; house-sharing.

coaccusato *s.m.* co-defendant, fellow -accused.

coacervare *v.tr.* (*letter.*) to coacervate, to accumulate.

coacervazione *s.f.* **1** (*letter.*) heaping-up, accumulation **2** (*chim.*) coacervation.

coacervo *s.m.* **1** (*letter.*) heap; accumulation **2** (*fin.*) accumulation, accrual: *— degli interessi*, accrual of interest; *— dei redditi*, accumulation of income // *— delle retribuzioni*, payroll.

coach *s.m.* (*sport*) → **allenatore**.

coaderire *v.intr.* (*non com.*) **1** to cohere **2** (*fig.*) to adhere.

coadesione *s.f.* **1** cohesion, cohering **2** (*fig.*) adhesion.

coadiutorato *s.m.* (*eccl.*) coadjutorship.

coadiutore *s.m.* **1** (*collaboratore*) assistant, deputy **2** (*eccl.*) coadjutor: *vescovo —*, suffragan (*o* coadjutor)-bishop.

coadiutoria *s.f.* (*eccl.*) coadjutorship.

coadiutrice *s.f.* assistant.

coadiuvante *agg.* supporting ◆ *s.m.* **1** assistant, co-operator **2** (*med.*) adjuvant.

coadiuvare *v.tr.* to help, to assist; to cooperate with (s.o.).

coadunare *v.tr.* (*letter.*) to collect, to gather together.

coagulabile *agg.* coagulable.

coagulabilità *s.f.* coagulability.

coagulamento *s.m.* (*non com.*) coagulation.

coagulante *agg.* coagulative ◆ *s.m.* coagulant, coagulator.

coagulare *v.tr.* to coagulate; to congeal; (*latte*) to curdle ◆ *v.intr.* → **coagularsi**.

□ **coagularsi** *v.intr.pron.* **1** (*di liquido*) to coagulate, to congeal; (*di sangue*) to coagulate, to clot **2** (*fig.*) (*concretizzarsi*) to gel, to take* form.

coagulazione *s.f.* coagulation, congealment; (*di latte*) curdling; (*di sangue*) clotting, coagulation.

coagulo *s.m.* **1** (*il coagularsi*) coagulation, congealment; (*di latte*) curdling; (*di sangue*) clotting **2** (*grumo*) coagulum*; clot; curd: *— di latte*, milk curd; *— di sangue*, blood clot.

coalescenza *s.f.* (*chim.*, *fis.*, *med.*) coalescence.

coalizione *s.f.* coalition; alliance: *— governativa*, government coalition; *governo di —*, coalition government // (*econ.*, *fin.*): *— economica*, economic coalition, trust, combine; *— d'imprese*, (*banche o finanzieri*) syndicate // (*st.*) *la prima, la seconda Coalizione*, the First, the Second Coalition.

coalizzare *v.tr.* to unite.

□ **coalizzarsi** *v.rifl.* e *rifl.rec.* to form a coalition, to unite, to ally.

coalizzato *agg.* united, (*alleato*) allied: *le nazioni coalizzate*, the allied nations.

coamministratore *s.m.* joint manager.

coartare *v.tr.* to coerce, to force, to restrict, to constrain.

coartazione *s.f.* **1** coercion, compulsion, constraint **2** (*med.*) coarctation: *— dell'aorta*, coarctation of the aorta.

coassiale *agg.* (*mecc.*) coaxial: *cavo —*, coaxial cable.

co-assicurare *v.tr.* to co-insure, to co -assure.

co-assicurato *agg.* e *s.m.* co-insured, co-insured party.

co-assicuratore *s.m.* **co-assicuratrice** *s.f.* co-insurer, co-assurer.

coassicurazione *s.f.* co-insurance, divided coverage.

coattività *s.f.* (*dir.*) coerciveness, compulsoriness.

coattivo *agg.* compulsory, coercive: *risparmio —*, compulsory (*o* forced) saving; *riscossione coattiva*, coercive (*o* forced) collection.

coatto *agg.* **1** forced, compulsory // (*dir.*): *domicilio —*, forced residence; *vendita coatta*, forced sale; *liquidazione coatta*, compulsory winding up **2** (*psic.*) compulsive: *idea, carattere —*, compulsive idea, character ◆ *s.m.* (*antiq.*) person under house arrest; (*estens.*) prisoner.

coautore *s.m.* **coautrice** *s.f.* co-author; (*dir.*) joint author.

coazione *s.f.* **1** coercion, constraint, compulsion **2** (*psic.*) compulsion.

cobaltico *agg.* (*chim.*) cobaltic.

cobaltite *s.f.* (*min.*) cobaltite.

cobalto *s.m.* **1** (*chim.*) cobalt: *blu di —*, cobalt blue; *bomba al —*, cobalt bomb **2** (*colore*) cobalt(-blue): *cielo di —*, cobalt(-blue) sky.

cobaltoso *agg.* (*chim.*) cobaltous.

cobaltoterapia *s.f.* (*med.*) cobal therapy.

cobelligerante *agg.* e *s.m.* co-belligerent.

cobelligeranza *s.f.* co-belligerency.

cobite *s.m.* (*zool.*) loach.

cobo *s.m.* (*zool.*) (*Kobus ellipsiprymnus*) water-buck.

Cobol *s.m.* (*inform.*) Cobol.

cobra *s.m.* (*zool.*) cobra, hooded snake // *— reale*, (*Ophiophagus hannah*) king cobra (*o* hamadryad).

coca[1] *s.f.* (*bot.*) (*Erythroxylon coca*) coca.

coca[2] abbr. di → **Coca-Cola®**.

coca[3] abbr. di → **cocaina**.

Coca-Cola® *s.f.* Coca-Cola®; (*fam.*) coke: *mi dia una — con la cannuccia*, can I have a coke with a straw, please?

cocaina *s.f.* (*med.*) cocaine; (*fam.*) coke.

cocainico *agg.* cocaine (*attr.*).

cocainismo *s.m.* (*med.*) cocainism.

cocainizzare *v.tr.* (*med.*) to cocainize.

cocainizzazione *s.f.* (*med.*) cocainization.

cocainomane *s.m.* e *f.* cocaine addict.

cocainomania *s.f.* cocaine habit, cocaine addiction.

cocca[1] *s.f.* **1** (*di freccia*) notch **2** (*di fuso*) tip **3** (*angolo di fazzoletto, grembiule ecc.*) corner.

cocca[2] *s.f.* (*st. mar.*) medieval merchant ship.

cocca[3] *s.f.* (*fam.*) (*gallina*) hen.

coccarda *s.f.* cockade.

cocchiere *s.m.* coachman*; driver; (*di carrozza pubblica*) cabman*; (*fam.*) cabby.

cocchio *s.m.* coach, carriage: *— reale*, state coach.

cocchiume *s.m.* **1** (*apertura circolare sul diametro massimo della botte*) bunghole **2** (*tappo che lo chiude*) bung.

coccia *s.f.* **1** (*parte dell'elsa*) sword-guard; (*di pistola*) metal fitting on the grip **2** (*ant.*) (*guscio di crostaceo*) shell **3** (*scorza*) bark, rind, peel **4** (*gonfiore*) swelling **5** (*scherz.*) (*testa*) pate, nut.

coccidiosi *s.f.* (*med.*) coccidiosis.

coccige *s.m.* (*anat.*) coccyx*.

coccigeo *agg.* (*anat.*) coccygeal.

coccinella *s.f.* (*zool.*) ladybird, (*amer.*) ladybug.

coccinello *s.m.* (*mar.*) toggle.

cocciniglia *s.f.* (*zool.*) cochineal // *rosso di —*, cochineal.

coccio *s.m.* **1** earthenware, pottery; (*oggetto di terracotta*) crock; pot: *una statuetta di*

—, an earthenware (*o* terracotta) statue **2** (*frammento*) potsherd, shard, fragment of pottery: *raccolse i cocci del vaso*, he gathered (together) the fragments of the vase **3** (*persona malaticcia*) (old) crock **4** (*guscio di lumaca*) shell.

cocciutaggine *s.f.* **1** (*fam.*) stubbornness, obstinacy; pigheadedness **2** (*atto da cocciuto*) obstinate act, obstinacy.

cocciuto *agg.* stubborn, obstinate; pigheaded ◆ *s.m.* stubborn man.

cocco[1] *s.m.* (*bot.*) **1** (*Cocos nucifera*) coco(a)nut (palm) **2** (*noce*) coco(a)nut: *latte di* —, coco(a)nut milk; *olio di* —, coco(a)nut oil.

cocco[2] *s.m.* (*fam.*) (*uovo*) egg.

cocco[3] *s.m.* (*fam.*) (*bimbo prediletto*) darling, pet // — *di mamma*, mummy's pet.

cocco[4] *s.m.* (*biol.*) coccus*.

coccodè *s.m.* cackle, cluck: *fare* —, to cackle (*o* to cluck).

coccodrillo *s.m.* **1** (*zool.*) crocodile // *lacrime di* —, (*fig.*) crocodile tears **2** (*pelle*) crocodile (skin): *una borsa di* —, crocodile handbag **3** (*ferr.*) railway truck, bogie **4** (*giornalismo*) pre-obit **5** (*elettr.*) (*morsetto*) alligator clip.

coccola[1] *s.f.* **1** (*bacca*) berry **2** (*scherz.*) (*testa*) head; (*fam.*) nut **3** (*spec. pl.*) (*fam.*) trifle.

coccola[2] *s.f.* (*fam.*) cuddle: *fare le coccole*, to cuddle.

coccolare *v.tr.* to cuddle, to pet, to fondle; (*viziare*) to spoil: — *un bambino*, to cuddle a baby.

□ **coccolarsi** *v.rifl.* to lie* at ease, to nestle: — *nel letto*, to snuggle (up) in bed; — *al sole*, to bask in the sun.

coccolo *s.m.* (*fam.*) darling, pet: — *della mamma!*, mummy's darling!

coccolone[1] *s.m.* (*fam.*) someone who likes being made a fuss of, softy.

coccolone[2] *s.m.* (*region.*) apoplectic stroke; (*fam.*) fit.

coccoloni *avv.* squatting, crouching: *la ragazza stava — vicino al fuoco*, the girl was squatting by the fire.

cocente *agg.* **1** burning, scorching, scalding: *sole* —, scorching sun **2** (*acuto*) scorching, blistering, withering; bitter; deep: *lacrime cocenti*, scalding tears; *delusione* —, bitter disappointment; *dolore* —, acute pain.

cocere → **cuocere**.

coche → **coke**.

cochon *agg.* (*fr.*) scurrilous; pornographic.

cociclo *s.m.* (*mat.*) cocycle.

cocitore *s.m.* baker, cooker.

cocker *s.m.* (*zool.*) cocker (spaniel).

cocktail *s.m.* **1** (*bibita*) cocktail **2** (*fig.*) mixture, cocktail: *un — di canzoni*, a medley of songs **3** (*ricevimento*) cocktail party.

coclea *s.f.* **1** (*anat.*) cochlea* **2** (*arch.*) winding (*o* spiral) staircase **3** (*archeol.*) lion's gate **4** (*mecc.*) Archimedean screw.

cocleare *agg.* (*anat.*) cochlear.

coclearia *s.f.* (*bot.*) (*Cochlearia officinalis*) scurvy-grass, (*pop.*) spoonwort.

cocomeraio *s.m.* **1** (*campo di cocomeri*) watermelon bed **2** (*chi vende cocomeri*) watermelon seller.

cocomero *s.m.* **1** (*bot.*) (*Citrullus vulgaris*) watermelon: *una fetta di* —, a slice of watermelon // — *asinino*, (*Ecballium elaterium*) touch-me-not, (*pop.*) squirting cucumber **2** (*scherz.*) (*citrullo*) blockhead, numbskull.

cocompletamento *s.m.* (*mat.*) cocompletion.

cocompletezza *s.f.* (*mat.*) cocompleteness.

cocompleto *s.m.* (*mat.*) cocomplete.

cocorita *s.f.* (*zool.*) small parrot.

cocotte[1] *s.f.* cocotte; (*uso eufemistico*) call girl, prostitute.

cocotte[2] *s.f.* (*recipiente*) stewpan.

cocuzza *s.f.* **1** (*region.*) (*zucca*) pumpkin **2** (*scherz.*) (*testa*) head, nut.

cocuzzolo *s.m.* **1** (*di capo*) crown; (*di cappello*) crown of a hat **2** (*vetta*) summit, top.

coda *s.f.* **1** (*zool.*) tail; tag; (*di balena*) fluke; (*di pavone*) fan: — *mozza*, stumpy tail (*o* dock) **2** (*estens.*) tail (*anche fig.*); tail end, end: — *di aeroplano*, tailplane; — *di cometa*, tail (*o* train) of a comet; *dalla — lunga*, longtailed; *fanale di* —, taillight (*o* rear-light); *incastro a — di rondine*, dovetail joint (*o* dovetailing); *pianoforte a* —, grand piano; (*aer.*) *scivolata di* —, tail slide; *senza* —, tailless; (*aer.*) *trave di* —, tail boom; *marciare in* —, to bring up the rear; *il vagone in — è diretto a Parigi*, the rear carriage is going to Paris // *avere la — di paglia*, to have a guilty conscience // *se il diavolo non ci mette la* —, if no difficulty arises // *andarsene con la — tra le gambe*, (*fig.*) to leave with one's tail between one's legs // *guardare qlco. con la — dell'occhio*, to look at sthg. out of the corner of one's eye (*o* to give sthg. a sideways look) // *non avere né capo né* —, to make no sense (*o* to be utter nonsense); *un discorso senza né capo né* —, a speech without sense (*o fam.* a speech one can't make head or tail of) **3** (*di capelli*) ponytail **4** (*di abiti*) tail; train: *giacca a — di rondine*, tailcoat (*o* tails); *la — dell'abito da sposa*, the train of the bride's dress **5** (*fila*) queue: *fare la* —, to queue (up); *mettersi in* —, to form a queue **6** (*conseguenza*) repercussion, effect, consequence: *la discussione ha lasciato una* —, the discussion had quite an effect **7** (*cinem.*) trailer, leader **8** (*fin.*) (*di cambiale*) allonge, extension slip **9** (*anat.*) tail, (*scient.*) cauda: — *equina*, cauda equina **10** (*bot.*) — *di cane*, (*Cynosaurus cristatus*) dog's tail // — *di cavallo*, horsetail (*o* equisetum) // — *di gatto*, (*Typha latifolia*) cat's tail (*o* reed mace) // — *di lepre*, (*Lagurus ovatus*) hare's tail // — *di sorcio*, (*Myosurus minimus*) mouse-tail // — *di topo*, (*Phleum pratense*) timothy(-grass); (*Lycopodium clavatum*) club-moss (*o* foxtail) // — *di volpe*, (*Alopecurus pratensis*) foxtail // — *di volpe*, (*Melampyrum arvense*) cow-wheat **11** (*cuc.*) — *di rospo*, angler fish **12** (*inform.*) queue.

codardia *s.f.* cowardice, cowardliness, cravenness.

codardo *agg.* cowardly, craven ◆ *s.m.* coward.

codato *agg.* tailed, caudate.

codazzo *s.m.* (*spreg.*) swarm, mob: *lasciò il teatro con un — di ammiratori*, she left the theatre with a swarm of admirers.

codeina *s.f.* (*chim.*) codeine.

codesto *agg.dimostr.* (*spec. nel linguaggio burocratico*) this: *io sottoscritto in servizio presso — istituto, chiedo...*, I, the undersigned, employed by this institute, apply...

codetta *s.f.* **1** small tail **2** (*mar.*) sternfast **3** (*comm.*) addressee's name and address.

codibugnolo *s.m.* (*zool.*) (*Aegithalos caudatus*) long-tailed tit.

codice *s.m.* **1** (*dir.*) code: — *civile*, civil code; — *di commercio*, mercantile law; — *di procedura civile*, code of criminal procedure; — *giustiniano*, Code of Justinian; — *marittimo*, Navigation Laws (*o* Acts); — *penale*, penal code; — *stradale*, highway code **2** (*estens.*) code, canon, rules (*pl.*): — *sportivo*, sporting rules (*o* code); — *giornalistico*, journalistic rules (*o* code); — *di etica professionale*, code of conduct (*o* standards of professional practice); — *di autodisciplina pubblicitaria*, code of advertising practice // — *di onore*, code of honour **3** (*manoscritto antico*) codex **4** (*combinazione di lettere, cifre*) code: — *telegrafico*, telegraphic code; — *d'avviamento postale*, postcode, (*amer.*) zip code; (*trib.*) — *fiscale*, fiscal (*o* taxpayer's) code (number); — *segreto*, secret code; — *cifrato*, cipher; *un messaggio in* —, a coded message; *decifrare un* —, to read a code; *decifrare un telegramma in* —, to decode a telegram // (*biol.*) — *genetico*, genetic code // (*mat.*) *teoria dei codici*, code theory **5** (*inform.*) code; key: — *assoluto*, absolute code; — *binario*, binary code; — *concatenato*, chain code; — *a barre*, bar code; — *di caratteri*, character code; — *guasto*, log out; — *di stampa*, edit code; — *di funzione, di servizio*, function code; — *di articolo*, item number; — *di movimenti, di transazione*, transaction code; — *indicatore di zona*, area code; — *macchina*, machine code; — *oggetto*, object code; — *operativo*, order code; — *sorgente*, source code.

codicillare *agg.* (*dir.*) codicillary.

codicillo *s.m.* **1** (*dir.*) codicil **2** (*poscritto*) postscript.

codifica *s.f.* **1** (*il tradurre in codice*) coding **2** (*insieme di leggi*) codification.

codificabile *agg.* that can be codified.

codificare *v.tr.* **1** (*riunire in codice*) to codify: — *il diritto penale*, to codify penal law; — *una regola di condotta*, to codify a rule of conduct **2** (*tradurre in codice*) to code, to codify; (*inform.*) to (en)code: — *informazioni*, to code information; — *dati*, to encode data.

codificatore *agg.* **1** (*che crea un codice*) codifying **2** (*che traduce in codice*) coding ◆ *s.m.* **1** (*chi crea un codice*) codifier **2** (*chi traduce in codice*) coder.

codificazione *s.f.* **1** (*codificare*) coding **2** (*insieme di leggi*) codification (*anche inform.*).

codino *s.m.* **1** (*piccola coda*) small tail; (*di lepre, coniglio*) scut **2** (*trecciolina di capelli*) pigtail, queue **3** (*fig.*) reactionary, diehard.

codione *s.m.* (*zool.*) → **codrione**.

codirosso *s.m.* (*zool.*) (*Phoenicurus phoenicurus*) redstart.

codolo *s.m.* **1** (*mecc.*) (*di attrezzo*) tang; (*di utensile*) shank: *il — della lima*, the tang of the file; *fresa a* —, shank-type cutter **2** (*di strumento musicale*) scroll **3** (*di bomba*) fin assembly.

codominio *s.m.* (*mat.*) codomain.

codone[1] *s.m.* (*zool.*) (*Anas acuta*) pintail.

codone[2] *s.m.* (*biochim.*) codon.

codrione *s.m.* **1** (*zool.*) rump **2** (*fam. scherz.*) rump.

coeditore *s.m.* co-publisher, joint publisher.

coedizione *s.f.* joint publication.

coeducazione *s.f.* coeducation.

coefficiente *s.m.* **1** (*mat., stat.*) coefficient: — *angolare*, direction coefficient; — *di correlazione*, correlation coefficient; — *direttore*, leading coefficient **2** (*fis., chim.*) coefficient, factor: — *di assorbimento*, absorption coefficient; — *di attrito*, friction coefficient; — *di diffusione*, coefficient of diffusion; — *di risonanza*, resonance factor; — *di selettività*, selectivity factor; — *di smorzamento*, damping factor **3** (*econ.*) coefficient, ratio, factor, rate: — *di ammortamento*, depreciation rate; — *di conformità*, coefficient of agreement; — *di accelerazione*, acceleration coefficient (*o* factor); — *di capitale*, capital coefficient; — *di liquidità*, current (*o* working capital) ratio; — *di produzione*, production coefficient; — *di costo*, cost coefficient; — *di perdita*, loss ratio; — *di rischio*, risk coefficient; — *di spesa*, expense ratio; — *di rivalutazione*, gross income multiplier; — *presuntivo di reddito*, presumptive (o estimated) income coefficient; — *di sicurezza*, safety factor; (*assicurazioni*) — *di copertura*, cover ratio.

coefficienza *s.f.* joint cause, coefficient cause.

coeguale *agg.* coequal.

coeletto *agg.* jointly elected.

coenzima *s.m.* (*biochim.*) coenzyme.

coequalizzatore *s.m.* (*mat.*) coequalizer.

coercibile *agg.* coercible, controllable: (*dir.*) *obbligazione* —, perfect obligation // (*fis.*) *gas* —, liquefiable gas.

coercitivo *agg.* **1** coercive, compulsive: *metodi coercitivi*, coercive methods **2** (*fis.*) coercive: *campo* —, coercive field; *forza coercitiva*, coercive force.

coercizione *s.f.* coercion, compulsion, duress: *agisce sotto* —, he acts under duress; *impiegarono ogni mezzo di* —, they used every means of coercion.

coerede *s.m.* (*dir.*) joint heir, coheir, fellow heir ◆ *s.f.* (*dir.*) joint heiress, coheiress, fellow heiress (nel caso in cui tutti gli eredi siano di sesso femminile).

coeredità *s.f.* (*dir.*) coinheritance.

coerente *agg.* **1** consistent, coherent, cohering: *la sua condotta non è — col suo carattere*, his conduct is not consistent (*o* is not in keeping) with his nature; *il suo ragionamento è* —, his argument is consistent; *agire in modo* —, to act consistently // *essere — con sé stesso*, to be consistent **2** (*unito insieme*) coherent **3** (*fis., mat.*) coherent: *radiazione* —, coherent radiation.

coerentemente *avv.* consistently, coherently.

coerenza *s.f.* **1** consistency, coherence: *la — di una teoria*, the consistency (*o* coherence) of a theory; *le tue azioni mancano di* —, your actions lack consistency **2** (*fis., mat.*) coherence.

coesecutore *s.m.* (*dir.*) coexecutor.

coesione *s.f.* **1** (*fis.*) cohesion **2** (*fig.*) cohesion, cohesiveness.

coesistente *agg.* coexistent, coexisting.

coesistenza *s.f.* coexistence // — *pacifica*, peaceful coexistence.

coesistere *v.intr.* to coexist: *sono due popoli che difficilmente possono* —, they are two races who live together with difficulty.

coesite *s.f.* (*min.*) coesite.

coesivo *agg.* cohesive.

coesore *s.m.* (*fis.*) coherer.

coetaneo *agg.* contemporary, coeval: *Giovanni e io siamo coetanei*, John and I are the same age ◆ *s.m.* contemporary: *Paolo è un mio* —, Paul is the same age as me; *le classi sono divise per coetanei*, the classes are divided by age group (*o* into age groups).

coeterno *agg.* coeternal.

coevo *agg.* coeval, contemporary.

cofanetto *s.m.* **1** casket: — *dei gioielli*, jewel box (*o* jewel case) **2** (*custodia*) slipcase, case: *edizione in* —, cased edition.

cofano *s.m.* **1** (*forziere*) coffer; (*cassapanca*) chest; (*scrigno*) casket; (*region.*) (*bara*) coffin **2** (*aut.*) bonnet; (*amer.*) hood **3** (*mil.*) ammunition chest.

cofermento *s.m.* (*biochim.*) coferment.

coffa *s.f.* (*mar.*) top: — *di maestra*, maintop.

cofinale *agg.* (*mat.*) cofinal: *funtore* —, cofinal functor.

cofirmatario *agg.* co-signatory (*attr.*) ◆ *s.m.* co-signatory.

cofosi *s.f.* (*med.*) kophemia; deafness.

cogarante *s.m.* e *f.* (*dir.*) joint guarantor, co-guarantor.

cogente *agg.* (*dir.*) legally binding; coercive, compulsory.

cogerente *s.m.* e *f.* joint manager, co-director, co-administrator.

cogestione *s.f.* joint management, co -administration: — *aziendale*, workers' representation in management.

cogestire *v.tr.* to manage jointly, to co -administer.

cogitabondo *agg.* (*letter.*) thoughtful; musing, pensive.

cogitare *v.tr.* e *intr.* to cogitate, to ponder, to meditate; to muse.

cogitativo *agg.* **1** (*relativo al pensiero*) cogitative: *le facoltà cogitative*, the faculties of thought **2** (*ant.*) (*pensieroso*) thoughtful.

cogitazione *s.f.* cogitation, meditation; reflection, thought.

cogliere *v.tr.* **1** to pick, to pluck, to gather: — *fiori*, to pick (*o* to gather) flowers; — *fragole*, to pick strawberries // — *il frutto delle proprie fatiche*, to reap the fruits of one's labour // — *gli allori*, to reap the laurels **2** (*estens.*) (*raccogliere*) to gather: — *legna*, to gather wood // — *il buono della vita*, to appreciate the good things in life **3** (*sorprendere*) to catch*: *lo ha colto una grave malattia*, he has been taken seriously ill; *lo colse la morte*, he departed his life; *lo colsi sul fatto*, I caught him red-handed (*o* in the very act); *essere colti dalla pioggia, dal temporale*, to be caught in a shower, in the storm **4** (*colpire*) to hit*: — *nel segno*, (*fig.*) to hit the nail on the head **5** (*afferrare*) to seize, to avail oneself of (sthg.): — *l'occasione*, to take the opportunity // — *la palla al balzo*, (*fig.*) to seize the opportunity // — *al volo*, to catch on fast (*o* to cotton on *o* to twig); *colse al volo il significato delle mie parole*, he got my meaning straight away **6** (*capire*) to understand*, to grasp, to catch*: *non ha colto la mia allusione*, he didn't catch my allusion **7** (*mar.*) to coil: — *una cima*, to coil a rope.

coglionaggine *s.f.* (*volg.*) bloody stupidity.

coglionare *v.tr.* (*volg.*) to make* a fool out of (s.o.), to take the piss out of (s.o.), to cheat; to do*.

coglionata *s.f.* (*volg.*) (*sciocchezza*) mess; (*errore*) balls-up, cock-up.

coglionatura *s.f.* (*volg.*) piss-take, mockery.

coglione *s.m.* (*volg.*) **1** (*testicolo*) testicle; balls (*pl.*) // *rompere i coglioni a qlcu.*, (*fig.*) to break s.o.'s balls (*o* to get on s.o.'s tits) // *avere i coglioni*, (*fig.*) to have balls **2** (*fig.*) burk, twit, pillock: *fare la figura del* —, to behave (*o* to appear) like a burk.

coglioneria → **coglionata**.

cognac *s.m.* cognac.

cognata *s.f.* sister-in-law*.

cognato *s.m.* brother-in-law*.

cognazione *s.f.* relationship, kinship.

cognitivismo *s.m.* (*psic.*) cognitive psychology.

cognitivo *agg.* (*psic.*) cognitive.

cognito *agg.* (*letter.*) known.

cognizione *s.f.* **1** (*letter.*) (*conoscenza*) knowledge [U]; cognition **2** *pl.* (*ciò che si conosce*) knowledge [U]: *cognizioni utili*, useful knowledge; *avete qualche — di tedesco?*, have you any knowledge of German? (*o* do you know any German?); *solo una — superficiale*, just a smattering // *giudicare con — di causa*, (*fig.*) to judge in full cognition of the facts **3** (*dir.*) cognizance: *prendere — di qlco.*, to take cognizance of sthg.; — *di una causa*, cognizance of a case.

cognome *s.m.* surname, family name: — *da nubile*, maiden name; *nome e* —, (Christian) name and surname.

cograduazione *s.f.* (*stat.*) rank correlation.

coguaro *s.m.* (*zool.*) (*Felis concolor*) puma, cougar*, catamount.

coherer *s.m.* (*rad.*) coherer.

coibentare *v.tr.* (*tecn.*) to insulate.

coibentazione *s.f.* (*tecn.*) insulation.

coibente *agg.* (*fis.*) non-conducting, non -conductive, insulating ◆ *s.m.* (*tecn.*) non -conductor; heat insulator; insulating board.

coibenza *s.f.* (*fis.*) non-conductivity.

coiffeur *s.m.* coiffeur, hairdresser.

coiffeuse *s.f.* **1** (*parrucchiera*) coiffeuse, hairdresser **2** (*mobile*) dressing table.

coimputato *s.m.* (*dir.*) co-defendant, co -accused.

coincidente *agg.* coinciding, coincident.

coincidenza *s.f.* **1** coincidence: *che —!*, what a coincidence!; *è stata una pura* —, it was pure coincidence // (*fis.*) *circuito di* —, coincidence circuit **2** (*fig.*) agreement, harmony: — *di idee*, harmony of ideas **3** (*ferr.*) connection, connexion: *non temere, i due treni sono in* —, don't worry, the two trains connect; *temo di perdere la — con il rapido per Venezia*, I am afraid of missing the connection with the Venice express.

coincidere *v.intr.* **1** to coincide, to take* place at the same time, to clash: *le due conferenze coincidono*, the two lectures clash **2** (*fig.*) to coincide, to correspond, to agree: *punti di vista che non coincidono*, points of view that don't agree **3** (*mat.*) to coincide, to agree.

coinquilino *s.m.* fellow tenant, co-tenant.

cointeressare *v.tr.* (*comm.*) to share profits with (s.o.), to interest (s.o.) in profits: — *qlcu. in un affare*, to give s.o. a joint interest in a deal; — *qlcu. nella propria azienda*, to give s.o. a partnership in the business.

cointeressato *agg.* (*econ.*) profit-sharing, jointly interested: *essere — in una azienda*, to have an interest in a business ◆ *s.m.* partner, co-partner, joint partner, profit-sharer, associate: *i cointeressati*, the partners (*o* the associates).

cointeressenza *s.f.* (*econ.*) sharing; (*agli utili*) profit-sharing; (*percentuale*) percentage, economic interest; (*partecipazione azionaria*) shareholding.

cointestatario *agg.* e *s.m.* co-holder, co-beneficiary.

coinvolgente *agg.* involving, enthralling, absorbing.

coinvolgere *v.tr.* to involve, to implicate, to mix (s.o., sthg.) up in (sthg.): — *qlcu. in una disputa*, to involve s.o. in a quarrel; — *qlcu. in uno scandalo*, to implicate s.o. in a scandal; *si è lasciato — in un affare poco chiaro*, he got mixed up in some rather shady business; *non devi lasciarti — emotivamente*, you mustn't get emotionally involved.

coinvolgimento *s.m.* involvement, participation: — *emotivo*, emotional involvement.

coito *s.m.* coitus, coition, copulation.

coke *s.m.* (*chim.*) coke: *forno a —*, coke oven; — *di petrolio*, petroleum coke.

cokefazione *s.f.* (*chim.*) coking.

cokeria *s.f.* cokery.

cokificazione → **cokefazione.**

col *s.m.* troncamento di **colle**.

cola *s.f.* (*bot.*) cola (tree), kola: *noce, seme di —*, cola nut, cola seed // *noce di —*, (*Cola acuminata*) cola.

colà *avv.* (*letter.*) there, in that place, over there // *così —*, (*fam.*) so so.

colabrodo *s.m.* colander, cullender, strainer // *ridurre come un —*, (*scherz.*) to fill full of holes (*o* to riddle with holes).

colaggio *s.m.* (*perdita di liquidi*) leakage.

colagogo *agg.* (*med.*) cholagogue, cholagogic ◆ *s.m.* cholagogue.

colamento *s.m.* (*non com.*) filtering, straining; (*gocciolamento*) dripping, trickling.

colangiografia *s.f.* (*med.*) cholangiography.

colangite *s.f.* (*med.*) cholangitis.

colapasta *s.m.* pasta strainer, colander for pasta.

colare *v.tr.* **1** (*filtrare*) to filter, to percolate; (*scolare*) to strain (off), to drain, to colander: — *il brodo, il vino*, to strain broth, wine; — *il latte in un panno*, to strain milk through a cloth; — *la pasta*, to drain (*o* strain) pasta **2** (*fondere*) to cast; to pour: — *la ghisa in pani*, to pig; — *metallo in uno stampo*, to pour (*o* to run) metal into a mould; — *una statua in bronzo*, to cast a statue in bronze **3** (*mar.*) — *a picco*, to sink* ◆ *v.intr.* **1** (*gocciolare*) to drip*, to trickle, to drop*; to ooze; (*di candela*) to gutter, to melt*: *le lacrime le colavano lungo le gote*, tears trickled down her cheeks; *un filo d'acqua colava dal rubinetto*, a trickle of water was running from the tap; *il sudore gli colava dalla fronte*, beads of perspiration were dripping from his forehead; *far colare il caffè*, to percolate coffee; *il sangue è colato dalla ferita*, blood oozed from the wound **2** (*mar.*) to founder, to go* down, to sink*, to go* to the bottom: *la nave colò a picco in pochi secondi*, the ship sank in a few seconds.

colata *s.f.* **1** (*metall.*) casting, pouring: — *a sorgente*, bottom casting; — *diretta*, casting; — *in gesso*, plaster casting; *foro di —*, gate; *secchia di —*, (casting) ladle **2** (*quantità di metallo fuso*) tap, melt, cast **3** (*geol.*) flow: — *di fango*, mudslide (*o* earthflow); — *lavica*, lava flow (*o* lava stream).

colaticcio *s.m.* **1** (*sgocciolatura*) drippings (*pl.*): — *di candela*, candle drippings **2** (*liquame da concimaia*) dung-water.

colatitudine *s.f.* (*geogr.*) colatitude.

colato *agg.* **1** strained, filtered **2** (*metall.*) cast; smelted; fused; run: *metallo —*, run metal; *oro —*, pure gold // *prendere qlco. per oro —*, to accept sthg. as the truth.

colatoio *s.m.* **1** (*per brodo*) colander, cullender, strainer; (*per il tè*) (tea-)strainer **2** (*canalone*) crack.

colatore *s.m.* **1** (*tecn.*) caster **2** (*agr.*) drainage ditch.

colatura *s.f.* **1** (*il filtrare*) filtering, sifting, straining, percolating, colandering; (*il gocciolare*) dripping, trickling **2** (*residuo*) dregs (*pl.*), sediment **3** (*cera colata dalle candele*) candle grease, candle drippings (*pl.*).

colazione *s.f.* **1** (*del mattino*) breakfast: — *all'inglese*, English breakfast; *ora di —*, breakfast time; *tavola per la —*, breakfast table // *far —*, to have breakfast (*o* to breakfast): *fece — con un pezzo di pane*, he breakfasted on a piece of bread **2** (*di mezzogiorno*) lunch, luncheon: — *affrettata*, quick lunch; *fui pregato di restare a —*, I was asked to stay to lunch; *invitare qlcu. a —*, to ask s.o. to lunch; *offrire a qlcu. una buona —*, to give s.o. a good lunch // *fare —*, to have lunch (*o* to lunch): *noi facciamo — a mezzogiorno*, we have lunch at noon // — *al sacco*, packed lunch; (*picnic*) picnic (lunch) // — *di lavoro*, business (*o* working) lunch.

colbacco *s.m.* (*mil.*) busby, bearskin.

colchicina *s.f.* (*chim.*) colchicine.

colchico *s.m.* (*bot.*) (*Colchicum autunnale*) naked lady, meadow-saffron, (*scient.*) colchicum.

colcos → **kolchoz**.

colcosiano *agg.* e *s.m.* kolkhoznik.

colcotar *s.m.* (*chim.*) colcothar.

colecistectomia *s.f.* (*med.*) cholecystectomy.

colecisti *s.f.* (*anat.*) gall bladder, cholecyst.

colecistite *s.f.* (*med.*) cholecystitis.

colecistografia *s.f.* (*med.*) cholecystography.

colectomia *s.f.* (*med.*) colectomy.

coledoco *s.m.* (*anat.*) choledochus, choledoch.

colei *pron.dimostr.f.sing* **1** (*usato spec. come antecedente di pron. rel.*) the person (who): — *che ti sostituirà ha una lunga esperienza alle spalle*, the person who is going to take your place is highly experienced; — *che avete nominata è la direttrice del reparto*, the person you've just mentioned is in charge of the department **2** (*spreg.*) that woman: *chi è —?*, who is that woman?

colelitiasi *s.f.* (*med.*) cholelithiasis.

colemanite *s.f.* (*min.*) colemanite.

colemia *s.f.* (*med.*) cholemia.

coleoptile → **coleottile**.

coleottero *s.m.* (*zool.*) beetle, chafer, (*scient.*) coleopteron*: *di —*, coleopterous (*o* coleopteran).

coleottile *s.m.* (*bot.*) coleoptile.

colera *s.m.* (*med.*) cholera: — *asiatico*, Asiatic cholera // (*vet.*) — *dei suini*, swine fever.

coleretico *agg.* (*med.*) choleretic.

colerico *agg.* (*med.*) choleraic, cholera (*attr.*) ◆ *s.m.* → coleroso.

colerina *s.f.* (*med.*) cholerine.

coleroso *agg.* (*med.*) choleraic, cholera (*attr.*) ◆ *s.m.* cholera patient.

colesterina *s.f.* (*biochim.*) cholesterin.

colesterolemia *s.f.* (*med.*) cholesterolemia.

colesterolo *s.m.* (*biochim.*) cholesterol.

colettare *v.tr.* (*agr.*) to sieve.

coletto *s.m.* (*agr.*) sieve.

colf *s.f.* domestic help, (home) help; (*amer.*) (home) helper.

colia *s.f.* (*zool.*) sulphur.

coliambico *agg.* (*metrica*) choliambic.

coliambo *s.m.* (*metrica*) choliamb.

colibacillare *agg.* (*med.*) colibacillar.

colibacillo *s.m.* (*biol.*) colibacillus*.

colibacillosi *s.f.* (*med.*) colibacillosis*.

colibatterio *s.m.* (*biol.*) colibacterium (*pl.* -ia).

colibrì *s.m.* (*zool.*) hummingbird // — *dal becco a spada*, (*Ensifera ensifera*) sword-bill // — *topazio*, (*Topaza pella*) topaz.

colica *s.f.* (*med.*) colic: — *epatica*, hepatic colic.

colico[1] *agg.* (*med.*) colic // (*anat.*) *arteria colica*, colic artery (*o* colica).

colico[2] *agg.* (*chim.*) cholic: *acido —*, cholic acid.

coliforme *agg.* (*biol.*) coliform.

colimbo *s.m.* (*zool.*) → **strolaga**.

colimite *s.m.* (*mat.*) colimit.

colina *s.f.* (*biochim.*) choline.

colinergico *agg.* (*med.*) cholinergic: (*anat.*) *nervo —*, cholinergic nerve.

colinesterasi *s.f.* (*biochim.*) cholinesterase.

colino *s.m.* strainer, colander, cullender.

colite *s.f.* (*med.*) colitis.

colitico *agg.* (*med.*) **1** (*relativo a colite*) colitis (*attr.*) **2** (*affetto da colite*) suffering from colitis ◆ *s.m.* person suffering from colitis.

colla *s.f.* **1** (*adesivo*) glue, gum, paste: — *liquida, in pasta*, liquid glue, paste; — *a caldo*, hot glue; *un tubetto di —*, a tube of glue; — *di pesce*, fish-glue (*o* isinglass) // *attaccarsi come la —*, (*fig.*) to stick like glue **2** (*appretto*) size: *dare la — (a)*, to size.

collaborare *v.intr.* to collaborate, to cooperate, to work together: — *a un giornale*, to write for a newspaper; — *con la giustizia*, to cooperate with the police; (*in GB*) to turn King's, Queen's evidence.

collaborativo *agg.* collaborative, cooperative.

collaboratore *s.m.* **collaboratrice** *s.f.* collaborator, member of a team; member of the staff; (*di giornali*) contributor: — *familiare*, domestic (help), (home) help, (*amer.*) (home) helper; — *esterno*, freelance // — *di giustizia*, supergrass.

collaborazione *s.f.* collaboration; cooperation; (*a un giornale*) contribution: *offrire la propria* —, to offer one's services; — *continuativa*, *fissa*, permanent collaboration; — *saltuaria*, temporary (*o* occasional) collaboration.

collaborazionismo *s.m.* collaborationism.

collaborazionista *s.m.* e *f.* collaborator, collaborationist; quisling.

collage *s.m.* 1 (*pitt.*) collage 2 (*fig.*) miscellany, mixture: *lo spettacolo era un — di vecchie canzonette e balletti*, the show was a mixture of old songs and ballads.

collagene, **collageno** *s.m.* (*biol.*) collagen ◆ *agg.* (*biol.*) collagen (*attr.*).

collaggio *s.m.* 1 (*tecn. cartaria*) sizing 2 (*rar.*) → collage.

collana *s.f.* 1 necklace 2 (*fig.*) (*raccolta*) collection: — *di romanzi*, series of novels; — *di sonetti*, collection of sonnets.

collant *s.m.* tights (*pl.*): — *di seta*, silk tights.

collante *agg.* adhesive, sticky ◆ *s.m.* adhesive, glue; bonding agent.

collare *s.m.* 1 collar: — *per cane*, dog collar 2 (*di un ordine cavalleresco*) collar, neckchain // *Gran Collare*, Grand Master 3 (*eccl.*) neckband, clerical collar, (*fam.*) dog collar 4 (*abbigl.*) collar 5 (*zool.*) collar, ruff; (*di peli o penne*) frill; (*di uccello*) ring, ruffle, gorget 6 (*mar.*) collar.

collaretto *s.m.* (small) collar.

collarina *s.f.* (*eccl.*) clerical collar, neckband.

collarino *s.m.* 1 small collar 2 (*eccl.*) neckband, clerical collar 3 (*arch.*) collarino, collar, annulet.

collassare *v.tr.* e *intr.* to collapse.

collasso *s.m.* (*med.*) collapse; breakdown: — *cardiaco*, heart failure // (*astr.*) — *gravitazionale*, gravitational collapse.

collata *s.f.* (*ant.*) accolade.

collaterale *agg.* collateral // (*dir.*): *parente* —, collateral relative; *parentela in linea* —, relationship by collateral line; *giudice* —, side judge // (*med.*) *effetti collaterali*, side effects ◆ *s.m.* e *f.* (*parente*) collateral (*anche dir.*).

collateralismo *s.m.* collaboration.

collateralmente *avv.* collaterally.

collaudare *v.tr.* 1 to test, to try (out), to prove; to inspect; to check: — *un apparecchio*, to test a piece of equipment 2 (*fig.*) to put* to the test, to test: — *un'amicizia*, to put a friendship to the test.

collaudatore *s.m.* tester; inspector; checker: — *di aeroplani*, test pilot; — *di automobili*, test driver; — *di calibri*, gauge inspector.

collaudo *s.m.* (*tecn.*) test, trying, testing; (*controllo*) inspection, control: — *all'acqua*, test by water; — *definitivo*, final inspection; (*aer.*) *volo di* —, test flight; *fare il — di qlco.*, to put sthg. to the test (*o* through a test); *subire un* —, to undergo a test; *superare un* —, to stand (*o* to pass) a test; — *per campione*, sampling inspection; — *di qualità*, quality control; *certificato di* —, test certificate.

collazionamento *s.m.* → **collazione**.

collazionare *v.tr.* to collate.

collazione *s.f.* 1 collation 2 (*eccl.*) collation, advowson 3 (*dir.*) transfer of legacy.

colle[1] *s.m.* hill: *la città dei sette colli*, the City of the Seven Hills.

colle[2] *s.m.* (*valico*) col, pass.

collega *s.m.* e *f.* 1 colleague 2 (*estens. scherz.*) accomplice.

collegamento *s.m.* 1 connection, link, linkage, joint: *fare da* —, to act as a link; — *tra l'industria e il commercio*, connection between industry and commerce; *è ancora impossibile stabilire un — con la zona terremotata*, it's still impossible to establish links (*o* to get in touch) with the earthquake zone; (*tel.*) *siamo in attesa del — con Londra*, we are waiting to be linked (up) to London; *siamo in — costante con lui*, we are in constant touch with him // (*elettr.*): *collegamenti elettrici*, electrical connections; — *in serie*, series connection; — *telefonico*, telephonic connection; — *via terminale*, terminal session // (*rad.*) — *radiofonico*, radio link // (*mecc.*) — *articolato*, articulated joint // (*mil.*) *ufficiale di* —, liaison officer // (*comm.*): *vettore di* —, connecting carrier; *ufficio di* —, liaison office 2 (*dir.*) connection (between contracts).

colleganza *s.f.* 1 (*letter.*) connection; union; (*alleanza*) league 2 (*non com.*) (*l'essere colleghi*) fellowship.

collegare *v.tr.* to connect, to link (up), to unite, to join; (*un circuito*) to connect, to tap*: *linea ferroviaria che collega due città*, line that links up two towns; — *un fatto a un altro*, to link up one fact with another; — *due idee tra loro*, to relate one idea to another.

□ **collegarsi** *v.rifl.* 1 to link up, to unite, to join: — *con società straniere*, to associate with foreign companies 2 (*formare una lega*) to associate, to confederate, to join in a league, to form an alliance 3 (*mettersi in contatto*) to get* in touch, to link up: — *con New York via satellite*, to link up with New York by satellite; — *telefonicamente con Torino*, to get through to Turin.

collegatario *s.m.* (*dir.*) co-legatee.

collegato *agg.* 1 connected: (*elettr.*) — *a stella*, starconnected 2 (*associato*) allied, associated, united: *industrie collegate*, allied industries; *aziende collegate*, associated concerns 3 (*inform.*) on-line; connected, on line; wired: *computer collegati in rete*, networked computers.

collegiale *agg.* 1 (*collettivo*) collective, joint: *seduta* —, joint sitting; *deliberazione* —, collective decision; *organo* —, collective body; *responsabilità* —, joint responsibility; *direzione* —, joint management, (*pol.*) joint leadership; *lavoro* —, team work 2 (*di convitto*) collegiate (*attr.*), collegial (*attr.*); college (*attr.*) ◆ *s.m.* e *f.* boarder // *da* —, reserved.

collegialità *s.f.* 1 (*gruppo congiunto*) team, joint body 2 (*carattere collettivo*) joint nature, collective character: *la — di una decisione*, the joint nature of a decision 3 (*eccl.*) collegiate church status.

collegialmente *avv.* by decision of a body, collectively, jointly: *decisione presa* —, collective decision.

collegiata *s.f.* collegiate church.

collegiato *agg.* collegiate (*attr.*): *chiesa collegiata*, collegiate church.

collegio *s.m.* 1 (*organo consultivo*) body, board: — *dei docenti*, teaching staff (*o* body); — *sindacale*, board of auditors; — *arbitrale*, board of arbitrators 2 (*unione di persone aventi le stesse mansioni*) college: *il — degli auguri*, (*st. romana*) the college of augurs; *il — degli avvocati*, the Bar; *il — dei cardinali*, the College of Cardinals (*o* the Sacred College); — *degli ingegneri*, College of Engineers // (*dir.*): *il — di difesa*, the counsel for the defence; *il — giudicante*, panel of judges; the Bench 3 (*scuola con convitto*) boarding school: — *militare*, *navale*, military, naval college (*o* academy) 4 (*circoscrizione elettorale*) constituency.

collenchima *s.m.* (*bot.*) collenchyma.

collera *s.f.* 1 anger; (*furia*) fury, rage; (*letter.*) wrath: *un accesso di* —, a fit of anger; *in un momento di* —, in a moment of anger; *andare, montare in collera*, to get angry; (*improvvisamente*) to fly into a rage; *essere in* —, to be angry; *far andare qlcu. in* —, to make s.o. angry (*o* to fill s.o. with anger); *la — di Dio*, the wrath of God 2 (*fig. letter.*) rage, fury: *la — del mare*, the fury of the sea.

collericamente *avv.* angrily, irascibly.

collerico *agg.* irascible, hot-tempered, quick-tempered, choleric ◆ *s.m.* irascible person, choleric person.

colletta *s.f.* 1 collection (of money): *fare una* —, to make a collection (*o* to raise *o* to collect money) 2 (*preghiera della messa*) collect 3 (*mar.*) *caricare a* —, to load a mixed cargo; *nolo a* —, berth freight.

collettame *s.m.* (*trasporti*) packaged cargo, packages (*pl.*): *trasporto a* —, general cargo service; — *a inoltro rapido*, express goods service, (*amer.*) fast freight; (*mar.*) *noleggio a* —, liner freighting.

collettaneo *agg.* (*non com.*) collective.

collettare *v.tr.* (*non com.*) to collect (money); to raise (money).

collettario *s.m.* book of collects.

collettivismo *s.m.* collectivism.

collettivista *s.m.* e *f.* collectivist ◆ *agg.* collectivist(ic), collective.

collettivistico *agg.* collectivist(ic), collective.

collettività *s.f.* 1 (*l'essere collettivo*) collective nature, collectivity, communal use: *la — di un servizio*, the collective nature of a service 2 (*comunità*) community, general public: *agire per il bene della* —, to act for the good of all (*o* for the common interest).

collettivizzare *v.tr.* to collectivize.

collettivizzazione *s.f.* collectivization.

collettivo *agg.* 1 collective; joint: *deliberazione collettiva*, collective (*o* joint) resolution; *interesse* —, public (*o* general) interest; *fondo* —, common fund; *proprietà collettiva*, collective (*o* joint) ownership; *lavoro* —, joint work // (*dir.*): *contratto — di lavoro*, collective (labour) agreement; *atto* —, joint will act // (*econ.*): *società in nome* —, general partnership; *offerta collettiva*, aggregate supply // *passaporto* —, group passport; *assicurazione collettiva*, group insurance 2 (*gramm.*) collective: *nome* —, collective noun ◆ *s.m.* 1 collective; group: — *femminista*, feminist collective; — *studentesco*, students' collective; — *di studio*, study group; — *operaio*, workers' collective 2 (*mus.*) group improvisation.

collettizio *agg.* (*ant.*) picked up here and there, picked up haphazardly: *truppe collettizie*, troops picked up at random.

colletto[1] *s.m.* **1** collar: — *alla marinara*, sailor collar; — *di pelliccia, di pizzo*, fur collar, lace collar; — *floscio*, soft collar; — *inamidato, duro*, starched (*o* stiff) collar; *bottone del* —, collar stud; *afferrare qlcu. per il* —, to seize s.o. by the collar // *colletti bianchi*, (*fig.*) white -collar workers; *colletti blu*, (*fig.*) blue-collar workers **2** (*bot.*) collar, neck **3** (*anat.*) neck: *il — di un dente*, the neck of a tooth.

colletto[2] *s.m.* (*di monte*) narrow mountain pass.

collettore *agg.* collecting ◆ *s.m.* **1** (*esattore*) collector **2** (*mecc.*) manifold; (*di caldaia*) header, drum: — *a spirale*, volute (*o* scroll); — *di aspirazione*, intake manifold; — *di fognatura*, main sewer; — *di scarico*, exhaust manifold **3** (*elettr.*) commutator; (*del transistor*) collector; (*di tram*) trolley **4** (*inform.*) bus **5** (*trib.*) collector: — *delle imposte*, tax collector; — *del lotto*, state lottery collector.

collettoria *s.f.* collectorship: — *delle tasse*, tax collector's office; — *postale*, subsidiary post office.

collezionare *v.tr.* **1** to collect **2** (*fig.*) to accumulate, to run* up: — *insuccessi*, to run up a series of defeats.

collezione *s.f.* **1** collection: — *di francobolli*, stamp collection; — *di medaglie*, medal collection; *fare — di cartoline*, to collect postcards **2** (*collana editoriale*) collection, series* **3** (*moda*) collection: *la — primavera-estate dell'anno prossimo*, next year's spring and summer collection.

collezionismo *s.m.* collecting.

collezionista *s.m.* e *f.* collector: — *di francobolli*, stamp collector.

collezionistico *agg.* collecting, collector's (*attr.*)

collidere *v.intr.* to collide.

collie *s.m.* (*cane*) collie.

collier *s.m.* (*fr.*) necklace: *un — d'oro*, a gold necklace.

colligiano *agg.* of the hills; hill (*attr.*), hill dwelling ◆ *s.m.* hill dweller.

collimare *v.intr.* to correspond, to coincide; to fit*, to tally: *le due parti collimano perfettamente*, the two parts fit perfectly; *la mia opinione non collima con la tua*, I don't agree with you; *la teoria non collima con i fatti*, the theory does not tally with the facts.

collimatore *s.m.* **1** (*ottica*) collimator **2** (*mil.*) collimating sight.

collimazione *s.f.* **1** correspondence, matching **2** (*ottica*) collimation.

collina *s.f.* hill: *pendio della* —, hillside; *sommità della* —, hilltop; — *pedemontana*, foothill // *vivere in* —, to live in the hills.

collinare *agg.* hilly, hill (*attr.*).

collineare *agg.* (*mat.*) collinear.

collineazione *s.f.* (*mat.*) collineation.

collinetta *s.f.* hillock, downs (*pl.*).

collinoso *agg.* hilly; (*di terreno*) ridgy.

colliquazione *s.f.* **1** (*antiq.*) melting **2** (*biol.*) colliquation.

collirio *s.m.* eyewash, collyrium*.

collisionatore *s.m.* (*fis. nucleare*) collider.

collisione *s.f.* **1** collision, impact: *entrare in — con qlco.*, to collide with (*o* to run into) sthg.; *l'Andrea Doria' entrò in — con la 'Stockholm'*, the 'Andrea Doria' fell foul of the 'Stockholm'; *rotta di* —, collision course **2** (*fig.*) collision, conflict, clash: — *d'interessi*, clash of interests **3** (*fis.*) collision.

collo[1] *s.m.* **1** neck: — *taurino*, bull neck; — *di giraffa*, neck like a giraffe's; *mettersi al — una sciarpa*, to put a shawl round one's neck; *allungare il* —, to crane one's neck; *prendere qlcu. per il* —, to put one's hands round s.o.'s neck, (*fig.*) to force s.o. to accept bad terms (*o fam.* to put the squeeze on s.o.); *essere immerso fino al — in qlco.*, to be up to one's neck in sthg.; *essere indebitato fino al* —, to be up to one's neck in debt; *gettare le braccia al — di qlcu.*, to fling one's arms round s.o.'s neck; *portare un bambino in* —, to carry (*o* to have) a child in one's arms; *portare il braccio al* —, to have one's arm in a sling; *rompersi l'osso del* —, to break one's neck; (*fig.*) to ruin oneself; *tirare il — a un pollo*, to wring a chicken's neck // *a rotta di* —, headlong (*o* at breakneck speed): *le cose vanno a rotta di* —, things are going from bad to worse // *tra capo e* —, unexpectedly // *giocarsi l'osso del* —, to bet one's shirt // *ci rimetterà l'osso del* —, (*fig.*) he'll lose the shirt off his back // *mettere il piede sul — a qlcu.*, to oppress (*o* to bully) s.o. **2** (*colletto*) collar **3** (*parte superiore di qlco.*) neck: — *del piede*, instep; — *di bottiglia*, neck of bottle; (*fig.*) bottleneck // (*mecc.*): — *d'oca*, gooseneck; *albero a — d'oca*, crankshaft // (*mar.*) — *dell'ancora*, trend.

collo[2] *s.m.* (*pacco*) package, parcel: *numero dei colli*, number of items; — *pesante*, bulky item // (*ferr.*) *merce a colli*, part-load traffic (*o* parcels).

collocabile *agg.* placeable.

collocamento *s.m.* **1** (*il collocare, il mettere*) placing, placement: — *a riposo*, retirement (*o* pensioning off); — *in congedo*, placing on leave; — *in aspettativa*, (placing in) temporary discharge **2** (*impiego*) employment: *agenzia di* —, employment agency (*o* bureau); *ufficio di* —, employment office (*o* employment exchange *o* job centre); *lista di* —, employment list; *iscriversi al* —, to register oneself as unemployed **3** (*comm.*) (*vendita*) sale, marketing, disposal; (*investimento*) investment, placing: — *di merci*, sale of goods; — *di titoli*, placing of securities; — *di risparmi*, investment of savings; — *in borsa*, stock-exchange placing.

collocare *v.tr.* **1** to place, to set*, to put*; to arrange: — *il tavolo in mezzo alla sala*, to place (*o* to put *o* to set) the table in the middle of the hall; *quest'opera lo colloca tra i maggiori scrittori del suo tempo*, (*fig.*) this book sets him among the major authors of his period; — *a riposo*, to pension off (*o* to superannuate) **2** (*trovare un impiego a*) to place, to find* (s.o.) employment; (*fam.*) to fix up: *la collocò presso una ditta importante*, he found her employment in an important firm **3** (*comm.*) to sell*, to place, to dispose of (sthg.); (*investire*) to invest: *incontriamo gravi difficoltà nel — i vostri articoli*, we meet great difficulties in selling (*o* placing) your articles; — *denaro*, to invest money; — *titoli*, to place securities **4** (*maritare*) to marry off.

□ **collocarsi** *v.rifl.* o *intr.pron.* **1** (*mettersi*) to take* one's place; to take* one's seat: *con questo romanzo egli si colloca a pieno diritto fra i maggiori scrittori moderni*, with this novel he takes his rightful place among the greatest modern writers // — *a riposo*, to retire (*o* to pension off) **2** (*ottenere un impiego*) to get* employment, to find* employment, to find* a job **3** (*sposarsi*) to get* married.

collocatore *s.m.* clerk (in a Labour Exchange); job centre official // (*fin.*) — *di fondi di investimento*, investment dealer.

collocazione *s.f.* **1** arrangement, placing, setting, placement **2** (*dei libri nelle biblioteche*) classification **3** (*fig.*) position, place: *la — moderata di un partito*, the moderate position of a party **4** (*fig.*) (*sistemazione*) place, position: *trovare la propria — in un ambiente di lavoro*, to find one's role at work **5** (*dir.*) (*di creditori*) classification.

collodio *s.m.* (*chim.*) collodion.

colloidale *agg.* (*chim.*) colloidal.

colloide *s.m.* (*chim.*) colloid.

colloquiale *agg.* colloquial, conversational: *parlare in tono* —, to speak with a conversational tone; *espressione* —, colloquial expression.

colloquialismo *s.m.* colloquialism.

colloquialità *s.f.* colloquialness.

colloquiare *v.intr.* to talk*, to converse.

colloquio *s.m.* **1** meeting; talk; (*form.*) colloquy; (*intervista*) interview: *ho avuto un — franco e chiarificatore col mio direttore*, I had a frank talk (*o fam.* chat) to clear things up with the boss; *avere un* — (*per un lavoro*), to have an interview (for a job); *finalmente il direttore mi ha concesso un* —, finally the manager granted me an interview; *il primo ministro sarà a — col presidente nei prossimi giorni*, the Prime Minister will have a meeting with the President in the next few days; *è a — col presidente proprio ora*, he's meeting the President at this moment **2** (*esame orale*) oral exam: *l'esame prevede un — e una parte scritta*, the exam consists of an oral part and a written part **3** *pl.* (*trattative*) talks: *i colloqui per il disarmo*, disarmament talks.

collosità *s.f.* stickiness, tackiness; viscosity.

colloso *agg.* sticky, tacky; gluey, viscous, glutinous: *brodo* —, gluey soup; *la resina è una sostanza collosa*, resin is a viscous substance.

collotipia *s.f.* (*fot.*) collotype.

collotorto *s.m.* **1** (*bacchettone*) bigot, hypocrite **2** (*zool.*) (*Jynx torquilla*) wryneck.

collottola *s.f.* nape, scruff: *lo afferrai per la* —, I seized him by the scruff of the neck.

colludere *v.intr.* (*dir.*) to collude.

collusione *s.f.* **1** collusion (*anche dir.*) **2** (*econ.*) collusion, illegal cooperation **3** (*pol.*) (secret) understanding.

collusivo, collusorio *agg.* (*dir.*) collusive.

collutorio *s.m.* mouthwash.

colluttare *v.intr.* (*letter.*) to scuffle; to grapple.

colluttazione *s.f.* **1** fight, struggle; scuffle, brawl: *nella violenta — picchiò la testa e svenne*, in the violent brawl he hit his head and was knocked unconscious **2** (*estens.*) (*scontro verbale*) squabble, dispute, argument.

colluviale *agg.* (*geol.*) colluvial: *deposito* —, colluvium.

colluvie *s.f.* (*letter.*) **1** sewage **2** (*fig. spreg.*) (*grande quantità*) mass, heap; (*di persone*) mob, gang, rabble.

colma *s.f.* high water.

colmare *v.tr.* **1** to fill up, to fill to the brim; to fill in: — *un bicchiere d'acqua*, to fill a glass to the brim with water; — *il divario tra...*, to bridge the gap between...; — *un vuoto, una lacuna*, to fill a gap // (*dir.*) — *le lacune di legge*, to fill the gaps of the law // (*econ.*) — *un deficit*, to cover a deficit // — *la misura*, (*fig.*) to go too far // (*agr.*) — *una palude*, to fill in (*o* to reclaim) a marsh // (*edil.*) — *una strada*, to crown a road **2** (*fig.*) to fill, to load, to overwhelm: — *qlcu. di onori*, to load s.o. with honours; — *di gioia*, to fill with joy.

colmareccio *s.m.* (*edil.*) ridgepole.

colmata *s.f.* **1** (*riempimento di terreno, palude*) filling in; reclamation **2** (*terreno rialzato*) fill; reclaimed land **3** (*rialzo di strada al centro*) crown **4** (*cumulo di sabbia*) silt, sandbank.

colmatore *s.m.* **1** (*idraulica*) warping canal **2** (*enologia*) cask-filler.

colmatura *s.f.* filling up, filling to the brim.

colmeggiare *v.intr.* (*non com.*) to rise*; to camber.

colmo[1] *s.m.* **1** top, summit, highest point; (*fig.*) height; climax, peak, summit; acme: *il — della fama*, the height (*o* the summit) of fame; *il — della felicità*, the height of happiness; *il — dell'impudenza*, the height of insolence; *il — della stagione*, the height of the season; *essere al — dell'ira*, to be in a towering rage; *nel — della gioventù*, in the flower of youth; *essere al — della disperazione*, to be in the depths of despair; *portare qlco. al —*, to raise sthg. to the highest pitch (*o* to the climax) // *per — di sfortuna*, as a crowning misfortune // *questo è il —!*, that beats everything! (*o* that's the last straw!) // *sai qual è il —?*, do you know what beats everything? (*o* do you know the worst of it?) // *il — per un sarto è cucire col filo del discorso*, the finest achievement of a tailor is to sew with the thread of the argument **2** (*edil.*) ridge; (*tegola*) ridge tile.

colmo[2] *agg.* **1** (*pieno*) full, brimful; overflowing: — *sino all'orlo*, full to the brim; *la misura è colma*, that's the last straw (*o* the limit) **2** (*non com.*) (*convesso*) convex, curved: *strada colma*, crowned road.

colofone *s.m.* colophon (*anche tip.*).

colofonia *s.f.* colophony, rosin.

cologaritmo *s.m.* (*mat.*) cologarithm.

colomba[1] *s.f.* **1** dove: *la — della pace*, the dove of peace // (*pol.*) *i falchi e le colombe*, hawks and doves **2** (*fig.*) pure woman*, innocent woman* **3** (*cuc.*) Italian Easter cake in form of a dove.

colomba[2] *s.f.* (*mar.*) keel.

colombaccio *s.m.* (*zool.*) (*Columba palumbus*) ring-dove, wood-pigeon.

colombaia *s.f.* dovecot, pigeon coop, pigeonry // *tirar sassi in —*, (*fig.*) to shoot oneself in the foot // *abitare in —*, (*fig. scherz.*) to live on the top floor.

colombario *s.m.* **1** (*archeol.*) columbarium* **2** (*di cimitero*) vault lined with burial niches.

colombella *s.f.* **1** small dove, little dove **2** (*fig.*) innocent girl, ingenuous girl **3** (*zool.*) (*Columba oenas*) stock dove **4** *a —*, in vertical fall, vertically.

colombiano[1] *agg.* Columbian, of (Christopher) Columbus, by (Christopher) Columbus.

colombiano[2] *agg.* e *s.m.* (*della Colombia*) Columbian.

colombicoltore *s.m.* pigeon breeder.

colombicoltura *s.f.* pigeon breeding.

colombiere *s.m.* (*mar.*) masthead.

colombina[1] *s.f.* **1** small dove **2** (*fig.*) pure girl, innocent girl **3** (*razzo*) dove-shaped rocket.

colombina[2] *s.f.* (*concime*) pigeon droppings (*pl.*).

colombino *agg.* **1** dove-like, dove (*attr.*), pigeon (*attr.*) **2** (*colore*) dove-grey.

colombo *s.m.* **1** pigeon: — *viaggiatore*, carrier pigeon (*o* homing pigeon) // — *selvatico* → colombaccio // — *terraiolo*, (*Columba livia*) rock dove **2** *pl.* (*innamorati*) sweethearts.

colon[1] *s.m.* (*anat.*) colon: — *ascendente*, ascending colon; — *iliaco*, iliac colon.

colon[2] *s.m.* (*metrica, ret.*) colon.

colònia[1] *s.f.* **1** colony, settlement: *fondare una —*, to found a colony; *gli antichi greci fondarono molte colonie*, the ancient Greeks founded a lot of colonies; *vivere nelle colonie*, to live in the colonies // — *penale*, penal settlement **2** (*estens.*) colony: *una — di artisti*, an artists' colony **3** (*biol.*, *zool.*) colony: — *animale*, animal colony; (*di foche*, *pinguini*) rookery; (*di insetti, uccelli*) nest **4** (*di vacanze*) summer camp, holiday camp, holiday home: — *marina*, (children's) seaside holiday camp (*o* seaside summer camp); — *montana*, (children's) mountain holiday camp (*o* summer camp in the mountains).

colonìa[2] *s.f.* (*dir.*) farming contract: — *parziaria*, sharecropping.

coloniale *agg.* **1** colonial: *i possedimenti coloniali inglesi*, the British colonies // *stile —*, colonial style **2** (*biol.*) colonial **3** (*colore*) khaki ◆ *s.m.* **1** (*chi vive in colonia*) colonial **2** *pl.* (*spezie ecc.*) colonial products, groceries.

colonialismo *s.m.* colonialism: — *economico*, economic colonialism.

colonialista *s.m.* e *f.* **1** (*fautore del colonialismo*) colonialist **2** (*esperto di colonialismo*) expert in colonial questions.

colonialistico *agg.* colonialist(ic).

colonico *agg.* of the farm; farm (*attr.*): *casa colonica*, farmhouse.

colonizzabile *agg.* colonizable.

colonizzare *v.tr.* **1** (*fondare colonie in*) to colonize, to found a colony in (a place) **2** (*ridurre a colonia*) to subject (*anche fig.*) **3** (*bonificare*) to reclaim.

colonizzatore *agg.* colonizing ◆ *s.m.* colonizer.

colonizzazione *s.f.* colonization.

colonna *s.f.* **1** (*arch.*) column, pillar: *colonne di un portico*, columns (*o* pillars) of a portico; — *dorica, ionica, corinzia*, Doric, Ionian, Corinthian column; — *rostrata*, rostral column // — *spezzata*, cippus // *colonne d'Ercole*, Pillars of Hercules // — *Traiana*, Trajan's column **2** (*fig.*) (*sostegno*) pillar, mainstay: *è la — della famiglia*, she's the mainstay of the family **3** (*estens.*) column: — *di fumo*, column of smoke; *la — del mercurio*, the column of mercury; *una — di cifre*, a column of figures; *mettere i numeri in —*, to put the numbers in a column (*o* one below the other) // (*comm.*) — *del dare, dell'avere*, debit (*o* debtor) side, credit side // (*cinem.*) — *sonora*, soundtrack // (*anat.*) — *vertebrale*, spinal column (*o* spine *o* backbone) // (*mat.*) *vettore —*, column vector **4** (*tip.*) column: — *di giornale*, newspaper column; *un titolo su quattro colonne*, a four-column headline; *larghezza di —*, column width; *bozza in —*, galley proof **5** (*fila*) column, line: *le automobili sostavano in — al casello*, the cars stopped in line at the tollbooth **6** (*mil.*) column: — *d'assalto, d'attacco*, storming column; — *di soldati*, column of soldiers; *in — di marcia*, in route column (*o* in column of route) // (*pol.*) *quinta —*, fifth column **7** (*chim.*, *fis.*) column: — *di distillazione*, stripping column; — *di rettifica*, rectifying column; — *termica*, thermal column **8** (*mar.*) post: — *di biga*, king post; (*lato verticale di vela*) leech **9** (*ginnastica*) the shoulder stand.

colonnare *agg.* columnar.

colonnato[1] *s.m.* (*arch.*) colonnade.

colonnato[2] *agg.* columned, pillared: *portico —*, pillared portico (*o* portico with columns).

colonnella *s.f.* (*scherz.*) (*moglie del colonnello*) colonel's wife* // *quella donna è una —!*, that woman is a stickler for discipline (*o* a martinet).

colonnello *s.m.* **1** (*mil.*) colonel: *tenente —*, (GB e USA) lieutenant colonel **2** (*aer. mil.*) (GB) group captain: *tenente —*, wing commander.

colonnetta *s.f.* **1** little column; (*arch.*) cippus (*pl.* -i) **2** (*region.*) bedside table **3** (*stele funeraria*) funerary stele.

colonnina *s.f.* (*distributore di carburante*) petrol pump.

colonnino *s.m.* **1** (*tip.*) half stick **2** (*di balaustrata*) baluster, banister **3** (*breve articolo di giornale*) single column.

colono *s.m.* **1** (*contadino*) farmer, husbandman*; (*affittuario*) tenant farmer; (*mezzadro*) sharecropper **2** (*abitante di colonia*) colonist, settler.

colophon → **colofone**.

coloquintide *s.f.* (*bot.*) (*Citrullus colocynthis*) colocynth.

colorabile *agg.* colourable.

coloramento *s.m.* (*non com.*) colouring.

colorante *agg.* colouring, dyeing: *materia —*, colour ◆ *s.m.* colouring matter, colouring agent, colour, colourant; dye, dyestuff; stain, stainer: *coloranti naturali, sintetici*, natural, synthetic dyes; — *per alimenti*, food colour; *alimento privo di coloranti*, food free from colouring agents; *coloranti alimentari*, food dyes; — *elettronico*, electron stain.

colorare *v.tr.* **1** to colour; to tinge; to tint; (*dipingere*) to paint: — *un disegno*, to colour a drawing **2** (*fig.*) to make* colourful, to enliven, to heighten: — *un discorso con espressioni vivaci*, to enliven a speech with colourful expressions.

□ **colorarsi** *v.intr.pron.* **1** to colour (*anche fig.*); to tinge, to turn (red, blue etc.), to go* (red, blue etc.): *il cielo si colorò di rosso*, the sky turned (*o* went) red **2** (*arrossire*) to colour, to go* red; (*per pudore, imbarazzo*) to blush; (*per collera, emozione, ubriachezza*) to flush.

colorato *agg.* stained: *vetrate colorate*, stained glass windows.

coloratura *s.f.* **1** → colorazione **2** (*mus.*) coloratura.

colorazione *s.f.* colouring, coloration: *prendere una — violacea*, to take on a violet coloration (*o* to turn violet).

colore *s.m.* **1** colour, (*amer.*) color: *un abito di — rosso*, a red dress; *di che — è il tuo maglione?*, what colour is your sweater?; *— solido*, (*di stoffa*) fast colour; *di — chiaro*, light -coloured // *senza —*, colourless // *a colori*, colour (*o* in colour): *film, televisore a colori*, colour film, television // *persone di —*, coloured people **2** (*sostanza colorante*) colour; (*tintura*) dye; (*tinta*) hue, tinge: *colori ad acquarello*, watercolours; *colori a olio*, oil paints; *una scatola di colori*, a paintbox; *occorrono tre mani di —*, it needs three coats of paint **3** *pl.* (*colori nazionali*) colours: *salutare i colori* (*nazionali*), to salute the colours **4** (*pol.*) tendency, leanings (*pl.*): *il — politico di un giornale*, the political tendency of a newspaper // *cambiar —*, (*fig.*) to change sides **5** (*del viso*) complexion, colour, colouring: *un viso dai colori accesi*, a ruddy complexion; *hai un brutto —*, you look ill (*o* off colour) // *cambiar —*, to change colour // *diventare di tutti i colori*, (*arrossire*) to go red (*o* to blush); (*impallidire*) to turn pale (*o* to blanch) **6** (*carte*) suit: *una mano di carte dello stesso —*, a hand of cards all of the same suit // *fare —*, (*poker*) to have a flush **7** (*fig.*) colour, character; appearance: *parole di — oscuro*, obscure -sounding words // *— locale*, local colour // *farne di tutti i colori*, to get up to all kinds of tricks (*o* mischief); *dirne di tutti i colori*, to let loose (*o* rip): *questa mattina sono arrivato tardi e me ne ha dette di tutti i colori*, he really let loose when I came in late this morning; *passarne di tutti i colori*, to go through all sorts of problems **8** (*fig.*) (*vivacità*) liveliness: *voce priva di —*, monotonous voice.

coloreria *s.f.* paint shop.

colorificio *s.m.* (*fabbrica*) paint factory, dye factory; (*negozio*) paint shop.

colorimetria *s.f.* (*fis.*) colorimetry.

colorimetrico *agg.* (*chim.*, *fis.*) colorimetric(al).

colorimetro *s.m.* (*fis.*) colorimeter.

colorire *v.tr.* **1** (*dare colore*) to colour, to paint **2** (*fig.*) (*ravvivare*) to colour, to enliven, to gild: *— un racconto*, to colour (*o* to lend colour to) a tale **3** (*fig.*) (*mascherare*) to colour, to disguise.

□ **colorirsi** *v.intr.pron.* to colour, to become* coloured: *si colorì in volto*, his face coloured (*o* he blushed).

colorismo *s.m.* emphasizing of the importance (of the effects) of colour; the use of vivid effects.

colorista *s.m.* e *f.* **1** (*operaio*) colour matcher; (*tecnico del colore*) colourist **2** (*pittore*) colourist.

coloristico *agg.* colouristic, colour (*attr.*).

colorito *agg.* **1** (*carico di colore*) coloured, vivid, (*di persona*) rosy, pink: *un viso —*, a rosy face **2** (*fig.*) colourful, vivid, lively: *usare un linguaggio —*, to use colourful language ◆ *s.m.* **1** (*carnagione*) complexion: *hai un bel — sano!*, you've got a good (*o* healthy) complexion **2** (*fig.*) vivacity, liveliness **3** (*mus.*) colour **4** (*pitt.*) colouring.

coloritura *s.f.* **1** colouring **2** (*fig.*) colour, tone, slant.

coloro *pron.dimostr.m.* e *f.pl.* **1** (*spec. antecedente di pron. rel.*) they (who), those people (who): *— che desiderano iscriversi sono pregati di riempire l'apposito modulo*, those who wish to enrol are requested to fill in the appropriate form **2** (*spreg.*) those people.

colossal → **kolossal**.

colossale *agg.* colossal, gigantic, huge, enormous; (*fam.*) tremendous: *statua —*, colossal statue; *un errore —*, a tremendous mistake.

colosso *s.m.* **1** colossus* // *il Colosso di Rodi*, the Colossus of Rhodes **2** (*grosso uomo*) colossus*, giant (*anche fig.*): *un — della musica*, a musical colossus (*o* giant); *i colossi dell'industria*, giants of industry; *un — militare*, a military colossus; *un — economico*, economic giant.

colostro *s.m.* (*biol.*) colostrum.

colpa *s.f.* **1** (*misfatto*) wrong, fault, misdeed, offence; (*peccato*) sin: *macchiarsi di una — grave*, to be guilty of a serious wrong; *pagherà per le sue colpe*, he'll pay for his misdeeds (*o* for his sins); *confessò la sua —*, he admitted his misdeed; *non è una — da poco arrivare in ritardo*, it's a serious matter to arrive late; *non ha mai commesso una — in vita sua*, he has never done anything wrong in his life **2** (*colpevolezza*) guilt, guiltiness; (*responsabilità*) fault: *dimostrare la — di qlcu.*, to prove s.o.'s guilt; *di chi è la —?*, whose fault is it?; *è — tua*, it's your fault; *accadde per — mia*, it was my fault; *sentirsi in — per qlco.*, to feel guilty about sthg. // *senso di —*, sense of guilt **3** (*biasimo*) blame: *dare la — di qlco. a qlcu.*, to blame (*o* to lay the blame on) s.o.; *non date la — a me*, don't blame (*o* do not lay the blame on) me; *prendersi la — di qlco.*, to take the blame for sthg. **4** (*dir.*) negligence: *— lieve, grave*, slight, gross negligence; *— professionale*, professional negligence; *responsabilità del medico per — professionale*, medical malpractice liability; *responsabilità senza —*, no fault liability.

colpabilità → **colpevolezza**.

colpevole *agg.* guilty, culpable: *negligenza —*, culpable negligence; *aveva un'aria —*, he looked guilty; *l'imputato fu dichiarato — di assassinio*, the defendant was found guilty of murder; *dichiararsi —*, to plead guilty; *sentirsi — di qlco.*, to feel guilty (*o* to feel oneself to blame) about sthg.; (*dir.*) *responsabilità —*, fault liability ◆ *s.m* e *f.* culprit, offender: *i veri colpevoli non furono scoperti*, the real culprits were not discovered.

colpevolezza *s.f.* guilt, culpability: *dimostrare la — dell'imputato*, to demonstrate the guilt of the accused; *prova di —*, proof of guilt.

colpevolismo *s.m.* attitude of a person who holds the accused to be guilty.

colpevolista *s.m.* e *f.* person who holds the accused to be guilty: *l'opinione pubblica era divisa tra colpevolisti e innocentisti*, public opinion was divided between those who held the accused to be guilty and those who held him to be innocent.

colpevolistico *agg.* that upholds the guilt of the accused.

colpevolizzare *v.tr.* to make* (s.o.) feel guilty.

□ **colpevolizzarsi** *v.rifl.* to make* oneself feel guilty.

colpevolmente *avv.* guiltily, culpably.

colpire *v.tr.* **1** (*battere*) to hit*, to knock, to strike*; (*con arma da fuoco*) to shoot*: *— qlcu. con un pugno, un bastone*, to hit (*o* strike) s.o. with a fist, a stick; *fu colpito da un sasso*, he was hit (*o* struck) by a stone; *mi colpì alla testa*, he hit (*o* struck) me on the head; *lo colpirono duramente*, they hit him hard (*o* they beat him severely); *— il bersaglio*, to hit the target (*o* the mark) // *— nel segno*, (*fig.*) to hit the mark (*o* to hit the nail on the head *o* to strike home) // *— al cuore*, (*fig.*) to mortally wound; *— qlcu. nel vivo*, to cut s.o. to the quick **2** (*impressionare*) to strike*, to surprise, to make* a deep impression on: *quel film colpì la sua immaginazione*, the film struck his imagination; *il colore della sua cravatta mi colpì*, the colour of his tie struck me **3** (*danneggiare*) to damage; to hit*, to affect: *la siccità ha colpito il raccolto*, the drought has damaged the crop; *— il contribuente*, to hit (*o* to affect) the taxpayer.

colpitore *s.m.* hitter; (*di pugile*) puncher.

colpo *s.m.* **1** blow, stroke: *un — di martello*, the stroke of a hammer; *uccidere un uomo con un — di spada*, to kill a man with the stroke of one's sword; *fu punito con dodici colpi di frusta*, he was punished with twelve lashes of the whip; *dare, vibrare un — a qlcu.*, to give (*o* deal *o* strike) s.o. a blow; *un — in testa*, a blow on the (*o* one's) head; *se l'è cavata con un — in testa*, all he got was a blow on his head // (*scherma*): *— di piatto*, flat stroke; *— di punta*, thrust; *— di taglio*, cut blow // (*tennis*): *— al volo*, volley; *— diritto*, forehand drive; *— rovescio*, backhand drive; *— schiacciato*, smash; *— smorzato*, drop shot // *— di remi*, oarstroke // *un — di spazzola*, a brushstroke // *un — di pettine*, a quick comb: *mi do un — di pettine ed esco*, I'll give my hair a quick comb and then go out // *— di sole*, sunstroke // *— di vento*, gust (of wind) // *— di fulmine*, stroke of lightning; (*fig.*) love at first sight // *— di timone*, tug of the tiller; (*fig.*) change of course // *— di coda*, flick of the tail; (*fig.*) sudden change // *— da maestro*, masterstroke // *— fortunato*, lucky stroke (*o* hit) // *— basso*, blow under the belt (*anche fig.*) // *— di fortuna*, stroke (*o* piece) of luck: *che — di fortuna!*, what a piece (*o* stroke) of luck! // *— di grazia*, finishing stroke // *— di telefono*, call (*o* ring): *dammi un — di telefono non appena hai un minuto*, give me a ring as soon as you can // (*mil.*): *— di stato*, coup d'état; *— di mano*, coup de main (*o* sudden attack) // *— di testa*, (*calcio*) header, (*fig.*) rash act: *non fare colpi di testa*, don't act rashly; *ha segnato con un — di testa*, he scored with a header // *— di genio*, stroke of genius // *— d'occhio*, (*occhiata*) quick glance; (*veduta*) view; *le case e il fiume sono un — d'occhio meraviglioso*, the houses and the river are a marvellous view; *a — d'occhio*, at a glance // *— di scena*, coup de théâtre (*o* stage trick); *un improvviso — di scena mise la polizia sulla pista giusta*, a sudden, unexpected turn of events set the police on the right track // (*idraulica*) *— d'ariete*, water hammer // *a — sicuro*, (*senza esitazione*) without any hesitation (*o* unhesitatingly), (*senza alcun rischio*) without any risk // *di —*, suddenly (*o* all of a sudden) // *d'un — solo, tutto d'un —*, all in one go // *sul —*, on the spot: *morire sul* —, to drop dead on the spot (*o* there and then), (*in un incidente*) to be killed outright (*o* instantly) // *dare un — al cerchio e uno alla botte*, to run with the hare and hunt with the hounds // *dare un — di spugna a qlco.*, to pass the sponge over sthg. // *incassare, ricevere un* —, (*fig.*) to take a blow; *accusare, incassare il* —, (*fig.*) to feel the blow // *far* —, to make a sensation; *far — su qlcu.*, to make a hit with s.o. // *senza — ferire*, without any resistance // *la morte dell'amico fu per lui un — fatale*, the death of his friend came to him as a fatal blow **2** (*d'arma da fuoco*) shot: — *di cannone*, gun shot; — *di fucile*, rifle shot; — *di rimbalzo*, ricocheting shot; — *a salve*, blank shot // *fallire il* —, to miss the target **3** (*apoplettico*) (apoplectic) stroke: *temevo gli venisse un* —, I was afraid he would have a stroke // *mi è venuto un — quando mi hanno presentato il conto*, I got a shock when I was given the bill // *mi venga un — se lo faccio!*, I'll be damned if I do it! // *ti venisse un —!*, damn you! (*o* hang you!) // *mi venisse un — se me ne sono ricordato*, I couldn't for the life of me remember **4** (*giornalistico*) scoop: *l'articolo sul segretario del partito è stato un bel* —, that article on the Party Leader was a real scoop **5** (*rapina*) robbery: *il — del secolo*, the robbery of the century; *fare un* —, to pull off a robbery; *hanno fatto un — in banca ieri mattina*, they robbed the bank yesterday morning.

colposamente *avv.* (*dir.*) unpremeditatedly, faultily, negligently.

colposcopia *s.f.* (*med.*) colposcopy.

colposo *agg.* (*dir.*) unpremeditated, culpable, negligent; (*senza premeditazione*) without malice aforethought: *omicidio* —, manslaughter (*o* negligent homicide).

coltella *s.f.* (large) kitchen knife; (*da macellaio*) chopper.

coltellaccino *s.m.* (*mar.*) upper studding sail.

coltellaccio *s.m.* **1** large knife **2** (*agr.*) (*avanvomero*) coulter **3** (*mar.*) studding sail.

coltellame *s.m.* knives (*pl.*).

coltellata *s.f.* **1** stab, knife wound: *una — nella schiena*, a stab in the back **2** (*fig.*) bitter blow, severe blow, terrible blow: *la notizia fu per lui una* —, the news was a bitter (*o* severe) blow for him **3** (*edil.*) brick-on-edge course.

coltelleria *s.f.* **1** (*assortimento di coltelli*) knives (*pl.*) **2** (*negozio*) cutler's (shop); (*fabbrica*) cutlery works.

coltelliera *s.f.* knife-case, knife-box.

coltellinaio *s.m.* cutler.

coltello *s.m.* **1** knife*: — *da tavola*, table knife; — *da pane*, bread knife; — *da pesce*, fish knife; — *a serramanico*, jack (*o* clasp) knife; — *da tasca*, pocket knife; — *da caccia*, hunting knife; — *anatomico*, surgical knife; — *per trinciare*, carving knife; *mi sono tagliato con un* —, I cut myself with a knife; *affilare un* —, to sharpen a knife; *metter mano al* —, to draw one's knife // *guerra a* —, war to the death // *puntare il — alla gola di qlcu.*, (*fig.*) to put a knife to s.o.'s throat // *avere il — per il manico*, to have the whip (*o* upper) hand // *nebbia da tagliare col* —, (*fam.*) pea souper // *mattoni a* —, bricks on edge **2** (*tecn.*) cutter, blade: (*mecc.*) — *per finitura*, finishing cutter; — *americano*, spokeshave; (*agr.*) — *dell'aratro*, coulter; — *della bilancia*, fulcrum; (*elettr.*) — *separatore*, disconnecting knife.

coltivabile *agg.* cultivable, tillable, arable, growable.

coltivabilità *s.f.* suitability for tilling; suitability for cultivation, cultivability.

coltivamento *s.m.* → **coltivazione**.

coltivare *v.tr.* **1** to cultivate, to farm, to till: — *la terra*, to till the soil; — *cereali*, to cultivate (*o* to grow *o* to raise) cereals **2** (*fig.*) to cultivate: — *un'amicizia*, to cultivate a friendship; — *le belle arti*, to cultivate the fine arts; — *l'ingegno*, to improve one's mind // — *una speranza*, to nourish a hope **3** (*miner.*) to mine: — *a giorno*, to quarry.

□ **coltivarsi** *v.rifl.* (*fam.*) to improve oneself.

coltivato *agg.* **1** cultivated, tilled: *campo* —, cultivated field **2** (*di coltura*) cultivated: *perle coltivate*, cultivated (*o* cultured) pearls ◆ *s.m.* cultivated land.

coltivatore *s.m.* **1** cultivator, tiller; cropper; (*contadino*) farmer; grower: — *di tabacco, cotone*, tobacco, cotton grower; *piccoli coltivatori*, small farmers; — *diretto*, (tenant) farmer **2** (*macchina agricola*) cultivator.

coltivazione *s.f.* **1** cultivation; (*della terra*) farming, tillage, tilling, growing: — *del tabacco, delle patate ecc.*, tobacco, potato, etc. growing; *in questa zona ci sono molte coltivazioni*, in this area there are many fields under cultivation; — *estensiva, intensiva*, extensive, intensive cultivation **2** (*miner.*) mining; (*sfruttamento*) exploitation: — *a giorno*, quarrying; — *a gradini*, benching; — *in ritirata*, retreat.

coltivo *agg.* **1** (*coltivabile*) cultivable, tillable, arable **2** (*coltivato*) cultivated, under cultivation, tilled.

colto[1] *agg.* **1** (*raccolto*) gathered, picked **2** (*preso*) caught, seized; (*sorpreso*) overtaken: — *dalla notte*, overtaken by night; — *sul fatto*, caught in the very act // *essere — di sorpresa*, to be taken by surprise.

colto[2] *agg.* **1** (*non com.*) (*coltivato*) cultivated **2** (*istruito*) cultured, cultivated, (well) educated; (*dotto*) learned // *lingua colta*, educated (*o* refined) speech.

coltrare e *deriv.* → **arare** e *deriv.*

coltre *s.f.* **1** (*coperta di lana*) blanket; (*copriletto*) coverlet **2** (*estens.*) blanket, layer: *sotto una spessa — di neve*, under a thick blanket of snow **3** (*drappo funebre*) pall.

coltro *s.m.* (*agr.*) coulter.

coltrone *s.m.* **1** (*coperta imbottita*) quilt; counterpane **2** (*tenda imbottita*) quilt curtain.

coltura *s.f.* **1** (*coltivazione*) cultivation, farming, growing, tilling, tillage: — *a rotazione, rotativa*, crop rotation; — *forzata*, forcing; — *idroponica*, hydroponics (*o* tank farming); — *intercalare*, catch-crop **2** (*spec. pl.*) (*raccolto, terreno coltivato*) crops (*pl.*) **3** (*allevamento*) rearing, breeding: — *di bachi da seta*, silkworm breeding **4** (*biol.*) culture: — *cellulare*, cell culture; — *batterica*, bacterial culture; *terreno di* —, culture medium.

-coltura *suff.* che indica **1** 'coltivazione'; ingl. growing, farming, -culture: *viticoltura*, viticulture (*o* vine growing); *tabacchicoltura*, tobacco growing **2** 'allevamento'; ingl. breeding, keeping, growing, -culture: *piscicoltura*, fish breeding; *pollicoltura*, chicken farming; *bachicoltura*, silkworm breeding.

colturale *agg.* **1** (*di coltivazione*) of cultivation, in cultivation, cultivation (*attr.*) **2** (*di allevamento*) breeding (*attr.*).

colturamento *s.m.* (*agr.*) cultivation.

colubrina *s.f.* (*st. artigl.*) culverin.

colubro *s.m.* **1** (*letter.*) serpent, snake **2** (*zool.*) coluber: — *di Esculapio*, (*Elaphe longissima*) Aesculapius' snake.

colui *pron.dimostr.m.sing.* **1** (*spec. antecedente di pron. rel.*) the man, the one (who); (*form.*) he (who): — *che assumerà l'incarico avrà un compito difficile*, the one who gets the job will have a hard time of it; *Benedetto Colui che viene nel nome del Signore*, Blessed is He who comes in the name of the Lord **2** (*spreg.*) that man.

columbio *s.m.* (*chim.*) columbium.

columbite *s.f.* (*min.*) columbite, tantalite.

columella *s.f.* (*anat.*) columella (*pl.* -ae).

columnist *s.m.* e *f.* columnist.

coluro *s.m.* (*astr.*) colure.

colza *s.f.* (*bot.*) (*Brassica napus arvensis*) rape, (*scient.*) colza: *olio di* —, rape oil; *semi di* —, rape seeds.

coma *s.m.* (*med.*) coma: *entrare in, uscire dal* —, to go into, to come out of a coma; — *profondo*, deep coma; — *reversibile, irreversibile*, reversible, irreversible coma.

comacino *agg.* (*letter.*) of Como, from Como // (*st. arte*) *maestri comacini*, the Comacine masters.

comandamento *s.m.* **1** (*ant.*) command, order **2** (*relig.*) commandment: *i dieci Comandamenti*, the Ten Commandments; *infrangere un* —, to break one of the Commandments.

comandante *s.m.* (*mil.*) commander, commanding officer, master; (*di piazzaforte, arsenale ecc.*) commandant: (*aer.*) *il — vi augura buon viaggio*, the captain wishes you a pleasant journey; (*mar.*) — *del porto*, harbour master; — *di battaglione*, major; (*aer.*) — *di squadriglia*, squadron leader; — *in capo*, commander in chief; — *in seconda*, second -in-command; (*mar.*) executive officer.

comandare *v.tr.* **1** to order, to command, to give* orders to (s.o.): *gli comandai di venire*, I ordered him to come; — *l'ubbidienza, il silenzio*, to order (*o* to insist upon) obedience, silence; (*sport*) — *una punizione*, to award a free kick // (*mil.*) *comandi!*, at your orders (*o* at your service! *o* yes Sir!) // *le lacrime non si comandano*, one cannot shed tears at will // — *qlcu. a bacchetta*, to rule s.o. with a rod of iron (*o* an iron hand) // *chi non sa obbedire non sa* —, (*prov.*) through obedience learn to command **2** (*essere al comando di*) to command, to be in command of (sthg.); to be in charge of (sthg.): — *l'esercito, una nave, un reggimento*, to be in command of the army, a ship, a regiment **3** (*mecc.*) to control, to operate; (*muovere*) to drive*: — *a distanza*, to remote control; (*elettr.*) — *mediante relè*, to relay **4** (*richiedere*) to demand, to require, to need*, to command; to bid*: *una circostanza che comanda prudenza*, a situation that requires prudence // *come Dio comanda*, as God commands (*o* orders *o* bids); *abbiamo organizzato tutto come Dio comanda*, we organized everything to perfection **5** (*fare un'ordinazione*) to order: *il signore (cosa) comanda?*, what would you like to order, Sir? (*o* Yes, Sir?) **6** (*burocrazia*) (*destinare*) to second, to attach temporarily; (*mil.*) to detail **7** (*letter.*) (*raccomandare*) to recommend ◆

v.intr. to be in charge of, to be in command: *comando io*, I'm in charge; *chi comanda?*, who's in charge?

comandata *s.f.* (*mar.*) fatigue party.

comandato *agg.* **1** commanded, ordered; (*mil.*) detailed // (*eccl.*) *feste comandate*, holidays of obligation (*o* obligatory feast days) **2** (*mecc.*) controlled, operated; (*mosso*) driven: — *a distanza*, remote controlled; — *a distanza a mezzo radio*, radio-controlled; — *a mano*, hand driven; — *a motore*, motor driven; — *meccanicamente*, machine driven (*o* power operated *o* mechanically actuated) **3** (*burocrazia*) seconded, temporarily attached: *soldato — di ronda*, soldier detailed for patrol duty; *professore — presso il ministero*, teacher seconded (*o* temporarily attached) to the Ministry.

comando *s.m.* **1** (*ordine*) order, command; (*letter.*) bidding: *dare un —*, to give an order (*o* a command); *stare ai comandi di qlcu.*, to be at s.o.'s command (*o* to be at s.o.'s beck and call); *avere una cosa, una persona al proprio —*, to have sthg., s.o. at one's beck and call // *ai vostri comandi!*, at your service! **2** (*autorità*) command; charge, supervision: *ha mille uomini al suo —*, he has a thousand men under his command; *accettare il —*, to accept command; *assumere il —*, to take command (*o* charge); *essere al — di un battaglione*, to be in command of a battalion; *prendere il — delle operazioni*, to take charge of operations // *avere la bacchetta del —*, to have full authority **3** (*sede di comandante*) headquarters (*pl.*): — *generale*, general headquarters (*abbr.* GHQ) **4** (*burocrazia*) secondment; temporary attachment **5** (*sport*) lead, head: *essere al — della classifica*, to be at the top of the league; *prendere il —*, to take the lead **6** (*tecn.*) control: — *a distanza*, remote control; — *a pulsante*, push -button control; — *ausiliario*, servo control; — *automatico*, automatic control; — *centralizzato*, central system control // (*aer.*): *doppio —*, dual control; *comandi di volo*, flying controls; *superficie di —*, control surface **7** (*mecc.*) — *meccanico*, drive; — *manuale*, hand drive **8** (*inform.*) command; (*istruzione*) instruction.

comandolo *s.m.* (*tess.*) thread.

comare *s.f.* **1** (*madrina*) godmother **2** (*fam.*) gossip **3** (*ant.*) (*appellativo rivolto a donna*) mistress // *la — secca*, (*fam.*) Death // (*lett.*) *'Le allegre comari di Windsor'*, 'The Merry Wives of Windsor' **4** (*levatrice*) midwife.

comasco *agg.* of Como, from Como, Como (*attr.*) ◆ *s.m.* inhabitant of Como, native of Como.

comatoso *agg.* (*med.*) comatose: *stato —*, comatose state.

combaciamento *s.m.* **1** tallying, fitting together, mating **2** (*giuntura*) joint; point of contact.

combaciare *v.intr.* **1** to tally, to fit together, to join, to meet* **2** (*fig.*) to tally, to correspond, to coincide: *due opinioni che combaciano*, two opinions that correspond.

combattente *s.m.* **1** combatant, fighting man; fighter **2** (*soldato*) soldier, serviceman*; (*ex combattente*) ex-serviceman*; (*amer.*) veteran **3** (*zool.*) (*Philomacus pugnax*) ruff ◆ *agg.* fighting, combatant; *reparto —*, fighting unit.

combattentismo *s.m.* **1** (*bellicismo*) belligerence **2** (*st.*) nationalist political movement founded by ex-servicemen after the first world war.

combattentistico *agg.* soldier-(like) (*attr.*); ex-servicemen's (*attr.*).

combattere *v.intr.* **1** to fight*, to combat, to battle, to contend: — *a fianco di qlcu.*, to fight alongside (*o* with s.o. *o* on s.o.'s side); — *ad armi pari*, to fight on equal terms; — *contro qlcu.*, to fight against (*o* with) s.o.; — *corpo a corpo*, to fight hand-to-hand (*o* to engage in hand-to-hand fighting); — *per mare*, to fight at sea (*o* to wage war at sea); *morire combattendo per la patria*, to die fighting for one's country **2** (*fig.*) to fight*, to battle (with s.o., sthg.); to contend, to struggle: — *contro le difficoltà*, to contend with difficulties **3** (*sport*) (*gareggiare*) to fight* ◆ *v.tr.* to fight*, to oppose, to combat: — *una battaglia*, to fight a battle; — *un'eresia*, to combat a heresy; — *il cancro*, to fight (against) cancer; — *l'ingiustizia*, to fight against injustice.

□ **combattersi** *v.rifl.rec.* to fight*.

combattimento *s.m.* **1** combat, fight, fighting; battle; (*mil.*) action: *morì in —*, he fell (*o* was killed) in action (*o* in battle); *i combattimenti sono ripresi sul fronte orientale*, fighting has broken out again on the eastern front; *addestrare truppe al —*, to train troops for combat // — *dei galli*, cockfight **2** (*fig.*) strife, conflict **3** (*boxe*) match: *fu messo fuori —*, he was knocked out.

combattitore *s.m.* (*letter.*) fighter, warrior ◆ *agg.* fighting.

combattività *s.f.* combativeness, fighting spirit: *una squadra di grande —*, a team with a strong fighting spirit.

combattivo *agg.* combative, fighting, bellicose; pugnacious: *spirito —*, fighting spirit; *persona combattiva*, pugnacious person.

combattuto *agg.* **1** hard fought, hard won; heated: *discussione combattuta*, heated discussion; *gara combattuta*, hard fought competition **2** (*fig.*) (*indeciso*) torn; uncertain; (*agitato*) tortured; *era — tra l'accettare il nuovo incarico e darsi alla libera professione*, he was uncertain whether to accept the new job or go freelance (*o* he was torn between accepting the new job and going freelance); *un uomo — dai rimorsi*, a man tortured by remorse.

combinabile *agg.* **1** combinative, combinable: *sostanze combinabili*, combinable substances **2** (*che si accordano*) compatible, matchable: *colori combinabili*, matchable (*o* compatible) colours.

combinabilità *s.f.* compatibility, combinableness.

combinare *v.tr.* **1** to combine; to reconcile, to put* together; (*colori*) to match (up): *vorrei poter sempre — lavoro e piacere*, I wish I could always combine work with pleasure **2** (*concludere*) to conclude, to settle, to fix up; to arrange: — *un affare*, to conclude a transaction; (*fam.*) to clinch a deal; — *un matrimonio*, to arrange (*o* to bring about) a marriage **3** (*progettare*) to plan, to organize, to arrange: — *un viaggio in Spagna*, to plan a trip to Spain **4** (*fare*) to do*; to make*; (*fam.*) to be up to, to get* up to: *cosa stai combinando?*, what are you up to? (*o* what are you doing?) // — *dei guai*, to get into trouble // *combinarne di tutti i colori*, to get up to all kinds of mischief **5** (*chim.*) to combine ◆ *v.intr.* (*andare d'accordo*) to agree; (*di colori*) to match: *le sue idee non combinano con le mie*, his ideas do not agree with mine.

□ **combinarsi** *v.rifl.* o *intr.pron.* **1** (*accordarsi*) to agree, to come* to an agreement, to settle: *non ci siamo combinati nel prezzo*, we didn't agree (*o* settle) on the price // *tariffa combinata*, combined rate **2** (*fam.*) (*conciarsi*) to get* oneself up: *ma come ti sei combinato?*, why have you got yourself up like that? **3** (*di colori*) to match, to go* (with) **4** (*chim.*) to combine: *l'idrogeno si combina con l'ossigeno*, hydrogen combines with oxygen **5** (*non com.*) (*capitare*) to happen: *si combinò che io uscivo mentre egli entrava*, I just happened to be going out while he was coming in.

combinata *s.f.* (*sci*) combined event.

combinato *agg.* **1** (*predisposto*) arranged, settled; (*truccato*) fixed, rigged // *matrimonio —*, arranged marriage **2** (*messo insieme*) matched; put together // *è proprio — male*, *mal —*, (*fam.*) he's in a mess **3** (*mil.*) combined, joint **4** (*chim.*) combined.

combinatore *agg.* combinative, combinatory: (*tel.*) *disco —*, dial ◆ *s.m.* **1** combiner, arranger **2** (*elettr.*) controller.

combinatoria *s.f.* (*mat.*) combinatorics [U].

combinatorio *agg.* combinatorial, combinatory: (*mat.*) *calcolo —*, combinatorial analysis.

combinazione *s.f.* **1** combination (*anche chim.*, *mat.*): (*econ.*) — *di minor costo*, minimum (*o* least)-cost combination; — *tra qualità e quantità*, trade-off between quality and quantity // (*pol.*) — *di politiche*, policy mix **2** (*sistemazione*) arrangement **3** (*coincidenza*) coincidence; (*caso*) chance: *fu una bella —*, it was a lucky coincidence; *lo vidi per —*, I saw him by chance **4** (*di cassaforte*) combination **5** (*biancheria*) lingerie set; (*per uomo*) combinations (*pl.*).

combine *s.f.* **1** (*accordo illecito*) swindle, fraud, rigging: *il risultato della votazione è frutto di una —*, the result is due to vote -rigging **2** (*agr.*) combine harvester.

combo *s.m.* **1** (*fot.*) montage **2** (*mus.*) combo.

combriccola *s.f.* **1** (*cricca*) band, gang, bunch, set; clique; cabal: *una — di malviventi*, a gang of rogues **2** (*fam.*) (*comitiva*) group, party: *una — di vecchi amici*, a group of old friends // *far —*, to gang up.

comburente *agg.* **1** comburent **2** combustive ◆ *s.m.* comburent.

comburenza *s.f.* (*chim.*) comburence.

combustibile *agg.* combustible: *olio, gas —*, combustible oil, gas ◆ *s.m.* fuel, combustible (material): — *a basso potere calorifico*, low-grade fuel; — *ad alto potere calorifico*, high-grade fuel; — *nucleare*, nuclear fuel; *usato come —*, used for fuel; *rifornire di —*, to fuel (*o* to refuel); *pila a —*, fuel cell.

combustibilità *s.f.* combustibility.

combustione *s.f.* combustion; (*il bruciare*) burning: — *completa*, perfect combustion; — *incompleta*, incomplete combustion; — *lenta*, slow combustion; — *rapida*, brisk (*o* lively) combustion // *arresto della —*, flameout;

camera di —, (*di caldaia*) firebox; (*di motore*) combustion chamber; *cattiva* —, uneven combustion; *gas di* —, fuel gas; *residui della* —, combustion residual products.

combusto *agg.* burnt.

combustore *s.m.* (*mecc.*) combustor; (*di motore continuo*) heater; (*di motore alternativo*) combustion chamber.

combutta *s.f.* bunch, gang: *una — d'imbroglioni*, a bunch (*o* gang) of swindlers // *in* —, all together (*o* hand in glove): *era in — con un agente del governo straniero*, he was hand in glove with an agent of the foreign governement.

come *avv.* **1** (*in frasi interr. dirette e indirette*) how; what... like: — *stai?*, how are you?; — *te la cavi in inglese?*, what's your English like? (*o* how good is your English?); — *si scrive questa parola?*, how do you spell this word?; — *si dice in inglese...?*, what's the English for...?; — *si fa?*, how is it to be done? (*o* how do you do it?); *com'era il film?*, what was the film like?; *com'è il tempo?*, what's the weather like?; *non so — dirglielo*, I don't know how to tell him; *fammi sapere — è andata*, let me know how it went; *non so proprio — sia riuscito a farlo*, I just don't know how he managed to do it // — *mai?*, why?; (*enfatico*) how come?; why ever?: *mi domando — mai non sia ancora arrivato*, I wonder why he hasn't got here yet; *i documenti erano in regola, ma la domanda è stata respinta. Come mai?*, the papers were in order, but the application was turned down. How come? // *com'è che non sei mai in casa?*, why are you never at home?; — *dici?*, — *hai detto?*, what's that? (*o* what did you say?) // — *sarebbe a dire?*, what do you mean? // — *si permette?*, how dare you! // *com'è, — non è*, (*fam.*), somehow or other; (*all'improvviso*) all of a sudden // *ma —?!*, (*per esprimere meraviglia o sdegno*) how come? (*o* what?) // — *no?!*, of course!: *"Accetterai, vero?" "Come no?!"* "You'll accept, won't you?" "Of course (I will)!" **2** (*in frasi esclamative*) how: *com'è gentile da parte sua!*, how kind of you!; — *mi dispiace!*, how sorry I am!; *guarda — nevica!*, look how hard it's snowing!; — *parla bene!*, how well he speaks!; — *sono cambiati i tempi!*, how times have changed! // Con uso rafforzativo o enfatico: *"Vi siete divertiti?" "E —!"*, "Did you have a good time?" "And how!"; *Ma —! Siete già tornati?*, What! Back already? **3** (*il modo in cui*) how, the way: *mi raccontò — era riuscito a ottenere il posto*, he told me how he'd managed to get the job; *ecco — sono andate le cose*, this is how things went // *bada a — parli*, watch your tongue **4** (*in frasi comparative e nei compar. di uguaglianza*) as (so)... as; (*con un compar. di maggioranza*) than: *mio fratello è alto — me*, my brother is as tall as me (*o* as I am); *non è* (*così*) *ingenuo — sembra*, he isn't as simple as he seems; *siamo arrivati più tardi di — avevamo previsto*, we got there later than we expected; *l'esame è andato meglio di — pensassi*, I did better than I'd expected in the exam // Nelle similitudini: *bianco — la neve*, as white as snow; *duro — il ferro*, as hard as iron; *il mare era liscio — l'olio*, the sea was as smooth as glass **5** (*in qualità di*) as: *ti parlo — amico, non — medico*, I'm talking to you as a friend, not (as) a doctor; *l'hanno citato — testimone*, he was cited as a witness; *tutti lo vorrebbero — socio*, everyone would like him as a partner; — *avvocato, non vale un gran che*, as a lawyer, he isn't up to much **6** (*nel modo in cui*) as: *ho fatto — hai voluto tu*, I did as you wanted; *non fare — me*, don't do as I did; *tutto è andato — speravamo*, everything went as we'd hoped; *non sempre si può fare — si vuole*, you can't always do as you like; *lascia le cose — stanno*, leave things as they are **7** (*per indicare somiglianza*) like; (*nelle esemplificazioni*) such as: *indossava un abito — questo*, she was wearing a dress like this one; *correva — un pazzo*, he was running like mad; *è ingegnere — suo padre*, he's an engineer, like his father; *si è comportato — un vero signore*, he behaved like a true gentleman; *l'appartamento mi è costato qualcosa — 200 milioni*, the flat cost me something like 200 million (liras); *non ti si presenterà più un'occasione — questa*, you won't get another chance like this; *c'erano famosi giornalisti e scrittori, —...*, there were famous writers and reporters, such as...; *in Lombardia ci sono bellissimi laghi, — il Lago Maggiore, il Lago di Como,...*, there are some lovely lakes in Lombardy, such as Lake Maggiore, Lake Como,... **8** (*spesso in correl. con* così, tanto) as; both... and; as well as: (*tanto*) *di giorno — di notte*, by day as by night (*o* both by day and night *o* by day as well as by night); *tanto il padre — la madre sono americani*, his father and mother are both American; *tanto gli uni — gli altri*, both; *tanto i greci — i romani...*, both the Greeks and the Romans... (*o* the Greeks as well as the Romans...) // — *pure*, as well as: *New York, — pure Londra, è un grande porto fluviale*, New York is a great river port, as well as (*o* as is) London.

◆ FRASEOLOGIA: *oggi — oggi*, as things are at present // *vecchio com'è*, old as he is // *io — io, non accetterei*, if it were me, I'd refuse // *6 sta a 3 — 10 sta a 5*, 6 is to 3 as 10 is to 5 // — *non detto*, forget it // *com'è vero che...*, as sure as... // — *segue*, as follows // — *sopra*, as above // (*comm.*): — *d'accordo*, as agreed; — *da campione*, as per sample; — *da copia acclusa*, see enclosed copy; — *da vostra richiesta*, as requested.

◆ *cong.* **1** (*con valore temporale*) as, as soon as: — *mi vide, mi buttò le braccia al collo*, as soon as she saw me, she threw her arms round my neck; — *avvertì i primi sintomi, telefonò al medico*, as soon as she noticed the first symptoms, she telephoned the doctor; — *arrivavano, i candidati venivano condotti ai loro posti*, as they arrived, the candidates were shown to their places **2** (*con valore dichiarativo*) that: *tutti sanno — la Luna sia un satellite della Terra*, everyone knows (that) the Moon is a satellite of the Earth **3** — *se*, as if, as though: *continuava a parlare, — se non sentisse quello che gli dicevo*, he went on talking, as if (*o* as though) he hadn't heard what I said; — *se fosse facile...*, as if it were easy...

◆ *s.m.*: *il — e il perché*, the whys and wherefores // *volle sapere il — e il quando*, he wanted to know the ins and outs.

comedone *s.m.* comedo*.

comento *s.m.* (*mar.*) seam.

cometa *s.f.* (*astr.*) comet // *la* (*stella*) *cometa*, the star in the east (*o* of Bethlehem).

cometario *agg.* (*astr.*) cometary: *orbita cometaria*, orbit of a comet.

comfort *s.m.* (*comodità*) comfort // (*con*) *tutti i* —, (*nella pubblicità di alberghi*) with all mod cons.

comica *s.f.* (*cinem.*) (silent) comedy: *le comiche di Charlot*, Chaplin's comedies // *che —!*, (*fig. fam.*) what a joke!

comicamente *avv.* comically.

comicità *s.f.* funny side; comedy: *non si poteva non notare la — della situazione*, it was impossible not to see the funny side of the situation.

comicizzare *v.tr.* (*non com.*) to render (sthg.) comical; to turn (sthg.) into comedy.

comico *agg.* **1** (*che fa ridere*) comical; funny; laughable; amusing: *una persona comica*, a funny person; *un film* —, a funny film **2** (*di commedia*) comic: (*mus.*) *opera comica*, comic opera // *vis comica*, 'vis comica' (*o* comic power) ◆ *s.m.* **1** (*comicità*) funniness; comicality: *buttare qlco. sul* —, to bring out the funny side of sthg. **2** (*attore*) comic actor, comedy actor; (*cabarettista*) comedian, comic, stand-up comic // *comici vaganti*, strolling players.

comignolo *s.m.* **1** chimneypot **2** (*sommità del tetto*) ridgecap.

cominciare *v.tr.* e *intr.* to begin*; to start; to commence: *cominciò un lavoro interessante*, he began an interesting job; *cominciò il viaggio da Genova*, he started his trip from Genoa; *hai già cominciato a leggere quel libro?*, have you started (reading) that book, yet?; *cominciò a piovere*, it began raining (*o* to rain); *cominciò col dire*, he began by saying; *oggi cominceremo da pagina 60*, today we'll begin at page 60; *a — da oggi*, from today on (*o* as from today on); *per* —, to begin (*o* to start); *ci proveremo tutti, a — da me*, we'll all try, beginning with me; *è cominciato lo sciopero*, the strike has begun // *chi ben comincia, è a metà dell'opera*, (*prov.*) well begun is half done.

cominformista *s.m.* e *f.* Cominformist.

cominformistico *agg.* Cominform (*attr.*).

comino → **cumino**.

comitale *agg.* of a count; (*di conte inglese*) of an earl: *corona* —, earl's coronet.

comitativo *s.m.* e *agg.* (*ling.*) comitative.

comitato *s.m.* committee, board; (*commissione*) commission; (*consiglio*) council: *un — di esaminatori*, a board of examiners; — *direttivo*, managing committee (*o* steering committee); — *esecutivo*, executive committee; — *di gestione*, management committee; — *d'inchiesta*, board of inquiry; — *permanente*, standing committee; — *di controllo dei prezzi*, price -control board; — *dei consumatori*, consumer council; *far parte di un* —, to be on a committee; *Comitato Nazionale per l'Energia Nucleare*, National Committee for Nuclear Energy; *Comitato Internazionale per gli Scambi*, International Committee for Exchanges // (*fin.*): *Comitato della Borsa Valori*, Council of the Stock Exchange; — *del bilancio*, budget committee; — *di controllo dei conti*, audit committee // (*dir.*) — *dei creditori*, committee of creditors.

comitiva *s.f.* party; group: *viaggiare in* —, to travel in (*o* with) a group.

comiziante *s.m.* e *f.* **1** (*chi tiene un comizio*) speaker at a political meeting **2** (*chi partecipa a un comizio*) person attending a political meeting.

comizio *s.m.* meeting, assembly: — *elettorale*, electoral meeting; — *politico*, political meeting (*o* rally); *indire un* —, to call a meeting; *tenere un* —, to hold a meeting.

comma *s.m.* 1 (*dir.*) (*capoverso*) paragraph 2 (*mus.*) comma.

commando *s.m.* 1 (*mar.*) spun yarn 2 (*mil.*) commando*, group of commando(e)s: *un — di terroristi ha rivendicato la responsabilità dell'attentato*, terrorist commandos have claimed responsibility for the bombing.

commedia *s.f.* 1 (*teatr.*) comedy; play: — *dell'arte*, commedia dell'arte; — *musicale*, musical (comedy); — *a soggetto*, improvised comedy; — *a tesi*, problem play; — *di carattere*, character comedy; — *di costume*, comedy of manners; — *d'intreccio*, comedy of intrigue; — *triviale*, low comedy // (*lett.*) *'La Divina Commedia'*, 'The Divine Comedy' // *finire in* —, to end up as a farce 2 (*fig.*) sham, make-believe, pretence: *fare, recitare la* —, to play a part (*o* to sham); *non c'era niente di vero: era tutta una* —, it wasn't true at all: it was all an act (*o* a put-on).

commediante *s.m.* 1 player; comedian; (comic) actor, comedy actor 2 (*fig.*) (*simulatore*) shammer; (*ipocrita*) hypocrite ◆ *s.f.* 1 player; comedienne; (comic) actress, comedy actress 2 (*fig.*) (*simulatrice*) shammer; (*ipocrita*) hypocrite.

commediare *v.intr.* to write* a play (about sthg.).

commediografo *s.m.* playwright; comedy writer.

commemorabile *agg.* commemorable.

commemorare *v.tr.* to commemorate, to celebrate: — *una vittoria*, to commemorate a victory.

commemorativo *agg.* commemorative; memorial: *cerimonia (religiosa) commemorativa*, memorial (*o* commemorative) service; *lapide commemorativa*, memorial tablet; *monumento* —, memorial.

commemorazione *s.f.* 1 commemoration 2 (*eccl.*) commemoration prayer.

commenda *s.f.* 1 (*eccl.*) commendam 2 (*di ordine cavalleresco o civile*) commenda.

commendare *v.tr.* (*letter.*) → **raccomandare**.

commendatario *agg.* (*eccl.*) commendatory: *abate* —, commendatory abbot ◆ *s.m.* (*eccl.*) commendator.

commendatizio *agg.* (*letter.*) of recommendation.

commendatore *s.m.* 1 'commendatore' (commander of an Italian order of chivalry): — *della Repubblica*, 'commendatore' of the Italian Republic 2 (*di ordine cavalleresco*) commendatory.

commendevole *agg.* (*letter.*) commendable, praiseworthy, laudable.

commensale *s.m.* 1 table-companion; fellow guest 2 (*scient.*) commensal.

commensalismo *s.m.* (*biol.*, *ecol.*) commensalism.

commensurabile *agg.* commensurable (*anche mat.*).

commensurabilità *s.f.* commensurability (*anche mat.*).

commensurare *v.tr.* (*letter.*) 1 to measure 2 (*paragonare*) to compare.

commentare *v.tr.* 1 (*spiegare*) to comment on, upon (sthg.): to annotate; to expound: — *la Bibbia*, to expound the Scriptures; — *un testo*, to comment upon (*o* to annotate) a text 2 (*eventi, parole*) to comment on, upon (sthg.); to remark upon (sthg.): — *un avvenimento*, to comment (up)on (*o* to make comments on) an event; *non ha commentato il fatto*, he did not comment on the fact.

commentario *s.m.* commentary // *i Commentari di Cesare*, Caesar's Commentaries.

commentatore *s.m.* 1 commentator: *un — sportivo*, a sports commentator 2 (*di testi*) annotator.

commento *s.m.* 1 (*di un testo*) commentary; comment: *'La Divina Commedia' col — di...*, 'The Divine Comedy' with notes by...; *l'insegnante fece un — della poesia*, the teacher commentated on the poem 2 (*di eventi, parole*) comment, remark; — *sfavorevole*, unfavourable remark; *avete commenti da fare?*, have you any comments?; *non fece commenti*, he made no comment; *la sua condotta provocò un'infinità di commenti*, her behaviour aroused a great deal of comment; *se ne andò senza fare commenti*, he left without passing comment // — *radiofonico*, running commentary: *fare il — radiofonico della partita*, to give a running commentary on the match // — *musicale*, background music.

commerciabile *agg.* saleable, negotiable, marketable, (*amer.*) merchantable: *prodotto* —, saleable commodity; *prodotti non commerciabili*, unmarketable (*o amer.* unmerchantable) products; (*fin.*) *titoli commerciabili*, negotiable bills.

commerciabilità *s.f.* saleability, negotiability, marketability.

commerciale *agg.* 1 (*che riguarda l'attività commerciale*) commercial, trade (*attr.*), trading (*attr.*), business (*attr.*): *banca* —, commercial bank; *scuola* —, commercial school; *valore* —, commercial value; *società* —, trading company; *centro* —, trading centre; *scambi commerciali*, trade exchanges; *relazioni commerciali*, business relations; *scienze economiche e commerciali*, science of business management; *diritto* —, commercial (*o* trade *o* mercantile) law; *nome* —, trade (*o* brand) name; *lettera* —, business letter // *direzione* —, sales management: *gli è stata data la direzione — (di)*, he has been appointed sales manager (of) 2 (*fatto con intenti commerciali*) commercial, saleable, marketable: *prodotti commerciali*, commercial products; *un film, un libro* —, a commercial film, book.

commercialista *s.m.* e *f.* (*ragioniere o perito commerciale libero professionista*) professional accountant; (*consulente*) business consultant; (*dottore in economia e commercio*) graduate in Economics and Commerce (*o* graduate in business management); *avvocato* —, lawyer specialized in commercial law (*o* expert in commercial law).

commercialistico *agg.* commercial, business (*attr.*), trade (*attr.*): *studi commercialistici*, business education.

commercialità *s.f.* marketability, saleability: *la — di un libro*, the saleability of a book.

commercializzare *v.tr.* 1 to market: — *un prodotto*, to market a product 2 (*spreg.*) to commercialize: — *l'arte*, to commercialize art.

commercializzazione *s.f.* marketing: *metodi di* —, marketing methods.

commerciante *s.m.* dealer, trader; (*spec. all'ingrosso*) merchant; (*negoziante*) shopkeeper; — *all'ingrosso*, wholesale dealer (*o* wholesaler *o* wholesale trader); — *al minuto*, retailer (*o* retail dealer); — *ambulante*, street trader (*o* hawker); — *di ferramenta*, ironmonger; — *di tessuti*, (*all'ingrosso*) textile dealer, (*al dettaglio*) draper, (*amer.*) dealer in dry goods; — *di vini*, wine merchant; — *di legname*, (*amer.*) lumberman; — *in proprio*, sole merchant; *fa il —, è un* —, he's in trade // — *di schiavi*, slave trader.

commerciare *v.intr.* to trade, to deal*: — *con qlcu.*, to deal (*o* to trade) with s.o.; — *in lana*, to trade (*o* to deal) in wool; — *con un paese straniero*, to trade with a foreign country; — *all'ingrosso*, to be in the wholesale trade; — *al minuto*, to be in the retail trade ◆ *v.tr.* to deal in, to trade in; (*trattare*) to handle: — *tessuti*, to deal in (*o* to buy and sell) textiles; *non commerciamo questo genere di articoli*, we don't handle this sort of articles.

commercio *s.m.* commerce, trade, dealing; (*affari*) business; (*mercato*) market; (*spec. illegale*) traffic: *il — e l'industria*, commerce and industry; — *al dettaglio, al minuto*, retail trade; — *all'ingrosso*, wholesale trade; — *della lana, di tessuti*, dealing in wool, in textiles; — *di prodotti alimentari*, foodstuff trade; — *di cavalli*, horsetrading; — *ambulante*, hawking (*o* peddling); — *attivo*, lively trade; — *fiacco*, dull market; — *interno*, internal (*o* home) trade; — *estero*, external (*o* foreign *o* overseas) trade; — *con l'estero*, foreign trade; — *internazionale*, international (*o* overseas) trade; — *illecito*, illegal trade; — *in compensazione* (*negli scambi internazionali*), countertrade; — *protetto* (*contro la concorrenza straniera*), sheltered trade; *essere nel* —, to be in business; *mettersi nel, darsi al* —, to go into business; *è nel — delle calzature*, he is in the shoe trade // *fuori* — (*non in vendita*), not for sale, (*esaurito*) out of stock, (*di libro*) out of print; *essere in* —, to be on sale (*o* on the market); *mettere in — qlco.*, to put sthg. on the market; *ritirare un prodotto dal* —, to withdraw a product from the market; *ritirarsi dal* —, to retire from business // (*fin., banca*): — *bancario*, banking business; — *in titoli*, Stock Exchange transactions (*o* dealings) // *Camera di Commercio*, Chamber of Commerce, (*amer.*) Board of Trade.

commessa[1] *s.f.* (*comm.*) (*ordine*) job, job order, order, work order: — *di costruzione*, construction job order; — *permanente*, standing order; — *di produzione*, production job order; — *urgente*, rush order; — *di lavorazione*, work order; *lavorazione su* —, jobbing; *una — di 20 miliardi*, a 20 billion lire order; *20 miliardi di commesse*, 20 billion lire's worth of orders; — *libraria*, book order; — *militare*, defence procurement.

commessa[2] *s.f.* shop-girl, shop assistant.

commesso *s.m.* 1 shop assistant; (*amer.*) salesclerk // — *viaggiatore*, commercial traveller (*o* travelling salesman) 2 (*amm.*) clerk; (*di tribunale*) law clerk; (*di banca*) bank messenger; (*di Borsa*) registered representative, customer's man, Exchange usher; (*usciere alla Borsa di Londra o ai Lloyds*) waiter.

commessura *s.f.* 1 (*tecn.*) joint, junction 2 (*anat.*) commissure.

commestibile *agg.* edible, eatable: *fungo* —, *non* —, edible, inedible mushroom // *i commestibili*, foodstuffs (*o* food) // *c'è qualcosa di — in questa casa?*, (*scherz.*) is there anything to eat (*o* worth eating) in this house?

commestibilità *s.f.* edibility.

commettere *v.tr.* **1** (*fare*) to commit, to do*, to make*; (*dir.*) to perpetrate: — *un delitto*, to commit a crime; — *un'ingiustizia*, to do a wrong; — *uno sbaglio*, to make a mistake; — *suicidio*, to commit suicide **2** (*commissionare*) to order, to commission **3** (*letter.*) (*affidare*) to entrust: — *qlco. a qlcu.*, to entrust s.o. with sthg. **4** (*non com.*) (*unire*) to join together; (*mecc.*) to assemble **5** (*corde*) to lay, to twist ◆ *v.intr.* (*non com.*) (*combaciare*) to fit (together).

□ **commettersi** *v.rifl.* (*letter.*) to entrust oneself (to s.o., sthg.); to hand oneself over (to s.o., sthg.).

commettitura *s.f.* **1** (*l'unire più parti*) joining together **2** (*punto d'incastro*) juncture, joint **3** (*di corde*) laying.

commiato *s.m.* **1** (*preso*) leave; (*dato*) dismissal; discharge: *dar* —, to give permission to leave; *prendere — da qlcu.*, to take one's leave of s.o. **2** (*saluto*) leave taking; parting **3** (*poesia*) envoy, envoi; closing stanza.

commilitone *s.m.* fellow soldier, comrade-in-arms*, brother-in-arms*.

comminare *v.tr.* (*dir.*) to comminate, to impose, to inflict: — *una pena mite*, to inflict a mild sentence.

comminatoria *s.f.* (*dir.*) commination; caution (uttered by a judge); warning; threatening.

comminatorio *agg.* (*dir.*) comminatory, threatening.

comminazione *s.f.* (*dir.*) commination, imposition.

comminuto *agg.* (*scient.*) comminuted: (*med.*) *frattura comminuta*, comminuted fracture.

comminuzione *s.f.* **1** (*med.*) comminution **2** (*di materiali*) pulverization.

commiserabile, **commiserando** *agg.* pitiable.

commiserare *v.tr.* to pity, to feel* pity for (s.o., sthg.), to commiserate.

□ **commiserarsi** *v.rifl.* to feel* sorry for oneself: *invece di commiserarti, comincia a darti da fare*, instead of feeling sorry for yourself, get stuck in.

commiseratore *agg.* commiserating, pitying, compassionate.

commiserazione *s.f.* pity, compassion, commiseration: *sorriso di* —, pitying (*o* compassionate) smile; *parole di* —, words of sympathy.

commiserevole *agg.* **1** (*degno di commiserazione*) pitiable, pitiful **2** (*che sente commiserazione*) compassionate, sympathetic.

commissariale *agg.* of a commissioner, by a commissioner, commissarial.

commissariamento *s.m.* administration (of a body) through, by an external commissioner.

commissariare *v.tr.* to administer (a body) through an external commissioner.

commissariato *s.m.* **1** (*carica di commissario*) commissaryship; (*ufficio del commissario*) commissary's office: — *di polizia*, police station **2** (*mil.*) commissariat.

commissario *s.m.* commissary (*anche mil.*); (*membro di una commissione*) member of a committee, member of a board, commissioner: — *d'esami*, *di concorso*, member of an examining board; (*sport*) — *tecnico*, manager trainer; (*mar.*) — *di bordo*, purser // — *di Pubblica Sicurezza*, *di Polizia*, Chief Constable (*o* Head of the Police *o amer.* Commissioner of Police) // *il — Maigret*, Inspector Maigret // (*st. sovietica*) — *del popolo*, People's Commissar.

commissionare *v.tr.* **1** (*ordinare*) to commission: — *un quadro*, *un'indagine*, to commission a picture, an inquiry **2** (*comm.*) to order, to place an order: — *una partita di merci*, to order a consignment of goods.

commissionario *agg.* commission (*attr.*), commissionary: *agente* —, commission agent; *libreria commissionaria*, commission bookshop ◆ *s.m.* commission agent, commission merchant: — *di Borsa*, broker, (*amer.*) commission broker; — *per le vendite*, commission salesman.

commissione *s.f.* **1** errand: *fare una* —, to go on an errand; *fare delle commissioni*, to go shopping; *mandare qlcu. a fare una* —, to send s.o. on an errand **2** (*incarico*) commission; (*ordinazione*) order: *agire su* —, to act on commission; *comprare*, *vendere su* —, to buy, to sell on commission; *furto su* —, theft on commission; *passare una — a qlcu.*, to pass an order with s.o.; *fatto su* —, made to order; *cedola di — libraria*, book order form **3** (*comm.*) (*compenso*) commission, fee, charge: *ottenere una — sulle vendite*, to get a commission on sales; — *bancaria*, ledger fees (*o* bank charges); — *di mediazione*, brokerage; — *di collocamento*, selling fee; *contratto di* —, factor agreement; — *di factoring*, factoring commission; — *dei tributi*, tax commission; — *di Borsa*, brokerage (*o* broker's commission) **4** (*comitato*) committee, board, commission: — *d'esame*, board of examiners; — *d'inchiesta*, committee of inquiry; — *arbitrale*, committee of arbitration; — *di vigilanza*, committee of inspection; — *parlamentare*, parliamentary committee; — *mista*, joint committee; *partecipare ai lavori di una* —, to sit on a committee // — *interna*, — *di fabbrica*, shop committee (*o* factory committee); *membro della — interna*, shop deputy (*o* steward) **5** (*dir.*) commission: — *di un reato*, commission of a crime.

commissorio *agg.* (*dir.*) *patto* —, forfeiture agreement (*o* agreement of forfeiture).

commistione *s.f.* (*letter.*) mixture, mingling; medley.

commisto *agg.* (*letter.*) mixed, mingled.

commisurare *v.tr.* **1** (*paragonare*) to compare, to liken **2** (*proporzionare*) to proportion; (*adeguare*) to adjust, to adapt, to suit: (*dir.*) — *la sanzione al reato*, to make the punishment fit the crime.

commisurazione *s.f.* commensuration, proportioning; fitting // (*dir.*) (*fase processuale di*) — *della pena*, sentencing.

committente *s.m.* (*comm.*) **1** (*acquirente*) purchaser, buyer, customer: *a rischio del* —, at buyer's risk; *spese a carico del* —, expenses to be charged to customer // — *di un'opera d'arte*, client **2** (*chi fornisce merci*) consignor.

committenza *s.f.* **1** (*ordinazione*) order **2** (*chi fa un'ordinazione*) purchasers (*pl.*): — *pubblica*, *privata*, public, private purchasers (*o* assignors) **3** (*ufficio*) purchasing department **4** (*assegnazione o distribuzione di incarichi*) assignment.

commodoro *s.m.* (*mar.*) commodore.

commorienza *s.f.* (*dir.*) simultaneous death.

commosso *agg.* moved, touched, affected, stirred: *parole commosse*, deeply felt words; *profondamente* —, deeply affected; — *fino alle lacrime*, moved to tears; *per la prima volta l'ho visto* —, I saw him moved for the first time.

commotivo *agg.* (*med.*) commotion (*attr.*).

commovente *agg.* moving, touching, affecting; (*che suscita pietà*) pitiful: *una scena* —, a touching scene.

commozione *s.f.* **1** (*emozione*) emotion; (*agitazione*) excitement, agitation, commotion **2** (*med.*) concussion: — *cerebrale*, concussion (of the brain).

commuovere *v.tr.* to move, to touch, to affect: *la sua storia mi commosse fino alle lacrime*, his story moved me to tears; *non lasciarti* —, don't let your feelings get the better of you.

□ **commuoversi** *v.intr.pron.* to be moved, to be touched, to be affected: *è facile a* —, she is emotional (*o* easily moved); *si commuove per nulla*, the least thing upsets (*o* moves) him; — *alla vista di qlco.*, to be affected at the sight of sthg.

commutabile *agg.* commutable.

commutabilità *s.f.* commutability.

commutare *v.tr.* **1** to commute: — *la pena di morte in ergastolo*, to commute the death penalty to life imprisonment **2** (*elettr.*) to commute, to commutate, to change over, to switch over.

□ **commutarsi** *v.rifl.rec.* to be inverted.

commutatività *s.f.* **1** (*mat.*) commutativity, commutative law **2** (*dir.*) commutativity.

commutativo *agg.* commutative: (*mat.*) *proprietà commutativa*, commutative property // *giustizia commutativa*, commutative justice.

commutatore *agg.* commutating ◆ *s.m.* **1** (*elettr.*, *rad.*) commutator, switch: — *antenna-terra*, lightning (*o* antenna) switch; — *elettrico*, current reverser; — *di inversione*, rheotrope; — *d'onda*, wave change (*o* band) switch; — *luci anabbaglianti*, anti-dazzle (*o* anti-glare *o* dimmer) switch **2** (*ling.*) → deittico.

commutatorista *s.m.* switchman*.

commutatrice *s.f.* (*elettr.*) rotary converter, commutating machine, commutator rectifier.

commutazione *s.f.* **1** (*dir.*) commutation: — *della pena*, commutation of the penalty **2** (*elettr.*, *tel.*) switching: — *d'onda*, band switching; *campo di* —, commutating field; *polo di* —, commutating pole; (*inform.*) — *a pacchetto*, packet switching **3** (*ling.*) commutation.

comò *s.m.* chest of drawers.

comoda *s.f.* commode.

comodamente *avv.* **1** (*in modo comodo*) comfortably; snugly, cosily: *sull'auto di Paolo ci stiamo tutti e tre* —, all three of us can comfortably fit in Paul's car **2** (*facilmente*) easily: *superare — un esame*, to pass an exam easily // *fare tutto* —, to do everything with plenty of time.

comodante *s.m.* (*dir.*) bailer, bailor in a commodatum.

comodare *v.intr.* to suit, to be convenient: *fai come ti comoda*, (*fam.*) suit yourself.

comodatario *s.m.* (*dir.*) commodatary, bailee in a commodatum.

comodato *s.m.* (*dir.*) commodate, commodatum*, bailment.

comodino[1] *s.m.* bedside table.

comodino[2] *s.m.* (*teatr.*) stand-in, understudy // *servire da — a qlcu.*, (*fig.*) to serve s.o.'s purpose.

comodità *s.f.* **1** (*l'essere comodo*) comfort: *per me la — di un'auto è importante quanto la velocità*, comfort is as important as speed in a car, in my opinion **2** (*opportunità*) convenience: *abbiamo la — di avere la stazione vicino a casa*, we have the convenience of having the station near home; *per maggior —*, for greater convenience **3** (*spec. pl.*) (*agio*) comfort: *vivere tra le —*, to live in comfort.

comodo *agg.* **1** (*confortevole*) comfortable: *una casa comoda*, a comfortable house; *viaggio —*, comfortable (*o* easy) journey; *scarpe comode*, sensible (*o* comfortable) shoes; *condurre una vita comoda*, to lead a life of leisure **2** (*conveniente, opportuno*) convenient: *tornare — a qlcu.*, to be convenient for s.o. (*o* to suit s.o.); *quando vi torna —*, when it is convenient for you; *mi farebbe — arrivare alle dieci*, it would suit me to arrive at ten **3** (*maneggevole*) handy: *il formato di questo libro è molto —*, the format of this book is very handy **4** (*utile*) useful: *è sempre — avere amici all'estero*, it is very useful to have friends abroad // *— vero farsi mantenere dai genitori?!*, (*fam.*) very nice to have your parents support you! **5** (*a proprio agio*): *stia —*, (*non resti in piedi*) don't stand up (*o* please sit down), (*non si disturbi*) don't trouble yourself; *mettiti —*, make yourself comfortable; *prenditela comoda*, take your time **6** (*di persona*) (*tranquillo*): *è un tipo —*, he's an easygoing chap ♦ *s.m.* comfort; convenience // *con suo —*, at your leisure // *prendila con —!*, take it easy! // *fare i propri comodi*, to do as one likes // *con vostro —*, at your convenience // *fa solo i suoi sporchi comodi*, (*fam.*) he always plays his own dirty game // *di —*, convenient; *una soluzione di —*, a convenient arrangement // (*comm.*) *cambiale di —*, accommodation bill; (*banca*) *— di cassa*, cash accommodation (*o* short-term credit).

comodone *s.m.* (*scherz.*) slowcoach.

compaesano *agg.* of the same village, from the same village ♦ *s.m.* **compaesana** *s.f.* fellow villager.

compaginare *v.tr.* (*non com.*) to compaginate.

compagine *s.f.* **1** (*connessione*) connection; contexture **2** (*insieme delle parti*) structure, unity; compages (*pl.*): *analizzare la — dello stato*, to analyze the structure of the state // (*sport*) *la — dei giocatori*, the (whole) team.

compagna *s.f.* **1** companion, mate: *— di giochi*, playmate; *— di scuola*, schoolmate (*o* schoolfriend); *— di stanza*, roommate; *— di viaggio*, travelling companion (*o* fellow traveller) **2** (*sport*) partner **3** (*moglie*) wife.

compagnia *s.f.* **1** company; companionship: *essere in — di qlcu.*, to be in s.o.'s company; *far — a qlcu.*, to keep (*o* to bear) s.o. company; *godere della — di qlcu.*, to enjoy s.o.'s company; *sentire la mancanza della — di qlcu.*, to miss s.o.'s company // *dama di —*, (lady) companion, (*della regina*) lady-in-waiting **2** (*gruppo di persone*) party, group, gathering; company: *scegliersi la —*, to choose one's company; *eravamo una — numerosa*, we were a large gathering (*o* party); *tutta la — è arrivata*, the whole party has arrived; *frequentare una buona, cattiva —*, to keep good, bad (*o* low) company // *e — bella*, (*fam.*) and so on (*o* and so forth); (*di persone*) and co. (*o* and company) **3** (*società commerciale*) company, (*amer.*) corporation; (*fam.*) outfit: *— commerciale, mercantile*, trading company; *— ferroviaria*, railway company; *— privilegiata*, chartered company; *— d'assicurazione*, insurance company; *— di navigazione aerea commerciale*, commercial airline; *— di navigazione*, shipping company; *— di bandiera*, (*aerea*) national airline, (*marittima*) shipping line // *— delle Indie Orientali*, East India Company // *— dei Vagoni Letto*, Wagons-lits // *Compagnia di Gesù*, Society of Jesus // *Rossi e —*, (gener. *Rossi & C.*), Rossi and Company (*gener.* Rossi & Co.) **4** (*teatr.*) company: *— itinerante*, travelling company; *— di commedianti*, company of players **5** (*mil.*) company: (*mar.*) *— da sbarco*, landing party // *— di ventura*, free company.

compagno *agg.* (*uguale*) alike, the same, very similar (*pred.*): *questo libro è — a quell'altro*, this book is very similar to that one ♦ *s.m.* **1** companion, mate, fellow, comrade; (*fam.*) pal, chum; (*spec. amer.*) buddy: *— d'armi*, companion-in-arms (*o* fellow soldier); *— di giochi*, playmate; *— di lavoro*, fellow worker: *— di scuola*, schoolfellow; *— di stanza*, roommate; *— di studi*, fellow student; *— di tavola*, table companion; *— di ufficio*, colleague; *— di viaggio*, travelling companion (*o* fellow traveller); *devi frequentare i buoni compagni*, you have to mix with the right sort of friends; *è un cattivo — per te*, he's an unsuitable friend for you; *— di bevute*, (*fam.*) drinking partner **2** (*marito*) husband **3** (*di un paio*) other, companion, fellow: *qui c'è solo il mio guanto destro, dov'è il —?*, there is only my right glove here, where is the other one? **4** (*a un ballo, al gioco*) partner **5** (*membro del partito comunista o socialista*) comrade.

compagnone *s.m.* (*fam.*) jolly fellow; good chap ♦ *agg.* (*fam.*) jolly, cheerful.

companatico *s.m.* something to eat with bread; (*antiq.*) companage // *pane e —*, bread and butter (*o* bread and cheese).

comparabile *agg.* comparable.

comparabilità *s.f.* (*non com.*) comparability.

comparare *v.tr.* to compare, to liken.

comparatista *s.m.* e *f.* comparatist.

comparatistica *s.f.* comparative studies (*pl.*).

comparativamente *avv.* comparatively.

comparativismo *s.m.* comparative methodology.

comparativista → **comparatista**.

comparativo *agg.* comparative: (*gramm.*) *avverbio di grado —*, comparative adverb; *metodo —*, comparative method ♦ *s.m.* (*gramm.*) comparative: *'migliore' è il — di 'buono'*, 'better' is the comparative of 'good'.

comparato *agg.* comparative: *anatomia, letteratura comparata*, comparative anatomy, literature; *diritto —*, comparative law.

comparatore *s.m.* **1** (*astr.*) comparator **2** (*mecc.*) comparator: *— a quadrante*, dial gauge.

comparazione *s.f.* comparing; comparison: *a — di*, in comparison (*o* as compared) with // (*gramm.*) *gradi di —*, degrees of comparison // (*econ.*): *— dei costi*, cost comparison; *— interaziendale*, interfirm comparison.

compare *s.m.* **1** (*region.*) (*padrino*) godfather, (fellow) sponsor; (*testimone di matrimonio*) witness: *fare da — ad un bambino*, to stand godfather (*o* sponsor) to a child **2** (*fam.*) (*complice*) accomplice.

comparire *v.intr.* **1** to appear: *una nave comparve all'orizzonte*, a ship appeared on the horizon; *un sorriso comparve sulle sue labbra*, a smile came to her lips; *— in sogno*, to appear in a dream; *il tuo nome non compare nella lista*, your name doesn't appear on the list **2** (*non com.*) (*sembrare, apparire*) to show oneself, to appear **3** (*far bella mostra*) to show off, to make* a display: *a loro piace —*, they love to show off **4** (*di libri*) to appear, to come* out, to be published: *la terza edizione comparirà il mese prossimo*, the third edition will appear next month **5** (*dir.*) to appear; (*sl.*) to show up; *egli comparve dinanzi alla corte*, he appeared before the Court; *— in giudizio*, to appear before a court (*o* to answer a summons).

comparizione *s.f.* (*non com.*) **1** appearance **2** (*dir.*) appearance (in court): *mandato, ordine di —*, writ of subpoena (*o* monition *o* summons); *mancata —*, nonappearance (*o* default).

comparsa *s.f.* **1** appearance: *la — di una nuova cometa*, the appearance of a new comet; *questa è la mia ultima —*, this is my last appearance **2** (*teatr., cinem.*) extra; walk-on; (*fam.*) super: *duemila comparse*, two thousand extras; *ruolo di —*, walk-on (part): *avere, fare un ruolo di —*, to be an extra **3** (*fig.*) figurehead: *far da —*, to act as a figurehead **4** (*dir.*) brief; statement: *— di risposta*, statement of defence; *— conclusionale*, final statement (*o* final argument *o* brief) **5** (*dir.*) (*non com.*) (*comparizione*) appearance: *mandato di —*, summons.

comparsata *s.f.* (*cinem.*) part as an extra; (*tv*) walk-on part.

compartecipare *v.intr.* to share (in sthg.), to participate (in sthg.): *— agli utili*, to share in the profits // (*dir.*) *— nel reato*, to be party to (*o* to participate in) the crime.

compartecipazione *s.f.* **1** sharing, copartnership: *— agli utili*, (profit) sharing; *— dei dipendenti agli utili di un'azienda*, industrial copartnership (*o* labour copartnership) // *in —*, jointly; (*dir.*) *— nel reato*, complicity in the crime **2** (*parte*) share.

compartecipe *agg.* participating: *essere — in un'iniziativa*, to participate in an enterprise; *sono — del tuo dolore*, I share your grief ♦ *s.m.* e *f.* sharer; partner: *— agli utili*, profit sharer; (*dir.*) *— nel reato*, partner in (*o* party to) the crime.

compartimentale *agg.* (*amm.*) departmental.

compartimentazione *s.f.* division into compartments; (*amm.*) division into departments.

compartimento *s.m.* **1** compartment; partition, division **2** (*ferr.*) compartment: *— di 1ª classe*, first-class compartment; *— per fumatori*, smoker **3** (*circoscrizione*) department: *capitale di —*, capital of a department **4** (*mar.*) compartment: *— per meccanismo di governo*, steering gear compartment; *— sta-*

gno, watertight compartment: *ragionare a compartimenti stagni*, to think of (*o* to see) everything in watertight compartments.

compartire *v.tr.* (*letter.*) to divide (up), to distribute, to apportion: — *i profitti con qlcu.*, to divide profits with s.o.; — *una somma fra quattro persone*, to apportion (out) a sum among four people.

compartizione *s.f.* (*letter.*) distribution, division.

comparto *s.m.* (*econ.*) division, section: *il — tessile*, the textile division; (*Borsa*) *il — dei titoli assicurativi*, the insurance stock section.

compassato *agg.* **1** stiff, formal: *una persona compassata*, a self-possessed person **2** (*di discorso*) measured, restrained.

compassionare *v.tr.* (*letter.*) to pity, to feel* compassion for (s.o.), to sympathize with (s.o.).

compassione *s.f.* compassion, pity, sympathy: *per —*, out of pity; *senza —*, without mercy; *aver — di qlcu.*, to have pity on s.o.; *la guardò con aria di —*, he gave her a pitying look; *fare —*, to arouse pity: *mi fai —*, I pity you (*anche iron.*); *il film di ieri faceva veramente —*, the film that we saw yesterday was really pitiful; *muover qlcu. a —*, to move s.o. to pity; *sentire — per qlcu.*, to feel sorry for s.o. (*o* to take pity on s.o.).

compassionevole *agg.* **1** (*che fa compassione*) pathetic, pitiable, pitiful, piteous: *la trovai in uno stato —*, I found her in a pitiful state **2** (*che ha compassione*) sympathetic, pitiful, compassionate: *persona —*, sympathetic person.

compasso *s.m.* compasses (*pl.*): — *a punte fisse*, dividers; — *a punte regolabili*, scribing compasses; — *a verga*, beam compass (*o* trammel); *scatola di compassi*, set of drawing instruments // (*aut.*) — *per capote*, rule joint // *fare qlco. col —*, (*fig.*) to do sthg. with meticulousness // *con squadra e —*, methodically.

compatibile *agg.* **1** (*conciliabile*) compatible, consistent: *azione — con la legge*, action consistent with the law; *il piacere è — col dovere*, pleasure is compatible with duty; *i loro caratteri non sono molto compatibili*, their characters are not very compatible **2** (*sopportabile, scusabile*) bearable, excusable: *la sua reazione, per quanto estrema, è —*, his reaction, even if extreme, is justifiable **3** (*inform.*) compatible.

compatibilità *s.f.* compatibility, consistency: — *di incarichi*, compatibility of offices.

compatibilmente *avv.* compatibly, consistently: *verrò, — coi miei impegni*, I'll come, engagements permitting.

compatimento *s.m.* **1** → compassione **2** (*indulgenza*) indulgence, forbearance, tolerance: *assumere un'aria di —*, to become supercilious.

compatire *v.tr.* **1** (*compiangere*) to pity, to sympathize with (s.o.), to be sorry for (s.o.), to feel* sorry for (s.o.): — *qlcu. per le sue disgrazie*, to sympathize with s.o. for his misfortunes; *è molto da —*, he is greatly to be pitied; *è più da — che da biasimare*, she is more sinned against than sinning; *lo compatisco perché è un povero illuso*, I feel sorry for him because he's just a deluded fool // *farsi —*, (*far brutta figura*) to cut a pitiful figure (*o* to make a fool of oneself): *ti stai facendo —*, you are cutting a pitiful figure **2** (*essere indulgente con*) to forgive*, to bear* with (s.o.), to be indulgent towards (s.o.); (*scusare*) to excuse: — *i difetti degli altri*, to bear with other people's faults // *compatitemi!*, bear with me! (*o* excuse me!).

□ **compatirsi** *v.rifl.rec.* to bear* with each other (one another).

compatriot(t)a *s.m.* fellow countryman*, compatriot ◆ *s.f.* fellow countrywoman*, compatriot.

compattamento *s.m.* compacting, compressing.

compattare *v.tr.* **1** (*comprimere*) to compact, to compress **2** (*fig.*) to make* compact, to consolidate: *la crisi ha compattato l'opposizione*, the crisis has consolidated the opposition.

□ **compattarsi** *v.intr.pron.* to become* compact, to become* solid, to compact.

compattatore *agg.* solidifying, unifying (*anche fig.*) ◆ *s.m.* (*tecn.*) compactor.

compattazione *s.f.* → **compattamento** *s.m.*

compattezza *s.f.* **1** compactness, compactedness: *la — dell'argilla*, the compactness of the clay **2** (*di associazione, partito, idee*) unity, solidarity **3** (*mat.*) compactness.

compatto *agg.* **1** compact, solid, close, dense: *metalli compatti*, dense metals; *stoffa a trama compatta*, cloth of close texture; *la nostra classe formava un gruppo —*, our class formed a close group **2** (*di partito, associazione ecc.*) united, solid: *presentare un fronte —*, to present a united front; *gli operai aderirono compatti allo sciopero*, the workers supported the strike en bloc **3** (*di oggetto*) compact: *mi piace quel televisore perché è —*, I like that television because it's compact (*o* neat) **4** (*mat.*) compact: *insieme —*, compact set.

compendiare *v.tr.* to abridge, to epitomize; (*riassumere*) to sum up, to summarize, to abstract: *tutta la letteratura francese è compendiata in questi tre volumi*, the whole of French Literature is summarized in these three volumes.

□ **compendiarsi** *v.intr.pron.* to be epitomized, to be summed up: *in queste parole si compendia bene la sua teoria*, his theory is beautifully summed up in these words.

compendiario *agg.* summarized, concise, condensed, abridged: *un testo —*, an abridged text.

compendiatore *s.m.* abridger, summarizer.

compendio *s.m.* compendium*, abridgement, epitome; (*riassunto*) summary, digest; abstract, outline: *un — di storia*, an outline of history; — *statistico*, abstract (*o* digest) of statistics; *il film è un — di idee originali e di battute divertenti*, the film is a synthesis of original ideas and amusing one-liners; *in —*, abridged (*o* in brief); *era il — di tutte le virtù*, she was the embodiment of all virtues.

compendiosità *s.f.* compendiousness; conciseness.

compendioso *agg.* compendious; summary; concise: *stile —*, concise style.

compenetrabile *agg.* penetrable, permeable.

compenetrabilità *s.f.* penetrability, permeability.

compenetrare *v.tr.* **1** to penetrate, to permeate (through sthg.), to pervade: *l'acqua ha compenetrato il soffitto*, water has seeped through (*o* permeated) the ceiling **2** (*fig.*) to fill, to permeate: *era compenetrato da una grande pietà*, he was filled with great compassion.

□ **compenetrarsi** *v.intr.pron.* to identify oneself: — *nel proprio lavoro*, to throw oneself into one's job ◆ *v.rifl.rec.* to penetrate each other, to permeate each other.

compenetrazione *s.f.* penetration, permeation: — *reciproca*, interpenetration; *tra le due aziende esiste una certa — di interessi*, there are similar (*o* related) interests between the two companies.

compensabile *agg.* **1** that can be compensated; remunerable **2** (*di perdita*) reparable.

compensabilità *s.f.* compensability.

compensamento *s.m.* (*non com.*) compensation.

compensare *v.tr.* **1** (*controbilanciare*) to compensate for (sthg.), to offset*, to counterbalance: *il lungo orario di lavoro è compensato da rimborsi generosi per spese di viaggio*, the long working hours are offset (*o* compensated for) by generous travelling expenses; *il debito compensa il credito*, credits offset debts **2** (*supplire a*) to make* up for (sthg.), to compensate: *compensò con lo studio la mancanza di memoria*, he made up for his lack of memory by studying hard **3** (*colmare*) to cover: — *un deficit*, to cover a deficit **4** (*pagare*) to pay*, to remunerate: — *qlcu. per un lavoro*, to pay (*o* to remunerate) s.o. for a job **5** (*ricompensare*) to reward; (*form.*) to requite: *i suoi sforzi furono compensati il giorno della premiazione*, his efforts were rewarded on prize-giving day; *il suo amore fu compensato col tradimento*, his love was requited with treachery **6** (*risarcire*) to indemnify, to pay* compensation to (s.o.): — *qlcu. per i danni subiti*, to compensate s.o. for his losses **7** (*psic.*) to compensate.

□ **compensarsi** *v.rifl.rec.* to compensate each other (one another), to complement each other (one another), to balance each other (one another): *due caratteri che si compensano*, two characters that complement each other.

compensativo *agg.* compensatory, compensating: *montante —*, compensatory amount.

compensato *s.m.* (*legno*) plywood ◆ *agg.* compensated.

compensatore *agg.* compensating, compensatory; compensation (*attr.*) ◆ *s.m.* **1** (*elettr.*) compensator, phase advancer: — *a bilanciere*, balance beam meter **2** (*mar.*) compensator: — *della bussola*, compass corrector **3** (*rad.*) trimmer, trimming condenser: — *di antenna*, aerial trimmer **4** (*aer.*) tab.

compensazione *s.f.* **1** compensation, making up **2** (*dir.*) set-off, compensation **3** (*econ.*) compensation, offset, equalization; (*di debito*) set-off; (*fin., banca*) clearing: *saldo di —*, compensation balance; — *fiscale delle perdite*, loss set-off; — *di un bilancio*, settlement of a balance; — *contabile*, offsetting; *errore di —*, offsetting error; — *fra profitti e perdite*, offsetting of profits and losses; *conto di —*, equalization account; *imposta di —*, equalization tax; (*trib.*) *— di perdite con utili di esercizi precedenti*, (*amer.*) tax loss carryback; *— di perdite con utili di esercizi successivi*, (*amer.*) tax loss carryforward // (*Borsa*): *— di saldi*, evening up; *prezzo di —*, clearing price // (*banca*): *operazione di —*, clearance; *accordo di —*, clearing agreement; *— di cambio*, exchange clearing; *stanza di —*, clearing house; *— di assegni*, cheque clearing **4** (*mar.*) compensation: *— della bussola*, compass correction **5** (*meteor.*, *topografia*) adjustment: *— della temperatura*, temperature adjustment **6** (*psic.*) compensation.

compenso *s.m.* **1** compensation, counterbalance; making up: *si è stancato molto ma in — ha passato una bella giornata*, he's very tired but as compensation he had a lovely day // *in — della sua ospitalità*, in return for his hospitality // *per tutto — mi ha trattato male*, (*fam.*) as a reward (*o* for my trouble) he let me down **2** (*retribuzione*) remuneration, pay, payment, fee: *— simbolico*, token payment; *per —*, as a reward; *ha dovuto lavorare molto ma il — è stato elevato*, he had to work hard but in return he received a high fee **3** (*ricompensa*) reward, recompense: *lauto — per chi darà notizie della borsa smarrita*, generous reward for information leading to recovery of the lost bag; *non sempre i sacrifici ricevono adeguato —*, one's sacrifices do not always receive a just reward **4** (*provvigione*) commission: *— di agenzia*, agency commission **5** (*psic.*) → **compensazione**.

compera *s.f.* purchase, shopping: *sono andata a fare compere*, I went to do some shopping.

comperare e *deriv.* → **comprare** e *deriv.*

competente *agg.* **1** (*esperto*) competent, qualified; expert: *persona —*, qualified person; *è — in materia di finanza*, he is an expert in the field of finance **2** (*dir.*) competent, cognizant: *tribunale —*, competent (*o* cognizant) court (*o* court having jurisdiction); *le corti ecclesiastiche non sono competenti a trattare questo caso*, ecclesiastical courts are not competent to deal with this case **3** (*antiq.*) suitable, adequate: *mancia —*, suitable reward ◆ *s.m.* e *f.* expert; connoisseur: *non direi che sia un —*, I would not say he is an expert in the matter.

competentemente *avv.* competently.

competenza *s.f.* **1** (*capacità*) competence; ability, skill; authority: *la sua — non si discute*, his ability is not under discussion; *ha una grande — su questo argomento*, he is an authority on this subject **2** (*pertinenza*) authority; competence, jurisdiction: *il caso rientra nelle competenze del ministro dei trasporti*, the case falls under the competence of the Minister of Transport; *questo non è di sua —*, this is not within his province (*o* this is out of his province); (*dir.*) *— territoriale, per territorio*, venue (*o* territorial jurisdiction); (*dir.*) *conflitto di —*, conflict of jurisdiction // *di — di*, pertaining to; (*dir.*) *di — di un tribunale*, within (*o* under) the cognizance of a court **3** (*onorario*) fee; (*importo maturato*) accrual, charge: *competenze di avvocato*, lawyer's fees // (*banca*): *— di partecipazione*, participation fee; *— bancaria*, bank commission (*o* bank charges); *— per sconto d'effetti*, charges on discount of bills // (*amm.*) *periodo di —*, accrual date **4** (*ling.*) competence.

competere *v.intr.* **1** (*gareggiare*) to compete, to vie: *nessuno può — con lui in prontezza nelle decisioni*, no one can compete with him when it comes to taking quick decisions **2** (*spettare*) to be due (to s.o., sthg.), to belong (to s.o., sthg.): *dare a qlcu. quanto gli compete*, to give s.o. their due.

competitività *s.f.* competitiveness: *la — di un prodotto*, the competitiveness of a product; *in questo campo c'è una forte —*, this is a highly competitive field.

competitivo *agg.* competitive: *ha un atteggiamento —*, he's very competitive; *prodotti, prezzi competitivi*, competitive products, prices; *spirito —*, competitive spirit; *sport competitivo*, competitive sport; *offerta competitiva*, competitive offer; *prodotto, mercato —*, competitive product, market.

competitore *s.m.* **competitrice** *s.f.* competitor, rival.

competizione *s.f.* **1** competition: *essere in — con qlcu.*, to be in competition with s.o. **2** (*gara*) competition, contest, race: *— sportiva*, sports competition (*o* contest); *vettura da —*, racing car; *circuito, cavallo da —*, race circuit, racehorse **3** (*ecol.*) competition.

compiacente *agg.* **1** obliging, complaisant, willing; courteous: *ha mostrato un atteggiamento — verso di noi*, he was very obliging towards us **2** (*spreg.*) easy, loose: *donna —*, easy woman.

compiacenza *s.f.* **1** (*gentilezza*) courtesy, kindness, obligingness: *abbiate la — di aiutarmi*, be so kind as to help me; *lo feci per —*, I did it out of kindness **2** (*compiacimento*) satisfaction; pleasure: *esprimere la propria —*, to show one's satisfaction.

compiacere *v.tr.* to please; to gratify, to satisfy: *farebbe qualsiasi cosa per compiacermi*, he would do anything to please me; *— qlcu. nei suoi capricci*, to humour s.o.'s whims; *— qlcu. nei suoi desideri*, to satisfy s.o.'s wishes.

□ **compiacersi** *v.intr.pron.* **1** to be pleased (with s.o., sthg.); to take* pleasure (in sthg.); to delight (in sthg.); to rejoice (at, in sthg.): *si compiace del proprio successo*, he rejoices at his success **2** (*congratularsi*) to congratulate (s.o.): *mi compiaccio con te della brillante carriera*, I congratulate you on your brilliant career **3** (*non com.*) (*degnarsi*) to deign, to condescend, to be good enough: *compiacetevi di ascoltarmi*, be so kind as to listen to me.

compiacimento *s.m.* **1** (*soddisfazione*) satisfaction, pleasure: *il presidente ha espresso il proprio — ai suoi collaboratori*, the president expressed his satisfaction to his staff **2** (*congratulazione*) congratulations (*pl.*).

compiaciuto *agg.* satisfied, pleased, gratified: *guardava — il proprio lavoro*, he looked at his work with satisfaction.

compiangere *v.tr.* **1** (*provare compassione per*) to pity, to sympathize with (s.o.), to be sorry for (s.o.): *lo compiango perché è un infelice*, I pity him because he is an unhappy person; *è da —*, he is to be pitied; *ti compiango perché non sai quello che fai*, I feel sorry for you because you don't know what you're doing **2** (*piangere per, rimpiangere*) to lament, to mourn: *tutti compiansero la sua morte*, everyone mourned his death.

□ **compiangersi** *v.rifl.* to feel* sorry for oneself.

compianto *agg.* late (lamented), regretted: *il — Dottor Adams*, the late lamented Dr. Adams ◆ *s.m.* **1** (*cordoglio*) grief, sorrow, mourning: *il ministro espresse il — della nazione*, the minister expressed the nation's sorrow **2** (*letter.*) (*lamento*) lament, weeping, complaint **3** (*poesia*) dirge, lament.

compiegare *v.tr.* (*burocrazia*) to enclose: *compiego la ricevuta richiestami*, I enclose the receipt as requested.

compiere *v.tr.* **1** (*finire, completare*) to finish, to complete: *ha compiuto gli studi l'anno scorso*, he completed his studies last year // *e ora, per — l'opera, mio figlio s'è rotto una gamba*, and now, on top of it all (*o* to crown *o* cap it all) my son has broken his leg **2** (*eseguire, effettuare*) to do*, to perform, to carry out (sthg.), to achieve; (*commettere*) to commit: *— una missione, un lavoro*, to carry out a mission, a job; *— un delitto*, to commit a crime; *con il coraggio si può — qualsiasi cosa*, with courage one can achieve anything **3** (*adempiere*) to fulfil, to do*, to accomplish: *— il proprio dovere*, to fulfil (*o* to do) one's duty **4** (*di età*) to be, to turn: *Luisa ha compiuto venti anni*, Louise is now twenty (years old); *quando compirai gli anni?*, when is your (next) birthday?

□ **compiersi** *v.intr.pron.* **1** (*concludersi*) to come* to an end, to end: *temo che questo lavoro non si compirà mai*, I'm afraid this job will never end **2** (*avverarsi*) to take* place, to be fulfilled: *la sua predizione si è compiuta*, his prediction was fulfilled.

compieta *s.f.* (*eccl.*) (*l'ultima delle ore canoniche*) compline; (*l'ultima preghiera della giornata*) last evening prayers.

compilare *v.tr.* to compile, to draw* up; to write out: *— un catalogo, un'antologia*, to compile a catalogue, an anthology; *— un documento*, to draw up a document; *— una lista*, to make (out) a list; *— un rapporto*, to write out a report; *— un assegno*, to make out (*o* to write) a cheque; *— un modulo*, to fill in a form; (*dir.*) *— l'atto di accusa*, to fill the indictment.

compilation *s.f.* compilation record.

compilativo *agg.* compilation (*attr.*).

compilatore *s.m.* **1** compiler, editor **2** (*inform.*) compiler; processor.

compilatorio → **compilativo**.

compilazione *s.f.* compilation; drawing up; writing-out: *— automatica dei testi*, automatic typesetting.

compimento *s.m.* (*adempimento*) fulfilment; accomplishment; (*completamento*) conclusion, completion: *il — del dovere*, the fulfilment of one's duty; *morì nel — della missione*, he died in the accomplishment (*o* in the carrying out) of the mission; *portare a —*, to complete (*o* to finish *o* to carry out); *riuscì a portare a — il progetto nei tempi stabiliti*, he managed to complete the project within the stated time // *a — dell'opera*, into the bargain.

compire → **compiere**.

compitamente *avv.* politely.

compitare *v.tr.* **1** to spell (out) **2** (*estens.*) to read* laboriously, to read with difficulty.

compitazione *s.f.* spelling; reading syllable by syllable.

compitezza *s.f.* **1** politeness; courtesy; refinement; refined manners (*pl.*); (*perfetta* *educazione*) good breeding **2** (*atto gentile*) courtesy.

compìto[1] *agg.* **1** polite, courteous, proper; (*raffinato*) refined; (*rifinito*) accomplished: *si sedette tutto — per il colloquio*, he sat down very stiff and proper for his interview **2** (*letter.*) (*terminato*) fulfilled, completed, accomplished.

cómpito[2] *s.m.* **1** task; job: *il — è superiore alla sua capacità*, the task is beyond him; *è — dei genitori...*, it is up to parents...; *è — mio*, it is my duty (*o* it's up to me *o* it's my job); *non è nei miei compiti fare ciò*, it's not my job to do that; *essere all'altezza di un —*, to be equal to a task (*o* to be up to a job); *prendersi un —*, to take a task upon oneself **2** (*scolastico*) exercise: *— a casa*, homework; *un — difficile*, a difficult exercise: *un — di latino*, a Latin exercise; *— in classe di matematica*, maths test; *non ho ancora fatto i miei compiti*, I haven't done my homework yet.

compiutamente *avv.* completely, entirely, fully.

compiutezza *s.f.* completeness; (*perfezione*) perfection.

compiuto *agg.* complete, perfect, accomplished: *fatto —*, accomplished fact; *aveva ottant'anni compiuti quando morì*, he was over eighty when he died (*o* he had turned eighty by the time he died).

complanare *agg.* (*mat.*) coplanar.

complanarità *s.f.* (*mat.*) coplanarity.

compleanno *s.m.* birthday: *buon —!*, happy birthday!; *festeggiò il — con tutte le amiche*, she celebrated her birthday with all her friends.

complementare *agg.* **1** complementary, additional: *colori complementari*, complementary colours; *materia —*, (*di studio universitario*) subsidiary (*o amer.* minor) subject // (*econ.*) *beni complementari*, complementary goods // (*trib.*): *imposta —*, surtax (*o* additional tax); *imposta — sul reddito*, additional income tax **2** (*mat.*) complementary: *angoli complementari*, complementary angles; *insieme —*, complement set.

complementarietà *s.f.* (*mat.*) complementarity.

complementarità *s.f.* (*fis.*) complementarity.

complementazione *s.f.* (*mat.*) complementation.

complemento *s.m.* **1** complement: (*mat.*) *— di un angolo*, complement of an angle; (*gramm.*) *— diretto, indiretto*, direct, indirect object **2** (*mil.*): *truppe di —*, reserve; *ufficiale di —*, reserve officer.

complessare *v.tr.* (*fam.*) to give* (s.o.) a complex.

□ **complessarsi** *v.rifl.* (*fam.*) to develop a complex: *se continui a fare questi paragoni corri il rischio di complessarti*, if you continue to make comparisons like these you will run the risk of developing a complex.

complessato *agg.* (*fam.*) full of complexes (*pred.*): *questo ragazzo è molto —*, this boy is full of complexes ◆ *s.m.* person full of complexes.

complessione *s.f.* constitution: *— delicata, gracile*, delicate, weak constitution; *un uomo di — robusta*, a man with a robust (*o* strong) constitution.

complessità *s.f.* complexity.

complessivamente *avv.* altogether, in all; on the whole, all in all: *— abbiamo speso cinquantamila lire*, altogether we spent fifty thousand lire; *— è stata una bella gita*, on the whole it was a pleasant trip.

complessivo *agg.* total, overall, inclusive, comprehensive; (*solo comm.*) aggregate: *una visione complessiva della situazione*, an overall (*o* comprehensive) view of the situation // (*econ.*): *ammontare —*, aggregate (*o* total) amount; *indice —*, global index; *somma complessiva*, lump sum; *entrata complessiva*, gross income (*o* revenue); *spese complessive*, total outlay; *produzione complessiva*, overall production; *costo —*, total cost.

complesso *agg.* **1** complex, complicated: *questo romanzo ha un intreccio —*, this novel has a complicated plot; *la situazione politica era molto complessa*, the political situation was very complex **2** (*mat.*) complex; compound: *numeri complessi*, compound numbers; *quantità complessa*, complex quantity **3** (*gramm.*) complex: *proposizione complessa*, complex sentence **4** (*rar.*) (*robusto*) stout, sturdy, well built.

complesso *s.m.* **1** (*totalità*) whole: *il — dei dipendenti, i dipendenti nel loro —*, the whole body of employees; *bisogna considerare le cose nel loro —*, we must look at things as a whole; *in — sono soddisfatto*, on the whole I am satisfied; *nel — la situazione non è così seria*, all in all the situation is not so serious **2** (*serie*) set, collection: *— di strumenti di prova*, testing set; *un — di circostanze*, a set of circumstances **3** (*impresa di vaste proporzioni*) complex, group, unit; plant: *— industriale*, industrial complex, (*stabilimento*) works, plant; *— produttivo*, productive plant; *un grande — editoriale*, a large publishing group; *— aziendale*, company unit; *— scolastico, ospedaliero*, school, hospital complex **4** (*mus.*) band, group: *Armstrong e il suo —*, Armstrong and his band **5** (*psic.*) complex: *— d'inferiorità*, inferiority complex; *— edipico*, Oedipus complex; *— di colpa*, guilt complex **6** (*mat.*) complex: *— di celle*, cell complex.

completabile *agg.* completable, finishable.

completamente *avv.* completely, totally, entirely, thoroughly, fully, wholly, quite: *mi sono — dimenticato di chiamarlo*, I completely forgot to call him.

completamento *s.m.* **1** completion, finishing **2** (*inform.*) enhancement.

completare *v.tr.* to complete, to finish; (*integrare*) to supplement // *— l'opera*, (*iron.*) to top (*o* crown) it all: *e per — l'opera ha perso anche tutti i documenti*, and to top (*o* crown) it all he lost all the documents.

completezza *s.f.* completeness (*anche mat.*).

completivo *agg.* (*non com.*) completive, complementary.

completo *agg.* **1** complete, full, whole, entire: *la serie non era completa*, the series wasn't complete; *ci diede un resoconto — del viaggio*, he gave us a full account of his journey; *un microscopio — di accessori*, a microscope complete with accessories; *un pasto —*, a full meal; *un atleta —*, an all-round athlete; *il latte è un alimento —*, milk is a good all-round food // (*mat.*) *reticolo, spazio —*, complete lattice, space **2** (*totale*) complete, entire, utter, absolute, total: *ho una fiducia completa in lui*, I have complete faith in him; *ero nel buio —*, I was in total darkness; *la casa era in completa rovina*, the house was in complete ruin **3** (*esaurito*) full (up): *l'albergo era —*, the hotel was full // (*mar.*) *carico —*, full cargo ◆ *s.m.* **1** *al —*, full (up): *spiacenti, siamo al —*, sorry, we are all full (up); *il teatro era al —*, the theatre was full; *c'era la classe al —*, the whole class was there **2** (*abbigl.*) (*insieme di indumenti*) outfit; (*insieme di accessori*) set, gear: *— da uomo*, suit; *— da donna*, costume (*o* suit); *— da sci*, ski suit (*o* outfit); *— da tennis*, tennis outfit; *— da barba*, shaving gear **3** (*ippica*) three-day event.

complicanza *s.f.* complication.

complicare *v.tr.* to complicate: *la sua presenza complica le cose*, his presence complicates things; *perché ti complichi la vita?*, why do you make things so difficult for yourself?

□ **complicarsi** *v.intr.pron.* **1** to become* complicated, to get* complicated: *il rapporto si è complicato*, the relationship has got complicated **2** (*di malattia*) to become* worse **3** (*di intreccio*) to thicken.

complicatezza *s.f.* complication, complexity.

complicato *agg.* complicated, complex: *che affare —!*, what a complicated business!; *è impossibile andare d'accordo con lui, ha un carattere —*, he's impossible to get on with, he has such a complex personality.

complicazione *s.f.* **1** complication, complicating: *salvo complicazioni*, if no complications set in; *causare complicazioni*, to cause (*o* to bring about) complications; *per evitare ulteriori complicazioni*, to avoid further complications; *complicazioni burocratiche*, bureaucratic complications **2** (*complicatezza*) complexity.

complice *s.m.* e *f.* **1** accomplice, confederate, party, associate (*anche dir.*): *essere — in una congiura*, to be a party to a plot; *essere — in un crimine*, to be a party to (*o* accessory to) a crime; (*dir.*) *— non necessario*, accessory; (*dir.*) *deporre a carico dei propri complici*, to give evidence against one's own accomplices **2** (*fig.*) aid, help: *il buio fu — dei ladri*, darkness helped the thieves ◆ *agg.* conspiratorial: *uno sguardo —*, a conspiratorial look.

complicità *s.f.* accomplicity, complicity, connivance (*anche dir.*); (*aiuto*) aid, help: *provare la — di qlcu. in qlco.*, to prove the s.o.'s complicity in sthg.; *organizzò la fuga con la — di una guardia*, he planned the escape with the aid (*o* connivance) of a guard.

complimentare *v.tr.* to compliment, to pay* a compliment to (s.o.): *— qlcu. per qlco.*, to compliment s.o. on sthg.

□ **complimentarsi** *v.intr.pron.* to congratulate (s.o.): *— con qlcu. per qlco.*, to congratulate s.o. on sthg.; *si congratulò con lui per la vittoria*, she congratulated him on his victory.

complimento *s.m.* **1** (*apprezzamento*) compliment: *un — sincero*, a sincere compliment; *mi fecero molti complimenti*, they paid me a lot of compliments **2** *pl.* (*ossequi*) regards, greetings: *i miei complimenti a sua moglie*, my (kindest) regards to your wife **3** (*atteggiamento cerimonioso*) ceremony: *far complimenti*, to stand on ceremony; *non fare complimenti!*, don't stand on ceremony (*o* don't be shy)! // *senza complimenti*, frankly (*o* freely *o* without ceremony): *lo hanno buttato fuori senza tanti complimenti*, they threw him out unceremoniously; *una cena alla buona, senza complimenti*, an informal meal, nothing special **4** *pl.* (*congratulazioni*) congratulations: *complimenti!*, congratulations!; *gli fecero molti complimenti per...*, they congratulated him warmly (*o* they offered him their congratulations) on... // *Complimenti! Guarda cos'hai combinato*, Congratulations! (*o* Well done!) Look what you've done.

complimentoso *agg.* ceremonious, formal.

complottare *v.intr.* **1** to plot, to conspire: — *contro qlcu.*, to plot against s.o. **2** (*scherz.*) to plot, to scheme: *cosa state complottando, voi due?*, what are you two scheming? ◆ *v.tr.* to organize: — *una burla*, to organize a practical joke.

complotto *s.m.* plot, conspiracy: *organizzare, sventare un — contro qlcu.*, to organize, to foil a plot against s.o.

compluvio *s.m.* (*arch.*) compluvium (*pl.* -ia).

componente *agg.* component, making up (*pred.*): *i paesi componenti la Comunità Europea*, the member states of the European Community ◆ *s.m.* **1** (*persona*) member: *i componenti della famiglia, dell'equipaggio*, the members of the family, of the crew; — *del consiglio d'amministrazione*, member of the board of directors **2** (*tecn.*) component: *componenti per auto*, car components; — *elettronico*, electronic component // (*mat., fis.*) — *di un vettore*, component of a vector **3** (*sostanza di un composto*) component, ingredient, part: *la farina è un — essenziale della pasta*, flour is a essential ingredient for making pasta ◆ *s.f.* element, component: *quali sono le componenti del romanticismo?*, what are the basic elements of Romanticism? // (*econ.*): — *di costo di capitale*, capital cost component; — *di reddito*, nominal element.

componentistica *s.f.* **1** component production **2** components (*pl.*): — *elettronica*, electronic components.

componibile *agg.* unit (*attr.*), modular: *mobili componibili*, fitted furniture // *cucina* —, kitchen units ◆ *s.m.* (*mobile componibile*) module; modular unit.

componimento *s.m.* **1** (*letter., mus.*) composition, work **2** (*tema scolastico*) essay; composition **3** (*conciliazione*) settlement; (*dir.*) arrangement, adjustment.

componistico *agg.* (*mus.*) compositional.

comporre *v.tr.* **1** to compose, to make* up, to put* together: — *un mazzo di fiori*, to arrange flowers **2** (*opera letteraria, musicale*) to compose, to write*: — *al pianoforte*, to compose at the piano; — *una poesia*, to write a poem; — *una sinfonia*, to compose a symphony **3** (*med., chim.*) to compound **4** (*assestare*) to arrange, to settle, to put* in order: *comporsi la cravatta*, to straighten one's tie; *comporsi i capelli*, to fix one's hair // *compose il corpo nella bara*, he laid the body in the coffin **5** (*conciliare*) to settle; (*fam.*) to patch up: (*dir.*) — *una lite*, to settle a lawsuit **6** (*tip.*) to compose, to set* **7** (*tel.*) — (*un numero*), to dial (a number): *componi il 2708*, dial 2708.

□ **comporsi** *v.rifl.* to compose oneself, to settle oneself ◆ *v.intr.pron.* to consist (of), to be composed, to be made up (of): *la sua famiglia si compone di...*, his family consists of...; *l'acqua si compone di ossigeno e idrogeno*, water consists of oxygen and hydrogen.

comportabile *agg.* **1** (*rar.*) (*tollerabile*) tolerable, bearable, endurable **2** (*letter.*) (*conveniente*) convenient.

comportamentale *agg.* behavioural // *psicologia* —, behavioural psychology.

comportamentismo *s.m.* (*psic.*) behaviourism.

comportamentista *s.m.* e *f.* behaviourist.

comportamentistico *agg.* behaviourist.

comportamento *s.m.* behaviour: *il suo — non mi piace*, I do not like the way he behaves; *tenere un — scorretto*, to behave incorrectly; *non è facile prevèdere il suo — verso gli studenti*, it's difficult to predict his behaviour towards his students; *verificare il — dell'auto su strada bagnata*, to test the behaviour of the car on a wet road; — *dei prezzi, del mercato*, price, market behaviour.

comportare *v.tr.* **1** (*richiedere*) to involve, to imply, to require: *questo comportò uno sforzo enorme*, this involved a huge effort; *accettare quell'incarico comporterà qualche rischio*, accepting the job brings with it certain risks **2** (*letter.*) (*sopportare*) to stand*, to bear*, to tolerate, to endure; (*consentire*) to allow; to permit.

□ **comportarsi** *v.intr.pron.* to behave (oneself); to act: *comportati bene!*, behave! (*o* behave yourself!); *si comportò scioccamente*, he behaved in a foolish way (*o* he acted very foolishly); — *da gentiluomo*, to behave (*o* to act) like a gentleman; — *male*, to behave badly (*o* to misbehave); — *come un vigliacco*, to behave like a coward; *non sa — in pubblico*, he doesn't know how to behave in public; *è un carattere difficile, non sai mai come comportarti con lui*, he has a difficult character: you never know how to behave with him.

comporto *s.m.* (*t. burocratico*) (*dilazione*) grace, respite; (*ferr.*) admitted delay, maximum waiting time: *un — di tre giorni*, three days' grace.

composita *s.f.* (*bot.*) composite.

compositivo *agg.* **1** (*che è nella composizione*) constituent, making up: *gli organi compositivi di una struttura*, the organs that make up (*o* constitute) a structure; *elemento* —, constituent part **2** (*relativo al comporre*) *senso* —, sense of composition.

composito *agg.* **1** (*arch.*) composite, compound: *ordine* —, composite order **2** (*bot.*) composite.

compositoio *s.m.* (*tip.*) composing stick, setting stick.

compositore *s.m.* **1** (*mus.*) composer **2** (*tip.*) compositor, typesetter.

compositrice *s.f.* **1** (*mus.*) composer **2** (*tip.*) typesetting machine, typesetter.

composizione *s.f.* **1** composition: — *chimica*, chemical composition; *la — dei gas*, the composition of gases; *la — di un quadro*, the composition of a picture; — *floreale*, floral composition; (*mus.*) *le regole della* —, the rules of composition; (*mat.*) *legge di* —, composition law; (*fis.*) — *delle forze*, composition of forces **2** (*marketing*) mix: — *del prodotto*, product mix; — *di commessa*, job mix; — *delle vendite*, sales mix **3** (*tema*) composition, essay: — *di inglese*, English composition (*o* essay) // — *poetica*, poem (*o* verse) **4** (*conciliazione*) settlement (*anche dir.*), composition, agreement: *fece una — amichevole coi creditori*, he made a friendly settlement with his creditors **5** (*tip.*) composing, setting; (*testo composto*) matter: — *a macchina*, mechanical composition; — *a mano*, hand composition; — *destinata alla scomposizione*, dead matter; — *pronta per la stampa*, live matter **6** (*ling.*) compound.

compossedere *v.tr.* (*dir.*) to own jointly, to possess jointly.

compossesso *s.m.* (*dir.*) joint ownership, joint possession.

compossessore *s.m.* (*dir.*) joint owner, joint possessor.

composta *s.f.* **1** (*cuc.*) compote, stewed fruit **2** (*concime*) compost.

compostaggio *s.m.* (*agr.*) composting: — *a strati*, sheet composting.

compostamente *avv.* composedly, sedately; decorously; calmly: *sedeva — sul divano*, she was sitting sedately on the sofa.

compostezza *s.f.* **1** composure, sedateness; self-possession, calmness: *agire con la massima* —, to act with the utmost composure; *conservare la propria* —, to retain one's composure **2** (*fig.*) (*ordine*) orderliness, neatness **3** (*fig.*) (*moderazione*) moderation, decorum: — *di linguaggio*, moderation of language.

compostiera *s.f.* compote, bowl for stewed fruit.

composto *agg.* **1** (*formato da*) consisting of, made up of: *una famiglia composta da tre persone*, a family (made up) of three people; *l'acqua è una sostanza composta da idrogeno e ossigeno*, water is composed of hydrogen and oxygen; *è un appartamento — da...*, the flat consists of... **2** (*non semplice o unitario*) compound // (*gramm.*): *nome* —, compound noun; *parola composta*, compound; *tempi composti*, compound tenses // (*comm.*) *interesse* —, compound interest // (*mat.*) *numero* —, compound number // (*bot.*) *fiore* —, compound flower **3** (*ordinato*) tidy: *capelli composti*, tidy (*o* neat) hair **4** (*di persona beneducata*) composed, calm, self-possessed; dignified: *modi composti*, sedate behaviour; *stai —!*, sit still! (*o* behave yourself!) ◆ *s.m.* **1** (*chim.*) compound **2** (*miscela*) mixture **3** (*gramm.*) compound.

compra → **compera**.

comprabile *agg.* buyable, purchasable; that can be bought (*pred.*).

comprare *v.tr.* **1** to buy*, to purchase: — *a buon mercato*, to buy cheap; — *a condizioni favorevoli*, to buy (*o* to purchase) on favourable terms; — *a credito*, to buy on credit; — *ad alto prezzo*, to buy (*o* to purchase) dear; — *all'incanto*, to buy (*o* to purchase) at an auction; — *all'ingrosso*, to buy wholesale; — *in blocco*, to buy in bulk; — *a rate*, to buy by instalments: — *qlco. per contanti*, to pay cash for sthg.; — *di seconda mano*, to buy secondhand; *ho comprato un'auto usata*, I bought a used car; — *qlco. da qlcu.*, to buy sthg. from s.o.; *si è comprato anche una casa al mare*, he has even bought himself a house at the seaside; *mi compri per favore del bagno schiuma?*, can you buy me some bath foam, please?; *l'ho comprato dal mio pasticciere di fiducia*, I bought it at my favourite cake shop // (*Borsa*): — *a termine*, to buy forward; — *allo scoperto*, to bull the market (*o* to buy short) // — *a occhi* *chiusi, a scatola chiusa*, (*fam.*) to buy a pig in a poke **2** (*corrompere*) to bribe: — *il silenzio di qlcu.*, to buy s.o.'s silence; — *un testimone*, to bribe a witness.

compratore *s.m.* **compratrice** *s.f.* **1** buyer, purchaser; customer: *affluenza di compratori*, run of buyers; *mancanza di compratori*, lack of buyers; *ultimo* —, ultimate buyer // (*Borsa*) — *in un contratto a premio*, taker **2** (*dir.*) emptor, (*spec. di immobili*) vendee.

compravendita *s.f.* sale; transaction: (*dir.*) — *verbale*, hand sale; (*dir.*) *atto di* —, deed of sale; — *di brevetti, di tecnologie*, licensing; — *d'immobili*, transfer (*o* conveyance).

comprendere *v.tr.* **1** (*includere, contenere*) to include, to comprise, to take* in: *l'appartamento comprende un salotto e due camere da letto*, the flat comprises one living room and two bedrooms; *classe che comprende un certo numero di specie*, class that includes quite a few species; *il prezzo comprende le spese di trasporto*, the price includes the cost of transport **2** (*capire*) to understand*; (*rendersi conto di*) to realize, to comprehend: *comprese il suo errore*, he realized his mistake; *non arrivo a — le tue parole*, I can't understand what you mean; *i medici non compresero la gravità della situazione*, the doctors did not realize the gravity of the situation.

comprendibile *agg.* (*non com.*) comprehensible, intelligible.

comprendimento *s.m.* (*letter.*) comprehension, understanding.

comprendonio *s.m.* (*fam.*) understanding; wits (*pl.*), brains (*pl.*) // *essere duro di* —, to be slow-witted.

comprensibile *agg.* **1** (*intelligibile*) intelligible, comprehensible, understandable: *il suo linguaggio non era* —, his language was unintelligible **2** (*giustificabile*) understandable: *è — che si sia rifiutato di rivederla*, his refusal to see her again is understandable.

comprensibilità *s.f.* intelligibility, intelligibleness, comprehensibility.

comprensibilmente *avv.* intelligibly, comprehensibly: *era — felice, dopo la sua elezione*, he was understandably happy after his election.

comprensione *s.f.* **1** comprehension, understanding: *la — di un testo filosofico*, the comprehension of a philosophical text; *il fenomeno è al di là della nostra* —, the phenomenon is beyond our understanding **2** (*compassione, simpatia*) sympathy: *manca di* —, he lacks sympathy **3** (*letter.*) (*il contenere*) comprehensiveness.

comprensività *s.f.* **1** (*capacità di contenere*) comprehensiveness, inclusiveness **2** (*non com.*) (*comprensione*) understanding.

comprensivo *agg.* **1** comprehensive, inclusive, covering (*pred.*): *conto — di tutte le spese*, bill covering all charges **2** (*che prova compassione, simpatia*) sympathetic, understanding: *si è sempre mostrata molto comprensiva*, she has always proved very understanding.

comprensoriale *agg.* district (*attr.*), area (*attr.*).

comprensorio *s.m.* district, territory, area: — *di bonifica*, reclamation district.

compresente *agg.* present (with others), coexistent: *sono due fattori compresenti*, the two factors are present at the same time.

compresenza *s.f.* presence (with others): *la — di due popolazioni da sempre nemiche*, the presence of two races that are traditionally enemies.

compreso *agg.* **1** (*incluso*) included (*pred.*); including, inclusive: *dal 1º gennaio al 15* —, from January 1st to January 15th inclusive; *tutto* —, all included (*o* inclusive terms), (*di prezzo*) all-inclusive, all in: *viaggio tutto* —, inclusive tour (*o* package tour); *prezzo tutto* —, inclusive price (*o* all inclusive charge); *servizio non* —, service not included; *saremo in dieci, compresi noi*, there will be ten people, including us **2** (*fig.*) (*intento, assorbito*) filled with: — *di dolore, di meraviglia*, filled with pain, wonder; *è tutto — dal suo studio*, he's totally involved in his studies // *starsene* —, to be self-absorbed **3** (*capito*) understood: *un discorso non — dalla maggioranza*, a speech not understood by the majority; *non si sentiva — dalla famiglia*, he felt that his family didn't understand him.

compressa *s.f.* **1** (*di garza*) compress **2** (*pastiglia*) pill, tablet, lozenge.

compressibile *agg.* compressible.

compressibilità *s.f.* compressibility.

compressione *s.f.* **1** (*fis., tecn.*) compression: *camera di* —, compression chamber; *grado di* —, compression ratio; *prova alla* —, compression test **2** (*econ.*) (*stretta*) squeeze: — *dei profitti*, profit squeeze; — *creditizia*, credit squeeze **3** (*inform.*) compression.

compressivo *agg.* (*non com.*) compressive.

compresso *agg.* **1** (*fis., tecn.*) compressed, pressed: *aria compressa*, compressed air **2** (*fig.*) repressed, suppressed.

compressore *agg.* compressing ◆ *s.m.* **1** (*mecc.*) compressor: — *alternativo*, reciprocating compressor; — *centrifugo*, centrifugal compressor; — *d'aria*, air compressor; — *monostadio, pluristadio*, single-stage, multistage compressor; (*aut.*) — *d'alimentazione*, supercharger; (*edil.*) — *stradale*, road roller; — (*stradale*) *a vapore*, steamroller // *quando ha in mente una cosa procede come un rullo* —, (*fig.*) when his mind is fixed on something he's like a juggernaut (*o* a steamroller) **2** (*anat.*) compressor (muscle) **3** (*tess.*) condenser.

comprimario *agg.* co-head (*attr.*): *chirurgo — di un reparto ospedaliero*, joint chief of a hospital department; *attore* —, second lead (actor); *in quella faccenda ha avuto un ruolo* —, he played second lead in the business ◆ *s.m.* **1** (*di medico*) joint chief physician **2** (*teatr.*) second lead.

comprimatista *s.m.* e *f.* (*sport*) joint record holder.

comprimere *v.tr.* **1** to compress, to constrict, to squeeze: — *una mano contro la fronte*, to press one's hand against one's forehead; — *la spesa pubblica*, to squeeze public expenditure **2** (*fis., tecn.*) to compress: — *un gas*, to compress a gas; — *una molla*, to compress a spring **3** (*inform.*) to compress; (*gergo*) to zip **4** (*fig.*) (*reprimere*) to restrain, to repress, to hold* back, to suppress: *devi — la tua ira*, you must restrain your anger.

□ **comprimersi** *v.intr.pron.* (*di aria, gas ecc.*) to compress.

comprimibile *agg.* compressible; squeezable; (*fig.*) restrainable.

comprimibilità *s.f.* (*fis.*) compressibility.

comprobare → **comprovare**.

compromesso *s.m.* **1** compromise, arrangement, settlement: *arrivare a un* —, to come to an arrangement; *è un — difficile da accettare*, it is a difficult arrangement to accept; *sistemare mediante un* —, to settle by a compromise // *scendere a un* —, to come to a compromise; *vivere di compromessi*, to live by half-measures // (*dir.*) — *arbitrale*, arbitration agreement (*o* reference) // (*pol.*) — *storico*, 'the historic compromise' (Italian Communist Party policy of the 70's which proposed a coalition government of Communists, Christian Democrats and Socialists) **2** (*dir.*) (*contratto preliminare*) preliminary agreement, preliminary contract: — *di vendita*, agreement to sell.

compromettente *agg.* compromising.

compromettere *v.tr.* to compromise, to jeopardize: *la tua posizione venne seriamente compromessa*, your position was seriously compromised; *lo scandalo lo ha seriamente compromesso*, he was seriously compromised by the scandal; — *la propria reputazione*, to compromise one's reputation.

□ **compromettersi** *v.rifl.* to compromise oneself; (*impegnarsi*) to commit oneself: *avere paura di* —, to be afraid to commit oneself; *schierandosi apertamente contro la dittatura si era compromesso*, he committed himself by openly opposing the dictatorship; *si era compromessa frequentando soggetti di dubbia reputazione*, she compromised her reputation by mixing with petty criminals.

compromissario *s.m.* (*dir.*) arbitrator; referee.

compromissione *s.f.* (*non com.*) (*compromesso*) compromise; (*il compromettersi*) compromising.

compromissorio *agg.* compromise (*attr.*): *soluzione compromissoria*, compromise solution // (*dir.*) *clausola compromissoria*, arbitration clause (*o* agreement).

comproprietà *s.f.* coownership, joint ownership (*anche dir.*): *acquistare una casa in* —, to buy a house in partnership.

comproprietaria *s.f.* **comproprietario** *s.m.* joint owner, coowner, co-proprietor (*anche dir.*).

comprova *s.f.* (*non com.*) proof, evidence, confirmation.

comprovabile *agg.* provable.

comprovare *v.tr.* to prove, to give* further evidence of (sthg.).

comprovazione *s.f.* (*ant.*) (*il comprovare*) proving; (*comprova*) confirmation.

compulsare *v.tr.* **1** (*documenti, libri ecc.*) to examine, to inspect, to go* through (sthg.) **2** (*dir.*) to summon.

compulsione *s.f.* compulsion (*anche psic.*), constraint, coercion.

compulsivo *agg.* **1** (*rar.*) compulsive, coercitive **2** (*psic.*) compulsive: *comportamento* —, compulsive behaviour.

compunto *agg.* **1** filled with compunction **2** (*falsamente contrito*) falsely contrite.

compunzione *s.f.* **1** compunction **2** (*atteggiamento di falsa umiltà*) false contrition.

computabile *agg.* computable, calculable.

computabilità *s.f.* (*log.*) computability.

computare *v.tr.* **1** to calculate; to compute: — *nel prezzo*, to include in the price **2** (*addebitare*) to debit, to charge.

computazionale *agg.* computational // *linguistica* —, computational linguistics.

computazione *s.f.* calculation; computation.

computer *s.m.* computer → **elaboratore**.

computerizzabile *agg.* computerizable; that can be computerized (*pred.*).

computerizzare *v.tr.* to computerize: — *la contabilità*, to computerize the accounts.

computerizzato *agg.* computerized.

computerizzazione *s.f.* computerization.

computista *s.m.* e *f.* (*contabile*) bookkeeper; (*ragioniere*) accountant.

computisteria *s.f.* **1** (*contabilità*) bookkeeping: *quaderno di* —, accounts book **2** (*mat.*) business mathematics.

computistico *agg.* bookkeeping; accounting: *calcoli computistici*, bookkeeping accounts.

computo *s.m.* **1** (*calcolo, conteggio*) reckoning, calculation, computation: — *degli interessi*, interest calculation **2** (*eccl.*) computation.

comunale[1] *agg.* (*ant.*) **1** (*della comunità*) common, communal, public: *pascoli comunali*, common pastures **2** (*ordinario*) common, ordinary.

comunale[2] *agg.* **1** municipal; town (*attr.*), city (*attr.*): *amministrazione* —, municipal administration; *ordinanza* —, municipal ordinance; *impiegato* —, municipal employee; *autorità comunali*, municipal authorities; *scuola* —, municipal school; *palazzo* —, town (*o spec. amer.* city) hall; *consiglio* —, town (*o spec. amer.* city) council **2** (*di comune medievale*) of the medieval communes, communal: *epoca* —, period of the medieval communes.

comunanza *s.f.* **1** (*dir.*) (*appartenenza comune*) community: — *dei beni*, community of goods; — *di interessi*, community of interest; *principio della — dei beni*, communalism **2** (*letter.*) (*comunità*) community: — *religiosa*, religious community.

comunardo *s.m.* **1** (*st.*) Communard, communalist **2** (*non com.*) (*rivoltoso*) revolutionary, rebel ◆ *agg.* **1** communal, of the Communards **2** (*non com.*) (*rivoltoso*) revolutionary, rebel.

comune[1] *agg.* **1** common; (*reciproco*) mutual: — *a tutti*, common to everyone; *lingua* —, common language; *proprietà* —, common property; *interesse* —, mutual interest; *è nel nostro — interesse che tu parta*, it is in our mutual interest that you should leave; *un amico* —, a mutual friend; *opinione* —, common opinion; *uso* —, common (*o* usual) practice; *è uso — farsi regali a Natale*, exchanging gifts at Christmas is common (*o* usual practice); *terreno* —, common land; (*fig.*) common ground; *non avevano un terreno — su cui fondare il loro dialogo*, they had no common ground on which they could base their dialogue // *senso* —, common sense // *luogo* —, commonplace (*o* cliché *o* platitude): *è un brano pieno di luoghi comuni*, it is a passage full of commonplaces (*o* clichés *o* platitudes) // (*econ.*) *Mercato — Europeo*, European Common Market // (*banca*) *conto* —, joint account // (*gramm.*) *nome* —, common noun // (*mat.*): *denominatore* —, common denominator; *massimo — divisore*, highest (*o* greatest) common divisor; *minimo — multiplo*, lowest (*o* least) common multiple // *far causa — con qlcu.*, to join forces with s.o. // *mal — mezzo gaudio*, (*prov.*) trouble shared is trouble halved **2** *poco* —, uncommon **3** (*ordinario*) common; ordinary: *vino* (*di tipo*) —, ordinary wine; *articolo, merce* —, common (*o* ordinary) goods; *gente* —, ordinary people; *intelligenza* —, ordinary (*o* average) intelligence; *mi sembra una persona piuttosto* —, I think he's rather ordinary ◆ *s.m.* **1** (*regola generale*) common run: *fuori del* —, out of the common run, (*insolito*) unusual, uncommon, (*eccezionale*) exceptional: *un piatto fuori del* —, an unusual dish; *una persona fuori del* —, an exceptional person // *avere qlco. in — con qlcu.*, to have sthg. in common with s.o.: *non abbiamo niente in* —, we have nothing in common; *queste due camere hanno il bagno in* —, these two bedrooms share the same bathroom // *mettere qlco. in* —, to put sthg. together (*o* to pool sthg.), (*condividere*) to share: *mettiamo in — tutto il denaro che abbiamo*, let's put all our money together; *mettiamo in — le spese?*, shall we share expenses? // *la vita in — può essere difficile*, life together may prove to be difficult; *far vita in* —, to spend most of one's time together (*o* to see a lot of each other): *in crociera abbiamo fatto vita in* —, we spent most of our time together on the cruise **2** (*mar.*) ordinary seaman ◆ *s.f.* (*teatr.*) main stage door: *andarsene, uscire dalla* —, to exit by main stage door; (*fig.*) to abandon the scene.

comune[2] *s.m.* **1** (*amm.*) (*in Italia, Francia, Belgio*) commune; (*negli altri Stati*) municipality // *Palazzo del* —, town (*o spec. amer.* city) hall; *Ostia è — di Roma*, Ostia is in the municipal district of Rome; *gli impiegati del* —, local government (*o* municipal) employees **2** (*autorità municipali*) municipality, town council: *il Comune ha deciso di far costruire una nuova scuola*, the town council decided to have a new school built **3** (*st.*) commune; city-state: *al tempo dei Comuni*, at the time of the communes; *l'età dei comuni*, the age of the Italian city-states **4** *la Camera dei Comuni*, (*in Gran Bretagna*) the House of Commons ◆ *s.f.* **1** (*st.*) the Commune **2** (*in Cina*) commune (*anche estens.*) // *vivere in una — femminile*, to live in a women's commune.

comunella *s.f.* **1** (*fam.*) clique: *far — con qlcu.*, to gang up with s.o. **2** (*passe-partout*) master key.

comunemente *avv.* **1** (*generalmente*) commonly, usually, generally: *come — si dice*, as they say; — *parlando*, in everyday language (*o* speech) **2** (*ant.*) (*in comune*) in common, together.

comunicabile *agg.* communicable.

comunicabilità *s.f.* **1** communicability, communicableness **2** (*rar.*) (*comunicativa*) communicativeness.

comunicanda *s.f.* **comunicando** *s.m.* (*eccl.*) communicant.

comunicante *agg.* communicating: *camere comunicanti*, communicating rooms; (*fis.*) *vasi comunicanti*, communicating vessels ◆ *s.m.* (*eccl.*) priest distributing Communion; layperson distributing Communion.

comunicare *v.tr.* **1** to communicate; to transmit: *chi le comunicò la triste notizia?*, who broke the sad news to her?; — *calore, movimento*, to communicate heat, motion; — *una malattia*, to transmit a disease; — *una scoperta*, to communicate a discovery **2** (*eccl.*) to communicate; to administer Holy Communion to (s.o.) ◆ *v.intr.* **1** to communicate, to be in communication: *non posso — regolarmente con lui*, I cannot communicate with him regularly; *è difficile — con quella zona*, it is difficult to communicate with the area; *comunicava solo a gesti*, he only communicated by gestures; — *via radio*, to broadcast; — *per telefono*, to communicate by telephone // *si comunica con la presente che...*, notice is hereby given that... // *non riesce più a — con i genitori*, he can't communicate with his parents any more **2** (*di luoghi, ambienti*) to communicate: *la stanza comunica col giardino*, the room communicates with (*o* leads into) the garden. □ **comunicarsi** *v.intr.pron.* **1** (*trasmettersi*) to be communicated, to be transmitted; (*diffondersi*) to spread*: *il movimento si comunica a tutta la macchina*, the motion is transmitted to the whole machine; *il panico si comunicò tra gli spettatori*, panic spread among the spectators **2** (*eccl.*) to receive Holy Communion.

comunicativa *s.f.* communicativeness: *avere* —, to be communicative (*o* expansive).

comunicatività *s.f.* communicativeness: *una persona di grande* —, a person with great communicative ability.

comunicativo *agg.* **1** communicative; (*contagioso, infettivo*) catching (*pred.*); infectious: *lo sbadiglio è* —, yawning is catching; *una forma virale molto comunicativa*, a very infectious form of virus **2** (*affabile, cordiale*) communicative, open; talkative: *una persona comunicativa*, a communicative person.

comunicato *s.m.* **1** bulletin, communiqué, announcement, notice: — *di guerra*, war bulletin (*o* war communiqué); — *stampa*, press release; — *commerciale*, (radio) commercial, spot **2** (*eccl.*) communicant.

comunicazione *s.f.* **1** (*il comunicare*) communication; (*contatto*) contact: — *verbale*, verbal communication; — *di idee*, exchange of ideas; *mettere in — due persone*, to put two people in touch with each other; *essere in — con qlcu.*, to be in communication (*o* contact) with s.o. // — *del calore fra due corpi*, transmission of heat from one body to another; *non c'è — fra le due camere*, there is no communicating door between the two rooms **2** (*tel.*) telephone call; (*collegamento*) telephone link: *è indispensabile stabilire una — telefonica con la nostra unità mobile*, we need to set up a telephone link with our mobile unit; *la — con New York era molto disturbata*, I got a really bad connection (*o* line) with New York; — *interurbana*, trunk (*o* long-distance) call; — *telefonica a carico*, reverse charge call; *mettere in — due abbonati*, to connect (up) two subscribers; *mettetemi in — col signor Smith*, put me through to Mr. Smith; *essere in — con qlcu.*, to be through; *interrompere la* —, to cut off; *la — si è interrotta*, the line went dead **3** (*messaggio*) message: — *verbale*, verbal message; *gli ho lasciato una — sulla segreteria telefonica*, I left him a message on the answering machine **4** (*comunicato*) announcement; (*relazione*) report, account: *inviare una — al personale*, to send a circular (*o* a memo) to the staff; *fare una — ufficiale dei risultati delle elezioni*, to make an official announcement of the election results; *dare — di qlco. a qlcu.*, to inform s.o. of sthg. // (*dir.*) — *giudiziaria*, subpoena **5** (*spec. pl.*) (*collegamento*) communication: *comunicazioni ferroviarie*, rail communications; *linee di* —, communications lines; *mezzi di* —, means of communication; *strada di grande* —, highway; *vie di* —, lines of communication // *Ministero delle Comunicazioni*, Ministry of Transport // *mezzi di — di massa*, mass media **6** (*ling.*) communication.

comunione *s.f.* **1** (*comunanza*) communion; sharing: — *di idee*, similarity of ideas; — *di interessi*, community of interest; *avere in* —, to share **2** (*religiosa*) communion: *le diverse comunioni cristiane*, the different Christian communions; *appartenere alla stessa* —, to belong to the same communion // (*teol.*) *la Comunione dei Santi*, the Communion of Saints **3** (*teol.*) Holy Communion; (*parte della messa*) Communion service: *dare la* —, to administer Holy Communion; *fare, prender la* —, to go to (*o* to take) Holy Communion // *prima* —, First Communion **4** (*dir.*) community: — *di beni, di proprietà*, community of goods, of property; — *ereditaria*, coownership by the heirs.

comunismo *s.m.* (*pol.*) communism.

comunista *agg.* e *s.m.* e *f.* (*pol.*) communist: *partito* —, the Communist party.

comunistico *agg.* communist: *atteggiamenti comunistici*, communist-type attitudes.

comunistizzare *v.tr.* (*non com.*) to make* communist.

comunistoide *agg.* e *s.m.* e *f.* (*spreg.*) commie, red.

comunità *s.f.* **1** community: — *rurale, urbana*, rural, urban community; — *domestica, familiare*, family; *la — scientifica*, the scientific community; *la — ebraica*, the Jewish community; *le — religiose*, the religious communities // *si è sempre preso a cuore gli interessi della* —, he has always taken the community's interests to heart // *la — umana*, humanity // — *terapeutica*, therapeutic community // *vivere in* —, to live communally // — *montana*, consortium of communes in mountain areas // (*inform.*) — *virtuale*, virtual community // *Comunità Economica Europea* (abbr. *CEE*), European Economic Community (*abbr.* EEC) // *Comunità Europea del Carbone e dell'Acciaio* (abbr. *CECA*), European Coal and Steel Community (*abbr.* ECSC) **2** (*comunanza*) community: *tra di loro c'è una — d'intenti*, they share a common aim // (*dir.*) — *di beni*, (*tra coniugi*) communal estate.

comunitario *agg.* **1** community (*attr.*), public (*attr.*): *è una persona di grande spirito* —, he is a very public-spirited (*o* community -minded) person **2** (*del mec*) Community (*attr.*), EEC (*attr.*); *politica comunitaria*, Community (*o* EEC) policy.

comunque *cong.* (*in qualunque modo*) however, no matter (how): — *vadano le cose, non te la prendere*, don't get upset, no matter how (*o* however) it goes; — *abbia agito, era in buona fede*, no matter what he did, he meant well ◆ *avv.* **1** (*ma, tuttavia*) but, all the same: *d'accordo, io ero in ritardo, — avresti dovuto aspettarmi*, I know I was late, but you should have waited for me; *non hai fatto male, — sai fare di meglio*, not bad. All the same, you can do better **2** (*in ogni caso*) anyhow, anyway; however; *le probabilità di riuscita sono scarse, — puoi tentare*, there isn't much chance of success. Anyhow, you can try; *devo partire* —, I've got to leave anyway; — *non è detta l'ultima parola*, the last word hasn't been said, however.

con *prep.* **1** (*compagnia, unione*) with: *vieni — me?*, are you coming with me?; *lavora — il padre*, he works with his father; *vive a Torino* (*insieme*) — *i genitori*, she lives in Turin with her parents; *dovunque vada, porta sempre i bambini — sé*, wherever she goes, she always takes the children with her; *tutti i giorni faceva la sua passeggiata col cane*, every day he went for a walk with his dog; *restate a cena — noi?*, will you stay and have dinner with us?; *viaggia sempre — molte valigie*, she always travels with a lot of luggage; *porta — te l'ombrello, minaccia di piovere*, it looks like rain, so take your umbrella with you; *si presentò — un grande fascio di giornali sotto il braccio*, he turned up with a large wad of newspapers under his arm // *mi dispiace, non ho denaro — me*, I'm sorry I haven't any money on me **2** (*relazione*) with: *litiga spesso — suo fratello*, she argues a lot with her brother; *ho avuto una lunga discussione — loro*, I had a long discussion with them; *essere in pace, in guerra — qlcu.*, to be at peace, at war with s.o.; *va d'accordo — tutti*, he gets on well with everyone; — *noi si comporta sempre così*, he always behaves like that with us; *la nostra ditta è in rapporto d'affari — il Giappone e — la Cina*, our firm has business dealings with Japan and China; *non abbiamo più contatti — lui*, we have lost touch with him; *il latino ha molte affinità — il greco*, Latin has much in common with Greek; *hai problemi — il nuovo lavoro?*, have you any problems with your new job? **3** (*verso, nei riguardi di*) to: *sii buono — lui!*, be kind to him! // *non prendertela — me!*, don't take it out on me! **4** (*per indicare una qualità o una caratteristica*) with: *era un uomo — i capelli bianchi e — una lunga barba*, he was a man with white hair and a long beard; *una ragazza — gli occhi azzurri*, a girl with blue eyes (*o* a blue-eyed girl); *un cane — il pelo lungo*, a dog with long hair (*o* a long-haired dog); *una finestra — le persiane verdi*, a window with green shutters; *una camera — servizi*, a room with bath; *vivono in una bella casa — giardino*, they live in a lovely house with a garden • Come si nota dagli esempi, in questo significato si usa spesso la forma aggettivale **5** (*modo*) with: *agì — grande coraggio*, he acted with great courage; *lo guardava — ammirazione*, she gazed at him with admiration (*o* admiringly); *trattare — cura*, to handle with care; *non hai lavorato — la dovuta attenzione*, you haven't worked carefully enough (*o* with enough care); *mi salutò — grandi sorrisi*, she greeted me with a big smile; *parla l'inglese — un forte accento americano*, he speaks English with a strong American accent; — *gli occhi chiusi*, with one's eyes closed; — *le mani giunte*, with one's hands together; — *le braccia incrociate*, with one's arms crossed // *pasta — il sugo*, pasta with tomato sauce; *risotto coi carciofi*, risotto with artichokes; *omelette col prosciutto*, ham omelette • Come si nota dagli esempi, in questo significato si usa spesso la forma avverbiale **6** (*mezzo*) by; with: *partire — l'aereo, la macchina, il treno*, to leave by air, by car, by train; *scrivere — la penna, la matita*, to write with a pen, with a pencil; *programmare col computer*, to program with the computer; *tieni il volante — tutt'e due le mani*, hold the steering-wheel with both hands; *il pedale della frizione si aziona — il piede sinistro*, press the clutch pedal with your left foot; *risponderò — un telex*, I'll reply by telex; *pagherò — un assegno*, I'll pay by cheque; *che intendi dire — ciò?*, what do you mean by that?; *il vino si fa — l'uva*, wine is made with grapes; *sono cose che s'imparano — l'esperienza*, they are things you learn with experience // — *l'aiuto di Dio, ce la faremo*, we'll manage, with God's help **7** (*causa*) *i ghiacciai si sciolgono — il calore dei raggi solari*, glaciers melt with the heat of the sun; — *il caldo, la carne si è guastata*, the meat has gone bad with the heat; — *quest'afa non si riesce a respirare*, with this heat yon can't breathe; *è stato a letto una settimana — l'influenza*, he was in bed with flu for a week **8** (*con valore temporale*) with; in: *preferirei partire col chiaro*, I'd prefer to set out in the light; *le rondini se ne vanno — i primi freddi*, swallows migrate with the first sign of cold weather; — *il mese di marzo, inizia l'ora legale*, standard summertime begins in March; *siamo arrivati — la pioggia*, we arrived in the rain // — *la tua venuta, sistemeremo la faccenda*, we'll deal with the matter when you arrive // — *l'andare del tempo*, as time goes by **9** (*con valore avversativo o concessivo*) with; for: — *quel colorito nessuno avrebbe detto che era ammalato*, with that colour, no one would say he was ill; — *tutti i suoi difetti, è una persona simpaticissima*, he's a very likeable person, with (*o* for) all his faults; — *tutto ciò, non mi sento di disapprovarlo*, for all that, I can't bring myself to disapprove **10** (*con valore consecutivo*) to: — *mia grande delusione, trovai che il treno era già partito*, to my disappointment, I found the train had already left.

con- (anche *co-*, *col-*, *com-*, *cor-*) *pref.* di origine latina che indica **1** unione, compagnia; ingl. con-, co-, col-, com-, cor-: *concelebrante*, concelebrant; *cospirare*, to conspire; *coesistenza*, coexistence; *collaborazione*, collaboration; *compassione*, compassion; *correlazione*, correlation **2** rapporto di lavoro, di attività a pari livello o subordinato; ingl. co-: *cooperazione*, cooperation; *coordinatore*, coordinator; *copilota*, copilot.

conativo *agg.* (*ling.*) conative.

conato *s.m.* **1** (*tentativo*) effort, attempt // *avere conati di vomito*, to retch **2** (*psic.*) (*impulso*) impulse.

conca *s.f.* **1** (*vaso, vasca*) basin, pot, vessel; tub: — *di terracotta*, earthenware basin (*o* vessel) **2** (*bacino*) basin; — *idraulica*, lock **3** (*geogr.*) (*cavità*) basin, depression, hollow; (*valle*) valley; dell // *la Conca d'oro*, the Conca d'Oro **4** (*anat.*) concha **5** (*letter.*) (*conchiglia*) shell, conch.

concamerazione *s.f.* **1** (*non com.*) concameration **2** (*biol.*) concameration.

concata *s.f.* tub(ful), basin(ful).

concatenamento *s.m.* **1** (*il concatenare*) linking together **2** (*letter.*) (*connessione*) concatenation, connection **3** (*inform.*) connection.

concatenare *v.tr.* **1** (*non com.*) to link together: — *degli anelli*, to link a chain **2** (*fig.*) to concatenate, to connect, to link together: — *le idee*, to link ideas together.

□ **concatenarsi** *v.rifl.rec.* to be linked together, to be connected: *i concetti del suo di-*

scorso si concatenavano secondo un ordine logico, the points of his speech fitted together (*o* were linked up) according to a logical order.

concatenato *agg.* **1** linked, joined // (*elettr.*) *flusso* —, linkage **2** (*fig.*) linked, connected.

concatenazione meno com. **concatenatura** *s.f.* **1** (*il concatenare*) linking together **2** concatenation, link, connection **3** (*biol.*) linkage.

concausa *s.f.* (*spec. dir.*) pre-existing cause; aggravation.

concausare *v.tr.* (*non com.*) to contribute towards (sthg.).

concavità *s.f.* **1** (*l'essere concavo*) concavity, concaveness **2** (*cavità*) concavity, hollow, cavity.

concavo *agg.* concave (*anche mat.*), hollow // (*fis.*): *lente concava*, concave lens; — *convesso*, concavo-convex ◆ *s.m.* (*non com.*) concave, concavity, hollow: — *della mano*, the hollow of the hand.

concedente *agg.* e *s.m.* e *f.* (*dir.*) grantor: — *di un fondo in affitto*, ground landlord (*o* leaser).

concedere *v.tr.* **1** to grant, to allow, to give*, to concede, to award, to bestow: *la banca gli concesse un prestito*, the bank granted him a loan; *gli fu concessa una borsa di studio*, he was awarded a scholarship; *concedersi una vacanza al mare*, to treat oneself to (*o* to allow oneself) a holiday by the sea; — *una dilazione di pagamento*, to grant (*o* to allow) an extension of payment; — *un favore a qlcu.*, to bestow a favour on s.o.; — *uno sconto*, to grant a discount; — *un aumento di stipendio*, to give a rise in wages **2** (*permettere*) to allow: *concedimi di parlare*, allow me to speak **3** (*riconoscere, ammettere*) to concede, to admit, to allow, to grant, to acknowledge: *quella ragazza è molto intelligente, te lo concedo*, the girl is very intelligent, I grant you // *ammesso e non concesso che abbia sbagliato, non avevi il diritto di trattarlo così*, even if we grant for the sake of argument that he was wrong you had no right to treat him like that.

□ **concedersi** *v.rifl.* (*darsi sessualmente*) to yield, to give* oneself.

concedibile *agg.* allowable, grantable.

conceditore *s.m.* (*non com.*) → **concedente**.

concelebrante *s.m.* (*eccl.*) concelebrant: *il* (*sacerdote*) —, the concelebrant.

concelebrare *v.tr.* to concelebrate.

concelebrazione *s.f.* concelebration.

concento *s.m.* (*letter., poet.*) **1** harmony, harmoniousness, concent **2** (*fig.*) accord, concent.

concentrabile *agg.* that can be concentrated (*pred.*).

concentramento *s.m.* **1** concentration: (*mil.*) — *di tiro*, convergence of fire; *campo di* —, concentration camp **2** (*econ.*) → **concentrazione**.

concentrare *v.tr.* **1** to concentrate: *il capitano concentrò le truppe a sud della città*, the captain concentrated the troops south of the town; — *capitali*, to concentrate capital; — *gli aiuti economici sull'industria tessile*, to concentrate economic support (*o* aids) on textile industry **2** (*fig.*) to concentrate; to centre; (*amer.*) to center: *concentrò le proprie speranze sul figlio*, he centred his hopes on his son; — *la propria attenzione su qlco.*, to concentrate one's attention on sthg. **3** (*chim., fis.*) to concentrate **4** (*miner.*) — *il minerale*, to dress.

□ **concentrarsi** *v.rifl.* **1** (*riunirsi*) to concentrate, to gather: *il nemico si concentrava presso il ponte*, the enemy concentrated (*o* gathered) near the bridge **2** (*fig.*) to concentrate: — *in un pensiero*, to concentrate on a thought; — *sulla soluzione di un problema*, to concentrate on the solution of a problem.

concentrato *agg.* **1** concentrated; (*fig.*) wrapped (up), absorbed: *latte* —, concentrated milk **2** (*chim.*) concentrated; quintessential ◆ *s.m.* concentrate, extract, concentrated food: — *di pomodoro*, tomato puree.

concentratore *s.m.* **1** (*tecn.*) concentrator **2** (*cinem.*) condenser.

concentrazionario *agg.* concentration camp (*attr.*): *ideologia concentrazionaria*, concentration camp ideology.

concentrazione *s.f.* **1** concentration (*anche fig.*): *capacità di* —, powers of concentration; *perdere la* —, to lose one's concentration; *una grande* — *di truppe*, a great concentration (*o* massing) of troops **2** (*chim., fis.*) concentration **3** (*econ.*) concentration; combination: — *verticale, orizzontale*, vertical, horizontal concentration; — *industriale*, concentration (*o* combination) of producers (*o* combine); — *di imprese*, trust (*o* business combine *o* combination *o* merging); — *di capitali*, capital concentration.

concentrazionismo *s.m.* (*econ.*) tendency towards concentration (of industrial concerns, of producers etc.).

concentricità *s.f.* (*mat.*) concentricity.

concentrico *agg.* (*mat.*) concentric.

concepibile *agg.* conceivable, imaginable: *non è* —, it's inconceivable (*o* unthinkable).

concepibilità *s.f.* conceivability, conceivableness.

concepimento *s.m.* **1** conception, conceiving **2** (*fig.*) conception, formulation: — *di un'idea*, conception of an idea.

concepire *v.tr.* **1** (*generare*) to conceive; to become* pregnant with (a child) **2** (*pensare, immaginare*) to conceive, to imagine; (*escogitare*) to conceive, to contrive, to devise: — *un piano di fuga*, to devise a plan of escape **3** (*nutrire*) to entertain, to harbour: — *speranze, timori, sospetti*, to entertain hopes, fears, suspicions **4** (*comprendere*) to understand*: *non riesco a* — *come possa essere successo*, I can't understand how that could have happened **5** (*formulare*) to express, to word, to draw* up: *l'articolo è concepito nei seguenti termini...*, the article is worded as follows...

concepito *agg.* conceived: *un piano* — *da una mente malata*, a plan conceived by a sick mind.

conceria *s.f.* **1** (*stabilimento*) tannery **2** (*arte*) tanning.

concernere *v.tr.* to concern, to relate to (s.o., sthg.), to regard: *ciò concerne i vostri interessi*, that concerns your interests; *il fatto non ci concerne*, the matter doesn't concern us; *per quanto concerne il nostro campo...*, as far as our field is concerned (*o* as regards our sector); *per quanto mi concerne...*, speaking for myself...

concertare *v.tr.* **1** (*mus.*) (*accordare*) to harmonize; (*dirigere*) to rehearse, to conduct **2** (*stabilire*) to plan, to plot, to concert, to arrange: *concertarono di trovarsi alle 10*, they arranged to meet at ten.

□ **concertarsi** *v.rifl.rec.* (*non com.*) to agree to act in concert.

concertato *agg.* **1** (*stabilito*) concerted, planned; arranged: *un piano, un programma* —, a concerted plan, program **2** (*mus.*) concerted ◆ *s.m.* (*mus.*) concerted piece.

concertatore *s.m.* **1** (*mus.*) (*maestro*) —, conductor **2** (*non com.*) (*macchinatore*) plotter, planner: *un* — *di imbrogli*, a plotter of mischief.

concertazione *s.f.* (*mus.*) conducting.

concertino *s.m.* (*mus.*) **1** concertino, group of soloists **2** (*trattenimento in caffè, giardini ecc.*) concert.

concertista *s.m.* e *f.* concert artist.

concertistico *agg.* concert (*attr.*): *stagione concertistica*, concert season.

concerto *s.m.* **1** (*mus.*) (*esecuzione*) concert; (*composizione musicale*) concerto*: — *per piano*, piano concerto; *assistere a un* — *rock*, to go to a rock concert; *questa sera Bob Dylan in* —, tonight Bob Dylan in concert // *che* —*!*, (*iron.*) what lovely music! // — *di campane*, pealing of bells; concert of bells **2** (*fig.*) (*accordo*) concert, agreement; *agire di* —, to act in concert.

concessionario *s.m.* (*comm.*) concessionaire, concessionary, licensee; (*agente di commercio*) commercial agent: — *esclusivo*, sole agent (*o* sole licensee *o* franchisee); — *di brevetto*, patentee; — *di un contratto di franchising*, franchisee; — *di appalti, di negozi*, franchisee, licensee; — *d'auto*, car distributor (*o* dealer); — *di auto* XY, XY car concessionary ◆ *agg.* concessionary: *ditta concessionaria*, dealership (*o* concessionary firm) // (*ditta*) *concessionaria d'auto*, car dealership.

concessione *s.f.* **1** concession, grant; (*autorizzazione*) authorization, licence, franchise: — *di un servizio*, concession of a service; — *di appalto*, contract authorization; — *petrolifera*, oil concession; — *mineraria*, mining concession (*o* claim); — *di brevetto*, grant of a patent; — *governativa*, government licence // (*comm.*): — *di vendita*, sale right; — *di vendita in esclusiva*, franchise (*o* exclusive agency) // (*fin.*): — *di un credito*, authorization of credit; — *di prestito*, granting of a loan; — *di uno scoperto*, granting of an overdraft **2** (*ammissione*) admission, acknowledgement: *per sua stessa* —, on his own admission.

concessivo *agg.* concessive (*anche gramm.*): *proposizione concessiva*, (*gramm.*) concessive clause.

concesso *agg.* granted // *ammesso e non* — *che...*, even if we grant for the sake of argument that...

concessore *s.m.* (*non com.*) grantor, granter.

concettismo *s.m.* (*lett.*) concettism; (*lett. ingl.*) euphuism.

concettista *s.m.* e *f.* follower of concettism; (*lett. ingl.*) euphuistic writer.

concettistico *agg.* pertaining to concettism; (*lett. ingl.*) euphuistic: *stile* —, a style pertaining to concettism.

concettivo *agg.* (*rar.*) conceptual.

concettizzare *v.intr.* to indulge literary conceits, to use literary conceits.

concetto *s.m.* **1** (*idea*) idea, concept, conception: *avere un — chiaro di qlco.*, to have a clear conception of sthg.; *il — di bene e di male*, the concept of good and evil **2** (*opinione*) opinion, idea, conception: *farsi un — di qlcu.*, to form an idea of s.o.; *che — hai di me?*, what sort of person do you think I am? **3** (*lett.*) conceit; concetto (*pl.* -i): *concetti secentisti*, 17th century conceits.

concettosità *s.f.* abstruseness; reconditeness; convolutedness; (*lett.*) conceitedness.

concettoso *agg.* full of conceits; convoluted; recondite, abstruse.

concettuale *agg.* conceptual (*anche estens.*) // *arte —*, conceptual art.

concettualismo *s.m.* (*fil.*) conceptualism.

concettualista *s.m.* e *f.* (*fil.*) conceptualist.

concezionale *agg.* conceptional.

concezione *s.f.* **1** (*il concepire*) conceiving, planning, conception: *la — di un piano d'azione*, the formulation of a plan of action **2** (*relig.*) *l'Immacolata Concezione*, the Immaculate Conception **3** (*visione*) concept, conception; idea: *avere una — medievale del mondo*, to have a medieval conception of the world; *la moderna — del diritto*, the modern concept of law.

conchifero *agg.* **1** (*che ha conchiglie*) shell-bearing **2** (*geol.*, *zool.*) conchiferous.

conchiglia *s.f.* **1** shell; conch; (*di ciprea*) cowrie, cowry: *pieno di conchiglie*, shelly; *simile a —*, shelly; *ricoprire di conchiglie*, to shell **2** (*arch.*) shell, conch **3** (*metall.*) shell, chill: *colata in —*, shell casting **4** (*sport*) cup protector, box.

conchiglifero → **conchilifero**.

conchiliaceo *agg.* shell-like, shelly.

conchilifero *agg.* (*geol.*) conchitic, conchiferous: *calcare —*, shell-limestone.

conchiliforme *agg.* (*zool.*) conchiform, shell-shaped, shell-like.

conchiliologia *s.f.* conchology.

conchino *s.m.* (*carte*) kind of rummy.

conchiudere e *deriv.* → **concludere** e *deriv.*

concia *s.f.* **1** (*di pelli*) tanning: *— all'allume*, tawing **2** (*di tabacco*) curing **3** (*di olive*) pickling **4** (*ant.*) (*conceria*) tannery.

conciaiolo *s.m.* tanner.

conciante *agg.* e *s.m.* tan, tanning (agent): *— vegetale*, vegetable tan.

conciapelli *s.m.* e *f.* tanner.

conciare *v.tr.* **1** (*pelli*) to tan, to dress: *— pelli per farne cuoio*, to tan hides to make leather **2** (*tabacco*) to cure **3** (*olive*) to pickle **4** (*trattare*) to dress, to treat **5** (*malmenare, maltrattare*) to ill-treat, to thrash, to beat* // *— qlcu. per le feste*, to give s.o. a good thrashing **6** (*fam.*) (*insudiciare*) to soil: *ha conciato le scarpe da buttare via*, he has completely ruined his shoes; *guardate com'è conciato!*, look what an awful state he is in!

□ **conciarsi** *v.rifl.* **1** (*fam.*) (*insudiciarsi*) to get* dirty; (*fam.*) to get* into a state: *dove ti sei conciato così?*, where did you get into such a state (*o* mess)? **2** (*vestirsi male*) to dress badly, to do*, to get* oneself up badly: *si concia in quel modo per sembrare più giovane*, he does (*o* gets) himself up like that to look younger // *ma come ti sei conciato?*, why did you get yourself up like that?

conciario *agg.* tan: *industria conciaria*, tan industry ◆ *s.m.* tanner.

conciato *agg.* **1** (*di pelle*) tanned **2** (*fig.*) (*malridotto*) in a mess (*pred.*), in a state (*pred.*): *cosa fai — in quel modo?*, what are you doing got up like that?

conciatore *s.m.* **conciatrice** *s.f.* tanner.

conciatura *s.f.* tanning: *— vegetale*, vegetable tanning.

conciclico *agg.* (*mat.*) concyclic: *punti conciclici*, concyclic points.

conciliabile *agg.* **1** compatible, consistent, reconcilable: *— col suo temperamento*, consistent with his character **2** (*dir.*) which can be settled out of court.

conciliabilità *s.f.* compatibility, consistency.

conciliabolo *s.m.* (*adunanza segreta*) conventicle; secret meeting, secret talks: *essere in — con qlcu.*, to be talking secretly to s.o.

conciliante *agg.* conciliatory, conciliating: *modi concilianti*, conciliatory manners; *mostrarsi — verso qlcu.*, to be conciliatory towards s.o.

conciliare[1] *v.tr.* **1** (*mettere d'accordo*) to reconcile, to conciliate: *— due idee diverse*, to reconcile two different ideas; *riusciva a — il lavoro con gli impegni familiari*, she was able to reconcile work with her family commitments // *— una contravvenzione*, to pay a fine on the spot; *concilia?*, will you pay (the fine) now?; *— una lite*, to make up a quarrel **2** (*favorire*) to induce, to bring* on: *la televisione mi concilia il sonno*, television makes me sleepy **3** (*ottenere*) to win*, to gain.

□ **conciliarsi** *v.rifl.* **1** (*riconciliarsi*) to become* reconciled, (*fam.*) to make* it up: *dopo molti anni si conciliò con i genitori*, after many years he was reconciled with his parents **2** (*adattarsi*) to reconcile oneself, to resign oneself: *— con l'idea di lavorare*, to resign oneself to the idea of working.

conciliare[2] *agg.* counciliar, council (*attr.*) ◆ *s.m.* councillor.

conciliarismo *s.m.* conciliarism.

conciliativo *agg.* conciliatory, conciliating, conciliative.

conciliatore *agg.* conciliatory, conciliating, conciliative // (*dir.*) (*giudice*) *—*, Justice of the Peace; *corte conciliatrice*, small claims court ◆ *s.m.* peacemaker.

conciliatorio *agg.* conciliatory, conciliating, conciliative.

conciliazione *s.f.* settlement, conciliation, reconcilement // (*st.*) *Conciliazione della Chiesa con lo Stato*, Lateran Agreements // (*dir.*) *Corte di —*, Court of Conciliation.

concilio *s.m.* **1** (*eccl.*) council: *— diocesano, ecumenico*, diocesan, ecumenical council; *tenere un —*, to hold a council // (*st.*) *il Concilio di Trento*, the Council of Trent **2** (*scherz.*) (*riunione*) parley: *i ragazzi sono tutti riuniti in quella stanza, stanno tenendo —*, the children are all together in that room holding a secret parley.

concimaia *s.f.* (*a mucchio*) dung-hill, manure-heap; (*a fossa*) dung-pit, manure-pit; (*lettiera*) hotbed.

concimare *v.tr.* to manure, to dung, to compost, to muck, to dress.

concimatura, **concimazione** *s.f.* manuring, dunging, dressing.

concime *s.m.* manure, dung: *— chimico*, fertilizer; *— naturale*, soil.

concio[1] *agg.* **1** (*conciato*) tanned: *pelli conce*, tanned hides (*o* skins) **2** (*fig.*) (*malridotto*) in a mess (*pred.*), in a state (*pred.*).

concio[2] *s.m.* (*concime*) manure, dung.

concio[3] *s.m.* (*arch.*) ashlar.

concionare *v.intr.* (*non com.*) to harangue; (*iron.*) to hold* forth.

concione *s.f.* **1** harangue, address **2** (*ant.*) (*adunanza*) deliberating assembly.

concisamente *avv.* concisely, briefly, succinctly, tersely: *parla e scrive —*, he speaks and writes succinctly.

concisione *s.f.* concision, conciseness, brevity, terseness: *cerca di essere breve e di esprimerti con maggior —*, try to be brief and to express yourself more concisely.

conciso *agg.* concise, brief, terse: *lo stile di quest'autore è molto —*, this author's style is very concise.

concistoriale *agg.* (*eccl.*) consistorial: *atti concistoriali*, consistorial proceedings.

concistoro *s.m.* (*eccl.*) consistory.

concitamento *s.m.* excitement, agitation.

concitare *v.tr.* to excite, to rouse, to stir up, to incite, to urge.

concitatamente *avv.* excitedly.

concitativo *agg.* (*non com.*) exciting, (a)rousing.

concitato *agg.* excited; agitated: *parlare in tono —*, to speak excitedly.

concitazione *s.f.* excitement, agitation; emotion: *si trovava in uno stato di forte —*, she was in a state of intense agitation.

concittadina *s.f.* fellow-citizen; townswoman*.

concittadinanza *s.f.* fellow-citizenship.

concittadino *s.m.* fellow-citizen, townsman*: *siamo concittadini*, we come from the same town.

conclamare *v.tr.* (*letter.*) to acclaim, to proclaim, to hail.

conclamato *agg.* **1** (*letter.*) proclaimed, acclaimed **2** (*letter.*) (*chiaro*) clear, self-evident: *una verità conclamata*, a self-evident truth **3** (*med.*) clear.

conclamazione *s.f.* (*letter.*) acclamation.

conclave *s.m.* (*eccl.*) conclave.

conclavista *s.m.* conclavist.

conclavistico *agg.* of a conclave.

concludente *agg.* **1** (*efficace*) conclusive, decisive, convincing: *un discorso poco —*, an inconclusive speech **2** (*di persona*) energetic; businesslike, efficient, enterprising: *è un uomo —*, he gets things done.

concludere *v.tr.* **1** to conclude, to end, to finish, to close; (*comporre*) to settle: *non so se riusciremo a — le trattative in tempo*, I don't know whether we'll manage to conclude (*o* to finish) the negotiations in time; *— un affare*, to conclude (*o* to close *o fam.* to clinch) a business deal; *concluse il discorso con un brindisi*, he concluded (*o* finished *o* ended *o* closed) his speech with a toast; *— una discussione*, to end an argument, to settle an argument; *quando la faccenda fu conclusa*, when the matter was concluded (*o* finished); — *un trattato, un'alleanza, la pace*, to make a treaty, an alliance, peace **2** (*dedurre*) to conclude, to infer: *dai dati in nostro possesso possiamo — che la situazione è disperata*, from the data in our possession we can conclude (*o* infer) that the situation is hopeless; *che cosa ne concludiamo?*, what do we infer from that? **3** (*fam.*) (*fare, combinare*) to do*: *abbiamo concluso poco oggi*, we didn't get much done today; *non conclude mai nulla di buono*, he never gets anything worthwhile done ◆ *v.intr.* (*non com.*) (*convincere*) to be conclusive.

□ **concludersi** *v.intr.pron.* to conclude, to finish, to end, to come* to an end, to close: *l'assemblea si concluse con grandi applausi*, the meeting came to an end amid great applause; *l'incidente si concluse con poco danno*, the accident finished by doing little damage.

conclusionale *agg.* e *s.f.*: (*dir.*) (*comparsa*) —, final statement, final argument, brief.

conclusione *s.f.* **1** conclusion, end; (*di vertenza e simili*) settlement: *mancavano pochi giorni alla — del viaggio quando...*, it was just a few days before the end of the journey when...; *portare a — qlco.*, to bring sthg. to a conclusion (*o* to an end *o* to a close); *la — di un affare, delle trattative*, the conclusion of a business deal, of negotiations; *temo che non ne vedremo mai la —*, I'm afraid we'll never see the end of it; *speriamo tutti in una veloce — della vertenza sindacale*, we are all hoping for a speedy settlement of the trade union negotiations // (*sport*) *cinque giri alla — della gara*, five laps to go // *in — siamo al punto di prima*, to conclude (*o* in the end) we are back to square one (*o* to where we started); *in — che cosa vuoi da me?*, in the end (*o* to conclude) what do you want me to do? **2** (*risultato*) conclusion, result, upshot: *mi chiedo quale sarà la — di tutto questo*, I wonder what the end (*o* the result *o* the conclusion *o* the upshot) of all this will be; *la bancarotta fu l'inevitabile — dei suoi sconsiderati investimenti*, bankruptcy was the inevitable conclusion (*o* end *o* result *o* upshot) of his reckless investments **3** (*deduzione*) conclusion, deduction: *trarre una —*, to draw a conclusion; *una volta esposta la situazione bisogna trarre le debite conclusioni*, once the situation has been described you'll have to draw the obvious conclusions **4** *pl.* (*dir.*) pleadings, summing up (*sing.*).

conclusivo *agg.* conclusive, final, closing; decisive: *esperimento —*, conclusive test; *risposta conclusiva*, decisive answer; *il suo discorso è calato di tono nella parte conclusiva*, his speech sagged towards the end // (*gramm.*) *congiunzione conclusiva*, illative conjunction.

concluso *agg.* **1** concluded; settled: *l'affare è —*, the deal has been settled; *non c'è ancora nulla di —*, nothing is settled yet **2** (*letter.*) (*racchiuso*) enclosed.

concoide *s.f.* (*mat.*) conchoid ◆ *agg.* (*min.*) conchoidal: *frattura —*, conchoidal fracture.

concologia → **conchiliologia**.

concomitante *agg.* concomitant, attendant, accompanying: (*dir.*) *cause concomitanti*, concomitant (*o* contributory) causes; (*med.*) *sintomi concomitanti*, concomitant (*o* accompanying) symptoms.

concomitanza *s.f.* **1** concomitance // *in — con*, to coincide with: *in — con le festività natalizie, la nostra azienda lancerà un nuovo prodotto*, our company is going to launch a new product to coincide with the Christmas holidays **2** (*teol.*) (*unione del Corpo e del Sangue di Cristo nell'Eucarestia*) concomitance.

concordabile *agg.* **1** reconcilable, compatible, negotiable: *il prezzo è —*, the price is negotiable **2** (*gramm.*) that may be made to agree.

concordante *agg.* **1** concordant, concurring, agreeing, harmonious; (*dir.*) *testimonianze concordanti*, concordant depositions **2** (*geol.*) accordant, conformable: *piega —*, accordant fold.

concordanza *s.f.* **1** agreement; concordance: *— di opinioni*, agreement of opinions // *— tra due conti*, reconciliation of two accounts; *— tra due politiche economiche*, consistency between two economic policies **2** *pl.* (*di testi letterari*) concordance: *concordanze della Bibbia*, concordance of the Bible **3** (*gramm.*) concord, agreement: *— dei tempi*, sequence of tenses **4** (*geol.*) conformable contact.

concordare *v.tr.* **1** (*decidere insieme*) to agree (up)on (sthg.); to fix, to arrange: *— un piano*, to make a plan; *— il prezzo*, to agree upon the price **2** (*mettere d'accordo*) to reconcile: *— due diversi punti di vista*, to reconcile two different points of view **3** (*gramm.*) to make* (sthg.) agree: *in italiano devi — il verbo con il soggetto*, in Italian you have to make the verb agree with the subject ◆ *v.intr.* to agree (*anche gramm.*), to be in agreement: *tutti concordavano sulla necessità di un intervento*, everyone agreed on the need for an operation; *l'aggettivo concorda col nome*, the adjective agrees with the noun.

concordatario *agg.* **1** (*dir. eccl.*) of concordat: *matrimonio —*, form of marriage provided by the concordat **2** (*dir. comm.*) composition (*attr.*).

concordato *agg.* agreed (on); arranged, fixed, settled ◆ *s.m.* **1** (*patto*) pact, convention, agreement, settlement **2** (*dir. eccl.*) concordat **3** (*dir.*) deed of arrangement; composition, settlement; agreement: *— con i creditori, fallimentare*, adjustment of creditors' claims (*o* composition with creditors); *— preventivo*, arrangement with creditors, (*prima del fallimento*) composition before bankruptcy // (*trib.*) *— fiscale*, arrangement with the Revenue Office.

concorde *agg.* **1** (*che concorda*) in agreement, in accord (*pred.*); agreed, unanimous; (*della stessa opinione*) like-minded: *volontà —*, unanimous will; *essere concordi*, to be agreed (*o* to agree); *essere di parere —*, to be of the same opinion **2** (*in armonia*) consonant, consistent, agreeing, harmonious; (*simultaneo*) simultaneous: *movimento —*, simultaneous movement **3** (*mat.*) concordant: *vettori concordi*, concordant vectors.

concordemente *avv.* concordantly, in agreement, unanimously; (*di comune accordo*) by mutual consent.

concordia *s.f.* concord, agreement; harmony: *si era finalmente ristabilita la — familiare*, family harmony (*o* peace) was finally re-established; *vivere in —*, to live in concord.

concorrente *agg.* **1** concurrent: (*fis.*) *forze concorrenti*, concurrent forces; (*mat.*) *linee concorrenti*, concurrent lines **2** (*rivale*) competing, rival: *ditta —*, competing firm ◆ *s.m.* **1** competitor: *i concorrenti alla gara*, the competitors in the race; *i concorrenti al premio*, the competitors for the prize; *oltrepassare, superare un —*, to overtake, to pass a competitor; *la partenza, l'arrivo dei concorrenti*, the departure, the arrival of competitors **2** (*candidato*) candidate; (*a un posto ecc.*) applicant: *i concorrenti al posto erano dieci*, there were ten applicants for the job **3** (*comm.*) competitor, rival; (*per un appalto*) tenderer, bidder: *per battere i concorrenti bisogna migliorare il prodotto*, we need to improve the product to beat the opposition; *aveva un —*, he had an opponent (*o* rival) **4** (*dir.*) (*in un reato*) party to a crime, partner in crime, accomplice, accessory.

concorrenza *s.f.* **1** (*non com.*) (*affluenza*) concourse, gathering, turnout: *ci fu una grande — di gente*, there was an enormous turnout **2** (*gara*) competition: *entrare in — con qlcu.*, to enter into competition with s.o. (*o* to compete with s.o.) **3** (*comm.*) competition: *— imperfetta*, imperfect competition; *— perfetta*, perfect (*o* pure) competition; *— accanita*, keen competition; *— leale*, fair competition; *— sleale*, unfair competition; *— spietata*, ruthless (*o* cut-throat) competition; *— monopolistica*, monopolistic competition; *— operativa*, workable competition; *— interna*, internal competition; *— estera*, foreign competition; *prezzi che non temono la —*, prices that defy (*o* stand up to) the competition; *entrare in — con qlcu.*, to enter into competition with s.o.; *far fronte alla —*, to cope with (o to meet) the competition; *fare — a qlcu.*, to compete with s.o.; *vincere, battere la —*, to beat competition; *regime di —*, competitive system; *sotto lo stimolo della —*, under the pressure of competition // (*dir.*) *limitazione della —*, restraint of trade **4** (*i concorrenti*) competitors (*pl.*), rival firms (*pl.*) **5** (*raggiungimento*): *fino alla — di*, to the amount of, up to, to the extent of.

concorrenziale *agg.* (*comm.*) competitive, competing: *prezzi concorrenziali*, competitive prices; *regime —*, competitive system; *non —*, non-competing.

concorrere *v.intr.* **1** (*non com.*) to come* together; to congregate, to assemble; (*convergere*) to converge: *concorrono qui da tutte le parti*, they come here from all over **2** (*contribuire*) to concur, to contribute, to cooperate: *le circostanze concorsero alla riuscita dell'iniziativa*, circumstances contributed to the success of the initiative; *— alla rovina di qlcu.*, to contribute to s.o.'s ruin **3** (*partecipare*) to share in (sthg.); to participate (in sthg.), to take* a share (in sthg.): *non concorse all'impresa*, he took no part in the enterprise; *— alle spese*, to share in (*o* to contribute to) the expenses // (*dir.*) *— in un reato*, to participate in a crime (*o* to be a party to a crime *o* to be partner in a crime *o* to be an accomplice *o* to be an accessory) **4** (*competere*) to compete (in *o* for sthg.); (*aspirare*) to apply (for sthg.): *— a un impiego*, to apply for a job (*o* to try for a job); *— a un premio*, to compete for a prize; *— a un appalto*, to tender; *— per un'emissione di azioni*, to compete for an issue of shares.

concorso *s.m.* **1** (*competizione*) competition; contest: *— pubblico, riservato*, open, internal competition; *— ippico*, horse show (*o* show -jumping competition); *— di bellezza*, beauty contest; *bando di —*, announcement of a competition; *bandire un* —, to announce (*o* to advertise) a competition; *vincere un* —, to win a competition; *coprire un posto per* —, to fill a post by open competition // *fuori* —, out of competition **2** (*aiuto, assistenza*) aid, assistance; (*partecipazione*) contribution, sharing; (*dir.*) complicity: *col — dello stato*, with aids from the government; — *di spesa*, sharing in the expense; *col — della banca*, with the contribution of the bank // *col — delle tenebre*, under cover of darkness // (*dir.*): — *nel reato*, complicity in (*o* participation to) a crime; — *di persone* (*nel reato*), parties to crime; — *di colpa*, contributory negligence; — *dei creditori*, concurrence of creditors **3** (*affluenza*) concourse: *ci fu un gran — di curiosi*, there was a great crowd of lookers-on **4** (*coincidenza*) concurrence, conjunction, concourse, coincidence: *per il — di circostanze sfavorevoli*, through the concurrence of unfavourable circumstances.

concorsuale *agg.* exam (*attr.*), examination (*attr.*), competition (*attr.*), competitive: *iter* —, examination path.

concreato *agg.* (*letter.*) innate, congenital.

concrescente *agg.* (*bot.*) accrescent.

concrescenza *s.f.* (*biol.*) concrescence; intercrescence.

concrescere *v.intr.* to grow* together.

concrescimento *s.m.* (*miner.*) intergrowth.

concretamente *avv.* really, in real terms, in actual fact: *bisogna attuare la riforma* —, we should put the reform into practice in real terms; *dimmi — quale posizione occupi*, tell me what you do in real terms (*o* what you really do); *dimmi — cosa vuoi che faccia*, tell me what you want me to do in actual fact (*o* what you really want me to do).

concretare → **concretizzare**.

concretezza *s.f.* concreteness: *la — di un progetto*, the practicability of a plan.

concretismo *s.m.* concretism.

concretista *s.m.* e *f.* concretist.

concretizzare *v.tr.* **1** (*attuare*) to make* concrete, to give* body to (sthg.), to give* substance to (sthg.), to make* real: — *un'idea*, to put an idea in concrete form **2** (*precisare*) to specify: — *le proprie richieste*, to specify one's requests.

□ **concretizzarsi** *v.intr.pron.* to come* true, to be realized: *questo tipo di sogno non potrà mai* —, this sort of dream will never come true.

concretizzazione *s.f.* concrete expression, implementation, realization: *la — di un progetto, di un'idea*, the realization of a project, of an idea.

concreto *agg.* **1** concrete, tangible; real, actual: *caso* —, actual case; *non ha una possibilità concreta di riuscire*, he has no real chance of succeeding // *arte concreta*, concretism **2** (*di persona*) practical: *è una ragazza concreta*, she's a practical girl **3** (*non com.*) (*compatto*) solid, sound **4** (*gramm.*) concrete: *nome* —, concrete noun ◆ *s.m.* concrete: *i suoi progetti non hanno nulla di* —, there's nothing concrete about his proposals // *in* —, in reality, in actual fact: *in —, credi abbia i soldi per quel viaggio?*, do you really think he has got the money for the trip? // *venire al* —, to get down to the facts.

concrezionale *agg.* (*geol.*) concretionary.

concrezionato *agg.* (*geol.*) concretionary.

concrezione *s.f.* **1** (*geol.*) concretion: — *calcarea*, calcareous concretion; — *piritica*, pyritic concretion **2** (*med.*) concretion, stone, calculus*: *concrezioni biliari*, biliary concretions **3** (*ling.*) agglutination.

concubina *s.f.* **1** (*dir.*) wife de facto, common law wife **2** (*scherz.*) lover, concubine.

concubinaggio → **concubinato**.

concubinato *s.m.* **1** concubinage, cohabitation **2** (*dir.*) common law marriage.

concubino *s.m.* (*dir.*) husband de facto, common law husband.

conculcabile *agg.* (*letter.*) **1** (*calpestabile*) violable, breakable **2** (*calpestabile*) oppressable.

conculcamento *s.m.* (*non com.*) → **conculcazione**.

conculcare *v.tr.* (*letter.*) **1** (*violare*) to violate, to infringe (on sthg.), to break*: — *i diritti dei popoli*, to infringe (on) the rights of the people **2** (*ant.*) (*calpestare*) to trample on (s.o., sthg.); to oppress.

conculcazione *s.f.* (*non com.*) violation, infringement.

concupire *v.tr.* (*letter.*) to covet; to lust after, for (s.o., sthg.).

concupiscente *agg.* (*letter.*) concupiscent, lustful; longing: *sguardo* —, longing look.

concupiscenza *s.f.* (*letter.*) concupiscence, lust; violent desire, craving: *la guardava con* —, he looked at her with desire; — *di oro*, greed for gold.

concupiscibile *agg.* **1** (*letter.*) desirable; lustful **2** (*fil.*) concupiscible.

concussionario *s.m.* (*dir.*) extortioner.

concussione *s.f.* (*dir.*) extortion, bribery, concussion.

concusso *agg.* (*dir.*) extorted: *denaro* —, extorted money.

concussore *s.m.* extortioner, extortionist.

condanna *s.f.* **1** (*dir.*) condemnation; (*dichiarazione di responsabilità*) conviction; (*provvedimento punitivo*) sentence, judgment: *il processo e la — di un ladro*, the trial and conviction of a thief; — *a morte*, death sentence (*o* death penalty); *pronunciare una* —, to pass judgment (*o* a sentence); *scontare una* —, to serve a sentence; *riportare una* —, to be sentenced; *dura* —, harsh sentence; — *severa*, stiff sentence; *precedente — penale*, past (*o* previous) conviction; — *a pena indeterminata*, indeterminate sentence **2** (*pena*) penalty, punishment: — *eterna*, eternal punishment **3** (*riprovazione*) condemnation, reproof, disapproval; blame, censure: *espresse la propria — in modo deciso*, he expressed his disapproval in no uncertain terms.

condannabile *agg.* **1** condemnable **2** (*biasimevole*) reprehensible, blameworthy: *un comportamento* —, a reprehensible behaviour.

condannare *v.tr.* **1** (*dir.*) to sentence, to condemn, to convict: — *a dieci anni di lavori forzati*, to sentence to ten years' penal servitude; — *all'ergastolo*, to sentence to life imprisonment; — *al risarcimento dei danni*, to condemn to damages; — *a morte*, to sentence (*o* to condemn) to death; — *qlcu. per furto*, to sentence s.o. for theft; — *qlcu. a un milione di multa*, to fine s.o. to pay one million lire; — *qlcu. a tre mesi di prigione*, to sentence s.o. to three months' imprisonment; *essere condannato a venticinque giorni di prigione*, to be sentenced to (*o* to receive) twenty-five days **2** (*estens.*) to condemn: *la sua coscienza lo condanna*, his own conscience condemns him; *tutti gli indizi lo condannano*, all the evidence points to his guilt **3** (*riprovare*) to condemn, to censure; — *la condotta di qlcu.*, to condemn s.o.'s conduct; — *la violenza negli stadi*, to condemn violence in the stadium **4** (*costringere, destinare*) to condemn; to confine: *è condannato a letto da anni*, he has been confined to bed for years; *sembrava condannato a vivere in povertà*, he seemed condemned to lead a life of poverty **5** (*dichiarare inguaribile*) to condemn **6** (*edil.*) (*chiudere, sopprimere*) to condemn, to block up; (*demolire*) to demolish.

condannato *agg.* **1** sentenced, condemned: — *a morte*, sentenced to death **2** (*destinato*) doomed, destined: — *alla rovina*, doomed to failure // *secondo i medici è* —, in the doctors' opinion he has no hope ◆ *s.m.* offender, condemned man, convict; (*carcerato*) prisoner: *la cella dei condannati a morte*, the condemned cell.

condannevole → **condannabile**.

condebitore *s.m.* joint debtor.

condensa *s.f.* (*fis., chim.*) condensate.

condensabile **1** condensable **2** (*fig.*) (*riassumibile*): *un lungo discorso — in poche parole*, a long speech that can be summed up (*o* summarized) in a few words.

condensabilità *s.f.* condensability.

condensamento *s.f.* condensation, condensing: *processo di* —, condensation process.

condensante *agg.* condensing, condensative: *liquido* —, condensative liquid ◆ *s.m.* (*chim.*) condensative agent.

condensare *v.tr.* **1** to condense **2** (*fig.*) to summarize, to sum up, to condense, to shorten, to abbreviate, to abridge, to epitomize: — *in un paragrafo un intero capitolo*, to condense a chapter into a single paragraph.

□ **condensarsi** *v.intr.pron.* to condense.

condensato *agg.* **1** condensed: *latte* —, condensed milk // (*fis.*) *fisica degli stati condensati*, condensed-matter physics **2** (*fig.*) summarized, condensed: *testo* —, abridged text ◆ *s.m.* **1** (*fis., chim.*) condensate **2** (*fig.*) (*concentrato*) essence, epitome: *è un — di stupidità*, he is the epitome of stupidity; *è un — di stupidaggini*, it is the height of nonsense.

condensatore *s.m.* **1** (*elettr., rad.*) condenser; capacitor: — *elettrico*, electric condenser; — (*a capacità*) *variabile*, variable condenser; — *a carta*, paper condenser; — *a vuoto*, vacuum condenser; — *di sintonia*, tuning condenser; — *d'uscita*, output condenser; — *in aria*, air capacitor; *condensatori in serie*, series capacitors; — *fisso*, fixed condenser; — *schermato*, shielded condenser; — *rotante*, rotary condenser; *microfono a* —, capacitor microphone // — *ottico*, (optical) condenser **2** (*mecc.*) condenser: — *di vapore*, steam condenser.

condensazione *s.f.* **1** (*fis., chim.*) condensation, condensing // (*meteor.*) *scia di* —, (*di aereo*) condensation trail (*o* contrail) **2** (*psic.*) condensation.

condeterminante *agg.* (*non com.*) jointly determinant: *cause condeterminanti*, jointly determinant causes.

condeterminare *v.tr.* (*non com.*) to jointly determine.

condilo *s.m.* (*anat.*) condyle.

condiloide *agg.* (*anat.*) condyloid, condylar.

condiloma *s.m.* (*med.*) condyloma*: — *acuminato*, condyloma acuminatum.

condimento *s.m.* **1** (*il condire*) seasoning, flavouring; (*insalata*) dressing **2** (*sostanza con cui si condisce*) condiment, seasoning; (*di insalata*) dressing; sauce: *l'olio è il — più diffuso nella cucina italiana*, oil is the condiment most widely used in Italian cooking **3** (*fig.*) sauce, spice: *l'appetito è il — migliore*, appetite is the best sauce; *il buonumore è il miglior — per una vita sana*, good humour is the best recipe for a healthy life.

condire *v.tr.* **1** to season, to flavour, to spice; (*insalata*) to dress **2** (*fig.*) to season; to give* zest to (sthg.): — *un discorso con immagini retoriche*, to pepper a speech with rhetorical images **3** (*scherz.*) (*conciare male*) to beat* up; to give* (s.o.) the works.

condirettore *s.m.* joint manager, assistant manager, codirector; (*di giornale*) editor-in-chief; associate editor.

condirettrice *s.f.* joint manageress, codirectrix; (*di giornale*) editor-in-chief; associate editor.

condirezione *s.f.* joint management, joint directorship.

condiscendente *agg.* (*arrendevole*) compliant, amenable; yielding; obliging; (*indulgente*) indulgent: *essere troppo* —, to be too indulgent.

condiscendenza *s.f.* **1** (*arrendevolezza*) compliance, amenability; obligingness; (*indulgenza*) indulgence: *trattare con* —, to treat with indulgence **2** (*degnazione*) condescension: *con* —, patronizingly (*o* condescendingly).

condiscendere → **accondiscendere**.

condiscepolo *s.m.* schoolfellow, fellow student, schoolmate.

condito *agg.* seasoned, tasty; (*di insalata*) dressed: *ben* —, well seasoned (*o* highly seasoned); *un'insalata poco condita*, a lightly dressed salad.

condividere *v.tr.* to share (*anche fig.*): — *le idee di qlcu.*, to share s.o.'s ideas; — *una camera con qlcu.*, to share a room with s.o.; *la tesi è condivisa dalla maggioranza*, this opinion is shared by the majority.

condivisibile *agg.* shareable; that can be shared (*pred.*): *è un'esperienza difficilmente* —, it's an experience that is difficult to share.

condivisione *s.f.* sharing.

condizionale *agg.* **1** conditional: (*dir.*) *sospensione — della pena*, probation **2** (*gramm.*) conditional: *modo, proposizione, congiunzione* —, conditional mood, sentence, conjunction ◆ *s.m.* (*gramm.*) conditional (mood) ◆ *s.f.* (*dir.*) probation: *fu condannato a sei mesi con la* —, he was sentenced to six months' probation.

condizionamento *s.m.* conditioning: *rifiutare ogni* —, to refuse to be conditioned; — *dell'aria*, air-conditioning; *impianto di* —, conditioning plant // (*agr.*) — *del grano*, wheat conditioning.

condizionare *v.tr.* **1** to condition: *l'ambiente condiziona il comportamento umano*, environment conditions human behaviour; *il bisogno di denaro ha condizionato la sua scelta*, his need for money influenced his choice; *è condizionato dalla sua timidezza*, he is conditioned by his shyness **2** (*tecn.*) to (air-)condition: — *un appartamento*, to (air-)condition a flat **3** (*confezionare*) to pack (up).

condizionatamente *avv.* conditionally.

condizionato *agg.* **1** conditioned: *stanza ad aria condizionata*, air-conditioned room; (*med.*) *riflesso* —, conditioned reflex **2** (*sottoposto a riserva*) qualified: *assenso* —, qualified approval.

condizionatore *s.m.* **1** (*non com.*) (*chi condiziona*) conditioner, person who sets the conditions **2** (*tecn.*) conditioner: — (*d'aria*), (air-)conditioner ◆ *agg.* conditioning: *impianto* —, conditioning plant.

condizionatrice *s.f.* (*tess.*) conditioner.

condizionatura *s.f.* **1** (*tecn.*) conditioning **2** (*confezione*) pack, packing.

condizione *s.f.* **1** (*stato fisico, psicologico ecc.*) condition, state, position: *siamo preoccupati per le sue condizioni di salute*, we are worried about the state of his health; *è in cattive condizioni di salute*, he's in a bad (state of) health; *squadra in eccellenti condizioni*, team in fine fettle (*o* form); *la merce arrivò in buone condizioni*, the goods arrived in good condition; *le precarie condizioni finanziarie della ditta sono ormai note a tutti*, by now everybody knows about the firm's precarious financial situation; *la tua bicicletta è in buone, cattive condizioni*, your bicycle is in good, bad repair; *non sono in condizioni di aiutarti*, I am in no position to help you; *non è in — di viaggiare*, he is in no condition to travel; *mettere qlcu. in — di fare qlco.*, to put s.o. in a position to do sthg.; *siamo in — di praticare un forte sconto*, we are in a position to grant a substantial discount; *lo trovai in buone condizioni di spirito*, I found him in good spirits; *non sono nella — economica di affrontare quella spesa*, I can't afford the expense **2** (*spec. pl.*) (*circostanza*) circumstance, condition: *in condizioni favorevoli*, under favourable conditions (*o* circumstances); *in condizioni favorevoli potrebbe anche farcela*, if the circumstances were favourable (*o* right) he could do it; *le condizioni meteorologiche non erano molto buone*, weather conditions were not very good **3** (*clausola*) condition (*anche inform.*), clause, provision; terms (*pl.*): *imporre delle condizioni gravose*, to impose heavy conditions; *a nessuna* —, on no condition; *a quale —?*, on what condition?; *accettare una* —, to agree to (*o* to accept) a condition; *porre una* —, to make a condition // *a — che*, on condition that: *accetto, ma a — che tu venga con me*, I accept, but on condition that you come with me; *puoi andare, a — che tu torni presto*, you may go, but I make it a condition that you come back early // *senza condizioni*, without reservation (*o* reserve), unconditional // *condizioni di lavoro*, working conditions // (*comm.*): *condizioni di pagamento*, terms (*o* conditions) of payment; *condizioni di vendita*, terms (*o* conditions) of sale; *condizioni per pagamento in contanti*, cash terms; *condizioni soggette a variazioni*, terms subject to alteration; *condizioni di credito*, credit terms; *condizioni di accettazione*, terms of acceptance // (*dir.*): — *risolutiva, sospensiva, protestativa*, resolutory, suspensive, protestative condition; *condizioni implicite, tacite*, implied terms; *le condizioni di un contratto*, the conditions (*o* terms) of a contract; *condizioni contrattuali*, terms agreed upon; *condizioni accessorie*, (*amer.*) strings; *girata cambiaria sottoposta a* —, qualified endorsement **4** (*ceto, posizione*) condition; rank, station, status, position: *gente di tutte le condizioni*, people of all conditions; — *sociale*, status; *persone di semplici condizioni*, people in humble circumstances; *migliorare le proprie condizioni*, to better oneself.

condoglianza *s.f.* condolence: *lettera di condoglianze*, letter of condolence (*o* sympathy); *gli feci le mie condoglianze per l'improvvisa morte di suo padre*, I offered him my condolences upon the sudden death of his father (*o* I expressed my sympathy with him on his father's sudden death); *vogliate accettare le mie sincere condoglianze*, please accept my heartfelt sympathy.

condolersi *v.intr.pron.* **1** (*non com.*) to condole: — *con qlcu. per qlco.*, to condole with s.o. upon sthg. **2** (*letter.*) (*dolersi, lamentarsi*) to lament (for, over s.o., sthg.).

condominiale *agg.* condominial; of joint ownership (*anche dir.*): *spesa* —, condominial expenses; *regolamento* —, condominial rules.

condominio *s.m.* **1** joint ownership (*anche dir.*) **2** (*edificio*) condominium, block of owner-occupied flats: — *di quattro piani*, four-storey condominium; *riunione di* —, condominium meeting; *amministrare un* —, to administer a block of owner-occupied flats.

condomino *s.m.* owner-occupier; joint owner, coowner.

condonabile *agg.* **1** (*dir.*) (*di pena, debito*) remissible **2** (*di colpa*) pardonable, excusable, remissible.

condonare *v.tr.* **1** (*dir.*) to remit: — *un debito*, to forgive a debt; — *una pena*, to remit (*o* to pardon) a sentence **2** (*letter.*) (*perdonare*) to condone, to pardon, to forgive*; to overlook.

condono *s.m.* (*dir.*) remission, pardon: — *fiscale*, official pardon (*o* remission) for tax evaders; — *edilizio*, amnesty for infringement of local building regulations.

condor *s.m.* (*zool.*) (*Vultur gryphus*) condor.

condotta *s.f.* **1** (*comportamento*) conduct, behaviour: *la sua — in classe è inammissibile*, his behaviour (*o* conduct) in class is unacceptable; *un buon voto in* —, a good conduct mark; *tenere una cattiva* —, to behave badly; *certificato di buona* —, certificate of good behaviour, (*benservito*) certificate of character; *la sua linea di — è stata corretta*, his line of conduct was correct; *questa è la linea di — imposta dal partito*, this is the guideline laid down by the party // (*dir.*): *cauzione di buona* —, security for good behaviour; — *illecita, disonesta*, misfeasance **2** (*conduzione*) conduct, direction; (*gestione*) management: *la — dei lavori*, the direction of the work; *la — di un'attività*, the conduct of an activity; — *di un affare*, transaction **3** (*guida*) leadership **4** — (*medica*), (medical) practice: *ha una vasta* —, his practice extends over a large area **5** (*tubazione*) pipe, conduit: — *d'acqua*, water pipe; — *forzata*, penstock; — *principale*, main.

condottare *v.tr.* (*non com.*) to pipe.

condottiero *s.m.* **1** leader (of troops): *Cesare fu un grande* —, Caesar was a great leader **2** (*st.*) condottiere* **3** (*guida*) leader.

condotto[1] *agg.* **1** (*di medico*): *medico —*, medical officer **2** (*mecc.*) driven: *albero —*, driven shaft; *ruota condotta*, driven wheel.

condotto[2] *s.m.* **1** duct, conduit, pipe (line), tube: *— dell'aria*, air duct (*o* ventiduct); *— di aerazione*, local vent; *— fumario*, flue; *— principale*, main; *— vulcanico*, conduit (*o* pipe) **2** (*anat.*) duct: *— lacrimale*, lachrymal duct.

condrale *agg.* (*anat.*) chondral.

condrioma → **condroma**.

condriosoma → **condrosoma**.

condrite *s.f.* **1** (*med.*) chondritis **2** (*geol.*) chondrite.

condro *s.m.* (*geol.*) chondrule.

condroma *s.m.* (*med.*) chondroma.

condrosoma *s.m.* (*biol.*) chondrosome.

conducente *s.m.* **1** (*di veicoli*) driver: *vietato parlare al —*, do not speak to the driver **2** (*affittuario*) leaseholder, lessee, tenant **3** (*mil.*) (*di muli*) muleman*, muleteer.

conducibile *agg.* **1** that can be carried (*pred.*), that can be led (*pred.*): *un ragionamento — sino alle estreme conseguenze*, an argument that can be carried to extremes **2** (*fis.*) conductive.

conducibilità *s.f.* (*fis.*) conductibility, conductivity.

conduplex *s.m.* e *f.* (*tel.*) sharer of a party line.

condurre *v.tr.* **1** (*guidare*) to lead*, to guide, to conduct; (*un veicolo*) to drive*: *— qlcu. per mano*, to lead s.o. by the hand; *— un'auto*, to drive a car; *— l'esercito alla vittoria*, to lead the army on to victory; *— qlcu. passo a passo al successo*, to lead s.o. steadily towards success // *— a buon fine*, to bring to a successful conclusion // *— la partita, la gara*, to lead the match, the race; *— la classifica*, to be classed first, (*di disco*) to be number one, (*di libro*) to be top of the best-sellers' list **2** (*gestire*) to run*; to manage, to conduct: *conduce l'azienda da dieci anni*, he's been running the company for ten years; *l'affare è stato condotto male, bene*, the deal was negotiated unskilfully, skilfully; *— le trattative*, to conduct negotiations; *— un dibattito*, to conduct a debate **3** (*accompagnare, portare*) to take*, to bring*: *un autobus privato conduce i bambini a scuola*, a private bus takes the children to school; *ti ci condurrò io in auto*, I'll take you there by car **4** (*eseguire, effettuare*) to carry out, to conduct: *— delle ricerche*, to carry out researches; *— un sondaggio* (*di opinione*), to conduct an opinion poll; *l governo intende — una politica di riforme*, the government intends to carry out a policy of reform **5** (*indurre, spingere*) to drive*, to lead*: *— alla rovina qlcu., qlco.*, to lead s.o., sthg. to ruin; *— qlcu. alla disperazione*, to drive s.o. to despair **6** (*vivere*) to lead*: *— una doppia vita*, to lead a double life; *— una vita miserevole*, to lead a miserable life **7** (*fis.*) to conduct **8** (*tracciare*) to draw*: *— la perpendicolare di A e B*, to draw a perpendicular line from A to B ◆ *v.intr.* to lead*: *tutte le strade conducono a Roma*, all roads lead to Rome.

□ **condursi** *v.rifl.* **1** (*agire*) to act, to behave: *— bene*, to behave (well) **2** (*non com.*) (*giungere, spingersi*) to get*, to go*.

conduttanza *s.f.* (*elettr.*) conductance.

conduttività *s.f.* (*fis.*) conductivity, conductibility.

conduttivo *agg.* (*fis.*) conductive.

conduttometria *s.f.* (*chim., fis.*) conductometry.

conduttometrico *agg.* (*chim., fis.*) conductometric.

conduttore *s.m.* **1** leader, guide, conductor: *— di flottiglia*, flotilla leader **2** (*di veicoli*) driver; (*di mezzi pubblici*) conductor **3** (*presentatore*) host: *— di un programma televisivo*, a TV compère (*o* host) **4** (*dir.*) tenant, lessee; leaseholder **5** (*fis.*) conductor: *buon —*, good conductor; *cattivo —*, bad conductor **6** (*elettr.*) wire: *— elettrico*, electric wire; *— isolato*, insulated wire; *— pilota*, pilot wire ◆ *agg.* **1** leading **2** (*elettr.*) conductive: *cavo — di elettricità*, electroconductive cable // *filo —*, (*fig.*) thread.

conduttura *s.f.* conduit, piping: *le condutture di questa casa sono difettose*, the piping in this house is defective; *— interrata*, duct; *— principale*, main; *— (principale) dell'acqua, del gas*, water, gas main.

conduzione *s.f.* **1** (*il condurre*) management, running, direction: *affidare a qlcu. la — di un programma*, to entrust the hosting of the programme to s.o.; *azienda a — familiare*, family business **2** (*dir.*) tenancy, leasehold **3** (*fis.*) conduction: *— elettrolitica*, electrolytic conduction.

conestabile *s.m.* (*st.*) constable: *— di Francia*, Constable of France.

confabulare *v.intr.* to confabulate; to powwow: *cosa state confabulando, voi due?*, what are you two confabulating about?

confabulazione *s.f.* **1** confabulation; powwow **2** (*psic.*) confabulation.

confacente *agg.* suitable, appropriate; proper, fitting: *— a lui*, suitable for him; *è un incarico — al suo talento*, it is a job suited to (*o* in keeping with) his talents; *clima — alla salute*, climate good for one's health.

confacentemente *avv.* suitably, fittingly.

confacevole → **confacente**.

confagricolo *agg.* of the 'Confagricoltura' (Confederation of farmers).

confalone e *deriv.* → **gonfalone** e *deriv.*

confarsi *v.intr.pron.* to suit (s.o., sthg.); to become* (s.o., sthg.); to fit (s.o., sthg.), to agree (with s.o., sthg.): *non ha ancora trovato un lavoro che gli si confaccia*, he has not yet found a job that suits him; *è un linguaggio che non si confà a un libro per bambini*, it is not an appropriate (*o* suitable) language for a children's book.

confederale *agg.* confederal, federal (*anche dir.*): *sindacati confederali*, unions.

confederalità *s.f.* confederative spirit.

confederare *v.tr.* to confederate.

□ **confederarsi** *v.rifl.* o *rifl. rec.* to (con)federate, to form a confederation (*anche dir.*); (*consorziarsi*) to pool.

confederativo *agg.* confederative.

confederato *agg.* confederate: *stati confederati*, federal states // *sindacati confederati*, federate unions // *Stati Confederati d'America*, Confederate States of America ◆ *s.m.* confederate.

confederazione *s.f.* **1** (*stato confederale*) confederation, federation of states; (*organizzazione sindacale*) union: *Confederazione Sindacale*, Trade Union Congress (*abbr.* TUC); *Confederazione Generale Italiana del Lavoro*, General Federation of Italian Trade Unions; *Confederazione Internazionale dei Sindacati Liberi*, International Confederation of Free Trade Unions // *la Confederazione Elvetica*, the Swiss Confederation **2** (*lega, alleanza*) confederacy, league // *la — sudista*, the Southern Confederacy.

conferenza *s.f.* **1** lecture: *fare, tenere una — su qlco., qlcu.*, to lecture (*o* to deliver a lecture *o* to give a lecture) on (*o* about) sthg., s.o. **2** (*assemblea*) conference: *— stampa*, press conference; *— al vertice*, summit (conference); *— di società di navigazione*, shipping ring (*o* conference); *Conferenza monetaria internazionale*, International Monetary Conference; *Conferenza delle Nazioni Unite per il Commercio e lo Sviluppo*, United Nations Conference on Trade and Development **3** (*comm.*) (*cartello fra armatori*) shipowners' cartel.

conferenziere *s.m.* lecturer.

conferimento *s.m.* **1** conferment, bestowal, award; conferring: *il — di una laurea ad honorem*, the awarding of an honours' degree; *— di un'ordinazione*, placing of an order; *— di merci all'ammasso*, conveyance of goods to a pool **2** (*econ., fin.*) contribution, underwriting: *— di capitali*, contribution of capital; *— in natura*, contribution in kind.

conferire *v.tr.* **1** to confer, to bestow, to award, to give*, to grant: *— un premio*, to confer a prize; *— l'autonomia a un paese*, to grant autonomy to a country; *— autorità a qlcu.*, to confer authority on (*o* to empower) s.o.; *— un incarico a qlcu.*, to appoint s.o.; *— il titolo di dottore a qlcu.*, to confer a doctor's degree on s.o. **2** (*fig.*) to confer, to bestow, to give*: *gli occhiali gli conferivano un'aria da intellettuale*, his glasses gave him an intellectual look **3** (*econ.*) (*apportare*) to contribute, to subscribe; *— denaro a una società*, to contribute money to a company **4** (*ant.*) (*confrontare*) to compare, to collate ◆ *v.intr.* **1** (*avere un colloquio*) to confer (with s.o.) **2** (*non com.*) (*giovare*) to be useful, to be beneficial; to agree (with. s.o.).

conferma *s.f.* confirmation: *ricevere una —*, to receive confirmation; *la — di un sospetto*, the confirmation of a suspicion; *la sua candidatura è una — delle sue capacità*, his candidature is a confirmation of his ability; *— di una sentenza*, confirmation (*o* affirmation) of a judgement; *a — della mia telefonata*, in confirmation of my telephone call // (*comm.*): *— di un ordinativo*, confirmation of an order; *— di ricevuta*, acknowledgment of receipt; *a — di*, in confirmation of; *lettera di —*, letter of confirmation; (*banca*) *— di saldo bancario*, bank confirmation.

confermare *v.tr.* **1** (*ribadire*) to confirm: *l'ho detto e ora lo confermo*, I said it and I confirm it now; *— le proprie dimissioni*, to confirm one's resignation; *— un invito a cena*, to confirm an invitation to dinner (*o* supper) **2** (*convalidare*) to confirm, to ratify (*anche dir.*); (*rafforzare*) to corroborate, to strengthen; to bear* out: *— un ordine*, to confirm (*o* to ratify) an order; *— una sentenza*, to confirm (*o* to affirm *o* to ratify) a judgement; *— la deposizione di qlcu.*, to corroborate (*o* to bear out) s.o.'s evidence; *i miei sospetti furono confermati dal suo comportamento*, my suspicions were borne out (*o* strengthened) by his behaviour // (*banca*) — *un assegno*, to clear (*o* to certify) a cheque // *l'eccezione conferma la regola*, the exception proves the rule **3** (*riconfermare, rinnovare*) to confirm: *fu confermato nella carica di presidente*, he was confirmed in his appointment as chairman **4** (*eccl.*) (*cresimare*) to confirm.

□ **confermarsi** *v.rifl.* **1** to prove (oneself): *si sta confermando un ottimo medico*, he is proving to be a good doctor; *si è confermato il miglior giocatore in campo*, he proved to be the best player on the field; *il mio computer si conferma di sempre maggiore utilità*, my computer is proving to be more and more useful **2** (*persuadersi*) to resolve: *si confermò nel proposito di cambiar vita*, he resolved to change his life.

confermativo *agg.* confirmative, confirmatory.

confermazione *s.f.* confirmation (*anche eccl.*).

confessare *v.tr.* **1** to confess (*anche dir.*); (*riconoscere*) to acknowledge; (*ammettere*) to admit, to avow, to own up to (sthg.): — *la propria ignoranza*, to confess (*o* admit) one's ignorance; *confessa d'avere quarant'anni*, she owns to (being) forty; *confessò che mentiva*, he confessed he was lying; *confesso d'aver studiato molto poco*, I confess that I studied (*o* to having studied) very little; — *un debole per il buon vino*, to confess to a weakness for good wine; — *un delitto*, to confess (*o* to own up to) a crime; *alla fine il sospetto confessò*, at the end the suspect confessed; — *il proprio errore*, to own up to a mistake (*o* to avow one's guilt); *confessò il suo imbarazzo nel dovergli parlare*, he confessed (*o* owned up) to being embarrassed about having to speak to him **2** (*rivelare*) to confide, to disclose: — *un segreto*, to disclose a secret **3** (*eccl.*) to confess: — *i propri peccati*, to confess one's sins; — *qlcu.*, to hear s.o.'s confession (*o* to confess s.o.).

□ **confessarsi** *v.rifl.* **1** (*eccl.*) to go* to confession: — *tutte le settimane*, to go to confession every week **2** (*riconoscersi*) to confess oneself, to avow oneself, to own up (to sthg.): — *colpevole*, to plead guilty.

confessionale *agg.* **1** (*eccl.*) confessional: *segreto* —, secrecy of confessional **2** (*di fede*) confessional, denominational, sectarian: *lotte confessionali*, sectarian struggles // *scuola* —, religious school // *stato* —, state with an established church ◆ *s.m.* confessional.

confessionalismo *s.m.* **1** confessionalism **2** (*estens. spreg.*) parochialism.

confessionalità *s.f.* (*non com.*) confessionalism.

confessione *s.f.* **1** (*dir.*) confession; (*spec. dir. civile*) admission: — *firmata*, signed confession; *rendere piena* —, to make a full confession // — *giudiziale*, confession **2** (*estens.*) confession; (*ammissione*) acknowledgement: *estorcere una — a qlcu.*, to wrench a confession from s.o.; *devo farti una* —..., I must confess that... **3** (*relig.*) confession: *il segreto della* —, the secrecy of confession **4** (*fede*) (professed) creed, confession: *di — cattolica*, Catholic **5** *pl.* (*memorie*) confessions, memoirs.

confesso *agg.* self-convicted, self-confessed: *essere reo* —, to have pleaded guilty.

confessore *s.m.* (*eccl.*) confessor.

confettare *v.tr.* to candy.

confettatrice *s.f.* sugarcoating machine.

confettatura *s.f.* sugarcoating.

confetteria *s.f.* **1** (*negozio*) confectioner's (shop), sweet shop **2** (*assortimento di confetti*) confectionery.

confettiera *s.f.* bonbonnière; sweetmeat box.

confettiere *agg.* **1** (*di confettatura*) sugarcoating **2** (*che vende, fabbrica confetti*) confectionery: *industria confettiera*, confectionery industry ◆ *s.m.* (*chi vende, fabbrica confetti*) confectioner.

confetto *s.m.* **1** comfit, sugarcoated almond // *mangiare i confetti*, (*fig.*) to celebrate a wedding **2** (*med.*) sugarcoated pill.

confettura *s.f.* **1** (*non com.*) (*confetti e simili*) sweetmeats (*pl.*), sweets (*pl.*) **2** (*marmellata*) jam; (*di arance*) marmalade.

confetturiero *agg.* **1** (*di confetti*) confectionery **2** (*relativo alla marmellata*) jam (*attr.*): *industria confetturiera*, jam manufacturing.

confezionare *v.tr.* **1** to manufacture, to make* up: *un abito da uomo confezionato su misura*, a made to measure suit (*o* tailor-made suit); *un abito da sposa confezionato a mano*, an handmade wedding dress; *articolo confezionato*, ready-made (*o* ready-to-wear) article; *deve farsi — gli abiti da un sarto perché non trova nulla della sua taglia*, he has to have his clothes made for him by a tailor because he can't find anything his size **2** (*impacchettare*) to pack, to make* up, to wrap up: — *una scatola di cioccolatini*, to wrap up a box of chocolates; *Me lo può — per favore? È un regalo!*, Could you gift-wrap it for me, please? It's a present! // *non confezionato*, loose.

confezionatore *s.m.* (*di abiti*) clothes manufacturer; (*di pacchi*) packer, wrapper.

confezione *s.f.* **1** manufacture, tailoring: *la — di una pelliccia richiede molto tempo*, it takes a long time to make a fur coat; *abbiamo sia il reparto taglio che il reparto* —, we have the cutting department and the making-up department **2** *pl.* (*abiti confezionati*) clothes, garments: *confezioni in serie*, off-the-peg clothes; *confezioni per signora*, ladies' clothes; *confezioni su misura*, tailor-made (*o* made -to-measure) clothes; (*amer.*) custom-made clothes; *le nostre confezioni sono rifinite a mano*, our garments are hand-finished; *industria delle confezioni*, garment industry // *reparto confezioni uomo, donna*, menswear, ladieswear (*o* ladies fashion) department **3** (*merce confezionata*) package, packet: *vorrei una — di biscotti formato famiglia*, I'd like a family-size packet of biscuits; *si è mangiato una — di biscotti al cioccolato*, he ate a packet of chocolate biscuits // — *vuota da esposizione*, dummy pack **4** (*imballaggio*) packing, packaging: — *speciale per la cristalleria*, special packaging for glassware; *spesso la — è più d'effetto del regalo*, often the wrapping is more striking than the gift // — *regalo*, gift wrapping **5** (*di medicinali*) confection.

confezionista *s.m.* e *f.* garment maker, maker-up.

conficcamento *s.m.* driving in, hammering in.

conficcare *v.tr.* to hammer, to drive*, to stick*: — *un chiodo nel muro*, to drive a nail into the wall; — *qlco. in testa a qlcu.*, to hammer sthg. into s.o. (*o* to get *o* to drive sthg. into s.o.'s head) // *conficcarsi in mente qlco.*, to get sthg. into one's head.

□ **conficcarsi** *v.rifl.* to stick* (into sthg.): *una scheggia gli si conficcò nella gamba*, a splinter stuck in his leg.

confidare *v.tr.* **1** to confide: *mi confidò che voleva andarsene*, he confided to me he wanted to leave; — *un segreto a qlcu.*, to confide (*o* to impart) a secret to s.o. // *confidami le tue pene*, tell me your troubles **2** (*non com.*) (*affidare*) to trust, to entrust: — *un compito difficile a qlcu.*, to entrust a difficult task to s.o. (*o* to trust s.o. with a difficult task) ◆ *v.intr.* (*aver fiducia*) to confide, to trust; (*fare assegnamento*) to rely on (s.o., sthg.), to be confident; (*sperare*) to hope: — *in Dio*, to trust in God; — *in qlcu.*, to rely on s.o.; *confido di poter partire*, I hope I can leave.

□ **confidarsi** *v.rifl.* to open one's heart (to s.o.), to confide (in s.o.): — *con un amico*, to confide in a friend.

confidente *agg.* (*non com.*) (*fiducioso*) trusting, trustful; (*sicuro di sé*) self-confident, self-assured ◆ *s.m.* e *f.* **1** (*amico intimo*) bosom friend, confidant (*m.*), confidante (*f.*) **2** (*informatore*) informer, spy: — *della polizia*, (police) informer.

confidenza *s.f.* **1** (*fiducia*) confidence, trust, faith // *in* —, in confidence **2** (*cosa confidata*) secret, confidence, disclosure: *fare una — a qlcu.*, to tell s.o. (*o* to let s.o. in on) a secret **3** (*familiarità*) familiarity, intimacy: *dare — a qlcu.*, to treat s.o. with familiarity; *essere in — con qlcu.*, to be on familiar terms with (*o* to be close to) s.o.; *prendersi delle confidenze con qlcu.*, to take liberties with s.o., (*fam.*) to be fresh with s.o.; *prendersi la — di*, to take the liberty of: *mi sono preso la — di disturbarti*, I've taken the liberty of bothering you **4** (*mat.*) confidence: (*stat.*) *ambito, intervallo di* —, confidence interval.

confidenziale *agg.* **1** (*riservato*) confidential, private; off the record: *a titolo* —, confidentially (*o* in confidence); *è strettamente* —, it is strictly confidential; *in via del tutto — mi ha detto che stava per cambiare lavoro*, he told me in strict confidence that he was about to change his job **2** (*cordiale*) friendly, familiar: *atteggiamento* —, friendly behaviour.

configgere → **conficcare**.

configurare *v.tr.* to depict, to shape, to give* shape to (sthg.), to make* out.

□ **configurarsi** *v.intr.pron.* to take* shape, to take* form, to assume a shape, to assume a form: *il suo programma comincia a* —, his programme is beginning to take shape (*o* to shape up); *il caso si configura interessante*, the case is beginning to look interesting (*o* taking an interesting turn).

configurazione *s.f.* **1** shaping, taking shape; (*forma*) shape, configuration, structure, outline: *la — del cranio*, the shape of the skull; *la — geografica dell'Italia*, the geographical configuration of Italy // (*astr.*) — *planetaria*, planetary configuration // (*inform.*) — *binaria*, binary pattern; — *di sistema*, system configuration **2** (*fis., chim.*) configuration.

confinamento *s.m.* (*fis.*) confinement.

confinante *agg.* neighbouring (*attr.*); adjoining (*attr.*); contiguous (to sthg.), adjacent (to sthg.); bordering (on sthg.) (*anche fig.*): *giardino — con un'altra proprietà*, garden bordering on somebody else's land; *paesi, poderi confinanti*, neighbouring villages, lands; (*dir.*) *terreno — con un fiume*, riparian tenement; — *col ridicolo*, bordering on the ridiculous ◆ *s.m.* e *f.* neighbour.

confinare *v.tr.* **1** (*dir.*) to confine, to restrict; to intern, to banish: *fu confinato in Siberia*, he was banished to Siberia **2** (*fig.*) to confine; (*rinchiudere*) to shut* (s.o.) up: *il cattivo tempo ci confinò in casa*, the bad weather kept us indoors ◆ *v.intr.* (*avere confini comuni*) to border (on sthg.) (*anche fig.*), to adjoin; to be bounded (by sthg.): *la proprietà confina con la tua*, the plot of land borders on yours; *l'Italia confina con la Svizzera*, Italy borders on (*o* adjoins) Switzerland; *confina a ovest col mare e a est con le paludi*, it is bounded by the sea on the west and by the swamps on the East; *questo confina con l'ostentazione*, this borders on ostentation.

□ **confinarsi** *v.rifl.* (*non com.*) to retire, to confine oneself, to shut* oneself up.

confinario *agg.* border (*attr.*): *polizia confinaria*, border police; *paese* —, border country.

confinato *agg.* interned; (*dir.*) confined (to a place) ◆ *s.m.* internee: *i confinati politici nel periodo fascista*, the political internees during the fascist period.

Confindustria *s.f.* (abbr. di *Confederazione Generale dell'Industria Italiana*) Italian Manufacturers' Association.

confindustriale *agg.* of Confindustria (Italian Manufacturers' Association).

confine *s.m.* **1** border, frontier, boundary, confines (*pl.*): *il — fra l'Italia e l'Austria*, the border (*o* frontier) between Italy and Austria; *entro i confini della nostra patria*, within the borders of our country; *linea di* —, boundary line; *palo di* —, boundary post; *stazione di* —, frontier station; *territorio di* —, borderland; *segno di* —, boundary marker // (*dir.*): —, (*tra fondi rustici*) landmark; *collocare i confini*, to set out the boundary markers **2** (*fig.*) limit, boundary; frontiers (*pl.*): *i confini del sapere*, the frontiers of knowledge; — *culturale, linguistico*, cultural, linguistic boundary // *oltrepassare i confini*, to go beyond the limit // *essere al — tra la vita e la morte*, to be on the border between life and death.

confino *s.m.* (*dir.*) internment, political confinement: *mandare al* —, to intern (*o* to banish).

confisca *s.f.* confiscation, seizure, forfeiture: *la — dei beni*, the confiscation of one's property.

confiscabile *agg.* confiscable, seizable, forfeitable: (*dir.*) *non* —, nonseizable.

confiscare *v.tr.* to confiscate, to seize; to forfeit, to distrain: — *qualcosa a beneficio dello Stato*, to confiscate something for use by the State.

confiteor *s.m.* (*eccl.*) confiteor: *dire, recitare il* —, (*fig.*) to confess one's sins.

confitto *agg.* (*letter.*) **1** (*inchiodato*) nailed, driven in: — *in croce*, nailed on (*o* to) the cross **2** (*fig.*) (*impresso*) fixed: — *in mente*, fixed in one's mind.

conflagrare *v.intr.* (*letter.*) **1** (*divampare*) to flare up, to burst into flames **2** (*fig.*) to break* out, to spread* like wildfire.

conflagrazione *s.f.* (*letter.*) **1** conflagration **2** (*fig.*) sudden outbreak of war.

conflitto *s.m.* **1** conflict: — *mondiale*, world conflict; *venire a* —, to come into conflict; — *a fuoco*, firefight **2** (*fig.*) (*urto, contrasto*) clash, conflict: — *d'interessi*, clash of interests; *le sue opinioni sono in — con le mie*, his opinions clash with mine // *conflitti sindacali*, industrial dispute; — *di lavoro*, (*che esclude lo sciopero*) job action // (*dir.*) — *di giurisdizione*, conflict of jurisdiction.

conflittuale *agg.* marked by conflict, conflictual: *rapporto* —, conflictual relationship.

conflittualità *s.f.* conflicts (*pl.*), struggle: — *sindacale*, trade union conflicts.

confluente *agg.* confluent ◆ *s.m.* (*rar.*) **1** (*affluente*) confluent **2** (*confluenza*) confluence.

confluenza *s.f.* **1** confluence (*anche geogr.*), convergence **2** (*fig.*) agreement, meeting, coincidence: — *d'idee*, agreement of ideas.

confluire *v.intr.* **1** to flow, to join, to meet*: *il Ticino confluisce nel Po*, the Ticino flows into the Po **2** (*fig.*) to converge, to meet*, to come* together: *nell'opera di Dante confluisce tutto il pensiero medievale*, the whole of medieval thought is to be found (*o* comes together) in Dante's work; *le idee dei due scienziati confluirono in un'unica teoria*, the ideas of the two scientists converged in a common theory.

confocale *agg.* (*fis.*) confocal.

confondere *v.tr.* **1** (*mescolare*) to mix up, to muddle up, to mingle, to confuse: *ha confuso tutte le mie carte*, he mixed up all my papers **2** (*scambiare*) to mistake*, to confuse: *ti ho confuso con tuo fratello*, I mistook (*o* took) you for your brother (*o* I got you mixed up with your brother); — *il colpevole con l'innocente*, to mistake the innocent for the guilty **3** (*turbare*) to confuse, to embarrass, to perplex: *con tutte quelle domande lo hanno confuso*, they confused him with all their questions; *lei mi confonde!*, (*fig.*) you're embarrassing me! // — *le idee*, to muddle one's ideas // — *la vista*, to blur the vision **4** (*letter.*) (*annientare*) to confound, to mortify: *Dio confonde i malvagi*, God confounds the wicked; — *il nemico*, to throw the enemy into confusion.

□ **confondersi** *v.rifl.* o *intr.pron.* **1** to get* mixed up, to get* into a muddle: *scusami, mi sono confuso*, sorry, I got mixed up **2** (*mescolarsi*) to mix, to merge, to mingle; (*di colori*) to blend: *ci confondemmo con la folla*, we mingled with the crowd **3** (*turbarsi*) to become* confused, to get* confused, to be disconcerted, to lose* one's presence of mind: *si confonde facilmente*, he is easily disconcerted.

confondibile *agg.* that may be confused; liable to be confused.

conformare *v.tr.* to shape, to form, to (make*) conform; (*adattare*) to adapt, to fit: *la natura ha ben conformato questo tratto di costa*, nature has shaped this stretch of coastline beautifully; — *le proprie azioni alle circostanze*, to adapt one's actions to the circumstances; — *la propria vita a certi principi*, to make one's life conform to certain principles; — *lo stile all'argomento*, to adapt the style to the subject.

□ **conformarsi** *v.rifl.* to conform; to meet*, to comply (with s.o., sthg.), to adjust oneself (to s.o., sthg.): — *alla legge*, to abide by the law; — *alla moda*, to fall in with the fashion; — *alle usanze della società*, to conform to social customs; — *ai desideri di qlcu.*, to comply with s.o.'s wishes.

conformazionale *agg.* **1** structural **2** (*chim., fis.*) conformational.

conformazione *s.f.* **1** conformation; form; structure; shape: *la — del cranio*, the conformation (*o* the structure) of the skull; *la — del terreno*, the conformation of the ground **2** (*adattamento*) conformation, adaptation.

conforme *agg.* **1** conformable, consistent, consonant: *essere — a*, to suit: *ciò non era — ai suoi gusti*, it did not suit his tastes (*o* it was not to his liking); *la sua condotta è — al desiderio dei suoi genitori*, his behaviour corresponds to his parents' wishes; (*dir.*) — *alle regole di equità*, equitable **2** (*simile*) similar, like, analogous: *il quadro è poco — al modello*, the painting doesn't come very close to the model; — *a campione*, similar to sample (*o* up to sample) **3** (*fedele*) true: *copia — all'originale*, true copy (*o dir.* certified copy) **4** (*cartografia*) conformal, orthomorphic: *proiezione* —, conformal (*o* orthomorphic) map projection ◆ *avv.* in accordance with, according to, in compliance with: — *a quanto vi scrivemmo*, in accordance with our letter; *agire — alle istruzioni di qlcu.*, to act in compliance with s.o.'s instructions.

conformemente *avv.* in accordance with, according to, in compliance with; (*dir.*) in pursuance of: — *al vostro ordine*, in compliance with your order; *comportarsi — ai propri principi*, to act in accordance with (*o* according to) one's principles.

conformismo *s.m.* conformism, conventional behaviour // *non* —, non-conformism, (*o* unconventional behaviour).

conformista *s.m.* e *f.* conformist, (*spreg.*) timeserver ◆ *agg.* conformist, (*spreg.*) time -serving: *è un* —, he's a conformist.

conformistico *agg.* conformist: *atteggiamento* —, conformist behaviour.

conformità *s.f.* conformity, compliance: — *di idee*, similarity of ideas // *in — con*, in accordance with (*o* according to *o dir.* in pursuance of): *in — delle, alle leggi vigenti*, in compliance (*o* in accordance) with the law in force; *in — con quanto è già stato stabilito*, as has already been agreed.

confortabile *agg.* (*non com.*) **1** (*di teoria, argomento ecc.*) provable: *una tesi — con argomenti convincenti*, a thesis that can be proved (*o* demonstrated) with convincing arguments **2** (*comodo*) comfortable.

confortante *agg.* comforting, consoling; encouraging.

confortare *v.tr.* **1** (*alleviare il dolore di*) to comfort, to console, to solace, to ease; (*infondere forza*) to strengthen, to fortify: *le sue parole mi confortano molto*, his words comfort me greatly **2** (*incoraggiare*) to encourage **3** (*sostenere*) to support, to back up; (*confermare*) to confirm: *l'accusa fu confortata da prove*, the accusation was supported by proof.

□ **confortarsi** *v.rifl.* to find* comfort, to console oneself, to take* courage: *confortati!*, cheer up!; *si confortava al pensiero di tornare a casa*, he consoled himself with thoughts of going home.

confortativo *agg.* (*non com.*) comforting; consoling.

confortatore *agg.* comforting, consoling ◆ *s.m.* comforter, consoler.

confortatorio *agg.* comforting, consoling.

confortevole *agg.* **1** (*che conforta*) comforting **2** (*comodo*) comfortable: *appartamento* —, comfortable flat.

conforto *s.m.* **1** comfort, consolation, solace: *trovò — nella religione*, he found solace in religion; *la tua lettera mi fu di grande —*, your letter was a great comfort to me; *portare —*, to bring comfort **2** (*incoraggiamento*) encouragement **3** (*sostegno, conferma*) support, proof: *a — di*, in support of: *portare un argomento a — di una tesi*, to produce an argument in support of a thesis **4** (*non com.*) (*comodità*) comfort, convenience // *generi di —*, non-essential goods (*o* luxury goods *o* creature comforts).

confratello *s.m.* (*relig.*) brother*.

confraternita *s.f.* brotherhood, confraternity.

confricare *v.tr.* (*non com.*) to rub.

confricazione *s.f.* (*non com.*) friction, rubbing.

confrontabile *agg.* comparable: *la sua situazione non è — con la mia*, you can't compare his situation to mine; *due opere d'arte non confrontabili*, two works of art which are not comparable (*o* which cannot be compared).

confrontabilità *s.f.* comparability.

confrontare *v.tr.* **1** to compare, to contrast; to confront; to collate: *— con*, to compare with; *— due testimonianze*, to confront two witnesses; *— i prezzi di un prodotto*, to compare the prices of a product; *— il ritratto col modello*, to compare the portrait with the model; *— due testi*, to collate two texts **2** (*esaminare*) to examine, to see* ◆ *v.intr.* (*non com.*) (*essere d'accordo*) to agree, to correspond.

confronto *s.m.* **1** comparison: *non mettere a — le tue possibilità con le sue*, don't compare your means with his; *non c'è — fra loro*, there's no comparison between them // *a — di, in — a*, in comparison with (*o* compared with): *in — a lui io sono un genio!*, compared with him I am a genius! // *senza —*, beyond comparison (*o* incomparably): *è senza confronti il migliore*, he's by far the best (*o* he's far and away the best) // *nei confronti di qlcu.*, to (*o* towards) s.o.: *non mi sono mai comportato male nei suoi confronti*, I have never behaved badly towards him // *non temere confronti*, to have no fear of comparison (*o* to be able to stand comparison) // *reggere al —*, to stand comparison **2** (*riscontro di testi*) collation **3** (*dir.*) confrontation; (*tra vittima o testimone e sospettato*) show up: *il prigioniero fu messo a — con i suoi accusatori*, the prisoner was confronted with his accusers // *— all'americana*, line up (*o* identification parade) **4** (*econ.*) (*di costi e ricavi, spese e incassi*) matching **5** (*sport*) contest.

confucianesimo *s.m.* (*st. relig.*) Confucianism.

confuciano *agg.* (*relig.*) Confucianist (*attr.*); Confucian ◆ *s.m.* (*relig.*) Confucian, Confucianist.

confusamente *avv.* **1** (*alla rinfusa*) in confusion, in a mess: *la tua stanza è piena di cose ammassate —*, your room is full of jumbled heaps of stuff **2** (*in preda a confusione*) confusedly, in a confused way, vaguely: *rispondere —*, to give a confused answer.

confusionale *agg.* (*med.*) confusional: *stato —*, derangement (*o* mental confusion).

confusionaria *s.f.* **confusionario** *s.m.* muddler.

confusionario *agg.* blundering, bungling; muddling.

confusione *s.f.* **1** confusion; mess; muddle; jumble; hotchpotch: *in camera sua c'è sempre una gran —*, her room is always in a real mess; *che —!*, what a mess!; *i cambiamenti nell'amministrazione hanno generato — in azienda*, changes in administration created confusion in the company; *ho fatto — con le date*, I've mixed up all the dates; *chi ha messo — fra le mie carte?*, who's messed up all my papers?; *— di razze*, hotchpotch of races **2** (*chiasso*) noise, din, row: *vi prego di fare meno —*, could you please make less of a row **3** (*imbarazzo*) confusion; embarrassment; (*mortificazione*) shame: *immaginate la mia —*, imagine my embarrassment; *arrossire per la —*, to blush for shame **4** (*dir.*) merger // *— di beni mobili*, intermixture of goods **5** (*med.*) derangement: *— mentale*, derangement (*o* mental confusion).

confusionismo *s.m.* general confusion, disorderliness, muddledness.

confusionista *s.m.* e *f.* muddler.

confuso *agg.* **1** (*in disordine*; *mescolato*) confused, untidy, jumbled; chaotic: *un ammasso — di merci*, a jumbled heap of goods; *restare — tra la folla*, to remain hidden in the crowd **2** (*poco chiaro*) vague, confused, muddled; (*indistinto*) indistinct, blurred: *un discorso —*, a vague speech; *idee confuse*, muddled ideas; *suoni confusi*, indistinct sounds; *ne ho solo un ricordo —*, I have only a confused memory of it **3** (*imbarazzato*) embarrassed, disconcerted, confused; (*mortificato*) ashamed: *restò — di fronte al rimprovero*, he was mortified by the criticism.

confutabile *agg.* confutable, refutable: (*dir.*) *prova —*, rebuttable evidence.

confutare *v.tr.* to refute, to rebut, to confute, to disprove: *— un'accusa*, to rebut an accusal; *— una teoria*, to refute a theory; *— una persona*, to prove s.o. wrong.

confutativo *agg.* (*non com.*) confutative.

confutatore *s.m.* confuter, refuter ◆ *agg.* confuting, refuting.

confutatorio *agg.* (*non com.*) confutative, confuting, refuting.

confutazione *s.f.* refutation, rebuttal, confutation: *la — di una dottrina*, the confutation of a doctrine.

conga *s.f.* (*musica, danza*) conga.

congedamento *s.m.* (*mil.*) discharge, discharging.

congedare *v.tr.* **1** (*accomiatare*) to take* leave of (s.o.), to say* goodbye to (s.o.); (*servitù ecc.*) to dismiss: *— gli ospiti*, to take leave of one's guests; *mi hanno congedato bruscamente*, they said goodbye to me unceremoniously; *congedò il valletto e andò a dormire*, he dismissed his servant and went to bed **2** (*mil.*) to discharge: *— qlcu.*, to discharge s.o. from the force.

□ **congedarsi** *v.rifl.* **1** (*accomiatarsi*) to take* one's leave (of s.o.), to say* goodbye: *si congedò dai suoi amici*, he took leave of his friends; *è tempo di —*, it's time to say goodbye **2** (*mil.*) to be discharged: *il contingente si congederà a marzo*, the contingent will be discharged in March; *— per motivi di salute*, to take (*o* to go on) sick leave.

congedato *agg.* (*mil.*) discharged ◆ *s.m.* (*mil.*) discharged soldier.

congedo *s.m.* **1** (*commiato*) leave: *prendere — da qlcu.*, to take leave of s.o.; *visita di —*, farewell visit **2** (*permesso*) leave: *tre mesi di —*, three months' leave; *chiedere un —*, to ask for leave **3** (*mil.*) (*temporaneo*) leave, furlough; (*assoluto*) discharge: *— illimitato*, partial discharge; *foglio di —*, certificate of discharge; *andò a casa per un — di sei mesi*, he went home on six months' leave; *essere in —*, to be on leave; *ottenere il —*, to get leave **4** (*poesia*) envoy **5** (*teatr.*) finale.

congegnare *v.tr.* **1** (*tecn.*) to contrive **2** (*fig.*) to contrive, to devise, to think* up: *— una beffa, una truffa*, to think up (*o* to plan) a practical joke, a swindle; *— un discorso*, to plan a speech.

congegno *s.m.* **1** (*mecc.*) device, contrivance; gear, mechanism: *— di sicurezza*, safety device; (*mil.*) *— di mira*, sighting gear (*o* gun sight); *— di sparo*, firing device **2** (*fig.*) device, scheme.

congelamento *s.m.* **1** freezing, congealment: (*fis., chim.*) *punto di —*, freezing point; (*econ.*) *— dei prezzi, dei salari*, price, wage freeze **2** (*med.*) congelation.

congelare *v.tr.* **1** to freeze*, to congeal: *— le verdure, il pesce*, to (deep)freeze vegetables, fish **2** (*fig.*) to freeze*, to block, to maintain: *— la situazione*, to block the situation; (*econ.*) *— gli stipendi*, to freeze wages.

□ **congelarsi** *v.intr.pron.* **1** (*di liquido*) to freeze*, to congeal: *il latte si è congelato*, the milk is frozen **2** (*di persona*) to freeze*, to get* frozen: *vi congelerete stando lì fuori*, you'll get frozen standing outside.

congelato *agg.* **1** congealed, frozen: *carni congelate*, chilled (*o* frozen) meat **2** (*comm.*) frozen: *credito —*, frozen credit.

congelatore *agg.* freezing, congealing ◆ *s.m.* freezer, icebox.

congelazione *s.f.* → **congelamento**.

congenere *agg.* **1** similar; akin, alike, of the same sort (*pred.*) **2** (*biol.*) congeneric, congenerous.

congeniale *agg.* congenial.

congenialità *s.f.* congeniality.

congenito *agg.* congenital, constitutional: *malformazione congenita*, congenital malformation.

congerie *s.f.* (*cumulo*) pile; mass, heap, pack (*anche fig.*): *una — di carte, notizie*, a mass of papers, news.

congestionare *v.tr.* **1** (*med.*) to congest **2** (*fig.*) (*sovraffollare*) to overcrowd, to congest, to jam (up).

congestionato *agg.* **1** congested: *viso —*, flushed (*o* red) face **2** (*fig.*) (*sovraffollato*) overcrowded, congested, jammed: *quella zona è spesso congestionata dal traffico*, that area is often congested by traffic.

congestione *s.f.* **1** (*med.*) congestion: *— cerebrale*, brain congestion; *— vascolare*, engorgement **2** (*fig.*) (*sovraffollamento*) congestion, overcrowding: *— del traffico*, traffic congestion (*o* jam).

congestizio *agg.* (*med.*) congestive.

congettura *s.f.* **1** conjecture; supposition, surmise, guess: *fare una —*, to make a conjecture (*o* to conjecture *o* to make a guess); *non dargli retta, sono tutte congetture*, don't listen to him, his are only conjectures (*o* guesses) **2** (*mat.*) conjecture.

congetturabile *agg.* conjectural, conjecturable.

congetturale *agg.* conjectural, based on conjecture (*pred.*), based on guesswork (*pred.*).

congetturare *v.tr.* to conjecture; to guess: *attenetevi ai fatti, senza —!*, stick to the facts, don't guess!

congiungere *v.tr.* **1** to join (*anche mat.*), to unite; (*travi, binari ecc.*) to splice: — *due punti*, to join two points; — *due eserciti*, to combine two armies; — *in matrimonio*, to join in marriage; — *le mani*, to join hands; *se congiungiamo i nostri sforzi arriveremo a una soluzione migliore*, if we put our heads together we will reach a better solution **2** (*collegare*) to connect, to link, to join (up): *non c'è alcun ponte che congiunge le due rive*, there is no bridge which joins up the two banks; *una buona rete ferroviaria congiunge Milano con tutte le grandi città*, an efficient railway system connects (*o* links) Milan with all the large towns.

□ **congiungersi** *v.rifl.* o *rifl.rec.* **1** to join (s.o., sthg.): — *in matrimonio*, to get married **2** (*incontrarsi*) to meet* (s.o., sthg.); (*mil.*) to link up (s.o., sthg.); (*confluire*) to flow together; to join (s.o., sthg.); *questa strada si congiunge con quella nuova*, this road joins (*o* connects up with) the new one; *quando le due strade si congiungono gira a destra*, when the two roads meet turn right.

congiungimento *s.m.* joining; junction, union; (*mil.*) linkup.

congiuntamente *avv.* jointly, conjointly; together (with): *protestare* —, to protest jointly; *riceverete il libro — al catalogo*, you'll receive the book together with the catalogue.

congiuntiva *s.f.* (*anat.*) conjunctiva*.

congiuntivale *agg.* (*anat.*) conjunctival: *sacco* —, conjunctival sac.

congiuntivite *s.f.* (*med.*) conjunctivitis.

congiuntivo *agg.* **1** conjunctive // (*fil.*) *giudizio* —, conjunctive proposition **2** (*gramm.*) subjunctive, conjunctive: *modo* —, subjunctive (*o* conjunctive) (mood) ♦ *s.m.* (*gramm.*) subjunctive.

congiunto *agg.* **1** joined, united; combined: *mani congiunte*, joined hands; *forze congiunte*, combined forces **2** (*collegato*) connected (with sthg.), linked (with sthg.), in connection (with sthg.) ♦ *s.m.* (*parente*) relative, relation, kinsman*: *i nostri congiunti*, our relatives.

congiuntura *s.f.* **1** point of junction, joint, join **2** (*articolazione*) joint **3** (*circostanza*) circumstance, conjuncture, juncture; (*situazione*) situation; *in questa — non possiamo fare niente*, in these circumstances we can do nothing; *in una — così dolorosa è difficile trovare le parole giuste*, in such painful circumstances (*o* a painful situation) is difficult to find the right words; *sfruttare la — favorevole*, to exploit a favourable opportunity **4** (*econ.*) (*fase del ciclo economico*) conjuncture; (*tendenza*) business trend, situation: — *bassa*, slump; — *alta*, boom; — *negativa*, recession; — *favorevole*, favourable situation.

congiunturale *agg.* related to the business situation; trend (*attr.*); (*ciclico*) cyclical; (*a breve termine*) short-term (*attr.*): *fluttuazioni congiunturali*, short-term fluctuations.

congiunzione *s.f.* **1** connection; junction, link: *punto di* —, join (*o* point of junction) **2** (*il congiungere*) joining, linking **3** (*astr.*) conjunction: *pianeti in* —, planets in conjunction **4** (*gramm.*) conjunction: *congiunzioni coordinative, subordinative*, coordinating, subordinate conjunctions **5** (*log., fis.*) conjunction.

congiura *s.f.* conspiracy, plot: *sventare una* —, to fail a plot; *ordire una* —, to conspire (*o* to lay a plot) // — *del silenzio*, conspiracy of silence.

congiurare *v.intr.* to conspire, to plot: — *contro qlcu.*, to conspire against s.o.; *tutto sembrava — a suo danno*, everything seemed to be conspiring against him.

congiurato *agg.* conspiring ♦ *s.m.* conspirator, plotter.

congiuratore *s.m.* conspirator, plotter.

congiurazione *s.f.* (*non com.*) conspiracy, plot.

conglobamento *s.m.* **1** conglobation; combining **2** (*econ.*) unification, consolidation, incorporation: — *dei crediti*, consolidation of credit; — *di indennità nello stipendio*, incorporation of allowances into one's wages.

conglobare *v.tr.* **1** (*letter.*) to amass, to conglobe; (*idee, pensieri ecc.*) to combine **2** (*econ.*) to consolidate; to incorporate; to combine: — *le indennità nel salario*, to combine the allowances into one's wages.

conglobato *agg.* **1** conglobate (*anche biol.*), amassed; combined **2** (*econ.*) consolidated; incorporated; combined.

conglobazione *s.f.* → **conglobamento**.

conglomerare *v.tr.* to conglomerate, to gather together, to amass.

□ **conglomerarsi** *v.rifl.* o *rifl.rec.* to conglomerate, to cluster together.

conglomerato *s.m.* **1** grouping: — *etnico*, ethnic(al) grouping; — *politico*, political grouping **2** (*geol.*) conglomerate: — *basale*, basal conglomerate **3** (*edil.*) mix // — *cementizio*, concrete **4** (*econ.*) conglomerate: — *d'aziende*, conglomerate (merger); — *di mercato*, market extension merger ♦ *agg.* conglomerate // (*econ.*) *società conglomerata*, conglomerate.

conglomerazione *s.f.* (*non com.*) conglomeration; conglomeracy.

conglutinare *v.tr.* **1** to conglutinate, to glue together, to stick* together **2** (*fig.*) to unite, to blend.

□ **conglutinarsi** *v.rifl.* o *rifl.rec.* **1** to conglutinate **2** (*fig.*) to cohere, to unite.

conglutinazione *s.f.* conglutination.

congolese *agg.* e *s.m.* e *f.* congolese.

congratulare *v.intr.* **congratularsi** *v.intr.pron.* to congratulate (s.o.): *mi congratulo con te per aver superato gli esami*, I congratulate you on passing your exams; *si congratulò con se stesso per la promozione ottenuta*, he congratulated himself on his promotion.

congratulatorio *agg.* (*non com.*) congratulatory: *un biglietto* —, a note of congratulations.

congratulazione *s.f.* (*spec. pl.*) congratulation: *congratulazioni!*, congratulations!; *posso farvi le mie congratulazioni?*, may I offer you my congratulations?

congrega *s.f.* **1** (*eccl.*) congregation, confraternity **2** (*spreg.*) bunch, gang, set: *una — di letterati*, a bunch of scholars.

congregare *v.tr.* to assemble, to gather.
□ **congregarsi** *v.rifl.* to gather, to congregate, to assemble, to come* together; to flock together.

congregato *agg.* congregated, assembled, gathered: *vescovi congregati*, congregated bishops ♦ *s.m.* member of a congregation, member of a confraternity.

congregazionalismo *s.m.* congregationalism.

congregazionalista *agg.* e *s.m.* e *f.* Congregationalist.

congregazione *s.f.* **1** assembly, congregation **2** (*eccl.*) congregation: — *religiosa*, religious congregation; — *di carità*, charitable institution.

congregazionista *s.m.* e *f.* (*eccl.*) member of a congregation ♦ *agg.* congregational, of a congregation.

congressista *s.m.* e *f.* member of a congress.

congresso *s.m.* **1** congress, conference, convention: — *medico*, medical congress; *atti del* —, proceedings (*o* minutes) of the conference: *il — annuale del partito comunista*, the annual congress of the Communist party; — *sindacale*, Trade Union Congress; *il — nazionale del partito democratico*, the National Democratic Convention; — *eucaristico*, Eucharistic Congress // (*st.*) *il Congresso di Vienna*, the Congress of Vienna **2** (*non com.*) (*colloquio di avvocato col cliente*) consultation **3** *il Congresso* (*negli Stati Uniti*), Congress: *membro del Congresso*, Congressman.

congressuale *agg.* of a congress, congressional: *atti congressuali*, acts of the congress.

congrua *s.f.* (*eccl.*) **1** (*dotazione beneficiaria di chiesa, parrocchia*) benefice **2** (*assegno un tempo versato dallo Stato ai parroci*) stipend.

congruamente *avv.* **1** congruously; consistently **2** (*adeguatamente*) suitably; adequately; fittingly: *sarai ricompensato* —, you'll be suitably rewarded.

congruente *agg.* **1** congruent, suitable, fitting, appropriate: *premio — al suo merito*, award appropriate to (*o* in line with) his merit; *un'affermazione poco* —, an inappropriate statement **2** (*mat.*) congruent: *numeri congruenti*, congruent numbers.

congruenza *s.f.* **1** (*rispondenza tra due cose*) congruence, congruency; suitability, fittingness // (*mat.*) *relazione di* —, congruence (*o* congruency) relation **2** (*coerenza*) consistency, coherence, congruity: *questa affermazione manca di* —, this sentence is inconsistent (*o* lacks consistency).

congruità *s.f.* (*non com.*) congruity, suitability.

congruo *agg.* **1** congruous, consistent **2** (*adeguato*) suitable; adequate, fair; proportionate: — *compenso*, adequate reward.

conguagliare *v.tr.* to equalize, to level; to balance, to adjust: — *lo stipendio*, to adjust wages.

conguaglio *s.m.* equalization, levelling; balance, adjustment: — *delle paghe*, levelling of wages; — *monetario*, currency (*o* monetary) adjustment; *in* —, to square the count.

coniare *v.tr.* **1** to coin, to mint, to strike*: — *una medaglia*, to strike a medal **2** (*inventare*) to coin, to invent: — *una parola nuova*, to coin a new word; — *una notizia*, to invent news.

coniatore *s.m.* (*non com.*) **1** coiner, minter **2** (*fig.*) inventor.

coniatura *s.f.* **1** (*di monete, medaglie*) coinage, mintage, embossing: — *in titolo legale*, standard coinage; *diritto di* —, right of coinage **2** (*di lamiere*) coining.

coniazione *s.f.* coinage: — *gratuita*, gratuitous coinage; — *libera, limitata*, free, limited coinage.

conica *s.f.* (*mat.*) conic: — *a centro*, central conic.

conicità *s.f.* conicalness, conicity.

conico *agg.* **1** conical; cone-shaped **2** (*mat.*) conic: *sezione conica*, conic section.

conidiale *agg.* (*bot.*) conidial.

conidio *s.m.* (*bot.*) conidium*.

conidiospora *s.f.* (*bot.*) conidiospore.

conifera *s.f.* (*bot.*) conifer: *di* —, coniferous.

coniglia *s.f.* (*zool.*) doe rabbit.

conigliaia → **conigliera**.

coniglicoltore *s.m.* rabbit breeder.

coniglicoltura *s.f.* rabbit breeding.

conigliera *s.f.* **1** (*gabbia per conigli*) rabbit hutch **2** (*allevamento di conigli*) rabbit warren.

conigliesco *agg.* **1** rabbit-like **2** (*fig.*) cowardly: *atteggiamento* —, cowardly behaviour.

coniglietta *s.f.* bunny-girl, bunny.

coniglietto *s.m.* bunny.

coniglio *s.m.* **1** (*zool.*) rabbit: — *d'angora*, Angora rabbit; *pelliccia di* —, cony (*o* rabbit fur); *tana di* —, rabbit hole; — *arrosto*, roast rabbit // — *coda di cotone*, (*Sylvilagus floridanus*) cottontail **2** (*fig.*) coward, chicken, faint-heart: *non fare il* —, *buttati nell'acqua!*, don't be a coward, jump into the water!

coniina *s.f.* (*chim.*) con(i)ine.

conio *s.m.* **1** (*stampo per monete, medaglie*) minting die; (*impronta di moneta, medaglia*) coin, brand, stamp, mint mark: *moneta fior di* —, brand-new coin **2** (*coniatura*) coinage, mintage: *moneta di nuovo* —, newly minted coin // *parole di nuovo* —, words of modern coinage **3** (*fig.*) stamp, character, kind: *persona di basso* —, guttersnipe; *sono tutti dello stesso* —, they all are of the same stamp (*o* they are birds of a feather) **4** (*stampo per lamiere*) coining die.

coniugabile *agg.* (*gramm.*) conjugable.

coniugale *agg.* conjugal: *vita* —, married life // (*dir.*) *diritti, doveri coniugali*, marital rights, duties.

coniugare *v.tr.* **1** (*gramm.*) to conjugate: — *un verbo al futuro*, to conjugate a verb in the future **2** (*unire in matrimonio*) to marry **3** (*fig.*) (*far coesistere*) to unite, to combine: *un sistema politico che riesca a — libertà e giustizia sociale*, a political system that manages to combine freedom with social justice.

□ **coniugarsi** *v.intr.pron.* **1** to get* married **2** (*gramm.*) to be conjugated: *il verbo andare si coniuga irregolarmente*, the verb to go is conjugated irregularly.

coniugato *agg.* **1** (*sposato*) married // (*dir.*) *donna coniugata*, feme covert **2** (*scient.*) conjugate; (*chim.*) conjugated: *proteina coniugata*, conjugated protein // (*mat.*): *angolo* —, conjugate (*o* opposed) angle; *numero* —, conjugate number ◆ *s.m.* **1** married person **2** (*mat.*) (*numero, angolo*) conjugate.

coniugazione *s.f.* **1** (*gramm.*) conjugation **2** (*biol.*) conjugation.

coniuge *s.m.* e *f.* consort, (married) partner, spouse // *i coniugi*, husband and wife (*o* a married couple); *i coniugi Rossi*, Mr and Mrs Rossi.

connato *agg.* **1** (*non com.*) (*nato insieme*) born together **2** (*fig.*) (*connaturato*) congenital, innate, inborn **3** (*bot.*) coadunate.

connaturale *agg.* (*conforme alla propria natura*) connatural; (*innato*) innate, inborn, congenital, natural: *l'aggressività è — ai felini*, aggressiveness is an inborn trait of cats.

connaturalità *s.f.* (*letter.*) connaturality; innateness.

connaturare *v.tr.* (*non com.*) (*rendere naturale*) to make* natural, to make* a part of one's nature; (*rendere d'ugual natura*) to make* of like nature.

□ **connaturarsi** *v.intr.pron.* to become* natural, to become* second nature, to become* part of one's nature, to become* ingrained: *con l'abitudine i vizi si connaturano*, vices become ingrained with habit.

connaturato *agg.* ingrained; (*radicato*) deeply rooted; (*congenito*) congenital, inborn, innate: *ormai quell'abitudine è connaturata*, by now the habit has become ingrained.

connazionale *agg.* from the same country (*pred.*): *siamo connazionali*, we come from the same country ◆ *s.m.* compatriot, fellow -countryman* ◆ *s.f.* fellow-countrywoman*.

connessione *s.f.* **1** connection, connexion, relationship; (*fig.*) link: *intima — tra due fatti*, close connection between two facts; *c'era una stretta — fra le due idee*, there was a close relationship between the two ideas **2** (*dir.*) connection; joinder: *riunione dei procedimenti per — oggettiva, soggettiva*, joinder of defendants, of offences **3** (*elettr.*) connection, junction: — *a stella*, star connection (*o* star network); — *a triangolo*, delta connection; — *in serie*, mesh connection; *scatola di* —, wiring junction box **4** (*mecc.*) link **5** (*inform.*) connection; link.

connesso *agg.* connected, linked; relevant: *i documenti connessi*, the relevant documents; *i due fatti sono strettamente connessi*, the two facts are closely connected // (*mat.*) *spazio* —, connected space ◆ *s.m.pl.*: *annessi e connessi*, appendages // *fra annessi e connessi guadagna moltissimo*, what with one thing and another (*o* taking everything into consideration) he earns a great deal of money; *mi raccontò l'accaduto con tutti gli annessi e i connessi*, he told me the whole story and all the relevant details.

connestabile → **conestabile**.

connettere *v.tr.* **1** (*unire*) to connect, to join, to link: — *un circuito*, to connect a circuit **2** (*fig.*) to associate (in one's mind), to link: *questi fatti sono strettamente connessi*, these facts are closely linked (*o* related *o* connected); — *una circostanza con l'altra*, to see the connection between two events ◆ *v.intr.* (*ragionare*) to think* straight, to think* rationally: *non* —, to be confused (*o* to be unable to think rationally); *oggi sono così stanco che non connetto*, today I am so tired that I can't think straight (*o* I can't put two and two together).

□ **connettersi** *v.intr.pron.* **1** (*riferirsi*) to be connected, to be linked: *il provvedimento si connette con il regolamento vigente*, the measure is related (*o* linked) to current regulations **2** (*Internet*) to connect.

connettivale *agg.* **1** (*biol.*) connective **2** (*fig.*) connecting, linking: *elemento* —, unifying element.

connettivo *agg.* **1** (*med.*) connective: *tessuto* —, connective tissue; *il tessuto — dell'economia nazionale*, (*fig.*) the basic structure of the national economy **2** (*fig.*) connecting, linking: *l'elemento — di una serie di circostanze*, the common link in a series of circumstances ◆ *s.m.* **1** (*elemento di connessione*) connecting element **2** (*med.*) connective **3** (*gramm.*) connective, conjunction **4** (*log.*) connective.

connettore *s.m.* (*tecn.*) connector.

connivente *agg.* conniving (at sthg.): (*dir.*) *essere* —, to connive ◆ *s.m.* e *f.* (*dir.*) conniver, accomplice.

connivenza *s.f.* (*dir.*) connivance (at sthg., with s.o.).

connotare *v.tr.* (*fil., ling.*) to connote.

connotativo *agg.* connotative.

connotato *s.m.* description, (characteristic) feature: *potete darmi i connotati del ladro?*, can you give me a description of the thief?; *rispondere ai connotati*, to answer to the description // *cambiare i connotati a qlcu.*, (*scherz.*) to beat s.o. black and blue.

connotazione *s.f.* (*fil., ling.*) connotation.

connubio *s.m.* (*letter.*) **1** marriage, matrimony **2** (*fig.*) union, alliance, marriage: *un difficile — tra i due partiti*, a difficult alliance between the two parties.

cono *s.m.* **1** cone // (*mat.*): — *circolare retto*, right circular cone; *tronco di* —, frustum of cone // (*astr.*) — *d'ombra*, cone of shade // (*geol.*): — *vulcanico*, volcanic cone; — *vulcanico secondario*, monticule; — *di ceneri*, cinder cone; — *di detrito*, debris cone **2** (*anat., bot., zool.*) cone **3** (*di gelato*) ice-cream cone.

conocchia *s.f.* distaff: *trarre la* —, to spin.

conoidale *agg.* (*mat.*) conoid(al).

conoide *s.m.* e *f.* **1** (*mat.*) conoid **2** (*geol.*) fan: — *di deiezione, alluvionale*, alluvial fan.

conoscente *s.m.* e *f.* **1** acquaintance: *un — di mio padre*, one of my father's acquaintances; *è solo una* —, she's only an acquaintance **2** (*fil.*) (*chi conosce*) knower.

conoscenza *s.f.* **1** (*il sapere*) knowledge; (*dir.*) cognizance: *la — del bene e del male*, the knowledge of good and evil; *si sono fatti progressi nella — scientifica*, there have been advances in scientific knowledge; *una buona — del tedesco*, a good (*o* sound) knowledge of German; *una scarsa — del latino*, little (*o* not much) knowledge of Latin // *avere — di qlco.*, to have knowledge of sthg.; *non ho alcuna — di informatica*, I have no knowledge of computer science // *essere a — di qlco.*, (*sapere*) to be acquainted with sthg. (*o* to know about sthg. *o form.* to be privy to sthg.): *sono a — della verità da molto tempo*, I have been acquainted with (*o* I have known) the truth for a long time // *essere a — di qlcu.*, (*essere noto*) to be known to s.o.: *questi fatti sono a — della Corte*, these facts are well known to the Court; *giungere, venire a — di qlco.*, (*venire a sapere*) to become acquainted with sthg. (*o* to learn about sthg. *o* to get to know about sthg.): *siamo giunti a — di nuovi fatti*, we have become acquainted with (*o* we have learnt) new facts // *giungere, venire a — di qlcu.*, (*diventare noto*) to become known to s.o.: *nuovi* *elementi giunsero a — del giudice*, new elements became known to the judge // *mettere, portare qlcu. a — di qlco., mettere, portare qlco. a — di qlcu.*, to acquaint s.o. with sthg. (*o form.* to make s.o. privy to sthg.): *lasciate che vi metta a — di quello che so*, allow me to acquaint you with what I know // *la circolare fu inviata a tutti i delegati per —*, the circular was sent to all delegates for their information // (*comm.*) *per presa —*, in acknowledgement **2** (*il conoscere*) acquaintance: *un avvocato di mia —*, a lawyer of my acquaintance; *le diedero il posto per via della sua — col presidente*, they gave her the job because of her acquaintance with the chairman; *la nostra è una vecchia —*, ours is an old acquaintance; *la nostra è una — superficiale*, we just have a nodding acquaintance // *fare — con qlcu., fare la — di qlcu.*, to make s.o.'s acquaintance (*o* to meet s.o.): *sono due anni che abbiamo fatto la loro —*, we made their acquaintance (*o* we met) two years ago // *è un vero piacere fare la sua —!*, (*form.*) (I am really) pleased to meet you! **3** (*persona conosciuta*) acquaintance: *una mia —*, an acquaintance of mine; *ha una larga cerchia di conoscenze*, he has a wide circle of acquaintances **4** (*coscienza*) consciousness: *privo di —*, unconscious; *perdere (la) —*, to lose one's consciousness (*o* to lose one's senses); *riprendere (la) —*, to recover consciousness (*o* to come to one's senses) **5** (*fil.*) cognition.

conoscere *v.tr.* **1** (*avere conoscenza di, sapere*) to know*: *— la verità*, to know the truth; *— se stessi*, to know oneself; *conosco tutti i particolari di cronaca*, I know all the news details; *non conosci le regole del gioco?*, don't you know the rules of the game?; *vorrei — il suo indirizzo*, I'd like to know her address; *non conosce la poesia del Leopardi*, he doesn't know (anything about) Leopardi's poetry; *conosci la strada?*, do you know the way?; *non conosco abbastanza a fondo la situazione*, I don't know the situation well enough; *conosciamo quell'argomento solo molto alla lontana*, we know that subject only very vaguely; *Sergio conosce Milano come le sue tasche*, Sergio knows Milan like the back of his hand; *Mary conosce tutti i verbi irregolari a menadito*, Mary knows all the irregular verbs backwards; *non conosce alcuna lingua*, he doesn't know (*o* can't speak) any foreign language; *conoscevo l'ambasciatore di persona*, I knew the ambassador personally; *John? Lo conosco benissimo!*, John? I know him very well!; *lo conosco meglio di quanto non si conosca lui!*, I know him inside out!; *lo conosco appena!*, I barely know him!; *conosco gli Stone solo superficialmente*, I barely know the Stones; *lo conosci di fama vero?*, you know him by (his) reputation don't you?; *lo conosco solo di nome*, I know him only by name; *S.T. Clemens è meglio conosciuto col nome di Mark Twain*, S.T. Clemens is better known as Mark Twain // *mai visto né conosciuto!*, never seen nor heard of him, (*o fam.* I don't know him from Adam!); *l'ho conosciuto meglio l'anno scorso*, I got to know him better last year // *lo conoscevo per galantuomo*, (*form.*) I thought he was a gentleman // *far —*, (*rivelare*) to bring (sthg.) to light; (*raccontare*) to tell (sthg.); (*insegnare*) to teach (sthg.); (*reclamizzare*) to advertise (sthg.); (*rendere famoso*) to make (sthg., s.o.) famous: *fece — la verità*, he brought the truth to light; *ci fece — la sua triste storia*, he told us his sad story; *mi fece — le gioie della musica*, he taught me (*o* introduced me to) the joys of music; *faranno — i loro prodotti su scala nazionale*, they'll advertise their products on a national scale; *il suo discorso sull'inquinamento lo fece — in tutto il mondo*, his speech on pollution made him famous all over the world (*o* made him world-famous) // *farsi —*, to make oneself known (*o* to become famous *o* known *o* to make a name for oneself): *vedrai che si farà — nel giro di un anno*, you can bet she will have made a name for herself before a year is over; *si fece — in quel programma alla tv*, he made a name for himself on that TV programme; *non voglio farmi — per traditore*, I don't want to make a name for myself (*o* to become known) as a traitor **2** (*avere esperienza di, provare*) to experience; to meet* with: *da giovane conobbe fame e povertà*, as a young man, he experienced hunger and poverty; *conobbe subito un successo senza pari*, he immediately met with unequalled success // *non conosce il mondo!*, he has no experience of life **3** (*apprendere*) to learn*; to get* to know: *abbiamo conosciuto la verità dai giornali*, we learnt the truth from the newspapers; *devi leggere per —*, you must read to learn // (*dir.*) *— una causa*, to hear a case **4** (*incontrare*) to meet*: *vorrei — tuo fratello*, I'd like to meet your brother; *vorrei che tu conoscessi il mio capo*, I'd like you to meet my boss; *lieto di conoscerla*, (*form.*) pleased to meet you!; *ieri sera ho conosciuto il tuo amico John*, I met your friend John last night; *Mary? Non l'ho mai conosciuta!*, Mary? I've never met her! // *far —*, (*presentare*) to introduce: *vorrei farle — mia figlia*, I'd like to introduce my daughter to you; *posso farti — mia cugina?*, may I introduce my cousin to you? **5** (*riconoscere, distinguere*) to tell*; to recognize: *spesso è difficile — il vero dal falso*, often it's difficult to tell right from wrong; *l'ho conosciuto dalla voce*, I could tell him (*o* it was him) by his voice; *non lo conosco più tanto, è cambiato*, I can't tell it's him (*o* I can't recognize him), he's changed so much // *dal frutto si conosce l'albero*, (*prov.*) you can tell a tree by its fruits // *nelle sventure si conoscono gli amici*, (*prov.*) a friend in need is a friend indeed **6** (*ammettere*): *il suo egoismo non conosce limiti*, his egoism is boundless; *non conobbe ragioni e proseguì*, he wouldn't listen to reason and carried on; *non conoscerà ostacoli*, nothing will daunt him ◆ *v.intr.* **1** (*essere cosciente*) to be* conscious **2** (*dir.*) to be cognizant (of sthg.).

□ **conoscersi** *v.rifl.* **1** to know* oneself: *non si conosce affatto*, he doesn't know himself at all **2** (*dichiararsi*) to declare oneself: *— colpevole*, to declare oneself guilty ◆ *v.rifl.rec.* **1** (*essere in amicizia*) to know* each other (one another): *ci conosciamo da quando eravamo bambini*, we've known each other since we were children; *da quanto tempo vi conoscete?*, how long have you known each other?; *non credo si conoscano*, I don't think they know each other **2** (*incontrare*) to meet*: *quanto tempo fa vi siete conosciuti?*, how long ago did you meet?; *si sono conosciuti l'anno scorso*, they met (o got to know each other) a year ago.

conoscibile *agg.* knowable ◆ *s.m.* the knowable: *non ci sono limiti al —*, there are no limits to knowledge.

conoscibilità *s.f.* knowability, knowableness; (*riconoscibilità*) recognizableness.

conoscitivo *agg.* cognitive: *facoltà conoscitiva*, cognitive faculty // *indagine conoscitiva*, survey.

conoscitore *s.m.* **conoscitrice** *s.f.* expert, connoisseur, cognoscente*, good judge: *essere buon — di qlco.*, to be a good judge (*o* a connoisseur) of sthg. (*o* an authority on sthg.); *un fine — d'arte*, a fine connoisseur of art.

conosciuto *agg.* **1** well-known, renowned, famous: *questa città è conosciuta in tutto il mondo*, this city is famous throughout the world; *a quell'epoca il territorio non era ancora —*, at that time the area had not yet been discovered (*o* was still undiscovered) **2** (*provato*) known, proven: *una persona di conosciuta onestà*, a person of proven honesty.

conquassamento *s.m.* (*non com.*) (*lo scuotere, l'essere scosso violentemente*) shaking (up); (*il fracassare, l'essere fracassato*) smashing (up), shattering, battering.

conquassare *v.tr.* (*letter.*) **1** to shake* violently **2** (*fracassare*) to smash (up); to shatter.

conquibus *s.m.* (*scherz.*) lolly, cash.

conquiso *agg.* (*letter.*) conquered, subdued.

conquista *s.f.* **1** conquest: *la — normanna*, the Norman Conquest; *andare alla — di nuove terre*, to conquer new lands **2** (*fig.*) achievement, gain, conquest: *le conquiste della scienza*, the conquests (*o* achievements) of science **3** (*fig.*) (*in campo amoroso*) conquest: *fare una —*, to make a conquest; *fare conquiste*, to conquer; *è arrivato con la sua ultima —*, he arrived with his latest conquest.

conquistare *v.tr.* **1** to conquer, to subdue, to capture: *— un paese*, to conquer a country; *— una città*, to capture a city **2** (*fig.*) to win* (over), to gain; to acquire: *— la felicità*, to achieve (*o* to attain) happiness; *conquistarsi il favore di tutti*, to win everyone's favour; *quell'atto gli conquistò la pubblica stima*, the action won him public esteem; *— l'amore di qlcu.*, to win s.o.'s love; *— onori*, to win honours **3** (*fig.*) (*sedurre*) to conquer: *ha un sorriso che conquista*, he has a seductive smile.

conquistatore *agg.* conquering: *esercito —*, conquering army ◆ *s.m.* **1** conqueror // (*st. inglese*) *Guglielmo il Conquistatore*, William the Conqueror **2** (*rubacuori*) lady-killer, heartbreaker, Don Juan: *è un vero —*, he is a real lady-killer.

conquistatrice *s.f.* **1** conqueress **2** (*di cuori*) heartbreaker.

consacramento *s.m.* (*rar.*) consecration.

consacrante *s.m.* (*eccl.*) consecrator, consecrating priest.

consacrare *v.tr.* **1** (*eccl.*) to consecrate; (*ordinare un sacerdote*) to ordain: *fu consacrato vescovo di Napoli*, he was consecrated bishop of Naples; *— una nuova chiesa*, to consecrate a new church; *— un sacerdote*, to ordain a priest **2** (*dedicare*) to devote, to consecrate, to dedicate: *— un giorno a Dio*, to devote a day to God; *— un monumento ai caduti*, to dedicate a monument to the fallen; *consacrò le proprie energie allo studio*, he devoted his energies to study; *— la vita a Dio*, to consecrate one's life to God **3** (*rendere sacro; convalidare*) to consecrate: *una terra consacrata dal sacrificio dei suoi martiri*, a land consecrated by the blood of its martyrs; *un co-*

stume consacrato dalla tradizione, a custom hallowed by tradition; *una parola consacrata dall'uso*, a word sanctioned by custom.
□ **consacrarsi** *v.rifl.* to devote oneself, to dedicate oneself: — *a qlco.*, to devote oneself to sthg.

consacratore *agg.* consecrating ◆ *s.m.* consecrator.

consacrazione *s.f.* (*eccl.*) consecration; (*ordinazione sacerdotale*) ordination: *la — del pane e del vino*, the consecration of the bread and wine.

consanguinea *s.f.* blood relation, kinswoman*.

consanguineità *s.f.* consanguinity, blood relationship, kinship (*anche dir.*).

consanguineo *agg.* consanguineous, consanguine; akin (*pred.*), related by blood (*pred.*) ◆ *s.m.* blood relation, kinsman*, close relation.

consapevole *agg.* **1** conscious, aware (*pred.*): *era — della propria colpa*, he was conscious of his guilt **2** (*informato*) acquainted (with sthg.) (*pred.*), aware (of sthg.) (*pred.*): *rendere qlcu. — di qlco.*, to inform s.o. of sthg. (*o* to acquaint s.o. with sthg.).

consapevolezza *s.f.* **1** consciousness; awareness **2** (*conoscenza*) knowledge.

consapevolizzare *v.tr.* to make* aware, to inform.
□ **consapevolizzarsi** *v.rifl.* to become* aware, to become* conscious.

consapevolmente *avv.* consciously.

consaputo *agg.* (*non com.*) known (*attr.*), well-known.

conscienza → **coscienza**.

conscio *agg.* conscious, aware (*pred.*): *essere — del proprio valore*, to be aware of what one is worth ◆ *s.m.* (*psic.*) conscious.

consecutio temporum *s.f.* (*lat.*) sequence of tenses.

consecutivamente *avv.* consecutively, on end, in succession.

consecutivo *agg.* **1** (*di seguito*) consecutive; running (*pred.*); in succession (*pred.*), in a row (*pred.*): *per due mesi consecutivi*, for two months in succession; *ha superato il record mondiale cinque volte consecutive*, he has broken the world record five times running (*o* in a row) // *traduzione consecutiva*, consecutive translation // (*mat.*) *angoli consecutivi*, consecutive angles **2** (*seguente*) following **3** (*gramm.*) consecutive: (*proposizione*) *consecutiva*, consecutive clause.

consecuzione *s.f.* (*non com.*) **1** (*gramm.*) — *dei tempi*, sequence of tenses **2** (*conseguenza*) consequence **3** (*conseguimento*) attainment.

consegna *s.f.* **1** (*comm.*) delivery: *alla —*, on delivery; *pagamento alla —*, cash on delivery; *buono, ordine di —*, delivery order; *condizioni di —*, terms of delivery; — *franco spese*, free delivery; *spese di —*, delivery charges; — *a domicilio*, home delivery; — *a termine*, future delivery; — *al latore*, delivery to bearer; *per — differita*, for forward delivery; *per — immediata*, for immediate delivery; — *in deposito franco*, delivery in bond; — *su vagone*, delivery on rail; — *per espresso*, express, (*amer.*) special delivery; — *regolare*, due (*o* safe) delivery; — *sul luogo, in loco*, delivery on the spot; *prorogare la data di —*, to extend the day (*o* the term) of delivery // (*mar.*) — *sulla banchina*, ex-quay delivery // (*Borsa*): — *differita*, deferred delivery; — *valida* (*di titoli*), good delivery; *salvo —*, against delivery // (*dir.*): — *di un bene nelle mani del proprietario*, livery; *contratto a consegne ripartite*, instalment contract **2** (*deposito, custodia*) consignment: *merce lasciata in —*, goods on consignment; *partita in —*, consignment; *dare qlco. in — a qlcu.*, to consign sthg. to s.o.; (*affidare*) to entrust sthg. to s.o.; *ricevere qlco. in —*, to be entrusted with sthg. **3** (*mil.*) (*ordine*) orders (*pl.*), instructions (*pl.*): *ha per — di non lasciar passare nessuno*, his orders are to let nobody pass; *forzare la —*, to force a sentry (*o* one's way in); *mancare alla —*, to disobey orders // (*mil.*) — *in caserma*, confinement to barracks.

consegnabile *agg.* deliverable.

consegnare *v.tr.* **1** to deliver, to hand over, to consign, to give*: *glielo consegnerai personalmente*, you will hand it over to him personally; — *una lettera*, to deliver a letter; — *merci*, to consign (*o* to deliver) goods; *merce da — a domicilio*, goods for home delivery; — *qlcu. alla polizia*, to hand s.o. over to the police; — *qlcu. nelle mani del nemico*, to hand s.o. over to the enemy **2** (*mil.*) to confine to barracks: *le truppe sono consegnate*, the troops are standing by.
□ **consegnarsi** *v.rifl.* to give* oneself up.

consegnatario *s.m.* (*comm.*) consignee; (*dir. comm.*) bailee, receiver: — *di merce per trasporto via terra*, carrier, (*amer.*) freighter; — *di merce per trasporto via mare*, shipper, (*amer.*) freighter.

conseguente *agg.* **1** consequent (*anche log.*): *la decisione — è di risparmiare energia*, the consequent decision is to save energy; — *a qlco.*, consequent (up)on (*o* ensuing from *o* following from *o* resulting from) sthg. **2** (*coerente*) consistent // — *a se stesso*, consistent in one's behaviour (*o* true to oneself) ◆ *s.m.* (*log.*) consequent: *gli antecedenti e i conseguenti*, the antecedents and the consequents.

conseguentemente *avv.* **1** (*per conseguenza*) consequently, in consequence (of sthg.), as a consequence: *fecero una terribile litigata e — lo lasciò*, they had a terrible quarrel and consequently (*o* as a consequence) she left him **2** (*in base a*) accordingly: *agire —*, to act accordingly; *bisognerà decidere — a quanto già detto*, we'll have to decide on the basis of what has already been agreed **3** (*coerentemente*) consistently.

conseguenza *s.f.* **1** (*conclusione logica*) consequence: *trarre le conseguenze di qlco.*, to deduce the consequences of sthg. // *di —*, (*coerentemente*) accordingly; (*perciò*) therefore (*o* so): *non ha pagato il suo debito e di — è stato arrestato*, he didn't pay the debt and was therefore arrested; *dovrai comportarti di —*, you'll have to behave accordingly **2** (*risultato, seguito*) consequence, result, outcome, effect: *la decisione avrà conseguenze immediate sul piano politico*, the decision will have an immediate effect politically; *bisogna subirne le conseguenze*, you must take the consequences; *affrontare le conseguenze*, to face (*o* to meet) consequences; *essere responsabile delle conseguenze*, to be liable for the consequences; *la malattia non ha lasciato conseguenze*, the illness hasn't had after-effects // *in — di*, as a result of (*o* as a consequence of).

conseguenziale → **consequenziale**.

conseguibile *agg.* attainable.

conseguimento *s.m.* attainment, achieving: *per il — del suo scopo*, for the attainment of his purpose; *il — di un diploma, laurea, è un traguardo importante*, getting a degree is an important landmark.

conseguire *v.tr.* (*raggiungere*) to attain, to reach; (*ottenere*) to obtain, to get*, to achieve, to gain: *conseguì il suo scopo*, he achieved his end; *conseguirò la laurea l'anno prossimo*, I'll be getting (*o* obtaining) my degree next year ◆ *v.intr.* (*risultare*) to ensue, to result; (*seguire*) to follow: *questo è ciò che ne conseguì*, that's what it resulted in (*o* it led to); *poiché non sollevate obiezioni, ne consegue che siete d'accordo*, as you don't object, it follows that you agree.

conseguitare *v.intr.* (*non com.*) (*risultare*) to follow on, to result.

consensivo *agg.* consenting, permitting.

consenso *s.m.* **1** consent, assent, agreement (*anche dir.*); permission: — *formale, scritto*, formal, written consent; — *verbale*, verbal assent; *per — generale*, by universal consent; *previo — delle parti interessate*, subject to agreement by the parties concerned; *alle recenti elezioni il suo partito ha incontrato un largo —*, during the last elections his party achieved widespread success; *non ti darò mai il — di sposare quella donna*, I'll never give you my consent to marry that woman; *col — di mia madre*, with my mother's permission // (*dir.*): *libero —*, free consent; *sentenza emessa con il — del convenuto*, judgment by consent; — *reciproco*, mutual assent **2** (*matrimoniale*) marriage licence.

consensuale *agg.* (*dir.*) consensual; by consent of the parties, by mutual consent: *separazione —*, separation by mutual consent; *contratto —*, consensual contract.

consensualmente *avv.* (*dir.*) consensually; by mutual consent.

consentire *v.intr.* **1** (*acconsentire*) to consent, to assent: — *a fare qlco.*, to consent to do sthg.; — *a una proposta*, to assent to a proposal **2** (*essere d'accordo*) to agree; (*ammettere*) to admit, to allow: *consento con questa decisione*, I agree about this decision; *consentirai almeno di esserti sbagliato*, you will at least admit you're wrong ◆ *v.tr.* (*permettere*) to allow; to permit: *consentimi di dire che sbagli*, allow me to say that you are wrong; *le mie finanze non mi consentono tanto*, my finances won't stretch to that; *è consentito l'uso del dizionario*, use of the dictionary is allowed.

consenziente *agg.* consenting; consentient: *essere — a*, to agree to (*o* to be in agreement with).

consequenza → **conseguenza**.

consequenziale *agg.* consequent(ial): *il suo comportamento è — all'educazione ricevuta*, his behaviour is a result of the way he was brought up.

consequenzialità *s.f.* consequentiality; (*coerenza*) consistency: *la — di un ragionamento*, the logical consistency (*o* the logic) of an argument.

conserto *agg.* intertwined; interwoven; folded: *a braccia conserte*, with folded arms ◆ *s.m.* (*ant.*) agreement // *di —*, in concert.

conserva[1] *s.f.* **1** (*cibo confezionato*) preserve: *conserve alimentari*, preserves; — *di arance*, marmalade; — *di frutta*, jam; — *di pomodoro*, tomato purée **2** (*il conservare*) preservation: *tenere in* —, to preserve; *mettere la frutta in* —, to bottle (*o* tin *o* can) fruit **3** (*non com.*) (*serbatoio d'acqua*) reservoir.

conserva[2] *s.f.* (*mar.*) *di* —, in convoy: *navigazione di* —, sailing in convoy; *andare di* —, to sail in convoy, (*fig.*) to act together (*o* to agree).

conservabile *agg.* preservable, that will keep (*pred.*).

conservante *agg.* preserving: *sostanza* —, preservative ◆ *s.m.* preservative.

conservare *v.tr.* **1** (*preservare*) to preserve, to conserve, to keep*: *un modo per — gli alimenti è metterli sotto aceto*, one way of preserving food is by pickling; — *al fresco*, to keep in a cool place; — *in frigorifero*, to keep in the fridge // *Dio ti conservi!*, God preserve you! **2** (*mantenere inalterato*) to keep*, to preserve; to retain: *i fiori hanno conservato il loro profumo*, the flowers have kept (*o* preserved) their scent; — *l'uso delle proprie facoltà*, to retain the use of one's faculties **3** (*mettere da parte*; *serbare*) to keep*, to conserve; to put* away: *non butta via mai niente, conserva tutto*, she doesn't throw anything away, she keeps everything; *conserva tutte le sue lettere*, she keeps all her letters; — *la ricevuta*, to keep the receipt; — *le proprie energie*, to conserve one's own energy; — *un segreto*, to keep (*o* to guard) a secret; — *del denaro per i momenti di necessità*, to put money away for a rainy day.
□ **conservarsi** *v.rifl.* o *intr.pron.* to keep*; to remain: *quella carne cruda si conserverà fino a domani?*, will that raw meat keep till tomorrow?; — *in salute*, to stay in good health // *si conservi!*, keep well! (*o* take care of yourself!).

conservativo *agg.* conservative; preservative // (*dir.*) *sequestro* —, preventive attachment // (*fis.*) *campo* —, conservative field ◆ *s.m.* → conservante.

conservato *agg.* preserved; kept, retained: *bene, mal* —, well, badly preserved; *frutta conservata*, preserved fruit; *carne conservata in scatola*, tinned (*o spec. amer.* canned) meat; *carne conservata sotto sale*, corned meat; *questo vecchio manoscritto è ancora ben* —, this old manuscript is still in a good state (of preservation) // *segreti gelosamente conservati*, jealously guarded secrets.

conservatore *agg.* **1** preserving; preservative **2** (*fig.*) conservative: *idee, abitudini conservatrici*, conservative ideas, customs **3** (*pol.*) Conservative: *partito* —, Conservative party; *l'ala conservatrice*, the Conservative wing ◆ *s.m.* **1** (*persona conservatrice*) conservative: *nel modo di vestire sono rimasto un* —, when it comes to fashion I'm a conservative **2** (*pol.*) Conservative; Tory **3** (*amm.*) curator; keeper: — *di museo*, curator of a museum // (*dir.*): — *dell'archivio di Stato*, keeper of public records; — *dei registri immobiliari*, land registrar; — *delle ipoteche*, registrar of mortgages.

conservatoria *s.f.* curatorship, office of keeper; (*sede*) keeper's office, archivist's office.

conservatorio *s.m.* (*scuola di musica*) academy of music; conservatoire; (*amer.*) conservatory.

conservatorismo *s.m.* (*pol.*) conservatism.

conservazione *s.f.* conservation; preservation; maintenance: — *degli alimenti*, food conservation; — *dell'ambiente*, conservation of the environment; — *del patrimonio artistico*, preservation of the artistic heritage; — *di un patrimonio*, preservation of an estate; *in buono stato di* —, in a good state (*o* in good repair); (*fis.*) — *dell'energia, di carica*, conservation of energy, of charge // *prodotto, latte a lunga* —, long-life product, milk // *istinto di* —, instinct of self-preservation.

conserviere *s.m.* owner of a food packaging business.

conserviero *agg.* food packaging; canning; tinning: *industria conserviera*, food packaging industry ◆ *s.m.* food packer; tinner; (*spec. amer.*) canner.

conservificio *s.m.* food packaging factory; tinning factory; (*spec. amer.*) cannery.

conservo *s.m.* (*non com.*) **1** fellow servant **2** (*confratello*) brother.

consesso *s.m.* assembly, meeting, gathering.

considerabile *agg.* considerable, worthy of consideration (*pred.*).

considerare *v.tr.* **1** (*esaminare, prendere in considerazione*) to consider; to think* of (sthg.); to envisage, to contemplate: *considera l'idea di tornare a Londra*, he is thinking of going back to London; *non avevo considerato la faccenda sotto questo aspetto*, I hadn't considered things in that light; *non ho mai considerato quella possibilità*, I never contemplated (*o* envisaged *o* thought of) that possibility; *bisogna — che*, it must be borne in mind (that); *consideralo fatto*, consider it done; *la legge non considera questo caso*, the law does not consider this case // *considerando* (*che*), *considerato* (*che*), considering (that): *considerata la sua inesperienza*, considering his lack of experience; *considerando che ciò è sembrato giusto alla Corte Suprema*, whereas it has seemed right to the Supreme Court // *tutto considerato*, all things considered (*o* on the whole) **2** (*ritenere, stimare*) to consider, to regard; to think* (of); to judge; to deem: — *qlcu. come un fratello*, to think of (*o* to regard) s.o. as a brother; *considero un onore servirla*, I consider it an honour to serve you; *è generalmente considerata una ragazza molto gentile*, she is generally considered (*o* thought) to be a very kind girl **3** (*apprezzare*) to think* highly of (s.o., sthg.): *il suo capo lo considera molto*, his boss thinks highly of him.
□ **considerarsi** *v.rifl.* to consider oneself, to regard oneself: *ci consideriamo molto fortunati*, we consider (*o* count) ourselves very lucky; *mi considero responsabile di questo incidente*, I hold (*o* consider) myself responsible for this accident; *si considerano importanti*, they regard themselves as important; *si consideri in arresto!*, consider yourself under arrest!

consideratamente *avv.* (*non com.*) (*con ponderazione*) thoughtfully, with forethought, advisedly.

consideratezza *s.f.* carefulness; circumspection.

considerato *agg.* **1** (*stimato*) esteemed, highly thought of, regarded: *è molto — nel suo ambiente*, he's highly thought of in his field **2** (*non com.*) (*assennato*) considerate, thoughtful; (*cauto*) careful, cautious; prudent: *dovresti essere più — nei tuoi giudizi*, you should be more careful in your judgements.

considerazione *s.f.* **1** consideration: *agire senza* —, to act thoughtlessly (*o* inconsiderately); *prendere qlco. in* —, to take sthg. into consideration (*o* into account); *tenere nella debita* —, to hold in due consideration // *in — di*, in consideration (*o* on account *o* in view) of **2** (*stima*) esteem; regard; respect: *avere una grande — per qlcu.*, to have a high regard for s.o.; *godere di molta* —, to enjoy a high reputation (*o* to be highly respected); *tenere qlcu. in grande* —, to hold s.o. in great esteem **3** (*prudenza*) caution, prudence, thoughtfulness, circumspection: *agisce senza la minima — degli effetti*, he acts without the slightest regard for the consequences **4** (*osservazione*) remarks (*pl.*), thoughts (*pl.*), reflections (*pl.*): *fare considerazioni sull'accaduto*, to comment on the incident.

considerevole *agg.* considerable; large: *un numero — di gente*, a considerable number of people; *subire delle considerevoli perdite*, to incur large losses; *è un personaggio storico di importanza* —, he is a person of considerable historical importance.

consigliabile *agg.* advisable; expedient, wise: *è — che vada*, it would be better for him to go; *non è — che tu discuta con lui*, it would not be wise for you to argue with him; *è — l'uso delle cinture di sicurezza*, we advise that safety belts be used.

consigliare *v.tr.* **1** to advise, to counsel, to suggest; (*raccomandare*) to recommend: *il dottore mi ha consigliato la montagna*, the doctor has advised me to go to the mountains; *ci consigliò di rivolgerci ad altri*, he advised us to apply to s.o. else; *consigliava di aver pazienza*, he counselled patience; *le consiglio questo libro*, I can recommend this book to you; *non vollero lasciarsi — da noi*, they would not take our advice **2** (*indurre, persuadere*) to persuade, to induce, to urge: — *qlcu. al male*, to lead s.o. astray (*o* to incite s.o. to evil).
□ **consigliarsi** *v.intr.pron.* (*chieder consiglio*) to ask (s.o.'s) advice; (*consultarsi*) to consult (with s.o.); to seek* advice: *consigliati con tua madre*, ask your mother's advice; *mi consigliai con il mio socio*, I consulted my partner; — *con un avvocato*, to consult a lawyer (*o* to seek advice from a lawyer).

consigliato *agg.* (*letter.*) **1** (*assennato*) cautious, considered: *ben* —, well-advised; *mal* —, ill-advised (*o* careless) **2** (*raccomandato*) recommended: *libri consigliati ai giovani*, books recommended for young people.

consigliera *s.f.* advisor: *la fame è una cattiva* —, hunger is a bad advisor; *la notte è una buona* —, the night is a good advisor (*o* everything will be better in the morning).

consigliere *s.m.* **1** advisor, adviser, counsellor: *un cattivo* —, a bad counsellor; — *economico*, economic advisor; — *commerciale*, commercial counsellor **2** (*membro di un consiglio*) councillor; (*amer.*) councilor: — *comunale*, town councillor; — *d'amministrazione*, director; — *delegato*, managing director // — *del Consiglio di Stato*, (*in Italia*) councillor of the Council of State // — *della corte di cassazione*, (*in Italia*) judge of the Court of Cassation.

consiglio *s.m.* **1** advice [U], counsel [U]; (*suggerimento*) suggestion: — *disinteressato*, disinterested advice; *un buon* —, a good piece of advice; *ascolta i miei consigli*, take my advice; *vuoi un —?*, do you want a bit of advice?; *chiedere il — di qlcu.*, to consult s.o.

(*o* to seek s.o.'s advice); *rifiutare un* —, (*respingerlo*) to reject s.o.'s advice; (*rifiutarsi di darlo*) to refuse to give advice; *seguire il — di qlcu.*, to follow s.o.'s advice **2** (*organo collegiale*) council, board: (*amm.*) — *comunale*, town council; — *dei ministri*, council of ministers (*o* Cabinet); — *di Stato*, Council of State; — *di amministrazione, direttivo*, board of directors (*o* directorate); — *di amministrazione locale*, local board; — *di amministrazione fiduciaria*, board of trustees; — *di fabbrica, di azienda*, works committee; — *di gestione*, works council; *convocare il* —, to convene the council// — *di famiglia*, family council // (*econ.*): *Consiglio Nazionale dei Consumatori*, National Consumer Council; *Consiglio Nazionale dell'Economia e del Lavoro*, National Council of Economy and Labour; *Consiglio della Riserva Federale*, Federal Reserve Board // *Consiglio di sicurezza* (*dell'*ONU), Security Council // — *d'istituto*, parent-teacher-student association; — *di classe*, parent-teacher-student association representing a class **3** (*letter.*) (*riflessione*) reflection, deliberation// *la notte porta* —, sleep on it (*o* tomorrow is another day) **4** (*letter.*) (*decisione*) decision, resolution// *mutare* —, to change one's mind // *venire a più miti consigli*, to see reason (*o* to lower one's expectations).

consiliare *agg.* of a council (*pred.*); council (*attr.*); board (*attr.*): *sala* —, council chamber (*o* boardroom).

consimile *agg.* (*letter.*) similar; like (*attr.*); like that (*pred.*).

consistente *agg.* (*solido*) firm, solid, substantial: *un pasto* —, a solid meal // *ricevere una somma* —, to receive a substantial amount (of money).

consistenza *s.f.* **1** consistency, firmness, solidity, thickness, substance: *la — di un impasto*, the consistency of a mixture **2** (*comm.*) (*di cassa*) cash on hand; (*banca*) till money; (*di magazzino*) stock on hand, inventory on hand **3** (*fig.*) (*fondatezza*) basis*, foundation: *i suoi sospetti presero* —, his suspicions became firmer; *le tue sono supposizioni senza* —, your suppositions are without foundation.

consistere *v.intr.* to consist: *la difficoltà consiste nell'impararlo a memoria*, the difficulty consists (*o* lies) in memorizing it; *il mio appartamento consiste di cinque stanze*, my flat consists (*o* is composed) of five rooms; *in che cosa consiste il problema?*, what is the problem?; *in che cosa consiste il tuo nuovo lavoro?*, what does your new job consist of?; *il tuo compito consiste nel controllare i biglietti*, your job is to check the tickets.

consistorio → **concistoro**.

consociare *v.tr.* **consociarsi** *v.rifl.* o *rifl.rec.* to consociate, to associate, to join in partnership.

consociata *s.f.* (*fin.*) subsidiary (company), subcompany.

consociativismo *s.m.* government by compromise.

consociativo *agg.* compromise (*attr.*): *politica consociativa*, politics of compromise.

consociato *agg.* associate(d), consociate ◆ *s.m.* associate, consociate; (*socio*) partner, member: (*azienda*) *consociata*, associated firm; *il numero dei consociati ammonta a 300*, the membership amounts to 300 (*o* there are 300 members).

consociazione *s.f.* **1** (*l'associarsi*) association, copartnership; (*associazione*) society, union, club: — *di ditte*, association of firms **2** (*agr.*) combination.

consociazionismo *s.m.* government by compromise.

consocio *s.m.* co-partner; joint partner: — *in affari*, business partner.

consolante *agg.* cheering, comforting, consoling: *notizia* —, cheering news; *è — sapere che ti sei ripreso*, it's really cheering (*o* comforting) to know that you've got better.

consolare[1] *v.tr.* **1** to console, to comfort, to give* comfort to (s.o.); (*form.*) to solace; (*alleviare*) to soothe: *consolò l'amico sventurato*, he consoled (*o* comforted) his unfortunate friend; — *un bimbo che piange*, to soothe a crying baby; *mi consolò nel mio dolore*, he comforted me in my sorrow **2** (*rallegrare*) to cheer (up); to gladden: *la buona notizia lo consolò*, the good news cheered him up **3** (*ristorare, ricreare*) to refresh: *c'è un'arietta che consola*, there is a refreshing breeze // *ha una faccia da imbecille che consola*, he has a stupid face which stands out a mile.

□ **consolarsi** *v.rifl.* **1** to take* comfort, to be comforted, to console oneself; (*form.*) to find* solace: *il bimbo si consolò con una caramella*, the child consoled himself with a sweet; *si consolarono della perdita*, they consoled themselves for the loss; *non sapeva — della morte della moglie*, he couldn't get over his wife's death **2** (*rallegrarsi*) to cheer up; to rejoice: *si consolò alla notizia*, he cheered up at the news; *si consolò alla vista della sua terra*, he rejoiced at the sight of his native land; *si consolò al pensiero di*, he consoled himself with the thought of (*o* he was consoled by the thought of).

consolare[2] *agg.* **1** (*st. romana*) consular: *strada* —, consular road **2** (*di console*) consular, consul's (*attr.*): *agente* —, consular agent; *certificato* —, consular certificate; *diritti consolari*, consular dues (*o* consulage); *fattura* —, consular invoice; *rapporto* —, consular report; *residenza* —, consul's residence; *visto* —, consul's visa.

consolato *s.m.* consulate.

consolatore *agg.* consoling, comforting ◆ *s.m.*, **consolatrice** *s.f.* consoler, comforter.

consolatorio *agg.* consolatory, consoling: *un biglietto* —, a consolatory note; (*lettera*) *consolatoria*, consolatory letter.

consolazione *s.f.* **1** consolation; comfort, solace: *cercare — negli amici*, to look to one's friends for comfort; *è una magra — sapere che anche tu sei stato licenziato*, it's cold comfort knowing that you've been sacked as well; *niente può darmi — per l'accaduto*, nothing can console me for what has happened; *l'affetto dei figli è la sua unica* —, her children's love is her only consolation // *un'amara* —, poor consolation // *premio di* —, consolation prize **2** (*gioia, piacere*) joy, delight: *è per noi una grande — il fatto che ritorni*, his return brings us great joy.

console[1] *s.m.* **1** (*st. romana*) consul: *il — Marcello*, Marcellus consul **2** (*diplomatico*) consul: — *generale*, consul general; *essere nominato* —, to be appointed consul.

console[2] *s.f.* (*fr.*) **1** (*tavolino*) console (table) **2** (*quadro di comando*) console: — *di visualizzazione*, display console; — *di stampa*, console printery.

consolida *s.f.* (*bot.*) (*Ajuga reptans*) bugle // — *maggiore*, (*Symphytum officinale*) comfrey, (*pop.*) lark-heel, larkspur.

consolidabile *agg.* that may be consolidated.

consolidamento *s.m.* **1** (*solidificazione*) consolidation; solidification **2** (*rafforzamento*) strengthening, reinforcement: *è necessario un — della sua posizione politica*, he must reinforce his political position **3** (*fin.*) consolidation, funding: — *del capitale*, consolidation of capital; — *del debito pubblico*, consolidation (*o* funding) of the national debt; — *di azioni*, consolidation of shares.

consolidare *v.tr.* to consolidate; (*rinforzare*) to strengthen, to reinforce: — *un rapporto di amicizia*, to strengthen a friendship; — *la propria fortuna*, to put one's fortune on a sound basis // (*econ.*) — *un debito*, to consolidate (*o* to fund) a debt; — *il mercato*, to steady the market // (*mil.*) — *una posizione*, to consolidate a position.

□ **consolidarsi** *v.rifl.* o *intr.pron.* **1** to consolidate; to solidify, to harden **2** (*fig.*) to become* established, to become* consolidated: *la sua fama si va consolidando*, he's establishing a reputation for himself **3** (*mil.*) to consolidate: *l'esercito si consolidò sulle posizioni occupate*, the army consolidated the positions it had occupied.

consolidato *agg.* **1** consolidated, firm, well-established: *la sua reputazione è ben consolidata*, his reputation is well-established **2** (*fin.*) consolidated: *fondo* —, consolidated fund; *bilancio* —, consolidated balance sheet; *non* —, (*di debito pubblico*) unfunded ◆ *s.m.* (*fin.*) funded debt, consolidated annuities (*pl.*), consols (*pl.*).

consolidazione *s.f.* → **consolidamento**.

consolista *s.m.* e *f.* console operator.

consolle → **console**[2].

consommé *s.m.* (*fr.*) (*cuc.*) consommé.

consonante *agg.* **1** (*mus.*) consonant **2** (*concorde*) consonant (with sthg.); agreeing (with sthg.); in accord (with sthg.): *azione — al suo carattere*, action consonant with his character ◆ *s.f.* (*ling.*) consonant.

consonantico *agg.* (*ling.*) consonantal, consonant (*attr.*): *gruppo* —, consonant cluster; *suono* —, consonantal sound.

consonantismo *s.m.* (*ling.*) consonantism.

consonantizzazione *s.f.* (*ling.*) consonantization.

consonanza *s.f.* **1** (*poesia, mus., fis.*) consonance **2** (*fig.*) (*accordo*) consonance, harmony; agreement: — *di sentimenti*, harmony of feeling.

consonare *v.intr.* (*rar.*) to be consonant, to be in harmony, to be in accordance.

consono *agg.* consonant (with sthg.); in keeping (with sthg.); in accordance (with sthg.); agreeing (with sthg.) (*pred.*): *il frac non è — a una festa tra amici*, a dinner jacket isn't in keeping (*o* doesn't go) with a party for friends; *non aveva una condotta consona alla sua posizione sociale*, his behaviour didn't go with his social position.

consorella *s.f.* **1** (*eccl.*) sister **2** (*comm.*) sister company ◆ *agg.* **1** (*della stessa stirpe*): *popolazioni consorelle*, related peoples **2** (*estens.*) sister: *ditta* —, sister company.

consorte *s.m.* consort; husband // *principe* —, prince consort ◆ *s.f.* consort; wife*, spouse.

consorteria *s.f.* **1** (*st.*) political association of aristocratic families **2** (*spreg.*) political clique, political faction.

consortile *agg.* cooperative, consortium (*attr.*); of an association (*pred.*).

consorziale *agg.* social, cooperative; consortium (*attr.*): *gestione* —, cooperative management.

consorziare *v.tr.* (*econ.*) to associate; (*fondi*) to pool.

□ **consorziarsi** *v.rifl.* (*econ.*) to pool.

consorziato *agg.* (*econ.*) associated, associate: *industrie consorziate*, associated industries; *banche consorziate*, associated banks.

consorzio *s.m.* consortium*; (*monopolistico*) cartel, trust; (*d'imprese*) pool, syndicate: — *di bonifica*, land-reclamation syndicate; — *del porto*, port authority; — *agrario*, farmers' cooperative; — *tra enti locali*, association of local authorities // (*banca*): — *bancario*, banking trust; — *di collocamento*, selling (*o* underwriting) syndicate; — *di collocamento*, (*di titoli di nuova emissione*) underwriter // (*econ.*): — *dei produttori*, producers' association; — *industriale*, syndicate; — *per investimenti*, investment trust; — *di risparmiatori*, thrift society // — *umano*, human society.

consostanziale e *deriv.* → **consustanziale** e *deriv.*

constare *v.intr.* (*essere composto*) to consist, to be composed, to be made up: *l'enciclopedia consta di dieci volumi*, the encyclop(a)edia consists (*o* is composed *o* is made up) of ten volumes ◆ *v.intr.impers.* (*risultare, essere noto*) to be within one's knowledge; to be proved; to appear: *a quanto mi consta*, as far as I know; *mi consta che lei sia arrivata tardi ieri*, it has come to my knowledge (*o* it appears) that she arrived late yesterday.

constatare *v.tr.* **1** (*accertare*) to ascertain, to verify, to establish; (*certificare*) to certify: — *i fatti*, to ascertain the facts; — *un decesso*, to certify a death; — *la verità di un fatto*, to establish the truth of a fact; *da quanto ho potuto* — *i tuoi calcoli sono sbagliati*, as far as I have been able to establish your calculations are wrong **2** (*notare, osservare*) to notice, to observe: *ho constatato che è cambiato qualcosa nel suo comportamento*, I've noticed that he's behaving differently.

constatazione *s.f.* **1** (*accertamento*) ascertainment, establishment: *l'assicurazione ha fatto una* — *molto accurata dei danni*, the insurance company made a very accurate estimate of the damages; *dopo aver fatto le debite constatazioni* (*dei fatti*) *decise di agire*, having ascertained the facts he decided to act **2** (*osservazione*) observation, comment, remark: *è una* — *non una critica*, it's an observation, not a criticism.

constellare → **costellare**.

constituire e *deriv.* → **costituire** e *deriv.*

construire → **costruire**.

consueto *agg.* **1** (*abituale*) usual, customary, habitual: *all'ora consueta*, at the usual time; *fare le cose consuete*, to do the usual things **2** (*non com.*) (*abituato*) accustomed, used ◆ *s.m.* habit; custom: *come di* —, as usual: *come di* — *giunse in ritardo*, as was his custom (*o* as usual) he came late; *ho dormito più del* —, I have slept more than usual.

consuetudinario *agg.* customary, habitual; traditional; consuetudinary: *è un uomo* —, he is a man of (fixed) habit; *diritto* —, customary (*o* unwritten law).

consuetudine *s.f.* **1** (*abitudine*) custom; habit; usage; (*tradizione*) custom, tradition: *agire secondo* —, to act out of habit; *come è nostra* —, as is our custom; *le consuetudini di un popolo*, the customs of a people // *consuetudini commerciali*, trade (*o* business) customs // *consuetudini monastiche*, monastic rules **2** (*familiarità*) familiarity, familiar terms: *ha* — *con la nostra casa*, he's almost (*o* like) a member of the family.

consulente *agg.* consulting (*attr.*); consultant (*attr.*): *ingegnere* —, consulting engineer ◆ *s.m.* e *f.* consultant, adviser, advisor, counsel, expert: — *finanziario*, financial advisor (*o* investment adviser); — *economico*, economic consultant; — *aziendale*, corporate adviser; — *di direzione e organizzazione*, management consultant; — *di relazioni pubbliche*, public relations consultant // (*trib.*) — *fiscale*, fiscal advisor (*o* tax consultant) // (*dir.*): — *legale*, legal adviser (*o* legal counsel); — *tecnico*, (*nel processo*) expert witness.

consulenza *s.f.* advice: *azienda di* —, consulting firm; — *economica*, economic consultation (*o* advice); — *tecnica*, technical advice; — *legale*, legal advice; *chiedere una* — *legale*, to seek legal advice; — *fiscale*, fiscal advice.

consulta *s.f.* **1** (*non com.*) (*consultazione*) consultation, conference: *convocare a* —, to hold talks **2** (*corpo consultivo*) council: — *municipale*, town council; — *di stato*, Council of State // *Consulta Araldica*, Heralds' College // (*dir. eccl.*) *Sacra Consulta*, 'Consulta' (judicial and administrative council of the Papal State).

consultare *v.tr.* **1** to consult: — *l'avvocato*, to consult one's lawyer; — *un medico*, to consult a doctor // — *la propria coscienza*, to examine one's conscience; — *l'oroscopo*, to consult one's horoscope; — *l'orologio*, to look at (*o* to consult) one's watch; — *il tempo*, to see what the weather is like **2** (*testo ecc.*) to consult, to look sthg. up (in): *dovrai* — *l'elenco telefonico*, you'll have to look it up in the phone book; *perché non consulti un dizionario?*, why don't you look it up in a dictionary (*o* why don't you consult a dictionary)?

□ **consultarsi** *v.intr.pron.* to consult, to ask s.o.'s advice, to confer: *mi consultai con mio fratello*, I asked my brother's advice; — *col proprio legale*, to consult one's lawyer (*o* to ask one's lawyer for a legal opinion) ◆ *v.rifl.rec.* to consult together, to confer: *i medici si consultarono prima dell'intervento*, the doctors conferred before the operation.

consultazione *s.f.* **1** consultation: *dopo una lunga* — *col suo avvocato decise di non intraprendere alcuna azione legale*, after lengthy consultations with his lawyer he decided not to take legal action // *sala di* —, reading room // *libro di* —, reference book // — *elettorale*, election; — *popolare*, referendum // — *mista*, joint consultation **2** *pl.* consultations, talks; (*nei registri pubblici*) searches: *le consultazioni del presidente della repubblica coi ministri*, the consultations of the president of the Republic with the ministers.

consultivo *agg.* consultative; advisory (*anche dir.*): *voto* —, consultative vote; *organo* —, advisory body; *parere* —, consultative advice; *comitato* —, advisory committee.

consulto *s.m.* (*med.*) consultation, (*estens.*) expert opinion: *tenere un* —, to have a consultation; *chiamare a* —, to call for a consultation; *chiedere un* —, to ask for a consultation.

consultore *s.m.* (*membro di consulta*) member of a council, councillor.

consultorio *agg.* (*non com.*) consultatory, consultory ◆ *s.m.* (*ufficio consulenze*) advisory bureau; (*di medico*) consulting room, surgery: — *familiare, civico*, family, citizen's advice bureau; — *matrimoniale*, marriage guidance council.

consumabile *agg.* consumable.

consumare[1] *v.tr.* **1** to consume; (*logorare*) to use up, to consume; (*vestiario*) to wear* out, to wear* down, to wear* away; (*corrodere*) to eat* away: — *le scarpe*, to wear out one's shoes; — *le provviste*, to exhaust the supplies; *il fuoco consumò ogni cosa*, the fire burnt up everything; *la ruggine aveva consumato il vecchio cancello*, the old gate had been eaten away by rust; — *le proprie energie*, to use up one's energy; *consumarsi gli occhi davanti al computer*, to wear one's eyes out at the computer **2** (*dissipare*) to waste, to go* through: — *il denaro*, to waste (*o* squander) one's money; *consumò tutto lo stipendio in una settimana*, he went through his wages in a week; *consumò tre anni in un'inutile ricerca*, he wasted three years in fruitless research **3** (*utilizzare*) to consume, to use: *la tua auto consuma molta benzina, consuma molto*, your car gets through (*o* burns) a lot of petrol; *caldaia che consuma molto carbone*, boiler that consumes a lot of coal; *lampada che consuma molto olio*, lamp that burns a great deal of oil; *il nostro paese consuma parecchia energia elettrica*, our country consumes a lot of electric power **4** (*mangiare*) to eat*; (*bere*) to drink*: *nella nostra famiglia consumiamo poca carne*, we don't eat much meat in our family; — *un pasto*, to eat (*o* to have) a meal; *si fermò nel bar senza* —, he stayed in the bar without drinking anything.

□ **consumarsi** *v.intr.pron.* to consume; to run* out; (*di combustibili*) to burn* out; (*di vestiario*) to wear* out: *la candela si è consumata completamente*, the candle has burnt out; *le mie scarpe si sono consumate*, my shoes have worn out; *le pile si sono consumate*, the batteries have run out ◆ *v.rifl.* (*struggersi*) to waste away (with sthg.); (*nel dolore*) to pine away (with sthg.); (*tormentarsi*) to worry oneself (about s.o., sthg.): — *dal dolore*, to pine away with grief; — *in lacrime*, to cry one's heart out.

consumare[2] *v.tr.* (*portare a compimento*) to commit, to carry out, to consumate: — *un delitto*, to commit a crime // — *il matrimonio*, to consumate a marriage.

consumato[1] *agg.* **1** (*logoro*) worn-out, used up: *scarpe consumate*, worn-out shoes; *questa camicia ha i polsi consumati*, the cuffs of this shirt are frayed **2** (*corroso*) eaten away: — *dalla ruggine*, eaten away by rust **3** (*fig.*) (*divorato*) consumed (with sthg.): *era* — *dalla gelosia, dall'odio*, he was consumed (*o* eaten up) with jealousy, with hatred.

consumato[2] *agg.* accomplished, consummate, perfect, skilled: *un ballerino* —, an accomplished (*o* skilled) dancer; *con abilità consumata*, with consummate skill // *delitto non* —, inchoate crime // *matrimonio celebrato e non* —, marriage celebrated and not consummate.

consumatore *s.m.* **1** (*comm.*) consumer; (*fruitore*) user: — *finale*, end-consumer (*o* ultimate consumer); *difesa del* —, consumer protection; *associazione per la tutela del* —, consumers' association; *cooperativa di produttori e consumatori*, producers' and consumers' cooperative; *società cooperativa fra i consumatori*, consumers' society **2** (*avventore*) customer ◆ *agg.* consuming; consumer (*attr.*): *paese — di petrolio*, oil-consuming country.

consumazione[1] *s.f.* **1** consumption **2** (*in un locale pubblico*) order; (*da bere*) drink; (*da mangiare*) snack: *tutte le consumazioni devono essere pagate alla cassa*, all orders must be paid for at the cash desk; *chi ha pagato la mia —?*, who paid for my drink?; *l'entrata è di 20.000 lire inclusa la* —, entry is 20,000 liras including a drink **3** (*eccl.*) consummation.

consumazione[2] *s.f.* committing, consummation, accomplishment: (*dir.*) *la — del reato*, the committing of the crime; *la — del matrimonio*, the consummation of a marriage // *la — dei secoli*, the end of time.

consumerismo *s.m.* **1** (*difesa dei consumatori*) consumer protection, consumerism **2** (*consumismo*) consumerism.

consumismo *s.m.* consumerism.

consumista *s.m.* e *f.* consumerist.

consumistico *agg.* consumer (*attr.*), consumeristic: *società consumistica*, consumer society.

consumo *s.m.* consumption; (*uso*) use; (*spreco*) waste; (*usura*) wear: *bisogna limitare il — di energia elettrica*, we must reduce power consumption (*o* the consumption of electricity); *automobile dalle elevate prestazioni e dai bassi consumi*, high performance car with low fuel consumption // *per proprio uso e* —, for one's private use // (*econ.*): — *interno*, domestic (*o* inland) consumption; *consumi nazionali*, home (*o* national) consumption; — *pro capite*, per capita consumption; *consumi delle famiglie*, personal consumption; — *finale, intermedio*, final, intermediate consumption; — *di capitale*, capital consumption; *pagare a* —, to pay according to the amount consumed; *generi, articoli di largo* —, convenience goods (*o* articles of wide consumption); *indice dei prezzi al* —, consumer-price index; *civiltà dei consumi*, consumer culture; *la società dei consumi*, the consumer society // (*dir.*) *imposta sui consumi*, excise duty (*o* consumption tax).

consuntivo *agg.* **1** (*econ., comm.*) final, rectified: *bilancio* —, final balance; *bilancio — rettificato*, rectified balance // *impiego — di un bene*, consumption of an article **2** (*rar.*) (*che consuma*) consumptive ◆ *s.m.* final balance, balance sheet, account; (*fig.*) survey: *fare il* —, to draw the balance (*o* to take stock).

consunto *agg.* consumed; (*logorato*) used up; worn-out: *un abito* —, a worn-out dress; *una persona consunta dalle preoccupazioni*, a care-worn person.

consunzione *s.f.* (*med.*) consumption: *morire di* —, to die of consumption.

consuocera *s.f.* son's mother-in-law, daughter's mother-in-law.

consuocero *s.m.* son's father-in-law, daughter's father-in-law.

consustanziale *agg.* (*teol.*) consubstantial: *il Figlio è — al Padre*, the Son is consubstantial with the Father.

consustanzialità *s.f.* (*teol.*) consubstantiality.

consustanziazione *s.f.* (*teol.*) consubstantiation.

conta *s.f.* (*nei giochi dei bambini*) count: *fare la* —, to decide who is going to be 'it'.

contaballe *s.m.* e *f.* (*fam.*) liar; (*volg.*) bullshitter.

contabile *agg.* (*comm.*) bookkeeping (*attr.*); accounting (*attr.*): *macchina* —, accounting machine; *scrittura, operazione* —, accounting record; *lettera* —, statement of account; *libri contabili*, account books; *sistema* —, bookkeeping system; *valore* —, book value; *revisore* —, auditor ◆ *s.m.* bookkeeper, accountant: *capo* —, chief accountant (*o* head accountant); *professione di* —, accountancy; — *libero professionista*, professional accountant; — *gestionale*, management accountant.

contabilità *s.f.* (*comm.*) bookkeeping, accounting, accountancy; (*ufficio*) accounts department: — *a fogli mobili*, slip bookkeeping; — *a partita doppia*, double-entry accounting; — *a partita semplice*, single-entry accounting; — *di magazzino*, stock accounting, (*amer.*) inventory accounting; — *di negozio*, retail accounting; — *direzionale*, management accounting; — *domestica*, household budget; — *generale finanziaria*, financial accounting; — *industriale*, cost accounting (*o* costing); — *industriale a costi diretti*, direct costing; — *meccanizzata*, mechanized (*o* machine) accounting; — *nazionale*, national accounts; — *pubblica*, public accountancy; *reparto* —, accounts department; — *di banca*, bank bookkeeping; — *di fabbrica*, factory bookkeeping; — *di imprese*, enterprise accounting; *tenere la* —, to keep the books (*o* the accounts); *chiudere i libri di* —, to balance the books; *ufficio — generale*, general accounting department; *ufficio — acquisti*, purchase accounts department.

contabilizzare *v.tr.* **1** (*registrare*) to book, to enter: — *una spesa*, to enter an item of expenditure **2** (*computare*) to reckon, to record: *operazione contabilizzata*, recorded transaction.

contabilizzazione *s.f.* (*registrazione*) booking, recording, accounting.

contachilometri *s.m.* (*aut.*) speedometer; mileometer, odometer.

contacopie *s.m.* sheet-counter.

contadiname *s.m.* (*spreg.*) peasantry; country folk; country people.

contadinanza *s.f.* (*rar.*) peasantry.

contadinata *s.f.* boorishness, piece of rudeness.

contadinesco *agg.* **1** rustic; peasant (*attr.*): *semplicità contadinesca*, rustic simplicity **2** (*spreg.*) boorish, rustic: *aveva modi contadineschi*, he was a boor.

contadino *agg.* rustic, rural; peasant (*attr.*): *una famiglia contadina*, a peasant family; *cultura contadina*, folk wisdom // *alla contadina*, after the manner of country folk ◆ *s.m.* **1** (*campagnolo*) countryman*, peasant: *una coppia di contadini*, a peasant couple // —, *scarpe grosse cervello fino*, (*prov.*) country folk may have big boots but they've got sharp wits **2** (*agricoltore*) farmer: *fare il* —, to be a farmer.

contado *s.m.* countryside (round a city), rural area (round a city): *il — milanese*, the countryside round Milan; *abitanti del* —, country people.

contafiletti *s.m.* (*mecc.*) thread gauge.

contafili *s.m.* (*tess.*) counting glass, line tester, thread counter.

contafotogrammi *s.m.* (*cinem.*) frame counter.

contagiare *v.tr.* **1** to infect, to contaminate: — *qlcu.*, to infect (*o* to contaminate) s.o. **2** (*fig.*) to corrupt; to infect; to influence: *il suo ottimismo contagiò tutti*, his optimism was infectious; *il suo animo è stato contagiato dalla bramosia di potere*, he was corrupted by lust for power.

□ **contagiarsi** *v.intr.pron.* **1** to get* infected; to be infected, to be contaminated (by sthg.); to catch* (sthg.): *c'è il rischio di* —, there's the risk of getting infected (*o* infecting yourself) **2** (*fig.*) to be influenced; to be contagious.

contagio *s.m.* **1** contagion, infection: — *diretto, indiretto*, immediate, mediate contagion; *diffondere il* —, to spread contagion (*o* infection) **2** (*fig.*) contagion; contaminating effect.

contagiosamente *avv.* contagiously, infectiously.

contagiosità *s.f.* contagiousness, infectiousness (*anche fig.*).

contagioso *agg.* contagious, infective, infectious (*anche fig.*); (*fam.*) catching: *malattia contagiosa*, infectious disease; *il raffreddore è* —, colds are catching; *risata contagiosa*, infectious (*o* contagious) laughter; *sbadiglio* —, contagious yawn.

contagiri *s.m.* revolution counter.

contagocce *s.m.* dropper; (*per medicina*) medicine dropper: *bottiglietta* —, dropping bottle // *fare qlco. col* —, to do sthg. a bit at a time (*o* little by little) // *dare qlco. col* —, to give sthg. a bit at a time (*o* little by little).

container *s.m.* container.

containerizzazione *s.f.* containerisation.

contametri *s.m.* (*cinem.*) exposed film meter.

contaminare *v.tr.* **1** to contaminate, to pollute, to infect, to taint, to foul: *il fiume è stato contaminato dai rifiuti industriali*, the river has been contaminated by industrial waste **2** (*fig.*) to contaminate, to corrupt, to defile **3** (*un testo letterario*) to corrupt, to contaminate.

contaminato *agg.* contaminated, polluted; fouled, defiled; (*spec. di cibi*) tainted; (*corrotto*) corrupted; (*chim.*) impure: *area contaminata*, contaminated area; — *dal vizio*, contaminated by vice.

contaminazione *s.f.* **1** contamination, pollution, infection: — *radioattiva*, radioactive contamination; *l'atmosfera subisce continue contaminazioni*, the atmosphere is continually being polluted **2** (*fig.*) contamination, corruption: — *dell'anima*, corruption of the soul **3** (*di un testo letterario*) corruption, contamination **4** (*ling.*) interference.

contaminuti *s.m.* timer.

contante *agg.* (*comm.*) ready (*attr.*), cash: *denaro* —, cash (*o* ready money) ◆ *s.m.* cash, ready money: *per* —, (*non a rate*) cash down; — *a disposizione*, cash in (*o* on) hand; *acquisto per* —, cash purchase; *pagamento per* —, *per contanti*, cash (*o* prompt) payment; *paga-*

mento in — alla consegna, cash on delivery; *pagare in —*, to pay cash (*o* ready money *o* cash down *o* money down *o* promptly *o amer.* in coin); *prezzo per —*, cash price.

contare *v.tr.* **1** to count; (*antiq.*) to reckon: — *le teste*, to count heads; — *gli invitati*, to count the guests; *non sa ancora —*, she can't count yet; — *sulle dita*, to count on one's fingers; (*fig.*) to count on the fingers of one hand; *gli onesti che conosco si contano sulle dita*, the honest people I know can be counted on the fingers of one hand; *conta fino a dieci prima di rispondere*, count up to ten before you answer; *conto le ore che mi restano prima di andare a casa*, I'm counting the hours until I can go home (*o* I can't wait to go home); *scusa, non ti ho contato*, sorry, I didn't count you (*o* I left you out); *saremo in sette senza — Mark*, there'll be seven of us, not counting Mark; *è molto antipatica, senza — le risposte che dà*, she's most unpleasant, not to mention the answers she gives // *Che disastro! Non si contano gli errori d'ortografia!*, What a mess! There are countless spelling mistakes! // (*sport*) — *un pugile*, to count a boxer out **2** (*annoverare*) to have: *non conto molte conoscenze qui a Roma*, I don't have many acquaintances here in Rome; *conta molti anni d'esperienza in campo editoriale*, he's had many years of experience in publishing houses // *conta quindici anni di servizio in questa ditta*, he's been (in service) with this firm for fifteen years // *conta cinquant'anni ormai*, she's turned fifty **3** (*lesinare*) to dole out: *è un gran tirchio, conta anche i soldi del tram a suo figlio*, he's a real miser, even the bus-fare money to his son is doled out **4** (*fam.*) (*raccontare*) to tell*: — *balle, frottole*, to tell stories, lies; *No?! Ma cosa mi conti?!*, Really?!, What's that you're telling me?!; *contala a chi vuoi, ma non al sottoscritto*, you can tell that to anybody else, but not to me // *me ne hanno contate delle belle sul suo conto*, I've heard some juicy gossip about him **5** (*sperare*) to expect; to reckon; to trust: *contavo che mi avrebbe scritto*, I expected him to write to me (*o* I reckoned he'd write to me); *conto di sentirti presto*, I expect (*o* I trust) to hear from you soon; *conto di partire domani*, I reckon I'll be leaving tomorrow; *cosa conti di fare?*, what do you reckon you'll do (*o* plan to do)? ◆ *v.intr.* **1** (*valere*) to mean*; to count; to matter: *anche poche lire contano*, even a few lire count (*o* every single penny counts *o* matters); *il successo conta molto per lui*, success means a lot to him; *ciò che conta non è vincere*, what counts (*o* matters) is not (the) winning; *questi contributi conteranno per la vostra pensione*, these contributions will count towards your pension // *e, ciò che più conta, ...*, and, what's more... // *le parole contano meno dei fatti*, actions speak louder than words // *conta più la pratica che la grammatica*, (*prov.*) knowledge without practice makes but half an artist **2** (*fare assegnamento*) to count; to depend; to rely; to reckon: *non possono — su uno stipendio fisso*, they can't count on a regular salary; *non si può — su di lui*, you can't depend (*o* count) on him; *contavamo sul suo aiuto*, we were relying upon his help (*o* him helping us).

contarighe *s.m.* line counter.

contascatti *s.m.* (telephone) meter.

contasecondi *s.m.* stopwatch.

contata *s.f.* rapid count.

contato *agg.* numbered, counted; (*limitato*) limited // *avere il denaro —*, (*avere poco denaro*) to have very little money to spare; (*avere l'ammontare esatto*) to have the right amount: *arriva sempre a fine mese col denaro —*, he always gets to the end of the month with very little money to spare (*o* counting every single penny); *preparare il denaro —*, have the exact money ready // *avere i minuti contati*, (*avere fretta*) not to have a minute to spare; *i medici ritengono che abbia ormai le ore contate*, the doctors say she could die at any moment; *i giornali riferiscono che il governo ha i giorni contati*, newspapers report that the Government's days are numbered (*o* that the Government will fall in the next few days).

contatore *s.m.* meter; counter: — *a moneta*, slot meter; — *del gas*, gas meter; — *dell'acqua*, water meter; — *della luce, dell'energia elettrica*, electricity meter; — *di collaudo*, test meter; — *di controllo*, standard testing meter; — *di giri*, revolution counter; — *di impulsi*, pulse counter; — *di particelle*, radiation counter; — *registratore*, recording meter; — *telefonico*, call(-counting) meter.

contatorista *s.m.* meterman*.

contattare *v.tr.* to contact; to get* in touch with (s.o.): *cercherò di contattarlo al più presto*, I'll try to get in touch with him as soon as possible.

contatto *s.m.* **1** contact, touch, connection (*anche fig.*): *mettere i mobili a — con le pareti*, to put the furniture against the walls; *evitare il — con gli occhi, la pelle*, avoid contact with the eyes, the skin; *è una sostanza che evapora a — con l'aria*, it's a substance that evaporates on contact with the air; *essere in — con qlcu.*, to be in touch (*o* contact) with s.o.; *mettere in —*, to bring into contact; *mettersi in — con qlcu.*, to get in touch with s.o. (*o* to contact s.o.); *perdere il —*, *tenersi in — con qlcu.*, to lose, to keep in touch (*o* contact) with s.o.; *venire a — con qlcu.*, to come into contact with s.o.; *mettersi in — telefonico con qlcu.*, to telephone s.o.; *mettersi in — radio con qlcu.*, to radio s.o.; *avere contatti con persone molto influenti*, to have contacts with highly influential people // *presa di —*, contact // (*geol.*) *metamorfismo di —*, contact metamorphism **2** (*elettr.*) contact: — *a terra*, contact to earth; — *ausiliario*, auxiliary contact; — *girevole*, revolving contact; — *instabile*, unsteady contact; — *scorrevole*, sliding contact; (*di reostato*) wiper (*o* shoe); *anello di —*, (*di motore a induzione*) slip ring; *bottone di —*, contact button; *filo di —*, contact wire; *puntine di —*, contact points; *spina di —*, contact plug; *vite di —*, contact screw; *stabilire il —*, to make contact (*o* to switch on); *togliere il —*, to break contact (*o* to switch off).

contattologo *s.m.* specialist in contact lenses.

contattore *s.m.* (*elettr.*) contactor.

conte *s.m.* Count; (*in Gran Bretagna*) Earl // *Conte Palatino*, Earl (*o* Count) Palatine.

contea *s.f.* **1** (*titolo, dominio di conte*) earldom **2** (*divisione territoriale*) county; (*nei composti*) shire: — *di York*, Yorkshire; *la — di Sussex*, the county of Sussex; *tribunale di —*, county court.

conteggiare *v.tr.* **1** to count, to compute, to reckon; to calculate; to include (sthg.) in an account: — *gli straordinari*, to calculate overtime **2** (*far pagare*) to charge: — *in più*, to charge extra.

conteggio *s.m.* **1** count, counting, computation, calculation: *questo è il — delle spese*, this is the account of the expenses; *fare un —*, to make a computation; — *degli interessi*, calculation of interest // — *alla rovescia*, countdown **2** (*boxe*) count.

contegno *s.m.* **1** (*condotta*) behaviour; bearing, demeanour, attitude: *tenere un buon —*, to behave well; *aveva un — scostante nei nostri confronti*, his behaviour towards us was rather unfriendly; *il suo — è irreprensibile*, his behaviour is irreproachable **2** (*attitudine dignitosa*) dignity, reserve; (*attitudine contenuta, riservata*) self-control: *darsi un —*, to strike an attitude (*o* to assume a nonchalant air).

contegnosamente *avv.* **1** staidly, sedately, composedly **2** (*con attitudine altera*) stiffly.

contegnoso *agg.* **1** dignified, staid, sedate, composed; (*riservato*) reserved, demure: *il suo comportamento — ci colpì*, his dignified bearing impressed us **2** (*altero*) stiff, aloof: *un atteggiamento —*, a stiff attitude.

contemperamento *s.m.* **1** (*adattamento*) adaptation; (*accordo*) reconciliation: — *di esigenze opposte*, reconciliation of opposing requirements **2** (*moderazione*) tempering, mitigation, moderation.

contemperare *v.tr.* **1** (*adattare*) to adapt; (*accordare*) to reconcile: — *esigenze diverse*, to reconcile opposing requirements **2** (*moderare*) to temper, to mitigate, to moderate: — *la severità con la dolcezza*, to temper severity with kindness.

contemplante *agg.* contemplative.

contemplare *v.tr.* **1** to behold*; to admire; to gaze at, on (s.o., sthg.); to contemplate: *la contemplò a lungo*, he gazed at (*o* on) her for a long time; *si fermò a — le montagne*, he stopped to admire (*o* to gaze at) the mountains; — *un'opera d'arte*, to admire a work of art **2** (*concentrarsi*) to contemplate, to meditate on: — *i misteri della fede*, to meditate on the mysteries (of the faith) **3** (*prevedere*) to provide for (sthg.), to envisage: *il regolamento non contempla questa possibilità*, the regulations don't provide for this eventuality // (*dir.*): *contemplato nel testamento*, testate; *la legge non contempla questo caso*, the law does not consider this case.

contemplativo *agg.* contemplative: *vita contemplativa*, contemplative life ◆ *s.m.* contemplative.

contemplatore *s.m.* contemplator ◆ *agg.* contemplative.

contemplazione *s.f.* contemplation: *trarre ispirazione dalla — della natura*, to draw inspiration from the contemplation of nature; *darsi alla —*, to lead a contemplative life.

contempo *solo nella locuz.*: *nel —*, at the same time, meanwhile, in the meantime.

contemporaneamente *avv.* at the same time, simultaneously, contemporaneously: *arrivarono al traguardo —*, they arrived at the finishing line at the same time.

contemporaneità *s.f.* contemporaneity, contemporaneousness, contemporariness, simultaneousness, simultaneous nature: *la — di due eventi*, the simultaneous nature of two events; — *di pensiero e azione*, contemporaneity of thought and action.

contemporaneo *agg.* **1** contemporary; contemporaneous: *avvenimenti contemporanei*, contemporaneous events **2** (*dei giorni nostri*) present-day (*attr.*); contemporary: *uno scrittore —*, a contemporary writer; *letteratura, storia contemporanea*, contemporary literature, history ◆ *s.m.* contemporary: *Goldoni fu un — del Gozzi*, Goldoni was a contemporary of Gozzi // *i contemporanei*, the contemporaries.

contendente *agg.* contending, opposing; rival; (*dir.*) litigant: *le parti contendenti*, the opposing parties (*o dir.* the involved parties) ◆ *s.m.* adversary, rival, opponent, antagonist, competitor: *i contendenti scendono in campo*, the competitors enter the field; *i due contendenti combattevano con coraggio*, the two adversaries fought bravely.

contendere *v.tr.* to contend for (sthg.); to contest; to refuse, to deny: *nessuno gli contende i suoi diritti*, no one would deny him his rights; *le nostre truppe contendevano la collina al nemico*, our troops contested the hill with the enemy ◆ *v.intr.* to contest, to quarrel, to struggle, to contend: *contendevano per motivi di interesse*, they quarrelled with each other because their personal interests clashed; *— con qlcu. per la vittoria*, to struggle for victory over s.o.; (*dir.*) *materia del —*, matter of issue.
□ **contendersi** *v.rifl.rec.* to contend for (sthg.), to compete for (sthg.): *si contendevano il posto*, they competed for the post.

contenente *agg.* containing (*pred.*); (*geol.*) bearing: *una valigia — indumenti*, a bag containing clothes; *— oro*, gold-bearing ◆ *s.m.* container; holder: *il — e il contenuto*, the container and its contents.

contenere *v.tr.* **1** to contain, to hold*; to include, to comprise: *la valigetta contiene documenti*, the briefcase contains documents; *l'acqua del mare contiene molti sali in soluzione*, sea water holds many salts in solution; *questi libri contengono molte verità*, these books contain many truths; *questa bevanda contiene un'alta percentuale di alcol*, this drink contains a high percentage of alcohol; *la valle contiene due piccole cittadine*, the valley contains two small towns; *il cinema può — 150 spettatori*, the cinema can hold 150 spectators **2** (*frenare*) to contain, to control; (*reprimere*) to restrain, to repress, to keep* in; (*limitare*) to limit, to curb: *— il proprio entusiasmo*, to contain (*o* to control) one's enthusiasm; *— i propri sentimenti*, to repress one's feelings (*o* to keep back one's feelings); *— le spese*, to control expenditures; *— le tariffe*, to control rates (*o* to set low rates); *— l'inflazione*, to curb inflation; *— il disavanzo della bilancia dei pagamenti*, to curb (*o* to check) the balance of payments deficit.
□ **contenersi** *v.intr.pron.* (*non com.*) (*comportarsi*) to behave, to act: *non sapere come —*, not to know how to behave (*o* not to know what to do) ◆ *v.rifl.* (*dominarsi*) to contain oneself, to control oneself, to restrain oneself: *non potevano — dalla gioia*, they could not contain themselves for joy; *non potevano — dal ridere*, they could not help laughing.

contenimento *s.m.* **1** reduction, containment, control, restraint: *— delle spese*, expense reduction; *il — delle tariffe*, the control of rates; *il — del disavanzo della bilancia dei pagamenti*, the reduction of the balance of payments deficit // *politica di —*, policy of containment **2** (*fis. nucleare*) containment.

contenitore *s.m.* **1** container: *— da trasporto*, transport case; (*chim.*) *— a pressione per acidi*, blowcase; (*aer.*) *— sganciabile*, pod; (*inform.*) *— di ricevimento*, card bin **2** (*tv*) magazine programme.

contentabile *agg.* satisfiable, easy to please: *facilmente —*, easily satisfied (*o* pleased).

contentamento *s.m.* (*non com.*) content, contentment.

contentare *v.tr.* to satisfy, to please, to content; to meet*; to gratify: *cerco di contentarvi*, I am trying to keep you satisfied; *— i desideri di qlcu.*, to gratify (*o* to meet) s.o.'s wishes.
□ **contentarsi** *v.intr.pron.* **1** to be content (with s.o., sthg.), to be pleased (with s.o., sthg.); to content oneself (with s.o., sthg.): *io mi contento di poco*, I am content with little; *non si contenta di promesse*, he's not satisfied with promises; *— di fare qlco.*, to content oneself with doing sthg. // *chi si contenta gode*, (*prov.*) a contented mind is a perpetual feast **2** (*non com.*) (*accondiscendere*) to condescend, to deign.

contentatura *s.f.* (*non com.*) contentment: *di difficile —*, hard to please; *uomo di facile —*, easily satisfied man.

contentezza *s.f.* (*contentezza*) content, contentment; pleasure; satisfaction; (*gioia*) joy, happiness: *con nostra grande —*, to our great satisfaction; *non stare nella pelle dalla —*, to be beside oneself with joy; *saltare dalla —*, to jump for joy.

contentino *s.m.* sweetener, sop: *aggiungere qlco. per —*, to add sthg. as a sweetener; *dare un — a qlcu.*, to throw s.o. a sop (*o* to give s.o. a sweetener); *ha ricevuto qlco. per —, ma ciò non servirà a placare la sua ira*, he got sthg. as a sweetener, but it won't calm his anger.

contentivo *agg.* (*med.*) retentive ◆ *s.m.* (*med.*) retentive bandaging.

contento[1] *agg.* (*pago*) content (with sthg.), satisfied (with sthg.); (*lieto*) pleased (with sthg.); glad; happy: *un sorriso —*, a happy (*o* contented) smile; *fu — del risultato*, he was satisfied (*o* pleased) with the result; *fummo contenti di vederli*, we were glad (*o* pleased) to see them; *sono — di voi*, I am pleased with you; *non è mai — di nulla*, he's never happy with anything; *l'ha detto tanto per farti —*, he said so just to make you happy; *ora che sei riuscito a rompere la loro amicizia, sei —?*, are you happy now that you've broken up their friendship? // *chiamarsi —*, to be satisfied // *è un cuor —*, he's a happy soul; *cuor — ciel l'aiuta*, heaven helps the happy // *— come una pasqua*, as pleased as Punch.

contento[2] *s.m.* (*letter.*) (*contentezza*) content, contentment, contentedness; satisfaction, pleasure.

contenutezza *s.f.* (*letter.*) self-restraint, sobriety.

contenutismo *s.m.* emphasis on content (rather than form).

contenutista *s.m.* e *f.* artist, critic who emphasizes content (rather than form).

contenutistico *agg.* pertaining to content, emphasizing content (rather than form).

contenuto *agg.* contained ◆ *s.m.* **1** (*ciò che è contenuto*) contents (*pl.*): *ignoravo il — del pacchetto*, I didn't know what was in (*o* the contents of) the parcel **2** (*argomento*) content; contents (*pl.*); subject: *forma e —*, form and content; *il — di un'opera d'arte*, the content of a work of art; *il — di un concetto*, the contents of a concept // (*fin.*) *— patrimoniale di una società*, asset value // *— effettivo*, (*di un contenitore per liquidi non pieno*) ullage.

contenzione *s.f.* (*med.*) constriction.

contenziosità *s.f.* contentiousness.

contenzioso *agg.* (*dir.*) contentious: *azione non contenziosa*, friendly suit ◆ *s.m.* **1** (*ufficio nelle aziende*) legal department, legal office **2** (*dir.*) (*complesso delle cause*) (the) cases (*pl.*): *— tributario*, fiscal (*o* tax) cases; *— amministrativo*, administrative cases.

conterie *s.f.pl.* glass beads.

contermine *agg.* (*non com.*) conterminous, bordering, adjacent; (*di proprietario*) neighbouring: *terreni contermini*, bordering properties.

conterranea *s.f.* (fellow-)countrywoman*.

conterraneo *agg.* of the same country (*pred.*) ◆ *s.m.* (fellow-)countryman*.

contesa *s.f.* **1** contest, strife, struggle, contention: *— verbale*, verbal altercation **2** (*litigio*) quarrel: *venire a —*, to clash **3** (*gara*) contest, competition.

conteso *agg.* contested, hard fought; (*ambito*) sought-after: *è un lavoro — da molti*, it's a very sought-after job.

contessa *s.f.* countess.

contessere *v.tr.* (*letter.*) **1** to interweave* **2** (*comporre con arte*) to weave*, to compose.

contessina *s.f.* count's daughter.

contestabile *agg.* questionable, disputable, debatable: *argomentazione —*, questionable reasoning.

contestare *v.tr.* **1** (*negare*) to deny; to contest: *l'imputato contestò l'accusa*, the accused denied the charge; *— un addebito*, to contest a debit; *— un contratto*, to contest a contract; *— un diritto*, to contest a claim; *— a qlcu. il diritto di fare qlco.*, to challenge (*o* to contest) s.o.'s right to do sthg. **2** (*dir.*) (*notificare*) to notify: *— una contravvenzione a qlcu.*, to fine s.o. (*o amer.* to give s.o. a ticket); *il pubblico ministero contestò all'imputato il reato di furto*, the prosecutor charged the defendant with theft **3** (*opporsi a*) to contest, to question; to challenge; to dispute: *gli studenti contestavano le decisioni prese dal preside*, the students challenged the decision taken by the headmaster.

contestatario, **contestativo** *agg.* protesting, dissenting, protest (*attr.*): *movimento —*, protest movement.

contestatore *agg.* protesting, dissenting, protest (*attr.*): *il movimento — era composto da studenti e operai*, the protest movement was made up of students and workers ◆ *s.m.*, **contestatrice** *s.f.* protester, dissenter, demonstrator, opponent: *un gruppo di contestatori portava striscioni e cartelli*, a group of protesters were carrying banners and placards.

contestazione *s.f.* **1** dispute, contention; objection, controversy: *fuori —*, beyond dispute (*o* out of the question); *in —*, in dispute (*o* question); *in caso di —*, in case of contention (*o* dispute); *oggetto di —*, object of controversy (*o* controversial point); *appianare una —*, to settle a dispute; *sollevare contestazioni*, to raise objections **2** (*dir.*) (*notifica*) notification: *— dell'accusa*, (*da parte del pubblico ministero*) notification of the indictment **3** (*protesta*) protest, dissent: *gli anni '60 furono quelli* *della — studentesca*, the 60's were the years of student protest; *la — era rivolta a ogni struttura della società*, the protest was aimed at all the social structures.

conteste, contestimone *s.m.* e *f.* (*dir.*) co-witness, fellow-witness.

contesto[1] *s.m.* **1** context: *il — di un discorso*, the context (of a discourse); *isolare una frase dal — del discorso*, to isolate a sentence from its context; *la sua affermazione fuori dal — avrebbe potuto sembrare ingiusta*, his statement taken out of context might have sounded unjust **2** (*estens.*) context, background; environment: — *sociale*, *culturale*, *politico*, social, cultural, political context (*o* background).

contesto[2] *agg.* (*letter.*) woven; entwined; interlaced.

contestuale *agg.* contextual: *esame —*, contextual examination; *firma, atto —*, contextual signature, act.

contestualità *s.f.* contextuality; (*concomitanza*) concomitance: *la — di due fenomeni in apparenza diversi*, the correlation of two apparently different phenomena.

contestualizzare *v.tr.* (*letter.*) to contextualize: — *un riferimento*, to contextualize a reference.

contestura *s.f.* **1** (*non com.*) (*tessitura*) contexture **2** (*fig. letter.*) (*composizione*) texture, contexture.

contiguità *s.f.* contiguity (*anche dir.*); contiguousness, vicinity.

contiguo *agg.* contiguous; adjoining; neighbouring: *la casa contigua*, the house next door; *stanze contigue*, adjoining rooms; *il mio giardino è — a quello di mio fratello*, my garden borders on my brother's // (*mat.*) *angoli contigui*, contiguous angles // (*chim.*) *legami contigui*, contiguous bonds.

continentale *agg.* continental // (*geogr.*): *piattaforma —*, continental shelf; *scarpata —*, continental slope; *spartiacque —*, continental divide // (*geol.*): *ponte —*, land bridge; *ghiacciaio —*, ice sheet.

continentalità *s.f.* continentality: *la — del clima*, the continentality of the climate.

continente[1] *s.m.* continent; (*terraferma*) mainland // *Continente Nero*, the Black Continent; *il Nuovo Continente*, the New World.

continente[2] *agg.* continent; temperate, moderate: *essere — nel bere*, to drink in moderation.

continenza *s.f.* continence; temperance, moderation.

contingentamento *s.m.* (*econ.*) quota restrictions (*pl.*), curtailment; (*limite alle importazioni ed esportazioni*) import, export quota; (*razionamento*) rationing: — *della benzina*, rationing of petrol.

contingentare *v.tr.* to fix quotas (for sthg.), to establish quotas (for sthg.), to ration, to curtail.

contingentato *agg.* rationed: *generi contingentati*, rationed goods.

contingente[1] *agg.* **1** (*fil.*) contingent **2** (*estens.*) contingent, incidental: *circostanze contingenti*, fortuitous circumstances ◆ *s.m.* (*fil.*) contingency; circumstance, occasion.

contingente[2] *s.m.* **1** (*mil.*) contingent: *il — dell'anno*, the annual contingent **2** (*econ.*) quota; share: — *in denaro*, share in cash; *contingenti tariffari*, tariff quotas; — *di produzione*, production quota; — *di imposta*, tax quota; — *doganale*, customs quota; — *di importazione*, import quota.

contingentismo *s.m.* (*fil.*) philosophy of contingency.

contingenza *s.f.* **1** (*fil.*) contingency **2** (*circostanza*) circumstance, occasion, event: *in questa —*, in (*o* under) this circumstance (*o* on this occasion) **3** (*econ.*) (*indennità di*) —, cost of living bonus (*o* allowance); *conglobamento della —*, incorporation of the cost of living allowance; *variazione nella —*, cost of living adjustment; *la — scatterà di alcuni punti il prossimo mese*, the cost of living allowance will go up by some points next month.

continuabile *agg.* (*non com.*) continuable.

continuamente *avv.* (*ininterrottamente*) continuously; uninterruptedly, non-stop; (*molto frequentemente*) continually, repeatedly, frequently; (*costantemente*) constantly: *mi telefona —*, he keeps on phoning me; *passavano — persone*, people were passing by continually; *stai zitto e non mi interrompere —*, shut up and stop interrupting me all the time.

continuamento *s.m.* → **continuazione**.

continuare *v.tr.* **1** to continue, to keep* on (with sthg.), to go* on (with sthg.), to carry on (sthg.): *continuai i miei studi*, I continued (*o* kept on with *o* went on with) my studies; *continuò la tradizione di famiglia*, he carried on (*o* kept up) the family tradition **2** (*riprendere dopo interruzione*) to take* up again; to resume: *riattaccò il telefono e continuò la lettura*, he put the phone down and resumed his reading; — *l'opera di qlcu.*, to take up s.o.'s work ◆ *v.intr.* **1** to continue, to go* on, to keep* on; (*proseguire*) to proceed, to go* on: *il film ha continuato senza interruzioni*, the film proceeded without interruption; *continuarono a vivere in campagna*, they continued living (*o* to live) in the country; *ha continuato a scrivere*, he went on (*o* kept on) writing; *pensi che questo tempo continuerà?*, do you think this weather will continue?; *la sua sfortuna continua*, his ill-luck continues; *lo spettacolo deve —*, the show must go on // *Basta! Così non si può più —*, That's enough, we can't go on like this any more! // *continua*, (*in una pubblicazione, alla fine di una puntata*) to be continued **2** (*prolungarsi*) to continue, to stretch away, to proceed: *la strada continua fino al mare*, the street goes (down) to the sea.

continuativo *agg.* continuative; permanent: *incarico di lavoro —*, permanent appointment.

continuato *agg.* continuous, continual, unceasing; uninterrupted; unbroken // *orario —*, all-day opening.

continuatore *s.m.* **continuatrice** *s.f.* continuer, continuator, follower.

continuazione *s.f.* continuation, continuance; carrying on: *la — della guerra*, the continuation (*o* continuance) of the war; *la — di un lavoro*, the carrying on of a work; *la — del racconto è a pagina 150*, turn to page 150 for the continuation of this story; *la — di un romanzo*, the sequel to a novel // *in —*, over and over again (*o* continually): *mi interrompeva in —*, he kept on interrupting me; *ripetere in — la stessa cosa*, to repeat the same thing over and over again // (*dir.*) — *del reato*, continuance of the crime.

continuità *s.f.* continuity (*anche mat.*): *garantire la — di una politica*, to guarantee the continuity of a policy // *soluzione di —*, interruption.

continuo *agg.* **1** (*ininterrotto*) continuous, non-stop, uninterrupted, unbroken; (*molto frequente*) continual, very frequent; (*persistente*) constant, incessant, unceasing, unfailing: *linea continua*, unbroken line; *un — succedersi di visite*, a continuous (*o* endless) succession of visits; *lamentele continue*, continual (*o* constant) complaints; *produzione continua*, non-stop production; *una continua applicazione negli studi*, unfailing diligence in one's studies // *di —*, continually (*o* very often): *si verificano di — episodi di violenza negli stadi*, there are repeated episodes of violence in stadiums **2** (*mat.*, *fis.*) continuous: (*mat.*) *funzione continua*, continuous function; (*fis.*) *spettro —*, continuous spectrum; (*fis.*) *onda continua*, continuous wave; (*elettr.*) *corrente continua*, direct current ◆ *s.m.* continuum*: (*log.*) *ipotesi del —*, continuum hypothesis // (*fis.*): — *quadridimensionale*, four-dimensional continuum; — *spazio-tempo*, space-time continuum.

contitolare *s.m.* e *f.* co-owner, joint owner: — *di una ditta*, copartner of a firm.

contitolarità *s.f.* co-ownership, joint ownership.

conto *s.m.* **1** (*calcolo*) calculation, reckoning: *i conti sono sbagliati*, the calculations are wrong; *essere bravo nei conti*, to be good at figures **2** (*amm.*) account; (*di mastro*) ledger account: — *di esercizio*, working account; — *di gestione*, management account; — *aperto*, open account; (*presso negozio*) credit account (*o amer.* charge account); — *spese*, expense account; — *retribuzioni*, pay account; — *vendite*, sales account; — *delle entrate e delle spese*, profit and loss account; — *di scoperto*, short account; — *terzi*, third parties; — *movimenti cassa*, receipts and payments account; *i conti sono in ordine*, the accounts are straight; *i conti non tornano*, the accounts don't balance; *saldare i conti*, to settle accounts // *in — deposito*, on consignment; — *di ammortamento*, sinking fund account // — *perequazione imposte*, tax equalization account // *revisione dei conti*, audit of accounts (*o* account auditing); *revisore dei conti*, auditor; *Corte dei Conti*, Audit Office (*o* State Auditors' Department) // (*econ.*): — *titoli*, securities account; — *capitale*, capital (*o* stock) account; — *profitti e perdite*, profit and loss account (*o* earnings report *o* statement of profit and loss *o* income statement *o amer.* statement of loss); — *di bilancio*, balance sheet account; — *societario*, corporate account // (*banca*): — *del dare*, charge account; — *effetti all'incasso*, notes receivable account; — *effetti passivi*, bills payable; — *effetti attivi*, bills receivable; — *clienti*, — *creditori*, account receivable; — *debitori*, debtor account (*o* account payable); — *creditori e debitori diversi*, sundries account **3** (*in banca*) account: — *bancario*, bank account; — *corrente*, current (*o* cheque) account, (*amer.*) drawing (*o* checking) account; — *congiunto*, joint account; — *bloccato*, blocked account; — *cifrato*, numbered account; — *scoperto*, overdrawn account; — *vincolato*, deposit account (*o* time deposit); — *estero*, external account; — *valutario*, foreign currency account; — *a tasso fisso*, flat-rate account; — *corrente fruttifero*, interest-bearing account; *estratto —*, statement of account; *intestatario di — corrente*, holder of an account (*o* account holder); *intestazione di un — corrente*, account heading; *chiudere un — (presso una banca)*, to close an account; *ha aperto un — presso la Lloyd's Bank*, he opened an account with Lloyd's Bank; *il mio — è in rosso*, my account is in the red; *prelevare una somma dal proprio — corrente*; to withdraw a sum of money from one's current account; *versare una somma su un —*, to pay a sum of money into an account; *accreditare sul — di qlcu.*, to credit to s.o.'s account; *non mi è ancora stato accreditato in —*, it hasn't been credited to my account yet; *addebitare in —*, to debit s.o.'s account // *anticipazione in — corrente*, advance by overdraft // *— corrente postale*, postal giro account **4** (*fattura*) bill: *il —, per favore*, could I have the bill (*o amer.* check), please?; *il — è stato salato*, the bill was high; *ho molti conti in sospeso, da pagare*, I've still got a lot of bills to pay // (*comm.*) *— arretrato*, outstanding account // *mettere in —*, to charge (s.o.), to put on the bill (of s.o.) **5** (*stima, reputazione*) esteem, regard: *cose, persone di nessuno, poco —*, things (*o* matters), people of no, of little account; *tenere in qualche —*, to treat with respect; *tenere qlcu. in poco —*, to hold s.o. in low esteem.

◆ FRASEOLOGIA: *per — mio*, (*quanto a me*) as for me (*o* as far as I am concerned) // *stare per — proprio*, to be on one's own // *a buon —*, in any case // *in fin dei conti*, after all // *chiedere informazioni sul — di qlcu.*, to ask for information about s.o. // *fare i conti in tasca a qlcu.*, to pry into s.o.'s financial affairs // *fare i conti con qlcu.*, to bring (*o* to call) s.o. to account: *con te farò i conti più tardi*, (*fam.*) I will square things up with you later; *un giorno dovrai fare i conti con la giustizia per i tuoi delitti*, one day you will be brought to book for your crimes // *faccio — su di te*, I'm relying on you; *fare — sull'appoggio di qlcu.*, to count (*o* to reckon) on s.o.'s support // *fare — di*, (*immaginare*) to imagine; (*proporsi*) to intend // *fare i conti senza l'oste*, (*fam.*) to reckon without one's host // *mettere —*, to be worthwhile (*o* to pay): *non mette — d'arrabbiarsi*, it is not worthwhile getting angry; *non mette — di lavorare tanto*, it does not pay to work so hard // *mettersi per proprio —*, to set up on one's own // *regolare i conti con qlcu.*, (*fig.*) to balance (*o* to square) accounts with s.o. // *a conti fatti*, all things considered (*o* after all) // *alla resa dei conti*, at the showdown // *rendere — di qlco.*, to answer for sthg. (*o* to account for sthg.) // *rendersi — di qlco.*, to realize sthg.

contorcere *v.tr.* to contort, to distort, to twist: *si contorceva le mani per l'agitazione*, she twisted her hands in agitation.

□ **contorcersi** *v.rifl.* to writhe, to twist, to squirm: *si contorceva dal dolore*, he was writhing in pain; *si contorceva per liberarsi*, he wriggled to free himself.

contorcimento *s.m.* contortion, twisting.

contornare *v.tr.* **1** to surround, to encircle; to go* round (sthg.): *alti pioppi contornavano il castello*, high poplars surrounded the castle **2** (*bordare*) to trim, to border, to edge, to hem (with sthg.): *— una veste di trine*, to trim a dress with lace **3** (*attorniare*) to surround: *è contornato da validi collaboratori*, he is surrounded by good collaborators.

□ **contornarsi** *v.rifl.* to surround oneself (with s.o., sthg.): *si è contornato di individui di poca fiducia*, he surrounded himself with disreputable characters.

contorno *s.m.* **1** (*linea esterna*) contour, outline, edge: *linea di —*, contour line (*o* outline); *i contorni della foto erano sbiaditi*, the edges of the photograph were faded // (*mat.*) *valore al —*, boundary value **2** (*orlo*) border, rim, edge **3** (*cuc.*) vegetables (*pl.*), side dish: *carne con —*, meat and vegetables (*o* meat served with vegetables); *cosa desidera come —?*, which vegetables (*o* side dish) would you like? **4** (*non com.*) (*dintorno*) surroundings (*pl.*).

contorsione *s.f.* **1** contortion, writhing, squirming, wriggling: *l'acrobata eseguiva incredibili contorsioni*, the acrobat performed incredible contortions **2** (*fig.*) intricacy, complexity: *è difficile seguire le contorsioni logiche del suo discorso*, it's difficult to follow the logical intricacies of his speech.

contorsionismo *s.m.* **1** contortionism **2** (*fig.*) intricacy, complexity.

contorsionista *s.m.* e *f.* (*acrobata*) contortionist (*anche fig.*).

contorto *agg.* **1** contorted, twisted; (*di ramo*) crabbed: *la bocca era contorta in una smorfia*, his mouth was all twisted **2** (*fig.*) twisted, tortuous: *pensieri contorti*, twisted thoughts; *ragionamento —*, tortuous reasoning.

contra- *pref.* di origine latina che indica opposizione; ingl. contra-, counter-: *contrapposizione*, contraposition; *contrappeso*, counterbalance.

contra *prep.* (*rar.*) per **contro**.

contrabasso → **contrabbasso**.

contrabbandare *v.tr.* **1** to smuggle, to run*; to contraband: *— sigarette*, to smuggle cigarettes; *la rivista serve a — idee rivoluzionarie*, the magazine is used to smuggle in revolutionary ideas **2** (*fig.*) to pass (sthg.) off (as sthg. else): *è riuscito a contrabbandarlo come quadro autentico*, he managed to pass it off as an authentic painting.

contrabbandiera *s.f.* **contrabbandiere** *s.m.* smuggler: *— di armi*, gun-runner; *— di alcolici*, bootlegger // *nave —*, smuggler (ship).

contrabbando *s.m.* smuggling, contraband: *fare del —*, to smuggle (*o* to run); *mettere un freno al — di armi*, to put a check (*o* a brake) on arms smuggling; *— di liquori*, bootlegging; *— di valuta*, currency smuggling; *— di stupefacenti*, drug smuggling // *di —*, illegally (*o* clandestinely); *esportare di —*, to smuggle out; *importare, introdurre di —*, to smuggle in; *merce di —*, contraband (*o* smuggled) goods // *fare qlco. di —*, to do sthg. on the Q.T. (*o* on the sly).

contrabbassista *s.m.* e *f.* double bass player.

contrabbasso *s.m.* (*mus.*) contrabass, double bass: *suonatore di —*, double bass player; *voce di —*, bass voice.

contraccambiare *v.tr.* to reciprocate, to return, to repay*; (*letter.*) to requite: *che cosa posso fare per — la tua gentilezza?*, what can I do to repay your kindness?; *contraccambio di cuore i tuoi auguri*, I heartily reciprocate your wishes; *— l'affetto di qlcu.*, to return s.o.'s love; *— il male col bene*, to return good for evil; *contraccambio il suo odio*, his hatred for me is reciprocated; *un amore non contraccambiato*, unrequited love.

contraccambio *s.m.* return, repayment; exchange; (*letter.*) requital: *in — di qlco.*, in return for sthg.

contraccassa → **controcassa**.

contraccettivo *agg.* e *s.m.* contraceptive.

contraccezione *s.f.* contraception.

contracchiave → **controchiave**.

contraccolpo *s.m.* **1** counterblow, rebound; (*ant.*) counterstroke; (*di armi da fuoco*) recoil, kick: *il — di uno sparo*, the recoil from a shot; *il — alla schiena fu ancora più doloroso*, the whiplash was even more painful **2** (*fig.*) backlash, repercussion; reaction; result; consequence: *di, per —*, as a consequence: *fallita la banca, fallirono di — parecchi uomini d'affari*, the bank went bankrupt and as a result (*o* as a consequence) many businessmen were ruined.

contraccusa *s.f.* (*dir.*) countercharge.

contrada *s.f.* **1** (*quartiere di città*) quarter; town district: *Siena è divisa in contrade*, Siena is divided into 'contradas' **2** (*letter.*) (*paese*) country; countryside; district **3** (*region.*) (*strada spaziosa*) wide street.

contraddanza *s.f.* country dance, contradance.

contraddata e *deriv.* → **controdata** e *deriv.*

contraddire *v.tr.* **1** to contradict: *— una dichiarazione*, to contradict a statement; *qualunque cosa dica, lo contraddice sempre*, whatever he says, she always contradicts him **2** (*essere in contrasto*) to clash with (s.o., sthg.): *ancora una volta i fatti contraddicono le nostre previsioni*, once again facts clash with our forecasts ◆ *v.intr.* to contradict, to go* against: *— all'aspettativa*, not to come up to (*o* to go against) expectations.

□ **contraddirsi** *v.rifl.* to contradict oneself: *si contraddisse più volte*, he contradicted himself several times ◆ *v.rifl.rec.* to contradict each other: *le deposizioni dei testimoni si contraddicono*, the statements of the witnesses are contradictory.

contraddistinguere *v.tr.* to mark: *un marchio speciale contraddistingue la nostra merce*, a special logo distinguishes our goods; *un gran fascino contraddistingueva quella diva*, the star was marked by great charm.

□ **contraddistinguersi** *v.intr.pron.* to stand* out, to distinguish oneself; to be characterised (by sthg.): *Mrs Batcher si contraddistingue per l'eleganza*, Mrs Batcher stands out for her elegance.

contraddittore *s.m.* opposer; contradictor, rebutter.

contraddittoriamente *avv.* contradictorily, in a contradictory fashion, in a contradictory way: *— a quanto comunicatovi, la gita non si farà*, contrary to what has already been communicated there will be no trip.

contraddittorietà *s.f.* contradictoriness; inconsistency: *vi è una evidente — tra le due affermazioni*, there is an obvious inconsistency between the two statements.

contraddittorio *agg.* **1** contradictory (*anche fil.*) **2** (*fig.*) conflicting, contradictory: *sentimenti contraddittori*, conflicting emotions ◆ *s.m.* debate, public discussion; (*dir.*) cross -examination: *è ammesso il —*, debate is allowed; *aprire il —*, to open the debate; (*dir.*) *sottoporre a, interrogare in —*, to cross -examine.

contraddizione *s.f.* contradiction; discrepancy: *cadere in —*, to contradict oneself; *— in termini*, contradiction in terms; *— tra due resoconti*, discrepancy (*o* contradiction) between two accounts; *le contraddizioni della vita*, the contradictions of life // *spirito di —*, spirit of contradiction // (*fil.*) *principio di —*, principle of contradiction.

contraddote → **controdote**.

contradire e *deriv.* → **contraddire** e *deriv.*

contraente *agg.* contracting (*anche dir.*) ◆ *s.m.* contractor (*anche dir.*): *i contraenti*, contracting parties.

contraerea *s.f.* (*mil.*) anti-aircraft artillery.

contraereo *agg.* (*mil.*) anti-aircraft.

contrafatto → **contraffatto**.

contraffacimento *s.m.* → **contraffazione**.

contraffare *v.tr.* **1** (*imitare*) to counterfeit; to imitate, to copy; (*scimmiottare*) to ape, to mimic: *— la voce di qlcu.*, to imitate s.o.'s voice **2** (*falsificare*) to falsify, to counterfeit, to forge, to fake; to adulterate; to simulate: *— una firma*, to forge (*o* to fake) a signature; *— banconote*, to counterfeit notes.

□ **contraffarsi** *v.rifl.* (*travestirsi*) to disguise oneself (as s.o., sthg.): *sa — in cento modi*, he can disguise himself in a hundred ways.

contraffatto *agg.* **1** (*imitato*) counterfeit **2** (*falsificato*) counterfeit, forged, fake (*attr.*), false: *vino —*, adulterated wine; *monete contraffatte*, counterfeit coins **3** (*travestito*) disguised **4** (*ant.*) (*deforme*) deformed.

contraffattore *s.m.* **contraffattrice** *s.f.* **1** counterfeiter, imitator **2** (*falsificatore*) counterfeiter, forger (*anche dir.*).

contraffazione *s.f.* **1** counterfeit; imitation; copy **2** (*falsificazione*) forgery, fake, falsification (*anche dir.*): *— di sigilli*, forgery of seals; *— di brevetto*, infringement of a patent; *— di moneta*, forgery of money.

contraffilare *v.tr.* to trim (the outer edge of the welt).

contraffilo *s.m.* outer edge (of the welt).

contraffodera → **controfodera**.

contrafforte *s.m.* **1** (*arch.*) buttress, counterfort **2** (*geogr.*) buttress, spur.

contraffosso → **controfosso**.

contraggenio *s.m.* dislike, aversion // *a, di —*, reluctantly (*o* unwillingly).

contrago *s.m.* (*ferr.*) stock rail.

contraibile *agg.* **1** contractable **2** (*di malattia*) infectious, (*fam.*) catching: *la varicella è facilmente —*, chicken pox is very catching.

contralbero *s.m.* (*mecc.*) countershaft.

contralisei → **controalisei**.

contraltare *s.m.* **1** (*arch.*) opposite altar **2** (*fig.*) counter-attraction, counterpart; rival.

contraltista, **contralto** *s.m.* (*mus.*) contralto (*pl.* -os, -i).

contrammiraglio *s.m.* (*mar. mil.*) (GB e USA) rear-admiral.

contrappasso *s.m.* retaliation.

contrappello *s.m.* second roll call.

contrappelo → **contropelo**.

contrappesare *v.tr.* **1** to counterbalance, to counterpoise **2** (*fig.*) to weigh (up), to balance: *— i pro e i contro*, to weigh up the pros and the cons.

contrappeso *s.m.* **1** counterbalance, counterpoise, counterweight: *fare da —*, to act as a counterbalance **2** (*mecc.*) counterweight, balance weight, counterbalance.

contrapporre *v.tr.* to oppose, to contrast, to counter: *— qlco. a qlco.*, to set sthg. against sthg. (*o* to counter sthg. with sthg.).

□ **contrapporsi** *v.rifl.* to set* oneself against (sthg.): *— all'ingiustizia*, to set oneself against (*o* to oppose) injustice ◆ *v.rifl.rec.* to contrast, to clash: *i loro punti di vista si contrappongono*, their points of view clash.

contrapporta → **controporta**.

contrapposizione *s.f.* contraposition, opposition, contrast, confrontation: *i due elementi stilistici sono in —*, the two stylistic elements are in contrast with one another.

contrapposto *s.m.* exact opposite; antithesis* ◆ *agg.* contrasting, opposing, antithetical: *teorie contrapposte*, opposing theories.

contrappuntare *v.tr.* (*mus.*) to counterpoint.

contrappuntista *s.m.* e *f.* (*mus.*) contrapuntist.

contrappuntistico *agg.* (*mus.*) contrapuntal.

contrappunto *s.m.* (*mus.*) counterpoint.

contrare *v.tr.* **1** (*bridge*) to double **2** (*sport*) to stop, to block; (*pugilato*) to counter.

contrariamente *avv.* **1** (*in modo contrario*) contrarily: *— a qlco.*, contrary to (*o* in opposition to *o* in spite of) sthg.: *— a ogni aspettativa*, contrary to all expectations **2** (*al contrario*) on the contrary, contrarywise: *si comporta — a quanto dice*, he does the opposite of what he says.

contrariare *v.tr.* **1** to oppose, to cross; to thwart; to counteract: *— i desideri di qlcu.*, to thwart s.o.'s wishes; *— i propositi di qlcu.*, to oppose (*o* to thwart) s.o.'s plans **2** (*seccare, irritare*) to annoy, to irritate, to vex: *niente come il ritardo lo contraria*, nothing annoys him as much as a delay.

contrariato *agg.* **1** (*irritato*) annoyed; irritated; vexed **2** (*dispiaciuto*) sorry.

contrarietà *s.f.* **1** (*l'essere contrario*) contrariety, opposition; (*avversione*) aversion, strong dislike // *provare — per qlco.*, to feel a strong dislike for sthg. **2** (*pl.*) (*avversità*) misfortunes, disappointments, difficulties; (*fastidi*) troubles, problems: *ho avuto molte —*, I've had a lot of problems.

contrario *agg.* **1** contrary, opposite, adverse, opposed: *— alla ragione*, contrary (*o* opposed) to common sense; *— alle regole*, against the rules; *fino ad avviso —*, until further notice; *in direzione contraria*, in the opposite direction; *opinioni contrarie*, contrary (*o* opposing) opinions; *venti contrari*, contrary (*o* adverse) winds; *verrò, salvo avviso —*, I'll come, unless I hear to the contrary; *— alla legge*, unlawful // (*dir.*): *prova contraria*, evidence to the contrary; *salvo patto —*, unless otherwise provided for **2** (*sfavorevole*) unfavourable; contrary: *stagione contraria*, unfavourable season; *la sorte gli è contraria*, fate is against him; *essere — per principio a qlco.*, to be against sthg. on principle; *quanti sono i voti favorevoli e quanti contrari?*, how many votes are there in favour and how many against? **3** (*nocivo*) harmful **4** (*riluttante*) reluctant, unwilling, loath: *era — a partire in aeroplano*, he was unwilling to leave by plane.

contrario *s.m.* **1** contrary, opposite: *è proprio il —*, it is just the opposite; *Paolo è l'esatto — del fratello*, Paolo is the complete opposite of his brother; *ha fatto il — di quanto gli avevo detto*, he did the opposite of what I had told him to do; *non ho nulla in — che gli telefoniate*, I have no objection to your ringing him up; *avere prova del —*, to have proof to the contrary // *al —*, (*invece*) on the contrary; but; while; unlike; (*a ritroso*) backwards: *ti sei messo la maglia al —*, (*il davanti dietro*) you put your pullover on the wrong way round, (*al rovescio*) you put your pullover on inside out; *appesero il quadro al —*, they hung the picture upside down; *al —! vengo volentieri*, on the contrary! I'm more than willing to come; *tutto va al — di come speravo*, nothing is going the way I hoped; *al — di Fred mi piace il calcio*, unlike Fred, I like football **2** (*gramm.*) antonym: *un dizionario di sinonimi e contrari*, a dictionary of synonyms and antonyms.

contrarre *v.tr.* **1** (*concludere, stipulare*) to contract, to make*, to enter into (sthg.): *— un'alleanza*, to contract (*o* to make *o* to form) an alliance; *— un patto*, to make a pact // *— matrimonio*, to get married **2** (*stringere*) to make*: *— un'amicizia*, to form a friendship (*o* to make friends) **3** (*prendere, assumere*) to contract, to catch*: *— una malattia*, to contract (*o* to catch *o* to come down with) an illness; *— un'abitudine*, to acquire (*o* to develop) a habit // *— debiti*, to incur debts (*o* to get *o* to run into debt); *per potersi sposare contrasse molti debiti*, he took on a lot of debts in order to get married // *— obblighi* (*finanziari*), to contract liabilities **4** (*sottoporre a contrazione, corrugare*) to contract, to constrict: *— un muscolo*, to contract a muscle; *— le sopracciglia*, to knit one's brows **5** (*ridurre*) to reduce, to limit: *— le spese, le assunzioni*, to reduce (*o* to cut down on) expenditure, recruitment **6** (*ling.*) to contract: *forme contratte*, contracted (*o* short) forms.

□ **contrarsi** *v.intr.pron.* **1** (*subire una contrazione, raggrinzirsi*) to contract: *i muscoli si contrassero per lo sforzo*, the muscles contracted (*o* tensed) with the effort; *la bocca si contrasse in una smorfia*, his mouth twisted into a grimace **2** (*ridursi*) to fall*, to shrink*: *dopo il boom iniziale le vendite si contrassero rapidamente*, after the initial boom sales fell rapidly; *durante la depressione la produzione si contrasse drasticamente*, production shrank drastically during the depression **3** (*ling.*) to contract.

contrassalto *s.m.* (*mil.*) counterattack.

contrassegnare *v.tr.* **1** to countermark, to earmark, to mark; (*con un cartellino*) to label, to tag: *— la merce*, to mark the goods **2** (*controfirmare*) to countersign.

contrassegno[1] *s.m.* **1** (identification) mark, countermark, earmark **2** (*distintivo*) badge **3** (*fig.*) (*segno, prova*) token, mark: *— di stima*, mark of esteem **4** (*mil.*) (*parola d'ordine*) password, countersign.

contrassegno[2] *avv.* (*comm.*) cash on delivery (*abbr.* COD): *pagamento —*, cash on delivery; *ricevere un pacco —*, to receive a parcel cash on delivery.

contrastabile *agg.* questionable, doubtful, disputable, debatable.

contrastampa e *deriv.* → **controstampa** e *deriv.*

contrastante *agg.* **1** (*in contrasto*) contrasting, conflicting, opposing: *opinioni contrastanti*, conflicting opinions **2** (*che risalta*) contrasting: *colori contrastanti*, contrasting colours ◆ *s.m.* e *f.* opponent, opposer.

contrastare *v.intr.* **1** (*essere in contrasto*) to be in contrast, to contrast, to clash, to conflict: *i miei interessi contrastano con i tuoi*, my interests clash with yours; *quei due colori contrastano troppo*, the two colours contrast too much **2** (*non com.*) (*litigare, discutere*) to quarrel, to argue **3** (*ant., letter.*) (*resistere, lottare*) to resist ◆ *v.tr.* **1** (*ostacolare*) to oppose, to hinder, to resist: — *il passo a qlcu.*, to bar s.o.'s passage; — *la volontà di qlcu.*, to oppose (*o* to resist) s.o.'s will **2** (*creare un effetto di contrasto*) to contrast: — *i toni di una fotografia*, to contrast the tones of a photograph **3** (*ant., letter.*) (*combattere*) to contrast.

□ **contrastarsi** *v.rifl.rec.* to fight* for, to struggle for, to dispute: *le due nazioni si contrastano per il possesso della zona mineraria*, the two nations are fighting (*o* struggling) for possession of the mining area.

contrastato *agg.* **1** (*ostacolato*) opposed, contested, closely-fought, hard-won: *una vittoria contrastata*, a hard-won victory; *un'elezione contrastata*, a closely-fought election **2** (*fot.*) contrasty.

contrastivo *agg.* (*ling.*) contrastive.

contrasto *s.m.* **1** contrast (*anche fig.*): *un — di colori*, a colour contrast; *che — fra di loro!*, what a contrast between them! // *in — con*, in contrast with: *mettere una cosa in — con un'altra*, to contrast one thing with another; *il loro stile di vita è in — con le loro idee*, their lifestyle and their ideas contradict each other **2** (*dissidio*) difference, disagreement, conflict, clash, dispute; (*lite*) quarrel, argument: — *di interessi*, conflicting (*o* conflict of) interests; *avere un — con qlcu. su qlco.*, to have a difference with s.o. about sthg.; *essere in — con qlcu.*, to be at odds with s.o. **3** (*fot., tv*) contrast: *una fotografia ad alto —*, a photograph with high contrast; *una radiografia con mezzo di —*, a radiograph with contrast medium **4** (*sport*) tackle: — *scivolato*, sliding tackle **5** (*poesia*) dialogue (poem).

contrattabile *agg.* (*comm.*) negotiable, marketable, contractable: *prezzo —*, negotiable price.

contrattaccare *v.tr.* e *intr.* to counterattack.

contrattacco *s.m.* counterattack: *passare al —*, to make a counterattack; *la squadra non ha retto il — avversario*, the team was unable to resist their opponent's counterattack; *l'opposizione si è lanciata al —*, the opposition has launched a counterattack; *il — dell'opposizione fu immediato*, the opposition's reply was immediate.

contrattare *v.tr.* to negotiate; to contract for (sthg.); to bargain for, over (sthg.); to haggle about, over (sthg.): — *il prezzo di qlco.*, to bargain over the price of sthg.; — *un acquisto*, to negotiate a purchase.

contrattazione *s.f.* bargaining; dealing, marketing, negotiation, transaction; haggling: — *aziendale*, company bargaining; — *collettiva*, collective bargaining; — *individuale* (*nel linguaggio sindacale*), individual bargaining; — *nazionale*, national bargaining; — *salariale*, wage bargaining, wage (*o* pay) negotiation; — *sindacale*, union bargaining // — *a termine*, futures marketing; *contrattazioni del dopo Borsa*, street dealings // (*dir.*) — *tra accusa e difesa*, plea bargaining.

contrattempo *s.m.* **1** mishap, hitch; (*inconveniente*) inconvenience: *se non fosse stato per un malaugurato — ci saremmo incontrati*, if it had not been for an unfortunate hitch (*o* mishap) we would have met **2** (*mus.*) syncopation.

contrattile *agg.* contractible, contractile: *muscolo —*, contractile muscle.

contrattilità *s.f.* contractility, contractibility.

contrattista *s.m.* e *f.* **1** contract employee; contract worker **2** (*d'università*) contract lecturer.

contratto *s.m.* contract; agreement, deed: — *a cottimo*, jobbing contract; — *a fermo*, firm contract; — *a termine*, forward contract; — *a lungo termine*, long-term contract; — *agganciato alla scala mobile*, index-linked contract; — *a termine su merci o su prodotti finanziari*, futures contract; — *a pronti*, spot contract; — *collettivo* (*di lavoro*), collective agreement; — *di apprendista*, articles (*pl.*) of apprenticeship; — *bilaterale*, bilateral contract (*o* indenture); — *di associazione*, deed (*o* articles) of partnership; — *d'appalto*, contract by tender; — *d'assicurazione*, insurance contract; — *di esclusiva*, exclusive dealing; — *di fornitura*, supply contract; — *di gestione*, franchise; — *di cessione dei crediti da recuperare*, factoring; — *di commissione*, broker's contract; — *di compravendita*, purchase deed (*o* sale contract); — *di lavoro*, labour (*o* employment) contract; — *di leasing*, lease; — *d'affitto*, lease (contract), location; — *di trasporto*, contract of conveyance (*o* charter agreement); — *di noleggio*, charter (party); — *formale*, formal agreement (*o* specialty contract); — *illegale*, illegal contract; — *capestro*, tying contract; — *vincolante*, binding contract; — *irrevocabile*, contract beyond revocation; — *nullo*, void contract; — *annullabile*, voidable contract; — *definitivo*, final contract; — *verbale*, parole (*o* verbal) contract, gentlemen's agreement; — *rinnovabile*, renewable contract; — *preliminare*, preliminary contract (*o* precontract); — *ipotecario*, mortgage deed; — *oneroso*, onerous contract; — *provvisorio*, provisional contract; (*assicurazioni*) — *provvisorio di polizza*, slip; — *sindacale*, union contract; — *scaduto*, expired contract; — *sociale*, social contract; — *societario*, partnership deed // *come da —*, as per contract; *a —*, indentured; *esecuzione di un —*, execution of a contract; *infrazione di —*, breach of contract; *scadenza di un —*, expiration of a contract; *redigere un —*, to draw up a contract; *rescindere un —*, to rescind (*o* to cancel) a contract; *rinnovare un —*, to renew a contract; *rompere un —*, to break a contract; *firmare un —*, to sign a contract; *concludere, stipulare un —*, to enter into a contract // (*Borsa*): — *a doppia facoltà*, indemnity (*o* put and call) option, (*amer.*) straddle; — *a doppia opzione*, spread; — *a premi su indici di borsa*, stock index options; — *a premio*, option contract; — *di riporto*, continuation note (*o* contango contract).

contrattuale *agg.* **1** (*derivante da contratto*) contractual: *vincolo —*, contractual tie; *clausola —*, contractual clause; *obbligo —*, contract obligation **2** (*di contrattazione*) bargaining: *forza —*, bargaining power.

contrattualismo *s.m.* contractualism, contractual theory.

contrattualistico *agg.* (*dir.*) contractarian.

contrattura *s.f.* (*med.*) contracture.

contrav(v)eleno *s.m.* antidote (*anche fig.*).

contravvenire *v.intr.* to contravene (sthg.), to infringe (sthg.), to transgress (sthg.), to violate (sthg.), to break* (sthg.): — *alla legge*, to violate the law; — *al regolamento*, to contravene (*o* to act contrary to) the regulations (*o* to break the rules).

contravvento → **controvento**.

contravventore *s.m.* **contravventrice** *s.f.* contravener, infringer, transgressor, violator, offender, trespasser.

contravvenzione *s.f.* **1** (*dir.*) contravention, infringement, transgression, violation, infraction, offence: — *alla legge*, violation of the law **2** (*multa*) fine: *dichiarare qlcu. in —*, to fine s.o.; *pagare, conciliare una —*, to pay a fine.

contravviso *s.m.* countermand.

contrazione *s.f.* **1** contraction: — *di un debito*, contraction of a debt; — *di un matrimonio*, contraction of a marriage **2** (*il ritirarsi, il contrarsi*) contraction, shrinking: — *di un muscolo*, muscular contraction; *contrazioni uterine*, uterine contractions **3** (*riduzione*) contraction, squeeze, shrinkage, drop, fall-off, downturn, downward phase: — *della domanda, dell'offerta*, contraction of demand, of supply; — *della produzione*, contraction of production; — *dei prezzi*, shrinkage in prices; — *delle vendite*, drop in sales; — *dei profitti*, decline in profits; — *del mercato*, market shrinkage; — *delle esportazioni*, fall-off in exports **4** (*ling.*) contraction.

contre *s.m.* (*bridge*) double.

contribuente *s.m.* e *f.* taxpayer, ratepayer: *lista, ruolo dei contribuenti*, taxpayers' (*o* tax) roll.

contribuire *v.intr.* **1** to contribute; to help (in sthg.), to aid (in sthg.); to work together: *ciò ha contribuito al rialzo del prezzo*, it has helped in (*o* has contributed towards) raising the price; *tutte queste circostanze contribuirono a fare di lui l'uomo che è oggi*, all these circumstances worked together (*o* combined) to make him what he is today **2** (*partecipare*) to contribute, to share (in sthg.): *egli ha contribuito alle trattative*, he has shared in the negotiations; — *alle spese*, to make a contribution towards (*o* to share in) the expenses; — *secondo le proprie possibilità*, to give according to one's means.

contributivo *agg.* contributing, contributive, contributory // (*amm.*) *obbligo —*, contributory burden.

contributo *s.m.* **1** contribution (*anche fig.*); share: — *di sangue*, price in blood; — *in denaro*, contribution in money; — *letterario*, literary contribution; *ho dato il mio — di cinque sterline*, I gave five pounds as my share (*o* contribution); *pagare il proprio —*, to pay one's share (*o* contribution) **2** (*amm.*) (*somma dovuta a un ente pubblico o privato*) contribution: — *previdenziale*, social security contribution (*o* social security tax *o amer.* national insurance contribution); *contributi obbligatori*, compulsory (*o* obligatory) contributions; *contributi a carico del datore di lavoro*, employer's contributions; *contributi a carico del lavoratore*, employee's contributions; — *pensionistico*, pension contribution (*o* superannuation payment); *contributi sinda-*

cali, union dues // (*trib.*): — *di miglioria*, betterment levy (*o* improvement tax *o* assessment); *contributi sociali effettivi, figurativi*, actual, imputed social security contributions // *contributi* (*assicurativi*) *volontari*, voluntary contributions **3** (*sovvenzione*) aid, subsidy, grant: *contributi statali* (*a ente pubblico o morale*), grants-in-aid; *contributi di ricerca*, aid for research (*o* aid to the research fund) // (*econ.*): *contributi alle esportazioni*, export subsidies (*o* export credits); *contributi agli investimenti*, investment grant; *contributi alla produzione*, subsidies; *contributi in conto capitale*, grants related to assets // (*fin.*) *contributi a fondo perduto*, forgivable loans.

contribuzione *s.f.* (*contributo*) contribution, participation; (*imposta*) levy, assessment: (*econ.*) *margine di* —, contribution margin; (*trib.*) — *sul capitale*, capital levy; — *di guerra*, war tribute.

contristare *v.tr.* (*letter.*) to afflict, to grieve, to sadden.

□ **contristarsi** *v.intr.pron.* to grieve, to be deeply grieved.

contrito *agg.* contrite, penitent: *con aria contrita*, penitently; *mostrarsi* —, to be contrite.

contrizione *s.f.* contrition, penitence: *fare atto di* —, to repent.

contro *prep.* **1** (*in opposizione a*) against (*anche fig.*): *lottare — il male, le avversità*, to fight (against) evil, adversity; *erano tutti — di lui*, they were all against him; *essere solo — tutti*, to be alone against everybody; *ho ubbidito — la mia volontà*, I obeyed against my will; — *il parere di tutti, si è iscritto a medicina*, against everyone's advice, he went in for medicine; *l'80% dei presenti votò — la proposta*, 80% of those present voted against the proposal; *non posso farlo, è — i miei principi*, I can't do it, it's against my principles; *mettersi — qlcu.*, to go against s.o. // — *voglia*, unwillingly // — *ogni previsione*, against all expectations // — *natura*, against the grain // *scommettere due — uno*, to bet two to one **2** (*in direzione opposta a*) against; at; to; into: *i soldati avanzavano — l'esercito nemico*, the soldiers advanced against the enemy; *scagliò la sedia — il muro*, he threw the chair against the wall; *aveva la pistola puntata — l'ostaggio*, he held the pistol to (*o* at) the hostage's head; *la macchina andò a sbattere — lo spartitraffico*, the car crashed into the guardrail; *entrando al buio, ho sbattuto — l'armadio*, entering in the dark, I bumped into the wardrobe; *scagliava sassi — il cane*, he threw stones at the dog; *navigare — vento*, to sail against the wind; *andare — corrente*, to swim against the tide **3** (*addosso a, a contatto con*) against: *abbiamo messo il divano — la parete*, we put the sofa against the wall; *la pioggia batteva — i vetri*, the wind beat against the windows **4** (*in previsione di*) against: *tutelarsi — i rischi*, to protect oneself against risks; *il governo prenderà drastiche misure — l'inflazione*, the government is to take drastic measures against inflation; *hanno scoperto un nuovo vaccino — l'influenza*, a new vaccine has been discovered against influenza **5** (*in contrasto con, sullo sfondo di*): *il campanile della chiesa si stagliava — il cielo*, the church tower stood out against the sky; *guardare qlco. — luce*, to look at sthg. against the light **6** (*nel linguaggio giuridico o sportivo*) against, versus: *procedere legalmente — qlcu.*, to take legal action against s.o.; *Bianchi — Rossi*, (*nelle cause*) Bianchi versus Rossi; *la nazionale italiana ha vinto — il Brasile per 3 a 0*, Italy won 3-0 against Brazil; *dovrà battersi — il detentore del titolo mondiale*, he is to fight (against) the world title holder; *la finale di coppa vedrà la Germania — l'Inghilterra*, the cup final is to be Germany versus England **7** (*comm.*) against: *consegnare la merce — ricevuta*, to deliver the goods against receipt; *pagamento — assegno*, cash on delivery ◆ *avv.* against: *siete pro o —?*, are you for or against?; *la maggioranza ha votato* —, the majority voted against // *di* —, opposite // *per* —, on the other hand ◆ *s.m.*: *il pro e il* —, the pros and cons; *prima di decidere valuta bene i pro e i* —, before deciding, weigh up the pros and cons.

contro *s.m.* (*bridge*) double.

contro- *pref.* di origine latina che indica opposizione; ingl. contra-, counter-: *controindicazione*, contraindication; *controgaranzia*, counterbond; *controrivolta*, counterinsurgency.

controaccusa → **contraccusa**.

controalisei *s.m.pl.* (*meteor.*) antitrades.

controavviso → **contravviso**.

controazione *s.f.* **1** (*sport*) counterattack; (*scherma*) riposte **2** (*fig.*) counterblow, countermeasure, retaliation.

controbattere *v.tr.* **1** (*mil.*) to counter, to return fire, to counter-batter: *i cannoni controbattevano i colpi del nemico*, the guns returned the enemy's fire **2** (*ribattere*) to disprove, to refute, to confute, to controvert, to rebut: — *un'accusa*, to rebut a charge; — *una dichiarazione*, to refute a statement.

controbatteria *s.f.* (*mil.*) counter-battery.

controbelvedere *s.m.* (*mar.*) mizzenroyal.

controbilanciare *v.tr.* **1** to counterbalance **2** (*fig.*) to counterbalance, to offset*: *l'autorità del senato romano controbilanciava il potere dei consoli*, the authority of the Roman Senate counterbalanced the power of the consuls; *la comprensione di sua madre controbilanciava la durezza del padre*, his mother's sympathy offset (*o* compensated for) his father's harshness.

controbraccio *s.m.* (*mar.*) counterbrace.

contro-buffet *s.m.* small sideboard.

controcampo *s.m.* (*cinem.*) reverse shot, reverse angle.

controcanto *s.m.* (*mus.*) countermelody.

controcarena *s.f.* (*mar.*) blister.

controcassa *s.f.* outer casing.

controcatena *s.f.* (*edil.*) collar beam.

controchiave *s.f.* **1** second key; second turn of a key **2** false key, skeleton key.

controchiglia *s.f.* (*mar.*) false keel; (*aer.*) keelson.

controconio *s.m.* lower (coining) die.

controcoperta *s.f.* (*mar.*) spar deck.

controcorrente *s.f.* counter-current ◆ *avv.* against the stream: *remare* —, to row against the current // *andare* —, (*fig.*) to go against the mainstream ◆ *agg.*: *idee* —, ideas that go against the trend.

controcultura *s.f.* counterculture.

controcurva *s.f.* curve (in the opposite direction to the previous one): *una strada tutta curve e controcurve*, a very windy road.

controdado *s.m.* (*mecc.*) lock nut, jam nut, check nut, set nut.

controdata *s.f.* (*comm.*) (*data posteriore di uno scritto*) new date; (*data di arrivo*) date of arrival; (*data di registrazione di un documento*) date of registration.

controdatare *v.tr.* (*comm.*) to counter-date, to add a new date (of arrival or registration of a document).

controdecreto *s.m.* counter decree.

controdichiarazione *s.f.* **1** counter -declaration, counter-statement **2** (*bridge*) overbid.

controdote *s.f.* dowry, dower (paid by husband).

controelica *s.f.* (*mar.*) counter-propeller.

controesempio *s.m.* (*mat.*) counter example.

controesodo *s.m.* return in mass (at the end of a holiday).

controfagottista *s.m.* e *f.* (*mus.*) contrabassoonist.

controfagotto *s.m.* (*mus.*) contrabassoon, double bassoon.

controfascia *s.f.* **1** (*fascia di rinforzo*) second wrapping (for a package); heavy wrapping **2** (*mus.*) rib.

controfasciame *s.m.* (*mar.*) backing.

controffensiva *s.f.* (*mil.*) counteroffensive.

controffensivo *agg.* counteroffensive (*attr.*): *azione controffensiva*, counteroffensive; (*sport*) counterattack.

controfferta *s.f.* counteroffer; (*spec. alle aste*) counter-bid.

controffrire *v.tr.* to counteroffer (with sthg.).

controfigura *s.f.* **1** (*cinem.*) double, stand-in: *fare la* —, to double **2** (*estens.*) double: *è la — di Alberto Sordi*, he's Alberto Sordi's double // *è la — del capo*, (*spreg.*) he's a poor imitation of (*o* an apology for) a boss.

controfiletto *s.m.* **1** (*cuc.*) sirloin **2** (*nelle divise militari*) second stripe.

controfilo *s.m.* cross grain.

controfinestra *s.f.* (*edil.*) double window: — *esterna*, storm-sash (*o* storm-window).

controfiocco *s.m.* (*mar.*) flying jib.

controfirma *s.f.* counter-signature.

controfirmare *v.tr.* to countersign.

controfodera *s.f.* inner lining.

controfondo → **doppiofondo**.

controfosso *s.m.* **1** (*mil.*) counterfosse **2** (*cunetta*) ditch, gutter.

controfuoco *s.m.* backfire.

controgambetto *s.m.* (*scacchi*) gambit.

controgaranzia *s.f.* counterguarantee; (*banca*) counterbond, counter-security.

controgenio → **contraggenio**.

controgirello *s.m.* (*cuc.*) round, topside.

controguerriglia *s.f.* counterinsurgency action, antiguerrilla action.

controimpronta *s.f.* (*paleont.*) cast.

controinchiesta *s.f.* counter inquiry.

controindicare *v.tr.* **1** (*med.*) to contraindicate **2** (*annotare a margine*) to note in the margin.

controindicato *agg.* (*med.*) contraindicated; (*estens.*) unsuitable, not recommended: — *in caso di gravidanza*, not recommended during pregnancy; *il clima torrido è — per chi soffre di cuore*, the extremely hot climate is unsuitable for people who suffer from heart trouble.

controindicazione *s.f.* **1** (*med.*) contraindication: *le controindicazioni della terapia sono numerose*, the treatment has numerous contraindications **2** (*appunto in margine*) marginal note.

controinformazione *s.f.* unofficial information.

controinterrogatorio *s.m.* (*dir.*) cross -examination: *il teste è stato sottoposto a un* —, the witness was subjected to cross -examination.

controllabile *agg.* checkable: *la sua affermazione è facilmente* —, his declaration is easy to check (*o* easily checked).

controllare *v.tr.* **1** (*verificare*) to check (upon), to verify; to control; (*ispezionare*) to inspect, to examine; (*comm. amm.*) to audit: — *i biglietti*, to check the tickets; — *i conti*, to audit the books; — *le informazioni*, to verify (*o* to check) information; — *una macchina*, to inspect (*o* to test) a machine; — *passaporti*, to examine passports; — *uno strumento*, to check an instrument **2** (*sorvegliare*) to control, to watch, to check; (*fam.*) to keep* tabs on; — *i movimenti di una persona*, to watch someone's movements // (*calcio*): — *un avversario*, to mark an opponent; — *la palla*, to control the ball **3** (*dominare*) to control, to dominate, to rule: — *la situazione*, to control the situation; — *un'attività produttiva*, to control production // — *i nervi*, to control one's nerves.
□ **controllarsi** *v.rifl.* to control oneself: *controllati!*, control yourself!; *non sa* —, he has no self-control; *non riesce a — nel bere*, he can't control his drinking.

controllato *agg.* **1** controlled: *uno sviluppo urbano* —, controlled urban development; *economia controllata*, controlled economy, (*dirigistica*) command economy; — *dallo stato*, state-controlled **2** (*padrone di sé*) (self-)controlled, restrained: *esprimersi in tono* —, to express oneself with restraint; *i gesti del mimo erano lenti e controllati*, the mime movements were slow and controlled; *è una persona molto controllata*, he's a very self -controlled person (*o* he has great self-control).

controller *s.m.* (*econ., tecn.*) controller, comptroller.

controllo *s.m.* **1** (*verifica*) control, check; (*ispezione*) inspection; (*contabile*) audit, auditing: — *di qualità*, quality control; — *casuale, saltuario*, random inspection (*o* spot check); — *di cassa*, cash control; — *monetario*, monetary control; — *valutario*, foreign exchange control; — *governativo*, government control; — *doganale*, customs inspection (*o* control *o* examination *o* check); *sottoporre qlco. a un — minuzioso*, to subject sthg. to a close inspection; *dai controlli fatti la merce risultò di qualità inferiore*, after checking, the goods turned out to be of inferior quality; *aperto per il* —, (*di pacco postale ecc.*) open for inspection; *posto di* —, checkpoint (*o* control station) // (*mecc.*) *apparecchio di* —, control apparatus // (*aer.*) *controlli a terra*, ground checks // (*inform.*): — *di disparità*, odd parity (check); — *di parità*, even parity; — *di accesso*, access control **2** (*med.*) checkup; (*esame*) test, check: *ha una visita di — fra due settimane*, he has a checkup in two weeks time; *si sta sottoponendo a una serie di controlli per il cuore*, he is having a series of tests for his heart **3** (*vigilanza*) control, surveillance; (*restrizione*) restriction, control; (*dominio, comando*) control: *esercitare il — su una zona*, to exercise control over an area (*o* to be in control of an area); *il bambino è sfuggito al — della madre ed è finito sotto un'auto*, the child eluded his mother and was run over by a car; *la polizia riuscì a tenere sotto — la folla*, the police managed to keep the crowd under control; *mettere un telefono sotto* —, to tap (*o* to bug) a telephone; *avere il — dei propri nervi*, to be self-controlled; *non perdete il —!*, don't lose your temper (*o* cool)!; *perse il — dell'automobile*, he lost control of his motorcar // — *delle nascite*, birth control (*o* family planning) // (*amm., econ.*): — *delle spese*, expense control; — *dei costi*, cost control; — *dei salari*, wage control; — *degli affitti*, rent control (*o* restriction); *organo di* —, supervisory body; — *di gestione*, management control; *a — statale*, state-controlled; *avere il — di una società*, to control a company; *avere il — di un mercato*, to command a market // (*rad., tv*) — *del volume*, volume control // (*mecc.*) *leva di* —, control lever // (*aer.*) *superficie di* —, control surface // (*fis. nucleare*) *barra di* —, control rod.

controllore *s.m.* **1** controller, inspector, supervisor: — *della zecca*, controller of the mint; — *delle dogane*, customs official; — *di volo*, air traffic controller **2** (*ferr.*) ticket inspector, ticket collector.

controluce *s.f.* backlight; (*cinem.*) back lighting // *in* —, against the light: *guardare qlco. in* —, to hold sthg. up to the light; *mettersi in* —, to stand against the light ◆ *s.m.* photograph taken against the light.

contromano *avv.* in the wrong direction; on the wrong side of the road: *l'auto procedeva* —, the car was travelling on the wrong side of the road.

contromanovra *s.f.* **1** (*mil.*) counter manoeuvre **2** (*fig.*) countermove, immediate reaction.

contromarca *s.f.* check, token; (*che consente la riammissione a teatro, mostra ecc.*) pass-out check: *non trovo la — del cappotto*, I can't find my coat check.

contromarcare *v.tr.* to countermark; (*etichettare*) to label.

contromarcia *s.f.* **1** (*mil.*) countermarch **2** (*aut.*) reverse gear.

contromezzana *s.f.* (*mar.*) mizzen topsail.

contromina *s.f.* (*mil.*) countermine.

controminare *v.tr.* (*mil.*) to countermine.

contromisura *s.f.* countermeasure: *occorre prendere adeguate contromisure*, we must take adequate countermeasures.

contromossa *s.f.* countermove.

contromuro *s.m.* (*edil.*) supporting wall.

contronominale *agg.* (*log.*) contrapositive.

contropalo *s.m.* strut.

controparola *s.f.* (*mil.*) acknowledgement (of an order).

controparte *s.f.* **1** (*dir.*) counterpart, adverse party, opposite party **2** (*teatr.*) stage business **3** (*tagliando di riscontro*) tally.

contropartita *s.f.* **1** counterpart, compensation: *chiedere qlco. come* —, to ask for sthg. as compensation (*o* to ask as a return on sthg.) **2** (*amm.*) counterbalance; set-off, contra: *in* —, per contra (*o* as a counter part); *fondi in* —, counterpart funds.

contropedalare *v.intr.* to backpedal.

contropedale *s.m.* back-pedal: *freno a* —, coaster brake.

contropelo *avv.* the wrong way: *accarezzare un gatto* —, to stroke a cat the wrong way ◆ *s.m.* shave against the beard, against the growth: *fare il pelo e il — a qlcu.*, (*fig.*) to tear into s.o.

contropendenza *s.f.* counterslope.

controperizia *s.f.* (*dir.*) additional expert evidence, additional expert report.

contropezza *s.f.* (*mar.*) lap plate.

contropiede *s.m.* (*sport*) counter-attack: *azione di* —, a counter-attack; *prendere in* —, (*fig.*) to take by surprise (*o* to catch unawares *o* to catch on the wrong foot).

controplancia *s.f.* (*mar.*) upper bridge.

controporta *s.f.* storm door.

contropotere *s.m.* counterpower.

contropreparazione *s.f.* (*mil.*) counterpreparation.

contropressione *s.f.* back pressure; counterpressure.

controprestazione *s.f.* (*dir.*) consideration; valuable consideration; pecuniary consideration.

controproducente *agg.* counterproductive, self-defeating, that has the opposite effect.

controprogetto *s.m.* opposite plan.

controproposta *s.f.* counterproposal, counterproposition.

controprova *s.f.* **1** (*verifica*) countercheck; verification **2** (*dir.*) evidence brought by cross-examination **3** (*seconda votazione in un'assemblea*) countervote, second vote.

contropunta *s.f.* (*mecc.*) **1** (*toppo mobile*) tailstock **2** (*punta conica*) dead center.

controquerela *s.f.* (*dir.*) countercharge.

controquerelare *v.tr.* (*dir.*) to make* a countercharge, to countercharge.

controranda *s.f.* (*mar.*) gaff-topsail.

controrrdine *s.m.* counterorder, countermand: *vieni domani salvo* —, come tomorrow unless you hear to the contrary; *dare un* —, to countermand an order; — *di pagamento*, countermand of payment.

controreazione *s.f.* **1** counter-reaction **2** (*mecc., elettr.*) feedback **3** (*rad.*) negative feedback: *circuito di* —, negative feedback circuit.

controrelatore *s.m.* examiner (who attacks the thesis during its discussion).

controrelazione *s.f.* contrary report; minority report.

controreplica *s.f.* (*dir.*) rejoinder; (counter-)reply, rebuttal.

controreplicare *v.tr.* e *intr.* (*dir.*) to rejoin; to counter-reply.

controricorso *s.m.* (*dir.*) counterclaim: *presentare un* —, to counterclaim.

controriforma *s.f.* (*st. relig.*) Counter -Reformation.

controriformista *s.m.* e *f.* supporter of the Counter-Reformation.

controriformista, **controriformistico** *agg.* Counter-Reformation (*attr.*).

controriva *s.f.* opposite bank.

controrivoluzionario *agg.* e *s.m.* counter-revolutionary.

controrivoluzione *s.f.* counter-revolution.

controrotaia *s.f.* (*ferr.*) guardrail, edge rail.

controscarpa *s.f.* (*edil.*) counterscarp.

controscena *s.f.* (*teatr.*) by-play.

controsenso *s.m.* countersense; (self-) contradiction; (*assurdità*) absurdity, nonsense, misconception: *è un — fare una dieta e poi abbuffarsi di cioccolato*, it doesn't make sense to go on a diet and then stuff oneself with chocolate; *questa lettera è tutta un —*, this letter does not make sense.

controsoffittare *v.tr.* to furnish with a false ceiling.

controsoffittatura *s.f.* **1** installation of a false ceiling **2** false ceiling.

controsoffitto *s.m.* false ceiling.

controsoggetto *s.m.* (*mus.*) counter-subject.

controspallina *s.f.* (*mil.*) shoulder loop.

controspeculazione *s.f.* (*econ.*) counterspeculation.

controspinta *s.f.* (*mecc.*) counterthrust.

controspionaggio *s.m.* counter-espionage.

controstallia *s.f.* (*comm. mar.*) demurrage: *giorni di —*, demurrage days.

controstampa *s.f.* (*tip.*) set off; (*amer.*) offset.

controstampare *v.tr.* (*tip.*) to set off; (*amer.*) to offset.

controsterzare *v.tr.* to countersteer.

controsterzata *s.f.* countersteer(ing).

controstimolo *s.m.* counterstimulus (*pl.* -i).

controtaglio *s.m.* **1** (*incisione*) intersecting line **2** (*della sciabola*) back edge.

controtempo *avv.* out of time: *prendere in —*, to anticipate ◆ *s.m.* **1** (*sport*) counter **2** (*mus.*) syncopation.

controtendenza *s.f.* countertendency.

controtesta *s.f.* (*mecc.*) tailstock.

controtipo *s.m.* (*cinem.*) duplicate.

controtransfert *s.m.* (*psic.*) counter-transference.

controvalore *s.m.* (*econ.*) equivalent, equivalent value, exchange value; (*banca*) countervalue: *— dei titoli*, countervalue of securities; *fissare il — in dollari*, to establish the equivalent in dollars.

controvapore *s.m.* (*mecc.*) reverse steam: *dare il —*, to reverse steam.

controvariante *agg.* (*mat.*) controvariant: *tensore —*, controvariant tensor.

controvelaccino *s.m.* (*mar.*) foreroyal.

controvelaccio *s.m.* (*mar.*) main royal.

controventare *v.tr.* (*edil.*, *mar.*) to brace.

controvento *avv.* against the wind, upwind: *navigare —*, to sail against the wind ◆ *s.m.* (*edil.*, *mar.*) brace.

controversia *s.f.* controversy, dispute; (*dir.*) litigation: *la questione ha suscitato molte controversie*, the matter has roused much controversy; *controversie familiari*, family rows; *— sulle retribuzioni*, pay dispute; *— sindacale*, labour dispute; *controversie in materia commerciale*, commercial causes; *— di lavoro*, trade dispute; *comporre una —*, to settle a dispute.

controversista *s.m.* e *f.* (*teol.*) controversialist.

controverso *agg.* controversial, doubtful, disputed: *un punto —*, a controversial point; *è una questione molto controversa*, it is a much debated question.

controvertere *v.intr.* (*dir.*) to dispute, to argue ◆ *v.tr.* (*non com.*) to controvert, to dispute.

controvertibile *agg.* (*non com.*) controvertible, open to question (*pred.*).

controvertibilità *s.f.* (*non com.*) controvertibility.

controviale *s.m.* access road (running parallel to a main through road).

controvoglia *avv.* unwillingly, reluctantly: *accettare — un invito*, to accept an invitation unwillingly.

contumace *agg.* **1** (*dir.*) guilty of default (*pred.*), contumacious: *rendersi*, *essere —*, to default **2** (*ant.*, *letter.*) (*indocile*) contumacious, insubordinate; stubborn ◆ *s.m.* e *f.* (*dir.*) defaulter.

contumacia *s.f.* **1** (*dir.*) contumacy, default, absentia: *giudizio in —*, judgment by default; *sarà processato in —*, he will be tried in his absence; *condannare in —*, to sentence by default; *condanna in —*, conviction by default (*o* in absentia) **2** (*ant.*) (*insubordinazione*) contumacy; insubordination; disobedience **3** (*quarantena*) quarantine: *bandiera di —*, quarantine flag; *mettere in —*, to put in quarantine; *tenere in —*, to keep in quarantine.

contumaciale *agg.* **1** (*dir.*) by default (*pred.*): *sentenza —*, sentence in absentia **2** (*di*, *per quarantena*) quarantine (*attr.*): *ospedale —*, isolation (*o* quarantine) hospital.

contumelia *s.f.* contumely, insult, abuse: *coprire qlcu. di contumelie*, to cast contumelies on s.o.

contundente *agg.* blunt, contusive: *arma —*, blunt weapon; *corpo —*, blunt instrument; *in campo piovevano oggetti contundenti*, dangerous objects rained down onto the pitch.

contundere *v.tr.* to bruise, to contuse.

conturbamento *s.m.* (*non com.*) disturbance, agitation, confusion, perturbation; excitement.

conturbante *agg.* disturbing, perturbing, troubling, upsetting; (*eccitante*) thrilling, exciting; (*affascinante*) fascinating: *uno sguardo —*, a disturbing gaze.

conturbare *v.tr.* to disturb, to perturb, to trouble, to upset*.

□ **conturbarsi** *v.intr.pron.* to be disturbed, to become* disturbed; to be perturbed; (*commuoversi*) to be moved.

conturbato *agg.* disturbed, upset, troubled; agitated.

contusione *s.f.* bruise, contusion.

contuso *agg.* bruised, contused, injured ◆ *s.m.* injured person, injury: *i contusi non si contavano*, there were innumerable injuries.

contuttoché, **con tutto che** *cong.* although, though.

contuttociò, **con tutto ciò** *avv.* nevertheless, however: *— insiste nel dire che ha ragione lui!*, however he insists that he's right.

conucleo *s.m.* (*mat.*) cokernel.

conurbazione *s.f.* conurbation.

convalescente *agg.* e *s.m.* e *f.* convalescent: *essere — da una polmonite*, to convalesce from pneumonia.

convalescenza *s.f.* convalescence: *la sua — sarà lunga*, he's going to have a long convalescence.

convalescenziario *s.m.* convalescent home.

convalida *s.f.* meno com. **convalidamento** *s.m.* validation, confirmation (*anche dir.*); ratification: *la — di un documento*, the ratification of a document; *la — di un contratto*, the validation of a contract.

convalidare *v.tr.* **1** to validate, to ratify, to confirm, to convalidate, to affirm, to make* valid: *— una nomina*, to confirm an appointment (*o* to ratify a nomination); *— un contratto*, to affirm a contract **2** (*rafforzare*) to corroborate, to support: *la riuscita dell'esperimento ha convalidato la sua tesi*, the success of the experiment corroborated his theory.

convalidazione → **convalida**.

convallaria *s.f.* (*bot.*) → **mughetto**.

convalle *s.f.* (*letter.*) (wide) valley; (*valletta*) vale.

convegnista *s.m.* e *f.* conventioneer, person attending a meeting, person attending a convention.

convegno *s.m.* **1** (*congresso*) meeting, convention, congress: *partecipare a un — di medicina*, to take part in a medical convention **2** (*luogo di riunione*) meeting-place, rendez-vous, haunt: *la sua casa era — di pittori e artisti*, his house was a meeting-place for painters and artists // *darsi —*, to arrange a meeting.

convenevole *agg.* convenient, suitable; proper ◆ *s.m.* **1** (*letter.*) canon **2** *pl.* compliments, regards, greetings: *lascia perdere i convenevoli e mettiti a tuo agio*, don't stand on ceremony and make yourself at home.

convenevolezza *s.f.* (*non com.*) convenience, suitability.

conveniente *agg.* **1** (*opportuno*) suited, suitable: *vestire in modo —*, to dress suitably **2** (*adeguato*) adequate, reasonable **3** (*vantaggioso*) good, good value, favourable, advantageous: *un prezzo*, *un'offerta —*, a good price, offer; *questo pullover è —*, this pullover is good value.

convenientemente *avv.* **1** suitably, properly **2** (*vantaggiosamente*) profitably; (*a buon mercato*) cheaply.

convenienza *s.f.* **1** suitability, suitableness, fitness, appropriateness, convenience **2** (*utilità*, *vantaggio economico*) advantage, profit, gain, expedience, expediency; (*di prezzo*) cheapness: *per ragioni di —*, on grounds of expediency; *ci troverà la sua —*, he will find some advantage (*o* profit) in it // *matrimonio di —*, marriage of convenience **3** (*educazione*) propriety, politeness, civility, decorum: *una visita di —*, a courtesy call **4** *pl.* Ⓤ: proprieties, good manners, etiquette (*norme di comportamento*): *rispettare le convenienze*, to observe the proprieties.

convenire *v.intr.* **1** *impers.* (*essere utile, necessario*) to suit (s.o.), had better (*costr. pers.*): *conviene andare a letto presto se partiamo alle 5*, we had better go to bed early if we're leaving at 5; *ci conviene parlarne prima con il capo*, we ought to talk to the boss about it first; *conviene che io resti*, I'd better stay; *non mi conviene*, it does not suit me; *non ti conviene contrariarlo*, you had better not contradict him **2** (*letter.*) (*riunirsi*) to meet*, to gather, to convene: *convennero da ogni parte*, they came from all over; *una gran folla convenne nella piazza*, a large crowd gathered in the square **3** (*concordare*) to agree: *convennero sul prezzo*, they agreed on the price; *il prezzo è convenuto*, the price is agreed; *tutti convengono sul fatto che è una bellissima ragazza*, everyone agrees she is a very beautiful girl; *ho agito male con te, ne convengo*, I've been mean to you, I admit **4** (*essere vantaggioso*) to be worth; to be worthwhile: *è un prezzo che non conviene*, the price doesn't make it worthwhile; *non mi conviene farlo aggiustare*, it's not worth having it mended; *il prezzo conviene*, the price is reasonable; *l'offerta conviene*, it's a profitable offer **5** (*essere adatto a*) to be suitable (for sthg., s.o.), to be suited (to sthg., s.o.) ◆ *v.tr.* **1** (*pattuire*) to agree upon (sthg.), to fix, to settle: — *l'ora per la cerimonia*, to agree on a time for the ceremony **2** (*ammettere*) to admit: *ha convenuto che il film era troppo lungo*, he admitted that the film was too long **3** (*dir.*) to summon: — *qlcu. in giudizio*, to summon s.o. (to appear in court), to sue s.o.

□ **convenirsi** *v.intr.pron.* ought, should (*costr. pers.*): *comportarsi come si conviene a un gentiluomo*, to behave as a gentleman ought to.

conventicola *s.f.* (*letter.*) conventicle; secret meeting.

convento *s.m.* **1** convent; (*di suore*) nunnery; (*di frati*) friary; (*monastero*) monastery: *entrare in* —, (*di suore*) to enter a convent (*o* to become a nun); (*di monaci*) to enter a monastery (*o* to become a monk) // *accontentarsi di quel che passa il* —, to be thankful for what one gets **2** (*insieme dei religiosi*) monks (*pl.*); nuns (*pl.*)

conventuale *agg.* e *s.m.* (*eccl.*) conventual: *chiesa* —, conventual church.

convenuto *agg.* agreed; (*fissato*) fixed, settled: *prezzo* —, price agreed upon ◆ *s.m.* **1** agreement, settlement: *acquistare al* —, to buy at an agreed price **2** (*dir.*) defendant **3** *i convenuti*, the persons present, participants.

convenzionale *agg.* **1** agreed, prearranged, stipulated: *scrittura* —, cipher (*o* code); *segno* —, prearranged sign **2** (*tradizionale*) traditional, conventional: *si veste sempre in modo* —, he's a conventional dresser // *armi convenzionali*, conventional weapons // *arte* —, conventional art.

convenzionalismo *s.m.* conventionalism, conventionality, formality.

convenzionalista *agg.* conventional, formal, conservative ◆ *s.m.* e *f.* conventionalist, conservative.

convenzionalità *s.f.* conventionality.

convenzionare *v.tr.* to agree (up) on, to settle, to arrange: — *le tariffe*, to agree on tariffs.

□ **convenzionarsi** *v.rifl.* to have an arrangement, to have an agreement: *la nostra azienda si è convenzionata con la Regione*, our company has an agreement with the County Council.

convenzionato *agg.* **1** (*stabilito*) agreed, fixed, arranged: *prezzo* —, fixed price **2** (*che ha convenzioni*) that has an arrangement (*pred.*), that has an agreement (*pred.*): *ristorante — con un'azienda*, restaurant that has an arrangement with a firm; *clinica convenzionata*, clinic operating within the national health service.

convenzione *s.f.* **1** (*dir.*, *pol.*) convention, covenant; (*accordo*) agreement: *stipulare una — sull'assetto geografico di un territorio*, to draw up an agreement about the geographical division of an area // — *monetaria*, money convention (*o* monetary agreement); — *tariffaria*, tariff agreement **2** (*consuetudine*) accepted custom, convention: *infrangere le convenzioni*, to break the conventions; *essere schiavo delle convenzioni*, to be a slave to convention.

convergente *agg.* convergent, converging (*anche fig.*): (*med.*) *strabismo* —, convergent strabismus (*o* cross-eye); (*mat.*) *serie, successione* —, convergent series; (*fis.*) *lente* —, converging lens; *avere interessi convergenti*, to have convergent interests.

convergenza *s.f.* **1** convergence: (*mat.*) *raggio di* —, convergence radius **2** (*fig.*) meeting: — *di interessi*, meeting of interests **3** (*aut.*) toe-in.

convergere *v.intr.* to converge, to meet*, to be directed towards: *i raggi della ruota convergono al centro*, the spokes meet at the centre of the wheel; — *al centro della città*, to converge at the city centre; *i nostri sforzi devono — verso l'obiettivo*, our efforts must be directed towards the objective; *le nostre aspirazioni non convergono*, our aspirations diverge ◆ *v.tr.* to direct: — *il traffico verso l'uscita*, to direct the traffic towards the exit.

conversa[1] *s.f.* (*eccl.*) lay sister.

conversa[2] *s.f.* (*edil.*) flashing.

conversare[1] *v.intr.* to talk; to converse, to make* conversation; (*fam.*) to chat: *hanno passato la serata a — di libri*, they spent the evening talking about books; *è piacevole — con loro*, they are nice people to talk to.

conversare[2] *s.m.* (*letter.*) conversation, talk.

conversatore *s.m.* **conversatrice** *s.f.* talker, conversationalist: *un brillante* —, a brilliant conversationalist.

conversazione *s.f.* **1** conversation, talk; (*fam.*) chat: *fare — a tavola*, to make table talk; *una lunga — telefonica*, a long telephone conversation; *quell'uomo ha una — brillante*, that man converses brilliantly; *sostenere la* —, to keep the conversation going; *sostenere una — in inglese*, to carry on a conversation in English **2** (*discorso*) talk: *lo scrittore tenne una serie di conversazioni alla radio*, the writer gave a series of talks on the radio **3** (*antiq.*) soirée: *tenere* —, to hold a soirée.

conversione *s.f.* **1** (*pol.*, *relig.*) conversion: *la — di S. Paolo al Cristianesimo*, St. Paul's conversion to Christianity; — *politica*, political conversion **2** (*scient.*) (*mutamento*) conversion: — *di un gas in liquido*, conversion of a gas into a liquid; (*rad.*) — *di frequenza*, frequency conversion; (*fis. nucleare*) — *interna*, internal conversion **3** (*dir.*, *econ.*) conversion: — *in legge di un decreto*, turning of a decree into a law; — *del debito pubblico*, refunding // (*fin.*): — *di un debito* (*da breve a medio o lungo termine*), funding; — *di obbligazioni in azioni*, conversion of bonds into shares; — *di titoli in moneta*, conversion of securities into cash (*o* realization); — *in liquidità*, conversion into liquid assets **4** (*mil.*) wheel: — *a destra, sinistra*, right wheel, left wheel.

converso[1] *s.m.* (*eccl.*) lay brother.

converso[2] *agg.* (*ant.*) contrary // *per* —, conversely (*o* viceversa).

convertibile *agg.* convertible: (*aut.*) *berlina* —, convertible saloon // (*fin.*): *moneta* —, convertible money; *valuta* —, convertible currency; *titolo* —, convertible security; — *in oro*, convertible into gold; — *in valuta metallica*, convertible into specie // (*banca*): *obbligazione* —, convertible debenture; *obbligazione non* —, unconvertible (*o* non-convertible) debenture ◆ *s.f.* (*aut.*) convertible.

convertibilità *s.f.* convertibility: — *della sterlina*, convertibility of sterling; — *valutaria*, convertibility of currency; — *in oro*, convertibility into gold.

convertiplano *s.m.* (*aer.*) convertiplane.

convertire *v.tr.* **1** (*pol.*, *relig.*) to convert: *lo convertirono al socialismo*, they converted him to socialism; — *i pagani al cristianesimo*, to convert the heathen to Christianity **2** (*mutare, trasformare*) to convert, to turn, to change: — *l'acqua in vapore*, to turn water into steam **3** (*econ.*, *comm.*) to convert, to realize: — *in contanti*, to encash; — *lire in dollari*, to convert lire into dollars; — *titoli in denaro contante*, to realize securities, to redeem stocks; — *un prestito*, to convert (*o* refund) a loan; — *la cartamoneta in oro*, to convert paper money into gold; — *in liquidità*, to liquidate; (*Borsa*) — *le azioni*, to convert shares **4** (*letter.*) (*volgere*) to turn: — *gli occhi*, to turn one's eyes.

□ **convertirsi** *v.rifl.* (*pol.*, *relig.*) to be converted: *si convertì al Cristianesimo*, he was converted to Christianity ◆ *v.intr.pron.* (*mutarsi, trasformarsi*) to be converted, to turn, to change: *i bruchi si convertono in farfalle*, caterpillars change into butterflies.

convertito *s.m.* convert ◆ *agg.* converted.

convertitore *s.m.* **1** (*non com.*) (*chi converte*) converter **2** (*elettr.*) converter, convertor: — *di immagine*, image converter // (*inform.*) — *numerico*, digital converter **3** (*metall.*) convertor: — *Bessemer*, bessemer (convertor); *trattare al* —, to bessemerize.

convessità *s.f.* convexity.

convesso *agg.* convex: *angolo* —, convex angle; *lente convessa*, convex lens.

convettivo *agg.* (*fis.*, *meteor.*) convective: *corrente convettiva*, convective current.

convettore *s.m.* (*tecn.*) convector.

convezione *s.f.* (*fis.*, *meteor.*) convection: *corrente di* —, convection current; *cella di* —, convection cell; — *a celle*, cellular convection.

convincente *agg.* convincing: *argomento* —, convincing argument; *aveva una scusa poco* —, his excuse wasn't very convincing.

convincere *v.tr.* **1** to convince, to persuade: — *qlcu. di qlco.*, to convince s.o. of sthg.; *mi convinse che era un buon affare*, he convinced me that it was a good buy; *i suoi ragionamenti* *non mi convincono*, his reasons don't convince me; *lo convinse a partire*, she persuaded him to leave **2** (*dir.*) to convict, to prove guilty: — *qlcu. di un reato*, to convict s.o. of a crime. □ **convincersi** *v.rifl.* to convince oneself; to satisfy oneself; to resign oneself; (*lasciarsi convincere*) to be convinced, to become* convinced: *non riesce a — di quanto è successo*, he can't resign himself to what has happened.

convincimento *s.m.* conviction; convincing, persuasion, convincement: *non si riuscì a smuoverlo dal suo —*, we didn't succeed in making him abandon his conviction // (*dir.*) *il libero — del giudice*, the free convincement of the judge.

convinto *agg.* **1** convinced, persuaded: *parlare in tono —*, to speak with conviction; *non sono — della decisione che ho preso*, I'm not sure I've made the right decision **2** (*intimamente persuaso*) convinced, out-and-out: *monarchico —*, out-and-out monarchist **3** (*dir.*) *reo —*, convicted.

convinzione *s.f.* **1** conviction, persuasion, firm belief: *avere la — che...*, to be convinced that...; *parlare con —*, to speak with conviction; *fare opera di — su qlcu.*, to try to convince s.o.; *fare qlco. con grande —*, to do sthg. with great conviction **2** (*spec. pl.*) (*opinioni*) convictions (*pl.*), beliefs (*pl.*), opinions (*pl.*): *convinzioni politiche*, political convictions; *convinzioni religiose*, religious beliefs.

convitato *s.m.* guest: *era l'unico — straniero*, he was the only stranger at the table.

convito *s.m.* (*letter.*) banquet; feast.

convitto *s.m.* **1** boarding school: — *femminile*, boarding school for girls **2** (*insieme dei convittori*) boarders (*pl.*), pupils (*pl.*).

convittore *s.m.* **convittrice** *s.f.* boarder.

convivente *agg.* cohabiting, living together: *sono due razze conviventi sullo stesso territorio*, they are two races living together on the same territory ♦ *s.m.* e *f.* cohabitant, common-law husband, common-law wife*: *la polizia lo trovò con la sua —*, the police found him with his common-law wife.

convivenza *s.f.* **1** cohabitation; living together, life in common: — *familiare*, family life; *dopo vari anni di — si sono separati*, after living together for several years they separated **2** (*collettività*) society: *l'umana —*, human society.

convivere *v.intr.* to cohabit; to live together: *convivono con i genitori*, they live with their parents; *non convivono da molto e già ci sono problemi*, they haven't been living together long and there are already some problems // *due idee opposte non possono —*, (*fig.*) two contrary ideas cannot meet.

conviviale *agg.* convivial: *canzoni conviviali*, convivial songs; *piaceri conviviali*, the pleasures of the table.

convivio *s.m.* (*letter.*) banquet; feast.

convocamento *s.m.* convocation; summons.

convocare *v.tr.* to convoke; to call, to summon, to convene; (*radunare*) to call together, to assemble: — *un'assemblea*, to convene (*o* to call *o* to summon) a meeting; *l'assemblea è convocata per domani*, the meeting will be held tomorrow; — *gli azionisti*, to call a meeting of shareholders; — *il Parlamento*, to convoke Parliament; — *i propri creditori*, to call one's creditors together; *il preside mi convocò nel suo ufficio*, the headmaster called me into his office.

convocazione *s.f.* convocation; calling together; summoning; (*riunione*) meeting: *la — dell'assemblea*, the convocation of the meeting; *assemblea in prima, seconda —*, first, second meeting; (*dir.*) *indire la — dei creditori*, to call the meeting of creditors; *lettera di —*, (letter of) notification to attend.

convogliare *v.tr.* **1** (*non com.*) (*scortare*) to convoy, to escort **2** (*trasportare*) to carry (away), to convey: *queste tubature convogliano l'acqua calda a tutte le parti dell'edificio*, these pipes carry hot water to all parts of the building; *i fiumi convogliano ogni tipo di detriti*, rivers carry (*o* bear) all kinds of debris **3** (*indirizzare*) to direct; to channel; (*form.*) to address: — *il traffico verso la circonvallazione*, to direct (*o* to channel) the traffic towards the ring road; *convogliò tutte le sue energie in quel lavoro*, he directed all his energies into the task.

convogliatore *s.m.* (*mecc.*) conveyor: — *a circuito chiuso*, loop conveyor; — *a nastro*, belt conveyor.

convoglio *s.m.* **1** (*treno*) train // (*miner.*) — *di vagoncini*, journey **2** (*mar.*, *mil.*) convoy **3** (*corteo*) procession: — *funebre*, funeral procession.

convolare *v.intr.* to fly* together // — *a giuste nozze*, to get married.

convoluto *agg.* (*bot.*) convolute, supervolute.

convoluzione *s.f.* (*mat.*) convolution: *integrale di —*, convolution integral.

convolvolo *s.m.* (*bot.*) convolvulus* // — *notturno*, (*Calonyction aculeatum*) moonflower // — *rampicante*, (*Polygonum convolvulus*) bindweed // — *purpureo*, (*Ipomoea purpurea*) morning-glory.

convulsamente *avv.* **1** convulsively **2** (*febbrilmente*) feverishly.

convulsione *s.f.* (*med.*) convulsion; spasm: *convulsioni infantili*, infantile convulsions; *cadere in convulsioni*, to have a fit (*o* convulsions) // *convulsioni di riso*, fits of laughter (*o form.* paroxysm of laughter); — *di pianto*, fits of tears (*o form.* paroxysm of tears).

convulsivante *agg.* (*med.*) convulsant.

convulsivo *agg.* convulsive: (*med.*) *tic —*, convulsive tic; *una crisi convulsiva*, a fit of convulsions.

convulso *agg.* **1** convulsive; agitated: *movimento —*, convulsive movement; *riso —*, convulsive laughter // *tosse convulsa*, whooping cough **2** (*scomposto*) jerky: *stile —*, jerky style; *frasi convulse*, short (*o* jerky) sentences **3** (*frenetico*) feverish: *attività convulsa*, feverish activity ♦ *s.m.* (*fam.*) convulsion; twitch: *un — di pianto*, a fit of crying; (*form.*) a paroxysm of tears; *il clown provocò negli spettatori un — di risa*, the clown kept his audience in convulsions (*o* in fits of laughter).

coobare *v.tr.* (*chim.*) to cohobate.

coobazione *s.f.* (*chim.*) cohobation.

coobbligato *agg.* (*dir.*) jointly liable.

coobbligazione *s.f.* (*dir.*) joint obligation.

cooccupante *s.m.* e *f.* (*dir.*) joint occupier.

coomologia *s.f.* (*mat.*) cohomology: *teoria della —*, cohomology theory.

coomotopia *s.f.* (*mat.*) cohomotopy: *teoria della —*, cohomotopy theory.

cooperare *v.intr.* to cooperate; to collaborate; to join; to contribute; (*fam.*) to pitch in: *cooperò con me nella fondazione di un nuovo giornale*, he cooperated (*o* joined) with me in founding a new paper; — *alla preparazione di un dizionario*, to collaborate in preparing a dictionary; — *al successo di qlco.*, to contribute to the success of sthg.; *fu un successo perché tutti cooperarono*, it was a success because everyone pitched in.

cooperativa *s.f.* (*comm.*) (*società*) cooperative society, cooperative; (*negozio*) cooperative store: — *di consumo*, consumer (*o* consumers') cooperative, retail society; — *di lavoro*, labour cooperative; — *edilizia*, cooperative housing society; — *agricola*, agricultural (*o* farmers') cooperative; — *di produzione*, producers' cooperative; — *di vendita*, marketing cooperative; — *vinicola*, vinegrowers' association; (*banca*) — *di credito*, cooperative bank, credit cooperative, (*amer.*) credit union.

cooperativismo *s.m.* cooperative movement, cooperativism.

cooperativistico *agg.* cooperative: *economia cooperativistica*, cooperative economy.

cooperativo *agg.* (*amm.*) cooperative: *impresa cooperativa*, cooperative firm; *movimento —*, cooperative movement.

cooperatore *s.m.* **cooperatrice** *s.f.* cooperator; collaborator.

cooperazione *s.f.* **1** cooperation, collaboration **2** (*econ.*) cooperation, cooperative organization; (*insieme delle cooperative*) cooperative system: — *economica*, economic cooperation.

cooptare *v.tr.* to co-opt.

cooptazione *s.f.* co-optation.

coordinamento *s.m.* coordination: *è una ricerca che manca totalmente di —*, this research is totally lacking in coordination; *il nuovo impiegato si occuperà del — fra i vari uffici*, the new clerk will deal with coordination between the various offices.

coordinante *agg.* coordinating, coordinate // (*gramm.*) *congiunzione —*, coordinate conjunction.

coordinare *v.tr.* to coordinate (*anche gramm.*, *chim.*): — *le idee*, *gli sforzi*, to coordinate the ideas, the efforts; — *i propri movimenti*, to coordinate one's movements.

coordinata *s.f.* **1** (*scient.*) coordinate: *sistema di coordinate*, coordinate system; *coordinate astronomiche*, *geografiche*, astronomical, geographical coordinates // (*mat.*): — *cartesiana*, *polare*, Cartesian, polar coordinate; *coordinate spaziali*, space coordinates **2** (*gramm.*) coordinate.

coordinativo *agg.* coordinative, coordinating (*anche gramm.*): *congiunzione coordinativa*, coordinating conjunction.

coordinato *agg.* coordinated, coordinate: *il nuovo prodotto è frutto di uno sforzo ben —*, the new product is the result of a well-coordinated effort // (*mat.*) *rette coordinate*, coordinate lines // (*gramm.*) *proposizione coordinata*, coordinate clause ♦ *s.m.* outfit; *pl.* coordinates: *un — per la spiaggia*, a beach outfit; *i coordinati autunno-inverno del nuovo anno*, the coordinates for this year's autumn and winter collections.

coordinatore *agg.* coordinating, coordinative: *comitato —*, coordinating committee ◆ *s.m.*, **coordinatrice** *s.f.* **1** coordinator: *il — delle ricerche non era molto preparato*, the person coordinating the research was not very well -prepared **2** (*di scuola*) form master, form mistress.

coordinazione *s.f.* coordination (*anche gramm., chim.*): *— di movimenti, di attività*, coordination of movements, of activities // (*chim.*) *composto di —*, coordination (*o* coordinate) compound.

coorte *s.f.* **1** (*st. mil.*) cohort **2** (*letter.*) (*folla*) troop, crowd, multitude.

copaive *s.f.* (*bot.*) (*Copaifera officinalis*) copaiba, copaiva: *balsamo di —*, copaiba (balsam).

copale *s.f.* o *m.* **1** (*resina*) copal; (*vernice*) varnish **2** (*pelle*) patent leather: *scarpe di —*, patent leather shoes.

copeco *s.m.* (*moneta*) kopeck.

coperchio *s.m.* lid; top; cover; cap: *rimetti il — sul barattolo*, put the lid (*o* top) back on the jar; *— a vite*, screw cap.

copernicanismo *s.m.* Copernicanism.

copernicano *agg.* Copernican: (*astr.*) *sistema —*, Copernican system.

coperta *s.f.* **1** cover, blanket; (*copriletto*) coverlet, bedspread, counterpane; (*trapunta*) quilt: *c'erano due coperte sul letto*, there were two blankets (*o* covers) on the bed; *mettersi sotto le coperte*, to get under the covers (*o* bedclothes); *— elettrica*, electric blanket // *far da — a qlcu.*, (*fig.*) to cover up for s.o. **2** (*fodera*) cover **3** (*di libro*) cover **4** (*mar.*) deck: *— di manovra*, awning deck; *— di prua*, foredeck; *carico di —*, deck cargo (*o* load); *mozzo di —*, deck boy; *sotto —*, below deck; *tutti in —!*, all hands on deck! **5** (*ant.*) (*scusa, pretesto*) pretext: *sotto — di uscire*, under (*o* on) the pretext of going out.

copertamente *avv.* covertly, secretly, stealthily.

copertina *s.f.* (*di libro*) cover; (*amer.*) jacket; (*di disco*) sleeve: *prezzo di —*, cover price; *seconda di —*, inside cover; *terza di —*, inside back cover; *quarta di —*, back cover ◆ *agg.*: *ragazza —*, cover girl.

copertinato *agg.* covered.

coperto[1] *agg.* **1** (*riparato*) covered, sheltered: *passaggio —*, covered passage (*o* way); *campo da tennis —*, indoor (tennis) court; *piscina coperta*, indoor (swimming-)pool; *carrozza coperta*, closed carriage // (*comm.*): *essere —*, to be covered; *assegno —*, covered (*o* certified) cheque **2** (*cosparso*) covered, clad: *i campi erano completamente coperti di neve*, the fields were completely covered in (*o* with) snow; *cime di montagna coperte di neve*, snow-clad mountain tops; *— di sudore*, covered with sweat **3** (*di cielo*) overcast, cloudy: *domani cielo — su tutto il paese*, tomorrow it will be generally cloudy over the whole country **4** (*vestito*) clothed, clad: *non sei troppo —?*, aren't you too heavily clothed?; *erano ben coperti perché faceva freddo*, they were warmly clad (*o* well wrapped up) because it was cold **5** (*nascosto*) concealed, hidden; (*segreto*) secret; (*mil.*) masked: *minacce coperte*, veiled (*o* hidden) threats; *giocare a carte coperte*, to play without showing one's cards (*o* hand); *uomo con il viso —*, masked man // (*mil.*): *batteria coperta*, masked battery; *nemico —*, covert enemy ◆ *s.m.* (*luogo riparato*) cover, shelter: *al —*, under cover; *mettere, mettersi al — dalla pioggia*, to shelter (*o* to take shelter) from the rain; *mettersi al —*, to take cover (*o* to get under cover).

coperto[2] *s.m.* **1** (*posto a tavola*) place; (*fam.*) knife and fork; (*nei ristoranti*) cover: *una tavola di otto coperti*, a table laid for eight; *quanti coperti hai messo?*, how many places (*o* covers) have you laid?; *svelto, metti un altro —*, quick, lay another place **2** (*prezzo*) cover charge.

copertone *s.m.* **1** (*di pneumatico*) tire, tyre, pneumatic tyre **2** (*telone impermeabile*) tarpaulin.

copertura *s.f.* **1** covering: *telone per la — di merci*, canvas for covering goods **2** (*ciò che copre*) cover; top; (*di poltrona*) upholstery **3** (*fig.*) cover, front: *un'attività che serve da — a traffici illeciti*, a business that serves as a front for illegal activities **4** (*edil.*) roof, roofing, covering: *— con lamiera ondulata*, corrugated iron roofing; *— di ardesia*, slate roof; *— di cemento armato*, reinforced concrete ceiling; *— di tegole*, tiled roof; *— di un tetto*, roof covering (*o* roofing) // *materiali da —*, roofing **5** (*comm., fin. ecc.*) cover, covering, coverage; backing, hedging; averaging: *— delle spese*, covering of expenses; *— finanziaria*, financial backing; *— assicurativa*, insurance cover; *— di credito documentario*, cover for documentary credit; *— d'interessi*, interest cover // (*banca*): *mancanza di —*, no funds (*o* insufficient funds *o* absence of consideration); *fondi di —*, hedge funds // (*fin.*): *— di un'emissione di banconote*, backing; *— aurea* (*della moneta*), gold backing; *— da fluttuazioni future*, hedge // (*Borsa*): *— di vendita*, sales coverage (*o* selling hedge); *— di borsa al ribasso, al rialzo*, averaging down, up **6** (*mil.*) covering, cover: *fuoco di —*, covering fire; *truppe di —*, covering troops (*o* party); *— aerea*, air cover **7** (*miner.*) overburden **8** (*sport*) *gioco di —*, defensive play: *fare gioco di —*, to play defensively.

copia[1] *s.f.* **1** copy: *— dattiloscritta, manoscritta*, typewritten, manuscript copy; *— carbone*, carbon copy; *— conforme*, true copy; *— d'ufficio*, office copy; *— tipo*, master pattern; *bella —*, fair copy; *brutta —*, rough copy (*o* draft); (*dir.*) *— autenticata*, certified copy // (*inform.*): *— del contenuto di un disco*, disk dump; *— di riserva*, back-up copy **2** (*riproduzione*) copy, reproduction: *ha in casa una — della Gioconda*, he's got a copy (*o* reproduction) of the Mona Lisa at home; *è la — esatta di suo fratello*, he's the spitting image of his brother // *— fotostatica*, photostat® **3** (*esemplare*) copy: *il giornale ha una tiratura di 10.000 copie*, the newspaper has a print run of 10,000 copies; *una — di seconda mano*, a second-hand copy; *— omaggio*, complimentary (*o* presentation) copy **4** (*fot., cinem.*) print: *— campione*, answer print; *— lucida*, glossy print; *— rapida*, rush print; *— seppia*, sepia (*o* brown) print; *— sonora*, composite print.

copia[2] *s.f.* (*letter.*) (*abbondanza*) abundance: *ha libri in gran —*, he has got a great many books.

copialettere *s.m.* **1** letter-book **2** (*torchio*) letterpress.

copiare *v.tr.* **1** (*imitare*) to copy, to imitate: *— un compito da un compagno*, to copy an exercise from a classmate; *copia sempre quello che fanno i suoi amici*, he always copies whatever his friends do; *non — sempre le mie idee*, don't copy my ideas all the time **2** (*trascrivere*) to copy, to transcribe, to write* out: *dovete — in bella gli esercizi*, you have to make a fair copy of your exercises; *— a macchina una lettera*, to type out a letter.

copiativo *agg.* copying (*attr.*): *carta copiativa*, carbon paper; *inchiostro —*, copying ink; *matita copiativa*, copying (*o* ink *o* indelible) pencil.

copiatore *s.m.* **1** (*chi trascrive*) copier, transcriber **2** (*chi imita*) imitator.

copiatrice *s.f.* **1** (*fotocopiatrice*) photocopier **2** (*copialettere*) letterpress **3** (*chi trascrive*) copier, transcriber **4** (*chi imita*) imitator.

copiatura *s.f.* **1** copying: *il suo compito era pieno di copiature*, his paper was full of copyings **2** (*trascrizione*) transcription, copying: *errore di —*, error of transcription; *— a mano*, copying by hand.

copiglia *s.f.* (*mecc.*) split pin: *— di sicurezza*, safety pin.

copilota *s.m.* copilot.

copione[1] *s.m.* (*teatr., cinem.*) script: *— cinematografico*, film script // *secondo —*, (*fig.*) as expected.

copione[2] *s.m.* (*fam.*) copycat: *sei proprio un —, ti vesti sempre come me!*, you're a real copycat, you always dress like me!

copiosamente *avv.* plentifully, copiously, abundantly.

copiosità *s.f.* (*letter.*) abundance, copiousness.

copioso *agg.* (*letter.*) **1** (*abbondante*) plentiful, abundant, copious: *raccolto —*, abundant harvest; *un libro con copiose illustrazioni*, a copiously illustrated book **2** (*che ha in abbondanza*) rich: *un paese — di minerali*, a country rich in minerals **3** (*eloquente*) eloquent; (*prolisso*) prolix, verbose.

copista *s.m.* e *f.* **1** (*amanuense*) copyist; (*dattilografo*) typist **2** (*di opere d'arte, documenti*) imitator.

copisteria *s.f.* **1** typing office, typing agency **2** photocopy shop.

copolimerico *agg.* (*chim.*) copolymeric.

copolimerizzare *v.tr.* (*chim.*) to copolymerize.

copolimerizzazione *s.f.* (*chim.*) copolymerization.

copolimero *s.m.* (*chim.*) copolymer.

coppa[1] *s.f.* **1** cup, goblet; bowl; (*letter.*) (*bicchiere*) drinking glass: *— da champagne*, champagne glass; *— da macedonia*, fruit salad bowl; *— da gelato*, compote **2** (*contenuto*) cupful, gobletful, glassful; bowl: *una — di fragole*, a bowl of strawberries **3** (*trofeo sportivo*) cup, trophy; (*gara*) contest, cup: *la nostra squadra si è nuovamente aggiudicata la —*, our team won the cup (*o* the trophy) again // *la finale di —*, the Cup final **4** (*di reggiseno*) cup **5** (*aut.*) (*dell'olio*) (oil) sump **6** *pl.* (*a carte*) the suit in Italian (playing) cards corresponding to hearts.

coppa[2] *s.f.* (*salume*) 'coppa' (cured neck of pork).

coppaia[1] *s.f.* oil-jar store.

coppaia[2] *s.f.* bell chuck.

coppale → **copale**.

coppatura *s.f.* cheating by covering poor -quality goods with better ones.

coppella *s.f.* 1 (*metall.*) cupel: *oro di* —, fine gold; (*fig. scherz.*) person of integrity; *passare l'oro alla* —, to cupel gold // *prendere tutto per oro di* —, (*credere a tutto*) to swallow anything 2 (*bot.*) → **talamo**.

coppellare *v.tr.* (*metall.*) to cupel.

coppellazione *s.f.* (*metall.*) cupellation: *sottoporre a* —, to cupel.

coppetta *s.f.* 1 dessert bowl 2 (*med.*) cupping glass: *applicazione di coppette*, cupping; *fare, applicare le coppette a qlcu.*, to cup s.o.

coppia *s.f.* 1 (*di persone*) couple, pair: *una — di ragazze*, a couple of girls; *una giovane — di sposi*, a young married couple; *formare una bella* —, to make a nice pair (*o* a handsome couple); *venti coppie entrarono nella pista da ballo*, twenty couples took the floor // *a coppie*, two by two (*o* in couples); *disporsi a coppie*, to form pairs (*o* to pair off); *giocare in — con qlcu.*, to play in pairs (*o* as a couple) with s.o.; *fare — fissa*, to go steady; *i problemi della* —, the problems of couples; *vita di* —, life as a couple 2 (*di animali*) pair; (*di cani da caccia*) couple (*gener. pl. invar.*); (*di buoi*) yoke; (*di capi di selvaggina*) brace (*pl. invar.*): *una — di colombi*, a pair of doves; *dieci coppie di cani*, ten couple of dogs; *tre coppie di pernici*, three brace of partridges 3 (*di cose*) couple: *una — di bicchieri*, a couple of glasses 4 (*carte*) pair: *una — di nove*, a pair of nines 5 (*fis., mecc.*) torque; (*di forze*) couple: — *antagonista*, restoring torque; — *cinematica*, pair; — *di lavoro*, working torque 6 (*tel.*) pair 7 (*mat.*) dyad.

coppiere *s.m.* (*antiq.*) cupbearer.

coppietta *s.f.* couple, (pair of) lovers: *è una zona frequentata da coppiette*, it's a place where courting couples go.

coppiglia → **copiglia**.

coppiola *s.f.* (*due colpi simultanei*) double shot // *fare* —, to shoot off both barrels at once.

coppo *s.m.* 1 roof tile; (*tegola curva*) bent tile 2 (*orcio da olio*) oil jar.

coppola *s.f.* cap, cloth cap.

copra *s.f.* copra.

copresidente *s.m.* co-president, co -chairperson, co-chairman* ◆ *s.f.* co-president, co-chairperson, co-chairwoman*.

copresidenza *s.f.* co-presidency, co -chairpersonship; (*solo di uomo*) co-chairmanship; (*solo di donna*) co-chairwomanship: *la — della società è stata affidata a una donna*, a woman has been appointed the co-presidency of the company.

copribusto *s.m.* bodice, camisole.

copricalorifero *s.m.* radiator cover.

copricanna *s.m.* hand-guard.

copricapo *s.m.* headgear; (*cappello*) hat.

copricatena *s.m.* chain-guard.

copricostume *s.m.* beach robe.

copridivano *s.m.* sofa cover.

coprifasce *s.m.* baby's smock.

coprifiamma *s.m.* flash hider.

coprifilo *s.m* (*edil.*) staff bead.

coprifuoco *s.m.* curfew: *era stato imposto il — per ragioni di sicurezza*, a curfew had been imposed for security reasons; *suonare il* —, to sound the curfew.

coprigiunto *s.m.* (*mecc.*) butt strap; (*ferr.*) joint fishing.

copriletto *s.m.* bedspread, bedcover, coverlet, counterpane.

coprimaterasso *s.m.* mattress cover.

coprimorsetto *s.m.* (*elettr.*) terminal cover.

coprimozzo *s.m.* hubcap.

copripiatti → **coprivivande**.

copripiedi *s.m.* foot coverlet.

copripiumone *s.m.* duvet cover.

coprire *v.tr.* 1 to cover (up) (*anche fig.*): *il divano era coperto con un telo bianco*, the couch was covered with a white sheet; *se copri la pentola l'acqua bollirà prima*, if you cover the pot the water will boil more quickly; *si coprirono il capo per entrare nella sinagoga*, they covered their heads on entering the synagogue; *si coprì il volto con le mani e pianse*, he covered his face with his hands and sobbed; *la neve aveva coperto tutta la campagna*, the countryside was covered with snow; *una fitta nebbia avrebbe in breve coperto la città*, a thick fog would soon cover the town; *Mark aveva le braccia coperte di lividi*, Mark's arms were covered with bruises; *l'edera copriva tutto il muro*, the wall was entirely covered (*o* overgrown) with ivy; *copri bene il bambino*, wrap the baby up warmly; *copriti le spalle!*, cover your shoulders up // (*cuc.*): — *una torta di panna*, to top a cake with cream; *faccio — la torta con glassa al cioccolato*, I'll have the cake topped with chocolate icing // (*med.*) — *un dente con una capsula*, to cap a tooth // (*edil.*): — *di piastrelle*, to tile; — *di moquette*, to carpet; — *d'intonaco*, to plaster // — *di baci, di ingiurie*, to cover with kisses, with abuse; — *di gentilezze*, to overwhelm (*o* to shower) with kindness; — *di gloria, di onore*, to cover with glory, with honour 2 (*occultare*) to cover (up): *grossi nuvoloni coprirono il sole*, large dark clouds covered (up) the sun; *puoi — lo strappo con una toppa*, you can cover (up) the tear with a patch; *è inutile che tu cerchi di — i suoi errori*, it's pointless for you to try and cover up his mistakes; *non cercare di coprirlo*, don't try and cover up for him; *la musica coprì le sue parole*, the music drowned out (*o* covered) his words 3 (*difendere*) to cover: *la nostra ritirata verrà coperta dall'artiglieria*, the artillery will cover our retreat; *copritemi* (*alle spalle*)*!*, cover me! // — *il re*, (*scacchi*) to guard the king 4 (*comm.*) (*far fronte*) to meet*; (*garantire*) to cover: *la mia assicurazione mi copre da ogni rischio*, my insurance covers me against all risks; — *le spese*, to meet (*o* cover) expenses 5 (*includere*) to cover: *è una regola che copre tutti i casi*, it's a rule that covers all cases 6 (*occupare*) to hold*; (*andare a occupare*) to fill: *copre da anni quella carica*, he has been holding that office for years; *chi copre la cattedra di inglese?*, who holds the chair of English?; *chi coprirà il posto rimasto vacante?*, who will fill the vacancy? 7 (*distanza*) to cover, to do*: *il vincitore ha coperto la distanza in un'ora*, the winner covered (*o* did) the distance in an hour 8 (*zool.*) (*montare*) to cover; (*di montone*) to tup.

□ **coprirsi** *v.rifl.* 1 to cover oneself (up): *copriti bene perché fa un gran freddo*, cover yourself up (*o* wrap yourself up) warmly because it's very cold; *pensi sia necessario —?*, do you think we ought to wear something warm? // — *di gloria, di onore*, to cover oneself with glory, with honour; — *di vergogna*, to bring shame upon oneself // — *di debiti*, to get deep into debt 2 (*comm.*) (*garantirsi*) to cover oneself: *voglio coprirmi da ogni rischio*, I want to cover (*o* insure) myself against all risks 3 (*sport*) to guard; to be* on one's guard ◆ *v.intr.pron.* 1 to be* covered; to get* covered: *in primavera i campi si coprono di fiori*, in spring the fields are covered with flowers; *l'inferriata si è coperta di ruggine*, the railings have got covered with rust; *nel riordinare mi sono tutto coperto di polvere*, I got all covered with dust while tidying up; *si è tutto coperto di vesciche*, he got covered all over with blisters // — *di squame*, to scale 2 (*rannuvolarsi*) to become* overcast.

copririsvolto *s.m.* lapel facing.

copriruota *s.m.* wheel cover.

copriteiera *s.m.* (tea) cosy.

coprivivande *s.m.* dishcover.

coprocessore *s.m.* (*inform.*) coprocessor.

coproduttore *agg.* e *s.m.* coproducer.

coproduzione *s.f.* coproduction.

coprofagia *s.f.* (*psic.*) coprophagy.

coprofago *agg.* (*psic.*) coprophagous ◆ *s.m.* (*psic.*) coprophagist.

coprolalia *s.f.* (*psic.*) coprolalia.

coprolalico *agg.* (*psic.*) coprolaliac, affected by coprolalia ◆ *s.m.* person affected by coprolalia.

coprolito *s.m.* 1 (*geol.*) coprolite 2 (*med.*) coprolith.

coprostasi *s.f.* (*med.*) coprostasis.

copto *agg.* (*st. relig.*) Coptic: *chiesa copta*, Coptic church; *conosce la lingua copta*, he knows Coptic ◆ *s.m.* 1 (*st. relig.*) Copt 2 (*lingua*) Coptic.

copula *s.f.* 1 copulation, coitus 2 (*gramm.*) copula*.

copulare *v.tr.* 1 (*letter.*) to couple, to join together 2 (*chim.*) to copulate.

□ **copularsi** *v.rifl.* 1 (*letter.*) to copulate 2 (*ant.*) (*unirsi in matrimonio*) to marry.

copulativo *agg.* (*gramm.*) copulative: *verbi copulativi*, copulative verbs.

copulazione *s.f.* 1 (*letter.*) copulation, coitus 2 (*chim.*) copulation.

coque *s.f. alla* —, soft-boiled: *mi piacciono le uova alla* —, I like soft-boiled eggs (*o* I like my eggs soft-boiled).

coraggio *s.m.* 1 courage, bravery, fearlessness, heart, pluck, nerve, (*fam.*) guts (*pl.*); (*ardimento*) boldness, (*form.*) mettle: *ha il — delle sue opinioni*, he has the courage of his convictions; *mi mancò il* —, my courage (*o* my nerve) failed; *affrontare qlco. con* —, to face sthg. with courage (*o* courageously); *non ebbe il — di affrontarlo*, he didn't have the nerve to face him; *non ho il — di licenziarlo*, I haven't got the heart to dismiss him; *non aveva* —, he had no courage; *un uomo di* —, a courageous man (*o* a plucky man *o* a man full of courage); *far — a qlcu.*, to cheer s.o. up; *farsi* —, to pluck (*o* to muster) up courage; *perdere* —, to lose heart (*o* one's nerve); *riprendere* —, to take fresh heart; *mostrate un po' di —!*, show a little spirit! // —*!*, come on! (*o* cheer up!) // *armarsi di — per fare qlco.*, to nerve (*o* to steel) oneself to do sthg. // *prendere il — a due mani*, to take one's courage in both hands // — *civile*, bravery for the common good **2** (*impudenza*) impudence, effrontery; (*fam.*) nerve, cheek: *hai un bel —!*, you have got a nerve (*o* a cheek)!; *hai ancora il — di farti vivo?*, have you still got the cheek to turn up?; *certo che ci vuole un bel — ad andare in giro vestito così!*, you need real nerve to go around dressed like that! **3** (*ant.*) (*cuore, animo*) heart.

coraggiosamente *avv.* courageously, bravely: *aveva saputo affrontare — la tragica situazione*, he had been able to face the tragic situation bravely.

coraggioso *agg.* courageous, brave, fearless, plucky; (*ardito*) bold: *una persona molto coraggiosa*, a very courageous person; *un soldato —*, a fearless soldier; *il suo è stato un discorso —*, his speech was a courageous one.

corago → **corego**.

corale[1] *agg.* **1** choral: *canto —*, choral singing; *complesso —*, choir; *società —*, choral society // *lirica —*, choral lyric // *libri corali*, choir books (*o* books of anthems) **2** (*fig.*) (*d'insieme*) choral: *nei suoi romanzi Dos Passos dà una rappresentazione — di New York*, in his novels Dos Passos gives us a multiplicity of voices which represent New York as a whole // (*sport*): *azione —*, team (*o* concerted) move; *gioco —*, team play **3** (*fig.*) (*unanime*) unanimous: *approvazione, protesta —*, unanimous approval, protest ◆ *s.m.* **1** (*mus.*) (*composizione per coro*) choral(e): *i corali di Bach*, Bach's chorales **2** (*eccl.*) (*antifonario*) book of anthems (*o* choir book) ◆ *s.f.* (*coro*) choir: *una — polifonica*, a polyphonic choir.

corale[2] *agg.* (*ant.*) hearty, cordial.

coralità *s.f.* (*letter.*) concerted nature.

corallaio *s.m.* **1** (*chi lavora il corallo*) coral cutter **2** (*chi vende oggetti di corallo*) coral dealer.

corallifero *agg.* coralliferous: *banco —*, coral reef.

corallina *s.f.* **1** (*bot.*) (*Corallina officinalis*) coralline **2** (*min.*) corallite **3** (*barca*) coral -fishing boat.

corallino *agg.* **1** coral (*attr.*): *isola corallina*, coral island; *barriera corallina*, coral reef (*o* barrier); (*geol.*) *calcare —*, coral limestone **2** (*di colore*) coral (*attr.*), coralline: *labbra coralline*, coral lips.

corallo *s.m.* coral: *— bianco*, white coral; *banco di —*, coral reef; *collana di —*, coral necklace; *labbra di —*, coral lips; *pescatore di coralli*, coral fisher // (*geogr.*) *il Mar dei Coralli*, the Coral Sea.

corame *s.m.* **1** (*cuoio lavorato*) dressed leather **2** (*region.*) (*cuoio*) leather.

coramella *s.f.* strop.

coram populo *locuz. avv.* (*lat.*) coram populo, in public: *non avrebbe mai ammesso — la propria responsabilità*, he would never have admitted his guilt publicly.

coranico *agg.* Koranic, of the Koran.

Corano *s.m.* Koran.

corata, **coratella** *s.f.* pluck, liver and lights, offal.

corazza *s.f.* **1** (*armatura di guerriero*) cuirass **2** (*mil.*) armour: *— composta*, compound armour; *— di murata*, side armour **3** (*zool., bot.*) armour; (*guscio*) carapace; (*conchiglia*) shell **4** (*fig.*) defence, protection, shell, barrier: *si rinchiude dietro ad una — di timidezza*, he hid himself behind a barrier (*o* in a shell) of shyness; *il suo cinismo è solo una —*, his cynicism is only a defence.

corazzare *v.tr.* **1** to armour, to armour plate: *— una nave*, to armour plate a ship **2** (*fig.*) (*fortificare, difendere*) to strengthen, to harden, to steel: *— l'organismo contro un'epidemia*, to strengthen the body against an epidemic.

□ **corazzarsi** *v.rifl.* (*premunirsi*) to harden oneself, to protect oneself, to arm oneself: *si è corazzato contro il freddo*, he protected himself against the cold; *— contro le maldicenze*, to protect oneself against slander; *— contro le critiche*, to harden oneself against criticism; *si è corazzato contro tutte le avversità della vita*, he has hardened himself against all the adversities of life; *— di pazienza*, to arm oneself with patience.

corazzata *s.f.* (*mar.*) battleship; ironclad: *— tascabile*, pocket battleship.

corazzato *agg.* **1** (*mil.*) armoured, armour -plated: *divisione corazzata*, armoured division; *incrociatore —*, armoured-cruiser; *treno —*, armoured-train; *truppe corazzate*, armoured corps **2** (*fig.*) (*difeso, protetto*) hardened, armed, steeled: *essere — contro le avversità*, to be hardened against adversity.

corazzatura *s.f.* armour plating.

corazziere *s.m.* **1** (*mil.*) cuirassier **2** (*fig.*) tall, strapping man; tall, well-built man: *mio fratello è alto come un —*, my brother is a really big bloke.

corba[1] *s.f.* **1** large basket; hamper **2** (*mar. region.*) rib.

corba[2] *s.f.* (*vet.*) curb.

corbacchio, **corbaccio** *s.m.* large crow, large raven.

corbeille *s.f.* (*fr.*) **1** corbeille, basket: *mi ha mandato una bella — di fiori*, he has sent me a nice basket of flowers **2** (*Borsa*) floor, (*amer.*) pit, post.

corbellaggine *s.f.* (*non com.*) stupidity; foolishness.

corbellare *v.tr.* (*non com.*) to make* fun of (s.o.), to poke fun at (s.o.); to mock; to ridicule; to deride.

corbelleria *s.f.* **1** (*atto da sciocco*) foolish action, foolish trick, stupid trick, foolery **2** (*discorso sciocco*) nonsense [U], rubbish [U]; foolish words (*pl.*): *dire corbellerie*, to talk nonsense; *un romanzo pieno di corbellerie*, a novel full of rubbish **3** (*sproposito*) blunder: *dire, fare corbellerie*, to blunder **4** (*inezia*) trifle.

corbello[1] *s.m.* basket // *a corbelli*, in plenty (*o* in abundance).

corbello[2] *s.m.* (*fam.*) **1** (*testicolo*) ball: *rompere i corbelli*, to get on s.o.'s nerves (*o* to get up s.o.'s nose) **2** (*persona sciocca*) fool, blockhead, dummy.

corbezzola *s.f.* (*bot.*) arbutus berry.

corbezzoli *inter.* good gracious!, good heavens!, goodness!

corbezzolo *s.m.* (*bot.*) (*Arbutus unedo*) strawberry-tree; (*scient.*) arbutus.

corcontento *s.m.* (*fam.*) easygoing fellow, happy-go-lucky person.

corda *s.f.* **1** rope; string; twine; (*cavo*) cable; (*filo metallico*) wire; (*spago*) cord: *— di canapa*, hemp rope; *un rotolo di —*, a ball of string (*o* of twine); *scala di —*, rope ladder; *scarpe di —*, rope-soled shoes (*o* rope sandals); *— della frusta*, whipcord; *— di arco*, bow string; *salto della —*, (*gioco*) skipping; *— dei funamboli*, tightrope; *ballare sulla —*, to dance on a tightrope // *esser giù di —*, (*fig. fam.*) to feel seedy // *dar — a qlcu.*, (*fig.*) to give s.o. (plenty of) rope; *non dargli — o non te lo toglierai più di dosso*, don't give him too much leeway or you'll never get rid of him; *dagli — e saprai tutto*, let him talk and he'll tell you everything // *tagliare la —*, (*fig.*) to slip away (*o* to sneak away) // *essere con la — al collo*, (*fig.*) to have reached the end of the road (*o* of the line); *eravamo ormai con la — al collo*, we had no way out; *i suoi creditori gli hanno messo la — al collo*, his creditors have got him with a knife to his throat; *mi hanno messo la — al collo con questo lavoro*, they have really loaded me down (*o* they have put me with my back to the wall) with this job // *tendere, tirare troppo la —*, (*fig.*) to overdo things (*o* to carry things too far) // *non parlare di — in casa dell'impiccato*, (*prov.*) speak not of rope in the house of the hanged **2** (*di strumenti musicali*) string: *strumento a —*, string(ed) instrument; *— di pianoforte*, piano wire (*o* string); *— di violino*, violin string; *tendere le corde di un violino*, to tighten (up) the strings of a violin; *essere teso come le corde di un violino*, (*fig.*) to have one's nerves on edge // *far vibrare, toccare una —*, (*fig.*) to strike a note; *toccare la — del sentimentalismo*, to sound (*o* to strike) a sentimental note **3** (*anat.*) cord, chord: *corde vocali*, vocal cords; *corde del collo*, (*fam.*) neck sinews **4** (*zool.*) *— spinale*, spinal cord **5** (*tortura*) strappado* // *tenere qlcu. sulla —*, (*fig.*) to keep s.o. in suspense (*o* on tenterhooks) **6** (*trama del tessuto*) thread: *mostrare la —*, to be threadbare (*o* to show signs of wear); *un argomento che mostra la —*, (*fig.*) a threadbare argument **7** (*mat.*) chord // (*aer.*) *— alare*, wing chord **8** (*alpinismo, atletica, boxe*) rope: (*discesa in*) *— doppia*, rappel; *scendere in — doppia*, to rappel; *arrampicarsi con la — dall'alto*, to (climb) top rope // *mettere il rivale alle corde*, (*fig.*) to get one's opponent on the ropes.

cordaio *s.m.* **1** (*chi fabbrica corde*) ropemaker **2** (*chi vende corde*) rope seller.

cordame *s.m.* **1** (*assortimento di corde*) cordage, ropes (*pl.*) **2** (*mar.*) cordage; rigging.

cordaro → **cordaio**.

cordata *s.f.* **1** (*alpinismo*) rope: *in —*, on the rope; *una — di alpinisti stava affrontando una difficile parete*, a group of roped climbers were attempting a difficult face **2** (*estens.*) (*nel linguaggio economico*) consortium, group: *una — di imprenditori*, a cartel of entrepreneurs.

cordato[1] *agg.* **1** (*fornito di corda*) furnished with a rope (*pred.*) **2** (*simile a corda*) ropelike, ropy ◆ *s.m.* (*zool.*) chordate.

cordato[2] *agg.* (*bot.*) cordate.

cordatrice *s.f.* (*tecn.*) layer.

cordatura *s.f.* (*tecn.*) laying (up).

cordella *s.f.* (*fettuccia di seta*) ribbon, tape; (*cordoncino per corsetti*) string.

cordellina *s.f.* **1** (*mil.*) braid **2** (*mar.*) lanyard.

corderia *s.f.* ropery.

cordiale *agg.* **1** (*affettuoso*) cordial, hearty, warm, warm-hearted; friendly: *un — benve-*

nuto, *un'accoglienza* —, a hearty (*o* warm *o* cordial) welcome; *una persona* —, a friendly person; *saluti cordiali*, best wishes **2** (*profondo*) deep-seated, hearty: *mostrava nei suoi confronti una — antipatia*, she showed a hearty dislike of him; — *nemico*, sworn enemy **3** (*non com.*) (*tonico*) heartwarming: *bevanda* —, heartwarming drink **4** (*ant.*, *letter.*) (*del cuore*) of the heart ◆ *s.m.* (*liquore*) cordial.

cordialità *s.f.* cordiality, warm-heartedness, warmth, heartiness; friendliness; affability: *mi hanno accolto con grande* —, they gave me a really warm welcome; *regnava un clima di — quella sera*, there was a friendly atmosphere that evening // *tante — alla sua famiglia*, my best wishes (*o* my kindest regards) to your family.

cordialmente *avv.* **1** (*affettuosamente*) cordially, warmly; friendlily: *siamo stati accolti molto* —, we were received very warmly **2** (*profondamente*) heartily: *tuo fratello mi è — antipatico*, I heartily (*o* deeply) dislike your brother.

cordialona *s.f.* **cordialone** *s.m.* (*fam.*) warm-hearted person, good-hearted person.

cordiera *s.f.* (*mus.*) tailpiece.

cordierite *s.f.* (*min.*) cordierite.

cordigliera *s.f.* (*geogr.*) cordillera // *la Cordigliera delle Ande*, the Cordillera of the Andes.

cordiglio *s.m.* girdle, cord.

cordino *s.m.* short rope.

cordite *s.f.* (*esplosivo*) cordite.

cordless *s.m.* cordless (phone), wireless phone.

cordofono *s.m.* chordophone ◆ *agg.* chordophonic.

cordoglio *s.m.* deep sorrow, grief, condolence: *parole di — sono state espresse da tutte le varie autorità*, expressions of condolence were sent by all the various authorities.

cordolo *s.m.* (*edil.*) **1** (*marcapiano*) stringcourse **2** (*di marciapiede*) kerb, (*amer.*) curb.

cordonare *v.tr.* **1** (*non com.*) to border: — *un'aiuola di fiori*, to border a flowerbed **2** to crease: — *la cartonatura di un libro*, to crease a book case.

cordonata *s.f.* **1** (*strada a gradoni*) graded ramp **2** (*di aiuola*) border.

cordonatura *s.f.* **1** (*di cartone*) creasing **2** (*decorazione di vaso*), rope-like decoration (on a vase).

cordoncino *s.m.* cord; string.

cordone *s.m.* **1** cord, string: — *di campanello*, bell-rope (*o* bell-pull); — *di seta*, silk cord; *il — della tenda*, the curtain cord // *allargare i cordoni della borsa*, (*fig.*) to loosen the purse strings **2** (*anat.*) cord; (*funicolo*) funiculus*: — *ombelicale*, umbilical cord **3** (*fig.*) cordon, chain, line: *la macchina sfilò tra due cordoni di agenti*, the car passed between two lines of policemen; — *d'agenti di polizia*, police cordon // — *sanitario*, sanitary cordon **4** (*di ordine cavalleresco*) cordon, ribbon **5** (*arch.*) cordon; string-course **6** (*elettr.*) cord **7** (*geogr.*): — *litorale*, bar (*o* sandbar); — *sabbioso*, tombolo.

cordonetto *s.m.* cordonnet.

cordovano *agg.* Cordovan ◆ *s.m.* **1** (*abitante di Cordova*) Cordovan **2** (*cuoio*) cordovan (leather).

core → **cuore**.

corea *s.f.* (*med.*) chorea, St. Vitus'(s) dance.

coreano *agg.* e *s.m.* Korean // (*abbigl.*) *colletto alla coreana*, mandarin collar ◆ **coreana** *s.f.* Korean.

coreggia e *deriv.* → **correggia** e *deriv.*

corego *s.m.* (*teatr. greco*) choragus (*pl.* -gi).

coregono, **coregone** *s.m.* (*zool.*) white fish.

coreico *agg.* **1** (*letter.*) dance (*attr.*), of the dance (*pred.*), dancing (*attr.*) **2** (*med.*) choreic.

coreo *s.m.* (*metrica*) trochee, choreus.

coreografia *s.f.* choreography; (*estens.*) combination: *una — di luci e suoni*, an interplay of light and sound; *lo spettacolo si è svolto nella splendida — di piazza San Marco*, the show took place against the splendid backdrop of St. Mark's square.

coreografico *agg.* **1** choreographic **2** (*fig.*) spectacular: *la grande folla con le bandiere creava un effetto* —, the enormous crowd with its flags created a spectacular effect.

coreografo *s.m.* choreographer: *un grande ballerino* —, a great dancer-choreographer.

coreuta *s.m.* **1** (*st.*) member of the chorus **2** (*letter.*) chorister.

coreutica *s.f.* (*letter.*) the art of dancing.

corgnolo → **corniolo**.

coriaceo *agg.* **1** leathery; tough; coriaceous: *questa bistecca è coriacea*, this steak is very tough **2** (*fig.*) tough, hard: *ha un carattere* —, he's a hard man.

coriambico *agg.* (*metrica*) choriambic.

coriambo *s.m.* (*metrica*) choriamb.

coriandolo *s.m.* **1** (*bot.*) (*Coriandrum sativum*) coriander **2** *pl.* confetti ⓤ: *lanciare coriandoli*, to throw confetti **3** (*sl. inform.*) chip.

coribante *s.m.* (*mit.*) Corybant*.

coricamento *s.m.* lying down.

coricare *v.tr.* **1** (*adagiare*) to lay* down; (*mettere a letto*) to put* to bed **2** (*piegare, abbattere a terra*) to flatten, to lay* low, to knock down: *il vento ha coricato gli alberi*, the wind has flattened the trees.

□ **coricarsi** *v.rifl.* **1** (*sdraiarsi*) to lie* down: *mi sono coricato un momento sul divano*, I had a little lie-down on the sofa **2** (*andare a letto*) to go* to bed: *i bambini si coricarono presto*, the children went to bed early **3** (*letter.*) (*tramontare*) to set*.

corifa *s.f.* (*bot.*) (*Corypha umbraculifera*) talipot, taliput.

corifena *s.f.* (*zool.*): — *cavallina*, (*Coryphaena hippurus*) dorado, (*pop.*) dolphin.

corifeo *s.m.* (*teatr. greco*) coryphaeus*.

corimbo *s.m.* (*bot.*) corymb: *che cresce in corimbi*, corymbose (*o* corymbiferous).

corindone *s.m.* (*min.*) corundum.

corinzio *agg.* Corinthian: *metallo* —, Corinthian brass; (*arch.*) *ordine* —, Corinthian order ◆ *s.m.* Corinthian.

corio → **corion**.

corioideo → **coroideo**.

corion *s.m.* **1** (*anat.*) corium* **2** (*biol.*) chorion.

corista *s.m.* e *f.* (*mus.*) chorus singer; member of a choir; (*di chiesa*) chorister ◆ *s.m.* pitch; diapason.

coriza *s.f.* (*med.*) coryza.

cormo *s.m.* (*bot.*) corm.

cormofita *s.f.* (*bot.*) cormophyte.

cormorano *s.m.* (*zool.*) (*Phalacrocorax carbo*) cormorant, sea crow, scarf.

cornacchia *s.f.* **1** crow; (*Corvus frugilegus*) rook: *una — gracchiava*, a crow was cawing; *abitato da cornacchie*, rooky // — *nera*, (*Corvus corone*) carrion-crow // — *grigia*, (*Corvus cornix*) hooded crow **2** (*fig.*) (*persona di cattivo augurio*) gloom and doom merchant, gloom and doomer: *non fare la —! vedrai che andrà tutto bene*, don't be so gloomy! everything will be all right.

cornalina *s.f.* (*min.*) carnelian.

cornamusa *s.f.* (*mus.*) bagpipes (*pl.*).

cornata *s.f.* butt (with horns), blow (with horns), goring: *il torero fu trafitto da una* —, the bull-fighter was gored.

cornea *s.f.* (*anat.*) cornea.

corneale *agg.* (*anat.*) corneal // *lenti corneali*, contact lenses.

corneificarsi *v.intr.pron.* (*biol.*) to cornify.

corneificazione *s.f.* (*biol.*) cornification, hornification.

corneo *agg.* horny, corneous; hornlike: *escrescenze cornee*, hornlike projections // *strato — dell'epidermide*, horny layer of epidermis.

corner *s.m.* (*football*) corner: *palla in* —, corner kick // *salvarsi in* —, to concede a corner; (*fig.*) to escape by the skin of one's teeth.

cornetta *s.f.* **1** (*mus.*) cornet: *suonatore di* —, cornettist (*o* cornet player) **2** (*region.*) (*di telefono*) receiver: *riagganciò la* —, he replaced the receiver (*o* he hung up).

cornettista *s.m.* e *f.* cornettist, cornet player.

cornetto *s.m.* **1** little horn **2** (*mus.*) cornet **3** (*cornetto acustico*) ear trumpet **4** (*amuleto*) horn-shaped amulet **5** (*brioche*) croissant; (*di gelato*) cone **6** *pl.* (*fagiolini*) French beans.

cornice *s.f.* **1** frame: — *di un quadro*, picture frame: *mettere in* —, to set in a frame (*o* to frame) // *val più la — del quadro*, the frame is worth more than the picture **2** (*arch.*) cornice, dripstone **3** (*estens.*) setting, framework, environment: *una — di splendide montagne*, a marvellous mountain setting; *la festa si è svolta in una — elegante*, the party took place in an elegant setting **4** (*orlo sporgente di roccia*) ledge.

corniciaio *s.m.* **1** (*chi fabbrica cornici*) frame-maker **2** (*chi vende cornici*) frame-seller.

corniciare e *deriv.* → **incorniciare** e *deriv.*

cornicione *s.m.* (*arch.*) cornice; entablature; moulding: — *sopra una finestra, una porta*, label; — *di gronda*, eaves (*pl.*).

cornificare *v.tr.* (*volg.*) (*di moglie*) to cuckold, to be unfaithful to (one's husband); (*di marito*) to be unfaithful to (one's wife): *sua moglie lo ha cornificato più e più volte*, his wife cuckolded him several times.

corniola *s.f.* **1** (*bot.*) cornel, cornelian cherry **2** (*min.*) cornelian.

corniolo *s.m.* **1** (*bot.*) (*Cornus mas*) cornel(-tree) **2** (*legno*) cornel.

cornista *s.m.* e *f.* (*mus.*) horn player.

corno *pl.f.* **corna** *nel sig. 1; pl.m.* **corni** *nei significati 2, 3, 4 e in alcune espressioni idiomatiche, s.m.* **1** (*zool.*) horn; (*ramificate*) antlers: — *di cervo*, hartshorn; *corna di antilope*, antelope horns; *uccise un cervo e appese le corna come trofeo di caccia*, he killed a stag and hung up the antlers as a trophy // *fare le corna*, (*come scongiuro*) to touch wood; (*come insulto*) to give s.o. the V sign (*o* the fingers); (*tradire*) (*di marito*) to be unfaithful to one's wife; (*di moglie*) to make a cuckold of one's husband // *prendere il toro per le corna*, (*fig.*) to take the bull by the horns // *rompere le corna a qlcu.*, (*picchiarlo*) to hit (*o* to beat) s.o. hard // *rompersi le corna*, (*fig.*) to get the worst of it (*o* to be defeated) // *dire peste e corna di qlcu.*, (*fig.*) to slander (*o* to speak ill of) s.o. // *alzare le corna*, (*fig.*) to get on one's high horse // *non vale un* —, it isn't worth a fig // *un —!*, not at all! (*o* nonsense!) // *a forma di* —, horn-shaped // *e in alcune espressioni idiomatiche*, — *da scarpe*, shoehorn; — *di montagna*, mountain peak; *corni della luna*, horns (*o* cusps) of the moon // *corna di lumaca*, horns of a snail // — *dell'abbondanza*, cornucopia (*o* horn of plenty) // *corni di un dilemma*, horns of a dilemma **2** (*materiale*) horny matter, horn: — *artificiale*, (*galalite*) galalith; *manico di* —, horn handle; *pettine di* —, horn comb **3** (*mus.*) horn: — (*da caccia*), hunting horn; — *francese*, French horn; — *inglese*, English horn (*o* cor anglais); *suonatore di* — (*da caccia*), horn blower; (*cornista*) horn player; *suonare un* — (*da caccia*), to sound a horn **4** (*tecn.*) horn: *i corni di un'incudine*, the horns of an anvil; (*elettr.*) — *polare*, pole horn (*o* pole tip): — *polare d'entrata*, leading pole tip; — *polare d'uscita*, trailing pole tip.

cornubianite *s.f.* (*geol.*) hornfels.

cornucopia *s.f.* cornucopia; horn of plenty.

cornuto *agg.* **1** horned: *animale* —, horned animal // *argomento* —, dilemma **2** (*tradito*) cuckolded, betrayed ◆ *s.m.* (*marito tradito*) cuckold; — *!*, (*insulto*) bastard! (*o* sod! *o volg.* fucker!).

coro *s.m.* **1** chorus; (*spec. religioso*) choir: *canta nel* —, he sings in the chorus (*o* choir); *un* — *di lodi*, a chorus of praise; *tutti in —!*, all together!; *cantare in* —, to sing in chorus; *ripetere qlco. in* —, to chorus sthg.; *rispondere in* —, to answer in chorus (*o* all together); *le sue parole sollevarono un — di proteste*, his words roused (*o* provoked) a chorus of protests; — *di uccelli*, choir of birds; *il — di un'opera*, the chorus of an opera; *il — di una tragedia greca*, the chorus of a Greek tragedy **2** (*ordine di angeli*) choir **3** (*arch.*) choir.

corografia *s.f.* chorography.

corografico *agg.* chorographic(al).

corografo *s.m.* chorographer.

coroide *s.f.* (*anat.*) choroid.

coroideo *agg.* (*anat.*) choroid: *plesso* —, choroid plexus; *vena coroidea*, choroid vein.

coroidite *s.f.* (*med.*) choroiditis.

corolla *s.f.* corolla.

corollario *s.m.* **1** corollary **2** (*conseguenza*) corollary, consequence, inference **3** (*appendice*) appendix*.

corollato *agg.* (*bot.*) corollate(d).

corologia *s.f.* (*ecol.*) chorology.

corona *s.f.* **1** crown; (*nobiliare*) coronet: — *regale*, royal crown; *una — d'oro*, a gold crown; — *del martirio*, martyr's crown; *cingere la* —, to become king; *aspirare, rinunciare alla* —, to lay claim to the crown, to renounce the crown (*o* throne) // — *ferrea*, Iron Crown // *discorso della* —, speech from the throne // *gioielli della* —, crown jewels // *principe della* —, crown prince **2** (*ghirlanda*) garland; (*serto*) wreath: *una — di fiori*, a wreath of flowers; *deporre una* —, to lay a wreath // — *di alloro, trionfale*, laurel wreath **3** (*antica moneta inglese*) crown: *una mezza* —, (*moneta*) a half crown, (*valore*) half a crown **4** (*unità monetaria svedese*) krona; (*danese e norvegese*) krone **5** (*rosario*) rosary; beads (*pl.*) **6** (*raccolta di poesie ecc.*) sequence, garland: *una — di sonetti*, a sonnet sequence (*o* cycle) **7** (*di persone*) circle; (*di cose*) ring: *la città è circondata da una — di colli*, the town is ringed by hills; *far* —, to form a circle **8** (*di albero potato*) crown **9** (*tonsura dei religiosi*) tonsure **10** (*di dente*) crown: *mettere la — a un dente*, to crown a tooth **11** (*mus.*) corona*; pause **12** (*arch.*) corona*; (*di volta*) crown **13** (*scient.*) corona*: — *solare*, (solar) corona **14** (*fortificazione*) crown work **15** (*tetto di miniera*) back **16** (*mecc.*) (*bordo*) rim; (*anello*) ring: — *dentata*, ring gear; — (*dentata*) *conica*, ring bevel gear // (*mil.*) — *di forzamento*, driving band.

coronale *agg.* (*anat.*) coronal: *sutura* —, coronal suture ◆ *s.m.* (*anat.*) coronale.

coronamento *s.m.* **1** (*ant.*) (*incoronazione*) crowning, coronation **2** (*completamento*) completion, (happy) conclusion, climax: *il — di un sogno*, the realization of a dream; *il — dell'edificio*, the completion of the building; *questa opera fu il — della sua vita*, this work was the crowning achievement of his career **3** (*mar.*) taffrail, tafferel **4** (*arch.*) crowning, coping.

coronàre *v.tr.* **1** to crown: *fu coronato re*, he was crowned king **2** (*circondare*) to surround, to encircle: *le colline coronano la valle*, the hills encircle the valley **3** (*realizzare*) to crown, to realize, to achieve: *aveva finalmente coronato il suo sogno*, she had finally realized her dream; — *un'impresa*, to achieve an undertaking; *la nostra fatica fu coronata dal successo*, our labour was crowned with success // *il fine corona l'opera*, (*prov.*) the end crowns the work.

coronaria *s.f.* **1** (*anat.*) coronary artery **2** (*bot.*) (*Lychnis coronaria*) rose campion.

coronario *agg.* (*anat.*) coronary: *arterie coronarie*, coronary arteries.

coronaropatia *s.f.* (*med.*) coronary heart disease.

coronato *agg.* **1** crowned: *le teste coronate*, the crowned heads **2** (*bot., zool.*) coronate(d).

coronazione *s.f.* (*non com.*) crowning, coronation.

coronella[1] *s.f.* emergency ring bank.

coronella[2] *s.f.* (*zool.*) horned snake.

coroner *s.m.* (*dir.*) coroner.

coronide *s.f.* (*gramm. greca*) coronis.

coronilla *s.f.* (*bot.*) (*Coronilla varia*) crown vetch, (*pop.*) purple coronilla.

coronografo *s.m.* (*astr.*) coronograph.

coronopo *s.m.* (*bot.*) (*Plantago coronopus*) buckthorn.

corozo *s.m.* (*bot.*) (*Phytelephas carpa*) corozo*.

corpacciuto *agg.* corpulent, paunchy, stout.

corpetto *s.m.* **1** (*di abito femminile*) bodice **2** (*panciotto*) waistcoat **3** (*camiciola per neonati*) baby's smock.

corpino *s.m.* bodice.

corpo *s.m.* **1** body; (*corporatura*) physique, build: *il — umano*, the human body; *ha un — molto slanciato*, his body (*o* physique) is very slim; *un — atletico*, an athletic body (*o* build); *ha — grosso ma gambe sottili*, he has a stout body but thin legs; *è bene avere cura del proprio* —, one ought to look after one's body; *mente sana in — sano*, (*prov.*) a sound mind in a sound body // — *di Bacco!*, by Jove! // *lotta — a* —, hand-to-hand struggle, (*boxe*) infighting; *lottare — a* —, to struggle hand-to-hand; (*boxe*) *bloccare in un — a* —, to clinch // *darsi a qlco. anima e* —, to throw oneself body and soul into sthg. // *a — morto*, head-long; furiously: *si è buttato a — morto in quel lavoro*, he threw himself headlong into the job // *i piaceri del* —, the pleasures of the flesh; *mortificare il* —, to mortify the flesh // *passare sul — di qlcu.*, to pass over s.o. // *avere il diavolo in* —, to be possessed; *l'avrebbe strozzato con la rabbia che aveva in* —, she was so angry she could have strangled him // *senza* —, bodiless (*o* incorporeal) // *dar — a qlco.*, to make sthg. come true; *è riuscito a dar — ai suoi sogni*, he managed to make his dreams come true; *dar — alle ombre*, to imagine things; *a mio avviso stai solo dando — alle ombre*, I think you're just imagining things (*o* you're letting your imagination run away with you) **2** (*cadavere*) body, corpse; (*non com.*) corpus: *seppellire un* —, to bury a body; *il — si trovava sul pavimento in biblioteca*, the body was lying on the floor in the library **3** (*parte principale*) body, main part, core: *il — di un edificio*, the body (*o* main part) of a building; *il — di un discorso*, the core of a speech // *far — con qlco.*, to be an integral part of sthg. // — *di una nave*, hull // — *di una caldaia*, boiler shell **4** (*oggetto*) body; — *semplice*, simple body; — *composto*, compound body; *i corpi celesti*, heavenly (*o* celestial) bodies; (*med.*) — *estraneo*, foreign body (*o* foreign matter); (*mar.*) — *morto*, anchor log // (*fis.*) — *nero*, blackbody // (*dir.*): — *del reato*, material evidence; — *contundente*, blunt instrument **5** (*organismo*) corps: — *diplomatico*, diplomatic corps; — *d'armata*, army corps; *il — degli Alpini*, the Alpine corps // — *insegnante*, teaching staff // — *di ballo*, (corps de) ballet // — *di guardia*, guards // — *di spedizione*, task force // *spirito di* —, team spirit **6** (*raccolta, insieme*) body: — *di case*, body of houses; — *di leggi*, body of laws // (*econ.*) *vendita a* —, bulk sale // (*miner.*) — *minerario*, orebody // (*mat.*) — *non commutativo*, — *sghembo*, skew field **7** (*fam.*) (*ventre*) stomach; belly: *avere dolori di* —, to have a stomachache; *mettersi in* —, to eat; *andare di* —, to evacuate one's bowels (*o* to have a bowel movement) **8** (*anat.*) corpus*: — *cavernoso*, corpus cavernosum; — *vitreo*, corpus vitreum **9** (*tip.*) body, size, point size: — *6*, 6-point body; *stampare in — 9*, to print in 9-point.

corporale[1] *agg.* corporal; (*opposto a spirituale*) corporeal, bodily, physical: *bisogni corporali*, bodily needs; *pena* —, corporal punishment.

corporale[2] *s.m.* (*eccl.*) corporal.

corporalità *s.f.* corporality, material existence.

corporalmente *avv.* corporally; corporeally, bodily, materially: *punire* —, to inflict corporal punishment.

corporativismo *s.m.* (*econ. pol.*) corporatism.

corporativista *agg.* corporative ◆ *s.m.* e *f.* follower of corporatism.

corporativistico *agg.* corporatist, corporate.

corporativo *agg.* (*econ., pol.*) corporative: *rivendicazioni corporative*, corporative claims (*o* demands); (*amm.*) *ordinamento* —, corporative system; *regime* —, corporative regime.

corporatura *s.f.* build, physique, size: *è un ragazzo di — robusta*, the boy has a powerful physique (*o* build); *era di — sottile*, he was slight in build.

corporazione *s.f.* 1 (*dir.*) corporation 2 (*st. medioevale*) guild 3 (*estens.*) (*categoria*) association: *la — dei medici*, the medical association.

corporeità *s.f.* corporeity.

corporeo *agg.* corporeal, bodily, physical: *piacere* —, physical pleasure.

corposità *s.f.* thickness, density, body: *la — di un romanzo*, (*fig.*) the density of a novel.

corposo *agg.* thick, dense, full-bodied, solid: *vino* —, full-bodied wine; *prove corpose*, solid evidence; *tinte corpose*, dense colours.

corpulento *agg.* 1 corpulent, stout, portly, bulky; (*grasso*) fat: *un uomo* —, a stout man 2 (*fig.*) strong, lively; crude, gross: *manifestava una fantasia corpulenta*, he had a crude imagination.

corpulenza *s.f.* corpulence, stoutness, bulkiness.

corpus *s.m.* (*lat.*) corpus*, body.

corpuscolare *agg.* corpuscular: (*fis.*) *teoria* —, corpuscular theory.

corpuscolo *s.m.* corpuscle.

Corpus Domini *s.m.* (*eccl.*) (*ricorrenza*) Corpus Christi Day.

corradicale *agg.* (*ling.*) having the same root.

corrasione *s.f.* (*geol.*) corrasion.

corredare *v.tr.* 1 to equip, to fit* out, to furnish, to supply: *essere corredato di ogni cosa necessaria*, to be equipped (*o* fitted out) with everything necessary; *— di libri una biblioteca*, to stock a library with books // *— di note un testo*, to annotate (*o* to add notes to) a text 2 (*accompagnare*) to attach, to enclose: *corredato di documenti*, with documents attached (*o* accompanied by documents); *— una lettera di documenti*, to furnish (*o* enclose) documents with a letter.

□ **corredarsi** *v.rifl.* to supply oneself (with sthg.).

corredino *s.m.* (*per neonato*) layette, baby's outfit.

corredo *s.m.* 1 (*insieme di oggetti, attrezzi*) outfit, equipment, kit, set: *— da falegname*, carpenter's equipment 2 (*di sposa*) trousseau*; (*di neonato*) layette 3 (*fig.*) (*bagaglio*) fund, store, wealth: *avere un buon — di esperienza*, to have a wealth of experience; *un testo con — di note*, a text with (a set of) notes.

correggere *v.tr.* 1 to correct, to rectify, to put* right: *— bozze di stampa*, to read proofs; *— un'operazione*, to rectify (*o* to correct) an operation; *devi — la tua pronuncia*, you'll have to improve your accent; *correggimi se sbaglio*, correct me if I'm wrong; *dovrebbe — il suo carattere*, he should mend his ways (*o* improve his character) 2 (*dir.*) (*emendare*) to amend, to modify 3 (*vini*) to purify; (*altre bevande*) to lace: *correggi il tuo caffè col cognac*, lace your coffee with cognac.

□ **correggersi** *v.rifl.* 1 (*liberarsi da un vizio*) to mend one's ways, to improve: *— dal vizio di fumare*, to break oneself (*o* to rid oneself) of the habit of smoking, to give up smoking; *non dice più tutte quelle parolacce: è riuscito a* —, he has stopped swearing: he succeeded in breaking the habit 2 (*rettificare un errore*) to correct oneself: *ha risposto in modo sbagliato, ma si è corretto*, he made a mistake but immediately corrected himself.

correggia *s.f.* leather strap.

correggiato *s.m.* (*agr.*) flail.

correggibile *agg.* corrigible.

correggiola *s.f.* (*bot. pop.*) → **centinodia**.

corregionale *agg.* of the same region, of the same district ◆ *s.m.* e *f.* person from the same district, from the same region.

correità *s.f.* (*dir.*) complicity.

correlare *v.tr.* to correlate: *non riuscivo a — i due fenomeni*, I couldn't correlate the two phenomena.

correlativo *agg.* correlative (*anche gramm.*): *termini correlativi*, correlative terms; *'così... come' sono particelle correlative*, 'so... as' are correlative particles.

correlato *agg.* correlated, correlate.

correlatore *s.m.* co-examiner: *il mio relatore e il — di tesi sono inglesi*, my professor and the co-examiner are both English.

correlazione *s.f.* correlation, mutual relation: *in* —, in correlation; *questi avvenimenti non sono in stretta* —, these events are not strictly correlated // (*gramm.*) *— dei tempi*, sequence of tenses // (*stat.*): *coefficiente di* —, correlation coefficient; *— curvilinea, non lineare*, non-linear correlation; *— multipla*, multiple correlation // (*econ.*) *— rischio-rendimento*, risk-return trade-off.

correligionario *agg.* of the same religion ◆ *s.m.* coreligionist.

corrente[1] *agg.* 1 (*che scorre*) running, flowing: *acqua* —, running water // (*mar.*) *manovre correnti*, running rigging // (*tip.*) *titolo* —, running head (*o* running title) 2 (*scorrevole*) flowing, smooth, fluent: *uno stile* —, a smooth style; *esprimersi in modo* —, to speak fluently 3 (*circolante*) current: *moneta* —, legal currency; *prezzo* —, current price 4 (*nelle specificazioni di tempo*) present, current: *mese* —, current month; *in risposta alla Vs. del 14 c.m.*, in reply to your letter of the 14th instant (*o* of this month); *settimana* —, current week 5 (*ininterrotto*) uninterrupted, continuous: *scaffali correnti*, continuous shelving 6 (*comune*) common, current, ordinary: *nel linguaggio* —, in common speech; *opinione* —, current opinion; *parola di uso* —, word in current (*o* common) use; *secondo l'uso* —, according to current use 7 (*andante, dozzinale*) common, ordinary; (*nella terminologia commerciale*) middling: *materiale* —, common material; *qualità* —, middling quality 8 (*non com.*) (*di persona*) easygoing, undemanding, complaisant ◆ *s.m.* 1 *al* —, informed (*o* up to date *o* well informed): *lo mise al — della nostra decisione*, he acquainted him with (*o* informed him of) our decision, *essere al — di un fatto*, to be well informed about (*o* to be acquainted with) a fact; *tenere qlcu. al — di qlco.*, to keep s.o. well informed (*o* posted) on sthg.; *tenersi al* —, to keep up to date 2 (*arch., mar., aer.*) stringer.

corrente[2] *s.f.* 1 current, stream; (*molto veloce*) race: *— di marea*, riptide; *— di flusso*, flood current; *— di riflusso*, ebb current; *— di risucchio*, rip current; *— sottomarina*, undercurrent; *la — impetuosa del fiume*, the river's strong current; *il nuotatore fu travolto dalla* —, the swimmer was swept away by the current; *nuotare contro* —, to swim against the current; *andare contro* —, to swim against the stream (*anche fig.*); *seguire la* —, to go (*o* to swim) with the tide (*anche fig.*) // *la Corrente del Golfo*, the Gulf Stream 2 (*di aria*) draught; current of air: *entrò una — d'aria fredda quando apristi la finestra*, a cold draught came in when you opened the window; *non state nella —!*, don't stand in the draught!; *chiudi la porta: fa —!*, close the door! there's a draught // (*meteor.*): *— ascensionale*, updraught; *— a getto*, jet stream; *— di convezione*, convection current; *correnti occidentali*, westerlies 3 (*flusso*) stream, flow: *— laminare*, laminar flow; *— di traffico*, traffic flow; *la — dell'esportazione*, the flow of exports 4 (*elettr.*) current: *— a bassa tensione*, low-voltage current; *— ad alta tensione*, high-voltage current; *— alternata*, alternate current; *— continua*, direct current; *— derivata*, derived current; *— di compensazione*, equalizing current; *— di ritardo*, lagging current; *— di spostamento*, displacement current; *— efficace*, effective current; *— indotta*, induced current; *— parassita*, eddy current; *presa di* —, current tap (*o* socket); *riduttore di* —, instrument current transformer; *siamo rimasti senza — per tutta la notte*, we were without electricity all night; *accidenti! è saltata la —!*, damn! the power (*o* current) has gone! 5 (*fig.*) (*usanza*) fashion; (*tendenza*) current, tendency, trend: *— letteraria*, literary current; *le correnti del pensiero moderno*, the tendencies of modern thought 6 (*antica musica, danza francese*) courant(e), coranto.

correntemente *avv.* 1 fluently: *parla — l'inglese*, he speaks English fluently (*o* he speaks fluent English) 2 (*comunemente*) currently, usually: *è un'espressione usata* —, it's an expression in current use.

correntista *s.m.* e *f.* (*comm.*) (current) account holder; *— postale*, holder of a postal account.

correo *s.m.* (*dir.*) accomplice, partner in crime.

correre *v.intr.* 1 to run* (*anche fig.*): *non — così!*, don't run about like that!; *corri a dirgli che lo vogliono al telefono*, run and tell him he's wanted on the telephone; *correva su e giù come un pazzo*, he was running up and down like a madman; *è tutto il pomeriggio che corro per negozi*, I've been running in and out of shops all afternoon; *si mise a — avanti e indietro*, he started running backwards and forwards; *— dietro al successo non ti farà felice*, running after success won't make you happy; *alzò i tacchi e corse come il vento*, he took to his heels and ran like the wind; *correva* *a rotta di collo quando inciampò e cadde*, she was running at breakneck speed when she tripped and fell; *corse dietro a Philip per raggiungerlo*, he ran after Philip to catch up with him; *John corre troppo quando guida*, John goes too fast when he drives; *mi è corso dietro un bel po' ma a me non piaceva*, (*fig.*) he ran after me (*o* chased me) quite a bit but I didn't care much about him; *il mio pensiero corse a quella vacanza sul lago*, my thoughts ran (*o* flew) to that holiday on the lake; *i suoi occhi corsero all'orologio e s'accorse che erano ormai le sette*, her eyes flew to the clock and she realized it was seven o'clock already // *dovreste — ai ripari*, you'd better do something about it // *ti faccio — io!*, I'll fix you!; *mi farà — se non mi metto d'impegno a studiare*, she'll be after me if I don't start working properly // *il mio orologio corre*, my watch is fast **2** (*precipitarsi*) to rush: *sono corsi subito a spegnere l'incendio*, they immediately rushed to put out the fire; *corse alla porta ma non c'era nessuno*, she rushed to the door but nobody was there; *gridai ed essi corsero in mio aiuto*, I cried out and they rushed (*o* ran) to my aid; *non — quando leggi, non si capisce niente*, don't rush (*o* go so fast) when you read, we can't understand anything; *corro un attimo al supermercato e torno*, I'll rush (*o* dash off) to the supermarket and I'll be right back **3** (*di veicoli*) to speed* along: *l'auto correva a 120 km all'ora*, the car was speeding along (*o* was travelling) at 120 kms an hour **4** (*gareggiare*) to compete, to race: — *in bicicletta, in automobile, a cavallo*, to compete (*o* to take part) in cycle races, in car races, in horse races; — (*a piedi*) *per una società sportiva*, to run (*o* to race) for a sports society // *far* — (*un cavallo, un'automobile*), to race **5** (*fluire*) to flow (*anche fig.*); to run*: *nelle sue vene corre sangue slavo*, Slav blood runs in his veins; *corse molto sangue durante la lotta*, much blood flowed during the fight; *una fitta gli corse lungo la gamba*, a sharp pain ran down his leg; *un brivido mi corse lungo la schiena*, a shiver ran down my spine; *mi pare che adesso la frase corra*, the sentence seems to flow properly now; *il tuo ragionamento non corre*, your reasoning doesn't flow (*o* isn't sound) // *lascia —!*, take no notice! (*o* pay no attention!) // *non corre buon sangue tra di loro*, there's ill feeling between them (*o* they don't like each other) **6** (*di tempo*) (*trascorrere*) to elapse, to pass; (*velocemente*) to fly*: *corsero sei mesi prima che si rivedessero*, six months elapsed (*o* passed) before they met again; *come corre il tempo!*, time does fly! // *correva l'anno 1789*, it was the year 1789 // *coi tempi che corrono*, these days **7** (*percorrere*) to run*: *la strada correva lungo l'argine*, the road ran along the river bank; *un filo elettrico corre lungo le pareti*, an electric wire runs along the walls **8** (*circolare*) to go* round; to circulate: *corrono voci poco rassicuranti sul suo conto*, there are some disturbing rumours about him going round (*o* nasty rumours are circulating about him) **9** (*decorrere*) to run*: *si è deciso che gli aumenti di salario corrano dal settembre 1990*, it has been decided that salary rises will run from September 1990 **10** (*intercorrere*) to be*: *corrono 2 km tra la nostra casa e il mare*, it's 2 kms from our house to the beach; *corrono quattro anni tra le due sorelle*, there is a four-year gap between the two sisters; *ce ne corre!*, far from it! // *c'è corso poco che lo perdessi!*, I almost lost him; *c'è corso poco che morisse*, she almost died // *corsero parole grosse all'assemblea*, violent insults flew during the meeting ◆ *v.tr.* **1** (*percorrere*) to travel: — *il mare, il mondo*, to travel the seas, the world // *la sua fama sta correndo il mondo*, he is known world-wide (*o* he is world-famous) **2** (*scorrere*) to look (through): *corse l'articolo velocemente*, he quickly looked (*o* read) through the article **3** (*sport*) to run*; (*partecipare a*) to take* part (in): — *i 100 metri*, to run the 100 metres; — *il Giro d'Italia*, to take part in the Giro d'Italia **4** (*affrontare*) to run*: — *un rischio*, to run a risk; — *un pericolo*, to run a danger; *la sua vita non corre alcun pericolo*, his life is not in any danger.

correspettivo → **corrispettivo**.

corresponsabile *agg.* jointly responsible: *ti ritengo — dell'accaduto*, I hold you jointly responsible for what has happened ◆ *s.m.* (*dir.*) accomplice; (*in una causa di divorzio*) co-respondent; (*finanziario*) jointly liable.

corresponsabilità *s.f.* (*dir.*) joint responsibility; (*in una causa di divorzio*) co -respondency; (*finanziaria*) joint liability: — *penale*, criminal complicity.

corresponsione *s.f.* **1** (*comm.*) payment: *dietro — di una piccola somma*, on payment of a small amount **2** (*fig.*) (*contraccambio*) response, correspondence: *non trovò — ai suoi sentimenti*, his feelings were unrequited.

correttamente *avv.* correctly: *ha risposto — a tutte le domande*, he answered all the questions correctly; *parla — il russo*, he speaks Russian correctly; *comportarsi —*, to behave properly.

correttezza *s.f.* **1** correctness, exactness **2** (*onestà*) honesty, uprightness; (*educazione*) politeness, correctness: *è un uomo di indubbia —*, he is a man of unimpeachable honesty; *mancare di —*, to be lacking in honesty; *ha agito con poca —*, he didn't act very correctly; — *commerciale*, fair trading; *per motivi di —*, for motives of propriety; *l'ho avvisato per —*, I told him out of politeness **3** (*sport*) fairness.

correttivo *agg.* corrective: *punizione correttiva*, corrective punishment ◆ *s.m.* **1** corrective: *questa analisi offre un buon correttivo all'opinione prevalente*, this analysis provides a useful corrective to the prevailing view **2** (*additivo*) additive.

corretto *agg.* **1** correct, exact, right: *procedimento —*, correct (*o* right) procedure; *stile —*, correct style; *pronuncia corretta*, correct pronunciation **2** (*onesto*) honest, upright, fair: *è sempre — nei suoi affari*, he is always honest (*o* straightforward) in his dealings; *un giocatore molto —*, a very fair player **3** (*educato*) polite, correct: *è una persona corretta*, he is a polite person; *tenere una condotta corretta*, to behave well **4** (*di caffè ecc.*) flavoured, laced: *caffè — col cognac*, black coffee laced with brandy **5** (*topografia*) adjusted.

corretto *avv.* correctly: *parlare, scrivere —*, to speak, to write correctly.

correttore *s.m.* **1** corrector: (*tip.*) — *di bozze*, proof-reader; — *liquido*, correcting fluid **2** (*tecn.*) calibrator; control: — *dell'altimetro*, altimeter calibrator; — *dell'anemometro*, air-speed indicator calibrator; — *di miscela*, mixture control // (*cinem.*) — *di timbro*, attenuator.

correzionale *agg.* correctional: (*dir.*) *tribunale —*, correctional court ◆ *s.m.* (*riformatorio*) reformatory.

correzione *s.f.* **1** correction, correcting, adjustment; (*rettifica*) rectification; (*di testi letterari*) emendation: *fare delle correzioni*, to make corrections; *ci sono troppe correzioni nel tuo compito*, there are too many corrections (*o* crossings-out) in your work; — *di bozze*, proof-reading // (*fin.*): — *monetaria*, monetary correction; — *di bilancio*, balance sheet rectification // *casa di —*, house of correction (*o spec. amer.* reformatory *o fam.* borstal) **2** (*del corso di un fiume*) alteration (of the course) **3** (*topografia*) adjustment **4** (*di caffè ecc.*) lacing **5** (*non com.*) (*rimprovero, castigo*) reproof, punishment.

corri corri *s.m.* rush, confusion, stampede: *dopo lo scoppio ci fu un — generale*, after the explosion there was a general stampede.

corrida *s.f.* bullfight.

corridoio *s.m.* **1** passage, passageway; corridor; (*in Parlamento*) lobby; (*teatr.*) aisle: *un — collega la cucina con la sala*, a passage (*o* corridor) links the kitchen and the living room; — *laterale*, (*di treno*) side corridor // *voci di —*, the grapevine **2** (*pol.*) corridor: *il — di Danzica*, the Danzig (*o* Polish) Corridor **3** (*di nave*) between-decks **4** (*cinem.*): — *antincendio*, safety fire trap; — *del film*, film track **5** (*sport*) tramlines (*pl.*).

corridore *agg.* running; (*sport*) racing; race (*attr.*): *cavallo —*, racehorse ◆ *s.m.* **1** runner; (*sport*) racer: *non sono un gran —*, I am not much of a runner; *è un eccellente — su strada*, he is a very good road racer; *solo due corridori su dieci arrivarono al traguardo*, only two of the ten runners reached the finishing line **2** (*cavallo*) racehorse, racer.

corriera *s.f.* **1** coach, bus: (*postale*) mailcoach: *se c'è una — al mattino ti verrò a trovare*, if there's a coach in the morning I'll come and see you **2** (*diligenza*) (stage)coach **3** (*gabbia di uccelli*) cage used for the decoy birds.

corriere *s.m.* **1** (*messaggero*) messenger: — *diplomatico*, diplomatic messenger **2** (*chi fa trasporto di pacchi, di merci*) carrier; (*spedizioniere*) forwarding agent // — *della droga*, drug runner (*o* courier) **3** (*posta*) mail; post: *a volta di —*, by return of post (*o* mail) **4** (*nei titoli di giornali*) mail; courier (*traducendo, i titoli dei giornali si lasciano però generalmente nella lingua originale, p.e.*: 'Corriere della Sera') **5** (*zool.*) (*Charadrius vociferus*) killdeer.

corrigenda *s.m.pl.* errata.

corrigendo *s.m.* (*dir.*) juvenile offender.

corrimano *s.m.* handrail.

corrione biondo *s.m.* (*zool.*) (*Cursorius cursor*) cream-coloured courser.

corrispettivo *agg.* corresponding, equivalent: *la somma corrispettiva*, the equivalent sum ◆ *s.m.* consideration, valuable consideration; (*compenso*) compensation: — *illecito*, illegal consideration; — *in denaro*, money consideration; — *pattuito*, compensation agreed upon; *riscuotere il —*, to collect one's money's worth.

corrispondente *agg.* corresponding, proportionate; (*equivalente*) equivalent: *se premi quel pulsante a destra si accenderà la spia —*, if you push the button on the right the corresponding light will go on // *banche corrispondenti*, correspondent banks // (*mat.*) *an-*

goli corrispondenti, corresponding angles ◆ *s.m.* e *f.* correspondent (clerk); (*rappresentante*) agent: — *di guerra*, war correspondent; — *estero*, foreign correspondent.

corrispondenza *s.f.* **1** correspondence, agreement; (*armonia*) harmony; (*somiglianza*) similarity, likeness; (*proporzione*) relation, proportion: *la — delle parole con i fatti*, the correspondence of words to facts; *i suoi gusti sono in — con i miei*, his tastes are in harmony with mine; *— tra due misure diverse*, agreement between two different measurements // *è in fondo alla via, in — con il bar, che si è sentita male*, she felt ill at the end of the road by (*o* level with) the bar **2** (*reciprocità*) reciprocity, requital: *un amore che non trova —*, love that is not returned (*o* mutual) **3** (*carteggio*) correspondence, letters (*pl.*); (*posta*) mail: — *amorosa*, love letters; *tenne un'assidua — con lei*, he kept up an assiduous correspondence with her; *entrare in — con qlcu.*, to enter into correspondence with s.o.; *essere in — d'affari con qlcu.*, to carry on business correspondence with s.o.; *sbrigare la —*, to deal with one's correspondence; *sospendere la —*, to discontinue (*o* give up) correspondence; — *in arrivo*, *in partenza*, incoming, outgoing mail; *distribuire la —*, to deliver mail; *firmare la —*, to sign the mail; *spedire la —*, to send the mail // *per —*, by mail; *scuola per —*, correspondence school; *vendita per —*, mail order selling **4** (*relazione, articolo*) report, article **5** (*mat.*) — *biunivoca*, bijection.

corrispondere *v.intr.* **1** (*essere in conformità*) to correspond (with, to sthg.); to agree (with sthg.); to conform (with, to sthg.); to accord (with sthg.); to tally (with sthg.): *la sua tesi corrisponde a ciò che sostengono tutti*, his idea agrees with what everyone maintains; *ciò non corrisponde a quanto dicesti ieri*, this does not accord with (*o* correspond to) what you said yesterday; *la merce non corrispondeva al campione*, the goods were not in conformity with (*o* did not conform to) the sample; *le cifre corrispondono*, these figures tally **2** (*coincidere*) to coincide: *non possiamo mai andare a teatro insieme perché le mie ore di libertà non corrispondono alle tue*, we can never go to the theatre together because my time off does not coincide with yours **3** (*essere equivalente*) to be the equivalent of, to be equivalent to sthg.: *un miglio marino corrisponde a 1852 metri*, a nautical mile is equivalent to 1852 metres **4** (*essere adeguato*) to correspond (with, to sthg.), to meet*: — *alle esigenze di qlcu.*, to meet s.o.'s requirements; *la casa corrisponde esattamente alle mie esigenze*, the house exactly corresponds to my needs (*o* is exactly what I need *o* meets my needs exactly); — *all'aspettativa di qlcu.*, to meet s.o.'s expectations; *queste strade non corrispondono ai bisogni del traffico moderno*, these roads do not correspond to (*o* do not meet *o* do not answer to) the needs of modern traffic **5** (*far riscontro*) to correspond, to match: *a ogni numero corrisponde un paragrafo*, a paragraph corresponds to every number; *le linee doppie sulla mappa corrispondono alle strade*, the double lines on the map correspond to the roads **6** (*ricambiare sentimenti*) to return (sthg.); to reciprocate (sthg.): — *all'affetto di qlcu.*, to reciprocate (*o* to return) s.o.'s affection **7** (*comunicare per corrispondenza*) to correspond **8** (*affacciarsi su*) to look* out on(to); to give* onto (a place): *questa finestra corrisponde sul giardino*, this window looks out onto the garden ◆ *v.tr.* **1** (*pagare*) to pay*; to allow: *per quel lavoro le abbiamo corrisposto tre milioni*, we paid her three million for that job; *suo marito le corrisponde 1000 sterline l'anno*, her husband allows her 1000 pounds a year **2** (*ricambiare*) to reciprocate, to return: *il suo amore non è stato corrisposto*, his love was not returned.

corrisposto *agg.* **1** (*contraccambiato*) returned, reciprocal: *amore —*, mutual love **2** (*pagato*) paid; allowed.

corrività *s.f.* lenience, leniency; indulgence; rashness.

corrivo *agg.* **1** (*avventato*) rash, careless, hasty, inconsiderate; (*superficiale*) prone, facile **2** (*indulgente*) indulgent, lenient; easy(going).

corroboramento → **corroborazione**.

corroborante *agg.* corroborating, corroborative, strengthening ◆ *s.m.* (*med.*) corroborant, tonic, (*fam.*) pick-me-up: *bere un buon — per lo stomaco*, to take a tonic for the stomach.

corroborare *v.tr.* **1** to corroborate, to strengthen: — *il corpo e lo spirito*, to strengthen the body and the spirit **2** (*fig.*) (*rafforzare, confermare*) to corroborate, to support, to confirm.

□ **corroborarsi** *v.rifl.* to strengthen oneself.

corroborativo *agg.* corroborative.

corroborazione *s.f.* **1** corroboration, strengthening **2** (*fig.*) (*rafforzamento*) support, confirmation.

corrodere *v.tr.* **1** to corrode; to consume; to eat* away; (*lentamente*) to wear* away: *la ruggine corrode il ferro*, rust corrodes iron; *col tempo l'acqua ha corroso la roccia*, with the passing of time the waves have eaten away the rocks; *è un pensiero fisso che mi corrode la mente*, (*fig.*) it's a fixed idea that is corroding my mind **2** (*bot.*) to canker.

□ **corrodersi** *v.intr.pron.* to corrode; to be consumed; (*logorarsi*) to wear* away.

corrompere **1** (*guastare moralmente*) to corrupt, to deprave: *molti giovani sono corrotti dalle cattive compagnie*, many young people are corrupted by bad company **2** (*con denaro*) to bribe, to corrupt: — *un testimone*, to bribe (*o* to suborn *o fam.* to fix) a witness; *lasciarsi —*, to accept a bribe **3** (*guastare*) to corrupt; (*contaminare*) to contaminate, to taint; to pollute: *il caldo corrompe i cibi*, heat makes food go bad; — *l'acqua*, to pollute (*o* to contaminate) water // — *un documento*, to corrupt a document // — *una lingua*, to corrupt a language.

□ **corrompersi** *v.rifl.* o *intr.pron.* **1** (*guastarsi moralmente*) to become* corrupted: *in un'atmosfera di questo tipo le abitudini si corrompono facilmente*, in this type of atmosphere habits are easily corrupted (*o* easily become corrupted) **2** (*putrefarsi, guastarsi*) to rot, to taint; to decay; to putrefy, to spoil: *col caldo il pesce si corrompe*, fish spoils (*o* putrefies) in the heat; *il cadavere si stava già corrompendo*, the corpse was already decaying.

corrompimento *s.m.* (*non com.*) corruption (*anche fig.*).

corrosione *s.f.* **1** corrosion: — *chimica*, chemical corrosion; — *sotto sforzo*, stress corrosion **2** (*fig.*) wearing away, eating away: *la loro relazione presenta evidenti segni di —*, their relationship shows obvious signs of wear (and tear).

corrosività *s.f.* (*chim.*) corrosiveness.

corrosivo *agg.* **1** corrosive; corroding; caustic: *acido —*, corrosive acid **2** (*fig.*) corrosive, caustic, scathing, cutting: *una forte satira corrosiva*, a strong scathing satire; *spirito —*, caustic (*o* scathing) wit; *parole corrosive*, cutting words ◆ *s.m.* corrosive.

corroso *agg.* **1** corroded; (*logorato*) worn away, eaten away: *roccia corrosa dal sale*, rock corroded by salt; *ferro — dalla ruggine*, iron corroded by rust (*o* rusted iron); *un uomo ormai — dalle costanti preoccupazioni*, a man worn out by constant worry **2** (*bot.*) cankered: *rosa corrosa* (*dai bruchi*), cankered rose.

corrotto *agg.* **1** (*moralmente*) corrupt, depraved: *animo —*, depraved soul; *costumi corrotti*, corrupt (*o* depraved) customs; *un funzionario —*, a corrupt official **2** (*guasto*) corrupt; (*inquinato*) contaminated, tainted; (*marcito*) rotten, putrid, decomposed: *aria corrotta*, polluted air; *merce corrotta*, damaged (*o* spoilt) goods // *lingua corrotta*, corrupt language.

corrucciare *v.tr.* (*non com.*) to worry; to grieve, to afflict.

□ **corrucciarsi** *v.intr.pron.* **1** (*adirarsi*) to get* angry; (*essere contrariato*) to be vexed, to be peeved: *a quelle parole si corrucciò*, on hearing those words he got angry (*o* he pulled an angry face when he heard those words) **2** (*accigliarsi*) to frown **3** (*fig. letter.*) to darken, to lour: *il cielo si corrucciò*, the heavens darkened (*o* the sky grew dark).

corrucciato *agg.* (*adirato*) angry; (*contrariato*) vexed, peeved; (*aggrondato*) sullen, glowering; frowning: *sguardo —*, sullen (*o* glowering) look; *cielo —*, (*letter.*) overcast sky.

corruccio *s.m.* (*ira*) anger; (*furore*) wrath; vexation, peevishness: *provare — per qlcu.*, to be vexed with s.o.

corruccioso *agg.* (*non com.*) vexed, peeved; angry; wrathful.

corrugamento *s.m.* **1** wrinkling, frowning: — *della fronte*, wrinkling of the forehead (*o* knitting of the brows); — *della pelle*, wrinkling of the skin **2** (*geol.*) corrugation, folding.

corrugare *v.tr.* to wrinkle, to corrugate: — *la fronte*, to wrinkle (*o* to corrugate) one's forehead (*o* to knit one's brows *o* to frown); *mi fissava corrugando le sopracciglia*, he stared at me frowning heavily.

□ **corrugarsi** *v.intr.pron.* to wrinkle, to corrugate: *la sua fronte si corrugò*, he wrinkled his forehead.

corrugato *agg.* wrinkled, corrugated: *fronte corrugata*, knitted brows (*o* wrinkled forehead *o* corrugated forehead): *ci guardò con la fronte corrugata*, he looked at us with knitted brows (*o* he frowned at us).

corrusco *agg.* (*letter.*) flashing; shining; coruscant; glittering; sparkling.

corruttela *s.f.* corruption, depravity.

corruttibile *agg.* corruptible; (*con denaro*) bribable: *un funzionario —*, an official open to bribery.

corruttibilità *s.f.* corruptibility.

corruttivo *agg.* corrupting.

corruttore *agg.* corrupting ◆ *s.m.*, **corruttrice** *s.f.* **1** corrupter: *è stato accusato d'essere un — di minorenni*, he has been accused of corrupting minors **2** (*con denaro*) briber.

corruzione *s.f.* **1** corruption; deterioration; decay, rottenness, decomposition, putrefaction: *la — del corpo*, the corruption of the flesh; *— di una lingua*, (*fig.*) corruption of a language; *— di un testo*, (*fig.*) the corruption of a text **2** (*morale*) corruption, corruptness, depravity; *il dilagare della — nelle classi dominanti*, the spread of corruption in the ruling classes; *— dei costumi*, corruption (*o* corruptness *o* depravity) of morals; (*dir.*) *— di minorenne*, corruption of a minor **3** (*con denaro*) bribing, bribery, corruption: (*dir.*) *— di testimone*, corruption (*o* subornation) of a witness; (*dir.*) *tentativo di —*, bribery attempt.

corsa *s.f.* **1** run; (*il correre*) running: *di —*, at a run; (*in fretta*) in haste; *di gran —*, at full speed (*o* in great haste); *fa sempre tutto di —*, he always does everything in a rush (*o* hurriedly) // *salì sull'autobus in —*, he jumped on to the moving bus // *fare una — in un luogo*, to pay a short (*o* lightning) visit to a place // *la — dei prezzi*, the upsurge of prices // (*st.*) *guerra di —*, privateering **2** (*sport*) race; (*il correre*) racing: *— a ostacoli*, (*ippica*) steeplechase, (*atletica*) hurdle race; *— a staffetta*, relay race; *— automobilistica*, motor race; *— campestre*, cross-country race; *— di cavalli*, horse race; *— nei sacchi*, sack race; *— podistica*, walk (*o* walking) race; *— su pista*, track race; *— su strada*, road race; *bicicletta, automobile da —*, racing bicycle, car; *cavallo da —*, racehorse (*o* racer); *essere in — per qlco.*, to be in the running for sthg. // *— al successo, al guadagno*, race for success, for profit // *la — agli armamenti*, the arms race // *— all'oro*, gold rush **3** (*tragitto su veicolo pubblico*) trip: *l'autobus fa quattro corse al giorno*, the bus does four trips a day; *il treno terminò la sua —*, the train finished its journey; *prezzo della —*, fare; *la prima — (di autobus, treno, battello) parte alle 7.15*, the first bus, train, boat leaves at 7.15 a.m.; *perdere la — (di autobus, treno, battello)*, to miss the bus, train, boat **4** (*mecc.*) (*di pistone*) stroke: *— a vuoto*, idle stroke **5** (*aer.*) run: *— di arresto, di atterraggio*, landing run; *— di decollo*, take-off run.

corsaletto *s.m.* **1** (*di armatura*) breastplate, cors(e)let; (*soldato*) soldier (wearing a breastplate) **2** (*di insetto*) cors(e)let **3** (*indumento femminile*) corselet.

corsaresco *agg.* pirate (*attr.*), piratical.

corsaro *agg.* privateering, pirate (*attr.*): *nave corsara*, privateer (*o* pirate ship); *guerra corsara*, piracy ◆ *s.m.* privateer, corsair; (*pirata*) sea-robber, pirate.

corseggiare *v.intr.* to privateer; (*pirateggiare*) to practise piracy ◆ *v.tr.* to plunder: *— il mare*, to roam the seas for plunder.

corsetteria *s.f.* **1** (*abbigl.*) corsetry **2** (*negozio*) corsetry shop; (*fabbrica*) corset maker's.

corsetto *s.m.* **1** corset; (*fascia elastica*) girdle **2** (*di armatura*) breastplate, cors(e)let.

corsia *s.f.* **1** (*di supermercato ecc.*) aisle; (*di strada*) lane: *un'autostrada a quattro corsie*, a four-lane motorway; *— di sorpasso, di emergenza*, overtaking, emergency lane; *— preferenziale*, reserved lane; *— centrale*, middle lane **2** (*di ospedale*) ward; (*di collegio, convento*) dormitory **3** (*sport*) lane: *correre in prima —*, to run in the first lane **4** (*mar.*) alleyway **5** (*tappeto*) (carpet) runner.

corsiero *s.m.* (*letter.*) steed; charger.

corsista *s.m.* e *f.* student.

corsivista *s.m.* e *f.* columnist.

corsivo *agg.* (*di scrittura*) cursive; (*tip.*) italic ◆ *s.m.* **1** (*scrittura*) cursive, cursive writing; (*tip.*) italic type; italics (*pl.*): *stampare in carattere —, in —*, to italicize; *è meglio scrivere in stampatello e non in — perché è più chiaro*, it's better to write in block letters rather than in cursive characters because it's clearer **2** (*di giornale*) column.

corso[1] *s.m.* **1** course (*anche fig.*): *il — degli eventi*, the course (*o* progress) of events; *il — della vita*, the course of life; *il nuovo — della politica italiana*, the new direction of Italian politics; *l'anno in —*, the present (*o* current) year; *lavori stradali in —*, road works ahead (*o* road up); *il libro è in — di stampa*, the book is being printed (*o* in press); *il ponte è in — di costruzione*, the bridge is under construction; *nel — dell'anno, della discussione*, in the course of (*o* during) the year, the debate; *nel — di un anno*, within the period of a year; *nel — della giornata ti farò sapere a che ora vengo*, I'll let you know what time I'm coming sometime during the day; *la malattia segue il suo —*, the disease is running its course; *il — della luna, delle stelle*, the course (*o* path) of the moon, of the stars; *dare libero — alla propria immaginazione*, to give free play (*o* rein) to one's imagination; *lasciare che la giustizia segua il suo —*, to let justice take its course; *seguire il — dei propri pensieri*, to follow one's train of thought **2** (*di fiume, torrente ecc.*) course, flow: *il — del Po*, the course (*o* flow) of the Po; *— d'acqua*, watercourse (*o* stream); *— d'acqua navigabile*, waterway; *— d'acqua navigabile interno*, inland waterway **3** (*serie di lezioni, testo*) course; *frequento un — di francese*, I'm attending a French course; *frequentare un — serale di russo*, to attend an evening course of Russian; *sto seguendo un — di dattilografia*, I'm doing a typing course; *mi sono iscritto a un — accelerato d'inglese*, I've enrolled in a crash course in English; *ho comprato un — di latino in tre volumi*, I've bought a Latin course in three volumes; *— di formazione professionale*, training course // *studente fuori —*, student who has not passed his exams within the prescribed time **4** (*strada principale*) main street; (*amer.*) avenue: *le nostre finestre guardano sul —*, our windows look out on the main street **5** (*corteo*) procession: *— mascherato*, carnival procession **6** (*rotta*) course: *capitano di lungo —*, master mariner; *nave di lungo —*, seagoing ship **7** (*econ., fin.*) (*andamento*) trend, course; (*prezzo, quotazione*) price, rate; (*di valuta*) currency; circulation: *— dei cambi, delle divise*, course of exchange (*o* exchange rate); *i corsi slittarono quando la società registrò una perdita*, prices fell after the company reported a loss; *— forzoso*, forced circulation; *— di emissione*, rate of issue (*o* issue price); *avere — legale*, to be legal tender; *— vendita*, sold contract; *— acquisto*, bought contract; *moneta fuori —*, money no longer in circulation (*o* no longer current); *valuta in —*, currency (*o* legal tender); *che non ha — (di denaro)*, uncurrent **8** (*Borsa*) rate: *— del deporto*, backwardation rate; *— tel quel*, tel -quel price (*o* flat rate); *— di chiusura*, closing price (*o* rate); *corsi oscillanti*, fluctuating rates **9** (*mar.*) strake: *— di cinta*, sheer strake; *— di rivestimento*, skin strake **10** (*edil.*) course: *— di mattoni*, course of bricks.

corso[2] *agg.* e *s.m.* Corsican // *il Corso*, the Corsican.

corsoio *agg.* (*non com.*) running (*attr.*), slipping (*attr.*): *nodo —*, slipknot (*o* running knot) ◆ *s.m.* (*mecc.*) slider.

corte *s.f.* **1** court: *la — di San Giacomo, d'Inghilterra*, the Court of St. James's; *ballo a —*, court-ball; *intrighi di —*, court intrigues; *uomo di —*, courtier; *poeta di —*, court poet; *andare a —*, to go to court; *essere presentati a —*, to be presented at court // *Corte Pontificia*, papal court // *la Corte Celeste*, the Heavenly Court // *— dei miracoli*, cour des miracles // *tener — bandita*, to throw frequent parties **2** (*cortile*) courtyard, court, yard: *la finestra del bagno dà sulla —*, the bathroom window looks onto the courtyard **3** (*dir.*) court, law-court: *— d'appello*, court of appeal, (*amer.*) court of appeals; *— di Cassazione*, court of cassation; *— d'assise*, court of assizes; *— di giustizia*, court of justice; *— marziale*, court martial; *entra la —!*, all rise! **4** (*corteggiamento*) courtship, court: *fare la — a una persona influente*, to curry favour with an influential person; *fare la — a una ragazza*, to court a girl; *le faceva una — sfacciata*, he pursued her shamelessly.

corteccia *s.f.* **1** (*bot.*) bark, cortex*; rind; peel: *provvisto di —*, corticate(d); *— di china*, chinabark (*o* cinchona bark *o* Peruvian bark) **2** (*crosta*) crust **3** (*anat.*) cortex*: *— cerebrale*, cerebral cortex; *— surrenale*, adrenal (*o* suprarenal) cortex **4** (*fig.*) (*apparenza esterna*) exterior: *sotto una — ruvida nasconde un cuore d'oro*, under a rough exterior he hides a heart of gold.

corteggiamento *s.m.* **1** courtship, courting, wooing **2** (*adulazione*) flattering.

corteggiare *v.tr.* **1** to court, to woo, to pay* court to (s.o.), to pay* one's addresses to (s.o.): *— una ragazza*, to court a girl **2** (*adulare*) to flatter, to court: *— qlcu. per ottenerne il favore*, to court s.o.'s favour (*o* to curry favour with s.o. *o spreg.* to toady to s.o.) **3** (*accompagnare*) to be in s.o.'s train.

corteggiatore *s.m.* suitor, wooer; beau*, lover: *è un suo assiduo —*, he's one of her persistent suitors.

corteggio *s.m.* retinue, train, suite.

corteo *s.m.* **1** train, procession, cortege, line: *un — di automobili*, a procession of cars; *— funebre*, funeral cortege (*o* procession); *— nuziale*, bridal procession; *— solenne*, ceremonial procession (*o* cortege); *un — di dimostranti bloccava le vie della città*, a march by demonstrators blocked the streets of the town; *i dimostranti sfilarono in — davanti all'ambasciata*, the protesters paraded past the embassy; *i carri sfilavano in —*, the tanks passed in a row (*o* in procession) **2** (*seguito*) retinue, train.

cortese *agg.* **1** (*gentile, buono*) kind; (*compìto*) polite, courteous, well-mannered; (*letter.*) generous: *atti cortesi*, kind deeds; *modi cortesi*, polite manners; *uomo —*, (*gentile*) kind man; (*compìto*) polite (*o* courteous) man; *non sei stato molto — verso di lei*, you weren't very kind to her **2** (*di corte*) courtly, court (*attr.*): *la civiltà — del medioevo*, the courtly civilisation of the Middle Ages // *poesia —*, courtly poetry; *amore —*, courtly love; *armi cortesi*, mock weapons.

cortesemente *avv.* (*con bontà, gentilezza*) kindly; (*compitamente*) politely, courteously: *mi pregò — di lasciare la stanza*, he asked me politely to leave the room; *rispose molto —*, he answered very politely; (*comm.*) *vogliate —*

inviarci il vostro campionario, kindly let us have your pattern-book.

cortesia *s.f.* **1** (*gentilezza, bontà d'animo*) kindness; (*modi compiti*) courtesy, politeness; good manners (*pl.*); (*modi cerimoniosi*) courteousness: *molte grazie della vostra —*, thank you very much for your kindness; *uno scambio di cortesie*, an exchange of courtesies; *mi riempiva sempre di ogni sorta di cortesie*, he was always doing me all sorts of little acts of kindness (*o* generosity); *le sue risposte mancano di —*, his answers are impolite; *vorresti avere la — di ascoltarmi?*, would you be so kind as to listen to me? **2** (*favore*) favour: *per —*, please (*o* if you please *o* kindly); *per —, potreste dirmi che ora è?*, could you tell me the time, please?; *potresti farmi questa —?*, could you do me this favour?; *fammi la — di chiudere la porta*, close the door, please; *fammi la — di tacere per 10 minuti*, please keep quiet for 10 minutes // (*dir.*) *trasporto di —*, gratuitous carriage.

cortezza *s.f.* **1** shortness, brevity **2** (*di mente, d'ingegno*) dullness.

corticale *agg.* (*anat., bot.*) cortical.

cortice *s.m.* (*letter.*) → **corteccia** *s.f.*

corticoide *s.m.* (*biochim.*) corticoid.

corticosteroide *s.m.* (*biochim.*) corticosteroid.

corticosterone *s.m.* (*biochim.*) corticosterone.

corticosurrenale *agg.* (*biol.*) corticoadrenal.

corticotrofina, **corticotropina** *s.f.* (*biochim.*) corticotrop(h)in.

cortigiana *s.f.* **1** female courtier; lady of the court **2** (*prostituta*) courtesan.

cortigianeria *s.f.* **1** courtier's art, courtliness **2** (*adulazione*) flattery, obsequiousness; (*servile*) fawning; (*sfacciata*) toadyism.

cortigianescamente *avv.* obsequiously, flatteringly; fawningly.

cortigianesco *agg.* **1** (*da cortigiano*) courtly **2** (*adulatorio*) flattering, obsequious; (*servile*) fawning.

cortigiania *s.f.* (*ant.*) courtier's art.

cortigiano *s.m.* **1** (*uomo di corte*) courtier **2** (*adulatore*) flatterer; (*persona servile*) fawner ♦ *agg.* **1** (*della corte*) court (*attr.*), courtly: *usi cortigiani*, court usage; *vita cortigiana*, court life // *lingua cortigiana*, courtly speech **2** (*adulatore*) flattering, obsequious, fawning (*attr.*): *atteggiamento —*, fawning behaviour.

cortile *s.m.* courtyard, court, yard: *i bambini stanno giocando in —*, the children are playing in the courtyard // *animali da —*, barnyard animals.

cortina[1] *s.f.* **1** curtain, hanging: *una — di broccato*, a brocade curtain; *— di fumo*, (*anche fig.*) smokescreen; (*mil.*) *— di fuoco*, barrage; *— di nebbia*, screen of fog // (*pol.*): *— di bambù*, bamboo curtain; *— di ferro*, iron curtain; *paesi oltre —*, iron curtain countries **2** (*di fortificazione*) curtain.

cortina[2] *s.f.* (*biol.*) cortin.

cortinaggio *s.m.* (*spec. pl.*) bed-curtains (*pl.*), bed-hangings (*pl.*).

cortisolo *s.m.* (*biochim.*) cortisol.

cortisone *s.m.* (*biochim.*) cortisone.

cortisonico *agg.* (*med.*) cortisone-based.

cortisonoterapia *s.f.* (*med.*) cortisone therapy.

corto *agg.* **1** (*di poca lunghezza*) short: *questa è la strada più corta per la stazione*, this is the shortest way to the station; *in estate metto i pantaloni corti*, I wear shorts in summer; *preferisco le camicette a maniche corte*, I prefer shirts with short sleeves (*o* short-sleeved shirts); *questa gonna è un po' corta*, this skirt is a bit short; *la tua giacca è corta di maniche*, your coat is short in the arms; *— di gambe*, short-legged; *capelli* (*tagliati*) *corti*, short hair // (*sport*) *palla corta*, short ball // *alle corte!*, let's come to the point!; *venire alle corte*, to finish quickly // *per farla corta*, in short (*o* to cut a long story short) // *le bugie hanno le gambe corte*, (*scherz.*) the truth will out **2** (*breve*) brief, short: *una visita corta*, a brief (*o* short) visit // *una settimana corta*, a short week **3** (*scarso*) short, deficient, limited, dull: *essere — di vista*, to be shortsighted; *— di mente, di ingegno*, dull-witted; *avere la memoria corta*, to have a short memory // *essere a — di qlco.*, to be short of sthg.: *essere a — di soldi*, to be short of money (*o* to be hard up) // *tenere qlcu. a — di qlco.*, to keep s.o. short of sthg.: *bisogna tenerlo a — di caramelle*, we have to ration his sweets ♦ *avv.* short: *per tagliare —*, in short; *e per tagliar — le diedi ragione*, and to close the argument I agreed with her.

cortocircuitare *v.tr.* (*elettr.*) to short-circuit.

cortocircuito *s.m.* **1** (*elettr.*) short circuit **2** (*fig.*) short circuit // *andare in —*, to go haywire.

cortometraggio *s.m.* (*cinem.*) short, short film.

corvè *s.f.* **1** (*mil.*) fatigue: *compagnia di —*, fatigue-party (*o* fatigue); *essere di —*, to be on fatigues **2** (*compito pesante, difficile*) irksome task, piece of drudgery, thankless job: *è stata una vera —*, it was a really thankless task **3** (*st.*) corvee, forced labour.

corvetta[1] *s.f.* (*equitazione*) curvet.

corvetta[2] *s.f.* (*mar.*) corvette, corvet.

corvettare *v.intr.* (*di cavallo*) to curvet.

corvino *agg.* **1** (*non com.*) (*di corvo*) corvine **2** (*nero*) raven (black), crow (black): *capelli corvini*, raven hair.

corvo *s.m.* **1** raven; crow; rook; (*scoz.*) corbie: *nero come un —*, as black as a raven // *— del malaugurio*, (*fig.*) bird of ill omen // (*zool.*): *— imperiale*, (*Corvus corax*) raven; *— nero*, (*Corvus frugilegus*) rook // (*astr.*) *Corvo*, Corvus (*o* Crow) **2** (*st. mar.*) corvus **3** (*mecc.*) crow(bar).

cosa *s.f.* **1** thing: *ho molte cose da dirti*, I have many things to tell you; *voglio dire le cose come stanno*, I want to say how things stand (*o* to say things as they stand); *si è sbagliato e ha detto una — per un'altra*, he made a mistake and said one thing for another; *c'è stato un malinteso: ho capito una — per un'altra*, there was a misunderstanding: I understood one thing instead of another; *tra le altre cose, devo partire domani*, amongst other things, I must leave tomorrow; *l'imbroglio è una —, il furto un'altra*, cheating is one thing, theft is another; *perché hai fatto una — simile?*, why did you do such a thing?; *non devi fare le cose come capita*, you mustn't do things any old way; *hanno fatto le cose in grande*, they've done things in style; *preferisco fare una — alla volta*, I'd rather do one thing at a time; *prendere le cose alla leggera*, to treat things lightly; *prendere le cose come vengono*, to take things as they come; *le cose materiali e le cose spirituali*, the things of the world and the things of the spirit // *sono tutte cose genuine*, it's all genuine food // *non è stata una bella — da parte tua*, that wasn't nice of you; *è — fatta*, that's that (*o* it's in the bag *o* it's done now) // *— fatta, capo ha*, once it's done, it's done // *a cose fatte*, when all is said and done // *per prima —*, first of all // *chiamare le cose col proprio nome*, to call a spade a spade // *da — nasce —*, one things leads to another // *cos'è, — non è...*, all of sudden (*o* out of the blue) // *questo romanzo è poca — rispetto ai suoi precedenti*, this novel is nothing compared to his previous ones // *una — da poco, da nulla*, a mere trifle; *una — di nessun valore*, rubbish (*o* nothing much) // *tante cose!*, all the best; *tante cose a tua madre*, give my regards to your mother // (*fil.*) *— in sé*, thing in se **2** (*faccenda*) matter; (*affare*) business: *è una — molto grave*, it's a very serious matter; *voleva vedermi per una — di grande importanza*, he wanted to see me on a matter of great importance; *occuparsi di una —*, to look into a matter; *è ora di definire la —*, it's time for us to settle the matter; *sembra che le cose si stiano finalmente mettendo bene*, it seems as though matters (*o* things) are finally looking up; *non impicciarti: è — sua!*, don't poke your nose into this: it's his business; *non sono cose che mi riguardano*, it's none of my business; *la — va da sé*, it's a matter of course; *sono cose che capitano*, that's life; *cose dell'altro mondo!*, *cose da pazzi!*, this beats everything!; *son successe cose grosse!*, what happened is really amazing!; *sono cose proprio noiose*, it's really boring stuff (*o* it's a boring business); *tra una — e l'altra*, what with one thing and another; *cose pubbliche*, public affairs; *principalmente s'interessa di cose sovietiche*, his main concern is Soviet affairs **3** *pl.* (*averi*) things; belongings: *prendi le tue cose e vattene!*, pack up your things and go!; *non mi va che tu indossi le mie cose*, I don't like you wearing my things; *non ha cura delle sue cose*, he doesn't look after his things; *ci aspettiamo grandi cose da lui*, we expect great things of him **4** (*dir.*) thing; property: *cose mobili*, chattels; *cose immobili*, immovables; *le cose assicurate*, the property insured; *le cose oggetto di pegno*, the property pledged; *— materiale*, tangible property; *— abbandonata*, derelict property; *— di nessuno*, thing with no owner (*o* res nullius); *la — pubblica*, the common (*o* public) welfare; *— giudicata*, final judgement (*o* res judicata) **5** (*comm.*) thing: *— brevettata*, patent; *— commerciale*, business branch; *— in vendita*, (*fam.*) buy **6** (*fam.*) (*opera*) work **7** *Cosa Nostra*, Cosa Nostra **8** (*che cosa*) what?: *— mi dici?*, what are you telling me? (*o* what's that you're telling me?); *— avete comperato ieri?*, what did you buy yesterday?; *— diavolo hai combinato?*, what on earth have you been up to?; *— c'entra?*, what has that got to do with it?; *tu — c'entri?*, what have you got to do with it? **9** (*in unione con un agg. o un articolo indef.*): *vuoi che ti porti qualche — da Parigi?*, shall I bring you anything back from Paris?; *ho visto qualche — di molto bello ieri*, I saw something really nice yesterday; *ho una — da dirti*, I have something to tell you; *ho pensato una —: perché non partiamo?*, I've thought of something (*o* I've had an idea): why don't we leave?; *qualunque — io faccia ho sempre torto*, whatever I do, I'm always wrong; *questa — non mi piace*, I don't like this (*o* I don't like the look of things); *quella — è troppo campata per aria*, that's too far-fetched; *mi piace vedere ogni — al suo posto*, I like to see everything where it should be; *nessuna — al mondo potrà convincermi*, nothing in the world will persuade me. Cfr. anche *qualcosa, questo, quello, tutto, il che, niente, qualunque, qualsiasi* ecc. **10** *la — che* → ciò 2.

cosà *avv.*: *così o —*, this way or that way // *così —*, So-so: *"Come era il film?" "Così —"*, "What was the film like?" "So-so".

cosacco *agg.* e *s.m.* Cossack: *danza cosacca*, Cossack dance // *stivali alla cosacca*, Cossack boots.

cosare *v.tr.* e *intr.* (*fam.*) to do*: *cosa stai cosando?*, what are you doing?; *cosami il sale*, pass me the salt.

cosca *s.f.* organized gang of the mafia; (*estens.*) gang, band: *una — di imbroglioni*, a gang of swindlers.

coscia *s.f.* **1** (*anat.*) thigh **2** (*di animale*) leg, haunch: *— di pollo*, leg of chicken; *— di tacchino*, leg of turkey; *— di daino*, haunch of venison; (*di calzoni*) leg, thigh: *pantaloni stretti di —*, trousers with a narrow leg (*o* thigh).

cosciale *s.m.* **1** (*parte dell'armatura*) cuisse; cuish; thigh-piece; thigh-guard **2** (*indumento protettivo*) thigh-guard, thigh-protector **3** (*fiancata di scala*) side.

cosciente *agg.* **1** (*consapevole*) aware (*pred.*), conscious (*pred.*): *ero perfettamente — della gravità della situazione*, I was fully aware of the gravity of the situation // (*dir.*) *colpa —*, recklessness **2** (*coscienzioso*) conscientious, responsible: *un lavoratore —*, a conscientious worker **3** (*che è in sé*) conscious (*pred.*): *il malato è di nuovo —*, the patient is conscious again (*o* has regained consciousness).

coscientemente *avv.* consciously, knowingly.

coscienza *s.f.* **1** conscience: *— limpida*, clear conscience; *cattiva —*, bad (*o* guilty) conscience; *avere, sentirsi la — a posto, pulita, tranquilla*, to have a clean conscience; *avere, sentirsi la — sporca*, to have a dirty conscience; *secondo —, come — detta*, according to one's conscience; *devi agire sempre secondo —*, you must always act according to your conscience; *ascoltare la* (*voce della*) *propria —*, to listen to (the voice of) one's conscience; *essere senza —*, to have no conscience; *agire contro —*, to act against one's conscience; *un caso di —*, a matter of conscience; *farsi un esame di —*, to examine one's conscience (*o* to search one's soul *o* one's heart); *libertà di —*, freedom of conscience; *scrupolo di —*, scruple of conscience; *per scrupolo di —*, for one's conscience's sake (*o* to be on the safe side); *per scrupolo di —, sarà bene che tu ricontrolli*, you'd better check again, for your conscience's sake (*o* just to be on the safe side); *rimorsi di —*, qualms of conscience; *sentire dei* (*grandi*) *rimorsi di —*, to be conscience -stricken; *pungolare la — a qlcu.*, to give s.o. a twinge of conscience; *avere, sentirsi qlco., qlcu. sulla —*, to have sthg., s.o. on one's conscience; *avere, sentirsi un peso sulla —*, to feel a weight on one's conscience; *pesare sulla — a qlcu.*, to lie heavy on s.o.'s conscience; *togliersi un peso dalla —*, to clear one's conscience (*o* to make a clean breast of it); *voglio togliermi questo peso dalla —*, I want to make a clean breast of it; *togliere un peso dalla — di qlcu.*, to lift a weight off s.o.'s heart; *mettersi la — a posto, in pace*, to set one's conscience at rest; *mettere la — a posto, in pace a qlcu.*, to set s.o.'s conscience at rest; *la sua risposta mi ha messo la — a posto*, his answer set my conscience at rest; *venire a patti con la propria —*, to compromise with one's conscience; *mettersi una mano sulla —*, to lay one's hand upon one's heart; *mettiti una mano sulla —!*, have a heart!; *si metta una mano sulla — un'altra volta!*, you should think twice next time! **2** (*consapevolezza*) awareness, consciousness: *— politica, sociale*, political, social awareness (*o* consciousness); *avere — di un problema*, to be aware of a problem; *avere — dei propri limiti*, to be aware of one's limitations; *risvegliare la propria — a un problema*, to become aware of (*o* to awake to) a problem; *ha una — troppo vaga di quel che l'aspetta*, he has far too little knowledge (*o* he isn't at all aware) of what lies ahead of him **3** (*responsabilità, serietà*) conscientiousness: *mostra poca — nel prepararsi le lezioni*, she's showing little conscientiousness in preparing her lessons // *— professionale*, professionalism // *una persona di —*, a conscientious person // *lavorare con —*, to work conscientiously // *in tutta —*, in all conscience (*o* in good conscience *o* in all honesty); *in tutta — devo dirti che avevo torto*, quite honestly, I feel I should tell you I was wrong **4** (*conoscenza, stato fisico*) consciousness: *perdere —*, to lose consciousness; *riprendere —*, to regain consciousness **5** (*individuo*) mind; soul: *neppure le coscienze più insensibili poterono non esserne colpite*, even the toughest minds (*o* souls) could not avoid being struck by it.

coscienziale *agg.* (*psic.*) conscious.

coscienziosamente *avv.* conscientiously: *fare un lavoro —*, to perform a task conscientiously.

coscienziosità *s.f.* conscientiousness: *la sua — nel lavoro è ammirevole*, his conscientiousness in his work is admirable.

coscienzioso *agg.* conscientious; (*scrupoloso*) scrupulous; (*diligente*) painstaking, diligent; (*accurato*) careful, accurate: *è uno scolaro —*, he is a diligent student; *è un uomo molto —*, he is a very scrupulous man; *un medico —*, a conscientious doctor; *una ricerca coscienziosa*, a careful piece of research.

cosciotto meno com. **coscio** *s.m.* leg: *— di montone*, leg of mutton.

coscritto *agg.* (*st. romana*): *padri coscritti*, conscript fathers (*o* senators) ◆ *s.m.* (*mil.*) conscript, recruit: *i coscritti del '70*, the 1970 contingent.

coscrivere *v.tr.* (*mil.*) to conscript, to recruit, (*amer.*) to draft.

coscrivibile *agg.* (*mil.*) liable to military service.

coscrizione *s.f.* (*mil.*) conscription: *— obbligatoria*, conscription; *— marittima*, national service with the Navy.

cosecante *s.f.* (*mat.*) cosecant.

coseno *s.m.* (*mat.*) cosine: *— direttore*, direction cosine.

cosentino *agg.* of Cosenza, from Cosenza ◆ *s.m.* inhabitant of Cosenza.

così *avv.* **1** (*in questo modo*) like this, this way; (*in quel modo*) like that, that way; (*in tal modo*) so, thus; (*come segue*) as follows: *la porta si apre —*, the door opens like this; *per programmare il videoregistratore si fa —*, you program the video recorder as follows; *proviamo a mettere il tavolo* (*per*) *—*; let's try putting the table this way; *questa parola non si scrive —*, you don't spell this word like that; *sono metodi superati, oggi la matematica non s'insegna più —*, that's an old-fashioned way, maths isn't taught like that nowadays; *fermi —, per favore!*, hold it like that, please!; *rimani — per un attimo, non muoverti...*, stay like that for a moment, don't move...; *bravo, continua —!*, good, go on like that!; *rimaniamo d'accordo —*, let's leave it like that; *il telegramma diceva —...*, the telegram went as follows...; *l'area del quadrato si calcola —...*, the area of a square is calculated thus...; *il motivo suonava —*, the tune sounded like this // *— va il mondo*, that's the way of the world // *— dicendo, si alzò e si avviò alla porta*, saying this, he got up and made his way to the door // *non ci si comporta —!*, that's no way to behave! // *— finisce la storia*, that's how the story ends // *e fu — che perdette il posto*, that's how he came to lose his job // *stando — le cose, se le cose stanno —*, if that's how things are // *— è, — sembra*, so it seems // *più, meno di —*, more, less than this // *meglio di —!*, what more could you ask for? // *e — via*, and so on // *— (e) —*, so so: *"Come stai oggi?" "Così —"*, "How are you today?" "So so" // *per — dire*, so to say // *ah, è —?*, so it's like that, is it? // *e —, com'è andata?*, well, how did it go? // *basta —!*, that's enough! // *ha detto proprio —*, that's exactly what he said // *sì, è —*, yes, that's right // *la cosa non è andata affatto —*, that's not what happened at all **2** (*spesso posposto a un agg. o avv. con riferimento a misura o dimensione*): *nel soffitto c'è un buco grosso —*, there's a hole this big in the ceiling; *era un uomo alto —*, he was so (*o* this) tall; *lo conosco da quando era grande —*, I've known him since he was so (*o* this) high; *la gonna va accorciata tanto —*, the skirt is to be shortened this much **3** (*tanto, talmente*) so (*davanti ad avv.*); so, such a (*davanti ad agg.*): *sembrava — facile, e invece...*, it seemed so easy, whereas...; *non pensavo di fare — tardi*, I didn't expect to be so late; *non avevo mai visto un uomo — alto*, I'd never seen such a tall man; *mi è sembrato — contrariato*, he looked so annoyed // *più di — non posso fare*, that's the best I can do // *non è poi — vecchio!*, he isn't so very old, after all! **4** (*altrettanto, la stessa cosa*) so, the same, likewise: *lui se ne andò, e — feci io*, he went away, and so did I (*o* and I did likewise); *il tè è una sostanza eccitante, e — dicasi per il caffè*, tea is a stimulant and the same can be said for coffee ◆ *cong.* **1** (*perciò*) so; (*dunque*) (well) then: *avevo aspettato anche troppo, — decisi di andarmene*, I had waited too long already, so I decided to go; *ho preso il mio treno, e — eccomi qua*, I caught the train, so here I am; *e —, hai preso una decisione finalmente?*, well then, have you made up your mind yet? **2** (*con valore desiderativo*) *— fosse!*, if only that were the case! **3** *—... come* → come **4** *—... che, —... da*, (*con valore consecutivo*) so... that; so... as (to): *era — colpito dalla notizia che non riuscì a dire una parola*, he was so shocked by the news that he couldn't say a word; *non sarai — ingenuo da farti abbindolare*, you won't be so silly as to let yourself be taken in, will you? ◆ *agg.pred.* (*tale, siffatto*) such; like that: *un risultato — era del tutto imprevedibile*, such a result was quite unexpected; *occasioni — non si ripetono facilmente*, chances like that aren't easy to come by; *amici — è meglio perderli che trovarli*, with friends like that, who needs enemies?

cosicché, **così che** *cong.* **1** (*in modo che*) so that: *parlò al microfono, — tutti potessero sentirlo*, he spoke through the microphone so that everyone could hear him **2** (*perciò*) so: *l'argomento non era all'ordine del giorno, — non fu preso in considerazione*, the item didn't appear on the agenda, so it wasn't taken into consideration.

cosiddetto *agg.* so called: *le sue battute mi ricordano il — senso dell'umorismo inglese*, his jokes make me think of the so-called English sense of humour.

cosiffatto *agg.* such, like this (*pred.*), like that (*pred.*), similar: *con gente cosiffatta è inutile discutere*, it's a waste of time arguing with people like that.

cosino *s.m.* (*fam.*) little thing, midget: *sono davvero una coppia buffa: lei alta e robusta, lui un — esile e delicato*, they are really a funny couple: she's a big strapping wench and he's a scrawny titch.

cosinusoide *s.f.* (*mat.*) cosine curve.

cosmea *s.f.* (*bot.*) cosmos*.

cosmesi, **cosmetica** *s.f.* cosmetics [U], beauty treatment: *istituto di cosmesi*, beauty salon.

cosmetico *agg.* e *s.m.* cosmetic: *prodotti cosmetici*, beauty products (*o* cosmetics); *prodotti cosmetici a base di erbe*, cosmetics prepared from (*o* based on) herbs; *la sua pelle necessita di un trattamento — particolare*, her skin needs special cosmetic treatment; *negozio di cosmetici*, cosmetics shop.

cosmetista *s.m.* e *f.* cosmetician, beautician.

cosmetologia *s.f.* cosmetology.

cosmetologo *s.m.* cosmetologist.

cosmicità *s.f.* (*non com.*) universality.

cosmico *agg.* **1** cosmic; universal: *raggio —*, cosmic ray; *spazio —*, outer space; *radiazione cosmica*, cosmic radiation **2** (*estens.*) (*universale*) universal, infinite, vast, cosmic: *dolore, pessimismo —*, universal grief, pessimism; *amore —*, cosmic (*o* universal) love.

cosmo *s.m.* cosmos*; universe.

cosmochimica *s.f.* (*astrofisica*) cosmochemistry.

cosmodromo *s.m.* cosmodrome.

cosmogonia *s.f.* cosmogony, cosmogeny.

cosmogonico *agg.* cosmogonic(al): *teoria, mitologia cosmogonica*, cosmogonic theory, mythology.

cosmografia *s.f.* cosmography.

cosmografico *agg.* cosmographic(al).

cosmografo *s.m.* cosmographer.

cosmologia *s.f.* cosmology.

cosmologico *agg.* cosmological.

cosmologo *s.m.* cosmologist.

cosmonauta *s.m.* cosmonaut ◆ *s.f.* cosmonette.

cosmonautica *s.f.* cosmonautics [U].

cosmonautico *agg.* cosmonautic(al).

cosmonave *s.f.* spaceship, spacecraft*.

cosmopolita *agg.* cosmopolitan; cosmopolite: *città —*, cosmopolitan city; *ideale —*, cosmopolitan ideal ◆ *s.m.* e *f.* cosmopolitan; cosmopolite.

cosmopolitico *agg.* **1** (*concernente il cosmopolitismo*) cosmopolitical: *teorie cosmopolitiche*, cosmopolitical theories **2** (*cosmopolita*) cosmopolitan; cosmopolite: *fama cosmopolitica*, international reputation; *abitudini, idee cosmopolitiche*, cosmopolitan habits, ideas.

cosmopolitismo *s.m.* cosmopolitanism, cosmopolitism.

cosmorama *s.m.* cosmorama.

cosmotrone *s.m.* (*fis. nucleare*) cosmotron.

coso *s.m.* (*fam.*) **1** (*cosa*) thing, whatsit, thingummy: *fammi vedere quel —*, show me that thing; *quel — non serve a niente*, that what-d'you-call-it is no good; *l'abbiamo visto arrivare con uno strano — appeso al collo*, we saw him arriving with a strange thing hanging round his neck; *mi passeresti quel — per favore?*, could you pass me the whatsit please? **2** (*individuo*) fellow, chap, bloke, what's-his -name, thingummy: *di' a — di venire qui*, tell what's-his-name to come here; *"Come sta —?" "Coso chi? Paolo?"*, "How's thingummy?" "Thingummy who? Paolo?"; *è venuto — a trovarmi ieri sera*, that bloke (*o* chap) came to see me last night.

cospargere *v.tr.* to strew*; to scatter; to spread*; (*liquidi*) to sprinkle: *— di fiori*, to strew with flowers; *— i campi di sementi*, to scatter the fields with seed; *— d'acqua i fiori*, to sprinkle flowers with water; *— il concime sul terreno*, to spread fertilizer on the fields; *ha cosparso la scrivania di fogli e appunti*, he covered the desk with papers and notes.

cosparso *agg.* strewn (with sthg.); scattered (with sthg.); (*con liquido*) sprinkled (with sthg.): *strada cosparsa di sabbia*, road strewn with sand; *un tavolo — di libri*, a table scattered with books; *una torta cosparsa di zucchero*, a cake sprinkled with sugar.

cospergere *v.tr.* (*letter.*) **1** (*spruzzare*) to sprinkle **2** (*cospargere*) to cover.

cospetto *s.m.* presence; sight: *al — di qlcu.*, in the presence of (*o* before) s.o.: *al — di Dio tutti gli uomini sono uguali*, all men are equal in the sight of God; *ammettetelo al — del re*, admit him to the king's presence.

cospicuità *s.f.* conspicuousness, conspicuity; (*importanza*) prominence.

cospicuo *agg.* **1** (*notevole*) conspicuous, remarkable, outstanding, striking: *esempio —*, clear example; *uomo —*, prominent man; *un'intelligenza cospicua*, a remarkable (*o* striking) intelligence; *appartiene a una famiglia cospicua*, he belongs to a distinguished family; *ha un reddito —*, he has a considerable income; *un'eredità cospicua*, a notable (*o* conspicuous *o* large) inheritance **2** (*letter.*) (*visibile*) conspicuous.

cospirare *v.intr.* to conspire; to plot: *cospirarono per impadronirsi del trono*, they conspired in order to seize the throne; *— contro lo stato*, to conspire against the state; *tutti i parenti cospirarono per togliergli l'eredità*, all his relatives plotted to deprive him of his inheritance; *tutto sembrava — contro la riuscita del progetto*, everything seemed to conspire (*o* to work) against the success of the project.

cospirativo *agg.* conspiratorial.

cospiratore *s.m.* conspirator; plotter: *entrarono nel bar con un'aria da cospiratori*, they entered the bar with a conspiratorial (*o* furtive) air.

cospiratrice *s.f.* conspiratress.

cospirazione *s.f.* conspiracy, plot: *— politica*, political conspiracy.

cosso *s.m.* (*zool.*) carpenter moth, (*pop.*) goat moth.

costa *s.f.* **1** coast, seaboard, seaside; (*litorale*) sea(shore): *linea di —*, coastline, (*geol.*) shoreline; *— alta, bassa*, mountainous, low coastline; *— irregolare*, rugged coastline; *— rocciosa*, rocky shore; *— sabbiosa*, sandy shore; *— sassosa*, pebbly shore; *lungo la —*, coastwise (*o* coastways *o* along the coast); *verso la —*, coastward(s) (*o* toward the coast); *la — è libera da scogli*, the coast is clear of rocks; *la nostra nave naufragò sulla — spagnola*, our ship was wrecked on the Spanish coast; *navigammo lungo tutta la —*, we sailed along the entire coast; *fu avvistato un gruppo di delfini al largo della —*, a school of dolphins was sighted off the coast; *vedemmo la — spiccare chiaramente sullo sfondo del cielo*, we saw the coastline clearly outlined against the sky // *gli abitanti della — mediterranea*, the inhabitants of the shores of the Mediterranean // *la nave procedeva — a —*, the ship hugged the coast; *per ripararsi dalla pioggia camminava — a — al muro*, he hugged the wall (*o* he walked close to the wall) to keep out of the rain // *Costa Azzurra*, Côte d'Azur; *Costa d'Avorio*, Ivory Coast; *Costa d'Oro*, Gold Coast **2** (*fianco di collina*) side; hillside; (*declivio*) slope: *la — del monte*, the side of the mountain; *— ripida*, steep slope; *la casa fu costruita a mezza —*, the house was built halfway up the hill **3** (*anat.*) rib **4** (*di libro*) back **5** (*nervatura*) rib, vein: *— dell'ala di un insetto*, rib (*o* vein) of an insect's wing; *la — di una foglia*, the rib (*o* vein) of a leaf **6** *pl.* (*region.*) (*bietole*) (Swiss) chards **7** (*rilievo*) cord, rib // *punto a coste*, rib stitch (o rib stitching) // *velluto a coste*, corduroy **8** (*di nave*) rib: *le coste di una nave*, the ribs of a ship.

costà → **costì**.

costale *agg.* (*anat.*) costal: *arco —*, costal arch; *cartilagine —*, costal cartilage.

costantana *s.f.* (*metall.*) constantan.

costante *agg.* **1** (*di persona*) constant, persevering, firm, steady: *essere — nei propri propositi*, to be firm in one's purpose; *è una persona poco — nel lavoro*, he's not very consistent in his job; *è — negli odi come nelle amicizie*, he's as unwavering in his dislikes as in his likes **2** (*regolare, stabile*) constant, uniform, steady, steadfast, unchanging: *— aumento dei prezzi*, steady rise in prices; *ho un dolore — alla gamba*, I've a constant pain in the leg; *fiume a regime —*, river with a constant regime; *pioggia —*, constant rain; *pressione —*, constant pressure; *segmenti di lunghezza —*, segments of uniform length; *temperatura —*, uniform temperature; (*econ.*) *quotazioni costanti*, firm quotations ◆ *s.f.* **1** (*mat.*) constant (*abbr.* const): *— di integrazione*, integration constant // (*fis.*): *— dei gas*, gas constant; *— elastica*, elastic constant; *— di struttura fine*, fine structure constant **2** (*estens.*) constant: *la — del pensiero hegeliano*, the constant factor in Hegelian philosophy.

costantemente *avv.* constantly, perseveringly, firmly, steadily, steadfastly, unchangingly: *il problema del traffico è — in* *discussione*, the traffic problem is constantly under discussion.

costantiniano *agg.* Constantinian: *donazione costantiniana*, donation of Constantine.

costanza *s.f.* constancy, firmness, steadfastness; (*perseveranza*) perseverance: — *nell'amore, nell'amicizia*, constancy in love, in friendship; *con* —, steadfastly (*o* steadily): *lavorare con* —, to work steadily; *manca di — nei propositi*, he lacks steadfastness (*o* constancy) of purpose // — *delle leggi di natura*, immutability of the laws of nature.

costardella *s.f.* (*zool.*) (*Scomberesox saurus*) saury, skipper.

costare *v.intr.* e *tr.* to cost* (*anche fig.*): *quanto costa?*, how much is it? (*o* how much does it cost?); *dimmi quanto ti costa tenere l'automobile*, tell me how much it costs you to run the car; *mi costò molta fatica*, it cost me a great deal of trouble; *mi è costato cinquemila lire*, it cost me five thousand lire; *le tue pazzie ti potrebbero — la vita*, your crazy behaviour might cost you your life; *i viaggi costano*, travelling is expensive; — *caro*, to be expensive (*o* to cost dear); *gli costerà caro, amaro*, (*in senso morale*) it will cost him dear // *costa un occhio della testa*, it costs a fortune (*o* a bomb *o* an arm and a leg) // *quella giacca mi è costata un sacco*, the jacket cost me a bomb // *costi quel che costi!*, hang the expense! (*o* cost what it may!) // *mi costa doverlo dire*, it pains me (*o* whatever the cost) to have to say this; *mi costerà lasciarlo*, it will be a wrench to leave him; *niente gli costa*, nothing is an effort to him // — *salato*, to have a very high price (*o* to cost the earth) // *oggi la vita costa*, life today is very expensive // *cosa ti costa dirmi dove hai messo i libri?*, why can't you tell me (*o* what would it cost you to tell me) where you put the books?; *mi è costato sudore raccogliere la documentazione necessaria*, I really had to sweat to get all the necessary documents; *se vuoi ti aiuto, non mi costa grande fatica*, if you like I'll give you a hand, it's no trouble.

costaricano *agg.* e *s.m.* Costa Rican.

costata *s.f.* chop, entrecôte (steak): *una — di maiale*, a pork chop.

costatare e *deriv.* → **constatare** e *deriv.*

costato *s.m.* chest; side; (*costole*) ribs (*pl.*).

costeggiare *v.tr.* **1** (*mar.*) to coast; to follow the coast of (a land); to hug the coast of (a land); to sail along: *ieri il battello ha costeggiato la penisola*, yesterday the boat sailed along the peninsula; *la nave costeggiò l'isola per alcune miglia*, the ship hugged the coast of the island for a few miles **2** to skirt: *costeggiammo in auto il lago*, we drove along the shore of the lake; *camminammo a lungo costeggiando il torrente prima di rientrare*, we walked along the stream for a long time before going home; *la strada costeggia la collina e poi il fiume*, the road skirts the hill and then runs along the river; *il muro costeggia la strada*, the wall runs along the road; *un filare di cipressi costeggiava il viale*, a line of cypresses bordered the avenue **3** (*agr.*) to plough along the ridges of (sthg.).

costeggiatura *s.f.* (*agr.*) ploughing along the ridges.

costeggio *s.m.* (*non com.*) coasting.

costei *pron.dimostr.f.sing.* (*spec. spreg.*) she (*sogg.*), her (*compl.*); this woman, that woman: *che cosa vuole — da me?*, what does that woman want with me?

costellare *v.tr.* (*seminare, spargere*) to scatter, to stud, to spangle: *miriadi di fiori costellavano il prato*, thousands of flowers covered the field.

costellato *agg.* studded (with sthg.); spangled (with sthg.); (*rar.*) constellated (with sthg.): *un tema — di errori*, an essay studded with mistakes; — *di perle*, studded with pearls; *un lago — di vele*, a lake dotted with boats.

costellazione *s.f.* **1** (*astr.*) constellation: *le dodici costellazioni dello zodiaco*, the twelve constellations of the zodiac // *la — della Libra*, the constellation of Libra **2** (*estens.*) string: *una — di nomi, di isole*, a string of names, islands.

costernare *v.tr.* to consternate, to dismay, to fill with dismay, to fill with consternation: *quella notizia ci costernò profondamente*, we were dismayed (*o* filled with dismay) at the news; *un tale insuccesso la costernò*, such a complete failure filled her with dismay (*o* consternation).

costernato *agg.* dejected, filled with consternation: *rimanemmo costernati alla notizia*, we were very upset (*o* dismayed *o* concerned) at the news; *un viso* —, a dejected face; *voce costernata*, dismayed voice.

costernazione *s.f.* consternation, dismay: *gettare qlcu. nella* —, to fill s.o. with dismay; *il delitto provocò la — generale*, the crime filled everyone with dismay.

costì *avv.* there; over there; where you are.

costicchiare *v.intr.* (*scherz.*) to be pricey: *è sicuramente un bel maglione anche se mi pare costicchi un po' troppo*, it's definitely a nice sweater although it seems a bit pricey to me.

costiera *s.f.* **1** (stretch of) coast // *la — amalfitana*, the Amalfi coast **2** (*pendio*) hillside, mountainside **3** (*mar.*) shroud.

costiero *agg.* (*della costa*) coastal, coast (*attr.*); (*vicino alla costa*) coastal, inshore, nearshore: *regione costiera*, coastal region; *zona costiera*, seaboard; *ghiaccio* —, fast ice; *navigazione costiera*, coastal navigation; *nave costiera*, coaster.

costina *s.f.* pork chop.

costipamento *s.m.* **1** (*di terreno*) tamping, compaction, solidification **2** (*med.*) → **costipazione**.

costipante *agg.* (*med.*) constipating; producing constipation.

costipare *v.tr.* **1** (*non com.*) to amass, to cram, to pack **2** (*un terreno*) to tamp **3** (*di intestino*) to constipate.

□ **costiparsi** *v.intr.pron.* **1** (*prendere un raffreddore*) to catch* a cold **2** (*di intestino*) to become constipated, to become costive.

costipativo *agg.* (*med.*) constipating, producing constipation.

costipato *agg.* **1** (*raffreddato*) with a bad cold: *essere* —, to have a bad cold **2** (*stitico*) costive, constipated **3** (*non com.*) (*stipato*) packed, crammed.

costipatore *s.m.* (*mecc.*) (soil) compactor, tamper.

costipazione *s.f.* **1** (*raffreddore*) cold: *prendere una* —, to catch a bad cold **2** (*stitichezza*) constipation, costiveness **3** (*agr.*) subsidence.

costituendo *agg.* to be constituted, to be set up (*pred.*): *la costituenda società svolgerà importanti funzioni*, the company that is currently being formed will have an important role.

costituente *agg.* constituent: *un fatto — reato*, a fact amounting to a crime // (*pol.*) *Assemblea* —, Constituent Assembly ♦ *s.m.* **1** constituent **2** (*membro di un'assemblea*) member of a Constituent Assembly; constituent.

costituire *v.tr.* **1** (*fondare, istituire*) to constitute, to establish, to set* up; to form; (*mettere insieme*) to build* up, to create, to make* up: — *un'associazione*, to constitute an association; — *un governo democratico*, to set up (*o* to constitute) a democratic government; — *una società*, (*di persone*) to form a partnership, (*commerciale*) to incorporate (*o* to institute) a company, (*spec. emettendo azioni*) to float a company; — *una rendita vitalizia a favore di qlcu.*, to settle an annuity on s.o.; — *un patrimonio, una fortuna*, to build up a fortune **2** (*formare, comporre*) to constitute, to form, to make* up: *questo composto è costituito da tre elementi*, three elements form (*o* go to make up) this compound; *due stanze e una cucina costituiscono l'intera sua abitazione*, his flat consists of two rooms and a kitchen // (*dir.*) — *reato*, to amount to a crime **3** (*nominare*) to appoint, to constitute: *ti costituisco mio erede*, I am making you my heir // (*dir.*) — *qlcu. in mora*, to place s.o. in default **4** (*rappresentare*) to be: *imparare molte lingue costituisce il suo sogno*, his dream is to learn a lot of languages; *la tolleranza costituisce uno dei miei principi fondamentali*, tolerance is one of my basic principles.

□ **costituirsi** *v.rifl.* **1** (*dir.*) to give* oneself up: *dopo tre giorni, l'assassino si costituì*, three days later, the murderer gave himself up **2** (*nominarsi*) to constitute oneself, to appoint oneself: — *giudice della condotta di qlcu.*, to constitute oneself a judge of s.o.'s conduct // (*dir.*): — *parte civile*, to sue for damages in a civil proceeding (*o* to institute a civil action *o* to bring an action *o* to appear as a civil plaintiff); — *in giudizio*, to appear before the court **3** (*formarsi, organizzarsi*) to set* oneself up, to be formed: (*dir.*) — *in comitato*, to constitute into a committee; — *in sindacato*, to syndicate; *l'Italia si costituì in uno stato solo nel XIX secolo*, Italy only became a state in the 19th century; *si costituì un gruppo di studio per proseguire le ricerche*, a study group was formed to continue the research.

costituito *agg.* constituted, established, set up; (*di società di capitali*) incorporated, instituted: *l'autorità costituita*, the established (*o* constituted) authority.

costitutivo *agg.* constitutive, constituent: *i punti costitutivi di un programma*, the constituent points of a program; *gli elementi costitutivi dell'acqua*, the constituent (*o* constitutive) elements of water // (*dir.*) *atto* —, deed of partnership, (*fin.*) company act (*o* charter), (*di società di capitali*) memorandum of association.

costituto *s.m.* (*dir.*) interrogation of the accused.

costitutore *agg.* constitutive ♦ *s.m.* constitutor, founder.

costituzionale *agg.* **1** (*pol.*) constitutional: *governo* —, constitutional government; *diritto* —, (*la disciplina*) constitutional law, (*la facoltà soggettiva assicurata dalla costituzione*) constitutional right; *norme, leggi costituzionali*, constitutional laws; *corte* —, Constitutional Court **2** (*med.*) constitutional: *malattia* —, constitutional disease.

costituzionalismo *s.m.* (*pol.*) constitutionalism.

costituzionalista *s.m.* e *f.* (*dir.*) constitutionalist.

costituzionalistico *agg.* **1** (*dir.*) constitutionalism (*attr.*) **2** (*med.*) constitutional.

costituzionalità *s.f.* (*pol.*) constitutionality: *la — di una legge*, the constitutionality of a law.

costituzionalmente *avv.* constitutionally.

costituzione *s.f.* **1** (*pol.*) constitution: *promulgare, abrogare la* —, to proclaim, to repeal the constitution // *costituzioni clementine*, Clementine Constitutions **2** (*il fondare, il costituire*) establishment, setting up, forming, formation; (*di società*) incorporation; (*di società con emissione di azioni*) floatation: *impresa di nuova* —, newly established enterprise; — *di una società di persone*, formation of a partnership; — *in sindacato*, syndication; *la — di una lega antidroga*, the formation (*o* creation) of an organisation to combat drug abuse // (*dir.*): — *di dote*, endowment; — *di una rendita*, settlement of an annuity **3** (*struttura*) composition; constitution; structure: *la — geologica del suolo*, the geological structure of the ground; *uomo di delicata, robusta* —, man of a delicate, strong constitution **4** (*dir.*) (*il costituirsi*) the act of giving oneself up to justice // — *in giudizio*, appearance before the court.

costo *s.m.* cost; (*prezzo*) price; (*spesa*) expense: *il — del pane, dei libri*, the cost of bread, of books; *non parte perché non può affrontare il — del viaggio*, he's not leaving because he can't afford the cost of the trip; *il — della vita sale*, the cost of living is rising // (*comm., econ.*): *sotto* —, below cost; *comprare, vendere sotto* —, to buy, to sell below cost; *a basso* —, at low cost; *a prezzo di* —, at cost price; — *addizionale*, extra cost (*o* on cost); — *base*, basic cost; — *complessivo*, all-in (*o* total) cost; — *corrente, effettivo*, actual cost; — *fisso*, fixed charge; — *industriale*, production cost; — *marginale*, marginal (*o* incremental) cost; — *netto*, net cost (*o* factor cost); — *operativo*, operational cost; — *originario*, original cost; — *preventivo*, budgeted cost; — *primo* (*delle materie prime e della manodopera*), flat cost (*o* prime cost *o* first cost); — *reale*, real (*o* historical) cost; — *sociale*, social cost; — *unitario*, unit cost; — *variabile*, variable cost; — *vivo*, outlay (*o* out-of-pocket) cost; — *del denaro*, cost of money; — *del lavoro, della manodopera*, labour cost (*o* cost of labour); — *d'affitto*, rental cost; — *del trasporto*, haulage, cost of transport, freight, freightage; — *di avviamento*, setting up (*o* starting-load) cost; — *di distribuzione*, distribution cost; — *di fabbricazione*, manufacturing cost; — *di mercato*, cost of market (*o* market cost); — *di noleggio* (*di nave ecc.*), freight; — *di produzione*, cost of production (*o* production cost), prime cost (*o* first cost *o* factory cost); — *di rinnovo*, renewal; — *di riproduzione*, reproduction cost; — *di trasporti via acqua*, waterage; — *e nolo*, cost and freight (*abbr.* c.a.f.); — *assicurazione e nolo*, cost insurance, freight (*abbr.* c.i.f.); — *assicurazione, nolo e cambio*, cost insurance; freight and exchange (*abbr.* c.i.f.e.) // *costi crescenti*, mounting (*o* increasing) costs; *costi d'amministrazione*, administrative costs; *costi salariali*, wage costs; *costi di esercizio*, running cost(s), operating charges, operating expenses; *costi di pubblicità*, advertising costs; *costi generali*, overhead costs (*o* overheads); *costi previsti*, estimated costs; *riduzione dei costi*, cost reduction; *determinazione dei costi*, costing.

◆ FRASEOLOGIA: *a nessun* —, on no account (*o* in no case); *a nessun — era disposto a rivederla*, he did not on any account want to see her again // *ad ogni* —, at all costs (*o* at any rate): *l'ha voluto sapere a ogni — nonostante fosse un segreto*, he wanted at all costs to find out, even though it was a secret // *a — di*, at the cost of (*o* even if): *voglio passare quell'esame a — di studiare tutta la notte*, I want to pass the exam even if I have to study all night; *a — di perdere tutto*, even if I should lose everything // *ha pagato un alto — per raggiungere il suo scopo*, he paid a high price to achieve his end.

costola *s.f.* **1** (*anat.*) rib: *si ruppe una* —, he broke a rib; — *di vitello, di maiale*, rib of veal, pork // *gli si contano le costole*, (*fig.*) he is nothing but skin and bone // *essere della — di Adamo*, to belong to the old nobility // *stare alle costole di qlcu.*, (*fig.*) to be at s.o.'s elbow; (*pedinarlo*) to dog s.o.'s steps; *la polizia gli stava ormai alle costole*, the police were right behind him // *rompere le costole a qlcu.*, (*fig.*) to break s.o.'s bones (*o* to give s.o. a thorough thrashing) **2** (*di coltello, libro*) spine **3** (*bot.*) keel **4** (*mar.*) rib.

costolato *agg.* ribbed ◆ *s.m.* loin.

costolatura *s.f.* **1** rib structure **2** (*arch.*) ribbing; ribwork, ribs (*pl.*) **3** (*mecc.*) ribbing.

costoletta *s.f.* cutlet: — *di vitello, agnello*, veal, lamb cutlet.

costolone *s.m.* **1** (*arch.*) rib: — *di una volta*, vaulting-rib **2** (*dosso*) ridge, rib.

costone *s.m.* ridge, rib.

costoro *pron.dimostr.m.* e *f.pl.* (*spec. spreg.*) they (*sogg.*); them (*compl.*); these people, those people: *che fanno — in casa mia?*, what are those people doing in my house?

costoso *agg.* **1** expensive, costly, dear: *queste sigarette sono troppo costose*, these cigarettes are too expensive; *i viaggi sono costosi*, travelling is expensive; *non* —, inexpensive (*o* cheap) **2** (*fig.*) costly, dear: *lavorare in miniera può essere — in termini di salute*, working in a mine can be costly in terms of health.

costretto *agg.* compelled, obliged, forced: *un bambino — a vivere in condizioni di miseria*, a child forced to live in poverty; *non mi piace questo lavoro, ma ci sono* —, I don't like this job, but I have to do it.

costringere *v.tr.* **1** to compel, to force, to constrain, to oblige, to make*: *la fame li costrinse ad arrendersi*, hunger forced them to surrender; *le sue parole mi costrinsero a partire*, his words obliged me to leave (*o* made me leave); *mi hanno costretto a smettere l'attività*, they forced me out of business; *fui costretto a mentire per quieto vivere*, I was forced to lie for the sake of peace and quiet **2** (*letter.*) (*stringere, comprimere*) to compress, to press.

costringimento *s.m.* (*non com.*) **1** constraint, compulsion; (*dir.*) coercion **2** (*restringimento*) constriction.

costrittivo *agg.* coercive, compelling, compulsive: *regolamento* —, coercive regulation // (*ling.*) *consonanti costrittive*, fricative (*o* constrictive) consonants // (*med.*) *una fasciatura costrittiva*, a pressing bandage.

costrittore *agg.* e *s.m.* (*anat.*) constrictor.

costrizione *s.f.* **1** constraint, compulsion; (*dir.*) coercion: *per* —, under (*o* on) compulsion: — *fisica, morale*, physical, moral constraint; *l'ho dovuto fare per — e non per mia spontanea volontà*, I had to do it under compulsion and not of my free will **2** (*ant.*) (*restringimento*) constriction.

costruibile *agg.* that may be built (*pred.*), that can be built (*pred.*)

costruire *v.tr.* **1** to build*, to construct; (*fabbricare*) to manufacture: *costruirono una nuova ala dell'albergo*, they built a new wing of the hotel; — *un muro*, to build a wall; — *in serie*, to mass-produce; *casa costruita in economia*, a jerry-built house // — *sulla sabbia*, (*fig.*) to build (one's house) on sand **2** (*inventare, creare*) to construct, to build*, to put* together, to create: — *una trama, un romanzo*, to create a story line, a novel; — *una fortuna*, to build (*o* make) a fortune; — *un impero*, to construct an empire // (*sport*) — *il gioco, un'azione offensiva*, to build (*o* to create) an attack **3** (*gramm.*) to construct, to construe: *preposizione che si costruisce col dativo*, preposition that is constructed with the dative; — *un periodo, una frase*, to construct a sentence, a phrase.

costruttivismo *s.m.* constructivism.

costruttivo *agg.* **1** structural, constructional: *elementi costruttivi*, structural elements **2** (*fig.*) constructive: *critica costruttiva*, constructive criticism; *politica costruttiva*, constructive politics.

costrutto *s.m.* **1** (*gramm.*) construction **2** (*significato*) meaning, sense: *discorso senza* —, meaningless speech; *il suo ragionamento è pieno di parole senza* —, his argument is full of meaningless words **3** (*profitto, risultato*) profit, advantage; result: *lavoro senza* —, profitless (*o* useless) work; *studiò senza* —, he studied without any profit; *affannarsi senza* —, to toil uselessly.

costruttore *agg.* building: *l'impresa, l'azienda costruttrice*, the building firm (*o* the builders) ◆ *s.m.* builder, constructor; (*di scafi*) shipbuilder; — *di automobili*, car manufacturer (*o* car maker); — *edile*, builder (*o* building contractor).

costruzione *s.f.* **1** (*il costruire, edificazione*) construction, building; manufacture: *la — di un ponte*, the construction of a bridge; *la — di una macchina*, the manufacture of a car; *licenza di* —, building licence; *materiali da* —, building materials; *è in — una nuova strada*, a new road is under construction; *quando la nostra casa era in* —, when our house was being built; *un ponte di solida* —, a solidly built bridge // *difetto di* —, fault in construction; fault in manufacturing // *impresa di* —, building firm (*o* builders *o* contractors) **2** (*edificio*) building: — *in acciaio*, steel frame building; — *antisismica*, earthquake-proof building **3** (*gramm.*) construction.

costudire → **custodire**.

costui *pron.dimostr.m.sing.* (*spec. spreg.*) he (*sogg.*); him (*compl.*); this man, that man; this fellow, that fellow: — *è un emerito impostore*, that fellow is a downright impostor; *non voglio aver nulla a che fare con* —, I don't want to have anything to do with him.

costumanza *s.f.* usage, custom, habit.

costumare *v.intr.* (*non com.*) **1** *impers.* (*essere usanza*) to be customary, to be usual: *da noi costuma così*, this is our custom; *qui costuma pagare in anticipo*, here it is usual to pay in advance **2** (*solere*) to be in the habit of; to make a habit of (*usato solo nel passato*): *costumava cavalcare per ore e ore*, he was in the habit of riding (*o* he used to ride *o* he would ride) for hours at a stretch.

costumatezza *s.f.* (*non com.*) **1** decency **2** (*compostezza, dignità*) propriety; (*buona creanza*) good manners (*pl.*); politeness.

costumato *agg.* **1** (*letter.*) (*di buoni costumi*) decent, virtuous **2** (*di buone maniere*) polite, well-bred // *mal* —, impolite **3** (*abituato*) accustomed to (*pred.*), used to (*pred.*).

costume *s.m.* **1** (*usanza*) custom, use, usage; (*abitudine personale*) habit; (*letter.*) wont: *secondo il* —, according to custom (*o* usage); *secondo il mio* —, as is my habit (*o* as is my wont); *gli usi e i costumi di un paese*, the customs of a country; *un vecchio* —, an old custom; *è mio — fare una passeggiata ogni mattina*, it's my habit to take a walk every morning; *non è suo — chiedere dei favori*, he is not in the habit of (*o* he's not accustomed to) asking favours; *qui è — festeggiare il giorno di S. Carlo*, here it is customary (*o* usual) to celebrate St. Charles's Day; *ha il cattivo — di rispondere male*, he has the bad habit of answering back // *per* —, usually, habitually; *è per — un popolo timido*, they are usually a shy race **2** (*condotta*) morals (*pl.*), morality: *persone di buoni costumi*, moral (*o* decent *o* respectable) people; *persone di cattivi costumi*, immoral people // *una donna di facili costumi*, a loose woman (*o* a woman of loose morals) **3** (*indumento*) costume: — *accademico*, academic costume; — *da paggio*, page's costume; *ballo in* —, costume (*o* fancy dress) ball; (*teatr.*) *fare la prova generale in* —, to have a dress rehearsal; *che — ti metti per carnevale?*, what costume are you wearing for carnival? **4** (*da bagno*) bathing costume, bathing suit, swimsuit; (*da uomo*) (swimming) trunks: — *due pezzi, intero*, two piece, one piece swimsuit.

costumista *s.m.* e *f.* (*teatr., cinem.*) costume designer.

costura *s.f.* (*cucitura*) seam: — *aperta, rivoltata*, open, turned seam.

cotale (*ant., letter.*) → **tale**.

cotangente *s.f.* (*mat.*) cotangent.

cotangentoide *s.f.* (*mat.*) cotangent curve.

cotanto (*rar., letter.*) → **tanto**.

cote *s.f.* whetstone, hone.

cotechino *s.m.* 'cotechino' (kind of spiced Italian sausage).

côtelé *agg.* (*fr.*) corduroy (*attr.*)

cotenna *s.f.* **1** pigskin; (*del lardo*) rind **2** (*pelle dura*) thick skin; (*del cranio*) scalp // *di grossa* —, (*zotico*) rude (*o* boorish) // *aver la — dura*, to have a thick skin.

cotesto → **codesto**.

cotidale *agg.* (*geogr.*) cotidal: *linee cotidali*, cotidal lines.

cotidiano e *deriv.* → **quotidiano** e *deriv.*

cotile → **acetabolo**.

cotiledonare *agg.* (*bot.*) cotyledonous.

cotiledone *s.m.* (*bot.*) cotyledon, seed-leaf, seed-lobe.

cotillon *s.m.* (*fr.*) **1** (*regalo*) present (given during a ball or a show) **2** (*mus.*) cotillion.

cotiloide, **cotiloideo** *agg.* (*anat.*) cotyloid.

cotissa *s.f.* (*arald.*) bendlet.

cotogna *s.f.* (*bot.*) (*mela*) —, quince.

cotognastro *s.m.* (*bot.*) cotoneaster.

cotognata *s.f.* candied quince.

cotognino *agg.* quince (*attr.*).

cotogno *s.m.* (*bot.*) (*Cydonia oblonga*) quince(-tree) // — *del Giappone*, (*Chaenomeles japonica*) japonica.

cotoletta *s.f.* (*cuc.*) cutlet; (*costata*) chop: — *di agnello*, lamb cutlet (*o* lamb chop); — *di maiale*, pork chop; — *di vitello*, veal cutlet // — *alla milanese*, Wiener Schnitzel, (*con l'osso*) Milanese cutlet.

cotonaceo *agg.* cottony.

cotonare *v.tr.* **1** (*tessuto*) to tease **2** (*capelli*) to backcomb.

cotonària → **licnide**.

cotonato *agg.* **1** (*di tessuto*) teased **2** (*di capelli*) backcombed ◆ *s.m.* cotton fabric; cotton-like fabric.

cotonatura *s.f.* (*di capelli*) backcombing: *la — dei suoi capelli era ridicola*, her backcombed hair looked ridiculous.

cotone *s.m.* **1** (*bot.*) (*Gossypium arvense*) cotton: *piantagione di* —, cotton plantation; *coltivazione del* —, cotton-growing; *olio di* —, cottonseed oil // — *di Giava*, (*Eriodendron anfractuosum*) kapok // — *egiziano*, (*Gentiana asclepiadea*) milkweed **2** (*fibra*) cotton: — *a corta fibra*, short staple cotton; — *cardato*, carded cotton; — *da rammendo*, darning cotton; — *grezzo*, seed wool; — *idrofilo*, cotton wool; — *rigenerato*, recovered cotton; *cascami di* —, cotton waste; *commercio del* —, cotton trade; *filato di* —, cotton yarn; *tessuto di* —, cotton cloth // — *emostatico*, styptic cotton // — *fulminante*, gun cotton.

cotoneria *s.f.* cotton goods.

cotonicoltore *s.m.* cotton planter, cotton grower.

cotonicoltura *s.f.* cotton planting, cotton growing.

cotoniere *s.m.* **1** (*industriale*) cotton manufacturer **2** (*operaio*) mill worker.

cotoniero *agg.* cotton (*attr.*): *l'industria cotoniera*, the cotton industry.

cotonificio *s.m.* cotton mill.

cotonina *s.f.* calico.

cotonizzare *v.tr.* (*tess.*) to cottonize.

cotonoso *agg.* cottony; (*simile a cotone*) fluffy, downy // *capelli arruffati e cotonosi*, fluffy and tousled hair.

cotta[1] *s.f.* **1** (*cottura*) cooking; (*in forno*) baking // *furbo di tre cotte*, (*fig.*) slyboots **2** (*infornata*) batch; (*tecn.*) kilnful, ovenful: *una — di mattoni*, a kilnful of bricks; *una — di pani*, a batch of loaves **3** (*fig. fam.*) (*ubriacatura*) drunkenness; (*innamoramento*) infatuation, crush: *prendere una* —, to get drunk (*o* to get tight); *prendere una — per qlcu.*, to have a crush on s.o. (*o* to fall for s.o.) **4** (*prostrazione fisica*) crack up, collapse, breakdown: *l'atleta ha preso una tremenda — all'ultimo giro*, the runner collapsed on the last lap.

cotta[2] *s.f.* **1** (*eccl.*) surplice; cotta **2** (*st., mil.*) coat of mail **3** (*tunica*) robe.

cottimista *s.m.* e *f.* pieceworker, jobber.

cottimo *s.m.* (*contratto*) job contract, jobbing contract; (*lavoro*) piecework, task work, jobwork; jobbing; (*fam.*) tut; (*retribuzione*) incentive pay; (*cottimo di squadra*) group bonus: *a* —, by the piece (*o fam.* by the tut); *essere pagato a* —, to be paid by the job; *lavorare a* —, to do piecework (*o* to work by the piece *o* to job *o* to tut); *dare lavoro a* —, to job out work.

cotto *agg.* **1** cooked, done; (*in forno*) baked: *ben* —, well done; — *a puntino*, done to a turn (*o fam.* done to a T); *la mia bistecca la voglio poco cotta*, I want my steak underdone; *questo è troppo —!*, this is overdone! // *farne di cotte e di crude*, (*fig.*) to get up to all kinds of tricks **2** (*estens.*) burnt, scorched: *aveva il volto — dal sole*, his face was burnt by the sun **3** (*fig. fam.*) (*ubriaco*) drunk; (*innamorato*) (madly) in love (*pred.*), infatuated: *è —!*, he's dead drunk; *era — di lei*, he was (madly) in love with her **4** (*fig.*) (*esausto*) exhausted ◆ *s.m.* fired brick: *un pavimento in* —, a floor done in terracotta tiles.

cottura *s.f.* cooking; (*in forno*) baking: *di facile* —, easily cooked; *di rapida* —, quickly cooked; *tempo di* —, cooking time; *punto di* —, cooking point; *per quel sugo ci vuole una — a fuoco lento*, the sauce has to be cooked on a low flame.

coturnice *s.f.* (*zool.*) (*Alectoris graeca*) Greek partridge.

coturno *s.m.* cothurnus*; buskin // *calzare il* —, (*fig.*) to put on the buskins (*o* to act a tragedy).

coulisse *s.f.* **1** (*incavo*) groove, slot // (*porta a*) —, sliding door **2** (*mus.*) slide **3** (*teatr.*) wings (*pl.*), slips (*pl.*) **4** (*Borsa*) coulisse, street market.

coulissier *s.m.* (*Borsa*) coulissier, commission broker.

coulomb *s.m.* (*elettr.*) coulomb.

coulombometria *s.f.* (*elettr.*) coulometry.

coulombometro *s.m.* (*elettr.*) coulometer, coulombmeter.

count down *s.m.* countdown: *iniziarono il — alle 14.15*, they began the countdown at 2.15 p.m.

country *agg.* country (and western): *musica* —, country (and western) music ◆ *s.m.* country (and western) music: *non sopporto il* —, I can't stand country and western music.

coup de foudre *s.m.* (*fr.*) love at first sight.

coupé *s.m.* (*fr.*) coupé: *aveva una Fiat — rosso fiammante*, he had a bright red Fiat coupé.

coupon *s.m.* coupon, slip: — *per la benzina*, petrol coupon // (*fin.*): — *di dividendo*, dividend coupon (*o* warrant); — *d'interesse*, interest coupon; *con* —, with coupon; *senza* —, ex coupon.

coutente *s.m.* e *f.* (*dir.*) co-user, joint user.

coutenza *s.f.* (*dir.*) co-use; joint use.

coutil *s.m.* (*tess.*) coutil.

couture *s.f.* (*fr.*) couture, fashion: *haute* —, haute couture (*o* high fashion); *maison de* —, fashion house (*o* maison de couture).

couturier *s.m.* (*fr.*) couturier, fashion designer.

cova *s.f.* **1** (*il covare*) brooding, sitting on eggs **2** (*ant.*) (*nido*) nest, nesting-place.

covalente *agg.* (*chim.*) covalent: *legame* —, covalent bond.

covalenza *s.f.* (*chim.*) covalence.

covare *v.tr.* **1** to brood, to sit* on (eggs): *mettere una gallina a* —, to set a hen **2** (*fig.*) to brood over, on (sthg.); nurse: *da lungo tempo covava vendetta*, he had been brooding over (*o* on) revenge for a long time; — *un'influenza*, to be going down with influenza; — *una malattia*, to be sickening for an illness; — *tristi pensieri*, to brood over sad thoughts // — *qlcu. con gli occhi*, to gaze intently at (*o* to look longingly at) s.o. ◆ *v.intr.* (*di fuoco, passioni*) to smoulder; to lurk, to lie* hidden; (*di malattia*) to be latent: *il fuoco covava sotto la cenere*, the fire was smouldering under the ashes; *la malattia covava*, the disease was latent; *l'odio cova nel loro cuore*, hatred is smouldering in their hearts // *qui gatta ci cova*, there is something fishy going on here (*o* something suspicious here).

covariante *agg.* (*mat.*) covariant: *tensore* —, covariant tensor ◆ *s.f.* covariant.

covarianza *s.f.* (*stat.*) covariance.

covata *s.f.* (*di pulcini*) clutch, hatch; (*di uova*) set; (*di uccelli*) brood.

covaticcio *agg.* (*non com.*) brooding, broody; brood (*attr.*).

covatura *s.f.* **1** (*il covare*) brooding, sitting on eggs **2** (*tempo di cova*) brooding-time.

covile *s.m.* **1** (*tana*) lair, den **2** (*fig.*) (*misero rifugio*) hovel, hole, (*sudicio giaciglio*) pallet.

covo *s.m.* **1** (*tana*) lair, den: *un — di vipere*, a nest of vipers (*anche fig.*) **2** (*fig.*) hideout, haunt, den, hiding place: *un — di ladri*, a den of thieves.

covolume *s.m.* (*fis.*) covolume.

covone *s.m.* sheaf*.

cow-boy *s.m.* **1** cowboy: *un film di* —, a cowboy film **2** (*estens.*) (*mandriano*) cowboy; cowherd **3** (*uomo semplice*) yokel, hick; (*amer.*) hayseed.

coxalgia *s.f.* (*med.*) coxalgia, coxalgy.

coxite *s.f.* (*med.*) coxitis*, coxalgia.

coxofemorale *agg.* (*anat.*) coxofemoral.

coyote *s.m.* (*zool.*) (*Canis latrans*) coyote*, (*pop.*) prairie wolf.

cozza *s.f.* (*zool.*) (*Mytilus edulis*) mussel.

cozzare *v.intr.* **1** (*con le corna, col capo*) to butt; (*urtare*) to strike*; to crash (into), to bang (against), to run* (into); (*venire in collisione*) (*di navi*) to run* foul (of each other); (*di veicoli*) to collide: *è andato a — con la macchina contro il muro*, he ran into the wall with his car **2** (*fig.*) (*contrastare*) to contrast, to collide, to clash: *i miei interessi cozzano con i suoi*, my interests clash with his; — *contro delle difficoltà*, to meet with (*o* to come up against) difficulties; — *contro le idee di qlcu.*, to collide with s.o.'s ideas; *venire a — contro qlco.*, to come into collision with sthg. **3** (*fig.*) (*litigare*) to quarrel ◆ *v.tr.* to butt, to bang, to strike*: — *il capo contro il muro*, to strike (*o* to butt) one's head against the wall.

□ **cozzarsi** *v.rifl.rec.* to butt each other.

cozzata *s.f.* butt; (*urto*) crash, collision; (*colpo*) blow.

cozzo *s.m.* **1** (*con le corna, col capo*) butt, butting; (*collisione*) collision, crash; (*urto*) shock, clash: *un violento — tra le due vetture*, a violent collision between the two carriages **2** (*fig.*) (*conflitto*) conflict, contrast, clash: *dare di — in qlco.*, to clash with sthg. (*o* to be in contrast with sthg.).

cozzone *s.m.* horse-dealer.

crac *inter.* (*voce onomatopeica che riproduce il rumore di cosa che si spezza, si rompe o crolla*) crack ◆ *s.m.* **1** (*rumore*) crack: *si sentiva il — dei rami spezzati*, the crack of breaking boughs was heard **2** (*fig.*) (*fallimento*) bankruptcy, crash, collapse: — *finanziario*, financial collapse (*o* crash); *dopo il — della banca il presidente fuggì all'estero*, after the failure of the bank the president fled abroad; — *in Borsa*, market crash.

crace *s.m.* (*zool.*): — *della caruncola*, (*Crax globulosa*) curassow.

crack[1] *s.m.* **1** (*ippica*) crack horse, champion horse **2** (*poker*) crackplayer, ace.

crack[2] *s.m.* (*droga*) crack.

cracker *s.m.* **1** (*galletta*) dry biscuit, cracker **2** (*chim.*) cracker **3** (*inform.*) cracker.

cracking *s.m.* (*chim.*) cracking.

crafen *s.m.* doughnut.

crampo *s.m.* cramp: *mi prese un* —, I was seized by cramp; *un — allo stomaco*, a stomach cramp; — *dello scrivano, del nuotatore*, writer's, swimmer's cramp.

crandallite *s.f.* (*min.*) deltaite.

craniale, cranico *agg.* (*anat.*) cranial: *la scatola cranica*, the brainpan (*o* the skull).

cranio *s.m.* **1** skull; (*scient.*) cranium* **2** (*fig.*) brain, head, mind: *è un bel —!*, he's got a good mind! // *abbiamo pagato: 1000 a cranio*, we paid a thousand liras a head (*o* per person).

craniografia *s.f.* (*med.*) craniography.

cranioleso *agg.* e *s.m.* (*med.*) (a person) having a cranial lesion.

craniologia *s.f.* craniology.

craniologico *agg.* craniological.

craniometria *s.f.* craniometry.

craniometrico *agg.* craniometric(al).

craniometro *s.m.* craniometer.

cranioscopia *s.f.* (*med.*) cranioscopy.

craniostato *s.m.* craniophore.

craniotomia *s.f.* (*med.*) craniotomy.

crapula *s.f.* (*letter.*) crapulence; (*nel mangiare*) gluttony; (*nel bere*) guzzling.

crapulare *v.intr.* (*letter.*) to guzzle, to gorge (on); to eat and drink immoderately.

crapulone *s.m.* guzzler; glutton.

craquelé *agg.* (*fr.*) craquelé, crackled ◆ *s.m.* craquelure, crackling.

crasi *s.f.* (*gramm.*) crasis*.

crasso *agg.* **1** (*letter.*) (*spesso, denso*) thick, dense **2** (*fig.*) crass, gross: *ignoranza crassa*, gross (*o* crass) ignorance **3** (*anat.*) *intestino* —, large intestine.

cratere *s.m.* **1** (*geol., astr.*) crater: *il — del Vesuvio*, the crater of Vesuvius; — *d'impatto*, impact crater; — *meteorico, meteoritico*, meteor, meteorite crater; — *lunare*, lunar crater **2** (*archeol.*) crater, krater, large bowl: *un — d'oro*, a golden crater **3** (*med.*) crater.

craterico *agg.* (*geol.*) crateral, craterous.

cratone *s.m.* (*geol.*) craton, kraton.

crauti *s.m.pl.* (*cuc.*) sauerkraut (*sing.*).

cravatta *s.f.* **1** tie: *non ha mai imparato a fare il nodo alla* —, he's never learned to do up his tie; *aveva allentato il nodo della* —, he had loosened his tie; — *a farfalla*, bow tie; — *a righe*, striped tie; *spillo per* —, tie-pin **2** (*di bandiera*) cord, streamer **3** (*nella lotta greco-romana*) neck-hold **4** (*med.*) cravat bandage.

cravattaio *s.m.* **1** (*chi fabbrica cravatte*) tie manufacturer **2** (*chi vende cravatte*) tie seller **3** (*fig. fam.*) moneylender.

crawl *s.m.* (*sport*) crawl, freestyle: *nuotare a* —, to swim crawl.

crawlista *s.m.* e *f.* (*sport*) freestyle specialist.

creanza *s.f.* manners (*pl.*); civility, courtesy, politeness: *buona* —, good manners; *mala* —, bad manners; *persona senza* —, discourteous person; *questo ti insegnerà la —!*, this will teach you how to behave!

creare *v.tr.* **1** to create: *Dio creò il mondo in sei giorni*, God created the world in six days; *Shakespeare creò innumerevoli personaggi drammatici*, Shakespeare created innumerable dramatic characters; — *nuovi modelli*, to design new patterns; (*teatr.*) — *una parte*, to create a part **2** (*suscitare, causare*) to produce, to cause: *questo creò molti malintesi*, this gave rise to (*o* caused) a lot of misunderstandings; — *uno scandalo*, to create a scandal **3** (*costituire*) to set* up, to form, to establish: — *una società*, to form a partnership // (*dir.*) — *un precedente*, to establish a precedent **4** (*antiq.*) (*eleggere, nominare*) to elect, to make*, to appoint: *fu creato sindaco della sua città*, he was appointed mayor of his own town; *lo crearono loro capo*, they made him their leader; — *qlcu. cavaliere, barone*, to create s.o. a knight, a baron.

□ **crearsi** *v.intr.pron.* to be created, to be set up: *si è creata una situazione insostenibile*, an intolerable situation was created.

creatina *s.f.* (*biochim.*) creatine.

creatinina *s.f.* (*biochim.*) creatinine.

creatinuria *s.f.* (*med.*) creatinuria.

creatività *s.f.* creativity; inventiveness: *dare spazio alla — dei bambini*, to provide scope for children's creativity.

creativo *agg.* **1** (*della creazione*) of creation (*pred.*): *atto* —, act of creation **2** (*che ha creatività*) creative; inventive: *aver estro* —, to be creative ◆ *s.m.* (*in pubblicità*) creative.

creato *agg.* created: *tutte le cose create*, all created things ◆ *s.m.* universe, creation: *le meraviglie del* —, the wonders of creation.

creatore *agg.* creating; (*estens.*) creative: *forza, potenza creatrice*, creative power; *fantasia creatrice*, creative imagination ◆ *s.m.* **1** creator, maker; (*inventore*) inventor: — *di immagine*, image maker; — *di idoli*, idol maker; *un — di abiti da sera*, a creator of evening dresses; *il — di una nuova tecnica*, the inventor of a new technique **2** (*teol.*) *il Creatore*, the Creator // *andare al Creatore*, to go to (meet) one's maker // *mandare al Creatore*, to send to the other world.

creatura *s.f.* **1** creature: *una bella* —, a lovely creature; *uomini e animali sono tutti creature di Dio*, human beings and animals are all God's creatures // — *angelica*, angel **2** (*bambino*) child, thing: *una creaturina*, a poor little thing (*o* child); *povera —!*, poor child! (*o* poor thing!) // *la mia —*, my baby **3** (*fig.*) creature, protégé, favourite: *quell'attore è una — del regista*, this actor is a protégé of the director's.

creaturale *agg.* (*letter.*) creatural; of the created (*pred.*), of the creation (*pred.*).

creazione *s.f.* **1** creation: *la — del mondo*, the creation of the world; *le meraviglie della —*, the wonders of creation **2** (*invenzione*) creation; invention: *la — di un personaggio*, the creation of a character; *le ultime creazioni dei sarti parigini*, the latest creations of the Paris couturiers **3** (*costituzione*) creation; establishment: *la — di una nuova società*, the founding of a new partnership; *la — di un centro di ricerca*, the creation of a research centre **4** (*letter.*) (*nomina*) creation, appointment: *la — di un cavaliere*, the creation of a knight **5** (*fis.*) creation.

creazionismo *s.m.* (*st. fil.*) creationism.

credente *agg.* believing (*attr.*): *tutte le anime credenti*, all believing souls ◆ *s.m.* e *f.* believer: *essere un fervido —*, to be a fervent believer.

credenza[1] *s.f.* **1** belief, credence: *credenze religiose*, religious beliefs **2** (*opinione*) belief: *è una falsa — popolare*, it's a popular misconception **3** (*non com.*) (*fiducia*) belief, credence: *trovare —*, to be believed // *comperare a —*, (*fam.*) to buy on credit // *lettere di —*, (*diplomazia*) credentials.

credenza[2] *s.f.* (*in sala da pranzo*) sideboard; (*in cucina*) dresser.

credenziale *agg.* credential ◆ *s.f.* **1** (*banca*) letter of credit **2** *pl.* credentials // *avere buone credenziali*, to have good credentials.

credere *v.intr.* **1** (*prestar fede*) to believe (s.o., sthg.): *non crederle!*, don't believe her!; *non credetti alle sue parole*, I didn't believe his words; *non credo ad una sola parola di quanto dice*, I don't believe a single word he says; *non potevo — ai miei occhi*, I could scarcely believe my eyes; *non si deve — a tutto ciò che si sente*, one must not believe everything one hears **2** (*essere certo dell'esistenza di*) to believe (in s.o., sthg.): *— in Dio*, to believe in God; *— ai fantasmi*, to believe in ghosts **3** (*avere fiducia*) to trust (s.o., sthg.); to believe (in s.o., sthg.): *non credo all'efficacia di questa medicina*, I don't believe in this medicine; *non credo nella fortuna*, I don't trust in luck; *puoi credergli, te lo dico io*, you can trust (*o* depend on *o* count on) him, I assure you; *— nell'utilità delle conferenze per la pace*, to believe in the usefulness of peace conferences ◆ *v.tr.* **1** (*ritenere vero*) to believe: *credo che sia ancora vivo*, I believe he's still alive; *credo di no, di sì*, I don't think so, I think so (*o* I suppose so); *"Verranno in tempo?" "Credo di sì", "Credo di no"*, "Will they come in time?" "I think so", "I don't think so"; *crede tutto quello che gli si dice*, he believes everything he is told; *non so che cosa —*, I don't know what to believe // *è da — che riuscirà*, it is probable that he will succeed // *fare — qlco. a qlcu.*, to make s.o. believe sthg. // *lo credo bene!*, (*certamente*) I can well believe it! // *non lo crediamo un genio*, we do not think him a genius (*o* he is a genius) **2** (*pensare, immaginare*) to think*, to suppose: *credevo che fosse francese*, I thought she was French; *credetti di udire dei passi*, I thought I heard footsteps; *crede che tutto gli sia permesso*, he thinks he can (*o* may) do anything; *ho creduto di fare bene*, I thought I was doing the right thing; *ho creduto necessario, opportuno informarli*, I considered it necessary (*o* I thought it right) to tell them; *non potete — quanto contento io sia*, you can't think how glad I am; *fate come credete*, do as you like.
□ **credersi** *v.rifl.* to think* oneself, to consider oneself: *si crede molto furbo*, he thinks he is very smart: *si crede una persona importante*, he thinks he's important; *si crede un poeta*, he thinks he's a poet; *si crede chissà chi*, he thinks a lot of himself.

credere *s.m.* opinion, judg(e)ment: *a mio —*, in my opinion // *oltre ogni —*, beyond all belief // (*fin.*): *star del —*, del credere; *commissione di star del —*, del credere commission; *agente del —*, del credere agent.

credibile *agg.* **1** (*di cosa*) credible; believable: *è poco — che...*, it is hardly credible that...; *raccontò una scusa poco —*, he gave an unlikely excuse **2** (*di persona*) trustworthy, credible; to be believed (*pred.*): *non è una persona —*, he is not trustworthy; (*dir.*) *testimone —*, reliable witness.

credibilità *s.f.* **1** credibility, believableness: *la — di un'ipotesi*, the credibility of an hypothesis **2** (*credito*) credibility: *perdere di —*, to lose credibility; *guadagnare in —*, to gain credibility.

creditizio *agg.* (*econ.*) credit (*attr.*), of credit (*pred.*): *stretta creditizia*, credit squeeze; *sistema —*, credit system; *politica creditizia*, credit policy; *posizione, valutazione creditizia*, credit rating.

credito *s.m.* **1** (*il credere, l'essere creduto*) credit: *dar — a*, to give credit to; *trovar —*, to gain acceptance; *è una teoria che non trova più —*, it is an exploded theory **2** (*reputazione*) credit, reputation, esteem; (*comm.*) credit standing, status: *è un medico di molto —*, he's a doctor with a good reputation; *godevano di molto —*, they were held in high esteem **3** (*econ., comm.*) credit: *far — a qlcu.*, to grant (*o* to give) s.o. credit; *riscuotere un —*, to collect (*o* to recover) a debt; *essere in — con qlcu.*, to have credit with s.o. (*o* to be s.o.'s creditor); *non si fa —*, no credit // *a —*, on credit (*o* trust), (*amer.*) on the arm (*o* on the nod), (*amm.*) on the credit side: *vendere merci a —*, to supply goods on trust // *metteremo la somma a Vs. —*, we shall credit you with the amount // *— a breve scadenza*, short (*o* short -term) credit; *— a lunga scadenza*, long-term credit; *— a medio termine*, medium-term credit; *— agevolato*, subsidied (*o* subsidized) credit; *— agrario*, land credit; *— allo scoperto, in bianco*, blank (*o* open) credit, bank overdraft; *— all'esportazione*, buyer (*o* export) credit; *— infruttifero*, no-interest bearing credit; *— arretrato*, outstanding claim; *— bancario*, bank credit; *— commerciale*, bankers', commercial credit; *— contabile*, book claim; *— di cassa*, cash credit; *— d'imposta*, tax credit; *— d'investimento*, capital investment loan; *— esigibile*, debt receivable (*o* outstanding); *crediti esigibili, inesigibili*, good, bad debts; *crediti congelati*, frozen credits; *— garantito*, secured credit (*o* claim); *— immobilizzato*, dead loan; *— in conto corrente*, current account credit (*o* overdraft); *— industriale*, investment credit; *— ipotecario*, mortgage credit; *— irrevocabile*, irrevocable credit; *— ordinario*, banker's credit; *— per contanti*, money loan; *— personale*, personal credit; *— potenziale*, lending potential; *— privilegiato*, preferred (*o* preferential) claim (*o* credit); *— pubblico*, public credit // *azienda di —*, credit institution, lending company; *istituto di —*, credit institution, joint -stock bank, (*amer.*) bank corporation; *titolo di —*, credit instrument (*o* instrument of credit) // *carta di —*, credit card; *lettera di —*, letter of credit; *nota di —*, credit note; *facilitazioni di —*, credit facilities; *restrizione di —*, credit squeeze.

creditore *s.m.* **1** creditor, payee; (*dir.*) obligee: *— chirografario, non garantito*, ordinary (*o* book *o* unsecured) creditor; *— privilegiato, garantito*, preferential (*o* secured *o* lien) creditor; *— d'imposta*, tax creditor; *— ipotecario*, mortgagee; *— obbligazionario*, bond creditor; *— pignoratizio, su pegno*, pledgee; *creditori diversi*, sundry creditors; *assemblea dei creditori*, creditors' meeting; *essere — verso qlcu.*, to be s.o.'s creditor **2** (*amm.*) (*colonna dell'avere*) credit side ◆ *agg.* credit (*attr.*); creditor (*attr.*): *paese —*, creditor country; *società creditrice*, credit company.

creditorio *agg.* (*dir.*) credit (*attr.*), of a credit (*pred.*).

credo *s.m.* **1** (*teol.*) creed: *cantare il —*, to sing the Credo **2** (*fede, opinione*) creed, faith, belief: *il mio — politico*, my political creed.

credulità *s.f.* credulity, credulousness.

credulo *agg.* credulous.

credulona *s.f.* credulous woman; (*fam.*) gull, dupe.

credulone *agg.* credulous ◆ *s.m.* simpleton, (*fam.*) sucker, gull, dupe: *è un —*, he's a sucker.

crema *s.f.* **1** cream: *— di cioccolato*, chocolate cream; *— di formaggio*, cream cheese; *— di piselli*, creamed pea soup; *— di spinaci*, creamed spinach // (*cosmesi*): *— detergente*, cold cream; *— emolliente*, vanishing cream; *— per radersi*, shaving cream; *un vasetto di — antirughe*, a jar of anti-wrinkle cream; *spalmarsi la — sulle mani*, to spread cream on one's hands; *mettiti una — protettiva prima di esporti al sole*, put on a protective cream before you go out in the sun // *— per le scarpe*, shoe polish **2** (*panna*) cream: *gelato di —*, vanilla ice cream // *di color —*, cream-coloured **3** (*di uova e latte*) custard: *farcire una torta di —*, to fill a cake with custard **4** (*fig.*) (*la parte migliore*) cream; élite: *la — della società*, the cream of society.

cremagliera *s.f.* (*mecc.*) rack: *— campione*, master rack; *ferrovia a —* rack-railway; *rotaia a —*, rack rail.

cremare *v.tr.* to cremate.

crematistica *s.f.* (*econ.*) chrematistics [U], study of wealth.

crematoio *s.m.* crematorium*.

crematorio *agg.* crematory: *forno —*, crematorium (*o* crematory) ◆ *s.m.* crematory.

cremazione *s.f.* cremation.

crème *s.f.* (*fr.*) cream: *la — del bel mondo*, the cream of high society.

crème caramel *s.f.* (*fr.*) (*cuc.*) cream caramel.

cremeria *s.f.* (*region.*) dairy.

cremificato *agg.* creamed.

cremino *s.m.* (*cioccolatino*) soft chocolate.

cremisi *agg.* crimson (*attr.*): *rosso —*, crimson red ◆ *s.m.* crimson.

Cremlino *s.m.* Kremlin.

cremlinologo *s.m.* kremlinologist.

cremnofobia *s.f.* (*med.*) cremnophobia.

cremonese *agg.* of Cremona, from Cremona ◆ *s.m.* e *f.* inhabitant of Cremona; person from Cremona ◆ *s.f.* **1** (*sistema di chiusura*) cremone bolt **2** (*panino dolce*) bun.

cremortartaro *s.m.* (*chim.*) cream of tartar.

cremoso *agg.* creamy, cream (*attr.*): *un dolce —*, a cream cake.

cren *s.m.* **1** (*bot.*) (*Armoracia rusticana*) horseradish **2** (*salsa*) horseradish sauce.

crena *s.f.* (*anat.*) crena (*pl.* -ae); notch.

crenato *s.m.* (*scient.*) crenate, crenated.

crenatura *s.f.* (*scient.*) crenation, crenature.

crenico *agg.* (*chim.*) crenic: *acido —*, crenic acid.

crenno → **cren**.

crenologia *s.f.* crenology.

crenoterapia *s.f.* (*med.*) crenotherapy.

creodonte *agg.* e *s.m.* (*paleont.*) creodont.

creolina *s.f.* (*chim.*) creolin.

creolo *agg.* e *s.m.* creole.

creosolo *s.m.* (*chim.*) creosol.

creosoto *s.m.* (*chim.*) creosote.

crepa *s.f.* **1** crack; (*profonda*) fissure; crevice, chink: *una — in una parete*, a crack in a wall; *una — in una roccia*, a fissure (*o* a crevice) in a rock **2** (*fig.*) rift: *da tempo c'era qualche — nel loro rapporto*, there has been a rift in their relationship for some time now.

crepaccio *s.m.* large fissure; (*in roccia*) cleft; (*di ghiacciaio*) crevasse: *lo sciatore cadde in un —*, the skier fell down (*o* into) a crevasse.

crepacuore *s.m.* heartbreak, heartbreaking grief, heartrending grief: *morire di —*, to die of a broken heart.

crepapelle meno com. **crepapancia** nella locuz. *a —*: *mangiare a —*, to eat to bursting point; *ridere a —*, to split (*o* to burst) one's sides laughing (*o* to be in stitches).

crepare *v.intr.* **1** (*fendersi*) to crack, to split (asunder) **2** (*fam.*) (*scoppiare*) to burst*, to die (of sthg.): *sto crepando di sete*, I'm dying of thirst; *— dalle risa*, to split one's sides laughing; *— di rabbia*, to fume with rage; *— di salute*, to be in the pink of health (*o* to be bursting with health) **3** (*fam.*) (*morire*) to snuff it, to croak: *scommetto che i miei eredi si augurano che io crepi in fretta*, I bet my heirs hope I snuff it soon; *— solo come un cane*, to die like a dog; *era noioso da —*, it was deadly dull // *crepi l'avarizia*, to hell with (*o* hang) the expense // *crepa!*, drop dead!

□ **creparsi** *v.intr. pron.* to crack: l'*intonaco si crepa in più punti*, the plaster is cracking in several places.

crepato *agg.* cracked: *questa tazza è crepata*, this cup is cracked.

crepatura *s.f.* crack, (*profonda*) fissure; crevice, chink.

crêpe *s.m.* (*di tessuto*) crêpe de Chine ◆ *s.f.* (*cuc.*) crêpe, pancake: *una — alla marmellata*, a crêpe suzette.

crepidine *s.f.* (*arch.*) socle.

crepitacolo *s.m.* (*mus.*) rattle.

crepitare *v.intr.* to crackle, to crack, (*scoppiettare*) to pop: *le foglie morte crepitarono sotto i suoi passi*, the dead leaves crackled under his feet; *il fuoco crepitava nel caminetto*, the fire crackled in the hearth; *i fuochi d'artificio crepitarono per tutta la notte*, fireworks were popping all night long; *la grandine crepitava sul tetto*, the hail rattled on the roof.

crepitazione *s.f.* (*med.*) — *respiratoria*, crepitation.

crepitio *s.m.* **1** crackling, crackle, rattle: *il — del fuoco*, the crackling of the fire; *il — degli spari*, the rattle of shots **2** (*med.*) crepitus, crepitation.

crepito *s.m.* crackling, rattling.

crepuscolare *agg.* **1** twilight (*attr.*); crepuscular: *luce —*, twilight // (*zool.*) *farfalle crepuscolari*, crepuscularia // (*letter.*) *poeti crepuscolari*, the 'crepuscolari' // (*psic.*) *stati crepuscolari*, subconsciousness **2** (*fig.*) dim, uncertain, shadowy, obscure ◆ *s.m.* member of the 'crepuscolari'.

crepuscolo *s.m.* **1** twilight, dusk; gloaming: *al —*, at dusk (*o* in the twilight); *— astronomico*, astronomical twilight **2** (*fig. letter.*) twilight, decline: *il — della vita*, the twilight (*o* the decline) of life.

crescendo *s.m.* (*mus.*) crescendo* (*anche fig.*): *un — di acclamazioni*, a crescendo of applause; *la sua fama è in —*, his fame is growing.

crescente *agg.* **1** growing, increasing, rising, mounting: *è evidente il — interesse per i problemi ecologici*, the growing (*o* rising) interest in ecological problems is obvious; *disoccupazione —*, mounting unemployment; *luna —*, waxing (*o* increscent) moon **2** (*mat.*) increasing: *funzione —*, increasing function ◆ *s.m.* (*arald.*) crescent.

crescenza *s.f.* **1** (*non com.*) (*crescita*) growth, growing; (*aumento*) increase **2** (*formaggio*) 'crescenza' (kind of Italian soft cheese).

crescenzia *s.f.* (*bot.*) (*Crescentia cujete*) calabash.

crescere *v.intr.* **1** to grow*; (*diventare adulto*) to grow* up: *il bambino è cresciuto molto in questo periodo*, the child has grown much taller recently; *in Piemonte cresce molto riso*, a lot of rice is grown in Piedmont; *i pioppi crescono lungo i fiumi*, poplars grow along the rivers; *qui il grano sta crescendo*, here the wheat is coming up; *le patate in questo terreno non crescono bene*, potatoes don't grow well in this soil; *la mia siepe è cresciuta di 40 cm l'estate scorsa*, my hedge grew 40 cm last summer; *— di statura*, to grow taller (*o* in size); *— a vista d'occhio*, to grow visibly // *la luna cresce*, the moon is waxing **2** (*aumentare*) to increase, to rise*; to grow*: *il livello del fiume stava crescendo*, the level of the river was rising; *la pasta non cresce perché c'è poco lievito*, the dough isn't rising because there's not enough yeast; *il vento cresce*, the wind is rising; *i prezzi crescono*, prices are rising; *— di prezzo*, to increase in price; *la produzione è cresciuta del 4%*, production increased by 4%; *la città sta crescendo in dimensione e importanza*, the town is growing in size and importance; *lo scorso mese sono cresciuto più di due chili*, last month I gained (*o* put on) more than two kilos; *le sue speranze cominciano a —*, his hopes are beginning to rise; *il distacco tra i due atleti cresce a ogni metro*, the distance between the two athletes is increasing with every metre; *— in bellezza*, to grow in beauty; *— nella stima di qlcu.*, to rise in s.o.'s esteem; *— in potenza, fama*, to grow in power, reputation; *— di grado*, to rise in rank // *far crescere*, to grow: *vorrei farmi — i capelli sino alle spalle*, I would like to let my hair grow to my shoulders; *farsi — la barba*, to grow a beard; *far — i prezzi*, to force up prices **3** (*essere in eccesso*): *mi crescono mille lire*, I have a thousand lire left over; *buttate via quello che cresce*, throw away what is left over ◆ *v.tr.* **1** (*aumentare*) to raise, to increase: *mi hanno cresciuto lo stipendio*, they've raised (*o amer.* hiked) my salary; *— l'affitto*, to put up the rent **2** (*allevare*) to bring* up, to raise: *i miei figli li ho cresciuti io*, I have brought up my children myself.

crescione *s.m.* (*bot.*) cress // *— degli orti*, (*Lepidium sativum*) garden cress // *— dei prati*, (*Cardamine pratensis*) cuckoo-flower // (*pop.*) *— d'acqua*, (*Nasturzium officinale*) watercress.

crescita *s.f.* growth, growing; increase, rise: *in —*, growing; *la — del dente del giudizio è dolorosa*, the growth of the wisdom tooth is painful; *il nostro prodotto stimola la — dei capelli*, our product stimulates hair growth; *— economica*, economic growth; *— zero* (*della popolazione*), zero population growth; *— dei prezzi*, rise in prices; *le nostre vendite sono in forte —*, our sales are rising steeply // (*econ.*): *— dell'offerta di moneta*, expansion in money supply; *— a tasso costante*, steady state growth; *— zero*, zero economic growth // (*stat.*) *— esponenziale*, exponential growth // (*bot.*) *— sovrabbondante*, overgrowth.

cresciuto *agg.* **1** grown; (*divenuto adulto*) grown-up: *una pianta cresciuta nel vaso e poi trapiantata*, a plant grown in a pot and then transplanted // (*bot.*) *— spontaneamente*, self sown **2** (*aumentato*) increased **3** (*allevato*) bred, brought up: *un ragazzo — in un ambiente malsano*, a boy who was brought up in unhealthy surroundings.

cresilico *agg.* (*chim.*) cresylic.

cresima *s.f.* (*relig.*) confirmation: *fare la —*, to be confirmed.

cresimanda *s.f.* **cresimando** *s.m.* (*relig.*) confirmation candidate ◆ *agg.* to be confirmed (*pred.*): *i bambini cresimandi erano molto emozionati*, the children about to be confirmed were very excited.

cresimare *v.tr.* (*relig.*) to confirm.

□ **cresimarsi** *v.intr.pron.* (*eccl.*) to be confirmed.

cresimato *agg.* (*relig.*) confirmed ◆ *s.m.*, **cresimata** *s.f.* (*relig.*) confirmee.

creso *s.m.* (*uomo molto ricco*) Croesus: *essere un —*, to be rolling in money.

cresolo *s.m.* (*chim.*) cresol.

crespa *s.f.* **1** wrinkle, pucker **2** (*tess.*) pucker **3** (*spec. pl.*) (*letter.*) (*increspatura sull'acqua*) ripple.

crespare *v.tr.* **1** (*letter.*) to curl; to wrinkle; to pucker **2** (*ind. tess.*) to pucker.

crespato *agg.* **1** wrinkled, curled // *carta crespata*, crêpe paper **2** (*bot., zool.*) crispate.

crespatura *s.f.* crimping, pleating.

crespella *s.m.* pancake, crêpe.

crespino *s.m.* (*bot.*) (*Berberis vulgaris*) barberry, berberry.

crespione *s.m.* → **cicerbita**.

crespo *agg.* **1** curly, curled, frizzy, kinky: *capelli crespi*, curly (*o* frizzy) hair; *barba crespa*, curly (*o* frizzy) beard **2** (*increspato*) pleated, folded; (*rugoso*) wrinkled, crinkled: *foglie crespe*, crinkled leaves; *la superficie crespa del lago*, the rippling surface of the lake ◆ *s.m.* (*tessuto*) crêpe: — *di Cina*, crêpe de Chine; *un vestito di* —, a crêpe dress.

crespolino *s.m.* (*zool.*) (*Serinus canarius*) serin.

cresposo *agg.* (*non com.*) wrinkled, curly.

cresta[1] *s.f.* **1** (*di animale*) crest, comb, topping, topknot // *abbassare la* —, (*fig.*) to get off one's high horse // *alzare la* —, (*fig.*) to get on one's high horse (*o* to get cocky) **2** (*bot.*) topknot // — *di gallo*, (*Celosia cristata*) rattle (weed), (*pop.*) cockscomb **3** (*di elmo*) crest, plume **4** (*estens.*) crest: *la* — *dell'onda*, the crest of a wave // *essere sulla* — *dell'onda*, (*fig.*) to be on the crest of a wave // (*elettr.*) *valore di* —, crest (*o* peak) value **5** (*geogr.*) crest, ridge; (*cima*) peak, top; (*di collina*) knap: — *di monte*, ridge (*o* crest) of a mountain **6** (*anat.*) crest: — *tibiale*, tibial crest // (*med.*) — *di gallo*, condyloma.

cresta[2] *s.f. nella locuz.*: *far la* — *sulla spesa*, to spend less than stated and pocket the difference.

crestato *agg.* (*non com.*) crested, plumed, cristate(d): *elmo* —, plumed helmet.

crestina *s.f.* (*di domestica*) maidservant's cap.

crestomazia *s.f.* (*letter.*) chrestomathy; anthology.

crestone *s.m.* large mountain ridge.

creta *s.f.* **1** clay; (*gesso*) chalk: *un vaso di* —, a clay pot // (*cuc.*) *pollo alla* —, chicken baked in (a) clay mould **2** (*oggetto*) clay object, pot: *una mostra di crete*, an exhibition of (clay) pots.

cretaceo *agg.* **1** clayey; cretaceous; (*gessoso*) chalky **2** (*del periodo geologico*) Cretaceous: *fossile* —, Cretaceous fossil ◆ *s.m.* (*geol.*) Cretaceous period.

cretacico → **cretaceo**.

cretese *agg.* e *s.m.* e *f.* Cretan.

cretico *agg.* e *s.m.* (*metrica*) cretic.

cretinata *s.f.* **1** (*frase o azione*) stupid thing, stupid trick, nonsense: *non dire cretinate!*, stop talking rubbish (*o* balls *o* rot)!; *non ne posso più, delle sue cretinate*, I can't stand his stupidity any longer **2** (*cosa di poco valore, facile*) joke: *se lo so fare io, ti assicuro che è una cretinata*, if I can do it, it must be a cinch; *quella giacca costa una* —, I got the jacket for virtually nothing (*o* for a song).

cretineria *s.f.* **1** stupidity, idiocy, imbecility, foolishness: *la* — *è la sua caratteristica principale*, foolishness is his main characteristic **2** (*azione, detto da cretino*) foolish action; stupid behaviour; nonsense: *non dire cretinerie!*, don't talk nonsense!

cretinetti *s.m.* (*non com.*) idiot, fool, twit: *non essere il solito* —, don't be such a twit.

cretinismo *s.m.* **1** stupidity, idiocy, imbecility **2** (*med.*) cretinism.

cretino *s.m.* **1** idiot, fool; (*fam.*) nitwit, twit, moron: *ancora una volta si è comportato da* —, yet again he behaved like an idiot **2** (*med.*) cretin ◆ *agg.* **1** stupid, idiotic **2** (*med.*) cretinous, cretinoid.

cretinoide *s.m.* e *f.* **1** idiot, utter fool; (*fam.*) moron: *è solo un* —, he's just a moron **2** (*med.*) cretinoid.

cretonne *s.f.* (*tess.*) cretonne.

cretoso *agg.* clayey; cretaceous, chalky: *terreno* —, clayey (*o* chalky) ground.

cribbio *inter.* (*fam.*) crickey, blimey, drat, damn: —, *ho rotto le calze!*, damn, I've laddered my tights!

cribrare *v.tr.* (*letter.*) to sift, to sieve.

cribroso *agg.* (*bot.*) cribriform, cribrose.

cric[1] *s.m.* (*mecc.*) jack.

cric[2] *s.m.* (*onomatopeico*) crack; creak, squeak: *fare* —, to crack.

cricca[1] *s.f.* **1** (*combriccola*) gang, band, set, bunch: *sono stanco di quella* — *di intriganti!*, I am sick of that gang of intriguers; *una* — *di furfanti*, a bunch of rogues **2** (*fam.*) crew, crowd, clique, gang, set: *se n'è andato con la sua* —, he left with his crowd.

cricca[2] *s.f.* (*metall.*) crack.

criccare *v.intr.* (*metall.*) to crack.

criccatura *s.f.* (*metall.*) **1** cracking **2** → cricca[2].

cricchetto *s.m.* (*mecc.*) pawl, ratchet, click.

cricchiare *v.intr.* (*onomatopeico*) to crack; to squeak; to creak.

cricchio *s.m.* (*onomatopeico*) crack; squeak; creak.

cricco → **cric**[1].

criceto *s.m.* (*zool.*) (*Cricetus cricetus*) hamster.

cricket *s.m.* (*sport*) cricket.

cri cri *inter.* chirp-chirp: *nei campi si sentiva il* — *dei grilli*, in the fields you could hear the chirping of the crickets.

criminale *agg.* criminal: *azione, atto* —, criminal action, act; *diritto* —, criminal law; *manicomio* —, criminal lunatic asylum ◆ *s.m.* e *f.* **1** criminal, felon: — *di guerra*, war criminal **2** (*fig. fam.*) criminal, thief: *quel meccanico è un* —, that mechanic is a thief; *sei un* — *a guidare in questo modo*, driving like this is criminal.

criminalista *s.m.* **1** (*avvocato penalista*) criminal lawyer **2** (*studioso di criminologia*) criminologist, criminalist.

criminalità *s.f.* criminality, crime: *la* — *è in aumento, in diminuzione*, crime is on the increase, on the decrease; — *urbana*, urban criminality; — *organizzata*, organized crime; *combattere la* —, to fight crime.

criminalizzare *v.tr.* to criminalize, to treat as a criminal: — *il dissenso è tipico dei regimi dittatoriali*, criminalizing dissent is a characteristic of dictatorships.

criminalizzazione *s.f.* criminalization.

criminalmente *avv.* criminally.

criminaloide *agg.* delinquent ◆ *s.m.* e *f.* delinquent, criminaloid.

crimine *s.m.* crime; offence, (*amer.*) offense: *commettere un* —, to commit a crime (*o amer.* a felony); *incolpare di un* —, to charge with a crime; *un* — *contro l'umanità*, a crime against humanity // — *di guerra*, war crime // *chiedere quell'affitto per un monolocale è un* —, to ask such a rent for a bedsit is daylight robbery.

criminogeno *agg.* (*sociologia*) that causes criminality, that causes delinquency.

criminologa *s.f.* **criminologo** *s.m.* criminologist.

criminologia *s.f.* criminology.

criminosità *s.f.* criminality.

criminoso *agg.* criminal: *un fatto* —, a crime; *ha degli intenti criminosi*, he has criminal intentions.

crinale[1] *s.m.* (*geogr.*) ridge: — *roccioso*, nose.

crinale[2] *agg.* e *s.m.* (*ago*) —, (*spillone per capelli*) hairpin.

crine *s.m.* **1** horsehair; (*criniera*) mane **2** (*poet.*) hair; locks (*pl.*); (*di cometa*) tail (of a comet) **3** (*per imbottiture*) horsehair: *materasso di* —, horsehair mattress; — *vegetale*, vegetable horsehair.

criniera *s.f.* **1** mane **2** (*scherz.*) mop, head of hair, mane.

crinoide *s.m.* (*zool.*) crinoid, sea lily // (*paleont.*) *calcare a crinoidi*, crinoidal limestone ◆ *agg.* (*zool.*) crinoid, crinoidal.

crinolina *s.f.* crinoline.

crioanestesia *s.f.* (*med.*) cryoanesthesia.

criobiologia *s.f.* cryobiology.

criocera *s.f.* (*zool.*) crioceris.

criochirurgia *s.f.* (*med.*) cryosurgery.

crioelettronica, **crioelettrotecnica** *s.f.* (*fis.*) cryoelectronics [U].

criofisica *s.f.* (*fis.*) cryophysics [U].

criogenia *s.f.* (*fis.*) cryogenics [U].

criogenico *agg.* (*fis.*) cryogenic: *pompa criogenica*, cryogenic pump.

criogeno *s.m.* (*chim., fis.*) cryogen.

crioidrato *s.m.* (*chim., fis.*) cryohydrate.

criolite *s.f.* (*min.*) cryolite.

criologia *s.f.* (*fis.*) cryology.

criomagnetico *agg.* (*fis.*) cryomagnetic.

criometro *s.m.* (*fis., chim.*) cryometer.

crioscopia *s.f.* (*chim., fis.*) cryoscopy.

crioscopico *agg.* (*chim., fis.*) cryoscopic.

criostato *s.m.* (*fis.*) cryostat.

criotecnica *s.f.* cryogenic engineering.

crioterapia *s.f.* (*med.*) cryotherapy.

cripta *s.f.* (*arch., anat.*) crypt.

criptestesia *s.f.* cryptaesthesia.

criptico *agg.* (*letter.*) cryptic: *frase criptica*, cryptic phrase.

cripto *s.m.* (*chim.*) krypton.

cripto- *pref.* di origine greca che indica relazione con ciò che è nascosto, oscuro; ingl. crypto-: *criptofita*, cryptophyte; *crittografo*, cryptographer; (*med.*) *cripto(o)rchidia, criptorchidismo*, cryptorchidism.

criptoestesia → **criptestesia**.

criptografia e *deriv.* → **crittografia** e *deriv.*

criptolite *s.f.* (*min.*) cryptolite, monazite.

cripton → **cripto**.

criptonimo *s.m.* cryptonym.

criptoportico *s.m.* (*arch.*) cryptoporticus.

crisalide *s.f.* (*zool.*) chrysalid*; chrysalis*, pupa*: *di* —, pupal; *diventare una* —, to pupate.

crisantemo *s.m.* (*bot.*) chrysanthemum // — *delle messi*, (*Chrysanthemum segetum*) chrysanthemum.

criselefantino *agg.* (*archeol.*) chryselephantine.

crisi *s.f.* 1 crisis*; (*depressione finanziaria*) slump; recession: — *commerciale, economica, finanziaria*, commercial, economic, financial crisis (*o* recession); *l'industria italiana sta uscendo dalla* —, Italian industry is beginning to emerge from the recession; *siamo in piena* —, we're in the middle of a crisis; — *degli alloggi*, housing shortage (*o* housing problem); — *del dollaro*, dollar crisis; — *della Borsa*, slump on the Stock Exchange; — *ministeriale*, cabinet crisis; *scoppio di una* —, outbreak of a crisis; *attraversare una* —, *essere in periodo di* —, to pass (*o* go) through a crisis; *superare una* —, to get over (*o* to surmount) a crisis // (*st.*) *la grande* — (*del 1929*), the great crash (of 1929) 2 (*med.*) fit, attack, outburst, paroxysm: — *di nervi*, nervous fit (*o* attack); *una* — *di pianto*, a fit of crying.

crisma *s.m.* 1 (*eccl.*) chrism 2 (*fig.*) consecration; approval, praise: *il suo libro ha avuto tutti i crismi della critica*, his book received the critics' blessing // *con tutti i* (*sacri*) *crismi*, in strict accordance with the rules.

crismale *agg.* chrismal ◆ *s.m.* (*eccl.*) 1 chrisom 2 (*vaso*) chrismal, chrismatory.

crisoberillo *s.m.* (*min.*) chrysoberyl.

crisocolla *s.f.* (*min.*) chrysocolla.

crisoelefantino → **criselefantino**.

crisografia *s.f.* chrysography.

crisolito *s.m.* (*min.*) chrysolite.

crisopazio, **crisopras(i)o** *s.m.* (*min.*) chrysoprase.

crisostomo *s.m.* Chrysostom.

crisotilo *s.m.* (*min.*) chrysotile.

crisotrice *s.f.* (*zool.*) squirrel-monkey.

cristalleria *s.f.* 1 (*oggetti di cristallo*) crystal(ware) [U], glass(ware) [U]: *la tavola era apparecchiata con* — *di alta qualità*, the table was set with the highest quality crystal(ware) 2 (*fabbrica di cristalli*) crystalworks (*pl.*), glassworks (*pl.*).

cristalliera *s.f.* glass display cabinet.

cristallifero *agg.* crystalliferous.

cristallino *agg.* 1 (*min.*) crystalline; crystal (*attr.*): *reticolo* —, crystal lattice; *sistema* —, crystalline system // (*geol.*) *roccia cristallina*, crystalline rock 2 (*limpido*) crystalline; crystal clear (*attr.*); transparent: *acque cristalline*, crystal clear waters; *cielo* —, clear sky; *ha una voce cristallina*, she has a crystal clear (*o* crystalline) voice ◆ *s.m.* (*anat.*) crystalline lens.

cristallite *s.f.* (*min.*) crystallite.

cristallizzare *v.tr.* 1 (*fis., min.*) to crystallize 2 (*fig.*) to fossilize: — *un comportamento*, to fossilize one's behaviour.

□ **cristallizzarsi** *v.intr.pron.* to crystallize (*anche fig.*): *le sue idee politiche cominciavano a* —, his political views began to crystallize.

cristallizzatore *s.m.* (*chim.*) chrystallizer.

cristallizzazione *s.f.* 1 (*chim.*) crystallization: — *frazionata*, fractional crystallization; *acqua di* —, water of crystallization 2 (*fig.*) fossilization.

cristallo *s.m.* 1 (*fis., chim., min.*) crystal: — *di rocca*, rock crystal; — *di quarzo*, quartz crystal; — *ideale*, ideal crystal; — *liquido*, liquid crystal // — *di ghiaccio*, snowflake // (*fis. nucleare*) — *fluorescente*, phosphor 2 (*lastra di vetro*) (plate) glass: *porta, tavolo di* —, glass door, table; *i cristalli dell'automobile*, the car windows // *mezzo* —, medium thick plate glass 3 (*spec. pl.*) (*cristalleria*) crystal; glass: *servizio di* —, crystal service; *una tavola apparecchiata con argenti e cristalli*, a table laid with silver and crystal; — *di Boemia*, Bohemian glass; — *tagliato*, cut glass 4 (*poet.*) (*astro*) star.

cristalloblastico *agg.* (*min.*) crystalloblastic.

cristallochimica *s.f.* chemical crystallography.

cristallografia *s.f.* crystallography.

cristallografico *agg.* crystallographic(al).

cristalloide *s.m.* (*fis., chim., anat.*) crystalloid.

cristal violetto *s.m.* (*chim.*) crystal violet.

cristianamente *avv.* Christianly; like a Christian; in a Christian spirit.

cristianesimo *s.m.* Christianity, Christian faith: *convertire qlcu. al* —, to convert s.o. to Christianity.

cristiania *s.m.* (*sport*) Christiania.

cristianità *s.f.* 1 (*i cristiani*) Christendom 2 (*l'esser cristiano*) Christianity.

cristianizzare *v.tr.* to convert to Christianity, to Christianize.

cristianizzazione *s.f.* conversion to Christianity, Christianization.

cristiano *agg.* Christian: *fede cristiana*, Christian faith; *era cristiana*, Christian era; *sepoltura cristiana*, Christian burial ◆ *s.m.* 1 Christian: *comportarsi da buon* —, to behave like a good Christian; *farsi* —, to become a Christian // *da* —, (*fam.*) good, nice; decent: *una casa da cristiani*, a decent house; *un pranzo da* —, a nice dinner 2 (*essere umano*) man*, soul: *qui non c'è un* —, (*fam.*) there is not a soul here.

cristiano-sociale *agg.* (*pol.*) Christian Socialist.

Cristo *s.m.* 1 Christ: *Gesù* —, Jesus Christ; *avanti* —, before Christ (*abbr.* B.C.); *dopo* —, after Christ (*abbr.* A.D. = Anno Domini) // (*fam.*) *un povero cristo*, a poor fellow (*o* devil) 2 (*crocifisso*) crucifix: *un* — *di legno*, a wooden crucifix.

cristocentrico *agg.* Christ-centred.

cristocentrismo *s.m.* Christ-centred theology.

cristologia *s.f.* (*teol.*) Christology.

cristologico *agg.* Christological.

criterio *s.m.* 1 criterion*; standard; rule; method; principle: *adottare, seguire un* —, to adopt, follow a principle; *criteri di valutazione*, valuation methods; — *di promozione*, advancement method; *criteri letterari*, literary criteria; *con che* — *mi giudichi?*, what standard (*o* yardstick) are you judging me by?; *non misurare tutti gli uomini secondo lo stesso* —!, don't measure all men by the same standard!; *agire secondo un certo* —, to act according to a certain principle 2 (*fam.*) (*buon senso*) good sense, common sense, sound judgement: *una persona di* —, a sensible person; *una persona senza* —, a person lacking common sense.

criteriologia *s.f.* criteriology.

criterium *s.m.* (*sport*) criterium.

critica *s.f.* 1 criticism (*anche fil.*): — *del testo*, textual criticism; — *estetica*, aesthetic criticism; — *letteraria*, literary criticism; — *storica*, historical criticism; — *musicale*, music criticism 2 (*saggio critico*) piece of criticism, critical essay, critique; (*recensione*) review: *una* — *favorevole di un libro*, a favourable review of a book; *scrivere critiche per un settimanale*, to write reviews for a weekly magazine 3 (*insieme dei critici*) the critics (*pl.*): *tutta la* — *gli è contraria*, all the critics are against him; *la* — *ha accolto negativamente il suo nuovo film*, his new film hasn't met with the favour of the critics 4 (*disapprovazione, biasimo*) criticism, censure, blame: *prestare il fianco alle critiche*, to lay oneself open (*o* to expose oneself) to censure; *esporsi alle critiche*, to lay oneself open to criticism; *non tenere conto delle critiche altrui*, not to pay any attention to other people's criticism.

criticabile *agg.* criticizable; (*biasimabile*) censurable, blamable: *ha fatto una scelta* —, his choice is open to criticism.

criticare *v.tr.* 1 to criticize: — *un'opera letteraria*, to criticize a literary work 2 (*biasimare*) to criticize, to censure, to blame, to find* fault with (s.o., sthg.): *criticò severamente la nostra condotta*, he severely criticized our behaviour; *spero che non avrai nulla da* —, I hope you will have nothing to find fault with; *è sempre pronto a* — *il nostro lavoro*, he's always ready to find fault with our work // *farsi* —, to expose oneself to censure (*o* to lay oneself open to criticism).

criticismo *s.m.* 1 (*st. fil.*) critical philosophy 2 (*atteggiamento sistematico di critica*) criticism.

criticità *s.f.* 1 (*fis. nucleare*) criticality 2 (*difficoltà*) critical state: *la* — *dell'attuale situazione economica*, the critical state of the present economic situation.

critico *agg.* 1 critical: *esame* — *di un'opera*, critical examination of a work; *saggio* —, critical essay; *ha sempre avuto un notevole spirito* —, he's always had a notable critical ability // *guardare qlcu., qlco. con occhio* —, to look at s.o., sthg. with a critical eye (*o* critically) 2 (*di crisi*) critical, crucial: *l'adolescenza è un'età critica*, adolescence is a critical period; *momento* —, critical (*o* crucial) moment; *essere in una situazione critica*, to be in a critical situation; *trattare il ritiro delle truppe è il punto più* — *della Conferenza sulla Pace*, the crucial point of the Peace Conference is troop withdrawal 3 (*chim., fis.*) critical: *massa, temperatura critica*, critical mass, temperature // (*fis. nucleare*) *reattore* —, critical reactor ◆ *s.m.* 1 critic, reviewer: — *d'arte*, art critic; *un* — *severo*, a harsh critic 2 (*fam.*) (*criticone*) fault-finder.

criticone *s.m.* (*fam.*) fault-finder.

criticume *s.m.* (*spreg.*) so-called critics, criticasters (*pl.*).

critto- → **cripto-**.

crittogama *s.f.* (*bot.*) cryptogam.

crittogamia *s.f.* (*bot.*) cryptogamy.

crittogamico *agg.* (*bot.*) cryptogamic, cryptogamous.

crittografia *s.f.* cryptography.

crittografico *agg.* 1 cryptographic 2 (*fig.*) cryptic, obscure.

crittografo *s.m.* 1 cryptographer, cryptographist 2 (*macchina*) cryptograph.

crittogramma *s.m.* cryptogram, cryptograph.

crittoportico → **criptoportico**.

crivellare *v.tr.* **1** to riddle: *crivellato di pugnalate*, riddled with stab wounds; *lo crivellarono di pallottole*, they riddled him with bullets **2** (*vagliare*) to sieve, to screen, to sift (*anche fig.*) **3** (*miner.*) to jig.

crivellatore *s.m.* **1** riddler, sifter **2** (*miner.*) jigger.

crivellatura *s.f.* **1** riddling, sifting **2** (*miner.*) jigging.

crivellista *s.m.* (*miner.*) jigger.

crivello *s.m.* **1** sieve, riddle: (*mat.*) — *di Eratostene*, sieve of Eratosthenes **2** (*miner.*) jig.

croato *agg.* Croatian ◆ *s.m.* **1** (*abitante*) Croat, Croatian **2** (*lingua*) (the) Croatian (language).

croccante *agg.* crisp; crackling; (*fam.*) crunchy: *biscotto* —, crunchy biscuit ◆ *s.m.* (*cuc.*) almond brittle.

crocchetta *s.f.* (*cuc.*) croquette.

crocchia *s.f.* chignon, bun.

crocchiare *v.intr.* (*non com.*) **1** to crack; (*delle giunture delle dita*) to crack **2** (*della chioccia*) to cluck.

crocchio[1] *s.m.* (*non com.*) (*il crocchiare*) crack, cluck.

crocchio[2] *s.m.* group, knot, circle: *far* —, to form a group.

crocchiolare *v.intr.* to crack, to cluck, to croak.

crocco *s.m.* (*pesca*) gaff.

croccolone *s.m.* (*zool.*) (*Gallinago media*) great snipe.

croce *s.f.* **1** cross: *a forma di* —, cruciform (*o* cross-shaped) // *mettere in — qlcu.*, to crucify s.o. (*anche fig.*) // *ai piedi della Croce*, at the foot of the Cross; *deposizione dalla Croce*, Deposition; *la Santa Croce*, the Holy Cross (*o* the Holy Rood); *abbracciare la* —, to embrace Christianity (*o* to convert to Christianity) // *gettare la — addosso a qlcu.*, (*fig.*) to put (*o* to place) the blame on s.o. // — *di Lorena, patriarcale*, cross of Lorraine, patriarchal cross; — *di S. Andrea, decussata*, St. Andrew's cross; (*arald.*) saltire; — *greca*, Greek cross; — *latina*, Latin cross; — *uncinata*, swastika // (*astr.*) *Croce del Sud*, Southern Cross **2** (*segno a forma di croce*) cross: *il luogo era indicato sulla mappa con una* —, the place was marked on the map with a cross; *firmare con la* —, to make one's cross; *segno della* —, sign of the cross; *farsi il segno della* —, to cross oneself (*o* to make the sign of the cross) // (*cucito*) *punto in* —, cross-stitch // *a occhio e* —, approximately (*o* at a rough guess) // *con le braccia in* —, with folded arms // *fare una — su qlco.*, to obliterate (*o* to cancel) sthg.: *fateci una* —!, (*fig.*) just forget it!; *tirare una — su un debito*, to remit (*o* cancel) a debt // *fare a testa e* —, to toss; *vincere a testa e* —, to win the toss // *egli non sa dire due parole in* —, he can't put two words together **3** (*emblema*) cross: — *di Malta*, Maltese cross; *la — al merito di guerra*, the Cross of war // *Croce Rossa*, Red Cross: *chiamarono la Croce Rossa*, they called an ambulance **4** (*tecn.*) — *di eruzione*, Christmas tree; — *di irrigidimento*, bracing cross; — *di Malta*, Maltese cross; — *di registro*, register cross; — *di S. Andrea*, St. Andrew's cross **5** (*fig.*) (*dispiacere*) tribulation; burden, trial, cross: *ognuno ha la sua* —, everyone has his cross to bear; *quel figlio è una vera — per la famiglia*, the son is a real burden for the family (*o* is a cross the family have to bear); — *e delizia*, a mixed blessing.

crocefiggere e *deriv.* → **crocifiggere** e *deriv.*

crocerista *s.m.* e *f.* cruise passenger.

crocerossina *s.f.* Red Cross nurse.

crocetta *s.f.* **1** small cross **2** (*mar.*) crosstree **3** (*bot.*) → lupinella.

crocevia *s.m.* crossroads // *un importante — culturale*, (*fig.*) an important cultural crossroads.

crochet *s.m.* (*fr.*) **1** (*uncinetto*) crochet -hook: *lavorare qlco. al* —, to crochet sthg. **2** (*lavoro con l'uncinetto*) crochet (work): *fare un* —, to crochet **3** (*boxe*) hook: — *sinistro*, left hook.

crocianesimo *s.m.* Crocean philosophy.

crociano *agg.* (*lett.*) Crocean, of Croce ◆ *s.m.* follower of Croce.

crociare *v.tr.* (*ant.*) to mark (sthg.) with a cross: — *la casella sì o no*, indicate yes or no by putting a cross in the box ◆ *v.intr.* (*mar.*) (*incrociare*) to cruise.

crociata *s.f.* **1** (*st.*) crusade: *la prima* —, the first crusade; *la — contro gli Albigesi*, the crusade against the Albigenses **2** (*campagna*) crusade: — *contro il fumo*, crusade against smoking; — *contro l'alcolismo*, temperance crusade; *spirito di* —, crusading sprint.

crociato *agg.* crossed: *scudo* —, shield with a cross (emblem of the Christian Democrat Party); *parole crociate*, crosswords (*o* crossword puzzles) ◆ *s.m.* (*st.*) crusader.

crocicchio *s.m.* crossroad, crossroads.

crocidare *v.intr.* (*letter.*) to croak.

crocidolite *s.f.* (*min.*) crocidolite.

crociera[1] *s.f.* **1** (*arch.*) cross: *volta a* —, cross vault **2** (*mecc.*) cross, spider: — *del giunto cardanico*, Cardan joint spider (*o* cross).

crociera[2] *s.f.* (*mar., aer.*) cruise, cruising: — *di piacere*, pleasure cruise; — *intorno al mondo*, a round-the-world cruise; *andare in* —, *fare una* —, to go on a cruise; *velocità di* —, cruising speed.

crociere *s.m.* (*zool.*) crossbill.

crocierista → **crocerista**.

crocifera *s.f.* (*bot.*) crucifer.

crocifero *agg.* cruciferous: *asta crocifera*, processional cross (*o* cross-staff *o* crosier) ◆ *s.m.* **1** crossbearer, crucifer **2** (*st. relig.*) member of the Camillian Attendants of the Sick.

crocifiggere *v.tr.* to crucify (*anche fig.*): *non mi — con le tue lamentele!*, don't pester (*o* torment) me with your complaints!

crocifissione *s.f.* crucifixion // *la Crocifissione*, the Crucifixion.

crocifisso *agg.* crucified ◆ *s.m.* crucifix: *un — gotico*, a Gothic crucifix // *il Crocifisso*, the Crucified (*o* Christ Crucified).

crocifissore *s.m.* crucifier.

crociforme → **cruciforme**.

crocione → **crociere**.

croco *s.m.* **1** (*bot.*) crocus* **2** (*letter.*) (*zafferano*) saffron.

crocoite *s.f.* (*min.*) crocoite.

croda *s.f.* crag.

crodaiolo *s.m.* cragsman*, rock climber.

crogiolare *v.tr.* to cook on a slow fire; to simmer.

□ **crogiolarsi** *v.rifl.* to bask, to snuggle down (into one's bed): — *al fuoco*, to snuggle down (*o* to be snug) by the fire; — *al sole*, to bask in the sun; — *nel letto*, to laze in bed; — *nei ricordi*, to indulge in memories; — *nel proprio successo*, to revel in one's success; — *nel dolore*, to wallow in misery.

crogiolo[1] *s.m.* **1** (*chim., metall.*) crucible, melting pot; (*di altoforno*) heart: — *di grafite*, graphite crucible; — *per vetro*, glass pot; *acciaio al* —, crucible steel **2** (*fig.*) melting pot: *un — di razze*, a melting pot of races.

crogiolo[2] *s.m.* **1** slow cooking; simmering **2** (*tempera del vetro*) anneal.

croissant *s.m.* (*fr.*) (*cuc.*) croissant.

crollante *agg.* crumbling: *mura crollanti*, crumbling walls (*o* walls in a precarious state).

crollare *v.intr.* **1** to collapse, to give* way, to crash: *il ponte crollò sotto il peso dei carri armati*, the bridge gave way (*o* collapsed) under the weight of the tanks; *quel muro sta crollando*, that wall is tumbling (*o* falling); — *a terra*, to crash to the ground **2** (*fig.*) (*cedere*) to crumble, to break* down, to collapse: *i suoi nervi crollarono per la lunga tensione*, his nerves gave way under the long strain; *è crollato subito alla vista della polizia*, he broke down immediately at the sight of the police; *vide tutte le sue speranze* —, she saw all her hopes collapsing (*o* crumbling); *sono bastate poche domande per far — il suo alibi*, a few questions were enough to demolish his alibi; *sto crollando dal sonno*, I'm dead on my feet **3** (*lasciarsi cadere*) to flop down, to slump, to sink*: *crollò su di una sedia*, he slumped (*o* sank) into an armchair **4** (*econ., comm.*) to collapse, to fall* down; (*di prezzi*) to slump; (*di titoli*) to crash: *i prezzi del petrolio stanno crollando*, oil prices are collapsing (*o* falling); *la Borsa crollò improvvisamente*, there was a sudden slump in the Stock Exchange ◆ *v.tr.* (*non com.*) to shake*: — *la testa*, to shake one's head; — *le spalle*, to shrug one's shoulders.

crollata → **scrollata**.

crollo *s.m.* **1** collapse: *il — di un ponte, di un tetto*, the collapse of a bridge, of a roof **2** (*fig.*) downfall, ruin: *fu il — di tutte le mie speranze*, that was the ruin (*o* downfall) of all my hopes; — *del sistema nervoso*, nervous breakdown; — *di un sistema politico*, breakdown of a political system; *quella speculazione sbagliata segnò il — della sua fortuna*, that unsuccessful speculation was the ruin of his fortune; *avere un* —, to collapse **3** (*econ., comm.*) collapse, fall, plunge, drop, crack, crash: — *delle vendite*, collapse in sales; — *dei prezzi*, drop (*o* slump) in prices; *forte — dei prezzi in Borsa*, crash (*o* slump) on the Stock Exchange; — *finanziario*, financial crash.

croma *s.f.* (*mus.*) quaver.

cromare *v.tr.* to chrome, to chromium plate.

cromaticità *s.f.* chromaticity.

cromatico *agg.* chromatic: (*fis.*) *aberrazione cromatica*, chromatic aberration; (*mus.*) *scala cromatica*, chromatic scale; (*med.*) *visione cromatica*, chromatic vision.

cromatidio *s.m.* (*biol.*) chromatid.

cromatina *s.f.* (*biochim.*) chromatin.

cromatismo *s.m.* 1 (*fis.*, *fot.*) chromatism 2 (*mus.*) accidental.

cromato[1] *agg.* chromium-plated: *un manubrio* —, a chromium-plated handlebars.

cromato[2] *s.m.* (*chim.*) chromate.

cromatoforo *s.m.* (*biol.*) chromatophore.

cromatografare *v.tr.* (*chim.*) to chromatograph.

cromatografia *s.f.* (*chim.*) chromatography: — *su strato sottile*, thin-layer chromatography.

cromatografico *agg.* (*chim.*) chromatographic.

cromatografo *s.m.* (*chim.*) chromatograph.

cromatogramma *s.m.* (*chim.*) chromatogram.

cromatore *s.m.* chromium plater.

cromatura *s.f.* (*metall.*) chroming, chromium plating.

cromia *s.f* (*pitt.*) tone.

cromico[1] *agg.* (*chim.*) chromic: *acido* —, chromic acid.

cromico[2] *agg.* (*pitt.*) chromatic.

cromile *s.m.* (*chim.*) chromyl.

cromismo *s.m.* (*med.*) chromism.

cromite *s.f.* (*min.*) chromite.

cromo *s.m.* (*chim.*) chromium, chrome: — *puro*, straight chromium; *allume di* —, chrome alum; *rosso di* —, chrome red; *verde di* —, chrome green // (*metall.*) *acciaio al* —, chromium steel.

cromoforo *s.m.* (*chim.*) chromophore.

cromofotografia *s.f.* (*fot.*) chromophotography, colour photography.

cromogeno *agg.* (*chim.*) chromogenous ◆ *s.m.* (*chim.*) chromogenous compound.

cromolitografia *s.f.* (*tip.*) chromolithograph.

cromolitografico *agg.* (*tip.*) chromolithographic.

cromoplasto *s.m.* (*bot.*) chromoplast.

cromoproteina *s.f.* (*biol.*) chromoprotein.

cromoscopia *s.f.* (*med.*) chromoscopy.

cromosfera *s.f.* (*astr.*) chromosphere.

cromoso *agg.* (*chim.*) chromous.

cromosoma *s.m.* (*biol.*) chromosome.

cromosomico *agg.* (*biol.*) chromosomal: *aberrazione cromosomica*, chromosome aberration; *corredo* —, chromosome complement.

cromotipia *s.f.* (*tip.*) chromotypy.

cronaca *s.f.* 1 chronicle // *'La Cronaca Anglosassone'*, 'The Anglo-Saxon Chronicle' 2 (*di giornale*) news [U]: — *cittadina*, local news; — *rosa*, society news; — *nera*, crime news; — *letteraria*, book news // — *giudiziaria*, law reports // *fatti di* —, news stories 3 (*resoconto*) account, description: *mi ha fatto la — dettagliata della sua prima giornata di lavoro*, he gave me a detailed description (*o* account) of his first day's work; *fare la — diretta di una partita di calcio*, to give a running commentary on a football match // *per la* —, for the record: *per la —, hai fatto ben quindici minuti di ritardo*, for the record, you were fifteen minutes late.

cronachismo *s.m.* chronicling.

cronachista *s.m.* (*st.*) chronicler.

cronachistica *s.f.* chronicles (*pl.*).

cronachistico *agg.* of chronicles, related to chronicles.

cronica e *deriv.* → **cronaca** e *deriv.*

cronicario *s.m.* long-stay hospital.

cronicità *s.f.* chronicity.

cronicizzare *v.tr.* to make* chronic.
□ **cronicizzarsi** *v.intr.pron.* to become* chronic: *la malattia si è cronicizzata*, the illness has become chronic.

cronico *agg.* chronic: *affezione cronica*, chronic disease // *vizio* —, (*fig.*) inveterate (*o* chronic) vice ◆ *s.m.* chronic invalid: *ospizio dei cronici*, nursing home for chronic invalids.

cronista *s.m.* e *f.* 1 (*di giornale*) reporter: — *di cronaca nera*, crime reporter; — *mondano*, society reporter; — *sportivo*, sports reporter; *è — di un giornale del mattino*, he is a reporter on a morning paper 2 (*st.*) chronicler.

cronistoria *s.f.* 1 chronicle 2 (*fam.*) account.

crono *s.m.* (*sport*) time ◆ *s.f.* (*nel ciclismo*) time trial.

crono- *pref.* di origine greca che significa 'del tempo', 'relativo al tempo'; ingl. chrono-: *cronobiologia*, chronobiology; *cronogramma*, chronogram.

cronofotografia *s.f.* 1 (*procedimento*) chronophotography 2 chronophotograph.

cronografia[1] *s.f.* 1 (*cronistoria*) chronicle 2 (*studio di cronologia*) chronography.

cronografia[2] *s.f.* (*di cronometri*) chronography.

cronografico *agg.* chronographic.

cronografo *s.m.* 1 (*scrittore di cronografie*) chronographer 2 (*apparecchio*) chronograph.

cronoide *s.m.* (*med.*) late effect drug.

cronologia *s.f.* chronology: *la — delle opere di un autore*, the chronology of an author's works.

cronologicamente *avv.* chronologically: *devi riordinare — le varie opere*, you have to sort the works out chronologically.

cronologico *agg.* chronological: *in ordine* —, in chronological order.

cronologista *s.m.* e *f.* 1 chronologist 2 → cronologo.

cronologo *s.m.* chronologer.

cronometraggio *s.m.* timing, timekeeping: — *manuale, elettronico*, manual, electronic timing.

cronometrare *v.tr.* to time; (*fam.*) to clock: — *il tempo impiegato a percorrere un miglio*, to time a mile; — *una gara*, to time a race.

cronometria *s.f.* chronometry.

cronometrico *agg.* 1 chronometric: *misurazione cronometrica*, precision timing 2 (*fig.*) to the second (*pred.*): *la sua puntualità è cronometrica*, he's punctual to the second.

cronometrista *s.m.* e *f.* timekeeper; (*in competizioni sportive*) timer.

cronometro *s.m.* chronometer; timer: — *marino*, ship's (*o* marine) chronometer; *gara, corsa a* —, time trial; *ha superato tutti gli avversari e ormai gareggia solo contro il* —, he has outdistanced all his opponents and now he's only racing against the clock ◆ *s.f.* (*nel ciclismo*) time trial.

cronoscalata *s.f.* (*nel ciclismo*) uphill time trial.

cronoscopio *s.m.* chronoscope.

cronostratigrafia *s.f.* (*geol.*) chronostratigraphy.

cronostratigrafico *agg.* (*geol.*) chronostratigraphic.

cronotachigrafo *s.m.* chrono-tachograph.

cronotappa *s.f.* (*sport*) time trial.

cronotecnica *s.f.* time-and-motion study.

cronotopo *s.m.* (*fis.*) space-time.

croquet *s.m.* croquet.

croquette → **crocchetta**.

crosciare e *deriv.* → **scrosciare** e *deriv.*

cross[1] *s.m.* (*sport*) (*corsa campestre*) cross-country; (*con motocicletta*) motocross.

cross[2] *s.m.* (*calcio*) cross; (*tennis*) slice.

crossare *v.intr.* (*calcio*) to cross.

cross-country *s.m.* (*sport*) cross-country.

crossing-over *s.m.* (*biol.*) crossing-over.

crossista *s.m.* e *f.* (*a piedi*) cross-country runner; (*con motocicletta*) contestant in a motocross competition; (*con bicicletta*) contestant in a cross-country cycle race.

crossodromo *s.m.* motocross track.

crosta *s.f.* 1 crust: — *di formaggio*, cheese rind; — *di pane*, crust of bread; — *di ghiaccio*, crust of ice // — *terrestre*, earth's crust // *la sua onestà è solo una* —, his honesty is only skin-deep 2 (*di ferita ecc.*) scab, crust: — *lattea*, milk crust 3 (*quadro di nessun valore*) daub: *non è che una vecchia* —, it is only an old daub 4 (*tecn.*) coating; (*di fusione*) casting skin.

crostaceo *s.m.* (*zool.*) crustacean, shellfish ◆ *agg.* (*zool.*) crustacean, crustaceous.

crostare *v.tr.* (*cuc.*) to brown, to crust.

crostata *s.f.* (*cuc.*) tart: *una — di mele*, an apple tart.

crostino *s.m.* small piece of toast; (*per zuppa*) crouton.

crostone *s.m.* 1 (*geol.*): — *calcareo*, calcrete (*o* hard-pan); — *desertico*, crust (*o* duricrust) 2 (*cuc.*) crouton; piece of toast.

crostoso *agg.* crusty; scabby: *neve crostosa*, ice encrusted snow.

crotalo *s.m.* 1 (*mus.*) crotalum (*pl.* -a) 2 (*zool.*) rattlesnake // — *ceraste*, (*Crotalus cerastes*) sidewinder.

croton *s.m.* (*bot.*) croton.

crotonico *agg.* (*chim.*) crotonic: *acido* —, crotonic acid.

crotontiglio *s.m.* croton.

croupier *s.m.* (*fr.*) croupier.

crucciare *v.tr.* to trouble, to distress, to torment, to pain, to worry.
□ **crucciarsi** *v.intr.pron.* to worry, to fret, to get* worked up: *non crucciarti*, don't worry; *continuava a — per ciò che era accaduto*, he continued to get worked up about what had happened.

crucciato *agg.* 1 worried, troubled, concerned: *avere un'aria crucciata*, to look worried 2 (*adirato*) angry, annoyed, vexed, pained: *rimase — tutto il giorno perché non gli avevano permesso di uscire*, he remained angry all day because they refused to let him go out.

cruccio *s.m.* (*dolore*) sorrow, grief, pain; (*preoccupazione*) worry, annoyance, vexation: *avere un* —, to be worried; to have a problem; *darsi* —, to worry (*o* to fret) over sthg.; *quel bambino è il mio* —, that child will be the death of me.

crucco *s.m.* (*fam. spreg.*) kraut; (*estens.*) square-head.

cruciale *agg.* crucial, critical: *esperimento, momento, punto* —, crucial test, moment, point; *la fase — è stata superata*, the critical phase has been passed.

crucifero → **crocifero**.

crucifige *s.m.* crucify him! // *gridare* —, (*fig.*) to call for s.o.'s head.

crucifiggere e *deriv.* → **crocifiggere** e *deriv.*

cruciforme *agg.* **1** cruciform, cross-shaped: *una chiesa a pianta* —, a church with a cruciform ground plan **2** (*bot., zool.*) cruciate.

cruciverba *s.m.* crossword (puzzle): *fare, risolvere un* —, to do, to solve a crossword.

cruciverbista *s.m.* e *f.* **1** (*chi scrive cruciverba*) person who sets crosswords **2** (*chi risolve cruciverba*) person who does crosswords.

crudamente *avv.* **1** crudely, harshly, roughly, rudely: *mi ha presentato la situazione molto* —, he set the scene very crudely **2** (*poet.*) (*con crudeltà*) cruelly.

crudele *agg.* **1** (*spietato*) cruel, merciless, pitiless, unrelenting, ruthless: *destino* —, cruel fate; *un tiranno* —, a cruel (*o* hard-hearted) tyrant; *una persecuzione* —, a merciless (*o* an unrelenting *o* a ruthless) persecution; *punizione* —, cruel punishment; *sei — con lui*, you are cruel to him **2** (*che provoca dolore*) cruel, bitter, painful, distressing, grievous: *colpo* —, cruel blow; *delusione* —, bitter (*o* cruel) disappointment; *ingiustizie crudeli*, grievous wrongs; *morte* —, cruel death; *parole crudeli*, bitter (*o* cruel) words; *vista, spettacolo* —, painful (*o* distressing) sight; *è stata una malattia lunga e* —, it was a long and painful illness.

crudelmente *avv.* cruelly; (*spietatamente*) mercilessly, pitilessly, ruthlessly; (*dolorosamente*) bitterly, painfully: *fu — punito*, he was cruelly punished; *saranno perseguitati* —, they will be mercilessly persecuted; *mi ha — attaccato con parole di odio*, he cursed me bitterly; *si è vendicato — dell'offesa ricevuta*, he took a cruel revenge for the insult he had received; *la morte del figlio l'ha — colpito*, his son's death was a bitter blow to him.

crudeltà *s.f.* **1** cruelty; (*inclemenza*) mercilessness, pitilessness, ruthlessness; (*inumanità*) inhumanity; (*durezza di cuore*) hard-heartedness: *la — di un delitto*, the inhumanity of a crime; *— verso i bambini*, cruelty to children // (*dir.*) *— mentale*, (*ai fini del divorzio*) mental cruelty **2** (*atto crudele*) cruelty, cruel action: *fu una — dirgli subito tutto*, it was a cruel thing to tell him everything straightaway; *è una — tenerlo chiuso in casa*, it's cruel keeping him locked up in the house.

crudezza *s.f.* **1** (*non com.*) (*di cibo*) rawness **2** (*estens.*) (*rigidità*) severity, harshness: *— del clima*, harshness (*o* severity) of the climate **3** (*fig.*) (*asprezza*) crudeness, crudity, rudeness; (*volgarità*) coarseness: *— di linguaggio*, coarseness (*o* crudeness *o* crudity) of speech; *— di immagini*, crudity of images.

crudità *s.f.* **1** rawness; (*fig.*) harshness, crudeness **2** *pl.* (*verdure crude*) raw vegetables.

crudo *agg.* **1** raw, uncooked; (*poco cotto*) underdone, half cooked: *non mi piace questo riso, è ancora* —, I don't like this rice, it's still uncooked; *carne cruda*, raw meat // *seta cruda*, raw silk // *metallo* —, crude (*o* raw) metal **2** (*non com.*) (*rigido*) severe, raw, harsh: *inverno* —, severe winter **3** (*aspro, sgraziato*) crude, harsh, rough: *la cruda realtà*, the crude facts; *colori crudi*, harsh colours; *giudizio* —, harsh (*o* severe) judgement; *una risposta cruda*, a blunt (*o* harsh) reply; *suono* —, harsh sound; *romanzo di un — realismo*, crudely realistic book // *nudo e* —, (*agg.*) plain (*o* bald *o* unvarnished); (*avv.*) plainly (*o* bluntly): *mi ha detto la verità nuda e cruda*, she told me the unvarnished truth (*o* she bluntly told me the truth *o* she told me the plain truth); *parlare nudo e* —, to speak bluntly **4** (*ant.*) (*crudele*) cruel, merciless.

cruento *agg.* bloody, sanguinary: *combattimento* —, bloody combat; *scontro* —, a bloody battle.

cruiser *s.m.* (*mar.*) **1** yacht **2** (motor) cruiser.

crumiraggio *s.m.* strikebreaking.

crumiro *s.m.* (*spreg.*) scab; blackleg, strikebreaker.

cruna *s.f.* needle's eye; eye of a needle (*anche fig.*): *non riesco a infilare il filo nella* —, I can't get the thread through the eye of the needle.

crup *s.m.* o *f.* (*med.*) croup.

crurale *agg.* (*anat.*) crural; *arteria* —, crural artery.

crusca *s.f.* **1** bran // (*Accademia della*) *Crusca*, 'Accademia della Crusca' (literary academy in Florence) // *la farina del diavolo va tutta in* —, (*prov.*) evil gotten evil spent **2** (*fam.*) (*lentiggini*) freckles (*pl.*).

cruscante *agg.* Della-Cruscan (*attr.*) ◆ *s.m.* Della-Cruscan; member of the 'Accademia della Crusca'; (*purista*) linguistic purist.

cruscheggiare *v.intr.* to affect purity of language, to choose* one's words carefully.

cruschello, **cruscherello** *s.m.* fine bran.

cruscoso *agg.* **1** branny, full of bran **2** (*lentigginoso*) freckled.

cruscotto *s.m.* (*di automobile*) dashboard; (*di aeroplano*) instrument panel.

ctenidio *s.m.* (*zool.*) ctenidium (*pl.* -ia).

ctenoforo *s.m.* (*zool.*) ctenophore, comb jelly.

ctenoide *agg.* (*zool.*) ctenoid.

ctonio *agg.* chthonian, chtonic.

cubanizzare *v.tr.* to cubanize.
□ **cubanizzarsi** *v.rifl.* to become* cubanized.

cubanizzazione *s.f.* cubanization.

cubano *agg.* e *s.m.* Cuban.

cubare *v.tr.* to cube, to calculate the volume of a cube.

cubatura *s.f.* **1** (*misurazione*) cubature; cubage; cubic measurement: (*mat.*) *formula di* —, cubature formula **2** (*capacità*) cubature; cubage; cubic content: (*mar. comm.*) *— di spedizione*, shipping cubage.

cubebe *s.m.* cubeb.

cubettatrice *s.f.* cubing machine, cuber.

cubettista *s.m.* e *f.* cuber.

cubetto *s.m.* cube: *un — di ghiaccio*, an ice cube.

cubia *s.f.* (*mar.*) hawse(-hole): *— di ormeggio*, mooring pipe (*o* mooring hawsepipe); *— di poppa*, stern pipe (*o* stern hawsepipe); *portello di* —, hawse flap.

cubica *s.f.* (*mat.*) cubic: *— cuspidata*, cuspidal cubic.

cubicità *s.f.* cubicity.

cubico *agg.* **1** (*a forma di cubo*) cubic(al); cube-shaped **2** (*mat.*) cubic: *curva cubica*, cubic curve; *equazione cubica*, cubic equation; *radice cubica*, cube (*o* third) root; *estrarre la radice cubica di un numero*, to extract the cube root of a number.

cubicolo, **cubiculo** *s.m.* **1** (*di casa romana*) cubicle **2** (*di catacomba*) cubiculum.

cubiforme *agg.* cubiform, cube-shaped, cubical.

cubilotto *s.m.* (*metall.*) cupola.

cubismo *s.m.* (*st. pitt.*) cubism.

cubista[1] *agg.* e *s.m.* e *f.* (*st. pitt.*) cubist.

cubista[2] *s.m.* e *f.* disco dancer.

cubistico *agg.* cubist: *movimento* —, cubist movement.

cubitale *agg.* **1** (*anat.*) cubital **2** (*di lettera, carattere*) very large: *a caratteri cubitali*, in very large letters: *un titolo a caratteri cubitali*, a banner headline.

cubito *s.m.* **1** (*letter.*) (*gomito*) elbow **2** (*anat.*) cubitus, ulna*; (*avambraccio*) forearm **3** (*ant.*) cubit (*unità di misura di lunghezza = 44,4 cm*).

cubo *agg.* (*cubico*) cubic: *metro* —, cubic metre ◆ *s.m.* **1** (*mat.*) cube: *duplicazione del* —, duplication of the cube; *9 è il — di 3*, 9 is the cube of 3; *2 al — fa 8*, 2 cubed is 8 // *elevare un numero al* —, to cube a number **2** (*estens.*) block: *un — di marmo, di legno*, a marble, wooden block **3** (*nelle discoteche*) disco stage.

cuboide *agg.* cuboid ◆ *s.m.* (*anat.*) cuboid (bone).

cuccagna *s.f.* abundance, plenty, good time, easy living: *è finita la* —, the party's over // *albero della* —, greasy pole; *gioco della* —, climbing the greasy pole // *che —!*, what a feast!; *10 giorni di ferie, che —!*, ten days' holiday, what a godsend! // *paese di Cuccagna*, land of Cockaigne (*o* promised land *o* land of milk and honey).

cuccare *v.tr.* (*fam.*) **1** (*ingannare*) to trick, to take* in, to catch* (out) // *tanto non mi cucchi!*, you don't take me in (*o* you don't catch me) **2** (*prendere*) to catch*, to take*: *mi sono cuccato un brutto raffreddore*, I've caught a nasty cold; *l'ultima fetta te la cucchi tu*, you get (*o* cop) the last slice // *me lo dovrò — tutta la sera*, (*sopportare*) I'll have to put up with him the whole evening; *l'hanno cuccato a rubare*, they caught him stealing // *hai cuccato stasera?*, did you score tonight?

cuccetta *s.f.* **1** (*di nave*) berth, bunk: *cabina a quattro cuccette*, four-berth cabin **2** (*di treno*) couchette, (sleeping) berth.

cuccettista *s.m.* e *f.* sleeping berth attendant.

cucchiaia *s.f.* **1** tablespoon: *— bucata*, draining spoon **2** (*cazzuola*) trowel **3** (*mecc.*) scoop.

cucchiaiata *s.f.* spoonful: *aggiungere una — circa di farina*, add about a spoonful of flour.

cucchiaino *s.m.* **1** (*da tè*) teaspoon; (*da caffè*) coffeespoon; (*contenuto*) teaspoon(ful): *un — di lievito*, a teaspoonful of yeast **2** (*esca*) spoon(-bait).

cucchiaio *s.m.* **1** spoon: *— da tavola*, tablespoon: *— di legno*, wooden spoon // *da raccogliere col —*, (*fig.*) to be fit (*o* ready) to drop: *dopo questa faticata mi raccoglieranno col —*, after this effort I'll be ready to drop **2** (*contenuto di un cucchiaio*) spoonful: *un — di minestra*, a spoonful of soup **3** (*oggetto a forma di cucchiaio*) spoon; scoop: (*med.*) *— chirurgico*, scoop; curette.

cucchiaione *s.m.* **1** large spoon **2** (*mestolo*) ladle.

cucchiara → **cucchiaia**.

cucchiaro → **cucchiaio**.

cuccia *s.f.* dog's bed // *fa' la —!, a —!*, (lie) down!; *stare a —*, to squat // *il tuo letto è una —*, your bed is in a mess // *mettiti a —*, go to bed.

cucciare *v.intr.* **cucciarsi** *v.intr.pron.* (*di cani*) to lie* down.

cucciolata *s.f.* **1** litter **2** (*fam.*) (*di bambini*) litter, brood.

cucciolo *s.m.* **1** (*di cane*) pup, puppy; (*di animale selvaggio*) cub; whelp; (*di gatto*) kitten; (*di foca, balena ecc.*) pup **2** (*fam.*) (*bambino*) darling, pet: *quel bambino è il — di famiglia*, that child is the pet of the family **3** (*fig.*) (*persona giovane e inesperta*) novice; (*fam. amer.*) greenhorn.

cucco[1] *s.m.* **1** (*non com.*) (*cuculo*) cuckoo // *vecchio come il —*, as old as the hills **2** (*fig.*) (*babbeo*) simpleton, fool.

cucco[2] *s.m.* (*cocco, beniamino*) favourite child; darling, pet: *è il — della mamma*, he is his mother's darling.

cuccù → **cucù**.

cuccuma *s.f.* pot; (*del caffè*) coffeepot.

cuccurucù *inter.* cock-a-doodle-do ◆ *s.m.* crowing.

cucicchiare *v.tr.* e *intr.* (*non com.*) to sew* slowly and unwillingly.

cucina *s.f.* **1** kitchen; (*di caserma*) cookhouse; (*mar.*) galley: *una — spaziosa*, a roomy kitchen; *— tinello*, dinette; *ci piace mangiare in —*, we like eating in the kitchen **2** (*modo di cucinare*) cooking; (*arte di cucinare*) cookery, cuisine; (*cibo*) food: *— casalinga*, plain (*o* homely) cooking; *— francese*, French cuisine (*o* French cookery); *— vegetariana, piccante, grassa*, vegetarian, spicy, fatty food; *libro di —*, cookery book; *un albergo con buona —*, a hotel with good food; *utensili di —*, cooking utensils; *mi piace la — di mia madre*, I like my mother's cooking; *fare da —*, to cook: *imparare a fare da —*, to learn cookery **3** (*stufa*) cooker, stove, range: *— a gas*, gas stove (*o* cooker); *— economica*, stove (*o* kitchen range): *— elettrica*, electric cooker (*o* electric range) **4** (*l'arredamento*) kitchen, kitchen unit, kitchen fixtures (*pl.*): *— in abete*, pine kitchen; *— componibile*, kitchen units // *— da campo*, field kitchen.

cucinare *v.tr.* **1** to cook: *chi cucinerà il pranzo?*, who is going to cook the dinner?; *mio marito non ha mai voluto saperne di —*, my husband has never wanted to know (anything) about cooking; *mi riesce difficile — il pesce*, I find it difficult to cook fish **2** (*fig.*) (*accomodare*) to deal* with, to arrange: *— un articolo*, to subedit an article // *se non studia seriamente, lo cucinerò io*, if he doesn't study hard, I'll settle his hash.

cucinato *agg.* cooked: *una pietanza ben cucinata e ben guarnita*, a beautifully cooked and presented dish; *un pollo — allo spiedo*, a chicken cooked on the spit.

cucinatura *s.f.* cooking.

cucinino, **cucinotto** *s.m.* small kitchen; kitchenette.

cucire *v.tr.* **1** to sew* (up), to stitch: *— il collo di una camicia*, to sew up a shirt collar; *ago per —*, (sewing) needle; *macchina per —*, sewing machine; *— un bottone a una giacca*, to sew a button on a coat // *— la bocca a qlcu.*, to close s.o.'s mouth; *cucirsi la bocca*, to shut (*o* clam) up **2** (*fig.*) (*mettere insieme*) to string* together, to put* together: *— frasi*, to string phrases together **3** (*med.*) to stitch, to suture: *— una ferita*, to stitch a wound **4** (*tecn.*) (*a punti metallici*) to staple ◆ *v.intr.* (*fare lavoro di cucito*) to do* needlework.

cucirino *s.m.* sewing thread.

cucita *s.f.* (*fam.*) (quick) stitch, mend, sewing: *puoi darmi una — all'orlo?*, can you put a quick stitch in the hem?

cucito *agg.* **1** sewn: *— a mano*, hand-sewn; *— a macchina*, machine-stitched; *— (a punti metallici)*, stapled // *avere la bocca cucita*, to keep one's mouth shut **2** (*mar.*) clinker-built ◆ *s.m.* **1** (*il cucire*) sewing: *scuola di taglio e —*, sewing school **2** (*lavoro d'ago*) needlework.

cucitore *s.m.* sewer.

cucitrice *s.f.* **1** seamstress **2** (*macchina*) sewing machine; (*a punti metallici*) stapler; (*a refe*) stitcher; (*a filo metallico*) wire stitcher.

cucitura *s.f.* **1** seam: *— molto resistente*, strong seam; *— a macchina, a mano*, machine, hand stitch; *la — era tutta storta*, the seam was out of line **2** (*il cucire*) sewing **3** (*mecc.*) lacing; (*a punti metallici*) stapling; (*a refe*) stitch.

cucù *s.m.* cuckoo // *orologio a —*, cuckoo clock ◆ *inter.* (*gioco di bambini*) peekaboo; (*iron.*) ha ha.

cucullo *s.m.* hood.

cuculo *s.m.* **1** (*zool.*) (*Cuculus canorus*) cuckoo, (*pop.*) gowk: *fare il verso del —*, to cuckoo **2** (*bot.*): *fior di —*, (*Lychnis flos-cuculi*) cuckoo-flower, flybane; *pan di —*, (*Orchis morio*) dead man's finger.

cucurbita *s.f.* **1** (*bot.*) cucurbit; gourd **2** (*chim.*) cucurbit.

cucurbitaceo *agg.* (*bot.*) cucurbitaceous, cucurbital.

cucuzza → **cocuzza**.

cucuzzolo → **cocuzzolo**.

cudu *s.m.* (*zool.*): *— maggiore*, (*Strepsiceros strepsiceros*) koodoo, kudu; *— minore*, (*Strepsiceros imberbis*) lesser koodoo, lesser kudu.

cuffia *s.f.* **1** cap; (*da donna*) bonnet: *— da bagno*, bathing-cap; *— da neonato*, baby's cap; (*ant.*) baby's bonnet; *— da notte*, nightcap // *uscire per il rotto della —*, to escape by the skin of one's teeth **2** (*rad., tel.*) headphones (*pl.*), headset, earphones (*pl.*): *sentire la musica in —*, to listen to music on headphones **3** (*mecc.*) casing, shroud **4** (*teatr.*) *— del suggeritore*, (top of) prompter's box **5** (*bot.*) root cap.

cugina *s.f.* cousin: *tua — Betta*, your cousin Bess; *ho cinque cugine e un cugino*, I have five female cousins and one male cousin // *prima —*, first cousin (*o* cousin german); *seconda —*, second cousin.

cuginanza *s.f.* (*rar.*) cousinhood, cousinship.

cugino *s.m.* cousin: *mio — Michele*, my cousin Mike; *ho due cugini*, I have two (male) cousins // *primo —*, first cousin (*o* cousin german); *secondo —*, second cousin.

cui *pron.rel.m.* e *f.sing.* e *pl.* **1** (*compl. ind.*; *in inglese è spesso sottinteso*) who(m) (*riferito a persone*); which (*riferito a cose e animali*): *l'unica persona a — affiderei l'incarico non è disponibile*, the only person (who) I would trust the job with is unavailable; *l'amico con — studiava ha cambiato scuola*, the friend he studied with (*o form.* with whom he studied) has changed school; *il quadro è di Pontormo, di — forse hai sentito parlare*, the painting is by Pontormo, of whom you may have heard; *le persone da — hai avuto queste informazioni non sono attendibili*, the people you got this information from (*o form.* from whom you obtained this information) are unreliable; *ha molti nemici, di — la maggior parte è invidiosa del suo successo*, he has many enemies, most of whom are jealous of his success; *la città da — provengono è Torino*, the town they come from (*o form.* from which they come) is Turin; *eccoti il libro di — ti ho parlato*, here's the book I told you about; *l'animale con — s'identifica spesso la superbia è il leone*, the animal with which pride is often identified is the lion // *il modo in —*, how, the way (in which): *non mi piace il modo in — si esprime*, I don't like how (*o* the way) he expresses himself // *tra —*, including: *ha ricevuto molti messaggi di cordoglio, tra — il telegramma del Presidente*, she received many messages of sympathy, including a telegram from the President // *per —*, so, therefore: *mi hanno sfrattato, per — dovrò cercare un nuovo alloggio*, I've been evicted, so I'll have to find somewhere else to live // *la ragione per —*, (the reason) why: *ecco la ragione per — sono partiti presto*, this is (the reason) why they left early **2** (*per indicare possesso*) whose (*riferito a persone*); whose, of which (*riferito a cose, animali*): *era un uomo di — avevamo già apprezzato l'onestà*, he was a man whose honesty we had already had occasion to appreciate; *il Monte Bianco, la — cima supera i 4000 m,...*, Mont Blanc, whose peak is over 4000 m,... **3** *in —*, (*dove*) where, (*quando*) when: *questa è la casa in — nacque Manzoni*, this is the house where Manzoni was born; *non dimenticherò mai il giorno in — avvenne il primo sbarco degli astronauti sulla luna*, I'll never forget the day (when) the first moon landing took place.

culaccio *s.m.* rump.

culaco *s.m.* (*st. russa*) kulak.

culata *s.f.* (*fam.*) fall on one's bottom, fall on one's bum: *ha preso una —*, he banged his bum.

culatello *s.m.* culatello (choice cut of ham made from loin of pork).

culatta *s.f.* **1** breech **2** → culaccio.

culbianco *s.m.* (*zool.*) (*Oenanthe oenanthe*) wheatear.

culdisacco *s.m.* cul-de-sac.

culdoscopia *s.f.* (*med.*) culdoscopy.

culinaria *s.f.* cookery, culinary art, gastronomy: *esperto di* —, culinary expert (*o* gastronome); *la — è un'arte*, cookery is an art.

culinario *agg.* culinary, gastronomical: *specialità culinarie*, gastronomical specialities.

culla *s.f.* **1** cradle, cot: — *a dondolo*, swing cot; *far dondolare la — di un bambino*, to rock a baby's cradle // *dalla* —, (*fig.*) from the cradle (*o* from infancy); *dalla — alla tomba*, from the cradle to the grave **2** (*fig.*) cradle, birthplace: *la Grecia fu la — delle arti*, Greece was the cradle of the arts; *la Palestina fu la — del Cristianesimo*, Palestine was the birthplace of Christianity **3** (*mecc.*, *tess.*, *mil.*) cradle.

cullare *v.tr.* **1** (*dondolare*) (*nella culla*) to rock; (*fra le braccia*) to dandle, to cradle; (*cantando una ninna nanna*) to lull: — *un bimbo finché si addormenti*, to rock a baby to sleep **2** (*estens.*) to rock, to cradle: *si sdraiò sul canotto cullato dalle onde*, he lay outstretched in the rubber dinghy rocked by the waves **3** (*illudere*) to delude, to lull: — *qlcu. con promesse*, to delude (*o* beguile) s.o. with promises; — *qlcu. con false speranze*, to lull s.o. with false hopes **4** (*custodire*) to nourish, to cherish: — *una speranza, un sogno*, to cherish a hope, a dream.

□ **cullarsi** *v.rifl.* **1** to rock oneself **2** (*illudersi*) to cherish (sthg.), to indulge: *si cullava nell'illusione di riuscire*, he cherished (*o* indulged in) the illusion that he would succeed (*o* he deluded himself that he would succeed).

culminale *agg.* mountain peak (*attr.*), at the top of a mountain (*pred.*).

culminante *agg.* culminating, culminant, highest, topmost: *il punto* —, the culminating point (*o* the climax); *la fase — della gara*, the climax of the race; *il momento — dello spettacolo*, the climax (*o* high spot) of the show.

culminare *v.intr.* **1** (*astr.*) to culminate **2** (*estens.*) to culminate: — *in, con qlco.*, to culminate in sthg.; *la montagna culmina con una vetta rocciosa*, the mountain culminates in a craggy peak; *la litigata è culminata col lancio di piatti*, the quarrel culminated in plate throwing.

culminazione *s.f.* (*astr.*, *geol.*) culmination.

culmine *s.m.* **1** (*cima*) summit, top: *il — di una montagna*, the top (*o* summit) of a mountain **2** (*fig.*) height, top, peak; (*momento, punto, fase culminante*) climax; *era al — del successo*, he was at the height (*o* peak) of his success.

culmo *s.m.* (*bot.*) culm.

culo *s.m.* (*volg.*) **1** bottom, backside; buttocks (*pl.*); (*volg.*) bum, arse; (*fam. amer.*) ass; (*di animali*) rump // *essere — e camicia*, to be as thick as thieves // *pigliare per il* —, to take the piss out of s.o. // *avere* —, to be really lucky; *che —!*, what luck! **2** (*fondo*) bottom: *il — di una bottiglia*, the bottom of a bottle // *culi di bicchiere*, paste diamonds.

culottes *s.f.pl.* (*fr.*) culottes.

culteranesimo, **culteranismo** *s.m.* (*st. lett.*) culteranism.

cultismo *s.m.* **1** (*ling.*) refinement **2** → culteranesimo.

cultivar *s.f.* (*agr.*) cultivar, cultivated variety.

culto *s.m.* **1** cult; worship [U]: *il — della Madonna*, the cult of the Virgin; *il — dei morti*, the cult of (*o* veneration for) the dead; *il — dell'eleganza*, the cult of elegance; — *degli eroi*, hero worship; — *della ricchezza*, worship of wealth; *ha un vero — per suo padre*, he (hero-)worships his father // — *della personalità*, personality cult **2** (*religione*) faith, religion: *il — cattolico*, the Catholic faith; *ministri del* —, ministers of religion // *libertà di* —, freedom of worship.

cultore *s.m.* lover, worshipper: *i cultori dell'arte*, lovers of art (*o* art lovers) // *un — della materia*, a connoisseur (*o* an expert) on the subject.

cultrario *s.m.* sacrificing priest.

cultro *s.m.* (*coltello usato nei sacrifici*) sacrificial knife.

cultuale *agg.* (*letter.*) for worship (*pred.*), religious.

cultura[1] *s.f.* **1** (*sapere*) culture, learning, education: *centri di* —, centres of culture (*o* of learning); *un uomo di grande* —, a man of great culture (*o* a highly-cultured man); *non ha alcuna* —, he's uncultured; *farsi una* —, to acquire an education // — *di massa*, mass culture **2** (*civiltà*) culture, civilization: — *greca*, *europea*, Greek, European culture; *una popolazione che raggiunse un alto grado di — scientifica*, a population that has reached a high level of scientific knowledge // — *popolare*, popular culture.

cultura[2] *s.f.* (*coltivazione*) cultivation, farming: *la — del tabacco*, tobacco growing; *campo a* —, field under cultivation // — *fisica*, physical culture.

culturale *agg.* cultural: *un ente con fini culturali*, a cultural body; *avere un basso livello* —, to have a low cultural level // *Ministero per i beni culturali e ambientali*, Ministry for the Arts and the Environment.

culturalismo *s.m.* **1** tendency to concentrate on the cultural aspect of sthg. **2** (*ostentazione di cultura*) ostentatious display of culture; (*nell'arte*) overemphasis of cultural themes in a work of art.

culturalistico *agg.* characterized by excessive attention to cultural factors.

culturismo *s.m.* body-building, physical culture.

culturista *s.m.* e *f.* body-builder, physical culturist.

cumarina *s.f.* (*chim.*) coumarin.

cumarone *s.m.* (*chim.*) coumarone.

cumaronico *agg.* (*chim.*) coumarone(-indene): *resina cumaronica*, coumarone(-indene) resin.

cumino *s.m.* (*bot.*) (*Cuminum cyminum*) cumin // — *dei prati*, — *tedesco*, (*Carum carvi*) caraway.

cumolo → **cumulo**.

cumulabile *agg.* accumulable, combinable: *cariche cumulabili*, accumulable offices.

cumulare *v.tr.* to amass, to accumulate, to heap up, to combine; (*interessi*) to accrue: — *più uffici*, to hold a plurality of offices; — *due stipendi*, to draw two salaries; — *i dividendi*, to accumulate dividends; — *redditi*, to combine income.

cumulativo *agg.* cumulative, inclusive; all-in: *prezzo* —, inclusive (*o* all-in) price; *biglietto* —, (*per più viaggi*) through (*o* inclusive) ticket; (*per più persone*) group ticket; (*mar.*) *polizza di carico cumulativa*, through bill of lading; *assicurazione cumulativa*, group insurance // (*Borsa*): *dividendo* —, cumulative dividend; *azioni cumulative*, cumulative stock (*o* shares) // (*trib.*) *imposta cumulativa*, cumulative tax.

cumulo *s.m.* **1** (*mucchio*) heap, pile; (*gran quantità*) lot: — *d'incarichi*, plurality of offices (*o* pluralism); *un — di ragioni*, a number of reasons; *dire un — di sciocchezze*, to talk a heap (*o* a pile) of nonsense // (*econ.*): — *di interessi*, pooling of interest; — *di ordini inevasi*, backlog of unfilled orders; — *di stipendi*, plurality of salaries; — *dei redditi*, combined income // (*trib.*) — *di imposte*, cumulative taxation // (*dir.*): — *dei procedimenti*, joinder of actions; — *dei reati*, (*per fini processuali*) joinder offences; — *delle pene*, (*concorso materiale*) consecutive sentences **2** (*meteor.*) cumulus*.

cumulonembo *s.m.* (*meteor.*) cumulonimbus*, thundercloud.

cumulostrato → **stratocumulo**.

cuneato *agg.* cuneate(d), wedge-shaped.

cuneese *agg.* of Cuneo; from Cuneo ◆ *s.m.* e *f.* person from Cuneo; inhabitant of Cuneo.

cuneiforme *agg.* cuneiform, cuneate, wedge-shaped: *caratteri cuneiformi*, cuneiform characters // (*anat.*) *osso*, *cartilagine* —, cuneiform bone, cartilage.

cuneo *s.m.* **1** wedge (*anche mat.*): — *di arresto*, grip wedge **2** (*arch.*) quoin, wedge **3** (*per spaccare la legna*) splitter **4** (*calzatoia*) chock, scotch **5** (*meteor.*) (*di alta pressione*) ridge.

cunetta *s.f.* (*per lo scolo delle acque*) drain, gutter; (*nella pavimentazione stradale*) bump (in the road) // *attenzione*, —, (*segnaletica stradale*) bumpy road.

cunicolo[1] *s.m.* **1** underground passage; tunnel **2** (*tana sotterranea di animali*) burrow **3** (*miner.*) (small) drift: — *di ventilazione*, ventilation drift; — *sotterraneo*, underground shaft.

cunicolo[2] *agg.* (*relativo all'allevamento dei conigli*) rabbit (*attr.*).

cunicoltore *s.m.* rabbit breeder.

cuniculo → cunicolo[1].

cunnilinguo *s.m.* cunnilingus.

cuoca *s.f.* cook, woman cook.

cuocere *v.tr.* **1** (*far cuocere*) to cook: — *a fuoco lento*, to simmer; — *alla griglia*, to grill; — *a lesso*, to boil; — *al forno*, (*carne*) to roast; (*pasta, pane ecc.*) to bake; — *in umido*, to stew; *far — qlco. a fuoco lento*, to cook sthg. on a slow heat; *attento a non — troppo la pasta*, don't overcook the pasta // *lasciar — qlcu. nel suo brodo*, to let s.o. stew in his own juice **2** (*mattoni ecc.*) to bake, to fire ◆ *v.intr.* **1** to cook: *la minestra sta cuocendo*, the soup is boiling **2** (*inaridire*) to burn*, to parch **3** (*fig. antiq.*) (*offendere, ferire*) to vex, to hurt*, to sting*: *l'offesa le cuoceva ancora*, she was still smarting under the offence.

□ **cuocersi** *v.intr.pron.* to cook: *la carne non si è cotta bene*, the meat isn't cooked properly (*o* is undercooked).

cuoco *s.m.* cook: *primo* —, head cook (*o* chef).

cuoiaio *s.m.* **1** (*commerciante*) dealer in leather and hides **2** (*conciatore*) tanner, leather dresser.

cuoiame *s.m.* leather and hides (*pl.*).

cuoieria *s.f.* leather-goods shop.

cuoio *pl.m.* **cuoi** *nei significati 1 e 2*; *pl.f.* **cuoia** *nel sign. 3*, *s.m.* **1** leather; hide: — *artificiale*, imitation leather; — *fiore*, grain leather;

— *preparato*, dressed leather (*o* hides); *scarpe di vero* —, genuine leather shoes **2** — *capelluto*, scalp **3** *tirare, lasciarci le cuoia*, to kick the bucket; (*amer.*) to croak.

cuor contento → **corcontento**.

cuore *s.m.* **1** (*anat.*) heart: *attacco di* —, heart attack; *trapianto di* —, heart transplant; *mal di* —, heart disease; *battito di* —, heartbeat; *intervento a — aperto*, open-heart operation; *soffrire di* —, to have heart disease; *avere un soffio al* —, to have a heart murmur **2** (*centro*) centre, heart; core: *il — del carciofo*, the heart of the artichoke; *il — di un frutto*, the core of a fruit; *nel — dell'Africa*, in the heart (*o* centre) of Africa; *nel — della città, della foresta*, in the heart of the city, of the forest; *il duomo è il — della città*, the cathedral is the heart of the city // *nel — dell'estate*, at the height of summer; *nel — dell'inverno*, in the depths of winter; *nel — della notte*, at dead of night (*o* in the middle of the night) **3** (*oggetto a forma di cuore*) heart, heart-shaped object: *un biglietto di auguri a forma di* —, a heart -shaped greeting card **4** *pl.* (*carte*) hearts: *fante di cuori*, knave of hearts **5** (*ferr.*) (*dello scambio*) frog, crossing.

◆ FRASEOLOGIA: *a — leggero*, light-heartedly; *di* —, heartily: *vi ringraziamo di* —, we are very grateful to you; *ridere di* —, to laugh heartily; *di buon* —, whole-heartedly (*o* very willingly *o* gladly *o* with pleasure); *di tutto* —, with all one's heart (*o* whole-heartedly), (*molto volentieri*) most willingly; *del* —, favourite: *la squadra del* —, one's favourite team; *nel profondo del* —, in one's heart of hearts; *pace del* —, peace of mind; *una persona di buon* —, a person with a kind heart (*o* a kind-hearted person); *uomo dal — di coniglio*, chicken -hearted man; *uomo dal — di leone*, lion -hearted man; *uomo senza —, dal — di pietra, dal — di tigre*, heartless man (*o* hard-hearted man); *col — in gola*, with one's heart in one's mouth; *la squadra ha giocato col* —, the team put their hearts into the game; *il — mi dice che è salvo*, I feel in my heart that he is safe; *avresti — di licenziarlo?*, would you have the heart to sack him?; *la cosa mi sta a* —, I have the matter at heart; *è una vista che fa male al* —, it is a sickening sight; *se lo strinse al* —, she clasped him to her heart; *mi fa bene al — vederti*, it does my heart good to see you; *il mio — batte forte*, my heart is thumping; *sentì un tuffo al* —, his heart missed a beat; *mi si stringe il — a doverglielo dire*, it wrings my heart to have to tell him; *non ebbe il — di farlo*, he hadn't the heart to do it; *parola che viene dal* —, word from the heart (*o* heartfelt word) // *aprire il proprio — a qlcu.*, to open one's heart to s.o.; *avere il — gonfio*, to be heavy-hearted (*o* sad at heart); *avere il — volubile*, to be giddy of heart; *avere la morte nel* —, to be heart-sick (*o* sick at heart); *conquistare il — di qlcu.*, to win s.o.'s heart (*o* love); *dare il proprio — a qlcu.*, to give one's heart to s.o.; *farsi* —, to take heart; *leggere nel — di qlcu.*, to see into s.o.'s heart; *mettersi il — in pace*, to resign oneself; *mettersi una mano sul* —, to put one's hand on one's heart; *parlare a — aperto*, to speak without reserve (*o* freely); *prendere qlco. a* —, to take sthg. to heart; *sentirsi allargare il — a qlco.*, to be overjoyed at sthg.; *spezzare il — a qlcu.*, to break s.o.'s heart; *toccare il — di qlcu.*, to touch s.o.'s heart (*o* to move s.o.) // *il — non sbaglia*, (*prov.*) the heart is wiser than the head // *freddo di mano, caldo di* —, (*prov.*) a cold hand and a warm heart // *lontan dagli occhi, lontan dal* —, (*prov.*) out of sight, out of mind.

cuoriforme *agg.* heartshaped, (*bot.*) cordate.

cupamente *avv.* **1** darkly, obscurely, dimly **2** (*tristemente*) gloomily; sullenly: *lo guardò* —, she looked at him sullenly **3** (*di suono*) deeply.

cupezza *s.f.* **1** darkness, obscurity, dimness **2** (*tristezza*) gloom, gloominess: *la — del suo volto*, the gloominess of his expression **3** (*tetraggine*) sullenness, surliness **4** (*profondità*) depth, hollowness.

cupidamente *avv.* greedily.

cupidigia, **cupidità** *s.f.* cupidity, greed, greediness, covetousness: *accendere la — in qlcu.*, to arouse cupidity in s.o.; *guardare qlco. con* —, to cast covetous eyes on sthg.

cupido *agg.* (*letter.*) greedy, covetous, grasping: — *di gloria*, thirsting for glory; — *di vendetta*, thirsting for revenge; *con occhi cupidi*, with greedy eyes.

cupo *agg.* **1** dark, obscure, dim; gloomy, sombre; (*di suono, colore*) deep, hollow: *colore* —, deep (*o* dark) colour; *giorno* —, gloomy day; *silenzio* —, deep silence; *suono* —, deep (*o* hollow) sound; *visione cupa*, dark view; *con voce cupa*, in a deep voice **2** (*profondo*) hollow, deep: *valle cupa*, deep valley **3** (*triste*) gloomy: *il Romanticismo e i suoi cupi eroi*, Romanticism and its gloomy heroes **4** (*tetro*) sullen, surly.

cupola *s.f.* **1** (*arch.*) dome, cupola: — *a sesto ribassato*, flat dome // *a* —, dome-shaped **2** (*geol.*) (*tettonica*) dome: — *salina*, salt dome **3** (*bot.*) cupule.

cupolino *s.m.* **1** small dome, onion dome **2** (*teatr.*) prompter's box.

cupolone *s.m.* dome.

cupralluminio *s.m.* (*metall.*) aluminium bronze.

cuprene *s.m.* (*chim.*) cuprene.

cupreo *agg.* (*chim.*) cupreous.

cuprico *agg.* (*chim.*) cupric.

cuprifero *agg.* (*chim., min.*) cupriferous.

cuprismo *s.m.* (*med.*) copper poisoning.

cuprite *s.f.* (*min.*) cuprite.

cuproammonio *s.m.* (*chim.*) cuprammonium.

cupronichel *s.m.* (*chim.*) cupronickel.

cupula *s.f.* (*zool.*) cupule.

cura *s.f.* **1** (*sollecitudine; attenzione; premura*) care: *hanno affidato il bambino alla — dei nonni*, they placed the child in his grandparents' care; *chi si prenderà — del gatto mentre siete via?*, who will take care of the cat while you are away?; *dovresti fare il tuo lavoro con maggior* —, you should do your work with greater care; *i dettagli erano studiati con* —, the details were carefully planned; *abbi — di quel vaso, è molto delicato*, take good care of (*o* be very careful with) that vase, it's very delicate; *abbi — di te*, take care of yourself; *sarà fatto con la massima* —, it will be done with the greatest care; *dedica tutte le sue cure al lavoro*, he devotes himself entirely to his work; *sarà nostra — inviarvi un nostro catalogo*, we shall send you our catalogue; *abbiate — di essere puntuali*, make sure you are punctual // *ha affidato a un avvocato la — dei suoi beni*, he entrusted a lawyer with the administration of his property; *lasciamo a voi la — di questo affare*, we'll leave the handling of this to you; *la — della casa non è sulle mie spalle*, I don't have to look after the housework // *a — di*, (*di libro ecc.*) edited by **2** (*preoccupazione*) care, worry **3** (*eccl.*) cure, spiritual care: — *d'anime*, cure of souls **4** (*med.*) treatment [U]; cure: *la — del latte*, milk cure; *una — di riposo*, a rest cure; *prescrivere una — di calcio*, to prescribe calcium treatment; *quale è la migliore — per il raffreddore?*, what is the best cure for a cold?; *avere in — un malato*, to treat a patient; *essere in* —, to be under treatment; *fare una — per dimagrire*, to follow a slimming diet; *prescrivere una — a qlcu.*, to prescribe s.o. a course of treatment // *casa di* —, nursing home // — *di bellezza*, beauty treatment.

curabile *agg.* curable: *male* —, curable illness; *è un vizio difficilmente* —, it's a vice that's hard to cure.

curabilità *s.f.* curability.

curandaio *s.m.* (*tess.*) bleacher.

curando *s.m.* (*Borsa*) (order of) safeguarding interests.

curapipe *s.m.* smoker's companion, trinity.

curare *v.tr.* **1** (*aver cura di*) to take* care of (s.o., sthg.), to look after (s.o., sthg.): — *gli affari*, to take care of one's business; — *la propria salute*, to look after one's health; *cura quel raffreddore!*, take care of that cold!; — *il proprio aspetto fisico*, to take care of one's looks // — *l'edizione di un libro*, to edit a book **2** (*di medico*) to treat, to attend, to cure, to heal; (*di infermiera*) to nurse, to attend: *chi ti cura?*, who is your doctor?; — *una ferita*, to treat an injury **3** (*fare in modo*) to make* sure, to look out: *curate che tutto sia in ordine*, make sure everything is in order; *cura che il cane non scappi*, make sure the dog doesn't get away **4** (*non com.*) (*stimare*) to mind: *non cura i biasimi del volgo*, he does not mind the disapproval of the mob.

□ **curarsi** *v.rifl.* (*aver cura di se stesso*) to take* care of oneself; (*seguire una cura*) to follow treatment: *curati bene o avrai una ricaduta*, follow the treatment or you'll have a relapse ◆ *v.intr.pron.* (*badare, occuparsi*) to take* care of (sthg.), to mind (sthg.), to attend (to sthg.): *curati dei fatti tuoi*, mind your own business; *non curarti delle loro parole*, do not mind (*o* take no notice) of what they say; *non mi curai del suo avvertimento*, I ignored his warning; *non si cura minimamente della famiglia*, he doesn't care about his family in the least; *senza — di chiamarlo è partita*, she left without bothering to call him.

curarico *agg.* **1** (*di, relativo a curaro*) curare **2** (*simile a curaro*) curariform; curarimimetic ◆ *s.m.* curarimimetic drug.

curarina *s.f.* (*chim.*) curarine.

curarizzare *v.tr.* (*med.*) to curarize.

curarizzazione *s.f.* (*med.*) curarization.

curaro *s.m.* (*chim.*) curare: (*med.*) *trattare con —, somministrare — a*, to curarize.

curasnetta *s.f.* farrier's parer.

curatela *s.f.* **1** (*dir.*) trusteeship **2** (*di fallimento*) receivership; (*amer.*) trusteeship **3** (*tutela*) guardianship.

curativo *agg.* curative: *un metodo — molto efficace*, a very effective cure.

curato[1] *agg.* **1** (*fatto con cura*) painstaking (*attr.*), careful: *un lavoro — nei minimi parti-*

colari, a really painstaking job // *è una persona ben curata*, he's a well-groomed person **2** (*di pubblicazione*) edited: *opera curata dal prof. Rossi*, work edited by prof. Rossi.

curato[2] *s.m.* (*eccl.*) curate: *posto, ufficio di* —, curacy.

curatore *s.m.* **curatrice** *s.f.* **1** (*dir.*) curator, (*f.*) curatrix; receiver; (*fiduciario*) trustee; (*di eredità*) administrator **2** (*di fallimento*) official receiver (*o* liquidator); (*amer.*) trustee in bankruptcy **3** (*tutore*) guardian **4** (*di opera letteraria*) editor.

curbascio *s.m.* kurbash, kourbash.

curculione *s.m.* (*zool.*) weevil, (*pop.*) snout beetle.

curcuma *s.f.* (*bot.*) (*Curcuma longa*) turmeric, (*scient.*) curcuma.

curcumina *s.f.* (*chim.*) curcumin.

curdo *agg.* Kurdish ◆ *s.m.* **1** (*abitante*) Kurd **2** (*lingua*) (the) Kurdish (language).

curia *s.f.* **1** (*st. romana*) curia; senate house **2** (*dir.*) court of justice, tribunal **3** (*ceto dei legali*) the bar **4** (*eccl.*): *la — romana*, the Holy See (*o* the Papal Court *o* the Curia); *la — vescovile*, the bishop's see (*o* Court).

curiale *agg.* **1** (*letter.*) (*di corte*) courtly; (*estens.*) (*aulico*) courtly: *lingua* —, language of the Court **2** (*giuridico*), legal **3** (*eccl.*) of the Papal Court, of the Curia: *uffici curiali*, curial offices ◆ *s.m.* **1** lawyer **2** (*eccl.*) member of a Curia.

curialesco *agg.* (*letter.*) **1** (*cavilloso*) cavilling: *linguaggio* —, sophistry (*o spreg.* lawyers' jargon) **2** (*eccl.*) of the Curia.

curialista *s.m.* e *f.* curialist.

curialmente *avv.* **1** (*letter.*) (*solennemente*) solemnly **2** (*da avvocato*) in legal style.

curiato *agg.* (*st. romana*) curiate: *i comizi curiati*, the curiate comitia.

curie *s.m.* (*fis.*) curie: — *-ora*, curie hour; (*elettr.*) *punto di* —, curie temperature (*o* point).

curio *s.m.* (*chim.*) curium.

curiosaggine *s.f.* inquisitiveness; (*spreg.*) nosiness.

curiosamente *avv.* **1** with curiosity; (*con aria indagatrice*) inquisitively; (*spreg.*) nosily **2** (*stranamente*) curiously, oddly, strangely: *si comportava* —, he was behaving oddly.

curiosare *v.intr.* to be curious, to be inquisitive; to pry, to peep, to nose: *non — negli affari altrui!*, don't pry (*o* nose) into other people's affairs!; — *attraverso il buco della serratura*, to peep (*o* to look) through the keyhole; — *per la città*, to wander (*o* to have a look) round the city; — *nei negozi*, to browse round the shops; — *nelle vetrine*, to window -shop; *non ho intenzione di comprare niente, voglio solo — un po'!*, I'm not going to buy anything, I just want to look around.

curiosità *s.f.* **1** curiosity, inquisitiveness; (*spreg.*) nosiness: *per* —, out of curiosity; *questo stuzzicò la nostra* —, this roused (*o* tickled) our curiosity **2** (*stranezza*) curiousness, strangeness, oddness, quaintness: *la — del suo comportamento*, the oddness of his behaviour **3** (*oggetto strano, raro, curioso*) curio, curiosity; oddity: *andare in cerca di* —, to go curio -hunting; — *letterarie*, literary curios.

curioso *agg.* **1** curious, inquisitive; (*spreg.*) nosy: *è una donna molto curiosa*, she is a very curious woman; *sono — di sapere che cosa dissero*, I am curious to know what they said; *è un ragazzo — di apprendere*, he's a boy who is interested in learning **2** (*strano*) curious, strange, odd, peculiar: *che oggetto —!*, what a curious object!; *è —!*, that's odd!; *è un viso* —, it is a strange face; *—!, non ha detto niente*, that's strange (*o* odd *o* funny)!, he didn't say anything ◆ *s.m.* **1** curious person; inquisitive person; (*spreg.*) nosy parker; (*spettatore*) onlooker; (*astante*) bystander: *un assembramento di curiosi*, a group of onlookers; *è una curiosa incredibile*, she's a terrible nosy parker **2** (*cosa strana*) the strange thing, the odd thing, the funny thing: *il — è che non ricordo neanche il nome!*, the funny thing is I can't even remember the name!

curling *s.m.* (*gioco*) curling.

curricolare *agg.* curricular, of a curriculum.

curricolo, curriculum *s.m.* **1** curriculum* vitae, resumé: *avere un brillante* —, to have a brilliant curriculum vitae; *alla domanda di concorso va allegato il* —, please attach your curriculum vitae to the examination application **2** (*sequenza di obiettivi*) resumé: *tracciare un* —, to give a resumé.

curro *s.m.* (*tecn.*) roller.

curry *s.m.* (*cuc.*) curry.

cursore *s.m.* **1** (*mecc.*) slider; cursor (*anche inform.*) **2** (*elettr.*) wiper **3** (*burocratico*) messenger; usher.

cursorio *agg.* cursory, hasty: *la revisione cursoria di un testo*, the cursory (*o* hasty) revision of a text.

curtense *agg.* manorial; manor (*attr.*).

curto → **corto**.

curtosi *s.f.* (*stat.*) kurtosis.

curule *agg.* (*st. romana*) curule: *sedia* —, curule chair.

curva *s.f.* **1** curve: (*mat.*) — *piana, spaziale*, plane, space curve; (*stat.*) — *a campana*, bell -shaped curve; (*fis.*) — *di carico*, load curve // (*geogr.*) — *di livello*, contour line, (*cartografia*) isohypse // (*econ.*): — *della domanda*, demand curve; — *dell'offerta*, supply curve; — *di rendimento*, yield curve; — *delle probabilità*, probability curve; — *degli errori, di Gauss*, Gaussian curve; — *dei prezzi*, outlay curve (*o* price line); — *degli utili*, profit curve; — *delle vendite*, sales curve; — *di reddito-consumo*, income-consumption curve **2** (*di strada, fiume*) curve, bend; (*svolta*) turn: *una — a S*, an S(-shaped) bend; — *a forcella*, hairpin bend; — *pericolosa*, dangerous curve; — *stretta*, sharp curve (*o* bend); *la strada fa molte curve*, the road bends several times; *fare una* —, to turn; *è vietato sorpassare in* —, overtaking on a bend is forbidden; *i piloti di F.1 affrontano questa — a 200 km/h*, racing drivers take this bend at 200 km/h **3** *pl.* (*del corpo femminile*) curves; *è tutta curve!*, she's all curves!

curvabile *agg.* that can be bent, that can be curved (*pred.*); bendable.

curvadorsi *s.m.* (*legatoria*) backing hammer.

curvamento *s.m.* → **curvatura**.

curvare *v.tr.* to bend*, to curve, to bow: — *un ramo*, to bend a branch; — *la schiena*, to bend (*o* to arch *o* to curve) one's back; (*fig.*) to bow (one's back); — *un tubo*, to bend a pipe // — *la testa, la fronte*, (*fig.*) to bow one's head (*o* to obey) ◆ *v.intr.* to bend*, to curve; (*girare*) to turn: *il viottolo curva a destra*, the path bends to the right; *quando curvi a sinistra devi mettere la freccia*, when you turn left you must put the indicator on; *dopo il bar, curva a sinistra*, turn left after the bar.

□ **curvarsi** *v.rifl.* **1** to bend* down, to stoop: *si curvò per raccogliere qualcosa*, he bent down (*o* stooped) to pick something up; *non ti curvare in quel modo, se hai mal di schiena*, don't bend down like that if you've got backache **2** (*fig.*) (*sottomettersi*) to yield, to bow to s.o.'s wishes ◆ *v.intr.pron.* to bend*, to curve: *la trave si è curvata sotto il peso*, the beam bent beneath the weight.

curvatore *s.m.* (*tecn.*) bender.

curvatrice *s.f.* (*mecc.*) bending machine, bender: — *per legno*, wood bending machine.

curvatura *s.f.* **1** (*il curvare*) curving, bending **2** curvature, bend: — *della spina dorsale*, curvature of the spine; *raggio di* —, bend radius **3** (*tecn.*) camber **4** (*arch.*) sweep.

curvilineo *agg.* curvilinear: *moto* —, curvilinear movement (*o* motion) ◆ *s.m.* drawing curve.

curvimetro *s.m.* opisometer, map measurer.

curvità *s.f.* (*letter.*) curvature, bend.

curvo *agg.* **1** curved: *superficie curva*, curved surface; (*mat.*) *linea curva*, curve **2** (*piegato*) bent; (*storto*) crooked: — *per l'età*, bent (*o* bowed) with age; *spalle curve*, round (*o* stooping) shoulders; *stava con la fronte curva*, he had his head bowed; *stava — sui libri*, he stayed bent (*o* hunched) over his books.

cuscinata *s.f.* blow with a pillow, blow with a cushion.

cuscinetto *s.m.* **1** small cushion; (*oggetto imbottito*) pad: — *per timbri*, ink pad; — *puntaspilli*, pincushion // *fare da* —, (*fig.*) to act as a buffer // — *carnoso*, (*delle zampe di alcuni animali*) pad **2** (*mecc.*) bearing: — *antifrizione*, antifriction bearing; — *a rulli*, roller bearing; — *a sfere*, ball bearing; — *di spinta*, thrust bearing: — *intermedio*, intermediate bearing; — *liscio*, friction (*o* plain) bearing; — *oscillante*, self-aligning bearing; — *per spinte oblique*, angular bearing; *sede di* —, bearing housing ◆ *agg.* (*pol.*) *stato* —, buffer state.

cuscino *s.m.* **1** cushion; (*guanciale*) pillow: (*ferr.*) *ripostiglio cuscini*, pillow box **2** (*mecc.*) (*di appoggio*) pillow: — *ammortizzatore*, pad (*o* fender); — *d'aria*, air cushion; (*mar.*) — *d'incappellaggio*, bolster.

cusco *s.m.* (*zool.*) cuscus.

cuscus *s.m.* (*cuc.*) couscous.

cuscuta *s.f.* (*bot.*) (*Cuscuta epithymum*) dodder.

cuspidale *agg.* (*arch.*) cuspidal, cuspidate(d), pointed.

cuspidato *agg.* cuspidate(d): *denti cuspidati*, cuspidate teeth; *foglie cuspidate*, cuspidate leaves.

cuspide *s.f.* **1** peak, cusp; (*punta*) point; peak **2** (*arch.*) cusp **3** (*anat.*) cusp: *la — di un dente, di una valvola cardiaca*, the cusp of a tooth, of a heart valve **4** (*mat.*) cusp, cuspidal point.

custode *s.m.* e *f.* **1** keeper, guardian, custodian: — *delle carceri*, jailer (*o* gaoler); — *giudiziario*, official receiver; — *di museo*, museum attendant; *essere il — della tradi-*

zione, della libertà, (*fig.*) to be the upholder (*o* guardian) of tradition, of liberty **2** (*portiere*) doorkeeper ◆ *agg.*: *angelo* —, guardian angel (*anche fig.*).

custodia *s.f.* **1** custody, guardianship; (*cura*) care: *avere la — di qlcu.*, to have s.o. in one's care (*o* to have the custody of s.o); *quel bambino è sotto la — di suo padre*, the child is in the custody of his father; *affidare un ragazzo alla — di qlcu.*, to place a boy in s.o.'s custody (*o* to commit a boy to s.o.'s care); *avere in — qlco.*, to take care of sthg. (*o* to have sthg. in one's safekeeping) // *agente di* —, warder // (*dir.*) — *cautelare*, *preventiva*, preventive detention (*o* custody) // (*banca*): *spese di* —, safe custody charges; — *di titoli*, safe custody of securities; *camera di* —, (*caveau*) strong room **2** (*astuccio*) case, box: — *degli occhiali*, glasses case; — *di un disco*, record sleeve; — *di violino*, violin case.

custodire *v.tr.* **1** (*serbare*) to keep*, to guard, to preserve: — *i gioielli sotto chiave*, to keep one's jewels under lock and key; — *i soldi in cassaforte*, to keep money in the safe; — *gelosamente un segreto*, to guard a secret jealously; — *l'onore*, to protect one's honour **2** (*aver cura di*) to look after (s.o., sthg.), to take* care of (s.o., sthg.): *mentre sono lontano, custodisci la casa*, while I am away, take care of the house **3** (*vigilare*) to guard: — *un prigioniero*, to guard a prisoner.

cutaneo *agg.* cutaneous; skin (*attr.*): *reazione cutanea*, cutaneous reaction; *malattia cutanea*, skin disease.

cute *s.f.* (*anat.*) cutis*, skin: *malattia della* —, skin disease.

cuticagna *s.f.* **1** (*collottola*) nape **2** (*cuoio capelluto*) scalp.

cuticola *s.f.* (*anat.*, *bot.*) cuticle.

cuticolare *agg.* cuticular.

cutina *s.f.* (*biochim.*) cutin.

cutireazione *s.f.* (*med.*) cutireaction.

cutrettola *s.f.* (*zool.*) (*Motacilla flava*) wagtail.

cuvette *s.f.* (*chim.*) cuvette.

cybernauta *s.m.* e *f.* cybernaut.

cyberspazio *s.m.* (*inform.*) cyberspace.

cyclette® *s.f.* exercise bike.

czar → **zar**.

czarda → **ciarda**.

czeco → **ceco**.

Dd

d *s.f.* o *m.* **1** (*quarta lettera dell'alfabeto*) d (*pl.* ds, d's) // (*tel.*) — *come Domodossola*, d for David (*o amer.* d for Dog) **2** *D*, (*numero romano equivalente a 500*) D (five hundred).

da *prep.* **1** (*moto da luogo, origine, provenienza*) from (*anche fig.*): — *dove vieni?*, where do you come from? (*o* where are you from?); *l'aereo — Roma arriva alle 7.50*, the plane from Rome arrives at 7.50; — *che binario parte il treno per Parigi?*, which platforms does the Paris train leave from?; *vengo adesso dall'ospedale*, I've just come from the hospital; *sostammo a Roma e — lì proseguimmo per Napoli*, we called at Rome and from there went on to Naples; *si sono trasferiti — Milano a Firenze*, they moved from Milan to Florence; *la macchina veniva — destra*, the car was coming from the right; *"Da dove provenivano gli spari?" "Dall'interno dell'edificio"*, "Where did the shots come from?" "From inside the building"; *la porta si apriva dall'esterno*, the door opened from the outside // *fuori* —, (*moto da luogo*) out of; (*stato in luogo*) outside: *guardava (fuori) dalla finestra*, she was looking out of the window; *tolse dalla tasca il portafoglio*, he took his wallet out of his pocket; *c'era una gran folla fuori dal teatro*, there was a big crowd outside the theatre // *Sant'Antonio — Padova*, St. Anthony of Padua; *Francesca — Rimini*, Francesca of Rimini // — ... *a*, from... to; *la catena appenninica attraversa l'Italia — nord a sud*, the Apennines cross Italy from north to south; *contare — 1 a 100*, to count from 1 to 100; *dalla A alla Z*, from A to Z **2** (*distanza, separazione, distacco*) from (*anche fig.*): — *qui al mare c'è mezzora di macchina*, it takes half an hour by car from here to the coast; *Firenze dista — Roma circa 300 chilometri*, Florence is about 300 kilometres from Rome; *le Alpi separano l'Italia dalla Francia*, the Alps separate Italy from France; *vive separato dalla famiglia*, he lives apart from his family; *non riuscivano a staccarlo — sua madre*, they were unable to get him away from his mother **3** (*allontanamento, assenza*) away (from): *la prossima settimana sarò via — Milano per affari*, next week I shall be away from Milan on business; *era assente — scuola per malattia*, she was away from school due to illness; *non ama stare lontano — casa*, he doesn't like being away from home; *tenetevi lontano dai binari*, keep away from the railtracks **4** (*moto a luogo*) to: *porteremo i bambini dai nonni per Natale*, we'll take the children to their grandparents' for Christmas; *venite — noi a colazione?*, will you come to us for lunch?; *devo andare dal dentista alle 3*, I have to go to the dentist's at 3 o'clock **5** (*stato in luogo*) at: *dal macellaio, dal parrucchiere*, at the butcher's, at the hairdresser's; *è — sua madre in questo momento*, she's at her mother's now; *mi fermerò a dormire — un amico*, I'm going to stay at a friend's house; *abbiamo cenato — Mario*, we had dinner at Mario's // *si veste — Dior*, she is dressed by Dior (*o* she wears Dior clothes) // — *noi si usa così*, we do it this way **6** (*moto per luogo*) through: *se passi — Bergamo, vieni a trovarci*, if you're passing through Bergamo, come and see us; *non trovavo le chiavi e sono entrato dalla finestra*, I could not find my keys so I got in through the window; *l'acqua è filtrata dal tetto*, water leaked through the roof; *il pianoforte non passa dalla porta*, the piano won't go through the door; *entra aria dalle fessure*, there's a draught coming in through the cracks **7** (*agente, causa efficiente, con il verbo al passivo*) by: *la città fu completamente distrutta dal terremoto*, the town was completely destroyed by the earthquake; *essere colpito — virus*, to be infected by a virus; *'Marcovaldo' è stato scritto — Calvino*, 'Marcovaldo' was written by Calvino; *il progetto sarà realizzato — architetti italiani*, the plan will be carried out by Italian architects **8** (*causa*) for, with: *tremare dal freddo*, to shiver with cold; *era pallido dalla paura*, he was pale with fear; *fare i salti dalla gioia*, to jump for joy; *non riusciva a tenere gli occhi aperti dal sonno*, she couldn't keep her eyes open for tiredness **9** (*durata nel tempo*) for: *vivo a Palermo — oltre un anno*, I've been living in Palermo for over a year; *"Da quanto tempo studi il tedesco?" "Da sei mesi"*, "How long have you been studying German?" "For six months"; *lo aspetto — due ore*, I've been waiting for him for two hours; *lo conosco — vent'anni*, I've known him for twenty years; *non piove — parecchi mesi*, it hasn't rained for several months; *Cara Lucia, scusa se non ti scrivo — tanto tempo...*, Dear Lucy, sorry I haven't written for so long... // — *secoli*, — *un'eternità*, for ages **10** (*decorrenza*) since (*riferito al tempo passato*); (as) from (*riferito al presente o al futuro*): *insegna dal 1980*, he has been teaching since 1980; *sono passati più di due secoli dalla Rivoluzione Francese*, over two centuries have passed since the French Revolution; — *prima della guerra*, since before the war; — *allora*, since then; *lavoro dalle otto di stamattina*, I've been working since 8 o'clock this morning; *non mangia — ieri*, he hasn't eaten since yesterday; *è — Natale che non abbiamo sue notizie*, we haven't heard from him since Christmas; — *quel giorno non ci siamo più visti*, we haven't seen each other since that day; *dall'ultima sua telefonata sono passati due mesi*, it's two months since she last phoned; — *quando è rimasto senza lavoro, non è più lui*, he hasn't been the same since he lost his job; *dal primo di luglio, il mio indirizzo sarà...*, as from July 1st, my address will be...; — *aprile a settembre...*, from April to September...; *qui le rose fioriscono — maggio a novembre*, roses bloom here from May to November // — *ieri*, since yesterday // — *oggi in poi*, from today onwards // (*a partire*) — *domani*, (as) from tomorrow // *sin dalla sua infanzia*, since (s)he was a child // *a tre giorni dal suo arrivo*, three days after his arrival // *cieco dalla nascita*, blind from birth **11** (*modo*) like: *comportati — uomo*, behave like a man; *vivere — re*, to live like a king; *ti ho trattato — amico*, I've treated you like a friend; *ha agito — perfetto mascalzone*, he behaved like a real scoundrel; — *buon italiano, adora gli spaghetti*, like a true Italian, he loves spaghetti // *non è — te arrendersi al primo insuccesso*, it's unlike you to give up so easily **12** (*stato, condizione*) as: — *bambino*, as a child; *ti parlo — medico*, I'm talking to you as a doctor; — *giovane*, as a young man; *lasciamoci — buoni amici*, let's part as friends // *che cosa farai — grande?*, what are you going to be, when you grow up? **13** (*qualità, caratteristica, valore*): *un francobollo — 1000 lire*, a 1000-lira stamp; *una banconota — 10.000*, a 10,000-lira note; *un brillante — due milioni*, a 2 million-lira diamond; *una lampadina — 40 watt*, a 40-watt light bulb; *una domanda — un milione di dollari*, a million-dollar question; *un palazzo dalla facciata neo-classica*, a building with a neo-classical façade // *è un uomo — poco*, he isn't worth much // *una faccia — schiaffi*, a brazen face **14** (*uso, determinazione, scopo*): *rete — pesca*, fishing net; *occhiali — sole*, sunglasses; *ferro — stiro*, iron; *spazzolino — denti*, toothbrush; *carta — macero*, scrap paper; *macchina — scrivere*, typewriter • Come si nota dagli esempi, nei significati 13 e 14 sono spesso usate forme aggettivali in luogo del compl. introdotto dalla prep. *da* **15** (*limitazione*) in: *cieco — un occhio*, blind in one eye; *sordo — un orecchio*, deaf in one ear **16** (*per indicare trasformazione, mutamento*) from: *passare dallo stato liquido allo stato gassoso*, to change from the liquid phase to the gaseous phase; — *impiegato è diventato dirigente*, from being an ordinary employee he has become a director; — *piccola azienda sono diventati un complesso industriale a livello mondiale*, from small beginnings they have become a worldwide organization; *sfumature dal rosso all'arancio*, shades from red to orange **17** (*con valore consecutivo, spesso in correlazione con* così, tanto, talmente): *non è tipo — arrendersi facilmente*, he isn't the sort to give up easily; *non sarai tanto sciocco — rifiutare una simile offerta!*, you won't be so silly as to refuse such an offer, will you?; *erano così assorti nel gioco — non accorgersi della nostra presenza*, they were so wrapped up in their game that they didn't notice we were there **18** (*secondo, in base a*) by, from: *l'ho riconosciuto dalla voce*, I recognized him by his voice; *— un'attenta analisi è risultato che...*, from a careful analysis it turns out that...; *— quello che si legge sui giornali...*, from what you read in the newspapers... **19** (*seguito da un verbo all'inf., per esprimere fine, necessità o dovere*) to (+ *inf.*): *vorrei un bel libro — leggere*, I'd like a good book to read; *avete camere — affittare?*, have you any rooms to let?; *vuoi qualcosa — bere?*, will you have something to drink?; *non c'è un attimo — perdere*, there isn't a moment to lose; *hai molto — fare?*, have you much to do?; *era un rischio — correre*, it was a risk we had to run // *una commedia (tutta) — ridere*, a hilarious comedy.

◆ FRASEOLOGIA: *— parte*, aside (*o* apart) // *— capo* → daccapo // *— capo a piedi*, from head to toe // *dall'inizio alla fine*, from start to finish // *dal primo all'ultimo*, from first to last // *dall'inizio*, from the beginning // *— basso*, downstairs // *— dentro*, from within // *— fuori*, from outside // *— lontano*, from afar // *— vicino*, from nearby // *copia dal vero*, real life copy // *— solo, — sé*, by oneself // *chi fa — sé fa per tre*, (*prov.*) if you want a job doing, do it yourself.

dabbasso, da basso *avv.* (*al piano inferiore*) downstairs.

dabbenaggine *s.f.* (*ingenuità*) naivety, ingenuousness; simple-mindedness; (*credulità*) credulity, gullibility: *per la sua — si fa sempre imbrogliare*, he is so credulous (*o* gullible) he is always taken in.

dabbene *agg.* respectable, decent, honest, upright: *sono persone —*, they are respectable people; *un tipo —*, a decent fellow.

da capo → **daccapo**.

daccanto *avv.* (*non com.*) **1** (*vicino*) nearby, close to **2** (*da parte*) aside, apart.

daccapo *avv.* (*di nuovo*) (over) again; (*dall'inizio*) from the beginning: *fare — un esercizio*, to do an exercise (over) again; *ricominciare —*, to start all over again; *ripeti tutto —*, repeat it all from the beginning // *siamo —!*, it's the same old story! (*o* here we go again!) // *punto e —*, full stop, new line.

dacché *cong.* **1** (*da quando*) since: *— ha lasciato l'Italia, non ci ha dato più notizie*, we have had no word from him since he left Italy **2** (*letter.*) (*poiché*) as, since.

dachshund *s.m.* (*zool.*) dachshund*.

dacia *s.f.* dacha.

dacite *s.f.* (*geol.*) dacite.

dacnomania *s.f.* (*med.*) dacnomania.

dacriocisti *s.f.* (*anat.*) dacryocyst.

dacriocistite *s.f.* (*med.*) dacryocystitis.

dacrioma *s.m.* (*med.*) dacryoma.

dacron® *s.m.* (*chim.*) dacron®.

dada *s.m.* (*st. arte, st. letter.*) Dada, Dadaism ◆ *agg.* Dadaistic.

dadaismo *s.m.* (*st. arte*) Dadaism.

dadaista *s.m.* e *f.* follower of Dadaism, Dadaist ◆ *agg.* Dadaist: *corrente —*, Dadaist (*o* Dada) current.

dadaistico *agg.* Dadaistic.

dado *s.m.* **1** dice*: *i dadi furono la sua rovina*, dice were his downfall; *getta i dadi!*, throw (*o* cast) the dice!; *giocare a dadi*, to play dice // *il — è tratto!*, the dice is cast! **2** (*arch.*) dado (*pl.* -oes), die* **3** (*mecc.*) (screw) nut: *— a colletto*, flanged nut; *— a corona*, castellated (*o* slotted) nut; *— cieco*, cap (*o* box) nut; *— del bullone*, stud nut; *— zigrinato*, knurled (*o* hand) nut **4** (*cuc.*) cube (of concentrated soup), soup cube.

dadoforo *s.m.* (*arte greca e romana*) torch -bearer.

dadolata *s.f.* (*cuc.*) diced vegetables (*pl.*).

daffare *s.m.* work; task: *— quotidiano*, daily task (*o* grind); *non sono riuscito a chiamarti perché ho avuto un gran —*, I wasn't able to call you because I had so much to do; *è meglio non disturbarlo con tutto il — che ha*, with all the work that he's got to do, you'd better not disturb him.

dafne *s.f.* (*bot.*) daphne.

daga *s.f.* dagger.

dagherrotipia *s.f.* (*fot.*) **1** daguerreotypy **2** (*dagherrotipo*) daguerreotype.

dagherrotipo *s.m.* (*fot.*) daguerreotype.

dagli *inter.* (*fam.*): *— al ladro!*, stop thief // *e —!*, what again? (*o* not again! *o* come on!): *e —!, me l'hai già detto venti volte*, not again! you've already told me twenty times; *e —!, cosa vuoi ancora?*, what again? what do you want?; *e —!, abbassa quel volume*, come on! keep the noise down // *— oggi, — domani*, in the end: *— oggi — domani l'hai rotto!*, you couldn't leave it alone and now you've broken it; *— oggi — domani ha accettato*, in the end he accepted; *— oggi — domani forse lo convincerò a partire con noi*, with some insistence perhaps I'll convince him to leave with us.

dai *inter.* (*fam.*) **1** → dagli **2** (*incitazione*) come on!: *— che ce la fai!*, come on! you can do it!; *—! forza!*, come on! // *ma —! non fare così*, come on! don't be like that.

daina *s.f.* (*zool.*) doe.

daino *s.m.* (*zool.*) fallow deer (*pl. invar.*); (*per indicare il maschio*) buck; (*per indicare la femmina*) doe; (*di età inferiore all'anno*) fawn // *pelle di —*, chamois leather.

dalai-lama *s.m.* Dalai Lama.

dalia *s.f.* (*bot.*) dahlia.

dalli → **dagli**.

dalmata *agg.* Dalmatian: *costa —*, Dalmatian coast; *razza —*, Dalmatian race ◆ *s.m.* Dalmatian.

dalmatica *s.f.* (*eccl.*) dalmatic.

dalmatico *agg.* e *s.m.* Dalmatian.

daltonico *agg.* colour-blind, daltonian, red blind: *non distingue il verde dal rosso, perché è —*, he can't distinguish green from red because he is colour-blind.

daltonismo *s.m.* (*med.*) colour blindness, Daltonism.

d'altronde *avv.* on the other hand.

dama *s.f.* **1** lady: *— di Corte, d'onore*, lady-in -waiting; *gran —*, great lady // *— di compagnia*, lady companion // *— di picche*, (*a carte*) queen of spades **2** (*compagna di ballo*) partner **3** (*ant.*) (*innamorata*) sweet-heart: *la — dei suoi pensieri*, his lady-love **4** (*gioco*) draughts (*pl.*), (*amer.*) checkers (*pl.*): *scacchiera per —*, draughtboard; *giocare a —*, to play draughts **5** (*metall.*) (*di alto forno*) dam.

damalisco *s.m.* (*zool.*): *— dalla fronte bianca*, (*Damaliscus albifrons*) blesbock; *— di Sassaby*, (*Damaliscus lunatus*) sassaby.

damare *v.tr.* (*al gioco della dama*) to crown: *— una pedina*, to crown a piece (*o* a man).

damascare *v.tr.* (*tess.*) to damask.

damascato *agg.* damask (*attr.*): *seta damascata*, damask silk ◆ *s.m.* damask.

damascatura *s.f.* (*tess.*) damasking.

damasceno *agg.* (*letter.*) damascene // *rosa damascena*, damask-rose.

damaschinare *v.tr.* (*metall.*) to damascene.

damaschinatore *s.m.* (*metall.*) damascener.

damaschinatura *s.f.* (*metall.*) damascening.

damaschino *agg.* damascene: *acciaio —*, damask (*o* Damascus) steel.

damasco *s.m.* damask: *divano di —*, damask sofa.

damerino *s.m.* dandy, beau*, fop, coxcomb.

damigella *s.f.* **1** (*letter.*) maid of honour; damsel: *— d'onore*, bridesmaid **2** (*zool.*) *—* (*di Numidia*), (*Anthropoides virgo*) demoiselle.

damigiana *s.f.* demijohn; (*per liquidi corrosivi*) carboy.

damista *s.m.* e *f.* draughts player; (*amer.*) chequers player.

dammeno *agg.* worse: *egli non è — di te*, he is no worse than you; *non crederti —*, don't think that you are inferior.

damnara *s.f.* (*bot.*) damnar.

danaide *s.m.* (*zool.*) (*Danaus plexippus*) monarch.

danaro → **denaro**.

danaroso *agg.* moneyed, wealthy, rich, well-off: *è molto —*, he's very wealthy.

dancalo *agg.* e *s.m.* Danakil, Dankali.

dancing *s.m.* dance-hall: *domani sera andiamo tutti al —*, we're all going to the dance-hall tomorrow night.

danda *s.f.* reins (*pl.*), leading strings (*pl.*) // *aver bisogno delle dande*, (*fig.*) to need a helping hand.

dandismo *s.m.* dandyism.

dandistico *agg.* dandified, dandy (*attr.*).

danese *agg.* Danish ◆ *s.m.* **1** (*abitante*) Dane // *i Danesi*, the Danes (*o* the Danish people) **2** (*lingua*) (the) Danish (language): *capisci il —?*, do you understand Danish? **3** (*cane*) Great Dane.

dannabile *agg.* (*letter.*) damnable, condemnable.

dannare *v.tr.* to damn // *che Dio mi danni!*, damn! // *dannarsi l'anima*, (*fig.*) to go crazy: *si è dannato l'anima per convincerlo*, he drove himself crazy trying to convince him.

□ **dannarsi** *v.rifl.* **1** to be damned, to go* to hell: *ti dannerai*, you will be damned (*o* you will go to hell) **2** (*affannarsi*) to strive* hard; (*fam.*) to work oneself to death: *mi sono dannato tutto il giorno su quella traduzione*, I have been working myself to death (*o* slaving away) at that translation the whole day; *si dannò tutta la vita per ottenere una certa agiatezza, ma* *morì prima di raggiungerla*, all his life he strove for security, but he died before he achieved it; *si sono dannati per cercare una nuova segretaria, ma non l'hanno trovata*, they looked around like mad (*o* crazy) to find a new secretary but couldn't find one **3** *far dannare qlcu.*, (*fam.*) to drive* s.o. mad (*o* crazy).

dannato *agg.* **1** damned, damnable, miserable // *anima dannata*, (*fig.*) wicked person **2** (*maledetto*) damned, confounded: *quel — affare*, that confounded business; *ma dov'è finito quel — libro?*, where is that damned book? **3** (*smisurato*) terrible, dreadful, tremendous, fearful: *si prese una paura dannata*, he got a terrible fright; *un caldo — rendeva difficile respirare*, the tremendous heat made it difficult to breathe ◆ *s.m.* damned soul: *soffrire come un —*, to suffer the pains of hell; *urlare come un —*, to shriek like one of the damned (*o* a man possessed); *ho lavorato come un — per tutta la settimana*, I've worked like a madman for the whole week // *i dannati*, the damned.

dannazione *s.f.* damnation: *— eterna*, eternal damnation // *—!*, damn! (*o* damnation!); *—! ho perso il treno*, damn! I've missed the train // *questo allievo è la mia —*, this pupil is driving me mad (*o* is a real pest *o* trial); *sarai la mia —!*, (*fam.*) you'll be the death of me!

danneggiabile *agg.* damageable.

danneggiamento *s.m.* **1** (*danno*) damage **2** (*il danneggiare*) damaging.

danneggiare *v.tr.* **1** to damage; (*sciupare*) to spoil*: *il gelo ha danneggiato tutti i vigneti*, all the vines have been damaged by the frost; *la grandine ha danneggiato il grano*, the hail has damaged the corn **2** (*persone*) to damage, to injure, to cause damage to; (*nuocere a*) to harm: *quella calunnia lo ha danneggiato molto*, that slander did him a great deal of harm; *senza — nessuno*, without injuring anyone (*o* without doing anyone any harm) **3** (*menomare*) to impair, to injure: *la sua vista fu danneggiata nell'incidente*, her sight was injured in the accident; *il troppo lavoro gli danneggiò la salute*, overwork ruined (*o* impaired) his health.

danneggiato *agg.* **1** damaged, injured, harmed: *il tetto è stato — dalla grandine*, the roof has been damaged by the hail **2** (*da insetti*) weevilled, weevily ◆ *s.m.* (*dir.*) the injured party.

danneggiatore *s.m.* injurer.

danno *s.m.* **1** damage, harm, injury, detriment; (*derivante da perdita*) loss: *— rilevante*, heavy damage; *nessun — alle persone*, no one was hurt (*o* there were no casualties); *cagionare, causare un —*, to cause damage; *recare — a qlcu.*, to do s.o. harm (*o* an injury); *i danni causati dalla tempesta furono rilevanti*, the damage caused (*o* done) by the storm was very heavy; *la siccità ha causato danni irreparabili all'agricoltura*, the drought has caused irreparable damage to agriculture; *quella campagna ha causato un — irreparabile alla nostra causa*, the campaign has done our cause irreparable damage (*o* harm); *accertare, constatare i danni*, to ascertain (*o* to check) the damage; *essere esposto a —*, to be liable to damage; *evitare un —*, to avoid damage; *patire, subire un —*, to suffer damage (*o* a loss); *preservarsi da un —*, to guard oneself against damage; *ricuperare i danni*, to recover damages; *riparare il —*, to repair (*o* to make good) the damage (*o* to make good the loss); *valutare i danni*, to estimate the damage (*o* the losses); *non tentare di ripararlo, fai solo danni!*, don't try and repair it, you are only damaging it!; *un attentato a — del presidente*, an attempt on the life of (*o* against) the president; *continuava a lavorare sette giorni alla settimana a — della propria salute*, he continued to work seven days a week to the detriment of his health // *a mio —*, to my prejudice; (*a mie spese*) to my cost (*o* at my expense) // (*dir.*): *— diretto*, immediate damage; *danni liquidati, non liquidati*, liquidated, unliquidated damages; *domanda di danni*, claim for damages; *chiedere i danni a qlcu.*, to make a claim for damages to s.o. (*o* to claim damages from s.o.); *in caso di perdita o —*, in case of loss or damage; *responsabilità dei danni*, liability for damages; *il responsabile dei danni*, the wrongdoer; *avere diritto al risarcimento dei danni*, to be entitled to damages; *citare qlcu. per danni*, to sue s.o. for damages (*o* to bring an action for damages against s.o.); *condannare al risarcimento dei danni*, to condemn to pay damages; *pagare, risarcire i danni*, to pay damages (*o* for the damage); *— ambientale*, environmental damage; *— morale*, moral damage; *risarcimento del — morale*, (*spec. amer.*) solatium; *danni punitivi*, punitive (*o* exemplary) damages; *danni di guerra*, (*fra nazioni*) reparations, (*a privati cittadini*) war damages **2** (*letter.*) grief, sorrow, trouble.

dannosità *s.f.* harmfulness, injuriousness: *la — dei coloranti chimici*, the harmfulness of chemical colouring agents.

dannoso *agg.* harmful, hurtful, noxious, detrimental: *— alla salute*, detrimental to health; *— all'ambiente*, damaging to the environment; *alcune piante sono dannose agli uomini*, there are plants which are noxious (*o* harmful) to man; *il suo atteggiamento sprezzante è — per la campagna elettorale del marito*, her haughty behaviour is damaging for her husband's electoral campaign.

dannunzianesimo *s.m.* **1** literary style and behaviour inspired by D'Annunzio **2** (*spreg.*) cult of the aestheticized life based on egoism, superficiality and rhetoric.

dannunziano *agg.* of D'Annunzio; in D'Annunzio's style ◆ *s.m.* follower of D'Annunzio.

dannunzieggiare *v.intr.* to imitate the style of D'Annunzio.

dante causa *s.m.* (*lat.*) (*dir.*) person from whom a right has been assigned, assignor.

dantescamente *avv.* in the style of Dante.

dantesco *agg.* Dantesque, Dantean (*anche fig.*): *studi danteschi*, Dante studies; *stile —*, Dantesque style.

dantismo *s.m.* **1** (*studio di Dante*) study of Dante; Dantesque style; imitation of Dante **2** (*termine coniato da Dante*) word coined by Dante, Dantean expression.

dantista *s.m.* e *f.* Dantist, Dantean, Dante scholar.

dantistica *s.f.* Dante scholarship, Dante studies (*pl.*).

danubiano *agg.* Danubian, Danube (*attr.*): *regione danubiana*, area of the Danube.

danza *s.f.* **1** dance; (*il danzare*) dancing: *scuola di —*, school of dancing (*o* dance school); *— classica*, (classical) ballet; *ti piace la —?*, do you like dancing?; *lanciarsi, buttarsi in una — scatenata*, to launch oneself into a wild dance; *dare il via alle danze*, to lead off the dance (*o* to open the dancing); *condurre la —*, to lead the dance, (*fig.*) to head a plot // *— macabra*, Dance of Death (*o* Danse Macabre) **2** (*musica*) dance music.

danzante *agg.* dancing, dance (*attr.*): *festa —*, dance; *serata —*, evening dance; *tè —*, tea dance; *trattenimento —* dance (*o* ball).

danzare *v.intr.* e *tr.* to dance: *abbiamo danzato fino all'alba*, we danced till dawn; *le foglie danzavano al vento*, the leaves were dancing in the wind; *— un valzer*, to dance a waltz.

danzatore *s.m.* **danzatrice** *s.f.* dancer.

dappertutto, **da per tutto** *avv.* everywhere, on all sides; (*fam.*) all over the place: *l'ho cercato —*, I looked everywhere for him; *adora i viaggi: è stato —!*, he loves travelling: he's been everywhere (*o* all over the place).

dappiè, **dappiedi** *avv.* (*non com.*) at the bottom, at the foot; below: *— del colle*, at the foot of the hill.

dappiù *agg.* (*migliore*) better; (*più grande*) greater; (*più importante*) more important, of more account; superior (to): *non crederai di essere — di noi!*, don't think that you are any better than us!

dappocaggine *s.f.* ineptitude, worthlessness: *è stata una delle sue solite dappocaggini*, it was another example of his ineptitude.

dappoco *agg.* inept, worthless: *un uomo —*, a useless man.

dappoi *avv.* (*ant.*) afterwards, then, subsequently.

dappoiché *cong.* (*ant.*) **1** (*dacché*) since **2** (*poiché*) as, seeing that, because.

dappresso *avv.* closely.

dapprima *avv.* at first.

dapprincipio, **da principio** *avv.* from the start, from the beginning.

dardeggiare *v.tr.* e *intr.* to dart: *lo dardeggiai con uno sguardo irato*, I darted an angry look at him; *il sole dardeggiava la campagna*, the sun was blazing (*o* beating) down on the countryside; *la luce della candela dardeggiava nel buio*, the light of the candle glowed in the dark.

dardo *s.m.* dart; arrow: *dardi d'amore*, Cupid's darts.

dare *s.m.* (*econ.*) debt, amount due; (*amm.*) debit, debit side: *— e avere*, debit and credit; *colonna del —*, debit column; *in —*, on the debit side; *portare una somma al — di un conto*, to carry an amount to the debit side of an account.

dare *v.tr.* **1** to give*: *dagli un po' di pane*, give him some bread; *gliel'ho dato per il suo compleanno*, I gave it to him for his birthday; *gli hai dato la medicina?*, did you give him his medicine?; *gli diedero il primo premio*, they gave him the first prize; *dammi qualcosa da bere*, give me something to drink; *— la propria vita per qlcu.*, to give (*o* sacrifice) one's life for s.o. // *non so che cosa darei per saperlo!*, what wouldn't I give to know! // *dar via*, to give away: *l'ho dato via per pochi soldi*, I gave it away for a song // *dar fuori*, to give out: *dar fuori del lavoro*, to give (*o* put) out work **2** (*pagare*) to give*; to pay*: *gli danno due milioni al mese*, they pay him two million lire a month; *quanto ti hanno dato per quel lavoro?*, how much did they give you for the job?; *non gli darei due lire*, I wouldn't give a penny for it **3** (*porgere*) to pass: *puoi darmi il sale?*, can you pass me the salt, please? // *in Italia si usa — la mano per salutare*, Italians shake hands when they meet **4** (*assegnare*) to give*: *ti hanno dato tanti compiti?*, did they give you a lot of homework?; *mi hanno dato tre versioni di latino e una di greco*, they gave me three Latin translations and one Greek translation; *mi hanno dato l'incarico di telefonare a tutti*, they gave me the job of phoning everyone **5** (*concedere*) to grant, to give*: *gli fu dato il permesso di uscire*, he was granted (*o* given) permission to go out **6** (*rappresentare*) to put* on: *all'Odeon danno l'Amleto*, they are putting on (*o* giving) Hamlet at the Odeon; *daranno tre atti unici di Pirandello la prossima stagione*, they are putting on (*o* doing) three one-act plays by Pirandello next season **7** (*infliggere*) to give*: *mi ha dato un pugno*, he gave me a punch; *gli hanno dato vent'anni*, they gave him twenty years // *suo padre gliele ha date di santa ragione*, his father gave him a good thrashing; *i complici gliene hanno date un sacco*, his accomplices beat him up **8** (*produrre*) to yield; to produce; (*comm.*) to bear*, to yield, to bring* in: *questa vigna dà poca uva*, this vineyard produces very few grapes; *qui la terra dà raccolti magri*, here the land yields poor crops; *il suo lavoro non gli dà di che vivere*, his work doesn't bring him in enough to live on; *quest'investimento dà il 12% all'anno*, this investment bears (*o* yields) 12% a year **9** (*augurare*) to wish, to say*: *— il buongiorno, la buonanotte a qlcu.*, to wish s.o. good morning, good night (*o* to say good morning, good night to s.o.); *— il benvenuto a qlcu.*, to welcome s.o. **10** (*attribuire*): *non gli darei più di vent'anni*, I wouldn't take him for more than twenty (*o* I wouldn't put him down for more than twenty); *non gli si dà la sua età*, he doesn't look his age **11** (*denominare, qualificare*) to call: *mi ha dato del pigro*, he called me lazy; *— del cretino a qlcu.*, to call s.o. an idiot // *— del 'tu' a qlcu.*, to be on first-name terms with s.o. **12** Spesso assume significati particolari determinati dal complemento che segue: *— in affitto*, (*affittare*) to let; *— in prestito*, (*imprestare*) to lend; *— una spinta a qlcu.*, (*spingere*) to push s.o.; *— dei consigli*, (*consigliare*) to give advice; *— la disdetta*, (*disdire*) to give notice; *— la colpa*, (*incolpare*) to blame • Per altre locuzioni del genere cfr. sotto i rispettivi sostantivi ◆ *v.intr.* **1** (*colpire*) to hit* // *— nel segno*, to hit the bull's-eye, (*fig.*) to hit the nail on the head **2** (*urtare*) to bump; (*inciampare*) to stumble: *diede con la testa in una trave*, he bumped his head on a beam; *— in un sasso*, to stumble against a stone **3** (*di casa, porta ecc.*) to look on to (sthg.), to open on (sthg.); to lead* into (sthg.): *la porta dava sul cortile*, the door led into the courtyard; *le vostre finestre danno sulla piazza*, your windows look on to (*o* open on *o* overlook) the square.

◆ FRASEOLOGIA: *— luogo, origine a qlco.*, to give rise to sthg. // *— a bere a qlcu. che...*, to give s.o. to believe that... // *— a intendere che...*, to give to understand that... // *— da pensare*, to give (*o* to provide) food for thought; *— a pensare che...*, to suggest that... // *— atto di qlco.*, to acknowledge sthg. // *— le carte*, to deal (the cards) // *— un esame*, to take (*o* to sit for) an examination // (*mar.*) *— fondo all'ancora*, to drop (*o* to let go) the anchor // *— alla testa*, to go to one's head: *l'adulazione gli diede alla testa*, flattery went to (*o* turned) his head; *il vino mi dà alla testa*, wine goes to my head // *— di piglio a qlco.*, to seize (*o* to catch hold of) sthg. // *— in pianto, in riso*, to burst out crying, laughing // *— nell'occhio*, to attract attention (*o* to strike the eye *o* to stand out) // *— sui nervi a qlcu.*, to get (*o* to jar) on s.o.'s nerves.

□ **darsi** *v.rifl.* (*dedicarsi*) to devote oneself: *— al commercio*, to go into business; *— allo studio*, to devote oneself to study // *— al bere*, to take to drink; *— al gioco*, to take to gambling ◆ *v.rifl.rec.* to give* each other: *— delle botte*, to hit each other ◆ *v.intr.pron.* (*accadere*) to happen: *si dà il caso che io sia d'accordo*, I happen to agree // *può —*, maybe (*o* perhaps *o* probably): *può — che egli arrivi prima di me*, he may arrive before me.

◆ FRASEOLOGIA: *— ammalato*, to report sick // *— da fare*, to make an effort; (*affaccendarsi*) to bustle about: *devi darti da fare se vuoi quel posto*, you've got to do something if you want that job; *valeva la pena di — tanto da fare?*, was it worth all the effort? // *— per vinto*, to give in (*o* to give up *o* to throw in the sponge) // *— prigioniero*, to give oneself up (*o* to surrender) // *non — per inteso di qlco.*, to turn a deaf ear to sthg. (*o* not to take any notice of sthg.).

darsena *s.f.* wet dock; basin.

darviniano, **darwiniano** *agg.* e *s.m.* Darwinian, Darwinist.

darvinismo, **darwinismo** *s.m.* Darwinism.

darvinista, **darwinista** *s.m.* e *f.* Darwinian, Darwinist.

dasimetro *s.m.* (*fis.*) dasymeter.

dasiuro *s.m.* (*zool.*) (*Dasyurus maculatus*) dasyure.

data[1] *s.f.* **1** date: *fissare la — delle nozze*, to fix the date of the wedding; *la — del nostro ritorno ve la comunicheremo al più presto*, we'll give you the date of our return as soon as possible; *— di nascita*, date of birth // (*comm.*): *— di consegna*, date of delivery; *lettera senza —*, undated letter; *— di spedizione*, forwarding date; (*mar.*) shipping date; *— ultima*, deadline; *— di pagamento*, date of payment; *— posteriore a quella effettiva*, postdate; *a far — da domani*, dating from tomorrow; *confermiamo la nostra in — di ieri*, we confirm our letter of yesterday; *anticipare la —*, to advance the date; *apporre la —*, to date, (*form.*) to append the date; *mettere in ordine di —*, to arrange by date; (*in*) *— da destinarsi*, at a determinable future date; *— di registrazione* (*contabile*), accounting date // (*banca*): *— di emissione*, date of issue; *— di chiusura*, closing date; *— di chiusura delle operazioni*, cutoff date; *— stabilita*, due date; *— di scadenza*, maturity (date); *cambiale con la — in bianco*, blank dated bill; *cambiale a 10 giorni —*, bill at ten days' date; *effetti a — fissa*, time (*o* date) bills; *— di valuta*, value date; *— di rimborso*, redemption date // (*dir.*) *la — del documento*, the date on the instrument // (*geogr.*) *linea del cambiamento di —*, (International) Date Line **2** (*tempo*) time: *conoscersi da lunga —*, to know each other for a long time.

data[2] *s.f.* **1** (*ant.*) (*patronato, beneficio ecclesiastico*) patronage; benefice, church living appointment **2** (*rar.*) (*carte*) (*distribuzione*) deal.

data base *s.f.* (*inform.*) database.

databile *agg.* datable, that may be dated (*pred.*).

databilità *s.f.* datability: *la — di un documento*, the datability of a document.

datare *v.tr.* to date: *non dimenticare di — le tue lettere*, don't forget to date your letters; *— un manoscritto*, to date (*o* to assign a date to) a manuscript; *è difficile — con precisione questo avvenimento storico*, it's difficult to date this historical event with any accuracy ◆ *v.intr.* to date: *questa chiesa data dal decimo secolo*, this church dates back to the tenth century // *a — da*, beginning (*o* dating *o* counting) from: *a — dal 7 marzo*, beginning from March 7th // *a — da oggi*, as from today.

dataria *s.f.* (*eccl.*) datary.

datario[1] *s.m.* e *agg.* (*eccl.*) datary.

datario[2] *s.m.* **1** (*timbro*) date stamp, dater **2** (*di orologio*) calendar.

datato *agg.* dated: *la lettera è datata Londra 24 maggio*, the letter is dated London, May 24th.

datazione *s.f.* dating: *è difficile effettuare una — di questi manoscritti*, it's difficult to date these manuscripts // (*fis.*): *— con il carbonio 14*, (radio)carbon dating; *— con radioisotopi*, radiometric dating.

dateria → **dataria**.

datismo *s.m.* **datità** *s.f.* (*ling.*) **1** repetition of synonyms **2** error in a foreign language.

dativo *agg.* e *s.m.* (*gramm.*) dative: (*caso*) —, dative case (*o* dative).

dato *agg.* **1** given; (*stabilito*) stated, appointed, fixed: *data la sua giovane età...*, given his youth...; *entro un — periodo*, within a given time // *— che*, since, as: *— che è tardi, la seduta è aggiornata a domani*, as (*o* since) it's (so) late, the meeting is adjourned till tomorrow // *— e non concesso che...*, even supposing...: *— e non concesso che tu riesca a ottenere quel posto...*, even supposing you manage to get the job... **2** (*dedito*) addicted; devoted to: *— al bere*, addicted to drink.

dato *s.m.* datum*: *i dati di un problema*, the data of a problem; *dati sperimentali*, experimental data; *dati statistici esaurienti*, exhaustive statistical information; *controllare l'accuratezza dei dati*, to check the accuracy of data; *fare lo spoglio dei dati statistici*, to simplify statistical items; *è difficile raccogliere dati su questa popolazione nomade*, it's difficult to collect data about this nomadic people; *riguardo agli indici d'ascolto non abbiamo dati*, we don't have (any) data for the listening figures // *— di fatto*, fact: *l'analfabetismo della popolazione è un — di fatto di cui dobbiamo tenere conto*, the illiteracy of the population is a fact we must reckon with // (*inform.*): *elaborazione elettronica dei dati*, electronic data processing; *dati campionari*, sample data; *flusso dei dati*, data flow; *dati di immissione*, input (data); *dati di emissione*, output (data); *immissione dei dati*, data entry; *raccolta dei dati*, data collection // (*stat.*): *dati statistici*, statistics; *dati relativi al commercio statunitense*, US trade figures; *dati provvisori*, provisional figures (*o* data).

datore *s.m.* **datrice** *s.f.* giver, donor: — *di lavoro*, employer // (*banca*) — *di una cambiale*, drawer of a bill // (*Borsa*) — *a riporto*, giver on stock.

dattero *s.m.* 1 (*albero*) date (palm) 2 (*frutto*) date 3 (*zool.*) — *di mare*, (*Lithodomus lithophagus*) date mussel.

dattilico *agg.* (*metrica*) dactylic: *versi dattilici*, dactylic verses.

dattilo *s.m.* (*metrica*) dactyl.

dattilografa *s.f.* typist.

dattilografare *v.tr.* to type, to typewrite*.

dattilografia *s.f.* typewriting.

dattilografico *agg.* typewriting (*attr.*).

dattilografo *s.m.* typist.

dattilogramma *s.m.* fingerprint, dactylogram.

dattilologia *s.f.* dactylology, deaf-and-dumb language.

dattiloscopia *s.f.* dactyloscopy, fingerprinting.

dattiloscopico *agg.* dactyloscopic: *esame* —, fingerprinting.

dattiloscritto *agg.* typewritten, typed: *lettera dattiloscritta*, typed letter ◆ *s.m.* typescript.

dattiloscrivere → **dattilografare**.

dattorno *avv.* (a)round, about: *non voglio più vedermelo* —, I don't want to see him around (*o* about) any more // *levarsi* —, to get out of the way; *levarsi, togliersi* — *qlcu.*, to get rid of s.o. // *darsi* —, (*fig.*) to take trouble.

datura *s.f.* (*bot.*) datura.

datzebao → **tazebao**.

davanti *avv.* in front: *preferisco stare* —, I prefer to sit in front; *ci sono posti* —?, are there any seats in front?; *la persona che avevo — era nientemeno che il Presidente*, the person in front of me was none other than the President; — *c'era il sindaco, dietro di lui venivano le autorità*, the mayor was in front, and behind him came the authorities; *la giacca è macchiata* —, the jacket is stained in front; *camminavano uno — e l'altro dietro*, one walked in front and the other behind // *aveva tutta la vita* —, she had her whole life in front of her ◆ *agg.* front (*attr.*): *i denti* —, front teeth; *i posti* —, front seats // *zampe* —, forepaws ◆ *s.m.* front: *il — della casa*, the front of the house; *un abito ricamato sul* —, a dress embroidered in front.

davanti (a) *prep.* 1 (*di fronte a*) in front of; before: — *alla casa c'era un vasto cortile*, there was a huge courtyard in front of the house; *ci vediamo — al teatro*, let's meet in front of the theatre; *la gara si è svolta — a 50 milioni di telespettatori*, the competition took place in front of 50 million viewers; *tutto accadde — ai miei occhi*, it all happened before my very eyes; *arretrare — al pericolo*, to draw back in front of danger; *furono portati — al giudice*, they were brought before the judge // *fuggire — al nemico*, to flee in the face of the enemy // *giuro — a Dio...*, I swear before God... 2 (*dirimpetto a*) opposite: *proprio — all'albergo c'è l'ufficio postale*, the post office is right opposite the hotel; — *a noi abitava una famiglia americana*, an American family lived opposite us 3 (*avanti a, prima di*) before: *c'erano 20 persone in fila — a me*, there were 20 people before me in the queue; — *a tutto metto la famiglia*, I put my family before everything.

davantino *s.m.* jabot; bib; dickey.

davanzale *s.m.* windowsill: *il vaso di rose cadde dal* —, the pot of roses fell off the windowsill.

davanzo *avv.* more than enough: *ce n'è* —!, there's more than enough.

davidico *agg.* Davidic, of David (*pred.*), David's (*attr.*).

davvero *avv.* really, indeed: *è stato bravo* —, he was really good; *era una scena — comica*, it was a really comic scene; *sono — simpatici i tuoi amici!*, your friends are really nice!; *gli scriverai* —?, are you really going to write to him?; *sono — spiacente*, I'm very sorry indeed; *"Si sposa per la terza volta" "Davvero?"*, "She's getting married for the third time" "Is she really?" (*o* "Is she indeed?") // *"Davvero non ti dispiace?" "Ma certo che no"*, "Are you sure you don't mind?" "Of course not" // *dici* —?, do you really mean it? // *io non lo credo* —, I definitely don't believe it // *no* —, (*niente affatto*) not at all; (*neanche per sogno*) not on your life.

dazebao → **tazebao**.

daziabile *agg.* dutiable, liable to duty (*pred.*).

daziare *v.tr.* to levy a duty on (sthg.), to subject (sthg.) to a duty: — *un articolo*, to levy a duty on an article.

daziario *agg.* toll (*attr.*), tax (*attr.*), levy (*attr.*): *barriera daziaria*, tollgate; *casello* —, tollhouse; *cinta daziaria*, tollgates (*pl.*); *tariffa daziaria*, customs rate; *ufficio* —, customs office; *agente* —, exciseman.

daziere *s.m.* exciseman*; (*doganiere*) customs officer.

dazio *s.m.* (*trib.*) customs duty, duty; (*di consumo*) excise duty, excise, toll, tollage; (*tassa comunale*) municipal tax, town dues (*pl.*): — *addizionale*, import surcharge; — *compensativo*, (*nella* CEE) import levy; (*sull'importazione di beni sovvenzionati*) countervailing duty; — *di compensazione*, compensatory duty; — *interno*, excise duty (*o* inland duty); *soggetto a — interno*, excisable; *franco di* —, *esente da* —, duty-free; — *compreso, pagato*, duty paid; — *escluso*, duty unpaid; — *doganale*, customs duty (*o* tariff); — (*doganale su merci*) *di transito*, transit duty; — (*doganale*) *antidumping*, anti-dumping duty; — *protettivo*, protective duty; — *d'importazione*, import duty (*o* levy); — *di esportazione*, export duty; *abolire un* —, to abrogate a duty; *pagare il — per qlco.*, to pay the duty on sthg; *dazi doganali di ritorsione*, retaliatory tariffs (*o* duty); *casello del* —, tollhouse // *fare il tonto per non pagare il* —, (*fig. fam.*) to play dumb.

de- *pref.* che indica un processo inverso, un'azione contraria; ingl. de-: *decentrare*, to decentralize; *decontaminare*, to decontaminate; *deindustrializzazione*, deindustrialization.

dea *s.f.* goddess (*anche fig.*): *la — Venere*, the goddess Venus; *la — dell'amore*, the goddess of love; *la — della guerra*, the goddess of war; *la — delle messi*, the goddess of corn; *la — della sapienza*, the goddess of wisdom.

deadsorbimento *s.m.* (*chim., fis.*) desorption.

deaerare *v.tr.* (*tecn.*) to de-aerate.

deaerazione *s.f.* (*tecn.*) de-aeration.

deafferentazione *s.f.* (*med.*) deafferentation.

dealfabetizzazione *s.f.* loss of literacy.

deambulante *agg.* e *s.m.* e *f.*: *non* —, with limited mobility.

deambulare *v.intr.* (*letter.*) to walk about; to stroll about.

deambulatorio *agg.* ambulatory ◆ *s.m.* (*arch.*) ambulatory.

deambulazione *s.f.* (*scient.*) deambulation; (*estens.*) gait: *una — faticosa*, an awkward gait.

deamminare *v.tr.* (*chim.*) to deaminate.

deamminazione *s.f.* (*chim.*) deamination.

deamplificare *v.tr.* (*tecn.*) to deamplify.

deamplificazione *s.f.* (*tecn.*) deamplification.

deasfaltizzazione *s.f.* (*chim.*) deasphalting.

deaspirazione *s.f.* (*ling.*) deaspiration.

deassorbimento *s.m.* (*chim.*) desorption.

deassorbitore *s.m.* (*chim.*) stripper.

débâcle *s.f.* (*fr.*) débâcle, collapse, rout.

debbiare *v.tr.* (*agr.*) to burnbeat*: — *i campi*, to burn the stubble in the fields.

debbiatura *s.f.* **debbio** *s.m.* (*agr.*) 1 burnbeating, burning of stubble (for fertilizing) 2 ground fertilized by burning the stubble.

debellamento *s.m.* (*letter.*) defeat, rout; routing.

debellare *v.tr.* 1 (*sconfiggere*) to defeat, to wipe out, to crush: — *un esercito*, to wipe out an army; — *una rivolta*, to crush a revolt 2 (*fig.*) to overcome*, to subdue; to wipe out: — *una malattia*, to eradicate a disease.

debellatore *s.m.* conqueror.

debellazione *s.f.* → **debellamento**.

debile (*letter.*) → **debole**.

debilità *s.f.* (*letter.*) debility; weakness, feebleness, frailness.

debilitamento *s.m.* → **debilitazione**.

debilitante *agg.* weakening; debilitating, enfeebling: *clima* —, debilitating climate.

debilitare *v.tr.* to weaken, to debilitate, to enfeeble: *la malattia l'ha debilitato*, the illness has debilitated (*o* weakened) him.

□ **debilitarsi** *v.intr.pron.* (*indebolirsi*) to become* debilitated, to weaken: *in quel clima torrido il suo organismo si è debilitato*, his body got debilitated in the terrible heat.

debilitazione *s.f.* debilitation, enfeebling, weakening: *stato di — fisica, morale*, state of physical, moral debilitation.

debitamente *avv.* duly, properly, fittingly, regularly, rightly: — *legalizzato*, duly legalized; — *registrato*, duly registered; — *sottoscritto per ricevuta*, duly receipted; *un modulo — compilato*, a form correctly filled in.

debito *agg.* due, proper, right, suitable: *a tempo* —, in due (*o* proper) time; *con il — riguardo*, with due regard; *nel modo* —, in the right way; (*comm.*) *rilasciare debita ricevuta*, to deliver due receipt; *scegliere il tempo — per fare qlco.*, to choose the proper time to do sthg.; *lo accolsero con i debiti onori*, they welcomed him with all due honours.

debito *s.m.* 1 debt: *debiti di gioco*, gambling debts; *far debiti*, to run (*o* to get) into debts; *ingolfarsi nei debiti*, to run heavily into debt; *essere pieno di debiti*, to be deeply in debt (*o* to be up to one's ears in debt); *accollarsi un* —, to take over a debt; *condonare un* —, to remit a debt; *incassare un* —, to collect a debt; *estinguere un* —, to pay off a debt; *essere in — verso qlcu., con qlcu.*, to be in debt to s.o., (*fig.*) to be indebted to s.o. // *sentirsi in — verso* *qlcu.*, to feel indebted towards s.o. // *farsene un — di coscienza*, to consider it a moral duty // *saldare i debiti sospesi*, (*fig.*) to settle scores // (*comm.*): — *immobiliare*, debt on real estate; *debiti arretrati*, arrears; *debiti postergati*, deferred (*o* subordinated) debts; *debiti verso fornitori*, due to suppliers; *riconoscimento di* —, acknowledgment of debt, IOU (I owe you) // (*econ.*): — *consolidato*, fixed (*o* consolidated) debt; — *pubblico*, *nazionale*, national (*o* public) debt; government loans (*pl.*); — *nazionale lordo*, *netto*, gross, net national debt; — *ordinario*, ordinary debt; — *fluttuante*, floating (*o* unfunded) debt; — *obbligazionario*, bonded debt; — *a breve termine*, short-term debt; — *a lunga scadenza*, long-term (*o* funded) debt; — *estero*, external debt // (*banca*): — *irredimibile*, funded (*o* perpetual) debt; — *non saldato*, *insoluto*, undischarged (*o* outstanding) debt; — *privilegiato*, *garantito*, secure(d) (*o* privileged *o* preferential) debt; — *allo scoperto*, *non garantito*, unsecure(d) debt // *d'imposta*, tax liability // (*dir.*): — *ipotecario*, mortgage debt; — *vitalizio*, life debt; *debiti chirografari*, book debts **2** (*amm.*) (*addebito*) debit: *segnare una somma a — di un conto*, to debit an account with an amount; *saldo a* —, debit balance; *a Vs.* —, to your debit; *nota di* —, debit note.

debitore *s.m.* **debitrice** *s.f.* **1** debtor: — *insolvente*, insolvent debtor; — *moroso*, defaulting debtor (*o* defaulter); — *principale*, principal debtor; — *solidale*, joint debtor; — *solvibile*, solvent debtor; — *pignoratizio*, pawner (*o* pledger); — *ipotecario*, mortgage debtor; *essere* —, to owe; *essere — verso qlcu.*, to be indebted to s.o. (*o* to be in debt to s.o. for sthg.); *debitori diversi*, sundry debtors; *vi sono — di molto denaro*, *della vita*, I owe you a lot of money, my life **2** (*amm.*) debit, debit side ◆ *agg.* debtor (*attr.*): *paese* —, debtor country.

debitorio *agg.* (*dir.*) debt (*attr.*), of the debt (*pred.*); of the debtor (*pred.*): *situazione debitoria*, indebtedness.

debole *agg.* weak, feeble, faint: *udito* —, weak hearing; *vista* —, weak sight; *memoria* —, weak memory; (*med.*) *polso* —, feeble pulse; *luce*, *rumore* —, faint light, noise; *udimmo deboli suoni in lontananza*, we heard faint sounds in the distance; *essere — di gambe*, to be weak in the legs; *essere troppo — per camminare*, to be too weak to walk; *la sua difesa fu piuttosto* —, his defence was rather weak; *Giovanni è — in matematica*, John is weak in maths; *una costruzione* —, a weak construction; *una protesta* —, a feeble protest // *quale è il suo punto —?*, what's his weak point? // *il sesso* —, (*scherz.*) the weaker sex // *la carne è* —, the flesh is weak // (*gramm.*) *verbi deboli*, weak verbs // (*fis.*) *interazione* —, weak interaction // (*econ.*): *mercato* —, weak market; *domanda* —, slack demand; *moneta* —, weak currency ◆ *s.m.* **1** weak person, weakling: *è un — e suo figlio ne approfitta*, he's a weak man and his son takes advantage of it **2** (*punto debole*) weak point: *la matematica è il suo* —, his weak point is maths **3** (*fig.*) (*preferenza*) weakness, weak point, foible, partiality, liking: *ho un — per i gelati*, *i romanzi gialli*, I have a weakness for (*o* I'm partial to) ice cream, detective stories; *ho un — per i mobili Chippendale*, I am particularly fond of (*o* I have a predilection for) Chippendale furniture; *avere un — per qlcu.*, to have a weakness (*o* liking) for s.o.

debolezza *s.f.* **1** weakness, feebleness, debility; (*fragilità*) frailty: — *di vista*, weak sight **2** (*fig.*) weakness, weak point, failing, foible: *le debolezze umane*, human failings (*o* weaknesses); *la sua fondamentale — è l'amore per il gioco*, his chief failing is a passion for gambling; *ognuno ha le sue debolezze*, everyone has his weaknesses.

debolmente *avv.* weakly, feebly; faintly: *sorridere* —, to smile faintly // (*chim.*) — *acido*, subacid.

debosciato *agg.* debauched: *condurre una vita debosciata*, to lead a debauched life ◆ *s.m.* debauchee: *non mi piace quella tua compagnia di debosciati*, I don't like that group of debauchees you go around with.

debragliare, **debraiare** *v.intr.* (*aut.*) to declutch.

debragliata, **debraiata** *s.f.* (*aut.*) declutching.

debuttante *s.m.* e *agg.* novice: *è un* (*attore*) —, he's a novice actor.

debuttante *s.f.* (*ragazza che entra per la prima volta in società*) débutante; (*fam.*) deb: *il ballo delle debuttanti*, the débutantes' ball.

debuttare *v.intr.* **1** to make* one's début: *la compagnia debutterà domani*, the company is giving its first performance tomorrow; *ha debuttato 40 anni fa come comparsa*, he made his début 40 years ago as a walk-on **2** (*di ragazza in società*) to come* out.

debutto *s.m.* **1** début: *il suo — è stato un disastro*, his début was disastrous; *fece il — a 10 anni in un teatrino di provincia*, he made his début at the age of ten in a provincial theatre; *è al suo — come regista*, it is his début (*o* he is making his début) as director **2** (*di ragazza in società*) coming out.

deca *s.f.* decad(e): *la prima — di Livio*, the first decad(e) of Livy ◆ *s.m.* (*fam.*) ten-thousand lira note: *hai un — da prestarmi?*, can you lend me ten thousand liras?

deca- *pref.* di origine greca che significa 'dieci'; ingl. dec(a)-: *decalogo*, decalogue; *decasillabo*, decasyllable.

decabrista *s.m.* (*st.*) Decembrist, Dekabrist.

decacordo *s.m.* (*mus.*) decachord.

decade *s.f.* (*dieci giorni*) ten days (*pl.*); decade; (*dieci anni*) decade, ten years (*pl.*): *nella prima — del mese*, in the first ten days of the month // *riscuotere la* —, to collect ten days' pay.

decadente *agg.* **1** decaying (*attr.*); declining (*attr.*); in decay (*pred.*) **2** (*lett.*) decadent: *la morbosità è una caratteristica della poesia* —, morbidity is a characteristic of decadent poetry ◆ *s.m.* e *f.* (*lett.*) decadent: *è considerato un* —, he's considered a decadent.

decadentismo *s.m.* (*lett.*) decadence, decadentism, school of decadent poets; style of decadent poets.

decadentista *s.m.* e *f.* decadent.

decadentistico *agg.* decadent.

decadenza *s.f.* **1** decay, decline: *è un attore in* —, he is an actor in decline; *molte furono le cause che portarono alla — l'Impero Romano*, there were a lot of factors which brought about the decline of the Roman Empire; *lottare contro la — delle istituzioni sociali*, to struggle against the decline of social institutions; — *fisica*, *morale*, physical, moral decadence **2** (*lett.*) decadence **3** (*dir.*) forfeiture, loss, withdrawal, foreclosure, lapse: — *della patria potestà*, loss of parental authority; — *di un diritto*, forfeiture (*o* loss) of a right.

decadere *v.intr.* **1** to decay, to decline: *la potenza di quel paese a poco a poco decadde*, the power of that country slowly declined **2** (*chim.*, *fis. nucleare*) to decay **3** (*dir.*): — *da un diritto*, to lose (the exercise of) a right (*o* to forfeit a right).

decadimento *s.m.* **1** decay, decline **2** (*chim.*, *fis. nucleare*) decay, branching: *costante di* —, decay constant; — *beta*, beta decay; — *radioattivo*, radioactive decay; — *esponenziale*, exponential decay.

decaduto *agg.* impoverished; (*deposto*) dethroned: *nobili decaduti*, impoverished aristocrats; *sovrano* —, dethroned sovereign; *apparteneva a una nobile famiglia ormai decaduta*, he came of a noble family now impoverished.

decaedrico *agg.* (*mat.*) decahedral.

decaedro *s.m.* (*mat.*) decahedron*.

decaffeinare e *deriv.* → **decaffeinizzare** e *deriv.*

decaffeinato *agg.* decaffeinated: *un caffè* —, a decaffeinated coffee ◆ *s.m.* decaffeinated coffee.

decaffeinizzare *v.tr.* to decaffeinate.

decaffeinizzazione *s.f.* decaffeination.

decagono *s.m.* (*mat.*) decagon.

decagramma, **decagrammo** *s.m.* decagram(me).

décalage *s.m.* (*fr.*) gap, difference: *il — tra età mentale ed età reale*, the difference between one's mental and real age.

decalcare *v.tr.* to transfer: — *un disegno*, to make a transfer of a drawing.

decalcificare *v.tr.* to decalcify.

□ **decalcificarsi** *v.intr.pron.* to decalcify, to become* decalcified, to get* decalcified.

decalcificazione *s.f.* (*med.*, *geol.*) decalcification.

decalco *s.m.* **1** (*atto*) transferring **2** (*effetto*) transfer.

decalcomania *s.f.* transfer, decalcomania; (*amer.*) decal.

decalescenza *s.f.* (*metall.*) decalescence.

decalitro *s.m.* decalitre; (*amer.*) decaliter.

decalogo *s.m.* **1** (*teol.*) decalogue **2** (*estens.*) handbook, manual; vademecum: *il — dell'atleta*, *dell'automobilista*, the athlete's, the motorist's handbook.

decametro *s.m.* decametre; (*amer.*) decameter.

decampare *v.intr.* **1** (*levare il campo*) to decamp **2** (*fig.*) (*rinunziare*) to recede: *non decamperemo dai nostri principi*, we shall stick to our principles; — *dalle proprie opinioni*, to change one's opinions.

decanato *s.m.* deanery.

decano[1] *s.m.* **1** doyen, senior member; dean: *il — degli ambasciatori*, the doyen of the ambassadors (*o* the senior ambassador); *il — della facoltà*, the dean (*o* president) of the faculty; *il — degli avvocati*, the doyen of the lawyers; *il — del corpo accademico*, the senior member of the academic staff; *un — degli studi su Dante*, (*estens.*) a doyen of Dante studies **2** (*eccl.*) dean.

decano[2] *s.m.* (*chim.*) decane.

decanoico *agg.* (*chim.*) capric: *acido* —, capric acid.

decantare[1] *v.tr.* to extol, to exalt; to praise: *decantavano la sua bellezza*, they extolled her beauty; — *i meriti di qlcu.*, to extol s.o.'s merits; *continuava a — i magici effetti della medicina*, he continued to praise the marvellous effects of the medicine.

decantare[2] *v.tr.* (*chim.*) to decant.

decantatore[1] *s.m.* (*rar.*) extoller; praiser.

decantatore[2] *s.m.* (*chim.*) decanter; settler.

decantazione *s.f.* (*chim.*) decantation; settling.

decapaggio *s.m.* (*metall.*) pickle, pickling.

decapare *v.tr.* (*metall.*) to pickle.

decapitare *v.tr.* **1** to behead, to decapitate, to cut* off s.o.'s head: *fu decapitato*, he was beheaded **2** (*estens.*) to decapitate: — *un albero, un fiore*, to decapitate a tree, a flower; *hanno decapitato la statua*, the statue's head has been cut off (*o* the statue has been decapitated); — *un articolo*, to cut an article.

decapitazione *s.f.* beheading, decapitation: *condannare alla* —, to sentence to be beheaded.

decapode *s.m.* (*zool.*) decapod.

decappottabile *agg.* e *s.f.* convertible: *ha una — rossa*, he has got a red convertible.

decappottare *v.tr.* to put* down the hood of (a car).

decapsulazione *s.f.* (*med.*) decapsulation.

decarbonare *v.tr.* (*chim.*) to decarbonate.

decarbonizzare *v.tr.* (*chim.*, *metall.*) to decarbonize.

decarbossilare *v.tr.* (*chim.*) to decarboxylate.

decarbossilazione *s.f.* (*chim.*) decarboxylation.

decarburare *v.tr.* (*chim.*, *metall.*) to decarbonize, to decarburize.

decarburazione *s.f.* (*chim.*, *metall.*) decarbonization, decarbonizing, decarburization, decarburizing, decarburation.

decartellizzare *v.tr.* (*econ.*) to decartelize.

decartellizzazione *s.f.* (*econ.*) decartelization, anti-cartel policy.

decasillabo *agg.* (*metrica*) decasyllabic ◆ *s.m.* (*metrica*) decasyllable: *una poesia in decasillabi*, a poem in decasyllables.

decastico *agg.* in decastichs (*pred.*) ◆ *s.m.* decastich.

decastilo *agg.* (*arch.*) decastyle.

decathlon *s.m.* (*sport*) decathlon.

decatissaggio *s.m.* (*tess.*) decatizing: — *a secco*, dry-steam decatizing; — *a umido*, hot -water decatizing.

decatizzare *v.tr.* (*tess.*) to decatize.

decatizzatrice *s.f.* (*tess.*) decatizer: — *a secco*, dry-steam decatizer (*o* machine).

decatleta *s.m.* (*sport*) decathlete.

decatlon → **decathlon**.

decauville *agg.* decauville: *binario* —, decauville truck ◆ *s.f.* decauville railway.

decedere *v.intr.* (*letter.*) to die, to decease, to pass away: *è deceduto ieri*, he died yesterday.

deceduto *agg.* dead, deceased: *non si conosce ancora il numero dei deceduti*, we do not yet know the number of the dead.

decelerare *v.tr.* e *intr.* to decelerate, to reduce speed, to slow down: *non devi — mentre fai un sorpasso*, you mustn't slow down while overtaking.

deceleratore *agg.* slowing down, decelerating.

decelerazione *s.f.* deceleration.

decemvirato *s.m.* (*st. romana*) decemvirate.

decemviro *s.m.* (*st. romana*) decemvir*.

decennale *agg.* **1** (*che dura dieci anni*) decennial, ten-year (*attr.*): *piano* —, ten-year plan; *mi hanno concesso un mutuo* —, they've granted me a ten-year loan **2** (*che ricorre ogni dieci anni*) ten-yearly (*attr.*), decennial ◆ *s.m.* tenth anniversary, decennial: *il — della vittoria*, the tenth anniversary of thevictory.

decenne *agg.* **1** ten years old (*pred.*); ten -year-old (*attr.*): *fanciullo* —, ten-year-old boy **2** (*letter.*) (*della durata di dieci anni*) lasting ten years; ten-year (*attr.*), decennial: *il — assedio*, the ten-year siege ◆ *s.m.* e *f.* ten-year-old girl, boy.

decennio *s.m.* decade; ten-year period; decennium*: *un — di studi*, ten years' study; *un — di lotte*, a decade of struggle; *nell'ultimo — del secolo sono state fatte importanti scoperte*, a lot of important discoveries were made in the last decade of the century.

decente *agg.* **1** (*conforme al decoro*) decent, proper, decorous; suitable, appropriate: *condotta* —, decorous conduct; *vestiti decenti*, suitable (*o* appropriate) clothes **2** (*adeguato*) decent, acceptable, proper; respectable: *prezzo* —, reasonable price; *il cibo qui è abbastanza* —, (*fam.*) the food is decent enough here.

decentemente *avv.* properly, decently, suitably: *non l'ho mai visto vestito* —, I've never seen him properly dressed; *cerca di comportarti* —, try to behave properly.

decentralizzare *v.tr.* to decentralize.

decentralizzazione *s.f.* decentralization.

decentramento *s.m.* decentralization: — *amministrativo*, administrative decentralization; — *produttivo*, production decentralization (*o* hiving-off); *il — dei servizi*, service decentralization.

decentrare *v.tr.* to decentralize.

decenviro e *deriv.* → **decemviro** e *deriv.*

decenza *s.f.* decency, propriety, decorum; (*di comportamento*) seemliness: — *di linguaggio*, propriety (*o* decency) of language // (*dir.*) *offesa alla pubblica* —, offence against public decency (*o* public morals) // *gabinetto di* —, (*antiq.*) lavatory.

decerebellazione *s.f.* (*med.*) decerebellation.

decerebrare *v.tr.* (*med.*) to decerebrate.

decerebrato *agg.* (*med.*) decerebrated.

decerebrazione *s.f.* (*med.*) decerebration.

decesso *s.m.* death; (*form.*) decease: *le cause del* —, the causes of death; *il — è avvenuto un'ora fa*, death occurred an hour ago; *il numero dei decessi non è ancora definito*, the number of the deaths has not yet been established // (*dir.*) *atto di* —, death certificate.

deci- *pref.* di origine latina che significa 'diviso dieci'; ingl. deci-: *decilitro*, decilitre.

decibar *s.m.* (*fis.*) decibar.

decibel *s.m.* (*metrol.*) decibel // *indicatore di* —, decibel meter.

decidere *v.tr.* **1** (*risolvere, concludere definendo*) to decide, to settle: — *una vertenza, una lite*, to settle a disagreement, a quarrel; — *una questione una volta per sempre*, to settle a question once and for all; *hanno deciso tutto fra di loro*, they decided everything between themselves; *questo decide la questione*, this decides (*o* settles) the matter; *cosa ti ha fatto — in questo modo?*, how did you come to that decision? // (*dir.*) — *una causa*, to decide a case (*o* to give judgement) **2** (*stabilire, fissare, determinare*) to determine, to decide (on), to fix: — *di fare qlco.*, to decide to do (*o* on doing) sthg.; — *di non fare qlco.*, to decide not to do (*o* against doing) sthg.; — *lo sciopero*, to decide on a strike; *decisi di partire subito*, I decided (*o* resolved) to leave at once; *non ho ancora deciso dove andare*, I've not yet decided where to go; *quell'avvenimento decise la sua carriera*, that event determined (*o* decided) his career; — *la data dell'incontro*, to decide (on) (*o* to fix) the date of the meeting; *decidemmo di attendere la sua risposta*, it was decided to wait for his reply **3** (*scegliere*) to decide (on), to choose*, to make* up one's mind (about): *devono — il colore delle piastrelle*, they must decide on (*o* choose) the colour of the tiles; *non ho ancora deciso quale vestito mettermi*, I haven't made up my mind (*o* decided) yet what dress to wear **4** (*non com.*) (*indurre*) to convince, to induce, to decide: — *qlcu. a confessare*, to convince s.o. to confess ◆ *v.intr.* **1** (*determinare*) to decide: *un evento che deciderà del nostro futuro*, an event that will decide our future **2** (*scegliere*) to decide, to choose*: *lasciate — a lui*, let him decide; *sta a lei* —, it's up to her to decide (*o* to choose); *devi — tra il mare e la montagna*, you have to choose between the mountains and the seaside // — *in favore di qlco.*, to decide for (*o* in favour of) sthg.

□ **decidersi** *v.intr.pron.* to make* up one's mind: *non so decidermi a licenziarlo*, I cannot bring myself to dismiss him; *si è finalmente deciso ad ammettere le sue colpe*, he finally made up his mind to admit his guilt; *ora basta, devi deciderti una volta per tutte!*, now stop right there, you must make up your mind once and for all! // *deciditi!*, make your mind up!; (*sbrigati*) get a move on!

decidibilità *s.f.* (*mat.*) decidibility.

decidua *s.f.* (*anat.*) decidua.

deciduale *agg.* (*anat.*) decidual.

deciduo *agg.* (*bot.*) deciduous: *albero* —, deciduous tree; *foglia* —, deciduous leaf; *non* —, undeciduous.

decifrabile *agg.* decipherable, legible, readable: *la sua calligrafia è poco* —, his handwriting is illegible (*o* unreadable).

decifrabilità *s.f* decipherability.

deciframento *s.m.* → **decifrazione**.

decifrare *v.tr.* **1** (*lettera, telegramma cifrato*) to decode, to decipher **2** (*estens.*) to decipher; (*fam.*) to make* out; to work out, to solve: *sai — questa calligrafia?*, can you make out this handwriting?; — *un enigma*, to solve a puzzle; *non sono ancora riuscito a — le sue intenzioni*, I haven't been able to work out his intentions yet **3** (*eseguire un brano musicale a prima vista*) to sight-read **4** (*inform.*) to decode.

decifratore *s.m.* (*non com.*) decipherer, decoder.

decifrazione *s.f.* deciphering, decoding; reading: *è un codice di difficile* —, it's a code that's difficult to decipher.

decigrado *s.m.* decigrade.

decigrammo *s.m.* decigram, decigramme.

decile *s.m.* (*stat.*) decile.

decilitro *s.m.* decilitre; (*amer.*) deciliter.

decima *s.f.* **1** (*st.*) tithe; tenth part: — *in natura*, tithe in kind **2** (*mus.*) tenth.

decimale[1] *agg.* decimal: *sistema metrico* —, decimal system; *numero, frazione* —, decimal number, fraction ◆ *s.m.* decimal: *ridurre in decimali*, to reduce (*o* to convert) to decimals // (*inform.*): — *codificato in binario*, binary -coded decimal; — *non impaccato*, zoned decimal.

decimale[2] *agg.* of a tithe, tithe (*attr.*).

decimalizzare *v.tr.* to decimalize, to change to a decimal system.

decimare *v.tr.* **1** (*mil.*) to decimate, to execute every tenth person **2** (*estens.*) to decimate; to destroy, to ruin: *l'inondazione decimò la popolazione*, the flood decimated the population; *la grandine ha decimato il raccolto*, hail has caused massive damage to the crops; *gli esami hanno decimato gli studenti*, the exams have drastically reduced the number of students.

decimazione *s.f.* decimation.

decimetro *s.m.* decimetre; (*amer.*) decimeter.

decimilionesimo → **diecimilionesimo**.

decimillesimo → **diecimillesimo**.

decimilligrammo *s.m.* decimilligram(me).

decimillimetro *s.m.* decimillimetre.

decimo *agg.num.ord.* tenth: *arrivò* — *nella gara*, he came tenth in the race; *il pagamento deve essere eseguito entro il* — *giorno del mese*, the payment must be made by the tenth of the month; *Pio* X, Pius the Tenth ◆ *s.m.* tenth: *nove decimi*, nine tenths; *un* — *di ciò che hai*, a (*o* one) tenth (*o* the tenth part) of what you have // (*med.*) *ho dieci decimi di vista*, I've got twenty-twenty vision.

decimoprimo *agg.num.ord.* (*letter.*) eleventh.

decimosecondo *agg.num.ord.* (*letter.*) twelfth.

decina *s.f.* **1** (*dieci*) ten, half-a-score: *a decine*, by (*o* in) the dozen; *dammene una* —, (*esattamente*) give me ten **2** (*circa dieci*) about ten; ten or so: *te l'avrò detto una* — *di volte*, I've told you dozens of times; *ci sarà stata una* — *di persone*, there were about ten people; *decine e decine di giornalisti attorniavano la diva*, dozens (*o* crowds) of journalists surrounded the star.

decisamente *avv.* **1** decidedly; definitely; undoubtedly: *ora mio padre sta* — *meglio*, now my father is decidedly better; *è* — *un bel film*, it's definitely (*o* undoubtedly) a good film; *da quando è tornato è* — *più noioso*, he's definitely a lot more boring since he came back **2** (*risolutamente*) resolutely: *affrontò* — *la folla*, he faced the mob resolutely; *rispondere* —, to answer resolutely (*o* with decision).

decisionale *agg.* of decision, decision-making: *non ho potere* —, I don't have the power to decide.

decisione *s.f.* **1** decision; (*delibera*) resolution: *pervenire, giungere a una* —, to come to a decision (*o* to arrive at a decision); *prendere una* —, to take a decision (*o* to make up one's mind); *ha finalmente maturato una sua* —, he has finally come to a decision; *mi rimetto alle decisioni dei miei colleghi*, I will go along with my colleagues' decisions **2** (*risolutezza*) resolution, decision, determination, firmness: *ha agito con gran* —, he acted with great firmness (*o* very decisively) **3** (*dir.*) decision (of the Court), judgement, ruling **4** (*stat.*) decision: *albero di* —, decision tree; *funzione di* —, decision function; *teoria delle decisioni*, decision theory.

decisionismo *s.m.* (*pol.*) decision-making.

decisionista *s.m.* e *f.* (*pol.*) decision-maker.

decisionistico *agg.* (*pol.*) decision-making (*attr.*).

decisivamente *avv.* decisively; conclusively, finally.

decisivo *agg.* decisive; conclusive: *battaglia decisiva*, decisive battle; *momento* —, (*critico*) critical (*o* crucial) moment; *risposta decisiva*, conclusive answer; *voto* —, casting vote; *è stato un incontro* —, it was a decisive encounter; *la tua presenza alla conferenza è stata decisiva per ravvivare l'atmosfera*, your presence at the conference was crucial for livening up the atmosphere.

deciso *agg.* **1** decided; resolute; firm, determined: *un uomo* —, a determined man; *erano decisi a tutto*, they were ready for anything; *sono ben* —, I am quite decided; *talvolta il suo atteggiamento* — *lo mette in difficoltà*, his decisiveness sometimes creates problems for him **2** (*definito*) definite, resolved, settled, clear: *la questione era decisa*, the question was settled **3** (*netto*) clean, sharp, clear: *un profilo* —, a sharp profile.

decisorio *agg.* decisive: (*dir.*) *giuramento* —, decisive oath.

deck *s.m.* (*piastra di registrazione*) tape deck.

declamare *v.tr.* to declaim, to recite: — *una poesia, un monologo*, to recite a poem, a monologue ◆ *v.intr.* **1** to declaim; to speak* rhetorically **2** (*non com.*) (*inveire*) to declaim; to inveigh (against): — *contro qlcu.*, to declaim against s.o.

declamato *agg.* declaimed, recited ◆ *s.m.* (*teatr. mus.*) recitative.

declamatore *s.m.* **declamatrice** *s.f.* declaimer; (*rar.*) declaimant; reciter.

declamatorio *agg.* **1** declamatory **2** (*retorico*) declamatory, rhetorical: *stile, tono* —, rhetorical style, tone **3** (*spreg.*) bombastic, inflated; ranting: *discorso* —, ranting speech.

declamazione *s.f.* **1** declamation, recitation: *la* — *di una poesia*, the recitation (*o* declamation) of a poem **2** (*discorso*) declamation; rhetorical speech; (*ampolloso*) bombast **3** (*st. romana*) declamation.

declaratoria *s.f.* (*dir.*) declaratory judgement.

declaratorio *agg.* (*dir.*) declaratory.

declassamento *s.m.* degrading, declassing, demotion.

declassare *v.tr.* to declass; to demote: — *una vettura ferroviaria*, to declass a railway carriage; — *un impiegato*, to demote an employee.

declassato *agg.* declassed; déclassé.

declinabile *agg.* **1** (*gramm.*) declinable: *un sostantivo* —, a declinable noun **2** (*ricusabile*) declinable, refusable: *questo impegno non è* —, you can't decline this task.

declinare *v.tr.* **1** (*gramm.*) to decline, to inflect: — *un nome*, to inflect (*o* to decline) a noun **2** (*rifiutare*) to decline, to refuse: — *un invito*, to decline an invitation; — *un'offerta, una proposta*, to decline an offer; — *ogni responsabilità*, to refuse all responsibility; (*dir.*) — *la competenza, la giurisdizione*, to deny to have (power of) cognizance, jurisdiction **3** — *le proprie generalità*, to say (*o* to state) one's name and surname ◆ *v.intr.* **1** (*del sole*) to set*; (*della vita*) to decline, to draw* to an end: *il sole declina*, the sun is setting; *la sua vita declina*, his life is drawing to an end **2** (*degradare*) to slope down: *la collina declina dolcemente*, the hill slopes gently down **3** (*venir meno*) to decline, to wane: *le sue forze stanno declinando*, his strength is declining (*o* waning) **4** (*deviare*) to deviate: — *dalla virtù*, to deviate from the straight and narrow.

declinatorio *agg.* declinatory.

declinazione *s.f.* **1** (*gramm.*) declension, inflexion: *per tradurre dal latino bisogna conoscere le declinazioni*, to translate from Latin you need to know the declensions **2** (*astr., geofisica*) declination: — *magnetica*, magnetic declination (*o* variation); — *nord*, northing; — *sud*, southing; *angolo di* —, angle of declination **3** (*ant.*) (*declino*) decline, decrease **4** (*ant.*) (*pendenza, declivio*) declivity, slope.

declino *s.m.* **1** (*decadenza*) decline, decay, wane: *l'impero romano era già in* —, the Roman Empire was already in decline; *il* — *di un partito*, the decline of a party; *essere in* —, to be on the wane **2** (*letter.*) (*declivio*) slope, decline // *il sole è in* —, the sun is setting **3** (*econ.*) decline, shrinkage: — *delle vendite*, decline (*o* shrinkage) in sales; — *dei prezzi*, decline in prices.

declinometro *s.m.* (*fis.*) declinometer.

declive *agg.* (*letter.*) declivous, declining; sloping.

declivio *s.m.* slope, declivity: — *dolce, ripido*, slight, steep slope; *angolo massimo di naturale* —, angle of rest; *strada in* —, sloping street.

declivo → **declive**.

declorare *v.tr.* (*chim.*) to dechlorinate.

decloratore *s.m.* (*chim.*) dechlorinator.

declorazione *s.f.* (*chim.*) dechlorination.

declorurare *v.tr.* (*chim.*) to dechloridize.

declorurazione *s.f.* (*chim.*) dechloridization.

déco *agg.* (*fr.*) art deco: *arte* —, art deco; *moda* —, art deco fashion.

decodifica *s.f.* decoding, deciphering.

decodificare *v.tr.* **1** to decode, to decipher: *non riuscimmo a* — *il testo*, we were unable to decipher the text **2** (*ling.*) to decode; (*estens.*) to decipher, to read*, to understand* **3** (*dir.*) to decodificate.

decodificazione *s.f.* decoding, deciphering.

decollaggio → **decollo**.

decollare[1] *v.intr.* (*aer.*) to take* off // *in questo paese l'industria del turismo sta decollando*, in this country tourism is taking off.

decollare[2] *v.tr.* (*non com.*) (*decapitare*) to decapitate, to behead.

decollazione *s.f.* (*non com.*) decapitation, beheading, decollation // (*arte*) *la* — *di S. Gio-*

vanni Battista, the Decollation of St. John the Baptist.

décolleté *s.m.* (*fr.*) **1** neck and shoulders **2** (*di abito*) low neckline, décolleté; (*abito*) décolleté, décolletage, low cut dress: *le signore erano in* —, the ladies wore décolletage ◆ *agg.* low (cut), décolleté, low necked: *abito* —, low cut dress; *scarpe* —, low cut shoes.

decollo *s.m.* (*aer.*) take-off: *distanza minima occorrente per il* —, take-off distance (*o* run); *pista di* —, take-off runway; *peso al* —, take-off weight // *il — economico di un paese*, the economic take-off of a country.

decolonizzare *v.tr.* to decolonize; to decolonialize.

decolonizzazione *s.f.* decolonization.

decolorante *agg.* (*chim.*) decolo(u)rant, decolorating, decolo(u)rizing, bleaching: *carbone* —, decolorizing carbon ◆ *s.m.* (*chim.*) decolorant, bleach.

decolorare *v.tr.* to decolorate, to decolo(u)rize, to bleach; to discharge.

decolorazione *s.f.* decoloration, decolo(u)rization, bleaching; discharge: — *dei capelli*, hair bleaching; — *del cotone*, cotton bleaching; *agente di* —, discharge agent.

decomponibile *agg.* decomposable.

decomponibilità *s.f.* decomposability.

decomporre *v.tr.* **1** (*chim.*) to dissociate, to break* down **2** (*disgregare, scomporre*) to dissolve, to decompose, to separate: (*mat.*) — *in fattori*, to break up into linear factors.
□ **decomporsi** *v.intr.pron.* **1** (*chim.*) to decompose, to decompound, to break* down, to decay **2** (*putrefarsi*) to decompose, to rot, to decay, to putrefy, to go* bad: *il cadavere si decompose rapidamente*, the corpse (*o* body) decomposed quickly.

decomposizione *s.f.* **1** decomposition **2** (*putrefazione*) putrefaction, decay: *in* —, rotten (*o* putrid); *andare in* —, to decay (*o* to rot); *il cadavere era già in stato di avanzata* —, the body was already in an advanced state of decomposition (*o* decay) **3** (*chim.*) decomposition, breaking down, resolution.

decomposto *agg.* **1** decomposed (*anche chim.*) **2** (*putrefatto*) decomposed, putrefied, rotten.

decompressione *s.f.* decompression: *camera di* —, decompression chamber.

decomprimere *v.tr.* to decompress.

deconcentrare *v.tr.* to make* (s.o.) lose their concentration; to distract.
□ **deconcentrarsi** *v.intr.pron.* to lose* one's concentration; to get* distracted.

deconcentrato *agg.* lacking concentration (*pred.*); distracted: *un atleta* —, an athlete who has lost (his) concentration.

deconcentrazione *s.f.* lack of concentration, distraction.

decondizionamento *s.m.* deconditioning.

decondizionare *v.tr.* to decondition.
□ **decondizionarsi** *v.rifl.* to decondition oneself.

decongelamento *s.m.* defrosting, unfreezing, thawing.

decongelare *v.tr.* **1** to defrost, to unfreeze*, to thaw* **2** (*fig.*) to thaw, to unfreeze*.

decongelazione *s.f.* defrosting, unfreezing, thawing.

decongestionamento *s.m.* **1** decongestion **2** (*fig.*) easing of congestion.

decongestionante *agg.* e *s.m.* decongestant: *un — nasale*, a nasal decongestant.

decongestionare *v.tr.* **1** (*med.*) to decongest **2** (*fig.*) to relieve the congestion of, to ease the congestion of, to unblock: — *il traffico*, to relieve traffic congestion; — *una strada*, to ease the congestion in a street.
□ **decongestionarsi** *v.intr.pron.* **1** (*med.*) to become* decongested **2** (*fig.*) to become* uncongested, to become* unblocked.

decongestione *s.f.* decongestion.

decontaminare *v.tr.* to decontaminate.

decontaminazione *s.f.* decontamination: *fattore di* —, decontamination factor.

decontestualizzare *v.tr.* to decontextualize.

decontestualizzazione *s.f.* decontextualization.

decontrarre *v.tr.* **decontrarsi** *v.intr.pron.* to relax.

decontratto *agg.* relaxed.

decontrazione *s.f.* relaxation: *esercizi di* —, relaxation exercises.

decorare *v.tr.* **1** to decorate, to adorn: *la casa era decorata di fiori*, the house was adorned with flowers; (*edil.*) — *a stucco*, to stucco; (*arch.*) — *con modanature*, to mould **2** (*insignire di decorazione*) to decorate, to award a medal: *fu decorato al valore*, he was decorated for bravery; *fu decorato di medaglia d'oro*, he was awarded a gold medal.

decorativismo *s.m.* (*arte*) decorativism.

decorativo *agg.* decorative, ornamental: *arti decorative*, decorative arts; *disegno* —, decorative drawing; *un vaso* —, an ornamental vase; *gli elementi decorativi di un discorso*, the flowery elements in a speech // *è un personaggio puramente* —, he's only a figurehead.

decorato *agg.* **1** decorated, adorned; (*con mosaico a scacchiera*) tessellated: *questo libro ha una copertina molto decorata*, this book has a highly decorated cover; *la facciata di quella casa è molto decorata*, the façade of the house is richly ornamented **2** (*insignito di decorazione*) decorated ◆ *s.m.* holder of a decoration: *i decorati di guerra*, the holders of war decorations.

decoratore *s.m.* **decoratrice** *s.f.* decorator.

decorazione *s.f.* **1** decoration, ornament: — *natalizia*, Christmas decoration; — *a intaglio*, (*di finestra gotica*) tracery **2** (*medaglia*) decoration, medal; (*croce*) cross; (*nastro*) ribbon: *portare le proprie decorazioni*, to wear one's decorations.

decornare *v.tr.* (*vet.*) to dehorn.

decoro *s.m.* **1** decorum; (*dignità*) dignity; (*proprietà*) propriety: *trattamento che offende il nostro* —, treatment offensive to our dignity; *vivere con* —, *seppure modestamente*, to live respectably, though modestly; *il — del proprio rango*, the dignity of one's rank; *si comportò con* —, she behaved with decorum; *osservare il* —, to observe the proprieties **2** (*lustro*) honour; (*orgoglio*) pride: *è il — della sua famiglia*, he is an honour to (*o* the pride of) his family **3** (*ornamento*) décor.

decoroso *agg.* decorous, decent, proper: *una condotta decorosa*, proper behaviour; *non ho un abito — da mettermi*, I haven't a decent dress to wear; *uno stipendio* —, a decent wage.

decorrenza *s.f.* (*comm.*): *con — dal 3 marzo...*, as from March 3rd..., (*o* starting *o* counting from March 3rd); *con — immediata*, with immediate effect; *il decreto avrà — dal 1° gennaio*, the decree will enter into effect as from 1st January; — *del pagamento*, date on which the payment falls due // (*banca*): — *degli interessi*, date on which interests become applicable; *effetti con — di 5 giorni*, bills of five days' currency // (*trib.*) — *di un'imposta*, starting date of tax application.

decorrere *v.intr.* **1** (*trascorrere*) to pass, to elapse: *lasceremo — due mesi*, we shall let two months pass (*o* go by) **2** (*avere inizio*) to start, to run*; (*avere effetto*) to become* effective, to come* into force; (*amm.*) (*essere calcolato*) to be reckoned (from), to accrue (from); (*scadere*) to expire: *a — da*, starting (*o* running) from; *a — da oggi*, as from today; *lo stipendio decorre da oggi*, the salary runs from today; *l'aumento decorre dal 1° giugno*, the increase becomes effective from 1st June; *lasciar — un termine*, to let a term expire; (*banca*) *gli interessi decorrono dal 1° gennaio*, interest accrues (*o* is reckoned) from 1st January **3** (*letter.*) (*fluire verso il basso*) to run* down, to flow down.

decorso *s.m.* **1** (*svolgimento*) course: *il — della malattia*, the course of the illness; — *postoperatorio*, post-operative course **2** (*ant.*) (*lo scorrere*) flow(ing): *il — del fiume*, the flowing of the stream.

decostruttivismo *s.m.* deconstructionism.

decostruttivista *s.m.* e *f.* deconstructionist.

decostruzione *s.f.* deconstruction (*anche fil.*).

decotto *agg.* (*econ., dir.*) (*in stato di fallimento*) bankrupt, insolvent; (*congelato*) frozen: *credito* —, frozen credit; *debito* —, frozen debt; *l'impresa è decotta*, the company has gone bankrupt; *azienda decotta*, insolvent firm.

decotto *s.m.* decoction: *un — di erbe, di malva*, a decoction of herbs, of malva.

decozione *s.f.* **1** (*econ., dir.*) bankruptcy, insolvency; (*di credito, debito*) freezing **2** (*decotto*) decoction; (*lunga cottura*) parboiling.

decremento *s.m.* **1** decrease, decrement: *un — del reddito*, a decrease in income **2** (*mat., fis.*) decrement: — *lineare*, linear decrement; — *logaritmico*, logarithmic decrement.

decrepitezza *s.f.* decrepitude.

decrepito *agg.* **1** decrepit: *un vecchio* —, a decrepit old man **2** (*fig.*) decrepit, decayed: *istituzioni decrepite*, decrepit institutions.

decrescendo *s.m.* (*mus.*) decrescendo.

decrescente *agg.* decreasing; diminishing; waning; (*che si calma*) abating: *la luna è in fase* —, the moon is waning; *fase — di un fenomeno*, the waning of a phenomenon; *marea* —, ebb (*o* falling) tide // *costi decrescenti*, decreasing costs // (*mat.*) *funzione* —, decreasing function.

decrescenza *s.f.* decrease, diminution; wane: — *della popolazione*, decrease in population; *la marea è in* —, the tide is ebbing (*o* going out).

decrescere *v.intr.* to decrease, to diminish; (*della luna*) to wane: *il livello delle acque decresce*, the level of the waters is decreasing (*o* falling); *la marea decresce*, the tide is going out (*o* ebbing); *le sue forze decrescevano rapidamente*, his strength was rapidly ebbing away.

decretale *agg.* (*dir. eccl.*) decretal ◆ *s.f.* (*dir. eccl.*) decretal, Papal decree // *le Decretali*, the Decretals.

decretalista *s.m.* (*dir. eccl.*) decretalist.

decretare *v.tr.* **1** (*dir.*) to decree, to enact, to ordain: *come era stato decretato per legge*, as had been ordained (*o* decreed) by law; *è stato decretato che...*, it has been decreed that... **2** (*tributare*) to award, to confer, to grant: *gli decretarono i massimi onori*, they conferred the greatest honours upon (*o* on) him ◆ *v.intr.* (*dir.*) to pass a decree.

decretazione *s.f.* (*dir.*) decreeing.

decreto *s.m.* (*dir.*) decree; ordinance: — *di amnistia*, declaration of amnesty; — *di citazione*, summons to appear in court; — *di ingiunzione*, *ingiuntivo*, injunction; — *scritto*, writ; — *ministeriale*, ministerial decree (*o* Cabinet order); — *di scioglimento*, (*p.e. delle Camere*) dissolution order; — *di nomina*, act of appointment; — *legislativo*, legislative decree; — *delegato*, delegated law (*o* decree); — *legge*, law by decree: *come da — legge*, as by law enacted; — *penale*, judgement (*o* decision); *per — reale*, by royal decree; *emettere*, *promulgare un* —, to issue a decree // *i decreti di Dio, della Provvidenza*, the decrees of God, of Providence.

decretone *s.m.* catch-all decree.

decriminalizzare *v.tr.* (*dir.*) to decriminalize.

decriminalizzazione *s.f.* (*dir.*) decriminalization.

decriptare, **decrittare** *v.tr.* to decipher, to decrypt.

decrittatorio *agg.* deciphering; decrypting.

decrittazione *s.f.* decryption; deciphrement; decryption.

decubito *s.m.* (*med.*) decubitus*: *piaga da* —, decubitus ulcer.

de cuius *s.m.* e *f.* (*lat.*) (*dir.*) the (deceased) testator.

deculturazione *s.f.* (*antropologia*) loss of native culture.

decumana *s.f.* (*st.*) decuman gate.

decumano *agg.* (*letter.*) decuman: *porta decumana*, decuman gate // *onda decumana*, decuman wave (*o* tenth and highest wave) ◆ *s.m.* **1** (*archeol.*) one of the two main road axes (in a Roman camp, town) **2** *i decumani*, decuman soldiers.

decuplicare *v.tr.* to decuple, to multiply by ten; (*rendere dieci volte più grande*) to make* ten times greater.

decuplo *agg.* tenfold, decuple; (*dieci volte più grande*) ten times greater ◆ *s.m.* decuple; (*somma dieci volte superiore*) tenfold amount; ten times as much.

decuria *s.f.* (*st. romana*) decury; decuria (*pl.* -ae).

decurionato *s.m.* decurionate, decurionship.

decurione *s.m.* (*st. romana*) decurion.

decurtare *v.tr.* to reduce, to diminish, to curtail: — *uno stipendio*, to reduce (*o* dock) a salary; — *un debito*, to reduce a debt; — *le spese*, to curtail (*o* cut *o* curb) expenses; *l'inflazione decurta il potere di acquisto della moneta*, inflation diminishes the purchasing power of money.

decurtazione *s.f.* reduction, diminution, curtailment, cut: — *del salario*, cut in wages.

decussato *agg.* decussate: *croce decussata*, decussate cross.

decussazione *s.f.* decussation.

dedaleo *agg.* (*letter.*) **1** Dedalean **2** (*fig.*) labyrinthine.

dedalo *s.m.* labyrinth, maze: *un — di vie*, a maze of streets.

dedica *s.f.* dedication: *fare una — su un libro*, to write a dedication on a book; *foto con* —, photo with a dedication.

dedicare *v.tr.* **1** to dedicate, to consecrate; (*intitolare alla memoria di*) to name after: *dedicherò il libro a mia madre*, I shall dedicate the book to my mother; — *una chiesa alla Madonna*, to dedicate (*o* to consecrate) a church to the Blessed Virgin; — *un monumento alla memoria dei caduti della prima guerra mondiale*, to dedicate a monument to the soldiers killed in World War I; — *una via a qlcu.*, to name a street after s.o.; *questa scuola è dedicata a Giacomo Leopardi*, this school is named after Giacomo Leopardi **2** (*destinare*) to devote, to consecrate, to dedicate: *dedicò la sua vita alle ricerche scientifiche*, he devoted his life to scientific research; — *un giorno alla lettura*, to set apart a day for (*o* to dedicate a day to) reading; *i giornali hanno dedicato molto spazio allo scandalo*, the papers gave a lot of space to the scandal.

□ **dedicarsi** *v.rifl.* to devote oneself, to give* oneself up: — *ai figli*, to devote oneself to one's children; *si dedicò interamente alla matematica*, he devoted himself entirely to mathematics.

dedicatario *s.m.* dedicatee.

dedicato *agg.* **1** dedicated, consecrated; (*intitolato alla memoria di*) named after: *una poesia dedicata ai suoi amici*, a poem dedicated to his friends; *una chiesa dedicata a S. Paolo*, a church consecrated to St. Paul; *una via dedicata a C. Darwin*, a street named after C. Darwin **2** (*fig.*) devoted: *un padre — alla famiglia*, a father devoted to his family **3** (*inform.*) dedicated: *linea dedicata*, leased line.

dedicatoria *s.f.* dedicatory letter, letter of dedication.

dedicatorio *agg.* dedicatory: *lettera dedicatoria*, dedicatory letter (*o* letter of dedication).

dedito *agg.* **1** devoted, dedicated: — *allo studio*, devoted to study **2** (*a vizio*) addicted: *è — al gioco*, he is addicted to gambling.

dedizione *s.f.* **1** dedication, devotion: — *al lavoro, alla scienza*, devotion to work, to science; *un uomo che ha parecchio spirito di* —, an extremely dedicated man; *lavorare con* —, to work with dedication; *far — di sé*, to give oneself up **2** (*ant.*) (*resa*) surrender, yielding.

dedotto *agg.* **1** (*desunto*) deduced, inferred, derived: *conclusione dedotta da una data premessa*, conclusion inferred from a given premise **2** (*defalcato*) deducted, subtracted: *somma dedotta dal totale*, amount of money deducted from the total; *dedotte le spese*, quit of charges (*o* expenses), after expenses have been deducted // (*trib.*) *le tasse saranno automaticamente dedotte dallo stipendio*, tax will be deducted automatically from the salary.

deducibile *agg.* **1** (*desumibile*) deducible: *una conseguenza facilmente* —, a consequence easily deduced **2** (*defalcabile*) deductible: *spese deducibili*, deductible expenses; *oneri deducibili*, deductible contributions; *non* —, non-deductible.

deducibilità *s.f.* deductibility.

dedurre *v.tr.* **1** (*desumere*) to deduce, to infer, to argue: (*fil.*) — *dal generale il particolare*, to deduce the particular from the universal; *dopo aver esaminato la situazione abbiamo dedotto che...*, after examining the situation we deduced that...; *se si è licenziato, ne deduco che non amava questo lavoro*, if he resigned it seems logical to suppose he didn't like this work **2** (*defalcare*) to deduct, to subtract: *dedotto il 2% di tara*, off 2% tare; — *una somma da uno stipendio*, to deduct a sum from a salary // — *le spese di viaggio*, (*recuperarle*) to recoup one's travelling expenses **3** (*dir.*) to infer **4** (*poet.*) (*trarre*) to draw*: — *una melodia dalla cetra*, to draw a melody from the lyre.

deduttivo *agg.* deductive: (*fil.*) *metodo, ragionamento* —, deductive method, reasoning; (*dir.*) *prova deduttiva*, presumptive evidence.

deduttore *s.m.* deducer.

deduzione *s.f.* **1** deduction; (*il dedurre*) deducing: *la tua — è sbagliata*, your deduction is wrong **2** (*detrazione*) deduction; (*somma detratta*) amount deducted: — *dallo stipendio*, deduction from salary; *previa — di*, after deduction of; — *delle spese*, allowance for expenses; — *fiscale*, tax allowance (*o* relief); *prima della — delle imposte*, pre-tax, before taxes (*pred.*); — *alla fonte*, deduction at source; — *per assicurazione sulla vita*, life assurance allowance; — *dal reddito lordo, netto*, deduction from gross, net income // (*fin.*): — *di credito*, credit allowance (*o* relief); — *di entrate*, revenue deduction; — *di interesse*, interest deduction; *deduzioni in conto capitale*, capital allowances // *fare una* —, (*recuperare*) to recoup **3** (*dir.*) inference.

deescalation *s.f.* **1** (*mil.*) de-escalation **2** (*estens.*) (*attenuazione*) diminution, lessening, falling off: — *della violenza*, falling off of violence.

de facto *locuz.avv.* (*lat.*) (*dir.*) de facto; as a matter of fact.

défaillance *s.f.* (*fr.*) collapse, breakdown: *avere una* —, to collapse; *la squadra ha avuto una — negli ultimi minuti di gioco*, the team fell to pieces in the last few minutes of the game.

defalcamento *s.m.* deduction, subtraction: *il — di una somma da uno stipendio*, the deduction (*o* subtraction) of a sum from a salary.

defalcare *v.tr.* to deduct, to subtract; to take* off, to abate, to bate, (*fam.*) to knock off: — *la provvigione*, to deduct commission; — *le spese*, to deduct the expenses (*o* the charges); — *le spese dal ricavo*, to abate expenses from proceeds; *defalcate le spese*, quit of charges (*o* of expenses); *spese defalcate*, charges deducted; — *una somma dallo stipendio*, to deduct an amount from one's salary // (*trib.*) — *l'imposta sul reddito*, to subtract income tax.

defalcazione *s.f.* **defalco** *s.m.* deduction, reduction, cut: *una — del 20%*, a 20% reduction (*o* cut).

defaticamento *s.m.* (*sport*) short run (after a race).

defaticarsi *v.rifl.* (*sport*) to take* a short run (after a race).

defatigante *agg.* wearying, stressful.

defecare *v.intr.* to defecate ◆ *v.tr.* (*chim.*) to clarify, to defecate.

defecazione *s.f.* **1** defecation **2** (*chim.*) clarification, defecation.

defedato *agg.* (*med.*) run-down, exhausted.

defenestrare *v.tr.* **1** to throw* (s.o.) out of the window **2** (*licenziare*) to dismiss, to get* rid of (s.o.); (*fam.*) to sack, to throw* (s.o.) out: *il nuovo magistrato fu defenestrato dopo poco tempo*, after a short time the new judge was removed from office; *accusò il capo di volerlo ingiustamente* —, he accused the boss of wanting to sack him without cause.

defenestrazione *s.f.* **1** (*il gettare dalla finestra*) defenestration **2** (*licenziamento*) abrupt removal from office: *la — di un funzionario*, the dismissal of an official.

defensionale *agg.* (*dir.*) for the defence (*pred.*), of the defence (*pred.*).

deferente *agg.* **1** deferential, respectful, complying: *mostrarsi — verso i superiori*, to be deferential towards one's superiors **2** (*anat.*) deferent: *arteria* —, deferent artery; *dotto* —, deferent duct **3** (*astr.*) *circolo* —, deferent.

deferentemente *avv.* deferentially, respectfully: *li tratta molto* —, he treats them with great deference (*o* respect).

deferentite *s.f.* (*med.*) deferentitis.

deferenza *s.f.* deference, respect; compliance: *per — verso di lui*, in deference to him (*o* out of deference to him); *mostrare — verso qlcu.*, to show deference (*o* respect) towards s.o.

deferimento *s.m.* submission.

deferire *v.tr.* (*dir.*) to submit, to refer: — *qlcu. alla giustizia*, to give s.o. up (*o* to hand s.o. over) to justice; — *una causa al tribunale*, to remit a cause to (a) court; — *un'indagine a una commissione*, to entrust an investigation to a commission ◆ *v.intr.* to defer: — *alle opinioni di qlcu.*, to defer to s.o.'s opinions.

defervescenza *s.f.* (*med.*) defervescence.

defettibile *agg.* liable to fail (*pred.*); liable to imperfection (*pred.*), defectible.

defezionare *v.intr.* to defect from (s.o., sthg.), to fall* away from (s.o., sthg.), to desert (*anche mil.*): — *dal proprio partito*, to defect from (*o* to desert) one's party.

defezione *s.f.* **1** defection: — *di voti*, drop in the number of votes; *ci sono state molte defezioni alla cerimonia di chiusura*, there were many absentees from the closing ceremony **2** (*mil.*) desertion.

defezionista *s.m.* e *f.* defector ◆ *agg.* defecting.

defibrillatore *s.m.* (*med.*) defibrillator.

deficiente *agg.* **1** (*insufficiente*) insufficient: *forze deficienti*, insufficient forces; *organizzazione* —, faulty organization; *soccorsi deficienti*, insufficient help **2** (*carente*) lacking: *alimentazione — di calorie*, diet lacking in calories **3** (*intellettualmente inferiore alla media*) mentally deficient ◆ *s.m.* e *f.* **1** mentally deficient person, half-wit, half-witted person: *è un povero* —, he is a poor half-wit **2** (*stupido*) idiot, fool: *sei il solito* —, you are an idiot (*o* once an idiot, always an idiot).

deficienza *s.f.* **1** (*insufficienza*) deficiency, want, lack, shortage, scarcity: — *di viveri*, shortage of foodstuffs; *c'era — di acqua*, there was a shortage (*o* there was scarcity) of water; — *d'educazione*, lack of politeness; *supplire alla* —, to make up for a shortage (*o* lack); *ha gravi deficienze in matematica*, there are great gaps in his knowledge of maths **2** (*med.*) deficiency; deficit: — *mentale*, mental deficiency; — *immunologica*, immunity deficiency (*o* immunodeficiency).

deficit *s.m.* **1** (*fin.*) deficit, deficiency: — *di cassa*, cash deficit (*o* shortage); *essere in* —, to show a deficit; *colmare il* —, to make good the deficit // (*econ.*): — *pubblico*, state deficit; — *estero*, external deficit; — *(della bilancia) commerciale*, trade deficit; — *della bilancia dei pagamenti*, (balance of) payments deficit; — *di bilancio (preventivo)*, budget deficit; — *in dollari*, dollar deficit (*o* gap); *in* — , (*riferito a budget*) unbalanced // (*trib.*): — *delle entrate pubbliche*, deficiency in the public revenue; — *nel gettito tributario*, deficiency in taxes // (*amm.*) *bilancio in* —, debit balance **2** (*fig.*) deficiency // — *culturale*, culture lag.

deficitario *agg.* **1** (*fin.*) showing a deficit (*pred.*), debit (*attr.*); (*fam.*) in the red: *bilancio* —, debit balance; *l'azienda è deficitaria*, the firm shows a loss (*o* is in the red) **2** (*fig.*) insufficient, inadequate, unsatisfactory: *sviluppo — delle strutture sanitarie*, inadequate development of the health services.

defilamento *s.m.* (*mil.*) defilade.

defilare *v.intr.* (*mil.*) to defilade.

defilato *agg.* (*mil.*) defilated.

défilé *s.m.* (*fr.*) fashion show: *il famoso stilista farà un — di pellicce oggi pomeriggio*, the famous stylist will be showing his collection of furs this afternoon.

definibile *agg.* definable, that can be defined (*pred.*).

definire *v.tr.* **1** (*spiegare*) to define: — *la propria posizione*, to define one's position; *è una personalità difficile da* —, his personality is not so easy to pin down (*o* to define); — *un termine*, to define a term **2** (*determinare*) to determine, to fix: — *i confini di una proprietà*, to determine (*o* to fix) the boundaries of an estate; *i poteri della carica di presidente devono ancora essere definiti*, the responsibilities of the presidency still have to be defined **3** (*risolvere*) to determine, to settle: — *una lite, una questione*, to settle a dispute, a question.

definitamente *avv.* definitely; precisely: *hanno fissato — i confini della proprietà*, they fixed the exact boundaries of the property.

definitezza *s.f.* definiteness, definition.

definitiva, in *locuz.avv.* after all: *in — sei tu che devi decidere*, after all you're the one who has to decide; *in — è meglio che parta per un po'*, all in all (*o* all things considered) it would be better if I went away for a while.

definitivamente *avv.* definitively; (*per sempre*) once and for all; forever: *ha — smesso di fumare*, he has given up smoking once and for all (*o* he has definitively given up smoking); *le truppe si sono — ritirate dal territorio*, the troops have definitively retreated from the territory; *ha deciso di andarsene* —, he has decided to leave once and for all (*o* forever).

definitività *s.f.* finality.

definitivo *agg.* definitive, definite, decisive, final; ultimate: *una decisione definitiva*, a definitive decision; *classifica definitiva*, final results; *una risposta definitiva*, a definite answer; *versione definitiva*, final version; (*dir.*) *sentenza definitiva*, final judgement; *verdetto* —, definitive (*o* decisive) verdict.

definito *agg.* definite; precise; determinate: *prendere una posizione definita*, to assume a definite (*o* precise) position; *un progetto non ben* —, a vague (*o* indefinite) plan; *non ho un ruolo* —, I haven't got a precise role; *un'immagine dai contorni poco definiti*, a blurred image.

definitore *s.m.* definer.

definitorio *agg.* defining.

definizione *s.f.* **1** definition: *dare la — di qlco.*, to give the definition of sthg. **2** (*risoluzione*) settlement: *la — di una questione*, the settlement of a question **3** (*rad.*, *tv*) definition: *alta* —, high definition.

defiscalizzare *v.tr.* to remove the exemption from taxes.

defiscalizzazione *s.f.* removal of the exemption from taxes: — *degli oneri sociali*, removal of the exemption from social security contributions.

deflagrare *v.intr.* **1** to deflagrate **2** (*fig. letter.*) to explode: *il — degli odi tribali*, the flaring up of tribal hatred.

deflagrazione *s.f.* deflagration, flaring up, explosion, outburst.

deflativo *agg.* (*econ.*) deflationary, disinflationary.

deflatore *s.m.* (*econ.*) deflator, deflationary factor: — *implicito dei prezzi*, implicit price deflator; — *del prodotto nazionale lordo*, gross national product deflator.

deflatorio *agg.* (*econ.*) deflationary, disinflationary.

deflattivo → **deflativo**.

deflazionare *v.tr.* (*econ.*) to deflate.

deflazione[1] *s.f.* (*econ.*) deflation: *fautore della* —, deflationist; — *creditizia*, deflation of credit; — *monetaria*, monetary (*o* currency) deflation.

deflazione[2] *s.f.* (*geol.*) deflation.

deflazionistico *agg.* (*econ.*) deflationary, disinflationary: *misure deflazionistiche*, deflationary measures; *tendenza deflazionistica*, deflationary trend.

deflegmare *v.tr.* (*chim.*) to dephlegmate.

deflegmatore *s.m.* (*chim.*) dephlegmator.

deflegmazione *s.f.* (*chim.*) dephlegmation.

deflemmare e *deriv.* → **deflegmare** e *deriv.*

deflessione *s.f.* (*fis.*, *tecn.*) deflection: *amplificatore di* —, deflection amplifier; *bobina di* —, deflector coil; *placche di* —, deflector plates.

deflettere *v.intr.* **1** to deflect; to deviate, to differ, to diverge: *non defletterò dai miei ideali*, I won't deviate from my ideals **2** (*cedere*) to yield; to give* in: *riguardo a questa faccenda non defletterò mai!*, as regards this question I will never give in!

deflettore *s.m.* **1** (*mecc.*) baffle (plate), deflector **2** (*aer.*) deflector, flap: — *di richiamata*, recovery flap **3** (*aut.*) butterfly, vent wing.

deflorare *v.tr.* (*letter.*) to deflower.

deflorazione *s.f.* defloration.

defluire *v.intr.* **1** to flow: *alcuni fiumi alpini defluiscono nella pianura Padana*, some Alpine rivers flow down into the Po valley; *l'acqua defluiva lentamente dal lago*, the water flowed slowly out of the lake **2** (*estens.*) to flow, to stream: *la folla defluiva lentamente dallo stadio*, the crowd slowly streamed (*o* flowed) out of the stadium.

deflusso *s.m.* **1** downflow; (*di marea*) ebb(-tide), reflux; (*di onda*) undertow: (*geogr.*) — *superficiale* (*delle acque piovane*), run-off **2** (*estens.*) flow: *i cordoni di polizia arginavano il — della gente dal teatro*, police cordons stemmed the flow of people coming out of the theatre; (*econ.*) — *di capitali*, capital outflow.

defo(g)liante *s.m.* (*chim., agr.*) defoliant.

defo(g)liare *v.tr.* (*agr.*) to defoliate.

defogliazione *s.f.* (*agr.*) defoliation.

deforestazione *s.f.* deforestation.

deformabile *agg.* capable of being deformed.

deformabilità *s.f.* changeability.

deformante *agg.* deforming; disfiguring; distorting.

deformare *v.tr.* **1** to deform, to misshape, to disform; to disfigure, to deface: *il suo corpo era stato deformato da una malattia*, his body had been deformed by an illness; *il suo viso era deformato da una cicatrice*, his face was disfigured by a scar **2** (*alterare*) to distort, to warp; to alter: *ha deformato il mio pensiero*, he distorted my meaning; *il sole ha deformato quelle assi*, the sun has warped those boards; *il suo pensiero era deformato dai pregiudizi*, his way of thinking was warped by prejudice; — *la verità*, to distort the truth **3** (*edil., mecc.*) to deform; to strain; to warp.

□ **deformarsi** *v.intr.pron.* **1** to get* deformed, to be disfigured; (*perdere la giusta forma*) to lose* one's proper shape: *le scarpe si deformano con l'uso*, shoes lose their shape with wear **2** (*mecc.*) to warp, to buckle.

deformazione *s.f.* **1** deformation; disfigurement; distortion // — *professionale*, professional bias **2** (*edil., mecc.*) deformation; buckling; strain: — *elastica*, elastic deformation (*o* strain); — *permanente*, permanent deformation (*o* set); *energia di* —, strain energy.

deforme *agg.* deformed, disfigured, misshapen: *aspetto* —, misshapen countenance.

deformità *s.f.* **1** deformity, disfigurement, malformation; (*bruttezza*) ugliness; (*mostruosità*) hideousness **2** (*med.*) deformation.

defosforazione *s.f.* (*metall.*) dephosphorization.

deframmentare *v.tr.* (*inform.*) to defragment, to defrag.

defraudamento *s.m.* defrauding, deception.

defraudare *v.tr.* to defraud, to cheat, to deprive, to swindle, to trick: — *qlcu. di qlco.*, to defraud s.o. of sthg.; *lo defraudarono della proprietà*, they cheated him (out) of his property; (*dir.*) — *di un diritto*, to deprive of a right; *sentirsi defraudato di qlco.*, to feel cheated of sthg.

defraudatore *s.m.* defrauder, cheater, swindler, trickster.

defraudazione *s.f.* defrauding, deception, cheating, swindling.

defungere *v.intr.* to decease.

defunto *agg.* dead, defunct, deceased; late (*attr.*): *il — Professor Jones*, the late Professor Jones; *la defunta Signora Smith*, the late Mrs Smith; *il mio — marito*, my late husband ◆ *s.m.* dead (person); (*dir.*) deceased: *il* —, the deceased; *commemorazione dei defunti*, commemoration of the dead.

dega(s)samento *s.m.* (*chim.*) outgassing.

dega(s)sare *v.tr.* (*chim.*) to outgas.

degassificare *v.tr.* (*chim.*) to degas.

degassificazione *s.f.* (*chim.*) degassing.

degenerare *v.intr.* **1** to degenerate; to decay, to deteriorate: *la partita è degenerata in uno scontro violento*, the match degenerated into a roughhouse; *parsimonia che degenera in avarizia*, thrift that degenerates into avarice; *la discussione degenerò in una lite*, the discussion turned into a quarrel **2** (*biol.*) to degenerate ◆ *v.tr.* (*non com.*) to corrupt.

degenerativo *agg.* (*biol.*) degenerative: (*med.*) *artrite degenerativa*, degenerative joint disease.

degenerato *agg.* e *s.m.* degenerate, profligate.

degenerazione *s.f.* **1** degeneration, degeneracy, depravation, deterioration **2** (*biol.*) degeneration; devolution **3** (*fis.*) degeneracy.

degenere *agg.* degenerate; depraved: *figlio —!*, unworthy son! // (*mat.*) *conica* —, degenerate conic.

degente *agg.* bedridden ◆ *s.m.* e *f.* patient; (*in ospedale*) in-patient.

degenza *s.f.* period in bed; (*in ospedale*) stay in hospital: *guarì dopo tre mesi di — in ospedale*, he recovered after three months' stay in hospital; *quanto durò la sua —?*, how long was he compelled to stay in bed?

deglutinazione *s.f.* (*ling.*) deglutination.

deglutire *v.tr.* to swallow: *ho male a* —, it hurts when I swallow.

deglutizione *s.f.* swallowing, deglutition.

degnamente *avv.* fittingly, worthily; properly: *ha svolto — il suo compito*, he performed his task properly.

degnare *v.tr.* to think* worthy, to deign: *non lo degnai d'una risposta*, I did not think him worthy of an answer (*o* I did not think it worthwhile answering him *o* I did not deign to give him an answer); *quando mi degnerete di una visita?*, when will you do me the honour of a visit (*o* visiting me)? ◆ *v.intr.* → degnarsi.

□ **degnarsi** *v.intr.pron.* to deign, to condescend: *degnatevi di rispondermi!*, be so kind as to answer me!; *non mi degnai di discutere con lui*, I did not deign (*o* condescend) to argue with him; *la Regina si degnò di accettare il dono*, the Queen graciously accepted the gift; *senza — di guardarmi*, without deigning to look at me.

degnazione *s.f.* condescension: *avere un'aria di* —, to have a condescending air // *avere la — di...*, to condescend to...

degno *agg.* **1** (*meritevole*) worthy (*pred.*), deserving: — *di lode*, praiseworthy; — *della massima lode*, worthy of (*o* deserving) the highest praise; — *d'invidia*, enviable; — *di nota*, noteworthy; — *di pietà*, pitiable; *è un uomo — di fiducia*, he is a trustworthy man; *le sue affermazioni sono degne di fede*, what he says is trustworthy; *azioni degne di essere ricordate*, actions that deserve to be remembered; *è un libro — di essere letto*, it is a book worth reading; *essere — di*, to deserve // *con uno zelo — di miglior causa*, with zeal worthy of a better cause // *è — del compito affidatogli*, he is up to the job that they have given to him // *non è neanche — di allacciargli le scarpe*, (*fig.*) he is not even worthy to lick his boots **2** (*lodevole*) deserving, worthy (*attr.*): *una degna causa*, a deserving (*o* worthy) cause; *far qlco. di* —, to do sthg. laudable **3** (*conveniente, adeguato*) worthy: *un palazzo — di un re*, a palace fit for a king; *ha ricevuto un — compenso alle sue fatiche*, he received an adequate reward for his efforts // *questo non è — di te*, this is not worthy of you; *un'azione degna di lui*, (*anche iron.*) that's the sort of action you would expect from him // *il tuo — compare*, (*iron.*) your worthy friend **4** (*rispettabile*) worthy: *una degna persona*, a worthy person.

degradabile *agg.* (*chim.*) degradable.

degradamento *s.m.* degradation.

degradante *agg.* degrading, demeaning: *azione* —, degrading action; *è un compito — per la sua capacità*, it's a degrading job for a person of his ability.

degradare *v.tr.* **1** to demote (*anche mil.*): *fu degradato*, he was demoted **2** (*fig.*) (*avvilire*) to degrade, to debase, to lower: — *gli uomini al livello delle bestie*, to degrade men to the level of beasts **3** (*chim.*) to degrade ◆ *v.intr.* → degradare.

□ **degradarsi** *v.rifl.* to degrade oneself, to lower oneself, to bring* disgrace upon oneself: *non dovresti degradarti fino a questo punto*, you should not lower yourself that far ◆ *v.intr.pron.* **1** (*chim.*) to degrade **2** (*subire un degrado*) to deteriorate, to degenerate: *gli edifici storici si stanno degradando per incuria*, the historic buildings are deteriorating as a result of neglect.

degradato *agg.* **1** degraded; decayed **2** (*mil.*) demoted.

degradazione *s.f.* **1** degradation; decay **2** (*mil.*) demotion.

degrado *s.m.* deterioration, decay, decline: — *ambientale*, deterioration of the environment; — *urbano*, urban decay (*o* blight).

degrassaggio *s.m.* to degrease.

degu *s.m.* (*zool.*) (*Octodon degu*) degu.

degusciare *v.tr.* (*tecn.*) to dehull.

degustare *v.tr.* to taste.

degustatore *s.m.* taster: — *di vini*, wine taster.

degustazione *s.f.* **1** tasting: — *di vini*, wine tasting **2** (*mescita*) wine bar; (*torrefazione*) coffee bar **3** (*ind. alimentare*) tasting, sampling.

deh *inter.* (*letter.*) **1** (*per pietà!*) for pity's sake! **2** (*ahimè!*) alas!

deicida *agg.* e *s.m.* (*rar.*) deicide.

deicidio *s.m.* deicide.

deidratare *v.tr.* **1** to dehydrate **2** (*tecn.*) to dewater.

deidratazione *s.f.* **1** dehydration **2** (*tecn.*) dewatering.

deidrogenare *v.tr.* (*chim.*) to dehydrogenize, to dehydrogenate.

deidrogenasi *s.f.* (*chim.*) dehydrogenase.

deidrogenazione *s.f.* (*chim.*) dehydrogenation.

deiezione *s.f.* **1** (*fisiologia*) dejection, evacuation **2** *pl.* (*escrementi*) dejections, dejecta, excrements **3** (*geol.*) detritus: *cono di —*, alluvial cone (*o* alluvial-fan).

deificare *v.tr.* **1** to deify **2** (*fig.*) (*esaltare*) to exalt.

deificazione *s.f.* deification.

deifico *agg.* (*ant.*, *letter.*) deific(al).

deiforme *agg.* (*letter.*) godlike; divine.

deindicizzare *v.tr.* (*econ.*) to remove the index-linking system.

deindicizzazione *s.f.* (*econ.*) removal of the index-linking system.

deindustrializzare *v.tr.* to deindustrialize.

deindustrializzazione *s.f.* (*econ.*) deindustrialization.

deionizzare *v.tr.* (*chim.*) to deionize.

deionizzazione *s.f.* (*chim.*) deionization.

deipara *agg.* e *s.f.* (*letter.*) Deipara.

deiscente *agg.* (*bot.*) dehiscent.

deiscenza *s.f.* (*bot.*) dehiscence.

deismo *s.m.* (*fil.*) deism.

deissi *s.f.* (*ling.*) deixis.

deista *s.m.* e *f.* deist.

deistico *agg.* deistic.

deità *s.f.* **1** deity, divinity, godhead **2** (*dio*) god; (*dea*) goddess **3** (*Dio*) God.

deittico *s.m.* (*ling.*) deictic.

de iure *locuz.avv.* (*lat.*) (*dir.*) by right.

déjà vu *s.m.* (*fr.*) déjà vu (*anche psic.*).

delatore *s.m.* informer, spy, delator.

délavé *agg.* (*fr.*) (*di tessuto*) pre-washed.

delazione *s.f.* **1** delation, information: *la — di un pentito*, information from (*o* delation by) a repentant criminal **2** (*dir.*): *— d'armi*, illegal possession of firearms; *— di giuramento*, administration (*o* tendering) of oath.

del credere *s.m.* (*fin.*) del credere, guarantee commission: *agente —*, del credere agent; *commissione di star —*, del credere commission.

delebile *agg.* erasable, effaceable.

delega *s.f.* **1** (*il delegare*) delegation, delegacy: *— d'autorità*, delegation of powers **2** (*procura*) proxy (*anche dir.*): *dare, fare una — a qlcu.*, to delegate s.o. (*o* to give s.o. a proxy); *ho dato a mio fratello la — per ritirarmi lo stipendio*, I delegated my brother to collect my salary; *avere la — di qlcu.*, to have a proxy for s.o.; *per —*, by proxy; *votare per —*, to vote by proxy // (*fin.*) *deleghe degli azionisti*, shareholders' proxies // (*assicurazioni*) *— d'incasso*, collecting note.

delegante *agg.* e *s.m.* e *f.* delegant: *coniuge —*, delegant spouse.

delegare *v.tr.* **1** (*incaricare*) to delegate, to appoint (as a representative): *— una persona a compiere un incarico*, to delegate (*o* to empower) a person to perform a task; *il presidente delegò il suo vice a rappresentarlo*, the president delegated the vice-president to represent him **2** (*dir.*) to delegate; (*dare una procura*) to make* (s.o.) one's proxy: *— diritti, poteri a qlcu.*, to delegate rights, powers to s.o.

delegatario *s.m.* (*dir.*) delegatee.

delegatizio *agg.* concerning a delegation: *commissione delegatizia*, deputed committee; *emissario —*, deputy; proxy.

delegato *agg.* delegate(d); deputed: *consigliere —*, managing director; *amministratore —*, managing director; (*dir.*) *giudice — (del fallimento)*, official receiver ◆ *s.m.* **1** delegate, representative: *mandare un — a una conferenza*, to send a delegate to a conference; *— sindacale*, union representative; *un — del partito*, a party delegate; *— di fabbrica*, shop steward // *— apostolico*, apostolic delegate // *— di pubblica sicurezza*, police officer (*o* police commissioner) **2** (*dir.*) deputy, proxy.

delegazione *s.f.* **1** delegation: *— di poteri*, delegation of authority (*o* of powers) // *— amministrativa, legislativa*, administrative, legislative delegation **2** delegation; (*commissione*) commission, committee; (*rappresentanza*) deputation: *la — italiana all'ONU*, the Italian delegation to the UN; *— amministrativa, commerciale*, administrative, trade delegation; *— di sorveglianza*, (*di un fallimento*) committee of inspection; *una — di studenti è stata ricevuta dal primo ministro*, a student delegation was received by the Prime Minister; *il partito ritirò la propria —*, the party withdrew its delegation; *una — dei sindacati dei ferrovieri*, a deputation from the railwaymen's union **3** (*sede, edificio*) delegation.

delegittimare *v.tr.* to delegitimize: *— un comitato*, to delegitimize a committee (*o* to deprive a committee of its legal status).

delegittimazione *s.f.* delegitimization.

deleterio *agg.* harmful, deleterious, detrimental, bad: *i grassi sono deleteri per il fegato*, fats are harmful to the liver; *i film violenti sono deleteri per i giovani*, violent films have a bad effect on (*o* are bad for) young people.

delettare e *deriv.* → **dilettare** e *deriv.*

delezione *s.f.* (*biol.*) deletion.

delfico *agg.* **1** Delphic, Delphian **2** (*estens. letter.*) (*profetico*) Delphic, prophetic.

delfina *s.f.* (*st. francese*) dauphine, dauphiness.

delfinare *v.intr.* **1** (*mar.*) to pump **2** (*aer.*) to porpoise.

delfinario *s.m.* dolphinarium.

delfinattero → **beluga**.

delfinio *s.m.* (*bot.*) delphinium.

delfinista *s.m.* e *f.* (*sport*) dolphin swimmer.

delfino[1] *s.m.* **1** (*zool.*) (*Delphinus delphis*) dolphin, porpoise // (*astr.*) (*il Delfino*) the Dolphin (*o* Delphinus) **2** (*sport*) (*nuoto a*) —, dolphin (stroke): *nuotare a, il —*, to swim dolphin; *gara di 100 m —*, 100 m dolphin.

delfino[2] *s.m.* **1** (*st. francese*) dauphin **2** (*estens.*) probable successor, heir apparent.

deliaco *agg.* (*letter.*) Delian.

delibare *v.tr.* **1** (*letter.*) (*assaporare*) to taste, to savour; (*godere*) to enjoy; (*centellinare*) to sip: *— il proprio vino*, to sip one's wine **2** (*fig. letter.*) (*trattare superficialmente*) to touch (up)on (sthg.), to allude to (sthg.): *— una questione*, to touch (up)on a subject **3** (*dir.*) to recognize, to enforce: *— una sentenza straniera*, to recognize a foreign judgement.

delibazione *s.f.* **1** tasting, savouring; (*il centellinare*) sipping **2** (*dir.*) recognition, enforcement: *giudizio di —*, recognition proceeding.

delibera *s.f.* **1** deliberation; (*di assemblea*) resolution: *— presa a maggioranza*, majority resolution; *— comunale*, town council resolution **2** (*aggiudicazione*) adjudication; (*nelle aste*) knocking down, knock down.

deliberante *agg.* deliberative; deciding: *organo, potere —*, deciding body, power.

deliberare *v.tr.* **1** to decide, to resolve: *deliberò di andare*, he decided to go; *— il da farsi*, to decide what to do **2** (*approvare con delibera*) to deliberate: *il consiglio delibererà i nuovi impegni di spesa*, the council will deliberate on the new appropriation **3** (*aggiudicare nelle aste*) to knock down: *il quadro è stato deliberato per 10 milioni*, the painting has been knocked down for 10 million lire ◆ *v.intr.* to deliberate, to consult; (*dir.*) to decree, to decide: *la corte si è ritirata per —*, the court adjourned the sitting to decide; *deliberarono sulla questione*, they consulted about the matter.

□ **deliberarsi** *v.intr.pron.* (*letter.*) (*risolversi*) to decide, to resolve, to resolve upon (stgh.), to make* up one's mind.

deliberatamente *avv.* deliberately.

deliberatario *s.m.* (*dir.*) **1** (*nelle aste*) highest bidder **2** (*per un appalto*) lowest bidder.

deliberativo *agg.* deliberative (*anche dir.*).

deliberato *agg.* **1** (*deciso*) determined, decided, resolute, firm, resolved: *con animo —*, with a resolute mind (*o* with determination) **2** (*intenzionale*) deliberate, intentional, wilful, conscious, studied: *la picchiò con deliberata violenza*, he beat her with wilful ferocity; *la sua prosa rivela una deliberata semplicità*, his prose shows a studied simplicity ◆ *s.m.* (*deliberazione*) deliberation, decision.

deliberatore *agg.* (*non com.*) deciding ◆ *s.m.* (*non com.*) decider.

deliberazione *s.f.* **1** (*decisione*) decision, deliberation; (*di un'assemblea*) resolution; (*dir.*) decree, decision: *— a maggioranza*, majority resolution **2** (*discussione, consultazione*) deliberation, discussion: *dopo lunga —*, after long deliberation **3** (*aggiudicazione in un'asta*) knocking down.

delicatamente *avv.* delicately; gently: *accostò — la porta*, he gently closed the door; *mi chiese — se avessi bisogno d'aiuto*, he considerately asked me if I needed help.

delicatezza *s.f.* **1** delicacy; softness, lightness, fineness, subtlety: *— di colori*, softness of colours; *la — di questo sapore*, the delicacy of this taste; *la — di un suono*, the delicacy (*o* softness *o* lightness) of a sound **2** (*cibo delicato*) delicacy: *è una vera —!*, it's a real delicacy! **3** (*fragilità, gracilità*) fragility; (*di persona*) frailty, delicacy (*anche fig.*): *la — del vetro*, the fragility of glass; *— di uno strumento*, fragility of an instrument **4** (*finezza*) delicacy; (*sensibilità*) sensibility; considerateness; (*discrezione*) discretion, tact: *— d'animo*, delicacy of feeling (*o* sensitiveness); *agì con estrema —*, he acted with the greatest tact (*o* the utmost discretion); *diede prova di grande — d'animo*, he showed great sensibility; *trattava tutti con —*, she treated everyone very tactfully **5** (*attenzione, cura*) care: *tratta con — quel vaso cinese*, be very careful with that Chinese vase **6** (*criticità*) delicacy: *la — della situazione richiede il massimo riserbo*, the delicacy of the situation requires the utmost discretion **7** *pl.* (*letter.*) (*mollezza*) luxury [U]: *in mezzo alle delicatezze*, in the lap of luxury.

delicato *agg.* **1** delicate; soft, subdued; gentle; light, subtle: *cibo —*, (*leggero*) delicate (*o* light) food, (*squisito*) dainty (*o* delicate) food; *colore* —, delicate (*o* soft *o* subtle) colour; *sapore* —, delicate taste; *suono* —, soft (*o* subdued) sound; *questo chirurgo ha la mano delicata*, this surgeon has a gentle (*o* light) hand **2** (*fragile*, *gracile*) fragile; sensitive, delicate, weak (*anche fig.*): *bambino* —, delicate (*o* weakly) child; *macchina delicata*, fragile machine; *salute delicata*, delicate health; *stomaco* —, weak stomach; *i bambini piccoli hanno una pelle molto delicata*, young children have a very delicate (*o* sensitive) skin **3** (*fine*) delicate, refined, fine, sensitive, exquisite: *animo* —, sensitive soul; *gusti delicati*, refined tastes **4** (*scrupoloso*) scrupulous; (*discreto*) discreet, tactful; considerate: *un gesto* —, a considerate action; *tua madre è una persona veramente delicata*, your mother is a really tactful person; *hai fatto una domanda poco delicata*, you asked a rather tactless question **5** (*critico*, *difficile*) delicate, tricky, ticklish: *questione delicata*, delicate (*o* ticklish) question; *l'adolescenza è un momento — dello sviluppo*, adolescence is a tricky moment in growing up; *condurre le trattative è un incarico* —, negotiating is a delicate (*o* tricky) job; *non chiederle del figlio, è un tasto* —, don't ask her about her son, it's a delicate subject.

delimitare *v.tr.* to delimit, to define, to bound, to mark off: *il giardino era delimitato da una siepe*, the garden was bounded by a hedge; — *le competenze di un ufficio*, to define the responsibilities of a department; — *il campo d'azione*, to define the field of action.

delimitativo *agg.* delimiting, bounding, defining.

delimitazione *s.f.* delimitation; limits (*pl.*).

delineabile *agg.* delineable, that can be outlined (*pred.*).

delineamento *s.m.* delineation.

delineare *v.tr.* to outline, to sketch (out) (*anche fig.*); (*form.*) to delineate: *delineò brevemente le condizioni della Francia*, he briefly outlined the conditions of France; — *una figura*, to sketch a figure.

□ **delinearsi** *v.intr.pron.* to loom; to come* into sight; (*fig.*) to emerge; to look: *le montagne si delinearono all'orizzonte*, the mountains loomed (up) on the horizon; — *in lontananza*, to loom (up) in the distance; *la situazione si delinea difficile*, the situation looks (*o* promises to be) difficult.

delineato *agg.* outlined, delineated, (clearly) defined.

delineatore *s.m.* (*inform.*) — *di carattere*, character boundary.

delineazione *s.f.* delineation.

delinquente *agg.* delinquent, criminal: *azione* —, criminal action ◆ *s.m.* e *f.* delinquent, criminal; offender: *un — nato*, a born criminal; *una banda di delinquenti*, a gang (of criminals); *giovani delinquenti*, juvenile delinquents: — *primario*, first offender; — *comune*, common (*o* street) criminal.

delinquenza *s.f.* delinquency, criminality: *aumento della* —, increase in the crime rate; — *minorile*, juvenile delinquency; — *urbana*, urban crime; — *organizzata*, organized crime.

delinquenziale *agg.* delinquent.

delinquere *v.intr.* (*dir.*) to commit an offence, to commit a crime // *associazione per* —, criminal enterprise (*o* criminal association *o* criminal conspiracy) // *istigazione a* —, solicitation (*o* inducement).

delio *agg.* Delian.

deliquescente *agg.* (*chim.*, *fis.*, *bot.*) deliquescent: (*bot.*) *diventare* —, (*di spore*) to deliquesce.

deliquescenza *s.f.* (*chim.*, *fis.*, *bot.*) deliquescence.

deliquio *s.m.* swoon, fainting fit, faint: *cadere in* —, to faint (*o* to swoon).

delirante *agg.* delirious, raving; — *di gioia*, delirious (*o* crazy) with joy; *pubblico* —, ecstatic audience.

delirare *v.intr.* to rave, to be delirious (*anche estens.*): *il paziente incominciò a* —, the patient began to rave; *sta delirando*, he's raving; — *d'amore*, to be madly in love.

delirio *s.m.* **1** (*med.*) delirium; frenzy: — *febbrile*, delirious fever; *entrare in* —, to become delirious **2** (*fig.*) raving, frenzy; fever, ecstasy, rapture: — *di collera*, *di disperazione*, frenzy of passion, of desperation; — *di guadagno*, greed for gain; — *patriottico*, patriotic enthusiasm (*o* fever); *il suo discorso suscitò un — di applausi*, his speech aroused great enthusiasm (*o* wild applause); *mandare il pubblico in* —, to send the audience into ecstasy.

delirium tremens *s.m.* (*lat.*) (*med.*) delirium tremens.

deliro → **delirio**.

delitto *s.m.* **1** (*dir.*) crime, offence, (*amer.*) offense; (*grave*) felony; (*meno grave*) misdemeanour; (*fam.*) (*omicidio*) murder: — *capitale*, capital offence (*o* crime); — *doloso*, wilful and malicious crime (*o* intentional crime); — *politico*, political offence; — *contro l'ordine pubblico*, breach of the peace; — *contro la persona*, violent crime; — *contro la proprietà*, crime against property (*o* property crime); — *perfetto*, perfect crime (*o dir.* consummated crime); *corpo del* —, corpus delicti; *la diffamazione è un* —, defamation is a misdemeanour; *commettere un* —, to commit a crime; *incolpare di un* —, to charge with a crime **2** (*fig.*) crime: *sarebbe un — modernizzare questi vecchi mobili!*, it would be a crime to modernize this old furniture!

delittuosità *s.f.* criminality.

delittuoso *agg.* criminal: *un'azione delittuosa*, a criminal action.

delizia *s.f.* delight, joy, pleasure; (*persona gentile*) darling: *con mia grande* —, to my great delight; *suona che è una* —, she plays delightfully; *essere la — di qlcu.*, to be s.o.'s delight (*o* darling).

deliziare *v.tr.* to delight, to charm: — *le orecchie, gli occhi di qlcu.*, to delight s.o.'s ears, eyes.

□ **deliziarsi** *v.intr.pron.* to delight (in sthg., in doing), to take* pleasure (in sthg., in doing), to find* pleasure (in sthg., in doing): — *di musica*, to take great pleasure in music.

delizioso *agg.* delightful, charming, lovely; (*di sapore*, *profumo*) delicious: *che dolce —!*, what a delicious cake!; *musica*, *vista deliziosa*, delightful music, view; *una ragazza deliziosa*, a charming (*o* delightful) girl; *un sorriso* —, a charming smile; *ha un profumo* —, it smells delicious.

delorenzite *s.f.* (*min.*) tanteuxenite.

delta *s.m.* **1** (*geogr.*) delta: *il — del Nilo*, the Nile delta; — *a ventaglio*, fan delta **2** (*lettera dell'alfabeto greco*) delta // (*fis.*) *raggi* —, delta rays; (*metall.*): *ferro* —, delta iron; *metallo* —, delta metal.

deltaplanista *s.m.* e *f.* hang glider.

deltaplano *s.m.* **1** (*velivolo*) hang glider **2** (*sport*) hang gliding.

deltazione *s.f.* (*geogr.*) deltafication.

deltizio *agg.* (*geogr.*) deltaic; delta (*attr.*).

deltoide *agg.* (*anat.*) deltoid, shaped like a delta ◆ *s.m.* (*anat.*) deltoid (muscle).

deltoideo *agg.* (*anat.*) deltoid.

delucidare[1] *v.tr.* **1** (*rendere più lucido*) to make* brighter, to give* lustre to **2** (*fig.*) to explain, to clarify, to elucidate, to clear up, to make* clear.

delucidare[2] *v.tr.* (*tess.*) to decatize.

delucidazione[1] *s.f.* explanation, elucidation.

delucidazione[2] *s.f.* (*tess.*) decatizing.

deludente *agg.* disappointing.

deludere *v.tr.* to disappoint, to disillusion; to let* s.o. down; (*mandare a vuoto*) to frustrate: *non deludermi!*, don't let me down! (*o* don't disappoint me!); *questo libro mi ha deluso*, this book disappointed me; *la sua ambizione fu delusa*, his ambition was frustrated; — *le speranze*, to disappoint (*o* to belie) one's hopes; — *le aspettative di qlcu.*, to disappoint s.o.'s expectations; *il film ha deluso la critica*, the film disappointed the critics.

delusione *s.f.* disappointment, disillusion; (*amarezza*) frustration: *provare un'amara* —, to feel bitterly disappointed; *mio figlio mi ha dato una grande* —, my son has really disappointed me (*o* let me down); *che — questo film!*, how disappointing (*o* what a disappointment) this film is!

deluso *agg.* disappointed, disillusioned, frustrated: *speranze deluse*, frustrated hopes; *un uomo — dalla vita*, a man disillusioned by life; *quell'insuccesso l'ha lasciato profondamente* —, the failure has left him deeply disillusioned.

delusoriamente *avv.* delusively.

delusorio *agg.* disappointing, delusory; *una risposta, una prestazione delusoria*, a disappointing reply, performance.

demagnetizzare *v.tr.* to demagnetize.

demagnetizzazione *s.f.* (*fis.*) demagnetization, degauss: *cavo di* —, degaussing cable.

demagogia *s.f.* demagogy, demagoguery: *fare della* —, to act as a demagogue (*o* to play to the crowd).

demagogicamente *avv.* demagogically.

demagogico *agg.* demagogic(al): *sono i soliti discorsi demagogici*, it's the usual playing to the crowd (*o* gallery); *governo* —, demagogic government.

demagogo *s.m.* demagogue.

demandare *v.tr.* (*dir.*) to assign, to delegate, to commit, to refer, to submit; (*deferire*) to pass on: *la pratica fu demandata a un altro tribunale*, the case was referred to another (law) court.

demaniale *agg.* owned by the State (*pred.*); State (*attr.*): *proprietà*, *beni demaniali*, State property; *terreni demaniali*, State demesne.

demanialità *s.f.* State ownership.

demanio *s.m.* State property; (State) demesne; (State) domain; public domain; (*terre demaniali*) State lands (*pl.*); (*di un regno*) Crown lands (*pl.*); (*di una federazione di stati*) Federal property: *ufficio del* —, State property office.

demantoide *s.f.* (*min.*) demantoid.

demarcare *v.tr.* to demarcate, to delimit, to mark out.

demarcativo *agg.* (*ling.*) demarcative: *in francese l'accento ha funzione demarcativa*, in French the accent has a demarcative function.

demarcazione *s.f.* demarcation: *linea di* —, demarcation (*o* boundary) line.

dematerializzazione *s.f.* (*econ.*) dematerialization.

demente *agg.* **1** (*psic.*) demented **2** (*estens.*) insane, mad, crazy ◆ *s.m.* **1** (*psic.*) dement **2** (*estens.*) lunatic; madman*, crazy: *è un povero* —, he is out of his mind, poor fellow ◆ *s.f.* lunatic; madwoman*.

demenza *s.f.* **1** (*psic.*) dementia: — *precoce*, dementia praecox; — *senile*, senile dementia **2** (*estens.*) insanity, madness; stupidity, craziness.

demenziale *agg.* **1** (*psic.*) demential **2** (*estens.*) crazy, mad: *è — da parte tua volere partire proprio ora*, you're crazy to want to leave now.

demeritare *v.tr.* (*non meritare più*) to forfeit, to lose*, to become* unworthy (of sthg.): *avete demeritato la nostra stima*, you have forfeited our esteem ◆ *v.intr.* to be unworthy (of sthg.): — *della patria*, to be unworthy of one's country.

demerito *s.m.* fault, short coming, demerit: *ha solo qualche piccolo* —, he has only a few small faults // *nota di* —, bad mark.

demielinizzazione *s.f.* (*med.*) demyelinization.

demilitarizzare *v.tr.* to demilitarize.

demilitarizzazione *s.f.* demilitarization; (*il demilitarizzare*) demilitarizing.

demineralizzare *v.tr.* to demineralize.

demineralizzazione *s.f.* demineralization.

demi-sec *agg.* e *s.m.* (*fr.*) medium dry, demi-sec: *una bottiglia di* —, a bottle of medium dry (*o* demi-sec); *vino* —, medium dry wine.

demistificare *v.tr.* to demystify, to debunk, to expose: *ci vuole anche coraggio a — il suo mito*, you also need courage to debunk the myth surrounding him.

demistificatore *s.m.* **demistificatrice** *s.f.* demystifier, debunker ◆ *agg.* demystifying, debunking: *il suo è un libro* —, his book is an exposé.

demistificatorio *agg.* demystifying: *un'azione demistificatoria*, a demystification (*o* an exposure).

demistificazione *s.f.* debunking, exposure.

demitizzare *v.tr.* to demythicize.

demitizzazione *s.f.* demythification.

demitologizzare → **demitizzare**.

demiurgico *agg.* demiurgic.

demiurgo *s.m.* demiurge; (*fig.*) maker, creator.

demo[1] *s.m.* (*st. greca*) deme; demos.

demo[2] *s.f.* (*inform.*) demo.

democraticamente *avv.* democratically.

democraticismo *s.m.* affection of democracy, spurious democracy.

democraticità *s.f.* **1** democracy, democratic nature **2** (*fig. fam.*) (*semplicità, affabilità*) informality, affability.

democratico *agg.* **1** democratic: *il partito* —, the Democratic Party **2** (*fig. fam.*) (*semplice, affabile*) informal, unassuming, easygoing: *ha un direttore molto* —, his boss is very informal ◆ *s.m.* **1** democrat **2** (*fig. fam.*) (*persona affabile e alla mano*) easygoing fellow, informal fellow.

democratismo → **democraticismo**.

democratizzare *v.tr.* to democratize: — *le istituzioni politiche*, to democratize the political institutions.
□ **democratizzarsi** *v.rifl.* o *intr.pron.* to become* democratic.

democratizzazione *s.f.* democratization.

democrazia *s.f.* **1** democracy: — *costituzionale, rappresentativa*, constitutional, representative democracy; *le democrazie occidentali*, the Western democracies; (*pol.*) *Democrazia Cristiana*, Christian Democracy **2** (*fig. fam.*) informality, unassumingness: *è un uomo di grande* —, he's a very unassuming man.

democristiano *agg.* e *s.m.* (*pol.*) Christian Democrat: *partito* —, Christian Democrat Party.

democriteo *agg.* (*st. fil.*) Democritean.

démodé *agg.* (*fr.*) démodé, old-fashioned: *un'automobile* —, an old-fashioned car.

demodossologia *s.f.* research into the formation of public opinion.

demodulare *v.tr.* (*rad.*) to demodulate.

demodulatore *s.m.* (*rad.*) demodulator.

demodulazione *s.f.* (*rad.*) demodulation.

demofobia *s.f.* (*psic.*) obsessive fear of crowds.

demografia *s.f.* demography.

demografico *agg.* demographic; population (*attr.*): *indice* —, demographic index; *indagine demografica*, demographic survey // *incremento* —, population increase // *pianificazione demografica*, family planning.

demografo *s.m.* demographer.

demolire *v.tr.* **1** to demolish, to pull down: *hanno deciso di — quell'edificio*, they have decided to pull down (*o* to demolish) that house // *ha demolito la macchina in un incidente*, he wrecked his car in an accident **2** (*fig.*) to demolish, to destroy, to crush, to wreck: *la critica lo ha demolito*, the critics tore him to pieces; *ho demolito la sua argomentazione*, I demolished his argument; *nel suo libro ha tentato di — la teoria dell'estetica crociana*, in his book he tried to demolish Croce's theory of aesthetics // — *la reputazione di qlcu.*, to demolish (*o* to destroy) s.o.'s reputation.

demolitivo *agg.* demolition (*attr.*); (*fig.*) destructive // (*med.*) *intervento* —, radical surgery.

demolitore *agg.* **1** demolition (*attr.*) **2** (*fig.*) destructive: *critica demolitrice*, destructive criticism ◆ *s.m.* **1** demolisher, destroyer: — *di auto*, car wrecker **2** (*fig.*) destroyer.

demolizione *s.f.* **1** demolition, pulling down: *la — di quell'edificio comincerà domani*, the demolition of that house will begin tomorrow **2** (*fig.*) destruction: *la — di una istituzione*, the destruction of an institution; *iniziò una sistematica — di quella teoria*, he began the systematic demolition of that theory.

demologia *s.f.* folklore.

demologico *agg.* folkloric, folklore (*attr.*).

demologo *s.m.* folklorist.

demoltiplica *s.f.* (*mecc.*) reduction gear.

demoltiplicare *v.tr.* **1** (*mecc.*) to gear down **2** (*elettr.*) to demultiply, to scale.

demoltiplicatore *s.m.* **1** (*mecc.*) reduction gear **2** (*elettr.*) demultiplier, scaler **3** (*rad.*) divider.

demoltiplicazione *s.f.* **1** (*mecc.*) reduction: — *di velocità*, speed reduction **2** (*rad.*) division: — *di frequenza*, frequency division.

demone *s.m.* **1** (*genio*) demon; genius*; daemon; (attendant) spirit; (*cattivo*) evil spirit, demon, devil: *il — della gelosia*, the demon of jealousy; *il — del gioco*, the demon of gambling // *il — di Socrate*, the daemon of Socrates **2** (*diavolo*) devil: *un orrendo* —, a hideous devil.

demonetizzare meno com. **demonetare** *v.tr.* (*fin.*) to demonetize.

demonetizzazione *s.f.* (*fin.*) demonetization.

demoniaco *agg.* **1** demoniac, satanic **2** (*perverso*) diabolic, fiendish, devilish: *intelligenza demoniaca*, diabolic intelligence.

demonico *agg.* demoniac(al) ◆ *s.m.* (*antropologia*) daemon.

demonietto *s.m.* imp, little devil (*anche fig.*): *è un vero —!*, he's an imp (*o* a perfect little devil)!

demonio *s.m.* **1** devil, satan, demon, evil spirit: *alcune sette si dedicano al culto del* —, some sects practise satanism // *dopo tutto non è il* —, after all, it is not so bad // *fare il* —, (*fig.*) to turn everything upside down (*o* to raise hell) // *avere addosso il* —, to be driven by the devil // *essere posseduto dal* —, to be possessed by the devil **2** (*persona malvagia*) devil, fiend, villain; (*persona vivace*) devil, demon, imp; (*persona abile*) wizard: *negli affari è un vero* —, he is a wizard at business; *questo ragazzo è un* —, this boy is a little devil (*o* a young imp *o* a terror).

demonismo *s.m.* demonism.

demonizzare *v.tr.* to demonize.

demonizzazione *s.f.* demonization.

demonofobia *s.f.* demonophobia.

demonolatria *s.f.* demonolatry.

demonologia *s.f.* demonology.

demonologico *agg.* demonologic(al).

demonomania *s.f.* (*med.*) demonomania.

demoplutocrazia *s.f.* demo-plutocracy, plutocracy disguised as democracy.

demoproletario *s.m.* supporter of Democrazia Proletaria, member of Democrazia Proletaria (Worker's Democracy Party) ◆ *agg.* of Democrazia Proletaria.

demopsicologia *s.f.* folk psychology.

demoralizzante *agg.* demoralizing.

demoralizzare *v.tr.* **1** to demoralize, to dishearten: *la sconfitta demoralizzò le truppe*, the defeat demoralized the troops **2** (*non com.*) (*depravare*) to deprave, to demoralize.
□ **demoralizzarsi** *v.intr.pron.* to become* demoralized, to lose* heart: *si demoralizzò al primo insuccesso*, he lost heart (*o* became disheartened) at the first failure; *non si demoralizza davanti a niente*, he doesn't get demoralized by anything.

demoralizzato *agg.* 1 demoralized, disheartened, discouraged: *è assai* —, he is deeply disheartened 2 (*non com.*) (*depravato*) depraved, demoralized.

demoralizzazione *s.f.* demoralization.

demordere *v.intr.* to give* in, to leave* off, to give* up: *non — da un proposito*, not to give up a plan (*o* to hold to a plan): *nulla riusciva a farlo* —, nothing could make him give in.

demoscopia *s.f.* public opinion survey.

demoscopico *agg.* public opinion (*attr.*); of public opinion (*pred.*): *indagine demoscopica*, (public) opinion poll.

demotico *agg.* e *s.m.* demotic.

demotismo *s.m.* (*ling.*) demotism.

demotivare *v.tr.* to demotivate: *il continuo cambiamento di insegnante ha demotivato gli studenti*, the continual changes of teacher have demotivated the students.

□ **demotivarsi** *v.intr.pron.* to become* demotivated: *il lavoro non gli era molto congeniale e si demotivò dopo poco tempo*, the job didn't appeal to him very much and soon he became demotivated.

demotivato *agg.* demotivated: *essere, sentirsi* —, to be, to feel demotivated.

demotivazione *s.f.* demotivation.

demulsificazione *s.f.* (*chim.*) demulsification.

demuscazione *s.f.* fly disinfestation.

denaro *s.m.* 1 money [U]: — *contante*, cash (*o* ready money); — *spicciolo*, change; — *per piccole spese*, pocket money; *molto* —, much (*o* a lot of *o* a great deal of) money; *poco* —, not much (*o* little) money; *un po' di* —, a little money; *un mucchio di* —, a pile (*o* heaps) of money; *avere molto* —, to be very rich (*o* wealthy); *essere senza* —, to be hard up (*o* to be broke); *essere a corto di* —, to be short of money (*o* to be hard up); *far* —, to make money; *guadagnare molto* —, (*fam.*) to earn bags of money // — *disponibile*, money (*o* cash) on hand; — *in cassa*, cash on hand (*o* till money *o* vault money) // — *sporco*, dirty money (*o* slush money), (*sl. amer.*) grease; *riciclare* — (*sporco*), to launder money; — *sudato*, hard-earned money; — *dato a un sicario*, blood money // *distributore di* —, cash dispenser // *prepararsi col* — *contato*, have the right money ready; *non ci si può imbarcare in un viaggio così col* — *contato*, we can't start out on a journey like that with a fixed budget; *contare il* — *in tasca a qlcu.*, to work out how much money s.o. has // *così sprechi tempo e* —, in this way you're wasting your time and money // (*econ.*): — *a corso legale*, legal tender; — *attivo*, active money; — *a vista*, call money; — *a buon mercato, facile*, cheap (*o* easy) money; — *caro*, dear (*o* tight) money; — *a richiesta*, quick money; — *liquido*, cash (*o* liquid funds *o* cash liquidity); — *inattivo, infruttifero*, dead (*o* idle) money; — *da incassare*, funds to be received (*o* receivables); — *da pagare*, funds to be paid (*o* payables); — *a interesse*, money at interest; — *pubblico*, public money; *investire* — *a fondo perduto*, to sink money; *movimento di* —, money circulation; *impiego di* —, investment of money; *reddito in* —, money income // (*Borsa*): — *e lettera*, bid price and offer price; *corso* —, bid price 2 (*st. romana*) denarius (*pl.* -i); (*st. francese*) denier 3 (*tess.*) denier 4 *pl.* (*ricchezze*) riches; wealth [U] 5 *pl.* (*a carte*) 'denari' (the suit in Italian playing cards corresponding to diamonds).

denaroso → **danaroso**.

denasalizzare *v.tr.* (*fon.*) to denasalize.

□ **denasalizzarsi** *v.intr.pron.* (*fon.*) to become* denasalized.

denasalizzazione *s.f.* (*fon.*) denasalization.

denatalità *s.f.* fall in the birthrate.

denaturante *agg.* (*chim.*) denaturing ◆ *s.m.* (*chim.*) denaturant, denaturing agent.

denaturare *v.tr.* (*chim.*) to denature.

denaturato *agg.* denatured: *alcol* —, denatured alcohol; (*fam.*) methylated spirits.

denaturazione *s.f.* (*chim.*) denaturation.

denazificare *v.tr.* to denazify.

denazionalizzare *v.tr.* (*econ.*) to denationalize.

denazionalizzazione *s.f.* (*econ.*) denationalization.

dendrite *s.f.* (*min., anat.*) dendrite.

dendritico *agg.* (*min., anat.*) dendritic.

dendrobate *s.m.* (*zool.*) arrow poison frog.

dendrocronologia *s.f.* dendrochronology.

dendroide *agg.* (*bot.*) dendroid, branching, tree-like.

dendrologia *s.f.* (*bot.*) dendrology.

denervare *v.tr.* (*med.*) to denervate.

denicotinizzare *v.tr.* to denicotinize.

denicotinizzazione *s.f.* denicotinization.

denigrare *v.tr.* to denigrate, to defame, to blacken; (*fam.*) to run* down; (*screditare*) to disparage: — *il buon nome di qlcu.*, to run s.o. down (*o* to blacken s.o.'s reputation); — *un avversario*, to denigrate an opponent; — *un libro*, to run down a book.

denigratore *agg.* disparaging, defamatory; (*calunnioso*) slanderous ◆ *s.m.*, **denigratrice** *s.f.* denigrator, defamer; (*calunniatore*) slanderer.

denigratorio *agg.* disparaging, denigration; (*calunnioso*) slanderous.

denigrazione *s.f.* denigration, disparagement; defamation.

denitrare *v.tr.* (*chim.*) to denitrate.

denitrazione *s.f.* (*chim.*) denitration.

denitrificare *v.tr.* (*chim.*) to denitrify.

denitrificazione *s.f.* (*chim.*) denitrification.

denocciolare *v.tr.* to stone.

denocciolatrice *s.f.* stoner.

denominale *agg.* e *s.m.* (*ling.*) denominative.

denominare *v.tr.* to denominate, to name, to call: *Geoffrey Chaucer è denominato il padre della lingua inglese*, Geoffrey Chaucer is called the father of the English language; *questi sono i vocaboli che denominano le parti del motore*, these are the words that name the parts of the motor; *questa strada fu denominata 'Viale della Vittoria'*, this road was named 'Victory Way'.

□ **denominarsi** *v.intr.pron.* to be named, to be called.

denominativo *agg.* denominative.

denominatore *s.m.* (*mat.*) denominator: *il minimo comun* —, the lowest common denominator.

denominazione *s.f.* 1 denomination, naming; (*nome*) name, appellation: — *sociale*, company name; — *commerciale*, trade name; — *d'origine*, denomination of origin; — *scientifica*, scientific name; *tutti questi fatti hanno un'unica* —, all these events are covered by a single name 2 (*mat.*) (*denominatore*) denominator.

denotare *v.tr.* to reveal, to betray, to denote, to indicate, to show*: *tutti questi elementi denotano la natura del problema*, all these elements reveal the nature of the problem; *niente sembra — che sia colpevole*, nothing seems to show (*o* to indicate) that he is guilty; *un comportamento che denota insicurezza*, behaviour that reveals (*o* betrays) insecurity.

denotativo *agg.* denotative.

denotazione *s.f.* denotation, sign, indication.

densamente *avv.* densely; thickly: *regione — popolata*, densely populated region.

densimetrico *agg.* (*fis.*) densimetric // (*min.*) *analisi densimetrica*, float-and-sink analysis.

densimetro *s.m.* (*fis.*) densimeter, hydrometer: — *per acqua marina, per soluzioni saline*, salinometer; — *per aeriformi*, aerometer.

densità *s.f.* 1 density, denseness; (*l'essere fitto, spesso*) thickness; (*fig.*) wealth [U]: — *di fumo*, thickness of smoke; — *di popolazione*, density of population; — *di concetti*, wealth of ideas; — *di traffico*, density of traffic // — *di vegetazione*, bushiness // (*stat.*) *funzione di* —, density function 2 (*fis.*) density: — *di corrente*, current density; — *di flusso*, flux density; — *di flusso radiante*, irradiance; — *luminosa, magnetica*, light, magnetic density.

densitometro *s.m.* (*fis.*) densitometer.

denso *agg.* 1 dense; (*spesso*) thick: *una folla molto densa*, a very thick (*o* dense) crowd; *una nebbia densa*, thick (*o* dense) fog; *olio* —, thick oil 2 (*pieno di*) full (of sthg.), packed (with sthg.), crowded (with sthg.): *discorso — di idee*, speech packed with (*o* full of) ideas; *giornata densa di impegni*, a day crowded with engagements.

dentale *agg.* dental: (*anat.*) *alveolo, papilla* —, dental crypt, bulb; (*fon.*) *consonante* —, dental consonant ◆ *s.f.* (*fon.*) dental.

dentalio *s.m.* (*zool.*) (*Dentalium entalis*) tooth shell.

dentario *agg.* (*anat.*) dental; tooth (*attr.*): *carie dentaria*, tooth decay (*o* caries); *protesi dentaria*, dental prothesis.

dentaruolo *s.m.* teething ring.

dentata *s.f.* 1 (*morso*) bite 2 (*segno di denti*) toothmark.

dentato *agg.* 1 toothed 2 (*bot., zool.*) dentate 3 (*mecc.*) toothed; (*a denti di sega*) serrated: *ruota dentata*, cogwheel.

dentatrice *s.f.* (*mecc.*) gear cutter, gear cutting machine.

dentatura *s.f.* 1 (set of) teeth: *ha una bella* —, she has good teeth (*o* a fine set of teeth) 2 (*mecc.*) toothing: — *a denti di sega*, serration; (*taglio dei denti di una ruota dentata*) gear cutting.

dente *s.m.* 1 tooth*; (*di animale feroce*) fang; (*zanna*) tusk; (*di serpente velenoso*) (poison) fang: — *canino*, canine (tooth) (*o* eyetooth), (*di animale*) holder, (*spec. di cavallo*) tush; — *cariato*, decayed (*o* carious) tooth; (*fam.*) rotten tooth; — *d'elefante*, tusk; — *del giudizio*, wisdom tooth; — *di latte*, milk tooth; — *d'oro*, gold tooth; *denti finti*, false teeth; — *incisivo*, incisor, (*di cavallo*) nipper; — *molare*, molar (tooth) (*o* grinder); *denti sporgenti*, buckteeth; *denti storti*, crooked teeth; *mal di denti*, toothache: *ho un gran mal di denti*, I have a bad toothache; *senza denti*, toothless; *spazzolino da denti*, toothbrush; *mi è rimasto qlco. tra i denti*, I've got sthg. stuck between my teeth; *estrarre un* —, to pull out (*o* to extract) a tooth; *farsi cavare un* —, to have a tooth out; *farsi otturare un* —, to have a tooth filled (*o* stopped); *mettere i denti*, to cut one's teeth: *il bambino ha messo un* —, the baby has cut a tooth; *il bambino sta mettendo i denti*, the baby is teething; *perdere un* —, to lose a tooth; *ha perso alcuni denti davanti*, he has lost a few front teeth; *mi manca un* —, I have a tooth missing; *rompere una corda coi denti*, to bite through a rope; *tirare un pugno sui denti a qlcu.*, to punch s.o. in the teeth; *spaccare i denti a qlcu.*, to break s.o.'s teeth **2** (*rar.*) (*morso*) sting: *il — dell'invidia*, the sting of envy; *il — della gelosia*, the gnawing of jealousy **3** (*cosa a forma di dente*) tooth*; (*di forchetta, forcone*) prong; (*di ruota*) cog; (*di ancora*) fluke: *i denti di un pettine, di una sega, di un rastrello*, the teeth of a comb, of a saw, of a rake; *rompere i denti a un pettine*, to break the teeth of a comb **4** (*mecc.*) tooth*; dog: — *a becco*, gullet tooth; — *a cuspide*, herring-bone tooth; — *a evolvente*, involute tooth; — *allungato*, elongated tooth; — *a sommità arrotondata*, round -topped tooth; — *dell'innesto conduttore*, driving dog; — *di arresto*, detent (*o* pawl *o* click *o* catch); — *di cremagliera*, rack-tooth; — *di innesto*, clutch claw (*o* clutch jaw *o* clutch dog); — *di ruota*, pawl, frip; *a — di sega*, saw-toothed (*o* serrated) **5** (*bot.*): — *di leone*, (*Taraxacum officinale*) dandelion, taraxacum; — *di cane*, (*Erythronium dens-canis*) dog's-tooth **6** (*di monte*) jag.

◆ FRASEOLOGIA: *al* —, slightly underdone: *mi piace il riso al* —, I like rice slightly underdone // *sorriso a denti stretti*, tight-lipped (*o* forced) smile // *non è pane per i miei denti*, it is not my cup of tea; *non è pane per i vostri denti*, it's not for (the likes of) you (*o* it's too good for you); (*è troppo difficile per voi*) it is too difficult for you // *avere il — avvelenato contro qlcu.*, to have a grudge against s.o. // *essere armato fino ai denti*, to be armed to the teeth // *lottare con le unghie e coi denti*, to fight tooth and nail // *mostrare i denti*, to show one's teeth // *non aver nulla da mettere sotto i denti*, not to have a bite to eat // *parlare fra i denti*, to mumble (*o* to say sthg. between one's teeth) // *parlare fuori dai denti*, to be outspoken (*o* to speak bluntly) // *batteva i denti dal freddo, dalla febbre, dalla paura*, his teeth chattered with cold, because of fever, with fear // *digrignare i denti*, to grind one's teeth // *rimanere a denti asciutti*, (*non com.*) not to eat a bite (*o* to go hungry); (*restare deluso*) to be disappointed // *stringere i denti*, to grit (*o* to set) one's teeth: *strinse i denti ed avanzò*, he set his teeth and advanced // *tenere l'anima coi denti*, to hang on to life // *tirato coi denti*, farfetched // *la lingua batte dove il — duole*, (*prov.*) the tongue ever turns to the aching tooth // *occhio per occhio, — per* —, an eye for an eye, a tooth for a tooth.

dentellare *v.tr.* to indent, to notch, to serrate: — *un tessuto*, to pink a fabric.

dentellato *agg.* **1** (*mecc.*) indented, notched, serrated **2** (*arch.*) denticulate **3** (*bot.*) crenate; dentate; sinuate: *finemente* —, serrulate(d).

dentellatura *s.f.* **1** indent, indentation; (*tacca a V*) notch; (*a denti di sega*) serration; (*di francobollo*) perforation **2** (*arch.*) denticulation **3** (*bot.*) crenation; serration, serrature: — *fine*, serrulation.

dentello *s.m.* **1** (*mecc.*) tooth* **2** (*arch.*) dentil: *a dentelli*, denticulate **3** (*ricamo*) dentelle, lace **4** (*di francobollo*) perforation.

dentellometro → **odontometro**.

dentice *s.m.* (*zool.*) dentex.

denticolato *agg.* (*non com.*) denticulate (*anche bot.*), dentate, toothed, serrated.

dentiera *s.f.* **1** denture, dental plate; set of false teeth: *mettere, portare la* —, to wear dentures (*o* false teeth) **2** (*mecc.*) (*cremagliera*) rack: *ferrovia a* —, rack railway.

dentifricio *agg.* tooth (*attr.*): *pasta dentifricia*, toothpaste ◆ *s.m.* toothpaste; dentifrice; (*in polvere*) tooth powder; (*liquido*) mouthwash.

dentina *s.f.* (*anat.*) dentin, dentine.

dentista *s.m.* e *f.* dentist: *meccanico* —, dental mechanic; *trapano da* —, dentist's drill.

dentistico *agg.* dental: *gabinetto* —, dentist's surgery.

dentizione *s.f.* dentition; teething; cutting of teeth: *prima, seconda* —, primary, secondary dentition; *età della* —, teething age.

dentone *s.m.* (*scherz.*) goofy.

dentro *avv.* **1** in, (*form.*) within; (*all'interno*) inside, indoors: *ci sono troppi mobili — questa stanza*, there's too much furniture in this room; *fa freddo fuori, conviene stare* —, it's cold outside, we'd better stay indoors; *venite* —, come inside (*o* indoors); *ci sono le istruzioni —?*, are the instructions inside?; *chissà che cosa ci sarà —!*, I wonder what's inside; *andiamo — a dare un'occhiata*, let's go and have a look inside // — *e fuori*, inside and outside (*o* indoors and outdoors) // *qui* —, inside here // *lì* —, inside there // *da* —, from inside // *di* —, inside // *in* — → indentro **2** (*fam.*) (*in prigione*) inside: *andare* —, to go inside; *mettere* —, to put inside; *ha passato tre anni* —, he spent three years inside **3** (*fig.*) (*interiormente*) inwardly; within: *sentii — una grande pena*, I felt great pain within; *sembrava indifferente, ma — soffriva*, she seemed indifferent but was inwardly upset ◆ *prep.* **1** (*posizione, stato*) in, inside; (*entro*) within: — *il box ci sono due macchine*, there are two cars in the garage; *non c'era nessuno — la casa*, there was no one in (*o* inside) the house; *le forbici sono — il cassetto*, the scissors are in the drawer; — (*al*)*le mura della città*, inside (*o* within) the city walls // — *casa*, indoors // — *di me pensai...*, I thought to myself... // *covare odio — di sé*, to nurse hatred // *essere — a qlco.*, (*fig.*) to be in on sthg. // *darci* —, (*fam.*) to get going **2** (*con verbi di moto*) into: *il corteo entrò — la chiesa*, the procession went into the church; *mi spinsero — la macchina*, they pushed me into the car **3** (*riferito a tempo*) within: — *l'anno, il mese*, within the year, the month ◆ *s.m.* inside [cfr. didentro]: *il* (*di*) *fuori e il* (*di*) — *di una casa*, inside and outside a house; *la porta è bloccata dal di* —, the door is locked on the inside; *la finestra si apre dal di* —, the window opens from the inside.

denuclearizzare *v.tr.* to denuclearize // *zona denuclearizzata*, denuclearized zone.

denuclearizzazione *s.f.* denuclearization.

denudamento *s.m.* (*il denudare*) denudation, stripping; (*il denudarsi*) undressing, stripping.

denudare *v.tr.* **1** to strip; to denude (*anche fig.*): *lo denudarono e lo picchiarono*, they stripped and beat him; *fu denudato di ogni suo avere*, he was stripped of all his possessions // — *un altare*, to divest (*o* to strip) an altar **2** (*scoprire*) to uncover, to bare: — *un braccio, una gamba*, to bare an arm, a leg.

□ **denudarsi** *v.rifl.* to strip (off); to undress: *si denudò in mezzo alla folla*, he stripped off in the middle of the crowd.

denudazione *s.f.* **1** denudation; stripping **2** (*geol.*) denudation.

denuncia *s.f.* **1** (*dir.*) (*accusa*) accusation, charge; complaint: *sporgere — contro ignoti*, to file a complaint against an unknown person; *ritirare una* —, to withdraw a charge // *la protesta di questi giovani è una — contro il regime*, the protest of these young people is a condemnation of the regime **2** (*dichiarazione*) declaration, statement: — *dei redditi*, (income) tax return; *presentare la — dei redditi*, to file one's income tax return **3** (*notifica*) notification; report: (*assicurazioni*) — *di sinistro*, report of an accident **4** (*disdetta*) denunciation: — *di un trattato*, denunciation of a treaty.

denunciante *s.m.* e *f.* complainer; accuser.

denunciare *v.tr.* **1** (*dir.*) to denounce, to file a complaint: — *qlcu.*, to inform against s.o.; — *un furto*, to report a theft; — *per diffamazione*, to libel **2** (*estens.*) (*manifestare*) to denote, to reveal, to show*: *parole che denunciano la sua malafede*, words that reveal his untrustworthiness; *il rossore denuncia imbarazzo*, flushing reveals embarrassment // — *le barbarie del razzismo*, to denounce the barbarity (*o* the barbarous acts) of racism **3** (*disdire*) to denounce: — *un trattato, un accordo*, to denounce a treaty, an agreement **4** (*dichiarare*) to report; to declare; to state: — *una nascita*, to report a birth.

denunciatore *s.m.* **denunciatrice** *s.f.* **1** (*non com.*) denounce; (*dir.*) informer **2** (*spia*) spy.

denutrito *agg.* underfed, undernourished, half-starved: *questo bambino ha un aspetto* —, this child looks undernourished.

denutrizione *s.f.* malnutrition; undernourishment.

deo → **dio**.

deodara *s.f.* (*bot.*) (*Cedrus deodara*) deodar.

deodorante *agg.* deodorizing, deodorant ◆ *s.m.* deodorant, deodorizer.

deodorare *v.tr.* to deodorize.

deodorazione *s.f.* deodorization, deodorizing.

deodorizzatore *s.m.* (*chim.*) deodorizer.

deodorizzazione *s.f.* (*chim.*) deodorizing.

Deo gratias *inter.* **1** (*eccl.*) Deo Gratias **2** (*fam.*) thank goodness: *—! abbiamo finito!*, thank goodness! we've finished!

deontologia *s.f.* **1** (*fil.*) deontology **2** (*etica professionale*) ethics [U].

deontologico *agg.* deontological, ethical.

deorbitare *v.tr.* to deorbit: — *un satellite*, to deorbit a satellite ◆ *v.intr.* to deorbit, to go* out of orbit: *il satellite deorbitò*, the satellite deorbited (*o* went out of orbit).

deorbitazione *s.f.* deorbit.

deospedalizzare *v.tr.* to discharge from hospital.

deospedalizzazione *s.f.* discharge from hospital: *la — dei malati di mente*, the discharging from hospital of the mentally ill.

deossigenare *v.tr.* (*chim.*) to deoxygenate.

deossiribonucleico → **desossiribonucleico**.

deostruire *v.tr.* (*rar.*) to unblock, to clear; to open.

depauperamento *s.m.* depauperation, impoverishment, depletion: — *ambientale*, impoverishment of the environment; *il — del terreno*, the impoverishment of the soil; (*fin.*) — *delle riserve auree*, (*di una banca centrale*) gold drain.

depauperare *v.tr.* to impoverish, to depauperate, to pauperize; (*esaurire*) to exhaust, to drain: *la guerra ha depauperato il paese*, the war has impoverished the country.

depauperazione *s.f.* → **depauperamento**.

depenalizzare *v.tr.* (*dir.*) to depenalize; to decriminalize: — *i reati minori*, to decriminalize minor violations.

depenalizzazione *s.f.* (*dir.*) depenalization; decriminalization.

dépendance *s.f.* (*fr.*) annex(e), outbuilding: *una — dell'albergo*, a hotel annex.

depennamento *s.m.* striking out, crossing out, crossing off.

depennare *v.tr.* (*cancellare*) to cross out; to strike* out: — *un nome da una lista*, to strike a name off a list (*o* to cross a name off a list).

deperibile *agg.* perishable: *merce* —, perishable goods (*o* perishables); *cibi deperibili*, perishable foodstuffs (*o* perishables); *non* —, unperishable.

deperibilità *s.f.* perishability.

deperimento *s.m.* **1** (*di salute*) poor state of health, wasting away; loss of strength; (*per un dolore*) pining away: *è in un grave stato di — fisico*, his state of health is very poor **2** (*di cose*) decay; deterioration: *merci soggette a* —, perishable goods **3** (*fin.*) depreciation: — *di capitale*, depreciation of capital.

deperire *v.intr.* **1** (*in salute*) to waste away; to lose* strength; to decline; (*per un dolore*) to pine away: *una lunga malattia l'ha fatto — in pochi mesi*, a long illness made him waste away in a few months **2** (*di pianta*) to wither **3** (*di cose*) to decay, to deteriorate, to perish; to go* bad: *generi alimentari che deperiscono facilmente*, foodstuffs that perish easily.

deperito *agg.* **1** (*debilitato*) run down: *l'ho trovata molto deperita*, I found her very run down **2** (*deteriorato*) badly-off (*pred.*).

depersonalizzazione *s.f.* (*psic.*) depersonalization.

depicciolare *v.tr.* to remove the stalk from (fruit).

depicciolatrice *s.f.* stalk-remover.

depigmentato *agg.* (*biol.*) depigmented.

depigmentazione *s.f.* (*biol.*) depigmentation.

depilare *v.tr.* to remove hair from (sthg.); to depilate: — *le braccia, le gambe*, to depilate one's arms, legs // — *le sopracciglia*, to pluck one's eyebrows.

□ **depilarsi** *v.rifl.* to depilate oneself.

depilatore *s.m.* hair-remover, depilator ◆ *agg.* hair-removing: *crema depilatrice*, hair -removing cream.

depilatorio *agg.* hair-removing; depilatory: *ceretta depilatoria*, depilatory wax ◆ *s.m.* hair -remover, depilatory.

depilazione *s.f.* hair-removal; depilation: — *indolore*, painless depilation; — *delle sopracciglia*, eyebrow plucking.

depistaggio meno com. **depistamento** *s.m.* sidetracking, diversion; derailment: *il — di una inchiesta*, the sidetracking of an inquiry.

depistare *v.tr.* to sidetrack, to head off (sthg., s.o.), to divert, to put* (s.o.) off the scent: — *le indagini della polizia*, to sidetrack (*o* to head off) police inquiries; *i suoi commenti mi hanno completamente depistato*, his comments put me completely off the scent.

deplezione *s.f.* (*med.*) depletion.

dépliant *s.m.* (*fr.*) leaflet, brochure; folder: — *turistico*, tourist brochure.

deplorabile *agg.* deplorable, lamentable, pitiable.

deplorare *v.tr.* **1** (*biasimare*) to blame, to deplore, to disapprove of (sthg.): *è da* —, he is to be deplored; *deploro le sue decisioni*, I disapprove of his decisions; *non posso che — il suo comportamento*, I can only deplore (*o* condemn) his behaviour **2** (*non com.*) (*essere spiacenti di*) to deplore, to be sorry about (sthg.) **3** (*dolersi di, piangere*) to deplore, to lament, to grieve over (sthg.), to mourn: — *la morte di qlcu.*, to grieve over s.o.'s death; — *la propria sorte*, to deplore (*o* to bewail) one's fate.

deplorazione *s.f.* **1** (*disapprovazione*) blame, disapproval: *il suo discorso ha suscitato una — generale*, his speech met with general disapproval; *il preside ha espresso — per il comportamento degli alunni*, the headmaster expressed his disapproval at (*o* over) the students' behaviour **2** (*non com.*) (*compatimento*) lamentation, regret.

deplorevole *agg.* **1** (*biasimevole*) deplorable, regrettable: *il suo atteggiamento è veramente* —, his behaviour is really deplorable; *affermare una cosa del genere è* —, it's deplorable to claim (*o* to assert *o* to state) such a thing **2** (*da compiangere*) deplorable, lamentable, pitiable, wretched: *vivere in uno stato* —, to live in wretched (*o* deplorable) conditions.

depolarizzante *agg.* (*elettr.*) depolarizing ◆ *s.m.* (*elettr.*) depolarizer.

depolarizzare *v.tr.* (*elettr.*) to depolarize.

depolarizzatore *s.m.* (*elettr.*) depolarizer ◆ *agg.* (*elettr.*) depolarizing.

depolarizzazione *s.f.* (*elettr.*) depolarization.

depolimerizzare *v.tr.* (*chim.*) to depolymerize.

depolimerizzazione *s.f.* (*chim.*) depolymerization.

depoliticizzare *v.tr.* to depoliticize.

depoliticizzazione *s.f.* depoliticization.

deponente *agg.* **1** (*gramm.*) deponent **2** (*non com.*) (*dir.*) deponent, testifying (*attr.*) ◆ *s.m.* (*gramm.*) deponent ◆ *s.m.* e *f.* (*non com.*) **1** (*dir.*) testifying witness, deponent, testifier **2** (*banca*) depositor.

deporre *v.tr.* **1** to lay*, to deposit; (*mettere giù*) to put* down, to lay* down, to set* down; (*mettere da parte*) to lay* aside, to put* aside, to set* aside: — *la penna sul tavolo*, to put (*o* to lay) down the pen on the table; *hanno deposto molti fiori sulla sua tomba*, they laid a lot of flowers on his grave; — *il cappello al guardaroba*, to leave (*o* to deposit) one's hat in the cloak room; *deponi il libro e ascoltami*, put your book down and listen to me // — *le armi*, to lay down arms (*o* to surrender) // — *le uova*, to lay eggs // — *qlcu. da una carica*, to remove s.o. from (an) office // — *un re*, (*detronizzarlo*) to depose a king **2** (*depositare*) to deposit: — *materie estranee*, to deposit a sediment; *il vino col tempo depone le impurità*, with time wine deposits a sediment **3** (*fig.*) (*rinunziare a*) to give* up; to set* aside, to forget*, to relinquish: *deponete ogni speranza di rivederlo!*, give up all hope of seeing him again!; — *l'odio*, to set (*o* to put) hatred aside; — *un'idea*, to relinquish an idea; — *la carica, il mandato*, to resign from office // — *l'abito talare*, to leave the cloth (*o* priesthood) // — *la corona*, to put aside (*o* to refuse) the crown **4** (*dir.*) (*testimoniare in giudizio*) to give* testimony, to bear* witness, to depone: — *il falso*, to give false testimony (*o* to commit perjury *o* to bear false witness) ◆ *v.intr.* (*dir.*) (*testimoniare*) to depose, to give* evidence, to testify: — *a favore di qlcu.*, to give evidence in s.o.'s favour (*o* to testify on s.o.'s behalf); — *contro qlcu.*, to give evidence (*o* to testify) against s.o.; *incapacità a* — (*del testimonio*), incompetence of witness // *ciò non depone a tuo favore!*, this is not to your credit! (*o* this does not speak in your favour!).

deportanza *s.f.* (*aerodinamica*) negative lift.

deportare *v.tr.* **1** to deport, to banish: *dopo un lungo processo fu deportato*, he was deported (*o* banished) after a long trial; *fu deportato in Siberia*, he was deported to Siberia; — *un condannato*, to deport a convict **2** (*ant.*) to transport.

deportato *agg.* deported; transported ◆ *s.m.* convict.

deportazione *s.f.* deportation: *condannato alla* —, sentenced to deportation.

deporto *s.m.* (*Borsa*) backwardation: *corso di* —, backwardation rate.

depositante *agg.* depositing ◆ *s.m.* e *f.* **1** (*dir.*) bailor, bailer **2** (*presso banche*) depositor: — *a risparmio*, savings depositor; *libretto del* —, depositor's book **3** (*comm.*) consignor.

depositare *v.tr.* **1** (*mettere giù*) to put* down, to set* down, to deposit: *depositò con cura il pacco*, he put the package down carefully **2** (*dare in deposito*) to deposit; to lodge: *deposita i tuoi bagagli alla stazione*, deposit your bags at the station; — *denaro in una banca*, to deposit money in a bank (*o* to bank money); — *una firma*, to lodge one's signature // (*fin.*): — *azioni*, to lodge shares; — *titoli in banca come garanzia per un prestito*, to lodge securities as collateral for a loan **3** (*immagazzinare*) to store: — *merci*, to store goods **4** (*registrare*) to register: — *un marchio*, to register a trademark; — *la firma*, to register one's signature // — *il bilancio*, (*in caso di fallimento*) to file a statement of one's affairs with the court ◆ *v.intr.* (*di liquidi*) to deposit: *il vino deposita in pochi mesi*, wine precipitates (*o* leaves a deposit) in a few months.

□ **depositarsi** *v.intr.pron.* to settle, to be precipitated, to deposit: *la fanghiglia si depositò sul fondo del canale*, the sediment settled on the bottom of the canal.

depositario *s.m.* 1 (*comm.*) depositary, depository; consignee: — *autorizzato*, authorized depository; — *generale*, general depository; (*fin.*) — *di capitali*, depositary of funds 2 (*dir.*) (*a garanzia*) bailee; (*di fiducia*) trustee 3 (*fig.*) repository: *essere il — di un segreto*, to be the keeper (*o* guardian) of a secret; *si ritiene il — della verità*, he thinks he is the guardian of the truth.

deposito *s.m.* 1 (*il depositare*) depositing; (*soldi*) depositing, banking, lodging; (*merci*) storage, storing, warehousing // — *di documenti*, filing of documents 2 (*magazzino*) depot, warehouse, storehouse, depository, storage; (*spec. mil.*) depot: — *doganale*, bonded warehouse; — *franco*, entrepot; — *bagagli*, left luggage; — *legnami*, timber yard; — *di carbone*, coal depot (*o* coal yard); *certificato di* —, warehouse receipt; — *per autobus*, (bus) depot 3 (*consegna fiduciaria, pegno*) deposit: *in* —, (*di denaro*) on deposit, (*di merci*) on consignment; — *cauzionale*, *a garanzia*, guarantee deposit (*o* caution money *o* security *o dir.* bail); *lasciare un* —, to pay a deposit; *lasciare una somma come* —, to leave a sum as deposit; *dare qlco. in — a qlcu.*, to entrust s.o. with sthg. // (*banca*): — *bancario*, (bank) deposit; — *a custodia*, safe custody; — *a risparmio*, savings deposit (*o* savings account); — *a vista*, demand (*o* sight) deposit; — *bloccato*, frozen deposit; — *con* (*termine di*) *preavviso*, notice deposit; — *fruttifero*, interest -bearing deposit; — *in cassetta di sicurezza*, safe deposit; — *in conto corrente*, current account deposit (*o* deposit on current account *o amer.* checking deposit); — *interbancario con scadenza il primo giorno*, overnight deposit; — *in valuta o titoli*, deposit in currency or securities; — *rimborsabile*, returnable deposit; — *vincolato, a termine*, fixed-term, time deposit; *Cassa Depositi e Prestiti*, Bank for Deposits and Loans; *ufficio depositi e custodia*, safe deposit department; *ricevuta di* —, deposit receipt // (*Borsa*) — *di garanzia*, margin (*o* trust money) 4 (*registrazione*) registration; registering: — *di marchio di fabbrica*, registering of a trademark; — *della firma*, registration of signature 5 (*sedimento*) deposit, sediment; dregs (*pl.*) // (*geol.*): — *alluvionale*, alluvium; warp; — *glaciale*, till.

deposizione *s.f.* 1 deposition: — *da una carica*, removal (*o* dismissal) from office; — *dal trono*, deposition from the throne (*o* dethronement) // *la Deposizione* (*di Cristo*), the Deposition (from the Cross) // *la Deposizione di Tiziano*, Titian's Deposition 2 (*dir.*) deposition; evidence ⓤ, testimony: *le deposizioni dei testimoni*, the evidence of the witnesses; *fare una* —, to depose (*o* to make a deposition *o* to testify): *fare una — in favore di qlcu.*, to give evidence in s.o.'s favour; *firmare la* —, to sign the deposition.

depotenziamento *s.m.* weakening; reducing; reduction: *il — delle forze armate*, the reduction in the armed forces.

depravare *v.tr.* to deprave, to corrupt, to pervert, to debase: — *i giovani*, to corrupt youth; — *i costumi*, to corrupt morals.
□ **depravarsi** *v.rifl.* o *intr.pron.* to become* depraved, to become* corrupt, to become* perverted, to become* debased.

depravato *agg.* depraved, corrupt, perverted: *gusto* —, depraved taste ◆ *s.m.* depraved person, depraved man.

depravazione *s.f.* 1 (*il depravare*) depravation, corruption, perversion 2 (*l'essere depravato*) depravity, corruption, perversion: *la — di certi ambienti politici è incredibile*, the corruption in certain political circles is incredible.

deprecabile *agg.* deprecable, disgraceful, unwelcome: *comportamento* —, disgraceful behaviour.

deprecare *v.tr.* to condemn, to disapprove of (sthg.), to deprecate: — *il ricorso alla forza*, to condemn the use of force; *depreco il suo modo di agire*, I disapprove of his behaviour.

deprecativamente *avv.* deprecatingly, entreatingly.

deprecativo *agg.* (*non com.*) deprecatory, deprecative // *esclamazione deprecativa*, (interjection of) imploration.

deprecatorio *agg.* (*letter.*) deprecatory.

deprecazione *s.f.* 1 (*letter.*) deprecation, entreaty 2 disapproval: *le sue parole hanno suscitato la — generale*, his words aroused general disapproval.

depredamento *s.m.* (*rar.*) depredation, plunder, pillage, ravaging, sack, despoliation.

depredare *v.tr.* to plunder, to pillage, to maraud, to ravage, to sack, to despoil, to loot: *i vincitori depredarono le campagne*, the victors plundered the countryside; *si lasciò libertà ai soldati di saccheggiare e* —, the soldiers were allowed to sack and plunder; — *una città*, to plunder (*o* to loot) a city; — *qlcu. del denaro*, to rob s.o. of his money.

depredatore *agg.* (*letter.*) plundering ◆ *s.m.* (*letter.*) depredator, spoiler, despoiler, pillager.

depredazione *s.f.* (*letter.*) depredation, plunder, pillage.

depressibile *agg.* (*non com.*) that can be depressed (*pred.*); that can be lowered (*pred.*) // (*med.*) *polso* —, weak pulse.

depressionario *agg.* low pressure (*attr.*); of low pressure: (*meteor.*) *area depressionaria*, low pressure area.

depressione *s.f.* 1 depression, hollow: *qui il terreno forma una profonda* —, the ground forms a deep hollow here 2 (*abbattimento*) depression, low spirits (*pl.*), dejection: *era in uno stato di grave* —, she was in a state of deep depression; *si uccise in un momento di* —, she killed herself in a fit of depression 3 (*astr., fis.*) depression: — *dell'orizzonte*, depression of the horizon; *angolo di* —, angle of depression 4 (*meteor.*) depression: — *secondaria*, secondary depression; *una — sulle Alpi porterà pioggia sull'Italia settentrionale*, a depression over the Alps is likely to cause rain in the north of Italy 5 (*econ.*) depression: — *economica*, economic depression (*o* slump); — *degli affari*, stagnation (of business).

depressivo *agg.* 1 (*che deprime*) depressing 2 (*caratterizzato da depressione*) depressive: *è appena uscito da una crisi depressiva*, he's just got over a fit of depression.

depresso *agg.* 1 depressed // (*econ.*) *zone depresse*, depressed areas 2 (*abbattuto, demoralizzato*) depressed, dispirited, disheartened, dejected: *ha un'aria depressa*, she looks depressed; *essere* —, to be depressed (*o* discouraged *o* in low spirits) 3 (*med.*) weak: *polso* —, very weak pulse ◆ *s.m.* (*med.*) depressive; depressed person.

depressore *agg.* (*anat.*) depressor ◆ *s.m.* (*anat.*) depressor (muscle).

depressurizzare *v.tr.* to depressurize: *cabina depressurizzata*, depressurized cabin.

depressurizzazione *s.f.* depressurization.

deprezzamento *s.m.* depreciation, disappreciation, undervaluation, amortization, shrinkage: — *della moneta*, currency depreciation; — *tecnologico*, obsolescence; — *del valore della merce*, fall (*o* shrinkage) in the value of goods; — *del macchinario*, depreciation of machinery (*o* wear and tear); *subire un* —, to suffer a depreciation.

deprezzare *v.tr.* 1 to depreciate; to debase, to lower the price of (sthg.); (*sottovalutare*) to undervalue: — *uno stabile, una merce*, to depreciate a building, an article 2 (*fig.*) to disparage, to belittle, to run* down, to depreciate, to despise: — *una persona, un'opera*, to run down (*o* belittle) a person, a work.
□ **deprezzarsi** *v.intr.pron.* to depreciate, to lose* value, to fall* in value: *le automobili si deprezzano rapidamente*, cars depreciate rapidly.

deprezzato *agg.* depreciated: *articoli deprezzati, non deprezzati*, depreciated, undepreciated articles; (*fin.*) *valuta, moneta deprezzata*, depreciated currency.

deprimente *agg.* 1 depressing, discouraging, disheartening; oppressive; (*uggioso*) tiresome: *c'era un'atmosfera* —, there was an oppressive atmosphere; *notizie deprimenti*, depressing news; *è proprio un individuo* —, he really is a tiresome individual 2 (*med.*) sedative: *un medicamento* —, a depressant.

deprimere *v.tr.* 1 (*non com.*) (*abbassare*) to lower, to diminish, to depress 2 (*fig.*) to depress, to discourage, to dishearten, to dispirit, to deject: *questo tempo mi deprime*, this weather depresses me; *tutti quegli incidenti lo hanno molto depresso*, all those accidents really discouraged (*o* disheartened) him 3 (*econ.*) to depress, to hold* down; (*far crollare*) to bang: — *la situazione economica*, to depress the economic situation; — *il mercato*, to bang the market; — *i consumi*, to hold down consumption 4 (*med.*) to depress: — *l'azione del cuore*, to depress the action of the heart.
□ **deprimersi** *v.intr.pron.* 1 (*non com.*) (*abbassarsi*) to sink*, to subside 2 (*fig.*) to get* discouraged, to get* disheartened: *è una persona che si deprime facilmente*, he is a person who gets depressed easily; *non ti —, andrà tutto per il meglio*, don't lose heart, it will all come out for the best.

deprivare *v.tr.* to deprive; to cause deprivation to (s.o.).

deprivazione *s.f.* deprivation: — *linguistica, sensoriale*, linguistic, sensory deprivation.

de profundis *s.m.* (*lat.*) De Profundis // *essere al* —, (*fig.*) to be on the point of dying // *cantare il — a qlcu.*, (*fig.*) to give up all hope of s.o.'s recovery.

depuramento *s.m.* (*non com.*) purification, depuration.

depurare *v.tr.* 1 to purify, to depurate, to clean: — *il sangue*, to purify (*o* to depurate) the blood; — *l'acqua*, to purify water 2 (*fig.*) to purify, to refine; (*epurare*) to purge: — *lo stile, la lingua*, to purify one's style, one's language 3 (*chim.*) to purify, to purge, to sweeten, to wash.

□ **depurarsi** *v.intr.pron.* **1** to be purified, to be refined **2** (*chim.*) to purify.

depurativo *agg.* purifying, depurative cleansing ◆ *s.m.* (*med.*) depurant.

depuratore *agg.* purifying, cleaning: *filtro* —, cleaning filter ◆ *s.m.* **1** (*operaio*) purification plant worker **2** (*apparecchio*) depurator, purifier, cleaner, washer: (*chim.*) — *d'acqua*, water-softener (*o* deconcentrator); — *ad acqua*, washer; (*mecc.*) — *d'olio*, oil cleaner **3** (*impianto*) purification plant.

depuratorio *agg.* purifying, depurative ◆ *s.m.* water purifier.

depurazione *s.f.* purification, depuration, cleaning: — *del gas*, gas purification; — *dell'acqua*, water softening; *impianto di* —, purification plant.

deputare *v.tr.* **1** to depute, to deputize, to delegate, to appoint: *fu deputato a rappresentare i cittadini*, he was delegated to represent the citizens **2** (*ant.*, *letter.*) (*destinare*) to fix, to appoint: — *un giorno per le nozze*, to fix a day for the wedding.

deputata, **deputatessa** *s.f.* (*pol.*) female deputy; (*in Gran Bretagna*) female Member of Parliament.

deputato *agg.* (*designato*) fixed, appointed: *l'orecchio è l'organo — all'udito*, the ear is the organ of hearing (*o* the organ we use for hearing); *il giorno* —, the appointed day ◆ *s.m.* **1** (*pol.*) deputy; (*in Gran Bretagna*) Member of Parliament; (*negli Stati Uniti*) congressman* // *Camera dei Deputati*, Chamber of Deputies; (*in Gran Bretagna*) House of Commons **2** (*delegato*) deputy, delegate, representative: *i deputati italiani a un congresso straniero*, the Italian delegates at a foreign congress.

deputazione *s.f.* **1** (*incarico*) office, commission **2** deputation; (*delegazione*) delegation: — *di Borsa*, Stock Exchange Committee.

dequalificare *v.tr.* to discredit, to disqualify: *rifiutare un lavoro che dequalifica*, to refuse a job that will set one's career back (*o* that will mean a step down in one's career).

□ **dequalificarsi** *v.rifl.* to discredit oneself, to dequalify oneself ◆ *v.intr.pron.* to lower in value.

dequalificazione *s.f.* disqualification: — *professionale*, professional step down (*o* professional set back).

deragliamento *s.m.* (*ferr.*) derailment.

deragliare *v.intr.* (*ferr.*) to go* off the rails: *a causa dell'eccessiva velocità il treno deragliò*, as a result of excessive speed the train went (*o* ran) off the rails // *far — un treno*, to derail a train.

deragliatore *s.m.* (*mecc.*) derailleur.

dérapage, **derapaggio** *s.m.* skid, skidding, sideslip.

derapare *v.intr.* to skid, to slip, (*spec. di sciatore*) to sideslip: *se non sai — bene non ti conviene sciare su grossi pendii*, if you can't sideslip properly you shouldn't ski on big slopes; *l'automobile continuava a — sulla strada ghiacciata*, the car continued to skid on the icy street.

derapata *s.f.* skid, sideslip.

derattizzante *s.m.* rat poison.

derattizzare *v.tr.* to rid* of rats, to derat, to clear by deratization: *bisogna — la casa*, we must have the house deratted.

derattizzazione *s.f.* rat extermination, deratization.

derby *s.m.* derby (*in tutte le accezioni*).

deregolamentare *v.tr.* to deregulate.

deregolamentazione *s.f.* deregulation.

deregolare *v.tr.* to deregulate.

derelitto *agg.* forlorn, abandoned, forsaken ◆ *s.m.* down-and-out; tramp: *ospizio dei derelitti*, refuge for down-and-outs; *un povero* —, a helpless wretch.

derelizione *s.f.* (*dir.*) dereliction.

derequisire *v.tr.* (*dir.*) to derequisition.

derequisizione *s.f.* (*dir.*) derequisitioning.

deresponsabilizzare *v.tr.* to relieve of responsibilities, to lower the sense of responsibility of (s.o.): *è pericoloso — sempre i giovani*, it's dangerous not to give the young a sense of responsibility.

□ **deresponsabilizzarsi** *v.intr.pron.* to lose* one's sense of responsibility, to abandon one's sense of responsibility.

deresponsabilizzazione *s.f.* avoiding one's responsibilities, shirking one's responsibilities.

deretano *s.m.* posterior; buttocks (*pl.*); (*fam.*) behind, bottom, backside.

deridere *v.tr.* to laugh at (s.o., sthg.), to deride, to mock, to ridicule; to make* fun of (s.o., sthg.): — *il comportamento di qlcu.*, to ridicule s.o.'s behaviour.

derisibile *agg.* laughable, ludicrous: *un comportamento* —, a ludicrous behaviour.

derisione *s.f.* derision, mockery, ridicule: *oggetto di* —, object of derision; *esporsi alla pubblica* —, to expose oneself to public derision (*o* to become a public laughing-stock).

derisivo *agg.* derisive, derisory.

deriso *agg.* derided, mocked, ridiculed.

derisore *s.m.* derider, mocker.

derisoriamente *avv.* derisively, mockingly; scoffingly.

derisorio *agg.* derisory, derisive, mocking; scoffing, scornful: *un gesto* —, scornful gesture; *parole derisorie*, derisive words; *tono* —, scoffing tone.

deriva *s.f.* **1** (*mar.*, *aer.*) (*moto non governato*) drift, driftage: *andare alla* —, (*anche fig.*) to drift (*o* to go adrift); *la nave andava alla* —, the ship went adrift; *angolo di* —, drift angle // (*geol.*) — *dei continenti*, continental drift **2** (*superficie di governo*) (*mar.*) board, keel: — *a coltello*, dagger board; — *mobile*, sliding keel; *aletta di* —, leeboard // (*aer.*) fin: *pennone di* —, fin post.

derivabile *agg.* derivable.

derivabilità *s.f.* derivability.

derivamento *s.m.* → **derivazione**.

derivare[1] *v.intr.* **1** (*scaturire*, *originarsi*) to rise*; to spring*: *questi due canali derivano dallo stesso fiume*, these two canals come from the same river **2** (*provenire*) to derive, to come*, to be derived; (*risultare*) to result, to ensue, to follow: — *da nobile famiglia*, to come from a noble family; *tutti i loro problemi derivano da grossi malintesi*, all their problems spring from massive misunderstandings; *tutto questo deriva dal fatto che egli è tanto ambizioso*, all this comes from his being so ambitious; *ne è derivato un gran male*, a lot of harm resulted from this; *questa parola deriva dal greco*, this word derives (*o* comes *o* is derived) from the Greek; *la sua azione deriva dalla paura*, his action springs from fear; *il suo successo derivò dalla volontà*, his success was a result of his forceful character ◆ *v.tr.* **1** (*sviare la corrente di*) to divert, to draw*, to take*: — *acqua da un fiume*, to divert water from a stream **2** (*far provenire*) to derive: *da dove derivi le tue convinzioni?*, where do you get your beliefs from?; — *una parola dal greco*, to derive a word from the Greek **3** (*elettr.*) to shunt, to derive **4** (*mat.*) to derive.

derivare[2] *v.intr.* **1** (*mar.*) to drift, to go* adrift **2** (*aer.*) to drift.

derivata *s.f.* (*mat.*) derivative: — *prima*, first derivative; (*aer.*) — *di rotazione*, rotary derivative; — *di stabilità*, stability derivative.

derivativo *agg.* derivative: *vocabolo* —, derivative.

derivato *agg.* derived; (*derivativo*) derivative: (*mus.*) *accordo* —, derivative; (*elettr.*) *circuito* —, derived circuit; *corrente derivata*, derived current ◆ *s.m.* **1** (*chim.*) derivative **2** (*sottoprodotto*) by-product: *i derivati del petrolio*, petrol by-products **3** (*ling.*) derivative: *i derivati di un verbo*, the derivatives of a verb.

derivatore *agg.* diverting: (*canale*) —, penstock ◆ *s.m.* (*elettr.*) diverter, shunt: — *di corrente*, shunt.

derivazione *s.f.* **1** derivation, origin; extraction: *la — di un concetto da un altro*, the derivation of one idea from another; *un'idea di — illuministica*, an idea with its origins in (*o* originating from) the Enlightenment // (*econ.*) — *della domanda*, derivation of demand **2** (*ling.*) derivation: *è interessante studiare la — delle parole*, it is interesting to study the derivation of words **3** (*elettr.*) shunt: — *magnetica*, magnetic shunt **4** (*med.*) derivation **5** (*mat.*) derivation **6** (*idraulica*) derivation, diversion.

derma *s.m.* (*anat.*) derm, derma.

dermalgia *s.f.* (*med.*) dermalgia.

dermascheletro *s.m.* (*zool.*) dermoskeleton.

dermatalgia → **dermalgia**.

dermatite *s.f.* (*med.*) dermatitis.

dermato- *pref.* di origine greca che indica relazione con la pelle; ingl. dermato-, dermo-: *dermatoplastica*, dermatoplasty; *dermatologia*, dermatology.

dermatofita *s.m.* (*med.*) dermatophyte.

dermatogeno *s.m.* (*bot.*) dermatogen.

dermatologia *s.f.* (*med.*) dermatology.

dermatologico *agg.* (*med.*) dermatologic(al).

dermatologo *s.m.* dermatologist.

dermatoma *s.m.* (*anat.*) dermatome.

dermatomo *s.m.* (*med.*, *biol.*) dermatome.

dermatoplastica *s.f.* (*med.*) dermatoplasty.

dermatosi *s.f.* (*med.*) dermatosis; skin disease.

dermatozoo *s.m.* (*zool.*) dermatozoan.

dermeste *s.m.* (*zool.*) dermestes.

dermico *agg.* dermatic; dermic.

dermo- → **dermato-**.

dermografismo *s.m.* (*med.*) dermographism.

dermoide *agg.* dermoid: (*med.*) *cisti* —, dermoid cyst.

dermoide *s.f.* (*materiale artificiale che imita la pelle*) leatherette®.

dermopatia *s.f.* (*med.*) dermatopathy.

dermopatico *agg.* (*med.*) dermatopathic.

dermottero *s.m.* (*zool.*) dermopteran.

dernier cri *s.m.* (*fr.*) the latest fashion ◆ *agg.* in the latest fashion (*pred.*): *un cappello* —, a hat in the latest fashion.

derno, in *locuz.avv.* (*mar.*) *bandiera in* —, distress flag.

deroga *s.f.* dispensation, exception; derogation (*anche dir.*): — *a una legge*, derogation of a law; — *alla giurisdizione*, ouster of jurisdiction; — *alle norme vigenti*, derogation of the existing law; — *a un privilegio*, derogation of a privilege; — *al segreto bancario*, exception to bank secrecy // *in* — *al regolamento*, making an exception to the regulations; *in* — *alla precedente giurisprudenza*, derogating the former case law.

derogabile *agg.* that can be derogated (*pred.*).

derogare *v.intr.* to derogate (from sthg.); to deviate (from sthg.); to depart (from sthg.); to fail to observe: — *a un accordo*, to fail to observe an agreement; — *all'autorità di qlcu.*, to derogate from s.o.'s authority (*o* to go against s.o.'s authority); — *alla consuetudine*, to deviate from the established custom; *non intendiamo per alcuna ragione* — *alla norma fino a ora seguita*, by no means do we intend to deviate (*o* to depart) from the rule followed until now ◆ *v.tr.* (*non com.*) (*contravvenire*) to contravene (sthg.); to fail to conform to (sthg.): — *una legge*, to break a law.

derogativo *agg.* derogatory.

derogatorio *agg.* derogatory: (*dir.*) *clausola derogatoria*, overriding clause.

derogazione *s.f.* derogation.

derrata *s.f.* **1** *pl.* victuals: *derrate alimentari*, foodstuffs (*o* victuals *o* provisions); *le derrate iniziano a scarseggiare*, foodstuffs are beginning to grow scarce **2** (*estens.*) (*merce*) goods (*pl.*), merchandise [U], commodity: — *a termine*, future commodity.

derrick *s.m.* (*miner.*) derrick.

derubamento *s.m.* (*rar.*) robbing; (*furto*) robbery.

derubare *v.tr.* to rob; to steal* (*anche dir.*): — *qlcu. di qlco.*, to rob s.o. of sthg.: *mi derubarono del borsellino*, I was robbed of my purse; *sono stato derubato di tutto*, I have been robbed of everything.

derubato *s.m.* victim of a theft, of a robbery.

derubricare *v.tr.* (*dir.*) — *un'accusa, un'imputazione*, to reduce the charge.

derubricazione *s.f.* (*dir.*) reduction to a lesser charge.

deruralizzazione *s.f.* move from the land, flight from the land, rural exodus.

derviscio, **dervis** *s.m.* dervish.

desacralizzare *v.tr.* to deconsecrate.

desacralizzazione *s.f.* deconsecration.

desalificare *v.tr.* (*chim.*) to desalt, to desalinate.

desalinare *v.tr.* (*chim.*) to desalt, to desalinate.

desalinazione *s.f.* (*chim.*) desalination, desalinization.

desalinizzare *v.tr.* to desalinate, to desalt.

desalinizzazione *s.f.* desalination, desalinization.

desaparecido *s.m.* (*sp.*) desaparecido ◆ *agg.* desaparecido's (*attr.*), of a desaparecido (*pred.*).

deschetto *s.m.* (*del calzolaio*) cobbler's bench.

desco *s.m.* **1** dinner table, table; table laid for a meal: *il* — *familiare*, the family table **2** (*ant.*) (*pancone del macellaio*) butcher's bench **3** (*banco*) bench; (*sgabello*) stool.

descolarizzare *v.tr.* to deschool.

descolarizzazione *s.f.* deschooling.

descrittivismo *s.m.* detailed descriptive style.

descrittivo *agg.* descriptive; *uno stile freddo*, —, a cold, descriptive style; *il suo romanzo è pieno di pagine descrittive*, his novel is full of (pages of) description.

descrivere *v.tr.* **1** to describe, to give* a description of (sthg.), to relate, to delineate, to draw*: *descrisse la scena a vivaci colori*, he described the scene vividly; *le parole non possono* — *la scena*, words cannot describe the scene; — *le proprie avventure*, to relate one's adventures; *cerca di* — *i fatti con chiarezza*, try to recount the facts clearly; *non riesco a descriverti che tipo di persona sia*, I can't give you a description of the sort of person he is **2** (*percorrere*) to describe: *il missile descrisse un'ampia curva*, the missile described a wide curve **3** (*tracciare*) to describe, to draw*, to delineate: *descrivi un cerchio*, describe a circle.

descrivibile *agg.* describable: *la sua bellezza non è* —, her beauty is indescribable (*o* beyond description).

descrizione *s.f.* **1** description, account: *è abilissimo nelle descrizioni*, he is very good at descriptions; *mi ha dato una* — *spiritosa e vivace della festa*, he gave me a lively and amusing account of the party **2** (*geol.*) (*di campioni di roccia*) log **3** (*che accompagna un prodotto*) legend.

desegregazione *s.f.* desegregation.

desegretare *v.tr.* (*dir.*) to declassify.

desensibilizzare *v.tr.* to desensitize: — *un dente*, to desensitize a tooth.

desensibilizzatore *s.m.* (*fot.*) desensitizer.

desertico *agg.* desert (*attr.*); (*desolato*) barren, waste, desolate: *terre desertiche*, desert (*o* waste) lands; *paesaggio* —, desolate landscape.

deserticolo *agg.* deserticolous, desert (*attr.*): *fauna deserticola*, desert fauna.

desertificazione *s.f.* (*ecol.*) desertification, desertization; (*causata dalla distruzione dell'ambiente naturale*) dustbowl.

deserto *agg.* **1** (*disabitato, abbandonato*) deserted; (*vuoto*) empty: *un palazzo* —, a deserted (*o* empty) block of flats; *il cinema era quasi* —, the cinema was nearly empty; *a quell'ora la spiaggia era deserta*, at that hour the beach was deserted // (*dir.*) *asta deserta*, void auction sale **2** (*desolato*) desert: *Robinson Crusoe si trovò su un'isola deserta*, Robinson Crusoe found himself on a desert island ◆ *s.m.* **1** desert; wilderness: *il* — *del Sahara*, the Sahara Desert; — *di ciottoli*, reg; — *di sabbia*, areg; — *salato*, salt desert **2** (*fig.*) wilderness, wasteland, deserted place: *la città d'estate diventa un* —, in summer the city becomes deserted // *si è creato un* — *attorno*, he has created an empty space (*o* emptiness) around him // *predicare al* —, to preach to the winds (*o* to talk to deaf ears): *predicava al* —, his words fell on deaf ears.

desessualizzazione *s.f.* (*psic.*) desexualization.

déshabillé *s.m.* (*fr.*) déshabillé, negligee: *essere in* —, to be in déshabillé (*o* half-dressed).

desiare → **desiderare**.

desiderabile *agg.* **1** desirable, advisable, to be desired: *poco* —, undesirable; *è* — *che...*, it is to be desired (*o* it is desirable) that...; *sarebbe* — *che tutti veniste alla conferenza*, it would be advisable for all of you to come to the conference **2** (*attraente*) desirable; attractive: *una donna* —, an attractive woman; *non è mai stata così* —, she had never been more desirable.

desiderare *v.tr.* **1** to want, would like; (*form.*) to wish, to desire; (*ardentemente*) to long (for sthg., to do): *desidero stare solo*, I want (*o* I wish) to be alone; *desidero partire subito*, I want (*o* I would like *o* I wish) to leave at once; *desiderate che venga con voi?*, do you want me to come with you?; *quando desiderate che vi chiami?*, when do you want me to call you?; *che cosa desidera?*, what do you want (*o* what would you like)?, (*al ristorante*) would you like to order?, (*nei negozi*) may (*o* can) I help you?; *desidererei un bicchier d'acqua*, I'd like a glass of water; *è il denaro ciò che desiderano*, money is what they want (*o* they are after); *tutti noi desideriamo la sua felicità*, we all want her happiness; *desiderava ardentemente di intraprendere questo viaggio*, he longed to undertake this journey; *desideravamo molto rivederla*, we longed to see her again; *non desiderava più niente*, he no longer desired (*o* wished for) anything; — *di rivedere la propria terra*, to yearn for the sight of one's native land // *farsi* —, (*essere in ritardo*) to be late; (*fare aspettare qlcu.*) to keep (s.o.) waiting // *lasciare a* —, (*non soddisfare*) to be unsatisfactory; (*deludere*) to come short of expectation: *lascia un po' a* —, it's not quite satisfactory; *la prestazione dell'atleta ha lasciato a* —, the athlete's performance didn't come to expectation; *la sua condotta lasciava molto a* —, his behaviour left much to be desired; *lasciare a* — *in qlco.*, to leave sthg. to be desired; *non lasciar nulla a* —, to be quite satisfactory (*o* to come up to expectations *o* to be all that one could wish for // *gliel'hanno fatta* — *la bicicletta!*, they kept him waiting for the bicycle! **2** (*richiedere*) to want, to request: *sei desiderato in sala riunioni*, you are wanted in the conference room; *ti desiderano al telefono*, you are wanted on the phone **3** (*provare desiderio sessuale per*) to desire.

desiderata *s.m.pl.* desires, wishes, desiderata: *i* — *del pubblico*, public request (*o* demand).

desiderativo *agg.* (*non com.*) desiderative // (*gramm.*) *congiuntivo* —, optative (*o* desiderative) subjunctive.

desiderato *agg.* desired; (*bramato*) longed for; (*aspettato*) expected: *un bambino a lungo* —, a long awaited baby.

desiderio *s.m.* **1** wish; desire; (*brama*) desire, longing (for s.o., sthg.), craving (for sthg.), hunger (for sthg.), thirst, yearning (for *o* after sthg.): — *di viaggiare*, desire (*o* longing) to travel; — *di riposo*, desire for rest; *ardente — di riuscire*, burning desire to succeed; *gran — di piacere*, anxiety to please; *secondo il — di mio padre*, at (*o* according to) my father's wish; *non ho alcun — di partire*, I have no wish to leave // *accondiscendere a un —*, to grant a request; *appagare i desideri di qlcu.*, to satisfy s.o.'s wishes; *compiacere ai desideri di qlcu.*, to comply with s.o.'s wishes; *esprimere il — di fare qlco.*, to express a wish to do sthg.; *provare — di fare qlco.*, to feel the desire to do sthg.; *provo un gran — di vederti*, I really want to see you (*o* I'm longing to see you) // *pio —*, wishful thinking (*o* vain hopes): *le vacanze rimangono per ora un pio —*, a holiday is just wishful thinking at the moment **2** (*voglia sessuale*) desire, lust: *peccato di —*, sin of lust.

desideroso *agg.* desirous; (*bramoso*) eager (for sthg., to do), longing (for s.o., sthg.), yearning (for, after s.o., sthg.): *con occhi desiderosi*, with longing (*o* yearning) eyes; *sono — di piacervi*, I want to please you (*o* I'm eager *o* anxious to please you); *siamo desiderosi di ricevere vostre notizie*, we are eager to hear from you; *sono — di un po' di tranquillità*, I'm longing for a bit of peace and quiet.

design *s.m.* (industrial) design.

designare *v.tr.* **1** (*destinare, nominare*) to designate, to nominate, to appoint: *fu designato vescovo*, he was appointed (*o* nominated *o* designated) bishop; — *un esperto*, to appoint an expert; — *qlcu. a un incarico*, to appoint s.o. to an office; *il colonnello X è stato designato a Tolone*, colonel X has been ordered (*o* drafted) to Toulon; — *qlcu. proprio erede*, to designate s.o. (as) one's heir (*o* to make s.o. one's heir) **2** (*fissare*) to appoint, to designate, to fix: — *un giorno, un luogo per un appuntamento*, to appoint (*o* to fix *o* to set) a day, a meeting-place; — *i termini del pagamento*, to fix the terms for payment **3** (*indicare*) to designate, to indicate, to call, to point out: *le sue argomentazioni designano una grossa ignoranza di base*, his reasoning indicates a profound ignorance of basic principles.

designato *agg.* designate; appointed: *nel luogo —*, at the appointed place // (*st. romana*) *console —*, consul designate.

designazione *s.f.* designation, nomination, appointment: *la — del successore*, the nomination of a successor.

designer *s.m.* e *f.* industrial designer.

desinare *s.m.* dinner: *dopo —*, early in the afternoon; *un magro —*, a poor (*o* scanty) meal.

desinare *v.intr.* to dine, to have dinner: *far da —*, to get the dinner ready (*o* to prepare the dinner).

desinenza *s.f.* (*gramm.*) ending, termination: — *verbale*, verb ending; *la — del dativo*, the dative termination.

desinenziale *agg.* (*gramm.*) desinential, terminal.

desio e *deriv.* → **desiderio** e *deriv.*

desistenza *s.f.* (*dir.*) discontinuance: — *criminosa*, withdrawal.

desistere *v.intr.* **1** to desist; to cease; to leave* off (sthg., doing); (*rinunciare*) to give* up (sthg., doing): *dopo molti tentativi inutili desistette*, he gave up after many unsuccessful attempts; *non desistette dall'idea di andare a Parigi*, he did not give up the idea of going to Paris; *solo a notte desistette dalle sue ricerche*, he did not give up (*o* leave off) his search till nightfall; — *dai propri propositi*, to give up one's plan; — *dal fare qlco.*, to stop (*o* to desist from) doing sthg. **2** (*dir.*) to discontinue, to withdraw*: — *da una querela*, to withdraw a complaint.

desman *s.m.* (*zool.*) (*Desmana moschata*) desman.

desmina *s.f.* (*min.*) stilbite.

desolante *agg.* distressing, grievous, afflicting, desolating: *è stato uno spettacolo —*, it was a distressing sight; *le notizie che ho appena ricevuto da casa sono davvero desolanti*, the news I have just received from home is really distressing.

desolare *v.tr.* **1** (*addolorare*) to grieve, to distress, to desolate **2** (*letter.*) (*devastare*) to desolate, to devastate: *i barbari desolarono il paese*, the barbarians devastated the country.
□ **desolarsi** *v.intr.pron.* to be distressed, to grieve.

desolatamente *avv.* desolately, disconsolately.

desolato *agg.* **1** (*negletto, abbandonato*) desolate, neglected, deserted; (*devastato*) devastated: *landa desolata*, barren moor; *luogo —*, desolate place **2** (*sconsolato*) sorrowful, forlorn, disconsolate, distressed, afflicted: *aver l'aria desolata*, to have a woebegone look (*o* to look disconsolate); **3** (*spiacente*) sorry: *siamo desolati d'apprendere che...*, we regret very much to hear that...; *sono —!*, I am sorry!; *siamo desolati di non potervi ospitare*, we are sorry but we cannot put you up; *sono — per quanto è accaduto*, I'm really sorry for what has happened.

desolazione *s.f.* **1** (*squallore*) desolation, bleakness, neglect; (*devastazione*) devastation, ruin: *la — di una città*, the devastation of a city **2** (*afflizione*) desolation, grief, sorrow, distress, affliction: *grido di —*, desolate (*o* disconsolate) cry; *vederlo in questo stato, è una —*, it is distressing to see him in this state; *essere nella più grande —*, to be drowning in sorrow; *avere la — nell'animo*, to be grief stricken; *la siccità ha portato la — nell'interno del paese*, the drought has devastated the country's interior.

desolforare *v.tr.* (*chim.*) to desulphurize.

desolforatore *s.m.* (*chim.*) desulphurizer.

desolforazione *s.f.* (*chim.*) desulphurization.

desonorizzare *v.tr.* (*ling.*) to devoice.

desonorizzato *agg.* soundproofed.

desonorizzazione *s.f.* soundproofing.

desorbimento *s.m.* (*chim., fis.*) desorption.

desorbire *v.tr.* (*chim., fis.*) to desorb.

desossidare e *deriv.* → **disossidare** e *deriv.*

desossiribonucleico *agg.* (*chim.*) deoxyribonucleic: *acido —*, deoxyribonucleic acid.

despetto → **dispetto**.

despota *s.m.* **1** despot, tyrant (*anche fig.*): *il nostro capo è un —*, our boss is a tyrant **2** (*st.*) (*governatore bizantino*) despot.

despotato *s.m.* **1** (*incarico*) office of a despot **2** (*territorio*) despotate.

despotico → **dispotico**.

despotismo → **dispotismo**.

desquamare *v.tr.* to scale, to desquamate.
□ **desquamarsi** *v.intr.pron.* to lose* one's scales.

desquamazione *s.f.* **1** scaling, desquamation **2** (*med., geol.*) exfoliation.

dessert *s.m.* dessert: *vino da —*, dessert wine.

dessiografia *s.f.* writing from left to right.

dessous *s.m.pl.* **1** (*abbigl.*) (women's) underwear [U] **2** (*fig.*) (*retroscena*) behind the scenes activity, intrigue.

destabilizzante *agg.* destabilizing.

destabilizzare *v.tr.* to destabilize: *azioni che destabilizzano il sistema*, actions that destabilize the system.

destabilizzazione *s.f.* destabilization.

destagionalizzato *agg.* seasonally adjusted: (*stat.*) *cifre destagionalizzate*, seasonally adjusted figures.

destagionalizzazione *s.f.* seasonal adjustment, deseasonalization.

destalinizzare *v.tr.* to destalinize.

destalinizzazione *s.f.* destalinization.

destare *v.tr.* **1** to wake* (up), to awake*, to awaken: *si destò alle nove*, he woke up at nine // *non — il can che dorme*, (*prov.*) let sleeping dogs lie **2** (*scuotere dal torpore*) to wake* up, to rouse, to stir (up): *l'arrivo del circo destò il paese dal suo torpore*, the arrival of the circus roused (*o* stirred) the town from its torpor **3** (*suscitare*) to awaken, to arouse, to rouse, to stir: *l'argomento destò il nostro interesse*, the subject awakened our interest; *ciò desta la pietà di tutti*, this arouses everybody's pity; *il suo discorso destò la nostra indignazione*, his speech aroused our indignation; — *la curiosità, il sospetto di qlcu.*, to awaken (*o* to arouse) s.o.'s curiosity, suspicion; — *i ricordi*, to awaken (*o* to stir up) memories.
□ **destarsi** *v.intr.pron.* to wake* up, to awake*, to awaken: *si destò con un sussulto*, he woke up with a start; — *da un'illusione, da un sogno*, to awake (*o* to wake up) from an illusion, from a dream.

desterilizzazione *s.f.* (*econ.*) desterilization: — *dell'oro*, desterilization of gold.

destinare *v.tr.* **1** to destine: *è destinato a diventare celebre*, he is destined to become famous; *è destinato a rimanere celibe*, he is destined to remain a bachelor; *erano destinati a incontrarsi di nuovo*, they were destined to meet again; *il loro piano è destinato a fallire*, their plan is bound (*o* doomed) to fail **2** (*assegnare*) to assign, to allot, to set* aside, to set* part; (*stanziare*) to appropriate, to assign; (*ripartire spese, risorse*) to allocate, to allot: *la somma è stata destinata in beneficenza*, the amount has been assigned to (*o* set aside for) charity; *il ricavato è stato destinato alla ricerca contro il cancro*, the takings have been earmarked (*o* set aside) for cancer research; *il comune ha destinato una grossa somma alla costruzione di una nuova linea della metropolitana*, the town council has appropriated a large sum of money to build a new underground line **3** (*stabilire*) to fix; to appoint: *è possibile — fin d'ora una sede per l'incontro?*, is it possible to fix a venue for the meeting now? // *la riunione è rinviata a data da destinarsi*, the meeting has been postponed to a time to be arranged // *ha destinato suo figlio alla professione medica*, he wants his son to enter the medical profession

4 (*nominare*) to appoint, to nominate: *lo destinarono a un altro incarico*, they appointed him to another office; *il signor Rossi è stato destinato a dirigere la nostra filiale di Milano*, Mr Rossi has been appointed manager of our Milan branch **5** (*riservare, dedicare*) to devote; (*intendere*) to intend: *cerca di — almeno mezz'ora al giorno a degli esercizi di ginnastica*, try and devote at least half an hour everyday to keep-fit exercises; *il regalo più bello l'avevo destinato a mia madre*, I intended the best gift for my mother **6** (*indirizzare*) to address.

destinatario *s.m.* (*comm.*) consignee, receiver; (*di posta*) addressee; (*di rimessa di denaro*) remittee: *— del carico*, cargo-receiver; *lettera respinta dal —*, letter refused by addressee; *spese a carico del —*, charges forward; *affrancatura a carico del —*, free post // (*dir.*) *— di proposta contrattuale*, offeree.

destinato *agg.* **1** destined; fated, doomed: *un giovane — a fare strada nella vita*, a young man destined to get on in life; *— a morir giovane*, destined (*o* doomed) to die young; *impresa destinata al fallimento*, an enterprise doomed to failure **2** (*inteso per*) intended: *un film — a un pubblico giovanile*, a film intended for a young audience; *un'attrezzatura destinata ad un uso particolare*, equipment intended for special use; *il premio è — a onorare la sua memoria*, the prize is intended to commemorate him; *a chi è — il regalo?*, who is the present (intended) for?; *questo ruolo è — a un bravissimo attore*, this role is designed (*o* intended *o* meant) for a very good actor; *merci destinate a una clientela medio-alta, medio-bassa*, up-market, down-market goods **3** (*indirizzato*) addressed.

destinatore *s.m.* sender.

destinazione *s.f.* **1** destination: *luogo, porto di —*, place, port of destination; *partire per una — ignota*, to leave for an unknown destination; (*mar.*) *la nostra — è Napoli*, we are bound for Naples; *giungere a —*, to reach one's destination; *merci che non giungono a —*, goods that don't reach their destination; *la lettera è giunta a —*, the letter has arrived **2** (*fin., econ.*) destination; (*assegnazione, stanziamento*) appropriation, allocation; (*di fondi per fini speciali*) earmarking: (*trib.*) *— del gettito di un tributo*, earmarking of taxes; (*fin.*) *— del profitto netto*, disposition (*o* appropriation) of net profit; *— dei dividendi*, allocation of dividends **3** (*collocazione*) post, posting: *essere in attesa di —*, to be awaiting a posting.

destino *s.m.* **1** (*fato*) destiny, fate: *il — ci gioca spesso dei brutti tiri*, destiny (*o* fate) often plays unkind tricks on us; *accettare il proprio —*, to accept one's fate; *affidarsi al —*, to trust to one's fate (*o* destiny); *è — che...*, it's fate (*o* destiny) that...; *era — che succedesse*, it was fated to happen **2** (*sorte*) lot: *i destini della patria*, the fortunes of one's country; *è il — comune*, it is the common lot; *predire il — a qlcu.*, to tell s.o.'s fortune **3** (*destinazione*) destination.

destituire *v.tr.* **1** to dismiss, to discharge; to remove: *— un funzionario*, to dismiss an official **2** (*mil.*) to cashier, to dismiss.

destituito *agg.* **1** (*rimosso*) dismissed, discharged **2** (*privo*) destitute, devoid, lacking (in sthg.): *— di ogni senso morale*, devoid of (*o* lacking in) any moral sense; *accusa destituita di fondamento*, groundless (*o* unfounded) charge.

destituzione *s.f.* dismissal, removal: *— di un funzionario governativo*, removal of a government official.

desto *agg.* **1** awake // *sogno o son —?*, am I dreaming or awake? // *tenne desta la nostra attenzione*, he held our attention **2** (*letter.*) (*vivace*) lively; (*sagace*) sharp, quick.

destoricizzare *v.tr.* to remove (sthg., s.o.) from its historical context.

destr *inter.* right: *fianco —!*, right turn!; *fronte a —!*, right face!

destra *s.f.* **1** right hand: *nella — teneva due monete d'oro*, in his right hand he held two gold coins **2** (*parte destra*) right, right side; right-hand side: *a —*, on the right (*o* on the right-hand side); *alla tua —*, on your right; *voltarsi a —*, turn to the right; *tenere la —*, to keep (to the) right; *cedere la — a qlcu.*, to put s.o. on one's right (side); *è meglio sostare nella corsia di estrema —*, it's better to stop in the far right -hand lane **3** (*pol.*) the Right, the conservative party; the conservative parties (*pl.*): *membro della —*, member of the Right; *un uomo politico dell'estrema —*, a politician of (*o* on) the far right; *la — cattolica*, the Catholic Right; *la — storica*, the historical Right.

destramente *avv.* dexterously, skilfully; adroitly.

destrano *s.m.* (*chim.*) dextran.

destreggiamento *s.m.* manoeuvring; clever management.

destreggiarsi *v.intr.pron.* to manage, to cope, to get* by (sthg.); to manoeuvre, to handle, to contrive: *— per fare qlco.*, to manage to do sthg.; *— per ottenere un buon posto*, to manoeuvre for position; *riusciva a — bene nel traffico di Milano*, he succeeded in driving skilfully in the Milan traffic; *nonostante la situazione fosse difficile sapeva — con abilità*, although the situation was difficult he knew how to cope successfully; *anche se è da poco che lo studia, si destreggia bene con il tedesco*, although he's only been studying German for a short time, he copes well with it (*o* he handles it well).

destrezza *s.f.* **1** skill, dexterity, adroitness: *— nel maneggiare le armi da fuoco*, skill in handling fire arms; *— nel superare una difficoltà*, cleverness in getting out of a difficult situation; *condurre un affare con —*, to manage an affair with skill; *una mossa di grande —*, a very adroit (*o* skilful) move **2** (*agilità*) agility: *guida con — sulle strade di montagna*, he drives skilfully on mountain roads // (*dir.*) *furto con —*, pickpocketing.

destriero *s.m.* (*letter.*) steed; (*da battaglia*) charger, warhorse.

destrimano *s.m.* right-handed person ♦ *agg.* right-handed.

destrina *s.f.* (*biochim.*) dextrin, starch gum.

destrismo *s.m.* **1** right-handedness **2** (*pol.*) right wing tendencies (*pl.*); right wing ideas (*pl.*).

destro *agg.* **1** right; right-hand (*attr.*): *lato —*, right-hand side; *la riva destra di un fiume*, the right bank of a river; *si fece male all'occhio —*, he hurt his right eye // *essere il braccio — di qlcu.*, (*fig.*) to be s.o.'s right-hand man **2** (*abile*) clever, adroit; (*spec. di abilità manuale*) skilful, dexterous, handy (with sthg.): *— nel fare qlco.*, clever at (*o* dexterous in *o* skilful in) doing sthg. **3** (*sveglio, pronto*) alert, ready, quick **4** (*arald.*) dexter ♦ *s.m.* **1** (*occasione propizia*) opportunity, chance: *mi si presentò il — di parlargli*, I had the opportunity (*o* a chance) of speaking to him; *cogliere il —*, to seize the opportunity **2** (*nel pugilato*) right: *il campione l'ha colpito con un — violento*, the champion hit him with a straight right.

destrocardia *s.f.* (*anat.*) dextrocardia.

destrogiro *agg.* dextrorotatory.

destroide *agg.* e *s.m.* e *f.* rightist: *ha una mentalità —*, he has right wing ideas (*o* tendencies).

destrorso *agg.* **1** clockwise (*attr.*), dextrorse: *scrittura destrorsa*, left to right handwriting; *un movimento —*, a clockwise movement **2** (*mecc.*) right-handed (*attr.*), clockwise (*attr.*), dextrorotatory **3** (*bot.*) dextrorsal, dextrorse **4** (*zool.*) dextral ♦ *avv.* clockwise.

destrosio *s.m.* (*chim.*) dextrose, grape -sugar, glucose.

destrutturare *v.tr.* to dismantle the structure (of sthg.).

□ **destrutturarsi** *v.intr.pron.* to fall* apart.

destrutturato *agg.* unstructured: *una personalità destrutturata*, a mixed up personality; *la sua tesi pare destrutturata*, his thesis seems to be unstructured.

destrutturazione *s.f.* dismantling, falling apart.

desueto *agg.* (*letter.*) **1** (*insolito*) unusual, unaccustomed **2** (*abbandonato, superato*) obsolete, out-of-date, outdated: *è una parola ormai desueta*, it's an obsolete word.

desuetudine *s.f.* (*letter.*) desuetude, disuse: *cadere in —*, to fall into disuse.

desultoriamente *avv.* (*rar.*) desultorily.

desultorio *agg.* (*rar.*) desultory, disjointed: *stile —*, disjointed (*o* uneven) style; *narrazione desultoria*, erratic narration.

desumere *v.tr.* **1** (*dedurre*) to infer, to deduce, to gather; (*trarre*) to draw*: *donde si desume che...*, whence we infer that...; *— una conclusione*, to draw a conclusion; *— qlco. da un fatto*, to deduce sthg. from a fact; *sono notizie che si devono — da una fonte ben precisa*, it's news that must come from a very precise source; *da che cosa desumi che non si è divertito?*, how do you gather that he didn't enjoy himself?; *da quanto ci ha raccontato desumo che il viaggio è andato bene*, from what he has told us I gather the journey went well **2** (*congetturare*) to conjecture.

desumibile *agg.* **1** inferable, deducible: *da ciò che ha detto è — che non gradisce essere disturbato*, from what he has said one can gather (*o* deduce) that he wouldn't like to be disturbed **2** (*congetturabile*) conjecturable.

desunto *agg.* gathered; inferred, deduced: *notizia desunta dai giornali*, information gathered from the newspapers.

detassare *v.tr.* to abolish the tax on (sthg.), to derate.

detassazione *s.f.* tax reduction, tax remission, tax abatement.

detective *s.m.* e *f.* detective: *— privato*, private detective (*o fam.* private eye).

detector *s.m.* (*fis., rad.*) detector.

deteinato *agg.* detanninated: *tè —*, detanninated tea.

detenere *v.tr.* **1** to hold*: — *un primato*, to hold a record **2** (*occupare*) to have: *detiene questo incarico da due anni*, he has had this post (*o* job) for two years; *detiene il potere ormai da molti anni*, he has now been in power for many years **3** (*dir.*) (*tenere prigioniero*) to keep* in prison, to detain, to keep* in custody **4** (*dir.*) (*possedere*) to detain, to have custody of, to possess: *l'hanno arrestato perché deteneva delle sostanze stupefacenti*, he was arrested because he was found to be in possession of drugs.

detentivo *agg.* (*dir.*) detentive: *pena detentiva*, prison sentence (o imprisonment).

detentore *s.m.* **detentrice** *s.f.* **1** holder: — *di un primato*, holder of a record; — *di brevetto*, patentee (*o* patent holder); — *di polizza*, policy holder // (*fin.*): — *di cambiale*, bill holder; — *di titoli*, *di azioni*, shareholder (*o* stockholder); — *di titoli di stato*, fund holder **2** (*dir.*) receiver, withholder ♦ *agg.* which holds: *la società — di diritti d'autore*, the company which holds the copyright.

detenuto *agg.* imprisoned ♦ *s.m.* (*dir.*) prisoner, prison inmate, convict, detainee; (*fam.*) jailbird, gaolbird; — *in attesa di giudizio*, prisoner on remand; *detenuti politici*, political prisoners.

detenzione *s.f.* **1** (*dir.*) withholding; possession; detention; custody: — *di armi da fuoco*, possession of firearms; — *illegale di beni altrui*, unlawful possession of other people's property; — *illegale di cose*, detainer **2** (*dir.*) (*imprigionamento*) detention, imprisonment, confinement: — *arbitraria*, illegal imprisonment; — *preventiva*, detention under remand (*o* preventive detention); *ordine di* —, detainer // *casa di* —, house of detention; (*preventiva*) remand home.

detergente *agg.* e *s.m.* detergent // *latte* —, cleansing lotion.

detergere *v.tr.* (*pulire*) to clean, to cleanse; (*lavare*) to wash; (*asciugare*) to wipe: — *gli occhiali*, to clean one's glasses; — *una piaga*, to cleanse a wound; — *il sudore dalla fronte*, to wipe the sweat from one's forehead (*o* brow).

deteriorabile *agg.* perishable: *cibo facilmente* —, highly perishable food; *merci deteriorabili*, perishables (*o* perishable goods).

deteriorabilità *s.f.* perishability.

deterioramento *s.m.* deterioration, tear, wear and tear: — *della merce*, deterioration of goods; *beni soggetti a* —, items subject to wear and tear; *si è giunti ad un — dei rapporti tra i due gruppi*, relations between the two groups have begun to deteriorate // — *colposo*, permissive waste.

deteriorare *v.tr.* to deteriorate; to spoil*; to ruin; (*danneggiare*) to damage: *la pioggia deteriorò la merce*, the rain damaged the goods; *la gelosia deteriora i rapporti*, jealousy ruins relationships; *il suo organismo è deteriorato dalla tensione*, his organism has deteriorated with tension (*o* stress).

□ **deteriorarsi** *v.intr.pron.* to deteriorate; to worsen, to become* worse, to degenerate; (*andare a male*) to go* bad: *il grano si deteriora invecchiando*, grain deteriorates with age; *la situazione si è deteriorata*, the situation has worsened (*o* deteriorated).

deteriorazione *s.f.* → **deterioramento**.

deteriore *agg.* inferior; worst: *prodotto di qualità* —, product of inferior (*o* second-rate) quality; *nel senso — del termine*, in the worst sense of the word.

determinabile *agg.* determinable, definable: *data — con esattezza*, date that can be determined with precision.

determinabilità *s.f.* determinability.

determinante *agg.* determinant, determinative; decisive, determining: *un giocatore — per la vittoria della squadra*, a player whose presence is indispensable for the success of the team; *la tua presenza è stata* —, your presence was a decisive factor ♦ *s.f.* **1** (determinant) motive, (*form.*) determinant: *la — del delitto*, the motive of the crime **2** (*mat.*) determinant: — *di una matrice*, determinant of a matrix **3** (*ling.*) determiner.

determinare *v.tr.* **1** to determine; to fix: *condizioni da* —, conditions to be determined; — *le dimensioni di un cilindro*, to determine the dimensions of a cylinder; — *la posizione di qlco.*, to locate sthg.; — *i prezzi*, to fix (*o* to determine) prices; — *la propria sorte*, to determine one's fate; — *i confini di un terreno*, to fix (*o* to mark out) the boundaries of a piece of land; — *una data*, to settle (*o* to fix) a date; — *il valore di qlco.*, to evaluate sthg. // (*assicurazioni*) — *i danni*, to assess damages **2** (*decidere*, *risolvere*) to determine (to do, on doing), to resolve (to do, upon doing), to decide (to do); (*indurre*) to lead*: *determinò di partire*, he decided (*o* made up his mind) to leave; *l'insuccesso lo determinò a ritirarsi dalle gare*, this failure led him to give up taking part in competitions **3** (*causare*) to produce, to cause, to bring* about, to give* rise to (sthg.): *la crisi economica determinò il rialzo dei prezzi*, the economic recession brought about (*o* caused) the rise in prices; *una semplice negligenza può — un incendio*, a simple act of carelessness may cause (*o* lead to) a fire.

□ **determinarsi** *v.intr.pron.* (*risolversi*) to decide (to do, on doing), to resolve (upon doing), to make* up one's mind (to do): *si era finalmente determinato a tornare*, he had finally decided to return.

determinatamente *avv.* **1** determinately **2** (*risolutamente*) determinedly, resolutely, decisively: *ha agito* —, he acted resolutely.

determinatezza *s.f.* **1** (*risolutezza*) determination, decision, resolution; determinateness **2** (*esattezza*) exactness, exactitude, precision.

determinativo *agg.* **1** determinative **2** (*gramm.*) definite: *articolo* —, definite article.

determinato *agg.* **1** (*definito*) determinate; definite; fixed, limited, stated: *in un senso* —, in a given direction; *per un — numero di anni*, for a given number of years; *entro un periodo* —, within a fixed (*o* limited *o* stated) period **2** (*particolare*) certain, particular: *in determinate circostanze*, in particular circumstances; *in determinati momenti è meglio tacere*, at certain (*o* particular) times it's better to say nothing **3** (*deciso*) determined, resolute: *siamo determinati a dimostrarlo*, we are determined to prove it; *sa quello che vuole, è una persona determinata*, he knows what he wants, he's a determined person.

determinazione *s.f.* **1** definition; fixing: — *di un concetto*, definition of a concept; — *dei confini*, definition (*o* fixing) of boundaries // (*biol.*) — *del sesso*, sex determination **2** (*comm.*, *fin.*) determination, fixing; (*accertamento*) assessment; (*calcolo*) calculation, reckoning: — *dei salari*, wage determination; — *del prezzo in base al costo pieno*, full cost pricing; — *dei costi*, costing; — *dei costi di produzione*, costing; — *dei prezzi*, price-making (*o* pricing); — *del prezzo di mercato*, market pricing; (*fin.*) — *del prezzo dell'oro*, gold fixing // (*trib.*): — *del reddito*, income determination, assessment of income; — *d'ufficio dell'imponibile*, estimated assessment **3** (*decisione*) determination, decision: *arrivò alla — di andarsene*, he came to a decision to leave **4** (*risolutezza*) determination, resolution: *si era comportato con fredda* —, he behaved with cold determination; *agire con* —, to act resolutely.

determinismo *s.m.* (*fil.*) determinism, necessitarianism.

determinista *s.m.* e *f.* (*fil.*) determinist, necessitarian ♦ *agg.* → **deterministico**.

deterministico *agg.* (*fil.*) deterministic, necessitarian: *concetto* —, deterministic concept.

deterrente *agg.* e *s.m.* deterrent (*anche fig.*): — *atomico*, *nucleare*, atomic, nuclear deterrent; *queste misure di sicurezza servono da — alla piccola criminalità*, (*fig.*) these security systems serve as deterrents for petty criminals; — *psicologico*, (*fig.*) psychological deterrent.

deterrenza *s.f.* deterrence.

detersione *s.f.* (*non com.*) cleansing.

detersivo *agg.* detersive, cleansing, detergent: *ad azione detersiva*, with a detersive action ♦ *s.m.* detergent; cleansing agent; — *liquido per i piatti*, washing-up liquid; — *in polvere*, soap powder.

detestabile *agg.* detestable, execrable, hateful, awful: *lavoro* —, awful (*o* dreadful) work; *uomo* —, detestable (*o* hateful) man; *ha la — abitudine di raccontare bugie*, he has the objectionable habit of telling lies; *lo trovo veramente — quando se ne va senza salutare*, I think he is really horrible when he leaves without saying goodbye; *cibo* —, awful (*o* disgusting) food.

detestare *v.tr.* **1** to detest, to abhor; (*aver repulsione per*) to loathe; (*odiare*) to hate: *detesta la violenza*, he abhors violence; *detesta essere criticato*, he loathes being criticised; *detesto essere disturbato*, I hate being disturbed **2** (*provare antipatia per*) to loathe, to hate: *detesta il suo capufficio*, he hates (*o* loathes) the office manager; *farsi — da tutti*, to make oneself disliked by everyone.

□ **detestarsi** *v.rifl.rec.* to loathe each other (one another), to hate each other (one another): *quei due non riusciranno mai a lavorare insieme perché si detestano*, those two will never succeded in working together because they hate each other.

detonante *agg.* detonating, detonative, explosive: *capsule detonanti*, percussion caps; *miscela* —, detonating mixture ♦ *s.m.* detonating explosive.

detonare *v.intr.* to detonate.

detonatore *agg.* detonating, explosive ♦ *s.m.* **1** detonator: — *ad accensione elettrica*, electric detonator; — *meccanico*, percussion detonator **2** (*ind. miner.*) cap.

detonazione *s.f.* **1** detonation: *si udì una forte* —, a violent explosion was heard **2** (*di motore a scoppio*) pinking, detonation, (*amer.*) knocking.

detonometro *s.m.* detonation meter.

detraibile *agg.* deductible: *spese detraibili*, deductible (*o* allowable) expenses; *spese detraibili dalle tasse*, tax-deductible expenses; *oneri detraibili*, deductible charges; *non* —, non deductible.

detrarre *v.tr.* **1** to deduct, to subtract, to detract; to allow; to take* off, to take* away; (*scontare*) to abate: — *il 5% da un salario*, to deduct 5% from s.o.'s wages // (*comm.*): — *le spese*, to deduct expenses; *detratto lo sconto*, discount off; — *le spese dal ricavato della vendita*, to abate expenses from the sale's proceeds; — *il 10% per pagamento in contanti*, to allow 10% for cash payment; — *alla fonte*, to deduct at source **2** (*rar.*) (*denigrare*) to denigrate, to detract, to belittle; (*diffamare*) to defame, to slander.

detrattivo *agg.* detractive.

detrattore *s.m.* detractor; defamer, slanderer.

detrattorio *agg.* detractive, disparaging, defamatory; belittling.

detrazione *s.f.* **1** (*trib.*) deduction, relief, allowance, exemption; (*somma detratta*) amount deducted: — *ammessa*, statutory allowance; — *d'imposta*, tax deduction, (*amer.*) tax exemption; *detrazioni d'imposta sul reddito*, income-tax deductions; — *fiscale*, tax allowance (*o* relief); — *per deprezzamento*, depreciation allowance; — *per figli a carico*, children's allowance; — *per spese*, deduction for expenses; *spesa ammessa in* —, fiscally-deductible expense; *previa* — *delle spese*, after allowance for charges; — *forfettaria*, standard deduction; — *per ammortamento*, capital allowances **2** (*il detrarre*) deduction, deducting **3** (*rar.*) (*denigrazione*) detraction, denigration; (*diffamazione*) slander, disparagement.

detrimento *s.m.* detriment, harm, damage: *a* — *di qlco.*, to the detriment of sthg.; *il lavoro eccessivo va a* — *della tua salute*, overwork is detrimental (*o* harmful) to your health; *portare* — *a qlco.*, to cause damage to sthg. (*o* to damage sthg.).

detritico *agg.* (*geol.*) detrital: *roccia detritica*, detrital rock; *deposito* —, detrital deposit; *sedimento* —, detrital sediment.

detrito *s.m.* **1** (*geol.*) debris, detritus [U]: — *di falda*, colluvium (*o* scree *o* talus); — *glaciale*, drift; *cono di* —, debris cone **2** (*frammento, scoria*) fragment; rubbish [U], waste [U]; (*di legno*) shavings (*pl.*); (*edil.*) rubble [U]: *un mucchio di detriti*, a heap of rubble // *un* — *della società*, (*fig.*) an outcast of society.

detronizzare *v.tr.* **1** to dethrone; to depose: *durante la rivoluzione il re fu detronizzato*, during the revolution the king was dethroned **2** (*estens.*) to overthrow*: — *un avversario politico*, to overthrow a political opponent.

detronizzazione *s.f.* **1** dethronement **2** (*estens.*) overthrow: *allo sfidante è riuscita la* — *del campione del mondo*, the challenger managed to overthrow the world champion.

detrusore *agg.* (*anat.*) detrusor: *muscolo* —, detrusor muscle.

detta, a *locuz.avv.*: *a* — *di qlcu.*, according to what s.o. says (*o* according to s.o.'s opinion); *a* — *di tutti*, by all accounts; *a* — *sua è un gran intenditore di vini*, according to him he's a great wine connoisseur.

dettagliante *s.m.* (*comm.*) retailer, retail dealer.

dettagliare *v.tr.* **1** to detail, to tell* (sthg.) in detail, to give* full details of: — *i fatti*, to give full details of the facts **2** (*comm.*) (*specificare*) to itemize: — *un conto*, to itemize a bill **3** (*vendere al dettaglio*) to retail, to sell* by retail.

dettagliatamente *avv.* in detail; (*minuziosamente*) minutely: *mi ha raccontato* — *la sua vacanza*, he recounted his holiday in detail.

dettagliato *agg.* **1** detailed, in detail (*pred.*): *una relazione dettagliata*, a detailed (*o* circumstantial) report; *fece un racconto* — *di quella notte*, he gave a detailed account of the night **2** (*comm.*) detailed, itemized; (*pred.*) in detail.

dettaglio *s.m.* **1** detail, particular: *non entrate in dettagli!*, do not go into details!; *perdersi in inutili dettagli*, to lose oneself in useless details **2** (*comm.*) retail: *negoziante al* —, retailer (*o* retail dealer); *prezzo al* —, retail (*o* resale) price; *commerciare al* —, to carry on retail business // *comprare al* —, to buy (by) retail; *vendere al* —, to sell (by) retail (*o* to retail); *vendita al* —, retailing.

dettame *s.m.* (*letter.*) dictate: *i dettami della coscienza*, the dictates of conscience; *segue ciecamente i dettami della moda*, she follows the dictates of fashion blindly.

dettare *v.tr.* **1** to dictate: — *una lettera alla dattilografa*, to dictate a letter to the typist **2** (*suggerire*) to suggest, to teach*, to tell*: *farò come mi detta la coscienza!*, I'll do as my conscience tells me! **3** (*imporre*) to dictate: — *le condizioni a un esercito sconfitto*, to dictate terms to a defeated army; *per evitare il contagio furono dettate norme speciali d'igiene*, special hygiene regulations were imposed to avoid the spread of the disease // — *legge*, (*fig.*) to lay down the law: *questo stilista detta legge nel campo della moda*, this designer lays down the law (*o* dictates the fashion) in haute couture.

dettato *s.m.* **1** dictation: *facciamo un* —, let's do (*o* have) a dictation; — *musicale*, musical dictation; *scrivere sotto* —, to write from dictation **2** (*letter.*) (*proverbio*) proverb, saying **3** (*contenuto letterale*) text // (*dir.*): *il* — *della legge*, the text (*o* the provisions) of the Statute; *il* — *costituzionale*, the text (*o* the provisions) of the Constitution.

dettatura *s.f.* dictation: *scrivere sotto* —, to write from dictation.

detto *agg.* **1** (*chiamato*) called, named, known as (*pred.*); (*soprannominato*) nicknamed: *Jacopo Robusti* — *il Tintoretto*, Jacopo Robusti also known as Tintoretto **2** (*sopraddetto*) ditto, said, aforesaid, previously mentioned: *nel* — *giorno, all'ora stabilita...*, on the said day, at the appointed hour...; — *articolo è realmente ottimo*, the said article (*o* the above -mentioned article) is really excellent; *le dette persone*, the aforesaid people ◆ *s.m.* **1** (*motto*) saying; (*proverbio*) saying, maxim, saw: *i detti di Socrate*, Socrate's sayings; *secondo il vecchio* —, as the old saying goes **2** (*letter.*) (*parole*) words (*pl.*), remarks (*pl.*): *secondo il suo* —, according to what he said **3** (*poemetto*) short poem, ditty **4** *pl.* (*teatr.*) previous characters.

detumescenza *s.f.* (*med.*) detumescence.

deturpamento *s.m.* → **deturpazione**.

deturpare *v.tr.* **1** to disfigure, to deface, to spoil*: *troppe insegne pubblicitarie deturpano la facciata dell'edificio*, too many advertising signs disfigure the facade of the building; *il suo bel viso rimase deturpato dalla cicatrice*, her beautiful face was disfigured by the scar; — *il paesaggio con enormi grattacieli*, to spoil the scenery with enormous skyscrapers **2** (*fig.*) to defile, to corrupt: *il vizio deturpa l'anima*, vice defiles the soul.

deturpatore *agg.* disfiguring, defacing ◆ *s.m.* disfigurer, defacer, spoiler, vandal: *ignoti deturpatori hanno rovinato il famoso affresco*, unknown vandals have defaced the famous fresco.

deturpazione *s.f.* disfigurement, defacement, defacing, disfiguring: *la* — *di un'opera d'arte*, the defacing of a work of art.

deumidificare *v.tr.* to dehumidify.

deumidificatore *s.m.* dehumidifier.

deumidificazione *s.f.* dehumidification.

deus ex machina *s.m.* (*lat.*) deus ex machina // *finalmente arrivò lo zio,* — *della situazione*, (*fig.*) at long last uncle arrived to set the situation to rights.

deutencefalo *s.m.* (*anat.*) epichordal brain.

deuteragonista *s.m.* (*st. teatr.*) deuteragonist.

deuterio *s.m.* (*chim.*) deuterium: *ossido di* —, deuterium oxide.

deuterocanonico *agg.* (*relig.*) deuterocanonical.

deuteronomico *agg.* Deuteronomic.

Deuteronomio *s.m.* (*Bibbia*) Deuteronomy.

deuteruro *s.m.* (*chim.*) deuteride.

deutone *s.m.* (*fis.*) deuteron.

devalutazione *s.f.* (*fin.*) devaluation.

devastamento *s.m.* devastation; ruin, ravage.

devastare *v.tr.* **1** to lay* waste; to devastate, to ravage; to ruin: *un bel viso devastato dal male*, a beautiful face ravaged by disease; *le cavallette devastarono il raccolto*, locusts devastated the crop **2** (*fig.*) to ravage, to ruin, to destroy, to blight: *un dolore che devasta l'anima*, sorrow that blights the soul.

devastatore *s.m.* ravager; devastator, destroyer ◆ *agg.* devastating; ravaging, destructive: *un esercito di barbari devastatori*, an army of ravaging barbarians; *la furia devastatrice dell'acqua*, the devastating fury of the water.

devastazione *s.f.* devastation; ravage; waste, ruin.

deverbale *agg.* (*ling.*) deverbative, deverbal ◆ *s.m.* deverbative.

devetrificazione *s.f.* (*chim.*) devitrification.

deviamento *s.m.* **1** deviation, diversion, diverting **2** (*ferr.*) (*manovra*) shunting, switching.

deviante *agg.* **1** misleading: *un esempio* —, a misleading example **2** (*psic.*) deviant: *comportamento* —, deviant behaviour.

devianza *s.f.* deviance.

deviare *v.intr.* **1** to deviate, to swerve, to make* a detour; to diverge, to depart: *giunti all'incrocio, deviammo verso nord*, having reached the crossroads we made a detour northwards; — *a sinistra*, to swerve to the left; *fummo costretti a* — *per Marsiglia*, we were forced to make a detour via Marsiglia **2** (*fig.*) (*discostarsi dal giusto*) to deviate, to diverge, to depart: *non devia mai dai suoi principi*, he never deviates (*o* departs) from his principles;

— *dal retto cammino*, to depart (*o* to deviate) from the straight and narrow ◆ *v.tr.* **1** to divert; to turn aside; to deflect: — *il corso di un fiume*, to divert a river; — *un treno*, to shunt (*o* to switch) a train; (*farlo deragliare*) to derail a train; — *il traffico sulla circonvallazione*, to divert traffic onto the ring road // — *la palla in calcio d'angolo*, to deflect the ball for a corner **2** (*fig.*) (*sviare*) to divert, to distract: — *i sospetti*, to divert suspicions; — *qlcu. da un proposito*, to divert s.o. from his purpose; *cercò di — la mia attenzione*, she tried to divert my attention.

deviato *agg.* **1** (*con direzione mutata*) diverted, deviated, re-routed: *traffico* —, diverted traffic **2** (*psic.*) deviant: *avere un comportamento* —, to behave in a deviant way ◆ *s.m.* (*psic.*) deviant.

deviatoio *s.m.* (*ferr.*) switch block.

deviatore *s.m.* **1** (*ferr.*) signalman*, pointsman*, shunter; (*amer.*) switchman* **2** (*elettr.*) switch.

deviazione *s.f.* **1** deviation; deflection; (*stradale*) detour: *facemmo una — per evitare le strade più affollate*, we made a detour in order to avoid the most crowded roads; *attento, c'è una — per Milano*, look out, there's a detour for Milan // (*stat.*) — *standard, media*, standard, media deviation // (*mar., aer.*) — *magnetica*, compass deviation // (*elettr.*) — *elettromagnetica*, electromagnetic deflection // (*tv*) — *del quadro*, frame deflection // (*mecc.*) — *balistica*, ballistic deviation // (*assicurazioni*) *clausola di* —, (*dirottamento*) deviation // — *dalla fede*, deviation from one's faith **2** (*ferr.*) shunting, switching **3** (*fig.*) departure, deviation, straying; (*perversione*) perversion, corruption // (*psic.*) — *mentale*, mental deviation.

deviazionismo *s.m.* (*pol.*) deviationism.

deviazionista *s.m.* e *f.* (*pol.*) deviationist.

deviazionistico *agg.* deviational.

deviscerare *v.tr.* to disembowel, to gut, to eviscerate; to draw*.

de visu *locuz.avv.* (*lat.*) **1** by sight; ocularly: *constatare qlco.* —, to verify sthg. by sight **2** (*di persona*) face to face, in person: *dobbiamo discutere il problema* —, we'll have to discuss the problem face to face.

devitalizzare *v.tr.* **1** (*togliere vitalità*) to devitalize **2** (*med.*) to kill: — *un dente*, to kill a tooth.

devitalizzazione *s.f.* (*med.*) devitalization.

devitaminizzare *v.tr.* (*med.*) to devitaminize.

devitaminizzazione *s.f.* (*med.*) vitamin deficiency.

devocalizzazione *s.f.* (*ling.*) devoicing, devocalization.

devoltare *v.tr.* (*elettr.*) to step down.

devoltore *s.m.* (*elettr.*) negative booster.

devolutivo *agg.* of devolution, devolutionary.

devoluto *agg.* devolved (to), assigned, transmitted, transferred; handed over (to): *la somma devoluta alla Croce Rossa era di 15 milioni*, the sum handed over to the Red Cross was 15 million.

devoluzione *s.f.* (*dir.*) devolution, transmission, transfer: — *allo Stato d'una proprietà*, escheat // (*fin.*) — *di azioni*, transmission of shares // (*st.*) *guerra di* —, War of Devolution.

devolvere *v.tr.* **1** (*dir.*) to devolve, to assign; to transmit, to transfer: — *una causa ad altro tribunale*, to transfer a case to another court; — *un diritto a qlcu.*, to transfer (*o* to assign) a right to s.o. **2** (*destinare*) to assign, to hand over: — *una somma in beneficienza*, to assign (*o* to allocate) a sum to charity; — *l'incasso all'Associazione di ricerca per il cancro*, to hand over the proceeds to the Cancer Research Association.

□ **devolversi** *v.intr.pron.* (*rar.*) (*fluire*) to flow down.

devoniano, devonico *agg.* e *s.m.* (*geol.*) Devonian.

devotamente *avv.* devoutly, piously; devotedly.

devoto *agg.* **1** devotional; (*pio*) pious, religious, devout: *atteggiamento* —, pious attitude; *libro* —, devotional book; *persona devota*, pious person; *essere — a un santo*, to be a votary of a saint **2** (*dettato da devozione*) of devotion, of prayer; (*estens.*) holy: *ascoltare in — silenzio*, to listen in devoted silence **3** (*dedito*) devoted, dedicated: — *al lavoro*, devoted to work // *essere — alla bottiglia*, (*scherz.*) to be addicted to (*o* to worship) the bottle **4** (*affezionato*) devout, affectionate, sincere, loyal: *amico* —, sincere friend; *servitore* —, devoted servant **5** (*consacrato*) devoted, consecrated ◆ *s.m.* **1** worshipper, devotee: *i devoti di Santa Rita*, the devotees of Saint Rita **2** (*fedele*) devoted friend, loyal follower, devotee.

devozionale *agg.* devotional ◆ *s.m.* devotional object.

devozione *s.f.* **1** devoutness, devotion, piety: — *a un Santo*, devotion to a Saint; *festa di* —, feast of devotion; *pregare con* —, to pray devoutly **2** *pl.* (*preghiere*) devotions, prayers: *libro di devozioni*, devotional book **3** (*venerazione*) veneration; (*affetto*) affection, attachment; (*dedizione*) devotion, dedication; (*fedeltà*) devotedness, loyalty: *avere della — per qlcu.*, to be devoted to s.o.

di *prep.* **1** (*specificazione*) of: *il calore del sole*, the heat of the sun; *l'inizio della primavera*, the beginning of spring; *il capo dei ribelli*, the leader of the rebels (*o* the rebel leader); *il profumo delle rose*, the scent of roses; *l'altezza — un edificio*, the height of a building; *la fine — un film*, the end of a film; *il centro della città*, the centre of town (*o* the town centre); *il senso dell'umorismo*, a sense of humour; *una folla — dimostranti*, a crowd of demonstrators; *una serie — errori*, a series of mistakes; *la furia degli elementi*, the fury of the elements; *i vetri della finestra*, window panes; *gli impiegati delle poste*, post office workers; *il canto degli uccelli*, birdsong (*o* the song of birds) **2** (*specificazione con valore di possesso; in inglese si esprime spesso con il 'caso possessivo'*): *la casa — Sara*, Sarah's house; *il fratello — Giacomo*, James's brother; *il figlio dei Rossi*, the Rossi's son; *le odi del Carducci*, Carducci's odes; *la riunione — martedì*, Tuesday's meeting; *la coda del gatto*, the cat's tail; *la maniglia della porta*, the door handle; *la porta della cucina*, the kitchen door **3** (*partitivo*) some, (*in frasi interrogative, dubitative e negative*) any: *mangiammo del pane*, we ate some bread; *è uscita con dei conoscenti*, she went out with some people she knew; *abbiamo visto delle belle scarpe*, we saw some nice shoes; *c'è ancora del vino?*, is there any wine left?; *alcuni degli alunni*, some of the pupils; *ciascuno — noi*, each of us **4** (*retta da nomi che indicano quantità, numero*) of: *un chilo — pane*, a kilo of bread; *una dozzina — uova*, a dozen eggs; *ci vuole un minimo — buon senso*, it takes a bit of common sense; *un po' — coraggio*, some courage // *niente — bello, — interessante, d'importante*, nothing nice, interesting, important; *qualcosa — nuovo*, something new **5** (*denominazione; talvolta in inglese non si traduce*) of: *la città — Roma*, the city of Rome; *l'isola — Capri*, the isle of Capri; *il mese — febbraio*, the month of February; *una ragazza — colore*, a coloured girl; *il nome — Giovanni*, the name John **6** (*qualità, condizione*) at, in, by: *sano — corpo*, healthy in body; *buono d'animo*, good at heart; *conoscere qlcu. — nome*, to know s.o. by name **7** (*argomento*) about, of: *discutere — sport*, to talk about sport; *parlare bene — qlcu.*, to speak well of s.o.; *un testo — chimica*, a chemistry text; *un film — spionaggio*, a spy film **8** (*appartenenza*) by: *un libro — Calvino*, a book by Calvino; *un film — Fellini*, a film by Fellini; *un'opera — Raffaello*, a work by Raphael; *una sinfonia — Mahler*, a symphony by Mahler; *una poesia — Montale*, a poem by Montale; *un'opera — Verdi*, an opera by Verdi **9** (*per introdurre un secondo termine di paragone*) than (*dopo compar.*); of, in (*dopo superl.*): *Marco è più alto — Giorgio*, Mark is taller than George; *è il più simpatico dei fratelli*, he's the nicest of the brothers; *la più grande città del Giappone*, the biggest city in Japan; *il fiume più lungo del mondo*, the longest river in the world **10** (*modo*): *essere — buon umore*, to be in a good mood; *bere tutto — un fiato*, to drink it all in one gulp; *ridere — cuore*, to laugh heartily; *sollevare — peso*, to lift up bodily; *andarsene — corsa*, to rush off **11** (*materia*): *una statua — marmo*, a marble statue; *una tavola — legno*, a wooden table; *una borsa — pelle*, a leather handbag; *una crostata — mele*, an apple tart // *un cuore d'oro*, a heart of gold // *un pugno — ferro*, an iron fist // *castelli — carta*, castles in the air **12** (*età, valore, misura*): *un bambino — 6 anni*, a 6-year-old child (*o* a child of 6); *un uomo — mezza età*, a middle-aged man; *un assegno — un milione*, a cheque for a million; *un edificio — 10 piani*, a 10-storey building; *un circuito — mille metri*, a thousand metre circuit; *una distanza — 8 km*, a distance of 8 kilometres (*o* 5 miles); *una parete — 4 metri*, a 4 metre-long wall (*o* a wall 4 metres long); *un appartamento — 150 mq*, a flat of 150 square metres **13** (*causa*) of, for, with: *morire — sete*, to die of thirst; *piangere — gioia*, to cry for joy; *accusare — furto*, to charge with theft; *reo — omicidio*, guilty of murder **14** (*mezzo*) with, on: *ungere — burro*, to grease with butter; *cospargere — sale*, to sprinkle with salt; *campare del proprio stipendio*, to live on one's own earnings; *vivere — illusioni*, to live on illusions **15** (*moto da luogo, origine, provenienza, anche fig.*) from; out of: *uscire — casa*, to go (*o* to come) out of the house (*o* to leave home); *essere — Roma*, to be (*o* to come) from Rome; — *dove sei?*, where are you from? (*o* where do you come from?); *era — buona famiglia*, (s)he was from a good family; *allontanati — lì*, get away from there; *lontano — qui*, a long way from here (*o* a long way off) // *uscire — strada*, to leave the road // *mi cadde — mano*, it slipped out of my hand // *smontare — sella*, to dismount **16** (*tempo*): — *mattina*, — *sera*, in the morning, in the evening; — *notte*, at night; *d'inverno, d'estate*, in winter, in summer; — *sabato*, on

Saturday(s); *una sera — ottobre*, an October evening; *un corso — 3 mesi*, a three-month course; *una lezione — un'ora*, an hour-long lesson; *una gita — 2 giorni*, a two-day trip; *una vacanza — un mese*, a month's holiday // — *recente*, recently // — *giorno in giorno*, from day to day // — *anno in anno*, from year to year // — *tanto in tanto*, every now and then (*o* every so often) **17** (*limitazione, privazione*): *duro d'orecchio*, hard of hearing; *essere debole — cuore*, to have a weak heart; *a corto — soldi*, short of money; *privo — mezzi*, without means; *mancare — esperienza*, to be without experience **18** (*destinazione, scopo*): *stanza — soggiorno*, living-room; *sala — lettura*, reading room • Come si nota dagli esempi, nei significati 1, 2, 6, 7, 10, 11, 12, 16, 18 si usa spesso in inglese la forma aggettivale o avverbiale in luogo del compl. introdotto dalla prep. *di* **19** (*seguito da un verbo all'inf. in dipendenza da altro verbo*): *decidemmo — partire subito*, we decided to leave at once; *gli dissi — andarsene*, I told him to go away; *non avevo intenzione — offenderti*, I didn't mean to offend you; *credo — aver ragione*, I believe I'm right; *pensava — fare il medico*, he thought of becoming a doctor **20** (*in unione con altra prep.*): *contro — lui*, against him; *dopo — te*, after you; *sopra, sotto — noi*, above, below us; *dietro — me*, after (*o* behind) me **21** (*in unione con un avv.*): — *qua*, over here (*o* on this side); — *là*, over there (*o* on that side); — *dentro*, inside; — *fuori*, outside.
◆ FRASEOLOGIA: — *certo*, surely; — *frequente*, often; — *rado*, seldom; — *nuovo*, again; — *solito*, usually; *del resto*, besides, moreover; — *gran lunga*, by far // — *male in peggio*, from bad to worse // *ne ha combinati — guai*, he caused a lot of trouble // *dire — sì, — no*, to say yes, no // *credere — sì, — no*, to think so, not.

dì *s.m.* (*poet.*) day: *buon —!*, good morning!; *notte e —*, night and day (*o* without interruption) // *a — 9 maggio*, (*nei documenti*) 9th May (*o* May 9th).

di *s.f.* o *m.* letter D.

di- *pref.* di origine greca che significa 'due', 'doppio'; ingl. di-: *digramma*, digraph.

diabase *s.m.* (*geol.*) diabase.

diabatico *agg.* (*fis.*) diabatic.

diabete *s.m.* (*med.*) diabetes: — *insipido, mellito*, diabetes insipidus, mellitus.

diabetico *agg.* e *s.m.* (*med.*) diabetic.

diabetologia *s.f.* study of diabetes.

diabetologo *s.m.* diabetes specialist.

diabolicità *s.f.* diabolicalness, devilishness.

diabolico *agg.* diabolic(al), satanic; fiendish, devilish: *un piano —*, a devilish plot: *avere una mente diabolica*, to have a diabolic mind.

diacciola *s.f.* (*bot.*) (*Mesembryanthemum crystallinum*) ice plant.

diachenio *s.m.* (*bot.*) diachene.

diaclasi *s.f.* (*geol.*) joint.

diaconale *agg.* (*eccl.*) diaconal.

diaconato *s.m.* (*eccl.*) diaconate.

diaconessa *s.f.* (*eccl.*) deaconess.

diaconía *s.f.* (*eccl.*) diaconate.

diaconico *s.m.* (*arch.*) diaconicon, diaconicum.

diacono *s.m.* (*eccl.*) deacon.

diacritico *agg.* diacritic(al).

diacronia *s.f.* (*ling.*) diachrony.

diacronico *agg.* (*ling.*) diachronic.

diade *s.f.* dyad.

diadelfo *agg.* (*bot.*) diadelphous.

diadema *s.m.* diadem; tiara.

diademato *agg.* diademmed.

diadico *agg.* dyadic: *numerazione diadica*, dyadic numeration.

diadoco *s.m.* **1** (*st.*) diadochos **2** Crown Prince (in Greece until 1972).

diafanità *s.f.* (*letter.*) diaphanousness, diaphaneity, transparency.

diafano *agg.* (*letter.*) **1** (*trasparente*) diaphanous, transparent **2** (*fig.*) slender, delicate; pale: *carnagione diafana*, translucent complexion.

diafanoscopia *s.f.* (*med.*) diaphanoscopy.

diafanoscopio *s.m.* (*med.*) diaphanoscope.

diafisi *s.f.* (*anat.*) diaphysis (pl. -ses).

diafonia *s.f.* **1** (*mus.*) diaphony **2** (*tel.*) cross-talk.

diafonico *agg.* diaphonic(al).

diaforesi *s.f.* (*med.*) diaphoresis.

diaforetico *agg.* e *s.m.* (*med.*) diaphoretic.

diaframma *s.m.* **1** (*anat., bot., zool.*) diaphragm, septum* **2** (*divisione, partizione*) screen, partition, wall: *tra noi si è creato un — d'incomprensione*, a wall of incomprehension grew up between us **3** (*scient.*) diaphragm: (*fis.*) — *a iride*, iris diaphragm; (*fot.*) — *dell'obiettivo*, stop; (*fot.*) — *variabile*, compensator; (*tel.*) — *di microfono telefonico*, diaphragm, tympanum; (*rad.*) — *elettrodinamico*, electrodynamic pickup; (*mecc.*) — *isolante*, insulating diaphragm **4** (*med.*) (*anticoncezionale*) diaphragm.

diaframmare *v.tr.* **1** to diaphragm **2** (*fot.*) to stop down, to regulate the diaphragm.

diaframmatico *agg.* diaphragmatic: *respirazione diaframmatica*, diaphragmatic respiration.

diagenesi *s.f.* (*geol.*) diagenesis.

diagnosi *s.f.* **1** (*med.*) diagnosis*: *formulare una —*, to make a diagnosis; *una — errata*, a mistaken diagnosis; — *prenatale, clinica*, antenatal, clinical diagnosis; — *radiologica*, radiodiagnosis **2** (*estens.*) diagnosis*, analysis*: *fare una — della situazione economica*, to analyse the economic situation.

diagnostica *s.f.* (*med., inform.*) diagnostics [U].

diagnosticare *v.tr.* to diagnose: *il dottore gli diagnosticò una polmonite*, the doctor diagnosed (the illness as) pneumonia.

diagnostico *agg.* diagnostic: *esame, controllo —*, diagnostic test, check ◆ *s.m.* diagnostician.

diagonale *agg.* diagonal: *in linea —*, diagonally ◆ *s.f.* (*mat.*) diagonal: — *di una matrice*, diagonal of a matrix // *tagliare un foglio in —*, to cut a sheet diagonally ◆ *s.m.* **1** (*tessuto diagonale*) twill **2** (*sport*) (*tennis*) cross-court drive; (*calcio*) cross.

diagramma *s.m.* diagram, chart; (*curva*) curve; (*grafico*) graph, plot: — *a canne d'organo, a colonne*, bar chart; — *a dispersione*, scattered diagram (*o* scatter chart); — *a settori*, sector chart; — *a torta*, pie chart; — *di routine*, routine diagram; — *a scala*, staircase chart; — *delle vendite*, sales curve; — *campione*, specimen chart; — *di controllo della qualità*, quality control chart; — *di redditività*, profit-volume chart (*o* breakeven chart); — *di produzione*, production curve; (*aut.*) — *della distribuzione*, timing diagram; (*edil.*) — *delle sollecitazioni*, stress diagram; (*mecc.*) — *di prova*, test chart; (*tecn.*) — *di flusso*, flowchart (*o* flowsheet); (*chim., fis.*) — *di stato*, phase diagram; (*geol.*) — *a rosa*, rose diagram.

diagrammare *v.tr.* to represent by a diagram, to make* a diagram of (sthg.).

diagrammatico *agg.* diagrammatic(al).

dialettale *agg.* dialectal; dialect (*attr.*): *poesia, accento —*, dialect poetry, accent; *teatro — napoletano*, Neapolitan (dialect) theatre.

dialettaleggiante *agg.* dialectal: *prosa —*, prose containing dialect expressions.

dialettalismo *s.m.* dialect word; dialect phrase.

dialettalizzare *v.tr.* to make* dialectal (in character), to use dialect expressions in (sthg.). □ **dialettalizzarsi** *v.intr.pron.* to become* dialectal.

dialettica *s.f.* **1** (*fil.*) dialectic; dialectics [U] **2** (*estens.*) delivery: *è un oratore con grande —*, he's a speaker with a powerful delivery; *avere una — sciolta e avvincente*, to have a smooth (*o* engaging) delivery.

dialetticamente *avv.* dialectically; (*estens.*) theoretically: *risolvere qlco. —*, to solve sthg. theoretically; *un oratore — imbattibile*, a speaker unbeatable in debate.

dialettico *agg.* dialectic(al): *sul piano — nessuno gli tiene testa*, no one can match him in debate (*o* in dialectic) ◆ *s.m.* dialectician.

dialettismo → **dialettalismo**.

dialetto *s.m.* dialect: *parlare in —*, to talk in dialect; — *milanese*, Milanese dialect.

dialettofono *agg.* dialect-speaking ◆ *s.m.* (*ling.*) dialect speaker.

dialettologia *s.f.* dialectology.

dialettologico *agg.* dialectological.

dialettologo *s.m.* dialectologist.

dialipetalo *agg.* (*bot.*) dialypetalous.

dialisepalo *agg.* (*bot.*) dialysepalous.

dialisi *s.f.* (*fis., med.*) dialysis*: *essere in —*, to undergo dialysis; *sottoporre a —*, to subject to dialysis.

dialitico *agg.* (*med.*) dialytic.

dializzare *v.tr.* (*med.*) to dialyze.

dializzato *agg.* (*fis., med.*) dialyzed ◆ *s.m.* (*med.*) dialyzed patient.

dializzatore *s.m.* dialyzer.

diallage *s.f.* (*ret.*) diallage.

diallagio *s.m.* (*min.*) diallage.

diallele *s.m.* (*fil.*) vicious circle.

dialogare *v.intr.* to hold* a dialogue, to converse, to talk together; *i due paesi hanno recentemente ripreso a —*, the two countries have re-established contacts recently; *una coppia che non dialoga*, a couple that doesn't talk to each other ◆ *v.tr.* (*teatr.*) to write* the dialogue of (a scene, a play): — *una scena teatrale*, to write the dialogue for a scene.

dialogato *agg.* put into a dialogue (*pred.*): *parti dialogate di un romanzo*, the dialogues of a novel ◆ *s.m.* dialogue.

dialoghista → **dialogista**.

dialogico *agg.* dialogic(al): *preferiva la forma dialogica*, he preferred to write in dialogue (*form.*).

dialogismo *s.m.* (*ret.*) dialogism.

dialogista *s.m.* e *f.* dialogist, writer of dialogues.

dialogistico *agg.* (*non com.*) dialogistic(al), dialogic; dialogue (*attr.*).

dialogizzare *v.intr.* (*non com.*) to hold* a dialogue, to talk, to converse ◆ *v.tr.* to put* (sthg.) into dialogue form, to express (sthg.) in the form of a dialogue.

dialogo *s.m.* **1** dialogue: *questo libro ha molti dialoghi brillanti*, this book has many brilliant examples of dialogue **2** (*estens.*) dialogue, communication, exchange of views: *riaprire il* —, to re-open the dialogue; *avviare un — con l'opposizione*, to launch (*o* to open) a dialogue with the opposition; *tra loro non c'è* —, there is no communication between them; *con lui ho un bel* —, I can have a good exchange of views with him // *i Dialoghi di Platone*, the Dialogues of Plato.

diamagnetico *agg.* (*fis.*) diamagnetic.

diamagnetismo *s.m.* (*fis.*) diamagnetism.

diamantato *agg.* diamond (*attr.*): *mola diamantata*, diamond wheel; (*tecn.*) *corona diamantata*, diamond crown.

diamante *s.m.* **1** (*min.*) diamond: — *a brillante*, brilliant; — *a rosetta*, rose(-cut) diamond; *anello, collana di diamanti*, diamond ring, necklace; *taglio di diamanti*, diamond cutting; — *industriale*, bort; — *di trivellazione*, (carbon) diamond; *sonda a diamanti*, diamond drill; *detriti, frammenti di* —, diamond rubbish; *scaglie di* —, diamond cleavage // *cuore di* —, (*fig.*) hard (*o* stony) heart // *nozze di* —, diamond wedding **2** (*per vetrai*) diamond point; glazier's diamond **3** (*tip.*) diamond: *carattere* —, diamond (*o* three-point) type **4** (*mar.*) (*di ancora*) crown **5** (*baseball*) diamond, infield.

diamantifero *agg.* diamantiferous, diamond -bearing: *regione, sabbia diamantifera*, diamantiferous region, gravel.

diamantino *agg.* (*letter.*) (*di diamante*) diamond-like, diamond (*attr.*); (*fig.*) adamantine.

diametrale *agg.* diametric(al), diametral: (*mat.*) *piano* —, diametral plane.

diametralmente *avv.* diametrically: *le sue opinioni erano — opposte alle nostre*, his opinions were diametrically opposed to ours.

diametro *s.m.* diameter // (*mecc.*): — *effettivo*, effective diameter; — *esterno*, outside diameter, (*di ingranaggio*) full diameter, (*di una filettatura*) major diameter; — *interno*, inside diameter (*o* bore), (*di ingranaggio*) root diameter, (*di una filettatura*) minor diameter.

diamina → **diammina**.

diamine *inter.* (*fam.*) **1** (*d'impazienza*) good heavens! // *che — state cercando?*, what on earth are you looking for? // *se voglio la torta? —!*, do I want some cake? you bet! **2** (*di sorpresa*) good heavens!: *—! la conosco benissimo!*, good heavens! of course I know her!

diammina *s.f.* (*chim.*) diamine.

diana *s.f.* **1** (*stella del mattino*) morning star **2** (*mil.*) reveille: *suonare la* —, to sound the reveille **3** (*mar.*) morning-watch.

dianoetico *agg.* (*fil.*) dianoetic.

dianoia *s.f.* (*fil.*) dianoia.

dianto *s.m.* (*bot.*) dianthus*.

dianzi *avv.* (*letter.*) (*or ora*) just (now); (*poco fa*) a short while ago.

diapason *s.m.* **1** (*strumento per accordare*) tuning fork, diapason **2** (*estensione dei suoni*) diapason, compass, range: *il — di una voce*, the range of a voice **3** (*fig.*) (*culmine*) pitch, diapason: *ha toccato il — della gioia*, he reached the heights of joy.

diapausa *s.f.* (*biol.*) diapause.

diapedesi *s.f.* (*med.*) diapedesis (*pl.* -ses).

diapente *s.m.* (*mus.*) fifth, quint, diapente.

diaphonia → **diafonia**.

diapirico *agg.* (*geol.*) diapiric.

diapiro *s.m.* (*geol.*) diapir, dome.

diapnoico → **diaforetico**.

diapositiva *s.f.* (*fot.*) slide, transparency: — *a colori*, colour slide (*o* colour transparency).

diaproiettore *s.m.* slide projector.

diarchia *s.f.* diarchy.

diaria *s.f.* (*indennità giornaliera di trasferta*) daily (travelling) allowance.

diario *s.m.* **1** diary, journal, day-book: *tenere un* —, to keep a diary (*o* a journal); — *di viaggio*, journal; — *di guerra*, war diary **2** (*registro giornaliero*) register: — *di classe*, (class) register; — *scolastico*, school diary; — *di bordo*, log(book); (*comm.*) — *degli effetti*, bill diary **3** (*calendario*) timetable: — *degli esami*, exam timetable.

diarista *s.m.* e *f.* diarist.

diarrea *s.f.* (*med.*) diarrhoea.

diarroico *agg.* (*med.*) diarroheic, diarrhoetic.

diartrosi *s.f.* (*anat.*) diarthrosis.

diascopia *s.f.* (*fot.*, *med.*) diascopy.

diascopio *s.m.* **1** (*fot.*) slide projector **2** (*med.*) diascope.

diasistema *s.m.* (*ling.*) diasystem.

diaspora *s.f.* (*st.*) Diaspora.

diasporo *s.m.* (*min.*) diaspore.

diaspro *s.m.* (*geol.*) jasper.

diastasi *s.f.* **1** (*med.*) diastasis **2** (*biochim.*) diastase.

diastema *s.m.* **1** (*geol.*) diastem **2** (*med.*) diastema*.

diastilo *agg.* e *s.m.* (*arch.*) diastyle.

diastole *s.f.* diastole.

diastolico *agg.* (*med.*) diastolic.

diastrofismo *s.m.* (*geol.*) diastrophism.

diatermanità *s.f.* (*fis.*) diathermacy.

diatermano *agg.* (*fis.*) diathermic, diathermanous.

diatermia *s.f.* (*med.*, *fis.*) diathermy.

diatermico *agg.* (*med.*) diathermic.

diatesi *s.f.* **1** (*med.*) diathesis* **2** (*gramm.*) voice, diathesis*.

diatesico, **diatetico** *agg.* (*med.*) diathetic.

diatomea *s.f.* (*bot.*) diatom.

diatomite *s.f.* (*geol.*) diatomite.

diatonia *s.f.* (*mus.*) diatonicism, diatonism.

diatonico *agg.* (*mus.*) diatonic.

diatrema *s.m.* (*geol.*) diatreme.

diatriba *s.f.* **1** (*invettiva*) diatribe, invective **2** (*alterco*) quarrel, dispute.

diavola *s.f.* **1** *una buona* —, (*fam.*) a good woman (*o* a kind soul); *una povera* —, (*fam.*) a poor woman (*o* devil) **2** (*cuc.*) *pollo alla* —, devilled chicken.

diavolaccio *s.m.* devil // *un buon* —, (*fam.*) a good-natured chap.

diavoleria *s.f.* **1** devilry; devilment; (*stregoneria*) witchcraft **2** (*espediente*) trick, dodge, ruse: *escogitare una* —, to think up a trick **3** (*cosa strana*) gadget, contraption: *come funziona questa —?*, how does this contraption work?

diavolerio *s.m.* (*region.*) din, row.

diavolesco *agg.* devilish, diabolical.

diavolessa *s.f.* **1** she-devil; witch **2** (*fig.*) (*donna brutta e malvagia*) hag; (*donna vivace e attiva*) lively and energetic woman.

diavoletto *s.m.* **1** (*fanciullo vivace*) little devil, imp **2** (*fam.*, *antiq.*) (*bigodino*) hair curler **3** (*fis.*) — *di Cartesio*, Cartesian diver (*o* devil).

diavolino *s.m.* (*fig.*) little devil, imp, rascal.

diavolio *s.m.* hubbub, uproar, babel, pandemonium: *fare un* —, to make an uproar.

diavolo *s.m.* **1** devil // *avvocato del* —, devil's advocate // *fa un caldo del* —, it's stiflingly hot; *fa un freddo del* —, it's icy cold; *un vento del* —, a heck (*o* hell) of a wind // *avere una fame del* —, to be famished (*o* starving); *avere una sete del* —, to be terribly thirsty; *avere una fretta del* —, to be in a tearing hurry; *avere una paura del* —, to be in a blue funk (*o* to be scared to death) // *fare il* — (*a quattro*), to kick up a row (*o* to make a fuss) // *fare un caos del* —, to make an uproar (*o* to raise hell *o* to raise Cain) // *mandare qlcu. al* —, to send s.o. to hell // *avere il — in corpo*, to be full of mischief // *avere un — per capello*, to be furious (*o* furiously angry) // *saperne una più del* —, to know one more than the devil // *sapere dove il — tiene la coda*, to be crafty (*o* to be artful) // *fare la parte del* —, to take the devil's side // *il — ci ha messo la coda, le corna, lo zampino*, luck was against it // *abitare a casa del* —, to live in the back of beyond // *sono come il — e l'acqua santa*, they don't mix // *il — fa le pentole ma non i coperchi*, (*prov.*) the truth will out // *il — non è così brutto come lo si dipinge*, (*prov.*) the devil is not so black as he is painted // *un — scaccia l'altro*, (*prov.*) one devil drives out another // *la farina del — va tutta in crusca*, (*prov.*) the devil's meal is half bran **2** (*fig.*) (*persona malvagia*) devilish person; (*persona vivace*) devil: *quel ragazzo è un* —, that boy's a little devil; *è un povero* —, he's a poor devil (*o* chap); *è un buon* —, he's a nice chap **3** (*in esclamazioni*) hell, heck: *per tutti i diavoli!*, hell! (*o* good grief! *o ant.* devil!); *al — tutti quanti!*, to hell with the lot of them!; *va al —!*, go to hell! // *dove — eri finito?!*, where the hell (*o* where on earth) did you go?!; *che — stai facendo?*, what the hell are you doing? // *"Ti piace il mare?" "Diavolo!"*, "Do you like the sea?" "I'll say!" **4** (*zool.*): — *spinoso*, (*Moloch horridus*) moloch; — *orsino*, (*Sarcophilus harrisii*) Tasmanian devil **5** (*geogr.*) — *del deserto*, dust devil.

diazo *agg.* (*chim.*) diazo: *colorante* —, diazo dye.

diazocomposto *s.m.* (*chim.*) diazo (compound).

diazometano *s.m.* (*chim.*) diazomethane.

diazonio *s.m.* (*chim.*) diazonium: *sali di* —, diazonium salts.

diazosale *s.m.* (*chim.*) diazonium salt.

diazotare *v.tr.* (*chim.*) to diazotize.

diazotazione *s.f.* (*chim.*) diazotization.

diazotipia *s.f.* (*fot.*) diazotype.

dibasico *agg.* (*chim.*) dibasic.

dibattere *v.tr.* **1** (*discutere*) to debate, to discuss: — *una questione*, to discuss a question **2** (*rar.*) (*sbattere*) to beat*: — *le ali*, to flap one's wings (*o* to flutter).

□ **dibattersi** *v.rifl.* to struggle; (*in acqua*) to flounder (about): *lo vide — fra le mani dei nemici*, he saw him struggling in the hands of his enemies; *lo squalo si dibattè a lungo prima di essere tratto a riva*, the shark struggled (*o* floundered about) a long time, before being landed // — *nel dubbio*, (*fig.*) to be torn by doubt.

dibattimentale *agg.* (*dir.*) of a trial.

dibattimento *s.m.* **1** (*discussione*) debate, discussion: (*pol.*) — *a porte chiuse*, debate held in camera (*o* secret session) **2** (*dir.*) trial, hearing.

dibattito *s.m.* **1** debate, discussion: *dibattiti parlamentari*, parliamentary debates (*o* proceedings); *un acceso* —, a heated debate; *la questione è al* —, the question is under discussion (*o* debate); *dirigere un* —, to lead a discussion (*o* to occupy the chair); *aprire, iniziare, chiudere il* —, to open, to begin, to close the debate **2** (*disputa*) dispute, controversy: *sorse fra noi un aspro — per la precedenza*, a sharp dispute arose between us over precedence.

dibattuto *agg.* controversial: *una questione dibattuta*, a controversial issue.

diboscamento *s.m.* deforestation; disafforestation.

diboscare *v.tr.* to deforest, to disafforest, to clear of trees: *hanno diboscato troppo la montagna*, they cut down too many trees on the mountain; *questa terra è stata completamente diboscata*, this country has been completely deforested (*o* cleared of trees).

dicarbossilico *agg.* (*chim.*) dicarboxylic.

dicasio *s.m.* (*bot.*) dichasium.

dicastero *s.m.* ministry; (*negli Stati Uniti*) department: — *degli Esteri*, Foreign Ministry; (*in Gran Bretagna*) Foreign Office; (*negli Stati Uniti*) State Department.

dicataléttico *agg.* (*metrica*) dicatalectic.

dicco *s.m.* (*geol.*) dike, dyke.

dic-dic → **dig-dig**.

dicefalo *agg.* two-headed ◆ *s.m.* dicephalus (*pl.* -i).

dicembre *s.m.* December.

dicembrino *agg.* December (*attr.*).

dicentrare e *deriv.* → **decentrare** e *deriv.*

dicere → **dire**.

diceria *s.f.* gossip, rumour: *è solo una* —, it is only a rumour; *mettere in giro dicerie sul conto di qlcu.*, to start (up) a rumour about s.o.

dicevole *agg.* (*ant. letter.*) suitable, becoming, decent, proper.

dichiarante *agg.* declaring (*attr.*) ◆ *s.m.* e *f.* **1** declarer (*anche nel bridge*) **2** (*dir.*) declarant: *firma del* —, signature of the declarant.

dichiarare *v.tr.* **1** to declare; (*affermare*) to state, to affirm: — *guerra a un paese*, to declare war on a country; — *la fine delle ostilità*, to declare a cease-fire; — *il proprio amore*, to declare one's love; *il ministro ha dichiarato che non accetterà l'incarico*, the minister stated that he would not accept the assignment; *dichiarò di non aver visto nulla*, he stated (*o* declared) he had seen nothing; — *ufficialmente*, to make an official statement; — *la propria opinione*, to state one's opinion; — *aperti i giochi olimpici*, to declare the Olympic Games open; *vi dichiaro marito e moglie*, I pronunce you man and wife **2** (*denunciare*) to declare, to state: — *il reddito*, to declare (*o* to state) one's income; *avete nulla da —?*, have you anything to declare?; — *un carico alla dogana*, to report a cargo; (*fin.*) — *un dividendo*, to declare a dividend; (*trib.*) — *un imponibile inferiore a quello reale*, to understate one's taxable income; (*assicurazioni*) — *i danni*, to lay (*o* to report) damages **3** (*giudicare*) to declare, to proclaim: *fu dichiarato colpevole, innocente*, he was found guilty, innocent (*o* not guilty) **4** (*nominare*) to name: *lo dichiarò suo erede*, he named him his heir **5** (*spiegare*) to explain: — *una locuzione*, to explain a phrase **6** (*bridge*) to declare, to make* a declaration.

□ **dichiararsi** *v.rifl.* **1** to declare oneself; to proclaim oneself: *si dichiarò innocente*, he declared that he was innocent (*o* he declared himself to be innocent); — *contrario, favorevole a qlco.*, to declare oneself against sthg., for sthg. **2** (*fare una dichiarazione d'amore*) to propose: *non trova il coraggio di* —, he can't bring himself to propose.

dichiaratamente *avv.* openly, plainly: *essere — contrario a una decisione*, to be openly against a decision.

dichiarativo *agg.* **1** declarative; explanatory: (*dir.*) *clausola dichiarativa*, declarative clause **2** (*gramm.*) predicative, predicate (*attr.*).

dichiarato *agg.* **1** (*confessato*) avowed, declared: *nemico* —, avowed enemy; *un'avversione dichiarata*, an avowed aversion **2** (*denunciato*) declared, reported, stated: *reddito* —, declared (*o* reported) income; *imponibile* —, reported taxable income.

dichiaratore *s.m.* declarer; (*dir.*) declarant.

dichiaratorio *agg.* declaratory.

dichiarazione *s.f.* **1** declaration; (*affermazione*) statement; (*professione, testimonianza*) profession, avowal: *in una — del ministro alla stampa, si legge che...*, in the Minister's press statement, we read that; *non rilascio dichiarazioni*, I don't make statements; — *d'amicizia*, avowal of friendship; — *d'amore*, declaration of love; — *di guerra*, declaration of war; — *giurata*, sworn statement; (*dir.*) affidavit; *fare una* —, to make a declaration; *fare una — (d'amore) a una ragazza*, to declare one's love to a girl // (*st.*) *la — dei diritti dell'uomo*, the Declaration of the Rights of Man **2** (*comm.*) declaration, statement; (*doganale*) entry, bill: — *del valore*, declaration of value; — *falsa*, misrepresentation; — IVA, value added tax (*o* VAT) statement; — *dei redditi*, income tax return (*o* tax return); — *congiunta*, joint declaration; (*dir.*) — *di fallimento*, adjudication of bankruptcy // (*fin.*): — *dei dividendi*, declaration of dividends; — *di estinzione di obbligazione*, accord and satisfaction // (*mar.*): — *d'entrata*, ship's report (*o* prime entry); — *di sortita*, shipping bill; — *doganale*, customs entry (*o* declaration), entry outwards, specification; — *d'avaria*, ship's protest; — *d'imbarco*, declaration of shipment // — *di sinistro*, notice of accident **3** (*a carte*) bid, declaration.

diciannove *agg.num.card.* e *s.m.* nineteen // *l'articolo — del regolamento*, article number nineteen of the regulations // *le* (*ore*) —, seven o'clock (in the evening) (*o* seven p.m.).

diciannovenne *agg.* nineteen years old (*pred.*); nineteen-year-old (*attr.*): *un giovane* —, a nineteen-year-old youth ◆ *s.m.* nineteen -year-old (youth) ◆ *s.f.* nineteen-year-old (girl).

diciannovesimo *agg.num.ord.* e *s.m.* nineteenth.

diciassette *agg.num.card.* e *s.m.* seventeen: *il — porta sfortuna*, seventeen is unlucky // *le* (*ore*) —, five o'clock (in the evening) (*o* five p.m.).

diciassettenne *agg.* seventeen years old (*pred.*); seventeen-year-old (*attr.*) ◆ *s.m.* seventeen-year-old (youth) ◆ *s.f.* seventeen -year-old (girl).

diciassettesimo *agg.num.ord.* e *s.m.* seventeenth.

dicibile *agg.* speakable, that may be said (*pred.*).

dicioccamento *s.m.* (*agr.*) grubbing, rooting-up, stubbing.

dicioccare *v.tr.* (*agr.*) to grub, to stump, to stub // — *un albero*, to root up (*o* to grub) a tree.

diciottenne *agg.* eighteen years old (*pred.*); eighteen-year-old (*attr.*) ◆ *s.m.* eighteen-year -old (youth) ◆ *s.f.* eighteen-year-old (girl).

diciottesimo *agg.num.ord.* e *s.m.* eighteenth.

diciotto *agg.num.card.* e *s.m.* eighteen: *a — anni si è maggiorenni*, you come of age at eighteen; *vietato ai minori di — anni*, prohibited to young people under eighteen // *le* (*ore*) —, six o'clock (in the evening) (*o* six p.m.).

dicitore *s.m.* speaker; (*narratore, narratrice*) teller; (*chi recita bene*) reciter // *fine* —, variety artist; (*iron.*) affected speaker.

dicitura *s.f.* words (*pl.*), wording, inscription: *con la seguente* —, reading as follows (*o* bearing the words); *una targhetta con la* —, a plate with the inscription.

diclino *agg.* (*bot.*) diclinous.

dicloruro *s.m.* (*chim.*) dichloride.

dicogamia *s.f.* (*bot.*) dichogamy.

dicoreo *s.m.* dichoree, ditrochee.

dicoriale *agg.* (*biol.*) dichorial.

dicotile, **dicotiledone** *agg.* (*bot.*) dicotyledonous ◆ *s.f.* (*bot.*) dicotyledon.

dicotomia *s.f.* dichotomy (*anche scient.*).

dicotomico, **dicotomo** *agg.* dichotomous // (*astr.*) *luna dicotoma*, horned moon.

dicroico *agg.* (*fis.*) dichroic.

dicroismo *s.m.* (*fis.*) dichroism.

dicromatico *agg.* (*scient.*) dichromatic.

dicromatismo *s.m.* (*med.*) dichromatism.

dicrotismo *s.m.* (*med.*) dicrotism.

dictafono → **dittafono**.

dicumarina *s.f.* (*chim.*) dicoumarin.

didascalia *s.f.* **1** (*di illustrazione*) caption; legend **2** (*teatr.*) (*su copione*) stage directions (*pl.*) **3** (*cinem.*) (*su pellicola*) subtitle; (*amer.*) caption.

didascalico *agg.* **1** didactic: *poesia didascalica*, didactic poetry **2** (*estens.*) pedantic: *parlare in tono* —, to speak pedantically.

didascalismo *s.m.* didactic tone; didactic attitude.

didatta *s.m.* e *f.* **1** (*non com.*) teacher **2** (*psic.*) preceptor.

didattica *s.f.* didactics ⓤ; (*estens.*) teaching method: — *supportata da elaboratore*, computer -assisted education (*abbr.* CAE).

didatticamente *avv.* didactically.

didatticismo → **didattismo**.

didattico *agg.* didactic: *metodo* —, teaching method; *tono* —, didactic tone // *direttore* —, director of studies; (*di una scuola elementare*) headmaster (of a primary school).

didattismo *s.m.* **1** (*di metodo*) didacticism **2** (*di atteggiamento*) pedantry.

didentro, **di dentro** *avv.* inside ◆ *agg.* (*interno*) inside (*attr.*): *la parte* —, the inside part ◆ *s.m.* inside: *il* — *di un armadio*, the inside of a wardrobe // *dal* —, (from the) inside: *la porta è chiusa dal* —, the door is locked from the inside.

didietro, **di dietro** *avv.* behind ◆ *agg.* back, rear (*attr.*): *la parte* — *di un armadio*, the back (part) of a wardrobe; *i sedili* — *di una macchina*, the back (*o* rear) seats of a car // *zampe* —, hind legs ◆ *s.m.* **1** (*parte posteriore*) back, rear: *il* — *di un edificio*, the back (*o* rear) of a building **2** (*fam. scherz.*) bottom.

didimio *s.m.* (*chim.*) didymium.

didimo *agg.* (*bot.*, *zool.*) didymous ◆ *s.m.* (*biol.*) didymus.

dido → **dodo**.

dieci *agg.num.card.* e *s.m.* ten: *il* — *ottobre*, the tenth of October; *sono le* —, it is ten o'clock; *ho preso* — *in inglese*, I got ten out of ten in English // (*st.*) *il Consiglio dei Dieci*, the Council of the Venetian Republic // *mangiare per* —, to eat like a horse.

diecimila *agg.num.card.* e *s.m.* ten thousand: *mi puoi prestare* — *lire?*, could you lend me ten thousand liras?

diecimilionesimo *agg.num.ord.* ten millionth ◆ *s.m.* ten millionth part.

diecimillesimo *agg.num.ord.* e *s.m.* ten thousandth.

diecina → **decina**.

diedrale *agg.* (*mat.*) dihedral.

diedro *agg.* (*mat.*) dihedral (angle) ◆ *s.m.* **1** (*mat.*) dihedron **2** (*alpinismo*) dihedral, (*fam.*) open book.

diegesi *s.f.* (*ling.*) diegesis.

diegetico *agg.* diegetic.

dielettricità *s.f.* dielectricity.

dielettrico *agg.* e *s.m.* (*fis.*) dielectric: *materiale* —, dielectric material; *costante dielettrica*, dielectric constant; — *isotropo*, isotropic dielectric.

diencefalo *s.m.* (*anat.*) diencephalon (*pl.* -la).

diene *s.m.* (*chim.*) diene.

dieresi *s.f.* diaeresis* (*anche med.*).

diesare *v.tr.* (*mus.*) to sharpen.

diesel *agg.* e *s.m.* diesel: *ciclo* —, diesel cycle; *automotrice* —, diesel railcar; *motore* —, diesel engine; *gasolio* (*per motori* —), diesel oil; *la mia automobile è un* —, I've got a diesel car.

dies irae *s.m.* (*lat.*) Dies Irae.

diesis *s.m.* (*mus.*) sharp: *sinfonia in do* — *minore*, symphony in C-sharp minor.

diesizzare *v.tr.* (*mus.*) to sharpen.

dieta[1] *s.f.* (*assemblea*) diet: *la* — *giapponese*, the Japanese Diet.

dieta[2] *s.f.* diet: — *dimagrante*, slimming diet; — *ipocalorica*, *ipercalorica*, low, high calorie diet; — *mediterranea*, Mediterranean diet; — *lattea*, milk diet; *essere*, *stare a* —, to be on a diet; *tenere qlcu. a* —, to keep s.o. on a diet; *dovrò mettermi a* —, I'll have to go on a diet; *seguire una* — *ferrea*, to follow a strict diet.

dietetica *s.f.* dietetics ⓤ.

dietetico *agg.* dietetic: *prodotto* —, dietetic product.

dietilbarbiturico *agg.* (*chim.*) diethylbarbituric: *acido* —, diethylbarbituric acid.

dietim, **dietimo** *s.m.* (*banca*) day by day interest.

dietista *s.m.* e *f.* **1** dietist **2** (*non com.*) → dietologo.

dietologia *s.f.* dietetics ⓤ.

dietologo *s.m.* dietician, (*amer.*) dietitian.

dietoterapia *s.f.* dietotherapy.

dietro *avv.* behind; (*in fondo*, *alle spalle*) at the back: *tu siedi davanti, io sto* —, you sit in front and I'll sit behind; *davanti alla casa c'è un giardino,* — *c'è il garage*, there's a garden in front of the house and the garage is at the back; *un pullover allacciato* —, a pullover fastened at the back; *uno camminava avanti, l'altro* —, one walked in front and the other behind // *l'assegno va firmato anche* —, countersign the cheque on the back // *passate* —, go round the back // *guardare* —, to look back // *venir* —, to follow // *di* —, behind // *qui* —, round the back // *lì* —, back there // — *l'angolo*, round the corner ◆ *prep.* **1** (*di luogo*) behind; after: — *la porta*, behind the door; — *la chiesa c'è il cimitero*, the cemetery is behind the church; *il sole calava* — *la montagna*, the sun set behind the mountain; *erano seduti* — *di me*, they were sitting behind me; *spiava* (*da*) — *le tende*, she peeped from behind the curtains; *procedere uno* — *l'altro*, to go one after the other; *chiuse la porta* — *di sé*, he closed the door after (*o* behind) him // — *le quinte*, behind the scenes (*o* in the wings) (*anche fig.*) // — *le spalle*, behind one's back: *non amo parlare* — *le spalle*, I don't like talking behind people's backs // *andare* — *a qlcu.*, to follow s.o., (*fig.*) to imitate s.o. (*o* to follow s.o.'s example); *correre* — *a qlcu.*, to run after s.o. (*anche fig.*) // *correre* — *a qlco.*, to strive after sthg. // *portarsi* — *qlco.*, to take sthg. with one: *portati* — *l'ombrello*, take your umbrella with you // *stare* — *alla moda*, to follow fashion // *star* — *a qlcu.*, (*sorvegliare*) to stand over s.o.; (*incitarlo*) to spur s.o. on; (*importunarlo*) to pester (*o* to keep on at) s.o. // *tirarsi* — *le critiche*, to ask for criticism **2** (*di tempo*) after [cfr. *dopo*]: *ne capita una* — *l'altra*, it's one thing after another **3** (*comm.*): — *Vostra richiesta*, following your request; — *ricevuta*, against receipt; — *versamento*, on payment; — *domanda*, (*orale*) on demand; (*scritta*) on application ◆ *agg.* back (*attr.*): *posti* —, back seats; *la parte* — *di un assegno*, the back (part) of a cheque // *zampe* (*di*) —, hind legs ◆ *s.m.* back: *il* — *di una casa*, the back of a house; *un abito allacciato sul* —, a dress fastened at the back.

dietrofront *s.m.* **1** (*mil.*) right about-turn: —*!*, about-turn! **2** (*voltafaccia*) volte-face, about-turn: *ha fatto* — *e ha ritrattato tutto*, he did an about-turn and took everything back.

dietrologia *s.f.* conspiracy hunting.

dietrologo *s.m.* conspiracy hunter.

dietromotori *s.m.* (*sport*) pacing // *corsa* —, paced cycle-race.

difalcare e *deriv.* → **defalcare** e *deriv.*

difatti → **infatti**.

difendere *v.tr.* **1** to defend; (*proteggere*) to protect, to shield: *lo difese dalle critiche*, he shielded him from criticism; *difesero la patria dal nemico*, they defended their country against (*o* from) the enemy **2** (*sostenere*) to maintain, to uphold*, to defend, to keep* up, to support: *sa* — *la sua opinione*, can hold his own; — *una tesi*, to maintain (*o* to support) an argument; *ha sempre difeso le decisioni di suo marito*, she has always defended (*o* supported) her husband's decisions; — *gli interessi di qlcu.*, to look after s.o.'s interests; — *un amico*, to stand up for a friend **3** (*dir.*) to defend, to plead: — *la causa di qlcu.*, to plead s.o.'s cause; — *qlcu.*, to plead for s.o.; — *qlcu. in giudizio*, to defend s.o. (in court).

□ **difendersi** *v.rifl.* **1** to defend oneself (against, from s.o., sthg.), to protect oneself (against, from s.o., sthg.): — *dagli attacchi di qlcu.*, (*anche fig.*) to defend oneself against s.o.'s attacks; — *dalle zanzare*, to protect oneself against mosquitoes // — *fino all'ultimo*, to die hard **2** (*fam.*) (*cavarsela*) to manage, to get* by: *non sono un genio in matematica ma mi difendo*, I'm not brilliant at maths but I can get by (*o* I'm not too bad).

difendibile *agg.* defensible, defendable; tenable.

difenilammina *s.f.* (*chim.*) diphenylamine.

difenilchetone *s.m.* (*chim.*) diphenyl ketone, benzophenone.

difenile *s.m.* (*chim.*) diphenyl, biphenyl.

difensibile → **difendibile**.

difensiva *s.f.* defensive: *stare sulla* —, to stay on the defensive; *mettersi sulla* —, to take the defensive (*o* to go on the defensive).

difensivismo *s.m.* defence strategy, defensive strategy, defensiveness.

difensivista *s.m.* e *f.* proponent of a defensive strategy ◆ *agg.* defensive: *condotta* —, defensive behaviour.

difensivistico *agg.* defence (*attr.*), defensive, defending.

difensivo *agg.* defensive.

difensore *agg.* defending: *avvocato* —, defending counsel (*o* counsel for the defence); (*di un'opinione ecc.*) advocate ◆ *s.m.* **1** (*dir.*) defending counsel, counsel for the defence; (*amer.*) attorney for the defense: — *civico*, ombudsman, (*se donna*) ombudswoman; — *di fiducia*, hired counsel; — *d'ufficio*, public defender (*o* counsel appointed by the Court) **2** (*di un'opinione ecc.*) supporter, upholder; advocate: *farsi* — *di un credo*, to become the advocate of a belief (*o* to champion a belief) // — *della fede*, (*titolo dei sovrani d'Inghilterra*) Defender of the Faith **3** (*sport*) defender, back // *l'estremo* —, goalkeeper.

difesa *s.f.* **1** defence; (*amer.*) defense: *la* — *di un territorio*, the defence of a territory; *la* — *dei propri interessi*, the defence of one's interests; — *passiva*, passive defence; *mettersi in posizione di* —, to stand on one's guard (*o* to take up a defensive position); *stare in* —, to be on the defensive; *accorrere in — di qlcu., qlco.*, to rush to the defence of s.o., sthg.; *combattere in — del proprio paese*, to fight in defence of one's country; *schierarsi in — di qlcu.*, to come out in defence of s.o.; *parlare in — di qlcu.*, to speak in s.o.'s defence; *prendere le difese di qlcu.*, to take s.o.'s part (*o* to take up the cudgels on s.o.'s behalf); *a — di*, in defence of; *a sua — si può dire che...*, in his defence it may be said that... // — *ambientale*, conservation (*o* environmental protection) // *senza* —, defenceless (*o* unprotected) // *muro di* —, defensive wall // *la lana è un'ottima — dal freddo*, wool is a good protection against the cold // (*mil.*): — *antiaerea*, anti-aircraft defence; — *antisbarco*, anti-landing defence; — *costiera*, coastal defence; *guerra di* —, defensive war; *linea di* —, line of defence; *armi da* —, weapons of defence // *la miglior — è l'attacco*, (*prov.*) the best form of defence is attack **2** (*dir.*) defence; (*amer.*) defense; (*avvocato incaricato della* —) counsel for the defence: *caso di legittima* —, case of self -defence; *sostenere una — contro*, to make a defence against; *dare la parola alla* —, to give the defence leave to speak (*o* to call upon the defence to speak) **3** *pl.* (*fortificazioni*) defences, fortifications, defensive works // *le difese dell'organismo*, the body's defences **4** (*sport*) defence: *giocare in* —, to defend; *un clamoroso errore della* —, a dreadful mistake by the defence; — *a zona*, zonal defence; — *a uomo*, man to man marking (*o* defence); *essere forti in* —, to have a strong defence.

difeso *agg.* defended, protected: *ben — contro il freddo*, well protected against the cold.

difettare *v.intr.* **1** to be wanting (in sthg.), to be deficient (in sthg.), to be lacking (in sthg.), to want (sthg.), to lack (sthg.): — *di mezzi finanziari*, to lack financial means; — *di sinteticità*, to be lacking (*o* to lack) conciseness; — *d'intelligenza*, to be wanting in intellience **2** (*avere difetti*) to be defective, to be faulty: *camicia difettata*, faulty shirt; *un apparecchio difettato*, a defective piece of machinery.

difettivo *agg.* defective: *verbi difettivi*, defective verbs.

difetto *s.m.* **1** (*fisico*) defect, imperfection; (*morale*) fault: — *fisico*, bodily defect (*o* physical blemish); *senza difetti*, faultless (*o* flawless); *mi ama nonostante i miei difetti*, she loves me in spite of my faults; *avere un — di pronuncia*, to have a defect in pronunciation; *ha il — di curiosare ovunque*, he has the fault (*o* bad habit) of poking his nose in everywhere; *ha un solo —, parla troppo*, there's only one thing wrong with her, she talks too much **2** (*errore, colpa*) fault: *essere in* —, to be at fault // *chi è in —, è in sospetto*, (*prov.*) he who is at fault, is suspected **3** (*ind., tecn.*) defect, fault, blemish; (*incrinatura*) flaw: — *del legno*, flaw in wood; — *di costruzione*, construction fault; *difetti di funzionamento*, (*di un motore*) running defects; — *d'imballaggio*, packing defect; — *di lavorazione*, defect in workmanship; — *di fabbrica*, manufacturing defect // *fare* —, (*di abito*) to have a fault **4** (*deficienza*) shortcoming, failing, deficiency; (*mancanza*) lack, want: — *di denaro*, lack (*o* want) of money; — *di pagamento*, default in payment; (*dir.*) — *di giurisdizione*, want (*o* lack) of jurisdiction // *far* —, to fail: *la memoria gli fece* —, his memory failed him; *se ti fa — il coraggio...*, if you lack courage... // *in — di...*, in default of (*o* for lack of... *o* for want of...) **5** (*fis.*) defect: — *di massa*, mass defect; — *di massa relativo*, packing fraction; — *puntuale* (*nel reticolo di un cristallo*), point defect // (*mat.*) *approssimazione per* —, approximation by defect.

difettosità *s.f.* defectiveness, faultiness.

difettoso *agg.* defective, faulty: *questa macchina è difettosa*, this machine is defective (*o* faulty).

diffalcare e *deriv.* → **defalcare** e *deriv.*

diffamare *v.tr.* to defame, to slander, to libel (*anche dir.*).

diffamatore *agg.* defamatory, slanderous, libellous ◆ *s.m.* defamer, slanderer, libeller.

diffamatorio *agg.* defamatory, slanderous, libellous: *notizie diffamatorie*, libellous (*o* defamatory) statements; *articolo* —, defamatory article.

diffamatrice *s.f.* defamer, slanderer, libeller.

diffamazione *s.f.* defamation, slander, libel, calumny: *querela per* —, libel suit (*o* action for libel); — *a mezzo stampa*, libel.

differente *agg.* different; unlike (s.o., sthg.): *mentalità* —, different mentality; *gusti differenti*, different tastes; *la nuova impostazione è totalmente* —, the new approach is completely different; *le mie sorelle sono completamente differenti l'una dall'altra*, my sisters are quite unlike each other; *queste rose appartengono a due varietà differenti*, these roses belong to two different varieties.

differenza *s.f.* **1** (*diversità*) difference: — *di latitudine, di temperatura*, difference in latitude, in temperature; — *di qualità*, difference in quality; *con la — che...*, with the difference that...; *c'è una bella —!*, there's a big difference!; *non c'è* —, there is no difference // *non fare differenze*, to treat everyone (*o* everything) in the same way // *non fa* —, it makes no difference: *per me partire oggi o domani non fa* —, it makes no difference to me whether we leave today or tomorrow // *a — di*, unlike: *a — di suo padre, acconsentì subito*, unlike his father, he agreed at once // (*econ.*) *differenze di prezzo*, price differentials; — *tra due prezzi di mercato* (*alla borsa merci*), basis // (*fin.*): — *dei tassi d'interesse*, gap between the interest rates; — *di cambio*, difference in the rate of exchange **2** (*mat.*) difference: *la — fra sette e tre è quattro*, the difference between seven and three is four; *equazione alle differenze*, difference equation // (*amm.*): — *a saldo*, balance; — *in più*, excess; — *in meno*, deficiency; — *a credito*, credit balance; — *di cassa*, cash difference // *pagare la* —, (*di biglietto ferroviario*) to pay the difference.

differenziabile *agg.* differentiable.

differenziale *agg.* differential: (*mat.*) *equazione, calcolo* —, differential equation, calculus; (*ferr.*) *tariffa* —, differential rate; (*med.*) *diagnosi* —, differential diagnosis; (*mecc.*) *moto* —, differential motion; (*mus.*) *suono* —, difference (*o* differential) tone; (*ind.*) *termometro* —, differential thermometer ◆ *s.m.* **1** differential **2** (*aut.*) differential (gear): *gruppo del* —, differential unit; *scatola del* —, differential housing **3** (*econ.*) differential: — *salariale*, wage differential; — *tra prezzo di costo e prezzo di vendita*, spread; — *tra il prezzo richiesto dal venditore e quello offerto dal compratore*, spread // (*fin.*): — *dei tassi d'interesse*, interest-rate differential (*o* gap between the interest rates); — *di rendimento tra azioni e obbligazioni*, yield gap (*o* spread); — *d'inflazione*, inflation differential.

differenziamento *s.m.* differentiation.

differenziare *v.tr.* **1** to differentiate, to discriminate; to make* different, to distinguish: *la ragione differenzia l'uomo dagli altri animali*, reason differentiates man from other animals **2** (*mat.*) to differentiate: — *un'equazione, un'espressione*, to differentiate (*o* to obtain the differential of) an equation, an expression **3** (*econ., comm. ecc.*) to differentiate; to distinguish, to diversify: — *gli investimenti, i consumi*, to differentiate investments, consumption.

□ **differenziarsi** *v.rifl.* o *intr.pron.* to differentiate, to become* different; to be different, to differ: *questa casa si differenzia dalle altre per lo stile*, this house is different from the others because of its style.

differenziato *agg.* differentiated, different: (*mat.*) *espressione non differenziata*, undifferentiated expression.

differenziatore *s.m.* (*elettr.*) differentiator.

differenziazione *s.f.* **1** differentiation (*anche scient.*) **2** (*econ., comm. ecc.*) diversification: — *nei prezzi, nei prodotti*, price, product differentiation; — *degli scambi commerciali*, diversification of trade.

differibile *agg.* that can be deferred, deferable, postponable.

differimento *s.m.* deferment, postponement; adjournment; procrastination: *il — di una riunione*, the adjournment of a meeting.

differire *v.intr.* (*essere diverso*) to differ (from s.o., sthg.); to be different (from s.o., sthg.), to be unlike (s.o., sthg.): *differisce molto da suo fratello*, he differs greatly from (*o* he is very different from) his brother; *differivano fra loro per razza e idioma*, they differed (*o* were different) from one another in race and speech; *la sua casa non differisce molto dalla nostra*, his house is not very different from ours ◆ *v.tr.* (*rimandare*) to defer, to delay, to postpone, to put* off, to hold* over, to stave* off, to adjourn: *la riunione è stata differita alla prossima settimana*, the meeting has been adjourned to next week; — *la partenza di pochi giorni*, to put off leaving for a few days; (*dir.*) *il dibattimento della causa è stato differito al prossimo mese*, the hearing has been put off until next month; (*comm.*) — *un pagamento*, to defer (*o* to delay) payment; (*banca*) — *la scadenza di una cambiale*, to extend the maturity of a bill.

differita *s.f.* recording: *trasmettere una partita in* —, to broadcast the recording of a match.

differito *agg.* deferred // (*comm.*): *pagamento* —, deferred (*o* delayed) payment; *spese differite*, deferred expenses; *scadenza differita*, extended maturity.

difficile *agg.* **1** (*arduo*) difficult, hard; knotty, tough: — *da tradurre, da capire*, difficult to translate, to understand; *una digestione* —, poor digestion; *una faccenda* —, a difficult (*o* awkward) business; *un'operazione* —, a difficult operation; *un problema* —, a hard (*o* knotty) problem; *l'accettarlo mi è stato* —, I found it hard to accept; *una domanda a cui è — rispondere*, a difficult question to answer; *è*

— *crederti*, it is difficult to believe you; *è — farlo*, it is difficult to do; *i punti difficili hanno bisogno di spiegazione*, the knotty points require an explanation; *quel luogo è di — accesso*, that place is difficult to get to; *è una persona con la quale è — andare d'accordo*, he's a difficult person to get on with; *rendere la vita — a qlcu.*, to make s.o.'s life difficult; *tempi difficili*, hard times; *è difficiletto*, (*fam.*) it's tricky **2** (*complicato*, *contorto*) difficult, obscure, involved, abstruse: *un autore —*, a difficult author; *uno stile —*, an obscure style **3** (*scontroso*, *intrattabile*) difficult, awkward; (*incontentabile*) difficult to please, hard to please: *un ragazzo —*, a difficult boy; *è —*, (*da accontentare*) he is hard to please; *è — nel mangiare*, he is fussy (*o* particular) about his food **4** (*poco probabile*) unlikely, improbable: *è — che egli venga*, he is unlikely (*o* not likely) to come ♦ *s.m.* **1** (*persona difficile*) difficult person, awkward person: *non fare il —!*, don't be difficult! **2** (*difficoltà*) difficulty: *qui sta il —!*, that is where the difficulty lies!

difficilmente *avv.* **1** (*in modo complicato*) in a difficult way: *si esprime troppo —*, he expresses himself in an over-complicated way **2** (*difficile da*) hard: *il suo comportamento è — scusabile*, his behaviour is hard to excuse **3** (*con scarsa probabilità*) improbably, unlikely, not likely: *— arriverà in orario*, he's unlikely to arrive on time; *un'occasione che — si presenterà ancora*, an opportunity that is unlikely to be repeated **4** (*raramente*) seldom: *— esco di sera*, I seldom go out in the evening.

difficoltà *s.f.* **1** (*l'essere difficile*) difficulty: *la — di un lavoro, un compito*, the difficulty of a job, a task **2** (*sforzo*, *fatica*) difficulty; effort; strain: *parlare, camminare con —*, to speak, to walk with difficulty; *raggiunse la cima con —*, with great effort he reached the summit **3** (*ostacolo*; *situazione difficile*) trouble, problem, difficulty: *superare una —*, to overcome a difficulty; *le — della vita*, life's troubles; *incontrare mille —*, to run into hundreds of problems; *la — sta nel fatto che...*, the trouble is that...; *se ci sono — fammelo sapere*, let me know if there are problems; *tutto si svolse senza —*, everything went off without a hitch; *un'organizzazione che aiuta le persone in —*, an organization that helps people in trouble; *mi sono trovata in — a rispondere alla sua domanda*, I had difficulty in answering his question // (*comm.*): *— di cassa*, cash stringency; *essere in — finanziarie*, to be in (financial) difficulties (*o* to be in financial straits) **4** (*obiezione*, *opposizione*) objection: *fare, sollevare —*, to raise (*o* to make) objections; *ha fatto — a venire con noi*, he objected to coming with us; *non ho alcuna — ad ascoltarti*, I have no objection to listening to you.

difficoltoso *agg.* **1** difficult, full of difficulties **2** (*non com.*) (*scontroso*, *intrattabile*) difficult, awkward; (*incontentabile*) difficult (to please).

difficultà e *deriv.* → **difficoltà** e *deriv.*

diffida *s.f.* (*dir.*) warning, notice, intimation: *ricevettero la — a non occupare il terreno*, they were warned not to occupy the land; *dare una — a qlcu.*, to give s.o. a warning; *— di pagamento*, notice to pay.

diffidare *v.intr.* to distrust (s.o., sthg.); to mistrust (s.o., sthg.); to have no confidence (in s.o., sthg.): *egli diffida sempre di chi non conosce*, he always distrusts (*o* mistrusts) people he doesn't know; *non devi — di lui!*, you needn't distrust him!; *— dei propri occhi*, to distrust one's own eyes (*o* not to be able to believe one's eyes) ♦ *v.tr.* to give* (s.o.) warning, to warn (*anche dir.*); (*dir.*) (*intimare*) to enjoin: *lo diffidarono dal farsi vedere*, they warned him not to show himself; *il tribunale lo diffidò dal lasciare la città*, the Court gave him warning (*o* notice) not to leave the town.

diffidente *agg.* wary, distrustful, mistrustful; (*sospettoso*) suspicious: *è molto — con gli estranei*, she is very wary of strangers; *è una persona molto —*, he is a very suspicious person; *guardare qlcu. con aria —*, to look warily at s.o.

diffidenza *s.f.* **1** wariness, distrust, mistrust: *la tua — mi offende*, I resent your suspiciousness; *provare — verso qlcu.*, to be wary of s.o.; *agire con —*, to act warily; *all'inizio mi trattavano con una certa —*, at first they treated me with a certain distrustfulness **2** (*sospetto*) suspicion: *guardare qlcu. con —*, to look warily at s.o.; *suscitare la — di qlcu.*, to awaken s.o.'s suspicions.

diffluente *agg.* (*geogr.*) diffluent ♦ *s.m.* (*geogr.*) diffluent river.

diffluenza *s.f.* (*geogr.*) dif(f)luence.

diffondere *v.tr.* to spread*, to diffuse (*anche fig.*); (*render noto*) to release: *— calore, luce, un odore*, to diffuse heat, light, a scent; *— notizie*, to spread news; (*per radio*) to broadcast news; (*per televisione*) to telecast news; *— dicerie, voci*, to spread rumours; *diffuse la notizia che...*, he spread the news that...; *le mosche diffondono malattie*, flies spread disease // (*comm.*): *— i dati degli scambi commerciali*, to release trade figures; *— la vendita di un prodotto*, to promote (*o* to set up) the sale of a product; *— la pubblicità di un prodotto*, to advertize a product.

□ **diffondersi** *v.intr.pron.* **1** to spread*: *un improvviso rossore si diffuse sul suo volto*, a sudden flush spread over (*o* across) her face; *la notizia si diffuse nel paese*, the news spread throughout the country; *questo giornale era diffuso in tutto il paese*, this paper had a large circulation all over the country **2** (*dilungarsi*) to dwell*; to expatiate: *— su un argomento*, to dwell on a subject; *— in pettegolezzi*, to gossip at length.

difforme *agg.* (*non conforme*) different; unlike (s.o., sthg.): *— dall'originale*, different from the original (*o* unlike the original).

difformità *s.f.* difference, diversity: *— di pareri*, difference of opinion.

diffrangere *v.tr.* (*fis.*) to diffract.

□ **diffrangersi** *v.intr.pron.* (*fis.*) to be diffracted.

diffrattometro *s.m.* (*fis.*) diffractometer.

diffrazione *s.f.* (*fis.*) diffraction: *reticolo di —*, diffraction grating.

diffusamente *avv.* diffusely; (*ampiamente*) abundantly: *tratteremo l'argomento più — la prossima volta*, we shall go deeper into the subject next time.

diffusibile *agg.* diffusible.

diffusibilità *s.f.* diffusibility.

diffusionale *agg.* (*scient.*) diffusional.

diffusione *s.f.* **1** diffusion, spread; (*il diffondersi*) spreading; (*di piante, animali*) distribution; (*di giornale, rivista ecc.*) circulation: *la — della violenza*, the spreading of violence; *la — del benessere*, the spread of wealth; *la — della lingua inglese*, the spread of the English language; *quotidiano a larga —*, a daily (newspaper) with a high circulation **2** (*prolissità*) diffuseness, diffusion **3** (*fis.*, *chim.*, *meteor.*) diffusion; (*fis. nucleare*) scattering: *— anelastica*, inelastic scattering; *ampiezza di —*, scattering amplitude; *coefficiente di —*, scattering coefficient.

diffusività *s.f.* (*chim.*, *fis.*) diffusivity.

diffusivo *agg.* diffusive.

diffuso *agg.* **1** diffuse, diffused; (*comune a molti*) widespread, common: *luce diffusa*, diffuse (*o* diffused *o* indirect) lighting; *idee diffuse*, widespread ideas; *disinteresse — tra la gente*, widespread lack of interest among the people **2** (*prolisso*) diffuse, prolix, longwinded: *descrizione diffusa*, diffuse description.

diffusore *s.m.* **1** (*chi diffonde*) diffusor, spreader **2** (*tecn.*) diffuser: (*aut.*) *— del carburatore*, choke (tube); (*rad.*) *— acustico*, (loud)speaker; (*ottica*) *— a globo*, light globe.

diffusorio *agg.* diffusive, diffusion (*attr.*).

difilato *avv.* straight; (*subito*) straight away, at once: *va' a casa —!*, go straight home!; *venne — a raccontarmi l'accaduto*, he came straight away (*o* at once) to tell me what had happened ♦ *agg.* straight: *corsero difilati a casa*, they ran straight home.

difiodonte *agg.* (*med.*) diphyodont.

difonia *s.f.* (*med.*) diphonia.

difronte, **di fronte** → **dirimpetto**.

difterico *agg.* (*med.*) diphterial, diphteric, diphteritic.

difterite *s.f.* (*med.*) diphtheria, diphtheritis // (*vet.*): *— aviaria*, roup; *— dei polli*, gape.

diga *s.f.* **1** dam: *— a contrafforti*, buttress dam; *— ad arco*, arch dam; *— a gravità*, gravity dam; *— a scogliera*, rock-fill dam; *— di muratura*, masonry dam; *la — cedette alla pressione dell'acqua*, the dam gave away under the pressure of the water **2** (*argine*) dike, dyke: *in Olanda è stata costruita una nuova —*, a new dyke has been built in Holland **3** (*frangiflutti*) breakwater **4** (*fig.*) (*barriera difensiva*) barrier, defence dike: *opporre una — alla corruzione dilagante*, to erect a barrier against the spread of corruption.

digamma *s.m.* (*lettera dell'alfabeto greco*) digamma.

digastrico *agg.* (*anat.*) digastric: *fossetta digastrica*, digastric fossa; *muscolo —*, digastric muscle.

dig-dig *s.m.* o *f.* (*zool.*) dik-dik.

digerente *agg.* digestive: (*anat.*) *apparato —*, digestive system.

digeribile *agg.* **1** digestible: *uno stomaco debole abbisogna di cibo facilmente —*, a weak stomach needs easily digestible food **2** (*fig.*) tolerable: *notizia poco —*, intolerable news.

digeribilità *s.f.* digestibility.

digerire *v.tr.* **1** to digest: *il mio stomaco digerisce facilmente qualsiasi cibo*, my stomach can easily digest any kind of food; *— qlco. con difficoltà*, to have difficulty digesting sthg. // *— la sbornia*, (*fig.*) to get over a binge // *— la rabbia*, (*fig.*) to let one's anger cool **2** (*fig.*) (*assimilare*) to master, to assimilate, to digest: *non è facile — il programma di due anni in uno*, it's not easy to assimilate the content of a two years course in one; *non ho mai digerito la* *matematica*, I've never been able to take in maths **3** (*fig.*) (*tollerare*) to bear*, to tolerate, to stand*, to stomach, to put* up with (s.o., sthg.): *non posso — una simile offesa*, I cannot stomach (*o* put up with) such an insult; *ogni giorno devo — la sua presenza*, every day I have to put up with his presence; *una persona difficile da —*, a person who is difficult to put up with; *non la posso —*, I can't stand her **4** (*credere*) to swallow, to believe: *questa storia è inverosimile e non la digerisco*, it's an unlikely story and I won't swallow it.

digesti → **digesto**.

digestione *s.f.* digestion (*anche chim.*): *questo cibo è di facile —*, this food is easy to digest; *avere una buona, cattiva —*, to have good, poor digestion // *guastarsi la —*, (*fig.*) to get worked up.

digestivo *agg.* digestive; (*med.*) peptic: *un liquore —*, a (digestive) liqueur; *disturbo —*, digestive problem ◆ *s.m.* digestive: *vorrei un —*, I'd like a liqueur.

digesto *s.m.* (*st. dir.*) digest.

digestore *s.m.* (*chim.*) digester.

digià → **già**.

digiambico *agg.* (*metrica*) di(i)ambic.

digiambo *s.m.* (*metrica*) di(i)amb.

digitale[1] *agg.* digital: *impronte digitali*, fingerprints.

digitale[2] *s.f.* (*bot.*) (*Digitalis purpurea*) foxglove, (*scient.*) digitalis.

digitale[3] *agg.* digital: *elaboratore —*, digital computer; *registrazione —*, digital recording; *orologio —*, digital watch.

digitalico *agg.* digitalis (*attr.*).

digitalina *s.f.* (*chim.*) digitalin.

digitalizzare[1] *v.tr.* (*elettr.*, *inform.*) to digitize.

digitalizzare[2] *v.tr.* (*med.*) to digitalize.

digitalizzazione *s.f.* (*med.*) digitalization.

digitare *v.tr.* **1** (*mus.*) to finger **2** (*inform.*) to type in (sthg.): *— il numero in codice*, to type in the number in code; *— il tasto enter* (*sulla tastiera*), to type in enter.

digitato *agg.* **1** (*bot.*, *zool.*) digitate(d) **2** (*inform.*) typed.

digitazione *s.f.* **1** (*mus.*) fingering **2** (*bot.*, *zool.*) digitation **3** (*inform.*) typing.

digitigrado *agg.* e *s.m.* (*zool.*) digitigrade.

digitossina *s.f.* (*chim.*) digitoxin.

digiunare *v.intr.* to fast.

digiunatore *s.m.* faster.

digiuno *agg.* **1** fasting: *sono — da ieri*, I have been fasting (*o* I haven't eaten anything) since yesterday **2** (*fig.*) lacking (in sthg.), ignorant (of): *è completamente — di latino*, he knows no Latin at all; *sono — di notizie*, I have had no news (*o* I am without news) ◆ *s.m.* **1** fast, fasting: *il — quaresimale*, the Lenten fast; (*eccl.*) *giorni di —*, fast (*o* fasting) days; *rompere il —*, to break one's fast; *hanno iniziato un — di protesta*, they've started a hunger strike // *a —*, on an empty stomach, (*o* before eating); *non riesco a cantare a —*, I cannot sing on an empty stomach; *stare a —*, to fast (*o* to be fasting); *un cucchiaio a —*, a spoonful on an empty stomach; *una medicina da prendere a —*, medicine to be taken before meals // *— forzato*, hunger // *predicare il — a pancia piena*, (*prov.*) the fat man knoweth not what the lean thinketh **2** (*fig.*) (*mancanza, bisogno*) want: *tenere qlcu. a — di notizie*, to starve s.o. of news **3** (*anat.*) jejunum*: *infiammazione del —*, jejunitis.

diglossia *s.f.* (*ling.*) diglossia.

dignità *s.f.* **1** dignity: *la mia — non mi permette di fare ciò*, it is beneath my dignity to do it; *una persona priva di —*, an undignified person; *difendere la propria —*, to preserve one's dignity **2** (*ufficio, rango*) dignity, rank: *— di cancelliere*, dignity of chancellor (*o* chancellorship); *fu elevato a un'alta —*, he rose to a high rank **3** (*dignitario*) dignitary.

dignitario *s.m.* dignitary.

dignitosamente *avv.* with dignity, in a dignified way, dignifiedly; (*estens.*) respectably: *si è comportato — nei miei confronti*, he behaved with dignity towards me; *ha superato — tutti gli esami*, he passed all his exams respectably.

dignitoso *agg.* **1** dignified; noble: *una risposta dignitosa*, a dignified reply; *la sua condotta dignitosa fu ammirata da tutti*, everybody admired his dignified behaviour; *avere modi dignitosi*, to behave with dignity; *persona dignitosa, contegno —*, dignified person, behaviour **2** (*decoroso*) decent, decorous, respectable: *vive in un appartamento —*, he lives in a respectable flat.

digossina *s.f.* (*chim.*) digoxin.

digradare *v.intr.* **1** to slope down, to descend gradually, to decline: *il giardino digrada verso il fiume*, the garden slopes down to the river **2** (*diminuire*) to diminish, to fade away, to grow* fainter **3** (*di colori*) to shade off; to tone down ◆ *v.tr.* (*arte*) to shade off (sthg.), to gradate: *— i colori*, to gradate colours.

digradazione *s.f.* **1** slope, sloping down **2** (*il diminuire*) diminishing, softening, dimming, fading away **3** (*di colori*) shading off.

digramma *s.m.* (*fon.*) digraph, digram.

digrassare *v.tr.* **1** to remove grease, to remove fat from (sthg.) **2** (*ind.*) to degrease, to scour: *— la lana*, to degrease wool; *— le pelli*, to degrease skins.

digrassatura *s.f.* grease-removal, degreasing, scouring.

digredire *v.intr.* (*letter.*) to digress.

digressione *s.f.* digression (*spec. fig.*): *fare una —*, to make a digression (*o* to wander from the point); *perdersi in una —*, to lose oneself in a digression.

digressivo *agg.* digressive: *racconto —*, a rambling story.

digrignamento *s.m.* (*non com.*) gnashing, grinding.

digrignare *v.tr.* to gnash, to grind*: *— i denti*, to gnash (*o* to grind) one's teeth.

digrossamento *s.m.* **1** reducing, whittling (down), thinning (down) **2** (*sbozzo*) rough-hewing, roughing out **3** (*estens.*) teaching of the first elements.

digrossare *v.tr.* **1** to reduce, to trim (down), to thin (down), to whittle (down): *il falegname digrossava una tavola*, the carpenter was thinning (down) a board; *— un diamante*, to cut a diamond; *— un ramo per farne un bastone*, to whittle down a branch to make a stick **2** (*sbozzare*) to rough-hew, to rough out: *— una statua*, to rough-hew a statue; *— un racconto*, to rough out a story **3** (*erudire, impartendo i primi elementi del sapere*) to teach* (s.o.) the basics **4** (*fig.*) (*raffinare*) to refine, to polish: *vivere in città l'ha un po' digrossato*, living in the city has rubbed off his rough edges.

□ **digrossarsi** *v.rifl.* o *intr.pron.* to educate oneself; to become* refined.

digrossatura *s.f.* → **digrossamento**.

diguazzamento *s.m.* splashing, paddling, dabbling.

diguazzare *v.intr.* to splash (about), to paddle, to dabble: *i bambini diguazzavano nell'acqua*, the children were paddling in the water; *camminavamo diguazzando nel fango*, we were splashing (our way) through the mud.

dik-dik → **dig-dig**.

diktat *s.m.* diktat.

dilacerare *v.tr.* (*letter.*) **1** to lacerate, to tear*, to rend* **2** (*tormentare*) to lacerate, to afflict, to distress.

dilacerazione *s.f.* laceration.

dilagare *v.intr.* **1** (*di acque*) to flood, to overflow, to spread*: *il fiume dilagò nella campagna*, the river overflowed into the countryside; *qui il fiume dilaga*, here the river widens **2** (*diffondersi*) to spread*, to increase: *la corruzione, il vizio dilaga*, corruption, vice is spreading; *l'epidemia sta dilagando rapidamente*, the epidemic is spreading rapidly.

dilaniare *v.tr.* **1** to tear* to pieces, to rend*: *fu dilaniato da una bomba*, he was torn to pieces by a bomb; *— una preda*, to tear a prey to pieces **2** (*fig.*) to tear*, to lacerate: *era dilaniato dal rimorso*, he was torn with remorse; *il sospetto lo dilaniava*, suspicion was tearing him apart; *è dilaniato dalla gelosia*, he is torn by jealousy.

dilapidare *v.tr.* to squander, to dissipate; to waste: *— il proprio denaro*, to squander (*o* to waste) one's money; *ha dilapidato l'intera eredità nel giro di pochi mesi*, he squandered the entire inheritance in the space of a few months; *ha dilapidato tutto al gioco*, he squandered it all gambling (*o* gambled it all away).

dilapidatore *agg.* (*non com.*) squandering ◆ *s.m.* (*non com.*) squanderer.

dilapidazione *s.f.* waste, squandering.

dilatabile *agg.* expandable, dilatable, expansible.

dilatabilità *s.f.* expandability, dilatability, expansibility, stretchableness: *la — dei corpi*, the expandability of bodies.

dilatamento *s.m.* (*non com.*) dilatation, expansion.

dilatare *v.tr.* **1** to dilate, to open (up); to extend; to broaden, to enlarge, to widen (*anche fig.*): *l'alcol dilata le vene*, alcohol dilates the veins; *le bevande gassate dilatano lo stomaco*, fizzy drinks swell the stomach; *— il campo delle proprie attività*, to widen (*o* to broaden) one's field of activity; *— la propria mente*, to widen (*o* to broaden *o* to enlarge) one's mind **2** (*fis.*) to expand: *il calore dilata i corpi*, bodies are expanded by heat.

□ **dilatarsi** *v.intr.pron.* **1** to dilate, to open; to widen, to broaden (*anche fig.*); (*diffondersi*) to spread*: *era così arrabbiato che gli si dilatavano le vene della fronte*, he was so angry that the veins swelled on his forehead; *quanto più si sale, tanto più l'orizzonte si dilata*, as you go higher, the horizon widens (*o* broadens out);

la pupilla si dilata al buio, the pupil of the eye dilates in the dark; *il suo giro d'affari si va sempre più dilatando*, his business is spreading (*o* growing) **2** (*fis.*) to expand.

dilatato *agg.* dilated, enlarged: *pori dilatati*, enlarged pores; *narici dilatate*, flared nostrils; *pupille dilatate*, dilated pupils; *stomaco* —, swollen stomach.

dilatatore *s.m.* **1** dilater **2** (*med.*) dilatator, dilator: — *tracheale*, tracheal dilatator ◆ *agg.* dilator (*attr.*), dilating, dilative.

dilatatorio *agg.* (*anat.*) dilator ◆ *s.m.* (*anat.*) dilator (muscle).

dilatazione *s.f.* **1** dilation, dilatation: — *della pupilla*, dilation of the pupil (of the eye); (*med.*) — *di cuore*, heart dilatation **2** (*fis.*) expansion, dilation, dilatation: — *dei gas*, expansion of gases; — *termica*, thermal expansion; *curva di* —, expansion bend; (*edil.*) *giunto di* —, expansion joint.

dilatometria *s.f.* (*fis.*) dilatometry.

dilatometro *s.m.* (*fis.*) dilatometer.

dilatorio *agg.* delaying; (*dir.*) dilatory: *tattica dilatoria*, delaying tactics; *eccezione dilatoria*, dilatory exception; *metodi dilatori*, dilatory methods.

dilavamento *s.m.* washing away.

dilavare *v.tr.* **1** to wash away **2** (*sbiadire*) to wash out, to fade.

dilavato *agg.* **1** washed away **2** (*sbiadito*) colourless, faded, washed out; (*pallido*) pale: *viso* —, pale face; *colore* —, faded colour.

dilazionabile *agg.* deferrable; extendable: *pagamento* —, deferrable payment; *scadenza* —, extendable maturity; *i termini del contratto non sono più dilazionabili*, the terms of the contract are no longer deferrable (*o* can no longer be extended).

dilazionare *v.tr.* to defer; to delay, to postpone; to extend: — *un impegno, una scadenza*, to extend a commitment, a deadline; — *un pagamento*, to defer payment; — *la scadenza di una cambiale*, to extend the maturity of a bill; — *una consegna*, to postpone a delivery.

dilazionato *agg.* deferred, postponed: *credito* —, deferred (*o* extended) credit; *pagamento* —, deferred payment.

dilazionatorio *agg.* delaying, deferring.

dilazione *s.f.* delay, extension, respite: *una* — *di una settimana*, a week's delay; (*comm.*) *concedere, ottenere una* — *di pagamento*, to grant, to obtain a delay (*o* an extension) of payment; *domandare una* —, to ask for an extension; *senza* —, without delay; *non possiamo concedervi un'ulteriore* —, we cannot grant you a further respite // (*trib.*) — *di pagamento dell'imposta*, duty deferment.

dileggiamento *s.m.* mockery, scoffing, derision.

dileggiare *v.tr.* to mock, to scoff at (s.o., sthg.), to make* fun of (s.o., sthg.), to deride: *smettila di* — *tuo fratello*, stop making fun of your brother.

dileggiatore *agg.* mocking, scoffing ◆ *s.m.* mocker, scoffer.

dileggio *s.m.* mockery, scoffing, jeer, derision: *una parola, un sorriso di* —, a gibe, a smile of derision.

dileguamento *s.m.* dispersal, disappearance, vanishing.

dileguare *v.tr.* to disperse, to dissolve, to dispel, to dissipate: *il sole dilegua la nebbia*, the sun disperses the fog; — *ogni dubbio*, to dispel all doubts ◆ *v.intr.* → **dileguarsi**.

□ **dileguarsi** *v.intr.pron.* to disappear, to vanish, to fade away: *si dileguò tra la folla*, he disappeared (*o* vanished) in the crowd; *i ladri si dileguarono nella notte*, the thieves vanished into the night; *le nostre speranze si sono ormai dileguate*, all our hopes have vanished now.

dileguo *s.m.* **1** (*letter.*) disappearance **2** (*ling.*) disappearance.

dilemma *s.m.* dilemma: *non riesco a risolvere questo* —, I can't resolve this dilemma; *mi trovo di fronte a un brutto* —, I'm faced by a nasty dilemma // *i corni di un* —, the horns of a dilemma.

dilemmatico *agg.* dilemma-like.

diletta *s.f.* beloved, darling: *mia* —*!*, darling!

dilettante *s.m.* e *f.* **1** dilettante*; amateur: (*teatr.*) *compagnia di dilettanti*, amateur players; *dipinge come un* —, he paints like an amateur; *suona bene per essere una* —, she plays well for an amateur; *fare qlco. da* —, to be a dabbler in sthg.; *è solo un* —*!*, he's only a dilettante! // *da* —, as an amateur: *lavoro da* —, amateurish work **2** (*sport*) amateur: *campionato dilettanti*, amateur championship; *gara per dilettanti*, race for amateurs ◆ *agg.* amateur (*attr.*): *pugile* —, amateur boxer; *pittore* —, amateur painter.

dilettantesco *agg.* (*spreg.*) amateurish: *recitazione dilettantesca*, amateurish performance.

dilettantismo *s.m.* **1** dilettantism, amateurism **2** (*spreg.*) amateurishness.

dilettantistico *agg.* **1** amateur (*attr.*): *a livello* —, at amateur level **2** (*spreg.*) amateurish.

dilettare *v.tr.* to delight, to please; to give* pleasure to (s.o., sthg.): — *la vista, i sensi*, to please the eye, to delight the senses; *la sua compagnia mi diletta*, I love his company; *un libro che diletta*, a book that gives pleasure.

□ **dilettarsi** *v.intr.pron.* **1** to take* delight (in sthg., in doing); to delight (in sthg., in doing): *si diletta nella lettura*, she likes (*o* takes pleasure in) reading; *si diletta a molestare il prossimo*, he takes delight in bothering the next man **2** (*occuparsi di qlco. per diletto*) to dabble: *si diletta di archeologia*, he dabbles in archeology.

dilettazione *s.f.* (*letter.*) delight, pleasure.

dilettevole *agg.* delightful, pleasant, agreeable: *un libro* —, a delightful book ◆ *s.m.* pleasure: *unire l'utile al* —, to mix business with pleasure.

diletto[1] *agg.* beloved, dear, dearly loved: *il mio* — *paese*, my beloved country; *amico* —, dear friend ◆ *s.m.* beloved, darling; (*innamorato*) sweetheart: *mio* —*!*, darling! (*o* my beloved!).

diletto[2] *s.m.* **1** delight, pleasure: *con nostro grande* —, to our great delight; *trovar* — *in qlco., nel far qlco.*, to find pleasure (*o* to take delight) in sthg., in doing sthg. // *per* —, for pleasure; *viaggiare per* —, to travel for pleasure **2** (*ciò che dà piacere*) delight, pleasure: *la filatelia è il suo* —, stamp collecting is his favourite hobby.

dilettoso *agg.* (*letter.*) delightful.

diliberare → **deliberare**.

dilicato → **delicato**.

diligente *agg.* **1** diligent, hard-working, industrious: *uno scolaro* —, a diligent pupil **2** (*accurato*) diligent, conscientious, careful, painstaking: *lavoro* —, careful work; *è solo un* — *esecutore e niente più*, he's only a diligent perfomer, nothing more.

diligentemente *avv.* **1** diligently; industriously, hard: *lavora* —, he works diligently **2** (*accuratamente*) conscientiously, carefully: *ha sempre svolto* — *le sue mansioni*, he has always carried out his duties conscientiously.

diligenza[1] *s.f.* diligence, care: *usa ogni* — *nel fare questo lavoro!*, do this work with the utmost care! // (*dir.*): — *del buon padre di famiglia*, normal due diligence; *normale* —, ordinary care; *modello di* —, standard of care.

diligenza[2] *s.f.* (*carrozza pubblica a cavalli*) stage coach, diligence // *assalto alla* —, stage coach holdup.

diliscare *v.tr.* (*pesce*) to bone.

dilogia *s.f.* **1** (*letter.*) ambiguous speech, ambiguous phrase **2** (*teatr.*) two plays (by the same author) on the same subject.

dilombarsi *v.intr.pron.* (*non com.*) (*affaticare i muscoli lombari*) to strain (*o* to break*) one's back; (*sfiancarsi*) to wear* oneself out.

dilucidare e *deriv.* → **delucidare**[1] e *deriv.*

diluente *agg.* diluent ◆ *s.m.* (*chim.*) diluent; (*fluidificante*) thinner.

diluibile *agg.* that can be diluted.

diluire *v.tr.* to dilute; (*annacquare*) to water (down) (*anche fig.*); (*sciogliere*) to dissolve; (*fluidificare*) to thin: — *lo sciroppo con acqua*, to dilute the syrup with water; *vino diluito*, diluted (*o* watered down) wine; — *il miele nel latte caldo*, to melt (*o* to dissolve) honey in hot milk; — *un concetto*, (*fig.*) to water down an idea; (*chim.*) — *la concentrazione della soluzione*, to dilute the solution.

diluizione *s.f.* **1** dilution (*anche fis.*), watering (down) **2** (*fluidificazione*) thinness; (*il fluidificare*) thinning.

dilungarsi *v.intr.pron.* **1** (*non com.*) (*allungarsi*) to extend oneself **2** (*fig.*) (*parlare a lungo*) to talk at length, to expatiate, to dwell* (on a subject): *l'autore si dilunga a descrivere la campagna*, the author dwells on a description of the countryside; *non ti dilungare troppo e arriva alla conclusione*, stop being so longwinded and come to the point **3** (*ant.*) (*allontanarsi*) to depart, to deviate **4** (*di cavalli*) to outdistance, to draw* ahead.

diluviale *agg.* **1** (*torrenziale*) torrential: *pioggia* —, torrential rain (*o* deluge of rain) **2** (*geol.*) diluvial, diluvian: *terreni diluviali*, diluvial formations.

diluviare *v.intr.* **1** *impers.* to pour (down), to bucket down: *sta diluviando*, it is pouring; *ha diluviato tutta la notte*, it poured all night **2** (*fig.*) to rain down, to pour: *diluviarono gli applausi*, there was a deluge of applause; *diluviavano le parole, i colpi*, words, blows rained down ◆ *v.tr.* (*ant.*) (*inondare*) to inundate, to flood.

diluvio *s.m.* **1** deluge: *un* — *di pioggia*, a deluge of rain (*o* a downpour); *viene giù il* —, it's pouring (down); *dove vuoi andare con questo* —*?*, where do you think you are going in this downpour? // *il* — *universale*, the Deluge (*o* the Flood *o* Noah's Flood) **2** (*fig.*) deluge, flood, shower, hail: *un* — *di colpi*, a shower (*o* hail) of blows; *un* — *di lacrime*, a flood of tears; *un — di parole, di applausi*, a deluge of words, of applause **3** (*geol.*) diluvium*.

diluvium *s.m.* (*geol.*) diluvium*.

diluzione → **diluizione**.

dima *s.f.* (*mecc.*) template.

dimagramento *s.m.* **1** → dimagrimento **2** (*di terreno*) impoverishment.

dimagrante *agg.* slimming (*attr.*): *dieta —*, slimming diet; *sto facendo una cura —*, I'm slimming.

dimagrare *v.tr.* **1** → dimagrire 1 **2** (*fig. letter.*) (*depauperare*) to impoverish ◆ *v.intr.* → dimagrarsi.

□ **dimagrarsi** *v.intr.pron.* **1** → dimagrire, dimagrirsi **2** (*fig. letter.*) (*impoverirsi*) to become* poor **3** (*agr.*) to impoverish.

dimagrimento *s.m.* loss of weight; (*con dieta e ginnastica*) slimming: *il suo — improvviso ci lasciò stupefatti*, his sudden loss of weight stunned us // *dieta di —*, slimming diet.

dimagrire *v.tr.* **1** (*rendere magro*) to make* thin, to make* thinner; to make* lose weight: *l'operazione lo ha dimagrito*, the operation made him thinner; *quella dieta lo ha dimagrito troppo*, that diet has made him lose too much weight **2** (*far sembrare più magro*) to slim: *i vestiti neri ti dimagriscono*, black clothes slim you (*o* make you look slimmer) ◆ *v.intr.* to lose* weight, to get* thin, to grow* thin; (*con dieta e ginnastica*) to slim: *è dimagrito di due chili*, he has lost two kilos; *durante la vacanza in India è molto dimagrito*, he grew very thin during his holiday in India; *fare una dieta per —*, to go on a diet in order to lose weight (*o* to slim); *— di fianchi*, to slim down one's thighs.

□ **dimagrirsi** *v.intr.pron.* → dimagrire *v.intr.*

dimagrito *agg.* thinner, slimmer: *mi sembri molto —*, you look much thinner; *ti trovo un po' dimagrita*, you look a little slimmer (*o* you seem to have lost a little weight).

dimandare e *deriv.* → **domandare** e *deriv.*

dimane *avv.* (*letter.*) tomorrow ◆ *s.f.* (*letter.*) **1** (*il giorno seguente*) the morrow, (the) next day **2** (*il mattino seguente*) the following morning **3** (*il futuro*) (the) future.

dimani → **domani**.

dimenamento *s.m.* (*di coda*) wagging; (*divincolamento*) waving, swinging; (*ondeggiamento*) tossing; swaying; wiggling.

dimenare *v.tr.* (*muovere in qua e in là*) to wave, to swing*, to waggle, to wiggle; (*la coda*) to wag; (*fare ondeggiare*) to toss; to sway: *il cane dimena la coda*, the dog wags (*o* waggles) his tail; *— le braccia, le gambe*, to wave one's arms, one's legs; *quando cammina dimena i fianchi*, when she walks, she wiggles her hips // *— le ganasce*, to eat greedily (*o* voraciously) // *— una questione*, (*fig.*) to discuss (*o* to go into) a question.

□ **dimenarsi** *v.rifl.* **1** (*agitarsi*) to fidget, to squirm; (*divincolarsi*) to struggle; (*fare movimenti convulsi*) to fling* oneself about, to throw* oneself about; (*nel letto*) to toss about; (*camminando*) to sway: *"Smettetela di dimenarvi sulle sedie", disse la maestra*, "Stop fidgeting in your seats", said the teacher; *— come un pazzo*, to struggle like a madman // *chi va a letto senza cena, tutta notte si dimena*, (*prov.*) who goes to bed supperless, all night tumbles and tosses **2** (*fig.*) (*affaccendarsi*) to bustle about: *per cosa ti dimeni tanto?*, why are you bustling about?

dimenio *s.m.* (*di coda*) wagging; (*divincolamento*) waving, swinging; (*ondeggiamento*) tossing; swaying.

dimensionale *agg.* dimensional: (*fis.*) *analisi —*, dimensional analysis.

dimensionamento *s.m.* (*il dimensionare*) measuring; (*l'essere dimensionato*) measurement.

dimensionare *v.tr.* **1** to dimension, to measure: *— una costruzione*, to measure a building **2** (*fig.*) (*definire il giusto valore di*) to establish the worth of (sthg., s.o.), to establish the value of (sthg., s.o.).

dimensionato *agg.* **1** measured **2** (*letter.*) measurable.

dimensione *s.f.* **1** dimension; (*grandezza*) size: (*tv*) *— dell'immagine*, projection size; (*mecc.*) *— nominale*, nominal size; (*metall.*) *dimensioni ricorrenti*, ruling section; *a tre dimensioni*, three-dimensional: *film a tre dimensioni*, film in 3-D; *di che — è?*, what size is it?; *quali sono le dimensioni dell'armadio?*, what are the dimensions (*o* measurements) of the wardrobe? **2** (*estens.*) size, scale, proportion, importance: *un'azienda di grandi dimensioni*, a large-sized company; *di dimensioni nazionali*, nation-wide; *— del mercato*, size of the market; *valutare un fatto nelle sue giuste dimensioni*, to get an event in proportion; *ora la realtà assume per lui nuove dimensioni*, reality has now taken on a new meaning for him // *trovare la propria —*, to find one's level (*o* sphere of action) // *a — d'uomo*, on a human scale: *una città a — d'uomo*, a city on a human scale **3** (*mat.*) dimension: *— finita*, finite dimension; *quarta —*, fourth dimension.

dimenticabile *agg.* (*non com.*) forgettable.

dimenticanza *s.f.* **1** (*oblio*) forgetfulness, oblivion: *cadere in —*, to sink (*o* to fall) into oblivion **2** (*difetto di memoria*) forgetfulness: *non fare qlco. per —*, not to do sthg. out of forgetfulness (*o* because of a lapse of memory); *non sono venuto all'appuntamento per pura —*, I didn't keep the appointment because I completely forgot **3** (*svista*) oversight; (*negligenza*) carelessness, forgetfulness; (*omissione*) omission; (*inavvertenza*) inadvertence: *una — imperdonabile*, an unforgivable oversight (*o* unforgivable carelessness).

dimenticare *v.tr.* **1** to forget*: *ho dimenticato il suo nome*, I have forgotten his name (*o* his name has slipped my mind); *non — che...!*, don't forget (*o* bear in mind) that...!; *— l'ora di un appuntamento*, to forget the time of an appointment // *— il passato*, to forget the past (*o* to let bygones be bygones); *far — il proprio passato*, to live down one's past // *dimentica di avermi mai visto!*, forget ever seeing me! **2** (*perdonare*) to forgive*, to forget* about (sthg.): *dimentica quello che ti hanno fatto*, forget what they have done to you; *— un'offesa*, to forgive an insult **3** (*trascurare*) to neglect, to overlook: *ha dimenticato la sua famiglia*, he has neglected his family; *— i propri interessi*, to be unmindful of one's interests **4** (*lasciare qlco. in un luogo*) to leave* (behind): *dimentico sempre i libri a casa*, I always leave my books at home; *mi sono dimenticato l'ombrello al ristorante*, I have forgotten the umbrella at the restaurant.

□ **dimenticarsi** *v.intr.pron.* to forget* (about sthg.): *— di un impegno*, to forget an appointment; *— di dire qlco.*, to forget to say sthg.; *me ne sono completamente dimenticata*, I completely forgot (about it); *non dimenticarti dei tuoi amici!*, don't forget your friends!; *non dimenticatevi di imbucare questa lettera!*, don't forget to post this letter!

dimenticatoio *s.m.* (*scherz.*) oblivion: *cadere, finire nel —*, to fall (*o* to sink) into oblivion; *mettere nel —*, to cast into oblivion.

dimentico *agg.* (*letter.*) **1** forgetful (*pred.*): *sembrava — di tutto quello che era successo*, he seemed forgetful of (*o* to have forgotten) everything that had happened **2** (*noncurante*) unmindful (*pred.*): *— del proprio dovere*, forgetful (*o* unmindful) of one's duty; *— del torto ricevuto*, unmindful (*o* heedless) of the wrong done to him.

dimenticona *s.f.* **dimenticone** *s.m.* (*fam.*) forgetful person, absent-minded person; (*sventato*) scatterbrain ◆ *agg.* (*fam.*) forgetful.

dimero *s.m.* (*chim.*) dimer ◆ *agg.* (*bot., zool.*) dimerous.

dimessamente *avv.* **1** (*modestamente*) modestly, humbly: *rispondere —*, to answer humbly **2** (*poveramente*) poorly; (*in modo trasandato*) shabbily.

dimesso *agg.* **1** (*modesto*) modest, humble **2** (*povero*) poor; (*trasandato*) shabby.

dimesticare → **addomesticare**.

dimestichezza *s.f.* **1** (*familiarità*) familiarity: *avere — con qlcu.*, to know s.o. well (*o* to be on familiar terms with s.o.); *entrare in — con qlcu.*, to become familiar (*o* friendly) with s.o.; *non trattarlo con troppa —*, don't be too (*o* over-) familar with him; *v'era molta — fra loro due*, those two were on intimate terms **2** (*conoscenza, pratica*) knowledge, familiarity: *avere — con i motori*, to know about motors; *ha poca — con la matematica*, he has little knowledge of (*o* he doesn't know much about) mathematics; *avere — con un autore, un'opera letteraria*, to know an author, a literary work; *prendere — con una lingua*, to get to know a language well; *prendere — con un lavoro*, to learn a job (*o fam.* the ropes).

dimetilammina *s.f.* (*chim.*) dimethylamine.

dimetilsolfossido *s.m.* (*chim.*) dimethylsulphoxide.

dimetrico *agg.* dimetric: *proiezione dimetrica*, dimetric projection.

dimetro *s.m.* (*metrica*) dimeter.

dimettere *v.tr.* **1** to discharge; (*dir.*) to release, to discharge: *fu dimesso ieri dall'ospedale*, he was discharged from hospital yesterday; *l'imputato fu riconosciuto innocente e dimesso*, the defendant was found innocent and released **2** (*da una carica*) to dismiss, to discharge: *fu dimesso dal suo ufficio*, he was dismissed from his position **3** (*letter.*) (*tralasciare*) to give* up **4** (*ant.*) (*perdonare*) to pardon **5** (*ant.*) (*condonare*) to condone: *— un debito*, to condone a debt **6** (*ant.*) (*concedere*) to grant.

□ **dimettersi** *v.rifl.* to resign.

dimezzamento *s.m.* halving // (*fis.*) *tempo di —*, half time.

dimezzare *v.tr.* **1** (*tagliare a metà*) to halve, to cut* into halves: *— una mela*, to cut an apple into halves (*o* to halve an apple) **2** (*ridurre alla metà*) to halve, to cut* by half: *per due persone — le dosi*, for two people halve the quantities; — *lo spazio, il tempo a disposizione*, to halve the space, the time available; — *le spese, i fondi*, to halve the expenses, the funds.

□ **dimezzarsi** *v.intr.pron.* to be halved, to fall* by half: *l'inflazione si è dimezzata*, inflation has been halved; *alla fine dell'anno la frequenza si dimezza*, by the year's end attendance is halved.

dimezzato *agg.* (*diviso in due*) halved, cut into halves (*pred.*), divided into halves; (*ridotto a metà*) halved, cut by half; *anche con l'organico — la ditta rimane aperta*, even with its workforce halved (*o* cut by half) the firm is staying open.

diminuendo *s.m.* **1** (*mat.*) minuend **2** (*mus.*) diminuendo.

diminuibile *agg.* diminishable.

diminuire *v.tr.* **1** to reduce, to cut*; to lower; to diminish, to lessen: — *i prezzi, le tasse*, to reduce prices, taxes; — *le spese*, to cut (*o* to reduce) expenditure; — *lo stipendio*, to cut (*o* to reduce) a salary; — *l'affitto*, to lower the rent; (*banca*) — *il tasso di sconto*, to lower the bank rate; (*dir.*) — *una pena*, to reduce (*o* to abate) a sentence; — *la tensione*, to ease (*o* to reduce) the tension; — *il potere di qlcu.*, to diminish (*o* to lessen) s.o.'s powers **2** (*il consumo di qlco.*) to cut* down (on sthg.): *devi — le sigarette*, you have to cut down on cigarettes **3** (*lavori a maglia*) to drop: — *un punto*, to drop a stich ♦ *v.intr.* to fall*, to decrease, to go* down, to drop; (*di intensità*) to lessen: *la febbre diminuisce*, the temperature is falling; *il freddo sta diminuendo*, it's getting less cold; *le probabilità diminuiscono*, the chances are decreasing (*o* falling); *il numero degli studenti diminuisce ogni anno*, the number of students is falling (*o* dropping *o* going down) every year; *la benzina è diminuita di prezzo*, the price of petrol has gone down; *le nostre scorte di petrolio stanno diminuendo*, our oil supply are running short; *la domanda è diminuita*, the demand has fallen; *quando il rumore diminuì...*, when the noise lessened...; — *di valore, di peso*, to decrease in value, in weight // — *d'importanza*, to become less important // — *di numero*, to fall in number // — *di velocità*, to reduce speed.

diminuito *agg.* diminished, decreased // (*mus.*) *intervallo* —, diminished interval.

diminutivo *agg.* e *s.m.* (*gramm.*) diminutive: *la lingua italiana è ricca di diminutivi*, Italian is rich in diminutives // *suffisso* —, diminutive suffix.

diminuzione *s.f.* **1** decrease, reduction; fall, drop; cut: *la popolazione è in* —, the population is falling; *vi fu un'improvvisa — della temperatura*, there was a sudden drop in temperature; *subire una rapida* —, to diminish rapidly // (*econ.*): — *dei prezzi*, reduction (*o* fall *o* sag) in prices; — *della domanda*, fall-off (*o* drop) in demand; — *delle esportazioni, importazioni*, drop in exports, imports; — *degli affari*, decline in business; — *di personale*, reduction of staff; — *di valore* (*del capitale ecc.*), depletion; — *di paga*, pay cut; — *della produzione*, fall (*o* step-down) in production; — *delle scorte*, reduction of stocks; — *del reddito*, decrease in income; *in* —, on the decrease **2** (*mus.*) diminution.

dimissionamento *s.m.* dismissal.

dimissionare *v.tr.* to force (s.o.) to resign: *alcuni direttori sono stati dimissionati*, some executives have been forced to resign.

dimissionario *agg.* resigning: *ministero* —, outgoing ministry; *ufficiale* —, resigning officer; *governo* —, outgoing government.

dimissione *s.f.* **1** (*spec. pl.*) resignation: *dare le dimissioni*, to resign (*o* to give in one's resignation); *accettare, respingere le dimissioni di qlcu.*, to accept, to reject s.o.'s resignation; *lettera di dimissioni*, letter of resignation; *dimissioni d'ufficio*, compulsory resignation; *dimissioni volontarie*, voluntary resignation; *le dimissioni del governo*, the government's resignation; *tutti i ministri presentarono le dimissioni*, all the ministers presented their resignations **2** (*il dimettere*) dismissal: — *di un degente*, discharge of a patient.

dimissorio *agg.* dimissory.

dimodoché, **di modo che** *cong.* so that: *dividiamoci i compiti, — si possa consegnare il lavoro in tempo*, let's share out the work so that we can hand it in on time; *sistematevi — tutti possano vedere lo schermo*, sit so that you can all see the screen.

dimora *s.f.* **1** (*abitazione*) residence, dwelling, abode, home: *prendere — in un luogo*, to take up one's residence in a place; *stare a — presso qlcu.*, to live at s.o.'s home; *la — estiva dei regnanti*, the royal family's summer residence // *l'ultima* —, one's last home // *senza fissa* —, without fixed abode // (*agr.*) *mettere a* —, (*fiori, piante*) to bed **2** (*letter.*) (*soggiorno*) stay, residence **3** (*letter.*) (*indugio*) delay: *senza* —, immediately.

dimorare *v.intr.* **1** (*abitare*) to live, to reside **2** (*permanere*) to stay, to remain: *ho dimorato a Roma a lungo*, I stayed in Rome for a long time **3** (*letter.*) (*indugiare*) to delay.

dimorfismo *s.m.* (*biol., fis.*) dimorphism.

dimorfo *agg.* (*scient.*) dimorphic, dimorphous.

dimostrabile *agg.* demonstrable: *verità* —, demonstrable truth; *la falsità della notizia è facilmente* —, the falsity of the news can be easily demonstrated (*o* is easily demonstrable).

dimostrabilità *s.f.* demonstrability.

dimostrante *s.m.* e *f.* demonstrator, protester.

dimostrare *v.tr.* **1** to show*; (*età*) to look: *dimostra vent'anni*, she looks twenty; *ha cinquant'anni ma non li dimostra*, she is fifty but doesn't look it; — *affetto, interesse*, to show affection, interest; — *amicizia*, to be friendly **2** (*provare*) to demonstrate, to show*, to prove: *dimostrò la verità della sua teoria*, he proved (*o* demonstrated *o* showed) the truth of his theory; *ciò dimostra che non hai capito*, this proves (*o* shows) that you have not understood; *dimostrò di avere buona memoria*, he showed he had a good memory; *dimostra di conoscere il proprio lavoro*, you can tell he knows his job; — *l'esistenza di Dio*, to prove (*o* to demonstrate) the existence of God; (*dir.*) — *la propria innocenza*, to prove one's innocence // *come volevasi* —, QED (*o* quod erat demonstrandum) **3** (*spiegare*) to demonstrate, to show*: *verranno a — il funzionamento della lavatrice*, they're coming to demonstrate how the washing machine works; — *un nuovo prodotto*, to demonstrate a new product **4** (*protestare*) to demonstrate, to protest: *si sono riuniti davanti all'ambasciata per — contro l'apartheid, per la pace*, they assembled before the embassy to demonstrate against apartheid, for peace.

□ **dimostrarsi** *v.rifl.* to show* oneself, to turn out, to prove: *si dimostrò all'altezza della situazione*, he proved equal to the situation; *si dimostrò inferiore alle aspettative*, he turned out not to be up to expectations; *si dimostrò un eroe*, he proved (*o* showed) himself a hero; *la scorta si dimostrò insufficiente*, the supply proved insufficient.

dimostrativamente *avv.* demonstratively.

dimostrativo *agg.* **1** demonstrative: (*mil.*) *azione dimostrativa*, demonstration; *sciopero* —, token strike; *tuffo* —, exhibition dive; *fare qlco. a scopo* —, to do sthg. as a demonstration **2** (*gramm.*) demonstrative: *pronomi dimostrativi*, demonstrative pronouns.

dimostratore *s.m.* **dimostratrice** *s.f.* demonstrator: *venne a casa nostra la — di un nuovo aspirapolvere*, the demonstrator of a new vacuum cleaner came to our home.

dimostrazione *s.f.* **1** demonstration, proof; (*segno tangibile*) mark; (*dir.*) (*prova*) proof, evidence: *una — d'affetto*, a sign of affection; *una — di coraggio*, a demonstration of courage; — *di forza*, show of strength; *dare a qlcu. una — della propria gratitudine*, to give s.o. proof of one's gratitude **2** (*di un prodotto*) demonstration: — *gratuita a domicilio*, free home demonstration; *fare la — di un prodotto a qlcu.*, to give s.o. a demonstration of a product **3** (*manifestazione popolare*) demonstration: *fare una* —, to demonstrate; — *sportiva*, sporting event **4** (*mat., fis.*) proof demonstration: *teoria della* —, proof theory; *la — di un teorema*, the demonstration of a theorem; (*log.*) — *per assurdo*, proof by absurd.

dina *s.f.* (*fis.*) dyne.

dinametro *s.m.* (*fis.*) dynameter.

dinamica *s.f.* **1** (*fis.*) dynamics [U] **2** (*fig.*) dynamics [U], development; (*tendenza*) tendency, trend: *la — dei fatti*, the dynamics of the situation; *dinamiche sociali*, social dynamics; — *degli investimenti*, investment trend; — *dei prezzi*, price performance **3** (*mus.*) dynamics [U].

dinamicamente *avv.* dynamically: *conduce molto — i suoi affari*, he runs his business dynamically.

dinamicità *s.f.* dynamism.

dinamico *agg.* **1** (*fis.*) dynamic(al): *elettricità dinamica*, dynamic electricity; *equilibrio* —, dynamic equilibrium; *forza dinamica*, dynamic force; *stabilità dinamica*, dynamical stability; *unità dinamica*, dynamic unity **2** (*energico, attivo*) dynamic, energetic, active: *quello è un uomo —!*, there's a dynamic man! **3** (*mus.*) dynamic.

dinamismo *s.m.* **1** (*fis., fil.*) dynamism **2** (*atteggiamento energico, attività*) energy, activity, dynamism: *il — della vita moderna*, the dynamism of modern life.

dinamitardo *s.m.* dynamiter, dynamitard ♦ *agg.* (*compiuto con esplosivo*) dynamite (*attr.*): *attentato* —, dynamite (*o* bomb) attack.

dinamite *s.f.* dynamite (*anche fig.*): — *a base inerte*, inert base dynamite; *deposito di* —, dynamite magazine (*o* store); *far saltare con la* —, to dynamite; *una notizia che è* —, a news story that's dynamite.

dinamitico *agg.* dynamitic.

dinamizzare *v.tr.* to liven up, to enliven: — *un ambiente*, to liven up an environment.

dinamo *s.f.* (*elettr.*) dynamo*: — *ad anello*, ring winding dynamo; — *compensatrice*, balancing dynamo; — *unipolare*, homopolar dynamo.

dinamoelettrico *agg.* dynamoelectric.

dinamometamorfismo *s.m.* (*geol.*) dynamometamorphism.

dinamometrico *agg.* (*fis.*) dynamometric(al).

dinamometro *s.m.* (*fis.*) dynamometer: — *a molla*, spring balance; — *elettrico*, electric dynamometer; — *di torsione*, torquemeter.

dinanzi (*letter.*) → **davanti**.

dinaro *s.m.* (*moneta jugoslava*) dinar.

dinasta *s.m.* (*letter.*) dynast.

dinastia *s.f.* dynasty: *la — dei Tudor*, the Tudor dynasty.

dinastico *agg.* dynastic.

dindi *s.m.pl.* (*linguaggio infantile*) pennies.

dindin *s.m.* e *inter.* (*onom.*) (*di campana*) dingdong; (*di campanello*) tingaling; (*di cristallo, metalli*) clink, clinking; (*di monete, sonagli*) jingle, jingling.

dindio → **dindo**.

dindirindina *inter.* (*fam.*) goodness gracious me, my goodness: *per —! che bella sorpresa!*, goodness gracious me! What a lovely surprise!

dindo *s.m.* (*region.*) (*tacchino*) gobbler.

dindon *s.m.* (*onom.*) dingdong: *il — delle campane*, the pealing of the bells.

dine → **dina**.

dinghy *s.m.* (*mar.*) dinghy.

dingo[1] *s.m.* (*zool.*) (*Canis dingo*) wild dog, (*scient.*) dingo*.

dingo[2] → **dinghy**.

diniego *s.m.* **1** denial; refusal: *scosse il capo in segno di —*, he shook his head in denial; *ricevette un secco —*, he received a curt refusal **2** (*dir.*) (*di un'istanza*) rebuttal, rebutment.

dinitrobenzene *s.m.* (*chim.*) dinitrobenzene.

dinnanzi → **dinanzi**.

dinoccolato *agg.* slouching, loose-limbed: *andatura dinoccolata*, ambling gait; *è un ragazzo alto e —*, he is a lanky, loose-limbed youth.

dinosauro *s.m.* **1** (*paleont.*) dinosaur: *di —*, dinosaurian **2** (*fig. iron.*) fossil.

dinotare → **denotare**.

dinoterio *s.m.* (*paleont.*) dinothere.

dintorni *s.m.pl.* (*prossimità*) neighbourhood (*sing.*); (*vicinanze*) surroundings: *abito qui nei —*, I live in this neighbourhood; *i — di Como*, the surroundings of Como.

dintorno, **d'intorno** *avv.* → **intorno**.

dio *s.m.* **1** god: *gli dei pagani*, the pagan gods; *Marte era il — della guerra*, Mars was the god of war; *credere in —*, to believe in God; *pregare Dio*, to pray to God; *bestemmiare —*, to curse God; *la voce di —*, the voice of God; *la provvidenza di Dio*, God's providence // *l'Uomo —*, God made man // *la Madre di Dio*, the Mother of God // *la casa di —*, the house of God (*o* the house of prayer) // *parola di —*, word of God // *timorato di —*, God-fearing // *essere in grazia di —*, to be in a state of grace // *— buono!*, *gran —!*, *santo —!*, Good God, Good Lord // *in nome di —*, in the name of God; *per amor di —!*, for God's sake! // *— che noia!*, oh God, what a bore (*o* how boring)! // *grazie a — (è venerdì)*, thank God (it's Friday) // *— me ne liberi!*, God forbid! // *se — vuole siamo arrivati*, thank God we've arrived // *lo sa —*, God knows // *che — ti benedica!*, God bless you! // *che — mi fulmini se non dico la verità*, cross my heart and hope to die if I'm not telling the truth // *andarsene con —*, to go away (*o* to go about one's own business); (*morire in pace*) to die peacefully // *va con —*, *andate con —*, goodbye, and may God go with you // *— ce la mandi buona!*, *— ci assista!*, God help us! // *— lo voglia!*, God grant it!; *— non voglia!*, God forbid! // *a — piacendo*, God willing (*o* with any luck) // *come — volle arrivammo a casa*, somehow or other we got home // *in nome di — cosa fai?*, what in God's name are you doing? // *un castigo di —*, disaster (*o* catastrophe) // *un'ira di —*, an upheaval (*o* chaos): *è successa un'ira di —*, all hell broke loose; *Tom ha solo due anni ma è un'ira di —*, Tom is only two but he is a holy terror // *grazia, ben di —*, plenty (*o* lashings): *sulla tavola c'era ogni bene di —*, the table was loaded with goodies // *come — comanda*, well (*o* properly): *un lavoro fatto come — comanda*, a job done well // *piove che — la manda*, it's pouring with rain // *aiutati che — t'aiuta*, (*prov.*) God helps those who help themselves // *l'uomo propone e — dispone*, (*prov.*) man proposes and God disposes // *— li fa e poi li accoppia*, (*prov.*) marriages are made in heaven // *— non paga il sabato*, (*prov.*) sooner or later the wicked are punished **2** (*fig.*) god, tin god: *il denaro è il suo unico —*, money is his only god (*o* the only thing he worships is money); *il — denaro*, Mammon // *essere un — in qlco.*, to be a wizard at sthg.: *è un — in fisica*, he is a wizard at physics // *essere considerato un — da qlcu.*, to be considered a God (*o* God Almighty) by s.o. // *si crede un —*, he thinks he is God // *canta da —*, he is a first-rate singer.

diocesano *agg.* (*eccl.*) diocesan.

diocesi *s.f.* (*eccl.*) diocese.

diodo *s.m.* diode: — *a emissione luminosa*, light-emitting diode (LED); — *a gas*, gas diode; — *a semiconduttore*, semiconductor diode; — *a vapori di mercurio*, mercury-vapour diode; — *raddrizzatore*, rectifier diode; — *rivelatore*, detector diode.

diodonte *s.m.* (*zool.*) diodon, diodont.

diofanteo *agg.* (*mat.*) Diophantine: *equazione diofantea*, Diophantine equation.

dioico *agg.* (*bot.*) dioecious.

diolefina *s.f.* (*chim.*) diolefin.

diolo *s.m.* (*chim.*) diol.

diomedea *s.f.* (*zool.*) → **albatro**[2].

dionea *s.f.* (*bot.*) (*Dionaea muscipola*) flytrap, (*scient.*) dionaea.

dionisiaco *agg.* Dionysiac, Dionysian: *feste dionisiache*, Dionysia (*o* Dionysian festivals) // *furore —*, orgiastic frenzy // (*fil.*) *spirito —*, Dionysiac spirit.

diopside *s.m.* (*min.*) diopside.

dioptasio *s.m.* (*min.*) dioptase.

diorama *s.m.* **1** diorama **2** (*estens.*) panorama.

diorite *s.f.* (*geol.*) diorite.

dioscuri *s.m.pl.* Dioscuri.

diosmosi *s.f.* (*fis.*) diosmosis.

diospiro → **cachi**[2].

diossano *s.m.* (*chim.*) dioxane.

diossido *s.m.* (*chim.*) dioxide.

diossina *s.f.* (*chim.*) dioxin.

diossoferrato *s.m.* (*chim.*) ferrite.

diottra *s.f.* (*topografia*) diopter, dioptre.

diottria *s.f.* (*fis.*) diopter, dioptre.

diottrica *s.f.* (*fis.*) dioptrics [U].

diottrico *agg.* (*fis.*) dioptric.

diottro *s.m.* (*fis.*) diopter: — *del prisma*, prism diopter.

dipanamento *s.m.* **1** winding into a ball: *il — di una matassa ingarbugliata*, the winding of a tangled skein into a ball **2** (*fig.*) resolution, sorting out: *il — di una situazione complicata*, the sorting out of a complicated situation.

dipanare *v.tr.* **1** to wind* into a ball: — *una matassa*, to wind a skein (*o* hank) into a ball **2** (*fig.*) (*districare*) to disentangle; to unravel, to untangle, to resolve, to sort out: — *una questione intricata*, to solve (*o* to sort out) an intricate question.

□ **dipanarsi** *v.intr.pron.* **1** (*di filo*) to wind*: *quella matassa non si dipanerà da sola*, that skein will not wind into a ball **2** (*fig.*) to be resolved, to unwind*: *la situazione si dipanava lentamente*, the situation slowly resolved itself.

dipanatoio *s.m.* (*tess.*) wool winder, skein winder, reel winder.

dipanatura *s.f.* winding (up): *la — di una matassa*, the winding of a skein (into a ball).

dipartenza *s.f.* (*rar.*) departure.

dipartimentale *agg.* departmental.

dipartimento *s.m.* **1** department; (*circoscrizione*) district; (*mar.*) department // — *universitario*, department **2** (*ministero*) department: — *di Stato*, (*negli Stati Uniti*) State Department.

dipartire *v.intr.* **dipartirsi** *v.intr.pron.* **1** (*letter.*) to go* away; to leave* (s.o., sthg.); to depart **2** (*fig.*) (*divergere*) to diverge, to differ; to depart: — *da una consuetudine*, to depart from a custom; — *dall'opinione di qlcu.*, to diverge from s.o.'s opinion // — *dalla retta via*, to leave the straight and narrow **3** (*morire*) to pass away **4** (*di strada*) to branch off, to lead* off: *dalla piazza si dipartono tre vie*, three roads lead off the square.

dipartita *s.f.* (*letter.*) **1** departure: *la sua — da casa*, his departure from home **2** (*morte*) death: *pianse per la sua —*, she wept over his death.

dipendente *agg.* **1** dependent (on s.o., sthg.), depending (on s.o., sthg.), subordinate // *essere — da qlcu.*, to be dependent (*o* to depend) on s.o.: *è — dal marito per qualsiasi cosa*, she depends on her husband for everything; *ufficio —*, subsidiary office; *lavoro —*, subordinate employment; *impiegati dipendenti dal comune*, municipal employees **2** (*gramm.*) dependent (on sthg.), subordinate: *una proposizione —*, a subordinate (*o* dependent) clause ◆ *s.m.* e *f.* (*impiegato*) employee; (*subordinato*) subordinate: *il direttore affidò il lavoro a un suo —*, the manager entrusted the work to one of his subordinates; *dipendenti del comune*, municipal employees; — *di banca*, bank clerk; — *pubblico*, *statale*, civil servant, state employee; *i dipendenti della* BBC, the staff of the BBC; *fondo liquidazione dipendenti*, staff retirement fund ◆ *s.f.* (*gramm.*) subordinate clause.

dipendentemente *avv.* dependently: — *dalle condizioni del tempo*, depending on the weather.

dipendenza *s.f.* **1** dependence (on s.o., sthg.): — *reciproca*, interdependence; *essere alle dipendenze di qlcu.*, to be in s.o.'s service; *avere qlcu. alle proprie dipendenze*, to have s.o. in one's employment (*o* as an employee); *la — di una coltivazione dalla vicinanza dell'acqua*, the dependence of a crop on the nearness of water; — *dal petrolio*, dependence on oil **2** (*psic.*) dependence: — *dalla madre*, dependence on the mother **3** (*tossicodipendenza*) addiction, dependence: — *da farmaci*, addiction to drugs; *una sostanza che dà* —, an addictive substance **4** (*gramm.*) (*subordinazione*) subordination **5** (*comm.*) (*filiale*) branch (office) **6** (*di edificio*) annexe; outhouse, outbuilding: *l'albergo e le sue dipendenze*, the hotel and its annexes.

dipendere *v.intr.* **1** (*essere causato*) to derive (from sthg.), to result (from sthg.); to be due (to s.o., sthg.); (*form.*) to proceed (from sthg.): *questo difetto dipende da una lavorazione trascurata*, this defect is due to (*o* results from) poor manufacture; *queste sommosse dipendono da una fondamentale mancanza di libertà*, these riots result from a basic lack of freedom **2** (*essere subordinato*) to depend (on s.o., sthg.); to be up (to s.o.): *dipende dalla sua risposta*, it all depends on his reply; *dipende dalle circostanze*, it all depends on the circumstances; *l'ora d'arrivo dipende dal traffico che troveremo*, our arrival time will depend on the traffic we encounter; *dipende da te superare questa difficoltà*, it's up to you to overcome this difficulty; *dipende solo da te!*, it's up to you! // *dipende!*, it all depends! (*o* that depends!) **3** (*essere soggetto*) to be subject (to s.o., sthg.), to be dependent (on s.o., sthg.), to depend (on s.o., sthg.): *dipende completamente da sua moglie*, he's completely dependent on his wife; *questi avvenimenti non dipendono dalla nostra volontà*, these events are not within our control; — *l'uno dall'altro*, to depend on each other; *non — che da se stessi*, to be independent, (*fam.*) to stand on one's own two feet; — *dal padre*, to depend (up)on one's father **4** (*essere alle dipendenze*) to be under (the authority of) (s.o.), to be subordinate to (s.o.): *tutto il personale dipende da lui*, he is in charge of the staff; — *dal ministero*, to come under the authority of the ministry // *questa società dipende da una finanziaria estera*, this company is controlled by a foreign holding **5** (*gramm.*) to depend (on sthg.), to be subordinated (to sthg.).

dipingere *v.tr.* **1** to paint; (*ritrarre*) to portray, to paint a portrait of (s.o.): — *a fresco*, to paint in fresco; — *ad acquarello*, *a olio*, to paint in watercolours, in oils; — *dal vero*, to paint from life (*o* from nature); — *su tela*, to paint on canvas; — *una natura morta*, to paint a still life **2** (*dare la tinta*) to paint: — *qlco. di rosso*, *di verde*, to paint sthg. red, green; — *le pareti del salotto*, to paint the walls of the living room; *l'autunno dipinge la campagna di colori smorzati*, autumn paints the country in soft colours **3** (*truccarsi*) to make* up: *dipingersi gli occhi*, to make up one's eyes (*o* to put on eye make-up); *dipingersi le labbra di rosso*, to put on red lipstick **4** (*fig.*) to describe, to portray, to depict, to paint: *me l'avevano dipinto come un despota*, they had portrayed him to me as a tyrant; *non vi sono parole che possano — la scena*, words cannot describe the scene; — *a colori rosei*, to paint in rosy colours; — *il carattere di qlcu.*, to describe (*o* to portray) s.o.'s character // *il diavolo non è brutto come lo si dipinge*, (*prov.*) the devil is not so black as he is painted.

□ **dipingersi** *v.rifl.* (*truccarsi*) to make* up, to use make-up: *si dipinge troppo*, she uses too much make-up ◆ *v.intr.pron.* **1** (*diventare*) to turn: *il cielo si dipinse di arancione*, the sky turned orange **2** (*apparire*) to show*, to appear: *la paura si dipinse sul suo volto*, fear showed on his face.

dipinto *agg.* **1** painted; decorated, depicted: *un muro — di rosso*, a red (painted) wall // *una donna tutta dipinta*, (*spreg.*) a heavily made-up woman // *non vorrei vivere là nemmeno —!*, I would not live there for the whole world! (*o* I wouldn't dream of living there!) // *non voglio vederlo più, neanche* —, I don't want to see him again at any price // *è un bellissimo panorama, sembra* —, it's a beautiful view, it is as pretty as a picture // *aveva la paura dipinta negli occhi*, he had fear written in his eyes // *la gioia era dipinta sul suo viso*, joy was depicted on her face **2** (*presentato*) portrayed, depicted: *Robin Hood è sempre — come un amico della povera gente*, Robin Hood is always portrayed as a friend of the poor ◆ *s.m.* painting: *un — a olio*, an oil painting.

diplegia *s.f.* (*med.*) diplegia: — *facciale*, facial diplegia.

diplococco *s.m.* (*biol.*) diplococcus (*pl.* -ci).

diploe *s.f.* (*anat.*) diploe.

diploide *agg.* (*biol.*) diploid.

diploma *s.m.* **1** diploma, certificate: — *di laurea*, degree certificate; — *di laurea in architettura*, diploma in architecture; — *di maturità*, (*classica o scientifica*) school-leaving certificate; *essere in possesso di un* —, to hold a diploma; *prendere un* —, to take a diploma **2** (*st.*) diploma.

diplomare *v.tr.* to award a diploma to (s.o.), to give* (s.o.) a diploma.

□ **diplomarsi** *v.intr.pron.* to get* a diploma, (*amer.*) to graduate: *si diplomò ragioniere*, he got a diploma in accountancy.

diplomatica *s.f.* diplomatics [U].

diplomaticamente *avv.* **1** (*secondo usi diplomatici*) diplomatically: *risolvere — una situazione di crisi*, to resolve a situation diplomatically (*o* by diplomatic means) **2** (*fig.*) diplomatically, tactfully: *rispondere — a una domanda imbarazzante*, to reply diplomatically to an embarassing question.

diplomatico *agg.* **1** (*di antichi documenti*) diplomatic, paleographic: *edizione diplomatica*, diplomatic edition **2** (*che concerne la diplomazia*) diplomatic: *carriera diplomatica*, diplomatic career; *corpo* —, diplomatic service (*o* corps); *ragioni diplomatiche*, diplomatic reasons; *interrompere i rapporti diplomatici*, to interrupt diplomatic relations **3** (*abile, accorto*) diplomatic, tactful: *è molto diplomatica*, she's very diplomatic; *dare una risposta* —, to give a diplomatic (*o* tactful) reply ◆ *s.m.* **1** diplomat, diplomatist: *un — sudamericano*, a South American diplomat **2** (*persona piena di tatto*) diplomat, tactful person.

diplomatista *s.m.* e *f.* paleographer.

diplomato *agg.* qualified, holding a diploma, certificated: *essere — in ragioneria*, to be a qualified accountant; *un ragazzo — al conservatorio*, a graduate of the conservatory ◆ *s.m.* holder of a diploma, graduate.

diplomazia *s.f.* **1** (*scienza*) diplomacy, international relations (*pl.*) **2** (*organi*) diplomacy, diplomatic corps (*pl.*) **3** (*carriera*) diplomatic service: *entrare nella* —, to enter the diplomatic service **4** (*fig.*) diplomacy, tact: *in quella circostanza agì con molta* —, in those circumstances he acted with great diplomacy.

diplopia *s.f.* (*med.*) diplopia.

dipnoo *agg.* (*zool.*) dipnoan ◆ *s.m.* (*zool.*) lungfish; (*scient.*) dipnoan.

dipo *s.m.* (*zool.*) (*Jaculus jaculus*) jerboa.

dipodia *s.f.* (*metrica*) dipody.

dipodomio *s.m.* (*amer.*) (*zool.*) kangaroo-rat.

dipolare *agg.* (*fis.*) dipolar.

dipolo *s.m.* (*fis.*) dipole: *momento di* —, dipole moment; — *magnetico*, magnetic dipole // (*tv*) *antenna a* —, dipole.

diportarsi *v.intr.pron.* (*letter.*) (*comportarsi*) to behave, to conduct oneself.

diportismo *s.m.* pleasure boating.

diportista *s.m.* e *f.* pleasure boater.

diporto *s.m.* **1** recreation, amusement, diversion, sport: *per* —, for sport (*o* for one's own amusement); *fare qlco. per* —, to do sthg. as a pastime (*o* for one's own amusement); *viaggiare per* —, to travel for pleasure **2** (*antiq.*) (*sport*) sport // *imbarcazione da* —, sports craft // *navigazione da* —, pleasure boating.

dipresso, a un *locuz.avv.* approximately, nearly, roughly.

diprotico *agg.* (*chim.*) dibasic: *acido* —, diacid.

dipsomane *agg.* e *s.m.* e *f.* (*med.*) dipsomaniac.

dipsomania *s.f.* (*med.*) dipsomania.

diptero *agg.* (*arch.*) dipteral.

diradamento *s.m.* **1** (*di piante*) thinning (out): (*di rami*) pruning **2** (*di gas*) rarefaction: *il — della nebbia*, the thinning out of the fog **3** (*urbanistica*) restoration.

diradare *v.tr.* **1** (*piante*) to thin (out); (*rami*) to prune: *il vento diradò le nubi*, the wind dissipated the clouds; *se diraderai i fiori, cresceranno meglio il prossimo anno*, if you thin out the flowers, they will grow better next year **2** (*rendere meno frequente*) to cut* down on (sthg.), to reduce, to do* less frequently: *diradò le sue visite*, she called on us less frequently ◆ *v.intr.* → diradarsi.

□ **diradarsi** *v.intr.pron.* **1** to thin (away); to clear (away): *dobbiamo rimanere qui fin che la nebbia* (*si*) *diradi*, we have to stay here till the fog clears (*o* lifts); *la folla si diradò*, the crowd thinned away; *gli si stanno diradando i capelli*, his hair is thinning **2** (*divenire meno frequente*) to become* less frequent: *le sue visite si erano diradate*, his visits had become less frequent.

diradatore *s.m.* (*boscaiolo*) thinner.

diradatrice *s.f.* (*agr.*) thinning machine.

diradicare *v.tr.* to uproot, to root out.

diramare *v.tr.* **1** (*diffondere*) to issue, to send* out, to circulate, to diffuse: — *un bollet-*

tino di guerra, to issue a war bulletin; (*comm.*) — *una circolare*, to send out (*o* to issue) a circular; — *notizie per radio*, to broadcast news **2** (*agr.*) to cut* (away, off) branches, to lop, to prune.

□ **diramarsi** *v.intr.pron.* **1** to branch out; to ramify; (*di strada*) to branch off: *l'albero si dirama da tutte le parti*, the tree branches out in every direction; *un sentiero si dirama dalla strada*, a path branches off from the road; *la nostra società si è diramata in tutta Europa*, our company has branched out all over Europe **2** (*diffondersi*) to spread*: *la notizia si è diramata*, the news has spread.

diramatore *s.m.* **1** (*non com.*) (*agr.*) pruner **2** (*chi dirama notizie*) communicator, transmitter ◆ *agg.* (*che propaga una notizia*) communicating, transmitting, issuing: *organo — ufficiale dei bollettini*, official agency that issues bulletins.

diramatura *s.f.* (*agr.*) pruning.

diramazione *s.f.* **1** branch, branching out, ramification; (*di strada*) branch, fork: *una importante — ferroviaria*, an important branch (line) in the railway system; *una — del fiume*, a branch (*o* fork) in the river **2** (*diffusione*) sending out, diffusion, transmission: — *di un ordine*, the issuing of an order; — *per radio*, broadcasting **3** (*comm.*) branch (office).

diraspare *v.tr.* (*agr.*) to remove the stalk from grapes.

diraspatrice *s.f.* (*agr.*) stalk-remover.

diraspatura *s.f.* (*agr.*) removal of grape stalks.

dire *v.tr.* **1** (*nel senso di* enunciare, affermare *e quando introduce un discorso diretto*) to say*; (*nel senso di* raccontare, riferire, informare, *se è indicata la persona cui si parla*) to tell*: *"Aspettatemi", ci disse*, "Wait for me", he said to us; *come si dice in francese?*, how do you say that in French?; *di' alla mamma che egli è qui*, tell your mother he is here; *dice che ha fame, di aver fame*, he says he is hungry; *dimmi!*, tell me!; *diteci il vostro nome!*, tell us your name!; *ho detto quel che dovevo*, I had my say (*o* I said my piece); *le dissero che era ora di partire*, she was told it was time to leave; *la mamma ci dice sempre: "Siate prudenti"*, our mother always says to us: "Be careful"; *me lo disse tuo padre*, your father told me (so); *non ho compreso ciò che hai detto*, I didn't understand what you said; *ti dirò qlco. di interessante*, I'll tell you sthg. interesting; *ti dirò quel che ho visto*, I'll tell you what I saw; *ditegli di entrare!*, tell him to come in!; *fate come vi ho detto!*, do as you are told! (*o* as I say); *mi disse di informarla subito*, he told me to let her know at once // *mi si dice, mi dicono che...*, I am told that...; *si dice che...*, (*corre voce che...*) it is said (*o* there is a rumour) that...: *si dice che io sia severo*, I am said to be strict (*o* they say I am strict); *si direbbe che..., si sarebbe detto che...*, one would say that..., one would have said that...; *si direbbe* (*che sia*) *un acquerello*, you would say it is a watercolour; *si direbbe che sia piovuto*, you would say that it has been raining; *si direbbe che stia per piovere*, one would say that it's going to rain (*o* it looks like rain); *che avete detto?*, (*per chiedere di ripetere*) I beg your pardon?; *che cosa dirà la gente?*, what will people say?; *come si suol —*, as they say // *così dicendo...*, with these words... // *lasciate — una parola anche a me*, let me get a word in; *non ha detto una parola*, he didn't say a word // — *bugie, la verità*, to tell lies, the truth // — *buongiorno, buonanotte, arrivederci a qlcu.*, to say good morning, goodnight, goodbye to s.o. (*o* to bid s.o. good morning, goodnight, goodbye) // — *di no, — di sì*, to say no, to say yes // — *male di qlcu.*, to speak badly (*o* ill) of s.o. // — *Messa*, to say Mass // — *le preghiere*, to say one's prayers; — *il rosario*, to tell one's beads **2** (*pensare*) to think*: *che cosa ne dici di quel quadro?*, what do you think of that picture?; *che cosa ne diresti di una bella passeggiata?*, what would you say to a nice walk?; *e — che non ha che vent'anni!*, and to think that he is only twenty! **3** (*significare*) to mean*; (*esprimere*) to express; (*dimostrare*) to show*: *quel viso non dice nulla*, that face has no expression; *questa musica non mi dice niente*, this music doesn't appeal to me; *questo nome non mi dice niente*, that name means nothing to me; *questo ti dice quanto ti voglia bene*, that shows you how much I love you // *voler —*, to mean: *che vuoi — con ciò?*, what do you mean by that?

◆ FRASEOLOGIA: *a chi lo dite!*, don't I know it? // *chi mi dice che pagherai?*, how do I know whether you will pay? (*o* if you'll pay or not?); *chi ti dice che verrà?*, how do you know he will come? // *il cuore mi dice...*, my heart tells me... // *detto fatto*, no sooner said than done // *da amico, diciamo meglio, da fratello*, as a friend, or rather as a brother; *spenderò, diciamo, tre sterline in tutto*, I shall spend, say (*o* let us say), three pounds in all // *è una bella ragazza, non c'è che —*, she is a beautiful girl, and no mistake // *è detto tutto*, I need say no more // *ehi, dico!*, I say!; *l'hai detto!*, exactly! (*o* quite so!); *lo puoi ben —!*, you may well say so!; *questo lo dici tu!*, so you say!; *te l'avevo ben detto!*, didn't I say so? (*o* didn't I tell you so?); *te lo dico io*, I can tell you // *inutile — che...*, it goes without saying that... // *non se l'è fatto — due volte*, he didn't wait to be told twice // *oso, oserei —*, I dare say (*o* I'd say); *vale a —*, that is to say // — *davvero, sul serio*, to be serious (*o* in earnest); — *qlco. per scherzo, per ridere*, to say stgh. as a joke // — *dei versi*, to recite poetry // — *pane al pane*, to call a spade a spade // — *la propria*, to express (*o* to give) one's opinion (*o* to have one's say): *lascia che dica la sua!*, let him have his say! // — *sempre l'ultima parola*, always to have the last word // — *tra sé*, to say to oneself // *a — il vero*, to tell the truth // *a dirla in confidenza*, speaking in confidence // *avere da — con qlcu.*, to have a bone to pick with s.o.; *aver da — su qlco.*, to find fault with sthg. // *dirsela con qlcu.*, to get on well with s.o. // *mandare a —*, to send word: *è uno che non te le manda a —*, he's not afraid to speak to your face // *per così —*, as it were (*o* so to speak) // *sentir —*, to hear.

□ **dirsi** *v.rifl.* (*professarsi*) to profess: *il giovane si diceva figlio del re*, the young man said he was the king's son; *si dicevano nostri amici*, they professed to be friends of ours.

dire *s.m.* (*parole, discorso*) words (*pl.*); talk; remarks (*pl.*); speech; (*affermazione*) assertion, statement: *a — di tutti*, according to what everyone says (*o* by all accounts); *secondo il suo —*, according to him // *arte del —*, rhetoric // *oltre ogni —*, beyond all description (*o* indescribably) // *hai un bel —, non mi convinci!*, talk as much as you like (*o* you can say what you like), you won't convince me! // *fra il — e il fare c'è di mezzo il mare*, (*prov.*) (it's) easier said than done.

direnare *v.tr.* (*non com.*) to break* the back of (s.o.); to weary.

□ **direnarsi** *v.rifl.* to break* one's back, to tire oneself out.

diretta *s.f.* (*rad., tv*) live broadcast // *mandare in onda la —*, to transmit the live broadcast (*o* to broadcast the live transmission) // *trasmettere in —*, to broadcast live // *il bello della —*, the advantages of live TV.

direttamente *avv.* **1** (*in modo diretto*) directly: *la cosa non mi tocca —*, it doesn't affect me directly **2** (*senza intermediari*) directly, straight: *vorrei parlare — con l'interessato*, I wish to speak directly to the person concerned; *devo metterla — in comunicazione col direttore?*, shall I put you straight through to the manager? **3** (*senza soste o deviazioni*) direct, straight: *l'aereo va a Roma —, senza passare da Milano*, the plane goes direct to Rome without stopping in Milan; *telefonagli, anzi vai da lui —*, phone him, or rather go straight over to see him; *vado — a casa*, I'm going straight home.

direttario *s.m.* (*dir.*) estate owner.

direttissima *s.f.* **1** (*linea ferroviaria*) high -speed line: *la — Roma-Firenze*, the high-speed line between Rome and Florence **2** (*dir.*): *per —*, summarily: *fu processato per —*, he was tried summarily; *giudizio, processo per —*, summary procedure **3** (*alpinismo*) shortest route, most direct route.

direttissimo *s.m.* (*ferr.*) fast train.

direttiva *s.f.* directive, direction; instruction: *le direttive della* CEE, EEC directives; *le direttive politiche di un partito*, the policy of a party (*o* the main points of a party's programme); *dare le direttive a qlcu.*, to give instructions (*o* directions) to s.o. // (*fin.*) — *di bilancio*, budget directive.

direttività *s.f.* (*rad., tv*) directivity.

direttivo *agg.* **1** guiding, leading, governing: *principio —*, guiding principle **2** (*amm.*) managerial, executive; managing: *un posto —*, a managerial position // *consiglio —*, board of directors **3** (*rad., tv*) directive: *antenna direttiva*, directive antenna ◆ *s.m.* **1** (*amm.*) board of directors **2** (*pol.*) leadership, steering committee: *il — del partito*, the party leadership.

diretto *agg.* **1** (*che ha come direzione*) going to, to; bound: *un autobus — alla stazione*, a bus (going) to the station; — *verso il nord, sud*, northbound, southbound; *la nave è diretta a Marsiglia*, the ship is bound for Marseilles; *sono — a casa*, I'm on my way home (*o* headed for home) // *un colpo — al cuore*, a blow straight to the heart **2** (*inteso a*) intended (for sthg., to do sthg.), for; *provvedimenti diretti a garantire la sicurezza*, measures intended to guarantee security **3** (*indirizzato*) to, addressed to, intended for: *una lettera diretta a me*, a letter addressed to me **4** (*immediato*) immediate, direct: *causa diretta*, direct cause; *è il mio superiore —*, he is my immediate superior; *essere a contatto — con qlcu., qlco.*, to be in direct contact with s.o., sthg.; *la via più diretta*, the shortest way; *discendente —*, direct descendent; *linea diretta*, direct line; *essere discendente da qlcu. in linea diretta*, to be directly descended from s.o.; (*comm.*): *imposte dirette*, direct taxes; *rete di vendita diretta*, direct sales network // (*fis.*) *luce diretta*, direct light // (*rad., tv*) *cronaca diretta*, running (*o* live) commentary // *coltivato-*

re —, (tenant) farmer **5** (*condotto*) conducted, managed, run: *un concerto — da Toscanini*, a concert conducted by Toscanini; *un'operazione diretta dal generale*, an operation conducted by the general; *uno spettacolo ben* —, a well-run show **6** (*mat.*) direct: *proporzionalità diretta*, direct proportion **7** (*gramm.*) direct: *complemento, discorso* —, direct object, direct speech ◆ *s.m.* **1** (*boxe*) (*diretto destro*) straight right; (*diretto sinistro*) straight left: *un — (sinistro) al mento*, a straight left to the chin **2** (*ferr.*) through train, fast train ◆ *avv.* direct, directly: *andò — là*, he went straight there; *arrivare — al cuore* (*di un problema*), to go straight to the heart of a problem.

direttore *s.m.* **1** (*comm., amm.*) manager; director: — *amministrativo*, director (*o* administration manager); — *commerciale, delle vendite*, sales manager (*o* sales executive); *Direttore delle Poste*, Postmaster; — *del personale*, personnel manager; — *di albergo*, hotel manager; — *di stabilimento*, factory (*o* works) manager; — *generale*, general manager (*o* chief executive); — *tecnico*, technical manager; *vice* —, vice (*o* assistant) manager; — *di zona*, district (*o* area) manager; — *di banca*, bank manager; — *di filiale* (*di banca*), bank agent (*o* branch manager); — *dell'ufficio acquisti*, buyer (*o* purchase manager); — *dell'ufficio pubblicità*, advertising manager **2** (*di scuola*) headmaster; (*di collegio universitario*) principal; (*di prigione*) governor **3** (*di giornale*) editor (in chief) **4** (*cinem., teatr.*) director; manager: — *artistico*, artistic director; — *di produzione*, production manager; — *di scena*, stage manager // — *d'orchestra*, conductor **5** (*mil., mar., aer.*): — *di lancio*, (*di paracadutisti*) despatcher; (*mar.*) — *di macchina*, chief engineer; — *di pista*, runway controller; — *marittimo*, harbour master.

direttoriale *agg.* **1** directorial; (*comm.*) managerial: *ufficio* —, manager's office **2** (*spreg.*) dictatorial.

direttorio *s.m.* **1** (*collegio direttivo*) executive board (*o* board of directors) **2** (*eccl.*) directory **3** (*st. francese*) Directory.

direttrice *s.f.* **1** (*di negozio, reparto ecc.*) manageress; (*di giornale, rivista*) (lady) editor **2** (*di scuola*) headmistress **3** (*mat.*) directrix* **4** (*indirizzo*) policy, line: *la — seguita dal governo*, the line followed by the government; *la — di marcia*, the line of march ◆ *agg.* guiding // (*aut.*) *ruote direttrici*, steering wheels.

direzionale *agg.* **1** (*che dirige*) executive: *comitato* —, executive committee // *centro* —, office district **2** (*che indica direzione*) directional: *freccia* —, direction arrow **3** (*rad.*) directional: *antenna* —, directional antenna ◆ *s.m.* (*aer.*) directional gyro.

direzionalità *s.f.* **1** (*l'essere direzionale*) directionality **2** (*attività direzionale*) management, execution **3** (*rad., tv*) directivity.

direzionare *v.tr.* (*non com.*) to direct: — *il traffico*, to direct the traffic.

direzione *s.f.* **1** (*guida*) direction, guidance; control; (*di partito e simili*) leadership; (*di azienda ecc.*) management; (*di scuola*) headship; (*di giornale*) editorship; (*supervisione*) supervision, superintendence: *le ricerche furono condotte sotto la — di un premio Nobel*, the research was conducted under the direction (*o* guidance) of a Nobel prizewinner; *gli offrirono la — del partito, ma egli rifiutò*, they offered him the leadership of the party, but he refused it; *sta a te prendere la — degli affari*, it is up to you to take control (*o* charge) of affairs; *affidare a qlcu. la — dell'azienda*, to entrust someone with the management of the firm; *assumere la — dell'azienda*, to take over the management of the business (*o* to take charge of the business); *partecipare alla* —, to share in the management; — *dei lavori*, supervision of works; *sai chi è incaricato della — dei lavori?*, do you know who is in charge of (*o* supervising) the work? **2** (*organo direttivo*) (*di società, ente*) management; (*di partito*) leadership: *alta* —, top management; *quali sono le decisioni della —?*, what are the decisions of the management?; *la — del giornale ha deciso alcuni cambiamenti*, the management of the newspaper has decided on certain changes; *è di competenza della — del personale*, it's the province of personnel management // *la — delle poste*, Post Office management **3** (*sede*) head office, administrative offices (*pl.*); administrative department; (*amer.*) front office; (*ufficio del direttore*) manager's office: — *marittima*, harbour master's office; *passate domani in* —, call in at the manager's office tomorrow; *recarsi in* —, to go to the management **4** (*senso, verso*) direction; course; way: *in — di*, in the direction of (*o* towards); *l'ho visto andare in — del centro*, I saw him going in the direction (*o* towards) the centre; *in — di casa*, homeward(-bound); *si allontanò in — del paese*, he walked away in the direction of the village; *in quale —?*, in which direction?; *nella stessa* —, in the same direction; *che — avete preso?*, which way did you go?; *cambiare di* —, to change one's direction (*o* to alter one's course), (*mar.*) to veer; *la — della marea*, the set (*o* direction) of the tide; — *del nord*, (*indicata da una bussola*) magnetic (*o* compass) meridian; (*astr.*) — *apparente*, apparent direction; (*mil., topografia*) *angolo di* —, bearing **5** (*geol.*) (*di strato*) strike, bearing.

dirigente *agg.* managing, ruling, leading, directing; governing: *comitato* —, executive committee; *personale* —, managerial staff ◆ *s.m.* **1** manager, executive, director: *alto* —, top manager; — *alle vendite*, sales manager; — *di alto livello*, senior executive; — *d'azienda*, executive (*o* business manager); — *centrale*, central executive; — *commerciale*, business executive; *i dirigenti*, the management; *dirigenti intermedi*, middle management **2** (*pol.*) leader: *i dirigenti del nostro partito*, the leaders of our party; — *sindacale*, union leader.

dirigenza *s.f.* **1** managership: *dare la — a qlcu.*, to make s.o. manager; *gli hanno dato la — l'anno scorso*, he became manager last year **2** (*direzione*) direction, management: *assumere la* —, to take charge **3** (*l'insieme dei dirigenti*) management; (*di partito ecc.*) leadership: *la — era all'oscuro del fatto*, the management was (*o* were) oblivious of the fact.

dirigenziale *agg.* managerial, executive: *responsabilità dirigenziali*, executive responsibilities.

dirigere *v.tr.* **1** (*volgere in una data direzione*) to turn, to direct: *diresse i passi verso casa*, he turned (*o* directed) his steps towards home; *diresse lo sguardo alla finestra*, he turned his eyes towards the window; — *la mira contro qlcu.*, to aim at s.o.; *diresse la nave verso il porto*, he steered (*o* directed) the ship towards the harbour; *diresse l'auto contro di lui*, he steered (*o* drove) the car straight towards him; — *gli sforzi a*, to direct one's efforts to (*o* towards) **2** (*rivolgere*) to address; to direct: *il presidente diresse parole di benvenuto ai congressisti*, the president addressed a welcome to those attending the conference; — *un'accusa a*, to direct an accusation at **3** (*amministrare*) to manage, to run*; (*essere responsabile*) to be in charge of (sthg.); (*giornali*) to edit: *dirigeva la ditta, la società con molta abilità*, he ran the firm very ably; *dirigeva la scuola da vent'anni quando lo conobbi*, he had been headmaster of the school for twenty years when I met him; *il giornale è diretto da una persona molto competente*, the newspaper is edited by a very competent person; *chi dirige l'ufficio acquisti?*, who is in charge of the purchasing office? **4** (*sovrintendere*) to supervise, to superintend, to direct: *non c'era nessuno a — i lavori*, there was nobody to supervise (*o* to direct) the works // — *il traffico*, to direct the traffic **5** (*un'orchestra*) to conduct.

□ **dirigersi** *v.rifl.* to make* for (s.o., sthg.), to head for (s.o., sthg.): *si diresse verso la porta*, he made for the door; *l'imbarcazione si diresse verso il porto*, the boat steered toward (*o* headed for) the harbour; *si diresse verso suo padre*, he walked towards his father; *si diresse verso il villaggio*, he made for the village.

dirigibile *agg.* dirigible ◆ *s.m.* (*aer.*) dirigible; airship: — *floscio*, non-rigid airship.

dirigibilista *s.m.* (*aer.*) member of the crew of a dirigible, crew member (of a dirigible), airship crew member.

dirigismo *s.m.* (*pol.*) state planning, government control, dirigisme: — *economico*, controlled economy.

dirigista *s.m.* e *f.* dirigiste, supporter of state planning, supporter of government economic control ◆ *agg.* → dirigistico.

dirigistico *agg.* dirigiste; state-controlled, state planned: (*econ.*) *economia dirigistica*, planned economy.

dirimente *agg.* (*dir.*) diriment; nullifying: *impedimento* —, (*di matrimonio*) diriment impediment.

dirimere *v.tr.* to settle; to cut* short: — *una controversia*, to settle a controversy.

dirimpettaia *s.f.* **dirimpettaio** *s.m.* (*fam.*) person living opposite.

dirimpetto *avv.* opposite: *abito* —, I live opposite ◆ *agg.* opposite: *le case* —, the houses opposite.

dirimpetto (a) *prep.* opposite, facing: *sedeva — a me*, he was sitting opposite me; *abitavano — a noi*, they lived opposite us; — *alla scuola c'è una palestra*, facing the school there's a gymnasium // *le due case erano una — all'altra*, the two houses faced each other.

diritta *s.f.* right hand // *a* —, right (*o* right -hand side).

diritto[1] *agg.* **1** (*non storto*) straight; (*eretto*) upright, up, erect, vertical: *una strada lunga e diritta*, a long straight road; *due belle gambe diritte*, two nice straight legs; *finalmente riuscirono a mettere il quadro* —, they finally managed to get the picture straight; *stare* —, to stand straight (*o* erect); *stai — con quella schiena!*, keep your back straight!; *tenere diritta la bandiera*, to hold the banner erect // *ha i capelli diritti*, he has got straight hair **2** (*onesto*) upright, honest **3** (*destro*) right: *mano diritta*, right-hand side ◆ *s.m.* **1** (*lato diritto*) right side: *il — di una stoffa*, the right side of a piece of cloth; *il — e il rovescio di una moneta*, the obverse and reverse of a coin // *mettiti la camicia al —*, put your shirt on the right way round; *non capisco quale sia il — della camicia*, I don't understand which way round the shirt goes **2** (*tennis*) forehand: *questo giocatore ha un — potentissimo*, this player has a very powerful forehand; *tirare un — vincente*, to play a winning forehand **3** (*lavoro a maglia*) plain: *un — e un rovescio*, a plain and a purl.

diritto[1] *avv.* straight, directly: *andrò — a Roma senza fermarmi a Firenze*, I shall go straight (*o* directly) to Rome without stopping at Florence; *vada — per 100 metri e si troverà in via Roma*, (go) straight on for 100 metres and you will find yourself in via Roma; *sempre — e arriva in centro*, keep going straight on and you come to the centre; *andare, tirare — per la propria strada*, to go one's (own) way // *guardar — davanti a sé*, to look straight ahead // *ti farò filare —!*, I'll sort you out // *andar — al punto*, to get straight to the point; *vengo — al punto*, I am coming straight to the point // *rigare —*, (*comportarsi bene*) to behave properly.

diritto[2] *s.m.* **1** (*facoltà riconosciuta*) right: *diritti civili*, civil rights; *diritti dell'uomo*, human rights; *diritti della donna*, women's rights; — *divino*, divine right; — *di vita e di morte su qlcu.*, power of life and death over s.o.; — *di voto*, right to vote; — *al lavoro*, right to work; *diritti e doveri*, rights and duties; *diritti politici*, political rights; (*dir.*) — *soggettivo, oggettivo*, right, law // — *di brevetto*, patent right; — *di fabbricazione*, right of manufacture; — *di esclusiva*, exclusive right (*o* franchise); — *di libero scambio*, right of free intercourse; — *di monetazione*, mintage; — *di opzione*, right of option (*o* option right *o* pre-emption right *o* pre-emptive right); — *di prelazione*, right of pre-emption; — *di ritenzione*, lien // (*Borsa*): — *di opzione* (*di azioni*), stock option (*o* stock right *o* subscription right); — *di opzione condizionato*, qualified stock option; — *di sottoscrizione azionaria*, stock subscription warrant; — *di acquisto titoli*, purchase warrant; *mercato dei diritti di sottoscrizione*, rights market // — *d'autore*, (*proprietà letteraria*) copyright // *tutti i diritti riservati*, all rights reserved // *avente — a*, entitled to; *la parte avente —*, the party entitled; *diritti acquisiti*, vested rights // *a buon —*, rightfully (*o* by rights); *di pieno —*, by full right; *per — di nascita*, by right of birth; *rinunzia tacita a un —*, non claim; *acquisire un —*, to acquire a right; *avere — a qlco.*, to be entitled to sthg.; *cedere, trasferire un — a qlcu.*, to assign, to transfer a right on s.o.; *contestare i diritti di qlcu.*, to question (*o* to contest) s.o.'s rights; *esercitare un —*, to assert (*o* to enforce) a right; *essere nel proprio —*, to be within one's rights; *far valere i propri diritti*, to vindicate one's rights; *perdere un —*, to lose (*o* to be debarred from) a right; *privare qlcu. dei diritti civili*, to disenfranchise s.o. (*o* to take away s.o.'s civil rights); *rinunciare a un —*, to give up (*o* to waive) a right; *vantare un — su qlco.*, to have a claim on sthg. // *che — avete di impormi di tacere?*, what right have you got to tell me to be silent?; *con quale — venite qui?*, by what right do you come here?; *non avete il — di farlo*, you haven't got the right to do it **2** (*tassa, tributo*) due, duty, toll; (*spesa, onere*) charge, fee: — *di transito*, toll; *diritti doganali*, customs duties; *diritti di banchina*, quay dues, pier dues, pierage, wharfage; *diritti portuali*, harbour dues; *diritti di ancoraggio*, anchorage dues; *diritti di stazza*, tonnage dues (*o* tonnage); *diritti di magazzinaggio*, dock dues (*o* warehousing charges); *diritti amministrativi, di segreteria*, administrative fees (*o* charges); *diritti bancari*, bank charges; *diritti di custodia di titoli*, charges for custody of securities; *diritti di riproduzione*, reproduction fees; *diritti di riscossione*, collection charges // *diritti erariali*, revenue duties; *diritti di bollo*, stamp duties // *diritti d'autore*, royalties // — *di asta*, lot money **3** (*legge*) law; (*giurisprudenza*) jurisprudence: — *aeronautico*, air law; — *amministrativo*, administrative law; — *comune*, common law (*o st.* jus commune); — *civile*, civil law; — *commerciale*, commercial law (*o* law merchant); — *cambiario*, exchange law; — *comparato*, comparative law; — *costituzionale*, constitutional law; — *delle genti*, law of nations; — *ecclesiastico*, canon law; — *del lavoro*, labour (*o* industrial) law; — *fallimentare*, bankruptcy law; — *internazionale*, international law; — *marittimo*, maritime (*o* shipping) law; — *naturale*, natural law; — *penale*, criminal law; — *positivo*, positive law; — *romano*, Roman law; — *tributario*, taxation law; *studiare —*, to study law // *filosofia del —*, philosophy of law.

dirittura *s.f.* **1** straight line: — *d'arrivo*, finishing straight; *essere in — d'arrivo*, to be on the home straight (*o* home stretch) **2** (*rettitudine*) uprightness, rectitude, honesty, straightforwardness: — *morale*, moral rectitude (*o* uprightness).

dirizzare *v.tr.* (*non com.*) (*rivolgere*) **1** to direct, to address **2** (*raddrizzare*) to straighten; (*fig.*) to put* right.

dirizzone *s.m.* blunder: *prendere un —*, to make a blunder.

dirlindana → **tirlindana**.

diroccamento *s.m.* (*non com.*) **1** demolition, dismantling, dilapidation **2** (*crollo*) crumbling, tumbling down.

diroccare *v.tr.* to demolish, to dismantle, to pull down: — *una fortezza*, to pull down a fortress ◆ *v.intr.* (*ant.*) (*cadere in rovina*) to crumble, to fall* down, to tumble down.

diroccato *agg.* (*in rovina*) crumbling, dilapidated, in ruins (*pred.*): *un castello —*, a castle in ruins.

dirompente *agg.* disruptive, explosive // *bomba —*, fragmentation bomb // (*bot.*) *frutto —*, explosive fruit // *tuo fratello ha una carica — di simpatia*, your brother is incredibly friendly.

dirompenza *s.f.* disruptiveness, explosiveness: *la — di un discorso*, the explosive character of a speech.

dirompere *v.tr.* **1** (*lino, canapa ecc.*) to scutch, to brake* **2** (*maciullare*) to crush, to shatter, to break* **3** (*fig.*) (*fiaccare*) to break*, to exhaust, to wear* out ◆ *v.intr.* (*non com.*) to burst* into (sthg.), to break* into (sthg.): — *in lacrime*, to burst into tears.

dirottamente *avv.* (*smoderatamente*) excessively; (*abbondantemente*) copiously, abundantly.

dirottamento *s.m.* **1** diversion, deviation **2** (*di aereo, nave ecc.*) hijack, hijacking; (*solo di aereo*) skyjack, skyjacking.

dirottare *v.tr.* **1** to divert, to reroute, to redirect, to detour: — *il traffico sulla tangenziale*, to divert (*o* to reroute) traffic onto the ring road; — *un corso d'acqua*, to divert a watercourse **2** (*un aereo, una nave ecc.*) to hijack; (*solo aereo*) to skyjack ◆ *v.intr.* to change course: *la nave ha dirottato*, the ship changed course; *l'aereo ha dovuto — per evitare la nebbia*, the plane has had to divert (*o* to change course) to avoid the fog.

dirottatore *s.m.* hijacker; (*solo di aereo*) skyjacker, air pirate.

dirotto *agg.* (*smoderato*) excessive; (*abbondante*) copious, abundant: *pianto —*, desperate (*o* bitter) crying (*o* unrestrained weeping); *pioggia dirotta*, pouring rain // *a —*, excessively (*o* abundantly): *piove a —*, it is pouring down (*o* raining in torrents *o* raining cats and dogs); *piangere a —*, to cry one's eyes out.

dirozzamento *s.m.* **1** (*lo sbozzare*) rough-hewing **2** (*fig.*) (*raffinamento*) refinement, refining; (*fam.*) polishing up.

dirozzare *v.tr.* **1** (*sbozzare*) to rough-hew: — *un marmo*, to rough-hew a piece of marble **2** (*fig.*) (*raffinare*) to refine: — *qlcu.*, to refine s.o.'s manners (*o fam.* to polish s.o. up).

□ **dirozzarsi** *v.intr.pron.* to become* refined, to improve one's manners, to acquire polish.

dirugginire *v.tr.* (*non com.*) **1** to remove the rust from (sthg.), to de-rust **2** (*fig.*) (*riattivare*) to polish up, to refresh, to brush up.

dirupamento *s.m.* **1** (*franamento*) landslip, landslide **2** (*luogo dirupato*) precipice, steep slope.

dirupare *v.tr.* (*ant.*) (*gettare dall'alto*) to hurl down, to throw* down ◆ *v.intr.* → **diruparsi**.

□ **diruparsi** *v.intr.pron.* **1** (*precipitare da una rupe*) to plunge down, to crash down **2** (*essere scosceso*) to be steep, to fall* steeply.

dirupato *agg.* **1** abrupt, precipitous, steep: *un sentiero —*, a steep path **2** (*geogr.*) craggy.

dirupo *s.m.* precipice, cliff, crag.

diruttore *s.m.* (*aer.*) spoiler.

dis-[1] *pref.* di origine latina; può indicare **1** 'negazione', o anche, 'privazione, mancanza'; ingl. dis-, de-, in-, un-: *disaccordo*, disaccord; *disadatto*, inappropriate; *disorganico*, unsystematic **2** 'separazione, allontanamento', ingl. dis-: *disgiunzione*, disconnection.

dis-[2] *pref.* di origine greca usato per lo più nella terminologia medica per indicare 'alterazione, cattivo funzionamento'; ingl. dys-: *dissenteria*, dysentery; *discrasia*, dyscrasia.

disabbellire *v.tr.* (*letter.*) to spoil* the beauty of (s.o., sthg.); to disfigure, to mar.

disabbigliare *v.tr.* **disabbigliarsi** *v.rifl.* to undress.

disabile *agg.* (*reso inabile*) disabled, handicapped.

disabilitare *v.tr.* to disable, to make* unfit: — *un telefono*, to disconnect a telephone; *è una stazione ferroviaria disabilitata*, it's a disused railway station.

disabitato *agg.* uninhabited, desolate; (*abbandonato*) deserted; (*di casa*) untenanted, empty, unoccupied: *una casa disabitata da anni*, a house which has been uninhabited for years.

disabituare *v.tr.* to disaccustom, to wean, to cure: *l'ho disabituato a giocare d'azzardo*, I got him out of the habit of (*o* I cured him of) gambling; *tentavano di disabituarlo al biberon*, they tried to wean him off the feeding bottle.

□ **disabituarsi** *v.rifl.* to give* up the habit of (doing); to fall* out of (doing); to get* out of the habit of (doing); to disaccustom oneself to (sthg., doing): *il bambino si sta disabituando a camminare a quattro zampe*, the child is growing out of the habit of crawling on all fours; *riuscì a — al fumo*, he succeeded in giving up smoking.

disaccaride *s.m.* (*chim.*) disaccharide.

disaccentare *v.tr.* to remove the accent from (a word).

disaccetto *agg.* (*letter.*) unwelcome, undesirable.

disacconcio *agg.* (*non com.*) **1** unfit, unsuitable (for sthg.), inappropriate, unsuited (to, for sthg.) **2** (*che non si addice*) unbecoming (to s.o.).

disaccoppiamento *s.m.* (*rad., tv*) de-coupling.

disaccoppiare *v.tr.* (*rad., tv*) to de-couple.

disaccordare *v.tr.* (*mus.*) to put* out of tune.

□ **disaccordarsi** *v.rifl.* (*mus.*) to go* out of tune.

disaccordo *s.m.* **1** disagreement, discord, disaccord, variance: *essere in — con qlcu. su qlco.*, to be at variance (*o* to disagree) with s.o. about sthg.; *trovarsi in — con qlcu.*, to find oneself in disagreement with s.o. **2** (*mus.*) discord.

disacerbare *v.tr.* (*letter.*) (*lenire, calmare*) to appease, to soothe, to assuage; (*addolcire*) to soften: *nulla potè — il suo dolore*, nothing could assuage his sorrow.

□ **disacerbarsi** *v.intr.pron.* to soften.

disacidificazione *s.f.* deacidification, reduction of acidity.

disacidire *v.tr.* to deacidify, to take* the acidity from (a substance).

disacusia *s.f.* (*med.*) dysacousia (*pl.* -as), dysacousis (*pl.* -ses).

disadattamento *s.m.* (*psic.*) maladjustment.

disadattare *v.tr.* to make* maladjusted.

disadattato *agg.* maladjusted ◆ *s.m.* maladjusted person.

disadatto *agg.* unfit, unsuitable (for sthg.): *credo sia — a un posto di fiducia*, I think he's unfit for a position of trust; *indossava un abito — alla situazione*, she was wearing a dress that was unsuitable for the occasion; *una persona disadatta ai compiti a lei affidati*, a person not suited for the tasks he's been given.

disaddobbare *v.tr.* to disadorn, to remove decorations, to remove embellishments.

disadornare *v.tr.* (*non com.*) to disadorn, to deprive of ornaments, to strip ornaments off (s.o., sthg.).

disadorno *agg.* (*spoglio*) unadorned, bare; (*semplice*) plain: *stile —*, plain style; *locale —*, bare room.

disaerare *v.tr.* (*tecn.*) to de-aerate.

disaeratore *s.m.* (*tecn.*) de-aerator.

disaerazione *s.f.* (*tecn.*) de-aeration.

disaffezionare *v.tr.* (*letter.*) to estrange; to alienate; to make* indifferent to (sthg., s.o.): *— qlcu.*, to alienate s.o.'s affection: *questi penosi ricordi lo disaffezionarono da suo padre*, these painful memories estranged him from his father.

□ **disaffezionarsi** *v.intr.pron.* to lose* one's enthusiasm (for s.o., sthg.): *— agli studi, al proprio lavoro*, to lose interest in (*o* enthusiasm for) one's studies, one's job.

disaffezionato *agg.* estranged (from), alienated (from), disaffected (from); indifferent (to).

disaffezione *s.f.* estrangement, disaffection, alienation: *— alla famiglia*, estrangement from one's family; *— verso la patria*, alienation (*o* estrangement) from one's native country.

disagevole *agg.* uncomfortable; (*difficile*) difficult, hard; (*imbarazzante*) awkward; (*faticoso*) fatiguing: *fare un viaggio —*, to have an uncomfortable journey; *vivere in condizioni disagevoli*, to live in difficult circumstances (*o* to lead a hard life); *trovarsi in una posizione —*, to find oneself in an awkward position; *una strada —*, a bad road.

disagevolezza *s.f.* (*non com.*) discomfort; (*difficoltà*) difficulty, hardness; (*imbarazzo*) awkwardness; (*fatica*) fatigue.

disagevolmente *avv.* uncomfortably; (*con difficoltà*) with difficulty; (*con imbarazzo*) awkwardly.

disaggio *s.m.* (*econ.*) disagio.

disaggregare *v.tr.* **1** to separate, to scatter **2** (*chim.*) to disaggregate.

□ **disaggregarsi** *v.intr.pron.* to be separated, to be scattered.

disaggregazione *s.f.* **1** disgregation; scattering **2** (*chim.*) disaggregation.

disagiatamente *avv.* **1** uncomfortably: *vivevano — in una sola stanza*, they lived uncomfortably in one room **2** (*poveramente*) poorly, in poverty, in hardship: *vivono assai —*, they live in considerable poverty.

disagiato *agg.* **1** (*scomodo*) uncomfortable: *una posizione disagiata*, an uncomfortable position; *un'abitazione disagiata*, an uncomfortable house **2** (*povero*) poor, needy: *una famiglia disagiata*, a needy family; *vivere una vita disagiata*, to live in considerable poverty.

disagio *s.m.* **1** uneasiness, uncomfortableness, discomfort: *essere a —*, to be uneasy (*o* uncomfortable *o* ill at ease); *sentirsi, trovarsi a —*, to feel uncomfortable (*o* uneasy *o* ill at ease); *senza la cravatta si sentiva a —*, without a tie he felt uneasy (*o* awkward); *davanti al microfono mi sento a —*, I feel ill at ease in front of a microphone; *stare a —*, to be uncomfortable; *la sua presenza mi mette a —*, his presence makes me (feel) uneasy **2** (*disturbo*) inconvenience, trouble: *recar — a qlcu.*, to trouble s.o. (*o* to inconvenience s.o. *o* to put s.o. to trouble) **3** *pl.* discomforts, hardships; (*privazioni*) poverty, want, need Ⓤ; privations (*pl.*): *i disagi della povertà*, the hardships and privations of poverty; *dover sopportare disagi e privazioni*, to have to endure (*o* put up with) discomforts and privations; *vivere tra i disagi*, to live uncomfortably, (*poveramente*) to live in poverty; *un viaggio pieno di disagi*, an extremely difficult journey.

disagioso *agg.* (*rar.*) uncomfortable: *un viaggio —*, an uncomfortable journey.

disagrire *v.tr.* (*enologia*) to chaptalize.

disalberare *v.tr.* **1** (*mar.*) to dismast **2** → diboscare.

disalimentare *v.tr.* (*elettr.*) to disconnect.

disallineamento *s.m.* **1** (*difetto di allineamento*) misalignment **2** (*il porre fuori allineamento*) taking out of alignment.

disallineare *v.tr.* to take* out of alignment.

disalveare *v.tr.* to divert (a river)

disamare *v.tr.* (*non com.*) to cease to love, to love no more.

disambientato *agg.* out of place, ill at ease.

disambiguare *v.tr.* (*ling.*) to make* unambiguous, to eliminate the ambiguity from (a word, a sentence).

disamina *s.f.* examination, close observation, scrutinizing: *fare una attenta —*, to examine carefully; *sottoporre qlco. a —*, to scrutinize sthg. (*o* to examine sthg.).

disaminare *v.tr.* (*non com.*) **1** to examine (sthg.) carefully, to go* into (sthg.) carefully, to scrutinize: *— una questione*, to go into a question (*o* a matter) carefully **2** (*vagliare*) to weigh: *— le conseguenze di un'azione*, to weigh (up) the consequences of an action.

disamorare *v.tr.* to estrange; to alienate: *la sua condotta l'ha disamorato*, her behaviour has estranged him; *— qlcu. dal lavoro*, to alienate (*o* to estrange) s.o. from his, her work, to make s.o. lose all interest in his, her work.

□ **disamorarsi** *v.intr.pron.* (*non amare più*) to love (s.o., sthg.) no more, to fall* out of love (with s.o., sthg.); (*provare delusione*) to be disenchanted (with s.o., sthg.): *— del lavoro, dello studio*, to lose all interest in one's work, studies.

disamorato *agg.* disaffected; (*indifferente*) indifferent, estranged; detached: *un uomo — della vita*, a man who has lost all interest in life.

disamore *s.m.* disaffection; (*indifferenza*) indifference; unconcern, estrangement; (*avversione*) dislike: *mostrare — per lo studio, per la vita familiare*, to dislike (*o* to be disaffected with) study, family life.

disamorevole *agg.* (*non com.*) unkind, unloving; indifferent.

disamorevolezza *s.f.* (*non com.*) lack of affection, lack of love.

disancorare *v.tr.* **1** (*mar.*) to unmoor: *— una nave*, to unmoor a ship **2** (*fig.*) to free (sthg.) from, to release: (*econ.*) *— la lira dal dollaro*, to unpeg the lira from the dollar.

□ **disancorarsi** *v.rifl.* **1** (*mar.*) to weigh anchor **2** (*fig.*) to break* away (from), to rid* oneself of: *mi sembra che in questo lavoro lo scrittore si sia disancorato dalla realtà*, in this work the writer seems to have broken away from reality; *— dalle vecchie abitudini*, to shake off (*o* to rid oneself of) old habits; *— dalla famiglia*, to break away from the family.

disanimare *v.tr.* (*non com.*) to dishearten, to discourage, to daunt.

□ **disanimarsi** *v.intr.pron.* to lose* heart, to get* disheartened, to get* discouraged: *— alla prima difficoltà*, to lose heart at the first difficulty.

disanimato *agg.* (*letter.*) disheartened, dispirited, discouraged, daunted.

disappagato *agg.* dissatisfied; disappointed; frustrated.

disappannare *v.tr.* to demist.

disappassionare *v.tr.* (*rar.*) to lessen s.o.'s passion (for sthg.); to make* (s.o.) lose his, her enthusiasm (for sthg.).

□ **disappassionarsi** *v.intr.pron.* to lose* one's passion (for sthg.), to lose* one's enthusiasm (for sthg.).

disappetente *agg.* inappetent.

disappetenza *s.f.* lack of appetite, poor appetite.

disapplicare *v.tr.* (*non com.*) to cease to apply; (*distogliere*) to distract.

□ **disapplicarsi** *v.rifl.* (*non com.*) to neglect (sthg.); to cease to apply oneself (to sthg.).

disapplicazione *s.f.* (*non com.*) **1** (*negligenza*) negligence, want of application **2** (*non applicazione di norme ecc.*) non-application.

disapprendere *v.tr.* (*non com.*) to forget*; to unlearn*: *ho disappreso quel poco di inglese che conoscevo da ragazzo*, I have forgotten the little English I knew as a boy.

disapprovare *v.tr.* to disapprove of (s.o., sthg.), to deprecate, to deplore; (*biasimare*) to blame: *disapprovo la tua condotta*, I disapprove (*o* don't approve) of your conduct; *disapprovo il fatto che tu rientri tardi*, I take a dim view of your arriving home late.

disapprovazione *s.f.* disapproval; displeasure; disapprobation: *uno sguardo di —*, a look of disapproval; *mi guardò con —*, he looked at me disapprovingly; *un segno di —*, a sign of disapproval; *esprimere, manifestare la propria —*, to express, to show one's disapproval (*o* displeasure).

disappunto *s.m.* (*delusione*) disappointment; (*irritazione*) irritation, annoyance, vexation: *con mio grande —*, to my great disappointment; *puoi immaginare il mio —!*, imagine my annoyance!; *celare il proprio —*, to conceal one's disappointment.

disarcionare *v.tr.* to unsaddle, to unseat, to throw*.

disargentare *v.tr.* to desilverize.

disargentazione *s.f.* desilverization.

disarmante *agg.* **1** disarming: *sorriso, calma, ingenuità —*, disarming smile, calm, ingenuousness **2** (*scoraggiante*) discouraging: *un'indifferenza —*, a chilling indifference.

disarmare *v.tr.* **1** to disarm (*anche fig.*), to unarm: *i soldati furono presi e disarmati*, the soldiers were seized and disarmed; *il suo sorriso mi disarmò*, her smile disarmed me **2** (*smantellare*) to dismantle: *la fortezza fu disarmata*, the fort was dismantled **3** (*una nave*) to unrig, to lay* up: *tre anni dopo, il veliero fu disarmato*, three years later, the sailing-ship was unrigged **4** (*i remi*) to ship (the oars); (*arma da fuoco*) to uncock **5** (*un ponteggio*) to take* down the scaffolding ◆ *v.intr.* **1** (*ridurre l'armamento*) to disarm: *con l'armistizio la Germania fu costretta a —*, after the armistice Germany was forced to disarm **2** (*fig.*) (*cedere*) to surrender, to give* in, to give* up: *non — di fronte alle difficoltà!*, don't give up in the face of difficulty!

disarmato *agg.* **1** disarmed, unarmed **2** (*indifeso*) defenceless, helpless: *essere — di fronte ai problemi della vita*, to be defenceless in the face of life's problems **3** (*smantellato*) dismantled **4** (*mar.*) laid up, unrigged.

disarmatore *s.m.* (*edil.*) workman who takes down scaffolding.

disarmo *s.m.* **1** disarming: *il — dei prigionieri*, the disarming of the prisoners **2** (*riduzione degli armamenti*) disarmament: *conferenza sul —*, disarmament conference; *campagna per il —*, disarmament campaign; *— unilaterale, bilaterale*, unilateral, bilateral disarmament **3** (*smantellamento*) dismantling **4** (*di una nave*) unrigging, laying up.

disarmonia *s.f.* **1** (*disaccordo, contrasto*) discord; lack of harmony, disharmony; clash; variance: *la sua versione era in — con la mia*, his version was at variance (*o* disagreed) with mine; *la sua decisione fu causa di — in famiglia*, his decision caused dissent (*o* discord *o* strife) in the family; *c'è — fra le forme e i colori di quel quadro*, there's a lack of harmony (*o* a clash) between the shapes and the colours in the painting; *— di caratteri*, clash of personalities; *— di opinioni*, divergence (*o* difference) of opinions **2** (*mus.*) discord, disharmony.

disarmonico *agg.* disharmonious; discordant (*anche mus.*); (*contrastante*) clashing.

disarmonizzare *v.tr.* (*rar.*) to disharmonize ◆ *v.intr.* (*rar.*) to disharmonize; to discord, to disagree.

disarticolare *v.tr.* **1** to disarticulate, to disjoint; to put* (sthg.) out of joint **2** (*lussare*) to dislocate.

□ **disarticolarsi** *v.intr.pron.* to be dislocated: *il braccio si è disarticolato*, his arm was dislocated.

disarticolato *agg.* dislocated; out of joint; (*fig.*) (*privo di unità e coerenza*) disjointed, incoherent, muddled: *braccio —*, dislocated arm; *discorso, scritto —*, disjointed speech, writing.

disarticolazione *s.f.* **1** disarticulation, disjointing **2** (*scioglimento delle articolazioni*) dislocation.

disartria *s.f.* (*med.*) dysarthria.

disasprire *v.tr.* to soften, to appease, to soothe; to assuage: *— il vino*, to take the sharpness out of wine; *— gli animi*, (*fig. letter.*) to appease the spirits.

disassimilazione *s.f.* disassimilation.

disassociare *v.tr.* (*non com.*) to dissociate.

□ **disassociarsi** *v.rifl.* o *intr.pron.* to withdraw* one's support from a group, an organization; to withdraw* one's membership; (*rar.*) (*disgregarsi*) to disunite, to dismember.

disassorbimento *s.m.* (*chim., fis.*) desorption.

disassuefare *v.tr.* to disaccustom; (*da un vizio*) to wean (away), to get* (s.o.) out of (sthg.): *— qlcu. dal bere*, to get s.o. out of the habit of drinking.

□ **disassuefarsi** *v.rifl.* to lose* the habit (of doing), to disaccustom oneself (to sthg., to doing), to give* up the habit (of doing).

disassuefazione *s.f.* weaning (from sthg.).

disastrare *v.tr.* (*non com.*) to devastate, to damage heavily; to hit* badly.

disastrato *agg.* devastated; heavily damaged; badly hit: *un paese —*, a devastated country; *zone disastrate dall'alluvione*, areas hit by floods; *le famiglie disastrate*, the families of victims of a disaster ◆ *s.m.* victim (of a disaster): *aiuti per i disastrati*, help for the victims.

disastrevole *agg.* (*non com.*) (*disastroso*) calamitous, catastrophic.

disastro *s.m.* **1** disaster, terrible accident; (*danno*) damage: *un — ferroviario, aereo*, a railway, air disaster (*o* crash); *— naturale*, natural catastrophe (*o* calamity); *— economico, finanziario*, economic, financial crash; *i disastri provocati dalle cavallette*, the damage caused by the locusts // *i bambini hanno fatto un — nella loro stanza*, the children have made an awful mess of their room **2** (*totale fallimento*) failure, fiasco: *come insegnante era un —*, he was a failure (*o* he was hopeless) as a teacher; *la campagna pubblicitaria fu un —*, the advertising campaign was a real fiasco (*o* flop); *la festa è stata un —*, the party was a flop; *il tuo inglese è proprio un —*, your English is a real disgrace (*o* is hopeless); *a scuola è un —!*, he's a dead loss at school!; *mio marito è un — in cucina!*, my husband is a dead loss as a cook! **3** (*dir.*) (*delitto contro l'incolumità pubblica*) crime against public safety, crime against public health.

disastrosamente *avv.* disastrously, ruinously; disgracefully.

disastroso *agg.* disastrous, ruinous; dreadful: *un'inondazione disastrosa*, a disastrous flood; *un'esperienza disastrosa*, a disastrous (*o* dreadful) experience; *una giornata disastrosa*, a dreadful day; *una guerra disastrosa*, a ruinous war; *risultati disastrosi*, dreadful (*o* appalling) results.

disatomizzare *v.tr.* to denuclearize.

disatomizzazione *s.f.* denuclearization.

disattendere *v.tr.* **1** (*non applicare*) not to apply, to fail to apply: *— una norma*, not to apply a regulation **2** (*non osservare*) to disregard: *— una legge*, to disregard a law **3** (*estens.*) to disappoint: *— le speranze di qlcu.*, to disappoint s.o.'s hopes (*o* to let s.o. down).

disattento *agg.* inattentive, absent-minded; careless; heedless, regardless: *scolaro —*, inattentive pupil; *lettura disattenta*, careless reading; *— alle norme*, heedless (*o* regardless) of the rules.

disattenzione *s.f.* inattention, inattentiveness; absent-mindedness; (*svista*) slip, oversight: *errore di —*, (*in un testo*) slip of the pen, (*parlando*) slip of the tongue; *niente di grave, è solo una —*, nothing serious, it's just a slip; *sbagliare per —*, to make a slip, (*form.*) to make an oversight; *per —*, through inattention; *avere momenti di —*, to have moments of absent-mindedness.

disattivare *v.tr.* to deactivate.

disattivazione *s.f.* deactivation: *la — di un impianto*, the deactivation of a plant.

disattrezzare *v.tr.* (*mar.*) to unrig.

disavanzare *v.intr.* **1** to lose*, to lose* out **2** (*econ.*) to form a deficit, to produce a deficit.

disavanzo *s.m.* (*econ.*) deficit, deficiency; (*perdita*) loss; (*divario*) gap: *— di bilancio*, balance deficit; *— di bilancio* (*preventivo*), budget deficit; *— commerciale*, trade gap; *— della bilancia dei pagamenti*, balance of payments deficit (*o* external deficit); *— delle partite correnti*, current account deficit; *— di cassa*, cash deficit; *— della spesa pubblica*, deficiency in public revenue; *— complessivo, globale*, aggregate deficit; *colmare il —*, to make up the deficit; *essere in —*, (*fam.*) to be in the red; *politica di —*, deficit spending.

disavvantaggiarsi *v.intr.pron.* (*non com.*) to be at a disadvantage; to lose* one's advantage.

disavvantaggio *s.m.* (*non com.*) disadvantage.

disavvedutezza *s.f.* heedlessness; mindlessness; short-sightedness.

disavveduto *agg.* heedless; unwise, ill-advised; careless, thoughtless.

disavvenenza *s.f.* (*rar.*) unattractiveness, plainness; (*bruttezza*) ugliness.

disavventura *s.f.* **1** (*contrarietà*) mishap, unlucky accident: *un viaggio pieno di disavventure*, a journey full of mishaps **2** (*sfortuna*) misfortune, bad luck, misadventure, mischance: *ebbi la — d'imbattermi in un creditore*, I had the misfortune (*o* I was unlucky enough) to run into a creditor of mine // *per —*, unfortunately (*o* unluckily *o* by misfortune); *per sua — l'incontrò di nuovo*, unfortunately for him he met her again.

disavvertenza *s.f.* inadvertence, inadvertency; inattention: *fu una — da poco*, it was a slight slip (*o* oversight); *una grossa —*, a large oversight.

disavvertito *agg.* (*non com.*) thoughtless, heedless, careless; (*imprudente*) reckless.

disavvezzare *v.tr.* to disaccustom; (*da un vizio*) to wean (away): *— qlcu. dal vino*, to wean s.o. (away) from wine.

□ **disavvezzarsi** *v.rifl.* to lose* the habit (of doing); to give* up the habit (of doing).

disavvezzo *agg.* unaccustomed, unused: *— come sono a parlare in pubblico...*, unaccustomed as I am to speaking in public...; *è — alle fatiche*, he is not used to hard work.

disazotare *v.tr.* (*chim.*) to denitrate, to remove nitrogen from (sthg.).

disbarazzare → **sbarazzare**.

disbarcare → **sbarcare**.

disbasia *s.f.* (*med.*) dysbasia.

disborsare → **sborsare**.

disborso *s.m.* (*econ.*) disbursement, outlay: *— di denaro*, outlay of money; *un forte — iniziale*, a large initial outlay; *fare continui disborsi*, to be always laying money out.

disboscare e *deriv.* → **diboscare** e *deriv.*

disbrigare → **sbrigare**.

disbrigo *s.m.* clearing, getting through, dispatching.

disbrogliare *v.tr.* (*non com.*) to disentangle.

disbulia *s.f.* (*med.*) dysbulia.

discacciare *v.tr.* (*letter.*) to expel, to turn out, to oust.

discalzare → **scalzare**.

discantare *v.intr.* (*mus.*) to compose descant; (*eseguire*) to sing*, to play a descant.

discantista *s.m.* e *f.* (*mus.*) descanter, discantist.

discanto *s.m.* (*mus.*) descant, discant.

discapitare *v.intr.* **1** to suffer damage, to lose* (out) **2** (*discreditarsi*) to be discredited: *la sua reputazione ne discapitò*, his good name was discredited.

discapito *s.m.* (*svantaggio*) disadvantage; (*danno*) detriment, damage, prejudice; (*perdita*) loss: *con nostro grande —*, to our great disadvantage; *è tutto a nostro — accettare la tua proposta*, it's greatly to our detriment (*o* disadvantage) to accept your proposal; *a — di qlcu.*, to s.o.'s cost (*o* detriment *o* disadvantage).

discarica *s.f.* **1** (*operazioni di scarico*) unloading **2** (*di rifiuti*) dumping; (*luogo*) dump, tip: *divieto di —*, dumping prohibited; *— comunale*, municipal dump **3** (*miner.*) dump, tip; spoil bank.

discaricare *v.tr.* **1** to unload, to discharge **2** (*fig.*) (*discolpare*) to free, to shift, to unload.

discarico *s.m.* **1** (*non com.*) (*lo scaricare*) discharge, unloading **2** (*scusa, giustificazione*) excuse; justification; defence: *a mio —*, in my defence (*o* to clear myself) // (*dir.*): *testimone a —*, witness for the defence; *prova a —*, evidence for the defence.

discatenare → **scatenare**.

discavalcare *v.tr.* (*non com.*) to throw*, to unhorse.

discendente *agg.* descending: (*mus.*) *scala —*, descending scale; (*tip.*) *lettera —*, descending letter // (*fis. nucleare*) *prodotto di decadimento —*, descending daughter ◆ *s.m.* **1** descendant: *un diretto — di Mazzini*, a direct descendant of Mazzini **2** (*edil.*) downpipe, fall-pipe.

discendenza *s.f.* **1** descent, lineage; extraction: *nobile —*, noble descent; *vanta una — illustre*, he boasts illustrious ancestors; *un uomo di — straniera*, a man of foreign extraction; *era di — normanna*, he was of Norman descent **2** (*discendenti*) offspring, progeny, descendants (*pl.*); *una — numerosissima*, numerous offspring (*o* descendents) // *la — d'Adamo*, mankind.

discendere *v.intr.* **1** to go* down, to come* down, (*form.*) to descend: *l'angelo discese dal cielo*, the angel descended from heaven; *il fiume discende verso il mare*, the river runs down to the sea (*o* flows towards the sea) // *— a terra*, (*approdare*) to land (*o* to go ashore); *— da un'auto*, to get out of a car; *— da cavallo*, to dismount; *— dal treno*, to get off (*o* to get out of) the train // *— in basso*, (*fig.*) to sink **2** (*declinare*) to descend, to slope down: *il giardino discende verso il fiume*, the garden descends (*o* slopes down) to the river; *le montagne discendevano bruscamente verso ovest*, the hills fell steeply away to the west **3** (*di astri*) to sink*, to set* **4** (*di prezzi, temperatura*) to fall*, to drop **5** (*trarre origine*) to descend; to come* from: *— da un re*, to descend (*o* to be descended) from a king; *— da una nobile famiglia*, to come from a noble family **6** (*conseguire*) to follow, to proceed: *ne discende che...*, it follows that... ◆ *v.tr.* to descend, to go* down, to come* down: *discese le scale*, he descended (*o* went down *o* came down) the stairs.

discenderia *s.f.* (*miner.*) winze.

discensionale *agg.* descensional.

discente *agg.* (*non com.*) learning ◆ *s.m.* e *f.* pupil, student.

discentrare *v.tr.* **1** (*non com.*) to remove from the centre **2** (*decentrare*) to decentralize.

□ **discentrarsi** *v.intr.pron.* (*non com.*) to get* off centre; to come* away from the center.

discepolato *s.m.* apprenticeship.

discepolo *s.m.* **1** disciple: *i discepoli di Cristo*, Christ's disciples **2** (*seguace*) follower; (*alunno*) pupil; (*di artigiano*) apprentice: *considerarsi, sentirsi — di qlcu.*, to consider oneself a follower of s.o.

discernere *v.tr.* **1** (*vedere*) to discern; to perceive; to descry: *si poteva — una casa in lontananza*, we could discern a house in the distance **2** (*distinguere*) to discriminate; to distinguish: *— il bene dal male*, to distinguish right from wrong.

discernibile *agg.* **1** discernible **2** (*visibile*) discernible, visible.

discernimento *s.m.* perception, detection; (*capacità di distinguere*) discernment, insight; (*giudizio*) judgement; wisdom, good sense: *l'età del —*, the age of understanding; *agire, parlare con —*, to act, to speak wisely; *persona di sottile —*, person of subtle insight.

discervellarsi *v.intr.pron.* (*non com.*) (*spremersi le meningi*) to rack one's brains.

discesa *s.f.* **1** (*movimento discendente*) descent: *— del carico*, (*di gru*) descent of the load; *la — all'inferno*, the descent into hell; *fare una —*, to descend (*o* to go down) a slope; *fare una rapida —*, to make a quick descent // (*aer.*) *— in picchiata*, nosedive (*o* power dive) // (*mecc.*) *corsa di —*, (*di stantuffo*) down stroke **2** (*declivio*) slope, declivity; (*strada in discesa*) descent: *una — ripida*, a steep descent; *una strada in —*, a downhill road; *— ai parcheggi*, slope down to the car park; *abito in fondo alla —*, I live at the bottom of the hill; *ci sono 20 km di — prima di arrivare al villaggio*, the road goes downhill for 20 km before reaching the village; *essere in —*, (*di strada*) to slope down (*o* to go downhill) // *l'indice d'ascolto è in —*, audience figures (*o* ratings) are falling; *la sua popolarità è in —*, his popularity is on the decline **3** (*caduta*) fall; drop: *— di prezzi*, fall (*o* drop) in prices; *— di temperatura*, fall in temperature **4** (*invasione*) invasion: *la — dei barbari*, the Barbarian invasion **5** (*sci, alpinismo*) descent: *— libera*, downhill skiing; (*paracadutismo*) jump **6** (*rad.*) lead-in, down-lead.

discesismo *s.m.* (*sci*) (downhill) skiing.

discesista *s.m.* e *f.* (*sport*) (*sci*) downhill racer; downhill skier; (*ciclismo*) cyclist who excels in descents.

discettare *v.tr.* e *intr.* (*letter.*) to debate.

discettazione *s.f.* (*letter.*) debate; discussion.

disceverare *v.tr.* (*rar.*) to separate, to part; (*distinguere*) to distinguish.

dischetto *s.m.* **1** (*calcio*) penalty spot: *tiro dal —*, penalty kick **2** (*inform.*) floppy disk, disk.

dischiodare *v.tr.* to unnail.

dischiudere *v.tr.* **1** to open: *— gli occhi*, to open one's eyes; *— le labbra*, to part one's lips **2** (*svelare*) to reveal, to disclose: *— il vero*, to reveal the truth.

□ **dischiudersi** *v.intr.pron.* to open up, to open out: *i fiori cominciano a —*, the flowers are beginning to open (out).

dischiuso *agg.* **1** open, unfolded, opened out; (*semiaperto*) half open: *fiore —*, open flower **2** (*svelato*) revealed, disclosed.

disciforme *agg.* (*bot.*) disciform.

discinesia *s.f.* (*med.*) dyskinesia.

discinetico *agg.* (*med.*) dyskinetic ◆ *s.m.* a person with dyskinesia.

discingere *v.tr.* (*letter.*) to ungird, to untie; to undo*.

discinto *agg.* (*poco vestito*) scantily dressed, half-dressed.

disciogliere *v.tr.* **1** (*sciogliere*) to dissolve; (*liquefare*) to melt; (*neve*) to thaw: *— una sostanza in un liquido*, to dissolve a substance in liquid **2** (*letter.*) (*slacciare*) to unfasten; (*slegare*) to unbind*, to undo*, to untie: *— un nodo*, to undo (*o* to untie) a knot **3** (*letter.*)

(*liberare*) to release, to free: — *qlcu. dalla schiavitù*, to free s.o. from slavery.

□ **disciogliersi** *v.intr.pron.* **1** (*sciogliersi*) to dissolve; (*fondersi*) to melt; (*di neve*) to thaw: *il ghiaccio si discioglie al sole*, ice melts in the sun **2** (*slegarsi*) to loosen, to become* loose ◆ *v.rifl.* to untie oneself; (*liberarsi*) to free oneself.

discioglimento *s.m.* (*non com.*) **1** (*soluzione*) dissolution, dissolving; (*liquefazione*) melting **2** (*lo slegare*) unfastening, undoing **3** (*fig.*) (*liberazione*) release.

disciolto *agg.* **1** dissolved: *sale — in acqua*, salt dissolved in water **2** (*liquefatto*) melted, thawed **3** (*letter.*) (*slegato*) unbound, loose, untied **4** (*letter.*) (*liberato*) released.

disciplina *s.f.* **1** discipline: — *ferrea*, iron discipline; — *militare*, military discipline; — *mentale*, mental discipline; *imporre la* —, to impose discipline; *non sa tenere, mantenere la* —, he cannot keep discipline; *violare la* —, to break the rules; *in tutte le cose ci vuole una certa* —, a certain discipline is required in all things; *educare i figli con* —, to bring up one's children strictly **2** (*regolamentazione*) regulation; control: — *dei prezzi*, price control; — *dei cambi*, foreign exchange control; — *delle vendite, delle importazioni*, regulations governing sales, imports // *gli atleti dovettero sottoporsi a una severa — alimentare*, the athletes had to submit themselves to a strict dietary regime **3** (*materia di studio*) discipline, subject, branch of learning: *discipline filosofiche*, branches of philosophy; *discipline giuridiche*, branches of law **4** (*letter.*) (*insegnamento*) teaching.

disciplinabile *agg.* disciplinable.

disciplinamento *s.m.* (*non com.*) disciplining; (*regolazione*) regulation.

disciplinare *agg.* disciplinary: *provvedimenti, sanzioni disciplinari*, disciplinary measures, sanctions.

disciplinare *v.tr.* **1** to discipline, to enforce order on (sthg.) **2** (*regolare*) to regulate, to order: — *il commercio*, to regulate trade; — *il traffico*, to regulate the traffic **3** (*fig.*) (*controllare*) to control: — *i propri sentimenti*, to control one's feelings **4** (*eccl.*) to chastise.

□ **disciplinarsi** *v.rifl.* **1** to discipline oneself, to train oneself; to become* disciplined **2** (*eccl.*) to scourge oneself.

disciplinatamente *avv.* in a disciplined way, dutifully.

disciplinatezza *s.f.* (*non com.*) discipline.

disciplinato *agg.* **1** (well-)disciplined, well-behaved; (*obbediente*) obedient: *un alunno* —, a well-behaved pupil **2** (*regolato*) orderly, regulated: *traffico* —, orderly traffic.

discissione *s.f.* (*med.*) discission: — *della cervice*, discission of the cervix.

disc-jockey *s.m.* e *f.* disc jockey, DJ.

disco *s.m.* **1** disk, disc: *un — di metallo*, a metal disc // — *combinatore*, (*del telefono*) telephone dial // — *orario*, parking disc // — *volante*, flying saucer **2** (*mus.*) record, disc: — *stereo*, stereo record; *incidere un* —, to cut a disc (*o* record) // *cambiar* —, (*fig. fam.*) to change the record; *racconti sempre la stessa storia, cambia —!*, you're always going on about the same old thing. Is the needle stuck or something? **3** (*sport*) discus; (*hockey su ghiaccio*) puck: *lancio del* —, discus throwing **4** (*anat.*) disc, disk: *ernia del* —, herniated disk (*o* slipped disc): — *intervertebrale*, intervertebral disk **5** (*inform.*) disk, disc: — *rigido*, hard disk; — *estraibile*, removable disk; — *flessibile*, floppy disk; — *rigido, fisso*, hard, fixed disk **6** (*mecc.*) disk, disc: — *della frizione*, clutch plate (*o* clutch disk); — *dell'elica*, propeller disk; — *dentato*, toothed disk; — *paraolio*, oil splash guard disk **7** (*ferr.*) (*segnale*) disk signal; (*di ruota*) plate.

discobolo *s.m.* (*sport*) **1** (*nell'antichità*) discobolus* **2** (*nell'atletica moderna*) discus thrower.

discofilo *s.m.* record collector.

discoforo *s.m.* (*arte*) discus bearer.

discoglosso *agg.* e *s.m.* (*zool.*) discoglossid.

discografia *s.f.* **1** (*tecnica*) recording **2** (*elenco*) discography.

discografico *agg.* record, recording: *industria discografica*, recording industry; *casa discografica*, record company ◆ *s.m.* (*chi lavora nell'industria discografica*) person who works in the recording industry; (*proprietario di industria discografica*) record company owner.

discoiare → **discuoiare**.

discoidale *agg.* discoidal: (*biol.*) *segmentazione* —, discoidal cleavage.

discoide *agg.* discoid(al) ◆ *s.m.* discoid.

discoleggiare *v.intr.* (*non com.*) (*di adulto*) to lead* a wild life; (*di bambino*) to be naughty.

discolibro *s.m.* book accompanied by a record, by records.

discolo *agg.* (*scapestrato*) wild, rebellious, madcap; (*vivace*) naughty, mischievous, unruly ◆ *s.m.* (*bambino*) rascal, little rogue, naughty boy, scamp; urchin: *quel — mi disturbò tutto il giorno*, the little rogue disturbed me all day.

discolorare *v.tr.* (*letter.*) to discolour, to make* pale.

□ **discolorarsi** *v.intr.pron.* to discolour, to lose* colour, to pale; to fade.

discolorire *v.tr.* (*letter.*) to discolour, to bleach ◆ *v.intr.* (*letter.*) to lose* colour, to grow* pale.

discolpa *s.f.* excuse, justification (*anche dir.*): *che hai da dire a tua —?*, what have you got to say for yourself? // (*dir.*) *testimonio a* —, witness for the defence.

discolpare *v.tr.* **1** (*dir.*) to clear, to exculpate: — *qlcu. da un delitto*, to clear s.o. of a crime **2** (*scusare*) to excuse; (*giustificare*) to justify; (*difendere*) to defend.

□ **discolparsi** *v.rifl.* **1** (*dir.*) to clear oneself, to prove one's innocence: *l'accusato non potè* —, the accused could not prove his innocence **2** (*giustificarsi*) to justify oneself.

discommettere *v.tr.* (*non com.*) (*disunire*) to disjoin, to separate, to disconnect.

discompagnare *v.tr.* (*non com.*) to separate, to break* up, to split*.

discomporre → **scomporre**.

disco-music *s.f.* disco music.

disconfessare → **sconfessare**.

disconfortare, **disconfortarsi** → **sconfortare**, **sconfortarsi**.

disconnessione *s.f.* disconnection, separation, detachment.

disconnettere *v.tr.* (*non com.*) to disconnect, to detach, to separate: — *un apparecchio telefonico*, to disconnect a telephone.

disconoscente *agg.* (*letter.*) (*ingrato*) ungrateful.

disconoscenza *s.f.* (*ingratitudine*) ungratefulness, ingratitude.

disconoscere *v.tr.* **1** to ignore, not to recognize, to refuse to acknowledge: — *la verità*, to refuse to recognize the truth; — *la paternità di un figlio*, to disclaim the paternity of a child **2** (*misconoscere*) to fail to appreciate; to be ungrateful for (sthg.): — *un consiglio*, to fail to appreciate advice **3** (*dir.*) to disclaim, to disown.

disconoscimento *s.m.* (*dir.*) disownment, disavowal: — *di paternità*, disownment of paternity.

disconosciuto *agg.* unacknowledged, unrecognized (*anche dir.*): *la sua grandezza è ancora disconosciuta*, his greatness is still unacknowledged.

discontento *agg.* dissatisfied, discontented, discontent ◆ *s.m.* dissatisfaction, discontentment, discontent; annoyance.

discontinuamente *avv.* discontinuously, fitfully: *studiare, allenarsi* —, to study, to train fitfully.

discontinuità *s.f.* **1** discontinuity; (*irregolarità*) irregularity, fitfulness; (*di superficie*) unevenness; (*l'essere incostante*) discontinuity, inconsistency: *partecipava alle riunioni con* —, his attendance at the meetings was irregular; *la — della sua condotta*, the inconsistency of his behaviour **2** (*interruzione*) discontinuance, discontinuation **3** (*mat.*) discontinuity: — *di primo tipo*, discontinuity of the first type // (*geofisica*) — *di Mohorovičić*, Mohorovičić discontinuity (*o* Moho) // (*fis.*) *superficie di* —, surface of discontinuity.

discontinuo *agg.* **1** discontinuous, intermittent: *linea discontinua*, discontinuous line **2** (*fig.*) (*irregolare*) erratic, fitful, inconstant; (*disuguale*) uneven; (*incoerente*) inconsistent: *essere — nello studio*, to study fitfully; *fornire delle prestazioni discontinue*, to perform erratically; *carattere* —, erratic character **3** (*mat.*) discontinuous.

disconvenire *v.intr.* (*letter.*) **1** (*dissentire*) to disagree **2** (*essere sconveniente*) to be unbecoming, to be unseemly **3** (*non essere adatto*) to be unsuitable.

discopatia *s.f.* (*med.*) discopathy.

discoperto *agg.* **1** (*scoperto*) uncovered; (*non difeso*) unsheltered, unprotected **2** (*palese*) open.

discoprimento *s.m.* **1** uncovering, disclosing **2** (*scoperta*) discovery.

discoprire *v.tr.* (*letter.*) **1** (*scoprire*) to discover, to come* across **2** (*trovare*) to find* out **3** (*rendere noto*) to disclose, to reveal.

□ **discoprirsi** *v.rifl.* (*letter.*) (*rivelarsi*) to show* oneself, to reveal oneself.

discordante *agg.* **1** discordant (with sthg.), dissonant; (*in disaccordo*) conflicting (with sthg., s.o.), in disagreement (with sthg., s.o.); (*di colori, opinioni*) clashing: *i testimoni diedero due versioni discordanti dei fatti*, the witnesses gave two conflicting versions of the events; *colori discordanti*, clashing colours; *opinioni discordanti*, discordant (*o* clashing) opinions; *suoni discordanti*, dissonant (*o* discordant) sounds; (*dir.*) *testimonianze discordanti*, conflicting evidence **2** (*geol.*) unconformable: *strati discordanti*, unconformable strata.

discordanza *s.f.* **1** discordance; variance; clash: (*disaccordo*) disagreement: — *di colori*, clash of colours; — *di opinioni*, discordance (*o* difference) of opinion; — *di suoni*, dissonance; (*dir.*) — *di testimonianze*, disagreement of evidence **2** (*geol.*) unconformity.

discordare *v.intr.* **1** (*non essere d'accordo*) to disagree (with s.o., sthg.), to dissent, to be at variance (with s.o., sthg.), to clash: *gli storici discordano su questo punto*, historians disagree on this point **2** (*essere differente*) to differ, not to be in keeping (with sthg.): *la tua versione discorda da quella di tuo fratello*, your version differs from your brother's **3** (*di colori*) to clash (with sthg.); (*di suoni*) to discord, to jar (with sthg.).

discorde *agg.* discordant (with sthg.), clashing, dissonant; (*in disaccordo*) disagreeing (with sthg.), differing, at variance (with sthg.): *opinioni discordi*, opposing (*o* discordant) opinions; *essere di parere* —, to be of different opinions; *i pareri della critica sono discordi sulla interpretazione*, the critics' opinions of the interpretation differ (*o* vary).

discordemente *avv.* discordantly, dissonantly: *lo spettacolo è stato giudicato — dalla critica*, the critics expressed conflicting opinions about the show.

discordia *s.f.* **1** discord, dissension, strife, conflict: *essere in — con qlcu.*, to be in conflict with s.o.; *mettere la — fra due persone*, to set two people against one another; *portare la — in una famiglia*, to create strife in a family; *seminare la — fra i propri concittadini*, to sow seeds of discord among one's fellow citizens // *pomo della* —, bone of contention **2** (*disaccordo*) disagreement, difference of opinion **3** (*discordanza*) discordance, discrepancy: — *fra la teoria e i fatti*, discordance between theory and facts.

discorrere *v.intr.* **1** to talk (to, with s.o., about sthg.), to converse (with s.o., on, about sthg.), to discourse (on, upon sthg.); (*fam.*) to chat: *ne discorreremo dopo pranzo*, we can talk it over after lunch; — *con qlcu.*, to talk to (*o* with) s.o.; — *del più e del meno*, to talk about this and that; — *di affari, di politica*, to talk business, politics; — *su un argomento*, to talk on (*o* about) a subject; *perdere il proprio tempo a* —, to waste one's time talking; *stavano seduti a — per ore*, they sat talking (*o* chatting) for hours // *e via discorrendo*, and so on **2** (*region.*) (*amoreggiare*) to be courting (s.o.).

discorsività *s.f.* conversational nature.

discorsivo *agg.* **1** conversational, chatty: *stile — di un libro*, conversational style of a book // (*fil.*) *conoscenza discorsiva*, discursive knowledge **2** (*non com.*) (*loquace*) talkative, loquacious, chatty.

discorso *s.m.* **1** speech, address: — *improvvisato*, impromptu speech; — *preparato*, set speech; — *di chiusura*, closing speech (*o* address); — *di apertura*, opening address; — *di ringraziamento*, speech of thanks; *mi ha fatto un — sulla morale che non finiva più*, he gave me a speech on morals which went on and on; *terrà un — per radio*, he is giving a talk on the radio; *pronunciare, tenere un* —, to deliver (*o* to make) a speech; *fare un* —, to make a speech (*o* an address); *sviluppare un nuovo — architettonico*, to develop a new architectural language **2** (*conversazione*) conversation, talk: — *a quattr'occhi*, tête-à-tête; — *frivolo*, small talk; *discorsi oziosi*, idle talk; *il — cadde sulla politica*, the talk turned to politics; *cambiamo —!*, let's change the subject!; *ho perso il filo del —;* I have lost the thread of the conversation; *attaccar — con qlcu.*, to engage s.o. in conversation // *è ora di affrontare il* —, it's time we dealt with the question // *che discorsi!*, nonsense! // *senza tanti discorsi*, without beating about the bush // *questo è un altro* —, this is quite a different matter // *lasciar cadere il* —, to let the subject drop // *adesso basta! fine del —!*, that's enough! subject closed! // *devo fargli un bel* —, I must give him a good talking to **3** (*gramm.*) speech: — *diretto, indiretto*, direct, reported (*o* indirect) speech; *le parti del* —, the parts of speech.

discosceso *agg.* rugged, craggy.

discostare *v.tr.* (*letter.*) to remove, to move away, to separate: — *una sedia dal muro*, to move a chair away from the wall.

□ **discostarsi** *v.rifl.* to wander; (*essere diverso*) to diverge: *non discostarti dal tema fondamentale*, don't wander off the point; *non riesce a — dalla tradizione*, he can't break with tradition; *la mia opinione si discosta leggermente dalla tua*, my opinion diverges slightly from yours.

discosto *agg.* (*letter.*) far (from); at some distance: *parole discoste dal vero*, words far from the truth ◆ *avv.* (*letter.*) at some distance // — *da*, far from: *poco — dalla chiesa*, not far from the church.

discoteca *s.f.* **1** (*collezione*) record library: *ha una preziosa — jazz*, he has a valuable jazz record collection **2** (*sala da ballo*) discotheque, disco*: *una — all'aperto*, an open-air discotheque.

discotecario *s.m.* record librarian; record collector.

discrasia *s.f.* **1** (*med.*) dyscrasia **2** (*fig.*) imbalance, rift.

discredere *v.tr.* (*non com.*) to lose* (one's) belief in (sthg.), to stop believing in (sthg.).

discreditare *v.tr.* to discredit → **screditare**.

discredito *s.m.* discredit, disrepute: *cadere in* —, to fall into disrepute: *è caduto in — presso tutti*, he fell into disgrace with everyone; *gettare il — sopra una teoria*, to throw discredit on a theory.

discrepante *agg.* divergent, differing; disagreeing (with sthg.), inconsistent (with sthg.): *opinioni discrepanti*, differing (*o* contrasting *o* divergent) opinions.

discrepanza *s.f.* discrepancy, difference; (*disaccordo*) disagreement, variance: *fra i due resoconti c'è una notevole* —, there is considerable discrepancy between the two accounts; *la tua versione è piena di discrepanze*, your report is full of inconsistencies.

discretamente *avv.* **1** (*con discrezione*) discreetly, tactfully: *agì* —, he acted discreetly **2** (*sufficientemente*) quite well, not too badly, reasonably, fairly, tolerably: *è — intelligente*, he is fairly clever; *sto — (bene)*, I'm fairly well (*o fam.* I'm pretty well *o* I'm not too bad); *ormai guadagno* —, these days I'm earning quite well (*o* I'm not earning too badly); *uno studente — preparato*, a reasonably well-prepared student; *parla il francese* —, he speaks French quite (*o* fairly) well **3** (*piuttosto*) rather, fairly: *è — ricco*, he is fairly rich.

discretezza *s.f.* **1** (*discrezione*) discretion: *agire con tutta la — possibile*, to act with the utmost discretion **2** (*moderazione*) moderation, restraint.

discreto *agg.* **1** (*riservato*) discreet: *il mio amico è molto* —, my friend is very discreet; *un ospite* —, a considerate guest **2** (*moderato*) moderate, reasonable, fair: — *nei propri desideri*, moderate in one's desires; *fare — uso di alcolici*, to drink in moderation **3** (*abbastanza buono*) fair, fairly good, quite good, reasonable, passable: *condizioni discrete*, fair terms; *un quadro* —, a fairly good picture; *vino* —, fairly good wine; *avere un — stipendio*, to have a reasonable salary; *il tempo è stato* —, the weather was fairly good; *godere di salute discreta*, to enjoy reasonable (*o* quite good) health; *riscuotere un — successo*, to be moderately successful // *un — numero di amici*, a good many friends **4** (*mat.*) discrete: *insieme* —, discrete set.

discrezionale *agg.* **1** discriminating: *criterio — di scelta*, power of discrimination **2** (*dir.*) discretionary, discretional: *potere* —, discretionary power.

discrezionalità *s.f.* (*dir.*) discretion.

discrezione *s.f.* **1** (*discernimento*) discrimination, discernment, discretion: *età della* —, age of discretion **2** (*arbitrio*) discretion, judgement, free choice: *la decisione dipende interamente dalla — del giudice*, the decision rests entirely on the discretion of the judge; *la scelta è lasciata alla vostra — personale*, the choice is left to your own personal discretion **3** (*riservatezza*) discretion, moderation; (*tatto*) tact, judiciousness: *uomo senza* —, immoderate (*o* tactless) man (*o* man lacking in restraint); *mi raccomando di agire con* —, don't forget, be tactful.

discriminante *agg.* **1** discriminating, discriminant; discriminative: *la razza non deve essere un fattore* —, race must not be a discriminating factor **2** (*dir.*) extenuating: *circostanze discriminanti*, extenuating circumstances **3** (*mat.*) discriminant ◆ *s.m.* (*mat.*) discriminant ◆ *s.f.* bar, basis* for discrimination: *la disponibilità economica è una — importante*, income level is an important consideration (*o* criterion).

discriminare *v.tr.* **1** to discriminate; to distinguish: *non devi — le persone secondo le loro idee politiche*, you must not discriminate between people on the basis of their political beliefs; — *tra uomini e donne*, to discriminate against women, against men **2** (*dir.*) to extenuate.

discriminativo *agg.* discriminating, discriminative, discriminatory: *un provvedimento — ai danni delle minoranze*, a measure that discriminates against ethnic minorities.

discriminatorio *agg.* discriminating, discriminative, discriminatory, selective: *atteggiamento — nei confronti di qlcu.*, discrimination against s.o.

discriminatura *s.f.* (hair-)parting.

discriminazione *s.f.* discrimination, distinction: *non fare discriminazioni*, to avoid making a distinction; *giudicare senza discriminazioni*, to judge indiscriminately // (*econ.*): — *dei prezzi*, price discrimination, discriminatory pricing; — *delle tariffe*, rate discrimination; — *dei redditi*, differentiation of income; — *commerciale*, trade discrimination; — *fiscale*, tax discrimination // (*dir.*): — *ses-*

suale, sex (*o* gender) discrimination; — *razziale*, racial discrimination.

discromatopsia *s.f.* (*med.*) dyschromatopsia.

discromia *s.f.* (*med.*) dyschromia.

discuoiare *v.tr.* (*non com.*) to skin, to flay.

discussione *s.f.* **1** discussion; (*form.*) debate; (*controversia*) controversy; (*disputa*) dispute: (*pol.*) — *in Parlamento*, parliamentary debate; *argomento in* —, argument under discussion (*o* in debate); *aprire, iniziare, rinviare la* —, to open, to start, to postpone the debate; *argomento di* —, subject for discussion; *ha cercato di intervenire nella* —, he tried to intervene in the discussion (*o* to take part in the debate); *ha rimesso tutto in* —, he brought it all up for discussion again // *mettere in* — *qlco.*, to debate (*o* to question) sthg. // *essere in* —, to be under discussion // (*dir.*) — *di una causa*, trial of a case **2** (*estens.*) (*litigio*) argument, dispute, quarrel: *ci sono continue discussioni in casa*, there's constant quarrelling at home; *ho avuto una — violenta con lui*, I had a violent argument with him // *fuori* —, beyond dispute (*o* indisputable).

discusso *agg.* controversial, debated: *un uomo politico* —, a controversial politician.

discutere *v.tr.* **1** to discuss, to debate: *discutemmo la loro proposta*, we discussed their proposal; *a sera tarda stavamo ancora discutendo il caso*, we were still discussing the case late in the evening; — *un progetto di legge*, to debate a bill; (*dir.*) — *una causa*, to argue a case; — *i termini di un accordo*, to negotiate the terms of an agreement **2** (*obiettare*) to question, to raise doubts about (sthg.): *non discuto che sia intelligente, ma...*, I don't doubt (*o* question) his intelligence, but...; *non ammetto che si discutano le mie decisioni*, I will not allow my decisions to be questioned (*o* challenged); *questo non si discute*, that's that (*o* that's final) ◆ *v.intr.* **1** to discuss (sthg.): *non puoi — di sport con lui!*, you can't talk about sport with him!; — *di politica*, to discuss politics; *si torna a — di quello scandalo*, people are starting to talk about that scandal again // — *sul prezzo*, to haggle (*o* to bargain) over the price **2** (*obiettare*) to argue: *mi ha detto di farlo senza* —, he told me to do it without arguing // *finitela di — una buona volta!*, just for once, stop arguing!

discutibile *agg.* questionable, disputable, debatable, doubtful: *una affermazione* —, a questionable statement; *gusto* —, questionable (*o* doubtful) taste; *è una questione* —, it is a moot point; *la sua prestazione è molto* —, his performance is questionable; *una persona di — moralità*, a person of dubious moral character.

discutibilità *s.f.* questionableness, debatability, doubtfulness: *la — di una decisione*, the debatability of a decision; *la — del suo valore artistico*, the doubtfulness of its artistic value.

disdegnare *v.tr.* to despise, to disdain; to scorn: *non disdegna gli adulatori*, he doesn't despise flatterers; *è costretto a non — i lavori più umili*, he can't afford to disdain the humblest jobs; *a volte non disdegna la nostra compagnia*, there are times when he doesn't disdain our company; *non disdegna un bicchierino ogni tanto*, he doesn't object to an occasional drink.

disdegno *s.m.* (*letter.*) disdain; scorn, contempt: *con* —, disdainfully; *avere a* —, to scorn (*o* to despise); *avere in* —, to disdain (*o* to hate).

disdegnoso *agg.* (*letter.*) disdainful; scornful: *ci indignammo per il suo comportamento* —, we were indignant at his disdainful behaviour.

disdetta *s.f.* **1** (*dir.*) notice: *il padrone di casa mi ha dato la* —, my landlord has given me notice to quit // (*comm.*) — *di un ordine*, cancellation of an order **2** (*sfortuna*) bad luck, misfortune: *abbiamo avuto la — di incontrarlo in vacanza*, we had the misfortune to meet him on holiday // *che —!*, what rotten luck!

disdettare *v.tr.* (*dir.*) to give* notice of termination of (sthg.), to rescind; to cancel.

disdetto *agg.* cancelled: *i biglietti dei concerti disdetti saranno rimborsati*, tickets for the cancelled concerts will be refunded; *una vacanza disdetta all'ultimo momento*, a holiday cancelled at the last moment.

disdicente *agg.* unbecoming, indecorous.

disdicevole *agg.* (*letter.*) unbecoming, indecorous: *la tua condotta mi sembra* —, I find your behaviour unbecoming.

disdire[1] *v.tr.* **1** (*ritrattare, ritirare*) to take* back, to retract, to withdraw*: — *un'affermazione*, to retract a statement; — *una promessa*, to withdraw (*o* to retract) a promise; — *la propria parola*, to take back one's word // *dire e* —, to say and to unsay **2** (*annullare*) to cancel, to annul: *abbiamo dovuto — gli inviti*, we had to cancel the invitations; — *un abbonamento*, to cancel a subscription; (*comm.*) — *un contratto*, to cancel a contract; — *un'ordinazione*, to cancel (*o* to countermand) an order; — *la prenotazione per un viaggio*, to cancel one's booking for a journey; *l'assemblea fu disdetta*, the meeting was called off; — *un appartamento*, to give notice to one's landlord // (*Borsa*) — *un'opzione*, to give up one's option. □ **disdirsi** *v.rifl.* to contradict oneself.

disdire[2] *v.intr.* **disdirsi** *v.intr.pron.* (*letter.*) (*essere sconveniente*) to be unbecoming.

disdoro *s.m.* (*non com.*) dishonour, discredit; shame, disgrace: *a suo* —, to his shame (*o* discredit).

diseccare → **disseccare**.

diseconomia *s.f.* (*econ.*) diseconomy: *diseconomie di scala*, diseconomies of scale; *diseconomie esterne*, external diseconomies; *diseconomie interne*, internal diseconomies.

diseducare *v.tr.* to miseducate; to misguide: *uno spettacolo che diseduca*, a morally harmful spectacle.

diseducativo *agg.* morally harmful; misguiding.

diseducazione *s.f.* miseducation // — *alimentare*, dietary misinformation (*o* ignorance).

disegnare *v.tr.* **1** to draw*; to sketch; to design: — *un cuore con una freccia*, to draw a heart with an arrow; — *a mano libera*, to draw freehand; *disegna tutti i suoi vestiti*, she designs all her own dresses; — *a penna, a matita*, to draw in ink, in pencil; — *dal vero*, to draw from life // *non so* —, I can't draw // *le nuvole disegnavano strane forme*, the clouds formed strange shapes **2** (*fig.*) to describe, to outline: *egli disegnò la gravità della presente situazione economica*, he outlined the seriousness of the present economic situation; *mi ha disegnato con precisione la sua posizione*, he gave me a clear outline of his position **3** (*progettare*) to plan.

disegnatore *s.m.* **1** (*di disegni tecnici*) draughtsman*, draftsman*; (*creativo*) designer **2** (*illustratore*) (book) illustrator.

disegnatrice *s.f.* **1** (*di disegni tecnici*) draughtswoman*, draftswoman*; (*creativa*) designer: — *di moda*, fashion designer **2** (*illustratrice*) (book) illustrator.

disegno *s.m.* **1** drawing: *fare un bel — a colori*, to do a fine drawing in colour; *i disegni di Leonardo*, Leonardo's drawings; — *a mano libera*, freehand drawing; — *a matita*, pencil drawing; — *a pastello*, pastel; — *geometrico*, mechanical drawing; — *in scala*, scale drawing; *carta da* —, drawing paper; *puntina da* —, drawing pin; *tavolo da* —, drawing board // (*cinem.*) — *animato*, (animated) cartoon // *fare il — di un abito*, to draw a dress design **2** (*di tessuto*) pattern **3** (*edil.*) plan: *il — di un edificio*, the plan of a building **4** (*arte di disegnare*) drawing: *studiare* —, to study drawing; *insegnante di* —, drawing-master; — *industriale*, industrial design; — *pubblicitario*, commercial art **5** (*fig.*) (*progetto*) plan, design, scheme: — *di legge* (*del governo*), (government) bill: *presentare un — di legge*, to bring a bill before Parliament **6** (*fig.*) (*piano*) plan: *il mio primo — era di restare in Italia*, my first plan was to stay in Italy; *cambiar* —, to change one's mind.

diseguale e *deriv.* → **disuguale** e *deriv.*

disellare → **dissellare**.

disendocrinia *s.f.* (*med.*) endocrine gland disorder; endocrinopathy.

disequazione *s.f.* (*mat.*) inequality: *disequazioni lineari*, linear inequalities.

disequilibrio *s.m.* **1** (*non com.*) imbalance **2** (*econ.*) imbalance, lack of balance, disequilibrium: — *tra domanda e offerta*, lack of balance between supply and demand; — *economico, sociale*, economic, social imbalance.

diserbante *agg.* (*chim.*) herbicidal ◆ *s.m.* weedkiller, herbicide.

diserbare *v.tr.* to clear from weeds; (*con le mani*) to weed: — *un terreno*, to clear a piece of land from weeds.

diserbatura *s.f.* **diserbo** *s.m.* weedkilling; weeding: *la — di un vasto territorio*, weedkilling over a huge area.

diseredamento *s.m.* → **diseredazione**.

diseredare *v.tr.* to disinherit: *ha diseredato i propri figli*, he has disinherited his children; *se lo sposi, ti diseredo*, if you marry him, I'll cut you out of my will.

diseredato *agg.* **1** outcast: *i diseredati*, the outcasts (*o* the disinherited) **2** (*privato dell'eredità*) disinherited.

diseredazione *s.f.* (*dir.*) disinheritance.

disergia *s.f.* (*med.*) dysergia.

diserrare → **disserrare**.

disertare *v.tr.* **1** (*abbandonare*) to leave*, to abandon: *i contadini disertano le campagne*, the peasants are abandoning the countryside // — *gli amici*, to neglect one's friends **2** (*non prendere parte*) to be absent, to fail to attend: — *una riunione*, to be absent from a meeting; — *le lezioni*, to play truant **3** (*rar.*) (*devastare*) to lay* waste, to ravage ◆ *v.intr.* **1** (*spec. mil.*) to desert: — *dall'esercito*, to desert from the army **2** (*fig.*) (*abbandonare una causa*) to desert, to give* up: *ormai gli stessi promotori dell'iniziativa disertano*, now even the project's supporters are deserting.

disertore *s.m.* deserter: *essere dichiarato* —, to be convicted of deserting.

diserzione *s.f.* desertion: *dovrà essere processato per* —, he is to be tried for desertion; (*pol.*) — *da un partito*, desertion of a party.

disfacimento *s.m.* **1** (*il disfare*) undoing **2** (*distruzione, rovina*) destruction, ruin; (*decadimento*) decay: *andare, cadere in* —, to fall into decay; — *di un nucleo familiare*, the breakup of a family; *il — dello stato*, the breakdown of the state.

disfagia *s.f.* (*med.*) dysphagia.

disfamare → **sfamare**.

disfare *v.tr.* **1** to undo*; (*distruggere*) to destroy: *non potrai mai — tutto ciò che abbiamo fatto*, you'll never be able to undo all we have done; — *un pezzo di lavoro a maglia*, to unravel a piece of knitting; — *le valigie*, to unpack // — *un letto*, to strip a bed // *questo lavoro pesante mi ha completamente disfatto*, this heavy work has completely exhausted me **2** (*slegare*) to undo*; to unfasten, to untie: — *un nodo*, to undo (*o* to untie) a knot; — *un pacco*, to undo (*o* to open) a parcel **3** (*sciogliere*) to melt: *il caldo ha disfatto la neve*, the heat has melted the snow **4** (*sconfiggere*) to defeat: *l'esercito fu disfatto*, the army was defeated.

□ **disfarsi** *v.intr.pron.* **1** (*cadere in rovina*) to break* up, to go* to ruin **2** (*sciogliersi*) to melt // — *in lacrime*, to melt into tears (*o* to break down in tears) **3** (*decomporsi*) to decompose ◆ *v.rifl.* (*liberarsi*) to get* rid (of s.o., sthg.): — *della refurtiva*, to get rid of the loot; — *di un seccatore*, to get rid of a nuisance.

disfasia *s.f.* (*med.*) dysphasia.

disfatta *s.f.* defeat, rout, overthrow: *la ritirata si mutò in* —, the retreat became a rout; *subire una* —, to suffer a defeat.

disfattismo *s.m.* defeatism.

disfattista *agg.* defeatist: *propaganda* —, defeatist propaganda ◆ *s.m.* e *f.* defeatist.

disfattistico *agg.* defeatist: *atteggiamento* —, defeatist behaviour.

disfatto *agg.* **1** (*distrutto*) ruined, destroyed; (*sconfitto*) defeated: *un uomo — dal dolore*, a man broken by grief // *fisicamente era ormai — dalla droga*, he was now physically destroyed by drugs **2** (*slegato, slacciato*) undone; untied, loose, loosened; (*sciolto*) melted, thawed // *letto* —, unmade bed **3** (*decomposto*) decomposed **4** (*molto stanco*) worn-out, exhausted: *un volto — dalla fatica*, a face haggard with tiredness.

disfavore *s.m.* (*letter.*) **1** disfavour: *cadere in* —, to fall into disfavour **2** (*svantaggio*) disadvantage: *le sue parole hanno giocato a suo* —, his words worked to his disadvantage.

disferrare *v.tr.* (*letter.*) **1** to unshoe (a horse); (*liberare dalle catene*) to unshackle, to unfetter (*anche fig.*) **2** (*lanciare con forza*) to launch.

disfida *s.f.* (*letter.*) challenge; (*duello*) duel: *lanciare una* —, to issue a challenge.

disfigurare *v.tr.* (*non com.*) to disfigure.

disfiorare *v.tr.* (*letter.*) **1** (*privare dei fiori*) to deflower **2** (*disonorare*) to dishonour **3** (*sciupare*) to ravage, to despoil **4** (*deflorare*) to deflower.

disfogliare → **sfogliare**[1].

disfonia *s.f.* (*med.*) dysphonia.

disfonico *agg.* (*med.*) dysphonic.

disforia *s.f.* (*psic.*) dysphoria.

disforico *agg.* (*med.*) dysphoric ◆ *s.m.* dysphoric person.

disformare *v.tr.* (*non com.*) to deform, to put* (sthg.) out of shape.

disforme *agg.* (*non com.*) different, unlike.

disformità *s.f.* (*non com.*) difference, unlikeness.

disfrasia *s.f.* (*med.*) dysphrasia.

disfrenare *v.tr.* (*letter.*) to unleash (*anche fig.*).

disfunzione *s.f.* **1** (*med.*) disorder, trouble, dysfunction: — *cardiaca*, heart trouble; — *endocrina*, endocrine disorder (*o* trouble); — *epatica, intestinale*, liver, intestinal disorder **2** (*cattivo funzionamento*) malfunction, holdup: *la — dei mezzi di trasporto ha causato un notevole disagio ai lavoratori*, transport holdups caused a lot of problems for workers.

disgaggio *s.m.* (*miner.*) barring.

disgelare *v.intr.* to thaw: *sulle montagne la neve disgela d'estate*, the snow on the mountains thaws in summer ◆ *v.tr.* (*liberare dal gelo*) to defrost; to de-ice: — *un surgelato*, to defrost frozen food.

□ **disgelarsi** *v.intr.pron.* to thaw (out) (*anche fig.*): *bisogna aspettare che il lago si disgeli*, we'll have to wait for the lake to thaw; *l'atmosfera cominciò a — dopo mezz'ora*, after half an hour the atmosphere began to thaw.

disgelo *s.m.* **1** thaw; (*di fiume*) breakup: *è iniziata la stagione del* —, the thaw has set in **2** (*fig.*) thaw, easing: *cosa ci aspetta dopo il — dei rapporti russo-americani?*, what is in store for us after the thaw in Russian-American relations?

disgeusia *s.f.* (*med.*) dysgeusia.

disgiungere *v.tr.* to separate, to detach, to disjoin; to distinguish: — *le mani*, to separate one's hands; — *le proprie responsabilità da quelle altrui*, to distinguish one's own responsibilities from those of others.

□ **disgiungersi** *v.rifl.* o *rifl.rec.* (*letter.*) to separate, to become* separated.

disgiungimento *s.m.* disjoining, disjunction, separation.

disgiuntamente *avv.* separately: *questi problemi devono essere considerati* —, these problems should be considered separately.

disgiuntivo *agg.* (*gramm.*) disjunctive: *congiunzione disgiuntiva*, disjunctive conjunction // (*fil.*) *giudizio* —, disjunctive judgement.

disgiunto *agg.* disjoined, detached, separate // (*banca*) *firme disgiunte*, disjoined signatures // (*mat.*) *insiemi disgiunti*, disjoint sets.

disgiunzione *s.f.* **1** disjunction (*anche log.*), separation **2** (*fil.*) disjunction.

disgombrare *v.tr.* (*non com.*) to clear (away), to remove, to move out.

disgorgare *v.tr.* (*non com.*) to disgorge ◆ *v.intr.* → disgorgarsi.

□ **disgorgarsi** *v.intr.pron.* (*non com.*) to disgorge (oneself).

disgrafia *s.f.* (*med., psic.*) dysgraphia.

disgravare *v.tr.* (*non com.*) to lighten, to relieve, to unburden.

disgrazia *s.f.* **1** (*sfortuna*) bad luck, ill luck, misfortune: *che —!*, what bad luck!; *portare* —, to bring bad luck // *per* —, unfortunately (*o* unluckily): *per mia, tua* —, unluckily for me, for you **2** (*sfavore*) disgrace, disfavour: *cadere in* —, to fall into disgrace: *cadere in — presso qlcu.*, to lose s.o.'s favour; *essere in — di, presso qlcu.*, to be in s.o.'s bad graces, (*fam.*) to be in s.o.'s bad books **3** (*evento funesto*) misfortune; mishap; (*incidente*) accident: *gli sono successe, capitate molte disgrazie*, he has had a series of misfortunes (*o* mishaps); *si dice che certi segni annuncino le disgrazie*, they say that certain signs foretell disaster // *sei una —!*, you are a disaster! // *le disgrazie non vengono mai sole*, (*prov.*) it never rains but it pours **4** (*fatto involontario*) accident, mishap: *non l'ho fatto apposta, è stata una* —, I did not do it on purpose, it was an accident.

disgraziata *s.f.* wretch; unlucky woman: *è una* —, she is a poor wretch.

disgraziatamente *avv.* unfortunately, unluckily, unhappily: — *arrivammo tardi all'appuntamento*, unfortunately we got to the appointment late.

disgraziato *agg.* **1** (*sfortunato*) unfortunate, unlucky, luckless; wretched; (*infelice*) miserable, unhappy: *un giorno* —, an unlucky day; *un'ora disgraziatissima*, a most unlucky hour; *un'impresa disgraziata*, an ill-fated enterprise; *un matrimonio* —, an unfortunate marriage; *mi sento tanto* —, I feel so miserable; *condurre una vita disgraziata*, to lead a wretched existence (*o* to live a miserable life) **2** (*deforme*) misshapen: *è — dalla nascita*, he has been deformed from birth ◆ *s.m.* **1** wretch; unlucky man: *è un* —, he is a poor wretch **2** (*persona malvagia*) evil character **3** (*sciagurato*) rascal, rogue, scoundrel, silly idiot: *che cosa hai combinato, —!*, what have you done, you rascal (*o* silly idiot)!; *guida come un* —, he drives like a maniac.

disgregabile *agg.* separable, crumbly; that is liable to disintegrate.

disgregamento *s.m.* **1** disintegration, breakup, breakdown, crumbling, disruption, separation: *il — della società*, the disintegration (*o* breakdown) of society **2** (*fis.*) disgregation.

disgregare *v.tr.* to disgregate; to break* up, to separate, to disperse, to disunite, to disrupt (*anche fig.*): *le lotte interne hanno disgregato il partito*, internal power struggles have split (*o* disrupted) the party; — *le forze nemiche*, to disperse the enemy's forces; — *un impero*, to break up an empire.

□ **disgregarsi** *v.intr.pron.* to disintegrate; (*fig.*) to break* up, to crumble: *dopo la morte del padre la famiglia si è disgregata*, after the father's death the family broke up.

disgregativo *agg.* disintegrating, disruptive (*anche fig.*); that causes the breakup of (sthg.).

disgregatore *agg.* disintegrating, disruptive, dispersive ◆ *s.m.* disintegrator, disperser.

disgregazione *s.f.* **1** breakup, breakdown, disintegration, crumbling: *la — delle rocce*, the crumbling of the rocks **2** (*fig.*) breakup, disintegration: — *sociale*, social disintegration.

disgrossare *v.tr.* (*non com.*) **1** to reduce, to rough-hew, to trim **2** (*fig.*) to polish, to refine.

disguido *s.m.* mistake, error, slip; misunderstanding; hitch: — *postale*, postal slip-up; *il progetto ha subìto un* —, the plan has gone wrong; *c'è stato un — ma ora è tutto sistemato*, there was a hitch but now we've overcome it.

disgustare *v.tr.* **1** to disgust, to sicken, to nauseate, to make* (s.o.) feel sick, to revolt: *la vista del cibo mi disgusta*, the sight of food makes me sick (*o* revolts me) **2** (*fig.*) to disgust, to sicken, to shock: *sono disgustato dal suo comportamento*, I am disgusted by his behaviour; *il suo cinismo mi disgustava*, I was shocked by his cynicism; *i tuoi metodi lo disgustano*, your methods sicken him; *tutto ciò mi disgusta*, I am sick to death of it all.

□ **disgustarsi** *v.intr.pron.* to become* disgusted (with s.o., sthg., with doing); to be sick (of s.o., sthg.), to loathe, to get* tired (of s.o., sthg.): *si è disgustato della loro compagnia e se n'è andato*, he got sick and tired of their company and left.

disgustato *agg.* disgusted, sickened, shocked: *si allontanò —*, he left in disgust.

disgustevole → **disgustoso**.

disgusto *s.m.* disgust, loathing; (*avversione*) aversion, dislike, repulsion: *— per l'ipocrisia di qlcu.*, disgust at (*o* for) s.o.'s hypocrisy; *avere, provare — per qlco., qlcu.*, to have a strong dislike of sthg., for s.o.; *provare — per qlcu.*, to feel an aversion to (*o* for) s.o. (*o* to be disgusted by s.o.); *ho assistito con — alla scena*, I watched the scene in disgust.

disgustosamente *avv.* disgustingly; sickeningly; repulsively: *questo brodo è — insipido*, this soup is disgustingly insipid; *è — ipocrita*, he is disgustingly (*o* sickeningly) hypocritical.

disgustoso *agg.* disgusting, loathsome, sickening, nauseating; shocking: *un sapore —*, a disgusting taste; *un comportamento —*, shocking behaviour; *uno spettacolo —*, a sickening spectacle.

disidratante *agg.* (*chim.*) dehydrating ◆ *s.m.* (*chim.*) dehydrator.

disidratare *v.tr.* **1** (*chim., med.*) to dehydrate **2** (*miner.*) to dewater.

□ **disidratarsi** *v.intr.pron.* to dehydrate.

disidratatore *s.m.* **1** (*chim.*) dehydrator **2** (*miner.*) dewaterer.

disidratazione *s.f.* **1** (*chim., med.*) dehydration **2** (*miner.*) dewatering.

disigillare → **dissigillare**.

disillabico *agg.* dis(s)yllabic.

disillabo *agg.* di(s)syllabic ◆ *s.m.* di(s)syllable.

disilludere *v.tr.* to disillusion, to disenchant; to undeceive, to disabuse; (*deludere*) to disappoint: *mi dispiace disilluderti, ma credo che non verrà*, I am sorry to disappoint you, but I don't think she is coming; *— le speranze di qlcu.*, to disappoint s.o.'s hopes; *la vita lo ha disilluso*, life has disillusioned him; *mi dispiace doverti —, ma i regolamenti non lo permettono*, I hate to have to disabuse you, but the regulations don't allow it.

□ **disilludersi** *v.rifl.* to be disappointed, to be disillusioned.

disillusione *s.f.* disillusion, disillusionment, disenchantment; (*delusione*) disappointment: *dopo i grandi ideali è arrivato il tempo della —*, after all the great ideals the moment of disenchantment has arrived.

disilluso *agg.* disillusioned, disenchanted; undeceived; (*deluso*) disappointed: *— della vita*, disenchanted with life.

disimballaggio *s.m.* unpacking.

disimballare *v.tr.* to unpack.

disimpacciato *agg.* **1** disembarrassed, disencumbered, disentangled **2** (*disinvolto*) jaunty, unconstrained: *libero e —*, free and easy.

disimparare *v.tr.* to forget*, to unlearn*: *ho disimparato ad andare in bicicletta*, I have forgotten how to ride a bicycle; *ho disimparato tutto il latino che sapevo*, I have forgotten all the Latin I knew.

disimpegnare *v.tr.* **1** to redeem, to take* out of pawn: *— l'orologio*, to redeem one's watch (*o* to take one's watch out of pawn) **2** (*liberare da un impegno*) to release, to disengage; to excuse: *non posso disimpegnarvi dal venire domani*, I cannot excuse you from coming tomorrow; *— qlcu. da un giuramento*, to release s.o. from an oath **3** (*compiere*) to perform, to carry out, to do*: *— bene un incarico*, to perform a task well; *— il proprio dovere*, to do one's duty **4** (*rendere indipendente*) to provide access to (sthg.), to make* independent: *il corridoio disimpegna le camere*, the corridor gives access to the bedrooms **5** (*mar.*) to clear: *— un'ancora, una gomena*, to clear an anchor, a rope **6** (*mil.*) to disengage **7** (*sport*) to clear.

□ **disimpegnarsi** *v.intr.pron.* **1** to free oneself; to release oneself: *non so come disimpegnarmi da quella promessa*, I do not know how to free myself from that promise **2** (*cavarsela*) to manage; to extricate oneself, to get* out of (sthg.): *saprai disimpegnarti senza aiuto?*, will you be able to manage without help?; *sono sicuro che saprà — da questa situazione difficile*, I am sure he will be able to get out of (*o* extricate himself from) this difficult situation.

disimpegnato *agg.* **1** (*di oggetto dato in pegno*) redeemed, free, disengaged: *non —*, unredeemed; *mani disimpegnate*, free hands **2** (*non impegnato politicamente*) uncommitted: *un artista —*, an uncommitted artist.

disimpegno *s.m.* **1** redemption, taking out of pawn: *pagò molto per il — della sua macchina fotografica*, he paid a lot to redeem his camera **2** (*il liberarsi da un impegno*) disengagement, release **3** (*adempimento*) performance, fulfilment: *mostra grande abilità nel — delle sue funzioni*, he shows great ability in carrying out (*o* in performing) his duties **4** (*politico, sociale*) disengagement, lack of commitment: *— degli intellettuali*, the disengagement of the intellectuals **5** (*sport*) (*calcio*) clearance, freeing **6** (*accesso*) access: *corridoio, zona di —*, access corridor, area.

disimpiego *s.m.* **1** non-utilization **2** (*mil.*) disengagement.

disincagliare *v.tr.* **1** (*mar.*) to refloat, to get* (sthg.) afloat: *con l'alta marea si potrà — la nave*, they will be able to refloat the ship at high tide **2** (*fig.*) to unblock: *— una situazione*, to unblock a situation; *— le trattative*, to unblock the negotiations (*o* to get the negotiations under way.

□ **disincagliarsi** *v.rifl.* o *intr.pron.* **1** (*mar.*) to float off, to be refloated **2** (*fig.*) to get* free.

disincaglio *s.m.* refloating.

disincantare *v.tr.* **1** (*non com.*) (*togliere un incantesimo*) to disenchant, to free from a spell **2** (*fig.*) to disillusion, to disenchant: *le esperienze della vita lo hanno disincantato molto presto*, his experience of life disenchanted him early.

□ **disincantarsi** *v.rifl.* to grow* disillusioned, to grow* disenchanted.

disincantato *agg.* **1** (*liberato da un incantesimo*) disenchanted **2** (*disingannato*) disenchanted, disillusioned: *una visione disincantata della vita*, a disenchanted view of life.

disincanto *s.m.* disenchantment.

disincarnare *v.tr.* to disembody.

disincarnato *agg.* disembodied, discarnate.

disincentivante *agg.* deterrent (*attr.*) ◆ *s.m.* disincentive.

disincentivare *v.tr.* to discourage; to deter: *la crisi ha disincentivato le vendite*, the recession has discouraged sales.

disincentivazione *s.f.* discouragement.

disincentivo *s.m.* disincentive; deterrent: *i controlli fiscali sono il miglior — contro il fenomeno dell'evasione*, fiscal controls are the best deterrent to tax evasion.

disincrostante *agg.* descaling ◆ *s.m.* scale-remover.

disincrostare *v.tr.* to descale.

disindustrializzare *v.tr.* to deindustrialize.

disindustrializzazione *s.f.* deindustrialization.

disinfestante *agg.* (*chim.*) disinfesting ◆ *s.m.* (*chim.*) disinfestant, disinfestor.

disinfestare *v.tr.* to disinfest.

disinfestatore *s.m.* disinfestor.

disinfestazione *s.f.* disinfestation.

disinfettante *agg.* e *s.m.* disinfectant.

disinfettare *v.tr.* to disinfect: *— con cura una ferita*, to disinfect a wound carefully.

disinfettore *s.m.* disinfector.

disinfezione *s.f.* disinfection.

disinfiammare *v.tr.* to reduce inflammation.

□ **disinfiammarsi** *v.intr.pron.*: *prendi un antibiotico e la ferita si disinfiammerà*, take an antibiotic and the inflammation around the wound will go down.

disinflazionare *v.tr.* (*econ.*) (*ridurre l'inflazione*) to disinflate; (*deflazionare*) to deflate.

disinflazione *s.f.* (*econ.*) (*riduzione dell'inflazione*) disinflation; (*deflazione*) deflation.

disinflazionistico *agg.* (*econ.*) disinflating; deflating.

disinformato *agg.* (*mal informato*) misinformed; (*poco informato*) uninformed.

disinformazione *s.f.* (*informazione errata*) misinformation; (*poca informazione*) lack of information: *tutto ciò è accaduto per la totale — della gente*, it all happened because people were totally uninformed.

disingannare *v.tr.* to disillusion, to disabuse, to undeceive: *disingannatevi!*, don't you believe it!; *lo disingannai riguardo quell'affare*, I told him the truth of the business (*o* I disillusioned him about the business).

□ **disingannarsi** *v.intr.pron.* to become* disenchanted.

disinganno *s.m.* disillusionment; (*delusione*) disappointment: *amaro —*, bitter disappointment.

disingranare *v.tr.* (*mecc.*) to disengage; to throw* out of gear, to throw* out of mesh.

disinibire *v.tr.* to disinhibit; to free (s.o.) from inhibitions.

□ **disinibirsi** *v.intr.pron.* to become* uninhibited.

disinibito *agg.* uninhibited: *una persona disinibita*, an uninhibited person; *un atteggiamento* —, an uninhibited attitude.

disinibitorio *agg.* disinhibitory.

disinibizione *s.f.* disinhibition.

disinnamoramento *s.m.* estrangement.

disinnamorare *v.tr.* to estrange.
□ **disinnamorarsi** *v.intr.pron.* to lose* interest (in sthg.), to grow* indifferent (towards sthg.): — *di qlcu.*, to fall out of love with s.o.; — *dello studio*, to lose interest in studying.

disinnescare *v.tr.* to defuse (*anche fig.*): — *una mina*, to defuse a mine; — *le tensioni sociali*, to defuse the social tensions.

disinnesco *s.m.* defusing.

disinnestare *v.tr.* to disconnect, to disengage: — *la spina*, to pull out the plug; (*aut.*) — *la frizione*, to disengage the clutch.
□ **disinnestarsi** *v.intr.pron.* to become* disengaged.

disinnesto *s.m.* (*mecc.*) disengagement, release: — *del carrello*, (*di macchina per scrivere*) carriage release.

disinquinamento *s.m.* depollution, cleaning up.

disinquinare *v.tr.* to depollute; to clean up.

disinsegnare *v.tr.* to misteach*; to unteach*.

disinserire *v.tr.* (*elettr., mecc.*) to disconnect.

disinserito *agg.* **1** (*elettr.*) off; disconnected **2** (*fig.*) maladjusted.

disinserzione *s.f.* disconnection.

disintasare *v.tr.* to unblock, to clear: — *il tubo di scarico*, to unblock the discharge pipe.

disintegrare *v.tr.* to disintegrate; to crumble; to crush: *la bomba ha disintegrato l'automobile*, the bomb disintegrated the car; (*fis.*) — *l'atomo*, to split the atom.
□ **disintegrarsi** *v.intr.pron.* to disintegrate; to crumble: *il razzo si disintegrò nell'atmosfera*, the rocket disintegrated in the atmosphere.

disintegratore *s.m.* disintegrator.

disintegrazione *s.f.* **1** disintegration // (*fis. nucleare*): — *del nucleo*, splitting of the nucleus; — *radioattiva*, radioactive decay **2** (*fig.*) disintegration, breakdown: *la — della società*, the disintegration of society.

disinteressamento *s.m.* disinterest, indifference.

disinteressare *v.tr.* **1** to cause to lose interest in (sthg.) **2** (*comm.*) to buy* out (a partner).
□ **disinteressarsi** *v.intr.pron.* to take* no (further) interest (in s.o., sthg.): *sembra — dell'affare*, he seems to take no interest in the matter; — *di una questione*, to disinterest oneself in an issue; — *della politica, della famiglia*, to take no interest in politics, in the family.

disinteressato *agg.* **1** disinterested: *il suo atto non è del tutto* —, his action is not entirely disinterested; *è una persona disinteressata*, he is a disinterested man **2** (*imparziale*) impartial.

disinteresse *s.m.* **1** disinterestedness; (*altruismo*) unselfishness: *nelle sue azioni dà sempre prova di grande* —, he always shows his disinterestedness in the way he acts **2** (*indifferenza*) indifference: *mostrò il più completo — per la sorte di suo fratello*, he showed complete indifference to his brother's fate; *mostra un forte — per il suo lavoro*, he shows absolutely no interest in his work.

disintermediazione *s.f.* (*fin.*) disintermediation.

disintossicante *agg.* (*med.*) detoxifying, detoxicant: *cura* —, detoxifying treatment ◆ *s.m.* (*med.*) detoxifier, detoxicant.

disintossicare *v.tr.* (*med.*) to detoxicate, to detoxify.
□ **disintossicarsi** *v.rifl.* to disintoxicate, to get* toxins out of one's system: — *dalla droga*, to undergo treatment for drug addiction; — *dal fumo*, to get nicotine out of one's system; *devo prendere una vacanza per disintossicarmi*, I need a holiday to clear my system.

disintossicazione *s.f.* (*med.*) detoxification, detoxication.

disinvestimento *s.m.* **1** (*econ.*) disinvestment, negative investment: — *in scorte*, inventory disinvestment **2** (*psic.*) withdrawal of cathexis.

disinvestire *v.tr.* **1** (*econ., fin.*) to disinvest **2** (*psic.*) to withdraw* cathexis.

disinvolto *agg.* **1** confident, self-assured, self-possessed: *modi disinvolti*, self-assured manner; *stile* —, natural style; *essere — nel parlare*, to be self-assured in the way one speaks // *andatura disinvolta*, easy gait **2** (*sfrontato*) impudent, cheeky: *una ragazza disinvolta*, a cheeky girl.

disinvoltura *s.f.* **1** confidence, self-assurance, self-possession; (*di modi, andatura*) ease, gracefulness: *con* —, with self-assurance: *si comporta sempre con — in società*, he is always at his ease in society **2** (*sfrontatezza*) impudence: *mentiva con incredibile* —, he was lying quite shamelessly **3** (*superficialità*) carelessness: *ha amministrato le sue ricchezze con troppa* —, he managed his wealth with too little care (*o* carelessly).

disio e *deriv.* → **desio** e *deriv.*

disistima *s.f.* disesteem; contempt: *parlare di qlcu. con* —, to talk about s.o. contemptuously; *avere — di qlcu.*, to have a low opinion of s.o.

disistimare *v.tr.* to despise: *adesso è disistimato da tutti*, he's now despised by everybody.
□ **disistimarsi** *v.rifl.* to despise oneself.

disitalianizzare *v.tr.* (*non com.*) to de-italianize.

dislalia *s.f.* (*med.*) dyslalia.

dislalico *agg.* (*med.*) affected by dyslalia ◆ *s.m.* (*med.*) person affected by dyslalia.

disleale → **sleale**.

dislealtà → **slealtà**.

dislessia *s.f.* (*med.*) dyslexia.

dislessico *agg.* e *s.m.* (*med.*) dyslexic, dyslectic.

dislivello *s.m.* **1** difference of level, difference in height; (*inclinazione*) slope, inclination: — *in aumento*, (*di acque ecc.*) rise; — *stradale*, gradient of a road; *c'è un forte* —, there is a big drop; *un — di 80 m*, a drop of 80 m; *una volta superato il — si procede più facilmente*, once we get over the rise, the going will be easier **2** (*ineguaglianza*) difference, inequality: — *culturale*, cultural difference; — *d'età*, difference in age; — *sociale*, social inequality.

dislocamento *s.m.* **1** (*mar.*) displacement: — *a pieno carico normale*, load displacement; — *leggero*, light draught displacement; *resistenza di* —, resistance of the hull **2** (*mil.*) deployment **3** (*distribuzione*) distribution: — *delle filiali di una banca*, distribution of the branches of a bank.

dislocare *v.tr.* **1** (*mar.*) to displace **2** (*mil.*) to detach, to station, to place: — *un reparto, le sentinelle*, to station a detachment, sentries **3** (*collocare*) to place, to distribute: (*comm.*) — *i punti di vendita*, to distribute points of sale.

dislocazione *s.f.* **1** transfer, displacement, disposition: (*fin.*) — *di fondi*, shifting (*o* transfer) of funds **2** (*geol.*) dislocation, displacement **3** (*fis.*) dislocation.

dismembrare → **smembrare**.

dismenorrea *s.f.* (*med.*) dysmenorrh(o)ea.

dismenorroico *agg.* (*med.*) dysmenorrh(o)eic.

dismesso *agg.* (*letter.*) **1** disused; cast-off, discarded: *un abito* —, a cast-off dress **2** (*licenziato*) sacked.

dismetabolico *agg.* (*med.*) caused by metabolic disorder // *una persona dismetabolica*, a person with metabolic disorder.

dismetabolismo *s.m.* (*med.*) metabolic disorder.

dismetria *s.f.* (*med.*) dysmetria.

dismettere *v.tr.* **1** to cast* off, to discard, to use no longer: — *un abito*, to cast a dress off (*o* to use a dress no longer) **2** (*fin.*) (*disfarsi, vendere*) to divest: — *titoli azionari*, to divest shares; *la società ha dismesso le proprie azioni*, the company divested itself of its shares **3** (*rar.*) (*cessare*) to leave* off (doing).

dismissione *s.f.* (*non com.*) casting off, abandonment // (*dir.*) — *di bandiera*, cancellation from the register of ships (of a particular country) // (*fin.*) — *di titoli, azioni*, divestment of stock, shares.

dismisura *s.f.* unrestraint, lack of proportion; (*eccesso*) excess; (*smoderatezza*) intemperance // *a* —, excessively, out of all proportion: *il lavoro cresceva a* —, the work grew out of all proportion (*o* enormously).

dismnesia *s.f.* (*med.*) dysmnesia.

dismuovere → **smuovere**.

dismuschiatura *s.f.* removal of mosses and lichens.

dismutazione *s.f.* (*chim.*) dismutation.

disnodare *v.tr.* (*non com.*) to untie, to loose, to release.
□ **disnodarsi** *v.rifl.* (*letter.*) to free oneself, to release oneself.

disobbedire e *deriv.* → **disubbidire** e *deriv.*

disobbligare *v.tr.* (*non com.*) (*sciogliere da un obbligo*) to exempt, to relieve, to release.
□ **disobbligarsi** *v.rifl.* to free oneself from an obligation; to return a favour, to repay* a kindness: *come possiamo disobbligarci di tutte le vostre gentilezze?*, how can we repay all your kindnesses?

disobbligato *agg.* (*sdebitato*) out of debt.

disoccupato *agg.* **1** unemployed, jobless, out of a job (*pred.*): *essere* —, to be unemployed, (*fam.*) to be on the dole; *rimanere* —, to remain unemployed; *è — dall'anno scorso*, he has been unemployed (*o* out of a job) since last year **2** (*libero da impegni, disabitato*) unoccupied; (*vacante*) vacant: *se non ci sono altre lettere da battere a macchina sono* —, if there are no other letters to type I have nothing to do; *se sei — aiutami a pulire la cucina*, if you're not doing anything help me (to) clean the kitchen **3** (*non com.*) (*ozioso*) idle ◆ *s.m.* unemployed person // *i disoccupati*, the unemployed (*o* the jobless); *una manifestazione di disoccupati*, a demonstration by unemployed workers; *l'aumento dei disoccupati*, the rise in the number of unemployed; *i disoccupati iscritti nelle liste di collocamento*, the registered unemployed.

disoccupazione *s.f.* unemployment, joblessness; (*mancanza di impegni*) idleness: — *ciclica*, cyclical unemployment; — *cronica*, chronic (*o* hard-core) unemployment; — *giovanile*, youth unemployment; — *nascosta*, hidden (*o* disguised) unemployment; — *settoriale*, localised unemployment; — *strutturale*, structural unemployment; — *tecnologica*, technological unemployment; — *operaia*, workers' unemployment; *tasso di* —, unemployment rate; *sussidio, indennità di* —, unemployment benefit (*o fam.* dole): *ricevere il sussidio di* —, to be on the dole.

disoleare *v.tr.* to extract oil from.

disoleazione *s.f.* extraction of oil.

disolfato *s.m.* (*chim*) disulphate.

disolfuro *s.m.* (*chim.*) disulphide.

disomogeneità *s.f.* lack of homogeneity, unhomogeneity.

disomogeneo *agg.* unhomogeneous.

disonestà *s.f.* **1** dishonesty, deceit, deceitfulness: *fu licenziato per la sua* —, he was dismissed for dishonesty; *tanta — non deve andare impunita*, such dishonesty must not go unpunished **2** (*atto disonesto*) dishonest act, fraud: *è una vera —!*, it is a real fraud!; *abusare così della sua buona fede è una vera* —, it is really dishonest exploiting his good faith like this **3** (*immoralità*) indecency, immorality.

disonestamente *avv.* **1** dishonestly, deceitfully **2** (*senza pudore*) indecently.

disonesto *agg.* **1** dishonest, deceitful, fraudulent: *clausola, transazione disonesta*, fraudulent clause, transaction; *un commerciante, un funzionario* —, a dishonest shopkeeper, official; *è una persona disonesta*, he is a dishonest man; *non gli importa usare mezzi disonesti pur di arrivare a quello che vuole*, he doesn't mind using dishonest means as long as he gets what he wants; *è — approfittare della sua ingenuità*, it is dishonest taking advantage of his inexperience; *per quel vestito è un prezzo veramente* —, it's an outrageous price for a dress like that **2** (*contrario al pudore*) indecent, obscene, immoral, shameless; *una donna, una vita disonesta*, an immoral woman, life.

disonorare *v.tr.* **1** to dishonour, (*amer.*) to dishonor; to disgrace, to bring* dishonour on (s.o., sthg.), to shame: — *il nome di qlcu.*, to tarnish s.o.'s name; — *la propria famiglia*, to dishonour (*o* to bring dishonour on) one's family **2** (*antiq.*) (*sedurre una donna*) to seduce, to debauch.

□ **disonorarsi** *v.rifl.* to dishonour oneself, to disgrace oneself, to bring* dishonour upon oneself: *si disonorò irreparabilmente*, he brought undying dishonour upon himself.

disonore *s.m.* dishonour, disgrace, shame: *è il — della sua famiglia*, he is a disgrace to (*o* the shame of) his family; *in questo non vi è alcun* —, there is no disgrace (*o* shame) in it; *fare — a qlcu.*, to disgrace s.o.; *preferì la morte al* —, he preferred death to dishonour; *ha perso con gran* —, he lost ignominiously.

disonorevole *agg.* dishonourable, disgraceful, shameful: *tiene una condotta* —, he behaves disgracefully.

disontogenia *s.f.* (*med.*) dysontogenesis.

disopia *s.f.* (*med.*) dysopia, dysopsia.

disopra, **di sopra** *avv.* (*al piano superiore*) upstairs: *siamo* —, we're upstairs; *salite* —, go upstairs // Usato anche come *agg.*: *abita al piano* —, he lives upstairs; *gli inquilini del piano* —, the tenants upstairs (*o* the upstairs tenants) ◆ *s.m.* (*la parte superiore*) top: *il — del tavolo*, the top of the table (*o* the table top).

disopra di, **al disopra di** *prep.* over, above (*anche fig.*): *lanciò la palla al — del muro*, he threw the ball over the wall; *la palla passò appena al — della rete*, the ball skimmed over the net; *l'aereo volava al — delle nubi*, the plane flew above the clouds; *bambini al — dei sei anni*, children over six (years of age); *numero al — di cento*, a number over a hundred; *temperature al — del normale*, temperatures above normal; *essere al — di ogni sospetto*, to be above suspicion; *vivere al — dei propri mezzi*, to live above one's means.

disordinare *v.tr.* **1** (*mettere in disordine*) to disorder, to disarrange, to throw* into disorder, to meddle; to untidy, to mess up: *non — le mie carte!*, don't mess up my papers! **2** (*fig.*) (*confondere*) to muddle, to trouble, to upset*; to confuse: — *le idee di qlcu.*, to confuse s.o.'s ideas ◆ *v.intr.* (*ant.*) (*eccedere*) to exceed, to go* to excess; to be immoderate; (*nel bere*) to drink* to excess; (*nel mangiare*) to eat* to excess, to overeat*.

disordinatamente *avv.* untidily, confusedly; disorderly, in disorder; (*sregolatamente*) immoderately: *hai espresso le tue idee troppo* —, you have expressed your ideas too confusedly; *tutti i documenti erano — ammassati sul tavolo*, all the documents were heaped untidily on the table; (*mil.*) *ritirarsi* —, to retreat in disorder.

disordinato *agg.* **1** untidy, disorderly, confused, muddled; unruly: *cassetti disordinati*, untidy drawers; *folla disordinata*, disorderly crowd; *mente disordinata*, unsettled mind; *stanza disordinata*, untidy room; *capelli disordinati*, untidy (*o* unruly) hair; *sei sempre molto* —, you are always very untidy; *idee disordinate*, confused (*o* disordered *o* muddled) ideas **2** (*sregolato*) disorderly, irregular, wild, immoderate; (*scoordinato*) unorganized, disjointed: *condotta disordinata*, immoderate behaviour; *uomo* —, extravagant man; *condurre una vita disordinata*, to lead a wild (*o* disorderly) life; *discorso* —, disjointed speech; *è sempre — nel mangiare*, he never eats proper meals.

disordine *s.m.* **1** disorder, untidiness, confusion, mess: *capelli in* —, untidy hair; *i suoi abiti erano in* —, his clothes were untidy (*o* in disorder); *tutto è in* —, everything is in a mess (*o* in a shambles); *gettare il — nelle file del nemico*, to throw the ranks of the enemy into disorder (*o* disarray); *mettere qlco. in* —, to turn sthg. upside down; *nella mia stanza regna sempre un gran* —, my room is always in a right mess; *che —!*, what a mess (*o* what a shambles)! **2** (*sregolatezza*) excess, (over)indulgence: — *nel mangiare*, overindulgence in food (*o* in eating); *i disordini gli accorceranno la vita*, his excesses are going to shorten his life **3** (*spec. pl.*) (*tumulto*) disorder, commotion, tumult, disturbance, riot, turmoil: *sono scoppiati gravi disordini*, riots have broken out **4** (*estens.*) (*disservizio*) disorganization, inefficiency, bad service: *il — del servizio postale*, the inefficiency of the postal service.

disorganicità *s.f.* want of order, lack of organic unity; disjointedness.

disorganico *agg.* incoherent; disorganized, lacking in order: *un piano alquanto* —, a rather disorganized plan; *un'esposizione disorganica dei fatti*, an incoherent representation of the facts.

disorganizzare *v.tr.* to disorganize; to throw* into confusion, to upset*: — *un'amministrazione, un esercito*, to throw the administration, the army into confusion; — *i piani di qlcu.*, to upset s.o.'s plans.

□ **disorganizzarsi** *v.intr.pron.* to become* disorganized, to fall* into confusion: *le retrovie si disorganizzarono completamente*, the lines of communication became completely disorganized.

disorganizzato *agg.* disorganized, unorganized: *un servizio* —, a disorganized (*o* badly organized) service; *una persona disorganizzata nel lavoro*, a person who is disorganized in his work.

disorganizzazione *s.f.* disorganization, lack of organization, confusion: *c'è troppa — in questa ditta*, there is too much disorganization in this firm; *c'è molta — nell'amministrazione pubblica*, there is a great lack of organization in the public administration.

disorientamento *s.m.* disorientation; bewilderment, confusion: *ci fu un attimo di* —, there was a moment of confusion.

disorientare *v.tr.* **1** to disorientate: — *qlcu.*, to cause one to lose one's bearings; *la fitta nebbia l'aveva disorientato*, the thick fog had made him lose his bearings **2** (*sconcertare*) to bewilder, to puzzle, to perplex, to disconcert, to disorient: *le sue domande mi disorientavano*, his questions puzzled (*o* perplexed) me; *gli ultimi eventi politici hanno disorientato i militanti del partito*, the latest political events have disoriented the party militants.

□ **disorientarsi** *v.intr.pron.* to lose* one's bearings, to get* confused.

disorientato *agg.* bewildered, lost, puzzled, disconcerted; mixed up: *era troppo — per rispondere*, he was too puzzled to answer; *si guardava attorno* —, he looked round in bewilderment; *mi sento — in mezzo a tutta questa gente*, I feel lost among all these people.

disorlare *v.tr.* (*non com.*) to take* the hem off.

disormeggiare *v.tr.* (*mar.*) to unmoor.

disormeggio *s.m.* (*mar.*) unmooring.

disortografia *s.f.* **1** (*med.*) anorthography **2** (*non com.*) (*errore*) orthographic error.

disosmia *s.f.* (*med.*) dysosmia.

disossare *v.tr.* to bone: — *un pollo*, to bone a chicken // — *le olive*, to stone olives.

disossato *agg.* **1** boned: *pollo* —, boned chicken **2** (*fig.*) spineless.

disossidante *agg.* (*chim.*) deoxidizing ◆ *s.m.* (*chim.*) deoxidizer.

disossidare *v.tr.* **1** (*chim.*) to deoxidize **2** (*metall.*) to scavenge.

disossidazione *s.f.* **1** (*chim.*) deoxidation **2** (*metall.*) scavenge.

disostogenesi *s.f.* (*med.*) dysosteogenesis.

disostosi *s.f.* (*med.*) dysostosis.

disostruire *v.tr.* to unblock, to remove an obstacle from (sthg.).

disotto, di sotto *avv.* (*al piano inferiore*) downstairs: *ti aspetto* —, I'll wait for you downstairs; *andiamo* —, let's go downstairs // Usato anche come *agg.*: *ci siamo trasferiti al piano* —, we moved downstairs; *gli inquilini del piano* —, the tenants downstairs (*o* the downstairs tenants) ◆ *s.m.* (*la parte inferiore*) underside: *il — del tetto*, the underside of the roof.

disotto di, al disotto di *prep.* under; below (*anche fig.*): *bambini al — dei 10 anni*, children under 10 (years of age); *temperature al — della media*, temperatures below average // *rendere al — delle proprie capacità*, to underachieve.

dispaccio *s.m.* dispatch, despatch: — *telegrafico*, telegram; *un — di agenzia*, agency dispatch.

dispaiare *v.tr.* (*non com.*) to unpair.

disparatamente *avv.* disparately.

disparatezza *s.f.* (*non com.*) disparateness, dissimilarity.

disparato *agg.* disparate, varied, dissimilar, miscellaneous: *su quel tavolo erano ammassati gli oggetti più disparati*, there was a miscellaneous (*o* varied) heap of objects on the table; *opinioni, idee disparate*, dissimilar (*o* differing) opinions, ideas.

disparere *s.m.* (*non com.*) differing opinion, contrary view.

dispareunia *s.f.* (*med.*) dyspareunia.

dispari *agg.* **1** odd: *numero* —, odd number; *i giorni — della settimana*, the odd days of the week; *i numeri* —, odd numbers // *giocare a pari e* —, to play odds and evens **2** (*non com.*) (*dissimile*) different, unequal: *essere — di condizione*, to be of a different standing; *forze* —, unequal forces ◆ *s.m.* odd number: *puntare sul* —, to bet on an odd number.

disparire *v.intr.* (*letter.*) to disappear, to vanish.

disparità *s.f.* difference, disparity, inequality: — *di condizioni*, difference of conditions; — *di età*, age difference; — *di opinioni*, difference of opinions; *c'era troppa — di forza tra le due squadre*, there was too much of a difference (*o* disparity) between the two teams; *non mi sono piaciute queste — di trattamento*, I didn't like these differences in treatment; (*dir.*) — *di culto*, difference of religion.

disparte, in *locuz.avv.* aside; apart; aloof; on one side; by: *in — da*, apart from; *mettere qlco. in* —, (*per non usarlo più*) to put (*o* to lay) sthg. aside; (*per uno scopo*) to set (*o* to put) sthg. aside (*o* on one side); *prendere qlcu. in* —, to take (*o* to draw) s.o. aside; *stare in* —, to stand aside (*o* some way off); (*fig.*) to stand aloof; *vieni qui con noi, non stare lì in* —, come and join us, don't stand there on your own; *mettimi al corrente di tutto e non lasciarmi in* —, fill me in on everything, don't keep me in the dark.

dispartire *v.tr.* (*letter.*) to divide, to part.

dispendio *s.m.* waste: *il progetto è stato solo un inutile — di denaro*, the project was just a useless waste of money; — *di tempo*, waste of time; *che — di energie!*, what a waste of energy!

dispendiosamente *avv.* expensively: *pretende di vivere — non avendo un soldo*, despite being penniless he thinks he can lead an expensive life.

dispendioso *agg.* expensive, costly: *progetto* —, expensive plan; *fanno una vita dispendiosa*, they live expensively; *viaggiare è* —, travelling is expensive.

dispensa *s.f.* **1** pantry, larder; storeroom; (*credenza*) sideboard: *avere la — ben fornita*, to have a full larder **2** (*non com.*) (*distribuzione*) distribution, dispensation: *la — del pane ai poveri*, the distribution of bread to the poor **3** (*pubblicazione periodica*) number, instalment: *enciclopedia a dispense*, encyclopedia by instalments // *dispense universitarie*, duplicated lecture notes **4** (*eccl.*) dispensation **5** (*esenzione*) exemption, dispensation: — *dal servizio militare*, exemption from military service // (*dir. canonico*) — *matrimoniale*, marriage dispensation.

dispensabile *agg.* dispensable.

dispensare *v.tr.* **1** (*distribuire*) to dispense, to distribute, to give* out: — *dei favori*, to dispense (*o* to bestow) favours; — *dei viveri*, to distribute (*o* to give out) provisions **2** (*esentare*) to let* off, to exonerate, to exempt, to dispense, to release: *dispensami da questo lungo viaggio*, let me off this long journey; *il mio amico è stato dispensato dalle tasse scolastiche*, my friend gets free tuition; (*eccl.*) — *qlcu. dal digiuno*, to dispense s.o. from fasting; — *qlcu. dal lavoro*, to relieve s.o. from working; — *qlcu. dal servizio militare*, to exempt s.o. from military service.

□ **dispensarsi** *v.rifl.* to excuse oneself, to get* out (of sthg., of doing): *potete dispensarvi dall'accompagnarmi*, there is no need for you to come with me.

dispensariale *agg.* of a dispensary (*pred.*), clinical: *assistenza* —, clinical treatment.

dispensario *s.m.* dispensary: — *antitubercolare*, antitubercolosis dispensary.

dispensatore *s.m.* **1** (*ant., letter.*) dispenser, bestower: — *di favori*, bestower of favours **2** (*tecn.*) dispenser ◆ *agg.* dispensing: *canale* —, dispensing channel.

dispenser *s.m.* dispenser.

dispensiere *s.m.* **1** distributor, dispenser **2** (*chi sovraintende alla dispensa*) steward.

dispepsia *s.f.* (*med.*) dyspepsia.

dispeptico *agg.* e *s.m.* (*med.*) dyspeptic.

disperante *agg.* desperate, hopeless: *una situazione* —, a desperate situation.

disperare *v.intr.* to despair, to lose* all hope, to give* up hope: *non bisogna* —, we must hope for the best (*o* we mustn't despair); *non devi mai —!*, never say die! (*o* you must hope against hope!); *ora disperiamo di riuscire a trovarla*, we have lost all hope now of finding her; *i medici disperano di salvarla*, the doctors have given up hope of saving her; — *della guarigione*, to give up hope of recovery // *far — qlcu.*, to drive s.o. mad (*o* to drive s.o. to despair): *non farmi —!, fai il bravo*, stop driving me mad!, be good.

□ **disperarsi** *v.intr.pron.* (*darsi alla disperazione*) to despair, to become* desperate; (*essere affranto*) to be dejected, to be disheartened: *è troppo presto per* —, it is too soon to give up hope (*o* to become desperate); — *per un insuccesso*, to get (*o* to become) dejected over a failure.

disperatamente *avv.* desperately: *scoppiare a piangere* —, to burst into tears; *cercare — qlcu.*, to search desperately for s.o. // *lavorare* —, (*fam.*) to work like mad.

disperato *agg.* **1** despairing: *in un tono* —, in a despairing tone; *mi diede uno sguardo* —, he gave me a despairing look **2** (*in preda alla disperazione*) desperate, in despair (*pred.*): *disperati, rinunciammo al tentativo*, we gave up the attempt in despair; *essere* —, to be in despair (*o* to feel miserable); (*essere scoraggiato*) to be disheartened: *essere — nell'apprendere qlco.*, to be dreadfully sorry to hear sthg.; *è — per la sconfitta*, he's in despair over the defeat // *alla disperata*, (*fam.*) as a last resort (*o* if the worst comes to the worst): *alla disperata dormiremo in auto*, if the worst comes to the worst we will sleep in the car **3** (*senza speranza*) desperate, hopeless: *un caso* —, a hopeless case; *essere in condizioni disperate*, to be in a hopeless state; (*di malato*) to be far gone (*o* to be past recovery) **4** (*miserabile*) destitute, wretched; (*senza un soldo*) penniless: *avere un'aria disperata*, to look wretched **5** (*accanito*) desperate: *una lotta disperata*, a desperate (*o* life-and-death) struggle; *fece un ultimo — tentativo di salvarsi*, he made a desperate (*o* last-ditch) attempt to save himself ◆ *s.m.* **1** desperate person, madman*: *agire come un* —, to act like a madman (*o* desperately); *lavorare come un* —, (*fam.*) to work like a madman **2** (*fam.*) (*chi tira a campare*) wretch.

disperazione *s.f.* **1** despair, desperation, despondency: *un accesso di* —, a fit of despair; *un atto di* —, an act of despair; *portare, ridurre qlcu. alla* —, to drive s.o. mad (*o* to despair); *cadere in* —, to fall into despondency; *abbandonarsi alla* —, to give way to despair; *essere vinto dalla* —, to be overcome by despair // *ho scelto questo per* —, I chose this one in desperation // *il coraggio della* —, the courage born of despair **2** (*cosa o persona che fa disperare*) despair: *quel ragazzo è la — dei suoi genitori*, (*fam.*) that child is the despair of his parents; *sei la mia —!*, (*fam.*) you'll be the death of me!; *quel lavoro è stato la mia* —, that job was the death of me.

disperdente *agg.* (*chim., fis.*) dispersing ◆ *s.m.* dispersant, dispersing agent.

disperdere *v.tr.* **1** to disperse, to scatter; to dispel: *i poliziotti dispersero i dimostranti*, the police dispersed the demonstrators; — *un esercito*, to disperse (*o* to rout) an army; — *una folla*, to disperse (*o* to break up) a crowd; — *le nubi*, to disperse (*o* to scatter) the clouds **2** (*consumare, sciupare*) to waste, to dissipate: — *i propri sforzi*, to dissipate one's efforts; — *la propria energia*, to waste one's energy; — *tutto il proprio denaro*, to squander (*o* to fritter away) all one's money // — *i voti elettorali*, to waste votes **3** (*fis.*) to disperse.

□ **disperdersi** *v.rifl.* o *intr.pron.* **1** to disperse, to scatter, to be scattered: *la folla ben presto si disperse*, the crowd very soon dispersed **2** (*estens.*) to disperse, to be dissipated: *il fumo si disperdeva lentamente*, the smoke dispersed slowly; *i loro tentativi erano isolati e si disperdevano inutilmente*, their attempts were both isolated and dispersive; *il calore si disperdeva*, the heat was dissipated **3** (*fig.*) to disperse oneself: — *in dettagli inutili*, to lose oneself in useless details.

disperdimento *s.m.* → **dispersione**.

dispermia[1] *s.f.* (*biol.*) dispermy.

dispermia[2] *s.f.* (*med.*) dyspermia, dyspermatism.

dispermo *agg.* (*bot.*) dispermous.

dispersione *s.f.* **1** dispersion, loss, waste: — *di risorse*, waste of resources; *cercate di concentrare i vostri sforzi, c'è troppa —!*, try to combine your efforts, there is too much dispersion // — *di voti*, vote wasting // (*stat.*) — *di una variabile casuale*, dispersion of a random variable **2** (*sparpagliamento*) scattering, dispersion, dispersal: *la — del popolo ebraico*, the dispersion of the Jews (*o* the Diaspora) **3** (*elettr.*) leak, leakage, creepage: — *magnetica*, magnetic leakage; *campo di* —, stray-field; *reattanza di* —, leakage reactance **4** (*fis.*) dispersion, straggling: (*fis. nucleare*) *relazione di* —, relation dispersion; — *normale*, normal dispersion; — *rotatoria*, rotatory dispersion; *grado di* —, degree of dispersion; — *anomala*, anomalous dispersion; — *della luce*, dispersion of light **5** (*chim.*) dispersion, leakage; disperse system: *fase di* —, dispersion medium.

dispersività *s.f.* dispersiveness; wastefulness.

dispersivo *agg.* dispersive, wasteful, distracting: *ha un metodo di lavoro* —, his working methods are very wasteful; *è molto intelligente ma* —, he's very intelligent but spreads himself too wide; *è un ambiente — che sfavorisce la concentrazione*, it's a distracting place that hinders concentration // (*fis.*) *potere* —, dispersive power.

disperso *agg.* **1** (*smarrito*) missing, lost: (*mil.*) *soldato* —, missing soldier; *la lettera andò dispersa*, the letter went astray; *vagava con lo sguardo — nel vuoto*, he wandered around staring into space // *ufficio oggetti dispersi*, lost property office **2** (*sparpagliato*) dispersed, scattered: *ho amici dispersi ovunque*, I have friends scattered everywhere ◆ *s.m.* missing person; (*mil.*) missing soldier: *si cercano i dispersi del naufragio*, we are still looking for the people missing from the shipwreck; *dare qlcu. per* —, to report s.o. missing.

dispersoide *s.m.* (*chim.*) dispersoid.

dispersore *s.m.* (*elettr.*) ground electrode, ground plate.

dispetto *s.m.* **1** (piece of) spite, mischief, teasing: *lo fece solo per fare un — a me*, he only did it to spite me; *far dispetti a qlcu.*, to annoy (*o* to tease) s.o.: *mamma, quel bambino mi fa i dispetti!*, mummy, that child is teasing me!; *fare un brutto — a qlcu.*, to play a nasty trick on s.o.; *il tempo ci ha fatto il — di piovere tutto il giorno*, the weather played nasty a trick on us by raining all day long; *forse è per — che ci va sempre senza di me*, perhaps he always goes there without me out of spite // *a — di*, in spite of: *a — dei tuoi consigli*, in spite of your advice; *a — del tempo, partì*, despite the weather, he left; *a — della legge*, in spite of the law; *a — delle sue asserzioni*, in spite of what he says; *a — di tutto*, in spite of (*o* despite) everything; *e io ci riuscirò, a tuo marcio* —, and I'll succeed, just to spite you // *stare in paradiso a — dei santi*, to be as welcome as a dog at a wedding **2** (*stizza*) annoyance, vexation: *con mio grande — ho perso il treno*, much to my annoyance I just missed my train; *la cosa mi fece un gran* —, the thing vexed (*o* annoyed) me greatly; *immagina il mio —!*, can you imagine my vexation!; *prova un gran — per il mio successo*, he is really annoyed by my success **3** (*rar.*) (*disprezzo*): *avere in* —, to despise.

dispettoso *agg.* spiteful: *una ragazza alquanto dispettosa*, a rather spiteful girl // *che tempo —!*, what annoying weather!

dispiacente *agg.* **1** sorry: *ne siamo dispiacenti*, we are sorry about it **2** (*spiacevole*) unpleasant, disagreeable, regrettable.

dispiacere *v.intr.* **1** to dislike, not to like (*costr. pers.*); (*fam.*) to hate: *mi dispiace farlo*, I dislike doing it; *mi dispiace di fare la guastafeste, ma sono stanca*, I hate to be a killjoy but I am very tired; *gli dispiaceva vederla soffrire*, he hated to see her suffer; *lo spettacolo non gli è dispiaciuto ma pensava fosse meglio*, he quite liked the show but thought it would have been better **2** (*essere spiacente*) to be sorry (*costr. pers.*): *me ne dispiace molto*, I am very sorry about it; *mi dispiace di dover sciogliere la bella compagnia*, I am sorry to have to break up the party; *mi dispiace ma non ho scelta*, I am sorry but I have no choice **3** (*in espressioni di cortesia*) to mind: *ti dispiace chiudere la porta?*, do you mind closing the door?; *ti dispiacerebbe venire domani?*, would you mind coming tomorrow?; *se non vi dispiace*, if you don't mind (*o* if you please); *ora alzatevi se non vi dispiace*, now stand up, if you please **4** (*scontentare*) to displease (s.o.); (*contrariare, irritare*) to annoy (s.o.): *il suo comportamento dispiacque a suo padre*, her behaviour annoyed her father // *a costo di dispiacergli*, at the risk of upsetting him.

□ **dispiacersi** *v.intr.pron.* to be sorry: *si dispiace di non poter venire*, he's sorry he can't come.

dispiacere *s.m.* **1** regret, sorrow; (*dolore*) grief, sadness: *con molto — dovemmo partire subito*, to our great regret we had to leave immediately; *ho il — di comunicarvi la triste notizia*, I am sorry to have to give you the sad news; *se te ne andrai mi darai un grosso* —, if you leave, it will be a bad blow for me; *fa sempre — sentirti parlare così*, it's always saddening to hear you speak like that; *Te ne vai? Che —!*, Are you going? What a pity! **2** (*disapprovazione*) displeasure: *non posso nascondere il mio — per il tuo comportamento*, I cannot conceal my displeasure at your behaviour **3** (*fastidio, preoccupazione*) trouble, worry: *ho avuto molti dispiaceri in questa attività*, I've had a lot of problems in this job.

dispiacevole *agg.* (*rar.*) unpleasant, disagreeable, regrettable.

dispiacevolezza *s.f.* (*rar.*) unpleasantness, disagreeableness.

dispiacimento *s.m.* regret: *con mio* —, to my regret.

dispiaciuto *agg.* (*fam.*) **1** (*spiacente, dolente*) sorry: *sono — del contrattempo*, I'm sorry about the mix-up **2** (*contrariato*) annoyed, vexed: *non sono arrabbiato, solo* —, I'm not angry, just annoyed.

dispiccare *v.tr.* (*letter.*) to pluck, to pick, to detach.

dispiegamento *s.m.* (*non com.*) deployment.

dispiegare *v.tr.* (*letter.*) **1** to unfold; (*mar.*) (*le vele*) to unfurl **2** (*allargare*) to spread* (out): *l'uccello dispiega le ali*, the bird spreads (out) its wings **3** (*fig.*) to reveal.

□ **dispiegarsi** *v.intr.pron.* (*letter.*) **1** (*diffondersi*) to unfold **2** (*sgorgare*) to pour out.

displasia *s.f.* (*med.*) dysplasia.

displasico *agg.* (*med.*) dysplastic.

display *s.m.* display.

displuviale *agg.* (*geogr.*) watershed (*attr.*).

displuvio *s.m.* **1** (*geogr.*) *linea di* —, divide (*o* watershed) **2** (*edil.*) ridge, hip: *linea di — (di un tetto)* ridge.

dispnea *s.f.* (*med.*) dyspn(o)ea.

dispnoico *agg.* (*med.*) dyspn(o)eic ◆ *s.m.* (*med.*) dyspn(o)eic subject.

dispondeo *s.m.* (*metrica*) dispondee.

disponibile *agg.* **1** available, disposable: *abbiamo poco denaro* —, we haven't got much money at our disposal // (*fin.*): *liquidi disponibili*, available funds; *reddito* —, disposable (*o* discretionary) income // (*dir.*) *quota* —, disposable portion // (*comm.*) *merce* —, goods on hand **2** (*libero*) free, vacant, available: *impiego* —, vacant position (*o* post); *posto (a sedere)* —, vacant seat; *posti disponibili*, vacancies; *ci sono solo pochi biglietti disponibili*, there are only a few tickets available; *al momento il direttore non è* —, the manager is not available (*o* free) at the moment **3** (*disposto*) helpful, willing: *è una persona molto* —, he's a very helpful person; *devi essere più — a uscire e conoscere gente*, you ought to be more willing to get out and meet people; *è una persona molto — al dialogo*, he's always willing to talk // *ragazza* —, willing girl.

disponibilità *s.f.* **1** availability; (*scorte*) supply; (*dir.*) disposability: — *di manodopera*, labour supply; (*comm.*) — *di cassa*, available cash (*o* cash on hand); *avere grandi* —, to have considerable liquid assets; *avere la — di una somma*, to have a sum of money on hand // (*fin.*): — *finanziarie*, liquid assets (*o* available funds); — *di capitali*, availability of capital; — *monetarie*, money supply // (*banca*) — *bancarie*, bank deposits **2** (*l'essere disponibile*) availability, willingness: *ha reso nota la propria — all'elezione*, he has declared his availability as a candidate (*o* his willingness to stand as a candidate); *una persona di grande* —, a very helpful person **3** (*mil.*) *essere in* —, to be unattached (*o* to be on half-pay) **4** (*mar.*) *nave in* —, ship in dry dock.

disporre *v.tr.* **1** to arrange, to dispose, to set* out, to place in order, to put* in place: — *i fiori in un vaso*, to arrange flowers in a vase; — *i libri sugli scaffali*, to arrange books on shelves; — *la merce in vetrina*, to display goods in the window; — *in ordine alfabetico*, to arrange (*o* to set out) in alphabetical order **2** (*preparare*) to prepare, to dispose, to make* all the arrangements: — *la mente allo studio*, to prepare one's mind for study (*o* to set one's mind to study); — *ogni cosa per la partenza*, to prepare (*o* to arrange) things for departure; *tutto è stato disposto per il tuo arrivo*, all the arrangements have been made for your arrival **3** (*deliberare*) to order; (*dir.*) to provide, to enjoin: *come disposto dai regolamenti*, as provided by the regulations; *dispose che noi ci stabilissimo qui*, he ordered us to settle here; *la* *legge dispone che...*, the law provides that...; *i regolamenti dispongono che si paghi subito*, the regulations enjoin that payment should be made immediately // *l'uomo propone e Dio dispone*, (*prov.*) man proposes, God disposes ◆ *v.intr.* **1** to dispose, to have (s.o., sthg.) at one's disposal; (*di merci*) to have in stock: *disponete pure di me*, you may consider me at your disposal; *non crederai di poter — di me quando vuoi?*, you don't think that I'm going to be at your beck and call, do you?; *dispone di tre automobili*, he has three cars at his disposal; *i nostri studenti dispongono di due biblioteche*, our students have two libraries at their disposal; *dispone di molti articoli*, he has plenty of articles in stock; *usò tutti i mezzi di cui disponeva*, he used every available means (*o* all the means at his disposal); — *dei propri beni*, to dispose of one's property; — *dei propri beni in favore di qlcu.*, to make over one's property to s.o.; *poco prima di morire ha disposto dei suoi beni*, just before dying he made testamentary disposition of his property; — *della propria vita*, to dispose of one's own life; — *della stampa*, to command the press; — *di grossi capitali*, to have large amounts of money at one's disposal; *dispongo di una discreta somma per quel progetto*, I have a reasonable sum available for the project **2** (*avere*) to have: *la sala dispone di 700 posti*, the hall has 700 seats (*o* the hall seats 700).

□ **disporsi** *v.rifl.* **1** (*collocarsi*) to arrange oneself, to place oneself: *si disposero su due file parallele*, they arranged themselves in two parallel rows **2** (*prepararsi*) to prepare (for sthg., to do); to get* ready (for sthg., to do): — *ad andare a dormire*, to prepare to go to sleep; — *all'azione, alla lotta*, to prepare for action, for the struggle; — *a partire*, to get ready to start.

disposare *v.tr.* (*ant.*, *letter.*) to wed.

dispositivo *agg.* regulating, operative ◆ *s.m.* **1** (*dir.*) purview **2** (*tecn.*) device, contrivance; gear; system: — *di allarme*, alarm system; — *di blocco*, locking device; — *di comando*, control device; — *di riscaldamento*, heater; — *di sicurezza*, safety device; — *elettronico*, electronic device // (*aut.*): — *d'accensione*, ignition device; — *d'avviamento*, starter; — *dello sterzo*, steering gear // (*fot.*) — *antiluce*, light lock // (*mil.*): — *d'allarme*, warning system; — *di difesa*, defence system; — *di caricamento*, charging device; — *di lancio*, (*di siluri*) firing gear, (*di razzi*) launcher; — *di sicurezza*, safety catch.

disposizione *s.f.* **1** (*sistemazione*) disposition, arrangement; layout; placing: *quale sarà la — degli ospiti a tavola?*, what will be the seating arrangements for the guests?; — *degli impianti*, plant layout; *la — dei mobili, della casa*, the arrangement of the furniture, of the house; *la — delle truppe*, the disposition of the troops; (*tip.*) *la — di una pagina*, the layout of a page **2** (*ordine*, *istruzione*) order, direction, instruction; (*provvedimento*) provision: *dare disposizioni*, to give instructions; *attenersi alle disposizioni*, to follow instructions; *fino a nuove disposizioni*, till further instructions; *disposizioni generali*, general provisions; (*fin.*) *disposizioni valutarie*, currency regulations; (*trib.*) *disposizioni fiscali*, tax provisions // (*dir.*): *secondo disposizioni di legge*, under provisions of the law; — *testamentaria*, disposition by will; *potere di —*, power of disposition; — *in frode ai creditori*, fraudulent conveyance // *a —*, at one's disposal (*o* available): *sono a tua completa —*, I'm at your complete disposal; *mettere qlco. a — di qlcu.*, to place sthg. at s.o.'s disposal; *mi ha messo a — la sua villa*, he has placed his villa at my disposal (*o* he has opened up his villa for me); *avere a — tempo a sufficienza*, to have enough time at one's disposal; (*banca*) *credito a —*, standby credit **3** (*inclinazione*) inclination, bent, tendency, penchant: *ha — per le lingue*, he has a gift for languages; *avere — allo studio*, to have a natural bent for study **4** (*stato d'animo*) mood, frame of mind: *lo trovai in una — poco favorevole*, I found him in a sulky mood; *non sono nella — di incontrarlo*, I'm not in the mood (*o* right frame of mind) to meet him.

disposto *agg.* **1** ready, willing; prepared; (*favorevole*) disposed, inclined: *siete disposti a nominarmi vostro agente?*, are you willing to appoint me your agent?; *cosa sei — a fare per organizzare la festa?*, what are you willing (*o* prepared) to do towards getting the party ready?; *sono — a tutto*, I am ready for anything; *essere ben — verso qlcu.*, to be favourably disposed towards s.o.; *essere mal — verso qlcu.*, to be ill disposed towards s.o.; *sentirsi — a fare qlco.*, to feel inclined to do sthg. (*o fam.* to be in the mood to do sthg.) **2** (*collocato*) arranged, laid out, set out: *libreria disposta contro la parete centrale*, bookshelves arranged (*o* placed) along the central wall **3** (*stabilito*) laid down, set out, established **4** *ben —*, (*di robusta costituzione fisica*) strong (*o* vigorous *o* robust) ◆ *s.m.* (*dir.*) provision: — *di legge*, provisions of the law: *in obbedienza al — di legge*, in obedience to the provisions of the law; *secondo il — dell'articolo terzo...*, according to the provisions of article n. 3...; *combinato —*, joint provisions.

dispotico *agg.* despotic: *governo —*, despotic government // *carattere —*, despotic character; *maniere dispotiche*, despotic manners.

dispotismo *s.m.* despotism (*anche estens.*) // (*st.*) — *illuminato*, enlightened despotism.

dispregevole *agg.* (*letter.*) **1** despicable, contemptible **2** (*trascurabile*) irrelevant.

dispregiare *v.tr.* (*letter.*) to despise, to hold* (s.o., sthg.) in contempt.

dispregiativo *agg.* **1** depreciative, derogatory, disparaging: *esprimere un giudizio —*, to make a disparaging judgement **2** (*gramm.*) depreciatory, pejorative: *forma dispregiativa*, pejorative.

dispregiatore *s.m.* **dispregiatrice** *s.f.* (*letter.*) scorner, disparager.

dispregio *s.m.* **1** contempt, scorn; (*disprezzo*) disparagement: *cadere in —*, to fall into contempt; *tenere in —*, to hold (s.o.) in low esteem (*o* little regard); *trattare con —*, to treat with contempt **2** (*letter.*) (*infamia*) infamy.

disprezzabile *agg.* despicable, contemptible, negligible: *è un film tutt'altro che —*, it's no mean film // *un capitale non —*, a considerable capital.

disprezzare *v.tr.* **1** to despise, to scorn, to disdain, to spurn: *disprezza il denaro*, she despises money; — *un consiglio*, to scorn a piece of advice; *ti disprezzo per quello che hai fatto!*, I despise you for what you have done; — *l'adulazione e gli adulatori*, to spurn flattery and flatterers; (*considerare di poco conto*) to look down on (s.o., sthg.): *disprezza tutti*, he looks down on everybody **2** (*non tenere in alcun conto*) to disregard, to ignore: — *il pericolo*, to disregard (*o* to ignore) the danger; — *un ordine*, to disregard an order.

□ **disprezzarsi** *v.rifl.* to have a poor opinion of oneself, to despise oneself: *si è sempre disprezzato per non avere raggiunto il successo*, he's always despised himself for not having been successful.

disprezzo *s.m.* **1** contempt, scorn, disdain: *in — della legge*, in defiance of the law; *incorrere nel — di qlcu.*, to incur s.o.'s contempt; *tenere qlcu., qlco. in —*, to hold s.o., sthg. in contempt (*o* to scorn s.o., sthg.); *provare — per qlcu., qlco.*, to feel contempt (*o* scorn) for s.o., sthg. **2** (*noncuranza*) disregard: *mostrare — del pericolo*, to show disregard for danger.

disproporzionamento *s.m.* (*chim.*) disproportionation.

disprosio *s.m.* (*chim.*) dysprosium.

disputa *s.f.* **1** discussion, debate, dispute, disputation: — *filosofica*, philosophical disputation (*o* controversy); *una — accalorata*, a heated debate; *non soggetto a —*, beyond dispute; *qual è l'oggetto della loro —?*, what is the subject of their discussion? **2** (*lite*) quarrel, controversy: *ebbe una — con il vicino di casa*, he had an argument with the neighbour; *si accese un'aspra — fra i due uomini*, a bitter quarrel arose between the two men **3** (*sport*) competing, holding: *la — di una corsa*, the running of a race; *la — della finale si terrà in campo neutro*, the final will take place on neutral ground.

disputabile *agg.* debatable, disputable, questionable; open to discussion (*pred.*): *la questione è —*, the question is open to discussion.

disputare *v.intr.* **1** to discuss (sthg.), to debate (sthg.), to dispute (on, about sthg.); (*questionare*) to argue: *disputavano di filosofia*, they were discussing philosophy; *non disputiamo ancora sull'utilità del progetto!*, let's not argue any more about the usefulness of the plan! **2** (*gareggiare*) to contest, to dispute, to contend: — *per il primo posto in classifica*, to contend for first place in the league table ◆ *v.tr.* **1** to dispute, to contest, to contend for (sthg.), to fight* over (sthg.): *disputarono palmo a palmo il terreno al nemico*, they disputed every inch of ground with the enemy; — *la vittoria al rivale*, to dispute the victory with the rival // *disputarsi il possesso di qlco.*, to fight for the possession of sthg. // (*sport*) — *il titolo*, to contest the title **2** (*non com.*) to debate, to discuss: — *una tesi, una questione*, to debate an argument, a question **3** (*sport*) to compete (in sthg.), to play, to dispute: *la gara si disputerà allo stadio olimpico*, the race will be run at the Olympic Stadium; — *una partita*, to play a match.

disputazione *s.f.* (*letter.*) **1** disputation, dispute: *fare una dotta —*, to give a learned disputation **2** (*dissertazione scritta*) dissertation: — *filosofica*, philosophical dissertation.

disqualificare *v.tr.* (*burocrazia*) to take* away a (legal) qualification from (sthg.).

disquilibrio *s.m.* (*non com.*) imbalance, lack of balance.

disquisire *v.intr.* to discourse, to dissert: — *su questioni importanti*, to discourse on important questions.

disquisitore *s.m.* disquisitor.

disquisizione *s.f.* disquisition: — *erudita*, learned disquisition; — *filosofica*, philosophical disquisition.

disruptivo → **disruttivo**.

disrupzione *s.f.* (*elettr.*) disruption.

disruttivo *agg.* (*elettr.*) disruptive.

disruttore → **diruttore**.

dissabbiatore *s.m.* sand collector.

dissacrante *agg.* desecrating, debunking: *linguaggio* —, desecrating language.

dissacrare *v.tr.* **1** to desecrate, to defile; to deflate, to debunk: — *un dogma*, to debunk a dogma; — *un'autorità*, to debunk an authority **2** (*non com.*) (*sconsacrare*) to deconsecrate.

dissacratore *agg.* desecrating, debunking ◆ *s.m.*, **dissacratrice** *s.f.* desecrator, debunker.

dissacratorio → **dissacrante**.

dissacrazione *s.f.* desecration; deflation, debunking: *la — di una chiesa*, the desecration of a church; *la — di un mito, di un ideale*, the debunking of a myth, an ideal.

dissalamento *s.m.* (*chim.*) desalination.

dissalare *v.tr.* to desalinate, to desalinize, to desalt: — *il baccalà*, to remove salt from stockfish; — *le acque marine*, to desalinate seawater.

dissalatore *s.m.* (*tecn.*, *chim.*) desalinator, desalter.

dissalazione *s.f.* desalination: *la — di un terreno*, the desalination of a piece of land.

dissaldare *v.tr.* **1** (*mecc.*) to unsolder, to unweld: — *due tubi*, to unsolder two pipes **2** (*fig.*) to divide, to sever: — *un'alleanza*, to sever an alliance; — *un'amicizia*, to break up a friendship.

□ **dissaldarsi** *v.intr.pron.* to come* unsoldered: *i tubi si dissaldarono*, the pipes have come unsoldered.

dissaldatore *s.m.* (*mecc.*) unsolderer.

dissaldatura *s.f.* unsoldering.

dissanguamento *s.m.* **1** bleeding, loss of blood: *morì per* —, he bled to death **2** (*fig.*) impoverishment; draining: *quel progetto fu un vero — economico per l'azienda*, the plan bled the company's finances.

dissanguare *v.tr.* **1** to bleed* **2** (*fig.*) to bleed* (s.o.) white, to impoverish, to exhaust: *le tasse ci dissanguano*, taxes are bleeding us white; — *le casse dello Stato*, to exhaust the Treasury.

□ **dissanguarsi** *v.rifl.* o *intr.pron.* **1** to bleed* to death, to suffer serious loss of blood: *bisogna fermare l'emorragia prima che si dissangui*, we need to stop the haemorrhage before he bleeds to death **2** (*fig.*) to become* impoverished: *si è dissanguato per pagare i debiti di gioco*, he bled himself white to pay off his gambling debts.

dissanguato *agg.* **1** bloodless, drained of blood: *morire* —, to bleed to death **2** (*fig.*) impoverished, bled white.

dissanguatore *s.m.* (*fig. non com.*) bloodsucker, exploiter: *è il — del patrimonio familiare*, he's the squanderer of the family's wealth ◆ *agg.* (*non com.*) exploitative.

dissapore *s.m.* disagreement, variance: *dissapori coniugali*, matrimonial squabbles; *c'erano dissapori tra i due fratelli*, there were disagreements between the two brothers.

disseccare *v.tr.* **1** to desiccate, to dry (up), to wither, to parch: *erba disseccata dal vento*, grass parched by the wind **2** (*fig.*) (*privare di vitalità*) to dry up, to wither.

□ **disseccarsi** *v.intr.pron.* to dry up, to wither: *la pianta si era inspiegabilmente disseccata*, the plant had withered inexplicably; *la sua vena poetica si era disseccata*, his inspiration had dried up.

disseccativo *agg.* (*non com.*) desiccative.

disseccazione *s.f.* desiccation.

disselciare *v.tr.* to unpave, to remove the paving from (sthg.): — *una piazza*, to pull up the paving in a square.

dissellare *v.tr.* to unsaddle: — *un cavallo*, to unsaddle a horse ◆ *v.intr.* (*ant.*) (*cadere di sella*) to fall* off one's horse, to take* a toss.

disseminare *v.tr.* **1** (*spargere*) to scatter, to strew*, to disseminate: — *libri per tutta la stanza*, to scatter books all over the room; — *un tema di errori*, to strew an essay with errors **2** (*fig.*) (*diffondere*) to spread*, to diffuse, to disseminate: *disseminava false notizie*, he disseminated false news; — *la discordia, il terrore*, to spread (*o* to sow) discord, terror; — *il malcontento*, to sow the seeds of discontent **3** (*agr.*) to disseminate, to sow*.

disseminativo *agg.* (*bot.*) disseminative.

disseminato *agg.* strewn, covered, scattered: *cielo — di stelle*, star-spangled sky; *il sentiero era — di fiori*, the path was strewn with flowers; *avere amici disseminati ovunque*, to have friends scattered everywhere; *i semi disseminati dal vento*, seeds scattered by the wind; *un tema — di errori*, an essay strewn with errors.

disseminatore *s.m.* **disseminatrice** *s.f.* (*non com.*) disseminator, spreader, sower: — *di sospetti*, sower of suspicion; — *di discordia*, spreader of discontent.

disseminazione *s.f.* **1** (*bot.*) dissemination, dispersion, sowing // (*ecol.*): — *anemocora*, anemochory; — *idrofila*, hydrochory **2** (*fig.*) dissemination, spreading: — *di false dottrine*, dissemination of false doctrines.

disseminulo *s.m.* (*bot.*) disseminule.

dissennare *v.tr.* (*letter.*) to drive* (s.o.) mad, to drive* (s.o.) crazy, to madden.

dissennatamente *avv.* **1** madly; crazily **2** (*stupidamente*) foolishly **3** (*avventatamente*) rashly, heedlessly.

dissennatezza *s.f.* **1** madness; craziness **2** (*stupidità*) foolishness, stupidity **3** (*avventatezza*) rashness, heedlessness; (*azione avventata*) rash action: *pagare la propria* —, to pay for one's rashness.

dissennato *agg.* **1** mad; crazy: *è un'idea dissennata*, it is a crazy idea **2** (*stupido*) foolish **3** (*avventato*) rash, heedless: *è un uomo* —, he is a very rash (*o* reckless) person ◆ *s.m.* **1** reckless person, crazy person **2** stupid person.

dissensione *s.f.* (*letter.*) **1** (*dissenso*) dissension, disagreement **2** (*discordia*) dissension, discord.

dissenso *s.m.* **1** dissent, disagreement, difference of opinion, clash of opinion: *un — in famiglia*, a family disagreement; *esprimo il mio — più totale*, I must express my strongest dissent; *non vi fu mai tra noi motivo di* —, there was never any reason for disagreement between us // *gli esponenti più illustri del* —, the most famous dissidents; *il — era ormai ridotto al silenzio*, all protest had now been silenced **2** (*disapprovazione*) disagreement, disapproval, disapprobation: *la repressione ha suscitato ovunque* —, the repression has aroused disapproval everywhere; *manifestare il proprio* —, to show one's disapproval.

dissenteria *s.f.* (*med.*) dysentery.

dissenterico *agg.* (*med.*) dysenteric ◆ *s.m.* (*med.*) dysenteric subject.

dissentimento *s.m.* (*letter.*) dissent, disagreement.

dissentire *v.intr.* to dissent, to differ, to disagree (with s.o., sthg.), to have a different opinion: *dissento completamente da ciò che hai affermato*, I thoroughly disagree with what you said; *gli storici dissentono su questo punto*, historians disagree (*o* are not in agreement) on this point; *mi spiace dover — da voi*, I'm sorry to have to disagree with you.

dissenziente *agg.* **1** dissenting (*attr.*), differing (*attr.*): *siamo completamente dissenzienti*, we completely disagree // (*dir.*) *opinione* —, (*di giudice nella sentenza di un organo collegiale*) dissenting opinion (*o amer.* dissent) **2** (*pol.*) dissident (*attr.*), dissentient (*attr.*) ◆ *s.m.* **1** (*st. relig. inglese*) Dissenter, Nonconformist **2** (*pol.*) dissident, dissentient.

disseppellimento *s.m.* **1** (*esumazione*) disinterment, exhumation **2** (*estens.*) (*il riportare alla luce*) unearthing, excavation **3** (*fig.*) unearthing, revival: *il — di una vecchia leggenda*, the revival of an old legend.

disseppellire *v.tr.* **1** to disinter, to exhume: — *un cadavere*, to disinter a corpse **2** (*estens.*) to unearth, to excavate, to dig* up: — *le rovine di una città*, to dig up (*o* to excavate) the ruins of a city **3** (*fig.*) to revive, to unearth, to bring* to light: — *odi ormai sopiti*, to revive old hatred.

disseppellitore *s.m.* **1** exhumer **2** (*fig.*) reviver ◆ *agg.* **1** which exhumes **2** (*fig.*) which revives, which unearths.

dissequestrare *v.tr.* (*dir.*) to release from seizure: — *un film*, to release a film from seizure (*o* to lift a ban on a film).

dissequestro *s.m.* (*dir.*) release from seizure.

disserrare *v.tr.* **1** to unfasten, to unlock; (*aprire*) to open **2** (*fig.*) (*rendere manifesto*) to disclose, to reveal **3** (*sferrare*) to deal*, to strike*.

□ **disserrarsi** *v.intr.pron.* to open: *la porta si disserrò come per forza magica*, the door opened as if by some magic power.

dissertare *v.intr.* to dissertate (on sthg.); to expatiate (on sthg.), to hold* forth (on sthg.), to discourse (on, upon sthg.): — *di, su questioni filosofiche*, to expatiate (*o* to hold forth) on philosophical questions.

dissertatore *s.m.* dissertator.

dissertatorio *agg.* dissertative, dissertational.

dissertazione *s.f.* dissertation, disquisition; (*di laurea*) thesis*, dissertation: *fare una — su qlco.*, to deliver a dissertation upon sthg.

disservizio *s.m.* disorganization, inefficiency; mismanagement: — *ferroviario*, inefficiency of the railways; *si lamentava per i continui disservizi postali*, he complained about the continual inefficiency of the postal service.

dissestare *v.tr.* (*squilibrare*) to destabilize; to unbalance; to upset*; (*rovinare*) to ruin:

l'eccessivo peso dei libri ha dissestato l'armadio, the excessive weight of the books has unbalanced the cupboard; *la neve e il gelo hanno dissestato il fondo stradale*, snow and frost ruined the road surface; — *lo sviluppo economico*, to unbalance the economic development; — *le finanze dello Stato*, to upset the State's finances; *spese che dissestano*, crippling expenses.

dissestato *agg.* unbalanced; (*in difficoltà finanziarie*) in financial difficulties; heavily indebted, burdened with debts; (*rovinato*) ruined: *l'economia è dissestata*, the economy is ruined (*o* heavily unbalanced); *un'azienda finanziariamente dissestata*, a company in financial difficulties; *attenzione, strada dissestata!*, warning! uneven road surface; *una struttura sanitaria dissestata*, a disorganized health service.

dissesto *s.m.* **1** instability; disruption: — *geologico*, geological instability; — *politico*, political instability; *un ambiente in — ecologico*, an ecologically disrupted environment **2** (*economico*) financial difficulty, financial trouble: *un'azienda in grave — economico*, a company in serious financial trouble; *economia in —*, deficit economy; *finanze in —*, finances in serious difficulty.

dissetante *agg.* thirst-quenching, refreshing: *una bibita —*, a thirst-quenching drink ◆ *s.m.* thirst-quencher: *il tè è un ottimo —*, tea is an excellent thirst-quencher.

dissetare *v.tr.* **1** to quench the thirst of (s.o.), to slake the thirst of (s.o.): *quella bevanda dolce non mi ha dissetato per niente*, that sweet drink didn't quench my thirst at all **2** (*fig.*) to satisfy.

□ **dissetarsi** *v.rifl.* **1** to quench one's thirst, to slake one's thirst; (*bere*) to drink*; (*di animali*) to water **2** (*fig.*) (*appagarsi*) to satisfy oneself, to appease one's desire: — *alla fonte del sapere*, to slake one's thirst at the fount of knowledge.

dissettore *s.m.* (*med.*) dissector.

dissezionare *v.tr.* to dissect; (*fig.*) to analyse.

dissezione *s.f.* **1** (*anat.*) dissection **2** (*fig.*) analysis*.

dissidente *agg.* dissident, dissenting: *il partito —*, the dissident (*o* dissenting) party; *le chiese dissidenti*, dissident churches; *un ministro —*, a dissenting minister ◆ *s.m.* e *f.* dissident: *i dissidenti del partito liberale*, the dissidents of the liberal party.

dissidenza *s.f.* dissent, dissidence, protest: *i più conosciuti esponenti della — furono imprigionati*, the best-known leaders of dissent were imprisoned.

dissidio *s.m.* disagreement, dissension; (*litigio*) quarrel, dispute: — *di opinioni*, disagreement (*o* difference of opinion); — *insanabile*, irreducible disagreement; *il — tra Chiesa e Stato*, the split between Church and State; *abbiamo avuto un piccolo — con lui*, we had a slight disagreement with him; *comporre un —*, to compose (*o* to settle *o* to make up) a quarrel (*o* a dispute); *essere in — con qlcu.*, to be at variance with s.o.

dissigillare *v.tr.* to unseal, to remove the seal from (sthg.), to break* the seal of (sthg.): — *una lettera*, to unseal (*o* to open) a letter; — *un pacco*, to unseal (*o* to break the seal of) a parcel.

dissimilare[1] *agg.* dissimilar; unlike.

dissimilare[2] *v.tr.* to differentiate: — *due prodotti*, to differentiate two products.

□ **dissimilarsi** *v.intr.pron.* (*ling.*) to dissimilate.

dissimilarità *s.f.* dissimilarity, unlikeness.

dissimilazione *s.f.* (*ling.*) dissimilation.

dissimile *agg.* unlike (s.o., sthg.), different (from, to s.o., sthg.), dissimilar (to s.o., from sthg.): *i miei gusti sono dissimili dai tuoi*, my tastes are quite unlike yours (*o* quite different from yours); *una copia — dall'originale*, a copy different from the original.

dissimilitudine *s.f.* (*letter.*) unlikeness, difference, dissimilarity.

dissimmetria *s.f.* dissymmetry.

dissimmetrico *agg.* unsymmetrical.

dissimulabile *agg.* that can be hidden, that can be concealed: *un'ansia non —*, anxiety that can't be concealed.

dissimulare *v.tr.* to hide*; to dissimulate (*anche dir.*), to dissemble, to conceal, to disguise: *cercava di — la propria emozione*, she tried to hide (*o* to conceal *o* to dissimulate) her emotion; *non sa — la propria ira*, he cannot hide (*o* dissemble) his anger // *non so —*, I'm no good at pretending // *sa la cosa, ma dissimula*, he knows it, but he is dissembling.

dissimulato *agg.* hidden; dissembled, dissimulated, concealed: *con rabbia mal dissimulata*, with ill-concealed anger.

dissimulatore *agg.* dissembling, dissimulating ◆ *s.m.*, **dissimulatrice** *s.f.* dissembler.

dissimulazione *s.f.* hiding, dissembling (*anche dir.*), concealment, pretence.

dissintonia *s.f.* (*rad.*) lack of tuning: *essere in —*, to be untuned (*o* out of tune).

dissintonizzare *v.tr.* (*rad.*) to detune.

dissipabile *agg.* that can be dispelled.

dissipamento *s.m.* **1** (*il dissolversi*) dispersal **2** (*sperpero*) dissipation, squandering, waste: — *di denaro*, squandering of money.

dissipare *v.tr.* **1** (*disperdere*) to disperse, to dispel: — *nubi, foschia, un dubbio, dei timori*, to dispel clouds, mist, a doubt, fears **2** (*scialacquare*) to dissipate, to waste, to squander: — *tutto il proprio denaro*, to squander all one's money; — *le proprie sostanze*, to squander one's property.

□ **dissiparsi** *v.intr.pron.* to be dispelled, to be dispersed; (*sparire*) to disappear, to vanish: *le nubi si dissipano*, the clouds are dispersing (*o* vanishing); *i suoi sospetti non si dissiparono*, his suspicions were not dispelled.

dissipatamente *avv.* dissolutely: *vivere —*, to lead a dissipated life.

dissipatezza → **dissipazione** 1, 2.

dissipativo *agg.* dissipative: (*fis.*) *sistema —*, dissipative system.

dissipato *agg.* dissipated, dissolute: *condurre una vita dissipata*, to lead a dissipated life.

dissipatore *s.m.* **1** waster, squanderer, spendthrift **2** (*di energia*) dissipator.

dissipazione *s.f.* **1** dissipation, squandering: — *di denaro*, squandering of money // (*fis.*) — *di energia*, dissipation of energy **2** (*vita dissoluta*) dissipation.

dissociabile *agg.* separable; dissociable.

dissociabilità *s.f.* separability; dissociability.

dissociale *agg.* (*psic.*) dissocial.

dissociare *v.tr.* to dissociate, to separate: *è difficile — la morale dalla religione*, it is difficult to dissociate morals from religion; — *le forze*, to divide one's forces // (*chim.*) — *gli elementi di un composto*, to dissociate the elements of a compound.

□ **dissociarsi** *v.rifl.* to dissociate oneself: — *da un'organizzazione*, to withdraw from an organization; — *dalla lotta armata*, to dissociate oneself from the armed struggle; *si dissociò da quanto aveva deciso l'assemblea*, he dissociated himself from the assembly's decision.

dissociativo *agg.* dissociative, separative: *processo —*, dissociative process; (*fis. nucleare*) *ricombinazione dissociativa*, dissociative recombination.

dissociato *agg.* (*chim., psic.*) dissociated ◆ *agg.* e *s.m.* terrorist who has opted out of terrorism.

dissociazione *s.f.* **1** separation, dissociation: *esprimo la mia completa — dall'iniziativa*, I wish to dissociate myself completely from the undertaking **2** dissociation (*anche chim., psic.*): — *elettrolitica*, electrolytic dissociation; — *termica*, thermal dissociation **3** (*dir.*) withdrawal.

dissodamento *s.m.* (*agr.*) tillage, breaking up.

dissodare *v.tr.* **1** (*agr.*) to break* up; to work, to till; (*con la vanga*) to dig* up: — *un campo per la semina*, to till a field for sowing **2** (*fig.*) (*dirozzare*) to prepare, to open up: — *le menti*, to awaken minds; — *un campo di ricerca*, to open up (*o* to pioneer) a field of research.

dissodatore *s.m.* (*agr.*) chisel.

dissodatrice *s.f.* (*agr.*) breaking plough.

dissolubile *agg.* dissoluble, dissolvable, soluble: *legame —*, dissoluble bond.

dissolubilità *s.f.* dissolubility, solubility.

dissolutamente *avv.* dissolutely, licentiously, loosely, profligately.

dissolutezza *s.f.* dissoluteness, licentiousness, looseness, profligacy, debauchery: *lo evitano tutti per la sua —*, everybody avoids him because of his dissoluteness; *vivere nella —*, to live a dissolute life; — *di costumi*, laxness of morals.

dissolutivo *agg.* (*rar.*) dissolving, solvent.

dissoluto *agg.* dissolute, licentious, loose, profligate, debauched: *condotta dissoluta*, licentious (*o* loose *o* dissolute) conduct; *una persona dissoluta*, a dissolute person; *condurre una vita dissoluta*, to lead a loose life.

dissolutore *agg.* (*rar.*) dissolving ◆ *s.m.* dissolver, dissolvent.

dissoluzione *s.f.* **1** disintegration, decomposition (*anche fig.*); dissolution: *la — dei corpi*, the decomposition of bodies; *la — della carne*, the dissolution of the flesh; *la — della famiglia*, the disintegration (*o* break up) of the family; (*dir.*) — *di un contratto, di un'associazione*, dissolution of a contract, of a partnership **2** (*dissolutezza*) dissoluteness, licentiousness, profligacy.

dissolvenza *s.f.* (*cinem.*) dissolve, fade, fading: — *in apertura*, dissolve-in (*o* fade-in); — *in chiusura*, dissolve-out (*o* fade-out); — *incrociata*, lap dissolve; — *sonora*, sound fading.

dissolvere *v.tr.* **1** to dissolve, to separate, to decompose: (*dir.*) — *un matrimonio, un contratto, una società*, to dissolve a marriage, a contract, a company **2** (*disperdere*) to disperse, to dispel (*anche fig.*): *il vento dissolse la neb-*

bia, the wind dispersed the fog; — *un dubbio*, to dispel a doubt; *la crisi ha dissolto le loro grandi speranze*, the crisis thwarted their high expectations (*o* their high expectations dissolved in the crisis) **3** (*letter.*) (*sciogliere*) to dissolve, to melt.

□ **dissolversi** *v.intr.pron.* **1** to dissolve: *il partito si è dissolto per mancanza di sostenitori*, the party dissolved through lack of support **2** (*svanire*) to fade away, to vanish, to dissolve, to disperse (*anche fig.*): *il fumo si dissolse nell'aria*, the smoke dispersed (*o* vanished) in the air; *i vostri timori si dissolveranno presto*, your fears will soon fade away (*o* will soon vanish) **3** (*letter.*) (*sciogliersi*) to dissolve, to melt.

dissolvimento *s.m.* (*letter.*) dissolution.

dissomigliante *agg.* dissimilar (to s.o., sthg.), unlike (s.o., sthg.) (*pred.*), different.

dissomiglianza *s.f.* (*letter.*) dissimilarity, lack of resemblance; difference: *notare delle dissomiglianze*, to notice differences (*o* dissimilarities).

dissomigliare *v.intr.* to be unlike (s.o., sthg.), to differ, to bear* no resemblance.

□ **dissomigliarsi** *v.intr.pron.* to be unlike each other (*o* one another), to differ from each other (*o* one another): *quei due fratelli si dissomigliano davvero!*, those two brothers really are completely unlike each other!

dissonante *agg.* **1** (*mus.*) dissonant, discordant: *accordo* —, dissonant chord **2** (*fig.*) (*discordante*) different, discordant; conflicting, contrasting: *opinioni dissonanti*, conflicting opinions.

dissonanza *s.f.* **1** (*mus.*) dissonance, discord **2** (*fig.*) (*discordanza*) discordance, difference; conflict, clash: — *d'idee*, clash of ideas; — *di sentimenti*, difference (*o* divergence) of feelings **3** (*fis.*) dissonance.

dissonare *v.intr.* **1** (*mus.*) to be out of tune, to jar **2** (*fig.*) (*discordare*) to disagree (with s.o., sthg.), to clash.

dissono *agg.* (*letter.*) dissonant, discordant, jarring (*attr.*).

dissotterramento *s.m.* disinterment, exhumation.

dissotterrare *v.tr.* **1** to disinter, to exhume, to dig* up: — *un tesoro*, to dig up treasure; — *un cadavere*, to exhume a corpse // — *l'ascia di guerra*, to dig up the hatchet **2** (*fig.*) to unearth, to revive, to bring* up again, to bring* to light: — *una vecchia questione*, to bring up an old question again.

dissuadere *v.tr.* to dissuade, to discourage, to deter: *mi dissuasero dall'acquistare la merce*, they dissuaded me from (*o* advised me against) buying the goods; *nulla lo dissuaderà dal tentare ancora*, nothing will deter him from trying again; *cerca di dissuaderlo da quell'azione*, try to persuade him not to do it (*o* try to dissuade him from doing it); *voleva abbandonare tutto ma l'ho dissuaso*, he wanted to give up everything but I talked him out of it (*o* I discouraged him).

□ **dissuadersi** *v.rifl.* (*non com.*) to dissuade oneself, to be dissuaded: *voleva dimettersi ma poi si è dissuaso*, he wanted to resign but then he decided against it.

dissuasione *s.f.* dissuasion, determent: *tentativo di* —, attempt at dissuasion; *fare opera di* —, to make efforts to dissuade.

dissuasivo *agg.* dissuasive, discouraging: *metodi dissuasivi*, methods of dissuasion.

dissuasore *s.m.* (*non com.*) dissuader.

dissuasorio *agg.* (*non com.*) dissuasive.

dissueto *agg.* (*letter.*) unaccustomed (to), disaccustomed (to), unused (to).

dissuetudine *s.f.* (*letter.*) desuetude, disuse: *cadere in* —, to fall out of use (*o* into desuetude).

dissuggellare *v.tr.* **1** (*non com.*) to unseal: — *una lettera*, to unseal a letter **2** (*fig. letter.*) to unseal: — *le labbra*, to unseal one's lips.

distaccamento *s.m.* **1** detaching, cutting off, separation, detachment **2** (*mil.*) detachment, detail: — *di artiglieria*, artillery detachment.

distaccare *v.tr.* **1** to detach, to separate, to remove, to cut* off; to distinguish: — *un manifesto da un muro*, to remove (*o* take down) a poster from a wall; *il suo stile lo distacca da tutti gli altri scrittori*, his style distinguishes him from all other writers **2** (*alienare*) to detach, to alienate: — *qlcu. dai suoi amici*, to detach (*o* to alienate) s.o. from his friends; — *qlcu. dalla famiglia*, to remove s.o. (*o* to take s.o. away) from his family **3** (*trasferire altrove*) to detach, to post, to detail: *alcuni impiegati furono distaccati in un altro ufficio*, some employees were moved (*o* posted) to another office; (*mil.*) *la terza compagnia fu distaccata per una missione speciale*, the 3rd company was detached (*o* detailed) for a special mission **4** (*pitt.*) to bring* out: — *una figura in un quadro*, to make a figure stand out (*o* to bring out a figure) in a picture **5** (*sport*) to leave* behind, to outdistance: *ha distaccato gli altri concorrenti di due minuti*, he has opened up a lead (*o* gap) of two minutes on the other competitors.

□ **distaccarsi** *v.intr.pron.* to come* off, to break* off, to grow* away: *un ramo si è distaccato dall'albero*, a branch has broken off from the tree; — *da un partito*, to break away from a party; *col tempo mi sono lentamente distaccato da loro*, with time I have slowly grown away from them.

distaccato *agg.* **1** detached, separated, cut off: *sezione distaccata di un'agenzia*, branch of an agency // (*sport*) *tutti gli altri atleti sono distaccati dal corridore in testa*, all the other runners are far behind the leader **2** (*fig.*) (*indifferente*) detached, indifferent, distant, aloof: *comportamento* —, aloof (*o* distant) behaviour; *parlare con tono* —, to speak in (*o* with) an aloof tone; *sorriso* —, detached smile.

distacco *s.m.* **1** detaching, detachment, separation: *il* — *di un affresco*, the detachment of a fresco; (*aut.*) — *della frizione*, disengagement of the clutch; (*cinem.*, *fot.*) — *della gelatina*, frilling; (*med.*) — *della retina*, retinal detachment **2** (*partenza*) separation, parting: *il momento del* — *è sempre doloroso*, the moment of parting (*o* separation *o* leave taking) is always painful **3** (*indifferenza*) detachment, indifference, unconcern, aloofness: *mi guardò con* —, he looked at me with indifference; *giudicare con* —, to judge with detachment; *parlare con un certo* —, to speak with a certain aloofness; *trattare qlcu. con* —, to treat s.o. with aloofness **4** (*sport*) lead, gap: *ha dato un forte* — *agli altri concorrenti*, he opened up a lead on the other competitors; *un* — *di 20 minuti, di 8 punti*, a lead of 20 minutes, of 8 points **5** (*bot.*) abscission.

distale *agg.* (*anat.*) distal.

distante *agg.* **1** distant, remote, far off, faraway (*attr.*), far away (*pred.*): *paesi distanti*, far off (*o* remote) countries; *suono* —, distant (*o* faraway) sound; *due fatti distanti nel tempo*, two widely separated events; *non è molto* — *il giorno delle nozze*, the day of the wedding isn't far off // — *da*, far from (*o* a long way from): *è molto* — *da qui la stazione?*, is the station very far from (*o* a long way from) here?; *no, è* — *da qui solo mezzo miglio*, no, it is only half a mile away from here; *la mia casa è poco* — *dalla scuola*, my house is not far from the school **2** (*fig.*) (*differente*) different: *essere distanti di gusti, di opinioni*, to differ in tastes, in opinions **3** (*distaccato*) distant, aloof, reserved, standoffish, detached: *uno sguardo* —, a detached glance ◆ *avv.* far, far off, far away, a long way away: *abitiamo molto* —, we live very far away (*o* a long way away); *andare* —, to go far; *non riesco a vedere così* —, I cannot see as far as that // *Parli più forte. La sento* —*!*, (*al telefono*) Can you speak up? I can hardly hear you!

distanza *s.f.* **1** distance, space, interval, gap: *ha coperto la* — *di 25 km in 3 ore*, he covered 25 km in 3 hours; *i tralicci sono a* — *di 50 metri l'uno dall'altro*, the pylons are (spaced) 50 metres apart; *i concorrenti partirono a* — *di 5 minuti l'uno dall'altro*, the competitors left at intervals of five minutes; *due eventi accaduti a grande* — *l'uno dall'altro*, two events that happened with a long interval between them; *una* — *di dieci anni separa i due eventi*, a gap of ten years separates the two events; *l'ho incontrato a* — *di un anno*, I saw him a year later; — *in linea d'aria*, distance as the crow flies // *a, in* —, at a distance, in the distance: *a* — *di vent'anni*, at a distance of (*o* over) twenty years; *alla* — *di circa tre miglia*, about three miles away (*o* at a distance of about three miles); *essere a* — *di tiro*, to be within striking distance; *sparare a breve* —, to shoot at close range; *seguire qlcu. a* —, to follow s.o. at a distance; *vedere qlco. a, in* —, to see sthg. at (*o* in) the distance (*o* from afar); *comando a* —, remote control // (*astr.*) — *polare*, codeclination; (*aut.*) — *di sicurezza*, safety distance; (*aer.*) — *d'arresto*, pull-up distance; (*dir.*) *rispettare le distanze legali*, (*di costruzioni o proprietà*) to observe the distance required by law; (*mar.*, *aer.*) — *di visibilità*, range of visibility; (*fis.*, *mat.*) — *focale*, focal length; — *frontale*, working distance; (*fis.*, *mat.*) — *visiva*, optical range; (*mar.*) — *per il traverso*, distance on beam; (*fot.*) — *principale*, principal distance; (*mecc.*) — *tra due centri*, centre distance; (*aer.*, *astr.*) — *zenitale*, zenith distance **2** (*fig.*) distance; (*disuguaglianza*) difference, disparity: *colmare le distanze ideologiche*, to fill the ideological gap; *tra noi due c'è molta* —, there is a great difference (*o* disparity) between you and me; *mantenere le distanze*, to keep one's distance; *tenersi a debita* — *da qlcu.*, to keep at a safe distance from s.o.; *tenere qlcu. a* —, to keep s.o. at a distance (*o* to keep clear of s.o.); *prendere le distanze da qlcu., qlco.*, to keep one's distance (*o* to keep aloof) from s.o., sthg.; *ha preso le distanze dal partito*, he has distanced himself from the party (*o* he is keeping the party at arm's length) **3** (*sport*) distance: *la corsa è sulla* — *di mille miglia*, the race takes place over a distance of one thousand miles; *un combattimento sulla* — *di 12 riprese*, a fight over 12 rounds // *vincere, venire fuori alla* —, to win, to break away in the long run.

distanziale *s.m.* (*mecc.*) spacer.

distanziamento *s.m.* **1** (*l'essere distanziato*) distancing: *il — delle truppe*, the distancing of troops **2** (*il distanziare*) outdistancing, leaving behind **3** (*aer.*) separation: *— laterale*, *longitudinale*, *verticale*, lateral, longitudinal, vertical separation **4** (*mecc.*) spacing.

distanziare *v.tr.* **1** to distance, to space (out): *distanzia un poco le bottiglie*, space out the bottles a bit; *ricorda di — bene le parole*, remember to space out the words properly **2** (*lasciar indietro*) to distance, to outdistance, to leave* behind, to outstrip: *il corridore fu distanziato al terzo giro*, the runner was left behind (*o* outdistanced) in the third lap; *— tutti i colleghi nella carriera*, to outstrip all one's colleagues in one's career.

distanziato *agg.* **1** (*intervallato*) spaced: *scrivere a righe distanziate*, to space (out) the lines **2** (*superato*) outdistanced; (*di cavallo*) disqualified.

distanziatore *s.m.* (*mecc.*) spacer.

distanziometrico *agg.* distance-measuring: (*topografia*) *cannocchiale —*, diastimeter.

distanziometro *s.m.* (*topografia*) diastimeter.

distare *v.intr.* **1** to be distant, to be far: *la nostra casa dista circa venti miglia da Londra*, our house is about twenty miles from London; *il primo paese dista cinque chilometri*, the nearest village is five kilometres away; *non dista molto da qui*, it is not very far from here; *quanto dista?*, how far is it? **2** (*discordare*) to differ: *i loro punti di vista distano notevolmente*, their viewpoints are a long way away from each other.

distemperare *v.tr.* (*letter.*) to dilute; to dissolve.

distendere *v.tr.* **1** (*allungare*) to stretch, to stretch out, to extend; (*allargare, stendere*) to spread*: *— le ali*, to spread one's wings; *— le braccia*, to stretch (*o* to reach out) one's arms; *— le gambe*, to stretch one's legs; *— il bucato*, to hang out the washing; *— una pelle*, (*tirarla*) to stretch a skin; *— le vele*, to stretch (*o* to extend) the sails; (*cuc.*) *— la pasta*, to roll out dough (*o* pastry) **2** (*porre, stendere*) to lay*: *mi distesero sul letto, sulla barella*, they laid me on the bed, on the stretcher; *— la vernice*, to spread the paint; *— la tovaglia sul tavolo*, to lay (*o* to spread) the cloth on the table // *— qlcu.* (*con un pugno*), to knock s.o. down // *— la voce*, to stretch one's voice **3** (*rilassare*) to relax: *— i muscoli, i tratti del volto*, to relax one's muscles, one's features; *— i nervi*, to relax; *la camomilla distende i nervi*, camomile soothes the nerves **4** (*non com.*) (*mettere per iscritto*) to draw* up: *— un documento*, to draw up a document.

□ **distendersi** *v.rifl.* o *intr.pron.* **1** (*estendersi*) to spread*, to stretch; (*allargarsi*) to spread* out: *la vallata si distende verso sud*, the valley stretches southward **2** (*sdraiarsi*) to lie* down: *mi distesi sulla spiaggia*, I lay down on the beach; *vado a distendermi un po' sul letto*, I'm going to lie down on the bed for a bit **3** (*rilassarsi*) to relax: *si distende ascoltando la musica classica*, he relaxes by listening to classical music **4** (*fig. rar.*) (*dilungarsi*) to dwell, to enlarge (upon a subject).

distendimento *s.m.* (*rar.*) **1** (*allungamento*) stretching, extending; (*allargamento*) spreading **2** (*collocamento*) laying, laying down **3** (*rilassamento*) relaxation, relaxing.

distenebrare *v.tr.* (*letter.*) to dispel darkness from.

□ **distenebrarsi** *v.intr.pron.* (*letter.*) to brighten up.

distensione *s.f.* **1** (*distendimento*) stretching, extension; (*di un muscolo*) relaxation **2** (*rilassamento*) relaxation: *un periodo di —*, a period of rest; *— dei nervi*, soothing of one's nerves; *— degli animi*, the easing of tension **3** (*pol.*) détente; easing of tension: *la — internazionale*, international détente.

distensivo *agg.* relaxing: *una pausa distensiva*, a relaxing (*o* restful) break.

distesa *s.f.* **1** expanse; stretch: *una — di grano*, an expanse of wheat; *la — dei campi*, the sweep of the fields; *la — del mare*, the expanse of the sea; *— erbosa*, sward // (*aer.*) wingspan // *a —*, continuously (*o* without interruption); *le campane suonano a —*, the bells are in full peal; *gridava a —*, she kept crying out **2** (*insieme di oggetti*) line, row: *una — di panni*, a line of washing; *una — di vele*, a row of sails; *sul pavimento c'era una — di giocattoli*, the floor was covered with toys.

distesamente *avv.* diffusely; extensively; (*a lungo*) at length; (*nei minimi particolari*) in detail: *il libro tratta — l'argomento*, the book deals with the subject in (great) detail (*o* at length); *mi parlò molto — del suo passato*, he talked to me of his past at (great) length.

disteso *agg.* **1** (*teso*) extended, outstretched: *braccia distese*, outstretched arms; *vela distesa*, unfurled sail; *con le ali distese*, with outspread wings // *a voce distesa*, in a loud voice **2** (*giacente*) lying; flat: *era — sul sofà*, he was lying on the sofa; *era lungo — sul letto*, he was stretched at full length on the bed; *giacere — sulla schiena*, to lie flat on one's back // *cadere lungo —*, to fall flat (on one's face) **3** (*esteso, spazioso*) extensive, spacious, wide; (*largo*) widespread // *per —*, diffusely (*o* extensively); (*a lungo*) at length; (*nei minimi particolari*) in detail **4** (*rilassato*) relaxed, unstrained: *non aveva una faccia molto distesa*, his face was not very relaxed (*o* was strained) **5** (*bot., zool.*) decumbent.

distico[1] *s.m.* (*metrica*) couplet, distich: *— alessandrino*, Alexandrine couplet; *— rimato*, rhymed (*o* rhyming) couplet; *— elegiaco*, elegiac couplet.

distico[2] *agg.* (*bot.*) distichous.

distillabile *agg.* distillable.

distillamento *s.m.* (*non com.*) distilling, distillation.

distillare *v.tr.* **1** (*chim.*) to distil (*anche fig.*); to still; to extract the essence of (sthg.): *— l'acqua, il vino*, to distil water, wine **2** (*stillare*) to let* fall in drops, to trickle, to exude, to ooze: *il pino distilla la resina*, the pine exudes (*o* oozes) resin **3** (*fig., letter.*) (*infondere*) to instil: *— veleno nell'animo di qlcu.*, to poison s.o.'s mind ◆ *v.intr.* to distil, to trickle, to fall* in drops, to ooze: *la resina distillava dalla corteccia*, resin was oozing down the bark.

□ **distillarsi** *v.intr.pron.* (*fig. letter.*) to be consumed.

distillato *agg.* (*chim.*) distilled: *acqua distillata*, distilled water; *non —*, undistilled ◆ *s.m.* **1** (*chim.*) distillate: *la grappa è un — delle vinacce*, grappa is a distillate of herbs **2** (*fig.*) quintessence, essence: *un — di stupidità*, the quintessence of stupidity.

distillatoio *s.m.* (*chim.*) still.

distillatore *s.m.* (*chim.*) **1** (*operaio*) distiller; stiller **2** (*apparecchio*) still; distiller.

distillazione *s.f.* (*chim.*) distillation: *— a secco*, dry distillation; *— continua*, continuous distillation; *— discontinua*, batch distillation; *— in corrente di vapore*, steam distillation; *— nel vuoto*, vacuum distillation; *prodotto di —*, distillate.

distilleria *s.f.* distillery.

distilo *agg.* (*arch.*) distyle.

distimia *s.f.* (*psic.*) dysthymia.

distimico *agg.* (*med.*) dysthymic.

distinguere *v.tr.* **1** to distinguish, to tell*; to discriminate, to differentiate: *al telefono non distinguo la tua voce da quella di tua sorella*, on the telephone I can't tell your voice from your sister's; *non li so —*, I can't tell which is which; *non so distinguerlo da suo fratello, sono così simili!*; he and his brother are so much alike that I can't tell them apart; *stai facendo confusione; distinguiamo!*, you're getting everything mixed up; let's distinguish one thing from another!; *— tra bene e male*, to tell good from evil; *non so più — i diversi odori*, I can't pick out the different smells any more (*o* I can no longer tell the difference between the smells) **2** (*scorgere*) to distinguish, to discern, to perceive, to make* out, to see* clearly: *in quella stanza senza luce non riuscivo a — i suoi lineamenti*, in the darkened room I couldn't make out his features; *tua sorella era troppo lontana per poter — quello che succedeva*, your sister was too far away to be able to see clearly what was going on **3** (*caratterizzare*) to distinguish, to mark, to characterize: *che cosa distingue l'uomo dagli animali?*, what distinguishes man from animals?; *una coda molto lunga distingue questa specie*, this species is characterized by a very long tail; *grandi progressi nelle scienze applicate distinsero il corso del diciannovesimo secolo*, enormous advances in applied science marked the course of the nineteenth century; *con la grazia che lo distingue mi ha urtato violentemente*, he crashed into me with all his characteristic gracefulness **4** (*contrassegnare*) to mark: *distingue le proprie pecore con segni particolari*, he marks his own sheep in a special way **5** (*separare, dividere*) to divide, to separate: *distinguiamo le opere di questo pittore in tre periodi*, let's divide the works of this painter into three periods **6** (*segnalare*) to distinguish, to mark: *il suo coraggio lo distinse nell'ultima guerra*, his courage distinguished him in the last war.

□ **distinguersi** *v.intr.pron.* to stand* out for, to distinguish oneself (by sthg.): *si distingue per la sua diligenza*, he distinguishes himself by his diligence; *si distingue perché porta sempre dei cappelli eccentrici*, she makes herself conspicuous by always wearing odd hats; *le due parole si distinguono dall'accento*, the two words are distinguishable by the stress pattern.

distinguibile *agg.* **1** distinguishable **2** (*visibile*) visible; (*chiaro*) clear: *— a occhio nudo*, visible to the naked eye; *una luce a malapena —*, a scarcely discernible (*o* visible) light; *è — per la sua altezza*, his height makes him stand out.

distinguibilmente *avv.* **1** distinguishably **2** (*visibilmente*) visibly; (*chiaramente*) clearly, distinctly.

distinguo *s.m.* fine distinction, hairsplitting.

distinta *s.f.* (*comm.*) list, note, schedule, specification; (*banca*) slip: — *degli elementi della retribuzione*, pay sheet (*o* payslip) // (*comm.*): — *di acquisto*, purchase note; — *dei prezzi*, price list; — *della merce*, packing list; — *di vendita*, sold note; — *doganale*, customs specification // (*banca*): — *di sconto*, discount note; — *di versamento*, paying-in slip (*o* credit slip *o* credit voucher *o amer.* deposit slip); — *effetti all'incasso*, notes receivable; — *effetti passivi*, notes payable // (*Borsa*) — *di compravendita*, contract note.

distintamente *avv.* **1** distinctly, clearly, plainly: *vedere* —, to see clearly; *pronunciare — le parole*, to pronounce the words distinctly **2** (*con distinzione*) respectfully; in refined way, elegantly: *vi salutiamo* —, (*nelle lettere*) Yours faithfully; *comportarsi* —, to have refined manners; *vestirsi* —, to dress elegantly **3** (*separatamente*) distinctly, separately, severally: *le due questioni vanno trattate* —, the two questions are to be treated separately.

distintivo *agg.* distinctive, distinguishing, characteristic: *segno* —, distinguishing mark ◆ *s.m.* badge, emblem: — *militare*, badge of rank; — *sportivo*, badge; *il — del partito è un piccolo fiore azzurro*, the party's emblem is a small blue flower // *il dinamismo è il — di quest'azienda*, this company is characterized by dynamism.

distinto *agg.* **1** (*separato, diverso*) distinct, different: *sono due cose distinte*, they are two distinct things; *due concetti da tenere ben distinti l'uno dall'altro*, two ideas to be kept quite separate from each other **2** (*chiaro*) distinct, clear: *memoria distinta*, distinct memory; *nota distinta*, clear note; *una pronuncia distinta*, a distinct pronunciation; *la sua voce mi giunse distinta all'orecchio*, I heard his voice clearly **3** (*raffinato, ragguardevole*) distinguished, refined: *un — signore*, a distinguished (*o* well -bred) gentleman; *gente distinta*, people of distinction; *modi distinti*, refined manners; *avere un'aria distinta*, to look distinguished // (*posti a sedere*) *distinti*, stalls // *distinti saluti*, best regards; (*nella chiusa di una lettera*) Yours faithfully (*o* Yours truly) **4** (*speciale*) special, particular: *promozione per merito* —, promotion for special merit.

distinzione *s.f.* **1** distinction; difference: *fare una — precisa tra teoria e pratica*, to make a clear distinction between theory and practice; *una — accurata*, a careful distinction; *senza — di classe, di età*, without distinction of class, of age; *fare una — tra due cose*, to make (*o* to draw) a distinction between two things **2** (*riguardo, preferenza*) regard, consideration: *atto di* —, act of consideration; *non meritava questa* —, he did not deserve such consideration // *senza* —, impartially **3** (*onorificenza*) distinction, honour: *la massima* —, the highest distinction; *conferire una — a qlcu.*, to confer an honour on s.o. **4** (*raffinatezza*) distinction, refinement, style: *mancanza di — nel vestire*, lack of refinement (*o* style) in the way one dresses; *comportarsi con* —, to behave with style.

distocia *s.f.* (*med.*) dystocia.

distocico *agg.* (*med.*) dystocial.

distogliere *v.tr.* **1** (*dissuadere*) to dissuade; to deter, to put* off: *l'insuccesso non lo distolse da un nuovo tentativo*, failure didn't deter him from (*o* didn't put him off) trying again; *vorrei proprio distoglierti dall'idea di lasciare il tuo lavoro*, I would strongly dissuade you from leaving your job **2** (*distrarre*) to divert, to distract: *come potrei — la sua attenzione da te?*, how could I divert his attention away from you?; *non riesco a lavorare se la mia attenzione è distolta da continue interruzioni*, I can't work if I'm being continually interrupted **3** (*allontanare*) to remove, to withdraw*: — *lo sguardo*, to look away; — *il pensiero da qlco.*, not to think about sthg.

□ **distogliersi** *v.rifl.* o *intr.pron.* to be diverted, to be distracted; (*allontanarsi*) to get* away: *la mia attenzione non poteva — da quello spettacolo*, I couldn't drag (*o* tear) my attention away from the sight; *non potevo distogliermi dal pensiero che...*, I couldn't get rid of the thought that...

distoma *s.m.* (*zool.*): — *epatico*, (*Fasciola hepatica*) fluke (*o* flounder).

distomatosi *s.f.* (*med.*) distomatosis.

distonia *s.f.* (*med.*) dystonia.

distonico *agg.* (*med.*) dystonic.

distorcere *v.tr.* **1** (*letter.*) to distort; to twist (*anche fig.*): — *un braccio a qlcu.*, to twist s.o.'s arm; — *il significato delle parole di qlcu.*, to twist s.o.'s words; — *la verità*, to twist the truth **2** (*fis.*) to distort.

□ **distorcersi** *v.rifl.* o *intr.pron.* **1** (*letter.*) to squirm **2** (*riportare una distorsione*) to be sprained: *la caviglia si è distorta*, he sprained his ankle.

distorcimento *s.m.* distortion.

distornare *v.tr.* (*letter.*) to divert, to deviate.

distorre → **distogliere**.

distorsione *s.f.* **1** distortion: — *della realtà dei fatti*, distortion of the truth **2** (*di tendine, muscolo*) sprain, strain, distortion: — *del polso, della caviglia*, a sprained wrist, ankle; *ha una brutta — al piede*, his foot is badly sprained **3** (*fis., tel.*) distortion // (*tv*): — *del quadro*, frame distortion; — *di apertura*, aperture distortion; — *trapezoidale*, keystoning.

distorto *agg.* distorted, twisted, warped (*anche fig.*): *ragionamento* —, (*fig.*) warped reasoning.

distraibile *agg.* easily distracted.

distrarre *v.tr.* **1** (*distogliere*) to distract, to divert: *la minima cosa lo distrae*, the slightest thing distracts his attention; *la vacanza l'aveva distratto dalle sue preoccupazioni*, the holiday had taken his mind off his worries; — *l'attenzione di qlcu. da qlco.*, to take s.o.'s attention (*o* mind) off sthg.; *questo continuo ronzio mi distrae*, this continuous buzzing distracts me; — *qlcu. dal lavoro*, to take s.o.'s mind off his work; *non mi — in continuazione*, stop continually distracting me **2** (*divertire*) to entertain, to amuse: *cerca di — i bambini con qualche gioco*, try to amuse the children with some game or other; *la padrona di casa distraeva i suoi ospiti con storielle divertenti*, the hostess was entertaining her guests with amusing anecdotes **3** (*sottrarre e destinare a uso indebito*) to misappropriate (*anche dir.*): *fu riconosciuto colpevole di aver distratto un'ingente somma dalla cassa della ditta*, he was found guilty of misappropriating a large sum from company funds **4** (*rar.*) (*tendine, muscolo*) to strain, to sprain.

□ **distrarsi** *v.rifl.* **1** to divert one's mind, to divert one's attention: *si distrae facilmente*, his mind wanders easily (*o* his attention is easily distracted); *si distrae facilmente quando legge*, his attention is easily distracted when he's reading **2** (*divertirsi*) to amuse oneself, to relax: *lavori troppo, hai bisogno di distrarti!*, you are working too much, you need to relax.

distrattamente *avv.* **1** absent-mindedly, absently: *ci guardava* —, he was looking at us absent-mindedly; *ascoltava — quanto gli si diceva*, he listened absently to what was being said to him **2** (*inavvertitamente*) unintentionally, inadvertently: *lasciò cadere — il libro*, he dropped the book unintentionally; *non te la prendere, l'ha detto così*, —, don't take it to heart, he didn't mean what he said.

distratto *agg.* **1** absent-minded; self-absorbed, abstracted: *è sempre così — che non sente quando lo chiami*, he is always so abstracted that he doesn't hear when you call him **2** (*disattento*) inattentive: *uno sguardo* —, a vacant look; *è spesso — durante le lezioni*, he is often inattentive during classes; *non ho capito, ero —!*, I didn't get what you were saying, I was miles away.

distrazione *s.f.* **1** (*l'essere distratto*) absent -mindedness; self-absorption; abstraction: *a causa della mia — persi il cappello nuovo*, because of my absent-mindedness I lost my new hat **2** (*disattenzione*) inattention, lack of attention; (*sbadatezza*) carelessness: *errore di* —, careless mistake (*o* slip); *un momento di* —, a moment of inattention; *niente di grave, è solo una* —, it's nothing serious, just a slip // *per* —, inadvertently (*o* unthinkingly *o* heedlessly): *l'ha fatto per* —, he did it unthinkingly **3** (*divertimento*) recreation, amusement, entertainment, diversion, distraction; (*riposo*) relaxation: *in una grande città si trova qualsiasi tipo di* —, you can find every form of entertainment in a big city; *ho bisogno di un po' di* —, I need to relax; *cercar — nei libri*, to seek relaxation in books; *ogni tanto bisogna concedersi qualche* —, every now and then you need a bit of relaxation **4** (*sottrazione e destinazione di denaro a uso indebito*) misappropriation, diversion (*anche dir.*): — *degli utili, di fondi pubblici*, diversion of profits, of public funds **5** (*di nervo, muscolo*) strain, sprain, twist.

distretto *s.m.* **1** district: — *postale*, postal district; — *scolastico*, school district; — *industriale*, industrial zone; (*comm.*) — *di vendita*, sales district; (*trib.*) — *esattoriale*, collectorship // (*dir.*) — *di corte d'appello*, district of a court of appeals, (USA) (*nell'ordinamento federale*) circuit // (*geol.*) — *minerario*, ore district **2** (*mil.*) recruiting centre, recruiting office: *egli fu chiamato a rapporto al proprio* —, he had to report to his local recruiting office (*o* centre) **3** (*anat.*) zone: — *vascolare*, vascular zone.

distrettuale *agg.* district (*attr.*): *giudice* —, district judge; (*dir. amer.*) *tribunale* —, district court; *procuratore* —, (*negli Stati Uniti*) district (*o* State) attorney (*o* prosecutor).

distribuire *v.tr.* **1** (*ripartire*) to distribute, to give* out; (*assegnare*) to assign, to allot; to award; (*consegnare*) to deliver, to hand out, to deal* out: *distribuì tutto il suo denaro ai poveri*, he gave all his money to the poor; — *il peso in modo uniforme*, to distribute weight evenly; — *volantini*, to give out leaflets; — *le carte*, (*al gioco*) to deal the cards; — *colpi a destra e sinistra*, (*anche fig.*) to deal blows right and left; — *strette di mano*, to shake hands all around; — *sorrisi*, to smile (*o* to flash smiles) all round; — *doni*, to deal out gifts; — *l'elemosina*, to give alms; — *onorificenze*, to award (*o* to assign) honours; — *ordini*, to distribute orders; — *le paghe*, to hand out wages; — *le parti di una commedia*, to cast the parts in a play (*o* to cast a play); — *la posta*, to deliver the mail; — *premi*, to distribute prizes; — *le provviste*, to issue provisions // — *l'acqua, il gas, l'energia elettrica*, to supply water, gas, electric power **2** (*disporre, collocare*) to distribute, to put*, to place, to arrange: *distribuisci bene la vernice sulla parete*, spread the paint carefully over the wall; *dei soldati furono distribuiti lungo la strada*, soldiers were stationed all along the road; *i punti di controllo erano stati distribuiti lungo tutto il percorso*, the checkpoints had been placed along the whole route; — *i libri negli scaffali*, to place the books on the shelves.

distributività *s.f.* (*mat.*) distributivity, distributive law.

distributivo *agg.* distributive: (*gramm.*) *pronomi, aggettivi distributivi*, distributive pronouns, adjectives; (*mat.*) *legge, proprietà distributiva*, distributive law (*o* property); (*dir.*) *giustizia distributiva*, distributive justice.

distributore *agg.* distributing ◆ *s.m.* **1** (*persona*) distributor, dispenser; (*chi concede, elargisce*) bestower: — *di giornali*, newspaper distributor; — *cinematografico*, film distributor **2** (*apparecchiatura*) distributor: — *automatico*, vending machine (*o* slot machine); — *di denaro*, cash dispenser; — *di benzina*, (*pompa*) petrol pump (*o amer.* gasoline pump), (*stazione di servizio*) petrol (*o* service *o amer.* gasoline) station **3** (*aut.*) — *d'accensione*, (ignition) distributor.

distribuzionale *agg.* (*non com.*) distributional.

distribuzionalismo *s.m.* (*ling.*) distributionalism.

distribuzione *s.f.* **1** distribution; (*assegnazione*) allotment, assignment; (*consegna a domicilio*) delivery: *la — dei premi, dei biglietti*, the distribution of prizes, tickets; *la — dei giornali* (*agli esercenti*), distribution of newspapers; *la — del latte* (*a domicilio*), milk delivery; — *delle pellicole cinematografiche*, film distribution; — *della posta*, delivery of mail; (*teatr.*) — *delle parti*, casting; — *dei servizi*, allotment of duties; — *del lavoro*, work distribution; — *di lavoro a squadre di operai*, teaming // *il programma è in — all'ingresso*, programmes are available at the entrance // (*econ.*): *costi di* —, distribution costs; *rete di* —, distribution system; *canali di* —, distribution channels; — *commerciale*, commercial distribution; *la grande* —, the large-scale retail trade; — *in esclusiva*, exclusive distribution; — *su scala mondiale*, worldwide distribution; — *porta a porta*, door-to-door distribution; — *dei costi*, cost allocation; — *delle spese*, allotment of expenses; — *delle risorse*, resource allocation // (*fin.*): — *dei dividendi*, dividend distribution; — *del reddito*, income distribution; — *degli utili*, profit distribution (*o* shareout) // (*banca*) — *per scadenza*, maturity distribution // (*stat.*): — *normale*, normal distribution; — *temporale*, temporal distribution; — *statistica*, statistical distribution // (*ecol.*) *zona di —, (di una specie)* range zone // (*fis.*) — *di velocità*, distribution of velocities **2** (*disposizione*) distribution, arrangement; layout: *la — delle stanze di un appartamento*, the distribution of the rooms in a flat **3** (*mecc.*) distribution, timing system, valve gear: — *a cassetto*, slide valve gear; *albero della* —, slide valve; *catena della* —, timing chain.

districare *v.tr.* to disentangle, to extricate: — *un nodo*, to untie a knot; — *qlcu. da qlco.*, to disentangle (*o* to extricate) s.o. from sthg.; — *una situazione difficile*, to disentangle a difficult situation.

□ **districarsi** *v.rifl.* to disentangle oneself; to extricate oneself; to free oneself: *si districò dal pericolo*, he extricated himself from the danger; *è nei pasticci e non sa come* —, he's in a fix and doesn't know how to get out of it.

distrofia *s.f.* (*med.*) dystrophy: — *muscolare*, muscular dystrophy.

distrofico *agg.* (*med.*) dystrophic.

distruggere *v.tr.* **1** to destroy; to wreck: *l'esercito del re fu completamente distrutto*, the king's army was entirely destroyed; *il nemico distrusse la città*, the enemy destroyed the town; *la pioggia aveva distrutto tutto*, the rain had destroyed everything; — *documenti, manoscritti*, to destroy documents, manuscripts; *riuscì a — le prove del delitto*, he managed to destroy the proof of the crime; *nell'incidente ha distrutto la macchina*, in the accident he wrecked his car; *è un bambino terribile, distrugge tutto quello che tocca*, he's a dreadful child, he destroys everything he touches; *tutte le sue speranze furono distrutte*, all his hopes were destroyed; *quella donna l'ha distrutto*, that woman has been his ruin; *due ore di tennis mi hanno distrutto*, two hours' tennis finished me // *nulla si crea nulla si distrugge*, nothing can be either created or destroyed **2** (*fig.*) to shatter: *fu distrutto dal dolore*, he was shattered by grief **3** (*non com.*) (*liquefare*) to melt: — *la cera*, to melt wax.

□ **distruggersi** *v.rifl.* **1** to destroy oneself; (*consumarsi*) to pine (away), to waste away: *si sta distruggendo con le sue stesse mani*, he's destroying himself with his own hands (*o* he's digging his own grave) **2** (*non com.*) (*liquefarsi*) to melt.

distruttibile *agg.* destroyable, destructible.

distruttività *s.f.* destructiveness, destructivity.

distruttivo *agg.* destroying, destructive: *questo nuovo proiettile ha un elevato potere* —, this new projectile has a high destructive power; *critica distruttiva*, destructive criticism.

distrutto *agg.* **1** destroyed **2** (*fig.*) shattered, broken: *una vita distrutta*, a shattered life; *è una persona distrutta dal dolore*, he's grief-stricken; *mi sento — dopo una settimana di lavoro intenso*, I feel shattered after a week of hard work; *non c'è la faccio più, sono —!*, I can't go on, I'm exhausted (*o* shattered) **3** (*liquefatto*) melted.

distruttore *agg.* destructive ◆ *s.m.*, **distruttrice** *s.f.* destroyer.

distruzione *s.f.* destruction: *la — di Troia*, the destruction of Troy; *istinto di* —, destructive instinct; *le distruzioni causate dalla guerra, dalle alluvioni*, the destruction caused by war, floods; *seminare ovunque — e morte*, to sow death and destruction everywhere.

disturbare *v.tr.* **1** to disturb; (*infastidire*) to trouble; (*seccare*) to bother, to annoy: *non disturbarmi!*, don't bother me!; *disturbo?*, am I disturbing you?; *non mi disturbate affatto*, you're not troubling me at all; *non volevo disturbarti mentre dormivi*, I did not want to disturb you while you were sleeping; *la musica disturbava la sua lettura*, the music disturbed his reading; *scusatemi se vi disturbo*, sorry to bother you; *se ciò non vi disturba*, if it is not too much trouble for you; *sono spiacente di disturbarvi tanto*, I am sorry to give you so much trouble; *ti disturbo qui?*, am I in your way? **2** (*sconvolgere*) to upset*: *ciò disturba i miei piani*, it upsets (*o* interferes with) my plans **3** (*indisporre*) to upset*: *qualcosa mi ha disturbato lo stomaco*, something has upset my digestion; *il viaggio in mare mi ha disturbato*, the sea voyage upset me **4** (*trasmissioni radio*) to jam.

□ **disturbarsi** *v.rifl.* to trouble (oneself), to take* the trouble (of doing *o* to do): *non disturbarti a scrivere*, don't trouble to write; *non disturbatevi!*, don't bother!: *non disturbatevi a riaccompagnarmi a casa*, don't bother about taking me back home; *ma che bel regalo! non dovevi disturbarti*, what a lovely present! you shouldn't have bothered; *stia comodo, non si disturbi*, please don't stand up (*o* please don't bother to get up).

disturbato *agg.* **1** disturbed **2** (*sconvolto*) upset, agitated **3** (*indisposto*) unwell, upset **4** (*rad.*) jammed.

disturbatore *agg.* disturbing, troubling ◆ *s.m.*, **disturbatrice** *s.f.* disturber: (*dir.*) — *della quiete pubblica*, disturber of the peace; *mettere alla porta i disturbatori*, to throw out the troublemakers.

disturbo *s.m.* **1** trouble, inconvenience; (*seccatura*) annoyance: *nessun* —, no trouble at all; *senza il minimo* —, without the slightest inconvenience; *lo so che ti do molto* —, I know I am being a nuisance; *scusi il* —, sorry to disturb you; *siamo spiacenti per il — che possiamo avervi causato*, we are sorry for any inconvenience we may have caused you; *causare del — a qlcu.*, to give s.o. trouble (*o* to disturb s.o.); *prendersi il — di fare qlco.*, to take the trouble to do sthg.; *tolgo il —!*, I'll be off // (*dir.*) — *della quiete pubblica*, disturbance (*o* breach of the peace) **2** (*malattia*) trouble, illness, ailment: *disturbi di cuore*, heart disease; *disturbi di fegato*, liver trouble; *disturbi dovuti alla dentizione*, teething troubles; *ha avuto un leggero* —, he had a slight illness **3** (*rad.*) (*intenzionale*) jamming, disturbance; (*rumore*) noise: *disturbi atmosferici*, atmospherics; *disturbi continuati*, grinder; *ricezione senza disturbi*, noise-free reception.

disubbidiente *agg.* disobedient // *non fare il —!*, don't be disobedient.

disubbidienza *s.f.* disobedience: *una* —, an act of disobedience; *commettere una lieve* —, to commit a minor act of disobedience; — *a un ordine*, disobedience of an order; (*dir.*) — *civile*, civil disobedience.

disubbidire *v.intr.* **1** to disobey; *non — ai tuoi genitori!*, don't disobey your parents!; *disubbidisce sempre*, he's always disobedient **2** (*trasgredire*) to disobey: *disubbidì all'ordine ricevuto*, he disobeyed the orders he had received; — *alle leggi*, to break the law.

disuguaglianza *s.f.* **1** inequality; (*disparità*) disparity; (*differenza*) difference: — *di età*, disparity of (*o* in) age (*o* in years); *le disuguaglianze sociali*, social inequalities **2** (*di terreno*) unevenness, inequality **3** (*mat.*) inequality: — *triangolare*, triangle inequality.

disuguagliare *v.tr.* (*non com.*) to make* unequal; to make* irregular; to make* different.

disuguale *agg.* **1** (*differente*) different; dissimilar (to s.o., sthg.); (*discordante*) discordant (with, to, from s.o., sthg.): *bambini di età* —, children of different ages; *opinioni disuguali*, discordant opinions; *agli alunni è stato riservato un trattamento* —, the pupils were treated differently from one another **2** (*irregolare*, *discontinuo*) uneven, rough; irregular: *terreno* —, uneven ground; *umore* —, changeable temper; *stile* —, discontinuous (*o* uneven) style; *lo studente ha un rendimento — durante l'anno*, the student has an inconsistent performance during the year.

disugualmente *avv.* **1** unequally, unevenly **2** (*irregolarmente*) irregularly **3** (*differentemente*) differently, dissimilarly.

disumanare *v.tr.* (*letter.*) to divest of humanity; to render inhuman, to brutalize.
□ **disumanarsi** *v.intr.pron.* to be brutalized, to become* inhuman.

disumanità *s.f.* inhumanity: *la — dell'uomo verso i suoi simili*, man's inhumanity to man.

disumanizzare *v.tr.* to dehumanize, to brutalize: *la guerra può — gli uomini*, war can turn men into beasts.
□ **disumanizzarsi** *v.intr.pron.* to be dehumanized, to be brutalized.

disumanizzazione *s.f.* dehumanization, brutalization.

disumano *agg.* **1** (*crudele*, *spietato*) inhuman, cruel: *una ferocia disumana*, inhuman ferocity; *per me è — usare questi metodi*, I think it's inhuman to use these methods **2** (*fig.*) inhumane, cruel: *leggi disumane*, inhumane laws; *perderla sarebbe per me un dolore* —, it would be a cruel blow if I lost her // (*dir.*) *pena disumana*, cruel and unusual punishment.

disumare *v.tr.* (*non com.*) to exhume, to exhumate, to disinter.

disungere *v.tr.* (*rar.*) to remove grease from (sthg.).

disuniforme *agg.* uneven, irregular.

disunione *s.f.* disunion; (*discordia*) discord, disagreement, dissension: *portò la — nella famiglia*, he sowed discord in the family; *la — all'interno del partito ha causato la scissione*, discord within the party caused the split; *la — di quella coppia è totale!*, the rift between the couple is complete.

disunire *v.tr.* to disunite, to break* up; (*fig.*) to divide, to create dissension among (sthg.); to set* at variance: — *la famiglia*, to break up the family; — *gli animi*, to create dissension.
□ **disunirsi** *v.rifl.* o *intr.pron.* **1** to become* disunited, to break* up: *ormai il loro gruppo si è disunito*, their group has now broken up **2** (*sport*) to become* disorganized.

disunitamente *avv.* separately; without unity.

disunito *agg.* **1** disunited, divided: *è difficile lavorare in un gruppo* —, it's hard to work in a disunited group; *famiglia disunita*, divided family **2** (*slegato*, *disorganico*) uneven, uncoordinated.

disuria *s.f.* (*med.*) dysury, dysuria.

disusanza *s.f.* (*ant.*) disuse.

disusare *v.tr.* **1** (*non com.*) to disuse, to cease to use, to use no longer **2** (*letter.*) (*usare male*) to misuse **3** (*letter.*) (*disabituare*) to disaccustom; (*divezzare*) to wean.

disusato *agg.* **1** disused; out-of-date, obsolete: *parola disusata*, obsolete word; *stile* —, old-fashioned style **2** (*letter.*) (*disabituato*) no longer accustomed **3** (*letter.*) (*insolito*) unusual.

disuso *s.m.* disuse: *cadere in* —, to fall into disuse; *parole cadute in* —, words that have fallen out of use (*o* obsolete words); *che sta cadendo in* —, obsolescent.

disutile *agg.* (*letter.*) **1** useless **2** (*inetto*) good-for-nothing (*attr.*), good for nothing (*pred.*) ◆ *s.m.* (*non com.*) **1** (*buono a nulla*) good-for-nothing: *quel ragazzo è un* —, that boy is a good-for-nothing **2** (*perdita*) loss.

disutilità *s.f.* **1** uselessness **2** (*econ.*) disutility: — *del lavoro*, disutility of labour.

disvalore *s.m.* disvalue, negative value.

disvantaggio → **svantaggio**.

disvelare → **svelare**.

disvellere *v.tr.* (*letter.*) to uproot; (*fig.*) to eradicate.
□ **disvellersi** *v.rifl.* to detach, to uproot oneself.

disvestire *v.tr.* (*letter.*) **1** to unclothe, to undress **2** (*fig.*) (*privare*) to divest, to deprive.
□ **disvestirsi** *v.rifl.* to undress.

disviare *v.tr.* (*letter.*) to lead* astray (*anche fig.*) ◆ *v.intr.* to go* astray, to stray.

disvio *s.m.* (*non com.*) **1** (*il disviare*) leading astray, diversion; (*il disviarsi*) going astray **2** (*disguido*) error, mistake.

disvitaminosi *s.f.* (*med.*) vitamin deficiency.

disvolere *v.tr.* (*letter.*) to wish for (sthg.) no longer: *vuole e disvuole*, she will and she won't.

disvolgere *v.tr.* (*rar.*) to unroll, to unfold, to spread*.

ditale *s.m.* **1** thimble: *un — d'acqua*, a thimbleful of water **2** (*per proteggere un dito malato*) fingerstall.

ditata *s.f.* **1** fingermark, fingerprint: *c'erano le sue ditate su tutto il libro*, his fingermarks were all over the book **2** (*colpo col dito*) poke (with a finger): *dare una — in un occhio a qlcu.*, to give s.o. a poke in the eye **3** (*quantità che si può raccogliere col dito*) dab: *una — di crema*, a dab of cream.

diteggiare *v.tr.* e *intr.* (*mus.*) to finger.

diteggiatura *s.f.* (*mus.*) fingering.

ditionato *s.m.* (*chim.*) dithionate.

ditionico *agg.* (*chim.*) dithionic: *acido* —, dithionic acid.

ditionito *agg.* (*chim.*) dithionite, hydrosulphite.

ditionoso *agg.* (*chim.*) dithionous, hydrosulphurous.

ditirambico *agg.* **1** (*poesia*) dithyrambic **2** (*fig.*) eulogizing: *elogio* —, eulogizing speech.

ditirambo *s.m.* **1** (*poesia*) dithyramb **2** (*fig.*) eulogy.

ditisco *s.m.* (*zool.*) dytiscus.

dito *s.m.* **1** finger; (*del piede*) toe: — *anulare*, ring finger; — *indice*, forefinger; — *medio*, middle finger; — *mignolo*, little finger; — *pollice*, thumb; — *grosso*, (*alluce*) big toe, (*pollice*) thumb; *ha il brutto vizio di mettersi le dita nel naso*, he has the nasty habit of picking his nose; *questo guanto ha le dita troppo corte*, the fingers of this glove are too short; *mi minacciò con il — alzato*, he wagged his finger threateningly at me; *cacciarsi un — in un occhio*, to stick a finger in one's eye // *mostrare, indicare con il* —, to point out; *mi indicò con il — la sua casa*, he pointed his home out to me // *mostrare, segnare qlcu. a* —, to point (one's finger) at s.o. // *il — di Dio*, the hand of God // *è roba da leccarsi le dita!*, it's delicious! // *incrociare le dita*, to keep one's fingers crossed // *si contano sulle dita di una mano*, you can count them on the fingers of your hand // *gli dai un — e si prende una mano*, give him an inch and he'll take a yard // *non aveva la forza di alzare un* —, she was so weak she couldn't lift a finger // *non mosse un — per noi*, he didn't lift a finger to help us // *non muove un — tutto il santo giorno*, she doesn't do a stroke of work all day long // *sa la storia sulla punta delle dita*, he knows history inside out // *se la legò al* —, he took it badly // *stammi alla larga perché mi prudono le dita*, stay away from me, I'm itching to hit you // *mettere il — sulla piaga*, to touch a sore spot // *mordersi le dita*, to repent bitterly // *toccare il cielo con un* —, to be beside oneself with joy // *tra moglie e marito non mettere il* —, (*prov.*) never come between a man and his wife **2** (*spazio, lunghezza di un dito a mo' di misura*) inch; (*nel senso della larghezza*) finger: *bisogna accorciare la gonna di un* —, the skirt needs to be taken up an inch; *versami solo un — di vino*, pour me just a finger of wine // *essere a un — da*, to be within a hair's breadth of **3** (*anat.*, *zool.*) digit.

ditone *s.m.* (*fam.*) (*alluce*) big toe.

ditrocheo *s.m.* (*metrica*) ditrochee.

ditta *s.f.* **1** firm, business (enterprise), company, concern, house: — *commerciale*, commercial house; — *concorrente*, rival firm; — *di modeste dimensioni*, outfit; — *di prodotti farmaceutici*, pharmaceutical company; — *di vendita per corrispondenza*, mail order firm; — *familiare*, family business; — *fornitrice*, (firm of) suppliers; — *esportatrice*, export firm (*o* exporter); — *importatrice*, import firm (*o* importer); — *individuale*, one-man business; *Spett.* —, Dear Sirs, (*amer.*) Gentlemen, (*negli indirizzi*) Messrs; *ragione sociale di una* —, firm's style; *la — non è intestata a suo nome*, the company is not in his name; *sciogliere una* —, to wind up (*o* dissolve) a firm; *fondare una* —, to establish (*o* set up) a firm // *offre la* —, *paga la —!*, it's on the house: *bevi finché vuoi, paga la* —, drink all you want, it's on the house **2** (*teatr.*) company.

dittafono® *s.m.* dictaphone®.

dittamo *s.m.* (*bot.*) (*Dictamus albus*) fraxinella; (*scient.*) dittany // — *cretico*, (*Origanum dictamus*) dittany.

dittare e *deriv.* → **dettare** e *deriv.*

dittatore *s.m.* **1** (*st. romana*) dictator **2** (*fig.*) (*tiranno*) despot, tyrant: *fare il* —, (*fig.*) to be a despot **3** (*fig.*) dictator: *è un — in fatto di moda*, he dictates the fashion.

dittatoriale *agg.* **1** dictatorial, despotic: *paese a regime* —, a country with a dictatorial regime **2** (*estens.*) imperious, despotic: *carattere* —, imperious character.

dittatorio *agg.* (*non com.*) dictatorial; imperious.

dittatura *s.f.* dictatorship: — *fascista*, Fascist dictatorship; *instaurare, abbattere una* —, to set up, to overthrow a dictatorship // — *del proletariato*, dictatorship of the proletariat // *la figlia si ribellò alla — del padre*, the daughter rebelled against her father's authoritarianism.

dittero[1] *s.m.* (*zool.*) dipteron, dipteran ◆ *agg.* (*zool.*) dipterous.

dittero[2] *agg.* (*arch.*) → **diptero**.

dittico *s.m.* diptych.

dittografia *s.f.* (*filologia*) dittography.

dittologia *s.f.* (*ling.*) dittology.

dittongare *v.tr.* (*non com.*) to diphthongize ◆ *v.intr.* (*ling.*) to form a diphthong.

dittongazione *s.f.* (*ling.*) diphthongization.

dittongo *s.m.* (*ling.*) diphthong: — *ascendente, discendente*, rising, falling diphthong.

diuresi *s.f.* (*med.*) diuresis*.

diuretico *agg.* e *s.m.* (*med.*) diuretic: *acqua minerale diuretica*, diuretic mineral water; *un ottimo* —, an excellent diuretic.

diurnista *s.m.* e *f.* temporary clerk; (*fam.*) temp.

diurno *agg.* day (*attr.*); diurnal: *lavoro* —, day work; *ore diurne*, daytime; *scuola diurna*, day school; (*teatr.*) *spettacolo* —, matinée; *turno* —, day shift // (*astr.*): *arco, moto* —, diurnal arc, motion; *parallasse diurna*, diurnal parallax ◆ *s.m.* (*eccl.*) diurnal.

diuturno *agg.* (*letter.*) diuturnal, long, long-lasting.

diva *s.f.* **1** (*poet.*) (*dea*) goddess **2** (*stella cinematografica*) film star; (*cantante*) star // *chi crede di essere? una —?*, (*estens.*) who does she think she is? a star?

divagamento *s.m.* (*non com.*) wandering, digression.

divagare *v.intr.* **1** (*letter.*) to wander, to stray, to divagate **2** (*fig.*) to wander, to digress, to stray, to divagate: — *da un tema*, to wander from a subject; *non —, rispondi alla mia domanda!*, stop rambling! Answer my question! ◆ *v.tr.* (*non com.*) to divert, to distract: *ogni cosa lo divaga*, everything distracts him.

□ **divagarsi** *v.rifl.* (*divertirsi*) to amuse oneself.

divagazione *s.f.* **1** wandering, digression: *fare una* —, to make a digression **2** (*non com.*) (*divertimento*) diversion, distraction, recreation.

divampamento *s.m.* (*rar.*) blazing, flare-up (*anche fig.*); (*fig.*) outbreak.

divampare *v.intr.* **1** to burst* into flame, to blaze, to flare up: *il fuoco divampò nuovamente*, the fire flared up again; *l'incendio divampava*, the fire was blazing **2** (*fig.*) to spread* like wildfire: *la rivolta divampò in tutto il paese*, the revolt spread like wildfire throughout the country; *le passioni divampavano*, passions were running high // — *d'ira*, to blaze with anger (*o* to flare up).

divano *s.m.* **1** sofa; divan: — *letto*, divan bed **2** (*Consiglio di Stato, Sala del Consiglio in Turchia*) divan **3** (*canzoniere di un poeta orientale*) divan.

divaricabile *agg.* that can be opened wide.

divaricamento *s.m.* straddle.

divaricare *v.tr.* to open (sthg.) wide, to open (sthg.) out, to spread*: — *le gambe*, to part one's legs.

□ **divaricarsi** *v.intr.pron.* to open wide.

divaricata *s.f.* splits (*pl.*).

divaricato *agg.* **1** wide apart, spread apart (*pred.*): *sedere a gambe divaricate*, to sit with one's legs wide apart **2** (*bot., zool.*) divaricate.

divaricatore *s.m.* (*med.*) retractor.

divaricazione *s.f.* divarication (*anche fig.*).

divario *s.m.* difference; diversity: *tra loro c'è un incolmabile — culturale*, there is an overwhelming cultural difference between them; *c'è un bel —!*, that makes a great difference! // — *tecnologico*, technological gap.

divedere *v.tr.* (*non com.*) *nella locuz.*: *dare a* —, to show* clearly; (*dar a credere, a intendere*) to make* believe, to give* to understand: *egli dava a — la noia*, he showed his boredom.

diveggiare *v.intr.* to act like a (film) star, to be temperamental.

divellere *v.tr.* (*letter.*) to uproot, to eradicate, to pull up (by the roots): — *un albero*, to uproot a tree (*o* to pull up a tree by its roots); — *un palo dal terreno*, to pull a pole up out of the ground.

□ **divellersi** *v.rifl.* (*letter.*) to tear* oneself away.

divelto *agg.* torn off, pulled off: *alberi divelti dalla radice*, eradicated (*o* uprooted) trees; *alcuni pali erano stati divelti dalle raffiche di vento*, some poles had been pulled up (*o* torn up) by the gusts of wind.

divenire, diventare *v.intr.* **1** to become*: *divenne il capo dell'impresa*, he became the head of the firm; *divenne famoso*, he became famous; *divenne generale, dottore*, he became a general, a doctor; *è divenuto mio amico*, he has become my friend; *spesso le consuetudini diventano leggi*, customs often become law; — *nemico di qlcu.*, to become s.o.'s enemy; — *re*, to become king; — *sospettoso di qlcu.*, to become suspicious of s.o. // *c'è da — matti!*, it is enough to drive one mad!; *mi farai — matto!*, you will drive me mad! **2** (*farsi*) to grow* (into s.o., sthg.); (*di cose concrete*) to turn into (sthg.); (*di cose astratte*) to turn to (sthg.); (*fam.*) to get* (*solo con agg. e p.p.*): *l'acqua diventò ghiaccio*, the water turned into ice; *diverrà un buon attore*, he will make a good actor; *è diventato un bel ragazzo*, he has grown up into a handsome young man; *è diventato un uomo*, he has grown into a man; *la nostra felicità è diventata amaro rimpianto*, our happiness has turned to bitter regret; *quando divenne buio*, when it got (*o* grew) dark; *il vino divenne aceto*, the wine turned into vinegar; — *acido*, to turn sour; — *alto*, to grow tall; — *rosso*, to turn pink (*o* red); — *vecchio*, to grow (*o* to get) old: *diventiamo vecchi*, we are getting old // — *di mille colori*, to blush deeply.

divenire *s.m.* (*fil.*) becoming: *l'essere e il* —, being and becoming.

diverbio *s.m.* dispute, quarrel, altercation: *avere un — con qlcu.*, to have a quarrel with s.o.

divergente *agg.* **1** divergent, diverging (*anche fig.*): *avere opinioni divergenti*, to have divergent (*o* differing) opinions // (*mat.*): *linee divergenti*, divergent lines; *semirette divergenti*, divergent half-lines // (*fis.*) *lente* —, diverging lens // (*econ.*) *ciclo* —, divergent cycle **2** (*bot., zool.*) divaricate ◆ *s.m.* (*mar.*) kite; otter board.

divergenza *s.f.* **1** (*mat., fis.*) divergence, divergency **2** (*disparità*) difference, divergence: — *d'opinioni*, disagreement **3** (*aer.*) divergence: — *laterale, longitudinale*, lateral, longitudinal divergence.

divergere *v.intr.* **1** to diverge; (*deviare*) to deviate: *la strada diverge dal fiume*, the road diverges from the river **2** (*essere in contrasto*) to diverge, to differ: *le nostre idee divergono*, our ideas diverge (*o* differ).

diversamente *avv.* **1** (*in modo diverso*) differently, in a different way; otherwise: *in quella circostanza non si poteva fare* —, in those circumstances it was impossible to do otherwise (*o* to act differently); *sai benissimo che io la penso* —, you know quite well that I think differently // — *da*, differently from: *avrei agito — da te*, I'd have behaved differently from you **2** (*in caso contrario*) otherwise, or else: *devi partire subito, — perderai l'aereo*, you must leave at once, or else you'll miss your plane.

diversificare *v.tr.* to diversify: — *la produzione*, to diversify production.

□ **diversificarsi** *v.intr.pron.* to be different, to differ (*anche fig.*): *le due proposte si diversificano nel costo*, the two proposals differ in cost.

diversificazione *s.f.* **1** diversification, differentiation: — *dei prodotti*, product differentiation; — *degli scambi commerciali*, diversification of trade **2** (*varietà*) variety.

diversione *s.f.* **1** deviation, diversion; (*di percorso*) detour: — *di un corso d'acqua*, diversion of a stream; *la strada principale era bloccata, dovemmo perciò fare una* —, the main road was blocked so we had to make a detour // (*econ.*) — *degli scambi*, trade diversion **2** (*digressione*) digression: *fare una* —, to make a digression **3** (*mil.*) diversion: *una manovra di* —, a diversionary manoeuvre.

diversità *s.f.* diversity, difference; (*dissimiglianza*) dissimilarity, unlikeness; (*varietà*) variety: *una — di idee porta alla discussione*, a diversity of opinions leads to discussion; *c'è una certa — fra questi due colori*, there is some difference between these two colours; *nel gruppo c'era una tale — di opinioni che...*, there was such a variety of opinions in the group that...

diversivo *agg.* (*non com.*) **1** deviating // *canale* —, deviation canal **2** (*che distrae*) diverting, distracting: *argomento* —, distracting subject ◆ *s.m.* **1** (*canale che devia acqua da un fiume*) deviation canal **2** (*svago*) diversion, change, distraction; amusement: *ho bisogno di un* —, I need a change; *si lamentò che vi fossero pochi diversivi*, he complained that there were few diversions; *cercare un — alla noia*, to look for a means of escape from boredom.

diverso *agg.indef.* (*spec. pl.*) several, quite a few [cfr. *molto, parecchio*]: *diversi giorni fa*, several days ago; *c'era diversa gente nella piazza*, there were quite a few people in the square; *ho diverse cose da dirti*, I've got several things to tell you ◆ *pron.indef.pl.* several people, quite a few people: *non ci sono tutti, ne mancano diversi*, they're not all here, several (*o* quite a few) are missing; *alla manifestazione hanno partecipato in diversi*, quite a few people took part in the demonstration.

diverso *agg.* **1** different, dissimilar, unlike; (*disuguale*) unequal; (*divergente*) divergent: *sono due persone molto diverse per educazione e per età*, they are two very dissimilar people as regards upbringing and age; *sei molto — da quanto credevo*, you are quite different from (*o* unlike) what I thought; *la tua versione è completamente diversa dalla sua*, your version is completely different from (*o* quite unlike) his; *non potevano intendersi, erano troppo diversi*, they could never understand each other, they were too different; *le tue aspirazioni sono molto diverse dalle mie*, your aspirations are very different from mine; *gli interessi del sindacato e della direzione sono diversi*, the trade union and the management have divergent interests; *traguardi diversi, ma non opposti*, different, but not opposed, goals; *mi va bene qualunque posto — da questo*, I'll take any seat but this one; *abbiamo passato una serata diversa dalle solite*, we had a different evening from usual; *dividere qlco. in porzioni diverse*, to divide sthg. into unequal portions // *in caso —*, otherwise **2** (*mutevole*) changing; changeable, variable **3** (*eterogeneo*) different, diverse, varied, various; sundry; *la chiesa del villaggio riunisce stili diversi*, the village church is a blend of diverse (*o* different) styles; *il tavolo è disponibile in diversi formati*, this table comes in different sizes // (*comm.*): *creditori, debitori diversi*, sundry creditors, debtors; *spese diverse*, sundry expenses **4** (*separato, distinto*) different, distinct: *abitiamo in Italia, ma in due città diverse*, we live in Italy, but in two different cities; *abitano in appartamenti diversi*, they live in different flats; *fai un elenco dettagliato delle diverse voci*, make a detailed list of the different items ♦ *s.m.* **1** (*persona diversa*) someone different **2** (*omosessuale*) gay, homosexual.

divertente *agg.* **1** amusing, entertaining, pleasant, fun: *spettacolo —*, amusing show; *è — andare a far compere con lei*, it is fun going shopping with her **2** (*buffo*) funny, amusing.

diverticolite *s.f.* (*med.*) diverticulitis.

diverticolo *s.m.* **1** (*anat.*) diverticulum* **2** (*letter.*) (*viottolo*) side lane, side street **3** (*fig.*) (*sotterfugio*) subterfuge, pretext.

diverticolosi *s.f.* (*med.*) diverticulosis.

divertimento *s.m.* **1** amusement, entertainment, fun, enjoyment; (*passatempo*) pastime, recreation; hobby: *parco dei divertimenti*, recreation ground; *lo fa per puro —*, he does it just for the fun of it; *il pagliaccio cadde in acqua con grande — degli spettatori*, the clown fell into the water to the great amusement (*o* much to the entertainment) of the spectators; *collezionare francobolli è il suo massimo —*, stamp-collecting is his favourite hobby; *ci sono molti divertimenti in una grande città*, there are plenty of things to do in a big town; *è un amante del —*, he is fond of enjoying himself // *buon —!*, have a good time! // *che —!*, what fun! **2** (*mus.*) divertimento (*pl.* -i), divertissement.

divertire *v.tr.* **1** (*ricreare*) to amuse, to entertain; (*form.*) to divert: *cerca di divertirlo!*, try to entertain him!; *la pesca lo diverte*, fishing gives him pleasure; *non c'è più nulla che mi diverta*, nothing amuses me any more **2** (*letter.*) (*deviare*) to divert.

□ **divertirsi** *v.rifl.* **1** to amuse oneself, to be amused; (*godersela*) to enjoy oneself, to have a good time, to have fun: *divertiti!*, enjoy yourself! (*o* have a good time!); *ti sei divertito a Viareggio?*, did you enjoy yourself in Viareggio?; *si diverte a prendermi in giro*, he enjoys teasing me; *ci siamo divertiti come matti*, we had a really good time // *— alle spalle di qlcu.*, to make fun of s.o. behind their back **2** (*amoreggiare*) to amuse oneself, to have fun: *non è niente di serio, vuole solo — un po'*, it's nothing serious, he only wants to have a little fun.

divertito *agg.* amused, entertained: *aveva un'aria divertita*, he had an amused air; *uno sguardo —*, an amused look.

divetta *s.f.* starlet; (*canzonettista*) music hall singer, variety artist.

divezzamento *s.m.* weaning: *età del —*, weaning age.

divezzare *v.tr.* **1** to wean: *— un bambino*, to wean a baby **2** (*fig.*) (*disabituare*) to wean, to break* (s.o) of a habit.

□ **divezzarsi** *v.rifl.* (*disabituarsi*) to wean oneself (from a habit), to break* oneself of the habit: *— dal bere*, to give up drinking; *— dal fumo*, to wean oneself off cigarettes.

dividendo *s.m.* **1** (*fin.*) dividend: *— accumulato, maturato*, accrued dividend; *— definitivo*, final dividend; *— di azioni privilegiate*, preference dividend; *— in acconto*, interim dividend; *— in azioni*, stock dividend; *— semestrale*, half-yearly dividend; *— straordinario*, bonus; *con —*, cum dividend; *azione con godimento di —*, dividend-bearing share; *cedola di —*, dividend coupon; *fissare la misura del —*, to declare a dividend; *riscuotere i dividendi*, to claim dividends; *senza dividendi, ex —*, ex dividend, (*amer.*) dividend off; *ritenuta sui dividendi*, tax on dividends **2** (*mat.*) dividend: *il — è uguale al divisore moltiplicato per il quoziente, più il resto*, the dividend is equal to the divisor multiplied by the quotient, plus the remainder.

dividere *v.tr.* **1** to divide (up); to split*; (*spartire*) to share, (*distribuendo*) to share out: *— in due*, to divide in two; *— in parti*, to divide (up) into parts (*o* to split into parts); *— i propri beni tra gli eredi*, to divide (up) one's property amongst one's heirs; *ci dividemmo il lavoro*, we divided (*o* shared out) the work between us; *dividiamo il nostro tempo fra studio e gioco*, we divide our time between study and play; *dividete la torta di mele tra di voi!*, share the apple pie among you!; *— il conto a metà*, to split the bill; *dividerò la spesa con te*, I'll go halves with you; *cerco qlcu. che divida con me le spese di viaggio*, I'm looking for s.o. to share (*o* split) the cost of the trip (with me); (*fin.*) *— gli utili fra gli azionisti*, to share out profits among shareholders; *— le spese*, to share expenses; *— il capitale*, to split the capital; *— in lotti*, to lot // *— un atto in tre scene*, to divide an act into three scenes // *non ho niente da — con lui*, I've got nothing in common with him **2** (*separare*) to separate, to divide: *la Manica divide la Francia dall'Inghilterra*, the Channel separates France from England; *questa catena di monti divide i due paesi*, this mountain range divides the two countries; *un ruscello divide il nostro prato da quello del nostro vicino*, a stream separates our meadow from our neighbour's; *stavano litigando e io cercai di dividerli*, they were fighting and I tried to separate them **3** (*condividere*) to share: *— la gioia, il dolore, l'opinione altrui*, to share s.o.'s joy, sorrow, opinion; *— una responsabilità*, to share a responsibility **4** (*disunire*) to divide, to tear*, to split*: *le lotte interne dividono il partito*, the party is torn (*o* split) by internal disputes; *la questione divise la Camera*, the House was divided on this question; *— una famiglia*, to divide a family // *dividi e impera!*, divide and rule! **5** (*mat.*) to divide: *dividi 125 per 5*, divide 125 by 5; *il due divide tutti i numeri pari*, two divides all even numbers **6** (*chim., fis.*) to split*.

□ **dividersi** *v.rifl.* **1** (*separarsi*) to part: *la folla si divise*, the crowd parted; *— da qlcu., da qlco.*, to part from s.o., with sthg. **2** (*dedicarsi*) to divide oneself between: *si divide tra casa e lavoro*, she divides herself between home and job ♦ *v.rifl.rec.* (*dir.*) to separate: *mia moglie e io abbiamo deciso di dividerci*, my wife and I have decided to separate ♦ *v.intr.pron.* **1** (*essere suddiviso*) to be divided: *il metro si divide in centimetri*, the metre is divided into centimetres **2** (*non com.*) (*fendersi*) to break* (up); to split* asunder, to crack: *il marmo si divise in tre parti*, the marble broke into three parts; *il Po si divide alla foce*, the Po divides at its mouth.

dividivi *s.m.* (*bot.*) (*Caesalpina coriaria*) divi-divi.

divietare *v.tr.* (*letter.*) to prohibit, to forbid*.

divieto *s.m.* **1** prohibition: *la religione musulmana fa — di bere alcolici*, the Muslim religion forbids alcoholic drink; *— di affissione*, stick no bills; *— di fumare*, no smoking; *— di parcheggio*, no parking; *— di transito*, no thoroughfare; *— d'accesso*, no entry (*o* keep out); *— di balneazione*, no bathing; *— di pesca*, no fishing; *ho lasciato l'automobile in — di sosta*, I left the car in a no parking area; (*econ.*) *— di importazione, esportazione*, import, export ban **2** (*dir.*) (*spec. amer.*) (*per ordine del giudice*) enjoinment.

divina *s.f.* (*donna affascinante*) goddess.

divinamente *avv.* divinely; beautifully, exquisitely, excellently: *suona il piano —*, he plays the piano beautifully.

divinare *v.tr.* (*letter.*) to divine; (*prevedere*) to foresee*; (*predire*) to foretell*, to predict, to prophesy.

divinatore *agg.* divining; (*profetico*) prophetic(al): *arti divinatrici*, prophetic arts ♦ *s.m.* diviner; (*veggente*) seer; (*profeta*) foreteller, prophet.

divinatorio *agg.* (*letter.*) divinatory, divining: *facoltà divinatoria*, divination; *verga divinatoria*, divining rod.

divinatrice *s.f.* diviner; (*veggente*) seeress; (*profetessa*) prophetess, sybil.

divinazione *s.f.* divination.

divincolamento *s.m.* wriggle, wriggling; (*il contorcersi*) writhing, twisting; (*per liberarsi*) struggle, struggling.

divincolare *v.tr.* to wriggle, to writhe: *il serpente divincolava tutto il corpo*, the snake wriggled its whole body.

□ **divincolarsi** *v.rifl.* **1** to wriggle; (*contorcersi*) to writhe; (*lottare per liberarsi*) to struggle: *— come un'anguilla*, to wriggle like an eel; *avanzare divincolandosi*, to wriggle along **2** (*liberarsi*) to wriggle out (of sthg.); to wriggle (oneself) free, to twist out: *tentava inutilmente* *di — dalle mani dei rapitori*, he tried to wriggle (*o* struggle) free from the hands of his kidnappers.

divincolio *s.m.* wriggling; (*contorcimento*) writhing; (*per liberarsi*) struggling.

divinilbenzene *s.m.* (*chim.*) divinylbenzene.

divinità *s.f.* **1** divinity, divineness; deity, godhead: *riconoscere la — di Cristo*, to acknowledge the divinity of Christ **2** (*Dio*) God; (*nume*) god: *adorare la Divinità*, to worship God (*o* the Divinity).

divinizzare *v.tr.* **1** to deify **2** (*fig.*) to glorify, to exalt.

divinizzazione *s.f.* **1** deification; (*letter.*) apotheosis* **2** (*fig.*) glorification, exaltation.

divino *agg.* **1** divine; (*simile a Dio*) godlike: *il — Achille*, godlike Achilles; *il diritto — dei re*, the divine right of kings; *scienza divina*, theology; *misericordia divina*, Divine mercy; *la divina provvidenza*, Divine Providence; *per grazia divina*, by the grace of God // *le divine scritture*, the Holy (*o* Sacred) Scriptures **2** (*nobilissimo, eccelso*) heavenly, divine; perfect, beautiful, excellent; adorable: *il — Poeta*, the divine Poet; *ha una voce divina*, she has a heavenly voice; *è stata una cena divina*, it was an excellent (*o* a delicious) meal // *la 'Divina Commedia'*, 'The Divine Comedy'.

divisa[1] *s.f.* **1** uniform; (*livrea*) livery: *— ordinaria*, service dress; *erano tutti in —*, they were all in uniform; *c'era un ufficiale in — di gala*, there was an officer wearing full (*o* gala) dress; *una — da poliziotto*, a policeman's uniform **2** (*sport*) strip, uniform: *— da calciatore*, football strip **3** (*non com.*) (*scriminatura*) (hair) parting **4** (*motto*) motto*, device (*anche fig.*): *'Vivi e lascia vivere', quella è la sua —*, 'Live and let live', that is his motto.

divisa[2] *s.f.* (*fin.*) **1** (*valuta*) currency: *— estera*, foreign currency (*o* exchange); *— forte, pregiata*, hard currency; *obbligazione in —*, currency bond **2** (*cambiale estera*) foreign bill (of exchange).

divisare *v.tr.* to plan, to propose.

divisibile *agg.* divisible: (*mat.*) *— per due*, divisible by two; (*dir.*) *beni divisibili*, divisible property.

divisibilità *s.f.* divisibility (*anche mat.*).

divisionale *agg.* **1** (*mil.*) divisional **2** (*fin.*) divisional, fractional, token (*attr.*): *moneta —*, divisional coin (*o* fractional money *o* token money *o* token).

divisionario *agg.* **1** (*non com.*) divisionary **2** (*fin.*) → **divisionale**.

divisione *s.f.* **1** division; (*separazione*) partition, separation: *— di una regione in province*, subdivision of a region into provinces; *— in sillabe*, (*di una parola*) syllabication (*o* syllabification); *la — delle classi*, the division of classes; *muro di —*, partition (wall); *una onesta — del denaro*, a fair division of the money; *— del lavoro*, division of labour; *— di un lavoro a tempo pieno fra due persone*, job sharing // (*econ.*): *— del mercato*, market sharing; *la — del capitale azionario*, the split of the stock capital; *— dei profitti*, profit sharing (*o* division) // (*dir.*): *— patrimoniale*, partition; *— dell'eredità*, distribution of the estate; *— consensuale* (*di beni*), voluntary partition **2** (*discordia*) division, discord: *divisioni interne*, internal divisions; *produrre divisioni nella società*, to cause divisions in society **3** (*mat.*) division: *la — è una delle quattro operazioni*, division is one of the four operations **4** (*mil.*) division: *— corazzata*, armoured division; *— navale*, naval division; *generale di —*, major general **5** (*amm.*) department, bureau*; (*amer.*) division: *capo —*, head of a department **6** (*tecn.*) indexing: *— angolare*, angular indexing; *— composta*, compound indexing **7** (*sport*) division.

divisionismo *s.m.* (*pitt.*) pointillism(e).

divisionista *agg.* (*pitt.*) pointillist(e): *pittore —*, pointillist painter ◆ *s.m.* e *f.* (*pitt.*) pointillist(e).

divisionistico *agg.* (*pitt.*) pointillistic.

divismo *s.m.* **1** hero worship, fan worship: *il fenomeno del — è tipico dei giovani*, hero worship is typical of young people **2** (*esibizionismo*) exhibitionism, starlike behaviour.

diviso *agg.* **1** divided: *— in tre parti*, divided into three parts; *— per tre*, divided by three **2** (*separato*) separated: *vive — dalla moglie*, he lives separated from his wife **3** (*condiviso*) shared: *un parere — da molti*, an opinion shared by many **4** (*bot., zool.*) partite.

divisore *s.m.* **1** (*mat.*) divisor: *massimo comun —*, greatest (*o* highest) common divisor **2** (*mecc.*) (*testa a dividere*) index head, dividing head, indexing head: *— ottico*, optical dividing head; *— universale*, universal indexing head **3** (*elettr.*) divider: *— di frequenza*, frequency divider; *— di tensione*, voltage divider (*o* potential divider).

divisorio *agg.* dividing, separating: *muro —*, partition wall (*o* dividing wall) ◆ *s.m.* partition, division.

divistico *agg.* starlike, film star (*attr.*).

divo *agg.* (*letter.*) divine; (*simile a un dio*) godlike ◆ *s.m.* **1** (*letter.*) god; deity **2** (*personaggio noto*) star: *— del cinema*, a film star; *— dello sport*, sports star.

divolgare → **divulgare**.

divorare *v.tr.* **1** to devour, to eat* up, to wolf (down): *un leone lo divorò*, a lion devoured him; *divorò il suo spuntino in un attimo*, he ate up his snack (*o* devoured his snack *o* wolfed down his snack); *— il pranzo*, to devour (*o* to eat up) one's dinner **2** (*fig.*) to devour: *divorato dalla curiosità*, devoured by curiosity; *l'amore, la gelosia, l'odio lo divora*, he is consumed by love, jealousy, hatred; *è divorato dall'orgoglio*, he is eaten up with pride; *il fuoco divorò la casa*, the fire destroyed the house; *— un libro*, to devour a book; *— un patrimonio*, to squander a fortune; *— qlcu. con gli occhi*, to look longingly at s.o.; *— la strada*, to scorch (*o* burn) up the road; *— i chilometri*, to eat up the kilometres.

□ **divorarsi** *v.intr.pron.* to consume oneself (with sthg.); to be consumed (with sthg.), to be eaten up (with sthg.).

divoratore *agg.* devouring, voracious: *fuoco —*, devouring fire ◆ *s.m.*, **divoratrice** *s.f.* **1** devourer, great eater **2** (*fig.*) avid consumer: *è un — di libri*, he's an avid consumer of books.

divorziare *v.intr.* to divorce (s.o.), to be divorced: *divorziarono dopo un mese*, they were divorced after a month; *stanno divorziando*, they're getting divorced; *ha divorziato dalla prima moglie nel 1980*, he divorced (*o* got divorced from) his first wife in 1980.

divorziato *agg.* divorced ◆ *s.m.*, **divorziata** *s.f.* divorcee.

divorzio *s.m.* **1** (*dir.*) divorce: *chiedere il —*, to apply for a divorce; *ottenere il —*, to obtain a divorce; *iniziare la procedura di —*, to take (*o* to start) divorce proceedings; *— consensuale*, friendly divorce; *sentenza di —*, decree of divorce **2** (*fig.*) separation, parting: *il — fra religione e scienza*, the separation between religion and science; *dopo aver lavorato per anni insieme hanno fatto —*, after having worked together for years they've split up (*o* gone their separate ways).

divorzismo *s.m.* opinion in favour of divorce; movement in favour of divorce.

divorzista *s.m.* e *f.* **1** supporter of divorce **2** (*dir.*) (*avvocato*) —, divorce lawyer.

divorzistico *agg.* divorce (*attr.*); (*favorevole al divorzio*) pro divorce: *corrente divorzistica*, pro divorce movement.

divoto e *deriv.* → **devoto** e *deriv.*

divulgabile *agg.* that may be divulged (*pred.*).

divulgamento *s.m.* → **divulgazione**.

divulgare *v.tr.* **1** to spread*, to divulge, to reveal, to disclose; (*per radio*) to broadcast*; (*per televisione*) to televise; (*per stampa*) to publish: *— notizie, dicerie*, to spread (*o* to divulge) news, rumours; *— segreti*, to divulge (*o* to disclose *o* to reveal) secrets **2** (*esporre in forma accessibile*) to popularize, to vulgarize: *— una dottrina*, to popularize a doctrine.

□ **divulgarsi** *v.intr.pron.* to spread*: *la notizia si divulgò nel paese*, the news spread over the country; *l'uso del computer si sta divulgando velocemente*, the use of the computer is spreading fast.

divulgativo *agg.* popular: *un libro — d'astronomia*, a book that popularizes astronomy; *opera di carattere —*, popular work.

divulgatore *s.m.* **divulgatrice** *s.f.* popularizer; spreader, vulgarizer: *è un ottimo — di nozioni scientifiche*, he is an excellent popularizer of scientific ideas; *— di notizie false*, spreader of false news; *i divulgatori di Aristotele*, Aristotle's popularizers.

divulgazione *s.f.* **1** divulgation, spreading, diffusion: *— di notizie*, spreading of news **2** (*esposizione in forma accessibile*) popularization: *— di una teoria scientifica*, popularization of a scientific theory; *un articolo di — scientifica*, a popular scientific article.

divulsione *s.f.* (*med.*) divulsion.

divulsore *s.m.* (*med.*) divulsor.

dixieland *s.m.* (*mus.*) dixieland.

dizigotico *agg.* (*biol.*) dizygotic.

dizionario *s.m.* dictionary: *— etimologico*, etymological dictionary; *— geografico*, gazetteer; *— storico*, historical dictionary; *— bilingue, monolingue*, bilingual, monolingual dictionary; *se non sai il significato della parola, cercala nel —*, if you do not know what the word means, look it up in the dictionary; *compilare un —*, to compile a dictionary; *consultare un —*, to consult a dictionary; *quante voci ha questo nuovo —?*, how many entries are there in this new dictionary?

dizionarista *s.m.* e *f.* dictionary maker, author of a dictionary; (*lessicografo*) lexicographer.

dizione *s.f.* **1** diction: *— poetica*, poetic diction **2** (*recitazione*) recital, recitation, reading **3** (*pronuncia*) pronunciation: *— cor-*

retta, right pronunciation **4** (*elocuzione*) elocution: *studiare* —, to study elocution **5** (*letter.*) (*espressione*) idiom, expression.

dj *s.m.* D.J., DJ, deejay.

DNA *s.m.* (*biochim.*) (*Acido DesossiriboNucleico*) DNA (Deoxyribo-Nucleic Acid).

do *s.m.* (*mus.*) C, do: *sinfonia in — diesis minore*, symphony in C sharp minor.

doario → **dovario**.

dobermann *s.m.* (*zool.*) Doberman pinscher.

dobla *s.f.* (*antica moneta spagnola*) dobla.

doblone *s.m.* (*antica moneta spagnola*) doubloon.

doccia *s.f.* **1** shower: *fare la* —, to take (*o* to have) a shower; — *scozzese*, alternately hot and cold shower // *fare una — fredda a qlcu.*, (*fig.*) to dampen s.o.'s enthusiasm (*o* spirits) (*o* to put a damper on s.o.'s enthusiasm); *la notizia del matrimonio è stata per me una — fredda*, I was stunned by the news of her marriage; *perché non ti fai una — fredda, per calmare i nervi?*, why don't you take a cold shower and calm down? **2** (*condotto per l'acqua*) conduit, water pipe **3** (*grondaia*) gutter **4** (*med.*) (*irrigazione*) douche.

docciare *v.tr.* **1** (*non com.*) to give* (s.o.) a shower **2** (*med.*) to douche ◆ *v.intr.* (*letter.*) to pour down.

□ **docciarsi** *v.rifl.* (*non com.*) to have a shower.

docciatura *s.f.* (*a scopo terapeutico*) douche; douching.

doccione *s.m.* **1** (*arch.*) gargoyle, spout **2** (*alpinismo*) crack.

docente *agg.* teaching: *personale* —, teaching staff; *corpo* —, academic staff ◆ *s.m.* e *f.* teacher, schoolteacher: — *universitario*, university teacher (*o* lecturer) // *libero* —, up to 1971 the holder of a university appointment without tenure.

docenza *s.f.* teaching // *libera* —, university teaching qualification: *ottenere la libera* —, to qualify as a university teacher.

doceta *s.m.* (*st. relig.*) Docetist, Docete.

docetismo *s.m.* (*st. relig.*) Docetism.

docetista *s.m.* e *f.* (*st. relig.*) Docetist, Docete.

docile *agg.* **1** docile, mild, tractable, easily managed, submissive: *bambino* —, docile child; *cavallo* —, tractable horse **2** (*di materiale*) tractable, easily worked, easy to work: *un legno* —, an easily worked wood: *un ingegno* —, (*letter.*) a teachable mind.

docilità *s.f.* **1** docility, meekness, tractability, submissiveness; (*di cavallo*) controllability: *la — di un animale*, the tractability (*o* gentleness) of an animal **2** (*di materiale*) tractability, tractableness.

docilmente *avv.* docilely, meekly, submissively: *non devi sempre obbedire così* —, you don't always have to obey meekly like that.

docimasia *s.f.* **1** (*st. greca*) docimasy **2** (*med., chim.*) docimasia, docimasy.

docimastico *agg.* (*med., chim.*) docimastic(al).

dock *s.m.* dock, pier.

docking *s.m.* docking.

docmio *s.m.* (*metrica*) dochmiac, dochmius (*pl.* -i).

documentabile *agg.* documentable, that can be proved (by documents) (*pred.*).

documentale *agg.* documental, documentary: (*dir.*) *prova* —, documentary evidence.

documentalista *s.m.* e *f.* documentalist.

documentare *v.tr.* **1** to document, to prove by documents, to support by documentary evidence: — *le proprie asserzioni*, to prove one's assertions by documents; — *una tesi, un'accusa*, to document a thesis, an accusation **2** (*fornire materiale informativo*) to supply with documents, to furnish documents.

□ **documentarsi** *v.rifl.* to gather evidence, information, data; to obtain documentation: *è sempre meglio essere ben documentati prima di affrontare certi problemi*, it's always better to gather a lot of information before tackling certain problems; *mi sono documentato prima di fare quel viaggio*, I really read up on the place before going there.

documentario *agg.* **1** (*di documenti*) documentary // (*comm.*) *credito* —, documentary credit **2** (*di documentazione*) documentary, documental: *materiale* —, documentation ◆ *s.m.* (*cinem.*) documentary (film): *ho visto un bel — sugli animali*, I saw an interesting documentary on animals.

documentarista *s.m.* e *f.* **1** documentary film maker **2** (*non com.*) (*chi archivia documenti*) documentalist.

documentaristico *agg.* documentary: *carattere — di un'opera*, documentary character of a work.

documentato *agg.* **1** (*fondato*) documented, supported, substantiated: (*dir.*) *un'accusa ampiamente documentata*, a well-grounded charge **2** (*tratto da fonti sicure*) informed, documented: *uno storico* —, a well-read (*o* informed) historian; *una tesi ben documentata*, a well-documented thesis.

documentatore *s.m.* person who provides documents; documentalist.

documentazione *s.f.* **1** documentation **2** (*documenti*) documents (*pl.*), papers (*pl.*), records (*pl.*); (*prova*) evidence: *allegare alla domanda la relativa* —, to attach the required documents to the application // (*amm.*) — *contabile*, records // (*comm.*): — *delle vendite*, sales records; — *giustificativa*, vouching **3** (*complesso di ricerche*) research: *centro di — scientifica*, scientific research centre.

documento *s.m.* **1** document, paper: — *autenticato*, *legalizzato*, authenticated document; *documenti falsi, autentici*, false, authentic papers (*o* documents); *documenti di lavoro*, work papers (*o fam.* cards); (*mar.*) *documenti di bordo*, ship's papers; *favorite i* (*vostri*) *documenti*, (show me) your papers, please!; *i miei documenti sono scaduti da un mese*, my papers expired a month ago; *comprovare con documenti*, to support with documents; *far legalizzare un* —, to have a document legalized; *firmare, redigere un* —, to sign, to draw up a document // (*comm.*): — *giustificativo*, voucher; — *giustificativo di spesa*, expense voucher; *documenti di sdoganamento*, clearance papers; *documenti contabili*, accounting records; *documenti contro accettazione*, documents against acceptance; *documenti per l'incasso*, documents for collection; *documenti di cassa*, cash items; *pagamento contro documenti*, cash against documents; *documenti di spedizione*, shipping papers; (*trib.*) *documenti fiscali*, tax records // (*dir.*): — *probatorio, probante*, muniment (*o* supporting document); — *attinente a una prova*, evidential document; *mancata esibizione di documenti*, failure to present documents **2** (*testimonianza*) document, evidence, proof: *queste opere d'arte sono — di grande civiltà*, these works of art are evidence of a great civilization; *le sue fotografie costituiscono un eccezionale — della guerra in Vietnam*, his photographs constitute an outstanding document of the war in Vietnam **3** (*materiale, documentazione*) records (*pl.*), documents (*pl.*); text: *documenti grafici, visivi*, written, visual text (*o* documents) **4** (*inform.*) file, document.

documentografia *s.f.* documentary publications (*pl.*), documentary records (*pl.*), archive material.

documentologia *s.f.* study of documents; theory of documentation.

documentoteca *s.f.* archive of documents, collection of documents.

dodecaedrico *agg.* (*mat.*) dodecahedral.

dodecaedro *s.m.* (*mat.*) dodecahedron*.

dodecafonia *s.f.* (*mus.*) dodecaphony, serial music, 12-note music, 12-note system.

dodecafonico *agg.* (*mus.*) dodecaphonic, serial; 12-tone (*attr.*), 12-note (*attr.*): *musica dodecafonica*, 12-tone (*o* 12-note *o* serial) music.

dodecagono *s.m.* (*mat.*) dodecagon.

dodecasillabo *agg.* (*metrica*) dodecasyllabic ◆ *s.m.* (*metrica*) dodecasyllable.

dodecastilo *agg.* (*arch.*) dodecastyle.

dodecilbenzene *s.m.* (*chim.*) dodecylbenzene.

dodicenne *agg.* twelve years old (*pred.*); twelve-year-old (*attr.*) ◆ *s.m.* twelve-year-old (boy) ◆ *s.f.* twelve-year-old (girl).

dodicennio *s.m.* twelve year period.

dodicesima *s.f.* (*mus.*) twelfth.

dodicesimo *agg.num.ord.* e *s.m.* e twelfth: *su quindici persone è arrivato* —, he came twelfth out of fifteen// (*tip.*) *volume in* —, duodecimo volume.

dodici *agg.num.card.* e *s.m.* twelve: *i — Apostoli*, the twelve Apostles; *i — mesi dell'anno*, the twelve months of the year; *articolo — della legge*, article twelve of the law; *troviamoci alla fermata del* —, we'll meet at the number twelve bus stop; *le — di sera, di mattina*, twelve p.m. (*o* o'clock at night), twelve a.m. (*o* o'clock midday); *partire il* —, to leave on the twelfth; *fare — al totocalcio*, to win the pools.

dodicimila *agg.num.card.* e *s.m.* twelve thousand.

dodicista *s.m.* e *f.* person who has achieved 12 points (playing the Totip or the Enalotto or the Totocalcio); pools winner.

dodo *s.m.* (*zool.*) (*Raphus cucullatus*) dodo*.

doga *s.f.* stave: *la botte perdeva per la rottura di una* —, a broken stave caused the barrel to leak.

dogale *agg.* (*st.*) dogal, of a doge // *città* —, Venice.

dogana *s.f.* **1** customs (*pl.*); (*dazio*) duty: *agente di* —, customs agent; *ispettore di* —, customs inspector; *dichiarazione alla* —, customs declaration; *imposta di* —, customs duty; *bollo della* —, customs stamp; *passare la* —, to go through customs; *il pacco è ancora fermo in* —, the package is still held up in (*o* hasn't yet cleared) customs; *franco di* —, duty free; *soggetto a* —, dutiable; *pagare la* —, to pay duty **2** (*l'edificio*) customs house.

doganale *agg.* customs (*attr.*): *barriera* —, customs barrier; *bolletta, bolla* —, customs certificate; *dazio* —, customs duty; *soggetto a dazio* —, dutiable; *merci sotto vincolo* —, goods in bond; *dichiarazione* —, customs declaration; *formalità doganali*, customs formalities; *tariffe doganali*, customs tariffs; *magazzino* —, bonded warehouse; *visita* —, customs inspection; *unione* —, customs union.

doganiere *s.m.* customs officer, (*amer.*) surveyor.

dogare *v.tr.* to fit (a barrel) with staves.

dogaressa *s.f.* (*st.*) dogaressa, doge's wife.

dogato *s.m.* (*st.*) dogeate; office of the doge; (*titolo*) title of doge.

doge *s.m.* (*st.*) doge.

doghettato *agg.* fitted with staves ◆ *s.m.* staving.

doglia *s.f.* **1** (*letter.*) (sharp) pain, pang **2** *pl.* (*del parto*) labour pains; *avere le doglie*, to labour (*o* to be in labour); *doglie indotte*, induction of labour; *doglie false*, false labour.

doglianza *s.f.* (*letter.*) **1** (*lamento, querela*) lamentation, complaint, grievance **2** (*dir.*) gravamen.

doglio *s.m.* **1** (*archeol.*) dolium (*pl.* -ia) **2** (*letter.*) large jar, large cask; (*barile*) barrel.

doglioso *agg.* (*letter.*) sorrowful, sad, grief -stricken.

dogma *s.m.* dogma; tenet, principle: *dogmi filosofici*, philosophical dogmas; *dogmi politici*, political dogmas; *i dogmi della scienza*, scientific principles.

dogmatica *s.f.* dogmatics [U].

dogmaticamente *avv.* dogmatically.

dogmatico *agg.* dogmatic: *teologia dogmatica*, dogmatic theology; *è piuttosto — nelle sue affermazioni*, (*estens.*) he is rather categorical (*o* dogmatic) in his statements.

dogmatismo *s.m.* dogmatism.

dogmatista *s.m.* e *f.* dogmatist.

dogmatizzare *v.intr.* to dogmatize.

dogre *s.m.* (*mar.*) dogger.

dolce *agg.* **1** sweet: *una bevanda* —, a sweet drink; *formaggio* —, mild cheese; *caffè* —, coffee with sugar; *mandorla* —, sweet almond; *patata* —, sweet potato; *vino* —, sweet wine; *non mi piacciono i profumi dolci*, I do not like sweet perfumes // *acqua* —, fresh water: *pesca d'acqua* —, freshwater fishing // — *come il miele*, as sweet as honey **2** (*fig.*) sweet; (*caro, amato*) dear, beloved; (*piacevole*) pleasant, agreeable: — *musica*, sweet music; *dolci parole*, kind words; *la — patria*, one's beloved native country; *un — profumo*, a pleasant smell (*o* fragrance); *dolci ricordi*, pleasant memories; *un — sorriso*, a sweet (*o* charming) smile; — *speranza*, sweet hope; *dolci suoni*, pleasant strains; *la mia — sorella*, my sweet (*o* kind) sister; *la sua — voce*, her sweet voice; *non ha un carattere* —, he is not a sweet -tempered person; *com'è — il tuo bambino!*, how sweet your child is!; *come sei —, caro!*, how sweet you are, darling! // *fare gli occhi dolci a qlcu.*, to make (sheep's) eyes at s.o. // *fare la — vita*, to live it up // *il — far niente*, pleasant idleness **3** (*mite, lieve*) mild, gentle: *una brezza* —, a gentle (*o* soft) breeze; *clima* —, mild climate; *salita* —, easy (*o* gentle) slope **4** (*tenero*) mild, soft: *acciaio* —, mild (*o* soft *o* low carbon) steel; *legno* —, soft wood; *rendere* —, to soften **5** (*fon.*) soft: *'g' dura e 'g'* —, hard and soft 'g' ◆ *s.m.* (*cibo, piatto dolce*) sweet, sweetmeat; (*torta*) cake; tart: *questo — si taglia bene*, this cake cuts easily; *vuoi un —?*, do you want a sweet?; *essere goloso di dolci*, to have a sweet tooth; *fare un* —, to make a cake; *essere arrivati al* —, to be at the end of one's (*o* of the) meal // *dopo il — vien l'amaro*, (*prov.*) sweet meat will have sour sauce.

dolceamaro *agg.* bittersweet.

dolcemente *avv.* **1** sweetly **2** (*delicatamente*) gently; (*lievemente*) softly: *le colline scendevano — verso il mare*, the hills sloped gently down to the sea.

dolcestilnovista *s.m.* e *f.* poet of the dolce stil novo ◆ *agg.* of the dolce stil novo style, of the dolce stil novo school.

dolcetta *s.f.* (*bot. pop.*) lamb's lettuce, corn salad.

dolcevita *s.m.* polo neck: *maglione a* —, polo-neck sweater.

dolcezza *s.f.* **1** sweetness: *la — del miele*, the sweetness of honey **2** (*fig.*) sweetness; (*gentilezza*) kindness, gentleness; (*fascino*) charm: *la — del suo carattere*, the sweetness of her character; *la — del tuo sorriso*, the charm of your smile; *trattalo con —, per favore!*, will you treat him kindly, please! (*o* will you be kind to him, please!); *le dolcezze e le amarezze della vita*, the sweetness and bitterness of life // — *mia*, darling // *senti, —!*, listen, honey! **3** (*fig.*) (*di clima*) mildness; (*di suono, di colore*) softness; (*di profumo*) fragrance: *la — della sua voce*, the softness of her voice; *la — di questo clima*, the mildness of this climate.

dolciario *agg.* confectionery: *industria dolciaria*, confectionery industry.

dolciastro *agg.* **1** sweetish; sickly sweet **2** (*fig.*) (*mellifluo*) mellifluous: *un sorriso* —, a mellifluous smile; *modi dolciastri*, mawkish manners.

dolciere *s.m.* confectioner.

dolcificante *agg.* sweetening ◆ *s.m.* (*chim.*) sweetener.

dolcificare *v.tr.* **1** to sweeten: *dolcificate a volontà*, (*nelle ricette di cucina*) add sugar to taste **2** (*fig.*) (*attenuare*) to mitigate, to moderate.

dolcificatore *s.m.* sweetener.

dolcificazione *s.f.* sweetening.

dolcigno → **dolciastro**.

dolciume *s.m.* **1** sweetmeat, sweet; bon -bon: *quei ragazzi mangiano troppi dolciumi*, those boys eat too many sweets **2** (*sapore dolciastro*) sickening sweetness.

dolente *agg.* **1** afflicted, grieved, sorrowful; (*spiacente*) sorry: *era molto — di avervi disturbato*, he was very sorry for troubling you; *siamo molto dolenti di informarvi che...*, we deeply regret to inform you that... **2** (*che fa male*) aching: *ho un braccio* —, my arm is aching; *sono tutto* —, I'm aching all over // *il punto — della questione*, the sore point // *fin qui tutto bene. Veniamo ora alle dolenti note*, so far so good. Now come the knotty points (*o* now comes the hard bit) ◆ *s.m.* mourner: *c'era una folla di dolenti*, there was a crowd of mourners.

dolenzia *s.f.* soreness; ache.

dolere *v.intr.* **1** to ache: *mi duole un dente*, I have got (a) toothache; *mi duole un orecchio*, I have got (an) earache; *mi duole la testa*, I have got (a) headache (*o* my head aches) **2** (*rincrescere*) to be sorry (for, about sthg.); (*form.*) to regret: *mi duole comunicare la sua morte*, I regret to say that he has died; *mi duole non poter far nulla per te*, (I am sorry) I can't do anything for you.

□ **dolersi** *v.intr.pron.* **1** to regret (sthg., doing), to be sorry (for, about sthg.), to grieve (at, for, about, over sthg.): *mi dolgo di averlo detto*, I am sorry I said it (*o* I regret that I said it *o* I regret having said it); — *della morte di un amico*, to grieve at a friend's death **2** (*protestare*) to complain (of, about sthg.).

dolicocefalia *s.f.* (*antropologia*) dolichocephaly, dolichocephalism.

dolicocefalo *agg.* (*anat.*) dolichocephalic, dolichocephalous.

dolicodattilia *s.f.* (*med.*) dolichostenomelia; acromacria, arachnodactyly.

dolicomorfo *agg.* (*med.*) dolichomorphic.

doliconice → **bobolink**.

dolina *s.f.* (*geol.*) dolina.

dollaro *s.m.* (*moneta, valore*) dollar (*simbolo $*); (*sl. amer.*) buck: *biglietti da 1, 2, 5, 10 dollari*, (*collettivamente*) greenbacks; *mezzo* —, half dollar (piece); *moneta d'oro da dieci dollari*, eagle; *costa mezzo* —, it costs half a dollar (*o* fifty cents); (*econ.*) *area del* —, dollar area; *il — ha perso due punti*, the dollar lost two points.

dolly *s.m.* (*cinem., tv*) dolly.

dolman *s.m.* dolman.

dolmen *s.m.* (*archeol.*) dolmen, cromlech.

dolmenico *agg.* dolmen (*attr.*).

dolo *s.m.* (*dir.*) fraud, fraudulent intention, intent, (wilful) malice, wilfulness: *con* —, fraudulently (*o* with malice *o* with guilty mind); — *generico*, general intent; — *specifico*, specific intent; — *intenzionale*, malice aforethought // — *contrattuale*, fraudulent misrepresentation (in a contract) // — *extra-contrattuale*, malice.

dolomia *s.f.* (*geol.*) dolomite, dolostone.

dolomite *s.f.* (*geol.*) dolomite // (*geogr.*) *le Dolomiti*, the Dolomites.

dolomitico *agg.* dolomitic: (*geol.*) *calcare* —, dolomitic limestone.

dolomitizzazione *s.f.* (*geol.*) dolomitization.

dolone *s.m.* (*mar.*) bowsprit.

dolorabilità *s.f.* (*med.*) tenderness.

dolorante *agg.* aching, sore, painful: *era tutta* —, she was aching all over.

dolorare *v.intr.* (*letter.*) **1** (*soffrire*) to ache, to suffer **2** (*esprimere dolore*) to lament, to moan.

dolore *s.m.* **1** (*fisico*) pain, ache: — *di stomaco*, stomachache; *un — lancinante*, a shooting pain; — *di testa*, headache; *ho un forte — a un braccio*, I feel (*o* have) a sharp pain in my arm (*o* my arm is aching badly); *ho dei dolori a una gamba*, I've got pains in my leg; *dolori reumatici, addominali*, rheumatic, abdominal pains; — *riflesso*, referred pain;

provare, sentire —, to feel pain; *essere pieno di dolori*, to be full of aches and pains; *sono tutto un* —, I am aching (*o* I have got pains) everywhere // *i dolori del parto*, labour pains // *letto di* —, sickbed **2** (*morale*) sorrow, grief, distress, pain, misery, (*poet.*) dolour; (*rincrescimento*) regret; *prostrato dal* —, grief-stricken; *il suo profondo* —, his deep sorrow (*o* distress); *con suo grande* — *dovette rinunciare al suo progetto*, to his great regret he was forced to give up his plan; *lo lasciai con* —, I left him with sorrow; *abbandonarsi al* —, to give way to grief; *morire di* —, to die of grief (*o* to die of a broken heart); *non provocare altro* —, not to cause any more misery (*o* distress *o* grief); *partecipare al* — *di qlcu.*, to share s.o.'s sorrow // (*relig.*) *atto di* —, act of contrition // (*lett.*) *'I dolori del giovane Werther'*, 'The Sorrows of Werther' **3** (*estens.*) (*cosa o persona che causa dolore*) trial, trouble: *quel figlio è sempre stato il suo* —, his son has always been a trial to him **4** (*bot.*) *erba dei dolori*, (*Inula helenium*) elecampane.

dolorifico *agg.* painful, dolorific: *sensibilità dolorifica*, sensitivity to pain.

dolorimetria *s.f.* (*med.*) dolorimetry.

dolorosamente *avv.* painfully; (*in senso morale*) sorrowfully, sadly.

dolorosità *s.f.* painfulness; (*fig.*) sorrowfulness.

doloroso *agg.* **1** (*che dà dolore fisico*) painful, sore: *una sensazione dolorosa*, a painful sensation; *una ferita dolorosa*, a painful (*o* sore) wound **2** (*penoso, che causa sofferenza morale*) sorrowful, painful; grievous, distressing; sad: *una notizia, una perdita dolorosa*, a painful piece of news, loss; *dolorose ingiustizie*, grievous wrongs; *circostanze dolorose*, painful (*o* sad) circumstances **3** (*pieno di dolore*) sorrowful, distressful, painful, sad: *vita dolorosa*, sorrowful (*o* painful) life; *pianto* —, sorrowful (*o* mournful) weeping **4** (*letter.*) (*afflitto*) sorrowful, sorrowing.

dolosità *s.f.* malice, wilfulness.

doloso *agg.* (*dir.*) fraudulent, malicious, intentional: *fallimento* —, fraudulent bankruptcy; *incendio* —, arson; *reato, delitto* —, crime requiring mens rea; wrongful intent crime; (*fatto commesso con dolo*) intentional offence.

domabile *agg.* tamable, tameable; (*fig.*) manageable.

domanda *s.f.* **1** (*interrogazione*) question: *domande e risposte*, questions and answers; *una* — *opportuna, impertinente*, an appropriate, an impertinent question; *una serie di domande facili*, a set of easy questions; *fare una* —, to ask a question; *fare una* — *a qlcu.*, to ask s.o. a question; *mi posero una strana* —, they asked me a strange question (*o* I was asked a strange question); *rispondere esattamente a una* —, to answer a question correctly **2** (*richiesta*) request; (*perentoria*) demand; (*scritta*) application; (*petizione*) petition; (*rivendicazione*) claim; — *di ammissione*, (*a una scuola ecc.*) application; — *di denaro*, request for money; (*dir.*) — *di divorzio, di grazia*, petition for divorce, for mercy; — *di matrimonio*, proposal; — *di pensione*, pension claim; *accogliere una* —, to grant a request; *appoggiare una* —, to second a request; *fare una* —, to make a request; *fare* — *di*, to apply for; *indirizzare una* — *a qlcu.*, to address an application to s.o. (*o* to make a request to s.o.); *respingere una* —, to dismiss an application; — *di fondi*, application for funds; — *di pagamento*, application for payment; — *d'impiego, di lavoro*, application for a job (*o* job application); *presentare una* — *di lavoro*, to apply for a job (*o* to submit an application for a job); *domande di impiego*, (*nei giornali*) situations wanted; (*assicurazioni*): — *di risarcimento danni*, claim for damages; — *d'indennizzo*, claim for indemnity // (*banca*): — *di credito*, application for credit; — *di prestito, mutuo*, application for a loan; — *speculativa di moneta*, speculative demand for money // (*Borsa*) — *di ammissione alle quotazioni*, application for quotation **3** (*econ.*) (*opposto di offerta*) demand: — *aggregata, complessiva, globale*, aggregate demand; — *anelastica, rigida*, inelastic demand; — *elastica*, elastic demand; — *debole*, slack demand; — *compensata*, compensated demand; — *costante*, steady demand; — *derivata*, derivate demand; — *forte*, heavy demand; — *effettiva*, effective (*o* efficient) demand; — *in eccesso*, excess demand; — *interna*, home demand; — *stagnante*, sluggish demand; — *di mercato*, market demand; *la legge della* — *e dell'offerta*, the law of supply and demand; *soddisfare la* —, to meet the demand; *la* — *cresce*, demand is increasing (*o* rising); *la* — *diminuisce*, demand is falling (off) // *curva della* —, demand curve.

domandare *v.tr.* (*per sapere*) to ask; (*per avere*) to ask for (sthg.); (*imperiosamente*) to demand: *gli domandai: 'Chi sei?'*, I asked him: 'Who are you?'; *gli domandai dieci sterline*, I asked him for ten pounds; *le domandai l'ora*, I asked her the time; *mi domandò di lavorare con lui*, he asked me to work with him; *mi domandò nome e indirizzo*, he asked (me) my name and address; *mi domandò bruscamente che cosa volessi*, he demanded what I wanted; *mi fermarono sulla porta e mi domandarono di seguirli*, they stopped me at the door and asked me to follow them; *non* — *troppo da lui!*, don't ask too much of him!; *vi domando scusa*, I beg your pardon; *vorrei domandarti un favore*, I should like to ask you a favour (*o* to ask a favour of you); *mi domando perché non sia qui*, I wonder why he is not here // — *il consiglio di qlcu., consiglio a qlcu.*, to ask (*o* to request) s.o.'s advice; — *notizie della salute di qlcu.*, to inquire after s.o.'s health; — *la strada a qlcu.*, to ask the way of s.o.; — *l'elemosina*, to beg (for alms); — *la parola*, to ask leave to speak; — *il permesso*, to ask permission; — *udienza a qlcu.*, to ask (*o* to request) an audience of s.o.; — *giustizia*, to demand justice ◆ *v.intr.* (*chiedere notizie*) to inquire (after s.o., sthg.); (*chiedere informazioni*) to ask (about s.o., sthg.): *gli* domanderò del suo nuovo lavoro, I shall ask him about his new job; *mi domandò di mio padre, della sua salute*, he inquired after my father, after his health.

domani *avv.* tomorrow: — *l'altro, dopo* —, the day after tomorrow; — *mattina, sera*, tomorrow morning, night; *arrivederci a* —, *a* —, goodbye till tomorrow (*o fam.* see you tomorrow); — *a otto, a quindici*, tomorrow week, tomorrow fortnight // *dall'oggi al* —, (*immediatamente*) overnight (*o* immediately *o* instantly); (*improvvisamente*) suddenly // — *è un altro giorno*, tomorrow is another day // *non rimandare a* — *quello che potresti fare oggi*, don't put off till tomorrow what you can do today // *oggi qui,* — *là*, one day here, the next day there // *oggi o* —, sooner or later // *dagli oggi e dagli* —, in the long run // *parlerebbe fino a* —, he could talk forever // *"Mi compri questo anello?" "Sì, —!"*, (*iron., scherz.*) "Would you buy me this ring?" "You must be joking!" (*o* "You must be kidding!") ◆ *s.m.* tomorrow; (*il futuro*) future: *cosa ci riserva il* —*?*, what has the future got in store for us?; *pensare al* — *dei propri figli*, to think of one's children's future; *non pensare troppo al* —*!*, don't worry too much about the future!; *lo leggerai nel giornale di* —, you will read about it in tomorrow's paper; *la moda di* —, tomorrow's fashion.

domare *v.tr.* **1** to tame; (*cavalli*) to break* (in): — *animali feroci*, to tame wild animals **2** (*sottomettere, vincere*) to subdue, to subjugate, to curb: — *una popolazione*, to subjugate a people; — *una rivolta*, to put down a rebellion; — *uno scatto d'ira*, to control (*o* to subdue) one's anger; — *le proprie passioni*, to subdue (*o* to curb) one's passions; *sua moglie ha saputo domarlo*, his wife knew how to tame him **3** (*spegnere*) to quench, to put* out: — *un incendio*, to put out a fire.

domatore *s.m.* **domatrice** *s.f.* tamer: — *di leoni*, lion-tamer; — *di cavalli*, horse-breaker.

domattina *avv.* tomorrow morning.

domatura *s.f.* taming; (*di cavalli*) breaking.

domenica *s.f.* Sunday: — *delle Palme*, Palm Sunday; — *di Pasqua*, Easter Sunday; — *in Albis*, Low Sunday; *una* — *mattina*, on a Sunday morning; *di* —, (*tutte le domeniche*) on Sundays; *vieni a trovarmi* —*!*, come and see me on Sunday!; *mettersi gli abiti della* —, to put on one's Sunday best // *osservare la* —, (*il riposo*) to keep the sabbath // *chi ride il venerdì, piange la* —, (*prov.*) who laughs last laughs longest.

domenicale *agg.* **1** Sunday (*attr.*): *abiti domenicali*, Sunday best; *riposo* —, Sunday rest **2** (*fig.*) (*festoso*) holiday (*attr.*): *avere un'aria* —, to have a holiday air.

domenicano *agg.* Dominican: *frate* —, Dominican friar ◆ *s.m.* (*eccl.*) Dominican, Black Friar.

domestica *s.f.* house(maid), maidservant, woman servant, help: — *tutto fare*, maid of all work; — *a ore*, hourly paid home help.

domesticare *v.tr.* **1** (*biol.*) to domesticate **2** → addomesticare.

domesticazione *s.f.* (*biol.*) domestication.

domestichezza, **domesticità** *s.f.* **1** → dimestichezza **2** (*di animali, piante*) domesticity.

domestico *agg.* **1** (*della casa*) domestic; home (*attr.*): *economia domestica*, domestic science (*o* domestic economy); *faccende domestiche*, (*lavori*) housework, (*questioni*) family affairs; *gioie e affanni domestici*, domestic joys and cares // *il focolare* —, domestic hearth // *le divinità domestiche*, household gods // *fra le pareti domestiche ogni uomo è re*, every man is king in his own home **2** (*di animali*) tame, domestic: *i gatti, i cani ed i cavalli sono animali domestici*, cats, dogs and horses are domestic animals **3** (*di piante, terreno*) cultivated **4** (*familiare*) homelike: *un'atmosfera domestica*, a homelike (*o* homey) atmosphere **5** (*non com.*) (*nazionale*) domestic: *guerre domestiche*, civil wars ◆ *s.m.* domestic, servant, manservant*: *licenziare un* —, to dismiss a servant // *i domestici*, household staff.

domiciliare[1] *agg.* house (*attr.*); domiciliary: *perquisizione —*, house search; (*dir.*) *arresto —, arresti domiciliari*, house arrest; *visita —*, domiciliary visit.

domiciliare[2] *v.tr.* to domicile: (*banca*) *— un effetto*, to domicile a bill; *— una cambiale presso una banca*, to make a bill payable at a bank.

□ **domiciliarsi** *v.rifl.* to domicile (at a place); to settle (in a place); to take* up one's residence (in a place): *mi sono domiciliato a Milano*, I have taken up my residence in Milan; *s'è domiciliato in casa nostra*, he has come to stay with us.

domiciliatario *s.m.* **1** (*dir.*) addresse **2** (*banca*) paying agent of a bill, paying agent of a draft.

domiciliato *agg.* domiciled (at, in a place), settled (in a place), resident (in a place); (*abitante*) living (in a place), residing (in a place): *— a Milano*, resident in (*o* domiciled at *o* domiciled in) Milan; *— in Via Byron*, living in Byron Street // (*dir.*) *debito —*, debt to paid at the creditor's residence // (*banca*) *effetto —*, domiciled bill.

domiciliazione *s.f.* (*banca*) domiciliation.

domicilio *s.m.* **1** (*abitazione*) domicile, residence, house, dwelling, abode: (*dir.*) *violazione di —*, housebreaking; *lavoro a —*, work at home // *consegna a —*, home delivery; *servizio a —*, house-to-house service **2** (*dir.*) domicile; (*residenza*) residence: *— civile*, civil domicile; *— coatto*, confinement; *— d'acquisto*, acquired domicile; *— d'origine*, domicile of origin; *— d'elezione*, domicile of choice; *— legale*, legal domicile; *— fiscale*, fiscal domicile; (*banca*) *— di pagamento*, paying office (*o* agent); *cambio di —*, change of domicile; *prendere —*, to take up domicile; *trasferire il proprio — da Roma a Milano*, to remove one's own domicile (*o* to change one's residence) from Rome to Milan.

dominabile *agg.* controllable, subduable: *passioni dominabili*, passions that can be subdued.

dominante *agg.* **1** dominant, dominating, commanding: *in posizione —*, in a commanding position; *la classe —*, the ruling class **2** (*prevalente, saliente*) dominant, prevailing, outstanding: *opinioni dominanti*, prevailing (*o* dominant) opinions; *la religione —*, the prevailing creed; *il carattere —*, the dominant character; *pensiero —*, dominant thought; *la moda —*, the prevailing fashion; *motivo —*, central theme; (*mus.*) *la nota —*, the dominant note; (*fig.*) (*carattere prevalente*) the main feature // (*dir.*) *fondo —*, dominant tenement **3** (*biol.*) dominant ◆ *s.f.* **1** (*mus.*) dominant **2** (*fot., cinem.*) dominant.

dominanza *s.f.* **1** (*l'essere prevalente*) dominance, predominance: *la — della popolazione di origine olandese*, the predominance of the population of Dutch origin **2** (*biol.*) dominance, dominancy.

dominare *v.tr.* **1** to dominate, to rule: *— un popolo*, to rule a people; *vorrebbero — su tutti gli altri popoli*, they would like to dominate (*o* to rule over) all the other peoples; *— un avversario*, to dominate an adversary; *un ragazzo completamente dominato dal padre*, a boy completely dominated by his father // *un pensiero dominava la sua mente*, an idea dominated his thoughts // *— la situazione*, to dominate (*o* to be the master of) the situation // *— il pubblico*, to hold (*o* to grip) the attention of the public // *questo scrittore sa — la lingua*, the writer masters the language beautifully // *essere dominato dalla gelosia*, to be obsessed (*o* dominated) by jealousy; *era dominata dal vizio del bere*, she was a slave to drink; *non lasciarti — dai tuoi sentimenti*, don't be ruled by your feelings **2** (*fig.*) (*tenere a freno*) to control, to curb: *dobbiamo — le nostre passioni*, we must dominate (*o* master) our passions; *non potei — la mia ira*, I could not control (*o* curb) my anger **3** (*fig.*) (*sovrastare*) to dominate, to command, to overlook: *con la sua statura dominava la folla*, with his height he towered above the crowd; *da quella finestra si domina la valle*, that window commands a view over the valley; *la torre domina la piazza*, the tower overlooks the square; *il vecchio castello domina l'intera città*, the old castle dominates (*o* commands *o* overlooks) the whole town ◆ *v.intr.* **1** to rule: *l'Italia dominava nel Mediterraneo*, Italy ruled over the Mediterranean; *il re dominò per 20 anni*, the king ruled for twenty years **2** (*fig.*) (*prevalere*) to stand* out, to be outstanding, to predominate, to prevail: *domina su tutti per la sua intelligenza*, he stands out for his intelligence; *la sua idea domina su tutte le altre*, his idea predominates (*o* prevails) over all the others // *la poesia del Petrarca dominò per tutto il Cinquecento*, Petrarch's poetry predominated throughout the 16th century **3** (*fig.*) (*avere il sopravvento, regnare*) to reign: *nella sua casa domina il disordine*, in her house disorder reigns (supreme).

□ **dominarsi** *v.rifl.* to control oneself, to master oneself: *cerca di dominarti!*, try to control yourself!; *qualche volta non sa —*, sometimes he has no self-control.

dominatore *agg.* ruling (*attr.*), dominant, dominating, commanding ◆ *s.m.* ruler, master: *Dio è il — dell'universo*, God is the ruler of the universe; *i Romani furono i dominatori del mondo*, the Romans were the rulers of the world.

dominatrice *s.f.* ruler, mistress.

dominazione *s.f.* **1** domination; rule, control, sway: *— barbarica*, barbarian rule; *i Paesi Bassi erano sotto la — della Spagna*, the Netherlands were under the rule of Spain **2** (*ant.*) dominion, possession **3** *pl.* (*relig.*) the Dominations.

domine *s.m.* (*ant.*) **1** (*padrone*) domine, master **2** (*prete, abate*) domine, dominie ◆ *inter.* (*ant.*) oh Lord!, Heaven! // *— aiutaci!*, Lord, help us!

domineddio *s.m.* (*fam.*) God (Almighty), the (good) Lord, the Lord God.

dominicale *agg.* **1** dominical, of the Lord: *preghiera —*, the Lord's prayer **2** (*dir.*) of the landlord; of an estate: *diritti dominicali*, landlord's rights; *reddito —*, income from an estate.

dominicano *agg.* Dominican, of the Dominican Republic ◆ *s.m.* Dominican.

dominio *s.m.* **1** domination; rule, control, sway; sovereignty, power, dominion: *sotto il — italiano*, under Italian rule; *per secoli l'Inghilterra tenne il — dei mari*, for centuries England ruled over the seas; *stabilire il proprio — sopra un paese*, to establish control over a country // *— di se stesso*, self-control **2** (*territorio dominato*) dominion, possession: *la Germania perse tutti i suoi domini alla fine della prima guerra mondiale*, Germany lost all her possessions at the end of the First World War // *i Domini della Corona*, Crown Lands **3** (*dir.*) domain: *— diretto*, demesne; *— eminente*, eminent domain; *— utile*, tenancy; *patto di riservato —*, retention of title (agreement) **4** (*proprietà*) property // *pubblico —*, (*bene della collettività*) public property (*o* domain); *notizia di — pubblico*, news that is common knowledge (*o* public property) **5** (*campo, settore*) domain, field: *rientra nel — della storia letteraria*, it falls within the domain of literary history **6** (*fis., mat.*) domain: *— d'integrità*, integral domain **7** → dominion **8** (*inform.*) domain.

dominion *s.m.* (*paese autonomo membro del Commonwealth Britannico*) dominion.

domino[1] *s.m.* (*mantello per maschera*) domino*.

domino[2] *s.m.* (*gioco*) dominoes (*pl.*); (*la singola pedina*) domino*: *a casa loro ogni tanto giocano a —*, occasionally they play dominoes at home.

domma e *deriv.* → **dogma** e *deriv.*

domo[1] *agg.* (*letter.*) tamed, tame; subdued.

domo[2] *s.m.* (*lat.*): *in — Petri*, (*fig.*) in prison; *pro — sua*, in (*o* for) one's own interest.

domo[3] → **duomo**[1].

domo[4] *s.m.* **1** (*cupola*) cupola, dome **2** (*geol.*) dome: *— salino*, salt dome.

don *s.m.* (*titolo*) Don: *Don Abbondio*, Don Abbondio; *Don Chisciotte*, Don Quixote; *Don Giovanni*, Don Juan; *Don Vito*, Don Vito.

donante *s.m.* e *f.* (*dir.*) → **donatore**, **donatrice**.

donare *v.tr.* **1** to give*; to present (s.o. with sthg.); to donate (*anche dir.*): *le donai un anello di brillanti*, I gave her a diamond ring (*o* I presented her with a diamond ring); *ve lo dono volentieri*, I shall gladly present you with it; *ha donato i suoi libri a una biblioteca*, he donated his books to a library; *— il sangue*, to give (*o* to donate) blood // *ha donato tutto se stesso alla lotta contro la fame nel mondo*, (*fig.*) he devoted himself entirely to the fight against starvation in the world // *a caval donato non si guarda in bocca*, (*prov.*) never look a gift horse in the mouth // *chi dona presto dona due volte*, (*prov.*) he gives twice who gives quickly **2** (*fig.*) (*conferire*) to give*, to lend*: *una pettinatura che ti dona un'aria giovanile*, a hairstyle which gives you a youthful look ◆ *v.intr.* **1** (*addirsi*) to suit (s.o.), to become* (s.o.): *questo cappello ti dona*, this hat suits you **2** (*dir.*) (*fare una donazione*) to donate **3** (*non com.*) (*concedere attenuanti*) to allow (for), to make* allowances (for): *— all'inesperienza*, to make allowances for inexperience.

□ **donarsi** *v.rifl.* to devote oneself; to give* oneself: *— alla famiglia, alla scienza, al proprio lavoro*, to devote oneself to the family, to science, to one's work; *— a Dio*, to give oneself to God.

donatario *s.m.* (*dir.*) donee, volunteer.

donatismo *s.m.* (*st. relig.*) Donatism.

donatista *s.m.* e *f.* Donatist.

donativo *s.m.* **1** donative (*anche dir.*) **2** (*dono*) gift, present; bounty, premium.

donatore *s.m.* **donatrice** *s.f.* **1** donor, giver (*anche dir.*): *— di sangue*, blood donor; *— universale*, universal donor **2** (*fis.*) donor: *— di elettroni*, electron donor; *impurità donatrice*, donor (impurity).

donazione *s.f.* **1** donation, gift: *atto di* —, deed of gift; *fare una* —, to make a donation (*o* to donate); — *di modico valore*, gratuity; *revocare una* —, to impeach a gift; *imposta sulle donazioni*, gift tax **2** (*somma elargita per uno scopo*) grant.

donchisciotte *s.m.* Don Quixote: *fare il* —, to be quixotic.

donchisciottesco *agg.* quixotic.

donchisciottismo *s.m.* quixotism, quixotry.

donde *avv.* (*letter.*) **1** whence; from where: — *venite?*, whence do you come?; *non so* — *provengano simili notizie*, I don't know whence that news comes; *tornate* — *siete venuti*, go back where you came from **2** (*perché, per quale motivo*) why, for what reason: — *tanti pregiudizi?*, why so many prejudices? // *averne ben* —, to have good reason: *è preoccupato, e ne ha ben* —, he's worried, and he has good reason.

dondola *s.f.* (*fam.*) rocking chair; (*altalena*) swing.

dondolamento *s.m.* swinging, rocking.

dondolare *v.tr.* **1** to swing*, to sway, to dangle: — *le braccia, le gambe*, to swing one's arms, one's legs; — *i piedi*, to dangle one's feet **2** (*cullare*) to rock; (*scuotere*) to shake*: — *una culla*, to rock a cradle // *far* — *una sedia*, to rock a chair ◆ *v.intr.* to rock, to swing*; to shake*; (*vacillare*) to be loose, to wobble: *una lampada dondolava dal soffitto*, a lamp was swinging from the ceiling; *il ponticello dondolò sotto il pesante carico*, the small bridge shook under the heavy load; *quel tavolo dondola*, that table is wobbly; *mi dondola un dente*, I have a loose tooth; *la barca dondolava dolcemente sull'acqua*, the boat was bobbing up and down on the water.

□ **dondolarsi** *v.rifl.* **1** to swing*: — *sulle gambe*, to rock on one's feet **2** (*su di una sedia, un'altalena ecc.*) to rock (oneself): *una vecchietta si dondolava vicino al camino*, an old woman was sitting rocking herself by the fire **3** (*fig.*) (*oziare*) to lounge (about), to idle: *passa le giornate a* —, he spends his days loafing (*o* lounging) about.

dondolio *s.m.* **1** swinging; rocking **2** (*ciondolio*) dangling.

dondolo *s.m.* **1** (*altalena*) swing, rock **2** (*non com.*) (*pendolo*) pendulum: *orologio a* —, hanging clock (*o* wall-clock) **3** *a* —, rocking: *cavallo a* —, rocking horse; *sedia a* —, rocking chair (*o* rocker).

dondoloni *avv.* dangling, swinging: *se ne stava a cavalcioni del muretto, con le gambe* —, he was sitting astride the low wall, (with) his legs dangling // *andare* (*a*) —, to loaf about.

dongiovanni *s.m.* Don Juan, rake, libertine, ladies' man*: *è un* —, he's a Don Juan (*o* a rake); *si crede un* —, he thinks he is a lady -killer (*o* a real Don Juan).

dongiovannismo *s.m.* Don Juanism.

donna *s.f.* **1** woman*: — *maritata*, married woman; (*dir.*) feme covert; — *nubile*, single woman; (*dir.*) feme sole; — *di casa*, housewife; — *di campagna*, countrywoman; — *d'affari*, businesswoman; — *di strada*, streetwalker; *i diritti delle donne*, women's rights; *l'educazione della* —, female education; *l'emancipazione della* —, female emancipation; *riunione di donne*, women's meeting; *abiti da* —, dresses // *conquistatore di donne*, lady-killer; *nemico delle donne*, woman-hater // *la* — *cannone*, the fat lady // — *androgina*, androgyne // *figlio di buona* —, (*volg.*) son of a bitch // (*teatr.*) *prima* —, prima donna: *smettila di fare la prima* —*!*, (*fam.*) don't give yourself airs! (*o* stop playing the prima donna) // *chi ha bella* — *e castello in frontiera, non ha mai pace in lettiera*, (*prov.*) a fair wife and a frontier castle breed quarrels **2** (*domestica*) (home) help; maid, housemaid: — *delle pulizie*, cleaning woman; — *a ore*, hourly paid home help; — *a giornata*, daily woman (*o* help) **3** (*signora, padrona*) lady, mistress // *Nostra Donna*, (*la Madonna*) Our Lady **4** (*moglie*) wife*; spouse woman*; (*donna amata*) girlfriend, woman*: *la mia* —, my woman **5** (*alle carte, agli scacchi*) queen: — *di cuori, quadri, fiori, picche*, queen of hearts, diamonds, clubs, spades; *scacco alla* —*!*, check to the queen!; *la* — *è sotto scacco*, the queen is in check **6** (*titolo italiano*) donna: *donna Prassede*, donna Prassede.

donnaccia *s.f.* bad woman, slut; (*prostituta*) loose woman, tart, whore.

donnaiolo *s.m.* philanderer; ladies' man, womanizer; (*fam.*) wolf*.

donneggiare *v.intr.* **1** (*amoreggiare*) to pay* court to (s.o.), to court (s.o.) **2** (*comportarsi in modo poco virile*) to behave effeminately.

donnescamente *avv.* **1** in a womanly way, womanlike, like a lady **2** (*in modo effemminato*) effeminately, womanishly.

donnesco *agg.* (*non com.*) womanlike, womanly, feminine: *lavori donneschi*, (*faccende domestiche*) housework, (*cucito*) needlework; *modestia donnesca*, womanly modesty (*o* womanliness); *pettegolezzo* —, women's gossip.

donnetta *s.f.* **1** little woman: *è una cara* —*!*, she is a dear little woman! **2** (*spreg.*) silly woman; (*donna del popolo*) common woman, ordinary woman: *chiacchiere da donnette*, silly talk (*o* old wives' tales); *era vestita come una* —, she was shabbily dressed.

donnicciola *s.f.* (*spreg.*) **1** silly woman **2** (*uomo debole*) weakling, sissy; (*chiacchierone*) gossip: *non fare la* —*!*, don't behave like a woman!

donnina *s.f.* little woman // — *allegra*, lady of easy virtue (*o* lady of pleasure).

donnino *s.m.* **1** (*bambina assennata*) womanly girl **2** (*ragazza graziosa*) nice little girl.

donnola *s.f.* (*zool.*) (*Putorius nivalis*) weasel.

donnone *s.m.* big woman, tall woman, stout woman.

dono *s.m.* **1** gift, present: *lo ebbi in* —, I got it as a gift; *non lo vorrei nemmeno in* —*!*, I wouldn't have it (*o* take it) even as a gift!; *mi fecero* — *della loro collezione di francobolli*, they made me a present of (*o* they presented me with) their stamp collection; *mi fece un bel* —, he gave me a nice present **2** (*facoltà, disposizione*) gift, talent: *il* — *della pazienza*, the gift of patience; *ha un vero* — *per le lingue*, he has a real gift for (*o* a talent for) languages; *ha il* — *di rendersi antipatico*, he has the gift of making himself unliked **3** (*dir.*) donation: *fare* — *di qlco. a qlcu.*, to make a donation of sthg. to s.o.

dont *s.m.* e *agg.* (*Borsa*) buyer's option, call option.

donzella *s.f.* **1** maid, maiden, damsel **2** (*letter.*) (*domestica*) maidservant.

dopante *s.m.* **1** (*chim., fis.*) dopant, doping agent **2** (*sport*) performance enhancing drug ◆ *agg.* doping.

dopare *v.tr.* (*chim.*) to dope.

□ **doparsi** *v.intr.pron.* to take* dope.

doping *s.m.* (*somministrazione di droghe*) doping.

dopo *avv.* **1** (*riferito a tempo*) after, afterwards, then [cfr. *poi*]; (*più tardi, in seguito*) later (on); (*successivamente*) next: *un anno* —, a year later; *alcuni giorni* —, a few days later; *molto tempo* —, long after (*o* much later); *poco tempo* —, not long after (*o* shortly after[wards]); *subito* —, right (*o* immediately) after; *chi viene* —*?*, who's next?; *che accadde* —*?*, what happened next?; *un istante* — *era sparito*, a moment later, he'd disappeared; *voi andate avanti, noi verremo* —, you go ahead, we'll follow later (on); *prima o* —, sooner or later // *a* —, *ci vediamo* —, see you later **2** (*riferito a luogo*) after, next: *la casa che viene* — *è la nostra*, our house comes next (*o* the next house we come to is ours); *qui c'è l'edicola, subito* — *c'è la fermata dell'autobus*, here's the news stand, the bus stop is right next to (*o* right after) it; *non prendete la prima strada a destra, ma quella* —, don't take the first street on the right but the next one ◆ *prep.* **1** (*nel tempo*) after; (*oltre*) past; (*da, a partire da*) since; — *cena*, after dinner; — *tre mesi, un anno*, after three months, a year; — *la guerra*, after the war; *la prima domenica* — *Pasqua*, the first Sunday after Easter; *telefonami* — *le nove*, call me after nine; *ci vediamo* — *lo spettacolo*, (I'll) see you after the show; — *quella volta non l'ho più rivisto*, I haven't seen him since (then); — *la malattia, non si è più ripreso*, he never recovered after his illness // — *domani*, the day after tomorrow // — *tutto*, after all // *uno* — *l'altro*, one after the other: *bere un bicchiere* — *l'altro*, to drink one glass after another; *commettere un errore* — *l'altro*, to make one mistake after another // In unione con altre prep.: — *di me arrivarono tutti gli altri*, the others all came after me; *l'incontro è rimandato a* — *Natale*, the meeting has been postponed till after Christmas; *l'appuntamento è fissato per* — *pranzo*, the appointment has been fixed for after lunch; *siamo rimasti a parlare fin* — *le tre*, we stayed up talking till after three **2** (*di luogo*) after; (*oltre*) past; (*dietro*) behind: — *il semaforo c'è la farmacia*, the chemist's is after (*o* past) the traffic lights; *il mio nome viene* — *il tuo sull'elenco*, my name comes after yours in the list; *in fila* — *di me c'erano venti persone*, there were twenty people in the queue behind me // *prego,* — *di voi*, after you ◆ *cong.* (*con valore temporale*) after: — *aver discusso a lungo, arrivarono a un accordo*, after discussing (the matter) at length, they reached an agreement; — *mangiato esce sempre a fare due passi*, he always goes out for a walk after lunch // — *che* → **dopoché** ◆ *agg.* next (*attr.*); after: *il giorno* —, the next day (*o* the day after) ◆ *s.m.*: *è il* — *che mi preoccupa*, I'm worried about what happens next; *il* — *Chernobyl*, after Chernobyl.

dopobarba *s.m.* aftershave.

dopoborsa *s.m.* (*Borsa*) after-hours (market), street market, curb exchange, curb market, coulisse: *contrattazioni* —, negotiations after hours.

dopocena *s.m.* (evening) afterdinner.

dopoché, **dopo che** *cong.* **1** (*da quando*) since: — *è rimasta sola, non frequenta più nessuno*, since she's been alone, she has stopped seeing people **2** (*una volta che*) after, when: — *avrò finito questo lavoro, mi pren-*

derò un periodo di vacanza, after (*o* when) I've finished this job, I'll take a holiday.

dopodiché, **dopo di che** *avv.* and then, after which; afterwards: *finisci questa lettera, — puoi andartene a casa*, finish this letter, after which (*o* and then) you can go home.

dopodomani *avv.* the day after tomorrow: *ci vediamo — alle 8*, let's meet the day after tomorrow at 8.

dopoguerra *s.m.* postwar period: *la crisi del —*, the postwar crisis.

dopolavorista *s.m. e f.* **1** member of the 'dopolavoro' **2** (*di azienda*) social club member.

dopolavoro *s.m.* **1** 'dopolavoro' (Fascist institution organizing workers' free-time activities) **2** (*in un'azienda*) (*di operai*) workers' club; (*d'impiegati*) employees' club: *— ferroviario*, railwaymen's club.

dopopartita *s.m.* post-match period: *commenti del —*, post-match comments.

dopopranzo *s.m.* afternoon.

doposcì *s.m.* après-ski, after ski.

doposcuola *s.m.* 'doposcuola' (institution providing supplementary lessons and amusement after school-time).

doposole *s.m.* after sun lotion.

dopotutto *avv.* after all: *— non è un problema mio*, after all it's not my problem; *ma — non è andata neanche male*, well, after all it didn't go too badly.

doppiaggio *s.m.* (*cinem.*) dubbing.

doppiamente *avv.* **1** doubly: *sei stato — fortunato*, you've been doubly lucky **2** (*con inganno*) deceitfully.

doppiare[1] *v.tr.* **1** to double; to redouble **2** (*mar.*) to double; to turn; (*passando a sopravvento*) to weather: *— un promontorio*, to double (*o* to turn) a promontory **3** (*sport*) to lap: *la Ferrari concluse la gara dopo aver doppiato tutte le altre macchine*, the Ferrari finished the race having lapped all the other cars **4** (*tess.*) to wind together **5** (*placcare*) to plate.

doppiare[2] *v.tr.* (*cinem.*) to dub: *— un film*, to dub a film.

doppiato *agg.* (*cinem.*) dubbed: *— in italiano*, dubbed into Italian ◆ *s.m.* (*cinem.*) (*doppiaggio*) dubbing: *fare il — di un film*, to dub a film.

doppiatore *s.m.* **doppiatrice** *s.f.* (*cinem.*) dubber.

doppiatura *s.f.* **1** doubling, reduplication **2** (*tess.*) doubling **3** (*placcatura*) plating.

doppieggiatura *s.f.* (*tip.*) slur.

doppiere *s.m.* two-branched candlestick.

doppietta *s.f.* **1** double-barrelled (shot)gun **2** (*colpo doppio*) double shot; (*fam.*) both barrels **3** (*sport*) two consecutive victories; (*calcio*) two goals (scored by the same player) **4** (*aut.*) double declutching.

doppietto *s.m.* (*fis.*) doublet.

doppiezza *s.f.* **1** doubleness; double thickness **2** (*ambiguità*) duplicity, double -dealing, deceitfulness.

doppino *s.m.* **1** (*elettr.*) duplex cable, pair **2** (*mar.*) bight.

doppio *agg.* **1** double: *doppia altezza*, (*di stoffa*) double width; *doppi vetri*, double glazing; *— fondo*, (*di valigia ecc.*) false bottom; *— mento*, double chin; *doppia porta*, double door; *— whisky*, double whisky; *binario —*, double track; *filo —*, double thread; *in — esemplare*, in duplicate; *margherita doppia*, double daisy; *paga doppia*, double pay; *parola a — senso*, ambiguous word; *la sua canna da pesca ha una lunghezza doppia della mia*, his fishing rod is twice the length of mine; *avere una doppia vita*, to lead a double life; *chiudere una porta a — giro di chiave*, to double-lock a door // *— gioco*, double-cross: *non fare il — gioco con me!*, don't double-cross me! // *a — effetto*, double-acting: *pompa a — effetto*, double-acting pump // *a — petto*, double -breasted: *giacca a — petto*, double-breasted jacket // *a — taglio*, (*di lama*) double-edged: *argomento a — taglio*, argument that cuts both ways // (*comm.*): *partita doppia*, double entry; *doppia prezzatura*, double pricing; *— mercato*, two-tier market // (*fin.*): *— bilancio*, double budget; *— mercato dei cambi*, two-tier foreign exchange market; *— regime dei cambi*, split exchange system // (*trib.*) *doppia imposizione*, double taxation // (*astr.*) *stella doppia*, double star // (*fis.*) *doppia rifrazione*, double refraction // (*med.*): *doppia visione*, diplopia; *doppia circolazione* (*del sangue*), double circulation // (*psic.*) *doppia personalità*, dual personality **2** (*ambiguo*) two-faced, double-dealing, deceitful: *atteggiamento —*, two-faced attitude; *persona doppia*, two-faced person **3** (*mecc.*) dual: *— comando*, dual control ◆ *s.m.* **1** double; twice as much, twice as many: *più caro del —*, twice as expensive; *ho il — della tua età*, I am twice your age; *ho preso il — di quanto prendi tu*, I got twice as much as you do; *venti è il — di dieci*, twenty is the double of ten **2** (*tennis*) doubles (*pl.*): *— femminile*, women's doubles; *— maschile*, men's doubles; *— misto*, mixed doubles **3** (*di attore*) understudy **4** (*lett.*) double.

doppio *avv.* **1** double, twofold, doubly: *legame —*, double bond; *piega — questo foglio*, fold this sheet in half (*o* in two) // *vede —*, he sees double **2** (*ambiguamente*) double, deceitfully: *non parlare —!*, don't speak ambiguously!

doppiofondo *s.m.* **1** false bottom, double bottom **2** (*mar.*) double bottom; (*di sommergibile*) ballast tank.

doppiogiochista *s.m. e f.* double crosser, double-dealer; two-timer.

doppione *s.m.* **1** (*copia, duplicato*) double, duplicate, exact copy // *il suo ultimo lavoro è in pratica un — del suo primo film*, his latest work is virtually an exact copy of his first film **2** (*spreg.*) (*imitazione scadente*) useless copy **3** (*teatr.*) dual role **4** (*di parola*) doublet **5** (*tip.*) double, doublet **6** (*bozzolo doppio*) double cocoon.

doppiopetto *agg.* double-breasted ◆ *s.m.* double-breasted coat; double-breasted jacket.

dorare *v.tr.* **1** to gild; (*mediante processo elettrolitico*) to gold-plate // *— la pillola*, to sugar the pill **2** (*cuc.*) (*rosolare*) to brown; (*pennellare con uovo*) to brush with egg yolk. □ **dorarsi** *v.intr.pron.* to turn golden.

dorato *agg.* **1** gilded, gilt; (*mediante processo elettrolitico*) gold-plated: *a lettere dorate*, in gilt letters; *cornice dorata*, gilt frame **2** (*color d'oro*) golden: *giallo —*, golden yellow.

doratore *s.m.* gilder.

doratura *s.f.* **1** (*procedimento*) gilding: *— elettrolitica*, gold-plating **2** (*superficie dorata*) gilding, gilt.

dorcade *s.f.* (*zool.*) (*Gazella dorcas*) dorcas gazelle.

doricismo → **dorismo**.

dorico *agg.* Doric, Dorian: (*arch.*) *ordine —*, Doric order ◆ *s.m.* (*dialetto*) Doric.

doride *s.f.* (*zool.*) sea lemon.

dorifora *s.f.* (*zool.*) *— della patata*, (*Doriphora decemlineata*) Colorado beetle, potato beetle.

doriforo *s.m.* (*st.*) spearman*.

dorismo *s.m.* (*ling.*) Doricism.

dormeuse *s.f.* (*fr.*) (*divano*) sofa, lounge.

dormicchiare *v.intr.* to doze, to slumber, to drowse; (*fam.*) to snooze.

dormiente *agg.* **1** sleeping **2** (*di pianta*) dormant, quiescent **3** (*mar.*) standing: *manovre dormienti*, standing rigging ◆ *s.m.* **1** sleeper // *i sette dormienti*, the Seven Sleepers **2** (*edil.*) sleeper, ground-beam **3** (*mar.*) shelf*, shelfpiece; standing part.

dormienza *s.f.* (*bot.*) dormancy, quiescence, quiescency.

dormigliona *s.f.* **dormiglione** *s.m.* sleepy-head; lazybones; (*chi si alza tardi*) late riser.

dormire *v.intr.* **1** to sleep*: *hai dormito bene?*, did you sleep well? (*o* did you have a good sleep?); *ieri ho dormito tutto il giorno*, yesterday I slept the whole day; *malgrado il rumore, questa notte ho dormito tutto d'un sonno*, in spite of the noise, I slept the whole night through; *parla spesso quando dorme*, he often talks in his sleep; *possiamo darvi da mangiare e da —*, we can give you a meal and put you up; *il rumore gli impedisce di —*, noise keeps him awake (*o* from sleeping); *— supino, bocconi, sul fianco*, to sleep on one's back, on one's stomach, on one's side; *— come un ghiro*, to sleep like a top (*o* a log); *— della grossa*, to be sound asleep (*o* to sleep soundly); *— leggero*, to have a light sleep; *— per ventiquattro ore di seguito*, to sleep the clock round; *— più del solito*, to oversleep; *— profondamente*, to sleep soundly; *andare a —*, to go to bed; *continuare a —*, to sleep on; *farsi passare il mal di capo dormendo*, to sleep a headache off; *mettere qlcu. a —*, to put s.o. to bed; *non trovare da —*, to find nowhere to sleep; *cerca di dormirci su!*, sleep on it! // *cerca di non dormirci sopra*, don't let the grass grow under your feet // *sono alzato da tre ore, ma dormo ancora*, I've been up for three hours, but I'm still asleep // *fai in fretta, non —!*, look lively, wake up! // *ma va' a —!*, (*fam.*) push off! // *dormiva in piedi*, he couldn't keep his eyes open // *la natura dorme in inverno*, nature is dormant in winter // *una storia che fa —*, a boring (*o* tedious) story // *— a occhi aperti*, to be very sleepy // *— con gli occhi aperti*, to sleep with one eye open // *— nel Signore*, (*essere morto*) to sleep in the Lord // *— tra due guanciali*, to sleep on velvet // *chi dorme non piglia pesci*, (*prov.*) the early bird catches the worm **2** (*fig.*) (*giacere*) to remain inactive; to be dormant: *l'istanza dorme da parecchi mesi*, the petition has been lying by for several months; *mettere una pratica a —*, to let a matter lie ◆ *v.tr.* to sleep*: *— il sonno del giusto*, to sleep the sleep of the just; *— sonni tranquilli*, to sleep peacefully // *— il sonno eterno*, to sleep one's last sleep.

dormire *s.m.* sleep: *il — mi sembra la sua principale attività*, it seems to me that he does nothing but sleep.

dormita *s.f.* sleep: *fece una bella — di dodici ore filate*, he slept like a log for twelve solid hours; *hai proprio bisogno di una buona —!*, what you need is a good sleep!; *vai a casa e fatti una bella —*, go home and have a good sleep.

dormitina *s.f.* nap: *non fare la tua solita — oggi*, don't have your usual nap today.

dormitorio *s.m.* dormitory; (*sl. scolastico*) dorm // *città —*, dormitory town.

dormiveglia *s.m.* drowsiness, doziness: *nel — l'ho sentito rientrare a casa*, only half asleep, I heard him come home; *ero nel —, quando il telefono squillò*, I was half asleep when the telephone rang.

doroteo *s.m.* (*pol.*) politician who was a member of a Christian Democrat faction created in 1959.

dorsale *agg.* **1** dorsal // (*anat.*): *nervi, vertebre dorsali*, dorsal nerves, vertebre; *spina —*, backbone (*o* spine) **2** (*sport*) back: *nuoto —*, backstroke ◆ *s.f.* (*geogr.*) ridge: *— medioatlantica*, mid-Atlantic ridge; *— oceanica*, mid-oceanic ridge ◆ *s.m.* (*testata del letto*) head; (*schienale di seggiola*) back.

dorsalista *s.m.* e *f.* (*sport*) backstroker.

dorsalmente *avv.* dorsally.

dorsista *s.m.* e *f.* (*sport*) backstroke swimmer, backstroker.

dorso *s.m.* **1** back: *il — della mano*, the back of the hand; *— di un libro*, back (*o* spine) of a book; (*aer.*) *— di un'ala*, top surface; *cadere sul —*, to fall on one's back; *essere disteso sul —*, to be on one's back; *piegare il —*, to bend (one's back), (*fig.*) to bow to (s.o., sthg.) // *mostrare, volgere il —*, (*fig.*) to show one's heels (*o* a clean pair of heels) **2** (*di animali*) back, tergum*: *a — di cavallo*, on horseback; *a — di mulo*, on a mule; *dal — ricurvo*, saddleback **3** (*nuoto*) backstroke.

dorsosacrale *agg.* (*anat.*) dorsosacral.

dorsoventrale *agg.* (*anat.*) dorsoventral.

dosabile *agg.* measurable.

dosaggio *s.m.* **1** dosage // (*econ.*) *— delle politiche economiche*, policy mix **2** (*chim.*) measuring **3** (*di carburante*) metering.

dosare *v.tr.* **1** to proportion, to dose; (*dividere in dosi*) to divide (sthg.) into doses: *— gli ingredienti*, to proportion ingredients; *non è facile — bene il sale*, it's not easy to measure salt well **2** (*distribuire con parsimonia*) to distribute sparingly, to dole out: *— le proprie parole*, to weigh one's words **3** (*chim.*) to measure.

dosato *agg.* (*ben calcolato*) measured, balanced: *dosati rimproveri*, measured criticism.

dosatore *s.m.* batcher; proportioner.

dosatura *s.f.* **1** dosage, dosing **2** (*chim.*) measuring **3** (*mecc.*) metering: *— della miscela*, mixture strength.

dose *s.f.* **1** quantity, measure; (*chim.*, *fis.*) dose: *a piccole dosi*, in small quantities: *questa medicina va presa a piccole dosi*, this medicine is to be taken in small doses; *a grandi dosi*, in strong doses; *una — mortale di veleno*, a lethal dose of poison **2** (*porzione*) dose, measure, portion, share: *una buona — di...*, a good deal of...: *avere una buona — di superbia, di sfacciataggine*, to be very proud, impudent // *rincarare la —*, to exaggerate; (*fam.*) to pile it on.

dosimetria *s.f.* (*fis.*) dosimetry.

dosimetro *s.m.* (*metrol.*) dosimeter; (*quantimetro*) quantimeter.

dossale *s.m.* **1** (*copertura*) dossal **2** (*d'altare*) altar-frontal **3** (*arch.*) lagging.

dossier *s.m.* dossier, file: *c'è un voluminoso — su di lui alla questura*, there's a large dossier on him at the police station // (*fin.*) *— di titoli*, deposit of securities.

dossiere *s.m.* (*non com.*) **1** (*finimento per cavalli*) backband, back-strap **2** (*spalliera del letto*) quilted head (of a bed).

dosso *s.m.* **1** nella locuz. *di —*: *le strappò di — gli abiti*, he ripped off her clothes; *togliersi di — gli abiti*, to take off one's clothes; *toglitelo di —!*, take it off!; *togliersi un peso di —*, (*fig.*) to get a weight off one's mind: *ecco un gran peso che mi sono tolto di —*, that's a great weight off my mind **2** (*monticello*) rise **3** (*gobba di strada*) hump: *è vietato sostare all'inizio del —*, parking near the brow of a hill is forbidden.

dot *s.m.* (*tel.*) dot.

dotale *agg.* (*dir.*) dotal: *bene —*, dotal property; *rendita —*, dotal income.

dotare *v.tr.* **1** to give* a dowry to (s.o.) (*anche dir.*): *ha dotato sua figlia molto generosamente*, he has given his daughter a very large dowry **2** (*fornire di una rendita permanente*) to endow: *— un ospedale*, to endow a hospital **3** (*fornire*) to provide; to equip, to fit out, to furnish: *la nostra biblioteca è stata dotata di scaffali moderni*, our library has been furnished (*o* equipped *o* provided) with modern shelves; *la squadra fu dotata di nuove divise*, the team was supplied (*o* fitted out *o* provided *o* equipped) with a new strip; *— un paese di scuole e ospedali*, to provide a country with schools and hospitals **4** (*adornare, arricchire*) to endow: *Dio vi ha dotato di grandi qualità*, God has endowed you with great qualities (*o* God has bestowed great gifts on you).

dotato *agg.* **1** gifted (with sthg.): talented; blessed (with sthg.); endowed (with sthg.): *un musicista molto —*, a gifted (*o* talented) musician; *è un uomo — di memoria prodigiosa*, he is a man blessed with a wonderful memory **2** (*provveduto di rendite*) endowed (with sthg.) **3** (*equipaggiato, fornito*) provided (with sthg.); equipped (with sthg.); fitted out (with sthg.); furnished (with sthg.); *industria dotata di impianti aggiornati*, industry equipped with up-to-date machinery.

dotatore *s.m.* **dotatrice** *s.f.* (*dir.*) **1** giver of a dowry **2** (*chi elargisce una rendita permanente*) endower.

dotazione *s.f.* **1** (*rendita fissa*) endowment; (*non com.*) dotation: *— della corona*, civil list; *la — di un collegio*, the endowment of a college; *alcune istituzioni religiose hanno numerose dotazioni*, some religious institutions have numerous endowments // *dare in — qlco. a qlcu.*, to issue s.o. with sthg. (*o* to issue sthg. to s.o.) // (*fin.*) *fondo di —*, endowment fund // (*comm.*) *— di cassa*, cash supply **2** (*mil.*) outfit, equipment; (*individuale*) army kit **3** (*attrezzatura*) equipment: *dotazioni di bordo*, (*di nave*) ship's equipment, (*di aeroplano*) plane's equipment.

dote *s.f.* **1** dowry (*anche dir.*): *una ricca —*, a large dowry; *portare in —*, to bring as a dowry; *portare in — qlco.*, to bring a dowry (of sthg.); *assegnare, dare in —*, to give as a dowry: *le diede in — una forte somma di denaro*, he gave her a large sum of money as a dowry // *sposare la —*, (*sposarsi per interesse*) to marry for money // *cacciatore di —*, (*fig.*) fortune hunter **2** (*patrimonio di pubblico istituto*) endowment **3** (*fig.*) (*dono naturale*) endowment, accomplishment, gift, talent; (*qualità*) quality: *una rara —*, a rare gift; *un uomo di chiare doti*, a gifted man; *la sincerità è una bella —*, sincerity is a good quality.

dottamente *avv.* learnedly.

dotto[1] *agg.* **1** learned, erudite: *discorso —*, learned speech // *lingue dotte*, classical languages **2** (*esperto*) expert, skilled ◆ *s.m.* scholar, man of learning, learned man.

dotto[2] *s.m.* (*anat.*) duct: *— biliare*, bile (*o* biliary) duct; *— lacrimale*, lacrimal duct.

dottoraggine *s.f.* (*non com.*) pedantry.

dottorale *agg.* doctoral: *tono —*, donnish tone.

dottorame *s.m.* (*iron.*) bunch of doctors.

dottorato *s.m.* doctorate: *conseguire il —*, to take one's doctorate (*o* a doctor's degree).

dottore *s.m.* **1** (*dotto, erudito*) doctor, learned man: *darsi arie da —*, to put on a learned air; (*lett.*) *Dottor Faust*, Doctor Faustus; (*teol.*) *i Dottori della Chiesa*, the Doctors of the Church // *Gesù tra i Dottori*, Jesus amongst the Doctors // *meglio un asino vivo che un — morto*, (*prov.*) better a living dog than a dead lion **2** (*laureato*) graduate; (*chi ha un dottorato*) doctor: *— in farmacia*, pharmacist; *— in fisica*, physicist; *— in lettere*, Master of Arts (*abbr.* MA); *— in scienze*, Master of Science (*abbr.* MSc); *— in legge*, Doctor of Laws (*abbr.* LLD); *— in teologia*, Doctor of Divinity (*abbr.* DD); *— in filosofia*, Doctor of Philosophy (*abbr.* PhD) **3** (*medico*) doctor (of medicine), physician: *buon giorno, Dottor Brown*, good morning, Dr Brown; *manda a chiamare il —*, send for the doctor; *mio padre fa il —*, my father is a doctor (*o* a physician); *andare dal —*, to go to (see) the doctor.

dottoreggiare *v.intr.* to put* on learned airs; to display one's learning, to show* off one's learning.

dottoresco *agg.* scholarly, learned, knowledgeable; (*saccente*) knowing, pedantic.

dottoressa *s.f.* **1** (*laureata*) (female) graduate **2** (*in medicina*) lady doctor, woman doctor **3** (*donna saccente*) Mrs know-all.

dottorevole *agg.* (*non com. scherz.*) doctorial.

dottorino *s.m.* (*fam.*) young doctor, recently qualified doctor, newly fledged doctor.

dottorucolo *s.m.* (*spreg.*) worthless doctor; (*ciarlatano*) quack, charlatan.

dottrina *s.f.* **1** doctrine: *la — di Monroe*, Monroe Doctrine; *dottrine filosofiche*, philosophic doctrines **2** (*erudizione*) scholarship, learning, erudition: *un uomo di grande —*, a vastly learned man **3** (*catechismo*) catechism: *andare a —*, to attend a catechism class **4** (*studio scientifico del diritto*) science of law; jurisprudence; (*gli autori*) the scholars; the authors; the authorities: *la — e la* *giurisprudenza*, the scholars and the courts (*i soggetti*), the authorities and the case law (*il prodotto*); *fondare una decisione sulla* —, to base a decision on the authorities.

dottrinale *agg.* **1** doctrinal **2** (*che ostenta dottrina*) erudite, pedantic: *tono* —, pedantic tone.

dottrinario *s.m.* doctrinaire, doctrinarian ◆ *agg.* doctrinal; dogmatic: *atteggiamento* —, dogmatic attitude.

dottrinarismo *s.m.* **1** doctrinairism; doctrinarianism **2** (*dogmatismo*) dogmatism.

double-face *agg.* (*fr.*) double-faced, reversible ◆ *s.m.* reversible material.

dovario *s.m.* (*st. dir.*) dower.

dove *avv.* **1** (*in frasi interrogative dirette e indirette*) where; (*moto a luogo*) where... (to): — *abiti?*, where do you live?; — *sono i miei occhiali?*, where are my glasses?; *dov'è l'ufficio postale?*, where's the post office?; — *sei stato fino adesso?*, where have you been till now?; — *vi siete incontrati?*, where did you meet?; *chissà — saranno a quest'ora*, I wonder where they are now; *li ho visti non ricordo* —, I don't remember where I saw them; — *vai stasera?*, where are you going this evening?; *"Dove eravate diretti?" "A Barcellona"*, "Where were you going (to)?" "To Barcelona"; — *è stata spedita la merce?*, where were the goods sent (to)?; *dimmi — vorresti andare*, tell me where you'd like to go // — *vuoi arrivare?*, what are you getting at? // *di, da* —, where... (from); from where: *di — sei?*, where are you from?; *da — viene questo vino?*, where does this wine come from?; *sai da — telefonava?*, do you know where he was phoning from?; *da — abitavo prima ci saranno due chilometri*, it's about two kilometres from where I lived before; *non so da — cominciare*, I don't know where to begin // *fin* —, how far; (*fino a che punto*) up to what point; (*fino al punto in cui*) as far as: *fin — si arriva col treno?*, how far can you get by train?; *non so fin — ti posso aiutare*, I don't know how far (*o* up to what point) I can help you; *vi accompagno fin — volete*, I'll take you as far as you like // *ecco fin — può arrivare l'egoismo!*, how selfish can you get? // *per* —, which way: *per — si passa?*, which way do you go? **2** (*in cui, nel luogo in cui*) where; in which: *questa è la casa — vivono i miei genitori*, this is the house where (*o* in which) my parents live (*o* this is the house my parents live in); *mostrami il giornale — hai letto la notizia*, show me the paper where you read the news (*o* show me the paper you read the news in); *restate — siete*, stay where you are; *ecco — è avvenuto l'incidente*, this is where the accident occurred ◆ *cong.* (*letter.*) **1** (*nel caso che*) → ove **2** (*mentre*) → laddove ◆ *s.m.*: *il — e il quando*, where and when; *in ogni* —, *per ogni* —, everywhere; *da ogni* —, from everywhere.

dovere *v.servile* **1** (*obbligo, necessità assoluta*) must, to have (got) to, to be to; shall (*spec. form. nella 2ª e 3ª pers. sing. e pl.*): *devo finire questo lavoro entro domani*, I must (*o* I have to *o* I've got to) finish this job by tomorrow; *ha dovuto studiare tutto il giorno*, he had to study all day; *dobbiamo salvaguardare l'ambiente*, we must (*o* we've got to) protect the environment; *devi imparare a controllarti*, you must (*o* you've got to) learn to control yourself; *dovevamo partire subito*, we had to leave at once; *le domande d'iscrizione dovranno essere presentate entro febbraio*, applications must (*o* are to) be made by the end of February; *non dobbiamo fermarci un minuto di più*, we mustn't stop a minute longer; *devo proprio firmare?*, do I have to (*o* have I got to *o* must I) sign?; *la commissione deve riunirsi al più presto*, the commission is to meet as soon as possible; *secondo regolamento, nessuno deve lasciare la scuola senza autorizzazione*, according to regulations, no one shall leave the school without authorization; *tutti gli ufficiali devono presentarsi al colonnello*, all officers are to (*o* shall) report to the colonel; *che cosa devo fare?*, what am I to do?; *non devono esserci equivoci questa volta*, there must be no misunderstanding this time; *dovendo assentarmi per lavoro, non potrò presenziare alla cerimonia*, having to be away on business, I shall be unable to attend the ceremony // *comportarsi come si deve*, to behave oneself (properly) // *una persona come si deve*, a decent person // *un lavoro come si deve*, a job well done // (*possibile*) *che debba sempre averla vinta tu?*, why must you always be right? **2** (*necessità, opportunità, convenienza*) to have to, must (*in frasi affermative e interr. positive*); need (*solo in frasi interr. positive*); not to need to, need not, not to have (got) to (*in frasi negative e interr. negative*): *dovrò alzarmi presto se voglio prendere il primo treno*, I'll have to get up early if I want to catch the first train; *dovremo far controllare l'impianto elettrico*, we'll have to have the electric system checked; *se vuole dimagrire dovrà mettersi a dieta*, he'll have to go on a diet if he wants to lose weight; *dovrai smettere di fumare prima o poi*, you'll have to give up smoking sooner or later; *dovete vedere quel film*, you must, see that film; *devi venire a cena qualche sera*, you must (*o* you'll have to) come to dinner some evening; *devi farti tagliare i capelli*, you must (*o* you'll have to) get your hair cut; *devi proprio andare in banca?*, do you really need to go to the bank?; *devi fare benzina?*, do you need (to get) any petrol?; *si deve mandare un acconto?*, does one need to send a deposit?; *non dovete accompagnarmi all'aeroporto, posso prendere un taxi*, you needn't (*o* you don't have to *o* you don't need to) take me to the airport, as I can get a taxi; *non è detto che debba andare proprio tu*, you don't necessarily have to go; *non dovevi telefonare?*, didn't you have to make a phone call?; *perché devi sempre interferire?*, why must you keep on interfering? **3** (*certezza, forte probabilità*) must, to be bound to; (*inevitabilità*) to have to, must: *dev'esserci una spiegazione*, there must be an explanation; *dev'essere questo l'albergo*, this must be the hotel; *deve arrivare da un momento all'altro*, he's bound to arrive any moment; *devono aver capito*, they must have understood; *devi certamente aver sentito parlare di lui*, you must (*o* you're bound to) have heard of him; *doveva succedere prima o poi*, it had to (*o* it was bound to) happen sooner or later; *dovrà essere informato*, he'll have to be told; *dev'essere stato emozionante assistere a quell'incontro*, it must have been exciting to be at that match **4** (*essere previsto, prestabilito*) to be to; (*spec. di treno ecc.*) to be due (to): *doveva diventare presidente*, he was to become president; *le nozze dovevano essere celebrate l'indomani*, the wedding was to take place next day; *devo essere a Torino alle 10*, I'm to be in Turin at 10 o'clock; *l'aereo deve atterrare alle 11.15*, the plane is due (to land) at 11.15; *il treno doveva arrivare a Firenze alla 18*, the train was due in Florence at 6 p.m. **5** (*supposizione, previsione, possibilità*) must: *dev'essere già a casa*, he must be home by now; *non devono essere ancora partiti*, they mustn't (*o* they can't) have left yet; *devono essere le 3*, it must be 3 o'clock; *quello dev'essere il Monte Bianco*, that must be Mont Blanc; *deve sentirsi molto sola*, she must be very lonely; *non devono essersi capiti*, they can't have understood each other; *devi aver sofferto molto*, you must have had a hard time; *dev'essere rimasto male*, he must have been upset; *deve aver bevuto*, he must have been drinking; *non doveva avere più di 15 anni*, he couldn't have been more than 15 (years of age); *doveva essere molto tardi quando sei rincasato*, it must have been very late when you got in // *deve piovere*, it's going to rain // *dovrà rispondere di tentato omicidio*, he's going to be charged with attempted murder • Come si nota dagli esempi, in frasi negative si può usare *can, could* in luogo di *must* **6** (*per esprimere una richiesta, nella 1ª pers. s. e pl. del pres. indic.*) shall: *devo dirglielo?*, shall I tell him?; *dobbiamo passare a prenderti?*, shall we call for you?; *devo chiudere la porta a chiave?*, shall I lock the door?; *devo pagare in contanti o posso darle un assegno?*, shall I pay cash or can I give you a cheque?; *dobbiamo venire anche noi?*, shall we come too?; *devo farti telefonare da Michele?*, shall I get Michael to call you? **7** (*al cond.*) should, ought to: *dovrebbero arrivare per le otto*, they should (*o* they ought to) be here by eight; *avrei dovuto scusarmi*, I should have apologized; *dovrebbe partire stasera*, he should leave tonight; *avresti dovuto andarci*, you should have gone (there); *dovreste aiutarlo*, you ought to help him; *avresti dovuto saperlo da un pezzo*, you should have known ages ago; *avrebbero dovuto telefonarmi*, they ought to have phoned me **8** (*al cong. imperf. in frasi ipotetiche*) should, were to: *non dimenticherò mai quel giorno, dovessi campare 100 anni*, I'll never forget that day, if I were to live 100 years; *se dovesse fallire...*, if he were to fail...; *se dovesse venire, avvertimi*, if he should come (*o* should he come), let me know; *se doveste passare da Bologna, telefonatemi*, if you should happen to be passing through Bologna, give me a call; *se dovessi incontrarlo, digli che ho bisogno di parlargli*, if you should meet (*o* should you meet) him, tell him I need to have a word with him; (*se*) *dovessero stare così le cose...*, if that were the case... **9** (*essere obbligato, costretto*) to be compelled (*o* obliged *o* forced) to; to feel* bound to: *devo rinunciare all'incarico per motivi di salute*, I am compelled (*o* obliged *o* forced) to give up the post for health reasons; *dovette abbandonare il paese*, he was forced to leave the country; *se non provvederete al mio risarcimento, dovrò rivolgermi al mio avvocato*, if you fail to compensate me, I shall be obliged to contact my solicitor; *in seguito alle gravi accuse, il ministro dovette dimettersi*, as a result of the grave allegations, the minister was forced to resign; *devo riconoscere che avevamo torto*, I feel bound to say we were wrong **10** (*all'imperfetto con valore di condizionale per esprimere consiglio, suggerimento*) should have (*o* ought to have) + *part. pass.*: *dovevi aspettartelo*, you should have expected it; *non doveva rispondere in quel modo*, he shouldn't have answered like that; *dovevamo pensarci prima*, we ought to have thought of it before; *dovevate vederlo*, you should have seen him; *dovevano immaginare che ti saresti offeso*, they should have realised you'd be offended; *non dovevi fare tante storie*, you shouldn't have made such a fuss ◆ *v.tr.* **1** (*essere debitore di*) to owe: *gli devo 50.000 lire*, I owe him 50,000 liras; *che cosa le devo?*, what do I owe you?; *deve il successo alla sua grande popolarità*, he owes his success to his great popularity; *ti dobbiamo molta riconoscenza*, we owe you a great debt of gratitude; *gli dovevamo tutto*, we owed everything to him; *ti devo la vita*, I owe my life to you **2** (*derivare*) to take*: *la Bolivia deve il suo nome a Simon Bolivar*, Bolivia takes its name from Simon Bolivar **3** (*nella forma passiva*) to be due: *a che cosa era dovuto il ritardo?*, what was the delay due to?; *ciò si deve alla sua negligenza*, that is due to his negligence; *l'incidente non era dovuto a un guasto meccanico, ma a un errore del pilota*, the accident was not due to mechanical failure, but to pilot error; *la morte era dovuta a cause naturali*, death was due to natural causes; *la teoria della relatività si deve a Einstein*, we owe the theory of relativity to Einstein.

dovere *s.m.* **1** duty: *i miei doveri di madre*, my duties as a mother; *i nostri doveri verso Dio, la patria, il prossimo*, our duty to God, our country, our fellow creatures; *i diritti e i doveri del cittadino*, the rights and duties of the citizen; (*dir.*) *— legale*, legal duty; (*dir.*) *soggetto a —*, liable to duty; *per senso del —*, from a sense of duty; *com'è mio —*, as in duty bound; *conosco il mio —*, I know my duty; *ho il — d'informarvi*, I must inform you; *mancò al suo —*, he failed in his duty; *mi faccio un — di imitarvi in tutto*, I make a point of imitating you in everything; *morì vittima del —*, he died doing his duty; *sento il — di aiutarti*, I feel bound to help you; *si credeva in — di seguirmi dappertutto*, he thought it was his duty to follow me everywhere // *avere il senso del —*, to be conscious of one's duty; *fare il proprio —*, to do one's duty: *fa' il tuo — a qualunque costo!*, do your duty at all costs! // *a —*, properly (*o* as it should be): *ti ha sistemato a —!*, he settled your hash! // *chi di — penserà a farlo*, the person responsible will look after it; *ci rivolgeremo a chi di —*, we'll apply to the person in charge // *visita di —*, duty call // *prima il — poi il piacere*, (*prov.*) work before pleasure **2** *pl.* (*antiq.*) (*saluti, convenevoli*) (kind) regards, compliments, respects: *i miei doveri a vostra sorella*, my kindest regards to your sister; *porgere i propri doveri a qlcu.*, to pay one's respects to s.o.

doveroso *agg.* dutiful; (*giusto*) right (and proper), rightful, fair: *è — che noi vi restituiamo il denaro*, it is only right and fair that we give you back your money; *con il — riguardo*, with all due respect.

dovizia *s.f.* (*letter.*) (*abbondanza*) abundance, plenty; (*ricchezza*) wealth, opulence, affluence: *— di particolari*, wealth of detail; *c'era — di tutto*, there was plenty of everything // *con —*, plentifully (*o* abundantly *o* copiously) // *dove è guerra non fu mai —*, (*prov.*) wars bring scars.

doviziosamente *avv.* (*con abbondanza*) abundantly, plentifully, copiously; (*riccamente*) richly, lavishly, sumptuously.

dovizioso *agg.* **1** (*abbondante*) abundant, plentiful, copious **2** (*ricco*) wealthy, affluent, opulent.

dovunque *avv.* (*dappertutto*) everywhere; (*in qualsiasi luogo*) anywhere: *c'erano manifesti —*, there were posters everywhere; *ti seguirei —, anche in capo al mondo*, I'd follow you anywhere, even to the end of the world ◆ *cong.* wherever: *— vada, me lo trovo davanti*, I keep on bumping into him wherever I go.

dovutamente *avv.* duly; (*giustamente*) deservedly, justly.

dovuto *agg.* **1** due; (*da pagarsi*) payable; (*spettante*) owing: *riceverai il compenso — ma non una lira di più*, you'll get what is due to you and not a penny more; *prezzo —*, price due (*o* payable) **2** (*giusto, adatto, conveniente*) due; right, just, rightful; adequate; fitting; proper: *con la dovuta diligenza*, with the due (*o* necessary *o* required) diligence; *nel modo —*, in the proper way; *nel tempo —*, in due course; *contratto redatto nella forma dovuta*, contract drawn up in due form; *prendere nella dovuta considerazione*, to take into due (*o* proper) consideration ◆ *s.m.* due; (*debito*) debt: *dagli il —*, give him his due; *mi avete dato più del —*, you have given me more than my due.

dozzina *s.f.* **1** dozen: *dozzine di uova*, dozens of eggs; *una buona —*, a dozen or more (*o* thirteen to the dozen *o* a baker's dozen); *una mezza —*, half a dozen; *tre dozzine di bottiglie*, three dozen bottles // *a dozzine*, in dozens: *arrivarono a dozzine*, they arrived in their dozens // *le uova costano una sterlina e mezzo alla —*, eggs are one pound fifty a dozen; *comprare, vendere alla —*, to buy, to sell by the dozen // *di, da —*, cheap (*o* poor quality): *un poeta di —*, a poetaster **2** (*antiq.*) (*pensione in casa privata*) board and lodgings: *prendere a —*, to take in boarders; *stare a — da qlcu.*, to board with s.o. (*o* at s.o.'s); *tenere a —*, to board.

dozzinale *agg.* cheap, second-rate, poor -quality (*attr.*); ordinary, common: *un uomo —*, an ordinary fellow.

dozzinalmente *avv.* by the dozen: *il lavoro fu eseguito —*, the work was bungled (*o* botched up).

dozzinante *s.m.* (*antiq.*) boarder.

dracena *s.f.* (*bot.*) (*Dracaena drago*) dragon's blood, dragon-tree, (*scient.*) dracaena.

drachenballon *s.m.* (*aer.*) kite balloon.

dracma → **dramma**[2].

draconiano *agg.* Draconian, Draconic: *leggi draconiane*, Draconian (*o* rigorous) laws.

draga *s.f.* **1** dredge, dredger, dredging machine, drag: *— a catena di tazze*, bucket -ladder dredge; *— ad aspirazione*, suction dredge; *— a secchie*, bucket dredge; *— galleggiante*, floating dredge; *— succhiante*, hydraulic dredge **2** (*rete a strascico*) trawl **3** (*rete dragamine*) sweep.

dragaggio *s.m.* **1** dredging: *impianto di —*, dredging plant **2** (*mar.*) (*di mine*) minesweeping: *— magnetico*, magnetic minesweeping.

dragamine *s.m.* (*mar.*) minesweeper.

dragante[1] → **adragante**.

dragante[2] *s.m.* (*mar.*) transom.

dragare *v.tr.* **1** to dredge **2** (*mar.*) to sweep*.

dragatore, **draghista** *s.m.* dredger.

draglia *s.m.* (*mar.*) stay: *— dei fiocchi*, jib-stay.

dragma → **dramma**[2].

drago *s.m.* **1** dragon: *San Giorgio e il —*, St. George and the dragon // *— volante*, (*aquilone*) kite // (*zool.*) *— di Komodo*, (*Varanus komodoensis*) Komodo dragon // (*bot. pop.*) *sangue di —*, (*Artemisia dracunculus*) tarragon **2** (*aer.*) kite balloon **3** (*fam.*) brilliant person: *sono un — nello sci*, I'm a brilliant skier.

dragomanno *s.m.* dragoman*.

dragona *s.f.* (*mil.*) sword-knot.

dragonato *agg.* (*arald.*) dragonné.

dragoncello *s.m.* **1** (*bot.*) (*Artemisia dracunculus*) tarragon **2** (*zool.*) (*Callionymus lyra*) sculpin.

dragone *s.m.* **1** (*drago*) dragon: *il — infernale*, (*fig.*) the dragon **2** (*mil.*) dragoon.

dragonessa *s.f.* (*non com.*) dragoness, she-dragon.

dragster *s.m.* (*aut.*) dragster.

dramma[1] *s.m.* **1** (*teatr.*) drama; play: *il — elisabettiano*, Elizabethan drama; *— pastorale*, pastoral drama; *— storico*, historical play; *l'epilogo, lo scioglimento del —*, the epilogue, the dénouement of the play // (*mus.*) *— lirico*, opera **2** (*fig.*) (*vicende tristi*) drama, tragedy; *— familiare*, family tragedy; *il — del popolo cinese*, the tragedy of the Chinese people; *descrisse il — della nave che affondava*, he described the drama of the sinking ship; *il terribile — che ha rovinato la sua famiglia*, the tragedy that ruined his family // *andiamo, non farne un —*, (*fam.*) come on, don't make a song and dance about it // *trovare un parcheggio in centro è un —*, (*fam.*) finding a parking place in the centre it's a real performance.

dramma[2] *s.f.* **1** (*misura di peso greca*) dram, drachm **2** (*moneta greca*) drachma* **3** (*minima particella*) tiny bit.

drammatica *s.f.* (*teatr.*) **1** (*genere letterario*) drama **2** (*drammaturgia*) dramatics [U].

drammaticità *s.f.* drama; dramatic power: *romanzo di alta —*, novel of great dramatic power; *la — di una situazione*, the drama of a situation.

drammatico *agg.* **1** (*teatr.*) dramatic: *autore, scrittore —*, dramatist (*o* playwright); *compagnia drammatica*, theatrical company; *spettacolo —*, drama (*o* play) **2** (*fig.*) dramatic, striking: *una situazione drammatica*, a dramatic situation.

drammatizzare *v.tr.* (*teatr.*) to dramatize: *— un racconto*, to dramatize a story // *non —!*, don't dramatize!

drammatizzazione *s.f.* dramatization.

drammaturgia *s.f.* dramaturgy.

drammaturgo *s.m.* dramatist, playwright.

drap *s.m.* (*tess.*) cloth.

drappeggiamento *s.m.* (*non com.*) draping.

drappeggiare *v.tr.* to drape: *— una toga*, to drape a gown; *— una figura, un altare*, to drape a figure, an altar.
□ **drappeggiarsi** *v.rifl.* to drape oneself.

drappeggio *s.m.* **1** (*arte*) drapery [U] **2** (*di abito*) drape.

drappella *s.f.* (*mil.*) (*banderuola*) pennon.

drappello *s.m.* **1** (*mil.*) squad **2** (*estens.*) group; cluster: *un — di turisti*, a group (*o* party) of tourists.

drapperia *s.f.* **1** drapery **2** (*magazzino di drappi*) draper's shop, drapery store.

drappo *s.m.* cloth; drape: *— a oro*, gold brocade; *— funebre*, pall.

drastico *agg.* drastic: *rimedio —*, drastic remedy; *prendere misure drastiche*, to take drastic measures; *non essere così — nei suoi confronti*, don't be so drastic in your attitude towards him // *purgante —*, harsh purge.

dravida *agg.* e *s.m.* e *f.* Dravidian.

dravidico *agg.* Dravidian.

drenaggio *s.m.* **1** drainage, draining **2** (*geogr.*) drainage **3** (*med.*) drain **4** (*econ.*) drain: *— di capitali, di fondi*, drain of funds; *— fiscale*, fiscal drag, (*recupero da parte del governo*) clawback.

drenare *v.tr.* to drain (*anche med., econ.*) // *— in profondità*, to underdrain.

dressage, **dressaggio** *s.m.* **1** (*ippica*) dressage **2** (*addestramento di cani e cavalli*) training.

driade *s.f.* **1** (*mit.*) Dryad **2** (*bot.*) dryad (*pl. invar.*).

dribblare *v.intr.* **1** (*sport*) to dribble **2** (*fig.*) (*eludere*) to evade, to get* round: *— una difficoltà, un problema*, to get round a difficulty, a problem.

dribblatore *s.m.* dribbler.

dribbling *s.m.* (*sport*) dribbling, dribble: *avere un buon —*, to be able to dribble well; *dopo un — fra tre giocatori, realizzò un goal*, after dribbling the ball past three defenders, he scored a goal.

drillo *s.m.* (*zool.*) (*Mandrillus leucophaeus*) drill.

drindrin *inter.* ding-a-ling, tinkle ◆ *s.m.* ding-a-ling, ringing: *il — delle biciclette*, the ding-a-ling of the bicycle bells; *il — del telefono*, the ringing of the telephone.

drink *s.m.* drink: *vuoi un —?*, would you like a drink?; *ci hanno invitato per un —*, they invited us round for a drink.

dripping *s.m.* (*pitt.*) dripping.

dritta *s.f.* **1** (*non com.*) (*mano destra*) right hand **2** (*non com.*) (*parte destra*) right-hand side, right: *tenere la —*, to keep to the right; *a — e a manca*, to left and right; (*fig.*) in all directions **3** (*mar.*) starboard: *a —*, to starboard: *tutta a —!*, hard-a-starboard! **4** (*fam.*) tip, tip-off: *dare, ricevere una —*, to give, to receive a tip.

drittata *s.f.* (*region.*) dodge, trick, coup: *fare una —*, to pull a fast one.

dritto *agg.* **1** (*non storto*) straight // *— come un fuso*, as straight as a ramrod **2** (*eretto*) upright: *stare —*, to hold oneself upright **3** (*fam.*) (*furbo*) smart, crafty ◆ *s.m.* **1** right side: *il — e il rovescio di un tessuto*, the right and the wrong side of a cloth **2** (*mar., aer.*) post: *— del timone*, rudderpost; *— di deriva*, fin post; *— di poppa*, sternpost **3** (*fam.*) (*persona furba*) smart person, crafty person: *è un bel —*, he's really smart (*o* on the ball); *non fare troppo il —*, don't try to be too smart **4** (*lavoro a maglia*) plain: *tre dritti e due rovesci*, three plain, two purl ◆ *avv.* straight, straight ahead: *se ne andò via —*, he went straight away.

drittofilo *s.m.* grain: *tagliare in —*, to cut on the grain.

drittone *s.m.* (*fam.*) smart person, crafty person.

drittura *s.f.* (*ant., letter.*) rectitude; justice.

drive *s.m.* (*sport*) drive.

drive-in *s.m.* e *agg.* drive-in: *cinema —*, drive-in cinema.

drizza *s.f.* (*mar.*) halyard.

drizzamento *s.m.* (*non com.*) **1** (*raddrizzamento*) straightening; (*verticale*) raising **2** (*di orecchie*) pricking.

drizzare *v.tr.* **1** to straighten, to make* straight: *— una sbarra di ferro*, to straighten an iron bar **2** (*rizzare*) to prick up: *— le orecchie*, to prick up one's ears (*anche fig.*); *— le penne* (*in segno d'ira*), to ruffle **3** (*volgere*) to turn (*anche fig.*): *— gli occhi, lo sguardo*, to turn one's eyes, one's gaze **4** (*posizionare verticalmente*) to stand* up, to put* up, to put* upright: *— una scala*, to put (*o* set) up a ladder; *— un palo*, to put a pole upright **5** (*erigere*) to erect, to build*: *— un monumento*, to erect a monument.

□ **drizzarsi** *v.rifl.* o *intr.pron.* to straighten (up); (*alzarsi*) to stand* up, to rise*: *non star così gobbo, drizzati!*, don't slouch like that, stand up straight!; *— in piedi*, to stand up; *per la paura gli si drizzarono i capelli*, fear made his hair stand on end.

drizzatore *s.m.* (*mecc.*) straightener.

droga *s.f.* **1** (*spezia*) spice, spicery: *ci sono troppe droghe in questa vivanda*, this food is too spicy **2** (*stupefacente*) drug; (*fam.*) dope: *droghe pesanti, leggere*, hard, soft drugs; *fare uso di —*, to take (*o* to be on) drugs; *essere dedito alla —*, to be a drug addict; *essere sotto l'effetto di una —*, to be under the influence of a drug; *il problema della —*, the problem of drugs (*o* the drug problem); *uscire dalla —*, to stop taking drugs (*o* to come off drugs); *il traffico della —*, drug traffic // *per lui la televisione è una —*, television is like a drug for him.

drogaggio *s.m.* **1** doping (*anche sport*) **2** (*chim., fis.*) doping: *agente di —*, doping agent; *— di un semiconduttore*, semiconductor doping.

drogare *v.tr.* **1** to drug; to dope: *— un cavallo, un atleta*, to dope a horse, an athlete **2** (*cibi*) to spice, to season: *quel cuoco droga molto i cibi*, that cook puts too much seasoning in the food **3** (*fig.*) (*eccitare*) to excite; (*stordire*) to mesmerize, to hypnotize: *— i giovani con falsi ideali*, to excite the young with false ideals.

□ **drogarsi** *v.rifl.* to take* drugs; to drug.

drogato *agg.* **1** drugged: *un cavallo —*, a drugged horse **2** (*di persona*) drug addicted **3** (*di cibi*) spiced, spicy: *questo umido è troppo —*, this stew is too spicy ◆ *s.m.* (drug) addict: *iniziative per il recupero dei drogati*, projects for the rehabilitation of drug addicts.

drogatore *s.m.* seasoner, spicer.

drogatura *s.f.* (*non com.*) **1** (*il drogare*) drugging **2** (*il drogarsi*) drug-taking.

drogheria *s.f.* grocery; grocer's (shop): *articoli di —*, groceries; *ha una —*, he has a grocer's (shop).

droghiere *s.m.* grocer: *vado dal —*, I'm going to the grocer's.

dromedario *s.m.* (*zool.*) (*Camelus dromedarius*) Arabian camel, one-humped camel, (*scient.*) dromedary.

dromo *s.m.* (*mar.*) **1** landmark **2** mooring.

dromone *s.m.* (*st. mar.*) dromon, dromond.

dronte → **dodo**.

drop[1] *s.m.* **1** (*caramella*) drop **2** (*abbigliamento*) drop.

drop[2] *s.m.* (*rugby*) drop-kick.

drosera *s.f.* (*bot.*) sun-dew, (*scient.*) drosera.

drosofila *s.f.* (*zool.*) (*Drosophila melanogaster*) vinegar-fly, fruit fly, (*scient.*) drosophila.

drosometro *s.m.* (*fis.*) drosometer.

drudo *s.m.* (*letter.*) (*spreg.*) lover, paramour.

druida → **druido**.

druidico *agg.* druidic(al); Druid (*attr.*): *riti druidici*, Druid rites.

druidismo *s.m.* Druidism.

druido *s.m.* (*st.*) Druid // *Ordine dei Druidi*, (*società segreta fondata a Londra nel 1781*) United Ancient Order of Druids.

drupa *s.f.* (*bot.*) drupe.

drupaceo *agg.* (*bot.*) drupaceous.

drusa *s.f.* (*min.*) druse.

druso *s.m.* (*relig.*) druse.

dry *agg.* (*di vini, liquori*) dry.

dry-farming *s.m.* (*agr.*) (*aridocoltura*) dry -farming.

duale *agg.* (*gramm., mat.*) dual ◆ *s.m.* (*ling.*) dual.

dualismo *s.m.* **1** dualism: *— platonico*, Platonic dualism **2** (*fig.*) (*antagonismo*) rivalry, antagonism: *hanno eliminato ogni — all'interno del partito*, they have overcome all the rivalries within the party.

dualista *s.m.* e *f.* (*fil.*) dualist.

dualistico *agg.* (*fil.*) dualistic.

dualità *s.f.* **1** duality (*anche mat.*) **2** (*fil.*) dualism.

dubbiamente *avv.* (*non com.*) doubtfully, uncertainly, dubiously.

dubbiezza *s.f.* (*non com.*) uncertainty, doubt.

dubbio[1] *s.m.* **1** doubt, uncertainty: *senza —*, no doubt (*o* without doubt *o* undoubtedly); *è fuor di — che...*, it is beyond doubt that...; *non c'è — che tu abbia buone intenzioni*, no doubt you mean well; *ho i miei dubbi*, I have my doubts; *non ho alcun — sulla tua onestà*, I have no doubts about (*o* as to) your honesty; *dissipare, chiarire un —*, to remove (*o* to dispel), to clear up a doubt; *essere in — sul da farsi*, to be in doubt (*o* to be doubtful *o* to be uncertain) (about) what to do; *sono in — se chiamarlo o scrivergli*, I'm not sure whether to call him or to write to him; *la sua rielezione è in —*, his reelection is doubtful; *nel — ti conviene partire subito*, if you aren't sure you should leave straight away; *rimanere nel —*, to remain in doubt; *voglio sapere tutto piuttosto che rimanere nel —*, I want to find out everything rather than remain in doubt (*o* in uncertainty); *lasciare in —*, to leave doubtful; *mettere in —*, to (call into) question; *metto in — la sua buona fede*, I question his good faith; *metto in — le sue parole*, I challenge what he says; *mi viene un —*, I'm not sure (*o* I'm wondering); *nutrire dubbi in merito a qlco.*, to have one's doubts about sthg.; *sollevare un —*, to raise a doubt **2**

(*sospetto*) misgiving, suspicion, apprehension, doubt: *avevo il — che l'avesse rubato*, I suspected that she had stolen it; *ho il — che tu non sia sincero*, I question (*o* doubt) your sincerity; *ho molti dubbi su di lui*, I have many misgivings about him.

dubbio[2] *agg.* **1** (*incerto*) doubtful, uncertain: *il risultato è ancora —*, the result is still in doubt (*o* uncertain) // *di — gusto*, in doubtful taste; *una battuta di — gusto*, a joke in doubtful taste **2** (*ambiguo*) ambiguous, unreliable; (*sospetto*) dubious, doubtful: *un amico —*, a dubious friend; *parole dubbie*, ambiguous words; *è un caso —*, it's a problematic (*o* doubtful) case; *una persona di dubbia fama*, a person of dubious reputation; *sguardo —*, sinister look.

dubbiosamente *avv.* doubtfully, uncertainly, dubiously.

dubbiosità *s.f.* (*non com.*) doubt, uncertainty, doubtfulness.

dubbioso *agg.* **1** (*che dubita*) doubtful, dubious; (*incerto*) undecided, unsure, hesitant: *sono —*, I am doubtful; *rimase — di fronte alla difficile decisione*, he was unsure how to make such a difficult decision **2** (*che causa dubbio*) questionable, doubtful, dubious: *esito —*, doubtful issue **3** (*che esprime dubbio*) doubtful, uncertain: *sguardo, tono —*, doubtful look, tone **4** (*letter.*) (*pericoloso*) dangerous ◆ *s.m.* doubter, undecided person: *è il solito — che non sa mai decidere*, he's the typical ditherer who can't ever make up his mind.

dubitabile *agg.* doubtful, doubtable; (*discutibile*) questionable.

dubitare *v.intr.* **1** (*mettere in dubbio*) to doubt (sthg.); to have (one's) doubts (about s.o., sthg.); (*essere in dubbio*) to be unsure: *è un infelice, dubita di tutto e di tutti*, he's an unhappy man, he has doubts about everything and everyone; *— della buona fede di qlcu.*, to have doubts about s.o.'s good faith; *dubito della verità delle tue parole*, I doubt the truth of your words; *ne dubito*, I doubt it (*o* I have my doubts); *non dubitiamo di ciò*, we do not doubt that; *dubito se andare o restare*, I am unsure whether to go or to stay **2** (*non ritenere possibile*) to doubt, not to think* possible, to question: *dubito che riusciremo a partire col primo treno*, I doubt whether we'll be able to leave on the first train; *dubitava che tu riuscissi*, he doubted you would succeed; *— della vittoria*, not to think victory possible (*o* to question the possibility of victory) **3** (*temere*) to be afraid, to suspect: *dubito che sia adirato con me*, I'm afraid he's angry with me; *verrò con te, non —!*, I'll come along, you can depend on it! **4** (*diffidare*) to distrust (s.o.), to mistrust (s.o.), to feel* doubtful: *dubita di quell'adulatore!*, distrust that flatterer!; *— delle proprie forze*, to doubt (*o* to mistrust) one's own strength.

dubitativamente *avv.* dubitatively.

dubitativo *agg.* **1** doubting: *tono —*, doubting tone; *sguardo —*, inquiring look // (*dir.*) *assoluzione con formula dubitativa*, acquittal for insufficiency of evidence **2** (*gramm.*) dubitative: *proposizione dubitativa*, dubitative clause.

dubitoso *agg.* (*non com.*) (*dubbioso*) doubtful, undecided.

dublinese *agg.* of Dublin ◆ *s.m.* e *f.* Dubliner.

duca *s.m.* **1** duke: *il — di Edimburgo*, the Duke of Edinburgh **2** (*ant.*) (*guida, duce*) guide, leader.

ducale *agg.* **1** ducal: *corona —*, ducal coronet; *famiglia —*, ducal family **2** (*dogale*) dogal // *il Palazzo Ducale di Venezia*, the Doge's Palace in Venice.

ducato[1] *s.m.* **1** (*titolo*) dukedom **2** (*feudo di duca*) duchy, dukedom // *il — di Modena*, the duchy of Modena.

ducato[2] *s.m.* (*antica moneta*) ducat.

ducatone *s.m.* (*antica moneta*) ducatoon.

duce *s.m.* (*letter.*) (*capo*) chief; leader, commander.

ducento e *deriv.* → **duecento** e *deriv.*

duchessa *s.f.* duchess.

duchessina *s.f.* duke's daughter.

duchino *s.m.* young duke; dukeling.

due *agg.num.card.* e *s.m.* **1** two: *stanza —*, room two; *incontriamoci alle —*, let's meet at two (o' clock); *— su dieci*, two out of ten; *— volte*, twice: *— volte al giorno*, twice a day; *— volte tanto*, twice as much; twice as many: *"Quanto zucchero vuoi?" "Dammene — volte tanto"*, "How much sugar do you want?" "Give me twice as much"; *i suoi libri sono — volte tanto i miei*, he has got twice as many books as me // *a — a —*, two by two (*o* by twos); *carrozza a — ruote*, two-wheeled carriage; *ogni — giorni*, every other day; *il più caro dei —*, the more expensive of the two; *il — nel quattro sta — volte*, two into four goes twice; *vennero tutti e —*, they both (*o* both of them) came; *verrò il — aprile*, I shall come on the second of April; *marciare in fila per —*, to march two abreast (*o* in twos); *piegare qlco. in —*, to fold sthg. in two (*o* in half); *puntare sul —*, to bet on the two; *ho preso — in latino*, I got two in Latin; *un interesse del — per cento*, interest at two per cent // *una delle —!*, one or the other! // *lavorare per —*, to work hard // *mangiare per —*, to eat enough for two // *tenere il piede in — staffe*, to have a foot in both camps (*o* to run with the hare and hunt with the hounds) **2** (*mar.*) *un — alberi*, a two -master // (*canottaggio*): *— di punta*, pair-oar; *— con, — senza*, coxed pair, coxless pair **3** (*a carte*) *il — di picche*, the two of spades **4** (*piccola quantità*) a few, a couple of: *devo dirti — parole*, I've got to have a few (*o* a couple of) words with you; *scrivi — righe*, write a few (*o* a couple of) lines (*o* words); *facciamo — passi*, let's take a short walk; *è a — passi da qui*, it's not far from here; *fare — chiacchiere*, to have a little chat.

duecentesco *agg.* thirteenth-century (*attr.*).

duecentesimo *agg.num.ord.* e *s.m.* two hundredth.

duecentista *s.m.* e *f.* thirteenth-century writer, thirteenth-century artist.

duecentistico *agg.* thirteenth-century (*attr.*).

duecento *agg.num.card.* e *s.m.* two hundred: *la frontiera è a — metri*, the frontier is two hundred metres away; *ha avuto un incidente perché andava a — all'ora*, he had an accident because he was driving at 200 kilometres an hour; *aprite il libro a pagina —*, open the book at page two hundred // (*sport*) *i — (metri)*, two hundred metres // *il Duecento*, the thirteenth century.

duecentometrista *s.m.* e *f.* (*sport*) two hundred metres runner.

duellante *s.m.* dueller, duellist.

duellare *v.intr.* to duel, to fight* a duel.

duellatore *s.m.* (*letter.*) duellist.

duellista *s.m.* (*non com.*) duellist.

duello *s.m.* **1** duel: *— alla pistola*, duel with pistols; *— alla spada*, duel with swords; *— all'ultimo sangue*, duel to the death; *codice del —*, duelling code; *fare un —, battersi in —*, to fight a duel; *morire in —*, to die in a duel; *sfidare a —*, to challenge (to a duel) **2** (*sfida, contesa*) duel, contest, challenge: *— letterario*, literary contest.

duemila *agg.num.card.* e *s.m.* two thousand: *c'erano circa — spettatori allo stadio*, there were about two thousand spectators at the stadium; *gli devo — (lire)*, I owe him two thousand lire // *il —*, the year two thousand (*o* the twenty-first century): *l'auto del — non sarà più a benzina?*, will the car of the twenty-first century no longer use petrol?

duepezzi *s.m.* **1** (*costume*) two-piece bathing suit; (*fam.*) bikini **2** (*abito da donna*) two-piece dress.

duerno *s.m.* (*legatoria*) quaternion.

duetto *s.m.* **1** (*mus.*) duet: *il — della 'Traviata'*, the duet in 'La Traviata' **2** (*estens.*) (*coppia*) couple, pair: *sono proprio un bel —*, they're a right pair **3** (*scherz.*) (*diverbio*) slanging match, tiff.

duglia *s.f.* (*mar.*) fake.

dugongo *s.m.* (*zool.*) (*Dugong dugong*) cowfish, (*scient.*) dugong.

dulcamara[1] *s.f.* (*bot.*) (*Solanum dulcamara*) bittersweet, (*scient.*) dulcamara.

dulcamara[2] *s.m.* (*scherz.*) (*ciarlatano*) charlatan, quack.

dulciana *s.f.* (*mus.*) dulciana.

dulcina® *s.f.* (*chim.*) dulcin®.

dulcinea *s.f.* (*scherz.*) Dulcinea; sweetheart.

dulcite *s.f.* (*chim.*) dulcitol.

dulia *s.f.* (*relig.*) dulia.

dulzaina → **dulciana**.

dum-dum *agg.* dumdum: *pallottole —*, dumdum bullets.

dumo *s.m.* (*letter.*) bramble, thorny shrub, thorn bush.

dumoso *agg.* (*letter.*) brambly.

dumper *s.m.* (*aut.*) dumper truck.

dumping *s.m.* (*econ.*) dumping.

duna *s.f.* dune; (*costiera*) down, coastal dune: *— a mezzaluna*, barchan (*o* barchane).

dunoso *agg.* duny, full of dunes (*pred.*); dune-like.

dunque *cong.* **1** (*perciò*) so; (*form.*) therefore: *ha sbagliato, — è giusto che paghi*, he made a mistake so it's right he should pay for it **2** (*con valore rafforzativo*) then, well (then); so: *—?*, well? (*o fam.* so what?); *su —, sbrigati!*, come on then, hurry up!; *che volete —?*, well (then), what do you want?; *eccoti — di ritorno*, so you're back then **3** (*con valore conclusivo*) so, well: *—, per tornare al nostro discorso...*, so, to get back to the subject...; *dicevo — che...*, so I was saying that...; *dovete — sapere che...*, well, you should know that... ◆ *s.m.*: *venire al —*, to get to the point (*o fam.* to cut a long story short).

duo *s.m.* **1** (*mus.*) duet, duo* **2** (*coppia*) duo*, pair: *un grande — di acrobati*, a great acrobatic duo.

duodecimale *agg.* (*mat.*) duodecimal, duodenary: *sistema —*, duodecimal (system); *cifra —*, duodenary digit.

duodecimo *agg.num.ord.* e *s.m.* twelfth.

duodenale *agg.* (*anat.*) duodenal: *ghiandole duodenali*, duodenal glands // (*med.*) *ulcera —*, duodenal ulcer.

duodenite *s.f.* (*med.*) duodenitis.

duodeno *s.m.* (*anat.*) duodenum*.

duolo *s.m.* **1** (*poet.*) sorrow, grief, pain **2** (*ant.*) (*lamento*) lamentation.

duomo[1] *s.m.* cathedral, principal church: *il — di Milano*, Milan Cathedral.

duomo[2] *s.m.* **1** (*mecc.*) dome, steam dome: *scala dei duomi*, dome ladder **2** (*geol.*) → **domo**[4] **2**.

duopolio *s.m.* (*econ.*) duopoly.

duopolista *s.m.* duopolist.

duopsonio *s.m.* (*econ.*) duopsony.

duplex *agg.* **1** (*metall.*) duplex: *processo —*, duplex process **2** (*tel.*) shared: *telefono —*, shared telephone (*o* two party line).

duplicabile *agg.* duplicable.

duplicare *v.tr.* **1** to duplicate, to double: *— il guadagno*, to double one's earnings **2** (*fare una copia*) to duplicate, to copy: *— un documento*, to duplicate (*o* to copy) a document; *— una chiave*, to copy a key **3** (*tip.*) to double.

duplicato *s.m.* **1** duplicate: *copia in —*, duplicate copy; *richiedere il — di un certificato*, to ask for a duplicate of a certificate // (*comm.*): *— di fattura*, duplicate invoice; *— di cambiale*, (*copia*) via **2** (*tip.*) double.

duplicatore *s.m.* **1** duplicator, doubler **2** (*rad.*) doubler: *— di frequenza*, frequency doubler; *— di tensione*, voltage doubler.

duplicatura *s.f.* **1** duplication, doubling **2** (*tip.*) double.

duplicazione *s.f.* duplication; (*duplicato*) duplicate.

duplice *agg.* double, twofold: *un — vantaggio*, a twofold advantage; *certificato in — copia*, two copies of a certificate; (*fin.*) *— quotazione*, dual listing; (*comm.*) *— prezzatura*, dual pricing ◆ *s.f.* (*ippica*) double.

duplicità *s.f.* **1** (*essere duplice*) doubleness **2** (*fig.*) (*finzione, ambiguità*) duplicity, double -dealing, deceitfulness.

duplo *agg.* (*letter.*) double ◆ *s.m.* **1** (*moneta*) double **2** (*assicurazioni*) policy in duplicate.

dura → **durra**.

durabile *agg.* (*non com.*) durable, lasting.

durabilità *s.f.* (*non com.*) durability, durableness, lastingness.

duracino *agg.* clingstone: *pesca duracina*, clingstone peach.

duralluminio® *s.m.* (*metall.*) dural®, duralumin®.

duramadre *s.f.* (*anat.*) dura mater.

durame *s.m.* (*bot.*) heart wood, (*scient.*) duramen.

duramente *avv.* **1** hard (*anche fig.*), seriously: *fummo — colpiti*, we were hit hard; *lavora —*, he works hard; *il paese è stato — colpito dal terremoto*, the country has been seriously hit by the earthquake **2** (*aspramente*) harshly; (*in malo modo*) roughly, rudely: *trattare qlcu. —*, to treat s.o. roughly; *gli parlai — ma con chiarezza*, I spoke to him harshly but with frankness.

durante *prep.* during: *— la settimana*, during the week; *— il giorno, la notte*, during the day, the night; *ha piovuto — tutto il mese di giugno*, it rained throughout (*o* during the whole of) June // *vita natural —*, during one's lifetime.

durare *v.intr.* **1** to last, to go* on: *la loro amicizia non durerà a lungo*, their friendship will not last long; *questa moda non durerà*, this fashion will not last; *la pioggia è durata tutta la notte*, the rain lasted (*o* went on) all night; *speriamo che duri!*, let's hope it lasts! (*o* it keeps up!) // *un bel gioco dura poco*, (*prov.*) you can only go so far **2** (*rimanere*) to remain: *— in carica*, to remain in office **3** (*perseverare*) to persist, to persevere, to continue **4** (*resistere*) to hold* out: *— fino alla fine*, to hold out to the end **5** (*non consumarsi*) to endure; (*conservarsi*) to keep*; (*di abiti, stoffe*) to wear*: *è una stoffa che non dura*, this material does not wear well; *questo pesce non durerà fino a domani*, this fish will not keep till tomorrow; *questo vestito ti durerà molto*, this dress of yours will last (*o* wear well) for years ◆ *v.tr.*: *durammo molta fatica a convincerli*, we had great difficulty in persuading them; *duro fatica a crederlo*, I can scarcely (*o* hardly) believe it // *chi la dura la vince*, (*prov.*) slow and steady wins the race.

durata *s.f.* duration; length (of time); (*periodo*) period, term: *la — del suo mandato sarà di tre anni*, the duration (*o* tenure) of his appointment will be three years; *la — del viaggio è di otto ore, il viaggio avrà una — di otto ore*, the journey will last eight hours; *un'operazione della — di un'ora*, an operation lasting one hour; *il servizio sarà in funzione per tutta la — della mostra*, the service will function for the whole period of the exhibition; *un soggiorno di una certa —*, a stay of some length; *il suo soggiorno fu di breve —*, his stay was short // *— di un contratto*, life of a contract; *— di un prestito*, life of a loan; *— di una cambiale*, currency of a bill // (*dir.*) *— di una pena detentiva*, length of imprisonment // (*mecc.*): *— di un motore*, life of a motor; *prova di — (al banco)*, endurance test // *un tessuto di —*, a cloth that wears well; *ne garantisco la —*, (*di un tessuto*) I guarantee it for wear.

durativo *agg.* lasting, durable, enduring.

duraturo *agg.* **1** lasting, enduring: *fama duratura*, lasting fame; *la pace non sarà duratura*, peace will not last long **2** (*di colore*) fast **3** (*di materiale*) durable.

durevole *agg.* durable, lasting, enduring: *la loro amicizia non mi sembra —*, I don't think their friendship will last long; *queste scarpe saranno durevoli, spero*, I hope these shoes will wear well; *tutti sperano in una pace —*, everyone hopes for an enduring (*o* long lasting) peace // *beni di consumo durevoli*, durable goods (*o* durables); *beni di consumo non durevoli*, non-durables.

durevolezza *s.f.* durableness, durability.

durezza *s.f.* **1** hardness: *— dell'acqua, della pietra*, hardness of water, of stone; *pietra di grande —*, very hard stone **2** (*rozzezza, asprezza*) hardness, harshness; (*rigidità*) stiffness: *— delle linee di un disegno*, stiffness of a drawing; *— di suono*, harshness of sound **3** (*rigidezza di modi*) hardness, severity: *lo trattò con —*, he treated him harshly.

durina *s.f.* (*vet.*) dourine.

durio *s.m.* (*bot.*) (*Durio zibethinus*) durian.

duro *agg.* **1** hard; (*coriaceo*) tough: *— come il diamante*, as hard as a diamond; *legno —*, hard wood; *uova dure*, hard-boiled eggs; *abbiamo dovuto mangiare pane — perché i negozi erano chiusi*, we had to eat stale bread because the shops were closed; *è — da cuocere*, it takes a long time to cook (*o* it takes a lot of cooking); *mi piace dormire su un materasso —*, I like to sleep on a hard mattress // *affrontare qlco. a muso —*, to face sthg. resolutely // *ha la pelle dura*, (*fam.*) he is (a) tough (chap) (*o* he's thick skinned) // *ha il sonno molto —*, he sleeps like a log // *non vuol farlo perché ha la testa dura*, he will not do it because he is very stubborn; *quello scolaro ha la testa dura*, that pupil is a blockhead; *è — di comprendonio*, he's slow on the uptake: *essere — d'orecchi*, (*sordo*) to be hard of hearing, (*far finta di non sentire*) to turn a deaf ear // *questo problema sarà un osso —*, this problem will be a hard nut to crack **2** (*fon.*) hard: *consonanti dolci, dure*, soft, hard consonants **3** (*difficile*) hard, difficult: *dura lotta*, hard fight; *avrai la vita dura per cominciare!*, you will have to rough it at the start!; *fu un inverno —*, it was a hard winter; *furono tempi duri per tutti*, they were hard times for everybody; *le rendeva la vita dura*, he made her life a burden; *mi riesce — crederlo*, I find it hard to believe; *quella superstizione fu dura a morire*, that superstition took a long time to die out // *è — a morire*, (*fam.*) it takes a lot to beat him **4** (*crudo, rigido*) stiff, hard: *il tuo disegno ha ancora le linee dure*, your drawing is still rather stiff; *avere un viso con lineamenti duri*, to be hard-featured **5** (*severo, crudele*) hard, severe; sad, painful: *— colpo*, hard blow; *un — destino*, a sad destiny; *ci trovammo nella dura necessità di vendere tutto*, we found ourselves in the dire necessity of selling everything; *fu molto — verso di noi*, he was very hard on us // (*dir.*) *carcere —*, rigorous imprisonment **6** (*anat., bot., zool.*) sclerous ◆ *s.m.* **1** hard part; something hard: *gli piace dormire sul —*, he likes a hard bed; *qui sotto c'è del —*, there is something hard under(neath) here **2** (*fam.*) (*prepotente*) bully: *non fare il — con tua sorella*, don't bully your sister.

duro *avv.* **1** hard, harshly: *colpire — qlcu.*, to hit s.o. hard (*o* to strike s.o. a hard blow); *tener —*, to hold out; *parlare —*, to speak harshly; *lavorare —*, to work hard **2** (*profondamente*) soundly: *dormire —*, to sleep soundly.

durometro *s.m.* (*fis.*) durometer.

durone *s.m.* callosity, hard skin.

durra *s.f.* (*bot.*) (*Andropogon sorghum*) durra.

duttile *agg.* **1** ductile, malleable: *metalli duttili*, ductile metals **2** (*fig.*) flexible, adaptable, pliant; pliable: *carattere —*, flexible character; *mente —*, (*versatile*) flexible mind.

duttilità *s.f.* **1** ductility: *la — di un metallo*, the ductility of a metal **2** (*fig.*) flexibility, adaptability: *la — di un carattere*, the flexibility of a character.

duumvirato *s.m.* (*st. romana*) duumvirate.

duumviro *s.m.* (*st. romana*) duumvir*.

duvet *s.m.* (*abbigl.*) duvet.

duvetine *s.f.* (*tess.*) duvetyn.

Ee

e *s.f.* o *m.* (*quinta lettera dell'alfabeto*) e (*pl.* es, e's) // (*tel.*) — *come Empoli*, E for Edward (*o amer.* e for Easy) // (*geogr.*) *E*, East.

e, ed *cong.* **1** (*con valore coordinativo*) and: *mio padre — mia madre*, my father and mother; *tu ed io*, you and I; *il bene — il male*, good and evil; *il sole, la luna — le stelle*, the sun, the moon and the stars; *è una ragazza simpatica — cordiale*, she's a pleasant and friendly girl (*o* she's a pleasant, friendly girl); *una maglietta bianca — blu*, a blue and white top; *salutò — uscì*, he said goodbye and left; *la stanza era calda — accogliente*, the room was warm and welcoming // *— i bambini?*, what about the children? // *e... e...*, (*sia... sia...*) both... and...: *hanno arrestato — il costruttore — l'ingegnere responsabile dei lavori*, both the builder and the engineer in charge of works were arrested; *— i cinesi — i giapponesi...*, both the Chinese and the Japanese...; *sono problemi che coinvolgono — il pubblico — il privato*, they are problems that involve both private and public life // Con valore rafforzativo o pleonastico: *tutti — due*, both; *tutti — tre*, all three; *il lavoro è bell'— fatto*, the job's well and truly done; *se n'è bell'— andato*, (*fam.*) he upped and went **2** (*con valore avversativo*) but: *ha detto che avrebbe telefonato, — non l'ha fatto*, he said he'd phone, but he didn't; *il concerto si doveva tenere oggi, ed è stato rimandato*, the concert was to be held today, but it has been postponed **3** (*con valore esortativo; in inglese spesso non si traduce*): *— falla finita una buona volta!*, stop it, once and for all!; *— sbrigati!*, come on, then! **4** (*nelle addizioni*) and: *sei — due (fa) otto*, six and two make(s) eight.

e' *pron.pers.* *3ª pers.sing.m.* (*forma tronca di* ei, egli) (*ant. letter.*) he.

ebanista *s.m.* worker in ebony; (*falegname*) cabinet-maker.

ebanisteria *s.f.* **1** (*bottega di ebanista*) cabinet-maker's shop **2** (*arte dell'ebanista*) cabinet-making, cabinet work.

ebanite *s.f.* ebonite, vulcanite.

ebano *s.m.* **1** (*legno*) ebony: *del color dell'—, fatto di —*, ebony (*attr.*) // *nero come l'—*, as black as ink (*o* jet-black) **2** (*bot.*) (*Diospyros ebenum*) ebony (tree).

ebbene *cong.* well, (well) then; so: *—, potete andare*, well then, you can go; *l'hai voluto tu, — accettane le conseguenze*, it was what you wanted, so take the consequences; *—, come (vi) stavo dicendo...*, well, as I was saying...; *—, hai deciso finalmente?*, well, have you made up your mind then?; *Volevi parlarmi. Ebbene?*, So you wanted to speak to me, did you?

ebbio *s.m.* (*bot.*) (*Sambucus ebulus*) danewort, dwarf elder.

ebbrezza *s.f.* **1** drunkenness; intoxication, inebriation: *stato di —*, state of drunkenness **2** (*fig.*) elation, thrill, rapture, ecstasy, bliss: *provare l'— della velocità*, to feel the thrill of (driving at) speed.

ebbro *agg.* **1** drunken (*attr.*); drunk (with sthg.); inebriated (with sthg.), intoxicated (with sthg.) **2** (*esaltato, folle*) excited (with sthg.), elated, mad (with sthg.): *era — di gioia*, he was beside himself (*o* mad) with joy; *occhi ebbri di felicità*, eyes brimming with happiness; *era — d'amore*, he was drunk with love.

ebdomada *s.f.* (*letter.*) week, hebdomad.

ebdomadario *agg.* (*letter.*) weekly, hebdomadal ◆ *s.m.* **1** weekly (paper) **2** (*eccl.*) hebdomadary.

ebefrenia *s.f.* (*psic.*) hebephrenia.

ebefrenico *agg.* (*med.*) hebefrenic.

ebetaggine *s.f.* (*letter.*) stupidity, idiocy; obtuseness.

ebete *agg.* dull-witted, feeble-minded, idiotic, stupid, obtuse, dull: *sorriso —*, stupid (*o* idiotic) smile; *sguardo —*, idiotic look ◆ *s.m* e *f.* idiotic, half-wit, moron: *agisce come un —*, he acts as if he were in a daze; *non guardarmi con quella faccia da —*, stop looking at me like a half-wit.

ebetismo *s.m.* non com. **ebetudine** *s.f.* feeble-mindedness, stupidity, idiocy; (*rar.*) hebetude.

ebollire *v.intr.* (*letter.*) to boil, to bubble ◆ *v.tr.* (*letter.*) to boil over.

ebollitore → **bollitore**.

ebollizione *s.f.* **1** ebullition, boiling, ebullience, ebulliency: *punto di —*, boiling point; *temperatura di —*, boiling temperature; *entrare in —*, to begin to boil (*o* to come to the boil); *acqua in —*, boiling water; (*elettr.*) *— di un accumulatore*, gassing **2** (*fig.*) ferment, turmoil: *una mente in —*, a mind in ferment (*o* turmoil); *ho studiato troppo, ho il cervello in —*, I've studied too hard, my mind is seething.

ebraicamente *avv.* Hebraically; according to Jewish custom.

ebraicista → **ebraista**.

ebraico *agg.* **1** (*riferito alla lingua*) Hebrew, Hebraic **2** (*riferito alla religione*) Jewish: *la religione ebraica*, the Jewish religion ◆ *s.m.* (*lingua*) Hebrew.

ebraismo *s.m.* (*religione*) Judaism; (*lingua*) Hebraism.

ebraista *s.m.* e *f.* Hebraist, Hebrew scholar.

ebratteato *agg.* (*bot.*) ebracteate.

ebratteolato *agg.* (*bot.*) ebracteolate.

ebrea *s.f.* Jewess, Hebrew.

ebreo *agg.* Jewish, Hebrew ◆ *s.m.* **1** Jew, Hebrew, Israelite // *l'Epistola agli Ebrei*, the Epistle to the Hebrews // *l'— errante*, the wandering Jew **2** (*lingua*) Hebrew **3** (*spreg.*) (*avaro*) mean, stingy; (*molto offensivo*) Jew: *prestami diecimila lire, non fare l'—*, lend me ten thousand lira, don't be mean.

ebrietà → **ebbrezza**.

ebulliometria *s.f.* (*chim., fis.*) ebulliometry.

ebulliometro *s.m.* (*chim., fis.*) ebulliometer.

ebullioscopia *s.f.* (*chim., fis.*) ebullioscopy.

ebullioscopico *agg.* (*chim., fis.*) ebullioscopic.

ebullioscopio *s.m.* (*chim., fis.*) ebullioscope.

eburneazione *s.f.* (*med.*) eburnation.

eburneo, eburno *agg.* (*letter.*) of ivory; ivory (*attr.*); (*bianco come l'avorio*) as white as ivory.

ecatombe *s.f.* **1** (*st. greca*) hecatomb **2** (*fig.*) massacre, mass slaughter // *l'esame di fisica è stato un'—*, the physics exam was a real killer.

ecatostilo *agg.* e *s.m.* (*arch.*) hecatostyle.

eccedentario *agg.* surplus, excess (*attr.*), exceeding: *prodotti eccedentari*, surplus products; *bilancio —*, surplus.

eccedente *agg.* exceeding; excess, surplus (*attr.*); in excess (*pred.*); (*in soprannumero*) redundant: *manodopera —*, redundant manpower; *peso —*, overweight; *somma —*, exceeding amount; *riserva —*, surplus reserve ◆ *s.m.* excess, surplus: *calcolare l'—*, to work out the surplus.

eccedenza *s.f.* excess, surplus, glut; (*nei composti*) over: *— alimentare*, surplus of foodstuffs; *un'— di centomila lire*, a hundred thousand lire in excess; *— di personale*, overmanning (*o* redundancy); *ufficio con impiegati in —*, overstaffed office; *eccedenze agricole*, farm surplus // (*comm.*): *— commerciale*, trade surplus; *— di peso*, overweight; *— di cassa*, cash surplus; *— di prezzo*, overcharge // (*econ.*): *— della bilancia dei pagamenti*, balance of payments surplus; *— di produzione*, overproduction; *— delle esportazioni sulle importazioni*, excess of exports over imports; *— di profitto*, excess profit // (*fin.*): *— di dollari* (*sul mercato valutario*), dollar glut; — *passiva*, balance deficit // (*Borsa*) — *di compratori*, buyers over.

eccedere *v.tr.* to exceed, to go* beyond; to surpass: *eccede ogni limite*, he exceeds (*o* goes beyond) all limits (*o* he goes too far); — *ogni previsione*, to go beyond all expectations; *questo eccede le mie forze*, this is too much for me; *la vostra richiesta eccede ogni nostra possibilità*, your request is beyond our powers ◆ *v.intr.* to go* too far, to overdo*: — *nel bere*, to drink to excess (*o* too much); — *nel mangiare*, to eat too much (*o* overeat); — *nelle spese*, to spend too much (*o* to overspend); *scusate se ho ecceduto, ma ero veramente seccato*, I apologize if I went too far, but I was really annoyed.

ecce homo *s.m.* **1** Ecce Homo **2** (*persona malconcia*) sickly man, person in a sorry state.

ecceità *s.f.* (*fil.*) haeccity.

eccellente *agg.* excellent, first-rate, very good, superb: *idea* —, excellent idea; *era di umore* —, he was in the best of spirits (*o* in high spirits); *abbiamo un — professore di filosofia*, we have a very good philosophy teacher; *il pranzo era veramente* —, your meal was excellent (*o* first-rate) // *all'— signor duca*, to his Excellency the Duke.

eccellentissimo *agg.superl.* most excellent.

eccellenza *s.f.* **1** excellence; greatness; perfection; (*preminenza*) preeminence, eminence: *l'— di un prodotto*, the excellence of a product; *raggiungere l'— in un'arte*, to achieve greatness in an art // *per* —, par excellence (*o* above all others): *Dante è il poeta italiano per* —, Dante is the Italian poet par excellence **2** (*titolo*) Excellency: *Vostra* —, Your Excellency.

eccellere *v.intr.* to excel (s.o.); to be outstanding: *Dante eccelse nella poesia*, Dante excelled as a poet; *eccelle sui compagni di scuola*, he excels (*o* he is superior to) his schoolfellows; *eccelle in matematica*, he excels (*o* is outstanding) at mathematics.

eccelso *agg.* **1** (*altissimo*) lofty, very high, highest: *un picco* —, a lofty peak **2** (*fig.*) lofty, sublime, exalted: *tuo figlio nasconde delle doti musicali eccelse*, your son hides sublime musical gifts // *l'Eccelso*, the Most High.

eccentricamente *avv.* **1** (*in modo stravagante*) eccentrically: *si veste sempre* —, he always dresses eccentrically **2** (*fuori dal centro*) eccentrically, off-centre.

eccentricità *s.f.* **1** (*stranezza di modi*) eccentricity, peculiarity, strangeness, oddity: *le sue — stupivano tutti*, his eccentricities astonished everyone **2** (*mat., fis.*) eccentricity: *grado di* —, degree of eccentricity.

eccentrico *agg.* **1** (*dai modi stravaganti*) eccentric, peculiar, strange, odd, bizarre, outlandish: *abbigliamento* —, eccentric (*o* bizarre) way of dressing; *un tipo* —, an eccentric (*o* outlandish) chap **2** (*mat.*) eccentric **3** (*lontano dal centro*) distant from the centre, outlying: *quartiere* —, outlying district ◆ *s.m.* **1** (*persona stravagante*) eccentric, freak: *è un* —, he's an eccentric **2** (*mecc.*) eccentric, cam: *scatola degli eccentrici*, cam box **3** (*teatr.*) variety artist.

ecceomo → **ecce homo**.

eccepibile *agg.* (*dir.*) objectionable, exceptionable.

eccepire *v.tr.* **1** to object, to take* exception to: *che cosa hai da — alla sua proposta?*, what objections do you have to his proposal?; *ha sempre qlco. da* —, he always finds fault with everything (*o* takes exception to everything); *non ho nulla da* —, I make (*o* have) no objection **2** (*dir.*) to object, to plead; (*assol.*) to take* exception, to demure.

eccessivamente *avv.* excessively, exceedingly, too, too much; (*smodatamente*) immoderately: *prezzo — elevato*, exceedingly (*o* inordinately) high price; *caricare* —, to overload; *lavorare* —, to work too hard (*o* to overwork); *mangiare* —, to eat immoderately (*o* excessively); *produrre* —, to overproduce; *non essere — severo con loro*, don't be too hard on them.

eccessività *s.f.* excessiveness, exorbitance: *l'— delle sue pretese*, the excessiveness of her demands; *l'— di un prezzo*, the exorbitance of a price.

eccessivo *agg.* excessive, extreme; (*smodato*) immoderate: *calore* —, extreme heat; *carico* —, overload; *fretta eccessiva*, excessive (*o* inordinate) haste; *lavoro* —, excessive work (*o* overwork); *prezzo* —, exorbitant price (*o* overcharge); *severità eccessiva*, extreme (*o* excessive) severity; *spesa eccessiva*, overexpenditure; *dare un'importanza eccessiva a qlco.*, to attach too much (*o* undue) importance to sthg.; *non essere — nei tuoi giudizi*, don't overdo your criticism // (*econ.*) *eccessiva circolazione monetaria*, glut of money.

eccesso *s.m.* **1** excess: — *di calore*, excess of heat; *un — di entusiasmo*, an excess of enthusiasm; — *di peso*, excess weight; — *di produzione*, overproduction; — *di potere*, misuse of power (*o* action ultra vires); — *di difesa*, disproportionate use of force in self -defence; *rendersi colpevole di — di velocità*, to excede the speed limit // *ce n'è in* —, there is more than enough // *approssimazione per —, per difetto*, approximation by excess, by defect // *coscienzioso fino all'*—, exceedingly conscientious; *scrupoloso all'*—, overscrupulous; *è generosa all'*—, she is generous to a fault // *commettere degli eccessi*, to commit excesses; *dare in eccessi*, (*in escandescenze*) to go berserk (*o* to run amok *o fam.* to flip one's lid); *evitare gli eccessi a tavola*, to avoid overindulgence at (the) table; *spingersi all'*—, to go to extremes // *peccare per — di zelo*, to be over-zealous **2** (*econ.*) excess, surplus; (*sovrabbondanza*) surfeit: — *di domanda, di offerta*, excess demand, supply; — *di liquidità*, excess liquidity; — *di personale*, overmanning; — *di merce*, overstock.

eccetera *avv.* e *s.m.* etcetera (*abbr.* etc.).

eccetto *prep.* except (for), excepting; but (for); save (for): *c'erano tutti i miei amici — voi*, all my friends were there except (for) you; — *i primi capitoli, è un libro che si legge facilmente*, except for the first few chapters, it's an easy book to read; *i candidati sono stati tutti promossi — tre*, all the candidates passed save three; *la chiesa, — il campanile, risale al XII sec.*, excepting the bell-tower, the church goes back to the 12th century; *vado d'accordo con tutti — che con lui*, I get on with everyone except him.

eccetto che *cong.* (*salvo che*) unless: *verrò senz'altro, — che debba partire improvvisamente*, I'll definitely come unless I get called away unexpectedly.

eccettuabile *agg.* (*non com.*) that may be excepted.

eccettuare *v.tr.* to except, to exclude, to leave* out: *è un'ottima persona se si eccettua qualche piccolo difetto*, if you leave out a few small faults he's a really good person; *invito tutti senza — nessuno*, I'm inviting everybody bar none.

eccettuativo *agg.* exceptive // (*gramm.*) *congiunzione eccettuativa*, exceptant conjunction; *proposizione eccettuativa*, exceptive proposition.

eccettuato *agg.* excepted, excluded: *eccettuata mia moglie*, my wife excepted; *eccettuati i presenti*, present company excepted; *furono tutti puniti, nessuno* —, they were all punished, bar none.

eccettuazione *s.f.* (*non com.*) excluding, exclusion.

eccezionale *agg.* exceptional; (*straordinario*) extraordinary; (*insolito*) unusual; (*speciale*) special: *memoria* —, exceptional memory; *fascino* —, extraordinary charm; *un miracolo è sempre un evento* —, a miracle is always an extraordinary event; *la nevicata dello scorso maggio fu un evento* —, last May's snowfall was an unusual event; *mi riserva sempre un trattamento* —, she always reserves special treatment for me; *leggi, provvedimenti eccezionali*, special laws, measures.

eccezionalità *s.f.* exceptionality.

eccezionalmente *avv.* **1** exceptionally: *l'ufficio rimarrà aperto — anche il sabato*, the office will also remain open, in exceptional circumstances, on Saturdays **2** (*straordinariamente*) extraordinarily, unusually: *è una persona — dinamica*, he's an unusually (*o* extraordinarily) dynamic person.

eccezione *s.f.* **1** exception; (*rar.*) exclusion: — *alla regola*, exception to the rule; *a — di lui*, except him; *con l'— di*, with the exception of (*o* bar): *tutti furono fatti entrare con l'— di mia moglie*, all of them were let in except my wife; *con qualche* —, with a few exceptions; *in via d'*—, as an exception; *salvo eccezioni*, with certain exceptions; *senza* —, without exception (*o* bar none); *per te farò un'*—, I'll make an exception for you // *un pianista d'*—, an exceptional pianist // *l'— conferma la regola*, (*prov.*) the exception proves the rule **2** (*obiezione*) exception, objection; (*dir.*) plea: *sollevare un'*—, to raise an objection (*o* to object to sthg.) // (*dir.*): — *di inammissibilità*, estoppel; — *nel merito*, substantive plea; — *dilatoria*, dilatory exception; — *di incompetenza*, declinatory exception // *superiore a ogni* —, beyond suspicion (*o* faultless) **3** (*gramm.*) exception **4** (*dir.*) (*come riserva in un contratto*) saving clause, reservation.

ecchimosi *s.f.* bruise; (*scient.*) ecchymosis*.

ecchimotico *agg.* (*med.*) ecchymotic.

eccì *inter.* atishoo: —*!, salute!*, atishoo!, bless you!

eccidio *s.m.* slaughter, massacre, carnage, bloodshed: *l'— causato dalla guerra*, the carnage caused by the war.

eccipiente *s.m.* (*med.*) excipient.

eccitabile *agg.* excitable (*anche med.*); highly strung, emotional: *sei troppo* —, you are always on edge; *persona, carattere* —, highly strung (*o* excitable) person, character.

eccitabilità *s.f.* excitability.

eccitamento *s.m.* **1** excitement, agitation; irritation **2** (*incitamento*) incitement, urge, provocation.

eccitante *agg.* **1** exciting; stimulating: *uno spettacolo* —, an exciting show **2** (*med.*) excitant ◆ *s.m.* excitant (*anche med.*), stimulant: *il caffè è un* —, coffee is a stimulant.

eccitare *v.tr.* **1** to excite, to stimulate: *la notizia della vittoria del suo cavallo lo eccitò molto*, he was excited by his horse winning the race; *l'idea di andare in America mi eccita incredibilmente*, the idea of going to America really excites me; *non bere troppo caffè, ti eccita*, don't drink too much coffee, you'll get overexcited (*o* overstimulated) **2** (*risvegliare*) to excite, to stir (up), to awaken: — *l'appetito di qlcu.*, to whet s.o.'s appetite; — *il coraggio di qlcu.*, to stir up s.o.'s courage; — *la curiosità di qlcu.*, to excite (*o* to stir up) s.o.'s curiosity **3** (*provocare, suscitare*) to rouse, to provoke: — *l'ammirazione*, to arouse admiration; — *l'indignazione di qlcu.*, to move (*o* to arouse) s.o.'s indignation; — *le masse*, to stir up the masses; — *qlcu. alla rivolta*, to incite (*o* to urge) s.o. to revolt; — *il riso*, to cause laughter **4** (*provocare stimoli sessuali*) to excite, to arouse **5** (*elettr., fis.*) to excite.

□ **eccitarsi** *v.intr.pron.* to get* excited, to get* wound up: *si eccitò al solo pensiero delle vacanze*, he got excited just thinking about his holidays.

eccitativo *agg.* excitatory; (*non com.*) excitative.

eccitato *agg.* **1** excited, stirred (up), stimulated: *era — all'idea di rivederla*, he was stirred by the idea of seeing her again; *seguiva lo spettacolo con l'animo* —, he followed the show excitedly (*o* in an excited frame of mind) // (*fis.*) *stato* —, excited state **2** (*sessualmente*) excited, aroused **3** (*di elefante, cammello ecc.*) must.

eccitatore *agg.* exciting ◆ *s.m.* (*elettr., mecc.*) exciter.

eccitatrice *s.f.* (*elettr.*) exciting dynamo*.

eccitazione *s.f.* **1** excitement; stimulation, agitation: *la sua — era dovuta all'inaspettata vittoria*, his excitement was due to the unexpected victory; *la mia — è dovuta all'avvicinarsi della data del mio matrimonio*, my agitation (*o* excitement) is due to the fact that I'm getting married soon; *simili immagini provocano l'— della fantasia*, images like that stimulate (*o* excite) the imagination **2** (*di elefante, cammello ecc.*) must **3** (*med.*) excitation **4** (*elettr.*) excitation: — *in serie*, series excitation; — *in derivazione*, shunt excitation **5** (*fis.*) *energia di* —, excitation energy.

eccitone *s.m.* (*fis.*) exciton.

ecclesia[1] *s.f.* (*st. greca*) ecclesia (*pl.* -ae).

ecclesia[2] *s.f.* (*antiq.*) church.

ecclesiale *agg.* ecclesial.

Ecclesiaste *s.m.* (*Bibbia*) Ecclesiastes.

ecclesiastico *agg.* ecclesiastic(al), clerical; church (*attr.*): *cappello* —, clerical hat; *foro* —, ecclesiastical court; *diritto* —, ecclesiastical law ◆ *s.m.* **1** (*sacerdote*) clergyman*; priest, ecclesiastic **2** *Ecclesiastico*, (*Bibbia*) Ecclesiasticus.

ecclesiologia *s.f.* (*teol.*) ecclesiology.

ecclesiologico *agg.* ecclesiological.

ecclesiologo *s.m.* ecclesiologist.

ecclettico e *deriv.* → **eclettico** e *deriv.*

ecclimetro → **eclimetro**.

ecclissare e *deriv.* → **eclissare** e *deriv.*

ecclittico e *deriv.* → **eclittico** e *deriv.*

ecco *avv.* **1** (*qui*) here; (*là*) there: — *i tuoi libri*, here are your books; — *il nostro treno*, here's our train; — *che cosa scrive nella lettera*, here's (*o* this is) what he says in his letter // — *perché*, this is why; (*conclusivo*) that's why: — *perché non sono venuti*, this is why they didn't come; *è partito, — perché non mi ha telefonato*, he's left; that's why he hasn't phoned me // — *come*, this is how; (*conclusivo*) that's how: — *come si fa*, this is how it's done; *ha vinto una borsa di studio; — come ha potuto frequentare l'università*, he won a scholarship; that's how he managed to go to university // — *fatto*, that's that // — *tutto*, that's all // *quand'*—, when suddenly (*o* when all of a sudden) // —, *siamo alle solite!*, here we go again! **2** (*in unione con pron. pers. o particelle pronominali*): *eccolo* (*qui*), here he is; *eccolo* (*là*), there he is; *eccomi* (*qui*), here I am; *"Lucia!" "Eccomi!"*, "Lucy!" "I'm coming"; *eccoti arrivato*, here you are; *eccoti il giornale*, here's your paper; *eccoti servito*, there you are, (*iron.*) you asked for it! **3** (*inter.*) there (you are); (*con uso rafforzativo, spec. in espressioni del linguaggio infantile*) so there: —, *lo sapevo che andava a finire così!*, there you are, I knew it was going to end up like that!; —, *ci mancava anche questa!*, there, that's all we needed!; —, *te l'avevo detto!*, there, I told you so!; —, *ti sta bene!*, there, it serves you right!; *...e io non ci vengo, —!*, I'm not coming, so there!; *non sono stato io, —!*, it wasn't me, so there!

eccome *avv.* e *inter.* rather, and how, yes indeed, I'll say; (*fam.*) not half: *"È bella Roma?" "Eccome!"*, "Is Rome beautiful?" "Rather!" (*o* "Yes indeed!"); *"Verrai con noi?" "Eccome!"*, "Are you coming with us?" "I'll say!" (*o* "Not half!").

ecdemico *agg.* (*med.*) ecdemic.

ecdisi *s.f.* (*zool.*) ecdysis*.

ecdotica *s.f.* (*filologia*) textual criticism.

ecdotico *agg.* (*filologia*) of textual criticism.

echeggiamento *s.m.* echoing, resounding.

echeggiare *v.intr.* to echo (with sthg.), to resound (with sthg.); to ring* (out): *il grido echeggiò per i boschi*, the cry echoed through the woods; *la stanza echeggiò di risate*, the room resounded (*o* rang) with laughter; *il rumore dei passi echeggiava nel corridoio*, the sound of footsteps echoed down the corridor ◆ *v.tr.* to echo; (*fig.*) (*imitare*) to resemble: *il suo modo di fare echeggia vagamente quello del fratello*, his way of doing things vaguely resembles his brother's.

echide *s.f.* (*zool.*) echis.

echidna *s.f.* (*zool.*) (*Tachyglossus aculeatus*) porcupine ant-eater, (*scient.*) echidna*.

echinato *agg.* (*bot., zool.*) echinate.

echino *s.m.* **1** (*zool.*) sea-urchin, echinus* **2** (*arch.*) echinus*.

echinocactus *s.m.* (*bot.*) echinocactus.

echinococco *s.m.* (*zool.*) echinococcus.

echinococcosi *s.f.* (*vet.*) echinococcosis*.

echinoderma *s.m.* (*zool.*) echinoderm.

echio *s.m.* (*bot.*) echium.

echistotermo *agg.* (*bot.*) echistothermic.

ecidio *s.m.* (*bot.*) aecidium (*pl.* -ia).

eclampsia *s.f.* (*med.*) eclampsia.

eclamptico *agg.* (*med.*) eclamptic.

eclatante *agg.* evident, obvious, glaring; (*che colpisce*) striking, impressive, sensational: *una contraddizione* —, a glaring (*o* obvious) contradiction; *una vittoria* —, a sensational victory.

eclетticità *s.f.* eclecticism, eclecticness.

eclettico *agg.* **1** (*fil.*) eclectic **2** (*estens.*) eclectic, versatile: *una persona eclettica*, a versatile person **3** (*spreg.*) superficial, shallow ◆ *s.m.* **1** (*fil.*) eclectic **2** (*estens.*) eclectic person, versatile person.

eclettismo *s.m.* eclecticism; (*estens.*) versatility.

eclimetro *s.m.* (*topografia*) clinometer.

eclissamento *s.m.* (*non com.*) eclipsing, overshadowing (*anche fig.*).

eclissare *v.tr.* **1** (*astr.*) to eclipse **2** (*fig.*) to eclipse, to outshine*, to overshadow, to put* (s.o., sthg.) in the shade: *la fama del figlio eclissò quella del padre*, the son's fame overshadowed the father's.

□ **eclissarsi** *v.intr.pron.* **1** (*astr.*) to be eclipsed, to grow* dark **2** (*fig.*) to disappear, to vanish: *senza una parola s'eclissò*, without saying a word he disappeared (*o* vanished *o fam.* made himself scarce); *il ladro si eclissò tra la folla*, the thief vanished into the crowd.

eclissi *s.f.* **1** (*astr.*) eclipse, occultation: — *lunare, solare*, lunar, solar eclipse; — *totale, parziale*, total, partial eclipse **2** (*fig. letter.*) collapse, decline: *l'— dell'impero romano*, the collapse of the Roman Empire.

eclittica *s.f.* (*astr.*) ecliptic.

eclittico *agg.* (*astr.*) ecliptic.

ecloga → **egloga**.

ecmnesia *s.f.* (*psic.*) ecmnesia.

ecmnestico *agg.* (*psic.*) affected by ecmnesia.

eco *s.f.* o *m.* **1** echo* (*anche fig.*): *far — alle parole di qlcu.*, to echo (*o* to repeat) s.o.'s words; *farsi — di una diceria*, to spread a rumour // (*giornalismo*) *echi di cronaca*, news in brief **2** (*fig.*) stir, interest, comment: *le sue dimissioni hanno destato una vasta* —, his resignation has caused quite a stir **3** (*mus., poesia*) echo* **4** (*rad.*) echo*: *echi di disturbo*, clutter; *echi multipli*, multiple echoes.

ecocardiografia *s.f.* (*med.*) echocardiography.

ecocardiografo *s.m.* echocardiographer.

ecocatastrofe *s.f.* ecocatastrophe; ecological disaster.

ecocidio *s.m.* (*ecol.*) ecocide.

ecofobia *s.f.* (*psic.*) ecophobia.

ecogenetica *s.f.* (*ecol.*) genecology.

ecogoniometro *s.m.* (*mar.*) asdic, sonar.

ecografia *s.f.* (*med.*) echography, ultrasonography.

ecografico *agg.* (*med.*) *esame* —, ultrasound (scan).

ecografista *s.m.* (*med.*) ultrasound technician.

ecografo *s.m.* echograph.

ecogramma *s.m.* echogram.

ecoico *agg.* (*metrica*) echoic.

ecolalia *s.f.* (*psic.*) echolalia.

ecolocazione *s.f.* (*zool.*) echolocation.

ecologia *s.f.* ecology: — *umana*, *animale*, *forestale*, human, animal, forest ecology; — *agraria*, agroecology.

ecologico *agg.* ecologic(al): *equilibrio* —, ecological balance; *nicchia ecologica*, ecological niche; *distruzione ecologica*, ecocide; *disastro* —, ecological disaster.

ecologismo *s.m.* environmentalism.

ecologista *s.m.* e *f.* **1** (*studioso di ecologia*) ecologist **2** (*ambientalista*) environmentalist ◆ *agg.* ecological.

ecologistico *agg.* ecological.

ecologo *s.m.* ecologist.

ecometro *s.m.* (*mar.*) echometer.

economato *s.m.* **1** supply office; (*nelle università*) bursar's office; (*nelle amministrazioni*) Treasurer's office **2** (*carica*) stewardship; (*nelle università*) bursarship.

econometria, **econometrica** *s.f.* (*stat.*) econometrics [U].

econometrico *agg.* (*stat.*) econometric.

econometrista *s.m.* e *f.* (*stat.*) econometrician, econometrist.

econometro *s.m.* (*aut.*) energy-saving meter.

economia *s.f.* **1** (*sistema economico*) economy; (*scienza*) economics [U]: *un paese a — agricola*, a country with an agricultural economy; — *in via di sviluppo*, developing economy; — *mista*, mixed economy; — *nazionale*, national (*o* home) economy; — *pianificata*, planned economy; — *sottosviluppata*, underdeveloped economy; — *di mercato*, *capitalistica*, free market, capitalist economy; — *chiusa*, closed economy; — *controllata*, controlled economy; — *di scambio*, exchange economy; — *agraria*, agricultural economics; — *sociale*, social economics; *economie di scala*, economies of scale; — *radicale*, (*amer.*) radical economics; — *di rapina*, robber economy; — *aziendale*, (*scienza*) business economics, (*materia universitaria*) business administration; — *del benessere*, welfare economics; — *politica*, political economy, (*fam.*) dismal science; — *sommersa*, black (*o* hidden *o* shadow) economy; *manuale di* —, handbook on economics **2** (*arte di amministrare*) administration, management: — *aziendale*, business management; — *domestica*, domestic economy (*o* science) **3** (*parsimonia, risparmio*) economy, thrift: *senza* —, freely (*o* liberally *o* generously); *fare — su qlco.*, to save money (*o* to economize) on sthg.; *fare — d'acqua*, to save water **4** *pl.* (*risparmi*) savings: *il viaggio gli è costato tutte le sue economie*, he spent all his savings on the trip **5** (*fig.*) (*organizzazione*) economy.

economicamente *avv.* **1** economically; financially: *un danno — rilevante*, a sizeable financial loss **2** (*con parsimonia*) thriftily; economically, cheaply: *vivere* —, to live cheaply (*o* on the cheap).

economicismo *s.m.* economism.

economicistico *agg.* based on economism.

economicità *s.f.* inexpensiveness, cheapness.

economico *agg.* **1** (*relativo all'economia*) economic; (*finanziario*) financial: *dottrine economiche*, economic doctrines; *ripresa economica*, economic recovery; *i problemi economici del Terzo Mondo*, the economic problems of the Third World; *difficoltà economiche*, financial difficulties; *piattaforma di richieste economiche*, draft package of economic requests; *politica economica*, (*indirizzo politico*) economic policy, (*materia di studio*) economic politics // (*dir.*): *danno* —, economic (*o* pecuniary) loss; *reato* —, economic (*o* white-collar) crime **2** (*poco costoso*) inexpensive, cheap; economic; (*che richiede poca spesa*) economical; (*che fa risparmiare*) saving: *edizione economica*, cheap edition; *la versione economica di un'auto*, the economic version of a car; *il gas è un sistema di riscaldamento* —, gas is an economical heating system; *casa economica e popolare*, council house.

economista *s.m.* e *f.* economist.

economizzare *v.intr.* e *tr.* to economize, to retrench, to cut* down, to cut* back; to save, to spare: *la meccanizzazione serve a — sui tempi di produzione*, mechanization serves to reduce (*o* to cut down) production time; *il governo vuole — sul bilancio della pubblica istruzione*, the Government wants to cut back on the education budget; — *su tutto*, to economize (*o* save) on everything; — *le forze*, to save one's strength.

economizzatore *s.m.* **1** (*chi economizza*) economizer, saver **2** (*tecn.*) economizer: — *del generatore di vapore*, boiler economizer.

economizzazione *s.f.* economization, cutback.

economo *agg.* economical, saving; (*parsimonioso*) sparing, thrifty; *essere* —, to spare, to save ◆ *s.m.* supply officer; (*nei circoli*) treasurer; (*nelle università*) bursar.

ecoscandaglio *s.m.* (*mar.*) echo-sounder, sonic depth finder.

ecosfera *s.f.* (*astr.*) ecosphere.

ecosistema *s.m.* (*ecol.*) ecosystem.

ecotipo *s.m.* (*ecol.*) ecotype.

écru *agg.* écru.

ectasia *s.f.* (*med.*) ectasia, ectasis.

ectasico *agg.* (*med.*) ectatic.

ecto- *pref.* di origine greca che significa 'fuori, esterno'; ingl. ecto-: (*zool.*) *ectocisti*, ectocyst; (*biol.*) *ectoparassita*, ectoparasite.

ectoblasto *s.m.* (*biol.*) ectoblast.

ectoderma *s.m.* (*biol.*) ectoderm.

ectodermico *agg.* (*biol.*) ectodermal.

ectopia *s.f.* (*med.*) ectopia, ectopy.

ectopico *agg.* (*med.*) ectopic: *gravidanza ectopica*, ectopic pregnancy.

ectoplasma *s.m.* ectoplasm.

ectoplasmatico *agg.* ectoplasmic, ectoplastic.

ectoscopia *s.f.* (*med.*) ectoscopy.

ectozoo *s.m.* (*biol.*) ectozoon.

ectropion *s.m.* (*med.*) ectropion.

ecuadoriano *agg.* e *s.m.* Ecuadorian.

eculeo *s.m.* (*st.*) rack.

ecumene *s.f.* (*geogr.*) ecumene.

ecumenicità *s.f.* (*eccl.*) ecumenicity.

ecumenico *agg.* (*eccl.*) ecumenical: *concilio* —, ecumenical council // *consiglio — delle chiese*, World Council of Churches.

ecumenismo *s.m.* (*relig.*) ecumenism.

eczema *s.m.* (*med.*) eczema.

eczematico, **eczematoso** *agg.* (*med.*) eczematous.

edace *agg.* (*letter.*) voracious; (*che consuma*) devouring, consuming; edacious.

edafico *agg.* (*ecol.*, *chim.*) edaphic.

edafismo *s.m.* (*bot.*) edaphic climax.

edafologia *s.f.* (*ecol.*) edaphology.

edafon *s.m.* (*biol.*) edaphon.

eddomadario → **ebdomadario**.

edelweiss *s.m.* (*bot.*) (*Leontopodium alpinum*) edelweiss.

edema *s.m.* (*med.*) edema*: — *polmonare*, pulmonary edema.

edematico *agg.* **1** edema (*attr.*) **2** suffering from edema (*pred.*).

edematoso *agg.* (*med.*) **1** edematous **2** (*che soffre di edema*) suffering from edema ◆ *s.m.* (*chi soffre di edema*) sufferer from edema.

eden *s.m.* Eden (*anche fig.*); (earthly) paradise.

edenico *agg.* (*letter.*) of Eden, Eden-like, paradisiacal.

edera *s.f.* (*bot.*) (*Hedera helix*) ivy, (*pop.*) English ivy: *coperto d'*—, ivy-clad (*o* ivy -mantled) // *attaccarsi come l'*—, (*fig.*) to cling like ivy // (*bot.*): — *terrestre*, (*Glechoma hederacea*) ale-hoof; (*Nepeta hederacea*) ground-ivy (*o pop.* hen and chickens); — *del Canada*, (*Rhus toxicodendron*) poison-ivy.

ederaceo *agg.* ivy-like.

ederella *s.f.* (*bot.*) (*Veronica officinalis*) speedweel, veronica.

edibile *agg.* (*commestibile*) edible.

edicola *s.f.* **1** (*rivendita di giornali*) newsstand, newspaper kiosk; bookstall **2** (*tempietto*) aedicule; (*nicchia*) niche.

edicolante, **edicolista** *s.m.* e *f.* newsagent, bookstall keeper.

edifanite *s.f.* (*min.*) hedyphane.

edificabile *agg.* suitable for building: *area* —, building area.

edificabilità *s.f.* suitability for building, buildability.

edificante *agg.* edifying, uplifting: *un esempio* —, an edifying example.

edificare *v.tr.* **1** (*costruire*) to build*; to construct; to erect, to raise: — *una chiesa*, to build a church **2** (*fig.*) (*fondare*) to found, to set* up: — *uno stato democratico*, to found a democratic state **3** (*ammaestrare, dare il buon esempio a*) to edify, to set* a good example to. □ **edificarsi** *v.intr.pron.* to be edified.

edificativo *agg.* (*non com.*) **1** edifying, suitable for construction **2** (*fig.*) → **edificante**.

edificatore *s.m.* **1** (*chi costruisce*) builder **2** (*chi ammaestra*) edifier; exemplary ◆ *agg.* edifying.

edificatorio *agg.* (*non com.*) building: *comparto* —, building section (*o* zone).

edificazione *s.f.* **1** (*costruzione*) building, construction: *l'— di uno stadio*, the building of a stadium **2** (*fig.*) (*ammaestramento*) edification.

edificio *s.m.* **1** building; edifice: *costruire*, *demolire un* —, to construct, to demolish a building; — *scolastico*, *pubblico*, school, public building; — *a uso commerciale*, business premises **2** (*fig.*) (*struttura organizzata*) framework, structure: *l'— statale*, the structure of the state; — *sociale*, social order **3** (*fig.*) (*complesso di argomentazioni*) case: *l'— della difesa*, the case for the defence; *un — di bugie*, a tissue of lies.

edile *agg.* building (*attr.*): *perito* —, master builder; *imprenditore* —, building contractor (*o* builder); *macchine edili*, building machinery ◆ *s.m.* **1** building worker **2** (*st. romana*) aedile.

edilizia *s.f.* building; building industry, building trade: — *pubblica, privata*, public, private building; — *residenziale*, house building; — *abitativa*, housing; — *sovvenzionata*, subsidized housing; — *popolare*, council-house building (*o* public housing); *materiale per* —, building material; *l'— si è molto sviluppata*, the building industry has developed a great deal; *d'inverno c'è molta disoccupazione nell'*—, there is a lot of unemployment in the building trade in winter.

edilizio *agg.* building (*attr.*), construction (*attr.*): *impresa edilizia*, building contractors; *lavori edilizi*, building (*o* construction) work; *commissione edilizia*, building commission; *speculazione edilizia*, building speculation; *regolamento* —, building regulation; *piano* —, area plan for building; *licenza edilizia*, planning permission.

edipeo *agg.* Oedipus (*attr.*): *il ciclo* —, the Oedipus cycle.

edipico *agg.* (*psic.*) Oedipus (*attr.*): *complesso* —, Oedipus complex.

editare *v.tr.* **1** (*stampare*) to print, to publish **2** (*preparare, curare per la stampa*) to edit.

editing *s.m.* editing.

edito *agg.* published; printed: *un libro — a Torino*, a book published in Turin; — *da...*, published by....

editore *s.m.* **1** publisher **2** (*esperto che cura un'edizione*) editor // (*inform.*) — *di testi*, text editor **3** (*non com.*) (*direttore*) editor.

editoria *s.f.* publishing; book trade: *il mondo dell'*—, the world of publishing.

editoriale *agg.* publishing, editorial ◆ *s.m.* (*articolo di fondo*) editorial, leading article.

editorialista *s.m.* e *f.* (*chi scrive editoriali*) leader writer.

editrice *agg.*: *casa* —, publishing house ◆ *s.f.* publisher.

edittale *agg.* (*dir.*) edictal // *pena* —, statutory penalty.

editto *s.m.* edict: *promulgare, revocare un* —, to enact, to revoke an edict.

edizione *s.f.* **1** edition: — *rilegata*, bound edition; — *integrale*, unabridged edition; — *tascabile*, pocket edition; — *economica*, cheap (*o* popular) edition; — *a tiratura limitata*, limited edition; — *fuori commercio*, private (*o* privately-printed) edition; — *critica*, critical edition; — *riveduta e corretta*, revised edition; — *a cura di...*, edited by...; *la quarta — di questo libro è esaurita*, the fourth edition of this book is out of print; *questo libro ha avuto numerose edizioni*, this book has gone through a number of editions; *un'— di diecimila copie*, an edition of ten thousand copies // *la 48ª — del Giro d'Italia*, the 48th Giro d'Italia; *l'ultima — del Festival di Sanremo*, the last Sanremo Festival **2** (*di giornale*) issue, edition: — *straordinaria*, (late) extra edition; *l'ultima* —, the latest edition; *ultima — della sera*, late night-final, (*fam.*) latest // (*rad., tv*): — *serale, del mattino*, evening, morning edition; *il telegiornale andrà in onda in — ridotta causa sciopero*, the news will be broadcast in a reduced format as a result of the strike **3** (*fig. scherz.*) version: *hai visto Linda, ultima —?*, have you seen the new (*o* latest) Linda?

edoardiano *agg.* e *s.m.* (*st. inglese*) Edwardian.

edochiano *agg.* (*non com.*) of Tokyo; from Tokyo ◆ *s.m.* person from Tokyo, inhabitant of Tokyo.

edonismo *s.m.* (*fil.*) hedonism.

edonista *s.m.* e *f.* (*fil.*) hedonist.

edonistico *agg.* (*fil.*) hedonistic.

edotto *agg.* (*letter.*) aware (*pred.*); acquainted (with sthg.); informed: *ne sono stato* —, I have been informed of (*o* acquainted with) it // *rendere — di*, to inform of (*o* to acquaint with): *quando lo resi — del problema*, when I informed him of (*o* acquainted him with) the problem.

edredone *s.m.* (*zool.*) (*Somateria mollissima*) eider duck.

educabilità *s.f.* educability.

educanda *s.f.* **1** boarding school girl **2** (*estens.*) shy young girl, convent girl.

educandato *s.m.* girls' boarding school; (*di suore*) convent boarding school.

educare *v.tr.* **1** to bring* up; to rear: *chi lo ha educato?*, who brought him up?; *non ha educato bene i suoi figli*, he hasn't brought his sons up well **2** (*esercitare, ammaestrare*) to train, to educate, to cultivate: — *l'orecchio alla musica*, to educate one's ear (*o* to train one's ear) to appreciate music; — *la fantasia*, to cultivate the imagination; — *il gusto*, to refine one's taste; — *la mente allo studio*, to train the mind to study **3** (*animali e piante*) to train: — *un cane da guardia*, to train a guard dog.

educatamente *avv.* politely: *devi imparare a stare a tavola* —, you must learn to behave at table.

educativo *agg.* **1** (*che educa*) educational; (*istruttivo*) instructive; informative: *film* —, educational film; *libro* —, instructive book **2** (*che concerne l'educazione*) educational: *metodi, sistemi educativi*, educational methods, systems.

educato *agg.* (*beneducato*) well-mannered; (*cortese*) courteous, polite: *sono sempre molto educati con noi*, they're always very courteous with us; *cerca almeno di essere più* —, at least try and be more polite.

educatore *s.m.* **1** (*chi educa*) educator **2** (*pedagogista*) educationist, educationalist.

educatorio *s.m.* (*non com.*) boarding school.

educatrice *s.f.* educator; teacher.

educazione *s.f.* **1** upbringing: *dedicarsi all'— dei figli*, to devote oneself to bringing up one's children; *impartire una sana, rigida* —, to give s.o. a good, strict upbringing **2** (*istruzione*) education: — *fisica, artistica, sessuale*, physical, art, sex education // — *permanente*, in-service training **3** (*buone maniere*) courtesy, good manners (*pl.*): *gente senza* —, discourteous (*o* ill-mannered) people; *insegnare l'— a qlcu.*, to teach s.o. (their) manners; *non conoscere l'*—, to be discourteous // *bella —!*, fine manners! // *chi ti ha insegnato l'—?*, where did you learn your manners?

edulcorante *agg.* sweetening ◆ *s.m.* sweetener.

edulcorare *v.tr.* (*non com.*) to sweeten (*anche fig.*): — *una bevanda, la verità*, to sweeten a drink, the truth.

edulcorazione *s.f.* sweetening.

edule *agg.* edible: *fungo* —, edible mushroom.

eduzione *s.f.* **1** (*fil.*) eduction **2** (*miner.*) dewatering: — *delle acque*, mine dewatering.

efebeo *s.m.* (*st.*) Ephebeum; gymnasium.

efebia *s.f.* (*st.*) Ephebia.

efebico *agg.* (*letter.*) ephebic // *amore* —, pederasty.

efebo *s.m.* **1** (*st.*) ephebe, ephebus (*pl.* -i) **2** (*estens.*) girlish youth, effeminate young man.

efedra *s.f.* (*bot.*) ephedra.

efedrina *s.f.* (*chim.*) ephedrine.

efelide *s.f.* freckle; (*scient.*) ephelis (*pl.* -ides).

efemera *s.f.* (*zool.*) (*Ephemera vulgata*) mayfly, green-drake, (*scient.*) ephemera*.

efemeride → **effemeride**.

efesino *agg.* e *s.m.* Ephesian.

efesio *agg.* Ephesian; of Ephesus (*pred.*); Ephesine.

effe *s.f.* o *m.* **1** letter F **2** (*mus.*) sound hole, f-hole.

effemeride *s.f.* ephemeris* (*anche astr.*).

effemeroteca → **emeroteca**.

effeminare *v.tr.* (*letter.*) to make* effeminate, to effeminize; (*estens.*) to weaken.

effeminatamente *avv.* effeminately.

effeminatezza *s.f.* effeminacy.

effeminato *agg.* effeminate; womanish; unmanly: *giovane* —, effeminate young man; *voce effeminata*, effeminate voice.

effemminare e *deriv.* → **effeminare** e *deriv.*

effendi *s.m.* (*titolo turco*) effendi.

efferatezza *s.f.* **1** brutality; savageness; cruelty; ferocity: *l'— contro gli animali è severamente punita in Inghilterra*, cruelty to animals is severely punished in England; *l'— di un delitto*, the brutality of a crime **2** (*atto efferato*) atrocity, crime.

efferato *agg.* brutal; savage; cruel; ferocious: (*dir.*) *crimine* —, heinous crime; *una strage efferata*, a savage (*o* brutal) massacre.

efferente *agg.* efferent: (*med.*) *nervi efferenti*, efferent nerves.

effervescente *agg.* **1** sparkling; effervescent: *una bevanda* —, a fizzy drink; *compresse effervescenti*, effervescent tablets **2** (*fig.*) sparkling: *è una ragazza* —, she's got a bubbly personality; *fantasia* —, sparkling imagination.

effervescenza *s.f.* **1** effervescence, sparkle, fizz **2** (*fervore, eccitamento*) excitement; agitation, unrest, ferment: *essere in* —, to be in ferment.

effettato *agg.* bent, screwed, spun.

effettismo *s.m.* sensationalism.

effettistico *agg.* sensational.

effettivamente *avv.* actually; really; in fact; indeed: *bisogna ammettere che — ha studiato molto*, you have to admit that he has really studied hard; *vorrei sapere cosa avete — detto*, I'd like to know what you actually said; *— hai ragione tu*, in fact you're right.

effettività *s.f.* effectiveness, reality, actuality.

effettivo *agg.* **1** (*reale*) actual; real, effective: *prezzo —*, real price; *valore —*, real value; *ci sono stati dei miglioramenti effettivi*, there have been real improvements; *perdita effettiva*, actual loss; (*banca*) *tasso d'interesse —*, real (*o* effective) interest rate // (*econ.*): *valore —*, effective (*o* real) value; *circolazione effettiva*, active circulation; *denaro —*, cash on hand; *rendita effettiva*, actual yield; *reddito —*, actual income **2** (*permanente*) active: *insegnante, personale —*, permanent teacher, staff; *socio —*, active partner ◆ *s.m.* **1** (*consistenza concreta*) sum total: *l'— delle sue passività*, the sum total of his liabilities; *l'— dei suoi beni*, the sum total of his assets; (*comm.*) *— di cassa*, cash on hand **2** *pl.* (*mil.*) strength [U], forces, effectives **3** (*estens.*) staff, personnel: *l'— di una squadra di calcio*, playing strength of a football team; *l'— di una banca*, the bank staff.

effetto *s.m.* **1** effect, result, consequence: *Hai sonno? È l'— della medicina*, Do you feel sleepy? It's the effect of the medicine; *è l'— del vino che lo porta a straparlare*, it's the effect of wine that makes him talk wildly; *questa medicina fa — dopo 30 minuti*, this medicine begins to work (*o* takes effect) after 30 minutes; *il mio avvertimento ebbe l'— voluto*, my warning had the desired effect; *le nostre parole non ebbero alcun — su di lui*, our words had no effect on him; *i nostri sforzi non ebbero alcun —*, our efforts were of no avail (*o* were useless) // *— secondario*, side effect; *— ritardato*, after-effect; *causa ed —*, cause and effect; *senza —*, of no avail (*o* ineffectual); *non c'è — senza causa*, there is no effect without a cause // *a tutti gli effetti*, in every respect (*o* in all respects *o* to all intents and purposes) // *a questo —*, for this purpose // *in effetti*, as a matter of fact (*o* in fact *o* actually *o* really *o* in effect) // *per — di*, because of (*o* in consequence of *o* owing to *o* due to) // (*dir.*) *a ogni — di legge*, for all legal purposes // (*meteor.*) *— serra*, greenhouse effect // (*econ.*): *— di dimostrazione*, demonstration effect; *— di irreversibilità*, ratchet effect; *— di reddito*, income effect; *— di sostituzione*, substitution effect; *— di prezzo*, price effect **2** (*impressione*) impression, effect: *frase a —*, words meant for effect (*o* claptrap *o* pretentious words); *scena a —*, sensational scene; *fare —*, to make an impression (*o* to have an effect); *le scene violente di quel film mi hanno fatto un certo —*, the violent scenes in the film had quite an effect (*o* made quite an impression) on me; *questo fa bell'—*, this looks good (*o* makes a good impression); *fare un grande —*, to make (*o* to create) a sensation (*o* to make a big impression), (*far colpo*) to make a hit; *fare l'— di*, to give the impression of (*o* to seem *o* to appear) **3** (*attuazione, esecuzione*) action, effect: *mandare qlco. a —*, to bring sthg. to (*o* to carry sthg. into) effect; *mettere ad — un progetto*, to put a plan into action (*o* to carry out *o* to implement a plan); (*dir.*) *prendere —*, to take effect (*o* to go into force) **4** (*tecn.*) effect: *effetti acustici*, acoustic effects; *effetti di luce*, lighting effects; *— camino*, stack effect; *— frenante*, braking effect; *pompa a doppio —*, double-acting pump **5** (*moto rotatorio*) screw; spin: *dare l'— a una palla da biliardo*, to screw a billiard ball; *un tiro con, ad —*, a spin shot (*o* stroke); *dare l'— alla palla*, to spin (*o* to screw) the ball **6** (*cambiale*) bill of exchange, bill, note; (*pagherò*) promissory note; (*tratta*) draft, draught; (*strumento di credito*) paper, bill, note: *— a vista*, sight bill; *— a media, lunga scadenza*, medium-, long-term bill; *— bancario*, bank bill; *— cambiario*, bill of exchange; *— in bianco*, blank bill; *— non trasferibile*, non-negotiable bill; *— pagabile a più di tre mesi*, long-dated bill; *effetti all'incasso*, bills for collection; *effetti allo sconto*, bills for discount; *effetti al portatore*, bills to bearer; *effetti attivi*, bills (*o* notes) receivable; *effetti passivi*, bills (*o* notes) payable; *effetti insoluti*, unpaid bills; *effetti ipotecari*, mortgage bills; *effetti pagabili a Londra*, bills domiciled in London; *effetti sull'estero*, foreign bills **7** *effetti personali*, personal belongings.

effettore *agg.* e *s.m.* (*anat.*) effector: *organo —*, effector (organ).

effettuabile *agg.* feasible, practicable, realizable, workable: *è un piano difficilmente —*, it isn't a very feasible (*o* workable) plan.

effettuabilità *s.f.* feasibility, practicability, workability.

effettuale *agg.* (*letter.*) (*effettivo, reale*) effective, actual, real.

effettuare *v.tr.* to effect; to carry out; to carry into effect, to bring* into effect; to execute, to implement, to make*: *l'autobus effettua tutte le fermate*, the bus makes all the stops; *dobbiamo a questo punto — dei severi controlli*, we'll have to carry out some serious checks at this point; *— un sondaggio*, to take a poll; *— un versamento su un conto*, to make a bank deposit; *— un investimento*, to make an investment; *— una vendita, un pagamento*, to effect (*o* to make *o* to implement) a sale, a payment.

□ **effettuarsi** *v.intr.pron.* (*aver luogo*) to take* place; to happen: *domenica si effettuerà un'asta pubblica*, an auction will be held on Sunday (*o* there will be an auction on Sunday); *la gita non si è potuta effettuare per il maltempo*, the trip had to be cancelled because of the bad weather.

effettuazione *s.f.* accomplishment, fulfilment; execution, implementation: *l'— di un programma*, the implementation of a programme; (*comm.*) *— di un ordine*, execution of an order.

efficace *agg.* **1** effective, efficacious; effectual; telling: *un oratore —*, an effective speaker; *un rimedio —*, an efficacious (*o* effective) remedy (*o* cure); *fu un castigo —*, it was an effective punishment; *uno scrittore —*, an effective (*o* incisive *o* forceful) writer; *un'osservazione —*, a telling remark; *esempi efficaci*, good (*o* telling) examples; *questo farmaco è — contro la febbre*, this medicine is effective against fever // (*elettr.*) *valore —*, effective value // (*teol.*) *grazia —*, Efficacious Grace **2** (*dir.*) effective, operative; (*conveniente economicamente*) cost-effective: *un progetto —*, an operative scheme.

efficacemente *avv.* efficaciously, effectively, effectually; powerfully: *ha rappresentato molto — quel periodo storico*, he has given a very good (*o* effective) description of that historical period.

efficacia *s.f.* **1** efficaciousness; efficacy; effectiveness: *l'— di un rimedio*, the effectiveness (*o* efficacy) of a remedy; *scrivere con molta —*, to write with great incisiveness (*o* forcefulness); *l'— dei suoi buoni consigli è notoria*, he is well known for giving useful advice // *— economica*, cost effectiveness **2** (*dir.*) effect.

efficiente *agg.* **1** (*di persona*) efficient, competent: *è una segretaria —*, she is an efficient (*o* competent) secretary; *nonostante l'età è un uomo ancora molto —*, he's still very fit in spite of his age **2** (*di cosa*) (*funzionante*) efficient; in working order (*pred.*); (*funzionale*) streamlined; (*redditizio*) cost-effective: *un motore —*, an efficient motor; *i macchinari sono ancora molto efficienti*, the machinery is still in good working order; (*econ.*) *processo produttivo —*, streamlined production process **3** (*fil.*) *causa —*, efficient cause.

efficientismo *s.m.* display of efficiency; cult of efficiency: *c'è molto — in quell'azienda*, they are very efficiency-minded in that firm.

efficientista *s.m.* e *f.* a stickler for efficiency; an efficiency-minded person.

efficientistico *agg.* efficiency (*attr.*).

efficienza *s.f.* **1** efficiency; effectiveness: *l'— di un rimedio*, the effectiveness of a remedy (*o* cure); *motore di grande —*, high-efficiency engine; *lavoro compiuto con crescente —*, work performed with increasing efficiency; *il nostro impianto è in piena —*, our plant (*o* equipment) is in full working order; *devi rimettere in — quella macchina*, you must get that machine back into working order (*o* into operation); *dopo tanto movimento mi sento in perfetta —*, I feel really fit (*o* in peak condition) after all that exercise **2** (*fis.*) efficiency **3** (*econ.*) efficiency: *— allocativa*, allocative efficiency; *— economica*, cost-effectiveness; *— della manodopera*, worker effectiveness; *— produttiva*, productive efficiency.

effige → **effigie**.

effigiare *v.tr.* to portray, to depict; (*dipingere*) to paint; (*scolpire, modellare*) to sculpture, to represent in sculpture, to carve (with effigies): *nel quadro il pittore ha effigiato sé stesso*, the artist portrayed himself in this picture.

effigie *s.f.* **1** effigy; image; (*ritratto*) portrait: *la moneta porta l'— del re*, the coin bears the effigy of the king; *l'— della Madonna*, the image of the Madonna // *bruciare in —*, to burn in effigy **2** (*aspetto*) mien; features (*pl.*).

effimera → **efemera**.

effimero *agg.* **1** ephemeral, transitory, transient; short-lived; fleeting: *gioia effimera*, fleeting joy; *speranze effimere*, short-lived hopes; *ricchezze effimere*, ephimeral (*o* temporary) wealth **2** (*bot.*) transient // *pianta effimera*, ephemeral **3** (*med.*) *febbre effimera*, ephemeral fever ◆ *s.m.*: *la cultura dell'—*, ephemeral culture (*o* faddishness).

efflorescente *agg.* (*chim.*) efflorescent.

efflorescenza *s.f.* **1** efflorescence (*anche med.*); flowering, blooming **2** (*chim., geol.*) efflorescence.

effluente *agg.* effluent; outflowing, flowing out, flowing (from sthg.), issuing (from sthg.) ◆ *s.m.* effluent: *— industriale*, industrial effluent.

effluire *v.intr.* (*non com.*) to flow from, to flow out (of sthg.), to issue from, to pour from.

efflusso *s.m.* efflux; outflow; effusion.

effluvio *s.m.* **1** effluvium*; exhalation, emanation, scent, fragrance; smell: *un — sgradevole*, an unpleasant smell (*o* stench *o* stink); *l'— dei fiori*, the scent (*o* fragrance) of flowers **2** (*elettr.*) (*in un gas*) glow discharge.

effondere *v.tr.* **1** to pour forth; to effuse; to pour out; to shed*: *— lacrime*, to weep (*o* to shed tears) **2** (*fig.*) to give* vent to (sthg.): *— l'animo*, to open one's heart (*o* to bare one's soul *o* to pour out one's soul); *— il proprio dolore*, to give vent to one's grief.

□ **effondersi** *v.rifl.* o *intr.pron.* **1** (*spargersi*) to spread* (about) **2** (*profondersi*): *— in ringraziamenti*, to thank effusively.

effossorio *agg.* ditching, digging, excavating: *macchina effossoria*, ditcher, excavator.

effrazione *s.f.* **1** (*dir.*) housebreaking; (*se notturna*) burglary **2** (*fig. letter.*) anti -conformism; desire to shock, desire to break the rules; overturning of conventions: *il suo atteggiamento rivela il gusto dell'—*, his attitude shows his taste (*o* liking) for shocking people (*o* for going against conventions *o* for breaking the rules).

effusiometro *s.m.* (*fis.*) effusiometer.

effusione *s.f.* **1** effusion, gush; outpouring, flood, shedding: *— di lacrime*, shedding of tears (*o* flood of tears) **2** (*cordialità*) cordiality; warm-heartedness, warmth: *salutare qlcu. con —*, to greet s.o. warmly **3** *pl.* (*manifestazioni*) effusions, outpourings, gush (*sing.*): *effusioni poetiche*, poetical effusions, *effusioni amorose*, effusions of love; *perché tutte queste effusioni?*, why all these effusions? **4** (*fis.*, *chim.*, *geol.*) effusion **5** (*med.*) (*versamento*) effusion.

effusivo *agg.* **1** (*geol.*) effusive: *roccia effusiva*, effusive rock **2** (*fig.*) effusive, gushing.

effuso *agg.* **1** (*letter.*) (*versato*) shed, poured, spread; (*sciolto*) loose, flowing **2** (*bot.*) effuse.

effusore *agg.* (*non com.*) pouring, outpouring, gushing ◆ *s.m.* **1** (*non com.*) pourer **2** (*tecn.*) pourer, spreader.

efod *s.m.* (*eccl.*) ephod.

eforo *s.m.* (*st. greca.*) ephor.

egagro *s.m.* (*zool.*) (*Capra aegagrus*) aegagrus (*pl.* -ri).

egalitario e *deriv.* → **egualitario** e *deriv.*

egemone *agg.* (*letter.*) dominant, ruling, leading: *nazione —*, leading nation; *classe —*, ruling (*o* dominant) class ◆ *s.m.* (*letter.*) leader; chief.

egemonia *s.f.* hegemony, supremacy, domination; leadership: *l'— di Sparta*, Spartan hegemony; *— economica*, *commerciale*, economic, commercial supremacy.

egemonico *agg.* (*form.*) hegemonic; ruling, leading, predominant, dominant, supreme: *posizione egemonica*, leading position; *potere —*, supreme power.

egemonismo *s.m.* hegemonism, leadership.

egemonizzare *v.tr.* to monopolize, to control, to dominate: *— le fonti di informazione*, to monopolize information sources.

egemonizzazione *s.f.* monopolization, control, domination.

egeo *agg.* Aegean: *isole egee*, Aegean islands.

egida *s.f.* aegis, auspices (*pl.*), shield (*anche fig.*); (*protezione*) protection: *sotto l'— di qlcu.*, under s.o.'s protection; *la manifestazione si svolse sotto l'— del comune*, the show was held under the aegis of the town council.

egira *s.f.* (*st. islamica*) hegira, hejira.

egittologia *s.f.* Egyptology.

egittologo *s.m.* Egyptologist.

egiziaco *agg.* (*letter.*) Egyptian.

egiziana *s.f.* **1** Egyptian **2** (*tip.*) egyptian.

egiziano *agg.* e *s.m.* Egyptian.

egizio *agg.* e *s.m.* (*st.*) ancient Egyptian: *le piramidi egizie*, the pyramids of ancient Egypt.

eglantina *s.f.* (*bot.*) (*Rosa eglanteria*) eglantine.

eglefino *s.m.* (*zool.*) (*Melanogrammus aeglefinus*) haddock.

egli *pron.pers.m.* *3ª pers.sing.sogg.* (*in it. è spesso sottinteso, ma in ingl. deve essere sempre espresso; cfr.* lui) he: *appena* (*egli*) *uscì, tutti scoppiarono a ridere*, as soon as he left, everyone burst out laughing // *— stesso*, he... himself (*o* he himself): *— stesso ha insistito perché partecipassi alla riunione*, he himself insisted I should take part in the meeting; *ha parlato — stesso col direttore*, he spoke to the director himself.

egloga *s.f.* **1** (*poesia*) eclogue **2** (*mus.*) composition in pastoral style, pastorale.

ego *s.m.* (*psic.*) ego // *alter —*, alter ego.

egocentricità *s.f.* egocentricity, egoism, self-centredness.

egocentrico *agg.* egocentric, self-centred; self-absorbed; wrapped up in oneself (*pred.*): *il suo atteggiamento è spesso —*, his attitude is often egocentric ◆ *s.m.* egocentric man, self -centred man: *sei il solito —!*, as usual you only think of yourself!

egocentrismo *s.m.* egocentricity, egocentrism, self-centredness.

egoismo *s.m.* selfishness, egoism: *persona chiusa nel proprio —*, person wrapped up in his own egoism (*o* selfishness).

egoista *s.m.* e *f.* egoist, selfish person: *sei un grande —*, you are thoroughly selfish ◆ *agg.* egoistic, selfish: *il suo comportamento — mi allontanò da lui*, his selfish behaviour put me off him.

egoisticamente *avv.* selfishly, egoistically: *— parlando...*, speaking from a purely selfish point of view...

egoistico *agg.* egoistic, selfish, self-centred, self-seeking: *pretese egoistiche*, selfish claims; *sentimenti egoistici*, egoistic sentiments.

egolalia *s.f.* continual talking about oneself.

egolatria *s.f.* self-worship.

egotismo *s.m.* egotism.

egotista *s.m.* e *f.* egotist, self-conceited person.

egotista, **egotistico** *agg.* egotistic, self -conceited, smug.

egregiamente *avv.* eminently; excellently, superbly: *abbiamo mangiato —*, we had a magnificent meal; *vi siete comportati tutti —*, you all behaved extremely well.

egregio *agg.* eminent, distinguished; excellent: *scrittore —*, distinguished writer; *uno spettacolo —*, an excellent show // *Egregia Signora*, Dear Madam; *Egregio Signore*, Dear Sir; (*negli indirizzi*) *Egregio Signor John Smith*, Mr John Smith (*o* John Smith Esq.).

egressivo *agg.* (*ling.*) egressive.

egretta *s.f.* **1** (*zool.*) (*Casmerodius albus*) egret **2** (*su copricapo militare*) plume.

eguale e *deriv.* → **uguale** e *deriv.*

egualitario *agg.* e *s.m.* (*pol.*) egalitarian, equalitarian.

egualitarismo *s.m.* (*pol.*, *econ.*) egalitarianism.

egumeno *s.m.* (*relig.*) hegumen.

eh *inter.* hey!; (*meraviglia*) phew!

ehi, **ehilà** *inter.* (*per chiamare qlcu.*) hey!; hey, you!; (*per esprimere stupore o disappunto*) oi!: *—, che fior di macchina!*, (oi!) what a super car!; *—, dico!*, I say!; *—, parlo con te!*, hey, I'm speaking to you! (*o* it's you I'm speaking to!).

ehm *inter.* hem!, hum, h'm, ahem: *—, scusate!*, ahem, excuse me!

ei *pron.* (*ant.*, *letter.*) → **egli**.

eia *inter.* hurrah! hurray, hooray.

eiaculare *v.tr.* e *intr.* to ejaculate.

eiaculatore, **eiaculatorio** *agg.* (*anat.*) ejaculatory: *dotto —*, ejaculatory duct.

eiaculazione *s.f.* ejaculation.

eidetico *agg.* (*fil.*) eidetic // (*psic.*) *immaginazione eidetica*, eidetic imagery.

eidomatica *s.f.* (*inform.*) eidomatics [U].

eiettabile *agg.* ejector (*attr.*), ejection (*attr.*), ejectable: *sedile —*, ejector seat.

eiettivo → **egressivo**.

eiettore *s.m.* (*mecc.*) ejector.

eiezione *s.f.* (*scient.*) ejection.

einsteiniano *agg.* Einsteinian.

einsteinio *s.m.* (*chim.*) einsteinium.

elaborare *v.tr.* **1** to elaborate, to work out, to draw* up, to devise: *— un piano*, to work out (*o* to devise) a plan **2** (*inform.*) to process, to calculate: *— i risultati di un'inchiesta*, to process the results of an inquiry; *il computer elabora i dati*, the computer processes data **3** (*digerire*) to elaborate **4** (*biol.*) (*produrre*) to elaborate.

elaboratamente *avv.* elaborately.

elaboratezza *s.f.* (*non com.*) elaborateness: *l'eccessiva — di uno stile*, an over-elaborate style.

elaborato *agg.* elaborate: *piatto —*, elaborate dish; *vestito —*, elaborate dress ◆ *s.m.* **1** (*frutto di elaborazione*) result **2** (*componimento scolastico*) examination paper **3** (*tabulato*) printout **4** (*biol.*) elaborate, secretion.

elaboratore *agg.* calculating, processing, elaborating: *macchina elaboratrice*, computer (*o* calculator) ◆ *s.m.* **1** (*chi elabora*) processer, computer operator, computer operative **2** (*computer*) computer; (IBM) processing unit; processor: *— che gestisce la rete*, network control processor (*o* communications processor); *— elettronico*, *analogico*, electronic, analogue computer; *— domestico*, home computer; *— centrale*, server (*o* CPU *o* computer *o* host); *— da ufficio*, desktop computer; *— digitale*, digital computer; *— asincrono*, asynchronous computer; *— di riserva*, backup computer; *— nodale*, nodal processor; *— per la gestione*, commercial computer; *— per uso personale*, personal (*o* home) computer (*o* PC); *— pilota*, control computer (*o* processor); — *poliglotta*, translation machine; — *portatile*, lap-top computer; — *universale, sequenziale, asservito, sincrono, seriale, specializzato*, multipurpose, sequential, slave, synchronous, serial, dedicated computer; — *usato per l'insegnamento*, instructional computer.

elaborazione *s.f.* **1** elaboration (*anche fig.*); (*di piano*) drawing up, working out, formulation; (*di prodotto*) manufacture: *misure in corso di* —, measures now being drawn up (*o* under preparation) **2** (*inform.*) process, processing: — *di dati, informazioni*, data processing; — *a bassa, alta priorità*, background, foreground processing; — *a blocchi*, batch processing; — *a distanza*, remote computing (*o* teleprocessing); — *automatica dei testi*, text processing; — *immediata*, demand processing; — *in linea, collegata con l'elaboratore*, online processing; — *sequenziale*, batch processing; — *vettoriale*, vector processing **3** (*psic.*) elaboration.

elabro → **elleboro**.

elafe *s.m.* (*zool.*) elaphe.

elaidico → **elaidinico**.

elaidina *s.f.* (*chim.*) elaidin.

elaidinico *agg.* (*chim.*) elaidic: *acido* —, elaidic acid.

elaidinizzazione *s.f.* (*chim.*) elaidinization.

elaiotecnica *s.f.* olive oil production.

elamico *agg.* Elamitic.

elamita *s.m.* e *f.* Elamite.

elamitico *agg.* e *s.m.* Elamitic.

elargire *v.tr.* to lavish; to make* a donation of (sthg.); to give* generously; to bestow freely: — *denaro*, to lavish (*o* to donate) money; — *sorrisi*, to lavish smiles.

elargitore *s.m.* (*letter.*) bestower of largesse, benefactor; patron.

elargizione *s.f.* **1** donation; generous gift **2** (*econ.*) (*assegnazione gratuita*) grant.

elastanza *s.f.* (*fis.*) elastance.

elasticamente *avv.* elastically, flexibly.

elasticità *s.f.* **1** elasticity, resilience; flexibility; (*di molle*) springiness: (*scienza delle costruzioni*) — *di torsione*, torsional elasticity **2** (*econ.*) elasticity: — *della domanda*, elasticity of demand; — *dell'offerta*, elasticity of supply; — *della produzione*, elasticity of production; — *incrociata*, cross elasticity; — *unitaria*, unit elasticity; (*fin.*) — *dei tassi di cambio*, elasticity of exchange rates **3** (*agilità*) agility, nimbleness, flexibility, suppleness: *perdere, conservare l'*—, to loose, to retain suppleness of movement; — *di mente*, quickness (*o* flexibility *o* agility) of mind.

elasticizzare *v.tr.* to elasticise, to make* elastic: — *un tessuto*, to elasticise a fabric.

elasticizzato *agg.* elasticised: *tessuto* —, elasticised (*o* stretch-) fabric.

elastico *agg.* elastic, resilient; flexible; (*di molle*) springy: *tessuto* —, elastic material, (*biol.*) elastic tissue // (*econ.*): *moneta elastica*, elastic currency; *domanda, offerta elastica*, elastic demand, supply // *orario* —, flexitime, flexible (working) hours // *calze elastiche*, surgical stockings // *coscienza elastica*, lax conscience // *camminare con passo* —, to walk with a springy step ◆ *s.m.* **1** rubber band, elastic band; (*tessuto elastico*) elastic (fabric): *le lettere erano legate da un* —, the letters were held together by (*o* with) a rubber (*o* elastic) band; *l'— del calzino si è rotto*, the elastic of the sock is broken **2** (*rete elastica*) springs (*pl.*) (of a bed frame): *l'— del letto era troppo teso*, the springs (of the bed frame) were too tight.

elastina *s.f.* (*biochim.*) elastin.

elastomerico *agg.* (*chim.*) elastomeric.

elastomero *s.m.* (*chim.*) elastomer.

elatere → **elaterio**.

elateride *s.m.* (*zool.*) click beetle, skipjack.

elaterina *s.f.* (*chim.*) elaterin.

elaterio *s.m.* (*zool., bot.*) elater.

elaterite *s.f.* (*min.*) elaterite.

elativo *agg.* (*ling.*) elative.

elce *s.m.* (*bot.*) (*Quercus ilex*) ilex*, holm-oak.

elceto *s.m.* (*non com.*) wood of holm-oaks, grove of holm-oaks.

eldorado *s.m.* El Dorado.

eleagno *s.m.* (*bot.*) (*Elaeagnus angustifolia*) wild olive, (*scient.*) oleaster.

eleate *s.m.* → **eleatico**.

eleatico *agg.* e *s.m.* (*st. fil.*) Eleatic.

eleatismo *s.m.* (*st. fil.*) Eleaticism.

elefante *s.m.* **1** elephant: — *maschio, femmina*, bull elephant, cow elephant; *piccolo di* —, calf elephant // *far d'una mosca un* —, to make a mountain out of a molehill // *memoria da* —, memory of an elephant **2** — *marino*, (*Mirounga leonina*) elephant seal (*o* sea elephant).

elefantesco *agg.* **1** elephantine **2** (*goffo*) elephantine; ungainly **3** (*mastodontico*) ponderous.

elefantiaco *agg.* **1** (*med.*) elephantiac **2** (*fig.*) bloated, oversized, unwieldy, elephantine: *burocrazia elefantiaca*, unwieldy bureaucracy.

elefantiasi *s.f.* **1** (*med.*) elephantiasis **2** (*fig.*) elephantiasis, unwieldiness.

elefantino *agg.* (*rar.*) elephantine.

elegante *agg.* **1** (*di persona*) elegant, smart, well-dressed; (*di abito*) elegant, smart; (*alla moda*) fashionable; (*fine*) stylish; (*aggraziato*) graceful; (*raffinato*) polished, refined; (*di buon gusto*) tasteful; (*affettato*) (*fam.*) swank, swanky: *un abito — ma non ricercato*, an elegant but simple dress; *una figura* —, a graceful figure; *una donna sempre — nel vestire*, a woman who always dresses elegantly **2** (*disinvolto*) neat; smart: *una soluzione* —, a neat solution; *un sotterfugio* —, a neat (*o* smart) trick; *bisogna trovare un modo — per rifiutare*, we need to find some way of refusing gracefully.

elegantemente *avv.* elegantly, smartly.

elegantone *s.m.* dandy, overdressed person.

eleganza *s.f.* **1** (*di persona, abito*) elegance, smartness, stylishness; (*raffinatezza*) polish, refinement // *rifiutò con — l'invito*, he gracefully declined the invitation **2** *pl.* (*ling.*) elegant turns of speech.

eleggere *v.tr.* **1** to elect; (*scegliere*) to choose*; (*nominare*) to nominate, to appoint; *egli fu eletto all'Accademia*, he was elected to the Academy; *lo elessero Presidente*, they elected him President (*o* to the Presidency *o* they voted him into the chair); *sarà certamente eletto*, he's sure to be elected; — *un deputato*, to return (*o* to elect) a Member of Parliament **2** (*dir.*) — *il proprio domicilio*, to elect domicile **3** (*letter.*) to prefer.

eleggibile *agg.* eligible.

eleggibilità *s.f.* eligibility.

elegia *s.f.* (*poesia*) elegy.

elegiaco *agg.* (*poesia*) elegiac: *poeta* —, elegiac poet (*o* elegist).

elegiografo *s.m.* elegist.

elementare *agg.* **1** elementary: *algebra* —, elementary algebra; *conoscenza* —, elementary knowledge; *scuola* —, primary (*o* elementary) school // (*fis.*) *particella* —, elementary particle **2** (*estens.*) (*facile*) elementary: *'Elementare, Watson!'*, 'Elementary, my dear Watson' **3** (*basilare*) basic, fundamental: *bisogno* —, basic (*o* bare) necessity.

elementarità *s.f.* **1** (*facilità*) elementariness: *l'— di un procedimento*, the elementariness of a procedure **2** (*basilarità*) fundamentality; fundamental nature: *l'— di alcune norme di comportamento*, the fundamental nature of certain rules of behaviour.

elementarizzare *v.tr.* to simplify: — *alcuni concetti*, to simplify certain concepts.

elemento *s.m.* **1** element (*anche chim.*): *l'acqua è l'— del pesce*, water is the fish's element; *la furia degli elementi*, the fury of the elements; *i quattro elementi*, the four elements; *gli elementi atmosferici*, the elements; (*chim.*) *tavola periodica degli elementi*, periodic table of the elements; — *radioattivo*, radioelement // *essere, non essere nel proprio* —, (*fig.*) to be in, out of one's element **2** (*componente*) component, constituent; (*fattore*) factor; (*ingrediente*) ingredient; (*di un rapporto, di una prova*) item; (*mecc.*) element, part, component: *il fascino è un — di successo*, charm is an ingredient of success; *non ho elementi sufficienti per giudicarti*, I haven't got enough to judge you by; *le dimissioni del ministro sono un — di instabilità per il governo*, the minister's resignation has destabilised the government // (*inform.*): — *di gruppo*, group item; — *di un codice*, code value; — *di stampa*, print head; — *portacaratteri*, print member; *elementi di un archivio*, records // (*dir.*): *elementi costitutivi del reato*, ingredients of crime (*o* elements of crime); — *determinante del contratto*, material fact // (*elettr.*): *un radiatore a sei elementi*, a six-element radiator; — *di batteria*, battery cell **3** *pl.* (*rudimenti, principi*) rudiments, first principles: *elementi di storia*, rudiments of history **4** (*persona*) person; member: *gli elementi di un partito*, the members of a party; *in questo ufficio vi sono ottimi elementi*, in this office there are some excellent workers; *il signor X è un buon* —, Mr So and So is a reliable person (*o* a capable man) // *che —!*, what a character!

elemi *s.m.* (*chim.*) elemi.

elemosina *s.f.* alms (*pl.*); charity: *cassetta per l'*—, alms-box; *chiedere l'*—, to beg; *fare l'*—, to give alms (*o* to give a beggar sthg.); *vivere d'*—, to live on charity; *raccogliere le elemosine in chiesa*, to take the collection in church; *non voglio la tua* —, (*fig.*) I don't want your charity.

elemosinare *v.tr.* **1** to beg for (sthg.): — *il pane*, to beg one's bread **2** (*fig.*) to beg for (sthg.), to entreat: — *l'affetto di qlcu.*, to beg for s.o.'s affection ◆ *v.intr.* to beg, to collect (alms): *vive elemosinando*, he lives by begging.

elemosinario → **elemosiniere**.

elemosiniere *s.m.* almoner.

elencare *v.tr.* **1** to list; to catalogue; (*amer.*) to catalog; to make* a list of (sthg.), to draw* up a list of (sthg.): *bisogna — i nomi degli allievi*, it is necessary to make a list of the names of the pupils **2** (*enumerare*) to enumerate; to itemize: *— i difetti di qlcu.*, to list s.o.'s faults.

elencazione *s.f.* enumeration, itemizing; list.

elenco *s.m.* **1** list, roll; (*catalogo*) catalogue; (*amer.*) catalog; (*prospetto*) schedule; (*inventario*) inventory: (*tel.*) *— abbonati*, subscribers' list; *— del telefono*, telephone directory (*o* telephone book); *fare un —*, to draw up a list; (*dir.*) *— dei giurati*, list of jurors; (*Borsa*) *— degli azionisti*, register of shareholders, (*amer.*) stock book **2** (*fil.*) elenchus*.

elenio *s.m.* (*bot.*) → **enula**.

eleolite *s.f.* (*min.*) eleolite, nepheline.

elettamente *avv.* nobly, loftily.

elettivamente *avv.* electively.

elettivo *agg.* **1** (*che è scelto*) elective, chosen, selected: *domicilio —*, domicile of choice (*o* address for service) // *affinità elettive*, elective affinities **2** (*mediante elezione*) elective: *carica elettiva*, elective office (*o* elective post) **3** (*adatto*) suitable, appropriate: *rimedio —*, suitable cure.

eletto *agg.* **1** (*scelto, preferito*) elect; chosen: *il popolo —*, the chosen people **2** (*nobile*) select; noble: *un animo —*, a noble heart; *parole elette*, noble words; *un pubblico —*, a select audience ◆ *s.m.* **1** elected person, elected candidate: *nuovo —*, newly elected member **2** (*spec. pl.*) (*relig.*) the chosen (few), the elect: *...perché molti sono chiamati e pochi gli eletti*, ...for many are called, but few are chosen.

elettorale *agg.* electoral: *collegio —*, constituency (*o* electoral college); *circoscrizione —*, constituency; *diritto —*, (electoral) franchise; *lista —*, electoral roll (*o* register); *propaganda —*, electioneering; *scheda —*, ballot paper; *urna —*, ballot box; *campagna —*, election campaign; *broglio —*, electoral fraud.

elettoralismo *s.m.* (*pol.*) the making of one's political choices on the basis of their vote-winning potential.

elettoralistico *agg.* (*pol.*) politically opportunistic.

elettorato *s.m.* **1** (*insieme degli elettori*) electorate; (*collegio elettorale*) constituency: *chiamare l'— alle urne*, to call an election **2** (*diritto al voto*) franchise; (*diritto a presentarsi come candidato*) eligibility (for election) **3** *Elettorato*, (*st. germanica*) Electorate.

elettore *s.m.* elector, voter; (*di un singolo collegio elettorale*) constituent: *rivolgersi ai propri elettori*, to appeal to one's voters (*o* one's constituents) // *Elettore*, (*st. germanica*) Elector.

elettrauto *s.m.* **1** (*persona*) car electrician **2** (*officina*) electrical repair shop for cars.

elettrete *s.m.* (*fis.*) electret.

elettricamente *avv.* electrically: *macchina che funziona —*, a car that works by electricity; *un corpo — neutro*, an electrically neutral body.

elettrice *s.f.* woman elector, voter; (*di un singolo collegio elettorale*) constituent // *Elettrice*, (*st. germanica*) Electress.

elettricista *s.m.* electrician.

elettricità *s.f.* **1** electricity: *— di contatto*, contact electricity; *— di strofinio*, frictional electricity (*o* static electricity); *— magnetica*, magnetic electricity; *— negativa*, electronegativity; *portare l'— in una zona*, to bring electricity to an area **2** (*fig.*) electricity, tension: *un ambiente saturo di —*, a room full of nervous tension.

elettrico *agg.* **1** electric; electrical: *assorbimento —*, electrical absorption; *atmosfera elettrica*, electric atmosphere; *centrale elettrica*, power station; *circuito —*, electric circuit; *energia elettrica*, electric energy; *filo —*, electric wire; *impianto —*, electrical equipment; *luce elettrica*, electric light; *motore —*, electromotor; (*generatore di elettricità*) generator; *scossa elettrica*, electric shock; *blu —*, electric (*o* steely) blue **2** (*fig.*) electric, tense, nervous: *un'atmosfera elettrica*, an electric atmosphere ◆ *s.m.* (*chi lavora nell'industria elettrica*) electrician.

elettrificabile *agg.* electrifiable.

elettrificare *v.tr.* to electrify: *— una linea ferroviaria*, to electrify a railway line.

elettrificazione *s.f.* electrification.

elettrizzabile *agg.* electrifiable; that may be electrified (*pred.*).

elettrizzante *agg.* electrifying, thrilling, exciting: *un finale di gara —*, a thrilling finish to a race.

elettrizzare *v.tr.* **1** to electrify, to electrize: *— un corpo*, to charge a body with electricity **2** (*fig.*) to electrify, to thrill, to excite: *la notizia mi elettrizzò*, the news thrilled me; *quella musica elettrizzò il pubblico*, the music electrified the audience; *erano elettrizzati dal suo discorso*, they were electrified (*o* thrilled) by his speech.

□ **elettrizzarsi** *v.intr.pron.* **1** to become* electrified, to be charged with electricity: *i capelli strofinati si elettrizzano*, brushed hair becomes charged with electricity **2** (*fig.*) (*eccitarsi*) to be electrified, to be thrilled.

elettrizzato *agg.* **1** electrified, electrized, charged with electricity: *corpo —*, body charged with electricity **2** (*fig.*) electrified, thrilled, excited: *sentirsi —*, to feel thrilled.

elettrizzatore *s.m.* (*non com.*) electrifier.

elettrizzazione *s.f.* **1** electrification, electrization **2** (*fig.*) tension.

elettro *s.m.* **1** (yellow) amber **2** (*antica lega di oro e argento*) electrum.

elettro- *pref.* di origine greca che significa 'elettrico, fatto per mezzo della corrente elettrica'; ingl. electro-: *elettromagnetismo*, electromagnetism; *elettrocardiogramma*, electrocardiogram.

elettroacustica *s.f.* (*fis.*) electroacoustics Ⓤ.

elettroacustico *agg.* (*fis.*) acoustoelectronic: *dispositivi elettroacustici*, acoustoelectronic devices.

elettrobisturi *s.m.* (*med.*) bovie®.

elettrocalamita *s.f.* (*elettr.*) electromagnet.

elettrocapillarità *s.f.* (*fis.*) electrocapillarity.

elettrocardiografia *s.f.* (*med.*) electrocardiography.

elettrocardiografo *s.m.* (*med.*) electrocardiograph.

elettrocardiogramma *s.m.* (*med.*) electrocardiogram (*abbr.* ECG).

elettrocatalisi *s.f.* (*chim.*) electrocatalysis.

elettrochimica *s.f.* electrochemistry.

elettrochimico *agg.* (*fis., chim.*) electrochemical: *equivalente —*, electrochemical equivalent.

elettrochoc → **elettroshock**.

elettrocinetica *s.f.* electrokinetics Ⓤ.

elettrocoagulazione *s.f.* (*med.*) electrocoagulation.

elettrocontabile *agg.* electric calculating.

elettrocuzione *s.f.* electrocution.

elettrodeposizione *s.f.* electrodeposition.

elettrodialisi *s.f.* (*chim., fis.*) electrodialysis.

elettrodico *agg.* electrode: *potenziale —*, electrode potential.

elettrodinamica *s.f.* electrodynamics Ⓤ.

elettrodinamico *agg.* electrodynamic.

elettrodinamometro *s.m.* electrodynamometer.

elettrodo *s.m.* (*elettr.*) electrode: *— a D*, dee (of cyclotron); *— di massa*, earth electrode; *— indifferente*, passive electrode; *— infusibile*, non-consumable electrode.

elettrodomestico *s.m.* household (electrical) appliance.

elettrodotto *s.m.* (*elettr.*) long-distance (power) line.

elettroencefalografia *s.f.* (*med.*) electroencephalography.

elettroencefalografo *s.m.* (*med.*) electroencephalograph.

elettroencefalogramma *s.m.* (*med.*) electroencephalogram (*abbr.* EEG).

elettroerosione *s.f.* spark erosion.

elettroesecuzione *s.f.* (*dir.*) electrocution.

elettrofilo *agg.* (*chim.*) electrophilic: *reagente —*, electrophilic reagent.

elettrofisica *s.f.* (*fis.*) electrophysics Ⓤ.

elettrofisiologia *s.f.* electrophysiology.

elettrofono *s.m.* electrophone.

elettroforesi *s.f.* electrophoresis.

elettroforo *s.m.* (*fis.*) electrophorus*.

elettrofrenico *agg.* (*med.*) electrophrenic.

elettrogeno *agg.* generating electricity: *gruppo —*, generator.

elettrolisi *s.f.* (*chim.*) electrolysis.

elettrolita *s.m.* (*fis., chim.*) electrolyte.

elettrolitico *agg.* (*chim.*) electrolytic: *cella elettrolitica*, electrolytic cell; *conduzione, dissociazione elettrolitica*, electrolytic conduction, dissociation; *pulitura elettrolitica*, etch cleaning.

elettrolito → **elettrolita**.

elettrolizzare *v.tr.* (*elettr., chim.*) to electrolyse.

elettrolizzatore *s.m.* (*chim.*) electrolyser.

elettrologia *s.f.* electrology.

elettrologico *agg.* electrologic.

elettrologo *s.m.* electrologist.

elettroluminescenza *s.f.* (*fis.*) electroluminescence.

elettromagnete *s.m.* (*elettr.*) electromagnet, magnet: — *di campo*, field magnet; — *di sollevamento*, lifting magnet.

elettromagnetico *agg.* (*elettr.*) electromagnetic.

elettromagnetismo *s.m.* (*fis.*) electromagnetism.

elettromassaggio *s.m.* (*med.*) electromassage.

elettromeccanica *s.f.* electromechanics [U].

elettromeccanico *agg.* electromechanical.

elettrometallurgia *s.f.* electrometallurgy.

elettrometria *s.f.* (*fis.*) electrical measurements (*pl.*).

elettrometro *s.m.* (*elettr.*) electrometer: — *a bilancia*, balance electrometer.

elettromiografia *s.f.* (*med.*) electromyography.

elettromotore *s.m.* electromotor.

elettromotrice *s.f.* (*ferr.*) electric locomotive.

elettronarcosi *s.f.* (*med.*) electronarcosis.

elettrone *s.m.* (*fis.*) electron: *cattura di elettroni*, electron capture; *fascio di elettroni*, electron beam; *diffrazione di elettroni*, electron diffraction.

elettronegatività *s.f.* (*elettr.*) electronegativity.

elettronegativo *agg.* (*elettr.*) electronegative.

elettroneutralità *s.f.* (*chim.*) electroneutrality.

elettronica *s.f.* electronics [U].

elettronico *agg.* electronic, electron (*attr.*): *apparecchio* —, electronic apparatus; *cervello* —, electronic brain; *flusso* —, electron flow; *tubo* —, electron(ic) tube.

elettronvolt *s.m.* (*fis.*) electron-volt.

elettroosmosi *s.f.* (*chim.*, *fis.*) electro -osmosis.

elettroottica *s.f.* electro-optics [U].

elettropompa *s.f.* electropump, motor pump.

elettropositività *s.f.* (*elettr.*, *chim.*) electropositivity.

elettropositivo *agg.* (*elettr.*, *chim.*) electropositive.

elettroraffinazione *s.f.* (*chim.*) electrorefining.

elettroscopio *s.m.* (*elettr.*) electroscope.

elettroshock *s.m.* (*med.*) electroshock.

elettroshockterapia *s.f.* (*med.*) electroshock therapy.

elettrosincrotrone *s.m.* (*fis. nucleare*) electrosynchrotron.

elettrosintesi *s.f.* (*chim.*) electrosynthesis.

elettrosmosi → **elettroosmosi**.

elettrostatica *s.f.* electrostatics [U].

elettrostatico *agg.* electrostatic.

elettrostrizione *s.f.* (*fis.*) electrostriction.

elettrotecnica *s.f.* electrotechnics [U].

elettrotecnico *agg.* electrotechnic(al): *ingegnere* —, electrotechnical engineer ◆ *s.m.* electrotechnician.

elettroterapeuta *s.m.* e *f.* (*med.*) electrotherapist.

elettroterapeutico *agg.* (*med.*) electrotherapeutic.

elettroterapia *s.f.* (*med.*) electrotherapeutics [U], electrotherapy.

elettroterapico → **elettroterapeutico**.

elettrotermia *s.f.* (*elettr.*) electrothermancy.

elettrotermico *agg.* (*elettr.*) electrothermal.

elettrotrazione *s.f.* (*ferr.*) electric traction.

elettrotreno *s.m.* electric train.

elettrotropismo *s.m.* (*biol.*) electrotropism.

elettrovalenza *s.f.* (*chim.*) electrovalence.

elettrovalvola *s.f.* (*tecn.*) electric valve.

elettuario *s.m.* (*med.*) electuary.

eleusino *agg.* Eleusinian: *misteri eleusini*, Eleusinian Mysteries.

elevabile *agg.* raisable.

elevamento *s.m.* → **elevazione**.

elevare *v.tr.* **1** to raise; to lift (up), to elevate: — *i prezzi*, to raise (*o* to increase) prices; — *la voce*, to raise one's voice; — *a maggior dignità*, to raise to a higher dignity; — *al trono*, to raise to the throne; — *gli occhi*, to raise (*o* to lift up) one's eyes; — *l'Ostia*, to elevate the Host **2** (*erigere*) to erect: — *un edificio*, *un monumento*, to erect a building, a monument **3** (*mat.*) to raise: — *all'ennesima potenza*, to raise to the nth power; — *un numero al quadrato*, *al cubo*, to square, to cube a number **4** — *una contravvenzione*, to impose a fine (on s.o.); (*fam.*) to fine (s.o.); to give (s.o.) a ticket. □ **elevarsi** *v.intr.pron.* to rise*; to tower, to overlook: *il nuovo grattacielo si eleva sugli edifici circostanti*, the new skyscraper towers over the surrounding buildings; *la vetta si eleva al di sopra delle nubi*, the summit rises above the clouds ◆ *v.rifl.* **1** to raise oneself: *il suo desiderio di* — *al di sopra della gente comune è lodevole*, his desire to raise himself above ordinary people is laudable **2** (*di uccelli*) (*in volo verticale*) to rocket.

elevatezza *s.f.* loftiness; tallness; (*dignità*) dignity, nobility, grandeur: — *di sentimenti*, *di stile*, *di pensiero*, loftiness of feelings, of style, of thought.

elevato *agg.* **1** elevated; raised; (*alto*) high: *prezzo* —, high price (*o* high figure) **2** (*fig.*) elevated, lofty, noble, sublime: *mente elevata*, noble mind.

elevatore *s.m.* **1** (*anat.*) elevator **2** (*mecc.*) elevator: — *a nastro*, belt elevator **3** (*mar.*) ammunition hoist.

elevazione *s.f.* **1** elevation; lifting, raising: *l'— di Re Carlo al trono*, the raising of King Charles to the throne // (*eccl.*) *l'Elevazione dell'Ostia*, the Elevation of the Host **2** (*rialzo di terreno*) rise, height, elevation: *una — limitava la vista*, a rise in the ground restricted the view **3** (*astr.*) altitude **4** (*mat.*) raising: — *alla decima potenza*, raising to the tenth power **5** (*mil.*) elevation **6** (*fig.*) (*nobiltà*) elevation, loftiness, nobility, grandeur **7** (*sport*) elevation.

elevone *s.m.* (*aer.*) elevon.

elezione *s.f.* **1** election: *elezioni generali*, general election; *elezioni amministrative*, local (government) elections; *indire le elezioni anticipate*, to hold an early election **2** (*scelta*) choice, selection: *patria di* —, adopted country **3** (*nomina*) appointment: *dopo la sua — a presidente*, after his election to the presidency.

elfo *s.m.* (*mit.*) elf*.

eliambulanza *s.f.* helicopter ambulance.

eliantemo *s.m.* (*bot.*) (*Helianthemum vulgare*) rock rose, frost-weed.

elianto *s.m.* (*bot.*) helianthus.

eliapprodo *s.m.* (emergency) helipad.

elibus *s.m.* helicopter bus.

elica *s.f.* **1** (*mat.*, *fis.*) helix*: — *circolare*, circular helix **2** (*mar.*) propeller, screw: — *a passo variabile e reversibile*, feathering screw; *pozzo dell'*—, propeller aperture; *piroscafo a una sola* —, *a due eliche*, single-screw, twin-screw steamer **3** (*aer.*) propeller, airscrew; (*di elicottero*) rotor: — *demoltiplicata*, geared propeller; — *portante*, lifting propeller; — *spingente*, pusher propeller; — *traente*, tractor propeller.

elice *s.m.* (*anat.*, *zool.*) helix*.

elicicoltura *s.f.* breeding of edible snails.

elicogiro *s.m.* (*aer.*) helicogyre.

elicoidale *agg.* **1** helicoidal **2** (*mecc.*) helical // (*miner.*) *trivella* —, auger.

elicoide *s.m.* (*mat.*) helicoid.

elicotterista *s.m.* helicopter pilot.

elicottero *s.m.* helicopter; hoverplane; (*fam.*) chopper: — *a due rotori*, twin-rotor helicopter; — *a turbina*, turbocopter; *l'— si alzò e poi si posò di nuovo sul tetto*, the helicopter took off and then landed on the roof again.

elidere *v.tr.* **1** (*annullare*) to annul, to remove, to suppress **2** (*gramm.*) to elide. □ **elidersi** *v.rifl.rec.* to annul each other.

eligibile *agg.* eligible.

eliminabile *agg.* eliminable.

eliminare *v.tr.* **1** to eliminate; to remove; (*liberarsi da*) to do* away with (s.o., sthg.), to get* rid of (s.o., sthg.): — *un ostacolo*, to remove an obstacle; — *le barriere doganali*, to eliminate customs barriers; *eliminarono questa possibilità*, they eliminated this possibility; — *un dubbio*, *un sospetto*, to remove a doubt, a suspicion; — *un'ipotesi*, to eliminate (*o* to exclude) a hypothesis **2** (*espellere*) to eliminate, to expel **3** (*sport*) to eliminate; (*boxe*) to knock out **4** (*uccidere*) to eliminate, to get* rid of.

eliminatoria *s.f.* (*sport*) preliminary heat.

eliminatorio *agg.* preliminary, eliminating, elimination (*attr.*).

eliminazione *s.f.* elimination; (*esclusione*) exclusion; (*espulsione*) expulsion; (*rimozione*) removal // *per* —, by process of elimination // *campo di* —, extermination camp // (*sport*) *gara a* — (*diretta*), knockout competition.

elio *s.m.* (*chim.*) helium.

eliocentrico *agg.* (*astr.*) heliocentric.

eliocentrismo *s.m.* heliocentrism.

eliofillite *s.f.* (*min.*) heliophyllite.

eliofilo *agg.* (*bot.*, *ecol.*) heliophilous.

eliofita *agg.* (*bot.*, *ecol.*) heliophyte.

eliofobia *s.f.* (*bot.*, *psic.*) heliophobia.

eliofobo *agg.* (*bot.*, *psic.*) heliophobe.

eliografia *s.f.* heliography.

eliografico *agg.* **1** (*astr.*) heliographic **2** (*tip.*) heliographic: *procedimento* —, heliographic process.

eliografista *s.m.* e *f.* (*tip.*) heliographer.

eliografo *s.m.* **1** heliograph **2** (*meteor.*) heliograph, sunshine recorder.

eliometro *s.m.* (*astr.*) heliometer.

elione *s.m.* (*fis.*) alpha particle.

elioscopio *s.m.* (*astr.*) helioscope.

eliosfera *s.f.* (*geofisica*) heliosphere.

eliostato *s.m.* (*astr.*) heliostat.

elioteismo *s.m.* (*relig.*) heliolatry, sun worship.

elioterapia *s.f.* (*med.*) heliotherapy, sun treatment, sunbathing.

elioterapico *agg.* heliotherapeutic: *cura elioterapica*, sun treatment (*o* sunbathing).

eliotipia *s.f.* (*fot.*) heliotypy.

eliotipico *agg.* (*fot.*) heliotype: *procedimento* —, heliotype process.

eliotropia *s.f.* (*chim.*) heliotrope.

eliotropico *agg.* (*bot.*) heliotropic.

eliotropina *s.f.* (*chim.*) piperonal.

eliotropio *s.m.* **1** (*bot.*) (*Heliotropium arborescens*) cherry-pie, (*scient.*) heliotrope **2** (*min.*) heliotrope.

eliotropismo *s.m.* (*bot.*) heliotropism.

eliparco *s.m.* helicopter fleet.

eliporto *s.m.* (*aer.*) heliport: — *sul tetto di un edificio*, rooftop heliport.

eliportuale *agg.* of a heliport (*pred.*), heliport (*attr.*).

elisabettiano *agg.* e *s.m.* Elizabethan.

elisio *agg.* (*mit.*) Elysian: *i Campi Elisi*, the Elysian Fields.

elisione *s.f.* elision.

elisir *s.m.* elixir: — *di lunga vita*, elixir of life.

eliso *s.m.* (*mit.*) Elysium.

elitario *agg.* elitist; elite (*attr.*), elitish: *una persona dai gusti elitari*, a person with elitish tastes; *politica elitaria*, elitist politics; *sport* —, elite sport (*o* sport for the elite).

elitaxi *s.m.* helitaxi.

élite *s.f.* elite, selected group.

elitista *agg.* e *s.m.* e *f.* elitist.

elitra *s.f.* (*zool.*) sheath, elytron*, elytrum*: *munito di elitre*, sheath winged.

elitrasportare *v.tr.* to helicopter.

elitrasportato *agg.* transported by helicopter.

elitropio → **eliotropio**.

ella *pron.pers.f.* 3ª *pers.sing.sogg.* (*in it. è spesso sottinteso, ma in ingl. deve essere sempre espresso; cfr.* lei) **1** she: — *lo guardava con ammirazione*, she gazed at him admiringly // — *stessa*, she... herself (*o* she herself): *volle occuparsi — stessa della cosa*, she wanted to deal with the matter herself **2** *Ella* (*antiq.*), (*formula di cortesia*) you: *vuole Ella degnarsi di ricevermi?*, will you deign to receive me?

elladico *agg.* (*letter.*) Helladic.

elle *s.f.* o *m.* letter L // *fatto a* —, *a forma di* —, L-shaped.

elleboro *s.m.* (*bot.*) bear's foot, (*scient.*) hellebore // — *fetido*, (*Helleborus foetidus*) setterwort.

ellenico *agg.* Hellenic: *cultura ellenica*, Hellenic culture.

ellenismo *s.m.* Hellenism.

ellenista *s.m.* e *f.* Hellenist.

ellenistico *agg.* Hellenistic.

ellenizzante *agg.* Hellenizing.

ellenizzare *v.tr.* to Hellenize.

ellisse *s.f.* (*mat.*) ellipse.

ellissi *s.f.* (*gramm.*) ellipsis*.

ellissografo *s.m.* (*mat.*) trammel, elliptical compass.

ellissoidale *agg.* ellipsoid(al).

ellissoide *s.m.* ellipsoid: (*mat.*) — *di rotazione*, ellipsoid of rotation // (*geogr.*) — *di riferimento*, ellipsoid of reference // (*fis.*) — *di inerzia*, inertia ellipsoid.

ellitticamente *avv.* elliptically; (*estens.*) concisely: *cerca di esprimerti* —, try to express yourself concisely.

ellitticità *s.f.* (*fis.*) ellipticity.

ellittico¹ *agg.* (*mat.*) elliptic(al) // (*fis.*) *polarizzazione ellittica*, elliptical polarization // (*cartografia*) *proiezione ellittica*, elliptical map projection.

ellittico² *agg.* **1** (*gramm.*) elliptical **2** (*estens.*) concise: *ha esposto il problema in modo* —, he explained the problem concisely.

elmetto *s.m.* helmet: — *d'acciaio*, steel helmet; — *da minatore*, hard hat.

elmintiasi *s.f.* (*med.*) helminthiasis*.

elmintico *agg.* (*med.*) helminthic.

elmintologia *s.f.* (*med.*) helminthology.

elmintologo *s.m.* (*scient.*) helminthologist.

elmintosi → **elmintiasi**.

elmo *s.m.* helmet, headpiece.

elocutorio *agg.* (*non com.*) elocutionary.

elocuzione *s.f.* **1** elocution **2** (*estens.*) style: *un'— ricercata*, an affected style.

elodea *s.f.* (*bot.*) (*Elodea canadensis*) ditch -moss.

eloderma *s.m.* (*zool.*) (*Heloderma suspectum*) gila, Gila monster.

elodia → **elodea**.

elofita *s.m.* (*ecol.*) helophyte.

elogiare *v.tr.* to praise, to commend, to eulogize: *è stato ampiamente elogiato per il suo impegno*, he was widely praised for his commitment.

elogiativo *agg.* eulogistic(al); (*laudatorio*) commendatory: *discorso* —, eulogistic speech (*o* eulogy); *parla di loro in termini molto elogiativi*, he sings their praises loudly (*o form.* he speaks very highly of them).

elogiatore *s.m.* **elogiatrice** *s.f.* eulogist; praiser ◆ *agg.* eulogistic.

elogio *s.m.* **1** (*scritto, discorso*) eulogy, panegyric: *pronunciare l'— di qlcu.*, to pronounce s.o.'s eulogy (*o* a eulogy in s.o.'s honour); — *funebre*, funeral oration **2** (*lode*) praise: *degno di ogni* —, praiseworthy (*o* commendable); *ti faccio i miei elogi per i brillanti risultati*, I heartily congratulate you on your brilliant achievements; *fare gli elogi di qlcu.*, to praise s.o.; *merita un — per la sua bravura*, he deserves praise for his ability (*o* skill).

elongazione *s.f.* (*astr., fis.*) elongation.

eloquente *agg.* eloquent, meaningful: *oratore, predicatore* —, eloquent speaker, preacher; *silenzio* —, eloquent (*o* meaningful) silence; *mi ha rivolto uno sguardo molto* —, he gave me a very meaningful (*o* eloquent) look; *le cifre sono eloquenti!*, the figures speak for themselves!

eloquenza *s.f.* eloquence: *l'— di un avvocato, di un oratore*, the eloquence of a lawyer, of a speaker; *l'— di uno sguardo*, the eloquence of a look // *l'— del denaro*, (*fig.*) the power of money // *è un fiume d'*—, he is eloquence itself.

eloquio *s.m.* (*letter.*) speech, language: *ha un facile* —, he speaks very fluently (*o* smoothly).

elsa *s.f.* hilt // *star con la mano sull'*—, (*fig.*) to be on the alert (*o* on one's guard).

elson *s.f.* (*presa di lotta greco-romana*) nelson.

eluato *s.m.* (*chim.*) eluate.

elucubrare *v.tr.* to lucubrate on, about (sthg.), to meditate on, upon (sthg.); to work painstakingly at (sthg.) // *che diavolo stai elucubrando?*, (*iron.*) what are you concocting now? (*o* what are you hatching now?).

elucubrazione *s.f.* lucubration; painstaking work.

eludere *v.tr.* to evade, to escape; to baffle; (*form.*) to elude; (*fam.*) to dodge: — *un attacco, un colpo*, to evade (*o* to escape) an attack, a blow; — *una domanda*, to avoid (*o* to evade *o fam.* to dodge) a question; — *la legge*, to elude (*o* to avoid compliance with *o* to evade) the law; — *un pagamento*, to evade a payment; — *un ordine*, to evade an order; — *la vigilanza di qlcu.*, to escape s.o.'s vigilance.

eludibile *agg.* (*non com.*) eludible, evadable, escapable.

eluire *v.tr.* (*chim.*) to elute.

eluito *s.m.* (*chim.*) eluate.

eluizione *s.f.* (*chim.*) elution.

elusibile → **eludibile**.

elusione *s.f.* elusion, evasion: — *fiscale*, tax avoidance (*o fam.* dodging).

elusivamente *avv.* elusively, evasively: *mi risponde sempre molto* —, he always answers me very evasively.

elusività *s.f.* elusiveness, evasiveness.

elusivo *agg.* elusive, evasive: *una risposta elusiva*, an evasive reply (*o* answer).

elusorio *agg.* (*letter.*) elusive, evasive.

elutriare *v.tr.* (*chim.*) to elutriate, to levigate.

elutriatore *s.m.* (*chim.*) elutriator.

elutriazione *s.f.* (*chim.*) elutriation.

eluviale *agg.* (*geol.*) eluvial.

eluvio *s.m.* (*geol.*) eluvium*.

elvella *s.f.* (*bot.*) helvella.

elvetico *agg.* Helvetic, Helvetian; Swiss: *la Confederazione Elvetica*, the Swiss Confederation ◆ *s.m.* Swiss; Helvetian.

elzeviriano *agg.* Elzevir(ian) // (*tip.*) *carattere* —, Elzevir type; *formato* —, Elzevir format.

elzevirista *s.m.* e *f.* feature writer; literary journalist; essayist.

elzeviro *agg.* (*st. della stampa*) Elzevir(ian): (*tip.*) *carattere* —, Elzevir type ◆ *s.m.* **1** (*st. della stampa*) Elzevir (publication) **2** (*giornalismo*) article (that deals with cultural matters).

emaciamento *s.m.* (*non com.*) emaciation.

emaciare *v.tr.* to emaciate.

□ **emaciarsi** *v.intr.pron.* to become* emaciated, to waste away.

emaciato *agg.* emaciated, wasted, lean and weak, skinny.

emagramma *s.f.* (*meteor.*) emagramm.

emanare *v.tr.* **1** to issue, to enact: — *leggi, ordini, decreti*, to issue laws, orders, decrees **2** (*vapore, profumo*) to exhale; (*luce*) to shed*, to give* off: *il sole emana calore*, the sun emanates (*o* gives off) heat ◆ *v.intr.* (*derivare*) to emanate, to proceed, to derive.

emanatismo *s.m.* (*st. fil.*) emanationism.

emanatista *s.m.* e *f.* (*st. fil.*) emanationist, emanatist.

emanatistico *agg.* (*st. fil.*) emanatistic.

emanazione *s.f.* **1** emanation, efflux; (*esalazione*) exhalation; — *di gas*, gas emission; *l'— della luce, di un odore*, the emanation (*o* giving off) of light, of a smell; — *vulcanica*, volcanic emission // (*fis. nucleare*) — *radioattiva*, radioactive emanation **2** (*il pubblicare*) issuing; (*pubblica ordinanza*) issue: — *governativa*, Government Issue (*abbr.* GI); (*dir.*) — *di una legge*, issuing of a law **3** (*chim.*) emanation, radon **4** (*fil.*) emanation **5** (*derivazione*) expression, manifestation.

emanazionismo → **emanatismo**.

emancipare *v.tr.* **1** (*dir.*) to emancipate: — *un minorenne*, to emancipate a minor **2** (*fig.*) to emancipate; (*liberare*) to set* free.
□ **emanciparsi** *v.rifl.* to free oneself, to emancipate oneself, to become* emancipated, to gain one's freedom: — *dalla famiglia*, to become independent of one's family.

emancipato *agg.* emancipated (*anche fig.*): *una ragazza emancipata*, an emancipated girl; *spirito — da ogni influenza*, mind freed from all influence; *popoli, costumi emancipati*, emancipated peoples, customs.

emancipatore *agg.* emancipatory ◆ *s.m.* emancipator, liberator.

emancipazione *s.f.* emancipation: — *dalla schiavitù, dalla tirannia*, deliverance from slavery, tyranny: *l'— della donna*, the emancipation of women.

emangioma *s.m.* (*med.*) hemangioma.

emarginare *v.tr.* **1** (*burocrazia*) to margin, to make* marginal notes on (sthg.), to annotate the margins of (sthg.) **2** (*fig.*) to alienate, to emarginate, to exclude: — *gli anziani*, to emarginate (*o* to exclude) the old; — *le minoranze*, to alienate minority groups.

emarginato *agg.* **1** (*a margine*) margined, annotated in the margin (*pred.*) **2** (*fig.*) alienated, emarginated: *ceti emarginati*, alienated (*o* emarginated) classes ◆ *s.m.* **1** (*nota a margine*) marginal note **2** (*fig.*) social misfit, outcast: *ci sono troppi emarginati in questa zona*, there are too many misfits (*o* outcasts) in that area.

emarginazione *s.f.* alienation, margination, marginalization: — *sociale*, social alienation; *bisogna bloccare il processo della — culturale*, the process of cultural alienation must be stopped.

emartro *s.m.* (*med.*) hemarthron, hemarthros.

emartrosi *s.f.* (*med.*) hemarthrosis.

emasculazione → **evirazione**.

emateina *s.f.* (*chim.*) hematein.

ematemesi *s.f.* (*med.*) hematemesis.

ematico *agg.* e *s.m.* hematic.

ematina *s.f.* (*biochim.*) hematin.

ematite *s.f.* (*min.*) hematite.

emato- *pref.* di origine greca usato nella terminologia scientifica per indicare 'relazione, rapporto col sangue'; ingl. hemat(o)-: *ematologo*, hematologist; *ematoma*, hematoma.

ematocele *s.m.* (*med.*) hematocele.

ematocrito *s.m.* (*med.*) hematocrit.

ematofago *agg.* (*zool.*) hematophage.

ematofobia *s.f.* (*psic.*) hemophobia.

ematolite *s.f.* (*min.*) hematolite.

ematologia *s.f.* (*med.*) hematology.

ematologico *agg.* (*med.*) hematological.

ematologo *s.m.* hematologist.

ematoma *s.m.* (*med.*) hematoma*.

ematopoiesi *s.f.* (*biol.*) hematopoiesis, hemopoiesis.

ematosi *s.f.* (*biol.*) hematosis.

ematossilina *s.f.* (*chim.*) hematoxylin.

ematuria *s.f.* (*med.*) hematuria.

emazia *s.f.* (*anat.*) → **eritrocita**.

embarcadero → **imbarcadero**.

embargo *s.m.* (*mar., econ.*) embargo*: — *sulle merci*, embargo on goods; *mettere l'— sulle importazioni di petrolio*, to impose (*o* lay) an embargo on oil imports; *la nave è sottoposta a —*, the ship is under embargo.

embè → **ebbene**.

emblema *s.m.* emblem; badge; device, cognizance; (*simbolo*) symbol, sign: *un — di pace*, an emblem of peace; *una bandiera con uno strano —*, a banner with a strange device; *la quercia è l'— della forza*, the oak is the emblem of (*o* symbolizes) strength.

emblematicamente *avv.* **1** emblematically; symbolically, representatively **2** typically.

emblematico *agg.* **1** emblematic(al); symbolic; representative: *una figura emblematica*, an emblematic figure **2** (*fig.*) typical: *situazione emblematica*, typical situation; *questo comportamento è — del suo modo di pensare*, this behaviour is typical of his way of thinking.

embolia *s.f.* (*med.*) embolism.

embolismo *s.m.* (*eccl.*) embolism.

embolo *s.m.* (*med.*) embolus*.

embrassons nous *s.m.* (*fr.*) let bygones be bygones.

embricare *v.tr.* to imbricate.
□ **embricarsi** *v.rifl.rec.* (*non com.*) to imbricate, to overlap.

embricato *agg.* **1** tiled, covered with tiles, imbricated **2** (*zool., geol.*) imbricate(d).

embricatura *s.f.* imbrication.

embrice *s.m.* flat tile.

embrio- *pref.* di formazione moderna che significa 'di embrione, del feto'; ingl. embryo-: *embriogenesi*, embryogenesis; *embrionale*, embryonal.

embriogenesi *s.f.* (*biol.*) embryogenesis.

embriogenia *s.f.* (*biol.*) embryogeny.

embriologia *s.f.* (*biol.*) embryology.

embriologico *agg.* (*biol.*) embryologic(al).

embriologo *s.m.* embryologist.

embrionale *agg.* embryonic, embryonal, rudimentary, undeveloped (*anche fig.*): *in uno stato —*, in (the) embryo stage (*o* in the early stages); *un progetto —*, an undeveloped (*o* outline) project; (*bot.*) *sacco —*, embryo-sac.

embrione *s.m.* (*biol.*) embryo* (*anche fig.*): *in —*, in embryo (*o* still undeveloped *o* embryonic); *opera ancora in —*, work still in the embryo stage (*o* as yet undeveloped work); *nel discorso c'era già in — tutta la sua concezione politica*, this speech already contained all his political thought in embryonic form.

embrionico *agg.* (*non com.*) embryonic.

embriotomia *s.f.* (*med.*) embryotomy.

embrocazione *s.f.* (*med.*) embrocation.

eme *s.m.* (*biochim.*) heme.

emendabile *agg.* amendable, rectifiable: *errore —*, rectifiable error.

emendamento *s.m.* **1** amendment (*anche dir.*): *proporre un — a un progetto di legge*, to move (*o* to propose) an amendment to a bill; (*dir. amer.*) *il V — della dichiarazione dei diritti*, the fifth Amendment of the Bill of Rights **2** (*correzione*) emendation, correction **3** (*miglioramento*) amendment, improvement.

emendare *v.tr.* **1** (*dir.*) to amend: — *una legge, un progetto di legge*, to amend a law, a bill **2** (*correggere*) to emend, to correct; (*migliorare*) to amend, to improve, to make* better: — *lo stile, il carattere*, to improve one's style, one's character // — *un testo*, to correct a text // — *un terreno*, to improve a plot of land.
□ **emendarsi** *v.rifl.* to grow* better, to mend one's ways, to correct one's faults.

emendativo *agg.* amendatory, corrective, emendatory.

emendatore *s.m.* **emendatrice** *s.f.* **1** amender **2** (*correttore, correttrice*) corrector, emender.

emendazione *s.f.* **1** amendment **2** (*correzione*) correction, emendation.

emeralopia *s.f.* (*med.*) hemeralopia, day -blindness.

emeralopo *s.m.* (*med.*) hemeralope ◆ *agg.* (*med.*) hemeralopic.

emergente *agg.* **1** emergent, emerging, appearing; rising: *classi emergenti*, rising (*o* emergent) classes; *idee emergenti*, emerging ideas **2** (*conseguente*) resulting; consequent(ial): (*dir.*) *danno —*, resulting (*o* consequential) damage.

emergenza *s.f.* emergency; exigency, exigence: *in caso di —*, in case of emergency; *stato di —*, state of emergency; *uscita di —*, emergency exit; *freni di —*, emergency brakes.

emergenziale *agg.* emergency (*attr.*): *intervento —*, emergency intervention.

emergere *v.intr.* **1** to emerge, to come* afloat; (*di sottomarino*) to surface, to emerge **2** (*fig.*) (*apparire*) to emerge, to appear, to come* out: *alcune persone emersero dall'ombra*, some people appeared from the shadows **3** (*distinguersi*) to distinguish oneself, to rise* (above the others); (*risaltare*) to stand* out: *montagne che emergono all'orizzonte*, mountains that stand out on the horizon; *emerge fra tutti i pittori del suo tempo*, he stands out among all the painters of his age **4** (*risultare*) to emerge, to appear, to transpire: *dagli indizi raccolti emerge la sua responsabilità*, all the evidence makes it clear that he is the one responsible.

emerito *agg.* 1 (*nelle università*) emeritus: *professore* —, emeritus professor 2 (*insigne*) distinguished 3 (*iron.*) notorious, regular: *un — mascalzone*, a notorious scoundrel.

emerocallide *s.f.* (*bot.*) (*Hemerocallis fulva*) day-lily, (*scient.*) hemerocallis.

emeroteca *s.f.* newspaper library.

emersione *s.f.* emergence, emersion (*anche astr.*).

emerso *agg.* emersed, rising out of (water); (*di sottomarino*) surfaced, on the surface.

emesso *agg.* issued, drawn: *non* —, unissued.

emetico *agg.* e *s.m.* (*med.*) emetic, vomitory.

emetina *s.f.* (*chim.*) emetine.

emettere *v.tr.* 1 to emit, to give* out, to send* forth; (*suono*) to utter: — *calore*, to emit heat; — *un grido*, to utter a cry (*o* to give a shout) // (*bot.*) — *linfa*, to bleed 2 (*emanare*; *esprimere*) to deliver, to express: — *un giudizio*, to deliver a judgement; — *un'opinione*, to express an opinion // (*dir.*): — *una sentenza*, to pass a sentence; — *un verdetto*, to deliver a verdict; — *un mandato d'arresto*, to issue a warrant of arrest; — *un decreto*, to enact a decree; — *un'ingiunzione*, to issue a summons 3 (*mettere in circolazione*) to issue, to draw*; (*una polizza*) to underwrite*: — *un assegno*, to draw a cheque (*o* to cheque); — *un assegno su una banca*, to draw a cheque on a bank; — *un assegno allo scoperto*, to overdraw one's account (*o* to fly a kite); — *assegni non coperti*, to kite; — *una cambiale, una tratta su*, to draw a bill (*o* draft) on (*o* to draw on); — *obbligazioni*, to issue (*o* float) bonds; — *un prestito*, to issue (*o* float *o* raise) a loan // (*Borsa*): — *azioni*, to issue shares; — *azioni in eccesso*, to overissue; — *titoli nominativi*, to inscribe (stock) // (*fin.*) — *cartamoneta*, to issue paper money.

emettitore *s.m.* (*fis.*) emitter.

emettitrice *s.f.* ticket (issuing) machine.

emi- *pref.* di origine greca usato per indicare 'la metà di qlco., per metà'; ingl. hemi-: *emicellulosa*, hemicellulose; *emisfero*, hemisphere.

emiacetale *s.m.* (*chim.*) hemiacetal.

emiatrofia *s.f.* (*med.*) hemiatrophy.

emicellulosa *s.f.* (*chim.*) hemicellulose.

emiciclo *s.m.* hemicycle, semicircle.

emicrania *s.f.* headache, (*scient.*) hemicrania.

emidattilo *s.m.* (*zool.*) hemidactylus ◆ *agg.* (*zool.*) hemidactylous.

emiedrico *agg.* hemihedral: *cristallo* —, hemihedral crystal.

emigrante *agg.* emigrating, emigrant ◆ *s.m.* e *f.* emigrant.

emigrare *v.intr.* to emigrate; (*di animali*) to migrate.

emigrato *s.m.* emigrant; (*esiliato politico*) political exile; (*profugo*) refugee.

emigratorio *agg.* migratory; of emigration (*pred.*).

emigrazione *s.f.* emigration; (*di animali*) migration; emigration: — *interna, esterna*, internal, external emigration; — *stagionale*, seasonal emigration // (*fin.*) — *di capitali*, flight of capital abroad.

emiliano *agg.* e *s.m.* Emilian.

emimorfite *s.f.* (*min.*) hemimorphite.

emina *s.f.* (*chim.*) hemin.

eminente *agg.* 1 (*non com.*) (*alto*) high, prominent, lofty 2 (*fig.*) (*eccellente*) eminent, excellent, distinguished: *un — uomo di stato*, an eminent (*o* a distinguished) statesman; *un — scienziato*, a distinguished scientist 3 (*fig.*) (*notevole*) conspicuous, notable, remarkable: *in grado* —, to a high (*o* notable) degree.

eminentemente *avv.* eminently, highly, especially.

eminentissimo *agg.superl.* (*titolo dato ai cardinali*) His Eminence; (*vocativo*) Your Eminence.

eminenza *s.f.* 1 (*non com.*) (*altezza*) eminence height, prominence, loftiness 2 (*fig.*) excellence, prominence, importance, distinction 3 *Eminenza*, (*titolo dato ai cardinali*) Eminence: *Sua Eminenza*, His Eminence; *Vostra Eminenza*, Your Eminence.

emione *s.m.* (*zool.*) (*Equus hemionus*) hemionus.

emiparassita *s.m.* e *f.* (*ecol.*) hemiparasite.

emiparesi *s.f.* (*med.*) hemiparesis.

emiparetico *agg.* (*med.*) hemiparetic.

emipelagico *agg.* (*ecol.*) hemipelagic.

emiplegia *s.f.* (*med.*) hemiplegia.

emiplegico *agg.* e *s.m.* (*med.*) hemiplegic.

emirato *s.m.* emirate.

emiro *s.m.* emir.

emisferico *agg.* hemispheric(al), semispheric(al).

emisfero *s.m.* hemisphere: (*geogr.*) — *australe, boreale*, southern, northern hemisphere // (*med.*) — *del cervello*, cerebral hemisphere.

emisimmetrico *agg.* (*mat.*) skew -symmetric: *matrice emisimmetrica*, skew -symmetric matrix.

emissario[1] *s.m.* 1 (*geogr.*) emissary, effluent 2 (*idraulica*) outlet, drain.

emissario[2] *s.m.* (*persona*) emissary.

emissione *s.f.* 1 emission; issue: — *di luce*, emission of light; *l'— di una nuova serie di francobolli*, the issue of a new series of stamps // (*fis.*): *spettro di* —, emission spectrum; — *elettronica*, electron emission; — *di campo*, field emission; *coefficiente di* —, emissivity; — *termica*, temperature radiation; — *termoionica*, thermoionic emission // (*tel.*): *antenna d'*—, transmitting (*o* sending) antenna; *stazione d'*—, transmitting (*o* broadcasting) station; — *direzionale*, beam emission 2 (*econ.*) issue: — *di assegni*, drawing (*o* issue) of cheques; — *di una cambiale*, issue of a bill; — *obbligazionaria*, bond issue; — *di un prestito*, floating (*o* issue) of a loan; — *allo scoperto*, overdraft // (*Borsa*): — *azionaria*, share (*o* stock) issue; — *di nuove azioni con diritto di opzione*, rights issue; — *di azioni gratuite*, capitalization (*o* scrip *o* bonus) issue; — *di azioni senza diritto di opzione*, non-rights issue; — *di titoli*, security issue (*o* coming out) // (*fin.*): — *di banconote*, emission of banknotes, note (*o amer.* bill) issue; — *di capitali*, capital issue; — *eccessiva*, overissue; — *stagionata*, seasoned issue; — *di primo grado*, senior issue // *di nuova* —, newly issued // *all'*—, when issued.

emissività *s.f.* (*fis.*) emissivity.

emissivo *agg.* emission (*attr.*), of emission (*pred.*), emitting // (*fis.*) *potere* —, emittance.

emistichio *s.m.* (*poesia*) hemistich.

emittente *agg.* 1 *banca* —, issuing bank (*o* bank of issue) 2 (*rad., tv*) *stazione* —, broadcasting (*o* transmitting) station ◆ *s.m.* e *f.* (*fin.*) (*di cambiale*) drawer, maker; (*di titolo di credito*) issuer ◆ *s.f.* broadcaster, transmitter: *emittenti private*, private television broadcasting stations (*o* private networks).

emittenza *s.f.* 1 (*fis.*) emittance 2 (*tel.*) broadcasting, transmission.

emittero *s.m.* (*zool.*) hemipteron, hemipteran ◆ *agg.* (*zool.*) hemipterous.

emme *s.f.* o *m.* letter M.

emmenagogo *s.m.* (*med.*) emmenagogue.

emmental *s.m.* emment(h)al cheese.

emmetrope *s.m.* e *f.* (*med.*) emmetrope.

emmetropia *s.f.* (*med.*) emmetropia.

emmetropico *agg.* (*med.*) emmetropic.

emo- *pref.* di origine greca che significa 'sanguigno, del sangue'; ingl. hemo-: *emoglobina*, hemoglobin; *emolitico*, hemolytic.

emocateresi *s.f.* (*med.*) hemocatheresis.

emocele, **emoceloma** *s.m.* (*zool.*) hemocele.

emocianina *s.f.* (*biochim.*) hemocyanin.

emocito *s.m.* (*biol.*) hemocyte.

emocitoblasto *s.m.* (*biol.*) hemocytoblast.

emoclasia *s.f.* (*med.*) hemoclasis.

emocoltura → **emocultura**.

emocromo *s.m.* (*med.*) hemochrome.

emocromocitometrico *agg.* (*med.*) hemochrome (*attr.*).

emocultura *s.f.* (*med.*) hemoculture.

emodialisi *s.f.* (*med.*) hemodialysis (*pl.* -ses).

emodializzato *agg.* (*med.*) hemodialysed.

emodinamica *s.f.* hemodynamics [U].

emofilia *s.f.* (*med.*) hemophilia.

emofiliaco *agg.* (*med.*) hemophiliac.

emogenico *agg.* (*med.*) hemogenic.

emoglobina *s.f.* (*biol.*) hemoglobin.

emoglobinometro *s.m.* (*med.*) hemoglobinometer.

emoglobinuria *s.f.* (*med.*) hemoglobinuria.

emolinfa *s.f.* (*biol.*) hemolymph.

emolisi *s.f.* (*biol.*) hemolysis.

emolisina *s.f.* (*biol.*) hemolysin.

emolitico *agg.* (*biol.*) hemolytic.

emolliente *agg.* emollient, softening ◆ *s.m.* emollient.

emolumento *s.m.* (*spec. pl.*) emolument; fee; salary, remuneration: *gli emolumenti dei consiglieri delegati*, managing directors' emoluments; *gli emolumenti di un avvocato*, a lawyer's fees.

emopatia *s.f.* (*med.*) hemopathy.

emopoiesi *s.f.* (*biol.*) hemopoiesis, hematopoiesis.

emopoietico *agg.* (*biol.*) hematopoietic.

emoproteina *s.f.* (*biochim.*) hemoprotein.

emorragia *s.f.* 1 (*med.*) hemorrhage 2 (*fig.*) drain, hemorrhage.

emorragico *agg.* (*med.*) hemorrhagic.

emorroidale *agg.* (*med.*) hemorrhoidal.

emorroidario *agg.* (*med.*) hemorrhoidal // (*anat.*) *plesso* —, hemorrhoidal plexus.

emorroidi *s.f.pl.* (*med.*) hemorrhoids.

emostasi *s.f.* (*med.*) hemostasis.

emostatico *agg.* (*med.*) hemostatic, styptic: *matita emostatica*, styptic pencil ◆ *s.m.* (*med.*) hemostat.

emoteca *s.f.* blood bank.

emoterapia *s.f.* (*med.*) hemotherapy.

emotisi → **emottisi**.

emotività *s.f.* **1** emotionality, sensitiveness, sensibility, emotiveness: *la sua — è quasi patologica*, his sensitiveness is almost pathological **2** (*psic.*) emotivity.

emotivo *agg.* emotional, sensitive, excitable: *è un soggetto —*, it's an emotional subject.

emotorace *s.m.* (*med.*) hemothorax.

emotossina *s.f.* (*biol.*) hemotoxin.

emotrasfusione *s.f.* blood transfusion.

emottisi *s.f.* (*med.*) hemoptysis.

emottoico *agg.* (*med.*) hemoptysic(al).

emozionabile *agg.* emotional, excitable.

emozionale *agg.* (*psic.*) emotional, emotive.

emozionante *agg.* moving, touching; (*eccitante*) exciting, thrilling: *un romanzo —*, an exciting novel.

emozionare *v.tr.* to move, to touch; (*eccitare*) to excite, to stir: *le sue parole lo emozionarono profondamente*, her words moved him deeply.

□ **emozionarsi** *v.intr.pron.* to get* excited, to get* worked up; (*turbarsi*) to be upset: *non emozionarti!*, don't get excited!; *si emoziona per un nonnulla*, he gets worked up over nothing.

emozionato *agg.* deeply moved, deeply stirred; thrilled, worked up; (*turbato*) upset.

emozione *s.f.* emotion; (*eccitamento*) excitement: *provare un'—*, to experience an emotion; *senza mostrare la minima —*, without showing the least emotion; *con il suo cuore debole deve evitare le emozioni*, with his weak heart he must avoid all excitement.

empatia *s.f.* (*fil.*, *psic.*) empathy.

empatico *agg.* (*fil.*, *psic.*) empathetic.

empetiggine *s.f.* (*med.*) impetigo.

empiamente *avv.* **1** impiously **2** (*crudelmente*) cruelly.

empiastro → **impiastro**.

empiema *s.m.* (*med.*) empyema (*pl.* -ata).

empietà *s.f.* **1** impiety, irreligiousness, godlessness, ungodliness; irreverence **2** (*azione, discorso empio*) impious act, irreverent talk.

empimento *s.m.* filling (up); (*imbottimento*) stuffing.

empio *agg.* **1** impious, irreligious, godless, irreverent // *gli empi*, the impious **2** (*crudele*) cruel; pitiless.

empire → **riempire**.

empireo *agg.* e *s.m.* empyrean.

empireumatico *agg.* (*chim.*) empyreumatic(al).

empiria *s.f.* (*fil.*) empirics.

empiricamente *avv.* empirically.

empirico *agg.* empiric(al); (*spreg.*) unscientific ◆ *s.m.* (*ciarlatano*) quack.

empirio → **empireo**.

empiriocriticismo *s.m.* (*fil.*) empiriocriticism.

empirismo *s.m.* (*fil.*) empiricism.

empirista *s.m.* e *f.* (*fil.*) empiricist.

empiristico *agg.* empiristic.

empiro → **empireo**.

empito *s.m.* (*letter.*) violence, vehemence, impetuosity: *l'— di un fiume in piena*, the violence of a river in spate; *l'— della passione*, the violence of passion.

empitura *s.f.* (*non com.*) filling (up).

emporio *s.m.* **1** (*centro commerciale*) emporium, trading centre; (*fig.*, *letter.*) cultural centre: *il Pireo fu il maggior — della Grecia antica*, Piraeus was the principal trading centre of ancient Greece **2** (*negozio*) emporium, trade centre, general shop, department store **3** (*ammasso di cose svariate*) great quantity, heap, vast collection.

emù *s.m.* (*zool.*) (*Dromaius novae-hollandiae*) emu.

emulare *v.tr.* to emulate; to try* to match: *— il proprio padre*, to emulate one's own father.

emulativo *agg.* emulative: (*dir.*) *atto —*, abuse of the right of property.

emulatore *agg.* emulous ◆ *s.m.*, **emulatrice** *s.f.* emulator.

emulazione *s.f.* emulation: *con spirito di —*, in a spirit of emulation; (*dir.*) (*atto di*) —, abuse of the right of property.

emulo *agg.* emulous ◆ *s.m.* emulator.

emulone *s.m.* (*zool.*) (*Haemulon sciurus*) growler.

emulsina *s.f.* (*chim.*) emulsin.

emulsionabile *agg.* (*chim.*) emulsifiable, emulsible.

emulsionante *agg.* (*chim.*) emulsive, emulsifying ◆ *s.m.* (*chim.*) emulsifier; emulsifying agent.

emulsionare *v.tr.* (*chim.*) to emulsify, to emulsionize.

emulsionatore *s.m.* (*chim.*) emulsor, emulsifier.

emulsione *s.f.* (*fis.*, *chim.*) emulsion: *pittura a —*, emulsion paint; (*fot.*) *sensibilità dell'—*, emulsion speed.

emunto *agg.* (*letter.*) emaciated, worn out.

emuntore *agg.* draining: *canale —*, draining channel, drain ◆ *s.m.* **1** (*geogr.*) effluent **2** drain.

emuntorio *agg.* (*anat.*) emunctory.

enallage *s.f.* (*ret.*) enallage.

enalotto *s.m.* state lottery.

enantema *s.m.* (*med.*) enanthem, enanthema.

enantiomero *s.m.* (*fis.*, *chim.*) enantiomer, enantiomorph.

enantiomorfismo *s.m.* (*min.*) enantiomorphism.

enantiomorfo *agg.* (*scient.*) enantiomorphus, enantiomorphic.

enantiotropia *s.f.* (*min.*) enantiotropy.

enarmonia *s.f.* (*mus.*) enharmonic modulation.

enarmonico *agg.* (*mus.*) enharmonic.

enartrosi *s.f.* (*anat.*) enarthrosis.

encarpo *s.m.* (*arch.*) encarpus (*pl.* -i).

encaustica *s.f.* (*pitt.*) encaustic.

encaustico *agg.* (*pitt.*) encaustic.

encausto *s.m.* (*pitt.*) encaustic.

encefalico *agg.* (*anat.*) encephalic.

encefalite *s.f.* (*med.*) encephalitis*: *— letargica*, lethargic encephalitis.

encefalitico *agg.* (*med.*) encephalitic.

encefalo *s.m.* (*anat.*) encephalon*.

encefalografia *s.f.* (*med.*) encephalography.

encefalogramma *s.m.* (*med.*) encephalogram.

encefalomielite *s.f.* (*med.*) encephalomyelitis.

encefalopatia *s.f.* (*med.*) encephalopathy.

enciclica *s.f.* (*eccl.*) encyclical.

enciclopedia *s.f.* encyclop(a)edia.

enciclopedico *agg.* encyclop(a)edic: *è un tipo —*, he is a walking encyclopaedia.

enciclopedismo *s.m.* encyclop(a)edism.

enciclopedista *s.m.* e *f.* encyclop(a)edist.

enclave *s.f.* enclave.

enclisi *s.f.* (*gramm.*) enclisis.

enclitica *s.f.* (*gramm.*) enclitic.

enclitico *agg.* (*gramm.*) enclitic.

encomiabile *agg.* praiseworthy, laudable, commendable: *è — per aver perseverato*, he is worthy of praise for his perseverance.

encomiare *v.tr.* to commend; to praise; to eulogize.

encomiasta *s.m.* encomiast, panegyrist, eulogist.

encomiastico *agg.* encomiastic, panegyrical; laudatory: *tono —*, encomiastic tone; *parlava in termini encomiastici di lei*, he spoke highly of her.

encomio *s.m.* **1** encomium, eulogy, panegyric **2** (*lode*) praise, commendation **3** (*mil.*) mention in dispatches; (*amer.*) citation.

endecagono *s.m.* (*mat.*) hendecagon.

endecasillabo *agg.* (*metrica*) hendecasyllabic ◆ *s.m.* (*metrica*) hendecasyllable.

endemia *s.f.* (*med.*) endemia.

endemicità *s.f.* endemicity; endemic nature: *l'— di una malattia*, the endemic nature of an illness.

endemico *agg.* **1** endemic: (*ecol.*) *specie endemica*, endemic species; (*med.*) *malattia endemica*, endemic disease **2** (*fig.*) endemic, rooted: *la fame è endemica in questo paese*, famine is endemic in this country.

endemismo *s.m.* (*med.*, *biol.*) endemism.

endermico *agg.* (*med.*) endermic.

endiadi *s.f.* (*ret.*) hendiadys.

endice *s.m.* (*ant.*) (*ricordo*) keepsake, souvenir.

endivia → **indivia**.

endo- *pref.* di origine greca che significa 'dentro, posto all'interno'; ingl. endo-: *endocellulare*, endocellular; *endocervicite*, endocervicitis; *endocorpuscolare*, endocorpuscular; *endocisti*, endocyst; *endoparassita*, endoparasite; *endotracheale*, endotracheal.

endoarterite *s.f.* (*med.*) endarteritis.

endocardio *s.m.* (*anat.*) endocardium*.

endocardite *s.f.* (*med.*) endocarditis.

endocarpo *s.m.* (*bot.*) endocarp.

endocitosi *s.f.* (*biol.*) endocytosis.
endocondrale *agg.* (*anat.*) endochondral.
endocranico *agg.* (*med.*) endocranial.
endocranio *s.m.* (*anat.*) endocranium*.
endocrino *agg.* endocrine: (*anat.*) *ghiandola endocrina*, endocrine gland.
endocrinologia *s.f.* (*med.*) endocrinology.
endocrinologo *s.m.* (*med.*) endocrinologist.
endoderma *s.m.* (*biol.*) endoderm.
endoenergetico *agg.* (*fis.*) endoergic: *reazione endoenergetica*, endoergic reaction.
endofasia *s.f.* (*psic.*) endophasia.
endogamia *s.f.* (*biol., etnologia*) endogamy.
endogamico *agg.* (*biol., etnologia*) endogamic, endogamous.
endogamo *agg.* endogamous.
endogenesi *s.f.* (*scient.*) endogeny.
endogeno *agg.* (*scient.*) endogenous, endogenic, endogenetic: (*med.*) *malattie endogene*, endogenous diseases; (*geol.*) *rocce endogene*, endogenous rocks.
endolinfa *s.f.* (*biol.*) endolymph.
endometrio *s.m.* (*anat.*) endometrium.
endometrite *s.f.* (*med.*) endometritis.
endomiocardite *s.f.* (*med.*) endomyocarditis.
endomissi *s.m.* (*biol.*) endomixis.
endomitosi *s.f.* (*biol.*) endomitosis.
endomorfismo *s.m.* (*geol.*) endomorphism.
endomorfo *agg.* (*geol.*) endomorphic.
endomuscolare *agg.* (*med.*) intramuscular.
endoplasma *s.m.* (*biol.*) endoplasm.
endoplasmatico *agg.* (*biol.*) endoplasmic.
endoreattore *s.m.* (*aer.*) rocket (engine).
endoreico *agg.* (*geogr.*) endor(h)eic.
endorfina *s.f.* (*biochim.*) endorphin.
endoscheletro *s.m.* (*biol.*) endoskeleton.
endoscopia *s.f.* (*med.*) endoscopy.
endoscopico *agg.* (*med.*) endoscopic.
endoscopio *s.m.* (*med.*) endoscope.
endosmometro *s.m.* (*fis., chim.*) endosmometer.
endosmosi *s.f.* (*chim., med.*) endosmosis.
endosperma *s.m.* (*bot.*) endosperm.
endospora *s.f.* (*bot.*) endospore.
endostio *s.m.* (*anat.*) endosteum (*pl.* -a).
endoteliale *agg.* (*anat.*) endothelial.
endotelio *s.m.* (*anat.*) endothelium*.
endotermico *agg.* (*chim., fis.*) endothermic.
endotossina *s.f.* (*biol.*) endotoxin.
endovena *s.f.* intravenous injection: *fare un'— a qlcu.*, to give s.o. an intravenous injection.
endovenoso *agg.* (*med.*) intravenous: *iniezione endovenosa*, intravenous injection.
endurance *s.f.* (*aut.*) endurance race.
enduro *s.m.* (*motociclismo*) (*gara*) enduro; (*moto*) enduro motorcycle.
eneolitico *agg.* (*geol.*) Aeneolithic.
energetica *s.f.* energetics [U].
energetico *agg.* **1** (*che riguarda l'energia*) energy (*attr.*), of energy (*pred.*): *fonte energetica alternativa*, energetic source of supply; *crisi energetica*, energy crisis; *bilancio —*, energy balance **2** (*di sostanza alimentare*) energy-giving: *sostanze energetiche*, energy-giving substances ◆ *s.m.* tonic.
energetismo *s.m.* (*fil.*) energism.
energia *s.f.* **1** energy, vigour, strength: *con —*, energetically; *senza —*, listlessly; *opporsi a qlcu. con —*, to oppose s.o. energetically; *deve metterci un po' di —*, he must put some effort into it; *dedicare tutte le energie a un compito*, to devote (*o* to apply) all one's energies to a task (*o* to put one's heart and soul into a task); *mostrare, spiegare —*, to display energy // *sprizzare — da tutti i pori*, to exude energy **2** (*fis.*) energy: *— atomica, solare, cinetica, latente, radiante*, atomic, solar, kinetic, latent, radiant energy; *— elettrica*, electrical energy; *— sonica*, sonic energy; *— di eccitazione*, excitation energy; *— interna, libera, potenziale*, internal, free, potential energy; *livello di —*, energy level; *fonti alternative di —*, alternative sources of energy; *principio di conservazione dell'—*, energy saving principle // (*chim.*) *— di legame*, binding (*o* bond) energy // (*mecc.*) *— di deformazione*, strain energy.
energicamente *avv.* energetically.
energico *agg.* energetic, active; (*che impegna molte energie*) strenuous; (*vigoroso*) vigorous; (*potente, efficace*) powerful, forcible, strong, emphatic: *sua madre è una donna energica*, his mother is an energetic woman; *linguaggio —*, forcible language; *rispose con un no —*, he answered with an emphatic no; *prendere energiche misure di sicurezza*, to take strong security precautions.
energumeno *s.m.* **1** energumen, demoniac: *gridava come un —*, he was screaming like a man possessed **2** (*infuriato*) maniac, madman*; (*fam.*) (*prepotente*) bully.
enfant gâté *s.m.* (*fr.*) spoilt child.
enfant prodige *s.m.* (*fr.*) child prodigy, enfant prodige.
enfant terrible *s.m.* e *f.* (*fr.*) enfant terrible.
enfasi *s.f.* **1** emphasis*: *— oratoria*, oratorical (*o* rhetorical) emphasis; *parlare con —*, to speak with emphasis (*o* emphatically) **2** (*esagerazione, ampollosità*) overemphasis, pomposity, bombast: *scrivere con —*, to write in a bombastic (*o* turgid) style.
enfatico *agg.* **1** emphatic **2** (*esagerato, ampolloso*) overemphatic, pompous, bombastic.
enfatizzare *v.tr.* **1** (*pronunciare con enfasi*) to emphasize, to stress **2** (*accentuare*) to underline.
enfatizzazione *s.f.* overemphasizing, exaggeration: *l'— dei propri meriti è sempre ridicola*, exaggerating one's own merits is always ridiculous.
enfiare *v.tr.* (*letter.*) to swell*, to inflate ◆ *v.intr.* → enfiarsi.
□ **enfiarsi** *v.intr.pron.* to swell*, to become* swollen, to get* swollen.
enfisema *s.m.* (*med.*) emphysema: *— polmonare*, pulmonary emphysema.
enfisematico, **enfisematoso** *agg.* (*med.*) emphysematous.
enfiteusi *s.f.* (*dir.*) emphyteusis*, perpetual lease.
enfiteuta *s.m.* (*dir.*) emphyteuta*.
enfiteutico *agg.* (*dir.*) emphyteutic.
engagé *agg.* (*fr.*) engagé, committed, militant.
engagement *s.m.* commitment, engagement.
engramma *s.m.* (*med.*) engram.
enidrocoltura → **acquicoltura**.
enigma *s.m.* **1** enigma; (*indovinello*) riddle, conundrum, puzzle: *parlare per enigmi*, to speak in riddles; *sciogliere un —*, to solve a riddle **2** (*fig.*) enigma, puzzle, mystery: *la sua scomparsa resta un —*, his disappearance remains a mystery // *quella ragazza è un —*, that girl is an enigma.
enigmatico *agg.* enigmatic(al), puzzling, mysterious: *contegno —*, mysterious behaviour; *sorriso —*, enigmatic smile; *mi ha dato una risposta enigmatica*, he gave me an enigmatic (*o* puzzling) reply.
enigmista *s.m.* e *f.* (*chi risolve enigmi*) solver of puzzles; (*appassionato di enigmistica*) puzzle enthusiast, riddle enthusiast.
enigmistica *s.f.* enigmatography: *libro di —*, book of riddles (*o* puzzles).
enigmistico *agg.* of, pertaining to enigmatography (*pred.*); puzzle (*attr.*): *settimanale —*, puzzle magazine.
enimma e *deriv.* → **enigma** e *deriv.*
enjambement *s.m.* (*poesia*) enjambement, run-on line.
enna → **henna**.
enne *s.f.* o *m.* letter N.
ennesimo *agg.* **1** (*mat.*) nth: *elevare all'ennesima potenza*, to raise to the nth power **2** (*fam.*) umpteenth: *te lo dico per l'ennesima volta!*, I've told you a thousand (*o* umpteen) times!; *abbiamo dovuto ricominciare per l'ennesima volta*, we had to start again for the umpteenth time; *è il mio — tentativo*, it's my umpteenth attempt (*o* try).
ennupla *s.f.* (*mat.*) nth number.
enofilo *agg.* wine (*attr.*), wine-growing: *circolo —*, wine (*o* wine-tasting) club (*o* association), wine-growers' association ◆ *s.m.* (*scherz.*) tippler, imbiber, drinker.
enoftalmo *s.m.* (*med.*) enophthalmos.
enolico *agg.* (*chim.*) enolic.
enolo *s.m.* (*chim.*) enol.
enologia *s.f.* oenology; the techniques and science of wine-making.
enologico *agg.* oenological; wine (*attr.*); wine-making (*attr.*).
enologo *s.m.* oenologist; wine specialist, wine expert.
enopolio *s.m.* wine cooperative.
enorme *agg.* **1** huge, enormous: *un'— costruzione*, a huge building **2** (*fig.*) huge; tremendous; (*assurdo*) absurd; (*oltraggioso*) outrageous, shocking: *hai fatto l'— sbaglio di dire tutto*, you made the huge mistake of saying everything; *ha avuto delle enormi difficoltà*, he's had enormous (*o* tremendous) difficulties; *è veramente un'ingiustizia —*, it really is a monstrous (*o* shocking) injustice.
enormemente *avv.* enormously; outrageously; (*fig.*) awfully, terribly: *è cambiato —*, he has changed enormously; *mi sono — divertito ieri sera*, I had a wonderful time yesterday evening.
enormità *s.f.* **1** hugeness; enormity **2** (*fig.*) (*assurdità*) absurdity; (*mostruosità*) enormity: *è un furto, costa un'—!*, it's daylight robbery, it costs the earth!; *l'— del suo delitto*, the enormity of his crime // *dire delle —*, to speak rubbish (*o* nonsense).

enoteca *s.f.* **1** (*collezione di vini*) wine cellar, stock of vintage wines **2** (*esposizione di vini*) wine shop.

enotecnica *s.f.* wine-making (techniques); wine-growing (techniques).

enotecnico *agg.* wine-growing, wine (*attr.*) ◆ *s.m.* wine grower, wine technician.

enoteismo *s.m.* (*st. relig.*) henotheism.

en passant *avv.* (*fr.*) en passant, casually, incidentally: *me l'ha detto così,* —, he told me en passant (*o* incidentally *o* in passing).

en plein *s.m.* (*fr.*) (*a carte*) en plein; (*estens.*) full house, jackpot // *fare* —, (*fig.*) to sweep the board, to hit the jackpot.

ensemble *s.m.* (*fr.*) (*mus., abbigl.*) ensemble.

ensiforme *agg.* (*bot.*) ensiform.

entalpia *s.f.* (*fis., chim.*) enthalpy.

entasi *s.f.* (*arch.*) entasis (*pl.* -ses).

ente *s.m.* **1** body, board; (*spec. amer.*) agency; (*società*) (*brit.*) company, (*amer.*) corporation; (*ufficio*) bureau, office: — *previdenziale*, national insurance body; — *pubblico, privato*, public, private body (*o amer.* corporation); — *statale*, government (*o* state) body; — *a partecipazione statale*, semipublic agency; — *parastatale*, quasi autonomous non -governmental organization (*o fam.* quango), state-controlled body; — *morale*, non-profit corporation; — *di gestione*, state holding company; — *locale*, local authority // *Ente Autonomo del Turismo*, Local Tourist Office; *Ente Italiano del Turismo*, Italian Tourist Board **2** (*fil.*) being: *l'Ente Supremo*, the Supreme Being **3** (*mat.*) — *geometrico*, entity, object.

entelechia *s.f.* (*fil.*) entelechy.

entello *s.m.* (*zool.*) (*Presbytis entellus*) langur; (*scient.*) entellus*.

enterico *agg.* (*med.*) enteric, intestinal.

enterite *s.f.* (*med.*) enteritis.

enteroclisi *s.f.* (*med.*) enteroclysis.

enteroclisma *s.m.* (*med.*) enema*; clyster.

enterocolite *s.f.* (*med.*) enterocolitis.

enterolito *s.m.* (*med.*) enterolith.

enteropatia *s.f.* (*med.*) enteropathy.

enterorragia *s.f.* (*med.*) enterorrhagia.

entimema *s.m.* (*fil.*) enthymeme.

entimematico *agg.* (*fil.*) enthymematic.

entità *s.f.* **1** (*fil.*) entity **2** (*cosa esistente*) entity; being; existence **3** (*fam.*) (*importanza*) importance; extent, degree, level, size: — *di un prestito*, size of a loan; *di scarsa* —, of little importance; *danni di lieve* —, slight damage; *ci sono state perdite di una certa* —, there have been fairly substantial (*o* significant) losses; *l'— di un problema*, the size of a problem.

entoderma → **endoderma**.

entomo- *pref.* di origine greca che significa 'insetto'; ingl. entomo-: *entomologia*, entomology; (*bot.*) *entomofilia*, entomophily.

entomofago *agg.* (*zool.*) entomophagous.

entomofilo *agg.* (*bot.*) entomophilous.

entomofobia *s.f.* (*psic.*) entomophoby.

entomologia *s.f.* entomology.

entomologico *agg.* entomologic(al).

entomologo *s.m.* entomologist; (*collezionista*) insect collector.

entourage *s.m.* (*fr.*) entourage: *l'— di un uomo politico*, the entourage of a politician; *non mi piace il suo* —, I don't like the people he mixes with.

entozoo *s.m.* (*zool.*) entozoon*.

entracte *s.m.* (*fr.*) entracte.

entraîneuse *s.f.* (*fr.*) (*di night ecc.*) hostess.

entrambi *pron.m.pl.* both: — *hanno lavorato nella nostra ditta*, they both (*o* both of them) worked for our firm; *"Potrei parlare col direttore o col vice?" "Spiacente, sono assenti* —", "Could I speak to the director or his deputy?" "Sorry, they're both away"; — *votammo a favore della proposta*, we both (*o* both of us) voted in favour of the proposal ◆ *agg.* both, either: *potete scrivere su — i lati del foglio*, you can write on both sides (*o* on either side) of the sheet; *entrambe le soluzioni sono valide*, both solutions are valid (*o* either solution is valid).

entrante *agg.* **1** (*nelle determinazioni di tempo*) next, coming: *la settimana, il mese, l'anno* —, next week, month, year (*o* the coming week, month, year) **2** (*che ha appena preso possesso di una carica*): *il sindaco* —, the new (*o* newly appointed) mayor **3** (*fig.*) invasive.

entrare *v.intr.* **1** to go* in, to come* in; to get* in; (*form.*) to enter: *il ladro entrò dalla finestra del bagno*, the thief got in through the bathroom window; — *dalla porta principale*, to go in (*o* to come in *o* to enter) by the main door; *bussa prima di* —, knock before you enter; *una bella ragazza entrò nel suo ufficio*, a beautiful girl came (*o* walked *o* stepped) into his office; *entrate!*, (*venite dentro*) come in!, (*andate dentro*) go in! (*o* go inside!); *mi chiedo come farò a* —, I wonder how I can get in; *da che parte si entra?*, where's the way in? (*o* how do you get in?); — *nell'ascensore, nella vasca*, to get in(to) the lift, the bath; — *in automobile*, to get into the car; *tornando dall'ufficio entrerò dal macellaio*, on the way back from the office I'll call in at the butcher's; *fallo* —, show him in; *mi impedirono di* —, they wouldn't let me in (*o* kept me out); — *correndo*, to run in; — *di soppiatto, furtivamente*, to steal (*o* to creep) in; — *precipitosamente in*, to rush (*o* to dash) into; (*teatr.*) *entra Amleto*, enter Hamlet; — *in scena*, to come on stage (*o* make one's entrance) // — *in orbita*, to go into (*o* enter) orbit // — *in bacino*, (*di nave*) to dock // — *nel secondo anno di* (*età, attività*), to enter (*o* begin) one's second year of (life, activity, service) **2** (*estens.*) (*trovar posto*) to get* in, to fit in: *riesci a far — tutto nella valigia?*, can you get (*o* fit) everything into the suitcase?; *non ci entra più niente, è pieno*, nothing more will fit in, it is full; *il 2 entra quattro volte nell'8*, 2 goes into 8 four times // *non entro più nei pantaloni*, I can't get into my trousers anymore // *questo non gli entra in testa*, he can't get this into his head // *l'aglio entra in molte ricette della cucina mediterranea*, garlic is used in a lot of recipes of Mediterranean cuisine **3** (*unirsi a*) to join (sthg.): — *nell'esercito*, to join the army; — *nel numero dei disoccupati*, to join the unemployed; — *nel partito laburista*, to join the Labour Party **4** (*aver relazione, aver a che fare*) to have to do with (s.o., sthg.): *che c'entra?*, what has that got to do with it?; *voi non c'entrate*, this is no business of yours // *questo c'entra come i cavoli a merenda*, that's got nothing to do with it // *quel che dici non c'entra niente!*, what you are saying is beside the point (*o* has nothing to do with it *o* is irrelevant)! // *"E poi non ho soldi!" "Ma cosa c'entra?"*, "And I haven't got any money either!" "So what?" (*o* "What's that got to do with it?") // *cosa c'entra mia madre, adesso?*, how does my mother come into it? (*o* what's my mother got to do with it?) **5** Questo verbo entra in numerose frasi idiomatiche col significato di 'incominciare, stabilire': — *in affari, in corrispondenza, in ebollizione, in società ecc.* → affare, corrispondenza, ebollizione, società *ecc.*

entrata *s.f.* **1** (*l'entrare*) entrance, entry, admission: — *libera*, admission (*o* admittance) free; *l'— è dalle cinque alle otto*, admission from five to eight; (*teatr.*) *biglietto di* —, admission ticket; *lo applaudirono fin dall'— in scena*, they were already applauding him on his first entrance; — *in carica*, entrance into office; *fare un'— trionfale*, to make a triumphant entry // *l'— fallosa del terzino l'ha atterrato*, the fullback's foul takle brought him down **2** (*ingresso*) entrance, entry: — *principale*, front (*o* main) entrance; — *sul retro*, back entrance; *l'— della villa era maestosa*, the entrance to the villa was majestic (*o* imposing); *un lungo viale andava dal cancello all'— del palazzo*, a long avenue led from the gate to the palace entrance; *all'— del cinema distribuivano volantini*, they were handing out leaflets at the entrance to the cinema; *ci troveremo alle tre davanti all'*—, we'll meet at three in front of the entrance **3** (*lemma*) entry **4** (*spec. pl.*) (*reddito*) income; (*guadagno*) earning; (*proventi*) revenue, receipts, takings: (*amm.*) *entrate e uscite*, debit and credit; *entrate e uscite di cassa*, cash receipts and payments // (*econ.*): *entrate pubbliche*, public (*o* government) revenue (*o* income); *entrate straordinarie*, additional (*o* extraordinary) receipts; *entrate delle partite invisibili*, invisible earnings; *entrate dello stato*, (government) revenue; *entrate doganali*, customs receipts; *entrate erariali*, revenue receipts; *entrate e spese in bilancio*, revenue and expenditure; *entrate in natura*, income in kind; *entrate lorde*, gross receipts; *entrate nette*, net receipts; *entrate previste*, estimated revenue **5** (*miner.*) adit.

entratura *s.f.* **1** (*non com.*) (*ingresso*) entrance, way in **2** (*tassa*) fee; (*d'ammissione*) entrance fee; (*avviamento commerciale*) goodwill **3** (*aggancio, contatto*) connections (*pl.*): *ha ottenuto il lavoro perché ha delle entrature col direttore*, he got the job because he is on friendly terms (*o* well in) with the manager; *avere delle buone entrature*, to have good connections.

entrecôte *s.f.* (*fr.*) entrecôte, rib steak: *vorrei un'— ben cotta*, I would like a rib steak well done.

entre-deux *s.m.* (*fr.*) entre-deux, insertion.

entrée *s.f.* (*fr.*) (*cuc.*) entrée: *un pranzo con delle — prelibate*, a dinner with some delicious entreés.

entremets *s.m.* (*fr.*) entremets.

entrismo *s.m.* (*pol.*) entryism.

entro *prep.* **1** (*tempo*) in, within, by; before: — *venti giorni*, in (*o* within) three weeks; — *un mese*, in (*o* within) a month; — *la giornata*, — *oggi*, by (this) evening (*o* before the day's out); *mi sposo — l'anno*, I'm getting married before the year's out; *le domande d'iscrizione vanno presentate — il 30 giugno*, applications must arrive by 30 June; *il lavoro dovrà essere finito — la fine del mese*, the work must be finished by (*o* before) the end of the month **2** (*letter.*) (*luogo*) within: — *le mura della città*, within the city walls // — *le pareti domestiche*, between these four walls (*o* in the family).

entrobordo *s.m.* **1** (*scafo*) inboard **2** (*motore*) inboard engine.

entropia *s.f.* (*fis.*) entropy (*anche fig.*).

entropio(n) *s.m.* (*med.*) entropion.

entroterra *s.m.* inland, hinterland: *l'— ligure*, the Ligurian hinterland; *i paesi dell'—*, inland regions.

entrovalle *s.m.* (inner) valley.

entusiasmante *agg.* fabulous, fantastic; exhilarating: *il concerto era davvero —*, the concert was really fantastic; *uno spettacolo —*, a fabulous show; *una persona —*, a fabulous person; *un'esperienza —*, an exhilarating experience.

entusiasmare *v.tr.* to raise enthusiasm in (s.o.), to rouse; to carry away, to enrapture: *la folla fu entusiasmata dalle sue parole*, the crowd was carried away by his words; *la tua proposta non mi entusiasma troppo*, your proposal doesn't really appeal to me; *mi entusiasma l'idea di incominciare un lavoro nuovo*, I'm thrilled at the idea of starting a new job.
□ **entusiasmarsi** *v.intr.pron.* to become* enthusiastic (over sthg.); to go* into raptures (over sthg.): *si entusiasma per l'arte moderna*, he goes into raptures over modern art; *si entusiasma facilmente*, he gets carried away easily.

entusiasmo *s.m.* enthusiasm: *ha accettato il mio invito con molto —*, he accepted my invitation with great enthusiasm; *mi sono lasciato prendere dall'—*, I got carried away by enthusiasm; *studia con poco —*, he studies half-heartedly; *fare qlco. senza —* to do sthg. half-heartedly; *— patriottico, religioso*, patriotic, religious fervour.

entusiasta *s.m.* e *f.* enthusiast ◆ *agg.* **1** enthusiastic: *è — per la pittura moderna*, he is enthusiastic about (*o* keen on) modern painting; *partecipazione — agli eventi*, enthusiastic participation in the events **2** (*molto lieto*; *molto soddisfatto*) thrilled, overjoyed: *sono — della bella notizia*, I'm thrilled about the good news; *sono — dei tuoi risultati*, I am thrilled about your results.

entusiasticamente *avv.* enthusiastically, eagerly: *ha accettato — l'offerta di lavoro*, he eagerly accepted the offer of a job; *ci raccontava — tutte le sue avventure*, he told us all about his adventures with enthusiasm (*o* enthusiastically).

entusiastico *agg.* enthusiastic, warm, hearty; ardent: *applauso —*, warm (*o* enthusiastic) applause.

enucleare *v.tr.* **1** (*spiegare*) to explain; (*form.*) to enucleate **2** (*med.*) to enucleate.

enucleazione *s.f.* **1** (*spiegazione*) explanation; (*form.*) enucleation: *— di un problema, di una tesi*, the explanation of a problem, of a thesis **2** (*med.*) enucleation.

enula *s.f.* (*bot.*) (*Inula helenium*) elecampane.

enumerare *v.tr.* to enumerate; to list, to detail: *— tutti i meriti di una persona*, to list all a person's merits.

enumerazione *s.f.* enumeration.

enunciare *v.tr.* to enunciate; to state; to express: *— un teorema*, to enunciate a theorem; *— una teoria*, to enunciate a theory; *— i fatti*, to state the facts.

enunciativo *agg.* enunciative; declarative.

enunciato *s.m.* **1** proposition, statement; terms (*pl.*): (*mat.*) *l'— di un problema*, the terms of a problem **2** (*ling.*) utterance **3** (*fil.*) enunciation.

enunciazione *s.f.* **1** enunciation, statement: *l'— di una teoria*, the enunciation of a theory **2** (*ling.*) utterance.

enunziare e *deriv.* → **enunciare** e *deriv.*

enuresi *s.f.* (*med.*) enuresis.

-enza *suff.* di origine latina usato in italiano per formare sostantivi astratti che indicano un modo di essere, una condizione, una caratteristica; ingl. -ency, -ence: *tendenza*, tendency; *esistenza*, existence.

enzima *s.m.* (*biochim.*) enzyme, zyme: *enzimi gialli*, yellow enzymes.

enzimatico *agg.* (*biochim.*) enzymatic, enzymic, zymotic.

enzimologia *s.f.* (*biochim.*) enzymology.

enzootico *agg.* (*vet.*) enzootic.

enzoozia *s.f.* (*vet.*) enzooty, enzootic.

eo → **io**.

eocene *s.m.* (*geol.*) Eocene.

eocenico *agg.* (*geol.*) Eocene.

eolico[1] *agg.* (*dell'Eolide*) Aeolian, Aeolic: *dialetto —*, Aeolian (*o* Aeolic) dialect.

eolico[2] *agg.* **1** (*di vento*, *causato dal vento*) Aeolian: (*geol.*) *rocce eoliche*, Aeolian rocks **2** (*di Eolo*) Aeolian.

eolina *s.f.* **1** (*antiq.*) aeoline; mouthorgan, harmonica **2** (*mus.*) aeoline, aelodicon.

eolio[1] *agg.* Aeolian: (*mus.*) *modo —*, Aeolian mode.

eolio[2] *agg.* (*di Eolo*) Aeolian: *arpa eolia*, Aeolian arp.

eolismo *s.m.* Aeolism.

eone *s.m.* (*fil., astr.*) aeon, eon.

eosina *s.f.* (*chim.*) eosin(e).

eosinofilia *s.f.* (*biol.*) eosinophilia.

eosinofilo *s.m.* (*biol.*) eosinophil(e); eosinophilic.

epagoge *s.f.* (*fil.*) epagoge.

epagogico *agg.* (*fil.*) epagogic.

epanadiplosi *s.f.* (*ret.*) epanadiplosis.

epanafora → **anafora**.

epanalepsi, **epanalessi** *s.f.* (*ret.*) epanalepsis.

eparchia *s.f.* (*st.*) eparchy.

eparina *s.f.* (*biochim.*) heparin.

epatica *s.f.* (*bot.*) (*Anemone hepatica*) liverwort.

epatico *agg.* hepatic.

epatite *s.f.* (*med.*) hepatitis: *— virale*, viral hepatitis.

epatizzazione *s.f.* (*med.*) hepatization.

epatobiliare *agg.* (*med.*) hepatobiliary.

epatogeno *agg.* (*med.*) hepatogenic; hepatogenous.

epatologo *s.m.* hepatologist.

epatomegalia *s.f.* (*med.*) hepatomegaly.

epatopatia *s.f.* (*med.*) hepatopathy.

epatoprotettivo, **epatoprotettore** *agg.* (*med.*) hepatoprotective ◆ *s.m.* (*med.*) hepatoprotector.

epatorenale *agg.* (*med.*) hepatorenal.

epatoscopia *s.f.* (*st. med.*) hepatoscopy.

epatosi *s.f.* (*med.*) hepatosis.

epatotossina *s.f.* (*biochim.*) hepatotoxin.

epatta *s.f.* (*astr.*) epact.

epeira *s.f.* (*zool.*) (*Epeira diadema*) cross spider.

epeirogenesi → **epirogenesi**.

ependima *s.f.* (*anat.*) ependyma.

epentesi *s.f.* (*ling.*) epenthesis.

epentetico *agg.* (*ling.*) epenthetic.

eperlano → **sperlano**.

epesegesi *s.f.* epexegesis.

epiassiale *agg.* (*biol.*) epaxial: (*anat.*) *muscolo —*, epaxial muscle.

epibranchiale *agg.* (*anat.*) epibranchial.

epica *s.f.* epic; epic poetry: *l'— greca*, the Greek epic.

epicanto *s.m.* (*med.*) epicanthus.

epicardio *s.m.* (*anat.*) epicardium*.

epicardite *s.f.* (*med.*) epicarditis.

epicarpo *s.m.* (*bot.*) epicarp, peel.

epicedico *agg.* epicedial; elegiac.

epicedio *s.m.* (*poesia*) epicede, epicedium*; elegy.

epiceno *agg.* (*gramm.*) epicene.

epicentro *s.m.* **1** (*geol.*) epicentre, epicentrum* **2** (*fig.*) seat, focal point, epicentre: *l'— dei disordini è la capitale*, the seat of unrest is the capital (city).

epicherema *s.m.* (*fil.*) epicheirema (*pl.* -mata).

epiciclo *s.m.* (*astr.*) epicycle.

epicicloidale *agg.* (*mat.*) epicycloidal.

epicicloide *s.f.* (*mat.*) epicycloid.

epiclesi *s.f.* (*relig.*) epiclesis.

epico *agg.* e *s.m.* **1** epic: *poema —*, epic poem; *gli epici greci*, the Greek epics **2** (*degno di poema epico*) epic; heroic; majestic: *compiere gesta epiche*, to accomplish heroic deeds.

epicondilo *s.m.* (*anat.*) epicondyle.

epicontinentale *agg.* (*geogr.*) epicontinental.

epicorio *agg.* (*letter.*) epichoric, local.

epicotile *s.m.* (*bot.*) epicotyl.

epicureggiare *v.intr.* (*letter.*) to lead* the life of an epicure.

epicureismo *s.m.* (*st. fil.*) epicureanism, epicurism.

epicureo *agg.* epicurean ◆ *s.m.* **1** (*gaudente*) epicure; epicurean **2** (*st. fil.*) Epicurean.

epidemia *s.f.* epidemic (*anche fig.*): *un'— di influenza*, a flu epidemic; *un'— di crimini*, a crime epidemic.

epidemicità *s.f.* epidemicity.

epidemico *agg.* epidemic(al) (*anche fig.*): *malattia epidemica*, an epidemic illness; *una risata epidemica*, (*fig.*) an infectious laugh.

epidemiologia *s.f.* epidemiology.

epidemiologico *agg.* epidemiological.

epidemiologo *s.m.* epidemiologist.

epidermico *agg.* epidermic (*anche fig.*): *non lo tollero a livello —!*, I can't stand him, he gets under my skin!

epidermide *s.f.* **1** (*anat.*) epidermis; skin // *un'analisi che non va oltre l'—*, (*fig.*) an analysis that doesn't go below the surface **2** (*bot.*) epidermis.

epidiascopio *s.m.* (*cinem.*) epidiascope.

epididimite *s.f.* (*med.*) epididymitis.

epididimo *s.m.* (*anat.*) epididymis.

epidittico *agg.* epideictic, epideictical.

epidoto *s.m.* (*min.*) epidote.

epidurale *agg.* (*anat.*) epidural.

Epifania *s.f.* **1** (*relig.*) Epiphany, Twelfth Night **2** (*letter.*) epiphany, revelation, illumination, moment of insight.

epifenomeno *s.m.* (*med.*) epiphenomenon*.

epifillo *s.m.* (*bot.*) epiphyllum.

epifisario *s.m.* (*anat.*) epiphyseal.

epifisi *s.f.* (*anat.*) epiphysis*.

epifita *s.f.* (*bot.*) epiphyte.

epifonema *s.m.* (*ret.*) epiphonema.

epifragma, **epiframma** *s.m.* (*bot., zool.*) epifragm, epiphragm.

epigamia *s.f.* (*st. dir.*) epigamy.

epigastrico *agg.* (*anat.*) epigastric.

epigastrio *s.m.* (*anat.*) epigastrium*.

epigenesi *s.f.* (*biol.*) epigenesis.

epigenetico *agg.* (*biol., geol.*) epigenetic.

epigeo *agg.* (*bot.*) epigeal.

epiglottico *agg.* (*anat.*) epiglottic.

epiglottide *s.f.* (*anat.*) epiglottis.

epigono *s.m.* **1** (*imitatore*) imitator; (*seguace*) follower **2** (*rar.*) (*discendente*) descendant **3** *pl.* (*discendenti degli assedianti di Tebe*) Epigoni, Epigones.

epigrafe *s.f.* epigraph, inscription // (*tip.*) *a —*, in epigraph(ic) form.

epigrafia *s.f.* **1** (*archeol.*) epigraphy **2** (*complesso di epigrafi*) epigraphy, epigraphs (*pl.*): *— latina*, Latin epigraphy (*o* epigraphs).

epigraficamente *avv.* epigraphically, concisely, tersely: *ha esposto molto — la sua tesi*, he presented his argument very concisely (*o* tersely).

epigrafico *agg.* **1** epigraphic: *raccolta epigrafica*, a collection of epigraphs **2** (*fig.*) concise, terse: *stile —*, concise (*o* terse) style.

epigrafista *s.m.* e *f.* **1** (*studioso*) epigraphist, epigrapher **2** (*chi scrive epigrafi*) writer of epigraphs, epigraph writer.

epigramma *s.m.* **1** (*iscrizione funebre*) epigraph, funeral inscription; (*iscrizione celebrativa*) commemorative inscription **2** (*lett.*) epigram.

epigrammatica *s.f.* **1** (*il genere epigrammatico*) epigrammatic writings (*pl.*), epigrammatic poetry **2** (*raccolta di epigrammi*) epigrams (*pl.*): *l'— latina*, Latin epigrams.

epigrammatico *agg.* **1** epigrammatic **2** (*mordace*; *conciso*) pithy.

epigrammista *s.m.* e *f.* epigrammatist.

epilatorio *agg.* depilatory.

epilazione *s.f.* depilation.

epilessia *s.f.* (*med.*) epilepsy.

epilettico *agg.* e *s.m.* (*med.*) epileptic: *attacco —*, epileptic fit.

epilettoide *agg.* (*med.*) epileptoid.

epillio *s.m.* (*poesia*) epyllion.

epilogare *v.tr.* to sum up, to make* a summary of (sthg.).

epilogo *s.m.* **1** (*di opera letteraria*) epilogue; (*di orazione*) epilogue, conclusion, recapitulation **2** (*estens.*) end, ending: *l'— di un'avventura*, the end of an adventure; *l'— dello spettacolo è piuttosto banale*, the ending of the show is rather trite.

epimerasi *s.f.* (*biochim.*) epimerase.

epimerizzazione *s.f.* (*chim.*) epimerization.

epimero *s.m.* (*anat., chim.*) epimere.

epimisio *s.m.* (*anat.*) epimysium.

epimorfismo *s.m.* (*mat.*) epimorphism.

epimorfo *agg.* (*mat.*) epimorphic.

epinefrina *s.f.* (*chim.*) epinephrine.

epinervio *s.m.* (*anat.*) epineurium.

epineurale *agg.* (*anat.*) epineural.

epinicio *s.m.* **1** (*poesia*) epinicion (*pl.* -ia) **2** (*estens.*) (*discorso celebrativo*) celebratory speech; (*scritto celebrativo*) celebratory writing, celebratory piece.

epiploon *s.m.* (*anat.*) → **omento**.

epirogenesi *s.f.* (*geol.*) epeirogenesis, epeirogeny.

epirogenetico *agg.* (*geol.*) epeirogenic, epeirogenetic.

epirota *agg.* Epirote; of Epirus (*pred.*) ♦ *s.m.* e *f.* Epirote, Epeirot.

episclerite *s.f.* (*med.*) episcleritis.

episcopale *agg.* **1** (*eccl.*) episcopal; bishop's (*attr.*): *palazzo —*, bishop's (*o* episcopal) palace; *sedia —*, bishop's throne // *chiesa —*, Episcopalian church **2** (*fig. non com.*) solemn, pompous: *gesti episcopali*, solemn (*o* pompous) gestures.

episcopaliano *agg.* Episcopalian.

episcopalismo *s.m.* Episcopalism.

episcopato *s.m.* (*eccl.*) **1** (*funzione di vescovo*) episcopacy, episcopate, bishopric: *innalzare all'—*, to raise to the episcopate (*o* to a bishopric) **2** (*insieme dei vescovi*) episcopacy, episcopate: *l'— italiano*, the Italian episcopacy (*o* episcopate).

episcopio[1] *s.m.* (*letter.*) bishop's palace.

episcopio[2] *s.m.* (*proiettore*) episcope.

episcopo *s.m.* **1** (*st. greca*) magistrate sent to investigate subject cities **2** (*ant.*) (*vescovo*) bishop.

episillogismo *s.m.* (*fil.*) episyllogism.

episiotomia *s.f.* (*med.*) episiotomy.

episodicamente *avv.* episodically, irregularly, occasionally, now and again: *sono fenomeni che si presentano solo —*, these phenomena only take place irregularly (*o* occasionally *o* now and again).

episodicità *s.f.* irregular occurrence, episodic nature: *l'— di un fenomeno*, the irregular occurrence of a phenomenon.

episodico *agg.* **1** (*occasionale*) episodic(al), irregular, occasional: *sono solo manifestazioni episodiche*, these are only episodic (*o* occasional) manifestations (*o* occurrences) **2** (*che si sviluppa per episodi*) episodic: *poema —*, episodic poem; *narrazione episodica*, episodic narration.

episodio *s.m.* **1** (*vicenda*) episode, event; incident: *un — gravissimo di intolleranza*, an episode of great intolerance; *sono episodi che preferisco non ricordare*, these are events (*o* episodes) I prefer to forget; *quello non fu che un — nella sua carriera*, it was only an episode in his career **2** (*di opera artistica, letteraria*) episode // *film a episodi*, episodic film **3** (*mus.*) episode.

epispadia *s.f.* (*med.*) epispadias.

epispastico *agg.* (*med.*) epispastic.

epistassi *s.f.* (*med.*) epistaxis; (*fam.*) nosebleed.

epistematico *agg.* (*fil.*) deductive.

episteme *s.m.* o *f.* (*fil.*) episteme.

epistemico *agg.* (*fil.*) epistemic.

epistemologia *s.f.* epistemology.

epistemologico *agg.* epistemological.

epistemologo *s.m.* epistemologist.

epistilio *s.m.* (*arch.*) epistyle.

epistola *s.f.* **1** (*lettera*) letter; missive; message **2** (*lett.*) epistle: *le 'Epistole' di Orazio*, Horace's Epistles; *l'— di San Paolo ai Romani*, Paul's epistle to the Romans **3** (*fig.*) (*lettera lunga e noiosa*) endless letter.

epistolare *agg.* **1** (*tipico delle lettere*) epistolary: *genere, stile —*, epistolary genre, style **2** (*per mezzo di lettere*) by letter (*pred.*); (*antiq.*) epistolary: *continuo il mio stretto rapporto — con loro*, I keep up my frequent correspondence with them; *un vivace scambio —*, a lively correspondence (*o* exchange of letters).

epistolario *s.m.* **1** (collection of) letters; (*corrispondenza*) correspondence: *l'— del Manzoni*, Manzoni's letters; *pubblicare un —*, to publish a collection of letters **2** (*eccl.*) epistolarium (*pl.* -ria), epistolary.

epistolarmente *avv.* by letter: *ha sempre comunicato con me solo —*, he always contacted me only by letter.

epistolografia *s.f.* epistolography, letter-writing.

epistolografico *agg.* **1** epistolographic; letter-writing (*attr.*) **2** (*letter.*) (*epistolare*) epistolary.

epistolografo *s.m.* epistler, epistoler, letter-writer.

epistrofe *s.f.* (*ret.*) epistrophe.

epistrofeo *s.m.* (*anat.*) epistropheus.

epitaffio *s.m.* **1** (*orazione funebre*) epitaph, funeral oration, funeral eulogy **2** (*iscrizione tombale*) epitaph, funeral inscription **3** (*scherz.*) pompous writing.

epitalamico *agg.* epithalamic.

epitalamio *s.m.* (*poesia*) epithalamium.

epitalamo *s.m.* (*anat.*) epithalamus*.

epitassia *s.f.* (*fis.*) epitaxy.

epitassiale *agg.* (*fis.*) epitaxial: *crescita —*, epitaxial growth; *strato —*, epitaxial layer.

epiteliale *agg.* (*anat.*) epithelial.

epitelio *s.m.* (*anat.*) epithelium*.

epitelioma *s.m.* (*med.*) epithelioma*.

epitema *s.m.* (*bot.*) epithem.

epitesi *s.f.* (*ling.*) paragoge.

epitetico *agg.* (*ling.*) paragogic.

epiteto *s.m.* **1** epithet **2** (*estens.*) insult, name of abuse, term of abuse: *lo insultò con una serie di epiteti irripetibili*, he insulted him with a stream of filthy abuse.

epitomare *v.tr.* (*non com.*) to epitomize; to summarize; to abridge.

epitome *s.f.* epitome; summary; abridgment.

epitrope *s.f.* (*ret.*) epitrope.

epizoo *agg.* (*zool.*) epizoan ◆ *s.m.* (*zool.*) epizoon*.

epizootico *agg.* (*vet.*) epizootic: *afta epizootica*, epizootic aphta.

epizoozia *s.f.* (*vet.*) epizooty, epizootic.

epoca *s.f.* **1** epoch (*anche geol.*); (*età*) age; (*era*) era: *l'— elisabettiana*, the Elizabethan Age; *un decreto dell'— napoleonica*, a decree of the Napoleonic era; *l'— tra le due guerre*, the interwar period (*o* years); *l'— in cui viviamo*, the age we live in; *— di transizione*, age (*o* period) of transition; *ciò segnò una nuova —*, this marked a new epoch // *far —*, to make (*o* to mark) an epoch (*o* era); *scoperta che fece —*, an epoch-making discovery // *mobile d'—*, period furniture; *auto d'—*, veteran (*o* vintage) car // *una rappresentazione con costumi d'—*, a performance in period costume; *abiti dell'— elisabettiana*, Elizabethan costume **2** (*tempo*) time; (*periodo*) period; (*data*) date: *l'— della vendemmia*, grape-harvesting season; *l'— degli esami*, the exam(ination) period; *all'— in cui ero studente io gli esami erano molto più difficili*, when I was a student exams were much more difficult; *dall'— del vostro matrimonio*, from the time (*o* date) of your wedding; *da quell'— in poi*, from that time on(wards); *i migliori scrittori dell'—*, the best writers of the day (*o* time *o* period); *un mese fa a quest'—*, this time last month.

epocale *agg.* epochal, of a period (*pred.*), of an age (*pred.*).

epoché *s.f.* (*fil.*) epoche.

epodico *agg.* epodic: *componimento —*, epode (*o* epodic composition).

epodo *s.m.* (*metrica, poesia*) epode.

eponimia *s.f.* eponymy, eponymism.

eponimo *agg.* eponymous: *fondatore —*, eponymous founder ◆ *s.m.* eponym.

epopea *s.f.* **1** (*poema epico*) epic (poem), epopee **2** (*genere letterario*) epic poetry, epos **3** (*estens.*) (*serie di fatti eroici*) epic deeds (*pl.*), epos: *— risorgimentale*, epic deeds of the Italian Risorgimento.

eporediese *agg.* of Ivrea; from Ivrea ◆ *s.m.* e *f.* inhabitant of Ivrea; native of Ivrea.

epos *s.m.* **1** (*poesia epica*) epic poetry, epos **2** (*poema epico*) epic poem, epos **3** (*ciclo di poemi epici*) epic cycle of poems, epos.

epossi- *pref.* della terminologia chimica indicante la presenza di un gruppo epossidico nella molecola; ingl. epoxy-: *epossibutano*, epoxybutane.

epossidare *v.tr.* (*chim.*) to epoxidize.

epossidico *agg.* (*chim.*) epoxy: *resina epossidica*, epoxy resin.

epossido *s.m.* (*chim.*) epoxide.

eppure *cong.* (and) yet, and still: *aveva pienamente ragione, — tutti gli davano torto*, he was quite right and yet everyone said he was wrong; *sembra inventato, — è tutto vero!*, it sounds invented, and yet it's quite true!

epsilon *s.m.* o *f.* (*lettera dell'alfabeto greco*) epsilon.

epsomite *s.f.* (*min.*) epsomite; (*med.*) Epsom salts (*pl.*).

epta- (*anche etta-*) *pref.* di origine greca che significa 'sette' o 'composto di sette'; ingl. hept(a)-: *ettagono*, heptagon; (*chim.*) *eptavalente*, heptavalent.

eptacordo *s.m.* (*mus.*) heptachord.

eptaedro → **ettaedro**.

eptagono → **ettagono**.

eptano *s.m.* (*chim.*) heptane.

eptasillabo *agg.* (*metrica*) heptasyllabic, seven-syllabled ◆ *s.m.* (*metrica*) seven-syllable line.

eptathlon *s.m.* (*sport*) heptathlon.

eptatleta *s.m.* e *f.* (*sport*) heptathlete.

eptavalente *agg.* (*chim.*) heptavalent.

eptodo *s.m.* (*fis.*) heptode.

eptoso *s.m.* (*chim.*) heptose.

epulide *s.f.* (*med.*) epulis.

epulone *s.m.* **1** (*mangione*) glutton // *il ricco Epulone*, (*Bibbia*) Dives **2** (*sacerdote romano*) epulo (*pl.* -nes).

epurare *v.tr.* **1** (*non com.*) (*purificare*) to purify, to cleanse **2** (*fig.*) to purge; to remove from office, to dismiss from office; (*fam.*) to weed out: *quattro membri del partito sono stati epurati*, four members have been thrown out of the party; *— i funzionari collaborazionisti*, to remove the collaborationist government officials from office; *— un'amministrazione*, to purge an administration.

epurato *agg.* purged: *impiegati epurati*, sacked workers ◆ *s.m.* person who has been purged: *gli epurati si sono ribellati contro il partito*, the purged members rebelled against the party.

epurazione *s.f.* **1** (*non com.*) (*purificazione*) purification, purifying, cleansing **2** (*fig.*) (*morale, politica*) purge, expulsion; (*di istituto, amministrazione ecc.*) removal, dismissal.

equabile *agg.* (*letter.*) equable, uniform.

equale e *deriv.* → **uguale** e *deriv.*

equalizzare *v.tr.* to equalize.

equalizzatore *s.m.* equalizer.

equalizzazione *s.f.* **1** (*elettr.*) equalization **2** (*econ.*) equalization, stabilization.

equamente *avv.* justly, fairly, equitably: *giudicare —*, to judge impartially; *ripartitevi — le caramelle*, share the sweets out fairly; *distribuire — le ricchezze*, to distribute wealth fairly (*o* equitably).

equanime *agg.* **1** (*equilibrato*) equanimous; even-tempered, equable; calm; serene **2** (*imparziale*) impartial; fair; just: *un giudice —*, an impartial judge.

equanimemente *avv.* **1** (*equilibratamente*) with equanimity; equably; serenely **2** (*imparzialmente*) impartially, fairly.

equanimità *s.f.* **1** (*carattere equilibrato*) equanimity; composure; serenity **2** (*imparzialità*) impartiality; fair-mindedness, sense of justice, fairness of judgement.

equatore *s.m.* equator: *— celeste*, celestial equator; *— magnetico*, magnetic equator (*o* aclinic line); *essere a nord dell'—*, to be north of the equator; *passare l'—*, to cross the equator.

equatoriale *agg.* equatorial: *caldo —*, equatorial heat; *piogge equatoriali*, equinoctial rains; (*astr.*) *coordinate equatoriali*, equatorial system ◆ *s.m.* (*astr.*) (*telescopio*) equatorial.

equazione *s.f.* equation (*mat.*): *— differenziale*, differential equation; *— di primo grado*, first degree equation; *— di secondo grado*, quadratic equation // (*fis.*) *— di moto, di stato*, equation of motion, of state // (*chim.*) *— chimica*, chemical equation // (*astr.*) *— annua*, annual equation // (*meteor.*) *— di equilibrio*, balance equation // (*econ.*): *— degli scambi*, equation of exchange (*o* quantity equation); *— del reddito*, income equation; *— della domanda internazionale*, equation of international demand; *— di Borsa*, Stock Exchange equation; *equazioni della produttività*, production functions // *stabilì un'— fra la loro visione elitaria dell'arte e le loro idee politiche*, (*fig.*) he drew an equation between their elitist view of art and their political ideas.

equestre *agg.* equestrian: *circo —*, circus; *sport equestri*, equestrian sports; *statua —*, equestrian statue // (*st. romana*) *ordine —*, equestrian order.

equi- *pref.* di origine latina che indica 'uguaglianza'; ingl. equi-: *equivalenza*, equivalence; *equinoziale*, equinoctial.

equiangolo *agg.* (*mat.*) equiangular.

equidistante *agg.* equidistant: *tutti i punti di una circonferenza sono equidistanti dal centro*, all the points on the circumference of a circle are equidistant from the centre // *cerca sempre di tenere un atteggiamento —*, he always tries to be moderate.

equidistanza *s.f.* equidistance (*anche fig.*): *l'— dei due partiti dal centro*, the equidistance of the two parties from the centre.

equidistare *v.intr.* to be equidistant.

equilatero *agg.* (*mat.*) equilateral.

equilibramento *s.m.* (*mecc.*) balancing, equilibration.

equilibrare *v.tr.* **1** to equilibrate; to balance (*anche fig.*): *— due pesi*, to balance two weights **2** (*comm.*) to balance, to equalize, to counterbalance: *— le entrate e le uscite*, to balance revenue and expenditure; *— il mercato*, (*amer.*) to clear the market **3** (*mar.*) to balance, to trim: *— uno scafo*, to trim a hull.

□ **equilibrarsi** *v.rifl.rec.* to equilibrate; to balance, to counterbalance (*anche fig.*): *i due carichi si equilibrano perfettamente*, the two loads balance each other out perfectly; *argomenti che si equilibrano*, arguments that counterbalance each other.

equilibrato *agg.* **1** in equilibrium, balanced: *un carico —*, a balanced load // *dieta equilibrata*, balanced diet **2** (*fig.*) well-balanced; even-tempered; (*di buon senso*) sensible: *ha un carattere —*, he has a well-balanced character; *nonostante tutto è un uomo ancora molto —*, despite everything he is still a well -balanced person; *un giudizio —*, balanced (*o* sound) judgement; *una critica equilibrata*, balanced criticism.

equilibratore *agg.* equilibrating, balancing: *svolgere una funzione equilibratrice*, to act as a balance ◆ *s.m.* **1** balancer **2** (*aer.*) elevator **3** (*mecc.*) equalizer, balancer, equilibrator: *— di spinta*, thrust equalizer **4** (*elettr.*) equalizer, balancer.

equilibratrice *s.f.* (*mecc.*) balancer, balancing machine.

equilibratura *s.f.* **1** (*mecc.*) balancing, equilibration: *— delle ruote*, wheel balancing **2** (*tel.*) balance.

equilibrio *s.m.* **1** balance, equilibrium, (equi)poise: *perdere l'—*, to lose one's balance; *far perdere l'— a qlcu.*, to throw s.o. off balance; *mantenere l'—, tenersi in —*, to keep one's balance; *tenersi in — su un piede*, to balance on one foot; *mettere, tenere qlco. in —*, to balance sthg.; *— politico fra i partiti*, political balance of the parties; *l'— dei poteri dello stato*, the balance of state power; *ristabilire l'— fra le due potenze*, to restore (*o* to redress) the balance between the two powers // *l'— di un complesso architettonico*, the balance between the parts of a building complex // (*econ.*): *— di mercato*, market equilibrium; *— instabile*, unstable equilibrium; *— concorrenziale*, competitive equilibrium; *— tra profitti e perdite*, balance between profits and losses; *— fra costi e ricavi*, cost-revenue balance **2** (*scient.*) equilibrium, balance; (*fis.*) *— stabile, instabile, indifferente*, stable, unstable, neutral equilibrium // (*chim.*) *— chimico*, chemical equilibrium // *— biologico*, environmental (*o* biological) balance **3** (*fig.*) (*assennatezza*) balance, equilibrium, composure, poise; common sense: *manca del tutto di —*, he is completely lacking in any kind of common sense; *in questa situazione ha dato prova di grande —*, in this situation he has shown great composure; *una persona piena di —*, a very stable person.

equilibrismo *s.m.* **1** (*giochi di equilibrio*) acrobatics (*pl.*); (*sulla corda*) tightrope walking **2** (*arte dell'equilibrista*) acrobatism **3** *— politico*, political tightrope walking.

equilibrista *s.m.* e *f.* equilibrist; acrobat; tightrope walker (*anche fig.*).

equimolale *agg.* (*chim.*) equimolal.

equimolare *agg.* (*chim.*) equimolar.

equimolecolare *agg.* (*chim.*) equimolecular.

equino *agg.* equine; horsy; horse (*attr.*): *carne equina*, horsemeat; *macelleria equina*, horse butcher's; *razza equina*, equine breed // (*med.*) *piede —*, clubfoot.

equinoziale *agg.* (*astr.*) equinoctial.

equinozio *s.m.* (*astr.*) equinox: *— d'autunno*, autumnal equinox; *— di primavera*, vernal (*o* spring) equinox.

equipaggiamento *s.m.* **1** equipment, gear, kit: *l'— di un atleta*, an athlete's kit; *— sciistico*, skiing gear **2** (*l'equipaggiare*) equipment, fitting-out, outfitting: (*mecc.*) *— di prova*, test set up **3** (*mar.*) rigging **4** (*elettr.*) equipment.

equipaggiare *v.tr.* **1** to equip, to fit out, to kit out: *— una spedizione*, to equip (*o* fit out) an expedition; *— soldati*, to equip soldiers **2** (*fornire di equipaggio*) to man: *— una nave*, to man a ship **3** (*mar., mecc.*) (*attrezzare*) to rig.

□ **equipaggiarsi** *v.rifl.* to equip oneself, to kit oneself out: *ti sei equipaggiato per l'inverno?*, have you kitted yourself out for the winter?; *— per il campeggio*, to kit oneself out to go camping.

equipaggiato *agg.* **1** equipped, fitted out, kitted out: *non era per niente equipaggiata per andare in moto*, she was simply not kitted out for motorbike riding **2** (*non com.*) (*provvisto di equipaggio*) manned **3** (*mar., mecc.*) rigged.

equipaggio *s.m.* **1** (*mar., aer.*) crew: *alloggi dell'—*, berths for the crew; *membro dell'—*, crew member; (*mar.*) *tutto l'— sul ponte!*, all hands on deck! **2** (*sport*) crew **3** (*antiq.*) (*carrozza*) equipage **4** (*non com.*) (*bagagli*) baggage, luggage; equipment (*anche mil.*) **5** (*partecipanti a una battuta di caccia*) hunting party; (*occorrente a una battuta di caccia*) equipment **6** (*mecc., elettr.*) (*parte, elemento*) element: *— mobile*, moving element.

equiparabile *agg.* comparable.

equiparare *v.tr.* (*rendere uguale*) to equalize, to make* equal, to level: *— gli stipendi*, to level salaries; *— gli operai agli impiegati*, to put workers and clerical staff on the same footing.

equiparato *agg.* equivalent: *diritti equiparati*, equivalent rights.

equiparazione *s.f.* (*eguagliamento*) equalization, equalizing, levelling out: *l'— di due classi di lavoratori*, the equalizing of two types of worker.

equipartizione *s.f.* (*fis.*) equipartition: *— dell'energia*, equipartition of energy.

équipe *s.f.*(*fr.*) **1** team: *un'— di medici*, a team of doctors; *l'— dei meccanici della Ferrari*, the Ferrari team of mechanics; *lavorare in —*, to work as a team; *lavoro d'—*, teamwork **2** (*sport*) team, side: *una forte — ciclistica*, a strong cycling team.

equipollente *agg.* equipollent; (*equivalente*) equivalent: *licenza liceale o altro titolo —*, high school diploma or equivalent.

equipollenza *s.f.* equipollence, equipollency; (*uguaglianza*) equivalence.

equipotenziale *agg.* equipotential (*anche fis.*).

equiseto *s.m.* (*bot.*) equisetum*; (*pop.*) horsetail.

equisonanza *s.f.* (*mus.*) equisonance.

equità *s.f.* equity, fairness (*anche dir.*); justice, justness, impartiality: *non posso, per —...*, in all fairness I cannot...; *riconosco l'— di questa domanda*, I acknowledge the fairness (*o* justness) of this request; *l'— di una decisione*, the fairness of a decision; *— fiscale*, equity of taxation.

equitativo *agg.* equitable.

equitazione *s.f.* **1** riding, horse-riding: *campo d'—*, riding ground; *maestro d'—*, riding teacher (*o* master); *scuola d'—*, riding school; *fate dell'—?*, do you ride? **2** (*arte*) horsemanship; equitation.

equivalente *agg.* **1** equivalent (*anche mat.*); tantamount: *valore —*, equal value; *la sua richiesta era — a un comando*, his request was tantamount to a command **2** (*cartografia*) equal-area (*attr.*): *proiezione —*, equal-area (map) projection ◆ *s.m.* **1** equivalent: *dare l'— in denaro*, to give the equivalent in money; *non trovo l'— esatto di questa parola francese*, I cannot find the exact equivalent of this French word; (*trib.*) *— fiscale*, tax equivalent **2** (*chim.*) equivalent (weight), combining weight.

equivalenza *s.f.* equivalence (*anche chim.*): (*mat.*) *relazione d'—*, equivalence relation.

equivalere *v.intr.* to be equivalent, to be equal in value, to be tantamount; to be the same as: *questo equivale a dire che...*, that is the same as saying that...; *la tua risposta equivale a un rifiuto*, your reply is tantamount to a refusal.

□ **equivalersi** *v.rifl.rec.* to be equivalent, to be equal in value; to come* to the same thing; to have the same meaning: *i due metodi si equivalgono*, the two methods come to the same thing; *parole che si equivalgono*, words that have the same meaning; *questi oggetti si equivalgono*, these objects are equal in value.

equivocabile *agg.* equivocal, deceptive.

equivocamente *agg.* equivocally, ambiguously.

equivocare *v.intr.* (*fraintendere*) to misunderstand*, to misinterpret; (*sbagliarsi*) to be mistaken: *— sul significato di qlco.*, to mistake (*o* to misinterpret) the meaning of sthg.

equivocità *s.f.* ambiguity, equivocation.

equivoco *agg.* **1** ambiguous, equivocal: *una risposta equivoca*, an ambiguous reply **2** (*dubbio, sospetto*) suspicious, doubtful, questionable: *reputazione equivoca*, doubtful reputation; *uomo —*, suspicious man ◆ *s.m.* (*ambiguità*) ambiguity, equivocation; (*malinteso*) misunderstanding: *senza —*, unequivocally (*o* unambiguously); *c'è stato un —*, there has been a misunderstanding; *c'era possibilità di — nella sua risposta*, there was an element of ambiguity in his reply; *non c'è possibilità di —*, there are no two ways about it; *non c'è possibilità di — su quanto ha detto*, there is no mistaking what he has said; *chiarire, dar luogo a un —*, to explain, to give rise to a misunderstanding; *giocare sull'—*, to equivocate; *per evitare ogni —, a scanso d'—*, to avoid any misunderstanding (*o* to know exactly where we stand).

equo *agg.* **1** fair, just; reasonable, impartial: *equa ricompensa*, fair (*o* just) reward; *richiesta equa*, reasonable claim; *è un uomo —*, he is an impartial (*o* a fair) man **2** (*dir.*) equitable, rightful.

era *s.f.* era (*anche geol.*); (*epoca*) epoch; (*età*) age: *l'— cristiana*, the Christian era; *l'— atomica*, the atomic age; (*geol.*) *l'— paleozoica*, the Paleozoic era; *nella nostra —*, in our age; *una nuova — di civiltà*, a new era of civilization; *l'— in cui viviamo*, the age we live in; *la teoria di Einstein segna una nuova —*, Einstein's theory marks a new epoch (*o* era).

eracliteo *agg.* Heraclitean.

erariale *agg.* fiscal, revenue (*attr.*): *imposte erariali*, revenue taxes; *introiti erariali*, revenues; *diritto —*, revenue tax // (*dir.*) *avvocato —*, public prosecutor (representing the government).

erario *s.m.* revenue, treasury; (*in Gran Bretagna*) the Exchequer: *— pubblico*, national (*o* inland) revenue; *le entrate dell'—*, revenue receipts.

erasmiano *agg.* Erasmian.

erastianesimo *s.m.* (*teol.*) Erastianism.

erba *s.f.* **1** grass; (*medicinale, aromatica*) herb; (*infestante*) weed: *coperto d'—*, grassy (*o* turfy); *ricoprire d'—*, to grass; *filo d'—*, blade of grass; *tagliare, fare l'—*, to cut (*o* to mow) the grass; *erbe aromatiche*, sweet herbs; *infuso d'erbe*, herbal (*o* herb-) tea; *mangiare sull'—*, to have a picnic; *tenere a — un cavallo*, to put a horse out to grass // *d'—*, herbal; *senza —*, herbless // *in —*, green (*o* unripe), (*fig.*) budding: *grano in —*, green corn; *un campione in —*, a budding champion; *un dottore in —*, a budding physician (*o* doctor) // *vietato calpestare l'—*, (please) keep off the grass // *fare d'ogni — un fascio*, to generalize // *l'— voglio non cresce neanche nel giardino del re*, (*prov.*) you can't have everything you want // *l'— del vicino è sempre più verde*, (*prov.*) the grass is always greener on the other side of the fence **2** (*bot. pop.*): — *amara*, (*Chrysanthemum balsamita*) costmary (*o* rosemary); — *benedetta*, (*Geum urbanum*) avens-root; — *calderina*, (*Senecio vulgaris*) groundsel; — *cali, soda*, (*Salsola kali*) glasswort (*o* kali); — *cervina*, (*Nardus stricta*) moor mat-grass; — *cicutaria*, (*Erodium cicutarium*) stork's-bill; — *cimicina*, (*Geranium robertianum*) crane's bill; — *cipollina*, (*Allium schoenoprasum*) chive; — *cristallina*, (*Mesembryanthemum crystallinum*) ice plant; — *del cucco*, (*Silene inflata*) bladder-campion; — *di San Giovanni*, (*Hypericum perforatum*) Aaron's beard (*o* great St. John's wort); — *di San Lorenzo*, (*Ajuga reptans*) bugle; — *di San Giacomo*, (*Senecio jacobaea*) ragwort; — *di San Pietro*, (*Crithmum maritimum*) samphire; — *di Venere*, (*Acorus calamus*) calamus; — *fragolina*, (*Sanicula europaea*) sanicle; — *fumaria*, (*Adoxa moschatellina*) moschatel; — *galletta*, (*Lathyrus pratensis*) vetchling; — *grata*, (*Potamogeton pusillus*) baby pondweed; — *guada*, (*Reseda luteola*) weld; — *luisa*, (*Lippia citrodora*) lemon verbena; — *mazzolina*, (*Dactylis glomerata*) cock's foot; — *medica*, (*Medicago sativa*) alfalfa (*o* lucerne); — *morella*, (*Solanum nigrum*) morel; — *moscatella*, (*Salvia sclarea*) clary; — *peperina*, (*Filipendula hexapetala*) dropwort; — *querciola*, (*Teucrium chamaedrys*) wall germander; — *renaiola*, (*Spergula arvensis*) spurry; — *sana*, (*Hypericum androsaemum*) tutsan; — *vellutina*, (*Cynoglossum officinale*) dog's (*o* hound's) tongue; — *vettonica*, (*Agrimonia eupatoria*) agrimony; — *zolfina*, (*Galium verum*) cheese-rennet // — *da gatti, da porri, dei dolori, impaziente, lucciola ecc.* → gatto, porro, dolore, impaziente, lucciola *ecc.* **3** (*gergo*) (*marijuana*) grass; pot.

erbaccia *s.f.* weed: *privo d'erbacce*, weedless; *coperto d'erbacce*, weedy; *abbondanza d'erbacce*, weediness; *un giardino invaso dalle erbacce*, a garden overgrown with weeds; *pulire un giardino, un'aiuola dalle erbacce*, to weed a garden, a (flower) bed.

erbaceo *agg.* herbaceous, herby, graminoid: *vegetazione erbacea*, herbage.

erbaggio *s.m.* vegetable; herb // *gli erbaggi*, vegetables (*o* greens *o* potherbs).

erbaiolo *s.m.* (*non com.*) (*venditore di erbaggi*) greengrocer.

erbario *s.m.* **1** (*bot.*) herbarium* **2** (*libro*) herbal.

erbatico *s.m.* (*dir.*) herbage; right of pasture (on public land); grazing rights (*pl.*).

erbato *agg.* grassy, meadowy: *terreno* —, meadowland (*o* grassland).

erbatura *s.f.* grass-growing period, grass-growing time.

erbetta *s.f.* **1** new grass **2** (*region.*) → bietola 2 **3** (*region.*) → prezzemolo.

erbicida *s.m.* (*chim.*) herbicide, weed killer, weedicide.

erbifero *agg.* (*bot.*) herbiferous.

erbio *s.m.* (*chim.*) erbium.

erbivendola *s.f.* **erbivendolo** *s.m.* greengrocer.

erbivoro *agg.* (*zool.*) herbivorous; graminivorous ◆ *s.m.* herbivore.

erborazione *s.f.* herborization.

erborinato *agg.* marbled: *formaggio* —, cheese with blue-green marbling.

erborista *s.m.* e *f.* herborist; herbalist.

erboristeria *s.f.* **1** preparation of (medicinal) herbs **2** (*negozio*) herbalist's shop.

erboristico *agg.* herb (*attr.*), herbal.

erborizzatore *s.m.* → **erborista**.

erborizzazione → **erborazione**.

erboso *agg.* grassy, herbose, herbous; swarded; turfy: *terreno* —, grassland.

ercinico *agg.* (*geol.*) Hercynian.

ercogamia *s.f.* (*bot.*) hercogamy.

ercolanense *agg.* Herculanean.

Ercole *no.pr.m.* (*mit.*) Hercules: *le dodici fatiche di* —, the twelve labours of Hercules // *colonne d'*—, Pillars of Hercules // *una fatica d'*—, (*fig.*) a Herculean task ◆ **ercole** *s.m.* Hercules: *è un* —, he is a Hercules.

ercolino[1] *s.m.* (*scherz.*) (*bambino*) strong little boy; (*uomo*) small muscular man.

ercolino[2] *agg.* Herculean, strong, muscular: *avere una corporatura ercolina*, to be strongly built.

erculeo *agg.* Herculean.

erebo *s.m.* (*mit.*) Erebus.

erede *s.m.* **1** (*dir.*) heir: — *di diritto*, heir apparent; — *legittimo*, heir-at-law; — *presunto*, heir presumptive; — *universale*, sole heir; — *illegittimo*, wrongful heir; — *beneficiato*, heir who accepts with benefit of inventory; — *testamentario*, testamentary heir; — *legittimario, necessario*, forced heir (*o* heir necessarius); *costituire, nominare* — *qlcu.*, to nominate, to appoint s.o. heir; *senza eredi*, heirless; *essere* — *di qlco.*, to be heir to sthg. (*anche fig.*) **2** (*fam.*) (*figlio*) son and heir: *quando nascerà l'*—*?*, when is the baby (*o* the son and heir) due? **3** (*fig.*) (*successore*) heir, successor: *gli eredi di Freud*, Freud's successors ◆ *s.f.* heiress.

eredità *s.f.* **1** (*dir.*) inheritance; (*asse ereditario*) hereditament, legal assets (*pl.*): *lasciare in* —, to bequeath; *ricevere in* — *qlco.*, to receive (*o* to get) sthg. by inheritance (*o* to inherit sthg.); *entrare in possesso dell'*—, to take (*o* to come into possession) of one's inheritance; — *giacente*, lying estate (*o* vacant succession *o* estate in abeyance); — *beneficiata*, inheritance with benefit of inventory **2** (*fig.*) heritage: *raccogliere l'*— *spirituale di qlcu.*, to be s.o.'s spiritual heir **3** (*biol.*) inheritance, heredity.

ereditabile *agg.* inheritable, hereditable; heritable (*anche dir.*).

ereditabilità *s.f.* (*dir.*) inheritability.

ereditare *v.tr.* to inherit (*anche dir.*); to come* into an inheritance.

ereditariamente *avv.* hereditarily: *entrare in possesso di qlco.* —, to inherit sthg.; *accedere* — *a una carica*, to inherit a position.

ereditarietà *s.f.* **1** hereditariness; heredity: *l'*— *di un titolo nobiliare*, the hereditariness of a (noble) title **2** (*biol.*) heredity.

ereditario *agg.* hereditary (*anche dir.*): *malattia ereditaria*, hereditary disease; *beni ereditari*, inherited property (*o* patrimony of a deceased person); *asse* —, legal assets (*o* hereditament); *principe* —, Crown Prince (*o* Prince Royal), (*in Gran Bretagna*) Prince of Wales.

ereditiera *s.f.* heiress.

eremita *s.m.* e *f.* hermit, anchoret, anchorite (*anche fig.*): *vivere come un* —, to live like a hermit; *andare a fare l'*—, (*fam.*) to become a recluse.

eremitaggio *s.m.* hermitage, retreat; hideaway (*anche fig.*).

eremitano *agg.* hermit (*attr.*).

eremitico *agg.* hermitic(al): *una cella eremitica*, a hermit's cell.

eremo *s.m.* **1** hermitage; (*monastero*) monastery **2** (*fig.*) hermitage, retreat: *ritirarsi nel proprio* —, to retire to one's retreat.

eresia *s.f.* **1** heresy **2** (*sproposito*) big blunder; (*sciocchezza*) nonsense [U], rubbish [U]: *ma non dire eresie!*, don't talk nonsense (*o* rubbish)! // *ma è un'*— *il prezzo di quell'abito!*, isn't the price of that dress absurd (*o* preposterous)? // *che eresie!*, (*fam.*) what nonsense!

eresiarca *s.m.* heresiarch.

eresiologia *s.f.* heresiology.

eresiologo *s.m.* heresiologist.

eresipela, **eresipola** → **erisipela**.

ereticale *agg.* heretical.

eretico *agg.* heretical ◆ *s.m.* **1** heretic **2** (*fam.*) (*miscredente*) heretic, misbeliever.

eretismo *s.m.* (*med.*) erethism.

eretistico *agg.* (*med.*) erethismic, erethistic, erethitic.

erettile *agg.* erectile.

eretto *agg.* **1** erect; upright: *tenere il capo* —, to hold up one's head (*o* to hold one's head up high); *tenere il busto* —, to hold oneself erect (*o* upright); *avere il portamento* —, to walk tall **2** (*costruito*) erected, built: *un palco* — *nel mezzo di una piazza*, a platform erected in the middle of a square; *un monumento* — *ai caduti*, a war memorial **3** (*istituito, fondato*) founded, established: — *in ente*, incorporated.

erettore *s.m.* (*anat.*) (*muscolo*) —, erector.

erezione *s.f.* **1** (*costruzione*) erection, building **2** (*med.*) erection **3** (*fondazione*) foundation, establishment: — *in municipalità*, incorporation.

erg[1] *s.m.* (*fis.*) erg.

erg[2] *s.m.* (*geogr.*) erg.

ergastolano *s.m.* convict serving a life sentence; life convict; (*fam.*) lifer: *una rivolta di ergastolani*, a revolt (*o* rebellion) by life convicts.

ergastolo *s.m.* **1** (*prigione*) prison (for those serving life sentences) **2** (*pena, condanna*) life imprisonment; life sentence; penal servitude for life: *fu condannato all'*—, he was sentenced to life imprisonment.

ergativo *agg.* e *s.m.* (*ling.*) ergative.

ergere *v.tr.* **1** (*letter.*) (*innalzare*) to raise **2** (*erigere*) to erect.

□ **ergersi** *v.rifl.* o *intr.pron.* (*innalzarsi*) to rise*.

ergo *cong.* therefore; ergo.

ergodico *agg.* (*fis., mat.*) ergodic: *processo* —, ergodic process.

ergometro *s.m.* (*fis.*) ergometer.

ergonomia *s.f.* ergonomics [U].

ergonomico *agg.* ergonomic.

ergosterina *s.f.* **ergosterolo** *s.m.* (*chim.*) ergosterol.

ergotecnica *s.f.* the practical application of ergonomics; applied ergonomics [U].

ergoterapia *s.f.* (*med.*) ergotherapy.

ergotina *s.f.* (*chim.*) ergotine.

ergotinina *s.f.* (*chim.*) ergotinine.

ergotismo *s.m.* (*med.*) ergotism.

erica *s.f.* (*bot.*) (*Erica arborea*) heather, heath; brier: — *bianca*, white heather; (*in Scozia*) lucky heather; *coperto d'—*, *simile all'—*, heathery.

erigendo *agg.* (*costruendo*) to be built (*pred.*); (*istituendo*) to be founded (*pred.*).

erigere *v.tr.* **1** to erect; (*costruire*) to build*, to construct; (*innalzare*) to raise, to put* up: — *un monumento*, *una chiesa*, to put up (*o* to erect) a monument, a church **2** (*fondare*, *istituire*) to found, to establish, to set* up: — *un ospedale*, to build a hospital **3** (*elevare*) to raise the status of (sthg.), to raise to the status of (sthg.): *il territorio fu eretto a ducato*, the territory's status was raised to that of a dukedom. □ **erigersi** *v.rifl.* **1** (*drizzarsi*) to straighten (oneself) up; to stand* up (straight); to get* up **2** (*fig.*) to claim to be (s.o., sthg.), to set* oneself up as: *si erige a difensore della libertà*, he claims to be (*o* he poses as) a champion of liberty.

erinni *s.f.* (*mit.*) Erinys (*pl.* -yes); Fury.

erioforo *s.m.* (*bot.*) cottongrass.

eriometro *s.m.* eriometer.

erisipela *s.f.* (*med.*) erysipelas.

eristica *s.f.* (*fil.*) eristic, polemics [U], sophistry.

eristico *agg.* (*fil.*) eristic, polemical, sophistic ◆ *s.m.* eristic, polemicist.

eritema *s.m.* (*med.*) erythema.

eritematoso *agg.* (*med.*) erythematous.

eritrasma *s.m.* (*med.*) erythrasma.

eritremia *s.f.* (*med.*) erythremia.

eritreo *agg.* e *s.m.* Eritrean.

eritrina *s.f.* **1** (*chim.*) erythrine **2** (*min.*) → eritrite.

eritrite *s.f.* (*min.*) erythrite, erythrine.

eritritolo *s.m.* (*chim.*) erythrol, erythritol.

eritroblasto *s.m.* (*biol.*) erythroblast.

eritroblastosi *s.f.* (*med.*) erythroblastosis.

eritrocita *s.m.* (*anat.*) erythrocyte.

eritrocitosi *s.f.* (*med.*) erythrocytosis.

eritrofobia *s.f.* (*psic.*) erythrophobia.

eritromicina *s.f.* (*chim.*) erythromycin.

eritropoiesi *s.f.* (*biol.*) erythropoiesis.

eritropsia *s.f.* (*med.*) erythropsia.

eritrosedimentazione *s.f.* (*med.*) erythrosedimentation.

eritrosi *s.f.* (*med.*) erythrosis.

eritrosina *s.f.* (*chim.*) erythrosin.

erma *s.f.* (*archeol.*) herma*.

ermafroditismo *s.m.* (*biol.*) hermaphroditism, hermaphrodism.

ermafrodito *agg.* **1** (*biol.*) hermaphrodite, hermaphroditic(al) **2** (*zool.*) monoecious **3** (*spreg.*) pansy, nancy ◆ *s.m.* **1** hermaphrodite **2** (*spreg.*) pansy boy, nancy boy.

ermellinato *agg.* **1** with black and white patches **2** (*arald.*) ermined.

ermellino *s.m.* **1** (*zool.*) (*Mustela erminea*) ermine; stoat // *candido come un —*, (*fig.*) as white as ermine **2** (*pelliccia*) ermine: *una stola di —*, an ermine stole **3** (*arald.*) ermine.

ermeneuta *s.m.* e *f.* hermeneut.

ermeneutica *s.f.* hermeneutics [U].

ermeneutico *agg.* hermeneutic(al): *metodo —*, hermeneutic method.

ermeticamente *avv.* **1** hermetically: *recipiente chiuso —*, hermetically sealed container **2** (*fig.*) obscurely, incomprehensibly: *si esprime sempre molto —*, he's always very obscure in the way he expresses himself.

ermeticità *s.f.* **1** airtight closure, hermetic closure; airtight sealing, hermetic sealing **2** (*fig.*) obscurity: *l'— del suo discorso mi ha irritato*, the obscurity of his speech annoyed (*o* irritated) me.

ermetico *agg.* **1** (*tecn.*) hermetic, airtight; (*a tenuta d'acqua*) watertight; (*a tenuta di gas*) gastight: *chiusura ermetica*, hermetic seal (*o* airtight closure); *contenitore —*, hermetic (*o* airtight) container **2** (*fig.*) obscure: *un volto —*, an inscrutable face; *un testo —*, an obscure text; *è difficile capirlo, è sempre così —*, it's difficult to understand him, he's always so obscure **3** (*lett.*) belonging to 'Ermetismo' (modern Italian school of obscure poetry) **4** (*fil.*) hermetic ◆ *s.m.* (*lett.*) hermetic poet, hermetic writer, hermetic thinker.

ermetismo *s.m.* **1** obscurity: *l'— di un'espressione*, the inscrutability of an expression **2** (*lett.*) 'Ermetismo' (Italian school of obscure poetry) **3** (*fil.*) hermetism, hermeticism.

ermo *agg.* (*poet.*) solitary.

ernia *s.f.* (*med.*) hernia*; rupture: — *del disco*, slipped (*o* herniated) disc; — *strozzata*, strangulated hernia.

erniario *agg.* (*med.*) hernial // *cinto —*, truss.

ernioso *agg.* (*med.*) herniated.

erniotomia *s.f.* (*med.*) herniotomy.

ero *s.f.* (*sl.*) (*eroina*) hero, horse, smack, shit.

erodere *v.tr.* to erode; to wear* away: *l'acqua erode le pietre*, water wears away (*o* erodes) stones.

erodoteo *agg.* Herodotean.

eroe *s.m.* **1** hero*: *culto degli eroi*, hero worship; *comportarsi da —*, to act like a hero; *morire da —*, to die a hero's death (*o* to die like a hero); *non ti conviene fare troppo l'—*, I wouldn't act the hero too much if I were you; *dopo questa avventura si sente un —*, he feels a hero after this adventure; — *da operetta*, paper tiger (*o* stage hero *o* operetta hero); *tuo cugino era l'— della serata*, (*scherz.*) your cousin was the man of the evening; *con questo atto sei diventato l'— del giorno*, (*scherz.*) doing that has made you the hero of the hour **2** (*protagonista di una narrazione*) hero*, protagonist, main character: *l'— romantico*, the Romantic hero.

erogabile *agg.* **1** (*destinabile*) distributable; available for donation; earmarked, reserved, set aside: *una parte dei fondi è — a favore degli orfani*, part of the funds is earmarked (*o* reserved) for orphans **2** (*idraulica*, *elettr.*) deliverable; suppliable.

erogabilità *s.f.* suppliability, deliverability.

erogare *v.tr.* **1** to supply, to distribute; (*una somma*) to disburse, to allocate, to pay* out; (*concedere*) to grant; (*donare*) to donate: — *una gratifica*, to grant a bonus; — *fondi*, to allocate funds; *il comune erogò una forte somma*, the Town Council paid out a large amount of money **2** (*idraulica*, *elettr.*) to deliver; to supply, to provide.

erogatore *agg.* distributing, supplying ◆ *s.m.* distributor; donator // — *dell'aria*, air supply valve.

erogazione *s.f.* **1** disbursement, allocation; endowment; (*somma erogata*) grant, bestowal, earmarking; (*dir.*) assignment // (*fin.*): — *di un prestito*, disbursement of a loan; — *di denaro*, allotment of money; — *finanziaria*, out -of-pocket expense, (*sovvenzione*) financial aid **2** (*di luce*, *acqua ecc.*) supply: *l'— del gas*, the gas supply.

erogeno *agg.* erogenous: *le zone erogene del corpo*, the body's erogenous zones.

eroicamente *avv.* heroically: *sopportò — il tremendo dolore*, he bore the terrible pain heroically.

eroicizzare *v.tr.* (*rar.*) to heroize, to make* a hero of (s.o.).

eroico *agg.* heroic: *atti eroici*, heroic deeds; *età eroica*, heroic age; *una morte eroica*, a heroic death (*o* a hero's death); *avere una pazienza eroica*, to have the patience of a saint; *ha preso una decisione eroica*, he has made a courageous decision // *poesia eroica*, epic poetry; *verso —*, heroic verse (*o* couplet).

eroicomico *agg.* (*lett.*) heroicomic, mock -heroic.

eroina[1] *s.f.* **1** heroine: *il processo fece di lei un'—*, the trial made a heroine of (*o* out of) her **2** (*estens.*) (*protagonista*) heroine; (*teatr.*) leading lady.

eroina[2] *s.f.* (*chim.*) heroin.

eroinomane *s.m.* e *f.* heroin addict.

eroinomania *s.f.* heroin addiction.

eroismo *s.m.* heroism: *l'— dei soldati in guerra*, the heroism of soldiers at war; *bell'—! starsene tranquillo senza rischi*, (*iron.*) how heroic! an easy life without any risks.

erompere *v.intr.* to burst* forth, to burst* out, to break* out; (*precipitarsi fuori*) to rush out, to burst* out: *eruppe in parole d'ira*, he burst out angrily; *la folla eruppe attraverso i cancelli*, the crowd burst out through the gates.

eros *s.m.* **1** (*fil.*) Eros, sexual love **2** (*psic.*) Eros, sexual instinct, sexual drive.

erosione *s.f.* erosion (*anche fig.*); (*a opera dell'acqua*) wash // (*geol.*) — *accelerata*, accelerated erosion; — *eolica*, wind erosion; — *regressiva*, headward erosion // (*econ.*) *l'— dei redditi a causa dell'inflazione*, the erosion of income due to inflation.

erosivo *agg.* (*che causa erosione*) erosive; (*geol.*) erosional.

eroticità *s.f.* eroticism: *l'— di un film*, the erotic character of a film.

erotico *agg.* erotic: *film —*, erotic film // *cibo —*, aphrodisiac food.

erotismo *s.m.* eroticism.

erotizzare *v.tr.* (*psic.*) to erotize.

erotizzazione *s.f.* (*psic.*) erotization.

erotomane *s.m.* e *f.* erotomaniac.

erotomania *s.f.* (*med.*) erotomania.

erpete *s.m.* (*med.*) herpes.

erpetico *agg.* (*med.*) herpetic.

erpetologia *s.f.* herpetology.

erpetologo *s.m.* herpetologist.

erpicare *v.tr.* (*agr.*) to harrow, to drag, to brake.

erpicatura *s.f.* (*agr.*) harrowing.

erpice *s.m.* (*agr.*) harrow, drag, brake: — *a dischi*, disc harrow.

errabondo *agg.* (*letter.*) wandering, rambling, roaming.

errante *agg.* wandering, roving, roaming, errant: *cavaliere* —, knight errant; *pensieri erranti*, wandering (*o* roaming) thoughts // *l'Ebreo* —, the Wandering Jew.

errare *v.intr.* **1** (*vagare*) to wander (about, around), to roam (about, around, through), to ramble, to rove, to stroll (about): *errava in un bosco*, he was wandering through a wood; — *per i boschi*, to roam through the woods; *errava tutto solo per le strade*, he wandered the streets all alone; — *con lo sguardo, con la fantasia*, to let one's gaze, one's imagination wander; — *per il mondo*, to wander over the world (*o* to wander the world); — *per terra e per mare*, to rove over land and sea **2** (*sbagliare*) to make* mistakes, to be mistaken; to be wrong; (*form.*) to err: *se affermi ciò, erri*, if you say that, you are mistaken; — *è umano*, to err is human; *se non vado errando, io e te ci siamo già visti*, if I'm not mistaken, we've already met; *per favore, se erro correggetemi*, please correct me if I'm wrong (*o* if I make a mistake please tell me); *il suo numero di telefono è cambiato, se non erro*, if I'm not mistaken, his telephone number has changed **3** (*letter.*) (*deviare*) to stray, to deviate ♦ *v.tr.* (*non com.*) (*sbagliare*) to mistake*.

errata-corrige *s.m.* errata (*pl.*), corrigenda (*pl.*).

erratamente *avv.* mistakenly, erroneously; wrongly.

erratico *agg.* **1** (*nomade*) wandering, nomadic: *selvaggina erratica*, nomadic game **2** (*geol.*) erratic: *masso* —, erratic boulder.

errato *agg.* wrong, incorrect; false; mistaken: *numero* —, wrong number; *ho ricevuto informazioni errate sul tuo conto*, I have had incorrect (*o* false) information about you; *un giudizio* —, a mistaken judgement; *un calcolo* —, an error in calculation; *avere l'errata impressione...*, to be under the mistaken impression... // *se non vado* —..., if I'm not mistaken... // (*econ.*): *errata valutazione dei redditi*, incorrect assessment on income; *errata allocazione delle risorse*, misallocation of resources // (*amm.*) *errata gestione*, mismanagement.

erre *s.f.* o *m.* letter R.

erroneamente *avv.* erroneously, by mistake; wrongly; incorrectly: *giudicare — le persone*, to judge people wrongly; *credevo, —, di averlo già incontrato*, I thought, incorrectly (*o* wrongly), that I had already met him.

erroneità *s.f.* erroneousness, wrongness, incorrectness.

erroneo *agg.* erroneous; (*sbagliato*) wrong, incorrect, mistaken: (*dir.*) *il giudice diede istruzioni erronee alla giuria*, the judge misdirected the jury; *erronea interpretazione della legge*, misconstruction of the law.

errore *s.m.* **1** (*morale*) error, fault; (*peccato*) sin: *un — di giudizio, di valutazione*, an error of judgement; *errori giovanili*, errors of youth; *pentirsi dei propri errori*, to repent (*o* to regret) one's errors **2** (*sbaglio*) mistake; error (*anche inform.*); (*svista*) slip; (*errore grossolano*) blunder: — *di ortografia*, spelling mistake; — *di stampa*, misprint (*o* printer's error); — *di trascrizione*, clerical error (*o* slip of the pen); — *di calcolo*, miscalculation; — *accidentale, casuale*, accidental error; *per* —, by mistake; *essere in* —, to be in error (*o* mistaken); *fare un* —, to make a mistake; *è stato un — dirglielo*, it was a mistake to tell her; *non sono sempre gli errori umani che causano gli incidenti*, human error is not always the cause of accidents // (*stat.*): — *di campionamento*, error of sampling; — *di specificazione*, specification error; — *residuo*, residual error; — *sistematico*, systematic error (*o* bias); — *standard*, standard error // (*dir.*): — *giudiziario*, miscarriage of justice; — *di diritto, di fatto*, mistake of law, of fact // *salvo* —, error excepted: *salvo errori ed omissioni*, errors and omissions excepted **3** (*letter.*) (*l'errare*) wandering.

erta *s.f.* **1** steep slope, incline, ascent **2** *all'—!*, look out!: *stare all'*—, to be on the lookout (*o* to be on one's guard *o* to be on the alert), (*essere guardinghi, prudenti*) to be wary.

ertezza *s.f.* (*non com.*) steepness, precipitousness.

erto *agg.* steep, precipitous: *erta collina*, steep hill.

erubescente *agg.* (*letter.*) erubescent, reddening; (*che arrossisce*) blushing; flushing, reddening.

erudire *v.tr.* **1** (*istruire*) to teach*, to educate **2** (*scherz.*) (*informare*) to teach*, to enlighten: *non ne so niente, eruddiscimi!*, I don't know anything, enlighten me!

□ **erudirsi** *v.intr.pron.* to acquire knowledge; to become* educated, to become* well versed (in sthg.).

eruditismo *s.m.* minute knowledge; useless erudition; pedantry.

erudito *agg.* learned, scholarly, erudite: *è un uomo molto* —, he's a very erudite man; *ricerca erudita*, scholarly research ♦ *s.m.* scholar, man of learning; (*spreg.*) pedant.

erudizione *s.f.* erudition, learning; scholarship: — *storica*, historical learning; *fare sfoggio di* —, to make a show of one's learning // *questa non è cultura, ma solo —!*, it's not real learning, it's just pedantry!

eruttamento *s.m.* **1** → eruzione **2** (*il ruttare*) belching, burping; (*form.*) eructation.

eruttare *v.tr.* **1** (*di vulcano*) to erupt; to throw* out: *il vulcano eruttò molta cenere*, the volcano threw out a lot of ash **2** (*emettere*) to belch out, to pour out **3** (*fig.*) (*far uscire dalla bocca*) to spew out: — *insulti*, to spew out insults ♦ *v.intr.* (*non com.*) to belch; (*form.*) to eruct.

eruttazione *s.f.* (*il ruttare*) belching; (*form.*) eructation.

eruttivo *agg.* **1** (*geol.*) eruptive; igneous: *roccia eruttiva*, eruptive (*o* igneous) rock; (*astr.*) *stella variabile, eruttiva*, eruptive, variable star **2** (*med.*) eruptive.

eruzione *s.f.* **1** (*geol.*) eruption; (*di pozzo petrolifero*) blowout: — *lineare*, fissure eruption; — *vesuviana, pliniana*, Plinian eruption // (*ingegneria petrolifera*) *croce di* —, Christmas tree **2** (*med.*) eruption, rash.

erziano → **hertziano**.

Es *s.m.* (*psic.*) Es.

esa- *pref.* di origine greca che significa 'sei' o 'composto di sei'; ingl. hex(a)-: *esagonale*, hexagonal; *esadecimale*, hexadecimal; *esastilo*, hexastyle; *esavalente*, hexavalent.

esacerbamento *s.m.* → **esacerbazione**.

esacerbare *v.tr.* **1** (*rendere più duro*) to increase, to intensify, to make* worse: — *una pena*, to increase a punishment **2** (*rendere più grave*) to exacerbate, to aggravate, to make* worse: — *una ferita*, to exacerbate a wound **3** (*fig.*) to exasperate, to irritate, to exacerbate, to embitter.

□ **esacerbarsi** *v.intr.pron.* to grow* worse, to be embittered, to be exasperated: *i rapporti tra le due nazioni si sono esacerbati*, relations between the two nations have become embittered.

esacerbato *agg.* exacerbated, irritated, exasperated, embittered.

esacerbazione *s.f.* embitterment, exacerbation, irritation, exasperation.

esacloroetano *s.m.* (*chim.*) hexachloroethane.

esaclorofene *s.m.* (*chim.*) hexachlorophene.

esacordo *s.m.* (*st. mus.*) hexachord.

esadecimale *agg.* (*inform.*) hexadecimal.

esaedro *s.m.* (*mat.*) hexahedron.

esafonico → **esatonale**.

esagerare *v.tr.* to exaggerate; (*accentuare*) to overemphasize; (*gonfiare*) to inflate, to overstate: *non — le difficoltà del tuo compito*, do not exaggerate (*o* overstate) the difficulties of your task; — *le conseguenze di un incidente*, to exaggerate (*o* to inflate) the consequences of an accident ♦ *v.intr.* to go* too far, to exceed; to overdo* (sthg.): *tu esageri nella modestia*, you carry your modesty too far (*o* you overdo your modesty); *Non —! È solo un graffio!*, Don't exaggerate! It's only a scratch; *Adesso basta! Non —!*, That's enough! Don't go too far!; *hai esagerato con lo zucchero*, you overdid the sugar.

esageratamente *avv.* exaggeratedly, excessively: *questo cappello è — caro*, (*fam.*) this hat is far too expensive; *hai mangiato* —, you have overeaten (*o* you have eaten too much); *lavora* —, he works ridiculously hard.

esagerativo *agg.* (*non com.*) exaggerating.

esagerato *agg.* exaggerated, overstated, overdone; (*eccessivo*) immoderate, excessive; exorbitant: *un prezzo* —, an exorbitant price ♦ *s.m.* exaggerator: *sei un —!*, you go too far!; *sei il solito —!*, you're exaggerating as usual // *Che —! Ha mangiato tutto!*, What a pig! He has eaten the lot!

esagerazione *s.f.* exaggeration; (*nel descrivere, nel definire*) overstatement: *il tuo discorso è pieno di esagerazioni*, your speech is full of overstatements // *senza* —, without exaggerating: *ci saranno state, senza —, 2000 persone*, without exaggerating (*o* I'm not exaggerating) there must have been 2000 people // *quella pelliccia costa un'*—, that fur coat costs a bomb // *ne ha mangiati un'— e poi è stato male*, he ate too many of them, and then felt ill.

esagerone *s.m.* (*fam. scherz.*) yarner: *sei proprio un —!*, you really do exaggerate!

esagitare *v.tr.* to stir violently; to excite: — *la mente*, to trouble the mind.

esagitato *agg.* troubled, (over)excited, frantic: *tifosi esagitati*, overexcited (*o* frantic) fans ♦ *s.m.* overexcited person.

esagitazione *s.f.* (*letter.*) agitation, trouble.

esagonale *agg.* (*mat.*) hexagonal.

esagono *s.m.* (*mat.*) hexagon.

esaidrato *s.m.* (*chim.*) hexahydrate.

esalamento *s.m.* (*non com.*) exhalation.

esalare *v.tr.* e *intr.* to exhale, to give* off: *quel fiore esala un profumo intenso*, that flower gives off a strong smell; *un forte odore di muffa esalava dalla cantina*, the cellar gave off a strong smell of mildew // — *fumo, vapore*, to fume; — *l'anima, l'ultimo respiro*, to breathe one's last.

esalatore *agg.* exhalant, exhaling: *condotto* —, exhaling duct ◆ *s.m.* exhalant.

esalazione *s.f.* exhalation, fumes (*pl.*): — *di petrolio, di zolfo*, petrol, sulphur fumes; *esalazioni vulcaniche*, volcanic exhalations; *esalazioni mefitiche*, mephitic vapours.

esaltamento *s.m.* (*rar.*) exaltation; excitement.

esaltante *agg.* exciting, stimulating, rousing, elating: *una vittoria* —, a rousing victory; *l'idea di quel viaggio è* —, the idea of the trip is really exciting.

esaltare *v.tr.* **1** (*letter.*) (*innalzare*) to exalt **2** (*magnificare*) to extol, to exalt, to praise, to celebrate, to glorify: — *i pregi di qlcu.*, to sing s.o.'s praises; — *le imprese di qlcu.*, to praise (*o* to glorify) s.o.'s exploits **3** (*infervorare*) to elate, to thrill: *le sue parole esaltavano la folla*, his words inflamed the crowd; *la squadra esaltava i propri tifosi*, the team thrilled their fans **4** (*porre in evidenza*) to intensify, to heighten, to enhance **5** (*scient.*) (*potenziare*) to exalt.
□ **esaltarsi** *v.rifl.* o *intr.pron.* **1** (*vantarsi*) to boast, to be proud (of sthg.) **2** (*infervorarsi*) to become* elated, to get* carried away: — *per un ideale*, to get carried away by an ideal; *non esaltarti prima del tempo*, don't get carried away too easily.

esaltato *agg.* **1** (*eccitato*) excited; enthusiastic, wild; (*infervorato*) elated: *è troppo* —, he is overexcited **2** (*dalla testa calda*) hotheaded ◆ *s.m.* (*testa calda*) hothead; (*fanatico*) fanatic: *è un* —, he is a hothead.

esaltatorio *agg.* of praise (*pred.*); praising, laudatory: *discorso* —, speech of praise.

esaltazione *s.f.* **1** (*letter.*) (*innalzamento a un'alta dignità*) raising, exaltation **2** (*lode*) exalting; glorification, praise: — *delle virtù di qlcu.*, glorification of s.o.'s virtues **3** (*eccitazione*) excitement, fervour; enthusiasm: *trovarsi in uno stato di grande* —, to be in a state of fervour; *l'— dei giovani per i loro idoli*, the fervour of the young for their idols **4** (*scient.*) exalting.

esame *s.m.* **1** examination; (*controllo*) test, check; (*ispezione*) inspection, scrutiny, review; (*inchiesta*) investigation: — *dei documenti*, examination of documents; — *di coscienza*, examination of one's conscience; (*dir.*) — *dei testimoni*, examination of the witnesses; (*comm.*) — *di un campione*, examination of a sample; — *del sangue*, blood test; — *della vista*, eye test; — *medico*, medical examination; *sottoporre qlco. a un — meticoloso*, to subject sthg. to detailed inspection (*o* to go carefully over sthg.); (*amm.*) — *dei conti*, auditing (*o* checking) of the accounts; *la questione è all'*—, the matter is under examination; *la nuova legge è all'— della Camera*, the new law is before (*o* under consideration by) the House; *fecero un attento — della situazione*, they made a thorough review of the situation; *prendere in* —, to consider **2** (*scolastico*) examination, (*fam.*) exam; (*prova*) test: — *scritto, orale*, written, oral examination (*o* test); — *di riparazione*, resit; — *di maturità*, school leaving exam; — *d'ammissione*, entrance examination; — *di concorso*, competitive examination; *preparare un* —, to prepare for an exam; *dare, sostenere un* —, to take (*o* to sit for) an examination; *essere respinto a un* —, to fail in an examination; *superare un* —, to pass an examination // — *di guida*, driving test.

esametro *s.m.* (*metrica*) hexameter.

esaminabile *agg.* examinable, investigable.

esaminanda *s.f.* **esaminando** *s.m.* candidate, examinee.

esaminante *agg.* examining: (*dir.*) *giudice* —, investigating magistrate ◆ *s.m.* e *f.* examiner.

esaminare *v.tr.* **1** to examine; to scrutinize; to consider; to look over, to review; (*controllare*) to check: — *una proposta punto per punto*, to examine (*o* to go over) a proposal point by point; — *la situazione*, to review the situation; (*amm.*) — *i conti*, to check the accounts; *esaminammo la faccenda*, we considered (*o* we looked into) the matter; — *un progetto*, to test a scheme // (*dir.*): — *un testimone*, to examine a witness; — *oralmente*, (*testi, prove*) to hear **2** (*sottoporre a prova*) to examine, to test: *l'insegnante li esaminò in storia*, the teacher tested them in history // (*comm.*) — *i campioni*, to test the samples.

esaminatore *agg.* examining; scrutinizing: *commissione esaminatrice*, board of examiners ◆ *s.m.*, **esaminatrice** *s.f.* examiner.

esamotore *agg.* e *s.m.* six-engined (aeroplane).

esangue *agg.* **1** bloodless, drained of blood, exsanguine **2** (*pallidissimo*) (deadly) pale, wan, cadaverous: *il suo volto era* —, his face was as white as a sheet **3** (*fig. letter.*) (*privo di forza*) lifeless, colourless, bloodless: *stile* —, lifeless style.

esanimato *agg.* (*letter.*) **1** (*sconfortato*) discouraged, disheartened **2** (*senza vita*) lifeless.

esanime *agg.* **1** lifeless, inanimate **2** (*morto*) dead.

esano *s.m.* (*chim.*) hexane.

esanoico *agg.* (*chim.*) caproic: *acido* —, caproic acid.

esantema *s.m.* (*med.*) exanthem(a)*.

esantematico *agg.* (*med.*) exanthematic, exanthematous.

esapodia *s.f.* (*metrica*) hexapody.

esapodo *s.m.* (*zool.*) hexapod.

esarazione *s.f.* (*geol.*) exaration.

esarca *s.m.* (*st.*) exarch.

esarcato *s.m.* (*st.*) exarchate.

esarchia *s.f.* six-man government, six-party government.

esasperamento *s.m.* exasperation; irritation; exacerbation; aggravation.

esasperante *agg.* exasperating, irritating, maddening: *sei di una lentezza —!*, you're maddeningly slow; *un'attesa* —, an exasperating (*o* terribly long) wait; *un ticchettio* —, an exasperating (*o* irritating) tic.

esasperare *v.tr.* **1** (*irritare*) to exasperate, to irritate, to madden, to infuriate, to drive* (s.o.) mad: *il rumore ci ha esasperato*, the noise drove us mad (*o* infuriated us); *il suo continuo lamentarsi mi esaspera*, his constant complaining irritates me; *piantala di parlare, mi esasperi!*, stop talking, you're driving me mad! **2** (*esacerbare*) to exacerbate, to heighten, to aggravate: — *un dolore*, to aggravate a pain; — *la lotta di classe*, to heighten the class struggle.
□ **esasperarsi** *v.rifl.* o *intr.pron.* **1** (*irritarsi*) to become* irritated, to lose* all patience **2** (*inasprirsi*) to worsen, to become* bitter: *il contrasto si esaspera di giorno in giorno*, the conflict is becoming more and more bitter every day.

esasperato *agg.* **1** (*fortemente irritato*) exasperated, irritated, infuriated, maddened: *'Uscite!', gridai* —, 'Get out!', I cried in exasperation; *ero — per la lentezza della burocrazia*, I was exasperated (*o* infuriated) by the slowness of the bureaucracy; *un popolo — dalla corruzione*, a people embittered by corruption **2** (*portato all'eccesso*) exaggerated, extreme: *un odio* —, an extreme hatred; *l'esasperata ricerca della novità*, the exaggerated search for novelty.

esasperazione *s.f.* **1** (*irritazione*) exasperation, irritation: *che — questa attesa!*, how exasperating this waiting is!; *portare qlcu. all'*—, to irritate (*o* to infuriate *o* to madden) s.o.; *essere al colmo dell'*—, to be maddened (*o* exasperated) beyond endurance; *giunto al colmo dell'—, il popolo si ribellò*, goaded beyond endurance, the people rebelled **2** (*inasprimento*) aggravation, worsening: *l'— di un dolore*, the aggravation (*o* worsening) of a pain; *un desiderio spinto fino all'*—, an uncontainable desire.

esastico *agg.* (*metrica*) hexastical ◆ *s.m.* (*metrica*) hexastich.

esastilo *agg.* (*arch.*) hexastyle.

esatomico *agg.* (*chim.*) hexatomic.

esatonale *agg.* (*mus.*) six-toned, whole-tone: *scala* —, whole-tone scale; *accordo* —, whole -tone chord.

esatonia *s.f.* (*mus.*) whole-tone system.

esattamente *avv.* **1** exactly, precisely: *so — ciò che voglio*, I know exactly what I want; *esporre — i fatti*, to state the facts precisely; *"Questo è quanto volevi dirmi?" "Esattamente!"*, "Is that what you meant to say to me?" "Exactly! (*o* Precisely!)" **2** (*proprio*) just: *questo è — ciò che mi aspettavo*, that is just (*o* exactly) what I expected; *non è — la stessa cosa*, it's not quite the same thing **3** (*accuratamente*) accurately: *ho seguito — le tue istruzioni*, I followed your instructions accurately (*o* to the letter) **4** (*correttamente*) correctly: *è difficile eseguire l'esercizio* —, it's difficult to do the exercise correctly **5** (*puntualmente*) punctually: *arrivò — alle cinque*, he arrived dead on 5 o'clock (*o* at 5 o'clock precisely).

esattezza *s.f.* **1** exactitude, exactness: *per l'— i fatti non andarono proprio così*, to be precise, things didn't really go like that **2** (*accuratezza*) accuracy: *un lavoro eseguito con* —, an accurate (*o* carefully done) job **3** (*correttezza*) correctness **4** (*puntualità*) punctuality: — *nel compiere i propri doveri*, punctuality in carrying out one's duties.

esatto[1] *agg.* **1** exact; (*giusto, corretto*) correct, right, true: *istruzioni esatte*, exact directions; *l'ora esatta*, the right (*o* exact) time; *ciò è del tutto* —, that is quite correct (*o* true); *qual è il significato — di queste parole?*, what is the exact meaning of these words?; *un orologio* —, an accurate watch; *farsi un'idea esatta di qlcu., qlco.*, to get an exact (*o* clear) idea of s.o., sthg.; *queste sono, per essere esatti, le sue parole*, to be precise these are his words // *scienze esatte*, exact sciences **2** (*accurato*) accurate, careful: *storico* —, accurate historian; *un — esame della situazione*, a careful examination of the situation **3** (*puntuale*) punctual: *essere — nei pagamenti*, to be punctual in one's payments; *sono le cinque esatte*, it's dead on five o'clock (*o* it's exactly five o'clock) ◆ *avv.* exactly: *"Pensi di partire subito?" "Esatto!"*, "Are you thinking of going strightaway?" "Exactly!".

esatto[2] *agg.* (*non com.*) (*incassato*) collected, received, cashed: (*comm.*) *pagamenti esatti*, collected payments (*o* payments received).

esattore *s.m.* collector; (*delle imposte*) tax collector: — *del gas, della luce*, gasman, electricity man.

esattoria *s.f.* (*concessione*) collectorship; (*ufficio*) collector's office: — *comunale*, municipal office of rates and taxes.

esattoriale *agg.* tax (*attr.*), of tax (*pred.*): *cartella* —, tax assessment (*o* tax bill).

esaudibile *agg.* grantable; satisfiable; that can be granted.

esaudimento *s.m.* (*non com.*) satisfaction, granting, fulfilment: — *di un desiderio*, granting (*o* fulfilment) of a wish; — *di una promessa*, fulfilment of a promise.

esaudire *v.tr.* to grant, to comply with (sthg.); to satisfy, to fulfil, to meet*: *la mia preghiera fu esaudita*, my prayer was answered; *Signore, esaudisci la mia preghiera*, Lord, hear my prayer; *il suo desiderio fu esaudito*, his wish was fulfilled; — *una richiesta*, to grant (*o* to comply with) a request; *non abbiamo la capacità di — la richiesta del mercato*, we can't meet market demand (*o* we don't have the capacity to meet market demand).

esauribile *agg.* exhaustible: *risorse esauribili*, exhaustible resources.

esauribilità *s.f.* exhaustibility.

esauriente *agg.* **1** exhaustive, comprehensive: *trattare un argomento in modo* —, to make an exhaustive study of a subject **2** (*convincente*) full, complete: *una risposta* —, a complete (*o* full) answer.

esaurimento *s.m.* **1** exhaustion, depletion; (*consumo totale*) consumption: — *di una miniera*, exhaustion of a mine; (*econ.*) — *delle riserve*, depletion of reserves // (*comm.*): — *delle scorte*, sell-out (*o* sell-off); *vendita delle merci fino a* —, clearance sale; *soggetto a* —, depletable (*o* wasting) // (*med.*) — *nervoso*, nervous breakdown **2** (*mar.*) exhaustion, drainage **3** (*chim.*) exhaustion.

esaurire *v.tr.* **1** to exhaust; (*consumare*) to run* out (of sthg.), to consume, to use up; to wear* out; (*sfruttare fino all'esaurimento*) to work out, to deplete; (*vendere fino all'esaurimento*) to sell* out: — *il carburante*, to run out of (*o* to use up) the fuel (*o* to exhaust the fuel supply); — *una miniera, un pozzo*, to exhaust a mine, a well; *abbiamo esaurito la scorta di acqua*, we've used up (*o* exhausted) our water supply **2** (*fig.*) to exhaust, to wear* out: — *la pazienza di qlcu.*, to exhaust (*o* to wear out) s.o.'s patience; — *un argomento*, (*trattandolo a fondo*) to exhaust a subject (*o* to treat a subject fully); — *le proprie forze*, to exhaust one's strength **3** (*eseguire*) to execute: — *un compito*, to complete a task; — *una pratica*, (*sbrigarla*) to settle a matter **4** (*debilitare*) to exhaust, to wear* out: *le notti insonni lo hanno esaurito*, he is exhausted by sleepless nights **5** (*mar.*) to exhaust, to drain **6** (*chim.*) to exhaust.

□ **esaurirsi** *v.rifl.* o *intr.pron.* **1** to exhaust oneself, to become* exhausted, to wear* oneself out, to work oneself out: *lavora troppo, finirà con l'—!*, he works too much, he'll end up having a breakdown **2** (*di denaro, merci*) to run* out; to sell* out; (*di sorgente*) to dry up, to run* dry: *la miniera si è esaurita*, the mine is exhausted (*o* worked out); *la prima edizione si è esaurita*, the first edition has sold out; *il denaro si sta esaurendo*, money is running out.

esaurito *agg.* **1** exhausted; (*consumato*) consumed; (*sfruttato fino all'esaurimento*) worn-out; (*venduto fino all'esaurimento*) sold out, (*di merci*) out of stock, sold out: *miniera esaurita*, worked-out (*o* exhausted) mine; *piatto* —, (*al ristorante*) dish that is off; *questo libro è* —, this book is out of print; *la prima edizione è già esaurita*, the first edition is already sold out; *questo articolo è* —, this article has been sold out (*o* is out of stock); *i biglietti sono esauriti da giorni*, all the tickets were sold days ago; (*teatr.*) *tutto* —, (*sulle locandine*) sold out; *la sua commedia fa il tutto — ogni sera*, there's a full house every night for his play **2** (*di persona*) exhausted, weary, worn-out (*pred.*), tired out; (*che ha l'esaurimento nervoso*) suffering from a nervous breakdown: *mi sento* —, I feel exhausted.

esaustivo *agg.* (*letter.*) exhaustive, thorough, complete: *una teoria esaustiva*, a complete theory.

esausto *agg.* exhausted, used up, worn-out (*pred.*) (*anche fig.*): *Basta! Sono —!*, That's enough! I'm worn-out.

esautoramento *s.m.* → **esautorazione**.

esautorare *v.tr.* to deprive of authority, to deprive of power: — *un governo*, to deprive a government of power; — *una teoria*, to discredit a theory.

esautorato *agg.* deprived of (all) authority, deprived of all power: *un ministro* —, a minister deprived of authority.

esautorazione *s.f.* deprivation of authority, deprivation of power.

esavalente *agg.* (*chim.*) hexavalent.

esazione *s.f.* exaction, levy, collection: — *delle imposte*, tax collection; — *di crediti*, collection of debts.

esborsare *v.tr.* (*burocratico*) to disburse.

esborso *s.m.* disbursement; (*amm.*) cash outlay; (*spesa*) expense.

esca *s.f.* **1** (*per l'amo*) bait; decoy: — *artificiale*, dun; — *metallica*, top water plug; *mettere l'— all'amo*, to bait the hook; *gettare l'—*, to cast bait; *prendere qlcu. all'—*, to hook (*o* to catch) s.o.; *perché la trappola funzioni bisogna che qualcuno faccia da* —, someone will have to act as bait if the trap is to work **2** (*materiale infiammabile*) tinder: *prendere fuoco come l'—*, to go up like tinder (*o* to flare up) // *dar — a una passione*, to fuel (*o* to incite) a passion; *dar — all'odio*, to feed hatred **3** (*di esplosivo*) fuse.

escalation *s.f.* (*mil.*) escalation (*anche estens.*): *l'— della violenza*, the escalation of violence.

escamotage *s.m.* (*fr.*) sleight of hand, legerdemain.

escandescenza *s.f.* outburst of rage: *dare in escandescenze*, to lose one's temper (*o* to fly into a rage *o fam.* to blow one's top).

escapismo *s.m.* escapism.

escara *s.f.* (*med.*) eschar.

escardinare *v.tr.* (*eccl.*) to transfer (s.o.) from one diocese to another.

escarotico *agg.* e *s.m.* (*med.*) escharotic.

escatologia *s.f.* (*teol., fil.*) eschatology.

escatologico *agg.* (*teol., fil.*) eschatologic(al).

escavare *v.tr.* (*non com.*) to dig*, to excavate.

escavatore *agg.* digging, excavating: *macchina escavatrice*, digging (*o* excavating) machine ◆ *s.m.* **1** (*operaio*) excavator, digger **2** (*macchina*) excavator, digger.

escavatrice *s.f.* (*mecc.*) excavator, digger.

escavazione *s.f.* excavation, excavating, digging (out).

eschimese *agg.* Eskimo (*attr.*): *cane* —, Husky ◆ *s.m.* e *f.* (*abitante*) Eskimo*, Husky; (*rar.*) Esquimau* ◆ *s.m.* (*lingua*) Eskimo, Husky.

eschimo → **eskimo**.

eschimotaggio *s.m.* (*sport*) Eskimo roll.

escissione *s.f.* (*med.*) excision; abscission.

escisso *agg.* (*med.*) exsected.

esclamare *v.intr.* to exclaim, to utter exclamations; to cry (out); to shout out: *'Povero me!', esclamò*, 'God (*o* Heaven) help me!', he cried.

esclamativo *agg.* exclamatory // *punto* —, exclamation mark.

esclamazione *s.f.* exclamation; ejaculation: *fare un'—*, to utter an exclamation; *un'— di rabbia*, an exclamation of anger.

esclaustrazione *s.f.* (*eccl.*) exclaustration.

escludere *v.tr.* **1** (*lasciar fuori*) to exclude, to leave* out, to shut* out; to bar: *ciò esclude ogni possibilità di dubbio*, this excluded all possibility of doubt; *gli stranieri sono esclusi da questi impieghi*, aliens are excluded from these posts; — *qlcu. da un posto, da una società, un privilegio*, to exclude s.o. from a place, a society, a privilege; *fu escluso dalle gare per un anno*, he was suspended from competition for a year; *il pubblico fu escluso dall'aula*, the public was locked out of the hall; (*dir.*) — *una prova*, to suppress evidence **2** (*scartare*) to exclude, to rule out: *non escludo questa possibilità*, I don't exclude this possibility; — *un'ipotesi*, to rule out a hypothesis; *mi sento di — che sia lui il colpevole*, I think I can rule him out as a suspect; *non escludo tu possa aver ragione*, I don't deny you could be right **3** (*eccettuare*) to exclude, to except, to bar: *la lista è completa escludendo alcuni nomi*, the list is complete barring a few names **4** (*elettr.*) to cut* out, to disconnect.

□ **escludersi** *v.rifl.* to cut* oneself off (from sthg.) ◆ *v.rifl.rec.* to exclude one another: *le due ipotesi si escludono a vicenda*, the two hypotheses are mutually exclusive.

esclusione *s.f.* exclusion: *l'— dei minorenni dal voto*, the exclusion of minors from voting // *combattere senza — di colpi*, to fight using fair means or foul (*o* to fight with no holds barred) // *procedere per —*, to proceed by (a process of) elimination // *a — di*, except (*o* with the exception of): *partirono tutti, a — dei nonni*, they all left, except their grandparents // (*dir.*) — *di un socio*, expulsion of a member // (*fis.*) *principio di* —, exclusion principle.

esclusiva *s.f.* (*diritto esclusivo*) sole right, exclusive right; franchise; (*brevetto*) patent: *contratto di* —, exclusive sales agreement (*o* contract); *abbiamo l'— per la fabbricazione di questo prodotto*, we have the exclusive manufacturing rights for this product; *avere un prodotto in* —, to be the sole agent for a product; *vi daremo l'— per la vendita dei nostri prodotti in Italia meridionale*, we'll make you our sole agent for southern Italy; *prendere l'*—, to take on the exclusive sales rights; (*dir.*) *clausola di* —, clause of exclusive rights // *abbiamo avuto l'— per l'intervista col presidente*, we got an exclusive interview with the president // *notizia in* —, exclusive news (*o* an ex-clusive news item); *un modello in* —, an exclusive model; *il suo abito è un modello in* —, her dress is a one-off.

esclusivamente *avv.* exclusively: *la colpa è — tua*, you are solely responsible; *un modello realizzato — per voi*, a model created exclusively for you.

esclusivismo *s.m.* exclusivism; (*affiliazione commerciale*) franchising.

esclusivista *s.m.* e *f.* **1** exclusivist **2** (*chi ha un'esclusiva*) sole agent; exclusive agent, franchisee ◆ *agg.* exclusivistic, monopolistic: *politica economica* —, monopolistic policy.

esclusivistico *agg.* exclusivistic: *atteggiamento* —, exclusivistic (*o* dogmatic) attitude.

esclusività *s.f.* exclusiveness, exclusivity: (*comm.*) — *di vendita*, sole rights of sale; *è un'— della nostra ditta*, it's an exclusive product of our firm // (*dir.*) *clausola di* —, clause of exclusive rights.

esclusivo *agg.* **1** (*di esclusiva*) exclusive, sole: *agente* —, sole agent; *diritto* —, exclusive (*o* sole) right; *contratto* —, exclusive sales contract; *articolo* —, exclusive article; (*dir.*) *clausola esclusiva*, clause of exclusive rights // *a uso — di qlcu.*, for the exclusive (*o* sole) use of s.o. **2** (*riservato a pochi*) exclusive: *è un club molto* —, it's a very exclusive club // *un abito* —, a one-off **3** (*gramm.*) *proposizione esclusiva*, exceptive proposition **4** (*intransigente*) dogmatic, intolerant: *ha un carattere tremendamente* —, he's extremely dogmatic; *il suo amore per lei è troppo* —, his love for her is over-exclusive.

escluso *agg.* **1** excluded, left out (*pred.*): *si sentivano esclusi dalla conversazione*, they felt left out of the conversation; *abitavano in un luogo — dal resto del mondo*, they lived in a place secluded (*o* cut off) from the rest of the world // (*Borsa*) — *tutto*, ex all **2** (*eccettuato*) excepted (*pred.*); except: *ci piacciono tutti, nessuno* —, we like them all, none excepted; *esclusi i presenti*, present company excepted; — *il vino*, excluding the wine; *sono qui tutti i giorni — il lunedì*, I'm here every day except Monday; *tutti verranno — me*, they will all come apart from (*o* except) me **3** (*impossibile, improbabile*) improbable, unlikely (*pred.*): *non è del tutto — che io venga*, it cannot be completely ruled out that I will come; *è — che siano stati loro a chiamare*, it can't have been them who called **4** (*scartato, messo da parte*) excluded: *i supplenti esclusi dalla graduatoria si riunirono sotto il provveditorato*, the supply teachers whose names didn't appear on the list gathered outside the Education Office ◆ *s.m.* **1** (*chi è stato scartato*) excluded person **2** (*emarginato*) outcast.

esclusorio *agg.* (*dir.*) exclusory; exclusive: *clausola esclusoria*, exclusive clause; *eccezione esclusoria*, exclusive exception.

escogitare *v.tr.* to contrive, to devise, to excogitate; to think* up: *devo — una soluzione migliore*, I'll have to think up a better solution; *le escogita tutte per non lavorare*, he thinks up (*o* devises) all sorts of ways of not working.

escogitazione *s.f.* excogitation; contrivance; device.

escomiare *v.tr.* (*dir.*) to evict; to give* notice, to quit.

escomio *s.m.* (*dir.*) notice to quit: *dare l'*—, to give notice to quit.

escoriare *v.tr.* to excoriate; to abrade; to graze: *una pietra tagliente gli ha escoriato un gomito*, he grazed his elbow on a sharp stone. □ **escoriarsi** *v.rifl.* to graze oneself: *mi sono escoriato al ginocchio*, I have grazed my knee.

escoriato *agg.* grazed, scratched, excoriated: *dopo la caduta aveva tutto il braccio* —, his arm was all scratched (*o* grazed) after the fall.

escoriazione *s.f.* (*med.*) excoriation; abrasion.

escreato *s.m.* (*med.*) expectoration, spitting.

escrementale *agg.* (*non com.*) excremental.

escrementizio *agg.* excrementitious: *materiali escrementizi*, excrementitious matter.

escremento *s.m.* excrement [U]; ejecta (*pl.*); faeces (*pl.*); rejections (*pl.*); droppings (*pl.*); dung [U]; (*d'insetti*) fecula; (*d'uccelli, vermi*) cast.

escrescenza *s.f.* **1** (*med.*) excrescence; (*verruca*) wart **2** (*bot.*) outgrowth; (*rar.*) pustule: — *spugnosa* (*su foglie di quercia*), (oak) spangle **3** (*estens.*) growth; outgrowth; bulge; bump.

escretivo *agg.* excretive.

escreto *agg.* (*biol.*) excreted ◆ *s.m.* (*biol.*) excretion, excreta (*pl.*).

escretore, **escretorio** *agg.* excretory, excretive: (*anat.*) *apparato escretore*, excretory system.

escrezione *s.f.* (*biol.*) excretion.

esculento *agg.* (*letter.*) edible.

escursione *s.f.* **1** (*gita di piacere*) excursion; trip, tour, outing: — *a piedi*, walking tour; (*fam.*) hike; *fare un'*—, to make an excursion (*o* to go on an outing); (*in automobile*) to go for a drive; *un'— di due giorni al Lake District*, a two-day outing to (*o* tour of) the Lake District; *il Club Alpino ha organizzato un'— in montagna*, the Alpine Club has organized a trip to the mountains **2** (*mil.*) excursion **3** (*tecn.*) travel **4** (*scient.*) range: — *febbrile*, range of temperature; (*meteor.*) — *termica*, temperature range.

escursionismo *s.m.* tourism; (*a piedi*) hiking.

escursionista *s.m.* e *f.* excursionist; (day-)tripper; tourist; (*a piedi*) hiker.

escursionistico *agg.* excursion (*attr.*): *quel centro organizza attività di tipo* —, the centre organizes trips and excursions.

escussione *s.f.* (*dir.*) examination: — *dei testi*, examination of witnesses // *beneficio d'*—, benefit of discussion.

escutere *v.tr.* (*dir.*) to examine; to question: — *i testimoni*, to examine the witnesses; — *un debitore*, to levy execution on a debtor.

esecrabile *agg.* execrable, abominable, despicable, heinous, detestable: *è senz'altro un atto* —, it is undoubtedly a despicable (*o* an abominable) act (*o* deed); *si è comportato in modo* —, he behaved abominably; *un delitto* —, a heinous crime.

esecrabilità *s.f.* execrableness, abominableness, despicableness, detestableness.

esecrando *agg.* (*letter.*) execrable, abominable, detestable, despicable.

esecrare *v.tr.* to execrate; to loathe, to detest, to abhor: — *la guerra*, to abhor (*o* to detest) war; — *un tiranno*, to loathe a tyrant.

esecrato *agg.* **1** (*detestato*) execrated, abhorred, hated, loathed, detested **2** (*empio*) evil, wicked.

esecratorio *agg.* (*letter.*) execratory, imprecatory, charged with loathing (*pred.*); *un discorso* —, a speech charged with loathing.

esecrazione *s.f.* **1** execration: *essere oggetto dell'— generale*, to be loathed (*o* detested) by everyone **2** (*imprecazione*) imprecation, curse, execration.

esecutare *v.tr.* (*dir.*) to enforce a writ of execution (against a debtor); to start execution proceedings (against a debtor).

esecutività *s.f.* (*dir.*) enforceability: — *di uno sfratto*, enforceability of an eviction (order).

esecutivo *agg.* **1** (*che può ricevere esecuzione*) feasible: *progetto* —, feasible project **2** (*dir.*) executive, executory: *atti esecutivi*, execution; *clausola esecutiva*, execution of judgement order; *sentenza esecutiva*, enforceable judgement; *mandato* —, executive order; *la cambiale è un titolo* —, the bill of exchange is a document of execution // *potere* —, executive power; *comitato* —, executive committee ◆ *s.m.* **1** (*il governo*) executive **2** (*comitato di partito ecc.*) executive commitee.

esecutore *agg.* executorial; executory ◆ *s.m.* **1** executor: *uno zelante — di ordini*, a zealous executor of orders; *sono solo un — degli ordini che mi vengono impartiti*, I just carry out the orders I am given; *l'— materiale di un delitto*, the material executor of (*o* the person who actually committed *o dir.* the perpetrator of) the crime // (*dir.*): — *testamentario*, executor; — *giudiziario*, bailiff; — *fallimentare*, trustee in bankruptcy **2** (*di musica*) performer **3** (*carnefice*) executioner.

esecutoria *s.f.* (*dir.*) writ of execution.

esecutorietà *s.f.* (*dir.*) enforceability: — *di una sentenza*, enforceability of a judgement.

esecutorio *agg.* (*dir.*) executive, executory: *decreto* —, executive decree; *atto* —, executive deed; *clausola esecutoria*, executive clause.

esecutrice *s.f.* **1** executrix*: (*dir.*) — *testamentaria*, executrix **2** (*di musica*) performer.

esecuzione *s.f.* **1** (*atto ed effetto dell'eseguire*) execution, carrying out, implementation; fulfilment: — *di un ordine, di un lavoro*, execution of an order, of a piece of work; *il progetto era ottimo, ma la sua — fu un fallimento*, the plan was very good, but its execution was a failure; *è un lavoro di difficile, facile* —, it is a job that is difficult, easy to do; *dare — a un ordine*, to execute (*o* to carry out) an order; *mettere in — un progetto*, to carry out a plan;

in corso d'—, in progress; *mancata* —, non-performance // (*dir.*): *andare in* —, to come into force; — *di una sentenza*, enforcement of a judgement; — *testamentaria*, executorship; — *forzata*, execution; — *di un contratto*, performance of a contract; — *coattiva*, compulsory (*o* forced) sale; — *di una sentenza di sfratto*, execution of an eviction order; — *di un'ipoteca*, satisfaction of a mortgage // (*Borsa*) — *alle grida*, execution by outcry **2** (*sentenza capitale*) capital punishment; (*sua esecuzione*) execution: *ordine d'*—, death warrant; *plotone d'*—, firing squad **3** (*mus.*) performance: — *di un pezzo di musica*, performance of a piece of music; *il giovane pianista diede un'— meravigliosa del pezzo*, the young pianist gave a wonderful performance of the piece **4** (*ling.*) performance.

esedra *s.f.* (*arch.*) exedra*.

esegesi *s.f.* exegesis*.

esegeta non com. **esegete** *s.m.* e *f.* exegete.

esegetica *s.f.* exegetics [U].

esegetico *agg.* exegetic(al): *note esegetiche*, exegetic notes.

eseguibile *agg.* **1** feasible, practicable, possible, achievable: *un progetto difficilmente* —, an almost impracticable plan // *una sonata* — *a quattro mani*, a sonata for four hands **2** (*inform.*) executable.

eseguibilità *s.f.* feasibility, practicability.

eseguimento *s.m.* → **esecuzione**.

eseguire *v.tr.* **1** to execute, to carry out, to implement, to perform, to accomplish: — *un incarico*, to perform (*o* to accomplish) a task; — *un lavoro*, to carry out a piece of work; — *gli ordini di qlcu.*, to execute (*o* to act upon *o* to carry out) s.o.'s orders; — *un pagamento*, to make (*o* to effect) a payment; — *un progetto*, to execute (*o* to carry out) a plan; *non ha eseguito bene i suoi compiti*, he hasn't performed his tasks well; — *una riparazione* (*su qlco.*), to carry out repairs (on sthg.) **2** (*mus.*, *teatr.*) to perform, to execute: *vennero eseguite sonate di Mozart*, sonatas by Mozart were performed; — *un balletto*, to perform a ballet **3** (*dir.*) to execute; (*adempiere*) to carry out, to fulfil, to perform: — *la legge*, to enforce the law; — *una sentenza*, to execute a judgement; — *un contratto*, to perform a contract **4** (*inform.*) to execute.

esempio *s.m.* **1** example; instance: *esempi esplicativi*, explanatory examples; *due chiari esempi della loro pigrizia*, two clear instances (*o* examples) of their laziness; *secondo l'— di...*, following (*o* after) the example of...; *cita un —!*, give an example!; *fammi un — altrimenti non riesco a seguirti*, give me an example otherwise I can't follow you; *ti conviene abbondare con gli esempi e ridurre le spiegazioni*, you should give lots of examples and cut down on the explanations; *questo è un buon* —, this is a good example; *citare qlco. a titolo di* —, to cite sthg. as an example (*o* illustration); *citare qlcu. ad* —, to hold s.o. up as an example; *dare l'— di una regola*, to exemplify a rule; *dare un buon, cattivo* —, to set a good, bad example; *dare l'— a qlcu.*, *essere di — a qlcu.*, to set an example for s.o.; *devi essere di — a tuo fratello minore*, you must be (*o* set) an example for your younger brother; *prendere — da qlcu.*, *seguire l'— di qlcu.*, to follow s.o.'s example, (*imitare*) to imitate s.o., (*imparare da qlcu.*) to learn from s.o.; *ha preso — dai suoi compagni di scuola*, he followed the example of his schoolmates; *dietro l'— degli amici ha ripreso a studiare*, following his friends' example he took up his studies again // *per* —, for instance (*o* for example): *Che cosa farò se qualche cosa va male? Per —, se Pietro arriva tardi?*, What shall I do if something goes wrong? For instance, suppose Peter arrives late?; *è di gusti molto difficili: si rifiuta di mangiare vitello, per* —, he's very fussy about his food: he refuses to eat veal, for example; *vieni da me uno di questi giorni, sabato, per* —, come and see me one of these days, on Saturday, for instance; *dici di aver letto molti libri, per —?*, you say you have read lots of books, for instance? // *senza* —, (*unico*) unique (*o* singular); (*senza confronti*) unprecedented (unparalleled); (*straordinario*) extraordinary; *fu un atto di generosità senza* —, it was an act of singular generosity **2** (*modello perfetto*) model; paragon: *tua sorella è un vero — di virtù*, your sister is a real paragon of virtue **3** (*ammonimento*) example, warning: *voglio punirlo e dare così un* —, I want to make an example of him; *servire di — a qlcu.*, to be a lesson (*o* a warning) to s.o. **4** (*esemplare*) example: *ecco un bell'— di prosa leopardiana*, here we have a fine example of Leopardi's prose.

esemplare[1] *agg.* exemplary; model (*attr.*): *condotta* —, model behaviour (*o* exemplary conduct); *un padre* —, a model father; *punizione* —, exemplary punishment: *darò a quel ragazzo una punizione* —, I'm going to make an example of that boy.

esemplare[2] *s.m.* **1** (*modello*) model, pattern, exemplar: *è un — di virtù*, he is a model of virtue; *copia perfettamente identica all'*—, copy identical to the sample **2** (*scient.*) specimen: *un bell'— di fauna tropicale*, a fine specimen of tropical fauna // *Peter è proprio un bell'*—, (*iron.*) Peter is a real character **3** (*copia di una serie*) specimen, example; (*di libro*) copy: — *gratuito di libro*, free copy; *ha un — rarissimo di moneta greca*, he has a very rare specimen (*o* example) of a Greek coin.

esemplare[3] *v.tr.* (*letter.*) **1** (*copiare*) to copy, to transcribe: *codice esemplato sull'autografo*, code copied from the original **2** (*imitare*) to reproduce, to model.

esemplarità *s.f.* exemplarity, exemplariness; exemplary nature: *l'— di una punizione*, the exemplariness (*o* the exemplary nature) of a punishment.

esemplarmente *avv.* exemplarily: *ha — diretto l'azienda per 20 anni*, he directed the firm with exemplary ability (*o* in an exemplary fashion) for 20 years.

esemplificare *v.tr.* to exemplify, to illustrate: *cercherò di essere più chiaro, esemplificando*, I shall try to make myself clearer by giving some examples.

esemplificativo *agg.* exemplifying; illustrative: *note esemplificative*, illustrative notes; *a titolo — ti faccio vedere un disegno*, to illustrate my print I'll show you a drawing.

esemplificazione *s.f.* exemplification; illustration; examples (*pl.*): *devi fornire un'— più esauriente*, you must provide more exhaustive examples; *passiamo ora all'*—, let's now move on to the examples.

esemplo → **esempio**.

esencefalo *s.m.* (*med.*) exencephalus.

esentare *v.tr.* to exempt, to let* off, to excuse; to relieve, to exonerate: — *qlcu. dal lavoro*, to let s.o. off his work; — *qlcu. dal servizio militare*, to exempt s.o. from military service; — *qlcu. dalle tasse*, to exempt s.o. from taxation; — *le merci da imposte*, to clear goods of duty; — *qlcu. dal fare qlco.*, to exempt (*o* to excuse) s.o. from doing sthg.; — *qlcu. da un incarico*, to relieve s.o. of (*o* to excuse s.o. from) a job; — *qlcu. da un dovere*, to excuse s.o. from a duty.

□ **esentarsi** *v.rifl.* (*non com.*) to free oneself from (sthg., doing), to get* out of (sthg., doing sthg.): — *da un impegno*, to get out of a commitment.

esentasse *agg.* tax-free, tax-exempt.

esente *agg.* exempt, free: — *da colpa*, free from blame; — *da impegni*, *pericoli*, free from engagements, dangers; — *da preoccupazioni*, carefree (*o* without cares); — *da contagio*, immune from contagion; *nessuno è — da difetti*, nobody is without (*o* free from) faults; *andare — da qlco.*, to be free (*o* exempt) from sthg. // (*trib.*): — *da dazio*, *da dogana*, duty-free; *non — da dogana*, unfree; — *da dazio doganale*, uncustomed; — *da imposta*, *da tasse*, free of tax (*o* tax-free); *non — da imposte*, *da tasse*, unfree; — *da* IVA, VAT-free; — *dall'imposta sul reddito*, free of income tax // (*comm.*): — *da spese*, free of charge (*o* uncharged for); *bolletta di merce* —, entry for free goods // (*fin.*): *titoli esenti da imposte*, tax-exempt securities; — *da interessi*, interest-free.

esenzionare → **esentare**.

esenzione *s.f.* exemption: — *dal servizio militare*, exemption from military service; (*trib.*): — *fiscale*, tax exemption (*o* allowance); — *dalla imposta sul reddito*, relief from income tax (*o* income-tax exemption).

esequiale *agg.* (*non com.*) funeral (*attr.*); exequial; funereal.

esequie *s.f.pl.* funeral rites, exequies, obsequies; funeral (*sing.*): *celebrare le* —, to celebrate the exequies (*o* the funeral rites).

esercente *s.m.* e *f.* shopkeeper, (*amer.*) storekeeper; dealer, tradesman*; (*dettagliante*) retailer: *gli esercenti*, tradespeople; *prezzi per esercenti*, trade prices; *sconto per esercenti*, trade discount.

esercire *v.tr.* (*non com.*) to run*, to operate.

esercitabile *agg.* exercisable: *la memoria è — in diversi modi*, you can exercise your memory in different ways.

esercitare *v.tr.* **1** to exercise; (*fare uso di*) to exert; to train: *esercitò tutta la sua influenza per ottenere il contratto*, he exerted all his influence (in order) to obtain the contract; *esercita su di lui un pericoloso ascendente*, she has a dangerous influence on him; — *pressione su qlcu.*, to exert pressure on s.o.; — *una pressione sui prezzi*, to drive prices down; — *la pazienza*, to exercise one's patience; — *le proprie facoltà mentali*, to exercise one's mental faculties; — *i propri muscoli*, *gli occhi*, *gli orecchi*, to train one's muscles, eyes, ears; — *tutte le proprie facoltà*, to call all one's powers into play; — *una virtù*, to practise a virtue **2** (*far valere*) to exercise (*anche dir.*): — *i propri diritti*, to exercise one's rights; — *la critica*, to criticize; — *la censura*, to censure; — *il potere*, *la sovranità*, to exercise power, sovereignty; (*Borsa*) — *un diritto di opzione*, to take up an option **3** (*professione*, *mestiere*) to practise;

(*amer.*) to practice; to follow, to pursue, to carry on: *quel dottore non esercita più (la sua professione)*, that doctor has given up his practice; *sì, esercito ancora la mia professione*, yes, I'm still practising; *— la professione legale*, to practise law **4** (*addestrare*) to drill, to train: *— i soldati*, to drill (*o* to train) soldiers **5** (*mettere alla prova*) to try: *— la pazienza di qlcu.*, to try s.o.'s patience.

□ **esercitarsi** *v.rifl.* to practise; to train oneself: *si esercita per sei ore al giorno*, he practises for six hours a day; *— al tennis, al nuoto, al piano*, to practise tennis, swimming, the piano; *devi esercitarti a parlare di più in francese*, you must get more practice in speaking French.

esercitazione *s.f.* exercise; practice; (*allenamento*) training; (*di studio*) practice; (*di studio scientifico*) practical: *— di scienze*, science practical; *— di lingue, musica*, oral, music practice.

esercito *s.m.* **1** army: *— regolare*, standing (*o* regular) army; *entrare nell'—*, to enter (*o* to join *o* to go into) the army; *raccogliere un —*, to assemble (*o* to gather) an army; *guidare l'—*, to lead the army; *l'— italiano*, the Italian army // *l'— di Cristo*, the army of Believers (*o* the Church Militant) // *Esercito della Salvezza*, Salvation Army **2** (*fig.*) (*folla*) host, army; (*insieme di cose*) mass, mound, heap: *un — di cavallette aveva invaso i campi*, an army (*o* a horde) of locusts had invaded the fields; *ti sposti sempre con quell'— di bagagli?*, do you always move around with that pile of luggage?

eserciziario *s.m.* workbook, exercise book.

esercizio *s.m.* **1** exercise: *esercizi a cinque dita per pianoforte*, five-finger exercises for the piano; *esercizi di grammatica*, grammar exercises; *esercizi ginnici*, gymnastic exercises; *fare un —*, to do an exercise; *fare esercizi al piano*, to do piano exercises // *essere fuori —*, to be out of practice // *fare dell'—*, to get (*o* take) some exercise; *sei ingrassato, fai — in palestra*, you have put on weight, get (*o* take) some exercise in the gym // *tenersi in —*, to keep in practice; *è meglio tenersi in — per non dimenticare la lingua*, it's better to keep practising (*o* to keep your practise up) in order not to forget a language // *esercizi spirituali*, religious exercises **2** (*uso, pratica*) use, practice, employment, exercise: *— delle facoltà mentali*, exercise of the mental faculties; *— di autorità*, exertion of authority; *— di una professione*, practice of a profession; *— dell'avvocatura*, law practice; *nell'— delle proprie funzioni*, in the exercise of one's duties; *entrare in —*, (*di impianti*) to go into operation (*o* to begin operating); *porre in —*, to put into service // (*dir.*) *— di un diritto*, assertion of a right **3** (*relig.*) practice: *— del culto*, practice of religious rites **4** (*negozio*) shop, store; (*azienda*) business concern, firm: *licenza d'—*, trading licence; *pubblico —*, public (commercial) concern **5** (*gestione*) management, running; (*periodo di gestione*) financial period, financial year; business year, trading year: *— contabile*, accounting period; *— finanziario*, budgetary (*o* accounting *o* financial) year; *costi d'—*, operating costs; *l'— 1985 si è chiuso in deficit*, the balance of the 1985 financial year showed a deficit; *— provvisorio*, provisional budget.

esergo *s.m.* (*numismatica*) exergue.

esfoliazione *s.f.* (*med., geol.*) exfoliation.

esibire *v.tr.* **1** to exhibit; (*mostrare*) to show*; (*mettere in mostra*) to display, to show* off: *favorite — i documenti*, please show (*o* produce) your papers; *— la propria cultura*, to display (*o* to show off) one's knowledge **2** (*dir.*) to produce, to exhibit: *— una prova*, to produce a piece of evidence **3** (*offrire*) to offer, to tender.

□ **esibirsi** *v.rifl.* **1** to show* off, to parade oneself **2** (*in spettacoli*) to perform: *— come cantante*, to perform as a singer; *— in giochi di prestigio*, to perform conjuring tricks; *— in pubblico*, to perform in public **3** (*non com.*) (*offrirsi*) to offer oneself; to offer one's services.

esibizione *s.f.* **1** show, display, exhibition: *— di merci*, display of goods; *l'— dei documenti d'identità*, the production (*o* display) of one's identity card **2** (*il mettere in mostra, fare sfoggio*) exhibition, display, ostentation, showing off: *fare — di qlco.*, to make a display of sthg.; *fece molta — di coraggio*, he made a great display of courage **3** (*spettacolo*) performance, appearance, show; (*sport*) display: *sarà la sua ultima —*, it will be his last performance (*o* appearance); (*aer.*) *— acrobatica*, aerobatic display **4** (*offerta*) (*non com.*) offer.

esibizionismo *s.m.* exhibitionism.

esibizionista *s.m.* e *f.* exhibitionist.

esibizionistico *agg.* exhibitionist(ic).

esicasmo *s.m.* (*teol.*) Hesychasm.

esicasta *s.m.* (*teol.*) Hesychast.

esigente *agg.* exacting; demanding, exigent; (*difficile da contentare*) particular, hard to please; (*severo*) strict: *un maestro —*, an exacting master; *è un cliente —, ma paga bene!*, he's a very demanding client, but he pays well.

esigenza *s.f.* (*bisogno, necessità*) demand, requirement; exigence, exigency; need, necessity: *le esigenze del mercato*, the requirements (*o* demands) of the market; *speriamo di soddisfare le esigenze dei nostri clienti*, we hope to meet our customers' requirements; *è pieno di esigenze*, he has a lot of pretensions; *non avere esigenze particolari*, not to need (*o* require) anything in particular; *dopo tutto quel lavoro, la tua — di vacanze è legittima*, after all that work your need for a holiday is legitimate; *devi tener conto delle esigenze di un bambino*, you must bear in mind the needs (*o* requirements) of a baby.

esigere *v.tr.* **1** (*comm.*) (*riscuotere*) to collect, to cash; (*pretendere*) to exact: *— un credito in sospeso*, to collect an outstanding credit; *— il pagamento di un debito*, to exact payment of a debt; *— un tributo*, to exact (*o* raise) a tax; *— imposte*, to collect taxes **2** (*richiedere con autorità*) to insist on (sthg., doing); to demand, to require: *esigo che voi partiate subito*, I insist on your leaving (*o* that you leave) at once; *— ubbidienza*, to demand obedience; *esigo da te una risposta chiara*, I insist that you give me a clear (*o* unambiguous) answer; *— delle scuse*, to demand an excuse **3** (*pretendere, volere*) to require, to call for (sthg.); to demand, to expect, to ask: *esigi troppo da me*, you expect (*o* are asking) too much from me; *questo lavoro esige molta pazienza*, this work requires (*o* calls for) a lot of patience; *l'opinione pubblica esige maggior fermezza dal governo*, public opinion is demanding greater firmness from the government.

esigibile *agg.* due, payable, mature; (*riscuotibile*) receivable, collectable: *— a vista*, at call (*o* on demand); *— anticipatamente*, callable; *la rata è — oggi*, the instalment is due today; *assegno non —*, uncashable cheque.

esiguità *s.f.* meagreness, scarcity, slenderness, slightness; scantiness: *l'— di un compenso*, the meagreness of a reward; *l'— della riserva di acqua*, the low level of the reservoir (*o* the scarcity *o* small amount of water in the reservoir).

esiguo *agg.* scarce, slender, slight; little; (*scarso*) scanty, scant: *le nostre esigue risorse non ci permettono quella spesa*, because of our scant resources we cannot afford the expense; *un margine — di tempo*, a slender margin of time; *un'esigua provvista di cibo*, a small store of food.

esilammina *s.f.* (*chim.*) hexylamine.

esilarante *agg.* exhilarating; cheering, funny, hilarious: *un racconto —*, a hilarious story // *gas —*, laughing gas.

esilarare *v.tr.* to exhilarate; to amuse, to delight; (*rallegrare*) to cheer: *le sue battute esilararono il pubblico*, his witty remarks delighted (*o* amused) the audience.

□ **esilararsi** *v.intr.pron.* to have fun, to enjoy oneself.

esile *agg.* **1** thin, slight, slender: *braccia, gambe esili*, thin arms, legs **2** (*fig.*) (*debole*) weak, frail: *rispose con un'— voce*, he answered in a weak voice.

esiliare *v.tr.* **1** to exile; to banish: *fu esiliato dal territorio nazionale*, he was exiled from the country **2** (*estens.*) to exclude, to drive* away, to shut* out: *i suoi stessi amici lo esiliarono*, his own friends shut him out (*o* excluded him).

□ **esiliarsi** *v.rifl.* **1** to go* into exile **2** (*estens.*) to cut* oneself off, to withdraw*: *— dal mondo*, to cut oneself off from the world.

esiliato *agg.* exiled, banished ◆ *s.m.* exile // *— politico*, political exile.

esilico *agg.* (*chim.*) hexyl: *alcol —*, hexyl alcohol.

esilio *s.m.* **1** (*pena*) exile, banishment: *andare in —*, to go into exile; *mandare qlcu. in —*, to send s.o. into exile (*o* to exile s.o. *o* to banish s.o.); *scegliere la via dell'—*, to choose exile **2** (*luogo*) place of exile: *vivere, morire in —*, to live, to die in exile **3** (*estens.*) withdrawal, retirement: *— dal mondo*, withdrawal from the world.

esilità *s.f.* **1** thinness, slenderness **2** (*fig.*) (*debolezza*) weakness, frailty.

esimente *s.f.* (*dir.*) (*causa*) —, justification (*o* excuse).

esimere *v.tr.* to exempt; to free; to excuse; to absolve; to dispense; to relieve: *ciò mi esime da ogni responsabilità*, it relieves me of all responsibility; *— qlcu. dal fare qlco.*, to exempt s.o. from doing sthg.; *— qlcu. da un obbligo*, to free (*o* to absolve) s.o. from a commitment.

□ **esimersi** *v.rifl.* to get* out of (doing sthg.), to evade (sthg.): *— dal servizio militare*, to evade military service; *non posso esimermi dall'andare a quel congresso*, I can't get out of going to that conference.

esimio *agg.* **1** (*eccellente*) excellent, outstanding; (*eminente*) eminent; (*illustre*) illustrious; (*distinto*) distinguished, notable, remarkable: *— Signor Rossi, Lei sa che...*, dear Mr Rossi, you know that...; *un — studioso*, a distinguished scholar **2** (*iron.*) first-class, prize (*attr.*).

esistente *agg.* existing, existent; (*vivente*) living; (*attuale*) current: *tariffe esistenti*, current tariffs; *tuttora —*, (*di persona*) surviving; (*di cosa*) extant (*o* in existence): *il più antico documento tuttora —*, the earliest document in existence.

esistenza *s.f.* **1** existence: *l'— di Dio*, the existence of God; *ignoravo l'— di questa parola*, I didn't know this word existed **2** (*vita*) life, existence: *lotta per l'—*, struggle for life; *condusse un'— felice*, he led a happy life; *avvelenare l'— a qlcu.*, to poison s.o.'s life (*o* existence).

esistenziale *agg.* existential (*anche fil.*): *crisi —*, existential crisis; *filosofia —*, existential philosophy.

esistenzialismo *s.m.* (*fil.*) existentialism.

esistenzialista *agg.* e *s.m.* e *f.* (*fil.*) existentialist.

esistenzialistico *agg.* existentialist.

esistere *v.intr.* to exist, to be; (*vivere*) to live: *credo che Dio esista*, I believe God exists; *eppure esistono leggi universali!*, but there are universal laws!; *esistono ancora alcuni esempi di arte celtica*, a few examples of Celtic art are still in existence (*o* extant); *esistono molti animali selvatici nella regione*, a lot of wild animals exist (*o* live) in the region; *ha cessato di —*, (*letter.*) he ceased to live; *non esiste scusa*, there is no excuse; *non può — dubbio alcuno*, there can be no doubt; *il più grande genio che sia mai esistito*, the greatest genius that ever lived; *razze che non esistono più*, races that are extinct (*o* have died out); *tuttora esiste un uomo che conobbe quel grande pittore*, there is still a man living who knew the great painter; *per lui non esiste che il calcio*, the only thing that exists for him is football.

esitabile *agg.* (*non com.*) (*comm.*) saleable, disposable.

esitabondo *agg.* (*letter.*) hesitant, uncertain.

esitamento[1] *s.m.* (*rar.*) hesitation.

esitamento[2] *s.m.* (*non com.*) (*comm.*) sale, selling.

esitante *agg.* **1** hesitant; hesitating; wavering; irresolute; (*dubbioso*) doubtful: *apparire —*, to appear doubtful **2** (*di voce*) faltering.

esitanza *s.f.* (*non com.*) hesitancy, hesitation; wavering.

esitare[1] *v.intr.* **1** to hesitate; (*essere dubbioso*) to waver: *esito se fare o no quel passo*, I am not sure whether or not to make the move; *non esitò ad aiutarmi*, he did not hesitate to help me; *— fra due opinioni, fra due soluzioni*, to waver between two opinions, between two solutions; *ho esitato a lungo prima di telefonarti*, I hesitated for a long time before calling you // *senza —*, unhesitatingly (*o* without a moment's hesitation) **2** (*di voce*) to falter.

esitare[2] *v.intr.* (*med.*) to result: *la malattia esitò nella guarigione del paziente*, the illness resulted in the patient's recovery.

esitare[3] *v.tr.* (*non com.*) (*comm.*) to sell*; to dispose of (sthg.): *possiamo — subito la merce*, we can sell (*o* dispose of) the goods at once.

esitazione *s.f.* hesitation, hesitancy; wavering: *— a fare qlco.*, hesitation in doing sthg.; *basta con le esitazioni!*, no more dithering!; *con —*, hesitantly; *senza —*, unhesitatingly (*o* without hesitation); *avere un attimo di —*, to waver (*o* to hesitate) for a moment.

esito *s.m.* **1** result; outcome, upshot; issue: *l'— di una malattia*, the outcome of an illness; *buon —*, success; *pronto —*, prompt result; *quale fu l'— dell'impresa?*, what was the result (*o* upshot) of the enterprise?; *giudicare dall'—*, to judge from the results; *l'— degli esami*, examination results; *la vicenda ha avuto un — felice*, the affair had a happy ending // *dare — a una lettera*, to answer a letter **2** (*di dramma*) denouement **3** (*vendita*) sale: *prodotti di facile —*, articles that sell well // (*banca*) *— di una cambiale*, the fate of a bill **4** (*ling.*) derivative.

esiziale *agg.* (*non com.*) ruinous; disastrous; fatal; mortal.

eskimese → **eschimese**.

eskimo *s.m.* (*abbigl.*) parka.

eslege *agg.* (*letter.*) beyond the law.

eso-[1] *pref.* di origine greca usato spec. nella terminologia scientifica che significa 'dentro', 'all'interno'; ingl. eso-: (*med.*) *esotropia*, esotropia.

eso-[2] *pref.* di origine greca, usato spec. nella terminologia scientifica, che significa 'fuori, esterno'; ingl. exo-: (*astr.*) *esobiologia*, exobiology.

esobiologia *s.f.* (*astr.*) exobiology.

esocarpo *s.m.* (*bot.*) exocarp, epicarp.

esoccipitale *agg.* (*anat.*) exoccipital.

esoceto *s.m.* (*zool.*) flying fish.

esocitosi *s.f.* (*biol.*) **1** exocytosis **2** emiocytosis.

esocrino *agg.* (*biol.*) exocrine.

esoderma *s.m.* (*bot.*) exoderm.

esodio *s.m.* (*teatro greco*) exodium (*pl.* -ia), exode.

esodo *s.m.* exodus; flight: *l'— dei contadini dalle campagne*, the flight of the peasants from the countryside; *l'— per le vacanze*, the mass departure (*o* departure en masse) for the holidays // *l'— dei capitali all'estero*, the flight of capital abroad // *l'Esodo*, (*Bibbia*) the Exodus.

esoenzima *s.m.* (*biochim.*) exoenzyme.

esofageo *agg.* (*anat.*) esophageal.

esofagite *s.f.* (*med.*) esophagitis.

esofago *s.m.* (*anat.*) esophagus*.

esoftalmico *agg.* (*med.*) exophthalmic.

esoftalmo *s.m.* (*med.*) exophthalmus, exophthalmos.

esogamia *s.f.* (*biol., etnologia*) exogamy.

esogamico *agg.* exogamous, exogamic.

esogamo *agg.* (*etnologia*) exogamous.

esogeno *agg.* (*geol.*) exogenous, exogenetic, exogenic; (*biol.*) exogenous.

esomorfismo *s.m.* (*geol.*) exomorphism.

esomorfo *agg.* (*geol.*) exomorphic.

esondare *v.intr.* (*letter.*) to overflow.

esonerare *v.tr.* to exonerate; (*liberare*) to free, to relieve; (*esentare*) to exempt; to excuse; (*licenziare*) to dismiss; (*congedare*) to discharge: *— qlcu. da una responsabilità*, to exonerate s.o. from a responsibility; *è stato esonerato dal servizio militare*, he has been exempted from military service; *— qlcu. dalle tasse scolastiche*, to exempt s.o. from school fees; *l'allenatore è stato esonerato*, the coach has been relieved of his responsibilities (*o* dismissed); *posso farmi — dalla lezione di ginnastica, oggi?*, can I be excused from today's gym lesson?

□ **esonerarsi** *v.rifl.* to excuse oneself: *— da un compito*, to excuse oneself from a task.

esonerato *agg.* exempted, excused, relieved (of) ◆ *s.m.* exempt person.

esonero *s.m.* exoneration; (*esenzione*) exemption; (*licenziamento*) dismissal; (*congedo*) discharge: *ottenere l'— dalle lezioni di ginnastica*, to get let off PE (*o form.* to obtain exemption from gym) // (*dir.*): *clausola di —*, exception clause (*o* escape clause *o* waiver clause); *— da responsabilità*, exemption from liability.

esopico meno com. **esopeo**, **esopiano** *agg.* Aesopian, of Aesop: *le favole esopiche*, Aesop's Fables.

esorbitante *agg.* exorbitant; excessive; inordinate: *prezzo —*, exorbitant (*o* steep *o* extortionate *o* stiff) price; *una richiesta —*, an excessive (*o* inordinate) demand.

esorbitanza *s.f.* exorbitance; excess.

esorbitare *v.intr.* to exceed; to overstep; to lie* outside, to be beyond: *questo compito esorbita dalle tue competenze*, this job lies outside your competence.

esorcismo *s.m.* exorcism: *fare esorcismi*, to exorcize (*o* to perform exorcisms).

esorcista *s.m.* **1** exorcist; exorcizer **2** (*chi ha ricevuto l'esorcistato*) exorcist.

esorcistato *s.m.* (*eccl.*) exorcistate.

esorcistico *agg.* of exorcism (*pred.*), exorcismal.

esorcizzare *v.tr.* to exorcize (*anche estens.*): *— il demonio*, to exorcize the devil; *— una sciagura*, to exorcize a disaster.

esorcizzatore *s.m.* exorcizer.

esorcizzazione *s.f.* exorcism.

esordiale *agg.* (*non com.*) introductory.

esordiente *agg.* making one's debut, at one's debut (*pred.*): *una cantante —*, a singer making her debut ◆ *s.m.* e *f.* debutant, person making one's first appearance.

esordio *s.m.* **1** (*inizio*) beginning: *essere agli esordi di una carriera*, to be at the beginning of a career **2** (*arte, sport*) debut; (*di ragazza in società*) coming out, debut: *l'— di un giocatore in serie A*, the debut (*o* first appearance) of a player in the First Division; *un attore al suo — come regista*, an actor making his debut as a director **3** (*prefazione*) exordium*, preamble; (*introduzione*) introduction.

esordire *v.intr.* **1** (*cominciare*) to begin*, to start, to commence; (*in una professione*) to begin* practising (a profession): *— con una battuta poco felice*, to start with a joke in bad taste **2** (*in arte*) to make* one's debut, to make* a first appearance: *esordì nell' 'Otello'*, she made her debut in 'Othello'.

esoreattore *s.m.* (*mecc.*) air-breathing engine.

esoreico *agg.* (*geogr.*) exorheic.

esornare *v.tr.* (*letter.*) to embellish (with metaphors).

esornativo *agg.* (*letter.*) decorative, ornamental; (*celebrativo*) laudatory, epideictic.

esortamento *s.m.* (*non com.*) exhortation.

esortare *v.tr.* to exhort, to urge: *esortò i figli a studiare*, he urged his children to study.

esortativo *agg.* exhortative, exhortatory.

esortatore *s.m.* **esortatrice** *s.f.* exhorter.

esortatorio → **esortativo**.

esortazione *s.f.* exhortation, admonishment.

esoscheletro *s.m.* (*zool.*) exoskeleton.

esosfera *s.f.* (*fis.*) exosphere.

esosio → **esoso**[2].

esosmosi *s.f.* (*fis.*) exosmosis; exosmose.

esoso[1] *agg.* **1** (*avaro, rapace*) greedy, grasping, rapacious **2** (*che denota avidità*) exorbitant, excessive: *prezzi esosi*, exorbitant prices **3** (*non com.*) (*odioso*) hateful; odious; detestable.

esoso[2] *s.m.* (*chim.*) hexose.

esostosi *s.f.* (*med.*) exostosis.

esoterico *agg.* esoteric: *dottrine esoteriche*, esoteric doctrines // *gli esoterici*, the initiated.

esoterismo *s.m.* esotericism.

esotermico *agg.* (*fis., chim.*) exothermic; exoergic.

esoticità *s.f.* exoticism, foreignness; (*originalità*) originality, outlandishness.

esotico *agg.* exotic; (*straniero*) foreign; (*originale*) original, outlandish: *fiori esotici*, exotic flowers ◆ *s.m.* the exotic: *il gusto dell'—*, the taste for the exotic.

esotismo *s.m.* exoticism.

esotizzante *agg.* that tends towards the exotic.

esotossina *s.f.* (*biochim.*) exotoxin.

esotropia *s.f.* (*med.*) esotropia.

espandere *v.tr.* **1** (*estendere*) to extend, to expand, to enlarge, to widen, to spread* (out): *— il mercato dei propri prodotti*, to expand the market for one's products; *— i confini di uno stato*, to extend (*o* enlarge) the boundaries of a state **2** (*diffondere*) to give* off, to give* out, to diffuse: *le rose espandevano un intenso profumo*, the roses gave off a strong scent **3** (*non com.*) (*comunicare*) to pour out, to give* vent (to sthg.).

□ **espandersi** *v.rifl.* o *intr.pron.* **1** (*estendersi, diffondersi*) to spread* (out), to expand: *la pianura si estende per miglia*, the plain spreads out for miles; *la notizia si espandeva a macchia d'olio*, the news spread slowly but surely // (*chim., fis.*) (*diffondersi*) to expand **2** (*accrescere il proprio territorio*) to expand **3** (*non com.*) (*confidarsi, sfogarsi*) to open one's heart.

espandibile *agg.* (*inform.*) expandable.

espansibile *agg.* expandable, expanding, expansible; (*chim.*) expansive.

espansibilità *s.f.* expansibility.

espansione *s.f.* **1** expansion, growth: *— territoriale*, territorial expansion // (*econ.*): *— dell'economia*, growth of the economy; *— della produzione*, rise in production; *un'industria in —*, an industry in expansion (*o* a booming industry); *fase di —*, boom; *misure favorevoli all'—*, expansionary measures // (*geol.*) *— dei fondi oceanici*, sea floor spreading **2** (*effusione, affettuosità*) warmth, effusiveness **3** (*fis., chim.*) expansion, effusion: *raffreddamento per —*, expansion cooling; *— di un gas*, expansion of a gas; *macchina a tripla —*, triple-expansion engine // (*fis.*) *coefficiente di — cubica*, expansivity // (*astrofisica*) *universo in —*, expanding universe.

espansionismo *s.m.* expansionism.

espansionista *agg.* e *s.m.* e *f.* expansionist.

espansionistico *agg.* expansionist(ic); (*amer.*) expansionary: *fase espansionistica*, (*di ciclo economico*) expansionary phase.

espansività *s.f.* **1** (*esuberanza*) demonstrativeness, effusiveness, warmth **2** (*di gas ecc.*) expansiveness; effusiveness.

espansivo *agg.* **1** (*esuberante*) demonstrative, expansive, warm, effusive, exuberant: *ha un carattere molto —*, he has a very demonstrative (*o* expansive) character; *mostrarsi troppo —*, to wear one's heart on one's sleeve **2** (*di gas, forza ecc.*) expansive; effusive.

espanso *agg.* expanded: *gas —*, expanded gas; *vaso —*, open vase // (*chim.*) *gomma espansa*, foam rubber; *polistirolo —*, foam polystyrene.

espatriare *v.intr.* to leave* one's country; to expatriate; (*emigrare*) to emigrate: *essere costretto a — per motivi politici*, to be forced to go abroad for political reasons.

espatrio *s.m.* expatriation: *libertà di —*, freedom of expatriation // *— clandestino*, illegal emigration.

espediente *s.m.* expedient, device, shift, ploy, gambit: *ricorrere a un —*, to resort to an expedient; *tentare mille espedienti*, to try a thousand ways and means (*o* ploys); *vivere di espedienti*, to live on one's wits.

espellere *v.tr.* **1** to expel; to turn out, to throw* out, to drive* out: *fu espulso dalla scuola*, he was expelled from school; *— dal partito*, to expel (*o* to throw out) of the party; *— un giocatore* (*dal campo*), to send a player off **2** (*emettere*) to discharge, to eliminate, to eject: *— gas di scarico*, to discharge exhaust fumes **3** (*med.*) to expel; to excrete.

esperantista *s.m.* e *f.* Esperantist.

esperanto *s.m.* Esperanto.

esperia *s.f.* (*zool.*) skipper.

esperibile *agg.* attemptable, that may be tried.

esperidina *s.f.* (*chim.*) hesperidin.

esperidio *s.m.* (*bot.*) hesperidium.

esperienza *s.f.* **1** experience (*anche fil.*): *la nostra ditta vanta in questo campo 50 anni di —*, our firm prides itself on 50 years of experience in this field; *acquistare — in qlco.*, to gain experience in sthg.; *essere senza — in qlco.*, to be unexperienced in sthg.; *non ho — di insegnamento*, I have no teaching experience; *devi ancora fare — in quel lavoro*, you must gain more experience in this job; *fare esperienze interessanti*, to have interesting experiences; *un uomo di grande —*, a man of great experience (*o* a very experienced man); *imparare qlco. per — personale*, to learn sthg. by personal experience (*o fam.* to learn sthg. the hard way); *parlare per —*, to speak from experience; *sapere per —*, to know by experience **2** (*esperimento*) experiment, trial.

esperienziale *agg.* experiential.

esperimentare e *deriv.* → **sperimentare** e *deriv.*

esperimento *s.m.* experiment; trial, test: *fare un —*, to do an experiment; *un — riuscito*, a successful experiment; *a titolo di —*, as an experiment; *— chimico*, chemical experiment; *— di laboratorio*, laboratory experiment; *il prototipo sottoposto a ripetuti esperimenti si è mostrato affidabile*, extensive trials have shown the prototype to be reliable.

esperio *agg.* (*letter.*) **1** (*dell'occidente*) western, Hesperian **2** (*italico*) Hesperian, Italic.

esperire *v.tr.* (*burocrazia*) to try; to carry out: *— tutte le pratiche*, to take all the necessary steps; (*dir.*) *— le vie legali*, to take legal steps.

espero *s.m.* (*letter.*) **1** Hesperus, the evening star **2** (*vento*) west wind **3** (*l'occidente*) the West.

esperto *agg.* **1** (*abile*) expert, skilful, skilled: *un — pilota*, an expert pilot; *è un — musicista*, he is a skilled (*o* expert) musician // *mano esperta*, skilled hand // *occhio —*, expert eye **2** (*che ha esperienza*) experienced: *essere — di, in qlco.*, to be experienced in (*o* at) sthg. ◆ *s.m.* expert, authority, connoisseur: *il nostro — legale*, our legal expert // (*econ.*): *— finanziario*, investment adviser (*o* expert); *— in relazioni pubbliche*, public-relations man; *— commerciale*, business expert; *— in economia*, economic expert; *— di indagini campione*, polster.

espettorante *agg.* e *s.m.* (*med.*) expectorant.

espettorare *v.tr.* (*med.*) to expectorate.

espettorato *s.m.* (*med.*) expectoration.

espettorazione *s.f.* (*med.*) expectoration.

espiabile *agg.* atonable, expiable: *colpa —*, atonable guilt (*o* guilt that may be expiated).

espiamento *s.m.* → **espiazione**.

espiantazione *s.f.* (*med.*) explantation.

espianto *s.m.* (*biol.*) explant.

espiare *v.tr.* **1** to expiate, to make* amends for: *— un delitto, un peccato*, to expiate a crime, a sin; *— una pena*, to serve a sentence **2** (*propiziare*) to appease, to propitiate.

espiatorio *agg.* expiatory: *rito —*, sacrificial rite // *capro —*, scapegoat.

espiazione *s.f.* **1** expiation: *— di una colpa*, the expiation of guilt // *una vittima offerta in —*, a victim offered as a sacrifice **2** (*teol.*) atonement // (*relig. ebraica*) *festa dell'—*, Day of Atonement (*o* Yom Kippur).

espirare *v.intr.* **1** (*biol.*) to expire, to breathe out **2** (*ant.*) (*esalare*) to exhale.

espiratorio *agg.* expiratory.

espirazione *s.f.* expiration: *— di aria dai polmoni*, expiration of air from the lungs.

espletamento *s.m.* (*burocrazia*) completion, fulfilment, performance: *— di un incarico*, fulfilment of a task.

espletare *v.tr.* (*amm.*) to dispatch, to accomplish, to fulfil; to complete: *— una pratica*, to complete the paperwork.

espletazione *s.f.* → **espletamento**.

espletivo *agg.* (*gramm.*) expletive, pleonastic.

esplicabile *agg.* (*letter.*) explicable; explainable.

esplicare *v.tr.* **1** (*letter.*) (*spiegare*) to explain **2** (*svolgere*) to carry on, to carry out, to perform: *— importanti mansioni dirigenziali*, to perform important managerial functions; *— un'attività*, to carry on (*o* out) an activity.

□ **esplicarsi** *v.intr.pron.* **1** (*concretarsi*) to find* expression, to be realized **2** (*ant.*) (*spiegarsi*) to explain oneself; to express oneself.

esplicativo *agg.* explanatory; explicative; explicatory: *nota esplicativa*, explanatory note // (*fil.*) *giudizio —*, explicative judgement.

esplicazione *s.f.* **1** carrying on, performance; (*sviluppo*) explication: *l'— di un'attività*, the carrying on of an activity 2 (*non com.*) (*spiegazione*) explanation 3 (*letter.*) (*realizzazione*) expression, realization.

esplicitamente *avv.* explicitly, clearly, expressly, unequivocally: *mi ha detto — che si dimetterà*, he has told me explicitly (*o* unequivocally) that he will resign.

esplicitare *v.tr.* 1 to make* clear, to make* plain: — *i propri sentimenti*, to make one's feelings clear 2 (*mat.*) to make* (sthg.) explicit; to represent (sthg.) in explicit form: — *un'equazione*, to make an equation explicit.

esplicito *agg.* explicit, clear, definite, unequivocal, outspoken, express: *affermazione esplicita*, explicit statement; *comando* —, express command; *era suo — desiderio che noi ritornassimo da lui*, it was his express wish that we should go back to him; *fu molto — riguardo a ciò*, he was quite explicit (*o* clear) about it; *mi sembra di essere stato* —, I think I have made myself clear; *ha fatto un — riferimento a te*, he made a clear (*o* unequivocal) reference to you.

esplodente *agg.* e *s.m.* explosive.

esplodere *v.intr.* 1 to explode, to burst*, to blow* up, to go* off: *la bomba esplose*, the bomb exploded (*o* went off) // *far* —, to explode (*o* to set off) 2 (*fig.*) to explode, to burst* out: *esplose in una risata*, he burst out laughing; *la sua ira esplose*, his anger exploded; *sentiva che stava per* —, she felt she was about to explode 3 (*fig.*) (*manifestarsi improvvisamente*) to break* out: *è improvvisamente esploso il caldo*, the heat wave has suddenly broken out ◆ *v.tr.* (*sparare*) to fire: *chi aveva esploso quei colpi?*, who had fired those shots?

esploditore *s.m.* (*tecn.*) exploder, blaster, detonator.

esplorabile *agg.* that may be explored; explorable.

esplorare *v.tr.* 1 to explore; (*perlustrare*) to search: — *regioni nuove*, to explore new territories 2 (*osservare, investigare*) to examine, to explore, to probe into (sthg.), to investigate: — *il cielo notturno col cannocchiale*, to explore the night sky with the telescope; — *l'animo umano*, to explore the human heart (*o* to probe into the human heart) 3 (*mil.*) to scout, to reconnoitre 4 (*med.*) to explore, to probe; to sound: — *una ferita*, to explore (*o* to probe) a wound 5 (*tv*) to scan 6 (*in cerca di minerali*) to prospect for (sthg.).

esplorativo *agg.* explorative, exploratory: *spedizione esplorativa*, exploratory expedition // (*miner.*) *sondaggio* —, scout hole; (*fig.*) exploratory survey // (*med.*) *un intervento* —, an exploratory operation.

esploratore *s.m.* 1 explorer // *giovane* —, Boy Scout 2 (*mil.*) scout 3 (*nave da guerra*) scout (cruiser) ◆ *agg.* exploring, inquiring, investigating: *una mente esploratrice*, an inquiring mind.

esploratorio → **esplorativo**.

esploratrice *s.f.* explorer // *giovane* —, Girl Guide (*o amer.* Girl Scout).

esplorazione *s.f.* 1 exploration, exploring, scouting; (*perlustrazione*) search(ing): — *di nuovi spazi stellari*, the exploration of new regions of space; *andare in* —, to go exploring; (*dare un'occhiata*) to scout around 2 (*mil.*) scouting expedition: *mandare qlcu. in* —, to send s.o. on a scouting expedition; *pattuglia d'*—, scouting patrol 3 (*med.*) exploration, sounding 4 (*tv*) scanning: — *elettronica*, electronic scanning.

esplosione *s.f.* 1 explosion, blast, burst: — *atomica*, atomic explosion // (*astr.*) — *primordiale*, big bang 2 (*detonazione*) report, explosion; (*rumore*) bang: *si udì una terribile* —, a terrible explosion (*o* bang) was heard 3 (*fig.*) outbreak, outburst, explosion: — *di odio*, outbreak (*o* explosion) of hatred; *l'— di un'epidemia*, the outbreak of an epidemic; — *demografica*, population explosion 4 (*ling.*) explosion.

esplosività *s.f.* explosiveness.

esplosivo *agg.* 1 explosive, blasting: *gelatina esplosiva*, blasting gelatin; *una miscela esplosiva*, an explosive mixture (*anche fig.*) 2 (*fig.*) explosive, astonishing, extraordinary: *rabbia esplosiva*, explosive rage; *situazione esplosiva*, explosive situation; *una rivelazione esplosiva*, an astonishing revelation (*o* a bombshell) 3 (*ling.*) plosive ◆ *s.m.* explosive: — *di lancio*, propellent explosive; *un deposito di esplosivi*, a magazine of explosives; — *solido, liquido, gassoso*, solid, liquid, gaseous explosive; *alto, basso* —, high, low explosive.

esploso *agg.* (*tecn.*) exploded: *disegno* —, exploded view.

esponente *s.m.* 1 (*rappresentante*) exponent, representative; (*portavoce*) spokesman*: *uno degli esponenti più in vista del movimento è stato arrestato*, one of the movement's best -known exponents (*o* spokesmen) has been arrested; *un — del governo francese*, a representative of the French government 2 (*burocrazia*) (*chi fa un esposto*) applicant, petitioner 3 (*lemma, voce*) headword, entry 4 (*mat.*) exponent 5 (*mar.*) — *di carico*, dead -weight capacity (*o* dead-weight tonnage).

esponenziale *agg.* (*mat.*) exponential: *curva, funzione* —, exponential curve, function // (*stat.*): *crescita, caduta* —, exponential growth, drop; *i prezzi salgono in maniera* —, prices are going up in a staggering way (*o* are rising exponentially).

esponibile *agg.* 1 (*che si può mettere in mostra*) displayable 2 (*che può essere espresso*) that may be expounded; explainable.

esporre *v.tr.* 1 (*mettere fuori*) to put* out, to set* out, to expose; (*in bacheca ecc.*) to put* up, to post up, to stick* up: — *al sole, all'aria*, to expose to sunlight, to air; *è una pianta che non deve essere esposta alla luce*, it's a plant that mustn't be exposed to sunlight; — *un avviso*, to stick up a notice; *hanno già esposto i risultati degli esami*, they've already put up the exam results 2 (*mettere in mostra*) to show*, to display; (*in fiere, esibizioni*) to exhibit: — *delle merci in vetrina*, to show (*o* to display) goods in the window; *esporrà i suoi quadri in una galleria d'arte*, he's going to exhibit his paintings in an art gallery; — *a una fiera campionaria*, to exhibit at a trade fair // (*eccl.*) — *il Sacramento*, to expose the Blessed Sacrament 3 (*a rischio*) to expose; (*arrischiare*) to risk; to venture: — *qlcu. a un rischio*, to expose s.o. to a risk; — *la vita a un pericolo*, to risk (*o* to venture) one's life; *la sua arroganza lo espone ad aspre critiche*, his arrogance exposes him to harsh criticism 4 (*spiegare*) to expound, to state, to set* forth; to explain: — *le proprie idee*, to state one's ideas; — *una teoria*, to expound a theory; — *in dettaglio*, to itemize 5 (*letter.*) (*interpretare testi*) to interpret, to explain 6 (*antiq.*) (*abbandonare un bambino*) to expose, to abandon: — *un neonato*, to expose a baby 7 (*fot.*) to expose.

□ **esporsi** *v.rifl.* 1 to expose oneself: *attento a non esporti al sole a lungo!*, be careful not to expose yourself to the sun for too long!; *con quella dichiarazione si è esposto a facili critiche*, with that statement he laid himself open to facile criticisms 2 (*compromettersi*) to compromise oneself: *non ti esporre troppo con la tua protesta!*, don't compromise yourself too much with your protest // (*banca*) — *a forti debiti*, to incur large debts.

esportabile *agg.* exportable.

esportare *v.tr.* to export: *vorremmo — questo articolo in Australia*, we would like to export this article to Australia; — *prodotti agricoli, materie prime*, to export agricultural products, raw materials; — *capitali*, to export capital; — *nuove idee*, to export new ideas; (*inform.*) — *dati*, to export data.

esportatore *agg.* exporting, export (*attr.*): *la ditta esportatrice*, the export firm; *paese* —, exporting country ◆ *s.m.*, **esportatrice** *s.f.* exporter, freighter // — *di merce sottocosto*, dumper.

esportazione *s.f.* export; exportation: *merci d'*—, export goods (*o* exports); *articolo d'*—, export article; *commercio d'*—, export trade; *divieto d'*—, ban on exports; *licenza d'*—, export licence; *casa d'*—, export house; *esportazioni visibili e invisibili*, visible and invisible exports; — *di capitali*, export of capital; — *sottocosto*, dumping; *l'— dei nostri articoli è aumentata*, the exportation of our articles has increased (*o* we are exporting more and more of our articles); *si occupa di* —, he is engaged in export.

esposimetro *s.m.* (*fot.*) exposure meter.

espositivo *agg.* expository, expositive, declarative, explanatory: *mancare di chiarezza espositiva*, to lack expository clarity.

espositore *s.m.* 1 (*chi espone al pubblico*) exhibitor 2 (*supporto per esporre prodotti*) (display) stand: *i cataloghi erano ben ordinati sull'*—, the brochures were neatly displayed on the stand 3 (*chi spiega, commenta*) commentator, expositor, expounder ◆ *agg.* exhibiting: *ditta espositrice*, exhibiting firm.

esposizione *s.f.* 1 exposure; (*di merci ecc.*) display, layout: *una lunga — al sole è dannosa alla pelle*, long exposure to the sun is harmful to the skin; — *all'aria*, exposure to the air; — *a un rischio*, exposure to a risk; — *a radiazioni*, exposure to radiation; *l'— di un avviso in bacheca*, the display of a notice on a notice board; — *della merce*, display (*o* layout) of goods 2 (*mostra*) exhibition, exposition, show; (*fiera*) fair: *un'— di prodotti agricoli*, an exhibition of agricultural products; *organizzare un'*—, to organize an exhibition; — *universale, campionaria*, world, trade fair // *sala d'*—, exhibition hall; *salone d'— di automobili*, car showroom (*o amer.* automobile exposition); *salone d'— di mobili*, furniture showroom 3 (*il riferire*) exposition; (*narrazione*) description, narration: *chiarezza d'*—, clearness of exposition; *una fedele — dei fatti*, a faithful exposition (*o* statement) of the facts 4 (*rendiconto*) statement: (*comm.*) — *della situazione finanziaria*, statement of affairs 5 (*di una casa*) exposure: *la casa ha un'— a sud*, the house has a south(erly) exposure (*o* the house faces south) **6** (*fot.*, *fis.*) exposure: (*fot.*) *tempo di —*, exposure **7** (*mus.*) statement, exposition.

esposto *agg.* **1** (*in mostra*) exhibited, displayed, on display (*pred.*), on show (*pred.*): *la merce esposta non è in vendita*, the goods on display are not for sale **2** (*soggetto ad azioni esterne*) exposed; (*fig.*) open to: *— al sole*, in the sun (*o* exposed to the sun); *— al vento*, in the wind (*o* exposed to the wind); *— ai pericoli*, exposed to danger; *— alle critiche*, open to criticism **3** (*rivolto*) facing: *una casa esposta a sud*, a house facing south **4** (*riferito, spiegato*) explained, set forth, set out: *in base a quanto sopra —*, on the basis of what is set out above **5** (*alpinismo*) exposed.

esposto *s.m.* **1** (*memoriale*) statement, account, exposé (*anche dir.*) **2** (*petizione*) petition (*anche dir.*) **3** (*antiq.*) (*trovatello*) foundling **4** (*dir.*) (*denuncia*) complaint.

espressamente *avv.* **1** (*in modo esplicito*) expressly, explicitly: *gli ho chiesto — di venire*, I have expressly asked him to come **2** (*di proposito*) expressly, on purpose; (*apposta*) specially, particularly: *lo farò — per te*, I'll do it specially for you.

espressione *s.f.* **1** expression; display: *l'— del proprio pensiero*, the expression of one's thought; *lo sciopero è — di malessere da parte dei lavoratori*, the strike is an expression of the workers' discontent **2** (*atteggiamento del volto*) expression, look: *un'— triste, divertita*, a sad, an amused expression; *sguardo senza —*, blank (*o* vacant) look; *era un'— d'affetto*, it was an expression (*o* a display) of affection; *espressioni di gratitudine*, expressions of gratitude; *dare — a un sentimento*, to express a feeling **3** (*locuzione, vocabolo*) expression: *— idiomatica, popolare*, idiomatic, colloquial expression; *è un'— che ormai non si usa più*, it's an expression that is no longer used **4** (*forza espressiva*) expression: *senza —*, expressionless; *leggilo con —*, read it with expression (*o* with feeling); *suonare con —*, to play with feeling **5** (*mat.*) expression: *— algebrica, razionale*, algebraic, rational expression.

espressionismo *s.m.* (*arte*) expressionism.

espressionista *s.m.* e *f.* e *agg.* (*arte*) expressionist.

espressionistico *agg.* (*arte*) expressionist(ic).

espressività *s.f.* expressiveness, expressivity: *l'— di un volto, di uno sguardo*, the expressiveness of a face, of a look.

espressivo *agg.* **1** expressive, meaningful, significant: *un volto —*, an expressive face; *forza espressiva*, expressive force; *silenzio —*, meaningful (*o* eloquent) silence; *stile —*, expressive style **2** (*ling.*) expressive.

espresso *agg.* **1** expressed, worded: *una clausola espressa il più vagamente possibile*, a clause worded as vaguely as possible **2** (*esplicito*) express; explicit, clear; definite, precise: *con l'— consenso delle autorità*, with the express consent of the authorities; *per ordine —*, by express command **3** (*su richiesta*) express, made to order: *piatto —*, dish made to order **4** (*veloce*) express, fast ◆ *s.m.* **1** (*lettera*) express letter, special delivery letter; (*amer.*) fast letter // *mandare un pacco per —*, to send a parcel express **2** (*treno*) express **3** (*caffè*) espresso*.

esprimere *v.tr.* to express, to voice, to signify; (*formulare*) to couch: *non sappiamo esprimerti quanto ti siamo grati*, we cannot express how grateful we are to you; *ha espresso la sua critica con grande cautela*, he couched his criticism in very cautious terms; *— un desiderio*, to express a wish; *— il proprio sdegno*, to express one's indignation (*o* disdain); *— i propri sentimenti*, to express one's feelings; *— il proprio rincrescimento*, to signify (*o* to declare) one's regret; *il suo volto esprimeva una grande soddisfazione*, his face expressed great satisfaction // (*fin.*) *— in una data unità monetaria*, to denominate.

□ **esprimersi** *v.rifl.* to express oneself: *sai esprimerti correttamente in inglese?*, can you express yourself correctly in English? // *come posso esprimermi?*, how shall I put it? // *è questo il modo di —?!*, (*fam.*) that's no way to talk!

esprimibile *agg.* expressible; expressable: *un sentimento difficilmente —*, a feeling that is difficult to express.

espromissione *s.f.* (*dir.*) expromission; novation.

espromissore, **espromittente** *s.m.* (*dir.*) expromissor.

espropriare *v.tr.* (*dir.*) to expropriate, to dispossess, to oust: *— un terreno*, to expropriate a piece of land; *— qlcu. di qlco.*, to dispossess s.o. of sthg.; *il governo espropriò i fondi*, the government expropriated the funds // *proprietari terrieri espropriati*, dispossessed landowners.

□ **espropriarsi** *v.rifl.* to give* up, to waive: *— di un diritto*, to waive a right.

espropriazione *s.f.* (*dir.*) expropriation, dispossession, ouster: *— per pubblica utilità*, expropriation for public utilities (*o* in the public interest); *— forzata*, forced expropriation; *decreto di —*, expropriation order.

esproprio *s.m.* (*dir.*) expropriation, dispossession, ouster // *— proletario*, people's expropriation (*o* expropriation by the people).

espugnabile *agg.* conquerable, expugnable, that may be taken (by force).

espugnare *v.tr.* **1** to conquer; to take* by storm; to storm: *— una fortezza*, to carry (*o* to storm) a fortress **2** (*fig.*) (*sopraffare*) to vanquish, to overcome*: *— la resistenza di qlcu.*, to overcome s.o.'s resistance.

espugnatore *s.m.* (*non com.*) conqueror ◆ *agg.* (*non com.*) conquering.

espugnazione *s.f.* conquest.

espulsione *s.f.* **1** expulsion; ejection: *l'— di un giocatore dal campo*, the expulsion (*o* the sending-off) of a player from the pitch **2** (*bando*) banishment // (*dir.*) *ordine di —* (*di uno straniero*), exclusion order **3** (*bot.*) (*di spore*) objection **4** (*med.*) expulsion.

espulsivo *agg.* expulsive // (*med.*): *dolori espulsivi*, expulsive pains; *stadio —*, expulsive stage.

espulso *agg.* expelled, ejected // *gli espulsi dal club*, those who have been expelled from the club.

espulsore *s.m.* expeller, knockout; (*di arma di fuoco*) ejector ◆ *agg.* expulsive, expellant.

espulsorio *agg.* expulsive.

espungere *v.tr.* to expunge; to erase, to delete, to remove.

espunzione *s.f.* deletion, removal, expunction.

espurgare *v.tr.* to expurgate, to bowdlerize // *edizione espurgata*, expurgated edition.

espurgatorio *agg.* expurgatory.

espurgazione *s.f.* expurgation, bowdlerization.

esquimese → **eschimese**.

esquisito e *deriv.* → **squisito** e *deriv.*

essa *pron.pers.f. 3ª pers.sing.* **1** (*sogg.; in it. è spesso sottinteso, ma in ingl. deve essere sempre espresso*) she (*riferito spec. ad animale femmina; se riferito a persona l'uso corretto richiede* ella *o* lei); it (*riferito a cosa o animale di sesso non specificato*): *l'Italia è una penisola; — si estende dalle Alpi al mar Mediterraneo*, Italy is a peninsula; it stretches from the Alps to the Mediterranean sea **2** (*compl.*) her (*riferito a persona o animale femmina*); it (*riferito a cosa o animale di sesso non specificato*): *qui la strada è in rifacimento; solo una parte di — è transitabile*, the road is being remade here; only a part of it is practicable // (*burocrazia*) *la domanda deve essere firmata dalla madre o da chi per —*, the application must be signed by the mother or someone else in authority // *— stessa*, it... (in) itself: *la sua reticenza era colpevole: — stessa lo condannava*, his silence was enough to condemn him in itself ◆ *agg.* (*letter.*) (*questa*) this; (*quella*) that.

esse[1] *pron.pers.f. 3ª pers.pl.* **1** (*sogg.; in it. è spesso sottinteso, ma in ingl. deve essere sempre espresso*) they: *le abbiamo ripetutamente chiamate, ma (—) non hanno risposto*, we called them again and again, but they didn't answer; *le Shetland sono un gruppo di isole; — appartengono alla Gran Bretagna*, the Shetlands are a group of islands; they belong to Great Britain // *— stesse*, they themselves, they... (in) themselves: *— stesse non sapevano cosa fare*, they themselves didn't know what to do; *erano queste le uniche prove a suo favore, ed — stesse non bastarono a scagionarlo*, these were the only pieces of evidence in his favour and they were not enough in themselves to free him from blame **2** (*compl.*) them: *molte erbe hanno proprietà medicinali, ma alcune di — sono veleni potenti*, many herbs have medicinal properties, but some of them are highly poisonous.

esse[2] *s.f.* o *m.* letter S // (*fatto*) *a —*, S-shaped; *strada a —*, winding road.

essendoché *cong.* (*ant.*) as; since.

essenico *agg.* (*relig. ebraica*) Essenian; Essene (*attr.*); of the Essenes (*pred.*).

esseno *s.m.* (*relig. ebraica*) Essene.

essenza *s.f.* **1** essence, essential being **2** (*parte più importante di una cosa*) essence: *l'— di un libro*, the essence (*o* main point) of a book **3** (*chim.*) essence; (essential) oil: *— di bergamotto*, essence of bergamot; *— di chiodi di garofano*, clove oil; *— di rose*, attar of roses; *— concentrata*, quintessence.

essenziale *agg.* **1** essential, fundamental, basic, prime, primary: *d'importanza —*, of fundamental (*o* primary) importance; *l'introduzione è una parte — di questo libro*, the introduction is an essential part of this book; *la tua presenza è —*, your presence is essential (*o* indispensable) // (*med.*) *ipertensione —*, essential hypertension **2** (*chim.*) essential: *olio —*, essential oil ◆ *s.m.* (the) essential thing: *l'— è non perderlo di vista*, the essential thing is not to lose sight of him // *badare all'—*, to stick to the main point (*o* the essentials).

essenzialismo *s.m.* (*fil.*) essentialism.

essenzialità *s.f.* **1** essentiality: *ribadisco l'— della tua presenza*, I confirm that your presence is essential (*o* indispensable) **2** → essenza 2.

essenziero *agg.* essence, essential-oil (*attr.*): *industria essenziera*, essence (*o* essential-oil) industry.

essere *v.ausiliare* **1** (*con funzione di copula*) to be*: *sono italiano*, I'm Italian; *sei molto gentile*, you're very kind; *è un uomo fortunato*, he's a lucky man; *la porta è aperta*, the door is open; *è una vecchia storia*, it's an old story; *siamo buoni amici*, we're good friends; *siete francesi?*, are you French?; *il cielo era sereno*, the sky was clear; *non — sgarbato*, don't be rude; *è interessante quell'articolo?*, is that article interesting?; *non è giusto*, it isn't fair; *sarà difficile trovarli*, it will be hard to find them; *fu un vero successo*, it was a great success; *questo non è vivere!*, this is no life!; *è notte, è mattina*, it's night, it's morning; *era una bellissima giornata*, it was a beautiful day; *era già tardi*, it was already late; *era il 1° di luglio*, it was the 1st July; *è Pasqua, Natale*, it's Easter, Christmas; *domani è il compleanno della mamma*, it's my mother's birthday tomorrow **2** (*nella coniugazione passiva*) to be*: *sei desiderato al telefono*, you're wanted on the phone; *la discoteca è frequentata da giovanissimi*, the disco is popular with teenagers; *il Presidente della Repubblica è eletto ogni 4 anni*, the President of the Republic is elected every 4 years; *la riunione si è tenuta nella Sala dei Congressi*, the meeting was held in the Congress Hall; *lo zar Pietro* I *fu detto il Grande*, Tsar Peter I was called the Great; *furono accusati di tentato omicidio*, they were charged with attempted murder; *la casa sarà completamente ristrutturata*, the house is to be completely remodelled; *dopo — stato riconosciuto colpevole, fu condannato all'ergastolo*, after being found guilty, he was sentenced to life imprisonment; *quando sarà inaugurata la mostra?*, when will the exhibition be inaugurated?; *non è ancora stato reso noto il numero delle vittime*, the number of victims is not yet known **3** (*nei tempi composti della coniugazione attiva di verbi intransitivi, riflessivi e impersonali*) to have: *è appena arrivato*, he has just arrived; *non sono ancora partiti*, they haven't left yet; *che cosa è avvenuto?*, what has happened?; *che n'è stato di lui?*, what has become of him?; *è molto invecchiato*, he has aged a great deal; *è piovuto tutto il giorno*, it's been raining all day long; *è piovuto parecchio in questi giorni*, it has rained a great deal in the last few days; *se fossi stato avvisato in tempo, sarei venuto alla riunione*, if I had been informed in time, I would have come to the meeting; *la temperatura si è notevolmente abbassata*, the temperature has shot down; *si è avuto un forte calo nelle vendite*, there has been a sharp drop in sales; *mi ero appena svegliato*, I had just woken up; *ci eravamo già incontrati*, we had met before; *saranno state le tre di notte*, it must have been three o'clock in the morning **4** (*con un v. servile*) to have: *non sarei potuto venire comunque*, I wouldn't have been able to come anyway; *è dovuto partire improvvisamente*, he has had to leave unexpectedly; *ci siamo dovuti accontentare di una camera singola*, we have had to make do with a single room ◆ *v.intr.* **1** (*esistere*) to be*, to exist: *Dio è*, God exists; *penso, dunque sono*, I think, therefore I am; *— o non —*, to be or not to be **2** (*accadere, avvenire*) to be*; to become*, to happen: *che cosa è stato?*, what was it?; *quand'è stato?*, when was it?; *fu nell'estate del '78*, it was (*o* it happened) in the summer of '78 // *e fu così che conobbi mio marito*, that's how I met my husband // *quel ch'è stato è stato*, let bygones be bygones // *sia quel che sia, sia come sia*, be that as it may (be) // *sarà quel che sarà*, what(ever) will be will be // *che ne sarà di noi?*, what's to become of us?; *che n'è stato di lui?*, what has become of him? // *com'è come non è*, all of a sudden // *ebbene, sia!*, well, so be it! // *come che sia*, whatever happens // *così sia*, let it be // *come se niente fosse*, as if nothing had happened **3** (*consistere*) to consist, to lie*: *la felicità non è nella ricchezza*, happiness doesn't lie in riches; *il problema era che si doveva decidere subito*, the trouble lay in having to decide at once // *il bello è che...*, the interesting thing is that... // *il fatto è che...*, the fact is that... **4** (*costare, valere, pesare*) to be: *"Quant'è?" "Sono 15.000 lire in tutto"*, "How much is it?" "It's 15,000 lire"; *"Quant'era di peso?"*, "How heavy was it?"; *quant'è una sterlina in lire italiane?*, how much is a pound in Italian lire?; *quant'è un panino e una birra?*, how much is a sandwich and a glass of beer?; *quant'era il conto?*, how much was the bill? **5** (*andare*) to be*: *dove sei stato quest'estate?*, where have you been this summer?; *"Sei mai stato a Londra?" "Sì, ci sono stato l'anno scorso"*, "Have you ever been to London?" "Yes, I was there last year"; *non eravamo mai stati a Parigi*, we had never been to Paris; *sono stati a trovarla all'ospedale*, they have been to see her in hospital **6** (*arrivare, venire*) to be*: *eri già stato da queste parti?*, had you ever been here before?; *sono subito da lei*, I'll be with you at once; *tra poco saremo a casa*, we'll be home soon **7** (*stare, trovarsi*) to be*: *"Dove sono gli altri invitati?" "Sono in giardino"*, "Where are the other guests?" "They're in the garden"; *è a Tokyo per lavoro*, he's in Tokyo on business; *la casa è in ottimo stato*, the house is in excellent shape; *il direttore non è in ufficio*, the manager isn't in the office; *l'ufficiale era in divisa*, the officer was in uniform; *sono a pranzo da amici domani*, I'm having lunch with friends tomorrow; *siamo in primavera*, it's spring; *a che capitolo siamo?*, what chapter are we at?; *stanotte sono di guardia*, I'm on duty tonight; *erano tutti dalla mia parte*, they were all on my side // *— in dubbio*, to be in doubt // *— sull'avviso*, to be warned // *— alla fame*, to be starving // *— alla disperazione*, to be in despair // *— dalla parte della ragione, del torto*, to be in the right, in the wrong // *— più di là che di qua*, to be more dead than alive // (*banca*): *— alla pari*, to be at par; *— in rosso, scoperto*, to be in the red (*o* overdrawn) // *— in disavanzo*, to be in debit **8** (*diventare*) to be*, to get*: *quando sarai grande, capirai*, you'll understand when you're grown up (*o* when you get older); *vorrebbe — un attore*, he would like to be an actor; *un giorno sarò ricco*, one day I'll be rich; *quando fu stanco di studiare, andò a fare due passi*, when he got tired of studying, he went for a walk **9** (*in correlazione*) *sia... sia*: *sia il padre sia la madre parteciparono alla cerimonia*, both his father and mother were present at the ceremony // *sia che... sia che...*, whether... or...: *sia che tu lo voglia, sia che non lo voglia, partiremo domani*, we're leaving tomorrow, whether you like it or not; *sia che lo mandi per espresso, sia che lo spedisca via aerea, non arriverà in tempo*, whether you send it express or (by) airmail, it won't arrive in time **10** *— di*, (*materia*) to be (made) of; (*appartenenza*) to be of, to belong (to); (*origine*) to be from: *tutte le statue erano di bronzo*, all the statues were made of bronze; *"Di chi è quest'ombrello?" "È di Marco"*, "Whose umbrella is this?" "It's Mark's" (*o* "It belongs to Mark"); *sono di Venezia*, I'm from Venice; *è di buona famiglia*, he's from a good family **11** *— da*, (*convenire a*) to be worthy (of); (*seguito da inf. con valore di* dovere) to be (to): *non è un comportamento da persona civile*, his behaviour isn't worthy of a gentleman; *è tutto da verificare*, it remains to be seen; *non sono fatti da sottovalutare*, they're not facts to be underestimated; *è una cosa da fare subito?*, is it something to be done at once? // *non sono da meno di lui*, I'm worth as much as he is.

◆ *esserci*, to be*: *che c'è?*, what's the matter?; *che cosa c'è di nuovo?*, what's new?; *c'è qualcuno in casa?*, is there anyone at home?; *c'è molto traffico sulle strade*, there is a lot of traffic on the roads; *non c'era nessuna traccia dei rapitori*, there was no sign of the kidnappers; *chi c'era al concerto?*, who was at the concert?; *non c'è stato mezzo di farlo ragionare*, there was no way of getting him to see reason; *ci dev'essere una soluzione di questo problema*, there must be an answer to this problem; *ci saranno state una ventina di persone alla cerimonia*, there must have been about twenty people at the ceremony // *quanto c'è da Roma a Napoli?*, (*distanza*) how far is it from Rome to Naples?; (*tempo*) how long does it take from Rome to Naples? // *ci siamo!*, (*siamo arrivati*) here we are!; (*siamo alle solite*) here we go again! // *ci sono!*, (*ho capito*) I've got it! // *non c'è che dire*, there's nothing to be said // *non c'era il minimo dubbio*, there wasn't the slightest doubt // *non c'è da aver paura*, there is nothing to be afraid of // *c'era una volta un re, un cavaliere*, once upon a time there was a king, a knight.

◆ FRASEOLOGIA: *"Chi è?" "Sono io"*, "Who is it?" "It's me" (*o form.* "It is I"); *sei tu?*, is that (*o* is it) you? // *che ora è?*, what's the time? (*o* what time is it?) // *vent'anni or sono*, twenty years ago // *nei tempi che furono*, in the past (*o* in times gone by) // *è per questo che...*, that's why... // *se fossi in te...*, if I were you; *se non fosse stato per il tempo...*, if it hadn't been for the weather... (*o* but for the weather...) // (*come*) *sarebbe a dire?*, what do you mean by that? // *sono due ore che ti aspetto*, I've been waiting for you for two hours // *— a spasso*, (*disoccupato*) to be out of work (*o* to be out of a job) // *— in grado di fare qlco.*, (*capace*) to be able to do sthg.; (*in condizione di*) to be in a position to do sthg. // *— sul punto di, in procinto di fare qlco.*, to be on the point of doing sthg., to be about to do sthg. // *— giù*, (*fisicamente*) to be run down; (*moralmente*) to be down, (*fam.*) to be down in the dumps // *— di aiuto*, to help // *— in sé*, to be oneself; *— fuori di sé*, (*sragionare*) to be out of one's mind; (*non riuscire a dominarsi*) to be beside oneself // *sarà!...*, (*per esprimere dubbio, perplessità*) maybe (*o* that's how it may be); (*per esprimere incredulità*) that's a likely story! // *non può —!*, that's impossible!

essere *s.m.* **1** being, individual: *esseri umani*, human beings // *l'Essere Supremo*, the

Supreme Being **2** (*creatura*) creature: *un — spregevole*, a despicable creature (*o* fellow); *un povero* —, a poor creature **3** (*esistenza*) existence: *l'— dello spirito*, the existence of the spirit **4** (*stato*) state, condition.

essi *pron.pers.m. 3ª pers.pl.* **1** (*sogg.; in it. è spesso sottinteso, ma in ingl. deve essere sempre espresso; cfr.* loro) they: *ho scritto loro più volte, ma* (—) *non hanno mai risposto*, I've written to them several times, but they've never replied; *i Pirenei sorgono nell'Europa sudoccidentale; — segnano il confine tra Francia e Spagna*, the Pyrenees rise in southwest Europe; they mark the border between France and Spain // *— stessi*, they themselves, they... (in) themselves: *i suoi accusatori hanno ritirato la denuncia; — stessi hanno riconosciuto la sua innocenza*, his accusers withdrew their charge; they themselves acknowledged his innocence **2** (*compl.*) them: *i quadri furono ricuperati, ma alcuni di — risultarono falsi*, the pictures were recovered, but some of them turned out to be fake; *questi sono i nuovi condominii; in — vivono più di 500 famiglie*, these are the new apartment blocks; over 500 families live in them.

essicare → **essiccare**.

essiccamento *s.m.* drying (up), drying process, desiccation, exsiccation.

essiccante *agg.* drying, desiccative, desiccant, exsiccative, exsiccant ◆ *s.m.* desiccant, desiccative, drying agent, drier.

essiccare *v.tr.* **1** to dry (up), to desiccate, to exsiccate; (*legno ecc.*) to sap: *— al forno*, to kiln-dry; *— al sole*, to dry in the sun **2** (*prosciugare*) to drain: *— una palude*, to drain a marsh.

□ **essiccarsi** *v.intr.pron.* to dry up, to become* dry: *il pozzo si è essiccato*, the well has dried up; *la sua vena poetica si è essiccata*, (*fig.*) his inspiration dried up.

essiccativo *agg.* drying, desiccative, exsiccative.

essiccato *agg.* dried: *— al sole*, sun-dried.

essiccatoio *s.m.* **1** (*tecn.*) dryer; desiccator: *— a griglia*, lattice dryer **2** (*locale*) drying room, dryhouse.

essiccatore *s.m.* dryer, desiccator.

essiccazione *s.f.* drying (up), drying process, desiccation, exsiccation.

esso *pron.pers.m. 3ª pers.sing.* **1** (*sogg.; in it. è spesso sottinteso, ma in ingl. deve essere sempre espresso*) he (*riferito spec. ad animale maschio; se riferito a persona, l'uso corretto richiede* egli *o* lui); it (*riferito a cosa o animale di sesso non specificato*): *mio figlio ha appena comprato un cane;* (—) *è un setter inglese*, my son has just bought a dog; it's an English setter; *è un nuovo modello di computer; — può eseguire un'infinità di operazioni*, it's a new type of computer; it can perform a wide range of operations **2** (*compl.*) him (*riferito spec. ad animale maschio*); it (*riferito a cosa o animale di sesso non specificato*): *è un mastice molto resistente; con — si possono incollare tutti i tipi di materiali*, it's a highly resistant glue; you can use it to stick all sorts of things together // (*burocrazia*) *la domanda dev'essere firmata dal padre o da chi per* —, the application must be signed by the father or someone else in authority ◆ *agg.* (*letter.*) (*questo*) this; (*quello*) that.

essoterico *agg.* **1** exoteric: *dottrine essoteriche*, exoteric doctrines **2** (*estens.*) (*noto*) exoteric, public, popular.

essoterismo *s.m.* exotericism; exoteric nature.

essudare *v.intr.* (*med.*) to exude.

essudativo *agg.* (*med.*) exudative.

essudato *s.m.* (*med.*) exudate.

essudazione *s.f.* (*med.*) exudation.

est *s.m.* **1** east: *a — di Londra*, east of London; *vento dell'*—, east wind; *nel nostro viaggio verso* —, on our eastward journey; *viaggiammo verso* —, we travelled eastwards; *diretto a* —, eastbound (*o* in an easterly direction) **2** (*estens.*) (*zona*) east: *l'— della Francia*, the east of France // *i paesi dell'*—, the Eastern countries.

estasi *s.f.* ecstasy, rapture; delight, bliss: *andare in — per qlco.*, to go into ecstasies over sthg.; *essere in* —, to be in ecstasy (*o* to be enraptured *o* to be extremely happy *o* to be delighted); *mandare in — qlcu.*, to throw s.o. into ecstasies; *cadere in* —, to fall into a trance (*o* ecstasy).

estasiare *v.tr.* to enrapture, to throw* into ecstasies; to entrance; (*fam.*) to delight: *quel film mi ha estasiato*, the film enraptured me (*o* I was entranced by the film).

□ **estasiarsi** *v.intr.pron.* to be enraptured, to go* into ecstasies, to be filled with ecstasy.

estasiato *agg.* enraptured; entranced; (*fam.*) thrilled: *la guardava* —, he was gazing at her in rapture (*o* blissfully *o* entranced); *ne fummo estasiati*, we were thrilled with it; *essere — davanti a...*, to be entranced (*o* enraptured) by...; *uno sguardo* —, an enraptured glance (*o* a look of rapture).

estate *s.f.* summer: *d'*—, *in* —, in summer; *tempo, periodo d'*—, summertime; *solstizio d'*—, summer solstice // *— di San Martino*, St. Martin's summer; (*amer.*) Indian summer // (*lett.*) *'Sogno d'una notte di mezza* —', 'A Midsummer-Night's Dream'.

estatico *agg.* **1** ecstatic: *rapimento* —, ecstasy; *rimase — a contemplarla*, he gazed at her in rapture **2** (*letter.*) deep, profound; absolute: *il silenzio — della notte*, the profound silence of the night.

estemporaneità *s.f.* extemporaneousness, extemporariness.

estemporaneo *agg.* extemporaneous, extemporary, extempore, impromptu; improvised, offhand: *un discorso* —, an impromptu (*o* extempore) address; *una decisione estemporanea*, an extemporary decision; *versi estemporanei*, improvised verses.

estendere *v.tr.* **1** to extend; to expand; to enlarge, to widen; (*prolungare*) to prolong; (*accrescere*) to increase: *— il proprio potere*, to increase (*o* to extend) one's power: *— le proprie conoscenze*, to broaden one's knowledge; *la ditta ha esteso la sua attività in Francia*, the company has expanded its operations in France; (*banca*) *— un credito*, to extend credit // (*assicurazioni*) *— la validità di una polizza di assicurazione*, to extend the currency of a policy // *— un arto*, to stretch a limb **2** (*applicare ad altri*) to extend; (*dir.*) (*un diritto, l'applicazione di una norma*) to bestow, to grant: *— gli inviti anche a...*, to extend the invitations even to...; *— un'agevolazione a...*, to extend a concession to....

□ **estendersi** *v.intr.pron.* to extend, to stretch, to spread*: *— fino a*, to reach (*o* to extend as far as); *il malcontento si va estendendo*, discontent is spreading; *il contagio si estende*, the contagion is spreading; *la città si è estesa lungo la costa*, the town has spread out along the coast.

estense *agg.* of the ducal family of Este; Este (*attr.*): *il palazzo* —, the Este palace.

estensibile *agg.* **1** stretchable, extensible, expansible **2** (*fig.*) extensible, extendable: *un'agevolazione — anche ai familiari*, a concession that may also be extended to members of the family.

estensimetro *s.m.* extensometer, strain gauge.

estensione *s.f.* **1** (*l'estendere*) extension, expansion, widening (*anche fig.*); (*il tendere*) stretching, pulling: *— delle membra*, stretching (*o* extension) of the limbs; (*banca*) *— di credito*, credit extension (*o* extended credit); (*assicurazioni*) *— di copertura*, extended coverage **2** (*distesa*) expanse, extent: *una grande — d'acque morte*, a broad expanse of still water **3** (*ampiezza*) extent (*anche fig.*); size: *una proprietà di grande* —, a large-sized property; *dalla torre potemmo vedere tutta l'— del parco*, from the tower we could see the full extent of the park; *sarai stupito dall'— della sua cultura*, you'll be astonished at the extent of his learning **4** (*ling.*) extension: *siamo rovinati, in tutta l'— del termine*, we are ruined, in the full meaning (*o* in every sense) of the word // *per* —, in a wider sense **5** (*mus.*) range, compass: *— di una voce*, range (*o* compass) of a voice **6** (*inform.*) extension.

estensivamente *avv.* extensively.

estensivo *agg.* extensive, extended, broad, wide: *l'uso — di un termine*, the broad (*o* extended) use of a term; *interpretazione estensiva di una norma*, broad interpretation of a law // *agricoltura, coltivazione estensiva*, extensive agriculture, cultivation.

estensore *s.m.* **1** (*scrittore, compilatore, redattore*) drafter, draftsman* (*anche dir.*); author, compiler, writer **2** (*anat.*) extensor **3** (*ginnastica*) chest-expander.

estenuante *agg.* exhausting, enervating; (*che affatica*) tiring, wearing: *un clima* —, an enervating climate; *lavoro* —, exhausting (*o* very hard) work; *viaggio* —, tiring journey; *erano tutti molto tesi per l'attesa* —, they were all very tense because of the exhausting wait.

estenuare *v.tr.* **1** (*spossare*) to exhaust, to tire (out); to wear* (out); (*indebolire*) to weaken, to drain, to enervate: *il lungo viaggio lo estenuò*, the long journey tired him out; *questo tipo di lavoro mi sta estenuando*, this type of work is draining me **2** (*fig.*) (*impoverire*) to impoverish, to drain: *l'intenso sfruttamento ha estenuato il terreno*, intense cultivation has impoverished the soil.

□ **estenuarsi** *v.intr.pron.* to get* exhausted; to exhaust oneself; to tire oneself out; to get* tired.

estenuativo → **estenuante**.

estenuato *agg.* exhausted, tired out, worn-out: *un uomo — dalla fatica*, a man worn-out (*o* exhausted) with fatigue.

estenuazione *s.f.* exhaustion, weariness.

esterasi *s.f.* (*biochim.*) esterase.

estere *s.m.* (*chim.*) ester.

esterificare *v.tr.* (*chim.*) to esterify.

esterificazione *s.f.* (*chim.*) esterification.

esteriore *agg.* **1** outward (*attr.*); outside (*attr.*); exterior; outer (*attr.*); (*materiale*) physical, material: *aspetto* —, outward appearance; *il mondo* —, the outside (*o* physical) world; *muro* —, external (*o* outer *o* exterior) wall **2** (*superficiale*) superficial, external: *la sua generosità è solo* —, his generosity is only superficial ◆ *s.m.* exterior; outside; (*apparenza*) outward appearance; appearances (*pl.*); looks (*pl.*): *non giudicare alcun uomo dall'*—, don't judge any man by his outward appearance; *non badare solo all'*—, don't just take appearances into account.

esteriorità *s.f.* outward appearance, looks (*pl.*), externals (*pl.*): *l'— di una cerimonia*, the externals of a ceremony; *bada molto all'*—, she always sets great store by external appearance.

esteriorizzare *v.tr.* to manifest, to show*, to express: *— la propria felicità*, to show one's happiness.

□ **esteriorizzarsi** *v.rifl.* o *intr.pron.* to reveal, to show*, to come* out.

esteriorizzazione *s.f.* externalization; exteriorization (*anche med., psic.*).

esteriormente *avv.* outwardly, externally, from the outside: *almeno — sembra una casa nuova*, at least from the outside, it looks like a new house; *è una persona — generosa*, an outwardly generous person.

esterminare e *deriv.* → **sterminare** e *deriv.*

esternalità *s.f.* (*econ.*) external effects (*pl.*), externalities (*pl.*).

esternalizzare *v.tr.* (*il lavoro*) to outsource.

esternalizzazione *s.f.* (*del lavoro*) outsourcing.

esternamente *avv.* externally; outside; outwardly: *— ha un aspetto sano*, outwardly he seems healthy; *— non sembrerebbe un ristorante elegante*, from the outside it doesn't look like a smart restaurant.

esternare *v.tr.* (*esprimere*) to express, to utter; (*mostrare*) to display, to disclose, to show*; to manifest: *— la propria ammirazione per qlcu.*, to express one's admiration for s.o.; *— i propri sentimenti*, to express (*o* show *o* disclose) one's feelings; *— un desiderio*, to express a desire.

□ **esternarsi** *v.rifl.* o *intr.pron.* to open oneself up; to open one's heart, to express oneself, to reveal oneself: *non riesce mai a — con nessuno*, he can never open himself up to other people; *emozioni che non riescono a* —, smothered emotions (*o* emotions without an outlet).

esternato *s.m.* status of day student at a boarding school.

esternazione *s.f.* expression.

esterno *agg.* **1** external, outer, exterior; outward (*attr.*); outside (*attr.*): *muro* —, outside wall; *angolo* —, exterior (*o* outer) angle; *lato* —, outer side; *il mondo* —, the external (*o* outside) world; *scala esterna*, outside staircase; *segni esterni*, outward signs; *superficie esterna*, outer (*o* exterior) surface; *non fermarti all'aspetto — delle cose*, don't just go by outward appearances // *pericoli esterni*, external dangers // (*sport*) *vittoria, sconfitta esterna*, away victory, defeat // (*econ.*) *economie, diseconomie esterne*, external economies, diseconomies // *solo per uso* —, for external use only; (*sulle etichette*) 'not to be taken' **2** (*superficiale*) superficial: *un giudizio, concetto* —, a superficial judgement, concept ◆ *s.m.* **1** outside: *all'*—, on the outside (*o* outside); *all'— della casa*, outside the house; *dall'*—, from the outside; *l'— della nostra casa è molto vecchio*, the outside of our house is very old **2** (*di medico in un ospedale*) non-resident assistant **3** (*di collegio*) day-pupil **4** *pl.* (*cinem.*) exterior shots, locations.

estero *agg.* foreign, overseas: *prodotti, stati esteri*, foreign products, states; *valuta estera*, foreign currency; (*comm.*) *settore* —, overseas sector; (*banca*) *portafoglio* —, foreign bills (portfolio); *commercio* —, foreign trade; *corrispondente* —, foreign correspondent; *una saggia politica estera*, a wise foreign policy ◆ *s.m.* foreign countries: *mantenere buone relazioni con l'*—, to maintain good relations with foreign countries; *notizie dall'* —, foreign news (*o* news from abroad) // *all'*—, abroad (*o* overseas): *in patria e all'*—, at home and abroad; *andare all'*—, to go abroad; *dall'*—, from abroad // *fondi di investimento operanti all'*—, offshore funds.

esterofilia *s.f.* xenomania; mania for foreign things, excessive love of foreign things.

esterofilo *agg.* xenophilous ◆ *s.m.* xenophile.

esteromania *s.f.* xenomania; mania for foreign things.

esterrefatto *agg.* **1** (*atterrito*) terrified, aghast (*pred.*), appalled: *a quella vista rimasi* —, I was terrified at the sight **2** (*sbalordito*) amazed, nonplussed, astonished: *mi guardò con aria esterrefatta*, he stared at me wide-eyed (*o* with amazement *o* in astonishment).

estesamente *avv.* extensively; widely; fully; in detail; in full: *ci ha raccontato — le sue avventure*, he gave us a full (*o* lengthy *o* detailed) account of his adventures.

estesiologia *s.f.* (*med.*) esthesiology.

estesiometro *s.m.* (*med.*) esthesiometer.

esteso *agg.* **1** large, wide; extensive, ample, wide-ranging: *fece estese ricerche*, he did thorough research; *Londra è una città molto estesa*, London is a very large (*o* sprawling) city // *per* —, (*dettagliatamente*) in detail; (*in tutte lettere*) in full: *firmare per* —, to sign one's name in full **2** (*diffuso*) widespread.

est est est *s.m.* white wine from Montefiascone in Lazio.

esteta *s.m.* e *f.* aesthete.

estetica *s.f.* **1** (*fil.*) aesthetics [U]: *trattato di* —, treatise on aesthetics; *è professore di — all'università di Firenze*, he is Professor of Aesthetics at the University of Florence **2** (*bellezza*) beauty, harmony: *— facciale*, facial beauty; *curare l'*—, to take pride in (*o* to look after) one's appearance; *rovinare l'— di un edificio*, to ruin the beauty of a building // *— industriale*, industrial design.

esteticamente *avv.* aesthetically; from an aesthetic point of view: *sono scarpe comode anche se — brutte*, they're comfortable shoes, even if they aren't much to look at.

esteticità *s.f.* aesthetic qualities (*pl.*), aesthetic features (*pl.*).

estetico *agg.* **1** aesthetic(al): *senso, gusto* —, aesthetic sense, taste; *i valori estetici di un'opera letteraria*, the aesthetic features of a literary work **2** (*bello*) beautiful, lovely, attractive: *arredamento funzionale ma poco* —, functional but not particularly attractive furnishings **3** (*che riguarda la bellezza del corpo*) beauty (*attr.*): *trattamenti estetici*, beauty treatment; *chirurgia estetica*, cosmetic surgery.

estetismo *s.m.* aestheticism.

estetista *s.m.* e *f.* beautician.

estetizzante *agg.* professing aestheticism; claiming to be an aesthete: *scrittore* —, writer with aesthetic tendencies (*o* leanings); *atteggiamento* —, affectation of aestheticism (*o* aesthetic pose); *moda* —, arty (*o* aesthetic) fashion.

estetizzare *v.intr.* to pose as an aesthete.

estimabile *agg.* calculable, estimable: *beni non estimabili*, inestimable goods; *gioie non estimabili*, inestimable (*o* incalculable) joys.

estimale *agg.* (*di stima*) rated, assessed, estimated.

estimare *v.tr.* (*letter.*) to estimate; to value, to appraise.

estimativa → **stimativa**.

estimativo *agg.* estimative, evaluative; estimatory: *giudizio* —, appraisal; *computo* —, estimate.

estimatore *s.m.* **estimatrice** *s.f.* **1** estimator; appraiser: (*dir.*) *— pubblico*, official estimator **2** (*ammiratore*) admirer: *un — della pittura fiamminga*, an admirer of Flemish painting.

estimatorio *agg.* (*dir.*) estimatory, evaluating, appraising: *contratto* —, sale-or-return contract; *giuramento* —, sworn valuation.

estimazione *s.f.* **1** (*letter.*) esteem, admiration **2** (*valutazione di prezzi*) estimate, evaluation, appraisal.

estimo *s.m.* **1** (*amm.*) estimate; valuation: (*dir.*) *— catastale*, cadastral survey **2** (*imposta sui beni fondiari*) land tax, assessment.

estinguere *v.tr.* **1** to put* out, to extinguish: *tentarono di — l'incendio*, they tried to put the fire out (*o* to extinguish the fire); *— la (propria) sete*, to slake (*o* to quench) one's thirst; *— un ricordo*, to blot out a memory **2** (*fig.*) (*saldare, pagare*) to settle, to pay* off, to discharge; (*riscattare*) to redeem: *— un debito*, to pay off (*o* settle) a debt; *— un conto*, to close a current account; *— un mutuo*, to discharge a loan; (*fin.*) *— una cambiale*, to discharge a bill // (*dir.*): *— un'ipoteca*, to redeem a mortgage; *— un'obbligazione*, to discharge an obligation; *— un reato*, to extinguish a criminal offence.

□ **estinguersi** *v.intr.pron.* **1** (*spegnersi*) to die out: *l'incendio si è estinto da sé*, the fire died out (*o* went out) **2** (*finire*) to die away, to come* to an end: *la sua popolarità si estinse presto*, his popularity was short-lived (*o* died away quickly); *molte specie animali si stanno estinguendo*, a lot of animal species are becoming extinct (*o* are dying out).

estinguibile *agg.* **1** extinguishable: *per fortuna l'incendio era piccolo quindi facilmente* —, luckily it was a small fire and hence easy to extinguish (*o* to put out) **2** (*fig.*) extinguishable, payable; (*redimibile*) redeemable: *un debito — in 20 anni*, a debt payable in 20 years' time.

estintivo *agg.* (*dir.*) extinctive: *cause estintive di un reato, di una pena*, causes of extinguishment of a criminal offence, of a criminal sanction.

estinto *agg.* **1** extinct; extinguished: *specie estinte*, extinct species **2** (*morto*) dead, deceased **3** (*di debito*) discharged, paid off // *non* —, unredeemed ♦ *s.m.* deceased, departed: *il caro* —, the loved one; (*dir.*) *l'*—, the deceased // *gli estinti*, the dead.

estintore *s.m.* extinguisher: — *a schiuma*, foam extinguisher; — *d'incendio*, fire extinguisher ♦ *agg.* (*chim.*) extinctive.

estinzione *s.f.* **1** extinction; (*di incendio*) quenching; extinction, putting out; (*di sete*) slaking, quenching **2** (*di specie, razza*) extinction; dying out: *la foca è in via d'*—, the seal is a dying species; *l'— di una famiglia*, the dying out (*o* disappearance) of a family **3** (*di debito*) extinction, redemption, paying off, wiping out: — *d'ipoteca*, satisfaction of mortgage; — *di un mutuo, di un prestito*, redemption (*o* sinking) of a loan **4** (*di pena*) release, discharge.

estirpamento *s.m.* (*non com.*) extirpation, eradication (*anche fig.*); uprooting.

estirpare *v.tr.* **1** to extirpate, to eradicate, to root out, to pull out, to uproot (*anche fig.*): — *il delitto*, to eradicate crime; — *un male sociale*, to remove (*o* to eradicate) a social evil; — *l'analfabetismo, la corruzione*, to root out illiteracy, corruption **2** (*denti*) to pull out, to extract; (*tumori*) to extirpate, to remove **3** (*bot.*) to uproot, to unroot, to stub, to weed.

estirpatore *s.m.* **1** extirpator, eradicator (*anche fig.*) **2** (*agr.*) grubber ♦ *agg.* extirpating, eradicative.

estirpatura *s.f.* weeding.

estirpazione *s.f.* **1** extirpation, eradication, uprooting (*anche fig.*): *l'— di un'eresia*, the extirpation (*o* weeding out) of a heresy **2** (*di dente*) extraction; (*di tumore*) extirpation, removal.

estivare *v.tr.* to summer, to give* summer pasture to (animals).

estivazione *s.f.* **1** (*migrazione dei pascoli*) summering **2** (*bot., zool.*) aestivation.

estivo *agg.* summer (*attr.*); summery: *corsi estivi*, summer courses; *ora estiva*, summer time; *stazione estiva*, summer resort; *vacanze estive*, summer holidays (*o* summer vacation); *temporali, abiti estivi*, summer storms, clothes.

estollere *v.tr.* (*letter.*) **1** (*esaltare*) to extol, to exalt, to praise **2** (*innalzare*) to raise.

□ **estollersi** *v.rifl.* o *intr.pron.* (*letter.*) **1** (*innalzarsi*) to rise* **2** (*allontanarsi*) to go* away, to depart.

estone *agg.* e *s.m.* e *f.* Est(h)onian.

estorcere *v.tr.* to extort; to extract, to wring*; (*fam.*) (*denaro*) to soak, to squeeze: — *una confessione a qlcu.*, to wring a confession out of s.o.; — *denaro a qlcu.*, to extort (*o* to extract) money from s.o.; — *denaro ai ricchi*, to soak the rich; — *un favore a qlcu.*, to wring a favour from (*o* out of) s.o.; — *una promessa con lusinghe*, to flatter s.o. into making a promise; — *a qlcu. una dichiarazione con ricatto*, to blackmail s.o. into making a statement.

estorsione *s.f.* extortion: — *di denaro*, squeeze // *sequestro di persona a scopo di* —, kidnapping for ransom.

estorto *agg.* extorted (*anche dir.*).

estra- → **extra-**.

estradare *v.tr.* (*dir.*) to extradite.

estradiolo *s.m.* (*chim.*) estradiol.

estradizione *s.f.* (*dir.*) extradition: *passibile di* —, extraditable; *ottenere l'— di qlcu.*, to obtain the extradition of s.o.

estradosso *s.m.* (*arch.*) extrados // (*aer.*) *l'— dell'ala*, the upper surface of the wing.

estradotale *agg.* (*dir.*) extradotal, paraphernal: *beni estradotali*, paraphernalia (*o* paraphernal property).

estragone *s.m.* (*bot.*) (*Artemisia dracunculus*) tarragon // *senape, aceto all'*—, tarragon mustard, vinegar.

estraibile *agg.* **1** extractable, pull-out (*attr.*): *letto* —, pull-out bed; *un'autoradio* —, a portable car radio **2** (*miner.*) (*di giacimento*) mineable, minable // *economicamente* —, (*di minerale*) pay **3** (*chim.*) educible.

estraneazione → **estraniazione**.

estraneità *s.f.* extraneousness; non -involvement: *siamo finalmente riusciti a provare la nostra — al fatto*, we finally managed to prove that we had nothing to do with (*o* were not involved in) the matter.

estraneo *agg.* **1** extraneous, outside, strange; (*che non ha relazione*) alien, foreign, unrelated (to), unconnected (with): *un individuo — alla famiglia*, a person from outside the family; *il suo isolamento lo rende — ai fatti della vita*, his isolation distances him (*o* cuts him off) from life; *questioni estranee al soggetto in discussione*, matters unconnected with (*o* with no bearing on) the matter in hand; *si mantenne — alla lite*, he took no part in (*o* kept out of) the quarrel; *le sue osservazioni erano estranee al problema centrale*, his remarks were irrelevant to the problem; *mi parli di una situazione del tutto estranea alla mia esperienza*, you are speaking about a situation that is completely outside my experience; *tutto ciò le era* —, it was all strange (*o* foreign) to her // *corpo* —, foreign body **2** (*ant., poet.*) (*straniero*) alien, strange, foreign ♦ *s.m.* stranger, foreigner, outsider, non-member: *è quasi un — in casa propria*, he is like a stranger in his own house; *nonostante la nostra amicizia, mi ha trattata come un'estranea*, in spite of our friendship he treated me like a stranger; *per me rimane sempre un* —, to me he's always been a stranger; *vietato l'ingresso agli estranei*, no entry for unauthorised persons.

estraniare *v.tr.* to estrange: *la sua condotta lo ha estraniato dai suoi amici*, his behaviour has estranged him from his friends; — *qlcu. dalla famiglia*, to estrange (*o* to alienate) s.o. from his family.

□ **estraniarsi** *v.rifl.* to become* estranged; to grow* indifferent (to s.o., sthg.): — *dal mondo*, to live estranged from the world; — *dalla conversazione*, to keep out of (*o* to remain aloof from) the conversation; — *dagli amici*, to keep away from one's friends.

estraniazione *s.f.* estrangement, alienation.

estrapolare *v.tr.* **1** (*mat.*) to extrapolate **2** (*estens.*) to infer, to deduce, to extract: — *i dati salienti di una relazione*, to extract the important data from a report; — *da un contesto*, to decontextualize.

estrapolazione *s.f.* **1** (*mat.*) extrapolation **2** (*estens.*) inference, extraction, deduction: *spesso le estrapolazioni alterano il significato*, often quoting out of context changes the meaning.

estraprocessuale *agg.* (*dir.*) extrajudicial.

estrarre *v.tr.* **1** to extract; to draw* out, to take* out, to pull out: *estrarsi una spina dal dito*, to pull a thorn out of one's finger; — *una pallottola da una ferita*, to extract a bullet from a wound; *mise una mano in tasca ed estrasse una rivoltella*, he put his hand in his pocket and drew out a revolver; — *a sorte, un nome, un numero*, to draw lots, a name, a number; — *passi da un libro*, to extract (*o* to write out) passages from a book; — *un dente*, to extract a tooth (*o fam.* to draw *o* to pull out a tooth): *farsi — un dente*, to have a tooth out; — *olio dalle olive*, to extract oil from olives // (*mat.*) — *una radice*, to extract a root **2** (*miner.*) (*da una miniera*) to win*; (*minerali*) to mine: — *il carbone*, to mine coal.

estraterritoriale e *deriv.* → **extraterritoriale** e *deriv.*

estrattivo *agg.* mining; extractive: *industria estrattiva*, mining industry.

estratto *s.m.* **1** (*essenza*) extract; (*chim.*) essence: — *di carne di manzo*, beef extract; *estratti medicinali*, medicinal extracts; — *di pomodoro*, tomato extract **2** (*riassunto, condensato*) abstract, resumé, summary; excerpt; (*articolo, saggio pubblicato a parte*) off-print **3** (*certificato*) certificate: — *di nascita*, birth certificate **4** (*dir.*) abstract: — *di un titolo di proprietà*, an abstract of title; — *di un atto giudiziario*, estreat **5** (*comm.*) — *conto*, statement of account **6** (*numero sorteggiato*) number drawn, winning number: *il primo — avrà in premio un'automobile*, the first number drawn will win a car.

estrattore *s.m.* **1** extractor **2** (*mecc.*) extractor, puller, stripper: — *per mozzi*, hub puller; — *per ruote*, wheel puller **3** (*nelle armi da fuoco*) extractor, ejector.

estravagante *s.f.* (*dir. canonico*) extravagant (decree).

estrazione *s.f.* **1** (*l'estrarre, il tirar fuori*) extraction, pulling out, drawing: — *di un dente*, extraction (*o* drawing) of a tooth // (*mat.*) — *di radice*, extraction of root // (*fin.*) — *di obbligazioni*, drawing (of bonds) **2** (*di lotteria*) drawing (of lottery numbers); draw: *la data dell'*—, the date of the draw **3** (*da miniera*) mining; digging (out); (*da cava*) quarrying **4** (*chim.*) eduction **5** (*fig.*) (*origine*) extraction, origin, stock, descent: *persona di umile* —, person of humble origin(s) (*o* extraction); *di — contadina*, of peasant stock.

estrema *s.f.* (*sport*) winger, wing: — *destra, sinistra*, right, left winger (*o* wing).

estremamente *avv.* extremely; in the extreme: *sei una persona — polemica*, you're an extremely (*o* very) quarrelsome person.

estremante *agg.* e *s.m.* (*mat.*) bound: — *superiore*, upper bound; — *inferiore*, lower bound.

estremismo *s.m.* extremism: *gli opposti estremismi*, the opposite political extremes; — *di destra, di sinistra*, right-wing, left-wing extremism (*o* extremism of the right, of the left).

estremista *agg.* e *s.m.* e *f.* extremist: — *di destra*, right-wing extremist (*o* extreme right-winger); — *di sinistra*, left-wing extremist (*o* extreme left-winger); *ha idee molto estremiste*, she holds very extremist opinions.

estremistico *agg.* extremist: *tendenze, opinioni estremistiche*, extremist tendencies, opinions.

estremità *s.f.* **1** (*parte estrema*) extremity; end; point; tip: *le — della Terra*, the farthest ends of the earth; *l'— di una corda*, the end of a rope; *l'— di una lancia*, the tip of a spear; *l'— di un dito, delle dita*, the tip of a finger, fingertips; *l'— di uno spillo*, the point of a pin; *— superiore, inferiore di un lago*, head, foot of a lake; *da un'— all'altra della Francia*, from one end of France to the other **2** *pl.* (*arti*) extremities, limbs: *le — inferiori*, the lower limbs; *le — superiori*, the upper limbs; *aveva le — gelate*, his hands and feet were frozen **3** (*letter.*) (*eccesso, estremo*) extremity, extreme; last degree; urgency: *l'— di un bisogno*, the urgency of a need **4** (*fig. letter.*) scope, ultimate goal.

estremo *agg.* **1** (*ultimo nello spazio*) extreme, outermost, farthest: *— limite, punto*, extreme end, point; *le estreme regioni dell'Alaska*, the farthest (*o* remotest) regions of Alaska // *l'Estremo Oriente*, the Far East **2** (*ultimo nel tempo*) last, final, ultimate: *farò un — tentativo*, I'll make a last attempt; *porgere l'— saluto a...*, to pay one's final respects to... // (*teol.*) *Estrema Unzione*, Extreme Unction ◆ *s.m.* **1** extreme; extremity, end: *a un — del cordone c'era un campanello*, at the end of the rope there was a bell // *andare agli estremi*, to go to extremes // *portare le cose all'—*, to take things to extremes; *da un — all'altro*, from end to end; (*ovunque*) all over; (*fig.*) from one extreme to another // *è avaro all'—*, he's extremely mean // *essere all'— delle forze*, to be at the end of one's strength; *la mia pazienza è all'—*, my patience has reached its limits // *essere agli estremi*, (*morente*) to be on the point of death // *gli estremi si toccano*, (*prov.*) extremes meet **2** (*mat.*) bound, extreme: *— inferiore*, lower bound (*o* infimum); *— superiore*, upper bound (*o* supremum) **3** *pl.* (*punti fondamentali*) terms, essential elements; essential data: *gli estremi di un documento*, essential data of a document; *ci sono gli estremi di reato*, there's sufficient grounds for an action.

estrinsecamento *s.m.* expression; manifestation.

estrinsecare *v.tr.* (*esprimere*) to express; (*manifestare*) to manifest; to show*; to evince: *— la propria gioia, le proprie opinioni*, to express one's joy, one's opinions.

□ **estrinsecarsi** *v.rifl.* o *intr.pron.* to express oneself, to be expressed: *il suo pensiero si estrinseca con chiare immagini*, his thought is expressed in clear images.

estrinsecazione *s.f.* expression; manifestation.

estrinseco *agg.* extrinsic, extraneous; (*esterno*) external: *causa estrinseca*, extrinsic cause; *qualità estrinseche di un oggetto*, visible qualities of an object.

estriolo *s.m.* (*chim.*) estriol.

estro *s.m.* **1** (*ispirazione creativa*) inspiration: *— poetico*, poetic inspiration; *c'è dell'— in quel bambino*, the child has a gift; *— creativo*, creativity (*o* creativeness) **2** (*ghiribizzo*) fancy; (*capriccio*) whim; price: *lo ha preso l'— di viaggiare*, he has taken a fancy to travelling; *si comporta sempre secondo l'—*, she always follows her fancy // *a estri*, on the spur of the moment; in fits and starts **3** (*zool.*) gadfly, horsefly, cleg **4** (*biol.*) estrus, oestrum; heat.

estrofia *s.f.* (*med.*) extrophy.

estroflessione *s.f.* (*med.*) eversion, extroversion.

estroflettere *v.tr.* to evert.

□ **estroflettersi** *v.intr.pron.* (*med.*) to turn outward.

estrogeno *agg.* (*biochim.*) estrogenic: *ormone —*, estrogenic hormone ◆ *s.m.* (*biochim.*) estrogen.

estromettere *v.tr.* to drive* out; to exclude, to expel; (*dir.*) to oust: *— qlcu. da un partito*, to drive out (*o* to oust) s.o. from a party; *sono stato estromesso dalle trattative*, I have been excluded from the talks.

estromissione *s.f.* expulsion, exclusion; (*dir.*) ousting, ouster.

estrone *s.m.* (*biochim.*) estrone.

estrosamente *avv.* **1** (*con estro, ispirazione*) imaginatively: *dipinge —*, he paints imaginatively **2** (*capricciosamente*) whimsically; capriciously: *si comporta sempre —*, she always behaves capriciously.

estrosità *s.f.* **1** (*estro*) creativity, imaginativeness, elan, flair **2** (*bizzarria*) changeableness, moodiness.

estroso *agg.* **1** capricious; whimsical; fanciful: *ha sempre delle idee molto estrose*, he always has rather quaint ideas **2** (*ispirato*) inspired; imaginative: *un compositore —*, an inspired composer.

estroversione *s.f.* (*med., psic.*) extroversion.

estroverso *agg.* extroverted, extrovert, outgoing: *ha un carattere —*, he has an outgoing character ◆ *s.m.* extrovert: *non ha problemi a conoscere gente, è un —*, he has no problem in meeting people, he's an extrovert.

estrovertere *v.tr.* (*non com.*) to extrovert, to turn outwards, to exteriorize.

□ **estrovertersi** *v.rifl.* (*non com.*) to take* an interest in the outside world.

estrovertito → **estroverso**.

estrudere *v.tr.* **1** (*mecc.*) to extrude **2** (*letter.*) (*espellere*) to eject, to expel.

estrusione *s.f.* **1** (*geol., mecc.*) extrusion **2** (*letter.*) (*espulsione*) ejection, expulsion.

estrusivo *agg.* (*geol.*) extrusive.

estruso *agg.* (*mecc.*) extruded ◆ *s.m.* (*mecc.*) extrusion.

estrusore *s.m.* (*mecc.*) extruder.

estuare *v.intr.* (*letter.*) (*ardere*) to seethe, to boil, to burn*.

estuario *s.m.* estuary; (*di fiumi scozzesi*) firth: *di, da —*, estuarine // (*geol.*) *sedimento di —*, warp.

estuoso *agg.* (*letter.*) **1** ardent; (*ribollente*) boiling **2** (*tempestoso*) tempestuous; stormy.

esuberante *agg.* **1** (*vivace*) exuberant, lively, vivacious: *persona, temperamento —*, exuberant person, nature **2** (*sovrabbondante*) overabundant, abundant, exuberant; buoyant; redundant: *produzione —*, excess production (*o* overproduction); *raccolto —*, abundant harvest; *manodopera —*, excess (*o* redundant) labour; *mercato —*, buoyant market **3** (*rigoglioso*) plentiful: *vegetazione —*, lush vegetation // *corpo —*, shapely body.

esuberanza *s.f.* **1** exuberance, vivaciousness: *l'— giovanile*, youthful exuberance; *è sbagliato frenare la sua carica di —*, it's a mistake to try and check her liveliness **2** (*abbondanza*) plenty, abundance; (*sovrabbondanza*) overabundance: *— di manodopera*, excess (*o* redundancy) of labour (*o* overmanning) // *a —*, plentifully.

esubero *s.m.* (*burocrazia*) superabundance, excess.

esulare *v.intr.* **1** to go* into exile **2** (*fig.*) to be beyond (sthg.), to lie* outside: *questo esula dalla mia competenza*, this is not my responsibility; *ciò esula dai miei interessi*, that lies outside my interests (*o* is of no interest to me).

esulcerare *v.tr.* **1** (*med.*) to ulcerate; to exulcerate **2** (*fig.*) (*esacerbare*) to exacerbate; to exulcerate, to exasperate; to grieve.

□ **esulcerarsi** *v.intr.pron.* to ulcerate.

esulcerativo *agg.* (*non com.*) ulcerative.

esulcerazione *s.f.* **1** ulceration **2** (*fig.*) (*esacerbamento*) exacerbation.

esule *s.m.* e *f.* exile; (*profugo*) refugee: *Mazzini andò — in Inghilterra*, Mazzini went to England as an exile ◆ *agg.* wandering.

esultante *agg.* exultant, exulting, rejoicing: *folla —*, rejoicing crowd.

esultanza *s.f.* exultation, exultancy; great joy: *accolse la bella notizia con —*, she exulted at the good news; *era al colmo dell'—*, his joy was at its height.

esultare *v.intr.* **1** to exult, to rejoice; to triumph: *esultammo alle belle notizie, per il nostro successo*, we rejoiced at (*o* in) the good news, over our success **2** (*letter.*) (*essere rigoglioso*) to rejoice, to leap* for joy.

esultazione *s.f.* exultation.

esumare *v.tr.* **1** to exhume, to disinter: *la salma verrà esumata domani con una mesta cerimonia*, the body will be exhumed tomorrow with all due ceremony **2** (*fig.*) to unearth, to bring* to light, to revive: *documenti esumati dagli archivi*, documents brought to light from (*o* dug out of) the archives; *— una vecchia usanza*, to revive an old custom.

esumazione *s.f.* **1** exhumation, disinterment: *— di un cadavere*, exhumation (of a corpse) **2** (*fig.*) unearthing, bringing to light; revival: *l'— di un documento importante*, the unearthing of an important document.

esuvie *s.f.pl.* (*zool.*) exuviae.

et → **e**.

età *s.f.* **1** age: *dalla più tenera —*, from one's earliest years; *differenza di —*, disparity of age; *due figli in tenera —*, two very young (*o* small) children; *una persona di mezza —*, a middle-aged person; *un uomo d'—, già in —*, an elderly man; *persona di una certa —*, an elderly person; *la verde —*, youth; *l'— critica*, the difficult age; *che — hai?*, how old are you?; *che — le daresti?*, how old do you think she is?; *non oso chiederle l'—!*, I don't dare ask her how old she is; *morì all'— di ottant'anni*, he died at the age of eighty; *non dimostri la tua —*, you don't look your age; *porta bene l'— che ha*, she doesn't show her age; *sono all'incirca della tua stessa —*, I am about your age; *aver la stessa —*, to be the same age; *ho l'— di tuo fratello*, I am the same age as your brother; *aver l'— della ragione*, to have reached the age of discretion; *essere in — da marito*, to be old enough to marry; *morire in — avanzata*, to die at a ripe old age **2** (*dir.*) age: — *maggiore*, *maggiore* —, legal age; *quando raggiunse la maggiore* —, when he came of age; *era ancora in — minore*, he was still under age **3** (*periodo*, *epoca*) age; period: *a che — risale quella chiesa?*, what period is that church?; — *della pietra*, *del bronzo*, *del ferro*, Stone, Bronze, Iron Age; *l'— di mezzo*, the Middle Ages; *l'— dell'oro*, the Golden Age // (*geol.*): — *glaciale*, ice age; — *assoluta*, absolute age; *rapporto di* —, age ratio.

etacismo *s.m.* (*ling.*) etacism.

etacista *s.m.* e *f.* etacist.

etacistico *agg.* etacistic.

etade *s.f.* (*poet.*) → **età**.

étagère *s.f.* (*fr.*) étagère, whatnot.

etano *s.m.* (*chim.*) ethane.

etanolo *s.m.* (*chim.*) ethanol, grain alcohol.

etate *s.f.* (*poet.*) → **età**.

etcì → **eccì**.

etera *s.f.* **1** (*nella Grecia antica*) hetaera (*pl.* -ae), hetaira (*pl.* -ai) **2** (*letter.*) prostitute, whore.

etere[1] *s.m.* **1** (*poet.*) (*aria*) air, sky, ether; heavens (*pl.*) **2** (*elettr.*) ether.

etere[2] *s.m.* (*chim.*) ether: — *di petrolio*, ligroin.

etereo[1] *agg.* **1** ethereal, airy **2** (*celestiale*) heavenly, celestial.

etereo[2] *agg.* (*chim.*) ethereal.

eterificare *v.tr.* (*chim.*) to etherify ◆ *v.intr.* → eterificarsi.

□ **eterificarsi** *v.intr.pron.* to etherify.

eterificazione *s.f.* (*chim.*) etherification.

eteriforme *agg.* (*chim.*) etheriform.

eterismo *s.m.* (*med.*) etherism.

eterizzare *v.tr.* **1** (*med.*) to etherize **2** (*chim.*) to etherealize.

eterizzazione *s.f.* **1** (*med.*) etherization **2** (*chim.*) etherealization.

eternale *agg.* (*poet.*) eternal.

eternamente *avv.* eternally, for ever: *ti sarò — grato*, I'll be eternally grateful to you.

eternare *v.tr.* to immortalize, to etern(al)ize, to make* eternal, to perpetuate: *se potessimo — questo momento*, if only we could make this moment last for ever.

□ **eternarsi** *v.rifl.* to become* eternal, to last for ever.

eternità *s.f.* **1** eternity; timelessness; (*immortalità*) immortality // *per tutta l'—*, for all eternity (*o* forever) // *da qui all'—*, from here to eternity **2** (*fam.*) (*lungo lasso di tempo*): age, ages (*pl.*): *era un'— che non la vedevo*, I had not seen her for ages; *ho aspettato un'—*, I have been waiting for ages; *mi è sembrata un'—*, it seemed (*o* felt like) an age to me.

eterno *agg.* **1** (*senza tempo*) eternal, timeless: *Padre Eterno*, Eternal Father; *verità eterne*, eternal (*o* timeless) truths; *la vita eterna*, eternal life **2** (*senza fine*) eternal, everlasting, endless, unceasing, never-ending: *eterna gioia*, everlasting joy; — *dolore*, endless pain; *l'— riposo*, eternal rest; *in* —, forever; *il suo nome durerà in* —, his name will live on forever // *la Città Eterna*, the Eternal City **3** (*che durerà tutta la vita*) eternal, everlasting, undying: *giurare — amore*, to swear everlasting love; *queste scarpe sono eterne*, these shoes last for ever // *sei un — bambino*, you'll never grow up **4** (*lunghissimo*) never-ending, endless: *lesse un discorso* —, he read a never-ending speech ◆ *s.m.* eternity // *l'Eterno*, (*Dio*) the Eternal.

etero- *pref.* di origine greca che ha valore di 'altro, diverso'; ingl. hetero-: (*gramm.*) *eteroclisia*, heteroclisis; (*biol.*) *eterocromosoma*, heterochromosome; (*bot.*) *eterotallico*, heterotallic.

eterocarpo *agg.* (*bot.*) heterocarpous.

eterocentrico *agg.* heterocentric.

eterociclico *agg.* (*chim.*) heterocyclic.

eteroclito *agg.* **1** (*gramm.*) heteroclite **2** (*letter.*) irregular; strange; odd; anomalous.

eterodina *s.f.* (*rad.*) heterodyne.

eterodonte *agg.* (*zool.*) heterodont.

eterodossia *s.f.* heterodoxy.

eterodosso *agg.* heterodox; unorthodox ◆ *s.m.* heterodox person; (*estens.*) unconventional person.

eterofillia *s.f.* (*bot.*) heterophylly.

eterofillo *agg.* (*bot.*) heterophyllous.

eterofita *s.m.* (*bot.*) heterophyte.

eterofonia *s.f.* (*mus.*) heterophony.

eteroforia *s.f.* (*med.*) heterophoria.

eterogamete *s.m.* (*biol.*) heterogamete.

eterogamia *s.f.* (*biol.*) heterogamy.

eterogeneità *s.f.* heterogeneity.

eterogeneo *agg.* **1** heterogeneous; varied, mixed **2** (*gramm.*) heterogeneous **3** (*chim.*, *fis.*) heterogeneous: *catalisi eterogenea*, heterogeneous catalysis.

eterogenesi *s.f.* (*biol.*) heterogenesis.

eterogenite *s.f.* (*min.*) heterogenite.

eterogonia *s.f.* (*biol.*) heterogony.

eterointegrazione *s.f.* (*dir.*) heterointegration; filling of the gaps (of the law, of a contract).

eterologo *agg.* (*chim.*, *biol.*) heterologous.

eteromania *s.f.* (*med.*) etheromania.

eteromorfismo *s.m.* heteromorphism.

eteromorfo *agg.* (*bot.*) heteromorphic, heteromorphous.

eteronimia *s.f.* (*ling.*) heteronymous relationship.

eteronimo *agg.* (*ling.*) heteronymous.

eteronomia *s.f.* (*fil.*) heteronomy.

eteronomo *agg.* (*fil.*) heteronomous.

eteropolare *agg.* (*chim.*) heteropolar.

eterosessuale *agg.* e *s.m.* e *f.* heterosexual.

eterosessualità *s.f.* heterosexuality.

eterosillabico *agg.* (*ling.*) heterosyllabic.

eterosporia *s.f.* (*bot.*) heterospory.

eterotassia *s.f.* (*bot.*) heterotaxia, heterotaxis.

eterotermo *agg.* (*zool.*) heterothermic.

eterotopia *s.f.* (*med.*) heterotopy, heterotopia.

eterotrapianto *s.m.* (*med.*) heterograft; heterotransplant.

eterotrofia *s.f.* (*biol.*) heterotrophy.

eterotrofo *agg.* (*biol.*) heterotrophic.

eterozigote *s.m.* (*biol.*) heterozygote ◆ *agg.* heterozygotic.

ethos *s.m.* ethos.

etica *s.f.* ethics [U] // — *professionale*, professional ethics // — *aziendale*, business ethics.

etichetta[1] *s.f.* **1** (*cartellino per indicazioni*) label; docket: — *gommata*, stick-on label; — *autoadesiva*, sticker (*o* sticky label); — *del prezzo*, price label (*o* tag); *bottiglie con l'— 'whisky'*, bottles labelled 'whisky'; *attaccare*, *staccare un'—*, to stick on, to remove a label; *mettere l'— a delle bottiglie*, to label some bottles **2** (*cartellino legato a bagagli*) label; (*amer.*) tag **3** (*fig.*) label, epithet: *affibbiare un'— a qlcu.*, *qlco.*, to label s.o., sthg.; *è un autore a cui non si può dare nessuna* —, he's an author who defies classification (*o* labels) **4** (*inform.*) label; tag.

etichetta[2] *s.f.* (*cerimoniale*) etiquette; formality, ceremony: — *di Corte*, Court ceremonial; *ricevimento senza tanta* —, informal party; *senza* —, unceremoniously; *è contrario all'—...*, it is bad form to... (*o* it is not etiquette to...); *badare all'—*, to stand on ceremony // — *di Internet*, netiquette.

etichettare *v.tr.* to label (*anche fig.*).

etichettatrice *s.f.* labelling machine.

etichettatura *s.f.* labelling.

eticità *s.f.* ethical nature, ethicality.

etico[1] *agg.* (*fil.*) ethical, moral.

etico[2] *agg.* (*antiq.*) (*tisico*) hectic; consumptive: *febbre etica*, hectic fever ◆ *s.m.* consumptive.

etilato *agg.* (*chim.*) ethylated: *benzina etilata*, leaded petrol (*o amer.* gasoline) ◆ *s.m.* (*chim.*) ethylate: — *di sodio*, sodium ethylate.

etile *s.m.* (*chim.*) ethyl: *acetato di* —, ethyl acetate.

etilene *s.m.* (*chim.*) ethylene, ethene.

etilenico *agg.* (*chim.*) ethylene: *etere* —, ethylene ether; *glicol* —, ethylene glycol.

etilico *agg.* (*chim.*) ethylic; ethyl (*attr.*): *alcol* —, ethyl alcohol; *etere* —, ethylic ether.

etilismo *s.m.* (*med.*) alcoholism.

etilista *s.m.* e *f.* alcoholic.

etiloico *agg.* (*chim.*) ethyloic.

etimare → **etimologizzare**.

etimo *s.m.* etymon, root word.

etimologia *s.f.* etymology: — *popolare*, popular etymology.

etimologico *agg.* etymologic(al).

etimologista *s.m.* e *f.* etymologist.

etimologizzare *v.intr.* e *tr.* to etymologize.

etimologo *s.m.* → **etimologista**.

etiologia e *deriv.* → **eziologia** e *deriv.*

etiope *agg.* e *s.m.* Ethiopian.

etiopico *agg.* Ethiopian: *la guerra etiopica*, the Ethiopian War.

etiopo → **etiope**.

etisia *s.f.* (*med.*) (*non com.*) phthisis.

etmoidale *agg.* (*anat.*) ethmoid.

etmoide *s.m.* (*anat.*) ethmoid.

etneo *agg.* Etnean, of Etna (*pred.*).

etnia *s.f.* ethnic group, ethnos.

etnico *agg.* ethnic(al) // *gruppo* —, ethnic group.

etnocentrico *agg.* ethnocentric.

etnocentrismo *s.m.* ethnocentrism.

etnocidio → **genocidio**.

etnografia *s.f.* ethnography.

etnografico *agg.* ethnographic(al).

etnografo *s.m.* ethnographer.

etnolinguistica *s.f.* ethnolinguistics [U].

etnolinguistico *agg.* ethnolinguistic.

etnologia *s.f.* ethnology.

etnologico *agg.* ethnologic(al).

etnologo *s.m.* ethnologist.

etnomusicologia *s.f.* ethnomusicology.

etnonimo *s.m.* ethnicon (*pl.* -ca).

etolico *agg.* Aetolian.

etologia *s.f.* ethology.

etologico *agg.* ethological, ethologic.

etologo *s.m.* ethologist.

etopea *s.f.* (*ret.*) description of a person's character and morals.

etossilazione *s.f.* (*chim.*) ethoxylation.

etossilico *agg.* (*chim.*) ethoxylic.

etra *s.f.* (*poet.*) ether; air; (*cielo*) sky.

etrusco *agg.* e *s.m.* Etruscan; Etrurian.

etruscologia *s.f.* Etruscology.

etruscologo *s.m.* Etruscologist.

etta- → **epta-**.

ettacordo → **eptacordo**.

ettaedro *s.m.* (*mat.*) heptahedron.

ettagonale *agg.* (*mat.*) heptagonal.

ettagono *agg.* (*mat.*) heptagonal ◆ *s.m.* (*mat.*) heptagon.

ettaro *s.m.* hectare.

ette *s.m.* (*fam. antiq.*) jot, whit: *non capire un* —, to understand nothing at all; *non dire* —, not to speak a single word.

etto- *pref.* di origine greca che anteposto a una unità di misura la moltiplica per cento (10^2); ingl. hecto-: *ettolitro*, hectolitre.

etto, **ettogrammo** *s.m.* hectogram(me): *mi dia un — di burro*, give me a hundred grams of butter.

ettolitro *s.m.* hectolitre; (*amer.*) hectoliter.

ettometro *s.m.* hectometre; (*amer.*) hectometer.

ettowatt *s.m.* hectowatt.

euboico *agg.* **1** Euboaen, Euboic **2** (*letter.*) (*di Cuma*) of Cumae (*pred.*), Cumaen.

eucaina *s.f.* (*chim.*) eucaine.

eucalipto *s.m.* (*bot.*) eucalyptus.

eucaliptolo *s.m.* (*chim.*) eucalyptol(e).

eucarestia → **eucaristia**.

eucariote *s.m.* (*biol.*) eukaryote.

Eucaristia *s.f.* (*eccl.*) Eucharist; Holy Communion: *accostarsi all'*—, to take communion.

eucaristico *agg.* Eucharistic(al).

euclasio *s.m.* (*min.*) euclase.

euclideo *agg.* Euclidean, Euclidian: (*mat.*) *spazio* —, Euclidean (*o* Euclidian) space; *geometria euclidea*, Euclidean (*o* Euclidian) geometry.

eudemonia *s.f.* (*fil.*) eud(a)emonia, happiness.

eudemonismo *s.m.* (*fil.*) eud(a)emonism.

eudemonistico *agg.* (*fil.*) eud(a)emonistic.

eudemonologia *s.f.* (*fil.*) eud(a)emonism, eud(a)emonics [U].

eudiometro *s.m.* (*fis.*) eudiometer.

eufemia *s.f.* → **eufemismo**.

eufemismo *s.m.* euphemism.

eufemistico *agg.* euphemistic(al): *un'espressione eufemistica*, an euphemistic expression.

eufonia *s.f.* euphony.

eufonico *agg.* euphonic, euphonious.

euforbia *s.f.* (*bot.*) euphorbia.

euforbio *s.m.* (*bot.*) euphorbium.

euforia *s.f.* euphoria, elation, exhilaration, wellbeing: *era una serata di grande — per la squadra vincitrice*, it was an evening full of high spirits for the winning team.

euforico *agg.* euphoric, in high spirits, elated, exhilarated: *si sente — per la vittoria*, he is in high spirits because of the victory.

euforizzante *agg.* e *s.m.* (*chim.*) euphoriant.

eufrasia *s.f.* (*bot.*) (*Euphrasia officinalis*) euphrasy; (*pop.*) eyebright.

eufuismo *s.m.* (*lett.*) euphuism.

eufuista *s.m.* e *f.* (*lett.*) euphuist.

eufuistico *agg.* (*lett.*) euphuistic.

euganeo *agg.* (*geogr.*) Euganean: *i Colli Euganei*, the Euganean Hills.

eugenetica *s.f.* eugenics [U].

eugenetico *agg.* eugenic.

eugenica → **eugenetica**.

eugenico → **eugenetico**.

eugenista *s.m.* e *f.* eugenist.

eugenolo *s.m.* (*chim.*) eugenol.

eulogia *s.f.* **1** (*eccl.*) eulogia **2** (*letter.*) (*celebrazione*) eulogy, eulogium.

eunucheria *s.f.* (*non com.*) (*debolezza*) weakness, impotence; servility.

eunuchismo *s.m.* (*med.*) eunuchism.

eunuco *s.m.* **1** eunuch **2** (*fig.*) feeble person, weakling ◆ *agg.* **1** (*evirato*) castrated, emasculated **2** (*fig. letter.*) (*debole*) weak, lifeless, feeble, impotent.

eunucoide *agg.* (*med.*) eunuchoid, eunuchoidal ◆ *s.m.* e *f.* eunuchoid.

eupatorio *s.m.* (*bot.*) → **agrimonia**.

eupatride *s.m.* (*st. greca*) descendant of the Eupatridae.

eupepsia *s.f.* (*med.*) eupepsia, eupepsy.

eupeptico *agg.* (*med.*) eupeptic.

euploide *s.m.* (*biol.*) euploid.

eurasiano, **eurasiatico** *agg.* e *s.m.* Eurasian.

eureka *inter.* eureka.

euripideo *agg.* Euripidean.

euristica *s.f.* (*fil.*) heuristics [U].

euristico *agg.* (*fil.*) heuristic.

euritmia *s.f.* **1** eur(h)ythmy; eur(h)ytmics [U] **2** (*med.*) eur(h)ytmia.

euritmico *agg.* eur(h)ythmic.

euro[1] *s.m.* (*vento*) Eurus.

euro[2] *s.m.* (*moneta*) Euro.

euro- *pref.* di formazione moderna che significa 'europeo, dell'Europa, del Mercato comune europeo'; ingl. Euro-: *eurodeputato*, Eurodeputy; *euromissile*, Euromissile; *eurovisione*, Eurovision.

eurobbligazione *s.f.* (*fin.*) Eurobond.

eurobond *s.m.* (*fin.*) Eurobond.

eurocentrico *agg.* Eurocentric.

eurocentrismo *s.m.* Eurocentric attitude, policy, point of view; Eurocentrism.

eurocomunismo *s.m.* Eurocommunism.

eurocomunista *agg.* e *s.m.* e *f.* Eurocommunist.

eurocrate *s.m.* e *f.* Eurocrat.

eurodeputato *s.m.* Eurodeputy.

eurodestra *s.f.* European right.

eurodivisa *s.f.* (*fin.*) Eurocurrency.

eurodollaro *s.m.* (*fin.*) Eurodollar.

euromercato *s.m.* (*fin.*) Euromarket; — *monetario*, Euromoney market.

euromissile *s.m.* Euromissile.

europarlamento *s.m.* European parliament.

europeismo *s.m.* **1** Europeanism **2** (*sentimento della unità europea*) European outlook **3** (*ling.*) word or phrase common to several European languages.

europeista *s.m.* e *f.* supporter of Europeanism, supporter of European unity ◆ *agg.* → **europeistico**.

europeistico *agg.* supporting European unity, leading to European unity, of Europeanism: *movimento* —, movement for European unification.

europeizzare *v.tr.* to Europeanize.

□ **europeizzarsi** *v.rifl.* o *intr.pron.* to become* Europeanized.

europeizzazione *s.f.* Europeanization.

europeo *agg.* e *s.m.* European.

europide *agg.* e *s.m.* e *f.* Europ(o)id, Caucasoid.

europio *s.m.* (*chim.*) europium.

europoide *agg.* e *s.m.* e *f.* Europ(o)id, Caucasoid, Caucasian.

eurosinistra *s.f.* European left.

eurosocialismo *s.m.* Eurosocialism.

eurovaluta *s.f.* Euromoney, Eurocurrency.

eurovisione *s.f.* Eurovision: *trasmissione in* —, Eurovision broadcast.

eurovisivo *agg.* Eurovision (*attr.*): *stabilire un collegamento — con...*, to establish a Eurovision link with...

eustatico *agg.* (*geogr.*) eustatic.

eustatismo *s.m.* (*geogr.*) eustasy, eustatism.

eutanasia *s.f.* euthanasia.

eutectico, **eutettico** *agg.* (*chim.*, *fis.*, *metall.*) eutectic: *lega eutettica*, eutectic alloy; *punto* —, eutectic point.

eutettoide *agg.* e *s.m.* (*chim.*, *fis.*, *metall.*) eutectoid.

eutimia *s.f.* (*fil.*) serenity, equanimity.

eutrofia *s.f.* (*med.*) eutrophy, eutrophia.

eutrofico *agg.* eutrophic.

eutrofizzazione *s.f.* eutrophication.

evacuamento *s.m.* evacuation: *l'— delle zone contaminate sarà concluso entro giovedì*, the evacuation of the contaminated areas will be completed by Thursday.

evacuante *agg.* (*med.*) evacuant, evacuative ◆ *s.m.* evacuant.

evacuare *v.tr.* **1** to evacuate; to empty, to void; to clear out: — *una città*, to evacuate a town **2** (*med.*) to evacuate: — *le feci*, to evacuate (*o* to void) faeces **3** (*tecn.*) to evacuate; to drain (away, off); (*gas di scarico*) to scavenge; — *l'acqua di una caldaia*, to blow out a boiler ◆ *v.intr.* **1** to evacuate, to move out; (*ritirarsi*) to withdraw*: *la popolazione dovette — dalla città*, the population had to evacuate the city **2** (*med.*) to evacuate.

evacuativo *agg.* (*med.*) evacuative.

evacuazione *s.f.* **1** evacuation; withdrawal **2** (*aut.*) (*dei gas di combustione*) scavenging **3** (*med.*) evacuation.

evadere *v.tr.* **1** (*eseguire*) to dispatch, to deal* with: — *una pratica*, to deal with a case; — *la corrispondenza*, to dispatch (*o* to deal with *o* to clear) the correspondence; — *un ordine*, to execute (*o* fill *o* cover) an order **2** (*sottrarsi a*) to evade: — *una tassa*, to evade (*o fam.* to dodge) a tax ◆ *v.intr.* **1** to escape; to run* away; to break* loose: — *dalla prigione*, to escape from prison **2** (*fig.*) to escape, (*letter.*) to flee*: — *dalla realtà quotidiana*, to escape from everyday reality.

evaginazione *s.f.* (*med.*) evagination.

evanescente *agg.* **1** evanescent, vanishing, fading, faint, indistinct: *un suono* —, a faint (*o* indistinct) sound; *una figura* —, a diaphanous figure **2** (*fig.*) empty; (*form.*) vacuous: *un discorso* —, a vacuous speech; *parole evanescenti*, empty words **3** (*ling.*) weak.

evanescenza *s.f.* **1** evanescence **2** (*rad.*) fading.

evangelico *agg.* **1** evangelic(al); according to the Gospel (*pred.*): *il messaggio* —, the Gospel message **2** (*protestante*) evangelical: *chiesa evangelica*, Evangelical Church ◆ *s.m.* evangelical.

evangelio → **vangelo**.

evangelismo *s.m.* evangelism.

evangelista *s.m.* evangelist: *S. Giovanni l'Evangelista*, St. John the Evangelist.

evangelizzare *v.tr.* e *intr.* **1** to evangelize **2** (*fig.*) (*convertire qlcu. a un'opinione*) to convert, to convince, to win* (s.o.) over (to one's opinion), to bring* (s.o.) round (to one's opinion).

evangelizzatore *s.m.* **evangelizzatrice** *s.f.* evangelist.

evangelizzazione *s.f.* evangelization.

evangelo → **vangelo**.

evaporabile *agg.* evaporable.

evaporamento *s.m.* → **evaporazione**.

evaporare *v.intr.* to evaporate, to vaporize: *fare — un liquido*, to evaporate (*o* to dry off) a liquid; *il profumo evapora facilmente*, perfume evaporates easily ◆ *v.tr.* to evaporate, to vaporize, to sublimate, to dry out, to dry off: *legno evaporato*, artificially seasoned timber.

evaporatore *s.m.* (*tecn.*) evaporator.

evaporazione *s.f.* evaporation; vaporization: *vasca di* —, evaporation tank.

evaporimetro *s.m.* (*meteor.*) evaporimeter.

evaporite *s.f.* (*geol.*) evaporite.

evaporizzare e *deriv.* → **vaporizzare** e *deriv.*

evapotraspirazione *s.f.* (*geogr.*) evapotranspiration.

evasione *s.f.* **1** escape, flight; (*fam.*) getaway: — *dal carcere*, jailbreak (*o* gaolbreak); *il prigioniero aveva progettato per due anni la sua* —, the prisoner had been planning his escape (*o* gaolbreak *o* breakout) for two years **2** (*fiscale*) evasion, (*fam.*) dodging **3** (*amm.*) execution, carrying out, dispatch: *dare — a un ordine*, to carry out (*o* to execute) an order (*o amer.* to fill an order); *dare — a una pratica*, to deal with a case **4** (*fig.*): *aspirazione all'*—, escapism; *desiderio d'*—, desire to get away from it all (*o* desire to escape); *ho bisogno di qualche momento d'*—, I need some distraction (*o* diversion) // *film, letteratura d'*—, escapist film, literature.

evasività *s.f.* evasiveness.

evasivo *agg.* evasive: *essere — in una risposta*, to be evasive in one's answer.

evaso *s.m.* runaway, fugitive: *la polizia sta cercando gli evasi*, the police are looking for the escaped prisoners.

evasore *s.m.* evader: — *fiscale*, tax evader (*o* tax dodger).

evemerismo *s.m.* (*fil.*) euhemerism.

evenienza *s.f.* event; (*occorrenza*) occurrence, eventuality; (*occasione*) occasion: *in ogni* —, at all events (*o* in any case); *nell'— di una guerra*, in the event of a war; *per ogni* —, for any occasion; (*in caso di bisogno*) for all eventualities (*o* if need be *o* in case of need); *nell'— che non venga*, in the event of his not coming (*o* should he not come).

evento *s.m.* **1** event; (*form.*) occurrence: — *tragico*, tragic event (*o* occurrence); *giornata piena di eventi*, eventful day; *un grande* —, a great event; *non devi essere preda degli eventi*, don't put yourself at the mercy of events; *festeggiare il lieto* —, to celebrate the happy event // *in ogni* —, in any case (*o* at all events) // *secondo gli eventi*, depending on what happens **2** (*stat., fis.*) event.

eventuale *agg.* possible, probable; contingent, incidental: *spese eventuali*, incidental charges (*o* contingent expenses); *contava su una parte degli eventuali profitti*, he was reckoning on a share in the possible profits; *assicurarsi contro eventuali incidenti*, to ensure against possible accidents; *arriverò alle 5 salvo eventuali ritardi*, I'll be arriving at 5 a.m. if there are no delays; *un suo — errore può rovinare il nostro progetto*, any mistake he might make could ruin our project // *varie ed eventuali*, any other business (*abbr.* AOB).

eventualità *s.f.* eventuality; (*circostanza, occorrenza*) event, occurrence: *in ogni* —, at all events; *nell'— della sua partenza*, in the event of his leaving (*o* if he happens to leave *o* should he, by any chance, leave); *prepararsi a ogni* —, to provide for all contingencies; *nella sfortunata — che arrivi anche lui...*, in the unfortunate event of his turning up as well... (*o* should he, by any chance, unfortunately turn up as well...); *ti do diecimila lire in più per ogni* —, I'll give you an extra ten thousand liras in case of need.

eventualmente *avv.* (*in caso*) in case: — *dovesse venire...*, in case he comes (*o* in case he should come...); *non ci dovrebbero essere complicazioni, — ti faccio sapere*, there shouldn't be any complications, if anything happens (*o* should anything happen) I'll let you know; *sono molto occupato oggi, — ti chiamo nel tardo pomeriggio*, I'm very busy today, if I can (*o* if it's possible) I'll ring you late this afternoon; *porta una giacca o — un maglione, farà freddo*, bring a jacket, or at any rate a sweater, it will be cold.

eversione *s.f.* **1** subversion: *le forze dell'*—, subversive forces; *lotta all'*—, struggle against subversion **2** (*dir.*) (*abolizione*) abolition: — *della manomorta*, abolition of mortmain **3** (*med.*) eversion.

eversivo *agg.* subversive; revolutionary: *associazione eversiva*, subversive conspiracy.

eversore *s.m.* **1** subverter **2** (*letter.*) destroyer.

evezione *s.f.* (*astr.*) evection.

evidente *agg.* evident, obvious, manifest, clear, plain: *avere prove evidenti dell'innocenza di qlcu.*, to have clear proof of s.o.'s innocence; *errore* —, glaring (*o* palpable) error (*o* mistake); *è — che*, it stands to reason (*o* it is plain) that; *tracce evidenti di sangue*, clear traces of blood; *la sua gioia era* —, his joy was evident (*o* obvious *o* manifest); *"Vieni con noi?" "È —!"*, "Are you coming with us?" "Of course I am!".

evidentemente *avv.* evidently, obviously, clearly: — *ho sbagliato a giudicarti*, I have obviously misjudged you; *un ragionamento — erroneo*, a line of reasoning that is clearly wrong.

evidenza *s.f.* **1** (*l'essere evidente*) evidence, obviousness: *finalmente si arrese all'*—, at last he bowed to the facts; *cercò di negare l'— dei fatti*, he tried to deny the evidence of the facts; *mettere, porre in* —, to point out (*o* to stress *o* to highlight); *essere in* —, to be in evidence (*o* to be conspicuous *o* to be in the limelight); *mettersi in* —, to make oneself conspicuous (*o* to draw attention to oneself); *anche alla festa cercò di mettersi in* —, even at the party he tried to push himself into the limelight // *tenere in — una pratica*, to keep a record on file // (*amm.*): — *contabile*, accounting evidence; *evidenze contabili*, (*documenti*) accounting records **2** (*chiarezza*) clearness, plainness.

evidenziare *v.tr.* to point out (sthg.), to draw* attention to (sthg.), to highlight: — *un particolare*, to highlight a detail.

evidenziatore *s.m.* highlighter, highlighting pen.

evincere *v.tr.* **1** (*dir.*) to evict **2** (*dedurre*) to infer, to deduce.

evirare *v.tr.* **1** to emasculate, to evirate, to castrate **2** (*fig.*) (*effeminare*) to make* effeminate, to soften, to enfeeble.

evirato *agg.* **1** emasculate(d), castrated, evirated **2** (*effeminato*) effeminate, unmanly ◆ *s.m.* (*cantore*) castrato (*pl.* -i).

evirazione *s.f.* emasculation, eviration, castration.

eviscerare *v.tr.* to eviscerate, to gut, to draw*.

eviscerazione *s.f.* evisceration.

evitabile *agg.* avoidable.

evitare *v.tr.* **1** to avoid, to evade, to shun; to dodge: — *un colpo*, to avoid (*o* to evade *o* to dodge) a blow; — *una domanda*, to evade (*o* to dodge) a question (*o* to avoid answering a question directly); — *un ostacolo*, to dodge round an obstacle; — *qlcu.*, to avoid s.o. (*o* to keep out of s.o.'s way *o* to keep clear of s.o.); (*mar.*) — *uno scoglio, un banco di sabbia*, to steer clear of a reef, of a sandbank; — *di fare qlco.*, to avoid doing sthg.: *dovresti — di correre quel rischio*, you should avoid running that risk; *non potei — di sentire le sue parole*, I couldn't avoid (*o* I couldn't help) hearing his words; — *di farsi vedere*, to avoid being seen // (*comm.*) — *un creditore*, to evade a creditor **2** (*astenersi*) to avoid, to abstain (from sthg.), to refrain (from sthg.), to keep* off (sthg., doing): — *di fumare*, to avoid smoking; — *i cibi grassi*, to keep off fatty foods; — *una spesa*, to avoid an expense; — *di spendere*, to save up **3** (*sfuggire a*) to escape: *evitò a malapena la morte, di farsi male*, he only just escaped death, being hurt (*o* hurting himself) **4** (*risparmiare*) to spare: — *una pena a qlcu.*, to spare s.o. trouble; *gli ho evitato un viaggio inutile*, I have spared him a wasted trip **5** (*impedire*) to avoid: *solo l'abilità del pilota ha evitato la tragedia*, only the pilot's skill avoided (*o* averted) a tragedy // (*dir.*) — *la bancarotta*, to stave off bankruptcy.

□ **evitarsi** *v.rifl.rec.* to avoid each other (one another): *cerchiamo di evitarci per un po'*, let's try not seeing each other for a bit.

evitico *agg.* (*non com.*) of Eve (*pred.*) // *in costume* —, (*fig. scherz.*) in one's birthday suit (*o* naked *o* nude *o* starkers).

evizione *s.f.* (*dir.*) eviction // *garanzia per* —, warranty against eviction.

evo *s.m.* age, era, ages (*pl.*); times (*pl.*): — *moderno*, modern era.

evocare *v.tr.* **1** to evoke, to recall: *leggende che evocano il passato*, legends that evoke the past **2** (*spiriti*) to evoke, to conjure up, to call forth, to raise.

evocativo *agg.* evocative, evocatory.

evocatore *agg.* evocative, evocatory, of evocation (*pred.*) ◆ *s.m.*, **evocatrice** *s.f.* evocator.

evocatorio *agg.* evocative, evocatory; of evocation (*pred.*).

evocazione *s.f.* **1** evocation, conjuring up **2** (*di spiriti*) evocation, conjuring, calling forth, raising.

evoluire *v.intr.* (*mil.*) to manoeuvre.

evoluta *s.f.* (*mat.*) evolute.

evolutivo *agg.* evolutionary, evolutive, developmental, evolving: *processo — di una specie*, evolution of a species // (*psic.*) *età evolutiva*, age (*o* period) of development.

evoluto *agg.* **1** fully-developed, evolved, adult, mature **2** (*estens.*) advanced, progressive, (highly) civilized: *un paese* —, a fully-developed country; *raggiungere un livello culturale più* —, to reach a more advanced cultural level **3** (*senza pregiudizi*) uninhibited, emancipated.

evoluzione *s.f.* **1** (*scient.*) evolution: *le leggi dell'*—, the laws of evolution // *Teoria dell'Evoluzione*, Theory of Evolution **2** (*estens.*) (*sviluppo*) evolution, development: — *di un'idea*, the development (*o* working out) of an idea; *paesi in via di* —, developing countries // (*fon.*) — *fonetica*, phonetic change // (*econ.*): — *economica*, economic process; — *congiunturale*, economic trend; — *del mercato*, market trend **3** (*di truppe, navi, aerei*) evolution, manoeuvre: (*aer.*) — *in aria*, flight manoeuvre; *il pubblico osservava le evoluzioni degli acrobati*, the public watched the movements of the acrobats.

evoluzionismo *s.m.* evolutionism; (*bot.*) transformism.

evoluzionista *s.m.* e *f.* evolutionist.

evoluzionistico *agg.* evolutionistic: *teoria evoluzionistica*, evolutionist theory.

evolvente *s.f.* (*mat.*) involute.

evolvere *v.intr.* **evolversi** *v.intr.pron.* to evolve, to develop; (*fare progressi*) to make* progress: *la società (si) evolve*, society evolves; *osservavano come si evolveva la situazione*, they observed the development of the situation.

evonimo *s.m.* (*bot.*) euonymus.

evviva *s.m.* hurrah, hurray; hooray: *tre — per la nostra squadra!*, three cheers for our team!; *gridare* —, to hurrah (*o* to shout hurrah *o* to cheer); *gli — della folla*, the hurrahs (*o* cheers) of the crowd ◆ *inter.* hurrah!, hurray!; hooray!: — *la Regina!*, long live the Queen!; — *la pace*, long live (*o* up with) peace; — *gli sposi*, long life to the bride and groom // — *la sincerità*, (*iron.*) sincerity lives! (*o* sincerity is a wonderful thing!).

ex *prep.* di origine latina che indica una determinata condizione in cui non si è più; ingl. ex-, former: — *presidente*, ex-president (*o* former president); — *marito*, ex-husband (*o* former husband); — *combattente*, ex-serviceman; *il mio — lavoro*, my former job; — *fidanzato*, ex-boyfriend (*o* ex-fiancé).

ex *s.m.* e *f.* (*fam.*) ex: *vedi ancora il tuo —?*, do you still see your ex?

ex aequo *locuz.avv.* (*lat.*) equally, on an equal footing: *sono stati classificati terzi* —, they have been placed equal third.

exarazione → **esarazione**.

ex cathedra *locuz.avv.* (*lat.*) ex cathedra.

excentro *s.m.* (*mat.*) excentre.

excerpta *s.m.pl.* (*lat.*) excerpts.

exclave *s.f.* exclave.

excursus *s.m.* excursus*, digression: *fammi un veloce — di quel periodo storico*, give me a rapid survey of the historical period.

executive *agg.* e *s.m.* executive: *valigetta* —, executive briefcase; (*aer.*) (*aereo*) —, executive aircraft.

exequatur *s.m.* (*dir.*) exequatur.

exeresi *s.f.* (*med.*) exeresis (*pl.* -es).

ex libris *s.m.* (*lat.*) ex libris; bookplate.

ex novo *locuz.avv.* (*lat.*) from the beginning, all over again: *questo lavoro va fatto* —, this work must be done all over again.

exploit *s.m.* (*fr.*) exploit, brilliant performance, brilliant feat.

extra *prep.* outside: (*fin.*) *spese — bilancio*, extra budgetary expenses.

extra *agg.* **1** (*eccellente*) choice, superior: *qualità* —, best (*o* superior) quality; *burro* —, full cream butter // *di qualità* —, first rate (*o* superior) **2** (*fuori del previsto*) extra, additional: *senza spese* —, with no extras; *costi* —, extra costs; *compenso* —, extra pay; *spese* —, additional expenses; (*fin.*) *spesa — di bilancio*, extra budgetary expenses ◆ *s.m.* additional expense, extra // *gli extra*, extras (*o* extra charges): *il costo del viaggio non include gli* —, the cost of the trip doesn't include the extras.

extra- *pref.* di origine latina che entra nella composizione di alcuni aggettivi **1** con il significato di 'straordinariamente', 'eccessivamente'; ingl. extra-: — *largo*, extra-large **2** con il significato di 'al di fuori di'; ingl. extra-: *extraterritoriale*, extra-territorial; (*ling.*) *extralinguistico*, extralinguistic; (*med.*) *extrapiramidale*, extrapyramidal; (*anat.*) *extraventricolare*, extraventricular.

extraconiugale *agg.* extramarital, adulterous: *relazioni extraconiugali*, extramarital (*o* adulterous) affairs.

extracontrattuale *agg.* not provided for in a contract; not laid down by contract.

extracorporeo *agg.* extracorporeal // (*med.*) *circolazione extracorporea*, extracorporeal circulation.

extracorrente *s.f.* (*elettr.*) extra current.

extracurricolare *agg.* extra-curricular: *attività scolastiche extracurricolari*, extra -curricular school activities.

extradotale → **estradotale**.

extraeuropeo *agg.* non-European; lying outside Europe (*pred.*): *paese* —, non-European country.

extragalattico *agg.* (*astr.*) extragalactic.

extragiudiziale *agg.* (*dir.*) extrajudicial: *risoluzione — del contratto*, extrajudicial avoidance.

extralegale *agg.* extralegal.

extraparlamentare *agg.* extraparliamentary: *crisi* —, crisis originating outside Parliament; *sinistra* —, extraparliamentary left // *s.m.* e *f.* extraparliamentary politician.

extrapolare e *deriv.* → **estrapolare** e *deriv.*

extraprocessuale → **estraprocessuale**.

extraprofitto *s.m.* (*econ.*) extraprofit.

extrasensibile *agg.* (*fil.*) extrasensible: *realtà* —, extrasensible reality.

extrasensoriale *agg.* extrasensory: *percezione* —, extrasensory perception.

extrasistole *s.f.* (*med.*) extrasystole.

extrasistolico *agg.* (*med.*) extrasystolic.

extrastallia *s.f.* (*mar.*) extra-demurrage: *giorni di* —, extra-demurrage days.

extratemporale *agg.* timeless, extratemporal; outside time (*pred.*): *dimensione* —, timelessness.

extraterrestre *agg.* e *s.m.* extraterrestrial: *fenomeni extraterrestri*, extraterrestrial phenomena; *credi agli extraterrestri?*, do you believe in extraterrestrials?

extraterritoriale *agg.* extraterritorial: *acque extraterritoriali*, extraterritorial waters.

extraterritorialità *s.f.* (*dir.*) extraterritoriality.

extraurbano *agg.* outside the town (*pred.*), extra-urban.

extrauterino *agg.* (*med.*) extrauterine: *gravidanza extrauterina*, extrauterine pregnancy.

extremis, in *locuz.avv.* (*lat.*) in extremis, on the point of death, at the last moment: *sono riusciti a intervenire in* —, they were able to intervene at the last moment; *pentimento in* —, death-bed repentance.

exuvie → **esuvie**.

ex voto *s.m.* (*lat.*) ex voto (offering), votive offering.

eye-liner *s.m.* (*cosmesi*) eyeliner.

eziolamento *s.m.* (*bot.*) etiolation.

eziologia *s.f.* (*med.*) (a)etiology (*anche estens.*).

eziologico *agg.* (*med.*) (a)etiological.

eziopatogenesi *s.f.* (*med.*) etiopathogenesis.

-ezza *suff.* di origine latina usato in italiano per formare sostantivi astratti per lo più da aggettivi; ingl. -ness: *amarezza*, bitterness; *timidezza*, shyness.

f *s.f.* o *m.* (*sesta lettera dell'alfabeto*) f (*pl.* fs, f's) // (*tel.*) — *come Firenze*, f for Frederick (*o amer.* f for Fox).

fa[1] *avv.* ago: *un'ora* —, an hour ago; *alcuni anni* —, a few years ago; *l'ho visto poco* (*tempo*) —, *non molto tempo* —, I saw him not long (*o* a short while) ago; *è uscito pochi minuti* —, he went out a few minutes ago; *il paleolitico risale a 2 milioni di anni* —, the Stone Age goes back to 2 million years ago.

fa[2] *s.m.* (*mus.*) fa, F: *un pezzo in* —, a piece in F.

fabbisogno *s.m.* (*bisogno*) needs (*pl.*), wants (*pl.*); requisites (*pl.*); requirements (*pl.*): *provvedere al — di qlcu.*, to provide for (*o* see to) s.o.'s wants (*o* needs); *il — di materie prime*, raw materials requirements; — *alimentare*, food requirements; *il — mondiale di petrolio*, world oil demand (*o* requirements) // (*econ.*): — *finanziario*, financial requirements; — *di manodopera*, labour requirements; — *complessivo del settore pubblico*, public sector borrowing requirement; — *giornaliero di contante*, counter cash (*o* cash requirement).

fabbrica *s.f.* **1** factory, plant, works (*pl. invar.*); industrial unit: *una — di cinquemila operai*, a factory with five thousand workers (*o* hands); — *di automobili*, motor works (*o* car factory *o amer.* automobile plant); — *di mattoni*, brickworks; — *di carta*, paper mill; — *di giocattoli*, toy factory; — *di ceramiche*, pottery; — *d'armi*, arms factory; — *di conserve*, tinning factory (*o amer.* cannery) // *modello di* —, registered pattern; *marchio di* —, trademark; *nuovo di* —, brand new; *sistema di* —, factory system; *prezzo di* —, factory price; *capo* —, foreman; *consiglio di* —, factory board; (*amm.*) *contabilità di* —, factory bookkeeping // *è una — di idee*, (*fig.*) he's always full of ideas; *una — di menzogne*, a tissue of lies // *si lavora per la — dell'appetito*, (*scherz.*) we work out of the need to eat **2** (*fabbricazione*) manufacture, making, construction // *questa è la — del Duomo, di San Pietro*, (*fig. scherz.*) this will take a month of Sundays (*o* this is a job for life) **3** (*non com.*) (*edificio*) building, edifice.

fabbricabile *agg.* **1** manufacturable **2** (*su cui si può fabbricare*) building: *area* —, building site (*o* building ground); (*zona per più abitazioni*) housing area.

fabbricante *s.m.* **1** manufacturer, maker; producer **2** (*costruttore*) builder.

fabbricare *v.tr.* **1** (*produrre*) to manufacture, to make*, to turn out, to produce: — *su ordinazione*, to make to order; *quello stabilimento fabbrica centinaia di articoli al giorno*, that plant turns out (*o* manufactures *o* produces *o* makes) hundreds of articles a day; *l'azienda fabbrica motori e pezzi di ricambio*, the company manufactures (*o* produces) engines and spare parts **2** (*costruire*) to build*, to construct, to put* up; to erect: — *nuovi palazzi*, to build (*o* to put up *o* to erect) new blocks of flats; *hanno fabbricato molto, lungo la fascia costiera*, they've built heavily along the coastal strip; *i ragazzi stavano fabbricando un aquilone*, the boys were making a kite **3** (*inventare*) to invent, to make* up; to fabricate: — *delle storie su qlcu.*, to make up (*o* to invent) stories about s.o. // — *un processo*, to invent a process **4** (*falsificare*) to fabricate, to forge, to devise, to plot.

fabbricativo *agg.* (*non com.*) building; for building (*pred.*).

fabbricato *s.m.* **1** building: — *a uso di abitazione*, residential building; — *annesso*, outbuilding (*o* annex); — *per officina*, works building; — *per uso industriale*, factory building; — *per uffici*, office building // (*trib.*) *imposta sui fabbricati*, house tax (*o amer.* real estate tax) **2** (*estens.*) (*insieme di inquilini*) tenants (*pl.*), residents (*pl.*), inhabitants (*pl.*); building ◆ *agg.* made, produced: — *in Giappone*, made in Japan; — *in esclusiva*, patent; — *in serie*, mass-produced; — *a mano*, handmade.

fabbricatore *s.m.* **1** (*produttore*) maker, manufacturer **2** (*costruttore*) constructor, builder **3** (*fig.*) fabricator, inventor, deviser: — *di scandali*, scandalmonger.

fabbricatorio *agg.* (*non com.*) building (*attr.*); construction (*attr.*).

fabbricazione *s.f.* **1** (*produzione*) manufacture, making, make: — *all'ingrosso*, wholesale manufacture; — *della carta*, paper making; — *nazionale*, home manufacture; — *in serie*, mass (*o* large-scale) production; *la — di questa stoffa è molto costosa*, this cloth is very expensive to make (*o* to manufacture); *scarpe di — italiana*, shoes of Italian make; *questi articoli sono di — inglese*, these articles are made (*o* manufactured) in England; *di nostra* —, of our own make; *costi di* —, factory costs; *difetto di* —, manufacturing defect // (*trib.*) *imposta di* —, excise tax **2** (*costruzione*) building construction **3** (*invenzione*) invention **4** (*falsificazione*) forgery.

fabbriceria *s.f.* (*eccl.*) vestry board.

fabbriciere *s.m.* (*eccl.*) vestryman*; churchwarden.

fabbricone *s.m.* big tenement, enormous block of flats.

fabbro *s.m.* **1** blacksmith, smith: — *ferraio*, blacksmith **2** (*forgiatore*) forgeman (*pl.* -men); forger, artificier, maker, craftsman* **3** (*di serrature*) locksmith **4** (*fig.*) (*letter.*) creator.

fabianismo *s.m.* Fabianism.

fabiano *s.m.* (*della 'Fabian Society'*) Fabian, member of the Fabian Society ◆ *agg.* Fabian.

fabliau *s.m.* (*lett.*) fabliau*.

fabrica e *deriv.* → **fabbrica** e *deriv.*

fabulazione *s.f.* **1** (*psic.*) fabulation **2** (*letter.*) narration.

fabuloso → **favoloso**.

faccenda *s.f.* **1** matter; business; affair; thing: *una brutta* —, a bad affair; *è tutt'altra* —, it's quite a different thing (*o* that's quite another matter); *è una — seria*, it is a serious matter (*o* business); *ho un paio di faccende da sbrigare*, I have a couple of things to see to; *non è una — che ti riguarda*, this is no business of yours (*o* this is none of your business); *sono stanco dell'intera* —, I am tired of the whole business; *essere in faccende*, to be busy // — *di Stato*, State affair; *non farne una — di Stato*, (*fam.*) don't make an issue out of it (*o* don't make a song and dance about it) **2** *pl.* (*lavori domestici*) household duties; housework [U]: *sbrigare le faccende*, to do the housework; *era occupata nelle faccende domestiche*, she was busy with the housework.

faccendiere *s.m.* **1** meddler, wheeler-dealer, shady businessman*, intriguer **2** (*ant.*) (*amministratore*) dealer, intermediary.

faccendone *s.m.* (*chi si dà un gran da fare*) bustler, busy bee.

faccetta *s.f.* **1** (*visetto*) little face **2** (*anat.*, *min.*) facet **3** (*zool.*) (*di occhio composto*) stemma*.

faccettare → **sfaccettare**.

faccettatrice *s.f.* (*agr.*) comb foundation press.

facchinaggio *s.m.* **1** porterage: *spese di* —, porterage **2** (*fig.*) (*lavoro pesantissimo*) drudgery, backbreaking work.

facchinata *s.f.* **1** (*fatica da facchino*) drudgery, hard labour **2** (*non com.*) (*gesto triviale*) billingsgate; coarse action.

facchinesco *agg.* vulgar; coarse, gross, uncouth: *linguaggio, scherzo* —, coarse (*o* scurrilous) language, joke; *modi facchineschi*, uncouth (*o* coarse *o* boorish) manners.

facchino *s.m.* **1** porter; (*di traslochi*) remover (man) // *mani da* —, coarse (*o* callous) hands; *vita da* —, dog's life; *lavorare come un* —, to work like a slave **2** (*fig.*) (*persona rozza*) boor: *modi da* —, coarse manners; *parlare da* —, to use scurrilous (*o* foul) language.

faccia *s.f.* **1** face: — *ossuta, tonda, pallida, abbronzata*, gaunt, round, pale, tanned face; *gli lavai la* —, I washed his face; *lo guardai in* —, I looked him in the eye (*o* full in the face); *ti si legge in — che sei stanco*, I can tell by your face you are tired; *mi tirò un libro in* —, he threw a book in my face; *guardare in — qlcu.*, to look s.o. in the face; *non potrò più guardarlo in* —, I'll never be able to look him in the face again; *sputare in — a qlcu.*, to spit in s.o.'s face **2** (*sembiante, aspetto, espressione*) look, expression, appearance: — *addolorata, sofferente*, sorrowful expression; *la sua — si irrigidì*, his expression (*o* look *o* countenance) hardened; — *aperta, simpatica*, open, pleasant face (*o* open expression); *che —! che cosa ti è successo?*, how pale you look! what's up?; *cambiò — quando lo vide*, (*si rabbuiò*) her face fell when she saw him, (*si illuminò*) her face lit up when she saw him; *da quando l'ho visto l'ultima volta ha cambiato* —, he has changed since I saw him last; *ha una — da mascalzone*, he looks like a rascal; *hai la — di uno che ha dormito male*, you look as if you slept badly; *hai una bella — questa mattina*, you look good this morning; *hai una brutta* —, you don't look up to the mark (*o* you don't look very fit) // *quest'auto ha cambiato* —, (*sembra nuova*) this car looks new // *fece una — da ebete*, his eyes took on a vacant look; *fare delle facce*, to make (*o* to pull) faces **3** (*lato, superficie*) face; side: *la — della Luna*, the face of the Moon; *la — di un edificio*, the front (*o* façade) of a building; *le due facce di una moneta*, the two faces of a coin; *scrivete sulla — sinistra del foglio*, write on the left side of the page // (*mat.*) *le facce di un cubo*, the faces (o sides) of a cube // (*mecc.*) *un dado a sei facce*, a six-paned nut // (*miner.*) *le facce di un cristallo*, the faces of a crystal // *l'altra — della luna*, (*fig.*) the other side of the question // *è il più grosso imbroglione che sia mai esistito sulla — della terra*, he is the biggest cheat that ever existed under the sun **4** (*fig.*) (*aspetto*) aspect: *esaminiamo ora l'altra — del problema*, let's go into the other aspect of the problem; *è una questione che sembra avere molte facce*, it's a problem that seams to have many different aspects.

◆ FRASEOLOGIA: — *in su, in giù*, face up, face down // — *a* —, face to face: *erano — a* —, they were face to face (*o* they were facing each other); *mettere due testimoni — a* —, to confront two witnesses // *di — a*, in front of (*o* opposite): *il monumento di — al municipio*, the monument in front of the town hall; *la sua casa è di — alla chiesa*, his house is opposite the church; *la casa di* —, the house opposite; *visto di* —, seen from the front // *che* — (*tosta*)*!*, what cheek (*o* what a nerve)!; *chi ebbe la* — (*tosta*) *di negarlo?*, who had the face (*o* the cheek *o* the impudence) to deny it?; *hai una bella — di bronzo!*, you've got a nerve!; *una — da schiaffi*, a cheeky face // *persona a due facce*, two-faced person (*o* double dealer) // *glielo dirò in* —, I'll tell him so to his face (*o* I'll tell him straight) // *mi risero in* —, they laughed in my face // *dire qlco. in — al mondo*, to say sthg. in public (*o* publicly) // *fare la — lunga*, to pull a long face // *fare qlco. alla — di qlcu.*, to do sthg. in spite of s.o.; *alla —!*, so much for you! (*o* good for you!): *"Vado in vacanza per un mese" "Alla —!"*, "I'm taking a month's holiday" "Good God!"; *alla — della dieta, mangerò anche il dolce!*, I'll have some cake too, and so much for my diet! // *farsi la* —, (*truccarsi*) to make up // *non guardare in — a nessuno*, to put number one first, (*dire ciò che si pensa*) to say what one thinks // *perdere la* —, to lose face; *salvare la* —, to save one's face.

facciale *agg.* **1** facial: *angolo* —, facial angle; (*anat.*) *muscolo, nervo* —, facial muscle, nerve; *maschera* —, face pack **2** *valore* —, (*di francobollo ecc.*) face value.

facciata *s.f.* **1** (*arch.*) front; façade; face: *una — barocca*, a baroque façade **2** (*pagina*) page: *una lettera di quattro facciate*, a four-page letter **3** (*fig.*) appearance; (*per coprire attività illecite*) front: *giudicare dalla* —, to judge by appearances (*o* to judge a book by its cover); *un'amicizia di* —, an apparent friendship.

facciola *s.f.* (*di abito di ecclesiastico o magistrato*) bands (*pl.*).

face *s.f.* (*letter.*) torch; (*luce, lume*) light: *la — della libertà*, the torch of liberty.

facelite *s.f.* (*min.*) kaliophilite.

facente *agg.*: — *funzione di*, acting as (*pred.*), acting (*attr.*), pro-: *tenente — funzioni di capitano*, acting captain; *il direttore generale, — funzioni di presidente...*, the acting president, who is the Managing Director... ◆ *s.m.* e *f.* substitute, deputy: *in assenza del direttore la firma sarà apposta dal — funzione*, in the director's absence, the acting director (*o* the deputy) will sign on his behalf; — *funzione di rettore*, pro-chancellor; *il — funzione di presidente*, the acting President.

faceto *agg.* facetious; waggish; (*arguto*) witty: *osservazioni facete*, witty remarks; *persona faceta*, facetious person; *scherzi faceti*, waggish tricks // *parlare tra il serio e il* —, to speak half in jest (*o* half in earnest).

facezia *s.f.* pleasantry, witticism, witty remark; jest; joke: *dire delle facezie*, to crack jokes.

fachirismo *s.m.* (*med.*) tendency to autolesion; proneness to self-injuring.

fachiro *s.m.* fakir (*anche estens.*).

facies *s.f.* (*scient.*) facies*.

facile *agg.* **1** easy: *gli esercizi erano facili*, the exercises were easy; *questo lavoro non è molto* —, this job isn't very easy; *è — sbagliare*, it's easy to make mistakes; *un autore* —, an easy author; *una traduzione* —, an easy translation; *è — per lui farlo*, it is easy for him to do it; *è più — dirlo che farlo*, (it is) easier said than done; *è — preda della passione*, he is easy prey to anger (*o* he flies into a passion easily); *un manuale di — impiego*, a user-friendly textbook // *una donna di facili costumi*, a woman of easy virtue (*o* a loose woman) **2** (*che si ottiene con poca fatica*) facile; simplistic: *risposta* —, facile reply; *facili guadagni*, easy profits **3** (*affabile*) affable, easygoing, even tempered; (*trattabile*) tractable, docile: *è di carattere* —, he is easygoing (*o* he is easy to get on with) **4** (*pronto*) ready: *sei — a credere qualsiasi cosa*, you are ready to believe anything; *ha la risposta* —, he's got an answer for everything; *avere la parola* —, to be a fluent speaker (*o spreg.* to have the gift of the gab); *avere il grilletto* —, to be trigger-happy; *ha le lacrime facili*, she is easily moved to tears (*o spreg.* she's a crybaby) **5** (*incline*) prone, inclined: — *all'ira*, prone to anger (*o* quick -tempered); *sono — alla commozione*, I am easily moved **6** (*probabile*) likely, probable: *è — che egli parta subito*, he is likely to leave at once (*o* he will probably leave at once); *è — che piova prima di domani*, it will probably rain before tomorrow; *è — che riesca a venire*, he will probably manage to come ◆ *s.m.*: *il — e il difficile*, the easy and the difficult.

facilità *s.f.* **1** (*essere facile*) easiness: *la — di un compito, di un problema*, the easiness of an exercise, of a problem // — *di costumi*, easy virtue // (*comm.*) — *di smercio*, sal(e)ability; (*banca*) — *di credito*, credit ease **2** (*assenza di fatica*) facility, ease: *con* —, easily (*o* with ease): *parla francese con* —, he speaks French fluently; *la — con la quale tu impari l'inglese è sorprendente*, the facility (*o* the ease) with which you learn English is astonishing; *sono prodotti che troverai con — al supermercato*, they are products easily found at the supermarket **3** (*attitudine*) aptitude, facility, talent: — *a fare qlco.*, aptitude for doing sthg.; — *nel parlare, nello scrivere*, facility in speaking, in writing; *ha grande — di parola*, he is an eloquent (*o* fluent) speaker.

facilitare *v.tr.* to facilitate; to make* easier, to make* easy: *il tuo aiuto mi facilitò il compito*, your support made my task easier; *la conoscenza delle lingue lo facilita molto nel suo lavoro*, his knowledge of languages helps him in his job // (*comm.*) — *i pagamenti*, to make payments easy // (*banca*) — *un cliente*, (*concedergli un fido*) to give credit to a client.

facilitato *agg.* helped, aided, assisted: — *dalla posizione del padre trovò subito un lavoro*, thanks to his father's position he found a job at once ◆ *s.m.* (*banca*) borrower (from a bank).

facilitazione *s.f.* **1** facilitation, easing: *la — degli scambi fra i due paesi ha generato un imprevedibile benessere*, the easing of trade between the two countries has led to unexpected well-being **2** (*agevolazione*) facility: *facilitazioni di viaggio*, travelling facilities; *accordare facilitazioni*, to grant (*o* to allow) facilities // (*comm.*): *facilitazioni di pagamento*, facilities for payment (*o* easy terms); *con facilitazioni di pagamento*, by easy payments (*o* on easy terms); (*banca*) — *di credito*, credit facility (*o* accommodation); (*trib.*) *facilitazioni fiscali*, tax relief.

facilmente *avv.* **1** easily: *ho — trovato la strada*, I found the road easily **2** (*probabilmente*) probably: *molto — lo vedrò domani*, I will probably see him tomorrow.

facilone *s.m.* slipshod fellow: *Giovanni è un* —, John is a slipshod fellow.

faciloneria *s.f.* **1** superficiality **2** (*trascuratezza*) carelessness.

facinoroso *agg.* lawless, ruffianly, violent ◆ *s.m.* lawless man, ruffian, bully, rough.

facocero *s.m.* (*zool.*) (*Phacochoerus aethiopicus*) warthog.

facola *s.f.* (*astr.*) facula*, flaculus*.

facoltà *s.f.* **1** faculty: *le — del tatto, della vista e dell'udito*, the faculties of touch, sight and hearing; — *mentali*, mental faculties (*o dir.* mental powers); *essere in possesso di tutte le proprie* —, to be in possession of all one's faculties **2** (*di università*) faculty; school: *la* —

di medicina, the Faculty of Medicine (*o* the Medical Faculty); *la — di giurisprudenza*, the Faculty of Law; *le diverse —*, the different schools; *consiglio di —*, faculty board (*o* committee); *a che — ti sei iscritto?*, which faculty are you studying (*o* are you enrolled) in? **3** (*autorità, potere*) faculty, authority, power; (*diritto*) right; (*libertà*) liberty: *— di scelta*, option; (*comm.*) *— di vendita*, power of sale; *non ho la — di*, I have no authority over it (*o* it is not in my power); *non è mia — rispondere a questa domanda*, it's not in my power (*o* it's beyond the scope of my power) to answer this question; *non avete — di assolverlo*, you have no authority to acquit him (*o* it is not within your power to acquit him); *una medicina che ha la — di far passare la febbre*, a medicine with the power to lower temperature **4** *pl.* (*ricchezze*) means, wealth [U]: *non dispone di grandi —*, he isn't a rich (*o* well-off) man.

facoltativo *agg.* optional: *fermata facoltativa*, request stop; *esame —*, optional examination.

facoltoso *agg.* wealthy, rich, moneyed, well-off; well-to-do: *si è sposata con un uomo molto —*, she is married to a very wealthy man // *i facoltosi*, the wealthy (*o* the rich).

facondia *s.f.* eloquence, facundity; (*facilità di parola*) fluency of speech, flow of words: *aver il dono della —*, to have the gift of speech; *la — di un oratore*, the eloquence of a speaker.

facondo *agg.* eloquent, fluent.

facsimile *s.m.* **1** facsimile, exact copy: *il — di un manoscritto*, the facsimile of a manuscript; *il — di una firma*, a specimen signature **2** (*fig.*) double, (spitting) image **3** (*tel.*) facsimile, telefax.

factor *s.m.* (*econ.*) (*agente commissionario*) factor.

factoring *s.m.* (*econ.*) factoring: *— con accredito a scadenza*, maturity factoring.

factotum *s.m.* factotum; (*fam.*) man Friday, jack-of-all-trades, Mr Fixit: *il — del direttore*, the director's factotum; *è arrivato il —*, Mr Fixit (*o* man Friday) arrived; *si crede il —*, (*iron.*) he thinks he's the man to do everything ♦ *s.f.* factotum; (*fam.*) girl Friday.

fading *s.m.* (*rad.*) fading.

faentina *s.f.* Faience; imitation Faience.

faggeta *s.f.* (*bot.*) beechwood.

faggina, **faggiola** *s.f.* (*bot.*) beech-mast, beech-nut: *olio di faggiola*, beech-oil.

faggio *s.m.* **1** (*bot.*) (*Fagus sylvatica*) beech: *— rosso*, (*Fagus sylvatica atropunicea*) copper beech; *di —*, beechen **2** (*legno*) beech-wood.

fagiana *s.f.* hen-pheasant.

fagianaia *s.f.* pheasantry.

fagianella → **fagiana**.

fagiano *s.m.* pheasant*: *— dorato*, golden pheasant; *— cornuto*, tragopan; *— di monte*, (*Lyrurus tetrix*) black grouse.

fagiolata *s.f.* bellyful of beans; dish of beans; (*minestra*) bean soup.

fagiolino *s.m.* French bean; (*amer.*) string bean.

fagiolo *s.m.* **1** (*bot.*) (*Phaseolus vulgaris*) bean: *— bianco*, haricot (*o* kidney) bean; *— di Spagna, rampicante*, (*Phaseolus coccineus*) runner (*o* scarlet) bean; *— dall'occhio*, (*Vicia sinensis*) cow-pea **2** (*gergo universitario*) (*studente del secondo anno*) sophomore, soph **3** *andare a —*, (*fam.*) to like: *questo vino mi va proprio a —*, I like this wine very much indeed (*o* this wine is very much to my liking); *capitare a —*, to happen at the right moment.

faglia *s.f.* (*geol.*) fault: *— a gradinata*, step fault; *— diretta, normale*, normal fault; *— longitudinale*, strike fault; *— obliqua*, oblique fault; *— inversa*, thrust (*o* reverse) fault; *piano di —*, fault plane; *specchio, liscione di —*, slickenside.

fagliare e *deriv.* → **sfagliare** e *deriv.*

fagocita, **fagocito** *s.m.* (*biol.*) phagocyte.

fagocitare *v.tr.* **1** (*biol.*) to phagocytize **2** (*fig.*) to engulf, to absorb.

fagocitario *agg.* (*biol.*) phagocytary, phagocy(to)tic.

fagocitosi *s.f.* (*biol.*) phagocytosis.

fagopirismo *s.m.* (*vet.*) fagopyrism, fagopyrismus, buckwheat eczema.

fagopiro *s.m.* (*bot.*) (*Polygonum fagopyrum*) buckwheat.

fagottista *s.m.* e *f.* bassoonist.

fagotto[1] *s.m.* **1** bundle: *un — di biancheria*, a bundle of linen // *far —*, (*fam.*) to bundle off (*o* to pack one's bag) **2** (*persona goffa*) clumsy-looking person.

fagotto[2] *s.m.* (*mus.*) bassoon; (*fagottista*) bassoonist.

Fahrenheit *agg.*: (*fis.*) *grado, temperatura —*, Fahrenheit degree, temperature.

faida *s.f.* (*dir. medioevale*) right of feud; (*estens.*) feud: *faide politiche*, political feuds.

fai da te *s.m.* do-it-yourself.

faina *s.f.* **1** (*zool.*) (*Martes faina*) beech-marten **2** (*fig.*) (*persona brutta*) ugly looking person, ugly mug; (*persona astuta*) cunning person, weasel.

fainesco *agg.* cunning, malicious: *sguardo —*, malicious look.

fair play *s.m.* sporting spirit: *ha accettato la sconfitta con molto —*, he accepted the defeat sportingly.

falanga *s.f.* (*mar.*) slipway board.

falange *s.f.* **1** (*anat.*) phalanx*, phalange **2** (*st. greca*) phalanx* **3** (*fig.*) army, horde: *una — di creditori*, an army (*o* horde) of creditors **4** (*movimento politico*) Falange.

falangetta *s.f.* (*anat.*) phalangette, top joint (of a finger), ungual.

falangina *s.f.* (*anat.*) second phalanx*, middle phalanx*.

falangio *s.m.* (*zool. pop.*) daddy longlegs.

falangismo *s.m.* (*pol.*) Falangism.

falangista[1] *agg.* e *s.m.* e *f.* (*pol.*) Falangist: *regime —*, Falangist regime.

falangista[2] *s.m.* (*zool.*) phalanger.

falansterio, **falanstero** *s.m.* **1** (*st.*) phalanstery **2** (*estens.*) (*grosso fabbricato*) sprawling tenement block.

falaride *s.f.*: (*bot.*) *— a foglie maculate*, (*Phalaris arundinacea*) sword-grass, lily grass.

falaropo *s.m.* (*zool.*) phalarope.

falasco *s.m.* (*bot.*) sedge: *coperto di falaschi*, sedgy.

falbalà → **falpalà**.

falbo *agg.* (*di cavallo*) sorrel.

falca *s.f.* (*mar.*) washboard.

falcata *s.f.* **1** (*di cavallo*) curvet, falcade **2** (*di persona*) stride: *quel podista ha una buona —*, that walker has a good stride (*o* a good leg action) // *a grandi falcate alla fine lo raggiungemmo*, striding rapidly, we caught up with him in the end.

falcato *agg.* **1** (*a forma di falce*) falcate, hooked, curved, sickle-shaped: *luna falcata*, crescent (*o* sickle *o* falcated) moon **2** (*di carro da guerra*) scythed: *carro —*, scythed chariot **3** (*med.*) falcate.

falcatura *s.f.* sickle (shape), curvature, crescent.

falce *s.f.* **1** sickle: *— e martello*, hammer and sickle **2** (*fienaia*) scythe **3** (*di luna*) crescent **4** (*di carro falcato*) scythe.

falcetto *s.m.* sickle.

falchetta *s.f.* (*mar.*) saxboard.

falchetto *s.m.* (*zool.*) wind fanner.

falciamento *s.m.* (*non com.*) scything, mowing (down) // (*mil.*) *tiro di —*, raking fire.

falciare *v.tr.* **1** to mow*, to sickle, to scythe, to reap, to cut* down: *— l'erba*, to mow the grass; *— il grano*, to reap the corn **2** (*fig.*) to mow* down, to cut* down: *i nostri soldati furono falciati dal nemico*, our soldiers were mown down by the enemy; *l'epidemia ha falciato milioni di vite*, the epidemic has claimed millions of lives **3** (*sport*) to bring* down, to hack down.

falciata *s.f.* **1** (*movimento della falce*) sweep of the mower's scythe; (*rar.*) swath(e) **2** (*il falciare*) mowing, sickling, scything, reaping **3** (*ciò che è falciato*) swathe.

falciatore *s.m.* mower.

falciatrice *s.f.* **1** mower **2** (*macchina*) mowing machine, mower; (*da prato*) lawnmower.

falciatura *s.f.* **1** mowing, sickling, scything **2** (*mietitura*) mowing-time, reaping.

falcidia *s.f.* **1** (*comm.*) reduction, cut: *c'è stata una notevole — nei prezzi*, there has been a drastic reduction (*o* cut) in prices **2** (*estens.*) massacre, slaughter; (*fig.*) disaster: *una — di vite umane*, a massacre of human lives; *gli esami sono stati una vera —*, the exams took a very heavy toll **3** (*dir.*) Falcidian portion.

falcidiare *v.tr.* to reduce, to cut* (down): *l'epidemia falcidiò la popolazione*, the epidemic drastically reduced (*o* decimated) the population.

falciforme *agg.* sickle-shape, falciform: *cellule falciformi*, sickle cells.

falcione *s.m.* **1** (*agr.*) hay-cutter **2** (*antica arma da taglio*) falchion.

falco *s.m.* **1** hawk; (*rar.*) falcon // (*zool.*): *— di palude*, (*Circus aeruginosa*) duck-hawk (*o* moor buzzard *o* marsh-harrier); *— lodolaio*, (*Falco subbuteo*) hobby; *— pecchiaiolo*, (*Pernis apivorus*) pern (*o* honey-buzzard); *— pellegrino*, (*Falco peregrinus*) peregrin(e); *— pescatore*, (*Pandion haliaetus*) osprey (*o* ossifrage), (*pop.*) sea eagle; *— sacro*, (*Falco cherrug*) sakeret (*il maschio*), saker (*la femmina*) // *avere occhi di —*, to be hawk-eyed (*o* to have eyes like a hawk) // *vista da —*, hawk-like vision **2** (*fig.*) (*persona avida*) hawk, vulture **3** (*pol.*) hawk.

falconara *s.f.* (*ant.*) **1** falcon house **2** (*feritoia*) loophole.

falcone *s.m.* **1** falcon: *caccia col —*, falconry (*o* hawking); *andare a caccia col —*, to hawk **2** (*st. mil.*) falcon **3** (*edil.*) derrick.

falconeria *s.f.* falconry.

falconiere *s.m.* falconer, hawker.

falda *s.f.* **1** (*geol.*) stratum*; layer: — *freatica*, ground water table (*o* water table); — *impermeabile*, impermeable stratum **2** (*di neve*) (snow) flake: *nevica a larghe falde*, the snow is falling in large flakes **3** (*di cappello*) brim: *cappello a larghe falde*, wide-brimmed hat **4** (*di abito*) tail: *abito a falde*, tailcoat (*o* tails); *attaccarsi alle falde di qlcu.*, (*fig.*) to hang onto s.o.'s skirts **5** (*di tetto*) pitch **6** (*pendio di monte*) slope; (*piede di monte*) foot: *alle falde del monte*, at the foot of the mountain **7** (*tess.*) lap **8** (*parte di animale macellato*) loin of meat **9** (*di armatura*) tasse **10** *pl.* (*dande*) reins.

faldato *agg.* (*geol.*) stratified, layered.

faldiglia *s.f.* farthingale, crinoline, hoopskirt.

faldistorio *s.m.* (*eccl.*) faldstool.

falecio *agg.* e *s.m.* (*metrica*) phalaecean.

falegname *s.m.* joiner; (*carpentiere*) carpenter; (*ebanista*) cabinet-maker: *banco di* —, joiner's bench; *arnesi da* —, joiner's tools.

falegnameria *s.f.* **1** (*mestiere*) joinery: *lavoro di* —, joinery (*o* woodwork) **2** (*laboratorio*) joiner's (work)shop.

falena *s.f.* **1** moth **2** (*bioccolo di cenere*) flake of ash; (*avanzo di carta bruciata*) ash of burnt paper.

falerno *s.m.* (*vino*) Falernian (wine).

falesia *s.f.* (*geogr.*) falaise; cliff.

faleucio, **faleuco** → **falecio**.

falla *s.f.* **1** leak: *formazione di una* —, springing of a leak; *avere una* —, *delle falle*, to be leaky; *chiudere una* —, to stop a leak (*anche fig.*) // (*rad.*) — *di griglia*, grid leak **2** (*mil.*) breach **3** (*fessura*) crack, fissure.

fallace *agg.* **1** fallacious, false, misleading, deceptive; illusory; vain, disappointing: *promessa* —, false promise; *speranza* —, vain hope; *sogni fallaci*, illusory dreams; *piaceri fallaci*, illusory pleasures **2** (*di colore*) not fast, quickly fading.

fallacia *s.f.* (*letter.*) fallacy, fallaciousness, falseness; (*slealtà*) disloyalty, unfaithfulness; (*sbaglio*) error, mistake.

fall down → **fallout**.

fallibile *agg.* (*non com.*) fallible, liable to make mistakes: *siamo tutti fallibili*, everybody makes mistakes.

fallibilità *s.f.* fallibility.

fallico *agg.* phallic: (*psic.*) *fase fallica*, phallic phase.

fallimentare *agg.* **1** (*dir. comm.*) bankruptcy (*attr.*): *procedura* —, bankruptcy proceedings; *tribunale* —, bankruptcy court; *curatore* —, official receiver (*o* official liquidator *o amer.* trustee in bankruptcy); *reato* —, bankruptcy offence; *vendita* —, bankruptcy sale; *procedura* —, bankruptcy proceedings; *un'azienda in stato* —, a company going bankrupt (*o fam. amer.* going bust); *le mie finanze sono in stato* —, I am stony broke **2** (*fig.*) disastrous, very bad: *una politica* —, a disastrous (*o* ruinous) policy.

fallimentarista *s.m.* e *f.* lawyer specialized in bankruptcy law.

fallimento *s.m.* **1** (*dir. comm.*) bankruptcy, failure: *dichiarazione di* —, declaration of insolvency; *sentenza dichiarativa di* —, adjudication in bankruptcy; *fare* —, to go bankrupt (*o* to become insolvent *o* to fail); *presentare istanza di* —, to file one's petition in bankruptcy **2** (*fig.*) failure; flop: *tutti i suoi sforzi finirono in un* —, all his efforts ended in failure; *il — delle trattative*, the failure of negotiations; — *totale*, complete failure (*o* utter flop).

fallire *v.intr.* **1** (*dir. comm.*) to fail, to go* bankrupt, to become* insolvent; (*fam.*) to go* broke, to go* bust: *impedì che il giornale fallisse*, he kept the paper from going broke; *la ditta fallì*, the firm went bankrupt **2** (*fig.*) to fail, to be unsuccessful: *il nostro progetto è fallito*, our plan has failed; *la conferenza sul disarmo è fallita*, the disarmament talks have failed **3** (*letter.*) (*venir meno*) to fail: *mi fallì il coraggio*, courage failed me ◆ *v.tr.* to miss: — *il colpo*, to miss the mark // — *la palla*, to miss the ball.

fallito *agg.* **1** (*dir. comm.*) insolvent, bankrupt **2** (*fig.*) unsuccessful; failed: *tentativo* —, unsuccessful attempt; *colpo* —, missed shot ◆ *s.m.* **1** (*dir. comm.*) bankrupt: — *riabilitato*, discharged bankrupt; *albo dei falliti*, register of bankrupts **2** (*fig.*) failure: *sono proprio un* —, I am a complete failure.

fallo[1] *s.m.* **1** (*errore*) error, mistake; slip; (*errore morale*) fault; (*colpa*) sin, wrong: *un — imperdonabile*, an unforgiveable error; *commettere un* —, to make a mistake; *essere in* —, to be at fault; *cogliere qlcu. in* —, to catch s.o. at fault, (*in flagrante*) to catch s.o. red-handed; *mettere un piede in* —, to slip, (*fig.*) to take a false step // *senza* —, without fail (*o* definitely) **2** (*difetto*) fault, defect; (*imperfezione*) flaw: *un — nella trama di un tessuto*, a defect in the weft of a fabric **3** (*sport*) foul // (*calcio*): — *di mano*, handball; — *laterale*, throw in; *commettere un — in area di rigore*, to commit a foul in the penalty area // (*tennis*) *doppio* —, double fault.

fallo[2] *s.m.* phallus*.

fallocrate *s.m.* e *f.* phallocrat.

fallocratico *agg.* phallocratic.

fallocrazia *s.f.* phallocracy.

fallosità *s.f.* (*sport*) foul play, dirty play.

falloso *agg.* **1** (*sport*) dirty, foul: *giocatori fallosi*, dirty players; *intervento* —, foul move **2** (*non com.*) faulty, defective.

fallout *s.m.* **1** (*ricaduta radioattiva*) fallout **2** (*estens.*) repercussions (*pl.*); spin off: *il — tecnologico della ricerca spaziale*, the technological spin off from space research.

falò *s.m.* **1** bonfire: *fare un — di qlco.*, (*fig.*) to make a bonfire of sthg.; *ho fatto un — di tutti i miei appunti*, I made a bonfire of all my notes **2** (*per segnalazioni*) beacon (fire).

falpalà *s.m.* furbelow, flounce, falbala.

falsachiglia *s.f.* (*mar.*) false keel.

falsamente *avv.* falsely, untruly; (*ingiustamente*) wrongly, erroneously: *accusare qlcu.* —, to wrongly accuse s.o.

falsamento *s.m.* (*non com.*) falsification, falsifying.

falsamonete *s.m.* (*non com.*) counterfeiter, coiner.

falsare *v.tr.* **1** (*alterare*) to distort, to misrepresent, to falsify: — *i fatti*, to alter (*o* to misrepresent) the facts (*o* to present the facts in a wrong light); — *la verità*, to distort the truth; *uno specchio che falsa l'immagine*, a mirror that distorts the image **2** (*falsificare*) to falsify, to forge; (*moneta*) to counterfeit: — *un documento*, to forge a document.

falsariga *s.f.* **1** guide sheet of ruled paper **2** (*fig.*) pattern, model guide: *dare una* —, to lay down guidelines; *si è mosso sulla — del suo predecessore*, he followed in the footsteps of his predecessor.

falsario *s.m.* forger, counterfeiter, falsifier; (*di monete*) coiner.

falsatura *s.f.* (*sartoria*) insertion.

falsettista *s.m.* falsetto*; counter-tenor.

falsetto *s.m.* (*mus.*) falsetto*: *cantare in* —, to sing in falsetto // *parlare in* —, to talk in a falsetto voice.

falsificamento *s.m.* (*non com.*) falsification, forgery, faking; counterfeiting.

falsificare *v.tr.* to falsify, to forge, to fake; to counterfeit: *falsificò la firma di suo zio*, he forged his uncle's signature; *era noto per aver falsificato banconote*, he was well-known for having counterfeited banknotes; — *un testamento*, to forge a will; — *i conti*, to cook accounts // — *una notizia*, to distort (*o* to alter) a piece of news.

falsificato *agg.* counterfeit, forged: *banconota falsificata*, counterfeit banknote; *firma falsificata*, forged signature; (*dir.*) *un testamento* —, a forged will.

falsificatore *s.m.* **falsificatrice** *s.f.* forger, falsifier, faker; counterfeiter.

falsificazione *s.f.* falsification, forgery, faking; counterfeiting: — *di un documento*, the forgery of a document; (*dir.*) *reato di* —, crime of forgery.

falsificazionismo *s.m.* (*fil.*) falsification theory.

falsità *s.f.* **1** falseness, falsity: *la — di una notizia, di un'accusa*, the falseness of a piece of news, of an accusation **2** (*menzogna*) falsehood, untruth, lie: *è una —!*, it's a lie!; *sono solo —, non credergli!*, it's all lies, don't believe him! **3** (*ipocrisia, doppiezza*) insincerity; deceitfulness, duplicity: *la — della sua condotta*, his double-dealing; — *d'animo*, deceitfulness (*o* insincerity).

falso *agg.* **1** (*sbagliato*) false, wrong, incorrect: — *allarme*, false alarm; *falsa partenza*, (*in una corsa*) false start; *idea falsa*, false (*o* wrong) idea; *nota falsa*, wrong note; *fare un passo* —, to take a false step (*anche fig.*); *essere in una posizione falsa*, (*fig.*) to be in a false position // *sotto falsa luce*, in a false light: *mise la mia condotta sotto falsa luce*, he showed me up in a false light **2** (*non vero*) untrue, false: *capelli, denti falsi*, false hair, teeth; *gioielli falsi*, imitation jewellery; *notizia falsa*, false report; (*dir.*) *dichiarazione falsa*, misrepresentation; *ciò è* —, that is false (*o* untrue *o* incorrect); *è una falsa magra*, she is not as thin as she looks // *oro* —, false (*o* imitation) gold // *sotto — nome*, under a false name // (*anat.*) *falsa costola*, false rib // (*zool.*) — *pidocchio*, flea-louse **3** (*ingannevole*) false, misleading, deceitful: *false promesse*, false promises // (*dir.*): — *testimone*, false witness; *falsa testimonianza*, perjury **4** (*falsificato*) falsified, forged; counterfeit; (*di monete*) false: *assegno —, firma falsa*, forged cheque, signature **5** (*ipocrita*) false, insincere: *falsa modestia*, false modesty; — *orgoglio*, false pride; *false lacrime*, crocodile tears ◆

s.m. **1** (*falsità*) falsehood: *distinguere il vero dal* —, to tell truth from falsehood **2** (*oggetto falsificato*) forgery, fake: *il quadro è un* —, the painting is a fake **3** (*dir.*) forgery: *quella firma è un* —, that signature is a forgery; — *in atto pubblico*, (*materiale*) forgery of a public document (*o* deed), (*ideologico*) falsity in a public document; *commettere un* —, to commit a forgery; — *contabile*, falsification of accounts; *testimoniare, deporre il* —, to bear false witness (*o* to commit perjury) ◆ *avv.* false, falsely.

falsobordone *s.m.* (*mus.*) faburden.

fama *s.f.* **1** (*reputazione*) reputation, repute, name; (*cattiva*) notoriety: *una — usurpata*, an undeserved reputation; *un quartiere di cattiva* —, a notorious district; *si fece la — di giocatore scorretto durante la coppa del mondo*, he made his reputation (*o* became notorious) as a dirty player during the world cup; *ha una buona* —, he has a good name (*o* he is well spoken of); *non hanno* (*la*) — *di essere molto ricchi?*, aren't they well-known for being very rich?; *avere — di essere coraggioso*, to have a reputation for courage; *avere cattiva* —, to have a bad reputation (*o* to be notorious); *godere di ottima, pessima, dubbia* —, to have a very good, very bad, doubtful reputation; *conoscere qlcu. per* —, to know s.o. by reputation (*o* by repute) **2** (*rinomanza*) renown, fame, celebrity: *uno scienziato di chiara* —, a scientist of great renown; *uno scrittore di — mondiale*, a world-famous writer; *amore per la* —, love of fame; *conquistare la* —, to win fame // (*mit.*) *la Fama*, Fame **3** (*letter.*) (*voce*) rumour, report: *è —, corre* —, word has it (*o* it is rumoured).

fame *s.f.* **1** hunger (*anche fig.*): *avere* —, to be hungry; *aveva* —, he was hungry; *i morsi della* —, pangs of hunger; *crampi di* —, hunger pangs; *ingannare la* —, to stifle one's hunger; *non stava in piedi dalla* —, he was faint with hunger; *fare lo sciopero della* —, to go on (a) hunger strike; *morire di* —, to die of (*o* from) hunger (*o* to die of starvation *o* to starve to death); *far morire qlcu. di* —, to starve s.o.; *lavorare per non morire di* —, to work to keep body and soul together; *fare la* —, to go hungry (*o* to suffer from hunger); *dopo aver fatto la — per anni vivono ora nel lusso*, having scraped by for years now they are living in the lap of luxury; *quel bimbo ha — di affetto*, that child is hungry for love; *avere — di gloria*, to hunger (*o* to thirst) for glory; — *di giustizia*, hunger for justice // *ho una — da lupo!, muoio di —!*, I'm simply starving! (*o* I'm famished!) // *un morto di* —, (*fig.*) a penniless wretch // *è lungo come la* —, it's never ending (*o* interminable) // *essere brutto come la* —, to be as ugly as sin // *stipendi da* —, starvation wages **2** (*carestia*) famine, hunger: *durante la guerra migliaia di persone morirono di* —, during the war thousands died of famine; *prendere una città per* —, to starve a city into submission; *la — nel mondo*, the worldwide problem of famine.

famedio *s.m.* Temple of Fame; part of cemetery reserved for famous people.

famelicità *s.f.* (*letter.*) ravenousness.

famelico *agg.* famished, ravenous; greedy (*anche fig.*): *lupo* —, ravenous wolf; *occhi famelici*, greedy eyes.

famigerato *agg.* notorious, ill-famed: *un — bandito*, a notorious bandit.

famiglia *s.f.* **1** family: *una — povera, benestante*, a poor, a well-off family; *ho una — numerosa*, I have got a large family; *padre, madre di* —, father, mother (of a family); *è un figlio di* —, he's dependent on his parents; *uomo di* —, family man; *sostegno della* —, breadwinner; *amico di* —, family friend (*o* a friend of the family); *affare di* —, family matter; *avvocato di* —, family lawyer; *consiglio di* —, family council; *gioielli di* —, family jewels; *nome di* —, surname (*o* family name); *hai —?*, have you got any family?; *formare* —, to start a family; *mettere su* —, to get married; *vivi ancora in —?*, are you still living at home with your parents?; *tornare in* —, to join the family (*o* to go back home); *con loro mi sento come in* —, I feel perfectly at home with them (*o* I feel like one of the family); *si ricordano di me in* —, they remember me at home; *hanno la stessa aria di* —, there is a family likeness between them; — *a carico*, (*form.*) dependent family: *ha bisogno di quel lavoro, perché ha la — a carico*, he needs that job, because he has a family to support // *la Sacra Famiglia*, the Holy Family // *l'umana* —, mankind (*o* the human race) // *essere di — con qlcu.*, to be on familiar terms with s.o. // *tipo* —, (*non di prima scelta*) cheap (*o* medium grade *o* low to medium grade); *confezione, formato, tipo* —, family-size package // *fare le cose in* —, to do things privately, (*alla buona*) to do things informally // (*dir.*) *diritto di* —, family law; *stato di* —, family status // (*trib.*) *imposta di* —, local tax (*o* local rates) **2** (*stirpe, casato*) family, house, birth, stock: *è un giovanotto di buona* —, he's a young man from a good family (*o* he comes from good stock *o* he is of good stock); *è di buona —?*, does he come from a good family?; *è ricco di* —, he comes from a rich family **3** (*corte*) household: *la — reale*, the Royal Household **4** (*bot., zool.*) family **5** (*insieme di cose*) family; stock: (*mat.*) — *di curve*, family of curves.

famigliare e *deriv.* → **familiare** e *deriv.*

famiglio *s.m.* (*antiq.*) manservant*, attendant.

famigliola *s.f.* **1** (small) family: *sono una bella* —, it's a nice little family **2** (*bot. pop.*) — *buona*, (*Armillaria mellea*) honey mushroom.

familia → **famiglia**.

familiare *agg.* **1** domestic, homely, family (*attr.*): *riunione* —, family reunion; *vita* —, home (*o* family) life; *bilancio* —, household budget; *gioie familiari*, domestic joys; *una piacevole atmosfera* —, a pleasant homely atmosphere; *aveva molti guai familiari*, she had a lot of problems at home // (*dir., comm.*) *società* —, family company; (*dir.*) *convenzioni familiari*, family arrangement **2** (*conosciuto*) familiar, well-known; (*consueto*) usual, normal, familiar: *luoghi familiari*, familiar (*o* well -known) places; *questo atteggiamento brusco gli è* —, this brusque behaviour is normal for him; *il francese è la lingua che gli è più* —, he's more familiar with French (than any other language) **3** (*confidenziale*) familiar, confidential: *tono* —, confidential tone; *essere in rapporti familiari con qlcu.*, to be on familiar (*o* confidential) terms with s.o. **4** (*semplice, senza cerimonie*) informal, simple; homely, friendly: *linguaggio* —, informal (*o* colloquial) language; *ricevere un trattamento* —, to be treated like one of the family; *il direttore ci ha riservato un trattamento* —, the manager treated us very informally // *pensione* —, hotel with a friendly atmosphere (*o* family hotel) **5** (*adatto per una famiglia*) family (*attr.*): *un prodotto in confezione* —, family-size pack; *automobile in versione* —, estate car (*o amer.* station wagon) ◆ *s.m.* (*parente*) relative, member of a family: *i miei familiari*, my family (*o* relations *o* relatives) // (*econ.*) *familiari a carico*, dependency burden (*o* dependents) ◆ *s.f.* (*auto*) estate car: *guidava una* —, he drove an estate car.

familiarità *s.f.* familiarity (*anche fig.*): *grazie alla sua — con il mondo della finanza...*, thanks to his familiarity with the financial world...; *avere — con un argomento*, to be familiar with a subject (*o* to know a lot about a subject); *devo ancora prendere — con l'auto nuova*, I still haven't got the feel (*o* the hang) of the new car; *essere in rapporti di — con qlcu.*, to be on terms of familiarity (*o* on familiar terms) with s.o.; *trattare qlcu. con troppa* —, to treat s.o. with too much familiarity (*o* to make oneself too familiar with s.o.).

familiarizzare *v.tr.* to familiarize: *occorre — i nuovi arrivati con il gruppo*: the new arrivals have to get to know the group (*o* the new arrivals must be familiarized with the group); — *qlcu. a un'idea*, to get s.o. used to an idea.

□ **familiarizzarsi** *v.intr.pron.* to become* familiar, to get* to know, to familiarize oneself, to get* used (to sthg.): *benché di opposte idee politiche, familiarizzarono in breve tempo*, although they had opposing political views, they became friendly in a very short time; *devo ancora familiarizzarmi con il computer*, I have still got to get used to the computer.

familiarmente *avv.* (*senza pretese, senza cerimonie*) informally: *trattare qlcu.* —, to treat s.o. casually.

familismo *s.m.* (*sociologia*) familism.

familista *agg.* (*sociologia*) familist.

familistico *agg.* (*sociologia*) familistic.

famoso *agg.* **1** famous, famed, renowned, noted, celebrated, well-known: *un dipinto di un — pittore*, a picture by a famous painter; *una regione famosa per i suoi vini*, a region renowned (*o* celebrated) for its wines; *un uomo* —, a famous man; *è famosa per la sua pazienza*, she is well-known (*o* famous) for her patience; *e questi quattro sassi sarebbero i tanto famosi scavi archeologici?*, and these four rocks are the famous archeological excavations?; *quando ci presenterai questa tua famosa amica?*, when are you going to introduce us to this friend you are always talking about? **2** (*famigerato*) ill-famed, notorious: *un luogo tristemente* —, an ill-famed (*o* a notorious) place.

famulato *s.m.* (*dir.*) larceny by servant.

famulo *s.m.* (*letter.*) (*servo*) manservant*.

fan *s.m.* e *f.* fan: *i fan(s) si accalcarono intorno alla sua auto*, his fans crowded round his car.

fanale *s.m.* **1** light, lamp: — *anteriore*, headlight; — *di coda, posteriore*, taillight (*o* rear-light), (*fig.*) the last (*o* the bottom *o* the tail end); — *di poppa*, stern light; (*mar.*) *fanali di posizione*, position (*o* side) lights; *a fanali spenti*, with lights out **2** (*antiq.*) (*lanterna, lampione*) lantern, lamp: — *a gas*, gas lamp.

fanaleria *s.f.* (*insieme di luci di un veicolo*) lights (*pl.*), lighting equipment.

fanalino *s.m.* (*aer.*) — *di coda*, taillight; *essere il — di coda*, (*fig.*) to be a tail ender (*o* the last to arrive *o* the bottom of the list).

fanalista *s.m.* **1** (*guardiano di faro*) lighthouse keeper **2** (*antiq.*) (*lampionaio*) lamplighter.

fanatico *agg.* fanatical, fanatic: *fede fanatica*, fanatical faith; *zelo* —, fanatical zeal; *è — per il calcio*, he's mad about football; *un militante* —, a fanatical militant ◆ *s.m.* fanatic; (*fam.*) fan: *un — dell'ordine*, a fanatic for order; *un — di baseball*, a baseball fan.

fanatismo *s.m.* fanaticism.

fanatizzare *v.tr.* (*non com.*) to fanaticize, to make* fanatical.

fanciulla *s.f.* young girl, girl; lass; (*poet.*) maiden.

fanciullaccia *s.f.* (*bot.*) (*Nigella damascena*) ragged lady, (*pop.*) love-in-a-mist.

fanciullaggine *s.f.* **1** (*l'essere puerile*) childishness **2** (*azione puerile*) childish action, piece of childishness: *smettila di perdere tempo in fanciullaggini!*, stop wasting time with this childish behaviour!

fanciullesco *agg.* **1** childish; (*di fanciullo*) boyish; (*di fanciulla*) girlish: *giochi fanciulleschi*, childish games **2** (*puerile*) childish, puerile.

fanciullezza *s.f.* childhood; (*di ragazzo*) boyhood; (*di ragazza*) girlhood: *ricordi della* —, childhood memories.

fanciullo *s.m.* (young) boy; (*bambino*) child*: *viso da* —, boyish face; *ingenuo come un* —, childishly naive; *essere un eterno* —, to be an eternal child ◆ *agg.* (*letter.*) young: *avere un cuore* —, to be young at heart.

fanciullone *s.m.* (*persona ingenua, bambinone*) big baby, booby.

fandonia *s.f.* (*bugia*) lie; (*piccola bugia*) fib; (*frottola*) tall story, tale: *raccontare fandonie*, to tell fibs (*o* lies *o* tales) // *fandonie!*, nonsense! (*o* baloney!).

fanello *s.m.* (*zool.*) (*Carduelis cannabina*) linnet, red poll: — *nordico*, (*Carduelis flavirostris*) twite.

fanerogama *s.f.* (*bot.*) phanerogam: *di* —, phanerogamic (*o* phanerogamous).

fanerogamico *agg.* (*bot.*) phanerogamic, phanerogamous.

fanerozoico *agg.* e *s.m.* (*geol.*) Phanerozoic.

fanfaluca *s.f.* **1** (*fola, fandonia*) tall story, tale, yarn; fib **2** (*antiq.*) (*frammento di carta*) flake (of ash).

fanfara *s.f.* **1** (*banda*) brass band, band; (*mil.*) military band **2** (*suono di trombe*) fanfare; flourish of trumpets; (*composizione musicale*) fanfare: *suonare una* —, to play a fanfare.

fanfaronata *s.f.* bragging; bragging behaviour; boasting; bluster; fanfaronade.

fanfarone *s.m.* braggart; boaster; blusterer: *fare il* —, to bluster (*o* to brag).

fanga *s.f.* (*region.*) deep mud; quagmire.

fangaia *s.f.* (*non com.*) (*strada fangosa*) muddy road; (*luogo fangoso*) muddy place.

fangatura *s.f.* (*med.*) mud bath.

fanghiglia *s.f.* slush; mire; (*di fondali oceanici*) mud; (*di fondo marino o lacustre*) ooze.

fanghino *s.m.* (*addetto alle fangature*) attendant (at mud baths).

fango *s.m.* **1** mud; (*fanghiglia*) slush; (*di palude*) mire: *fondale di* —, mud bottom; *aveva le scarpe sporche di* —, his shoes were muddy (*o* spotted with mud) // *gettare — addosso a qlcu., coprire qlcu. di* —, (*fig.*) to throw (*o* to sling) mud at s.o.; *guazzare, rotolarsi nel* —, (*anche fig.*) to wallow in the mud; *cresciuto nel* —, (*fig.*) brought up in the gutter; *cadere nel* —, (*fig.*) to fall into the gutter; *raccogliere dal* —, (*fig.*) to bring up (*o* to raise) from the gutter // *vivere nel* —, (*fig.*) to live a life of degradation // *ha trascinato il nome della famiglia nel* —, he dragged the family name through the mire // (*miner.*) — *di perforazione*, drilling mud **2** (*geol.*) ooze: — *a radiolari*, radiolarian ooze **3** (*spec. pl.*) (*med.*) mud bath: *fare la cura dei fanghi*, to take a mud bath treatment; *fare i fanghi*, to take mud baths **4** *pl.* (*residui di lavorazione*) mud (*sing.*), sludge (*sing.*): *smaltimento dei fanghi*, mud (*o* sludge) disposal.

fangosità *s.f.* muddiness.

fangoso *agg.* **1** muddy; miry; slimy; oozy **2** (*fig. letter.*) depraved, corrupt, filthy.

fangoterapia *s.f.* mud therapy.

fannullaggine *s.f.* (*non com.*) idleness, laziness, loafing.

fannullona *s.f.* **fannullone** *s.m.* idler; loafer; sluggard; slacker; (*fam.*) lazybones; (*amer.*) bum: *alzati —!*, get up lazybones! // (*st.*) *i Re fannulloni*, the Sluggard Kings.

fannulloneria *s.f.* idleness, laziness.

fanone *s.m.* **1** baleen, whalebone **2** (*eccl.*) fanon.

fantaccino *s.m.* (*soldato di fanteria*) foot soldier; infantryman*; (*sl. mil.*) footslogger.

fantapolitica *s.f.* **1** (*lett.*) futuristic political fiction **2** (*estens.*) (*politica illusoria*) unrealistic politics, fantasy-politics.

fantapolitico *agg.* **1** futuristic political: *romanzo* —, futuristic political novel **2** (*estens.*) (*di politica illusoria*) unrealistic.

fantascientifico *agg.* **1** science fiction (*attr.*): *romanzo, film* —, science fiction novel, film **2** (*estens.*) (*avveniristico*) futuristic; (*assurdo*) fantastic, fantasy (*attr.*): *impianto* —, futuristic plant; *progetto* —, fantastic project.

fantascienza *s.f.* science fiction: *un film di* —, a science fiction film; *mi piace la* —, I like science fiction.

fantasia *s.f.* **1** (*facoltà creatrice, immaginazione*) imagination, fancy: *la possente — del nostro poeta*, the powerful imagination of our poet; *hai una — troppo accesa*, your imagination is too vivid; *hai troppa —!*, you have got too much imagination; *privo di* —, unimaginative; *non hai molta* —, you haven't got much imagination; *vide in una vetrina un cappello che le colpì la* —, she saw a hat in a shop window that caught her fancy; *lascia libera la tua —!*, give free rein to your imagination; *è tutto frutto della tua* —, it's all a figment of your imagination **2** (*fantasticheria*) fantasy, daydream, reverie: *spesso mi perdo nelle mie fantasie*, I often lose myself in daydreams; *sono tutte fantasie*, they are all fantasies **3** (*desiderio, capriccio*) fancy; whim, desire: *una — passeggera*, a passing fancy (*o* whim); *gli prese la — di andare a Brighton*, he took a fancy (*o* he took it into his head) to go to Brighton **4** (*riferito a gioielli, abiti ecc.*): *articoli di* —, fancy goods; *panciotto* —, patterned waistcoat **5** (*mus.*) fantasia **6** (*esibizione di cavalieri arabi*) fantasia.

fantasioso *agg.* **1** fanciful, imaginative: *una persona fantasiosa*, a person with a lively imagination; *un racconto* —, an imaginative story **2** (*bizzarro*) bizarre, fantastic.

fantasista *s.m.* e *f.* variety artist (who improvises his routine).

fantasistico *agg.* variety (*attr.*).

fantasma *s.m.* **1** ghost, phantom, spectre: *credere nei fantasmi*, to believe in ghosts; *castello abitato dai fantasmi*, haunted castle // *essere il — di se stesso*, (*fig.*) to be a shadow of one's former self // (*mus., lett.*) *'Il vascello fantasma'*, 'The Flying Dutchman' **2** (*immagine illusoria*) phantasm, illusion, figment: *i fantasmi della memoria*, the illusions of memory (*o* the shadows of the past) ◆ *agg.* phantom, ghost, dream (*attr.*): *città* —, ghost town; *un governo* —, a phantom government.

fantasmagoria *s.f.* **1** phantasmagoria (*anche estens.*): — *di suoni, colori, luci*, phantasmagoria (*o* rapidly fluctuating succession) of sounds, colours, lights **2** (*fig.*) (*insieme caotico*) phantasmagoria, chaotic jumble: *la sua conferenza fu una — di ipotesi*, his lecture was a chaotic jumble of hypotheses.

fantasmagorico *agg.* phantasmagoric(al).

fantasmatico *agg.* **1** (*psic.*) phantasmal **2** (*letter.*) (*immaginario*) imaginary, unreal.

fantasticaggine *s.f.* (*non com.*) (*fantasticheria*) fantasy, daydream, reverie.

fantasticare *v.intr.* to build* castles in the air; (*sognare a occhi aperti*) to daydream* (about sthg.): — *sul futuro*, to daydream about the future ◆ *v.tr.* to dream* up (sthg.), to daydream* about (sthg.), to imagine: *cosa stai fantasticando?*, what are you daydreaming about?

fantasticheria *s.f.* fantasy, daydream, reverie: *perdersi in fantasticherie*, to lose oneself in daydreams (*o* fantasies).

fantastico *agg.* **1** (*che è frutto della fantasia*) imaginary, fanciful, fantastic(al): *racconto* —, fanciful tale; *sogni fantastici*, fantastic dreams; *storia fantastica*, fantastic yarn // *letteratura fantastica*, fantastic literature **2** (*della fantasia*) fanciful, imaginative: *facoltà fantastica*, imaginative power **3** (*fam.*) (*straordinario*) incredible, wonderful, fantastic, fabulous: *lusso* —, incredible luxury; *è —!*, that is fantastic!; *è un quadro* —, it's a wonderful picture; *sei stato —!*, you were fantastic!; *la cosa fantastica è che ci ha messo solo due minuti*, the incredible thing is that he only took two minutes **4** (*ant.*) (*bizzarro*) queer, odd, quaint, whimsical ◆ *s.m.* **1** (*elemento fantastico*) the fantastic; (*lett.*) fantasy (literature); fantastic literature: *il — predomina nella sua opera*, the fantastic is the predominant element in his work // *quello che racconta ha del* —, there is sthg. fantastic about his story **2** (*ciò che è straordinario*) incredible thing: *il — del suo carattere è l'entusiasmo*, the incredible thing about his character is his enthusiasm.

fantasticone *s.m.* (*non com.*) (day)dreamer.

fantastiliardo, **fantastilione** *s.m.* (*scherz.*) astronomic sum, incredible amount of money.

fante *s.m.* **1** (*soldato di fanteria*) infantryman*, foot soldier: *il — inglese*, (*fam.*) Tommy Atkins (*o* tommy) **2** (*nel gioco delle carte*) knave, jack: *il — di cuori*, the jack (*o* knave) of hearts **3** (*ant.*) (*servitore*) manservant* // *scherza coi fanti e lascia stare i santi*, (*prov.*) don't mix the sacred with the profane ◆ *s.f.* (*ant.*) (*fantesca*) maidservant.

fanteria *s.f.* infantry: — *a cavallo*, mounted infantry; — *e cavalleria*, foot and horse; *il 48º* —, the 48th Foot; *due reggimenti di* —, two infantry regiments; *soldato di* —, infantryman.

fantesca *s.f.* (*antiq.*, *scherz.*) maidservant, maid.

fantino *s.m.* (*ippica*) jockey: *berretto da* —, jockey cap.

fantoccio *s.m.* **1** (*burattino*) puppet (*anche fig.*); stooge (*anche fig.*): *governo* —, puppet government **2** (*bambola*) rag doll **3** (*spaventapasseri*) scarecrow **4** (*persona senza volontà*) dummy, stooge, yes-man, puppet: *è il — di sua moglie*, his wife treats him like a puppet (*o* dummy).

fantolino *s.m.* baby, child*.

fantomatico *agg.* **1** (*immaginario*) mysterious, imaginary: *vorrei conoscere quel tuo — amico*, I'd like to meet this mysterious friend of yours **2** (*inafferrabile*) elusive, mysterious: *un ladro* —, an elusive thief.

farabutto *s.m.* rascal, crook, swindler; scoundrel, blackguard.

farad *s.m.* (*elettr.*) farad.

faradico *agg.* (*fis.*) faradaic.

faradizzazione *s.f.* (*med.*) faradization.

faraglione *s.m.* stack.

farandola *s.f.* (*danza provenzale*) farandole.

faraona *s.f.* (*zool.*) (*Numida meleagris*) guinea-fowl, guinea-hen.

faraone *s.m.* **1** (*st.*) Pharaoh **2** (*gioco d'azzardo*) faro.

faraonico *agg.* **1** (*st.*) Pharaonic, of the Pharaohs **2** (*fig.*) Pharaonic, sumptuous, magnificent; colossal: *lusso* —, magnificent luxury; *villa faraonica*, sumptuous villa.

farcia *s.f.* (*cuc.*) stuffing, filling.

farcino *s.m.* (*vet.*) farcy, glanders [U].

farcire *v.tr.* to stuff, to fill (*anche fig.*): *gli piace — i suoi articoli con citazioni*, he likes to stuff his articles with quotations.

farcito *agg.* stuffed, filled: *tacchino* —, stuffed turkey.

fard *s.m.* (*cosmetico*) rouge.

fardasé *s.m.* do-it-yourself.

fardello *s.m.* **1** bundle **2** (*carico*) burden (*anche fig.*); load (*anche fig.*): *un pesante — di responsabilità*, a heavy load (*o* burden) of responsibility; *sentire il — degli anni*, to feel the weight of one's years.

fare *v.tr.* **1** (*in senso generale, astratto, morale, intellettuale e nel senso di* agire) to do*: *che cosa fai?*, what are you doing?; *avere molto da* —, to have a great deal to do (*o* to be kept hard at work); *non avere nulla da* —, to have nothing to do; *non — nulla*, to do nothing; *che debbo — (di lui)?*, what shall I do (with him)?; *che — ora?*, what is to be done now?; *che si doveva —?*, what was to be done? // *che diavolo stai facendo?*, what are you up to? (*o* what on earth are you doing?) // *dovrai farne a meno*, you'll have to do without (it) // *detto fatto*, no sooner said than done // *ecco fatto!*, that's done! // *non fa altro che dormire*, he does nothing but sleep // *nulla da* —, (*fam.*) nothing doing // — *senza*, to do without; — *alla meglio*, to do carelessly // — *bene*, to do properly (*o* to do well) // — *del proprio meglio, tutto il possibile*, to do one's utmost (*o* one's best) // — *bene, male a qlcu.*, to do s.o. good, harm: *questa medicina ti farà bene*, this medicine will do you good; *il vino mi fa male*, wine doesn't agree with me; — *il giro dei locali notturni*, to do the night-clubs // *chi fa da sé fa per tre*, (*prov.*) if you want a thing done well do it yourself // *non — agli altri quello che non vorresti fosse fatto a te*, (*prov.*) do as you would be done by **2** (*prevalentemente nel senso di* creare, produrre, fabbricare; realizzare) to make*: *farei una camicetta con questa seta*, I'd make a blouse out of this silk; — *un abito, una torta*, to make a dress, a cake; — *il caffè, il tè*, to make coffee, tea; *il fornaio fa il pane*, the baker makes bread; *il vino si fa con l'uva*, wine is made from grapes; *è il parlamento che fa le leggi*, laws are made by Parliament; *ti farò una lista dei libri che mi occorrono*, I'll make a list of the books I need; *non far rumore*, don't make a noise; — *i letti*, to make the beds // — *amicizia*, to make friends: *farsi degli amici, dei nemici*, to make friends, enemies; *farsi un nemico di qlcu.*, to make an enemy of s.o. // — *un errore*, to make a mistake // — *mistero di qlco.*, to make a mystery of sthg. // — *posto a qlcu.*, to make room for s.o. // — *il totale*, to make up the total // *3 più 3 fa 6*, 3 and 3 make 6 (*o* 3 and 3 are 6); *2 per 2 fa 4*, twice 2 is 4 **3** (*essere*) (*come professione*), to be: — *l'insegnante, il medico, la spia*, to be a teacher, a doctor, a spy // — *parte del personale*, to be a member of the staff **4** (*avere, possedere*) to have: *il villaggio fa duecento abitanti*, the village has two hundred inhabitants **5** (*rifornirsi*) to take* on: *la nave fece acqua e carbone*, the ship took on water and coal // (*aut.*) — *il pieno*, to fill up **6** (*dire*) to say*: *'Quando partite?', fece egli*, 'When are you leaving?', he said // *non — motto*, to utter not a word **7** (*eleggere, nominare*) to make*, to elect, to appoint: *lo fecero re*, they made him king (*o* he was appointed king) **8** (*reputare*) to repute; to think*: *non lo facevo così sciocco*, I did not think he was so silly **9** (*scrivere*) to write*; (*dipingere*) to paint: *ha fatto un bel ritratto a mia sorella*, he painted a beautiful portrait of my sister **10** (*indicare, segnare*) to make*; to be: *che ore fai?*, what time do you make it?; *che ora fa il tuo orologio?*, what time is it by your watch?; *questo orologio fa le cinque*, it is five o' clock by this watch **11** (*teatr.*) (*rappresentare*) to perform: *questa settimana all'Odeon fanno l'"Amleto'*, 'Hamlet' is being performed at the Odeon (*o* 'Hamlet' is on at the Odeon) this week **12** (*far la parte di*) to act (as); (*teatr.*) to play (as); (*fingere*) to feign: *mi fa da governante*, she acts as my housekeeper; *quell'attore nell'"Otello' farà la parte di Jago*, that actor is going to play Iago in 'Othello'; — *l'ignorante*, to feign ignorance; — *il morto*, (*fig.*) to feign death **13** (*praticare*) to go* in for; (*giocare*) to play: — *della bicicletta, dello sport, dell'automobilismo, della politica*, to go in for cycling, sport, motoring, politics; — *del tennis*, to play tennis; — *del nuoto*, to swim // — *del teatro, del cinema*, to be an actor, a cinema-actor // — *un po' di musica*, to play some music **14** (*pulire*) to clean: — *una stanza*, to clean a room (*o fam.* to do a room); — *i piatti*, to wash up **15** (*generare*) to bear*; to have: *quella cagna il mese scorso ha fatto tre cuccioli*, that bitch had three puppies last month **16** (*trasformare*) to turn into: *puoi farci un grembiule*, you can turn it into an apron **17** (*percorrere*) to go*: — *dieci chilometri a piedi, a cavallo*, to walk, to ride ten kilometres; — *sessanta chilometri all'ora*, to drive at sixty kilometres an hour; — *quattro passi per un sentiero*, to go for (*o* to take) a stroll along a path; *abbiamo fatto 3000 km in due giorni*, we covered (*o* did) 3000 km in two days **18** (*passare, trascorrere*) to spend*: *dove hai fatto le vacanze?*, where did you spend your holidays?; *fece dieci anni di prigione*, he did ten years in prison **19** (*in sostituzione del verbo usato nella proposizione reggente*) to do*: *spese il suo denaro meglio di quel che avrei fatto io*, he spent his money better than I would have done; *lui se ne è andato e così ho fatto io*, he went away and so did I **20** (*con valore causativo seguito da infinito*) to have, to get*; (*causare*) to cause; to make*; (*lasciare, permettere*) to let*: *fa' venire l'idraulico*, get the plumber to come; *devo far aggiustare l'auto*, I must have the car repaired; *fallo smettere!*, make him stop!; *fatti (—) un nuovo abito!*, have a new suit made!; *il tuo ritardo mi fece perdere il treno*, your being late caused me to miss the train; *far — qlco.*, to have (*o* to get) sthg. done; — *partire una macchina*, to start a machine; — *aspettare qlcu.*, to keep s.o. waiting; — *sapere a qlcu.*, to let s.o. know (*o* to inform s.o.); — *uscire, entrare*, to let s.o. out, in; — *vedere qlco. a qlcu.*, to let s.o. see sthg. (*o* to show s.o. sthg.) // — *chiamare qlcu.*, to send for s.o. // — *notare a qlcu.*, to point out to s.o. // — *osservare qlco. a qlcu.*, to call s.o.'s attention to sthg. // *far pagare*, to charge: *far pagare troppo, poco*, to overcharge, to undercharge // *far salire i prezzi*, to raise prices. ◆ *v.intr.* **1** *impers.* (*di condizioni atmosferiche*): *che tempo fa?*, what is the weather like?; *fa brutto tempo, bel tempo*, it is bad weather, fine weather; *fa caldo, caldissimo, molto freddo*, it is warm, hot, very cold **2** (*essere adatto*) to suit: *questa casa non fa per me*, this house doesn't suit me **3** (*seguito da consecutive*): — *in modo di*, to try to (do); *fate che non vi veda*, don't let him see you; *fate in modo di non farvi vedere*, take care not to be seen // — *sì che*, — *in modo che*, to arrange, to make sure, to get, to make*: *fece sì che tutti fossero d'accordo con lui*, he got everyone to agree with him; *hanno fatto in modo che tutti fossero soddisfatti*, they made sure everybody was happy; *fecero sì che io lo incontrassi*, they arranged (*o* made arrangements) for me to meet him **4** (*stare per*) to be about: *fece per entrare quando...*, he was about to enter, when... **5** — *in tempo a*, to manage to (do): *ce la fece appena a prendere il treno*, he just managed (*o* he was just in time) to catch his train.

◆ FRASEOLOGIA: — *a metà*, to go halves // — *a pezzi*, to tear to pieces // — *a pugni*, to box (*o* to fight), (*fig.*) to clash // — *attenzione a qlco.*, to pay attention to sthg. // — *bella, brutta figura*, to cut a fine, a poor figure // — *il callo a qlco.*, to get accustomed to sthg. // — *le carte*, to shuffle; (*di chiromante*) to read the cards // — *cilecca*, to misfire // — *colazione*, to have breakfast // — *compassione*, to arouse compassion: *mi fai compassione*, I pity you // — *un complimento*, to pay a compliment; — *complimenti*, to stand on ceremony // — *fronte*, to face // *far fuori qlcu.*, (*fam.*) to bump off; — *la pelle a qlcu.*, to do s.o. in // — *furore*, to be (all) the rage // — *lezione*, to give a lesson // — *il muso*, to sulk // — *il nome di qlcu.*, to put s.o.'s name forward, (*proporre*) to propose s.o. (as) // — *una passeggiata*, to go for a walk: — *una passeggiata in automobile, in carrozza*, to go for a drive // *farsi i propri affari*, to mind one's own business // — *scuola*, to teach // — *le valigie*, to pack one's suitcases, (*fig.*) to pack up and go // — *le veci di qlcu.*, to deputise for s.o. (*o* to stand in for s.o.) // — *un viaggio*, to take (*o* to make) a journey; — *una crociera*, to go on a cruise // — *finta* (*di non vedere ecc.*), to pretend (not to see etc.) // (*comm.*) *facendo seguito a*, following up (*o* further to) // *ci farò un pensierino*, I'll think it over // *non — né caldo né freddo*, to be of no importance: *non mi fa né caldo né freddo*, I am quite indifferent to it // *fai in fretta!*, hurry up!; *non farmi fretta*, don't hurry me // *lasciar* —, not to bother about sthg.: *lascia —!*, never mind! // *fa lo stesso*, it is all the same // *faresti meglio a tacere*, you had better keep quiet // *fate pure!*, *faccia pure!*, please do! (*o* certainly! *o* please yourself!); *fate voi*, *faccia lei*, I leave it to you // *non fa nulla*, it doesn't matter // *si fa presto a dire*, easily said (*o* it is easy to say) // *tutto fa*, every little helps // *darsi da* —, to busy oneself // *farsi animo*, *coraggio*, to take courage; *farsi beffe di qlcu.*, to ridicule s.o. (*o* to make fun of s.o.) // *farsi un dovere* (*di fare qlco.*), to consider it (as) one's duty (to do sthg.) // *farsi una fama*, *una reputazione di onestà*, to gain a reputation for honesty; *farsi un nome*, to make a name for oneself // — *il segno della croce*, to cross oneself (*o* to make the sign of the cross); *farsi strada*, to get on; *farsi in quattro*, to do one's utmost // *me l'hai fatta!*, you've done me! // *farla franca*, to get away with it // *falla finita!*, cut it out! // *farne da vendere*, to be up to all sorts of tricks // *farcela*, to do it, to manage: *ce la fai da solo?*, can you manage on your own?; *non so se ce la faccio*, I don't know if I can do it (*o* manage); *non ce la faccio più*, I can't cope any more // (*farsela*): *se la fa con cattive compagnie*, he's in with a bad crowd; *se la fa col figlio del padrone*, she's having it off with the boss's son // *farsi una donna*, to lay a woman.

□ **farsi** *v.rifl.* o *intr.pron.* **1** (*diventare*) to become*; (*gradualmente*) to grow*: *si è fatto un bel giovane*, he has become a handsome young man; *si sono fatti più gentili*, they have become more amiable; *ti sei fatto molto alto*, you have grown (*o* become) very tall; — *cattolico*, to turn Catholic (*o* to become a Roman Catholic) // — *bello*, (*vantarsi*) to boast **2** (*moto*) to come*; to get*: *su, fatevi in là!*, get out of my way, please!; — *avanti*, to go forward, (*fig.*) to thrust oneself forward **3** (*seguito da infinito*) to make* oneself; to get*: — *amare*, *capire*, *odiare*, to make oneself loved, understood, hated; *fatti aiutare da qualcuno*, get someone to help you; — *notare*, to attract attention, (*di proposito*) to make oneself conspicuous **4** *impers.* (*di tempo e di condizioni atmosferiche*) to get*; to grow*: *si fa buio*, it is getting dark; *si fa tardi*, it is growing late **5** (*sl.*) (*drogarsi*) to shoot* up; to take* drugs.

fare *s.m.* **1** doing, making // *dal dire al — c'è di mezzo il mare*, there's many a slip 'twixt cup and lip **2** (*modi*, *maniere*) manner; way; (*comportamento*) behaviour: *il suo — modesto*, his modest manner; *ha un brutto* (*modo di*) —, he has an unpleasant manner; *ha un — molto simpatico*, he has winning ways (*o* he has a pleasant manner); *non mi piace il suo* —, I don't like his manners **3** (*inizio*) *sul — del giorno*, at daybreak (*o* dawn); *sul — della notte*, at nightfall.

faretra *s.f.* quiver.

faretto *s.m.* spotlight.

farfalla *s.f.* **1** butterfly: *retino per farfalle*, butterfly net // — *di baco da seta*, silk moth // — *notturna*, moth // — *bianca*, white cedar // — *gialla*, sulphur // — *tartaruga*, (*Nymphalis milberti*) tortoiseshell butterfly // *girare come la — intorno al lume*, to circle like a moth around a flame // *andare a caccia di farfalle*, (*fig.*) to go on a wild-goose chase // (*sport*) *nuoto a* —, butterfly (stroke) // *cravatta a* —, bow tie **2** (*fig.*) (*persona volubile e leggera*) butterfly **3** (*mecc.*) *valvola a* —, throttle valve **4** (*scherz.*) (*cambiale*) draft, bill **5** (*fam.*) (*biglietto clandestino*) secret note (passed between prisoners).

farfalleggiare *v.intr.* **1** (*svolazzare come una farfalla*) to flutter **2** (*fig.*) to behave superficially.

farfallino *s.m.* (*cravatta*) bow tie.

farfallista *s.m.* e *f.* (*sport*) butterfly (stroke) swimmer.

farfallone *s.m.* **1** large butterfly; (*notturno*) large moth **2** (*vagheggino*) butterfly, fickle man **3** (*errore grossolano*) blunder.

farfara *s.m.* (*bot.*) (*Tussilago farfara*) coltsfoot.

farfaraccio *s.m.* (*bot. pop.*) (*Arctium lappa*) burdock.

farfaro → **farfara**.

farferugine *s.f.* (*bot.*) (*Caltha palustris*) cowslip.

farfugliare *v.tr.* to mumble; to mutter: *cosa stai farfugliando?*, what are you mumbling on about?

fargna → **farnia**.

farina *s.f.* **1** flour; meal: — *d'avena*, oatmeal; — *di frumento*, (wheat) flour; — *di granturco*, *gialla*, corn meal; — *di mandorle*, finely ground almonds; — *di orzo*, barley flour; — *integrale*, wholemeal flour; — *di semi di lino*, linseed meal; — *di riso*, rice flour; — *di segale*, rye flour; — *di castagne*, chestnut flour; *fior di* —, superfine flour; — *di ossa*, bonemeal; — *di pesce*, fishmeal // — *lattea*, malted milk // *ridurre in* —, to meal // *questa non è — del tuo sacco*, this is not your work // *la — del diavolo va tutta in crusca*, (*prov.*) evil gotten evil spent (*o* ill gotten gains seldom prosper) **2** (*geol.*) — *fossile*, diatomaceous (*o* infusorial) earth, tripoli.

farinaceo *agg.* farinaceous, floury ◆ *s.m.pl.* starchy food [U], starches.

faringale *agg.* pharyngeal, pharyngal (*anche ling.*): *suono* —, pharyngeal sound.

faringe *s.f.* o *m.* (*anat.*) pharynx.

faringeo *agg.* (*anat.*) pharyngeal, pharyngal.

faringite *s.f.* (*med.*) pharyngitis.

faringoiatria, **faringologia** *s.f.* pharyngology.

faringoscopia *s.f.* (*med.*) pharyngoscopy.

faringoscopio *s.m.* (*med.*) pharyngoscope.

faringotomia *s.f.* (*med.*) pharyngotomy.

farinoso *agg.* **1** (*che contiene farina*) floury, farinose, farinaceous, mealy **2** (*simile a farina*) floury, powdery, mealy: *patate farinose*, floury potatoes; *neve farinosa*, powdery snow.

farisaico *agg.* **1** pharisaic(al) **2** (*fig.*) (*falso*, *ipocrita*) hypocritical, pharisaic(al), sanctimonious: *comportamento* —, hypocritical behaviour.

fariseismo *s.m.* **1** Pharisaism **2** (*fig.*) hypocrisy, sanctimoniousness, Pharisaism.

fariseo *s.m.* (*Bibbia*) Pharisee (*anche fig.*).

farmaceutica *s.f.* **1** pharmacology **2** (*industria*) pharmaceutics industry.

farmaceutico *agg.* pharmaceutical; drug (*attr.*): *chimica farmaceutica*, pharmaceutical chemistry; *industria farmaceutica*, pharmaceutical industry; *prodotti farmaceutici*, pharmaceutical products (*o* drugs).

farmacia *s.f.* **1** (*scienza*; *facoltà universitaria*) pharmacy **2** (*tecnica di fabbricare medicinali e luogo in cui questi si preparano*) pharmacy **3** (*negozio in cui si vendono medicinali*) chemist's shop; (*amer.*) (*solo per medicinali*) pharmacy; (*in cui si vendono anche altri articoli*) drugstore.

farmacista *s.m.* e *f.* chemist, pharmacist; (*amer.*) druggist.

farmacistico *agg.* of a chemist; chemist's.

farmaco *s.m.* medicine, drug; (*rimedio*) remedy: *prescrivere un* —, to prescribe a drug; — *naturale*, natural remedy.

farmacocinesia, **farmacocinetica** *s.f.* pharmacokinetics [U].

farmacodinamia, **farmacodinamica** *s.f.* pharmacodynamics [U].

farmacodipendente *agg.* e *s.m.* e *f.* drug dependent.

farmacodipendenza *s.f.* drug dependency.

farmacognosia *s.f.* pharmacognosy.

farmacografia *s.f.* pharmacography.

farmacologia *s.f.* pharmacology.

farmacologico *agg.* pharmacological.

farmacologo *s.m.* pharmacologist.

farmacopea *s.f.* pharmacopoeia.

farmacoterapia *s.f.* pharmacotherapy.

farnesolo *s.m.* (*chim.*) farnesol.

farneticamente *avv.* deliriously.

farneticamento *s.m.* raving; delirium; (*cose dette farneticando*) ravings (*pl.*).

farneticare *v.intr.* **1** to rave; to be delirious: *hai farneticato tutta la notte*, you were delirious all night **2** (*fig.*) to talk nonsense, to talk wildly: *farnetichi?*, (*fam.*) are you crazy?; *cosa stai farneticando?*, what are you raving on about?

farnia *s.f.* (*bot.*) (*Quercus robur*) English oak, bay-oak.

faro *s.m.* **1** (*mar.*) lighthouse: — *a luce fissa*, fixed light lighthouse; — *galleggiante*, floating lighthouse; — *girevole*, revolving light; *guardiano del* —, lighthouse man (*o* lighthouse keeper) **2** (*aer.*) beacon, light: — *d'aeroporto*, airport beacon; — *d'atterraggio*, landing beacon (*o* landing light); — *girevole*, rotating beacon; — *di rotta*, airway beacon **3** (*aut.*) headlight, headlamp **4** (*fig.*) beacon; guiding light, guide: *Atene fu un — di civiltà per il mondo antico*, Athens was a beacon of civilization in the ancient world.

farragine *s.f.* farrago, medley, hotchpotch, jumble, motley collection.

farraginoso *agg.* confused, woolly, muddled, farraginous: *discorso* —, muddled speech.

farro *s.m.* (*bot.*) (*Triticum spelta*) spelt: — *piccolo*, (*Triticum monococcum*) einkorn.

farsa *s.f.* farce (*anche fig.*): *il processo fu una* —, the trial was a farce.

farsesco *agg.* farcical; ridiculous: *situazione farsesca*, farcical situation.

farsetto *s.m.* **1** doublet **2** (*mil.*, *mar.*) vest.

fasatura *s.f.* (*mecc.*) phasing.

fascera *s.f.* cheese mould.

fascetta *s.f.* **1** (*piccola fascia*) small band, narrow band **2** (*busto da donna*) girdle **3** (*striscia di carta*) wrapper, band; (*di giornale*) (newspaper) wrapper; (*editoriale*) wrapper, band (with publisher's blurb) **4** (*mil.*) shoulder loop **5** (*di medaglia*) ribbon (for medals) **6** (*mecc.*) clip, clamp.

fascettario *s.m.* mailing wrappers (*pl.*), mailing list.

fascetto *s.m.* (*bot.*) fascicle.

fascia *s.f.* **1** band, strip; (*striscia*) stripe: *portare una — al braccio*, to wear an armband; *un vestito a fasce rosse*, a dress with red stripes **2** (*benda*) bandage: *metti una — elastica alla caviglia*, put an elastic bandage on your ankle **3** *pl.* (*da neonato*) swaddling-bands, swaddling clothes // *bambino in fasce*, babe in arms **4** (*fusciacca*) sash, band; (*di abito ecclesiastico*) sash **5** (*mollettiera*) puttee **6** (*per spedizione postale di stampati*) cover: *sotto —*, under separate cover **7** (*striscia di metallo*) strip; (*lamina*) sheet **8** (*anat.*) fascia* **9** (*arch.*) fillet; fascia* **10** (*arald.*) fesse **11** (*astr.*) fascia*, belt **12** (*mecc.*) band **13** (*aut.*): *— elastica*, piston ring; *— elastica di tenuta*, compression ring **14** (*zona*, *territorio*) zone, belt, strip: *— equatoriale*, equatorial zone (*o* belt); *lungo la — costiera*, along the coastal strip; *la — industrializzata a nord della città*, the industrial zone (*o* area) in the north of the city **15** (*fig.*) band, sector: *— salariale*, wage band (*o* sector); *— oraria*, time band; *massima — d'ascolto*, prime time, (*tv*) peak viewing time, (*rad.*) peak listening time; *— d'utenza*, (user) target; *una sempre maggiore — di telespettatori segue programmi scientifici*, an increasing number of viewers regularly watch scientific programmes **16** *pl.* (*parti laterali di strumenti musicali*) ribs, sides.

fasciame *s.m.* (*mar.*) (*di legno*) planking; (*metallico*) plating.

fasciare *v.tr.* **1** to bandage; to bind* (up); to dress: *— una ferita*, to bind a wound (*o* to dress a wound) // *è inutile fasciarsi il capo prima di esserselo rotto*, (*fig.*) don't cross your bridges before you come to them **2** (*avvolgere*) to wrap, to swathe: *l'abito le fasciava i fianchi*, the dress hugged her hips **3** (*letter.*) (*circondare*) to surround, to encircle **4** (*un neonato*) to swaddle **5** (*mar.*) (*con legno*) to plank; (*con metallo*) to plate **6** (*elettr.*) (*con nastro isolante*) to tape.

□ **fasciarsi** *v.rifl.* **1** to bandage oneself **2** (*avvolgersi*) to wrap oneself **3** (*ferita ecc.*) to dress.

fasciato *agg.* bandaged, dressed; bound; swathed: *braccio —*, bandaged arm ◆ *s.m.* (*arald.*) barry escutcheon.

fasciatoio *s.m.* changing table (for babies).

fasciatura *s.f.* **1** (*il fasciare*) bandaging; dressing; (*di neonato*) swaddling **2** (*le fasce*) dressing, bandage: *fare, togliere una —*, to apply, to remove a bandage (*o* a dressing) **3** (*mar.*) serving.

fasciazione *s.f.* (*bot.*) fasciation.

fascicolare[1] *v.tr.* to file; to bind*.

fascicolare[2] *agg.* (*anat.*) fascicular.

fascicolato *agg.* **1** filed: *documenti fascicolati*, filed documents **2** (*bot.*) fasciculate, fasciculated; fasciate, fasciated.

fascicolatore *s.m.* **fascicolatrice** *s.f.* sorter.

fascicolo *s.m.* **1** (*opuscolo*) booklet; pamphlet, brochure **2** (*di rivista*) number; issue, instalment, part: *vendere a fascicoli* (*settimanali*), to sell in (weekly) instalments **3** (*amm.*) dossier, file: *— personale*, (personal) file // *archiviare un —*, to close a file **4** (*bot.*, *anat.*) fascicle.

fasciculus *s.m.* (*anat.*) fasciculus*.

fascina *s.f.* faggot.

fasciname *s.m.* (*legna da fascine*) kindling wood, sticks (*pl.*); brushwood.

fascinare *v.tr.* to bundle wood.

fascinata *s.f.* (*per argini*) mattress.

fascinazione *s.f.* (*letter.*) (*l'affascinare*) bewitchment, enchantment.

fascino *s.m.* **1** (*seduzione*) glamour; fascination, charm: *fu preso dal — di lei*, he came (*o* fell) under her spell; *il — di una città*, the fascination (*o* charm) of a city; *un — irresistibile*, irresistible charm; *una donna ricca di —*, a woman of great charm (*o* a very fascinating woman); *subire il — di qlcu.*, to come (*o* fall) under s.o.'s spell; *avere —*, to be fascinating (*o* glamorous) **2** (*ant.*, *letter.*) (*maleficio*) charm; spell.

fascinoso *agg.* fascinating, charming, bewitching: *una donna fascinosa*, a fascinating (*o* bewitching *o* charming) woman.

fascio *s.m.* **1** bundle; (*mazzo*) sheaf*; bunch: *un — di carte, di fieno, di frecce*, a sheaf of papers, of hay, of arrows; *un — di fiori*, a bunch of flowers; *un — di legna, di libri*, a bundle of sticks, of books // (*anat.*) *un — di nervi*, a bundle of nerves // *andare, mandare in —*, (*in rovina*) to be ruined, to ruin // *mettere in un —*, to bundle together **2** (*mat.*) sheaf*: *teoria dei fasci*, sheaf theory // *— di curve*, pencil **3** (*di luce*) beam // (*fis.*) *— di radiazioni*, beam of radiations **4** (*fig. letter.*) (*fardello*) burden, load **5** *pl.* (*st. romana*) fasces: *— littorio*, lictor's fasces **6** (*st.*) political group; Fascist Party, branch of the Fascist Party **7** (*gergo*) (*fascista*) fascist.

fasciola *s.f.* (*zool.*) (*Fasciola hepatica*) fluke.

fascismo *s.m.* (*pol.*) Fascism.

fascista *agg.* (*pol.*) Fascist: *un regime —*, a Fascist regime ◆ *s.m.* e *f.* (*pol.*) Fascist.

fascistico *agg.* Fascist.

fascistizzare *v.tr.* to fascistize.

fascistizzazione *s.f.* fascistizing, fascistization.

fasciume *s.m.* wreckage, debris, ruins (*pl.*).

fase *s.f.* **1** (*stadio*) phase, stage; (*periodo*) period: *— di sviluppo economico*, phase (*o* stage) of economic development; *le fasi di un'eruzione vulcanica*, the phases of a volcanic eruption; *l'ultima — del progetto*, the last stage of a project; *in — di sviluppo*, developing; *— critica*, crucial (*o* critical) stage: *la produzione è in una — critica*, production is at a crucial (*o* critical) stage // (*econ.*): *— ascendente*, upward (*o* boom) phase; *— discendente*, downward phase; (*Borsa*) *— di rialzo*, upswing (*o* uptrend) **2** (*astr.*) phase: *fasi della luna*, lunar phases **3** (*fis.*, *elettr.*, *rad.*, *chim.*) phase: *concordanza, discordanza di —*, phase coincidence, difference; *fuori —*, out of phase; *modulazione di —*, phase modulation; (*chim.*) *regola delle fasi*, phase rule // *essere fuori —*, (*fam. fig.*) to be out of sorts **4** (*aut.*) stroke: *— di scarico*, exhaust stroke; *mettere in — il motore, l'accensione*, to time the engine, the ignition.

fasometro *s.m.* (*elettr.*) phasemeter; phase indicator.

fasore *s.m.* (*fis.*) phasor.

fasotrone *s.m.* (*fis.*) phasitron.

fastello *s.m.* bundle, sheaf*, bunch.

fast food *s.m.* fast food restaurant.

fastidio *s.m.* **1** (*contrarietà, molestia*) nuisance, bother, trouble, inconvenience; *pl.* (*grattacapi, problemi*) trouble [U]; problems: *sono i piccoli fastidi della vita*, they are the small inconveniences (*o* vexations) of life; *non è un — per te accompagnarmi?*, isn't it a bother (*o* an inconvenience *o* a nuisance) for you to come with me?; *sono pieno di fastidi*, I've a lot of trouble (*o* problems); *mi ha creato molti fastidi*, he caused me a lot of trouble (*o* of problems); *ti vai a cercare dei fastidi*, you are looking for trouble (*o fam.* bother); *non mi dare —!*, don't bother me!; *ti dà — se fumo?*, do you mind if I smoke?; *mi dà — il fumo*, I can't stand smoke; *smettila di dar —!*, stop being a nuisance! **2** (*irritazione*) annoyance, irritation: *il suo — era evidente*, he was clearly annoyed (*o* irritated); *che —!*, what a nuisance!; *che — questo rumore!*, this noise is really annoying!; *non mi hanno detto niente e la cosa mi ha dato parecchio —*, they didn't say anything to me, which annoyed me a lot; *mi dà — sentir bestemmiare*, hearing people swear (*o* swearing) upsets (*o* annoys) me **3** (*avversione, nausea*) sickness, disgust: *provo un senso di — quando lo vedo*, I feel disgusted when I see him; *sento un — allo stomaco*, my stomach feels rather upset **4** *pl.* trouble [U]: *ha dei fastidi al fegato, alla circolazione*, he has got liver, circulatory trouble.

fastidiosaggine *s.f.* (*rar.*) (*l'essere fastidioso*) troublesomeness; (*azione fastidiosa*) annoyance, trouble.

fastidioso *agg.* **1** (*che dà fastidio*) annoying, irritating, tiresome, maddening: *un rumore —*, a maddening noise; *una sensazione fastidiosa di prurito*, a bothersome itch **2** (*che si infastidisce*) irritable: *alla lunga i suoi discorsi diventano fastidiosi*, in the end his speeches become tiresome (*o* irritating); *Come sei —! Continui a sbuffare!*, You're really irritating! You're always puffing and blowing!

fastidire → **infastidire**.

fastigio *s.m.* **1** (*arch.*) fastigium, pediment, gable **2** (*fig.*) (*apogeo*) height, peak; summit; climax.

fasto[1] *agg.* auspicious, propitious: *giorno —*, auspicious day ◆ *s.m.pl.* (*fig. letter.*) (*imprese eroiche*) deeds.

fasto[2] *s.m.* pomp, splendour, magnificence; (*sfoggio*) display, ostentation: *matrimonio senza —*, quiet wedding.

fastosità *s.f.* pomp, splendour, magnificence; (*sfoggio*) display, ostentation.

fastoso *agg.* magnificent, splendid, sumptuous; (*con ostentazione*) ostentatious.

fasullo *agg.* false, fake, bogus; counterfeit: *moneta fasulla*, counterfeit coin.

fata *s.f.* **1** fairy: *il paese delle fate*, fairyland; *racconti delle fate*, fairy tales // *avere mani di*

—, (*fig.*) to have a gift for needlework // — *Morgana*, (Fata) Morgana; (*nei poemi medievali*) Morgan le Fay **2** (*estens.*) (*donna bellissima*) beautiful woman, beauty; (*donna caritatevole*) benefactress **3** (*meteor.*) — *morgana*, (*miraggio*) Fata Morgana, mirage.

fatale *agg.* **1** fatal, deadly, mortal; (*funesto*) disastrous: *colpo* —, fatal (*o* deadly *o* mortal) blow; *ora* —, fatal hour; *ciò le riuscì* —, this proved fatal to her; *la siccità fu — al raccolto*, the drought had a disastrous effect on the harvest // *occhi fatali*, irresistable eyes // *donna* —, vamp (*o* femme fatale) **2** (*inevitabile*) inevitable, fated, fateful, destined: *era — che s'incontrassero*, they were destined to meet.

fatalismo *s.m.* fatalism.

fatalista *s.m.* e *f.* fatalist ◆ *agg.* fatalistic.

fatalistico *agg.* fatalistic.

fatalità *s.f.* **1** (*inevitabilità*) fatality: *fu una —!*, it was bound to happen! **2** (*il fato*) fate, destiny; (*destino avverso*) evil destiny: — *volle che ci dovessimo incontrare di nuovo*, fate decreed that we should meet again **3** (*incidente fatale, morte*) fatal accident, fatality **4** (*disavventura, disgrazia*) misadventure, mishap, piece of bad luck.

fatalmente *avv.* **1** (*inevitabilmente*) fatally, inevitably **2** (*disgraziatamente*) fatally, unfortunately.

fatalona *s.f.* (*scherz.*) femme fatale.

fatalone *s.m.* (*scherz.*) lady killer.

fatare *v.tr.* (*letter.*) to bewitch, to enchant (*anche fig.*).

fatato[1] *agg.* **1** enchanted, bewitched, magic: *anello* —, magic ring; *foresta fatata*, enchanted forest **2** (*di fata*) fairy: *bacchetta fatata*, fairy wand.

fatato[2] *agg.* (*ant.*) (*destinato*) destined, fated.

fatica *s.f.* **1** (*sforzo*) effort, exertion, strain: — *fisica, mentale*, mental, physical exertion; *sopportare la* —, to take (*o* stand) the strain; *fa — a parlare*, it's an effort for him to talk // *che —!*, what an effort!; *è — sprecata*, it is a wasted effort **2** (*stanchezza*) weariness, fatigue, exhaustion: *organismo resistente alla* —, tough constitution; *cascare dalla* —, to drop with fatigue (*o* to be exhausted) // *morto di* —, dog-tired (*o* dead beat) **3** (*lavoro faticoso*) labour; toil, fatigue, hard work: *mi è costata una — enorme finire entro la scadenza*, it was really hard work meeting the deadline; *le fatiche della guerra*, the toils (*o* hardships) of war // *alleviare la — a qlcu.*, to lighten s.o.'s work (*o* load) // *vive col frutto delle sue fatiche*, he lives by the fruit of his labours // *le fatiche di Ercole*, the labours of Hercules // *abito da* —, working clothes; (*mil.*) *uniforme da* —, fatigue dress // *cavallo da* —, work horse // *uomo di* —, man who does the heavy work **4** (*difficoltà*) difficulty; trouble: *a* —, with difficulty; *feci molta — a capirlo*, I had a lot of difficulty in understanding him (*o* I could hardly understand him) // *avanzare a* —, to toil (*o* struggle) along // *parlare, respirare a* —, to talk, to breathe with difficulty **5** (*mecc.*) fatigue: (*metall.*) *limite di* —, fatigue limit.

faticare *v.intr.* **1** to toil; to work hard; to labour; to drudge: — *tutto il giorno*, to work hard all day **2** (*stentare*) to be hardly able (to do), to have difficulty (in doing) (*anche fig.*): *fatico a crederti*, I can hardly believe you.

faticata *s.f.* effort, exertion; (*fam.*) drudgery; grind, sweat: *fare una* —, to make an effort; *che —!*, what an effort (*o* a grind)!

faticato *agg.* **1** (*ant.*) tired, weary, worn-out **2** (*raggiunto con sforzo*) hard-won, hard-earned.

fatico *agg.* (*ling.*) phatic.

faticosamente *avv.* **1** laboriously, arduously, hard: *guadagnarsi la vita* —, to work hard for a living **2** (*stentatamente*) with difficulty, barely, hardly.

faticoso *agg.* **1** hard, fatiguing, tiring, wearing: *un lavoro* —, a tiring job **2** (*difficile*) laborious; difficult, arduous, heavy, tough.

fatidico *agg.* **1** prophetic **2** (*fatale*) fateful, decisive: *un momento, incontro* —, a fateful (*o* decisive) moment, meeting.

fatiscente *agg.* (*cadente*) crumbling, falling into ruin (*pred.*), decaying, collapsing: *un palazzo* —, a crumbling (*o* decaying) building.

fato *s.m.* **1** fate, destiny; (*sorte*) fortune, lot: — *crudele*, cruel fate **2** (*letter.*) (*morte*) fate, end, death, doom.

fatta *s.f.* **1** kind, sort: *gente di ogni* —, people of all kinds (*o* all kinds of people); *uomini di tal* —, men of this sort **2** (*malefatta*) misdeed, wrongdoing.

fattaccio *s.m.* **1** foul deed, wicked deed **2** (*delitto*) crime: *il — avvenne di notte*, the crime was committed at night.

fatterello *s.m.* minor event, minor episode, minor matter: *alcuni fatterelli curiosi*, a few curious little happenings (*o* episodes).

fattezze *s.f.pl.* (*di viso*) features; (*di corpo*) build [U]: *le sue soavi* —, her gentle features.

fattibile *agg.* (*antiq.*) feasible; practicable, possible, achievable: *Non è —! Partire alle 2 e tornare per le 6!*, Leave at 2 and return (*o* be back) by 6. It can't be done (*o* it's impossible)! ◆ *s.m.* (*il possibile*) everything possible, one's best: *fare tutto il* —, to do everything possible.

fattibilità *s.f.* feasibility, practicability: *esaminare la — di un progetto*, to assess (*o* study) the feasibility of a project.

fatticcio *agg.* (*letter.*) robust, sturdy, stout, tough, thickset.

fattispecie *s.f.* (*dir.*) **1** (*concreta*) case in point; matter in hand: *nella* —, in this case **2** — *astratta*, (*norma di legge*) legal paradigm.

fattitivo *agg.* (*ling.*) frequentative, iterative; causative.

fattivo *agg.* **1** (*efficace*) effective, efficacious: *una fattiva collaborazione*, active collaboration **2** (*attivo*) active, busy; efficient, energetic.

fattizio *agg.* (*non com.*) artificial; factitious: (*fil.*) *idee fattizie*, factitious ideas.

fatto *agg.* **1** done; made: *un letto — di legno*, a wooden bed; *una torta fatta in casa*, a homemade cake; *ricamo — a mano, a macchina*, handmade, machine-made embroidery; (*comm.*) — *su ordinazione*, custom-built; *questo lavoro sembra — apposta per me*, this job seems to have been made especially for me // *a conti fatti non mi sembra convenga*, all things considered (*o* all in all) I don't think it's worthwhile // *io sono — così*, I'm that sort of person (*o* that's the way I am) // *ben —!*, well done!, (*ben ti sta*) it serves you right! // *detto* —, no sooner said than done, (*subito*) thereupon (*o* immediately) // *ciò che è — è* —, what's done is done // (*finalmente*) *è fatta!*, at long last it's done!, (*è finita*) at long last it's over! // *a questo punto vien — di chiedersi se...*, at this point the question arises whether... // *mi vien — di pensare che...*, I'm led (*o* inclined) to think that... **2** (*adatto*) fit: *non sono — per questa vita*, I am not fit for this sort of life; *sono fatti l'uno per l'altra*, they are made for each other **3** (*maturo*) ripe: *formaggio* —, ripe cheese; *uomo* —, fullgrown man; *donna fatta*, fullgrown woman; *era giorno* —, it was broad daylight.

fatto *s.m.* **1** fact; (*azione*) deed; act, action: *a me interessano solo i fatti*, I'm interested only in facts; *vogliamo fatti, non parole*, we want deeds, not words; *veniamo ai fatti*, let's come to the facts; *il — è che non lo sopporto più*, the point is that I can't stand him anymore; *gli rimproverò il — di non averla avvisata*, she reproached him for not having told her; *non si spiegava il — del suo rifiuto*, she didn't understand his refusal // — *compiuto*, accomplished fact (*o* fait accompli) // — *di sangue*, bloodshed, (*dir.*) (*ferimento*) wounding, (*omicidio*) murder: *nuovi fatti di sangue nel Libano*, more bloodshed in Lebanon // *cogliere sul* —, to catch s.o. red-handed // *passare dalle parole ai fatti*, to pass from words to blows (*o* to resort to force) // (*dir.*): *in — e in diritto*, in fact and in law; *questione di* —, issue of fact; — *illecito*, unlawful act (*o* tort) **2** (*avvenimento*) event: *conosci i fatti che hanno portato alle dimissioni del primo ministro?*, do you know the events that led to the Prime Minister's resignation?; *questo — ebbe delle conseguenze gravissime*, this event had very serious consequences; *mi è successo un — strano...*, something strange happened to me... **3** (*faccenda*) affair; business [U]; matter: *bada ai fatti tuoi!*, mind your own business!; *egli sa il — suo*, he knows his business (*o* he knows what he is about); *ha un — personale con me*, he has a personal grievance with me // *è sicuro del — suo*, (*sicuro di quel che fa*) he is sure of himself // *dire il — suo a qlcu.*, to pitch into s.o. (*o* to give s.o. a piece of one's mind); *gli dissi il — suo*, I gave him a piece of my mind **4** *in — di*, as regards: *in — di musica, nessuno lo batte*, as far as music is concerned (*o* goes) he is second to none **5** *di* —, (*agg.*) real, sure; (*avv.*) actually; virtually: *l'unico dato di — è che per ora i lavori sono sospesi*, the only sure thing is that the work has been suspended; *sta di — che è partito da solo*, the point is that (*o* actually) he left alone; *è suo fratello che di — dirige l'azienda*, it's his brother who actually runs the firm.

fattora → **fattoressa**.

fattore[1] *s.m.* (*amministratore, sovraintendente di beni rurali*) bailiff; farmer.

fattore[2] *s.m.* **1** factor, element; (*coefficiente*) coefficient: *bisogna tenere conto del — emotivo*, one must bear in mind the emotional factor; — *chiave*, key factor // (*econ.*): — *di espansione*, expansion factor; — *di capitalizzazione*, accumulation factor; *fattori di produzione*, factors of production; — *di produzione*, input; — *di produzione di reddito*, earning **2** (*scient.*) factor: (*rad.*) — *di perdita*, loss factor // (*elettr.*): — *di ampiezza*, crest (*o* peak) factor; — *di carico*, weighting factor; — *di potenza*, power factor // (*fot.*): — *di contrasto*, contrast factor; — *di posa*, exposure factor // (*mat.*): — *primo, comune*, prime, common factor; *risoluzione in fattori*, resolution into factors //

(*biol.*): — *Rh*, Rh factor; — *ereditario*, hereditary factor **3** (*autore, creatore*) maker, creator // *il Sommo Fattore*, Our Maker.

fattoressa *s.f.* **1** (female) bailiff **2** farmer's wife.

fattoria *s.f.* **1** farm; (*per allevamento di bestiame*) stock-farm: — *collettiva*, collective farm **2** (*casa*) farmhouse **3** (*non com.*) (*ufficio di fattore*) stewardship.

fattoriale *agg.* (*scient.*) factorial // (*psic.*) *analisi* —, factorial analysis ◆ *s.m.* (*mat.*) factorial.

fattorino *s.m.* messenger; office boy; errand boy; (*del telegrafo*) telegraph boy, telegraph messenger; (*per consegne*) deliveryman*: *mandare il — a ritirare un pacco*, to send the messenger to pick up a parcel.

fattorizzare *v.tr.* (*mat.*) to factor, to break* up into factors.

fattrice *s.f.* (*cavalla*) brood-mare.

fattuale *agg.* (*fil.*) factual.

fattualità *s.f.* (*fil.*) factuality.

fattucchiera *s.f.* witch; sorceress.

fattucchiere *s.m.* wizard, sorcerer.

fattucchieria *s.f.* witchcraft; sorcery; wizardry.

fattura *s.f.* **1** (*fabbricazione*) making, manufacture; (*marca*) make; (*lavorazione*) workmanship: *un gioiello di squisita* —, a jewel of exquisite workmanship; (*comm.*) *articoli di — inglese*, goods of English manufacture; *ho pagato più per la — che per la stoffa*, I paid more to have it made than I paid for the cloth **2** (*conto*) bill; (*commerciale*) invoice: *l'idraulico mi ha mandato una — alquanto salata*, the plumber sent me a rather steep bill; *desidera la —?*, do you want an invoice? // — *a 30 giorni*, 30 days invoice; — *per acquisti*, purchase invoice; — *di vendita*, sales invoice; — *doganale*, customs invoice; — *saldata, quietanzata*, receipted invoice; — *per l'esportazione*, export invoice; *prezzo di* —, invoice price; *copia di* —, duplicate invoice; *emettere, rilasciare — a qlcu.*, to invoice s.o. (*o* to issue *o* to draw invoice to s.o.) **3** (*fam.*) (*maleficio*) spell, evil eye: *fare una — a qlcu.*, to cast a spell (*o* to put the evil eye) on s.o.

fatturante *s.m.* e *f.* (*non com.*) (*cottimista*) pieceworker.

fatturare *v.tr.* **1** (*comm.*) to invoice, (*spec. amer.*) to bill: — *il venduto*, to invoice (*o* to bill) the goods sold; *merce da* —, goods to be invoiced; — *qlco. a carico di qlcu.*, to invoice s.o. for sthg.; *la loro ditta fattura più di dieci miliardi*, their firm has a yearly turnover of over a thousand million **2** (*non com.*) (*adulterare*) to adulterate, to sophisticate **3** (*non com.*) (*stregare*) to bewitch.

fatturato *s.m.* **1** (*comm.*) (*ricavato delle vendite*) sales proceeds (*pl.*), sales (*pl.*); (*giro d'affari*) turnover, (*amer.*) billing: — *delle esportazioni*, export sales; — *lordo, netto*, gross, net sales (*o* revenue); — *dell'ingrosso*, wholesale sales; *il — annuo di una azienda*, a firm's yearly turnover; *crescita, diminuzione del* —, increase, decrease in sales **2** (*chim.*) factice.

fatturatrice *s.f.* (*comm.*) invoicing machine.

fatturazione *s.f.* (*comm.*) invoicing; (*spec. amer.*) billing: — *al prezzo di costo*, billing at cost; — *del venduto*, sales invoicing; — *di merce*, billing of merchandise.

fatturista *s.m.* (*comm.*) invoice clerk.

fatuità *s.f.* fatuousness, fatuity, inanity; silliness.

fatuo *agg.* **1** (*sciocco*) fatuous, foolish, inane **2** (*vanitoso*) vain // *fuoco* —, ignis fatuus; (*fam.*) will-o'-the-wisp (*o* jack o'lantern).

faucale *agg.* (*ling.*) faucal.

fauci *s.f.pl.* **1** (*di animale*) jaws; (*di persona*) mouth, throat (*sing.*); (*anat.*) fauces: *il leone spalancò le* —, the lion's jaws gaped (*o* the lion opened its jaws) // *cadere nelle — di qlcu.*, to fall into s.o.'s clutches **2** (*estens., letter.*) opening, mouth: *le — della caverna*, the mouth of the cave.

faujasite *s.f.* (*min.*) faujasite.

fauna *s.f.* fauna: — *protetta*, protected wildlife; — *alpina, marina, fluviale*, alpine, marine, river fauna; — *abissale*, deep-sea fauna.

faunesco *agg.* faun (*attr.*), faun-like, of a faun.

faunistica *s.f.* study of fauna, fauna studies (*pl.*).

faunistico *agg.* faunal, of fauna; fauna (*attr.*): *regione, provincia faunistica*, faunal region, province; *il patrimonio — di questa zona è minacciato dall'inquinamento*, the fauna of this area is threatened by pollution.

fauno *s.m.* (*mit.*) faun.

faustiano *agg.* Faustian.

fausto *agg.* propitious, prosperous; lucky, happy, auspicious, favourable: *un — evento*, a happy event.

fautore *s.m.* **1** (*sostenitore*) supporter, upholder, promoter, champion, advocate: *è un — della riforma sanitaria*, he is a champion (*o* supporter) of health reform **2** (*protettore*) protector.

fauve *s.m.* fauvist, fauve ◆ *agg.* fauve.

fauvismo *s.m.* Fauvism.

fava *s.f.* **1** (*bot.*) (*Vicia faba*) broad bean; — *cavallina*, (*Vicia faba equina*) horse bean; — *del Calabar*, (*Physostigma venenosum*) Calabar-bean; — *tonka*, (*Dipterys odorata*) tonka-bean // *non vale una* —, it's not worth a bean; *non stimare una* —, to consider worthless // *pigliare due piccioni con una* —, to kill two birds with one stone **2** (*volg.*) prick, cock.

favagello *s.m.* (*bot.*) (*Ranunculus ficaria*) figwort.

favaio *s.m.* bean field, bean plot.

favella *s.f.* (*letter.*) **1** speech: *riprender l'uso della* —, to recover the power of speech **2** (*lingua*) language, tongue: *la — toscana*, the Tuscan language.

favellare *v.intr.* (*letter.*) to speak*, to talk.

favilla *s.f.* spark (*anche fig.*): *fare faville*, (*fig.*) to sparkle (*o* to shine *o* to scintillate *o* to be in scintillating form); *i suoi occhi sprizzavano faville*, his eyes flashed (*o* sparkled); *la — dell'amore*, the spark of love.

favismo *s.m.* (*med.*) favism.

favo *s.m.* **1** honeycomb **2** (*med.*) favus; (*pop.*) boil.

favola *s.f.* **1** tale, story; (*con insegnamento morale*) fable; (*fiaba*) fairy story: *papà, raccontami una —!*, tell me a story, daddy!; *un libro di favole per bambini*, a book of tales for children; *la — di Cappuccetto Rosso*, the tale (*o* story) of Little Red Riding Hood; *le favole di Esopo*, Aesop's fables // *morale della* —, the moral of the story; *morale della — non siamo riusciti ad accordarci*, to cut a long story short (*o* in short) we weren't able to reach an agreement // *una casa da* —, a dream house; *ha un abito che è una —!*, she's got a really amazing dress! // *vuoi diventare la — del paese?*, do you want to become the laughing stock (*o* talk) of the village? **2** (*frottola*) tall story, tall tale, fairy tale: *questa storia è solo una* —, this story is pure fiction (*o* this is just a tall story).

favoleggiare *v.intr.* **1** (*raccontare fiabe*) to tell* tales, to tell* stories; to tell* fables **2** (*estens.*) to make* up stories, to tell* fantastic stories about: *si favoleggiava della sua ricchezza*, they made up stories about his wealth.

favoleggiatore *s.m.* (*letter.*) tale teller; storyteller; fabulist.

favolello *s.m.* (*st. lett.*) fabliau*.

favolista *s.m.* fabulist; writer of fables; (*di fiabe*) writer of fairy tales.

favolistica *s.f.* **1** (*insieme*) fables (*pl.*); stories (*pl.*); (*di un popolo*) folk stories (*pl.*): *la — nordica*, Nordic fables **2** (*genere letterario*) (study of) fables; (study of) folk tales: *si interessa di — nordica*, he's interested in Nordic folk tales.

favolistico *agg.* fable (*attr.*), legend (*attr.*); of fables, of legends (*pred.*).

favolosamente *avv.* fabulously, wonderfully; incredibly.

favoloso *agg.* **1** fabulous, fabled, legendary: *eroi favolosi*, fabled heroes **2** (*fig.*) fabulous, incredible, extraordinary, amazing, fantastic; (*meraviglioso*) wonderful, fabulous: *una serata favolosa*, a wonderful evening; *ci sono delle svendite a prezzi favolosi*, there are some fabulous sales around; *ricchezza favolosa*, enormous (*o* fabulous) wealth; *il quadro è stato aggiudicato per una cifra favolosa*, the picture was sold for an amazing sum.

favonio *s.m.* (*vento dell'ovest*) Favonius.

favore *s.m.* **1** (*benevolenza, protezione*) favour, acceptance, goodwill: *godere del — di qlcu.*, to be (*o* to stand) high in s.o.'s favour (*o fam.* to be in s.o.'s good books) // *col — delle tenebre*, (*fig.*) under cover of darkness **2** (*cortesia, piacere*) favour, kindness: *chiedere un — a qlcu.*, to ask a favour of s.o. (*o* to ask s.o. a favour); *fare un — a qlcu.*, to do s.o. a favour; *fammi il — di spedirlo subito*, do me the favour (*o* kindness) of sending it at once; *mi faresti un —?*, could you do me a favour?; *fammi il — di smetterla di lamentarti*, do me a favour, stop complaining // *ma fammi il —!*, do me a favour! (*o* come off it!) // *per* —, (if you) please; *non dirlo a nessuno, te lo chiedo per* —, do me a favour, don't tell anyone // (*comm.*) *di* —, (*in omaggio*) complimentary: *biglietto di* —, complimentary ticket; *prezzo di* —, (*conveniente*) special price (*o* cheap rate) **3** (*approvazione*) favour, approval; (*appoggio*) support, backing: *dichiararsi a — di una legge*, to declare oneself in favour of a law; *l'iniziativa ha avuto un ampio — popolare*, the proposal has found widespread public backing; *i vostri articoli incontrano il — del pubblico*, your articles meet with the buyers' favour; *perdere il — della critica*, to lose the critics' approval; *la maggioranza è a — della proposta*, the majority is in favour of the proposal **4** (*vantaggio*) favour; advantage: *in — di qlcu.*, in favour of s.o.; *intervenne a mio — durante l'assemblea*, he intervened in my favour during the meeting;

gli affari volsero a mio —, business turned in my favour; *la situazione si è volta a mio —*, the situation turned to my advantage; *tali circostanze non depongono a suo —*, such circumstances don't speak in his favour // (*sport*) *calcio di punizione in — della squadra avversaria*, free kick for (*o* to) the opposing side // *essere con il vento a —*, to have a favourable wind // (*banca*): *a vostro —*, to your credit; *assegno a nostro —*, cheque to our order (*o* cheque drawn on us); *saldo a vostro —*, balance in your favour; *emettere un assegno a — di qlcu.*, to write out a cheque in s.o.'s favour; *girata, firma di —*, accomodation endorsement.

favoreggiamento *s.m.* **1** (*non com.*) favouring **2** (*dir.*) assistance; (aiding and) abetting (after the fact): *— della prostituzione*, abetting prostitution.

favoreggiare *v.tr.* **1** to favour; to support: *il provvedimento ha favoreggiato l'evasione fiscale*, the rule has encouraged tax evasion **2** (*dir.*) to assist; to aid and abet; to support, to favour.

favoreggiatore *s.m.* **favoreggiatrice** *s.f.* (*dir.*) abettor, abetter (after the fact); supporter.

favorevole *agg.* **1** favourable; in favour: *una sentenza —*, a favourable sentence; *essere — a qlcu., qlco.*, to be in favour of (*o* to be for) s.o., sthg. // *10 (voti) favorevoli e 3 contrari*, 10 (votes) for and 3 against **2** (*propizio, vantaggioso*) propitious, favourable: *una circostanza —*, a propitious circumstance; *una occasione —*, a favourable occasion; *vento —*, favourable (*o* fair) wind; *una politica economica — all'America*, a pro-American economic policy; (*econ.*) *mercato —*, favourable market.

favorire *v.tr.* **1** to favour; (*sostenere*) to support; to assist; to back; to aid: *non ho intenzione di favorirlo*, I've no intention of favouring him; *— i progetti di qlcu.*, to favour s.o.'s projects; *— una richiesta*, to support (*o* to back) a request; *è stato favorito dalla fortuna*, he was favoured by fortune; *il sorteggio ci ha favorito*, the draw favoured us; *la nuova linea metropolitana favorirà i quartieri periferici*, the new underground line will benefit the outlying suburbs // (*banca*) *le banche favoriscono i loro migliori clienti*, banks accomodate their best clients **2** (*dir.*) to aid and abet **3** (*promuovere*) to promote, to encourage, to foster: *— l'amicizia tra i popoli*, to foster friendship among peoples; *— le arti*, to promote (*o* to encourage) the arts; *— la produzione*, to encourage production; (*econ.*) *— una politica deflazionistica*, to favour a deflationary policy **4** (*in formule di cortesia*): *favorite i biglietti!*, tickets please!; *favorisca i documenti per favore*, please show your documents; *favorite entrare*, please come in; *favorisca alla cassa, prego*, please pay at the cash desk; *favorisca (seguirmi) in questura*, would you follow (*o* accompany) me to the police station; *favorisca tacere!*, would you please be silent!; *favorisca (in salotto, in camera)*, this way please; *vuoi —?*, would you like some?; *vuoi — un bicchiere di vino?*, would you like (*o* may I help you to) a glass of wine?; *tanto per —*, just a taste (*o* a bit) // (*comm.*) *favorite effettuare il pagamento con assegno*, kindly remit by cheque **5** (*form. antiq.*) (*concedere con condiscendenza*) to do* (the) honour, to favour: *vorreste favorirci di una vostra visita?*, will you do us the honour of a visit?

favorita *s.f.* favourite, mistress: *la — del re*, the royal mistress.

favoritismo *s.m.* favouritism: *ottenere qlco. per —*, to get sthg. by favouritism.

favorito *agg.* favourite, favoured: *un paese — per la posizione geografica*, a town favoured by its geographical position; *partire —*, to start with an advantage; *è partito — dalle conoscenze di suo padre*, he got a good start with the help of his father's connections ◆ *s.m.* **1** favourite: *il — giunse terzo*, the favourite came in third; *il conte di Leicester fu uno dei favoriti della regina Elisabetta*, the Earl of Leicester was one of Queen Elizabeth's favourites **2** *pl.* (*basette*) sideburns; side whiskers.

favoso *agg.* (*med.*) favous.

fax *s.m.* fax; (*apparecchio*) fax (machine).

faxare *v.tr.* (*fam.*) to fax: *— un messaggio*, to fax a message.

fayalite *s.f.* (*min.*) fayalite.

fazione *s.f.* **1** faction: *spirito di —*, factious spirit (*o* factiousness); *diviso in fazioni*, divided into factions; *apparteniamo a opposte fazioni*, we belong to opposing factions **2** (*ant., mil.*) (*scontro*) feat of arms; engagement; (*servizio di guardia*) sentry-go, guard.

faziosità *s.f.* factiousness.

fazioso *agg.* factious; partisan; sectarian: *un discorso —*, a partisan speech ◆ *s.m.* factionist; sectarian.

fazzoletto *s.m.* handkerchief*; (*fam.*) hanky: *— da collo*, neckerchief (*o* square scarf) // *fare un nodo al —*, (*fig.*) to tie a knot in one's handkerchief // *un — di terra*, a small plot of land.

fé → **fede**.

febbraio *s.m.* February: *in — fa ancora molto freddo*, it is still very cold in February; *nacque il 3 —*, she was born on the third of February.

febbre *s.f.* **1** fever; temperature: *— da cavallo*, raging fever; *— da fieno*, hay fever; *— gialla*, yellow fever; *— malarica*, malarial fever; *— reumatica*, rheumatic fever; *— ricorrente*, relapsing fever; *— tifoidea*, typhoid fever; *accesso di —*, bout of fever; *ha la — molto alta*, he has a very high temperature; *avere la —*, to be feverish (*o* to run a temperature); *misurare la — a qlcu.*, to take s.o.'s temperature **2** (*fig.*) fever: *la — del successo, del guadagno*, thirst for success, for money; *la — dell'oro*, gold fever; (*la corsa all'oro*) gold rush; *nella — della battaglia*, in the heat of the battle // *l'idea del tuo arrivo mi mette la — addosso*, the thought of your arrival makes me tremble with excitement (*o* thrills me).

febbriciattola *s.f.* slight persistent fever, feveret.

febbricitante *agg.* feverish, febrile.

febbricola *s.f.* slight persistent fever, feveret.

febbrifugo *agg.* (*med.*) febrifugal ◆ *s.m.* (*med.*) febrifuge.

febbrile *agg.* **1** febrile: *stato, malattia —*, febrile state, disease; *convulsioni febbrili*, febrile convulsions **2** (*fig.*) feverish; restless: *attività —*, feverish (*o* restless) activity; *attesa —*, feverish wait.

febbrilmente *avv.* feverishly: *lavorare —*, to work feverishly.

febbrone *s.m.* violent fever, very high temperature.

febeo *agg.* (*poet.*) Phoebean, of Phoebus.

fecale *agg.* faecal.

fecalizzazione *s.f.* discharge of sewage into the sea, lakes, rivers etc.

feccia *s.f.* **1** dregs (*pl.*), lees (*pl.*): *bere sino alla —*, to drink to the lees (*o* to the dregs) **2** (*estens.*) (*residuo di un liquido*) sediment **3** (*fig.*) (*parte peggiore*) dregs (*pl.*), scum: *la — della società*, the dregs (*o* scum) of society.

feccioso *agg.* full of dregs, full of sediment: *vino —*, wine full of dregs.

fecciume *s.m.* **1** sediment; dregs (*pl.*), lees (*pl.*) **2** (*fig.*) dregs (*pl.*), scum.

feci *s.f.pl.* excrement [U]; (*med.*) faeces, stool [U]; excreta.

fecola *s.f.* starch; flour: *— di patate*, potato starch (*o* flour).

fecondabile *agg.* fertilizable.

fecondabilità *s.f.* fertilizability.

fecondamente *avv.* (*letter.*) **1** (*fruttuosamente*) fruitfully **2** (*prolificamente*) prolifically.

fecondare *v.tr.* **1** to fertilize, (*non com.*) to fecundate: *un uovo fecondato*, a fertilized egg **2** (*estens.*) to make* fertile: *la pioggia feconda il terreno*, the rain makes the soil fertile **3** (*fig.*) to stimulate, to enrich: *— l'ingegno*, to stimulate the intelligence.

fecondativo *agg.* (*biol.*) fecundative.

fecondatore *agg.* **1** fertilizing, that makes fertile: *la funzione fecondatrice del polline*, the fertilizing role of pollen **2** (*fig.*) fecund, fruitful: *idee fecondatrici*, fruitful ideas.

fecondazione *s.f.* **1** (*biol.*) fecundation: *— artificiale*, artificial fecundation **2** (*bot., zool.*) fertilization, fecundation; (*di pesci, molluschi*) spawning: *— incrociata*, cross-fertilization.

fecondità *s.f.* fecundity; (*fertilità*) fertility, fruitfulness, productiveness: *— d'ingegno*, (*fig.*) inventiveness.

fecondo *agg.* fecund, prolific (*anche fig.*); (*fertile*) fertile, fruitful (*anche fig.*): *donna in età feconda*, woman of child-bearing age; *giorni fecondi*, fertile days; *pioggia feconda*, bountiful rain; *suolo —*, fertile earth (*o* rich soil); *ha un ingegno —*, he has creative genius; *uno scrittore —*, a prolific writer.

fedain *s.m.* fedayn.

fede *s.f.* **1** (*il credere*) faith, belief: *— in Dio*, faith in God; *perdere, ritrovare la —*, to lose, to regain one's faith; *avere — in Dio, nel progresso*, to believe in God, in progress // *persona di poca —*, untrusting person **2** (*confessione, religione*) faith, creed: *la — cristiana*, the Christian faith; *professione di —*, profession of faith; *scuola aperta a tutte le fedi*, school open to every creed; *predicare la —*, to preach the faith // *i conforti della —*, the comforts of religion // *uomo di —*, man of faith // *atto di —*, (*anche fig.*) act of faith // *difensore della —*, (*titolo dei sovrani d'Inghilterra*) Defender of the Faith **3** (*estens.*) creed, convictions (*pl.*), beliefs (*pl.*): *la sua — politica*, his political convictions (*o* views) // *venire meno alla propria —*, not to live up to one's beliefs **4** (*fiducia*) faith, trust; confidence: *degno di —*, trustworthy (*o* reliable); *ho — nel tuo avvenire*, I feel confident about (*o* I have faith in) your future; *ho — nelle sue promesse*, I trust his promises; *ho — che non mi deluderà*, I feel sure he won't let me down; *riponi la tua — in Dio*, put your trust in God // *abbi — e vedrai* *che andrà tutto bene*, have faith and you'll see that everything will turn out allright; *abbi — in me*, just trust me // *prestare — a una diceria*, to give credit to a rumour; *prestare — a qlcu.*, to believe (*o* to trust) s.o. **5** (*lealtà, fedeltà*) faith, faithfulness, loyalty: — *coniugale*, marital fidelity; *tener — ai propri principi*, to remain faithful to one's principles; *tener — a una promessa*, to keep a promise; (*dir.*) *violazione della — data*, breach of faith // *in — (mia)*, upon my honour; (*come esclamazione*) honestly **6** (*anello*) wedding ring: *portare la — al dito*, to wear a wedding ring **7** (*certificato, attestazione*) certificate, warrant: *— di nascita*, birth certificate // (*comm.*): *— di deposito*, (warehouse) warrant; *— di deposito doganale*, dock warrant // (*banca*) *— di credito*, certificate of credit // *fare — di qlco.*, to bear witness to sthg.

fedecommesso *s.m.* **1** (*dir.*) trust, entail; (*non com.*) fidei-commissum; (*atto*) deed of trust: — *testamentario*, testamentary trust **2** (*beni trasmessi*) property subject to a fidei -commissum.

fedecommettere *v.tr.* (*dir.*) to trust, to constitute (sthg.) in fidei-commissum.

fedecommissario *agg.* (*dir.*) fidei -commissary: *successione fedecommissaria*, succession by fidei-commissum ◆ *s.m.* (*dir.*) fidei-commissary, trustee.

fedele *agg.* **1** faithful; loyal; (*costante*) constant, staunch: *amico* —, staunch friend; *un servitore* —, a faithful servant; *suddito* —, loyal subject; *moglie, marito* —, faithful wife, husband; *cane* —, faithful dog; *essere — ai propri amici*, to be faithful to one's friends; *restare — a qlcu.*, to remain loyal to s.o., to stick with s.o.; *restare — ad una promessa*, to abide by a promise (*o* to stick to a promise); *restare — alle proprie opinioni*, to hold fast to one's opinions; *rimanere — alla parola data*, to keep one's word; *un cliente* —, a faithful customer; *un — lettore di gialli*, an assiduous reader of thrillers **2** (*veritiero*) true, exact, faithful; trustworthy: *copia* —, exact (*o* true) copy; *resoconto* —, exact report (*o* faithful account); *testimonio* —, trustworthy witness; *traduzione* —, faithful (*o* accurate) translation **3** (*devoto*) faithful: *cristiano* —, faithful Christian ◆ *s.m. e f.* **1** (*credente*) believer: *i fedeli*, the believers (*o* the faithful): *i fedeli di una parrocchia*, the parishioners (*o* the congregation) **2** (*seguace*) follower.

fedelmente *avv.* **1** faithfully; loyally **2** (*esattamente*) exactly, accurately, faithfully.

fedeltà *s.f.* **1** fidelity, faithfulness; loyalty: — *ai propri principi*, fidelity to one's principles; — *al proprio partito*, loyalty to one's party; — *al proprio sovrano*, loyalty to one's sovereign; — *coniugale*, marital fidelity; *persona di provata* —, trustworthy person; (*comm.*) — *alla marca*, brand loyalty; — *al negozio*, store loyalty **2** (*esatta riproduzione*) accuracy, faithfulness, closeness, fidelity: — *di una copia*, accuracy of a copy; — *di un ritratto*, faithfulness of a portrait; — *di una traduzione*, accuracy (*o* closeness) of a translation **3** (*obbedienza*) allegiance: *giuramento di* —, oath of allegiance; *giurare — a qlcu.*, to swear allegiance to s.o. **4** (*rad.*) fidelity: *alta* —, high fidelity (*o* hi-fi).

federa *s.f.* pillowcase, pillow slip.

federale *agg.* federal: *agente* (*del governo*) —, (*amer.*) federal agent; *governo* —, federal government (*o amer.* United States' Government) ◆ *s.m.* (*st.*) provincial party secretary.

federalismo *s.m.* federalism.

federalista *s.m.* e *f.* e *agg.* federalist.

federalistico *agg.* federalistic.

federare *v.tr.* to federate.

□ **federarsi** *v.rifl.* o *rifl.rec.* to federate, to confederate: *le due repubbliche si sono federate*, the two republics federated.

federativo *agg.* federative, federal.

federato *agg.* federate, confederate: *gli stati federati*, the confederate states; *sindacati federati*, federate (trade) unions.

federazione *s.f.* federation; association: — *sportiva*, sports federation; — *dei coltivatori diretti*, farmers' association; — *sindacale*, trade union federation; — *sindacale mondiale*, World Federation of Trade Unions.

federiciano *agg.* of Frederick, relating to Frederick (*pred.*).

fedifrago *agg.* (*letter.*) faithless, treacherous.

fedina[1] *s.f.* (*dir.*) criminal record, police record: *aver la — (penale) pulita*, to have a clean record; *avere la — (penale) sporca*, to have a record.

fedina[2] *s.f.* (*spec. pl.*) (*striscia di barba lungo le gote*) side whiskers, mutton chop whiskers (*pl.*).

feeling *s.m.* (*intesa*) (feeling of) rapport: *c'è un — tra di noi*, there's a feeling of rapport between us; *si è subito stabilito un certo — col pubblico*, a rapport with the audience was quickly established.

feerie *s.f.* (*rappresentazione teatrale*) fairy-play.

fegataccio *s.m.* daredevil.

fegatella *s.f.* (*bot.*) (*Anemone hepatica*) hepatica, liverwort.

fegatino *s.m.* (*cuc.*) (*di pollo*) chicken liver; (*di piccione*) pigeon's liver.

fegato *s.m.* **1** liver: *disturbi di* —, liver complaint (*o* trouble); *malattia di* —, liver disease; — *ingrossato*, enlarged liver; *soffrire di* —, to be liverish; *olio di — di merluzzo*, cod-liver oil; (*cuc.*) — *ai ferri*, grilled liver // *mangiarsi, rodersi il* —, to eat one's heart out // *suo figlio le ha fatto venire il mal di* —, his son really got him worked up **2** (*fig.*) courage; spirit, pluck; (*fam.*) guts (*pl.*): *ha del* —, he has plenty of guts (*o* courage); *ci vuole un bel —!*, you need guts!; *è un uomo di* —, he is a plucky man.

fegatoso *agg.* **1** bilious, suffering from liver complaint; (*fam.*) liverish; (*med.*) hepatic: *macchie fegatose*, hepatic spots **2** (*fig.*) (*irascibile*) irritable, bilious, peevish, liverish **3** (*fig.*) (*audace*) courageous, plucky, gutsy.

felce *s.f.* (*bot.*) fern: — *aquilina*, (*Pteridium aquilinum*) brake, (*pop.*) female fern; — *dolce*, (*Polipodium vulgare*) polypod(y) (*o* common polypod); — *femmina*, (*Athyrium filix foemina*) female fern (*o* lady fern); — *florida*, (*Osmunda regalis*) royal fern, (*scient.*) osmund; — *maschio*, (*Dryopteris filix-mas*) male fern.

felceta *s.f.* **felceto** *s.m.* fernery.

feldispato → **feldspato**.

feldmaresciallo *s.m.* (*mil.*) field marshal.

feldspatico *agg.* (*geol.*) feldspathic, felspathic.

feldspato *s.m.* (*min.*) feldspar.

feldspatoide *s.m.* (*min.*) feldspathoid.

felice *agg.* **1** happy, glad; pleased, delighted: *matrimonio* —, happy marriage; *sono molto — di vederti*, I am very glad (*o* pleased *o* happy) to see you; *far — qlcu.*, to make s.o. happy: *il suo gesto mi ha reso — per tutto il giorno*, his gesture made my day; *vissero felici e contenti*, they lived happily ever after; — *come una Pasqua*, as happy as a lark, (*soddisfatto*) as pleased as punch // — *di conoscerLa*, (*formula usata nelle presentazioni*) how do you do?; pleased to meet you **2** (*fortunato*) lucky, fortunate: *giorno* —, lucky day; *nel complesso è stato un anno* —, on the whole it has been a lucky year **3** (*piacevole*) pleasant: *viaggio* —, pleasant journey **4** (*estens.*) (*azzeccato*) happy: *scelta* —, happy choice; *è uscito con una frase non molto* —, he came out with an unfortunate remark // *avere la mano* —, to be good with one's hands (at doing sthg.): *il mio dentista non ha sempre la mano — con i suoi pazienti*, my dentist is sometimes a bit rough with his patients; *ha la mano — nel gettare i dadi*, he is lucky with the dice.

felicemente *avv.* happily: *ora vive — da sola*, she is now living very happily on her own; *un'idea espressa* —, a happily expressed idea; *la loro relazione non si è conclusa molto* —, their relationship did not come to a very happy end (*o* did not end very happily).

felicità *s.f.* **1** happiness, joy; (*beatitudine*) bliss, blissfulness: *vivere dei momenti di profonda* —, to experience moments of intense happiness; *ho finalmente raggiunto la* —, I have finally found happiness; *che —!, sono arrivate le vacanze!*, what joy! (*o* happiness), the holidays are here!; *ti auguro ogni* —, I wish you every happiness; *è una — rivedervi tutti*, it's a joy to see you all again // —*!*, God bless you! **2** (*di espressione*) felicity, aptness: *si espresse con* —, he found an apt way of expressing himself **3** (*abilità*) deftness: *dipinge con — di tocco*, he paints with a deft touch.

felicitarsi *v.intr.pron.* **1** (*congratularsi*) to congratulate (s.o.): *si felicitò con l'amico per la promozione*, he congratulated his friend on his promotion **2** (*rallegrarsi*) to rejoice (at sthg.); to be happy (about sthg.), to be glad (about sthg.), to be delighted (about sthg.).

felicitazione *s.f.* (*spec. pl.*) congratulation: *felicitazioni vivissime!*, hearty congratulations!; *le porgiamo le nostre felicitazioni*, we offer you our congratulations.

felino *agg.* **1** catlike; feline: *da* —, cattish; *la razza felina*, feline race **2** (*fig.*) catlike, feline; stealthy: *astuzia felina*, feline cunning; *con passo* —, stealthily ◆ *s.m.* (*zool.*) cat, feline.

fellaga *s.m.* (*st.*) fellagha.

fellandrio *s.m.* (*bot.*) (*Oenanthe aquatica*) water fennel.

fellema → **sughero**.

felloderma *s.m.* (*bot.*) phelloderm.

fellogeno *s.m.* (*bot.*) phellogen.

fellone *agg.* (*ant., letter.*) treacherous; cruel, fell; wicked, felonious ◆ *s.m.* (*ant., letter.*) (*traditore*) traitor; (*criminale*) felon; (*scellerato*) scoundrel, villain, ruffian, rogue.

fellonesco *agg.* (*letter.*) felonious.

fellonia *s.f.* **1** (*ant., letter.*) treachery; treason **2** (*st. dir.*) felony.

felpa *s.f.* **1** (*tessuto*) plush **2** (*indumento*) sweatshirt: *mi sono comprato una — rossa*, I've bought a red sweatshirt.

felpare *v.tr.* **1** (*rivestire*) to upholster with plush; to cover with plush **2** (*fig. non com.*) (*attutire*) to deaden.

felpato *agg.* **1** plushy, plushed **2** (*fig.*) soft: *a passi felpati*, softly (*o* stealthily) ◆ *s.m.* plush: *una tuta di* —, a tracksuit.

felsineo *agg.* (*letter.*) of Bologna, from Bologna.

felsite *s.f.* (*geol.*) felsite.

feltrabile *agg.* that can be felted.

feltrabilità *s.f.* (*tess.*) felting property.

feltraio *s.m.* (*tess.*) felter.

feltrare *v.tr.* **1** (*trasformare in feltro*) to felt **2** (*follare*) to full **3** (*rivestire*) to cover with felt.

□ **feltrarsi** *v.intr.pron.* **1** to felt **2** (*di erbe*) to mat.

feltrato *agg.* felted.

feltratura *s.f.* **1** felting **2** (*follatura*) pulling **3** (*il foderare*) to cover with felt; to upholster with felt; to line with felt.

feltro *s.m.* **1** (*tess.*) felt: *un cappello di* —, a felt hat (*o amer.* soft hat); (*edil.*) — *bitumato*, tarred felt; — *per cartiera*, paper felt **2** (*oggetto di feltro*) felt: *i feltri della lucidatrice*, the felt pads of the floor polisher.

feluca *s.f.* **1** (*cappello*) cocked hat **2** (*mar.*) felucca.

felze *s.f.* (small) cabin of a gondola.

femico *agg.* (*chim.*) mafic, femic.

femmina *s.f.* **1** (*essere umano di sesso femminile*) female; woman*: *nella mia classe ci sono dodici maschi e undici femmine*, in my class there are twelve boys and eleven girls; *non so se è un maschio o una* —, I do not know whether it is a male or a female (*o* a boy or a girl) // *quella ragazza è molto* —, she is very feminine **2** (*zool.*) (*nei composti*) she; (*di volatile*) hen, (*pop.*) jenny; (*di mammifero*) doe; (*di grosso mammifero*) cow: *un canarino* —, a hen-canary; *una giraffa* —, a cow-giraffe; *la — del lupo*, she-wolf **3** (*mecc.*) female: *vite* —, female screw.

femminella *s.f.* **1** little woman **2** (*uomo debole*) sissy, milksop, effeminate man **3** (*mecc.*) (*gangherella*) eye **4** (*mar., aer.*) (*del timone*) (rudder) gudgeon.

femmineo *agg.* (*letter.*) **1** feminine, womanish, woman's **2** (*effeminato*) effeminate, womanish.

femminesco *agg.* (*non com. spreg.*) womanish, womanly; effeminately.

femminile *agg.* **1** (*di sesso*) female: *il sesso* —, the female (*o* fair) sex; *personale* —, female staff **2** (*di, da donna*) feminine, female, woman's: *curiosità* —, feminine curiosity; *si veste in modo poco* —, she doesn't dress in a very feminine way; *collegio* —, girls' boarding school; *squadra di calcio* —, women's football team; *atteggiamento* —, woman's (*o* female) attitude; *abbigliamento* —, women's wear (*o* clothing); *grazia* —, womanly grace(fulness) **3** (*gramm.*) feminine: *questa parola è* —, this word is feminine ◆ *s.m.* (*gramm.*) feminine: *aggettivo che prende una 'a' al* —, adjective that takes an 'a' in the feminine // *letteratura al* —, women's literature (*o* literature written by women).

femminilismo *s.m.* (*biol.*) feminism, feminization.

femminilità *s.f.* womanliness, femininity: *una donna dotata di grande* —, a very feminine woman; *quel vestito esalta la sua* —, that dress emphasizes (*o* brings out) her femininity.

femminilmente *avv.* femininely; in a womanly way; in a womanish manner.

femminino *agg.* (*letter.*) feminine, woman's: *astuzia femminina*, feminine (*o* woman's) artfulness (*o* wiles) ◆ *s.m.* (*letter.*) (*fascino femminile*) womanliness // *l'eterno* —, the eternal feminine.

femminismo *s.m.* (*st. pol.*) feminism.

femminista *agg.* e *s.m.* e *f.* (*st. pol.*) feminist: *manifestazione, movimento* —, feminist demonstration, movement.

femministico *agg.* (*non com.*) feminist.

femminuccia *s.f.* **1** simple woman **2** (*spreg.*) (*uomo senza coraggio*) white-livered man, lily-livered man; sissy; weakling; (*di bambino timido*) crybaby: *smettila di piangere, non fare sempre la —!*, stop crying and don't be a sissy all the time!

femorale *agg.* (*anat.*) femoral: *arteria, vena* —, femoral artery, vein.

femore *s.m.* (*anat.*) femur*; thigh-bone.

fen *s.m.* (*moneta*) caudareen.

fenacaina *s.f.* (*chim.*) phenacaine.

fenacetina *s.f.* (*chim.*) phenacetin.

fenacite *s.f.* (*min.*) phenakite.

fenantrene *s.m.* (*chim.*) phenanthrene.

fenantrolina *s.f.* (*chim.*) phenanthroline.

fenato *s.m.* (*chim.*) phenate.

fenazina *s.f.* (*chim.*) phenazine.

fendente *s.m.* **1** (*scherma*) cutting blow, downward blow: *tirare un* —, to deliver a downward blow **2** (*calcio*) powerful shot.

fendere *v.tr.* (*letter.*) **1** to cleave*, to rive, to crack (sthg.) apart; to fissure; (*solcare*) to plough, to furrow: *la siccità fendette il terreno*, the drought has cracked the ground apart; — *l'ardesia*, to rive slate; — *il legno*, to rive (*o* to split) wood; — *la terra con l'aratro*, to plough the soil **2** (*solcare, attraversare*) to rend, to part: — *l'acqua*, to part the water; — *l'aria*, to rend the air; — *la folla*, to force a way through the crowd (*o* to squeeze through the crowd).

□ **fendersi** *v.intr.pron.* to split*, to cleave*; to crack: *questo legno si fende facilmente*, this wood splits easily; *la terra e il muro incominciavano a* —, the earth and the wall were beginning to crack.

fendinebbia *agg.* e *s.m.* (*aut.*) fog light, fog lamp.

fenditoio *s.m.* (*agr.*) grafting tool.

fenditura *s.f.* **1** cleft, fissure, crevice, crack, split, cleavage: *dopo il terremoto il terreno era pieno di fenditure*, the ground was full of cracks (*o* fissures) after the earthquake; *una — nel legno*, a split in the wood **2** (*metall.*) flaw.

feneratizio *agg.* (*dir.*) concerning usury.

fenestra → **finestra**.

fenestrato *agg.* fenestrated.

fenestratura *s.f.* fenestration.

fenestrazione *s.f.* (*med.*) fenestration.

fenianismo *s.m.* (*st. pol.*) Fenianism.

feniano *s.m.* (*st. pol.*) Fenian.

fenice *s.f.* (*mit.*) (*araba*) —, phoenix; (*fig.*) (*cosa rara*) rarity, unique thing; (*persona rara*) rare bird, unique person.

fenicio *agg.* e *s.m.* Phoenician.

fenico *agg.* (*chim.*) phenic: *acido* —, phenic acid.

fenicottero *s.m.* (*zool.*) flamingo*.

fenilacetico *agg.* (*chim.*) phenylacetic.

fenilalanina *s.f.* (*chim.*) phenylalanine.

fenilammina *s.f.* (*chim.*) phenylamine.

fenilchetonuria *s.f.* (*med.*) phenylketonuria.

fenile *s.m.* (*chim.*) phenyl.

fenilene *s.m.* (*chim.*) phenylene.

fenilico *agg.* (*chim.*) phenylic.

fennec *s.m.* (*zool.*) (*Fennecus zerda*) desert fox.

fenocristallo *s.m.* (*geol.*) phenocryst.

fenolato *s.m.* (*chim.*) phenolate.

fenolftaleina *s.f.* (*chim.*) phenolphthalein.

fenolico *agg.* (*chim.*) phenolic: *resine fenoliche*, phenolic resins.

fenolo *s.m.* (*chim.*) phenol.

fenologia *s.f.* (*biol.*) phenology.

fenologico *agg.* phenologic(al).

fenomenale *agg.* **1** phenomenal **2** (*fam.*) (*straordinario*) extraordinary, phenomenal, exceptional, prodigious, amazing: *una memoria* —, a prodigious (*o* phenomenal) memory; *una persona* —, an amazing (*o* extraordinary *o* remarkable) person.

fenomenalismo → **fenomenismo**.

fenomenalità *s.f.* (*non com.*) **1** phenomenality **2** (*fam.*) remarkableness, phenomenality, extraordinariness.

fenomenicità *s.f.* (*fil.*) phenomenal nature, phenomenality.

fenomenico *agg.* **1** (*fil.*) phenomenal, relating to a phenomenon (*pred.*): *la realtà fenomenica*, phenomenal reality **2** (*scient.*) phenomenal.

fenomenismo *s.m.* (*st. fil.*) phenomenalism.

fenomeno *s.m.* **1** phenomenon*: — *fisico, naturale*, physical, natural phenomenon; — *linguistico, sociale*, linguistic, social phenomenon; — *storico, artistico*, historical, artistic phenomenon; *il — dell'emigrazione*, the phenomenon of emigration; — *meteorologico*, meteor; — *transitorio*, transient phenomenon; *i fenomeni della natura*, the phenomena of nature **2** (*fam.*) (*cosa, persona mirabile*) wonder, marvel, phenomenon*, prodigy: *un — vivente*, a living wonder; *sei un vero —!*, you are a real marvel (*o* you are phenomenal)! // — *da baraccone*, fair-ground wonder (*o* fair-ground marvel).

fenomenologia *s.f.* (*fil.*) phenomenology.

fenomenologico *agg.* (*fil.*) phenomenological.

fenossiacetico *agg.* (*chim.*) phenoxyacetic.

fenossidico *agg.* (*chim.*) phenoxy.

fenossido *s.m.* (*chim.*) phenoxide.

fenotiazina *s.f.* (*chim.*) phenothiazine.

fenotipo *s.m.* (*biol.*) phenotype.

ferace *agg.* (*letter.*) fruitful, fertile, rich, productive (*anche fig.*): *immaginazione* —, fertile imagination; *suolo* —, fertile soil.

feracità *s.f.* (*letter.*) fruitfulness, fertility, richness (*anche fig.*).

ferale *agg.* (*letter.*) **1** feral, deadly, fatal **2** (*estens.*) dismal, distressing: *ferali notizie*, distressing (*o* sad) news.

ferentario *s.m.* (*st. romana*) lightly armed soldier.

feretro *s.m.* (*bara*) bier; coffin.

feria *s.f.* **1** holiday; vacation (*gener. sing.*), leave: *ferie estive*, summer vacation (*o* holidays); *ferie annuali*, annual leave; *ferie pasquali*, Easter holidays (*o* vacation); *ferie retribuite*, paid leave (*o* paid holidays); *ferie non pagate*, unpaid leave (*o* unpaid holidays); *prendersi le ferie*, to take one's holidays; *andrò presto in ferie*, I'm going on holiday soon; *trascorrerò le ferie in montagna*, I'm holidaying (*o* spending my holidays) in the mountains; *essere in ferie*, to be on leave (*o* on holiday) // *chiuso per ferie*, (*avviso*) closed for holidays **2** (*eccl.*) (*giorno feriale*) feria, weekday.

feriale *agg.* **1** working, weekday (*attr.*): *giorno* —, weekday (*o* working day); *tariffa, orario* —, weekday fare, timetable **2** (*eccl.*) ferial **3** (*di ferie*) holiday (*attr.*): *periodo* —, holiday period.

ferigno *agg.* (*ant., letter.*) ferine, feral, wild; untamed.

ferimento *s.m.* wounding, injuring, hurting.

ferino *agg.* **1** (*letter.*) feral, ferine; wild; untamed **2** (*fig.*) savage, wild; fierce, cruel.

ferire *v.tr.* **1** to wound, to hurt*, to injure; (*pugnalare*) to stab: *cinque dei soldati furono uccisi e venti feriti*, five of the soldiers were killed and twenty (were) wounded; *entrambi erano stati feriti nell'incidente stradale*, they were both hurt (*o* injured) in the road accident; — *al petto, in una gamba*, to wound in the chest (*o* in the breast), in the leg; — *leggermente, gravemente, a morte*, to wound (*o* to injure) slightly, seriously, fatally // *senza colpo* —, without striking a blow (*o* without a blow being struck *o* without meeting any resistance) **2** (*fig.*) (*offendere*) to offend; to wound; to hurt*: *la sua risposta mi ha profondamente ferito*, his reply hurt me deeply (*o* cut me to the quick); — *qlcu. nell'orgoglio*, to hurt (*o* to wound) s.o.'s pride; — *qlcu. nell'onore*, to offend s.o.'s honour; — *i sentimenti di qlcu.*, to hurt s.o.'s feelings **3** (*fig.*) (*colpire, infastidire*) to strike*, to hurt*, to offend: *la luce troppo forte gli ferì gli occhi*, the strong sunlight blinded him.

□ **ferirsi** *v.rifl.* o *intr.pron.* to hurt* oneself, to injure oneself, to wound oneself: *si ferì a un braccio*, he hurt his arm; *si ferì solo leggermente*, he hurt himself only slightly.

ferita *s.f.* **1** wound, hurt, injury: — *da proiettile*, bullet wound; — *da taglio*, slash (*o* gash *o* cut); *una — leggera*, a slight (*o* flesh) wound; *una — profonda*, a deep wound; *la — al braccio sinistro guarì prestissimo*, the wound in his left arm healed very quickly; *curare una* —, to attend (*o* to see) to a wound; *pulire una* —, to cleanse a wound; *infliggere una — a qlcu.*, to inflict a wound on s.o.; *medicare una* —, to dress a wound; *riportare ferite in un incidente*, to be injured in an accident **2** (*fig.*) wound, hurt; offence: *una — al proprio orgoglio*, a wound to one's pride; — *d'amore*, wound of love // *nel rivederla gli si aprì la vecchia* —, the old wound opened up when he saw her again (*o* seeing her again brought back painful memories to him).

ferità *s.f.* (*letter.*) (*crudeltà*) cruelty, savagery; (*ferocia*) ferocity, fierceness.

ferito *agg.* wounded, injured, hurt (*anche fig.*): *gravemente* —, seriously wounded (*o* badly hurt); *leggermente* —, slightly wounded (*o* hurt *o* injured); *orgoglio* —, wounded pride ◆ *s.m.* wounded man; casualty: *i feriti*, the wounded (*o* the injured); *i feriti più gravi furono trasportati all'ospedale*, the most seriously (*o* badly) injured (*o* the most serious casualties *o* the worst casualties) were taken to hospital; *la lista dei feriti non è stata ancora resa nota*, the casualty list hasn't been released yet; *soccorrere un* —, to help (*o* to assist) a wounded man (*o* a casualty).

feritoia *s.f.* **1** (*di fortificazioni*) slit, loophole; embrasure **2** (*di locale sotterraneo*) basement window **3** (*apertura stretta*) slit: *la — di una gettoniera*, the coin slit; *la — di un carro armato*, the slit of a tank.

feritore *agg.* (*non com.*) wounding, injuring, hurting ◆ *s.m.* wounder, injurer.

ferma *s.f.* **1** (*mil.*) service, term of service: — *di diciotto mesi*, eighteen months' service **2** (*caccia*) pointing: *cane da* —, setter; *cadere in* —, to set.

fermacalzoni *s.m.* bicycle clip.

fermacampione *s.m.* paper fastener, paper clip.

fermacapelli *s.m.* hair slide, (hair) comb; (*amer.*) barrette.

fermacarro *s.m.* (*ferr.*) buffer (stop).

fermacarte *s.m.* paperweight.

fermacravatta, **fermacravatte** *s.m.* tiepin.

fermadeviatoio → **fermascambi**.

fermaglio *s.m.* **1** clasp, fastener, clip; (*fibbia*) buckle; (*per capelli*) hair clip, (hair) slide, hair comb; (*gioiello a spillone*) pin; (*spillo*) brooch: — *di sicurezza*, (*per collane, braccialetti ecc.*) clasp; — *a molla*, spring clip **2** (*per carte, documenti ecc.*) paper clip.

fermamente *avv.* firmly, steadily; (*decisamente*) steadfastly, decidedly, resolutely: *ritengo* —..., I firmly believe...; *sono — deciso a non andarci*, I will definitely not be going (*o* I most certainly will not go *o* I am determined not to go).

fermanello *s.m.* guard-ring.

fermapiedi *s.m.* (*di bicicletta*) toeclip.

fermaporta *s.m.* doorstopper, doorstop.

fermare *v.tr.* **1** (*arrestare nel movimento*) to stop, to halt, to arrest; to bring* to a halt, to bring* to rest: *Al ladro! Fermatelo!*, Stop thief!; *fermò l'auto vicino all'aiuola*, he stopped the car (*o* pulled up) near the flowerbed; *il macchinista riuscì a — il treno a pochi metri dall'uomo*, the engine driver managed to bring the train to rest (*o* to a halt) a few metres from the man; *tutte le auto venivano fermate*, all the cars were being halted (*o* stopped); *fermò il pallone con la mano*, he stopped the ball with his hand; *stava per picchiarmi, ma l'hanno fermato*, he wanted to hit me but they stopped (*o* prevented) him; — *un'emorragia*, to stop (*o* check *o* staunch) bleeding; (*mar.*) — *le macchine*, to stop the engines (*o* to bring the engines to a halt); — *il progresso*, to stop (*o* block *o* arrest) progress; — *la crescita*, to arrest (*o* stunt) growth // — *un assegno*, to stop a cheque; — *i licenziamenti*, to halt dismissals **2** (*interrompere*) to interrupt, to stop, to break* off: — *il gioco*, to stop play; — *il lavoro*, to interrupt (*o* break off) work **3** (*dir.*) to hold*, to detain: *la polizia inglese non può — una persona senza incriminazione*, the English police cannot hold (*o* detain) a person without a charge **4** (*fissare*) to fasten, to fix (*anche fig.*): — *un punto, un bottone*, to fasten a stitch, a button; — *l'attenzione su qlco.*, to fix one's attention on sthg.; — *gli occhi su qlco.*, to fix one's eyes on sthg. **5** (*assicurarsi*) to secure: *se temi che lo vendano fermalo con una caparra*, if you are afraid they might sell it you can secure it with a deposit ◆ *v.intr.* to stop: *l'autobus ferma laggiù*, the bus stops over there; *dove ferma l'autobus?*, where is the bus stop (*o* where does the bus stop)?

□ **fermarsi** *v.rifl.* o *intr.pron.* **1** to stop: *l'auto si fermò davanti alla mia porta*, the car stopped (*o* drew up) at my door; *quando lo incontrai mi fermai un poco con lui*, when I met him I stopped and talked to him for a while; *il treno si fermò*, the train stopped (*o* came to a standstill) // — *di botto*, to stop short; — *lungo la strada*, to stop on the way **2** (*soggiornare*) to stop; to stay: *quanto ti fermerai a Londra?*, how long are you going to stay (*o* to remain) in London? **3** (*trattenersi*) to stay behind: *dovrò fermarmi in ufficio fino a tardi*, I'll have to stay behind at the office till late // — *su un argomento*, to dwell on a subject **4** (*fare una pausa*) to pause, to make* a pause: *Fermiamoci un po'! Sono esausto!*, Let's stop a moment! I'm tired! **5** (*mecc.*) to stop (working), to stall: *l'ascensore si è fermato*, the lift has stopped working; *il motore si fermò*, the engine stopped (*o* stalled).

fermascambi *s.m.* (*ferr.*) switch lock.

fermata *s.f.* **1** stop; halt: — *facoltativa, a richiesta*, request stop; — *obbligatoria*, regular stop; — *provvisoria*, temporary stop; *fare una* —, to make a stop (*o* to come to a halt); *una — imprevista*, an unscheduled stop // *senza fermate*, non-stop: *il viaggio proseguì senza altre fermate*, the journey continued without further stops; *un viaggio senza fermate da Napoli a Palermo*, a non-stop journey from Naples to Palermo; *la più vicina — d'autobus è subito dopo quell'angolo*, the nearest bus stop is just round that corner; *quante fermate ci sono da qui a Milano?*, how many stops are there from here to Milan?; *venti minuti di* —, a twenty-minute stop **2** (*pausa*) pause.

fermato *agg.* **1** stopped, halted **2** (*fissato*) held in place (*pred.*); (*chiuso*) closed: *indossava una sciarpa fermata con uno spillone*, she wore a scarf held in place by a pin **3** (*dir.*) (*trattenuto in stato di fermo*) detained, held for questioning (*pred.*): *gli studenti fermati ieri sono stati rilasciati*, the students detained (by the police) yesterday have been released ◆ *s.m.* (*dir.*) detainee.

fermatura *s.f.* (*non com.*) **1** (*il fissare*) fastening, fixing **2** (*attaccatura*) fastening, clip; (*nodo*) knot.

fermentabile *agg.* fermentable.

fermentare *v.intr.* **1** to ferment; (*di liquidi*) to work, to ferment; (*di pasta*) to rise*; (*lievitare*) to leaven; (*di tabacco, pelli*) to sweat: *il vino fermenta*, wine ferments **2** (*fig.*) to ferment, to work, to seethe, to brew: *il malcontento fermentava da lungo tempo*, the discontent has been brewing for a long time.

fermentativo *agg.* fermentative, fermentation (*attr.*): *processo, prodotto* —, fermentation process, product.

fermentato *agg.* fermented; (*lievitato*) risen, leavened: *mosto, formaggio* —, fermented must, cheese.

fermentatore *s.m.* (*chim.*) fermenter.

fermentazione *s.f.* fermentation; yeastiness; zymosis; (*di vino*) working, fermentation; (*di pasta*) rising: — *alcolica*, alcoholic fermentation; — *lattica*, lactic fermentation; *chimica delle fermentazioni*, zymurgy.

fermentescibile *agg.* fermentescible, fermentable: *sostanza* —, fermentescible (*o* fermentable) substance.

fermentescibilità *s.f.* fermentability.

fermento *s.m.* 1 (*chim.*) ferment; enzymes (*pl.*); (*di pane*) leaven; (*di birra*) yeast: *fermenti lattici*, milk enzymes (*o* ferments); — *selezionato*, clean yeast 2 (*fig.*) ferment, agitation, turmoil: *il popolo era in* —, the population was in (a state of) turmoil; *tutta la città era in* —, the whole town was in a (state of) ferment // *fermenti religiosi*, religious turmoil.

fermezza *s.f.* firmness, steadfastness, steadiness, resoluteness, determinedness (*anche fig.*): — *di mente*, strength of mind; — *di principi*, rigidity of principles; — *di volontà*, willpower; — *di propositi*, strength of purpose; *con* —, firmly (*o* steadfastly); *agire con* —, to act firmly (*o* resolutely); *mancare di* —, to be lacking in firmness (*o* determination).

fermi *s.m.* (*fis.*) fermi.

fermio *s.m.* (*chim.*) fermium.

fermione *s.m.* (*fis.*) fermion.

fermo *agg.* 1 still, motionless, immobile; (*inattivo*) idle: *star, rimanere* —, to keep still, (*in piedi*) to stand still; *vuoi stare* —?, (*fam.*) keep still!; *un uomo se ne stava — nell'ombra*, a man stood motionless in the shadows; *il treno era — in stazione*, the train was standing in the station; *la situazione è ferma al punto in cui l'ho lasciata tre mesi fa*, the situation is the same as I left it three months ago; *fermi tutti, questa è una rapina!*, nobody move, this is a holdup!; *tener — qlcu.*, to keep hold of s.o.; *il motore era* —, the engine was not running // *l'orologio è* —, the clock has stopped // *acque ferme*, still (*o* stagnant *o* dead) waters // (*gramm.*) *punto* —, full stop (*o* period) // (*mus.*) *canto* —, plain song 2 (*saldo, stabile*) firm, steady; (*fig.*) firm, immovable; (*risoluto*) resolute: *reggeva il bicchiere con mano ferma*, he held the glass with a steady hand; *diresse l'azienda per vent'anni con mano ferma*, he managed the company for 20 years with a firm hand; *nonostante l'emozione la sua voce si mantenne ferma*, in spite of the emotion his voice remained steady; — *come una roccia*, as firm as a rock; *un — proposito*, a steady purpose; — *nei propositi*, firm in one's intentions; *una fede ferma*, a firm faith; *un — rifiuto*, a flat (*o* firm) refusal; *volontà ferma*, unfaltering will // *resta — quanto è stato deciso ieri*, what was decided yesterday still holds // *restando — che...*, provided that... // *per* —, certainly // *aspettare a piè* —, to stand one's ground 3 (*econ.*) (*stabile*) firm, steady, undepressed; (*che langue*) dull, flat, depressed, stagnant: *gli affari sono fermi*, business is stagnant (*o* flat); *mercato* —, (*stabile*) undepressed market; *offerta ferma*, firm offer ◆ *s.m.* 1 (*oggetto, dispositivo per fermare*) (*blocco*) lock; (*arresto*) stop: *mettere il — a una porta*, to put a stop against a door; — *automatico*, automatic stop (*o* brake) 2 (*arresto provvisorio*) holding for questioning; (*dir.*) (provisional) arrest: *procedere al — di qlcu.*, to hold s.o.; *convalidare un* —, to confirm an arrest 3 (*comm.*) (*confisca, sequestro*) distraint, seizure: — *ai pagamenti*, stoppage of payments; *mettere il — su merce di contrabbando*, to seize contraband goods; *imporre il* —, (*su navi, merci*) to embargo; (*banca*) *mettere il — su un assegno*, to stop a cheque.

fermoposta *agg.* e *avv.* poste restante; (*amer.*) general delivery: *lettera* —, poste restante letter (*o form.* to be held till collected); *spedire* —, to send poste restante ◆ *s.m.* (*ufficio*) poste restante office // *servirsi del* —, to use the poste restante.

fernet *s.m.* 'fernet' (kind of Italian bitters).

fernetta *s.f.* (*mecc.*) ward.

feroce *agg.* 1 ferocious; savage, wild, tigerish; fierce; cruel: *bestie feroci*, wild beasts; *sguardo* —, fierce look; *vendetta* —, savage vendetta; *lotta* —, ferocious struggle 2 (*terribile, insopportabile*) fierce, terrible, violent, sharp: *un dolore* —, a terrible pain; *ho un mal di testa* —, I've got a splitting headache; *un freddo* —, a terrible cold; *fame, appetito* —, ravenous appetite // *scherzo* —, cruel joke.

ferocemente *avv.* ferociously; savagely; fiercely; (*crudelmente*) cruelly.

ferocia *s.f.* 1 fierceness; ferocity, ferociousness; savageness, savagery; (*crudeltà*) cruelty: *la — di una belva*, the ferocity of a wild animal 2 (*atto crudele*) cruel act, savagery: *le ferocie della guerra*, the savageries of war.

ferodo *s.m.* (*mecc.*) lining: — *per freni*, brake lining.

ferolia *s.f.* (*bot.*) (*Parinarium guyanense*) satinwood.

feromone, ferormone *s.m.* (*biol.*) pheromone.

ferraccia *s.f.* (*rottami di ferro*) scrap iron, scrap metal.

ferraccio *s.m.* (*rottame di ferro*) scrap iron, scrap metal.

ferraglia *s.f.* (*rottami di ferro*) scrap iron, scrap metal: *rumore di* —, clanking noise (*o* rattle).

ferragostano *agg.* (*non com.*) of the August holiday (*pred.*); (*di metà Agosto*) mid-August (*attr.*): *caldo* —, mid-August heat; *l'esodo dei turisti ferragostani*, the August Bank Holiday exodus.

ferragosto *s.m.* August holiday; feast of the Assumption (August 15th) // — *inglese*, August Bank Holiday.

ferraiolo *s.m.* (*mantello*) cloak.

ferrame *s.m.* (*materiale di ferro*) ironware, scrap iron, scrap metal [U].

ferramenta *s.f.pl.* 1 hardware [U]; ironware [U], ironmongery [U]: *negoziante di* —, ironmonger 2 (*negozio*) ironmonger's (shop), hardware store.

ferrare *v.tr.* 1 to fit with iron, to mount with iron: — *un bastone*, to put a ferrule on a stick; — *una porta*, to fit locks and reinforce a door 2 (*cavalli*) to shoe: — *un cavallo*, to shoe a horse.

ferrarese *agg.* of Ferrara (*pred.*), from Ferrara (*pred.*) ◆ *s.m.* e *f.* inhabitant of Ferrara, native of Ferrara; Ferrarese.

ferrata *s.f.* 1 (*alpinismo*) via ferrata 2 (*fam.*) (*stirata*) iron, press; (*impronta del ferro*) scorch mark (left by an iron) 3 (*antiq.*) (*strada ferrata*) railway, (*amer.*) railroad.

ferrato[1] *agg.* 1 *una porta ferrata*, a reinforced door; *scarpe ferrate*, hobnailed boots; *strada ferrata*, railway (*o amer.* railroad) 2 (*di cavallo*) shod: *non* —, unshod; — *a ghiaccio*, (sharp) shod 3 (*ben preparato*) well-read, well-informed, strong: *è — in storia*, he is good at (*o* very well-read in) history.

ferrato[2] *s.m.* (*chim.*) ferrate.

ferratore *s.m.* (*ferr.*) layer of rails.

ferratura *s.f.* 1 shoeing (of horses) 2 (*ferri di cavallo*) horseshoes (*pl.*).

ferravecchio → **ferrovecchio**.

ferreo *agg.* 1 iron (*attr.*) // *corona ferrea*, Iron Crown 2 (*fig.*) strong; robust; hard; iron (*attr.*): *con mano ferrea*, with iron hand; *disciplina ferrea*, very strict (*o* iron) discipline; *memoria ferrea*, excellent (*o* retentive) memory; *salute ferrea*, excellent health; *una volontà ferrea*, an iron will.

ferrettizzazione *s.f.* (*geol.*) ferretization.

ferricianidrico *agg.* (*chim.*) ferricyanic.

ferricianuro *s.m.* (*chim.*) ferricyanide.

ferrico *agg.* (*chim.*) ferric: *ossido* —, ferric oxide.

ferriera *s.f.* 1 ironworks (*pl.*) 2 (*ant.*) (*miniera di ferro*) iron mine.

ferrifero *agg.* ferriferous.

ferrigno *agg.* 1 iron (*attr.*), iron-like 2 (*fig.*) strong; robust; hard; iron (*attr.*).

ferrimagnetismo *s.m.* (*fis.*) ferrimagnetism.

ferrite *s.f.* (*metall.*) ferrite.

ferrito *s.m.* (*chim.*) ferrite.

ferro *s.m.* 1 iron: *filo di* —, iron wire; *una cancellata di — arrugginito*, a rusty iron gate; *rottami di* —, iron scrap; *minerale di* —, iron ore (*o* ironstone); *lamiera di* —, iron sheet (*o* iron plate); *lega di* —, iron alloy; *tondino di* —, iron rod // — *dolce*, soft iron; — *fuso*, ingot iron; — *laminato*, rolled iron; — *trafilato*, drawn iron; — *zincato*, galvanized iron // — *battuto*, wrought iron // (*miner.*) *cappello di* —, gossan (*o* gozzan) // *un uomo di* —, a man of iron; *una volontà di* —, an iron will; *ha una memoria di* —, he has an excellent (*o* a retentive) memory // *l'età del* —, Iron Age // *tocca* —!, touch wood! 2 — (*da stiro*) iron, flatiron: — *a vapore*, steam iron; *devo dare un colpo di — a questa gonna*, (*fam.*) I must run the iron over this skirt 3 (*spada*) sword: *incrociare i ferri*, to cross swords // *essere ai ferri corti con qlcu.*, to be at loggerheads with s.o. // *mettere un paese a — e fuoco*, to lay waste a country 4 *pl.* (*ceppi*) irons, chains, fetters 5 (*zool.*) — *di cavallo*, horseshoe bat.

ferrocene *s.m.* (*chim.*) ferrocene.

ferrocianidrico *agg.* (*chim.*) ferrocyanic: *acido* —, ferrocyanic acid.

ferrocianuro *s.m.* (*chim.*) ferrocyanide.

ferrocromo *s.m.* (*metall.*) ferrochromium.

ferroelectrico *agg.* (*fis.*) ferroelectric: *materiale* —, ferroelectric material.

ferrolega *s.f.* (*metall.*) ferroalloy.

ferromagnetico *agg.* (*fis.*) ferromagnetic: *materiale* —, ferromagnetic material.

ferromagnetismo *s.m.* (*fis.*) ferromagnetism.

ferromanganese *s.m.* (*metall.*) ferromanganese.

ferromodellismo *s.m.* model railway building, model railway construction.

ferromodellista *s.m.* e *f.* model railway enthusiast.

ferromodellistico *agg.* model railway (*attr.*).

ferronichel *s.m.* (*metall.*) ferronickel.

ferroporfirina *s.f.* (*chim.*) ferroporphyrin.

ferrosilicio *s.m.* (*metall.*) ferrosilicon.

ferroso *agg.* ferrous, ferreous: (*chim.*) *ossido* —, ferrous oxide.

ferrotipia *s.f.* (*fot.*) ferrotype.

ferrotipo *s.m.* (*fot.*) ferrotype.

ferrotranviario *agg.* rail and tram (*attr.*).

ferrotranvieri *s.m.pl.* rail and tram workers.

ferrovecchio *s.m.* **1** scrap(-iron) dealer, scrap(-metal) dealer **2** (*fig.*) (*di cosa*) piece of junk; (*di persona*) old wreck, doddering old fool.

ferrovia *s.f.* **1** railway; (*amer.*) railroad: — *a un binario*, single-line (*o* single-track) railway; — *a cremagliera*, rack railway; — *a doppio binario*, double-line (*o* double-track) railway; — *elettrica*, electric railway; — *a scartamento normale*, standard-gauge railway; — *a scartamento ridotto*, light (*o* narrow-gauge) railway; — *sotterranea*, underground railway (*o fam.* tube *o amer.* subway); — *a vapore*, steam railway; *dopo aver attraversato la* —, *gira a destra*, after you have crossed the railway, turn right // (*mandare*) *per* —, (to send) by rail (*o* by train); *trasportare per* —, to railroad (*o* to rail) **2** (*region.*) (*stazione*) railway station.

ferroviario *agg.* railway (*attr.*); (*amer.*) railroad (*attr.*): *vagone* —, railway (*o amer.* railroad) carriage; *trasporto* —, rail transport; *tariffe ferroviarie*, railway (*o amer.* railroad) rates; *movimento* —, railway traffic; *orario* —, railway (*o* train) timetable; *rete ferroviaria*, railway network (*o* system); *servizio* —, railway service; *tronco* —, railway section; *nodo* —, railway junction.

ferroviere *s.m.* **1** railwayman*; (*amer.*) railroader **2** (*funzionario delle ferrovie*) railway official.

ferrugine *s.f.* **1** (*chim.*) iron liquor **2** (*ant.*) (*ruggine*) rust.

ferruginosità *s.f.* ferruginous quality.

ferruginoso *agg.* ferruginous, chalybeate: *sorgenti* (*di acque*) *ferruginose*, chalybeate springs.

ferruminatorio *agg.* (*metall.*) *cannello* —, blowpipe.

ferry-boat *s.m.* ferry, car ferry, ferryboat.

fertile *agg.* **1** fertile, fruitful, productive, rich (*anche fig.*): *suolo* —, rich (*o* fertile) soil; — *fantasia*, fertile imagination // (*fis. nucleare*) *materiale* —, fertile material **2** (*di femmina feconda*) fertile, prolific.

fertilità *s.f.* fertility, fruitfulness, prolificacy, productiveness (*anche fig.*): — *di un campo*, fertility of a field; — *di idee*, inventiveness (*o* creativity).

fertilizzante *agg.* fertilizing, fertile ◆ *s.m.* fertilizer, (*fam.*) plant food: — *chimico*, chemical (*o* artificial) fertilizer; — *ad alto rendimento*, high grade fertilizer.

fertilizzare *v.tr.* to fertilize (*anche fig.*), to enrich; to fructify; (*con farina di ossa*) to bone.

fertilizzazione *s.f.* fertilization; fecundation; (*del terreno*) enrichment: (*agr.*) — *a spandimento*, topdressing.

fertirrigazione *s.f.* (*agr.*) fertirrigation.

ferula *s.f.* **1** (*bacchetta per punire gli scolari*) rod, cane **2** (*bot.*) ferula*.

fervente *agg.* **1** (*letter.*) (*cocente*) burning, ardent, fervent: *i ferventi raggi del sole*, the burning rays of the sun **2** (*fig.*) fervent, ardent: — *cattolico*, devout Catholic; *un — patriota*, a fervent patriot.

fervere *v.intr.* **1** (*essere in piena attività*) to proceed feverishly; to rage: *fervevano i preparativi per la partenza*, feverish preparations were being made for the departure; *ferveva la battaglia*, the battle raged **2** (*letter.*) (*ardere intensamente*) to blaze; (*essere cocente*) to be hot, to be burning **3** (*letter.*) (*ribollire*) to seethe, to boil.

fervido *agg.* fervent, ardent, fervid: *fervidi auguri*, best wishes; *fervida preghiera*, fervent prayer; *è dotato di una fervida immaginazione*, he has got a lively (*o* vivid) imagination.

fervore *s.m.* **1** fervour, ardour; heat; (*zelo*) zeal: *nel — del dibattito*, in the heat of the debate; *nel — della battaglia*, when the battle was at its height (*o* in the heat of the battle); *pregare con* —, to pray fervently (*o* ardently) **2** (*letter.*) (*calore intenso*) heat.

fervorino *s.m.* **1** (*di esortazione*) exhortation; (*fam.*) pep talk **2** (*di ammonimento*) admonition, lecture; (*fam.*) earful: *gli farò un bel* —, (*fam.*) I'll give him an earful.

fervoroso *agg.* fervent, ardent, fervid; (*pieno di zelo*) zealous.

ferzo *s.m.* (*mar.*) (sail) cloth.

fesa *s.f.* (*region.*) (*cuc.*) loin, rump steak: *scaloppe di — di vitello*, veal escalope.

fescennino *agg.* (*poesia*) Fescennine.

fescera *s.f.* (*bot. pop.*) → **brionia**.

fessaggine *s.f.* (*pop.*) stupidity, thickness.

fesseria *s.f.* (*fam.*) **1** (*azione, frase*) nonsense, rubbish, rot, twaddle ⓤ: *per me ha fatto una — a licenziarsi*, in my opinion it was stupid (*o* idiotic) of him to resign; *non sarà certo l'ultima delle sue fesserie!*, it's not the first stupid thing he has done in his life!; *certo che ne dice di fesserie!*, he certainly talks a lot of rot! **2** (*cosa da nulla*) trifle, nothing: *non prendertela, è una —!*, don't take any notice, it's nothing!

fesso[1] *agg.* cracked; (*diviso in due*) cloven: *campana fessa*, cracked bell; *zoccolo* —, *unghia fessa*, cloven hoof // *voce fessa*, cracked voice ◆ *s.m.* (*ant.*, *letter.*) (*spaccatura*) cleft, crack; (*spiraglio*) slit, small opening.

fesso[2] *agg.* silly, stupid, daft, idiotic, foolish // *far — qlcu.*, to make a fool of s.o. ◆ *s.m.* fool, nitwit, twerp, dummy.

fessura *s.f.* **1** (*spaccatura*) crack, fissure, cleft; (*fenditura*) slit; (*apertura da cui defluisce un fluido*) leak: *entra aria dalle fessure*, there is a draught coming through the cracks // (*aer.*) — *alare*, wing slot **2** (*anat.*) fissure.

fessurarsi *v.intr.pron.* to crack, to split, to fissure.

fessurazione *s.f.* cracking, splitting.

festa *s.f.* **1** (*giorno di riposo*) holiday: — *civile*, public (*o* civil *o* legal) holiday; — *nazionale*, national holiday; *mezza* —, half-holiday; *oggi è* —, *nessuno lavora*, today is a holiday, nobody is working; *far* —, (*riposare*) to have (*o* to take) a holiday; *prendersi un giorno di* —, (*dal lavoro*) to take a day off // *indossava il vestito della* —, she was wearing her Sunday best // *conciare qlcu. per le feste*, to give s.o. a sound thrashing **2** (*solennità religiosa*) feast; (*festività*) festivity: — *del villaggio*, village fair; *la — dell'Ascensione*, Ascension Day; *la — di Sant'Antonio*, St. Anthony's Day; *la — di tutti i Santi, dei morti*, All Saints' Day, All Souls' Day; — *di precetto*, day of obligation; *giorno di* —, feast day // — *del Lavoro*, Labour Day // *le Feste*, (*di Natale*) Christmas; (*di Pasqua*) Easter: *augurare a qlcu. le Buone Feste*, to wish s.o. a Merry Christmas **3** (*anniversario*) birthday; (*onomastico*) Saint's day, name day: *oggi è la mia* —, it is my birthday today; (*onomastico*) it is my Saint's day (*o* my name day) today **4** (*trattenimento*) party: — *di laurea*, graduation party; — *di matrimonio*, wedding reception; — *da ballo*, ball; *dare una* —, to give (*o* to throw *o* to have) a party // *guastare la — a qlcu.*, (*fig.*) to spoil s.o.'s party **5** (*giubilo*, *allegria*) festivity, rejoicing; merrymaking: *tutta la citta è in* —, the whole town is celebrating; *c'è aria di — in questi giorni*, there is a party (*o* festive) atmosphere at the moment // *far* —, to make merry (*o* to have a good time); *far — a qlcu.*, (*accoglierlo cordialmente*) to give s.o. a hearty welcome (*o* to welcome s.o. warmly); *quando torno a casa il mio cane mi corre incontro e mi fa le feste*, when I get home my dog runs to meet me and jumps all over me // *far la — a qlcu.*, (*fam.*) (*ucciderlo*) to kill s.o. (*o* to bump off s.o.) **6** (*gioia*) joy: *è una — per noi vedervi*, it is a joy for us to see you.

festaiolo *agg.* festive; (*di persona*) fun-loving, party-loving: *gente festaiola*, merrymakers; *atmosfera festaiola*, festive atmosphere ◆ *s.m.* fun-lover.

festante *agg.* rejoicing, jubilant, joyful, merry: *gli andai incontro tutto* —, I welcomed him cordially (*o* joyfully); *tutto il paese era* —, the whole town was rejoicing.

festeggiamento *s.m.* celebration; festivities (*pl.*); merrymaking ⓤ: *nulla guastò i festeggiamenti*, nothing marred the celebration; *preparare i festeggiamenti*, to prepare the festivities; *il giorno del — si ammalò*, he fell ill on the day of the celebration (*o* party).

festeggiare *v.tr.* **1** to celebrate: *vorranno — quest'occasione*, they will want to celebrate this occasion; — *il proprio onomastico*, to keep (*o* to celebrate) one's Saint's day (*o* one's name day); *Abbiamo finito! Dobbiamo* —, We have finished! Now let's celebrate **2** (*accogliere festosamente*) to give* a hearty welcome to (s.o.), to welcome, to fête: *gli amici di Paolo festeggiarono il suo ritorno*, Paolo's friends gave him a welcome-back party.

festeggiato *s.m.* (*ospite d'onore*) guest of honour: *fare gli auguri al* —, to toast the guest of honour: *il — è mio fratello*, (*per il compleanno*) we are celebrating my brother's birthday.

festereccio *agg.* (*lieto*) festive, merry, convivial: *atmosfera festereccia*, festive atmosphere.

festevole *agg.* (*letter.*) festive, joyous, joyful, merry, gay: *canti festevoli*, joyful songs.

festevolezza *s.f.* (*non com.*) joyfulness, conviviality, joviality, gaiety.

festicciola *s.f.* small party, informal party.

festino *s.m.* (*banchetto*) feast; banquet; (*festa*) party.

festival *s.m.* festival: *il — di Sanremo*, the Sanremo Festival.

festivaliero *agg.* festival (*attr.*).

festività *s.f.* **1** festivity; holiday; (*religiosa*) feast: — *non godute, soppresse*, unenjoyed, cancelled holidays; *la — del 1° maggio*, the Labour Day celebrations (*o* festivities) **2** (*letter.*) (*giocondità*) gaiety, merriment.

festivo *agg.* **1** (*di festa*) Sunday (*attr.*), holiday (*attr.*): *scuola festiva*, Sunday school; *riposo* —, Sunday rest; *lavoro* —, overtime work during non-working days; *orario* —, timetable for Sundays and holidays; *giorni feriali e festivi*, working days and holidays; *biglietto* —, weekend ticket **2** (*letter.*) (*lieto, gioioso*) merry; festive, festal.

festonato *agg.* (*non com.*) **1** (*ornato con festoni*) festooned **2** (*ricamato a festoni*) scalloped.

festone *s.m.* **1** (*ornamento*) festoon **2** (*arch.*) swag **3** (*ricamo*) scallop.

festosamente *avv.* joyfully; (*allegramente*) merrily, cheerfully; (*cordialmente*) cordially: *accogliere — qlcu.*, to give s.o. a good (*o* hearty) welcome.

festosità *s.f.* joyfulness; festivity; (*allegria*) merriment, gaiety; (*cordialità*) cordiality.

festoso *agg.* joyous; joyful; (*allegro*) merry; gay; (*cordiale*) hearty: *un'accoglienza festosa*, a hearty welcome; *ho un cagnolino* —, I have a playful puppy.

festuca *s.f.* **1** (*letter.*) (*pagliuzza*) (a piece of) straw **2** (*bot.*) fescue, straw, rush.

fetale *agg.* (*biol.*) foetal, fetal: *membrane fetali*, fetal membranes.

fetente *agg.* stinking, rank (*anche fig.*) ◆ *s.m.* e *f.* stinker, skunk, dirty coward: *sei un —!*, you skunk!

feticcio *s.m.* fetish (*anche fig.*).

feticidio *s.m.* foeticide, feticide.

feticismo *s.m.* fetishism (*anche fig.*).

feticista *agg.* fetishistic (*anche fig.*) ◆ *s.m.* e *f.* fetishist (*anche fig.*).

feticistico *agg.* fetishistic.

fetido *agg.* f(o)etid; stinking; rank; foul: *un odore* —, a foul smell.

fetidume *s.m.* **1** (*insieme di cose fetide*) heap of rotting matter **2** (*puzzo*) stench, stink, reek.

feto *s.m.* (*biol.*) foetus*, fetus*.

fetologia *s.f.* (*med.*) f(o)etology.

fetologo *s.m.* (*med.*) f(o)etologist.

fetonte *s.m.* (*zool.*) Bos'n bird.

fetore *s.m.* stink, stench; reek, fetor.

fetta *s.f.* **1** slice: *dammi un'altra — di torta*, give me another slice of cake; *una — di arrosto*, a slice of roast meat; *una — di limone*, a slice of lemon; *una grossa — di pane*, a thick slice of bread; *tagliare qlco. a fette*, to slice sthg. (*o* to cut sthg. into slices) // *fare a fette qlcu.*, to cut s.o. to pieces (*o* to make mincemeat of s.o.) // *una bella — di quel guadagno finì nelle sue tasche*, a large slice of the profit finished up in his pocket **2** (*piccolo pezzo*) piece; strip: *una — di terra*, a piece of land.

fettina *s.f.* thin slice, sliver: *una — di torta*, a thin slice of cake.

fettuccia *s.f.* **1** tape, string **2** (*nastro*) ribbon **3** (*rettifilo*) straight stretch.

fettuccina *s.f.* (*spec. pl.*) (*region.*) (*cuc.*) 'fettuccine' (ribbon-shaped pasta).

feudale *agg.* feudal.

feudalesimo, **feudalismo** *s.m.* (*st.*) feudalism.

feudalità *s.f.* feudality.

feudatario *s.m.* **1** (*titolare di un feudo*) feudatory: *i grandi feudatari della Corona*, the great feudatories of the Crown **2** (*estens.*) large landowner ◆ *agg.* → feudale.

feudo *s.m* **1** feud, fief, feoff, fee: *investire qlcu. di un* —, to enfeoff s.o. **2** (*grande proprietà*) large landed estate **3** (*fig.*) domain, empire: *crearsi un — economico*, to carve out an economic empire (*o* to build up an economic domain).

feuilleton *s.m.* (*fr.*) (*appendice di giornale*) feuilleton, supplement; (*romanzo d'appendice*) feuilleton, serial.

fèz *s.m.* fez.

feziale *s.m.* (*st. romana*) fetial, fecial.

fiaba *s.f.* **1** fairy tale, tale, story; fable: *la — di Cappuccetto Rosso*, the tale (*o* story) of Little Red Riding Hood; *raccontami un'altra* —, tell me another story **2** (*fandonia*) fabrication, falsehood; story.

fiabesco *agg.* **1** (*da fate*) fairy, fairy-like, fairy-tale (*attr.*): *un castello* —, a fairy-tale castle **2** (*di fate*) fairy: *racconto* —, fairy tale **3** (*favoloso*) fabulous, fantastic ◆ *s.m.* the faerie, the fantastic.

fiabistica *s.f.* **1** art of writing fairy tales **2** → favolistica.

fiacca *s.f.* **1** (*stanchezza*) weariness, lassitude, tiredness **2** (*indolenza*) indolence, laziness; sluggishness, slackness // *battere la* —, (*fam.*) to be sluggish.

fiaccabile *agg.* (*non com.*) (*spezzabile*) breakable.

fiaccamento *s.m.* (*non com.*) **1** (*indebolimento*) weakening, enfeebling; wearing out **2** (*rottura*) breaking, breakage.

fiaccare *v.tr.* **1** to exhaust; to wear* out, to tire out; (*indebolire*) to weaken: — *le proprie forze in sforzi inutili*, to exhaust one's strength in useless efforts; — *il morale di qlcu.*, to weaken s.o.'s morale **2** (*spezzare*) to break* (down) (*anche fig.*): — *la resistenza di qlcu.*, to break s.o.'s resistance ◆ *v.intr.* → fiaccarsi.

□ **fiaccarsi** *v.intr.pron.* **1** (*perdere forza*) to wear* oneself out **2** (*rompersi*) to break* down: — *il collo*, to break one's neck.

fiaccheraio *s.m.* (*region.*) cabman*, cabdriver.

fiacchezza *s.f.* weakness, limpness; sluggishness; (*stanchezza*) weariness, tiredness: *mi sentivo una strana — addosso*, I had a strange weak feeling (*o form.* a strange feeling of lassitude); (*econ.*) — *del mercato*, dullness (in the market).

fiacco *agg.* limp, weak; exhausted, worn-out; (*fam.*) washed-out, pooped: *una stretta di mano fiacca*, a limp handshake; *mi sento* —, I feel very weak; *una partita fiacca*, a sluggish match; *fino al suo arrivo la festa era fiacca*, the party was dull until he arrived; *ricevette solo un applauso* —, he got only weak (*o* half-hearted) applause; *il suo discorso è stato molto* —, he gave a very limp speech; *il mercato è* —, the market is dull (*o* flat); *il dollaro è* —, the dollar is weak.

fiaccola *s.f.* torch: *la — olimpica*, the Olympic torch; *alla luce delle fiaccole*, by torchlight; *la — della libertà*, (*fig.*) the torch.

fiaccolata *s.f.* torchlight procession.

fiacre *s.m.* (*fr.*) horse cab, hackney carriage, hackney cab.

fiala *s.f.* phial, vial.

fiamma *s.f.* **1** flame (*anche fig.*); (*molto viva*) blaze; (*mobile, oscillante*) flare: *questa legna non fa molta* —, this wood doesn't give a good blaze // *in fiamme*, aflame (*o* burning *o* in a blaze): *una casa in fiamme*, a house in a blaze (*o* all in flames *o* on fire); *andare in fiamme*, (*prendere fuoco*) to catch fire, (*bruciare*) to go up in flames; *dare alle fiamme*, to burn; *riflesso di* —, glow // *color* —, flaming (*o* bright) red // *la — dell'amore*, the ardour (*o* fire) of love; *la — della fede*, the ardour of faith; *la — della libertà*, the torch of liberty; *le fiamme dell'ira*, the flames of wrath // — *ossiacetilenica*, oxyacetylene flame; — *ossidrica*, oxyhydrogen flame: *tagliare con la — ossidrica*, to flame-cut // *ritorno di* —, backfire, (*fig.*) revival of a former passion, rekindling of an old flame // *le vennero le fiamme al viso*, (*arrossì*) she flushed, (*si adirò*) she blazed with anger // *i suoi occhi lanciavano fiamme*, (*fig.*) his eyes blazed (*o* he looked daggers) // *far fuoco e fiamme*, (*usare ogni mezzo*) to leave no stone unturned (*o* to move heaven and earth), (*adirarsi*) to flare (*o* to blaze) up **2** (*innamorato, innamorata*) flame, sweetheart: *è una mia vecchia* —, he is an old flame of mine; *Maria è la sua nuova* —, Mary is his present sweetheart **3** (*mar.*) pennon, pennant **4** *pl.* (*mil.*): *fiamme verdi*, (*Alpini*) Alpine troops; *fiamme gialle*, revenue inspectors.

fiammante *agg.* **1** flaming, fiery; blazing; flaring; glowing **2** (*fig.*) bright // *nuovo* —, brand-new: *una bicicletta nuova* —, a brand-new bicycle; *rosso* —, bright (*o* flaming) red.

fiammare → **fiammeggiare**.

fiammata *s.f.* **1** flash, burst of flame: *il corto circuito ha prodotto una* —, the short circuit caused a burst of flame **2** (*fig.*) (brief) burst: *è stata solo una — (di entusiasmo)*, it was just a burst of enthusiasm.

fiammato *agg.* (*tess.*) shot; iridescent.

fiammeggiante *agg.* **1** fiery, flaming: *sguardo* —, fiery glance **2** (*letter.*) (*di colore*) fiery, flaming; (*ardente*) glowing.

fiammeggiare *v.intr.* **1** to blaze (with sthg.), to flame (with sthg.), to burn* (with sthg.) (*anche fig.*): *gli fiammeggiavano gli occhi per l'ira*, his eyes blazed with anger **2** (*splendere*) to shine*; (*ardere*) to glow: *il cielo fiammeggiava*, the sky was glowing ◆ *v.tr.* (*cuc.*) to singe.

fiammella *s.f.* little flame.

fiammiferaia *s.f.* match-seller // *la piccola* —, the little matchgirl.

fiammiferaio *s.m.* **1** (*chi fabbrica fiammiferi*) matchmaker **2** (*chi vende fiammiferi*) matchseller.

fiammifero *s.m.* match: — *da cucina*, household match; — *svedese*, safety match; *una scatola di fiammiferi*, a box of matches; *una scatola per fiammiferi*, a matchbox; *accendere un* —, to strike (*o* to light) a match // *pigliar fuoco come un* —, (*fig.*) to flare up (*o* to be quick-tempered).

fiammingo[1] *agg.* Flemish: *arte, scuola fiamminga*, Flemish art, school ◆ *s.m.* **1**

Fleming // *i fiamminghi*, the Flemish (people) **2** (*lingua*) (the) Flemish (language).

fiammingo[2] *s.m.* (*zool.*) flamingo*.

fiancale *s.m.* (*di armatura*) tuille.

fiancata *s.f.* **1** (*lato, fianco*) side; flank: *la — della nave, di un edificio*, the side of a ship, of a building; *ho dovuto rifare la — dell'auto dopo l'incidente*, I had to have the side of the car done after the accident **2** (*mar.*) broadside: *sparare una —*, to fire a broadside **3** (*colpo al fianco*) blow in the side.

fiancheggiamento *s.m.* **1** (*di fortificazione*) propping **2** (*mil.*) flanking: *fuoco di —*, flanking fire **3** (*fig.*) backing, support, help.

fiancheggiare *v.tr.* **1** to flank: *una strada fiancheggiata da alberi*, a road flanked (*o* lined) with trees (*o* a tree-lined road); *la valle era fiancheggiata da alte montagne*, high mountains flanked the valley; *i poliziotti fiancheggiavano il corteo dei dimostranti*, the police flanked the procession of demonstrators **2** (*mil.*) to flank: *la corazzata era fiancheggiata dalle torpediniere*, the battleship was flanked with destroyers **3** (*fig.*) (*aiutare, sostenere, appoggiare*) to support, to help, to back; to stand* by; (*fam.*) to stick* by: *— qlcu. in una discussione*, to stand by s.o. in a quarrel.

fiancheggiatore *s.m.* **fiancheggiatrice** *s.f.* supporter; helper, standby ◆ *agg.* supporting; helping.

fianco *s.m.* **1** hip; side (*anche fig.*): *misura dei fianchi*, hip measurement; *sul — destro della strada*, on the right side of the street: *— di montagna*, mountainside (*o* slope); *— di collina*, hillside; *il — destro della casa*, the righthand side of the house; *camminava al mio —*, he was walking by (*o* at) my side; *ho male a un —*, I have a pain in my side; *starò al suo —, qualunque cosa accada*, I will stand by him, whatever happens (*o* may happen) // *— a —*, side by side: *lavorare — a — con qlcu.*, to work alongside s.o. (*anche fig.*); *di —*, sideways; (*su di un fianco*) on one side: *di — a qlcu.*, by s.o.'s side // *prendere un argomento di —*, to approach a subject in a roundabout way // *prestare il — alle critiche*, to lay oneself open to criticism (*o* to censure) // (*boxe*) *lavorare ai fianchi l'avversario*, to body punch one's opponent **2** (*di animale*) flank **3** (*mil.*) flank: *il — destro dell'esercito*, the right flank of the army; *un attacco sul —*, a flank attack // *— destro, sinistro!*, right, left turn! **4** (*mar.*): *— destro*, starboard side; *— sinistro*, larboard (*o* port) side.

fiandra *s.f.* Flanders flax.

fiasca *s.f.* flask.

fiaschetta *s.f.* **1** small flask; (*tascabile*) hip flask **2** (*per polvere da sparo*) powder horn.

fiaschetteria *s.f.* **1** wine shop **2** (*osteria*) tavern, hostelry.

fiasco *s.m.* **1** flask: *il Chianti si vende in fiaschi*, Chianti is sold in flasks; *bere un — di vino*, to drink a flaskful of wine **2** (*fig.*) (*insuccesso*) fiasco, failure; (*sl.*) flop, washout: *far —*, to fail utterly (*o* to be a fiasco *o* to be a flop); *la sua commedia ha fatto —*, his play was a fiasco (*o* a big flop); *il romanzo è stato un —*, the novel was a flop (*o* failure).

fiat *voce verbale latina* jiffy, twinkling, flash: *in un —*, in a jiffy (*o* in the twinkling of an eye).

fiatare *v.intr.* **1** (*non com.*) (*respirare*) to breathe **2** (*parlare*) to speak*, to breathe a word: *nessuno fiatò*, nobody spoke (*o* uttered a single word); *uscì senza —*, he left without saying a word; *che nessuno osi —!*, woe betide anyone who dares breathe (*o* utter a word)!

fiato *s.m.* **1** breath: *avere il — corto*, to be short of breath; *avere il — grosso, essere senza —*, to be out of breath (*o* to be breathless *o* to be panting); *trattenere il —*, to hold (*o* to catch) one's breath; *prender —*, to take (*o* draw) breath (*anche fig.*); *gridai con quanto — avevo in gola*, I shouted at the top of my voice; *non mi stancherò di ripetere la stessa cosa finché avrò — in gola*, I'll keep on saying the same thing until I'm blue in the face // *è tutto — sprecato*, it's all a waste of breath // *mi hai fatto rimanere senza —!*, you have taken my breath away!; *rimanemmo senza — per la meraviglia*, we were breathless (*o* speechless) with astonishment // *tutto d'un —*, all in one (*o* at a) breath (*o* in one gulp): *bere* (*qlco.*) *tutto d'un —*, to gulp (sthg.) down (*o* to drain sthg.); *ho letto quel libro tutto d'un —*, I read that book in a sitting (*o* in one go) // (*mus.*) *strumenti a —, fiati*, wind instruments (*o* wind *o* winds) // *dare — alle trombe*, to sound the trumpets; (*fig.*) to trumpet abroad (*o* to shout from the rooftops) **2** (*resistenza*) stamina, wind, staying power, breath: *non ho — per nuotare fino alla boa*, I haven't got the stamina to swim as far as the buoy; *questo atleta non ha —*, this athlete has no staying power; *giù di —*, (*di atleta*) out of training **3** (*letter.*) (*soffio*) breath of wind, gust of wind.

fiatone *s.m.* (*fam.*) breathing, panting: *non ce la faccio più, ho il —*, I can't go on, I'm completely out of breath; *Che —! Hai corso?*, How out of breath you are! Have you been running?

fibbia *s.f.* buckle.

fiberglass *s.m.* fibreglass, (*amer.*) fiberglass.

fibra *s.f.* **1** fibre; (*amer.*) fiber: *— di cotone*, cotton fibre; *— di ginestra*, broom fibre; *— di vetro*, glass fibre; *— muscolare, nervosa*, muscle, nerve fibre; *— tessile*, textile fibre; (*tess.*) *lino a fibre lunghe*, long flax **2** *—* (*vulcanizzata*), (vulcanized) fibre: *una valigia di —*, a fibreboard suitcase **3** (*costituzione*) constitution: *uomini di forte —*, men of strong constitution (*o* tough fibre) **4** (*carattere*) fibre: *un uomo di — rude*, a man of coarse fibre.

fibrato *agg.* fibrous, fibred; veined, streaked.

fibrilla *s.f.* (*biol.*) fibril.

fibrillazione *s.f.* (*med.*) fibrillation.

fibrina *s.f.* (*biochim.*) fibrin.

fibrinogeno *s.m.* (*biol.*) fibrinogen.

fibrinoide *agg.* (*biochim.*) fibrinoid.

fibrinolisina *s.f.* (*biochim.*) fibrinolysin.

fibrinoso *agg.* (*biol.*) fibrinous.

fibroblasto *s.m.* (*biol.*) fibroblast.

fibrocellula *s.f.* (*biol.*) fibrocell.

fibrocemento *s.m.* (*edil.*) asbestos cement.

fibrocita *s.m.* (*biol.*) fibrocyte.

fibroina *s.f.* (*biol.*) fibroin.

fibroma *s.m.* (*med.*) fibroma*.

fibrosarcoma *s.m.* (*med.*) fibrosarcoma.

fibroscopio *s.m.* (*med.*) fibroscope.

fibrosi *s.f.* (*med.*) fibrosis*.

fibroso *agg.* fibrous; thready.

fibula *s.f.* **1** (*spilla*) fibula*, buckle **2** (*anat.*) fibula*, splint-bone.

fica *s.f.* (*volg.*) **1** (*vulva*) cunt **2** (*estens.*) (nice) bit of skirt; piece of stuff; (*amer.*) ass, tail.

ficaia *s.f.* (*non com.*) **1** (*albero di fico*) fig tree **2** (*luogo piantato a fichi*) fig garden, fig orchard.

ficata *s.f.* (*sl.*): *è una —!*, it's really cool!, it's wicked!

ficcanaso *s.m.* e *f.* nosey parker, meddler, intruder: *non mi piace, è un —*, I don't like him, he's a nosey parker.

ficcare *v.tr.* **1** to thrust*; to drive* (in), to ram: *ficca bene il chiodo nella parete*, drive the nail well into the wall; *— un palo nel terreno*, to ram a post into the ground; *ficcarsi le mani in tasca*, to stick one's hand into one's pocket; *gli ficcarono un bavaglio in bocca*, they thrust a gag into his mouth; *poco mancò che mi ficcasse un dito in un occhio*, he nearly poked me in the eye // *— qlco. in testa a qlcu.*, to hammer (*o* to get) sthg. into s.o.'s head; *non riesco a ficcarmi in testa tutte queste date*, I just can't get all these dates into my head // *— il naso dappertutto*, to poke (*o* to thrust) one's nose into everything // *— gli occhi addosso a qlcu.*, to stare hard at s.o. **2** (*fam.*) (*mettere*) to put* (away), to stick*, to stuff: *ho ficcato le chiavi da qualche parte, ma non ricordo dove*, I stuck the keys somewhere, but I don't remember where; *ho ficcato qualche cosa in valigia e sono partita*, I stuffed a few things in my suitcase and left **3** (*scherma*) to thrust*.

□ **ficcarsi** *v.rifl.* (*cacciarsi*) to thrust* oneself, to dive; (*nascondersi*) to hide*: *quando c'è un temporale il mio cane si ficca sotto il letto*, when there's a storm my dog dives under the bed; *— sotto le lenzuola*, to dive under the sheets; *in che strano affare ti sei ficcato?*, what strange business have you got yourself into?; *— tra i cespugli*, to dive into the bushes; *dove si sarà ficcato il mio berretto?*, (*fam.*) where can my cap be? (*o* where has my cap got to?); *dove ti sei ficcato in tutto questo tempo?*, where have you been hiding all this time?

fiche *s.f.* (*nei giochi d'azzardo*) chip, fish, counter.

fico[1] *s.m.* fig; (*albero*) (*Ficus carica*) fig(tree): *fichi freschi*, green figs; *— secco*, dried (*o* Smyrna) fig; *foglia di —*, fig leaf // *dolce come un —*, as sweet as a nut // *— d'India* → **ficodindia** // *un — secco!*, (*fig.*) a fig for it!: *non me ne importa un —* (*secco*), I don't care a fig for it (*o* I don't give a toss about it *o* I don't give a damn about it); *non vale un —* (*secco*), it's not worth a fig (*o* it's worthless); *non capisce un — secco*, he doesn't understand a thing // *fare le nozze coi fichi secchi*, (*fig.*) to be stingy.

fico[2] *s.m.* (*region.*) (*giovane attraente*) heartthrob, Romeo; hunk.

ficodindia, **fico d'India** *s.m.* (*bot.*) (*Opuntia ficus-indica*) prickly pear, Indian fig, (*scient.*) opuntia.

ficosecco, **fico secco** *s.m.* dried fig → **fico**[1].

ficus *s.f.* (*bot.*) ficus, rubber plant.

fida *s.f.* (*dir.*) land let for grazing.

fidanza *s.f.* (*ant.*) (*fiducia*) trust, confidence.

fidanzamento *s.m.* engagement; (*letter.*) betrothal: *anello di* —, engagement ring; *annunciarono il loro* —, they announced their engagement; *rompere il* —, to break off an engagement.

fidanzare *v.tr.* to engage, to affiance; (*letter.*) to betroth: *i genitori l'hanno fidanzata a un bravo ragazzo*, her parents have promised her to a nice (*o* decent) young man.
□ **fidanzarsi** *v.rifl.* o *rifl.rec.* to become* engaged (to s.o.), to get* engaged (to s.o.): *si è fidanzato con la sua migliore amica*, he got engaged to her best friend; *non si sono ancora fidanzati ufficialmente*, they aren't officially engaged yet.

fidanzata *s.f.* fiancée; (*innamorata*) sweetheart.

fidanzato *agg.* engaged, betrothed: *essere — (con qlcu.)*, to be engaged (to s.o.); *è già — tuo fratello?*, is your brother already engaged? ◆ *s.m.* fiancé; (*innamorato*) sweetheart, (*ragazzo*) boyfriend.

fidare *v.tr.* (*non com.*) (*affidare*) to entrust, to commit, to confide ◆ *v.intr.* (*confidare*) to trust (s.o., sthg.), to rely on (s.o., sthg.): — *in qlcu.*, to rely on (*o* to trust) s.o.; — *nell'aiuto di un amico*, to rely on a close friend for help; — *in Dio*, to trust in God.
□ **fidarsi** *v.intr.pron.* **1** (*aver fiducia*) to trust (s.o.), to confide (in s.o.): *non fidarti di lui, non è sincero*, don't trust him, he isn't honest; *da quella volta non si fida più di nessuno*, he hasn't trusted anyone since then; *mi fido dei miei collaboratori*, I trust my assistants // — *è bene, non — è meglio*, (*prov.*) to trust is good, not to trust is better **2** (*fare assegnamento*) to rely on (s.o., sthg.), to trust to (s.o., sthg.), to depend upon (s.o., sthg.): *non potete fidarvi del tempo*, you cannot rely on the weather; *posso fidarmi della tua discrezione?*, may I rely on your discretion?; *si fida troppo della sua memoria*, he relies on (*o* he trusts to) his memory too much; *l'auto è troppo vecchia: non c'è da —*, you can't trust the car: it's too old; *non c'è da —, io non mi fiderei della sua puntualità*, you can't depend on him being on time **3** (*fam.*) (*osare*) to dare: *non mi fidavo a contraddirlo*, I dared not contradict him; *non mi fido ancora a guidare*, I still don't feel up to driving.

fidatezza *s.f.* (*non com.*) reliability, trustworthiness.

fidato *agg.* trustworthy, reliable; dependable, trusty: *un amico* —, a trustworthy friend.

fidecommesso → **fedecommesso**.

fidecommissario → **fedecommissario**.

fideismo *s.m.* (*teol.*) fideism.

fideista *s.m* e *f.* (*teol.*) fideist.

fideistico *agg.* fideistic.

fideiussione *s.f.* (*dir.*) guarantee, guaranty, fidejussion; bail; suretyship, warranty: *prestare* —, to guarantee (*o* to stand surety); — *del fideiussore*, counterguarantee; — *bancaria*, bank suretyship (*o* guaranty); *contratto di* —, surety bond; — *per debito futuro*, guarantee of future debt.

fideiussore *s.m.* (*dir.*) guarantor, guarantee, fidejussor; surety, bondsman*: *fare da — a qlcu.*, to stand surety for s.o.

fideiussorio *agg.* (*dir.*) fidejussonary, fidejussory (*attr.*), guaranty (*attr.*): *contratto* —, fidejussory contract (*o* surety bond).

fidente → **fiducioso**.

fido[1] *agg.* (*letter.*) **1** (*fedele*) faithful, devoted; (*di suddito*) loyal, true **2** (*fidato*) trusted, trustworthy; trusty: *il mio — compagno*, my trusty companion **3** (*consueto, familiare*) usual ◆ *s.m.* (*letter.*) devoted follower; faithful attendant; devoted servant.

fido[2] *s.m.* (*comm.*) credit, loan; overdraft (facility); (*credito, fiducia*) trust: — *bancario*, bank credit; — *per scoperto di c/c*, overdraft facility; *limite di* —, credit limit (*o* line); *concedere un* —, to grant credit (*o* a loan); *vendere a* —, to sell on trust.

fiducia *s.f.* trust, confidence, reliance; dependence: — *in se stessi*, self-confidence (*o* self-assurance *o* self-reliance): *mancare di — in se stessi*, to lack self-assurance (*o* self -confidence); *avere — in qlcu.*, to trust s.o.; *avere — nell'avvenire*, to trust to the future; *non ho — nelle sue promesse*, I have no trust in his promises; *abbi — in Dio*, put your trust in God; *dare — a qlcu.*, to trust s.o, (*o* to rely on s.o.); *nutrire* —, to place faith: *nutro molta — nelle mie capacità*, I place a lot of faith in my abilities; *ispirare* —, to inspire confidence; *godere della — di qlcu.*, to enjoy s.o.'s confidence (*o* trust); *meritare la — di qlcu.*, to deserve s.o.'s confidence (*o* trust); *vi ringrazio per la — che mi è stata dimostrata*, I thank you for the confidence placed in me; *perdere — in qlcu.*, to lose faith in s.o.; *con* —, with confidence (*o* confidently): *con la massima* —, with full confidence; *piena* —, complete trust; — *incondizionata, assoluta*, absolute faith; *per mancanza di* —, for want of confidence // (*degno*) *di* —, trustworthy (*o* reliable); *ditta di* —, reliable firm (*o* firm that enjoys great credit); *banca di* —, one's bank; *impiegato di* —, trustworthy employee; *incarico di* —, position of confidence (*o* responsible task); *avere un posto di grande* —, to have a position of great trust (*o* a very responsible position) // *uomo di* —, trusty (*o* reliable) man; (*braccio destro*) righthand man: *mi occorre un uomo di* —, I want a man whom I can trust (*o* whom I can rely on) // (*dir.*): *abuso di* —, breach of trust; — *testamentaria*, testamentary trust // (*pol.*): *voto di* —, vote of confidence; *porre la questione di* —, to ask for a vote of confidence // (*comm.*): *nella — che accoglierete la mia richiesta*, feeling confident (that) you will grant my request; *non è per mancanza di — verso la vostra rispettabile ditta...*, it is not because we do not trust your much esteemed firm...

fiduciaria *s.f.* trust company; (*amer.*) trust corporation.

fiduciario *agg.* **1** (*di fiducia*) based on trust (*pred.*): *rapporto* —, relationship based on trust **2** (*dir., econ.*) fiduciary, trustee (*attr.*), trust (*attr.*): *certificato* —, trust-certificate; (*fin.*) *circolazione fiduciaria*, fiduciary currency (*o* paper money); *compagnia fiduciaria*, trust company; *atto* —, trust deed; *erede* —, fiduciary heir; *contratto* —, trust; *amministrazione fiduciaria*, receivership (*o* trusteeship); *società fiduciaria*, trust company; *banca fiduciaria*, trustee (bank); *prestito* —, fiduciary (*o* straight) loan; *fondo* —, fiduciary trust; *titoli fiduciari*, paper securities; *emissione fiduciaria*, fiduciary issue ◆ *s.m.* (*dir.*) fiduciary; trustee; delegate: — *di fabbrica*, union steward; — *di una società*, corporate fiduciary; — *sindacale*, shop (*o* union) steward (*o* union representative).

fiduciosamente *avv.* **1** trustfully, trustingly; confidently **2** (*con speranza*) hopefully.

fiducioso *agg.* **1** trusting; trustful; confiding, confident: — *nell'avvenire, nei suoi amici*, trusting to the future, in his friends **2** (*speranzoso*) hopeful: *si rivolsero a noi fiduciosi che li avremmo aiutati*, they turned to us hoping we would help them.

fiele *s.m.* **1** (*anat.*) bile, gall // *amaro come il* —, bitter as gall **2** (*fig.*) gall; (*odio*) hatred; (*rancore*) rancour, ill-feeling, grudge; bitterness: *essere pieno di — contro qlcu.*, to bear s.o. a grudge (*o* ill will) // *la sua penna è intinta nel* —, his pen is dipped in gall.

fienagione *s.f.* **1** (*il tagliare il fieno*) haymaking **2** (*stagione, epoca del taglio del fieno*) hay time, hay season.

fienaia → **fienile**.

fienaio *agg.* hay (*attr.*): *forcone* —, hayfork (*o* pitchfork).

fienaiolo *agg.* hay (*attr.*) ◆ *s.m.* (*antiq.*) hay seller.

fienarola *s.f.* (*bot.*) bluegrass.

fiengreco *s.m.* (*bot.*) (*Trigonella phoenumgraecum*) fenugreek.

fienile *s.m.* hayloft.

fieno *s.m.* **1** hay: *mucchio di* —, haycock; *fare il* —, to make hay // — *settembrino*, fog // (*med.*) *asma, febbre da* —, hay fever **2** (*bot.*) — *santo*, (*Onobrychis sativa*) sainfoin (*o* cock's head).

fiera[1] *s.f.* **1** (*festa locale*) fête: *la — del paese*, the village fête **2** (*mostra mercato*) fair; (*esposizione*) exhibition: — *campionaria, commerciale*, trade (*o* sample) fair; — *campionaria di Milano*, Milan trade (*o* sample) fair; — *del bestiame*, cattle fair; — *del libro*, book fair; — *dell'artigianato*, arts and crafts exhibition; — *dell'antiquariato*, antiques fair; — *di beneficenza*, charity bazaar (*o* fête) **3** (*vendita speciale*) seasonal sale: — *del bianco*, seasonal sale of linen.

fiera[2] *s.f.* (*letter.*) (*animale feroce*) wild beast, wild animal.

fieramente *avv.* **1** (*orgogliosamente*) proudly **2** (*con alterigia*) haughtily **3** (*audacemente*) boldly **4** (*letter.*) (*crudelmente*) fiercely, violently.

fierezza *s.f.* **1** (*orgoglio*) pride: *dico questo con* —, I take pride in saying this **2** (*altezzosità*) haughtiness, lordliness, arrogance **3** (*audacia*) boldness, daring **4** (*letter.*) (*crudeltà*) fierceness, violence.

fieristico *agg.* fair (*attr.*), exhibition, show (*attr.*): *durante il periodo* —, while the trade fair is on (*o* over the trade-fair period); *zona fieristica, quartiere* —, fair-ground.

fiero *agg.* **1** (*orgoglioso*) proud: *siamo fieri di te*, we are proud of you **2** (*altezzoso*) haughty **3** (*audace*) bold, daring **4** (*severo, duro*) stern, severe **5** (*letter.*) (*crudele*) fierce, violent, savage, wild, cruel: *aveva un aspetto* —, he had a fierce appearance (*o* mien).

fievole *agg.* feeble, weak, faint; (*di luce*) dim: *con voce* —, in a feeble voice; *un suono* —, a faint sound; *una luce* —, a dim light.

fievolezza *s.f.* (*non com.*) feebleness, weakness, faintness; (*di luce*) dimness.

fifa[1] *s.f.* (*zool.*) lapwing → **pavoncella**.

fifa[2] *s.f.* (*fam.*) fright, scare: *ho una — del diavolo!*, I'm scared stiff; *che —!*, it scared me to death (*o* it scared me stiff)!

fifo *s.m.* (*comm.*) FIFO (first in first out).

fifone *s.m.* (*fam.*) coward, sissy: *sei un —!*, you are yellow (*o* a sissy)! ◆ *agg.* (*fam.*) yellow.

fifty-fifty *locuz.agg.* e *avv.* fifty-fifty: *dividiamo il conto —*, let's split the bill; *pagare —*, let's pay fifty-fifty.

figa → **fica**.

figaro *s.m.* **1** (*scherz.*) barber **2** (*giubbetto*) bolero.

figata → **ficata**.

figgere *v.tr.* (*letter.*) to fix; to fasten; (*conficcare*) to stick*, to drive*: *— gli occhi su qlco.*, to stare hard at sthg.; *figgersi qlco. nella memoria*, (*fig.*) to impress sthg. on one's memory; *figgersi qlco. in testa*, (*fig.*) to get sthg. into one's head.

fighiera *s.f.* (*mar.*) jackstay.

figlia *s.f.* **1** daughter; (*fam.*) girl: *— unica*, only daughter **2** (*comm.*) (*cedola*) counterfoil, counterpart; (*di titolo*) coupon **3** (*fig.*) child*: *la superstizione è — dell'ignoranza*, superstition is the fruit (*o* the child *o* is born) of ignorance.

figliare *v.tr.* **1** (*di animale*) to litter, to bring* forth; (*prematuramente*) to slip; (*di cagna*) to pup; (*di cavalla, asina*) to foal; (*di gatta*) to kitten; (*di mucca*) to calve; (*di pecora, capra*) to yean; (*di scrofa*) to farrow; (*di conigli, piccioni ecc.*) to throw*; (*di daini*) to fawn; (*di bestia feroce in genere*) to whelp, to cub **2** (*fig., letter.*) (*produrre*) to breed*: *l'intolleranza figlia violenza*, intolerance breeds violence.

figliastra *s.f.* stepdaughter.

figliastro *s.m.* stepson: *i figliastri*, (*maschi e femmine*) stepchildren.

figliata *s.f.* litter; fall; (*di scrofa*) farrow; (*covata*) brood.

figliatura *s.f.* delivery.

figliazione → **filiazione**.

figlio *s.m.* **1** son; child*; (*fam.*) boy: *il — maggiore*, the eldest son; *— unico*, only son; *i miei figli*, (*maschi e femmine*) my children // (*dir.*): *— legittimo, illegittimo*, legitimate, illegitimate child; *stato di — legittimo*, legitimacy // *vieni, — mio*, come here, my boy; *povero —, che brutto periodo ha passato!*, poor child (*o* boy) what a hard time he has had! // *— di papà*, spoilt young man (*o* daddy's boy); *— di mamma*, mummy's boy // *— di buona donna, di un cane, di puttana*, (*volg.*) son of a bitch // *— di nessuno*, foundling (*o* waif), (*fig.*) loner // *è — d'arte*, he is the actor son of an actor father // *sei proprio — di tuo padre*, you are just like your father (*o* you are a chip off the old block) // *tal padre, tal —*, like father, like son // *i figli di Abramo*, the sons of Abraham // *il Figlio di Dio*, the Son of God // *i figli della Chiesa*, the faithful // *'Figli carissimi', disse il sacerdote*, 'Dearly beloved sons and daughters in Christ', said the priest **2** (*fig.*) (*frutto, prodotto*) child*, fruit: *essere — del proprio tempo*, to be a child of one's time; *il romanticismo è — della rivoluzione francese*, romanticism is the child (*o* fruit) of the French Revolution; *i figli più illustri della patria*, the most illustrious sons of the nation.

figlioccia *s.f.* goddaughter.

figlioccio *s.m.* godson.

figliola meno com. **figliuola** *s.f.* **1** (*figlia*) daughter; child* **2** (*ragazza*) girl: *fa' la brava —*, be a good girl.

figliolanza *s.f.* **1** children (*pl.*); family, offspring: *— numerosa*, a large family (*o* many children) **2** (*letter.*) filiality: *— intellettuale*, intellectual filiality (*o* reverence).

figliolo meno com. **figliuolo** *s.m.* **1** (*figlio*) son; child* // *il — prodigo*, the prodigal son **2** (*ragazzo*) boy; (*uomo*) fellow: *— mio*, my boy (*o* my son); *è un buon —*, he is a good boy (*o* fellow).

figura *s.f.* **1** (*forma umana*) figure; physique, build: *vedemmo una — di donna*, we saw the figure of a woman; *avere una — atletica*, to have an athletic build (*o* physique); *ha una bella —*, he has a fine figure; *non dimenticherò mai la sua — imponente*, I shall never forget his imposing figure **2** (*forma, sagoma*) figure, shape, form, silhouette: *un portacenere dalla — inconsueta*, an ashtray with an unusual shape **3** (*mat.*) figure: *— geometrica, piana, solida*, geometrical, plane, solid figure **4** (*immagine dipinta, scolpita*) figure: *la — centrale del quadro*, the central figure of the painting // *ritratto a mezza —*, half-length portrait **5** (*illustrazione*) illustration, picture, drawing; (*tavola*) plate: *un libro pieno di figure*, a book full of pictures **6** (*personaggio, personalità*) figure; (*di romanzo, opera teatrale*) character: *è una — di primo piano in quell'azienda*, he is an important figure in the firm; *la — principale di questo romanzo è molto ben riuscita*, the main character of this novel is very well portrayed; *le grandi figure della storia*, the great figures of history **7** (*fam.*) (*impressione*) figure; show: *hai fatto la — dello sciocco, del cretino*, you made a fool of yourself; *fare una bella, cattiva —*, to cut a fine, poor figure (*o* to create a good, bad impression); *Perché sei arrivato così in ritardo alla cena? Mi hai fatto fare una pessima —!*, Why were you so late for the dinner? You made me feel so ashamed (of you)!; *quel vestito costa poco ma fa la sua —*, that dress is cheap but it looks very smart // *mamma, che —!*, how embarrassing! **8** (*simbolo*) symbol: *l'agnello è — di Gesù Cristo*, the lamb is the symbol of Jesus Christ; *il Catone dantesco è — della libertà del cristiano*, Dante's Cato represents Christian freedom **9** (*pattinaggio, danza*) figure: *figure libere, obbligate*, free, prescribed figures **10** (*mus.*) note **11** (*ret., log.*) figure: *— retorica*, figure of speech **12** (*nelle carte da gioco*) court card, coat card; (*amer.*) face card **13** (*inform.*) icon.

figurabile *agg.* (*non com.*) that may be represented; (*fig.*) conceivable, imaginable.

figuraccia *s.f.* poor figure, sorry figure: *feci una —*, I disgraced myself (*o* I cut a poor figure).

figurale *agg.* **1** (*simbolico*) figurative, symbolical, allegorical **2** (*non com.*) (*figurativo*) figurative.

figurante *s.m.* e *f.* **1** (*teatr.*) walk-on **2** (*estens.*) (*persona poco importante*) minor figure.

figurare *v.tr.* **1** (*rappresentare*) to show*, to represent, to depict, to portray: *la scena figura un castello*, the scene shows (*o* depicts) a castle **2** (*simboleggiare*) to represent; to symbolize, to stand* for: *la lupa figura l'avarizia*, the she-wolf symbolizes avarice **3** (*non com.*) (*illustrare*) to illustrate **4** (*fig.*) (*immaginare*) to imagine, to picture, to think*, to fancy: *me lo figuravo più grasso*, I imagined him fatter; *non riesco a figurarmi come hai fatto*, I can't imagine (*o* think) how you managed; *puoi figurarti il mio stato d'animo*, you can imagine how I felt; *figurati un po' che l'avevo scambiato per suo fratello*, just think (*o* imagine *o* fancy) I had mistaken him for his brother; *figurati che non lo vedo da anni*, would you believe it! I haven't seen him for years; *figurati che i suoi genitori non sanno ancora nulla del matrimonio*, believe it or not, his parents still don't know anything about his marriage // *"Era in anticipo una volta tanto?" "Figuriamoci!"*, "Was he early for once?" "What do you think? (*o* of course not!)"; *"Ti dispiace se fumo?" "Figuriamoci!"*, "Do you mind if I smoke (*o* my smoking)?" "Not at all! (*o* not in the least! *o* of course not!)"; *"Lei è stato veramente gentile con me" "Ma figuriamoci!"*, "You have been really kind to me" "It's my pleasure!" **5** (*non com.*) (*fingere*) to pretend, to feign: *figurava di non saper niente*, he pretended not to know anything ◆ *v.intr.* **1** (*apparire*) to appear; to be: *il mio nome non figura sull'elenco del telefono*, my name does not appear (*o* is not) in the directory (*o* telephone book); *non vuole — come autore dell'opera*, he does not want to appear as the author of the work; *fra gli invitati figurava una nota attrice*, a famous actress was among the guests **2** (*far figura*) to make* a good impression, to cut* a (fine) figure, to make* a good show; *ci tiene a — in società*, she wants to cut a good figure in high society.

figurativismo *s.m.* (*arte*) representational art.

figuratività *s.f.* figurativeness, representationalism.

figurativo *agg.* **1** figurative: *arti figurative*, figurative arts **2** (*econ.*) imputed, implicit, notional: *costi figurativi*, imputed costs; *reddito —*, notional income; *prezzo —*, notional price; *canone di locazione —*, implicit rent.

figurato *agg.* **1** (*illustrato*) illustrated: *libro —*, illustrated book **2** (*ret.*) figurative: *linguaggio, senso —*, figurative language, sense **3** (*con figure*) figure (*attr.*): *ballo —*, figure dancing.

figurazione *s.f.* (*non com.*) **1** (*rappresentazione*) representation, figuration: *la — di una scena campestre*, the representation of a country scene **2** (*figura*) figure (*anche danza ecc.*): *un tappeto con figurazioni animali*, a rug with animal figures.

figurina *s.f.* **1** (*figura snella*) slender figure **2** (*statuetta*) figurine, statuette **3** (*da raccolta*) picture-card: *far collezione di figurine*, to collect picture-cards.

figurinista *s.m.* e *f.* dress designer; costume designer.

figurino *s.m.* **1** (*modello*) fashion-plate // *si veste come un —*, he dresses like a fashion-plate; *essere un —*, to be dressed after the latest fashion **2** (*antiq.*) (*giornale di moda*) fashion journal, fashion magazine.

figurista *s.m.* e *f.* figure painter.

figuro *s.m.* (*spreg.*) character, (*fig.*) customer: *un losco —*, a shady customer; *la sera c'erano certi figuri poco raccomandabili in giro*, in the evening there were some suspicious characters around.

figurona *s.f.* **figurone** *s.m.* brilliant figure, superb figure: *farai un —*, you'll cut a very fine figure (*o* you'll make a very good impression).

fila *s.f.* **1** row, line, file; (*coda*) queue, line: *una — di case, di alberi*, a row of houses, of trees; *una — di persone*, a line of people; *— di* *stanze*, suite of rooms; *al casello c'era una — di 4 km*, at the toll booth there was a queue four kilometres long // *fare la —*, to queue // *in —*, in (a) line (*o* in a row); (*mil.*) in file: *in prima, in seconda —*, in the front, in the second row; *sedeva a teatro in prima —*, he was sitting in the front row at the theatre; *i ragazzi devono stare in —*, the boys have to stand in (a) line; *il maestro mise in — gli alunni*, the schoolmaster lined the pupils up; *metti in — le bottiglie*, put the bottles in a row; *i soldati si misero in —*, the soldiers lined up; *le automobili procedevano in —*, the cars moved along in single file; *aspettavano tranquilli in — che venisse il loro turno*, they awaited their turn patiently in a queue // *in — indiana*, in single (*o* Indian) file // *parcheggiare in doppia —*, to double park // (*mil.*) *per — destr'!, sinistr'!*, right, left wheel! **2** *pl.* (*ranghi*) ranks: (*mil.*) *rompete le file!*, dismiss!; *abbandonare, disertare le file*, to desert the army; (*fig.*) to betray (*o* to abandon) a cause; *serrare, stringere le file*, to close ranks (*anche fig.*); *militare nelle file di un'associazione*, to militate in the ranks of an association; *andare a ingrossare le file dei disoccupati*, to go to swell the ranks of the unemployed **3** (*di pulsanti, luci, interruttori ecc.*) bank; array **4** (*fig.*) (*serie*) stream; string; series; succession: *una — di bugie*, a string (*o* pack) of lies; *una — d'improperi*, a stream of abuse // *di —*, (*uno dopo l'altro*) in succession (*o* on end *o* running *o* one after another); (*ininterrottamente*) continuously (*o* non-stop): *piovve per dieci giorni di —*, it rained for ten days running (*o* for ten consecutive days) // *fuoco di —*, running fire (*anche fig.*): *un fuoco di — di domande*, a running fire (*o* a barrage) of questions **5** (*agr.*) (*di semi, piantine*) drill **6** (*zool.*) (*di uova di rospo e simili*) chaplet.

filabile *agg.* spinnable.

filaccia *s.f.* lint: *— di lino*, linen dressing.

filaccicoso, filaccioso *agg.* (*non com.*) **1** (*che si sfilaccia*) frayed, ragged, threadbare **2** (*filamentoso*) filamentous, filamentary; thready.

filacterio → **filatterio**.

filamento *s.m.* **1** filament: *lampada a —*, filament lamp; (*elettr.*) *circuito di —*, filament circuit; (*biol.*) *filamenti citoplasmatici, nervosi*, cytoplasmatic, nervous filaments **2** (*zool.*) cirrus **3** (*astr.*) filament, dark flocculus.

filamentoso *agg.* **1** filamentous, filamentary **2** (*bot., zool.*) thready; cirrose, cirrous.

filanca® *s.f.* stretch yarn; stretch nylon.

filanda *s.f.* (*tess.*) spinnery, filature, spinning mill, spinning factory; (*della seta*) silk mill.

filandaia *s.f.* spinner.

filandiere *s.m.* spinning-mill owner.

filandina *s.f.* spinner.

filandra *s.f.* (*cascame di filatura*) spinning waste; (*di tessitura*) weaving waste.

filante *agg.* **1** stringy: *un formaggio —*, a stringy cheese **2** (*aerodinamico*) racy: *la linea — di un'automobile*, the racy lines of a car **3** (*astr.*) *stella —*, shooting car (*o* falling star), (*di carta*) streamer.

filantropia *s.f.* philanthropy.

filantropico *agg.* philanthropic(al).

filantropismo *s.m.* philanthropism.

filantropo *s.m.* philanthrope, philanthropist.

filare[1] *s.m.* (*agr.*) row, line: *filari di viti*, rows of vines.

filare[2] *v.tr.* **1** to spin*: *— a mano, a macchina*, to spin by hand, by machine // *— in perfetto amore*, to live in perfect harmony // *non è più il tempo che Berta filava*, the good old days (*o* times) are gone for ever **2** (*metall.*) to spin* **3** (*mar.*) (*mollare*) to pay* out, to ease off: *— un cavo*, to pay out a rope ◆ *v.intr.* **1** (*di liquido, scendere in un filo*) to rope: *questo sciroppo fila*, this syrup is ropy **2** (*di lampada, candela*) to smoke: *questa candela fila*, this candle is smoking **3** (*correre*) to run*; (*andar via*) to go* away, to make* off: *automobile che fila a tutta velocità*, car that runs (*o* spins along) at full speed; *ora la nave fila a tredici nodi*, now the ship is making thirteen knots; *fila!*, off with you! (*o* scram!); *filate a casa*, go straight home; *— via, filarsela*, to make off (*o* to decamp *o fam.* to scarper); *vista la situazione se l'è filata*, seeing how matters stood he took (*o* made) off // *il suo ragionamento sembra —*, (*fig.*) his reasoning seems to make sense (*o* sounds logical) // *tutto sembrava — liscio*, everything seemed to be going off smoothly **4** (*comportarsi bene*) to behave: *— diritto*, to behave properly // *far — qlcu.*, to make s.o. behave (*o* to keep s.o. in hand *o* to make s.o. toe the line) **5** (*amoreggiare*) to flirt; (*fam.*) to neck: *quei due filano da un pezzo*, they have been going out together for quite a while.

filaria *s.f.* (*zool.*) filaria (*pl.* -ae): *— di Medina*, (*Dracunculus medinensis*) guinea-worm.

filariasi, filariosi *s.f.* (*med.*) filariasis, filariosis.

filarino *s.m.* **1** (*fam. scherz.*) (*giovane innamorato*) boyfriend, sweetheart **2** (*amore superficiale*) (love) affair // *avere un — con qlcu.*, to date s.o.

filarmonica *s.f.* philharmonic society.

filarmonico *agg.* philharmonic: *società filarmonica*, philharmonic society ◆ *s.m.* (classical) music lover.

filastrocca *s.f.* **1** nonsense rhyme; (*per bambini*) nursery rhyme; *una — natalizia*, a Christmas poem **2** (*discorso sconnesso, lungo, noioso*) tedious list, litany, rigmarole, long rambling talk: *una — di nomi*, a litany (*o* string) of names // *...e poi iniziò la — dei suoi meriti*, ...and then he began to reel off the list of his merits.

filata *s.f.* **1** (*non com.*) row, line; (*fig.*) (*successione*) succession, series: *una — d'alberi*, a row of trees **2** (*region.*) (*sgridata*) scolding, dressing-down, talking-to.

filatelia, filatelica *s.f.* philately, stamp collecting.

filatelico *agg.* philatelic: *mostra filatelica*, philatelic exhibition ◆ *s.m.* philatelist.

filatelista *s.m.* e *f.* philatelist.

filaticcio *s.m.* (*tess.*) filoselle.

filato *agg.* **1** spun: *oro —*, spun gold; (*chim.*) *vetro —*, spun glass // *zucchero —*, candy floss **2** (*ordinato, coerente*) logical, reasonable, rational: *ragionamento —*, logical reasoning; *non riuscivo a fare un discorso —*, I just couldn't talk straight **3** (*di seguito*): *dieci giorni filati*, ten days on end (*o* running) **4** (*spedito*) straight: *si diresse dritto — a casa di lei*, he went straight to her home; *andare dritto — al punto*, to go straight (*o* directly) to the point // *di —* → **difilato** ◆ *s.m.* (*tess.*) (spun) yarn; spinning: *— a più colori*, cloud; *— a secco*, dry-spun; *— casalingo*, homespun yarn; *— da maglieria*, knitting (*o* hosiery) yarn; *— di lana*, woollen yarn; *— di lino*, linen; *— fantasia*, fancy yarn; *— per calze*, fingering; *— pettinato*, worsted yarn; *— ritorto*, twisted yarn.

filatoio *s.m.* **1** (*a mano*) spinning wheel **2** (*mecc.*) spinning machine, spinning frame; spinner: *— automatico intermittente*, self-actor **3** (*filanda*) spinning mill.

filatore *s.m.* spinner.

filatrice *s.f.* **1** spinner **2** → **filatoio 2**.

filatterio *s.m.* (*relig. ebraica*) phylactery.

filatura *s.f.* **1** (*tess.*) spinning: *— della lana, del lino, del cotone*, wool, flax, cotton spinning; *— ad anello*, ring spinning; *— a mano*, hand spinning; *— del bozzolo della seta*, silk reeling **2** (*filanda*) spinning mill.

file *s.m.* (*inform.*) file: *— di dati*, data file; *— di emissione*, output file; *— di ingresso*, input file; *— protetto*, locked file; *— di movimenti*, transaction file.

fileggiare *v.intr.* (*mar.*) to shiver.

filellenico *agg.* (*st.*) philhellenic.

filellenismo *s.m.* (*st.*) philhellenism.

filelleno *s.m.* philhellenist, philhellene ◆ *agg.* philhellenic.

filet *s.m.* (*pizzo*) filet.

filetico *agg.* (*biol.*) phyletic: *evoluzione filetica*, phyletic evolution.

filettaggio *s.m.* (*mecc.*) screw-cutting, threading; (*maschiatura*) tapping.

filettare *v.tr.* **1** (*ornare con filetto*) to ornament (with thin ribbons, strings, threads etc.) **2** (*fregiare con filetto*) to line **3** (*mecc.*) to thread: *— al tornio*, to chase; *— un foro*, to tap; *— una vite*, to thread a screw.

filettato *agg.* **1** adorned (with threads, ribbons etc.) **2** (*mecc.*) threaded.

filettatore *s.m.* screw cutter, thread maker; (*maschiatore*) tapper.

filettatrice *s.f.* (*mecc.*) threader, threading machine, screw-cutting machine.

filettatura *s.f.* **1** edging; border **2** (*mecc.*) (*parte filettata*) (screw) thread: *— destrorsa*, right-handed thread (*o* right screw thread); *— multipla*, multiple screw thread; *— semplice*, single screw thread; *— sinistrorsa*, left-handed thread (*o* left screw thread); *eseguire una —*, to cut a thread; *strappare la — di una vite*, to strip the thread of a screw; *calibro per filettature*, thread gauge **3** (*mecc.*) (*lavorazione*) threading, screw-cutting; (*maschiatura*) tapping.

filetto *s.m.* **1** (*filo sottile*) thin thread; ribbon; line **2** (*bordo*) border **3** (*legatoria, arald.*) fillet **4** (*mil.*) stripe **5** (*tip.*) rule: *— chiaro*, fine face rule; *— ondeggiato*, wave rule **6** (*mecc.*) thread **7** (*cuc.*) fillet: *— di bue*, fillet (*o* tenderloin *o* undercut) **8** (*di orologio*) bezel **9** (*anat.*) *— della lingua*, fraenum* (*o* bridle) **10** (*finimento di cavallo*) snaffle, bit.

filiale[1] *agg.* filial: *amore, rispetto —*, filial love, respect.

filiale[2] *s.f.* (*comm.*) affiliate, affiliated company, affiliated firm, branch, house branch: *— di un ufficio*, branch office; *— di una banca*, bank branch; *— estera*, overseas branch; *— di provincia*, country branch.

filiazione *s.f.* **1** filiation (*anche dir.*) **2** (*origine*) derivation; origin.

filibusta *s.f.* buccaneers (*pl.*); pirates (*pl.*).

filibusteria *s.f.* buccaneering; piratry.

filibustering *s.m.* (*pol.*) filibustering.

filibustiere *s.m.* **1** filibuster; buccaneer; freebooter; pirate **2** (*fig.*) (*avventuriero*) adventurer; (*mascalzone*) cad; scoundrel; rascal.

filiera *s.f.* **1** (*mecc.*) (*per filettare*) die, threading die, die chaser, screw-cutting die **2** (*mecc.*) (*trafila*) die, drawplate, drawing machine **3** (*tess.*, *chim.*) spinneret(te); nozzle **4** (*di ragno*) spinneret.

filiforme *agg.* threadlike; filiform.

filigrana *s.f.* **1** filigree, filagree: *orecchini in —*, gold filigree earrings **2** (*di carta, banconote ecc.*) watermark.

filigranato *agg.* **1** filigreed: *oro —*, filigreed gold **2** (*di carta, banconote ecc.*) watermarked: *carta filigranata*, watermarked paper.

filigranatura *s.f.* watermarking.

filigranoscopio *s.m.* watermark detector.

filipendula *s.f.* (*bot.*) (*Filipendula hexapetala*) dropwort.

filippica *s.f.* **1** philippic **2** (*invettiva*) philippic, tirade: *fare una — (a qlcu.)*, (*scherz.*) to launch into a tirade (against s.o., sthg.).

filippina *s.f.* Filipina.

filippino *agg.* Philippine, Filipine ◆ *s.m.* Filipino*.

filisteismo *s.m.* Philistinism.

filisteo *agg.* **1** (*Bibbia*) Philistine **2** (*grossolano*; *banale*) philistine; uncultured; prosaic ◆ *s.m.* **1** (*Bibbia*) Philistine **2** (*borghesuccio*) philistine; uncultured person.

fillade *s.f.* (*geol.*) phyllite.

fillio *s.m.* (*zool.*) leaf insect.

fillite *s.f.* (*geol.*) phyllite.

fillitide *s.f.* (*bot.*) (*Phyllitis scolopendrium*) hart's tongue.

fillocladio → **cladodio**.

fillodio *s.m.* (*bot.*) phyllode.

fillofago *agg.* (*zool.*) phyllophagous.

filloma *s.m.* (*bot.*) phyllome.

filloptosi *s.f.* (*bot.*) leaf drop; (*delle conifere*) leaf cast.

fillossera *s.f.* **1** (*zool.*) phylloxera, vine louse, vine pest, vine borer **2** (*malattia*) vine disease, vine pest, vine louse.

fillotassi *s.f.* (*bot.*) phyllotaxis.

film *s.m.* **1** film, (motion) picture; (*amer.*) movie: *ho visto un bel — alla televisione ieri sera*, I saw a good film on TV yesterday night; *girare un —*, to shoot a motion picture (*o* a film); *l'attore sta girando un nuovo —*, the actor is making a new film; *— d'avventura*, adventure film; *— western*, western (*o* cowboy) film; *un — in bianco e nero, a colori*, a black and white, colour film; *— d'animazione*, animated cartoon; *— di attualità*, news film (*o* newsreel); *— didattico*, instruction film; *— muto*, silent film; *— parlato*, talking picture (*o sl.* talkie); *— pubblicitario*, short; *— sonoro*, sound picture (*o* sound-on-film) // *— a due dimensioni*, two -dimensional picture (*o sl. amer.* flattie); *— a lungo metraggio*, feature (*o* multiple reel) film; *— al rallentatore*, slow-motion picture; *— a passo ridotto*, sub-standard film; *— a tre dimensioni, in rilievo*, three-dimensional picture (*o sl. amer.* 3-D) **2** (*pellicola*) film: *scatola per —*, film can (*o* container *o* box); *— da 16 mm*, sixteen-millimeter film **3** (*tecn.*) (*strato sottile*) film.

filmabile *agg.* filmable; suitable for the screen (*pred.*): *le scene del processo non saranno filmabili*, the trial may not be filmed.

filmare *v.tr.* to film, to shoot*: *— una scena*, to shoot a scene; *— un romanzo*, to film a novel.

filmato *agg.* filmed, shot: *le scene filmate dall'automobile erano poco chiare*, the scenes shot from the car weren't very clear ◆ *s.m.* film: *alla televisione è stato trasmesso un breve — sulla vita dello scrittore*, a short film on the life of the writer was televised.

filmico *agg.* film (*attr.*): *linguaggio —*, language of film.

filmina *s.f.* **filmino** *s.m.* filmstrip.

filmistico *agg.* screen, film (*attr.*).

filmografia *s.f.* filmography.

filmologia *s.f.* study of cinematography.

film-opera *s.m.* opera film.

filmoteca *s.f.* film library.

filo *pl.m.* **fili**; *pl.f.* **fila** *in alcune frasi idiomatiche, s.m.* **1** thread; (*tess.*) yarn; (*ritorto*) twine: *— di cotone, di nylon, di seta*, cotton, nylon, silk thread; *— per cucire*, sewing thread; *— di trama, di ordito*, weft, warp yarn; *lana a due fili*, two-ply wool // *la poverina era ridotta a un filo*, the poor thing was worn to a shadow // *il — di Arianna*, Ariadne's thread // *tagliare il — del traguardo*, to breast the (winning) tape; (*estens.*) to reach the winning post; *essere battuti sul — del traguardo*, to be beaten at the post (*anche fig.*) **2** (*di collana*) string: *un — di perle*, a string of pearls **3** *— (d'erba)*, blade (of grass) **4** (*del bucato*) washing line **5** (*fig.*) (*piccola quantità*): *un — d'acqua*, a trickle of water; *un — d'aria*, a breath of air; *un — di luce*, a thread of light; *un — di fumo*, a wisp of smoke; *c'è ancora un — di speranza*, there is still a faint hope; *parlare con un — di voce*, to speak in a very weak (*o* thin) voice; *non aveva un — di interesse per quel lavoro*, he didn't have the slightest interest in that job **6** (*fig.*) (*andamento*) thread: *seguire il — dei ricordi*, to follow the thread of one's memories; *perdere il — del ragionamento*, to lose the thread of one's argument; *riprendere il — del discorso*, to pick up (*o* to take up *o* to resume) the thread of one's speech; *seguire il — del pensiero*, to follow the thread of one's thoughts **7** (*taglio*) edge: *il — della spada*, the sword edge; *questo coltello non ha più il —*, this knife has no edge (*o* is blunt) now // *passare qlcu. a — di spada*, to put s.o. to the sword **8** (*elettr.*, *tel.*) wire; cable: *— ad alta tensione*, high-tension cable; *— conduttore*, leading wire, (*fig.*) lead (*o* guiding thread); *— di terra*, earth wire; *— sotto tensione*, live wire; *telegrafo senza fili*, wireless telegraph; (*tel.*) *— diretto*, direct line **9** (*mecc.*) wire: *— di ferro, metallico*, wire; *— di platino*, platinum wire; *— armonico*, piano wire; *— spinato*, barbed wire // (*edil.*) *— a piombo*, plumb-line.

◆ FRASEOLOGIA: *essere cuciti a doppio —*, to be closely knit; *essere appeso a un —*, to hang by a thread (*o* a hair) // *mancò il bersaglio per un —*, he missed the target by a hairbreadth; *c'è mancato un —!*, it was a close shave!; *non è caduto per un —*, he just managed to avoid falling // *dare del — da torcere a qlcu.*, to cause s.o. a lot of trouble, (*essere un avversario terribile*) to be a hard nut to crack (for s.o.) // *è lui che tiene le fila*, it's he who pulls the strings; *imbrogliare le fila*, to muddle things up; *sbrogliare le fila*, to unravel the threads; *riunire, tirare le fila*, to gather up the threads; *tirare le fila di un discorso*, to draw together the threads of an argument // *per — e per segno*, in every detail, word for word; to the letter: *ha seguito le istruzioni per — e per segno*, he carried out instructions to the letter; *dovrai riferirmi tutto per — e per segno*, you'll have to report everything to me word for word (*o* in every detail) // *a — di logica dovrebbe comportarsi così*, strictly according to logic, he should behave that way // *fare il — a qlcu.*, to chase s.o.; *fare il — a qlco.*, to chase after sthg.

filo- *pref.* di origine greca che indica 'predilezione, simpatia'; ingl. philo-; pro-: *filosofo*, philosopher; *filologia*, philology; *filocinese*, pro-Chinese.

filoamericano *agg.* pro-American ◆ *s.m.* Americanist, Amerophile, pro-American.

filobus *s.m.* trolleybus: *che — prendi per andare a scuola?*, what trolleybus do you take to go to school?

filocomunista *agg.* pro-communist ◆ *s.m.* e *f.* pro-communist, communist sympathiser: *comunisti e filocomunisti*, communists and sympathisers.

filodendro *s.m.* (*bot.*) philodendron.

filodiffusione *s.f.* cable radio: *impianto di —*, cable radio set.

filodiffuso *agg.* relayed on cable radio (*pred.*): *concerto —*, concert relayed on cable radio.

filodiffusore *s.m.* cable radio receiver.

filodrammatica *s.f.* amateur theatrical company.

filodrammatico *s.m.* amateur actor ◆ *agg.* amateur dramatic: *compagnia filodrammatica*, amateur dramatic company.

filofascista *agg.* pro-fascist ◆ *s.m.* e *f.* pro -fascist, fascist sympathiser.

filogenesi *s.f.* (*biol.*) phylogeny.

filogenetico *agg.* phylogenetic: *indagine filogenetica*, phylogenetic investigation.

filograna e *deriv.* → **filigrana** e *deriv.*

filologia *s.f.* philology: *— germanica, romanza*, German, Romance philological studies.

filologicamente *avv.* philologically.

filologico *agg.* philologic(al): *critica filologica*, philological criticism.

filologismo *s.m.* over-reliance, stress on philological methods of principles in literary criticism.

filologo *s.m.* philologist.

filonazista *agg.* pro-Nazi ◆ *s.m.* e *f.* pro -Nazi, Nazi sympathiser.

filoncello *s.m.* (*geol.*) veinlet; stringer.

filoncino *s.m.* **1** (*geol.*) veinlet, small vein; stringer **2** (*di pane*) roll (of bread), (French) roll.

filone[1] *s.m.* **1** (*miner.*) vein; (*nel linguaggio dei minatori*) lode: (*di quarzo aurifero*) reef; (*geol.*) *— strato*, sill **2** (*flusso*) stream: *— di lava*, stream of lava **3** (*forma di pane*) long loaf* **4** (*fig.*) thread, tendency, trend, current: *un'opera appartenente al — romantico*, a work belonging to the Romantic School.

filone[2] *s.m.* (*region.*) (*furbacchione*) smart fellow.

filoneismo *s.m.* love of novelty.

filoneista *agg.* novelty-loving, faddish ◆ *s.m.* e *f.* novelty-loving person.

filoneistico *agg.* novelty-loving, faddish.

filoniano *agg.* (*geol.*) *roccia filoniana*, dyke rock.

filoso *agg.* **1** thready, stringy; filamentous **2** (*fibroso*) stringy.

filosofale *agg.* philosophic(al): *pietra —*, philosophers' stone.

filosofare *v.intr.* to philosophize; (*iron.*) to pose as a philosopher: *— sul bene e sul male*, to philosophize on Good and Evil; *smettila di — e mettiti a studiare*, stop philosophizing and start studying.

filosofastro *s.m.* (*spreg.*) philosophaster, pseudo-philosopher, would-be philosopher.

filosofeggiare *v.intr.* (*iron.*) to philosophize.

filosofema *s.m.* **1** (*fil.*) philosopheme **2** (*spreg.*) sophism.

filosoferia *s.f.* (*non com.*) philosophizing, philosophism.

filosofia *s.f.* **1** philosophy: *dottore in —*, Doctor of Philosophy (*abbr.* PhD); *storia della —*, history of philosophy; *la — di Platone*, Plato's philosophy // *non mi piace la — di quell'azienda*, I don't like that firm's philosophy **2** (*saggezza*) philosophy, philosophical spirit: *sopportare con — le avversità*, to put up with hardship philosophically; *prendila con —!*, take it philosophically!

filosoficamente *avv.* philosophically (*anche fig.*).

filosofico *agg.* philosophic(al): *ragionamento —*, philosophical argument.

filosofismo *s.m.* philosophism.

filosofizzare → **filosofeggiare**.

filosofo *s.m.* **1** philosopher **2** (*fig.*) philosopher, philosophical person: *ha saputo essere abbastanza — in quella situazione*, he was able to react quite philosophically in that situation.

filosovietico *agg.* pro-Soviet ◆ *s.m.* Soviet sympathiser, pro-Soviet.

filossera → **fillossera**.

filoveicolo *s.m.* trolley vehicle.

filovia *s.f.* trolleybus line; (*fam.*) trolleybus.

filoviario *agg.* trolleybus (*attr.*): *servizio —*, trolleybus service.

filtrabile *agg.* filterable: *virus —*, filterable virus.

filtrabilità *s.f.* filterability.

filtraggio *s.m.* **1** filtering, filtration, straining **2** (*elettr.*) filtering.

filtrante *agg.* filtering; filter (*attr.*), straining: *strato —*, filter bed.

filtrare *v.tr.* **1** to filter (anche *inform.*), to filtrate; to leach, to strain: *acqua filtrata*, filtered water; *— del brodo*, to strain broth; *— un liquido*, to filter a liquid; *— il tè*, to strain tea **2** (*fig.*) to sift, to screen: *ti conviene — tutte le informazioni ricevute*, it would be a good idea if you sifted all the information that you receive ◆ *v.intr.* **1** to filter, to percolate, to seep, to ooze: *l'acqua filtra attraverso il terreno*, the water filters (*o* seeps) through the earth; *il caffè sta filtrando*, the coffee is percolating; *la luce filtrava attraverso i rami*, the light filtered through the branches **2** (*fig.*) to filter out, to leak out, to become* known: *la notizia filtrò attraverso alcune indiscrezioni*, the news leaked out through various unconfirmed reports.

filtrato *s.m.* (*chim.*) filtrate.

filtratore *agg.* filtering ◆ *s.m.* filterer.

filtrazione *s.f.* filtering, filtration, straining; (*infiltrazione*) percolation: (*mecc.*) *— dell'aria*, air filtering; (*tecn.*) *impianto di —*, filtering plant.

filtro[1] *s.m.* **1** filter (*anche fis.*); (*da sigaretta*) filter tip: *carta da —*, filter paper // (*fis., fot.*): *— di luce*, colour screen (*o* light filter); *— di polarizzazione*, polarization filter // (*elettr., rad.*): *— acustico*, acoustic filter; *— di banda*, band filter; *— passa-alto*, high-pass filter; *— passa-basso*, low-pass filter // (*mecc.*): *— del carburante*, fuel filter; *— dell'aria*, air filter; *— della benzina*, petrol filter; (*amer.*) gas filter; *— dell'olio*, oil filter // (*edil.*) *— a sabbia*, sand filter **2** (*colino*) percolator, strainer: *— da brodo, da tè*, strainer; *— da caffè*, percolator (*o* coffee filter) **3** (*fig.*) analysis, clarification, purifying action: *il — della ragione*, the clarification afforded by reasoning.

filtro[2] *s.m.* (*pozione magica*) philtre; love potion.

filtropressa *s.f.* (*tecn.*) filter-press.

filugello *s.m.* (*zool.*) (*Bombyx mori*) silkworm: *coltura del —*, silkworm breeding.

filza *s.f.* **1** string, row: *una — di cipolle*, a string of onions; *una — di perle*, a string (*o* rope *o* row) of pearls; *una — di uccelli allo spiedo*, a row of birds on the spit **2** (*fig.*) (*sequela*) string; series: *una — di bugie*, a string (*o* series *o* pack) of lies; *una — d'imprecazioni*, a string of curses; *una — di numeri*, a series of numbers **3** (*di documenti*) file **4** (*cucito*) running stitch.

filzetta *s.f.* **1** short string, small row **2** (*salame*) long thin kind of salami.

fimbria *s.f.* **1** (*frangia*) hem, fringe **2** (*anat.*) fimbria (*pl.* -ae).

fimbriato *agg.* fimbriate(d).

fimicolo *agg.* (*biol.*) fimicolous.

fimo *s.m.* (*letter.*) manure, dung.

fimosi *s.f.* (*med.*) phimosis.

finale *agg.* **1** (*ultimo*) last, ultimate; (*conclusivo*) final, conclusive; (*definitivo*) final, definitive, decisive: *prova —*, final (*o* conclusive) proof; *esame —*, final examination; *esame — di diritto*, law final; *esame — di matematica*, mathematics final; *la sua battuta — non è stata troppo felice*, his last remark wasn't very funny; *la decisione — è stata di rinviare la partenza*, the final decision was to postpone the departure // (*econ.*): *beni finali*, final goods (*o* consumer goods); *consumi finali*, final consumption; *costo —*, ultimate (*o* terminal) cost // (*dir.*) *argomentazioni finali*, (*delle parti nel processo*) closing arguments // (*relig.*) *il giudizio —*, the last judgement **2** (*fil., gramm.*) final: *causa —*, final cause; *proposizione —*, final clause ◆ *s.m.* **1** (*parte conclusiva di opere teatrali ecc.*) conclusion, end, ending, last part, final scene **2** (*mus.*) finale **3** (*tip.*) tail piece ◆ *s.f.* **1** (*ling.*) ending **2** (*sport*) final: *le finali di tennis*, the tennis finals **3** (*gramm.*) final clause.

finalismo *s.m.* (*fil.*) finalism, teleology.

finalissima *s.f.* (*gara*) grand final.

finalista *s.m.* e *f.* **1** finalist **2** (*fil.*) finalist, teleologist ◆ *agg.* in the final(s): *squadra —*, team that has reached the final (*o* team in the final).

finalistico *agg.* finalist.

finalità *s.f.* **1** (*scopo*) aim, end, purpose; (*obiettivo*) objective: *le — di un'azienda*, the aims of a firm; *non ne capisco la —*, I can't understand what are you getting at // (*dir.*) *— illecita*, unlawful purpose **2** (*fil.*) finality // *principio di —*, principle of finality.

finalizzare *v.tr.* to direct towards, to target, to orient, to set* (sthg.) as an objective: *— gli sforzi al raggiungimento di un obiettivo*, to direct one's efforts towards the attainment of an aim (*o* goal); (*econ.*) *produzione finalizzata all'esportazione*, export-oriented production.

finalizzazione *s.f.* orientation, setting out of objectives, targeting, establishing of the aims (of a project, enterprise etc.).

finallora *avv.* then, up till then.

finalmente *avv.* **1** (*da ultimo, infine*) lastly; finally: *alla cerimonia d'inaugurazione c'erano tutti: assessori, rappresentanti sindacali, maestranze e — il sindaco*, at the inaugural ceremony they were all there: aldermen, trade union representatives, ordinary workers and, lastly, the mayor; *ha incominciato come fattorino, poi è diventato impiegato, capufficio e — direttore generale*, he started out as an office boy, then became a clerk, head clerk and, finally, managing director **2** (*alla fine*) at (long) last (*spesso enfatico*): *dopo tante disavventure, arrivammo — a destinazione*, after all our mishaps we managed to reach our destination at last; *— ho capito cosa volevi dire*, at last I've understood what you meant; *ti ho trovato —!*, I've found you at long last!; *— vi siete decisi a parlare!*, so you've made up your minds at last to speak!

finanche, financo *avv.* (*perfino*) even: *si venderebbe tutto, — la camicia*, he'd sell anything, even the shirt off his back.

finanza *s.f.* **1** finance Ⓤ: *alta —*, high finance; *mondo della —*, financial world; *scienza delle finanze*, finance (*o* financial science); *— aziendale*, corporate finance; *— compensatrice, stabilizzata*, compensatory finance; *— pubblica*, public (*o* national) finance; *— locale*, local finance; *— statale*, state (*o* national) finance; *— delle imprese*, business finance **2** *pl.* (*entrate dello stato*) state finances: *finanze pubbliche*, public finances // (*trib.*): *guardia di —*, (*corpo*) Revenue Guard Corps; (*agente*) customs (*o* revenue) officer; *intendenza di —*, revenue office **3** *pl.* (*fam.*) finances, financial resources, means: *le mie finanze sono in ribasso*, I am short of cash; *non so se le mie finanze me lo permetteranno*, I don't know if I can afford it (*o* I don't know if my finances will run to it); *le mie finanze non mi permettono un viaggio all'estero*, my finances won't run to a holiday abroad.

finanziamento *s.m.* (*fin.*) **1** (*il finanziare*) finance, financing, funding; loan; (*lascito*) endowment: *— a breve termine*, short-term (*o* current) loan; *— a lungo termine*, long-term loan; *— a medio termine*, medium-term loan; *— a tasso agevolato*, easy-terms loan; *— alle piccole imprese*, small business financing; *— delle esportazioni*, exports financing; *— del, in disavanzo*, deficit financing; *— immobiliare*, real estate loan; *— provvisorio*, interim finance; *il — di un'impresa*, the funding of an enterprise;

mancanza di finanziamenti, lack of funding; *schema di* —, facility; *concedere un* —, to grant a loan; *chiedere un* —, to apply for a loan **2** (*somma di denaro disponibile*) fund: *ottenere un* —, to raise funds.

finanziare *v.tr.* to finance, to fund; (*sponsorizzare*) to sponsor: *finanzierà l'impresa*, he will finance (*o* provide money for) the undertaking; — *la ricerca scientifica*, to fund scientific research.

finanziaria *s.f.* **1** (*fin.*) (*società finanziaria di controllo*) holding company **2** (*fin.*) (*società di collocamento e investimento*) investment trust, investment trust company **3** (*legge*) financial act.

finanziariamente *avv.* financially: *una ditta — solida*, a substantial firm.

finanziario *agg.* financial, budgetary: *anno, esercizio* —, budgetary (*o* financial) year; *crisi finanziaria*, financial crisis; *gruppo* —, financial group, syndicate; *legge finanziaria*, financial act; *provvedimenti finanziari*, financial (*o* fiscal) provisions; *cambiale finanziaria*, finance bill; *società finanziaria*, (*di controllo*) holding company, (*di finanziamento*) finance company; *matematica finanziaria*, financial mathematics; *situazione finanziaria*, financial position; *essere in buone condizioni finanziarie*, to be well-off (*o form.* to be in easy circumstances); *essere in cattive condizioni finanziarie*, to be badly-off (*o form.* to be in straitened circumstances).

finanziatore *s.m.* **finanziatrice** *s.f.* financier, (financial) backer; (*sponsor*) sponsor: *il — di un'impresa*, the financial backer of a business enterprise ◆ *agg.* financing: *ente* —, financing body.

finanziera *s.f.* **1** (*abbigl.*) frock coat; (*amer.*) Prince Albert (coat) **2** (*cuc.*) garnish, stuffing à la financière.

finanziere *s.m.* **1** financier; (*capitalista*) capitalist; (*banchiere*) banker; (*esperto*) financial expert **2** (*guardia di finanza*) customs officer, revenue officer.

finattantoché → **fintantoché**.

finca *s.f.* (*colonna di registro*) column.

finché, fin che *cong.* **1** (*fino a quando*) till, until: *aspetterò — tu* (*non*) *sia tornato*, I'll wait till you get back; *restate qui — smette di piovere*, stay here till it stops raining; *non mi muoverò dall'ufficio — non avrò esaminato tutte queste pratiche*, I won't budge from the office till I have gone through all these files; *la mia ansia cresceva di ora in ora, — improvvisamente squillò il telefono*, I got more and more anxious with the passing of time, until suddenly the phone rang; *non avrà pace — non saprà la verità*, he won't be satisfied till he knows the truth **2** (*per tutto il tempo che*) as long as: *potete rimanere — volete*, you can stay as long as you like; — *potrò, continuerò a lavorare*, I'll go on working as long as I can; *gli è rimasta accanto — ha avuto bisogno di lei*, she stayed by him as long as he needed her.

fin de siècle *agg.* (*fr.*) fin de siècle, end of the nineteenth century: *la moda* —, fin de siècle fashion.

fine[1] *s.f.* **1** (*termine*) end, ending; close, conclusion: *la — del giorno, del mese*, the end (*o* close) of the day, of the month; *rivediamoci a — settimana*, let's meet again at the end of the week; *la — del mondo*, the end of the world; *alla — del primo trimestre*, at the end (*o* close) of the first term; *fino alla — dei tempi, dei secoli*, till the end of time; *il principio della* —, the beginning of the end; *verso la — dell'anno*, towards the end of the year; *accadde verso la — dell'estate*, it happened in late Summer; *è la* —, this is the end (*o* this is the last of it); *metter — a qlco.*, to put an end (*o* a stop) to sthg. (*o* to bring sthg. to an end); *vedere la — di qlco.*, to see the end (*o* the outcome) of sthg. // *volgere alla* —, to draw to an end (*o* to a close): *l'anno volge alla* —, the year is drawing to an end (*o* to a close *o* is nearing its end) // —, (*al termine di opere letterarie, pellicole ecc.*) the end // (*comm.*): — *d'anno*, year end; — *esercizio*, end of the financial year; *di — esercizio*, year-end (*attr.*); *pagamento a — mese*, monthly settlement; — *dei rapporti con una società*, termination of one's links with a company // (*Borsa*): — *corrente mese*, end current account; — *prossimo mese*, end next account; // (*inform.*): — *carta*, paper-out condition; — *del tempo disponibile*, time-out; — *pagina*, overflow // *non vedo l'ora di vedere la — di questo lavoro*, I'm looking forward to the end of this work // *combattere fino alla* —, to fight to the end; *lavorare fino alla* —, to work to the end // *fare una buona, una cattiva* —, to come to a good, a bad end // *i feriti sono tre, due in fin di vita*, there are three wounded, two of them close to death (*o* dying) // *che — hanno fatto i miei occhiali?*, where have my glasses got to?; *che — ha fatto Fulvia?*, what(ever) happened to Fulvia? // *alla fin* —, *in fin dei conti*, (*dopotutto*) after all (*o* when all is said and done): *in fin dei conti, alla fin — non ti è andato così male*, after all it didn't turn out too badly for you; *alla fin —, in fin dei conti si può sapere che cosa avete deciso?*, in short, what did you decide? // *senza* —, (*agg.*) endless, (*avv.*) endlessly: *mi ha procurato fastidi senza* —, he caused me endless (*o* no end of) trouble **2** (*di libro, film ecc.*) ending: *è un buon romanzo, ma non mi è piaciuta la* —, it's a good novel but I didn't like the ending.

fine[1] *s.m.* **1** (*scopo*) purpose; end, aim, object, (*intenzione*) intention: *il — ultimo*, the ultimate aim (*o* purpose); *fini onesti*, honest intentions; *fini reconditi*, obscure goals; *si era posto un — ben preciso...*, he had adopted a clear goal...; *non ho capito qual era il suo* —, I can't understand what his aim was; *avere un secondo* —, to have a hidden purpose; *raggiunto il suo —, se ne è sbarazzato*, having achieved his aim he got rid of him; *l'ha fatto solo a fin di bene*, he did it with good intentions (*o* with the best of intentions); *il — non giustifica i mezzi*, the end does not justify the means // *al solo — di*, with the sole object of; *al — di*, (*letter.*) in order to // *e a tal — ...*, and to this end... (*o* and with this object in view...) // *senza fini di lucro*, non-profit (*attr.*) // *essere — a se stesso*, to be an end in itself **2** (*risultato, conclusione*) result, conclusion, issue, outcome: *condurre qlco. a buon* —, to bring sthg. to a successful conclusion; *portare, giungere a buon* —, to bring, to come to a successful conclusion // (*comm.*) *salvo buon* —, subject to collection (*o* to final payment) // *lieto* —, happy ending: *un film a lieto* —, a film with a happy ending **3** (*freno, limite*) check, curb, end: *porre un — agli abusi*, to curb abuses (*o* to put an end to abuses).

fine[2] *agg.* **1** (*sottile*) fine, thin; (*delicato*) delicate: *uno spago* —, a thin piece of string; *una pioggerella* —, a fine drizzle; *voce* —, thin voice; *avere un tocco* —, to have a delicate touch; *avere un udito* —, to have sharp (*o* keen) hearing // *aria* —, pure air // *sabbia* —, fine sand **2** (*bello, buono, di buona qualità*) fine **3** (*raffinato, distinto*) fine, refined, distinguished: *veste con un gusto* —, she dresses with fine (*o* refined) taste; *è una signora molto* —, she's a very refined lady **4** (*acuto*) fine, subtle, shrewd: *distinzione* —, fine (*o* subtle) distinction; *ironia* —, subtle irony; *spirito* —, shrewd wit.

finemente *avv.* **1** finely, thinly; (*delicatamente*) delicately: *pepe — macinato*, finely ground pepper **2** (*acutamente, con acume*) subtly, shrewdly **3** (*signorilmente*) refinedly, elegantly: *molto — mi ha fatto notare che ero in ritardo*, he reminded me very delicately (*o* subtlely) that I was late.

fine settimana *s.m.* weekend: *cosa fai per il —?*, what are you doing for the weekend?

finestra *s.f.* **1** window: *la — guarda sul cortile*, the window looks onto the courtyard; *affacciarsi a una* —, to appear at a window; (*guardare fuori*) to look out of a window; *passa tutta la giornata alla* —, he spends all day at the window // — *a battenti*, French (*o* casement) window; — *a ghigliottina, a saliscendi*, sash window; — *a bovindo*, bow window (*o* bay window); — *a lunetta*, fanlight; — *a rosone*, rose window; — *a tetto*, garret (*o* attic) window; — *cieca*, blank (*o* blind) window; — *di abbaino*, dormer window (*o* luthern); — *sporgente*, jut window // *architrave di* —, window lintel; *davanzale di* —, windowsill; *doppia* —, double window; *imposta di* —, window shutter; *maniglia di* —, window pull (*o* handle); *montante di* —, window post; *strombo di* —, window embrasure; *tendina da* —, window curtain; *vetro di* —, windowpane // (*inform.*) *aprire, chiudere una* —, to open, to close a window // *stare alla* —, to stand at the window; (*fig.*) to stand (*o* keep oneself) aloof from (*o* to watch from the sidelines *o* to be an onlooker) // *il nostro problema è uscito dalla porta e rientrato dalla* —, (*fig.*) we couldn't get rid of our problem // *buttare i soldi dalla* —, (*fig.*) to throw money away // *o mangiar questa minestra o saltar questa* —, (*prov.*) to like it or to lump it **2** (*apertura*) hole, aperture, opening; (*breccia*) breach // *busta a* —, window envelope // (*geol.*) — *tettonica*, window (*o* fenester).

finestrato *agg.* **1** (*con finestre*) with windows, having windows; windowed: *un edificio* —, a building with windows **2** (*con riquadri*) slashed, panelled: *maniche finestrate*, slashed sleeves.

finestratura *s.f.* windows (*pl.*).

finestrino *s.m.* **1** (*di treno, auto*) window: — *posteriore*, rear window; *non sporgerti dal* —, don't lean out of the window; *non gettare alcun oggetto dal* —, don't throw objects from the window **2** (*mar., aer.*) porthole.

finezza *s.f.* **1** (*sottigliezza, l'esser sottile*) fineness, thinness: *un filo della — di un capello*, a thread as fine as a hair; — *di udito*, sharpness of hearing **2** (*acume*) subtlety, shrewdness, sharpness, keenness: — *d'ingegno*, shrewdness (of mind) **3** (*raffinatezza*) refinement; (*delicatezza*) delicacy, fineness, finesse: — *di gusto*, refinement of taste // *le finezze del mestiere*, the ins and outs of the trade // *le finezze della lingua*, the niceties of the language **4** (*gentilezza, favore*) kindness, favour: *fatemi la — di scrivermi presto*, do me the favour of writing to me soon.

fingere *v.tr.* e *intr.* **1** to pretend, to simulate, to feign, to sham: — *dolore*, to feign sorrow; — *indifferenza, sorpresa*, to feign indifference, surprise; *fingerò di non conoscerti*, I'll pretend I don't know you; *fingeva di essere ubriaco*, he pretended to be drunk; *sa — bene*, he can put on a good act **2** (*immaginare*) to pretend, to imagine, to suppose: *fingiamo di essere ricchi*, let us pretend we are rich.
□ **fingersi** *v.rifl.* to feign (oneself), to pretend, to sham: *si finse ammalato*, he pretended to be ill; — *ignorante*, to feign ignorance; — *matto*, to pretend to be mad; — *morto*, to pretend to be dead (*o* to feign death).

finimento *s.m.* **1** (*non com.*) (*il finire*) finishing **2** (*rifinitura*) completion; finishing (off); finishing touches (*pl.*) **3** *pl.* (*bardatura di cavallo*) harness (*sing.*), tackle (*sing.*): *mettere i finimenti a un cavallo*, to harness (*o* to tackle) a horse **4** *pl.* (*non com.*) (*parure, corredo*) set (*sing.*), service (*sing.*).

finimondo *s.m.* **1** (*letter.*) end of the world **2** (*fig.*) (*caos*) bedlam, pandemonium, chaos: *dopo la tua telefonata è successo il* —, after your call, all hell broke loose (*o* there was bedlam).

finire *v.intr.* **1** to finish, to end, to come* to an end: *come finisce il romanzo?*, how does the novel end?; *la guerra finì nel 1648*, the war finished in 1648; *tutto finirà felicemente*, everything will end happily; *questo film non finisce più!*, this film is never-ending! // — *in bellezza*, to come to a triumphant end // *e non finisce qui!*, (*come minaccia*) it won't end here! // *tutto è bene ciò che finisce bene*, (*prov.*) all's well that ends well **2** (*cessare, interrompersi*) to finish, to stop, to come* to a stop: *a sera il bombardamento finì*, in the evening the bombing stopped; *è finito di piovere*, it has stopped raining; *questo gioco sleale deve* —, this unfair play must stop; *far — qlco.*, to put an end to sthg. **3** (*andare a*) —, (*sfociare*) to end up; (*di fiume*) to flow* into (a place); (*di strada*) to lead* to (a place); (*fig.*) to turn out, to end: *quella avventura finì, andò a — in tragedia*, that adventure ended in tragedy; *finirà in prigione*, he will end up in prison // *attento che finisci male!*, (*a un bambino*) look out or it will all end in tears; *temo che quel ragazzo finirà male*, I'm afraid that boy will come to a bad end // *non vorrei — nel ridicolo*, I would not like to make a fool of myself // — *in fumo*, (*fig.*) to come to nothing **4** (*seguito da* con, per *più infinito*) to end (up) by (doing), to finish by (doing): *finì col comperare altre due poltrone*, he ended by buying two more armchairs; *finimmo col cedere*, in the end we gave in // *farla finita con*, to put an end to: *bisogna farla finita con questa storia*, we must put an end to this business **5** (*morire*) to die: *finì gloriosamente*, he died a glorious death **6** (*gramm.*) to end: *l'infinito della prima coniugazione latina finisce in 'are'*, the infinitive of the first Latin conjugation ends in 'are' **7** (*consumarsi, esaurirsi*) to run* out; (*mediante vendita*) to sell* out: *la prima edizione di questo libro è finita in tre giorni*, the first edition of this book (was) sold out in three days; *il caffè è finito ieri*, the coffee ran out yesterday **8** (*fam.*) (*cacciarsi*) to get* to: *non trovo i miei occhiali, sai dove sono finiti?*, I can't find my glasses, do you know where they've got to?; *Dove eri andato a —, dove eri finito? È tanto che non ti vedo*, Where did you get to? I haven't seen you for ages **9** *andare a* —, (*mirare, tendere*) to get* at: *non capisco dove vuole andare a — con le sue allusioni*, I can't understand what he's getting at ◆ *v.tr.* **1** (*concludere, terminare*) to finish; to end; (*completare*) to complete; (*concludere*) to conclude: *hai finito i compiti?*, did you finish your homework?; *perché non finisci il tuo discorso?*, why don't you finish what you were saying?; *finì la lettera con una richiesta di denaro*, he closed (*o* ended) his letter with a request for money; *ho finito di leggere il tuo libro ieri*, I finished reading your book yesterday; *hai finito di fare colazione?*, have you finished breakfast?; — *le consultazioni elettorali*, to complete (*o* conclude) the elections; *finì i suoi giorni in un paesino sperduto*, he ended his days in a godforsaken little village; *ha finito di soffrire*, his suffering is over (*o* ended) **2** (*smettere*) to stop (sthg., doing): (*la*) *finisci di gridare così?*, why don't you stop (*o* leave off) shouting like that?; *non la finiva più di raccontarmi la sua versione*, he went on and on telling me his version // *finiscila!*, stop it! // *è ora di finirla!*, it's time to put a stop to it! **3** (*esaurire*) to finish, to run* out (of sthg.); (*vender per intero*) to sell* out: *ho finito le sigarette*, I've finished the cigarettes; *abbiamo quasi finito la benzina*, we are running out of petrol; *ben presto finimmo il denaro*, we soon ran out of money (*o* through the money) **4** (*uccidere*) to kill; (*fam.*) to finish (off); (*dare il colpo di grazia*) to give* the deathblow, to dispatch.

finire *s.m.* end, close: *sul — dell'estate*, near (*o* towards) the end of summer; *la tragedia è sul* —, the tragedy is drawing to an end.

finis *s.m.* (*a scuola*) end, finis.

finish *s.m.* (*sport*) finish, final sprint.

finissaggio *s.m.* finishing.

finitezza *s.f.* (*letter.*) **1** (*compiutezza*) perfection, completeness: — *di stile*, perfection of style **2** (*limitatezza*) finiteness, limitedness, narrowness: *la — della mente umana*, the finite nature of the human mind.

finitimo *agg.* (*non com.*) neighbouring, bordering, adjoining.

finito *agg.* **1** (*giunto al termine*) finished, ended: *a spettacolo — siamo andati in pizzeria*, when the show was over we went to a pizzeria; *ha 18 anni finiti*, he is 18 years old; *la commedia è finita*, the play is over; *il tempo a vostra disposizione è* —, your time is up // *è finita!*, it's all over! (*o* it's done!) // *facciamola finita con questi imbrogli*, let's put a stop to this cheating; *fatela finita!*, stop it!; *l'ho fatta finita con lui*, I have broken off with him (*o* I am through with him) **2** (*portato a compimento*) finished, completed: *parte non finita*, unfinished part; *un quadro* —, a finished painting; *prodotto* —, finished product; *non* —, unfinished, (*grezzo*) unmanufactured // *il paragrafo non ha un senso* —, the paragraph doesn't reach any conclusion **3** (*rifinito*) finished, polished: *espongono mobili finiti molto bene*, they display beautifully-finished furniture **4** (*esaurito*) finished; (*tutto venduto*) sold out: *"Hai del whisky?" "No è —"*, "Do you have some whisky?" "No, it's finished" **5** (*perfetto*) accomplished, excellent, expert: *un pianista* —, an accomplished pianist; *è un maggiordomo* —, he is an expert (*o* an excellent) butler **6** (*rovinato, spacciato*) done for (*pred.*): *un attore* —, an actor who has had his day; *è un uomo* —, he is done for; *se incominciate a inseguire il successo siete finiti*, if you start running after success you are done for **7** (*limitato*) finite: *l'umana sapienza è finita*, human knowledge is finite // (*mat.*) *a dimensione finita*, finite dimensional // (*gramm.*) *modi finiti del verbo*, finite moods of the verb **8** (*tip.*) — *di stampare*, colophon ◆ *s.m.* (*fil., gramm., mat.*) finite: *il — e l'infinito*, the finite and infinite.

finitore *agg.* finisher (*attr.*), finishing: *carda finitrice*, finisher card ◆ *s.m.* finisher, trimmer, dresser.

finitrice *s.f.* (*mecc.*) finisher, finishing machine: — *stradale*, (road) finishing machine.

finitudine *s.f.* (*fil.*) finitude, finiteness.

finitura *s.f.* **1** (*tecn.*) finish(ing): — *liscia*, smooth finish; — *superficiale*, surface finishing **2** (*tocchi finali*) finishing touches (*pl.*): *dare l'ultima — a un vestito*, to put the finishing touches to a dress **3** *pl.* (*rifiniture*) trimmings: *la sua macchina ha delle finiture lussuose*, his car has luxurious trimmings **4** (*tess.*) dressing.

finizione *s.f.* (*non com.*) (*rifinitura*) finishing, finishing touches (*pl.*).

finlandese *agg.* Finnish, Finnic ◆ *s.m.* **1** (*abitante*) Finn, Finlander // *i Finlandesi*, the Finns **2** (*lingua*) (the) Finnish (language) ◆ *s.f.* Finn, Finlander, Finnish woman.

finn *s.m.* (*mar.*) finn.

finnico *agg.* **1** Finnic, Finnish: *cultura finnica*, Finnish culture **2** (*finlandese*) Finnish ◆ *s.m.* Finn.

fino[1] *agg.* **1** (*minuto*) fine, minute; (*sottile*) thin: *sale* —, fine (*o* table) salt // *lavoro di* —, delicate (*o* fine) workmanship **2** (*acuto*) sharp, keen, subtle: *ingegno* —, keen mind // *far* —, to be considered smart (*o* to be posh) **3** (*puro*) fine, pure: *oro* —, fine gold ◆ *s.m.* (*metallo puro*) fine metal.

fino[2] *avv.* (*letter.*) (*perfino*) even: *parlava tutte le lingue, — il cinese*, he could speak any language, even Chinese; *l'ho cercato dappertutto, — in solaio*, I looked for it everywhere, even in the attic; *adesso basta, avete parlato fin troppo!*, that's enough, you've said too much already!; *sono stato fin troppo educato con quell'ignorante*, I was even too polite to that ignoramus.

fino[2] *prep.* **1** (*tempo*) till, until; up to: — *a domani*, till tomorrow; — *a questo momento*, till now (*o* so far *o* up to now); — *a quel momento*, till that moment (*o* up to that time); *la mostra resterà aperta — al 30 aprile, — alla fine di aprile*, the exhibition will stay open till (*o* until) April 30th, up to the end of April; — *ad allora*, till then // *da... — a*, from... to: *è rimasto assente dal lavoro da ottobre — a* (*tutto*) *dicembre*, he was away from work from October right to the end of December // — *a quando?*, till when?; (*per quanto tempo?*) how long?: — *a quando durerà la crisi?*, how long will the crisis last?; — *a quando vi fermerete in Italia?*, how long are you going to stay in Italy? // — *all'ultimo*, to the end: *ha lottato contro il male — all'ultimo*, she fought hard against her illness up to the end // — *a che* → finché **2** (*spazio*) as far as; (all the way) to, up to: *vada avanti diritto — al semaforo, poi giri a destra*, go straight ahead as far as the traffic lights, then turn right; *siamo andati a piedi — al porto*, we walked as far as (*o* down to) the harbour; *mi accompagnò — alla stazione*, he took me (all the way) to the station; *studiate — a pag. 50*, study up to p. 50; — (*a*) *qui*, up to here; *fin là*, up to there; — *a questo punto*, up to this point // *da... — a*, from... to: *abbiamo viaggiato insieme in aereo da Parigi — a New York*, we flew from Paris to New York together // *— in cima*, up to the top // *fin dove?*, *— a che punto?*, how far?; *fin dove, — al punto in cui...*, to where, as far as: *fin dove arriva questo treno?*, how far does this train go?; *andremo in macchina fin dove finisce la strada e comincia il sentiero*, we'll go by car to where the road ends and the path begins; *la pianura si estendeva fin dove arrivava lo sguardo*, the plain stretched out as far as the eye could reach // *andare — in fondo*, to go through with (sthg.) // *spendere — all'ultimo centesimo*, to spend right down to one's last penny // *bere* (*qlco.*) *— all'ultima goccia*, to drink (sthg.) to the last drop // *pieno — all'orlo*, brimful **3** (*seguito da un v. all'inf.*) till: *ha lavorato — a prendersi un esaurimento*, he worked till he dropped; *mangiò — a scoppiare*, he ate till he burst.

fin(o) da *prep.* since; from: *— d'allora, — da ieri, — dal 1800*, since then, since yesterday, ever since 1800; *— dalla sua infanzia*, since (*o* from) his childhood; *— dall'epoca romana*, since Roman times // *fin da quando*, (ever) since; *"Da quando lo conosci?" "Fin da quando eravamo bambini"*, "How long have you known him?" "Ever since we were children" // *fin d'ora, fin da questo momento*, from now on; (*subito*) right now; straightaway.

finocchiella *s.f.* (*bot.*) (*Myrrhis odorata*) cicely, (*scient.*) myrrh.

finocchio[1] *s.m.* (*bot.*) (*Foeniculum vulgare*) fennel: *— d'acqua*, (*Oenanthe aquatica*) water fennel; *— fetido*, (*Anethum graveolens*) dill; *— marino*, (*Crithmum maritimum*) sea fennel (*o* samphire).

finocchio[2] *s.m.* (*fig. spreg.*) (*omosessuale maschio*) fairy, queer, poof.

finora *avv.* till now, so far, up to now; (*form.*) hitherto; (as) yet (*spec. in frasi negative*): *quella squadra ha vinto — 5 campionati e 2 coppe intercontinentali*, that team has won 5 championships and 2 intercontinental cups so far; *— se l'è cavata bene*, she's got on well so far; *— è il cantante che ha venduto più dischi*, he's the singer to have sold most records so far; *— più di 20.000 persone hanno firmato la petizione*, so far over 20,000 people have signed the petition; *che* (*cosa*) *hai fatto —?*, what have you done so far?; *non si conosce — l'esito dell'inchiesta*, the result of the inquiry is not yet known; *non si hanno — notizie di danni alle persone*, there is no news of casualties as yet; *— sono stati rilasciati 20 ostaggi*, up to now, 20 hostages have been released.

finta *s.f.* **1** sham, feint, pretence: *è tutta una —*, it is all pretence; *faceva — di non riconoscerla*, he pretended he did not recognize her; *non fare — di lavorare!*, don't pretend you are working!; *fa — di niente e prosegui*, pretend nothing happened (*o* ignore it) and go on **2** (*sport*) feint: *fare una —*, to make a feint (*o* to feint) **3** (*sartoria*) flap.

fintaggine *s.f.* (*non com.*) duplicity, deceitfulness, double-dealing, insincerity.

fintantoché, **fin tanto che** → **finché**.

fintare *v.intr.* (*sport*) to feint, to make* a feint ◆ *v.tr.* (*sport*) to feint, to fake: *— un tiro*, to feint a shot.

finto *agg.* **1** (*insincero*) false, insincere, deceitful: *— amico*, false friend // *non fare il — tonto!*, don't put on an act (*o* don't play dumb) **2** (*simulato*) feigned, pretended, mock, sham (*attr.*); (*dir.*) fictitious: *— dolore*, feigned sorrow; *finta modestia*, mock modesty; *— attacco*, mock attack; *una finta corrida*, a sham bullfight **3** (*artificiale, non vero*) dummy, sham, fake; false; artificial: *capelli e denti finti*, false hair and teeth; *fiori finti*, artificial flowers; *perle finte*, sham (*o* artificial) pearls; *finta porta*, dummy (*o* sham) door; *baffi finti*, false moustache // *finta pelle*, artificial leather ◆ *s.m.* (*ipocrita*) hypocrite.

finzione *s.f.* **1** pretence, make-believe, sham: *era tutta una —*, it was all a pretence (*o* make-believe) **2** (*impostura, falsità*) duplicity, deceitfulness; falsehood; hypocrisy: *parlateci senza finzioni!*, be candid with us! **3** (*invenzione, cosa immaginata*) fiction, invention; (*dir.*) deceitfulness: *una — scenica*, a stage pretence; *finzioni poetiche*, poetic fictions.

fio *s.m.* (*ant.*) penalty: *pagare il — di qlco.*, to pay the penalty of sthg. (*o* to be punished for sthg.).

fiocamente *avv.* **1** (*debolmente*) weakly; (*di luce*) dimly; (*di suono*) faintly **2** (*raucamente*) hoarsely.

fioccante *s.m.* (*mar.*) jibs-man.

fioccare *v.intr.* **1** to fall* in flakes; to snow: *fiocca?*, is it snowing?; *lenta la neve fiocca*, the snow is falling slowly in large flakes **2** (*fig.*) to shower: *fioccarono gli applausi*, there was a shower of applause; *fioccavano gli insulti su di lui*, abuse was showered on him.

fiocco[1] *s.m.* **1** bow; (*di cravatta*) knot: *un cappello col —*, a hat with a bow // *coi fiocchi*, excellent (*o* first rate): *un pranzo coi fiocchi*, an excellent dinner **2** (*nappa*) tassel **3** (*di neve*) snowflake **4** (*tess.*) (*bioccolo di lana, cotone*) flock, lock, tuft; (*di fibra grezza*) staple **5** (*cuc.*) flake: *fiocchi di avena*, oat flakes; *fiocchi di granturco*, cornflakes.

fiocco[2] *s.m.* (*mar.*) jib.

fioccoso *agg.* **1** (*soffice*) soft, woolly, fluffy **2** (*bot.*) floccose.

fiocculo *s.m.* (*anat.*) flocculus*.

fiocina *s.f.* (*mar.*) harpoon, (fishing) spear.

fiocinare *v.tr.* to harpoon, to spear ◆ *v.intr.* (*lanciare una fiocina*) to fire a harpoon, to throw* a harpoon.

fiocinata *s.f.* blow with a harpoon.

fiocinatore *s.m.* harpooner.

fiocine *s.m.* **1** (*buccia dell'acino dell'uva*) grape-skin **2** (*region.*) (*vinacciuolo*) grapestone, grapepip.

fiociniere → **fiocinatore**.

fioco *agg.* **1** (*debole*) weak; (*di luce*) dim, faint; (*di suono*) faint: *con voce fioca*, in a faint voice; *il chiarore — di una candela*, the faint (*o* dim) light of a candle **2** (*fig. letter.*) (*fiacco*) weak, faint **3** (*rauco*) hoarse.

fionda *s.f.* **1** (*arma da lancio*) sling **2** (*tirasassi*) catapult.

fiondare *v.tr.* **1** (*ant.*) to sling* **2** (*calcio*) to kick (sthg.) a long way: *— la palla*, to give a through ball.

□ **fiondarsi** *v.rifl.* (*fam.*) to sling* oneself, to catapult oneself, to throw* oneself: *— giù per le scale*, to fling oneself down the stairs.

fioraia *s.f.* (*in negozio*) florist; (*ambulante*) flower-girl, flower vendor.

fioraio *s.m.* (*in negozio*) florist; (*ambulante*) flower seller.

fiorami *s.m.pl.* floral design (*sing.*), flower pattern (*sing.*): *seta a —*, flowered silk.

fiorato *agg.* flowered.

fiordaliso *s.m.* **1** (*bot.*) (*Centaurea cyanus*) cornflower, bluebottle, fleur-de-lis* **2** (*arald.*) fleur-de-lis*.

fiordilatte *s.m.* **1** (*formaggio*) 'fiordilatte' (type of fresh milk cheese) **2** (*gelato*) plain ice cream.

fiordo *s.m.* fiord, fjord.

fiore *s.m.* **1** flower; (*spec. di albero da frutto*) blossom: *un mazzo di fiori*, a bunch of flowers; *un giardino pieno di fiori*, a garden full of flowers; *cogliere un —*, to pick a flower; *annaffiare i fiori*, to water the flowers // *fiori di ciliegio*, cherry blossom; *fiori di campo*, wild flowers; *fiori primaverili*, spring flowers; *fiori freschi*, freshly cut flowers; *fiori secchi*, dried flowers; *fiori artificiali*, artificial flowers // (*bot.*) *— a corolla*, trumpet flower // *mostra di fiori*, flower show; *vaso da fiori*, (*di terracotta*) flower pot, (*per fiori recisi*) vase // *essere il — all'occhiello di qlcu.*, to be a feather in s.o.'s cap // *a fiori*, floral: *un abito a fiori*, a flowered dress (*o* a dress with a floral pattern) **2** (*fioritura*) bloom: *in —*, in bloom (*o* in flower *o* in blossom); *essere in —*, to be in bloom (*o* to be in blossom *o* to bloom *o* to blossom); *una fanciulla in —*, a girl in the bloom of youth; *essere nel — della giovinezza*, to be in the flower (*o* bloom *o* prime) of youth; *morì nel — degli anni*, he died in his prime **3** (*parte scelta*) the pick, the best part, the cream, the flower: *— di farina*, superfine flour; *il — della sua produzione*, the cream of his work; *il — della società*, the cream of society // *un fior di mascalzone*, a notorious rascal // *un fior di ragazza*, a beautiful girl // *è un fior di galantuomo*, he is a real gentleman // *ha fior di quattrini*, he has pots (*o* bags) of money **4** *pl.* (*nelle carte*) clubs: *fante di fiori*, jack (*o* knave) of clubs **5** *pl.* (*chim.*) flowers: *fiori di antimonio*, flowers of antimony; *fiori di zolfo*, flowers of sulphur **6** (*sommità, parte esterna*): *a fior d'acqua*, at water level: *volare a fior d'acqua*, to skim the water; *uno scoglio a fior d'acqua*, a half-submerged rock; *un sorriso a fior di labbra*, a shadow of a smile (*o* a fleeting smile); *sussurrare qlco. a fior di labbra*, to whisper sthg. under one's breath; *una scottatura a fior di pelle*, a superficial burn; *ho i nervi a fior di pelle*, my nerves are all on edge.

fiorente *agg.* **1** blooming, flowering **2** (*fig.*) (*prosperoso*) flourishing, thriving; (*di persona*) blooming: *una civiltà —*, a flourishing civilization; *una — industria chimica*, a thriving (*o* blooming) chemical industry; *una ragazza —*, a blooming girl.

fiorentina *s.f.* **1** (*bistecca*) T-bone steak **2** (*chim.*) florentine flask.

fiorentineggiare *v.intr.* to affect Florentine idioms, expressions.

fiorentinesco *agg.* Florentine.

fiorentinismo *s.m.* **1** Florentine idiom, Florentine expression **2** (*letter.*) movement that upholds the superiority of the Florentine dialect.

fiorentinista *agg.* that upholds the Florentine dialect ◆ *s.m.* e *f.* upholder of the Florentine dialect.

fiorentinistico *agg.* of 'fiorentinismo', relating to 'fiorentinismo'.

fiorentinità *s.f.* **1** (*l'essere fiorentino*) Florentine quality, Florentine nature **2** (*tradizione fiorentina*) Florentine tradition.

fiorentino *agg.* Florentine // *alla fiorentina*, in the Florentine way ◆ *s.m.* **1** (*abitante*) Florentine, inhabitant of Florence, native of Florence **2** (*dialetto*) (the) Florentine (dialect).

fioretta *s.f.* (*malattia del vino*) flowers of wine.

fiorettare e *deriv.* → **infiorettare** e *deriv.*

fiorettista *s.m.* e *f.* (*scherma*) foil fencer, foilsman*.

fioretto *s.m.* **1** (*piccolo fiore*) little flower; floweret **2** (*arma*) foil; (*bottone protettivo*) button **3** (*piccolo sacrificio compiuto per pietà religiosa*) act of mortification, small sacrifice **4** (*parte migliore di una cosa*): *il — della lana*, first-quality wool; *il — del panno*, first-quality cloth **5** (*letter.*) choice passage (of literary work) // *'I fioretti di S. Francesco'*, 'The Little Flowers of St. Francis' **6** (*elettr.*) switch hook **7** (*miner.*) steel.

fioricoltore, **fioricultore** → **floricoltore**.

fioricoltura, **fioricultura** → **floricoltura**.

fioriera *s.f.* (*cassetta*) flower box; (*vaso*) flower pot holder.

fiorifero *agg.* floriferous.

fiorile *s.m.* (*st. francese*) Floreal.

fiorino *s.m.* **1** (*antica moneta*) fiorin **2** (*fiorino olandese*) guilder.

fiorire *v.intr.* **1** to flower; to bloom; (*spec. di albero da frutto*) to blossom; (*di granoturco, canna da zucchero ecc.*) to tassel; (*di giardino, prato*) to be in bloom: *ora fioriscono i giardini*, now the gardens are in bloom; *stanno fiorendo le rose*, the roses are blooming (*o* in flower) **2** (*fig.*) to flourish: *fioriscono le arti*, the arts are flourishing **3** (*econ.*) (*prosperare*) to thrive, to bloom, to prosper; to flourish: *fiorisce il commercio*, trade is thriving (*o* prospering) **4** (*fig.*) (*attuarsi*) to succeed, to be realized: *vide — i suoi progetti*, he saw his plans come to fruition **5** (*fig.*) (*nascere*) to be born, to rise*, to appear: *nel suo animo fiorì la speranza*, hope grew in his heart **6** (*ammuffire*) to mildew, to grow* mouldy **7** (*coprirsi di eruzioni cutanee*) to come* out in a rash.

fiorista *s.m.* e *f.* **1** (*chi vende fiori*) florist; (*coltivatore*) flower grower; (*chi fabbrica fiori artificiali*) artificial flower maker **2** (*pittore, pittrice di fiori*) flower painter.

fiorita *s.f.* **1** (*fioritura*) flowering, blooming **2** (*rar.*) (*letter.*) florilegium*; anthology.

fioritamente *avv.* (*con stile fiorito*) in a flowery style, in a florid style.

fiorito *agg.* **1** (*in fiore*) in flower (*pred.*); flowering (*attr.*); in bloom (*pred.*); blooming (*attr.*); bloomy; flowered; (*spec. di albero da frutto*) in blossom (*pred.*): *guarda quel bel ciliegio —*, look at that beautiful cherry tree in blossom **2** (*ricco di fiori*) full of flowers (*pred.*): *uno splendido giardino —*, a splendid garden full of flowers **3** (*decorato, ornato con fiori*) flowery, flowered: *una tappezzeria fiorita*, a flowery wallpaper; *un tessuto —*, flowery material; *una tavola fiorita*, a table decorated with flowers // *un compito — di errori*, (*iron.*) an exercise riddled with mistakes **4** (*di stile*) flowery, florid // (*il*) *parlare —*, florid style of speaking **5** (*arte*) flamboyant: *gotico —*, flamboyant gothic **6** (*letter.*) (*felice, prospero*) flourishing, thriving: *età fiorita per l'arte*, flourishing era for the arts **7** (*coperto di muffa*) mouldy **8** (*coperto di eruzioni cutanee*) covered in a rash.

fioritura *s.f.* **1** flowering; bloom; blow; (*spec. di alberi da frutto*) blossoming; efflorescence; (*l'insieme dei fiori*) bloom, blossom, flowers (*pl.*): *epoca della —*, florescence; *all'epoca della —, concimare*, when the plant begins to bloom remember to dung; *il vecchio rosaio è in piena —*, the old rose bush is in full bloom; *— di alghe*, algae bloom **2** (*fig.*) flourishing **3** (*mus.*) fioritura (*pl.* -e) **4** (*eruzione cutanea*) rash, efflorescence **5** (*ornamenti dello stile*) flourishes (*pl.*), embellishments (*pl.*).

fiorone *s.m.* **1** (*fico primaticcio*) early fig **2** (*arch.*) (*rosone di soffitto*) rosette.

fiorrancino *s.m.* (*zool.*) (*Regulus ignicapillus*) firecrest.

fiosso *s.m.* **1** (*anat.*) arch **2** (*di scarpa*) shank, waist.

fiottare *v.intr.* **1** (*letter.*) (*di acqua*) to gurgle; (*di flutto marino*) to roar **2** (*letter.*) (*scorrere, uscire a fiotti*) to gush; to surge; to flow, to spurt **3** (*fig. region.*) (*brontolare*) to grumble, to mumble, to mutter.

fiotto *s.m.* **1** (*ant.*) (*onda*) wave; surge, billowing **2** (*zampillo*) stream, gush, spurt (*anche fig.*): *il sangue scorreva a fiotti dalla ferita*, blood streamed (*o* spurted) from the wound; *un — di sangue* (*dal naso*), a stream of blood (from the nose) **3** (*region.*) (*lamento*) moaning, complaining, grumbling.

firma *s.f.* **1** signature: *— falsa*, forged signature; *— a timbro*, facsimile signature; *mettere, apporre la propria — (a qlco.)*, to put (*o* to append) one's signature (on sthg.); *falsificare una —*, to forge a signature; *autenticare una —*, to authenticate (*o* to certify) a signature; *— d'autenticazione*, countersignature // *raccogliere firme*, to collect signatures // *ci metterei la — a sdraiarmi al sole per un mese intero!*, I'd certainly be willing to lie in the sun for a whole month! // *fare qlco. per onor di —*, to go through the motions of sthg. // (*dir.*) *avere la — (per la società)*, to have the power to sign (on behalf of the company) // (*banca*): *— di traenza*, drawer's signature; *firme congiunte*, joint signatures; *firme disgiunte*, disjoined signatures; *— in bianco*, blank signature; *— depositata*, specimen signature **2** (*il firmare*) signing: *sottoporre un documento alla —*, to submit a document for signing; *le delegazioni si incontreranno per la — dell'accordo*, the delegations will meet to sign the agreement **3** (*marchio; nome affermato*) name, big name; label: *è una — nel campo della moda*, he's a (big) name in the fashion world **4** → firmaiolo.

firmaiolo *s.m.* (*mil.*) soldier who signs on of his own choice.

firmamento *s.m.* firmament, vault of heaven, sky, the heavens (*pl.*) // *entrare nel — del cinema*, to become a film star (*o* to reach the top in the cinema world).

firmare *v.tr.* to sign, (*form.*) to subscribe; (*a tergo*) to endorse: *— documenti*, to sign (*o form.* to subscribe) documents; *ha firmato col proprio nome di ragazza*, she has signed her own maiden name; *ha firmato col nome del marito*, she has signed her husband's name; *— un contratto*, to sign a contract (*o* to become a party to an agreement); *— un contratto con qlcu.*, to contract with s.o.; (*comm.*) *— una quietanza*, to sign a receipt; *— in calce*, to undersign; (*banca*) *— in bianco*, to sign in blank (*o* a blank document); *— per procura*, to sign by proxy // *— la propria condanna*, (*fig.*) to sign one's own death warrant (*o* to seal one's own fate).

□ **firmarsi** *v.rifl.* to sign oneself.

firmario *s.m.* (*burocrazia*) letter book.

firmatario *agg.* signatory: *le potenze firmatarie del Trattato di Parigi*, the signatory powers (*o* the signatories) to the Treaty of Paris ◆ *s.m.* (*dir.*) signatory; signer; (*sottoscrittore*) subscriber: *— di un contratto*, signatory to (*o* of) a contract; *— di una petizione*, signer of a petition.

firmato *agg.* **1** signed: *un ritratto —*, a signed portrait **2** (*di stilista famoso*) designer (*attr.*): *abiti firmati*, designer clothes; *giacca firmata*, designer jacket; *gioiello —*, designer jewellery.

fisalia *s.f.* (*zool.*) (*Physalia physalis*) Portuguese man-of-war.

fisalo *s.m.* (*zool.*) (*Balaenoptera physalus*) finner, (*pop.*) razor-back.

fisarmonica *s.f.* (*mus.*) accordion; (*fam.*) squeezebox.

fisarmonicista *s.m.* e *f.* accordionist, accordion player.

fiscal drag *s.m.* (*trib.*) (*drenaggio fiscale*) fiscal drag.

fiscale *agg.* **1** fiscal; tax (*attr.*); revenue (*attr.*): *drenaggio —*, fiscal drag; *imposizione —*, taxation; *esenzione —*, tax exemption; *evasione —*, tax evasion; *ricevuta —*, receipt for fiscal purposes (*o* receipted bill); *scontrino —*, receipt note for fiscal purposes; *codice —*, fiscal (*o* taxpayer's) code (number); *gettito —*, fiscal proceeds; *onere —*, tax burden; *regime —*, tax system; *ritenuta —*, withholding tax (*o* deduction from taxes); *la politica — del governo*, the government's fiscal policy; *a scopo —*, for purposes of revenue (*o* for tax purposes *o* for fiscal purposes); *anno, esercizio —*, fiscal year; *autorità fiscali*, revenue authorities // *domicilio —*, fiscal domicile // *medico —*, doctor responsible for checking employees on sick leave // (*dir.*) *avvocato —*, tax lawyer; accusing officer; (*st.*) fiscal **2** (*rigido*) rigorous; strict; inquisitorial, unbending: *non essere così — coi tuoi dipendenti!*, don't be so strict with your employees!

fiscaleggiare *v.intr.* (*non com.*) to be too rigorous, to be too inquisitorial; to be too exacting; (*l'essere intransigente*) to search for faults.

fiscalismo *s.m.* **1** (*trib.*) (*sistema finanziario*) tax-system **2** (*fig.*) cavilling, hairsplitting; excessive rigour, excessive strictness: *il suo — sul lavoro è eccessivo*, he is too strict in his work **3** (*fig.*) the over-literal application of laws and regulations.

fiscalista *s.m.* e *f.* **1** (*esperto in questioni fiscali*) tax consultant, tax advisor; (*studioso di politica fiscale*) fiscalist **2** (*persona intransigente*) over-strict person, over-rigorous person.

fiscalistico *agg.* **1** (*trib.*) fiscal; of taxation (*pred.*), of revenue (*pred.*); (*da fiscalista*) tax consultant (*attr.*) **2** (*fig.*) rigorous, strict, zealous.

fiscalità *s.f.* **1** (*trib.*) (*disposizioni tributarie*) taxation, tax regulations (*pl.*): — *eccessiva*, excessive taxation **2** (*trib.*) (*onere fiscale*) tax burden **3** (*pignoleria*) strictness, fastidiousness.

fiscalizzare *v.tr.* **1** (*trib.*) (*attribuire oneri al fisco*) to exempt from taxes: — *gli oneri sociali*, to exempt companies from social security taxes **2** (*trib.*) (*incamerare benefici da parte del fisco*) to subject to fiscal regime: — *la riduzione del prezzo della benzina*, to subject the reduction in oil price to fiscal regime.

fiscalizzazione *s.f.* (*trib.*) subjection to fiscal regime, assimilation to fiscal regime // — *degli oneri sociali*, exemption from social security taxes.

fiscalmente *avv.* **1** fiscally **2** (*con pignoleria, intransigenza*) rigorously, severely, sternly.

fischiare *v.intr.* **1** to whistle; (*in segno di disapprovazione*) to hiss, to boo: *non ho mai saputo* —, I've never been able to whistle; *il pubblico impaziente incominciò a* —, the audience grew impatient and started to whistle **2** (*di uccello, vento, locomotiva ecc.*) to whistle: *il vento fischiava tra i rami*, the wind whistled in the branches **3** (*di sirena, segnale acustico*) to hoot **4** (*di orecchi*) to buzz, to sing*: *mi fischiavano gli orecchi*, my ears were singing (*o* I had a buzzing in my ears); *non ti fischiano gli orecchi?*, (*fig.*) aren't your ears burning? **5** (*di proiettile ecc.*) to whiz(z), to whirr, to whistle: *le pallottole fischiavano intorno a noi*, the bullets whistled all around us ◆ *v.tr.* **1** to whistle; (*per disapprovare*) to hiss, to hoot, to boo, to catcall: — *un motivetto allegro*, to whistle a merry (*o* happy) tune; *fu fischiato e dovette lasciare il palcoscenico*, he was hissed off the stage; *la prima attrice venne ripetutamente fischiata*, the leading actress was repeatedly hissed **2** (*sport*) to whistle for: — *un fallo*, to whistle for a foul; — *il fuorigioco*, to whistle for offside; *l'arbitro ha fischiato la fine della partita*, the referee blew the final whistle.

fischiata *s.f.* **1** whistling: *fare una fischiatina*, to whistle a tune **2** (*di disapprovazione*) hissing, hooting, booing, catcalling **3** (*di richiamo*) whistle: *dare una — al cane*, to whistle the dog.

fischiatore *agg.* whistling: *uccello* —, whistler ◆ *s.m.*, **fischiatrice** *s.f.* **1** whistler **2** (*chi disapprova*) hisser, booer, catcaller.

fischiettare meno com. **fischierellare** *v.tr.* e *intr.* to whistle (softly): — *allegramente*, to whistle cheerfully; *tornava a casa fischiettando un vecchio motivetto*, he went home whistling an old tune; *passare il tempo fischiettando*, to whistle one's time away.

fischiettio *s.m.* continued whistling, prolonged whistling.

fischietto *s.m.* **1** whistle **2** (*sport*) (*arbitro*) referee, umpire.

fischio *s.m.* **1** whistle: *fare un* —, to blow a whistle; *gioco interrotto dal — dell'arbitro*, play stopped by the referee's whistle; — *di inizio, di fine partita*, starting, final whistle of a game (*o* match) **2** (*di uccello*) call; (*richiamo per uccelli*) birdcall; (*di vento, treno*) whistle, whistling: *il — del vento tra gli alberi*, the whistling of the wind in the trees **3** (*sibilo di serpente ecc.*) hiss, hissing **4** (*negli orecchi*) buzzing; singing **5** (*di approvazione, ammirazione*) whistle; (*di disapprovazione*) hiss, hoot, boo, catcall: *i fischi del pubblico interruppero lo spettacolo*, the performance was interrupted by the audience's booing (*o* whistling *o* catcalling) **6** (*di sirena e segnali acustici*) hoot **7** (*di proiettile*) whiz(z), whizzing sound, whirr, whistle.

fischione *s.m.* (*zool.*) (*Anas penelope*) widgeon: — *americano*, (*Anas americana*) baldpate.

fisciù *s.m.* (*scialletto*) fichu.

fisco *s.m.* (*trib.*) (*erario*) revenue, inland revenue; (*organo preposto alla riscossione delle imposte in Gran Bretagna*) Exchequer; (*ufficio*) tax office, inland revenue office; (*autorità fiscali*) revenue authorities (*pl.*), treasury officers (*pl.*): *evadere il* —, to evade taxes (*o* to dodge taxes).

fisetere → **capodoglio**.

fisherman *s.m.* (*motoscafo da pesca*) deep sea fishing boat.

fish-eye *s.m.* (*fot.*) fish-eye lens.

fisiatra *s.m.* e *f.* (*med.*) physiatrist.

fisiatria *s.f.* (*med.*) physiatrics [U], physiatry.

fisiatrico *agg.* (*med.*) physiatric.

fisica *s.f.* physics [U]: — *applicata*, applied physics; — *matematica*, mathematical physics; — *nucleare*, nuclear physics (*o* nucleonics); — *chimica*, chemical physics; — *sanitaria*, health physics; — *pura*, pure physics; *le leggi della* —, the laws of physics; — *degli stati condensati*, condensed-matter physics; *dottore in* —, physicist.

fisicalismo *s.m.* (*fil.*) physicalism.

fisicamente *avv.* **1** (*secondo le leggi della fisica*): *un fenomeno — inspiegabile*, a phenomenon with no explanation in physics (*o* with no natural explanation) **2** (*in relazione al corpo umano*) physically: *un uomo — fragile*, a physically delicate (*o* frail) man.

fisicità *s.f.* physicalness, materiality.

fisico *agg.* **1** (*della natura*) physical, natural; (*della fisica*) of physics, physical: *leggi fisiche*, physical laws; *geografia fisica*, physical geography; *chimica fisica*, physical chemistry **2** (*del corpo*) bodily, physical: *dolore* —, physical pain; *educazione fisica*, physical education (*o* training); *attrazione fisica*, physical attraction; *forza fisica*, physical force (*o* strength); *fare dell'esercizio — per tenersi in forma*, to do physical exercise to keep fit ◆ *s.m.* **1** (*scienziato*) physicist **2** (*costituzione*) physique, constitution, body, build: *ha un — molto robusto*, he has a very sturdy physique (*o* build).

fisima *s.f.* (*capriccio*) caprice, whim; (*fissazione*) fixed idea, fixation, fad: *ha un sacco di fisime*, she's got a lot of fixed (*o* faddish) ideas; *quante fisime (hai)!*, how fussy you are!

fisiochinesiterapia *s.f.* (*med.*) kinesitherapy.

fisiochinesiterapista *s.m.* e *f.* (*med.*) kinesitherapist.

fisiocinesiterapia e *deriv.* → **fisiochinesiterapia** e *deriv.*

fisiocrate *s.m.* e *f.* (*econ.*) physiocrat.

fisiocratico *agg.* (*st. econ.*) physiocratic ◆ *s.m.* physiocrat, physiocratic.

fisiocrazia *s.f.* (*st. econ.*) physiocracy.

fisiognomica *s.f.* physiognomy.

fisiognomico *agg.* physiognomic(al).

fisiognomo *s.m.* physiognomist.

fisiognomonia → **fisiognomica**.

fisiognomonico → **fisiognomico**.

fisiologia *s.f.* physiology.

fisiologicamente *avv.* physiologically.

fisiologico *agg.* physiologic(al).

fisiologo *s.m.* physiologist.

fisiomante *s.m.* e *f.* physiognomist.

fisionomia *s.f.* **1** physiognomy; (*volto*) face, countenance; (*lineamenti*) features (*pl.*): *la sua — non mi è nuova*, his face is familiar to me; *con quel taglio di capelli hai cambiato* —, your face looks different with that hairstyle **2** (*carattere, aspetto*) character, aspect: (*comm.*) *la — del precedente esercizio*, the profile of the last financial year; *la — di un luogo*, the aspect of a place.

fisionomico *agg.* facial, physiognomic(al): *ha tratti fisionomici simili alla madre*, his facial features are like his mother's.

fisionomista *s.m.* e *f.* a person with a good memory for faces: *sono un buon* —, I've got a good memory for faces (*o* I rarely forget a face).

fisionomo *s.m.* → **fisionomista** *s.m.* e *f.*

fisiopatologia *s.f.* (*med.*) physiopathology.

fisiopatologico *agg.* (*med.*) physiopathologist.

fisiopsichico *agg.* physiopsychic.

fisiopsicologia *s.f.* physiopsychology.

fisioterapia *s.f.* (*med.*) physical therapy, physiotherapy.

fisioterapista *s.m.* e *f.* (*med.*) physiotherapist.

fiso *agg.* (*poet.*) fixed, intent ◆ *avv.* (*poet.*) fixedly; intently: *guardare — qlco.*, to look hard at sthg.

fisonomia e *deriv.* → **fisionomia** e *deriv.*

fissa *s.f.* (*fam.*) fixation, fixed idea: *ha la — di star male con i pantaloni*, she is convinced that trousers don't suit her.

fissabile *agg.* fixable.

fissaggio *s.m.* **1** (*mecc.*) (*atto del fissare*) fixing, fastening, clamping **2** (*dispositivo di fissaggio*) fastener, clamp: — *della tavola*, table clamp; — *dello stampo*, die lock **3** (*fot., chim.*) fixing: *bagno di* —, fixing bath **4** (*tess.*) — *del colore*, dye fastening.

fissamaiuscole *s.m.* shift lock.

fissamente *avv.* fixedly; steadily: *guardare qlcu.* —, to stare at s.o. (*o* to look hard at s.o.).

fissare *v.tr.* **1** (*rendere, tenere fisso*) to fix, to fasten, to secure, to make* fast, to make* firm; (*con spillo*) to pin: — *un'imposta*, to fasten a shutter; — *uno scaffale a una parete*, to fix a shelf to a wall; — *qlco. nella memoria*, to fix sthg. in one's memory; — *l'attenzione su qlco.*, to fix one's attention on sthg. **2** (*guardare fissamente*) to gaze, to stare, to fix one's eyes on (s.o., sthg.); to gaze at (s.o., sthg.), to stare at (s.o., sthg.); to look hard (*o* fixedly) at (s.o., sthg.): — *qlcu. in viso*, to look s.o. straight in the face **3** (*determinare*) to fix, to determine, to set*; to arrange, to settle; (*form.*) to appoint: — *una data*, to fix a date; — *un giorno*, to fix (*o form.* to appoint) a day; — *delle regole*, to fix (*o* determine) rules; — *una pena*, to determine a sentence // — *la residenza*, to take up one's residence **4** (*econ.*) to set*, to fix, to establish; (*stabilire il valore imponibile*) to assess; (*fissare quotazioni*, *prezzi di monete*) to peg: — *un prezzo*, to fix (*o* establish) a price; — *un prezzo per un prodotto nuovo*, to set a price for a new product; — *le imposte*, to assess taxes; *la lira è stata fissata a 2300 rispetto alla sterlina*, the lira has been pegged at 2300 to the pound; — *il prezzo dei titoli*, to price securities **5** (*pattuire un servizio, prenotare*) to reserve, to book: — *una stanza*, to book (*o* to reserve) a room; — *una vettura*, to engage a cab; — *i posti a teatro*, to book seats at the theatre; *non ho ancora fissato niente per le ferie*, I haven't arranged anything for my holidays yet **6** (*chim., fot.*) to fix: — *una negativa*, to fix a negative.

□ **fissarsi** *v.intr.pron.* **1** to be fixed: *i suoi occhi si fissarono sul quadro*, he fixed his eyes (*o* his eyes were fixed) on the picture **2** (*ostinarsi*) to be determined to do sthg., to set* one's heart on (sthg.): *si è fissato di diventare attore*, he has set his heart on becoming an actor **3** (*stabilirsi*) to settle, to take* up one's residence: — *in un paese*, to settle in a country.

fissativo *agg.* e *s.m.* fixative.

fissato *agg.* **1** fixed; (*stabilito*) settled: *un armadietto — alla parete*, a cupboard fixed to the wall; *prezzo* —, agreed price **2** (*fam.*) obsessed, maniac: *è — con quell'idea e non c'è modo di fargliela cambiare*, he's obsessed by the idea and nothing will make him change his mind **3** (*econ.*) (*di prezzo*) fixed, set, established; (*di quotazioni*) pegged.

fissato bollato *s.m.* **1** (*comm.*) (*di vendita*) sold note; (*di acquisto*) bought note **2** (*Borsa*) (broker's) contract note.

fissatore *agg.* fixing, fixative: (*biol.*) *batteri fissatori dell'azoto*, nitrogen-fixing bacteria; (*fot.*) *bagno* —, fixing bath ◆ *s.m.* **1** (*chim.*) fixer, fixing agent, fixative // — *per capelli*, (hair) lacquer **2** (*tecn.*) fixer.

fissazione *s.f.* **1** fixation **2** (*fam.*) (*idea fissa*) fixed idea, obsession; (*med.*) monomania: *ha la — dell'ordine*, he's a stickler for tidiness (*o* order) **3** (*comm., Borsa*) fixing; (*del prezzo massimo o minimo di un titolo*) pegging: — *dei prezzi*, price fixing; — *del prezzo dell'oro*, gold fixing // — *predatoria del prezzo*, predatory pricing **4** (*chim.*) fixation; fixing: — *dell'azoto*, nitrogen fixation **5** (*tess.*) → fissaggio.

fissile *agg.* **1** (*geol.*) fissile, cleavable **2** (*fis.*) fissile; fissionable.

fissilità *s.f.* **1** (*geol.*) fissility; cleavability **2** (*fis.*) fissility.

fissionabile *agg.* (*fis.*) fissionable.

fissionare *v.tr.* (*fis.*) to fission.

fissione *s.f.* (*fis. nucleare*) fission: — *nucleare*, nuclear fission; *energia di* —, fission energy; *prodotto di* —, fission product.

fissiparo *agg.* (*biol.*) fissiparous.

fissipede *agg.* (*zool.*) fissiped(al).

fissismo *s.m.* (*biol.*) fissism.

fissistico *agg.* (*biol.*) fissistic.

fissità *s.f.* fixity, fixedness; firmness; steadiness: *la — ossessiva di un ricordo*, the obsessive fixity of a memory.

fisso *agg.* **1** (*fermo, immobile*) fixed; fast; firm: *stelle fisse*, fixed stars; *ripiano* —, fixed shelf; *un punto — di riferimento*, a fixed point of reference; *regola fissa*, fast rule; *sguardo* —, fixed stare; *tener lo sguardo — su qlco.*, to stare at sthg. // *essere — in un proposito*, to be set on an idea // *avere un'idea fissa*, to be obsessed by an idea **2** (*che non varia, stabile*) fixed, set, settled; (*regolare, abituale*) regular: *stipendio* —, fixed salary; (*a*) *prezzi fissi*, (at) fixed prices; *menu a prezzo* —, fixed-price menu; *il dottore riceve a ore fisse*, the doctor sees patients at fixed times; *tariffa fissa*, flat rate; *cliente* —, regular customer; *non ha un lavoro* —, he hasn't a regular job; *la popolazione fissa è di 80.000 individui*, the resident population is 80,000; *è ormai — a Milano da un anno*, he settled in Milan a year ago // (*econ.*): *costo — di produzione*, fixed production cost; *capitale* —, fixed capital; *reddito* —, (*di persona ecc.*) fixed income // (*fin.*): *reddito* —, (*di titolo obbligazionario*) fixed interest; *cambio* —, fixed exchange rate // (*dir.*) *senza fissa dimora*, with no fixed abode **3** (*non com.*) (*infisso*) stuck (in sthg.) ◆ *s.m.* (*stipendio*) fixed salary; (*somma*) fixed sum.

fisso *avv.* fixedly, steadily: *mi guardava* —, he was looking at me fixedly (*o* he was staring at me).

fistola *s.f.* **1** (*mus.*) Pan-pipe(s), Pan's pipes (*pl.*) **2** (*med.*) fistula*.

fistolizzare *v.intr.* **fistolizzarsi** *v.intr. pron.* (*med.*) to fistulize.

fistolizzazione *s.f.* (*med.*) fistulization.

fistoloso *agg.* fistulous, fistular.

fistula → **fistola**.

fitasi *s.f.* (*biochim.*) phytase.

fitico *agg.* (*chim.*) phytic: *acido* —, phytic acid.

fitina *s.f.* (*chim.*) phytine.

fito- *pref.* di origine greca usato nella terminologia scientifica per indicare relazione con i vegetali, con ciò che è vegetale; ingl. phyto-: *fitopatologia*, phytopathology; *fitologia*, phytology; *fitografia*, phytography; (*biol.*) *fitocenosi*, phytocoenosis.

fitobiologia *s.f.* phytobiology.

fitochimica *s.f.* phytochemistry.

fitoclimatologia *s.f.* phytoclimatology.

fitocosmesi *s.f.* phytocosmetics Ⓤ.

fitocromo *s.m.* (*chim.*) phytochrome.

fitofago *agg.* (*zool.*) phytophagous.

fitofarmacia *s.f.* phytopharmacology.

fitofarmaco *s.m.* (*bot.*) plant protection product.

fitofarmacologia → **fitofarmacia**.

fitogenesi *s.f.* phytogenesis, phytogeny.

fitogenico, **fitogeno** *agg.* (*geol.*) phytogenic, phytogenous.

fitogeologia *s.f.* phytogeology.

fitografia *s.f.* phytography.

fitografo *s.m.* phytographer.

fitolacca *s.f.* (*bot.*) (*Phytolacca decandra*) poke (berry), (*pop.*) red weed, pigeonberry.

fitolito *s.m.* (*paleont.*) phytolith, phytolite.

fitologia *s.f.* phytology.

fitologo *s.m.* phytologist, botanist.

fitonimia *s.f.* (*ling.*) phytonomy.

fitopatia *s.f.* (*bot.*) phytopathy.

fitopatologia *s.f.* phytopathology.

fitopatologo *s.m.* phytopathologist.

fitoplancton *s.m.* (*ecol.*) phytoplankton.

fitormone *s.m.* (*biochim.*) plant hormone.

fitosterina *s.f.* **fitosterolo** *s.m.* (*biochim.*) phytosterol.

fitoterapia *s.f.* phytotherapy.

fitoterapista *s.m.* e *f.* phytotherapist.

fitotomia *s.f.* phytotomy.

fitotossico *agg.* phytotoxic.

fitotossina *s.f.* phytotoxin.

fitotrone *s.m.* phytotron.

fitta *s.f.* **1** (*dolore acuto*) stitch, twinge, stab, pang: *mi è venuta una — allo stomaco*, I've got a sudden stabbing pain in the stomach // *sentì una — al cuore*, she felt a pang in her heart **2** (*fig.*) great quantity, a lot: *una* — (*di gente*), a lot of people.

fittaiolo *s.m.* tenant farmer.

fittamente *avv.* thickly; closely, densely: *un territorio — abitato*, a densely populated area.

fittare *v.tr.* (*region.*) (*affittare*) to rent.

fittavolo *s.m.* tenant farmer.

fittezza *s.f.* (*non com.*) thickness, density.

fittile *agg.* fictile; clay (*attr.*).

fittizio *agg.* fictitious (*anche dir.*); sham (*attr.*); (*fam.*) phoney: *un nome* —, a fictitious name; *un contratto* —, a fictitious (*o* non-existent) contract.

fitto[1] *agg.* **1** (*conficcato*) embedded; driven in; thrust in // *a capo* —, head downwards (*o* head foremost *o* headlong); *buttarsi a capo — nel lavoro*, to throw oneself into one's job **2** (*denso, spesso*) thick, dense (*anche fig.*); (*pieno*) packed: *coperta, stoffa fitta*, thick blanket, cloth; *pettine* —, fine (*o* tooth) comb; *nebbia fitta*, thick (*o* dense) fog; *una rete fitta*, a close net; *scrittura fitta*, crabbed writing; *un giornale — di notizie*, a newspaper packed with news; *è buio —, notte fitta*, it is pitch dark // *nel più — inverno*, in the depths of winter; *una giornata fitta di appuntamenti*, a day crammed (*o* packed) with appointments; *una fitta serie di riunioni*, an uninterrupted series of meetings (*o* one meeting after another) ◆ *s.m.* thick: *nel — della foresta*, in the thick (*o* depths) of the forest ◆ *avv.* densely, non-stop: *parlare* —, to talk non-stop; *piove* — (—), it's raining heavily (*o* hard).

fitto[2] *s.m.* (*affitto*) rent.

fittone *s.m.* (*bot.*) taproot.

fiumana *s.f.* **1** swollen river, river in spate; (*inondazione*) flood **2** (*fig.*) crowd, stream: *una — di gente uscì dal cinema*, a stream of people came out of the cinema; — *di parole*, flood of words.

fiume *s.m.* **1** river; (*corrente*) stream: *il — Mississippi*, the Mississippi River (*o* the Mississippi); *il — Tamigi*, the River Thames (*o* the Thames); — *navigabile*, navigable river; *un — in secca*, a dry (*o* low) river; *un — in piena*, a full (*o* swollen) river (*o* a river in spate); *seguire il corso di un* —, to follow the course of a river; *sorgente di* —, river-head (*o* source *o* head of a river); *bacino di* —, river basin; *letto di* —, riverbed; *sulle rive di un* —, on the banks of a river // *tutti i fiumi vanno al mare*, (*prov.*) all rivers run into the sea **2** (*fig.*) flood, stream, torrent: *un — di lacrime*, a flood of tears; *un — di parole*, a torrent (*o* flood) of words // *a fiumi*, in floods (*o* torrents): *alla festa bevemmo vino a fiumi*, we drank gallons of wine at the party ◆ *agg.* long-drawn-out, interminable: *un discorso* —, an interminable speech; *un romanzo* —, a roman fleuve.

fiutare *v.tr.* **1** (*odorare*) to smell*; (*rumorosamente*) to sniff: — *tabacco*, to take snuff **2** (*seguire col fiuto*) to scent: — *selvaggina*, to scent game **3** (*intuire*) to scent, to smell*; to guess: — *un delitto*, to scent a crime; — *un imbroglio*, (*fam.*) to smell a rat; — *il pericolo*, to scent danger; — *un buon affare*, to smell a good deal.

fiutata *s.f.* smell(ing); scent(ing); (*rumorosa*) sniffing // *fare una fiutatina* (*di tabacco*), to take a pinch of snuff.

fiuto *s.m.* **1** scent; nose; (*olfatto*) (sense of) smell: *quel cane ha un ottimo* —, that dog has a very good nose // *tabacco da* —, snuff **2** (*fig.*) intuition; flair, insight, instinct; nose: *ha un gran — per gli affari*, he has an excellent nose (*o* instinct) for business; *andare a* —, to go by instinct (*o* to play sthg. by ear); *Che —! L'hai trovato subito*, How sharp you are! You sniffed it out straightaway.

fixing *s.m.* (*Borsa*) (*quotazione ufficiale di valute od oro*) fixing.

flabellato, **flabelliforme** *agg.* (*bot.*, *zool.*) flabellate, flabelliform.

flabello *s.m.* **1** (*eccl.*) flabellum (*pl.* -a): *portatore di flabelli*, flabellum-bearer **2** (*aer.*) flap, gill: *flabelli della carenatura* (*del motore*), cowl gills.

flaccidezza *s.f.* flabbiness; flaccidity; limpness.

flaccidità *s.f.* (*non com.*) flabbiness; flaccidity; limpness.

flaccido *agg.* flabby; flaccid; (*debole*) weak, limp: *un corpo* —, a limp (*o* flabby) body.

flaconcino *s.m.* tiny bottle.

flacone *s.m.* bottle: *mi ha regalato un — di profumo francese*, he gave me a bottle of French perfume; *ha ingerito un — di barbiturici*, he swallowed a bottle of barbiturates.

flagellamento *s.m.* (*non com.*) flagellation, scourging.

flagellante *s.m.* (*st. relig.*) flagellant.

flagellare *v.tr.* **1** to flagellate, to scourge; to flog, to whip **2** (*letter.*) (*affliggere*) to scourge **3** (*del mare*, *vento*) to lash, to beat*: *il vento flagellava le messi*, the wind lashed the crops.

□ **flagellarsi** *v.rifl.* to flagellate oneself, to whip oneself.

flagellato *agg.* (*zool.*) flagellate.

flagellatore *s.m.* **flagellatrice** *s.f.* flagellator, scourger, flogger, whipper (*anche fig.*): — *del vizio*, scourger of vice.

flagellazione *s.f.* flagellation, scourging, flogging, whipping.

flagello *s.m.* **1** (*frusta*) scourge, whip **2** (*fig.*) scourge, plague; (*calamità*) calamity; (*rovina*) curse, ruin: *la grandine fu un — per il raccolto*, the hailstorm was the ruin of the crops; *il — della droga*, the scourge of drug-addiction; *quel ragazzo è un* —, that boy is a plague (*o* pest) // *Attila, il — di Dio*, Attila, the Scourge of God **3** (*eccl.*) (*disciplina*) scourge **4** (*fam.*) (*gran numero*) plenty, masses (*pl.*), loads (*pl.*): *c'era un — di mosche*, there were loads of flies **5** (*bot.*, *zool.*) flagellum*, pest.

flagrante *agg.* flagrant (*anche dir.*); manifest, evident: *una — violazione della legge*, a flagrant violation of the law; *reato* —, flagrant crime (*o* offence); *furto* —, flagrant theft ◆ *s.m.* (*dir.*) flagrancy: *cogliere qlcu. in* —, to catch s.o. in the act (*o* to catch s.o. red-handed).

flagrantemente *avv.* (*dir.*) flagrantly.

flagranza *s.f.* (*dir.*) flagrancy: *in — di reato*, in the act (of the crime).

flambaggio *s.m.* flaming.

flambare *v.tr.* to flame.

flambé *agg.* (*fr.*) (*cuc.*) flambé: *banane, filetto* —, bananas, steak flambé.

flamboyant *agg.* (*fr.*) (*arch.*) flamboyant: *gotico* —, flamboyant Gothic.

flamenco *s.m.* (*canto, ballo*) Flamenco.

flamine *s.m.* (*st. romana*) flamen.

flammeo *agg.* (*letter.*) flaming, flamy, flame-coloured.

flan *s.m.* **1** (*cuc.*) flan **2** (*tip.*) → **flano**.

flanare *v.tr.* (*tip.*) to impress (a composition) into a flong.

flanatura *s.f.* (*tip.*) impression (of a composition) into a flong.

flanella *s.f.* flannel: *pantaloni di* —, flannels (*o* flannel trousers).

flangia *s.f.* (*mecc.*) flange: — *cieca*, blank flange; — *mobile*, loose flange; — *di accoppiamento*, coupling flange; *accoppiamento a flange*, flange coupling.

flano *s.m.* (*tip.*) flong.

flap *s.m.* (*aer.*) flap.

flappeggio *s.m.* (*aer.*) flapping.

flash *s.m.* **1** (*fot.*) (*lampo*) flash; (*lampada*) flash(-lamp) **2** (*giornalismo*) (*breve notizia*) headline, newsflash: *e ora alcuni — sugli ultimi avvenimenti*, and now the latest news headlines **3** (*chim.*) flash: *distillazione a* —, flash distillation.

flashback *s.m.* (*cinem.*, *letter.*) flashback.

flato *s.m.* (*med.*) flatus.

flatting *s.m.* flatting varnish.

flatulento *agg.* flatulent.

flatulenza, **flatuosità** *s.f.* (*med.*) flatulence, flatulency.

flautato *agg.* **1** flute-like, fluted; soft; dulcet; musical: *note flautate*, fluted notes; *voce flautata*, musical (*o* dulcet) voice **2** (*mus.*) flautato, flautando.

flautino *s.m.* (*mus.*) flautino (*pl.* -os), small flute; (*ottavino*) octave flute, piccolo.

flautista *s.m.* e *f.* (*mus.*) flautist, flute player.

flauto *s.m.* (*mus.*) **1** flute: — *diritto, dolce*, recorder; — *traverso*, (transverse) flute; — *di Pan*, panpipes; — *a cursore*, slide whistle; *suonare il* —, to play the flute // *'Il Flauto Magico'*, 'The Magic Flute' **2** (*flautista*) flautist, flute player.

flavina *s.f.* (*chim.*) flowin.

flavo *agg.* (*letter.*) fair; yellow: *capelli flavi*, fair hair.

flavone *s.m.* (*chim.*) flavone.

flebile *agg.* (*lamentevole*) plaintive; (*lacrimoso*) tearful; (*debole*) feeble, faint, weak, soft: *gli giunse un suono* —, a plaintive sound reached him; *una voce* —, a feeble (*o* weak) voice.

flebite *s.f.* (*med.*) phlebitis.

flebo *s.f.* phleboclysis.

flebo- *pref.* di origine greca usato nella terminologia medica con significato di 'vena'; ingl. phlebo-: *flebotomia*, phlebotomy; *fleboclisi*, phleboclysis.

fleboclisi *s.f.* (*med.*) phleboclysis.

flebografia *s.f.* (*med.*) phlebography.

flebosclerosi *s.f.* (*med.*) phlebosclerosis.

flebotomia *s.f.* (*med.*) phlebotomy.

flebotomo[1] *s.m.* phlebotomist.

flebotomo[2] *s.m.* (*zool.*) (*Phlebotomus papatasii*) phlebotome, (*pop.*) sandfly.

flemma *s.f.* **1** (*calma*) coolness, phlegm, calm, calmness, imperturbability, self-control: *conservare la* —, to remain calm (*o fam.* to keep one's cool); *la tipica — britannica*, typical British phlegm **2** (*med.*) phlegm **3** (*chim.*) *olio di* —, fusel-oil.

flemmatico *agg.* phlegmatic, impassive, cool, imperturbable, (*fam.*) unflappable: *un tipo* —, a cool (*o* self-possessed) person; *parlare con tono* —, to speak in a calm voice.

flemmatizzare *v.tr.* to soften: — *un esplosivo*, to soften an explosive.

flemmone *s.m.* (*med.*) phlegmon.

flemmonoso *agg.* (*med.*) phlegmonous, phlegmonic.

flessibile *agg.* flexible, pliable, pliant, supple (*anche fig.*): *tubo* —, flexible pipe; *orario* —, flexitime; (*fin.*) *cambi flessibili*, floating exchange rates; *carattere* —, flexible (*o* docile *o* easygoing) character ◆ *s.m.* (*tecn.*) flexible grinding wheel.

flessibilità *s.f.* flexibility, pliability, suppleness (*anche fig.*): *la — di una struttura*, the flexibility of a structure; *la — di un carattere*, the flexibility of a character; (*comm.*) — *dei prezzi*, price flexibility; (*trib.*) — *automatica*, built-in flexibility.

flessimetro *s.m.* (*tecn.*) deflectometer.

flessione *s.f.* **1** flexion; bending: *fare flessioni sulle gambe, sulle braccia*, to do knee-bends, press-ups **2** (*mecc.*) flexure; flexion; bending: *prova a* —, bending test; *sollecitazione di* —, bending stress (*o* stress of flexure) **3** (*gramm.*) flexion, inflexion **4** (*calo progressivo*) decrease, decline, drop, downturn, sag: — *dei prezzi*, drop (*o* sag) in prices; — *dei profitti*, dip (*o* decline) in profits; — *della produzione*, downturn in production; — *del gettito fiscale*, drop in state revenues.

flessivo *agg.* (*ling.*) inflectional, inflected: *lingua flessiva*, inflected language.

flesso *s.m.* (*mat.*) flex; inflexion point.

flessografia *s.f.* flexography.

flessografico *agg.* flexographic: *stampa flessografica*, flexographic print.

flessometro *s.m.* flexometer.

flessore *agg.* (*anat.*) flexor (*attr.*).

flessuosità *s.f.* flexuosity; (*di corpo, figura*) suppleness, litheness: — *dei movimenti*, suppleness of movement.

flessuoso *agg.* flexuous, sinuous; (*di corpo, figura*) supple, lithe, pliant, sinuous.

flessura *s.f.* **1** (*geol.*) flexure **2** (*ant.*) bending, curving, curvature.

flettere *v.tr.* **1** to bend*; to bow, to flex: — *le ginocchia*, to bend one's knees **2** (*gramm.*) (*un verbo*) to conjugate; (*un nome*) to decline.

flicornista *s.m.* e *f.* (*mus.*) flugelhorn player.

flicorno *s.m.* (*mus.*) flugelhorn.

flint *s.m.* (*tecn.*) flint glass.

flip-flop *s.m.* (*elettr.*) (*circuito bistabile*) flip -flop.

flipper *s.m.* pinball machine: *giocare a* —, to play pinball.

flirt *s.m.* flirtation; brief (love) affair; fling: *avere un — con qlcu.*, to have a brief affair (*o* a fling) with s.o.; *è stato solo un* —, it was just a brief affair (*o* a fling) // *il suo nuovo* —, her new boyfriend.

flirtare *v.intr.* to flirt, to have a brief affair, to have a fling: *un politico che flirta con l'opposizione*, a politician who flirts with the opposition.

flit *s.m.* (*insetticida*) fly spray; insect spray.

floccaggio *s.m.* (*tess.*) flocking.

floccare *v.tr.* (*tess.*) to flock.

floccato *s.m.* (*tess.*) flock(ing).

floccatrice *s.f.* (*tess.*) flock-printing machine.

flocco → **fiocco**[2].

flocculazione *s.f.* (*chim.*) flocculation.

flocculo *s.m.* (*astr.*) flocculus*.

floema *s.m.* (*bot.*) phloem, liber.

flogistico *agg.* (*med.*, *chim.*) phlogistic; inflammatory.

flogisto *s.m.* (*st. chim.*) phlogiston.

flogopite *s.m.* (*min.*) phlogopite.

flogosi *s.f.* (*med.*) phlogosis; inflammation.

floppy disk *s.m.* (*inform.*) (*dischetto*) floppy disk.

flora *s.f.* (*scient.*) flora*; plant life: *la — della Francia*, the flora of France; — *protetta*, protected flora // — *intestinale*, *batterica*, intestinal, bacterial flora.

florale *agg.* (*bot.*) floral.

floreale *agg.* floral, florid, floreate: *omaggio* —, bouquet of flowers // (*st. arte*) *stile* —, Art Nouveau ◆ *s.m.* (*st. francese*) Floréal.

floricolo *agg.* **1** flower (*attr.*), living on flowers (*pred.*) **2** (*che riguarda la floricoltura*) floricultural; flower-growing (*attr.*).

floricoltore *s.m.* floriculturist; florist; flower grower.

floricoltura *s.f.* floriculture; flower growing.

floridamente *avv.* **1** (*prosperamente*) prosperously **2** (*rar.*) (*fioritamente*) floridly.

floridezza, **floridità** *s.f.* flourishing, healthy state; (*prosperità*) prosperity: — *fisica*, blooming (*o* glowing) health; — *economica*, booming (*o* flourishing) economy.

florido *agg.* (*prospero*) prosperous, thriving, flourishing, booming; (*prosperoso*) buxom; (*colorito*) glowing with health (*pred.*), ruddy: *una industria florida*, a thriving (*o* booming *o* flourishing) industry; *una ragazza florida*, a buxom girl; *una florida regione*, a thriving (*o* flourishing) region.

florilegio *s.m.* florilegium*; anthology.

floristico *agg.* (*ecol.*) floristic.

florovivaismo *s.m.* nursery gardening.

florovivaista *s.m.* e *f.* nursery gardener.

floscezza *s.f.* (*non com.*) flabbiness, flaccidness, limpness, slackness; (*fiacchezza*) weakness, feebleness.

floscio *agg.* **1** flabby; flaccid, limp; soft, slack: *gote flosce*, flabby cheeks; *muscoli flosci*, flabby (*o* slack) muscles // *cappello* —, soft hat **2** (*fig.*) (*debole*, *inerte*) feeble, spineless, weak: *è di temperamento* —, he is spineless.

flotta *s.f.* **1** (*navale*) fleet; (*mar. mil.*) the navy: — *da carico*, *mercantile*, mercantile (*o* merchant) fleet, marchant navy **2** (*aerea*) airforce.

flottaggio *s.m.* **1** (*aer.*) taxiing **2** (*miner.*) → flottazione 1.

flottante *agg.* floating; (*ondeggiante*) waving, rocking // (*fin.*) *tasso di cambio* —, floating exchange rate // (*assicurazioni*) *polizza* —, floating policy ◆ *s.m.* (*fin.*) floating funds (*pl.*), floating money; (*Borsa*) shares, stocks on the market (*pl.*): *titoli a largo* —, blue chips; *titoli a scarso* —, inactive stocks.

flottare *v.intr.* **1** (*mar.*) to float **2** (*aer.*) to taxi **3** (*ondeggiare*) to wave, to rock ◆ *v.tr.* (*trasportare tronchi*) to float.

flottazione *s.f.* **1** (*miner.*) flo(a)tation **2** → fluitazione.

flottiglia *s.f.* (*mar.*) flotilla; fleet.

flou *agg.* (*fot.*) blurred ◆ *s.m.* (*fot.*) blurring.

flox *s.m.* (*bot.*) phlox.

fluente *agg.* flowing; fluent (*anche fig.*): *barba*, *chioma* —, flowing beard, hair; *un discorso* —, a fluent speech.

fluidezza → **fluidità**.

fluidica *s.f.* (*fis.*) fluidics [U].

fluidificante *agg.* fluidifying ◆ *s.m.* (*med.*) (*bronchiale*) fluidifying medicine, decongestant medicine.

fluidificare *v.tr.* to fluidify.

fluidificazione *s.f.* fluidification.

fluidità *s.f.* fluidity; fluency (*anche fig.*): — *di stile*, fluency of style; *la — della situazione politica*, the fluidity of the political situation.

fluidizzare *v.tr.* (*chim.*) to fluidize.

fluidizzato *agg.* (*chim.*) fluidized: *catalizzatore* —, fluidized catalyst; *reattore a letto* —, fluidized bed reactor.

fluidizzazione *s.f.* (*chim.*) fluidization.

fluido *agg.* fluid; fluent, flowing (*anche fig.*): *stile* —, flowing style; *situazione fluida*, fluid (*o* unsettled) situation; *una crema fluida*, liquid cream ◆ *s.m.* fluid: (*tecn.*) — *operante*, working fluid; (*fis.*) *meccanica dei fluidi*, fluid mechanics; — *magnetico*, magnetic fluid, (*fig.*) magnetic appeal; *galvanizzava le folle con il suo — magnetico*, the crowd was gripped by his magnetism (*o* his magnetic appeal).

fluidodinamica *s.f.* (*fis.*) fluid dynamics [U].

fluidodinamico *agg.* (*fis.*) fluid dynamic.

fluidostatica *s.f.* hydrostatics [U].

fluidostatico *agg.* (*fis.*) hydrostatical.

fluire *v.intr.* to flow (*anche fig.*): *le acque fluiscono lente*, the waters flow slowly; *le parole fluivano dalle sue labbra*, (*fig.*) the words flowed from his lips; *le ore fluivano tutte uguali*, the hours flowed uneventfully by.

fluire *s.m.* (*letter.*) flow: *il — del tempo*, the flow (*o* march) of time; *il — della storia*, the course of history.

fluitare *v.intr.* to drift, to float.

fluitazione *s.f.* rafting, drifting, floating.

fluminense *agg.* of (the region of) Rio de Janeiro, from (the region of) Rio de Janeiro ◆ *s.m.* e *f.* inhabitant, native of Rio de Janeiro.

fluoborato *s.m.* (*chim.*) fluoborate.

fluoborico *agg.* (*chim.*) fluoboric: *acido* —, fluoboric acid.

fluodinamica *s.f.* (*fis.*) fluid dynamics [U].

fluografia *s.f.* (*fot.*) fluorography.

fluorene *s.m.* (*chim.*) fluorene.

fluoresceina *s.f.* (*chim.*) fluorescein.

fluorescente *agg.* fluorescent: *illuminazione* —, fluorescent lighting; *lampada* —, fluorescent lamp; *schermo* —, fluorescent screen.

fluorescenza *s.f.* **1** (*fis.*) fluorescence **2** (*elettr.*) glow.

fluoridrico *agg.* (*chim.*) hydrofluoric: *acido* —, hydrofluoric acid.

fluorimetria *s.f.* (*chim.*) fluorometry.

fluorimetrico *agg.* (*chim.*) fluorometric.

fluorite *s.f.* (*min.*) fluorite, fluor(spar).

fluorizzare *v.tr.* (*chim.*) to fluoridate, to fluoridize.

fluorizzazione *s.f.* (*chim.*) fluoridation, fluoridization.

fluoro *s.m.* (*chim.*) fluorine: *dentifricio al* —, fluoride toothpaste.

fluorobenzene *s.m.* (*chim.*) fluorobenzene.

fluorocarbonio *s.m.* (*chim.*) fluorocarbon.

fluorocarburo *s.m.* (*chim.*) fluorocarbide.

fluorocomposto *s.m.* (*chim.*) fluor chemical.

fluorosi *s.f.* (*med.*) fluorosis.

fluorurare *v.tr.* (*chim.*) to fluorinate.

fluorurazione *s.f.* (*chim.*) fluorination.

fluoruro *s.m.* (*chim.*) fluoride.

fluosilicato *s.m.* (*chim.*) fluosilicate.

fluosilicico *agg.* (*chim.*) fluosilicic: *acido* —, fluosilicic acid.

flussaggio *s.m.* (*tecn.*) fluxing.

flussimetro *s.m.* (*med.*) blood pressure monitor.

flussione *s.f.* (*ant.*) (*mat.*, *med.*) fluxion.

flusso *s.m.* **1** flow; flood; (*di marea*) floodtide: — *e riflusso*, ebb and flow (*anche fig.*): *il — delle acque*, the flow of the waters **2** (*estens.*) flow; stream; march: *il — dei visitatori*, the flow (*o* stream) of visitors; *il — del traffico*, traffic flow; *il — del tempo*, the flow (*o* march) of time; *il — della storia*, the course of history; *il — delle parole*, the flow (*o* stream) of words // (*letter.*) — *di coscienza*, stream of consciousness **3** (*fis.*) flux: — *luminoso*, luminous flux // (*elettr.*): — *di induzione magnetica*, — *magnetico*, magnetic flux; — *elettrico*, electric flux; *densità del* —, flux density **4** (*med.*) flux; (*dissenteria*) dysentery: *il — mestruale*, menstrual flow (*o* discharge) **5** (*econ.*) flow, stream: — *di cassa*, cash flow; — *dei costi*, cost flow; — *economico*, economic flow // (*fin.*): — *degli investimenti*, flow of investments; — *di capitali*, flow of capital; — *dei fondi*, flow of funds; *analisi del — dei fondi*, flow of funds analysis; — *monetario*, money flow; — *valutario*, currency flow **6** (*inform.*) flow, stream: — *di bit*, bit stream; — *di immis-*

sione, flow stream; — *dei messaggi in rete*, message traffic.

flussometro *s.m.* **1** (*per fluidi*) flowmeter, rotameter **2** (*elettr.*) fluxmeter **3** (*del* WC) flushometer, flush valve.

flûte *s.m.* (*fr.*) (*calice*) flûte (glass), tulip glass.

flutto *s.m.* (*letter.*) wave; surge, swell (*anche fig.*): *la nave era in balia dei flutti*, the ship was at the mercy of the waves.

fluttuante *agg.* **1** fluctuating, floating; billowing, heaving, waving: *acque fluttuanti*, billowing waters; *popolazione* —, floating population // (*anat.*) *costola* —, floating rib **2** (*fig.*) (*incostante*) changeable: *opinioni fluttuanti*, changeable opinions **3** (*econ.*) floating, fluctuating; (*non consolidato*) unfunded: *prezzi fluttuanti*, fluctuating (*o* variable) prices; *debito* —, floating debt; *debito pubblico* —, unfunded debt; (*fin.*) *cambi fluttuanti*, floating exchange rates.

fluttuare *v.intr.* **1** to fluctuate, ro rise* and fall*; (*ondeggiare*) to wave **2** (*fig.*) (*essere incerto*) to fluctuate, to waver, to vacillate: — *tra sentimenti opposti*, to fluctuate between opposing feelings **3** (*econ.*) to fluctuate, to float: *i prezzi fluttuano*, prices are fluctuating; *si dovrebbe permettere al dollaro di* —, the dollar should be allowed to float; *lasciar* — *una valuta*, to float a currency.

fluttuazione *s.f.* **1** (*di mare*) heaving, rise and fall, surging **2** (*oscillazione*) fluctuation, swing, variation **3** (*econ., fin.*) float, floating, fluctuation: — *dei cambi*, fluctuation in exchange rates; — *congiunta* (*dei cambi*), joint floating; — *guidata*, managed floating; — *periodica*, swing; — *sporca*, dirty floating; *fluttuazioni dei prezzi*, price fluctuations; *fluttuazioni del mercato*, market fluctuations; — *delle vendite*, fluctuation in sales; *fluttuazioni stagionali*, seasonal fluctuations (*o* movements).

fluviale *agg.* fluvial, fluviatile; river (*attr.*); (*rar.*) fluvial: *navigazione* —, river navigation; *porto* —, river port // *per via* —, by river.

fluvioglaciale *agg.* (*geogr.*) fluvioglacial.

fluviomarino *agg.* (*geol.*) fluviomarine.

fluviometro *s.m.* fluviometer.

fobia *s.f.* **1** (*psic.*) phobia; morbid fear **2** (*terrore*) dread; (*avversione*) aversion; hatred, loathing: — *per la guerra*, aversion to war.

fobico *agg.* (*psic.*) phobic ◆ *s.m.* (*psic.*) phobi(a)c.

foca *s.f.* **1** (*zool.*) seal; (*rar.*) phoca: *di* —, phocine; — *comune*, (*Phoca vitulina*) sea calf (*o* sea dog); — *di Weddel*, (*Leptonychotes weddelli*) sea leopard; — *elefantina*, (*Mirounga leonina*) elephant seal (*o* sea elephant); — *leopardo*, (*Hydrurga leptonix*) sea leopard; — *monaca*, (*Monachus monachus*) monk seal (*o* hooded seal) // *pelle di* —, sealskin **2** (*fig. scherz.*) (*persona grassa e goffa*) elephant.

focaccia *s.f.* 'focaccia' (kind of flat bread) // *render pan per* —, (*prov.*) to give tit for tat.

focaia *agg.*: *pietra* —, flint.

focale *agg.* (*scient.*) focal: *distanza* —, focal length; *piano* —, focal plane // *punto* —, (*fig.*) focal point.

focalizzare *v.tr.* (*fis.*) to focus // — *i termini di un problema*, to focus on a problem (*o* to highlight a problem).

focalizzazione *s.f.* **1** (*fis.*) focusing: *magnete di* —, focusing magnet **2** (*fig.*) clarification, highlighting.

focatico *s.m.* (*st. dir.*) hearth-money, hearth-tax.

focato *agg.* with tawny markings: *cavallo baio* —, bay with tawny markings.

foce *s.f.* mouth: *la* — *del Tamigi*, the mouth of the Thames; — *a delta*, *a estuario*, delta, estuary mouth; — *marina*, outlet to the sea.

focena *s.f.* (*zool.*) (*Phocaena phocaena*) sea hog, porpoise.

focheggiamento *s.m.* (*messa a fuoco*) focusing.

focheggiare *v.tr.* (*mettere a fuoco*) to focus.

focheggiatura *s.f.* → **focheggiamento**.

fochista *s.m.* e *f.* **1** (*di caldaia a vapore*) stoker; fireman* **2** (*non com.*) (*chi fabbrica fuochi d'artificio*) pyrotechnist, maker of fireworks; (*chi vende fuochi d'artificio*) seller of fireworks.

foco → **fuoco**.

focolaio *s.m.* **1** (*med.*) focus*, centre **2** (*fig.*) hotbed, breeding-ground, seed bed: *un* — *di rivolta*, a hotbed (*o* breeding-ground) of revolt.

focolare *s.m.* **1** hearth: *pietra del* —, hearthstone **2** (*caminetto*) fireplace, fireside: *presso il* —, by the fireside **3** (*fig.*) (*casa, famiglia*) home: *le gioie del* — *domestico*, the joys of home life; *l'angelo del* —, the angel of the hearth (*o* home) **4** (*mecc.*) furnace, firebox: — *a tiraggio forzato*, forced draft furnace; — *della caldaia*, boiler furnace; — *a combustibile liquido*, liquid fuel furnace **5** (*geofisica*) focus*.

focomelia *s.f.* (*med.*) phocomelia, phocomely.

focomelico *agg.* e *s.m.* (*med.*) phocomelic.

focometria *s.f.* (*fis.*) focimetry.

focometro *s.m.* focometer, focimeter.

focosità *s.f.* impetuousness; ardour, fire.

focoso *agg.* hot, fiery; (*appassionato*) hot -blooded; ardent, passionate; (*impetuoso*) impetuous: *cavallo* —, fiery (*o* mettlesome) horse; *temperamento* —, passionate nature.

focus *s.m.* (*med.*) focus*.

fodera *s.f.* **1** (*interno*) lining: — *di un cassetto*, *di una gonna*, lining of a drawer, of a skirt **2** (*copertura*) cover: — *di una poltrona*, loose cover; — *di un libro*, dust jacket **3** (*mar.*) sheathing.

foderame *s.m.* (*spec. pl.*) lining materials (*pl.*).

foderare *v.tr.* **1** to line: — *di seta*, to line with silk; — *di pelliccia*, to line with fur; — *una gonna, una giacca, un cassetto*, to line a skirt, a jacket, a drawer **2** (*coprire, rivestire*) to cover: — *un divano, un libro*, to cover a sofa, a book **3** (*mar.*) to sheathe (with metal), to copper -bottom.

foderato *agg.* **1** lined: — *di seta*, silk-lined; — *di pelliccia*, fur-lined **2** (*coperto*) covered (with sthg.) **3** (*mar.*) (metal) sheathed, copper-bottomed.

foderatura *s.f.* **1** lining **2** (*copertura*) covering **3** (*di metallo*) sheathing.

fodero[1] *s.m.* scabbard, sheath: *rimettere la spada nel* —, to sheathe one's sword (*anche fig.*); *trarre la spada dal* —, to unsheathe (*o* to draw) one's sword (*anche fig.*).

fodero[2] *s.m.* raft.

foga *s.f.* **1** impetuosity; (*ardore*) ardour, passion, heat: *nella* — *della discussione*, in the heat of the discussion; *parlare con* —, to talk heatedly; *correre con* —, to rush **2** (*movimento rapido*) rush, onrush.

foggia *s.f.* **1** (*moda*) fashion; (*maniera*) manner, way, style **2** (*forma*) shape; *una gonna a* — *di campana*, a bell-shaped skirt.

foggiare *v.tr.* to shape, to form, to fashion; (*modellare*) to mould, to model (*anche fig.*): — *un vaso*, to throw a pot; — *il proprio stile sui classici*, to model one's style on the classics.

foggiatura *s.f.* fashioning, forming, moulding; (*ceramica*) moulding.

foglia *s.f.* **1** leaf*; (*fogliame*) leaves (*pl.*), foliage: — *di rosa*, rose leaf; — *di tabacco*, tobacco leaf; — *di tè*, tea leaf; *la caduta delle foglie*, the fall of the leaves; *senza foglie*, leafless; *essere pieno di foglie*, to be in leaf; *mettere le foglie*, to come into leaf (*o* to put forth leaves *o* to leaf); *a forma di* —, leaf -shaped; *coperto di foglie*, leafed (*o* leafy) // (*bot.*) — *seminale*, seed leaf (*o* seed lobe) // *mangiar la* —, (*fig.*) to smell a rat (*o* to see through sthg.) // *tremare come una* —, to shake like a leaf // *non cade* — *che Dio non voglia*, (*prov.*) not a leaf stirs but God wills it **2** (*mecc.*) leaf*: — *di molla*, spring leaf **3** (*sottile strato di metallo*) foil: — *di stagno*, tinfoil; — *d'oro*, gold foil, (*sottilissima*) gold leaf **4** (*motivo ornamentale*) foil.

fogliaceo *agg.* foliaceous, leaflike.

fogliame *s.m.* **1** foliage, leafage; leaves (*pl.*); frondage: *nascondersi tra il* —, to hide oneself in the foliage **2** (*ammasso di foglie*) (pile of) leaves **3** (*motivo ornamentale*) leaf work, foliage.

fogliare *agg.* (*bot.*) leaf (*attr.*): *lamina* —, leaf blade; *cicatrice* —, leaf scar; *cuscinetto* —, leaf cushion.

fogliare *v.intr.* to put* forth leaves, to leaf, to come* into leaf.

fogliato *agg.* (*metall.*) foil, leaf: *stagno* —, tinfoil; *oro* —, gold leaf.

fogliazione *s.f.* (*bot.*) foliation.

foglietto *s.m.* **1** small sheet of paper; slip of paper, piece of paper **2** (*manifestino di propaganda*) leaflet; (*distribuito a mano*) handbill **3** (*anat.*) pleura* **4** (*biol.*) — *embrionale*, serous membrane **5** (*tip.*) (insert) leaf* **6** (*filatelia*) sheet.

foglifero *agg.* (*bot.*) leafy, leaf bearing.

foglio *s.m.* **1** sheet: — *da disegno*, sheet of drawing paper; — *di carta*, sheet of paper; — *di carta bollata*, sheet of stamped paper; — *protocollo*, sheet of foolscap; *i miei libri sono sempre pieni di fogli volanti*, my books are always full of loose sheets; *ho consegnato il* — *in bianco*, I've handed in a blank sheet // — *d'iscrizione*, enrolment form // — *rosa*, provisional driving license // — *paga*, pay-sheet (*o* payslip) // (*fin.*) — *di allungamento*, allonge // (*mar.*) — *di riscontro*, (*di merci caricate su una nave*) tally-sheet // — *di via*, expulsion order // (*inform.*): — *di programmazione*, coding form; work sheet; — *di controllo*, format document; — *elettronico*, spreadsheet **2** (*pagina*) leaf*, page: *i fogli di un libro*, the leaves of a book **3** (*banconota*) bank note: *un — da cinque sterline*, a five pound note **4** (*Borsa*) name ticket **5** (*non com.*) (*giornale*) (news)paper: *— del mattino*, morning paper **6** (*tip.*) folio*: *in —*, in folio; *un volume in —*, a folio (*o* an in folio) volume **7** (*tecn.*) sheet, plate sheet: *— di lamiera di ferro*, iron sheet; *— di latta*, tin plate (*o* sheet); *— di legno*, (*per impiallacciatura*) scaleboard **8** (*filatelia*) sheet.

fogliolina *s.f.* leaflet.

fogna *s.f.* **1** sewer; (*bianca*) drain; (*scarico d'acqua*) water drain: *topo di —*, sewer rat **2** (*fig.*) cesspit **3** (*fig. scherz.*) (*persona vorace*) pig: *sei una —, mangeresti proprio di tutto!*, you are a pig, you would eat anything!

fognaiolo *s.m.* sewage worker.

fognante → **fognario**.

fognare *v.tr.* to provide with drainage, to provide with sewers.

fognario *agg.* sewer (*attr.*): *la rete fognaria di una città*, the sewer system of a city.

fognatura *s.f.* **1** drainage system, sewerage system: *— di una città*, city sewer system; *collettore di —*, sewer trunk line **2** (*agr.*) drainage.

fognolo *s.m.* small drain, sewer.

fogonatura *s.f.* (*mar.*) partner.

föhn *s.m.* **1** (*meteor.*) föhn, foehn **2** (*asciugacapelli*) hairdryer.

foia *s.f.* **1** sexual excitement: *essere in —*, to be in heat **2** (*estens.*) lust.

foiba *s.f.* (*geogr.*) sinkhole.

fola *s.f.* **1** (*letter.*) fable, fairy tale **2** (*fandonia*) fib, story.

folade *s.f.* (*zool.*) (*Pholas dactylus*) piddock, (*scient.*) pholas*.

folaga *s.f.* (*zool.*) (*Fulica atra*) bald-coot, coot.

folata *s.f.* **1** gust, rush, blast **2** (*di uccelli*) flight **3** (*letter.*) (*l'accorrere di persone o animali*) swarm, throng.

folclore *s.m.* **1** folklore: *il — irlandese*, Irish folklore; *studioso del —*, folklorist **2** (*estens.*) (*aspetto pittoresco*) colour, spectacle: *il — del palio di Siena*, the colourful spectacle presented by the Palio of Siena.

folclorico *agg.* (*non com.*) of folklore; folklore (*attr.*).

folclorismo *s.m.* folklorism.

folclorista *s.m.* e *f.* folklorist.

folcloristico *agg.* **1** (*del folclore*) folklore (*attr.*), folkloristic; (*popolare*) folk (*attr.*): *ballo —*, folk dance; *canto —*, folk song; *studi folcloristici*, folklore studies **2** (*fam.*) (*vivace, bizzarro*) colourful, spectacular.

folgorante *agg.* **1** (*lampeggiante*) flashing; gleaming **2** (*abbagliante*) dazzling **3** (*splendente*) shining **4** (*fig.*) striking: *idea —*, brilliant idea; *dolore —*, stabbing (*o* sharp) pain.

folgorare *v.tr.* **1** (*colpire con fulmini*) to strike* with lightning **2** (*fulminare con lo sguardo*) to glare (at s.o.): *quando tentai di replicare mi folgorò*, when I tried to reply he glared at me **3** (*dare una scarica elettrica*) to give* an electric shock; to electrocute: *fu folgorato da una scarica elettrica*, he got an electric shock, (*rimanendo ucciso*) he electrocuted himself **4** (*fig.*) (*abbagliare*) to dazzle; (*colpire*) to strike*: *fu folgorato dalla sua bellezza*, he was dazzled by her beauty; *un'idea improvvisa lo folgorò*, an idea suddenly struck him.
□ **folgorarsi** *v.rifl.* to get* an electric shock, (*rimanendo ucciso*) to electrocute oneself.

folgorazione *s.f.* **1** electrocution **2** (*intuizione improvvisa*) flash, sudden intuition.

folgore *s.f.* thunderbolt; lightning; flash of lightning.

folgorio *s.m.* (*non com.*) blaze, shining.

folgorite *s.f.* (*geol.*) fulgurite.

folico *agg.* (*chim.*) folic: *acido —*, folic acid.

folk *agg.* folk: *arte, musica —*, folk art, music ◆ *s.m.* folk (music).

folklore e *deriv.* → **folclore** e *deriv.*

folla *s.f.* **1** crowd; throng; mass; (*plebaglia*) mob: *c'era una gran — in attesa*, there was a large crowd waiting; *cercava di confondersi tra la —*, he tried to lose himself in the crowd; *l'esercito disperse la —*, the army dispersed the mob; *la — impazzita cercò di linciarlo*, the frenzied mob (*o* crowd) tried to lynch him; *una piazza piena di —*, a crowded square; *c'è — nella sala?*, are there many people in the hall?; *le folle*, the masses; *discorsi buoni per la —*, speeches to keep the mob happy **2** (*estens., fig.*) throng, crowd, host: *era attorniato da una — di giornalisti*, he was surrounded by a throng of journalists; *avere una — di ammiratori*, to have a host of admirers; *una — di ricordi*, a host of memories.

follare *v.tr.* **1** (*tess.*) to full **2** (*enologia*) to press.

follato *agg.* (*tess.*) fulled ◆ *s.m.* (*tess.*) fulled fabric.

follatoio *s.m.* (*enologia*) winepress.

follatore *s.m.* (*tess.*) fuller.

follatrice *s.f.* (*tess.*) fulling machine, mill.

follatura *s.f.* (*tess.*) fulling, milling.

folle *agg.* **1** (*pazzo*) mad, insane, crazy, lunatic, (*fam.*) nuts (*pred.*): *il — assassino fu arrestato all'alba*, the mad killer was arrested at dawn; *sei stato — a pensare una cosa simile*, you were crazy (*o* nuts) to think of such a thing // *essere — di qlcu.*, to be mad about s.o. **2** (*pazzesco*) foolish, mad, crazy, wild: *è stata un'impresa —*, it was a mad stunt; *un'idea —*, a foolish (*o* wild) idea; *spese folli*, wild expenses; *procedeva a velocità — nella notte*, he was racing wildly through the night // *un amore —*, a mad passion **3** (*mecc.*) idle; (*aut.*) neutral: *in —*, neutral: *mettere in —*, to put in neutral; *girare in —*, to idle ◆ *s.m.* e *f.* lunatic, (*fam.*) nut, madman* (*m.*), madwoman* (*f.*): *sei un —*, you are mad (*o* a lunatic *o* a nut *o* a nutcase); *sguardo da —*, mad look.

folleggiamento *s.m.* (*scherz.*) (*il divertirsi spensieratamente*) revelry, merrymaking.

folleggiare *v.intr.* **1** (*non com.*) (*agire da folle*) to behave foolishly; to act like a madman **2** (*divertirsi spensieratamente*) to make* merry, to carouse; (*fam.*) to have a ball: *abbiamo folleggiato tutta la notte*, we had a ball all night long.

follemente *avv.* **1** (*pazzamente*) madly, crazily: *agire —*, to act crazily; *amare —*, to love madly; *essere — innamorato*, to be madly in love **2** (*scioccamente*) foolishly.

folletto *s.m.* **1** sprite, elf*; (*spiritello burlone*) goblin **2** (*fig.*) restless child*; imp: *sei proprio un* (*vero*) *—!*, you're a regular imp! ◆ *agg.*: *spirito —*, elf.

follia *s.f.* **1** (*pazzia*) madness; insanity, lunacy: *in preda alla —*, in a fit of madness; *portare qlcu. alla —*, to drive s.o. mad // *è un chiaro esempio di — collettiva*, it's a clear case of wholesale insanity **2** (*atto sconsiderato*) foolish act, act of madness, folly; (*sconsideratezza*) folly, foolishness: *le follie di gioventù*, the follies of youth; *è stata una — guidare in quelle condizioni*, it was crazy (*o* mad) to drive in those conditions; *Partire a quest'ora? Ma è una —!*, Leave at this time? It's madness!; *stai calmo, non fare follie*, keep calm and don't do anything mad (*o* foolish); *fare follie per qlcu., qlco.*, to be mad (*o* crazy) about s.o., sthg. // *fare follie*, (*folleggiare*) to have a ball (*o* a whale of a time) // *amare qlcu.* (*fino*) *alla —*, to be madly in love with s.o.

follicolare *agg.* (*anat., bot.*) follicular.

follicolina *s.f.* (*biochim.*) folliculin.

follicolite *s.f.* (*med.*) folliculitis.

follicolo *s.m.* (*bot., anat.*) follicle.

follone *s.m.* (*tess.*) fulling stock.

foltamente *avv.* thickly; densely.

foltezza *s.f.* (*non com.*) thickness; denseness.

folto *agg.* **1** thick: *una folta capigliatura*, a thick head of hair; *capelli folti*, thick hair; *un — bosco*, a thick wood **2** (*estens.*) (*numeroso*) large, numerous, great: *un — gruppo di amici*, a large group of friends; *un — pubblico*, a large audience **3** (*non com.*) (*fitto*) thick, dense: *una folta nebbia*, a thick fog ◆ *s.m.* thick: *nel — del bosco*, in the thick of the wood; *nel — della mischia*, in the thick of the fight.

fomentare *v.tr.* to foment, to encourage, to foster, to stir up, to incite, to instigate: *— la rivolta, il malcontento*, to stir up revolt, discontent.

fomentatore *s.m.* **fomentatrice** *s.f.* fomenter.

fomentazione *s.f.* (*non com.*) **1** fomentation, instigation, encouragement, stirring up **2** (*med.*) fomentation.

fomento *s.m.* **1** (*impacco caldo*) fomentation **2** (*letter.*) (*stimolo*) fomentation, incitement, instigation.

fon[1] *s.m.* (*asciugacapelli*) hairdryer.

fon[2] *s.m.* (*fis.*) phon.

fonare *v.tr.* (*fam.*) to dry (with a hairdryer); (*fare la messa in piega a fon*) to blow-dry.

fonatorio *agg.* phonatory: *organo —*, phonatory organ.

fonatura *s.f.* (*fam.*) blow-drying.

fonazione *s.f.* (*ling.*) phonation.

foncé *agg.* (*fr.*) deep, dark.

fonda[1] *s.f.* (*mar.*) anchorage: *essere alla —*, to ride at anchor.

fonda[2] *s.f.* **1** (*non com.*) (*borsa da sella*) saddlebag **2** (*imbragatura per cavalli*) (horse) sling.

fondaccio *s.m.* (*non com.*) **1** (*feccia*) dregs (*pl.*); lees (*pl.*); sediment **2** (*estens.*) (*merce scadente*) rejects (*pl.*), remnants (*pl.*), inferior goods (*pl.*); (*merce invenduta*) unsold stock.

fondaco *s.m.* **1** (*negozio di tessuti*) draper's shop **2** (*region.*) (*magazzino*) warehouse; store(house); (*abitazione poverissima, basso*) slum(-dwelling).

fondale *s.m.* **1** depth, sounding: *basso, alto* —, deep, shallow water; *andamento del* —, depth contour // (*geogr.*) — *oceanico*, ocean floor **2** (*teatr.*) backdrop, backcloth.

fondame *s.m.* sediment.

fondamentale *agg.* fundamental, essential, basic: *prodotto* —, basic product; *gli elementi fondamentali di una sostanza*, the basic elements of a substance; *principi fondamentali*, basic principles; *requisito* —, essential requisite; *i diritti fondamentali del cittadino*, the citizen's basic rights; *una differenza* —, a substantial (*o* fundamental) difference; *ciò è di — importanza*, that is of primary (*o* fundamental) importance; *è — che tutti abbiano il diritto di studiare*, it is essential that everyone has the right to study ◆ *s.m.* (*sport*) (*tecnica di base*) basics (*pl.*): *imparare i fondamentali del calcio*, to learn the basics of football.

fondamentalismo *s.m.* fundamentalism.

fondamentalmente *avv.* **1** (*nei fondamenti*) fundamentally, essentially, basically: *un ragionamento — sbagliato*, a fundamentally (*o* basically) mistaken line of reasoning; *ha — ragione, però esagera*, essentially (*o* basically) he is right but he exaggerates **2** (*principalmente*) above all, mainly, chiefly: *è un problema — pratico*, it is chiefly a practical problem.

fondamento *pl.f.* **fondamenta** (*nel senso 1*), *pl.m.* **fondamenti** (*nel senso 2*) *s.m.* **1** (*edil.*) foundation: *gettare le fondamenta di un edificio*, to lay the foundations of a building; *tracciare le fondamenta*, to mark out the foundations // (*fig.*) *gettare le fondamenta di un progetto*, to lay the foundations of a project **2** (*fig.*) (*base, principio*) basis*, foundation, ground: *i fondamenti della civiltà, del sapere*, the foundations of civilization, of knowledge; *i fondamenti della nostra fede*, the foundations (*o* fundamental principles) of our faith; *senza, privo di* —, groundless, without foundation; *sospetti senza* —, groundless suspicions; *questa diceria è senza* —, this rumour has no foundation (*o* is entirely without foundation) // (*dir.*) *fondamenti di una decisione giudiziale*, ratio decidenti of a case.

fondant *s.m.* (*fr.*) fondant.

fondare *v.tr.* **1** (*erigere, gettare le fondamenta di*) to found, to build*, (*form.*) to erect: — *una chiesa, una città*, to found a church, a town // — *qlco. sulla sabbia*, (*fig.*) to build sthg. on sand **2** (*fig.*) (*istituire, costituire*) to found; to establish, to set* up; to start: *casa fondata nel 1859*, firm established in 1859; — *una colonia*, to found (*o* to set up) a colony; — *una ditta*, to set up (*o* to establish) a firm (*o* a business); — *una società*, to set up (*o* to institute) a company; — *una famiglia*, to start a family; — *un giornale, una rivista*, to start (*o* to launch) a newspaper, a magazine; — *un impero*, to found an empire **3** (*fig.*) (*basare*) to found, to base, to ground: — *le proprie affermazioni sui fatti*, to found (*o* to base *o* to ground) one's statements on facts; — *un'accusa su vaghi indizi*, to base an accusation on flimsy evidence; *la nostra professionalità è fondata sull'esperienza*, our professionalism is based on experience.

□ **fondarsi** *v.rifl.* o *intr.pron.* (*basarsi*) to be based on (sthg.); to be founded (up)on (sthg.): *un ragionamento che si fonda su presupposti errati*, a line of reasoning based on false premises; — *sulla giustizia*, to be founded in justice.

fondatamente *avv.* justly, rightly.

fondatezza *s.f.* (*fig.*) foundation, ground; truth, legitimacy: *senza* —, without foundation; *la — di un sospetto*, the legitimacy of a suspicion; *verificare la — di un'accusa*, to check the truth of an accusation.

fondato *agg.* **1** well-grounded, well-founded: *sospetti fondati*, well-grounded suspicions **2** (*costituito*) established: *società fondata nel 1930*, company established in 1930.

fondatore *s.m.* **fondatrice** *s.f.* founder, promoter: *socio* —, founder (*o* foundation) member; *soci fondatori*, (*di società*) promoting partners.

fondazione *s.f.* **1** (*il fondare, l'essere fondato*) foundation: — *di una chiesa, di una città, di una colonia, di una scuola*, foundation of a church, of a town, of a colony, of a school // *mille anni dalla — di Roma*, one thousand years after the foundation of Rome **2** (*l'istituire*) foundation; establishment, setting up: — *di una ditta*, establishment (*o* setting up) of a business **3** (*istituzione*) institution, foundation (*anche dir.*): *la Fondazione Ford*, the Ford Foundation; — *benefica*, charitable institution **4** (*pl.*) (*edil.*) foundations.

fondello *s.m.* **1** bottom: — *di un bossolo*, bottom of a cartridge-case; — *dei calzoni*, seat of one's trousers // *prendere qlcu. per i fondelli*, to pull s.o.'s leg (*o* to have s.o. on) **2** (*non com.*) (*anima dei bottoni*) core (of a button).

fondente *agg.* melting, fusing // *cioccolato* —, plain (*o* dark) chocolate ◆ *s.m.* **1** (*dolce*) fondant **2** (*metall.*) flux.

fondere *v.tr.* **1** (*liquefare*) to melt, to fuse; (*per separare un metallo da scorie*) to smelt: *il sole fuse la neve*, the sun melted the snow; — *oggetti d'oro*, to melt gold articles (down) // (*aut.*): — *i cuscinetti, le bronzine*, to burn out the bearings; *ho fuso* (*il motore*), while I was driving the engine seized up // *quattro ore di studio mi hanno completamente fuso* (*il cervello*), (*fig. fam.*) after four hours' study, my brain has seized up **2** (*fondere in forma*) to cast*, to mould **3** (*unire*) to blend, to merge (*anche fig.*): *pensarono di — la loro organizzazione con la nostra*, they thought of merging their organization with ours; — *due colori*, to blend two colours; — *due società, due banche*, to merge (*o* amalgamate *o* consolidate) two companies, two banks ◆ *v.intr.* to melt: *il ghiaccio fonde a 0 °C*, ice melts at 0 °C.

□ **fondersi** *v.intr.pron.* to melt: *la neve si fonde al sole*, snow melts in the sun // — *in lacrime*, to melt into tears ◆ *v.rifl.* o *rifl.rec.* (*unirsi*) to blend, to merge: *i due partiti si sono fusi*, the two parties merged; *la nostra ditta si è fusa con una società estera*, our firm merged with a foreign company.

fonderia *s.f.* foundry.

fondiario *agg.* land (*attr.*), landed: *proprietà fondiaria*, landed property; *rendita fondiaria*, land rent; (*banca*) *credito* —, credit on land; *istituto di credito* —, agricultural bank; *mutuo* —, landed property loan; (*trib.*) *imposta fondiaria*, land tax.

fondibile *agg.* fusible.

fondiglio(lo) *s.m.* dregs (*pl.*), sediment, deposit.

fondina[1] *s.f.* (*custodia di armi da fuoco*) holster.

fondina[2] *s.f.* (*region.*) (*piatto fondo*) soup plate.

fondino *s.m.* (*teatr.*) (small) backdrop.

fondista *s.m.* e *f.* **1** (*sport*) long-distance runner **2** (*giornalismo*) editorialist; writer of a leading article.

fondita *s.f.* (*tip.*) fount.

fonditore *s.m.* melter, caster, smelter, foundryman*: (*tip.*) — *di caratteri*, type -founder.

fonditrice *s.f.* (*tip.*) casting machine, caster.

fonditura *s.f.* (*non com.*) **1** fusion, melting; (*per separare metalli da scorie*) smelting **2** (*colata*) casting.

fondo[1] *agg.* **1** deep: *acqua fonda*, deep water // *piatto* —, soup plate **2** (*estens.*) deep, thick: *a notte fonda*, at dead of night.

fondo[2] *s.m.* **1** (*parte inferiore*) bottom; (*parte terminale*) end: *il — di una pentola*, the bottom of a saucepan; — *pietroso*, stony bottom; — *sabbioso*, sandy bottom; *una piscina a — piatto*, a flat-bottomed pool; *una valigia a doppio* —, a double-bottomed (*o* false-bottomed) suitcase; — *marino*, seabed (*o* sea floor); — *stradale*, road-bed; *in — al corridoio*, at the end of the corridor; *in — alla strada gira a destra*, turn right at the end of the road; *in — alla sala ci sono tre porte*, at the end of the room there are three doors; *cadde in — al pozzo*, he fell to the bottom of the well; *in — al tuo bicchiere c'è ancora un po' di vino*, there is some wine left in the bottom of your glass; *lo lessi in — alla prima pagina*, I read it at the bottom of the first page; *la prima classe è in — al treno*, first class is at the rear of the train; *non sediamoci troppo in — altrimenti non sentiamo*, let's not sit too far back otherwise we won't be able to hear // (*anat.*) — *dell'occhio*, eyeground // — *di bicchiere*, (*scherz.*) (*diamante falso*) paste diamond // — *dei calzoni*, seat (of the trousers) // *dal — del mio cuore*, from the bottom of my heart; *nel — del suo cuore*, in his heart of hearts // *da cima a* —, from top to bottom: *ha pulito la casa da cima a* —, she cleaned the house from top to bottom; *ripeti la lezione da cima a* —, go over the lesson thoroughly one more time // *la nave andò a* —, the ship went to the bottom (*o* sank); *l'azienda sta andando a* —, (*fig.*) the company is on its last legs; *mandare a — una nave*, to sink a ship; *hanno fatto di tutto per mandare a — la sua proposta*, (*fig.*) they did all they could to defeat his proposal // *adesso hai proprio toccato il* —, (*fig.*) now you've really reached rock bottom // *conoscere qlco. a* —, to know sthg. thoroughly; *impegnarsi a — in qlco.*, to be totally committed to sthg.; *studiare a — un problema*, to study a subject in depth; *dobbiamo andare a — del problema*, we must get to the bottom of the problem // *leggi il capitolo fino in* —, read the chapter to the end; *ha bevuto la bottiglia fino in* —, he drained the bottle dry; *portare qlco. fino in* —, to conclude sthg.; *capire qlco. fino in* —, to get to the bottom of sthg.; *non mi hai convinto fino in* —, you haven't completely convinced me; *dire la verità fino in* —, to tell the whole truth // *in* —, *in — in* —, after all (*o* when all is said and done *o* all in all): *in — in — sono contenta di avere cambiato lavoro*, when all is said and done, I'm happy I've changed my job // *mano* *di* —, (*verniciatura*) primer coat; undercoat(ing); *questione, problema di* —, basic problem, issue // *dar — al proprio patrimonio*, to squander all one's fortune; *dar — alle provviste*, to use up one's provisions **2** (*natura, indole*) nature: *ha un — buono*, he has a good nature (*o* he's good at heart) **3** (*feccia*) dregs (*pl.*), grounds (*pl.*): *i fondi di caffè*, coffee grounds (*o* dregs) **4** (*sfondo*) background: *un disegno su — scuro*, a design on a dark background // *mi danno fastidio i rumori di* —, I can't stand background noise **5** (*econ., fin. ecc.*) fund; (*riserva*) reserve; (*giacenza, scorta*) stock; (*accantonamento, ammortamento*) allowance; (*di investimento*) trust // (*amm.*): *— di dotazione*, endowment fund; *— disponibile*, expendable funds; *fondi di gestione*, business capital; *— per spese di rappresentanza*, entertainment allowance; *— salari*, wage fund; *— liquidazione personale*, severance fund; *— pensione*, pension (*o* retirement) fund (*o* contributory pension plan); *fondi pensione*, superannuation funds; *— previdenziale a beneficio dei dipendenti*, endowment fund // (*fin.*): *— comune di investimento*, investment fund (*o* unit trust), (*amer.*) mutual trust; *— comune di investimento aperto*, open-end investment fund; *— comune di investimento chiuso*, closed-end fund; *— comune di investimento immobiliare*, real estate trust; *— comune di investimento a capitale fisso*, closed-end fund (*o* fixed unit trust); *— comune di investimento mobiliare*, securities investment trust; *— comune*, (*cassa*) pool; *— di ammortamento*, amortization (*o* sinking) fund; *— di anticipazione*, imprest fund; *— bilanciato*, balanced fund; *— di investimento misto*, mixed investment trust; *fondi a capitale fisso*, closed-end funds; *fondi a capitale variabile*, open-end funds; *fondi collocati all'estero*, (*in un 'paradiso fiscale'*) offshore fund; *fondi con disponibilità immediata*, same day funds; *fondi congelati*, frozen assets; *fondi da investire*, investible funds; *fondi mutuabili*, loanable funds; *fondi neri*, *occulti*, slush funds (*o* money); *— di riserva*, reserve fund, (*fam. amer.*) backlog; *Fondo Monetario Europeo*, European Monetary Fund // (*econ.*) *fondi pubblici*, public money // (*comm.*): *— cassa*, float (*o* working fund); *fondi di magazzino*, old (*o* dead *o* unsold) stock (*o* oddments *o* remnants) // (*trib.*) *— imposte e tasse*, accrued taxes // (*banca*): *— vincolato*, restricted fund; *— depositi*, deposit fund // *a — perduto*, without security (*o* unsecured) **6** (*sport*): *corridore di* —, long-distance runner; *cavallo di* —, stayer; *corsa di* —, long-distance race; *sci di* —, cross-country skiing **7** (*giornalismo*) (*articolo di*) —, leading article, leader, editorial.

fondoschiena *s.f.* (*fam.*) backside, bottom.

fondotinta *s.m.* foundation (cream).

fondovalle *s.m.* valley floor.

fondue, **fonduta** *s.f.* (*cuc.*) fondue.

fonema *s.m.* (*ling.*) phoneme.

fonematica *s.f.* (*ling.*) phonemics [U].

fonematico *agg.* (*ling.*) phonematic, phonemic.

fonematizzazione *s.f.* (*ling.*) phonemicization.

fonemica *s.f.* (*ling.*) phonemics [U].

fonemico *agg.* (*ling.*) phonemic.

fonendoscopio *s.m.* (*med.*) phonendoscope.

fonetica *s.f.* phonetics [U].

fonetico *agg.* phonetic: *segni fonetici*, phonetic symbols; *alfabeto* —, phonetic alphabet.

fonetismo *s.m.* (*ling.*) phonetism.

fonetista *s.m.* e *f.* (*ling.*) phonetician, phonetist.

foniatra *s.m.* e *f.* (*med.*) phoniatric expert.

foniatria *s.f.* (*med.*) phoniatrics [U].

fonico *agg.* phonic; sound (*attr.*): *segnale* —, sound signal; *accento* —, stress (*o* accent) ◆ *s.m.* (*tecnico del suono*) sound engineer.

fono *s.m.* (*ling.*) phone.

fono- *pref.* di origine greca che indica relazione con 'suono, voce'; ingl. phono-: *fonografo*, phonograph; *fonologia*, phonology.

fonoassorbente *agg.* deadening, sound absorbent.

fonocardiografia *s.f.* (*med.*) phonocardiography.

fonocardiogramma *s.m.* (*med.*) phonocardiogram.

fonocassetta *s.f.* (*non com.*) music cassette.

fonodettatura *s.f.* the sending of a telegram by telephone.

fonofilmografo *s.m.* sound film recorder.

fonofobia *s.f.* (*med.*) phonophobia.

fonogenia *s.f.* suitableness for sound recording.

fonogenico *agg.* phonogenic, good for recording: *la sua voce è fonogenica*, his voice records well.

fonogeno *s.m.* (*non com.*) (*di giradischi*) pick-up.

fonografico *agg.* phonographic: *disco* —, (phonographic) record.

fonografo *s.m.* phonograph: *— automatico a gettone*, jukebox.

fonogramma *s.m.* **1** (*tel.*, *ling.*) phonogram **2** (*cinem.*) sound record.

fonoincisione *s.f.* sound recording.

fonoincisore *s.m.* sound recorder.

fonoisolante *agg.* soundproofing ◆ *s.m.* soundproofing material.

fonolite *s.f.* (*geol.*) phonolite, clinkstone.

fonologia *s.f.* phonology.

fonologico *agg.* phonologic(al).

fonologo *s.m.* phonologist.

fonometria *s.f.* (*fis.*, *ling.*) phonometry.

fonometro *s.m.* (*fis.*) phonometer, noisemeter, sound level meter.

fonomimia *s.f.* sign language.

fonomontaggio *s.m.* edited recording, edited track; (*rad.*) edited programme.

fonomorfologico *agg.* (*ling.*) phonomorphological.

fonone *s.m.* (*fis.*) phonon.

fonoregistratore *s.m.* sound recorder.

fonoregistrazione *s.f.* sound recording.

fonoriproduttore *s.m.* sound reproduction device; sound reproducer.

fonoriproduzione *s.f.* playback.

fonorivelatore *s.m.* (*di giradischi*) pick-up.

fonoscopio *s.m.* (*fis.*) phonoscope.

fonosintassi *s.f.* (*ling.*) phonosyntax.

fonosintattico *agg.* (*ling.*) phonosyntactic.

fonostilistica *s.f.* (*ling.*) phonostylistics [U].

fonoteca *s.f.* sound library, sound archive.

fonotelemetria *s.f.* (*fis.*) phonotelemeter.

fonovaligia *s.f.* portable record player.

fontana *s.f.* **1** fountain // *piangere come una* —, (*fig.*) to cry one's eyes out **2** (*letter.*) (*fonte*) spring, source (*anche fig.*) // (*geol.*) *— ardente*, fire well.

fontanazzo *s.m.* outflow.

fontanella *s.f.* **1** small fountain: *— a spillo*, drinking fountain; *— pubblica*, (public) drinking fountain **2** (*anat.*) fontanel(le).

fontaniere *s.m.* fountain attendant.

fontanile *s.m.* **1** (*fonte*) spring, source **2** (*abbeveratoio*) trough.

fonte *s.f.* **1** (*sorgente*) spring, source **2** (*fontana*) fountain **3** (*origine*) source, origin: *fonti energetiche, di guadagno*, sources of energy, of profit; *un lavoro che è — di soddisfazione*, a job that is a source of satisfaction; *per maggior chiarezza è meglio risalire alle fonti*, to have a clearer picture it's better to go back to the sources; *le fonti dell' 'Orlando Furioso'*, the sources of 'Orlando Furioso' // (*dir.*) *fonti del diritto*, sources of the law // *fonti statistiche*, statistical sources // (*trib.*) *ritenuta alla* —, withholding (*o* deduction) at source // *sapere da — sicura*, to have on good authority (*o* to have learnt from a reliable source) **4** (*causa*) cause, root: *suo figlio è la — di tutte le sue preoccupazioni*, his son is the cause of all his worries ◆ *s.m.*: *— battesimale*, font.

fontina *s.f.* 'fontina' (kind of cheese made in Piedmont).

football *s.m.* (*calcio*) football.

footing *s.m.* (*corsa*) jogging: *ogni mattina faccio un'ora di* —, every morning I jog for an hour (*o* I do an hour's jogging).

foracchiare *v.tr.* to perforate, to riddle (with holes), to pierce.

foracchiatura *s.f.* **1** (*il perforare*) perforating, piercing **2** (*insieme di fori*) perforations (*pl.*), holes (*pl.*).

foraggero *agg.* forage (*attr.*), fodder (*attr.*).

foraggiamento *s.m.* foraging.

foraggiare *v.intr.* (*ant.*) to forage ◆ *v.tr.* **1** to forage, to fodder **2** (*sovvenzionare*) to subsidize.

foraggiero → **foraggero**.

foraggio *s.m.* pasture; fodder; provender; forage: *— immagazzinato nei silos*, silage; *— fresco*, soilage; *— di paglia*, stover; *piante da* —, fodder plants.

forame *s.m.* **1** (*ant.*) hole, aperture **2** (*anat.*) foramen*.

foraneo *agg.* **1** (*non com.*) rural; outside the town **2** (*mar.*) outside the harbour; outer; offshore **3** (*eccl.*) forane: *vicario* —, vicar forane.

forapaglie *s.m.* (*zool.*) (*Acrocephalus shoenobaenus*) sedge-warbler.

forare *v.tr.* **1** to perforate; to pierce; (*biglietti*) to punch; (*pneumatici*) to puncture // *— una montagna*, to tunnel through a mountain **2** (*mecc.*) to drill, to bore: *— un pezzo di legno*, to drill (*o* to bore) a piece of wood ◆ *v.intr.* (*bucare un pneumatico*) to puncture, to get* a puncture, (*amer.*) to get* a

flat (tyre): *ho forato due volte*, I got two punctures.
□ **forarsi** *v.intr.pron.* to get* a puncture; (*amer.*) to get* a flat (tyre).

forasacco *s.m.* (*bot.*) — *segalino*, (*Bromus secalinus*) cheat.

forasiepe → **forapaglie**.

foraterra *s.m.* (*agr.*) dibble.

foratino *s.m.* perforated brick, air-brick.

forato *agg.* perforated, punched, pierced ♦ *s.m.* perforated brick, air-brick.

foratoio *s.m.* **1** (*trapano*) drill; (*succhiello*) gimlet; (*punzone*) punch **2** (*accoratoio*) butcher's knife*.

foratore *s.m.* **1** (*chi fora*) driller, borer **2** → foratoio.

foratura *s.f.* **1** piercing; (*di biglietto*) punching; (*di pneumatico*) puncture **2** (*con punteruolo, trapano*) drilling, boring **3** (*buco*) hole.

forbici *s.f.pl.* **1** scissors; (*cesoie*) shears: — *per unghie*, nail scissors; *un colpo di* —, a snip; *un paio di* —, a pair of scissors; *tagliare con le* —, to cut, to snip with scissors; — *da giardino*, garden shears; — *da sarto*, tailor's shears; — *per potare*, pruning shears; — *per tosare*, sheep shears // *lavorare di* —, (*fig.*) to censor // *le — della censura*, (*fig.*) the censor's scissors // *un articolo fatto con le* —, (*fig.*) a scissors-and -paste (*o* cobbled-together) article // *ha una lingua che taglia come le* —, he has a very sharp tongue (*o* a tongue like a razor) // *forbice salariale*, wage differentials **2** (*salto a forbici*) scissors (*pl. con costruzione sing.*) **3** (*fam.*) (*chele*) pincers, claws, nippers **4** (*mar.*) kevel (*sing.*).

forbiciaio *s.m.* (*fabbricante*) scissors -maker; (*venditore*) scissorsseller.

forbiciata *s.f.* **1** cut, snip, clip **2** (*sport*) → sforbiciata.

forbicina → **forfecchia**.

forbire *v.tr.* (*letter.*) **1** (*pulire*) to clean, to furbish; (*asciugare*) to wipe: *forbirsi la bocca*, to wipe one's mouth **2** (*fig.*) (*lo stile*) to polish, to refine.
□ **forbirsi** *v.rifl.* (*letter.*) **1** (*pulirsi*) to clean oneself, to cleanse oneself **2** (*raffinarsi*) to acquire polish, to acquire refinement.

forbitamente *avv.* with high polish; elegantly; with refinement: *parla e scrive* —, he speaks and writes elegantly (*o* in a refined manner).

forbitezza *s.f.* polish; refinement; elegance; neatness; propriety: — *di modi*, polished (*o* refined) manners; — *di stile*, elegant style.

forbito *agg.* **1** (*letter.*) (*netto*) clean, neat **2** (*fig.*) (*raffinato*) refined, elegant, stylish, polished: *stile* —, polished style.

forbitura *s.f.* (*non com.*) polishing, refining.

forca *s.f.* **1** fork; (*forcella di rami*) crutch // *fatto a* —, forked // *far la — a qlcu.*, (*fig.*) to swindle s.o. (*o* to cheat s.o. *o* to take s.o. in) // *far* —, (*fig. region.*) (*marinare la scuola*) to play truant; (*amer.*) to play hooky // (*st. romana*) *le Forche Caudine*, the Caudine Forks (*anche fig.*) **2** (*agr.*) pitchfork, hayfork **3** (*mar.*) crutch **4** (*patibolo*) gallows; gibbet: *condannare alla* —, to sentence to hanging; *morire sulla* —, to be hanged (*o* to die on the gallows) // *pendaglio da* —, (*fig.*) gallows-bird; *meriterebbe la* —, (*fig.*) he deserves hanging; *andate sulla —!*, (*fam.*) go to the devil! **5** (*valico*) pass.

forcaccio *s.m.* (*mar.*) crutch.

forcaiolo *s.m.* (extreme) reactionary.

forcame *s.m.* (*mar.*) cant-floor.

forcata *s.f.* **1** pitchforkful **2** (*colpo di forca*) pitchfork thrust.

forcella *s.f.* **1** (*legnetto forcuto*) forked stick; (*d'albero*) fork **2** (*mecc.*) fork: (*aut.*) — *del cambio*, gearshift fork; — *di una bicicletta*, fork of a bicycle **3** (*per capelli*) hairpin **4** (*mil.*) bracket, fork: *far* —, to bracket (*o* to straddle) **5** (*anat.*) breastbone base, (*fam.*) pit of the stomach; (*di pollo*) wishbone **6** (*del telefono*) rest, cradle **7** (*passo alpino*) saddle, col, alpine pass **8** (*mar.*) rowlock **9** (*mus.*) symbol for crescendo; symbol for diminuendo.

forchetta *s.f.* **1** fork: — *da frutta*, dessert fork // *essere una buona* —, (*fig.*) to be a big (*o* hearty) eater; (*essere un buongustaio*) to be a gourmet // *parlare in punta di* —, (*fig.*) to speak affectedly **2** (*scacchi*) fork **3** (*mar.*) boom crutch **4** → forcella 5 **5** (*di piede di cavallo*) frog.

forchettata *s.f.* **1** forkful: *ne ho preso solo una* —, I only had a forkful **2** (*colpo con la forchetta*) fork thrust.

forchettiera *s.f.* fork container, fork case.

forchetto *s.m.* pronged stick, forked stick.

forchettone *s.m.* **1** carving fork **2** (*fig. non com.*) racketeer, profiteer.

forchino *s.m.* three-pronged hayfork.

forcina *s.f.* hairpin.

forcing *s.m.* (*sport*) sustained attack.

forcipe *s.m.* (*med.*) forceps*.

forcola *s.f.* **1** (*mar.*) rowlock **2** (*agr.*) fork **3** (*valico*) narrow pass.

forconata *s.f.* **1** pitchforkful **2** (*colpo di forcone*) pitchfork thrust.

forcone *s.m.* **1** pitchfork; gardenfork; (*da letame*) dung fork **2** (*arma*) fork.

forcuto *agg.* forked.

fordismo *s.m.* (*pol. econ.*) Fordism.

forense *agg.* forensic; (*antiq.*) forensical: *eloquenza* —, forensic eloquence; *esercizio della professione* —, practice of law.

foresta *s.f.* wood; forest (*anche fig.*): — *vergine*, virgin forest; — *a latifoglie*, hardwood forest; — *pluviale*, rain forest; *abbattere una* —, to cut down a forest; *una — di capelli*, a mop (of hair); *una — di ciminiere*, a forest of factory chimneys.

forestale *agg.* forestal; forest (*attr.*): *guardia* —, forester (*o* forest ranger); *leggi forestali*, forest laws; *ecologia* —, forest ecology.

foresteria *s.f.* guestrooms (*pl.*), guest quarters (*pl.*) // *uso* —, for the use of guests.

forestierismo *s.m.* **1** (*ling.*) foreignism **2** (*non com.*) (*moda straniera*) exoticism, foreign customs (*pl.*).

forestiero *agg.* foreign, strange, alien: *usi forestieri*, foreign customs ♦ *s.m.* **1** (*straniero*) foreigner; (*estraneo*) stranger: *d'estate l'Italia si riempie di forestieri*, in summer Italy fills with foreign tourists **2** (*antiq.*) (*ospite*) guest.

forestierume *s.m.* (*spreg.*) **1** (*usanze straniere*) foreign customs (*pl.*) **2** (*accozzaglia di stranieri*) foreign riffraff.

forfait[1] *s.m.* lump-sum: *a* —, on a lump-sum basis: *pagamento a* —, lump-sum payment; *rimborso a* —, lump-sum repayment; *prezzo a* —, all-in price (*o* flat rate *o* price by the job *o* lump-sum price); *lavoro a* —, job paid at a flat rate, (*a cottimo*) piecework (*o* jobwork); *comperare, vendere a* —, to buy, to sell in bulk.

forfait[2] *s.m.* (*sport*) default // *dichiarare* —, to default, to scratch; (*fig.*) to drop out.

forfecchia *s.f.* (*zool.*) (*Forficula auricularia*) earwig.

forfeit → **forfait**[2].

forfetario *agg.* lump-sum, flat-rate, all-in (*attr.*): *prezzo* —, all-in price (*o* flat-rate); (*trib.*) *tassazione forfetaria*, taxation on a lump-sum basis.

forfetizzare *v.tr.* to establish a flat rate (payment) for (sthg.); to apply a flat rate to (sthg.).

forfetizzazione *s.f.* (*fin.*) non-recourse finance.

forfettario e *simili* → **forfetario** e *simili*.

forfora *s.f.* dandruff, scurf.

forforoso *agg.* dandruffy, scurfy: *capelli forforosi*, dandruffy hair.

forgia *s.f.* forge, smithy.

forgiabile *agg.* forgeable.

forgiabilità *s.f.* forgeability.

forgiare *v.tr.* **1** to forge: — *un oggetto, un metallo*, to forge an object, a metal; — *con maglio*, to drop-forge **2** (*fig.*) (*modellare*) to shape, to mould; to form: — *il carattere*, to form (*o* to mould) the character; — *la mente*, to form (*o* to mould) the mind.

forgiatore *s.m.* **1** forger, moulder **2** (*fig. letter.*) (*educatore*) moulder, shaper.

forgiatrice → **fucinatrice**.

forgiatura *s.f.* forging.

foriero *agg.* (*letter.*) foreboding, portending, presaging, heralding: *vento — di tempesta*, wind foreboding (*o* presaging) a storm; *quelle nuvole grigie sono foriere di pioggia*, those grey clouds herald rain ♦ *s.m.* (*letter.*) herald.

forma *s.f.* **1** shape; form: — *rotonda, quadrata*, round, square shape; *la — del cubo*, the shape of the cube; *la — della sua bocca*, the shape of his mouth; *bicchieri di — diversa*, glasses of different shapes; *un diavolo in — umana*, a devil in human form; *scorgemmo una — vaga*, we perceived an indistinct form (*o* shape); *mutare, cambiare* —, to change shape; *prendere la — di...*, to take the form of...; *il progetto comincia a prendere* —, (*fig.*) the plan is beginning to take shape // *a, in — di*, in the shape of; *a — di S*, S-shaped; *i rubini erano incastonati a — di rosa*, the rubies were set in the form of a rose // *sotto — di*, disguised as // (*mat.*) *teoria della* —, shape theory // (*fis.*) *fattore di* —, form factor **2** *pl.* (*di persona*) figure (*sing.*): *forme snelle*, slender figure; *i vestiti attillati mettono in evidenza le forme*, tight clothes show off your figure **3** (*tipo*) form, type, style; (*genere*) form, kind: *forme d'arte*, art forms; — *benigna, maligna di una malattia*, benign, malignant form of an illness; — *di governo*, form of government; (*dir.*) — *del contratto*, form of the contract; (*geogr.*) — *del suolo, del rilievo*, landform **4** (*procedura*) form: *in — privata, ufficiale*, privately, officially; *nella debita* —, in due form; *nella — seguente*, as follows // (*dir.*) *vi-*

zio di —, form defect (*o* defect concerning the form) **5** (*sport*) form, fitness: *essere proprio in —*, to be in very good form (*o* to be very fit); *non essere in —*, to be out of form (*o* unfit); *mantenersi in —*, to keep fit **6** (*etichetta*) form, formality: *un invito fatto solamente pro —*, an invitation made as a mere matter of form; *è una questione di —, non di sostanza*, it is a question of form, not of substance; *badare troppo alle forme*, to pay too much attention to appearances; *rispettare le forme*, to keep up appearances (*o* to respect convention) **7** (*stile*) style, form: *il contenuto e la — di un libro*, the content and the form of a book; *— elegante*, elegant style; *cerca di esprimerti in — chiara*, try to express yourself in a clear style // (*amm.*): *— contabile*, account form; *— corrente*, running form **8** (*stampo*) mould; (*amer.*) mold: *— in gesso*, plaster mould; *— da scarpe*, last (*o* shoe tree); *— per cappelli*, hat block; *mettere in — un cappello*, to block a hat // *una — di formaggio*, a whole cheese (*o* a cheese) // (*metall.*) *— di colata*, casting mould **9** (*gramm.*) form: *la — del femminile, del plurale*, the feminine, plural form; *le forme attive e passive del verbo*, the active and passive forms of the verb **10** (*tip.*) mould, form(e) **11** (*fil.*) form, essence, formal cause.

formabile *agg.* **1** formable **2** (*forgiabile*) mouldable.

formaggella *s.f.* (*region.*) small fresh cheese.

formaggera → **formaggiera**.

formaggetta *s.f.* **1** → formaggella **2** (*mar.*) truck.

formaggiaio *s.m.* (*chi fabbrica formaggi*) cheese maker; (*chi vende formaggi*) cheese-monger.

formaggiera *s.f.* cheese bowl.

formaggino *s.m.* piece of processed cheese.

formaggio *s.m.* cheese: *— da spalmare*, cheese spread; *— dolce, piccante, fresco, stagionato*, soft, strong, fresh, mature cheese; *— parmigiano*, Parmesan (cheese); *crosta di —*, cheese rind; *forma di —*, whole cheese (*o* cheese); *grattugiare il —*, to grate cheese.

formaldeide *s.f.* (*chim.*) formaldehyde.

formale *agg.* **1** formal; (*convenzionale*) conventional: *discorso —*, formal speech; *pranzo —*, formal dinner; *è stato un incontro molto —*, it was a very formal meeting; *ha ricevuto un'educazione rigida e —*, he had a strict, conventional upbringing **2** (*solenne*) formal, solemn: *promessa —*, solemn promise; *dichiarazione —*, formal declaration **3** (*fil.*) formal **4** (*dir.*) formal, regular: *procedura —*, regular procedure; *contratto —*, formal contract.

formalina *s.f.* (*chim.*) formalin.

formalismo *s.m.* **1** formalism, ceremony: *diamo un taglio a ogni —*, let's not stand on ceremony **2** (*fil., lett., mat.*) formalism.

formalista *s.m.* e *f.* **1** formalist, formal person **2** (*letter.*) formalist.

formalistico *agg.* formalistic: *critica formalistica*, formalistic criticism.

formalità *s.f.* **1** form, formality: *— legali, burocratiche*, legal, bureaucratic formalities; *le — per ottenere il passaporto*, the formalities for obtaining a passport **2** (*estens.*) formality, ceremony: *ci accolsero amichevolmente, senza troppe —*, they welcomed us in a friendly way (*o* without too much formality *o* quite informally); *senza troppe — mi hanno invitato ad andarmene*, without mincing their words they told me to clear off // *è una pura —*, it is a mere formality.

formalizzare *v.tr.* to formalize.

□ **formalizzarsi** *v.intr.pron.* to be shocked (at, by s.o., sthg., at, by doing sthg.); to be to particular (about sthg.): *si formalizza per nulla*, he is too particular about trifles.

formalizzazione *s.f.* formalization.

formalmente *avv.* **1** formally; solemnly; expressly: *esprimere — le proprie scuse*, to apologize formally **2** in formal terms: *è una poesia — perfetta*, in formal terms it's a perfect poem.

forma mentis *s.f.* (*lat.*) mentality, way of thinking: *tutto ciò è contrario alla sua —*, all this is against his way of thinking.

formare *v.tr.* **1** (*fare, creare*) to form, to make*: *le montagne formano una barriera naturale*, the mountains form a natural barrier; *gli studenti unirono le mani e formarono una catena umana*, the students linked hands and formed a human chain; *— un complesso musicale*, to form a band (*o* a group); *— il plurale di un sostantivo*, to form the plural of a noun // *— un numero di telefono*, to dial a phone number **2** (*modellare*) to shape, to model, to fashion, to frame; (*forgiare*) to mould, (*amer.*) to mold **3** (*fig.*) to build* up, to form, to mould: *— il carattere*, to form (*o* to build up) the character; *— la mente di un bambino*, to mould (*o* to shape) the mind of a child **4** (*costruire*) to form, to create, to constitute: *— un governo*, to form a government; *— una famiglia*, to make up a family; *— una società*, to form a company.

□ **formarsi** *v.intr.pron.* **1** to form: *quando si formò quest'idea nella sua mente?*, when did this idea form in his mind? **2** (*crescere, svilupparsi*) to grow* (up), to develop: *un ragazzo che si sta ancora formando*, a boy who is still developing.

formativo *agg.* (*fig.*) formative, instructive; character-forming, character-building: *un insegnamento —*, an instructive lesson.

formato *agg.* **1** formed; made up (of), consisting (of), composed (of): *una giuria formata da cinque esperti*, a panel made up (*o* consisting) of five experts **2** (*modellato*) shaped; (*forgiato*) moulded: *ben —*, well shaped (*o* well-built *o* well-proportioned) **3** (*sviluppato, adulto*) fully-developed; grown -up, (fully-)grown ◆ *s.m.* format; (*misura*) size: *— commerciale*, commercial size; *— economico*, economy size; *confezione — famiglia*, family-size pack; *il — di un libro*, the format of a book; *edizione a — ridotto*, pocket edition (*o fam. amer.* pony edition) // *una foto — tessera*, a passport photo.

formatore *s.m.* **1** (*non com.*) (*chi forma*) maker; modeller, moulder **2** (*fig. non com.*) (*educatore*) educator, teacher **3** (*metall.*) moulder; (*di gesso*) modeller.

formatrice *s.f.* (*metall.*) moulding machine, moulder: *— a scossa e pressione*, jolt-squeeze moulding machine; *— e sformatrice*, pattern -draw moulding machine.

formattare *v.tr.* (*inform.*) to format.

formattazione *s.f.* (*inform.*) formatting.

formatura *s.f.* (*metall.*) moulding; (*della ceramica*) modelling, moulding: *— a macchina*, machine moulding; *— a mano*, hand moulding; *reparto —*, moulding shop.

formazione *s.f.* **1** formation, forming, making (*anche fig.*): *la — del carattere*, the forming of character; *uno stato in via di —*, a nation in the making; *un quartiere di recente —*, a recently developed suburb (*o* estate) // (*econ.*): *— dei prezzi*, price formation (*o* pricing); *— di capitale*, capital formation; *— di risparmio*, supply of saving; *— di un fondo*, creation of a fund; *— di una società*, incorporation of a company **2** (*geol., meteor.*) formation: *la — della terra*, the formation of the earth; *— granitica*, granite formation; *— temporalesca*, thundercloud formation **3** (*mil.*) formation: *in — aperta, serrata*, in open, close formation; *in — di battaglia*, in battle formation; *in — sparsa*, in scattered formation // (*aer.*): *un'intera —*, a whole flight; *volare in —*, to fly in formation **4** (*addestramento*) training, education: *— professionale*, vocational (*o* professional) training; *corso di — aziendale*, business training course; *— dei dirigenti d'azienda*, management training **5** (*sport*) formation, lineup: *— difensiva, offensiva*, defensive, offensive formation.

formella *s.f.* **1** (*non com.*) (*buca nel terreno per piantare un albero*) hole **2** (*mattonella*) brick; (*in ceramica*) tile; small paving stone: *— di cemento*, cement block **3** (*riquadro decorato*) panel; (*del soffitto*) coffer, caisson.

formellato *agg.* (*diviso in mattonelle*) tiled; (*a riquadri*) panelled; (*a cassettoni*) coffered.

formiato *s.m.* (*chim.*) formate.

formica[1] *s.f.* ant: *— bianca*, termite, (*pop.*) white ant; *— nera*, negro (ant); *— rossa*, (*Formica rufa*) red ant; *— alata*, ant-fly; *— rodilegno*, carpenter-ant; *— soldato*, soldier (ant); *uova di —*, ant-eggs (*o* ant's eggs) // *a passo di —*, at a snail's pace // *mangiare come una —*, to eat like a bird // *hai un cervello di —*, you're bird-brained.

formica[2]® *s.f.* (*materiale per rivestimenti*) formica®.

formicaio *s.m.* **1** anthill, ant's nest, ant heap; formicary // *stuzzicare un —*, (*fig.*) to stir up a hornet's nest **2** (*fig.*) (*folla*) swarm; crowd, mass of people: *Era impossibile muoversi! La piazza era un vero — di gente*, It was impossible to move! There was a swarming mass of people; *New York è un —!*, New York is a seething ant heap.

formicaleone *s.m.* (*zool.*) (*Myrmeleon formicarius*) ant-lion.

formichiere *s.m.* (*zool.*) (*Myrmecophaga tridactyla*) giant ant-eater, ant-bear.

formico *agg.* (*chim.*) formic: *acido —*, formic acid.

formicolamento → **formicolio**.

formicolare *v.intr.* **1** to swarm, to throng, to seethe: *tutta la città formicolava di turisti*, the whole town was swarming with tourists **2** (*essere pieno*) to be full: *quella pagina formicola di errori*, that page is full of (*o* is bristling with) mistakes **3** (*prudere per intorpidimento*) to tingle: *mi formicolano le mani*, my hands are tingling (*o* I have pins and needles in my hands).

formicolio *s.m.* **1** (*brulichio*) swarming, swarm: *c'era un gran — di gente per le strade*, the street was swarming with people **2** (*di parte del corpo intorpidita*) tingling; (*fam.*)

pins and needles; (*med.*) formication: *ho un — nella gamba destra*, I have pins and needles (*o* a tingling sensation) in my right leg.

formicone *s.m.* **1** big ant **2** (*sl. teatr.*) sceneshifter.

formidabile *agg.* **1** (*letter.*) (*spaventoso*) formidable, dreadful, terrible: *un esercito —*, a formidable army **2** (*straordinario*) wonderful, great, marvellous, splendid, extraordinary: *l'intelligenza di quel bambino è davvero —*, that child's intelligence is really extraordinary; *lo spettacolo era meraviglioso, sei stata —*, the show was wonderful, you were great.

formile *s.m.* (*chim.*) formyl.

formina *s.f.* (little) mould.

formola → **formula**.

formosità *s.f.* **1** (*appariscenza di forme*) buxomness; plumpness **2** (*proporzione di forme*) shapeliness **3** *pl.* (*forme del corpo*) curves: *quel vestito attillato mette in mostra le sue —*, that clinging dress shows her curves.

formoso *agg.* (*dalle forme piene*) buxom; plump; (*ben fatto*) shapely, well-shaped, curvaceous: *una ragazza formosa*, a shapely (*o* curvaceous) girl.

formula *s.f.* **1** (*chim.*, *mat.*) formula*; — *matematica*, mathematical formula; — *chimica, bruta, di struttura*, chemical, empirical, structural formula // (*ragioneria*) — *di interesse composto*, compound-interest formula **2** (*estens.*) (*frase fatta*) set phrase, conventional phrase; cliché: — *di saluto*, set (*o* conventional) greeting; — *magica*, magical formula; — *di giuramento*, form of oath // (*dir.*): *assolvere con — piena*, to acquit stating the complete discharge (of the defendant); *assolvere con — dubitativa*, to acquit stating the dubious discharge (of the defendant); — *esecutiva*, statement of immediate enforceability (of a judgement) **3** (*motto*) motto, slogan **4** (*insieme di caratteri salienti*) characteristics (*pl.*), system; (*metodo*) formula, key, recipe: *le formule dell'impressionismo*, the characteristics of Impressionism; *una nuova — di governo*, a new formula for a coalition; *qual è la — segreta del tuo successo?*, what's the secret of (*o* the key to) your success? **5** (*sport*): — *Uno*, Formula One.

formulare *v.tr.* **1** to formulate: (*dir.*) — *un'accusa*, to implead (*o* to charge); — *un giuramento*, to take an oath **2** (*esprimere*) to express: — *un desiderio*, to express a wish; — *una domanda in modo chiaro*, to formulate a question clearly; — *un'ipotesi*, to advance a hypothesis; — *una proposta*, to put forward a proposal.

formulario *s.m.* **1** formulary, form // (*inform.*) — *preliminare*, pre-list **2** → questionario.

formulazione *s.f.* formulation; (*testo formulato*) form, wording: *la corretta — di un problema*, the correct formulation of a question; *la proposta di legge nella sua — definitiva*, the final form (*o* wording) of a bill.

fornace *s.f.* **1** (*metall.*) furnace; (*per laterizi*) kiln; (*stabilimento*) brickwork, brickyard: — *per calce*, limekiln; — *per mattoni*, brick-kiln **2** (*fig.*) furnace, oven: *questa casa d'estate è una —*, this house is like an oven in (the) summer.

fornaciaio *s.m.* **1** (*operaio*) kilnman* **2** (*padrone*) kiln owner.

fornaciata *s.f.* kilnful.

fornaia *s.f.* bakeress.

fornaio *s.m.* **1** baker; (*proprietario*) bakery owner **2** (*negozio*) baker's (shop); bakery.

fornata *s.f.* batch.

fornellata *s.f.* (*non com.*) stoveful.

fornello *s.m.* **1** (small) stove, cooker: — *a gas*, gas cooker; — *a piastra* (*elettrica*), electric hot plate; — *da campo*, camp stove; — *da cucina*, kitchen stove; — *elettrico*, electric stove; (*chim.*) — *da laboratorio*, chemist's furnace **2** (*miner.*) rise: — *di gettito*, pass; — *da mina*, blasthole (*o* drillhole); — *da spillamento*, finger raise **3** (*di pipa*) (pipe) bowl.

fornibile *agg.* furnishable.

fornicare *v.intr.* (*letter.*) to fornicate.

fornicatore *s.m.* (*letter.*) fornicator.

fornicatorio *agg.* (*letter.*) fornicatory.

fornicazione *s.f.* (*letter.*) fornication.

fornice *s.f.* (*arch.*, *anat.*, *bot.*) fornix*.

fornimento *s.m.* **1** (*non com.*) (*il fornire*) supplying, providing; (*merce fornita*) supply, provision **2** *pl.* (*mil.*) supplies, kit.

fornire *v.tr.* **1** to supply, to furnish, to provide; (*dare*) to give*: — *qlcu. di qlco.*, *qlco. a qlcu.*, to supply (*o* to furnish *o* to provide) s.o. with sthg.: — *merce, cibi, combustibile*, to supply goods, foodstuff, fuel; *fornirono la biblioteca di libri nuovi*, they supplied the library with new books; *vi forniremo quanto vi occorre*, we will supply you with all you need (*o* we supply what you need); — *una casa di mobili*, to furnish a house; — *informazioni a qlcu.*, to provide s.o. with information; — *consigli a qlcu.*, to give advice to s.o. // (*comm.*): — *una fabbrica di materie prime*, to supply a factory with raw materials; — *un negozio di merce*, to stock a shop with goods **2** (*equipaggiare*) to equip, to fit: *forniremo la fabbrica di macchinario*, we will equip the factory with machinery; — *manodopera insufficiente*, to underman **3** (*mostrare*) to furnish, to give*: — *prove inconfutabili*, to furnish incontrovertible proof.

□ **fornirsi** *v.rifl.* to stock up (on sthg.); (*comm.*) to buy* from, to deal* with: — *di acqua*, to stock up on water // *mi fornisco dal mio droghiere di fiducia*, I only buy from my grocer's.

fornito *agg.* **1** furnished (with sthg.), supplied (with sthg.), provided (with sthg.): *ben — di denaro*, well supplied with money; *negozio ben —*, well-stocked shop; *al momento il mio frigorifero non è ben —*, my fridge isn't very well stocked (*o* full) at the moment // *non —* (*di merce*), unsupplied (with goods) **2** (*equipaggiato*) equipped (with sthg.): *albergo — di tutte le comodità moderne*, hotel equipped with all modern comforts **3** (*dotato*) endowed (with sthg.): *quella donna era fornita di grande bellezza*, that woman was endowed with great beauty.

fornitore *agg.* supplying, furnishing: *le ditte fornitrici*, the supplying firms (*o* the suppliers) ♦ *s.m.*, **fornitrice** *s.f.* supplier; furnisher, purveyor; (*all'ingrosso*) wholesaler; (*al dettaglio*) retailer: *mi servo sempre dallo stesso —*, I always use the same supplier; — *navale*, ship chandler.

fornitura *s.f.* (*il fornire*) supplying; (*merce fornita*) supply, consignment; (*scorta*) provisions*, stock; (*attrezzatura*) equipment: *contratto di —*, supply contract; — *di armi*, arms supply; *contratto di forniture militari*, contract for supplying the army; *forniture su commessa*, contract supplies; — *eccedente*, oversupply; *forniture navali*, ship chandlery; *forniture per ufficio*, office equipment; — *di cibi pronti e bevande*, catering; — *di capitali*, provision of capital.

forno *s.m.* **1** (*da cucina*) oven: — *a microonde*, microwave oven; *cuocere al —*, to bake (*o* to cook in the oven); (*carne*) to roast in the oven; *vitello, patate al —*, roast veal, potatoes; *mettere in —*, to put into the oven // *questa stanza è un —*, (*fig.*) this room is like an oven (*o* a furnace) // *chiudi quel —*, (*fig. scherz.*) shut your trap **2** (*da fornaio*) oven; (*edificio*) bakery, bakehouse; (*negozio*) baker's (shop), bakery // — *a legna*, wood-burning oven **3** (*metall.*) furnace: — *a crogiolo*, crucible (*o* pot) furnace; — *continuo*, continuous furnace; — *Martin-Siemens*, open hearth furnace **4** (*edil.*) kiln; (*per vasellame*) stove: — *rotante*, rotary kiln **5** — *crematorio*, crematory, crematorium **6** (*fam. teatr.*) empty house, poor house // *fare —*, to play to an empty house.

foro[1] *s.m.* (*buco*) hole; (*apertura*) opening: — *di pallottola*, bullet hole; *fare un —*, to make a hole; (*miner.*) — *da sonda*, borehole // (*mecc.*): — *cieco*, dead hole; — *filettato*, threaded hole; — *d'ispezione*, inspection hole // (*inform.*): — *di riferimento*, index hole; — *di trascinamento*, feed hole.

foro[2] *s.m.* **1** (*st. romana*) forum* **2** (*dir.*) (*tribunale*) court (of justice); (*l'insieme dei tribunali*) the forum*; the law-courts (*pl.*); (*gli avvocati*) the Bar: *entrare a far parte del —*, to be called to the Bar // *principe del —*, outstanding barrister // — *competente*, place of (lawful) jurisdiction.

forosetta *s.f.* (*letter.*) (*scherz.*) (*ragazza di campagna*) country lass.

forra *s.f.* (*geogr.*) gorge.

forse *avv.* **1** perhaps, maybe, possibly: — *arriveranno domani*, perhaps (*o* maybe) they will arrive tomorrow; — *avevi ragione*, perhaps (*o* maybe) you were right; — *un giorno si pentirà di aver preso questa decisione*, one day he may be sorry he made this decision; *ho — detto qualcosa che non va?*, have I said something wrong, maybe?; *"Andrai in Inghilterra quest'estate?" "Forse"*, "Are you going to England this summer?" "Maybe" (*o* "Possibly"); *"Ci vedremo alla riunione?" "Forse"*, "Will we see each other at the meeting?" "Possibly" (*o* "Maybe"); *non abbiamo questo libro; potrebbe — trovarlo in biblioteca*, we haven't got this book, you might be able to find it in the library // — (*che*) *sì*, — (*che*) *no*, perhaps so, perhaps not // Con uso rafforzativo: *ha rinunciato a quell'incarico, e — — è stato meglio così*, he gave up the post and perhaps it was for the best; *avrò venti giorni di ferie, — — un mese*, I'll get three weeks' holiday, maybe even a month; *e se, — —, avesse avuto ragione lui?*, what if he was right? • Come si nota dagli esempi, in questo significato si può usare il verbo *may* in luogo dell'avverbio che esprime eventualità **2** (*probabilmente*) probably: *ci vedremo — stasera*, we'll probably see each other this evening; *non ha telefonato perché — se n'è dimenticato*, he hasn't phoned, so he's probably forgotten; — *ti sembrerà strano, ma...*, you will probably think it strange but... **3** (*circa*) about, some:

avrà avuto — 50 anni, he must have been about 50 years old; *erano — le sei*, it was about six o'clock; *saranno — una trentina in tutto*, there must be about thirty of them in all; *i dimostranti nella piazza saranno stati — in 200*, there must have been some 200 demonstrators in the square **4** (*con uso enfatico o retorico*): *non siamo — amici?*, we're friends, aren't we?; *è — questa la maniera di comportarsi?*, is this the way to behave?; *— che non ti ho sempre consigliato per il meglio?*, I've always given you good advice, haven't I? ◆ *s.m.*: *senza —*, certainly (*o* no doubt); *essere in —*, to be in doubt (*o* to hang in the balance) // *non mi ha assicurato di venire, ha lasciato tutto in —*, he wouldn't tell me whether he was coming or not // *mettere in — qlco.*, to cast doubt on sthg.; *mettere in — la propria vita*, to risk one's life.

forsennare *v.intr.* (*letter.*) to rage, to rave, to be out of one's mind ◆ *v.tr.* to enrage, to drive* (s.o.) out of one's mind, to madden.

forsennatezza *s.f.* (*letter.*) madness; frenzy, fury, rage.

forsennato *agg.* mad; frantic, wild, raving, out of one's mind (*pred.*) ◆ *s.m.* madman*, (raving) lunatic: *smettila di gridare come un —!*, stop bellowing like a lunatic!

forsizia *s.f.* (*bot.*) forsythia.

forte *agg.* **1** strong (*anche fig.*): *un uomo —*, a strong man; *— come un leone, un toro*, as strong as a lion, a bull; *una guarnigione — di 5000 uomini*, a garrison 5000 strong; *mi ha dato un colpo molto —*, he gave me a powerful (*o* strong) blow; *un — odore di aglio*, a strong smell of garlic; *ha una volontà, un carattere molto —*, he has a very strong will, character // *colori forti*, (*violenti*) strong, bright colours; (*che non stingono*) fast colours // *una stoffa —*, a strong material // (*econ.*) *una moneta —*, a strong currency // *devi farti — e tirare avanti*, you must pull yourself together and get on with it // *il sesso —*, the stronger sex // *ho dovuto dirglielo, è stato più — di me*, I had to tell him, I couldn't help it // *dar man — a qlcu.*, to help (*o* to support *o* to back) s.o. // *— della sua innocenza osò tenergli testa*, fortified by his innocence he found the courage to hold out against him // *essere — di fianchi, avere i fianchi forti*, to have broad (*o* big) hips; *taglia —*, outsize **2** (*bravo*) strong; good: *la squadra più — del campionato*, the strongest (*o* best) team in the championship; *è sempre stato — in matematica*, he has always been good at maths // *che — quel ragazzo!*, (*fam.*) what a great kid!; *che — questa canzone!*, what a great song! **3** (*di bevanda*) (*carico*) strong; (*alcolico*) strong; stiff: *tè, caffè —*, strong tea, coffee; *è — questo vino!*, this wine is strong; *fammi un Martini, e bello —*, give me a Martini and make it a stiff one **4** (*potente, energico*) strong: *è un detersivo, un prodotto molto —*, it's a very strong soap powder, product; *fai attenzione, è un farmaco —*, be careful, it's a very strong medicine **5** (*di indisposizione*) bad, severe; serious: *un — mal di stomaco, di testa*, a bad stomachache, headache; *aveva un — raffreddore*, he had a bad (*o* heavy *o* severe) cold; *aveva avuto un — esaurimento*, she had had a serious breakdown **6** (*considerevole*) large, considerable, heavy: *un — guadagno*, a large profit; *una — perdita*, a heavy loss; *una — somma di denaro*, a large (*o* considerable) amount of money; *forti spese*, heavy expenses, (*form.*) heavy expenditure; *c'è una — differenza*, there is an enormous difference; (*fin.*) *— tasso di interesse*, high interest rate // *è un — bevitore*, he's a heavy drinker; *è un — mangiatore*, he's a big (*o* heavy) eater **7** (*di suono*) loud, (*di luce*) strong: *un — rumore*, a loud noise; *con voce —*, in a loud voice; *l'illuminazione è troppo —*, the light is too strong (*o* bright) **8** (*violento*) strong, heavy: *un — vento*, a strong (*o* heavy) wind; *un — temporale*, a strong storm; *una — grandinata*, a strong (*o* heavy) hailstorm **9** (*autoritario*) strong; (*brusco*) harsh: *governo —*, strong government; *ha usato parole forti*, he used harsh (*o* strong) words; *usare, passare alle maniere forti*, to use (*o* to resort to) rough tactics (*o* strongarm methods) **10** (*profondo*) deep; strong: *— amore*, deep love; *— interesse*, deep (*o* strong) interest; *forti preoccupazioni*, deep concern; *— antipatia*, strong (*o* hearty) dislike // *ha forti motivi per essere preoccupato*, he has very good (*o* sound) reasons to be worried **11** (*acido*) sour, sourish: *questo vino sa di —*, this wine is sourish **12** (*ling.*) strong: *consonanti forti*, strong consonants **13** (*chim.*) strong: *acido, base —*, strong acid, base ◆ *s.m.* **1** (*punto di forza*) strong point: *è il suo —*, it's his strong point; *cantare non è il mio —*, singing isn't my forte (*o* strong point) // *il — dell'esercito*, the main body (*o* bulk) of the army **2** (*fortezza*) fortress, fort **3** (*spec. fig.*) (*uomo forte*) strong man, brave man, courageous man **4** (*acidità*) sourness.

forte *avv.* **1** (*con forza*) strongly; hard; (*con forte presa*) tight, tightly: *lo afferrò —*, she grabbed him tightly; *abbracciami —*, hug (*o* hold) me tight; *mi ha colpito —*, he struck me hard; *il vento soffiava —*, the wind was blowing strongly (*o* hard) // *tienti —!*, hold tight! **2** (*ad alto volume*) loud, loudly: *parla più —*, speak louder; *la radio andava troppo —*, the radio was too loud; *ridere —*, to laugh loudly **3** (*velocemente*) fast: *il cuore gli batteva —*, his heart was beating fast (*o* pounding); *non devi andare così —*, (*guidare*) you mustn't go (*o* drive) so fast // *la disco-music va — tra i giovani*, disco-music is all the rage (*o* is very popular) with the young **4** (*con intensità, abbondanza*) hard, heavily: *piove —*, it is raining hard (*o* heavily); *mangiare, bere —*, to eat, to drink heartily (*o* a lot); *gioca —*, (*alte somme*) he gambles heavily; *essere arrabbiato —*, to be very angry // *mi sembra cretino —!*, (*fam.*) he's a right idiot!

fortemente *avv.* **1** (*con forza*) strongly; (*saldamente*) tightly, hard **2** (*con intensità*) greatly, deeply, passionately; (*assai*) very much; (*altamente*) highly: *volere qlco. —*, to want sthg. very much (*o* very deeply *o* passionately *o* badly); *adirarsi — con qlcu.*, to get very angry with s.o.; *era — intenzionato a lasciare il suo lavoro*, he was absolutely determined to leave his job.

forte-piano *s.m.* (*mus.*) forte-piano.

forteto *s.m.* (*boscaglia*) underwood, thicket, scrub.

fortezza *s.f.* **1** fortress, stronghold: *espugnare una —*, to seize (*o* to take) a fortress; *prendere d'assalto una —*, to storm a fortress // (*aer.*) *— volante*, flying fortress **2** (*forza morale*) strength; fortitude **3** (*non com.*) (*robustezza*) strength, resistance **4** (*mar.*) (*gherone*) gore.

fortiera *s.f.* (*geogr.*) rocky sea bed.

fortificabile *agg.* fortifiable.

fortificare *v.tr.* **1** to strengthen, to invigorate, to fortify (*anche fig.*): *la ginnastica fortifica il corpo*, exercise strengthens the body **2** (*mil.*) to fortify: *città fortificate*, fortified towns.

□ **fortificarsi** *v.rifl.* o *intr.pron.* **1** (*diventare più forte*) to become* stronger, to acquire strength, to strengthen **2** (*mil.*) to raise a line of defence; to entrench oneself, to dig* (oneself) in: *i soldati si sono fortificati sulle rive del fiume*, the soldiers dug in along the river bank.

fortificativo *agg.* (*non com.*) strengthening, invigorating, tonic.

fortificatorio *agg.* (*mil.*) defensive, fortifying, strengthening: *opere fortificatorie*, defensive works.

fortificazione *s.f.* fortification, defence (*anche mil.*): *le opere di — delle mura*, the wall fortifications; *fortificazioni costiere*, coastal defences; *le fortificazioni nemiche*, the enemy fortifications.

fortigno *agg.* (*non com.*) **1** (*piuttosto acido*) sourish **2** (*di odore*) sharp, strong.

fortilizio *s.m.* (*mil.*) fortalice.

fortino *s.m.* (*mil.*) blockhouse, redoubt.

fortiori, a *locuz.avv.* (*lat.*) a fortiori, with all the more reason.

fortissimo *s.m.* (*mus.*) fortissimo.

fortitudine *s.f.* (*letter.*) fortitude.

fortore *s.m.* **1** (*di vino*) sourness, sharpness **2** *pl.* (*acidità di stomaco*) acidity (*sing.*).

Fortran *s.m.* (*inform.*) Fortran.

fortuitamente *avv.* fortuitously, by (mere) chance, haphazardly.

fortuito *agg.* fortuitous, accidental; haphazard; chance (*attr.*), casual: *caso —*, (*spec. dir.*) fortuitous event; *per un caso —*, by pure chance; *un incontro —*, a chance (*o* fortuitous) meeting (*o* a casual encounter).

fortuna *s.f.* **1** fortune; luck: *buona —!*, good luck!; *che* (*gran*) *—!*, what (wonderful) luck!; *colpo di —*, stroke of luck; *— che non c'ero*, luckily I wasn't there; *ebbi la — di trovarlo subito*, I was lucky enough to find it at once; *aver —*, to be in luck (*o* to be lucky); *non ho avuto la — di conoscerlo*, I wasn't lucky enough to know him; *portar —*, to bring luck; *avere la — dalla propria* (*parte*), to have fortune (*o* luck) on one's side; *aver — in qlco.*, to have good luck in sthg.; *aver — con le donne, con gli uomini*, to be lucky in love; *aver — negli affari*, to be successful in business; *non aver —*, to have no luck (*o* to be out of luck *o* to be unlucky); *tentare la —*, to try one's fortune (*o* luck); *afferrare la — per i capelli*, to seize an (*o* one's) opportunity; *affidarsi alla —*, to trust to luck (*o* fortune); *augurare buona — a qlcu.*, to wish s.o. good luck; *leggere la — a qlcu.*, to tell s.o.'s fortune; *i capricci della —*, the whims of fortune // *— volle*, as luck would have it // (*mit.*) *Fortuna*, Fortune: *la ruota della Fortuna*, the wheel of Fortune; *la — gli arrise*, Fortune smiled on him; *la — aiuta i forti*, Fortune favours the brave // *per —*, fortunately (*o* luckily) **2** (*ricchezza, patrimonio*) fortune, patrimony; riches (*pl.*), wealth [U]: *ha speso una — in quadri*, he has spent a fortune on pictures; *ci ha rimesso una —*, he lost a fortune; *avere una —*, to have a fortune; *sperperare la propria —*, to squander one's fortune

// *far* —, to make a fortune (*o fam.* to make a pile *o* to achieve wealth) // *beni di* —, wealth (*o* means *o* property) **3** (*riuscita, successo*) fortune, success: *il suo tentativo ebbe* —, his attempt was successful; *la* — *di un libro, di uno scrittore*, the success of a book, of a writer; *cercar* — *all'estero*, to seek one's fortune abroad; *essere l'artefice della propria* —, to be the architect of one's own success (*o* to be a self -made man); *far* —, to make one's fortune **4** (*emergenza*) emergency: *mezzo di* —, makeshift; *ponte di* —, emergency bridge; *pranzo di* —, potluck; *letto di* —, shakedown; *riparazioni di* —, makeshift (*o* temporary) repairs // (*assicurazioni*) — *di mare*, sea risks // (*aer.*): *atterraggio di* —, forced (*o* emergency) landing; *campo di* —, emergency landing-ground **5** (*mar.*): *albero di* —, jury mast; *timone di* —, jury rudder; *vela di* —, storm sail **6** (*letter.*) (*estrazione sociale*) stock **7** (*letter.*) → **fortunale**.

fortunale *s.m.* storm, tempest; hurricane.

fortunatamente *avv.* luckily, fortunately; — *sono arrivato in tempo*, fortunately (*o* luckily) I arrived in time.

fortunato *agg.* **1** lucky, fortunate; (*felice*) happy: *un uomo* —, a lucky man; *numero, giorno* —, lucky day, number; *fortunati avvenimenti*, happy events; — *te!*, (*fam.*) lucky you!; *dirsi* —, to be lucky (*o* to thank one's lucky star) // *fortunatissimo di conoscerla!*, very happy (*o* very glad) to meet you! **2** (*coronato da successo*) successful: *un tentativo* —, a successful attempt.

fortunella *s.f.* (*bot.*) (*Fortunella japonica*) kumquat (*anche il frutto*).

fortunello *s.m.* (*scherz.*) (*persona fortunata*) lucky dog, lucky fellow.

fortunoso *agg.* **1** (*ricco di imprevisti*) eventful: *vita* —, eventful life; *un viaggio* —, an eventful journey **2** (*fortuito*) fortuitous, accidental; lucky: *un* — *tiro in rete*, a lucky goal **3** (*ant.*) (*burrascoso*) stormy.

forum *s.m.* (*lat.*) (*convegno*) forum*, open debate.

foruncolo *s.m.* (*med.*) furuncle, boil.

foruncolosi *s.f.* (*med.*) furunculosis.

foruncoloso *agg.* (*med.*) furuncular, furunculous, full of boils; (*fam.*) pimply, spotty.

forviare e *deriv.* → **fuorviare** e *deriv.*

forza *s.f.* **1** strength (*solo sing.*), force, vigour (*anche fig.*); (*potere*) power: — *fisica*, bodily (*o* physical) strength; — *morale*, moral strength (*o* force); — *muscolare*, muscular strength; *la* — *di un colpo*, the force (*o* weight) of a blow; *la* — *dell'immaginazione*, power of imagination; — *di carattere*, force (*o* strength) of character; — *di volontà*, willpower; *a* — *di braccia*, by strength of arm; *le forze che agiscono nella storia*, the forces operating (*o* at work) in history; *questo è al di sopra delle forze umane*, this is beyond human strength; *farsi* —, to pluck up (*o* muster up) courage; *perdere, riacquistare le forze*, to lose, to recover one's strength; *tirare con tutte le proprie forze*, to pull with all one's strength // (*econ.*): — *di potere*, power base; — *di vendita*, sales force; — (*di*) *lavoro*, labour force, manpower, work force; *forze di lavoro*, labour force; — *di mercato*, market forces; *forze sindacali*, the forces of trade unionism; — *contrattuale*, bargaining power // (*mar.*) *a tutta* —, at full speed: *a tutta* —*!*, full speed! // *a viva* —, by force; *a* — *di*, by dint of (*o* by means of): *a* — *di duro lavoro si è fatto un nome*, by dint of hard work he has made a name for himself // *non ho la* — *di alzare un dito*, I haven't the strength to lift a finger // *cerca di rimetterti presto in forze*, try to get your strength back soon // *farsi strada con le proprie forze*, to get on by one's own efforts // *unire le forze contro qlcu.*, to join forces against s.o. // *far* — *a se stessi*, to pluck up one's courage // *"Perché non vai in aereo?" "Bella* —*! E i soldi?"*, (*fam.*) "Why don't you fly?" "Oh sure! What about the money? (*o* where's the money coming from?)" // — *!* (*affrettati*), come on (*o* hurry up *o* get a move on)! // *che* —*, li hanno battuti per 6 a 0!*, fantastic, they've won 6 - 0! **2** (*mil.*) force: *forze aeree*, air force; *forze armate*, armed forces; *forze di terra e di mare*, land and naval forces; *la* — *pubblica*, the police // *bassa* —, the rank and file // *essere in* — *presso*, to be serving with **3** (*dir.*) (*validità, autorità*) validity, force, binding power: *decreto che ha* — *di legge*, decree having the binding force of a statute; *in* — *dell'articolo... della legge...*, as provided by section... of the statute... **4** (*caso inevitabile*): — *maggiore*, act of God, circumstances beyond one's control, force majeure; *per* — *maggiore*, owing to circumstances beyond one's control, (*assicurazioni*) by act of God **5** (*fis.*) force: — *di gravità*, force of gravity; — *motrice*, motive-power; *composizione delle forze*, composition of force; — *centrale*, central force; — *di scambio*, exchange force; — *elettromotrice*, electromotive force; *forze* (*inter*)*molecolari*, intermolecular forces // (*geol.*) *forze endogene*, geothermal energy **6** (*violenza*) force: — *bruta*, brute force; *soggiacere alla* —, to bow to force; *ottenere con la* —, to obtain by force; *far* — *a se stesso*, to force oneself to do sthg.; *impiegare la* — *contro qlcu.*, to use force against s.o. **7** (*necessità*): *per* —, (*contro voglia*) against one's will, (*certamente*) of course: *"Devi partire domani?" "Per* —*!"*, "Must you leave tomorrow?" "Yes, absolutely! (*o* I really must!)"; *devo andare per* —, I absolutely must go; *devi andarci per* —*?*, have you really got to go there?; *"Sei d'accordo?" "Per* —*, se no ti arrabbi"*, "Do you agree with me?" "Of course! Otherwise you get angry"; *Per* — *sbagli! Non fai attenzione*, Of course you make mistakes! You don't take care; *gli fu* — *rinunciarci*, he was forced to give it up.

forzaglia *s.f.* (*tessuto*) strong canvas interlining.

forzamento *s.m.* **1** (*non com.*) forcing; compulsion; constraint **2** (*non com.*) (*di serratura*) forcing **3** (*lo sforzare*) straining **4** (*mecc.*) (*a caldo*) shrinking, shrinkage: *anello di* —, shrink ring; (*a freddo*) force fitting // (*mil.*) *corona di* — (*di proiettile*) guiding band.

forzare *v.tr.* **1** (*costringere*) to force, to compel, to constrain: *fui forzato a cedere*, I was forced (*o* compelled) to give in // *mi forzarono la mano*, they forced my hand **2** (*aprire con forza*) to force: (*mil.*) — *un blocco*, to run a blockade; — *una porta*, to force (*o* to break down) a door; — *una serratura*, to force a lock **3** (*sforzare*) to strain, to force: — *un'analogia, il significato di una parola*, to force an analogy, the meaning of a word; — *la verità*, to strain the truth; — *la vista*, to strain one's eyes; — *la voce*, to force one's voice, — *il passo*, to quicken one's step; — *l'andatura*, (*di un cavallo*) to force the pace; — *un motore*, to force an engine ◆ *v.intr.* (*non scorrere*) to jam; (*essere stretto*) to be too tight: *il piede forza nella scarpa*, the shoe is too tight.

□ **forzarsi** *v.rifl.* (*sforzarsi*) to force oneself: *non devi forzarti ad andare se non ne hai voglia*, don't force yourself to go if you don't want to.

forzatamente *avv.* **1** (*con sforzo*) reluctantly: *rideva* —, he gave a forced laugh **2** (*per forza*) compulsorily, by compulsion, by force, perforce, against one's will: *siamo* — *ritornati indietro*, we were obliged to turn back perforce.

forzato *agg.* **1** forced, strained: *riso, sorriso* —, forced laugh, forced smile; *interpretazione forzata*, forced interpretation; *vendita forzata*, forced sale // (*dir.*): *esecuzione forzata*, enforcement of judgement (*o* forceable execution); *liquidazione forzata*, forced liquidation (*o* winding-up); *esproprio* —, compulsory expropriation; *norma forzata* (*perentoria*), mandatory provision; *prestito* —, forced (*o* compulsory) loan // *lavori forzati*, hard labour // *marcia forzata*, forced march **2** (*fatto per necessità*) forced, inevitable, unavoidable: *un'assenza forzata*, a forced absence **3** (*bot.*) forced.

forzatura *s.f.* **1** forcing, breaking open, breaking down: *la* — *di una porta*, the forcing (*o* breaking down) of a door; *notai la* — *della sua voce, quando disse che era contento di venire*, I noticed the reluctance in his voice when he said he would be happy to come **2** (*di significato di parole*) straining, forcing: *la sua interpretazione del testo è una* —, his interpretation reads too much into the text **3** (*agr.*) forcing.

forzavecchia *s.f.* (*agr.*) residual fertility.

forziere *s.m.* coffer; strongbox; (*cassaforte*) safe.

forzoso *agg.* forced; compulsory, imposed: (*fin.*) *corso* —, forced circulation; (*fin.*) *valuta a corso* —, forced currency; (*dir.*) *prestito* —, forced (*o* compulsory) loan; (*dir.*) *risparmio* —, forced saving.

forzuto *agg.* strong, robust; (*muscoloso*) brawny, muscular: *un uomo* —, a brawny (*o* robust) man.

fosburista *s.m.* e *f.* (*sport*) high jumper who uses the Fosbury flop.

fosbury *s.m.* (*sport*) Fosbury flop ◆ *agg.* Fosbury (*attr.*).

foschia *s.f.* haze; mist.

fosco *agg.* **1** (*offuscato*) dull; (*di luce*) dim: *cielo* —, overcast (*o* dull) sky **2** (*cupo*) grim, sullen: *sguardo* —, grim look **3** (*triste*) gloomy, dark: *dipingere qlco. a colori foschi*, (*fig.*) to paint a black picture of sthg.; *rappresentare qlcu. a fosche tinte*, (*fig.*) to give a dim view of s.o.

fosfatare *v.tr.* (*metall.*) to phosphate.

fosfatasi *s.f.* (*biochim.*) phosphatase.

fosfatazione *s.f.* (*metall.*): (*processo*) phosphation; (*strato trattato*) phosphate coat.

fosfatico *agg.* phosphatic: (*chim.*) *concimi fosfatici*, phosphatic fertilizers; (*geol.*) *roccia fosfatica*, phosphate rock (*o* phosphatic rock *o* phosphorite).

fosfatide → **fosfolipide**.

fosfatizzare *v.tr.* (*chim.*) to phosphatize.

fosfatizzazione *s.f.* (*chim.*) phosphatization.

fosfato *s.m.* (*chim.*) phosphate: *fosfati alcalini*, alkali-phosphates.

fosfene *s.m.* (*med.*) phosphene.

fosfina *s.f.* (*chim.*) phosphine.

fosfito *s.m.* (*chim.*) phosphite.

fosfocreatina *s.f.* (*biochim.*) phosphocreatine.

fosfolipide *s.m.* (*biochim.*) phospholipid(e).

fosfomolibdico *agg.* (*chim.*) phosphomolybdic: *acido* —, phosphomolybdic acid.

fosfonico *agg.* (*chim.*) phosphonic: *acido* —, phosphonic acid.

fosfonio *s.m.* (*chim.*) phosphonium.

fosfoproteina *s.f.* **fosfoprotide** *s.m.* (*biochim.*) phosphoprotein.

fosforare *v.tr.* (*chim.*) to phosphorate, to phosphorize.

fosforato *agg.* (*chim.*) phosphorated, phosphoretted: *olio* —, phosphorated oil; *idrogeno* —, phosphoretted hydrogen.

fosforeggiare *v.intr.* (*fis.*) to phosphoresce.

fosforeo *agg.* phosphorescent.

fosforescente *agg.* phosphorescent, phosphoric, phosphorous; photogenic.

fosforescenza *s.f.* phosphorescence.

fosforico *agg.* (*chim.*) phosphoric: *acido* —, phosphoric acid; *anidride fosforica*, phosphoric anhydride.

fosforilare *v.tr.* (*chim.*) to phosphorylate.

fosforilasi *s.f.* (*biochim.*) phosphorylase.

fosforilazione *s.f.* (*chim.*) phosphorylation.

fosforimetria *s.f.* (*chim.*) phosphorimetry.

fosforismo *s.m.* (*med.*) phosphorism.

fosforite *s.f.* (*geol.*) phosphorite, phosphate rock, phosphatic rock.

fosforo *s.m.* **1** (*chim.*) phosphor(us): *pentossido di* —, phosphorus pentoxide; *bronzo al* —, phosphor bronze; *combinare con* —, to phosphorate **2** (*fig.*) intelligence; brains (*pl.*): *gli manca il* —, he is brainless.

fosforolisi *s.f.* (*biochim.*) phosphorolysis.

fosforoscopio *s.m.* (*chim.*) phosphoroscope.

fosforoso *agg.* (*chim.*) phosphorous: *acido* —, phosphorous acid.

fosfuro *s.m.* (*chim.*) phosphide.

fosgene *s.m.* (*chim.*) phosgene.

fosgenite *s.f.* (*min.*) phosgenite.

fossa *s.f.* **1** ditch; trench; (*buca*) pit, hole: — *di scolo*, drainage ditch; *scavare una* —, to make (*o* to dig) a ditch (*o* a pit) // (*metall.*) — *di colata*, (casting) pit // — *biologica*, cesspit, cesspool; — *settica*, septic tank **2** (*mil.*) ditch, trench, fosse; (*anticamente, intorno a città, castelli*) moat **3** (*cavità*) hollow, cavity: *il terreno qui forma una profonda* —, the ground forms a deep hollow here **4** (*tomba*) grave: — *comune*, common (*o* pauper's) grave; *scavava una* —, he was digging a grave // *avere un piede nella* —, (*fig.*) to have one foot in the grave // *scavarsi la* — *sotto i piedi*, (*fig.*) to be the cause of one's own ruin (*o* to bring about one's own ruin) // *portare qlcu. alla* —, (*fig.*) to be the cause of s.o.'s death (*o* to drive s.o. into the grave) // *del senno di poi son piene le fosse*, (*prov.*) it is easy to be wise after the event **5** (*di animali selvatici*) den: *Daniele nella* — *dei leoni*, Daniel in the lions' den **6** (*anat.*) fossa*: — *temporale*, temporal fossa **7** (*geol.*, *geogr.*): — *tettonica*, graben (*o* rift valley); — *oceanica*, (deep-sea) trench (*o* trough).

fossato *s.m.* **1** ditch **2** (*mil.*) ditch; (*anticamente, intorno a città, castelli*) moat: *un profondo* — *circondava il castello*, the castle was surrounded by a deep moat.

fossetta *s.f.* dimple: *ha una graziosa* — *sul mento*, she has an attractive dimple on her chin.

fossile *agg.* fossil: *carbon* —, fossil coal; *conchiglia* —, fossil shell ◆ *s.m.* fossil: — *guida*, index fossil // *è un vecchio* —, (*fig. fam.*) he is an old fossil.

fossilifero *agg.* (*geol.*) fossiliferous, fossil -bearing.

fossilizzare *v.tr.* to fossilize.

□ **fossilizzarsi** *v.intr.pron.* **1** (*paleont.*) to fossilize **2** (*immobilizzarsi in idee e modi superati*) to fossilize; to become* fossilized, to become* old-fashioned.

fossilizzazione *s.f.* fossilization (*anche fig.*).

fosso *s.m.* **1** ditch: *un* — *per l'irrigazione*, an irrigation drain (*o* ditch); *scavare un* —, to make (*o* to dig) a ditch // *saltare il* —, (*fig.*) to cross the Rubicon; to take the plunge **2** (*mil.*) ditch, trench, fosse; (*anticamente intorno a castelli, città*) moat.

fot *s.m.* (*fis.*) phot.

foto-[1] *pref.* di origine greca della terminologia scientifica e tecnica che indica attinenza con la 'luce'; ingl. photo-: *fotocettore*, photoceptor; *fotodiodo*, photodiode; *fotochimica*, photochemistry.

foto-[2] *pref.* di origine greca della terminologia scientifica e tecnica che indica attinenza con la 'fotografia'; ingl. photo-: *fotocopia*, photocopy; *fotocomposizione*, photocomposition; *fotolitografia*, photolithography.

fotoacustico *agg.* photoacoustic: (*chim.*) *spettroscopia fotoacustica*, photoacoustic spectroscopy.

fotoallergia *s.f.* (*med.*) photoallergy.

fotoamatore *s.m.* amateur photographer; photography enthusiast.

fotobatteria *s.f.* photovoltaic battery.

fotobiologia *s.f.* photobiology.

fotobiologico *agg.* photobiologic(al).

fotocalcografia *s.f.* (*tip.*) photogravure.

fotocalcografo *s.m.* (*tip.*) photoengraver.

fotocamera *s.f.* camera*.

fotocatalisi *s.f.* (*fis.*, *chim.*) photocatalysis.

fotocatodo *s.m.* (*fis.*) photocathode.

fotocellula *s.f.* (*fis.*) photocell.

fotocettore → **fotorecettore**.

fotochimica *s.f.* photochemistry.

fotochimico *agg.* photochemical: *reazione fotochimica*, photochemical reaction.

fotocolor *s.m.* (*processo*) colour photography; (*fotografia*) colour photograph.

fotocomporre *v.tr.* (*tip.*) to photocompose.

fotocompositore *agg.* (*tip.*) photocomposing ◆ *s.m.* (*tip.*) photocomposer.

fotocompositrice *s.f.* (*tip.*) photocomposing machine, photocomposer.

fotocomposizione *s.f.* (*tip.*) photocomposition.

fotoconduttività *s.f.* (*fis.*) photoconductivity.

fotoconduttivo *agg.* (*fis.*) photoconductive.

fotoconduttore *agg.* (*fis.*) photoconductive, photoconducting ◆ *s.m.* (*fis.*) photoconductor.

fotoconduzione → **fotoconduttività**.

fotocopia *s.f.* **1** photocopy **2** (*fig.*) double, spitting image: *il suo progetto è la* — *del nostro*, his design is the spitting image of ours; *sembra la* — *di suo fratello*, he looks exactly like his brother.

fotocopiare *v.tr.* to photocopy, to xerox.

fotocopiatrice *s.f.* meno com. **fotocopiatore** *s.m.* (*mecc.*) photocopier.

fotocromia *s.f.* (*fot.*) photochromy.

fotocromolitografia *s.f.* (*tip.*) photochromolithography.

fotocronaca *s.f.* (*giornalismo*) photo -reportage.

fotocronista *s.m.* e *f.* press photographer, cameraman* (*m.*), camerawoman* (*f.*).

fotodegradabile *agg.* (*chim.*) photodegradable.

fotodegradazione *s.f.* (*chim.*) photodegradation.

fotodermatosi *s.f.* (*med.*) photodermatosis.

fotodinamico *agg.* (*fis.*) photodynamic(al).

fotodiodo *s.m.* (*fis.*) photodiode.

fotodisintegrazione *s.f.* (*fis. nucleare*) photodisintegration.

fotodissociazione *s.f.* (*chim.*) photodissociation.

fotoelasticità *s.f.* (*fis.*) photoelasticity.

fotoelemento *s.m.* (*elettr.*) photoelement; photovoltaic cell.

fotoelettrica *s.f.* floodlight.

fotoelettricità *s.f.* (*elettr.*) photoelectricity.

fotoelettrico *agg.* (*fis.*) photoelectric, photoelectrical: *cellula fotoelettrica*, photoelectric cell; *soglia fotoelettrica*, photoelectric threshold; *effetto* —, photoelectric effect // *emissione fotoelettrica*, photoemission.

fotoelettromagnetico *agg.* (*fis.*): *effetto* —, photoelectromagnetic effect.

fotoelettrone *s.m.* (*fis.*, *chim.*) photoelectron.

fotoelettronica *s.f.* (*chim.*) photoelectronics [U].

fotoelettronico *agg.* photoelectron: (*chim.*) *spettroscopia fotoelettronica*, photoelectron spectroscopy.

fotoeliografia *s.f.* photoheliography.

fotoeliografo *s.m.* (*astr.*) photoheliograph.

fotoemissione *s.f.* (*fis.*) photoemission.

fotofilia *s.f.* (*biol.*) photophily.

fotofobia *s.f.* (*bot.*, *med.*) photophobia.

fotoforo *s.m.* **1** (*biol.*) photophore **2** (*miner.*) miner's lamp.

fotogeneratore *agg.* **1** (*biol.*) photogenic: *cellula fotogeneratrice*, photogenic cell **2** (*elettr.*) photovoltaic ◆ *s.m.* **1** (*biol.*) photogenic cell **2** (*elettr.*) photovoltaic generator.

fotogenesi *s.f.* (*biol.*) photogenesis.

fotogenetico *agg.* photogenetic.

fotogenia, **fotogenicità** *s.f.* photogenic quality.

fotogenico *agg.* photogenic: *ha un viso molto* —, he has a very photogenic face.

fotogeno *agg.* (*biol.*) photogenic ◆ *s.m.* (*fis.*, *chim.*) photogen.

fotogeologia *s.f.* photogeology.

fotogiornale *s.m.* (*di quotidiano*) illustrated newspaper; (*di periodico*) illustrated magazine.

fotogiornalismo *s.m.* photojournalism.

fotogoniometro *s.m.* (*fis.*) photogoniometer.

fotografare *v.tr.* to photograph: *nessuno è mai riuscito a fotografarlo*, nobody has ever succeeded in photographing him; *farsi — in diverse pose*, to be photographed in different poses // *con poche parole ha fotografato la situazione*, he gave an accurate picture of the situation in a few words.

fotografia *s.f.* **1** (*arte fotografica*) photography: *è un esperto in — a colori*, he's an expert in colour photography; *seguire un corso di* —, to do a course in photography **2** (*immagine fotografica*) photograph; (*fam.*) photo*, snap(shot), picture: — *in bianco e nero*, *a colori*, black and white, colour photograph; — *al lampo di magnesio*, flashlight photograph; — *istantanea*, snap(shot); *una — sbiadita*, *sfocata*, *compromettente*, a faded, blurred, compromising photograph; *un album di fotografie*, a photograph album; *fare una — a qlcu.*, to take a photograph (*o* a picture) of s.o.; *farsi fare la* —, to have one's photograph taken; *ritoccare una* —, to touch up a photograph; *ho portato le fotografie del viaggio a sviluppare*, I have left the holiday photos to be developed // *fare la — di una situazione*, (*fig.*) to draw a picture of a situation.

fotografico *agg.* photographic (*anche fig.*): *un reportage* —, a photo reportage; *fare un servizio — per un giornale di moda*, to do a photo reportage for a fashion magazine; *apparecchio* —, *macchina fotografica*, camera // *memoria fotografica*, (*fig.*) photographic memory; *rappresentazione fotografica della realtà*, exact depiction of reality.

fotografo *s.m.* photographer.

fotogramma *s.m.* **1** (*cinem.*) photogram, picture; frame **2** (*fot.*) photogram.

fotogrammetria *s.f.* (*cartografia*) photogrammetry: — *aerea*, aerial photogrammetry.

fotogrammetrista *s.m.* e *f.* (*cartografia*) photogrammetrist.

fotoincisione *s.f.* (*fot.*, *tip.*) **1** (*procedimento*) photoengraving **2** (*immagine*) photogravure, photoengraving.

fotoincisore *s.m.* (*fot.*) photoengraver.

fotoionizzazione *s.f.* (*fis.*, *chim.*) photoionization.

fotokit *s.m.* photokit.

fotolaboratorio *s.m.* laboratory (where photographs are developed).

fotolibro *s.m.* photographic book.

fotolisi *s.f.* (*chim.*, *fis.*) photolysis.

fotolitico *agg.* (*chim.*, *fis.*) photolytic.

fotolito[1] *s.m.* photolytic substance.

fotolito[2] → **fotolitografia**.

fotolitografare *v.tr.* to photolithograph.

fotolitografia *s.f.* **1** (*tip.*) (*procedimento*) photolithography **2** (*immagine*) photolithograph.

fotolitografico *agg.* photolithographic: *procedimento* —, photolithographic process.

fotolitografo *s.m.* photolithographer.

fotoluminescenza *s.f.* (*fis.*) photoluminescence.

fotomeccanica *s.f.* photomechanics [U].

fotomeccanico *agg.* photomechanical.

fotometria *s.f.* (*fis.*) photometry.

fotometrico *agg.* (*fis.*) photometric(al).

fotometro *s.m.* (*fis.*) photometer.

fotomodella *s.f.* **fotomodello** *s.m.* (fashion) model.

fotomoltiplicatore *s.m.* (*fis.*) photomultiplier.

fotomontaggio *s.m.* photomontage.

fotomosaico *s.m.* (*cartografia*) photomosaic, mosaic.

fotone *s.m.* (*fis.*) photon.

fotonucleare *agg.* (*fis.*) photonuclear: *reazione* —, photonuclear reaction.

fotoossidazione *s.f.* (*chim.*) photo -oxidation.

fotoreazione *s.f.* (*chim.*) photoreaction.

fotorecettore *s.m.* (*biol.*) photoreceptor ◆ *agg.* (*biol.*) photoreceptive.

fotorecezione *s.f.* (*biol.*) photoreception.

fotoreportage *s.m.* photo reportage.

fotoreporter *s.m.* e *f.* photoreporter, press photographer, cameraman* (*m.*), camerawoman* (*f.*).

fotoriproduttore *s.m.* photoreproducer.

fotoriproduzione *s.f.* photoreproduction.

fotoromanzo *s.m.* picture story.

fotosafari *s.m.* photographic safari.

fotosensibile *agg.* photosensitive: (*fot.*) *pellicola* —, photosensitive film; (*biol.*) *cellula* —, photosensitive cell; (*chim.*) *sostanza* —, photosensitive substance.

fotosensibilità *s.f.* photosensitivity.

fotosensibilizzante *agg.* photosensitizing ◆ *s.m.* photosensitizer.

fotosensibilizzare *v.tr.* to photosensitize.

fotosensibilizzazione *s.f.* photosensitization.

fotosensitività *s.f.* (*biol.*, *fis.*) photosensitivity.

fotoservizio *s.m.* photo reportage: *un — dalla Cina*, a photo reportage from China.

fotosfera *s.f.* (*astr.*) photosphere.

fotosferico *agg.* (*astr.*) photospheric.

fotosintesi *s.f.* **1** (*bot.*) photosynthesis **2** (*servizio fotografico*) photo reportage.

fotosintetico *agg.* photosynthetic.

fotosintetizzare *v.tr.* e *intr.* (*chim.*) to photosynthesize.

fotostatico *agg.* (*fot.*) photostatic: *copia fotostatica*, photostat.

fotosub *s.m.* e *f.* (*fam.*) underwater photographer.

fototassi *s.f.* **fototattismo** *s.m.* (*biol.*) phototaxis.

fototeca *s.f.* photographic files (*pl.*), photographic archives (*pl.*).

fototecnico *s.m.* photochemical technician.

fototelegrafia *s.f.* phototelegraphy.

fototelegrafico *agg.* phototelegraphic.

fototerapia *s.f.* (*med.*) phototherapeutics [U], phototherapy.

fototerapico *agg.* (*med.*) phototherapeutic.

fototipia *s.f.* **1** phototypy **2** (*fototipo*) phototype.

fototipista *s.m.* e *f.* (*tip.*) phototypist.

fototipo *s.m.* phototype.

fototransistore *s.m.* (*fis.*) phototransistor.

fototropismo *s.m.* (*bot.*) phototropism.

fototubo → **fotomoltiplicatore.**

fotovoltaico *agg.* (*elettr.*) photovoltaic: *effetto* —, photovoltaic effect.

fotozincografia *s.f.* (*tip.*) **1** (*procedimento*) photozincography **2** (*copia riprodotta*) photozincograph.

fotozincografico *agg.* photozincographic.

fotozincotipia *s.f.* (*tip.*) photozincotypy.

fottere *v.tr.* (*volg.*) **1** (*scopare*) to fuck // *va a farti —!*, fuck off! **2** (*fig.*) (*imbrogliare*) to trick, to cheat; (*fam.*) to do*: *mi hanno fottuto!*, they've cheated (*o* done) me!
□ **fottersi** *v.intr.pron.* (*volg.*) not to give* a fuck: *me ne fotto altamente di tutto e di tutti*, I really don't give a fuck about anything or anyone.

fottio *s.m.* (*fam.*) lots (*pl.*), heaps (*pl.*), stacks (*pl.*); a great deal: *ha un — di denaro*, he has lots (*o* heaps *o* stacks) of money; *c'era un — di gente*, there were stacks of people.

fottuto *agg.* (*volg.*) **1** (*terribile*, *maledetto*) fucking, bloody: *ho una paura fottuta*, I'm scared shitless; *per un — guasto alla macchina non sono potuto venire*, I couldn't come because the bloody (*o* fucking) car broke down **2** (*spacciato*) screwed, done; fucked, buggered: *sei —, caro mio!*, you've been screwed (*o* done), my friend!

foulard *s.m.* (*fr.*) **1** (*da testa*) (head) scarf*, (head) square; (*da collo*) scarf*, neckerchief: *un — di seta*, silk (head) scarf **2** (*tessuto*) foulard, light silk.

foularino *s.m.* little scarf*.

fovea *s.f.* (*anat.*) fovea*.

fox-terrier *s.m.* (*zool.*) (*cane*) fox terrier.

fox-trot *s.m.* (*musica*, *danza*) foxtrot.

foyer *s.m.* (*fr.*) foyer: *l'ho incontrato nel —*, I met him in the foyer.

fra[1] *prep.* **1** (*spec. riferito a due persone o cose, o a due gruppi di persone o cose*) between; (*rar.*) betwixt: — *me e te*, between you and me; — *noi* (*due*), between you and me (*o* between ourselves); — *lui e me ci sono 13 anni di differenza*, there are 13 years between him and me; *i rapporti — i due stati sono molto migliorati*, relations between the two countries have greatly improved; *la cosa resta — me e te*, — *noi* (*due*), it's between you and me, between us (two); *il treno si è fermato — Padova e Venezia*, the train stopped between Padua and Venice; — *le due fazioni c'è sempre stata grande rivalità*, there's always been great rivalry between the two factions; *la strada corre — due lunghi filari di alberi*, the road runs between two long rows of trees; *il fiume scorre — alte rive*, the river flows between high banks; — *i due prodotti non c'è differenza*, there's no difference between the two products // *portare qlco. — le braccia*, to carry sthg. in one's arms // *tenere qlco.* — *i denti*, to hold sthg. in (*o* between) one's teeth // *vivere — speranza e angoscia*, to alternate between hope and anxiety // *essere incerti — il sì e il no*, to be undecided // *dire, parlare, pensare — sé (e sé)*, to say, talk, think to oneself: *"Questa è la volta buona", pensai — me (e me)*, "This is my chance", I thought to myself **2** (*riferito a più di due*) among, amongst: *il paesino sorge — le montagne*, the village lies among the mountains; *una festa — amici*, a party among friends; *nascondersi — i cespugli*, to hide among the bushes; *stanno parlando — loro*, they are talking among themselves; *"Non trovo il passaporto" "Hai guardato — le tue carte?"*, "I can't find my passport" "Have you looked among your papers?"; *perdersi — la folla*, to get lost among (*o* in) the crowd // — *l'altro, le altre cose*, among other things; (*inoltre*) besides // — *una cosa e l'altra*, what with one thing and another // — *lo stipendio e i lavori extra guadagna un sacco di soldi*, what with his salary and all the extra work he does, he earns heaps of money // — *tutti i miei impegni non ho più un momento libero*, what with all my commitments, I never have a spare moment // — *tutti saranno stati una quarantina*, there must have been about forty of them in all **3** (*in mezzo a*) amid, amidst: — *gli applausi*, amid(st) applause; — *le risate*, amid(st) laughter **4** (*con valore partitivo o dopo un superl. rel.*) among; of: *alcuni — i miei colleghi*, some of my colleagues; *c'è qualcuno — voi che può assumersi l'incarico?*, can anyone among you take the job on?; *Boccaccio è uno — i più grandi scrittori del Trecento*, Boccaccio is one of the greatest writers of the 14th century // *primo — tutti*, first of all // *uno — mille*, one in a thousand **5** (*in espressioni di tempo*) in, within: — *una settimana*, in (*o* within) a week (*o* in a week's time); — *due ore*, in two hours; — *poco*, — *breve*, — *non molto*, in a short time (*o* shortly *o* soon); *ci vediamo — una ventina di minuti*, see you in about twenty minutes; *i lavori si svolgeranno — settembre e ottobre*, the work will take place in September and October (*o* from September to October) // *saremo da voi — le 5 e le 6*, we'll be with you between 5 and 6 o'clock **6** (*per indicare un valore approssimativo*): *una distanza — i 60 e i 70 km*, a distance of about 60 to 70 km; *guadagna — i 4 e i 5 milioni al mese*, he earns from 4 to 5 million liras a month // *ci vogliono tre ore — andare e tornare*, it takes three hours there and back **7** (*con valore distr.*) among: *dividere una proprietà — gli eredi*, to divide a property among the heirs; — *tutti, avevamo solo pochi spiccioli*, we had very little change among us; *dividetelo — voi*, share it among yourselves.

fra[2] *s.m.* (*frate*) Brother: — *Giovanni*, Brother John.

frac *s.m.* tailcoat; (*fam.*) tails (*pl.*): *un uomo in — ci aprì la porta*, a man in (white tie and) tails opened the door for us.

fracassamento *s.m.* (*non com.*) smashing, shattering.

fracassare *v.tr.* to smash, to shatter: — *uno specchio*, to smash (*o* to shatter) a glass to pieces // *vuole fracassarsi l'osso del collo?*, does he want to break his neck?

□ **fracassarsi** *v.intr.pron.* to break* up, to break* into pieces; to crash: *la barca andò a — sugli scogli*, the boat broke up on the rocks; *l'auto si fracassò contro un albero*, the car crashed into a tree.

fracassatore *s.m.* (*non com.*) smasher.

fracassio *s.m.* (*fracasso*) din.

fracasso *s.m.* **1** din, uproar, hubbub, racket; (*trambusto*) row, ado; (*fig.*) stir; (*di cose rotte*) crash: *un — di piatti rotti*, the crash of broken plates; *far* —, to make a noise (*o* a din); (*fig.*) to cause a stir; *i bambini facevano un — indiavolato*, children made a terrible racket **2** (*gran quantità*) a great quantity, a lot, loads of (*pl.*): *un — di soldi*, a great quantity (*o* loads) of money.

fracassona *s.f.* **fracassone** *s.m.* (*fam.*) **1** noisy person, rowdy person **2** (*chi rompe facilmente*) clumsy person; bull in a china shop: *sei proprio un* —, you are just a bull in a china shop.

fracassoso *agg.* (*non com.*) rowdy, noisy: *bambini fracassosi*, noisy children.

fracco *s.m.* (*region.*) (*gran quantità*) heaps (*pl.*), stacks (*pl.*): *ci siamo fatti un — di risate*, we had lots of laughs (*o* we had a really good laugh); *un — di botte*, a good (*o* sound) thrashing.

fracidezza *s.f.* (*non com.*) (*l'essere marcio*) rottenness; (*l'essere fradicio*) soddenness, wetness.

fracido e *deriv.* → **fradicio** e *deriv.*

fradicio *agg.* **1** (*marcio*) rotten, decayed, bad: *uovo* —, rotten egg **2** (*zuppo*) wet (through); soaked, drenched, sodden: *levati quella camicia fradicia!*, take off that soaking wet shirt; *bagnato* —, soaked to the skin; *sudato* —, drenched in sweat (*o* perspiration) // *ubriaco* —, dead drunk (*o* blind drunk *o* drunk as a lord) // *innamorato* —, head over heels in love **3** (*fig.*) (*corrotto*) corrupt, rotten: *una società fradicia*, a corrupt society **4** (*non com.*) (*stufo*) fed up (with s.o., sthg.) ♦ *s.m.* **1** rotten, bad part: *il — della mela*, the bad part of the apple **2** (*terreno bagnato*) wet ground, sodden ground: *camminare sul* —, to walk on sodden ground **3** (*fig.*) (*corruzione*) corruption.

fradiciume *s.m.* **1** rottenness, mass of rotten things **2** (*fig.*) (*corruzione*) corruption **3** (*luogo molto bagnato*) sodden place.

fragile *agg.* **1** brittle, fragile, breakable: *la porcellana è* —, china is fragile; *il vetro è* —, glass is brittle; *questo giocattolo è troppo* —, this toy is too easily broken (*o* too fragile) // —, (*scritta sulle casse contenenti cristalleria ecc.*) handle with care **2** (*fig.*) fragile, frail, slight, delicate: *un — fanciullo*, a frail child; *salute* —, delicate health **3** (*facile a cadere nelle tentazioni*) weak: *la natura umana è* —, human nature is weak **4** (*inconsistente, effimero*) fragile, slender: — *felicità*, fragile happiness; *fragili speranze*, slender hopes.

fragilità *s.f.* **1** fragility, brittleness: *la — di una coppa di cristallo*, the fragility of a crystal glass **2** (*fig.*) fragility, weakness; frailty: *la — della sua scusa era evidente*, the weakness of his excuse was obvious // (*med.*) — *capillare*, capillary fragility **3** (*gracilità*) frailty.

fragola *s.f.* **1** (*bot.*) (*Fragaria vesca*) strawberry: *gelato alla* —, strawberry ice cream; *marmellata di fragole*, strawberry jam // *uva* —, strawberry vine **2** (*colore*) strawberry (colour): *una camicia rosso* —, a strawberry-red shirt.

fragolaia *s.f.* strawberry bed.

fragolaio *s.m.* (*non com.*) strawberry seller.

fragoleto *s.m.* → **fragolaia**.

fragolino *s.m.* (*zool.*) (*Pagellus erythrinus*) red bream.

fragore *s.m.* loud noise, din; (*improvviso, lacerante*) crash, rumble; (*metallico*) clang: *il — del tuono*, the rumble of thunder; *il — di una esplosione*, the rumble (*o* roar) of an explosion.

fragorio *s.m.* (*non com.*) crashing, roaring.

fragorosamente *avv.* (very) noisily, loudly; (*con suono lacerante*) rumblingly: *applaudire* —, to applaud loudly.

fragoroso *agg.* noisy, loud, deafening; rumbling: *una risata fragorosa*, a loud laugh; *lo accolse il — applauso del pubblico*, the deafening applause of the public greeted him; *il crollo — della parete fece tremare i vetri*, the deafening crash of the collapsing wall made all the windows shake.

fragrante *agg.* fragrant, sweet-smelling, scented; perfumed: *pane — e ancora caldo*, fragrant bread still warm from the oven; *biancheria — di lavanda*, linen perfumed with lavender.

fragranza *s.f.* fragrance, perfume, aroma: *la — del pane fresco*, the aroma of freshly-baked bread.

fraintendere *v.tr.* e *intr.* to misunderstand*, to misinterpret: *fraintese le mie parole*, he misunderstood (*o* misinterpreted) my words; *cerca di non fraintendermi*, don't get me wrong.

fraintendimento *s.m.* misunderstanding, misinterpretation: *purtroppo c'è stato un* —, unfortunately there's been a misunderstanding.

frale *agg.* (*poet.*) frail, delicate, weak ♦ *s.m.* (*poet.*) (*il corpo umano*) flesh.

fralezza *s.f.* (*poet.*) frailty.

framboesia *s.f.* (*med.*) framb(o)esia.

framescolare → **frammescolare**.

framettere → **frammettere**.

framezzare → **frammezzare**.

framezzo → **frammezzo**.

frammassone *s.m.* e *f.* freemason.

frammassoneria *s.f.* freemasonry.

frammentare *v.tr.* **1** to split* up, to break* up, to subdivide; (*spezzettare*) to fragment, to splinter: — *un territorio*, to subdivide a territory **2** (*inform.*) to fragment, to frag.

□ **frammentarsi** *v.intr.pron.* to fragment, to break* up, to split*: *la nazione si frammentò in piccoli stati indipendenti*, the country split into small, independent states.

frammentarietà *s.f.* fragmentary character, fragmentariness, scrappiness, disjointedness: *la — delle informazioni raccolte non permette di ricostruire la verità*, the fragmentary nature (*o* the incompleteness) of the information available makes it impossible to reconstruct the truth; *la — di un racconto*, the disjointedness of an account.

frammentario *agg.* **1** fragmentary, scrappy, disjointed: *manoscritto* —, fragmentary manuscript; *raccogliere testimonianze frammentarie*, to gather fragmentary evidence **2** (*geol.*) fragmental.

frammentarismo *s.m.* **1** fragmentary nature: *il — di un'opera*, the fragmentary nature of a work **2** → **frammentismo**.

frammentazione *s.f.* fragmentation (*anche biol., bot.*); breaking up: *la — di una nazione in piccoli stati*, the breaking up of a country into small states.

frammentismo *s.m.* (*lett.*) fragmentism.

frammentista *s.m.* e *f.* (*lett.*) follower of fragmentism.

frammentistico *agg.* relating to fragmentism.

frammento *s.m.* **1** fragment, scrap, splinter, sliver: *si ferì una mano con un — di vetro*, he cut his hand on a fragment (*o* splinter *o* sliver) of glass; *ridotto in frammenti*, smashed to smithereens; *cercava di mettere insieme i frammenti del vaso rotto*, he was trying to put the pieces of the broken vase together **2** (*lett.*) fragment: *frammenti di liriche greche*, fragments of Greek lyrics.

frammescolare *v.tr.* (*non com.*) to mix together, to (inter)mingle.

frammettere *v.tr.* (*non com.*) to interpose; to insert.

□ **frammettersi** *v.rifl.* **1** (*frapporsi*) to interpose, to intervene; to place oneself between (s.o., sthg.): *si frammise fra il padre e la madre*, he intervened between his father and mother **2** (*interferire, intromettersi*) to interfere (in, with sthg.); to intrude (on, upon, into sthg.); to meddle (in, with sthg.): *non frammetterti!*, don't interfere!; *spero di non frammettermi nei tuoi affari*, I hope I am not interfering into (*o* meddling) in your affairs.

frammezzare *v.tr.* (*non com.*) to intersperse, to interlard: *il suo discorso era frammezzato da parole straniere*, his speech was interspersed with foreign words.

frammezzo *avv.* e *prep.* (*non com.*) → **fra**[1].

frammischiare *v.tr.* to (inter)mingle, to mix, to intersperse: *parole frammischiate a lacrime e singhiozzi*, words interspersed with tears and sobs.

□ **frammischiarsi** *v.rifl.* **1** to (inter)mingle (with s.o., sthg.): *i poliziotti si frammischiarono alla folla*, the police mingled with the crowd **2** (*non com.*) (*intromettersi*) to interfere.

frammisto *agg.* mingled with (sthg.), mixed (up) with (sthg.) (*pred.*): *pioggia frammista a neve*, rain mixed with snow.

frana *s.f.* **1** (*geol.*) landslide, landslip, slump: — *di ammollimento*, mudslide; — *di crollo*, rockfall; — *di scivolamento*, rockslide; *una — ha interrotto la strada*, a landslide has blocked the road; *attenzione! pericolo di frane*, beware! landslides **2** (*fig.*) (*crollo, rovina*) failure, flop // *sei una —!*, (*scherz.*) you're hopeless!

franabile *agg.* liable to slide (*pred.*): *terreno —*, land liable to slide.

franamento *s.m.* **1** (*il franare*) sliding (down), sliding (away), slipping; (*il crollare*) collapse, falling in, caving in: — *di terreno*, landslide (*o* landslip) **2** (*frana*) landslide **3** (*miner.*) cave-in; (*delle pareti di una cava, di un pozzo*) slough.

franare *v.intr.* **1** (*di terreno*) to slide* (down), to slide* (away), to slip; (*delle pareti di una cava, di un pozzo*) to slough; (*crollare*) to fall* in, to collapse, to cave in: *la collina può — da un momento all'altro*, the hillside could slide away at any moment; *la casa è franata*, the house has collapsed // *materiale franato*, cavings (*o* slough) **2** (*fig.*) to collapse, to fall* through, to come* to nothing: *anche le ultime speranze sono franate*, even our last hopes have come to nothing.

francamente *avv.* (*lealmente*) frankly, candidly; (*in verità*) honestly; (*apertamente*) openly; (*schiettamente*) plainly, bluntly; (*liberamente*) freely: *parliamoci —*, let's speak frankly.

francare e *deriv.* → **affrancare** e *deriv.*

francescanamente *avv.* as established by St. Francis, in the spirit of St. Francis; in the spirit of the Franciscans, like a Franciscan.

francescanesimo *s.m.* (*relig.*) Franciscanism.

francescano *agg.* **1** Franciscan, of St. Francis (*pred.*): *frati francescani*, Franciscan (*o* Grey) Friars; *suora francescana*, Franciscan sister; *regola francescana*, Franciscan rule **2** (*estens.*) (*frugale*) frugal, humble: *un pasto —*, a frugal meal // *condurre una vita francescana*, to live as humbly as a Franciscan ◆ *s.m.* Franciscan, Grey Friar.

francese *agg.* French: *la rivoluzione —*, the French Revolution // *alla —*, in the French style // *nasino alla —*, a snub nose ◆ *s.m.* **1** (*abitante*) Frenchman* // *i francesi*, the French **2** (*lingua*) (the) French (language): *parli —?*, do you speak French? ◆ *s.f.* Frenchwoman*.

franceseggiare *v.intr.* (*non com.*) to affect French ways, to frenchify; to imitate the French; to speak* like a Frenchman.

franceseria *s.f.* (*spreg.*) frenchifying.

francesina *s.f.* **1** (*panino*) french roll **2** (*calzatura*) laced shoe with a fringe.

francesismo *s.m.* (*ling.*) Gallicism.

francesista *s.m.* e *f.* specialist in French studies.

francesistica *s.f.* French studies (*pl.*).

francesizzare *v.tr.* to frenchify, to gallicize: — *il proprio nome*, to gallicize one's name.

□ **francesizzarsi** *v.intr.pron.* to become* frenchified, to become* gallicized, to put* on French ways.

francesizzazione *s.f.* frenchification, gallicization.

francesume *s.m.* (*spreg.*) **1** → franceseria **2** (*insieme di francesi*) (bunch of) Frogs; (group of) French people.

franchezza *s.f.* **1** frankness, candour, openness, outspokenness: *amo la —*, I like plain speaking; *parlare con —*, to speak frankly (*o* openly *o* plainly *o* freely); *mi ha parlato in tutta —*, he talked to me completely frankly **2** (*rar.*) (*disinvoltura*) (self-)confidence; (*sfacciataggine*) impudence.

franchigia *s.f.* **1** exemption; immunity; franchise: — *postale*, free post; — *doganale*, customs franchise // (*trib.*): *in —*, customs (*o* duty) free; *chi gode di una —*, franchiser // (*assicurazioni*) — *assicurativa*, excess (*o* franchise) clause **2** (*mar.*) shore leave: *in —*, on shore leave **3** (*dir. pol.*) franchise // *franchigie costituzionali*, constitutional safeguards.

franchising *s.m.* (*dir.*) (*affiliazione commerciale*) franchising.

franchismo *s.m.* (*st.*) Francoism.

franchista *agg.* Francoist: *regime —*, Francoist regime ◆ *s.m.* e *f.* Francoist.

francio *s.m.* (*chim.*) francium.

franco[1] *agg.* **1** frank, candid, open, outspoken, plain; sincere, openhearted: *egli fu del tutto — con me*, he was quite frank with me; *fece una franca confessione della sua colpa*, he made a frank confession of his guilt; *ti prego di essere — con me*, please be open with me **2** (*libero*) free: *porto —*, a free port; *zona franca*, free zone // *franchi muratori*, freemasons // *marinaio —*, sailor on shore leave // *farla franca*, to get away with it (*o* to get off scot free) **3** (*comm.*) free, franco: — (*a*) *bordo*, free on board (*abbr.* FOB); — *spese postali*, free of postage (*o* post-free); — *di spese*, free of charge; — *consegna*, free delivered; — *di dazio*, duty-free; — *domicilio*, franco domicile; — *d'imballaggio*, packing-free; — *fabbrica*, ex factory (*o* mill *o* works); — *magazzino*, ex store (*o* warehouse); — *provvigione*, free of commission; — *stazione ferroviaria*, *vagone*, free on rail (*abbr.* FOR), (*amer.*) free on truck (*abbr.* FOT); — *valuta*, free of payment // (*mar.*): — *avaria*, free of average; — *banchina*, ex dock (*o* quay *o* wharf), free alongside ship (*abbr.* FAS); — *allo sbarco*, ex ship; — *deposito*, ex store (*o* warehouse); — *di porto*, carriage free (*o* prepaid); — *dogana*, customs free (*o* duty-paid); — *sottobordo*, free alongside ship (*abbr.* FAS); — *spese di sbarco*, landed price; — *spese entrata e uscita dalla stiva*, free in and out (*abbr.* FIO) **4** (*disinvolto, sicuro di sé*) (self-)confident; (*estens.*) (*sfrontato*) shameless, impudent: *procedere con passo —*, to walk on with a self-confident stride ◆ *s.m.* (*edil., ferr.*) clearance ◆ *avv.* (*francamente*) frankly, openly, sincerely: *parlò —*, he spoke frankly.

franco[2] *agg.* **1** (*st.*) Frankish: *la lingua franca*, (*dei franchi*) Frankish **2** (*letter.*) (*francese*) French **3** *lingua franca*, (*st. ling.*) lingua franca ◆ *s.m.* **1** (*st.*) Frank **2** (*letter.*) (*francese*) Frenchman*.

franco[3] *s.m.* **1** (*moneta*) franc: *12 franchi svizzeri*, 12 Swiss francs **2** (*fam.*) (*lira*) bob*, money [U]: *dammi qualche —*, give me a couple of bob.

francobollare *v.tr.* **1** (*gergo sportivo*) (*marcare*) to mark tightly **2** (*estens.*) (*seguire qlcu. passo passo*) to dog, to shadow.

francobollo *s.m.* **1** (postage) stamp: *album per francobolli*, stamp album; *collezionista di francobolli*, stamp collector; *due francobolli da cinquanta pence*, two fifty pence stamps; *metti il — a questa cartolina*, stamp this card; *far collezione di francobolli*, to collect stamps // — *di posta ordinaria*, second-class postage stamp // — *di posta aerea*, airmail stamp **2** (*cinem.*) (*fotogramma singolo*) frame ◆ *agg.* miniature (*attr.*): *formato —*, miniature(-sized).

francofilo *agg.* e *s.m.* Francophile.

francofobia *s.f.* Francophobia.

francofobo *agg.* e *s.m.* Francophobe.

francofono *agg.* e *s.m.* Francophone: *paesi francofoni*, Francophone (*o* French-speaking) countries.

francolino *s.m.* (*zool.*) francolin.

francone *agg.* (*della Franconia*) Franconian (*anche ling.*); (*dei franchi*) Frankish ◆ *s.m.* Franconian (dialect).

franconormanno *agg.* e *s.m.* Norman-French.

francoprovenzale *agg.* e *s.m.* Franco-Provençal.

franco tiratore *s.m.* **1** (*mil.*) sniper **2** (*estens.*) (*pol.*) politician who votes against his own party (under cover of secret vote).

frangente *s.m.* **1** (*ondata*) breaker; *pl.* surf [U], groundswell **2** (*secca affiorante*) shoal; (*scoglio affiorante*) reef* **3** (*fig.*) (*situazione difficile*) difficult situation, difficulty; predicament (*solo sing.*), awkward situation:

trovarsi in un brutto —, to find oneself in an awkward situation; *in simili frangenti*, in a similar predicament.

frangere *v.tr.* **1** (*letter.*) (*rompere*) to break* **2** (*schiacciare*) to crush, to press.
□ **frangersi** *v.intr.pron.* to break* (up): *le onde si frangevano contro gli scogli*, the waves broke over the rocks.

frangetta *s.f.* fringe.

frangia *s.f.* **1** fringe: *uno scialle con lunghe frange*, a long-fringed shawl **2** (*fig.*) frill, embellishment: *un racconto senza frange*, a story without frills (*o* a plain story); *aggiungere delle frange a un discorso*, to embellish a speech **3** → **frangetta** **4** (*anat.*) fringe, fimbria (*pl.* -ae) **5** (*fis.*) fringe **6** (*geogr.*) — *di coralli*, coral reef **7** (*gruppo minoritario*) fringe group: *frange estremiste che sfuggono a ogni controllo*, extremist fringe groups (*o* factions) which are completely uncontrollable.

frangiare *v.tr.* (*non com.*) to fringe.

frangiatura *s.f.* fringes (*pl.*); fringing.

frangibiade *s.m.* (*agr.*) fodder grinder.

frangibile *agg.* breakable, easily broken, frangible.

frangiflutti *agg.* e *s.m.* breakwater.

frangimare, **frangionde** → **frangiflutti**.

frangipani *s.m.* (*bot.*) frangipane.

frangisole *s.m.* sunbreaker, brise-soleil.

frangitore *s.m.* cylinder oil mill.

frangitura *s.f.* pressing, crushing.

frangivalanghe *s.m.* avalanche barrier.

frangivento *agg.* e *s.m.* windbreak.

frangizolle *s.m.* (*agr.*) disk harrow.

frangola *s.f.* (*bot.*) (*Frangula alnus*) alder -buckthorn.

frangulina *s.f.* (*chim.*) frangulin.

franklin *agg.* franklin: *stufa*, *camino* —, franklin (stove).

franklinite *s.f.* (*min.*) franklinite.

franoso *agg.* subject to landslides, subject to landslips; (*miner.*) caving: *terreno* —, land subject to landslides; *formazione franosa*, caving ground.

frantoiano *s.m.* (*non com.*) oil-miller.

frantoio *s.m.* (*mecc.*) **1** crusher: — *a mascelle*, jaw crusher **2** (*per olive*) oil mill.

frantoista *s.m.* **1** crusher **2** (*di olive*) oil -miller.

frantumare *v.tr.* **1** to shatter, to shiver, to break* (up), to smash, to crush; (*ridurre in briciole*) to crumble, to crush: *frantumò la noce con il pugno*, he cracked the nut with his fist; — *una roccia*, to crush a rock **2** (*fig.*) to crush, to shatter, to smash: — *le argomentazioni degli avversari*, to crush one's opponents' arguments.
□ **frantumarsi** *v.intr.pron.* to shatter, to break* (up), to break* into pieces: *il vetro si è frantumato*, the glass shattered.

frantumatore *s.m.* **1** breaker **2** (*mecc.*) breaker; crusher: — *di pietre*, stone-breaker; — *meccanico*, (*di sassi*, *carbone*) crusher.

frantumazione *s.f.* shattering, smashing; crushing: *impianto di* —, crushing plant.

frantume *s.m.* fragment; piece; shivers (*pl.*): *andare in frantumi*, to break into fragments; *ridurre in frantumi qlco.*, to shatter (*o* to shiver *o* to smash) sthg.; *un'istituzione ormai ridotta in frantumi*, an institution which is now falling into decay.

frappa *s.f.* **1** (*pitt.*) painted foliage **2** (*striscia di stoffa*) fringe.

frappé *s.m.* shake: — *al cioccolato*, chocolate (milk) shake; — *al latte*, milk shake.

frapporre *v.tr.* to interpose; (*fig.*) to place, to put*: — *ostacoli a qlcu.*, to put obstacles in s.o.'s way.
□ **frapporsi** *v.rifl.* o *intr.pron.* (*di persone*) to intervene; (*di cose*) to interfere, to arise*: — *fra due contendenti*, to intervene between two adversaries; *si frappongono varie difficoltà organizzative*, various organisational problems arise (*o* interfere).

frapposizione *s.f.* interposition; interference.

frasale *agg.* (*ling.*) phrasal.

frasario *s.m.* **1** jargon, terminology: *il* — *dei medici*, doctors' jargon **2** (*modo di esprimersi*) language, vocabulary, phraseology: *si esprime con un* — *ricercato*, he uses recherché language to express himself **3** (*antiq.*) (*raccolta di frasi*), collection of phrases, phrasebook.

frasca *s.f.* **1** (leafy) branch, frond // *saltar di palo in* —, to jump from one thing to another **2** (*fig.*) (*donna leggera*) flighty woman **3** *pl.* (*fig.*) (*capricci*) trifles, whims.

frascame *s.m.* (leafy) branches (*pl.*); (leafy) boughs (*pl.*).

frascati *s.m.* 'Frascati' (kind of Italian wine).

frascheggiare *v.intr.* **1** (*letter.*) (*stormire*) to rustle **2** (*civettare*) to flirt, to toy.

fraschetta *s.f.* **1** twig; small branch **2** (*ragazza leggera*) flirt, coquette, frivolous girl.

frase *s.f.* **1** sentence, period; (*proposizione*) clause: *una* — *ben costruita*, a well-constructed sentence **2** *pl.* (*locuzione stereotipata*) phrases, fine words: *ne ho abbastanza delle tue belle frasi!*, I've had enough of your fine words; *frasi di circostanza*, suitable phrases; *ci siamo scambiati le solite frasi sul tempo*, we exchanged the usual comments on the weather // — *fatta*, set (*o* stock) phrase, idiom, cliché, commonplace: *parlare per frasi fatte*, to talk in clichés **3** (*espressione*) phrase, expression: *non ha detto frasi troppo gentili sul suo conto*, he didn't say very nice things about him; *trovare la* — *giusta*, to find the right expression (*o* phrase) **4** (*mus.*) phrase.

fraseggiamento *s.m.* (*letter.*) phrasing (*anche mus.*).

fraseggiare *v.intr.* (*non com.*) to construct sentences; to phrase (*anche mus.*).

fraseggio *s.m.* phrasing (*anche mus.*).

fraseologia *s.f.* phraseology: *un dizionario ricco di* —, a dictionary rich in phraseology.

fraseologico *agg.* phraseological: *dizionario* —, phraseological dictionary // (*gramm.*) *verbi fraseologici*, phrasal verbs.

frassinella *s.f.* (*bot. pop.*) (*Dictamus albus*) fraxinella.

frassineto *s.m.* ash grove, ashwood.

frassino *s.m.* **1** (*bot.*) (*Fraxinus excelsior*) ash (tree), (*scient.*) fraxinus: *di* —, ashen // — *americano*, (*Fraxinus americana*) white ash **2** (*legno*) ash.

frastagliamento *s.m.* → **frastagliatura**.

frastagliare *v.tr.* to indent, to notch, to jag; (*ornare di frastagli*) to bevel.
□ **frastagliarsi** *v.intr.pron.* to become* indented: *al nord la costa si frastaglia*, in the north the coastline becomes indented.

frastagliato *agg.* **1** indented, jagged; (*ineguale*) uneven, irregular: *costa frastagliata*, indented (*o* jagged) coastline; *monti dal profilo* —, mountains with a jagged outline; *terreno* —, uneven ground **2** (*ornato di frastagli*) bevelled **3** (*bot.*) sinuate.

frastagliatura *s.f.* indentation, jag; serration.

frastaglio *s.m.* **1** indentation **2** (*lavoro d'intaglio*) bevelling **3** *pl.* (*ornamenti*) ornamentation [U], embellishments.

frastico *agg.* (*ling.*) phrasal.

frastornamento *s.m.* (*il frastornare*, *l'essere frastornato*) bewilderment, confusion.

frastornante *agg.* bewildering, confusing, troubling; (*di rumore*) deafening: *il rombo dei motori era* —, the roar of the engines was deafening.

frastornare *v.tr.* (*confondere*) to confuse, to bewilder, to daze; (*di rumore*) to deafen: *mi frastornò con le sue chiacchiere*, his chatter deafened me.

frastornato *agg.* dazed; bewildered; confused: *mi sento* — *dopo un viaggio così lungo*, I feel dazed after such a long journey.

frastorno → **frastornamento**.

frastuono *s.m.* noise, din, uproar, hubbub, racket: *il* — *del traffico*, the continuous noise of the traffic; *ascoltava il* — *di voci nella piazza*, he listened to the hubbub in the square.

frate *s.m.* **1** friar; monk: — *laico*, lay brother; *frati minori*, Grey-Friars; *frati predicatori*, Black-Friars; — *francescano*, *domenicano*, *cappuccino*, Franciscan, Dominican, Capuchin (friar); *farsi* —, to become a friar // *va' a farti* —*!*, (*fig.*) get out of the way! **2** (*come appellativo*) Brother: —, *fra Cristoforo*, Brother Christopher **3** (*ant.*, *region.*) (*fratello*) brother **4** (*edil.*) ventilation tile.

fratellame *s.m.* (*spreg.*) brothers (*pl.*), brothers and sisters (*pl.*).

fratellanza *s.f.* **1** (*amore fraterno*) brotherliness, brotherhood, fraternity **2** (*estens.*) brotherhood, fraternity: *la* — *delle nazioni*, the brotherhood of nations **3** (*associazione*) brotherhood, fraternity.

fratellastro *s.m.* (*con uno dei genitori in comune*) half-brother; (*con tutti e due i genitori diversi*) stepbrother.

fratello *s.m.* **1** brother: — *maggiore*, *minore*, older, younger brother; — *adottivo*, adopted brother; — *gemello*, twin brother (*o* twin); — *di latte*, foster-brother; *fratelli siamesi*, Siamese twins, (*fig.*) (*amici inseparabili*) bosom friends; *amarsi come fratelli*, to love each other like brothers; *sembrate addirittura fratelli*, you actually look like brothers **2** (*fratello di fede*) brother* // *fratelli separati*, protestants **3** (*estens.*) brother, comrade, companion: *fratelli di sventura*, companions in misfortune; *fratelli d'armi*, brothers (*o* comrades) in arms **4** *pl.* (*insieme dei figli*) brothers and sisters, siblings: *quanti fratelli siete nella vostra famiglia?*, how many brothers and sisters do you have?

frateria *s.f.* friary.

fraternamente *avv.* fraternally; (*estens.*) affectionately, like a brother: *molto* — *mi ha* *abbracciato*, he embraced me very affectionately; *sono stato accolto — da tutti*, I was greeted by everyone like a brother.

fraternità *s.f.* **1** (*affetto fraterno*) brotherliness; (*estens.*) brotherhood, fraternity: *manifestazione di* —, expression of brotherliness; *la — dei popoli*, the brotherhood of nations **2** (*ant.*) (*confraternita*) confraternity, fraternity, brotherhood.

fraternizzare *v.intr.* to fraternize, to make* friends: *non fraternizza facilmente con i compagni di classe*, he doesn't make friends easily with his classmates; *i soldati fraternizzarono con i dimostranti*, the soldiers fraternized with the demonstrators.

fraterno *agg.* **1** brotherly, fraternal **2** (*estens.*) affectionate, fond, fraternal: *un abbraccio* —, an affectionate embrace; *un rimprovero* —, a brotherly (*o* fraternal) rebuke.

fratesco *agg.* monkish.

fraticella *s.f.* (*zool.*) (*Fratercula arctica*) puffin, shear-water.

fraticello *s.m.* (*zool.*) → **fraticella**.

fratina *s.f.* (*taglio di capelli*) short fringe (of hair).

fratino[1] *agg.* **1** (*letter.*) (*di frate*) monk's, of a monk **2** (*di mobilio*) convent (*attr.*), monastery (*attr.*): *tavolo* —, convent table.

fratino[2] *s.m.* **1** (*giovane frate*) young friar **2** (*zool.*) (*Charadrius alexandrinus*) Kentish flover.

fratria *s.f.* (*st. greca*) phratry.

fratricida *agg.* fratricidal // *guerra* —, civil (*o* fratricidal) war ◆ *s.m.* e *f.* fratricide.

fratricidio *s.m.* fratricide.

fratta *s.f.* thicket.

frattaglie *s.f.pl.* entrails (*pl.*), offal [U]; (*rigaglie*) giblets: — *di pollo*, chicken giblets.

frattale *s.m.* (*mat.*) fractal.

frattanto *avv.* in the meantime; meantime, meanwhile: *voi andate pure a riposare; io — preparerò le valigie*, you go and have a rest; in the meanwhile I'll do the packing; — *erano accaduti fatti nuovi*, things had changed in the meantime.

frattazzo *s.m.* float, trowel.

frattempo *s.m.* **1** meantime, meanwhile: *nel* —, in the meantime **2** (*intervallo*) interval: *in quel* —, in that interval (*o* during that time).

fratto *agg.* **1** (*poet.*) (*rotto*) broken (up) **2** (*mat.*) fractional: *funzione razionale fratta*, rational fractional function.

frattografia *s.f.* (*metall.*) fractography.

frattura *s.f.* **1** (*med.*) fracture: — *composta*, compound fracture; — *a spirale*, spiral fracture; *ridurre una* —, to set a fracture **2** (*rottura*) break, rupture, rift, split: *la — nei nostri rapporti è insanabile*, the rift between us is unbridgeable **3** (*geol.*) fracture, joint **4** (*metall.*) fracture: — *fragile*, brittle fracture.

fratturare *v.tr.* to fracture, to break*: *nella caduta si è fratturato una gamba*, he broke a leg when he fell.

□ **fratturarsi** *v.intr.pron.* to fracture, to break*: *taluni hanno le ossa che si fratturano facilmente*, some people have bones that break easily; *gli si è fratturato un braccio*, he has fractured his arm.

fraudatorio *agg.* → **fraudolento**.

fraudolento *agg.* fraudulent: *bancarotta fraudolenta*, fraudulent bankruptcy ◆ *s.m.* (*frodatore*) defrauder.

fraudolenza *s.f.* fraudulence, deceitfulness: *la — di un'azione*, the deceitfulness of an action; *è stato imputato di* —, he has been charged with fraud.

frazionabile *agg.* divisible, that may be subdivided, that may be broken up: *proprietà non* —, indivisible property (*o* property that cannot be broken up); *credito* —, divisible credit.

frazionale *agg.* (*econ.*) divisional, fractional: *moneta* —, divisional coin (*o* fractional money).

frazionamento *s.m.* **1** subdivision, division; (*netta separazione*) split, splitting up: *il — di una proprietà terriera*, the subdivision (*o* parcelling out) of an estate; *il — politico del partito*, the split(ting) within the political party; (*assicurazioni*) — *del rischio*, spreading of risk; (*Borsa*) — *delle azioni*, splitting of shares (*o* share splitting) **2** (*chim.*) fractionation: *colonna di* —, fractionating column **3** (*inform.*) split; subdivision.

frazionare *v.tr.* **1** to divide, to share out; to separate, to subdivide: — *i compiti tra due persone*, to share out the work between people; — *una proprietà*, to subdivide (*o* to break up) an estate **2** (*separare nettamente*) to split* **3** (*mat.*) to fractionize **4** (*chim.*) to fractionate **5** (*econ.*) to split* (up), to break* (up), to divide; (*spartire, lottizzare*) to parcel (out); (*separare i costi di beni e servizi*) to unbundle; (*ripartire pagamenti, danni ai fini assicurativi e marittimi*) to apportion: — *una proprietà terriera, un patrimonio*, to parcel out an estate, a property.

□ **frazionarsi** *v.rifl.* o *intr.pron.* to split*: *il partito si è frazionato in diverse fazioni*, the party has split into different factions.

frazionario *agg.* fractional, fractionary: (*mat.*) *equazione frazionaria*, fractional equation.

frazionato *agg.* **1** divided, subdivided, shared out // *percorso* —, journey in stages **2** (*econ., dir.*) divided, split, parcelled out, apportionable: *rendita frazionata*, apportionable annuity; *vendita frazionata*, sale by lots.

frazione *s.f.* **1** fraction, part, portion, fragment: *il cent è una — del dollaro*, the cent is a fraction of the dollar // *in una — di secondo*, in a split second (*o* in a fraction of a second) **2** (*mat.*) fraction: — *decimale, semplice*, decimal, simple fraction **3** (*chim.*) fraction: — *leggera*, light fraction **4** (*eccl.*) fraction; breaking of the Host **5** (*parte staccata di un comune*) hamlet, outlying administrative division of a municipality **6** (*sport*) leg // (*ciclismo*) stage: — *a cronometro*, (short) time trial **7** (*inform.*) — *di programma*, segment.

frazionismo *s.m.* (*pol.*) factionalism.

frazionista *s.m.* e *f.* **1** (*sport*) member of a relay team **2** (*pol.*) factionalist.

frazionistico *agg.* (*pol.*) factionalist.

freatico *agg.* (*geol.*) phreatic: *livello* —, phreatic surface; *falda freatica*, water (*o* groundwater) table.

freccetta *s.f.* dart // *giocare a freccette*, to play darts.

freccia *s.f.* **1** arrow, shaft; (*di balestra*) quarrel, bolt: *partire come una* —, to shoot off like a rocket (*o* to dash off); *scagliare una* —, to shoot an arrow; *correre come una* —, (*fig.*) to run like the wind; *Frecce Tricolori*, Italian elite formation-flying team // *frecce d'Amore*, Cupid's darts // (*bot.*) *a forma di* —, sagittate **2** (*arch.*) (*di un arco*) rise, height **3** (*mat.*) arrow **4** (*segnale di direzione*) arrow: *segui le frecce, non puoi sbagliare*, follow the arrows and you can't go wrong **5** (*aut.*) indicator: *metti la — prima di girare*, put the indicator on before turning; *togliere la* —, to turn the indicator off; — *di direzione*, direction (*o* traffic) indicator **6** (*mar.*) gaff-topsail **7** (*aer.*) sweep: — *negativa*, sweepforward; — *positiva*, sweepback; *ala a* —, sweep wing **8** (*fig.*) (*frecciata*) cutting remark, gibe, taunt // — *del parto*, (*fig.*) Parthian shot.

frecciata *s.f.* **1** (arrow-)shot **2** (*osservazione pungente*) cutting remark, dig, gibe, taunt: *gli hanno lanciato una serie di frecciate*, they made a number of cutting remarks about him.

frecciatina *s.f.* dig, cutting remark: *non lo sopporto, trova sempre l'occasione per lanciarmi qualche* —, I can't stand him, he's always having a dig at me; *le sue continue frecciatine sul mio modo di guidare mi hanno infastidito*, his continual digs about my driving annoyed me.

freddamente *avv.* **1** coldly: *accogliere qlcu.* —, to receive (*o* to welcome) s.o. coldly **2** (*con calma*) calmly; (*a sangue freddo*) coolly, with sangfroid: *i terroristi hanno sparato — contro la folla*, the terrorists cold-bloodedly fired into the crowd; *ha affrontato la situazione molto* —, he faced the situation with great calm (*o* very calmly).

freddare *v.tr.* **1** to cool; to chill: — *il brodo*, to cool the broth (*o* the soup) **2** (*fig.*) to cool, to damp, to dampen: *nulla poteva — il suo entusiasmo*, nothing could dampen his enthusiasm // *non lasciar — una cosa*, to do sthg. at once; *non lasciar — l'occasione*, to strike while the iron is hot (*o* to seize a good opportunity) **3** (*ammazzare*) to kill: *lo freddò con una revolverata*, with his revolver he shot him dead // *le sue battute mi freddarono all'istante*, (*fig.*) his cracks (*o* quips) silenced me on the spot.

□ **freddarsi** *v.intr.pron.* to become* cold; to cool down (*anche fig.*): *vieni a mangiare prima che si freddi*, come and eat before it gets cold; *il suo fervore si è freddato*, (*fig.*) his ardour (*o* enthusiasm) has cooled // *non lasciare che la cosa si freddi*, strike while the iron is hot.

freddezza *s.f.* **1** coldness; chillness; coolness; (*indifferenza*) indifference; coldheartedness; detachment; (*mancanza di cordialità*) lack of warmth: *ricevere qlcu. con* —, to receive s.o. coldly (*o* to give s.o. a lukewarm reception); *fu accolto con* —, he received a cold reception (*o* welcome); *ci salutammo con molta* —, we greeted each other coldly **2** (*calma*) calmness; cool-headedness, sangfroid, level-headedness: *la — del pilota ha evitato l'incidente*, the pilot's sangfroid prevented the accident // *con* —, calmly (*o* with coolness).

freddiccio *agg.* coldish, rather cold.

freddo *agg.* **1** cold; (*piuttosto freddo*) chilly, chill; (*fresco*) cool: *bibita fredda*, cold drink; *stagione fredda*, cold season; *il latte non è abbastanza* —, the milk is not cool enough; *ho le mani e i piedi freddi*, my hands and feet are cold; *non mi piace il bagno nell'acqua fredda*, I don't like having a cold bath; *è stato un anno particolarmente* —, it has been a particularly cold year; *spirava un vento* —, there was a cold wind blowing // *animale a sangue* —, cold -blooded animal // *agire a sangue* —, to act in cold blood; *agire con gran sangue* —, to act with great self-possession; *serbare il proprio sangue* —, to keep cool (*o* to keep a cool head) // *piatto* —, cold dish // *cena fredda*, cold supper // *mani fredde, cuore caldo*, cold hands, warm heart // *guerra fredda*, cold war // *sudore* —, perspiration (*o fam.* sweat), (*per spavento*) cold sweat: *farsi venire il sudore — per qlco.*, to be in a (cold) sweat about sthg. **2** (*fig.*) cold, cool, lukewarm; (*scostante*) chilly; (*indifferente, impassibile, senza calore o entusiasmo*) cold, frigid, reserved, indifferent: — *disprezzo*, cold disdain; — *saluto*, cool (*o* cold) greeting; *accoglienza fredda*, cold (*o* cool) reception; *stile* —, frigid style; *fredda eloquenza*, cold eloquence; *toni, colori freddi*, cold shades, colours; *i suoi modi erano freddi*, his manner was cool; *è un uomo dai modi freddi*, he is a cold man (*o* he is a cold-mannered person); *mostrarsi — con qlcu.*, to be cold (*o* cool) towards s.o.; *è diventato molto — nei miei confronti*, he has become very cool towards me **3** (*fig.*) (*calmo*) cool, calm, collected, level-headed: *è un — calcolatore*, he is coldly calculating // *a mente fredda*, dispassionately (*o* coolly): *prima di parlargli, dovresti aspettare e ragionare a mente fredda*, you'd better wait and reflect calmly before speaking to him.

freddo *s.m.* **1** cold, coldness, chilliness: — *secco, pungente*, dry, biting cold; *periodo, ondata di* —, cold spell (*o* snap); *i grandi freddi*, the winter cold; *i primi freddi*, the first cold weather of the season; *fa terribilmente — questa sera*, it is awfully cold (*o* very chilly) this evening; *chiudi la porta che fa* —, close the door, it's cold; *ho molto — alle mani*, my hands are very cold; *non lasciare il cane fuori al* —, don't leave the dog out in the cold; *senti —?*, do you feel cold?; *sento il* —, I feel the cold; *se uscirai con questo — prenderai certamente un raffreddore*, if you go out in this cold weather you'll certainly catch a cold // *aver* —, to be (*o* to feel) cold; *diventar* —, to get (*o* to grow) cold; *soffrire il* —, to suffer from the cold; *tremare di* —, to shiver (*o* shake) with cold // *fa un — cane*, (*fam.*) it is bitterly cold // *questo non mi fa né caldo né* —, that leaves me cold // *morire di* —, to freeze to death (*o* to die of cold) (*anche fig.*): *muoio di* —, I am freezing to death (*o* I am dying of cold); *se stai fuori ancora un po' morirai di* —, if you stay out any longer you'll catch your death (of cold) // *a* —: *mi ha insultato così, a* —, he insulted me just like that, without reason; *colpire a* —, to shoot s.o. in cold blood; (*cuc.*) *questo dolce si prepara a* —, this sweet doesn't need cooking; *mettere su a* —, to cook without pre-heating **2** (*spavento, paura*) fright; (*fam.*) creeps (*pl.*): *mi vien — quando ci penso*, it gives me the willies when I think of it; *questo racconto mi fa venir* —, this tale gives me the creeps; *sudo — al solo pensiero*, just thinking about it brings me out in a cold sweat.

freddolina *s.f.* (*bot. pop.*) → **colchico**.

freddoloso *agg.* sensitive to cold: *sono un tipo* —, I feel the cold very much; *sei —, vuoi una coperta?*, I know you feel the cold; would you like a rug?

freddura *s.f.* **1** (*gioco di parole*) pun; (*spiritosaggine*) witticism, joke: *dire freddure*, to make puns **2** (*ant.*) (*freddo*) biting cold, sharp cold.

freddurista *s.m.* e *f.* punster.

fregagione *s.f.* massage; (*con panno, asciugamano ecc.*) rubbing down, rub down.

fregamento *s.m.* rubbing.

fregare *v.tr.* **1** to rub; (*per pulizia ecc.*) to scrub, to scour: — *due cose l'una contro l'altra*, to rub two things together; — *il pavimento*, to scrub (*o* to polish) the floor; — *le pentole*, to scrub the pans // *fregarsi gli occhi*, to rub one's eyes // — *le mani*, to rub one's hands **2** (*non com.*) (*cassare*) to crossout **3** (*fam.*) (*rubare*) to pinch, to nick; (*imbrogliare*) to cheat, to have, to take* for a ride: *mi hanno fregato la bicicletta*, they've pinched (*o* nicked) my bicycle; *stai attento a non farti — in quel negozio*, be careful, don't let them take you for a ride in that shop // *è partito di scatto fregando l'avversario*, he got a good start and nipped in front of his rival // *mi hanno fregato all'esame di guida*, they flunked me on my driving test.

□ **fregarsi** *v.intr.pron.* (*fam.*): *me ne frego!*, I don't give a damn (*o* I couldn't care less); *se ne frega di tutto e di tutti*, he doesn't give a damn about anything or anyone; *e a te, cosa te ne frega?*, what business is it of yours? (*o* it's none of your business, is it?).

fregata[1] *s.f.* **1** rub(bing); (*per pulizia*) scrub(bing), scouring, polishing **2** → **fregatura**.

fregata[2] *s.f.* (*mar.*) frigate: *capitano di* —, commander.

fregata[3] *s.f.* (*zool.*) frigate bird.

fregatura *s.f.* (*fam.*) (*imbroglio*) rip-off, swindle: *che —!*, what a swindle!; *il nuovo film di Turpin è proprio una* —, Turpin's new film is a real rip-off; *mi sono presa una — con il nuovo televisore*, my new TV was a real swindle (*o* rip-off).

fregiare *v.tr.* **1** to decorate: — *un mobile*, to adorn a piece of furniture with ornamental carving **2** (*ornare*) to adorn, to ornament, to embellish, to deck **3** (*decorare*) to decorate: *il suo petto era fregiato di medaglie*, his chest was decorated with medals.

□ **fregiarsi** *v.rifl.* to adorn oneself (with sthg.): — *di un titolo*, to be titled.

fregio *s.m.* **1** (*arch.*) frieze **2** (*ornamento*) ornament, embellishment, decoration: *un libro con un — d'oro*, a book ornamented with gold **3** (*aut.*) moulding: — *sottoporta*, body side sill moulding.

fregnaccia *s.f.* (*region. volg.*) crap [U]; nonsense [U]; rubbish [U]: *non ascoltarlo, sono le solite fregnacce*, don't listen to him, it's the usual load of crap; *perché spendi tutti i tuoi soldi in fregnacce?*, why do you spend all your money on rubbish?

fregnone *s.m.* (*region. volg.*) (*sciocco*) twerp, twirp, idiot.

frego *s.m.* **1** stroke, line; (*sgorbio*) scrawl, scribble; (*sul muro*) mark; scratch: *con un — di penna*, with a stroke of the pen; *tirare un — su qlco.*, to cross sthg. out; *tirare un — su una parola*, to score (*o* put) a line through a word **2** (*fam.*) *un — di*, loads of; *ha un — di amici, soldi*, he has loads of friends, money.

fregola *s.f.* **1** (*di animali*) rut, heat: *essere in* —, to rut (*o* to be in heat) **2** (*smania*) urge, itch: *ora gli è venuta la — di dipingere*, he has got an urge (*o* itch) to paint now; *ha la — di viaggiare*, he's got wanderlust (*o* he has been bitten by the travel bug).

fregolismo *s.m.* changing one's colours, sailing with the wind.

fregolo *s.m.* (*zool.*) (*non com.*) roe.

freisa *s.m.* 'Freisa' (kind of Italian red wine).

fremente letter. **fremebondo** *agg.* quivering, trembling; (*palpitante*) throbbing: — *d'ira*, fuming (with rage); *ero — di rabbia!*, I was fuming!; *cuore* —, throbbing heart.

fremere *v.intr.* **1** to quiver (with sthg.), to tremble (with sthg.), to shudder; (*palpitare*) to throb; (*vibrare*) to thrill, to vibrate: *mi fa — quando ci penso*, it gives me the shivers to think of it; *le corde fremono*, the strings quiver; *fremeva d'ansia, d'eccitazione*, she was quivering with anxiety, excitement; — *di gioia*, to throb (*o* to thrill) with delight; — *di impazienza*, to fret (with impatience); — *d'ira*, to tremble with rage; — *d'orrore*, to shudder with horror; — *di sdegno*, to quiver with indignation; — *per il desiderio di partire*, to fret (*o* to quiver) with impatience to leave; *non risposi ai loro attacchi, ma dentro di me fremevo*, I did not reply to their criticisms but inwardly I was fuming (*o* furious) // *far — d'ira*, to fill with rage (*o* to enrage) **2** (*letter.*) (*del mare*) to roar.

fremito *s.m.* **1** quiver, thrill; (*brivido*) shudder; (*palpito*) throb, throbbing: — *di gioia, di piacere*, thrill (*o* throb) of joy, of pleasure; *con un — nella voce*, with a quiver in his voice; *il suo cuore ebbe un* —, his heart gave a throb // *un — percorse la folla*, a thrill ran (*o* passed) through the crowd **2** (*letter.*) (*di foglie, alberi ecc.*) rustle, rustling; (*del mare*) roar **3** (*med.*) fremitus*.

frenabile *agg.* controllable, restrainable (*anche fig.*).

frenaggio *s.m.* **1** → frenatura **2** (*aer.*) *cavo di* —, flying cable.

frenalgia *s.f.* **1** (*med.*) phrenalgia **2** (*antiq.*) (*psic.*) psychalgia.

frenamento *s.m.* (*fis. nucleare*): (*radiazione di*) —, bremsstrahlung.

frenare *v.tr.* **1** to brake, to apply the brake(s) to (sthg.): — *una ruota*, to brake (*o* to apply the brake to) a wheel; — *l'auto, la bicicletta*, to brake the car, the bicycle; — *la corsa*, to slow down **2** (*fig.*) to restrain, to check, to repress, to curb: — *le lacrime*, to restrain (*o* fight back) one's tears; — *la produzione*, to curb (*o* to restrain *o* to slow down) production; — *la propria ira, la lingua*, to control (*o* to curb) one's anger, tongue; — *l'inflazione*, to curb inflation; — *la spirale dei prezzi e dei salari*, to hold down the price-wage spiral ◆ *v.intr.* to put* on the brakes, to brake: *l'automobilista frenò improvvisamente*, the driver suddenly braked (*o* jammed on the brakes); *devi — al prossimo incrocio*, you'll have to brake at the next crossroads; *l'auto non frena bene*, my car doesn't brake.

□ **frenarsi** *v.rifl.* to restrain oneself, to check oneself, to stop oneself: *rideva e non riusciva a* —, he couldn't stop himself from laughing; *stavo per dargli una rispostaccia ma poi sono riuscito a frenarmi*, I was going to answer him back but I managed to restrain (*o* check) myself.

frenastenia *s.f.* (*psic.*) mental deficiency, oligophrenia.

frenastenico *agg.* (*psic.*) mentally deficient, oligophrenic ◆ *agg.* e *s.m.* mentally deficient person, oligophrenic.

frenasterzo *s.m.* (*mecc.*) steering damper.

frenata *s.f.* braking; application of brakes: *fare una* —, to brake; *fare una — brusca*, to slam (*o* to jam) on the brakes; *che — brusca!, si vedono ancora i segni sull'asfalto*, some sharp braking! you can still see the tyre marks on the asphalt // *spazio di* —, (*di veicolo*) braking distance, (*di aeroplano su portaerei*) pull-out distance.

frenato *agg.* braked: *veicolo* —, braked vehicle // (*aer.*) *pallone* —, captive balloon.

frenatore *s.m.* (*ferr.*) brakesman*; (*amer.*) brakeman*.

frenatura *s.f.* (*di veicolo*) braking; (*di dado*) locking: (*ferr.*) — *a ricupero*, regenerative braking // (*elettr.*): — *elettrica*, dynamic braking; — *elettrica in controcorrente*, electric plugging.

frenella *s.f.* (*morso*) bit.

frenello *s.m.* **1** (*anat.*) fraenum* **2** (*mar.*) — *del timone*, rudder rope.

frenesia *s.f.* **1** (*delirio*) phrenitis; (*furore, follia*) frenzy **2** (*fig.*) (*desiderio sfrenato*) immoderate desire: *la — del guadagno*, the urge (*o* desire) to make money; *gli è venuta la — della moto*, he's got a craze for motorbikes; *non farti prendere dalla — di fare troppe cose*, don't give in to the impulse to do too many things.

freneticamente *avv.* **1** frenetically, phrenetically, frenziedly **2** (*entusiasticamente*) frenetically, enthusiastically: *il pubblico applaudiva* —, the audience applauded with great enthusiasm.

frenetico *agg.* **1** frenetic, phrenetic, frenzied; frantic; (*delirante*) raving, delirious: *sforzi frenetici*, frenzied (*o* frantic) efforts; *è pazzo* —, he is raving mad; *urla frenetiche*, frantic cries **2** (*entusiastico*) enthusiastic: *applausi frenetici*, enthusiastic applause (*o* loud cheers); *è — per lo sci*, he's crazy about skiing **3** (*fig.*) (*sfrenato*) frenetic, convulsed: *il ritmo — della vita moderna*, the frenetic rhythm of modern life; *un ballo* —, a frenetic (*o* frenzied) dance.

freniatra *s.m.* e *f.* (*non com.*) (*psichiatra*) psychiatrist.

freniatria *s.f.* (*non com.*) psychiatry.

frenico *agg.* (*anat.*) phrenic.

freno *s.m.* **1** (*mecc., aut., ferr.*) brake: — *ad aria compressa*, air-brake; — *a depressione*, vacuum (*o* depression *o* suction) brake; — *a disco*, disk brake; — *al cerchio*, (*di bicicletta*) rim-brake; — *a mano*, hand brake; — *a nastro*, band (*o* ribbon) brake; — *a pedale*, foot (*o* service) brake; — *di sicurezza*, emergency brake; — *idraulico*, hydraulic brake; *prova dei freni*, braking test; *bloccare i freni*, to jam the brakes; *dare un colpo di* —, to jam (*o* slam) on the brake; *stringere i freni*, (*di bicicletta*) to squeeze the brakes; *togliere il* —, to release the brake; *usare, tirare il* —, to apply the brake **2** (*morso del cavallo*) bit // *mordere il* —, (*fig.*) to fret under restraint (*o* to chafe at the bit) **3** (*fig.*) restraint, deterrent, check; (*autocontrollo*) self-control: *non ha alcun* —, he has no self-control; *si spera che questo provvedimento servirà da* —, we hope this measure will act as a deterrent (*o* have a restraining effect); *la corruzione in questa città non conosce più* —, the corruption in this town is uncontrolled; *porre un — a qlco.*, to put a stop to (*o* to check *o* to restrain *o* to curb *o* to put a check on) sthg.; *mettere un — alle spese*, to curtail (*o* to restrain *o* to curb) expenses; *mettere un — all'inflazione*, to put a check on (*o* to restrain *o* to curb) inflation; *politica di — all'aumento dei salari*, policy of wage restraint // *senza* —, without restraint: *avidità, ambizione senza* —, uncurbed (*o* unbridled) greed, ambition // *allentare il* —, to ease up // *stringere il* —, to clamp down // *tenere a — qlcu.*, to keep s.o. in check; *tenere a — la lingua*, to mind (*o* to guard) one's tongue; *devo tenere a — la mia golosità*, I have to keep my greediness under control **4** (*psic.*) *freni inibitori*, inhibitory brakes.

frenologia *s.f.* phrenology.

frenologico *agg.* phrenologic(al).

frenologo *s.m.* phrenologist.

frenospasmo *s.m.* (*med.*) phrenospasm.

frenotomia *s.f.* (*med.*) frenotomy.

frenulo *s.m.* (*anat.*) fraenum*.

freon® *s.m.* (*chim.*) freon®.

frequentabile *agg.* frequentable: *è un bar ancora* —, you can still go to that bar.

frequentare *v.tr.* **1** to frequent; (*scuola ecc.*) to attend; (*alberghi, ristoranti, negozi*) to patronize: *un bar frequentato da ladri e simili*, a pub frequented by thieves and the like; *frequentato dall'alta società*, patronized by society; *frequenta spesso la nostra casa*, he comes to our house (*o* he calls on us) very often (*o* he pays frequent visits to us); — *teatri, circoli*, to frequent theatres, clubs // — *i classici*, (*fig.*) to enjoy reading the classics **2** (*persone*) to frequent, to mix with (s.o.), to go* round with (s.o.), to associate with (s.o.): *non frequentarlo, è un tipo losco!*, don't go round with (*o* see too much of) him, he is a suspicious character!; — *cattive compagnie*, to go round with (*o* to frequent) bad company **3** (*eccl.*) — *i sacramenti*, to frequent the Sacraments.

□ **frequentarsi** *v.rifl.rec.* to see* one another (each other): *abbiamo deciso di non frequentarci più*, we have decided not to see each other any more.

frequentativo *agg.* (*gramm.*) frequentative.

frequentato *agg.* frequented; (*di scuola ecc.*) attended; (*di albergo, ristorante ecc.*) (well) patronized, classy; posh: *un albergo molto* —, a very well patronized hotel; *un locale ben* —, a classy place; *non andare in quella zona di notte, è mal frequentata*, don't go to that area at night because it's full of shady characters.

frequentatore *s.m.* **frequentatrice** *s.f.* frequenter, attender; (*cliente assiduo*) regular customer, patron, habitué (*m.*), habituée (*f.*); (*visitatore assiduo*) frequent visitor, frequent caller: — *di cinema*, cinemagoer; — *di teatri*, theatregoer (*o* playgoer); *essere un* (*assiduo*) — *della casa di qlcu.*, to be a frequent guest at s.o.'s house.

frequentazione *s.f.* (*non com.*) frequenting; attending.

frequente *agg.* frequent: *le sue assenze sono frequenti*, he is often (*o* frequently) absent; *si tratta di casi ormai frequenti*, these cases have become frequent; *i suoi frequenti cambiamenti di umore mi irritano*, his frequent changes of mood annoy me; *in questa città i bar non sono molto frequenti*, there aren't many bars in this town // *polso* —, quick (*o* rapid *o* frequent) pulse // *di* —, frequently (*o* often): *lo vedo di* —, I often see him (*o* I see him often); *è ormai una situazione che si ripete di* —, it is a frequently recurring situation.

frequentemente *avv.* frequently, often: *sono fatti che si ripetono* —, they are frequently recurring events; *è stato — interrotto*, he was frequently interrupted.

frequenza *s.f.* **1** frequency; (*gran numero*) great number: *la — di tali incidenti*, the frequency of such accidents; *la — delle sue assenze ha insospettito tutti*, the frequency of his absences made everyone suspicious // *con* —, frequently (*o* often); *non lo vedo più con troppa* —, I don't see him so often any more; *con quale —?*, how often? // (*med.*) — *del battito cardiaco, del polso*, heart, pulse rate **2** (*affluenza*) concourse; (*assiduità*) attendance: *certificato di* —, (*a scuola*) certificate of attendance **3** (*fis.*) frequency: *banda, distribuzione di* —, frequency band, distribution; *alta, bassa* —, high, low frequency; — *estremamente alta*, extremely high frequency (*abbr.* EHF); — *ultraelevata*, ultra high frequency (*abbr.* UHF); — *altissima*, very high frequency (*abbr.* VHF); — *bassissima*, very low frequency (*abbr.* VLF); — *estremamente bassa*, extra low frequency (*abbr.* ELF); — *di risonanza, naturale*, resonance, natural frequency // (*rad.*) — *di sintonia, intermedia, modulata*, tuning, intermediate, modulated frequency // (*elettr.*): — *di lavoro, di rete*, operating, power frequency; *moltiplicatore, variatore di* —, frequency multiplier, changer // (*mar., aer.*) — *di beccheggio*, pitching frequency // (*stat.*) *funzione di* —, frequency function.

frequenziometro *s.m.* **1** (*elettr.*) frequency meter: — *registratore*, recording frequency meter **2** (*rad.*) wavemeter, ondometer.

fresa *s.f.* (*mecc.*) (milling) cutter: — *ad angolo*, angle (*o* angular) cutter; — *concava, convessa*, concave, convex cutter; — *per scanalature*, slot (milling) cutter; — *per svasature*, countersink (cutter).

fresare *v.tr.* (*mecc.*) to mill.

fresatore *s.m.* milling machine operator.

fresatrice *s.f.* (*mecc.*) milling machine, miller: — *a comando elettronico*, electronically -controlled milling machine; — *automatica*, self-acting milling machine; — *per ingranaggi*, gear cutting machine; — *universale*, universal miller.

fresatura *s.f.* (*mecc.*) milling: — *angolare*, angular milling; — *a profilo*, profiling; — *multipla*, gang milling.

frescante *s.m.* e *f.* (*pitt.*) fresco painter.

freschezza *s.f.* **1** freshness (*anche fig.*): *la — dei fiori, della sua carnagione*, the freshness of flowers, of her complexion; *la — del pesce*, the freshness of the fish; *la — della gioventù*, the freshness of youth; — *di idee*, freshness of ideas **2** (*temperatura fresca*) coolness: *la — della sera*, the coolness of evening (*o* the cool of the evening); *la — dell'aria*, the coolness of the air.

freschista → **frescante**.

fresco[1] *agg.* **1** fresh: *carnagione fresca*, fresh complexion; *carne fresca*, fresh meat; *fieno* —, new-mown hay; *fiori freschi*, fresh cut flowers; *formaggi freschi*, fresh cheese; *frutta fresca*, fresh fruit; *pane* —, fresh (*o* freshly baked) bread; *uova fresche*, fresh (*o* new-laid) eggs // — *come una rosa*, as fresh as a daisy // *se credi di imbrogliarmi, stai —!*, if you think you can cheat me, you are in for a surprise!; *se non vai, stai —!*, if you don't go, you'll be for it! **2** (*di temperatura*) cool, fresh: *questa è la* *stanza più fresca*, this is the coolest room; *acqua fresca*, cool water; *aria fresca*, fresh air; *venticello* —, cool breeze; *l'aria si è fatta fresca*, the air has grown cool **3** (*umido*) fresh; wet: *inchiostro ancora* —, ink still wet; *vernice fresca*, wet paint **4** (*nuovo, recente*) fresh, recent, new: *avvenimento di fresca data*, recent event; *un ragazzo — di scuola*, a boy fresh from school; *ricordi freschi*, fresh memories; *un libro — di stampa*, a recently published book // *sposi freschi*, a newlywed couple (*o* newlyweds) // *di* —, freshly: *ministro nominato di* —, a newly appointed minister; *rasato di* —, fresh -shaven **5** (*riposato*) fresh: *mente fresca*, fresh mind; *viso* —, fresh face; *truppe fresche*, fresh troops ◆ *s.m.* **1** (*di temperatura*) cool, coolness; (*luogo fresco*) cool place: *comincia a far* —, it's beginning to get cool; *prendere il — sul balcone*, to take the air (*o* to enjoy the cool of the evening) on a balcony; *tenere qlco. in* —, to keep sthg. cool (*o* in a cool place); *metti il vino in* —, put the wine in a cool place // *col* —, when it's cool; *cerchiamo di partire col* —, let's try to leave when it's cool // *dormire al* —, to sleep in the open // *stare al* —, (*in prigione*) to be in (the) clink (*o amer.* to be in the cooler) **2** (*tessuto*) — (*di lana*), light wool.

fresco[2] *s.m.* (*pitt.*) fresco*: *un dipinto a* —, a fresco painting; *dipingere a* —, to paint in fresco (*o* to fresco).

frescolino *agg.* chilly, rather cool: *inizia a far* —, it's beginning to be chilly.

frescone → **fregnone**.

frescura *s.f.* coolness, chilliness: *la — delle sere d'autunno*, the chilliness of autumn evenings; *nella — della sera*, in the cool of the evening.

fresia *s.f.* (*bot.*) freesia.

fretta *s.f.* haste; (*eccessiva e disordinata*) hurry: *avere — di fare qlco.*, to be in a hurry to do sthg.; *avere troppa — di guadagnare denaro*, to be in a great hurry to make money; *avere — di partire*, to be in a hurry to leave; *fai pure con comodo, non c'è* —, take your time, there's no hurry; *nella — di uscire ho dimenticato gli occhiali*, in my haste (*o* hurry) to go out, I forgot my glasses; *mettere, far — a qlcu.*, to rush (*o* to hurry) s.o.; *fare in* —, to hurry (up); *dai, fa' in —!*, hurry up, (*fam.*) look sharp (*o* get a move on) // *in* —, in a hurry (*o* hastily *o* hurriedly): *calcolo fatto in* —, (*approssimativo*) rough calculation; *ho ricevuto un biglietto scritto in* —, I have received a hurriedly written note; *preparativi fatti in* —, hurried preparations; *fare la prima colazione in* —, to have a hurried breakfast // *in tutta* —, with all possible speed: *ritornare indietro in tutta* —, to hasten (*o* hurry) back; *salire, scendere in tutta* —, to hasten up, down // *in — e furia*, in a great hurry (*o* rush *o* very hastily); *dovemmo abbandonare la casa in — e furia*, we had to leave the house in an awful hurry.

frettolosamente *avv.* hastily; hurriedly: *se ne andò* —, he hurried off (*o* away); *l'ho cercato — e non l'ho trovato*, I had a quick (*o* hurried) look for it and I didn't find it; *fare le cose* —, to rush matters.

frettoloso *agg.* hurried; (*fatto in fretta*) hasty, rushed: *domande e risposte frettolose*, hurried questions and answers; *preparativi frettolosi*, hasty (*o* hurried) preparations; *mi ha rivolto un saluto* —, he greeted me hurriedly; *un lavoro* —, a rushed job.

freudiano *agg.* Freudian.

freudismo *s.m.* Freudianism.

friabile *agg.* friable, crumbly: *questa torta è molto* —, this cake is very crumbly; *roccia* —, rag (*o* friable rock).

friabilità *s.f.* friability, friableness.

fricandò *s.m.* (*cuc.*) fricandeau*, larded veal stew.

fricassea *s.f.* (*cuc.*) fricassee.

fricativo *agg.* (*fon.*) fricative.

fricchettone *agg.* e *s.m.* (*fam.*) freak.

fridericiano → **federiciano**.

friganea *s.f.* (*zool.*) caperer.

friggere *v.tr.* (*far friggere*) to fry: — *il pesce, le patate*, to fry fish, potatoes; *padella per* —, frying pan; *uova fritte*, fried eggs // *mandare qlcu. a farsi* —, (*fam.*) to send s.o. to the devil ◆ *v.intr.* **1** to fry: *questo pesce frigge bene*, this fish fries well **2** (*sfrigolare*) to frizzle, to sizzle; (*come ferro rovente immerso nell'acqua*) to hiss: *il lardo frigge nella padella*, the bacon is sizzling in the pan **3** (*fig.*) to fume, to seethe: — *d'impazienza, di rabbia*, to seethe with impatience, with rage; *sono qui che friggo e lui non viene*, I am standing here fuming and there's no sign of him yet.

friggitora *s.f.* **friggitore** *s.m.* **1** (*chi frigge*) frier, fryer **2** (*chi vende cose fritte*) seller of fried food.

friggitoria *s.f.* fried food shop, fish and chips (shop).

friggitrice *s.f.* (*macchina per friggere*) fryer.

frigidaire → **frigorifero**.

frigidario *s.m.* (*archeol.*) frigidarium (*pl.* -ria).

frigidezza, frigidità *s.f.* **1** (*letter.*) (*freddezza*) iciness, coldness **2** (*fig.*) (*apatia*) listlessness, apathy **3** (*med.*) frigidness, frigidity.

frigido *agg.* **1** (*letter.*) (*freddo*) cold **2** (*fig.*) (*privo di calore*) frigid, cold; listless: *una persona frigida*, a frigid person **3** (*med.*) frigid; undersexed.

frigio *agg.* e *s.m.* Phrygian: *berretto* —, Phrygian cap; (*mus.*) *modo* —, Phrygian mode.

frignare *v.intr.* to whimper, to whine, to moan; (*fam.*) to crab: *cos'hai da —?*, (*fam.*) what are you moaning about?

frignona *s.f.* **frignone** *s.m.* whimperer, whiner, moaner; (*fam.*) crabby person.

frigo → **frigorifero**.

frigobar *s.m.* fridge-bar.

frigoconservazione *s.f.* deep-freezing.

frigoria *s.f.* (*unità di misura della refrigerazione*) frigorie.

frigorifero *agg.* refrigerant, refrigerating, freezing: (*ferr.*) *carro* —, refrigerator car (*o* freezer); *cella frigorifera*, refrigerator (*o* freezer); *macchina frigorifera*, refrigerating machine (*o* engine); *magazzino* —, cold store; *miscela frigorifera*, freezing mixture; *nave frigorifera*, freezership ◆ *s.m.* refrigerator; (*fam.*) fridge: — *domestico*, home refrigerator // *mettere qlco. in* —, to put sthg. in the fridge; to put sthg. in deep freeze (*anche fig.*).

frigorigeno *agg.* refrigerating: *macchina frigorigena*, refrigerating machine // *fluido* —, refrigerant.

frigorista *s.m.* refrigerator technician.

frigoterapia → **crioterapia**.

frimaio *s.m.* (*st. fr.*) Frimaire.

fringe benefit *s.m.* (*econ.*) (*indennità accessoria*) fringe benefit.

fringuello *s.m.* (*zool.*) finch // — *comune*, (*Fringilla coelebs*) chaffinch // — *alpino*, (*Montifringilla nivalis*) snow bird.

frinire *v.intr.* to creak, to reel, to chirp.

frisare *v.tr.* (*sfiorare*) to brush against; to touch lightly // — *la palla*, (*al biliardo*) to kiss the ball.

frisata[1] *s.f.* (*biliardo*) kiss, light touch.

frisata[2] *s.f.* (*mar.*) rail.

frisbee® *s.m.* frisbee: *giocare a* —, to play frisbee.

friso *s.m.* (*biliardo*) kiss, light touch: *colpire una palla di* —, to kiss a ball.

frisone *agg.* e *s.m.* Frisian: *razze frisoni*, Frisian breeds; *vacca frisona*, (Holstein-)Friesian cow; *cavallo* —, (Holstein-)Friesian horse.

fritillaria *s.f.* (*bot.*) (*Fritillaria imperialis*) fritillary, (*pop.*) snake's-head.

fritta *s.f.* (*ceramica*) frit.

frittata *s.f.* omelet(te): *una — di sei uova*, a six-egg omelette; *una — di zucchine*, a courgette omelette; *fare una* —, to make an omelette; (*fig.*) to make a mess // *rivoltare la* —, to turn an omelette; (*fig.*) to twist an argument // *ormai la — è fatta*, (*fig.*) now the damage is done.

frittella *s.f.* **1** (*cuc.*) pancake; (*di frutta e pastella*) fritter; (*amer.*) doughnut; (*di riso, carne ecc.*) croquette **2** (*fam.*) (*macchia d'unto*) grease stain, grease spot.

frittellona *s.f.* **frittellone** *s.m.* (*fam.*) messy person.

fritto *agg.* fried: *pesce* —, fried fish // *cose fritte e rifritte*, (*fig.*) stale joke (*o* stale news *o fam.* hash) // *essere* —, (*fig.*) to be done for: *sono —!*, (*fam.*) I'm done for! // *aria fritta*, (*fig.*) hot air (*o* waffle *o* blather) ◆ *s.m.* **1** fry, fried food: — *di carne*, fried meat (*o* fry); — *di pesce*, fried fish; — *misto*, mixed fry **2** (*sapore*) overfried taste, greasy taste: *questo pesce sa troppo di* —, this fish tastes overfried.

frittura *s.f.* **1** (*il friggere*) frying: *la — del pesce richiede tempo*, frying fish takes some time **2** (*cibo fritto*) fry, fried food.

friulano *agg.* of Friuli, from Friuli, Friulan ◆ *s.m.* **1** (*abitante*) Friulan; inhabitant of Friuli; native of Friuli **2** (*lingua*) Friulan.

frivoleggiare *v.intr.* **1** to act frivolously, to trifle **2** (*parlare in modo frivolo*) to talk frivolously, to trifle.

frivolezza *s.f.* **1** (*l'essere frivolo*) frivolity, frivolousness **2** (*cosa frivola*) trifle: *perdersi in frivolezze*, to fritter one's time away.

frivolo *agg.* **1** frivolous: *persona* —, frivolous person **2** (*di poco conto*) frivolous, trifling.

frizionale *agg.* (*fis., econ.*) frictional: *disoccupazione* —, frictional unemployment.

frizionare *v.tr.* to massage, to rub.

frizione *s.f.* **1** rub, rubbing; (*massaggio*) massage; (*med.*) friction: *una — con alcol*, an alcohol rub (*o* a rub with alcohol) **2** (*mecc., aut.*) (friction) clutch: — *a secco*, dry clutch; — *idraulica*, hydraulic clutch; — *monodisco*, single-plate clutch; *disco della* —, clutch disk (*o* clutch plate); *pedale della* —, clutch pedal; *distaccare la* —, to disengage the clutch (*o* to declutch); *innestare la* —, to engage the clutch **3** (*fis.*) (*attrito*) friction **4** (*fig.*) (*contrasto*) friction, disagreement, conflict.

frizzante *agg.* **1** (*di aria*) crisp, bracing **2** (*di bevanda effervescente*) sparkling, fizzy: *acqua* —, sparkling (mineral) water **3** (*mordace*) sharp, biting, pungent, cutting: *osservazione* —, cutting (*o* biting) remark.

frizzare *v.intr.* **1** (*pungere, solleticare*) to tingle, to smart **2** (*di bevanda effervescente*) to sparkle **3** (*di ferro rovente messo in acqua*) to hiss, to sizzle **4** (*fig.*) (*essere caustico, pungente*) to be cutting, to be pungent, to be sharp, to be biting.

frizzo *s.m.* (*arguzia mordace*) witticism, jest, joke, quip; (*motto di scherno*) gibe, jeer: *lanciare frizzi contro qlcu.*, to jeer (*o* to gibe) at s.o.

frocio *s.m.* e *agg.* (*volg. region.*) queer, pouf, poove, faggot, homo.

frodare *v.tr.* to defraud, to cheat, to swindle, to deceive: *i contrabbandieri frodano lo Stato*, smugglers defraud the State; — *l'erario*, to defraud the revenue; — *la dogana*, to cheat the customs.

frodatore *s.m.* **frodatrice** *s.f.* **1** defrauder, cheat, swindler **2** (*chi fa contrabbando*) smuggler.

frode *s.f.* fraud, trick, cheating, deception, swindle: *una — odiosa*, a hateful fraud (*o* a nasty trick); *ottenere con la* —, to obtain (*o* to get) by fraud; — *alimentare*, food adulteration; — *fiscale*, tax fraud; (*dir. amer.*) — *postale*, mail fraud.

frodo *s.m.* **1** smuggling: *cacciatore di* —, poacher; *merce di* —, smuggled (*o* contraband) goods; *cacciare di* —, to poach: *introdurre sigarette di* —, to smuggle cigarettes (into a country) **2** (*letter.*) deception.

froebeliano *agg.* Froebelian.

frogia *s.f.* nostril (of horse).

frollamento *s.m.* → **frollatura**.

frollare *v.tr.* to hang*: *frolla bene questa selvaggina!*, hang this game until it is high! ◆ *v.intr.* → frollarsi.

□ **frollarsi** *v.intr.pron.* (*diventare frollo*) to become* tender; (*specialmente di selvaggina*) to become* high.

frollatura *s.f.* hanging.

frollino *s.m.* shortbread.

frollo *agg.* **1** (*di carne*) tender; (*spec. di selvaggina*) high **2** *pasta frolla*, short pastry // *uomo di pasta frolla*, (*fig.*) spineless man, weak man, milksop // *avere le mani di pasta frolla*, (*fig.*) to be a butterfingers (*o* to be butterfingered) **3** (*fig.*) (*debole*) flaccid, apathetic.

frombola *s.f.* (*fionda*) sling.

fromboliere *s.m.* **1** slinger, slingman* **2** (*calcio*) powerful shot, striker, long kicker.

fromento → **frumento**.

fronda[1] *s.f.* **1** leafy branch; (*di felce, di palma*) frond **2** *pl.* (*insieme di foglie e rami*) fronds, foliage ⓤ, leafage ⓤ // *una prosa piena di fronde*, (*fig.*) ornate (*o* over-embellished) prose.

fronda[2] *s.f.* **1** (*st. francese*) Fronde **2** (*estens.*) current of rebellion: *spira vento di* —, rebellion is brewing; — *parlamentare*, parliamentary opposition.

frondeggiante *agg.* leafy, frondescent.

frondeggiare *v.intr.* (*letter.*) to bear* leaves, to put* forth leaves, to leaf; to be leafy, to be full of leaves.

frondista *s.m.* e *f.* **1** (*st.*) frondeur **2** (*estens.*) member of the opposition, political opposer.

frondosità *s.f.* (*letter.*) **1** leafiness **2** (*di stile*) overornamentation, luxuriance; (*spreg.*) turgidness.

frondoso *agg.* **1** leafy, leaved, frondose **2** (*di stile*) luxuriant, ornate; (*spreg.*) turgid.

front *inter.* (*mil.*) turn: *fronte a destr! —!*, right... turn!; *dietro —!*, about-turn, (*spec. amer.*) about-face.

frontale *agg.* frontal; head-on: *scontro* — (*tra due veicoli*), head-on collision; (*mil.*) *attacco* —, frontal attack; (*anat.*) *osso* —, frontal bone; (*chim.*) *analisi* —, frontal analysis; (*geol.*) *morena* —, end (*o* terminal) moraine ◆ *s.m.* **1** (*arch.*) frontal **2** (*di caminetto*) mantelpiece, mantelshelf **3** (*di briglia*) frontlet.

frontaliero *s.m.* border-worker.

frontalino *s.m.* (*di scalino*) riser.

fronte *s.f.* **1** forehead; (*poet.*) brow; (*di animale*) frontlet: — *alta*, high forehead; — *ampia, larga, spaziosa*, broad forehead; — *sfuggente*, receding forehead; *corrugare la* —, to knit one's brow (*o* to wrinkle one's forehead) // — *a* —, face to face // *a — alta*, proudly; (*senza timore*) fearlessly // *glielo si leggeva in* —, you could see it in his face (*o* it was written all over his face) // *avere qlco. scolpito in* —, (*fig.*) to have sthg. written all over one's face // *guadagnare il pane col sudore della* —, to earn one's living by the sweat of one's brow **2** (*di libro*) title page **3** (*arch.*) front, frontage, façade: *fotografia presa di* —, front view (*o* photograph taken from the front) // *di* —, opposite: *abita qui di* —, he lives just opposite; *la casa di — è la mia*, the house opposite is mine; *il libro è lì, ce l'hai di —!*, the book is there, right in front of you! // *di — a*, (*posizione*) opposite, in front of (s.o., sthg.); (*a paragone di*) in comparison with (s.o., sthg.); (*pericoli, circostanze*) in the face of: *il monumento di — alla scuola*, the monument opposite the school; *lo mettemmo di — ai testimoni*, we confronted him with witnesses; *di — a lui tutti s'intimidiscono*, everyone is cowed (*o* intimidated) by him; *di — a lui tutti scompaiono*, compared with him everyone else pales into insignificance; *questo è niente di — al pericolo che avete evitato*, this is nothing in comparison with the danger you have avoided; *fuggire di — a un pericolo*, to flee in the face of a danger // *testo a* —, parallel text: *traduzione con testo a* —, translation with parallel text // (*comm.*) *a — di*, against (*o* in connection with): *pagamento a — di documenti*, payment against documents ◆ *s.m.* **1** (*mil.*) front: — *d'attacco*, front of attack; — *di battaglia*, battle front; *su tutti i fronti*, on all fronts; *andare al* —, to go to the front; *essere mandato al* —, to be sent to the front // *rovesciamento di* —, counterattack (*anche fig.*) // *cambiamento di* —, shift (of position), change (*anche fig.*) // — *a destra!*, right turn!; — *a sinistra!*, left turn! // *far — a*, to face (sthg.), to face up to (sthg.), to confront: *far — a un pericolo*, to face a danger (*o* to be faced with a danger); *far — a una situazione difficile*, to face up to a difficult situation (*o fam.* to face the music); *far — alle spese*, to meet expenses; *far — a un impegno, a una richiesta*, to meet (*o* to fulfil) a commitment, a demand **2** (*pol.*) front, union: — *popolare*, popular front **3** (*scient.*) front: (*meteor.*) — *d'aria calda, fredda*, warm, cold front; (*geol.*) — *del ghiacciaio*, glacier front // (*fis.*): — *d'onda*, phase front; — *d'urto*, shock front // (*miner.*) — *di avanzamento*, face.

fronteggiare *v.tr.* **1** (*opporsi a*) to face up (to s.o., sthg.), to meet*, to confront, to cope with (s.o., sthg.); to withstand*: — *un pericolo*, to face (*o* to confront) danger; — *una situazione difficile*, to face a difficult situation; (*fam.*) to face the music; — *la situazione economica*, to face up to the economic situation **2** (*stare di fronte a*) to face, to front: *la casa fronteggiava il mare*, the house faced the sea.

□ **fronteggiarsi** *v.rifl.rec.* to face each other: *le due squadre si fronteggiarono con accanimento*, the two teams met in a hard match (*o* played tenaciously).

frontespizio *s.m.* **1** (*arch.*) frontispiece, pediment **2** (*di libro*) title page, frontispiece.

frontiera *s.f.* **1** frontier, border: *linea di* —, borderline; *abitanti di* —, frontiersmen (*o* border dwellers); *stazione di* —, frontier station; *passare la* —, to cross the frontier; (*dir.*) *perquisizione alla* —, border search // *incidente di* —, border incident **2** (*fig.*) borderline, dividing line: *la — tra il lecito e l'illecito*, the borderline between legality and illegality.

frontismo *s.m.* (*pol.*) tendency to form a front.

frontista *s.m.* e *f.* **1** (*dir.*) frontager **2** (*pol.*) supporter of a political front ◆ *agg.* (*pol.*) front, coalition (*attr.*): *movimento* —, coalition movement.

frontogenesi *s.f.* (*meteor.*) frontogenesis.

frontone *s.m.* **1** (*arch.*) pediment, fronton; (*di porta, finestra*) gable **2** (*di caminetto*) fireback **3** (*testata di libro*) top edge.

fronzolo *s.m.* **1** frill, frippery, finery, trinket: *senza fronzoli*, (*semplice*) plain (*o* straightforward) **2** (*di stile, di oratoria*) frills (*pl.*), decoration, embellishment, ornament.

fronzuto *agg.* (*letter.*) leafy, leaved, tufty.

frosone *s.m.* (*zool.*) (*Coccothraustes coccothraustes*) grosbeak.

frotta *s.f.* **1** (*di persone*) crowd, throng, flock, troop, swarm; (*schiera*) band: *una — di scolari*, a troop (*o* group) of schoolboys // *a frotte*, in flocks: *la gente usciva a frotte dallo stadio*, people swarmed out of the stadium; *la gente entrava a frotte nello stadio*, people flocked into the stadium **2** (*di animali*) flock; (*di pesci*) shoal; (*di insetti*) swarm: *una — di capre*, a flock of goats.

frottage *s.m.* (*fr.*) (*disegno*) frottage.

frottola *s.f.* (*bugia*) fib, lie; (*favola, cosa inventata*) idle story, humbug: *sono tutte frottole!*, it's all nonsense (*o* humbug)!; *raccontar frottole*, to tell fibs (*o* lies).

fru-fru *inter.* frou-frou ◆ *s.m.* **1** (*non com.*) (*fruscio, scalpiccio*) rustling, rustle; (*estens.*) (*confusione*) bustle **2** (*ornamento*) frou-frou, ruffles (*pl.*), frills (*pl.*): *un abito pieno di* —, a frilly dress.

frugacchiare *v.tr.* (*non com.*) to rummage: *di sicuro, quando esco, frugacchia qua e là nei miei cassetti*, there's no doubt that when I go out she rummages (*o* pokes around) in my drawers.

frugale *agg.* frugal, thrifty, sparing: *pasto* —, frugal meal; *uomo* —, thrifty man; *vita* —, frugal (*o* simple) life.

frugalità *s.f.* frugality, thrift, thriftiness, parsimony, parsimoniousness, sparingness.

frugalmente *avv.* frugally, thriftily, sparingly.

frugare *v.tr.* e *intr.* to search (sthg.), to search in (sthg.), to rummage (sthg.), to rummage in (sthg.); (*minuziosamente*) to ransack (sthg.); (*col muso*) to nose, to root, to nuzzle: — *nelle proprie tasche, nelle tasche di qlcu.*, to search (*o* to go through) one's, s.o.'s pockets; *ordinò di — tutti i passeggeri*, he ordered all the passengers to be searched; *frugherò finché lo troverò*, I'll ferret it out; *frugò nel suo cassetto*, he rummaged in his drawer; — (*in*) *una stanza*, to ransack a room; — *in tutti gli angoli*, to search high and low (*o* in every nook and cranny); *invece di — qua e là cercalo con metodo*, why don't you look properly instead of rummaging about?; *il cane frugava col muso tra i rifiuti*, the dog was nosing around in the rubbish.

frugata *s.f.* search, look: *ho dato una — ai cassetti, ma non c'era*, I had a look in the drawers, but it wasn't there.

frugifero *agg.* (*letter.*) frugiferous; (*fertile*) fertile.

frugivoro *agg.* (*zool.*) frugivorous.

frugolare *v.intr.* **1** (*frugare*) to rummage **2** (*grufolare*) to grub, to root.

frugolo *s.m.* lively (little) child; little child // *ha un bel frugoletto*, she has a nice little child.

fruibile *agg.* enjoyable, usable: *un servizio — direttamente dall'utente*, direct access user service.

fruibilità *s.f.* right to use sthg., availability: *la — di un servizio mensa*, the right to use (*o* the availability) of canteen facilities.

fruire *v.intr.* to enjoy (sthg.), to benefit (from sthg.): — *di un vantaggio*, to enjoy an advantage; — *di una rendita*, to enjoy an income ◆ *v.tr.* **1** (*non com.*) (*godere*) to enjoy, to have, to use: — *la pensione di guerra*, to have a war pension **2** (*recepire*) to come* into contact with (sthg.), to make* good use of (sthg.).

fruitore *s.m.* **1** (*di un servizio*) user; (*di un bene*) consumer; (*destinatario*) beneficiary **2** (*chi recepisce*) (*un testo letterario, un'opera d'arte*) audience; public: *un'opera d'arte destinata ai fruitori più colti*, a work of art designed for the most cultured of audiences.

fruizione *s.f.* **1** enjoyment, fruition: *la — della rendita spetta al figlio*, the son has the right to enjoy the income **2** (*ricezione*) enjoyment.

frullana *s.f.* scythe.

frullare *v.tr.* to whip; to beat*, to whisk: — *la panna*, to whip cream; — *le uova*, to beat (*o* to whisk) eggs ◆ *v.intr.* **1** (*di ali*) to whir(r), to flap, to flutter: *i piccioni frullavano sulle nostre teste*, the pigeons whirred (*o* fluttered) about our heads **2** (*girare rapidamente*) to whirl, to spin*: *far — una trottola*, to spin a top // *cosa ti frulla per la testa?*, (*fig.*) what's running through your mind? (*o* going through your head?) // *secondo come gli frulla*, (*fig.*) as the mood takes him.

frullato *agg.* whipped, beaten: *uova frullate*, beaten eggs ◆ *s.m.* **1** shake: — *di frutta*, fruit shake; — *al latte*, milk shake; — *di banana*, banana shake **2** (*mus.*) tremolo.

frullatore *s.m.* blender, liquidizer.

frullino *s.m.* **1** (*cuc.*) (egg) whisk, beater: — *elettrico*, blender **2** (*zool.*) (*Lymnocryptes minimus*) jack snipe.

frullio *s.m.* whirring, flapping, fluttering.

frullo *s.m.* (*di ali*) whir(r), flap, flutter: *un — d'ala*, a beat of the wing // *sparare a —*, to shoot on the rise.

frumentaceo *agg.* frumentaceous; cereal (*attr.*).

frumentario *agg.* (*non com.*) frumentarious; cereal, grain, wheat (*attr.*): *mercato —*, grain market.

frumento *s.m.* wheat, corn: *farina di —*, wheat meal; *una manciata di —*, a handful of wheat // — *rosso*, duckbill.

frumentone *s.m.* (*bot.*) (*Polygonum fagopyrum*) buckwheat, brank.

frusciare *v.intr.* to rustle: *il vento fece — le foglie*, the wind made the leaves rustle.

fruscio *s.m.* **1** rustle, rustling, swish: *il — delle vesti*, the rustle (*o* swish) of a dress **2** (*rad.*) ground noise **3** (*di nastro magnetico*) (tape) hiss; (*disco*) hiss, crackle.

frusinate *agg.* of Frosinone, from Frosinone (*pred.*) ◆ *s.m.* e *f.* inhabitant of Frosinone; native of Frosinone.

frusone → **frosone**.

frusta *s.f.* **1** whip; (*staffile*) lash: *fu condannato a dieci colpi di —*, he was sentenced to ten strokes of the lash; *schioccare la —*, to crack the whip // *mettere alla —*, (*fig.*) to whip s.o. along // *colpo di —*, (*fig.*) whiplash // *usare la —*, (*fig.*) to use the rod **2** (*arnese di cucina*) whisk; (*per le uova*) egg beater.

frustare *v.tr.* **1** to whip; (*staffilare*) to lash, to flog; (*flagellare*) to scourge: — *un cavallo*, to whip a horse; — *qlcu. a sangue*, to flog s.o. until he bleeds; *la pioggia frustava i vetri*, the rain was lashing (against) the window-panes **2** (*fig.*) to lash, to flog, to scourge: *la sua nuova commedia è stata violentemente frustata dalla critica*, his new play was torn to shreds by the critics.

frustata *s.f.* **1** lash, stroke: *gli diedero cento frustate*, he was given one hundred lashes **2** (*fig.*) (*stimolo violento*) burst: *una — di energia*, a burst of energy **3** (*fig.*) (*critica severa*) blow, barb.

frustatura *s.f.* whipping; (*staffilatura*) lashing, flogging.

frustino *s.m.* (riding) crop, riding whip.

frusto *agg.* **1** worn-out, threadbare, shabby; (*a brandelli*) tattered: *un abito —*, a shabby dress **2** (*estens.*) (*spossato*) worn-out: *un organismo — non è in grado di affrontare simili prove*, a worn-out body is incapable of facing such trials **3** (*fig.*) (*risaputo*) old, stale, worn-out, threadbare: *argomentazioni fruste*, threadbare arguments; *una storiella frusta*, a stale joke.

frustolo *s.m.* (*briciola*) crumb; (*piccola parte*) scrap, tiny bit; (*cosa poco importante*) trifle.

frustrante *agg.* frustrating; disappointing: *un lavoro —*, a frustrating job.

frustrare *v.tr.* to frustrate (*anche psic.*), to thwart; (*deludere*) to disappoint, to deceive: — *le speranze di qlcu.*, to frustrate (*o* to disappoint) s.o.'s hopes; — *i progetti di qlcu.*, to thwart s.o.'s plans.

frustrato *agg.* frustrated, thwarted: *speranze frustrate*, frustrated hopes; *desideri frustrati*, thwarted desires ◆ *s.m.* (*psic.*) frustrated.

frustrazione *s.f.* frustration (*anche psic.*): *un lavoro che genera —*, a frustrating job.

frustulo *s.m.* (*bot.*) frustule.

frutice *s.m.* (*bot.*) frutex*.

fruticoso *agg.* (*bot.*) fruticose.

frutta *s.f.* (*sing. con valore coll.*) fruit: — *fresca*, fresh fruit; — *secca*, dried fruit, (*noci, nocciole ecc.*) nuts; — *acerba*, green fruit; — *matura*, ripe fruit; — *di stagione*, fruit in season; — *cotta*, stewed fruit (*o* compote); *marmellata di —*, (fruit) jam; *macedonia di —*, fruit salad; — *sciroppata*, fruit in syrup; — *candita*, candied fruit; *succo di —*, fruit juice; *cestello di —*, bowl of fruit; *coltello da —*, fruit knife; *servire la —*, to serve the fruit; *essere alla —*, to be at the fruit course; *mangi molta —?*, do you eat much fruit?; *raccogliere —*, (*dalla pianta*) to pick fruit, (*caduta a terra*) to gather fruit // *commerciante di —*, fruiterer // *arrivare alla —*, (*fig.*) to arrive right at the end.

fruttaiuolo → **fruttivendolo**.

fruttare *v.tr.* **1** to yield: *un pozzo che frutta molto petrolio*, a well that yields a lot of oil **2** (*dare come utile*) to make*, to pay*; to fetch; (*interesse*) to bear*, to yield: *quell'affare gli ha fruttato milioni*, that deal made him (*o* brought him in) millions; — *un interesse del 7%*, to bear (*o* draw) an interest of 7%; *il suo investimento gli ha fruttato il 10%*, his investment made him (*o* yielded) 10%; *quel quadro ti frutterà una bella somma se lo metti all'asta*, that picture would fetch (*o* make you) a lot of money in an auction; — *un utile*, to yield a profit **3** (*procurare*) to win*, to earn: *il suo coraggio gli ha fruttato la nostra ammirazione*, his courage won our admiration ◆ *v.intr.* **1** (*dare frutti*) to fruit, to bear* fruit, to yield fruit **2** (*dare profitti*) to bear* fruit; to pay*: *il suo lavoro comincia a —*, his work is beginning to bear fruit; *un commercio che frutta bene*, a line of business that pays well // *far —*, to invest: *far — il capitale*, to invest capital.

fruttato[1] *s.m.* **1** (*agr.*) (*raccolto*) yield, harvest **2** (*econ.*) yield, revenue: — *annuo*, yearly revenue.

fruttato[2] *agg.* (*enologia*) fruity: *un vino —*, a fruity wine.

fruttescenza → **infruttescenza**.

frutteto *s.m.* orchard.

frutticolo *agg.* fruit (*attr.*): *mercato —*, fruit market.

frutticoltore, **frutticultore** *s.m.* fruit-grower, fruit farmer.

frutticoltura, **frutticultura** *s.f.* fruit-growing, fruit farming.

fruttidoro *s.m.* (*st. francese*) Fructidor.

fruttiera *s.f.* fruit dish, fruit bowl.

fruttifero *agg.* **1** fructiferous, fruit-bearing; (*fertile*) fertile, fruitful: *albero —*, fruit-bearing tree; *un terreno —*, a fertile piece of land // (*bot.*) *corpo —*, fruiting body **2** (*econ.*) interest-bearing: *buoni fruttiferi*, interest-bearing bonds (*o* cash bonds); *deposito non —*, non-interest-bearing deposit **3** (*redditizio*) profitable, remunerative: *un accordo —*, a profitable agreement.

fruttificare *v.intr.* to fructify, to bear* fruit (*anche fig.*), to yield fruit (*anche fig.*): *un albero che non fruttifica*, a tree that doesn't bear any fruit; *il buon esempio fruttifica sempre*, good examples always bear fruit.

fruttificazione *s.f.* fructification.

fruttifico → **fruttifero**.

fruttino *s.m.* 1 (*porzione di marmellata confezionata*) pre-packed portion of jam 2 (*gelatina, caramella di frutta*) fruit jelly.

fruttivendola *s.f.* fruiteress; greengrocer; (*ambulante*) costermonger.

fruttivendolo *s.m.* fruiterer; greengrocer; (*ambulante*) costermonger.

frutto *s.m.* 1 fruit: — *acerbo, maturo*, unripe, ripe fruit; — *secco, essiccato*, dry (*o* dried) fruit; — *carnoso*, fleshy fruit; — *selvatico*, wild fruit; — *caduco*, windfall // *i frutti della terra*, the fruits of the earth // *il — proibito*, (*fig.*) forbidden fruit // *cogliere il — quando è maturo*, to wait till the moment is ripe // (*dir.*): *frutti pendenti*, standing fruits (*o* standing crop *o* away going crop); *frutti naturali*, natural fruits; *frutti naturali del suolo*, growing crops; *frutti civili*, civil (*o* artificial) fruits 2 *frutti di mare*, shellfish, mussels, (*amer.*) seafood 3 (*fig.*) fruit; (*risultato*) result; outcome; (*ricompensa*) reward: *i frutti di un anno di lavoro*, the fruits (*o* the results) of a year's work; *i frutti della pace*, the fruits of peace; *i frutti dell'amore*, the fruits of love; *i frutti di un'educazione sbagliata*, the outcome of a wrong upbringing; *è — della tua fantasia*, it's a result of your imagination // *vivere del — del proprio lavoro*, to live on the fruits of one's work; *raccogliere il — delle proprie fatiche*, to see the results of one's efforts; *raccogliere il — dei propri sacrifici*, to reap the rewards of one's sacrifices // *non dar —*, (*fig.*) to bear (*o* yield) no fruit // *mettere a — la propria esperienza*, to put one's experience to good use // *senza —*, (*inutile*) fruitless (*o* useless), (*inutilmente*) fruitlessly (*o* uselessly *o* unprofitably) 4 (*econ.*) (*rendita*) interest, revenue, yield, return: — *del capitale*, return on capital; *un investimento che dà buon —*, a profitable investment; *mettere a — un capitale*, to put capital to interest (*o* to invest capital); *porre, mettere a — una somma*, to put a sum of money (out) to interest; *prendere, prestare denaro a —*, to borrow, to lend money at interest; (*Borsa*) *queste azioni mi danno un — del 9%*, these shares yield 9% interest.

fruttosio *s.m.* (*chim.*) fructose; (*fam.*) fruit sugar.

fruttuoso *agg.* 1 fruitful, fertile 2 (*fig.*) (*che rende molto*) profitable; lucrative: *commercio —*, profitable business; *un investimento —*, a profitable investment 3 (*fig.*) (*vantaggioso*) fruitful, advantageous, profitable; (*utile*) useful: *ricerche fruttuose*, useful (*o* profitable *o* fruitful) research.

ftalato *s.m.* (*chim.*) phthalate.

ftaleina *s.f.* (*chim.*) phthalein.

ftalico *agg.* (*chim.*) phthalic: *acido —*, phthalic acid.

ftalocianina *s.f.* (*chim.*) phthalocyanine.

ftalonitrile *s.m.* (*chim.*) phthalonitrile.

fu *agg.* (*defunto*) late: *il — signor Smith*, the late Mr Smith.

fuchsite → **fucsite**.

fucilare *v.tr.* to shoot*: *i disertori furono fucilati*, the deserters were shot.

fucilata *s.f.* 1 shot, gunshot, rifle shot: *sparare una —*, to fire a shot; *udire una —*, to hear a (gun)shot 2 (*sport*) hard shot.

fucilazione *s.f.* shooting, execution (by shooting): — *in massa*, mass shooting; *condannare qlcu. alla —*, to sentence s.o. to be shot.

fucile *s.m.* rifle, gun: — *ad aria compressa*, air rifle; — *a doppia canna*, double-barrelled gun; — *a retrocarica*, breech-loader; — *automatico*, automatic rifle; — *da caccia*, shotgun; — *mitragliatore*, submachine gun // *calcio del —*, butt (*o* stock); *canna del —*, gun barrel; *colpo, sparo di —*, (gun)shot; *caricare un —*, to load a gun (*o* a rifle); *puntare il —*, to aim one's rifle; *imbracciare il —*, to shoulder one's rifle; *essere a tiro di —*, to be within gunshot // *è un ottimo —*, (*spara bene*) he is an excellent shot.

fucileria *s.f.* 1 (*scarica di molti fucili*) fusillade 2 (*complesso di fucili*) musketry 3 (*insieme di persone armate di fucile*) riflemen (*pl.*), musketry.

fuciliera *s.f.* rifle rack; gun rack.

fuciliere *s.m.* (*mil.*) rifleman*; fusilier.

fucina *s.f.* 1 forge, smithy; (*di grande stabilimento*) forge shop 2 (*fig.*) mine, source; (*spreg.*) hotbed: *una — di tradimenti*, a hotbed of disloyalty // *quella accademia è sempre stata una — di artisti*, that school has always been a breeding ground for artists.

fucinare *v.tr.* 1 (*metall.*) to forge: — *alla pressa*, to press-forge; — *a stampo*, to drop-forge 2 (*fig.*) (*formare*) to form, to shape.

fucinato *agg.* (*metall.*) forged: *ferro —*, forged iron; *pezzo —*, forging ◆ *s.m.* (*metall.*) forging.

fucinatore *s.m.* forger.

fucinatrice *s.f.* (*metall.*) forging machine, forger.

fucinatura *s.f.* (*metall.*) forging: — *a freddo*, cold forging; — *alla pressa*, press forging; — *a stampo*, drop forging.

fuco[1] *s.m.* (*maschio dell'ape*) drone.

fuco[2] *s.m.* (*bot.*) fucus*, kelp, tang.

fucsia *s.f.* (*bot.*) fuchsia ◆ *s.m.* (*colore*) fuchsia ◆ *agg.* fuchsia (-coloured): *una maglia —*, a fuchsia jersey.

fucsina *s.f.* (*chim.*) fuchsine.

fucsite *s.f.* (*min.*) fuchsite.

fuegino, fuegiano *agg.* e *s.m.* Fuegian.

fuetto *s.m.* 1 (*frustino*) riding crop 2 (*mar.*) hemp rope.

fuga *s.f.* 1 flight; escape; getaway: *la — in Egitto*, the flight into Egypt; *cercare scampo nella —*, to seek safety in flight; *darsi alla —*, to take flight; *mettere il nemico in —*, to put the enemy to flight // *di —*, (*in gran fretta*) in a hurry // (*mat.*) *punto di —*, accidental point // (*fis.*) *velocità di —*, escape velocity 2 (*di innamorati*) elopement 3 (*fuoriuscita*) escape, leak: — *d'acqua*, leakage of water; — *di gas*, escape of gas // — *di notizie*, leak // — *di cervelli*, brain drain // (*fin.*) — *di capitali*, flight of capital 4 (*successione*) flight; suite, series: *una — di scalini*, a flight of stairs; *una — di stanze*, a suite of rooms; *una — di archi*, a series of arches 5 (*mus.*) fugue 6 (*sport*) sprint, spurt: *andare in —*, to pull (*o* to sprint) ahead, to make a break.

fugace *agg.* 1 fleeting, transient; short -lived: *gioia —*, short-lived joy; *sguardo —*, fleeting glance (*o* glimpse); *la bellezza è —*, beauty is short-lived 2 (*bot.*) fugacious.

fugacemente *avv.* fleetingly, transiently.

fugacità *s.f.* 1 transiency, fleetingness: *la — delle illusioni*, the fleetingness of illusions 2 (*chim., fis.*) fugacity.

fugare *v.tr.* 1 (*letter.*) to put* to flight; (*mettere in rotta*) to rout, to put* to rout 2 (*scacciare*) to drive* out, to drive* away; to dispel; (*disperdere*) to disperse: — *i tristi pensieri*, to dispel (*o* to drive out) sad thoughts; — *ogni dubbio*, to dispel all doubt(s); *il vento fugò le nubi*, the wind dispersed (*o* scattered) the clouds.

fugato *agg.* (*mus.*) fugal, fugato: *stile —*, fugal style ◆ *s.m.* (*mus.*) fugal composition, fugato.

fuggente *agg.* fleeting, fugitive, fleeing: *cogliere l'attimo —*, (*fig.*) to seize a fleeting moment.

fuggevole *agg.* fleeting; flying; short-lived; ephemeral, transient: *uno sguardo —*, a fleeting glance.

fuggevolezza *s.f.* fugacity; fleetness, transiency.

fuggevolmente *avv.* fleetly, fleetingly.

fuggiasco *agg.* fugitive, runaway, fleeing; in flight (*pred.*): *l'esercito —*, fleeing (*o* fugitive) army // *andar —*, to be on the run ◆ *s.m.* fugitive, runaway: *il — raggiunse la frontiera*, the fugitive reached the frontier.

fuggifuggi *s.m.* stampede, rush, scramble, flight: *un — generale*, a general stampede.

fuggire *v.intr.* 1 to fly* (*spec. all'inf., p.pr., indic. pres.*), to flee* (*non usato nell'indic. pres.*); to run* away; to escape: — *di corsa*, to run away; *il ladro fuggì davanti al cane infuriato*, the thief ran away (*o* fled) from the angry dog; *dovettero — dalla loro patria*, they had to flee from their country; *fuggì col suo amante*, she eloped with her lover; *fuggì appena in tempo*, he escaped (*o* got away) just in time; *i nemici fuggirono disordinatamente*, the enemy fled in disorder; *il tempo fugge*, time flies // — *dalla prigione*, to escape from (*o* to break out of) prison; — *di casa*, to run away from home // *scusate, ma devo proprio —*, sorry, but I've really got to fly (*o* to shoot off) // *alla scappa e fuggi*, at top speed (*o* pell-mell *o* in a tearing hurry) // (*mar.*) — *il vento*, to flee before the wind 2 (*rifuggire*) to avoid (sthg., doing), to shun (sthg., s.o.): — *dalle cattive compagnie*, to avoid (*o* to shun) bad company 3 (*sport*) to make* a break ◆ *v.tr.* (*evitare*) to avoid, to shun; (*sottrarsi a*) to shirk: — *qlcu. come la peste*, to shun s.o. like the plague; — *un pericolo*, to flee (from) a danger.

fuggitivo *agg.* fugitive (*attr.*): runaway (*attr.*); (*fig.*) fleeting, transient ◆ *s.m.* fugitive, runaway.

fulcrato *agg.* (*biol.*) fulcrate.

fulcro *s.m.* (*fis.*) fulcrum* (*anche fig.*): — *della bilancia*, scale fulcrum; *il — della questione*, (*fig.*) the hub (*o* the crux) of the matter.

fulgente *agg.* (*letter.*) shining, bright, brilliant, refulgent, glittering.

fulgere *v.intr.* (*letter.*) to shine*, to glitter.

fulgidamente *avv.* brightly, resplendently, brilliantly.

fulgido *agg.* shining, bright, refulgent; dazzling: *gemma fulgida*, dazzling gem; *stella fulgida*, shining (*o* sparkling) star // *un — ricordo*, a glowing memory.

fulgora *s.f.* (*zool.*) lantern fly.

fulgore *s.m.* brightness; splendour, radiance (*anche fig.*): *una civiltà nel momento di massimo* —, a civilisation at the height of its splendour.

fulgurite *s.f.* (*geol.*) fulgurite.

fuliggine *s.f.* **1** soot: *nero come la* —, as black as soot **2** (*malattia del grano*) blight, rust.

fuligginoso *agg.* sooty, grimy; blackened.

full *s.m.* (*poker*) full hand, full house: *fare un* —, to get a full house (*o* full hand).

full time *s.m.* full-time work, full-time employment: *scegliere il* —, to choose full-time work // *un lavoro* —, a full-time job; *collaboratore* —, full-time collaborator // *lavorare* —, to work full-time.

fulmaro *s.m.* (*zool.*) (*Fulmarus glacialis*) fulmar.

fulmicotone *s.m.* guncotton, nitrocotton.

fulminante *agg.* fulminant, fulminating; (*di sguardo*) withering: *polmonite* —, fulminating pneumonia ♦ *s.m.* (*capsula di cartuccia*) primer, (percussion) cap.

fulminare *v.tr.* **1** to strike* with lightning // — *qlcu. con lo sguardo, con un'occhiata*, to give s.o. a withering glance (*o* to annihilate s.o. with a glance): *lo fulminò con un'occhiata*, he gave him a withering glance (*o* he crushed him with a glare); *rimasi fulminato dalle sue parole*, I was dumbfounded at his words (*o* I was struck dumb by his words) **2** (*uccidere sul colpo*) to strike* (s.o.) dead: *un colpo di fucile lo fulminò*, he was shot dead; *fu fulminato da una scarica elettrica*, he was electrocuted; *un colpo apoplettico lo fulminò*, he was struck down by apoplexy; *che Dio mi fulmini se non è vero*, may God strike me dead if I'm not telling the truth ♦ *v.intr.impers.* to lighten: *dove vai? Non vedi che tuona e fulmina?*, where are you going? Can't you see there's a thunderstorm? □ **fulminarsi** *v.intr.pron.* (*elettr.*) to burn* out: *la lampadina si è fulminata*, the bulb has burnt out ♦ *v.rifl.* to electrocute oneself.

fulminato *agg.* thunderstruck (*anche fig.*); struck by lightning; (*freddato*) shot, killed; (*di lampadina*) burnt out ♦ *s.m.* (*chim.*) fulminate.

fulminazione *s.f.* **1** fulmination (*anche fig.*) **2** (*med.*) fulguration.

fulmine *s.m.* **1** lightning; (*letter.*) thunderbolt: *colpito dal* —, struck by lightning; *veloce come un* —, as quick (*o* swift) as lightning; *un — colpì la torre*, the tower was struck by lightning; — *a catena*, chain lightning // *un — a ciel sereno*, (*fig.*) a bolt from the blue // *colpo di* —, stroke (*o* flash) of lightning, (*fig.*) love at first sight **2** (*fig.*) (*anatema, scomunica*) excommunication, anathema // *i fulmini della Chiesa*, the curse of the Church.

fulmineamente *avv.* swiftly, with lightning speed.

fulmineità *s.f.* (*non com.*) swiftness, immediacy, suddenness: *la — di una risposta*, the swiftness (*o* immediacy) of a reply.

fulmineo *agg.* **1** (*letter.*) lightning; (*di sguardo*) withering **2** (*rapido*) lightning, instantaneous, instant; (*improvviso*) sudden: *mossa fulminea*, lightning movement; *morte fulminea*, instant (*o* sudden) death.

fulminico *agg.* (*chim.*) fulminic: *acido* —, fulminic acid.

fulvo *agg.* fawn-coloured, tawny: *dai capelli fulvi*, tawny-haired; *un cane dal pelo* —, a tawny (*o* yellowy) dog.

fumacchio *s.m.* **1** (*pennacchio di fumo*) trail of smoke, plume of smoke **2** (*fumarola vulcanica*) fumarole **3** (*carbonella che brucia male*) smoky charcoal **4** (*region.*) (*suffumigio*) fumigation.

fumaggine *s.f.* (*bot.*) sooty mould.

fumai(u)olo *s.m.* **1** (*di casa*) chimneypot; (*di fabbrica*) smokestack **2** (*di locomotiva, di nave*) funnel, (*amer.*) smokestack.

fumana *s.f.* (*nebbia non fitta*) mist.

fumante *agg.* smoking, steaming; (*bollente*) piping hot: *un caffè caldo* —, a cup of steaming -hot (*o* piping hot) coffee; *minestra* —, steaming (*o* piping hot) soup.

fumare *v.tr.* to smoke: *fumava la pipa*, he was smoking his pipe; *fumi?*, do you smoke?; *mentre fumi una sigaretta...*, while you are smoking a cigarette...; *come vorrei smettere di* —, I really would like to give up (*o* to stop) smoking // *vietato* —, no smoking // — *come un turco, come una ciminiera*, to smoke like a chimney ♦ *v.intr.* (*mandare fumo*) to smoke; (*emettere vapore*) to fume; (*per ebollizione*) to steam: *si vedono — i comignoli*, you can see the chimneypots smoking; *attento a bere il caffè! Fuma ancora*, be careful when you drink the coffee! It's still very hot // — *di rabbia*, (*fig.*) to fume with rage // *mi fuma la testa*, (*fig. fam.*) I can't think straight (*o* my head is spinning *o* my head is in a whirl).

fumaria *s.f.* (*bot.*) (*Fumaria officinalis*) fumitory.

fumarico *agg.* (*chim.*) fumaric: *acido* —, fumaric acid.

fumario *agg.* smoke (*attr.*): *canna fumaria*, flue.

fumarola *s.f.* (*geol.*) fumarole.

fumata *s.f.* **1** (*ondata di fumo*) smoke, puff of smoke **2** (*segnale*) smoke signal // — *bianca, nera*, (*per l'elezione del Papa*) white, black smoke signal; *per la formazione del governo è ancora — nera!*, (*fig.*) attempts to form a government have failed again **3** (*il fumare tabacco*) smoke: *farsi una* —, to have a smoke.

fumato *agg.* (*fam.*) (*sotto l'effetto di stupefacenti*) high, spaced out.

fumatore *s.m.* **fumatrice** *s.f.* smoker: — *di pipa, di sigarette*, pipe, cigarette smoker; *cancro dei fumatori*, smokers' cancer; *scompartimento per fumatori*, smoking compartment (*o* smoker); *è un accanito* —, he is a heavy smoker.

fumé *agg.* (*fr.*) smoky grey: *occhiali* —, tinted glasses; *calze* —, smoky grey stockings.

fumea *s.f.* **1** (*fumo*) smoke **2** (*nebbia, caligine*) mist, fog.

fumeggiare *v.intr.* (*mandare fumo*) to smoke; (*esalare vapore*) to fume ♦ *v.tr.* (*pitt.*) (*ombreggiare*) to shade: — *i contorni di una figura*, to shade off a figure.

fumento → **fomento**.

fumeria *s.f.* opium den; (*estens.*) place full of smoke.

fumettista *s.m.* e *f.* **1** comic-strip artist, comic-strip writer **2** (*spreg.*) (*autore di poco valore*) hack (writer).

fumettistica *s.f.* comic strip art.

fumettistico *agg.* **1** cartoon (*attr.*), comic -strip (*attr.*) **2** (*spreg.*) (*stereotipato*) stereotyped, banal.

fumetto[1] *s.m.* **1** (*gener. pl.*) strip cartoon, comic strip; (*nei giornali*) comics (*pl.*); (*amer.*) funnies (*pl.*): *un racconto a fumetti*, a comic-strip story; *storia d'Europa a fumetti*, a cartoon history of Europe; *banditi da romanzo a fumetti*, comic-strip bandits; *fumetti di argomento poliziesco*, crime-strip cartoons **2** (*spreg.*) → fumettone.

fumetto[2] *s.m.* (*non com.*) (*liquore d'anice*) anisette.

fumettone *s.m.* (*spreg.*) soap opera: *questo film è proprio un* —, this film is like a soap opera.

fumido *agg.* (*letter.*) **1** (*fumoso*) smoky **2** (*fumante*) smoking, steaming, reeking with smoke.

fumigante *s.m.* (*chim.*) fumigant.

fumigare *v.intr.* (*emettere vapore*) to fume, to give* off fumes; (*emettere fumo*) to smoke, to give* off smoke; (*fumare per ebollizione*) to steam.

fumigatore *s.m.* fumigator.

fumigatorio *agg.* fumigating.

fumigazione *s.f.* **1** fumigation (*anche med.*) **2** (*di alimenti*) smoking.

fumista[1] *s.m.* (*operaio che ripara stufe*) stove-repairer, stove-setter.

fumista[2] *s.m.* e *f.* (*burlone*) joker; hoaxer.

fumivoro *agg.* smoke-consuming.

fumo *s.m.* **1** smoke: *esce — dal camino*, smoke is coming from the chimney; *colonna di* —, smoke column; *filo di* —, wisp of smoke; *soffitto annerito dal* —, smoky ceiling // *segnali di* —, smoke signals // *fare* —, to smoke (*o* to give off smoke) // *sapere di* —, (*come sapore*) to taste of smoke, (*come odore*) to smell of smoke // *andare in* —, to go up in smoke, (*fig.*) to come to nothing, (*di progetto*) to fall through // *mandare in* —, (*bruciare*) to burn; (*fig.*) to dash: *ha mandato in — tutte le mie speranze*, (*fig.*) it dashed all my hopes // *mandare in — un patrimonio*, (*fig.*) to run through a fortune // *venditore di* —, fraud (*o* cheat) // *tanto —, poco arrosto*, (*fig.*) it's all show and no substance // *lo vedo come il — negli occhi*, I just can't stand him // *dove c'è — c'è fuoco*, (*prov.*) there is no smoke without fire **2** (*il fumare tabacco*) smoking: *tabacco da* —, smoking tobacco; *ti disturba il —?*, do you mind my smoking?; *il — fa male alla salute*, smoking is bad for your health **3** (*vapore*) vapour, fume (*anche fig.*): *i fumi del vino*, wine fumes **4** (*di pentola, minestra*) steam.

fumogeno *agg.* smoke (*attr.*), smoke -producing: *bomba fumogena*, smoke bomb; *candelotto* —, smoke candle; *cortina fumogena*, smokescreen.

fumoir *s.m.* (*fr.*) smoking room; (*di teatro*) foyer.

fumosità *s.f.* **1** smokiness **2** (*fig.*) obscurity, vagueness: *la — di un ragionamento*, the vagueness of an argument.

fumoso *agg.* **1** smoky; (*che fa fumo*) smoking: *legna fumosa*, smoking wood; *una cucina fumosa*, a smoky kitchen **2** (*fig.*) (*contorto*) tortuous, obscure; (*vago*) vague: *stile* —, obscure style **3** (*fig.*) (*borioso*) vain, conceited **4** (*di vino*) strong.

funaio *s.m.* (*chi fabbrica funi*) rope-maker; (*chi vende funi*) rope-seller.

funambola *s.f.* tightrope walker, rope-dancer, funambulist; acrobat.

funambolesco *agg.* tightrope (*attr.*); (*estens.*) acrobatic (*anche fig.*).

funambolico *agg.* acrobatic (*spec. fig.*): *doti funamboliche*, acrobatic abilities.

funambolismo *s.m.* tightrope walking, rope-dancing, funambulism; (*estens.*) acrobatism.

funambolo *s.m.* **1** tightrope walker, rope -dancer, funambulist; (*estens.*) acrobat **2** (*fig.*) tightrope walker, acrobat.

fune *s.f.* rope; (*cavo*) cable; (*in opera*) line: — *di acciaio*, steel-wire rope (*o* steel cable); — *d'ormeggio*, mooring rope (*o* mooring line); (*miner.*) — *di rinvio*, tail rope; — *di sicurezza*, safety cable; (*mecc.*) — *di trazione*, pull (*o* traction) rope (*o* hauling cable); — *intrecciata*, braided (*o* plaited) rope; — *metallica*, wire rope; — *per bucato*, washing line; (*mecc.*) — *portante*, carrying cable; — *ritorta*, twisted rope; — *traente*, running cable; (*mar.*) *anello di* —, grommet; *legare con una* —, to fasten with a rope (*o* to rope) // *tiro alla* —, tug of war.

funebre *agg.* **1** funeral (*attr.*): *accompagnamento*, *trasporto* —, funeral; *canto* —, dirge; *carro* —, hearse; *corteo* —, funeral procession; *discorso*, *orazione* —, funeral oration; *impresario di pompe funebri*, undertaker (*o amer.* mortician); (*impresa di*) *pompe*, *di onoranze funebri*, undertaker's; *marcia* —, dead (*o* funeral) march; *ufficio* —, funeral service; *veglia* —, funeral wake **2** (*cupo*, *lugubre*) funereal, gloomy, dismal, mournful, lugubrious: *passo* —, funereal pace; *voce* —, funereal (*o* lugubrious) voice; *avere un'aria* —, to look gloomy.

funerale *agg.* e *s.m.* funeral: *andare a un* —, to go to a funeral; *i funerali si terranno giovedì*..., the funeral service will be held on Thursday...; *funerali di stato*, state funeral // *avere una faccia da* —, to have a long face // *è un —!*, (*fig.*) (*di persona*) he's woebegone; (*di cosa*) it's a morgue.

funerario *agg.* funerary, funeral: *urna funeraria*, funerary urn.

funereo *agg.* funeral, funereal; (*fig.*) gloomy, dismal, mournful, sombre: *drappo* —, pall; *aveva un aspetto* —, he had a sombre look.

funestare *v.tr.* **1** (*portare lutto*) to afflict, to distress, to sadden **2** (*arrecare danni*) to ravage, to devastate: *il paese era funestato da gravi disordini*, the country was devastated by violent rioting.

funesto *agg.* **1** (*luttuoso*) deadly, fatal; (*nefasto*) baleful, evil: *un evento* —, a fatal event; *un presagio* —, an evil omen **2** (*che causa danni*) disastrous, ruinous: *guerra funesta*, disastrous war **3** (*doloroso*) woeful, sorrowful.

fungaia *s.f.* **1** mushroom bed **2** (*fig.*) (*gran numero*) swarm, flood, mushrooming.

fungere *v.intr.* **1** (*fare le veci*) to act (as): — *da direttore*, to act as director **2** (*servire*) to act, to serve: *questa camera funge da ripostiglio*, this room serves as a storeroom.

fungheto *s.m.* → **fungaia**.

funghetto *s.m.* **1** small mushroom **2** (*torta*) aniseed cake // (*cuc.*) *al* —, sautéed with garlic and parsley; *melanzane al* —, aubergines sautéed with garlic and parsley.

funghicoltore *s.m.* mushroom grower.

funghicoltura *s.f.* mushroom growing.

funghire *v.intr.* to grow* mouldy; to mildew.

fungibile *agg.* **1** (*dir.*) fungible: (*econ.*) *beni fungibili*, fungible (*o* replaceable) goods **2** (*burocrazia*) replaceable: *funzionario* —, replaceable officer.

fungibilità *s.f.* fungibility (*anche dir.*).

fungicida *s.m.* (*chim.*) fungicide ◆ *agg.* fungicidal.

fungiforme *agg.* (*bot.*, *zool.*) fungiform.

fungino *agg.* fungin; fungus (*attr.*).

fungo *s.m.* **1** (*mangereccio*) mushroom; fungus* (*anche med.*): — *prataiolo*, meadow mushroom; *funghi secchi*, *freschi*, dry, fresh mushrooms; *funghi mangerecci*, edible mushrooms; *funghi velenosi*, toadstools (*o* poisonous fungi); *andare per funghi*, to go mushrooming // *crescere come funghi*, to spring up like mushrooms // *a* —, mushroom (*attr.*); fungiform // — *atomico*, atomic mushroom cloud **2** (*mecc.*) — *della rotaia*, rail head; *valvola a* —, mushroom valve.

fungosità *s.f.* (*med.*) fungosity.

fungoso *agg.* **1** fungous, fungoid (*anche med.*) **2** (*ammuffito*) mouldy.

funicella *s.f.* cord, string.

funicolare[1] *s.f.* funicular (railway), cable railway: — *a va e vieni*, to-and-fro funicular; — *aerea*, telpherage.

funicolare[2] *agg.* **1** funicular: *ferrovia* —, funicular railway; *poligono* —, funicular polygon **2** (*anat.*, *bot.*) funicular; funic.

funicolo *s.m.* **1** (*anat.*, *bot.*) funiculus* **2** (*biol.*) funicle **3** (*filo*) strand.

funivia *s.f.* cableway, ropeway: *carrello di* —, cable car.

funiviario *agg.* cableway (*attr.*): *sistema* —, cableway system.

funtore *s.m.* (*mat.*) functor.

funzionale *agg.* **1** functional: *architettura* —, functional architecture // (*med.*) *malattia* —, functional disease // (*mat.*) *analisi* —, functional analysis **2** (*che ha funzionalità*) practical, useful: *questo tavolo è molto bello ma poco* —, this table is very pretty, but not very practical ◆ *s.m.* (*mat.*) functional: — *lineare*, linear functional.

funzionalismo *s.m.* functionalism.

funzionalità *s.f.* functionality (*anche med.*): *mi interessa la — di un appartamento più della posizione*, I'm more interested in the practical aspects of a flat, than in its position.

funzionamento *s.m.* **1** working, operation, functioning, running: *mi puoi spiegare il — di questa macchina?*, can you show me how this machine works?; *il — dell'impianto è davvero complicato*, the operation of the plant is a very complicated business; *difetto di* —, faulty operation; *il cattivo — di un servizio pubblico*, the bad functioning of a public service // *il tecnico mi mostrò il — della nuova lavatrice*, the technician demonstrated the new washing machine to me **2** (*inform.*) operation: — *in locale*, off-line operation; — *in parallelo*, dual operation; — *sequenziale*, sequential operation.

funzionante *agg.* **1** (*di macchina*) working; in (working) order, functioning; (*operativo*) operative: *non* —, (*rotto*) out of order; (*non in funzione*) not working; *il nuovo impianto è già* —, the new plant is already operative; *il nuovo servizio postale non è ancora* —, the new postal service isn't in operation yet **2** (*facente funzione*) acting.

funzionare *v.intr.* **1** to work, to run*, to operate, to function, to go*: *"Funziona l'ascensore?" "No, non funziona"*, "Is the lift working (*o* running)?" "No, it is not working (*o* it is out of order)"; *troppe cose non funzionano in questo periodo*, too many things are going wrong at the moment; *funziona oggi lo skilift?*, is the ski lift operating (*o* working) today?; *i freni non funzionano ancora bene*, the brakes are still not working properly; *il nuovo metodo comincia a* —, the new method is beginning to work // *far — qlco.*, to operate sthg. (*o* to make sthg. work): *sai come far — l'impianto di sicurezza?*, do you know how to operate the safety equipment? **2** (*non com.*) (*fungere*) to act, to function: *funziona da mio segretario*, he acts as my secretary.

funzionario *s.m.* official, functionary, officer; (*di banca*, *assicurazioni ecc.*) executive: — *statale*, (*in Gran Bretagna*) civil servant; (*altrove*) government official; — *pubblico*, functionary; *alti funzionari*, high (*o* senior) officials; — *di dogana*, customs (*o* revenue) officer.

funzione *s.f.* **1** (*compito*) function, role, task; (*di organo*) function; (*scopo*) purpose, aim: *la scuola ha una — sociale*, the school has a social function (*o* role); *l'arco ha — di sostegno*, the arch functions as a support; *le funzioni del fegato*, the functions of the liver; — *clorofilliana*, the function of chlorophyll; *la — procreativa*, the procreative function; *avere una* —, to serve a purpose // *vive solo in — del suo lavoro*, he lives only for his job **2** (*ufficio*, *carica*) function, office, position, capacity; (*mansione*) duty, assignment: *le funzioni di un sindaco*, the functions (*o* the duties) of a mayor; *cessare dalle funzioni*, to retire from office; *entrare in* —, to take up office; *avere funzioni direttive*, to have a managerial position (*o* to work in a managerial capacity); *essere nell'esercizio delle proprie funzioni*, to be in office (*o* to be on duty); *esercitare le funzioni di*, to perform the duties of (*o* to function as *o* to officiate as *o* to act as) // *il segretario facente* —, the officiating secretary // *era là in — di arbitro*, he was there acting as umpire // — *pubblica*, public office; — *amministrativa*, administrative duty; — *legislativa*, legislative function (*o* role) **3** (*funzionamento*) operation, working, functioning: *entrare in* —, to become operative; *il servizio di assistenza non è più in* —, the backup service is no longer in operation // (*mecc.*) *in* —, working **4** (*eccl.*) church ceremony; (*protestante*) divine service: *assistere alle funzioni*, to attend church services **5** (*ling.*) function: *un aggettivo con — di sostantivo*, an adjective with the function of a noun **6** (*mat.*) function: — *hamiltoniana*, Hamiltonian function **7** (*chim.*, *elettr.*) function **8** (*inform.*) function: — *di registrazione*, log function; *tasto di* —, function key.

fuochista → **fochista**.

fuoco *s.m.* **1** fire (*anche fig.*); (*fiamma*) flame: — *di legna*, wood fire; — *scoppiettante*, crackling fire; *a prova di* —, fireproof; *accendere*, *spegnere il* —, to light, to put out the fire; *appiccare*, *dare — a qlco.*, to set fire to sthg. (*o* to set sthg. on fire); *fare un* —, to make a fire; *prendere* —, to catch fire; (*fig.*) to flare up: *prende — per la minima cosa*, he flares up at the least thing; *andare a* —, to burn (*o* to go up in flames); *cuocere a — basso per due ore*, to cook on a low flame for two hours; *soffiare sul —*, to kindle the fire, (*fig.*) to fan the flames // *non scherzare col —*, don't play with fire // *prova del —*, (*fig.*) crucial test // *— fatuo*, ignis fatuus; (*fam.*) will-o'-the-wisp (*o* jack-o'-lantern) // *hai del —, per piacere?*, can I have a light, please? // *per lei andrei nel —*, (*fig.*) I'd go through fire and water for her // *far — e fiamme*, (*fig.*) to leave no stone unturned (*o* to move heaven and earth) // *farsi di —*, to blush // *sto male, ho la fronte di —*, I feel ill, my forehead is burning // *mettere a ferro e —*, to put (sthg.) to fire and sword // *mettere la mano sul —*, (*fig.*) to stake one's reputation // *mettere troppa carne al —*, (*fig.*) to have too many irons in the fire // *bollare a —*, to brand (*anche fig.*) // *verniciare a —*, to bake varnish **2** (*fig.*) (*ardore, passione*) fire, ardour, passion: *il — delle passioni*, the fire of passion; *— di gioventù*, youthful ardour; *parole di —*, passionate (*o* fiery) words; *sguardo di —*, angry glance // *un — di paglia*, a flash in the pan **3** (*incendio*) fire: *al —!, al —!*, fire!, fire!; *vigile del —*, fireman; *vigili del —*, (*il corpo*) fire -brigade **4** (*focolare*) fire; hearth; (*caminetto*) fireside: *il cantuccio del —*, the chimney corner; *stava seduta presso il —*, she was sitting by the fire **5** (*fornello*) burner, flame: *una cucina a quattro fuochi*, a cooker with four burners (*o* rings) **6** (*mil.*) fire: *— di fila*, running fire (*anche fig.*): *un — di fila di domande*, a running fire of questions; *— di fucileria*, rifle fire; *— di sbarramento*, barrage; *— incrociato*, crossfire; *scontro a —*, fire fight; *arma da —*, firearm; *battesimo del —*, baptism of fire; *aprite il —!*, open fire!; *cessate il —!*, cease fire!; *essere fra due fuochi*, to be between two fires (*anche fig.*); *fare — contro qlcu., qlco.*, to fire at s.o., at sthg.; *stare sotto il — del nemico*, to be under the enemy's fire // *— greco*, (*st.*) Greek fire **7** *fuochi d'artificio*, fireworks; *— del Bengala*, Bengal fire (*o* light) **8** *pl.* (*mar.*) (*fanali*) lights; (*delle caldaie*) fires: *attivare i fuochi*, to make all steam; *lasciar spegnere i fuochi*, to let the fires go out **9** (*med.*) *— di Sant'Antonio*, St. Anthony's fire **10** (*fis., mat., fot.*) focus*: *— fisso*, fixed focus (*abbr.* f.f.); *dispositivo di messa a —*, focusing device; *messa a —*, focalization; *mettere a —*, to focus (*o* to focalize *o* to bring into focus); *mettiamo a — il problema e cerchiamo di risolverlo*, let's put the problem into perspective (*o* let's focus the problem) and try to resolve it // *— di Sant'Elmo*, St. Elmo's fire (*o* corposant).

fuorché, **fuor che** *cong.* (*salvo che, tranne che*) except, but; other than, apart from: *farebbe di tutto — lavorare*, he'd rather do anything but (*o* except) work; *non c'era nulla che potessimo fare — aspettare*, there was nothing we could do apart from wait; *chiedimi qualsiasi cosa — di rinunciare allo sport*, ask me to do anything except give up (my) sport; *tutto potevo immaginare, — tu ammettessi di avere torto*, I'd have expected you to do anything except (*o* other than) admit you were wrong ◆ *prep.* (*eccetto, all'infuori di*) except; except for; excepting; with the exception of; but; apart from: *tutti — uno hanno superato l'esame*, all except (*o* but) one passed the exam; *si presentarono tutti — lui*, everyone turned up except (for) him; *hanno interpellato tutti — il diretto interessato*, everyone was approached except (*o* apart from) the person most concerned; *tutti i farmaci sottoelencati, — uno o due, sono fortemente tossici*, all the medicines listed below, with the exception of (*o* excepting) one or two, are highly toxic; *nessuno — me sa esattamente come andarono le cose*, except for (*o* apart from) me, nobody really knows what happened; *non conoscevo nessuno — il padrone di casa*, I didn't know anyone except (for) our host; *affiderebbe l'incarico a chiunque — a suo figlio*, he'd give anyone the job apart from (*o* except for) his son; *la mostra resterà aperta tutti i giorni — la domenica*, the exhibition will remain open every day except Sunday; *mangia di tutto — le uova*, she eats everything except eggs; *andrei dovunque — in montagna*, I'd go anywhere except the mountains; *sopporto qualsiasi cosa — la maleducazione*, I can put up with anything except rudeness; *non manca nulla — la tua firma*, nothing is missing except your signature (*o* all it needs is your signature).

fuori *avv.* **1** (*all'esterno*) outside, out; (*all'aperto*) outdoors: *fa freddo —*, it's cold outside; *ti aspettiamo (di) —*, we'll wait for you outside; *siamo rimasti — tutta la notte*, we stayed out all night; *stasera sono —*, I'm out this evening; *la casa era più bella (di) — che (di) dentro*, the house was nicer outside than inside; *andiamo — a vedere*, let's go out and see; *i signori vogliono mangiare dentro o —?*, would you like to eat outside or inside?; *mangia spesso — durante la settimana*, he often eats out during the week; *"Dov'è Marco?" "L'ho mandato — a prendere il giornale"*, "Where's Mark?" "I've sent him out to get a newspaper"; *il serbatoio era troppo pieno e la benzina uscì (di) —*, the tank was too full and petrol came running out; *prima o poi la verità verrà —*, the truth will come out sooner or later // *qui —*, out here; *lì —*, out there // *da —*, (*dall'esterno*) from outside // *venne — con un'idea geniale*, (*fig.*) he came out with a brilliant idea // *tagliar —*, to cut off (*anche fig.*): *mi sentivo tagliato —*, I felt cut off // *mandateli —!*, turn them out! // *—!*, get out! // *o dentro o —!*, either come in or stay out!; (*deciditi!*) make up your mind! // *— la verità!*, out with it! // *— le prove!*, let's see the evidence! **2** (*lontano da casa*) out of town, away; (*all'estero*) abroad: *la prossima settimana sarò — per lavoro*, next week I'll be away on business; *telefonava da — (città)*, he was phoning from out of town, (*non da casa*), he wasn't phoning from home; *sono prodotti che si vendono in Italia e —*, they are products on sale in Italy and abroad; *non li conosco, è gente di —*, I don't know them, they're strangers; *la mia casa non è in città, è un po' —*, my house isn't in town, it's a bit further out **3** (*fam.*) (*in libertà*) out: *è — da tre mesi*, he's been out for three months; *li hanno messi tutti —*, they've all been let out **4** (*fam.*) (*oltre un limite prestabilito*) out: *fatti i conti, eravamo — di 100 milioni*, when we did the accounts, we found we were out by 100 million lire; *questo mese siamo andati — parecchio con le spese*, this month we're well out with our spending **5** Si unisce a diversi verbi modificandone il significato di base (p.e. *far —*; *lasciar —*); cfr. tali verbi ◆ *s.m.* (*la parte esterna*): *il (di) — di una casa*, the outside of a house; *guardare dal di —*, to view from (the) outside; *la porta era chiusa dal di —*, the door was locked on the outside.

fuori (da, di) *prep.* **1** (*posizione, stato*) out of, outside: *è — città*, he's out of town; *— dalle mura della città*, outside the city walls; *lavoro — Milano*, I work outside Milan; *— d'Italia*, outside Italy; *— dalla chiesa un'enorme folla attendeva gli sposi*, outside the church a huge crowd was waiting for the newly-weds; *i dimostranti si erano radunati — dalla fabbrica*, the demonstrators had assembled outside the factory // *essere — casa*, to be away from home // *tenere — dalla portata dei bambini*, to keep out of the reach of children // *sono cose — dal mondo!*, it's incredible! **2** (*movimento, direzione*) out of: *non gettare oggetti — dal finestrino*, don't throw anything out of the window; *l'hanno buttato — di casa*, he was turned out of the house; *corse — dalla stanza*, she ran out of the room; (*uscite*) *— di qui!*, get out of here!; *tirò — il portafoglio dalla tasca*, he took his wallet out of his pocket // *andare — strada*, to go off the road.

◆ FRASEOLOGIA: *prodotti — commercio*, (products) not for sale // *frutti — stagione*, fruits out of season // *— discussione*, (*indiscutibile*) beyond (all) dispute; (*impossibile*) out of the question: *la sua onestà è — discussione*, his honesty is beyond dispute; *Non puoi andarci. È — discussione*, You can't go. It's out of the question // *— luogo*, out of place (*o* uncalled for): *il suo commento era — luogo*, his comment was out of place (*o* uncalled for) // *— moda*, out of fashion (*o* old-fashioned) // *— orario*, out of hours: *non si ricevono visite — orario*, no visiting out of hours // *— pericolo*, out of danger // *— porta*, outside (the) town // *— posto*, out of place: *la casa era in perfetto ordine, non c'era niente — posto*, the house was in perfect order; nothing was out of place // *— servizio*, (*di persona*) off duty; (*di cosa*) out of order (*o* out of commission): *il custode è — servizio dopo le 19*, the porter is off duty after 7 p.m.; *dovete salire a piedi, l'ascensore è — servizio*, you'll have to walk up, the lift's out of order // *— uso*, (*inservibile*) out of use; (*guasto*) out of order; (*disusato, obsoleto*) obsolete, out-of-date // (*elettr.*) *— fase*, out of phase // *è — di ogni dubbio*, it's beyond all doubt // *mi sentivo un pesce fuor d'acqua in quell'ambiente*, I felt like a fish out of water there // *essere — di sé dalla gioia*, to be beside oneself with joy // *esserne —*, (*essere estraneo*) to be out of it, (*aver superato una situazione difficile*) to come through // *uscire — dal seminato*, to go off the point // (*mus.*) *essere, andare — tempo*, to be (*o* to go) out of time.

fuoribordo *s.m.* (*mar.*) **1** (*motore*) outboard (motor) **2** (*imbarcazione*) outboard; motorboat.

fuoriborsa *s.m.* (*Borsa*) street market, coulisse: *il —*, the street market (*o* the over-the -counter-market) // *contrattazioni —*, street dealings.

fuoribusta *agg.* undeclared ◆ *s.m.* undeclared payment.

fuoricampo *agg.* e *s.m.* **1** (*cinem., tv*) out-of-frame // *voce —*, offstage voice **2** (*baseball*) hit out of the field; (*cricket*) six.

fuoricasa *agg.* (*sport*) away: *partita, incontro —*, away match, game.

fuori che → **fuorché**.

fuoriclasse *agg.* champion (*attr.*); exceptional, outstanding, of superlative quality: *un cavallo —*, a champion horse ◆ *s.m.* e *f.* champion, ace, star: *un — dell'atletica leggera*, a track star.

fuoricombattimento *s.m.* knockout: *vincere per —*, to win by a knockout // *le sue parole mi hanno messo —*, his words left me speechless (*o* finished me) // *dopo una giornata così sono* —, after a day like that I'm exhausted.

fuoricorso *agg.* **1** (*fin.*) (*di banconote*) no longer current, no longer in circulation **2** (*di studente*) who has not completed his exams (within the legally required time) ◆ *s.m.* e *f.* student who has not completed his exams (within the legally required time).

fuorigioco *s.m.* (*sport*) offside: *tecnica del* —, offside trap // *essere* —, to be offside.

fuorilegge *s.m.* e *f.* outlaw; robber, bandit ◆ *agg.* illegal, outlawed, unlawful: *un'operazione finanziaria* —, an unlawful financial transaction.

fuorimano *avv.* out of the way, off the beaten track: *abitare* —, to live off the beaten track ◆ *agg.* out-of-the-way; remote: *una casa* —, an out-of-the-way house.

fuorimisura *agg.* too big, too small, that is the wrong size; (*estens.*) excessive: *un abito* —, a dress that is too small or too big; *guanti* —, gloves that are the wrong size ◆ *avv.* excessively: *reagire* —, to overreact.

fuorimoda *agg.* outmoded, out of style: *un vestito* —, an outdated dress.

fuoripasto *avv.* between meals: *evitate di mangiare* —, avoid eating between meals.

fuoripista *s.m.* (*sci*) skiing off the slopes // *sci* —, off-the-slopes skiing.

fuoriporta *avv.* outside the city walls, on the outskirts.

fuoriprogramma *s.m.* **1** extra, addition; unscheduled programme **2** (*estens.*) (*imprevisto*) hitch ◆ *agg.* unscheduled, unexpected: *una gita* —, an unscheduled trip // *trasmettere — un cartone animato*, to broadcast an unscheduled cartoon.

fuorisacco *s.m.* (*posta*) special delivery.

fuoriscalmo *s.m.* (*sport*) scull.

fuorisede *agg.* separate, branch (*attr.*): *ufficio* —, branch office ◆ *s.m.* e *f.* student or teacher who does not reside in the town where he (*o* she) is a student or teacher.

fuoriserie *agg.* **1** custom-built, made to order **2** (*fig. fam.*) outstanding, fantastic: *una vacanza* —, a fantastic holiday ◆ *s.f.* (*automobile*) custom-built car ◆ *s.m.* e *f.* (*fam.*) (*fuoriclasse*) ace, star, champion.

fuoristrada *s.m.* (*autoveicolo*) off-road vehicle.

fuoritutto *avv.* e *agg.* (*mar.*) overall.

fuoriuscire *v.intr.* to come* out, to pour out, to be discharged: *dalla stanza fuoriusciva un forte odore di gas*, a strong smell of gas came out of the room; *il sangue fuoriusciva a fiotti dalla ferita*, the blood spurted out of the wound.

fuoriuscita *s.f.* discharge, emission; leakage: *una — di gas*, a leak (*o* leakage) of gas; *ripararono la falla per evitare fuoriuscite di petrolio*, they repaired the leak to prevent the loss of oil.

fuoriuscito *s.m.* **1** (political) exile; (*profugo*) refugee **2** (*bandito*) outlaw.

fuoruscire e *deriv.* → **fuoriuscire** e *deriv.*

fuorviante *agg.* misleading, deceptive: *un esempio* —, a misleading example.

fuorviare *v.tr.* to lead* astray (*anche fig.*); to mislead*: *il ragazzo fu fuorviato da cattivi compagni*, the boy was led astray by the bad influence of his friends // *un falso indizio ha fuorviato la polizia*, the police were misled by a piece of false evidence ◆ *v.intr.* (*uscire dalla retta via*) to go* astray; to stray: — *dalla strada giusta*, to stray from the right path.

furano *s.m.* (*chim.*) furan.

furbacchiona *s.f.* (*fam.*) sly one.

furbacchione *agg.* cunning ◆ *s.m.* cunning fellow; (*fam.*) cunning old devil, rogue.

furbastro *agg.* crafty, sly, cunning ◆ *s.m.* crafty person, crafty old devil, crafty old dog.

furberia *s.f.* cunning; (*scaltrezza*) shrewdness, astuteness; (*spreg.*) slyness, craftiness: *ricorrere a ogni tipo di* —, to resort to every form of cunning (*o* to all kinds of cunning tricks).

furbesco *agg.* cunning, sly: *sorriso* —, sly smile // *lingua furbesca*, thieves' lingo (*o* jargon).

furbizia *s.f.* **1** cunning, wiliness; astuteness; shrewdness: *è una persona di grande* —, he's a very shrewd person **2** (*azione da furbo*) cunning trick, dodge.

furbo *agg.* cunning, wily, crafty; shrewd, smart, clever: *una mossa furba*, a cunning move ◆ *s.m.* cunning fellow, cunning old devil // *un — di tre cotte, un — matricolato*, an absolute rogue // *fare il* —, to try to be clever: *stai attento a non fare troppo il — con me!*, don't try to be too smart (*o* clever) with me! // *Bravo —! Finalmente l'hai capito!*, Well done Mr Clever (*o* what a genius)! The penny has finally dropped!

furente *agg.* furious; mad: *era — per aver perso la valigia*, he was furious about losing his suitcase; *sono — contro di loro perché non mi hanno avvertito*, I am furious with them for not having warned me.

fureria *s.f.* (*mil.*) orderly room.

furetto *s.m.* **1** (*zool.*) (*Mustela furo*) ferret, hob **2** (*fig.*) bright, inquisitive person.

furfantaggine → **furfanteria**.

furfante *s.m.* e *f.* rascal, scoundrel, villain, blackguard, knave, scamp; rogue: *quel — di mio figlio*, (*scherz.*) my scamp of a son; *è un — matricolato*, he is an out-and-out scoundrel.

furfanteggiare *v.intr.* (*non com.*) to be a rogue; to act like a rogue.

furfantello *s.m.* (*scherz.*) little rogue, urchin.

furfanteria *s.f.* **1** mischievousness, rascality; roguery **2** (*azione*) mischief, piece of knavery, piece of roguery; rascally trick: *commettere furfanterie di ogni genere*, to get up to all kinds of mischief.

furfantesco *agg.* rascally, scoundrelly, knavish; roguish.

furfurile *s.m.* (*chim.*) furfuryl.

furfurilico *agg.* (*chim.*) furfuryl: *alcol* —, furfuryl alcohol; *resina furfurilica*, furfuryl resin.

furfurolo *s.m.* (*chim.*) furfural.

furgonato *agg.* with a covered body ◆ *s.m.* medium van.

furgoncino *s.m.* delivery van, light van.

furgoncino *s.m.* minivan.

furgone *s.m.* **1** van, delivery van; (*autocarro*) lorry; (*amer.*) truck: — *per traslochi*, furniture van, (*brit.*) removal van, (*amer.*) moving van; — *postale*, mail van; — *della polizia*, police van **2** (*mortuario*) hearse.

furgonista *s.m.* e *f.* van driver.

furia *s.f.* **1** (*furore, collera*) fury, rage, anger: *andare, montare su tutte le furie*, to fly into a fury (*o* into a passion); *essere su tutte le furie*, to be in a fury (*o* to be in a towering rage) **2** (*grande fretta*) rush, hurry: *avere* —, to be in a hurry; *fare — a qlcu.*, to hurry (*o* to rush) s.o. // *di* —, hurriedly // *in fretta e* —, in a rush **3** (*veemenza*) fury, violence: *la — degli elementi*, the fury of the elements; *nella — della battaglia*, in the fury of the battle; *la — della disperazione*, desperate anger **4** *a — di*, by dint of: *a — di lavoro, studio*, by dint of work, study; *a — d'insistere ha ottenuto ciò che voleva*, by insisting he managed to get what he wanted **5** (*persona collerica*) fury; (*fam.*) maniac: *gli si rivoltò contro come una* —, he turned on him violently.

furibondo *agg.* **1** furious, enraged, fuming: *sono — per il tuo ritardo*, I'm furious that you are late **2** (*violento*) violent, wild, savage: *un — assalto*, a violent assault // *avere un appetito* —, (*scherz.*) to be ravenous.

furiere *s.m.* (*mil.*) quartermaster.

furioso *agg.* **1** (*adirato, furente*) furious, very angry: *ero — per ciò che mi avevi detto*, I was furious (*o* mad) at what you said to me; *diventare* —, to become furious (*o* to fly into a fury); *rendere — qlcu.*, to enrage s.o. **2** (*violento, impetuoso*) violent, intense, wild: *ira furiosa*, wild anger; *una lite furiosa*, a furious (*o* violent) quarrel; *vento* —, furious (*o* raging) wind **3** (*precipitoso*) wild, hasty, furious: *ha un temperamento* —, he has a wild character (*o* temperament) **4** (*pazzo*) mad, enraged ◆ *s.m.* (*pazzo furioso*) raving madman*.

furore *s.m.* **1** fury; (*rabbia*) rage: *col — della disperazione*, with the fury of despair; *fu preso da* —, he flew into a rage (*o* a passion) (*o* he was seized with rage); — *cieco*, blind fury (*o* rage) // *a furor di popolo*, (*col consenso generale*) by public acclaim: *eletto a furor di popolo*, elected by public acclaim **2** (*entusiasmo*) enthusiasm; *si gettò con — nel lavoro*, he threw himself enthusiastically into his work // — *poetico*, poetic frenzy (*o* inspiration) // *far* —, to be (all) the rage; (*di lavoro teatrale, disco ecc.*) to be a hit, to be a great success: *un film che ha fatto — ai suoi tempi*, a film that was a great success (*o* all the rage) in its time **3** (*violenza, impeto*) violence, fury: *il — delle onde*, the fury of the waves; *il — della mischia*, the thick of the fight **4** (*desiderio violento*) violent desire **5** (*pazzia*) madness.

furoreggiare *v.intr.* to be (all) the rage; (*di lavoro teatrale, disco ecc.*) to be a hit, to be a great success: *la nuova moda furoreggia*, the new fashion is all the rage; *quest'anno furoreggiano i capelli cortissimi*, very short hair is all the rage this year.

furterello *s.m.* pilferage [U], pilfering [U], petty theft.

furtivamente *avv.* stealthily, furtively, surreptitiously: *entrare — in una stanza*, to steal (*o* to creep) into a room; *uscire* —, to steal (*o* to sneak) out.

furtivo *agg.* **1** stealthy, furtive, surreptitious: *occhiate furtive*, furtive (*o* covert) glances; *passi furtivi*, stealthy (*o* furtive) steps **2** (*dir.*) (*di provenienza furtiva*) furtive: *oggetti furtivi*, stolen goods.

furto *s.m.* theft; (*dir.*) theft, stealing, larceny: *fu licenziato per —*, he was dismissed for theft; *— in un negozio*, shop-lifting; *— in appartamento con scasso*, burglary; *— continuato*, *aggravato*, continuing, aggravated theft; *— qualificato*, aggravated (*o* grand) larceny; *— manifesto*, open theft; *— di bestiame*, cattle-lifting // *è troppo caro, è un —!*, it's too expensive, it's daylight robbery (*o sl.* it's a rip-off).

fusa *s.f.pl.* purr: *fare le —*, to purr.

fusaggine *s.f.* (*bot.*) (*Evonymus europaeus*) spindle-tree, prickwood.

fusaio *s.m.* **1** (*chi fa fusi*) spindle maker **2** (*chi vende fusi*) spindle seller.

fusaiola *s.f.* (*arch.*) fusarole.

fusaiolo *s.m.* (*tess.*) whorl.

fusata *s.f.* spindleful.

fuscello *s.m.* **1** twig; (*pagliuzza*) straw **2** (*fig.*) (*persona assai esile*) thin person // *essere un —*, (*fig.*) to be as thin as a rake.

fusciacca *s.f.* broad sash: *la — tricolore del sindaco*, the mayor's tricoloured sash.

fusciacco *s.m.* processional canopy.

fusellato *agg.* (*arch.*) fusiform.

fusello *s.m.* **1** (*mecc.*) spindle: *— dell'assale*, axletree spindle **2** (*fuso per merletti*) bobbin **3** (*tip.*) rule.

fuselol *s.m.* (*chim.*) fusel oil.

fusibile *agg.* fusible // (*metall.*): *lega —*, fusible alloy; *metallo —*, fusible metal ◆ *s.m.* (*elettr.*) fuse.

fusibilità *s.f.* fusibility.

fusiforme *agg.* spindle-shaped, fusiform; (*affusolato*) tapering.

fusilli *s.m.pl.* (*cuc.*) 'fusilli' (spiral-shaped pasta).

fusione *s.f.* **1** (*fis.*) fusion: *— nucleare*, nuclear fusion; *reattore a —*, fusion reactor; *punto di —*, melting point; *— del nocciolo*, core meltdown **2** (*di metalli*) fusion, founding, melting, smelting; (*di materiale non metallico*) melting; (*getto*) casting: *— in acciaio*, steel casting **3** (*fig.*) fusion, blending; (*accordo*) harmony, accord: *la — di molte razze*, the fusion of many races; *— di colori*, blending of colours; *— di voci, strumenti*, blending of voices, instruments; *— di suoni*, harmony of sounds **4** (*econ.*) merger, merging; (*di imprese*) combination; (*di società*) consolidation, amalgamation; (*dir.*) (*di ditte, società*) incorporation; (*rilevamento*) take-over: *— laterale*, lateral amalgamation // *la — di due partiti*, the merging of two parties.

fusite *s.f.* (*geol.*) fusain.

fuso[1] *agg.* (*di metallo*) fused, melted, smelted, cast; (*di materiale non metallico*) melted; (*di formaggio, burro*) melted, runny.

fuso[2] *s.m.* **1** (*tess.*, *mecc.*) spindle: *— di ritorcitura*, doubling spindle // *dritto come un —*, as straight as a ramrod (*o* die): *se ne andò via da lei dritto come un —*, he left her like a shot **2** *— orario*, time zone **3** (*di àncora*) shank **4** (*di paracadute*) panel.

fusoliera *s.f.* (*aer.*) fuselage.

fusorio *agg.* (*metall.*) melting; casting: *forno —*, blast furnace.

fustagno *s.m.* fustian.

fustaia *s.f.* (*bot.*) coppice; high forest.

fustella *s.f.* **1** socket punch **2** (*talloncino del prezzo dei medicinali*) price tag.

fustellare *v.tr.* to punch.

fustellatrice *s.f.* punch cutter.

fustigare *v.tr.* **1** to flog, to lash, to whip **2** (*fig.*) to criticize, to censure, to scourge.

fustigatore *s.m.* **1** flogger, whipper **2** (*fig.*) critic, scourge.

fustigazione *s.f.* **1** flogging, lashing **2** (*fig.*) criticism, scourging.

fustino *s.m.* (*rettangolare*) box; (*cilindrico*) drum: *un — di detersivo*, a box (*o* drum) of washing powder.

fusto *s.m.* **1** (*bot.*) (*gambo*) stalk, stem; (*tronco*) trunk: *— sotterraneo*, underground stem; *piante d'alto —*, forest trees // *— di una chiave*, shank of a key **2** (*tronco umano*) trunk; (*ossatura*) frame **3** (*gergo*) (*giovane prestante*) muscleman*, well-built young man, he-man*; (*amer.*) beefcake **4** (*arch.*) shaft **5** (*di metallo, per benzina ecc.*) drum; (*di legno, per vino ecc.*) barrel, keg, cask **6** (*intelaiatura*) frame.

fustone *s.m.* large box, large drum, large container.

futile *agg.* trifling, frivolous; (*inutile*) futile, vain, useless: *cose futili*, trifles; *un — pretesto*, a futile pretext.

futilità *s.f.* frivolity, frivolousness; futility, pointlessness: *la — di un argomento*, the futility of an argument.

futures *s.m.pl.* (*econ.*) (*contratti per consegna a termine*) futures.

futuribile *agg.* feasible, possible, achievable: *un progetto —*, an achievable (*o* a feasible) project ◆ *s.m.* (*non com.*) futurologist.

futurismo *s.m.* (*arte*) futurism.

futurista *agg.* e *s.m.* e *f.* (*arte*) futurist.

futuristico *agg.* futurist.

futuro *agg.* future; coming, next: *per la futura estate*, for the coming (*o* for next) summer; *il suo — padrone*, his future master; *la sua futura moglie*, his future wife; *penso agli anni futuri*, I am thinking of the years to come (*o* of future years) // (*dir.*) *diritti futuri*, (*aspettative*) future interests // (*comm.*) *futura consegna*, future (*o* forward) delivery ◆ *s.m.* **1** future: *in —*, in (the) future; *per il —*, for the future; *provvederò al tuo —*, I shall provide for your future; *è un lavoro senza —*, it's a job with no future (*o* prospects); *per il —, vedremo come fare*, we'll think about the future later on; *con quell'eredità si è garantito il —*, that inheritance has taken care of his future **2** (*gramm.*) future (tense): *— anteriore*, future perfect.

futurologia *s.f.* futurology.

futurologico *agg.* futurological.

futurologo *s.m.* futurologist.

Gg

g *s.f.* o *m.* (*settima lettera dell'alfabeto*) g (*pl.* gs, g's) // (*tel.*) — *come Genova*, g for George.

gabardine meno com. **gabardina** *s.f.* **1** (*tessuto*) gabardine **2** (*soprabito*) overcoat.

gabbacristiani *s.m.* (*non com.*) cheat, swindler, trickster.

gabbamento *s.m.* (*non com.*) cheating, swindling.

gabbana *s.f.* loose overcoat // *mutare* —, (*fig.*) to change sides (*o* to be a turncoat).

gabbanella *s.f.* **1** (doctor's) white coat; (surgeon's) gown; **2** (*veste da camera*) dressing gown.

gabbano *s.m.* loose overcoat; (*veste da lavoro*) overalls (*pl.*).

gabbare *v.tr.* to cheat, to swindle, to deceive, to impose upon (s.o.), to take* (s.o.) in // *passata la festa, gabbato lo santo*, (*prov.*) once on shore, we pray no more (*o* the river is passed and God forgotten).

□ **gabbarsi** *v.intr.pron.* to make* fun (of s.o.), to ridicule (s.o.): — *dell'ingenuità di qlcu.*, to make fun of s.o.'s ingenuousness.

gabbatore *s.m.* cheat, swindler, trickster.

gabbia *s.f.* **1** cage; (*per imballaggio*) crate: — *di leoni, scimmie*, cage of lions, monkeys; — *per polli*, hen-coop; — *per uccelli*, bird cage; *uccello di* —, cagebird; *tenere in* —, to keep in a cage // *questa classe è una* — *di matti*, this classroom is a madhouse **2** (*per accusati*) dock **3** (*prigione*) prison, jail, gaol: *mettere in* —, to put in jail; *mi sento in* — *qui dentro*, (*fig.*) I feel cooped up in here **4** (*museruola per buoi*) muzzle **5** (*anat.*) — *toracica*, chest (*o* ribcage) **6** (*mecc.*) cage, retainer, housing; (*elettr.*) cage: — *dell'ascensore*, lift cage; — *di scoiattolo*, squirrel cage **7** (*metall.*) stand **8** (*miner.*) skip, skip hoist, skip elevator **9** (*mar.*) crow's nest: — *bassa, fissa*, lower topsail; — *alta, volante*, upper topsail; *albero di* —, topmast; *vela di* —, topsail **10** (*mil.*) (*garitta*) sentry box **11** (*sport*) cage.

gabbianello *s.m.* (*zool.*) (*Larus minutus*) little gull.

gabbiano *s.m.* (*zool.*) (sea)gull, sea cob // — *comune*, (*Larus ridibundus*) peewit gull // — *reale*, (*Larus argentatus*) herring-gull // — *tridattilo*, (*Rissa tridactyla*) kittiwake // — *larissa*, tarrock.

gabbiata *s.f.* cageful (of birds).

gabbiere *s.m.* (*mar.*) **1** topman* **2** (*marinaio di vedetta*) lookout.

gabbietta *s.f.* small cage.

gabbionata *s.f.* (*di fortificazioni, argini*) gabionade.

gabbione *s.m.* **1** large cage **2** (*per fortificazioni, argini*) gabion **3** (*per accusati*) dock.

gabbo *s.m.* (*non com.*) mockery, scoffing: *pigliare a* — *qlcu.*, to mock (*o* to make fun of) s.o.; *prendere a* — *qlco.*, (*prenderla alla leggera*) to make light of sthg.

gabbro *s.m.* (*geol.*) gabbro*.

gabella *s.f.* **1** (*antiq.*) (*tassa*) tax, toll; (*dazio*) (excise) duty; (*luogo dove si pagava il dazio*) tollbooth **2** (*moneta*) gabella (16th century Bolognese silver coin).

gabellare *v.tr.* **1** (*antiq.*) to tax, to excise **2** (*far credere, far passare*): — *per*..., to pass off as... (*o* to make pass for...): *lo gabellarono per esperto*, they passed him off as (*o* made him pass for) an expert; — *notizie false per vere*, to pass false news off as true.

gabelliere *s.m.* (*antiq.*) tax collector, exciseman*.

gabellotto *s.m.* (*region.*) **1** → **gabelliere** **2** (*affittuario di azienda agricola*) tenant farmer.

gabina → **cabina**.

gabinetto *s.m.* **1** private room; (*studio*) study: — *di consultazione*, consulting room; — *di fisica*, physics laboratory; — *di storia naturale*, private natural history collection; — *medico, dentistico*, doctor's, dentist's surgery **2** (*pol.*) cabinet, government: — *di un ministro*, minister's departmental staff; *affari di* —, state affairs; *capo di* —, principal private secretary; *consiglio di* —, cabinet council; *corriere di* —, diplomatic courier; *crisi di* —, cabinet crisis; *formare un nuovo* —, to form a new cabinet **3** (*servizi igienici*) water closet (*abbr.* WC), lavatory, toilet: *andare al* —, to go to the toilet.

gabonese *agg.* e *s.m.* e *f.* Gabonese.

gadget *s.m.* (*aggeggio*) gadget, widget; (*oggetto promozionale*) giveaway.

gadide *s.m.* (*zool.*) gadoid.

gado *s.m.* (*zool.*) (*Pollachius virens*) pollack // — *barbato*, (*Gadus luscus*) bib (*o* whiting -pout).

gadolinio *s.m.* (*chim.*) gadolinium.

gadolinite *s.f.* (*min.*) gadolinite.

gaelico *agg.* Gaelic ◆ *s.m.* **1** (*abitante*) Gael **2** (*lingua*) Gaelic.

gaettone *s.m.* (*mar.*) dogwatch.

gaffa *s.f.* (*mar.*) boat hook.

gaffe *s.f.* (*topica*) blunder, gaffe: *fare una* —, to make a blunder (*o* to put one's foot in it *o sl.* to drop a brick).

gaffeur *s.m.* (*fr.*) blunderer: *è un noto* —, he's a great blunderer (*o* he's always putting his foot in it).

gagà *s.m.* (*antiq.*) dandy, fop, spark.

gaggìa *s.f.* (*bot.*) (*Acacia farnesiana*) sweet acacia, (*pop.*) popinac // *fiore di* —, acacia flower.

gagliarda *s.f.* (*musica, danza*) galliard.

gagliardetto *s.m.* pennant, pennon.

gagliardìa meno com. **gagliardezza** *s.f.* vigour, strength.

gagliardo *agg.* vigorous, strong; (*valoroso*) gallant: *un uomo* —, a vigorous man; *un vento* —, a strong wind; *un esercito* —, a gallant army // *alla gagliarda*, vigorously (*o* bravely) // *vino* —, robust wine // *ingegno* —, lively intellect.

gaglioffaggine *s.f.* rascality.

gaglioffamente *avv.* rascally.

gagliofferia → **gaglioffaggine**.

gaglioffo *agg.* **1** scoundrelly **2** (*inetto*) good-for-nothing (*attr.*) ◆ *s.m.* **1** (*furfante*) rascal, scoundrel **2** (*buono a nulla*) good -for-nothing.

gagnolare *v.intr.* (*di animale*) to yelp, to whine.

gahnite *s.f.* (*min.*) gahnite.

gaiamente *avv.* **1** gaily; merrily **2** (*di colore*) brightly.

gaiezza *s.f.* **1** (*allegria*) gaiety, cheerfulness, high spirits (*pl.*), mirth, merriment **2** (*di colore*) gayness, liveliness, brightness.

gaio *agg.* **1** gay, merry, cheerful: *una compagnia gaia*, a gay (*o* merry) group; *canzone gaia*, merry song; *voce gaia*, gay voice **2** (*di colore*) gay, lively, bright: *colore* —, bright (*o* lively) colour.

gal *s.m.* (*fis.*) gal.

gala[1] *s.f.* **1** (*festa*) gala: *abito di* —, formal dress; *serata di* —, gala evening (*o* gala performance) // *in gran* —, in one's best clothes: *mettersi in gran* —, to dress up **2** (*mar.*) (*pavese*) flags (*pl.*).

gala[2] *s.f.* (*trina*) frill, flounce, ruffle.

galagone *s.m.* (*zool.*) (*Galago galago*) bush baby, (*scient.*) galago.

galalite *s.f.* (*chim. ind.*) galalith®, casein -formaldehyde resin.

galanga *s.f.* (*bot.*) (*Kaempferia galanga*) galingale: — *minore*, (*Alpinia officinarum*) galingale.

galante *agg.* **1** gallant; chivalrous: *modi galanti*, chivalrous (*o* courtly) manners **2** (*non com.*) (*grazioso*) pretty, graceful **3** (*amoroso*) love (*attr.*): *letterina* —, love-letter (*o* billet-doux); *avventura, incontro* —, amorous adventure, encounter ◆ *s.m.* gallant, ladies' man; (*corteggiatore*) suitor, lover: *fare il* —, to flirt.

galanteria *s.f.* **1** gallantry, courteousness to women: *un uomo di una — affettata*, an affectedly courteous man **2** (*antiq.*) (*cosa graziosa*) nice thing, pretty thing **3** (*complimento*) compliment: *dire delle galanterie a una signora*, to pay compliments to a lady.

galantina *s.f.* (*cuc.*) galantine.

galantuomo *s.m.* gentleman*, man of honour; honest man, upright man: *è un vero* —, he's a real (*o* true) gentleman; *agire da* —, to behave honourably (*o* fairly).

galassia *s.f.* (*astr.*) galaxy // *la Galassia*, (*Via Lattea*) Galaxy (*o* the Milky Way).

galata *agg.* e *s.m.* e *f.* Galatian.

galateo *s.m.* etiquette; (*buone maniere, creanze*) (good) manners (*pl.*), (good) breeding: *mancava di qualsiasi* —, he had no manners whatsoever (*o* he had no idea of etiquette); *conoscere il* —, to know the rules of etiquette.

galattagogo *agg.* e *s.m.* (*med.*) galactagogue.

galattico *agg.* **1** (*astr.*) galactic: *sistema* —, galactic system **2** (*fig.*) immense, enormous: *profondità galattica*, immense depth; *ha una casa galattica*, he has an enormous house.

galattofago *s.m.* galactophagist ◆ *agg.* galactophagous.

galattoforo *agg.* (*anat.*) galactophorous.

galattometro *s.m.* galactometer.

galattopoiesi *s.f.* (*med.*) galactopoiesis (*pl.* -ses).

galattorrea *s.f.* (*med.*) galactorrhea.

galattosidasi *s.f.* (*biochim.*) galactosidase.

galattoside *s.m.* (*biochim.*) galactoside.

galattosio *s.m.* (*chim.*) galactose.

galaverna → **calaverna**.

galbano *s.m.* (*bot., chim.*) galbanum.

galbulo *s.m.* (*bot.*) juniper berry.

galea[1] *s.f.* **1** (*elmo*) helmet **2** (*anat.*) galea (*pl.* -ae).

galea[2] *s.f.* (*mar.*) galley.

galeato *agg.* (*letter.*) galeated, galeate, helmeted.

galeazza *s.f.* (*mar.*) galliass, galleass.

galega *s.f.* (*bot.*) (*Galega officinalis*) European goat's rue.

galemide *s.m.* (*zool.*): — *dei Pirenei*, (*Galemys pyrenaicus*) desman.

galena *s.f.* **1** (*min.*) galena; (*sl. miner.*) lead-glance **2** (*rad.*) galena crystal: *radio a* —, crystal set.

galenico *agg.* galenic(al): *preparati galenici*, galenicals.

galeo → **canesca**.

galeone *s.m.* (*mar.*) galleon.

galeopiteco *s.m.* (*paleont.*) galeopithecus.

galeotta *s.f.* (*mar.*) galliot.

galeotto[1] *s.m.* **1** (*rematore di galea*) galley slave **2** (*condannato ai lavori forzati*) convict, jailbird **3** (*fig.*) cunning fellow, cunning fox, sly devil: *ha una faccia da* —, he looks a sly old devil.

galeotto[2] *s.m.* (*letter.*) go-between, procurer ◆ *agg.* (*letter.*) that acts like a go-between.

galera *s.f.* **1** (*mar.*) galley **2** (*prigione*) prison, jail, gaol; (*carcerazione*) imprisonment; (*lavori forzati*) hard labour: *andare, mandare in* —, to go, to send to prison (*o* to jail); *condannare alla* —, to sentence to hard labour; *scontare dieci anni di* —, to serve a ten-year prison sentence; *questo ufficio è una* —!, (*fig.*) this office is a prison!; *questa è una* —, (*fig.*) this is a wretched life; *fare una vita da* —, (*fig.*) to drudge and slave // *ha una faccia da* —, he looks like a crook // *avanzo di, pezzo da* —, (*fam.*) jailbird (*o* gaolbird) **3** (*spazzolone*) heavy brush for polishing floors.

galero *s.m.* (*eccl.*) cardinal's hat.

galerucella *s.f.* (*zool.*) leaf beetle.

galileiano *agg.* e *s.m.* Galilean: (*astr.*) *cannocchiale* —, Galilean telescope (*o* glass); (*fis.*) *trasformazione galileiana*, Galilean transformation.

galileo *agg.* e *s.m.* Galilean // *il Galileo*, (*Cristo*) the Galilean.

galiziano *agg.* e *s.m.* Galician.

galla *s.f.* (*bot.*) gall: *noce di* —, gall-nut; — *della quercia*, oak-gall (*o* oak-apple).

galla, a *locuz.avv.* afloat, floating, on the surface: *stare a* —, to float; *tenere a* — *qlcu., qlco.*, to keep s.o., sthg. afloat; *tenersi a* —, to keep afloat (*o* to keep one's head above water) (*anche fig.*) // *rimanere a* —, to stay afloat, (*fig.*) to get by: *nonostante tutto riesce sempre a rimanere a* —, in spite of everything he always manages to keep his head above water // *venire a* —, to surface (*o* to emerge *o* to come to the surface), (*fig.*) to come to light (*o* to emerge *o* to transpire): *prima o poi la faccenda verrà a* —, sooner or later the matter will come to light.

gallare *v.tr.* (*detto del gallo*) to fertilise (eggs) ◆ *v.intr.* (*detto dell'uovo*) to be fertilised.

gallato *agg.* (*di uovo*) fertilised.

gallatura *s.f.* fertilisation.

galleggiabile *agg.* (*mar.*) buoyant.

galleggiabilità *s.f.* buoyancy.

galleggiamento *s.m.* **1** floating; flo(a)tage, flo(a)tation // (*mar.*): *centro di* —, centre of buoyancy (*o* of floatation); *linea di* —, waterline; *linea di — a pieno carico normale*, load waterline (*o* load line); *lunghezza al* —, length on the waterline; *spinta di* —, buoyancy **2** (*sport*) (*galleggiabilità*) buoyancy.

galleggiante *agg.* floating; afloat (*pred.*): *foglie galleggianti sull'acqua*, leaves floating on the water; *ponte* —, pontoon bridge ◆ *s.m.* **1** float: (*mar. mil.*) — *divergente*, oropesa float; (*aut.*) — *del carburatore*, carburettor float (*o* carburettor buoyant capsule); *regolatore a* —, ballcock // (*aer.*): (*complesso di galleggianti di ammaraggio di un idrovolante*) float gear (*o* alighting gear); *galleggianti stabilizzatori*, stabilizing floats **2** (*boa*) buoy **3** (*di amo da pesca*) float.

galleggiare *v.intr.* to float; to keep* afloat: *il polistirolo galleggia*, polystyrene floats.

gallego *agg.* e *s.m.* Galician.

galleina *s.f.* (*chim.*) gallein.

galleria *s.f.* **1** (*di ferrovia, strada*) tunnel; (*passaggio sotterraneo*) subway: *la — del Monte Bianco*, the Mont Blanc tunnel; — *di metropolitana*, tube tunnel; *sbocco di* —, tunnel mouth (*o* exit) **2** (*miner.*) gallery, tunnel; (*in fase di avanzamento*) heading: — *di accesso*, adit; *scavare una* —, to tunnel (*o* to dig a tunnel) // (*ind. miner.*): — *di carreggio*, haulage; — *in direzione*, drift (*o* drive); — *principale*, gangway **3** (*scavo fatto da animale*) burrow, tunnel **4** (*strada coperta, porticato di una città*) arcade: *andiamo a fare due passi in* —, let's take a stroll in the arcade **5** (*di esposizione*) gallery: — *d'arte*, art gallery; — *di quadri*, picture gallery **6** (*teatr.*) circle; balcony: *prima* —, dress circle; *seconda* —, upper circle (*o* balcony); (*loggione*) gallery; (*fam.*) gods **7** (*aer.*): — *del vento*, — *aerodinamica*, wind tunnel; — *aerodinamica a circuito aperto*, non-return flow (*o* open flow *o* open circuit) wind tunnel; — *aerodinamica a circuito chiuso*, return flow (*o* closed flow *o* closed circuit) wind tunnel **8** (*mil.*) gallery.

gallerista *s.m.* e *f.* owner or manager of an art gallery.

gallese *agg.* Welsh ◆ *s.m.* **1** (*abitante*) Welshman* // *i gallesi*, the Welsh (people) **2** (*lingua*) Welsh ◆ *s.f.* Welshwoman*.

galletta *s.f.* **1** (*pane biscottato*) (*per soldati*) biscuit; (*per marinai*) ship's biscuit, sea biscuit **2** (*mar.*) (*pomo d'estremità di un albero, formaggetta*) truck.

gallettame *s.m.* raw silk waste.

galletto *s.m.* **1** young cock, cockerel // (*zool.*) — *di roccia peruviano*, (*Rupicola peruviana*) rupicola **2** (*fig.*) (*impertinente*) arrogant young man, young cock; (*galante*) lady-killer, ladies' man: *fare il* —, to strut about (*o* to be cocky *o* to be cocksure); *fa il — con tutte le sue compagne di scuola*, he flirts with (*o* makes passes at) all the girls at his school **3** (*mecc.*) wing nut.

galliambo *s.m.* (*metrica*) galliambic.

gallicanesimo, **gallicanismo** *s.m.* (*st. relig.*) Gallicanism.

gallicano *agg.* e *s.m.* (*st. relig.*) Gallican.

gallicinio *s.m.* (*letter.*) (*canto del gallo*) crow, crowing; (*alba*) cockcrow.

gallicismo *s.m.* (*ling.*) gallicism.

gallicizzare *v.tr.* to gallicize: — *una lingua*, to gallicize a language ◆ *v.intr.* to use gallicisms: *un autore che gallicizza spesso*, an author who often uses gallicisms.

□ **gallicizzarsi** *v.intr.pron.* to become* gallicized; to acquire French customs and ways.

gallico[1] *agg.* (*st.*) Gallic; (*letter.*) French: *le guerre galliche*, the Gallic wars // (*med.*) *morbo* —, French pox (*o* French plague *o* syphilis) ◆ *s.m.* (*st.*) (*lingua*) Gaulish.

gallico[2] *agg.* (*chim.*) gallic: *acido* —, gallic acid.

galliforme *s.m.* (*zool.*) galliform.

gallina *s.f.* **1** hen; (*la carne*) fowl, chicken: *brodo di* —, chicken broth; — *lessa*, boiled chicken; *il coccodè di una* —, the cackle of a hen; — *che chioccia*, cackler; — *che cova*, sitter // *avere il cervello di una* —, to be bird-brained (*o* pea-brained) // *avere il coraggio di una* —, to be chicken-hearted (*o* chicken-livered *o* lily-livered) // *zampe di* —, (*fig.*) (*rughe intorno agli occhi*) crow's feet;

(*scrittura incomprensibile*) scrawl (*o* illegible handwriting) // *andare a letto con le galline*, (*fig.*) to go to bed very early // *— dalle uova d'oro*, (*fig.*) the goose that lays the golden egg // *essere, credersi figlio di — bianca*, (*fig.*) to think oneself a cut above everyone else // *avere, sentirsi la pelle di —*, (*fig.*) to have goose pimples (*o* gooseflesh) // (*prov.*): *— vecchia fa buon brodo*, an old hen makes good broth; *meglio un uovo oggi che una — domani*, a bird in the hand is worth two in the bush; *— che canta ha fatto l'uovo*, qui s'excuse, s'accuse; *chi di — nasce convien che razzoli*, what's bred in the bone comes out in the flesh **2** (*zool.*): *— domestica*, barndoor; *— faraona*, (*Numida meleagris*) guinea-fowl (*o* guinea-hen *o* galeeny); *— prataiola*, (*Otis tetrax*) little bustard; *— ovaiola*, layer; *— sultana*, sultana **3** (*bot.*) *erba —*, (*Stellaria media*) chickweed.

gallinaccia → **beccaccia**.

gallinaccio[1] *s.m.* (*region.*) turkey.

gallinaccio[2] *s.m.* (*bot.*) (*Cantharellus cibarius*) chanterelle.

gallinaceo *agg.* gallinaceous, gallinacean ◆ *s.m.* gallinacean.

gallinella *s.f.* **1** (*pollastra*) young hen, pullet // (*zool.*) *— d'acqua*, (*Gallinula chloropus*) gallinule (*o* moorhen *o* water-hen) // (*astr.*) *le Gallinelle*, the Pleiades **2** (*bot.*) (*Stellaria media*) chickweed **3** (*pesce cappone*) (*Triglia lucerna*) gurnard.

gallio *s.m.* (*chim.*) gallium: *arseniuro di —*, gallium arsenide.

gallismo *s.m.* (*ostentata galanteria maschile*) sexual conceit, sexual vanity; (*fam.*) fancying oneself: *non sopporto il suo —*, I can't stand the way he fancies himself (*o* the way he thinks he's God's gift to women).

gallo[1] *s.m.* **1** cock; rooster: *— domestico*, barndoor fowl; *— di brughiera*, moorcock; *— da combattimento*, gamecock (*o* fighting cock); *combattimento di galli*, cockfight; *cresta di —*, cockscomb // *— cedrone*, (*Tetrao urogallus*) grouse (*o* cock of the wood *o* capercaillie) // *il canto del —*, cockcrow: *ci alzammo molto prima del canto del —*, we got up long before cockcrow // *fare il —*, (*fig.*) (*imbaldanzirsi*) to strut (*o* to swagger *o* to be arrogant); *fa il — con tutte le sue colleghe*, he flirts with (*o* makes passes at) all his colleagues // *non stanno bene due galli in un pollaio*, too many cocks spoil the broth // *essere il — della Checca, del pollaio*, (*fig.*) to be cock of the walk (*o* a lady -killer) // *vispo come un —*, (*fig.*) full of beans **2** (*sport*) *peso —*, bantamweight.

gallo[2] *agg.* (*st.*) Gallic; (*letter.*) French ◆ *s.m.* (*st.*) Gaul.

galloccia *s.f.* (*mar.*) cleat: *— d'albero*, mast cleat.

gallofilia *s.f.* gallophilism; francophilia.

gallofilo *agg.* e *s.m.* gallophile; francophil(e).

gallofobia *s.f.* gallophobia; francophobia.

gallofobo *agg.* e *s.m.* gallophobe; francophobe.

galloitalico *agg.* (*ling.*) gallo-Italian.

gallomane *s.m.* e *f.* galloman*.

gallomania *s.f.* gallomania.

gallonare *v.tr.* to trim with braid, to braid.

gallonato *agg.* gallooned, braided: *un ufficiale —*, a braided (*o* uniformed) official; *portiere —*, liveried porter.

gallone[1] *s.m.* **1** (*guarnizione*) braid; galloon **2** (*mil.*) chevron, stripe: *galloni di sergente*, sergeant's stripes; *meritare, perdere i galloni*, to get, to lose one's stripes // *bagnare i galloni*, (*fig.*) to toast one's promotion.

gallone[2] *s.m.* gallon (*misura di capacità = 4,546 l in Gran Bretagna; = 3,785 l negli Stati Uniti*).

galloromanzo *s.m.* Gallo-Romance ◆ *agg.* Gallo-Romance (*attr.*).

gallozza, **gallozzola** *s.f.* **1** (*bot.*) gall **2** (*vescichetta*) blister **3** (*bolla*) bubble.

galoche → **caloscia**.

galoppante *agg.* galloping: *inflazione —*, galloping inflation // (*med.*) *malattia —*, galloping disease.

galoppare *v.intr.* **1** to gallop: *— a gran velocità*, to gallop at full speed **2** (*fig.*) to have a hectic time, to be on the move, to be on the go: *dover — dalla mattina alla sera*, to be on the move from morning to night // *— con la fantasia*, to let one's imagination run riot.

galoppata *s.f.* **1** gallop: *fare una —*, to have (*o* to go for) a gallop **2** (*fig.*) hectic work; hectic time: *oggi ho dovuto fare una bella — per finire il lavoro in tempo*, I had to really rush today to finish the work in time **3** (*sport*) sprint, fast run.

galoppatoio *s.m.* gallop.

galoppatore *s.m.* **galoppatrice** *s.f.* **1** (*cavallo*) galloper **2** (*estens.*) (*cavaliere*) (good) galloper **3** (*fig.*) (*chi cammina svelto*) fast walker; (*chi corre a lungo*) long-distance runner.

galoppino *s.m.* **1** (*fattorino*) errand boy, messenger (boy) (*anche spreg.*): *— elettorale*, canvasser **2** (*cavallo*) pacer, pacesetter **3** (*mecc.*) pulley.

galoppo *s.m.* gallop: *al, di —*, at a gallop, (*fig.*) at full speed; *fare qlco. al —*, (*fig.*) to gallop (*o* to rattle *o* to race) through sthg.; *mettersi al —*, to break into a gallop; *partire al —*, to gallop away // *gran —*, full gallop: *andare al gran —*, to ride full gallop; *spingere un cavallo al gran —*, to gallop a horse // *piccolo —*, easy gallop (*o* canter): *andare al piccolo —*, to canter along; *fare un piccolo —*, to have a canter.

galoscia → **caloscia**.

galtella *s.f.* (*mar.*) (*maschetta*) cheek (of the mast).

galvanicamente *avv.* (*elettr.*, *chim.*) galvanically.

galvanico *agg.* (*elettr.*, *chim.*) galvanic: *cella galvanica*, galvanic cell; *bagno —*, galvanic bath.

galvanismo *s.m.* (*fis.*) galvanism.

galvanizzamento → **galvanizzazione.**

galvanizzare *v.tr.* **1** (*med.*) to galvanize **2** (*elettr.*, *chim.*) (*depositare elettroliticamente un metallo, sottoporre a galvanostegia*) to electroplate **3** (*fig.*) to galvanize: *con la sua eloquenza galvanizzò l'auditorio*, his eloquence galvanized (*o* thrilled) the audience.

□ **galvanizzarsi** *v.intr.pron.* to become* excited, to become* agitated.

galvanizzazione *s.f.* **1** (*elettr.*, *chim.*, *med.*) galvanization, electroplating **2** (*fig.*) galvanizing.

galvano *s.m.* (*tip.*) electrotype.

galvanocauterio *s.m.* (*med.*) galvanocautery, galvanic cautery.

galvanomagnetismo *s.m.* (*fis.*) galvanomagnetism.

galvanometrico *agg.* (*elettr.*) galvanometric.

galvanometro *s.m.* (*elettr.*) galvanometer: *— a specchio*, mirror galvanometer; *— balistico*, ballistic galvanometer; *— direzionale*, detector.

galvanoplastica *s.f.* (*chim.*) galvanoplastics [U], galvanoplasty, electroplating.

galvanoplastico *agg.* (*chim.*) galvanoplastic.

galvanoscopio *s.m.* (*elettr.*) galvanoscope.

galvanostegia *s.f.* (*chim.*) electroplating: *trattare con —*, to electroplate.

galvanotecnica *s.f.* (*tecn.*, *ind.*) galvanic technology, galvano-technics [U].

galvanoterapia *s.f.* (*med.*) galvanotherapy.

galvanotipia *s.f.* (*tip.*) electrotype.

galvanotipista *s.m.* e *f.* (*tip.*) galvanotypist, galvanotyper.

galvanotropismo *s.m.* (*med.*) galvanotropism.

gamba *s.f.* **1** leg (*anche estens.*): *gambe anteriori, posteriori*, fore, hind legs; *— artificiale, di legno*, artificial, wooden leg; *le gambe di un tavolo, di una sedia*, the legs of a table, of a chair; *un tavolo a tre gambe*, a three-legged table; *avere una gamba sola*, to be one-legged; *avere le gambe lunghe*, to be long-legged; *avere le gambe storte*, to be bow-legged; *avere gambe da fantino*, to have bandy legs; *sgranchirsi le gambe*, to stretch one's legs; *a gambe larghe*, with one's legs apart; *a mezza —*, up to one's knees (*o* knee length); *reggersi, star ritto su una — sola*, to stand on one leg; *non reggersi sulle gambe*, to be hardly able to stand (*o* to feel shaky); *mi tremano le gambe*, my legs are shaking (*o* trembling) // (*sport*) *gioco di gambe*, footwork // (*mus.*) *viola da —*, bass viol (*o* viola da gamba) **2** (*di lettera*, *nota*) stem: *la lettera m ha tre gambe*, the letter m is written with three stems **3** (*mecc.*, *aer.*) leg, strut: *— ammortizzatrice*, shock (*o* absorbing) leg (*o* strut); *— del carrello*, undercarriage leg (*o* strut).

◆ FRASEOLOGIA: *essere tutto gambe*, to be all legs // *avere buona —*, to be a good walker // *non aver più gambe*, to be tired out // *camminare a quattro gambe*, to crawl // *correre a gambe levate*, to run like the wind (*o* to run flat out) // *darsela a gambe*, to take to one's heels (*o* to go off like a shot); *gambe!*, (*scappiamo!*) run for it! // *fare il passo secondo la —*, to cut one's coat according to one's cloth; *fare il passo più lungo della —*, to bite off more than one can chew // *mettersi la via tra le gambe*, to walk away briskly // *raccomandarsi alle gambe*, to trust one's legs // *essere in —*, (*essere forte*) to be strong, (*di persona anziana*) to be sprightly (*o* to be hale and gearty), (*essere capace, attivo, abile*), to be smart (*o* to be on the ball): *quel ragazzo è molto in —*, that boy is very smart; *il nostro professore di filosofia è veramente in —*, our philosophy professor is really superb (*o* really knows his stuff); *sentirsi in —*, to feel strong (*o* to be in fine fettle *o* to be bursting with health); *in —!*, (*fig.*) take care! (*o* cheer up!) // *con la coda fra le gambe*, with one's tail between one's legs // *male in —*, weak; (*fam.*) not too steady on one's pins // *andare a gambe all'aria*, to fall flat on one's back (*o* to come a cropper); *mandare qlcu. a gambe all'aria*, to trip s.o. up; *tagliare le gambe a qlcu.*, to cramp s.o.'s style (*o* to knock s.o. flat *o* for six); *la corsa nel parco mi ha tagliato le gambe*, the run in the park finished me (*o* did me in); *la notizia della sua partenza mi ha tagliato le gambe*, the news of his departure knocked me for six // *prendere qlco. sotto* —, to attach no importance to sthg. (*o* to underestimate sthg.) // *avere 20 anni per* —, to be much older than 20 // *raddrizzar le gambe ai cani*, to attempt the impossible // *chi non ha testa abbia gambe*, (*prov.*) a forgetful head makes a weary pair of heels.

gambacorta *s.m.* (*scherz.*) lame person.

gambale *s.m.* **1** legging **2** (*parte più alta di uno stivale*) bootleg **3** (*forma in legno usata dai calzolai*) boot-tree **4** (*parte di armatura*) jamb, jambe.

gambalesta *s.m.* e *f.* (*scherz.*) quick person // *è una* —, she's as quick as lighting.

gambaletto *s.m.* **1** (*med.*) leg cast **2** (*di calzatura*) ankle pad **3** (*calza*) knee socks (*pl.*).

gambalunga *s.m.* e *f.* (*scherz.*) person with long legs.

gambata *s.f.* **1** (*calcio*) kick **2** (*falcata*) stride.

gambecchio *s.m.* (*zool.*) sandpiper.

gamberetto *s.m.* prawn; (*di mare*) shrimp.

gambero *s.m.* (*zool.*) **1** crayfish, crawfish // *rosso come un* —, as red as a (boiled) lobster (*o* as a beetroot) // *andare come un* —, (*fig.*) to make little (*o* no) progress **2** — *marino*, (*Homarus vulgaris*) lobster.

gambetta *s.f.* (*zool.*) → **combattente**.

gambettare *v.intr.* (*non com.*) to kick one's legs (about), to wave one's legs (in the air).

gambetto *s.m.* **1** (*sgambetto*) trip: *dare il — a qlcu.*, (*fig.*) to trip s.o. up **2** (*agli scacchi*) gambit.

gambiera *s.f.* **1** (*parte di armatura*) jamb, jambe **2** (*sport*) leg bandage **3** (*fascia per gambe dei cavalli*) leg bands (*pl.*).

gambizzare *v.tr.* (*fam.*) to kneecap.

gambizzazione *s.f.* (*fam.*) kneecapping.

gambo *s.m.* **1** (*bot.*) stalk, stem, tige, shaft, shank: *staccare, togliere il — a qlco.*, to stem sthg.; *con — lungo*, stalky; *provvisto di* —, shanked; *senza* —, stemless (*o* stalkless); — *di piante rampicanti*, bine; — *del fungo*, mushroom stalk **2** (*estens.*) stem: *bicchieri dal — lungo*, glasses with long stems (*o* long -stemmed glasses) **3** (*mecc.*) stem, shank.

gambrinismo *s.m.* (*med.*) beer intoxication.

gambuto *agg.* (*non com.*) (*che ha gambe lunghe*) long-legged.

gamella *s.f.* **1** → gavetta **2** (*mil.*, *mar.*) mess-tin.

gamete *s.m.* (*biol.*) gamete; sex(cell).

gametofito *s.m.* (*bot.*) gametophyte.

gametoforo *s.m.* (*bot.*) gametophore.

gametogamia → **gamia**.

gametogenesi *s.f.* (*biol.*) gametogenesis.

gamia *s.f.* (*biol.*) gamic reproduction.

gamico *agg.* (*biol.*) gamic.

gamma[1] *s.m.* (*terza lettera dell'alfabeto greco*) gamma // (*fis.*) *raggi, radiazioni* —, gamma rays, radiation // (*chim.*) gamma: *acido* —, gamma acid.

gamma[2] *s.f.* **1** (*mus.*) scale **2** (*estens.*) range, gamut: — *della voce*, range of the voice; — *di colori*, range (*o* spectrum) of colours; — *di misure, modelli*, range (*o* gamut) of sizes, models; — *di prezzi*, range of prices; — *di sentimenti*, gamut of feelings // (*rad.*): — *delle frequenze udibili*, range of audible frequencies; — *di lunghezza d'onda*, waveband; — *di sintonia*, tuning band **3** (*inform.*) (*di pezzi, parti di programma*) assembly; range; (*di linguaggi*) set; (*di prodotti*) array.

gammaglobulina *s.f.* (*biol.*) gamma globulin.

gammaterapia → **radioterapia**.

gammato *agg.*: *croce gammata*, swastika (*o* gammadion).

gammaut *s.m.* (*mus.*) gamut.

gamogenesi *s.f.* (*bot.*, *zool.*) gamogenesis.

gamopetalo *agg.* (*bot.*) gamopetalous.

gamosepalo *agg.* (*bot.*) gamosepalous.

ganaense *agg.* e *s.m.* e *f.* Ghanaian.

ganascia *s.f.* **1** jaw // *mangiare a quattro ganasce*, to eat voraciously (*o* to wolf one's food down) **2** (*ferr.*) fishplate **3** *pl.* (*mecc.*) jaws; (*aut.*) (*di freno*) brake-shoes.

ganascino *s.m.* cheek // *la prese per il* —, he gave her cheek an affectionate pinch.

gancio *s.m.* **1** hook: — *doppio*, ram's horn (*o* ram's hook); — *e asola*, hook and eye; — *a occhiello*, eye hook; — *da muro*, wall hook; *apertura del* —, hook-mouth; (*ferr.*) — *di trazione*, tow- (*o* drag-)hook (*o* coupler); (*aer.*) — *d'arresto*, arresting (*o* arrester) hook // (*mar.*): — *d'accosto*, boat hook; — *a scocco*, slip hook; — *da vela*, sail hook // (*agr.*) — *d'attacco*, (*di aratro*) clevis **2** (*fermaglio*) clasp; fastener **3** (*boxe*) hook **4** (*fig. fam.*) (*persona furba*) sly fox, cunning devil **5** (*fig.*) (*cavillo*) cavil, pretext.

gandhismo *s.m.* Gand(h)ism.

gang meno com. **ganga**[1] *s.f.* **1** gang, band, bunch **2** (*scherz.*) (*combriccola*) set, crowd, group, gang.

ganga[2] *s.f.* (*min.*) gangue; matrix*; veinstone: — *del carbone*, coal gangue.

gangherella *s.f.* (*asola per gancio*) eye.

ganghero *s.m.* **1** hinge: *porta fuori dei gangheri*, door off its hinges (*o* unhinged door) // *uscire dai gangheri*, (*fig.*) to fly off the handle; *far uscire qlcu. dai gangheri*, to get s.o.'s back up **2** (*gancetto per abiti*) hook.

gangliare *agg.* (*anat.*) gangliar.

ganglio *s.m.* **1** (*anat.*) ganglion*: *dei, relativo ai gangli*, ganglionic **2** (*fig.*) ganglion*; nerve centre: *i gangli vitali del paese*, the vital ganglia of the country; *i gangli dell'economia mondiale*, the nerve centres of the world economy.

ganglioma *s.m.* (*med.*) ganglioma.

gangljoplegico *agg.* e *s.m.* (*med.*) ganglioplegic.

gangrena e *deriv.* → **cancrena** e *deriv.*

gangster *s.m.* e *f.* gangster.

gangsterismo *s.m.* gangsterism: *una forma di — economico, politico*, a form of economic, political gangsterism.

ganimede *s.m.* (*zerbinotto*) dandy, fop, cock of the walk: *fare il* —, to strut around (*o* to be the cock of the walk).

ganofillite *s.f.* (*min.*) ganophyllite.

ganoide *agg.* e *s.m.* (*zool.*) ganoid.

ganomalite *s.f.* (*min.*) ganomalite.

ganzo *s.m.* **1** (*spreg.*) lover, paramour **2** (*fam.*) (*persona furba*) smart person, clever person; shrewd person ◆ *agg.* (*fam.*) smart, clever: *ho appena conosciuto un tipo molto* —, I've just met a very smart fellow; *che — che sei!*, how smart you are!

gap *s.m.* **1** (*divario*) gap (*anche econ.*): — *generazionale*, generation gap // (*econ.*): — *economico, tecnologico*, economic, technological gap; — *tra profitti e perdite*, gap between profits and losses; — *deflazionistico*, deflationary gap **2** (*inform.*) gap.

gappista *s.m.* e *f.* member of the GAP (Italian Resistance Movement).

gara *s.f.* **1** competition, contest: — *internazionale, letteraria*, international, literary competition; *entrare in — con qlcu. per qlco.*, to enter into competition with s.o. for sthg.; *iscriversi a una* —, to enter (for) a competition // *fare a* —, to compete (*o* to vie) **2** (*competizione sportiva*) competition, race, contest: — *di sci*, ski race; *gare atletiche*, athletic contests; — *di velocità*, speed contest; — *eliminatoria*, heat; *gare finali*, finals; *vincere la* —, to win the competition (*o* to carry off the prize); *perdere la* —, to lose the competition; — *di canottaggio*, boat race (*o* regatta); — *ippica*, horse race // *fuori* —, non competing **3** (*partita tra due contendenti o squadre*) match: — *di calcio*, football match **4** (*comm.*) (*per una fornitura*) tender: — *d'appalto*, tender (for contract) (*o* bidding); *indire una — d'appalto*, to call for tenders; *bando di — d'appalto*, call for biddings (*o* bids).

garage *s.m.* garage.

garagista *s.m.* e *f.* **1** (*meccanico*) car mechanic **2** (*padrone di garage*) garage owner, garage proprietor.

garamoncino *s.m.* (*tip.*) bourgeois (9 points).

garamond *s.m.* (*tip.*) garamond; long-primer (10 points).

garante *s.m.* guarantee; guarantor; warranter; warrantor; surety; bondsman*; (*chi versa una cauzione per un imputato*) bail: *un — è una persona che dà una garanzia*, a guarantor is a person giving a guarantee; *essere, rendersi — di qlco., di qlcu.*, to stand (*o* to go) surety for s.o.; (*assicurare*) to answer for sthg., s.o.: *ne sarete garanti voi?*, will you answer for it?; *si fece — dell'ipoteca*, he stood surety for the mortgage; *si rendono garanti che non gli sarà fatto alcun male*, they will answer for his safety (*o* they give their word that he will not come to any harm); *mi farò personalmente — che ti venga reso il prestito*, I'll personally ensure that he pays back the loan // (*dir.*) *essere, farsi — di qlcu.*, (*per ottenerne la libertà provvisoria*) to go bail for s.o.

garantire *v.tr.* **1** to guarantee, to warrant; to pledge (*anche comm.*): — *il proprio appoggio*, to pledge one's support; — *un debito*, to guarantee a debt; — *il rimborso di un prestito con un'ipoteca*, to guarantee the repayment of a loan by mortgage; — *una cambiale*, to back a bill; — *un assegno*, to cover (*o amer.* to certify) a cheque; (*comm.*): — *un televisore*, to guarantee a TV set; — *un ordine*, to cover an order; *questo ombrello è garantito di seta pura*, this umbrella is guaranteed pure silk; — *un articolo per un anno*, to guarantee an article for one year **2** (*rendersi garante per*) to vouch for (s.o., sthg.) (*anche dir.*); to answer for (sthg.): *garantiremo l'arrivo in buon ordine della merce*, we will answer for (*o* we guarantee) the safe arrival of the goods; *posso — la sua onestà*, I can vouch for his honesty; (*dir.*) — *per il debitore*, to vouch for the debtor **3** (*dir.*) (*offrire una cauzione*) to stand* surety for (s.o.), to act as surety for (s.o.); (*offrire una cauzione per un imputato*) to go* bail for (s.o.) **4** (*assicurare*) to assure, to warrant: *vi garantisco che ciò accadrà*, I can assure you that this will happen; *ti garantisco la mia collaborazione*, I assure you that I will collaborate // *garantito!*, no doubt! (*o* depend on it!) // *te lo garantisco io!*, (*fam.*) I can tell you!

□ **garantirsi** *v.rifl.* to secure oneself; to insure oneself against (sthg.); (*ottenere garanzie*) to obtain guarantees.

garantismo *s.m.* (*pol.*) respect for civil rights; commitment to the defence of civil rights.

garantista *s.m.* e *f.* defender of civil rights; supporter of a civil rights movement ◆ *agg.*: *un provvedimento* —, a measure to protect civil rights.

garantito *agg.* **1** guaranteed; secured, warranted, backed, covered // (*comm.*): *orologio — per un anno*, watch guaranteed for one year; *seta pura garantita*, guaranteed pure silk // (*econ.*) *saggio di crescita* —, warranted rate of growth // (*dir.*): *mutuo* —, secured loan; — *da obbligazioni*, bonded; — *da ipoteca*, secured by mortgage (*o* mortgage-backed); — *dallo Stato*, state guaranteed; *non* —, unsecured **2** (*fig.*) (*certo, sicuro*) certain, sure: *arriverà senza la moglie, questo è —!*, he'll arrive without his wife, you can depend on it (*o* for sure)!

garanza → **robbia**.

garanzia *s.f.* **1** guarantee, warrant, warranty, security; (*vincolo su merci, beni*) lien; (*copertura*) cover, backing; (*cauzione*) bail, bond, surety; (*pegno*) pledge, pawn; (*caparra*) earnest: *la — della televisione è già scaduta*, the television guarantee has already run out (*o* has expired); *in* —, under guarantee (*o* at *o* in pawn); *un frigorifero con la — di, in — per un anno*, a refrigerator with a one-year guarantee; — *di qualità*, guarantee of quality; — *di pagamento*, guarantee of payment; *contratti di* —, contracts of guarantee; *la — è scarsa*, the security is poor // *dare come — una somma di denaro*, to give a sum of money as security; *si rifiuta di rilasciare* —, he refuses to lay down a guarantee // *a — di*, as security for (*o* as a guarantee for): *a — del prestito, diede la sua proprietà*, he put up his property as security for the loan // *senza* —, unsecured (*o* uncovered *o* unbacked); (*di cambiale*) without recourse // (*banca*): — *bancaria*, bank guarantee; — *di credito*, credit guarantee // (*assicurazioni*) — *piena, totale*, full cover // (*dir.*): — *accessoria*, additional security; — *collaterale, reale*, collateral (security); — *di buona esecuzione*, performance bond; — *implicita, tacita*, implied warranty; — *in oro*, gold backing; — *di rimborso*, money-back guarantee; — *ipotecaria*, mortgage lien; — *immobiliare*, security on property; — *in solido*, joint and several bond **2** (*fig.*) (*aspettativa fondata, assicurazione*) guarantee: *una — di successo*, a guarantee of success; *questa macchina mi dà buone garanzie di durata*, this car can be relied on to last a long time; *questo ragazzo non dà alcuna — (di serietà)*, this young man is quite unreliable (*o* cannot be relied upon).

garbare *v.intr.* to like (s.o., sthg.); to please (s.o.): *questa sistemazione non mi garba*, I don't like this arrangement (*o* this arrangement doesn't suit me); *faccio quello che mi garba*, I do what I like (*o* as I please).

garbatezza *s.f.* (*non com.*) **1** politeness; courtesy, polite manners (*pl.*); kindness; gracefulness **2** (*atto garbato*) kindness, courtesy; *gli hanno fatto molte garbatezze*, they did him a lot of kindnesses (*o* they were very kind to him).

garbato *agg.* polite, well-mannered, courteous; (*gentile*) kind, amiable; (*aggraziato*) graceful // *un vino* —, a pleasant wine.

garbo *s.m.* **1** politeness, courtesy; (*modi gentili*) good manners (*pl.*); (*grazia*) grace, gracefulness; elegance; (*tatto*) tact, delicacy: *con bel* —, with good grace; *senza* —, (*sgarbatamente*) rudely, (*goffamente*) awkwardly (*o* clumsily); *ha molto — nel vestire*, he dresses very elegantly; *ha molto — nel parlare*, he is very well spoken // *a* —, nicely (*o* properly *o* well): *fare una cosa a* —, to do a thing nicely (*o* properly) **2** (*non com.*) (*gesto*) gesture, action **3** (*mar.*) garboard.

garbuglio *s.m.* **1** tangle: *un — di fili*, a tangle of threads **2** (*fig.*) (*confusione, disordine*) confusion, mess, muddle: *creare garbugli*, to create confusion.

garbuglione *s.m.* (*non com.*) muddler, bungler.

garçonnière *s.f.* (*fr.*) (*antiq.*) love nest.

gardenia *s.f.* (*bot.*) gardenia.

gardesano *agg.* of Lake Garda (*pred.*).

gareggiamento *s.m.* (*non com.*) competition, vying, rivalry.

gareggiare *v.intr.* to compete, to vie, to rival: *gareggiarono nell'usarmi ogni cortesia*, they vied in paying me every attention; *nessuno può — con lui*, nobody can compete with him; *gli atleti gareggeranno domani*, the athletes will compete tomorrow.

gareggiatore *s.m.* **gareggiatrice** *s.f.* (*non com.*) competitor, rival ◆ *agg.* competing.

garenna *s.f.* (*conigliera*) (rabbit) warren.

garetta → **garitta**.

garetto → **garretto**.

garganella *s.f.*: *bere a* —, to pour down one's throat; (*fig.*) to be a soak (*o* a lush).

gargarismo *s.m.* **1** gargle: *fare dei gargarismi*, to gargle **2** (*medicinale*) gargle.

gargarizzare *v.intr.* to gargle.

gargarozzo *s.m.* (*fam.*) throat, gullet.

gargouille, garguglia *s.f.* (*arch.*) gargoyle.

garibaldinismo *s.m.* **1** Garibaldinism **2** (*fig.*) (*coraggio*) boldness, courage.

garibaldino *agg.* Garibaldian, of Garibaldi (*pred.*): *le imprese garibaldine*, the exploits of Garibaldi // *alla garibaldina*, boldly ◆ *s.m.* Garibaldian, follower of Garibaldi.

gariga *s.f.* (*ecol.*) garrigue, garigue.

garitta *s.f.* **1** (*di sentinella*) sentry box **2** (*torretta di guardia*) watchtower **3** (*di guardiano*) cabin, shelter: (*ferr.*) — *del frenatore*, brakesman (*o* brakesman's) cabin **4** (*mar. mil.*) — *di salvataggio*, (*di sottomarino*) escape chamber.

garnettare *v.tr.* (*tess.*) to garnett.

garnettatrice *s.f.* (*tess.*) garnett.

garnettatura *s.f.* (*tess.*) garnetting.

garnierite *s.f.* (*min.*) garnierite.

garofalo → **garofano**.

garofanaia *s.f.* (*bot. pop.*) (*Geum urbanum*) herb-bennet.

garofano *s.m.* (*bot.*) **1** carnation, pink: — *dai petali screziati*, flake (*o* picotee) // — *comune*, (*Dianthus caryophyllus*) gillyflower // — *dei poeti*, (*Dianthus barbatus*) sweet-william **2** (*pianta aromatica*) clove(-tree): *chiodo di* —, clove; *essenza di* —, clove (oil).

garrese *s.m.* (*del cavallo*) withers (*pl.*).

garretto *s.m.* **1** (*di quadrupede*) hough; (*di cavallo*) heel, hock; (*di pecora*) knucklebone **2** (*di uomo*) lower calf*, back of heel.

garriga → **gariga**.

garrire *v.intr.* **1** (*di uccelli*) to chirp, to twitter **2** (*di bandiera, sventolare*) to flap, to flutter.

garrito *s.m.* **1** (*di uccelli*) chirp, twittering: *il — delle rondini*, the twittering of the swallows **2** (*letter.*) (*di vela, bandiera mossa dal vento*) flap, flutter.

garronite *s.f.* (*min.*) garronite.

garrotta *s.f.* garrotte.

garrottamento *s.m.* garrotting.

garrottare *v.tr.* to garrotte.

garrulità *s.f.* (*letter.*) garrulousness, garrulity, talkativeness, loquacity.

garrulo *agg.* (*letter.*) **1** (*che garrisce*) twittering, chirping **2** (*estens.*) garrulous, talkative, loquacious.

garza[1] *s.f.* → **airone**.

garza[2] *s.f.* (*tessuto*) gauze: — *grezza*, cheesecloth.

garzare *v.tr.* (*tess.*) to raise, to teasel, to teazel, to teazle.

garzatore *s.m.* (*tess.*) raiser, teaseler, teazler.

garzatrice *s.f.* **1** raiser, teaseler, teazler **2** (*macchina*) raising machine, teaseling machine.

garzatura *s.f.* (*tess.*) raising, teaseling, teazling.

garzetta *s.f.* (*zool.*) (*Casmerodius albus*) egret.

garzo *s.m.* (*bot.*) teasel, teazel, teazle: (*tess.*) *dare il* —, to teasel (*o* to teazle *o* to raise).

garzonato *s.m.* apprenticeship.

garzoncello *s.m.* **1** lad **2** (*ragazzo di bottega*) shop-boy.

garzone *s.m.* **1** boy; (*fattorino*) errand boy; (*apprendista*) apprentice: — *del fornaio*, baker's boy; — *di stalla*, stableboy **2** (*mar.*) (*mozzo*) ship-boy, cabin boy **3** (*ant., letter.*) (*giovanetto*) lad, youth.

garzuolo *s.m.* (*cuore degli ortaggi*) core.

gas *s.m.* **1** (*fis., chim.*) gas: — *perfetto*, ideal (*o* perfect) gas; — *nobili*, noble gases; — *d'acqua*, water gas; — *liquido*, liquid gas; — *non solforoso*, sweet gas; — *poco denso*, subtle gas; — *asfissiante, tossico*, poison (*o* asphyxiating) gas; — *delle miniere*, fire damp; — *di miniera*, *mefitico*, chokedamp (*o* black damp); — *delle paludi*, methane (*o* natural gas *o* marsh gas); — *esilarante*, laughing gas (*o* nitrous oxide); — *illuminante*, illuminating (*o* coal-)gas; — *lacrimogeno*, tear gas; — *nervino*, nerve gas (*o* sarin); — *di scarico*, exhaust (gas); *illuminazione a* —, gaslighting; *lampione a* —, gaslamp; *luce a* —, gaslight; *stufa, calorifero a* —, gas fire; *riscaldato a* —, gas-heated; *apparecchi a* —, gas fittings; *cucina a* —, gas cooker; *fornello a* —, gas ring; *forno a* —, gas oven, (*ind.*) gas furnace; *scaldabagno a* —, gas-heater; *fuga di* —, gas leak; *esplosione di* —, gas explosion; *contatore del* —, gas meter; *esattore del* —, gasman; *becco, ugello del* —, gas burner (*o* gas jet); *conduttura del* —, gas pipe (*o* gas main); *serbatoio del* —, gasholder; *società del* —, gas company; *officina del* —, gasworks; *accendere, spegnere il* —, to turn on, to turn off the gas; *alzare, abbassare il* —, to turn up, to turn down the gas; *fornire di* —, to supply with gas; *convertire in* —, to gasify; *che produce, simile a* —, gassy // *camera a* —, gas chamber; *asfissiare, avvelenare con* —, to gas // (*fis.*) *costante dei* —, gas constant // (*geol.*) *cappa di* —, gas cap **2** (*benzina*) petrol; (*fam.*) gas; (*amer.*) gasoline: *motore a* —, gas engine; *dare* — (*a un motore*), to step on the gas (*o* to rev up *o* to accelerate); *andare a tutto* —, to go at full speed (*o* flat out).

gasare *v.tr.* **1** → gassare **2** (*fam.*) to excite, to get* (s.o.) excited.
□ **gasarsi** *v.intr.pron.* (*fam.*) to get* excited.

gasato *agg.* **1** aerated, fizzy **2** (*fam.*) bigheaded, pleased with oneself; excited ◆ *s.m.* (*fam.*) bighead, person who is full of himself.

gaschette *s.f.pl.* (*mar.*) gaskets.

gasco *s.m.* (*mar.*) figurehead.

gascromatografia *s.f.* (*chim.*) gas chromatography.

gascromatografo *s.m.* (*chim.*) gas chromatograph.

gasdinamica *s.f.* (*fis.*, *aer.*) gas dynamics [U].

gasdotto *s.m.* gas pipeline.

gasificare e *deriv.* → **gassificare** e *deriv.*

gasista → **gassista**.

gasogeno *s.m.* (*chim.*) gas-producer.

gasolina *s.f.* (*chim.*) gasoline, gasolene.

gasolio *s.m.* (*chim.*) gas oil, diesel oil, diesel fuel.

gasometro *s.m.* (*chim.*) gasometer.

gasosa → **gassosa**.

gasoso → **gassoso**.

gaspeite *s.f.* (*min.*) gaspeite.

gassa *s.f.* (*mar.*) loop, eye.

gassare *v.tr.* **1** to make* fizzy, to make* fizzing **2** (*uccidere col gas*) to gas.

gassificare *v.tr.* (*fis.*) to gasify.

gassificazione *s.f.* (*chim.*) gasification.

gassista *s.m.* **1** gas fitter, gasman* **2** (*metall.*) operator of a (gas) generator.

gassosa *s.f.* 'gassosa' (kind of fizzy drink).

gassoso *agg.* **1** gaseous; aerated **2** (*di gas*) gasiform, gaseous, gas (*attr.*): *esalazioni gassose*, gas leaks.

gasteropode *s.m.* (*zool.*) gasteropod, gastropod // *dei gasteropodi*, gastropodous.

gastralgia *s.f.* (*med.*) gastralgia.

gastrectasia *s.f.* (*med.*) gastrectasia, gastrectasis.

gastrectomia *s.f.* (*med.*) gastrectomy.

gastrico *agg.* (*anat.*) gastric // (*med.*): *ulcera gastrica*, gastric (*o* peptic) ulcer; *lavanda gastrica*, gastric lavage (*o* stomach pumping).

gastrite *s.f.* (*med.*) gastritis*.

gastro- *pref.* di origine greca usato nella terminologia scientifica per designare rapporto con 'il ventre, lo stomaco'; ingl. gastro-: *gastroenterico*, gastroenteric; *gastrointestinale*, gastrointestinal; *gastroscopia*, gastroscopy.

gastrocele *s.m.* (*med.*) gastrocele.

gastroduodenale *agg.* (*anat.*) gastroduodenal.

gastroenterico *agg.* (*anat.*) gastroenteric.

gastroenterite *s.f.* (*med.*) gastroenteritis.

gastroenterologia *s.f.* (*med.*) gastroenterology.

gastroenterologo *s.m.* (*med.*) gastroenterologist.

gastroenterostomia *s.f.* (*med.*) gastroenterostomy.

gastroepatico *agg.* (*anat.*) gastrohepatic.

gastrointestinale *agg.* (*anat.*, *med.*) gastrointestinal.

gastrologia *s.f.* (*med.*) gastrology.

gastronomia *s.f.* gastronomy.

gastronomico *agg.* gastronomic(al): *specialità gastronomiche*, gastronomic specialities.

gastronomo *s.m.* gastronome, gastronomist.

gastropatia *s.f.* (*med.*) gastropathy.

gastropatico *agg.* (*med.*) gastropathic.

gastroptosi *s.f.* (*med.*) gastroptosis.

gastroscopia *s.f.* (*med.*) gastroscopy.

gastroscopio *s.m.* (*med.*) gastroscope.

gastrospasmo *s.m.* (*med.*) gastrospasm.

gastrotomia *s.f.* (*med.*) gastrotomy.

gastrovascolare *agg.* (*zool.*) gastrovascular.

gastrula *s.f.* (*biol.*) gastrula*.

gastrulazione *s.f.* (*bot.*) gastrulation.

gatta *s.f.* cat, she-cat, female cat; (*fam.*) pussycat, pussy; tabby(-cat) // — *ci cova!*, there is something fishy going on here (*o* I smell a rat)! // *che* — *da pelare!*, (*impresa difficile*) that's a tough (*o* a hard) nut to crack!; *ho altre gatte da pelare*, I have other fish to fry // *la* — *frettolosa fa i gattini ciechi*, (*prov.*) more haste, less speed // *quando la* — *non c'è, i sorci ballano*, (*prov.*) when the cat's away the mice will play // *tanto va la* — *al lardo che ci lascia lo zampino*, (*prov.*) pitcher goes so often to the well that it is broken at last.

gattabuia *s.f.* (*scherz.*) jail, lockup; (*fam.*) clink, cooler; (*amer.*) hoosegow: *finire in* —, to end up in the clink (*o* inside).

gattaia *s.f.* (*bot.*) (*Nepeta cataria*) catnip.

gattaiola *s.f.* cat-door, cat-flap.

gattamorta *s.f.* (*fam.*) sly person: *ti conosco, non fare la* — *con me!*, I know you, don't play the innocent with me! (*o* don't play dumb with me!).

gattaria *s.f.* (*bot.*) (*Nepeta gattaria*) cat's foot, catmint.

gattesco *agg.* catlike, feline; cattish.

gattice *s.m.* (*bot.*) (*Populus alba*) abele, white poplar.

gattina *s.f.* kitten; (*fam.*) kitty, pussy // *fare la* —, to be kittenish.

gattino *s.m.* **1** kitten, little cat; (*fam.*) kitty, pussy **2** (*bot.*) (*amento*) catkin.

gatto *s.m.* **1** cat, tom(cat), male cat, he-cat; (*maschio castrato*) gib; (*fam.*) pussycat, pussy: — *d'Angora*, Angora cat; — *persiano*, Persian cat; — *siamese*, Siamese cat; — *soriano*, tabby(-cat) // — *selvatico*, (*Felis silvestris*) mountain cat (*o* wild cat) // *sciopero a* — *selvaggio*, wild cat strike // *c'erano quattro gatti*, there was hardly anyone there // — *a nove code*, cat-o'-nine-tails // *il* — *con gli stivali*, (*personaggio di fiaba*) Puss in Boots // *essere come cani e gatti*, to be like cat and dog; *vivere come cane e* —, to live a cat-and-dog life **2** (*min.*) *occhio di* —, cat's eye **3** (*bot.*) *erba dei gatti*, (*Nepeta gattaria*)cat's-foot, catmint **4** (*tecn.*) (*berta, battipalo*) ram, rammer **5** (*aut.*) — *delle nevi*, snowmobile.

gattofilo *agg.* (*scherz.*) cat-loving (*attr.*) ◆ *s.m.* (*scherz.*) cat-lover.

gattomammone *s.m.* (*nelle fiabe*) bogey, bogy.

gattonare *v.tr.* (*seguire la preda strisciando*) to stalk ◆ *v.intr.* **1** (*avanzare strisciando*) to stalk **2** (*fig. fam.*) (*di bambini*) to crawl.

gattoni[1] *avv.* (*carponi*) on all fours: *gatton* —, (*quatto quatto*) very stealthily on all fours; *procedere* (*gatton*) —, to creep (*o* to crawl) stealthily.

gattoni[2] *s.m.pl.* (*fam. med.*) mumps.

gattopardismo *s.m.* 'gattopardismo' (the policy of protecting inherited wealth and privileges by promoting reforms that seem attractive but have no substance).

gattopardo *s.m.* (*zool.*): — *africano*, (*Felis serval*) serval (*o* bush-cat); — *americano*, (*Felis pardalis*) ocelot (*o* tiger-cat).

gattuccio[1] *s.m.* (*zool.*) **1** (*gattino*) kitten **2** (*pesce*) dogfish.

gattuccio[2] *s.m.* (*carpenteria*) turning-saw, compass-saw, keyhole-saw.

gauchesco *agg.* gaucho (*attr.*).

gauchisme, gauchismo *s.m.* far left politics, extreme left politics, extra-parliamentary politics.

gauchista *agg.* far left, extreme left ◆ *s.m.* e *f.* member of the far left.

gaucho *s.m.* gaucho*.

gaudente *agg.* hedonistic, pleasure-seeking // (*eccl.*) *frati gaudenti*, knights of our Lady ◆ *s.m.* e *f.* hedonist, pleasure-seeker.

gaudere → **godere**.

gaudio *s.m.* (*letter.*) joy; (*letizia*) mirth; (*beatitudine*) bliss; (*felicità*) happiness // *mal comune mezzo* —, (*prov.*) trouble shared is trouble halved.

gaudioso *agg.* (*letter.*) joyous, joyful; blissful.

gaufré *agg.* (*tess.*) (*goffrato*) embossed.

gaullismo *s.m.* (*pol.*) Gaullism.

gaullista *s.m.* e *f.* Gaullist.

gaultheria *s.f.* **1** (*bot.*) — *del Canada*, (*Gaultheria procumbens*) wintergreen, partridge -berry **2** (*chim.*) wintergreen: *olio, essenza di* —, oil of wintergreen.

gauss *s.m.* (*fis.*) gauss.

gaussiano *agg.* Gaussian: (*mat.*) *algoritmo* —, Gaussian algorithm.

gaussmetro *s.m.* (*metrol.*) gaussmeter.

gavaina *s.f.* (*ind.*) tongs (*pl.*), pincers (*pl.*).

gavazzamento *s.m.* (*letter.*) revelry, revelling; carousal.

gavazzare *v.intr.* (*letter.*) to revel; to carouse, to make* merry.

gavetta *s.f.* (*mil.*) mess-tin; (*mar.*) kid // *venire dalla* —, (*di ufficiale*) to rise from the ranks, (*di borghese*) to be a self-made man.

gavettone *s.m.* **1** (*recipiente*) mess-tin; (*mil.*) big pot **2** (*scherz.*) practical joke (that consists in throwing a waterfilled bag at s.o.) **3** (*mar.*) (*turno di guardia*) watch.

gaviale *s.m.* (*zool.*) — *del Gange*, (*Gavialis gangeticus*) gavial.

gavigliano *s.m.* (*sport*) handle.

gavina *s.f.* (*zool.*) (*Larus canus*) sea mew.

gavitello *s.m.* (*mar.*) buoy: — *antidragante*, explosive float; — *luminoso*, light buoy.

gavone *s.m.* (*mar.*) peak: — *di poppa*, afterpeak; — *di prua*, forepeak.

gavotta *s.f.* (*musica, danza*) gavotte.

gay *agg.* e *s.m.* gay.

gazare *v.tr.* (*tess.*) to gas, to singe.

gazatrice *s.f.* (*tess.*) singeing machine, singer.

gazatura *s.f.* (*tess.*) singeing.

gazza *s.f.* **1** (*zool.*) (*Pica pica*) magpie, pie // — *marina*, (*Alca torda*) razor-bill (*o* sea pie) // — *marina minore*, (*Plautus alle*) rotch(e) **2** (*fig.*) magpie, prattler, gossip.

gazzarra *s.f.* din, racket, hubbub; uproar: *fare* —, to make a hullabaloo; *che* —!, what a din!

gazzella *s.f.* **1** (*zool.*) gazelle* // — *d'acqua*, chevrotain (*o* chevrotin) **2** (high-speed) police car.

gazzetta *s.f.* gazette; newspaper // *Gazzetta Ufficiale*, Official Gazette // *è una vera* —!, (*fam.*) he is a real gossip! // *cose, notizie da* —, (*fig.*) sensationalistic news // *andare sulla* —, (*fig.*) to be the subject of gossip.

gazzettiere *s.m.* (*spreg.*) hack (reporter).

gazzettino *s.m.* **1** news sheet: — *teatrale*, theatre column **2** (*fig.*) newsmonger, gossip: *sei proprio un* —, you are a real gossip.

gazzettistico *agg.* of a gazette; (*spreg.*) sensationalistic, hack.

gazzosa → **gassosa**.

geastro *s.m.* (*bot.*) earthstar.

gebel *s.m.* (*geogr.*) gebel.

geco *s.m.* (*zool.*) gecko*.

gedanite *s.f.* (*min.*) gedanite.

geenna *s.f.* (*fig.*) (*inferno*) gehenna, hell.

geiger *s.m.* geiger: *contatore* —, geiger counter.

geikielite *s.f.* (*min.*) geikielite.

geisha *s.f.* **1** geisha **2** (*estens.*) woman of easy virtue.

gel *s.m.* (*chim.*) gel.

gelada *s.m.* (*zool.*) (*Theropithecus gelada*) gelada.

gelamento *s.m.* (*non com.*) freezing; (*l'essere gelato*) frozenness.

gelare *v.tr.* to freeze* (*anche fig.*): *il freddo gli gelava le mani*, the cold froze his hands (*o* his hands were frozen with the cold); *la brina ha gelato i germogli*, the frost killed the buds; — *il sangue*, (*fig.*) to freeze one's blood; *la sua presenza ha gelato l'ambiente*, (*fig.*) his presence cast a chill over the gathering ◆ *v.intr.impers.* to freeze* (over): *ieri notte è, ha gelato*, it froze last night (*o* there was a frost last night) ◆ *v.intr.* to freeze*; to become* frozen: *le condutture dell'acqua gelarono*, the water pipes froze; *il fiume si è gelato*, the river has frozen over; *gelo in questa stanza*, I'm freezing in this room; *qui si gela*, it is freezing cold here // *far* —, to freeze: *il freddo fece* — *le condutture*, the cold froze the pipes; *far* — *il sangue*, to freeze s.o.'s blood.

gelata *s.f.* frost, hard frost: *la* — *ha rovinato gli ulivi*, the frost has badly damaged the olive trees.

gelataio *s.m.* **1** (*chi vende gelati*) ice-cream vendor **2** (*chi fa gelati*) ice-cream maker.

gelateria *s.f.* ice-cream parlour.

gelatiera *s.f.* ice-cream machine.

gelatiere *s.m.* (*non com.*) **1** (*chi fa gelati*) ice-cream maker **2** (*chi vende gelati*) ice-cream vendor.

gelatina *s.f.* **1** (*cuc.*) aspic, gelatine, jelly: — *di frutta*, fruit jelly; *pollo in* —, chicken in aspic **2** (*chim.*) gelatin(e): (*fot.*) — *cristallizzata*, frosted gelatine // — *esplosiva*, — *dinamite*, nitrogelatine (*o* gelatine dynamite *o* gelignite).

gelatiniforme *agg.* gelatinoid.

gelatinizzante *agg.* gelatinizing, gelling, jelling ◆ *s.m.* gelatinizing agent, gelling agent, jelling agent.

gelatinizzare *v.tr.* **gelatinizzarsi** *v.intr.pron.* to gelatinize.

gelatinoso *agg.* gelatinous; (*chim.*) gelatinoid.

gelato *agg.* frozen, icy: *acqua gelata*, icy water; *un lago* —, a frozen lake; *i miei piedi sono gelati*, my feet are frozen ◆ *s.m.* ice cream, ice: — *di cioccolato, vaniglia, fragola*, chocolate, vanilla, strawberry ice-cream; *cono* —, ice-cream cone.

gelidamente *avv.* icely, coldly, gelidly: *accogliere qlcu.* —, to greet s.o. coldly.

gelido *agg.* icy (*anche fig.*), freezing; (*fig.*) chilly: *vento* —, icy wind; *una gelida notte*, an icy (*o* a freezing *o* a frosty) night; *modi gelidi*, chilly (*o* icy) manners; *risposta gelida*, icy reply; *una gelida accoglienza*, a cold welcome (*o* reception).

gelo *s.m.* **1** (*freddo intenso*) intense cold; (*fig.*) chill: *la morsa del* —, a spell of intense (*o* bitter) cold; *c'era un tale* — *che...*, it was so cold that...; *la cattiva notizia diffuse fra gli astanti un senso di* —, (*fig.*) the bad news cast a chill over the gathering; *sentirsi un* — *nelle ossa*, (*fig.*) to feel a chill in one's bones; *avvertire intorno a sé il* —, (*fig.*) to be aware of a chilly feeling (*o* atmosphere) **2** (*ghiaccio*) ice; (*brina*) frost: *una strada coperta di* —, a road covered with ice; *il* — *rovinò il raccolto*, the frost ruined the crop.

gelone[1] *s.m.* (*med.*) chilblain.

gelone[2] *s.m.* (*bot.*) (*Pleurotus ostreatus*) oyster mushroom.

gelosia *s.f.* **1** jealousy: *la causa della mia* —, the reason for my jealousy; *una scenata di* —, a scene of jealousy; *per* —, from (*o* out of) jealousy; *provar* — *per qlcu.*, to be jealous of s.o.; *rodersi dalla* —, to be consumed with jealousy **2** (*invidia*) envy; (*rivalità*) rivalry: *la sua promozione ha suscitato la* — *dei colleghi*, his promotion aroused his colleagues' envy **3** (*cura scrupolosa*) great care, loving care, solicitude: *conservare qlco. con* —, to keep sthg. with great care (*o* to guard sthg. jealously) **4** (*region.*) (*persiana*) shutter.

geloso *agg.* **1** jealous: *un marito* —, a jealous husband; — *del proprio onore*, jealous of one's honour **2** (*invidioso*) envious, jealous: *è* — *dei miei successi*, he is jealous (*o* envious) of my success **3** (*possessivo*; *preciso*) jealous; particular: *è* — *dei suoi libri*, he is very particular about his books; *è* — *della sua vita privata*, he is jealous of his privacy.

gelsemina *s.f.* (*chim.*) gelsemina.

gelseto *s.m.* mulberry grover, mulberry plantation.

gelsicoltore *s.m.* mulberry grower.

gelsicoltura *s.f.* (*agr.*) mulberry growing.

gelso *s.m.* (*bot.*) mulberry(-tree).

gelsomino *s.m.* (*bot.*) jasmin(e): *essenza di* —, jasmin(e) oil // — *americano*, (*Campsis radicans*) trumpet creeper.

gemebondo *agg.* (*letter.*) moaning; groaning; plaintive.

gemellaggio *s.m.* twinning: *il* — *tra due città*, the twinning of two towns.

gemellanza *s.f.* twinship.

gemellare *agg.* twin (*attr.*): *parto* —, twin birth (*o* twinning).

gemellare *v.tr.* to twin: — *due città*, to twin two towns; *una città gemellata con...*, a town twinned with....

□ **gemellarsi** *v.rifl.* o *rifl.rec.* to twin.

gemellarità *s.f.* **1** twin birth **2** (*fig. non com.*) (*uguaglianza*) equality.

gemellipara *s.f.* mother of twins.

gemello *agg.* twin (*attr.*): *sorella, fratello* —, twin sister, brother; *anime gemelle*, twin soul (*o* kindred spirits); *letti gemelli*, twin beds ◆ *s.m.* **1** twin: *una coppia di gemelli*, a pair of twins; *tre gemelli*, triplets; (*biol.*) *gemelli monozigoti*, monozygotic twins; *assomigliarsi come gemelli*, to be as alike as two twins // (*astr.*) *i Gemelli*, the Twins (*o* Gemini) **2** (*di polsino*) cuff link.

gemere *v.intr.* **1** to moan; to groan; to wail: *il ferito giaceva gemendo*, the wounded man lay groaning; *la poveretta gemeva pietosamente*, the poor thing was moaning piteously; *il vento geme*, the wind is moaning (*o* wailing); — *di dolore*, to groan in pain **2** (*fig.*) (*soffrire*) to groan, to suffer: — *sotto il giogo della tirannia*, to groan under the yoke of tyranny **3** (*scricchiolare, cigolare*) to creak, to groan: *la porta gemeva sui cardini*, the door creaked on its hinges; *gli scaffali gemono sotto il peso dei libri*, the shelves are groaning under the weight of books **4** (*trasudare*) to drip, to trickle; to leak: *la botte geme*, the barrel is leaking **5** (*di colombe, tortore*) to coo; (*di gatto*) to waul ◆ *v.tr.* (*emettere, trasudare*) to ooze, to trickle, to drip: *una ferita che geme sangue*, a bleeding wound; *la parete geme acqua*, the wall is oozing water.

geminare[1] *v.tr.* **geminarsi** *v.intr.pron.* to geminate, to double (*anche ling.*): — *una consonante*, to geminate a consonant.

geminare[2] *v.tr.* (*artig.*) to damascene.

geminato *agg.* geminate(d), doubled: (*ling.*) *consonante geminata*, geminated (*o* doubled) consonant; *cristallo* —, geminate crystal.

geminazione *s.f.* (*ling.*) gemination, doubling.

gemino *agg.* (*letter.*) twin, double.

gemito *s.m.* groan(ing), moan(ing), wail(ing): *emettere un* —, to give (*o* to utter) a groan; *i gemiti dei feriti*, the moans (*o* moaning) of the wounded; *il — del vento*, the wailing of the wind.

gemizio *s.m.* (*med.*) exudation.

gemma *s.f.* **1** gem; precious stone; jewel: *i diamanti sono gemme*, diamonds are gems; — *grezza*, gemstone **2** (*fig.*) gem, jewel: *gemme di prosa italiana*, gems of Italian prose; *quel quadro è la — della collezione*, that picture is the gem of the collection; *Venezia è la — dell'Adriatico*, Venice is the queen of the Adriatic **3** (*bot.*) bud, burgeon, eye: — *fiorale*, flower bud; — *fruttifera*, fruit bud; *mettere le gemme*, to put forth buds (*o* to bud *o* to gemmate); *che ha gemme*, gemmate **4** (*biol.*) gemma*.

gemmare *v.intr.* (*bot.*) to bud, to put* forth buds, to gemmate.

gemmario *agg.* **1** (*di piante*) gemmary **2** (*di pietre preziose*) jewel (*attr.*), gem (*attr.*): *arte gemmaria*, the jeweller's art.

gemmato *agg.* **1** (*bot.*) gemmate **2** (*letter.*) (*ornato di gemme*) bejewelled.

gemmazione *s.f.* (*bot.*, *biol.*) gemmation: *riprodursi per* —, to gemmate.

gemmeo *agg.* **1** (*letter.*) gem-like, brilliant, glittering **2** (*chim.*) gemmeous.

gemmifero *agg.* (*bot.*) gemmiferous.

gemmiparo *agg.* (*biol.*) gemmiparous.

gemmologia *s.f.* gemmology.

gemmologico *agg.* (*chim.*) gem(m)ological.

gemmologo *s.m.* (*chim.*) gem(m)ologist.

gemmula *s.f.* (*biol.*) gemmule.

gendarme *s.m.* **1** policeman*; gendarme **2** (*fig.*) (*persona autoritaria*) (*di uomo*) sergeant major; (*di donna*) battleaxe, virago, amazon: *ha una moglie che è un* —, his wife is a battleaxe.

gendarmeria *s.f.* **1** (*corpo*) gendarmerie, police force **2** (*caserma*) police station.

gene *s.m.* (*biol.*) gene.

genealogia *s.f.* **1** (*scienza*) genealogy **2** (*discendenti*) genealogy, lineage **3** (*di animale*) pedigree.

genealogico *agg.* genealogical: *albero* —, family tree.

genealogista *s.m.* e *f.* genealogist.

genepi *s.m.* **1** (*bot.*) genepi **2** (*liquore*) genepi liqueur.

generabile *agg.* (*non com.*) generable, that may be generated.

generabilità *s.f.* (*non com.*) capacity to be generated.

generalato *s.m.* (*eccl.*) generalship.

generale[1] *agg.* **1** (*globale, totale*) general; (*comune*) common; (*diffuso*) widespread: *assemblea* —, general assembly (*o* meeting); *con il consenso* —, by general (*o* common) consent; *indice* —, general index; *elezioni generali*, general election; *è una questione d'interesse* —, it's a matter of general interest; *è opinione — che*, it's widely held that; *il malcontento era* —, discontent was widespread; *come regola* —, as a general rule // *in* —, in general (*o* generally): *in — mantiene le promesse*, he generally keeps his promises **2** (*generico, complessivo*) general, overall, broad: *ho solo un'idea — del lavoro che mi aspetta*, I only have a general idea of the job ahead; *in poco tempo si è fatto un'idea — della situazione*, he soon formed an overall idea of the situation; *in termini generali*, in general (*o* broad) terms **3** (*principale*) general: *ispettore* —, inspector general; *direzione* —, general management; *direttore* —, general manager // (*teatr.*) *prova* —, dress rehearsal ◆ *s.m.* general: *distinguere il — dal particolare*, to distinguish the general from the particular // *star sulle generali*, to express oneself in general terms (*o* in generalities): *si mantiene sempre sulle generali con noi*, he always keeps to generalities with us.

generale[2] *s.m.* **1** (*mil.*) general; (*aer.*) marshal: — *di brigata*, (GB) brigadier, (USA) brigadier general; — *di corpo d'armata*, lieutenant-general; — *di divisione*, (GB *e* USA) major general; — *di divisione aerea*, (GB) air vice marshal; — *di squadra aerea*, (GB) air marshal; — *d'armata aerea*, (GB) air chief marshal; *maggior* —, major-general; *tenente* —, lieutenant-general **2** (*eccl.*) general: *il — dei Gesuiti*, the General of the Jesuits.

generalesco *agg.* (*spreg.*) general-like, authoritarian.

generalessa *s.f.* **1** (*scherz.*) general's wife **2** (*fig.*) (*donna autoritaria*) battleaxe, virago* **3** (*eccl.*) (*madre generale*) mother general.

generalità *s.f.* **1** (*universalità*) universality, generality: *la — di una tesi*, the generality of a thesis **2** (*maggior parte*) majority, bulk: *la — degli uomini*, the majority of mankind; *nella — dei casi*, in most (*o* the majority of) cases **3** (*banalità*) generalization, generality: *un discorso pieno di* —, a speech full of generalizations **4** *pl.* (*dati che consentono l'identificazione di una persona*) personal particulars: *dare le proprie* —, to give one's personal particulars.

generalizio *agg.* (*eccl.*) of a superior general.

generalizzabile *agg.* generalizable.

generalizzare *v.tr.* **1** (*rendere comune*) to generalize, to extend to all; (*diffondere*) to spread*: — *un principio*, to generalize a principle; — *un'usanza*, to spread a custom **2** (*elevare a valore generale*) to generalize: — *i risultati di un'analisi*, to draw (*o* make) generalizations from the results of an analysis ◆ *v.intr.* (*attribuire un valore generale*) to generalize, to make* generalizations: *tratta ogni caso singolarmente, senza* —, he deals with each case individually without generalizing.

generalizzato *agg.* (*diffuso, comune*) general, widespread, common: *un'abitudine generalizzata*, a common habit; *benessere* —, widespread (*o* general) wellbeing.

generalizzazione *s.f.* generalization.

generalmente *avv.* **1** generally, in general: — *parlando*, generally speaking **2** (*normalmente*) as a (general) rule; usually: — *a quest'ora riposa*, as a rule he has a rest at this time; *è una cura che — funziona*, it's a remedy that usually works **3** (*da parte della maggioranza*) commonly, generally: *un ragionamento — accolto*, a commonly accepted rule.

generare *v.tr.* **1** (*dar vita*) to beget*, to breed*, to procreate; (*estens.*) to give* birth to, to produce: *Abramo generò Isacco*, Abraham begot Isaac; *la Germania ha generato molti musicisti illustri*, Germany has produced many celebrated musicians **2** (*produrre*) to produce: *albero che genera molti frutti*, tree that produces a lot of fruit; — *ibridi*, to interbreed **3** (*fig.*) (*causare*) to generate, to engender; to breed*, to beget*; to cause, to arouse: *l'ignoranza genera il pregiudizio*, ignorance breeds prejudice // — *una malattia*, to cause an illness; — *un sospetto*, to arouse a suspicion **4** (*scient.*, *tecn.*) to generate, to produce: *corrente generata da una batteria*, current produced by a battery; (*mat.*) *volume generato da una curva*, volume generated by a curve; — *calore*, to generate (*o* to develop) heat.

□ **generarsi** *v.intr.pron.* (*formarsi, aver origine*) to be generated, to be produced, to be caused: *mutazioni genetiche si sono generate dall'esplosione nucleare*, genetic mutations have been generated (*o* caused *o* produced) by the nuclear explosion.

generativismo *s.m.* (*ling.*) theory of generative grammar.

generativista *agg.* (*ling.*) generative.

generativo *agg.* generative, procreative // (*ling.*) *grammatica generativa*, generative grammar.

generatore *agg.* generative, generating, productive ◆ *s.m.* **1** generator, producer **2** (*mecc.*, *elettr.*) generator: — *di corrente alternata*, alternating current generator (*o* alternator); — *di corrente continua*, direct current generator (*o* dynamo); — *elettrostatico*, electrostatic generator; — *di radiofrequenza*, oscillator; — *di vapore*, steam generator: — *per corrente alternata e continua*, double current generator.

generatrice *s.f.* **1** generatrix **2** (*mat.*) generatrix, generant **3** (*mecc.*, *elettr.*) generator, generatrix.

generazionale *agg.* generational, generation (*attr.*): *divario* —, generation gap.

generazione *s.f.* **1** generation; (*stirpe*) progeny, offspring: *di — in* —, from generation to generation; *la nuova* —, the rising (*o* new) generation; *ha la mia età ma sembra di un'altra* —, he is the same age as me but seems to belong to another generation **2** (*il generare*) generation, procreation, reproduction: (*biol.*) — *spontanea*, spontaneous generation **3** (*produzione*) generation: — *di calore*, *di vapore*, generation (*o* production) of heat, of steam // (*fis. nucleare*) *tempo di* —, generation time.

genere *s.m.* **1** family, race, kind: *il — umano*, the human race (*o* mankind *o* humanity) **2** (*fil.*, *biol.*) genus*: *i leoni e le tigri appartengono allo stesso* —, lions and tigers belong to the same genus // (*mat.*) — *di una curva*, genus of a curve **3** (*tipo, qualità, specie*) kind, type, sort, way: *di nuovo* —, strange (*o* odd); *d'ogni* —, of all kinds: *gente d'ogni* —, all sorts of people; *qualcosa del* —, something like it (*o* something of the sort); *che — di libro è questo?*, what kind (*o* sort) of book is this?; *nel suo — è un artista*, he is an artist in his way; *non ho mai visto gente del* —, I have never seen people like them; *questo film non è proprio il mio* —, this is not my sort (*o* type) of film; *un mobile unico nel suo* —, a piece of furniture that is unique of its kind; *non mi piace questo — di discorsi*, I don't like this kind of talk // (*econ.*): — *di affari*, line of business; — *di produzione*, production line **4** (*gramm.*) gender: — *neutro*, neuter gender **5** (*lett.*, *arte*) genre: *il — comico*, comedy; *il* —

drammatico, drama (*o* dramatic genre); *il — epico*, epic poetry (*o* epic); *— letterario*, literary genre; *il — satirico*, satire; *il — tragico*, tragedy; *pittura di —*, genre-painting **6** (*prodotto*) product, article, goods (*pl.*): *generi alimentari*, foodstuffs; *generi di prima necessità*, staple commodities; *generi di consumo*, consumer goods; *generi di consumo a rapido smercio*, fast-moving consumer goods; *generi di largo consumo*, convenience goods (*o* widely consumed goods); *generi di lusso*, luxury goods (*o* articles) **7** *in —*, generally.

genericamente *avv.* generically.

genericità *s.f.* indefiniteness; vagueness.

generico *agg.* generic, not specific, general; (*vago*) indefinite, vague: *un nome —*, a generic (*o* not specific) name; *una risposta generica*, a noncommital (*o* vague) reply; *un termine —*, a general (*o* generic) term; *è stato un discorso molto —*, it was a speech on a very vague level // *medico —*, general practitioner // (*teatr.*) *attore —*, bit part actor ◆ *s.m.* **1** general, generalities (*pl.*): *non restare nel —*, don't stick to generalities **2** (*lavoratore non specializzato*) utility man, unskilled worker.

genero *s.m.* son-in-law*.

generosamente *avv.* **1** (*liberalmente*) generously, liberally, freely, lavishly: *ricompensare — qlcu.*, to reward s.o. generously **2** (*nobilmente*) generously, nobly, magnanimously.

generosità *s.f.* **1** (*liberalità*) generosity, liberality, munificence, open-handedness, lavishness **2** (*nobiltà d'animo*) nobility, magnanimity; (*altruismo*) generosity, unselfishness: *un atto di —*, an unselfish act.

generoso *agg.* **1** (*liberale*) generous, liberal, open-handed, lavish; (*altruista*) selfless, unselfish: *è troppo — col suo denaro*, he is too generous (*o* too free *o* too open-handed) with his money // *giocatore —*, unselfish player **2** (*nobile*) noble, generous: *cuore —*, warm heart; *quell'uomo ha una natura generosa*, that man has a generous nature // *vino —*, generous wine **3** (*abbondante*) generous, plentiful: *una porzione generosa di carne*, a generous helping of meat // *terreno —*, fertile soil.

genesi *s.f.* (*origine*) genesis, origin, birth: *la — dell'universo*, the origin of the universe; *la — della storia*, history in the making; *— di un'idea*, birth of an idea // *Genesi*, (*Bibbia*) Genesis.

genetica *s.f.* genetics [U].

genetico *agg.* (*biol.*) genetic: *codice —*, genetic code; *ingegneria genetica*, genetic engineering.

genetista *s.m.* e *f.* geneticist.

genetliaco *agg.* (*letter.*) birthday (*attr.*): *feste genetliache*, birthday celebrations ◆ *s.m.* (*letter.*) birthday.

genetta *s.f.* (*zool.*) genet.

gengiva *s.f.* gum, gingiva*: *gengive infiammate*, swollen gums.

gengivale *agg.* (*anat.*) gingival; gum (*attr.*): *ascesso —*, gumboil.

gengivario *s.m.* (*med.*) gingival drug.

gengivite *s.f.* (*med.*) gingivitis.

genia *s.f.* **1** (*discendenza, razza*) race, progeny **2** (*spreg.*) tribe, pack, breed, set, collection, clique: *la — degli imbrattacarte*, hack writers; *una — di farabutti*, a pack of scoundrels // *una bella —!*, (*iron.*) a fine lot!

geniaccio *s.m.* genius*, wizard: *mio fratello è un — in matematica*, my brother is a wizard at maths.

geniale *agg.* **1** ingenious, clever: *un'idea —*, a brilliant idea; *una persona, macchina, soluzione —*, an ingenious person, machine, solution; *un uomo —*, a man of genius **2** (*letter.*) (*piacevole, simpatico*) genial: *un carattere allegro e —*, a cheerful and genial disposition **3** (*letter., rar.*) (*nuziale*) nuptial.

genialità *s.f.* **1** genius*, ingeniousness; brilliance: *la — di uno scienziato*, the genius of a scientist; *la — delle invenzioni di Leonardo*, the ingeniousness of Leonardo's inventions **2** (*ant., letter.*) (*simpatia*) geniality.

genialmente *avv.* **1** ingeniously; cleverly; brilliantly **2** (*ant., letter.*) (*simpaticamente*) genially.

genialoide *s.m.* wizard, genius*.

genicidio → **genocidio**.

genico *agg.* (*biol.*) genic.

genicolato *agg.* (*biol.*) geniculate(d).

genieno *agg.* (*anat.*) genal.

geniere *s.m.* (*mil.*) engineer, sapper.

genietto *s.m.* **1** (*ragazzo promettente*) whizzkid, genius*: *e pensare che a scuola era un —!*, and to think he was a whizzkid at school! **2** (*puttino*) putto (*pl.* -i).

genio[1] *s.m.* **1** genius*: *un — musicale come Mozart*, a musical genius like Mozart; *Ma come hai fatto? Sei un —!*, How did you do it? You're a genius! // *ho avuto un lampo di —*, I've had a brainwave // *è un — incompreso*, he's an unrecognized genius **2** (*talento, inclinazione*) talent; gift; inclination: *avere — per la matematica, la musica, la poesia*, to have a genius (*o* a talent *o* a gift) for mathematics, music, poetry; *avere — per la recitazione*, to have a talent for acting // *l'idea non le andava a —*, the idea didn't go down well with her (*o* didn't appeal to her); *l'interpretazione del pianista non mi è andata a —*, the performance of the pianist didn't appeal to me; *non mi andò a — il suo comportamento*, I didn't like the way he behaved; *non mi va a — dover ripetere le stesse cose*, I dislike having to repeat the same things; *questa disposizione dei quadri non mi va a —*, this arrangement of the paintings is not to my taste; *se questo libro ti va a —, tienilo pure*, if this book suits you, you can keep it **3** (*spirito, carattere*) genius*, spirit, nature: *il — della lingua*, the genius (*o* spirit) of the language **4** (*divinità tutelare*) genius*; (*mit. araba*) genie*; jinni, jinnee (*pl.* jinn): *il — della casa, della famiglia, del luogo*, genius domus, familiæ, loci; *il mio buon, cattivo —*, my good, evil genius; *il mio — tutelare*, my guardian angel (*o* spirit).

genio[2] *s.m.* (*mil.*): *il —*, Engineers (*pl.*) (*o* Engineer Corps); (GB) Royal Engineers (*pl.*); (USA) Corps of Engineers; *— civile, militare, navale*, civil, military, naval engineers.

genioglosso *agg.* e *s.m.* (*anat.*) genioglossus.

genioioideo *s.m.* (*anat.*) geniohyoid muscle.

genitale *agg.* (*anat.*) genital // (*organi*) *genitali*, genitals (*o* genitalia).

genitivo *agg.* e *s.m.* (*gramm.*) genitive: *— sassone*, possessive case (*o* genitive inflection).

genito *agg.* (*ant.*) (*generato*) born.

genitore *s.m.* parent: *i nostri genitori*, our parents.

genitura *s.f.* (*letter.*) birth, generation; procreation.

gennaio *s.m.* January; *il primo, il sei —*, the first, the sixth of January (*o* January the first, the sixth).

genocidio *s.m.* genocide.

genoma *s.m.* (*biol.*) genome.

genomico *agg.* (*biol.*) genomic.

genotipico *agg.* (*biol.*) genotypic(al).

genotipo *s.m.* (*biol.*) genotype.

genovese *agg.* Genoese ◆ *s.m.* e *f.* Genoese (*invariato al pl.*).

genovina *s.f.* (*antica moneta d'oro genovese*) Genoese gold coin.

gentaglia *s.f.* (*gente spregevole*) scum, riffraff.

gente *s.f.* **1** (*insieme di persone*) people (*coll. con costruzione pl.*): *— di campagna*, country people; *— di chiesa*, churchgoers; *— di città*, townspeople (*o* city-dwellers); *— di mare*, sailors (*o* seafaring folk); *— di teatro*, stage-folk; *— per bene*, respectable people; *— seria*, reliable people; *brava —*, nice (*o* good *o* decent) people; *c'è brutta — da quelle parti*, there are some real crooks in that area; *molta —*, a lot of people: *c'è molta — qui*, there are a lot of people here; *non dar mai retta a ciò che la — dice*, never mind (*o* don't listen to) what people say; *quanta —!*, what a crowd!; *— straniera*, foreigners; *stasera avremo — a cena*, we're having people to dinner this evening; *"Posso entrare?" "Un attimo, c'è —"*, "Can I come in?" "Just a minute, there are people here" **2** (*famiglia*) people (*coll. con costruzione pl.*); (*fam.*) folks (*pl.*): *la mia — sta in campagna*, my people (*o* folks) live in the country; *è figlio di povera —*, he comes from a poor family **3** (*popolo*) people, nation: *il diritto delle genti*, the law of nations; *le genti d'Europa*, the peoples (*o* nations) of Europe **4** (*aer., mar.*) (*equipaggio*) crew.

gentildonna *s.f.* gentlewoman*; lady.

gentile *agg.* **1** kind; (*cortese*) courteous: *— con tutti*, kind to everybody; *parole gentili*, kind words; *un commesso —*, a polite salesman; *è — da parte tua fare ciò*, it is kind of you to do this; *vuoi essere così — da chiudere la finestra?*, will you be so kind as to shut the window?; *essere — con qlcu.*, to be kind to s.o.; *grazie, è stato un pensiero —*, thank you, it was very kind of you **2** (*delicato*) gentle: *cuore —*, gentle heart; *natura —*, gentle nature; *voce —*, gentle voice // *il gentil sesso*, the gentle (*o* fair) sex **3** (*di legno, marmo ecc.*) soft: *legno —*, softwood ◆ *s.m.pl.* (*pagani*) gentiles.

gentilesco *agg.* (*letter.*) (*pagano*) gentile.

gentilesimo *s.m.* (*ant.*) gentilism.

gentilezza *s.f.* **1** kindness; (*cortesia*) courteousness, courtesy: *una gran —*, great kindness; *grazie della vostra —*, thank you for your kindness; *per — verso qlcu.*, out of kindness to s.o.; *la sua — la rende simpatica a tutti*, her courteousness makes everyone like her **2** (*piacere, favore*) favour: *mi ha fatto molte gentilezze*, she has done me many favours; *fammi questa —, ti prego!*, do me this favour please!; *fatemi la — di uscire*, will you do me the kindness of leaving? // *fammi una —*, (*favore*) do me a favour // *per —!*, please!

gentiliano *agg.* Gentile's; of Giovanni Gentile, related to Giovanni Gentile (1875-1944) ◆ *s.m.* follower of Giovanni Gentile.

gentilità *s.f.* (*insieme dei gentili*) gentiles (*pl.*).

gentilizio *agg.* gentilitial, noble: *stemma* —, coat of arms.

gentilmente *avv.* kindly; (*cortesemente*) courteously.

gentiluomo *s.m.* **1** (*ant.*) gentleman*; nobleman*: — *di campagna*, country gentleman **2** (*uomo d'onore*) man of honour, gentleman*: *parola di —!*, word of honour; *comportarsi da* —, to behave like a gentleman (*o* honourably).

gentucola *s.f.* (*spreg.*) low-minded people (*coll. con costruzione pl.*).

genuflessione *s.f.* genuflection, genuflexion: *fare una* —, to genuflect (*o* to bend one's knee).

genuflesso *agg.* kneeling (*pred.*); on one's knees (*pred.*): *era — in preghiera*, he was kneeling in prayer.

genuflessorio *s.m.* (*rar.*) prie-dieu; kneeling -stool.

genuflettersi *v.intr.pron.* to genuflect, to kneel* (down), to fall* on one's knees.

genuinamente *avv.* genuinely.

genuinità *s.f.* **1** genuineness, wholesomeness **2** (*fig.*) naturalness, authenticity, sincerity: *la — del suo modo di fare*, the sincerity of his ways.

genuino *agg.* **1** genuine, wholesome, natural: *formaggio* —, natural cheese; *vino* —, genuine (*o* real) wine; *vendiamo solo prodotti genuini*, we only sell wholesome products **2** (*fig.*) natural, sincere, unaffected: *un ragazzo* —, a natural (*o* unaffected) boy; *un sentimento* —, a sincere feeling.

genziana *s.f.* (*bot.*) gentian.

genzianella *s.f.* (*bot.*) gentianella.

geo- *pref.* di origine greca che significa 'della Terra, in relazione con la Terra'; ingl. geo-: *geochimico*, geochemical; *geosfera*, geosphere.

geoanticlinale *agg.* (*geol.*) geanticlinal ◆ *s.f.* (*geol.*) geanticline.

geobotanico *agg.* (*geol.*) geobotanical.

geocentrico *agg.* (*astr.*) geocentric: *coordinate geocentriche*, geocentric coordinates.

geocentrismo *s.m.* (*astr.*) geocentricism.

geochimica *s.f.* geochemistry.

geochimico *agg.* geochemical.

geocronite *s.f.* (*min.*) geocronite.

geocronologia *s.f.* (*geol.*) geochronology.

geode *s.m.* (*geol.*) geode, vug, vugh.

geodesia *s.f.* geodesy.

geodeta *s.m.* e *f.* geodesist.

geodetica *s.f.* (*mat.*) geodesic.

geodetico *agg.* geodetic(al), geodesic: (*mat.*) *linea geodetica*, geodetic (*o* geodesic) line; (*mat.*) *curvatura geodetica*, geodesic curvature; (*aer.*) *costruzione, struttura geodetica*, geodetic construction, structure.

geodinamica *s.f.* (*geol.*) geodynamics [U].

geodinamico *agg.* (*geol.*) geodynamic(al).

geofagia *s.f.* (*med.*) geophagy, geophagism.

geofago *agg.* (*med.*) geophagous ◆ *s.m.* (*med.*) geophagist.

geofauna *s.f.* geofauna.

geofisica *s.f.* geophysics [U].

geofisico *agg.* geophysical: *anno* —, geophysical year ◆ *s.m.* geophysicist.

geofita *s.f.* (*ecol.*) geophyte.

geoflora *s.f.* geoflora.

geofono *s.m.* (*geofisica*) geophone.

geognosia *s.f.* (*geol.*) geognosy.

geogonia *s.f.* geogony, geogeny.

geografia *s.f.* geography: — *fisica, politica*, physical, political geography.

geograficamente *avv.* geographically.

geografico *agg.* geographic(al): *carta geografica*, map; *atlante* —, geographical atlas; *scoperte geografiche*, geographical discoveries.

geografo *s.m.* geographer.

geoide *s.m.* (*geodesia*) geoid.

geolinguistica *s.f.* linguistic geography.

geologia *s.f.* geology: — *applicata, tecnica*, engineering geology; — *del sottosuolo*, subsurface geology; — *strutturale*, structural geology.

geologicamente *avv.* geologically.

geologico *agg.* geologic(al): *era geologica*, geological era; *cronologia geologica*, geochronology.

geologo *s.m.* geologist.

geomagnetico *agg.* geomagnetic: *polo* —, geomagnetic pole.

geomagnetismo *s.m.* (*geofisica*) geomagnetism.

geomante *s.m.* geomancer.

geomantico *agg.* geomantic.

geomanzia *s.f.* geomancy.

geometra *s.m.* **1** (*ant.*) geometer; (*rar.*) geometrician **2** (*agrimensore*) land-surveyor, surveyor **3** (*zool.*) — *del ribes*, (*Abraxas grossulariata*) abraxas, magpie moth.

geometria *s.f.* **1** geometry: — *analitica, descrittiva, euclidea*, analytic, descriptive, Euclidean geometry; — *piana, solida*, plane, solid geometry **2** (*fig.*) (*struttura razionale*) structure, scheme: *la — di un'opera letteraria*, the structure of a literary work.

geometricamente *avv.* geometrically.

geometricità *s.f.* **1** geometric quality, geometric character **2** (*fig.*) schematism.

geometrico *agg.* **1** geometric(al): *figura geometrica*, geometrical figure; *disegno* —, geometric design; *progressione geometrica*, geometrical progression; (*fis.*) *ottica geometrica*, geometrical optics **2** (*fig.*) (*rigoroso*) geometric, precise; (*logico*) logical: *precisione geometrica*, geometric precision; *un'intelligenza geometrica*, a logical intelligence.

geometride *s.m.* (*zool.*) inchworm, geometer, looper.

geometrizzare *v.tr.* to geometrize.

geomorfologia *s.f.* (*geol.*) geomorphology.

geomorfologico *agg.* (*geol.*) geomorphic, geomorphologic(al).

geopolitica *s.f.* geopolitics [U].

geopolitico *agg.* geopolitical.

georgiano[1] *agg.* (*della Georgia, ex* URSS *e* USA) Georgian ◆ *s.m.* **1** (*abitante, nativo della Georgia, ex* URSS *e* USA) Georgian **2** (*dialetto caucasico*) Georgian.

georgiano[2] *agg.* (*dell'epoca georgiana*) Georgian.

georgico *agg.* (*lett.*) georgic: *poema* —, georgic (poem).

geosfera *s.f.* (*geogr.*) geosphere.

geosinclinale *s.f.* (*geol.*) geosyncline ◆ *agg.* (*geol.*) geosynclinal.

geosincrono *agg.* geosynchronous: (*aer.*) *orbita geosincrona*, geosynchronous orbit; *satellite* —, geosynchronous satellite.

geostatico *agg.* geostatic.

geostazionario *agg.* geostationary: (*aer.*) *orbita geostazionaria*, geostationary orbit; *satellite* —, geostationary satellite.

geotassi(a) *s.f.* **geotattismo** *s.m.* (*biol.*) geotaxis.

geotecnica *s.f.* geotechnics [U].

geotecnico *agg.* geotechnical; (*spec. amer.*) geotechnic.

geotermale *agg.* geothermal, geothermic.

geotermia *s.f.* geothermal energy.

geotermico *agg.* (*geol., fis.*) geothermal, geothermic: *gradiente* —, geothermal gradient.

geotettonica *s.f.* tectonics [U], structural geology.

geotropico *agg.* (*bot.*) geotropic.

geotropismo *s.m.* (*bot.*) geotropism.

geotrupe → **stercorario**.

geranile *s.m.* (*chim.*) geranyl.

geranio *s.m.* (*bot.*) stork's bill, (*scient.*) pelargonium, geranium // — *dei boschi*, (*Geranium sanguineum*) cranesbill // — *edera*, (*Pelargonium peltatum*) ivy geranium // — *roberziano*, (*Geranium robertianum*) ragged -Robert.

geraniolo *s.m.* (*chim.*) geraniol.

gerarca *s.m.* **1** hierarch **2** (*st. fascismo*) 'gerarca' (Fascist party official) **3** (*estens. spreg.*) (*persona dispotica*) boss, despot.

gerarcato *s.m.* office of hierarch; (*st. fascismo*) office of gerarca.

gerarchesco *agg.* (*spreg.*) authoritarian, bossy.

gerarchia *s.f.* hierarchy (*anche fig.*): (*amm.*) — *aziendale, direttiva*, company, executive hierarchy; *stabilire una — di valori*, to establish a hierarchy (*o* scale) of values // (*teol.*) *gerarchie celesti*, celestial hierarchies.

gerarchicamente *avv.* hierarchically.

gerarchico *agg.* hierarchic(al): *l'ordinamento — di uno stato*, state hierarchy; *per via gerarchica*, through official (*o* the usual) channels.

gerarchizzare *v.tr.* to hierarchize.

gerarchizzazione *s.f.* hierarchization.

gerbera *s.f.* (*bot.*) gerbera.

gerbillo *s.m.* (*zool.*) (*Gerbillus gerbillus*) gerbil.

geremiade *s.f.* jeremiad, lamentation.

gerente *s.m.* manager, director: — (*di un giornale*), (*antiq.*) (managing) editor.

gerenuc *s.m.* (*zool.*) (*Litocranius walleri*) gerenuk.

gerenza *s.f.* (*non com.*) management, direction, administration.

gergale *agg.* slang (*attr.*); jargon (*attr.*): *espressioni gergali*, slang expressions.

gergalismo *s.m.* (*ling.*) slang; (*linguaggio professionale*) jargon.

gergalista *s.m.* e *f.* specialist in slang; specialist in jargon.

gergante *s.m.* e *f.* (*ling.*) slang user; jargon user.

gergo *s.m.* slang; (*linguaggio professionale*) jargon: — *della critica*, critics' jargon; — *filosofico*, jargon of philosophy; — *metafisico*, metaphysical jargon; — *scolastico*, schoolboy slang; — *universitario*, college (*o* university) slang; — *dei ladri*, thieves' cant; *espressione, parola del* —, slang expression, slang word // *parlare in* —, (*estens.*) to use jargon (*o* slang).

geriatra *s.m.* e *f.* geriatrician.

geriatria *s.f.* (*med.*) geriatrics [U].

geriatrico *agg.* geriatric (*attr.*).

gerla *s.f.* pannier.

gerlo *s.m.* (*mar.*) gasket.

germanesimo *s.m.* Germanism.

germanico *agg.* Germanic; Teutonic; German: *lingue germaniche*, Germanic languages; *la cultura germanica*, German culture // *l'Impero Germanico*, the German Empire ◆ *s.m.* (*lingua*) Germanic.

germanio *s.m.* (*chim.*) germanium.

germanismo *s.m.* (*ling.*) Germanism.

germanista *s.m.* e *f.* Germanist.

germanistica *s.f.* Germanics [U], Germanistics [U].

germanite *s.f.* (*min.*) germanite.

germanizzare *v.tr.* e *intr.* to germanize. □ **germanizzarsi** *v.rifl.* o *intr.pron.* to become* germanized.

germano[1] *agg.* e *s.m.* (*letter.*) German // *i germani*, the Germans.

germano[2] *agg.* german: *cugino* —, cousin -german (*o* first cousin); *fratello* —, brother -german (*o* full-brother) ◆ *s.m.* brother, own brother; german.

germano[3] *s.m.* (*zool.*) — *reale*, (*Anas platyrhyncos*) wild duck.

germanofilo *s.m.* Germanophil(e).

germanofobia *s.f.* Germanophobia.

germanofobo *s.m.* Germanophobe.

germanofono *agg.* German-speaking (*attr.*) ◆ *s.m.* German-speaker.

germe *s.m.* 1 (*biol.*) germ // *in* —, in germ (*o* in embryo) 2 (*fig.*) (*origine*) germ, origin, seed, source: — *di un'idea*, germ of an idea; *il* — *della discordia*, the seed of discord.

germicida *agg.* germicidal ◆ *s.m.* germicide.

germile → **germinale**[1].

germinabile *agg.* germinable.

germinale[1] *agg.* 1 (*biol.*) germinal: *foglia* —, seed-leaf 2 (*fig. letter.*) embryonic, nascent: *un sentimento* —, a nascent sentiment.

germinale[2] *s.m.* (*st. francese*) Germinal.

germinare *v.intr.* 1 to germinate; (*germogliare*) to bud, to sprout 2 (*fig.*) (*nascere*) to stem, to arise*: *da quell'offesa è germinato l'odio*, the insult gave rise to hatred ◆ *v.tr.* (*letter.*) to germinate.

germinativo *agg.* germinative.

germinatoio *s.m.* germinator.

germinazione *s.f.* (*biol.*) germination.

germine → **germe**.

germogliamento → **germogliazione**.

germogliare *v.intr.* 1 (*dei semi*) to sprout, to germinate; (*di gemme*) to bud 2 (*fig.*) (*svilupparsi*) to germinate; to spring* up; to grow*: *un dubbio germogliò nella sua mente*, a doubt sprang up (*o* grew) in his mind ◆ *v.tr.* (*non com.*) to sprout, to put* out, to put* forth.

germogliazione *s.f.* germination, pullulation: *in piena* —, pullulant.

germoglio *s.m.* 1 (*bot.*) bud; (*del seme*) sprout, shoot; (*di foglia*) leaf-bud: — *terminale*, leader 2 (*fig.*) (*origine*) germ; (*primo frutto*) fruit.

gerocomio *s.m.* home for the aged, old people's home.

geroglifico *agg.* hieroglyphic(al): *scrittura geroglifica*, hieroglyphic writing ◆ *s.m.* hieroglyph, hieroglyphic (*anche fig.*).

geronimiano *agg.* Hieronymic, Hieronymian ◆ *s.m.* Hieronymite, Hieronymian.

gerontocomio *s.m.* home for the aged, old people's home.

gerontocratico *agg.* gerontocratic.

gerontocrazia *s.f.* gerontocracy.

gerontofilia *s.f.* (*psic.*) gerontophilia.

gerontoiatria → **geriatria**.

gerontologia *s.f.* (*med.*) gerontology.

gerontologico *agg.* gerontological.

gerontologo *s.m.* gerontologist.

gerosolimitano *agg.* of Jerusalem // *ordine* —, order of St. John of Jerusalem ◆ *s.m.* 1 (*abitante di Gerusalemme*) Jerusalemite, inhabitant of Jerusalem 2 (*cavaliere dell'ordine di S. Giovanni in Gerusalemme*) Knight Hospital(l)er (of St. John of Jerusalem).

gerotrofio → **gerocomio**.

gerundio *s.m.* (*gramm.*) gerund.

gerundivo *agg.* e *s.m.* (*gramm.*) gerundive.

gessaio, **gessaiolo** *s.m.* (*chi modella oggetti in gesso*) plasterer.

gessare *v.tr.* 1 (*agr.*) to chalk; (*correggere un terreno*) to gypsum 2 (*vino*) to plaster 3 → ingessare.

gessato *agg.* 1 (*agr.*) chalky 2 (*di vino*) plaster (*attr.*); plastered 3 (*impregnato di gesso*) plaster (*attr.*), plastered: *fascia gessata*, plaster bandage 4 (*di stoffa*) chalkstriped ◆ *s.m.* (*stoffa, abito*) chalkstripe.

gessatura *s.f.* 1 (*agr.*) chalking 2 (*di vino*) plastering.

gessetto *s.m.* chalk.

gessificare *v.tr.* (*geol.*) to gypsify. □ **gessificarsi** *v.intr.pron.* (*geol.*) to become* gypsified.

gessificazione *s.f.* (*geol.*) gypsification.

gesso *s.m.* 1 chalk; (*sbiancante*) whitening, whiting [U]: — *per sarti*, French chalk; *un pezzo di* —, a piece of chalk; *segnare qlco. col* —, to chalk sthg. (*o* to mark sthg. with chalk); *fertilizzare col* —, to chalk 2 (*edil., scult.*) plaster: — *di Parigi*, plaster of Paris; *un* —, *una figura di* —, a plaster figure; *forma, modello in* —, plaster cast (*o* plaster mould *o* model in plaster) 3 (*ingessatura*) plaster cast: *domani mi toglieranno il* — *al braccio*, they are going to take the plaster cast off my arm tomorrow 4 (*min.*) (*pietra da gesso*) gypsum: *contenente* —, gypsiferous.

gessoso *agg.* 1 (*di gesso*) of plaster, chalky; (*simile a gesso*) chalky 2 (*min., chim.*) gypseous; (*contenente gesso*) gypsiferous.

gesta *s.f.pl.* deeds, feats, exploits; noble achievements: *le* — *di Garibaldi*, the exploits of Garibaldi // *ho saputo delle tue ultime* —, (*iron.*) I heard about your latest exploits // (*lett.*) *canzoni di* —, chansons de geste.

gestaltico *agg.* (*psic.*) gestalt.

gestaltismo *s.m.* (*psic.*) Gestalt psychology.

gestante *s.f.* pregnant woman, expectant mother.

gestatorio *agg.* (*ant.*) gestatorial: *sedia gestatoria*, gestatorial chair.

gestazione *s.f.* 1 (*biol.*) gestation 2 (*fig.*) (*elaborazione*) gestation, preparation: *un romanzo in* —, a novel in progress.

gestibile *agg.* that can be managed, manageable: *la somma* — *direttamente da noi è elevata*, the amount of money at our disposal is considerable.

gesticolamento *s.m.* gesticulating, gesticulation.

gesticolare *v.intr.* to gesticulate, to gesture: *parlava gesticolando in continuazione*, when he spoke, he gesticulated all the time.

gesticolazione *s.f.* gesticulation, gesticulating.

gesticolio *s.m.* continual gesticulation.

gestionale *agg.* managerial, operational.

gestione *s.f.* 1 management, direction, administration; (*conduzione*) conduct, running // (*amm.*): — *aziendale*, business management; — *del personale*, personnel management; — *di un'impresa*, management of a company; — *patrimoniale*, assets administration; — *degli affari*, conduct of business; *consiglio di* —, works council (*o* board of directors); *costi, spese di* —, operating costs, expenses; *cambiamento di* —, shift in management // (*banca*): — *dei crediti*, *dei cambi*, credit, exchange management; — *di fondi*, handling of funds // (*dir.*): — *fiduciaria*, trusteeship; — *di affari* (*altrui*), management of s.o. else's business; — *del fallimento*, bankruptcy management 2 (*inform.*) management; (*limitazione*) access control; (IBM) maintenance: — *dei dati*, data management; — *di memoria tampone*, buffer control.

gestire[1] *v.tr.* to keep*, to manage, to run*, to conduct, to operate, to handle: — *un bar*, to run (*o* manage) a coffee bar; — *il servizio mensa*, to run a canteen // — *il proprio tempo*, (*fig.*) to manage one's time // *saper* — *la propria immagine*, (*fig.*) to know how to handle one's public image // (*comm.*): — *una campagna pubblicitaria*, to conduct an advertising campaign; — *una trattativa*, to conduct negotiations // (*amm.*): — *un'azienda*, to run (*o* manage) a business; — *una fabbrica*, to operate a factory; *gestito dallo stato*, state controlled; (*banca*) — *fondi*, to handle funds.

gestire[2] *v.intr.* (*gesticolare*) to gesticulate, to gesture, to make* gestures.

gesto *s.m.* 1 (*movimento del corpo*) gesture, sign; (*del capo*) nod, shake; (*della mano*) wave: *un* — *di rabbia*, an angry gesture; *un* — *eloquente*, an eloquent gesture; *fece un* — *con la mano*, he waved; *esprimersi a gesti*, to express oneself with gestures // *non fare un* —, not to move, (*fig.*) not to lift a finger // *fece il* — *di andarsene*, he made as if to leave 2 (*posa, aspetto*) pose, attitude, position: — *teatrale*, theatrical attitude (*o* pose) **3** (*estens.*) (*azione*) gesture, act: *un — disinteressato*, an unselfish act; *un bel —*, a nice gesture.

gestore *s.m.* **1** manager, director; (*amministratore*) administrator; (*operatore*) operator: — *di deposito* (*doganale*), warehouse -keeper; — *di negozio*, shopkeeper; (*amer.*) storekeeper // (*ferr.*) — *di stazione*, (station) freight manager **2** (*inform.*) (*di programma*) manager.

gestosi *s.f.* (*med.*) gestosis.

gestuale *agg.* gestural, sign (*attr.*): *linguaggio —*, sign language.

gestualità *s.f.* gestural expressiveness.

Gesù *no.pr.m.* Jesus: — *Bambino*, Infant Jesus (*o* Christ Child); — *Cristo*, Jesus Christ // *essere tutto — e Maria*, to be sanctimonious.

gesuita *s.m.* **1** Jesuit **2** (*fig.*) (*spreg.*) Jesuit, hypocrite.

gesuitico *agg.* (*fig.*) (*anche spreg.*) Jesuitic(al).

gesuitismo *s.m.* **1** Jesuitism **2** (*fig.*) (*spreg.*) Jesuitry, hypocrisy.

gesummaria, **gesummio** *inter.* (*fam.*) God bless me!, good heavens!

gettacarte *s.m.* wastepaper basket.

gettare *v.tr.* **1** to throw*; to cast*; (*con violenza*) to fling*, to hurl: *gettai un osso al cane*, I threw a bone to the dog (*o* I threw the dog a bone); *gettai la palla al ragazzo*, I threw the ball to the boy; *gettami la fune!*, throw me the rope!; *mi gettò uno sguardo irato*, he gave me an angry look; — *acqua in faccia a qlcu.*, to dash water in s.o.'s face; — *un bacio a qlcu.*, to blow s.o. a kiss; — *uno sguardo a qlcu.*, to glance at s.o. // — *qlco. al di là di*, to throw sthg. over: — *una palla al di là di un muro*, to throw a ball over a wall // — *qlco. contro qlcu.*, to throw (*o* to hurl) sthg. at s.o.: *gettò pietre contro di me*, he threw stones at me; — *una lancia contro qlcu.*, to hurl a spear at s.o. // — *qlco. dentro*, to throw sthg. in: *gettalo dentro dalla finestra!*, throw it in through the window! // — *qlco., qlcu. fuori da*, to throw sthg., s.o. out of: *non gettate nulla fuori dal finestrino*, don't throw anything out of the window; *furono gettati fuori dal ristorante*, they were thrown out of the restaurant // — *qlco., qlcu. giù, in terra*, to throw sthg., s.o. to the ground: *lo gettò a terra con uno spintone*, he shoved him to the ground; *fu gettato giù di sella*, he was thrown from his horse (*o* from the saddle); *non gettarlo giù!*, don't throw it down!; — *qlcu. a terra*, to knock s.o. down (*o* to the ground) // — *qlco. in*, to throw (*o* to cast *o* to fling) sthg. into: — *una pietra nel lago*, to throw a stone into the lake; — *polvere negli occhi a qlcu.*, (*fig.*) to throw dust in s.o.'s eyes; — *qlco. in faccia a qlcu.*, to throw (*o* to fling) sthg. in s.o.'s teeth; — *qlco. in mare*, (*da un natante*) to throw sthg. overboard, (*un carico*) to jettison; — *nella disperazione*, to throw into despair; — *nella miseria*, to reduce to misery // — *qlco. in alto*, to throw sthg. up: — *in alto una moneta*, to toss a coin // — *qlco. indietro*, to throw sthg. back: — *uno sguardo indietro*, to glance backwards (*o* to look over one's shoulder); — *la testa indietro*, to throw one's head back // — *qlco. su*, to throw (*o* to cast) sthg. on (*o* over): *si gettò una coperta sulle spalle*, he threw a blanket over his shoulders; — *biasimo su qlcu.*, to cast (*o* to throw) blame on s.o.; — *luce su qlco.*, (*fig.*) to throw light on sthg.; — *un'ombra su qlco*, (*fig.*) to cast a shadow on sthg. // — *via qlco.*, to throw sthg. away: — *via il proprio tempo, il proprio denaro*, to throw away one's time, one's money; *gettò via la sua ultima occasione*, he threw away his last chance; *non — via queste cose!*, don't throw these things away! // — *all'aria qlco.*, to make a mess of sthg.: *ho gettato all'aria tutti i cassetti per trovarlo*, I turned out all the drawers to find it // — *il guanto*, to throw (*o* to fling) down the gauntlet // — *la maschera*, to throw off the mask // — *una sfida*, to throw out a challenge // — *i soldi dalla finestra*, to throw (*o* to fling) one's money out of the window (*o* down the drain) **2** (*emettere*): *la ferita getta sangue*, the wound is bleeding profusely (*o* the wound is spurting blood); — *un grido*, to utter a cry (*o* to give a shout) **3** (*collocare*) to lay*: — *le fondamenta*, to lay the foundation(s) **4** (*tecn.*) to cast* **5** (*bot.*) to put* forth, to sprout ◆ *v.intr.* **1** (*versare*) to play, to spout: *la fontana non getta più da due giorni*, the fountain hasn't been playing for two days (*o* has been dry for two days) **2** (*econ.*) (*fruttare*) to yield, to bring* in.

□ **gettarsi** *v.rifl.* o *intr.pron.* **1** to throw* oneself, to fling* oneself: *si gettò nelle braccia della madre*, she threw (*o* flung) herself into her mother's arms; *si gettò sul letto*, she threw herself on the bed; — *ai piedi di qlcu.*, to throw oneself at s.o.'s feet; — *al collo di qlcu.*, to fall on s.o.'s neck; — *giù*, (*a terra*) to throw oneself down, (*sdraiarsi*) to lie down: *gettati giù un momento, sembri stanca*, lie down a while, you look tired; — *in acqua*, to throw oneself (*o* to jump *o* to leap) into the water; — *in avanti, all'indietro*, to throw oneself forwards, backwards; *si è gettato dal quarto piano*, he threw himself (*o* jumped) from the fourth floor // — *a capofitto in qlco.*, to throw oneself into sthg. // — *nella discussione*, to throw oneself into the discussion (*o* to plunge into the debate) // — *nella mischia*, to throw oneself into the fray // — *sul nemico*, to fall on (*o* to attack) the enemy // *si è letteralmente gettato sul piatto di spaghetti*, he literally fell on the plate of spaghetti **2** (*di fiume, sboccare*) to flow: *il Po si getta nell'Adriatico*, the Po flows into the Adriatic.

gettata *s.f.* **1** throw, cast; hurl(ing) // (*med.*) — *cardiaca*, cardiac output **2** (*di aria*) throw **3** (*tecn.*) cast, casting: — *di cemento, d'acciaio*, concrete, steel casting **4** (*di molo*) jetty **5** (*bot.*) (*non com.*) shooting **6** (*mil.*) (*di un'arma*) → gittata.

gettato *agg.* **1** thrown, cast // *fatica gettata*, useless (*o* wasted) work (*o* energy) **2** (*metall.*) cast.

getter *s.m.* (*chim.*) (*adsorbente di gas*) getter.

gettito *s.m.* **1** (*rendita*) yield, revenue, proceeds (*pl.*) // (*trib.*): — *d'imposta*, tax yield (*o* revenue); — *fiscale*, inland (*o* internal) revenue, yield of taxation; — *fiscale effettivo* (*rispetto alle previsioni*), budget outturn **2** (*non com.*) (*il gettare*) throwing, casting.

getto *s.m.* **1** (*lancio*) throw, throwing: (*sport*) *il — del peso*, shot put **2** (*di liquido*) jet, spout, gush, spurt: — *di acqua*, jet (*o* stream) of water; *getti d'acqua*, water jets // *a — continuo*, continuously (*o* uninterruptedly): *piangere a — continuo*, to weep incessantly; *parlare a — continuo*, to talk endlessly (*o* continuously) // *scrivere, comporre qlco. di —*, to write, to run off sthg.: *compose la sinfonia di — in una notte*, he ran (*o* wrote) off the symphony in one night // (*meteor.*) *corrente a —*, jet stream **3** (*bot.*) bud, turion, spur **4** (*metall., edil.*) casting: — *cavo*, hollow casting; — *di acciaio fuso*, steel casting; — *di calcestruzzo*, concrete casting **5** (*mecc., aer.*) jet: — *d'avviamento*, starting jet; *motore a —*, jet engine; *propulsione a —*, jet propulsion; — *di sostentazione*, lift jet; — *di potenza*, power jet; *aereo a —*, jet aeroplane **6** (*aer., mar.*) (*di carico*) jettison.

gettonare *v.tr.* (*fam.*) **1** (*telefonare*) to ring* up, to give* (s.o.) a buzz, to give* (s.o.) a bell, to call (up) **2** (*selezionare al juke-box*) to select, to choose*.

gettonato *agg.* (*fam.*) popular: *la canzone più gettonata del momento*, the most popular (*o* the hit) song of the moment.

gettone *s.m.* **1** (*per distributore automatico, contromarca per ritirare merci*) token; (*telefonico*) telephone token, telephone coin: *non posso telefonare, non ho neanche un —!*, I can't phone, I haven't even got one token!; *il telefono è a gettoni*, the phone takes tokens **2** (*al gioco*) counter, check, token, chip **3** — *di presenza*, attendance fee.

gettoniera *s.f.* **1** (*distributrice di gettoni*) token machine **2** (*feritoia di gettoniera*) slot.

gettopropulsione *s.f.* (*aer.*) jet propulsion.

geyser *s.m.* (*geol.*) geyser.

geyserite *s.f.* (*chim.*) geyserite.

gheiscia → **geisha**.

ghenga → **gang**.

ghepardo *s.m.* (*zool.*) (*Acinonyx jubatus*) cheetah, hunting leopard.

gheppio *s.m.* (*zool.*) (*Falco tinnunculus*) kestrel, windhover.

gherenuc → **gerenuc**.

gheriglio *s.m.* kernel.

gherlino *s.m.* (*mar.*) hawser: — *da rimorchio*, towing hawser.

gherminella *s.f.* trick, prank: *mi fecero una —*, they played a trick on me.

ghermire *v.tr.* **1** to claw, to clutch, to grip: *l'aquila ghermì la preda coi suoi forti artigli*, the eagle gripped its prey in its powerful claws **2** (*prendere con forza*) to clutch, to seize, to snatch (*anche fig.*): *le guardie ghermirono il ladro*, the guards seized (*o* grabbed) the thief.

gherone *s.m.* **1** (*arald.*) gyron **2** (*falda triangolare in un indumento*) gusset **3** (*mar.*) gore.

ghetta *s.f.* **1** spat: *un signore con le ghette*, a gentleman in spats **2** *pl.* (*pantaloncini per bambini*) (knee) breeches.

ghettizzare *v.tr.* **1** (*chiudere in un ghetto*) to confine to a ghetto, to ghettoize **2** (*segregare*) to segregate: — *una minoranza etnica*, to segregate an ethnic minority.

ghettizzazione *s.f.* **1** ghettoization, confinement to a ghetto **2** (*segregazione*) segregation: *una protesta contro la — delle minoranze di colore*, a protest against the segregation of coloured minorities.

ghetto *s.m.* **1** ghetto* **2** (*luogo sudicio abitato da povera gente*) slum **3** (*fig.*) (*isolamento, emarginazione*) ghetto*, emargination, isolation **4** (*non com.*) (*chiasso, clamore*) row, uproar.

ghia *s.f.* (*mar.*) whip: — *doppia*, double whip.

ghiaccia → **glassa**.

ghiacciaia *s.f.* 1 icebox, ice-chest 2 (*ambiente in cui si conserva il ghiaccio*) ice-house (*anche fig.*): *questa stanza è una* —, (*fig.*) this room is freezing cold.

ghiacciaio *s.m.* glacier: *crepacci di* —, glacier crevasses; *bocca di* —, glacier snout; — *continentale*, ice sheet; — *di tipo norvegese*, plateau glacier; — *sospeso*, hanging glacier.

ghiacciare *v.tr.* 1 to freeze*; to ice: *il freddo ha ghiacciato lo stagno*, the cold has frozen the pond; — *l'acqua*, *lo champagne*, to ice water, champagne; *il freddo mi ha ghiacciato il naso*, the cold has frozen my nose 2 (*fig.*) to chill: *la notizia lo ha ghiacciato*, the news chilled him ◆ *v.intr.* to freeze* (over): *il lago ghiacciò*, the lake froze (over).

□ **ghiacciarsi** *v.intr.pron.* to freeze*, to get* frozen: *mi si sono ghiacciate le mani*, my hands got frozen; *ma qui si ghiaccia!*, it's freezing here!

ghiacciata *s.f.* iced drink (of crushed ice with syrup flavouring): *una* — *alla menta*, mint-flavoured iced drink.

ghiacciato *agg.* 1 (*divenuto ghiaccio*) frozen: *lago* —, frozen lake 2 (*freddissimo*) icy, freezing: *acqua ghiacciata*, icy (*o* freezing) water; *tè*, *caffè* —, iced tea, coffee; *ho le mani ghiacciate*, my hands are frozen (*o* freezing).

ghiaccio *s.m.* ice: *lastra di* —, sheet of ice; *cubetti di* —, ice-cubes; *secchiello per il* —, ice-bucket; *borsa per il* —, ice bag (*o* pack); *whisky con* —, whisky on the rocks; *mettere in* — *una bottiglia*, to ice a bottle; *pattinaggio sul* —, ice skating // *freddo come il* —, as cold as ice; *ho i piedi di* —, (*fig.*) my feet are like ice // *essere di* —, to be as cold as ice // *rimanere di* —, (*fig.*) to be dumbfounded // *rompere il* —, (*fig.*) to break the ice // (*geogr.*): *banco di* —, ice-field; *lastrone di* — *galleggiante*, ice-floe; — *costiero*, fast ice // (*chim.*) — *secco*, dry ice // (*fis.*) *punto fisso del* —, ice point ◆ *agg.* frozen.

ghiacciolo *s.m.* 1 (*di fontana*, *grondaia ecc.*) icicle 2 (*gelato*) (water) ice, (ice) lolly, lollipop ◆ *agg.* (*non com.*) fragile, brittle.

ghiaia *s.f.* gravel; pebble: *cava di* —, gravel-pit; (*ferr.*) *letto di* —, ballast; *ricoprire di* —, to lay (*o* to strew) with gravel.

ghiaione *s.m.* (*geol.*) scree.

ghiaioso *agg.* gravelly: *terreno* —, gravelly soil.

ghianda *s.f.* 1 (*bot.*) acorn, gland // (*termoionica*) *valvola a* —, acorn tube 2 (*ornamento per frange*) tassel.

ghiandaia *s.f.* (*zool.*) (*Garrulus glandularis*) jay // — *marina*, (*Coracius garrulus*) roller (*o* sea pie).

ghiandifero *agg.* (*bot.*) glandiferous; acorn-bearing.

ghiandola *s.f.* (*anat.*, *zool.*) gland: — *endocrina*, ductless gland; — *lacrimale*, *linfatica*, *mammaria*, lacrimal, lymphatic, mammary gland; — *escretoria*, secretory gland; — *mucosa*, slime gland; — *odorifera*, scent gland; — *velenifera*, poison gland; — *spermatica*, spermary // *ghiandole salivari*, (*di baco da seta*) spinneret.

ghiandolare *agg.* (*anat.*) glandular.

ghiara → **ghiaia**.

ghibellinismo *s.m.* (*st.*) Ghibellinism.

ghibellino *agg.* e *s.m.* (*st.*) Ghibelline.

ghibli *s.m.* (*meteor.*) ghibli, chibli.

ghiera *s.f.* 1 (*all'estremità di bastone*, *ombrello ecc.*) ferrule; metal ring; (*all'imboccatura di fodero di spada*) chape 2 (*arch.*) arched lintel 3 (*mecc.*) ring nut, nut, metal ring.

ghierato *agg.* (*munito di puntale*) ferruled.

ghigliottina *s.f.* guillotine // *finestra a* —, sash window.

ghigliottinare *v.tr.* to guillotine.

ghigna *s.f.* (*fam.*) grimace; sour expression.

ghignare *v.intr.* to grimace; to sneer, to smile sarcastically.

ghignata *s.f.* sneering; grinning; laughing // *ci siamo fatti quattro ghignate con gli amici*, (*fam.*) we had a good laugh with our friends.

ghigno *s.m.* 1 (*riso beffardo*) sarcastic smile, sarcastic laugh, sneer 2 (*sorriso malizioso*) impudent smile.

ghinda *s.f.* (*mar.*) hoist.

ghindare *v.tr.* 1 (*mar.*) to sway; (*issare*) to hoist, to raise; to windlass: — *una bandiera*, to hoist a flag 2 (*mil.*) to rack down, to lash down.

ghindazzo *s.m.* (*mar.*) top-rope.

ghinea *s.f.* (*antica moneta britannica*) guinea (*nel sistema monetario duodecimale valeva 21 scellini*).

ghingheri *nelle locuz. avv.* (*fam. scherz.*): *essere in* —, to be smartly dressed (*o* dressed up); *mettersi in* —, to dress up (*o* to put on one's Sunday best *o* to dress up to the nines).

ghiotta *s.f.* (*cuc.*) dripping-pan.

ghiotto *agg.* 1 gluttonous, greedy: *che bimbo* —!, what a greedy child!; *è* — *di dolci e caramelle*, he loves cakes and sweets (*o* he has a sweet tooth) 2 (*appetitoso*) tasty, delicious: *un boccone* —, a tasty morsel 3 (*avido*) eager, greedy: *essere* — *di guadagni*, to be eager for gain; *il pubblico è* — *di notizie*, *scandali*, (*fig.*) the public is hungry for news, scandal.

ghiottone *s.m.* 1 glutton 2 (*buongustaio*) gourmand, gourmet 3 (*zool.*) (*Gulo gulo*) glutton, wolverene.

ghiottoneria *s.f.* 1 gluttony, greed: *mangia per* —, *non per appetito*, he eats out of greed, not because he's hungry 2 (*cibo ghiotto*) tasty morsel, titbit, delicacy (*anche fig.*): *quella torta è una vera* —, that cake is a real delicacy 3 (*rarità*, *cosa rara*) rarity: *si tratta di un quadro unico*, *una vera* —, it's a unique painting, a true rarity.

ghiozzo *s.m.* (*zool.*) (*Cottus gobio*) goby*, miller's thumb, gudgeon // — *comune*, (*Gobius niger*) miller's thumb.

ghirba *s.f.* 1 (*otre di pelle*) leather flask, water bag, wineskin 2 (*fam.*) (*vita*) skin // *portare a casa la* —, to save one's skin.

ghiribizzare *v.tr.* e *intr.* (*non com.*) to be whimsical (about sthg.); (*fantasticare*) to daydream* (about sthg.).

ghiribizzo *s.m.* (*fam.*) whim, fancy, caprice, freak: *mi salta il* — *di cantare*, I have a fancy to sing (*o* I feel like singing); *adesso gli è venuto il* — *di giocare a poker*, now he's got it into his head to play poker.

ghiribizzoso *agg.* (*non com.*) whimsical, full of whims, capricious, freakish.

ghirigoro *s.m.* doodle, scribble: *ha riempito una pagina di ghirigori*, he filled a whole page with doodles.

ghirlanda *s.f.* 1 garland, wreath: *una* — *di fiori*, a garland (*o* wreath) of flowers 2 (*fig. letter.*) ring, circle: *i bambini facevano* — *intorno al banco dei dolci*, the children made a ring around the sweets counter.

ghirlandare → **inghirlandare**.

ghiro *s.m.* (*zool.*) (*Glis glis*) dormouse*, loir // *dormire come un* —, to sleep like a log.

ghironda *s.f.* hurdy-gurdy, barrel organ.

ghisa[1] *s.f.* (*metall.*) cast iron: — *da fonderia*, foundry pig; — *madre*, (*greggia*, *di altoforno*, *di prima fusione*) pig iron; — *refrattaria*, heat-resisting cast iron; — *acciaiosa*, semisteel; — *bianca*, *grigia*, *trotata*, white, grey, trouted cast iron; — *malleabile*, malleable cast iron; — *sferoidale*, spheroidal (*o* spheroidical) cast iron.

ghisa[2] *s.m.* (*region. fam.*) (*vigile urbano*) traffic policeman*, traffic cop.

gi *s.f.* o *m.* letter G.

già *avv.* 1 already; (*ormai*) by now, by then: *sono* — *partiti*, they've already left; *quando siamo arrivati*, *il concerto era* — *cominciato*, the concert had already started when we arrived; *sono* — *10 minuti che aspetto*, I've already been waiting 10 minutes; *non occorre che tu me lo dica*, *lo so* —, you don't have to tell me, I already know; *purtroppo l'estate è* — *finita*, summer's already over, I'm afraid; *erano* — *in atto i lavori di restauro*, restoration work was already in progress; *quando lo portarono all'ospedale era* — *troppo tardi*, by the time they got him to hospital, it was (already) too late; *domani a quest'ora sarò* — *a New York*, by this time tomorrow I'll (already) be in New York; *a quell'epoca avrà* — *dato l'esame*, he'll have (already) taken the exam by that time (*o* by then); *avrebbe* — *dovuto andare in pensione*, he should have retired by now // In frasi esclamative o interrogative: *sono* — *le dieci!*, it's already ten o'clock!; *siamo* — *a Natale!*, it's Christmas already!; (*siete*) — *di ritorno?*, (are you) back already?; *è* — *ora di partire?*, is it already time to leave?; *sei* (*di*) — *qui?*, (are you) here already?; *"Mi dispiace, ma devo andare" "Di —?"*, "I'm sorry, but I'll have to go" "What, already?" 2 (*prima d'ora*, *prima di allora*) before; already; (*solo in frasi interrogative*) yet: *te l'ho* — *detto* (*varie volte*), I've told you (several times) before; *ci eravamo* — *incontrati*, we had already met (*o* we'd met before); *sono certo di averlo* — *visto da qualche parte*, I'm sure I've seen him before somewhere; *"Sei — stato a Parigi?" "Sì, ci sono stato tre mesi fa"*, "Have you been to Paris yet?" "Yes, I was there three months ago"; *avevate* — *viaggiato in aereo?*, had you flown before?; *è* — *venuto il medico?*, has the doctor been yet?; *avete* — *deciso per le vacanze?*, have you decided where you're going for your holidays yet?; *hai* — *visto quel film?*, have you seen that film yet?; *"Sono — partiti?" "Non ancora"*, "Have they left yet?" "No, they haven't" 3 (*un tempo*) once; (*precedentemente*) formerly: *la Torre di Londra*, — *castello normanno*, *poi prigione di stato*, *è oggi un museo*, the Tower of London, once a Norman castle, then a state prison, is now a museum; *Reagan*, — *presidente degli Stati Uniti*, Reagan, formerly American president; *il ministro delle finanze*, — *ministro dell'agricoltura*, the finance minister, formerly minister of agriculture; *Viale Tunisia*, — *Viale Regina Elena*, Viale Tunisia, formerly Viale Regina Elena // *fu* —, *visse* — *un re...*, there was once a King... 4

(*fin da questo, da quel momento*) (ever) since, from: — *da bambino mostrava attitudine per il disegno*, he had shown drawing ability ever since he was a child; — *in epoca romana sorgeva qui una stazione termale*, there has been a spa here ever since Roman times; *potete fermarvi qui — da stasera*, you can stay here right from tonight; *può cominciare a lavorare — da oggi*, you can start work right from today **5** (*con valore di affermazione o constatazione*) yes; of course; that's right: *"È quello il nuovo direttore?" "Già"*, "Is that the new manager?" "Yes, that's right"; — (—), *è vero, non ci avevo pensato!*, of course, I hadn't thought of that!; *eh —, dovevo immaginarmelo!*, of course, I should have guessed!; *"Come vedi, avevo ragione io" "Già, tu non sbagli mai!"*, "You see, I was right" "Yes, you're never wrong, are you?" // *non — che non lo avessero avvertito*, not that he hadn't been warned ◆ *cong.*: — *che* → giacché.

giacca *s.f.* jacket: — *a vento*, windcheater; — *di cuoio*, leather jacket; — *e gonna*, jacket and skirt; — *e pantaloni*, jacket and trousers; — *sportiva*, sports jacket; — *a un petto, a doppio petto*, single-, double-breasted jacket; *si mise in spalla la — e uscì*, he put his jacket around his shoulders and went out.

giacché *cong.* as, since; seeing that; now that: — *lo vuoi, ti dirò come stanno le cose*, since you want to know, I'll tell you how things stand; — *il tempo è bello, si potrebbe fare una gita sul lago*, as the weather's fine, we could go out on the lake; — *siete venuti, sistemiamo questa faccenda una volta per tutte*, now that you're here, let's sort this matter out once and for all; — *eravamo in argomento, abbiamo affrontato il problema della casa*, seeing that we were on the subject, we tackled the housing problem // — *ci sei, potresti farti dare un modulo anche per me?*, while you're about it, would you mind getting me a form too?

giacchetta *s.f.* jacket: *una — estiva*, a summer jacket // (*sport*) *le giacchette nere*, (*arbitri*) football referees.

giacchio *s.m.* (*mar.*) sweep-net.

giaccone *s.m.* heavy jacket: *un — di montone*, a sheepskin jacket.

giacente *agg.* **1** lying, lying down; (*situato*) placed, situated **2** (*di capitale*) uninvested, idle; (*di merce*) in stock, unsold: *articoli giacenti*, unsold articles **3** (*dir.*) in abeyance **4** (*di posta*) unclaimed: *una lettera —*, an unclaimed letter; *ufficio di posta —*, dead-letter office **5** (*di affari*) (*in sospeso*) pending.

giacenza *s.f.* (*merce in deposito*) stock; (*permanenza di merce in deposito*) stoppage; (*merce invenduta*) unsold goods (*pl.*) // (*comm., fin.*): — *di magazzino*, goods (*o* stock) on hand (*o* stock-in-trade); — *media*, average stock; — *di cassa*, cash in hand; *capitale in —*, uninvested capital // *denaro, merce in —*, (*non ritirato*) unclaimed money, goods // (*banca*) *giacenze bancarie*, bank deposits // (*mar.*) *giorni di —*, (*controstallia*) demurage days.

giacere *v.intr.* to lie*: *giaceva esanime al suolo*, he was lying lifeless on the ground; *le isole Ebridi giacciono a nord della Scozia*, the Hebrides lie (to the) north of Scotland; *i loro denari giacciono in banca*, their money is lying (idle) in the bank; *l'uomo cadde e giacque immobile a terra*, the man fell and lay motionless on the ground // — *addormentato, ammalato*, to lie asleep, ill; — *a letto, in prigione*, to lie in bed, in prison; — *nel cimitero*, to lie in the churchyard (*o* cemetery); *'qui giace...'*, 'here lies...'; — *nella miseria*, to be badly off (*o* to be destitute); — *nella polvere*, to lie in the dust; — *sul fianco, bocconi, supino*, to lie on one's side, on one's face, on one's back; *mettersi a —*, to lie down // *questa pratica giace ormai da anni nell'archivio*, this file has now been lying in the archives for years // *chi muore giace e chi vive si dà pace*, (*prov.*) let the dead bury the dead // (*mat.*) *il punto P giace sulla retta r*, the points P lies on the line r.

giaciglio *s.m.* couch; (*di paglia*) pallet, straw bed.

giacimento *s.m.* (*geol.*) layer; (*miner.*) prospect, ore deposit, ore body; mine: — *alluvionale*, alluvial deposit (*o* placer); — *aurifero*, gold deposit; — *di carbone*, coal seam; — *di petrolio*, oilfield (*o* reservoir); — *di sale*, salt-mine.

giacinto *s.m.* (*bot.*) hyacinth // — *di bosco*, (*Muscari comosum*) bluebell // — *selvatico*, (*Camassia esculenta*) wild hyacinth.

giacitura *s.f.* **1** (*il giacere*) lying(-down) **2** (*posizione*) position; posture: — *incomoda*, uncomfortable posture // (*ling.*) *la — delle parole*, the position of words **3** (*geol., mat.*) attitude.

giaco *s.m.* (*armatura*) coat of mail.

giacobina *s.f.* (*bot.*) (*Florisuga mellivora*) jacobin.

giacobinismo *s.m.* (*st.*) Jacobinism.

giacobino *agg.* e *s.m.* (*st.*) Jacobin (*anche fig.*).

Giacomo *no.pr.m.* James // *far — —*, to tremble (*o* to shake *o* to quake): *prima dell'esame avevo le gambe che facevano — —*, my legs were trembling (*o* quaking) before the exam.

giaconetta *s.f.* (*stoffa*) jaconet.

giaculatoria *s.f.* **1** (*eccl.*) very brief prayer, ejaculation **2** (*scherz.*) list, catalogue, litany: *non attaccare con la — delle tue disgrazie!*, don't start up on the list of all your troubles! **3** (*eufemismo*) curse oath.

giada *s.f.* e *agg.* (*min.*) jade.

giadeite *s.f.* (*min.*) jadeite.

giaggiolo, **giaggiuolo** *s.m.* (*bot.*) iris, orris; (*pop.*) flower de luce.

giaguaro *s.m.* (*zool.*) (*Panthera onca*) American leopard, jaguar; (*amer.*) panther // *amico del —*, person who sides with the opponents of a friend.

giaietto *agg.* (*nero lucido*): *color —*, jet ◆ *s.m.* (*geol.*) jet (coal).

giainismo → **jainismo**.

gialappa *s.f.* **1** (*bot.*) (*Ipomoea purga*) jalap **2** (*purgante*) jalap.

giallastro *agg.* yellowish, yellowy: *avere un colorito —*, to have a jaundiced (*o* yellowy *o* sallow) complexion ◆ *s.m.* yellowish colour, yellowy colour.

gialleggiare *v.intr.* (*letter.*) to be yellowish, to be yellowy.

giallezza *s.f.* (*non com.*) yellowness.

gialliccio, **gialligno** *agg.* yellowish, yellowy ◆ *s.m.* yellowish colour, yellowy colour.

giallino *agg.* light yellow.

giallista *s.m.* e *f.* detective-story writer, crime writer, thriller writer: *Agatha Christie fu una grande —*, Agatha Christie was a great detective-story writer.

giallistica *s.f.* detective literature, crime literature: *una libreria specializzata in —*, a bookshop specializing in crime literature.

giallo *agg.* yellow: *un maglione —*, a yellow sweater // *farina gialla*, maize flour (*o* meal) // *le razze gialle*, the yellow races; *pericolo —*, yellow peril // *la stampa gialla*, (*scandalistica*) the gutter press // *libro —*, thriller (*o* detective story); *film —*, detective (*o* mystery) film (*o* thriller) // *sindacato —*, (*creato dai datori di lavoro*) company union // (*med.*) *febbre gialla*, yellow fever // (*biochim.*) *enzimi gialli*, yellow enzymes ◆ *s.m.* **1** yellow: — *limone*, lemon yellow; — *ocra*, yellow ochre (*o* oxide yellow); — *paglierino*, straw yellow; *adoro il —*, I love yellow; *il — ti dona*, yellow suits you // *questo prodotto toglie il — dalla biancheria*, this product takes the yellow colour out of linen **2** (*film*) detective film, mystery film, thriller; (*libro*) thriller, detective story: *legge sempre gialli in vacanza*, he always reads thrillers on his holidays; *questo caso giudiziario è un — che appassiona l'opinione pubblica*, this case has become a mystery that has inflamed public opinion **3** (*di semaforo*) amber light: *rallenta quando vedi il —*, slow down when you see the amber light; *è passato con il semaforo —*, he went through the amber (*o* orange) light **4** — *d'uovo*, yolk **5** (*chim.*) — *di idrazina*, tartrazine.

giallognolo *agg.* yellowish, faded yellow ◆ *s.m.* faded yellow.

giallore *s.m.* yellowness; (*di carnagione*) sallowness.

giallorosa *agg.*: *romanzo —*, romantic thriller.

giallume *s.m.* **1** dirty yellow **2** (*bot., zool.*) yellow.

giamaicano *agg.* e *s.m.* Jamaican.

giambico *agg.* **1** (*metrica*) iambic: *pentametro —*, iambic pentameter; *piedi giambici*, iambic feet **2** (*fig. letter.*) (*satirico*) satirical: *spirito —*, satirical wit.

giambo *s.m.* (*metrica*) iamb, iambus*.

giamburrasca *s.m.* naughty child, little rascal.

giammai *avv.* (*antiq.*) **1** (*mai*) never: *Arrendersi lui? Giammai!*, He, surrender? Never! **2** (*una volta, qualche volta*) ever: *se — lo rivedrò*, if I ever see him again.

gianduia *s.m.* 'gianduia' (Piedmontese nut chocolate).

gianduiotto *s.m.* 'gianduiotto' (a type of Piedmontese chocolate).

giannetta[1] *s.f.* (*bastone da passeggio*) walking cane.

giannetta[2] *s.f.* (*tess.*) jenny.

giannizzero *s.m.* **1** (*st.*) janissary, janizary **2** (*spreg.*) henchman*, flunkey; yes-man, toady: *i suoi giannizzeri non mi hanno fatto passare!*, his henchmen wouldn't let me in!

giansenismo *s.m.* (*st. relig.*) Jansenism.

giansenista *s.m.* e *f.* (*st. relig.*) Jansenist.

giansenistico *agg.* (*st. relig.*) Jansenistic.

giapponese *agg.* Japanese; (*fam. spreg.*) Jap // (*sport*) *lotta —*, jujitsu (*o* judo) ◆ *s.m.* e *f.* Japanese man (*m.*), Japanese woman (*f.*); (*fam. spreg.*) Jap: *i giapponesi*, the Japanese (*o spreg.* the Japs).

giapponeseria *s.f.* (*spec. pl.*) japanese bric-à-brac.

giara *s.f.* (earthenware) jar.

giardinaggio *s.m.* gardening: *è un appassionato di* —, he's a keen gardener; *il — mi rilassa*, gardening relaxes me; *arnesi da* —, garden(ing) tools.

giardinetta® *s.f.* (*aut.*) (small) station wagon, small estate car.

giardinetto *s.m.* **1** small garden **2** (*mar.*) buttock: — *a piè d'albero*, fife rail **3** (*econ.*) (*diversificazione di prodotti*) product diversification; (*Borsa*) (*portafoglio di titoli diversificato*) diversified portfolio*.

giardiniera *s.f.* **1** woman gardener **2** (*mobile di sostegno per vasi di fiori*) flower stand, jardinière **3** (*aut.*) → **giardinetta**® **4** (*cuc.*) pickled vegetables (*pl.*).

giardiniere *s.m.* gardener.

giardino *s.m.* garden (*anche fig.*): — *botanico*, botanical gardens; — *pensile*, roof garden; — *pubblico*, park; — *all'inglese*, *all'italiana*, English, Italian garden; — *zoologico*, zoological gardens (*o* zoo); *andate in —!*, go into the garden!; *l'Italia è il — d'Europa*, Italy is the garden of Europe // — *d'inverno*, winter garden (*o* conservatory) // — *d'infanzia*, nursery school (*o* kindergarten) // *città* —, garden suburb (*o* garden city).

giarra → **giara**.

giarrettiera *s.f.* garter; suspender // *Ordine della Giarrettiera*, Order of the Garter; *Cavaliere dell'Ordine della Giarrettiera*, Knight of the Garter (*abbr.* KG).

giaurro *s.m.* (*spreg.*) giaour, heathen; infidel.

giavanese *agg.* e *s.m.* e *f.* Javanese.

giavazzo *s.m.* → **giaietto** ♦ *agg.* (*di cavallo*) jet-black.

giavellottista *s.m.* e *f.* javelin thrower.

giavellotto *s.m.* javelin: *lancio del* —, javelin throwing; *lanciatore di* —, javelin thrower.

giazzista e *deriv.* → **jazzista** e *deriv.*

gibbo *s.m.* → **gobba**.

gibbone *s.m.* (*zool.*) gibbon.

gibbosità *s.f.* gibbosity: *una strada piena di* —, a very bumpy road.

gibboso *agg.* gibbous; humped, hunchbacked.

giberna *s.f.* (*mil.*) (cartridge-)pouch, cartridge -box, ammunition-pouch.

gibigiana *s.f.* (*region.*) flash of a reflected light.

gibus *s.m.* gibus, opera hat.

gicaro, **gichero** → **gigaro**.

giga *s.f.* (*musica, danza*) jig.

gigante *agg.* gigantic, giant (*attr.*); huge, colossal: *voglio un gelato* —, I want a monster (*o* gigantic) icecream; (*comm.*) *confezione* —, giant (*o* jumbo) pack; (*econ.*) *industria* —, giant industry // (*astr.*): *stella* —, giant star; — *rossa*, red giant // (*sci*) *slalom* —, giant slalom ♦ *s.m.* giant (*anche fig.*): *nel suo settore è un* —, he's a giant in his sector; (*econ.*) *giganti industriali*, industrial giants // *fare passi da* —, to make great strides (*o* to make rapid progress) // (*geol.*) *marmitta dei giganti*, pothole.

giganteggiare *v.intr.* to tower (over s.o., sthg.), to stand* like a giant, to rise* like a giant (*anche fig.*); (*incombere*) to loom over: *giganteggia sui contemporanei*, he towers over his contemporaries; *giganteggiava tra la folla*, he was towering over the crowd.

gigantesco *agg.* gigantic, colossal, huge (*anche fig.*): *ha un appetito* —, he has a gigantic (*o* an enormous) appetite; *è un edificio* —, it's a gigantic (*o* colossal) building.

gigantessa *s.f.* giantess.

gigantismo *s.m.* (*med.*) giantism; gigantism (*anche estens.*): *la burocrazia è spesso affetta da* —, bureaucracy often suffers from gigantism.

gigantografia *s.f.* (*fot.*) blow-up, giant poster.

gigantomachia *s.f.* (*mit.*) gigantomachy.

gigaro *s.m.* (*bot.*) (*Arum maculatum*) cows -and-calves, lords and ladies, cuckoo-pint.

gigionata *s.f.* ham acting, hamming; piece of hamming.

gigione *s.m.* (*teatr.*) ham (actor) // *fare il* —, to overact (*o* to ham).

gigioneggiare *v.intr.* to ham, to overact; to be histrionic.

gigionesco *agg.* ham (*attr.*), hammy; histrionic.

gigionismo *s.m.* (*teatr.*) ham-acting, hamming; histrionics (*pl.*).

gigliaceo *agg.* (*bot.*) liliaceous.

gigliato *agg.* (*contrassegnato dal giglio*) lilied (*anche arald.*) ♦ *s.m.* 'gigliato' (old Florentine or Neapolitan coin).

giglio *s.m.* **1** (*bot.*) lily: *bianco come un* —, lily-white // — *bianco*, (*Lilium candidum*) white lily (*o* Madonna lily *o* Easter-lily) // — *cinese*, (*Lilium tigrinum*) tiger lily // — *fiorentino*, (*Iris florentina*) orris // — *martagone*, (*Lilium martagon*) martagon (*o* Turk's cap lily) // — *rosso*, (*Lilium pomponium*) pond lily **2** (*arald.*) fleur-de-lis, fleur-de-lys: *i Gigli di Francia*, (*stemma dei re di Francia*) the Fleurs-de-lis (*o* the Lilies) **3** (*zool.*) — *di mare*, crinoid (*o* sea-lily).

gigolette *s.f.* moll.

gigolò *s.m.* gigolo*.

gilda *s.f.* (*st. econ.*) guild.

gildismo *s.m.* (*movimento socialista inglese*) guild socialism.

gilé, **gilet** *s.m.* waistcoat: *un — a fiori*, a flowered waistcoat.

gillette® *s.m.* Gillette®.

gimcana, **gimkana** e *deriv.* → **gincana** e *deriv.*

gimnocarpo *agg.* (*bot.*) gymnocarpous.

gimnodattilo *s.m.* (*zool.*) gymnodactylous.

gimnosperma *s.f.* (*bot.*) gymnosperm: *delle gimnosperme*, gymnospermous.

gimnoto *s.m.* (*zool.*) (*Electrophorus electricus*) electric eel, (*scient.*) gymnotus.

gin *s.m.* gin.

ginandria *s.f.* **ginandrismo** *s.m.* (*med.*) gynandrism.

ginandro *agg.* (*bot.*) gynandrous.

ginandromorfismo *s.m.* (*zool.*) gynandromorphism.

gincana *s.f.* obstacle race, obstacle run (*anche estens.*).

gincanista *s.m.* e *f.* competitor in an obstacle race.

gineceo *s.m.* **1** (*archeol.*) gynaeceum (*pl.* -cea) **2** (*harem*) harem **3** (*bot.*) gynoecium*.

ginecofobia *s.f.* (*psic.*) gynephobia.

ginecologia *s.f.* (*med.*) gynaecology.

ginecologico *agg.* (*med.*) gynaecologic(al): *intervento* —, gynaecological operation.

ginecologo *s.m.* (*med.*) gynaecologist.

ginepraio *s.m.* **1** juniper thicket; juniper bush **2** (*fig.*) (*situazione intricata*) difficult situation, fix, predicament: *cacciarsi in un* —, to get oneself into a fix; *togliersi da un* —, to get out of a fix.

ginepro *s.m.* **1** (*bot.*) (*Juniperus communis*) juniper // — *della Virginia*, (*Juniperus virginiana*) savin (*o* savine) **2** (*essenza*) juniper essence.

ginestra *s.f.* (*bot.*) broom, genista: *fibra di* —, broom fibre // — *dei carbonai*, (*Cytisus scoparia*) broom.

ginestrella *s.f.* (*bot.*) (*Genista tinctoria*) dyer's broom, base-broom, greenweed.

ginestreto *s.m.* (*non com.*) broom thicket.

ginestrina *s.f.* **ginestrino** *s.m.* (*bot.*) (*Lotus corniculatus*) five-finger.

ginestrone *s.m.* (*bot.*) (*Ulex europaeus*) prickly broom, (*scient.*) gorse.

ginevrino *agg.* Genevan ♦ *s.m.*, **ginevrina** *s.f.* Genevan.

gin fizz *s.m.* (*cocktail*) gin fizz.

ginger *s.m.* (*bibita analcolica*) ginger ale.

gingillare *v.tr.* (*region.*) to make* fun of. □ **gingillarsi** *v.intr.pron.* **1** (*giocherellare*) to toy, to play; to amuse oneself **2** (*estens.*) (*perder tempo*) to fool around, to potter, to dawdle: *smettila di gingillarti e incomincia a studiare*, stop fooling around and start studying.

gingillino *s.m.* **1** (*piccolo ninnolo*) knick -knack; (*di poco valore*) trifle **2** (*donna graziosa e piccola di statura*) pocket venus.

gingillo *s.m.* **1** (*ninnolo*) knick-knack; (*di poco valore*) trinket; trifle: *ha una casa piena di gingilli*, he has a house full of knick-knacks **2** (*balocco*) plaything (*anche fig.*).

gingiva → **gengiva**.

ginkgo *s.m.* (*bot.*) ginkgo.

ginnare *v.tr.* (*tess.*) to gin.

ginnasiale *agg.* grammar school (*attr.*); (*di scuola italiana, tedesca*) gymnasial: *la seconda classe* —, the second form of grammar school ♦ *s.m.* e *f.* grammar school pupil.

ginnasiarca *s.m.* (*st. greca*) gymnasiarch.

ginnasio *s.m.* **1** (*scuola media d'ordine classico*) grammar school; (*amer.*) high school; (*di tipo italiano, tedesco*) gymnasium **2** (*estens.*) (*edificio*) grammar school (building) **3** (*st. greca*) gymnasium.

ginnasta *s.m.* gymnast; (*estens.*) (*persona atletica*) athlete.

ginnastica *s.f.* (*attività fisica*) exercise; physical training, physical drill; (*disciplina sportiva*) gymnastics [U], (*fam.*) gym: — *da camera*, exercises (done at home); — *attrezzistica*, apparatus work; — *a corpo libero*, free exercises; — *correttiva*, remedial gymnastics; — *ritmica*, callisthenics; *ti conviene fare più — se vuoi dimagrire*, you should do a bit more exercise if you want to lose weight; *ogni settimana abbiamo due ore di* —, we have two periods of physical training a week; *fare* —, to do (physical) exercises; *scarpe per* —, gym shoes // — *mentale*, mental exercise (*o* training).

ginnastico *agg.* gymnastic.

ginnatrice *s.f.* (*tess.*) gin, cotton gin.

ginnatura *s.f.* (*tess.*) ginning.

ginnetto *s.m.* **1** jennet **2** (*estens.*) (*cavallo da corsa*) racehorse.

ginnico *agg.* gymnastic; athletic: *esercizi ginnici*, physical exercises (*o* gymnastics); *giochi ginnici*, athletic games; *saggio* —, gymnastic display.

ginocchiata *s.f.* **1** (*colpo dato col ginocchio*) blow with the knee: *gli ho dato una forte — nello stomaco*, I kneed him in the stomach **2** (*colpo preso battendo il ginocchio*) knock on the knee, blow on the knee: *cadendo mi sono preso una brutta* —, when I fell I got a nasty knock on the knee.

ginocchiello *s.m.* **1** (*per i cavalli*) knee injury; scar on the knee **2** (*di armatura*) knee -piece.

ginocchiera *s.f.* **1** knee-pad (*anche per cavallo*); knee-band: — *elastica*, elastic knee -band **2** (*di armatura*) knee-piece **3** (*fodera di calzoni*) knee lining **4** (*mecc.*) toggle: — *di chiusura*, gripping toggle; *giunto a* —, toggle -joint.

ginocchietto *s.m.* (*ginocchiera di armatura*) knee-piece.

ginocchio *pl.m.* **ginocchi**; *pl.f.* **ginocchia** *quando si riferisce a entrambi i ginocchi della stessa persona*, *s.m.* **1** knee: *era nel fango fino alle ginocchia*, he was knee-deep in mud; *tenere un bambino sulle ginocchia*, to hold a child on one's knees (*o* on one's lap); *in —!*, down on your knee(s)!; *mettersi in* —, to go (*o* to get down) on one's knees (*o* to kneel down); *gettarsi in* —, to throw oneself on one's knees; *cadere in* —, to fall (*o* to drop) on one's knees; *piegare le ginocchia*, to bend one's knees; (*fig.*) (*umiliarsi*) to eat humble pie, (*cedere*) to give in (*o* to yield): *si sentì piegare le ginocchia*, she felt her legs give beneath her // *mettere in — qlcu.*, to bring s.o. to his knees // *gettarsi alle ginocchia di qlcu.*, to beg s.o. on bended knee // *far venire il latte alle ginocchia*, to bore to tears (*o* to death) // (*med.*): — *valgo*, knock-knee; — *varo*, bow-leg // *al* —, (*di lunghezza*) knee-length **2** (*di pantaloni*) knee **3** (*mecc.*) bend **4** (*mar.*) (*parte del remo*) loom (of an oar).

ginocchioni *avv.* on one's knees, kneeling: *cadere* —, to fall on one's knees; *camminare* —, to crawl; *mettersi* —, to get down on one's knees; (*inginocchiarsi*) to kneel down.

ginoforo *s.m.* (*bot.*) gynophore.

ginogenesi *s.f.* (*biol.*) gynogenesis.

ginseng *s.m.* **1** (*bot.*) (*Panax ginseng*) ginseng **2** (*essenza*) ginseng.

giobertite *s.f.* (*min.*) magnesite.

giocabile *agg.* playable.

giocare *v.intr.* **1** to play: *i bambini stanno giocando a nascondersi*, the children are playing hide-and-seek; — *con le bambole*, to play with dolls; — *alla palla*, to play with a ball; — *a carte, a scacchi, a tennis*, to play cards, chess, tennis; *a chi tocca —?*, whose turn is it to play?; *gioca bene a carte*, he plays a good game of cards; — *correttamente, scorrettamente*, to play fair, foul; — *per divertimento, per interesse*, to play for fun, for money; — *in casa, fuori casa*, (*di squadra*) to play at home, away (from home); *con chi gioca la nostra squadra?*, who is our team playing against? // *a che gioco giochiamo?*, what is your little game? // — *sulla credulità di qlcu.*, to play on s.o.'s credulity **2** (*d'azzardo*) to gamble: *gioca forte*, he gambles heavily **3** (*scommettere*) to bet*, — *su un cavallo*, to lay money (*o* to bet) on a horse // — *sul sicuro*, to make a safe bet **4** (*in Borsa*) to gamble on the stock exchange; to speculate: — *al rialzo*, to bull (*o* to speculate for a rise); — *al ribasso*, to bear // *il — in Borsa*, stockjobbing **5** (*contare, aver peso*) to count, to play a part: *in queste cose gioca molto la fortuna*, luck plays an important role in such matters; *ha giocato molto la sua conoscenza delle lingue*, his knowledge of languages played an important part (*o* counted strongly) **6** (*servirsi*) to use: — *d'astuzia*, to use cunning ◆ *v.tr.* **1** to play: — *una bella partita*, to play a good game; *avresti dovuto — l'asso di cuori*, you should have played the ace of heart // — *bene le proprie carte*, (*fig.*) to play one's cards well // *ha giocato tutte le sue carte*, (*fig.*) he played every card he had (*o* all his cards) **2** (*scommettere*) to bet*, to stake; (*puntare, numero o cavallo*) to bet* on, to gamble on; *ho giocato Golden Mist*, I bet on Golden Mist; *gioca 10 sterline sul numero 1*, bet (*o* stake) 10 pounds on number 1; *si è giocato una fortuna alla roulette*, he gambled away a fortune at roulette; *giochiamoci una cena*, let's play for a dinner // *mi sono giocato anche la camicia*, I bet my shirt on it // *mi giocherei la testa*, I'd bet my life **3** (*mettere a rischio, rischiare*) to risk: *ti stai giocando la carriera*, you're risking your career; *col tuo comportamento ti sei giocato la vacanza*, your behaviour has cost you your holidays // *si è giocato la vita stupidamente*, he threw his life away foolishly **4** (*ingannare*) to fool, to make* a fool of (s.o.): *penso proprio che siamo stati giocati*, I really think we've been fooled (*o* hoodwinked).

giocata *s.f.* **1** (*partita*) game; (*azione di gioco*) piece of play **2** (*puntata*) stake, bet, wager: *raddoppiare la* —, to double the stakes **3** (*combinazione di numeri su cui si punta*) bet.

giocatore *s.m.* **giocatrice** *s.f.* **1** player: *un — imbattibile*, an unbeatable player; *fra pochi minuti entreranno in campo i giocatori*, in a few minutes the players will take the field; — *di biliardo*, billiard player; — *di calcio*, football player (*o* footballer); — *professionista*, professional player **2** (*d'azzardo*) gambler: *un — accanito*, an inveterate gambler **3** (*in Borsa*) stock jobber, speculator: — *al rialzo*, bull; — *al ribasso*, bear **4** (*fig.*) player, risk-taker.

giocattolo *s.m.* toy; plaything (*anche fig.*): *la bambola era il suo — preferito*, the doll was her favourite toy; *negozio di giocattoli*, toy shop // *essere un — nelle mani di qlcu.*, to be a toy (*o* plaything) in s.o.'s hands.

giocherellare *v.intr.* to play, to toy; to fiddle, to trifle, to play around: *smettila di — con le chiavi*, stop fiddling with the keys.

giocherellone *s.m.* **1** playful person; (*estens.*) (*chi scherza volentieri*) prankster, joker: *sei sempre il solito —!*, you are still the same old joker! **2** (*di animale domestico*) playful pet: *quel cucciolo è proprio un* —, that puppy is a playful little thing.

giocheria *s.f.* (*negozio*) toyshop; (*ambiente attrezzato con giochi*) play area.

giochetto *s.m.* **1** (*scherzo*) joke; (*passatempo*) pastime, game **2** (*estens.*) (*lavoro semplice*) child's play, piece of cake, doddle: *non ti preoccupare, è un — da niente*, don't worry, it's a piece of cake (*o* child's play *o* doddle) **3** (*tiro mancino*) trick: *mi hanno fatto un bel —!*, they have played a fine trick on me!

giochicchiare *v.intr.* to play half-heartedly.

gioco *s.m.* **1** (*svago, divertimento*) game, amusement, entertainment: *giochi infantili*, childish games (*o* amusements); *nel cortile c'erano dei bambini intenti ai loro giochi*, there were children playing games in the courtyard; *esclude sempre il fratellino dai suoi giochi*, he always leaves his little brother out of his games; *studiare è lavoro, non è un* —, studying is work, not amusement // *giochi all'aperto*, outdoor games; — *di società*, parlour game // *compagno di* —, playmate (*o* playfellow) **2** (*con regole*) game: *dimmi che — vuoi fare*, tell me which game you want to play; *il bridge è un — che non mi piace*, bridge is a game I don't like; *il football è un — molto popolare*, football is a very popular game; *"Che — è?" "È ramino"*, "What game is that?" "It's rummy" // *ricordati che è solo un —!*, remember it's only a game // *giochi elettronici*, computer games // — *di, con le carte*, card game; *carte da* —, playing cards // *giochi olimpici*, Olympic games // *giochi di gruppo*, team games // *il — degli scacchi, del domino, della dama*, chess, dominoes, (the game of) draughts // (*mat.*) *teoria dei giochi*, game theory // — *di pazienza*, puzzle patience; — *di prestigio*, conjuring trick // — *di potere*, power game // — *di parole*, pun (*o* play on words) **3** (*giocattolo*) toy: *ha giochi di ogni tipo*, he has all sorts of toys; *giochi pericolosi*, dangerous toys **4** (*d'azzardo*) gambling: *perdere tutto, una fortuna al* —, to lose everything, a fortune gambling (*o* to gamble away everything, a fortune); *il — è proibito in questo stato*, gambling is forbidden (*o* not legal) in this state; *avere debiti di* —, to have gambling debts; *è molto fortunato al —, vince sempre al* —, he's very lucky, he always wins at gambling // *fate il vostro —!*, put down your stakes (*o* stake your money)! // *casa da* —, gambling (*o* gaming) house; *tavolo da* —, gaming table; *tavolino da* —, card table // (*Borsa*): — *in Borsa*, gambling on the stock exchange, stockjobbing, (*fam.*) playing the market; — *al rialzo, al ribasso*, bull, bear campaign **5** (*occorrente per giocare*) set: *mi hanno regalato un — di scacchi*, I've been given a chess set **6** (*modo di giocare*) play: — *scorretto*, foul play; — *pesante*, rough play; *si è visto del bel — oggi*, we saw some good play today // *giochi d'acqua*, play of water; *giochi di luce*, play of light **7** (*partita*) game: *il — riprese dopo una pausa di due minuti*, the game restarted after a two minutes pause; *l'arbitro interruppe il* —, the referee stopped the game; *vincere i primi due giochi*, (*a tennis*) to win the first two games **8** (*a carte*) (*mano*) hand: *non avere —, avere un brutto* —, to have a bad hand // *far buon viso a cattivo* —, to make the best of a bad job **9** (*divertimento, scherzo*) fun, joke; game; play: *non è un* —, it's no joke; *per* —, for fun: *l'ha fatto solo per* —, he only did it for fun; *un bel — dura poco*, (*prov.*) don't carry the joke too far **10** (*uso*) use: — *di gambe*, use of legs; — *di tattica*, use of tactics **11** *doppio* —, double cross, double-dealing: *fare il doppio* —, to double-cross (*o* to run with the hare and hunt with the hounds) **12** (*mecc.*) clearance, gap, play: — *assiale*, end float (*o* end play); — *laterale*, side clearance (*o* side play); *eliminare il* —, to take up slack; *lasciare — per l'espansione termica*, to allow a space (*o* a gap) for thermic expansion.

◆ FRASEOLOGIA: *in* —, at stake: *la posta in — è alta*, the stakes are high; *c'è in — la sua carriera*, his career is at stake; *gli interessi in — sono molti*, there are many interests at stake; *mettere tutto in* —, to stake one's all // *è un — da ragazzi*, (*fig.*) it's child's play // *non capisco il suo* —, I don't understand what he's up to (*o* his game); *ho scoperto il suo* —, I've found out his little game // *mostrare il proprio* —, to put one's cards on the table // *entrare in* —, to come into play; *entrano in gioco anche interessi politici*, political interests also come into play (*o* enter the picture) // *hai avuto buon — con lui perché lo conoscevi già*, you had an easy time with him because you already knew him // *stare al — di qlcu.*, to play along with s.o. // *prendersi — di qlcu.*, to make fun of s.o. (*o* to pull s.o.'s leg); *farsi — di qlco.*, to make light of sthg.

giocoforza *s.m.*: *è* —, it is absolutely necessary; *è — separarci*, we are obliged (*o* we have *o* it is absolutely necessary for us) to part.

giocoliere *s.m.* **1** juggler **2** (*estens.*) wizard, artist: *un — della politica*, a political wizard **3** (*sport*) ball artist.

giocondità *s.f.* gaiety, mirth, cheerfulness.

giocondo *agg.* **1** gay, merry, cheerful, joyful, jolly: *ha sempre un'aria gioconda*, he always looks cheerful **2** (*letter.*) (*che dà gioia*) cheerful, joyful **3** (*fam.*) (*sciocco*) foolish, stupid.

giocosità *s.f.* playfulness, merriness, jocoseness, jocosity, jocularity.

giocoso *agg.* **1** playful, jocose **2** (*allegro*) gay, jolly, merry // *opera giocosa*, comic opera // *poesia giocosa*, burlesque poetry.

giogaia[1] *s.f.* (*geogr.*) mountain range.

giogaia[2] *s.f.* (*di bovini*) dewlap, poke.

giogo *s.m.* **1** yoke (*anche st. romana*): *buoi da* —, yoke oxen; *due gioghi di buoi*, two yokes of oxen; *mettere i buoi sotto il* —, to yoke the oxen; *togliere il* —, to unyoke // *passare, far passare sotto il* —, to pass, to send under the yoke **2** (*fig.*) yoke, rule, domination: *vivere sotto il — straniero*, to live under foreign domination; *scuotersi di dosso il — della tirannide*, to throw off the yoke of tyranny **3** (*di bilancia*) beam; yoke **4** (*valico*) pass, col; (*cresta*) mountain ridge.

gioia[1] *s.f.* **1** joy, delight, gladness, (great) happiness; glee: *con mia grande* —, to my great joy; *pieno di* —, full of joy; *gioie e dolori*, joys and sorrows; — *di vivere*, joy of living; *raggiante di* —, beaming with happiness; *era fuori di sé dalla* —, he was bursting with joy; *accettare con* —, to accept joyfully; *essere al colmo della* —, to be overjoyed; *piangere di* —, to cry with joy (*o* to weep for joy); *riempire qlcu. di* —, to fill s.o. with joy; *quando li vidi, provai una gran* —, when I saw them, I was really delighted (*o* I felt incredibly happy); *si udivano grida di* —, gleeful shouts were heard // *che — rivederti!*, how wonderful to see you again!; *che —, sta piovendo!*, fantastic, it's raining! // *finiti gli esami mi darò alla pazza* —, after the exams I'm going to go wild **2** (*fig.*) (*fonte di gioia*) (*persona*) darling, (*fatto*) joy: — *mia!*, my darling!; *è la — della famiglia*, she's the darling of the family; *le gioie della vita*, the joys of life.

gioia[2] *s.f.* **1** (*pietra preziosa*) gem, jewel, precious stone: *era coperta di gioie*, she was covered with jewels **2** (*fig.*) (*di persona*) darling, treasure, jewel: *cosa vuoi, —?*, what do you want, darling (*o* precious)?; *è una — di bambino*, he's a little treasure.

gioiellare *v.tr.* (*rar.*) **1** (*incastonare pietre preziose*) to set* with gems **2** (*ingioiellare*) to adorn with gems.

gioielleria *s.f.* **1** (*arte*) jeweller's craft **2** (*negozio di gioielliere*) jeweller's shop **3** (*assortimento di gioielli*) jewellery.

gioielliere *s.m.* jeweller.

gioiello *s.m.* **1** jewel: *i gioielli della Corona*, the Crown jewels **2** (*fig.*) treasure, gem, jewel: *la mia moto nuova è un —!*, my new motorbike is a gem!

gioioso *agg.* joyful, joyous, cheerful, merry, glad; gleeful: *è un carattere* —, he is a cheerful chap.

gioire *v.intr.* to rejoice (at, over sthg.); to be glad (of sthg.); to delight (in sthg.).

giolittiano *agg.* of Giolitti ◆ *s.m.* (*sostenitore di Giolitti*) supporter of Giolitti.

giolittismo *s.m.* Giolittism (the political theories of G. Giolitti, 1842-1928).

giordano *agg.* e *s.m.* Jordanian.

giorgina → **dalia**.

giornalaccio *s.m.* low-class paper; (*fam.*) rag.

giornalaio *s.m.* newsagent, newsvendor, (*amer.*) news dealer.

giornale *s.m.* **1** newspaper, paper; (*estens.*) (*pubblicazione periodica*) journal, magazine, periodical: — *del mattino, della sera*, morning, evening paper; — *settimanale*, weekly; — *di moda*, fashion magazine; — *illustrato*, illustrated (*o* picture) magazine; — *letterario, scientifico*, literary, scientific journal; — *commerciale*, trade paper; — *di settore*, trade journal; — *di partito, indipendente*, party, independent newspaper; — *di piccolo formato*, tabloid; *carta da* —, newsprint; *ritaglio di* —, newspaper (*o* press) cutting; *abbonarsi a un* —, to subscribe to a newspaper; *essere abbonato a un* —, to be a subscriber to a newspaper; *leggere una notizia sul* —, to read about sthg. in the newspaper; *apprendere qlco. dai giornali*, to pick up sthg. from the newspapers; *scrive da anni sul — locale*, he's been writing for the local paper for years; *pubblicare un annuncio sul* —, to place an advertisement in the newspaper; *fondare un* —, to start (*o* to launch) a newspaper // *i giornali*, (*la stampa*) the press; *i giornali hanno gonfiato la notizia*, the press blew up the story // — *murale*, wall newspaper **2** (*estens.*) (*sede di un giornale*) newspaper office: *il direttore non è al* —, the editor isn't in the office **3** (*amm.*) (*registro*) journal: — *generale*, general journal; — *delle vendite*, sales journal (*o* book); — *di cassa*, cash book (*o* journal); — *per partita semplice, doppia*, single, double entry journal; *registrazione a* —, journal entry; *mettere a —, registrare nel* —, to journalize; *tenere un* —, to keep a journal // *libro* —, day-book (*o* journal) **4** (*diario*) diary, record: *tenere un* —, to keep a diary (*o* a journal) // — *di classe*, class register **5** (*mar.*) log(book), ship's journal; (*aer.*) air log: *compilare il — di bordo*, to write up the log **6** (*rad.*) — *radio*, news bulletin.

giornaletto *s.m.* (*per ragazzi*) comic, children's paper.

giornaliero *agg.* **1** (*di ogni giorno*) daily; day-to-day (*attr.*): *lavoro* —, daily work; *paga giornaliera*, daily wage; *spese giornaliere*, day -to-day expenses; *corse giornaliere*, (*di mezzo di trasporto*) daily trips; *aereo, autobus, treno* —, daily flight, bus, train; (*comm.*) *consegna giornaliera*, daily delivery // (*econ.*) *disavanzo* —, overnight deficit **2** (*di un giorno*) day (*attr.*) // (*abbonamento*) —, (*di mezzo di trasporto*) day pass **3** (*instabile*) variable, uncertain, changeable: *un umore* —, a changeable mood ◆ *s.m.* (*lavoratore a giornata*) day labourer.

giornalino *s.m.* **1** (*per ragazzi*) comic, children's newspaper **2** (*a diffusione interna*) journal, magazine, paper: *il — della scuola*, school magazine (*o* paper); — *aziendale*, house journal (*o* staff magazine).

giornalismo *s.m.* journalism; (*il complesso dei giornali, la stampa*) press: *il — non faceva per lui*, journalism was not for him; *le grandi firme del — italiano*, the great names of Italian journalism; *l'influenza del* —, the influence of the press; *fare del* —, to write for the papers.

giornalista *s.m.* e *f.* journalist, reporter; (*solo m.*) pressman*; newspaperman*, newsman*: — *di cronaca*, (news) reporter; — *sportivo*, sports journalist (*o* reporter); — *radiofonico, televisivo*, radio, television reporter.

giornalistico *agg.* journalistic, newspaper (*attr.*), news (*attr.*): *un servizio* —, a (news) report.

giornalmastro *s.m.* (*amm.*) ledger journal, general ledger.

giornalmente *avv.* daily; every day.

giornante *s.m.* (*antiq.*) (*bracciante a giornata*) day labourer ◆ *s.f.* (*antiq.*) (*domestica a giornata*) charwoman*.

giornata *s.f.* **1** day: *una — piovosa*, a rainy day; *che bella —!*, what a lovely day!; *le giornate si stanno allungando*, the days are drawing out (*o* getting longer); *abbiamo passato una splendida* —, we have had a wonderful day; *durante la* —, in the course of the day; *arriverà in* —, he will arrive during (the course of) the day; *voglio finirlo in* —, I want to finish it by the end of the day; *ci daranno la risposta entro la* —, they will give us a reply before the end of the day; *oggi è stata una buona — (di lavoro)*, I've done a good day's work today; *l'intera* —, the whole day; — *festiva*, holiday; — *lavorativa*, workday (*o* working day); — *lavorativa di otto ore*, eight-hour working day // *lavorare a* —, to work by the day; *lavorare a mezza* —, to work half time (*o* to be on half time *o* to work half a day) // *di* —, of the day; *uova di* —, new-laid (*o* fresh) eggs // *vivere alla* —, to live from day to day // *"Adesso stai bene?" "Va a giornate"*, "Are you OK now?" "It depends on the day" // *oggi ho avuto una — di fuoco*, (*fig.*) today I have had a hell of a day // — *nera*, (*fig.*) unlucky day // — *campale*, (*fig.*) hard day // *domani sarà la — nazionale contro il fumo*, tomorrow is National Anti-Smoking Day **2** (*lavoro di un giorno*) day's work; (*paga di un giorno*) day's pay, day wage: *guadagnarsi la* —, to do a good day's work; *devo riscuotere otto giornate*, I'm due eight days' pay **3** (*distanza percorribile in un giorno*) day: *la nave era a una — dal porto*, the ship was one day (away) from port; *il rifugio è a circa due giornate di cammino*, the hut is about two days' walk away.

giorno *s.m.* **1** (*periodo di 24 ore*) day: *un — d'estate*, a summer day; *un — di pioggia*, a rainy day; *— festivo*, holiday; *— lavorativo, feriale*, workday (*o* working day); *— libero, di riposo*, day off; *i miei giorni liberi sono...*, my free days are...; *un bambino di pochi giorni*, a baby a few days old; *la carica di questo orologio dura tre giorni*, this watch goes for three days without having to be wound up; *che — è oggi?*, what's the date today? (*o* what's today's date?); *che — parti?*, what day are you leaving?; *per partire, un — vale l'altro*, one day is as good as the next for leaving; *lavora 8 ore al —*, he works eight hours a day (*o* an eight-hour day); *lavora tutto il (santo) —*, he works all day (*o* all day long *o* the whole day); *si sveglia tutti i giorni alle 8*, he wakes up at 8 every day; *mancano ancora molti giorni alla fine della vacanza*, there's still a long way to go before the end of the holiday; *è in ospedale da molti giorni*, he has been in hospital for many days now; *lo so già da molti giorni*, I've known about it for a few days (*o* for quite a long time) now; *l'ho visto l'altro —*, (*l'altro ieri*) I saw him the day before yesterday; (*qualche giorno fa*) I saw him the other day; *l'ho visto qualche — fa*, I saw him a few days ago; *l'ho visto il — dopo e stava già meglio*, I saw him the day after and he was already better; *due volte al —*, twice a day; *un — sì e uno no*, every other day; *un — ti dirò*, some day I'll tell you; *e un (bel) — partì...*, and one day he left // *un — o l'altro ti pentirai di questa scelta*, one of these days (*o* sooner or later) you'll regret this choice; *ti verrò a trovare un — o l'altro, uno di questi giorni*, one of these days I'll come and see you // *un — dopo l'altro, — dopo —*, day after day // *è sparito da un — all'altro*, he disappeared overnight; *ci è capitato tutto da un — all'altro*, it all happened overnight (*o* very suddenly); *potrebbe succedere da un — all'altro*, it could happen at any moment (*o* any moment now) // *migliora di — in —*, he's getting better and better each day (*o* day by day) // *la situazione va affrontata — per —*, the situation has to be dealt with on a day to day basis // *il suo amore per lui diminuiva — dopo —*, day by (*o* after) day her love for him grew weaker and weaker // *è questione di giorni e sapremo chi ha vinto*, we'll know who has won in a few days' time // *arriverà a giorni*, he'll be arriving any day now // *a giorni è allegro, a giorni è triste*, sometimes (*o* at times) he is cheerful, sometimes (*o* at times) he is sad // *al — d'oggi, ai giorni nostri*, nowadays (*o* at the present time) // (*da*) *oggi a otto* (*giorni*), *otto giorni* (*da*) *oggi*, today week (*o* a week from today) // *il dirottamento del jumbo è il fatto del —*, the jumbo hijack is today's big event (*o* main story); *l'uomo del —*, the man of the moment // *di tutti i giorni*, for everyday use; everyday: *un servizio di piatti per tutti i giorni*, a set of plates for everyday use; *sono problemi di tutti i giorni*, they are everyday problems // *mettere qlcu. a — di qlco.*, to acquaint s.o. with sthg.; *essere a — di qlco.*, to be acquainted with sthg. // *ho conosciuto giorni migliori*, I have seen better days // *finì i suoi giorni in ospedale*, he ended his days in a hospital // *avere i giorni contati*, (*fig.*) to be at death's door // *il — dei morti*, All Soul's Day // *il — del Signore*, the Lord's Day // *il buon — si conosce dal mattino*, (*prov.*) you can tell the day from the morning **2** (*ore di luce*) day, daylight: *i giorni si stanno allungando*, the days are drawing out; *di —*, by day; *studia — e notte*, he studies night and day; *sta facendo —*, day is dawning; *sul far del —*, at the break of day; *è ancora —*, it's still day(light); *al cadere del —*, at sunset // *luce del —*, daylight; *fare qlco. alla luce del —*, (*fig.*) to do sthg. in broad daylight; *la sua innocenza è chiara come la luce del —*, (*fig.*) his innocence is crystal clear // *— pieno, fatto*, broad daylight; *la rapina è avvenuta in pieno —*, the robbery took place in broad daylight; *si alzò a — fatto*, he got up late in the morning (*o* when it was broad daylight) // *illuminato a —*, floodlit (*o* brightly lit); *l'illuminazione della piazza era a —*, the square was floodlit // *tra i loro racconti ci corre quanto dal — alla notte*, their two versions are as different as chalk and cheese // *fare di notte —*, to be a night bird (*o* a night owl) **3** (*astr.*) day: *— civile*, calendar (*o* civil) day; *— solare*, calendar day; *— solare vero*, apparent solar day **4** (*comm., econ., fin.*) day; date: *— di consegna*, delivery day; *— di mercato*, market day; *— di paga*, payday; (*amm.*) *ultimo — utile*, last clear day; *giorni data*, after date; *a 30 giorni data*, at 30 days after date; (*mar.*) *giorni di controstallie*, demurrage days // *dare gli otto, i quindici giorni*, to give a week's, a fortnight's notice // (*econ.*): *essere all'ordine del —*, to be on the agenda; *— di chiusura del bilancio*, balance-sheet date; *—-uomo*, man-day; *giorni lavorativi* (*operativi*), stream days; *giorni consecutivi*, running days // (*banca*): *— di valuta*, value date; *giorni di scadenza*, term days; *giorni di grazia*, (*giorni di tolleranza concessi per i pagamenti*) days of grace // (*Borsa*): *— dei compensi, di liquidazione*, settlement (*o* settling) day; *— dei riporti*, continuation (*o* contango *o* making-up) day; *— di presentazione fogli*, name day; *giorni intermedi*, intermediate days **5** (*cucito*) *punto a —*, openstitch (*o* openwork); *orlo a —*, hemstitch.

giostra *s.f.* **1** (*st.*) (*combattimento*) joust, tilt; (*torneo*) tournament **2** (*estens.*) (*combattimento, scontro*) fight **3** (*per bambini*) merry-go-round, roundabout // *fare la —*, (*fig.*) (*girare in tondo*) to go round and round; (*far confusione*) to create confusion **4** *pl.* (*divertimenti di un luna park*) amusements; fair (*sing.*): *portare i bambini alle giostre*, to take the children to the fair.

giostraio *s.m.* roundabout attendant.

giostrante → **giostratore**.

giostrare *v.intr.* **1** (*st.*) to tilt, to joust **2** (*estens.*) (*duellare*) to cross swords; (*gareggiare*) to compete; (*combattere*) to fight* **3** (*fig.*) (*destreggiarsi*) to cope (well), to manage; (*fam.*) to hold* one's own: *sa come — tra le difficoltà*, he copes well in the face of difficulties **4** (*non com.*) (*vagare*) to wander around ◆ *v.tr.* (*fig.*) (*far giocare a proprio vantaggio*) to turn to one's advantage: *ha saputo — bene la situazione*, he knew how to turn the situation to his advantage // *suo figlio riesce a giostrarla come vuole*, her son can twist her round his little finger.

□ **giostrarsi** *v.intr.pron.* (*fig.*) to cope (well), to manage; (*fam.*) to hold* one's own: *è riuscito a — bene anche in quell'ambiente*, he was able to hold his own even in that environment.

giostratore *s.m.* **1** (*st.*) jouster **2** (*fig. non com.*) (*chi si destreggia*) person able to hold his, her own.

giottesco *agg.* (*st. pitt.*) Giottesque, of Giotto, Giotto's ◆ *s.m.* follower of Giotto.

giovamento *s.m.* benefit, good, advantage; relief: *la medicina non gli fu di nessun —*, the medicine didn't give him any relief; *non fu di alcun —*, that was of no benefit (*o* that was quite useless); *essere di —*, to be useful; *la vacanza mi fu di grande —*, the holiday has done me a lot of good; *trarre — da qlco.*, to benefit from sthg.

giovane *agg.* **1** young: *una — donna*, a young woman; *ha un figlio molto —*, he has a very young son; *il — Rossi*, Rossi junior (*abbr.* jr.) (*o* young Rossi); *il mio fratello più —*, (*tra due*) my younger brother; (*tra più di due*) my youngest brother; *sono il più — della famiglia*, I'm the youngest of the family; *sono più — di lui di quattro anni*, I am four years younger than him; *è arrivato al successo in — età*, success came when he was very young; *beato tu che sei —!*, you're lucky, you're young! // (*st.*) *la Giovane Italia*, Young Italy // (*st.*) *Plinio il Giovane*, Pliny the Younger **2** (*giovanile, da giovane*) youthful, young; youth (*attr.*): *viso —*, youthful (*o* young-looking) face; *ha un aspetto —*, he has a youthful appearance; *ha un carattere —*, he is very youthful; *rimanere —*, to remain (*o* to stay) young; *è rimasto — di spirito, di mente*, he has remained young at heart // *moda —*, youth fashion (*o* fashion for the young); *vestire —*, to dress youthfully // *ascoltiamo musica —*, we listen to the young's (*o* to the kids') music **3** (*nato da poco*) young; (*recente*) young, new: *un cavallo —*, a young horse; *una pianta —*, a young plant; *uno stato ancora —*, a state that is still young; *una — democrazia*, a new (*o* fledgling) democracy **4** (*non stagionato*) new, unmatured: *vino —*, new wine; *formaggio —*, unmatured cheese **5** (*fig.*) (*inesperto*) new, inexperienced: *è — del mestiere*, he is new to the job (*o* he is still inexperienced) ◆ *s.m.* **1** young man*; youth; (*fam.*) lad: *un — di vent'anni*, a young man (*o* a youth) of twenty; *un bel —*, a handsome young man; *un — di belle speranze*, a young man of great promise; *da — gli piaceva sciare*, when he was young he liked skiing; *purtroppo è morto (da) —*, unfortunately he died young; *i giovani*, young people (*o* the young *o* young men *o* the youth *o* *fam.* the kids); *i vecchi e i giovani*, the old and the young; *i giovani del paese*, the youth of the village; *incoraggiamo i giovani!*, let us encourage young people! **2** (*antiq.*) (*aiutante*) assistant: *— di bottega*, shop boy; *— di studio*, clerk ◆ *s.f.* young woman*; girl.

giovanetta *s.f.* girl; (*fam.*) lass; (*adolescente*) adolescent.

giovanetto *s.m.* boy; (*fam.*) lad; (*adolescente*) adolescent ◆ *agg.* young; (*adolescente*) adolescent.

giovanile *agg.* juvenile; (*da giovane*) youthful; (*di, dei giovani*) youth (*attr.*): *di aspetto —*, young-looking; *il suo aspetto —*, his youthful appearance; *una persona dal carattere —*, a youthful person; *il suo entusiasmo — non accennava a diminuire*, his youthful enthusiasm showed no signs of diminishing; *moda —*, youth fashion (*o* fashion for the young); *organizzazioni giovanili*, youth organisations; *delinquenza —*, juvenile delinquency; *opere giovanili*, early works.

giovanilismo *s.m.* **1** (*atteggiamento*) behaviour of s.o. who wants to appear young **2** (*prevalenza di gusti ed esigenze giovanili*) supremacy of youth culture.

giovanneo *agg.* **1** St John's, of St John: *vangelo* —, the Gospel according to St John **2** of Pope John XXIII.

giovanotta *s.f.* (*fam. scherz.*) girl, lass.

giovanotto *s.m.* **1** young man, youth, youngster **2** (*scapolo*) bachelor.

giovare *v.intr.* **1** (*essere di utilità*) to be of use, to be useful; to help (s.o.), to be a help: *a che giova?*, what is the use of it?; *a che gioverebbe parlargli?*, what would be the use of speaking to him?; *a questo punto ormai nulla mi giova!*, at this stage nothing can help me!; *giova sapere*, it is useful to know; *i vostri consigli mi giovarono molto*, your advice was of great use to me; *non — a nulla, affatto*, to be of no use (*o* to be of no avail) **2** (*fare bene*) to be good (for s.o., sthg.); to be beneficial; to do* (s.o., sthg.) good: *l'aria di mare ti gioverà*, the sea air will be good for you (*o* will be beneficial to you *o* will do you good); *una vacanza vi gioverà*, a holiday will do you good (*o* you will benefit from a holiday).

□ **giovarsi** *v.intr.pron.* to take* advantage (of sthg.), to make* use (of sthg); to avail oneself (of sthg.); to benefit (by sthg.), to profit (by sthg.): — *del consiglio di qlcu.*, to benefit from s.o.'s advice; — *di un diritto*, to take advantage of a right; — *reciprocamente*, to help each other (*o* one another).

Giove *no.pr.m.* **1** (*mit.*) Jove, Jupiter: *gli strali di* —, Jove's thunderbolts // *per —!*, by Jove! // (*bot.*) *barba di* —, Jupiter's beard **2** (*astr.*) Jupiter.

giovedì *s.m.* Thursday: *un — mattina*, on a Thursday morning; *di* —, (*tutti i giovedì*) on Thursdays; *verrò* —, I'll come on Thursday; *verrò — venturo*, I'll come next Thursday// — *grasso*, last Thursday before Lent // — *Santo*, Maundy Thursday (*o* Thursday in Holy Week *o* Thursday before Easter) // *non avere tutti i* —, (*scherz.*) to have a screw loose.

giovenca *s.f.* heifer.

giovenco *s.m.* steer.

gioventù *s.f.* **1** youth: *in — fu un atleta famoso*, in his youth (*o* when he was young) he was a famous athlete; *nella prima* —, in one's early youth; *non essere più nella prima* —, not to be in the first flush of youth; *essere nel fiore della* —, to be in the flower of one's youth; *peccati di* —, youthful peccadilloes (*o* sins) **2** (*persone in giovane età*) youth; young people: *la — del villaggio*, the youth of the village; *è una località di mare frequentata soprattutto dalla* —, it's a seaside resort where mostly young people go // *la — dorata*, gilded youth.

giovevole *agg.* useful, helpful, profitable, beneficial, advantageous; good (for s.o., sthg.): — *alla salute*, good for s.o.'s health; *l'aria pura e il sole sono giovevoli ai bambini*, fresh air and sunshine are beneficial to (*o* good for) children.

gioviale *agg.* jovial, jolly, hearty, cordial: *un vecchietto* —, a jovial old man; *un viso* —, a jolly face.

giovialità *s.f.* joviality, jollity, heartiness, cordiality.

giovialone *s.m.* jolly fellow, cheery fellow.

giovinastro *s.m.* hooligan; lout, yob; (*amer.*) hoodlum: *una banda di giovinastri*, a gang of hooligans.

giovincello *s.m.* (*scherz.*) lad, stripling.

giovine e *deriv.* → **giovane** e *deriv.*

giovinezza *s.f.* youth: *dalla — in poi*, from youth onwards; *nella prima* —, in one's early youth; *non essere più nella prima* —, to be no longer in the first flush of youth; *vivere una seconda* —, to take on a new lease of life // *l'audacia è prerogativa della* —, boldness is a prerogative of youth.

gipeto *s.m.* (*zool.*) (*Gypäetus barbatus*) lammergeyer, ossifrage.

gippone *s.m.* (*aut.*) large jeep.

gipsoteca *s.f.* gallery of plaster casts; collection of plaster casts.

girabacchino *s.m.* (*trapano a mano*) brace.

girabile *agg.* (*comm.*) endorsable, transferable: *cambiale* —, endorsable draft; *assegno* —, endorsable (*o* open) cheque; *non* —, unendorsable (*o* non-transferable).

giracapo *s.m.* (*non com.*) (*capogiro*) dizziness, dizzy spell.

giradischi *s.m.* record player.

giraffa *s.f.* **1** (*zool.*) (*Giraffa camelopardalis*) giraffe; (*femmina*) cow-giraffe // *avere un collo da* —, (*scherz.*) to have a long neck **2** (*cinem.*, *rad.*, *tv*) microphone boom.

giraffista *s.m.* boom operator.

giramaschio *s.m.* (*artig.*) tap wrench.

giramento *s.m.* **1** turning // *che — di scatole!*, (*fam.*) what a drag! **2** (*di capo*) giddiness, dizziness: *mi fa venire il — di capo*, it makes me (feel) giddy (*o* dizzy); *avere giramenti di capo*, to have fits of giddiness (*o* giddy fits).

giramondo *s.m.* e *f.* **1** wanderer; tramp; vagrant **2** (*turista*) globetrotter.

giranastri *s.m.* cassette player.

girandola *s.f.* **1** (*sorta di fuoco d'artificio*) catherine wheel **2** (*giocattolo*) windmill **3** (*banderuola*) weathercock; (*fig.*) (*persona volubile*) fickle person, flighty person **4** (*fig.*) (*rapida successione*) whirl: *una — di avvenimenti*, a whirl of events.

girandolare *v.intr.* to wander (about), to saunter (about), to stroll, to ramble: — *per la città*, to wander (*o* to stroll) about the town; — *per i campi*, to ramble through the fields.

girandolona *s.f.* **girandolone** *s.m.* wanderer, saunterer, stroller, rambler.

girandoloni *avv.*: *andare* —, to saunter (*o* to ramble) about.

girante *s.m.* e *f.* (*banca*) endorser: — *precedente*, prior endorser; — *di comodo*, accomodation endorser ◆ *s.f.* (*mecc.*) (*di pompa*) impeller; (*di turbina*) rotor, disk wheel; (*di turbina ad acqua*) runner; (*di turbina a gas*) turbine wheel; (*di ventilatore*) fan wheel.

girare *v.tr.* **1** to turn: — *la chiave nella serratura*, to turn the key in the lock; — *la pagina*, to turn (over) the page; — *un rubinetto*, to turn a tap; — *la testa*, to turn one's head; — *la schiena a qlcu., a qlco.*, to turn one's back to s.o., sthg.; — *l'occhio, lo sguardo*, to turn one's eyes, glance // *per aprire, — in senso antiorario*, to open turn anticlockwise // *girala come ti pare, hai sempre torto*, it doesn't matter how you look at it, you are still wrong; *gira e rigira, la situazione non cambia*, whichever way you look at it, the situation is the same // — *il discorso*, to change the subject // *gira le cose in modo che sembra abbia ragione*, he twists things in such a way that he seems to be right **2** (*mescolare*) to stir: *il risotto va girato spesso*, the risotto has to be stirred frequently **3** (*avvolgere*) to wind*: *si girò la sciarpa intorno al collo*, he wound the scarf round his neck; *sarà meglio — due volte lo spago intorno al pacco*, it would be better to wind the string twice round the parcel **4** (*fare il giro di*) to go* round: *gira l'angolo e vai sempre dritto*, go round the corner and straight on **5** (*percorrere, visitare*) to tour; to go* round: *gireremo la Spagna in camper*, we are going to tour Spain in a camper; *abbiamo girato tutta la città a piedi*, we went round (*o* toured) the entire city on foot; *non è prudente — New York di notte*, it's not wise to go round New York at night; *ha girato mezzo mondo*, he has been round half the world **6** (*aggirare*, *evitare*) to avoid, to evade: — *una difficoltà*, to avoid a difficulty; — *una domanda*, to evade a question; — *un ostacolo*, to get round an obstacle **7** (*passare ad altri*) to pass (on): *gira a me la telefonata quando ti chiama*, pass me the call, when he phones you; *ha girato al direttore la mia richiesta*, he passed on (*o* referred) my request to the manager // (*sport*) — *la palla a qlcu.*, to pass the ball to s.o. **8** (*banca*) to endorse; (*trasferire*) to transfer: — *una cambiale*, to endorse a bill; — *un assegno*, to endorse a cheque; — *in bianco*, to endorse in blank; *effetto non girato*, unendorsed bill; (*comm.*) — *un credito*, to transfer a credit **9** (*cinem.*) (*di regista*) to shoot*, to take*; (*di attore*) to play (a part), to star, to act (in a film): — *una scena*, to film a scene ◆ *v.intr.* **1** (*compiere un giro, una curva*) to turn: *il viale gira a destra*, the road turns (*o* bends) to the right; *al semaforo gira a sinistra*, turn left at the traffic lights **2** (*attorno al proprio asse*) to turn, to revolve, to rotate; (*rapidamente*) to spin*; (*roteare*) to whirl: — *a vuoto*, (*di motore*) to idle, (*fig.*) to get nowhere: *la chiave gira a vuoto*, the key doesn't catch (in the lock) // *mi gira la testa, il capo*, my head is spinning (*o* I feel dizzy); *tutta questa confusione mi fa — la testa*, all this confusion makes my head spin; *pagano cifre da far — la testa*, they pay figures that make your head spin; *quella ragazza gli ha fatto — la testa*, that girl has turned his head // *far — le scatole a qlcu.*, to piss s.o. off (*o* to drive s.o. round the bend) **3** (*andare intorno*) to go* round, to ring*, to encircle: *la terra gira intorno al sole*, the Earth goes round the Sun; *il balcone gira intorno a tutta la casa*, the balcony goes all round the house; *le mura girano intorno alla città*, the walls encircle the city // *non — intorno al problema*, don't keep going round the problem **4** (*circolare*, *andare in giro*) to go* round, to circulate, (*andare a spasso*) to walk, to stroll, to wander: *mi piace — a piedi per le strade del centro*, I like wandering round the town centre; *è meglio non — per la città di notte*, it's better not to go round the town at night; *ho girato un bel po' per trovare un parcheggio*, I drove round a fair while looking for a parking place; *girano molte banconote false*, there are a lot of counterfeit bank notes circulating; *gira poco denaro in questo periodo*, there isn't much money circulating (*o* in circulation) at the moment // — *in tondo*, to go round in circles // *gira al largo!*, keep clear! // *gira voce che...*, there's a rumour going round that... // *gira e rigira, ci siamo persi*, wandering round and about we got lost // *cosa ti gira per il capo?*, what's got into you today? // *se mi gira, verrò*, if I feel like it, I'll come.

□ **girarsi** *v.rifl.* to turn; (*completamente*) to turn round: *egli continuava a — nel letto*, he kept turning over in his bed; *mi girai di scatto*, I turned round abruptly; *non sapere da che parte —*, (*fig.*) not to know which way to turn.

girarrosto *s.m.* spit, roasting-jack.

girasole *s.m.* (*bot.*) (*Helianthus annuus*) sunflower.

girata *s.f.* **1** turn, turning: *una — di chiave*, a turn of the key **2** (*passeggiata*) walk, stroll; turn **3** (*banca*) endorsement: *— in bianco*, blank endorsement; *trasferire una cambiale a mezzo di —*, to transfer a bill by endorsement; *— in pieno, piena*, full endorsement; *— di comodo, di favore*, accommodation endorsement; *— di garanzia*, stiffening endorsement; *— condizionata, incondizionata*, qualified, general endorsement; *— nominativa*, special endorsement; *— per l'incasso*, endorsement for collection; *senza —*, unendorsed **4** (*giro di carte*) deal **5** (*sollevamento pesi*) press; (*calcio*) deviation **6** (*ramanzina*) reprimand, (*fam.*) telling-off: *mi sono presa una — da parte del capo*, I got a telling-off from the boss.

giratario *s.m.* (*banca*) endorsee, indorsee: *— fittizio*, (*di cambiale*) fictitious payee; *— per l'incasso*, endorsee for collection.

girato *agg.* **1** (*voltato*) turned: *era — e non l'ha vista passare*, he had his back turned and didn't see her pass **2** (*banca*) endorsed: *assegno —, non —*, endorsed, unendorsed cheque.

giratubi *s.m.* (*mecc.*) pipe-wrench.

giravite → **cacciavite**.

giravolta *s.f.* **1** turn, twine: *fare una —*, to turn (*o* to spin) round **2** (*fig.*) (*mutamento repentino*) shift, about-turn **3** (*tortuosità*) turn, twist, bend: *strada a giravolte*, winding (*o* twisty) road.

girella *s.f.* **1** (*mecc.*) pulley **2** (*tess.*) spinning wheel **3** (*giocattolo*) spinning top ◆ *s.m.* (*non com.*) (*persona volubile, specialmente in politica*) weathercock, turncoat.

girellare *v.intr.* to wander (about), to stroll, to saunter, to lounge about.

girello *s.m.* **1** small disk, small circle, small ring **2** (*per bambini*) (baby) walker **3** (*macelleria*) rump **4** (*di carciofo*) heart.

girellona *s.f.* **girellone** *s.m.* wanderer, stroller, saunterer, loafer.

giretto *s.m.* **1** (*a piedi*) short walk; stroll, turn; (*in bicicletta, treno, aereo ecc.*) ride; (*in automobile*) drive: *fare un —*, to take (*o* to go for) a short walk (*o* a stroll); *facciamo un — in automobile*, let's go for a drive in the car **2** (*breve viaggio*) trip: *abbiamo fatto un — in Toscana*, we made a trip round Tuscany.

girevole *agg.* revolving, turning, rotating, swivelling: *gru —*, slewing crane; *ponte —*, swing (*o* revolving) bridge; *porta —*, revolving door; *piattaforma —*, revolving platform; *sedia —*, swivel chair.

girifalco *s.m.* (*zool.*) gerfalcon.

girigogolo *s.m.* **1** (*arabesco*) flourish **2** (*fig.*) (*discorso sconclusionato*) rigmarole.

girinide *s.m.* (*zool.*) (*Gyrinus natator*) whirligig.

girino[1] *s.m.* (*zool.*) tadpole.

girino[2] *s.m.* (*sport*) cyclist taking part in the tour of Italy.

girl *s.f.* (*ballerina*) chorus girl.

giro *s.m.* **1** (*rotazione*) turn, turning: *al primo — di manovella*, at the first turn of the handle; *con un solo — di chiave*, with a single turn of the key; *dai un mezzo — a destra e tira verso di te*, give a half turn clockwise and pull towards you; *dagli un altro — di corda, di nastro adesivo*, go round again with the string, adhesive tape; *fare un — su se stessi*, to swivel round; *il — della terra intorno al sole*, the earth's revolution around the sun // (*mar.*): *— di boa*, turning point; *essere al — di boa*, (*fig.*) to be half way (*o* to have reached a turning point) // *disco a 33, 45 giri*, LP, single // *dare un — di vite*, (*fig.*) to clamp down // *prendere in — qlcu.*, to make fun (*o* a fool) of s.o. **2** (*percorso circolare*) round: *ieri sera abbiamo fatto il — delle birrerie*, last night we did the rounds of the pubs; *fare il — dei clienti*, to do the round(s) of one's customers (*o* to call on one's customers); *il medico fa ogni mattina il — delle visite*, the doctor does his rounds every morning; *il postino sta facendo il suo —*, the postman is doing his round(s); *fare un — di telefonate*, to ring round; *perdemmo la strada e facemmo un lungo —*, we lost our way and made a long detour; *facciamo il — dell'isolato e poi andiamo a casa*, let's walk round the block and then go home; *questa storiella farà il — della città*, this story will go round (*o* will make the rounds of) the town; *la sua fama ha fatto il — del mondo*, he is world-famous // *propongo un altro — di whisky*, shall we have another round of whisky? // *un — di parole*, a roundabout expression (*o* a circumlocution) // *facciamo un — di walzer*, let's have a waltz // (*sport*): *— di pista*, lap; *— d'onore*, lap of honour // (*aut.*) *— di prova*, test drive // *il — della morte*, loop; *fare il — della morte*, to loop the loop **3** (*cerchio*) circle: *il — delle mura*, the city walls; *ho fatto un — di mattoni intorno all'albero*, I laid a circle of bricks around the tree // *il — dei fianchi*, waist measure **4** (*gita, viaggio*) trip, tour: *il — delle ville venete*, the tour of the Venetian villas; *— turistico di Londra*, sightseeing tour of London; *questo weekend farò un — in Francia*, I'm going to take a trip to France this weekend; *— del mondo*, world tour; *fare il — del mondo*, to travel round the world; *quest'estate mi faccio un — in autostop*, I'm going hitchhiking this summer // *vai a farti un —!*, (*vai fuori dai piedi*) get lost! **5** (*passeggiata*) short walk, stroll, turn; (*in bicicletta, treno, aereo ecc.*) ride; (*in automobile*) drive: *andò a fare un — nel parco*, he went for a stroll (*o* walk) in the park; *facciamo un — in paese*, let's take a walk in the village; *mi fai fare un — con la tua bicicletta?*, can I have a ride on your bike? **6** (*circolazione*) circulation: *questi francobolli non si vedono più in —*, these stamps are no longer in circulation; *mettere in —*, (*monete, francobolli*) to put into circulation; *non lo vedo più in — da un sacco di tempo*, I haven't seen him around for a long time; *hai visto se c'è in — mia moglie?*, have you seen my wife around?; *non ho sonno, andiamo un po' in —*, I'm not sleepy, let's go out for a while; *vorrei sapere chi va a dire in — che mi sono sposato!*, I'd like to know who's putting it around (*o* spreading the story) that I'm married! // *cosa si dice in —?*, what's the news? // *non lasciare in — queste lettere*, don't leave these letters lying around; *mio figlio è disordinato, lascia tutto in —*, my son is untidy, he leaves everything lying around // (*fin.*): *— d'affari*, turnover; *— di capitali*, circulation of capital; *— di fondi*, transfer of funds (*o* cash transfer) // (*banca*): *—* (*di un conto bancario*), turnover; *cambiali in —*, outstanding bills // (*comm.*) *a — di posta*, by return of post (*o* mail return) **7** (*cerchia, ambiente*) circle; (*racket*) racket: *stretto — di amicizie*, close circle of friends; *essere nel — del teatro*, to move in theatrical circles; *entrare nel — della droga*, to get mixed up in the drug -scene (*o* drug racket); *ormai è fuori dal — della droga*, he's no longer part of the drug-scene (*o* of the drug racket); *essere escluso dal —*, to be left out; *è difficile capire per chi non è del —*, it's hard for an outsider to understand; *è uno del —*, (*della malavita*) he's part of the mob; *gestisce il — delle auto rubate*, he runs the stolen car racket **8** (*a carte*) hand **9** (*mecc.*) turn; (*di albero a corpo rotante*) revolution (*abbr.* rev.): *fa 2000 giri al minuto*, it does (*o* it turns at) 2000 revolutions per minute (*abbr.* r.p.m.) // *essere su, giù di giri*, (*fig.*) to be high -spirited, low-spirited **10** (*inform.*) (*di nastro*) loop **11** (*periodo*) period, time: *nel — di pochi giorni*, in the course of a few days (*o* in a few days' time *o* within a few days).

girobussola *s.f.* (*mar., aer.*) gyroscopic compass, gyrocompass.

girocollo *s.m.* **1** neck size, neck measure // *a —*, polo-neck: *un maglione a —*, a polo -neck jumper **2** (*collana*) necklace: *un — d'oro*, a gold necklace.

giroconto *s.m.* (*banca*) giro, bank giro, giro system, giro account, credit transfer, transfer account: *— postale*, postal (*o* national) giro.

girodina *s.f.* (*aer.*) gyrodyne.

giromagnetico *agg.* (*fis.*) gyromagnetic: *rapporto —*, gyromagnetic ratio (*o* magnetomechanical ratio); *effetti giromagnetici*, gyromagnetic effects.

giromagnetismo *s.m.* (*fis.*) gyromagnetism.

giromanica *s.m.* armhole.

girondino *agg.* e *s.m.* (*st. francese*) Girondist.

girondolare → **girandolare**.

girone *s.m.* **1** (*nell'Inferno di Dante*) circle **2** (*calcio*): *— di andata*, first round (of games); *— di ritorno*, second round (of games) **3** (*mar.*) (*parte del remo*) handle.

gironzolare *v.intr.* to wander (around, about), to roam (around, about): *ho gironzolato tutto il giorno per la città*, I have been wandering about the town all day long // *smettila di gironzolarmi attorno!*, stop hovering around me!

giropilota *s.m.* (*aer.*) automatic pilot, autopilot; (*amer.*) gyropilot.

giroplano *s.m.* (*aer.*) gyroplane.

giroscopico *agg.* gyroscopic.

giroscopio *s.m.* gyroscope.

girostabilizzatore *s.m.* (*aer.*) gyrostabilizer.

girotondo *s.m.* ring-a-ring-a-roses: *facciamo —*, let's play ring-a-ring-a-roses.

girotta *s.f.* (*mar.*) yoke: *— del timone*, rudder yoke.

girovagare *v.intr.* to wander (around, about), to roam (around, about).

girovago *agg.* wandering, vagrant, itinerant, travelling, strolling ◆ *s.m.* (*vagabondo*) tramp, wanderer, vagabond.

girovita *s.m.* waist measure.

gita *s.f.* trip, excursion; tour: — *di piacere*, pleasure trip; — *in barca*, boat trip (*o* excursion); *fare una* —, to take a trip (*o* to make an excursion *o* to go on an excursion); *andare in — a Torino*, to go on a trip (*o* on an excursion) to Turin; *i ragazzi sono in — scolastica*, the children are on a school trip.

gitano *s.m.* Spanish gipsy ◆ *agg.* gipsy (*attr.*): *una danza gitana*, a gipsy dance.

gitante *s.m.* e *f.* (day)tripper, excursionist; *una comitiva di gitanti*, a party of excursionists (*o* daytrippers).

gittaione *s.m.* (*bot.*) (*Agrostemma githago*) corncockle.

gittare e *deriv.* → **gettare** e *deriv.*

gittata *s.f.* (*di arma*) range, throw: *cannoni a lunga* —, long-range guns; *missile balistico a media* —, medium-range (*o* mid-range) ballistic missile.

giù *avv.* **1** (*moto, direzione*) down; (*dabbasso, al piano inferiore*) downstairs: *puoi venire — un momento?*, can you come down (*o* downstairs) a moment?; *vado — a prendere il giornale*, I'm going down for a newspaper; *andate — in treno o in macchina?*, are you going down by train or (by) car?; *scendi — subito da quella scala!*, come down from that ladder at once!; *metti — quel coltello!*, put that knife down!; *devo portare — le valigie?*, shall I bring the cases down (*o* downstairs)?; *buttami — la chiave per favore!*, throw the key down to me, please!; *potresti tirarmi — quel libro dallo scaffale?*, could you get that book down from the shelf for me?; *l'ho mandato — in cantina a prendere il vino*, I've sent him down to the cellar to get the wine; *il vento ha fatto cadere — l'antenna*, the wind has blown the aerial down; *non osavo guardare — da quell'altezza*, I didn't dare to look down from that height; *la pioggia veniva — a fiumi*, the rain came (*o* was coming) down in torrents; *il prezzo della benzina non accenna ad andare* —, the price of petrol shows no sign of going down // *non manda — un boccone da due giorni*, he hasn't eaten a thing (*o* he hasn't had a bite to eat) for two days // *su e* —, up and down; (*avanti e indietro*) to and fro: *correre su e — per le scale*, to run up and down the stairs; *camminava nervosamente su e — per il corridoio*, he paced nervously up and down the corridor; *è un periodo che continua ad andare su e — da Roma a Milano*, he keeps having to go to and fro between Rome and Milan at the moment // — *per*, down: — *per la collina*, down the hill; *presa dal panico, si precipitò — per le scale*, she rushed downstairs in a panic; *i capelli le scendevano* (—) *sulle spalle*, her hair flowed over her shoulders (*o* down her back) // Con uso rafforzativo: *la pineta si estendeva — — fino in fondo valle*, the pinewood stretched all the way down to the bottom of the valley; *studieremo il pensiero dei maggiori filosofi da Aristotele — — fino a Cartesio*, we shall study the major philosophers from Aristotle (all the way) down to Descartes **2** (*posizione, situazione*) down (*anche fig.*); (*al piano inferiore*) downstairs: *il taxi è — che aspetta*, the taxi is waiting for you downstairs (*o* down below); *i bambini sono — a giocare in giardino*, the children are playing down in the garden; *c'era un mucchio di gente — nella piazza*, there were heaps of people down in the square; *i calzini sono — nell'ultimo cassetto*, the socks are down in the bottom drawer; *"Volete salire?" "No, grazie, ti aspettiamo —"*, "Would you like to come up?" "No, thanks, we'll wait for you downstairs"; *"Sa dirmi dov'è la fermata dell'autobus?" "È — in fondo a questa strada"*, "Can you tell me where the bus stop is?" "It's down at the end of this street"; *qui c'è l'albergo; un po' più — c'è l'ufficio postale*, the hotel's here, and the post office is a bit further down; *a causa dello sciopero, molti negozi avevano le saracinesche* —, on account of the strike many of the shops had their shutters down **3** *in* —, down, downward(s) (*anche fig.*): *guardare in* —, to look down(wards); *è caduto a testa in* —, he fell head downward(s); *il cadavere giaceva a faccia in — sul pavimento*, the corpse lay face downwards on the floor; *era tutto fradicio dalle ginocchia in* —, he was wet through from the knees down(wards); *sono tutti ragazzi dai 13 anni in* —, they are all aged from 13 downward(s); *il traffico è scorrevole solo da Firenze in* —, the traffic's moving smoothly only from Florence down(wards); *la norma si applica a tutto il personale, dal più alto dirigente in* —, the rule applies to all staff, from the managing director down.

◆ FRASEOLOGIA: —*!*, (*a cuccia!*) down!; — *le mani!*, hands off!; — *la maschera!*, come clean! (*o* tell the truth!) // *e — botte!*, what a hiding! // *e — acqua!*, (*di pioggia a dirotto*) what a downpour! // *la cosa non mi va —, non la mando* —, I won't stand for it! // *su per* —, — *di lì*, more or less: *avrà su per — trent'anni*, she must be more or less thirty; *saranno state un centinaio di persone o — di lì*, there must have been about a hundred people; *da qui alla stazione ci sarà un chilometro o — di lì*, from here to the station it must be about half a mile // — *da quelle parti*, somewhere round there // *avere — la voce*, to have lost one's voice // *essere — di morale*, to be depressed, (*fam.*) to be down in the dumps // Per *andare* —, *buttare* —, *mandare* — *ecc.* → anche *andare, buttare, mandare ecc.*

giubba[1] *s.f.* (*giacca*) jacket: — *da fantino*, jockey's shirt.

giubba[2] *s.f.* (*letter.*) (*criniera*) mane.

giubbetto *s.m.* **1** (*da donna*) bodice **2** (*da uomo*) jacket **3** → **giubbotto** 2 e 3.

giubbone *s.m.* heavy coat.

giubbotto *s.m.* **1** (*sportivo*) jacket **2** (*antiproiettile*) bullet-proof vest **3** (*di salvataggio*) life jacket.

giubilare[1] *v.tr.* (*mettere in pensione*) to pension off, to superannuate ◆ *v.intr.* (*gioire*) to jubilate, to exult.

giubilare[2] *agg.* jubilee (*attr.*): *anno* —, jubilee year.

giubilazione *s.f.* (*collocazione a riposo*) pensioning off, superannuation.

giubileo *s.m.* jubilee: *anno del* —, jubilee year.

giubilo *s.m.* joy, jubilation; rejoicing: *grida di — della folla*, cries of joy from the crowd.

Giuda *no.pr.m.* **1** Judas: — *Iscariota*, Juda Iscariot // *albero di* —, Judas tree; *bacio di* —, Judas kiss **2** (*il figlio di Giacobbe*) Judah // *figli di* —, Jews.

giuda *s.m.* (*traditore*) Judas, traitor.

giudaesimo *s.m.* Judaism.

giudaico *agg.* Judaic.

giudaismo *s.m.* Judaism.

giudaizzare *v.tr.* e *intr.* to judaize.

giudeo *agg.* (*della Giudea*) Judaean; (*ebreo*) Jewish ◆ *s.m.* **1** (*abitante del regno di Giudea*) Judean, Judaean; (*ebreo*) Jew **2** (*spreg.*) (*usuraio*) Jew, usurer; (*persona infida*) Jew ◆ **giudea** *s.f.* (*abitante del regno di Giudea*) Judean, Judaean; (*ebrea*) Jewess.

giudicabile *agg.* judgeable, triable (*anche dir.*) ◆ *s.m.* (*dir.*) defendant.

giudicante *agg.* judging ◆ *s.m.* (*dir.*) judge.

giudicare *v.tr.* **1** to judge, to pass judgement on; (*processare*) to try: *non sta a me giudicarlo*, it is not for me to pass judgement on him; *solo Dio può — gli uomini*, only God can judge men; *un uomo si giudica dalle sue azioni*, a man is judged by his actions; *vi lascio — se ho torto o ragione!*, I leave it to you to judge whether I am right or wrong!; — *un libro*, to judge (*o* to pass judgement on *o* to criticize) a book // (*dir.*): — *una causa*, to judge a case; — *qlcu. colpevole, innocente*, to find s.o. guilty, not guilty; — *qlcu. in appello*, to pass judgement on s.o. in appeal **2** (*considerare, pensare*) to consider, to think*, to deem: *lo giudicavano pazzo*, they thought he was mad; *non giudicammo consigliabile proseguire*, we didn't think (*o* deem) it advisable to go on ◆ *v.intr.* **1** (*esprimere un giudizio*) to judge: *non giudicate per non essere giudicati*, (*Vangelo*) judge not that ye be not judged; *a — dalle apparenze, dai fatti*, to judge (*o* judging) by (*o* from) appearances, the facts; *a — dall'aspetto, sembri in forma*, judging by the way you look you're in good shape; — *con la propria testa*, to use one's own judgement **2** (*dir.*) (*pronunciare una sentenza*) to pass sentence: — *in appello*, to rehear a case.

giudicato *s.m.* (*dir.*) sentence, final judgement; res judicata: *passare in* —, to become final (*o* to become res judicata *o* to be beyond recall).

giudicatore *agg.* judging ◆ *s.m.* judge.

giudicatorio *agg.* judicatory, judicial.

giudicatura *s.f.* (*dir.*) **1** judicature, judge's office, judgeship **2** (*magistratura*) judicature, body of judges, bench of judges.

giudice *s.m.* **1** (*dir.*) judge; justice: *il — Rossi*, Mr Justice Rossi; — *istruttore*, investigating magistrate (*o* judge); — *della corte d'appello*, judge of appeals; *il — superiore* (*dell'appello*), the upper judge; — *di pace*, justice of the peace; — *popolare*, (*uomo*) juryman, (*donna*) jurywoman; — *fallimentare*, bankruptcy judge (*o* referee in bankruptcy); *essere nominato* —, to be appointed judge; (*in Gran Bretagna*) to be raised to the Bench **2** (*estens.*) judge: *i giudici della mostra*, the judges of the exhibition; — *di gara*, judge; umpire; — *d'arrivo*, finish line judge; — *di linea*, (*calcio*) linesman, (*tennis*) line judge; *erigersi a* —, to set oneself up as a judge; *essere buon — di qlco.*, to be a good judge of sthg.; *non sei buon* —, you are no judge // *il — supremo*, (*Dio*) the Supreme Judge.

giudiziale *agg.* (*dir.*) judicial.

giudiziario *agg.* (*dir.*) judicial: *assemblea giudiziaria*, judicial assembly; *potere* —, judicial power (*o* judicial branch); *procedimento* —, judicial proceedings; *sequestro* —, judicial attachment; *atti giudiziari*, judicial acts; *carcere* —, jail (*o* prison); *vendita giudiziaria*, forced sale; *asta giudiziaria*, auction by Court order; *riforma giudiziaria*, judicial reform.

giudizio *s.m.* **1** (*dir.*) judg(e)ment; (*causa*) trial; (*sentenza*) decree, verdict, sentence: — *definitivo*, decree absolute; — *esecutivo*, enforceable judgement; — *provvisorio*, decree nisi; — *sommario*, summary trial; — *arbitrale*, award; — *di primo grado*, judgement of first instance; *a* —, on trial; *corte di* —, court of judgement; *rinvio a* —, (*atto d'accusa*) indictment; *rinviare qlcu. a* —, to commit s.o. for trial; *rinviare qlcu. a — con l'imputazione di omicidio*, to indict s.o. on a murder charge; *citare in* —, to convene; *citare qlcu. in — per diffamazione*, to sue s.o. for libel; *comparire in* —, to appear before the court; *mettere a* —, to bring to trial (*o* up for trial); *passare a* —, to be brought up for trial (*o* to stand trial); *pronunciare un* —, to pass judgement (*o* to adjudicate); *sedere in* —, to sit in judgement; *sospendere il* —, to suspend judgement; *ebbe un — sfavorevole*, the judgement went against him **2** (*opinione*) judg(e)ment, opinion; (*decisione*) decision; (*valutazione*) assessment, evaluation: *a mio* —, in my judgement (*o* opinion); *secondo il — di molti*, in the judgement (*o* opinion *o* view) of many people; *non mi curo del tuo* —, I am quite indifferent to your opinion; *dare un — su qlco.*, to pass judgement (*o* to give an opinion) on sthg.; *farsi un — su qlco.*, to form an opinion of sthg.; *rimettersi al — di qlcu.*, to accept s.o.'s decision; *il — della commissione d'esame è stato positivo*, the examiners passed the candidate; *il — del direttore di gara è stato contestato*, the referee's decision was contested; *hanno esposto i giudizi* (*scolastici*)?, have they put up the results? **3** (*saggezza*) wisdom; (*buon senso*) good sense, common sense, good judgement, sound judgement: *un ragazzo di* —, a sensible boy; *aver* —, to be sensible; *non hai affatto* —!, you have no sense at all!; *far* —, to behave well (*o* to behave oneself); *mettere* —, to become sensible (*o* to turn over a new leaf); (*calmarsi, diventare serio*) to settle down; *mostrar* —, to show sound judgement (*o* good sense) // *dente del* —, wisdom-tooth // *età del* —, years of discretion **4** (*teol.*) judgement: *il — universale*, the Last Judgement; *il giorno del* —, Doomsday (*o* the Day of Judgement) **5** — *di Dio*, (*st. medievale*) ordeal **6** (*fil.*) judgement: '*La critica del Giudizio*', 'Critique of Judgement'.

giudizioso *agg.* sensible; wise; (*form.*) judicious: *un bambino* —, a sensible child; *una scelta giudiziosa*, a judicious choice; *una persona poco giudiziosa*, a reckless person.

giudò → **judo**.

giuggiola *s.f.* **1** (*bot.*) jujube // *andare in brodo di giuggiole*, to be in raptures **2** (*fig. non com.*) (*inezia*) trifle **3** (*pasticca*) jujube.

giuggiolo *s.m.* (*bot.*) (*Zizyphus jujuba -sativa*) jujube (tree).

giuggiolone *s.m.* simpleton, fool.

giugno *s.m.* June: *arrivò il due* —, he arrived on the second of June.

giugolo → **giugulo**.

giugulare *agg.* (*anat.*) jugular: *fossetta* —, jugular fossa; *ganglio* —, jugular ganglion; *apofisi* —, jugular process ♦ *s.f.* (*anat.*) jugular (vein).

giugulo *s.m.* (*anat.*) jugulum.

giulebbare *v.tr.* (*non com.*) to candy; to cook in sugar.

giulebbe *s.m.* julep.

giuliano *agg.* Julian: *calendario* —, Julian calendar.

giulivo *agg.* (*letter.*) gay, joyous; joyful; cheerful // *oca giuliva*, silly goose.

giullare *s.m.* jester; buffoon (*anche fig.*); (*menestrello*) minstrel: *il — del Re*, the King's jester.

giullaresco *agg.* jester-like (*attr.*).

giumenta *s.f.* (*cavalla*) mare; (*asina*) she-ass; (*mula*) she-mule.

giumento *s.m.* (*bestia da soma*) beast of burden; (*asino*) ass; (*mulo*) mule.

giunca *s.f.* (*mar.*) junk.

giuncaia *s.f.* reed-bed, bed of rushes.

giuncata *s.f.* (*cuc.*) junket.

giuncheto *s.m.* → **giuncaia**.

giunchiglia *s.f.* (*bot.*) (*Narcissus jonquilla*) jonquil // — *grande*, (*Narcissus pseudonarcissus*) daffodil (*o* lent-lily) // — *bianca*, (*Narcissus poeticus*) poet's narcissus.

giunco *s.m.* (*bot.*) (*Arundo donax*) cane, reed // — *odoroso*, (*Cyperus longus*) galingale // — *dei contadini*, (*Juncus conglomeratus*) rush.

giungere *v.intr.* **1** to arrive; to reach (sthg.); to get*; to come*: *è giunto a casa a tarda sera*, he arrived at home late in the evening; — *a destinazione*, to reach one's destination; *il treno giunse in stazione*, the train came into the station; *la nave è giunta in porto*, the ship has reached the port; — *alla vetta di un monte*, to reach the top of a mountain; *è giunta la primavera*, spring has come; *nessun suono giungeva al mio orecchio*, not a sound reached my ears; *mi è giunta all'oreecchio la notizia del tuo arrivo*, I heard you had arrived; *siamo giunti alla conclusione che...*, we have come to the conclusion that...; *sono giunto al quinto capitolo del libro*, I've got as far as the fifth chapter of the book; — *al termine di un lavoro*, to come to the end of a job; — *all'età di novant'anni*, to reach the age of ninety // *questa* (*notizia*) *mi giunge nuova!*, that's news to me! // — *al colmo*, (*fig.*) to reach the limit // — *in porto*, (*fig.*) to reach one's goal // *ecco a cosa siamo giunti!*, (*fig.*) look what we've come to! **2** (*riuscire*) to succeed (in doing), to manage: *non giunsi mai a scoprire la verità*, I never succeeded in discovering (*o* I never managed to discover) the truth ♦ *v.tr.* (*congiungere*) to join.

giungla *s.f.* jungle (*anche fig.*): — *d'asfalto*, asphalt jungle // (*econ.*) — *retributiva*, wages jungle; — *delle pensioni*, pension jungle.

giunonico *agg.* Junoesque; shapely, buxom // *bellezza giunonica*, majestic beauty.

giunta[1] *s.f.* addition; extra piece; (*in un tessuto*) insert: *fare una — a un discorso*, to make an addition to a speech; *le giunte di un abito*, the inserts in a dress // *per* —, in addition (*o* what's more *o* on top of everything): *è partito all'improvviso e per — non mi ha lasciato un recapito*, he left all at once and what's more he didn't leave me his address.

giunta[2] *s.f.* (*amm.*) (*comitato esecutivo*) council; committee: — *municipale*, town council; — *provinciale*, provincial council, (*in Gran Bretagna*) county council; — *regionale*, regional council, (*in Gran Bretagna*) county council; — *amministrativa*, administrative board; — *esecutiva*, executive committee // — *militare*, (*spreg.*) military junta.

giuntaggio *s.m.* (*cinem.*) splicing.

giuntare *v.tr.* **1** (*unire*) to join; to connect; (*con cuciture*) to sew* together **2** (*cinem.*) to splice.

giuntatrice *s.f.* (*mecc.*) **1** (*cinem.*) splicer **2** (*tessile*) piecing machine **3** (*ind. del legno*) joining machine.

giunto[1] *agg.* joined // *a mani giunte*, with one's hands joined.

giunto[2] *s.m.* (*mecc.*) joint; (*di accoppiamento*) coupling; (*costruzioni navali*) seam: — *a cerniera*, hinged joint; — *a ganasce*, fish joint (*o* splice); — *a ginocchiera*, toggle joint; — *a snodo*, knuckle joint; — *assiale*, splice; — *a viti*, muff coupling; — *ad incastro*, (*carpenteria*) gain joint; — *cardanico*, *universale*, universal joint; — *di dilatazione*, expansion joint; — *di testa*, butt (joint); — *idraulico*, hydraulic (*o* hydro-drive) coupling (*o* fluid flywheel); (*con tenuta ad acqua*) hydraulic joint; — *sferico*, ball (*o* ball-and-socket) joint.

giuntoia *s.f.* (*di giogo*) yoke strap.

giuntura *s.f.* **1** joint **2** (*anat.*) joint, articulation; — *del ginocchio*, knee joint; — *delle dita*, knuckle; — *del cranio*, cranial suture.

giunzione *s.f.* **1** (*non com.*) (*il giuntare*) junction, jointing, connection **2** (*mecc.*) (*giunto*) joint: — *a cerniera*, hinged joint; — *a maschio e femmina*, tongue and groove joint; *linea di* —, seam; *senza* —, seamless; *fare una* —, to joint; — *di tubi*, pipe connection **3** (*fis.*) junction: *transistor a* —, junction transistor.

giuoco e *deriv.* → **gioco** e *deriv.*

giuraddio *inter.* (*antiq.*) by God!

giuramento *s.m.* oath, vow: *cerimonia ufficiale del* —, swearing-in ceremony; *formula del* —, wording of the oath; *sotto* —, on (*o* under) oath: *affermare sotto il vincolo del* —, to affirm on (*o* upon) oath; *fare un, prestare* —, to take (*o* to swear) an oath; *prestare — nelle mani* (*del capo di stato*), to be sworn in by (the head of state); *impegnare, vincolare qlcu. con* —, to bind s.o. by oath; *mancare al, venir meno al, rompere, violare il* —, to break one's oath; *falso* —, false oath; — *giudiziale*, oath in court.

giurare *v.tr.* e *intr.* to swear* (*anche estens.*): — *eterno amore a qlcu.*, to swear eternal love to s.o.; — *di obbedire*, to swear to obey; — *di dire la verità*, to swear to tell the truth; — *sul proprio onore*, to swear on one's honour; — *sulla Bibbia*, to swear on the Bible; *il nuovo ministro giurò nelle mani del Presidente*, the President swore in the new Minister; *non bisogna mai — su niente*, you never can tell (*o* one can never be sure of anything); *giurò di non averla mai vista*, he swore he had never seen her; *giuro che non è stata colpa mia*, I swear it was not my fault; *giuro che non l'ho fatto apposta*, I swear I didn't do it on purpose; *vi giuro che è vero*, I swear it is true; — *e spergiurare*, to swear by all that's holy // — *il falso*, to perjure oneself // *giuro di dire la verità, tutta la verità, nient'altro che la verità*, I swear to tell the truth, the whole truth, nothing but the truth // *non giurerei sulla sua puntualità*, I wouldn't bet on him being on time // — *vendetta, giurarla a qlcu.*, to swear revenge on s.o.

giurassico *agg.* e *s.m.* (*geol.*) Jurassic.

giurata *s.f.* (*dir.*) jurywoman*.

giurato *agg.* sworn: *perito* —, sworn expert; *funzionario* —, sworn official (*o* officer); *contratto* —, sworn contract; *una dichiarazione* *giurata*, a sworn statement // *nemico* —, sworn enemy ◆ *s.m.* (*dir.*) juryman*; juror: *i giurati*, the jury; *banco dei giurati*, jurybox; *lista dei giurati*, panel; *formare la lista dei giurati*, to impanel the jury.

giure *s.m.* (*antiq.*) jurisprudence, law.

giureconsulto *s.m.* jurisconsult, jurisprudent.

giurese → **giurassico**.

giurì *s.m.* (*dir.*) jury: — *d'onore*, court of honour.

giuria *s.f.* jury; panel // (*dir.*): *presidente della* —, foreman of the jury; *un membro della* —, a juryman; *far parte della* —, to be on the jury (*o* to serve on a panel); — *che non riesce a raggiungere il verdetto*, hung jury.

giuridicamente *avv.* juridically, legally.

giuridicità *s.f.* juridical character; (*dir.*) lawfulness, legality.

giuridico *agg.* juridical, judicial; legal: *posizione giuridica*, legal position; *persona giuridica*, juridical person; *stato* —, (legal) status; *studi giuridici*, law studies; *disciplina giuridica*, juridical regulation; *uguaglianza giuridica*, legal equality.

giuridizione → **giurisdizione**.

giurimetria → **giuscibernetica**.

giurisdizionale *agg.* jurisdictional: (*dir.*) *funzione* —, jurisdictional function.

giurisdizione *s.f.* **1** (*dir.*) jurisdiction: *territorio sotto la* — *di*..., area within (*o* under) the jurisdiction of...; *è sotto la nostra* —, it comes under our jurisdiction; *immunità dalla* —, immunity from jurisdiction; — *ordinaria di primo grado*, original jurisdiction **2** (*estens.*) (*sfera d'azione*) jurisdiction, province, sphere of competence: *questo compito ricade sotto la sua* —, this job comes within his province; *un settore che è al di fuori della* — *del nostro ufficio*, a sector which lies outside our jurisdiction (*o* province) // *non avete alcuna* — *sulla mia vita privata*, you have no right to interfere with my private life.

giurisperito, **giurisprudente** *s.m.* jurisconsult, jurisprudent.

giurisprudenza *s.f.* jurisprudence, law; (*insieme delle decisioni giurisprudenziali*) case-law; (*l'insieme degli organi giurisprudenziali*) the courts, the judiciary: *studia* —, he studies law // *la dottrina e la* —, (*i soggetti*) the scholars and the courts, (*il prodotto*) the authorities and the case-law.

giurisprudenziale *agg.* (*dir.*) jurisprudential.

giurista *s.m.* e *f.* jurist, jurisprudent.

giuscibernetica *s.f.* juscybernetics [U].

giusnaturalismo *s.m.* doctrine of natural law.

giuspatronato *s.m.* jus patronatus; patronage.

giusquiamo *s.m.* (*bot.*) (*Hyosciamus niger*) henbane.

giusta *prep.* **1** (*ant.*) (*vicino*) near **2** (*letter.*) according to, in accordance with, in conformity with (*spec. nel linguaggio burocratico*): — *i vostri desideri*, in accordance with your wishes; — *le norme bancarie*, in conformity with (*o* according to) bank regulations.

giustacuore *s.m.* just-au-corps, justicoat.

giustamente *avv.* **1** (*a ragione*) rightly, fairly, justly: *e* —, *ha cambiato lavoro*, and quite rightly, he changed his job **2** (*esattamente*) correctly, rightly, properly: *ha risposto* —, he has answered correctly.

giustapporre *v.tr.* to juxtapose: — *due colori, due stili letterari*, to juxtapose two colours, two literary styles.

giustapposizione *s.f.* juxtaposition.

giustezza *s.f.* **1** (*equità*) rightness, fairness, justness; (*legittimità*) justness, legitimacy: *la* — *della decisione del giudice*, the fairness of the judge's decision; *la* — *di una critica*, the justness of a criticism; *la* — *di un'opinione*, the soundness of an opinion **2** (*esattezza*) exactness, correctness, preciseness: — *delle proporzioni*, the correctness of the proportions; *la* — *di un'espressione*, the propriety of an expression **3** (*tip.*) measure.

giustificabile *agg.* justifiable, excusable: *un errore* —, a justifiable (*o* an excusable) mistake.

giustificare *v.tr.* **1** (*rendere legittimo*) to justify: *il fine giustifica i mezzi*, the end justifies the means **2** (*scusare*) to justify, to excuse; to exculpate: *ma come puoi giustificarlo dopo ciò che ti ha fatto?*, how can you justify him after what he has done?; *è un errore che si giustifica con l'inesperienza*, it's a mistake that can be excused because of inexperience; *nulla potrebbe* — *la vostra condotta*, nothing could justify (*o* warrant) your behaviour; — *l'assenza di qlcu.*, to justify (*o* to excuse) s.o.'s absence **3** (*comprovare con documenti*) to account for, to justify, to prove: *devi* — *le tue spese per avere il rimborso*, you must account for (*o* justify) your expenses in order to be reimbursed // — *le entrate, le uscite*, to account for (*o* to justify) income and expenditure **4** (*teol.*) (*redimere*) to redeem **5** (*tip.*) to justify.

□ **giustificarsi** *v.rifl.* to justify oneself; to excuse oneself; (*discolparsi*) to clear oneself: *dovrai giustificarti per il ritardo*, you will have to justify your delay; *si è giustificato dicendo che era ubriaco*, he excused himself saying he was drunk.

giustificatamente *avv.* **1** justifiably, with justification, justly, rightly **2** (*in modo legittimo*) legitimately, lawfully.

giustificativo *agg.* justifying, justificatory: *pezza giustificativa*, voucher (*o* receipt); *documenti giustificativi*, supporting documents ◆ *s.m.* (*ricevuta di pagamento*) voucher, receipt: — *di cassa*, cash voucher; — *di spesa*, expense voucher.

giustificato *agg.* **1** justified: *il suo modo di agire era* —, he was justified in acting like that; *assenza giustificata*, (*a scuola*) justified absence; *spesa giustificata*, justified expense **2** (*perdonato, assolto*) forgiven, justified.

giustificatorio *agg.* justificatory, justificative, justifying.

giustificazione *s.f.* **1** (*scusa*) justification, excuse; (*discolpa*) vindication: *accogliere una* —, to accept an excuse; *addurre una* —, to present a justification; *a* — *di qlco.*, in justification (*o* excuse) of sthg.; *a titolo di* —, as a justification; *senza* —, without excuse; *non c'è* — *per il tuo comportamento*, there is no justification (*o* excuse) for your behaviour (*o* your behaviour is inexcusable) // (*dir.*) *causa di* — (*scriminante*), justification (*o* excuse) **2** (*scritto presentato per giustificare*) justification; (*a scuola*) absence note; (*documento*) voucher: *libretto delle giustificazioni*, school absences' book; (*comm.*) — *delle entrate, delle spese*, revenue, expense voucher **3** (*teol.*) justification **4** (*tip.*) justification.

giustinianeo *agg.* justinianian, justinianean: *codice* —, Justinian code.

giustissimo *inter.* quite right!, absolutely right!, quite so!

giustizia *s.f.* **1** justice; (*equità*) fairness, equity: *combattere per la* —, to fight for justice; — *sociale*, social justice; — *economica, distributiva*, distributive justice; — *fiscale*, tax equity; *con* —, justly; *per* — *verso qlcu.*, in justice (*o* fairness) to s.o.; *fare, rendere* — *a qlcu.*: to do justice to s.o. (*o fig.* to give s.o. his, her due); *per rendergli* — *bisogna ammettere che*..., in fairness (*o* justice) to him it must be admitted that...; *chiedere* —, to ask for justice; *ottenere* —, to obtain justice; *trattare con* —, to treat fairly **2** (*dir.*) justice; law: *la* — *seguì il suo corso*, the law took its course; *corte di* —, Court of Justice (*o* of Law); *palazzo di* —, Law Courts; *amministrare la* —, to administer justice; *assicurare alla* —, to bring to justice; *presentarsi alla* —, to give oneself up; *cadere nelle mani della* —, to be brought to justice (*o* to be arrested and tried); *fare* —, to do justice; *il ministro ha promesso che sarà fatta* —, the minister has promised that justice will be done; *collaborare con la* —, to turn state's evidence, (*in* GB) to turn King's (*o* Queen's) evidence; *farsi* — *da sé*, to take the law into one's own hands; *ricorrere alla* —, to go to court (*o* to take legal steps); *sperare nella* —, to put one's hopes in the law.

giustizialismo *s.m.* **1** justicialism **2** (*estens.*) political manipulation of the justice system.

giustizialista *agg.* e *s.m.* e *f.* justicialist.

giustiziare *v.tr.* to execute, to put* to death: — *sulla sedia elettrica*, to electrocute; — *sommariamente qlcu.*, to execute s.o. without trial (*o form.* to put s.o. to death summarily).

giustiziato *agg.* executed ◆ *s.m.* executed man.

giustiziere *s.m.* **1** (*boia*) executioner **2** (*vendicatore*) avenger.

giusto *agg.* **1** just, right; (*equo*) fair: *un* — *castigo*, a just punishment; *giusta ricompensa*, just reward; *una giusta richiesta*, a fair (*o* legitimate) request; *un prezzo* —, a fair price; *un trattamento* —, a proper (*o* fitting) treatment; *un uomo* —, a just man; *un verdetto* —, a fair verdict; *"Sai che è stato licenziato?" "Ma non è —!"*, "Did you know that he has been sacked?" "But it's not fair!"; *è* — *che anche voi lavoriate*, it is right that you too should work; *era* — *che voi sapeste questo*, it was right that you should know this; *siamo giusti!*, let us be fair!; *credi sia* — *parlargliene?*, do you think it's fair to talk to him about it?; *essere* — *con qlcu.*, to be just (*o* fair) to s.o.; *pagare il* — *prezzo*, to pay the right price // *il* — *mezzo*, the happy medium (*o* mean): *tenersi nel* — *mezzo*, to stick to a happy medium **2** (*esatto*) right, correct, exact; (*opportuno*) proper: *il rimedio* —, the right remedy; *una risposta giusta*, a correct answer; *il conto è* —, the bill is correct; *il cappello mi sta* —, the hat fits me nicely; *ditemi l'ora giusta*, tell me the correct time; *è l'ora giusta per un aperitivo*, it's the right time for an aperitif; *sapete calcolare il peso —?*, can you calculate the correct weight?; *è questa la strada giusta per...?*, is this the right road to...?; *ha trovato la via giusta per arrivare al successo*, he's found the right way to success; *la tua minestra è giusta di sale?*, (*fam.*) is there enough salt in your soup?; *il tuo orologio è — o avanti?*, (*fam.*) is your watch right or fast? // *a, per dirla giusta*, (*fam.*) to call a spade a spade; *Ma va', dilla giusta! È stata tua moglie a farti un occhio nero*, Come on, tell it the right way (*o* the way it was)! It was your wife who gave you that black eye **3** (*adatto, conveniente*) right, suitable, appropriate: *trovare le parole giuste*, to find the right (*o* suitable *o* appropriate) words; *arrivare al momento —*, to arrive at the right moment // *l'uomo — al posto —*, the right man in the right place // *sceglie sempre il momento — per parlare!*, (*iron.*) he always chooses the right moment to speak! **4** (*legittimo*) legitimate, lawful: *un desiderio —*, a legitimate wish // *troppo —!*, (*fam.*) fantastic (*o* amazing! *o* too much!) ◆ *s.m.* **1** (*uomo retto*) just man // *i giusti*, the just; *i giusti e i reprobi*, the just (*o* the righteous) and the wicked; *dormire il sonno dei giusti*, to sleep the sleep of the just **2** (*ciò che è giusto*) the right; (*comm.*) one's due: *il — e l'ingiusto*, the right and the wrong; *essere nel —*, to be in the right; *non crederai di essere nel —?*, you don't think you are in the right, do you?; *pagare il —*, to pay the right price; *chiedere meno del —*, to claim less than one's due.

giusto *avv.* **1** (*esattamente, con precisione*) right; correctly: *ha risposto — a tutte le domande*, he answered all the questions correctly (*o* he got all the answers right) // *mirate —!*, aim straight! **2** (*proprio, appunto*) just; very: *pensavo — a te*, you are the very person (*o* you're just the person) I had in mind; *arrivammo alla stazione — in tempo per prendere l'ultimo treno*, we got to the station just in time to catch the last train; *entravano — in quel momento*, they came in at that very moment (*o* just at that moment) // *giust'appunto*, that's right; *"Ti riferivi a me?" "Giust'appunto!"*, "Did you mean me?" "That's right" // *"Questa storia deve finire" "Giusto"*, "This has got to stop" "You're right" // *avranno avuto — vent'anni*, they couldn't have been older than twenty // *gli telefonerò — per educazione*, I'll phone him just to be polite (*o* just to do the right thing); *sono venuto — per salutarti*, I've just come to say hello (*o* goodbye).

glabro *agg.* **1** glabrous, hairless; (*sbarbato*) clean-shaven **2** (*estens.*) (*liscio*) smooth.

glacé *agg.* (*fr.*) **1** (*cuc.*) (*rivestito di zucchero*) iced, glazed: *marrons glacés*, marrons glacés **2** *guanti —*, glacé-kid gloves.

glaciale *agg.* **1** (*geol.*, *geogr.*) glacial; ice (*attr.*): *deposito —*, glacial deposit (*o* till); *valle —*, glacial valley (*o* trough); *calotta —*, ice sheet (*o* ice cap); *età —*, ice age; *terreno a morfologia —*, glacialed terrain **2** (*estens.*) (*molto freddo*) icy, frosty: *temperatura —*, icy temperature; *vento —*, icy (*o* cutting *o* raw) wind // (*chim.*) *acido acetico —*, glacial acetic acid **3** (*fig.*) glacial, icy, frosty, chilly: *accoglienza —*, icy reception; *modo di fare —*, chilly manners; *sorriso —*, glacial smile.

glacialmente *avv.* (*fig.*) glacially, icily, frigidly.

glaciazione *s.f.* (*geol.*) (*fenomeno*) glaciation; (*periodo*) ice age.

glaciologia *s.f.* (*geol.*) glaciology.

gladiatore *s.m.* gladiator.

gladiatorio *agg.* gladiatorial.

gladiolo *s.m.* (*bot.*) (*Gladiolus cardinalis*) sword-grass, sword-lily, (*scient.*) gladiolus.

gladite *s.f.* (*chim.*) gladite.

glagolitico *agg.* (*di alfabeto*) Glagolitic.

glande *s.m.* (*anat.*) glans*.

glandiforme *agg.* glandiform.

glandola, **glandula** e *deriv.* → **ghiandola** e *deriv.*

glassa *s.f.* (*cuc.*) **1** (*di zucchero*) icing, frosting **2** (*gelatina*) glaze.

glassare *v.tr.* (*cuc.*) **1** (*rivestire di zucchero*) to ice, to frost **2** (*coprire di gelatina*) to glaze.

glassato *agg.* **1** glacé, iced, glazed, candied **2** (*estens.*) (*detto di indumento di pelle*) patent.

glassatura *s.f.* icing, frosting, glazing.

glauberite *s.f.* (*min.*) glauberite.

glauco *agg.* (*letter.*) glaucous, blue-green, greyish-blue, sea-green.

glaucoma *s.m.* (*med.*) glaucoma; (*vet.*) wall-eye.

glaucomio *s.m.* (*zool.*) (*Glaucomys volans*) flying squirrel, flying phalanger.

glauconite *s.f.* (*min.*) glauconite.

gleba *s.f.* **1** (*letter.*) (*zolla*) clod, turf*; (*campo*) glebe // (*st. medievale*) *servo della —*, serf **2** (*bot.*) gleba (*pl.* -ae).

glene *s.f.* (*anat.*) glenoid cavity, glenoid fossa*.

glenoidale *agg.* (*anat.*) glenoid, glenoidal.

glenoide *s.f.* (*anat.*) glenoid cavity, glenoid fossa* ◆ *agg.* glenoidal.

glenoideo *agg.* (*anat.*) glenoidal.

gli[1] *art.det.m.pl. usato in luogo di* i *davanti a vocaboli che iniziano per vocale*, s *impura*, gn, ps, x, z **1** the: *— Appennini*, the Apennines; *— Italiani*, (the) Italians; *— Stati Uniti*, the United States; *— Sforza*, the Sforzas (*o* the Sforza family); *— articoli della Costituzione italiana*, the articles of the Italian Constitution; *— alberi del nostro giardino sono tutti fioriti*, the trees in our garden are all in bloom; *— sport più popolari in Italia sono il calcio e il basket*, the most popular sports in Italy are football and basketball; *— amici che ti ho presentato ieri, andranno a vivere a Roma*, the friends I introduced you to yesterday are going to live in Rome **2** (*spesso non si traduce*): *in primavera — alberi mettono fuori le prime foglie*, trees bud in spring; *— spinaci contengono ferro*, spinach contains iron; *ogni anno — stranieri affollano le spiaggie italiane*, every year foreigners flock to Italian beaches; *tutti — uomini sono uguali davanti alla legge*, all men are equal in the eyes of the law; *— abiti lunghi non sono più di moda*, long dresses are out of fashion; *il bambino ha — occhi azzurri come sua madre*, the baby has blue eyes like its mother; *porta — occhiali*, he wears glasses; *conosci — amici di Roberto?*, do you know Robert's friends? **3** (*si traduce con un agg. poss.*): *togliti — stivali*, take your boots off; *non trovo più — occhiali*, I can't find my glasses **4** (*con valore partitivo*) some, any: *"Che verdura c'è?" "Ci sono — asparagi"*, "What vegetables are there?" "There's some asparagus"; *hai comprato — stuzzicadenti?*, have you bought any toothpicks?

gli[2] *pron.pers.m. 3ª pers.* **1** *sing.* (*compl. di termine di* egli, lui; esso) (to, for) him (*riferito a persona o animale di sesso maschile*); (to, for) it (*riferito a cosa o animale di sesso non specificato*): *"Hai notizie di Giorgio?" "Gli ho telefonato ieri"*, "(Have you) any news of George?" "I phoned him yesterday"; *il medico — ha prescritto una nuova cura*, the doctor has prescribed a new cure for him (*o* prescribed him a new cure); *— comprerò un regalo*, I'll buy a present for him (*o* I'll buy him a present); *l'aria di mare — fa bene*, sea air is good for him; *— dirò che hai telefonato*, I'll tell him you called; *— manderemo un telegramma*, we'll send him a cable; *se vedi tuo fratello, portagli i miei saluti*, if you see your brother, remember me to him; *devo parlargli subito*, I've got to speak to him at once; *non ditegli che mi avete visto*, don't tell him you've seen me; *se porti fuori il cane, mettigli il guinzaglio*, if you take the dog out, put him on the lead; *Il videoregistratore non funziona; puoi dargli un'occhiata?*, The videocassette recorder isn't working. Can you have a look at it? **2** *pl.* (*compl. di termine di* essi, loro) (to, for) them: *mi hanno scritto diverse volte, ma non — ho mai risposto*, they've written to me several times, but I've never replied (*o* answered them) // Nella lingua parlata si usa anche per il femminile: *va' a chiamare le tue sorelle, digli che le stiamo aspettando*, go and call your sisters, and tell them we're waiting (for them) **3** (*si traduce con l'agg. poss.*): *il cuore — batteva forte*, his heart beat wildly; *— fa male il braccio*, his arm hurts; *— hanno svaligiato l'appartamento*, his flat has been burgled.

gli[3] *pron.pers. 3ª pers.sing.* forma region. per *egli* // *— è che*, (*il fatto è che*), the fact is...

glia *s.f.* (*anat.*) glia.

gliadina *s.f.* (*chim.*) gliadin.

gliale *agg.* (*anat.*) glial.

glicemia *s.f.* (*med.*) glyc(a)emia.

glicemico *agg.* (*med.*) glyc(a)emic.

gliceraldeide *s.f.* (*chim.*) glyceraldheyde.

glicerico *agg.* (*chim.*) glyceric: *acido —*, glyceric acid.

gliceride *s.m.* (*biochim.*) glyceride.

glicerile *s.m.* (*chim.*) glyceril.

glicerina *s.f.* glycerin(e); (*chim.*) glycerol.

glicerofosfato *s.m.* (*chim.*) glycerophosphate.

glicide e *deriv.* → **glucide** e *deriv.*

glicile *s.m.* (*chim.*) glycyl.

glicina *s.f.* (*biochim.*) glycine.

glicine *s.m.* (*bot.*) (*Wistaria sinensis*) wistaria, wisteria.

glicogenesi *s.f.* (*biochim.*) glycogenesis.

glicogeno *s.m.* (*biol.*) glycogen.

glicogenosi *s.f.* (*med.*) glycogenosis.

glicole *s.m.* (*chim.*) glycol.

glicolico *agg.* (*chim.*) glycolic: *acido —*, glycolic acid.

glicolipide *s.m.* (*chim.*) glycolipid.

glicolisi *s.f.* (*biochim.*) glycolysis*.

glicolla → **glicina**.

gliconeo *s.m.* (*metrica*) glyconic.

gliconeogenesi *s.f.* (*biochim.*) glyconeogenesis.

glicoproteina *s.f.* (*biochim.*) glycoprotein.

glicorrachia *s.f.* (*med.*) glycorrhachia.

glicosidasi *s.f.* (*biochim.*) glycosidase.

glicoside *s.m.* (*biochim.*) glycoside, glucoside.

glicosidico *agg.* (*biochim.*) glycosidic, glucosidic.

glicosio → **glucosio**.

glicosuria *s.f.* (*med.*) glycosuria, glycuresis.

gliela *pron.pers. composto 3ª pers.f.sing.*: *gli piace questa bicicletta e ho deciso di comprargliela*, he likes this bicycle and I've decided to buy it for him; *ha ordinato la macchina, ma non glielʼhanno ancora consegnata*, he's ordered a new car, but it hasn't been delivered to him yet // *è troppo furba, non riuscirai a fargliela!*, she's too crafty; you won't be able to take her in!; *— farò pagare cara a quei mascalzoni!*, I'll make those devils pay for it! *Cfr.* → **glielo**.

gliele *pron.pers. composto 3ª pers.f.pl.*: *ha dimenticato le chiavi, — puoi portare?*, he's forgotten his keys. Can you take them to him?; *il Sig. Rossi ha richiesto le fatture, speditegliele subito*, Mr Rossi has requested the invoices, so send them to him at once; *comprò un mazzo di rose e — mandò*, he bought a bunch of roses and sent them to her; *le lettere sono pronte, — lascio sulla scrivania*, Your letters are ready. I'll leave them on the desk for you. *Cfr.* → **glielo**.

glieli *pron.pers. composto 3ª pers.m.pl.*: *sono pronti i nuovi cataloghi; devo spedirglieli?*, the new catalogues are ready. Shall I send them to you?; *non li ha comprati, — hanno regalati*, he didn't buy them; they were given to him; *avevano affidato i figli al padre, poi — hanno tolti*, they had awarded custody of the children to the father, then they took them away from him. *Cfr.* → **glielo**.

glielo *pron.pers. composto di 3ª pers.m.sing.*: *quello è il marito di Clara; glielʼho fatto conoscere io*, that's Clare's husband. I introduced him to her; *ha appena ricevuto l'incarico: glielʼhanno confermato*, he's just got the job. They told him yesterday; *questo disco è di Stefano, devo restituirglielo*, this is Steve's record and I've got to give it back to him; *non sapevano che ti eri sposata; glielʼabbiamo detto noi*, They didn't know you'd got married. We told them; *volevano costruire in questa zona, ma glielʼhanno impedito*, they wanted to build in this area, but were prevented from doing so • Come si nota dagli esempi, nei pronomi composti con *gli* l'uso della prep. che introduce il compl. indir. varia a seconda della costruzione del verbo.

gliene → **ne**.

glifo *s.m.* **1** (*arch.*) glyph **2** (*mecc.*) (*di macchina a vapore o di altro meccanismo*) link -block: *— oscillante*, crank and slotted link; *distribuzione a —*, link-motion.

glioma *s.m.* (*med.*) glioma*.

gliossale *s.m.* (*chim.*) glyoxal.

gliossalico *agg.* (*chim.*) glyoxalic: *acido —*, glyoxalic acid.

gliossilico *agg.* (*chim.*) glyoxylic: *acido —*, glyoxylic acid.

gliptico e *deriv.* → **glittico** e *deriv.*

gliptodonte *s.m.* (*paleont.*) glyptodont.

glissare *v.intr.* **1** (*mus.*) to slide* **2** (*fig.*) (*su un argomento*) to skate over.

glittica *s.f.* glyptics [U].

glittico *agg.* glyptic ◆ *s.m.* glypt.

glittografia *s.f.* glyptography.

glittografo *s.m.* glyptograph.

glittoteca *s.f.* (*raccolta*) collection of glyptographs; (*museo*) glyptograph museum.

globale *agg.* **1** (*complessivo*) total, overall; all-inclusive, global, aggregate, overhead, comprehensive: *occorre una visione — della situazione*, what's required is an overall (*o* comprehensive) view of the situation // (*econ.*): *importo —*, total amount; *somma —*, lump sum; *domanda, offerta —*, aggregate demand, supply; *prezzo —*, inclusive (*o* all-in *o* all-round *o* overhead) price; *rischio —*, aggregate risk // (*pedagogia*) *metodo —*, global method // (*mat.*) *analisi, sezione —*, global analysis, section **2** (*del globo*) global: *strategia, politica —*, global strategy, policy.

globalismo *s.m.* **1** (*psic.*) holism, holistic psychology **2** (*pedagogia*) global method.

globalità *s.f.* entirety, totality: *analizzare un problema nella sua —*, to analyse a problem in its entirety.

globalizzazione *s.f.* **1** (*psic.*) holism, holistic psychology **2** (*econ.*) globalization.

globalmente *avv.* **1** totally, inclusively, overall, altogether, collectively: *dobbiamo valutare — il problema*, we must take an overall view of the problem **2** (*comm.*) in the lump, in the gross.

globiforme *agg.* globe-shaped, spherical.

globigerina *s.f.* (*paleont.*) globigerina: *fango a globigerine*, globigerina ooze.

globina *s.f.* (*biochim.*) globin.

globo *s.m.* **1** (*sfera*) globe; sphere; ball: *— aerostatico*, balloon // (*astr.*) *— celeste*, celestial star // *— dell'occhio*, eyeball // (*elettr.*) *diffusore a —*, light globe **2** (*il globo terrestre, la Terra*) globe, earth: *fare il giro del —*, to go round the globe (*o* round the earth).

globoide *s.m.* globoid.

globosità *s.f.* (*non com.*) globosity.

globoso *agg.* globular, spherical, globose.

globulare *agg.* globular, globe-like, spherical // (*fis., astr.*) *ammasso —*, globular cluster.

globulina *s.f.* (*biochim.*) globulin.

globulo *s.m.* **1** (*piccolo corpo sferico*) globule **2** (*anat.*) corpuscle: *globuli del sangue*, blood corpuscles (*o* cells); *globuli bianchi, rossi*, white, red corpuscles (*o* blood cells).

globuloso *agg.* globulous.

glo glo → **glu glu**.

gloglottare *v.intr.* **1** (*di liquido che esce da un fiasco o simile recipiente*) to gurgle **2** (*di tacchino*) to gobble.

gloglottio *s.m.* (*di liquido*) gurgle, gurgling; (*di tacchino*) gobble, gobbling.

glomerulare *agg.* (*anat.*) glomerular.

glomerulo *s.m.* (*anat.*) glomerule.

glomo *s.m.* (*anat.*) glome.

gloria *s.f.* **1** (*fama, onore, lode*) glory: *— eterna*, eternal glory; *avere brama, sete di —*, to thirst for glory; *coprirsi di —*, to cover oneself with glory; *rendere — a Dio*, to give glory to God; *per la maggior — di Dio*, to the greater glory of God; *— a Dio nel più alto dei cieli*, glory to God in the highest // *lavorare per la —*, (*fam.*) to work for nothing **2** (*vanto*) glory, pride: *fu la — del suo secolo*, he was the glory (*o* the pride) of his age; *farsi — di qlco.*, to glory in sthg. (*o* to pride oneself upon sthg.) // *andare a — di qlcu.*, to redound to s.o.'s glory **3** (*splendore*) glory, splendour: *le glorie dell'impero britannico*, the glories of the British Empire; *Salomone in tutta la sua —*, Solomon in all his glory; *la — delle arti fu allora grandissima*, the splendour of the arts then reached its peak **4** (*beatitudine celeste*) glory, heavenly bliss: *vivere in — coi Santi*, to live with the Saints in glory // *che Dio l'abbia in —!*, (*fam.*) bless his soul! (*o* God bless him!), (*iron.*) confound him! // *andare in —*, to be in a state of bliss **5** (*celebrità*) glory, star: *le vecchie glorie del calcio*, the former stars (*o* glories) of football.

gloria *s.m.* (*la preghiera*) gloria // *alla fine del salmo si canta il —*, (*prov.*) don't count your chickens before they are hatched // *tutti i salmi finiscono in —*, (*prov.*) it's the same old story.

gloriarsi *v.intr.pron.* to glory (in sthg.); to be proud (of sthg.); to take* (a) pride (in sthg.); to pride oneself (upon sthg.); (*millantarsi*) to boast (about, of sthg.): *ci gloriamo della nostra libertà*, we take pride in our liberty; *si gloria della sua bellezza*, she glories in (*o* she is proud of) her beauty; *si gloria di essere il più abile calciatore del paese*, he prides himself in being the best footballer in his village.

gloriette *s.f.* (*fr.*) (*arch.*) pavilion.

glorificare *v.tr.* **1** to glorify, to praise, to magnify, to laud, to extol: *che il nome di Dio sia glorificato!*, God's name be praised!; *— la memoria di qlcu.*, to glorify s.o.'s memory **2** (*teol.*) (*far partecipe della gloria celeste*) to glorify, to exalt to the glory of Heaven: *Dio glorificherà i suoi Santi*, God will glorify his Saints ◆ *v.intr.pron.* (*vantarsi, gloriarsi*) → **gloriarsi**.

glorificativo *agg.* (*rar.*) glorifying, laudatory.

glorificatore *agg.* glorifying; laudatory ◆ *s.m.*, **glorificatrice** *s.f.* glorifier, praiser.

glorificazione *s.f.* glorification, glorifying: *la — degli eroi*, the glorification of the heroes; *a — di Dio*, to the glorification of God; *la — dei personaggi politici è molto pericolosa*, the glorification of political leaders is very dangerous.

gloriosamente *avv.* gloriously.

glorioso *agg.* **1** glorious, illustrious; famous: *stirpe gloriosa*, glorious (*o* illustrious) descent; *di gloriosa memoria*, of glorious memory; *vittoria gloriosa*, glorious victory // *andare — di qlco.*, to be proud of sthg. **2** (*teol.*) glorified: *corpo —*, glorified body // *i Gloriosi*, the Saints in glory.

glossa *s.f.* gloss, (explanatory) note, annotation, comment: *questo codice è ricco di glosse*, this codex is full of glosses.

glossare *v.tr.* to gloss, to annotate; to comment upon (sthg.).

glossario *s.m.* glossary.

glossatore *s.m.* glossator, glossarist, annotator; commentator.

glossema *s.m.* **1** gloss **2** (*ling.*) glosseme.

glossematica *s.f.* (*ling.*) glossematics [U].

glossematico *agg.* (*ling.*) glossematic, glossemic.

glossina *s.f.* (*zool.*) glossina.

glossite *s.f.* (*med.*) glossitis.

glossodinia *s.f.* (*med.*) glossodynia.

glossofaringeo *agg.* (*anat.*) glossopharyngeal.

glossografia *s.f.* glossography.

glossografico *agg.* glossographical.

glossografo *s.m.* glossographer; glossator.

glossolalia *s.f.* (*psic.*) glossolalia.

glossoplegia *s.f.* (*med.*) glossoplegia.

glossoptosi *s.f.* (*med.*) glossoptosis.

glottale *agg.* (*anat.*, *ling.*) glottal.

glottidale *agg.* (*ling.*) glottal.

glottide *s.f.* (*anat.*) glottis*.

glottocronologia *s.f.* (*ling.*) glottochronology.

glottodidattica *s.f.* language teaching.

glottologa *s.f.* glottologist, linguist.

glottologia *s.f.* glottology; linguistics [U].

glottologico *agg.* glottological, linguistic.

glottologo *s.m.* linguist, glottologist.

glottotecnica *s.f.* (*ling.*) applied linguistics [U].

gloxinia *s.f.* (*bot.*) gloxinia.

glucide *s.m.* (*chim.*) glucide.

glucinio *s.m.* (*chim. antiq.*) glucinum.

gluconato *s.m.* (*chim.*) gluconate.

gluconico *agg.* (*chim.*) gluconic: *acido* —, gluconic acid.

glucoside *s.m.* (*biochim.*) glucoside, glycoside.

glucosidico *agg.* (*chim.*) glucosidic, glycosidic.

glucosio *s.m.* (*chim.*) glucose; *di* —, glucic.

glucuronico *agg.* (*chim.*) glucuronic.

glu glu *s.m.* **1** (*rumore del liquido che esce da un fiasco o simile recipiente*) glug, gurgle, gurgling: *fare* —, to gurgle **2** (*verso del tacchino*) gobble, gobbling: *fare* —, to gobble.

gluma *s.f.* (*bot.*) glume.

glumetta *s.f.* (*bot.*): — *inferiore*, lemma.

glumifero *agg.* (*bot.*) glumiferous.

gluone *s.m.* (*fis.*) gluon.

glutammato *s.m.* (*chim.*) glutamate.

glutammico *agg.* (*chim.*) glutamic: *acido* —, glutamic acid.

glutammina *s.f.* (*chim.*) glutamine.

gluteo *agg.* (*anat.*) gluteal: *muscolo* —, gluteal muscle; *nervo* —, gluteal nerve ◆ *s.m.* (*anat.*) gluteus*.

glutinato *agg.* gluten (*attr.*), gluteneous: *pane* —, gluten-bread; *pasta glutinata*, gluten pasta.

glutine *s.m.* **1** gluten: *dieta senza* —, gluten free diet **2** (*antiq.*) (*colla*) glue.

glutinosità *s.f.* **1** glutinosity **2** (*viscosità*) glutinousness, glueyness.

glutinoso *agg.* **1** (*contenente glutine*) glutinous **2** (*viscoso*) glutinous, gluey, viscous; sticky.

gmelinite *s.f.* (*min.*) gmelinite.

gnafalio *s.m.* (*bot.*) (*Gnaphalium sylvaticum*) cudweed, (*scient.*) gnaphalium.

gnais → **gneiss**.

gnao *s.m.* (*verso del gatto*) miaow, meow, mew, mewing: *fare* —, to mew.

gnatoplastica *s.f.* (*med.*) gnathoplasty.

gnatopodio *s.m.* (*zool.*) gnathopod.

gnatostomo *s.m.* (*zool.*) gnathostome.

gnau → **gnao**.

gnaulare *v.intr.* (*non com.*) **1** (*miagolare*) to mew **2** (*estens.*) (*piagnucolare*) to whine, to whimper.

gnaulata *s.f.* **1** (*miagolio*) mewing **2** (*estens.*) (*piagnucolio*) whining, whimpering.

gnaulio *s.m.* mewing, miaowing.

gnaulo *s.m.* mew, miaow.

gnaulone *s.m.* (*non com.*) moaner, whiner.

gneiss *s.m.* (*geol.*) gneiss: — *di iniezione*, injection gneiss.

gnocco *s.m.* **1** *pl.* (*cuc.*) 'gnocchi' **2** (*fig. fam.*) (*sciocco*) blockhead, thickhead, dolt **3** (*fam.*) (*bernoccolo*) bump, lump.

gnome *s.f.* (*lett.*) maxim, aphorism, gnome.

gnomico *agg.* gnomic ◆ *s.m.* (*st. lett.*) gnomic poet.

gnomo *s.m.* gnome // *gli gnomi di Zurigo*, (*grandi finanzieri*) the gnomes of Zurich.

gnomologia *s.f.* gnomology.

gnomone *s.m.* gnomon.

gnomonica *s.f.* gnomonics [U].

gnomonico *agg.* (*cartografia*) gnomonic: *proiezione gnomonica*, gnomonic (map) projection.

gnorri *s.m.*: *far lo* —, to feign ignorance (*o fam.* to play dumb); *dimmi dov'è e non fare lo* —, tell me where he is and don't play dumb.

gnoseologia *s.f.* gnoseology, gnosiology.

gnoseologico *agg.* gnoseological, gnosiological.

gnosi *s.f.* (*fil.*) gnosis*.

gnosticismo *s.m.* (*fil.*) gnosticism.

gnostico *agg.* e *s.m.* (*fil.*) gnostic.

gnu *s.m.* (*zool.*) (*Connochaetes gnu*) wildebeest, (*scient.*) gnu.

goal *s.m.* goal: *fare un* —, to score a goal; *abbiamo subito tre* —, they scored three goals against us // — *della bandiera*, consolation goal.

gobba *s.f.* **1** hump, hunch: — *di cammello*, camel's hump // *spianare la* — *a qlcu.*, (*fam.*) (*batterlo*) to drub (*o* to beat) s.o. **2** (*fig.*) bump, hump: *questa strada ha molte gobbe*, this road is very bumpy **3** (*donna gobba*) hunchback, hunch-backed woman **4** (*fam.*) (*della luna*) crescent.

gobbista *s.m.* e *f.* (*cinem.*, *tv*) teleprompter operator.

gobbo[1] *agg.* **1** humpbacked, hunch-backed **2** (*curvo*) bent: — *per la vecchiaia*, bent with age; *andar* —, to go bent // *colpo* —, (*mossa fortunata*) a lucky fluke; (*azione sleale*) a stab in the back ◆ *s.m.* **1** humpback, hunchback **2** (*gobba*) hump, hunch.

gobbo[2] *s.m.* (*cinem.*, *tv*) teleprompter®.

gobbone, **gobboni** *avv.* (*rar.*): *stare* —, to be bent.

gobbuto *agg.* humpbacked, hunch-backed.

gobelin *s.m.* (*arazzo*) Gobelin ◆ *agg.*: *punto* —, Gobelin stitch.

gobione *s.m.* (*zool.*) (*Gobio gobio*) gudgeon, goby*.

goccia *s.f.* **1** drop: *una* — *d'acqua*, a drop of water; *gocce di sudore*, beads (*o* drops) of sweat; *vuoi una* — *di whisky?*, will you have a drop of whisky?; *deve prendere dieci gocce al giorno per il cuore*, he has to take ten drops every day for his heart; *cadere a gocce*, to fall in drops (*o* to drip) // *a* — *a* —, little by little: *a* — *a* — *stiamo ultimando i lavori*, little by little we are finishing off the work // *fino all'ultima* —, to the last drop // *questa è la* — *che fa traboccare il vaso*, (*fig.*) this is the last straw (that breaks the camel's back) // *aveva la* — *al naso*, his nose was running // *è come una* — *nel mare*, it is like a drop in the ocean (*o* in the bucket) // *si assomigliano come due gocce d'acqua*, they are as like as two peas (in a pod) **2** (*di pioggia*) (rain)drop: *sono cadute solo due gocce*, only a few drops fell **3** *pl.* (*orecchini a goccia*) drop-earrings **4** *pl.* (*arch.*) guttae, drops.

gocciare → **gocciolare**.

goccio *s.m.* drop: *"Vuoi del cognac?" "Solo un —"*, "Would you like some brandy?" "Just a drop"; *caffè con un* — *di latte, per favore*, black coffee with a drop of milk, please.

gocciola → **goccia**.

gocciolamento *s.m.* dripping, trickling: *è fastidioso il* — *del rubinetto*, the dripping of the tap is annoying.

gocciolare *v.intr.* to drip, to trickle, to fall* in drops: *ti gocciola il naso*, your nose is running; *il rubinetto ha gocciolato tutta notte*, the tap has been dripping all night ◆ *v.tr.* to drip, to trickle: *entrò in casa con i capelli gocciolanti di pioggia*, his hair was dripping from the rain when he came into the house.

gocciolatoio *s.m.* (*arch.*, *aut.*) drip: (*arch.*) — *in pietra*, dripstone.

gocciolatura *s.f.* dripping, trickling.

gocciolio *s.m.* dripping, trickling.

gocciolo *s.m.* drop; (*sorsata*) sip: *un* — *di vino*, a sip (*o* drop) of wine.

gocciolone *s.m.* large drop: *cominciarono a cadere i primi goccioloni*, the first large drops began to fall.

godè → **godet**.

godente → **gaudente**.

godere *v.tr.* to enjoy: *mi sono proprio goduto il film ieri sera*, I really enjoyed the film last night; *goditi le vacanze, te le sei meritate*, enjoy your holidays, you deserve them // *godersi la vita*, to enjoy oneself (*o* to have a good time) // *gode buona salute*, he enjoys good health ◆ *v.intr.* **1** (*rallegrarsi*) to be glad, to be delighted (at sthg.): *godo di sapere che stai bene*, I'm glad (*o* delighted) to hear that you are well; — *della fortuna di qlcu.*, to be delighted at s.o.'s good luck **2** (*trarre godimento da*) to love (sthg., doing), to enjoy (sthg., doing), to delight (in sthg., doing), to take* a delight (in doing): *pare (ci) goda a tormentarlo*, she seems to enjoy (*o* to take a delight in) tormenting him; *godo a starmene sdraiato al sole*, I love lying in the sun; *gode a parlar male di tutti*, she delights in backbiting **3** (*fruire*) to enjoy (sthg., doing): — *di buona salute*, to enjoy good health; — *del favore di qlcu.*, to be in high favour with s.o. (*o form.* to enjoy s.o.'s favour *o fam.* to be well in with s.o.); *godrò di alcuni giorni di ferie*, I'm going to enjoy a few days holiday; *non gode della mia fiducia*, I don't trust her; — *di buona fama*, to have a good name; — *di una pensione, di una rendita*, to enjoy a pension, an income; (*dir.*) — *un usufrutto*, to enjoy a usufruct (*o* life tenancy); (*trib.*) — *di sgravi fiscali*, to benefit from tax relief **4** (*fam.*) (*avere l'orgasmo*) to come*.

godereccio *agg.* **1** (*dedito a godimenti*) pleasure-loving, pleasure-seeking **2** (*che dà godimento*) pleasant, delightful.

godet *s.m.* (*fr.*) flare, gore: *gonna a* —, flared (*o* gored) skirt.

godezia *s.f.* (*bot.*) godetia.

godibile *agg.* enjoyable.

godibilità *s.f.* **1** enjoyability: *un film di grande* —, a highly enjoyable film **2** (*dir.*) disposability.

godimento *s.m.* **1** enjoyment; pleasure; delight: *trarre — da qlco.*, to take delight (*o* pleasure) in sthg. **2** (*uso*) enjoyment, availability, use, possession: *avere qlco. in —*, to enjoy (*o* to have use of) sthg.; *— di una pensione*, availability of a pension; (*dir.*) *— di usufrutto*, enjoyment of usufruct; *— di una rendita vitalizia*, enjoyment of a life annuity; (*dir.*) *— di un diritto*, enjoyment of a right // (*fin.*): *giorno di — degli interessi*, date (*o* start) of interest; *azione di —*, jouissance (*o* dividend) share.

godronare *v.tr.* (*mecc.*) to knurl.

godronatura *s.f.* (*l'atto del godronare*) knurling; (*l'effetto del godronare*) knurl.

godrone *s.m.* (*mecc.*) knurling-tool.

goduria *s.f.* (*scherz.*) luxury, bliss: *che —!*, what luxury! (*o* what bliss!); *una vera —!*, a real luxury!

goethite *s.f.* (*min.*) goethite.

goffaggine *s.f.* **1** awkwardness, clumsiness, ungainliness **2** (*atto goffo, frase goffa*) blunder.

gofferia, **goffezza** → **goffaggine**.

goffo *agg.* awkward, clumsy, ungainly.

goffraggio *s.m.* → **goffratura**.

goffrare *v.tr.* (*mecc.*) to emboss.

goffratrice *s.f.* (*mecc.*) embosser, embossing machine.

goffratura *s.f.* (*mecc.*) embossing.

gogna *s.f.* pillory (*anche fig.*): *mettere alla —*, to pillory.

gola *s.f.* **1** throat: *gli si era fermato un osso in —*, a bone had stuck in his throat; *gli tagliarono la —*, they cut (*o* slit) his throat; *quelle parole gli si fermarono in —*, those words stuck in his throat; *afferrare qlcu. per la —*, to grab (*o* to grip) s.o. by the throat; *avere la — chiusa*, to have a lump in one's throat; *avere mal di —*, to have a sore throat; *cantare a — spiegata*, to sing at the top of one's voice; *gridare a piena —*, to give a full-throated shout (*o* to shout lustily *o* to shout at the top of one's voice); *con tutto il fiato che aveva in — gli urlò di andarsene*, he shouted at him at the top of his voice to go away; *mortificare la —*, (*digiunare*) to fast; *ridere a — spiegata*, to laugh heartily (*o* to roar *o* to shout *o* to shriek with laughter); *schiarirsi la —*, to clear one's throat // *con l'acqua alla —*, chin-deep in water; (*fig.*) to be up to one's neck in it: *prestami del denaro, sono con l'acqua alla —*, lend me some money, I'm up to my neck in it // *avevo un groppo in — e non riuscivo a parlare*, I had a lump in my throat and I couldn't speak // *avere il pianto in —*, to choke back (*o* stifle) a sob // *con il cuore in —*, (*senza fiato*) panting (*o* puffing) // *far — a qlcu.*, to tempt s.o. (*o* to be a temptation to s.o.) // *menti per la —!*, you lie in your teeth (*o* throat)! **2** (*golosità*) gluttony: *peccato di —*, sin of gluttony; *mangiare qlco. per —*, to eat sthg. out of pure greed // *mi prendi per la —!*, you know how to tempt me! **3** (*geogr.*) gorge, defile, ravine; (*amer.*) flume **4** (*mecc.*) groove; (*di scarico*) relief; (*di puleggia*) race **5** (*arch.*) cyma*; ogee: *— diritta*, *rovescia*, cyma recta, reversa **6** (*di camino*) stack: *su per la — del camino*, up the chimney **7** (*di armi da fuoco*) neck.

goldoniano *agg.* (*lett.*) of Goldoni; in Goldoni's style.

goleada *s.f.* (*calcio*) goal feast: *la squadra ha promesso una — per la finale*, the team has promised a goal feast in the final.

goletta[1] *s.f.* (*mar.*) schooner: *— a tre alberi*, three-masted schooner; *— a vele quadre*, topsail schooner.

goletta[2] *s.f.* **1** (*ant.*) (*di armatura*) gorget, throatpiece **2** (*di abito femminile*) collar.

goletto *s.m.* (*ant.*) collar.

golf[1] *s.m.* jersey, pullover; (*maglione*) sweater; (*aperto*) cardigan; (*chiuso, da donna*) jumper.

golf[2] *s.m.* (*sport*) golf: *giocatore di —*, golfer; *campo da — di nove buche*, nine-hole golf course.

golfare *s.m.* (*mar.*) eyebolt.

golfista *s.m.* e *f.* golfer.

golfistico *agg.* golfing: *attrezzatura golfistica*, golfing facilities.

golfo *s.m.* gulf: *la corrente del Golfo*, the Gulf Stream; *il — di Taranto*, the Gulf of Taranto // (*teatr.*) *— mistico*, orchestra pit.

goliardia *s.f.* **1** (*l'insieme dei goliardi*) goliardery **2** (*spirito*) student spirit.

goliardico *agg.* **1** of students: *un canto —*, a students' song **2** (*st. medievale*) goliardic.

goliardo *s.m.* **1** university student **2** (*st. medievale*) goliard.

gollismo *s.m.* (*pol.*) Gaullism.

gollista *s.m.* e *f.* e *agg.* (*pol.*) Gaullist.

goloseria, **golosità** *s.f.* **1** greediness, gluttony **2** (*bocconcino prelibato*) delicacy, titbit.

goloso *agg.* greedy; gluttonous: *è molto —*, he's very greedy; *è molto — di gelato*, he loves ice cream; *guardava la torta con occhi golosi*, he looked at the cake with greedy eyes ♦ *s.m.* glutton.

golpe[1] *s.m.* (military) coup, coup d'état.

golpe[2] *s.f.* (*agr.*) blight, mildew, smut, cockle.

golpista *s.m.* e *f.* coupist ♦ *agg.* of a coup (d'état); revolutionary.

golpistico *agg.* of a coup (d'état); revolutionary.

gombo *s.m.* (*bot.*) (*Hibiscus esculentus*) gumbo*.

gomena *s.f.* (*mar.*) rope, hawser, line, cable.

gomitare *v.tr.* (*non com.*) to elbow.

gomitata *s.f.* thrust with the elbow, push with the elbow: *attento!, mi hai dato una — nell'occhio*, careful! you've just stuck your elbow in my eye; *farsi avanti a gomitate tra la folla*, to elbow one's way through a crowd; *avanzare a gomitate*, (*fig.*) to do sthg. by hook or by crook.

gomitiera *s.f.* elbow guard.

gomito *s.m.* **1** elbow: *appoggiò il — destro sulla tavola*, he rested (*o* leaned) his right elbow on the table; *la tua giacca ha i gomiti fuori*, (*le maniche sdrucite*) your jacket is out at the elbows; *le due signore sedevano — a —*, the two ladies were sitting side by side; *si fece avanti a colpi di —*, he elbowed his way forward; *avanzare sui gomiti*, to crawl forward on one's elbows; *ha avuto quel lavoro facendosi largo a colpi di —*, (*fig.*) he got the job by trampling over everyone else // (*med.*) *— del tennista*, tennis elbow // *olio di —*, (*fam.*) elbow grease // *alzare il —*, (*fig.*) to hit the bottle: *ha alzato un po' troppo il —*, he has had a drop too much **2** (*di strada*) sharp bend; (*di fiume*) elbow: *la strada fa un — a destra*, the road takes a sharp turn to the right // *curva a —*, hairpin bend **3** (*raccordo di tubo*) elbow; (*mecc.*) (*di albero a gomiti*) crank, throw: *albero a gomiti*, crankshaft.

gomitolo *s.m.* ball (of thread), (*non com.*) clew: *la matassa di lana gialla fu avvolta a —*, the skein of yellow wool was wound into a ball.

gomma *s.f.* **1** (*caucciù*) rubber, india rubber, caoutchouc: *— artificiale*, processed rubber; *— elastica, naturale*, elastic, natural rubber; *— espansa*, foam (rubber) (*o* sponge rubber); *— fredda*, cold rubber; *— sintetica*, synthetic rubber (*o* gum resin); *— vulcanizzata*, vulcanized rubber // (*bot.*) *albero della —*, rubber-tree // *industria della —*, rubber industry // *di —*, rubber (*attr.*): *stivali di —*, rubber boots (*o* wellingtons); *timbro di —*, rubber stamp // *essere di —*, (*fig.*) to be made of rubber **2** (*pneumatico*) tyre, tire: *— piena*, solid tyre; *— senza camera d'aria*, tubeless tyre; *— ricostruita*, retreated tyre; *avere una — a terra*, to have a flat tyre; *forare una —*, to puncture a tyre (*o* to get a puncture); *la — della mia bici è a terra*, the tyre of my bike is flat; *gonfiare una —*, to inflate (*o fam.* to pump up *o* to blow up) a tyre; *— di scorta*, spare tyre **3** (*sostanza resinosa*) gum: *— arabica*, gum arabic; *— liquida*, liquid gum **4** (*per cancellare*) eraser, rubber: *— da inchiostro*, ink eraser; *— da matita*, pencil eraser **5** (*da masticare*) (chewing) gum **6** (*med., patologia*) gumma*.

gommagutta *s.f.* gamboge.

gommalacca *s.f.* (*resina naturale*) lac, (*prodotto lavorato*) shellac: *verniciare con —*, to shellac.

gommapiuma® *s.f.* foam rubber: *materasso di —*, foam rubber mattress.

gommare *v.tr.* **1** to gum; (*tess.*) to rubberize **2** (*dotare di pneumatici*) to tyre, to tire.

gommaresina → **gommoresina**.

gommato *agg.* **1** gummed; (*di tessuto*) rubberized: *carta gommata*, gummed (*o* sticky) paper; (*nastro adesivo*) adhesive tape **2** (*dotato di pneumatici*) tyred, with tyre(s); *veicolo —*, tyred vehicle.

gommifero *agg.* gummiferous.

gommificio *s.m.* rubber factory.

gommina® *s.f.* (hair) gel.

gommista *s.m.* tyreman*; tyre-dealer; (*officina*) tyre centre.

gommone *s.m.* rubber dinghy, rubber boat.

gommoresina *s.f.* (*chim.*) gum resin.

gommosi *s.f.* (*agr.*) gummosis.

gommosità *s.f.* gumminess, gummosity; rubberiness.

gommoso *agg.* **1** gummy; rubbery **2** (*appiccicoso*) sticky.

gonade *s.f.* gonad.

gonadectomia *s.f.* (*med.*) gonadectomy.

gonadotropina *s.f.* (*biochim.*) gonadotropin.

gonadotropo *agg.* (*biochim.*) gonadotropic.

gonagra *s.f.* (*med., antiq.*) gonatagra.

gonalgia *s.f.* (*med.*) gonalgia.

gonartrite *s.f.* (*med.*) gonarthritis.

gonartrosi *s.f.* (*med.*) knee arthrosis.

gondola *s.f.* **1** gondola **2** (*aer.*) nacelle; (*contenitore esterno profilato*) pod: *— (del) motore*, engine nacelle; *— con apparati per la ricognizione*, reconnaissance pod.

gondoliere *s.m.* gondolier.

gonfalone *s.m.* standard; banner; (*specialmente di città italiane*) gonfalon.

gonfalonierato *s.m.* (*st.*) gonfaloniership.

gonfaloniere *s.m.* (*st.*) standard-bearer; (*specialmente di città italiane*) gonfalonier // — *di giustizia*, gonfalonier of justice.

gonfiaggine *s.f.* (*boria*) bumptiousness, self-importance.

gonfiaggio *s.m.* (*di pneumatico, pallone ecc.*) inflation, pumping up.

gonfiamento *s.m.* (*non com.*) **1** swelling: *metti del ghiaccio per evitare il — del ginocchio*, put an ice pack on your knee to stop it swelling; *il — della notizia fu colpa della stampa*, the exaggeration of the news was the fault of the press // (*econ.*): — *dei prezzi*, price boosting; — *speculativo*, (*amer.*) ballooning **2** (*fig.*) (*adulazione*) adulation, flattery.

gonfianuvoli *s.m.* (*non com.*) (*borioso*) boaster, braggart.

gonfiare *v.tr.* **1** to swell*; (*con aria*) to inflate: — *un pallone*, to inflate a balloon; *il bambino gonfiò il pallone*, the child blew up his balloon; *hai gonfiato le gomme della bici?*, have you pumped (up) the tyres of your bike?; *le piogge hanno gonfiato il fiume*, the rain has swollen the river; *il vento gonfia le vele*, the wind swells (*o* fills) the sails; — *le gote*, to puff out (*o* to blow out) one's cheeks // — *qlcu. di botte*, to drub s.o. (*o* to give s.o. a drubbing) **2** (*fig.*) to swell*, to inflate; (*esagerare*) to exaggerate, to play up, to puff (up): — *la verità*, to exaggerate the truth; *la stampa ha gonfiato lo scandalo*, the press has played up the scandal; (*econ.*) — *i prezzi*, to inflate prices; — *un preventivo di spese*, to swell an estimate of expenditure // (*fin.*) — *il valore di un'azione*, to boost the value of a share **3** (*adulare*) to flatter ◆ *v.intr.* → **gonfiarsi**.

□ **gonfiarsi** *v.intr.pron.* to swell* (*anche fig.*): *il fiume si gonfia*, the river is swelling (*o* rising); *il mio cuore si gonfiava d'orgoglio*, my heart (*o* bosom) swelled with pride; *i suoi occhi si gonfiarono di lacrime*, his eyes filled with tears; *mi si è gonfiato il ginocchio*, my knee has swollen; *ognuno aggiungeva qualcosa e la storia si gonfiava sempre più*, everybody added a few details and the story was blown up out of all proportion.

gonfiato *agg.* **1** inflated; swollen: *lo pneumatico, gonfiato troppo, scoppiò*, the over-inflated tyre burst // *è un pallone —*, he is a bighead **2** (*esagerato*) exaggerated, puffed (up).

gonfiatura *s.f.* **1** swelling, inflation, inflating: *la — delle gomme*, the inflation of tyres **2** (*esagerazione*) exaggeration; overstatement; (*montatura*) puff: *le solite gonfiature dei giornali*, the usual exaggerations of the press; — *pubblicitaria*, puffing; (*econ.*) — *dei prezzi*, prices bubble (*o* boosting) **3** (*fig.*) (*adulazione*) adulation, flattering.

gonfiezza *s.f.* **1** swelling, inflation **2** (*di stile*) bombast, pomposity.

gonfio *agg.* **1** swollen, inflated: *una ruota gonfia*, an inflated tyre; *il torrente è — per la pioggia di ieri*, the stream is swollen with yesterday's rain; *vele gonfie*, swelling (*o* bellying) sails // *tutto va a gonfie vele*, everything is going very well (*o* perfectly); *il progetto sta andando a gonfie vele*, the project is going ahead swimmingly; *l'economia va a gonfie vele*, the economy is booming // *sentirsi —*, (*dopo un pranzo*) to feel bloated **2** (*fig.*) puffed up, inflated, swollen: — *di superbia*, puffed up with pride; *con il cuore —*, with a swelling heart; *è un uomo —*, (*pieno di sé*) he is very full of himself (*o* a self-conceited man); *ho il cuore — di dolore, di gioia*, my heart is heavy with grief, is full of joy; *avere gli occhi gonfi di lacrime*, to have one's eyes puffy (*o* swollen) with tears **3** (*di stile, ampolloso*) bombastic, pompous **4** (*bot.*) bullate, incrassate; (*zool.*) incrassate; (*delle zampe di cavallo*) gourdy ◆ *s.m.* (*non com.*) (*gonfiore*) swelling.

gonfiore *s.m.* swelling: *un — alla caviglia*, a swelling of the ankle.

gong *s.m.* gong: *suonare, battere il —*, to strike the gong.

gongolamento *s.m.* rejoicing (at, in sthg.).

gongolante *agg.* rejoicing (at, in sthg.), overjoyed (at sthg.), delighted (at sthg.): *arrivò tutto —*, he arrived all pleased with himself.

gongolare *v.intr.* to rejoice (at, in sthg.), to be overjoyed (at sthg.): *gongolava in silenzio*, he was silently rejoicing.

gongorismo *s.m.* (*st. lett.*) Gongorism.

gongorista *agg.* Gongorist(ic) ◆ *s.m e f.* Gongorist.

gongro → **grongo**.

gonidio *s.m.* (*bot.*) gonidium (*pl.* -ia).

goniometria *s.f.* goniometry.

goniometrico *agg.* goniometric.

goniometro *s.m.* goniometer: — *ad applicazione*, contact goniometer; — *a riflessione*, reflecting goniometer.

gonna *s.f.* **1** skirt: — *a campana*, flared skirt; — *diritta*, straight skirt; — *a pieghe*, pleated skirt; — *larga*, full skirt; — *pantalone*, divided skirt; — *stretta*, tight skirt **2** (*di costume storico, anche maschile*) gown **3** (*aut.*) skirt.

gonnella *s.f.* skirt: *è ancora attaccato alle gonnelle di sua madre*, he is still tied to his mother's apron-strings // *corri dietro a ogni —!*, you run after (*o* chase) every bit of skirt you see!

gonnellino *s.m.* short skirt // — *scozzese*, kilt.

gonocita *s.m.* (*biol.*) gonocyte.

gonococco *s.m.* (*med.*) gonococcus*.

gonorrea *s.f.* (*med.*) gonorrhea, gonorrhoea; (*fam.*) the clap.

gonorroico *agg.* (*med.*) gonorrheal, gonorrhoeal.

gonzo *s.m.* simpleton, fool, twit, nitwit: *non fare il —!*, don't play the fool!; *ti sei fatto fregare come un —*, you've let yourself be diddled.

gora *s.f.* **1** (*canale che conduce l'acqua al mulino*) millcourse, millrace **2** (*riserva d'acqua per alimentare il mulino*) millpond **3** (*acqua stagnante*) pond **4** (*alone*) smear, stain.

gorbia *s.f.* **1** (*strumento*) gouge **2** (*puntale di bastone, ombrello*) ferrule **3** (*punta di freccia*) arrow-head.

gordiano *agg.* Gordian: (*mit.*) *nodo —*, Gordian knot (*anche fig.*).

gordio *s.m.* (*zool.*) Gordian worm.

gorgata *s.f.* (*non com.*) draught: *bere qlco. a gorgate*, to gulp sthg. down.

gorgheggiamento *s.m.* **1** trill **2** (*di uccello*) warble, trill.

gorgheggiare *v.intr.* **1** to trill **2** (*di uccello*) to warble, to trill.

gorgheggiatore *s.m.* **1** triller **2** (*di uccello*) warbler.

gorgheggio *s.m.* **1** trill **2** (*di uccello*) warble, trill.

gorgheggìo *s.m.* (*successione di gorgheggi*) trilling.

gorgia *s.f.* **1** (*letter.*) throat; gullet **2** (*pronuncia gutturale*) guttural pronunciation **3** (*gorgheggio*) trill.

gorgiera *s.f.* **1** (*collare increspato*) ruff **2** (*di armatura*) gorget, throat-piece **3** (*zool.*) ruff.

gorgo *s.m.* **1** eddy, whirlpool, vortex*, maelstrom **2** (*fig.*) whirlpool, vortex*, maelstrom.

gorgogliamento *s.m.* **1** (*di liquido*) gurgling, bubbling **2** (*di intestini*) rumbling.

gorgogliare *v.intr.* **1** (*di liquido*) to gurgle, to bubble **2** (*estens.*) (*far uscire un suono tenendo un liquido in bocca*) to gargle **3** (*di intestini*) to rumble.

gorgogliatore *s.m.* (*tecn.*) bubbler // (*chim.*) — *di lavaggio*, washer.

gorgoglio[1] *s.m.* **1** (*di liquido*) gurgling, bubbling **2** (*di intestini*) rumbling.

gorgoglìo[2] *s.m.* gurgling.

gorgoglione *s.m.* (*zool.*) **1** (*calandra del grano*) weevil **2** (*afide*) aphid*; greenfly.

gorgone *s.f.* **1** (*letter.*) (*donna orrenda*) hag **2** (*arch.*) Gorgon's head.

gorgonia *s.f.* (*zool.*) horny coral, sea fan, (*scient.*) gorgonia*.

gorgonzola *s.m.* 'gorgonzola' (cheese).

gorgozzule *s.m.* (*scherz.*) throat; gullet.

gorilla *s.m.* **1** (*zool.*) (*Gorilla gorilla*) gorilla **2** (*fig.*) (*uomo dall'aspetto scimmiesco*) gorilla **3** (*fig.*) (*guardia del corpo*) gorilla, heavy.

gospel *s.m.* gospel (music).

gota *s.f.* cheek: *gote paffute*, chubby cheeks; *gonfiare le gote*, to blow (*o* to puff) out one's cheeks.

gotha *s.m.* **1** aristocracy **2** (*estens.*) aristocracy, elite: *il — dell'economia*, the aristocracy of the business world; *il — della finanza*, the top financiers (*o* the financial elite); *entrare nel — dell'industria*, to become a top industrialist.

gotico *agg.* Gothic: *carattere —*, Gothic type (*o* black letter *o* German text); *stile —*, Gothic style // *romanzo —*, Gothic novel // (*st.*) *linea gotica*, Gothic line ◆ *s.m.* Gothic // (*scrittura incomprensibile*) illegible writing.

goto *s.m.* (*st.*) Goth: *i Goti*, the Goths.

gotta *s.f.* (*med.*) gout, podagra.

gottare *v.tr.* (*mar.*) to bail out.

gottazza *s.f.* (*mar.*) bailer, bailing scoop.

gotto *s.m.* (*bicchiere, il contenuto*) mug.

gottoso *agg.* (*med.*) gouty; suffering from gout ◆ *s.m.* sufferer from gout.

governabile *agg.* governable.

governabilità *s.f.* governability.

governale *s.m.* **1** (*ant.*) (*timone*) rudder **2** (*di bomba aerea, di proiettile, di razzo ecc.*) vane.

governante *s.m.* (*chi governa*) governor, ruler; (*statista*) statesman* // *i governanti*, the Government ◆ *s.f.* **1** (*chi governa*) governor, ruler **2** (*della casa*) housekeeper; (*istitutrice*) governess; (*bambinaia*) nurse ◆ *agg.* governing, ruling.

governare *v.tr.* **1** to govern, to rule: — *un paese*, to govern (*o* to rule) a country; *un monarca costituzionale regna, ma non governa*, a constitutional monarch reigns but does not govern; — *una chiesa*, to rule over a church; — *male*, to misgovern **2** (*dirigere, amministrare*) to manage, to conduct, to control, to run*, to direct: — *una scuola, un'azienda*, to run a school, a business; (*fin.*) — *una banca*, to govern a bank **3** (*badare a, prendersi cura di*) to look after (s.o., sthg.), to take* care of (s.o., sthg.): — *la casa*, to run (*o* to look after) the home **4** (*fig.*) (*dominare*) to control: — *le proprie passioni*, to control (*o* to curb *o* to bridle) one's passions **5** (*animali*) to look after, to take* care of; to tend: — *un cavallo*, to take care of a horse; — *mucche, pecore al pascolo*, to pasture cows, sheep **6** (*mar., aut.*) to steer: — *una barca, una nave*, to steer (*o* to handle) a boat, a ship; *un'auto difficile da* —, a difficult car to steer **7** (*aer.*) to control: *un aereo difficile da* —, a difficult plane to pilot **8** (*una fornace*) to stoke **9** (*vino*) to reinforce with must (of selected grapes) ◆ *v.intr.* (*di natante, mantenere la rotta*) to steer: *nave che non governa più*, ship that refuses to steer (*o* that no longer answers the helm).

□ **governarsi** *v.rifl.* **1** (*dominarsi*) to control oneself **2** (*regolarsi*) to act, to behave: *non sappiamo come governarci in questo caso*, we don't know how to act (*o* what to do) in this case.

governativo *agg.* government (*attr.*), state (*attr.*); governmental: *impiegato* —, government employee; (*in Gran Bretagna*) civil servant; *programma* —, government policy; *partito* —, government party (*o* party in power); *scuola governativa*, state school.

governatorato *s.m.* **1** (*ufficio, carica*) governorship **2** (*territorio*) territory ruled by a governor.

governatore *s.m.* governor: — *generale*, governor-general; *poteri di* —, gubernatorial powers // *il — della Banca d'Italia*, the governor of the Bank of Italy.

governatoriale *agg.* gubernatorial.

governatura *s.f.* **1** (*di animali*) tending **2** (*di terreno*) cultivation.

governime *s.m.* petfood.

governo *s.m.* **1** government; administration; (*dominio*) rule: — *costituzionale, repubblicano*, constitutional, republican government; — *tirannico*, tyrannical rule; *cattivo* —, bad government (*o* misgovernment); *uomo di* —, (*statista*) statesman; *essere al* —, to be in power; *affidare il — a qlcu.*, to entrust the government to s.o. // — *fantoccio*, puppet government: *creare un — fantoccio*, to set up a puppet government **2** (*i membri di un gabinetto*) government, cabinet: *il — si riunì*, a cabinet meeting was held; *formare un nuovo* —, to form a new government (*o* cabinet); *far cadere il* —, to topple the government; *una crisi di* —, a government crisis; — *dimissionario*, outgoing government; — *provvisorio*, provisional government // *piove, — ladro!*, it's raining, it's the government's fault! **3** (*direzione*) direction; (*comm.*) management, running: — *della casa*, the care of the home (*o* housekeeping); *il — di un'azienda non è oggi cosa facile*, running (*o* the management of) a business is no easy task nowadays **4** (*di animali*) care **5** (*mar.*) steerage, steering; (*aer.*) control: (*mar., aer.*) *in* —, under control; (*aer.*) *superfici di* —, control surfaces; — *di una barca, di un'auto*, steering of a boat, a car; — *di un aereo*, piloting of a plane // *essere al — della barca*, (*fig.*) to be at the helm **6** (*inform.*) control device.

gozzo *s.m.* **1** (*med.*) goitre; (*fam.*) (*gola*) gullet, throat: *essere affetto da* —, to be afflicted with a goitre // *riempirsi il* —, (*fam.*) to gorge // *non poter tener nulla nel* —, (*fig.*) to be unable to keep anything back // *non lo sopporto, mi sta proprio sul* —, I can't stand him, he gets on my nerves // *quella sconfitta mi è rimasta sul* —, that defeat still rankles **2** (*zool.*) ingluvies, craw, maw; (*di uccello*) crop.

gozzoviglia *s.f.* guzzling, gormandizing: *far gozzoviglie*, to guzzle.

gozzovigliare *v.intr.* to guzzle, to gormandize.

gozzovigliata *s.f.* (*non com.*) guzzling, gluttony.

gozzuto *agg.* **1** (*med.*) goitred, goitrous **2** (*bot.*) strumose, strumous **3** (*zool.*) throaty.

gracchiamento → **gracchiata**.

gracchiare *v.intr.* **1** to crake, to croak; (*solo di corvo*) to caw **2** (*fig.*) (*di persona*) to squawk, to cackle; (*di radio*) to crackle.

gracchiata *s.f.* **1** croaking; cawing **2** (*fig.*) (*di persona*) croaking, squawking; (*di radio*) crackling.

gracchio[1] *s.m.* (*zool.*): — *corallino*, (*Pyrrhocorax pyrrhocorax*) chough, (*pop.*) sea crow.

gracchio[2] *s.m.* (*il gracchiare*) croak, croaking; caw, cawing.

gracidamento *s.m.* croaking, croak.

gracidare *v.intr.* **1** to croak; (*di oca*) to cackle **2** (*fig.*) to cackle.

gracidio *s.m.* **1** croaking **2** (*fig.*) cackling, squawking.

gracilaria *s.f.* (*alga rossa*) gracilaria.

gracile *agg.* **1** weak, delicate, frail; (*esile*) thin, slender: *un bimbo* —, a delicate (*o* frail) child; *complessione* —, delicate constitution; *fiori gracili*, fragile flowers; *gambe gracili*, thin legs **2** (*fig.*) (*privo di vigore*) weak, shaky.

gracilità *s.f.* weakness, frailness, frailty.

gracimolo e *deriv.* → **racimolo** e *deriv.*

gracola *s.f.* (*zool.*) grackle.

gradassata *s.f.* boastfulness, bragging; (*azione*) bravado.

gradasso *s.m.* boaster, braggart, blusterer: *non fare il —!*, don't brag! (*o* stop bragging!).

gradatamente *avv.* gradually, by degrees, little by little: *esporsi — al sole*, to expose oneself a bit at a time (*o* gradually) to the sun.

gradazione *s.f.* **1** gradation: *diverse gradazioni di luce*, different gradations of light **2** (*mus., pitt., ret.*) gradation **3** (*sfumatura*) shade, hue, nuance: *una — più forte di verde*, a darker shade of green **4** — *alcolica*, alcoholic content (*o* proof); *un vino ad alta — alcolica*, a wine with a high alcoholic content (*o* a strong wine); *alcol etilico di — elevata*, neutral spirits.

gradevole *agg.* agreeable, pleasant, enjoyable, congenial: — *al gusto*, palatable; *compagnia* —, congenial company.

gradevolezza *s.f.* agreeableness, pleasantness.

gradiente *s.m.* (*fis.*) gradient: — *atmosferico*, lapse; — *barometrico*, barometric gradient; — *di durezza*, hardness gradient; — *di potenziale*, potential gradient; — *geotermico*, geothermal gradient; — *verticale, termico*, lapse rate.

gradimento *s.m.* **1** pleasure, liking; (*soddisfazione*) satisfaction; *mostrò il suo profondo* —, he showed his satisfaction; *spero che il dono sia di tuo* —, I hope you like the present (*o* the present is to your liking) **2** (*approvazione, consenso*) approval, approbation; (*accettazione*) acceptance: *questa proposta ha incontrato il — di tutti*, this proposal met with general acceptance; *speriamo che la nostra offerta sia di vostro* —, we hope that our offer will meet with your approval; *la merce non è di mio* —, the goods are not to my liking; — *del consumatore*, consumer acceptance // (*tv*) *indice di* —, (popularity) rating // (*dir. fin.*) *clausola di* —, acceptance clause.

gradina *s.f.* (*scult.*) gradine.

gradinamento *s.m.* (*alpinismo*) step -cutting.

gradinare[1] *v.tr.* to chisel (with a gradine).

gradinare[2] *v.intr.* (*alpinismo*) to cut* steps (in the ice).

gradinata *s.f.* **1** (*scalinata*) flight of steps; (*i gradini*) steps (*pl.*): *una — maestosa*, a majestic flight of steps **2** (*spec.pl.*) (*di teatro, stadio*) stands; terraces, tiers of seats // *tutta la — applaudiva*, (*estens.*) the whole stand applauded.

gradinatura *s.f.* (*scult.*) chiselling.

gradino *s.m.* **1** step, stair; (*piolo*) rung: *una scala di trenta gradini*, a staircase (*o* a flight) of thirty steps; *sul — più basso*, on the bottom step (*o* stair); *attenzione al* —, mind the step // (*mat.*) *funzione a gradini*, step function **2** (*fig.*) rung, step, stage: *il primo — di una carriera*, the first step in a career; *salire un — della scala sociale*, to go up a rung socially; *scendere di un* —, to go down a step (*o* rung) **3** (*ripiano di un terreno*) step, terrace **4** (*alpinismo*) foothold, step: *dovrete fare dei gradini nel ghiaccio con la piccozza*, you will have to cut steps in the ice with your axe **5** (*miner.*) berm, bench.

gradire *v.tr.* **1** to like: *gradisci un tè?*, would you like a cup of tea?; *gradirei che venissi anche tu*, I should like you to come too; *gradirei conoscere il tuo parere*, I should like to know your views; *gradirei molto la vostra compagnia, stasera*, (*form.*) I should very much like you to join me this evening **2** (*accogliere con piacere*) to welcome, to be pleased with, to appreciate, to enjoy; (*accettare*) to accept: *ho gradito molto la vostra visita*, I have greatly enjoyed your visit; *gradisco sempre la tua presenza*, your presence is always welcome; *voglia — i miei migliori saluti*, (*form.*) please accept my best greetings; *non gradisco affatto simili scherzi*, I really don't appreciate jokes like that; — *un invito*, to receive an invitation with pleasure; — *un regalo*, to be pleased with a gift // *ne accetto una fetta, tanto per —!*, I'll take a little slice, just to oblige ◆ *v.intr.* (*letter.*) (*riuscire gradito*) to like (s.o., sthg.).

gradito *agg.* **1** (*piacevole*) pleasant, agreeable: *una gradita sorpresa*, a pleasant surprise; *ricordi graditi*, pleasant memories; *ha conservato un — ricordo di te*, he has kept a very pleasant memory of you; *sono sicuro di fargli cosa gradita*, I am sure I shall please him **2** (*bene accetto*) welcome, appreciated: *un dono*, *un visitatore* —, a welcome gift, visitor; *notizie molto gradite*, very welcome news; *ho ricevuto la tua gradita lettera*, I received your kind letter; *starò a casa: so di essere poco — a Marco!*, I'll stay home: I know Marco won't appreciate my company; *la tua presenza non è molto gradita*, your presence is not welcome // (*comm.*) *in risposta alla Vostra gradita lettera, alla gradita Vostra*, in reply to your kind letter.

grado[1] *s.m.* **1** degree; level, standard: — *di conoscenza, parentela*, degree of knowledge, kinship; *ha raggiunto un ottimo — di conoscenza della lingua*, he has reached a high standard of competence in the language; *alto — di civiltà*, high degree (*o* level) of civilization; *cugino di primo, secondo* —, first, second cousin; *in minor* —, in a lesser degree; *il massimo — di esattezza*, the highest level (*o* degree) of accuracy // (*dir.*): *omicidio di primo, secondo* —, murder in the first, second degree; — *del processo*, stage of the proceeding; (*econ.*): — *di occupazione*, employment scale; — *di monopolio*, degree of monopoly; — *di utilizzazione dei vari mezzi di comunicazione*, degree of media coverage // (*interrogatorio di*) *terzo* —, third degree; *mi ha fatto il terzo — per sapere dov'ero stato*, he grilled me (*o* he gave me the third degree) to find out where I had been // *per gradi*, by degrees (*o* step by step *o* in stages *o* gradually); *è bene procedere per gradi nell'illustrare il progetto*, it's a good idea to explain the project step by step (*o* in stages) // *a — a* —, by degrees (*o* step by step) **2** (*condizione*) *essere in — di fare qlco.*, to be able to do sthg. (*o* to be in a position to do sthg.): *sei più in — di me di giudicare*, you are in a better position to judge than I am; *sei in — di sostenere l'esame?*, are you up to taking the exam?; *sei in — di guidare una macchina?*, can you drive a car?; *mettere qlcu. in — di fare qlco.*, to put s.o. in a position to do sthg. (*o* to enable s.o. to do sthg.) **3** (*in una scala di valori*) degree: (*gramm.*) — *comparativo*, comparative degree; (*metall.*) — *di durezza*, degree of hardness; (*geogr.*) — *di latitudine*, degree of latitude; (*fis.*) — *di umidità*, degree of humidity (*o* humidity ratio); *gradi di libertà*, degrees of freedom; (*mat.*) — *di un polinomio*, degree of a polynomial; (*mat.*) *un angolo di dieci gradi*, an angle of 10° (ten degrees); (*mat.*) *equazione di secondo* —, equation of the second degree; *l'acqua gela a 0 °C o a 32 °F*, water freezes at 0 °C (zero degrees centigrade) or 32 °F; *la notte di Natale ci furono 9 °C sotto zero*, on Christmas Eve it was –9 °C (*o* nine degrees centigrade below zero); *quanti gradi ha quel vino?*, what's the alcohol content of this wine?; *una scossa di terremoto del quinto — della scala Richter*, a shock of five on the Richter scale **4** (*posizione gerarchica*) rank, grade: *il — di un impiegato, di un funzionario*, the rank of an employee, of an official; — *di un magistrato*, magisterial rank; *di alto* —, of high rank (*o* position); *gente di ogni* —, people of all ranks (*o* stations); *avanzamento di* —, promotion; *avanzare di* —, to be promoted; (*amm.*) — *gerarchico*, rank **5** (*mil.*) rank: *ha raggiunto il — di colonnello*, he has attained the rank of colonel; *mi è superiore di* —, he is above me in rank; *avere il — di maggiore*, to hold the rank of major; *essere promosso al — di capitano*, to be promoted to the rank of captain; *perdere i gradi*, to be demoted (*o* to lose one's stripes); *gli alti gradi dell'esercito*, the highest ranking officers (*o* the senior officers) of the army **6** (*mil.*) (*gallone*) stripe; (*a V, di sottufficiale*) chevron **7** (*inform.*) order.

grado[2] *s.m.* (*gradimento*) pleasure; liking; will: *suo mal* —, against his will // *di buon* —, with pleasure (*o* willingly); *accettare qlco. di buon* —, to take sthg. in good part.

gradone *s.m.* **1** terrace **2** (*gradino largo*) large step.

graduabile *agg.* that may be graduated, that may be graded.

graduabilità *s.f.* capability of being graduated, capability of being graded.

graduale *agg.* gradual; (*progressivo*) graduated: (*econ.*) *aumento — dei prezzi*, gradual increase in prices; (*trib.*) *imposta* —, graduated tax // *salmi graduali*, (*Bibbia*) gradual psalms ◆ *s.m.* (*eccl.*) gradual.

gradualismo *s.m.* gradualism.

gradualista *agg.* e *s.m.* e *f.* gradualist.

gradualistico *agg.* gradualist, of gradualism (*pred.*).

gradualità *s.f.* gradualness, graduality.

gradualmente *avv.* gradually, by degrees.

graduare *v.tr.* **1** to graduate; to grade; to scale: — *gli studi*, to grade studies; — *un termometro*, to graduate a thermometer; (*trib.*) — *le imposte*, to graduate taxes **2** (*mil.*) (*conferire un grado a*) to confer a rank on (s.o.): — *un soldato*, to promote a soldier.

graduato *agg.* **1** (*ordinato per gradi*) graded: *esercizi graduati di lingua inglese*, graded English exercises **2** (*provvisto di scala graduata*) graduated: *bicchiere* —, graduated measure (*o* measuring glass); *termometro* —, graduated thermometer; (*chim.*) *provetta graduata*, graduated tube ◆ *s.m.* (*mil.*) non-commissioned officer // *graduati e truppa*, rank and file // *tutti i graduati*, all ranks.

graduatoria *s.f.* **1** classification; list **2** (*di candidati a un concorso*) pass-list: *è il primo della* —, he is first on the list (*o* he is top of the list) **3** (*dir.*) (*in una causa di fallimento*) graded list (of creditors).

graduatorio *agg.* (*non com.*) classificatory, classificatorial.

graduazione *s.f.* graduation, scale; *la — di questa provetta non è esatta*, the scale on this test tube is not right; (*dir.*) — *della pena*, graduation of the penalty (*o* determination of the sentence); (*econ.*) — *di affidabilità*, credit rating; (*dir.*) — *dei creditori*, ranking of creditors.

grafema *s.m.* (*ling.*) grapheme.

graffa *s.f.* **1** (*segno grafico*) brace // *parentesi* —, curly bracket **2** (*graffetta per carte*) clip **3** (*mecc.*) (*per cinghia di trasmissione*) belt fastener, belt fastening claw.

graffare → **aggraffare**.

graffatrice → **aggraffatrice**.

graffatura → **aggraffatura**.

graffetta *s.f.* **1** (*fermaglio*) (paper) clip **2** (*med.*) clip.

graffiamento *s.m.* (*non com.*) scratching, scratch.

graffiante *agg.* (*fig.*) scathing, biting: *ironia, satira* —, biting irony, satire.

graffiare *v.tr.* **1** to scratch, to claw; to scrape: *il gatto mi graffiò*, the cat scratched me; — *un muro*, to scrape a wall **2** (*fig.*) to bite*, to leave* a mark: *ironia che graffia*, biting ironical remarks **3** (*non com.*) (*fam.*) (*rubare*) to pinch, to nick.

□ **graffiarsi** *v.rifl.* to scratch oneself: *il bimbo si è graffiato sul viso*, the baby has scratched himself on the face ◆ *v.intr.pron.* to be scratched: *se lasci il disco sul pavimento si graffia*, if you leave the record on the floor it will get scratched.

graffiata *s.f.* scratch.

graffiatore *s.m.* **graffiatrice** *s.f.* (*non com.*) scratcher.

graffiatura *s.f.* scratch.

graffietto *s.m.* **1** little scratch **2** (*attrezzo artig.*) marking gauge.

graffignare → **sgraffignare**.

graffio *s.m.* scratch: *ho le gambe piene di graffi*, my legs are covered with scratches; *se l'è cavata con qualche* —, he got off with a few scratches; *fare a graffi*, (*non com.*) to scratch one another.

graffire *v.tr.* to make* a graffito design.

graffitismo *s.m.* graffiti art.

graffitista *s.m.* e *f.* graffiti artist, graffitist.

graffito *s.m.* (*arte*) graffito* ◆ *agg.*: *disegno* —, graffito design.

grafia *s.f.* (*scrittura*) writing, handwriting: *la sua — è illeggibile*, his handwriting is illegible.

grafica *s.f.* **1** (*arte, tecnica*) graphics [U]: — *al computer*, computer grafica **2** (*produzione grafica*) graphic work.

graficamente *avv.* **1** graphically: *queste due parole sono — uguali*, these two words are written in the same way **2** (*di un diagramma*) graphically, by means of graphs.

grafico *agg.* graphic, graphical; writing (*attr.*); spelling (*attr.*): *segni, simboli grafici*, graphic signs, symbols; *varianti grafiche*, spelling variants; *materiale* —, drawing (*o* writing) material; (*cartografia*) *scala grafica*, graphic scale; *arti grafiche*, graphic arts ◆ *s.m.* **1** (*diagramma*) graph, diagram **2** (*stat.*) chart: — *di controllo dei profitti*, profit control chart; — *dell'andamento delle vendite*, sales progress chart; *fare il — di qlco.*, to chart sthg. **3** (*esperto di arti grafiche*) printing and engraving expert, printer, engraver; (*disegnatore*) draftsman*, designer // *progettista* —, graphic designer.

grafismo *s.m.* predominance of graphic elements.

grafitaggio *s.m.* (*mecc.*) graphiting.

grafitare *v.tr.* (*mecc.*) to graphite, to treat with graphite // *olio grafitato*, graphite treated oil.

grafitazione *s.f.* **1** (*geol.*) graphitization **2** → **grafitaggio**.

grafite *s.f.* (*min.*) graphite, plumbago, black lead; (*usata come mina per le matite*) lead // (*fis. nucleare*) *reattore moderato a* —, graphite moderated reactor.

grafitico *agg.* (*metall.*) graphitic.

grafitizzare *v.tr.* (*metall.*) to graphitize.

grafitizzazione *s.f.* (*chim.*) graphitization.

grafo *s.m.* (*mat.*) graph; *teoria dei grafi*, graph theory.

grafo- *pref.* di origine greca usato per formare s. e agg.; indica relazione con la scrittura; ingl. grapho-: *grafologia*, graphology; *grafospasmo*, graphospasm.

grafologia *s.f.* graphology.

grafologico *agg.* graphological, handwriting (*attr.*): *esame* —, handwriting test.

grafologo *s.m.* graphologist.

grafomane *s.m.* e *f.* graphomane.

grafomania *s.f.* graphomania.

grafometro *s.m.* graphometer.

grafospasmo *s.m.* (*med.*) graphospasm, writer's cramp.

gragnola *s.f.* **1** (*region. non com.*) (*grandine*) hail **2** (*fig.*) (*grande quantità*) shower, hail: *una — di pugni, di domande*, a hail of blows, of questions.

gragnolare *v.intr.* (*non com.*) to hail.

gragnuola → **gragnola**.

gramaglie *s.f.pl.* **1** (*non com.*) (*drappo funebre*) palls, drapes **2** (*abbigliamento da lutto*) mourning (*sing.*): *essere in —*, to be in mourning; *mettersi in —*, to go into mourning; *le — di una vedova*, a widow's weeds.

gramatica → **grammatica**.

gramigna *s.f.* **1** (*bot.*) spear grass, scutch // *— dei medici*, (*Agropyron repens*) couch(grass) (*o* twitch grass) **2** (*erbaccia*) weed // *crescere come la —*, to grow like weeds.

graminacea *s.f.* (*bot.*) grass.

graminaceo *agg.* (*bot.*) gramineous, graminaceous.

graminicolo *agg.* (*zool.*) graminicolous.

graminivoro *agg.* (*zool.*) graminivorous.

grammatica *s.f.* grammar: *errori di —*, grammar mistakes; *la sua — lascia molto a desiderare*, his grammar leaves much to be desired; *— latina per le scuole superiori*, Latin grammar for high schools; *— descrittiva, normativa*, descriptive, normative grammar // *val più la pratica della —*, (*prov.*) practice is better than precept (*o* experience is the best teacher).

grammaticale *agg.* grammatical; grammar (*attr.*): *regola —*, grammar rule; *ci sono troppi errori grammaticali*, there are too many grammar mistakes // *analisi —*, grammatical analysis.

grammaticalità *s.f.* (*ling.*) grammaticalness.

grammaticalizzare *v.tr.* (*ling.*) to grammaticize.

□ **grammaticalizzarsi** *v.intr.pron.* to be grammaticized.

grammaticalizzazione *s.f.* (*ling.*) grammaticization.

grammaticastro *s.m.* (*spreg.*) pedant, grammatist.

grammaticheria *s.f.* (*spreg.*) grammatical pedantry.

grammatico *agg.* (*non com.*) grammatical ◆ *s.m.* **1** grammarian **2** (*spreg.*) pedant.

grammatista *s.m.* **1** (*st. greca*) grammarian **2** (*letter.*) elementary school teacher.

grammatologia *s.f.* (*ling.*) grammatology.

grammatologico *agg.* (*ling.*) grammatological.

grammatura *s.f.* (*tecn.*) basis weight: *— della carta*, paper (basis) weight.

grammelot *s.m.* (*fr.*) (*teatr.*) grammelot.

grammo *s.m.* gram, gramme // (*chim.*): *— equivalente*, gram equivalent; *peso atomico in grammi*, gram-atomic weight; *peso molecolare in grammi*, gram-molecular weight; (*elettr.*, *chim.*) *— -ione*, gram ion.

grammoatomo *s.m.* (*chim.*) gram(-)atom.

grammofonico *agg.* gramophone® (*attr.*).

grammofono *s.m.* (*antiq.*) gramophone®.

grammo-massa *s.m.* gram mass.

grammomolecola *s.f.* (*chim.*, *fis.*) gram-molecule.

grammomolecolare *agg.* (*chim.*, *fis.*) gram-molecular.

gram-negativo *agg.* (*biol.*) Gram-negative.

gramo *agg.* **1** (*misero*) miserable, wretched; (*infelice*) sad: *situazione grama*, difficult (*o* distressing) situation; *fare una vita grama*, to live a wretched life **2** (*povero, scarso*) poor, scanty, meagre: *raccolto —*, scanty (*o* poor) crop ◆ *s.m.*: *menar —*, to bring bad luck.

gramola *s.f.* **1** (*tess.*) (*attrezzo*) brake, ripple, scutcher, swingle **2** (*mecc.*) → **gramolatrice 1** **3** (*per pasta*) kneading through; (*mecc.*) kneading machine, kneader.

gramolare *v.tr.* **1** (*lino, canapa*) to brake, to ripple, to scutch, to swingle **2** (*pasta*) to knead.

gramolata → **granita**.

gramolato *s.m.* (*geogr.*) firn.

gramolatrice *s.f.* **1** (*tess.*) braking machine, scutching machine, rippling machine **2** (*per pasta*) kneading machine.

gramolatura *s.f.* **1** (*tess.*) braking, rippling, swingling, scutching **2** kneading.

grampo *s.m.* (*zool.*) *— grigio*, (*Grampus griseus*) cowfish, (*scient.*) grampus.

gram-positivo *agg.* (*biol.*) Gram-positive.

gramsciano *agg.* of Gramsci, Gramsci's.

gran → **grande**.

grana[1] *s.f.* **1** (*struttura di metalli, minerali ecc.*) grain: *— fine, grossa*, fine, coarse grain; *a, di — fine, grossa*, fine-grained, coarse-grained; *di — media*, medium-grained; *grossezza della —*, grain size **2** (*carminio della cocciniglia*) grain, cochineal, kermes: *tinto in —*, dyed in grain (*o* in kermes *o* with cochineal) ◆ *s.m.* (*formaggio*) Parmesan (cheese).

grana[2] *s.f.* (*fam.*) (*noia, seccatura*) trouble, problem; (*fam.*) headache: *ci sono grane in vista*, there is trouble ahead; *questo lavoro mi dà un sacco di grane*, this work is giving me a lot of headaches; *avere delle grane*, to have (a lot of) problems; *piantare una —*, to make (*o* to stir up) trouble; *sei sempre pieno di grane*, you're always in trouble; *fate quello che volete ma io non voglio grane*, do whatever you want but I don't want any problems (*o* troubles).

grana[3] *s.f.* (*gergo*) (*quattrini*) money; (*fam.*) dough, lolly: *essere pieno di —*, to have loads of money; *ho chiesto a mio padre di scucire un po' di — perché sono sempre al verde*, I asked my father to cough up a bit of cash, because I'm always skint.

granadiglia → **passiflora**.

granaglia *s.f.* **1** *pl.* corn, grain, cereal (*sing.*): *commerciante di granaglie*, corn-dealer (*o* corn-factor); (*al minuto*) corn-chandler **2** (*oreficeria*) granulated gold; (*d'argento*) granulated silver.

granagliare *v.tr.* (*oreficeria*) to granulate.

granaio *s.m.* **1** barn; (*specialmente per grano*) granary **2** (*fig.*) granary: *l'Emilia è il — d'Italia*, Emilia is the granary of Italy.

granaiolo *agg.* grain-eating.

granario *agg.* grain, corn, cereal (*attr.*): *mercato —*, grain market.

granata[1] *s.f.* (*region.*) (*scopa di saggina*) besom.

granata[2] *s.f.* (*mil.*) grenade: *— a mano*, hand grenade.

granata[3] *s.f.* **1** (*melagrana*) pomegranate **2** (*pietra preziosa*) garnet ◆ *agg.* (*di colore rosso*) garnet red, burgundy red; wine-coloured.

granatiere *s.m.* **1** (*mil.*) grenadier **2** (*fig.*) (*persona alta e robusta*) tall imposing person.

granatina *s.f.* **1** (*sciroppo*) grenadine, pomegranate syrup **2** → **granita**.

granato[1] *s.m.* (*min.*) (*pietra preziosa*) garnet.

granato[2] *agg.* **1** (*fatto a grani*) grainy **2** (*di colore rosso*) garnet red, burgundy red; wine-coloured ◆ *s.m.* (*pop.*) (*melograno*) pomegranate(-tree).

grancancelliere *s.m.* (*st.*) High Chancellor.

grancassa *s.f.* (*mus.*) bass drum // *battere la —*, (*fig.*) to bang the drum.

grancevola *s.f.* (*zool.*) (*Maja squinado*) spider-crab, thornback.

granché *pron.* → **che**[1] *pron.indef.*

granchiesco *agg.* crab-like.

granchiforme *agg.* cancroid.

granchio *s.m.* **1** crab: *come un —*, crabwise; *simile a un —*, cancroid; *pescare granchi*, to crab // (*zool.*) *— reale*, (*Limulus limulus*) horseshoe crab (*o* king-crab *o* sword-tail); *— d'acqua dolce*, camaron; *— ripario*, shore crab; *— violinista*, fiddler crab // (*astr.*) *il Granchio*, Crab (*o* Cancer) **2** (*fig.*) (*topica, errore grossolano*) mistake, blunder: *pigliare un —*, to make a blunder **3** (*pop.*) (*crampo*) cramp **4** (*parte del martello*) claw; (*attrezzo per falegnameria*) bench stop (*o* bench peg).

granciporro → **paguro**.

grancroce *s.f.* (*insegna di ordine cavalleresco*) Grand Cross ◆ *s.m.* Knight of the Grand Cross.

grandangolare *agg.* (*fot.*) wide-angle, pantoscopic ◆ *s.m.* (*fot.*) wide-angle lens, pantoscope.

grandangolo *s.m.* (*fot.*) wide-angle lens, pantoscope.

grand commis *s.m.* (*fr.*) (*burocr.*) top-level government executive, top flight government executive.

grande *agg.* **1** (*di dimensioni, proporzioni*) big, large; vast; (*nel senso della larghezza*) wide, broad: *una — pianura, strada*, a wide plane, road; *non è un — fiume*, it's not a big (*o* large *o* wide) river; *ti ci vorrebbe un tavolo più —*, you'd need a bigger table; *ha le mani molto grandi*, he's got very big (*o* large) hands; *la mia camera è molto —*, my room is very large (*o* big); *il tuo appartamento è davvero —*, your flat is really big (*o* large); *è — il tuo giardino?*, is your garden big? // *i Grandi Laghi*, the Great Lakes // *a grandi passi*, with long strides // *ha un gran cuore*, (*fig.*) he has a big heart // *ha una gran testa*, (*fig.*) he's very intelligent // *in gran parte*, largely (*o* to a great extent) **2** (*alto, elevato*) high; (*di statura*) tall: *una — montagna*, a high mountain; *la strada raggiunge grandi altezze*, the road climbs to great heights; *un uomo — e grosso*, a big tall man; *come sei —!*, how tall you are! // *a — velocità*, at high speed // *grandi latitudini*, high latitudes **3** (*numeroso*) large, vast, great: *sono una — famiglia*, they're a large family; *c'era una — folla al concerto*, there was a large (*o* vast) crowd at the concert; *un — esercito*, a large army // *un gran numero di...*, a great (*o* large) number of... **4** (*fuori misura*) big, large: *il suo maglione mi sta* —, his sweater is large for me; *queste scarpe sono troppo grandi*, these shoes are too big (*o* large) **5** (*fig.*) (*intenso, elevato, notevole*) great: *un — dolore, amore*, a great sorrow, love; *una — gioia*, a great joy; *è una — opportunità per lui*, it's a great (*o* big) opportunity for him; *fu un — errore*, it was a big mistake; *Petrarca è uno dei più grandi poeti italiani*, Petrarch is one of the greatest Italian poets; *quel film ebbe un — successo*, that film had a great (*o* big) success; *fu un gran giorno*, it was a great day; *l'epoca delle grandi scoperte*, the era of the great discoveries; *è capace di grandi sentimenti*, he's capable of feeling deeply; *un tempo era una — nazione*, once upon a time it was a great country // *Alessandro il Grande*, Alexander the Great // *la Grande Guerra*, the Great War // *messa* —, High Mass **6** (*rafforzativo*) (*davanti a agg.*) very, really; (*davanti a s.*) real, utter, right; total; big: *è una gran bella donna*, she is a very (*o* really) attractive woman; *sei un gran cretino*, you are a real (*o* right *o* utter *o* total) moron; *è un gran simpatico*, he's really nice; *un gran bevitore*, a hard (*o* big) drinker; *un gran mangione*, a big eater; *un gran bugiardo*, a big liar; *un gran chiacchierone*, a real chatterbox; *un — spendaccione*, a big spender; *fa un gran caldo*, it's very hot; *ho un gran freddo*, I'm very cold // *si dice un gran bene di...*, they speak very well of... // *si è fatto un gran parlare di...*, there has been a lot of talk about... **7** (*adulto*) grown-up: *ha due figlie grandi*, he's got two grown-up daughters **8** (*maiuscola*) capital **9** (*nei titoli ufficiali*) grand: *Gran Croce*, Grand Cross; *Grand'Ammiraglio*, Grand Admiral; *Gran Maestro*, Grand Master ◆ *s.m.* **1** (*adulto*) adult, grown-up: *i grandi*, grown-ups (*o* adults); *un bambino che ragiona come un* —, a child who thinks like an adult; *da — farò il medico*, I'll be a doctor when I grow up; *racconti per grandi e piccini*, tales for grown-ups and children // *grandi e piccoli*, (*vecchi e giovani*) old and young **2** (*uomo importante*) great man: *i grandi*, the great // *i grandi dello sport*, sporting greats // (*st.*) *i Quattro Grandi*, the Big Four // *fare il* —, (*ostentare ricchezza*) to act big **3** (*grandezza*) greatness: *in* —, on a large scale; *riprodurre qlco. in* —, to make a large scale reproduction of sthg. // *fare le cose in* —, to do things in a big way // *alla* —, (*fam.*) in a big way **4** (*titolo ufficiale*) grandee: *un — di Spagna*, a grandee of Spain.

grandeggiare *v.intr.* **1** (*letter.*) to tower (above s.o., sthg.), to dominate (sthg.); (*fig.*) to stand* out: *il fortino grandeggia sulla valle*, the fortress towers above (*o* over) the valley; *Dante grandeggia sui contemporanei*, Dante towers above his contemporaries; *grandeggia nel suo tempo*, he stands out in his time **2** (*scialare*) to be lavish (of sthg., in doing); (*fare le cose in grande*) to do* things in a big way; (*ostentar lusso*) to show* off: *grandeggia in lodi*, he is lavish of praise; *grandeggia nello spendere*, he is lavish in spending; *gli piace* —, he likes showing off.

grandemente *avv.* greatly; (*moltissimo*) very, much; very much; (*altamente*) highly; to a high degree; (*profondamente*) deeply; (*considerevolmente*) considerably: *stimare — qlcu.*, to esteem s.o. greatly.

grandezza *s.f.* **1** (*dimensione*) size; bigness: *calcolare la — di un campo, di un parco*, to calculate the size of a field, of a park; *misurare la — di un tappeto, di una stanza*, to measure a carpet, a room; *di che — è il quadro?*, what is the size of the picture? (*o fam.* how big is the picture?); *di ogni* —, of all sizes; *a — naturale*, life-size(d): *una fotografia a — naturale*, a life-size(d) photograph; *la — del suo appartamento mi ha colpito*, I was struck by the size of his apartment **2** (*larghezza*) width, broadness; (*ampiezza*) breadth: *la — del fiume impedì di guadarlo*, the river was too wide to wade across **3** (*fig.*) (*eccellenza, potenza*) greatness: *— d'animo*, greatness of soul (*o* magnanimity); *la — di Roma, di Shakespeare*, the greatness of Rome, of Shakespeare; *la — di un'opera d'arte*, the greatness of a work of art **4** (*grandiosità, fasto, splendore*) grandeur: *la — delle corti orientali*, the grandeur of Oriental courts; *all'apice della — umana*, at the summit of human grandeur // *manie di* —, delusions of grandeur **5** (*liberalità*) liberality; (*prodigalità*) lavishness: *è nota la sua — nello spendere*, his lavishness in spending is proverbial; *le sue grandezze hanno finito per rovinarlo*, his lavishness ruined him in the end **6** (*astr.*) magnitude: *— assoluta*, absolute magnitude; *una stella di prima* —, a star of the first magnitude **7** (*mat.*, *fis.*) magnitude; quantity: *— scalare*, scalar quantity; *— vettoriale*, vector quantity.

grandigia *s.f.* (*letter.*) **1** (*fasto*) ostentation, pomp, display **2** (*altezzosità, arroganza*) haughtiness, arrogance.

grandiloquente → **magniloquente**.

grandiloquenza → **magniloquenza**.

grandinare *v.intr.impers.* to hail: *grandina*, it is hailing ◆ *v.intr.* (*fig.*) to shower (down), to hail (down): *le pallottole grandinavano intorno a loro*, bullets were hailing all round them ◆ *v.tr.* (*ant.*) (*scagliare*) to shower, to pelt: *cominciarono a — pietre sul nemico*, they started showering stones on the enemy.

grandinata *s.f.* **1** hailstorm: *una violenta — ha distrutto i raccolti*, a violent hailstorm has destroyed the crops **2** (*fig.*) hail, shower: *una — di pugni*, a hail of blows.

grandine *s.f.* **1** hail: *chicco di* —, hailstone; *i sassi ci piovevano addosso come* —, stones were showering down on us (like hailstones) **2** (*fig.*) hail, shower: *una — di sassi*, a hail of stones; *una — di insulti*, a hail (*o* torrent) of insults.

grandinifugo *agg.* anti-hail.

grandinìo *s.m.* fall of hail, shower of hail.

grandinoso *agg.* full of hail: *pioggia grandinosa*, rain mixed with hail.

grandiosità *s.f.* **1** grandiosity; (*specialmente di spettacoli naturali*) grandeur, magnificence, stateliness: *la — di un edificio*, the grandeur of a building; *ammiravano la — del panorama davanti a loro*, they admired the grandeur of the view before them **2** (*ostentazione di grandezza*) ostentation, lavishness.

grandioso *agg.* **1** grand, grandiose, magnificent; majestic; imposing, stately: *una cerimonia grandiosa*, a magnificent ceremony; *un palazzo* —, a grand palace; *un progetto* —, a grandiose (*o* grand) design; *un — spettacolo*, a grand (*o* an imposing) spectacle; *una grandiosa vista sulle Alpi*, a majestic view of the Alps; *stile* —, grand style **2** (*che ostenta ricchezza*) grandiose ◆ *s.m.* (*chi ostenta ricchezza*) grandiose person: *fare il* —, to act big.

grand-opéra *s.m.* (*fr.*) (*mus.*) grand opera.

granduca *s.m.* grand duke.

granducale *agg.* grand-ducal.

granducato *s.m.* grand duchy.

granduchessa *s.f.* grand duchess.

grandula *s.f.* (*zool.*) *— mediterranea*, (*Pterocles alchata*) pintail.

granellare *v.tr.* **1** (*ridurre in granelli*) to granulate **2** (*cuc.*) (*ricoprire di mandorle*) to sprinkle with chopped almonds; (*ricoprire di zucchero granulato*) to sprinkle with granulated sugar.

granellino *s.m.* small grain; (*fig.*) little bit.

granello *s.m.* **1** grain, particle: *un — di polvere*, a speck of dust (*o* a particle of dust); *granelli di sale, sabbia*, grains of salt, sand **2** (*fig.*) grain: *un — di buon senso*, a grain (*o* an ounce *o* a bit) of common sense; *un — di pazzia*, a touch of madness **3** (*di cereali ecc.*) grain, corn: *un — di frumento*, a grain of wheat; *un — d'orzo*, a grain of barley (*o* a barley-corn); *un — di pepe*, a peppercorn **4** (*chicco*) grape **5** (*seme di frutta*) pip, seed: *un — di mela*, a pip of an apple; *un — di melograno*, a pomegranate seed.

granelloso *agg.* **1** granular, granulous **2** (*ruvido*) rough: *superficie granellosa*, rough surface.

granfia *s.f.* claw, talon.

granfiare *v.tr.* to claw, to clutch (*anche fig.*).

granguignolesco *agg.* Grand Guignol (*attr.*) (*anche estens.*).

granicolo *agg.* grain (*attr.*), wheat (*attr.*): *mercato* —, wheat market.

granicoltura *s.f.* wheat growing.

granifero *agg.* graniferous, wheat-producing (*attr.*): *terreno* —, wheat-producing land.

graniglia *s.f.* grit.

granire[1] *v.intr.* **1** (*agr.*) to seed **2** (*region.*) (*mettere i denti*) to teethe **3** (*fig. letter.*) (*formarsi*) to form; (*sbocciare*) to flower, to bloom.

granire[2] *v.tr.* **1** (*ridurre in grani*) to grain **2** (*una moneta*) to mill **3** (*una superficie*) to grain: *— una lastra litografica*, to grain a lithographic plate.

granita *s.f.* water-ice: *una — di limone*, lemon water-ice; *una — alla menta*, mint water-ice.

granitico *agg.* **1** (*geol.*) granitic **2** (*fig.*) rocklike, unshakeable; solid, strong.

granito *s.m.* (*geol.*) granite: *— nero*, diorite // *cuore di* —, (*fig.*) heart of stone // *una volontà di* —, (*fig.*) an unshakeable (*o* iron) will.

granitura *s.f.* **1** (*riduzione in grani*) graining **2** (*di monete*) milling; (*l'orlo granito*) milled edge **3** (*di una superficie*) graining.

granivoro *agg.* (*zool.*) granivorous, (*non com.*) seminivorous.

granmaestro *s.m.* Grand Master.

grano *s.m.* **1** (*frumento*) wheat [U]; (*cereale in genere*) corn, grain [U]: *— da semina*, seed corn; *spiga di* —, ear of wheat (*o* corn); *borsa del* —, corn exchange; *commercio del* —, corn trade; *malattia del* —, gout // (*bot.*): (*Triticum vulgare*) wheat; *— farro*, (*Triticum spelta*) spelt (*o* great barley); *— saraceno*, (*Polygonum fagopyrum*) buckwheat (*o* brank) // (*ind. alimentare*) *— tenero, duro*, soft, hard wheat; *farina di* —, (wheat) flour **2** (*granello*) grain; (*di cereali*) corn; (*di collana*) bead: *un — d'orzo*, a grain of barley (*o* a barley-corn); *un — di caffè*, coffee bean; *un — di sabbia*, a grain of sand; — *di rosario*, rosary bead **3** (*fig.*) grain, ounce; pinch: *un — di buon senso*, a grain (*o* ounce *o* bit) of common sense; *con un — di sale*, with a pinch of salt **4** grain (*unità di peso* = 0,0648 g).

granone → **granturco**.

granoso[1] *agg.* (*non com.*) **1** (*granuloso*) grany, granular **2** (*che produce molto grano*) grain-producing, corn-producing.

granoso[2] *agg.* (*gerg.*) (*ricco*) loaded.

gran premio *s.m.* Grand Prix.

granturco *s.m.* (*bot.*) (*Zea mays*) maize, (*pop.*) Indian corn, sweet corn; (*amer.*) corn: *farina di* —, maize flour (*o* maize meal).

granulare[1] *agg.* granular.

granulare[2] *v.tr.* to granulate, to grain. □ **granularsi** *v.intr.pron.* (*med.*) to granulate.

granulazione *s.f.* granulation.

granulite *s.f.* (*geol.*) granulite.

granulo *s.m.* **1** (*piccolo grano*) granule **2** (*geol., chim.*) grain: (*chim.*) *crescita dei granuli*, grain growth **3** (*pillola medicinale*) pellet.

granulocita *s.m.* (*biol.*) granulocyte.

granuloma *s.m.* (*med.*) granuloma*.

granulomatosi *s.f.* (*bot.*) granulation.

granulometria *s.f.* (*geol.*) granulometry.

granulometro *s.m.* granulometer.

granulosità *s.f.* granulosity.

granuloso *agg.* grainy, granular, granulous, granulose.

grappa[1] *s.f.* **1** (*mecc., edil.*) (*per unire blocchi di legno o di pietra*) cramp, dog, fastener **2** (*tip.*) brace.

grappa[2] *s.f.* (*acquavite*) grappa (spirit made from distillation of the residue of a wine press).

grappare *v.tr.* (*tecn.*) (*unire con grappe*) to cramp, to fasten.

grappino[1] *s.m.* (*mar.*) creeper, grapnel, grappling iron.

grappino[2] *s.m.* (*bicchierino di grappa*) tot of grappa.

grappolo *s.m.* **1** bunch, cluster: *un — d'uva*, a bunch of grapes; *un — di glicine*, a cluster of wisteria flower; *a* —, in a bunch; *a grappoli*, in bunches; *simile a* —, bunch-like; *riunire in* —, to bunch; *crescere a grappoli*, to cluster **2** (*fig.*) cluster: *un — di persone*, a cluster of people; (*aer.*) *bombe a grappolo*, cluster bombs.

graptolite *s.f.* (*paleont.*) graptolite.

graspo *s.m.* (*region.*) grape stalk.

grassaggio *s.m.* greasing.

grassamente *avv.* **1** (*abbondantemente*) abundantly, lavishly; (*riccamente*) richly // *ridere* —, (*di gusto*) to guffaw **2** (*licenziosamente*) coarsely, lewdly.

grassatore *s.m.* (*antiq.*) robber; (*specialmente a cavallo*) highwayman*; (*a piedi*) footpad.

grassazione *s.f.* (*antiq.*) robbery; hold-up: *commettere una* —, to commit a robbery.

grassella *s.f.* (*di cavallo*) stifle.

grassello *s.m.* **1** (*pezzetto di grasso*) lump of fat **2** (*edil.*) (*calce spenta*) slaked lime, lime putty, lime paste.

grassetto *agg.* (*tip.*) bold ◆ *s.m.* (*tip.*) bold type, boldface, extrabold: *attenzione alle parole* (*stampate*) *in* —, note carefully the words (printed) in bold type.

grassezza *s.f.* **1** fatness **2** (*untuosità*) greasiness **3** (*abbondanza*) abundance, plenty **4** (*fertilità*) richness.

grasso *agg.* **1** fat: *un tacchino ben* —, a very fat turkey; *è enormemente* —, he is immensely fat; *quella signora è piuttosto grassa*, that lady is rather fat; *è — come un maiale*, he is as fat as a pig **2** (*ricco di grassi*) fat; rich; (*unto, untuoso*) greasy, fatty, oily: *cibo* —, fatty food; *carne grassa*, fat meat; *cucina grassa*, rich cooking: *formaggio* —, fatty cheese; *pelle grassa*, greasy skin; *capelli grassi*, greasy hair // (*chim.*) *carbone* —, fat coal // *martedì* —, Shrove Tuesday; *la settimana grassa*, Shrovetide **3** (*abbondante*) prosperous; rich: *annata grassa*, prosperous year; *guadagni grassi*, rich earnings // *è andata grassa*, everything came out well // *fare grasse risate*, to guffaw // *il tempo delle vacche grasse*, the years of prosperity **4** (*agr.*) rank; (*di pianta*) succulent; (*di terreno*) loamy **5** (*licenzioso*) bawdy, dirty: *discorso* —, bawdy (*o* dirty) talk ◆ *s.m.* (*animale o vegetale*) fat; (*di balena*) blubber; (*di bue, di pecora*) suet; (*lubrificante*) grease: — *di maiale*, pork fat; — *per le scarpe, per il cuoio*, grease for shoes, leather; *macchia di* —, grease stain; *i grassi ti sono nocivi*, fats are bad for you // *mangiare di* —, to eat meat // (*chim.*): — *del Giappone*, Japan wax; — *solubile*, fat soluble; — *saturo*, fat.

grassoccio *agg.* plump, chubby: *una persona grassoccia*, a plump person; *un bambino* —, a chubby baby.

grassone *s.m.* fat man, stout man; (*sl.*) fatty.

grassume *s.m.* **1** oily substance; fat; grease **2** (*non com.*) (*concime*) manure.

grata *s.f.* grating: — *di confessionale*, grating of a confessional; *una robusta* —, a strong grating.

gratella *s.f.* **1** (*piccola grata*) grille, grid **2** (*cuc.*) gridiron, grill: *carne in* —, grilled meat.

graticcia *s.f.* flies (*pl.*).

graticciare *v.tr.* to screen off; to fence off.

graticciata *s.f.* trellis; (*recinto*) fence.

graticciato *s.m.* (fruit drying) rack, mat.

graticcio *s.m.* **1** hurdle; (*per piante rampicanti*) trellis, lattice **2** (*riparo, paravento*) screen **3** (*per far seccare frutta*) rack, mat **4** (*tess.*) lattice **5** (*mil.*) fascines (*pl.*).

graticola *s.f.* **1** (*cuc.*) gridiron, grill: *cotto sulla* —, grilled **2** (*di forno, stufa*) grate **3** (*inferriata*) grating **4** (*pitt.*) graticulation **5** (*supplizio medievale*) gridiron: *la — di San Lorenzo*, St. Lawrence's gridiron.

graticolare *v.tr.* (*pitt.*) to graticulate.

graticolato *s.m.* (*graticcio*) trellis; (*inferriata*) grating.

gratifica *s.f.* bonus, extra pay; allowance: — *natalizia*, Christmas bonus; *concedere una* —, to grant an allowance (*o* to give a bonus).

gratificante *agg.* rewarding, satisfying, gratifying: *un lavoro* —, a rewarding job; *è — vedere i progressi degli alunni*, it's gratifying to see the pupils' progress.

gratificare *v.tr.* **1** (*ricompensare, premiare*) to reward, to recompense: — *i propri dipendenti*, to reward one's staff **2** (*concedere una gratifica*) to give* a bonus (to s.o.), to grant an allowance (to s.o.): — *un impiegato*, to give a bonus to an employee **3** (*procurare soddisfazione*) to gratify, to reward; to give* (s.o.) a sense of gratification; to be gratifying (to s.o.): *questo lavoro mi gratifica*, I find this kind of job rewarding; *i primi progressi gratificano gli studenti*, the first signs of progress are gratifying to the students.

gratificazione *s.f.* **1** (*soddisfazione morale*) fulfilment, satisfaction: *trovare — nello studio*, to find fulfilment in study; *non avere gratificazioni dalla vita*, to lack fulfilment in one's life **2** (*non com.*) (*mancia*) tip, gratuity; (*gratifica*) bonus; (*premio*) bounty: *dare una* —, to allow a gratuity.

gratile *s.m.* (*mar.*) bolt-rope.

gratin, al *locuz.avv.* (*cuc.*) au gratin.

gratinare *v.tr.* to cook au gratin: *verdure gratinate*, vegetables au gratin.

gratis *agg.* free (of charge), gratis: *ingresso* —, admission free ◆ *avv.* free (of charge); without pay; gratis: *l'ho avuto* —, I got it free; *l'ha fatto* —, he did it for nothing; *lavorare* —, to work without pay; *assistere a uno spettacolo* —, to see a show free of charge.

gratitudine *s.f.* gratitude, gratefulness, thankfulness: *rivolgere a qlcu. espressioni di* —, to express one's gratitude to s.o.; *mi ha dimostrato la sua — con un bellissimo regalo*, he expressed his gratitude with a lovely present; *sento una sincera — per i miei maestri*, I feel sincerely grateful to my teachers; *non mi ha neanche ringraziato, bella —!*, he didn't even thank me, a fine way to show his gratitude!

grato *agg.* **1** grateful, thankful: *gli ero molto — della sua gentilezza*, I was very grateful to him for his kindness; *sii — a Dio anche dei piccoli doni*, be thankful to God even for small mercies; *con animo* —, with gratitude (*o* gratefully); *ti sarò eternamente* —, I'll be eternally grateful to you; *ti sarei — se ti facessi gli affari tuoi*, I'd be grateful if you'd mind your own business; *vi saremmo molto grati se voleste risponderci a giro di posta*, we would be very grateful if you replied by return of post **2** (*non com.*) (*gradito, bene accetto*) welcome: *una grata notizia*, a welcome piece of news **3** (*non com.*) (*piacevole*) pleasant, agreeable, nice: *un — sapore*, a pleasant (*o* nice) taste.

grattacapo *s.m.* problem, trouble, headache: *avere dei grattacapi*, to have problems; *crearsi dei grattacapi*, to create problems for oneself; *dare dei grattacapi a qlcu.*, to create problems for s.o. (*o* to give s.o. headaches); *quel lavoro che mi hai dato è un bel* —, that job you gave me is a real headache.

grattacielo *s.m.* skyscraper.

grattamento *s.m.* (*non com.*) scratching; (*raschiamento*) scraping.

grattare *v.tr.* **1** to scratch; (*raschiare*) to scrape; (*cancellare*) to scrape off: *dobbiamo — via tutta la ruggine*, we have to scrape off all the rust (*o* all the rust off); *grattarsi il capo*, to scratch one's head; *gli orsi si grattano la schiena contro gli alberi*, bears scratch their backs against the trees; *il cane gratta la porta ogni volta che vuole uscire*, the dog scratches at the door whenever he wants to go out // *grattarsi la pancia*, to idle; *io lavoro, non sto a grattarmi la pancia tutto il giorno*, I work hard, I don't twiddle my thumbs all day **2** (*grattugiare*) to grate: — *il pane*, to grate bread; — *il formaggio*, to grate cheese **3** (*scherz.*) (*suonare malamente*) to scrape **4** (*fam.*) (*rubare*) to pinch, to swipe: *mi hanno grattato l'autoradio*, they've pinched my car radio ◆ *v.intr.* (*far *rumore*) to grate: *com'è vecchio quel disco, senti come gratta*, that record is really old, listen to how scratchy it is // (*aut.*) *far — le marce*, to clash (*o* to grate) gears.

□ **grattarsi** *v.rifl.* to scratch oneself: *smettila di grattarti!*, stop scratching (yourself)! // *mentre il cane si gratta, la lepre va via*, (*prov.*) he who hesitates is lost.

grattata *s.f.* **1** (*il grattare*) scratching; (*raschiata*) scraping **2** (*rumore*) grating, scraping; (*aut.*) (*di marcia*) clash of the gears, grating of the gears: *fare, dare una* —, to clash (*o* grate) the gears.

grattato *agg.* grated: *pan* —, breadcrumbs; *formaggio* —, grated cheese.

grattatura *s.f.* scratching; (*raschiatura*) scraping; (*segno*) scratch.

grattino *s.m.* scraper.

grattugia *s.f.* grater.

grattugiare *v.tr.* to grate: *formaggio grattugiato*, grated cheese.

gratuità *s.f.* **1** gratuitousness (*anche fig.*): *la — di un servizio*, the gratuitousness of (*o* absence of charge for) a service; *la — di una supposizione*, (*fig.*) the gratuitousness of a supposition **2** (*biglietto di viaggio gratuito per accompagnatori*) free ticket.

gratuitamente *avv.* **1** free, free of charge, for nothing: *lo ricevemmo* —, we got it free; *viaggiare* —, to travel free **2** (*senza motivo*) gratuitously, without cause.

gratuito *agg.* **1** free, free of charge, gratuitous, gratis, uncharged for: *ingresso* —, free admittance (*o* admission free); *assistenza medica gratuita*, free medical care; *in Italia la scuola dell'obbligo è gratuita*, compulsory education is free in Italy; *non* —, charged for // (*dir.*) — *patrocinio*, legal aid (*o amer.* assistance by the public defender) **2** (*ingiustificato*) gratuitous, uncalled-for: *a titolo* —, without consideration; *azione gratuita*, gratuitous (*o* uncalled-for) action; *la tua affermazione è gratuita*, your statement is uncalled-for; *critiche del tutto gratuite*, wholly uncalled-for (*o* gratuitous) criticism **3** (*teol.*) free.

gratulatorio *agg.* (*letter.*) congratulatory.

gratulazione *s.f.* (*letter.*) congratulation.

gravabile *agg.* (*tassabile*) taxable, liable to taxation (*pred.*); (*soggetto a dazio*) dutiable; (*imponibile*) assessable: (*trib.*) *redditi gravabili di* IVA, VAT-taxable income; (*dir.*) *beni gravabili d'ipoteca*, mortgageable property.

gravame *s.m.* **1** burden, load, encumbrance: *libero da ogni* —, free from all encumbrances; *un eccessivo — di lavoro*, an excessive work load; *sostiene un eccessivo — di lavoro*, he is heavily overworked **2** (*trib.*) burden; (*tassa*) tax, charge; (*ipoteca*) encumbrance: — *fiscale*, tax burden; *gravami sulle attività*, charges on assets // (*dir.*): — *sui beni immobili*, land charges; *bene immobile libero da gravami*, unencumbered estate.

gravare *v.intr.* (*pesare*) to weigh (*anche fig.*); to lie* (heavy) (*anche fig.*): *il peso della struttura grava su tre colonne*, the structure load rests on three columns (*o* three columns carry the structural load); *quel delitto gravava sulla sua coscienza*, the crime lay heavy on his conscience; *la colpa grava su di te*, the blame lies at your door; *la nuova tassa gravava molto sui commercianti al minuto*, the new tax weighed heavily on retail dealers ◆ *v.tr.* to burden, to load, to saddle; to encumber (*anche dir.*): — *di imposte*, to burden with taxes (*o* to tax *o* to assess); — *d'ipoteca*, to encumber with mortgage (*o* to mortgage).

□ **gravarsi** *v.rifl.* to burden oneself (*anche fig.*); to saddle oneself with (sthg.) (*anche fig.*): — *di responsabilità*, to burden oneself with responsibilities.

gravato *agg.* burdened, subject to, liable to; encumbered (*anche dir.*): — *da imposta*, assessed (*o* subject to tax *o* taxed); *non — da imposta*, unassessed // (*dir.*): — *da ipoteca*, mortgaged; *beni immobili gravati di ipoteca*, encumbered real estate.

grave *agg.* **1** (*pesante*) heavy (*anche fis.*): *barcollava sotto il — carico*, he was staggering under the heavy load // (*fis.*) *i corpi gravi*, heavy bodies **2** (*appesantito*) heavy: *occhi gravi di sonno*, eyes heavy with sleep // *essere — d'anni*, to be well-on in years **3** (*fig.*) (*difficile da sopportare*) harsh, severe; grievous: *fu una — perdita*, it was a severe (*o* grievous) loss; — *dolore*, grievous sorrow; *merita una — punizione*, he deserves a severe (*o* harsh) punishment; *non gli furono risparmiati gravi rimproveri*, he wasn't spared harsh (*o* stern) rebukes **4** (*fig.*) (*che implica responsabilità o rischio, che ha serie conseguenze*) serious, heavy, weighty, onerous; momentous: *situazione* —, serious situation; — *decisione*, serious (*o* momentous) decision; — *responsabilità*, weighty responsibility; — *compito*, onerous task; — *reato*, serious crime (*o* felony); *danno* —, serious damage; — *malattia*, serious illness; *preoccupazioni gravi*, heavy cares; *fu un — errore*, it was a serious mistake; *sono sorte gravi complicazioni*, serious complications have arisen; *ciò che dice è molto* —, what he says is very serious; *furono lanciate gravi accuse contro di loro*, serious accusations were made against them; *occupatevi dei feriti gravi*, see to the seriously wounded; *essere* (*malato*) —, to be seriously ill **5** (*serio, austero, solenne*) serious, solemn, grave: *espressione* —, solemn (*o* grave) expression; *mi colpì il suo contegno* —, his solemn (*o* serious) behaviour impressed me; *in quella casa regna sempre un'atmosfera* —, a grim atmosphere always reigns in that house; *avere un aspetto* —, to look grave **6** (*fon.*) grave: *accento* —,' grave accent **7** (*mus.*) low, grave: *nota* —, low (*o* grave) note; *voce* —, low (*o* low-pitched *o* deep *o* full -toned) voice ◆ *s.m.* **1** (*fis.*) heavy body **2** (*cosa grave, seria, pericolosa*) serious thing: *il — è che siamo senza soldi*, the real problem is that we haven't got any money.

gravemente *avv.* **1** (*pesantemente*) heavily: *essere — tassato*, to be heavily taxed **2** (*con gravità di contegno*) gravely **3** (*seriamente*) seriously: — *ammalato, ferito*, seriously ill, wounded; — *offeso*, deeply offended; *essere — indebitato con qlcu.*, to be deeply indebted to s.o. **4** (*severamente*) sternly, severely.

graveolente *agg.* (*letter.*) evil-smelling, foul-smelling, fetid.

graveolenza *s.f.* (*letter.*) evil smell, foul smell.

gravezza *s.f.* (*letter.*) **1** heaviness, weight (*anche fig.*) **2** (*spossatezza*) weariness **3** (*disagio*) trouble **4** (*tristezza*) sadness, sorrow.

gravicembalo *s.m.* (*st. mus.*) harpsichord.

gravidanza *s.f.* pregnancy, gravidity: *essere nel sesto mese di* —, to be six months pregnant // — *isterica*, hysterical pregnancy.

gravidico *agg.* (*med.*) gravidic.

gravido *agg.* **1** (*di donna*) pregnant, gravid: *è gravida*, she is pregnant (*o fam.* she is in the family way); *donna gravida*, pregnant woman (*o* expectant mother) **2** (*di animale*) big with young, pregnant: *mucca gravida*, cow in calf; *cavalla gravida*, mare in foal; *la gatta è gravida di tre settimane*, the she-cat is three weeks pregnant **3** (*fig.*) laden (with sthg.), full: — *di conseguenze*, fraught with consequences; — *di minacce*, threatening; *nubi gravide di pioggia*, clouds full of (*o* heavy with) rain.

gravimetria *s.f.* (*fis.*) gravimetry.

gravimetrico *agg.* (*fis.*) gravimetric(al) // (*chim.*) *analisi per via gravimetrica*, gravimetric analysis; (*geofisica*) *anomalia gravimetrica*, gravimetric anomaly.

gravimetro *s.m.* (*metrol.*) gravimeter.

gravina[1] *s.f.* mattock, pickaxe.

gravina[2] *s.f.* (*region.*) gully, ravine.

gravità *s.f.* **1** gravity, seriousness; (*importanza*) importance, gravity, weight: *la — di una malattia*, the seriousness of an illness; *la — della situazione non può essere sottovalutata*, the gravity of the situation cannot be underestimated; *ti rendi conto della — delle tue accuse?*, do you realize the seriousness of your accusations?; — *del reato*, seriousness of the crime **2** (*severità*) severity, harshness; (*solennità*) gravity, solemnity: *la — del suo atteggiamento*, the gravity of his bearing **3** (*fis.*) gravity: *centro di* —, centre of gravity (*abbr.* c.g.); *forza di* —, force of gravity; *legge di* —, law of gravity // (*geofisica*) *anomalia di* —, gravity anomaly.

gravitare *v.intr.* **1** (*astr., fis.*) to gravitate: *i pianeti gravitano intorno al Sole*, the planets gravitate round the sun **2** (*fig.*) to gravitate; to be drawn: *i giovani della campagna sembrano — verso la città*, young people in the country districts seem to gravitate towards the cities; *movimenti che gravitano intorno allo stesso partito*, groups that act within the orbit of the same party; *la maggior parte del denaro gravita intorno ai grandi centri commerciali*, most of the money moves within the orbit of the great commercial centres **3** (*gravare, pesare*) to be supported (by sthg.), to rest (on sthg.): *la cupola gravita sui muri perimetrali*, the dome is supported by the external walls.

gravitazionale *agg.* (*fis.*) gravitational.

gravitazione *s.f.* (*fis.*) gravitation: *la legge della* —, the law of gravitation.

gravitone *s.m.* (*fis.*) graviton.

gravosità *s.f.* **1** heaviness **2** (*difficoltà, molestia*) irksomeness, tiresomeness.

gravoso *agg.* **1** heavy; hard; burdensome, onerous; oppressive: *lavoro* —, hard work; *spese gravose*, heavy expenses; *imposte gravose*, burdensome taxes **2** (*non com.*) (*difficile, molesto*) (*di persona*) irksome, tiresome; (*di cosa*) hard; irksome: *compito* —, irksome task.

grazia *s.f.* **1** grace, gracefulness; graciousness; charm: — *naturale, femminile*, natural, feminine grace (*o* charm); *la — di un volto*, the charm of a face; *non aver* —, to be graceless; *ci accolse con* —, she welcomed us graciously; *chiedere qlco. con* —, to ask for sthg. politely; *canta, recita con* —, she sings, acts charmingly; *si muove con una — naturale*, she moves with natural grace; *questi fiori danno un tocco di — alla casa*, these flowers add a graceful touch to the house // *con —, di buona —*, with a good grace; *di mala —*, with bad grace // *concedere le proprie grazie*, to grant (*o* to bestow) one's favours **2** (*benevolenza*) favour, grace: *essere nelle* (*buone*) *grazie di qlcu.*, to be in s.o.'s good books; *entrare nelle grazie di qlcu., trovare — presso qlcu.*, to find favour with s.o. (*o* to get into s.o.'s good graces); *godere la —, le grazie di qlcu.*, to enjoy s.o.'s favour (*o* to be in s.o.'s good books); *perdere le buone grazie di qlcu.*, to fall out of favour with s.o.; *sforzarsi d'ottenere le buone grazie di qlcu.*, to curry favour with s.o. **3** (*favore*) favour: *fatemi la — di dirmi...*, would you be so kind as to tell me... (*o* would you kindly tell me...); *chiedere una — a qlcu.*, to ask s.o. a favour; *accordare una —*, to grant a favour; *mi ha fatto la — di accettare*, he has done me the favour of accepting; *mi vuoi fare la — di stare zitto?*, (*iron.*) can you do me the favour of keeping quiet? // *far — di qlco. a qlcu.*, to spare s.o. sthg.; *ti faccio — dei particolari*, I won't trouble you with the details // *colpo di —*, coup de grâce (*o* final blow); *il soldato diede il colpo di — al prigioniero sparandogli alla testa*, the soldier finished off the prisoner (*o* the soldier gave the prisoner the coup de grâce) with a bullet in the head; *quella notizia gli diede il colpo di —*, (*fig.*) the news finished him off (*o* was the final blow for him) // *con vostra* (*buona*) *—*, by your leave // *di —*, please (*o* kindly *o* pray) // *in — di*, (*per opera di*) owing to; (*con l'aiuto di*) with the help of; (*in considerazione di*) on account of: *fu perdonato in — della sua giovane età*, he was pardoned on account of his youth // *alla —!*, thank heavens! **4** (*concessione miracolosa*) grace: *se Dio mi concede la — di vivere ancora per qualche anno*, if God grants me a few more years of life; *chiedere una — a Dio, alla Madonna*, to pray to God, to the Madonna // *per — ricevuta*, for favours received // *per — di Dio*, (*fam.*) thank God // *quanta — di Dio!*, (*fam.*) what a lot of good things!; *ogni — di Dio*, every blessing of God; *è un peccato sprecare tutta questa — di Dio*, it's a shame to waste all this (good stuff) // *troppa —!, troppa — sant'Antonio!*, it never rains but it pours! // *avuta la —, gabbato lo santo*, (*prov.*) once on shore we pray no more **5** (*teol.*) grace: *— santificante, sufficiente*, sanctifying, sufficient grace; *la — di Dio*, the grace of God; *essere in — di Dio*, to be in God's grace; *morire in — di Dio*, to go to sleep in the Lord // *essere fuori dalla — di Dio*, (*fig.*) to be hopping mad // *essere in stato di —*, (*fig.*) to be in a state of grace // *anno di —*, year of grace (*o* of our Lord) **6** (*clemenza, perdono*) mercy; (*dir.*) (free) pardon, mercy: *domanda di —*, petition for mercy; *accordare, concedere la —*, to grant (a) pardon; *domandare —*, to cry mercy; *domandare — per qlcu.*, to beg for mercy for s.o. (*o* to intercede for s.o.) **7** *Sua, Vostra Grazia*, (*titolo di duca, duchessa, arcivescovo d'Inghilterra*) His (*o* Her), Your Grace **8** (*spec. pl.*) (*ringraziamento*) thanks: *render grazie a Dio*, to give thanks to God **9** (*tip.*) serif.

graziare *v.tr.* **1** (*dir.*) to pardon, to reprieve **2** (*fig.*) (*concedere*) to bestow, to grant: *lo graziò di un sorriso*, she bestowed a smile on him.

graziato *agg.* pardoned, reprieved.

grazie *inter.* thank you!, thanks!: *— tante!, mille —!*, many thanks! (*o* thank you very much!); *— di tutto*, thanks for everything; *— per la torta*, thank you for the cake; *"Vuole un caffè?" "Sì —", "No —"*, "Do you want a coffee?" "Yes, please", "No, thanks" // *— a*, thanks to: *— ai suoi sforzi*, thanks to his efforts; *sono riuscito a partire — a te*, I was able to leave, thanks to you // *— al cielo è andato tutto bene*, it went well, thank heaven // *— a Dio*, thank heaven (*o* God) // *dire —*, to say thank you (*o* to thank) // *"Sa bene l'inglese!" "Grazie, ha la madre americana!"*, (*iron.*) "His English is very good!" "So he should! (*o* no wonder!) His mother is American"; *"Bravo! Hai passato l'esame!" "Grazie tante, ho studiato per tre mesi!"*, "Well done! you passed the exam!" "Obviously! I studied for three months" ◆ *s.m.* (word of) thanks, thankyou, heartfelt thanks: *un — di cuore a voi tutti*, heartfelt thankyou to everyone; *non pensare di cavartela con un semplice —*, don't think you are going to get by with a simple thankyou.

graziola *s.f.* (*bot.*) (*Gratiola officinalis*) hedge-hyssop.

graziosità *s.f.* **1** gracefulness **2** (*gentilezza*) graciousness, kindness.

grazioso *agg.* **1** (*carino*) pretty; (*aggraziato*), charming, sweet; (*fatto con grazia*) graceful: *un viso —*, a sweet face; *un oggettino —*, a pretty little object (*o* thing) **2** (*piacevole*) pleasant, delightful: *un aneddoto —*, a delightful story **3** (*letter.*) (*benevolo*) gracious, kind // *la nostra graziosa Regina*, our gracious Queen.

greca *s.f.* **1** (*motivo ornamentale*) Greek fret **2** (*ant.*) (*tunica*) short tunic **3** (*distintivo di grado di generale*) zig-zag braid.

grecale *agg.* north-east (*attr.*) ◆ *s.m.* (*vento*) greco, gregale, north-east wind.

grecheggiare *v.intr.* to hellenize, to imitate Greek ways, to use Greek words, to use Greek expressions, to use grecisms.

grechetto *s.m.* → **malvasia**.

grecismo *s.m.* (*ling.*) Hellenism, Gr(a)ecism.

grecista *s.m.* e *f.* Hellenist.

grecità *s.f.* Hellenism, Gr(a)ecism: *scrittori della tarda —*, writers from the late Hellenistic period.

grecizzare *v.tr.* e *intr.* to hellenize, to gr(a)ecize: *molti popoli del Mediterraneo furono grecizzati*, many Mediterranean races were hellenized.

grecizzazione *s.f.* hellenization.

greco *agg.* Greek; (*rar.*) Grecian: *letteratura, arte greca*, Greek literature, art; *croce greca*, Greek cross; *naso, profilo —*, Greek (*o* Grecian) nose, profile // *i Greci*, the Greeks // *fuoco —*, Greek fire // (*lett.*) *'Ode su un'urna greca'*, 'Ode on a Grecian Urn' ◆ *s.m.* **1** (*abitante*) Greek **2** (*lingua*) (the) Greek (language): *studiare il —*, to study Greek **3** (*vento*) greco, gregale **4** (*tipo di vitigno*) variety of grape.

greco-ortodosso *agg.* e *s.m.* Greek Orthodox.

greco-romano *agg.* Graeco-Roman // (*sport*) *lotta greco-romana*, Graeco-Roman wrestling.

greenockite *s.f.* (*min.*) greenockite.

gregale *agg.* (*non com.*) herd (*attr.*), gregarious: *istinto —*, herd instinct.

gregario *agg.* **1** (*bot., zool.*) gregarious, social: *animale —*, gregarious animal; *pianta gregaria*, gregarious plant **2** (*privo di autonomia, di iniziativa*) lacking initiative: *si accontenta di essere — in ogni iniziativa*, he is happy not taking the lead in any undertaking ◆ *s.m.* **1** (*seguace*) follower **2** (*ciclismo*) support rider **3** (*ant.*) (*mil.*) (*soldato semplice*) private.

gregarismo *s.m.* **1** (*biol.*) gregariousness **2** (*il comportarsi da gregario*) herd instinct; gregariousness.

gregge *s.m.* **1** herd, flock: *condurre, spingere il proprio — al pascolo*, to drive one's flock to pasture; *curare il —*, to tend the flock **2** (*fig.*) (*gran numero di persone*) crowd, host // *il — dei Cristiani*, the flock of the faithful **3** (*fig. spreg.*) herd, flock, bunch: *un — di adulatori*, a crowd (*o* herd) of flatterers // *uscire dal —*, to emerge from the herd.

greggia → **gregge**.

greggio *agg.* **1** raw, crude; (*di metallo*) unrefined, coarse, blank; (*di pellame*) undressed; (*di tessuto*) unbleached; (*di zucchero*) brown; (*di gemme*) rough, uncut: *petrolio —*, crude (oil); *materia greggia*, raw material; *ghisa greggia*, pig iron **2** (*estens.*) (*di colore bianco sporco*) whitish **3** (*fig.*) (*non com.*) crude, unrefined ◆ *s.m.* raw product, crude product; (*petrolio*) crude (oil).

gregoriano *agg.* Gregorian: *calendario —*, Gregorian calendar; *canto —*, Gregorian chant.

gre gre *inter.* (*che imita il verso della rana*) croak croak.

grembiale e *deriv.* → **grembiule** e *deriv.*

grembiulata *s.f.* apronful.

grembiule *s.m.* **1** apron **2** (*camice*) smock, overall **3** (*mar.*) bonnet **4** (*mecc.*) apron **5** (*aer.*) skirt **6** (*estens.*) → **grembiulata**.

grembiulino *s.m.* **1** small apron **2** (*da bambino*) pinafore; smock.

grembo *s.m.* **1** lap: *teneva il bambino in —*, she held her child in her lap (*o* on her knees) // *portare un figlio in —*, (*estens.*) to be pregnant (*o* to carry a child) **2** (*ventre materno*) womb **3** (*fig.*) bosom // *in —*, within: *in — alla famiglia*, in the bosom of one's family; *nel — della terra*, in the bowels of the earth; *gettarsi in — a qlcu.*, to trust blindly in s.o. // *morire nel — della chiesa*, to die in the bosom of the Church.

gremire *v.tr.* to fill up; to crowd into: *la folla gremiva le strade*, the crowd filled the streets. □ **gremirsi** *v.intr.pron.* to fill up, to get* crowded: *la sala si è gremita di gente*, the room filled up with people.

gremito *agg.* full; filled (with sthg., people); crowded (with sthg., people); packed (with sthg., people): *un cinema — di gente*, a cinema crammed (*o* packed) with people.

greppia *s.f.* **1** rack, crib; (*mangiatoia*) manger: *fornire di —*, to crib **2** (*fig.*) (*impiego sicuro e facile*) comfortable job, number; sinecure: *trovare una buona —*, to find a good little number.

greppo *s.m.* (*letter.*) **1** (*dirupo*) crag, steep slope **2** (*ciglio di fosso*) edge, embankment, bank.

gres *s.m.* gres, stoneware.

greto *s.m.* (*di fiume*) exposed gravelly river bed.

gretola *s.f.* **1** (*sbarra di gabbia*) bar **2** *pl.* (*mar.*) ratlin(e)s.

grettamente *avv.* **1** (*meschinamente*) meanly, pettily, shabbily **2** (*con spilorceria*) meanly, stingily.

gretteria, grettezza *s.f.* **1** (*meschinità*) meanness, shabbiness; (*ristrettezza mentale*) pettiness, narrow-mindedness **2** (*spilorceria*) meanness, miserliness, stinginess.

gretto *agg.* **1** (*meschino*) mean, shabby; (*di mente ristretta*) petty, narrow-minded, narrow: *è molto — da parte sua*, it is very shabby of him; *idee grette*, limited ideas; *hai una mentalità molto gretta*, you are too narrow-minded **2** (*spilorcio*) miserly, stingy.

greve *agg.* **1** heavy, oppressive: *aria —*, oppressive air // *linguaggio —*, coarse language **2** (*letter.*) (*doloroso*) grievious.

grezzo *agg.* **1** (*greggio*) rough, raw; (*di minerale*) crude; (*non lavorato*) unprocessed: *diamante —*, rough (*o* uncut) diamond; *oro —*, unrefined gold; *lana grezza*, raw wool **2** (*fig.*) coarse, rough: *una mente grezza*, a coarse mind.

grida *s.f.* (*st.*) (*bando*) ban, edict; proclamation.

gridacchiare *v.intr.* to grumble, to grouse.

gridare *v.intr.* to shout, to cry (out); (*urlare*) to yell; (*strillare*) to scream; (*vociare*) to bawl: *"Aiuto!", gridai*, "Help!", I cried; *"Alle pompe!", gridò il capitano*, "To the pumps!", the captain shouted; *— con quanto fiato si ha in gola*, to shout (*o* to yell) at the top of one's voice; *— di dolore*, to cry out (*o* to yell *o* to scream *o* to shriek) with pain; *— per niente*, to cry about nothing; *ti sento, non hai bisogno di — così!*, I can hear you, you don't have to shout like that; *ascoltami senza farmi —*, listen to me without making me raise my voice // *— allo scandalo*, (*fig.*) to make an outcry ♦ *v.tr.* **1** to shout, to cry (out); (*urlare*) to yell; (*strillare*) to scream; (*vociare*) to bawl: *— aiuto*, to shout (*o* to call) for help; *— delle ingiurie a qlcu.*, to shout (*o* to yell out) abuse at s.o.; *— un nome*, to shout a name; *— un ordine*, to shout (*o* to bawl out *o* to sing out) an order // *— vendetta*, to call out for vengeance; *— vittoria*, to exult **2** (*render noto*) to make* known, to broadcast*: *— qlco. ai quattro venti*, to shout sthg. from the rooftops **3** (*fam.*) (*sgridare*) to scold, to tell* (s.o.) off.

gridario *s.m.* (*st.*) collection of edicts.

gridata *s.f.* **1** (*non com.*) shouting; yelling; screaming; bawling **2** (*fam.*) (*sgridata*) telling off.

gridatore *s.m.* **1** (*non com.*) shouter, crier **2** (*ant.*) (*banditore*) (town) crier.

gridellino *agg.* e *s.m.* (*color lilla*) mauve.

gridio *s.m.* shouting; yelling; screaming; bawling.

grido *s.m.* **1** (*di animale*) cry, call; (*di persona*) cry, shout, yell; (*strillo*) scream: *le grida dei ragazzi*, the shouts (*o* shouting) of the boys; *un — di aiuto*, a cry for help; *un — di angoscia*, a scream (*o* shriek) of anguish; *— di guerra*, war cry; *— di rabbia*, angry cry; *grida (di gioia, entusiasmo) e applausi*, cheers and applause; *ci furono grida e fischi*, there were shouts and hisses; *emettere, gettare un — acuto*, to give a scream (*o* to scream *o* to shriek out); *cacciare un — di terrore*, to shriek with terror; *il — della civetta*, hoot; *il — della iena*, the hyena's laugh // *a grida di popolo*, by public acclamation // *di —*, famous (*o* renowned): *un pittore di —*, a famous (*o* celebrated) painter // *l'ultimo — (della moda)*, the latest fashion (*o* style) // (*Borsa*) *contrattazioni alle grida*, floor-dealings; *recinto delle grida*, floor (*o* pit) **2** (*implorazione*) cry, lament: *il — degli oppressi*, the cry of the oppressed.

grifagno *agg.* **1** (*rapace*) rapacious, predatory: *uccello —*, predatory bird (*o* bird of prey) **2** (*fig.*) (*minaccioso*) fierce: *occhi grifagni*, fierce eyes.

griffa *s.f.* **1** (*mecc.*) jaw, claw; (*innesto a denti*) jaw clutch, dog clutch, claw clutch **2** (*cinem.*) claw.

griffare *v.tr.* to put* one's label on: *gli stilisti griffano i loro abiti*, designers put their own labels on their clothes.

griffato *agg.* designer (*attr.*): *indossa solo capi griffati*, she only wears designer clothes.

griffe *s.f.* (*fr.*) (*marchio di fabbrica di uno stilista di moda*) griffe.

griffone *s.m.* (*cane*) griffon.

grifo[1] *s.m.* **1** (*ant., letter.*) (*grugno di maiale*) snout **2** (*spreg., letter.*) (*faccia*) snout, face; (*fam.*) ugly mug.

grifo[2] *s.m.* (*letter.*) (*grifone*) griffin, gryphon, griffon.

grifone *s.m.* **1** (*mit.*) griffin, gryphon, griffon **2** (*zool.*) (*Gyps fulvus*) griffon **3** (*cane*) griffon.

grifosi → **griposi**.

grigiastro *agg.* greyish, dirty grey; (*spec. amer.*) grayish.

grigio *agg.* **1** grey; (*spec. amer.*) gray: *dagli occhi grigi*, grey-eyed; *dai capelli grigi*, grey-haired (*o* grey-headed *o* grizzled); *tempo —*, grey (*o* cloudy *o* dull) weather; *— ferro*, iron-grey; *— perla*, pearl-grey; (*fis.*) *corpo —*, grey body; (*anat.*) *materia grigia*, grey matter **2** (*triste*) sad, gloomy: *pensieri grigi*, dark (*o* sad) thoughts; *oggi sono d'umore —*, today I'm in a bad mood // *letteratura grigia*, grey literature **3** (*scialbo*) dull, dreary, grey, drab: *conduce una vita grigia*, he leads a dull life ♦ *s.m.* grey; (*spec. amer.*) gray: *dipinto in —*, painted grey.

grigiore *s.m.* **1** greyness; (*spec. amer.*) grayness: *il — del cielo*, the greyness of the sky **2** (*monotonia*) dullness, dreariness, greyness, drabness: *il — di una vita*, the dullness of a life **3** (*squallore*) colourlessness, insipidness, dreariness: *nessuno si è distinto nel — generale*, nobody stood out in the general dreariness.

grigioverde *agg.* grey-green ♦ *s.m.* (*mil.*) grey-green uniform (of the Italian army): *indossare il —*, (*diventare soldato*) to join the army, (*essere soldato*) to be a soldier.

griglia *s.f.* **1** (*graticola*) grill, gridiron: *cuocere alla —*, to grill; *carne alla —*, grilled meat **2** (*di forno, stufa*) grate: *— meccanica*, stoker **3** (*region.*) (*di finestra*) shutter **4** (*grata*) grill(e): *— di ventilazione*, ventilating grille (*o* air grating); (*aut.*) *— del radiatore*, (radiator) grille **5** (*elettr., inform., rad.*) grid: *— catodica, di arresto*, cathodic, suppressor grid; *— di schermo*, screen grid; *— pilota*, control grid; *circuito, corrente di —*, grid circuit, grid current; *polarizzazione di —*, grid bias; *resistenza di —*, grid leak **6** (*miner.*) grizzly **7** (*fin.*) grid: *— delle parità*, parity grid; *— di parità dei cambi*, exchange rate parity grid // (*lett.*) *— interpretativa*, scheme of interpretation **8** (*sport*) *— di partenza*, starting grid.

grigliare *v.tr.* (*cuc.*) to grill, to broil, to barbecue.

grigliata *s.f.* (*cuc.*) (mixed) grill.

grigliato *s.m.* (*mar.*) fiddley opening.

grignolino *s.m.* type of red wine from Asti.

grill *s.m.* **1** (*griglia*) grill **2** (*autogrill*) motorway restaurant.

grillastro *s.m.* (*zool.*) (*Caloptenus italicus*) Italian locust.

grillettare *v.intr.* (*sfrigolare*) to sizzle ♦ *v.tr.* (*friggere*) to deep fry.

grilletto *s.m.* trigger: *premere il —*, to press (*o* to pull) the trigger; *avere il — facile*, to be trigger-happy.

grillo *s.m.* **1** (*zool.*) cricket: *— domestico*, house cricket; *il canto del —*, the chirp(ing) of the cricket // *andare a sentir cantare i grilli*, (*fam.*) to push up daisies // *indovinala —!*, (*fam.*) heaven knows (*o* who knows? *o* who can tell?) // *mangiare come un —*, to eat like a sparrow // *il — parlante*, Jimmy cricket; *fare il — parlante*, to be a know-all **2** (*fig.*) (*capriccio, ghiribizzo*) fancy, whim, caprice: *parla solo quando le salta il —*, she talks only when she has a fancy for it (*o* when she feels like it); *avere il capo pieno di grilli*, to be full of whims; *spero non ti passino altri grilli per la testa*, I hope you don't get any more strange ideas into your head **3** (*region.*) (*pallino*) (*al gioco delle bocce*) jack; (*al gioco del biliardo*) red ball.

grillotalpa *s.m.* (*zool.*) (*Gryllotalpa gryllotalpa*) mole-cricket, fen-cricket.

grimaldello *s.m.* pick, picklock; (*passepartout*) skeleton key: *a prova di —*, pickproof; *— del fabbro*, smith picklock.

grimpeur *s.m.* (*fr.*) (*ciclismo*) climber.

grinfia *s.f.* claw, clutch, talon (*anche fig.*): *l'ho tolto dalle vostre grinfie*, I got him out of your clutches; *cadere nelle grinfie di qlcu.*, to fall into s.o.'s clutches.

grinta *s.f.* **1** (*di faccia*) scowl **2** (*decisione*) grit, fighting spirit, determination: *agire con —*, to act with determination; *avere —*, to have grit.

grintoso *agg.* gritty, spirited, full of fight (*pred.*): *pugile —*, spirited boxer.

grinza *s.f.* **1** (*di stoffa*) crease: *il tuo vestito non fa una —*, your dress fits you like a glove (*o* fits perfectly) // *non fa una —*, (*fig.*) it is quite correct: *il tuo ragionamento non fa una —*, your argument is flawless **2** (*ruga*) wrinkle // *far le grinze*, (*invecchiare*) to age **3** (*mecc.*) wrinkle: *a grinze*, (*di superficie lavorata*) wrinkle-finish; *piegatura a grinze*, (*di tubazione*) wrinkle bending.

grinzo *agg.* (*non com.*) wrinkled.

grinzosità *s.f.* wrinkledness.

grinzoso *agg.* **1** (*di stoffa*) creased, crumpled **2** (*rugoso*) wrinkled, wrinkly.

grinzume *s.m.* (*non com. spreg.*) (*insieme di grinze*) wrinkles (*pl.*).

grinzuto *agg.* (*letter.*) wrinkled.

griposi *s.f.* (*med.*) gryposis.

grippaggio *s.m.* (*mecc.*) seizure, seizing: *— del pistone*, piston seizure.

grippare *v.intr.* **gripparsi** *v.intr.pron.* (*mecc.*) to seize, to bind*: *il motore ha grippato*, the motor has seized up.

grippia *s.f.* (*mar.*) buoy rope.

grippiale *s.m.* (*mar.*) buoy rope.

grisaglia *s.f.* (*tipo di stoffa*) grisaille.

grisaille *s.f.* (*fr.*) (*pitt.*) grisaille.

grisantemo → **crisantemo**.

grisella *s.f.* (*spec. pl.*) (*mar.*) ratlin(e)s (*pl.*), ratlings (*pl.*): *mettere le —*, to ratline.

grisou *s.m.* (*miner.*) firedamp: *— combusto*, afterdamp.

grissineria *s.f.* **grissinificio** *s.m.* breadstick bakery.

grissino *s.m.* breadstick.

grisù → **grisou**.

grisumetro *s.m.* (*miner.*) firedamp detector.

grisutoso *agg.* (*chim.*) gassy.

grizzly *s.m.* (*zool.*) (*Ursus horribilis*) grizzly.

groenlandese *agg.* Greenland ◆ *s.m.* e *f.* Greenlander ◆ *s.m.* (*lingua*) (the) Greenlandic (language).

grogrè → **gros-grain**.

gromma *s.f.* **1** (*incrostazione*) encrustation **2** (*delle botti*) argol **3** (*della pipa*) carbon; (*amer.*) cake.

grommare *v.intr.* **grommarsi** *v.intr.pron.* to become* encrusted (with argol, with carbon).

grommo → **grumo**.

grommoso *agg.* encrusted.

gronda *s.f.* eaves (*pl.*): *canale della* —, roof gutter // *cappello a* —, hat with a sloping brim.

grondaia *s.f.* (*canale*) roof gutter; (*tubo di discesa*) gutter-pipe, water-spout.

grondante *agg.* streaming; (*gocciolante*) dripping: — *d'acqua*, dripping wet (*o* soaked); — *di sangue*, streaming with blood (*o* bleeding); *aveva la fronte — di sudore*, his forehead was dripping with sweat; *con occhi grondanti di lacrime*, with eyes swimming with tears; *è arrivato a casa con i vestiti grondanti*, he got home with his clothes dripping wet.

grondare *v.intr.* to stream, to run*; (*gocciolare*) to drip, to trickle: *grondava tutto*, he was dripping wet; — *di sudore*, to drip (with) sweat (*o* to perspire heavily); *grondava acqua dal tetto*, water was streaming off the roof ◆ *v.tr.* to pour: — *sangue*, to bleed.

grondatura *s.f.* (*non com.*) **1** (*il grondare*) streaming, dripping **2** (*il liquido*) stream.

grondone *s.m.* (*canale*) roof gutter; (*tubo di discesa*) gutter-pipe, water-spout.

grongo *s.m.* (*zool.*) (*Conger conger*) conger(-eel).

groppa *s.f.* **1** (*di cavallo*) back, croup(e), rump: *in* —, *sulla* —, on the back **2** (*di persona*) back // *avere ottant'anni sulla* —, (*fig.*) to be eighty years old // *prendere qlcu. sulla* —, to carry s.o. piggyback // *piegare la* —, (*fig.*) (*lavorare*) to work hard (*o* to slave away), (*sottomettersi*) to comply (*o* to submit) // *metà della merce mi è rimasta sulla* —, (*fig.*) I have still got over half my stock on my hands **3** (*non com.*) (*di monte*) rounded mountaintop.

groppata *s.f.* buck(-jump).

groppiera *s.f.* (*finimento*) crupper.

groppo *s.m.* **1** tangle, knot (*anche di albero*): *avere un — alla gola*, (*fig.*) to have a lump in one's throat; *far* —, (*ingarbugliarsi*) to get knotted up **2** (*fig. letter.*) (*difficoltà*) tangle, difficulty **3** (*raffica di vento*) squall.

gropponata *s.f.* (*non com.*) buck(-jump).

groppone *s.m.* (*scherz.*) back: *ho sessant'anni sul* —, I am sixty years old; *piegare il* —, (*fig.*) (*lavorare di forza*) to work hard (*o* to slave away), (*sottomettersi*) to comply, to submit.

gros-grain *s.m.* (*fr.*) **1** (*tessuto*) grogram, grosgrain **2** (*nastro*) buyer's tape.

grossa[1] *s.f.* (*dodici dozzine*) gross [U]: *sei grosse di penne*, six gross of pens.

grossa[2] *s.f* (*la terza dormita dei bachi da seta*) third period of dormancy of the silkworm // *dormire della* —, (*fig.*) to sleep soundly.

grossetano *agg.* of Grosseto; from Grosseto ◆ *s.m.* inhabitant; native of Grosseto.

grossezza *s.f.* **1** (*l'essere grosso*) largeness **2** (*dimensione*) size; (*volume*) bulk **3** (*spessore, densità*) thickness **4** (*di fiume*) swelling **5** (*fig. non com.*) (*di intelletto*) dullness, stupidity **6** (*rozzezza*) coarseness, roughness, vulgarity.

grossista *s.m.* e *f.* (*comm.*) wholesaler, wholesale dealer, wholesale trader, stockist: — *che rifornisce il punto di vendita*, rack jobber; — *a self-service*, cash and carry wholesaler.

grosso[1] *agg.* **1** (*di notevole dimensione*) big, large, great: *una grossa mela*, a big apple; *una scatola grossa così*, a box as big as that; *ha una grossa automobile*, he owns a big car; *un uomo grande e* —, a big tall man; *un — quartiere residenziale*, a large (*o* big) residential district; *grossi complessi industriali*, big industrial complexes; *una grossa famiglia*, a large (*o* big) family; *un — esercito*, a large army // *mare* —, rough sea // *fiume* —, swollen river **2** (*considerevole, cospicuo*) big, large: *grossi guadagni*, big profits; *una grossa fortuna*, a large fortune; *ha subito una grossa perdita*, he suffered a big (*o* great) loss; *è un — sforzo da parte mia*, it calls for a big effort on my part **3** (*grave*) big, serious: *un — errore*, a serious mistake; *accidenti, è un — guaio!*, hell! it's a big problem!; *ha corso un — rischio*, he ran a big risk **4** (*importante*) important, big: *un — scrittore contemporaneo*, an important contemporary writer; *uno dei più grossi successi del momento*, one of the biggest hits of the moment // *pezzo* —, (*fam.*) big shot **5** (*spesso*) thick: *labbra grosse*, thick lips; *panno* —, thick cloth // *vino* —, heavy (*o* full-bodied) wine // *sale* —, coarse salt **6** (*gravida, di donna*) pregnant; (*di femmina di animale*) big with young, pregnant ◆ *s.m.* (*maggior parte, massa*) main body, chief part; gross, bulk, mass: *il — del lavoro*, the greater part of the work: *il — delle spese*, most of the expenses; *il — dell'esercito*, the main body of the army; (*mar.*) *il — del carico*, the bulk of the cargo ◆ *avv.* thickly: *questa penna scrive* —, this pen writes thickly // *sparare* —, (*fig.*) to ask a very high price.

◆ FRASEOLOGIA: *di udito* —, hard of hearing; *è di cervello* —, he's a bit slow // *avere il cuore* —, to have a heavy heart // *avere il fiato* —, to be breathless (*o* out of breath) // *bere* —, to swallow anything // *fare la voce grossa*, to raise one's voice (*o* to threaten) // *parole grosse*, hard words // *l'hai fatta grossa!*, now you have done it! // *cerca di non farne di grosse come al solito!*, try not to get into a mess as you usually do! // *questa è grossa!*, that is too much! // *raccontarle grosse*, to tell tall stories // *me ne ha detta una grossa*, he told me a far-fetched story (*o* he spun me a yarn) // *lavorare di* —, to work roughly // *sbagliarsi di* —, to be quite mistaken.

grosso[2] *s.m.* (*antica moneta*) gross.

grossolanamente *avv.* coarsely, rudely; grossly; roughly; clumsily: — *insultato*, grossly insulted; *tavola fatta* —, roughly-made table; *parlare* —, to speak coarsely (*o* rudely); *sbagliarsi* —, to be grossly mistaken; *tradurre* —, to translate roughly.

grossolanità *s.f.* **1** (*di cose*) coarseness, roughness: — *di una superficie*, roughness of a surface; — *di un tessuto*, coarseness of a fabric **2** (*villania, volgarità*) coarseness, vulgarity: *la — di una frase*, the coarseness of a phrase **3** (*di un errore*) grossness.

grossolano *agg.* **1** (*rozzo, grezzo*) coarse, gross, rough: *lavoro* —, rough (*o* coarse) work; *stoffa grossolana*, coarse material; *gusti grossolani*, coarse taste(s) **2** (*villano*) rude, rough, boorish: *un individuo* —, rude (*o* rough *o* boorish) individual; *maniere grossolane*, coarse (*o* rough) manners **3** (*volgare*) gross, coarse, vulgar: *lineamenti grossolani*, coarse features; *linguaggio* —, coarse language; *piaceri grossolani*, coarse pleasures; *scherzo* —, coarse joke **4** (*approssimativo*) rough: *calcolo* —, rough calculation; *schizzo* —, rough sketch; *stima grossolana*, rough estimate; *traduzione grossolana*, rough translation **5** (*madornale*) gross: *un errore* —, a gross mistake (*o* glaring blunder).

grossomodo *avv.* roughly, approximately, about: — *è alto come me*, he's roughly as tall as I am; — *ci vorranno due ore*, it will take a couple of (*o* roughly two) hours.

grossularia *s.f.* (*min.*) grossularite.

grotta *s.f.* **1** (*caverna, antro*) cave, cavern **2** (*specialmente artificiale*) grotto*.

grottaione → **gruccione**.

grottesca *s.f.* (*pitt.*) grotesquerie.

grottesco *agg.* e *s.m.* grotesque (*anche teatr.*): *personaggio* —, grotesque character; *situazione grottesca*, grotesque situation // *cadere nel* —, to become grotesque.

grotto *s.m.* **1** (*ant.*) (*balza, dirupo*) crag, cliff **2** (*region.*) (*cantina*) cellar.

grovacca *s.f.* (*geol.*) greywacke.

groviera *s.m.* o *f.* gruyère, emmenthal.

groviglio *s.m.* tangle; (*nodo*) knot, kink: *un — di rami*, a tangle of branches // — *del traffico*, a traffic jam // *un — di idee confuse*, a tangle of confused ideas.

gru *s.f.* **1** (*zool.*) crane **2** (*mecc.*) crane: — *a braccio*, jib-crane; — *a ponte manovrata dal basso*, travelling bridge-crane with floor control; — *da porto*, quay-crane; — *fissa manovrata a mano*, stationary hand-crane; (*mar.*) — *galleggiante*, floating crane; — *girevole*, slewing (*o* rotating) crane; — *mobile*, travelling crane; — *su cingoli*, crawler tractor-crane; *campo d'azione della* —, area served by the crane; (*aut.*) *carro* —, wrecker (*o* tractor-crane) **3** (*mar.*) davit.

gruccia *s.f.* **1** crutch: *un paio di grucce*, a pair of crutches; *camminare con le grucce*, to walk on crutches **2** (*per appendervi abiti*) coat hanger **3** (*posatoio per uccelli*) perch; (*per la civetta nella caccia*) stool.

gruccione *s.m.* (*zool.*) (*Merops apiaster*) bee-eater.

grue → **gru**.

grufolare *v.intr.* **1** to root, to nose, to grub **2** (*fig. non com.*) (*frugare*) to rummage **3** (*fig. spreg.*) (*mangiare rumorosamente*) to chomp away.

□ **grufolarsi** *v.rifl.* (*rotolarsi nel fango*) to wallow in the dirt.

grugare *v.intr.* (*non com.*) (*tubare*) to coo.

grugnire *v.intr.* **1** to grunt **2** (*fig.*) (*brontolare, borbottare*) to grumble ◆ *v.tr.* (*dire in modo confuso*) to mumble.

grugnito *s.m.* **1** grunt **2** (*fig.*) (*brontolio, borbottio*) grumbling.

grugno *s.m.* **1** snout; muzzle **2** (*spreg.*) (*faccia*) snout, face: *rompere il — a qlcu.*, to smash s.o.'s face in **3** (*fam.*) (*broncio*) scowl: *fare il —*, to scowl; *tenere il — a qlcu.*, to scowl at s.o.

grugnone *s.m.* (*persona spesso imbronciata*) sulker.

gruista *s.m.* e *f.* crane operator.

grullaggine, **grulleria** *s.f.* **1** foolishness, silliness, stupidity **2** (*azione da grullo*) foolish action.

grullo *agg.* **1** foolish, silly, stupid **2** (*region.*) (*istupidito*) dazed, stunned ◆ *s.m.* fool, simpleton.

gruma *s.f.* (*incrostazione della pipa*) encrustation.

grumereccio *s.m.* September hay; late hay.

grumo *s.m.* **1** clot; (*di sangue*) blood clot, grume: *formare dei grumi*, to clot **2** (*di cibi*) lump: *formare dei grumi*, to form lumps (*o* to become lumpy); *la polenta era piena di grumi*, the polenta was lumpy.

grumolo *s.m.* (*d'insalata, verza ecc.*) heart.

grumoso[1] *agg.* (*non com.*) (*di sangue, latte, liquidi*) clotted; (*di cibi*) lumpy.

grumoso[2] *agg.* (*incrostato*) encrusted.

grup, **gruppe** → **crup**.

gruppettaro *s.m.* (*gergo*) member of a political faction.

gruppetto *s.m.* **1** small group: *un — di persone*, a small knot of people; *a gruppetti*, in small groups **2** (*mus.*) roulade, run.

gruppista *s.m.* e *f.* (*gergo*) contact-man (*o* -woman) between home-workers and their employer.

gruppo *s.m.* **1** group; (*solo di persone*) party; (*raggruppamento*) group, cluster: *un — di case*, a cluster (*o* group) of houses; *i libri erano in gruppi di tre*, the books were in groups of three; *turisti divisi in tre gruppi*, tourists divided into three parties (*o* groups); *camminare in —*, to walk in a group; *state in — e non allontanatevi!*, stay together in a group and don't go away; *sono un — molto affiatato*, they're a closely-knit group; *ama la vita di —*, he enjoys being with others // *facciamo una fotografia di —*, let's take a group photo // (*geogr.*) *— montuoso*, mountain chain // (*biol.*) *— sanguigno*, blood group // (*mat.*): *— abeliano, additivo*, Abelian, additive group; *teoria dei gruppi*, group theory // (*inform.*) *— di terminali*, cluster // (*pol.*) *— di pressione*, pressure group // (*econ.*): *— di lavoro*, working party; *lavoro di —*, team work; *— di controllo*, controlling group; *— direttivo*, management group; *— monopolistico*, trust, syndicate; *— di società*, group of companies; *il — FIAT*, the FIAT group (of companies) // (*trib.*) *— di reddito*, income bracket; **2** (*sport*) pack: *distaccare il —*, to open up a gap **3** (*scult.*) group **4** (*mecc.*) set, unit: (*elettr.*) *— elettrogeno*, generating set (*o* power plant *o* generator unit); (*aer., mar.*) *— motore*, *— propulsore*, *— motopropulsore*, power plant (*o* power unit); *— riduttore*, reduction gear (*o* reduction set); *— di ingranaggi*, gearset.

gruppuscolarismo *s.m.* (*pol.*) factionalism.

gruppuscolo *s.m.* (*spec. pol.*) political faction.

gruviera → **groviera**.

gruzzolo *s.m.* good sum of money, tidy sum, pile of money: *mettere da parte un bel —*, to save up a tidy sum; *avere da parte un bel —*, to have a nice little nest egg.

guaciaro *s.m.* (*zool.*) (*Steatornis caripensis*) oil-bird, (*scient.*) guacharo*.

guaco *s.m.* (*bot.*) guaco (*pl.* -os).

guada[1] *s.f.* (*bot.*) (*Reseda luteola*) yellow mignonette.

guada[2] *s.f.* stake-net, square fishnet.

guadabile *agg.* fordable.

guadagnare *v.tr.* **1** to earn, to make*; (*ottenere*) to gain: *— uno stipendio*, to earn a salary; *ha guadagnato una somma enorme in quell'affare*, he made a huge amount of money on that deal; *guadagno due milioni al mese*, I earn (*o* get) two million lire a month; *— fior di quattrini*, to make a mint of money (*o fam.* a packet); *— cento sterline nette*, to clear a hundred pounds; *— il 20% su una vendita*, to make 20% profit on a sale; *— una somma al gioco*, to win a sum of money by gambling // *— da vivere, il pane*, to earn a living; *guadagnarsi da vivere come cuoco*, to earn (*o* to make) a living as a cook // *— tempo*, to save time; *— il tempo perduto*, to make up for lost time // *— terreno*, (*anche fig.*) to gain ground; (*sport*) *— terreno sugli altri corridori*, to gain on the other runners; *la nuova moda guadagna terreno anche tra gli adulti*, the new fashion is catching on even with adults // *— velocità*, to gain speed // (*Borsa*) *le azioni FIAT hanno guadagnato dieci punti*, FIAT shares have gained ten points **2** (*conquistare*) to win*, to earn: *— fama*, to win fame; *— la fiducia, l'affetto di qlcu.*, to win s.o.'s confidence, affection; *— una promozione*, to win (*o* to earn) promotion **3** (*raggiungere*) to gain, to reach: *— la cima di un monte*, to gain (*o* to reach) the top of a mountain; *— quota*, to gain height; *— la riva*, to gain (*o* to reach *o* to get to) the shore ◆ *v.intr.* to earn, to make* money: *— bene, molto*, to make a lot of money; *— poco*, to earn little // *a risponderle male non ci guadagni niente*, you'll gain nothing by answering her back; *con la barba ci guadagni!*, a beard suits you!; *hai solo da guadagnarci a cambiare lavoro*, you've got everything to gain by changing your job; *visto di giorno questo posto ci guadagna davvero!*, by day this place looks a lot better // (*Borsa*) *il dollaro ha guadagnato rispetto al marco*, the dollar has risen against the German mark.

guadagnato *agg.* earned, gained: *— a fatica*, hard-earned; *non —*, unearned; *ha speso tutto il denaro — dal padre in 20 anni*, he spent all the money earned by his father over 20 years ◆ *s.m.* earnings (*pl.*), gain; (*profitto*) profit: *mettere da parte il —*, to put aside one's earnings; *quello che verrà sarà tutto di —*, everything else will be clear profit // *tanto di —!*, so much the better! (*o* all the better!): *se vieni prima tanto di —*, if you arrive earlier so much the better.

guadagno *s.m.* **1** (*il guadagnare*) making money, earning money: *non pensa che al proprio —*, all he thinks about is making money **2** (*profitto*) gain, earnings (*pl.*), profit; (*ricavo*) return; (*lucro*) lucre: *lauti guadagni*, big profits; *guadagni onesti*, honest profits; *guadagni facili*, easy money (*o fam.* money for jam); *fare grossi guadagni*, to make large profits (*o* gains); *— sufficiente per vivere*, living wage; *lavora senza speranza di —*, he works without hope of return // *hai fatto proprio un bel — con quell'automobile!*, (*fig. iron.*) that car was a real bargain! // *è più lo scapito che il —*, (*fig.*) you lose more than you gain // (*econ.*): *— netto*, clear gain; *— lordo*, gross profits; *— inatteso*, windfall; *— orario*, hourly earnings; *— di, in conto capitale*, (*plusvalenza*) capital gain(s) **3** (*vincita al gioco*) winnings (*pl.*) **4** (*elettr., tel.*) gain: *— di antenna*, antenna gain; *fattore di —*, gain factor **5** (*fis.*) gain.

guadare *v.tr.* to ford, to wade: *— a piedi*, to wade across; *— a cavallo*, to ford on horseback.

guaderella *s.f.* (*bot.*) → **guada**[1].

guado[1] *s.m.* ford: *un — difficile*, a difficult ford; *altezza di —*, fording height; *passare a —*, to ford (*o* to wade).

guado[2] *s.m.* **1** (*bot.*) (*Isatis tinctoria*) woad **2** (*tintura blu*) pastel, (dyer's) woad: *tingere con il —*, to woad.

guadoso *agg.* (*ant.*) (*guadabile*) fordable.

guaglione *s.m.* (*region.*) boy.

guai *inter.* woe betide, Heaven help: *— ai vinti!*, woe to the vanquished!; *— a voi se mi tradite!*, woe betide (*o* Heaven help) you if you betray me!; *— a te se non ti alzi subito*, you'll catch it if you don't get up straightaway; *— a parlargli di lavoro in vacanza*, for Heaven's sake never talk to him about work during the holidays.

guaiaco *s.m.* **1** (*bot.*) (*Guaiacum officinale*) guaiac, guaiacum, lignum-vitae **2** (*chim.*) (*resina*) guaiac.

guaiacolo *s.m.* (*chim.*) guaiacol.

guaime *s.m.* (*agr.*) rowen, fog, (*non com.*) aftermath: *lasciare il — sul terreno*, to fog.

guaina *s.f.* **1** (*fodero per armi*) sheath, scabbard **2** (*custodia, astuccio*) case **3** (*bot., anat.*) sheath, vagina*, theca*: (*bot.*) *chiuso in una —*, vaginate(d); *foglie con lo stelo nella —*, sheathing leaves **4** (*mar.*) tabling **5** (*mecc.*) sheath(ing) **6** (*abito aderente*) sheath dress; (*busto*) corset, girdle **7** (*sl. inform.*): *— isolante*, spaghetti.

guainante *agg.* (*bot.*) vaginate, vaginated.

guaio *s.m.* trouble, fix, mess, jam: *che —!*, what a nuisance! (*o* a mess!); *ecco il —!*, here is the difficulty! (*o* that's the trouble!); *il — è che tu non mi credi*, the trouble is that you don't believe me; *vai in cerca di guai?*, are you looking for trouble?; *combinare guai*, to get into trouble; *essere in un mare di guai*, to be in a very bad fix; *essere nei guai*, to be in trouble; *mettere qlcu. nei guai*, to get s.o. into trouble; *mettersi nei guai*, to get into trouble (*o* a mess).

guaiolare, **guaire** *v.intr.* **1** to squeak, to yelp; (*di cane*) to cry; (*ululare*) to howl **2** (*lamentarsi*) to whine **3** (*fig.*) (*emettere suoni striduli*) to screech.

guaito *s.m.* **1** squeak, yelp; (*di cane*) cry **2** (*lamento*) whine.

gualca *s.f.* (*tess.*) fulling, milling.

gualcare *v.tr.* (*non com.*) (*tess.*) to full.

gualchiera *s.f.* (*tess.*) fulling-mill.

gualcire, **gualcirsi** → **sgualcire**, **sgualcirsi**.

gualda → **guada**[1].

gualdrappa *s.f.* (*di antica bardatura*) caparison; (*coperta da sella*) saddlecloth.

guanaco *s.m.* (*zool.*) (*Lama guanicoe*) guanaco*.

guancia *s.f.* 1 cheek: *— a —*, cheek to cheek; *guance rosee, smunte, paffute*, rosy, hollow, chubby cheeks // *porgere l'altra —*, (*fig.*) to turn the other cheek 2 (*di calcio di fucile*) cheek 3 (*di rotaia*) wing rail.

guanciale *s.m.* pillow; (*cuscino*) cushion // *dormire fra due guanciali*, (*fig.*) to have no worries.

guancialetto *s.m.* 1 (*di vestito*) pad, padding 2 (*cuscinetto per timbri*) inkpad.

guancialino *s.m.* 1 small pillow 2 (*puntaspilli*) pincushion.

guancio *agg.* e *s.m.* guanche.

guanidina *s.f.* (*biochim.*) guanidine.

guaniera *s.f.* guano deposit.

guanina *s.f.* (*biochim.*) guanine.

guano *s.m.* guano*.

guanosina *s.f.* (*biochim.*) guanosine.

guantaio *s.m.* 1 (*chi fabbrica guanti*) glove-maker, glover 2 (*chi vende guanti*) glove-seller, glover.

guanteria *s.f.* 1 (*fabbrica di guanti*) glove -factory 2 (*negozio di guanti*) glove shop.

guantiera *s.f.* 1 (*scatola per guanti*) glove box 2 (*vassoio*) tray.

guanto *s.m.* 1 glove: *— a manopola*, mitt(en); *— per boxe*, boxing glove; *— di pelle*, leather (*o* kid) glove; *guanti da sci*, skiing gloves; *guanti di gomma*, rubber gloves; *un paio di guanti nuovi*, a pair of new gloves // *calzare come un —*, to fit like a glove // *trattare qlco., qlcu. coi guanti*, to treat sthg., s.o. with kid gloves (*o* with great care); *mezzi guanti*, mittens // *gettare, raccogliere il —*, (*fig.*) to throw down, to take up the gauntlet // *ladro in guanti gialli*, gentleman thief 2 (*fam.*) (*preservativo*) condom, French letter 3 (*di protezione per operai*) gauntlet 4 (*di cavaliere antico*) gauntlet.

guantone *s.m.* (*per boxe*) boxing glove; (*per scherma*) fencing glove // *attaccare i guantoni al chiodo*, (*fig.*) to hang up one's gloves.

guapperia *s.f.* (*region.*) (*st.*) code of honour that governs the Camorra.

guappo *s.m.* (*region.*) 1 (*st.*) (*camorrista*) member of the Camorra 2 (*persona arrogante*) hoodlum, tough ◆ *agg.* 1 (*sfrontato*) cocky, arrogant 2 (*pacchiano*) garish, vulgar.

guaracha *s.f.* (*danza*) guaracha.

guarana *s.f.* (*droga*) guarana.

guaranì *agg.* e *s.m.* Guarani.

guardabarriere *s.m.* e *f.* (*ferr.*) level-crossing (gate)keeper.

guardaboschi *s.m.* forester.

guardabuoi *s.m.* (*zool.*) (*Bubulcus ibis*) cattle egret.

guardacaccia *s.m.* gamekeeper.

guardacorpo *s.m.* (*mar.*) lifeline.

guardacoste *s.m.* (*mar.*) (*corpo militare*) coastguard; (*nave*) coastguard vessel.

guardafili *s.m.* line(s)man*, wireman*.

guardafreni *s.m.* (*ferr.*) brake(s)man*.

guardalato *s.m.* (*mar.*) (*parabordo*) bumper, fender.

guardalinee *s.m.* 1 (*sport*) linesman* 2 (*ferr.*) trackman*, trackwalker.

guardamacchine *s.m.* e *f.* (*posteggiatore*) car park attendant.

guardamano *s.m.* 1 (*scherma*) sword guard 2 (*mar.*) lifeline, manrope, rope handrail 3 (*guanto protettivo per lavori pericolosi*) gauntlet 4 (*di fucile*) trigger guard.

guardamerci *s.m.* e *f.* (*ferr.*) freight inspector.

guardapalma *s.m.* (*guanto di protezione*) gauntlet.

guardaparco *s.m.* park keeper, park warden.

guardapesca *s.m.* fishing warden.

guardapetto *s.m.* breast guard.

guardaporto *s.m.* (*mar.*) (*nave di sorveglianza di un porto militare*) guardship.

guardaportone *s.m.* (*portinaio*) doorkeeper, doorman*; (*in livrea*) liveried porter.

guardare *v.tr.* 1 (*anche intr.*) to look at (s.o., sthg.); (*osservare*) to watch, to look, to observe: *guarda!*, look!; *guardatemi*, look at me; *guardate a destra*, look to the right; *guardate quella casa, quel bambino*, look at that house, at that child; *molti guardavano il paesaggio*, many people were looking at the view; *guarda che luna!*, look at the moon!; *— l'orologio*, to look at the time (*o* at one's watch); *— la televisione, un film*, to watch television, a film; *guardate come faccio io*, watch how I do it; *invece di stare a —, aiutami*, instead of standing and looking (*o* watching), come and give me a hand; *hai guardato se abbiamo preso tutto?*, have you looked to see if we've taken everything? // *— avanti*, to look ahead // *— dentro*, to look in; *— dentro a qlco.*, to look into sthg.; *— fuori*, to look out; *guardava (fuori) dalla finestra*, he was looking out of the window; *— in un telescopio*, to look through a telescope // *— qlcu. con diffidenza*, to look at s.o. with distrust // *— qlcu. dall'alto in basso*, to look s.o. up and down, (*disprezzare*) to look down on s.o. // *— qlcu. di buon occhio, di mal occhio*, to look favourably, unfavourably on s.o. // *— qlcu. di traverso*, to scowl (*o* frown) at s.o. // *— qlcu. in faccia*, to look s.o. in the face: *guardò la morte in faccia*, he looked death in the face // *non — in faccia a nessuno*, not to worry about other people: *quando si tratta di denaro, non guarda in faccia a nessuno*, when it's a question of money, he doesn't have any regard for anyone // *tutti per strada guardavano come era vestita*, everybody in the street looked at the way she was dressed; *nessuno lo guarda*, nobody takes any notice to him; *farsi —*, to attract attention (*o* notice) // *— e non toccare è una cosa da imparare*, (*prov.*) children must learn to look and not to touch 2 (*fissamente*) to gaze at, (up)on (s.o., sthg.); to stare: *la madre guardava il suo bimbo con grande tenerezza*, the mother was gazing on her child with great tenderness; *smettila di guardarmi così*, stop staring at me like that 3 (*di sfuggita*) to glance at (s.o., sthg.); to send* a glance (at sthg.) 4 (*furtivamente*) to peep; to peep at; (*dall'interno*) to peep out; (*dall'esterno*) to peep in: *lo vidi — dal buco della serratura*, I saw him peeping through the keyhole 5 (*con bramosia*) to ogle 6 (*scrutare*) to eye: *mi guardarono sospettosamente*, they eyed me with suspicion 7 (*cercare*) to search, to look: *ho guardato dappertutto, per tutta la casa*, I looked (*o* searched) everywhere, all over the house; *guarda nella borsa*, take a look in the bag 8 (*custodire, sorvegliare*) to watch over (s.o., sthg.), to look after (s.o., sthg.), to mind: *chi guarderà il bambino mentre sarò fuori?*, who will look after (*o* mind) the baby while I am out?; *— qlcu. a vista*, to keep a close watch on s.o.; *guarda il latte*, keep an eye on the milk 9 (*proteggere*) to protect; (*difendere*) to defend, to guard: *i soldati guardavano il ponte*, the soldiers defended the bridge // *— le spalle a qlcu.*, to watch (*o* protect) s.o.'s rear // *— qlcu. da un pericolo*, to protect s.o. against a danger // *dagli amici mi guardi Iddio che dai nemici mi guardo io*, (*prov.*) God defend me from my friends and I'll look after my enemies 10 (*considerare*) to consider, to view, to look at (s.o., sthg.): *cercate di — la questione dal nostro punto di vista*, try to consider (*o* to look at) the question from our point of view 11 (*esaminare*) to look over (sthg.), to have a look at (sthg.): *l'insegnante guardò la traduzione*, the teacher looked over the translation // *— qlco. per il sottile*, to be particular about sthg. ◆ *v.intr.* 1 → v.tr. 1 2 (*essere orientato*) to face; (*aprirsi*) to look out on (sthg.): *guarda a sud*, it faces south; *la casa guarda a mezzogiorno*, the house faces (to the) south; *la mia finestra guarda sul cortile*, my window looks out on the courtyard 3 (*considerare*) to look (up)on (s.o., sthg.); to regard (s.o., sthg.): *non guardiamo a ciò come all'unica via d'uscita*, don't let us look upon it as the only way out; *tutti guardavano a lui come al nuovo presidente*, everyone looked on him as the next president 4 (*cercare*) to try: *guarda di accontentarlo*, try to please him; *guarda di studiare*, try to study 5 (*badare*) to see* to (sthg.), to look to (sthg.), to take* care, to mind; (*fare attenzione*) to be careful: *guarda bene che ciò non accada più*, take care (*o* mind) that this does not happen any more; *non — a spese*, to spare no expense; *guarda di non farti male*, be careful not to hurt yourself; *ma perché non guardi dove vai?*, why don't you look where you are going?; *guarda che il tavolo è bagnato!*, mind, the table is wet! // *guarda anche al tuo interesse, oltre che al suo!*, look after your own interests, as well as his! // *guarda solo ai risultati*, he's only interested in results // *a — bene*, on second thoughts.

◆ FRASEOLOGIA: *Dio ce ne guardi!*, God forbid! // *guarda che roba!*, just take a look at that! // *guarda chi si vede!*, look who is here!, (*come mai sei qui?*) hello! what are you doing here?; *Guarda, guarda! C'è Paolo!*, Look who's here! It's Paolo // *ma tu guarda che villano!*, well really, how rude can you get! // *"Dove vai in ferie?" "Guarda, non lo so ancora"*, "Where are you going on holiday?" "Well, I don't know" // *ma guarda un po'!*, (*fam.*) that's funny! (*o* that's odd!) // *e guarda caso...*, strangely enough (*o* as if by coincidence)...

□ **guardarsi** *v.rifl.* 1 to look at oneself: *egli continuava a — intorno*, he kept looking about him; *si guardò allo specchio*, she looked at herself in the mirror 2 (*stare in guardia*) to beware (of s.o., sthg.); (*fare attenzione*) to mind (sthg.): *guardatevi bene dal perderlo!*, mind you don't lose it!; *guardatevi dai borsaioli*, beware of pickpockets; *guardati dai cattivi compagni*, beware of bad company; *guardati dall'offenderlo!*, be careful not to offend him! // *me ne guardo bene!*, I shall do no such thing! (*o* I wouldn't dream of it!) 3 (*astenersi*) to forbear*; (*da cibo o bevande*) to abstain: *guardatevi dal fare troppe domande*, forbear from asking too many questions; *— dalle parole inutili*, to refrain from useless words ◆ *v.rifl.rec.* to look at each other (one another); to gaze at each other (one another): *si guarda-*

vano negli occhi, they looked each other in the eyes // *non si guardano più!*, (*fig.*) they cut each other dead!

guardaroba *s.m.* **1** (*armadio*) wardrobe; (*amer.*) closet **2** (*abbigliamento personale*) wardrobe: *avere un — elegante e ricco*, to have an elegant, expensive wardrobe; *ad ogni stagione si rifà il —*, she changes her wardrobe every season **3** (*estens.*) (*stanza in cui si tiene la biancheria*) linen room; (*armadio per biancheria*) linen cupboard; (*amer.*) closet **4** (*di cinema, teatro*) cloakroom; (*amer.*) checkroom: *lasciare il cappotto in —*, to leave one's coat in the cloakroom.

guardarobiera *s.f.* **1** (*di casa privata, di albergo*) linen maid **2** (*presso una regina*) Mistress of the Robes **3** (*in un cinema, in un teatro*) cloakroom attendant **4** (*in un teatro, l'addetta ai costumi*) wardrobe keeper, wardrobe mistress.

guardarobiere *s.m.* (*in un teatro, in un cinema*) cloakroom attendant.

guardasala *s.m.* (*ferr.*) waiting-room attendant; (*di museo*) museum attendant.

guardascambi *s.m.* e *f.* (*ferr.*) pointsman*, shunter; (*amer.*) switchman*, switch tender.

guardasigilli *s.m.* **1** (*st.*) keeper of the seals // (*in Gran Bretagna*) Lord Privy Seal **2** (*Ministro della Giustizia*) Minister of Justice; (USA) Secretary of Justice, Attorney General.

guardaspalle *s.m.* bodyguard.

guardastiva *s.m.* (*mar.*) captain of the hold.

guardata *s.f.* look, glance: *diamo una — a questo libro*, let's take a look (*o* a glance) at this book; *le diedi una — di sfuggita*, I glanced at her.

guardatore *s.m.* (*non com.*) (*chi guarda*) observer, watcher.

guardatura *s.f.* (*non com.*) (*modo di guardare*) look, way of looking; expression.

guardavia *s.m.* guardrail.

guardavivande *s.m.* (*non com.*) dishcover.

guardia *s.f.* **1** (*custodia, vigilanza, difesa*) guard, watch: *fare la — a qlcu., a qlco.*, to guard s.o., sthg.; *fare la — a un prigioniero*, to guard a prisoner; *fare buona —*, to keep a good watch; *montare la —*, to stand (*o* to mount) guard; *smontare la —*, to go off duty (*o* to stand down), (*mil.*) *essere di —*, to be on (guard) duty, (*di medico, custode*) to be on duty; *chi è il medico di — stanotte?*, which doctor is on duty tonight?; *dare il cambio alla —*, to relieve the guard; (*mil., mar.*) *turno di —*, watch; (*mil.*) *chi farà il turno di —?*, who is on guard duty?; *stai di — e dicci quando arriva*, (*fam.*) keep a look out and tell us when he's coming; *cinque poliziotti erano stati messi a — dell'entrata*, five policemen were guarding the entrance // *— medica*, first-aid station // *cane da —*, watchdog **2** (*chi ha compiti di vigilanza*) guard; (*sentinella*) sentry, sentinel; (*custode*) watchman*, caretaker: *— carceraria*, warder (*o* jailer); *— del corpo*, bodyguard; *— del fuoco*, fireman; *— daziaria*, customs officer; *— d'onore*, guard of honour; *— di pubblica sicurezza*, policeman; *— campestre*, country warden; *— forestale*, forester (*o* forest warden); *— giurata*, security guard; *— notturna*, night watchman; (*mil.*) *ufficiale di —*, duty officer; (*mar.*) officer of the watch; *guardie a cavallo*, horse guards; *guardie a piedi*, footguards; *il cambio della —*, the changing of the guard; (*fig.*) changeover // *corpo di —*, the guard; (*edificio*) guardhouse; (*stanza*) guardroom // *chiamare le guardie*, (*fam.*) to call the police // *— nazionale*, the National Guard // *la vecchia —*, the old guard: *essere della vecchia —*, to be a member of the old guard // *giocare a guardie e ladri*, (*fam.*) to play cops and robbers **3** (*posizione di difesa*) guard: (*scherma, boxe*) *in —*, on guard; *abbassare la —*, to lower one's guard // *mettere qlcu. in — da qlco.*, to warn s.o. against sthg.: *lo misi in — da quei pericoli*, I warned him against those dangers // *mentre non stavo in —...*, while I was off my guard... // *stai in —*, be careful (*o* watch out *o* be on your guard) **4** (*parte dell'elsa*) (hilt-)guard **5** (*di libro*) flyleaf* **6** (*tess.*) shuttle guide **7** (*di fiume*) safety high water mark: *il Po è sotto il livello di —*, the Po is below the safety high water mark // *superare il livello di —*, to exceed the safety limit; *il tasso di inquinamento ha superato il livello di —*, the level of pollution has reached danger point.

guardiacaccia → **guardacaccia**.

guardiacoste → **guardacoste**.

guardiagoletta *s.f.* throat guard.

guardialinee → **guardalinee**.

guardiamarina *s.m.* (*mar. mil.*) (GB) midshipman*, acting sub-lieutenant, (*sl.*) reefer, (USA) ensign, (*fam.*) middy.

guardiana *s.f.* keeper; (*di pecore*) shepherdess.

guardianato *s.m.* guardianship.

guardiano *s.m.* **1** keeper, caretaker; guard: *la villa è custodita da due guardiani*, the villa is protected by two guards; *il — di un giardino pubblico*, the park keeper; *— del faro*, lighthouse keeper (*o* lighthouseman); *— di prigione*, warder (*o* jailer *o* guard); *— notturno*, night watchman **2** (*di bestiame*) stockman*; (*di pecore*) shepherd **3** (*ferr.*) signalman* **4** (*eccl.*) Father Guardian.

guardina *s.f.* cell, detention room, lockup: *essere in —*, to be in jail.

guardinfante *s.m.* hoop skirt; crinoline, farthingale.

guardingo *agg.* cautious, wary, careful: *avanzava —, in punta di piedi*, he tiptoed forward cautiously; *si guardava intorno con fare —*, he looked around warily.

guardiola *s.f.* (*mil.*) guardroom; guardhouse.

guardo → **sguardo**.

guardolo *s.m.* (*di scarpa*) welt.

guardone *s.m.* (*fam.*) peeping Tom; voyeur // *non fare il —*, don't be such a peeping Tom.

guardrail *s.m.* guardrail.

guarentigia *s.f.* (*dir.*) guarantee, guaranty // (*st.*) *Legge delle Guarentigie*, Guarantee-Act.

guari *avv.* (*ant. letter.*) long: (*or*) *non è —*, not long ago.

guaribile *agg.* (*di malattia*) curable; (*di ferita*) healable: *è stato dichiarato — in dieci giorni*, the doctors said that he will be well again in ten days' time.

guarigione *s.f.* recovery: *essere in via di —*, to be on the way to recovery; *ti auguro una pronta —*, I wish you a speedy recovery.

guarire *v.intr.* **1** to recover, to recover one's health; (*rimarginare*) to heal: *guarì molto rapidamente*, he recovered very quickly; *la ferita guarì quasi miracolosamente*, the wound healed almost miraculously; *potrà — da quella malattia?*, will he be able to recover from (*o* to get over) that illness?; *ti trovo bene, sei guarito finalmente*, you look well, you've finally got over your illness; *ho avuto una brutta influenza, ma adesso sono guarito*, I had a bad bout of flu but now I'm feeling better **2** (*fig.*) to get* out (of sthg.), to fall* out (of sthg.): *— da una cattiva abitudine*, to get out (*o* to get rid) of a bad habit ◆ *v.tr.* **1** to cure, to restore to health; (*far rimarginare*) to heal: *guarì la mia polmonite*, he cured my pneumonia; *mi guarì dalla polmonite*, he cured me of pneumonia **2** (*fig.*) to cure, to heal, to free: *ti guarirò da quell'ossessione*, I shall cure you of (*o* shall free you from) that obsession; *— qlcu. da un'abitudine*, to cure (*o* to break) s.o. of a habit; *— i mali della nostra civiltà*, to cure the ills of our civilization.

guaritore *agg.* healing, sanatory, sanative ◆ *s.m.*, **guaritrice** *s.f.* **1** (*chi guarisce*) healer **2** (*chi usa in medicina metodi empirici*) quack (doctor).

guarnacca *s.f.* (*veste*) cloak; smock.

guarnigione *s.f.* (*mil.*) garrison: *città di —*, garrison town; *Napoli rimase senza —*, Naples remained ungarrisoned; *mettere una — in una città*, to garrison a town; *essere di —*, to be on garrison duty.

guarnimento *s.m.* **1** (*il guarnire*) equipment **2** (*ant.*) (*mil.*) (*guarnigione*) garrison **3** (*mar.*) rigging.

guarnire *v.tr.* **1** (*fornire, equipaggiare*) to equip, to fit out, to furnish (with sthg.) **2** (*ornare*) to trim, to decorate **3** (*cuc.*) to garnish: *— un piatto*, to garnish a dish **4** (*mecc.*) to pack **5** (*mil.*) to fortify **6** (*mar.*) to rig.

guarnito *agg.* **1** (*equipaggiato*) equipped, furnished **2** (*ornato*) trimmed, decorated: *portava un cappello — di fiori*, she wore a hat trimmed with flowers **3** (*cuc.*) garnished: *bistecca guarnita*, steak with vegetables; *un tacchino ben —*, a turkey with all the trimmings.

guarnitura *s.f.* **1** (*il guarnire*) equipment **2** (*ornamento*) trimming, decoration **3** (*cuc.*) garnishing.

guarnizione *s.f.* **1** (*ornamento*) trimming, ornament: *le guarnizioni di un abito*, the trimmings of a dress **2** (*cuc.*) (*contorno*) garnish, garnishing; (*fam.*) trimmings (*pl.*) **3** (*mecc.*) washer, packing, gasket: *— metallica*, metal packing: *la — del rubinetto perde acqua*, the washer of the tap is leaking.

guasconata *s.f.* gasconade, bravado, boasting.

guascone *agg.* e *s.m.* **1** (*abitante della Guascogna*) Gascon **2** (*fig.*) (*gradasso*) gascon, braggart.

guastafeste *s.m.* e *f.* killjoy, spoilsport, wet blanket: *sei il solito —*, you're the same old wet blanket.

guastare *v.tr.* **1** to spoil; (*danneggiare*) to damage; (*rovinare*) to ruin, to mar (*anche fig.*): *l'inondazione guastò molti ponti*, the flood damaged many bridges; *le nostre vacanze furono guastate dal cattivo tempo*, our holidays were spoiled by bad weather; *la siccità ha guastato i raccolti*, the drought has ruined the crops; *la notizia gli guastò il pranzo*, the news spoilt his dinner; *niente potrebbe — la nostra gioia*, nothing could mar our joy; *hai completamente guastato l'atmosfera dell'ufficio*, you've completely ruined the atmosphere in the office; *— l'appetito*, to spoil (s.o.'s) appetite; *— la reputazione di qlcu.*, to ruin s.o.'s good

name // *non — la festa!*, don't spoil the party! // *questo non guasta*, that won't do any harm; *un poco di ambizione non guasta*, a little ambition is all right // *— le uova nel paniere*, to upset s.o.'s plans **2** (*far marcire*) to taint: *le mosche guastarono la carne*, the flies tainted the meat **3** (*viziare*) to spoil: *questo ragazzo è stato guastato dai suoi nonni*, this boy has been spoilt by his grandparents.
□ **guastarsi** *v.intr.pron.* **1** to break* down, to go* wrong, to fail: *il televisore si è guastato*, the television set is broken; *il tempo si è guastato*, the weather has changed for the worse // *— l'appetito*, to spoil one's appetite; *— il gusto*, to corrupt one's taste // *— con qlcu.*, to fall out (*o* to quarrel) with s.o. // *— la reputazione*, to ruin one's good name // *— il sangue per qlco.*, to worry over sthg. // *i rapporti tra le due nazioni si sono guastati*, relations between the two countries have deteriorated **2** (*marcire*) to rot, to go* rotten; (*andar a male*) to go* bad, to decay: *col caldo la carne si guasta facilmente*, meat goes bad easily in hot weather.

guastato *agg.* **1** spoilt; (*danneggiato*) damaged; (*marcio*) rotten **2** (*mecc.*) out of order, failed.

guastatore *s.m.* **1** (*non com.*) spoiler; destroyer **2** (*mil.*) sapper; (*chi precede le truppe per togliere ostruzioni*) pioneer, wrecker.

guasto[1] *agg.* **1** (*danneggiato*) damaged, broken, out of order: *un televisore —*, a broken television; *un orologio —*, a broken watch; *la lavapiatti è guasta*, the dishwasher doesn't work (*o* has broken down) // *—* (*scritta che indica il mancato funzionamento*) out of order **2** (*marcio*) rotten, bad: *un dente —*, a decayed tooth; *una mela guasta*, a rotten apple; *uova guaste*, rotten eggs **3** (*corrotto*) tainted, corrupt, depraved.

guasto[2] *s.m.* **1** breakdown, trouble, fault, failure; (*danno*) damage: *deve trattarsi di un — al motore*, (*fam.*) there must be something wrong with the engine; *a causa di un — al motore*, due to engine failure; *a causa di un — sulla linea, le comunicazioni sono interrotte*, owing to a technical fault, no calls can be put through; *riparare un — allo stereo*, to repair a fault in the stereo **2** (*fig.*) (*corruzione*) corruption **3** (*inform.*) fault; (*anomalia di funzionamento*) trouble: *— macchina*, machine failure (*o* check); *— permanente*, hard error (*o* failure).

guatare *v.tr.* (*letter.*) **1** (*fissare*) to gaze at (s.o.) **2** (*con brama*) to ogle **3** (*con sospetto*) to eye suspiciously; (*di traverso*) to look askance at (s.o.).

guatemalteco *agg.* e *s.m.* Guatemalan.

guattero → **sguattero**.

guattire *v.intr.* (*letter.*) **1** (*guaire del cane quando ha fiutato la preda*) to bay; to give* tongue **2** (*fig.*) (*lamentarsi*) to yelp.

guava *s.f.* (*bot.*) **1** (*Psidium guaiava*) guava* **2** (*il frutto*) guava*.

guazza *s.f.* (*rugiada*) dew.

guazzabuglio *s.m.* (*miscuglio, confusione*) muddle, tangle, mess: *un — di idee*, a tangle of ideas.

guazzare *v.intr.* (*non com.*) (*sguazzare*) to paddle, to dabble; (*con tutto il corpo*) to wallow (*anche fig.*): *il maiale guazzava nel fango*, the pig was wallowing in the mud ◆ *v.tr.* (*rar.*) (*guadare*) to ford, to wade // *far — il bestiame*, to cool down cattle by walking them in a stream.

guazzata *s.f.* (*non com.*) ford.

guazzatoio *s.m.* (*region.*) pond: *condurre i cavalli al —*, to water the horses (*o* to take the horses to water).

guazzetto *s.m.* (*cuc.*) stew: *carne in —*, stewed meat; *cuocere in —*, to stew.

guazzo *s.m.* **1** (*pozzanghera*) puddle; (*stagno*) pool **2** (*region.*) (*guado*) ford: *passare a —*, to ford (*o* to wade) **3** (*region.*) *frutta in —*, fruit preserved in spirits **4** (*pitt.*) gouache: *pittura a —*, gouache (painting); *dipingere a —*, to paint in gouache.

guazzoso *agg.* (*non com.*) dewy.

guelfismo *s.m.* (*st.*) Guelphism.

guelfo *agg.* e *s.m.* (*st.*) Guelph.

guêpière *s.f.* (*fr.*) girdle.

guercio *agg.* squinting, squint, cross-eyed: *occhi guerci*, squinting eyes; *ha l'occhio sinistro —*, he has a squint in his left eye ◆ *s.m.* squinter.

guernire e *deriv.* → **guarnire** e *deriv.*

guerra *s.f.* **1** war; warfare: *— civile*, civil war; *— difensiva, offensiva*, war of defence, of offence; *— lampo*, blitzkrieg; *— atomica, batteriologica, biologica, chimica, elettronica, psicologica*, atomic, bacterial, biological, chemical, electronic, psychological warfare; *guerre stellari*, star wars; *— dei nervi*, war of nerves; *— a morte*, war to the death; *— a oltranza*, war without quarter; *— di logoramento*, war of attrition; *— di movimento*, war of movement; *— di posizione, di trincea*, trench warfare; *— fredda*, cold war; *— guerreggiata*, hot (*o* shooting) war; *arte della —*, the art of war; *canto di —*, war-chant (*o* -song); *consiglio di —*, council of war; *dichiarazione di —*, declaration of war; *il dio della —*, war god; *grido di —*, war (*o* battle) cry; *in piena —*, at the height of the war; *in tempo di —*, in wartime; *nave da —*, warship (*o ant.* man-of-war); *propaganda di —*, warmongering; *teatro di —*, theatre of operations; *vedova di —*, war-widow; *zona di —*, war zone; *criminale di —*, war criminal; *pensione di —*, ex -serviceman's pension; *ha fatto la — con Eisenhower*, he served under Eisenhower; *ha fatto tutta la —*, he went right through the war; *la prima — mondiale scoppiò nel 1914*, World War One (*o* the First World War) broke out in 1914; *dichiarare — a un paese*, to declare war (up)on a country; *essere in — con qlcu.*, to be at war with s.o.; *essere, stare sul piede di —*, to be on a war footing; *essere, stare sul sentiero di —*, to be on the warpath (*anche fig.*); *fare la — a qlcu.*, to wage (*o* to make) war upon (*o* against) s.o.; *mettersi sul sentiero di —*, to go on the warpath (*anche fig.*); *partire per la —*, to leave for the war; *preparare delle truppe alla —*, to train troops for war; *giocare alla —*, to play at war // (*st.*) *la Guerra dei Cento Anni*, the Hundred Years' War // (*st.*) *la Guerra delle due Rose*, the Wars of the Roses // (*lett.*) *la Guerra di Troia*, the Trojan War // (*st.*) *le Guerre Puniche*, the Punic Wars // *Guerra Santa*, Holy War **2** (*fig.*) (*conflitto*) feud, conflict, strife: *— del vino, del merluzzo*, the wine, cod war; *— tra bande*, gang warfare; *una — all'ultimo sangue tra due famiglie*, a deadly feud between two families // *fare — a qlcu. per qlco.*, to fight s.o. over sthg.: *i miei figli sono terribili, si fanno la — dalla mattina alla sera*, my children are awful, they fight all day long // (*econ.*): *— dei prezzi*, price war; *— economica*, economic warfare; *— tariffaria*, tariff war; *— commerciale*, trade war; *— di interessi*, clash of interests; *— agli sprechi*, fight against waste; *— all'inflazione*, fight against inflation **3** (*lotta*) campaign; battle; war: *la — contro la droga*, the campaign against (*o* the war on) drugs; *— contro la corruzione*, campaign against corruption **4** (*letter. ant.*) (*fatica, travaglio*) toil.

guerrafondaio, guerraiolo *s.m.* (*spreg.*) warmonger ◆ *agg.* warmongering.

guerreggiante *agg.* fighting, belligerent ◆ *s.m.* belligerent.

guerreggiare *v.intr.* to fight*, to war, to wage war: *durante la II Crociata Riccardo Cuor di Leone guerreggiò valorosamente*, during the Third Crusade Richard Coeur de Lion fought bravely ◆ *v.tr.* (*non com.*) (*provocare*) to pick a quarrel with (s.o.): *mi guerreggia in tutti i modi*, he is always picking quarrels with me.
□ **guerreggiarsi** *v.rifl.rec.* to make* war on each other; to fight* each other.

guerreggiatore *s.m.* (*non com.*) fighter, warrior.

guerresco *agg.* **1** (*di guerra*) war (*attr.*): *canti guerreschi*, war-songs **2** (*bellicoso*) warlike, bellicose: *nazione guerresca*, warlike nation.

guerriero *agg.* warlike, bellicose: *un popolo —*, a warlike people ◆ *s.m.* warrior: *un prode —*, a gallant warrior.

guerriglia *s.f.* guer(r)illa, guer(r)illa warfare, bush-fighting: *— partigiana*, partisan guerrilla warfare; *— urbana*, urban guerrilla warfare; *azione di —*, guerrillia action.

guerrigliero *s.m.* gue(r)rilla (fighter); partisan.

gufaggine *s.f.* (*non com.*) melancholy, gloominess; (*misantropia*) misanthropy.

gufare *v.intr.* **1** (*rar.*) to hoot **2** (*sl.*) (*portare sfortuna*) to bring* bad luck.

gufata *s.f.* (*sl.*) jinx, curse.

gufo *s.m.* **1** (*zool.*) owl: *— giovane*, owlet; *simile a —*, owlish // *— comune*, (*Asio otus*) long-eared owl // *— reale*, (*Bubo bubo*) eagle -owl // *— selvatico*, (*Strix aluco*) tawny owl // *— della Virginia*, (*Bubo virginianus*) horn-owl **2** (*fig.*) (*non com.*) (*misantropo*) misanthrope, misanthropist **3** (*fam.*) (*iettatore*) jinx, jonah // *non fare il —*, don't bring bad luck.

guglia *s.f.* (*arch.*) spire; (*di campanile*) steeple.

gugliata *s.f.* needleful.

guida *s.f.* **1** guide, leader, master (*anche fig.*); (*cicerone*) (tour) guide: *— alpina*, alpine guide; *— indiana*, indian scout; *— spirituale*, spiritual master; *l'istinto non è sempre una buona —*, instinct is not always a good guide; *mi fu — nella mia giovinezza*, he was my guide (*o* master) during my youth; *non bisogna far roccia senza una —*, one should not go rock -climbing without a guide; *ti farò da —*, I will be your guide; *visitò il paese con una —*, he toured the country with a guide **2** (*libro che illustra una città, una regione ecc.*) guide (book): *— del British Museum*, guide to the British Museum; *— dei ristoranti*, restaurant guide; *— turistica*, tour guide **3** (*manuale*) guide, handbook, manual: *— alla lettura di Calvino*, introduction (*o* guide) to Calvino // *— telefonica*, telephone directory (*o* book) **4** (*direzione*) guidance, direction, management, conduct: *sotto la — di mio padre*, under my father's guidance; *essere alla — di un partito, di un esercito*, to lead a party, an army; *essere alla —*

di un'azienda, to run a business; *la — del popolo*, the leader of the people **5** (*comando*) leadership: *sotto la — di Gengis Khan*, under the leadership of Genghis Khan **6** (*mil.*) guide, scout **7** (*mecc.*) guide, way, slide: (*rad., tv*) *— cava d'onda*, wave guide; *— del carrello*, carriage (*o* saddle)-guide; (*mil.*) *— di rinculo*, gun slide; *— di scorrimento*, slide guide (*o* bar *o* way); (*tess.*) *— filo*, thread guide; *— valvola*, valve-guide **8** (*redine*) rein **9** (*aut.*) drive, steering; (*il guidare*) driving: *— a destra, a sinistra*, right-hand, left-hand drive (*o* steering); *— esterna*, brougham; *— interna*, saloon (*o* sedan); *volante di —*, steering wheel; *esame, lezioni di —*, driving test, lessons; *patente di —*, driving licence; *scuola —*, driving school; *posto di —*, driving seat; *essere alla — di un veicolo*, to be driving a vehicle, to be at the wheel of a vehicle; *— pericolosa, spericolata*, careless, dangerous driving // (*dir.*) *— in stato di ebbrezza*, driving while intoxicated **10** (*aer.*) (*di velivolo, di missile*) homing (system): *missile con (apparato di) — a infrarossi*, infrared homing missile.

guidabile *agg.* guidable; (*fig.*) easily led.

guidafilo *s.m.* (*tess.*) thread guide.

guidare *v.tr.* **1** (*dirigere*) to guide (*anche fig.*): *un cieco è spesso guidato da un cane*, a blind man is often guided by a dog; *le circostanze guidarono le mie decisioni*, circumstances guided my decision; *— i primi passi di un bambino*, to guide the first steps of a child; *farsi — dall'istinto*, to let oneself be guided by one's instinct **2** (*amministrare*) to manage, to run*, to direct: *il Primo Ministro guida gli affari dello Stato*, the Prime Minister manages the affairs of State; *— un'azienda*, to manage (*o* to run) a business **3** (*capeggiare*) to lead*, to command: *chi guida attualmente i conservatori?*, who is now leading the Tories?; *— un esercito, una spedizione*, to lead (*o* to command) an army, an expedition **4** (*fare da guida*) to guide: *— una comitiva*, to guide (*o* to act as a guide to) a party; *il faro guida le navi in porto*, the lighthouse guides the ships into harbour **5** (*mezzi di trasporto*) to drive*: *sai —?*, can you drive?; *guidava come un pazzo*, he drove like a lunatic; *— un'automobile, una locomotiva, un trattore*, to drive a car, a railway-engine, a tractor; *— una barca*, to manage a boat; *— un cavallo*, to ride a horse; *— una motocicletta*, to ride a motor-cycle; *— una nave*, to steer a ship; *— un aereo*, to pilot, to fly **6** (*mus.*) to conduct: *— un'orchestra*, to conduct an orchestra.

□ **guidarsi** *v.rifl.* (*regolarsi*) to behave, to conduct oneself: *sa — da sé*, he knows how to behave.

guidato *agg.* guided; (*amministrato*) managed, directed, led: *visita guidata*, conducted tour.

guidatore *s.m.* **guidatrice** *s.f.* (*di veicoli*) driver.

guiderdone *s.m.* (*letter.*) guerdon; reward, recompense.

guidone *s.m.* (*mil.*) guidon; pennant; (*mar.*) burgee.

guidoslitta *s.f.* (*sport*) bobsleigh, bobsled, bob.

guidrigildo *s.m.* (*st. dir.*) wergild, wergeld.

guindolo *s.m.* (*non com.*) (*arcolaio*) reel; spool.

guineano *agg.* e *s.m.* Guinean.

guinzagliare *v.tr.* to put* (s.o., sthg.) on a lead, on a leash; to leash.

guinzaglio *s.m.* leash, lead (*anche fig.*); (*per bambini*) reins (*pl.*), leading strings (*pl.*): *cani al —*, dogs on the leash; *mettere al —*, to leash; *tenere un cane al —*, to hold a dog in (*o* by the) leash; *tenere qlcu. al —*, (*fig.*) to keep a tight rein on s.o.: *sua moglie lo tiene al guinzaglio*, his wife keeps him on a tight rein.

guisa *s.f.* (*letter.*) manner, way; (*sembianza*) guise; (*forma*) shape: *in quella —*, in that way (*o* manner) // *a — di*, like: *a — di attore*, like an actor; *travestito a — di mendicante*, disguised as a beggar // *in — che...*, so that... (*o* in such a way that...).

guitto *agg.* **1** poor, destitute, low, beggarly **2** (*fig.*) (*gretto*) stingy, mean ◆ *s.m.* (*teatr.*) strolling player: *compagnia di guitti*, strolling players; *è un povero —*, (*un attore da poco*) he is a real ham.

guizzamento *s.m.* (*non com.*) (*il guizzare*) flashing, darting; (*il guizzo*) flash, dart.

guizzante *agg.* **1** (*di pesci, serpi ecc.*) wriggling; darting; (*dimenantesi giocosamente*) frisking, frolicking **2** (*di luce*) flashing, flickering **3** (*che si muove rapidamente*) darting, flashing.

guizzare *v.intr.* **1** (*di serpi ecc.*) to wriggle; (*di pesci*) to dart; (*dimenarsi giocosamente*) to frisk, to frolic: *le anguille mi guizzarono via dalle dita*, the eels wriggled out of my fingers; *i delfini guizzavano sulla superficie dell'acqua*, dolphins were frisking on the surface of the water **2** (*di luce*) to flash, to flicker **3** (*muoversi rapidamente*) to dart, to flash; (*balzare*) to jump, to leap*: *nell'aria guizzavano le rondini*, swallows were darting through the air // *guizzar via*, (*scappare agilmente*) to slip away: *il prigioniero guizzò via dalle mani dei poliziotti*, the prisoner wriggled free from the hands of the police; *il rapido guizzò via*, the express train flashed past.

guizzo *s.m.* **1** (*di pesci, serpi ecc.*) wriggle, dart; (*il dimenarsi giocoso*) frisk; (*balzo*) jump, leap **2** (*di luce*) flash **3** (*movimento rapido*) dart(ing), flash(ing).

gulag *s.m.* gulag.

gulasch *s.m.* (*cuc.*) goulash.

guppy *s.m.* (*zool.*) (*Lebistes reticulatus*) guppy.

gurge *s.m.* (*poet.*) vortex*, maelstrom.

guscio *s.m.* **1** shell; (*di molluschi*) test: *— di lumaca, chiocciola*, snail shell; *— di tartaruga*, turtle (*o* tortoise) shell; *— d'uovo*, eggshell; *uscire dal —*, to shell // *restarsene, chiudersi nel proprio —*, to go into (*o* to retire into) one's shell (*anche fig.*); *uscire dal proprio —*, to come out of one's shell (*anche fig.*) **2** (*di legumi, cereali ecc.*) husk, hull, pod, shuck: *— di noce*, nutshell; *togliere il —*, to unhusk **3** (*involucro*) covering, cover **4** (*minuscola imbarcazione*) nutshell **5** (*arch.*) cove **6** (*aer.*) (*struttura a guscio*) monocoque; (*fonderia*) shell: *semi- —*, semi-monocoque; *struttura metallica a — a rivestimento lavorante*, stressed skin metal monocoque construction (*o* structure); *formatura a —*, shell moulding **7** (*fis.*) (*anello elettronico*) shell: *— elettronico*, electronic shell.

gustabile *agg.* tasty, appetizing; enjoyable.

gustare *v.tr.* **1** (*godere*) to enjoy, to relish (*anche fig.*): *hai gustato il nostro pranzo?*, did you enjoy our dinner?; *ho molto gustato l'arrosto*, I enjoyed the roast very much; *— i piaceri della vita*, to enjoy the pleasures of life **2** (*assaggiare*) to taste, to try: *gusta un po' di questo vino!*, taste (*o* try) a little of this wine! (*o* take a sip of this wine!) ◆ *v.intr.* (*piacere*) to like (s.o., sthg.) (*costruzione pers.*): *ciò non mi gusta affatto*, I do not like that at all; *la vostra compagnia mi gusta molto*, I like your company very much.

gustativo *agg.* taste (*attr.*); gustative, gustatory: (*anat.*) *papille gustative*, taste buds.

gustatore *s.m.* (*chi gusta*) taster.

gustatorio *agg.* gustatory.

gustazione *s.f.* tasting, gustation.

gustevole *agg.* **1** palatable, tasty, appetizing **2** (*piacevole*) pleasant; agreeable.

gusto *s.m.* **1** (*senso del gusto*) taste: *è piacevole al —*, it is agreeable to the taste; *avere il — fine, delicato*, to have a fine palate **2** (*sapore*) taste; (*aroma*) flavour: *un gelato al — di limone*, a lemon(-flavoured) ice cream; *mi lasciò un — amaro*, it left a bitter taste in my mouth; *questa minestra non ha alcun —*, this soup has no taste (*o* is tasteless) // *aver — di*, to taste of: *questo arrosto ha troppo — di aglio*, this roast tastes too much of garlic **3** (*senso estetico*) taste: *un abito di —*, a tasteful dress; *arredato con ottimo —*, furnished in very good taste; *un uomo di (buon) —*, a man of (good) taste; *uno scherzo di cattivo —, di dubbio —*, a joke in bad taste, in doubtful taste **4** (*preferenza*) taste; like: *è una questione di gusti*, it is a matter of tastes; *ognuno ha i suoi gusti*, tastes differ; *che razza di gusti!*, what weird taste!; *il — della citazione*, a taste for quotation // *tutti i gusti son gusti*, (*prov.*) there is no accounting for taste **5** (*voglia, capriccio*) fancy: *un — passeggero*, a passing fancy; *mi sono tolto il — delle fragole*, I've satisfied my craving for strawberries **6** (*gradimento*) liking, taste: *è di tuo —?*, is it to your liking?; *questo metodo non è di suo —*, this method is not to his liking (*o* taste) **7** (*piacere, entusiasmo*) zest, gusto, relish: *se ti bocciano, ci ho —*, I'll be glad if they fail you; *mangiammo di —*, we ate with relish; *suonava di —*, he was playing with zest (*o* gusto); *ridere di —*, to laugh heartily; *che — ci provi a bere così tanto?*, what do you get out of drinking so much?; *prendere — a qlco.*, to take a liking to sthg. (*o* to get to like sthg.); *ha preso — alle carte*, he has taken a liking to (playing) cards; *prende — a stuzzicarmi*, he enjoys teasing me; *mi sono preso il — di dirglielo in faccia*, I had the satisfaction of telling him to his face; *ho perso il — di andare al cinema*, I don't enjoy going to the cinema any more **8** (*stile*) style: *il — neoclassico*, neoclassical style.

gustosamente *avv.* **1** (*con piacere*) with relish **2** (*piacevolmente*) agreeably.

gustosità *s.f.* **1** (*saporosità*) tastiness, savouriness **2** (*piacevolezza*) delightfulness, pleasantness.

gustoso *agg.* **1** (*saporito*) tasty, savoury: *un piatto —*, a savoury dish **2** (*piacevole*) agreeable, delightful **3** (*divertente*) amusing: *una commedia gustosa*, an amusing play.

guttaperca *s.f.* (*chim.*) gutta-percha.

guttazione *s.f.* (*bot.*) guttation.

gutturale *agg.* (*fon.*) guttural: *consonanti gutturali*, guttural consonants; *suono, voce —*, guttural sound, voice ◆ *s.f.* guttural.

gutturalismo *s.m.* gutturalism.

gymkhana → **gincana**.

h *s.f.* o *m.* (*ottava lettera dell'alfabeto*) h (*pl.* hs, h's): — *muta*, silent h; *non aspirare l'—*, to drop one's h's // (*tel.*) — *come Hotel*, h for Harry (*o amer.* h for How) // *bomba H*, H-bomb // *a forma di H, ad H*, H (*o* H-shaped): *trave ad H*, H-beam.

habanera *s.f.* (*musica, danza*) habanera.

habeas corpus *s.m.* (*dir.*) habeas corpus.

habitat *s.m.* (*ecol.*) habitat (*anche estens.*), station; (*di piante*) range: — *naturale*, natural habitat; *si sente a suo agio nel suo —*, (*estens.*) he feels at home in his own environment (*o* world).

habitué *s.m.* (*fr.*) habitué, regular: — *del cinema*, regular cinema-goer; *è un —*, (*cliente abituale*) he is a regular customer; *è un — di tutti i concerti*, he is a regular at all the concerts.

habitus *s.m.* (*bot., zool.*) habit.

hadrone → **adrone**.

hafnio → **afnio**.

hahnio *s.m.* (*chim.*) hahnium.

haitiano *agg.* e *s.m.* Haitian.

halibut *s.m.* (*zool.*) (*Hippoglossus hippoglossus*) halibut.

hall *s.f.* hall.

halleluia → **alleluia**.

hamada → **hammada**.

hamburger *s.m.* hamburger.

hammada *s.m.* (*geogr.*) hammada, hamada.

hamster *s.m.* (*zool.*) (*Cricetus cricetus*) hamster.

handicap *s.m.* handicap // *portatore di —*, handicapped (*o* disabled) person; *i portatori di —*, the handicapped; the disabled.

handicappare *v.tr.* to handicap.

handicappato *agg.* handicapped: *essere — da*, to be handicapped by ◆ *s.m.* handicapped person, disabled person // *gli handicappati*, the handicapped (*o* the disabled).

hangar *s.m.* (*aer.*) hangar, shed.

hanseatico → **anseatico**.

happening *s.m.* happening.

happy end *s.m.* happy ending.

harakiri *s.m.* harakiri: *fare —*, to commit harakiri.

hard bop *s.m.* (*mus.*) hard bop.

hard-core *agg.* hard-core: *cinema —*, porno cinema.

hard-top *s.m.* (*aut.*) (*tettuccio rigido*) hardtop.

hardware *s.m.* (*inform.*) hardware.

harem *s.m.* harem.

harmonium *s.m.* (*mus.*) harmonium.

hashish *s.m.* hashish, hasheesh; hemp.

haute *s.f.* (*fr.*) (*alta società*) high society.

haute-couture *s.f.* (*fr.*) haute couture, high fashion.

haüynite *s.f.* (*min.*) hauyne, hauynite.

hawaiana *s.f.* **1** Hawaiian (woman, girl) **2** (*camicia*) Hawaiian shirt.

hawaiano *agg.* e *s.m.* Hawaiian.

hegelianesimo, **hegelianismo** → **hegelismo**.

hegeliano *agg.* e *s.m.* (*fil.*) Hegelian.

hegelismo *s.m.* (*st. fil.*) Hegelianism.

henna *s.f.* **henné** *s.m.* (*bot.*) (*Lawsonia inermis*) henna.

henry *s.m.* (*fis.*) henry*.

heptachlor *s.m.* (*chim.*) heptachlor.

hermitiano *agg.* (*mat.*) Hermitian.

herpes *s.m.* (*med.*) herpes: — *zoster*, herpes zoster.

hertz *s.m.* (*fis.*) hertz.

hertziano *agg.* (*fis.*) Hertzian: *onde hertziane*, Hertzian waves.

hessiano *agg.* (*mat.*) Hessian.

hessite *s.f.* (*min.*) hessite.

heulandite *s.f.* (*min.*) heulandite.

hevea *s.f.* (*bot.*) hevea.

hickory *s.m.* (*bot.*) hickory.

high-fidelity *s.f.* e *agg.* high-fidelity.

high-life *s.f.* (*alta società*) high society.

himalaiano *agg.* Himalayan.

hindi *s.m.* e *agg.* Hindi.

hindustani *s.m.* Hindustani.

hinterland *s.m.* outer city.

hip *inter.* hip: —, —, *urrà!*, hip, hip, hurrah!

hippy *agg.* e *s.m.* e *f.* hippie, hippy.

hit *s.m.* (*canzone di successo*) hit.

hitleriano *agg.* (*pol.*) Hitlerite, Hitlerian ◆ *s.m.* Hitlerite, supporter of Hitler.

hitlerismo *s.m.* (*pol.*) Hitlerism.

hit-parade *s.f.* (*parata di successi*) hit parade.

hobbista *s.m.* e *f.* hobbyist.

hobbistica *s.f.* hobbies (*pl.*): *negozio specializzato per l'—*, hobby shop.

hobbistico *agg.* hobby (*attr.*).

hobby *s.m.* hobby: *ha l'— della fotografia*, his hobby is photography; *fare qlco. per —*, to do sthg. as a hobby.

hockeista *s.m.* hockey player.

hockeistico *agg.* hockey (*attr.*).

hockey *s.m.* (*sport*) hockey: — *su ghiaccio*, ice hockey; — *su prato*, field (*o* grass) hockey; — *su pista*, roller hockey.

holding *s.f.* (*fin.*) holding company, controlling company // — *bancaria*, bank holding company.

hollywoodiano *agg.* Hollywood (*attr.*).

holmio → **olmio**.

home computer *s.m.* home computer, personal computer.

homing *s.m.* (*zool.*) homing.

homo novus *s.m.* **1** homo novus **2** (*estens.*) self-made man.

homo oeconomicus *s.m.* (*lat.*) (*econ.*) homo œconomicus; economic man.

honduregno, **honduriano** *agg.* e *s.m.* Honduran.

honoris causa *avv.* (*lat.*) honoris causa ◆ *agg.* honoris causa, honorary: *laurea —*, honorary degree.

hooligan *s.m.* hooligan.

hop là → **op là**.

horst *s.m.* (*geol.*) horst.

hosanna → **osanna**.

hostess *s.f.* **1** (*aer.*) (air)hostess: — *di terra*, ground hostess **2** (*accompagnatrice*) hostess, guide.

hot dog *s.m.* (*panino*) hot dog.

hotel *s.m.* hotel: *un — a tre stelle*, a three-star hotel // *grand'—*, grand (*o* luxury) hotel.

hovercraft *s.m.* (*mar.*) hovercraft.

hula *s.f.* (*danza*) hula.

hully gully *s.m.* (*ballo*) hully gully.

humboldtina *s.f.* (*min.*) humboldtine.

humour *s.m.* humour, sense of humour: *lo — tipico degli inglesi*, the typical English sense of humour; *una persona piena di —*, a very humorous person.

humus *s.m.* **1** (*geol., agr.*) humus **2** (*fig.*) (*sostrato culturale ecc.*) breeding ground, fertile ground: — *culturale*, breeding ground for new ideas; *l'— di un movimento artistico*, the breeding ground of (*o* the source of ideas for) an art movement.

huroniano *agg.* (*geol.*) Huronian.

hurra → **urrà**.

husky *s.m.* (*zool.*) (*cane*) husky.

hussita e *deriv.* → **ussita** e *deriv.*

hydroforming *agg.* (*chim.*) hydroforming.

Ii

i[1] *s.f.* o *m.* **1** (*nona lettera dell'alfabeto*) i (*pl.* is, i's) // (*tel.*) — *come Imola*, i for Isaac (*o amer.* i for Item) // *mettere i puntini sugli* —, (*fig.*) to dot one's i's and cross one's t's // — *greca*, y // — *lunga*, j **2** *I*, (*numero romano equivalente a 1*) I (one).

i[2] *art.det.m.pl.* **1** the: — *Pennini*, the Pennines; — *Cinesi*, the Chinese; — *Visconti*, the Visconti; — *Kennedy*, the Kennedys; — *fratelli Marx*, the Marx brothers; — *ricchi e — poveri*, the rich and the poor; — *libri che preferisco sono quelli di fantascienza*, the books I like best are science fiction ones; — *maggiori esponenti della letteratura italiana*, the greatest exponents of Italian literature; — *dischi più venduti in Italia e all'estero*, the best-selling records in Italy and abroad; *gli alti e — bassi della vita*, the ups and downs of life **2** (*spesso non si traduce*): — *bambini sono imprevedibili*, children are unpredictable; — *delfini sono mammiferi*, dolphins are mammals; *non amo — film del terrore*, I don't like horror films; — *farmaci hanno spesso effetti collaterali*, medicines often have side effects; *ha — capelli biondi*, she has fair hair; — *miei amici*, my friends; — *parenti di mia moglie*, my wife's relatives **3** (*si traduce con un agg. poss.*): — *nonni vivono con noi*, my grandparents live with us; *abbiamo fatto amicizia con — vicini*, we've made friends with our neighbours; *si è fatto tagliare — capelli*, he('s) had his hair cut; *si tolse — guanti*, he took his gloves off; *portano sempre — bambini con loro*, they always take their children with them **4** (*si traduce con il partitivo*) some, any: *vai a comprare — fiammiferi*, go and buy some matches; *hai comprato — fiori?*, have you bought any flowers?; *questa giacca non ha — bottoni*, this jacket hasn't got any buttons.

i[3] *pron.pers.m.* e *f.sing.* (*ant. poet.*) → **gli**, **le**.

i[4] *pron.pers.m. 3ª pers.pl.compl.ogg.* (*ant. poet.*) → **li**[1].

i' *pron.pers.m.* e *f. 1ª pers.sing.* (*poet.*) troncamento di → **io**.

iacinteo *agg.* (*poet.*) hyacinthine.

iacinto e *deriv.* → **giacinto** e *deriv.*

iadi *s.f.pl.* (*astr.*) Hyades.

iafetico *agg.* Japhetic.

iafetide *s.m.* e *f.* descendant of Japhet.

ialino *agg.* (*geol.*, *min.*) hyaline.

ialite *s.f.* **1** (*min.*) hyalite **2** (*vetro opaco*) hyalithe.

ialografia *s.f.* (*pitt.*) hyalography.

ialoide *agg.* (*anat.*) hyaloid: *arteria* —, hyaloid artery.

ialotipia *s.f.* (*tip.*) hyalotipy.

ialuronico *agg.* (*biochim.*) hyaluronic.

ialuronidasi *s.f.* (*biochim.*) hyaluronidase.

iamatologia *s.f.* Japanology.

iamatologo *s.m.* Japanologist.

iarda *s.f.* yard (*misura di lunghezza* = 91,4399 cm).

iarovizzazione → **vernalizzazione**.

iato *s.m.* **1** (*gramm.*, *anat.*) hiatus* **2** (*fig.*) hiatus*, gap.

iatrochimica *s.f.* iatrochemistry.

iatrogeno *agg.* (*med.*) iatrogenic.

iattanza *s.f.* boastfulness, arrogance, swagger: *discorso pieno di* —, boastful speech; *parlare con* —, to speak boastfully; *trattare con* —, to treat arrogantly.

iattazione *s.f.* (*psic.*) jactitation.

iattura *s.f.* misfortune; calamity; (*danno*) harm // *che —!*, what a tragedy!

iberico *agg.* e *s.m.* Iberian: *la razza iberica*, the Iberian race; *la Penisola Iberica*, The Iberian Peninsula.

iberide *s.f.* (*bot.*) — *di Creta*, (*Iberis umbellata*) candytuft.

iberismo *s.m.* (*ling.*) iberianism.

ibernamento *s.m.* → **ibernazione**.

ibernante *agg.* hibernating, hibernant.

ibernare *v.tr.* e *intr.* (*di animale*) to hibernate (*anche med.*).

ibernazione *s.f.* **1** (*zool.*, *med.*) hibernation **2** (*bot.*) vernalization **3** (*nella lavorazione della ceramica*) weathering.

ibi → **ibis**.

ibidem *avv.* (*lat.*) ibidem (*abbr.* ibid.).

ibis *s.m.* (*zool.*) ibis*.

ibisco *s.m.* (*bot.*) (*Hibiscus syriacus*) althea, (*scient.*) hibiscus.

ibleo *agg.* (*letter.*) Hyblaean.

ibridare *v.tr.* (*biol.*) to hybridize, to interbreed*, to mongrelize, to crossbreed*.

ibridazione *s.f.* (*biol.*) hybridization, interbreeding, crossbreeding.

ibridismo *s.m.* **1** (*biol.*) hybridism, mongrelism **2** (*fig.*) hybrid character, hybridism.

ibridizzare *v.tr.* (*chim.*, *fis.*) to hybridize.

ibridizzazione *s.f.* (*chim.*, *fis.*) hybridization.

ibrido *agg.* **1** (*biol.*) hybrid, crossbreed, mongrel **2** (*fig.*) hybrid, mixed **3** (*ling.*, *chim.*, *fis.*) hybrid ◆ *s.m.* **1** (*biol.*) hybrid, cross, mongrel, intercross **2** (*fig.*) hybrid **3** (*ling.*, *chim.*, *fis.*) hybrid.

ibridoma *s.m.* (*biol.*) hybridoma.

ibseniano *agg.* of Ibsen (*pred.*), Ibsen's (*attr.*), Ibsenian.

icario *agg.* (*letter.*) Icarian.

icastica *s.f.* (*arte*) representation by images, representative art, figurative expression; icastic art.

icasticità *s.f.* graphicness, vividness, figurativeness: *l'— di una descrizione*, the graphic (*o* pictorial *o* figurative) nature of a description.

icastico *agg.* figurative, graphic, pictorial; (*estens.*) (*incisivo*) realistic, vivid: *stile* —, figurative style.

iceberg *s.m.* (*geogr.*) iceberg; (*piccolo*) growler // *la punta dell'*—, (*anche fig.*) the tip of the iceberg.

icneumonide *s.m.* (*zool.*) ichneumon fly.

icnografia *s.f.* ichnography.

icnografico *agg.* ichnographic(al).

icona *s.f.* icon, ikon.

iconico *agg.* iconic.

iconoclasta, **iconoclaste** *s.m.* e *f.* (*st.*) iconoclast (*anche fig.*).

iconoclastia *s.f.* iconoclasm (*anche fig.*).

iconoclastico *agg.* (*st.*) iconoclastic (*anche fig.*): *scrittore* —, iconoclastic writer; *furia iconoclastica*, destructive fury.

iconodulia *s.f.* iconoduly.

iconografia *s.f.* iconography.

iconografico *agg.* iconographic(al).

iconografo *s.m.* **1** iconographer **2** (*tecnico editoriale*) picture editor.

iconolatra *s.m.* e *f.* iconolater ◆ *agg.* of iconolatry.

iconolatria *s.f.* iconolatry.

iconologia *s.f.* iconology.

iconologico *agg.* iconological.

iconologista *s.m.* e *f.* iconologist.

iconoscopio *s.m.* (*tv*) iconoscope.

iconostasi *s.f.* (*arch.*) iconostasis (*pl.* -ses).

icore *s.m.* (*mit.*) ichor.

icosaedro *s.m.* (*mat.*) icosahedron*.

ics *s.f.* o *m.* x, letter x.

ictiosauro → **ittiosauro**.

ictiosi → **ittiosi**.

ictus *s.m.* **1** (*metrica*) ictus* **2** (*med.*) ictus*.

idatide *s.f.* (*med.*) hydatid.

iddio → **dio**.

idea *s.f.* **1** idea: *l'— del bene, del male*, the idea of good, of evil; *il mondo delle idee*, the world of ideas; *avere le idee chiare, confuse*, to have clear, confused ideas; *all'— di dover rifare tutto il lavoro, mi sento morire!*, just the thought of having to re-do all the work makes me feel sick; *è pieno di idee*, he is full of ideas; *mi è venuta un'—*, I have got an idea; *la tua — di venirmi a trovare è stata veramente felice*, your idea of coming to see me was really a happy one; *non ne ho la minima —*, I haven't the faintest (*o* slightest) idea; *non avevo — che se la sarebbe presa tanto*, I had no idea he would be so touchy about it // *per associazione di idee*, by an association of ideas // *"Mi aiuti?" "Neanche per —!"*, "Will you help me?" "Not on your life!" // *— geniale, luminosa*, a brilliant idea (*o* a brainwave) // *che —!*, what an idea! // *ho reso l'—?*, have I made myself clear? (*o* do you get the idea?) **2** (*opinione*) idea, opinion; mind: *siamo tutti della stessa —*, we are all of one mind; *cambiare —*, to change one's mind; *ho le mie idee in merito*, I have my own ideas on the subject; *farsi un'— di, su qlco., qlcu.*, to form (*o* to get) an idea of (*o* about) sthg., s.o.; *si è fatto l'— di essermi antipatico*, he's got hold of the idea that I don't like him; *che — ti sei fatto di questo lavoro?*, what's your impression of the job?; *non puoi neppure fartene un'—*, you can't begin to imagine it; *ho — che non verrà*, I have an idea he won't come **3** (*intenzione*) mind, intention: *ho — di prendermi, che mi prenderò una lunga vacanza*, I think I'll take a long holiday; *non ho la minima — di farlo*, I haven't the slightest intention of doing that; *avere una mezza — di fare qlco.*, to have half a mind to do sthg. **4** (*ideale*) ideal: *molti sono morti per un'—*, many have sacrificed their lives (*o* have died) for an ideal **5** (*fam.*) (*un po'*) hint: *mettici un'— di brandy*, add just a hint of brandy; *abbondante olio, un po' di prezzemolo e un'— di aglio*, plenty of oil, a little parsley and just a hint of garlic.

ideabile *agg.* imaginable, conceivable.

ideale *agg.* **1** ideal; conceptual: *ordine —*, ideal order; *schema, rappresentazione —*, ideal scheme, representation **2** (*immaginario*) ideal, imaginary: *personaggi ideali*, imaginary characters **3** (*perfetto*) ideal, excellent: *cerca la sua donna —*, he's looking for his ideal woman; *tempo —*, ideal weather; *questo è un luogo — per campeggio*, this is an ideal place for camping ◆ *s.m.* **1** ideal: *l'— sarebbe che tutti fossero trattati alla pari*, the ideal would be for everyone to be treated equally; *l'— sarebbe avere due macchine*, the ideal thing would be to have two cars; *ho trovato un lavoro ma non è il mio —*, I have found a job, but it is not my ideal **2** (*aspirazione*) ideal: *realizzare i propri ideali*, to realize one's ideals; *inseguire un —*, to pursue an ideal; *lottare, morire per un —*, to fight, to die for an ideal; *una casa al mare è stato sempre il suo —*, a house by the sea has always been his ideal **3** (*mat.*) ideal: *— di un anello*, ideal of a ring.

idealeggiare *v.intr.* (*non com.*) to be idealistic ◆ *v.tr.* (*rar.*) → idealizzare.

idealismo *s.m.* idealism (*anche fil.*).

idealista *s.m.* e *f.* idealist (*anche fil.*).

idealistico *agg.* idealistic (*anche fil.*).

idealità *s.f.* **1** ideality **2** (*ideale*) ideal.

idealizzabile *agg.* idealizable.

idealizzare *v.tr.* to idealize: *— la donna, l'amore*, to idealize woman, love.

idealizzato *agg.* idealized.

idealizzazione *s.f.* idealization.

idealmente *avv.* ideally.

ideare *v.tr.* **1** (*immaginare*) to think* up, to conceive, to devise: *— un piano*, to conceive (*o* to devise) a plan **2** (*progettare*) to plan: *ha ideato un nuovo modello*, he's planned a new model **3** (*proporsi*) to plan: *— di fare qlco.*, to plan to do sthg.

ideativo *agg.* ideational.

ideatore *s.m.* **ideatrice** *s.f.* author, deviser, creator: *l'— di un programma*, the author of a plan.

ideatorio *agg.* (*non com.*) ideational.

ideazione *s.f.* **1** (*l'ideare*) devising, conceiving **2** (*psic.*) ideation.

idem *avv.* (*lo stesso, ugualmente*) ditto, likewise, also, so, too: *tu hai già finito e lui —*, you have finished and so has he (*o* and him too); *tu sei stato uno stupido e tuo fratello —*, you've been very stupid, and so has your brother ◆ *pron.* ditto (*abbr.* do); the same.

idempotente *agg.* (*mat.*) idempotent.

identicamente *avv.* identically; in the same way.

identicità *s.f.* identity.

identico *agg.* identical, (the) same, exactly alike: *queste due traduzioni sono identiche*, these two translations are identical (*o* exactly alike); *la stessa identica persona*, the very same person; *copia identica all'originale*, an exact copy of the original.

identificabile *agg.* identifiable.

identificare *v.tr.* **1** (*considerare identico*) to identify, to equate: *— due teorie*, to equate two theories **2** (*riconoscere, stabilire*) to identify, to detect, to determine: *— un individuo sospetto*, to identify a suspect; *— il cadavere di qlcu.*, to identify s.o.'s body; *aereo non identificato*, unidentified plane; *— le cause di qlco.*, to identify (*o* to determine) the causes of sthg. □ **identificarsi** *v.rifl.* to identify oneself: *— con un personaggio*, to identify oneself with a character; *— in una linea politica*, to identify oneself with a policy ◆ *v.intr.pron.* to be the same, to be identical: *le due situazioni si identificano*, the two situations are identical.

identificazione *s.f.* **1** identification: *procedere all'— dei sospetti*, to proceed to the identification of the suspects **2** (*psic.*) empathy, identification.

identikit *s.m.* identikit.

identità *s.f.* identity: *crisi d'—*, identity crisis; *una minoranza con una propria, precisa —*, a minority with its own particular identity; *l'— di un fenomeno, di una malattia*, the identity (*o* character) of a phenomenon, of a disease; *difendere la propria —*, to protect one's identity; *stabilire l'— di qlcu.*, to establish s.o.'s identity; *mantenere l'— di una nazione*, to maintain the national identity of a country // *carta d'—*, papers (*o* identification document *o* identity card) // (*fil.*) *principio d'—*, principle of identity.

ideocrazia *s.f.* ideocracy.

ideografia *s.f.* ideography.

ideografico *agg.* ideographic(al): *scrittura ideografica*, ideographic writing; *segni ideografici*, ideograms.

ideogramma *s.m.* ideogram, ideograph.

ideologia *s.f.* ideology: *l'— borghese, comunista*, bourgeois, communist ideology.

ideologico *agg.* ideological: *giustificazione ideologica*, ideological justification.

ideologismo *s.m.* **1** ideology **2** (*spreg.*) over-reliance on ideology.

ideologista *s.m.* e *f.* (*non com.*) ideologist.

ideologizzare *v.tr.* to ideologize.

ideologizzato *agg.* ideologized: *un movimento fortemente —*, a heavily ideologized movement.

ideologizzazione *s.f.* ideologization.

ideologo *s.m.* **1** ideologist, ideologue: *l'— di un partito*, the ideologist of a party **2** (*st.*) ideologist.

idest, **id est** *avv.* (*lat.*) (*letter.*) id est (i.e.), that is to say.

idi *s.f.* o *m.pl.* (*st. romana*) ides: *gli, le — di marzo*, the ides of March.

idilliaco, **idillico** *agg.* idyllic: *poesia idilliaca*, idyllic poetry; *paesaggio —*, idyllic (*o* pastoral) landscape; *rapporti idilliaci*, idyllic relationship; *amore —*, idyllic love.

idillio *s.m.* **1** (*st. lett.*) idyll **2** (*fig.*) (*vita idilliaca*) idyllic life, quiet life **3** (*relazione amorosa*) romance, love affair: *tessere un —*, to start a romance; *troncare un —*, to break off a romance.

idioblasto *s.m.* (*biol.*) idioblast.

idiocultura *s.f.* minority culture.

idiofono *s.m.* (*mus.*) idiophone.

idioglossia *s.f.* (*med.*) idioglossia.

idioletto *s.m.* (*ling.*) idiolect.

idioma *s.m.* language; tongue; idiom; (*dialetto*) dialect, idiom: *l'— italiano*, the Italian language; *l'— materno*, one's mother tongue; *l'— toscano*, the Tuscan dialect (*o* idiom).

idiomatico *agg.* idiomatic: *peculiarità idiomatiche*, idiomatic peculiarities; *frasi, espressioni idiomatiche*, idiomatic expressions (*o* idioms).

idiomatismo *s.m.* (*non com.*) (*ling.*) idiom.

idiomorfismo *s.m.* idiomorphism.

idiomorfo *agg.* (*min.*) idiomorphic.

idiopatia *s.f.* (*med.*) idiopathy.

idiopatico *agg.* (*med.*) idiopathic.

idiosincrasia *s.f.* **1** (*med.*) idiosyncrasy **2** (*avversione*) aversion, dislike: *avere un'— per la matematica*, to have a particular dislike for mathematics.

idiota *agg.* idiotic; foolish, stupid; senseless: *una risposta —*, a foolish reply ◆ *s.m.* e *f.* **1** idiot; fool: *non fare l'—, metti giù quel coltello*, don't be stupid, put that knife away; *sei un perfetto —!*, you are a complete fool! (*o* idiot!); *comportarsi da —*, to behave like an idiot **2** (*med. antiq.*) idiot.

idiotaggine *s.f.* (*non com.*) **1** idiocy, stupidity **2** (*azione da idiota*) idiotic thing (to do); (*parola da idiota*) idiotic remark, nonsense [U].

idiotismo[1] *s.m.* (*gramm.*) idiom.

idiotismo[2] *s.m.* (*med.*) idiocy.

idiozia *s.f.* **1** idiocy, stupidity, foolishness **2** (*azione da idiota*) stupid thing (to do); (*parole da idiota*) idiotic remark, stupid thing (to say); (*assurdità*) nonsense [U]: *sarebbe un'— lasciarsi coinvolgere in quell'affare*, it would be a stupid thing to do, to get involved in that affair; *non fare idiozie*, don't play the fool; *non dire idiozie!*, don't talk nonsense! (*o* what a stupid thing to say!); *questa è una vera —!*, this is pure idiocy! **3** (*med.*) idiocy.

ido *s.m.* (*zool.*) (*Idus idus*) orfe.

idocrasio *s.m.* (*min.*) idocrase.

idolatra *agg.* **1** idolatrous **2** (*fig.*) idolizing ◆ *s.m.* **1** idolater **2** (*fig.*) idolizer ◆ *s.f.* **1** idolatress **2** (*fig.*) idolizer.

idolatrare *v.tr.* **1** (*adorare*) to worship: *alcuni popoli idolatravano il sole*, some races worshipped the sun **2** (*fig.*) (*amare svisceratamente*) to idolize, to worship, to be passionately fond of (s.o., sthg.): *è idolatrato da tutti i suoi allievi*, he is idolized by all his pupils; *— i propri figli*, to idolize (*o* to worship) one's children; *— la ricchezza*, to worship wealth; *— il denaro*, to make a god of money.

idolatria *s.f.* idolatry (*anche fig.*).

idolatrico *agg.* **1** idolatrous **2** (*fig.*) idolizing.

idoleggiamento *s.m.* idolizing, idolization, worship.

idoleggiare *v.tr.* to idolize, to make* an idol of (s.o., sthg.) (*anche fig.*).

idolo *s.m.* idol (*anche fig.*): *l'— del giorno*, the idol of the day; *il denaro è il suo —*, he has made an idol (*o* god) of money; *è diventato l'— del popolo*, he has become the idol of the people; *adorare idoli*, to worship idols.

idoneità *s.f.* fitness; suitability; (*attitudine*) qualification: *— professionale*, professional qualification; *certificato di —*, pass certificate; *— al servizio militare*, fitness for military service // *esame di — alla terza*, qualifying exam to the 3rd class.

idoneo *agg.* fit (for sthg., to do); (*adatto*) suitable (for sthg., for doing); suited, appropriate; apt: *un abito — a un'occasione del genere*, a suitable dress for such an occasion; *in condizioni idonee*, under suitable conditions; *è — al servizio militare*, he is fit for military service; *la sala è idonea per quel tipo di spettacolo*, the hall is suitable (*o* right) for that type of show; *è il mezzo più — per convincerlo*, it's the most suitable (*o* appropriate) means of convincing him.

idra *s.f.* **1** (*zool.*) hydra (*pl.* -ae, -as), water -snake **2** (*fig.*) hydra.

idracido *s.m.* (*chim.*) hydracid.

idramnios *s.m.* (*med.*) hydramnion, hydramnios.

idrante *s.m.* **1** (*presa d'acqua*) hydrant: *— antincendio*, fire hydrant, (*amer.*) fireplug; *— a colonna*, surface hydrant; *— sotterraneo*, pit hydrant **2** (*canna per innaffiare*) hosepipe; (*lancia antincendio*) fireman's hose **3** (*autopompa*) water cart, water tender.

idrargirio → **mercurio**.

idrargirismo *s.m.* (*med.*) hydrargyria, hydrargyrism.

idrartro *s.m.* (*med.*) hydrarthrus.

idrasi *s.f.* (*biochim.*) hydrase.

idraste *s.f.* (*bot.*) hydrastis.

idrastina *s.f.* (*chim.*) hydrastine.

idratabile *agg.* hydratable.

idratante *agg.* **1** (*chim.*) hydrating **2** (*cosmesi*) moisturizing ◆ *s.m.* (*prodotto cosmetico*) moisturizing cream; moisturizing lotion.

idratare *v.tr.* **1** (*chim.*) to hydrate **2** (*cosmesi*) to moisturize.

idratato *agg.* (*chim.*) hydrous.

idratatore *s.m.* (*chim.*) hydrator.

idratazione *s.f.* **1** (*chim.*, *geol.*) hydration **2** (*cosmesi*) moisturizing.

idrato *agg.* (*chim.*) hydrous, hydrated ◆ *s.m.* (*chim.*) hydrate: *— di calcio*, calcium hydrate.

idraulica *s.f.* hydraulics [U].

idraulicità *s.f.* (*edil.*) hydraulicity.

idraulico *agg.* hydraulic: *cemento —*, hydraulic cement; *freni idraulici*, hydraulic brakes; *impianto —*, plumbing; *ingegnere —*, hydraulic engineer; *pressa*, *valvola idraulica*, hydraulic press, valve ◆ *s.m.* plumber.

idrazide *s.f.* (*chim.*) hydrazide.

idrazina *s.f.* (*chim.*) hydrazine.

idrazone *s.m.* (*chim.*) hydrazone.

idremia *s.f.* (*med.*) hydraemia, (*spec. amer.*) hydremia.

idria *s.f.* (*archeol.*) hydria (*pl.* -ae).

idrico *agg.* water (*attr.*): *dieta idrica*, water diet; *rifornimento —*, water supply.

idro- *pref.* di origine greca che indica **1** relazione con l'acqua; presenza di acqua; ingl. hydro-: (*ecol.*) *idrocoria*, hydrochoria; *idroelettrico*, hydroelectric **2** (*in chimica*) presenza di idrogeno; ingl. hydro-: *idrocarburo*, hydrocarbon; (*biochim.*) *idrogenasi*, hydrogenase.

idroaerogiro *s.m.* (*aer.*) sea-rotorcraft.

idroaeroporto → **idroscalo**.

idroalcolico *agg.* (*chim.*) hydroalcoholic.

idroalite *s.f.* (*min.*) hydrohalite.

idrobiologia *s.f.* hydrobiology.

idrobiologico *agg.* hydrobiological.

idrobiotite *s.f.* (*min.*) hydrobiotite.

idroboracite *s.f.* (*min.*) hydroboracite.

idrocalumite *s.f.* (*min.*) hydrocalumite.

idrocarburo *s.m.* (*chim.*) hydrocarbon: *— aromatico*, aromatic hydrocarbon; *— saturo*, saturated hydrocarbon.

idrocefalia *s.f.* (*med.*) hydrocephalus, hydrocephaly.

idrocefalico *agg.* (*med.*) hydrocephalic, hydrocephalous ◆ *s.m.* hydrocephalic.

idrocefalo *s.m.* (*idrocefalia*) hydrocephalus, hydrocephaly.

idrocele *s.m.* (*med.*) hydrocele.

idrocellulosa *s.f.* (*chim.*) hydrocellulose.

idrocerussite *s.f.* (*min.*) hydrocerussite.

idrochinone *s.m.* (*chim.*, *fot.*) hydroquinone.

idrocianato *s.m.* (*chim.*) hydrocyanide.

idrocianico *agg.* (*chim.*) hydrocyanic.

idrocolloide *s.m.* (*chim.*) hydrocolloid.

idrocoltura *s.f.* hydroponics [U].

idrocoria *s.f.* (*ecol.*) hydrochoria.

idrocoro *agg.* (*bot.*) hydrochorous.

idrocortisone *s.m.* (*chim.*) hydrocortisone.

idrodinamica *s.f.* hydrodynamics [U].

idrodinamico *agg.* **1** (*fis.*) hydrodynamic **2** (*mar.*, *idraulica*) streamlined: *profilo —*, streamlined section.

idroelettrico *agg.* (*elettr.*) hydroelectric: *centrale idroelettrica*, hydroelectric generating station (*o* hydroelectric power plant); *energia idroelettrica*, hydroelectric energy (*o* waterpower).

idroestrattore *s.m.* hydroextractor.

idroeterolite *s.f.* (*min.*) hydrohetaerolite.

idrofane *s.f.* (*min.*) hydrophane.

idrofide *s.m.* (*zool.*) sea serpent.

idrofilia *s.f.* hydrophily, hydrophilism.

idrofilo *agg.* **1** hydrophilic: *cotone —*, cotton wool **2** (*ecol.*) hydrophilous // *disseminazione idrofila*, hydrochory ◆ *s.m.* (*zool.*) scavenger beetle.

idrofita *s.f.* (*bot.*) hydrophyte, water plant.

idrofobia *s.f.* (*med.*) hydrophobia, rabies.

idrofobico *agg.* (*med.*) hydrophobic.

idrofobo *agg.* **1** (*med.*) hydrophobic, rabid, mad: *cane —*, rabid (*o* mad) dog **2** (*fig. fam.*) furious: *quando fai così mi fai diventare —!*, when you behave like that you make me furious **3** (*chim.*, *fis.*) hydrophobic.

idrofonico *agg.* hydrophone (*attr.*): *apparecchiatura idrofonica*, hydrophone apparatus.

idrofonista *s.m.* e *f.* (*mar.*) hydrophone operator.

idrofono *s.m.* (*mar.*) hydrophone.

idroformilazione *s.f.* (*chim.*) hydroformylation.

idroforo *agg.* water carrying.

idroftalmo → **buftalmo**[2].

idrofugo *agg.* waterproof; water repellent.

idrogamo *agg.* (*ecol.*) → **idrofilo**.

idrogenare *v.tr.* (*chim.*) to hydrogenate, to hydrogenize.

idrogenasi *s.f.* (*biochim.*) hydrogenase.

idrogenazione *s.f.* (*chim.*) hydrogenation.

idrogenico *agg.* (*chim.*) hydrogenous.

idrogenione *s.m.* (*chim.*) hydrogen ion.

idrogeno *s.m.* (*chim.*) hydrogen: *impianto di produzione dell'—*, hydrogen generating plant; *ione —*, hydrogen ion; *legame di —*, hydrogen bond; *perossido di —*, hydrogen peroxide // (*fis. nucleare*): *— pesante*, heavy hydrogen; *bomba all'—*, hydrogen bomb (*o* H-bomb).

idrogenolisi *s.f.* (*chim.*) hydrogenolysis.

idrogeologia *s.f.* hydrogeology.

idrogetto *s.m.* (*mar.*) water-jet propeller.

idrografia *s.f.* (*geol.*) hydrography.

idrografico *agg.* hydrographic(al) // *bacino —*, drainage basin (*o* catchment area), (*amer.*) watershed.

idrografo *s.m.* hydrographer.

idrolasi *s.f.* (*biochim.*) hydrolase.

idrolisi *s.f.* (*chim.*) hydrolysis.

idrolitico *agg.* (*chim.*) hydrolytic: *dissociazione idrolitica*, hydrolytic dissociation.

idrolito *s.m.* (*chim.*) hydrolyte.

idrolizzare *v.tr.* e *intr.* (*chim.*) to hydrolyze.

idrologia *s.f.* hydrology.

idrologico *agg.* hydrologic(al) // *bilancio —*, water budget.

idrologo *s.m.* hydrologist.

idromagnesite *s.f.* (*min.*) hydromagnesite.

idromante *s.m.* e *f.* hydromancer.

idromanzia *s.f.* hydromancy.

idromassaggio *s.m.* hydromassage.

idromeccanica *s.f.* hydromechanics [U].

idromedusa *s.f.* (*zool.*) hydromedusa (*pl.* -ae).

idromele *s.m.* hydromel.

idrometra[1] *s.f.* (*zool.*) (*Notonecta glauca*) boatfly, water-boatman // — *degli stagni*, (*Hydrometra stagnorum*) marsh treader.

idrometra[2] *s.m.* e *f.* expert in hydrometry.

idrometria *s.f.* (*fis.*) hydrometry.

idrometrico *agg.* hydrometric, hydrometrical.

idrometro *s.m.* (*fis.*) hydrometer.

idromide *s.m.* (*zool.*) — *orientale*, (*Hydromys chrysogaster*) beaver-rat.

idromielia *s.f.* (*med.*) hydromyelia.

idromorfico *agg.* hydromorphic.

idronefrosi *s.f.* (*med.*) hydronephrosis.

idronio *s.m.* (*chim.*) hydronium: *ione* —, hydronium ion.

idropericardio *s.m.* (*med.*) hydropericardium.

idroperossido *s.m.* (*chim.*) hydroperoxide.

idropico *agg.* (*med.*) dropsical, hydropic ◆ *s.m.* person suffering from hydropsy.

idropisia *s.f.* (*med.*) hydrops, hydropsy.

idropittura *s.f.* water paint.

idroplano *s.m.* (*mar.*) hydroplane.

idropneumatico *agg.* (*tecn.*) hydropneumatic.

idroponica *s.f.* (*bot.*) hydroponics [U].

idroponico *agg.* (*bot.*) hydroponic.

idroporto → **idroscalo**.

idroreattore → **idrogetto**.

idrorepellente *agg.* water-repellent ◆ *s.m.* waterproofer.

idrorepellenza *s.f.* waterproofness.

idroricognitore *s.m.* (*aer.*) reconnaissance seaplane.

idrosanitario *agg.* e *s.m.* (*edil.*) sanitary.

idroscalo *s.m.* water airport.

idrosciistico *agg.* water-ski (*attr.*).

idroscivolante *s.m.* (*mar.*) hydroplane.

idroscopio *s.m.* (*mar.*) hydroscope.

idrosfera *s.f.* (*geogr.*) hydrosphere.

idrosilurante *s.m.* (*aer.*) torpedo bomber.

idrosoccorso *s.m.* **1** (*soccorso*) rescue by seaplane **2** (*idrovolante*) rescue seaplane.

idrosol *s.m.* (*chim.*) hydrosol.

idrosolfito *s.m.* (*chim.*) hydrosulphite, hyposulphite.

idrosolforoso *agg.* (*chim.*) hydrosulphurous, hyposulphurous.

idrosolubile *agg.* (*chim.*) water-soluble.

idrossiacido *s.m.* (*chim.*) hydroxy acid.

idrossichetone *s.m.* (*chim.*) hydroxyketone.

idrossido *s.m.* (*chim.*) hydroxide.

idrossilammina *s.f.* (*chim.*) hydroxylamine.

idrossile *s.m.* (*chim.*) hydroxyl.

idrossilico *agg.* (*chim.*) hydroxy.

idrostatica *s.f.* hydrostatics [U].

idrostatico *agg.* hydrostatic, hydrostatical.

idroterapia *s.f.* (*med.*) hydrotherapeutics [U], hydrotherapy; hydropathy.

idroterapico *agg.* hydrotherapeutic, hydropathic.

idrotermale *agg.* hydrothermal: *sorgente* —, hydrothermal spring.

idrotorace *s.m.* (*med.*) hydrothorax.

idrotropico *agg.* (*biol.*) hydrotropic.

idrotropismo *s.m.* (*biol.*) hydrotropism.

idrovia *s.f.* water way.

idrovolante *s.m.* (*aer.*) seaplane: — *a galleggianti*, floatplane; — *a scafo*, flying boat.

idrovora *s.f.* (*mecc.*) water-scooping machine.

idrovoro *agg.* **1** water-scooping **2** (*che assorbe l'acqua*) water-absorbent.

idrozoo *s.m.* (*zool.*) hydrozoan.

idruro *s.m.* (*chim.*) hydride.

iella *s.f.* (*fam.*) bad luck: *mi porti* —, you bring me bad luck; *che —! piove ancora!*, just my luck! it's still raining.

iellato *agg.* (*fam.*) unlucky, ill-fated: *sono veramente* —, I'm really unlucky.

iemale *agg.* (*poet.*) hiemal; wintry.

iemalizzare *v.tr.* (*agr.*) to vernalize.

iena *s.f.* (*zool.*) hyena, hyaena (*anche fig.*) // — *striata*, (*Hyaena hyaena*) striped hyena // — *maculata*, (*Crocuta crocuta*) tiger-wolf.

ierarchia → **gerarchia**.

ieraticità *s.f.* solemnity, stateliness.

ieratico *agg.* **1** hieratic: *scrittura ieratica*, hieratic writing **2** (*fig.*) (*grave, solenne*) grave, solemn: *atteggiamento* —, stately (*o* dignified) attitude ◆ *s.m.* (*scrittura*) hieratic (writing).

ieri *avv.* yesterday: — *mattina*, yesterday morning; — *notte*, last night; — *sera*, yesterday evening; *l'altro* —, — *l'altro*, the day before yesterday: *l'altro* — *sera*, the evening before last; *da* — *a oggi*, in the last twenty-four hours (*o* since yesterday *o* overnight); *tra* — *e oggi ho letto due libri*, I've read two books overnight; *prima di* — *andava tutto bene tra noi due*, everything was ok between us before yesterday; *e pensare che fino a* — *non era nessuno!*, just think, up till yesterday he was a nobody // *una settimana* —, a week yesterday // *il fatto non è di* —, this happened a long time ago // *non sono nato —!*, I wasn't born yesterday! ◆ *s.m.* yesterday: *il giornale di* —, yesterday's newspaper; *i passatempi di* —, yesterday's pastimes.

ierocrazia *s.f.* hierocracy.

ierofante *s.m.* **1** (*st.*) hierophant **2** (*fig. iron.*) great authority; (*fam.*) bigwig.

ieroglifico → **geroglifico**.

ietologia *s.f.* (*meteor.*) hyetology.

iettare *v.tr.* to cast* the evil eye on s.o.; to hex; to jinx.

iettato *agg.* (*fam.*) jinxed, unlucky, hexed.

iettatore *s.m.* jinx, Jonah, hoodoo*; bearer of ill-luck; bird of ill omen.

iettatorio *agg.* unlucky, inauspicious, ominous.

iettatura *s.f.* **1** evil-eye; hex, jinx: *gettare la* — *su qlcu.*, to cast the evil-eye on s.o. **2** (*sfortuna*) bad luck, ill-luck: *che —!*, what (a run of) bad luck!; *avere la* —, to be unlucky; *essere perseguitato dalla* —, to be dogged by ill-luck; *portare* —, to bring bad luck.

ifa *s.f.* (*bot.*) hypha*.

igiene *s.f.* **1** hygiene; (*pulizia*) cleanliness: *l'— dei denti*, oral hygiene (*o* dental care); *l'— del corpo*, personal hygiene; *l'— della casa*, household cleanliness; *rispettare le fondamentali regole d'—*, to follow the basic laws of hygiene **2** (*salute*) health; (*complesso dei mezzi per proteggere la salute di una comunità*) sanitation: — *pubblica*, public health; *norme d'—*, sanitary (*o* health) regulations; *migliorare l'— di una città*, to improve the sanitation of a town // *ufficio d'—*, public health office // *Ministero dell'Igiene*, Ministry of Health.

igienico *agg.* **1** hygienic; sanitary: *condizioni igieniche*, hygienic (*o* sanitary *o* health) conditions; *misure igieniche*, sanitary measures // *assorbente* —, sanitary towel // *carta igienica*, toilet paper // (*edil.*) *impianto* —, sanitary fittings **2** (*salubre*) healthy: *questo clima è molto* —, this climate is very healthy; *vita igienica*, healthy life **3** (*fig. fam.*) (*prudente*) safe, advisable, wise: *non è* — *molestarlo*, it's not wise to tease him.

igienista *s.m.* e *f.* **1** (*studioso di igiene*) hygienist, sanitarian **2** (*fanatico dell'igiene*) health fanatic.

iglò, **igloo**, **iglù** *s.m.* igloo.

igname *s.m.* (*bot.*) (*Dioscorea opposita*) yam.

ignaro *agg.* (*inconsapevole*) unaware, ignorant: — *del pericolo*, unaware (*o* unconscious) of the danger; *ero completamente* — *di tutto questo*, I was completely ignorant (*o* unaware) of all this // *essere* — *della vita*, to be ignorant of life.

ignavia *s.f.* (*letter.*) laziness, indolence, sloth.

ignavo *agg.* (*letter.*) indolent, slothful ◆ *s.m.* (*letter.*) idler, sluggard, slothful person.

igneo *agg.* **1** igneous // (*geol.*) *rocce ignee*, igneous rocks **2** (*fig.*) (*ardente, impetuoso*) fiery, ardent.

ignifero *agg.* igniferous.

ignifugare *v.tr.* (*tecn.*) to fireproof.

ignifugazione *s.f.* (*tecn.*) fireproofing.

ignifugo *agg.* (*tecn.*) fireproof ◆ *s.m.* fireproofing.

ignito *agg.* (*letter.*) ignited; (*fig.*) fiery, ardent.

ignitrone *s.m.* (*elettr.*) ignitron.

ignizione *s.f.* **1** (*chim.*) ignition, combustion **2** (*cremazione*) cremation.

ignobile *agg.* **1** ignoble; vile, mean, base; despicable: *un'azione* —, an ignoble deed; *un uomo* —, a despicable person; *questa è un'— calunnia*, it's a vile slander **2** (*ant.*) (*di oscuri natali*) lowborn.

ignominia *s.f.* **1** (*grave disonore*) ignominy, dishonour; (*azione che disonora*) ignominy; (*infamia*) disgrace: *cadere nell'—*, to fall into ignominy (*o* disrepute); *coprirsi d'—*, to cover oneself with ignominy; *è un'—!*, it's a disgrace! **2** (*scherz.*) (*cosa brutta, di cattivo gusto*) eyesore: *quel monumento è una vera —!*, that monument is a real eyesore!

ignominioso *agg.* ignominious, ignoble: *comportamento, gesto* —, ignominious behaviour, action.

ignorabile *agg.* ignorable.

ignorantaggine *s.f.* (*non com.*) crass ignorance.

ignorante *agg.* **1** (*non informato*) ignorant; (*che non ha studiato*) uneducated; (*analfabeta*) illiterate; (*incompetente*) incompetent: *in fatto di musica classica sono abbastanza* —, I'm pretty ignorant about classical music; *è* — *nel suo lavoro*, he's incompetent in his job; *è* — *come una capra*, he is as ignorant as dirt **2** (*fam.*) (*scortese*) rude, impolite ◆ *s.m.* e *f.* **1** (*persona senza cultura*) ignorant person, ignoramus **2** (*persona maleducata*) rude person; boot: *si comporta da* —, he behaves rudely.

ignorantone *s.m.* ignoramus.

ignoranza *s.f.* **1** ignorance: — *crassa*, crass ignorance; *per* —, out of (*o* through) ignorance; *essere nella completa* — *di qlco.*, to be in complete ignorance of sthg.; *confesso la mia —, non ho mai sentito parlare di questo autore*, I have to confess my ignorance, I've never heard of this writer // *beata* —, (*scherz.*) ignorance is bliss // *l'— della legge non scusa*, ignorance of the law is no excuse // *la superbia è figlia dell'—*, (*prov.*) pride is born of ignorance **2** (*fam.*) (*scortesia*) rudeness.

ignorare *v.tr.* **1** (*non sapere*) not to know*; to be unaware of (sthg.): *ignora le nozioni basilari della fisica*, he does not know the rudiments of physics; *ignoravo quello che era accaduto*, I didn't know (*o* was unaware of) what had happened; *ignoravo che fossero amici*, I didn't know they were friends **2** (*non considerare*) to ignore: — *qlco.*, *qlcu.*, to ignore sthg., s.o.; *non puoi continuare a — il problema*, you can't continue to ignore the problem; *ignora sempre le mie richieste*, he always ignores my requests; — *i diritti di qlcu.*, to ignore s.o.'s rights.

□ **ignorarsi** *v.rifl.rec.* to ignore each other: *quando si incontrano si ignorano*, when they meet they ignore each other.

ignorato *agg.* ignored, neglected: *uno scrittore ingiustamente* —, an unjustly neglected writer.

ignoto *agg.* unknown; unfamiliar, strange: *le cause dell'incidente rimangono ignote*, the causes of the accident are still unknown; *un'opera di autore* —, a work by an unknown author; *un sentimento* —, a strange (*o* unfamiliar) feeling; *tutte queste cose mi erano ignote*, these were all things I didn't know // *Milite Ignoto*, Unknown Soldier ◆ *s.m.* **1** unknown person (*anche dir.*): *figlio d'ignoti*, (*nei documenti*) parentage unknown; *denuncia contro ignoti*, complaint against unknown persons; *un furto commesso dai soliti ignoti*, a theft by unknown people **2** *l'—*, the unknown: *andare incontro all'—*, to venture into the unknown.

ignudare → **denudare**.

ignudo → **nudo**.

igrofilo *agg.* (*bot.*, *ecol.*) hygrophilous, hydric.

igrofita *agg.* (*bot.*) hygrophyte.

igrografo *s.m.* (*meteor.*) hygrograph.

igrogramma *s.m.* (*meteor.*) hygrogram.

igroma *s.m.* (*med.*) hygroma (*pl.* -as, -ata).

igrometria *s.f.* (*fis.*) hygrometry.

igrometrico *agg.* (*fis.*) hygrometric, hygrometrical.

igrometro *s.m.* (*fis.*) hygrometer: — *a capello*, hair hygrometer; — *a condensazione*, dew-point hygrometer.

igroscopia *s.f.* (*meteor.*) hygroscopy.

igroscopicità *s.f.* hygroscopicity.

igroscopico *agg.* hygroscopic.

igroscopio *s.m.* (*fis.*) hygroscope.

igrostato *s.m.* (*tecn.*) hygrostat.

iguana *s.f.* (*zool.*) iguana.

iguanodonte *s.m.* (*paleont.*) iguanodon.

ih *inter.* (*di sorpresa*) oh! ah!; (*di disgusto*) ugh!

ikebana *s.m.* ikebana.

il[1] *art.det.m.sing.* **1** the: — *buono e — cattivo*, the good and the bad; — *principio e la fine*, the beginning and the end; — *rovescio della medaglia*, the other side of the coin; — *punto di partenza*, the starting point; — *Mar Mediterraneo*, the Mediterranean Sea; — *Canale della Manica*, the English Channel; — *Capo di Buona Speranza*, the Cape of Good Hope; — *Po è più lungo del Tevere*, the Po is longer than the Tiber; — *re di Francia*, the king of France; — *Principe di Galles*, the Prince of Wales; — *Primo Ministro britannico*, the British Prime Minister; *Alfredo — Grande*, Alfred the Great; — *cielo è sereno*, the sky is clear; — *sole era già alto sull'orizzonte*, the sun was already high above the horizon; — *signore in prima fila è il prefetto*, the man in the front row is the Prefect; *è — primo nell'elenco*, he's the first on the list; — *film più premiato dell'anno*, the most highly acclaimed film of the year; *ti rendo — libro che mi hai prestato*, I'm giving you back the book you lent me; — *ventesimo secolo*, the twentieth century; *la scuola riprende — 1º di settembre*, school starts again on 1st September (*letto* September the first); — *leone è simbolo di forza*, the lion is a symbol of strength **2** (*spesso non si traduce*): — *signor Rossi*, Mr Rossi; — *dottor Bianchi*, Dr Bianchi; — *tenente Brown*, Lieutenant Brown; — *re Giorgio III*, King George III; — *Presidente Bush*, President Bush; — *Giappone*, Japan; — *Monte Bianco*, Mont Blanc; — *giorno di Natale*, Christmas Day; *nel 1989*, in 1989; — *mese prossimo, scorso*, next, last month; *il museo resta chiuso — lunedì*, the museum is closed on Mondays; — *golf è lo sport nazionale degli Scozzesi*, golf is the Scottish national sport; — *latte è un alimento completo*, milk is a meal in itself; — *calcio e — magnesio sono elementi chimici*, calcium and magnesium are chemical elements; *prendiamo — tè alle cinque*, we have tea at 5 o'clock; — *pranzo è servito*, dinner is served; (—) *viaggiare arricchisce la mente*, travel broadens the mind; *adoro — giallo*, I love yellow; *studia — tedesco e — russo*, he studies German and Russian; — *consumismo è un tipico aspetto della vita moderna*, consumerism is a typical aspect of life today; — *mio orologio è fermo*, my watch has stopped; — *padre di Enrico*, Henry's father; — *Verga è il massimo esponente del verismo italiano*, Verga is the greatest exponent of Italian realism **3** (*si traduce con un agg. poss.*): *lui è italiano, — padre e la madre sono tedeschi*, he's Italian, but his mother and father are German; *devo mettere — vestito nuovo?*, shall I wear my new dress?; *togliti — soprabito*, take your coat off; *quanto zucchero metti nel caffè?*, how much sugar do you put in your coffee?; *non mettere — naso nelle faccende che non ti riguardano*, don't poke your nose into other people's business // *perdere — lume della ragione*, to lose one's reason (*o* to go off one's mind) **4** (*si traduce con l'art. indef.*) a, an: — *serpente è un rettile*, a snake is a reptile; — *farmacista vende medicinali*, a chemist sells medicines; *per eseguire questo calcolo occorre — computer*, you need a calculator for this sum; *ha — naso affilato*, he's got a sharp nose; *abbiamo una casa col giardino davanti*, we have a house with a garden in front; *il nonno fumava — sigaro*, my grandfather smoked a cigar; *da grande vuol fare — calciatore*, he wants to be a footballer when he grows up; *chiedere — divorzio*, to ask for a divorce **5** (*si traduce con il partitivo*) some, any: *hai comprato — sale?*, have you bought any salt?; *devo scendere in cantina a prendere — vino*, I must go down to the cellar for some wine; *questa pentola non ha — coperchio*, this pan hasn't got any lid **6** (*con valore distr.*) a, an: *le rose costano diecimila lire — mazzo*, the roses cost 10,000 liras a bunch; *guadagna tre milioni al mese*, he earns 3 million (liras) a month.

il[2] *pron.pers.m. 3ª pers.sing.compl.ogg.* (*ant.*) him, it.

ila *s.f.* (*zool.*) hyla.

ilare[1] *agg.* (*letter.*) cheerful, merry, gay: *volto* —, cheerful face.

ilare[2] *agg.* (*anat.*) hilar.

ilarità *s.f.* hilarity, merriment, mirth; (*buon umore*) good humour, cheerfulness; (*riso*) laughter: *scoppio d'—*, burst of laughter; *le sue parole provocarono l'— generale*, his words made everybody laugh.

ileale *agg.* (*anat.*) ileal.

ileite *s.f.* (*med.*) ileitis*.

ileo *s.m.* **1** (*anat.*) (*osso*) ilium* **2** (*anat.*) (*intestino*) ileum* **3** (*med.*) (*occlusione intestinale*) ileus.

ileocecale *agg.* (*anat.*) ileocecal, ileocaecal.

ileosacrale *agg.* (*anat.*) ileosacral.

ilesite *s.f.* (*min.*) ilesite.

iliaco[1] *agg.* (*anat.*) iliac: *vene, arterie iliache*, iliac veins, arteries // *osso* —, hip-bone.

iliaco[2] *agg.* (*letter.*) Trojan, of Ilium, of Troy; *le iliache donne*, the Trojan women.

Iliade *s.f.* (*lett.*) Iliad.

ilice → **elce**.

ilio *s.m.* (*anat.*) ilium*.

illacrimato *agg.* (*letter.*) unwept, unlamented.

illanguidimento *s.m.* languishment.

illanguidire *v.tr.* to weaken, to enfeeble: *voce illanguidita dalla malattia*, voice weakened by illness ◆ *v.intr.* to languish, to grow* feeble, to grow* weak, to droop: — *in prigione*, to languish in prison.

□ **illanguidirsi** *v.intr.pron.* to become* weak, to become* feeble, to fade: — *per un lungo digiuno*, to become weak because of a long fast; *i nostri desideri si sono illanguiditi*, (*fig.*) our hopes faded.

illanguidito *agg.* feeble, weak.

illativo *agg.* (*letter.*) illative, inferential // (*gramm.*) *congiunzione illativa*, consecutive conjunction.

illaudabile *agg.* (*letter.*) unpraiseworthy, unlaudable.

illazione *s.f.* illation, inference; deduction: — *arbitraria*, arbitrary inference; *sono tutte illazioni*, it's all conjecture.

illecito *agg.* illicit; (*illegale*) unlawful; (*proibito*) forbidden: *traffico* —, illicit trade; *guadagno* —, unlawful earnings; *puoi ottenerlo solo per vie illecite*, you can only get it illicitly // (*dir.*) *responsabilità civile per fatto* —, tort liability ◆ *s.m.* (*dir.*) (*civile*) tort, tortious act; (*penale*) crime, offence.

illegale *agg.* illegal, unlawful, lawless, outlaw; (*dir.*) *procedimento* —, unlawful proceeding; *arresto* —, false imprisonment.

illegalismo *s.m.* illegality, unlawfulness.

illegalità *s.f.* **1** illegality, unlawfulness, wrongfulness; lawlessness **2** (*atto illegale*) unlawful act, illegal act.

illeggiadrire *v.tr.* (*letter.*) to make* pretty; to enhance; to embellish.
□ **illeggiadrirsi** *v.intr.pron.* to grow* lovelier, to grow* more graceful.

illeggibile *agg.* illegible, undecipherable, unreadable: *libro* —, unreadable book; *scrittura* —, illegible handwriting; *la prosa di questo autore è* —, this author's prose is unreadable.

illegittimità *s.f.* **1** illegitimacy, unlawfulness **2** (*arbitrarietà*) illegitimacy, arbitrariness.

illegittimo *agg.* **1** illegitimate, unlawful: *azioni illegittime*, illegitimate (*o* unlawful) actions; *potere* —, unlawful power // *figlio* —, illegitimate child **2** (*arbitrario*) illegitimate, arbitrary, unwarranted: *la tua conclusione è illegittima*, your conclusion is unwarranted **3** (*contrario al giusto*) unfounded, unjustified: *pretesa illegittima*, unjustified claim.

illeso *agg.* **1** unhurt, uninjured, unharmed, unscathed: *da quel pauroso incidente uscì* —, he survived the terrible accident without a scratch **2** (*fig.*) intact, unsullied: *la sua fama è rimasta illesa*, his reputation remained intact.

illetterato *agg.* **1** (*analfabeta*) illiterate **2** (*estens.*) ignorant, uneducated, uncultured, unlettered ◆ *s.m.* illiterate person, uneducated person, uncultured person.

illibatezza *s.f.* (*letter.*) **1** (*castità*) virginity, purity, chastity; (*rettitudine*) honesty, integrity, uprightness **2** (*candore*) purity, spotlessness.

illibato *agg.* (*letter.*) **1** (*casto*) virgin, pure, chaste; (*retto*) honest, honourable, upright **2** (*candido*) pure, blameless.

illiberale *agg.* **1** illiberal: *regime* —, illiberal regime **2** (*letter.*) (*gretto*) mean, ungenerous, illiberal.

illiberalità *s.f.* illiberality.

illiceità *s.f.* unlawfulness, illegality.

illicenziabilità *s.f.* irremovability.

illimitatezza *s.f.* unlimitedness, boundlessness.

illimitato *agg.* **1** unlimited, boundless; infinite, without end (*pred.*): *l'universo è* —, the universe is infinite; (*dir.*) *responsabilità illimitata*, unlimited liability **2** (*totale*) boundless, unbounded, endless, unlimited: *fiducia illimitata*, unbounded confidence // (*mil.*) *congedo* —, indefinite leave.

illimpidire *v.tr.* (*non com.*) to make* clear, to make* limpid ◆ *v.intr.* → illimpidirsi.
□ **illimpidirsi** *v.intr.pron.* to become* clear, to become* limpid.

illiquidità *s.f.* (*econ.*) illiquidity.

illiquido *agg.* (*econ.*) illiquid.

illirico *agg.* e *s.m.* Illyrian.

illite *s.f.* (*min.*) illite.

illividimento *s.m.* turning blue, turning livid.

illividire *v.tr.* (*letter.*) to make* livid: *aveva le mani illividite dal freddo*, his hands were blue with cold ◆ *v.intr.* to become* livid.

illocutivo, illocutorio *agg.* (*ling.*) illocutive.

illogicità *s.f.* illogicality, illogicalness.

illogico *agg.* illogical.

illudere *v.tr.* to deceive, to delude; (*fam.*) to fool: *non cercate d'illudermi, conosco la verità!*, don't try to deceive me, I know the truth!; — *qlcu. con false promesse*, to delude s.o. with false promises.
□ **illudersi** *v.rifl.* to deceive oneself, to delude oneself; to be under the illusion (that...); (*lusingarsi*) to flatter oneself: *si illudeva di sapere tutto*, he flattered himself that he knew everything; *non avrai quello che desideri, non illuderti!*, you won't have what you wish, don't delude yourself!; *mi ero illuso sul suo conto!*, I was mistaken about him // *non c'è da* —, don't fool yourself.

illuminabile *agg.* illuminable.

illuminamento *s.m.* (*fis.*) illuminance, illumination.

illuminante *agg.* **1** illuminating, illuminant: *gas* —, illuminating gas **2** (*fig.*) illuminating, enlightening; (*fam.*) eye-opening: *un esempio* —, an illuminating example; *idea* —, enlightening idea.

illuminare *v.tr.* **1** to illuminate, to light* (up): *la facciata era illuminata a giorno*, the façade was floodlit; *il fuoco illuminava tutta la piazza*, the fire lit up the whole square; *grandi lampade illuminavano la scena*, big lamps illuminated the scene // *la felicità le illuminava il viso*, (*fig.*) happiness lit up her face **2** (*fig.*) (*far comprendere*) to enlighten, to illuminate, to illumine, to light* (up): *mi illuminò con un esempio*, he enlightened me with an example (*o* he clarified things for me with an example); *mi illuminò sulla necessità di continuare gli studi*, he enlightened me on the need to continue my studies.
□ **illuminarsi** *v.intr.pron.* to lighten, to brighten: *il cielo si illuminò verso l'orizzonte*, the sky brightened towards the horizon; *il viso gli si illuminò di speranza*, his face lightened (*o* brightened) with hope.

illuminativo *agg.* (*non com.*) illuminative, illuminating.

illuminato *agg.* **1** illuminated, lit (up): — *a giorno*, floodlit; *entrò in un locale poco* —, he went into a dimly lit club **2** (*fig.*) enlightened: *sovrano* —, enlightened ruler.

illuminatore *agg.* illuminating, enlightening: *un'esperienza illuminatrice*, an enlightening experience.

illuminazione *s.f.* **1** lighting, illumination; (*luminaria*) illuminations (*pl.*): — *a giorno*, floodlighting; — *artificiale*, artificial lighting; — *elettrica, a gas*, electric, gas lighting; *l'— era piuttosto scarsa*, the lighting was rather poor // (*fis.*) *intensità di* —, intensity of illumination **2** (*fig.*) illumination, flash of inspiration: *avere una geniale* —, to have a brilliant flash of inspiration.

illuminismo *s.m.* (*st. fil.*) Enlightenment: *il secolo dell'*—, the age of Enlightenment.

illuminista *agg.* (*st. fil.*) Enlightenment (*attr.*) ◆ *s.m.* e *f.* (*st. fil.*) follower of the Enlightenment.

illuministico *agg.* Enlightenment (*attr.*); of the Enlightenment (*pred.*).

illuminometro *s.m.* illuminometer.

illuminotecnica *s.f.* illuminating engineering.

illusione *s.f.* **1** (*percezione alterata*) illusion: — *ottica*, optical illusion **2** (*fig.*) illusion, false hope; delusion: *farsi illusioni*, to delude oneself (*o* to be under an illusion); *non ti fare illusioni, non tornerà*, don't fool yourself! he won't be back; *non mi faccio illusioni su questo nuovo governo*, I have no illusions about this new government.

illusionismo *s.m.* illusionism; (*prestidigitazione*) conjuring.

illusionista *s.m.* e *f.* illusionist; conjurer.

illusionistico *agg.* illusionistic; conjuring.

illusivo *agg.* (*letter.*) illusory, illusive.

illuso *agg.* deluded, deceived; fooled ◆ *s.m.* dreamer; (*fam.*) mug: *sei un* —!, (*fam.*) you're a mug (*o* a dreamer)!

illusorietà *s.f.* illusoriness.

illusorio *agg.* **1** (*che illude*) illusory, illusive; deceptive; (*vano*) vain **2** (*frutto di una illusione*) illusory, unreal.

illustrare *v.tr.* **1** to illustrate, to explain, to expound: — *un piano d'azione*, to illustrate a plan of action; — *le proprie opinioni*, to explain one's opinions **2** (*adornare con figure*) to illustrate: — *un libro*, to illustrate a book **3** (*non com.*) (*rendere onorato*) to bring* fame (to s.o.), to glorify, to honour.

illustrativo *agg.* illustrative; explanatory: *note illustrative*, explanatory notes.

illustrato *agg.* illustrated: *cartolina illustrata*, picture postcard; *edizione illustrata*, illustrated edition; *un settimanale* —, an illustrated magazine.

illustratore *s.m.* **1** (*chi correda un testo con figure*) illustrator **2** (*chi commenta*) commentator, annotator.

illustrazione *s.f.* **1** (*spiegazione*) illustration; explanation: *l'— di una teoria*, the illustration (*o* explanation) of a theory **2** (*figura*) picture, illustration: *le illustrazioni di un libro*, the pictures (*o* illustrations) of a book.

illustre *agg.* illustrious, famous, eminent; renowned: *un medico* —, a famous doctor // *un — imbroglione*, a notorious rascal.

illustrissimo *agg.superl.* (*form.*) most illustrious // *Illustrissimo signor Roberto Rossi*, (*negli indirizzi*) Mr Robert Rossi (*o* Robert Rossi Esq.).

illuvie *s.f.* (*letter.*) **1** dirt; filth **2** (*inondazione*) flood; (*invasione*) flood, invasion.

ilmenite *s.f.* (*min.*) ilmenite.

ilo *s.m.* **1** (*bot.*) hilum*, cicatric(u)le **2** (*anat.*) hilum*, hilus*.

ilobate *s.m.* (*zool.*) hylobates.

ilota *s.m.* (*st.*) helot (*anche fig.*).

ilozoismo *s.m.* (*fil.*) hylozoism.

imagine e *deriv.* → **immagine** e *deriv.*

imaginismo *s.m.* (*st. lett.*) Imaginism.

imagismo *s.m.* (*st. lett.*) Imagism.

imago *s.f.* **1** (*poet.*) image **2** (*psic.*) imago*.

imam, iman antiq. **imano** *s.m.* iman.

imbacuccare *v.tr.* to wrap up, to muffle up: *imbacuccarono il bimbo in uno scialle*, they wrapped up the child in a shawl.
□ **imbacuccarsi** *v.rifl.* to wrap oneself (up), to muffle oneself (up).

imbacuccato *agg.* wrapped up, muffled up; *era tutto — e non l'ho riconosciuto*, he was all muffled up and I didn't recognize him.

imbaldanzire *v.tr.* to embolden, to make* bold: *la vittoria lo imbaldanzì*, his victory made him bold ◆ *v.intr.* → imbaldanzirsi.
□ **imbaldanzirsi** *v.intr.pron.* to become* bold, to grow* self-confident.

imballaggio *s.m.* **1** (*operazione*) packing, packaging, wrapping; (*in balle*) baling; (*in casse*) crating: — *compreso*, packing included; — *gratis*, packing free; — *sottovuoto*, vacuum packing; — *speciale*, extra packing; *spese di* —, packing charges; *carta da* —, wrapping (*o* brown) paper; *cassa da —*, crate **2** (*involucro*) package, pack: *— a perdere*, throwaway package; *— a rendere*, package to be returned; *imballaggi vuoti*, empties.

imballare[1] *v.tr.* **1** to pack, to package; (*in balle*) to bale; (*in casse*) to box, to crate: *— merce*, to pack goods; *— il cotone*, to bale cotton **2** (*avvolgere*) to wrap up.

imballare[2] *v.tr.* to race: *— il motore*, to race the engine.

□ **imballarsi** *v.intr.pron.* **1** (*di motore*) to race **2** (*di atleta*) to seize up.

imballatore *s.m.* packer, packager; baler.

imballatrice *s.f.* (*mecc.*) packing machine; baler.

imballatura *s.f.* → **imballaggio**.

imballo *s.m.* **1** → imballaggio **2** (*tessuto per imballaggio*) hessian; (*amer.*) burlap.

imbalordire *v.tr.* (*non com.*) to stun, to dull; (*per meraviglia*) to bewilder ◆ *v.intr.* → imbalordirsi.

□ **imbalordirsi** *v.intr.pron.* (*diventare intontito*) to become* stupid.

imbalsamare *v.tr.* **1** to embalm (*anche fig.*); (*animale*) to stuff: *il suo corpo fu imbalsamato*, his body was embalmed **2** (*letter.*) (*profumare*) to perfume, to scent.

imbalsamato *agg.* **1** embalmed; (*di animale*) stuffed: *un pappagallo —*, a stuffed parrot **2** (*letter.*) (*profumato*) perfumed.

imbalsamatore *s.m.* embalmer; (*di animali*) taxidermist, stuffer.

imbalsamatura, **imbalsamazione** *s.f.* embalmment; embalming; (*di animali*) taxidermy, stuffing.

imbambolarsi *v.intr.pron.* to be bewildered, to be in a daze, to be stunned: *all'esame si è imbambolata e non ha più detto nulla*, she was in a daze during the exam and didn't say anything.

imbambolato *agg.* dull; (*stordito*) dazed, stunned; (*incantato*) spellbound, asthonished; (*per sonno*) sleepy, drowsy, befuddled, woozy: *espressione imbambolata*, dull expression; *dagli occhi imbambolati*, glassy-eyed; *ha ancora gli occhi imbambolati dal sonno*, his eyes are still heavy with sleep; *mi sono appena alzato e sono ancora —*, I've just got up and I'm still woozy (*o* befuddled); *sono rimasto — a guardarla*, I watched her spellbound; *muoviti! non star lì —*, come on! don't stand there with that blank expression on your face (*o* don't stand there gawping).

imbandieramento *s.m.* decking with flags, hanging out of flags.

imbandierare *v.tr.* to deck with flags, to hang* with flags: *la città fu imbandierata a festa*, the town was decked with flags.

□ **imbandierarsi** *v.intr.pron.* to be decked with flags, to be hung with flags.

imbandire *v.tr.* (*apparecchiare*) to lay*, to prepare, to set* (up), to serve up; (*preparare*) to prepare: *avevano imbandito ricchi piatti*, they had prepared rich food.

imbandito *agg.* **1** (*apparecchiato*) laid **2** (*preparato*) prepared (for a feast).

imbando *s.m.* (*mar.*) slack.

imbarazzante *agg.* embarrassing, awkward; *una domanda —*, an embarrassing question; *una situazione —*, an embarrassing (*o* awkward) situation; *sarebbe — rivederlo a cena stasera*, it would be embarrassing to see him at dinner again this evening.

imbarazzare *v.tr.* **1** to embarrass: *la sua presenza mi imbarazzava*, his presence embarrassed me (*o* made me feel uncomfortable *o* ill at ease) **2** (*ostacolare*) to hamper, to encumber; (*ingombrare*) to clutter up, to block, to obstruct: *queste lunghe maniche mi imbarazzano i movimenti*, these long sleeves hamper my movements // *— lo stomaco*, to upset one's stomach.

□ **imbarazzarsi** *v.intr.pron.* to be embarrassed: *ma non ti imbarazzi quando lo incontri?*, aren't you embarrassed when you meet him?

imbarazzato *agg.* **1** embarrassed, ill at ease; uncomfortable: *ero piuttosto — fra quella gente*, I was rather embarrassed (*o* I felt ill at ease *o* uncomfortable) among those people; *non sentirti —, siamo tra amici*, don't feel embarrassed, we are among friends; *non mostrarti — davanti alla commissione*, don't show your embarrassment in front of the board of examiners **2** (*perplesso*) perplexed; puzzled; disconcerned; bewildered: *tutti i candidati erano imbarazzati*, all the candidates were puzzled **3** (*impedito*) upset: *avere lo stomaco —*, to have an upset stomach.

imbarazzo *s.m.* **1** (*impaccio, disturbo*) hindrance, obstacle; trouble; encumbrance: *non voglio darti —*, I don't want to give you any trouble; *non venite tutti in cucina, siete più d'— che d'aiuto*, don't all come into the kitchen, you're more of a hindrance than a help // *avere — di stomaco*, to have an upset stomach (*o* indigestion) **2** (*disagio; difficoltà*) embarrassment; awkwardness; difficulty: *cercava di nascondere il suo —*, he was trying to conceal his embarrassment; *sono in — quando è qui*, I feel embarrassed (*o* I feel uncomfortable *o* ill at ease) when he is here; *mi trovai in — davanti ai professori*, I felt awkward in front of the teachers; *mettersi, sentirsi in —*, to feel embarrassed; *mettere* (*qlcu.*) *in —*, to embarrass (s.o.); *togliere qlcu. d'—*, to help s.o. out of a difficulty (*o* predicament); *non avere che l'— della scelta*, to have an embarrassingly wide choice (*o* to be spoiled for choice); *se ne andò seccato nell'— generale*, he left in anger to everyone's embarrassment.

imbarbarimento *s.m.* barbarization; (*estens.*) decline.

imbarbarire *v.tr.* to barbarize; to corrupt ◆ *v.intr.* → imbarbarirsi.

□ **imbarbarirsi** *v.intr.pron.* to become* barbarous, to grow* corrupt; to decline: *il linguaggio si imbarbarisce*, the language is growing corrupt.

imbarcadero *s.m.* (*mar.*) pier, wharf*.

imbarcamento *s.m.* **1** (*incurvamento*) warping, bending **2** → imbarco.

imbarcare *v.tr.* **1** to take* on board, to take* aboard, to embark: *la nave può — duecento passeggeri*, the ship can embark two hundred passengers; *— merci, truppe*, to embark goods, troops; *— un carico*, to load a cargo // *— acqua*, to ship water **2** (*fig.*) to involve, to drag (s.o.) in, to launch **3** (*fam.*) (*trovare un partner momentaneo*) to pick (s.o.) up.

□ **imbarcarsi** *v.rifl.* **1** to embark; to board, to sail, to take* ship: *si imbarcò ieri per l'Australia*, he embarked (*o* sailed) for Australia yesterday; *quando vi imbarcherete?*, when are you sailing?; *— per una crociera*, to set off on a cruise **2** (*prendere servizio su una nave*) to sign on: *si è imbarcato come marinaio*, he has signed on as a sailor **3** (*fig.*) to embark (on sthg.); to engage (in sthg.): *— in una impresa*, to embark on (*o* to engage in) an undertaking **4** (*fam.*) (*prendere una cotta*) to get* a crush (on s.o.) ◆ *v.intr.pron.* (*deformarsi*) to warp, to bend*.

imbarcata *s.f.* (*fam.*) (*cotta*) crush: *si è presa un'— per Paolo*, she's got a crush on Paolo.

imbarcatoio → **imbarcadero**.

imbarcatore *s.m.* embarker.

imbarcatura *s.f.* (*curvatura*) warping, bending.

imbarcazione *s.f.* boat; craft: *— a motore*, motorboat; *— da cabotaggio*, coaster; *— da competizione*, racer (*o* racing craft); *— da diporto*, pleasure-boat; *— da pesca*, fishingboat; *— di salvataggio*, life-boat.

imbarco *s.m.* **1** embarkation, embarking; (*di merci*) loading, shipment: *porto d'—*, port of shipment; *spese d'—*, shipping charges; *l'— dei passeggeri*, the embarkation of passengers **2** (*su aereo*) boarding: *carta d'—*, boarding card; *presentarsi almeno due ore prima dell'—*, to be present at least two hours before boarding **3** (*contratto d'imbarco*) signing-on: *trovare — su una nave da crociera*, to sign on for a cruise.

imbardare *v.intr.* **imbardarsi** *v.intr.pron.* (*aer.*) to yaw.

imbardata *s.f.* (*aer.*) yaw.

imbarilare *v.tr.* (*non com.*) to barrel; to cask; to put* in barrels.

imbasamento → **basamento**.

imbastardimento *s.m.* degeneration, degeneracy; abasement.

imbastardire *v.tr.* **1** (*una razza*) to bastardize, to mongrelize **2** (*fig.*) (*corrompere*) to debase; to corrupt, to bastardize // *— la lingua*, to corrupt the language ◆ *v.intr.* → imbastardirsi.

□ **imbastardirsi** *v.intr.pron.* **1** (*di razza*) to become* mongrelized, to become* bastardized **2** (*fig.*) (*degenerare*) to become* corrupt, to become* debased.

imbastare *v.tr.* (*non com.*) to saddle.

imbastire *v.tr.* **1** to tack, to baste: *— un orlo*, to tack (*o* to baste) a hem **2** (*mecc.*) to tack **3** (*fig.*) (*abbozzare*) to sketch (out), to draft, to outline, to draw* up: *— un disegno*, to outline a drawing; *— alcuni versi*, to improvise a few rhymes.

imbastito *agg.* **1** (*di cucitura provvisoria*) tacked, basted **2** (*fig.*) botched (up): *un discorso —*, a botched speech **3** (*di atleta*) (*irrigidito*) seized up.

imbastitrice *s.f.* (*tecn.*) tacker, baster.

imbastitura *s.f.* **1** tacking, basting **2** (*mecc.*) tacking **3** (*fig.*) (*abbozzo*) sketch, outline **4** (*sport*) seizing up.

imbattersi *v.intr.pron.* (*incontrare*) to run* into (s.o.), to bump into (s.o.), to come* across (s.o.); (*incappare*) to run* up (against s.o.), to come* up (against s.o.), to encounter, to meet* (with s.o.): *mi imbattei in un mio vecchio amico*, I ran into an old friend of mine; *— in una difficoltà*, to run up against a difficulty; *purtroppo si è imbattuto in un professore severissimo*, unfortunately he came up against a very strict teacher.

imbattibile *agg.* 1 (*invincibile*) unbeatable, invincibile: *una squadra* —, an unbeatable team 2 (*insuperabile*) unsurpassable, incomparable: *è — quando racconta barzellette*, when it comes to telling jokes, you can't beat him.

imbattibilità *s.f.* invincibility: *la squadra ha stabilito un record di* —, the team has established a record of invincibility.

imbatto *s.m.* 1 (*mar.*) *vento d'*—, sea breeze 2 (*balistica*) impact.

imbattuto *agg.* unbeaten: *un pugile* —, an unbeaten boxer; *un record* —, an unbroken (*o* unbeaten) record // (*sport*) *campo* —, field where the home side is unbeaten.

imbaulare *v.tr.* to pack (in a trunk).

imbavagliare *v.tr.* to gag, to muzzle (*anche fig.*): — *la stampa*, to gag the press.

imbavare *v.tr.* **imbavarsi** *v.rifl.* to slobber, to slaver.

imbeccare *v.tr.* 1 to feed*: — *uccelli*, to feed birds 2 (*fig.*) to prompt: *ha sempre bisogno di essere imbeccato*, he always needs prompting.

imbeccata *s.f.* 1 beakful 2 (*fig.*) prompting, prompt; suggestion: *dar l'— a qlcu.*, to prompt s.o.

imbeccatoio *s.m.* feed tray, feeding disk.

imbecillaggine *s.f.* 1 (*l'essere imbecille*) imbecility, idiocy, stupidity 2 (*atto da imbecille*) idiotic act, stupid, foolish thing to do 3 (*parole da imbecille*) idiotic remark, nonsense ⓤ.

imbecille *agg.* imbecilic, idiotic, stupid ◆ *s.m.* e *f.* imbecile, idiot: *non fare l'—!*, don't be an idiot!

imbecillire *v.intr.* (*non com.*) to grow* stupid; to become* an imbecile.

imbecillità *s.f.* 1 imbecility, idiocy, stupidity 2 (*atto da imbecille*) idiotic act, stupid thing to do; (*parole da imbecille*) idiotic remark, nonsense ⓤ: *dice un'— dopo l'altra*, he talks a lot of nonsense.

imbelle *agg.* 1 (*letter.*) unwarlike 2 (*debole*) weak 3 (*vile*) cowardly.

imbellettamento *s.m.* → **imbellettatura**.

imbellettare *v.tr.* 1 to make* up 2 (*fig.*) (*ornare*) to embellish, to embroider.
□ **imbellettarsi** *v.rifl.* to make* up; to put* on one's make-up: *hai finito di imbellettarti?*, have you finished putting on your make-up?

imbellettato *agg.* made-up: *arrivò alla festa tutta imbellettata*, she arrived at the party all made-up.

imbellettatura *s.f.* 1 (*l'imbellettarsi*) making up 2 (*belletto*) make-up 3 (*fig. letter.*) (*ornamento*) embellishment, embroidery.

imbellire *v.tr.* to make* beautiful; to beautify, to embellish ◆ *v.intr.* → imbellirsi.
□ **imbellirsi** *v.intr.pron.* to become* beautiful, to grow* beautiful; to become* prettier: *crescendo si è imbellita*, as she grew up she became prettier.

imberbe *agg.* 1 beardless: *un ragazzo* —, a beardless boy 2 (*senza esperienza*) inexperienced, callow: *un giovane* —, a callow youth (*o* an inexperienced young man).

imberrettare *v.tr.* to put* a cap on (s.o.).
□ **imberrettarsi** *v.rifl.* to put* on one's cap.

imbestialire *v.tr.* to enrage: *i tuoi continui ritardi l'hanno imbestialito*, your continual delays have enraged him.
□ **imbestialirsi** *v.intr.pron.* to get* enraged: *a volte mi fai imbestialire*, there are times when you enrage me.

imbesuito *agg.* (*dial.*) bewildered, stupified.

imbevere *v.tr.* to soak: — *il pane di vino*, to soak bread in wine.
□ **imbeversi** *v.intr.pron.* 1 to absorb (sthg.), to be imbued (with sthg.), to soak (up sthg.): *il dolce deve — di tutto questo liquore*, the cake must soak up (*o* absorb) all this liqueur 2 (*fig.*) to absorb (sthg.): — *di idee altrui*, to absorb other people's ideas.

imbevibile *agg.* undrinkable: *il tuo caffè è —!*, your coffee is undrinkable!

imbevimento *s.m.* (*non com.*) absorption.

imbevuto *agg.* soaked (in sthg.); drenched (with sthg.); (*fig.*) imbued: — *di idee sbagliate*, imbued with wrong ideas; *batuffolo — di alcol*, cotton wool soaked in alcohol; — *di pioggia*, drenched with rain.

imbiaccare *v.tr.* to paint (sthg.) with white lead.

imbiancamento *s.m.* whitening; (*di muri*) whitewashing; (*di tessuti*) bleaching; (*di capelli*) greying, growing grey.

imbiancare *v.tr.* to whiten; (*con bianco di calce*) to whitewash; (*con pittura*) to paint; (*tessuti*) to bleach: *la neve ha imbiancato i colli*, the hills are white with snow; — *le pareti di una stanza*, to whitewash the walls of a room; *stiamo imbiancando la casa*, we're painting the house.
□ **imbiancarsi** *v.intr.pron.* 1 to become* white, to grow* white, to grow* grey 2 (*del cielo*) to dawn: *già imbiancava quando ritornammo a casa*, it was already dawning when we came home 3 (*impallidire*) to turn pale: *si imbiancò in volto per la paura*, he turned pale with fear.

imbiancatore *s.m.* 1 (*tess.*) bleacher 2 → imbianchino.

imbiancatrice *s.f.* (*del riso*) polisher.

imbiancatura *s.f.* 1 whitening 2 (*di muri*) painting; (*con bianco di calce*) whitewashing 3 (*tess.*) bleaching.

imbianchimento *s.m.* 1 (*tess.*) bleaching 2 (*agr.*) blanching.

imbianchino *s.m.* 1 painter, decorator 2 (*fig.*) (*iron.*) dauber, bad painter.

imbianchire → **imbiancare**, **imbiancarsi**.

imbibente *s.m.* (*chim.*, *fis.*) imbiber.

imbibire *v.tr.* (*fis.*, *chim.*) to imbibe; to saturate.

imbibizione *s.f.* (*chim.*, *fis.*) imbibition.

imbiettare *v.tr.* (*mecc.*) to wedge up, to wedge in; to key.

imbiondire *v.tr.* to make* fair // (*cuc.*) — *la cipolla*, to brown the onions ◆ *v.intr.* → imbiondirsi.
□ **imbiondirsi** *v.intr.pron.* to become* fairer, to be made fairer; (*di messi*) to ripen: *col sole le si sono imbionditi i capelli*, her hair has become fairer in the sun.

imbitumare *v.tr.* (*non com.*) to tar, to bituminize, to bituminate.

imbizzarrimento *s.m.* (*non com.*) 1 (*eccitamento*) excitement; (*di cavallo*) restiveness; shying, bolting 2 (*adiramento*) rage.

imbizzarrire *v.intr.* **imbizzarrirsi** *v.intr.pron.* 1 (*di cavallo*) to become* restive; to become* frisky; to shy: *il cavallo s'imbizzarrì e lo fece cadere dalla sella*, the horse shied and threw him out of the saddle 2 (*eccitarsi*) to become* excited; (*adirarsi*) to fly* into a rage.

imboccamento *s.m.* (*non com.*) 1 (*di cibo*) feeding 2 (*imbeccata*) prompting 3 (*ingresso*) entering.

imboccare *v.tr.* 1 to feed*: — *un bambino*, to feed a child 2 (*dar suggerimenti a*) to prompt: *deve essere imboccato in tutto quello che fa*, he needs prompting in everything he does 3 (*entrare in*) to enter: — *una galleria*, to enter a tunnel; *la nave imboccò il porto*, the ship entered the port; — *una strada*, to turn into a road 4 (*portare alla bocca*): — *uno strumento a fiato*, to put a wind instrument to one's mouth ◆ *v.intr.* 1 (*incastrarsi*) to fit*: *questo tubo imbocca in un altro*, this pipe fits into another one 2 (*non com.*) (*di strada*) to open into (sthg.); (*di fiumi*) to flow into (the sea, lake etc.).

imboccatura *s.f.* 1 mouth, opening; (*di strada*) entrance: *all'— della galleria c'è un semaforo*, at the entrance to the tunnel there's a traffic light 2 (*geogr.*, *miner.*) mouth 3 (*del morso*) mouthpiece 4 (*di strumento a fiato*) mouthpiece, embouchure 5 (*modo di adattare la bocca a uno strumento*) embouchure.

imbocco *s.m.* 1 entrance: *l'— dell'autostrada*, the motorway entrance 2 (*miner.*) portal.

imbolsire *v.intr.* **imbolsirsi** *v.intr.pron.* 1 to become* broken-winded 2 (*fig.*) to become* stale.

imbonimento *s.m.* 1 (*di venditore*) sales talk, sales patter; (*fam.*) spiel; (*di presentatore di spettacolo*) showman's patter 2 (*estens.*) (*esaltazione di cosa, persona senza valore*) buildup, puff.

imbonire *v.tr.* 1 (*il pubblico*) to allure, to entice 2 (*acquietare*) to quiet down, to calm 3 (*accattivarsi*) to get* round (s.o.), to coax: *ha cercato di imbonirmi, ma senza successo*, he tried to get round me, but without success.

imbonitore *s.m.* 1 (*ciarlatano*) charlatan, quack 2 (*di spettacoli*) showman*, barker.

imborghesimento *s.m.* (*l'imborghesire*) making bourgeois; (*l'imborghesirsi*) becoming bourgeois.

imborghesire *v.tr.* to make* (s.o.) bourgeois, to make* (s.o.) middle-class: *la vita comoda lo ha imborghesito*, his easy life has made him bourgeois ◆ *v.intr.* → imborghesirsi.
□ **imborghesirsi** *v.intr.pron.* to become* bourgeois.

imborghesito *agg.* 1 turned middle-class, turned bourgeois: *proletari imborghesiti*, proletarians turned middle-class 2 (*estens.*) conventional, stodgy.

imboscamento *s.m.* 1 (*il nascondersi*) hiding (in a wood) 2 (*il sottrarsi al servizio militare*) evading military service (*o* the call-up); draft-dodging.

imboscare *v.tr.* 1 to hide* in a wood 2 (*sottrarre al servizio militare*) to help to evade military service 3 (*mettere al sicuro da requisi-*

zioni) to put* into safe keeping **4** → imboschire.

□ **imboscarsi** *v.rifl.* **1** (*non com.*) (*mettersi in agguato*) to lie* in ambush **2** (*sottrarsi al servizio militare*) to evade military service; to be a draft-dodger **3** (*evitare situazioni difficili*) to shirk **4** (*nascondersi in un bosco*) to take* to the woods **5** (*fam.*) (*scomparire*) to disappear: *dove si sono imboscati?*, where have they disappeared to? ♦ *v.intr.pron.* (*di vegetazione*) to grow* thicker, to thicken.

imboscata *s.f.* ambush (*anche fig.*): *tendere un'—*, to make (*o* to lay) an ambush; *cadere in un'—*, to fall into an ambush.

imboscato *s.m.* (*mil.*) shirker, draft-dodger.

imboschimento *s.m.* afforestation: *l'— di un terreno*, afforestation of an area of land.

imboschire *v.tr.* to afforest, to forest.

□ **imboschirsi** *v.intr.pron.* **1** to become* covered with trees **2** (*infoltirsi*) to thicken.

imbossolare → **imbussolare**[1].

imbottare *v.tr.* to barrel, to cask // *— il tabacco*, to pack tobacco.

imbottato *agg.* (*chiuso in botte*) casked.

imbottatura *s.f.* barrelling.

imbotte *s.f.* (*arch.*) intrados.

imbottigliamento *s.m.* **1** bottling: *l'— del vino*, the bottling of wine **2** (*mil.*, *mar.*) blockade **3** (*di traffico stradale*) traffic jam.

imbottigliare *v.tr.* **1** to bottle **2** (*mil.*, *mar.*) to blockade: *— i nemici*, to blockade the enemy // (*sport*) *— la squadra avversaria nella sua metà campo*, to bottle up the other team in its own half.

□ **imbottigliarsi** *v.intr.pron.* to get* caught in a traffic jam.

imbottigliato *agg.* **1** bottled: *vino sfuso e vino —*, unbottled and bottled wine **2** (*fig.*) (*chiuso*) trapped, caught, stuck; bottled up (*pred.*): *rimasero imbottigliati per ore nel traffico*, they were caught (*o* stuck) for hours in the traffic.

imbottigliatore *s.m.* bottler.

imbottigliatrice *s.f.* (*mecc.*) bottling machine, bottler.

imbottinare *v.tr.* (*agr.*) to fertilize with sewage.

imbottire *v.tr.* **1** to stuff, to pad, to wad, to quilt: *— un cappotto*, to wad (*o* to quilt) an overcoat; *— le spalline di una giacca*, to pad the shoulders of a jacket; *— un cuscino*, to stuff a cushion; *— le pareti*, to pad the walls // *dopo averlo imbottito di maglie lo lasciò uscire*, after swathing him in pullovers she let him go out **2** (*fig.*) to cram, to stuff: *— la testa di uno studente per un esame*, to cram a pupil for an examination; *— qlcu. di medicine*, to stuff s.o. with medicine **3** (*farcire*) to fill: *— un panino*, to fill a sandwich.

□ **imbottirsi** *v.rifl.* **1** (*vestirsi pesantemente*) to cover up **2** (*fig.*) to cram oneself, to stuff oneself: *si è imbottita di tranquillanti*, she stuffed herself full of tranquillizers.

imbottita *s.f.* quilt.

imbottito *agg.* **1** stuffed, padded, wadded: *cappotto —*, wadded overcoat; *giubbotto —*, padded jacket; *coperta imbottita*, quilt; *pareti imbottite*, padded walls; *sedile —*, padded seat **2** (*farcito*) filled: *un panino — col prosciutto*, a sandwich filled with ham.

imbottitura *s.f.* stuffing, padding; (*per abiti*) wadding; quilting: *il divano perde l'—*, the divan is losing its padding.

imbozzare *v.tr.* (*mar.*) to moor.

imbozzimare *v.tr.* **1** (*tess.*) to size **2** (*sporcare*) to soil, to smear.

□ **imbozzimarsi** *v.rifl.* (*scherz.*) (*imbellettarsi*) to make* (oneself) up; to paint one's face.

imbozzimatore *s.m.* (*tess.*) sizer.

imbozzimatrice *s.f.* (*tess.*) sizing machine, sizer.

imbozzimatura *s.f.* (*tess.*) sizing.

imbozzolarsi *v.rifl.* (*di bruco*) to cocoon.

imbracare *v.tr.* **1** (*un carico*) to sling* **2** (*un cavallo*) to harness (a horse) with its breeching **3** (*un cannone*) to breech.

imbracatura *s.f.* **1** (*operazione*) slinging **2** (*fune, cinghia ecc. di sostegno*) sling **3** (*aer.*) (*di paracadute*) harness **4** (*di cavallo*) breeching.

imbracciare *v.tr.* to put* (sthg.) on one's arm; (*il fucile*) to bring* (a rifle) to firing position; (*lo scudo*) to put* on (a shield).

imbracciatura *s.f.* **1** (*l'imbracciare*) placing on the arm **2** strap; (*di fucile*) rifle-sling.

imbrachettare *v.tr.* (*legatoria*) to hinge: *— un foglietto in un libro*, to hinge an insert leaf into a book.

imbrachettatura *s.f.* (*legatoria*) hinge.

imbragare e *deriv.* → **imbracare** e *deriv.*

imbraghettare e *deriv.* → **imbrachettare** e *deriv.*

imbranato *agg.* (*fam.*) awkward, clumsy ♦ *s.m.* (*fam.*) clumsy person, awkward person.

imbrancare *v.tr.* (*unire in branco*) to herd (together) (*anche fig.*).

□ **imbrancarsi** *v.rifl.* (*unirsi in gruppo*) to flock (*o* to herd) together.

imbrandire *v.tr.* (*non com.*) to brandish.

imbrattacarte, **imbrattafogli** *s.m.* e *f.* (*spreg.*) scribbler.

imbrattamento *s.m.* soiling, staining, smearing.

imbrattamuri *s.m.* e *f.* (*spreg.*) dauber, bad painter.

imbrattare *v.tr.* **1** (*sporcare*) to soil, to dirty; (*macchiare*) to stain, to smear: *ha imbrattato tutto l'abito di inchiostro*, he has stained the whole suit with ink // *imbrattarsi le mani*, to soil (*o* to stain) one's hands: *imbrattarsi le mani di sangue*, (*fig.*) to stain one's hands with blood **2** (*lordare con immondizie*) to litter: *la strada era imbrattata di rifiuti*, the street was littered with rubbish **3** (*fig.*) (*disonorare*) to dishonour.

□ **imbrattarsi** *v.rifl.* to soil oneself; to stain oneself; to get* dirty: *— di fango*, to get muddy.

imbrattatele *s.m.* e *f.* (*spreg.*) dauber, bad painter.

imbrattatura *s.f.* (*non com.*) stain, mark, smear.

imbrecciare *v.tr.* (*coprire di ghiaia*) to gravel, to cover with gravel.

imbrecciata *s.f.* (layer of) gravel.

imbrecciatura *s.f.* gravelling.

imbriacare e *deriv.* → **ubriacare** e *deriv.*

imbricato → **embricato**.

imbricconire *v.tr.* (*non com.*) to make* a rogue of (s.o.) ♦ *v.intr.* → imbricconirsi.

□ **imbricconirsi** *v.intr.pron.* to become* a rogue.

imbrifero *agg.* (*geogr.*) rain-collecting: *bacino —*, catchment area (*o* drainage basin *o amer.* watershed).

imbrigliamento *s.m.* **1** (*di cavallo*) bridling, harnessing **2** (*delle acque di un fiume*) harnessing **3** (*fig.*) (*freno*) curbing, checking.

imbrigliare *v.tr.* **1** to bridle, to harness: *— un cavallo*, to bridle a horse **2** (*fig.*) (*frenare*) to bridle, to curb; to restrain, to keep* in check: *— le proprie ambizioni*, to curb one's ambitions **3** (*idraulica*) to dam: *— un torrente*, to dam a torrent **4** (*mar.*) to tie **5** (*imbracare*) to tie.

□ **imbrigliarsi** *v.intr.pron.* **1** (*di cavallo*) (*impigliarsi nelle briglie*) to get* entangled in the harness **2** (*estens.*) (*impigliarsi*) to get* entangled.

imbrigliatura *s.f.* **1** (*l'imbrigliare*) harnessing, bridling; (*l'insieme delle briglie*) harness **2** (*mar.*) tie.

imbrillantinare *v.tr.* to put* brilliantine on: *imbrillantinarsi i capelli*, to slick one's hair with brilliantine.

□ **imbrillantinarsi** *v.rifl.* to put* brilliantine on one's hair: *si presentò tutto imbrillantinato*, he presented himself with his hair slicked down with brilliantine.

imbroccare[1] *v.tr.* **1** to hit*: *— il bersaglio*, to hit the target (*o* the mark) **2** (*fig.*) to guess // *l'ho imbroccata!*, I have hit the nail on the head!; *questa volta l'ha imbroccata*, he's got it right, this time.

imbroccare[2] *v.tr.* (*la tomaia*) to tingle, to tack.

imbrodare *v.tr.* (*non com.*) to soil, to dirty, to stain // *chi si loda s'imbroda*, (*prov.*) pride goes before a fall.

imbrodolamento *s.m.* (*non com.*) **1** soiling, staining **2** (*macchie*) stains (*pl.*).

imbrodolare, **imbrodolarsi** → **sbrodolare**, **sbrodolarsi**.

imbrogliare *v.tr.* **1** (*ingannare, truffare*) to cheat, to swindle, to deceive, to dupe, to fool, to take* in: *mi hanno imbrogliato: il quadro è falso!*, they've cheated me, the picture is a forgery!; *— il fisco*, to cheat the taxman; *non è un uomo che si possa — facilmente*, he is not a man to be easily taken in **2** (*fig.*) (*confondere*) to muddle, to mix up; to confuse: *ciò che disse mi ha imbrogliato le idee*, what he said has muddled (*o* mixed up) all my ideas; *gli fecero una domanda difficile per imbrogliarlo*, they asked him a difficult question to confuse him **3** (*intricare*) to tangle, to entangle (*anche fig.*): *— una matassa di lana*, to tangle up a skein of wool **4** (*mar.*) to brail up (sails).

□ **imbrogliarsi** *v.intr.pron.* **1** to get* confused: *a quella domanda mi imbrogliai*, at that question I got confused **2** (*intricarsi*) to get* tangled, to get* entangled (*anche fig.*); (*fig.*) to become* complicated, to get* complicated: *la situazione si sta imbrogliando ogni giorno di più!*, the situation is getting more complicated every day; *il filo si è tutto imbrogliato*, the thread has got all tangled **3** (*non com.*) (*rimanere coinvolto*) to get* involved, to get* mixed up: *non voglio imbrogliarmi in questa faccenda*, I do not want to get involved in (*o* to become embroiled in) this matter.

imbrogliata *s.f.* (*non com.*) swindle: *mi sono preso una bella — con questa macchina*, I really got swindled when I bought this car.

imbrogliato *agg.* **1** (*ingannato*) cheated, swindled, taken in **2** (*intricato*) tangled, entangled, complicated, intricate; (*confuso*) tangled, muddled (*anche fig.*); (*fig.*) confused: *una faccenda imbrogliata*, an intricate (*o* complicated) matter **3** (*immischiato*) mixed up, embroiled.

imbroglio *s.m.* **1** (*inganno*) cheat, swindle; fraud; trick: *questo è un vero —*, this is a real cheat **2** (*impiccio, difficoltà*) mess, scrape, fix: *essere in un —*, to be in a scrape; *togliere qlcu. da un —*, to get s.o. out of a scrape; *uscire da un —*, to get out of a scrape (*o* mess *o* fix) **3** (*intrico*) tangle; confusion; mess: *un — di fili*, a tangle of wires **4** (*mar.*) brail.

imbrogliona *s.f.* **imbroglione** *s.m.* cheat; swindler, trickster ♦ *agg.* dishonest, cheating: *un commerciante —*, a dishonest trader.

imbroncare *v.tr.* (*mar.*) to cockbill.

imbronciarsi *v.intr.pron.* **1** to sulk, to become* sulky; to pout **2** (*fig.*) (*di cielo*) to grow* overcast, to cloud over.

imbronciato *agg.* **1** sulky, frowning, cross, sullen: *essere —*, to sulk (*o* to be sulky); *Cosa è successo? Ti vedo —!*, What happened? You look cross! **2** (*fig.*) (*di cielo*) overcast, cloudy: *il cielo — non promette bel tempo*, the overcast sky doesn't promise good weather.

imbrunire *v.tr.* (*non com.*) (*rendere bruno*) to brown, to make* brown ♦ *v.intr.* **1** (*diventar bruno*) to brown **2** (*farsi notte*) to get* dark, to grow* dark, to darken: *incominciava a —*, it was beginning to get dark.

imbrunire *s.m.* nightfall, dusk: *all'—, sull'—*, at dusk (*o* at nightfall).

imbrutimento → **abbrutimento**.

imbruttire *v.tr.* **1** to make* ugly **2** (*rovinare la bellezza di*) to mar, to spoil the beauty of (s.o., sthg.): *quei palazzoni imbruttiscono il paesaggio*, those blocks of flats ruin the beauty of the countryside ♦ *v.intr.* → imbruttirsi.
□ **imbruttirsi** *v.intr.pron.* to grow* ugly, to become* ugly: *con l'andar del tempo si è imbruttito*, he has grown ugly with the passing of time.

imbucare *v.tr.* **1** (*impostare*) to post: *— una lettera*, to post a letter **2** (*fam.*) (*mettere in un buco*) to put* into a hole; to hide* in a hole // (*biliardo*) *— una palla*, to pot.

imbufalire *v.intr.* **imbufalirsi** *v.intr.pron.* (*fam.*) to get* very angry, to get* worked up.

imbullettare *v.tr.* to tack, to nail; to hobnail.

imbullonare *v.tr.* to bolt.

imburrare *v.tr.* to butter, to spread* with butter; (*non com.*) (*condire con burro*) to add butter to (sthg.): *— una fetta di pane*, to butter a slice of bread; *— una teglia*, to grease a cake tin (with butter).

imbussolare[1] *v.tr.* to put* into a (ballot) box.

imbussolare[2] *v.tr.* (*mecc.*) to bush.

imbustare *v.tr.* to put* into an envelope.

imbustatrice *s.f.* envelope machine.

imbustinatrice *s.f.* packeting machine.

imbutiforme *agg.* funnel-shaped; (*bot.*) trumpet-shaped.

imbutire *v.tr.* (*mecc.*) to draw*.

imbutitoio *s.m.* drawing hammer.

imbutitura *s.f.* (*mecc.*) drawing.

imbuto *s.m.* funnel // *a —*, funnel-shaped; (*anat., zool.*) infundibular: *la strada si stringeva a —*, the road narrowed.

imene[1] *s.m.* (*anat.*) hymen: *dell'—, relativo all'—*, hymenal.

imene[2] *s.m.* (*poet.*) (*nozze*) marriage, wedding.

imeneo *s.m.* **1** (*inno nuziale*) hymeneal, wedding-song **2** *pl.* (*nozze*) nuptials; wedding (*sing.*) ♦ *agg.* (*letter.*) nuptial.

imenoplastica *s.f.* (*med.*) hymenoplasty.

imenottero *s.m.* (*zool.*) hymenopter, hymenopteran: *degli imenotteri*, hymenopteral (*o* hymenopteran *o* hymenopterous).

imitabile *agg.* imitable.

imitare *v.tr.* **1** (*prendere a modello*) to imitate; to copy; (*scimmiottare*) to ape **2** (*con gesti, per mettere in ridicolo*) to imitate, to mimic **3** (*contraffare*) to counterfeit, to forge, to fake: *— la firma di qlcu.*, to forge s.o.'s signature **4** (*di cosa*) (*essere simile*) to look like, to resemble: *plastica che imita la pelle*, plastic that looks like leather.

imitativo *agg.* **1** imitative **2** (*ling.*) (*onomatopeico*) imitative, onomatopeic.

imitatore *s.m.* **1** imitator; copier: *un poeta che ha molti imitatori*, a poet who has many imitators **2** (*attore*) mimic; impersonator.

imitatorio → **imitativo**.

imitazione *s.f.* **1** imitation: *a — di qlcu., di qlco.*, in imitation (*o* on the model) of s.o., sthg. (*o* like s.o., sthg.); *la borsa non è in pelle: è solo un'—*, the bag isn't made of leather: it's imitation leather // (*dir.*) *— servile*, unfair competition **2** (*contraffazione*) forgery; copy; fake: *— di un marchio*, imitation (*o* forgery) of a trademark; *— di firma*, forgery of signature; *questo quadro è solo un'—*, this picture is only a copy (*o* fake) **3** (*di attore*) impersonation, imitation: *è molto brava nelle imitazioni di...*, she's very good at impersonating (*o* imitating)... **4** (*mus.*) imitation.

immacolato *agg.* **1** immaculate, spotless, blameless: *avere la coscienza immacolata*, to have a clear conscience // (*teol.*) *Immacolata Concezione*, Immaculate Conception **2** (*bianchissimo*) spotless, snow-white.

immagazzinabile *agg.* storable.

immagazzinaggio *s.m.* (*l'immagazzinare*) storing; (*l'essere immagazzinato*) storage: *spese di —*, storage charges.

immagazzinamento *s.m.* storage, storing, warehousing: *costi di —*, warehousing costs // (*inform.*) *— dei dati*, data storage.

immagazzinare *v.tr.* **1** to store, to warehouse, to stock up: *— merce*, to store goods **2** (*fig.*) to accumulate, to store (up), to amass: *— nozioni*, to store (up) knowledge // *— aria nei polmoni*, to breathe in deeply **3** (*inform.*) to store; to save.

immaginabile *agg.* imaginable, conceivable: *era — che finisse così!*, it was conceivable that it would end this way!; *abbiamo fatto ogni tentativo possibile ed —*, we've tried everything you could possibly imagine ♦ *s.m.* the imaginable: *al di là dell'—*, beyond anything you could imagine.

immaginale *agg.* (*zool.*) imaginal.

immaginare *v.tr.* **1** to imagine, to fancy, to picture: *come puoi — una cosa del genere?*, how can you imagine such a thing?; *immagina ora di essere in America*, imagine now that you are in America; *non puoi neppure — quanto egli sia sciocco*, you can't even imagine how silly he is; *immaginati cos'hanno detto i miei genitori!*, imagine what my parents said! **2** (*supporre*) to imagine, to suppose, to guess, to think*: *deve essere stato molto difficile, immagino*, it must have been very difficult, I imagine; *immagina che non te lo dica: che cosa faresti?*, suppose he won't tell you, what would you do?; *lo immagino*, I suppose (*o* imagine) so; *immaginavo che qualcosa del genere sarebbe accaduto*, I guessed (*o* thought) that something of the sort would happen; *non l'avrei mai, non me lo sarei mai immaginato*, I would never have thought it **3** (*ideare*) to think* up, to devise, to invent, to conceive **4** (*in formule di cortesia*): *"Ti ringrazio moltissimo" "Immaginati"*, "Thank you very much" "Don't mention it" (*o* "Not at all" *o amer.* "You are welcome"); *"Ti disturbo?" "Ma immaginati!"*, "Am I disturbing you?" "Of course not".

immaginario *agg.* **1** imaginary, fancied, fictitious, unreal: *malato —*, hypochondriac; *mali immaginari*, imaginary ills **2** (*mat.*) imaginary: *numero —*, imaginary number ♦ *s.m.* imagery [U], images (*pl.*).

immaginativa *s.f.* imagination, imaginativeness; fancy: *mancare d'—*, to lack imagination; *essere ricco di —*, to have a vivid (*o* lively) imagination (*o* to be imaginative).

immaginativo *agg.* imaginative.

immaginazione *s.f.* imagination; fancy: *è pura —!*, it is all in your imagination!; *le tue paure sono frutto della tua —*, your fears are a figment of your imagination.

immagine *s.f.* **1** image: *l'— di un soggetto riflessa in uno specchio*, the image of an object reflected in a mirror; *vedere la propria — riflessa nell'acqua*, to see one's reflection in the water; *quel ragazzo è proprio l'— di suo padre*, (*fig.*) that boy is the very image (*o* picture) of his father; *è l'— della salute*, he is the picture of health; *le immagini che avete visto sono tratte da un film*, the pictures you have seen are taken from a film; *il documentario mostra immagini drammatiche*, the documentary shows images that are dramatic // *a — di qlcu.*, in the likeness of s.o. (*o* like s.o.) **2** (*figura disegnata*) figure; (*illustrazione*) picture, illustration: *un libro ricco di immagini*, a book full of illustrations **3** (*sacra*) (sacred) image: *l'— della Vergine, di un santo*, the image of the Virgin, of a Saint **4** (*figura, impressione nella mente*) image; mental picture, idea, impression: *agitato dall'— di una possibile disgrazia*, upset by the idea of a possible accident; *rivide le immagini della sua fanciullezza*, he saw again pictures (*o* images) of his childhood; *ho cancellato anche la sua —*, I have blotted out even her memory (*o* image) **5** (*similitudine*) image, metaphor, simile; figure of speech: *una poesia piena di immagini*, a poem full of images; *le immagini dantesche*, Dantean imagery **6** (*fis., fot.*) image; (*tv*) image, picture: (*fis.*) *— reale, virtuale*, virtual (*o* real) image; (*tv*) *— spuria*, ghost image **7** (*idea che si offre di sé*) image: *— pubblica*, public image; *le aziende curano la propria —*, companies cultivate their image; *per un attore l'— è spesso più importante del talento*, for an actor image is often more important than talent // (*dir.*) *diritto all'*—, right to privacy with regard to one's image **8** (*zool.*) imago* **9** (*mat.*) range.

immaginetta *s.f.* (*relig.*) holy picture.

immaginifico *agg.* highly imaginative.

immaginismo *s.m.* overuse of imagery.

immaginoso *agg.* imaginative: *uno stile* —, an imaginative style.

immago → **imago**.

immalinconire *v.tr.* to make* melancholy, to sadden: *questa musica m'immalinconisce*, this music makes me melancholy ◆ *v.intr.* → immalinconirsi.

□ **immalinconirsi** *v.intr.pron.* to become* melancholy, to grow* sad, to sadden.

immancabile *agg.* **1** unfailing; inevitable: *mi salutò col suo — sorriso*, she greeted me with her unfailing smile: *ci sarà anche l'— Paolo*, the ever-present Paolo will be there **2** (*certo*) certain, sure, infallible: *l'— successo della squadra*, the certain success of the team.

immane *agg.* **1** (*letter.*) (*enorme*) huge, enormous **2** (*spaventoso*) terrible, dreadful, appalling; monstrous: *fu una — tragedia*, it was an appalling tragedy.

immanente *agg.* (*fil.*) immanent.

immanentismo *s.m.* (*fil.*) immanentism.

immanentista *s.m.* e *f.* (*fil.*) immanentist.

immanentistico *agg.* (*fil.*) immanentist(ic).

immanenza *s.f.* (*fil.*) immanence.

immangiabile *agg.* uneatable, inedible: *questa carne è veramente* —, this meat is really uneatable.

immanità *s.f.* (*letter.*) **1** (*enormità*) hugeness, immensity **2** (*mostruosità*) dreadfulness; frightfulness; monstruosity; enormity **3** (*crudeltà*) cruelty, atrociousness.

immantinente *avv.* (*letter.*) immediately, at once.

immarcescibile *agg.* **1** (*letter.*) incorruptible **2** (*fig.*) (*imperituro*) immortal.

immateriale *agg.* **1** immaterial: (*dir.*) *beni immateriali*, incorporeal property (*o* intangible assets) **2** (*estens.*) spiritual, delicate, ethereal: *bellezza* —, ethereal beauty.

immaterialismo *s.m.* (*fil.*) immaterialism.

immaterialista *s.m.* e *f.* (*fil.*) immaterialist.

immaterialistico *agg.* (*fil.*) immaterialist(ic).

immaterialità *s.f.* immateriality.

immatricolare *v.tr.* (*persona*) to enrol; (*veicolo*) to register.

□ **immatricolarsi** *v.rifl.* (*all'università*) to enrol (oneself).

immatricolazione *s.f.* matriculation; (*di veicolo*) registration; (*di studente*) enrolment: *tassa di* —, (*per veicolo*) registration fee, (*di studente*) admission (*o* entrance) fee; *ufficio immatricolazioni*, registration office.

immaturamente *avv.* **1** immaturely; childishly **2** (*prematuramente*) prematurely: *è scomparso — all'età di 17 anni*, he died prematurely at the age of 17.

immaturità *s.f.* **1** (*fig.*) immaturity: *quando ti comporti così dai proprio segno di grande* —, when you behave like this you show yourself to be really immature **2** (*bot.*, *zool.*) unripeness **3** (*med.*) prematurity.

immaturo *agg.* **1** unripe: *frutto* —, unripe fruit **2** (*fig.*) immature; inexperienced: *una classe politica immatura*, an inexperienced political class; *mente immatura*, immature mind; *ragazzo* —, immature boy **3** (*prematuro*) premature, untimely: *in questo momento ogni decisione sarebbe immatura*, at the moment any decision would be premature // *morte immatura*, untimely death; *nascita immatura*, premature birth.

immedesimare *v.tr.* (*non com.*) to consider identical, to identify; to unify.

□ **immedesimarsi** *v.rifl.* to identify oneself (with s.o.), to become* one (with s.o.): — *nello stato d'animo di qlcu.*, to identify oneself with s.o.'s state of mind; *non riesco a immedesimarmi col protagonista*, I can't identify myself with the protagonist.

immedesimazione *s.f.* (*l'immedesimarsi*) identification.

immediatamente *avv.* **1** (*direttamente*) immediately, directly: — *dopo il supermercato troverai un bar*, immediately after the supermarket you'll find a bar **2** (*subito*) immediately, at once: *chiama — un medico*, call a doctor immediately; *mi capì* —, he understood me at once.

immediatezza *s.f.* **1** immediateness, immediacy **2** (*spontaneità*) immediacy, spontaneity: *mi piace la sua* —, I like her spontaneity.

immediato *agg.* immediate, prompt: *una reazione immediata*, an immediate (*o* prompt) reaction; *nelle immediate vicinanze*, in the immediate vicinity; *risposta immediata*, immediate answer; *bisogni immediati*, immediate needs; *consegna immediata*, prompt delivery; *stare alle immediate dipendenze di qlcu.*, to be directly under s.o.; *un superiore* —, a direct (*o* immediate) superior // *nell'— futuro*, in the near future.

immeditato *agg.* (*non com.*) unpremeditated.

immelanconire → **immalinconire**.

immelensire *v.tr.* (*non com.*) to make* stupid, to make* dull ◆ *v.intr.* to become* stupid, to grow* dull.

immemorabile *agg.* immemorial: *da tempo* —, from time immemorial; (*dir.*) *consuetudine* —, immemorial custom.

immemore *agg.* forgetful; heedless, unmindful.

immemoriale *agg.* immemorial: (*dir.*) *consuetudine* —, immemorial custom; (*dir.*) *possesso, uso, proprietà* —, immemorial possession, usage, property.

immensamente *avv.* immensely, deeply: *me ne dispiace* —, I'm deeply sorry about it; *amare — qlcu.*, to love s.o. deeply.

immensità *s.f.* **1** immensity; vastness; hugeness, enormousness: *l'— dell'universo*, the vastness of the universe **2** (*grande quantità*) infinite number: *ha un'— di preoccupazioni*, he has an enormous number of worries.

immenso *agg.* immense; (*enorme*) vast, huge, enormous, great; (*sconfinato*) boundless: *l'immensa distesa dell'oceano*, the vast expanse of the ocean; *che piacere — rivederti*, what a great pleasure to see you again; *ricchezza immensa*, immense wealth; *amore* —, boundless love.

immensurabile *agg.* (*letter.*) immeasurable, measureless.

immergere *v.tr.* **1** to immerse; to dip; (*tuffare*) to plunge (*anche fig.*): — *le mani nell'acqua*, to immerse (*o* to dip) one's hands in water; — *un pennino nell'inchiostro*, to dip a nib in ink; *gli immerse il pugnale nel cuore*, she plunged the dagger into his heart; *il guasto elettrico immerse la stanza nell'oscurità*, the power failure plunged the room into darkness; *l'insuccesso lo immerse in una crisi di sconforto*, failure plunged him into depression **2** (*mat.*) to embed.

□ **immergersi** *v.rifl.* **1** to plunge; (*spec. di sottomarino*) to submerge; (*tuffarsi*) to dive*: — *nell'acqua*, to plunge into the water; *il sottomarino si immerse*, the submarine submerged; *si immerse per cercar perle*, he dived for pearls **2** (*estens.*) to disappear (into), to be swallowed up (by): — *nelle tenebre*, to be swallowed up by the shadows // — *nel sonno*, (*fig.*) to fall fast asleep **3** (*fig.*) (*dedicarsi con grande impegno*) to immerse oneself, to plunge, to give* oneself up (to sthg.): — *nello studio, nei piaceri*, to give oneself up completely to study, to pleasure.

immeritato *agg.* **1** (*non meritato*) undeserved, unmerited **2** (*ingiusto*) unjust.

immeritevole *agg.* undeserving: *quel giovane è — di fiducia*, that young man does not deserve (*o* is unworthy of) your trust.

immersione *s.f.* **1** immersion (*anche fig.*), dip, dipping; plunge (*anche fig.*): *battesimo per* —, baptism by immersion; *gara di* —, diving competition **2** (*di sottomarino*) submersion; (*di palombaro*) dive **3** (*mar.*) (*pescaggio*) draught, draft: *linea di* —, water-line **4** (*astr.*) immersion **5** (*mat.*) embedding: *funtore di* —, embedding functor **6** (*geol.*) direction of dip.

immerso *agg.* immersed, dipped, plunged, submerged (*anche fig.*): — *nella lettura*, immersed (*o* absorbed) in reading; — *nel dolore*, plunged in sorrow; *essere — nei propri pensieri*, to be deep in thought // (*mat.*) *componente immersa*, embedded component.

immeschinire *v.tr.* to make* mean ◆ *v.intr.* → immeschinirsi.

□ **immeschinirsi** *v.intr.pron.* to become* mean.

immettere *v.tr.* to introduce, to put* in, to put* on, to let* in; (*di liquido*) to pour in: — *merci nel mercato*, to put goods on the market; — *un nuovo prodotto sul mercato*, to bring a new product onto the market; — *aria nei polmoni*, to breathe in air // (*dir.*) — *nel possesso*, to put in possession ◆ *v.intr.* to lead* (in)to: *il corridoio immette nel salone*, the corridor leads to the lounge.

□ **immettersi** *v.rifl.* to penetrate, to get* into, to get* onto: — *sull'autostrada*, to get onto the motorway.

immezzire *v.intr.* **immezzirsi** *v.intr.pron.* (*non com.*) to become* overripe; (*marcire*) to go* rotten.

immidazolo *s.m.* (*chim.*) imidazole.

immide *s.f.* (*chim.*) imide: *relativo a un'*—, imido.

immigrante *agg.* e *s.m.* e *f.* immigrant.

immigrare *v.intr.* **1** to immigrate **2** (*di animali*) to migrate.

immigrato *agg.* immigrant; migrant; immigrated: *operai immigrati*, immigrant workers ◆ *s.m.* immigrant; migrant: *le comunità di immigrati italiani all'estero*, communities of Italian immigrants abroad.

immigratorio *agg.* immigrant, migratory, migration (*attr.*).

immigrazione *s.f.* **1** immigration, migration: — *interna*, internal immigration; (*dir.*) *leggi di* —, immigration laws // (*econ.*) — *di capitali*, inflow of capital **2** (*di animali*) migration.

immina *s.f.* (*chim.*) imine: *relativo a un'*—, imino.

imminente *agg.* **1** (*prossimo*) imminent, forthcoming, not far off, near at hand: *pericolo* —, imminent (*o* impending) danger; *gli esami sono imminenti*, the examinations are not far off; — *pubblicazione*, forthcoming publication **2** (*letter.*) (*sovrastante*) overhanging, overhead.

imminenza *s.f.* imminence; (*prossimità*) nearness: — *del pericolo*, imminence of danger.

imminoacido *s.m.* (*chim.*) iminoacid.

immischiare *v.tr.* to involve, to implicate, to mix up: — *qlcu. in un delitto*, to implicate (*o* to involve) s.o. in a crime; *perché mi hai immischiato in quell'affare?*, why did you involve me in that affair?

□ **immischiarsi** *v.intr.pron.* to meddle (in, with sthg.), to interfere (in, with sthg.), to concern oneself (with sthg.): *non immischiarti in queste cose!*, don't meddle in (*o* interfere with) these things!; *si immischia nei miei affari*, he interferes in my affairs.

immiscibile *agg.* (*fis.*, *chim.*) immiscible.

immiscibilità *s.f.* (*fis.*, *chim.*) immiscibility.

immisericordioso *agg.* (*letter.*) unmerciful, uncompassionate.

immiserimento *s.m.* impoverishment.

immiserire *v.tr.* to impoverish, to make* poor: *la guerra immiserì il paese*, the war impoverished the country ◆ *v.intr.* → **immiserirsi**.

□ **immiserirsi** *v.intr.pron.* **1** (*diventar povero*) to become* poor **2** (*perdere vigore*) to weaken.

immissario *s.m.* tributary, affluent; (*spec. di lago*) influent.

immissione *s.f.* introduction (*anche fig.*), input, inflow, intake: *l'— di nuove forze*, (*fig.*) the introduction of new forces; — *di manodopera*, intake of man power; (*fin.*) — *di capitale, di denaro*, injection of money; (*dir.*) — *nel possesso*, putting in possession; (*inform.*) — *dei dati*, data entry.

immistione *s.f.* (*dir.*) interference, middling.

immisurabile *agg.* (*letter.*) immeasurable.

immitigabile *agg.* (*non com.*) unrelievable, unalleviable, that cannot be mitigated.

immobile *agg.* immobile; immovable; (*fermo*) motionless, still; stationary: *rimanere* —, to remain motionless (*o* to keep still); *gli antichi credevano che la Terra fosse* —, the ancients believed that the earth was stationary // (*dir.*) *beni immobili*, immovable (*o* real) property ◆ *s.m.* (*bene immobile*) real estate immovable; (*edificio*) building, premises (*pl.*): — *in locazione*, leasehold property; *mercato degli immobili*, real estate market.

immobiliare *agg.* immovable: *agenzia* —, estate agency; *credito* —, credit based on real property (*o* credit guaranteed by mortgage); *istituto di credito* —, land loan bank; *proprietà* —, real estate (*o* real property *o* immovable property); *società* —, (*di costruzione*) building society, (*di compravendita*) property company; (*comm.*) *contro garanzia* —, on real security.

immobiliarista *s.m.* e *f.* (real) estate agent, (*amer.*) realtor.

immobilismo *s.m.* (*pol.*) ultra-conservatism, inactivity: — *culturale*, *politico*, *economico*, cultural, political, economic inactivity.

immobilistico *agg.* ultra-conservative; (*fam.*) wait-and-see: *atteggiamento* —, ultra -conservative attitude.

immobilità *s.f.* immobility (*anche fig.*); stillness: — *politica*, political immobility; *l'— della manodopera*, the immobility of labour.

immobilizzare *v.tr.* **1** to immobilize: *la folla immobilizzò l'automobile*, the crowd blocked the car; — *un arto*, to immobilize a limb; — *il nemico*, to immobilize the enemy **2** (*econ.*) to lock up; to hold* up; (*vincolare*) to tie up; (*congelare*) to freeze*: *le banche non dovrebbero — il loro capitale*, banks should not lock up their capital; *il blocco degli investimenti immobilizza l'attività produttiva*, the restraint on investment holds up production; — *un capitale* (*investendolo in beni immobili*), to lock up capital in real property.

□ **immobilizzarsi** *v.rifl.* o *intr.pron.* to freeze*: *il gatto s'immobilizzò di fronte ai fari*, the cat froze in the beam of the headlights.

immobilizzato *agg.* immobilized; locked up; held up; (*vincolato*) tied up; (*congelato*) frozen.

immobilizzazione *s.f.* **1** immobilization **2** (*econ.*) lock up, locking up, freeze, immobilization: — *di capitale*, locking up of capital.

immobilizzo *s.m.* (*econ.*) → **immobilizzazione**.

immoderatezza *s.f.* (*non com.*) immoderateness, immoderation, unrestraint; (*eccesso*) excess.

immoderato *agg.* immoderate, intemperate, unrestrained; (*eccessivo*) excessive, inordinate: *essere — nel bere*, to drink immoderately; *desideri immoderati*, unrestrained desires.

immodestia *s.f.* immodesty, shamelessness; (*spudoratezza*) impudence.

immodesto *agg.* immodest, shameless; (*spudorato*) impudent.

immodificabile *agg.* unmodifiable.

immodificato *agg.* unchanged, unmodified.

immolare *v.tr.* (*relig.*) to sacrifice, to immolate (*anche fig.*): — *la propria vita per un ideale*, to give one's life for an ideal.

□ **immolarsi** *v.rifl.* to sacrifice oneself // — *sull'altare della Patria*, to sacrifice oneself for one's country.

immolatore *s.m.* (*non com.*) sacrificer, immolator ◆ *agg.* sacrificial.

immolazione *s.f.* sacrifice, immolation.

immondezza *s.f.* **1** (*l'essere immondo*) dirtiness; (*spec. fig.*) uncleanness, foulness **2** (*spazzatura*) rubbish [U], garbage [U]; refuse [U].

immondezzaio *s.m.* **1** (*luogo*) garbage heap, heap of dirt; (*recipiente*) dustbin, (*amer.*) ashcan, garbage can **2** (*fig.*) (*posto sporco e disordinato*) tip, rubbish dump: *questa casa è un* —, this house is a tip **3** (*luogo moralmente corrotto*) den of vice, sink of corruption.

immondizia *s.f.* (*spazzatura*) garbage [U], rubbish [U]; refuse [U]: *bruciatore per l'*—, incinerator; *carro per* —, dust-cart; *recipiente per l'*—, dustbin // *vietato depositare le immondizie*, no dumping.

immondo *agg.* **1** filthy, dirty, foul: *un luogo* —, a filthy place **2** (*fig.*) (*impuro*) filthy, dirty, foul, unclean: *costumi immondi*, filthy habits; *vizi immondi*, filthy vices; *linguaggio* —, dirty language // (*relig.*) *animali immondi*, unclean animals.

immorale *agg.* immoral; corrupt; unprincipled (*solo di persona*): *libro, spettacolo* —, immoral book, show; *quello che stai facendo è* —, what you are doing is immoral; (*dir.*) *contratto* —, immoral contract ◆ *s.m.* e *f.* immoral person.

immoralismo *s.m.* immoralism (*anche fil.*).

immoralista *s.m.* e *f.* (*fil.*) immoralist.

immoralità *s.f.* **1** immorality **2** (*atto immorale*) immoral act.

immorsare[1] *v.tr.*: — *un cavallo*, to bit (*o* to put the bit to) a horse.

immorsare[2] *v.tr.* **1** (*mecc.*) to scarf **2** (*edil.*) to quoin.

immorsatura *s.f.* **1** (*mecc.*) scarf (joint) **2** (*edil.*) quoin.

immortalare *v.tr.* to immortalize.

□ **immortalarsi** *v.intr.pron.* to become* immortal, to immortalize oneself: *con questa battuta ti sei immortalato nella loro memoria*, with this joke you've immortalized yourself in their memory.

immortale *agg.* immortal (*anche fig.*); everlasting, undying, enduring: *un essere* —, an immortal being; *fama* —, immortal (*o* everlasting) fame; *odio* —, undying hatred; *opera d'arte* —, immortal work of art ◆ *s.m.* e *f.* immortal // *gli Immortali*, (*gli Dei*) the Immortals.

immortalità *s.f.* immortality (*anche fig.*): *le sue opere gli hanno assicurato l'*—, his works have won him everlasting fame (*o* immortality).

immotivato *agg.* unjustified: *un ritardo* —, an unjustified delay; *tutte queste critiche sono immotivate*, all these criticisms are unjustified.

immoto *agg.* (*letter.*) motionless, still: *rimase* —, he stood stock-still.

immune *agg.* immune (*anche med.*); (*libero*) free; (*esente*) exempt: — *da contagio, da una malattia*, immune from contagion, from a disease; — *da pregiudizi*, free of prejudice (*o* unprejudiced); — *da difetti*, free of faults; (*trib.*) — *da imposte*, tax-exempt (*o* tax-free).

immunità *s.f.* immunity; privilege; (*libertà*) freedom; (*esenzione*) exemption: — *parlamentare, diplomatica*, parliamentary, diplomatic immunity; (*dir.*) — *dall'azione penale*, immunity from prosecution; (*dir.*) *concedere l'*—, to grant immunity; (*trib.*) — *fiscale*, tax-exemption; (*med.*) — *acquisita, congenita, naturale*, acquired, congenital, natural immunity.

immunitario *agg.* (*med.*) immune.

immunizzante *agg.* (*med.*) immune: *siero* —, antiserum (*o* immune serum).

immunizzare *v.tr.* to immunize, to make* immune (*anche fig.*): *la vaccinazione immunizza contro il vaiolo*, vaccination immunizes against small-pox; *l'esperienza lo ha immunizzato contro le delusioni*, experience has made him immune to disappointment.

□ **immunizzarsi** *v.rifl.* to immunize oneself, to become* immune (*anche fig.*): *ormai mi sono immunizzato contro la pubblicità*, now I've become immune to advertizing.

immunizzazione *s.f.* immunization.

immuno- *pref.* della terminologia medica e biologica che implica 'relazione con l'immunità dell'organismo'; ingl. immuno-: *immunogenetica*, immunogenetics; *immunoterapia*, immunotherapy.

immunochimica *s.f.* (*chim.*) immunochemistry.

immunodeficienza *s.f.* (*med.*) immunodeficiency.

immunodepressione *s.f.* (*med.*) immunodepression.

immunofluorescenza *s.f.* (*med.*) immunofluorescence.

immunoglobulina *s.f.* (*biochim.*) immunoglobulin.

immunologia *s.f.* (*med.*) immunology.

immunologico *agg.* (*med.*) immunological, (*amer.*) immunologic.

immunologo *s.m.* (*med.*) immunologist.

immunopatologia *s.f.* (*med.*) immunopathology.

immunoprofilassi *s.f.* (*med.*) immunoprophylaxis.

immunoreazione *s.f.* (*med.*) immunoreaction.

immunosoppressore *s.m.* (*med.*) immunosuppressant.

immunoterapia *s.f.* (*med.*) immunotherapy.

immunotossina *s.f.* (*med.*) immunotoxin.

immusonirsi *v.intr.pron.* (*fam.*) to pout; to sulk: *non t'immusonire per così poco!*, don't sulk over such a trifle!

immusonito *agg.* sulky, sullen, in the sulks, gloomy: *restò — tutto il giorno*, he remained sulky the whole day.

immutabile *agg.* immutable, unchangeable, unalterable: *decisione* —, unalterable decision.

immutabilità *s.f.* immutability, unchangeableness, unalterableness: *l'— di una situazione*, the immutability of a situation.

immutato *agg.* unchanged, unaltered: *il mio amore per lui è* —, my love for him is unchanged.

imo *agg.* (*letter.*) **1** low, lowest **2** (*fig.*) base ◆ *s.m.* (*letter.*) **1** lowest part, deepest part; bottom **2** (*fig.*) person of humble origin.

imoscapo *s.m.* (*arch.*) base diameter of column.

impaccaggio *s.m.* packing.

impaccamento *s.m.* (*inform.*) packaging.

impaccare *v.tr.* to pack, to package, to wrap (up), to parcel (up).

impaccatore *s.m.* packer; packager.

impaccatrice *s.f.* packing machine, packer.

impacchettamento *s.m.* (*fis.*) packing.

impacchettare *v.tr.* **1** (*confezionare*) to wrap up; (*mettere in pacchetti*) to package: — *un regalo*, to wrap up a present **2** (*fig. fam.*) (*legare*) to tie up **3** (*inform.*) (*informazioni, dati*) to package.

impacchettatore *s.m.* packer; packager.

impacchettatrice *s.f.* packing machine, packer.

impacchettatura *s.f.* packing; packaging.

impacciare *v.tr.* **1** to hamper, to encumber, to hinder, to impede: *queste maniche lunghe mi impacciano nei movimenti*, these long sleeves hamper my movements **2** (*imbarazzare*) to embarrass.

□ **impacciarsi** *v.intr.pron.* (*non com.*) (*immischiarsi*) to meddle (with, in sthg.); to interfere (with sthg.); to concern oneself (with sthg).

impacciato *agg.* **1** (*goffo*) awkward, clumsy: *maniere impacciate*, awkward (*o* clumsy) manners **2** (*imbarazzato*) embarrassed; uneasy, uncomfortable, ill at ease (*pred.*): *essere, sentirsi* —, to be, to feel embarrassed (*o* uneasy *o* uncomfortable).

impaccio *s.m.* **1** hindrance, encumbrance, impediment; *portalo via, è più di — che di aiuto*, take it away, it is more of a hindrance than a help; *questo lungo mantello mi è di — nei movimenti*, this long cloak is a hindrance to my movements (*o* hampers me in my movements) **2** (*fastidio*) bother, trouble: *tirati via di qui, mi sei di —!*, go away, you are in my way! **3** (*ostacolo*) obstacle; (*situazione difficile*) scrape, trouble; *tirare, tirarsi fuori da un* —, to get out of a scrape (*o* to get out of trouble) **4** (*imbarazzo*) embarrassment, awkwardness, uneasiness: *non era a suo agio, rispondeva con un certo* —, he wasn't at his ease, he replied with a certain awkwardness.

impacco *s.m.* **1** compress: *applicare un — al ginocchio*, to apply a compress to one's knee **2** (*l'impaccare*) packing: *carta da* —, packing paper.

impadronirsi *v.intr.pron.* **1** to take* possession (of sthg.), to get* hold (of sthg.), to seize (sthg., upon sthg.); to appropriate (sthg.); (*rubare*) to steal* (sthg.); (*appropriarsi indebitamente*) to misappropriate, to embezzle: *si impadronì di tutto quanto trovò in casa*, he got hold (*o* took possession) of everything he found in the house; *si impadronirono dei gioielli e li portarono via*, they seized the jewels and took them away; — *di una città*, to seize a town; *si è subito impadronito delle mie idee*, he immediately took over my ideas **2** (*fig.*) to master (sthg.); to make* oneself master (of sthg.): — *di una lingua*, to master a language.

impagabile *agg.* priceless, invaluable: *un collaboratore* —, an invaluable colleague; *un favore* —, a great favour // *sei —!*, you're priceless!

impaginare *v.tr.* (*tip.*) to make* up, to page.

impaginato *agg.* (*tip.*) made-up, paged ◆ *s.m.* (*tip.*) layout; paging.

impaginatore *s.m.* (*tip.*) maker-up.

impaginatura, **impaginazione** *s.f.* **1** (*tip.*) pagination; (*l'impaginare*) making-up, paging **2** (*inform.*) format; pagination.

impagliare *v.tr.* **1** (*coprire di paglia*) to cover with straw: — *seggiole*, to bottom chairs with straw **2** (*riempire di paglia*) to stuff with straw: — *animali*, to stuff animals with straw.

impagliatore *s.m.* **1** (*di seggiole*) chairmender **2** (*di animali*) taxidermist; stuffer.

impagliatura *s.f.* **1** (*di seggiole*) chairmending **2** (*di animali*) stuffing.

impala *s.m.* (*zool.*) (*Aepyceros melampus*) impala.

impalamento *s.m.* (*antico supplizio*) impalement.

impalancato *s.m.* palisade.

impalare *v.tr.* **1** (*infilzare con palo secondo l'antico supplizio*) to impale **2** (*viticultura*) to stake; to prop up.

□ **impalarsi** *v.intr.pron.* to stiffen.

impalato *agg.* (*rigido*) stock-still, stiff: *se ne stava — sulla porta*, he stood stock-still (*o* stiffly) in the doorway; *aiutami, non rimanere lì* —, don't just stand there, help me!

impalatura *s.f.* **1** (*di palo di sostegno*) staking, propping **2** → impalamento.

impalcamento *s.m.* planking.

impalcare *v.tr.* (*edil.*) to plank.

impalcato *agg.* planked ◆ *s.m.* (*edil.*) plank(ing).

impalcatura *s.f.* **1** (*edil.*) planking **2** (*ponteggio*) scaffolding [U]: *perse la vita cadendo da un'—*, he lost his life when he fell from scaffolding **3** (*di albero*) ramification **4** (*di corna di cervo*) antlers (*pl.*) **5** (*struttura*) structure, framework (*anche fig.*): *l'— concettuale di un'opera filosofica*, the conceptual framework (*o* structure) of a philosophical work **6** (*per cacciatori*) hide.

impallidire *v.intr.* **1** (*sbiancare*) to turn pale, to grow* pale; to blanch: *impallidì dalla paura*, he turned pale with fear; *impallidirono di fronte a tanta crudeltà*, they blanched at the thought of such cruelty **2** (*di luce, stelle, luna*) to grow* dim, to grow* faint // *la sua stella impallidisce*, his star is on the wane **3** (*di colori, ricordi*) to fade: *la memoria di lui impallidì col tempo*, the memory of him faded with the passing of time.

impallinamento *s.m.* riddling with shot.

impallinare *v.tr.* to riddle with shot.

impallinata, **impallinatura** *s.f.* riddling with shot.

impalmare[1] *v.tr.* (*letter. o scherz.*) to marry.

impalmare[2] *v.tr.* **1** (*tecn.*) (*legare con giri di spago*) to serve **2** (*mar.*) to splice.

impalmatura *s.f.* **1** (*legatura di rinforzo*) serving **2** (*mar.*) splicing, splice.

impalpabile *agg.* **1** impalpable; intangible // *cipria* —, very fine face powder **2** (*fig.*) vague, unclear.

impalpabilità *s.f.* **1** impalpability; intangibility **2** (*fig.*) vagueness, tenuousness.

impaludamento *s.m.* (*l'impaludare*) swamping; (*l'impaludarsi*) growing swampy; (*l'essere impaludato*) swampiness.

impaludare *v.tr.* to swamp; to turn into a swamp, to make* swampy.

□ **impaludarsi** *v.rifl.* o *intr.pron.* **1** to become* swampy, to turn into a swamp **2** (*fig.*) (*impegolarsi*) to bog down, to get* bogged down, to be swamped.

impaludato[1] *agg.* **1** swampy; swamped **2** (*fig.*) (*impegolato*) bogged down.

impaludato[2] *agg.* (*non com.*) (*vestito con sfarzo*) tricked out, decked out.

impanare[1] *v.tr.* (*cuc.*) to cover (sthg.) with breadcrumbs; to bread: — *le cotolette*, to cover the cutlets with breadcrumbs.

impanare[2] *v.tr.* (*mecc.*) to thread: — *una vite*, to thread a screw ◆ *v.intr.* (*mecc.*) to engage.

impanato[1] *agg.* (*cuc.*) covered with breadcrumbs.

impanato[2] *agg.* (*mecc.*) **1** (*filettato*) threaded **2** (*avvitato*) engaged.

impanatrice → **filettatrice**.

impanatura[1] *s.f.* (*cuc.*) covering with breadcrumbs, breading.

impanatura[2] *s.f.* (*mecc.*) **1** (*filettatura*) thread, threading **2** (*avvitamento*) engagement.

impaniare *v.tr.* **1** to lime, to smear with birdlime **2** (*fig.*) (*intrappolare*) to entangle; to trap.
□ **impaniarsi** *v.rifl.* o *intr.pron.* **1** to be caught with lime **2** (*fig.*) (*essere intrappolato*) to get* entangled: — *in un brutto affare*, to get entangled in a nasty business.

impaniatore *s.m.* limer.

impaniatura *s.f.* liming.

impannare *v.tr.* **1** (*coprire di tessuto, di carta*) to cover with cloth, to cover with paper **2** (*tess.*) to fill the warp.

impannata *s.f.* window covering.

impantanare *v.tr.* **1** (*ridurre a pantano*) to swamp, to turn into a swamp; to make* muddy: *le piogge hanno impantanato i campi*, the rains have swamped the fields **2** (*inzaccherare*) to muddy, to dirty: — *il pavimento*, to muddy the floor.
□ **impantanarsi** *v.intr.pron.* **1** (*non com.*) (*diventare pantano*) to become* muddy **2** (*affondare in un pantano*) to get* stuck in mud; to get* bogged down (*anche fig.*): *l'auto si è impantanata*, the car got stuck in the mud; — *nelle difficoltà*, to get bogged down in difficulties // — *nei debiti*, to get bogged down in debt.

impaperarsi *v.intr.pron.* to falter, to make* a slip: *per l'emozione si impaperò più volte*, he faltered several times because of his excitement.

impapocchiare *v.tr.* (*region.*) **1** (*raggirare*) to cheat, to swindle **2** (*pasticciare*) to bungle, to botch.

impappinarsi *v.intr.pron.* to get* flustered: *a un certo punto dell'esame si è impappinato*, at a certain point of the exam he got flustered.

imparabile *agg.* (*sport*) unstoppable: *un tiro* —, an unstoppable shot.

imparacchiare *v.tr.* (*fam.*) to mug up: *ho imparacchiato un po' di russo a un corso estivo*, I mugged up a bit of Russian during a summer course.

imparagonabile *agg.* (*non com.*) incomparable.

imparare *v.tr.* to learn*: — *a fare qlco.*, to learn (how) to do sthg.; — *a leggere, a scrivere*, to learn how to read, to write; — *a memoria*, to learn by heart; — *un gioco*, to learn a game; *devi* — *a vestirti da solo*, you have to learn to dress yourself // *non è mai troppo tardi per* —, live and learn // — *a proprie spese*, to learn to one's cost // *impara a comportarti bene la prossima volta!*, next time try and behave yourself! // *così impari!*, that'll teach you! // *sbagliando si impara*, (*prov.*) you learn from your mistakes.

imparaticcio *s.m.* **1** (*cosa imparata male*) thing badly learned **2** (*lavoro da principiante*) beginner's work.

imparchettatura *s.f.* backing.

impareggiabile *agg.* incomparable, unparalleled: *un saggio di* — *bravura*, an example of incomparable bravura; *sei sempre* —!, (*scherz.*) you're incomparable!

imparentarsi *v.rifl.* to become* related (to s.o.): *non vorrei imparentarmi con una persona simile*, I should not like to be related to such a person; — *con una famiglia*, to marry into a family.

impari *agg.* **1** (*disuguale*) unequal, uneven: *forze* —, unequal forces; *la sua fu una lotta* —, his was an unequal struggle **2** (*dispari*) odd **3** (*anat.*) azygous.

imparidigitato *agg.* (*zool.*) imparidigitate.

imparipennato *agg.* (*bot.*) imparipinnate, odd-pinnate.

imparisillabo *agg.* (*poesia*) imparisyllabic.

imparità *s.f.* (*non com.*) inequality; disparity.

imparruccare *v.tr.* **1** to put* a wig on (s.o.), to bewig **2** (*fig.*) to whiten.
□ **imparruccarsi** *v.rifl.* to put* on a wig.

imparruccato *agg.* **1** wearing a wig, with a wig on, (be)wigged **2** (*fig.*) (*antiquato e retorico*) mannered, pompous: *uno stile* —, a mannered, antiquated style.

impartire *v.tr.* to impart; (*dare*) to give*: (*eccl.*) — *la benedizione*, to give the blessing; — *un ordine a qlcu.*, to give an order to s.o.; — *lezioni private*, to give private lessons.

imparziale *agg.* impartial, unbiased, fair: *giudizio* —, impartial judgement; *arbitro* —, impartial referee; *un maestro* — *con gli alunni*, a teacher who treats his pupils impartially.

imparzialità *s.f.* impartiality, equitableness, fairness: *bisogna valutare il problema con la massima* —, the problem needs be considered with complete impartiality.

impasse *s.f.* (*fr.*) **1** (*fig.*) (*situazione senza via d'uscita*) impasse, dead end: *giungere a un'*—, to reach an impasse (*o* a dead end); *trovarsi in un'*—, to find oneself in a fix (*o* in a hole) **2** (*bridge*) finesse.

impassibile *agg.* impassive, unmoved (*pred.*): *sguardo* —, impassive gaze; *rimase* — *alla notizia*, he remained impassive at the news; *ascoltò* — *la propria condanna*, he heard the sentence unmoved.

impassibilità *s.f.* impassiveness, impassivity, impassibility: — *di fronte alle minacce*, impassiveness in the face of threats.

impassibilmente *avv.* impassively; impassibly.

impastamento *s.m.* kneading.

impastare *v.tr.* **1** to knead; (*unire in un impasto*) to mix: — *il pane*, to knead bread dough; — *la farina con le uova*, to mix flour with eggs; — *l'argilla*, to mix clay **2** (*ridurre in pasta*) to make* into a paste, to make* into a mixture **3** (*non com.*) (*coprire di pasta, attaccare con pasta*) to paste **4** (*pitt.*) to mix **5** (*mus.*) to slur **6** (*mecc.*) to gum: *il piombo impasta le lime*, lead gums files.
□ **impastarsi** *v.intr.pron.* **1** (*amalgamarsi*) to merge, to blend **2** (*impiastricciarsi*) to smear (sthg.) over oneself; to besmirch oneself: *ti sei impastato tutto di miele*, you've smeared honey all over yourself **3** (*mecc.*) to gum: *la lima si è impastata*, the file has gummed **4** (*tip.*) to fill.

impastato *agg.* **1** kneaded; mixed: — *con farina*, mixed with flour **2** (*coperto*) covered (in, with): — *di fango*, covered in mud // *sentirsi la lingua impastata*, to have a furred (*o* furry) tongue; *si sentiva la lingua impastata*, his tongue felt furry **3** (*ridotto in pasta*) made into a paste, made into a mixture **4** (*coperto di pasta*) covered with paste; (*incollato*) pasted **5** (*fig.*) full: *una persona impastata di pregiudizi*, a person full of prejudice // *ragazzo* — *di sonno*, drowsy boy.

impastatore *s.m.* (*chi impasta pane ecc.*) kneader.

impastatrice *s.f.* **1** (*mecc.*) (*per pane ecc.*) kneading machine, mixer **2** (*edil.*) (*di cemento*) cement mixer; (*di malta*) mortar mixing machine.

impastatura *s.f.* kneading (of dough).

impasticcarsi *v.intr.pron.* **1** (*sl.*) (*drogarsi*) to drug oneself **2** (*fare molto uso di farmaci in pastiglie*) to live on pills.

impasticciare *v.tr.* **1** (*cuc.*) to mix up **2** (*fig.*) (*pasticciare*) to botch; to bungle, to make* a mess of (sthg.) **3** (*ingarbugliare*) to confuse, to muddle (up).
□ **impasticciarsi** *v.rifl.* o *intr.pron.* **1** (*sporcarsi*) to dirty oneself **2** (*fig.*) (*confondersi*) to get* into a mess.

impasto *s.m.* **1** (*cuc.*) (*l'impastare*) kneading; mixing **2** (*cuc.*) (*amalgama*) mixture; (*pasta di pane*) dough: *un* — *morbido*, a soft mixture **3** (*miscuglio*) mixture, medley; *è un* — *di buone e cattive qualità*, he is a mixture of good and bad qualities **4** (*pitt.*) impasto.

impastocchiare *v.tr.* (*escogitare*) to make* up, to invent: — *delle scuse*, to make up excuses // — *qlcu.*, (*imbrogliarlo*) to cheat s.o.

impastoiare *v.tr.* **1** to shackle, to tie up **2** (*fig.*) (*ostacolare*) to obstruct, to hinder, to hamper.

impataccare *v.tr.* (*fam.*) to dirty, to stain, to spatter, to spot: *ha impataccato la camicia nuova*, he has stained his new shirt.
□ **impataccarsi** *v.rifl.* to dirty oneself, to stain oneself, to spatter oneself: — *di sugo*, to spatter oneself with sauce.

impattare[1] *v.tr.* to draw*, to tie (a game, a match etc.) // *impattarla con qlcu.*, (*fig., fam.*) (*eguagliare qlcu.*) to be a match for s.o.

impattare[2] *v.intr.* **1** (urtare) to hit*, to strike*, to collide: — *contro il muro*, to hit the wall **2** (*fig.*) (*avere un determinato effetto*) to have an impact (on), to have an effect (on).

impatto *s.m.* **1** (*urto*) impact; collision, crash: *l'*— *fra due auto*, the impact (*o* collision *o* crash) between two cars; *angolo d'*—, angle of impact **2** (*fig.*) impact, effect: — *con un nuovo ambiente, lavoro*, impact of a new environment, job; *le sue parole causarono un forte* — *sull'opinione pubblica*, his words had a strong impact (*o* effect) on public opinion.

impaurire *v.tr.* to frighten, to scare.
□ **impaurirsi** *v.intr.pron.* to get* frightened, to be scared: *si impaurì a morte*, he was scared to death.

impaurito *agg.* frightened, scared; afraid: *sguardo, aspetto* —, frightened look.

impavesare *v.tr.* to dress (with flags), to deck (with flags).

impavesata *s.f.* (*mar.*) **1** (*bastingaggio*) quarter boards (*pl.*), topgallant bulwarks (*pl.*) **2** (*fila di bandierine*) bunting.

impavido *agg.* fearless, undaunted: *comportamento* —, fearless behaviour; *affrontò* — *il nemico*, undaunted, he faced the enemy.

impazientare → **impazientire**.

impaziente *agg.* impatient; (*desideroso*) eager, anxious: *essere* — *di fare qlco.*, to be eager (*o* impatient) to do sthg.

impaziente *s.f.* (*bot. pop.*) (*Impatiens noli tangere*) balsam.

impazientire *v.tr.* to make* s.o. impatient. □ **impazientirsi** *v.intr.pron.* to get* impatient, to lose* one's patience.

impazienza *s.f.* impatience; (*ansietà*) anxiety, eagerness: *con* —, impatiently (*o* anxiously): *aspetto con — il suo arrivo*, I am looking forward to his arrival; *al suo apparire ebbe un gesto d'—*, when he appeared she gave a gesture of impatience; *dare segni di* —, to give signs of impatience.

impazzare *v.intr.* **1** to revel; (*fam.*) to whoop it up: *la gente impazzava per le strade*, people were whooping it up in the streets **2** (*letter.*) to go* mad.

impazzata, all' *locuz.avv.* madly; wildly; headlong: *sparare all'—*, to shoot wildly; *correre all'—*, to rush headlong.

impazzimento *s.m.* **1** (*l'impazzire*) going mad **2** (*cosa che tormenta, infastidisce*) nuisance, bother, trouble.

impazzire *v.intr.* **1** to go* mad; to go* insane; to go* crazy: *è impazzito in seguito allo shock ricevuto*, he went mad as a result of the shock he received; *— dal dolore*, to be maddened by pain; *sono impazzito a trovare quella ricevuta*, I went crazy (*o* mad) looking for that receipt; *impazzisce per il jazz*, he is mad about jazz; *— per una donna*, to be crazy (*o* mad *o* wild) about a woman // *far — qlcu.*, to drive s.o. mad (*o* crazy): *quella ragazza mi fa —*, that girl drives me crazy **2** (*di apparecchiature*) to go* haywire: *il computer è impazzito*, the computer has gone haywire **3** (*cuc.*) to curdle, to separate: *la maionese è impazzita*, the mayonnaise has curdled (*o* separated).

impazzito *agg.* **1** insane; mad, crazy (*anche fig.*) **2** (*fig.*) wild, crazy: *gli strumenti sembravano impazziti*, the instruments seemed to have gone wild (*o* crazy).

impeachment *s.m.* (*dir.*) impeachment: *— del presidente*, (*amer.*) impeachment of the President (processo politico promosso contro il presidente).

impeccabile *agg.* impeccable; faultless; flawless: *eleganza, condotta —*, impeccable elegance, conduct; *era — nel suo abito grigio*, he was impeccable in his grey suit.

impeccabilità *s.f.* faultlessness; impeccability.

impeciare *v.tr.* to pitch, to tar; to coat with pitch, to smear with tar.
□ **impeciarsi** *v.rifl.* **1** to smear oneself with pitch **2** (*fig. non com.*) (*invischiarsi*) to get* entangled; to get* mixed up.

impeciato *agg.* pitched, pitchy; tarred, tarry.

impeciatura *s.f.* **1** pitching; tarring **2** (coat of) tar, pitch.

impecorire *v.tr.* to make* timid, to make* cowardly ◆ *v.intr.* to become* timid, to become* cowardly.

impedantire *v.intr.* to become* a pedantic.

impedenza *s.f.* (*elettr.*) impedance.

impediente *agg.* (*dir.*) impedient, obstructing.

impedimento *s.m.* **1** impediment, hindrance, drawback; (*ostacolo*) obstacle: *dovemmo superare molti impedimenti*, we had to overcome many obstacles (*o* difficulties); *sarò di ritorno lunedì salvo impedimenti*, I'll be back on Monday, barring obstacles **2** (*dir.*) bar, impediment: *— al matrimonio*, impediment to marriage; *— impediente*, prohibitive impediment; *— dirimente*, dirimant impediment **3** (*med.*) functional disease **4** *pl.* (*mil.*) impedimenta.

impedinatura *s.f.* (*scacchi*) doubling of pawns.

impedire *v.tr.* **1** to prevent (s.o. from doing), to keep* (s.o. from doing), to stop (s.o. from doing): *dovresti impedirgli di parlare*, you should prevent (*o* stop) him from speaking; *non so come impedirgli di farlo*, I don't know how to stop him from doing it; *questo m'impedì di partire*, this prevented me (from) leaving (*o* prevented my leaving); *il rumore mi impediva di dormire*, the noise kept me from sleeping; *il cattivo tempo ha impedito lo svolgimento delle gare*, bad weather has stopped the races; *— un delitto*, to prevent a crime; *— un matrimonio*, to prevent a marriage; *— la crescita* (*di una pianta*), to dwarf (a plant) **2** (*ostruire*) to obstruct, to block, to bar: *questo muro impedisce la vista del mare*, this wall obstructs the view of the sea; *— il passo*, to obstruct (*o* to bar) the way **3** (*impacciare*) to hinder, to hamper, to impede: *questa gonna stretta mi impedisce i movimenti*, this tight skirt hampers (*o* hinders) my movements.

impeditivo *agg.* obstructive; hindering.

impedito *agg.* **1** (*invalido*) disabled, crippled, paralysed: *ha un braccio —*, he has lost the use of one arm **2** (*impacciato*) awkward: *sei un po' — (nei movimenti)*, you move rather awkwardly (*o* you are rather awkward in your movements) **3** (*non com.*) (*occupato*) engaged, occupied.

impegnare *v.tr.* **1** (*dare in pegno*) to pawn, to pledge: *— i propri gioielli*, to pawn one's jewels; *ha impegnato anche l'orologio*, he's even pawned his watch; *— il proprio onore, la propria parola*, to pledge one's honour, one's word **2** (*investire*) to invest: *— denaro, capitali*, to invest (*o* to lock up) money, capital **3** (*vincolare*) to bind*, to commit: *il contratto ci impegna a consegnare tutto entro giugno*, the contract commits us to deliver everything by June; *questo ti impegna a rimanere per due anni*, this binds you to remain for two years **4** (*prenotare, ingaggiare*) to reserve, to hire, to book: *— una sala per un concerto*, to book a hall for a concert; *— un cameriere per una serata*, to hire a waiter for an evening **5** (*assorbire*) to take* up: *questo lavoro impegna tutto il mio tempo*, this work takes up all my time // (*sport*) *— l'avversario*, to put one's opponent under pressure.
□ **impegnarsi** *v.rifl.* **1** (*assumersi un impegno*) to commit oneself, to undertake*, to bind* oneself, to engage oneself: *mi impegno a procurare il denaro*, I undertake to provide the money; *non posso impegnarmi a farlo da solo*, I can't undertake to do that by myself; *si impegnò a pagare la somma richiesta*, he committed himself to pay the required amount **2** (*mettersi con impegno*) to devote oneself, to engage in: *— in una lite con qlcu.*, to engage in an argument with s.o.; *— a fondo*, to commit oneself completely **3** (*non com.*) (*indebitarsi*) to get* into debt **4** (*farsi garante*) to go* bail; to stand* surety: *— per qlcu.*, to go bail (*o* to stand surety) for s.o. **5** (*essere, rimanere coinvolto*) to be involved, to get* involved; to be entangled, to get* entangled: *non voglio impegnarmi in una faccenda del genere*, I don't want to get involved in such a matter; *mi sono troppo impegnato per ritirarmi*, I have gone too far (*o* I am too deeply entangled) to draw back.

impegnativa *s.f.* authorization (a binding promise by the National Health Insurance to pay the cost of medical treatment).

impegnativo *agg.* **1** binding; compelling: *una promessa impegnativa*, a binding promise **2** (*che richiede impegno*) demanding, exacting: *un lavoro —*, a demanding job.

impegnato *agg.* **1** engaged, occupied; (*riservato*) booked, reserved: *era — con il suo insegnante, con la corrispondenza, nella conversazione*, he was engaged with his teacher, with his correspondence, in conversation; *il mio tempo è tutto —*, my time is all occupied (*o* taken up); *stasera non posso, sono —*, tonight I can't, I am busy; *la stanza era già impegnata*, the room had already been booked **2** (*vincolato*) bound; engaged, tied up: *mi sento — a farlo*, I feel bound (*o* engaged) to do it; *denaro — in banca*, money tied up in a bank; *contanti non impegnati*, unapplied cash **3** (*dato in pegno*) pawned; pledged **4** (*animato da impegno etico-civile*) committed: *poeta —*, committed poet; *cinema —*, committed cinema **5** (*coinvolto*) involved; entangled: *paese non —*, non-aligned country.

impegno *s.m.* **1** engagement, undertaking; (*obbligo*) commitment, obligation, pledge; (*promessa*) promise; (*appuntamento*) appointment: *impegni di lavoro*, business commitments (*o* engagements); *ho molti impegni per domani*, I have many engagements for tomorrow; *non posso venire con te domani, ho preso un — col dentista*, I can't come with you tomorrow, I've got an appointment with the dentist; *si è preso l'— di accompagnarla*, he has promised to go with her; *mantenere un —*, to honour a commitment (*o* to meet an obligation); *mancare un —*, to break an engagement; *soddisfare i propri impegni*, to meet one's obligations; *non riuscì a far fronte ai suoi impegni*, he was unable to meet his obligations; *con — di segretezza*, under pledge of secrecy; *— di pagamento*, promise to pay // *— politico, sociale*, political, social commitment // (*dir.*) *— a comparire in giudizio*, undertaking to appear // (*econ.*): *— valutario*, foreign exchange commitment; *— di capitale*, capital appropriation // (*comm.*) *lettera d'—*, note of hand **2** (*applicazione, cura, diligenza*) care, zeal, diligence: *fa tutto con molto —*, he does everything with great care.

impegolare *v.tr.* to pitch, to tar, to smear with tar.
□ **impegolarsi** *v.rifl.* (*invischiarsi*) to get* involved, to get* mixed up: *mi sono impegolato in una brutta faccenda*, I've got mixed up in a nasty piece of business.

impelagarsi *v.rifl.* to get* involved; to get* mixed up: *per aiutarlo mi sono impelagato in un mare di guai*, in order to help him I got myself mixed up in a load of trouble.

impellente *agg.* compelling, impelling; (*urgente*) pressing, urgent: *bisogno —*, urgent (*o* pressing) need.

impellenza *s.f.* pressingness, urgency: *l'— di una decisione*, the pressingness of a decision.

impellere *v.tr.* (*letter.*) to impel, to drive*.

impellicciare[1] *v.tr.* to cover with fur; (*foderare di pelliccia*) to line with fur.

□ **impellicciarsi** *v.rifl.* (*scherz.*) to put* on a fur: *come puoi impellicciarti con questo caldo?*, how can you wear a fur coat in this heat?

impellicciare[2] → **impiallacciare**.

impellicciatura[1] *s.f.* dressing in fur, wearing fur; lining with fur.

impellicciatura[2] → **impiallacciatura**.

impendere *v.intr.* (*letter.*) to hang*.

impenetrabile *agg.* **1** impenetrable (*anche fig.*); (*fig.*) inscrutable: — *all'acqua*, watertight; — *all'aria*, airtight; *una foresta* —, an impenetrable forest; *un viso* —, an inscrutable face; *un uomo* —, an inscrutable man **2** (*fig.*) (*incomprensibile*) unfathomable, inexplicable, incomprehensible, unintelligible: *mistero* —, impenetrable (*o* unfathomable) mystery.

impenetrabilità *s.f.* impenetrability, inscrutability.

impenitente *agg.* impenitent, unrepentant; (*incorreggibile*) incorrigible: *un Don Giovanni* —, an incorrigible Don Juan.

impenitenza *s.f.* impenitence.

impennacchiare *v.tr.* to decorate with plumes; (*estens.*) to adorn.

□ **impennacchiarsi** *v.rifl.* (*scherz.*) to dress up.

impennacchiato *agg.* **1** tufted **2** (*fig.*) dressed up.

impennaggio *s.m.* (*aer.*) empennage, tail unit: — *a farfalla*, V tail; — *a sbalzo*, cantilever tail planes; — *orizzontale*, tail plane; — *verticale*, rudder unit.

impennare[1] *v.tr.* **1** (*ricoprire di penne*) to feather **2** (*non com.*) (*cospargere di penne*) to strew* with feathers **3** (*aer.*) (*munire di impennaggio*) to put* a tail unit on.

impennare[2] *v.tr.* **impennarsi** *v.intr.pron.* **1** (*di cavallo*) to rear (up), to buck; to prance **2** (*aer.*) to zoom **3** (*adirarsi, reagire irosamente*) to bristle; (*fam.*) to flare up.

impennata *s.f.* **1** (*di cavallo*) rearing (up), prance **2** (*aer.*) zoom **3** (*scatto d'ira, reazione irosa*) bristling, flaring up: *è sempre stato facile alle impennate*, he has always flared up easily **4** (*brusco rialzo*) sudden rise, upsurge, upswing; (*amer.*) run-up: *un'— del prezzo dell'oro*, a sudden rise in the price of gold; *avere un'—*, to jump; to soar; *un'— della pressione*, a sudden rise in pressure.

impensabile *agg.* unthinkable, inconceivable, unimaginable.

impensatamente *avv.* **1** (*in modo inaspettato*) unexpectedly **2** (*senza pensarci*) without thinking, unthinkingly.

impensato *agg.* **1** (*non pensato*) unthought of **2** (*inaspettato*) unforeseen, unexpected.

impensierire *v.tr.* to worry, to cause anxiety to (s.o.): *il suo silenzio mi impensierisce*, his silence worries me.

□ **impensierirsi** *v.intr.pron.* to worry (about sthg.); to get* anxious (about sthg.): *non devi impensierirti*, you shouldn't worry.

impensierito *agg.* worried (about sthg.), anxious (about sthg.): *ti vedo piuttosto* —, you look rather anxious.

impepare *v.tr.* to pepper; (*fig.*) to spice: — *un racconto*, to spice a story.

imperante *agg.* **1** (*regnante*) reigning, ruling: *dinastia* —, reigning dynasty **2** (*dominante*) ruling, prevailing: *la moda, la tendenza* —, the prevailing fashion, tendency.

imperare *v.intr.* to rule (over sthg.), to reign (over sthg.) (*anche fig.*): *il silenzio imperava su tutto*, silence reigned supreme; *il malcostume impera*, immorality holds sway.

imperativale *agg.* (*ling.*) imperative, imperatival.

imperativismo *s.m.* (*dir.*) imperative theory.

imperatività *s.f.* **1** (*l'essere obbligatorio, inderogabile*) obligatoriness **2** (*dir.*) imperativeness.

imperativo *agg.* **1** imperative, commanding, authoritative; peremptory: *un comando* —, a peremptory order; *in modo* —, in an imperative (*o* authoritative *o* commanding) manner; (*dir.*) *norme imperative*, mandatory rules **2** (*gramm.*) imperative: *modo* —, imperative (mood) ◆ *s.m.* **1** (*fil.*) imperative: *l'— categorico*, the categorical imperative **2** (*gramm.*) imperative (mood).

imperatore *s.m.* emperor: *l'— Guglielmo II*, the Emperor William II.

imperatorio *agg.* **1** imperatorial, imperial: *insegne imperatorie*, imperial insignia **2** (*imperioso*) imperious.

imperatrice *s.f.* empress.

impercettibile meno com. **impercepibile** *agg.* imperceptible, unperceivable, slight: *una differenza* —, an imperceptible difference; *un rumore* —, a very slight noise; *un* — *aumento dei prezzi*, an imperceptible rise in prices.

impercettibilità *s.f.* (*non com.*) imperceptibility.

impercorribile *agg.* impassable.

imperdonabile *agg.* unpardonable, unforgivable: *debolezza* —, unpardonable weakness; *svista* —, unforgivable oversight.

imperfettivo *agg.* (*gramm.*) imperfective.

imperfetto *agg.* **1** imperfect, faulty, defective **2** (*gramm.*) imperfect ◆ *s.m.* (*gramm.*) imperfect (tense).

imperfezione *s.f.* **1** imperfection; flaw; defect, fault: — *fisica*, physical imperfection (*o* blemish); *un'— nel tessuto*, a defect in the fabric; — *di stampa*, misprint **2** (*inform.*) bug.

imperforabile *agg.* imperforable, unpierceable.

imperforato *agg.* **1** not perforated **2** (*med.*) imperforate.

imperforazione *s.f.* (*med.*) imperforation.

imperiale[1] *agg.* imperial: *Sua Maestà Imperiale*, His Imperial Majesty; *decreto* —, imperial decree; *portamento* —, imperial deportment.

imperiale[2] *s.m.* (*di una vettura*) imperial, top; (*di carrozza ferroviaria*) roof: (*ferr.*) — *ad arco*, arched roof.

imperialismo *s.m.* imperialism.

imperialista *s.m.* e *f.* imperialist ◆ *agg.* imperialistic, imperialist (*attr.*).

imperialistico *agg.* imperialistic, imperialist (*attr.*): *ambizioni imperialistiche*, imperialist(ic) ambitions.

imperio → **impero**.

imperiosità *s.f.* imperiousness; authoritativeness.

imperioso *agg.* **1** imperious; peremptory; authoritarian, authoritative: *tono* —, imperious tone; *un fare* —, a peremptory manner **2** (*impellente*) imperative; pressing; imperious: *un desiderio* —, a pressing desire.

imperito *agg.* (*letter.*) unskilled, unskilful; inexperienced; (*incapace*) incapable.

imperituro *agg.* (*letter.*) imperishable, everlasting, eternal.

imperizia *s.f.* unskilfulness, inexperience; (*incapacità*) incapacity, unfitness.

imperlare *v.tr.* **1** to bead, to pearl: *la rugiada imperlava le foglie*, the leaves were covered (*o* beaded) with dew; *il sudore gli imperlava la fronte*, his forehead was beaded with sweat **2** (*non com.*) (*ornare di perle*) to adorn with pearls.

□ **imperlarsi** *v.intr.pron.* **1** to be beaded (with) **2** (*non com.*) to adorn oneself with pearls.

impermalire *v.tr.* to offend.

□ **impermalirsi** *v.intr.pron.* to take* offence (at sthg.), to take* umbrage; to get* annoyed: *non impermalirti!*, don't get annoyed; *si impermalisce per ogni cosa*, he takes offence at everything (*o* he is very touchy).

impermalito *agg.* offended, annoyed; resentful.

impermeabile *agg.* impermeable, impervious (*anche fig.*); (*all'acqua*) waterproof; (*all'aria*) airtight: *orologio* —, waterproof watch; *schermo* — *ai raggi X*, shield impermeable (*o* impervious) to X rays; *è* — *alle critiche*, he's impervious to criticism.

impermeabile *s.m.* (*abbigl.*) raincoat, mackintosh, (*fam.*) mac; (*di tipo militare*) trench coat.

impermeabilità *s.f.* impermeability.

impermeabilizzante *agg.* proofing; (*all'acqua*) waterproofing ◆ *s.m.* repellent; (*all'acqua*) waterproofer; (*alla pioggia*) rainproofer.

impermeabilizzare *v.tr.* to proof; (*all'acqua*) to waterproof; (*alla pioggia*) to rainproof: — *un tessuto*, to (water)proof a fabric.

impermeabilizzato *agg.* proofed; (*all'acqua*) waterproofed; (*alla pioggia*) rainproofed.

impermeabilizzazione *s.f.* proofing; (*all'acqua*) waterproofing; (*alla pioggia*) rainproofing.

imperniare *v.tr.* **1** to pivot, to hinge **2** (*fig.*) to base.

□ **imperniarsi** *v.intr.pron.* **1** to pivot, to hinge **2** (*fig.*) to be based, to turn, to hinge: *le sue teorie si imperniano su questi presupposti*, his theories are based on these assumptions.

imperniatura *s.f.* **1** (*l'imperniare*) pivoting; hinging **2** (*perno*) pivot.

impero *s.m.* **1** empire: *l'— britannico*, the British Empire; *è finita l'epoca degli imperi coloniali*, the time of colonial empires is over **2** (*estens.*) empire; (*dominio*) dominion, rule: *un enorme* — *industriale*, a huge industrial empire; *esercitare, stabilire il proprio* — *su qlco., qlcu.*, to exert, to establish one's dominion over s.o., sthg. // *l'— delle lettere*, the world of literature ◆ *agg.* empire (*attr.*): *mobili di stile* —, Empire furniture.

imperocché *cong.* (*ant. letter.*) (*poiché*) inasmuch as, since, as, because.

imperscrutabile *agg.* inscrutable, impenetrable, unfathomable: *mistero* —, impenetrable mystery.

imperscrutabilità *s.f.* inscrutableness, inscrutability.

impersonale *agg.* **1** impersonal, general: *critiche impersonali*, general criticisms **2** (*gramm.*) impersonal: *verbo* —, impersonal verb **3** (*poco originale*, *banale*) unoriginal, banal: *uno stile* —, a banal style.

impersonalismo *s.m.* (*fil.*) impersonalism.

impersonalità *s.f.* **1** impersonality, impersonal character: *l'— di un giudizio, di una critica*, the impersonal nature of a judgement, of a criticism **2** (*oggettività, distacco*) impersonality **3** (*banalità*) unoriginality.

impersonare *v.tr.* **1** to personify; to symbolize: *Otello impersona la gelosia*, Othello symbolizes jealousy **2** (*interpretare*) to play, to act (the part of); to impersonate.
□ **impersonarsi** *v.rifl.* o *intr.pron.* **1** (*immedesimarsi*) to identify oneself (with): *mi sono impersonata nell'eroina*, I identified myself with the heroine **2** (*incarnarsi*) to embody; to take* bodily form.

imperterrito *agg.* **1** imperturbable, unperturbed, undeterred, impassive: *gli dissi di smetterla, ma lui continuò* —, I told him to stop, but he continued unperturbed **2** (*non com.*) (*impavido*) undaunted.

impertinente *agg.* **1** impertinent, insolent, impudent; (*fam.*) cheeky, saucy: *gesto* —, impudent gesture; *persona* —, impertinent fellow **2** (*dir.*) (*non pertinente*) impertinent ◆ *s.m.* e *f.* an insolent person: *sei un —!*, you are very cheeky.

impertinenza *s.f.* **1** impertinence, insolence; (*fam.*) cheekiness, sauciness: *è il colmo dell'—!*, it's the height of insolence! **2** (*azione, detto insolente*) impertinence: *dire un'—*, to say something impertinent.

imperturbabile *agg.* imperturbable, unflappable, impassive; calm: *un carattere* —, an imperturbable character.

imperturbabilità *s.f.* imperturbability, impassiveness; calm.

imperturbabilmente *avv.* imperturbably, impassively; calmly.

imperturbato *agg.* imperturbed, impassive; calm: *restare* —, to remain calm, cool and collected.

imperversare *v.intr.* **1** (*di elementi naturali, epidemie ecc.*) to rage; to storm: *l'epidemia imperversò a lungo nel paese*, the epidemic raged in the country for a long time; *la tempesta imperversava*, the storm was raging **2** (*di persona*) (*infierire*) to rage, to rail; to act cruelly: *sembra ci provi gusto a — contro di lui*, she seems to enjoy acting cruelly towards him **3** (*scherz.*) (*essere molto diffuso*) to be the rage: *a quell'epoca imperversava il rock and roll*, in that period rock 'n roll was all the rage.

impervietà *s.f.* inaccessibility, impracticability.

impervio *agg.* **1** (*impraticabile*) impassable, impracticable, inaccessible: *sentiero* —, impassable path **2** (*fig.*) impracticable; arduous **3** (*med.*) impervious.

impestare → **appestare**.

impetigine *s.f.* (*med.*) impetigo.

impetiginoso *agg.* (*med.*) impetiginous.

impeto *s.m.* **1** impetus; rush; violence; force: *l'— delle acque*, the rush of the waters; *l'— della bufera*, the violence of the storm; *sostenere l'— di un attacco*, to withstand the force (*o* to bear the brunt) of an attack; *l'esercito avanzava con grande* —, the army surged forward; *scagliarsi con — contro qlco.*, to throw oneself violently against sthg. **2** (*fig.*) (*moto improvviso dell'animo*) fit, outburst, rush; (*impulso*) impulse; (*veemenza*) vehemence, passion, heat: *un — d'ira*, an outburst of rage; *agire d'—*, to act on impulse; *parlare con* —, to speak with passion; *nell'— del discorso*, in the heat of the discussion // *di primo* —, (*dapprima*) at first.

impetrare *v.tr.* **1** (*ottenere supplicando*) to impetrate **2** (*domandare supplicando*) to beseech*; to implore: *impetrò la grazia dal re*, he besought the king's mercy.

impetratore *agg.* e *s.m.* suppliant.

impetratorio *agg.* (*letter.*) impetratory.

impetrazione *s.f.* impetration.

impetrire → **impietrire**.

impettito *agg.* stiff; erect, straight; with one's chest thrown out: *se ne andò via tutto* —, he strutted away.

impetuosità *s.f.* **1** violence; force: *l'— della corrente travolse il battello*, the force of the current swept the boat away; *l'— del torrente lo travolse*, the force (*o* the violence) of the stream swept him away **2** (*fig.*) (*impulsività*) impulsiveness; impetuousness, impetuosity; (*veemenza*) vehemence, passion, heat: — *di carattere*, impulsiveness (*o* impetuosity) of character; *l'— del suo discorso travolse l'uditorio*, the vehemence of his speech carried the audience away.

impetuoso *agg.* **1** violent; forceful: *un torrente* —, a rushing stream; *vento* —, violent wind; *un attacco* —, a forceful (*o* a violent) attack **2** (*fig.*) (*impulsivo*) impetuous, rash; impulsive; (*veemente*) vehement, impassioned: *un carattere* —, an impulsive character; *una persona impetuosa*, an impetuous (*o* impulsive) person; *un discorso* —, a vehement speech; *un attacco verbale* —, an impassioned verbal attack.

impiallacciare *v.tr.* to veneer.

impiallacciato *agg.* veneered.

impiallacciatore *s.m.* veneerer.

impiallacciatura *s.f.* **1** (*operazione*) veneering **2** (*legno in fogli per impiallacciare*) veneer.

impiantare *v.tr.* **1** (*installare*) to instal: — *una caldaia, il telefono*, to instal a boiler, the telephone **2** (*estens.*) (*fondare*) to found, to establish, to set* up, to start: — *un'azienda*, to establish (*o* to set up) a firm; — *un'attività commerciale*, to start a business; — *una comunità*, to found a community **3** (*fig.*) (*impostare*) to set* out, to state, to formulate: — *una questione*, to formulate an issue **4** (*amm.*) (*aprire*) to open: — *un conto*, to open an account; — *una partita*, to open (*o* to post) an entry; — *un bilancio*, to draw up a budget **5** (*med.*) (*capelli*) to transplant **6** (*region.*) (*mettere a dimora una pianta*) to plant.

impiantazione *s.f.* (*fis.*) implantation: — *ionica*, ion implantation.

impiantire *v.tr.* (*edil.*) to floor.

impiantista *s.m.* e *f.* **1** (*progettista*) plant engineer **2** (*installatore*) installer.

impiantistica *s.f.* plant engineering.

impiantito *s.m.* (*edil.*) flooring: — *di mattoni*, brick flooring.

impianto *s.m.* **1** plant [U], installation, system, equipment; facility: — *centrale di ventilazione*, central ventilation system; — *di illuminazione*, lighting system (*o* plant); — *di riscaldamento*, heating system (*o* plant); — *di sollevamento*, hoisting system; — *elettrico*, electric installation; — *idraulico*, plumbing; — *idrico*, waterworks; — *idroelettrico*, hydroelectric power station (*o spec. amer.* power plant); — *radio*, radio equipment; *impianti sanitari*, sanitary fittings; *impianti di produzione*, production facilities; *impianti e attrezzature*, fixtures and fittings // (*aut.*) — *di accensione*, ignition system // (*ferr.*) — *di blocco*, interlocking plant // (*miner.*) — *di sondaggio*, rig // — *sportivo*, sport facility **2** (*costituzione*) establishment, setting up; (*installazione*) installation: *l'— di una ditta*, the establishment of a firm; *l'— di un negozio*, the setting up of a shop; *spese d'—*, installation charges (*o* formation expenses) // (*amm.*) — *contabile*, set of accounts // (*fin.*) *capitale d'—*, investment capital **3** (*fig.*) (*struttura*) structure, framework: *una costituzione d'— liberale*, a constitution with a liberal framework **4** (*biol.*) implantation **5** (*med.*) implantation, implant.

impiastramento *s.m.* besmearing, smirching; dirtying.

impiastrare *v.tr.* to daub, to (be)smear, to smirch; (*insudiciare, imbrattare*) to dirty: — *un mobile di vernice*, to daub a piece of furniture with paint; *impiastrarsi le mani*, to besmear (*o* to smirch) one's hands; *impiastrarsi i vestiti d'inchiostro*, to dirty one's clothes with ink; — *un muro con annunci pubblicitari*, to plaster a wall with advertisements // *impiastrarsi il viso*, (*truccarsi malamente*) to paint one's face.
□ **impiastrarsi** *v.rifl.* to (be)smear oneself, to (be)smirch oneself: *il bambino si è tutto impiastrato di miele*, the child has smeared honey all over himself ◆ *v.intr.pron.* to be besmeared (with sthg.); to get* smeared (with sthg.): *il pavimento si è tutto impiastrato di cera*, the floor is all besmeared with wax; *il muro si era tutto impiastrato di vernice*, the wall got all smeared with paint.

impiastricciamento → **impiastramento**.

impiastricciare *v.tr.* to (be)smear, to smirch, to dirty.
□ **impiastricciarsi** *v.rifl.* to (be)smear oneself, to (be)smirch oneself, to dirty oneself: *ai bambini piace* —, children like to dirty themselves ◆ *v.intr.pron.* to get* smeared (with sthg.); to be (be)smeared (with sthg.): *il libro si era tutto impiastricciato di marmellata*, the book got all smeared with jam; *il tavolo si è tutto impiastricciato di miele*, the table is all besmeared with honey.

impiastro *s.m.* **1** (*med.*) plaster, poultice **2** (*fig. fam.*) (*seccatore*) bore; nuisance: *sei un —!*, (*fam.*) you are a nuisance! **3** (*fig. fam.*) (*persona delicata, malaticcia*) mollycoddle, weakling **4** (*fig.*) (*lavoro mal eseguito*) botch(-up), bungle.

impiccagione *s.f.* hanging: *condannare all'—*, to sentence to be hanged.

impiccare *v.tr.* **1** to hang*: — *qlcu. a un albero*, to hang s.o. from a tree // *non lo farei neanche se mi impiccassero*, I'd rather be hanged than do it (*o* I'll be hanged if I'll do it *o* I'll be hanged if I will) **2** (*estens.*) (*stringere alla gola*) to choke, to strangle: *questa cravatta mi sta impiccando*, this tie is choking me **3** (*fig.*) (*mettere in difficoltà*) to put* in a (tight) fix, to put* on the spot: *siamo impiccati dalle* *scadenze*, these deadlines put us in a tight fix (*o* on the spot).

□ **impiccarsi** *v.rifl.* **1** to hang* oneself // *che s'impicchi!*, go hang!; *impiccati!*, go to hell! (*o* go hang yourself!) **2** (*fig.*) (*impegnarsi con vincoli gravosi*) to tie oneself up: *non ho voglia d'impiccarmi con un mutuo di 20 anni*, I don't want to tie myself up (*o* to get tied down) with a 20-year mortgage.

impiccato *agg.* **1** hanged // *stare* —, (*fam.*) to wear a high stiff collar **2** (*fig.*) (*stretto*) crushed, crammed, cramped: *in questa stanza siamo proprio impiccati*, we are really crammed (*o* crushed) in this room ◆ *s.m.* hanged man.

impicciare *v.tr.* e *intr.* (*fam.*) to be in the way, to be a nuisance: *la tua scrivania impiccia* (*il passaggio*), your desk is in the way; *togliti che impicci!*, get out of the way!

□ **impicciarsi** *v.rifl.* to meddle (in sthg.), to interfere (in sthg.): — *nei fatti degli altri*, to meddle in other people's business; *impicciati degli affari tuoi!*, mind your own business!

impicciato *agg.* (*fam.*) **1** (*occupato*) busy, tied up (*pred.*) **2** (*intricato*) awkward, prickly, thorny: *un affare* —, an awkward (*o* a prickly) business **3** (*imbarazzato*) embarrassed, awkward.

impiccio *s.m.* **1** (*ingombro*) nuisance: *quella scrivania mi è d'*—, that desk is a nuisance (*o* is in the way); *mi sei d'—, togliti!*, you're in the way, move! **2** (*seccatura, guaio*) fix, jam; mess; trouble: *è un bell'*—, it's a real fix; *trovarsi in un brutto* —, to be in a mess (*o* a jam *o* a fix); *cacciarsi in un* —, to get into a mess; *togliere qlcu. dagli impicci*, to get s.o. out of trouble.

impicciolire → **rimpicciolire**.

impicciona *s.f.* **impiccione** *s.m.* meddler, busybody, nosy parker.

impiccolire e *deriv.* → **rimpiccolire** e *deriv.*

impidocchiare *v.tr.* (*non com.*) to infest with lice.

□ **impidocchiarsi** *v.intr.pron.* to become* infested with lice.

impidocchire *v.intr.* **impidocchirsi** *v.intr.pron.* (*non com.*) **1** (*riempirsi di pidocchi*) to become* lousy **2** (*fig.*) (*ridursi in miseria*) to fall* on hard times.

impiegabile *agg.* employable; usable: *materiale — per usi diversi*, material employable for various purposes.

impiegare *v.tr.* **1** (*usare*) to use, to make* use of (sthg.), to employ: *che cosa impiegate per fare questa colla?*, what do you use to make this glue?; *non impieghiamo carbone, ma elettricità per riscaldare le nostre case*, we don't make use of coal but of electricity to heat our houses **2** (*spendere*) to use, to make* use of (sthg.), to spend* (*anche fig.*): *devi dirmi come impieghi il tuo denaro*, you must tell me how you spend (*o* use) your money; *non sa come — il suo tempo*, he doesn't know how to make use of his time; — *male il proprio denaro, il proprio tempo*, to waste one's money, one's time; *impiegò tutte le sue forze in quell'impresa*, he threw himself whole-heartedly into the enterprise **3** (*metterci un certo tempo*) to take*: *quanto impieghi per andare al lavoro?*, how long do you take (*o* does it take you) to get to work?; *l'autobus impiega mezz'ora da qui alla stazione*, the bus takes half an hour from here to the station **4** (*assumere*) to take* (s.o.) on, to hire, to engage: *l'ho impiegato come giardiniere*, I have taken him on (*o* I have hired him) as a gardener; — *manodopera specializzata*, to hire skilled labour **5** (*servirsi dell'opera di*) to employ: *ho impiegato tre operai per costruire il muro*, I have employed three workmen to build the wall; *la ditta impiega numerosi collaboratori esterni*, the firm employs numerous freelances **6** (*comm., fin.*) (*investire*) to invest: — *capitali*, to invest capital; — *il proprio denaro in titoli, in una attività commerciale*, to invest one's money in stock, in a business.

□ **impiegarsi** *v.rifl.* (*ottenere un lavoro*) to get* a job, to get* employment; (*trovare un lavoro*) to find* a job, to find* employment: — *in una banca*, to get a job with a bank; *si è impiegato in una ditta straniera*, he has found employment (*o* a job) with a foreign firm.

impiegata *s.f.* clerk; office girl: — *tuttofare*, girl Friday.

impiegatizio *agg.* clerical; white-collar (*attr.*): *classe impiegatizia*, white-collar workers (*o* office-workers); *lavoro* —, clerical work; *qualifica impiegatizia*, employment category.

impiegato *agg.* **1** (*usato*) used, employed: *è una macchina impiegata moltissimo*, it's a widely used machine **2** (*speso*) spent: *denaro — bene*, money well-spent **3** (*assunto*) engaged, hired; (*che presta opera*) employed: *è un operaio — a tempo pieno*, he is a workman engaged (*o* employed) full-time **4** (*comm., fin.*) (*investito*) invested // (*fin.*) *non* —, (*di denaro*) unapplied.

impiegato *s.m.* office-worker, white-collar worker, clerical worker; clerk: — *di banca*, bank clerk; — *statale*, civil servant; — *comunale*, municipal employee; — *parastatale*, state-controlled employee; — *di concetto*, staff employee; — *addetto allo sportello*, counter clerk; (*comm.*) — *addetto al controllo, alla verifica*, check-clerk; — *tuttofare*, man Friday; *fare l'*—, to be an office-worker; *è un — di quella ditta*, he is on the staff of that company; *gli impiegati di un ufficio, un'azienda*, the staff (*o* the personnel) of an office, of a firm.

impiegatume *s.m.* (*spreg.*) clerks, office -workers (*pl.*).

impiego *s.m.* **1** (*uso*) use, employment, utilization: *l'— dell'elettricità, di un macchinario*, the use of electricity, of a machine; *fare un buon — del proprio tempo*, to make good use of one's time **2** (*attività di lavoro*) job; employment, occupation, post, position, situation: — *stabile*, permanent job; — *a tempo pieno*, full-time job; — *a tempo parziale*, part-time job; *offerta d'*—, vacancy; *domanda d'*—, application for a post; *fare domanda d'*—, to apply for a job; *ha un buon — come direttore generale*, he has a good job (*o* position) as general manager; *avere un — governativo*, to have a government job; *cercare un* —, to look for a job; *trovare un* —, to find (*o* to get) a job; *ottenere un — come segretario privato*, to get a job (*o* a position) as private secretary; *dare — a qlcu.*, to give s.o. employment; *procurare un — a qlcu.*, to find a job for s.o.; *perdere un* —, to lose one's job; *lasciare un* —, to leave one's job (*o* to resign one's position); *essere senza* —, to be jobless (*o* out of a job *o* out of work) // — *pubblico*, (*lavoro in ufficio pubblico*) public employment; *pubblico* —, (*insieme degli impiegati pubblici*) civil service // *pieno* —, full employment // *cercasi* —, situation wanted **3** (*comm., fin.*) (*investimento*) investment: *questo implica un largo — di denaro*, this involves a large investment of money; *l'— del capitale*, the investment of one's capital; — *di fondi*, employment of funds; *impieghi finanziari*, financial investments // — *delle risorse*, resource allocation // *impieghi di Borsa*, equity investments.

impietosire *v.tr.* to move (s.o.) to pity, to touch, to fill (s.o.) with pity: *non cercare di impietosirmi!*, don't try to move me! ◆ *v.intr.* to awaken pity: *una vista che impietosisce*, a sight which awakens pity.

□ **impietosirsi** *v.intr.pron.* to be moved; to be filled with pity, to be touched: *non si impietosisce facilmente*, he isn't easily moved.

impietoso *agg.* merciless, pitiless; (*di cose dette o scritte*) scathing: *critica impietosa*, merciless (*o* scathing) criticism; *parole impietose*, scathing words; *uno sguardo* —, a pitiless (*o* a merciless) gaze // *quest'anno abbiamo trovato un clima — in Scozia*, this year we have found awful weather in Scotland.

impietrimento *s.m.* petrifaction, petrification (*anche fig.*).

impietrire *v.tr.* to petrify (*anche fig.*): *la spaventosa apparizione lo impietrì*, the dreadful apparition petrified him ◆ *v.intr.* → impietrirsi.

□ **impietrirsi** *v.intr.pron.* to become* petrified (*anche fig.*): *restare impietrito*, to be petrified.

impigliare *v.tr.* **1** to entangle **2** (*fig.*) (*irretire*) to entangle, to entrap, to ensnare.

□ **impigliarsi** *v.intr.pron.* **1** to get* caught: *il vestito si è impigliato nella maniglia*, the dress got caught on the handle **2** (*fig.*) (*rimanere irretito*) to get* entangled, to get* entrapped, to get* tangled up, to get* ensnared: *finì per — in un affare poco pulito*, in the end he got tangled up in some shady business.

impignorabile *agg.* (*dir.*) undistrainable; privileged from execution (*pred.*): *beni impignorabili*, goods privileged from execution (*o* undistrainable goods); *salario* —, protected earnings (*o* wages).

impignorabilità *s.f.* (*dir.*) immunity from distress, exemption from distraint.

impigrire *v.tr.* to make* lazy: *questa vita t'impigrisce sempre di più*, this life makes you lazier and lazier ◆ *v.intr.* → impigrirsi.

□ **impigrirsi** *v.intr.pron.* to become* lazy, to grow* lazy: *con gli anni (si) è impigrito*, with the passing of the years he has grown lazy.

impilaggio *s.m.* **1** (*il disporre oggetti in pila*) stacking, piling **2** (*estens.*) (*pila di oggetti*) stack, pile.

impilare *v.tr.* to stack, to pile: *impilali bene, altrimenti cadono!*, stack them carefully otherwise they'll fall!; *scatole impilate una sull'altra*, boxes stacked on top of each other.

impillaccherare *v.tr.* to splash with mud: *impillaccherarsi il vestito*, to splash one's dress with mud.

□ **impillaccherarsi** *v.intr.pron.* to get* splashed with mud: *mi sono tutto impillaccherato*, I've got all splashed with mud.

impinguamento *s.m.* (*non com.*) **1** fattening **2** (*fig.*) (*arricchimento*) enrichment.

impinguare *v.tr.* **1** (*non com.*) to fatten **2** (*fig.*) (*arricchire*) to fill, to fatten, to enrich, to make* rich; (*infarcire*) to stuff: — *le casse dello stato*, to fill (*o* to enrich) the coffers of the State; — *un articolo di citazioni inutili*, to pad out a speech with useless quotations ◆ *v.intr.* → impinguarsi.

□ **impinguarsi** *v.intr.pron.* **1** to get* fat, to grow* fat **2** (*fig.*) (*arricchirsi*) to get* fat, to get* rich: — *col lavoro degli altri*, to get fat on other people's work.

impinzare *v.tr.* to stuff, to cram (*anche fig.*): — *qlcu. di cibo*, to stuff (*o* to cram) s.o. with food; — *la testa di qlcu. di nozioni*, to cram s.o.'s head with ideas.

□ **impinzarsi** *v.rifl.* to gorge oneself; to stuff oneself (with food): *per lui ogni invito è una buona occasione per* —, any invitation is a good opportunity for him to gorge himself // *durante le vacanze si impinza di gialli*, when he's on holiday he devours thrillers.

impiombare *v.tr.* **1** → piombare[2] **2** (*mar.*) to splice.

impiombatura *s.f.* **1** → piombatura **2** (*mar.*) splice: — *corta*, short splice.

impiotamento *s.m.* (*agr.*) turfing.

impiotare *v.tr.* (*agr.*) to turf.

impiparsi *v.intr.pron.* (*fam.*) not to care a rap (about sthg.), not to care a hang (about sthg.): *me ne impipo!*, I don't care a hang about it!

impiumare *v.tr.* **1** to feather, to adorn with plumes, to adorn with feathers **2** (*in tintoria*) to bottom.

□ **impiumarsi** *v.intr.pron.* **1** (*mettere le penne*) to get* fledged **2** (*adornarsi di piume*) to adorn oneself with plumes.

impiumatura *s.f.* (*in tintoria*) bottoming.

impiumo *s.m.* (*in tintoria*) bottom.

implacabile *agg.* implacable, relentless, merciless: *odio, vendetta* —, implacable (*o* merciless) hatred, vengeance; *nemico* —, implacable (*o* relentless) foe.

implacabilità *s.f.* implacability, unrelentingness.

implantazione *s.f.* → **drogaggio**.

implantologia *s.f.* (*per capelli e denti*) medical treatment by implant, by graft.

implantologo *s.m.* implantation expert.

implementare *v.tr.* (*inform.*) to implement.

implementazione *s.f.* (*inform.*) (*di memoria*) layout.

implicanza → **implicazione**.

implicare *v.tr.* **1** to involve; to implicate: *hanno cercato di — il ministro nello scandalo*, they tried to involve the minister in the scandal **2** (*comportare*) to mean*, to involve; (*significare*) to imply: *questo implica una grande perdita di tempo*, this entails (*o* implies) a great waste of time; *questo implica spendere troppo*, this means spending too much money; *non implica che sia colpevole*, this does not imply that he is guilty.

implicato *agg.* **1** involved: *è stato — in diversi scandali*, he has been involved (*o* mixed up) in various scandals; *non voglio essere — in questa faccenda*, I don't want to be (*o* to get) involved in this matter; *essere — in un assassinio*, to be implicated in a murder case **2** (*derivato logicamente*) implied.

implicazione *s.f.* **1** (*l'essere implicato*) involvement; (*conseguenza*) implication: *le implicazioni di questa scelta sono molteplici*, the implications of this choice are manifold; *è impossibile valutare tutte le implicazioni sociali*, it's impossible to appraise all the social implications **2** (*log.*) entailment, implication.

implicitamente *avv.* **1** implicitly **2** (*inform.*) by default.

implicito *agg.* **1** implicit: *condizione implicita*, implicit condition, (*dir.*) implied condition; *approvazione implicita*, implicit approval // *questo è —!*, that goes without saying // (*mat.*) *funzione implicita*, implicit function **2** (*inform.*) implied; implicit; default (*attr.*).

implodere *v.intr.* to implode.

implorabile *agg.* invocable.

implorante *agg.* imploring: *con voce* —, in an imploring voice (*o* imploringly); *gettarsi — ai piedi di qlcu.*, to beg s.o. for sthg. on bended knee.

implorare *v.tr.* (*letter.*) to implore, to entreat: *mi implorò perché non parlassi*, he implored me not to speak; — *qlco. da qlcu.*, to implore (*o* to beseech) s.o. for sthg.

implorazione *s.f.* entreaty, supplication.

implosione *s.f.* (*fis., fon.*) implosion.

implosivo *agg.* (*ling.*) implosive.

implume *agg.* (*letter.*) featherless, unfledged.

impluvio *s.m.* (*arch.*) impluvium*.

impoetico *agg.* (*letter.*) unpoetical.

impoliticità *s.f.* impoliticalness.

impolitico *agg.* **1** impolitic: *una mossa impolitica*, an impolitic step **2** (*estens.*) (*imprudente*) unwise; imprudent.

impollinare *v.tr.* (*bot.*) to pollinate, to fecundate.

impollinatore *agg.* e *s.m.*: (*agente*) —, pollinator.

impollinazione *s.f.* (*bot.*) pollination: — *diretta*, self-pollination.

impolpare *v.tr.* (*non com.*) **1** (*ingrassare*) to fill out **2** (*fig.*) (*arricchire*) to flesh out, to fill out: — *un articolo di citazioni*, to fill out an article with quotations.

impoltronire *v.tr.* to make* lazy ◆ *v.intr.* → impoltronirsi.

□ **impoltronirsi** *v.intr.pron.* to become* lazy, to grow* lazy.

impolverare *v.tr.* to cover with dust.

□ **impolverarsi** *v.intr.pron.* to get* dusty, to get* covered with dust.

impolverato *agg.* dusty; covered with dust (*pred.*): *questi mobili sono tutti impolverati*, this furniture is all covered with dust.

impolveratrice *s.f.* (*agr.*) duster, powder sprayer.

impolverazione *s.f.* (*agr.*) dusting, powder spraying.

impomatare *v.tr.* to put* ointment on (sthg.); (*capelli*) to put* hair-oil on; (*baffi*) to wax: *ha l'abitudine di impomatarsi i capelli*, he is in the habit of using hair-oil.

□ **impomatarsi** *v.rifl.* to put* hair-oil on one's hair.

impomatato *agg.* greasy, oily: *quel bellimbusto dai capelli impomatati*, that dandified young man with oily hair.

impomiciare *v.tr.* to pumice, to rub with pumice stone, to clean with pumice stone.

imponderabile *agg.* **1** (*senza peso*) weightless **2** (*imprevedibile*) imponderable, unexpected: *un evento — ha buttato all'aria i nostri piani*, an unforeseen event wrecked our plans ◆ *s.m.* imponderable, unexpected: *bisogna sempre considerare l'*—, you always have to allow for the imponderable (*o* the unexpected).

imponderabilità *s.f.* imponderability; imponderableness.

imponente *agg.* imposing, impressive, stately: *un edificio* —, an imposing (*o* stately) building; *uno spiegamento — di forze militari*, an impressive deployment of military forces.

imponenza *s.f.* impressiveness; stateliness: *l'— di un edificio*, the stateliness of a building; *l'— del vecchio incuteva rispetto*, the stateliness of the old man commanded respect.

imponibile *agg.* (*trib.*) rat(e)able, ratal, taxable, assessable: *reddito* —, taxable income; *valore* —, rateable value; *base* —, taxable base (*o* basis); *minimo* —, minimum (*o* lowest) taxable income; *in modo* —, ratably ◆ *s.m.* taxable income, assessable value: — *accertato*, assessed taxable income // (*econ.*) — *di manodopera*, compulsory labour quota.

imponibilità *s.f.* (*trib.*) rat(e)ability, taxability, taxableness.

impopolare *agg.* unpopular: *misure impopolari*, unpopular measures; *rendersi* —, to make oneself unpopular.

impopolarità *s.f.* unpopularity.

impoppare *v.tr.* (*mar.*) to trim by the stern; to squat.

□ **impopparsi** *v.intr.pron.* (*mar.*) to trim by the stern; to squat.

impoppata *s.f.* (*mar.*) gust of wind astern.

imporporare *v.tr.* to redden: *il tramonto imporporava il cielo*, the sunset reddened the sky.

□ **imporporarsi** *v.intr.pron.* to redden, to blush: *il giovanotto, a quelle parole, s'imporporò*, at those words the young man blushed.

imporre *v.tr.* **1** to impose (*anche fig.*): — *le mani su qlcu.*, to lay one's hands on s.o.; — *un compito, un obbligo*, to impose a task, an obligation; — *la propria compagnia, volontà a qlcu.*, to impose one's company, will on s.o.; — *un lavoro a qlcu.*, to impose a task on s.o.; — *restrizioni a qlco.*, to restrict sthg. // *imporsi di fare qlco.*, to force oneself to do sthg: *mi sono imposto di non vederlo più*, I've made up my mind not to see him again **2** (*stabilire*) to fix, to establish: — *un prezzo a qlco.*, to fix a price on sthg. (*o* to price sthg.); — *un prezzo troppo alto a qlco.*, to overprice sthg. **3** (*imposte*) to impose, to levy, to lay*: — *un tributo*, to levy (*o* to lay) a tax; — *tributi in misura inadeguata*, to undertax; — *un tributo a qlcu.*, to assess (*o* to tax) s.o.; — *un'imposta su un prodotto*, to excise; — *una nuova tassa sulle sigarette*, to impose a new tax on cigarettes **4** (*ordinare*) to impose; to force, to make*: *mi impose di venire*, he forced me to come; — *silenzio*, to impose (*o* enforce) silence **5** (*dare*) to give*, to assign: *al neonato fu imposto il nome di Giovanni*, the newborn child was given the name of John **6** (*esigere*) to call for: *la presente situazione politica impone cautela*, the present political situation calls for caution; *la sua sofferenza ci impone comprensione e rispetto*, his suffering calls for our sympathy and respect.

□ **imporsi** *v.rifl.* o *intr.pron.* **1** (*far sentire la propria superiorità*) to stand* out (from, among), to surpass, to outclass, to dominate: *si imponeva su tutti per le sue capacità innate*, he outclassed everyone by his innate abilities **2** (*farsi valere*, *farsi ubbidire*) to assert oneself, to make* oneself respected: *non sa — ai figli, alla classe*, he is incapable of asserting himself with (*o* making himself respected by) his children, the class; *devi imparare a importi*, you have to learn to assert yourself // *— all'attenzione di tutti*, to claim everyone's attention **3** (*con la presenza*) to force oneself, to impose oneself: *non puoi importi se non ti vogliono*, you can't force (*o* impose) yourself on them, if they don't want you **4** (*avere successo*) to become* popular; to be successful: *un prodotto che si è imposto sul mercato*, a product which has become very popular on the market // (*sport*) *la squadra si è imposta sugli avversari per 4 a 0*, the team beat their opponents by 4 to nil **5** (*rendersi necessario*) to become* necessary, to be called for: *s'impose un cambiamento*, a change was called for.

importabile[1] *agg.* (*econ.*) importable: *derrate importabili dall'estero*, commodities that may be imported from abroad; *merci importabili*, importable goods.

importabile[2] *agg.* (*di capo d'abbigliamento*): *quel cappotto è troppo logoro: ormai è —!*, that coat is too shabby: you can't wear it any more; *è una collezione molto eccentrica, ma —!*, it's a very eccentric collection, but nobody could ever wear the clothes.

importante *agg.* **1** (*di cosa*) important, major, momentous; key (*attr.*): *il film rappresenta un avvenimento — nella carriera del regista*, the film is an important (*o* significant) event in the director's career; *l'accaduto avrà conseguenze importanti per la sua carriera*, the incident will have important (*o* major) consequences on his career; *è una decisione —*, it's an important (*o* major *o* momentous) decision; *un problema —*, a weighty (*o* momentous) problem; *un'— industria*, a key industry; *un affare —*, a big deal; *l'apartheid è stato uno dei temi più importanti della sua campagna elettorale*, apartheid was one of the major issues in his election campaign; *il nostro secolo ha visto molte scoperte importanti in campo scientifico*, our century has seen many major discoveries in the field of science; *è il pezzo più — della sua collezione*, it's the centrepiece of the collection; *ti devo dire una cosa importantissima*, I have to tell you something very important **2** (*di persona*) important, eminent: *è diventato —*, he has become important; *c'erano molte persone importanti*, there were a lot of important people; *un — uomo d'affari*, an important businessman ◆ *s.m.* important thing, (main) point: *l'— è che non rifiuti*, the most important thing is that he should not refuse; *questo è l'—!*, this is the (main) point!; *cosa c'è di così — da svegliarmi alle 3 del mattino?*, what is so urgent that you have to wake me up at 3 o' clock in the morning?

importanza *s.f.* importance, weight, significance; (*form.*) consequence; (*valore*) value: *l'— delle sue parole*, the importance (*o* weight) of his words; *hai sottovalutato l'— dell'avvenimento*, you have underestimated the importance of the event; *non ha —!*, it's not important (*o* it doesn't matter); *di capitale —*, of paramount importance; *di grande —*, very important (*o* of great importance *o* of great moment); *una persona di grande —*, (*form.*) a person of consequence; *uomo d'affari di grande —*, a top ranking businessman; *di poca, nessuna —*, of little, of no importance (*o* consequence) // *attribuire, dare — a qlco.*, to attach importance to sthg.: *dai troppa — all'aspetto fisico!*, you attach too much importance to the physical! // *darsi —*, to give oneself airs.

importare *v.tr.* **1** (*econ.*) to import: *l'Italia importa petrolio dai paesi arabi*, Italy imports oil from Arab countries; *— merci da un paese in un altro*, to import goods from one country into another; *— di nuovo*, to reimport; *— merce dall'estero*, to import goods from abroad; *— clandestinamente*, to smuggle // *— una moda*, (*estens.*) to introduce a fashion // (*inform.*) *— un file di dati*, to import a data file **2** (*non com.*) (*implicare*) to imply, to involve, to mean* **3** (*richiedere*) to require: *questo importa molto tempo e una grave perdita*, this requires a long time and a heavy loss ◆ *v.intr.* **1** (*aver peso*, *valore*) to matter, to be of importance, to be of consequence, to signify: *quel che importa è la salute!*, what matters is one's health!; *che cosa importa?*, what does it matter?; *non gli importa della sua famiglia*, he doesn't care for his family; *non importa!*, it doesn't matter! (*o* never mind!); *non me ne importa!*, I don't care!; *non me ne importa niente!*, I don't care about it at all; *queste cose non importano*, these things do not matter (*o* are of no importance) **2** (*essere necessario*) to be necessary: *non importa che tu venga*, it is not necessary that you should come (*o* it is not necessary for you to come).

importatore *s.m.* **importatrice** *s.f.* importer: *un grande — di caffè*, a big coffee importer; *— in proprio*, import merchant; *— clandestino*, smuggler ◆ *agg.* importing, import (*attr.*): *un paese — di materie prime*, a country importing raw materials; *società importatrice*, import company.

importazione *s.f.* importation, importing; import: *l'— della seta*, the importation of silk; *le importazioni e le esportazioni*, imports and exports (*o* import-export); *prodotti, merci d'—*, import goods (*o* imports); *certificato d'—*, import certificate; *commercio d'—*, import trade; *dazio d'—*, import duty; *imposta sulle importazioni*, tax on imports; *società d'—*, import company; *divieto d'—*, ban on imports; *licenza d'—*, import licence; *— temporanea*, temporary admission; *aumento, riduzione delle importazioni*, rise, fall in imports // *— clandestina*, smuggling.

importo *s.m.* **1** (*ammontare*) amount, sum: (*econ.*) *l'— di una fattura*, the amount of an invoice; *— complessivo*, aggregate amount; *— approssimativo, lordo, netto*, rough, gross, net amount; *— dovuto*, amount due; *importi compensativi*, compensatory amounts; (*banca*) *— alla scadenza*, maturity value **2** (*estens.*) (*somma di denaro*) sum of money: (*banca*) *accreditare un —*, to credit an account with a sum.

importunamente *avv.* **1** (*insistentemente*) importunately; (*fastidiosamente*) annoyingly **2** (*intempestivamente*) untimely.

importunare *v.tr.* to annoy, to bother, to bore; to importune: *non importunarlo con le tue chiacchiere!*, do not bother him with your gossip! // *non vorrei importunarla...*, I don't want to bother you...

importunità *s.f.* **1** (*insistenza*) importunity; (*fastidio*) annoyingness **2** (*intempestività*) untimeliness.

importuno *agg.* **1** (*fastidioso*) boring; (*noioso*) bothersome, annoying, tiresome, importunate: *sei — con le tue domande*, you're really tiresome with all your questions **2** (*intempestivo, inadatto*) untimely, inopportune, ill-timed: *la tua osservazione è stata del tutto importuna*, your statement was really ill-timed ◆ *s.m.* nuisance.

importuoso *agg.* (*non com.*) harbourless.

impositivo *agg.* imperative; categorical.

imposizione *s.f.* **1** imposition, assigning: *l'— delle mani*, the imposition (*o* laying on) of hands; *l'— del nome*, the naming **2** (*ordine*) order, command **3** (*trib.*) (*l'imporre*) imposition, taxation, levying; (*imposta*) tax, duty, levy: *— addizionale*, additional taxation; *— fiscale*, taxation; *— fiscale progressiva*, progressive taxation; *— fiscale proporzionale*, proportional taxation; *— progressiva decrescente*, degressive taxation; *— doppia*, double taxation; *— patrimoniale*, capital taxation; *— indiretta*, indirect tax; *l'— di un nuovo tributo*, the imposition (*o* levy) of a new tax **4** (*tip.*) imposition.

impossessamento *s.m.* appropriation (*anche dir.*): *— illecito*, misappropriation.

impossessarsi *v.intr.pron.* **1** to take* possession (of sthg.), to seize, to appropriate: *— dei beni altrui*, to take possession of (*o* to seize) somebody else's goods; *— di un territorio*, to occupy a territory **2** (*fig.*) to master: *— di una lingua*, to master a language.

impossibile *agg.* **1** impossible: *una supposizione —*, an impossible supposition; *è —*, this is impossible; *è — avvisarlo in tempo*, it's impossible to warn him in time; *è — che arrivi per domani*, it's impossible (*o* not possible) that he'll arrive tomorrow // (*dir.*) *reato —*, legally impossible crime **2** (*assurdo*) extravagant, absurd, impossible: *è un cappello —*, it is an absurd (*o* impossible) hat **3** (*intrattabile*) impossible; (*insopportabile*) unbearable, impossible: *è una persona —*, she's an impossible person; *ha un carattere —*, he's impossible (*o* hopeless) ◆ *s.m.* impossibility, impossible thing: *fare l'—*, to do one's utmost: *farei l'— per lui*, I would do anything for him; *farei l'— per saperlo*, I would give anything to know it; *ha fatto l'— per riuscire*, he has done his best to succeed; *non ti aspettare l'— da me!*, don't expect me to do the impossible!

impossibilità *s.m.* impossibility: *sono nell'— di venire*, I can't come // (*dir.*): *— della prestazione*, impossibility of performance; *— sopravvenuta*, supervening impossibility.

impossibilitare *v.tr.* to make* impossible: *— qlcu. a fare qlco.*, to make it impossible for s.o. to do sthg.

impossibilitato *agg.* unable, prevented: *essere — a fare qlco.*, to be unable to do sthg.

imposta *s.f.* tax; (*dazio, tributo*) duty, due, toll, excise; (*imposizione*) imposition, levy; (*tassazione*) taxation, assessment; (*imposta locale*) rate, municipal tax: *— a cascata*, multistage tax; *— addizionale*, additional tax (*o* supertax); *— alla fonte*, tax at source; *— cedolare*, dividend tax; *— cedolare d'acconto*, withholding tax; *— cedolare secca*, all-inclusive tax on dividends; *— complementare*, surtax; *— di bollo*, stamp duty; *— di bollo sull'emissione di azioni*, capital duty; *— di consumo*, excise duty (*o* tax); *— di fabbricazione*, processing tax; *— di successione*, death duty (*o* estate tax *o* inheritance tax); *— di registro*, registration tax; — *diretta*, direct tax; — *indiretta*, indirect taxation; — *fondiaria*, land tax; — *generale sul patrimonio*, (*amer.*) general property tax; — *locale sui redditi* (*ILOR*), local income tax; — *patrimoniale, sul capitale*, capital tax (*o* levy); — *personale, sulla persona*, personal (*o* head) tax (*o* capitation); — *personale con ritenuta alla fonte*, personal withholding tax; — *personale sul reddito delle persone fisiche* (*IRPEF*), personal income tax (*o amer.* individual income tax); — *progressiva*, graduated (*o* progressive) tax; — *proporzionale*, flat rate tax (*o* proportional taxation); — *sugli immobili*, property tax (*o* real estate tax); — *sugli spettacoli*, amusement tax; — *sui beni di lusso*, luxury tax; — *sui consumi*, consumption tax; — *sui fabbricati*, house-tax; — *sui redditi delle società, delle persone giuridiche* (*IRPEG*), corporate income tax (*o* corporate tax *o* corporation tax); — *sul fatturato*, turnover tax; — *sul patrimonio*, wealth tax; — *sul reddito*, income tax; — *sul valore aggiunto* (*IVA*), value added tax (*VAT*); — *sulle aree fabbricabili*, land tax; — *sulle entrate indirette*, excise tax; — *sull'entrata, erariale*, revenue tax; — *sull'incremento di valore degli immobili* (*INVIM*), property -increment tax (*o* increment value tax); — *sui dividendi*, capital yields tax; — *sui redditi di capitale, sulle plusvalenze*, capital gains tax // *imposte non pagate*, delinquent taxes; *imposte doganali*, customs duties // *colpire con un'*—, to tax; *esente da* —, tax-free; *determinazione d'*—, tax assessment; *al netto delle, dedotte le imposte*, after tax; *restituzione d'*—, tax remission (*o* tax refund); *sgravio di* —, tax allowance (*o* relief); *soggetto a* —, taxable; *Ufficio delle Imposte Dirette*, Inland Revenue Office (*in Gran Bretagna*), Internal Revenue Service (*negli Stati Uniti*).

imposta *s.f.* **1** shutter: — *scorrevole*, sliding shutter **2** (*arch.*) impost.

impostare[1] *v.tr.* **1** (*gettare la base di un edificio, di una struttura*) to build*, to set* up, to lay* down: — *un edificio, un arco, un ponte*, to lay down a building, an arch, a bridge // (*tip.*) — *le pagine*, to impose (*o* to lay out) the pages // (*mar.*) — *una nave*, to lay down a ship **2** (*estens.*) to set* out, to lay* out, to formulate; (*avviare*) to start, to set* up: — *un piano di ricerca*, to set up a research project; — *un'azienda, un ufficio*, to set up a business, an office; *il suo ragionamento era impostato su ipotesi, non fatti*, his idea was based on (*o* founded on) hypotheses, not facts; *il suo avvocato ha impostato molto bene la linea di difesa*, his lawyer had formulated the line of defence very well; — *un problema*, to state (*o* to formulate) a problem // — *un piano di lavoro*, to lay out a working schedule // (*amm.*) — *un bilancio*, to draw up a balance; — *un bilancio di previsione*, to budget; — *una spesa in bilancio*, to enter an expense in the budget **3** (*mus.*) to pitch: — *la voce*, to pitch the voice.
□ **impostarsi** *v.rifl.* (*prendere una posizione*) to adopt a position, to take* up a position.

impostare[2] *v.tr.* to post; to mail: — *una lettera*, to post (*o* to mail) a letter.

impostatura *s.f.* (*non com.*) **1** formulation, layout, setting up **2** (*atteggiamento*) attitude; behaviour **3** (*arch.*) abutment **4** (*mus.*) pitching.

impostazione[1] *s.f.* **1** (*inizio*) start **2** (*formulazione*) statement; formulation; planning: *l'— di una linea di difesa*, the formulation of a line of defence; *l'— di una strategia*, the formulation of a strategy; *l'— di un problema*, the statement (*o* definition) of a problem; *l'— di un discorso*, the general (*o* broad) lines of a speech; *l'— di un piano*, the layout of a plan // (*amm.*): *l'— di un bilancio*, the drawing up of a balance sheet; *l'— di un conto*, the opening of an account **3** (*base*) base, foundation **4** (*mar.*) laying down **5** (*inform.*) set up.

impostazione[2] *s.f.* posting; mailing.

imposto *agg.* imposed; fixed: *prezzo* —, fixed retail price.

impostora *s.f.* **impostore** *s.m.* impostor; (*imbrogliona, imbroglione*) swindler.

impostura *s.f.* imposture; (*frode*) fraud.

impotente *agg.* **1** powerless; impotent: *le leggi sono impotenti in questo caso*, the law is powerless in this case; *in casi come questi ci si sente impotenti*, in cases like these one feels impotent **2** (*med.*) impotent ◆ *s.m.* (*med.*) impotent man.

impotenza *s.f.* **1** impotence, powerlessness, helplessness: *il nemico fu ridotto all'*—, the enemy was reduced to impotence **2** (*med.*) impotence: — *anatomica, funzionale, psichica*, anatomic, functional, psychic impotence.

impoverimento *s.m.* impoverishment: *il progressivo — del paese*, the gradual impoverishment of the country; *l'— del terreno*, the impoverishment of the soil.

impoverire *v.tr.* to impoverish: *lo sfruttamento ha impoverito quella nazione*, exploitation has impoverished that nation.
□ **impoverirsi** *v.intr.pron.* to become* poor, to become* impoverished.

impoverito *agg.* impoverished.

impraticabile *agg.* **1** impassable, impracticable: *le forti piogge avevano reso le strade impraticabili*, the heavy rain had made the roads impassable // (*sport*) *il campo è* —, the pitch is unplayable **2** (*che non si può mettere in pratica*) impracticable, unfeasible; unworkable: *un sistema* —, an impracticable system; *riforme impraticabili*, unworkable reforms **3** (*non com.*) (*di persona*) unmanageable, intractable.

impraticabilità *s.f.* impracticability; (*inattuabilità*) unfeasibility.

impratichire *v.tr.* to train, to exercise.
□ **impratichirsi** *v.intr.pron.* to practise; to get* practice, to get* to know, to learn*: *è necessario che tu ti impratichisca prima di lavorare da sola*, it is necessary for you to get some practice (*o* to practice) before working on your own; — *di un luogo*, to get to know a place well.

impratichito *agg.* trained; (*esperto*) skilled, experienced.

imprecare *v.intr.* to curse (s.o., sthg.), to imprecate: *imprecò contro la sorte*, he cursed his fate.

imprecativo *agg.* imprecatory, cursing.

imprecatorio *agg.* (*non com.*) imprecatory, cursing.

imprecazione *s.f.* curse, oath, imprecation: *lanciare imprecazioni contro qlcu.*, to hurl imprecations at s.o.

imprecisabile *agg.* indeterminable, indefinable, indefinite: *in data* —, on an uncertain date; *quantità* —, indefinite quantity.

imprecisato *agg.* unspecified, undefined, indefinite: *in circostanze imprecisate*, in unspecified circumstances; *una somma imprecisata di denaro*, an undefined (*o* unspecified) sum of money.

imprecisione *s.f.* **1** inaccuracy, lack of precision, imprecision **2** (*lieve errore*) inaccuracy; inexactitude, slip.

impreciso *agg.* **1** inaccurate; imprecise; inexact; vague: *il resoconto è troppo* —, the account is too inaccurate; *ha idee molto imprecise su quello che vorrebbe fare*, he has very vague ideas about what he'd like to do **2** (*di strumento*) inaccurate.

impregiudicato *agg.* **1** (*dir.*) unprejudiced **2** (*estens.*) open, undecided ◆ *s.m.* (*dir.*) first offender.

impregnare *v.tr.* **1** (*render pregna*) to impregnate **2** (*imbevere*) to soak, to saturate, to impregnate; to fill, to imbue, to permeate: *l'acqua impregna i corpi porosi*, water impregnates porous bodies.
□ **impregnarsi** *v.intr.pron.* **1** (*divenir pregna*) to become* pregnant **2** (*imbeversi*) to become* impregnated, to become* soaked; (*fig.*) to be filled, to become* imbued: *i muri si erano impregnati di umidità*, the walls were permeated with damp.

impregnato *agg.* soaked, impregnated; (*fig.*) imbued, filled: *un fazzoletto — di profumo*, a handkerchief soaked in scent.

impremeditato *agg.* unpremeditated.

imprendibile *agg.* **1** (*inafferrabile*) elusive, uncatchable: *un ladro* —, an elusive thief **2** (*invincibile*) invincible; (*inespugnabile*) impregnable: *una fortezza* —, an impregnable fortress.

imprenditore *s.m.* entrepreneur; (*appaltatore*) contractor: — *di trasporti*, haulage contractor; — *edile*, building contractor; — *commerciale*, trader; — *agricolo*, (independent) farmer; *piccolo* —, minor entrepreneur; — *in proprio*, sole trader // — *di pompe funebri*, undertaker (*o amer.* mortician).

imprenditoria *s.f.* entrepreneurial class, contracting class, entrepreneurs (*pl.*).

imprenditoriale *agg.* entrepreneurial; company (*attr.*): *attività* —, company activity; *categoria* —, entrepreneurial class.

imprenditorialità *s.f.* **1** entrepreneurship, enterprise; entrepreneurial ability: *un alto grado di* —, a high level of entrepreneurial ability **2** (*l'insieme degli imprenditori*) entrepreneurs (*pl.*): *l'— lombarda*, Lombard entrepreneurs.

imprenditorializzare *v.tr.* to give* an entrepreneurial character: — *un'attività*, to give an activity an entrepreneurial character.

impreparato *agg.* **1** unprepared (for sthg.); unready: *la guerra colse il paese* —, the war caught the country unprepared **2** (*inesperto*) unprepared, untrained, unskilled: *lo studente era — in inglese*, the student was badly prepared in English; *sono molti i medici impreparati*, there are many doctors who are not properly trained.

impreparazione *s.f.* lack of preparation; lack of training: *il livello di — dei candidati era notevole*, the lack of preparation of the candidates was remarkable.

impresa *s.f.* **1** undertaking, enterprise; task; (*particolarmente rischiosa*) venture:

un'— ardita, a bold enterprise; *un'— difficile*, a difficult undertaking (*o* enterprise *o* task); *un'— rischiosa*, a (risky) venture; *un'— folle*, a mad venture; *si accinge a una nuova —*, he is undertaking something new; *imbarcarsi in un'—*, to embark on an enterprise // *è più la spesa che l'—*, (*prov.*) it does not pay **2** (*gesta*) exploit; deed; feat: *era molto orgoglioso delle sue imprese*, he was very proud of his exploits **3** (*azienda*) business, enterprise, firm; concern, undertaking; (*società*) company, (*amer.*) corporation; (*di modeste dimensioni*) outfit: *grande —*, big (*o* large-scale) enterprise; *piccola, media —*, small, medium concern; *— agricola*, commercial farm; *— artigiana*, handicraft business; *— a partecipazione statale*, state-controlled enterprise; *— avviata*, going concern; *— commerciale*, trading business (*o* commercial enterprise); *— di autotrasporti*, (*amer.*) trucking firm; *— di costruzioni*, building contractors (*o* builders); *— di servizi pubblici*, utility company (*o* public utility); *— di trasporti*, haulage firm; *— di vendita per corrispondenza*, mail order firm; *— familiare*, family concern (*o* business); *— individuale*, individual concern (*o* one-man business *o* firm *o* company); *— industriale*, industrial concern; *— municipalizzata*, city-owned enterprise; *— multinazionale*, multinational corporation (*o* company); *— nazionalizzata*, nationalized company; *— parastatale*, state-controlled enterprise; *— privata*, private enterprise; *— pubblica*, public enterprise; *— statale*, state undertaking, government enterprise; *— traslochi*, removals company // *esercizio d'—*, business activity; *reddito d'—*, business income **4** (*arald.*) device.

impresario *s.m.* **1** entrepreneur; (*appaltatore*) contractor: *— di pompe funebri*, undertaker (*o amer.* mortician) **2** (*teatr.*) manager, (*amer.*) producer.

imprescindibile *agg.* **1** that cannot be disregarded (*pred.*), that cannot be set aside (*pred.*), that cannot be omitted (*pred.*) **2** (*indispensabile*) indispensable; absolutely necessary: *la libertà è un diritto —*, freedom is a right that cannot be renounced.

imprescrittibile *agg.* (*dir.*) imprescriptible, indefeasible.

imprescrittibilità *s.f.* (*dir.*) imprescriptibility, indefeasibleness, indefeasibility: *— di un diritto*, indefeasibility of a right.

impresentabile *agg.* unpresentable: *vestito così sei proprio —*, dressed like that you're really unpresentable.

impressionabile *agg.* **1** impressionable; sensitive; easily moved; easily frightened: *non è un tipo —*, he is not easily frightened; *è un temperamento —: è meglio non raccontarle certi fatti*, she's very impressionable, it's better not to tell her certain things **2** (*fot.*) sensitive: *carta —*, sensitive paper.

impressionabilità *s.f.* **1** impressionability **2** (*fot.*) sensitivity.

impressionante *agg.* **1** impressive, striking, shocking; (*commovente*) moving: *era di un pallore —*, he was strikingly pale; *dramma —*, moving drama **2** (*spaventoso*) frightening, awful, appalling: *la scena che si presentò di fronte a noi era davvero —*, the scene that appeared before us was truly appalling.

impressionare *v.tr.* **1** (*turbare*) to move, to touch, to upset*, to shock: *il suo racconto mi ha molto impressionato*, his story really moved me; *la notizia aveva molto impressionato l'opinione pubblica*, the news deeply shocked public opinion **2** (*spaventare*) to frighten: *non impressionarla con i tuoi racconti*, don't frighten her with your stories **3** (*fare un'impressione*) to strike*, to make* an impression on (s.o.): *— qlcu. favorevolmente, sfavorevolmente*, to strike s.o. favourably, unfavourably **4** (*fare colpo*) to impress: *cercava di impressionarmi raccontandomi le sue avventure*, he tried to impress me by recounting his adventures **5** (*fot.*) to expose.

□ **impressionarsi** *v.intr.pron.* **1** (*turbarsi*) to get* upset, to be shocked: *ti sei impressionato?*, did you get upset? **2** (*spaventarsi*) to be frightened **3** (*fot.*) to be exposed.

impressionato *agg.* **1** (*colpito*) struck; (*turbato*) shocked, upset; disturbed: *rimase — dalla sua magrezza*, he was shocked at how thin she was; *rimase bene — dalla giovane donna*, he was impressed by the young woman **2** (*commosso*) moved, touched **3** (*spaventato*) frightened **4** (*fot.*) exposed: *bene, male —*, well, badly exposed.

impressione *s.f.* **1** impression, sensation, feeling; (*turbamento*) shock: *ho l'— che si sia offeso*, I have a feeling he's taken offence; *ho l'— che questo non sia vero*, I have the impression (*o* it is my impression) that this is not true; *la mia — è che egli sia colpevole*, my impression is that he is guilty; *mi fece cattiva —*, he made a bad impression on me; *quella vista mi ha fatto molta —*, the sight has made an impression on me; *il sangue mi fa —*, blood upsets me; *mi fece buona —*, she impressed me; *si basa solo sulle sue impressioni*, he bases himself only on his impressions; *destare un'— negativa*, to create a negative impression **2** (*viva sensazione*) sensation: *— di freddo, caldo*, sensation of cold, warmth **3** (*segno, impronta*) impression, imprint, mark; *— dei piedi sul terreno*, footprints on the ground; *l'— di un sigillo sulla cera*, the impression of a seal upon wax **4** (*tip.*) impression, printing: *terza — di un libro*, third impression of a book.

impressionismo *s.m.* (*st. pitt.*) impressionism.

impressionista *s.m.* e *f.* (*st. pitt.*) impressionist.

impressionistico *agg.* (*st. pitt.*) impressionist(ic).

impresso *agg.* **1** impressed, imprinted; stamped, marked **2** (*fig.*) engraved, stamped: *rimase — nella sua memoria*, it remained engraved on her memory **3** (*stampato*) printed.

impressore *s.m.* (*tip.*) printer.

imprestare *v.tr.* (*fam.*) to lend*: *— qlco. a qlcu.*, to lend sthg. to s.o.; *m'impresti la tua bici?*, can you lend me your bike?

imprestito → **prestito**.

imprevedibile *agg.* unforeseeable, unpredictable: *un caso del tutto —*, a completely unforeseeable event; *una persona molto —*, a very unpredictable person.

imprevedibilità *s.f.* unforeseeability, unpredictability.

impreveduto → **imprevisto**.

imprevidente *agg.* improvident, thoughtless: *sei stato —*, you've been thoughtless.

imprevidenza *s.f.* improvidence; lack of foresight.

imprevisto *agg.* unforeseen, unexpected, unlooked for: *avvenimento —*, unexpected event // (*econ.*) *spese impreviste*, contingent (*o* incidental) expenses ◆ *s.m.* unforeseen event, unexpected event: *gli imprevisti*, incidental expenses (*o* contingencies); *in caso di —*, if anything unexpected should happen; *salvo imprevisti*, barring accidents (*o* if all goes well); *tener conto dell'—*, to allow for contingencies.

impreziosire *v.tr.* to make* precious; to embellish.

imprigionamento *s.m.* imprisonment.

imprigionare *v.tr.* **1** (*mettere in prigione*) to imprison, to put* in prison **2** (*estens.*) (*rinchiudere*) to confine, to shut* up; (*intrappolare*) to trap, to catch*: *essere imprigionato fra le macerie*, to be trapped in the rubble.

imprimatur *s.m.* (*eccl.*) imprimatur (*anche fig.*): *il libro ottenne l'—*, the book was given the imprimatur.

imprimé *s.m.* (*fr.*) (*stoffa stampata*) printed cloth ◆ *agg.* (*di stoffa*) printed, patterned.

imprimere *v.tr.* **1** to impress, to imprint; to mark, to stamp; (*fig.*) to imprint, to mark, to press: *— le orme sul suolo*, to leave footsteps on the ground; *— nella propria memoria*, to fix (*o* to imprint) in one's memory **2** (*non com.*) (*stampare*) to print: *— un libro*, to print a book **3** (*dare, comunicare*) to give*; to impart; to transmit: *— un movimento a un corpo*, to set a body in motion.

□ **imprimersi** *v.intr.pron.* to remain impressed, to remain engraved: *imprimiti nella mente che...*, get it into your head that...; *le sue parole si impressero nella mia mente*, his words remained engraved in my mind.

imprimitura *s.f.* (*pitt.*) ground, priming.

imprinting *s.m.* (*biol.*) imprinting.

improbabile *agg.* improbable, unlikely: *è — che si faccia vivo*, it is unlikely that he will (*o* he is not likely to) turn up; *non è —*, it's not unlikely.

improbabilità *s.f.* improbability, unlikelihood.

improbo *agg.* **1** (*disonesto*) dishonest; (*malvagio*) wicked **2** (*duro, faticoso*) tough, hard, arduous: *è un lavoro —*, it is an uphill task (*o* a tough job).

improcedibile *agg.* (*dir.*) subject to estoppel, barred to prosecution; barred to further proceedings.

improcedibilità *s.f.* (*dir.*) bar to prosecution, lapse, nonsuit.

improcrastinabile *agg.* that can't be postponed: *un impegno — mi impedisce di essere presente*, I have an engagement that can't be postponed which will prevent me from being present.

improcrastinabilità *s.f.* impossibility of postponing.

improducibile *agg.* unproducible // (*dir.*) *prova — in giudizio*, inadmissible evidence.

improduttività *s.f.* unproductiveness.

improduttivo *agg.* unproductive, idle, non-productive; (*di terreno*) barren, unfruitful, fruitless: *denaro —*, idle money; *investimenti improduttivi*, unproductive (*o* idle) investments; *lavoro —*, unproductive job.

improferibile *agg.* (*non com.*) unrepeatable; unspeakable: *parole improferibili*, unrepeatable words.

impronta[1] *s.f.* **1** impression, mark, print, imprint: — *delle ruote*, trace (*o* track) of the wheels; — *del piede*, footprint; *impronte digitali*, fingerprints; *lasciare un'— su qlco.*, to leave a mark on sthg. **2** (*fig.*) stamp, imprint, sign, mark: *l'— del dolore*, the stamp (*o* imprint) of grief; — *del genio*, stamp (*o* mark) of genius; *lasciarono la loro — nella storia del paese*, they left their stamp (*o* mark) on the history of the country **3** (*calco*) cast, mould **4** (*zool.*) track, pad **5** (*paleont.*) (*fossile*) mould.

impronta[2] *s.f. solo nella locuz.avv.: all'—*, immediately, at once.

improntare *v.tr.* **1** to impress, to imprint; to stamp, to mark **2** (*fig.*) to give* an expression to (sthg.), to characterize, to give* a note of (sthg.): — *il volto a severità*, to put on a severe look.

□ **improntarsi** *v.intr.pron.* to take* on a look of (sthg.): *il suo viso s'improntò a tristezza*, his face took on a look of sadness.

improntato *agg.* stamped, marked, characterized: *volto — a malinconia*, a melancholy expression; *la sua accoglienza fu improntata alla massima cordialità*, his welcome was marked by its extreme cordiality.

improntitudine *s.f.* (*impudenza*) impudence, effrontery, impertinence.

impronunciabile *agg.* **1** (*che non è lecito pronunciare*) unrepeatable, unutterable, unsayable: *un'imprecazione —*, an unrepeatable oath **2** (*difficile da pronunciare*) unpronounceable: *un suono —*, an unpronounceable sound.

improperio *s.m.* (*ingiuria*) abuse, insult: *coprire qlcu. d'improperi*, to abuse (*o* to insult) s.o.

improponibile *agg.* **1** (*che non si deve proporre*) that cannot be proposed: *soluzione, richiesta —*, solution, request that cannot be proposed **2** (*dir.*) not actionable: *azione — per decorso del tempo*, action barred by lapse of time.

improprietà *s.f.* impropriety, inappropriateness; (*non adeguatezza*) inaccuracy: *nel tuo discorso vi sono molte —*, in your speech there are many inaccuracies; — *di linguaggio*, inappropriate language.

improprio *agg.* **1** (*impreciso, scorretto*) improper, inappropriate, incorrect, inaccurate: *uso — di una parola*, improper use of a word // (*ling.*) *dittongo —*, improper dipthong **2** (*sconveniente*) unbecoming, unseemly **3** (*non adatto*) unsuitable; unfit **4** (*mat.*) *frazione impropria*, improper fraction.

improrogabile *agg.* that cannot be put off, that cannot be postponed; final; unalterable: *una data —*, a final date; *scadenza —*, deadline; *termine — di pagamento*, deadline for payment; *termine — di consegna*, final delivery deadline.

improrogabilità *s.f.* inalterability.

improrogabilmente *avv.* with no possibility of delay, without any possibility of delay.

improvvido *agg.* (*imprevidente*) improvident; (*imprudente*) imprudent.

improvvisamente *avv.* **1** suddenly; all of a sudden: *egli partì —*, he left suddenly **2** (*inaspettatamente*) unexpectedly: *me lo trovai — davanti*, I found him in front of me unexpectedly.

improvvisare *v.tr.* to improvise: — *un discorso*, to improvise a speech (*o* to speak extempore); — *un pezzo di musica*, to improvise a piece of music; — *un pranzo*, to improvise a dinner ◆ *v.intr.* to improvise; to extemporize: — *all'organo*, to improvise (*o* to extemporize) on the organ.

□ **improvvisarsi** *v.rifl.* to play, to turn oneself into: — *pittore, poeta*, to play the painter, the poet; *non ci si può — architetto*, you can't turn yourself into an architect.

improvvisata *s.f.* surprise: *una piacevole —*, a pleasant surprise; *fare una — a qlcu.*, to give s.o. a surprise.

improvvisato *agg.* **1** improvised; extempore: *un discorso —*, an improvised (*o* extempore) speech; *un pranzo —*, an improvised dinner **2** (*spreg.*) makeshift, slapdash: *è un lavoro —*, it's a slapdash job.

improvvisatore *s.m.* **improvvisatrice** *s.f.* improviser.

improvvisazione *s.f.* improvisation: *il suo lavoro appariva frutto più d'— che di riflessione*, his work looked like something hurriedly thrown together rather than the expression of considered thought.

improvviso *agg.* **1** sudden: *una morte improvvisa*, a sudden death // *all'—*, suddenly (*o* all of a sudden) **2** (*inaspettato*) unexpected, snap; (*imprevisto*) unforeseen: *una decisione improvvisa*, a snap decision; *controllo —*, snap check ◆ *s.m.* (*letter.*, *mus.*) impromptu.

impruare *v.tr.* **impruarsi** *v.intr.pron.* (*mar.*) to trim by the head.

imprudente *agg.* imprudent, careless, heedless; (*imprevidente*) unwary; (*temerario*) rash: *una decisione —*, an imprudent decision; *è — quando guida*, he is careless when he drives ◆ *s.m.* e *f.* imprudent person; rash person.

imprudenza *s.f.* imprudence, heedlessness; (*imprevidenza*) unwariness; (*temerarietà*) rashness: *l'incidente fu frutto della sua —*, the accident was a result of his carelessness; *commettere un'—*, to do sthg. rash.

impube *agg.* (*letter.*) impuberal.

impudente *agg.* impudent, insolent, shameless; (*fam.*) cheeky: *una risposta —*, an impudent reply; *un atteggiamento —*, an insolent behaviour ◆ *s.m.* e *f.* impudent person, insolent person: *comportamento da —*, behaviour of an impudent person.

impudenza *s.f.* impudence, insolence, effrontery; (*fam.*) cheek: *ha avuto l'— di chiedermi dei soldi*, he had the impudence to ask me for money.

impudicizia *s.f.* **1** immodesty, impropriety, unchastity, shamelessness, indecency **2** (*atto*) impropriety, indecent act.

impudico *agg.* immodest, unchaste, shameless, indecent, improper: *pensieri impudichi*, indecent thoughts.

impugnabile *agg.* (*dir.*) impugnable; refutable; exceptionable.

impugnabilità *s.f.* impugnability; contestability; (*nel processo*) appellability.

impugnante *agg.* (*dir.*) contesting; appelling, appellant ◆ *s.m.* e *f.* (*dir.*) impugner; contester; (*nel processo*) appellant.

impugnare[1] *v.tr.* **1** (*afferrare*) to grasp, to grip: — *un'arma, un bastone*, to grasp (*o* to grip) a weapon, a stick; — *la spada*, (*sfoderarla*) to draw the sword // — *le armi*, to take up arms **2** (*tenere nel pugno*) to hold*; to grip: *impugna la racchetta in modo strano*, he holds his racket in a strange way.

impugnare[2] *v.tr.* (*dir.*) to impugn; to refute; to contest: — *un diritto, la veridicità di qlco.*, to impugn a claim, the veracity of sthg.; — *un testamento*, to contest a will; — *una sentenza*, to impugn a sentence.

impugnativa *s.f.* (*dir.*) act of impugnment; act of appeal.

impugnativo *agg.* (*dir.*) refutative, refutatory.

impugnatore *s.m.* impugner; contester; (*nel processo*) appellant.

impugnatura *s.f.* **1** (*manico*) handle; (*di spada, pugnale*) hilt; (*di coltello, ascia*) haft, handle **2** (*modo di impugnare*) grip; hold: — *ferma, molle*, firm, loose grip.

impugnazione *s.f.* (*dir.*) impugnation, impugnment; refutation: — *contraria*, counterclaim.

impulciare *v.tr.* to infest with fleas, to make* flea-ridden.

□ **impulciarsi** *v.intr.pron.* to become* infested with fleas, to become* flea-ridden.

impulsare *v.tr.* (*tecn.*) to pulse.

impulsione *s.f.* impulsion, impulse.

impulsività *s.f.* impulsiveness; instinctiveness: *devi imparare a frenare la tua —*, you must learn to check your impulsiveness.

impulsivo *agg.* **1** impulsive; (*irriflessivo*) rash, unthinking; (*istintivo*) instinctive: *una persona impulsiva*, an impulsive person; *è troppo —*, he's too impulsive; (*med.*) *delirio —*, impulsive insanity **2** (*fis., mecc., elettr.*) impulsive, impulse (*attr.*): *forza impulsiva*, impulsive force.

impulso *s.m.* **1** (*stimolo*) impulse; impetus; push, drive, boost; (*spinta irriflessiva*) impulse, instinct, drive: — *vitale*, vital impetus; *dare un — al commercio*, to give a stimulus (*o* impetus) to trade; *dare — alle vendite*, to boost sales; *dare — alle arti*, to stimulate the arts; *sotto l'— del momento*, under the impulse of the moment; *agire d'—*, to act on impulse; *acquisti fatti per —*, impulse buying **2** (*fis., mecc., elettr.*) impulse, pulse: *generatore di impulsi*, pulse generator; *modulazione di impulsi*, pulse modulation **3** (*med.*) impulse, impulsion: — *cardiaco, nervoso*, cardiac, nervous impulse **4** (*scatto telefonico*) (time) unit.

impunemente *avv.* with impunity; scot-free: *c'è gente che commette — dei delitti*, there are people who commit crimes and get away scot-free; *non te la caverai —!*, you won't get off scot-free!

impunibile *agg.* unpunishable (*anche dir.*).

impunibilità *s.f.* (*dir.*) unpunishability.

impunità *s.f.* impunity (*anche dir.*).

impunitamente *avv.* without punishment.

impunito *agg.* **1** unpunished: *crimine —*, unpunished crime **2** (*region.*) (*anche s.m.*) (*briccone*) rogue; impudent person.

impuntarsi *v.intr.pron.* **1** (*di cavallo, mulo ecc.*) to jib; (*di bambino*) to stop dead **2** (*ostinarsi*) to stick* obstinately (to sthg.), to dig* in one's heels (over sthg.); to insist; to get* sthg. into one's head: *non impuntarti quando vedi che hai torto*, don't dig in your heels when you see you are wrong; *quando si* *impunta su qualcosa, non c'è verso di fargli cambiare idea*, when he gets something into his head, there is no way of making him change his mind **3** (*balbettare*) to stammer, to stutter.

impuntatura *s.f.* obstinacy, stubbornness.

impuntigliarsi *v.intr.pron.* (*non com.*) (*ostinarsi*) to grow* obstinate, stubborn; to be obstinate, stubborn; *mi sono impuntigliato a finirlo*, I have taken it into my head to finish it.

impuntire *v.tr.* to quilt; to stitch (together).

impuntitura *s.f.* quilting.

impuntura *s.f.* **1** stitching **2** (*impuntitura*) quilting.

impunturare *v.tr.* to stitch.

impunturato *agg.* stitched.

impuparsi *v.intr.pron.* (*di insetto*) to pupate.

impurezza *s.f.* (*fis., chim.*) impurity.

impurità *s.f.* **1** impurity (*anche fis.*): *liquido pieno di* —, liquid full of impurities; — *di linguaggio, di stile*, linguistic, stylistic impurity **2** (*impudicizia*) impurity; unchastity; uncleanliness; (*atto impuro*) impure act.

impuro *agg.* **1** impure: *aria impura*, impure (*o* contaminated) air; *lingua impura*, impure language; *razza impura*, (*di animali*) mongrel **2** (*ling.*) impure: *S impura*, impure S **3** (*impudico*) impure; unchaste; lewd **4** (*relig.*) (*immondo*) unclean, defiled.

imputabile *agg.* **1** (*attribuibile*) imputable; ascribable, attributable, due: *errore — a distrazione*, mistake due (*o* attributable) to absent-mindedness; *spesa — al produttore*, expense chargeable to the producer **2** (*dir.*) chargeable (with sthg.): *una persona — di omicidio*, a person chargeable with murder **3** (*dir.*) (*di soggetto mentalmente capace*) mentally competent, mentally capable.

imputabilità *s.f.* (*dir.*) **1** imputability **2** mental capacity; competency.

imputare *v.tr.* **1** (*attribuire*) to impute; to ascribe, to attribute, to put* (sthg.) down to: *imputarono il suo insuccesso alla pigrizia*, they put his failure down to laziness; *non glielo si può — a colpa*, you can't lay the blame on him; — *una spesa a un dato ufficio*, to impute (*o* to allocate) an expense to an office **2** (*dir.*) (*accusare*) to charge; to accuse: *fu imputato di assassinio*, he was charged with murder (*o* they accused him of murder) **3** (*contabilità*) to charge: — *una somma in conto capitale*, to charge a sum to capital account.

imputato *s.m.* (*dir.*) defendant, accused, prisoner at the bar: *l'— si decise a confessarsi colpevole*, the defendant elected to plead guilty; — *alzatevi!*, the accused will rise! ◆ *agg.* accused (of); charged (with): — *di omicidio*, charged with murder.

imputazione *s.f.* **1** (*dir.*) imputation; charge, accusation: *capo d'—*, count of indictment (*o* charge *o* accusation); *sotto una grave —*, on a serious charge **2** (*econ.*) allocation, imputation, apportionment: — *di spese*, allocation of expenses (*o* expense distribution); — *dei costi*, cost allocation (*o* imputation); — *di pagamenti*, appropriation of payments.

imputridimento *s.m.* putrefaction, rotting, decomposition.

imputridire *v.intr.* to putrefy, to rot, to decompose; (*fig. letter.*) to rot, to decay ◆ *v.tr.* (*rendere putrido*) to make* rot, to make* decay.

imputridito *agg.* rotten, putrid.

impuzzare, **impuzzire** *v.tr.* to make* stink, to stink* out ◆ *v.intr.* to stink*.

impuzzolentire *v.tr.* to make* stink, to stink* out: — *la stanza, la casa*, to stink out the room, the house

impuzzolire *v.intr.* to stink* ◆ *v.tr.* to make* stink, to stink* out.

in *prep.* **1** (*stato in luogo, posizione*) in, at; (*dentro*) inside; (*su, sopra*) on: — *Italia, negli Stati Uniti*, in Italy, in the United States; *abitano — città, — campagna, — centro, — periferia*, they live in town, in the country, in the centre, on the outskirts; — *ufficio*, at the office; — *casa, — chiesa*, at home, at church; *nell'aria*, in the air; *la casa editrice ha sede — Milano*, the publishing house has its headquarters in Milan; *la statua sorge nel centro della piazza*, the statue stands in the centre of the square; *mio padre lavora — banca*, my father works in a bank; *stanotte dormiremo — albergo*, we'll sleep in a hotel tonight; *è stato due anni — prigione*, he spent two years in prison; *prendevano il sole — giardino*, they were sunbathing in the garden; *nel cielo erano apparse le prime stelle*, the first stars had appeared in the sky; *i fazzoletti sono nel primo cassetto*, the handkerchieves are in the top drawer; *nella stanza c'era molto fumo*, there was a lot of smoke in the room; *c'era gran festa nelle strade e nelle piazze*, there were great celebrations in the streets and squares; *siamo rimasti chiusi — casa tutto il giorno*, we stayed in the house (*o* indoors) all day; *ti aspetto — macchina*, I'll wait for you in the car; *non c'è niente — tavola?*, isn't there anything on the table?; *leggo sempre — treno*, I always read on the train; *hanno una casa proprio — riva al mare*, they have a house right on the sea front; *la notizia è apparsa — prima pagina*, the news was on the front page; *gli diede un bacio — fronte*, she kissed him on the forehead; *teneva — braccio un bambino*, she was holding a baby in her arms; *che cos'hai — mano?*, what have you got in your hands?; *ho sempre — mente le sue parole*, his words are still in my mind; — *lui ho trovato un vero amico*, I found a real friend in him; *questa espressione ricorre spesso — Dante*, this expression often appears in Dante; *nel lavoro non trova alcuna soddisfazione*, he gets no satisfaction from his job // — *fondo a*, at the bottom of // — *primo piano*, in the foreground (*o* up close) // — *bella mostra*, in a prominent position // *nel bel mezzo*, right in the middle: *s'interruppe nel bel mezzo del discorso*, he stopped right in the middle of his speech // (*non*) *avere fiducia in se stesso*, (not) to be self-confident // *credere — Dio*, to believe in God **2** (*moto a luogo, direzione*) to; (*verso l'interno*) into: *è andato — Francia per lavoro*, he went to France on business; *domani andremo — campagna*, we'll go to the country tomorrow; *vorrei tornare — America*, I'd like to go back to America; *devo scendere — cantina*, I must go down to the cellar; *quando rientrerete — città?*, when are you returning to town?; *la nave era appena entrata — porto*, the ship had just come into dock; *la gente si riversò nelle strade*, people poured into the streets; *abbiamo mandato i bambini — montagna*, we've sent the children to the mountains; *questa merce va spedita — Germania*, these goods are to be sent to Germany; *non sporgerti troppo dalla barca, puoi cadere — acqua*, don't lean too far out of the boat, you might fall in the water; *puoi venire nel mio ufficio un attimo?*, can you come into my office for a moment?; *mise la mano — tasca e tirò fuori il portafoglio*, he put his hand in his pocket and took out his wallet; *rimetti quelle pratiche nel cassetto*, put those papers back in the drawer; *vai subito nella tua stanza!*, go to your room at once!; *hanno arrestato il ladro e l'hanno messo — prigione*, the thief was arrested and put in prison; — *quale direzione andate?*, which way are you going?; *sulle scale m'imbattei — uno sconosciuto*, I bumped into a stranger on the stairs; *ho inciampato — un gradino e sono caduto*, I tripped over a step and fell down; *si è messo — mente di fare l'attore*, he's got it into his head that he wants to become an actor **3** (*moto per luogo*) through, across: *ha viaggiato molto — Europa*, he has done a lot of travelling across Europe; *il corteo sfilò nelle strade principali*, the procession wound its way through the main streets; *correre nei campi*, to run across the fields; *tanti pensieri le passavano nella mente*, many thoughts went through her mind **4** (*cambiamento, passaggio, trasformazione*) into: *tradurre dall'inglese — italiano*, to translate from English into Italian; *convertire le lire — franchi*, to change liras into francs; *la proprietà è stata divisa — due*, the property has been divided in half (*o* into two); *il vaso cadde e andò — frantumi*, the vase fell and broke into pieces // *si è fatto — quattro per aiutarci*, he bent over backwards to help us // *il maltempo ha mandato — fumo tutti i nostri progetti*, the bad weather put paid to all our plans // *di bene — meglio*, better and better; *di male — peggio*, from bad to worse // *di tre — tre*, in threes // *Anita Rossi — De Marchi*, (*di donna coniugata*) Anita De Marchi, née Rossi // *andare — rovina*, to go to (rack and) ruin (*anche fig.*) // *andare — estasi*, to be overjoyed // *montare — collera*, to fly into a rage **5** (*tempo*) in; on; at: — *marzo, — primavera*, in March, in spring; — *pieno inverno*, in the middle of winter; — *una mattina d'estate*, one (*o* on a) summer morning; — *quel giorno*, on that day; — *questo* (*preciso*) *momento*, at this (very) moment; — *tutta la mia vita*, in all my life; *nel pomeriggio*, in the afternoon; *si è laureato nel 1980*, he graduated in 1980; *tornerò a casa nel mese di settembre*, I'll return home in September; *nell'era atomica*, in the atomic age; — *gioventù*, in (one's) youth; — *tempo di guerra, di pace*, in wartime, in peacetime; — *epoca vittoriana*, in the Victorian age; *esamineranno otto candidati — un giorno*, they will examine eight candidates in one day; *ha fatto tutto il lavoro — due ore*, he got through all the work in two hours; *viene in Italia tre volte — un anno*, he comes to Italy three times a year // *arriverò — giornata*, I'll arrive some time in the day // — *serata*, during the evening // *nello stesso tempo*, at the same time // *nel frattempo*, in the meantime // — *un attimo, — un batter d'occhio*, in a flash, in the twinkling of an eye // — *men che non si dica*, quick as a flash // — *quattro e quattr'otto*, in less than no time // *di ora — ora, di giorno — giorno*, from time to time, from day to day **6** (*modo, maniera*) in; on: *il pubblico ascoltava — silenzio*, the audience listened in silence; *mi guardava — un modo strano*, he looked at me in a strange way (*o* strangely); *parla — perfetto ita-*

liano, he speaks perfect Italian; *scrivere — penna, — matita, — corsivo, — versi*, to write in pen, in pencil, in italics, in verse; *le istruzioni erano scritte — tedesco*, the instructions were written in German; *camminava — fretta*, he was walking in a hurry; *rispose — tono sgarbato*, he answered rudely; *entrammo — punta di piedi*, we entered on tiptoe; *procedevano — fila indiana*, they walked single file; *preferì rimanere — disparte*, he preferred to stay on his own; *stare — piedi*, to stand on one's feet; *tutti erano — abito da sera*, they were all in evening dress; *uscì — pantofole sul pianerottolo*, he went on to the landing in his slippers // (*resto*) — *attesa di una vostra cortese risposta*, (*nelle lettere*) awaiting your reply // (*comm.*) *assegno — bianco*, blank cheque; *pagare — contanti, — assegni*, to pay cash, by cheque; *100.000 lire — biglietti da 10.000*, 100,000 in 10,000 lira notes // *una riproduzione — miniatura*, a reproduction in miniature (*o* a miniature reproduction); *trasmettere — diretta*, to broadcast live // *una partita — casa, — trasferta*, a home, an away match // *pomodori — insalata*, tomato salad; *pollo — gelatina*, chicken in aspic **7** (*stato, condizione, circostanza*) in, at: *essere — pace, — guerra con qlcu.*, to be at peace, at war with s.o.; *mi piace stare — compagnia*, I like company; *vivere nell'angoscia*, to live in anxiety; — *salute e — malattia*, in sickness and in health; *morì — miseria*, he died in poverty; *la sua vita era — pericolo*, her life was in danger; *ero — una situazione imbarazzante*, I was in an embarrassing position; *siamo nei pasticci!*, we're in a mess!; *ben presto si trovò nei guai fino al collo*, he soon found himself up to his neck in trouble; *non sono — condizioni di pagare una cifra simile*, I'm not in a position to pay such a sum (of money) // *essere — odio, — simpatia a qlcu.*, to be liked, to be hated by s.o. **8** (*limitazione, misura*) in, at: (*la*) *laurea — lingue*, a degree in languages; *dottore — legge*, doctor of law; *è bravo — matematica, ma è debole — francese*, he's good at maths, but poor at French; *un terzo della classe è stato rimandato — chimica*, a third of the class is having to repeat chemistry; *ha conseguito il diploma — ragioneria*, he got a diploma in bookkeeping; *ha intenzione di specializzarsi — pediatria*, he is going to specialize in pediatrics; *la nostra ditta commercia — pellami*, our firm deals in leather goods; *mio fratello è campione di salto — alto*, my brother is high jump champion; *la stanza era 5 metri — lunghezza*, the room was 5 metres long **9** (*materia*): *una statua — bronzo*, a bronze statue; *una borsa — pelle*, a leather handbag; *rivestimento — legno*, wood panelling; *abito — puro cotone*, an all cotton dress; *poltrone — velluto*, velvet armchairs; *incisione — rame*, copperplate engraving; *un vassoio — argento*, a silver tray • Come si nota dagli esempi, in questo significato si usa spesso in inglese la forma aggettivale in luogo del compl. introdotto dalla prep. *in* **10** (*mezzo*) by; in; on: *viaggiare — treno, — aereo, — macchina*, to travel by train, by air, by car; *sei venuto a piedi o — autobus?*, have you come on foot or by bus?; *abbiamo fatto una gita — barca*, we went out on the boat; *pagare — lire, — dollari, — assegni*, to pay in lire, in dollars, by cheque **11** (*fine, scopo*): *ho avuto — dono una macchina fotografica*, I've been presented with a camera; *il vincitore riceverà — premio un milione di dollari*, the winner will receive a prize of a million dollars; *mi ha dato — prestito la sua macchina per qualche giorno*, he has lent me his car for a few days; *mi hanno mandato — visione il primo volume dell'opera*, they sent me the first volume of the work to look at; *la festa era — onore del sindaco*, the party was in honour of the mayor; *parlare — difesa di qlcu.*, to speak in s.o.'s defence **12** (*seguito da inf.*): *nell'entrare mi accorsi subito che qualcosa non andava*, on entering I realized at once there was something wrong; *l'ho incontrato nel tornare*, I met him on the way back; *nel salire in macchina mi sono cadute le chiavi*, I dropped my keys while getting into the car; *il bicchiere si è rotto nel lavarlo*, the glass broke while it was being washed; *nel dire ciò fu preso da commozione*, in saying this he was overcome by emotion **13** (*predicativo; in ingl. non si traduce*): *siamo rimasti — due*, only two of us were left; *fra tutti eravamo — quaranta*, there were forty of us in all; *erano — molti, — pochi*, there were many of them, few of them; *se fossi — te*, if I were you; *dipingere qlco. — rosso*, to paint sthg. red.

◆ FRASEOLOGIA: — *alto*, up there; up (above); — *basso*, down there; down (below); — *giù*, downward(s); — *su*, upward(s) // — *cerca di*, in search of // — *dettaglio*, in detail; — *forse*, in doubt // — *particolare*, in particular // — *quanto*, in so far as: — *quanto a ciò*, as for that // — *tutti i modi*, in any case; — *virtù di*, as... // — *rapporto a*, as regards // — *qualità di*, in (one's) capacity as // *nel caso che*, (*se, qualora*) if; (*nell'eventualità che*) in case: *portati l'ombrello, nel caso che piova*, take your umbrella with you in case it rains; *nel caso che torni prima di me, fatti dare le chiavi dal portinaio*, if you should get back before I do, get the keys from the custodian // — *fede*, yours faithfully // — *coscienza*, truthfully // — *lungo e — largo*, far and wide.

in-[1] *pref.* negativo di origine latina: premesso a sostantivi o aggettivi indica 'negazione, privazione o mancanza'; ingl. in-, un-: *inaccessibile*, inaccessible; *inespresso*, unexpressed; *inefficienza*, inefficiency; *infelicità*, unhappiness.

in-[2] *pref.* di origine latina che significa 'dentro, sopra, contro' usato nella formazione di aggettivi e verbi; ingl. in-; en-: *innato*, inbred; *importare*, to import; *inscrivere*, to inscribe; *inabissare*, to engulf.

inabbordabile *agg.* unapproachable, stand-offish.

inabile *agg.* **1** (*non idoneo*) unqualified, ineligible; (*non adatto*) unfit; (*incapace*) unable (to), incapable (of); (*invalido*) disabled; (*inesperto, non qualificato*) unskilled: — *a un lavoro*, unfit for a job (*o* unemployable); — *al servizio militare*, unfit for military service; (*dir.*) — *a stipulare un contratto*, disabled to contract **2** (*non com.*) (*maldestro*) unskilful.

inabilità *s.f.* **1** (*incapacità*) inability; incapacity: — *al lavoro*, inability to work **2** (*mancanza di destrezza*) unskilfulness **3** (*inidoneità*) unfitness (for sthg., to do) **4** (*invalidità*) disability: — *permanente, temporanea*, permanent, temporary disability **5** (*dir.*) unqualification (for sthg.).

inabilitante *agg.* (*dir.*) disqualifying; incapacitating.

inabilitare *v.tr.* **1** to disable, to disqualify: *la sua sordità lo ha inabilitato alla guida*, his deafness disqualifies him from driving **2** (*dir.*) to disable; to disqualify; to incapacitate.

□ **inabilitarsi** *v.rifl.* (*non com.*) to incapacitate oneself (for sthg.): *si inabilitò al servizio militare*, he made himself unfit for military service.

inabilitato *agg.* **1** disabled **2** (*dir.*) disabled; disqualified.

inabilitazione *s.f.* **1** disability; unfitness **2** (*dir.*) disqualification.

inabissamento *s.m.* sinking; engulfment.

inabissare *v.tr.* to engulf; to submerge (*anche fig.*).

□ **inabissarsi** *v.intr.pron.* to sink*, to be engulfed, to be submerged (*anche fig.*): *la corazzata si inabissò in pochi minuti*, the battleship sank in a few minutes.

inabitabile *agg.* uninhabitable: *casa* —, uninhabitable house.

inabitabilità *s.f.* uninhabitableness: *dichiarare l'— di un edificio*, to declare a building uninhabitable.

inabitato *agg.* uninhabited; (*deserto*) deserted.

inabrogabile *agg.* (*dir.*) unrepealable.

inaccessibile *agg.* **1** inaccessible, unapproachable (*anche fig.*): *luogo* —, inaccessible spot; *vetta* —, unscalable peak; *una posizione* —, an unattainable position; *non sarà facile parlare con il direttore, è —!*, it won't be easy to speak to the manager, he's unapproachable! // *prezzi inaccessibili*, unaffordable (*o* prohibitive) prices **2** (*fig.*) (*impossibile da capire*) incomprehensible, impenetrable: *una teoria — ai più*, a theory beyond the grasp of the majority of people.

inaccessibilità *s.f.* **1** inaccessibility, unapproachableness (*anche fig.*) **2** (*fig.*) (*concettuale*) incomprehensibility.

inaccettabile *agg.* **1** unacceptable: *condizioni per noi inaccettabili*, conditions unacceptable to us **2** (*ingiustificabile*) unjustifiable: *il tuo comportamento verso di me è —*, your behaviour towards me is unjustifiable.

inaccettabilità *s.f.* **1** unacceptableness **2** (*ingiustificabilità*) unjustifiableness.

inaccordabile *agg.* **1** (*che non può essere concesso*) unallowable, ungrantable: *un prestito* —, an ungrantable loan **2** (*mus.*) (*che non può essere intonato*) untunable.

inaccorto *agg.* (*letter.*) (*incauto*) unwary, incautious: *un giudizio* —, an incautious judgement.

inaccostabile *agg.* inaccessible, unapproachable // *prezzi inaccostabili*, unaffordable (*o* prohibitive) prices.

inaccusabile *agg.* unimpeachable; not liable to accusation; beyond the reach of accusation.

inacerbire *v.tr.* to exacerbate, to embitter: — *gli animi*, to embitter men's minds; — *il dolore*, to exacerbate the pain.

□ **inacerbirsi** *v.intr.pron.* to become* exacerbated, to grow* bitter; to sour: *si inacerbisce sempre di più*, he is growing more and more embittered; *i loro rapporti si sono inacerbiti col tempo*, their relationship soured with the passing of time.

inacetire *v.tr.* **1** (*rendere acido per mezzo dell'aceto*) to vinegar **2** (*far diventare aceto*) to turn into vinegar ◆ *v.intr.* **1** (*diventare aceto*) to turn to vinegar **2** (*inacidirsi*) to sour.

inacidimento *s.m.* souring (*anche fig.*): *l'— di un carattere*, the souring of a character.

inacidire *v.tr.* **1** to sour **2** (*fig.*) to sour, to embitter ◆ *v.intr.* → inacidirsi.

□ **inacidirsi** *v.intr.pron.* **1** to (turn) sour: *questo vino comincia a* —, this wine is beginning to turn sour; *il latte (si) è inacidito*, the milk has turned (sour) **2** (*fig.*) to (turn) sour, to grow* embittered: *il suo carattere (si) è inacidito*, he has grown embittered.

inacidito *agg.* **1** sour **2** (*fig.*) sour, embittered: — *dalle disgrazie*, soured by misfortune; *una zitella inacidita*, a sour old maid.

inacquare → **innacquare**.

inacutire *v.tr.* (*non com.*) **1** to sharpen, to make* sharp(er) **2** (*mus.*) to sharpen.
□ **inacutirsi** *v.intr.pron.* (*non com.*) to become* sharp(er) (*anche fig.*).

inadattabile *agg.* unadaptable; inadaptable; (*di persona*) incapable of adapting.

inadattabilità *s.f.* inadaptability.

inadatto *agg.* unfit (for sthg., to do); unsuited (to sthg., to doing); unsuitable (for sthg.): *è del tutto — a dirigere un'azienda*, he's quite unfit to run a firm; *era un abito — all'occasione*, the dress was unsuited to the occasion; *un giocatore — a fare il difensore*, a player unsuited to playing in defence; *usare un tono* —, to use an unsuitable tone.

inadeguatezza *s.f.* inadequacy; insufficiency.

inadeguato *agg.* inadequate; unsuited; (*insufficiente*) insufficient: *informazioni inadeguate*, inadequate information; *le mie parole sono inadeguate a esprimere la mia gioia*, words are inadequate to express my joy; *è — al suo ruolo*, he's unsuited to the role; *mezzi inadeguati allo scopo*, means insufficient for (*o* unsuited to) the purpose; *dare a qlcu. un compenso* —, to give s.o. inadequate remuneration.

inadempibile *agg.* that cannot be fulfilled.

inadempiente *agg.* defaulting: *debitore* —, defaulting debtor ♦ *s.m.* e *f.* defaulter.

inadempienza *s.f.* (*dir.*) non-fulfilment, default: — *contrattuale*, breach of contract (*o* non-fulfilment of a contract); — *nei pagamenti*, default in paying.

inadempimento *s.m.* non-fulfilment, non-execution, default: *in caso di* —, on default; *risoluzione del contratto per* —, resolution of the contract for default.

inadempiuto *agg.* unfulfilled: *un dovere* —, an unfulfilled duty; *un voto* —, a broken vow.

inadoprabile *agg.* (*non com.*) unusable; not usable, not fit for use (*pred.*).

inafferrabile *agg.* elusive (*anche fig.*): *un'idea* —, an elusive idea; *un ladro* —, an elusive thief.

inafferrabilità *s.f.* elusiveness.

inaffidabile *agg.* unreliable; untrustworthy: *come al solito, si è dimostrato del tutto* —, as usual, he showed he was utterly unreliable.

inaffidabilità *s.f.* unreliability.

inagibile *agg.* unfit for use (*pred.*); unusable; (*di casa*) uninhabitable: *la scuola è — da anni*, the school has been unfit for use for years.

inagibilità *s.f.* unfitness for use: *le autorità hanno dichiarato l'— dell'edificio*, the authorities have declared the building unfit for use (*o* the authorities have condemned the building).

inalare *v.tr.* to inhale.

inalatore *s.m.* inhaler.

inalatorio *agg.* inhalatory ♦ *s.m.* inhalation chamber.

inalazione *s.f.* inhalation.

inalbare *v.tr.* e *intr.* **inalbarsi** *v.intr.pron.* (*letter.*) to whiten, to turn white.

inalberamento *s.m.* **1** (*l'issare*) raising; hoisting **2** (*di persona*) (*l'adirarsi*) losing one's temper.

inalberare *v.tr.* to hoist: — *una bandiera, una vela*, to hoist a flag, a sail.
□ **inalberarsi** *v.rifl.* **1** (*di cavalli*) to prance **2** (*adirarsi*) to lose* one's temper, to get* angry: *s'inalbera per un nonnulla*, he gets angry about nothing.

inalienabile *agg.* inalienable, indefeasible, untransferable: (*dir.*) *diritti inalienabili*, inalienable rights.

inalienabilità *s.f.* inalienability, indefeasibility (*anche dir.*): *clausola di* —, inalienability clause.

inalterabile *agg.* **1** unalterable, inalterable; (*di colore*) fast **2** (*letter.*) (*immutabile*) constant, enduring: *un'amicizia* —, an enduring friendship.

inalterabilità *s.f.* unalterability, inalterability; (*di colore*) fastness.

inalterato *agg.* **1** unchanged, unaltered; (*di monete*) undebased: *la situazione del traffico è inalterata*, the traffic situation is unchanged **2** (*di monete*) undebased.

inalveamento *s.m.* **1** (*sistemazione fluviale*) river maintenance **2** (*inalveazione*) channelling.

inalveare *v.tr.* to channel (*anche fig.*): — *un fiume*, to channel a river.
□ **inalvearsi** *v.intr.pron.* (*non com.*) to form a riverbed.

inalveazione *s.f.* channelling.

inalveolare *v.intr.* **inalveolarsi** *v.intr. pron.* (*di denti*) to grow* embedded in the socket, in the alveolus.

inalzare e *deriv.* → **innalzare** e *deriv.*

inamabile *agg.* (*letter.*) unamiable, unlovable.

inamabilità *s.f.* (*letter.*) unamiability; unamiableness.

inamarire *v.tr.* (*non com.*) **1** (*rendere amaro*) to make* bitter **2** (*fig.*) (*addolorare*) to sadden, to trouble.
□ **inamarirsi** *v.intr.pron.* (*non com.*) **1** (*diventare amaro*) to turn bitter **2** (*fig.*) (*affliggersi*) to be saddened, to be troubled.

inameno *agg.* (*letter.*) gloomy, desolate.

inamidare *v.tr.* to starch.

inamidato *agg.* **1** starched: *colletto* —, starched collar **2** (*fig. scherz.*) (*rigido, pieno di sussiego*) stiff, starchy.

inamidatura *s.f.* **1** (*operazione*) starching, starch finish **2** (*l'essere inamidato*) starchiness.

inammissibile *agg.* **1** (*dir.*) inadmissible; not admissible: *prova* —, inadmissible evidence **2** (*inaccettabile*) unjustifiable, unjustified: *il tuo comportamento è* —, your behaviour is unjustifiable.

inammissibilità *s.f.* **1** (*dir.*) inadmissibility **2** (*l'essere inaccettabile*) unjustifiability.

inamovibile *agg.* irremovable.

inamovibilità *s.f.* irremovability, immovability: *l'— di un giudice*, the irremovability of a judge.

inane *agg.* (*letter.*) **1** (*vuoto*) inane, empty **2** (*inutile*) vain, useless: *tentativo* —, useless (*o* futile) attempt.

inanellamento *s.m.* (*di uccelli migratori*) ringing.

inanellare *v.tr.* **1** (*arricciare*) to curl, to make* into curls **2** (*collegare come anelli*) to string* together // — *frottole*, (*fig.*) to spin yarns **3** (*non com.*) (*ornare di anelli*) to cover with rings: *inanellarsi le dita*, to cover one's fingers with rings **4** (*contrassegnare animali migratori*) to ring*.
□ **inanellarsi** *v.intr.pron.* to curl.

inanellato *agg.* **1** (*arricciato*) curly: *chiome inanellate*, curly hair **2** (*ornato di anelli*) adorned with rings.

inanimare *v.tr.* (*letter.*) to encourage, to hearten.
□ **inanimarsi** *v.intr.pron.* to take* courage.

inanimato *agg.* **1** inanimate; lifeless, spiritless (*anche fig.*): *il corpo giaceva a terra* —, the body lay lifeless on the ground; *stile* —, lifeless (*o* bloodless) style **2** (*ling.*) neuter.

inanime *agg.* (*letter.*) lifeless.

inanimire → **inanimare**.

inanità *s.f.* (*letter.*) **1** (*vacuità*) inanity, vacuity, emptiness **2** (*inutilità*) vainness, uselessness.

inanizione *s.f.* **1** inanition; starvation: *morire di* —, to die of starvation (*o* to starve to death) **2** (*fig. letter.*) (*inerzia*) inanition, lethargy.

inanonimo *agg.* (*burocrazia*) not anonymous ♦ *s.m.* (*spec. pl.*) named person: *rispondesi solo inanonimi*, no anonymous replies.

inanzi → **innanzi**.

inappagabile *agg.* insatiable, unsatisfiable, unappeasable: *un desiderio* —, an unsatiable desire.

inappagamento *s.m.* → **insoddisfazione**.

inappagato *agg.* unsatisfied, dissatisfied, discontented: *sentirsi* —, to feel dissatisfied.

inappannabile *agg.* non-misting.

inappellabile *agg.* **1** (*dir.*) unappealable, inappellable: *sentenza* —, unappealable verdict **2** (*estens.*) final, definite, irrevocable: *una decisione* —, an irrevocable decision.

inappellabilità *s.f.* **1** (*dir.*) inappellability **2** (*estens.*) finality, irrevocableness.

inappellabilmente *avv.* **1** (*dir.*) inappellably, without appeal; with no possibility of appeal **2** (*estens.*) irrevocably.

inappetente *agg.* lacking appetite, off one's food (*pred.*).

inappetenza *s.f.* lack of appetite, inappetence: *soffrire di* —, to suffer from lack of appetite.

inapplicabile *agg.* inapplicable, unappliable: *legge* —, inapplicable law.

inapplicabilità *s.f.* inapplicability // (*trib.*) — *d'imposta*, tax-exemption.

inapprendibile, **inapprensibile** *agg.* (*non com.*) difficult to grasp.

inapprezzabile *agg.* **1** (*inestimabile*) invaluable, inestimable; priceless **2** (*irrilevante*) imperceptible, negligible, inappreciable.

inapprezzato *agg.* unappreciated.

inapprodabile *agg.* (*mar.*) on which it is impossible to land.

inappuntabile *agg.* impeccable, faultless, irreproachable.

inappuntabilità *s.f.* irreproachability, impeccability, faultlessness.

inappurabile *agg.* (*non com.*) unascertainable, unverifiable, uncheckable.

inappurato *agg.* unascertained, unverified, unchecked.

inarabile *agg.* unploughable, inarable.

inarato *agg.* (*letter.*) (*di terreno*) unploughed, untilled.

inarcamento *s.m.* bending, curving, arching.

inarcare *v.tr.* to bend*, to curve, to arch: *il gatto inarcò il dorso alla vista del cane*, the cat arched its back at the sight of the dog; — *le ciglia*, to raise one's eyebrows.
□ **inarcarsi** *v.rifl.* o *intr.pron.* to bend*, to curve, to become* curved, to become* bent.

inarcatura *s.f.* bend, curve.

inardire *v.tr.* (*non com.*) (*rendere ardito*) to embolden, to make* bold.
□ **inardirsi** *v.intr.pron.* (*non com.*) (*diventare ardito*) to become* bold, to grow* bold.

inargentare *v.tr.* **1** to silver plate **2** (*fig.*) to silver, to turn silver: *la luna inargentava il bosco*, the moon turned the wood silver.
□ **inargentarsi** *v.intr.pron.* to become* silvery.

inargentatura *s.f.* silver plating.

inaridimento *s.m.* drying up (*anche fig.*).

inaridire *v.tr.* **1** to dry up; to parch; (*di piante*) to wither: *la siccità ha inaridito le colture*, the drought has withered the crops **2** (*fig.*) to make* barren, to wither: *il dolore le ha inaridito il cuore*, the pain has withered her heart.
□ **inaridirsi** *v.intr.pron.* **1** to dry up; to become* parched; (*di piante*) to wither **2** (*fig.*) to dry up, to be exhausted: *la sua vena artistica si è inaridita*, his artistic inspiration has dried up.

inaridito *agg.* **1** dried up, parched; (*di piante*) withered: *terreno* —, parched soil **2** (*fig.*) barren, dried up, hardened: *una mente inaridita*, a barren mind.

inarmonico *agg.* (*letter.*) inharmonious; discordant.

inarrendevole *agg.* (*non com.*) unyielding; unbending; inflexible.

inarrendevolezza *s.f.* (*non com.*) inflexibility.

inarrestabile *agg.* unrestrainable, unstoppable: *la pressione della folla era* —, the surging crowd was unrestrainable; *una risata* —, an unstoppable laugh.

inarrivabile *agg.* **1** (*irraggiungibile*) unattainable, unreachable, inaccessible: *una cima* —, an inaccessible summit **2** (*impareggiabile*) incomparable, unsurpassable, peerless: *uno scrittore* —, an incomparable writer; *un primato* —, an unbeatable record.

inarticolato *agg.* **1** (*indistinto*) inarticulate, indistinct: *suoni inarticolati*, inarticulate sounds **2** (*zool.*) inarticulate.

inascoltabile *agg.* unlistenable.

inascoltato *agg.* unheard, unheeded: *il suo ammonimento rimase* —, his warning went unheeded // *avere un desiderio* —, to have an unfulfilled wish.

inasinire *v.intr.* to grow* dull, to grow* stupid, to become* stupid.

inaspettato *agg.* unexpected; (*improvviso*) sudden; (*imprevisto*) unforeseen: *una visita inaspettata*, an unexpected visit; *una difficoltà inaspettata*, an unforeseen difficulty.

inasprimento *s.m.* **1** embitterment, souring, exacerbation **2** (*aggravamento*) aggravation, worsening: *l'— del conflitto ha causato oggi nuove vittime*, the worsening of the conflict has caused new casualties today // (*trib.*) — *fiscale*, tax bite (*o* tightening up of tax).

inasprire *v.tr.* **1** to embitter, to sour, to exacerbate, to exasperate: *ciò inasprì la sua collera*, this exacerbated his anger; *il dolore l'aveva inasprito*, grief had embittered him **2** (*aggravare*) to aggravate; to sharpen; (*di disciplina*) to make* harsher, to tighten up: — *un dolore*, to sharpen (*o* to aggravate) a pain; — *una condanna*, to render a sentence more severe; — *le restrizioni*, to tighten up restrictions // — *le tasse*, to increase taxes.
□ **inasprirsi** *v.intr.pron.* **1** to become* embittered, to become* exacerbated: *il freddo si è inasprito*, the cold has grown more bitter; *si è inasprito dopo quel malinteso*, he became sour after the misunderstanding **2** (*aggravarsi*) to grow* worse, to become* more severe, to become* harsher: *il combattimento si è inasprito*, the fighting became fiercer.

inassimilabile *agg.* unassimilable.

inastare *v.tr.* to hoist, to fix: — *una bandiera*, to hoist a flag // — *la baionetta*, to fix the bayonet.

inattaccabile *agg.* **1** (*non intaccabile*) proof (*pred.*); unassailable (*anche fig.*): — *dagli acidi*, acid proof; *la fortezza era* —, the fortress was impregnable; *ha stabilito un record per ora* —, he has set a record that for now is unbeatable; *la sua reputazione è* —, his reputation is unassailable **2** (*irreprensibile*) irreproachable: *comportamento* —, irreproachable behaviour.

inattaccabilità *s.f.* **1** unassailableness, unbeatableness, inpregnability: *l'— di un record*, the unbeatableness of a record **2** (*irreprensibilità*) irreproachability.

inattendibile *agg.* unreliable, not to be believed, implausible: *il testimone è* —, the witness is unreliable; *i dati presentati alla direzione erano inattendibili*, the data presented to the management were unreliable.

inattendibilità *s.f.* unreliability, unreliableness.

inattento *agg.* (*non com.*) inattentive.

inattenzione *s.f.* (*non com.*) inattention.

inatteso *agg.* unexpected; (*improvviso*) sudden: *arrivo* —, unexpected arrival.

inattingibile *agg.* **1** (*da cui non si può attingere*) that cannot be drawn **2** (*irraggiungibile*) unreachable, unattainable.

inattinico *agg.* (*fis., chim.*) non-actinic.

inattitudine *s.f.* inaptitude, lack of aptitude; (*incapacità*) incapacity, unfitness: — *all'insegnamento*, lack of aptitude for teaching.

inattivare *v.tr.* (*chim., fis., biochim.*) to inactivate.

inattivazione *s.f.* (*chim., fis., biochim.*) inactivation.

inattività *s.f.* inactivity.

inattivo *agg.* **1** inactive; idle: *non startene così —!*, don't be so idle! // (*econ.*): *capitale* —, idle (*o* unemployed) capital; *denaro* —, idle (*o* inactive) money; *mercato* —, flat market // (*geol.*) *vulcano* —, dormant volcano **2** (*chim., fis.*) inactive.

inatto *agg.* (*non com.*) unapt (for sthg., to do), unfit (for sthg., to do), unsuited (to, for sthg.).

inattuabile *agg.* impracticable, unfeasible: *il tuo progetto mi sembra* —, your project seems unfeasible to me.

inattuabilità *s.f.* impracticability, impracticableness.

inattuale *agg.* dated, outdated, obsolete: *un programma* —, an outdated (*o* obsolete) program.

inattualità *s.f.* outdatedness.

inaudito *agg.* unheard-of; unprecedented: *un delitto* —, an unheard-of crime; *immagini di una crudeltà inaudita*, scenes of unprecedented cruelty.

inaugurale *agg.* inaugural, inauguration (*attr.*); opening: *discorso* —, inaugural address; *giorno* —, inauguration day; *cerimonia* —, opening ceremony // *viaggio* —, maiden voyage.

inaugurare *v.tr.* **1** to inaugurate; (*aprire al pubblico*) to open; (*monumenti, statue ecc.*) to unveil: — *una mostra*, to open an exhibition; — *una scuola*, to open a school; — *una statua*, to unveil a statue **2** (*fig.*) (*iniziare*) to inaugurate, to initiate, to start: *i voli spaziali hanno inaugurato una nuova era*, space travel has inaugurated a new era.

inaugurativo *agg.* (*non com.*) inaugural.

inaugurato[1] *agg.* inaugurated, opened: *il ponte da poco — è già chiuso per lavori*, the recently inaugurated bridge is already closed for repairs.

inaugurato[2] *agg.* (*poet.*) (*malaugurato*) unlucky, inauspicious, ill-omened, ill-fated.

inauguratore *s.m.* **inauguratrice** *s.f.* inaugurator.

inaugurazione *s.f.* inauguration; (*apertura*) opening; (*di monumenti, statue ecc.*) unveiling: *cerimonia, discorso d'*—, opening ceremony, speech.

inauspicato *agg.* (*letter.*) inauspicious; ill-omened; unlucky.

inautenticità *s.f.* inauthenticity.

inautentico *agg.* inauthentic, unauthentic, spurious, fake.

inavvedutezza *s.f.* (*sbadataggine*) carelessness, thoughtlessness; (*atto sbadato*) inadvertence, oversight.

inavveduto *agg.* (*sbadato*) careless, thoughtless, inattentive; (*inavvertito*) inadvertent, unintentional.

inavvertenza *s.f.* inadvertence, carelessness, lack of attention; (*atto*) oversight: *per un'— del custode le scimmie sono uscite dalla gabbia*, as a result of an oversight by the keeper, the monkeys got out of the cage.

inavvertitamente *avv.* inadvertently, unintentionally, accidentally: — *ha aperto la portiera urtando il muro*, he opened the door inadvertently banging the wall.

inavvertito *agg.* (*non osservato*) unobserved, unnoticed: *la sua presenza passò inavvertita*, his presence was unnoticed.

inavvicinabile *agg.* inaccessible, unapproachable: *la villa è — dal mare*, the villa is inaccessible from the sea; *egli è diventato* —, he has become unapproachable; *questa borsa di pelle è* —, the price of this leather bag is prohibitive.

inazione *s.f.* inaction, inactivity.

inazzurrare *v.tr.* (*letter.*) to colour blue, to turn blue.

□ **inazzurrarsi** *v.intr.pron.* (*letter.*) to become* blue, to turn blue.

inbreeding *s.m.* (*biol.*) (*incrocio*) inbreeding.

inca *s.m.* e *f.* Inca ◆ *agg.* Inca, Incan: *la civiltà* —, the Inca civilization.

incacchiarsi *v.intr.pron.* (*fam.*) to get* steamed up, to get* worked up, to get* up: *non è il caso di —!*, there's no need to get steamed up!

incadaverimento *s.m.* becoming corpse-like.

incadaverire *v.intr.* **1** (*assumere un aspetto cadaverico*) to take* on a corpse-like appearance **2** (*fig.*) to putrefy, to rot.

incafonire *v.tr.* to make* boorish.

□ **incafonirsi** *v.intr.pron.* to become* boorish, to become* like a boor.

incagliamento *s.m.* **1** (*mar.*) stranding; running aground **2** (*fig.*) holdup, stoppage: *si è verificato un — delle trattative*, negotiations have been held up.

incagliare *v.tr.* (*non com.*) (*ostacolare*) to hinder, to hold* up, to block ◆ *v.intr.* → incagliarsi.

□ **incagliarsi** *v.intr.pron.* **1** to get* stuck, to get* held up, to come* to a standstill (*anche fig.*): *si incagliò alle prime difficoltà*, he got stuck at the first difficulties; *le trattative di pace si sono nuovamente incagliate*, the peace negotiations have foundered again **2** (*mar.*) to run* aground: *la nave si è incagliata all'imbocco del porto*, the ship ran aground at the harbour entrance; *portare una nave a* —, to strand a ship.

incaglio *s.m.* **1** (*ostacolo*) obstacle, hindrance, stumbling block **2** (*arresto*) holdup, stoppage **3** (*mar.*) stranding, running aground.

incaico *agg.* Inca, Incaic, Incan.

incalappiare *v.tr.* (*non com.*) to catch*, to ensnare, to trap.

□ **incalappiarsi** *v.intr.pron.* (*non com.*) to get* caught, to be trapped; (*fig.*) to be tricked.

incalciatura *s.f.* (*non com.*) shape of the rifle stock.

incalcinare *v.tr.* **1** to plaster with lime, to cover with lime: — *un muro*, to plaster a wall (with lime) **2** (*agr.*) to dress with lime, to lime.

incalcinatura *s.f.* **1** (*operazione*) plastering (with lime); (*effetto*) coat of lime **2** (*agr.*) dressing (with lime); liming.

incalcolabile *agg.* incalculable, countless; inestimable: *danno* —, incalculable damage; *distanze incalcolabili*, incalculable distances; *questo quadro ha un valore* —, this picture is priceless (*o* of inestimable value).

incalcolabilità *s.f.* incalculability, incalculableness.

incallimento *s.m.* (*l'incallire*) hardening (*anche fig.*).

incallire *v.tr.* **1** (*rendere calloso*) to make* callous, to make* horny **2** (*fig.*) (*indurire*) to harden ◆ *v.intr.* → incallirsi.

□ **incallirsi** *v.intr.pron.* **1** to harden, to become* callous **2** (*fig.*) to become* hardened, to grow* inveterate: — *nel fumare*, to become an inveterate smoker; — *nel vizio*, to become a hardened sinner.

incallito *agg.* **1** hardened, callous, horny: *mani incallite*, callous hands **2** (*fig.*) hardened, inveterate; (*insensibile*) callous, hard: *sono un bevitore* —, I'm an inveterate drinker; *un criminale* —, a hardened criminal.

incalorimento *s.m.* heating, warming (up) (*anche fig.*).

incalorire *v.tr.* **1** to heat, to warm up; (*provocare infiammazione*) to cause inflammation **2** (*fig.*) to excite, to arouse.

□ **incalorirsi** *v.intr.pron.* **1** to become* hot, to become* warm **2** (*fig.*) (*accalorarsi*) to get* excited, to get* heated, to get* oneself worked up.

incalvire *v.intr.* (*non com.*) to become* bald, to go* bald.

incalzante *agg.* **1** chasing, pursuing **2** (*fig.*) insistent, pressing; (*urgente*) urgent; (*imminente*) imminent: *pericolo* —, imminent danger; *sollecitazioni incalzanti*, urgent requests; *non sapevo come rispondere alle sue incalzanti domande*, I didn't know how to reply to his pressing demands.

incalzare *v.tr.* **1** to follow hard on s.o.'s heels, to be hot on s.o.'s heels, to follow closely, to chase closely: — *il nemico*, to be hot on the heels of the enemy **2** (*fig.*) to press, to urge: — *qlcu. con richieste, domande*, to press (*o* ply) s.o. with requests, questions ◆ *v.intr.* to press; to be imminent: *il pericolo incalza*, danger is imminent; *il tempo incalza*, time is pressing.

□ **incalzarsi** *v.rifl.rec.* to follow (hard) on each other, to follow each other swiftly, closely: *gli avvenimenti si incalzavano*, the events followed hard on each other.

incamerabile *agg.* (*dir.*) confiscable.

incameramento *s.m.* (*dir.*) confiscation.

incamerare *v.tr.* **1** (*dir.*) to confiscate, to expropriate **2** (*estens.*) (*appropriarsi*) to appropriate.

incamiciare *v.tr.* **1** (*coprire*) to cover, to coat: (*mar.*) — *una vela*, to cover a sail **2** (*foderare*) to line: (*edil.*) — *un muro*, to line a wall; (*mecc.*) — *un cilindro*, to line a cylinder.

incamiciatura *s.f.* **1** (*operazione*) covering, coating; (*con fodera*) lining **2** (*involucro*) cover, coat: — *di un proiettile*, bullet jacket.

incamminare *v.tr.* **1** (*mettere in moto*) to set* going, to start (up) **2** (*fig.*) (*avviare*) to send* off, to start off; (*indirizzare*) to guide, to show* the way to: — *una persona nel suo lavoro*, to guide (*o* steer) s.o. through his work.

□ **incamminarsi** *v.intr.pron.* **1** to set* out, to make* one's way, to start: *s'incamminò verso la città*, he made his way towards the town; *è ora d'*—, it is time to get underway **2** (*fig.*) to be on the way, to embark: *si è incamminato verso una brillante carriera*, he's embarked on a brilliant career.

incanaglire *v.intr.* **incanaglirsi** *v.intr. pron.* to turn into a rogue, to go* to the bad; to sink* to the level of the rabble.

incanalamento *s.m.* **1** channelling, canalization; routing (*anche fig.*): *la polizia regolava l'— del traffico nella deviazione*, (*fig.*) the police directed the rerouting of the traffic onto the detour **2** (*fig.*) (*avviamento*) starting, directing.

incanalare *v.tr.* **1** to canalize: — *le acque di un fiume*, to canalize the waters of a river **2** (*fig.*) (*avviare*) to direct, to guide, to channel: — *la folla verso l'uscita*, to guide the crowd towards the exit; — *il traffico lungo la circonvallazione*, to reroute (*o* channel) the traffic onto the ringroad.

□ **incanalarsi** *v.intr.pron.* **1** to flow, to run*: *le acque si sono incanalate nel fiume*, the waters flowed into the river **2** (*fig.*) to flow, to stream, to converge: *la folla si incanalò verso l'uscita*, the crowd streamed towards the exit.

incanalatura *s.f.* **1** (*l'incanalare*) channelling **2** (*luogo*) channel **3** (*non com.*) (*scanalatura*) groove.

incancellabile *agg.* indelible, ineffaceable, ineradicable; unforgettable, unforgivable: *ricordo* —, indelible (*o* unforgettable) memory; *è una vergogna* —, it is an unforgivable shame.

incancellato *agg.* (*non com.*) still present; persistent.

incancherire *v.tr.* (*non com.*) **1** to make* cancerous; to make* chronic **2** (*fig.*) (*inasprire*) to exacerbate, to aggravate.

□ **incancherirsi** *v.intr.pron.* (*non com.*) **1** to become* cancerous; to become* chronic **2** (*fig.*) (*inasprirsi*) to become* exacerbated, to be aggravated.

incancrenire *v.intr.* **incancrenirsi** *v.intr. pron.* **1** to become* gangrenous **2** (*fig.*) (*inasprirsi*) to become* chronic, to become* deep-rooted: *il loro antagonismo è ormai incancrenito*, their antagonism is now deep-rooted.

incandescente *agg.* **1** incandescent, white-hot: *rendere* —, to incandesce (*o* to make white-hot) **2** (*fig.*) heated, fiery, burning: *atmosfera, discussione* —, heated atmosphere, discussion.

incandescenza *s.f.* incandescence, white heat: *lampada a* —, incandescent lamp.

incannaggio → **incannatura**.

incannare *v.tr.* (*tess.*) to wind*, to spool, to cop.

incannatoio *s.m.* (*tess.*) winder, spooler, copper, copping machine.

incannatore *s.m.* (*tess.*) (*chi incanna*) winder, spooler, copper.

incannatrice → **incannatoio**.

incannatura *s.f.* (*tess.*) winding, spooling, copping: — *a filo incrociato*, cross winding.

incannicciata *s.f.* **1** (*edil.*) lathwork, lathing **2** (*agr.*) trellis.

incannicciatura *s.f.* (*edil.*) lathing.

incannucciare *v.tr.* **1** (*sorreggere con canne*) to stake, to support with canes, to trellis **2** (*coprire, circondare con canne*) to cover with canes, to fence (in) with canes.

incannucciata *s.f.* **1** (*riparo, sostegno di cannucce*) trellis **2** (*med.*) splint.

incannucciatura *s.f.* **1** (*copertura con canne*) covering with canes **2** (*fabbricazione di spalliere o sedili di mobili con canne intrecciate*) caning.

incantagione → **incantesimo**.

incantamento *s.m.* **1** → incantesimo **2** (*la condizione di chi è incantato*) astonishment, bewilderment.

incantare[1] *v.tr.* to bewitch, to put* a spell on (s.o.), to enchant, to charm, to spellbind* (*anche fig.*): *la maga li incantò*, the sorceress put a spell on them; — *un serpente*, to charm a snake; *quella donna lo aveva incantato*, (*fig.*) the woman had bewitched him; *musica che incanta l'animo*, (*fig.*) music that delights (*o* enchants) the mind; *l'artista incantò il pubblico*, (*fig.*) the artist held the audience spellbound // *non riuscirai a incantarmi con le tue chiacchiere*, (*fig.*) you won't be able to take me in with all your talk.

□ **incantarsi** *v.intr.pron.* **1** to be enchanted, to be spellbound, to be charmed; (*andare in estasi*) to go* into raptures; (*perdersi nei propri pensieri*) to lose* oneself in day-dreams, to daydream*: — *di fronte alla bellezza di un tramonto*, to go into raptures at the beauty of a sunset; *i bambini si incantarono davanti ai burattini*, the children were spellbound by the puppets; *non ti incantare e riprendi a studiare!*, stop daydreaming and get back to studying!; — *ascoltando la musica di Bach*, to be carried away by Bach's music **2** (*incepparsi*) to get* stuck, to jam: *il fucile si è incantato*, the gun has jammed.

incantare[2] *v.tr.* (*non com.*) (*mettere all'incanto, all'asta*) to put* up for auction, to auction.

incantato *agg.* **1** (*fatato*) enchanted, bewitched; spellbound: *castello* —, enchanted castle; *anello* —, magic ring; *paese* —, wonderland **2** (*meraviglioso*) enchanting, bewitching, wonderful, marvellous: *paesaggio* —, wonderful landscape **3** (*trasognato*) charmed, spellbound, entranced; (*attonito*) dazed, in a daze, stunned: *si fermò — a guardare il paesaggio*, he stopped spellbound to look at the landscape; *alla notizia rimase* —, the news left him stunned; *sveglia! cosa te ne stai lì* —, wake up! what are you doing there, all in a daze.

incantatore *agg.* enchanting, bewitching: *sorriso* —, bewitching smile ♦ *s.m.* enchanter; charmer, spellbinder (*anche fig.*): — *di serpenti*, snake-charmer.

incantatrice *s.f.* enchantress.

incantesimo *s.m.* meno com. **incantazione** *s.f.* charm, spell; enchantment: *fare un — a qlcu.*, to put a spell on s.o.; *rompere l'*—, to break the spell.

incantevole *agg.* enchanting; charming; (*delizioso*) delightful: *sguardo* —, charming look; *una persona* —, an enchanting person.

incanto[1] *s.m.* **1** spell, charm: *fare un* —, to cast a spell; *essere sotto un* —, to be under a charm (*o* spell) // *come per — apparve davanti a me*, as if by magic he appeared before me // *quest'abito ti sta d'*—, this dress fits you perfectly **2** (*fig.*) (*fascino*) spell, charm, magic, enchantment: *l'— dei suoi occhi*, the spell (*o* magic) of her eyes; *l'— di una notte di luna*, the enchantment of a moonlit night **3** (*fig.*) (*cosa incantevole*) something delightful, something enchanting; (*persona*) someone delightful, someone enchanting: *ha una casetta in montagna che è un* —, he has a little house in the mountains that's enchanting; *quella ragazza è veramente un* —, that girl is really enchanting.

incanto[2] *s.m.* (*asta*) auction: *mandare all'*—, to auction; *mettere all'*—, to auction (*o* to put up for auction); *vendere all'*—, to auction (*o* to sell by auction); *comprare all'*—, to buy at an auction.

incantucciare *v.tr.* to put* in a corner.

□ **incantucciarsi** *v.intr.pron.* to retreat into a corner.

incanutimento *s.m.* growing hoary, turning white.

incanutire *v.intr.* to grow* hoary, to turn white: — *per gli anni*, to turn white with age.

incanutito *agg.* (*di capelli*) hoary; (*di persona*) hoary-headed, white-haired.

incapace *agg.* **1** incapable, unable: — *di un'azione disonesta*, incapable of a dishonest action; *è — di mentire*, he is incapable of lying (*o* unable to lie); — *di volare*, (*di uccello*) flightless (*o* fledgeless) **2** (*inetto*) incompetent, inefficient, bungling **3** (*dir.*) incompetent, disabled, disqualified, incapacitated: *essere — di intendere e di volere*, to be unsound of mind (*o* mentally incompetent *o* mentally incapable) ♦ *s.m.* e *f.* **1** (*inetto*) incompetent, bungler: *è un vero* —, he is a real bungler **2** (*dir.*) incompetent.

incapacità *s.f.* **1** incapacity (for sthg., for doing sthg., to do sthg.), incapability (of doing sthg.); inability (to do sthg.): *ammetto la mia* —, I admit my incapacity; — *di far male a qlcu.*, inability to do harm to s.o. **2** (*inettitudine*) incompetence, ineptitude, inefficiency **3** (*dir.*) incapacity: *prosciolto per — di intendere e di volere*, not guilty by reason of incapacity (*o* mental incompetence).

incaparbire *v.intr.* **incaparbirsi** *v.intr. pron.* to become* obstinate; to insist: *si incaparbì a farlo*, he insisted on doing it; *non incaparbirti così!*, don't be so obstinate!

incaparbito *agg.* obstinate, stubborn.

incapatura *s.f.* hat size.

incapocchiare *v.tr.* to put* a head on: — *i fiammiferi*, to put a head on matches.

incapocchiatrice *agg.* e *s.f.* heading machine, header.

incaponimento *s.m.* obstinacy, stubbornness.

incaponirsi *v.intr.pron.* to be obstinate, to get* obstinate; to dig* one's heels in: *si è incaponito a partire immediatamente*, he dug his heels in about leaving at once; — *in un'idea*, to cling stubbornly to an idea.

incappare *v.intr.* (*imbattersi*) to get* (into sthg.); to fall* (in with s.o.); to run* (into s.o., sthg.) to run* up (against s.o., sthg.), to meet* (with s.o., sthg.): — *in un pericolo*, to run into a danger; — *in qlcu.*, to bump into s.o.; — *nei guai*, to get into trouble; — *in un seccatore*, to run up against a bore.

□ **incapparsi** *v.rifl.* (*non com.*) to put* on one's cape.

incappellaggio *s.m.* (*mar.*) **1** (*l'incappellare*) joining with a cap; fitting into a cap **2** (*anello*) cap.

incappellare *v.tr.* (*mar.*) **1** (*unire con un anello*) to joint with a cap; (*infilare in un anello*) to fit into a cap **2** (*fissare i cavi di sostegno di un albero*) to rig ♦ *v.intr.* → incappellarsi.

□ **incappellarsi** *v.intr.pron.* (*fam.*) to take* offence, to take* umbrage ♦ *v.rifl.* (*non com.*) to put* one's hat on.

incappellata *s.f.* (*mar.*) heavy sea at the bow, heavy bow wave.

incappiare *v.tr.* to tighten with a slipknot.

incappottare *v.tr.* to wrap (s.o.) up in a coat, to put* an overcoat on (s.o.): *è un freddoloso, se ne sta sempre tutto incappottato*, he feels the cold, he's always well wrapped up.

□ **incappottarsi** *v.rifl.* to put* on one's overcoat, to wrap oneself up (in an overcoat).

incappucciamento *s.m.* (*non com.*) hooding, covering with a hood.

incappucciare *v.tr.* to hood, to put* a hood on; (*fig.*) to cap, to cover: *la neve ha incappucciato i monti*, snow has capped the mountains.

□ **incappucciarsi** *v.rifl.* o *intr.pron.* (*mettersi il cappuccio*) to put* on one's hood, to wrap one's head; (*fig.*) to be capped, to be covered.

incappucciato *agg.* **1** hooded; (*fig.*) capped, covered: *il monte era — dalle nubi*, the top of the mountain was covered by clouds **2** (*bot., zool.*) cucullate, cucullated ♦ *s.m.* person wearing a hood // (*st. relig.*) *gli Incappucciati*, Wycliffites (*o* Lollards).

incapricciarsi, **incapriccirsi** *v.intr. pron.* to take* a fancy (to s.o., sthg.); to fall* (for s.o.): *s'incapricciò di quel cappellino*, she took a fancy to that hat; — *di una ragazza*, to fall for a girl.

incapsulamento *s.m.* encapsulation, capsulation; (*di dente*) crowning.

incapsulare *v.tr.* **1** to encapsulate, to crown, to cap: — *un dente*, to crown a tooth **2** to capsule: — *una bottiglia*, to capsule a bottle.

incapsulatore *s.m.* capper.

incarbonire *v.tr.* (*non com.*) to carbonize, to char ♦ *v.intr.* → incarbonirsi.

□ **incarbonirsi** *v.intr.pron.* (*non com.*) to become* carbonized.

incarceramento *s.m.* **1** (*non com.*) imprisonment, incarceration **2** (*med.*) incarceration.

incarcerare *v.tr.* **1** to imprison, to incarcerate **2** (*fig.*) to imprison, to confine, to restrict.

incarcerazione *s.f.* (*non com.*) imprisonment, incarceration: — *per debiti*, imprisonment for debt.

incardinare *v.tr.* **1** to hinge, to hang* (sthg.) on hinges **2** (*fig.*) to found, to base: — *un ragionamento su un'analisi precisa*, to found an argument on an accurate analysis **3** (*eccl.*) to incardinate.

□ **incardinarsi** *v.intr.pron.* to be founded, to be based, to depend: *un'educazione che si incardina su principi morali*, an upbringing that is based on moral principles.

incardinazione *s.f.* **1** (*non com.*) hinging; hinge **2** (*eccl.*) incardination.

incaricare *v.tr.* to charge, to entrust, to commission: — *qlcu. di qlco.*, to charge (*o* to entrust) s.o. with sthg.; — *qlcu. di fare qlco.*, to give s.o. the job of doing sthg. (*o* to instruct s.o. to do sthg.); *mi ha incaricato di rispondere al telefono*, he has asked me to answer the phone.

□ **incaricarsi** *v.rifl.* to take* upon oneself; to undertake*, to see* to (sthg.): *me ne incarico io*, I'll see to it; — *di un affare*, to take charge of a job; — *di fare qlco.*, to take (it) upon oneself to do sthg.

incaricato *agg.* charged (with sthg.), entrusted (with sthg.), responsible (for sthg.), in charge (of sthg.) // *il primo ministro* —, the Prime Minister designate ♦ *s.m.* **1** delegate, representative, agent, appointee, deputy; commissioner: *un — del comune*, a municipal officer; (*econ.*) — *d'affari*, business agent, (*di-*

plomazia) chargé d'affaires **2** (*professore fuori ruolo*) teacher on annual contract.

incarico *s.m.* **1** task, job, commission; (*mandato*) assignment, office; (*nomina*) appointment: *ha l'— di curare i bambini*, she has the job of looking after the children; *ho l'— di dirglielo*, I've got the job of telling him; *affidare un — a qlcu.*, to entrust a task to s.o. (*o* to entrust s.o. with a task *o* to give s.o. a task); *assumersi l'— di qlco.*, to take sthg. upon oneself; *ho rifiutato l'— perché non ero pronto*, I've refused the appointment because I wasn't ready // *per — di*, on behalf of: *per — del re*, by the King's appointment; *per — del partito, devo...*, on behalf of the party, I must... // (*amm.*) — *di tesoreria*, treasurership // (*comm.*): — *di vendita*, listing; — *di vendita esclusivo*, exclusive agency listing **2** (*di insegnamento*) appointment.

incarnare *v.tr.* **1** to embody, to incarnate, to epitomize: *quell'uomo sembra — la miseria*, that man seems the embodiment of misery; — *un personaggio*, to bring a character to life **2** (*ant.*) (*affondare nella carne*) to thrust into the flesh.

□ **incarnarsi** *v.intr.pron.* **1** to become* embodied, to become* incarnate; to take* bodily form: *Cristo si incarnò per redimere gli uomini*, Christ became incarnate to redeem mankind **2** (*di unghia*) to grow* in.

incarnato[1] *agg.* **1** (*fatto persona*) incarnate, personified: *l'avarizia incarnata*, the embodiment of avarice (*o* avarice personified) // *il Verbo —*, the Word Incarnate **2** (*di unghia*) ingrowing.

incarnato[2] *agg.* flesh-coloured, rose-pink ◆ *s.m.* redness, rosiness: *l'— delle sue guance*, her rosy cheeks (*o* complexion).

incarnazione *s.f.* **1** (*relig.*) incarnation **2** (*fig.*) embodiment, personification, incarnation: *l'— del potere, della bellezza*, the incarnation of power, of beauty.

incarnire *v.intr.* **incarnirsi** *v.intr.pron.* (*di unghia*) to grow* in.

incarnito *agg.* ingrowing: *unghia incarnita*, ingrowing nail.

incarognire *v.intr.* **incarognirsi** *v.intr. pron.* **1** to rot **2** (*fig.*) to get* nasty, to become* malignant: — *contro qlcu.*, to get nasty with s.o.

incarognito *agg.* **1** malignant, nasty: *una vecchia incarognita*, a malignant old woman **2** (*radicato*) chronic, deeply-rooted.

incarrucolare *v.tr.* (*tecn.*) to reeve: — *una puleggia*, to reeve a pulley.

□ **incarrucolarsi** *v.intr.pron.* to entangle: *la catena si è incarrucolata*, the chain has become entangled.

incartamento *s.m.* file, dossier; set of papers; papers (*pl.*); set of documents; documents (*pl.*).

incartapecorire *v.intr.* **incartapecorirsi** *v.intr.pron.* **1** to wrinkle up; to become* wizened; to assume the appearance of parchment **2** (*estens.*) (*invecchiare*) to age **3** (*fig.*) to shrivel up.

incartapecorito *agg.* wrinkled with age (*pred.*); wizened: *volto — dagli anni*, face wrinkled with age.

incartare *v.tr.* to wrap (up): *vuole che le incarti il regalo?*, do you want me to wrap the present?; — *la merce*, to wrap up the goods.

□ **incartarsi** *v.intr.pron.* **1** (*carte*) to be left holding unmatched cards **2** (*fig.*) to get* confused, to get* mixed up.

incartata *s.f.* paper wrapping: *dare un'— a un pacco*, to wrap a parcel.

incartatrice *s.f.* (*mecc.*) wrapping machine.

incarto *s.m.* **1** (*l'incartare*) wrapping, packaging **2** (*foglio*) wrapping paper **3** (*confezione*) wrapper, package, pack: (*comm.*) *usare un nuovo —*, to use a new package **4** (*incartamento*) file, dossier, papers (*pl.*).

incartocciare *v.tr.* **1** to wrap (sthg.) up in paper; to put* (sthg.) in a paper bag **2** (*accartocciare*) to twist paper into a cone.

□ **incartocciarsi** *v.intr.pron.* (*diventar grinzoso*) to curl up; to shrivel (up).

incartonare *v.tr.* **1** (*confezionare in cartoni*) to carton **2** (*avvolgere in cartone*) to pack with cardboard **3** (*intercalare a fogli di cartone*) to put* between pasteboard **4** (*rilegare con copertina di cartone*) to bind* (in hard covers).

incartonatura *s.f.* (*rilegatura*) board binding.

incasellare *v.tr.* **1** to put* into boxes, to put* in mailboxes; to pigeonhole: — *la posta*, to put the post in the mailboxes **2** (*fig.*) to pigeonhole, to label, to classify: — *le proprie nozioni*, to pigeonhole one's ideas.

incasellatore *s.m.* sorter.

incasermare *v.tr.* (*non com.*) to quarter in barracks.

incasinare *v.tr.* (*fam.*) to mess up, to muck up: *i bambini hanno incasinato la stanza*, the kids have made a mess of the room; *così mi incasini tutto il lavoro*, if you go on like this you'll mess up the whole job.

incasinato *agg.* (*fam.*) messed up: *che giornata incasinata!*, what a bloody day!; *lasciami stare, ora sono troppo —*, leave me alone, I'm in a real mess at the moment; *non riesco a leggerlo, è troppo —*, I can't read it, it's all messed up.

incassabile *agg.* (*comm.*) cashable, collectable.

incassamento *s.m.* **1** boxing; packing; crating **2** (*mecc.*, *edil.*) embedding.

incassare *v.tr.* **1** to pack, to box, to crate: — *la merce*, to crate goods, to pack goods into cases **2** (*estens.*) to insert, to sink*: (*ling.*) — *una frase*, to embed a clause in a sentence **3** (*incastonare*) to set*: — *una gemma*, to set a gem **4** (*mecc.*, *edil.*) to embed, to build* in: *l'orologio era incassato nel muro*, the clock was built into the wall **5** (*riscuotere*) to cash; to collect; to encash: (*banca*) — *un assegno*, to cash (*o* collect) a cheque; (*comm.*): — *denaro*, to cash (*o* get *o* take) money; *da —*, uncashed; *non abbiamo ancora incassato il denaro degli abbonamenti*, we have not yet collected (*o* received) the subscription money **6** (*sport*) to get*, to take*: — *un gancio*, to take a hook; — *una rete*, to give away a goal **7** (*fig.*) to swallow, to pocket up: *incassò gli insulti senza replicare*, he swallowed the insults without a word; — *bene, male*, to take sthg. well, badly ◆ *v.intr.* to fit.

□ **incassarsi** *v.intr.pron.* (*di fiume*) to be deeply embanked, to run* through a cutting: *la strada si incassa tra le rocce*, the road cuts between the rocks.

incassato *agg.* **1** packed into cases, packed into crates, crated, boxed, encased **2** (*mecc.*, *edil.*) embedded, built-in: *armadio —*, built-in ward-robe // (*elettr.*) *presa incassata*, flush socket **3** (*riscosso*) cashed, collected: (*fin.*) *dividendi non incassati*, outstanding dividends **4** (*di luogo, valle*) enclosed (in, by sthg.); (*di fiume*) deeply embanked; (*di meandro*) entrenched, incised: *un luogo — fra i monti*, a place enclosed by the mountains; *valle incassata*, sunken valley **5** (*incastonato*) set.

incassatore *s.m.* **1** packer, boxer, crater **2** (*gioielleria*) setter **3** (*boxe*) boxer who can take a lot of punishment **4** (*fig.*) survivor; person who can take it.

incassatrice *s.f.* (*legatoria*) casing machine, caser.

incassatura *s.f.* **1** (*l'incassare*) packing **2** (*ling.*) embedding **3** (*incavo*) hollow, cavity **4** (*mecc.*, *edil.*) embedment, embedding **5** (*legatoria*) casing.

incasso *s.m.* **1** (*riscossione*) collection, encashment, taking; (*somma incassata*) takings (*pl.*), receipts (*pl.*), proceeds (*pl.*), take: — *giornaliero*, daily takings; *fare un buon —*, to have very high takings // (*banca*): — *di crediti*, credit collection; *valuta all'—*, value for collection; *presentare una cambiale all'—*, to present a bill for collection **2** (*cavità*) housing, cavity: *elettrodomestici da —*, built-in household appliances.

incastellamento *s.m.* **1** (*impalcatura*) framework **2** (*mil.*) fortifications (*pl.*); battlements (*pl.*).

incastellare *v.tr.* **1** (*edil.*) to scaffold **2** (*mil.*) to fortify (with battlements).

incastellato *agg.* **1** (*ricco di fortificazioni*) well fortified **2** heaped, piled up: *fieno —*, stacked hay.

incastellatura *s.f.* (*armatura*) frame, framework; (*impalcatura*) scaffolding; (*carcassa*) casing: (*mecc.*) — *di appoggio*, soleplate; (*miner.*) — *di estrazione*, headframe.

incastonare *v.tr.* **1** to set*, to mount: — *una pietra preziosa*, to set (*o* to mount) a precious stone **2** (*fig.*) to insert: — *citazioni in un discorso*, to stud a speech with quotations.

incastonatore *s.m.* setter, mounter.

incastonatura *s.f.* setting, mounting.

incastrare *v.tr.* **1** to embed, to fix, to drive*, to stick*: — *un cuneo nel legno*, to drive a wedge into the wood; *pietra incastrata nella roccia*, stone embedded in rock **2** (*fig. fam.*) (*mettere qlcu. nei guai*) to frame, to set* (s.o.) up: — *qlcu. con prove false*, to frame s.o. with false evidence // *ho dovuto lavorare, mi hanno incastrato!*, I had to work, I couldn't get out of it!; (*adattare*) to fit in: *questo va incastrato qui dentro*, this is to be fitted in here **3** (*tecn.*) (*collegare mediante incastro*) to mortise: — *a linguetta*, to tongue.

□ **incastrarsi** *v.intr.pron.* **1** (*adattarsi*) to fit **2** (*impigliarsi*) to get* stuck: *la ruota si è incastrata fra le pietre*, the wheel has got stuck between the stones.

incastratrice *s.f.* (*miner.*) slabbing machine.

incastratura *s.f.* **1** (*l'incastrare*) embedding **2** (*tecn.*) mortising **3** (*vano in cui s'incastra*) recess, hollow.

incastro *s.m.* (*tecn.*) **1** (*incavo*) dap, gain, mortise, notch **2** (*collegamento*) dap joint: —

a coda di rondine, dovetail joint; — *a linguetta*, groove-and-tongue joint; — *a mezzo legno*, half-lap joint; — *a tenone e mortasa*, mortise joint **3** (*attrezzo da maniscalco*) butteris.

incatenamento *s.m.* **1** chaining **2** → concatenazione *s.f.*

incatenare *v.tr.* **1** to chain, to chain up, to enchain; (*ai piedi*) to fetter: — *un prigioniero*, to put a prisoner in chains (*o* to fetter a prisoner); — *qlcu. a un palo*, to chain s.o. to a stake **2** (*fig.*) (*vincolare*) to tie, to tie down, to hold*: *tutti questi regolamenti m'incatenano*, all these regulations tie me down; *il nuovo lavoro lo incatena al tavolino*, his new job keeps him tied to his desk // — *la stampa*, to fetter (*o* muzzle) the press **3** (*rafforzare con catene*) to reinforce with tie-rods **4** (*annodare fili*) to knot together // — *le maglie*, to chain stitch.
□ **incatenarsi** *v.rifl.* o *rifl.rec.* to be linked with each other (one another): *le idee s'incatenano l'una con l'altra*, ideas are linked one with another.

incatenato *agg.* in chains (*pred.*), chained (up); (*fig.*) tied (down) // (*metrica*) *rima incatenata*, terza rima.

incatenatura *s.f.* (*edil.*) chain bond(ing).

incatramare *v.tr.* to tar.

incattivare *v.tr.* (*ant.*) to imprison.
□ **incattivarsi** *v.intr.pron.* (*mar.*) to get* entangled.

incattivire *v.tr.* to make* wicked, to make* bad, to make* nasty.
□ **incattivirsi** *v.intr.pron.* to become* wicked, to turn nasty, to sour; (*arrabbiarsi*) to get* cross: *il tempo si è incattivito*, the weather has turned nasty; *s'incattivì dopo che lei rifiutò*, he turned nasty after her refusal.

incauto *agg.* incautious, imprudent, unwise; (*non avveduto*) rash, careless: *sono stato — ad accettare la sua proposta*, I was unwise to accept his proposal; *giudizio* —, rash judgement (*o* statement); (*dir.*) — *acquisto*, purchase of goods suspected to be stolen.

incavalcare *v.tr.* **1** (*non com.*) (*accavallare*) to superimpose, to overlap **2** (*mil.*) to mount.

incavallatura *s.f.* (*edil.*) truss.

incavare *v.tr.* to hollow out, to scoop out: — *il tronco di un albero*, to hollow out a tree trunk.

incavato *agg.* hollow, sunken: *guance incavate*, hollow (*o* sunken) cheeks; *occhi incavati*, deep-set eyes; *superficie incavata*, sunken surface.

incavatura *s.f.* (*cavità*) hollow, cavity; (*l'incavare*) hollowing out.

incavernare *v.tr.* (*sistemare in caverne*) to put* in caves.
□ **incavernarsi** *v.intr.pron.* **1** (*rintanarsi*) to go* into a cave; (*fig.*) to hide* in one's lair **2** (*di corsi d'acqua*) to flow underground.

incavezzare *v.tr.* to halter, to put* a halter on.

incavicchiare *v.tr.* (*non com.*) to peg, to fasten with pegs.

incavigliare *v.tr.* **1** (*tecn.*) to peg; to dowel; to pin **2** (*ferr.*) to (screw-)spike **3** (*mar.*) to treenail.

incavigliatrice *s.f.* (*ferr.*) (screw-)spiking machine.

incavigliatura *s.f.* (*mar.*) treenailing.

incavo *s.m.* **1** hollow, cavity: *aprire un* —, to make a hollow in sthg. (*o* to hollow sthg. out); *l'— della mano*, the hollow of the hand // *lavoro d'*—, incised work (*o* intaglio) **2** (*scanalatura*) groove **3** (*tecn.*) dap, gain, mortise, notch **4** (*anat.*) socket.

incavografico *agg.* (*tip.*) intaglio (*attr.*): *lastra incavografica*, intaglio plate; *procedimento* —, intaglio process (*o* intagliotype).

incavolarsi *v.intr.pron.* (*fam.*) to get* mad; to lose* one's temper: *quando ti comporti così mi fai veramente incavolare*, when you behave like this, you make me mad; *non t'incavolare per così poco!*, don't lose your temper over nothing!

incavolatura *s.f.* (*fam.*) fit of temper, fit of anger; rage.

incazzarsi *v.intr.pron.* (*volg.*) to get* pissed off, to lose* one's rag: *non farmi incazzare!*, don't piss me off! // *sono incazzato nero!*, I'm really pissed off!

incazzatura *s.f.* (*volg.*) fit of (violent) anger; rage // *prendersi un'*—, to get really pissed off.

incazzosamente *avv.* (*volg.*) stroppily.

incazzoso *agg.* (*volg.*) stroppy.

incazzottare *v.tr.* **1** (*non com.*) to punch **2** (*mar.*) to make* up.
□ **incazzottarsi** *v.rifl.rec.* (*non com.*) to punch.

incedere *v.intr.* (*letter.*) (*avanzare maestosamente*) to walk solemnly.

incedere *s.m.* (*andatura maestosa*) (solemn) gait; (solemn) step; pace.

incedibile *agg.* (*dir.*) non-transferable, inalienable: *diritti incedibili*, inalienable rights; *beni incedibili*, non-transferable property.

incedibilità *s.f.* non-transferability.

incendiabile *agg.* inflammable, burnable.

incendiare *v.tr.* **1** to set* on fire, to set* fire to (sthg.): — *una casa*, to set a house on fire (*o* to set fire to a house) **2** (*fig.*) to inflame, to fire: — *gli animi*, to fire one's soul.
□ **incendiarsi** *v.intr.pron.* **1** to catch* fire: *il pagliaio s'incendiò*, the haystack caught fire **2** (*fig.*) (*non com.*) (*eccitarsi*) to flare up: *s'incendia per la minima cosa*, he flares up at the least thing.

incendiario *agg.* incendiary; (*fig.*) inflammatory: *bomba incendiaria*, incendiary bomb (*o* fire-bomb); *discorso* —, inflammatory speech ♦ *s.m.* arsonist, fire-raiser, incendiary.

incendio *s.m.* **1** fire: *assicurazione contro gli incendi*, fire insurance; *segnale d'*—, fire alarm; *l'— si propagò a tutto il villaggio*, the fire spread through the village; (*dir.*) *commettere il reato di — doloso*, to commit (the crime of) arson; *fu accusato d'— doloso*, he was charged with arson (*o* fire-raising); *scoppiò un* —, a fire broke out; *spegnere un* —, to put out a fire; *circoscrivere un* —, to limit a fire; *provocare un* —, to start a fire **2** (*fig.*) fire, flame: *l'— dell'amore, dell'odio*, the fire of love, of hatred.

incendivo *s.m.* **1** (*di fuochi d'artificio*) igniter **2** → innesco.

incenerare *v.tr.* (*non com.*) to strew* with ashes, to cover with ashes.

incenerimento *s.m.* **1** incineration: (*chim.*) — *del filtro*, filter burning **2** (*cremazione*) cremation.

incenerire *v.tr.* **1** to reduce to ashes, to incinerate, to burn* down: *l'incendio incenerì tutto l'edificio*, the fire reduced the entire building to ashes (*o* burnt down the entire building) **2** (*fig.*) to wither, to crush: *mi incenerì con un'occhiata*, he gave me a withering look **3** (*cremare*) to cremate **4** (*chim.*) to ignite.
□ **incenerirsi** *v.intr.pron.* to be reduced to ashes.

inceneritore *s.m.* incinerator.

incensamento *s.m.* **1** incensation **2** (*adulazione*) flattering, flattery, adulation, fawning: *mutuo* —, mutual flattery.

incensare *v.tr.* **1** to cense, to incense **2** (*fig.*) (*adulare*) to flatter, to adulate, to fawn upon (s.o.), to overpraise.
□ **incensarsi** *v.rifl.* o *rifl.rec.* to praise oneself, to flatter oneself.

incensata *s.f.* **1** (*l'incensare*) incensing: *dare un'— all'altare*, to cense the altar **2** (*adulazione*) flattery, adulation.

incensatura *s.f.* → **incensamento**.

incensazione *s.f.* (*eccl.*) censing.

incensiere *s.m.* censer, incensory, thurible.

incenso *s.m.* **1** incense **2** (*estens.*) (*profumo*) scent **3** (*fig. letter.*) (*adulazione*) flattery, adulation.

incensurabile *agg.* irreproachable; irreprehensible, beyond reproach (*pred.*); blameless: *una condotta* —, irreproachable conduct.

incensurabilità *s.f.* irreproachability; blamelessness.

incensurato *agg.* blameless, irreproachable; uncensured: (*dir.*) *essere* —, to have a clean record, (*se in giudizio*) to be a first offender.

incentivare *v.tr.* to stimulate, to boost; to provide incentives for; (*incoraggiare*) to encourage, to spur (on): — *un allievo allo studio*, to stimulate a pupil to study; — *un proprio dipendente*, to encourage one's employee; (*econ.*) — *la produzione, gli investimenti*, to stimulate (*o* boost) production, investments; — *le vendite*, to push sales.

incentivazione *s.f.* incentive, stimulation; (*promozione*) promotion: (*econ.*) — *delle vendite*, sales promotion.

incentivo *s.m.* incentive, stimulus*, inducement; (*spinta*) boost, push, spur: *l'— dell'ambizione*, the spur of ambition; *l'— del guadagno*, the spur of profit // (*econ.*): — *agli investimenti*, investment incentive; — *al personale*, (*per aumentare le vendite*) push money; *incentivi di vendita*, sales incentives.

incentrare *v.tr.* **1** (*non com.*) (*centrare*) to centre, to concentrate **2** (*fig.*) to centre, to base, to hinge: — *il discorso su un unico argomento*, to base a speech on a single argument.
□ **incentrarsi** *v.intr.pron.* **1** (*non com.*) (*accentrarsi*) to centre, to be concentrated **2** (*fig.*) to pivot, to be based (on s.o., sthg.): *il racconto s'incentra sulla figura del marito*, the story is based on the figure of the husband.

incentro *s.m.* (*mat.*) incentre, (*amer.*) incenter.

inceppamento *s.m.* **1** obstacle, hindrance; blocking **2** (*mecc.*) jam, jamming, clogging **3** (*inform.*) jam (*di carta nella stampante*) paper -jam.

inceppare *v.tr.* **1** (*non com.*) (*mettere in ceppi*) to fetter, to shackle **2** (*fig.*) (*ostacolare*) to obstruct, to hinder, to hamper: — *il commercio*, to hinder trade **3** (*mar.*) to stock.
□ **incepparsi** *v.intr.pron.* **1** (*bloccarsi*) to jam, to stick*: *il fucile s'inceppò*, the rifle jammed **2** (*mar.*) to foul.

inceppato *agg.* **1** (*non com.*) (*messo in ceppi*) fettered, shackled; (*fig.*) (*ostacolato*) hampered, hindered: *essere — nei movimenti*, to be hampered in one's movements; (*che improvvisamente non funziona più*) blocked, jammed **2** (*mar.*) (*munito di ceppo*) stocked; (*con la catena avvolta al ceppo*) foul: *àncora inceppata*, stocked anchor; foul anchor.

inceppatura *s.f.* blocking, sticking, jamming; block, jam.

inceralaccare *v.tr.* to seal (up) (with sealing wax).

incerare *v.tr.* **1** (*trattare con cera*) to wax: — *un pavimento*, to wax a floor **2** (*macchiare di cera*) to stain with wax, to spot with wax.

incerata *s.f.* **1** (*tessuto*) oilcloth, oilskin, tarpaulin **2** (*indumento*) oilskins (*pl.*); waterproof.

inceratino *s.m.* **1** (*striscia nell'interno dei cappelli*) sweatband, headband **2** (*pezza di tela cerata*) waterproof sheet.

incerato *agg.* waxed // *tela incerata*, waterproofed cloth ◆ *s.m.* → **incerata**.

inceratura *s.f.* waxing.

incerchiare *v.tr.* **1** (*cerchiare*) (*un barile*) to hoop, (*una ruota*) to rim **2** (*non com.*) (*incurvare*) to bend* into a hoop.

incerconimento *s.m.* souring.

incerconire *v.intr.* (*di vino*) to become* sour, to turn sour.

incernierare *v.tr.* to hinge.

inceronarsi *v.rifl.* to put* on grease paint; to put on* make up.

incerottare *v.tr.* to put* a (sticking) plaster on (sthg.): — *una ferita*, to put a plaster on a wound.
□ **incerottarsi** *v.rifl.* to put* on a plaster.

incerottato *agg.* bandaged with sticking plasters.

incerottatura *s.f.* application of a sticking plaster.

incertezza *s.f.* **1** uncertainty, doubt, dubiousness, unreliability: *l'— della notizia*, the doubtful nature (*o* the unreliability) of the news; *l'— dell'esito*, the uncertainty of the result; *dissipare ogni* —, to remove all uncertainty; (*econ.*) — *del mercato*, uncertainty of the market; *essere nell'*—, to be in a state of uncertainty (*o* to be undecided); *nell'— preferisco non partire*, with all this uncertainty I prefer not to leave; *tenere qlcu. nell'*—, to keep s.o. in suspense **2** (*indecisione*) indecision, perplexity; (*esitazione*) uncertainty, hesitation: *rispose con molta* —, he answered very hesitantly; *dopo un momento di — mi disse di sì*, after a moment's hesitation, he said yes **3** (*estens.*) (*goffaggine*) awkwardness, clumsiness.

incerto *agg.* **1** (*dubbio*) doubtful, dubious, uncertain: *una notizia incerta*, an unconfirmed piece of news; *etimo* —, doubtful etymology; *esito* —, uncertain (*o* doubtful *o* dubious) result; *origine, età incerta*, uncertain origin, age; *l'avvenire è* —, the future is uncertain; *in quanto a questa faccenda tutto è ancora* —, as to this matter everything is still uncertain **2** (*instabile*) unsettled, changeable, uncertain, variable: *tempo* —, unsettled (*o* changeable) weather **3** (*malsicuro*) uncertain, unsure, hesitant, unsteady: *è ancora — nella guida*, he's still unsure in his driving; *avanzare con passo* —, to advance hesitantly; *scrittura incerta*, shaky handwriting **4** (*indefinito*) unclear, indistinct, confused: *forma incerta*, indistinct shape; *luce incerta*, dim (*o* feeble) light **5** (*indeciso, irresoluto*) doubtful (about, of, as to sthg., about doing); undecided (about, as to sthg., about doing); irresolute; hesitant, hesitating (about, as to sthg., about doing): *sono — su quello che dovrei dire*, I am doubtful (*o* undecided) as to what I should say; *appare sempre molto* —, he always seems undecided (*o* irresolute) ◆ *s.m.* **1** (*l'imprevedibile*) uncertainty, risk: *lasciare il certo per l'*—, to step into the unknown; *gli incerti del mestiere*, occupational hazards (*o* risks) **2** *pl.* (*guadagni occasionali*) perquisites; (*fam.*) perks, extras, casual earnings.

incespicare *v.intr.* **1** to stumble, to trip up (over sthg.) (*anche fig.*): — *in un sasso*, to trip over a stone; — *in una difficoltà*, to stumble over a difficulty **2** (*fig.*) (*nel parlare*) to falter, to stammer, to stumble.

incessabile, incessante *agg.* unceasing, incessant, unending, unremitting: *rumore* —, incessant noise; *sforzi incessanti*, unremitting efforts; *l'— trascorrere del tempo*, the unending flow of time.

incestare *v.intr.* (*non com.*) to put* (sthg.) into baskets.

incesto *s.m.* incest.

incestuoso *agg.* incestuous.

incetta *s.f.* engrossing, hoarding, cornering, buying up: *fare — di generi alimentari*, to corner foodstuffs; — *in previsione di aumento dei prezzi*, panic buying.

incettare *v.tr.* **1** to hoard, to corner, to buy* up: — *derrate alimentari*, to corner foodstuffs **2** (*fig.*) to win*: — *voti*, to win votes.

incettatore *s.m.* **incettatrice** *s.f.* hoarder, regrater; (*speculatore*) speculator, rigger.

inchiavardare *v.tr.* to bolt, to fasten with a bolt.

inchiavettare *v.tr.* (*mecc.*) to key.

inchiavettatura *s.f.* (*mecc.*) keying.

inchiavistellare *v.tr.* (*non com.*) to bolt.

inchiesta *s.f.* **1** inquiry, enquiry, survey; (*di opinione*) poll: — *statistica*, statistical survey; — *pilota*, pilot study; — *di mercato*, market survey; — *campione*, sample survey; *fare un'*—, to hold an inquiry, (*di opinione*) to poll **2** (*investigazione*) inquiry, investigation: *aprire un'— su qlco.*, to set up (*o* open) an inquiry into sthg.; *condurre un'*—, to conduct (*o* to carry out) an investigation; — *giudiziaria*, judicial inquiry; *commissione d'*—, commission of inquiry **3** (*articolo giornalistico*) report, investigation: *la sua — sulla droga ha ricevuto il premio Pulitzer*, he received the Pulitzer price for his report on the drug problem.

inchiestare *v.intr.* to investigate.

inchinare *v.tr.* to bow, to bend*: — *gli occhi*, to look down; — *la testa*, to bow one's head.
□ **inchinarsi** *v.rifl.* **1** to bend* down, to stoop; (*di donna*) (*fare una riverenza*) to curtsey (to s.o.), (*di uomo*) to bow, to make* a bow: — *per prendere qlco.*, to bend down (*o* to stoop) to pick up sthg.; *s'inchinò davanti all'altare*, he bowed (down) before the altar **2** (*fig.*) to yield, to bow: — *al fato*, to bow (*o* to yield) to one's fate; — *alla grandezza di qlcu.*, to pay tribute to s.o.'s greatness.

inchino *s.m.* bow; (*riverenza femminile*) curtsey: *un profondo* —, a low bow; *fare un* —, to bow, (*di donna*) to curtsey: *fare un — a qlcu.*, to bow to s.o., (*di donna*) to make s.o. a curtsey.

inchiodamento *s.m.* (*non com.*) nailing.

inchiodare *v.tr.* **1** to nail: — *il coperchio di una cassa*, to nail down the cover of a case; — *qlco. a un muro*, to nail sthg. to a wall **2** (*fig.*) to hold*, to fix; to block: *questo lavoro mi ha inchiodato in casa per due giorni*, this work has kept me stuck (*o* held me) at home for two days; — *qlcu. alle sue responsabilità*, to hold s.o. to his responsibilities; *le prove lo hanno inchiodato*, the evidence nailed him; *i suoi occhi erano inchiodati al palcoscenico*, his eyes were riveted on the stage // — *qlcu. al muro*, to pin s.o. to the wall // — *l'automobile*, to stop dead (*o* to pull up short).
□ **inchiodarsi** *v.intr.pron.* **1** (*bloccarsi*) to stop dead, to pull up short **2** (*fig.*) (*fissarsi*) to stick*, to be fixed: *quelle parole gli si inchiodarono nella mente*, those words stuck in his mind **3** (*fam.*) (*indebitarsi*) to run* into debt.

inchiodato *agg.* **1** nailed **2** (*fig.*) kept, confined: *una persona inchiodata a letto da una malattia*, a person kept (*o* confined) to his bed by an illness.

inchiodatore *s.m.* nailer.

inchiodatrice *s.f.* (*mecc.*) nailing machine; stapler.

inchiodatura *s.f.* **1** nailing **2** (*insieme di chiodi*) nails (*pl.*).

inchiostrare *v.tr.* to ink (*anche tip.*).
□ **inchiostrarsi** *v.intr.pron.* (*non com.*) to get* ink on oneself: — *le dita*, to get ink on one's fingers.

inchiostratore *agg.* (*tip.*) inking: *tampone* —, inking pad; *rullo* —, inker ◆ *s.m.* inker.

inchiostrazione *s.f.* (*tip.*) inking.

inchiostro *s.m.* **1** ink: — *copiativo*, copying ink; — *di china*, Indian ink; — *da stampa*, printing ink; — *indelebile*, indelible ink; — *simpatico*, invisible ink; *dita sporche d'*—, inky fingers; *nero come l'*—, as black as ink // *versare fiumi di* —, (*fig.*) to write reams: *su questo tema sono stati versati fiumi di* —, volumes have been written on this subject **2** (*di seppia*) sepia ink **3** (*bot.*) *mal dell'*—, ink disease.

inciampare *v.intr.* **1** to trip (up), to stumble (*anche fig.*): — *in un sasso*, to trip up (*o* to stumble on) a stone; — *in una difficoltà*, to come up against a difficulty; — *nel parlare*, to stumble in one's speech **2** (*imbattersi*) to run* into (s.o., sthg.): *inciampò nel suo creditore*, he ran into his creditor // (*dir.*) — *nel codice penale*, to come up against the law.

inciampata *s.f.* (*non com.*) stumble, stumbling.

inciampicare *v.intr.* (*fam.*) to stumble, to stagger.

inciampicone *s.m.* (*fam.*) bump, crash.

inciampo *s.m.* **1** (*ostacolo*) obstacle **2** (*difficoltà*) difficulty: *mettere degli inciampi*, to hinder (*o* to obstruct); *essere d'— a qlcu.*, to be in s.o.'s way.

incidentale *agg.* **1** (*occasionale, casuale*) accidental, occasional, casual **2** (*accessorio*) incidental: *spese incidentali*, incidental expenses **3** (*dir.*) interlocutory: *sentenza —*, interlocutory judgment; *eccezione —*, incidental plea **4** (*gramm.*) parenthetic(al): *proposizione —*, parenthesis.

incidentalmente *avv.* **1** (*casualmente*) by chance: *lo incontrai —*, I met him by chance **2** (*per inciso*) incidentally, in passing: *glielo dissi —*, I told him incidentally (*o* in passing).

incidentato *agg.* damaged: *veicolo —*, damaged vehicle.

incidente *agg.* **1** incident: (*fis.*) *raggio —*, incident ray **2** (*gramm.*) parenthetic(al) ◆ *s.m.* **1** (*infortunio*) accident: *un — automobilistico, ferroviario*, a car, railway accident; *— sul lavoro*, industrial injury; *un — mortale*, a fatal accident; *l'aereo ebbe un — nell'atterraggio*, the aeroplane had an accident when landing // *— di percorso*, (*fig.*) upset (*o* snag *o* setback): *salvo incidenti di percorso*, barring setbacks; *nonostante alcuni incidenti di percorso terminammo l'opera nei tempi previsti*, despite some upsets (*o* snags) we completed the job on schedule **2** (*disputa, questione*) incident, argument: *ho avuto un — col mio principale*, I had an argument with my boss; *chiudere l'—*, to declare the incident closed **3** (*dir.*) objection, incident: *sollevare un —*, to raise an objection (*o* an incident) // *— procedurale*, collateral proceeding.

incidenza *s.f.* incidence, impact, effect: *— dell'imposta*, incidence of taxation (*o* tax incidence); *l'— di una spesa sul bilancio*, the incidence of an expense on the budget; *l'— sui prezzi al consumo*, the effect on consumer prices; *— sulle vendite*, impact on sales // (*fis.*) *angolo d'—*, angle of incidence // *per —*, (*per caso*) by chance, (*a mo' d'inciso*), in passing (*o* incidentally).

incidere[1] *v.tr.* **1** to carve, to engrave; to cut*: *— il proprio nome su un pezzo di legno*, to carve (*o* to cut) one's name on a piece of wood; *— su marmo*, to carve in marble // (*agr.*) *— le piante*, to tap the trees **2** (*ad acquaforte*) to etch **3** (*registrare su nastro, disco ecc.*) to record; *— una canzone*, to record a song; *— un disco*, to cut a record; *— un nastro*, to make a tape **4** (*fig.*) (*imprimere*) to engrave, to impress: *quel ricordo si incise nella sua mente*, that memory was engraved on his mind **5** (*fig.*) (*intaccare*) to draw* on (sthg.), to tap (sthg.): *— i risparmi*, to draw on one's savings **6** (*med.*) to incise; to lance, to cut* open: *bisognò — l'ascesso*, the abscess had to be lanced (*o* cut open) **7** (*mat.*) to cut*.

incidere[2] *v.intr.* **1** (*gravare*) to weigh upon: *spese che incidono sul bilancio*, expenses weighing upon the budget; *una tassa che incide sul datore di lavoro*, a tax that falls on the employer **2** (*influenzare*) to affect, to influence: *certe esperienze incidono sul carattere*, certain experiences affect (*o* leave a mark on) one's character; *questo non incide sulla riuscita dell'esperimento*, this does not affect the result of the experiment.

incile *s.m.* **1** (*canale di scolo*) drain, sewer **2** (*canale di derivazione*) inlet (of a canal).

incimurrire *v.intr.* to get* the mange; (*scherz.*) (*raffreddarsi*) to get* a cold.

incinerare *v.tr.* **1** → cremare **2** (*non com.*) (*ridurre in cenere*) to incinerate.

incinerazione *s.f.* **1** (*debbio*) ashes (*pl.*) (for manure) **2** (*chim.*) (*calcinazione*) calcining, calcination **3** (*cremazione*) cremation.

incinta *agg.* pregnant; with child (*pred.*): *una donna —*, a pregnant woman; *essere — di tre mesi*, to be three months pregnant; *sono rimasta —*, I got pregnant; *era — del primo figlio*, she was pregnant with her first child.

incipiente *agg.* incipient, beginning: *raffreddore —*, incipient cold.

incipit *s.m.* (*lat.*) **1** (*parole iniziali di un testo*) opening words (*pl.*), incipit **2** (*mus.*) opening bars (*pl.*).

incipollire *v.intr.* (*di alberi*) to peel off the bark, to bark.

incipriare *v.tr.* to powder: *— il viso, il naso*, to powder one's face, one's nose.

□ **incipriarsi** *v.rifl.* to powder (oneself).

incipriato *agg.* powdered.

inciprignire *v.intr.* **inciprignirsi** *v.intr. pron.* **1** (*di piaga, suppurare*) to fester **2** (*fig.*) to fester, to become* irritated, to become* inflamed.

incirca, **in circa** *avv.* → circa // *all'—*, about, approximately.

incirconciso *agg.* (*letter.*) uncircumcised // *gli incirconcisi*, (*Bibbia*) the uncircumcised (*o* the Gentiles).

incircoscrittibile *agg.* (*teol.*) uncircumscribable.

incircoscritto *agg.* **1** (*teol.*) uncircumscribed; unlimited **2** (*non com.*) (*vago*) vague, indefinite.

incisione *s.f.* **1** (*taglio*) incision, cut: *il chirurgo praticò una piccola — nel dito*, the surgeon made a small cut in the finger // (*agr.*): *— circolare*, girdle; *fare un'— circolare*, to girdle; *— della corteccia di un albero*, tapping **2** (*tacca*) notch **3** (*arte*) engraving: *— ad acquaforte*, etching; *— su legno*, woodcut; *— su linoleum*, linocut; *— su metallo*, (*procedimento*) lithography, (*copia prodotta*) lithograph **4** (*registrazione su nastro, disco ecc.*) recording: *— su nastro di un discorso*, tape-recording of a speech; *sala di —*, recording studio **5** (*di gioielli*) intaglio*.

incisività *s.f.* incisiveness.

incisivo *agg.* **1** incisive **2** (*fig.*) incisive, trenchant: *tono —*, incisive tone ◆ *s.m.* (*anat.*) incisor.

inciso *agg.* **1** incised **2** (*arte*) engraved **3** (*impresso*) engraved, impressed: *un'immagine incisa nella memoria*, an image engraved in one's memory ◆ *s.m.* (*gramm.*) parenthetic clause // *per —*, (*incidentalmente*) incidentally (*o* in passing).

incisore *s.m.* (*arte*) engraver; (*d'acqueforti*) etcher; (*di gemme*) intaglio worker.

incisoria *s.f.* engraver's shop.

incisorio *agg.* incisory // *sala incisoria*, anatomical theatre (*o* dissection room).

incistamento *s.m.* (*biol.*) encystment.

incistarsi *v.rifl.* (*biol.*) to encyst.

incisura *s.f.* (*anat.*) incisure.

incitamento *s.m.* incitement, incentive, urging; stimulus*: *sentiva un vero — alla ricerca scientifica*, he felt a true incentive to scientific research; *— alla rivolta*, incitement to revolt.

incitare *v.tr.* to incite, to instigate, to stir (up), to urge: *— qlcu. a qlco., a fare qlco.*, to incite (*o* to instigate *o* to stir up) s.o. to sthg., to do sthg.; *— alla ribellione*, to incite to rebellion; *— allo studio*, to urge to study; *— un atleta, una squadra*, to cheer on (*o* to urge on) an athlete, a team.

incitatore *s.m.* inciter, instigator.

incitazione *s.f.* incitation, instigation.

incitrullire *v.tr.* to make* idiotic ◆ *v.intr.* → incitrullirsi.

□ **incitrullirsi** *v.intr.pron.* to grow* idiotic, to grow* silly, to grow* dull.

incittadinarsi *v.intr.pron.* (*non com.*) **1** (*trasferirsi in città*) to move to town **2** (*scherz.*) (*prendere abitudini da cittadino*) to become* citified.

inciuccare *v.tr.* (*fam.*) **1** to make* drunk **2** (*fig.*) (*stordire*) to daze: *mi ha inciuccato di chiacchiere*, he dazed me with his talk.

□ **inciuccarsi** *v.intr.pron.* (*fam.*) to get* drunk: *per festeggiare uscirono ad — tutti insieme*, to celebrate they went out to get drunk all together.

inciuchire *v.intr.* to grow* idiotic, to grow* dull, to grow* silly.

incivettire *v.intr.* **incivettirsi** *v.intr.pron.* (*non com.*) to become* a flirt.

incivile *agg.* **1** (*senza civiltà*) uncivilized **2** (*indegno di una società civile*) barbaric // *legge —*, barbaric law **3** (*scortese, non raffinato*) rude, discourteous: *modi incivili*, rude behaviour; *persona —*, rude person ◆ *s.m.* e *f.* rude person, discourteous person: *sono modi da —*, it's rude behaviour; *comportarsi da —*, to behave rudely.

incivilimento *s.m.* **1** (*civilizzazione*) civilization **2** (*raffinamento*) refinement, refining, civilizing.

incivilire *v.tr.* **1** (*civilizzare*) to civilize: *— un paese*, to civilize a country **2** (*raffinare*) to civilize, to refine: *— i costumi*, to refine manners.

□ **incivilirsi** *v.intr.pron.* **1** to grow* civilized **2** (*raffinarsi*) to grow* civilized, to grow* refined: *i suoi modi si sono inciviliti*, his behaviour has grown more refined.

inciviltà *s.f.* **1** (*barbarie*) barbarity **2** (*maleducazione*) discourtesy, rudeness; lack of manners: *è una vera —!*, it's sheer rudeness!

inclassificabile *agg.* **1** unclassifiable: *piante, minerali inclassificabili*, unclassifiable plants, minerals **2** (*non valutabile*) too poor to receive a mark; *compito —*, exam-paper too poor to receive a mark **3** (*inqualificabile*) disgraceful, deplorable: *comportamento —*, deplorable behaviour.

inclemente *agg.* **1** inclement; severe: *tempo —*, inclement weather; *giudice —*, severe judge **2** (*spietato*) merciless, cruel; harsh: *destino —*, cruel fate.

inclemenza *s.f.* **1** inclemency; severity: *l'— dello scorso inverno*, the severity of last winter **2** (*crudeltà*) mercilessness, cruelty; harshness: *l'— della legge*, the harshness of the law.

inclinabile *agg.* reclining (*attr.*): *sedile —*, reclining seat.

inclinamento *s.m.* (*l'inclinare*) reclining; (*l'inclinarsi*) inclining; (*inclinazione*) inclination.

inclinare *v.tr.* **1** to tilt, to tip, to incline; (*piegare*) to bend*, to bow: — *la bottiglia per versare il vino*, to tilt (*o* to tip) the bottle to pour out the wine; — *la testa*, to bend (*o* to bow) one's head **2** (*fig.*) to incline: — *il cuore, la mente*, to incline the heart, the mind; *tutto questo ci inclina a pensare che...*, all this inclines us to think that...; — *qlcu. a fare qlco.*, to predispose (*o* to influence) s.o. in favour of doing sthg. ◆ *v.intr.* **1** to slope, to lean*, to be inclined, to slant: *il campanile inclina verso destra*, the steeple leans to the right; *il tetto inclina per lasciar scorrere l'acqua*, the roof slopes to let the water run off **2** (*fig.*) to incline, to be inclined, to be disposed: *inclina all'ozio*, he is inclined to be lazy; — *a credere che*, to incline to the belief that; *il suo cuore inclinava all'indulgenza*, his heart inclined to be indulgent.

□ **inclinarsi** *v.rifl.* o *intr.pron.* **1** to incline, to lean*, to tilt, to tip (up), to slope: *l'asse s'inclinò e tutto scivolò per terra*, the plank tilted (*o* tipped up) and everything slipped to the floor **2** (*piegarsi*) to bend*: *gli alberi si inclinavano al vento*, the trees bent to the wind **3** (*di nave*) to list, to heel **4** (*di aeroplano*) to tip, to tilt: — *in virata*, to bank **5** (*di ago magnetico*) to dip.

inclinato *agg.* inclined (*anche fig.*); sloping, slanting: *torre inclinata a destra*, tower sloping (*o* leaning) to the right; (*mat.*) *piano* —, inclined plane (*o* incline); (*miner.*) *pozzo* —, incline (shaft) // *essere — a fare qlco.*, (*fig.*) to be inclined (*o* to be disposed) to do sthg.

inclinazione *s.f.* **1** (*pendenza*) inclination, slope, slant; (*di strada*) gradient; (*di pendio*) grade, gradient: — *della testa*, inclination of the head; — *di un piano*, inclination of a plane; — *di un tetto, del fianco di una montagna*, the slope of a roof, of the side of a mountain; (*fis.*) — *magnetica*, magnetic inclination (*o* dip); (*stat.*) — *della curva di una funzione*, slope **2** (*geol.*) inclination, dip; (*di una faglia, di un filone*) hade; (*di strato*) dip, angle of dip // (*astr.*) — *dell'asse terrestre*, axial tilt **3** (*fig.*) (*tendenza, propensione*) inclination, bent, propensity; (*tendenza*) tendency, trend: *ha una certa — a fare pettegolezzi*, he has an inclination (*o* tendency *o* propensity) to gossip; *seguire la propria* —, to follow one's inclination (*o* bent); (*Borsa*) — *al ribasso, al rialzo*, bearish trend, bullish trend // (*econ.*): — *al consumo*, propensity to consume; — *all'investimento, al risparmio*, propensity to investment, to save **4** (*fig.*) (*attitudine, talento*) inclination, bent, flair, talent: *ha — per le lingue*, he has a flair (*o* talent) for languages; *seguire la propria* —, to follow one's own bent (*o* inclination).

incline *agg.* inclined, prone, disposed: — *a credere*, inclined to believe; — *all'ira*, prone to anger.

inclinometro *s.m.* (*aer., mar.*) inclinometer.

inclito *agg.* (*letter.*) famous, illustrious; glorious: *l'— eroe*, the glorious hero.

includere *v.tr.* **1** (*comprendere*) to include, to comprise: *fu incluso nel numero degli invitati*, he was included among the guests **2** (*allegare*) to enclose: — *una fattura in una lettera*, to enclose an invoice in a letter **3** (*implicare*) to imply.

inclusione *s.f.* inclusion (*anche mat., min., geol.*).

inclusivo *agg.* inclusive: *prezzo — della tassa di soggiorno*, price inclusive of visitor's tax.

incluso *agg.* **1** included; inclusive: *sarò assente fino a venerdì prossimo* —, I'll be gone until next Thursday inclusive; (*comm.*) *le spese di trasporto sono incluse nel prezzo*, the price is inclusive of freight // *tutto* —, everything included; *prezzo tutto* —, all-in price **2** (*allegato*) enclosed: *il documento* —, the enclosed document; *qui* —, herewith enclosed ◆ *s.m.* (*geol.*) inclusion, xenolith.

incoagulabile *agg.* uncoagulable, incoagulable.

incoagulabilità *s.f.* uncoagulability.

incoativo *agg.* (*gramm.*) inchoative: *verbo* —, inchoative verb.

incoccare *v.tr.* **1** to nock, to notch: — *una freccia*, to nock an arrow **2** (*mar.*) to reeve.

incocciare *v.tr.* **1** (*region.*) (*urtare, incontrare per caso*) to bump into (s.o., sthg.): — *un muro*, to bump into a wall; *ho incocciato un vecchio amico*, I bumped into an old friend **2** (*mar.*) to hook ◆ *v.intr.* (*region.*) (*imbattersi*) to bump (into s.o., sthg.): — *bene, male*, to get the right person, the wrong person.

□ **incocciarsi** *v.intr.pron.* **1** (*region.*) (*ostinarsi*) to be obstinate; to persist **2** (*region.*) (*indispettirsi*) to get* huffy: — *per un'inezia*, to get huffy over nothing **3** (*mar.*) to get* entangled.

incocciatura *s.f.* (*mar.*) hooking.

incodardire *v.intr.* (*non com.*) to become* cowardly.

incoercibile *agg.* **1** irrepressible, invincible, incoercible: *un desiderio — di libertà*, an invincible desire for freedom; *dolore* —, relentless pain **2** (*fis.*) incoercible.

incoercibilità *s.f.* irrepressibleness, irrepressibility.

incoerente *agg.* **1** inconsistent, contradictory; (*sconclusionato*) incoherent: *persona* —, inconsistent person; *discorso* —, (*senza senso*) incoherent speech; *le sue parole sono incoerenti col suo comportamento*, his words are inconsistent with his behaviour **2** (*geol.*) (*non compatto*) incoherent, loose: *terreno* —, incoherent (*o* loose) soil **3** (*fis.*) incoherent.

incoerentemente *avv.* inconsistently; (*sconclusionatamente*) incoherently.

incoerenza *s.f.* **1** (*mancanza di coerenza*) inconsistency; incoherence: — *nell'agire*, inconsistency of s.o.'s conduct **2** (*contraddizione*) contradiction: *discorso pieno di incoerenze*, speech full of contradictions **3** (*geol.*) incoherence, looseness: — *del terreno*, looseness of the soil **4** (*fis.*) incoherence.

incogliere *v.intr.* (*letter.*) (*accadere*) to happen; to befall*: *mal me ne incolse*, evil befell me for it.

incognita *s.f.* **1** (*mat.*) unknown (quantity): *nelle equazioni la x rappresenta un'*—, in equations x denotes an unknown (quantity) **2** (*cosa sconosciuta*) uncertainty, unknown quantity, unknown factor: *le incognite della vita coniugale*, the uncertainties of married life; *questa è un'*—, this is an unknown quantity; *lui per me è un'*—, to me, he's a dark horse.

incognito *agg.* (*non com.*) unknown ◆ *s.m.* **1** incognito: *fare qlco. serbando l'*—, to do sthg. incognito; *serbar l'*—, to preserve one's incognito // *in* —, incognito: *viaggiare in* —, to travel incognito **2** (*letter.*) unknown: *aver paura dell'*—, to be afraid of the unknown.

incollaggio *s.m.* **1** (*tecn.*) gluing; sticking; pasting **2** (*tess.*) sizing.

incollamento *s.m.* (*non com.*) sticking, pasting, gluing.

incollare[1] *v.tr.* **1** to stick*; (*carta*) to paste; (*spec. cocci, legno, porcellana*) to glue: — *due cose insieme*, to stick (*o* to glue) two things together; — *un'etichetta su una bottiglia*, to stick a label on a bottle; — *un manifesto a un muro*, to stick a poster on a wall; *ho rotto il vaso, ma ho incollato tutti i pezzi*, I broke the vase, but I've stuck (*o* glued) all the pieces together again **2** (*spalmare di colla*) to spread* glue on (sthg.): — *la carta*, to spread glue on the paper **3** (*tess.*) to size **4** (*fig.*) to press, to glue: *il bambino incollò il viso al vetro della finestra*, the child pressed (*o* glued) his face to the windowpane **5** (*inform.*) to paste.

□ **incollarsi** *v.intr.pron.* **1** to stick*: *queste etichette si sono incollate insieme*, these labels have got stuck together **2** (*fig.*) to cling*, to stick*: *l'abito bagnato le si era incollato addosso*, her wet dress clung to her body; *si è incollato alla mamma e l'ha seguita dappertutto*, he clung to his mother and followed her everywhere.

incollare[2] → **accollare** 1 e 2.

incollato *agg.* glued (on), stuck (on) (*anche fig.*); gummed: *i pezzi sono incollati*, the bits are stuck together; *l'etichetta, incollata male, si è staccata*, the badly glued-on label has come off; *non viene via, è —!*, it won't come off, it's glued on; *non stare così — alla TV!*, don't sit there like that, glued to the TV!; *è rimasto — a sua madre tutto il pomeriggio*, he stuck to his mother all afternoon; *è sempre — alle sottane di sua madre!*, he is always tied to his mother's apron strings.

incollatore *s.m.* **1** gluer; sticker; paster **2** (*tess.*) sizer.

incollatrice *s.f.* **1** (*tess.*) sizing machine **2** (*cinem.*) splicer.

incollatura[1] *s.f.* **1** gluing; sticking; pasting: *purtroppo si notano i segni dell'*—, unfortunately the marks of where it's been glued are visible **2** (*tess.*) sizing.

incollatura[2] *s.f.* (*ippica*) neck: *vincere per una* —, to win by a neck.

incollerire *v.intr.* **incollerirsi** *v.intr.pron.* to get* angry, to lose* one's temper, to flare up, to fly* into a rage.

incollerito *agg.* angry, enraged.

incollocato *agg.* e *s.m.* (*burocrazia*) (*chi, che non ha impiego*) unemployed (person).

incolmabile *agg.* **1** unfillable, unbridgeable; that cannot be filled, that cannot be bridged (*pred.*): *la sua scomparsa ha lasciato un vuoto* —, his death has left a gap that cannot be filled **2** (*sport*) (*di distacco*) too big to be closed: *il distacco tra il primo e gli inseguitori è* —, the gap between the leader and the challengers is too big to be closed.

incolmabilità *s.f.* (*non com.*) unfillableness; unbridgeableness.

incolonnamento *s.m.* (*l'incolonnare*) lining up; (*l'essere incolonnato*) queue, column; column (formation); (*di cifre*) tabulation.

incolonnare *v.tr.* (*persone*) to line up; (*cifre, numeri*) to put* in a column, (*a macchina*) to tabulate, (*sl.*) to tab: *le auto procedevano incolonnate verso l'autostrada*, the cars moved in a column (*o* in a line) towards the motorway.
□ **incolonnarsi** *v.intr.pron.* to queue (up), to line up: *le vetture si incolonnarono su due lunghe file*, the cars formed two long queues.

incolonnatore *s.m.* tabulator.

incolore *agg.* **1** colourless: *l'acqua è —*, water is colourless **2** (*fig.*) colourless, dull: *una vita, una persona —*, a dull (*o* colourless) life, person.

incolpabile *agg.* chargeable, that can be accused; blameworthy, blam(e)able: *è — di furto*, he can be accused of theft.

incolpabilità *s.f.* (*non com.*) chargeability; blameworthiness.

incolpare *v.tr.* to accuse, to charge; to blame: *fu incolpato di omicidio*, he was charged with murder (*o* they accused him of murder); *non — la sfortuna dei tuoi guai*, don't blame your problems on bad luck.
□ **incolparsi** *v.rifl.* to blame oneself (for sthg.): *si incolpava del fallimento della ditta*, he blamed himself for the bankruptcy of the firm; *continuò ad — (per quanto era accaduto) tutta la vita*, he continued to blame himself (for what had happened) all his life.

incolpato *agg.* (*accusato*) accused (of sthg.), charged (with sthg.); blamed (for sthg.): *l'uomo, ingiustamente — del delitto, è stato liberato*, the man unjustly accused of the crime has been freed // (*dir.*) *incolpata tutela*, self -defence.

incolpatore *s.m.* accuser.

incolpevole *agg.* guiltless, innocent, blameless.

incolpevolezza *s.f.* guiltlessness; innocence.

incoltezza *s.f.* uncultivatedness; (*ignoranza*) ignorance, lack of education, lack of culture.

incolto *agg.* **1** (*di terreno*) untilled, uncultivated, fallow; moorish: *terreno —*, uncultivated (*o* waste) land; *rimanere —*, to lie fallow **2** (*trascurato, disordinato*) neglected, untidy, slovenly: *barba incolta*, neglected (*o* unkempt) beard **3** (*fig.*) (*ignorante*) uncultivated, uncultured, uneducated; (*rozzo*) rough: *donna incolta*, uneducated (*o* uncultured) woman.

incolume *agg.* (*di persona*) unscathed, unhurt, uninjured; unharmed (*anche fig.*); (*di cosa*) undamaged (*anche fig.*): *passò — attraverso molti pericoli*, he came through many dangers unscathed; *è uscito — dall'incidente*, he survived the accident unharmed (*o* uninjured); *la casa è uscita — dal bombardamento*, the house survived the air-raid undamaged; *conservare — il proprio prestigio*, to keep one's prestige unharmed (*o* intact).

incolumità *s.f.* safety: *garantire l'— dei passeggeri*, to guarantee the safety of the passengers.

incombente *agg.* **1** (*che sovrasta minacciosamente*) impending, overhanging: *pericolo —*, impending danger; *la diga è una minaccia — sulla valle*, the dam is a threat hanging over the valley **2** (*che spetta*) incumbent: *un dovere — su tutti noi*, a duty incumbent on us all.

incombenza *s.f.* commission, task: *assumersi l'— di fare qlco.*, to take it upon oneself to do sthg.; *dare un'— a qlcu.*, to give a commission to s.o.

incombere *v.intr.* **1** (*sovrastare minacciosamente*) to impend (over s.o., sthg.), to hang* (over s.o., sthg.): *una condanna incombe sul suo capo*, a sentence is hanging over his head; *un pericolo che incombe*, impending danger **2** (*spettare*) to be incumbent (on s.o., sthg.), to be one's duty: *incombe a te di farlo*, it is incumbent on you to do this; *questo incombe a te*, this is your responsibility.

incombustibile *agg.* incombustible, uninflammable, non-flammable, fireproof: *materiale —*, fireproof material.

incombustibilità *s.f.* incombustibility.

incombusto *agg.* (*scient.*, *letter.*) unburnt, unburned.

incominciamento *s.m.* (*letter.*) beginning, commencement.

incominciare *v.tr.* e *intr.* to begin*, to start, to commence: *incomincia a piovere*, it is beginning (*o* starting) to rain; *lasciatemi — dall'inizio*, let me begin at the beginning; *il romanzo incomincia con una descrizione*, the novel begins (*o* opens) with a description; *il film è già incominciato*, the film has already begun; *"Hai finito il libro?" "Non l'ho neanche incominciato!"*, "Have you finished the book?" "I haven't even begun it!"; *— a fare qlco.*, to begin (*o* to start) to do sthg. (*o* doing sthg.); *e non — a lamentarti!*, and don't start complaining!; *— bene*, to have a good start; *— un'impresa*, to embark on an undertaking; *— un lavoro*, to begin (*o* to start on) a job // *a — da oggi, da qui*, starting from today, from here // *tanto per — devo dirvi...*, to begin with (*o* first of all) I have to tell you... // *chi ben incomincia è a metà dell'opera*, (*prov.*) well begun is half done.

incommensurabile *agg.* incommensurable: (*mat.*) *grandezze incommensurabili*, incommensurable quantities.

incommensurabilità *s.f.* incommensurability.

incommerciabile *agg.* unmarketable, unsal(e)able; (*dir.*) non-negotiable: (*fin.*) *titolo —*, non-negotiable instrument of credit.

incommerciabilità *s.f.* unsal(e)ability, unmarketability.

incommestibile *agg.* inedible.

incommutabile *agg.* **1** (*dir.*) incommutable: *una legge —*, an incommutable law; *pena —*, incommutable punishment (*o* penalty) **2** (*letter.*) (*immutabile*) immutable, inalterable.

incommutabilità *s.f.* **1** (*dir.*) incommutability **2** (*letter.*) (*immutabilità*) immutability, inalterableness.

incomodare *v.tr.* to incommode, to inconvenience, to trouble, to put* (s.o.) out: *non voglio incomodarlo*, I don't want to trouble him (*o* to put him out); *scusi se l'incomodo*, sorry to trouble you.
□ **incomodarsi** *v.rifl.* to trouble (about sthg.), to put* oneself out; (*fam.*) to bother (about sthg.): *non incomodarti a venire!*, don't trouble (*o fam.* bother) to come!; *non v'incomodate per me*, don't trouble about me; *non dovevi incomodarti*, you shouldn't have bothered.

incomodato *agg.* **1** disturbed, troubled, put out **2** (*non com.*) (*indisposto*) unwell, indisposed.

incomodità *s.f.* (*non com.*) **1** uncomfortableness, incommodiousness, incommodity: *l'— di questa casa è notevole*, this house is remarkable for its lack of comfort **2** (*noia, fastidio*) trouble, nuisance; (*disturbo*) inconvenience.

incomodo *agg.* uncomfortable, incommodious; (*inopportuno*) inconvenient: *posizione incomoda*, uncomfortable position; *ad un'ora incomoda*, at an inconvenient time // *il terzo —*, the odd man out; *"Vieni con noi?" "No, grazie, non vorrei fare da terzo —!"*, "Are you coming with us?" "No, thanks. Two's company, three's a crowd" ♦ *s.m.* **1** (*fastidio, disturbo*) inconvenience; trouble, nuisance: *questo è un grave —*, this is a lot of trouble (*o* a big nuisance); *scusi l'—*, sorry to trouble you; *se non ti è d'—*, if it is not inconvenient to you; *essere di —*, to be in the way; *recare —*, to cause inconvenience; *togliere l'—*, to take one's leave; *levo l'— e vi saluto*, I'll be going. Goodbye **2** (*non com.*) (*indisposizione*) indisposition, ailment.

incomparabile *agg.* incomparable, peerless.

incomparabilità *s.f.* incomparableness, peerlessness.

incompatibile *agg.* **1** incompatible; inconsistent: (*dir.*) *cariche, uffici incompatibili*, incompatible posts, offices; *queste medicine sono incompatibili*, these medicines are incompatible; *i nostri caratteri sono incompatibili*, our characters are incompatible; *la sua condotta è — coi suoi principi*, his behaviour is inconsistent with his principles **2** (*non com.*) (*inammissibile*) unjustified: *errore —*, unjustified error **3** (*mat.*) incompatible.

incompatibilità *s.f.* **1** incompatibility: (*dir.*) *— di due cariche pubbliche*, incompatibility of two public offices; *— di carattere*, incompatibility of character; *chiedere il divorzio per — di carattere*, to sue for a divorce on the grounds of incompatibility of character // (*med.*) *— fisiologica*, physiological incompatibility **2** (*bot.*) incompatibility.

incompetente *agg.* incompetent; unqualified (for sthg., to do sthg.): *— in materia d'arte*, not qualified to judge in art matters; *giudice, tribunale —*, incompetent judge, tribunal; *è — in fatto di musica*, he knows very little about music; *è — in materia*, he is not an expert on the subject ♦ *s.m.* e *f.* incompetent (person): *si è dimostrato un —*, he proved to be incompetent.

incompetenza *s.f.* incompetence, incompetency (*anche dir.*): *— di un tribunale*, incompetence (*o* incompetency) of a court (*o* lack of jurisdiction); *sostenere l'— di un tribunale*, to plead the incompetence of a court.

incompianto *agg.* (*letter.*) unwept.

incompiutezza *s.f.* incompleteness: *l'— dei dati non consente di trarre conclusioni*, the incompleteness of the data makes it impossible to draw any conclusions.

incompiuto *agg.* unfinished, uncompleted; incomplete: *l'edificio restò —*, the building was left unfinished // *l'Incompiuta di Schubert*, (*mus.*) Schubert's Unfinished Symphony.

incompletezza *s.f.* incompleteness.

incompleto *agg.* **1** incomplete; unfinished: *un lavoro* —, an unfinished job; *una serie incompleta*, an incomplete series **2** (*metall.*) (*di getto*) short-run.

incomportabile *agg.* (*letter.*) (*insopportabile*) unbearable, insufferable, intolerable.

incompostezza *s.f.* (*non com.*) **1** (*disordine*) disorder, discomposure **2** (*sconvenienza*) unbecomingness, uncomeliness, unseemliness **3** (*indecenza*) indecency.

incomposto *agg.* **1** (*disordinato*) disorderly; untidy; unruly: *chioma incomposta*, untidy (*o* dishevelled) hair; *turba incomposta*, disorderly (*o* unruly) crowd **2** (*sconveniente, sguaiato*) unbecoming, uncomely, unseemly: *contegno* —, unseemly behaviour **3** (*indecente*) indecent.

incomprensibile *agg.* incomprehensible: *ciò mi è* —, I find it incomprehensible; *un discorso* —, an incomprehensible speech.

incomprensibilità *s.f.* incomprehensibility; incomprehensibleness.

incomprensione *s.f.* incomprehension: *tra di loro c'è una grave* —, there's a serious lack of understanding between them.

incompreso *agg.* (*non compreso*) not understood; (*mal compreso*) misunderstood; (*non apprezzato*) unappreciated: *poeta* —, unappreciated poet; *sono un* —, no one has ever understood me // *genio* —, (*iron.*) undiscovered genius.

incompressibile *agg.* incompressible.

incompressibilità *s.f.* incompressibility.

incomprimibile *agg.* irrepressible, uncontrollable.

incomprimibilità *s.f.* (*non com.*) irrepressibility, uncontrollableness.

incomputabile *agg.* incalculable: *differenze incomputabili*, incalculable differences.

incomunicabile *agg.* incommunicable.

incomunicabilità *s.f.* **1** (*l'essere incomunicabile*) incommunicability; incommunicableness **2** lack of communication, non-communication: *un problema di* —, a problem of non-communication.

inconcepibile *agg.* inconceivable, unthinkable, unimaginable.

inconcepibilità *s.f.* inconceivability.

inconcesso *agg.* (*letter.*) not granted; denied.

inconciliabile *agg.* irreconcilable; incompatible: *avversari inconciliabili*, irreconcilable adversaries; *teorie inconciliabili*, incompatible theories.

inconciliabilità *s.f.* irreconcilability; incompatibility.

inconcludente *agg.* inconclusive; ineffectual: *ragionamento, discorso* —, inconclusive argument, speech; *una persona* —, an ineffectual person ◆ *s.m.* e *f.* ineffectual person: *non ha finito neanche quel lavoro, è proprio un* —!, he hasn't even finished that job, he's really ineffectual!

inconcludenza *s.f.* inconclusiveness.

inconcluso *agg.* (*non com.*) uncompleted.

inconcusso *agg.* (*letter.*) unshaken, unmoved; firm, steady: *fede, verità inconcussa*, unshaken faith, truth.

incondizionato *agg.* unconditioned, unconditional; unqualified, unreserved, complete: *successo* —, unqualified success; *promessa incondizionata*, unconditional promise; *approvazione incondizionata*, unconditional acceptance; (*mil.*) *resa incondizionata*, unconditional surrender; (*med.*) *riflesso* —, unconditioned reflex // (*banca*): *accettazione incondizionata*, unreserved acceptance; *girata incondizionata*, unqualified endorsement.

inconfessabile *agg.* unconfessable, unavowable.

inconfessato *agg.* unconfessed, unavowed.

inconfesso *agg.* (*letter.*) pleading not guilty: *reo* —, criminal pleading not guilty.

inconfondibile *agg.* unmistakable: *ha una voce, uno stile* —, she has an unmistakable voice, style.

inconfortabile *agg.* (*non com.*) inconsolable, disconsolate.

inconfortevole *agg.* (*non com.*) inconvenient, uncomfortable.

inconfutabile *agg.* irrefutable; inconfutable: *il suo argomento era* —, his argument was irrefutable; *una prova* —, an inconfutable proof.

inconfutabilità *s.f.* irrefutability; inconfutability.

inconfutato *agg.* (*non com.*) unconfuted, unrefuted.

incongelabile *agg.* unfreezable, non-freezing: (*aut.*) *miscela* —, antifreeze.

incongiungibile *agg.* that cannot be jointed.

incongruente *agg.* inconsistent; contradictory: *persona* —, inconsistent person; *le sue parole sono incongruenti con la sua condotta*, her words are inconsistent with her conduct; *idee incongruenti*, contradictory ideas.

incongruenza *s.f.* inconsistency; contradiction; contradictoriness.

incongruità *s.f.* (*non com.*) **1** disproportion; inadequacy **2** inconsistency, contradictoriness.

incongruo *agg.* **1** (*non proporzionato*) disproportionate; inadequate **2** (*incoerente*) inconsistent, contradictory.

inconocchiare *v.tr.* to put* (a bunch of raw textile fibers) in the distaff.

inconoscibile *agg.* unknowable.

inconoscibilità *s.f.* unknowableness, unfathomableness.

inconsapevole *agg.* **1** (*inconscio*) unconscious, unwitting: *un'azione* —, an unconscious (*o* unwitting) action **2** (*ignaro*) ignorant, unaware, uninformed: *era* — *di quello che stava accadendo*, he was ignorant of what was happening.

inconsapevolezza *s.f.* **1** unconsciousness, unwittingness **2** (*ignoranza*) ignorance, unawareness.

inconsciamente *avv.* unconsciously; unawares.

inconscio *agg.* unconscious (*inconsapevole*); unaware: *avere un desiderio* —, to feel an unconscious desire ◆ *s.m.* (*psic.*) *l'*—, the unconscious; — *collettivo*, collective unconscious.

inconseguente *agg.* inconsequent; inconsistent; incoherent; contradictory.

inconseguenza *s.f.* inconsequence; inconsistency; incoherence.

inconsiderabile *agg.* (*non com.*) inconsiderable.

inconsideratezza *s.f.* (*non com.*) inconsiderateness; thoughtlessness; (*atto*) piece of thoughtlessness, rashness.

inconsiderato *agg.* **1** (*detto, fatto senza riflessione*) inconsiderate, thoughtless **2** (*non com.*) (*che non pondera*) rash, thoughtless.

inconsiderazione → **sconsideratezza**.

inconsistente *agg.* **1** (*infondato*) insubstantial, lacking in consistency, flimsy; unfounded, baseless: *accuse inconsistenti*, unfounded accusations **2** (*fallace*) fallacious.

inconsistenza *s.f.* **1** flimsiness; (*infondatezza*) insubstantiality; lack of foundation **2** (*fallacia*) fallacy.

inconsolabile *agg.* inconsolable.

inconsolato *agg.* (*non com.*) disconsolate.

inconsueto *agg.* unusual, uncommon, odd: *arrivare ad un'ora inconsueta*, to arrive at an unusual time.

inconsulto *agg.* thoughtless; rash; heedless; unadvised.

inconsumabile *agg.* inconsumable; everlasting: (*dir.*) *beni inconsumabili*, inconsumable goods (*o* property).

inconsumato, **inconsunto** *agg.* (*non com.*) (*non consumato*) unconsumed; (*non compiuto*) unfinished.

incontaminabile *agg.* incontaminable, incorruptible.

incontaminatezza *s.f.* (*non com.*) purity, stainlessness.

incontaminato *agg.* **1** uncontaminated, unpolluted: *zona incontaminata dall'esplosione nucleare*, area uncontaminated by the nuclear explosion **2** (*fig.*) pure, stainless, unblemished.

incontenibile *agg.* uncontrollable, irrepressible, overwhelming, unrestrainable: *gioia* —, uncontrollable joy.

incontentabile *agg.* **1** insatiable, unsatisfiable: *un'*— *sete di sapere*, an insatiable thirst for knowledge **2** (*esigente*) exacting; demanding; hard to please, never satisfied (*pred.*): *ma sei proprio* —!, you're never satisfied!

incontentabilità *s.f.* **1** insatiability **2** (*esigenza*) exactingness.

incontestabile *agg.* incontestable, indisputable, unquestionable (*anche dir.*).

incontestabilità *s.f.* incontestability, indisputability, unquestionableness (*anche dir.*): *clausola di* —, incontestability clause.

incontestato *agg.* indisputed, unquestioned; indisputable.

incontinente *agg.* **1** incontinent, immoderate, unrestrained **2** (*med.*) incontinent ◆ *s.m.* e *f.* **1** (*chi pecca d'incontinenza*) incontinent person **2** (*med.*) person who suffers from incontinence.

incontinenza *s.f.* **1** incontinence, lack of restraint **2** (*med.*) incontinence.

incontrare *v.tr.* **1** to meet*; to have a meeting with (s.o.); (*imbattersi in*) to meet* with (sthg.), to come* up against (s.o., sthg.) (*anche fig.*): *lo incontrai in chiesa*, I met him at church; *venne ad incontrarmi alla stazione*, he met me at the station; *lo incontrerò domani*,

I'll meet him tomorrow; — *difficoltà, ostacoli*, to meet with difficulties, obstacles; — *il favore del pubblico*, to meet with the favour of the public; — *spese*, to incur expenses **2** (*sport*) to meet*, to encounter: *incontreremo la squadra che ha vinto il campionato dell'anno scorso*, we'll meet the team that won the championship last year **3** (*mat.*) to meet* ◆ *v.intr.* (*aver successo*) to be a success, to be successful, to become* successful, to be popular, to be well-liked: *questo prodotto ha incontrato molto*, this product is a success (*o* has found favour with the public); *il nuovo insegnante incontra molto*, the new teacher is very popular (*o* is very well-liked).

□ **incontrarsi** *v.intr.pron.* **1** (*vedersi*) to meet* (s.o.), to see* (s.o.): *domani mi incontro con il mio avvocato*, I'm meeting my lawyer tomorrow **2** (*avere in sorte*) to find* oneself: *si è incontrato con un severo capufficio*, he found himself with a strict supervisor ◆ *v.rifl.rec.* **1** (*trovarsi*) to meet*: *ci incontrammo in treno*, we met on the train; *le due squadre s'incontreranno la prossima settimana*, the two teams are going to meet next week // (*mat.*) *le curve si incontrano in un punto*, the curves meet at a point **2** (*coincidere*) to coincide: *le nostre idee si incontrano perfettamente*, our ideas coincide perfectly.

incontrario *avv.* (*fam.*): *leggeva il libro all'—*, he was reading his book upside down; *fa sempre tutto all'— di come dice*, he always does the opposite of what he says; *ti sei messo la maglia all'—*, (*il davanti dietro*) you put your pullover on the wrong way round, (*al rovescio*) you put your pullover on inside out.

incontrastabile *agg.* **1** (*inoppugnabile*) incontestable, indisputable **2** (*ineluttabile*) inevitable, unavoidable.

incontrastato *agg.* uncontested, undisputed, unopposed: *la squadra è padrona incontrastata del campo*, the team is undisputed master of the field.

incontrista *s.m.* e *f.* (*calcio*) tackler.

incontro[1] *s.m.* **1** meeting, encounter: *un — casuale*, a chance meeting (*o* encounter); *al primo — gli fu simpatica*, at their first meeting he took to her; *fare un brutto —*, to have a nasty encounter // (*mat.*): *punto d'—*, contact; *cerchiamo insieme un punto d'—*, (*fig.*) let's look together for a point of contact **2** (*riunione*) meeting: *fissare un — con qlcu.*, to fix a meeting with s.o.; *durante l'— i due capi di stato hanno trattato la questione del disarmo*, during the meeting the two heads of state discussed the question of disarmament **3** (*sport*) match; (*pugilato*) fight: — *di calcio*, football match; *disputare un —*, to play a match, (*pugilato*) to fight **4** (*non com.*) (*scontro*) collision **5** (*non com.*) (*occasione*) occasion: *fortunato —*, lucky occasion **6** (*non com.*) (*successo*) success, reception: *trovare —*, to get a good reception.

incontro[2] *avv.* (*non com.*) **1** (*dirimpetto*) opposite: *abitano qui —*, they live opposite **2** (*al contrario*) on the contrary.

incontro (a) *prep.* **1** (*verso, in direzione di*) toward(s), up to (*anche fig.*): *lo vide e gli corse —*, she saw him and ran up to him; *vienimi — alla fermata dell'autobus*, come and meet me at the bus stop; *gli siamo andati — alla stazione*, we went to the station to meet them // *andiamo ormai — all'inverno*, winter is coming on // *in questo modo andrai — a guai*, you're heading (*o* asking) for trouble this way // *andare, venire — ai desideri di qlcu.*, to meet s.o.'s wishes; *se il prezzo vi sembra troppo alto, cercheremo di venirvi —*, if the price seems too high, we'll try to meet you halfway // *andare — a spese*, to incur expenses; *per ristrutturare la casa, andremo — a forti spese*, we'll meet a lot of expenses if we want to restructure the house **2** (*ant.*) → contro **3** (*rar.*) (*dirimpetto a*) opposite.

incontrollabile *agg.* **1** (*che non si può dominare*) uncontrollable; unrestrainable: *ira —*, uncontrollable rage **2** (*che non si può verificare*) unverifiable, uncheckable.

incontrollato *agg.* **1** (*non controllato*) uncontrolled; unrestrained: *una reazione incontrollata*, an uncontrolled reaction **2** (*non verificato*) unverified, unchecked.

incontroverso *agg.* (*non com.*) undisputed.

incontrovertibile *agg.* indisputable, incontrovertible.

incontrovertibilità *s.f.* indisputability, incontrovertibility.

inconveniente *s.m.* **1** (*svantaggio*) inconvenience; disadvantage, drawback: *gli inconvenienti di vivere in campagna*, the inconveniences of living in the country **2** (*contrattempo*) setback, mishap, hitch, snag: *un lieve — ha rimandato la partenza*, a slight hitch delayed the departure ◆ *agg.* (*non com.*) **1** (*svantaggioso*) inconvenient **2** (*sconveniente*) unbecoming, unseemly, unsuitable.

inconvenienza *s.f.* (*non com.*) **1** (*svantaggio*) inconvenience, disadvantage, drawback **2** (*sconvenienza*) unbecomingness, unseemliness, unsuitability.

inconvertibile *agg.* inconvertible: (*fin.*) *moneta, valuta —*, inconvertible (*o* irredeemable) money, currency; (*fin.*) *titoli inconvertibili*, inconvertible securities.

inconvertibilità *s.f.* inconvertibility, unconvertibility.

inconvincibile *agg.* inconvincible, difficult to convince.

incoordinazione *s.f.* **1** lack of coordination **2** (*med.*) → atassia.

incoraggiamento *s.m.* encouragement: *per —*, as an encouragement; *quello fu un — a persistere*, that was an encouragement to persist // *premio d'—*, consolation prize.

incoraggiante *agg.* encouraging.

incoraggiare *v.tr.* to encourage: *lo incoraggiai a continuare*, I encouraged him to continue; — *qlcu. in qlco.*, to encourage s.o. in sthg.; — *iniziative culturali*, to encourage (*o* to promote) cultural initiatives // — *il vizio, la violenza*, to encourage vice, violence.

incordare *v.tr.* **1** (*uno strumento musicale*) to string* **2** (*legare con corde*) to rope, to tie, to bind* with ropes.

incordatura *s.f.* **1** (*di strumento musicale*) stringing **2** (*il legare con corde*) roping, tying, binding with ropes **3** (*di muscoli*) stiffness.

incordonare *v.tr.* (*mar.*) to splice.

incornare *v.tr.* **1** (*infilzare con le corna*) to gore; (*colpire con le corna*) to toss: *il toro ha incornato il torero*, the bull gored the bullfighter // — *il pallone*, (*gergo calcistico*) to head the ball **2** (*non com.*) (*afferrare per le corna*) to seize by the horns **3** (*fig. fam.*) (*tradire*) to cuckold, to be unfaithful.

□ **incornarsi** *v.intr.pron.* (*fam.*) (*ostinarsi*) to become* obstinate, to persist.

incornata *s.f.* **1** (*di animale*) goring **2** (*calcio*) (*colpo di testa*) header.

incornatura *s.f.* (*fam.*) (*ostinazione*) obstinacy, pigheadedness.

incorniciare *v.tr.* **1** (*mettere in cornice*) to frame, to enframe, to put* in a frame, to set* in a frame **2** (*fare da cornice a*) to frame, to be a frame to (sthg.): *lunghi capelli neri le incorniciavano il viso*, her face was framed by long black hair **3** (*tip.*) to frame.

incorniciato *agg.* framed.

incorniciatura *s.f.* **1** (*l'incorniciare*) framing **2** (*cornice*) frame.

incoronamento *s.m.* (*non com.*) crowning.

incoronare *v.tr.* **1** to crown: — *di fiori*, to crown with flowers; *fu incoronato imperatore*, he was crowned emperor **2** (*fig. scherz.*) (*tradire*) to cuckold, to be unfaithful.

incoronato *agg.* crowned // *l'Incoronata*, (*la Madonna*) the Crowned Virgin.

incoronazione *s.f.* coronation, crowning: *giorno dell'—*, Coronation Day.

incorporabile *agg.* incorporable.

incorporale *agg.* incorporeal; immaterial.

incorporamento *s.m.* → **incorporazione**.

incorporante *agg.* **1** incorporating **2** (*ling.*) polysynthetic.

incorporare *v.tr.* **1** (*amalgamare*) to incorporate: — *la farina con l'acqua*, to mix flour with water; — *vecchie leggi nel nuovo codice*, to incorporate old laws into the new code **2** (*econ.*) to incorporate, to merge, to take* over (sthg.), to amalgamate: — *un'azienda*, to take over (*o* to incorporate) a firm **3** (*paesi, territori*) to annex, to absorb.

□ **incorporarsi** *v.rifl.rec.* (*fondersi*) to merge, to incorporate, to combine: *le due società si sono incorporate*, the two companies have merged; *le due banche si sono incorporate*, the two banks have combined.

incorporato *agg.* **1** incorporated **2** (*econ.*) merged, incorporated, amalgamated: *società incorporata*, merged (*o* incorporated) company **3** (*di paesi, territori*) annexed.

incorporazione *s.f.* **1** incorporation **2** (*econ.*) merger, incorporation, amalgamation, combination; takeover: — *di un'azienda*, absorption (*o* takeover) of a firm; — *di imprese commerciali, industriali*, merger of business, industrial concerns **3** (*di paesi, territori*) annexation.

incorporeità *s.f.* incorporeity, immateriality.

incorporeo *agg.* incorporeal, immaterial, bodiless.

incorporo *s.m.* (*burocrazia*) (*incameramento*) appropriation; (*annessione*) annexation; (*confisca*) confiscation: — *di un territorio*, annexation of a territory.

incorreggibile *agg.* incorrigible, uncorrectable: *un — difetto di pronuncia*, an uncorrectable defect of pronunciation; *sei proprio —!*, you really are incorrigible! // *un bevitore —*, a hardened (*o* inveterate) drinker.

incorreggibilità *s.f.* incorrigibility, uncorrectability.

incorrere *v.intr.* to incur (sthg.), to fall* (into sthg.), to meet* (with sthg.), to run* (into sthg.): — *in debiti*, to incur debts (*o* to run into debt); — *in una multa*, to incur a fine; — *in un pericolo*, to run into danger.

incorrettezza → **scorrettezza**.

incorretto *agg.* uncorrected; (*scorretto*) incorrect.

incorrotto *agg.* **1** (*intatto*) incorrupt(ed) **2** (*puro*) incorrupted, pure, spotless: *una fede incorrotta*, a pure (*o* incorrupted) faith **3** (*onesto*) incorrupt, honest, upright: *un magistrato* —, an honest magistrate.

incorruttibile *agg.* incorruptible: *una bellezza* —, an incorruptible beauty // *un giudice* —, (*fig.*) an incorruptible magistrate.

incorruttibilità *s.f.* incorruptibility; honesty, uprightness.

incorsare *v.tr.* (*tess.*) to draw* in.

incorsatoio *s.m.* grooving plane.

incorsatore *s.m.* (*tess.*) drawer-in.

incorsatrice *s.f.* (*tess.*) drawing-in machine.

incorsatura *s.f.* (*tess.*) drawing-in.

incosciente *agg.* **1** (*inconsapevole*) unconscious: *azione* —, unconscious action; *essere* —, unconscious being; *svenne e rimase — per ore*, he fainted and remained unconscious for hours **2** (*irresponsabile*) irresponsible; reckless; foolhardy: *atto* —, reckless act; *persona* —, irresponsible person; *sei un guidatore* —, you are a reckless driver ◆ *s.m.* e *f.* irresponsible person: *comportarsi da* —, to behave irresponsibly (*o* recklessly).

incoscienza *s.f.* **1** (*inconsapevolezza*) unconsciousness **2** (*mancanza di coscienza*) lack of conscience: *essere in uno stato di* —, to be unconscious **3** (*irresponsabilità*) irresponsibility; recklessness; foolhardiness: *è un'— andare sino là con questa nebbia*, it's foolhardy to go all that way in this fog.

incostante *agg.* inconstant, fickle; unsteady; changeable, variable: *persona* —, inconstant person; *umore* —, variable (*o* changeable) mood; *tempo* —, changeable weather; (*meteor.*) *vento* —, baffling wind // (*econ.*): *mercato* —, unsteady market; *prezzi incostanti*, unsteady prices ◆ *s.m.* e *f.* fickle person; inconstant person.

incostanza *s.f.* inconstancy, fickleness; unsteadiness; changeableness, variableness.

incostituzionale *agg.* unconstitutional.

incostituzionalità *s.f.* unconstitutionality: *eccezione di* —, plea of unconstitutionality; *dichiarazione di* —, judgment of unconstitutionality.

incostituzionalmente *avv.* unconstitutionally.

incravattare *v.tr.* (*non com.*) (*mettere una cravatta*) to put* a tie on (s.o.).

incravattato *agg.* wearing a tie; with a tie // *dove te ne vai così —?*, where are you going all dressed up like that?

increanza *s.f.* (*non com.*) incivility; impoliteness, rudeness, bad manners (*pl.*).

increato *agg.* (*letter.*) uncreated.

incredibile *agg.* **1** incredible; unbelievable: *una storia* —, an unbelievable (*o* tall) story; *È —! La squadra è in finale!*, It's incredible! The team is in the final! **2** (*sorprendente*) surprising; (*straordinario*) extraordinary; (*fam.*) (*esorbitante*) steep: *ha un'— forza di volontà*, he's got incredible willpower; (*comm.*) *prezzo* —, steep price.

incredibilità *s.f.* incredibility.

incredibilmente *avv.* incredibly; unbelievably: *è diventata — più bella*, she became unbelievably more beautiful; — *la squadra ha vinto*, incredibly enough the team won.

increditare e *deriv.* → **accreditare** e *deriv.*

incredulità *s.f.* **1** incredulity, disbelief: *mi guardò con un'aria di* —, he looked at me with an air of incredulity; *non celava la sua* —, he didn't disguise his incredulity **2** (*miscredenza*) unbelief, lack of faith.

incredulo *agg.* **1** incredulous, disbelieving: *mi guardò — quando gli riferii la notizia*, he looked at me incredulously when I told him the news **2** (*miscredente*) unbelieving ◆ *s.m.* (*miscredente*) unbeliever.

incrementale *agg.* (*mat.*) incremental: *rapporto* —, ratio of increments (*o* incremental ratio).

incrementare *v.tr.* to increase, to enlarge, to raise, to boost; (*promuovere*) to promote, to foster, to step up: — *le vendite*, to increase (*o* boost) sales; — *il proprio reddito*, to increase one's income; — *il livello di produttività*, to raise the level of productivity; — *il commercio*, to promote trade; — *la produzione*, to step up production; — *le arti*, to foster (*o* to encourage) arts.

incremento *s.m.* **1** (*aumento*) increase, growth, increment, rise, addition; (*sviluppo*) development, promotion, boost, expansion: — *demografico*, population growth // (*econ.*): — *dei prezzi*, rise in prices; — *delle vendite*, sales increase (*o* increase in sales); — *di capitale*, capital improvement; — *di valore degli immobili*, property increment; — *di produttività*, productivity gain; — *del valore economico*, accretion; *dare — a qlco.*, to develop sthg. **2** (*mat.*) increment.

increscioso, **increscevole** *agg.* unpleasant; annoying; regrettable: *una circostanza incresciosa*, an unpleasant circumstance; *un errore* —, an annoying mistake; *un incidente* —, a regrettable incident.

increspamento *s.m.* (*non com.*) (*di pelle, della fronte*) wrinkling; (*di acque*) rippling, ruffling; (*di capelli*) curling.

increspare *v.tr.* **incresparsi** *v.intr.pron.* (*di pelle, della fronte*) to wrinkle; (*di acque*) to ripple, to ruffle; (*di capelli*) to frizz; (*di stoffa*) to gather.

increspato *agg.* (*del mare*) choppy; (*di acqua*) rippling; (*di capelli*) frizzy; (*della pelle, della fronte*) wrinkled: *carta increspata*, crêpe paper; *tessuto* —, gathered fabric.

increspatura *s.f.* (*di pelle, della fronte*) wrinkling; (*di acque*) ruffling, rippling; (*di capelli*) frizzing; (*di stoffa*) gathering.

incretinimento *s.m.* stultification.

incretinire *v.tr.* to make* stupid, to stultify; (*fam.*) to drive* (s.o.) crazy: *un lavoro che ti incretinisce*, a job that turns you into an idiot ◆ *v.intr.* → incretinirsi.

□ **incretinirsi** *v.intr.pron.* to become* stupid, to grow* stupid.

incretinito *agg.* stupid, dull, idiotic.

increto *s.m.* (*biol.*) incretion.

incriminabile *agg.* (*dir.*) accusable, indictable, chargeable; liable to prosecution; imputable.

incriminare *v.tr.* (*dir.*) to incriminate, to indict, to charge; to prosecute, to accuse.

incriminato *agg.* **1** (*dir.*) indicted, accused **2** (*oggetto di critiche*) offending; controversial; complained about (*pred.*): *la frase incriminata*, the offending phrase; *la proposta incriminata*, the controversial proposal; *l'acquisto — si è rivelato molto utile*, the purchase which was so complained about proved very useful.

incriminazione *s.f.* (*dir.*) **1** (*l'accusare*) incrimination, accusation, charge **2** (*atto d'accusa*) indictment.

incrinare *v.tr.* to crack; (*fig.*) to damage, to spoil*: — *la reputazione di qlcu.*, to damage s.o.'s reputation; — *un'amicizia*, to spoil a friendship.

□ **incrinarsi** *v.intr.pron.* to crack; (*fig.*) to break* up, to deteriorate: *il bicchiere s'incrinò*, the glass cracked; *dopo il litigio la loro amicizia si è incrinata*, after the quarrel their friendship broke up.

incrinatura *s.f.* **1** crack: *controlla che i bicchieri non abbiano incrinature!*, check that the glasses haven't got cracks! **2** (*difetto di lavorazione*) flaw **3** (*fig.*) (*screzio*) rift, disagreement: *tra loro non c'è stata mai un'*—, there's never been a rift between them.

incriticabile *agg.* uncensurable; without reproach (*pred.*).

incrociare *v.tr.* **1** (*intersecare*) to cross, to cut* across: *più avanti il viale incrocia la strada principale*, the avenue crosses the main road further on // — *la spada con qlcu.*, to cross swords with s.o. **2** (*accavallare*) to cross: — *le braccia*, to fold one's arms; (*fig.*) to strike (*o* to down tools); — *le gambe*, to cross one's legs; — *le dita*, to cross one's fingers **3** (*animali di razze diverse*) to cross, to crossbreed*, to interbreed*; (*negli allevamenti*) to mix; (*piante di diversa varietà*) to cross-fertilize **4** (*incontrare*) to meet*: *sulla via del ritorno incrociammo un'auto rossa*, on the way back we met a red car; — *un corteo*, to meet a procession ◆ *v.intr.* (*mar., aer.*) to cruise: — *lungo la costa di*, to cruise off the coast of.

□ **incrociarsi** *v.rifl.rec.* **1** to cross, to intersect; (*incontrarsi*) to meet*: *le strade si incrociano vicino alla chiesa*, the roads cross (*o* intersect) near the church; *i due treni si incrociano a Pavia*, the two trains meet at Pavia; *i loro sguardi si incrociarono*, their eyes met; *ci siamo incrociati in via Verdi*, we ran into each other in via Verdi **2** (*biol.*) to interbreed*, to intercross; to hybridize.

incrociato *agg.* **1** crossed // *fuoco* —, crossfire // *parole incrociate*, crossword puzzle // *punto* —, cross-stitch // (*geol.*) *stratificazione incrociata*, cross-bedding (*o* cross -stratification); *fecondazione incrociata*, cross -fertilization; *impollinazione incrociata*, cross -pollination **2** (*biol.*) crossbred.

incrociatore *s.m.* (*mar.*) cruiser: — *corazzato, da battaglia*, armoured, battle cruiser; — *leggero, pesante*, light, heavy cruiser.

incrociatura *s.f.* **1** (*l'incrociare*) crossing **2** (*intersezione, punto di intersezione*) intersection.

incrocicchiare *v.tr.* (*non com.*) to interlace, to (inter)twine.

incrocio *s.m.* **1** (*stradale*) crossing, junction; intersaction; crossroads (*pl.*): — *pericoloso*, dangerous crossing **2** (*di fili, linee elettriche*) crossover **3** (*di binari*) frog **4** (*biol.*)

crossbreed, intercross, mongrel: *fare incroci*, to interbreed **5** (*ling.*) word(crossing); portmanteau word.

incrodare *v.tr.* (*alpinismo*) to block (halfway up or down).

□ **incrodarsi** *v.intr.pron.* (*alpinismo*) to get* stuck (halfway up or down).

incrollabile *agg.* **1** indestructible, sound **2** (*fig.*) unshakeable, firm: *ha dato prova di una fiducia — in lui*, she showed she had unshakeable faith in him.

incrostamento *s.m.* encrustation, (en)crusting.

incrostare *v.tr.* **1** to encrust, to cake, to scale; (*di cannone, àncora, chiglia di nave*) to foul: *caldaia incrostata di ruggine*, boiler encrusted (*o* scaled) with rust // (*ecol.*) *organismo incrostante*, fouling organism **2** (*rivestire*) to encrust, to overlay*, to face: *un altare incrostato di pietre dure*, an altar overlaid with gemstones.

□ **incrostarsi** *v.intr.pron.* to be encrusted, to be caked, to be scaled: *— di calcare*, to be encrusted with lime.

incrostatura, **incrostazione** *s.f.* **1** encrustation, crusting; (*deposito*) encrustation, crust; deposit; (*nelle tubature*) fur, scale: *togliere le incrostazioni di una caldaia*, to scale a boiler // (*zool.*) *coperto di incrostazioni*, scaly **2** (*rivestimento*) covering, encrustation, overlay.

incrudelimento *s.m.* (*non com.*) becoming cruel; increasing cruelty.

incrudelire *v.intr.* **1** (*diventare crudele*) to become* cruel: *è incrudelito con gli anni*, he has grown cruel with age **2** (*infierire*) to commit cruelties (against s.o.), to treat harshly, to treat with ferocity: *gli invasori hanno incrudelito sulla popolazione*, the invaders treated the population harshly.

□ **incrudelirsi** *v.intr.pron.* to become* cruel.

incrudimento *s.m.* (*metall.*) work hardening.

incrudire *v.intr.* **1** (*peggiorare*) to grow* worse **2** (*indurirsi*) to harden; (*metall.*) to work harden **3** (*inasprirsi*) to be embittered, to grow* harsh **4** (*del clima*) to become* severe, to become* bitter, to become* inclement ♦ *v.tr.* (*metall.*) to work harden.

incruento *agg.* bloodless.

incrunare *v.tr.* to thread.

incubare *v.tr.* (*med., zool.*) to incubate.

incubatoio *s.m.* incubatory room // *— industriale*, hatchery.

incubatrice *s.f.* incubator // *tenere, mettere in —*, to incubate.

incubazione *s.f.* **1** (*di malattia*) incubation: *periodo d'—*, incubation period **2** (*di uova*) hatching, incubation **3** (*fig.*) incubation, hatching: *il progetto era in — da tempo*, the plan had been hatching for a while.

incubo *s.m.* nightmare; incubus*: *avere incubi notturni*, to have nightmares; *essere un — per qlcu.*, (*fig.*) to be a nightmare for s.o.; *l'esame è un vero — per lui*, the exam is a real nightmare for him.

incudine *s.f.* **1** anvil // *essere tra l'— e il martello*, (*fig.*) to be between the devil and the deep blue sea **2** (*anat.*) incus*.

inculare *v.tr.* (*volg.*) **1** to bugger **2** (*fig.*) (*fregare*) to screw.

inculata *s.f.* (*volg.*) **1** act of buggery **2** (*fig.*) (*fregatura*) swindle; (*fam.*) rip-off.

inculcare *v.tr.* to inculcate, to instil(l): *— un'idea a qlcu., nella mente di qlcu.*, to inculcate an idea in s.o., in s.o.'s mind.

incultura *s.f.* (*mancanza di cultura*) lack of culture, lack of education, ignorance.

inculturazione *s.f.* (*sociologia*) enculturation.

incunabolista *s.m.* e *f.* incunabolist.

incunabolo, **incunabulo** *s.m.* **1** incunabulum* **2** *pl.* (*fig. letter.*) beginnings.

incuneare *v.tr.* to wedge; (*fig.*) to drive*.

□ **incunearsi** *v.intr.pron.* to wedge oneself, to be wedged; (*fig.*) to force one's way in: *— nello schieramento nemico*, to drive into (*o* to penetrate) the enemy formation; *un sospetto si incuneò nella sua mente*, a suspicion stuck in his mind.

incupire *v.tr.* **1** (*rendere cupo*) to darken, to make* dark **2** (*fig.*) to obscure, to cloud.

□ **incupirsi** *v.intr.pron.* **1** (*divenire scuro*) to darken, to become* dark(er), to grow* dark(er); (*annuvolarsi*) to cloud over **2** (*fig.*) (*intristirsi*) to become* gloomy.

incurabile *agg.* e *s.m.* e *f.* **1** incurable: *malattia —*, incurable disease; *reparto incurabili*, ward for terminally ill patients **2** (*fig.*) (*incorreggibile*) incurable, incorrigible, hardened: *vizio —*, incurable habit.

incurabilità *s.f.* incurability, incurableness.

incurante *agg.* **1** heedless; careless; negligent: *— del pericolo*, heedless of danger **2** (*indifferente*) indifferent, unconcerned (by, about): *mostrarsi — della sorte di qlcu.*, to show indifference to s.o.'s fate.

incuranza *s.f.* (*il non curarsi di qlco.*) heedlessness; indifference, unconcern.

incuria *s.f.* carelessness; negligence.

incuriosire *v.tr.* to make* curious, to intrigue: *— qlcu.*, to rouse s.o.'s interest (*o* curiosity).

□ **incuriosirsi** *v.intr.pron.* to become* curious; to become* inquisitive.

incursione *s.f.* raid, foray; incursion: *— aerea*, air raid; *le incursioni dei Vichinghi sulla costa inglese*, the raids of the Vikings on the English coast; *i ladri hanno fatto numerose incursioni nella zona*, thieves have made frequent raids in the area; *l'— dei parenti*, (*fig.*) invasion of relatives; *opera nel giornalismo, con qualche — nel campo dell'arte*, (*fig.*) he works in journalism with an occasional foray into art; (*econ.*) *fare un'—*, (*di operazione speculativa*) to raid.

incursore *agg.* raiding ♦ *s.m.* raider; commando*.

incurvamento *s.m.* **1** (*l'incurvare*) bending, curving **2** (*l'essere incurvato*) bend, curve; (*di lamiera*) bulge.

incurvare *v.tr.* to bend*, to curve, to arch; (*chinare*) to lower.

□ **incurvarsi** *v.intr.pron.* to bend*, to bow, to curve: *un vecchio incurvato per l'età*, an old man bent with age.

incurvatura, **incurvazione** *s.f.* **1** (*curva*) bend, incurvation **2** (*l'incurvare*) bending, curving.

incustodito *agg.* unguarded, unattended: *casa incustodita*, empty house; *lasciare qlco. —*, to leave sthg. unattended; *non lasciare la macchina carica di bagagli incustodita*, don't leave the car unattended when it's loaded with luggage // *passaggio a livello —*, unmanned level crossing.

incutere *v.tr.* to arouse, to inspire, to command, to strike*: *— rispetto*, to command (*o* to inspire) respect; *— spavento a qlcu.*, to arouse fear in s.o.; *— terrore a qlcu.*, to strike terror into s.o.'s heart; *suo padre mi incute soggezione*, his father overawes me.

indaco *s.m.* indigo*.

indaffarato *agg.* busy: *essere — nei preparativi per la festa*, to be busy with preparations for the party.

indagare *v.tr.* e *intr.* to investigate, to inquire into (sthg.), to look into (sthg.): *— le cause di un incidente*, to investigate the causes of an accident; *— su un reato*, to investigate a crime; *la polizia sta indagando*, the police are investigating (*o* making inquiries).

indagatore *agg.* investigating, searching, inquiring: *commissione indagatrice*, investigating committee; *sguardo —*, searching look ♦ *s.m.*,

indagatrice *s.f.* investigator, inquirer, researcher.

indagine *s.f.* **1** inquiry, enquiry, investigation: *— minuziosa*, close investigation (*o* inquiry); *i risultati della sua —*, the results of his investigation; *condurre un'— ufficiale su qlco.*, to hold an official inquiry into sthg.; *fare indagini sulle cause di un incidente*, to investigate the causes of an accident; *le indagini possono ritenersi concluse*, the enquiry can be considered closed **2** (*ricerca, studio*) survey, research, study, search: *condurre un'— su un problema scientifico*, to carry out research into a scientific problem; (*stat.*) *— statistica*, statistical survey; *— demoscopica*, opinion poll (*o* survey); *— di mercato*, market survey (*o* research); *— sui consumatori*, consumer survey; *— sulla spesa delle famiglie*, family expenditure survey; *— campionaria*, sample survey; *— sui salari*, wages survey.

indammina *s.f.* (*chim.*) indamine.

indano *s.m.* (*chim.*) indan.

indantrone *s.m.* (*chim.*) indanthrene, indanthrone.

indarno *avv.* (*letter.*) in vain.

indebitamento *s.m.* (*l'indebitarsi*) getting into debt; running into debt; borrowing; (*l'essere in debito*) indebtedness // (*econ.*): *— dello stato*, national (*o* public) debt; *— con l'estero*, external indebtedness; *— esterno*, borrowing abroad (*o* outside borrowings) // (*fin.*): *— finanziario*, borrowing; *rapporto d'— di un'impresa*, gearing (*o amer.* leverage); *— del tesoro*, treasury borrowings.

indebitare *v.tr.* to get* (s.o.) into debt, to plunge (s.o.) into debt: *l'acquisto della casa lo ha indebitato*, the purchase of the house has plunged him into debt.

□ **indebitarsi** *v.rifl.* to run* into debt, to get* into debt, to plunge into debt: *— con qlcu.*, to get into debt with s.o.; *— fino al collo*, to get up to one's neck in debt.

indebitato *agg.* indebted, in debt: *essere — fin sopra i capelli*, to be up to one's ears in debts; *un paese fortemente —*, a country heavily in debt; *fortemente — con una banca*, heavily indebted to a bank.

indebito *agg.* **1** (*non dovuto*) not due, not owed, undue: *pagamento —*, undue payment **2** (*sconveniente*) inappropriate, unsuitable: *si è presentato a un'ora indebita*, he turned up at an unsuitable time **3** (*immeritato*) undeserved, unjust: *accusa indebita*, undeserved charge **4** (*dir.*) (*illegittimo*) illegal, illicit, unlawful, undue: *procedimento* —, undue proceeding; *arricchimento* —, illicit enrichment; *intervento* —, unauthorized intervention // *appropriazione indebita*, embezzlement (*o* defalcation *o* misappropriation) ◆ *s.m.* undue payment, sum unduly paid: *chiedere la restituzione dell'*—, to claim back a sum unduly paid; — *tributario*, unduly paid tax.

indebolimento *s.m.* **1** enfeeblement, weakening: *accusava segni di — della vista*, his eyesight showed signs of failing (*o* worsening); (*econ.*) — *del mercato*, market weakening; — *dei prezzi*, decline (*o* ease) in prices **2** (*debolezza*) weakness, (state of) debility: — *fisico, mentale*, physical, mental weakness.

indebolire *v.tr.* **1** to weaken, to enfeeble, to debilitate: *la lunga malattia l'ha molto indebolito*, the long illness has weakened him a lot (*o* has taken a lot out of him) **2** (*fig.*) to weaken, to lessen, to reduce, to undermine; (*affari, mercato*) to depress: — *la resistenza*, to weaken (*o* to undermine *o* to sap) one's powers of endurance; — *il volume degli affari*, to depress the turnover **3** (*mecc., chim.*) to weaken **4** (*fot.*) to reduce.

□ **indebolirsi** *v.intr.pron.* **1** to weaken, to grow* weak(er), to grow* feeble(r), to flag, to lose* one's strength: *le sue forze s'indebolivano*, his strength was flagging; *gli si è indebolita la vista*, his eyesight has grown weaker; *la situazione finanziaria si è indebolita*, the financial situation has weakened; *la sua memoria si indebolisce*, his memory is failing; *il vento si indebolisce*, the wind is dropping **2** (*di suoni, colori*) to fade.

indebolito *agg.* weakened, enfeebled; weak, failing.

indecente *agg.* **1** (*contrario alla morale*) indecent, immodest, obscene; shocking **2** (*sporco*) dirty; (*trasandato*) shabby, untidy: *una casa* —, a filthy house.

indecenza *s.f.* **1** indecency, immodesty, obscenity **2** (*vergogna*) shame, disgrace, outrage // *il prezzo di quell'abito è una vera —!*, (*fam.*) the price of that dress is outrageous.

indecifrabile *agg.* **1** indecipherable: *iscrizione* —, indecipherable inscription **2** (*illeggibile*) illegible: *calligrafia* —, illegible writing **3** (*incomprensibile*) unintelligible, incomprehensible, obscure.

indecisione *s.f.* **1** indecision, irresolution, irresoluteness **2** (*esitazione*) hesitation, uncertainty.

indeciso *agg.* **1** (*non deciso*) undecided, unsettled: *la questione è ancora indecisa*, the matter is still undecided (*o* open to discussion) // *colore* —, indistinct colour **2** (*irresoluto*) irresolute, indecisive, hesitant, wavering: *sono ancora* —, I haven't made up my mind yet; *carattere* —, indecisive character; *è — sul da farsi*, he's undecided what to do.

indeclinabile *agg.* **1** (*gramm.*) indeclinable **2** (*che non si può rifiutare*) undeclinable, unavoidable: *un invito* —, an invitation that cannot be refused.

indeclinabilità *s.f.* **1** (*gramm.*) indeclinableness **2** (*inevitabilità*) unavoidableness.

indecomponibile *agg.* (*chim.*) indecomposable.

indecoroso *agg.* indecorous, unseemly, unbecoming; (*indecente*) indecent.

indeducibile *agg.* non-deductible: *spesa* —, non-deductible expense.

indefesso *agg.* indefatigable, untiring, tireless; unremitting.

indefettibile *agg.* unfailing, indefectible.

indefinibile *agg.* indefinable, undefinable, vague, indistinct; (*inspiegabile*) inexplicable: *fu colto da una sensazione* —, he was seized by an indefinable feeling // *colore* —, nondescript colour.

indefinibilità *s.f.* indefinableness.

indefinitezza *s.f.* (*non com.*) indefiniteness.

indefinito *agg.* **1** (*imprecisato*) indefinite, unspecified, indeterminate: *tempo, spazio* —, indefinite time, space; *rimandare a tempo* —, to put off indefinitely **2** (*gramm.*) indefinite **3** (*non risolto*) unsettled, undefined, open **4** (*dir.*) (*non ancora giudicato*) sub judice; unsettled.

indeformabile *agg.* non-deformable; (*irrestringibile*) unshrinkable.

indeformabilità *s.f.* non-deformability.

indegnità *s.f.* **1** (*l'essere indegno*) unworthiness **2** (*azione indegna*) contemptible action, unworthy action; disgrace.

indegno *agg.* **1** (*non meritevole*) unworthy, undeserving: *essere — di qlco.*, to be unworthy of sthg. (*o* not to deserve sthg.) // (*dir.*) — *della successione, a succedere*, disqualified (*o* debarred) from succeeding (*o* from inheriting) **2** (*che non si addice*) unworthy, worthless, contemptible, base: *un'azione indegna di te*, an action that is unworthy of you; *una persona indegna*, a contemptible person; *si è comportato in modo* —, he behaved contemptibly **3** (*vergognoso*) shameful, outrageous, disgraceful: *è —!*, it is outrageous! (*o* unworthy!).

indeiscente *agg.* (*bot.*) indehiscent.

indeiscenza *s.f.* (*bot.*) indehiscence.

indelebile *agg.* indelible; ineffaceable, inerasable: *rossetto* —, indelible lipstick; *un ricordo* —, (*fig.*) indelible memory.

indeliberato *agg.* (*non com.*) **1** (*non risolto*) unsettled, undecided **2** (*senza premeditazione*) unpremeditated, impulsive: *un atto* —, an impulsive act.

indelicatezza *s.f.* **1** indelicacy, tactlessness, indiscretion **2** (*azione indelicata*) tactless action, indelicate action: *è stata un'— imperdonabile la tua!*, you were unforgivably tactless!

indelicato *agg.* tactless, indiscreet, indelicate: *azione indelicata*, tactless action; *modi indelicati*, indelicate manners; *è una domanda indelicata, potrebbe offenderlo*, it's an indiscreet (*o* tactless) question, it might offend him.

indemagliabile *agg.* ladder-proof, non-run.

indemaniare *v.tr.* (*dir.*) to hand over to the state; to escheat; to incorporate into state property: — *un bene*, to escheat a property.

indemoniato *agg.* **1** (*invasato dal demonio*) possessed; demoniac **2** (*furibondo*) frenzied, frantic; furious: *i bambini facevano un baccano* —, the children were kicking up a hell of a row **3** (*vivace*) wild ◆ *s.m.* **1** demoniac, person who is possessed: *gridare come un* —, to shout like one possessed **2** (*chi è in preda al furore*) maniac **3** (*chi è vivace*) terror, little demon.

indenne *agg.* **1** unhurt, unharmed, uninjured, unscathed; (*senza danni*) undamaged, intact: *uscire — da un incidente*, to come out of an accident unhurt (*o* unharmed *o* without a scratch); *uscire — da un affare delicato*, to come out of an awkward affair unharmed (*o* unscathed) // (*dir.*) *tenere — qlcu.*, to indemnify s.o. against damages **2** (*immune da contagio*) immune // *latte* —, attested (*o amer.* certified) milk.

indennità *s.f.* **1** (*gratifica*) allowance, benefit, bonus; (*risarcimento*) compensation; indemnity; (*rimborso*) expense, expenses (*pl.*): — *di anzianità*, old age benefits; — *di buonuscita, congedo, liquidazione*, gratuity, retirement bonus (*o* allowance); — *di disoccupazione*, unemployment benefits; — *di esproprio*, expropriation indemnity; — *di licenziamento, di fine rapporto*, dismissal pay (*o* redundancy payment); — *di missione, trasferta*, subsistence money (o allowance); — *di presenza*, attendance (*o* call) pay; — *integrativa*, supplementary allowance (o benefit); — *per invalidità permanente*, compensation for permanent disability **2** (*assegno*) — *parlamentare*, pay of a member of parliament.

indennizzabile *agg.* compensable, eligible for compensation (*pred.*); (*risarcibile*) indemnifiable: *danno* —, indemnifiable damage.

indennizzare *v.tr.* to compensate, to indemnify, to recoup (*anche dir.*); (*rimborsare*) to refund, to repay*: — *qlcu. di qlco.*, to indemnify (*o* to compensate) s.o. for sthg.; — *una perdita*, to indemnify a loss; — *qlcu. per danni subiti*, to recoup s.o. for damages; *farsi* —, to get compensation.

indennizzo *s.m.* (*risarcimento*) indemnity, indemnification, restoration, payout, recoupment; (*compenso*) compensation; (*rimborso*) refund, repayment: — *per infortunio sul lavoro*, workers' compensation; *avere diritto a un* —, to be entitled to an indemnity // (*assicurazioni*): — *per danno subìto*, damages; *domanda d'*—, claim for damages; *chiedere un* —, to put in a claim for damages; *corrispondere un* —, to refund damages (*o* to pay an indemnity); *ottenere un — (per danni)*, to recover damages.

indentare *v.intr.* **1** (*mecc.*) (*ingranare*) to engage, to mesh: *le due ruote indentano*, the two (cog)wheels engage **2** (*non com.*) (*di bambini, mettere i denti*) to teethe.

indentrarsi *v.intr.pron.* (*non com.*) (*addentrarsi*) to penetrate, to enter; (*fig.*) to go* into deeply, to become* immersed.

indentro, **in dentro** *avv.* (*verso l'interno*) in(wards); (*in profondità*) deeply in, well in: *non sporgetevi troppo, tenetevi* —, don't lean too far out, keep in; *il tovagliolo si piega* —, you fold the napkin inwards; *spingi — il cassetto*, push the drawer (well) in; *la casa è molto — rispetto alla strada*, the house stands well in (*o* back) from the road // *all'*—, inwards: *gli sportelli si aprono all'*—, the doors open inwards ◆ *agg.*: *avere gli occhi* —, to have deep-set eyes; *camminare con i piedi* —, to point one's toes inwards.

inderborite *s.f.* (*min.*) inderborite.

inderogabile *agg.* **1** intransgressible, unbreakable; binding, final, imperative; (*indifferibile*) undelayable, that cannot be put off: *scadenza* —, (final) deadline; *impegno* —, binding commitment **2** (*dir.*) imperative; mandatory: *legge —*, imperative statute; *clausola — di un contratto*, imperative clause of a contract.

inderogabilità *s.f.* unbreakability.

inderogabilmente *avv.* **1** (*senza fallo*) without fail **2** (*assolutamente*) absolutely.

indescrivibile *agg.* indescribable: *una sensazione —*, an indescribable sensation.

indesiderabile *agg.* (*non gradito*) undesirable, unwelcome // *straniero —*, alien considered persona non grata.

indesiderato *agg.* undesirable, unwanted, unwelcome: *un ospite —*, an unwelcome guest; *esito —*, unwelcome result (*o* outcome).

indeterminabile *agg.* indeterminable; unascertainable: *per un periodo — di tempo*, for an indeterminable period of time.

indeterminatezza *s.f.* **1** indeterminateness; indefiniteness; vagueness **2** (*imprecisione*) imprecision **3** (*mancanza di risolutezza*) irresolution, indecision.

indeterminativo *agg.* indeterminate: *articolo —*, indeterminate article.

indeterminato *agg.* **1** (*non precisato*) indeterminate; undetermined; unspecified, indefinite: *un numero — di persone*, an unspecified number of people // *contratto di lavoro a tempo —*, open-ended contract // (*dir.*): *pena indeterminata*, indeterminate sentence; *legge indeterminata*, vague statute **2** (*impreciso*) vague, imprecise **3** (*irresoluto*) irresolute, undecided, uncertain **4** (*mat.*) indeterminate.

indeterminazione *s.f.* **1** indeterminateness, indefiniteness, vagueness **2** (*irresolutezza*) irresoluteness, uncertainty **3** (*fis.*) indeterminacy: *principio di —*, uncertainty principle.

indeterminismo *s.m.* (*fil.*) indeterminism.

indeterministico *agg.* (*fil.*) indeterministic.

indetonante *agg.* non-detonating.

indetraibile *agg.* non-deductible: *spesa —*, non-deductible expense.

indeuropeo e *deriv.* → **indoeuropeo** e *deriv.*

indi *avv.* (*letter.*) **1** (*di tempo*) then; afterwards // *— a poco*, shortly after(wards) **2** (*di luogo*) (from) thence.

indiana *s.f.* (*tess.*) indienne.

indianista *s.m.* e *f.* Indologist.

indianistica *s.f.* Indology.

indianistico *agg.* Indological.

indiano *agg.* e *s.m.* Indian; (*d'America*) American Indian, Red Indian // *in fila indiana*, in Indian file // *fare l'—*, to feign ignorance.

indiavolamento *s.m.* flying into a rage, getting into a rage.

indiavolarsi *v.intr.pron.* (*arrabbiarsi*) to fly* into a fury, to fly* into a rage, to be furious // *l'ha fatto indiavolare*, he got him into a rage.

indiavolato *agg.* **1** (*furente, furioso*) furious: *era — con me*, he was furious with me **2** (*agitato, molto vivace*) frenzied, frantic, high-spirited: *ballo, ritmo —*, frenzied dance, rhythm; *bambino —*, high-spirited child **3** (*insopportabile*) terrible, dreadful: *caldo —*, terrible heat; *rumore —*, dreadful noise.

indicabile *agg.* (*consigliabile*) advisable, opportune.

indicano *s.m.* (*chim.*) indican, indene.

indicare *v.tr.* **1** to indicate, to show*; to point out; (*col dito*) to point, to, at (s.o., sthg.): *l'ago indica la pressione*, the needle indicates pressure; *il cartello indica divieto di sorpasso*, the sign shows (*o* indicates) no overtaking; *il termometro indica 20 gradi*, the thermometer shows 20 degrees; *indicami quello che devo fare*, show me what I must do; *— la porta, l'uscita*, to show s.o. the door, the way out; *puoi indicarmi la strada?*, can you show me the way?; *indicò il tuo amico*, he pointed at your friend **2** (*precisare*) to specify, to fix; (*prezzi*) to quote, to state: *in questa lista non sono indicati i prezzi*, prices are not quoted in this list; *— i prezzi*, (*segnare*) to mark prices; *— le merci da spedire*, to specify the goods to ship **3** (*denotare*) to denote, to betoken, to indicate, to show*: *termine che indica disprezzo*, expression indicative of contempt; *i tuoi brutti voti indicano che non studi abbastanza*, your bad marks show that you don't work enough **4** (*significare*) to mean*, to signify: *non so che cosa indichino questi simboli*, I don't know what these symbols mean **5** (*consigliare*) to suggest; to recommend; to advise: *— un rimedio*, to suggest a remedy; *puoi indicarmi un bravo dentista?*, can you recommend a good dentist to me? **6** (*prescrivere*) to prescribe: *segui la cura che ti ha indicato il medico*, follow the treatment that the doctor prescribed for you.

indicativo *agg.* **1** (*significativo*) indicative, significant, revealing: *fenomeno, fatto —*, indicative (*o* revealing *o* significant) event, fact **2** (*approssimativo*) approximate: *prezzo —*, approximate price // *a titolo puramente —*, just as an indication **3** (*gramm.*) indicative ◆ *s.m.* (*gramm.*) indicative.

indicato *agg.* **1** (*consigliabile*) advisable **2** (*adatto*) indicated, fit, suitable; proper; right: *indumenti indicati per i climi freddi*, clothes suitable for cold climates; *rimedio — per il mal di gola*, remedy indicated for a sore throat **3** (*segnalato*) indicated, shown, marked.

indicatore *agg.* indicative; indicating (*attr.*), sign (*attr.*): *ago —*, indicating needle; *questi sintomi sono indicatori di cattiva circolazione*, these symptoms are indicative of bad circulation ◆ *s.m.* **1** (*tecn.*) indicator, pointer; gauge: *— a quadrante*, dial indicator; *— di fase*, phase indicator; *— di pressione*, pressure gauge; *— di sintonia*, tuning; *— di velocità*, speed indicator **2** (*chim.*) indicator **3** (*guida, prontuario*) guide (book), directory: *— commerciale*, commercial directory **4** (*econ.*) indicator: *— economico*, economic indicator; *— economico ritardato*, lagging indicator (*o* lagger); *— sociale*, social indicator // (*fin.*): *— di divergenza* (*nei cambi*), divergence indicator; *indicatori di tendenza*, leading indicators **5** *— stradale*, traffic sign; (*indicatore di direzione*) fingerpost **6** (*inform.*) flag.

indicazione *s.f.* **1** indication, sign; mark: *— del prezzo*, price tag; *senza — di prezzo*, unpriced; *indicazioni stradali*, road markings; *— di provenienza*, mark of origin; *questo segno sul pavimento può essere una preziosa —*, this mark on the floor may be an important indication **2** (*informazione*) (piece of) information: *puoi darmi qualche — su questa faccenda?*, can you give me some information on this matter? **3** (*istruzione*) direction, instruction: *attenersi alle indicazioni*, to follow the instructions **4** (*suggerimento*) suggestion.

indice *s.m.* **1** (*dito della mano*) forefinger, index (finger): *puntare l'— contro qlcu.*, to point the finger at s.o. // *mettere l'— su qlco.*, (*fig.*) to point sthg. out **2** (*lancetta di un misuratore*) indicator, pointer; needle, index*; (*spec. di orologio*) hand **3** (*fig.*) (*segno, indizio*) sign, indication, token, index*: *tale comportamento è — di maleducazione*, such behaviour is a sign of bad manners **4** (*di libro*) index*: *inserire un nome nell'—*, to index a name; *— analitico*, index; *— generale*, general index // (*eccl.*) *l'Indice*, the Index: *questo libro è all'Indice*, this book is on the Index **5** (*mat., fis.*) index*: *— del punto di rottura*, shatter index; *— di rifrazione*, index of refraction **6** (*econ., stat.*) index*; (*tasso*) rate; (*rapporto*) ratio*: *— dei prezzi*, price index; *— dei prezzi al consumo, al dettaglio*, retail price index, (*amer.*) consumer price index; *— dei prezzi all'ingrosso*, commodity price index (*o* wholesale price index); *— del costo della vita*, cost-of-living index; *— della produzione industriale*, index of industrial production; *— di concentrazione industriale*, concentration ratio; *— di disoccupazione*, unemployment rate; *— di indebitamento*, debt ratio; *— di insolvenza*, delinquency ratio; *— di mercato*, market ratio; *— di natalità*, birthrate; *— di mortalità*, mortality (*o* death) rate; *— di ascolto*, viewing ratings; *— di occupazione*, employment rate; *— di redditività*, profitability index; *— di reddito*, earning rate; *indici di produzione*, production factors; *indici di bilancio*, balance sheet ratios; *— di solvibilità*, solvency ratio; *— finanziario*, financial ratio // (*Borsa*): *— delle azioni*, share index; *— di Borsa*, Stock Exchange index; *l'— ha recuperato*, the Stock Exchange index has rallied; *indici azionari*, Stock Exchange listings.

indicibile *agg.* unspeakable, unutterable, inexpressible; (*indescrivibile*) indescribable.

indicizzabile *agg.* (*econ.*) indexable.

indicizzare *v.tr.* **1** (*econ.*) to index, to index-link: *— i salari, gli affitti*, to index-link wages, rents (*o* to link wages, rents to the cost-of-living index) **2** (*inform.*) to index.

indicizzato *agg.* indexed, index-linked; (*fin.*) floating-rate (*attr.*): (*econ.*) *componenti indicizzate del salario*, indexed wage components; (*fin.*) *titoli indicizzati*, floating-rate securities.

indicizzazione *s.f.* indexation, indexing, index-linking: *— dei salari*, wage indexation; (*trib.*) *— dell'imposta sul reddito*, income tax indexation; (*fin.*) *— valutaria*, foreign exchange indexation // (*inform.*) *— automatica*, automatic indexing.

indietreggiare *v.intr.* **1** to draw* back, to withdraw*; (*bruscamente*) to recoil: *indietreggiò bruscamente quando egli la toccò*, she recoiled (*o* shrank back) at his touch **2** (*mil.*) (*ripiegare*) fo fall* back; (*ritirarsi*) to retreat **3** (*fig.*) (*cedere*) to give* in (to sthg.), to give* way: *— di fronte a una difficoltà*, to give in to a difficulty.

indietro *avv.* **1** (*in posizione arretrata nello spazio e nel tempo*) back; behind: *state —!*, stand back!; *cammina, non fermarti —!*, keep walking, don't lag behind!; *qui c'è la stazione, la nostra casa è un po' più —*, Here's the station. Our house is a bit further back; *la polizia teneva — la folla*, the police held the crowd back // *rimanere —*, to stay behind; (*attardarsi*) to drop (*o* lag) behind: *è rimasto —, aspettiamolo*, He's dropped behind. Let's wait for him; *siamo rimasti — col lavoro*, we're behind with our work // *essere —*, to be behind (*anche fig.*); (*in ritardo mentale*) to be backward; (*essere arretrato*) to be behind the times; *siamo molto — col programma*, we're far behind with the programme; *è piuttosto — in matematica*, he's a bit behind in maths; *lo sviluppo tecnologico è ancora molto — in quella zona*, technological development is still far behind the times in that area; *essere — coi pagamenti, con le consegne*, to be behind (*o* in arrears) with one's payments, deliveries **2** (*di orologio*) slow: *quest'orologio rimane sempre —*, this clock is always slow; *il mio orologio è — di cinque minuti*, my watch is five minutes slow **3** (*direzione, movimento*) back, backward(s): *va' —!*, go back!; *ho dimenticato le chiavi, vado — a prenderle*, I've forgotten my keys. I'll go back and get them; *abbiamo sbagliato strada, dobbiamo tornare —*, We've taken the wrong road. We'll have to turn back; *richiamalo subito —!*, call him back at once!; *ho perso l'autobus e sono tornato — a piedi*, I missed the bus and walked back; *si fermò e si guardò —*, she stopped and looked back; *ho messo l'orologio — di un'ora*, I put the clock back an hour; *fece un passo — e cadde*, he took a step back(wards) and fell; *facciamo un passo —*, (*fig.*) let's go back a little // *fare un passo avanti e due —*, to take one step forward and two back // *tirarsi —*, to draw back (*anche fig.*): *tutti si tirarono — per far passare il corteo*, they all stood back to let the procession go past; *non si tira mai — di fronte alle difficoltà*, he never draws back in the face of difficulties // *fare marcia —*, to reverse; (*fig.*) to backtrack (*o* to back-pedal) // *all'—*, backwards: *camminare all'—*, to walk backwards (*o* to back); *è caduto all'— e ha battuto la testa*, he fell backwards and hit his head; *viaggiare all'—*, to travel with one's back to the engine // *—!*, go (*o* move) back!; *macchina —, — tutta*, (*mar.*) full speed astern **4** (*di ritorno*) back: *sarò — per l'ora di cena*, I'll be back in time for dinner; *non lo aspetto — prima di domani*, I don't expect him back till tomorrow **5** (*in restituzione*) back: *lo spettacolo è stato annullato e ci hanno dato — i soldi del biglietto*, the show was cancelled and they gave us our money back; *questo televisore non funziona, devo portarlo —*, This TV set doesn't work. I'll have to take it back; *mi serve quel libro, lo voglio —*, I need that book, so I want it back; *mi hanno rimandato — la lettera*, the letter was sent back to me; *tirò — le tende e aprì le finestre*, he drew the curtains back and opened the windows.

indifendibile *agg.* **1** (*che non si può difendere*) indefensible, undefendable, untenable **2** (*fig.*) (*insostenibile*) untenable: *la sua è una tesi —*, his argument doesn't hold water.

indifeso *agg.* undefended, defenceless, unprotected; (*fig.*) helpless: *luogo —*, undefended place; *un bambino —*, a helpless baby; *un ragazzo —*, a vulnerable boy.

indifferente *agg.* **1** (*uguale*) (all) the same: *per me è — che tu venga oggi o domani*, it's all the same to me (*o* it doesn't make any difference to me) whether you come today or tomorrow **2** (*senza interesse*) uninterested: *è — ai problemi sociali*, he is not interested in (*o* he is indifferent to) social problems // *mi è —*, I couldn't care less; *quella ragazza gli è —*, he couldn't care less about that girl **3** (*freddo, insensibile*) cold, impassible, unmoved: *ciò che disse mi lasciò —*, what he said left me cold; *essere — a tutto*, to be indifferent to everything; *sono rimasta — al suo fascino*, his charm cut no ice with me **4** *non —*, (*notevole*) considerable: *una somma non —*, a considerable sum ◆ *s.m.* e *f.* cold person; indifferent person.

indifferentemente *avv.* indifferently, without distinction, indiscriminately.

indifferentismo *s.m.* (*pol.*, *relig.*) indifferentism.

indifferenza *s.f.* **1** indifference, unconcern; apathy: *la sua — mi irrita*, his indifference (*o* unconcern) irritates me // (*econ.*) *curva d'—*, indifference curve **2** (*freddezza*) coldness; coolness; aloofness.

indifferenziato *agg.* undifferentiated: (*biol.*) *cellula indifferenziata*, undifferentiated cell.

indifferibile *agg.* that cannot be deferred, that cannot be put off, that cannot be postponed.

indifferibilità *s.f.* the fact that something cannot be put off.

indigeno *agg.* native, indigenous: *scuole indigene*, native schools; *prodotti indigeni*, local products ◆ *s.m.* native.

indigente *agg.* indigent, poor, needy, impecunious, destitute ◆ *s.m.* e *f.* poor person.

indigenza *s.f.* **1** indigence, poverty, need, destitution: *essere nell'—*, to be in a state of poverty; *essere ridotto all'—*, to be poverty-stricken **2** (*penuria*) lack, scarcity, shortage.

indigeribile *agg.* indigestible, heavy (*anche fig.*).

indigeribilità *s.f.* indigestibility (*anche fig.*).

indigestione *s.f.* indigestion (*anche fig.*): *fare —*, to get an attack of indigestion; *fare un'— di matematica*, to have enough of maths.

indigesto *agg.* **1** indigestible: *cibo —*, indigestible (*o* heavy) food **2** (*fig.*) (*noioso*) heavy, tedious, boring: *un libro —*, a boring book; *una persona indigesta*, an insufferable person.

indignare *v.tr.* to shock; to fill (s.o.) with indignation; to outrage, to offend: *— qlcu.*, to provoke (*o* to arouse) s.o.'s indignation.
□ **indignarsi** *v.intr.pron.* to be filled with indignation, to be indignant; to get* angry; to be shocked; (*offendersi*) to be offended, to be piqued: *— per il comportamento di qlcu.*, to be shocked by s.o.'s behaviour.

indignato *agg.* indignant; offended, piqued: *era fortemente —*, he was extremely (*o* highly) indignant.

indignazione *s.f.* indignation; (*collera*) anger; (*risentimento*) resentment; (*sdegno*) contempt, disdain: *fatti che suscitano —*, facts that arouse indignation (*o* make one's blood boil); *provare — per qlco.*, to feel indignant about sthg.

indigofera *s.f.* (*bot.*) (*Indigofera tinctoria*) indigo-plant.

indigoide *agg.* (*chim.*) indigoid: *colorante —*, indigoid dye.

indigosol *s.m.* (*chim.*) indigosol.

indigotina *s.f.* (*chim.*) indigotin, indigo blue.

indilazionabile *agg.* undelayable, unpostponable, undeferrable; (*comm.*): *pagamento —*, undeferrable payment; *scadenza —*, deadline.

indimenticabile *agg.* unforgettable; memorable: *una persona —*, an unforgettable person; *un giorno —*, a memorable day (*o* a red-letter day).

indimostrabile *agg.* indemonstrable; not subject to proof (*pred.*), that cannot be proved (*pred.*): *un'ipotesi —*, a hypothesis that cannot be proved.

indimostrabilità *s.f.* indemonstrability.

indimostrato *agg.* unproved, unproven, undemonstrated: *un'affermazione indimostrata*, an unproven statement.

indio[1] *agg.* e *s.m.* Indian: *arte india*, Indian art.

indio[2] *s.m.* (*chim.*) indium.

indipendente *agg.* **1** independent (of s.o., sthg.); free: *pensatore —*, independent thinker; *stato —*, free state; *ha un carattere —*, he has an independent character; *ormai sono — e posso mantenermi*, now I am independent and can support myself; *si è reso — dalla famiglia e vive solo*, he has cut himself loose from his family and is living alone // (*gramm.*) *proposizione —*, independent clause **2** (*non in relazione*) unrelated, unconnected: *i due fatti sono indipendenti l'uno dall'altro*, there is no connection (*o* relation) between the two facts; *quel che ti è successo è — dalla mia volontà*, I had nothing to do with what happened to you **3** (*mat.*) independent: *vettori linearmente indipendenti*, linearly independent vectors **4** (*inform.*) stand-alone; off-line ◆ *s.m.* (*pol.*) independent: *— di destra, sinistra*, right-wing, left-wing independent.

indipendentemente *avv.* independently // *— dal fatto che mi sta antipatico, non sa fare il suo lavoro*, apart from the fact that I don't like him, he doesn't know his job.

indipendentismo *s.m.* independence movement.

indipendentista *s.m.* e *f.* supporter of the independence movement.

indipendentistico *agg.* independence (*attr.*): *movimento —*, independence movement.

indipendenza *s.f.* independence; freedom: *guerra d'—*, war of independence; *conquistare l'— da qlcu.*, to win independence from s.o.; *essere geloso della propria —*, to be jealous of one's (own) independence.

indire *v.tr.* **1** to call: *— un'adunanza*, to call a meeting; *— le elezioni*, to call an election **2** (*letter.*) (*dichiarare*) to declare: *— una guerra*, to declare a war.

indirettamente *avv.* indirectly.

indiretto *agg.* indirect: (*gramm.*) *discorso, complemento —*, indirect speech, object; (*sport*) *punizione indiretta*, indirect free kick; (*pol.*) *elezioni indirette*, indirect elections; *imposte indirette*, indirect taxes // (*dir.*): *prova indiretta*, circumstantial (*o* indirect) evidence; *possesso —*, mediate possession // (*assicurazioni*) *danni indiretti*, consequential damages.

indirizzamento *s.m.* (*non com.*) addressing // (*inform.*): *— calcolato*, hash coding; *— differenziale*, self relative addressing.

indirizzare *v.tr.* **1** to address: *— una busta*, to address an envelope; *le lettere dovrebbero* *essere indirizzate alla direzione*, the letters should be addressed to the management **2** (*dirigere*) to send*, to direct: — *una persona a qlcu.*, to send a person to s.o.; — *qlcu. verso un luogo*, to direct s.o. to a place **3** (*fig.*) (*avviare*) to direct: — *i propri sforzi verso qlco.*, to direct one's efforts towards sthg.; *lo indirizzai allo studio delle lingue*, I advised him to study languages **4** (*rivolgere*) to address: *queste osservazioni non erano indirizzate a te*, these remarks were not addressed to you.

□ **indirizzarsi** *v.rifl.* **1** (*dirigersi*) to set* out for (a place), to make* one's way towards (a place), to direct one's steps towards (a place) **2** (*rivolgersi*) to address oneself, to apply: *a chi devo indirizzarmi per avere informazioni?*, who must I apply to for information?

indirizzario *s.m.* address book, mailing list.

indirizzo *s.m.* **1** address: *cambiare* —, to change one's address; *scrivere l'— su una lettera*, to write the address on a letter; *prima di partire dammi il tuo* —, give me your address before you leave; — *del mittente*, sender's address; — *del destinatario*, receiver's address; — *di ufficio*, business address **2** (*fig.*) course, trend, direction, turn; line, policy: *il suo — politico è piuttosto socialisteggiante*, politically speaking he tends towards socialism; *prendere un cattivo* — (*nella vita*), to take an evil course (in life); *le cose prendono un cattivo* —, things are taking a bad turn; *ha preso un — di studi classico*, he is reading classics; *scuola a — professionale*, technical college; *l'— economico di un governo*, the economic policy of a government; (*econ.*) *il nuovo — di un'attività commerciale*, the new course of a business activity // *all'— di*, to (*o* towards *o* at) s.o.; *rivolse pesanti critiche all'— del presidente*, he levelled severe criticism at the president **3** (*discorso*) address **4** (*inform.*) address: — *di memoria*, origin address; — *della pista*, (IBM); — *di posta elettronica*, i-mail address; — *guida*, home address; — *di lancio*, entry address; — *immediato*, zero level address; — *spiazzabile*, floating address.

indiscernibile *agg.* (*letter.*) indiscernible; indistinguishable.

indisciplina *s.f.* indiscipline, lack of discipline: *un atto di* —, a breach of discipline.

indisciplinabile *agg.* unmanageable, uncontrollable.

indisciplinatamente *avv.* without discipline.

indisciplinatezza *s.f.* indiscipline, lack of discipline.

indisciplinato *agg.* undisciplined: *questi ragazzi sono molto indisciplinati*, these children are quite out of hand; *nelle ore di punta il traffico è* —, at peak hours the traffic is chaotic.

indiscretamente *avv.* indiscreetly; tactlessly; (*con curiosità*) inquisitively.

indiscretezza → **indiscrezione**.

indiscreto *agg.* indiscreet, tactless; (*invadente*) meddlesome, intrusive, intruding; (*curioso*) inquisitive, prying; (*fam.*) nosy: *al riparo da sguardi indiscreti*, safe from prying eyes; *è molto — da parte sua*, it is very indiscreet of him; *se non sono —, chi è?*, if it is not a tactless question, who is she?; *non fare domande indiscrete!*, don't be inquisitive!

indiscrezione *s.f.* **1** indiscretion, tactlessness; impertinence: *peccare di* —, to be indiscreet **2** (*pettegolezzo*) gossip; indiscretion; tittle-tattle: *indiscrezioni della stampa*, press gossip.

indiscriminato *agg.* indiscriminate, indiscriminating: *accusa indiscriminata*, blanket accusation.

indiscusso *agg.* undiscussed, undisputed, undoubted, unquestioned: *la squadra ha riconfermato la sua indiscussa superiorità*, the team reconfirmed its undisputed superiority.

indiscutibile *agg.* unquestionable, indisputable: *un uomo di — serietà professionale*, a man of unquestionable professional integrity; *è — che...*, it is beyond argument that...

indiscutibilmente *avv.* unquestionably, indisputably, undoubtedly: *è — il migliore*, he is undoubtedly the best.

indispensabile *agg.* indispensable; absolutely necessary; essential: *l'aria è — alla vita*, air is indispensable to life; *è — che abbia il vostro permesso*, it is essential that I should have your permission; *non crederai di essere —!*, you don't think you are indispensable! // (*dir.*) *requisito* —, precondition (*o* prerequisite) ♦ *s.m.* necessary: *l'— per vivere*, the necessities of life; *ho portato solo lo stretto* —, I have only brought what is strictly necessary.

indispensabilità *s.f.* indispensability, indispensableness.

indispettire *v.tr.* to vex; to annoy, to pique, to irritate, to nettle; (*fam.*) to get* under one's skin: *le sue critiche mi indispettivano*, his criticism nettled me (*o* got under my skin).

□ **indispettirsi** *v.intr.pron.* to become* vexed, to become* annoyed, to become* nettled.

indispettito *agg.* vexed; annoyed, irritated, nettled.

indisponente *agg.* off-putting, vexing, irritating, annoying: *ha un atteggiamento molto — verso i suoi collaboratori*, her attitude towards her collaborators is very off-putting.

indisponibile *agg.* **1** unavailable; unwilling: *essere — a trattare*, to be unwilling to negotiate **2** (*dir.*) that cannot be disposed of (*pred.*); (*inalienabile*) inalienable, entailed: *quota* —, portion of the estate that cannot be disposed of freely; (*scozz.*) legitim; (*st.*) reasonable part // *diritto* —, right that cannot be waived.

indisponibilità *s.f.* **1** unavailability: *l'— di posti a sedere*, the lack of seating accommodation **2** (*dir.*) impossibility to dispose of (sthg.).

indisporre *v.tr.* to vex, to irritate, to upset*, to annoy; to make* ill-disposed, to indispose; to disgust: *non indisporlo*, don't vex him; *vederti così annoiato mi indispone*, it upsets me to see you so bored.

indisposizione *s.f.* indisposition; slight illness; *è assente per una lieve* —, he is absent because of a slight indisposition.

indisposto *agg.* **1** (*lievemente malato*) indisposed, slightly ill, unwell; (*fam.*) poorly, out of sorts **2** (*mal disposto*) indisposed (towards s.o.), unfriendly (to s.o.), ill-disposed (towards s.o.).

indisputabile *agg.* **1** indisputable, unquestionable, undeniable, incontestable; incontrovertible: *un principio* —, an undeniable principle; *una tesi* —, an incontrovertible argument **2** (*che non si può svolgere*) that cannot take place (*pred.*): *causa maltempo, la partita è* —, owing to bad weather the match cannot be played.

indisputato *agg.* (*non com.*) unchallenged, unquestioned: *un principio* —, an unchallenged principle.

indissociabile *agg.* indissociable: *due concetti indissociabili*, two inseparably linked concepts.

indissociato *agg.* (*chim.*) undissociated.

indissolubile *agg.* indissoluble, indissolvable: *un legame* —, an indissoluble bond.

indissolubilità *s.f.* indissolubility, indissolubleness: (*dir.*) — *di un contratto*, indissolubility of a contract.

indistinguibile *agg.* indistinguishable; imperceptible, indiscernible: *due suoni indistinguibili*, two indistinguishable sounds.

indistinguibilità *s.f.* indistinguishability.

indistintamente *avv.* **1** (*senza distinzione*) without distinction: *l'invito fu rivolto a tutti* —, the invitation was addressed to all and sundry **2** (*confusamente*) indistinctly, confusedly; (*in modo vago*) vaguely, faintly, dimly: *purtroppo ricordo l'accaduto soltanto* —, unfortunately I only have a vague recollection of what happened.

indistinto *agg.* indistinct, confused, blurred; (*vago*) vague, faint, dim: *un ricordo* —, a vague recollection; *un suono* —, an indistinct sound.

indistruttibile *agg.* indestructible; (*fig.*) undying: *un tessuto* —, an indestructible tissue; *una speranza* —, an undying hope.

indistruttibilità *s.f.* indestructibility.

indisturbato *agg.* undisturbed: *il ladro se ne andò* —, the burglar went off undisturbed.

indivia *s.f.* (*bot.*) (*Cichorium endivia*) endive.

individuale *agg.* individual; personal; particular: *lezione* —, individual lesson; *diritti individuali*, individual rights // (*sport*) *gara* —, individual event.

individualismo *s.m.* individualism.

individualista *s.m.* e *f.* individualist // *essere un* —, to be self-centred.

individualistico *agg.* individualistic: *un atteggiamento troppo* —, an excessively self -centred attitude.

individualità *s.f.* individuality; (*personalità*) personality.

individualizzare *v.tr.* to individualize; to personalize; to give* a personal touch to sthg.: — *l'insegnamento*, to adapt one's teaching (to the individual needs); — *il lavoro*, to personalize one's work.

individualizzazione *s.f.* individualization.

individualmente *avv.* individually, personally.

individuare *v.tr.* **1** (*caratterizzare*) to individualize, to characterize: *alcune caratteristiche precise individuano il suo stile*, some particular features characterize his style **2** (*riconoscere*) to single (s.o.) out; to identify; (*localizzare*) to locate: — *qlcu. nella folla*, to single s.o. out in a crowd; *il colpevole è stato individuato*, the culprit has been identified; — *la posizione di una stella*, to locate the position of a star.

□ **individuarsi** *v.intr.pron.* to be characterized.

individuato *agg.* (*letter.*) individual; specific.

individuazione *s.f.* **1** (*caratterizzazione*) individualization, characterization **2** (*specificazione*) specification **3** (*riconoscimento*) singling out; identifying; (*localizzazione*) location: *alcuni testimoni hanno consentito l'— del colpevole*, the culprit has been identified with the help of some witnesses.

individuo *s.m.* **1** individual: *i diritti dell'—*, the rights of the individual **2** (*uomo*) man; individual; (*fam.*) fellow, chap; (*amer.*) guy: *che strano —!*, what a queer fellow!; *c'è un — che ti cerca*, there is a man who is looking for you; *chi è quell'—?*, who is that fellow? **3** (*biol.*) individual; (*di colonia*) person ◆ *agg.* (*letter.*) **1** (*indiviso*) indiscrete, inseparable **2** (*individuale*) individual, single.

indivisibile *agg.* indivisible (*anche mat.*); inseparable; *due amici indivisibili*, two inseparable friends; *i due volumi sono indivisibili*, the two volumes cannot be sold separately // (*dir.*) *bene —*, indivisible property.

indivisibilità *s.f.* indivisibility: (*dir.*) *— di un patrimonio*, indivisibility of an estate.

indiviso *agg.* undivided; unshared; joint: (*dir.*) *proprietà indivisa*, joint ownership (*o* joint tenancy); *patrimonio —*, undivided property; (*econ.*) *utili indivisi*, undivided profits.

indiziare *v.tr.* (*rendere sospetto*) to cast* suspicion on (s.o.); to make* suspect.

indiziario *agg.* (*dir.*) presumptive; circumstantial; based on suspicion (*pred.*): *prova indiziaria*, circumstantial (*o* indirect) evidence.

indiziato *agg.* e *s.m.* (*dir.*) suspect: *gli indiziati principali sono stati scagionati*, the principal suspects have been cleared.

indizio *s.m.* **1** indication, clue; (*segno*) sign; (*sintomo*) symptom: *l'oscurarsi del cielo è — di temporale*, the clouding over of the sky is sign of a storm **2** (*dir.*) (*prova tenue*) circumstantial evidence [U]; (*prova*) evidence [U]: *l'accusa si fonda su semplici indizi*, the charge is based on purely circumstantial evidence; *tutti gli indizi sono contro l'imputato*, all the evidence is against the accused.

indizionale *agg.* indictional.

indizione *s.f.* **1** (*l'indire*) calling: *l'— delle elezioni*, the calling of the elections **2** (*st.*) indiction.

indo- *pref.* che significa 'indiano'; ingl. Indo: *indoeuropeo*, Indo-European.

indoario *agg.* e *s.m.* (*ling.*) Indo-Aryan.

indocile *agg.* indocile, unruly; intractable, unmanageable: *un carattere —*, an intractable temper; *un bambino —*, an unruly child; *un cavallo —*, an unmanageable horse.

indocilire *v.tr.* (*letter.*) to make* docile; to make* tractable.

□ **indocilirsi** *v.intr.pron.* to become* docile.

indocilità *s.f.* indocility, intractability; unruliness.

indocinese *agg.* Indo-Chinese.

indoeuropeista *s.m.* e *f.* Indo-Europeanist.

indoeuropeistica *s.f.* Indo-European linguistics, Indo-European glottology.

indoeuropeo *agg.* e *s.m.* Indo-European.

indoiranico *agg.* Indo-Iranian.

indolcimento *s.m.* sweetening; (*fig.*) softening, mellowing.

indolcire *v.tr.* to sweeten; (*fig.*) to soften, to mellow ◆ *v.intr.* → indolcirsi.

□ **indolcirsi** *v.intr.pron.* to become* sweet, to get* sweet; (*fig.*) to grow* mild, to grow* mellow.

indole *s.f.* **1** (*temperamento*) nature, disposition, temper, temperament, character: *una persona di buona —*, a good-natured person; *è d'— malinconica*, he is by nature melancholy; *è pigro d'—*, he is lazy by nature; *ha un'— amichevole*, she has a friendly disposition; *ha un'— ribelle*, he has a rebellious temperament; *non si può andare contro la propria —*, one cannot go against one's nature // *l'— della sua poesia*, the nature (*o* character) of his poetry **2** (*estens.*) (*natura*) nature: *fare considerazioni d'— generale*, to make observations of a general nature (*o* sort).

indolente *agg.* **1** indolent, slothful, inert, lazy; (*apatico*) apathetic, listless: *è uno scolaro —*, he is a listless student **2** (*med.*) (*che non duole*) indolent, painless: *tumore —*, indolent tumour ◆ *s.m.* e *f.* (*chi è pigro*) lazy person; loafer, lounger; (*fam.*) lazy bones.

indolenza *s.f.* **1** indolence, sloth, laziness; (*apatia*) apathy; listlessness: *scuotere qlcu. dalla sua —*, to rouse s.o. out of a state of apathy **2** (*med.*) (*mancanza di dolore*) indolence.

indolenzimento *s.m.* numbness; soreness; stiffness: *avevo un — alla gamba*, my leg was numb (*o* sore *o* stiff).

indolenzire *v.tr.* to numb; to make* sore; to make* stiff: *il freddo mi aveva indolenzito le mani*, my hands were numb (*o* benumbed) with cold.

□ **indolenzirsi** *v.intr.pron.* to grow* numb, to become* numb, to get* stiff: *mi si è indolenzita una gamba*, my leg has become numb.

indolenzito *agg.* numb, benumbed: *sono tutto —*, I am aching all over; *mi sento le gambe indolenzite*, my legs feel stiff (*o* sore).

indolina *s.f.* (*chim.*) induline.

indolo *s.m.* (*chim.*) indole.

indolore, **indoloro** *agg.* painless: (*med.*) *parto —*, painless childbirth; *intervento —*, painless operation.

indomabile *agg.* ungovernable; (*non addomesticabile*) untam(e)able (*anche fig.*); (*non soggiogabile*) invincible; indomitable; unconquerable: *una passione —*, an invincible passion; *avere una volontà —*, to have an indomitable will; *un cavallo —*, an ungovernable horse.

indomani *s.m.* (the) next day, (the) following day; (the) day after: *l'— era già qui*, the next (*o* following) day he was already here; *all'— del suo arrivo*, (on) the day after his arrival; *disse che sarebbe ritornato l'—*, he said he would return the following (*o* next) day; *rimandò l'appuntamento all'—*, he postponed the appointment until the following (*o* next) day.

indomato *agg.* (*letter.*) untamed; (*non soggiogato*) unconquered.

indomito *agg.* indomitable, unyielding; (*di popolo*) unconquered, unconquished; (*di cavallo*) unbacked, unbroken, unsubdued: *uno spirito —*, an indomitable (*o* unbroken) spirit.

indonesiana *s.f.* Indonesian.

indonesiano *agg.* e *s.m.* Indonesian.

indoor *agg.* (*sport*) indoor.

indoramento *s.m.* gilding.

indorare *v.tr.* **1** to gild (*anche fig.*): *il sole al tramonto indorava le cime*, the setting sun gilded the hill-tops // *— la pillola*, to gild (*o* to sugar) the pill **2** (*cuc.*) to dip in egg.

□ **indorarsi** *v.intr.pron.* (*letter.*) to assume a golden hue.

indoratore *s.m.* gilder.

indoratura *s.f.* gilding.

indorsare *v.tr.* (*legatoria*) to round.

indorsatura *s.f.* (*legatoria*) rounding.

indossare *v.tr.* **1** (*avere indosso*) to wear*, to have (sthg.) on: *indossava una sottana lunga, un abito da sera*, she was wearing a long skirt, an evening dress; *per la sfilata dovete — l'uniforme*, you will have to wear your uniform for the parade **2** (*mettere indosso*) to put* (sthg.) on: *indossa la tua giacca*, put on your coat; *indossai velocemente l'accappatoio e mi precipitai alla porta*, I quickly put on my bathrobe and rushed to the door.

indossatore *s.m.* **1** (*modello*) model **2** (*mobile*) valet.

indossatrice *s.f.* model, mannequin: *fare l'—*, to be a model; *— volante*, freelance model.

indossile *s.m.* (*chim.*) indoxyl.

indosso → **addosso**.

indostano *agg.* e *s.m.* Hindustani.

indotto[1] *agg.* (*letter.*) illiterate, uncultured, unlearned.

indotto[2] *agg.* **1** (*spinto*) driven; (*fig.*) goaded: *— dalla miseria*, driven by dire poverty **2** (*econ.*) (*derivato*) induced: *investimento —*, induced investment; *consumi indotti*, induced consumption; *inflazione indotta dall'aumento dei costi*, cost-induced inflation **3** (*elettr.*) induced: *corrente indotta*, induced current ◆ *s.m.* **1** (*econ.*) (*complesso delle attività economiche indotte*) induced activity: *l'— dell'industria automobilistica*, the economic activity induced by the car industry // *prodotti dell'—*, (*acquistati da altre imprese*) bought-out parts **2** (*elettr.*) armature, (*amer.*) rotor.

indottrinamento *s.m.* indoctrination.

indottrinare *v.tr.* to indoctrinate: *i funzionari del partito erano ben indottrinati*, the party officials were well indoctrinated // *— un teste*, to prime a witness.

indovinabile *agg.* guessable; (*prevedibile*) foreseeable: *la risposta non è facilmente —*, the answer is not easy to guess.

indovinare *v.tr.* **1** to guess: *— i desideri di qlcu.*, to divine s.o.'s wishes; *— giusto, sbagliato*, to guess right, wrong; *indovina che cosa disse*, guess what he said; *indovina quanti anni ho*, guess how old I am // *non tirare sempre a —, concentrati e pensa alla risposta*, don't guess all the time, concentrate and think about the answer **2** (*predire, prevedere, immaginare*) to foresee*, to foretell*, to imagine: *avevo indovinato che tutto sarebbe finito in niente*, I had foreseen (*o* imagined) that it would all come to nothing **3** (*azzeccare, indovinarla, colpire nel segno*) to hit* the mark, to hit* the nail on the head: *l'hai indovinata, quella è la causa di tutti i miei mali*, you've hit the nail on the head (*o* you have got it), that is the cause of all my troubles; *— un mestiere*, to choose a job well; *non ne indovina mai una*, he never gets one right.

indovinato *agg.* (*che ha successo*) successful; (*ben fatto*) well-done; (*ben scelto*) well-chosen; (*ben concepito*) well-conceived: *un film, un programma —*, a successful film, programme; *un — accostamento di colori*, a successful combination of colours.

indovinello *s.m.* riddle, puzzle; conundrum: *non riesco a risolvere questo* —, I can't answer this riddle (*o* solve this puzzle) // *parlare per indovinelli*, to speak in riddles.

indovino *agg.* (*letter.*) prophetic; foreseeing ◆ *s.m.* soothsayer, fortune-teller, diviner; prognosticator: *consultare un* —, to see (*o* to consult) a fortune-teller // *non sono un* —, *come faccio a saperlo?*, I'm not a prophet, how could I know?

indrappellare *v.tr.* (*non com.*) to assemble in platoons, to draw* up in platoon.

indri *s.m.* (*zool.*) — *dalla coda corta*, (*Indri brevicaudatus*) indri, indris.

Indù *agg.* e *s.m.* e *f.* Hindu, Hindoo.

indubbiamente *avv.* undoubtedly, certainly; without any doubt, without a doubt; unquestionably, decidedly: *la situazione è* — *molto pericolosa*, the situation is certainly (*o* undoubtedly) very dangerous; *è* — *il migliore della classe*, he is undoubtedly (*o* without any doubt) the best in the class.

indubbio *agg.* undoubted, certain, unquestionable: *un uomo di* — *valore*, a man of undoubted (*o* unquestionable) merit.

indubitabile *agg.* indubitable, unquestionable.

indubitato *agg.* undoubted, unquestioned; certain.

inducente *agg.* (*fis.*) inductive, inducing: *circuito, corrente* —, induction circuit, current.

indugiare *v.intr.* **1** (*esitare*) to delay, to hesitate: — *a rispondere*, to delay in answering; *smettila di* — *e dimmi la verità*, stop stalling and tell me the truth **2** (*anche intr. pron.*) (*trattenersi*) to loiter, to linger, to dawdle; to stall: — *su un argomento*, to dwell upon (*o* to linger over) a subject; *indugiò un po' a parlare con l'amico*, he lingered a while talking to his friend.

indugio *s.m.* (*ritardo*) delay; (*differimento*) postponement; putting off: *senza* —, without delay (*o* straight away); *troncare gli indugi*, to come to a decision, (*agire*) to take the plunge.

induismo *s.m.* (*st. relig.*) Hinduism.

induista *s.m.* e *f.* Hinduist.

induistico *agg.* Hindu.

indulgente *agg.* indulgent (to, towards s.o.), lenient (with s.o.): *mostrarsi* —, to be understanding; *una madre* —, an indulgent mother; *un capo* —, an understanding boss; *è sempre molto* — *nei miei confronti*, he is always very indulgent towards me; *sii* —, be understanding; *giudice* —, lenient judge.

indulgenza *s.f.* indulgence, leniency: *avere, mostrare* — *verso qlcu.*, to be indulgent to s.o. // (*eccl.*) — *plenaria*, plenary indulgence.

indulgere *v.intr.* to indulge (in sthg.); to wallow (in sthg.): — *a qualche pettegolezzo*, to indulge in some gossip; — *in un'abitudine*, to indulge in a habit; — *al sentimentalismo*, to indulge in sentimentalism; — *nel bere*, to indulge in drinking.

indulto *s.m.* **1** (*eccl.*) indult **2** (*dir.*) pardon.

indumento *s.m.* garment; clothes (*pl.*): *indumenti leggeri, pesanti*, heavy, light clothes; *indumenti intimi*, underwear; *spogliarsi degli indumenti*, to throw off one's clothes; *sacri indumenti*, priestly vestments.

indurente *agg.* hardening ◆ *s.m.* hardener.

indurimento *s.m.* hardening.

indurire *v.tr.* to harden (*anche fig.*): *l'egoismo gli ha indurito il cuore*, selfishness has hardened his heart; *il gelo ha indurito il terreno*, the frost has hardened the ground; — *il corpo alle fatiche*, to harden one's body to fatigue ◆ *v.intr.* → indurirsi.

□ **indurirsi** *v.intr.pron.* **1** to harden, to get* hard (*anche fig.*); (*fig.*) to grow* callous, to become* impervious (to sthg.): *durante la notte la neve* (*si*) *indurì*, during the night the snow hardened; *con gli anni il suo carattere si è indurito*, he has grown callous over the years; — *alle disgrazie*, to become impervious (*o* hardened) to misfortune **2** (*di malta, cemento, colla ecc.*) to set*.

indurito *agg.* hard, hardened (*anche fig.*): — *alla fatica*, hardened to fatigue.

indurre *v.tr.* **1** (*ispirare, infondere*) to inspire, to infuse: — *coraggio nel cuore di qlcu.*, to infuse courage into s.o.'s heart (*o* s.o.'s heart with courage); — *la speranza nell'animo di qlcu.*, to inspire hope in s.o.'s spirit **2** (*persuadere*) to induce, to persuade, to get*, to lead*, to convince: *cerca di indurlo a venire*, try to persuade him to come; *che cosa ti indusse a prendere questa decisione?*, what induced (*o* drove *o* convinced) you to take the decision?; *lo indussi ad accettare*, I got him to accept; *fu indotto a farlo dalla paura*, he was driven to do it by fear; *sono indotto a credere che non sia vero*, I am led to believe that it is not true; *tutte le sue sventure lo indussero alla disperazione*, all his misfortunes drove him to despair; — *in errore*, to mislead // *non c'*— *in tentazione*, lead us not into temptation **3** (*dedurre*) to infer: *induco da ciò...*, I infer from that... **4** (*non com.*) (*destare*) to produce, to bring* on: — *le contrazioni*, to bring on (the) contractions; (*elettr.*) to induce.

□ **indursi** *v.rifl.* (*decidersi*) to resolve, to decide, to make* up one's mind: *non so indurmi a dirglielo*, I can't make up my mind to tell him; — *a far qlco.*, to bring oneself to do sthg.

indusio *s.m.* (*bot., biol., zool.*) indusium*.

industre *agg.* (*letter.*) industrious, hardworking.

industria *s.f.* **1** industry; (*fabbricazione*) manufacture; (*attività industriale*) trade; (*impresa industriale*) industrial concern, industry: *piccola, media, grande* —, small, medium-size, big industry; — *agricola*, agricultural industry; — *alimentare*, food industry; — *a sovvenzione statale*, subsidized industry; — *a tecnologia avanzata*, high-technology industry; — *casearia*, dairy industry; — *chiave*, key industry; — *conserviera*, canning (*o* tinning) industry; — *dell'abbigliamento*, clothing industry; *l'*— *dell'automobile*, the car industry; — *dei servizi, terziaria*, service (*o* tertiary) industry; — *dei trasporti*, carrying trade; — *del freddo*, frozen foods industry; — *dello spettacolo*, entertainment industry (*o* show business); — *di base*, basic industry; *l'*— *delle costruzioni*, the building industry; — *dolciaria*, confectionery (industry); — *farmaceutica*, pharmaceuticals (*o* pharmaceutical company); — *leggera, pesante*, light, heavy industry; — *manifatturiera*, manufacturing industry; — *metalmeccanica*, engineering industry; — *mineraria*, mining industry; — *navale*, shipping industry; — *nazionale*, domestic industry; — *nazionalizzata*, nationalized industry; — *petrolchimica*, petrochemical industry; — *primaria, secondaria*, primary, secondary industry; — *siderurgica*, iron and steel industry; — *tessile*, textile industry; — *turistica*, tourist industry; *industrie del tempo libero*, leisure industries; *industrie di trasformazione*, manufacturing industries; *industrie estrattive*, extractive industries; *industrie grafiche ed editoriali*, printing and publishing **2** (*assiduità, zelo*) industry, diligence **3** (*letter.*) (*abilità*) skill, cleverness; (*ingegnosità*) astuteness, cunning // *vivere d'*—, to live by one's wits.

industriale *agg.* industrial, manufacturing: *attività* —, industrial activity; *produzione* —, manufacture (*o* industrial production); *stabilimento* —, industrial factory; *sviluppo, progresso* —, industrial development; *zona* —, industrial area; *chimica* —, industrial chemistry (*o* chemical engineering); *corrente* —, industrial current // (*banca*) *credito* —, industrial (*o* investment) credit; (*Borsa*) *titoli industriali*, industrials ◆ *s.m.* industrialist, manufacturer: *grosso* —, tycoon (*o* magnate); *piccolo* —, small manufacturer; *un* — *del petrolio*, an oil magnate, (*amer.*) oil baron.

industrialismo *s.m.* (*econ.*) industrialism.

industrializzare *v.tr.* to industrialize: — *la produzione del vino, un paese*, to industrialize wine production, a country.

□ **industrializzarsi** *v.intr.pron.* to become* industrialized: *una regione che si è industrializzata*, a region that has become industrialized.

industrializzato *agg.* industrialized, industrial: (*econ.*) *paese* —, industrialized (*o* industrial) country.

industrializzazione *s.f.* industrialization: (*econ.*) *l'*— *del Mezzogiorno, dell'agricoltura*, the industrialization of Southern Italy, of agriculture.

industrialmente *avv.* industrially.

industriarsi *v.intr.pron.* to try* hard; to do* all one can: *s'industriò per cercare la soluzione*, he did all he could to find the solution.

industrioso *agg.* industrious, hard-working, active; (*ingegnoso*) ingenious, skilful.

induttanza *s.f.* (*elettr.*) inductance: — *mutua*, mutual inductance.

induttivo *agg.* inductive: *metodo* —, inductive method; (*elettr.*) *circuito* —, inductive circuit.

induttore *s.m.* (*elettr.*) inductor: — *ad aria*, air-core inductor; — *a nucleo magnetico*, iron-core inductor.

induzione *s.f.* **1** (*log.*) induction: *ragionare per* —, to reason by induction **2** (*fis., mat.*) induction: — *elettromagnetica*, electromagnetic induction; — *elettrostatica*, electrostatic induction; — *magnetica*, magnetic induction; *regolatore a* —, induction converter; *bobina d'*—, induction coil; — *matematica*, mathematical induction.

inebetire *v.tr.* to dull, to make* stupid; (*stordire*) to stun, to daze: *lo spavento lo ha inebetito*, the shock stunned him ◆ *v.intr.* → inebetirsi.

□ **inebetirsi** *v.intr.pron.* to grow* dull, to become* stupid: *s'inebetisce tutto il giorno davanti alla* TV, he's turning stupid (sitting) all day in front of the TV.

inebetito *agg.* stupefied, dazed, stupid: *mi guardava* —, he looked at me blankly (*o* in a daze).

inebriamento *s.m.* inebriation, intoxication, drunkenness.

inebriante *agg.* intoxicating, heady, stirring; strong: *profumo* —, heady scent; *musica* —, stirring music.

inebriare *v.tr.* **1** (*ubriacare*) to make* drunk, to intoxicate, to inebriate: *il vino lo inebria facilmente*, wine makes him drunk easily **2** (*fig.*) to intoxicate; to exhilarate, to fill with joy: *la notizia l'aveva inebriato*, the news had filled him with joy; *essere inebriato dal successo*, to be intoxicated by (*o* with) success.

□ **inebriarsi** *v.intr.pron.* **1** (*ubriacarsi*) to get* drunk **2** (*fig.*) to go* into raptures, to become* intoxicated: — *al pensiero della vittoria*, to become filled with joy at the thought of victory.

ineccepibile *agg.* irreproachable, exemplary, unexceptionable: *onestà* —, proved honesty; *condotta* —, exemplary conduct; *il suo ragionamento è assolutamente* —, his argument appears to be beyond criticism.

ineccepibilità *s.f.* unexceptionableness, exemplariness, irreproachability.

inedia *s.f.* **1** (*digiuno prolungato*) starvation, inanition **2** (*fam.*) (*noia*) boredom, tedium // *morire d'*—, to be bored to death.

inedificabilità *s.f.* ineligibility for building development.

inedito *agg.* **1** unpublished: *opera inedita*, unpublished work; *un autore* —, an unpublished author **2** (*fig.*) (*ancora ignoto*) new, fresh, hot: *notizia inedita*, fresh (*o* hot) piece of news ◆ *s.m.* unpublished work.

ineducato *agg.* **1** (*maleducato*) impolite, ill-mannered, rude: *un ragazzaccio* —, an impolite youth **2** (*senza educazione*) unrefined, uneducated, rough.

ineducazione *s.f.* impoliteness, bad manners (*pl.*), rudeness.

ineffabile *agg.* ineffable, indescribable, unspeakable, unutterable: *una gioia* —, an indescribable joy // *un — bugiardo*, (*scherz.*) an incomparable liar.

ineffabilità *s.f.* ineffability, ineffableness.

ineffettuabile *agg.* unrealizable, unfeasible, impracticable; impossible to carry out.

ineffettuabilità *s.f.* (*non com.*) unrealizability, unfeasibility, impracticability.

ineffettuato *agg.* (*non com.*) unrealized, not carried out.

ineffettuazione *s.f.* (*non com.*) non -realization.

inefficace *agg.* **1** ineffective, ineffectual, inefficacious **2** (*dir.*) (*nullo*) void: *un contratto* —, a void contract.

inefficacia *s.f.* **1** ineffectiveness, ineffectualness **2** (*dir.*) (*nullità*) voidness.

inefficiente *agg.* inefficient, ineffectual; (*incompetente*) incompetent; (*improduttivo*) unproductive: *impianto* —, unproductive plant; *ufficio* —, inefficient office; *personale* —, inefficient personnel.

inefficienza *s.f.* inefficiency, ineffectiveness (*anche econ.*).

ineguagliabile *agg.* matchless, peerless, inimitable, incomparable: *un talento* —, a peerless talent; *uno studente di — intelligenza*, an exceptionally intelligent student.

ineguaglianza *s.f.* **1** inequality, disparity: *le ineguaglianze sociali*, social inequalities; — *di trattamento*, disparity in treatment **2** (*irregolarità*) irregularity; (*di superficie*) unevenness, roughness.

ineguagliato *agg.* unequalled, unparalleled, unmatched: *un record* —, an unbeaten record (*o* a record that hasn't been equalled).

ineguale *agg.* **1** uneven: *forze ineguali*, unequal forces **2** (*irregolare*) irregular; (*di superficie*) uneven, rough **3** (*variabile*) inconstant, changeable, uneven.

inegualità *s.f.* (*non com.*) **1** inequality **2** (*irregolarità*) irregularity; (*di superficie*) unevenness, roughness **3** (*disparità*) disparity.

inelasticità *s.f.* inelasticity; inflexibility, rigidity (*anche fig.*).

inelastico *agg.* **1** inelastic (*anche econ.*), inflexible: (*econ.*) *domanda, offerta inelastica*, inelastic demand, supply **2** (*fig.*) inflexible; rigid.

inelegante *agg.* (*di stile*) inelegant, unrefined; (*di persona, vestito ecc.*) not elegant, not smart, not refined, coarse; (*sgraziato*) ungraceful, graceless, clumsy: *il suo stile è* —, his style is unrefined; *il suo vestito è* —, her dress is not very smart.

ineleganza *s.f.* **1** inelegance, lack of elegance, lack of refinement; (*rozzezza*) coarseness; (*mancanza di grazia*) ungracefulness, clumsiness: — *di stile*, inelegance (*o* coarseness) of style; *l'— dei suoi gesti non è per niente femminile*, the ungracefulness of her gestures is quite unfeminine **2** (*non com.*) (*ciò che è privo di eleganza*) inelegancy.

ineleggibile *agg.* ineligible, not eligible: — *alla carica di deputato*, ineligible as a deputy.

ineleggibilità *s.f.* ineligibility.

ineluttabile *agg.* ineluctable, unavoidable, inevitable, inescapable: *fato* —, ineluctable fate.

ineluttabilità *s.f.* ineluctability, inevitability, unavoidability.

inemendabile *agg.* **1** incorrigible, hopeless: *un bugiardo* —, an incorrigible liar **2** (*che non si può sradicare*) ingrained: *un vizio* —, an ingrained vice.

inemendato *agg.* (*non com.*) uncorrected, unreformed, unamended: *testo* —, uncorrected text.

inenarrabile *agg.* unutterable, unspeakable; indescribable: *felicità* —, indescribable happiness; *sofferenza* —, unspeakable suffering.

inequivocabile *agg.* unequivocal, unmistakable, unambiguous; clear, certain: *una risposta* —, an unambiguous reply; *ci fu un — lampo d'ironia nei suoi occhi*, there was an unmistakable glint of irony in his eyes; *il suo gesto aveva un — significato*, his gesture had an unmistakable meaning.

inerbire *v.tr.* to grass (over), to turf.

inerente *agg.* inherent, intrinsic; (*attinente*) pertaining, concerning, related (to sthg.); (*derivante*) incidental, consequent: *il peso è una proprietà — alla materia*, weight is an inherent property of matter; *la tua osservazione — a questo argomento è sensata*, your remark concerning this subject is reasonable; *la mia tesi è — al problema dell'aggressività*, my thesis is concerned with the problem of aggression; *doveri inerenti a una carica*, duties pertaining (*o* incident) to an office; (*comm.*) *spese inerenti al trasporto*, expenses related to transport (*o* freight charges).

inerenza *s.f.* inherence, pertinence; close connection.

inerire *v.intr.* to be inherent (in sthg.); to inhere (to sthg.); to pertain (to sthg.): *difetti che ineriscono alla natura umana*, faults that are inherent in human nature.

inerme *agg.* unarmed; (*indifeso*) defenceless; helpless: *essere — di fronte alle critiche*, (*fig.*) to be helpless in the face of criticism; *assalire uomini inermi*, to attack unarmed men.

inerpicarsi *v.intr.pron.* **1** (*di esseri animati*) to clamber up (sthg.); to scramble up (sthg.); to climb (sthg.); to scale (sthg.): *il ragazzo si inerpicò sul muro*, the boy clambered up the wall; — *su per la montagna*, to clamber up (*o* to climb) the mountain **2** (*di strada, sentiero ecc.*) to climb: *il sentiero che si inerpica sulla collina*, the path that climbs the hill.

inerpicato *agg.* (*situato in luogo alto e scosceso*) perched.

inerranza *s.f.* (*teol.*) inerrancy.

inerte *agg.* **1** inert: *la materia è* —, matter is inert // *sei solo un peso* —, (*fig.*) you're just a dead weight **2** (*immobile*) motionless, still, immobile: *giaceva a terra* —, he lay motionless on the ground **3** (*ozioso, pigro*) inert, idle, indolent, lazy, slothful: *un individuo* —, an idle (*o* indolent) chap **4** (*chim.*) inert, inactive: *gas* —, inert gas // *mina* —, unactivated mine **5** (*econ.*) (*inattivo, infruttifero*) idle, dormant: *capitale* —, idle capital; (*banca*) *conto* —, dormant account; (*banca*) *saldi inerti*, idle (*o* dormant) balances.

inerudito *agg.* (*letter.*) unlearned, unlettered, uncultured.

inerzia *s.f.* **1** (*l'essere inerte*) inertia (*anche fis.*): *scuotersi dall'*—, to rouse oneself from a state of inertia // (*fis.*) *forza d'*—, force of inertia; *per forza d'*—, (*fig.*) by force of habit (*o* through inertia); *è riuscito ad andare avanti solo per forza d'*—, he was able to go on only by force of habit **2** (*inattività, inoperosità*) inactivity, idleness, laziness, sloth, indolence: *dopo due mesi d'— assoluta era veramente stufo*, after two months' complete inactivity he was thoroughly fed up **3** (*med.*) inertia: — *uterina*, uterine inertia.

inerziale *agg.* (*fis.*) inertial.

inesattezza *s.f.* inexactness, inexactitude, inaccuracy, imprecision; (*errore*) mistake, error: — *di un calcolo*, miscalculation, wrong calculation; — *di una traduzione*, inaccuracy of a translation; *esercizio pieno di inesattezze*, exercise full of mistakes.

inesatto[1] *agg.* incorrect, inaccurate, inexact; wrong: *lavoro* —, inaccurate work; *bilancia inesatta*, inaccurate scales; *notizia inesatta*, incorrect news; *è — quello che dici*, what you say is incorrect.

inesatto[2] *agg.* (*amm., comm.*) uncollected: *imposte inesatte*, uncollected taxes.

inesaudibile *agg.* that cannot be granted: *un desiderio* —, a wish that cannot be granted.

inesaudito *agg.* not granted, ungranted, unsatisfied; (*di petizione*) rejected.

inesauribile *agg.* **1** inexhaustible (*anche fig.*): *una miniera* —, an inexhaustible mine **2** (*fig.*) endless, unfailing, unlimited: *uomo di inesauribili risorse*, man of endless resources; *la sua pazienza è* —, his patience is unlimited (*o* unfailing).

inesauribilità *s.f.* inexhaustibility, inexhaustibleness (*anche fig.*): *l'— di una fonte*, the inexhaustibility of a source; *l'— della fantasia*, the inexhaustibility of the imagination.

inesausto *agg.* (*letter.*) inexhaustible.

inescare e *deriv.* → **innescare** e *deriv.*

ineseguibile *agg.* **1** impracticable, unrealizable: *progetto* —, impracticable plan **2** (*di legge*) unenforceable **3** (*di opera teatrale*) unperformable, not suitable for the stage **4** (*di promessa*) that cannot be fulfilled.

ineseguito *agg.* **1** unexecuted, not carried out **2** (*di opera teatrale*) unperformed **3** (*di promessa*) unfulfilled.

inesercitabile *agg.* that cannot be practised, that cannot be exercised: (*dir.*) *diritto* —, non actionable right (*o* right without a remedy).

inesercitato *agg.* (*non com.*) unexercised; untrained, unpractised.

inesigibile *agg.* (*comm.*) irrecoverable, bad, uncollectable, (*amer.*) uncollectible; (*non scaduto*) not due: (*banca*): *assegno* —, worthless cheque; *credito* —, uncollectable (*o* irrecoverable) credit (*o* bad debt).

inesigibilità *s.f.* irrecoverableness, incapability of being collected: (*comm.*) — *di un credito*, irrecoverableness of a credit.

inesistente *agg.* **1** nonexistent, inexistent; (*immaginario*) imaginary: *pericolo* —, nonexistent (*o* imaginary) danger; *si vanta di ricchezze inesistenti*, he boasts about his nonexistent riches **2** (*fam.*) (*di scarso rilievo*) negligible: *danno* —, negligible damage.

inesistenza *s.f.* nonexistence, inexistence; (*dir.*) (*nullità*) voidness.

inesorabile *agg.* **1** (*implacabile*) inexorable, implacable, relentless; inflexible: *giudice* —, inflexible judge; *si mostra — con i nemici*, he's relentless with his enemies **2** (*fig.*) inexorable, inevitable: *destino* —, inexorable destiny; *l'— trascorrere del tempo*, the inexorable passing of time // *una malattia* —, an incurable disease.

inesorabilità *s.f.* inexorability, inexorableness; inflexibility, implacability; (*inevitabilità*) inevitability: *l'— di una malattia*, the inexorable nature of a disease.

inesorato → **inesorabile**.

inesperienza *s.f.* inexperience, lack of experience.

inesperto *agg.* **1** (*senza esperienza*) inexperienced: *un ragazzo* —, an inexperienced boy; *essere — del mare*, to have no experience of (*o* to be unfamiliar with) the sea **2** (*senza pratica*) unskilled, inexpert; (*non addestrato*) untrained: *infermiera inesperta*, untrained nurse; *mano inesperta*, unskilled hand; *apprendista* —, untrained apprentice.

inespiabile *agg.* inexpiable, unatonable.

inespiato *agg.* inexpiated, unatoned.

inesplicabile *agg.* inexplicable, unexplainable, unaccountable: *il suo comportamento è davvero* —, his behaviour is really inexplicable.

inesplicabilità *s.f.* inexplicability, inexplicableness, unaccountableness.

inesplicato *agg.* (*non com.*) unexplained, unaccounted for.

inesplorabile *agg.* **1** that cannot be explored: *foresta* —, forest that cannot be explored **2** (*insondabile*) unfathomable, impenetrable: *intenzioni inesplorabili*, unfathomable intentions.

inesplorato *agg.* unexplored (*anche fig.*); (*di mare*) uncharted: *terre inesplorate*, unexplored lands.

inesploso *agg.* unexploded.

inespressivo *agg.* inexpressive, expressionless, dull: *occhi inespressivi*, inexpressive eyes (*o* dull look); *attore* —, wooden actor.

inespresso *agg.* unexpressed, unspoken, tacit, implied.

inesprimibile *agg.* indescribable, inexpressible, unutterable, beyond words: *gioia, dolore* —, indescribable joy, sorrow; *provo una riconoscenza — per voi*, I can't express my gratitude to you.

inespugnabile *agg.* **1** inexpugnable, impregnable: *una fortezza* —, an impregnable fortress **2** (*invincibile*) invincible: *volontà* —, indomitable will **3** (*incorruttibile*) incorruptible: *donna* —, woman of unassailable virtue.

inespugnabilità *s.f.* **1** inexpugnability, impregnability **2** (*invincibilità*) invincibility **3** (*incorruttibilità*) incorruptibility.

inespugnato *agg.* unconquered, untaken; (*incorrotto*) uncorrupted.

inestensibile *agg.* inextensible; that cannot be extended (*anche fig.*): *materiale* —, inextensible material; *concessione* —, concession that cannot be extended.

inestensibilità *s.f.* inextensibility.

inesteso *agg.* (*non com.*) unextended.

inestetico *agg.* unaesthetic.

inestetismo *s.m.* slight blemish.

inestimabile *agg.* priceless, invaluable, inestimable: *un quadro di valore* —, a picture of inestimable value; *generosità* —, inestimable generosity.

inestinguibile *agg.* **1** inextinguishable, unquenchable (*anche fig.*): *fuoco* —, fire that cannot be extinguished (*o* put out); *sete* —, unquenchable thirst **2** (*inesauribile*) inexhaustible, unfailing: *luce* —, unfailing light; *pozzo* —, inexhaustible well **3** (*fig.*) (*perenne*) eternal, endless, undying: *odio, amore* —, undying hatred, love.

inestinto *agg.* (*letter.*) unextinguished, unquenched.

inestirpabile *agg.* ineradicable (*anche fig.*); (*di pianta*) uneradicable.

inestricabile *agg.* **1** inextricable, that cannot be disentangled **2** (*fig.*) complicated, (very) involved, insoluble: *problema* —, insoluble problem.

inettitudine *s.f.* **1** (*mancanza di attitudine*) unfitness, lack of aptitude, unsuitability, ineptness: — *allo studio, alla musica*, lack of aptitude for studying, for music **2** (*mancanza di qualsiasi capacità*) ineptitude, incompetence, incapacity **3** (*dappocaggine*) worthlessness.

inetto *agg.* **1** unfit (for sthg.), unsuitable (for sthg.), unsuited (to, for sthg.): — *alle armi*, unfit for military service **2** (*incapace*) inept, incompetent, incapable: *un impiegato* —, an incompetent employee // *prole inetta*, helpless offspring **3** (*dappoco*) good-for-nothing, worthless: *un uomo* —, a good-for-nothing **4** (*letter.*) (*sciocco*) inept, foolish, silly: *discorso* —, silly speech ◆ *s.m.* incompetent.

inevaso *agg.* (*comm.*) (*non trattato*) outstanding, unsettled; (*senza risposta*) unanswered: *pratica inevasa*, outstanding file; *lettera inevasa*, unanswered letter.

inevitabile *agg.* inevitable, unavoidable: *gli errori inevitabili della giovinezza*, the inevitable mistakes of youth; *è — che accada*, it is bound to happen ◆ *s.m.* the inevitable: *rassegnarsi all'*—, to resign oneself to the inevitable.

inevitabilità *s.f.* inevitableness, unavoidableness.

in extremis *locuz.avv.* (*lat.*) **1** in extremis, on the point of death: *si è pentito* —, he repented on the point of death **2** (*fig.*) at the eleventh hour, at the last moment: *un salvataggio* —, a rescue at the eleventh hour.

inezia *s.f.* trifle, (mere) nothing, (mere) bagatelle: *costa un'*—, it only costs a trifle; *comprare qlco. per un'*—, to buy sthg. for a song (*o* for a trifling amount); *offendersi per un'*—, to take offence at a mere trifle (*o* at a mere bagatelle); *l'esame era per lui un'*—, the exam was child's play for him.

infacondia *s.f.* (*letter.*) lack of eloquence, ineloquence.

infacondo *agg.* (*letter.*) ineloquent.

infagottare *v.tr.* to wrap up, to muffle: *era infagottata in una pesante pelliccia*, she was muffled in a thick fur; — *un bambino in uno scialle*, to wrap a child up in a shawl // *questo vestito ti infagotta*, this dress makes you look bulky.

□ **infagottarsi** *v.rifl.* **1** to wrap (oneself) up, to muffle oneself (up) **2** (*vestirsi male*) to dress badly.

infagottato *agg.* wrapped up, muffled up.

infaldare *v.tr.* (*tess.*) to fold.

infaldatura *s.f.* (*tess.*) folding.

infallibile *agg.* infallible, unerring: *nessuno di noi è* —, none of us is infallible; *si crede* —, he thinks he's infallible; *mira* —, unerring aim; *un metodo* —, a foolproof method; *uno strumento* —, an accurate instrument.

infallibilità *s.f.* infallibility.

infamante *agg.* defamatory; slanderous; disgraceful, shameful: *accusa* —, slanderous accusation; *libello* —, defamatory libel // (*dir.*) *pena* —, infamous punishment.

infamare *v.tr.* to disgrace, to dishonour, to shame: *non — il nome della tua famiglia!*, don't disgrace the good name of your family!

□ **infamarsi** *v.rifl.* to disgrace oneself, to bring* shame on oneself.

infamatorio *agg.* defamatory, slanderous.

infame *agg.* **1** infamous; heinous; disgraceful; foul; (*malvagio*) wicked: *un'azione* —, a foul deed; *un complotto* —, an infamous plot // (*dir.*) *reato, delitto* —, infamous crime **2** (*fam.*) (*terribile*) vile, awful, dreadful; (*fam.*) rotten: *tempo* —, awful (*o* rotten) weather; *un viaggio* —, an awful trip; *un film* —, a dreadful film ◆ *s.m.* e *f.* wicked person.

infamia *s.f.* **1** infamy; disgrace, shame: *coprire qlcu. d'*—, to bring disgrace (*o* shame) on s.o.; *cadere nell'*—, to fall into disgrace // (*st.*) *marchio d'*—, brand of infamy; (*fig.*) mark of shame // *senza — e senza lode*, without praise or blame **2** (*atto infame*) disgraceful act, infamous act, shameful act: *commettere un'*—, to do sthg. infamous (*o* shameful) // *che —!*, how infamous! (*o* shameful!) **3** (*scherz.*) (*cosa pessima*) disgrace; abomination.

infanatichire *v.intr.* **infanatichirsi** *v.intr.pron.* to become* a fanatic; (*estens.*) to be mad (on, about s.o., sthg.).

infangamento *s.m.* (*non com.*) muddying.

infangare *v.tr.* **1** to muddy, to spatter with mud **2** (*fig.*) to disgrace, to (be)smirch, to sully: — *il nome della famiglia*, to besmirch the family name.

□ **infangarsi** *v.rifl.* o *intr.pron.* **1** to get* muddy **2** (*fig.*) to disgrace oneself, to dishonour oneself.

infangato *agg.* **1** muddy; spattered with mud: *scarpe infangate*, muddy shoes **2** (*fig.*) disgraced; (be)smirched: *onore* —, (be)smirched honour.

infanta *s.f.* infanta (*di Spagna, Portogallo*).

infante[1] *s.m.* e *f.* (*letter.*) infant; babe, babe in arms ◆ *agg.* (*letter.*) **1** (*nell'età dell'infanzia*) infant, newborn (*attr.*) **2** (*fig.*) (*primordiale*) early.

infante[2] *s.m.* infante (*di Spagna, Portogallo*).

infanticida *s.m.* e *f.* infanticide.

infanticidio *s.m.* infanticide.

infantigliole → **eclampsia**.

infantile *agg.* **1** (*per bambino*) children's (*attr.*); for children; (*da bambino*) childish: *giochi infantili*, children's games; *letteratura* —, children's literature; *linguaggio* —, childish language // *asilo* —, kindergarten // (*med.*) *paralisi* —, infantile paralysis (*o* poliomyelitis *o fam.* polio) **2** (*puerile*) childish, infantile.

infantilismo *s.m.* infantilism (*anche med.*).

infantilità *s.f.* (*non com.*) **1** (*l'essere infantile*) childishness, puerility, infantilism **2** (*azione, frase da bambino*) childishness [U], puerility.

infanzia *s.f.* **1** childhood; (*prima infanzia*) early childhood, infancy: *non ho ricordi della mia* —, I have no memory of my early childhood (*o* infancy) **2** (*i bambini*) children (*pl.*): *leggi per la tutela dell'*—, laws to protect children // *l'— abbandonata*, orphans (*pl.*) **3** (*fig. letter.*) infancy: *l'— di un popolo*, the infancy of a people.

infarcimento *s.m.* **1** stuffing, cramming (*anche fig.*) **2** (*med.*) effusion of blood.

infarcire *v.tr.* to stuff, to cram (*anche fig.*): — *un tacchino di castagne*, to stuff a turkey with chestnuts; *ha infarcito il suo libro di citazioni*, he has stuffed his book with quotations.

infarcitura *s.f.* (*cuc.*) (*ripieno*) stuffing.

infarinare *v.tr.* **1** to flour, to sprinkle with flour: *bisogna — il pesce prima di friggerlo*, you must flour the fish before frying it **2** (*estens.*) (*imbiancare*) to whiten: *la neve ha infarinato i tetti*, snow has whitened the roofs.

□ **infarinarsi** *v.rifl.* o *intr.pron.* **1** to get* covered with flour **2** (*scherz.*) (*incipriarsi*) to powder (oneself).

infarinatura *s.f.* **1** flouring: *l'— del pesce*, the flouring of the fish **2** (*fig.*) smattering, sprinkling; slight knowledge: *ha un'— di letteratura inglese*, he has a smattering of English literature.

infarto *s.m.* (*med.*) infarct, infarction; (*fam.*) heart attack: *ha avuto un — ed è morto*, he had a heart attack and died.

infartuale *agg.* (*med.*) (*relativo all'infarto*) infarct (*attr.*).

infartuato *agg.* (*med.*) infarcted: *rene* —, infarcted kidney ◆ *s.m.* (*med.*) a person affected with infarction.

infastidire *v.tr.* (*irritare*) to annoy, to vex, to irritate; (*disturbare*) to worry, to bother, to trouble; (*annoiare, stancare*) to bore, to weary; (*molestare*) to molest: *mi dispiace doverti* —, I am sorry to trouble you; *non infastidirmi con le tue inutili domande!*, don't worry (*o* bother) me with your silly questions!

□ **infastidirsi** *v.intr.pron.* to be vexed; (*stancarsi, annoiarsi*) to get* tired, to get* bored.

infastidito *agg.* (*irritato*) annoyed; (*annoiato*) tired, bored, weary.

infaticabile *agg.* tireless, untiring, indefatigable: *un lavoratore* —, a tireless worker.

infaticabilità *s.f.* tirelessness.

infatti *cong.* **1** (*in realtà, invero*) in fact, as a matter of fact, indeed, really, actually: *c'era aria di temporale, — stanotte ha piovuto parecchio*, there was a storm in the air, and in fact it rained heavily during the (*o* last) night; *"Non ho ricevuto la tua lettera" "Infatti l'ho spedita in ritardo"*, "I haven't got your letter" "As a matter of fact, I missed the post"; *"Sembri stanco" "Infatti lo sono"*, "You look tired" "I am, in fact"; *avevi ragione tu, — mi ero sbagliato*, you were right. I had indeed (*o* really *o* actually) made a mistake **2** (*con uso assoluto; spesso in tono iron.*) *"Non dovevano venire stasera?" "Infatti"*, "Weren't they supposed to come this evening?" "That's right, they were"; *ha detto che avrebbe telefonato, — ...*, he said he'd phone, but as you can see...

infattibile *agg.* (*non com.*) unfeasible, impracticable.

infatuare *v.tr.* to infatuate.

□ **infatuarsi** *v.intr.pron.* to become* infatuated (with s.o., sthg.): *si è infatuato di quella ragazza*, he has become infatuated with that girl.

infatuato *agg.* infatuated (with s.o., sthg.): — *di se stesso*, (self-)conceited.

infatuazione *s.f.* infatuation (with s.o., sthg.): *prendere un'— per qlco., qlcu.*, to become infatuated with sthg., s.o.

infausto *agg.* inauspicious; unlucky, unfavourable: *giorno* —, unlucky day; *un segno — del destino*, an inauspicious sign of destiny.

infebbrare *v.intr.* (*non com.*) to have a temperature, to run* a temperature.

infecondità *s.f.* sterility; infertility; barrenness; unproductiveness (*anche fig.*): *l'— del suolo*, the barrenness of the soil; *l'— di una donna*, the sterility of a woman.

infecondo *agg.* sterile; infertile; barren; unproductive (*anche fig.*): *donna infeconda*, sterile woman; *terra infeconda*, barren land; *lavoro* —, unproductive work; *fantasia infeconda*, barren imagination // *nozze infeconde*, childless marriage // (*med.*) *giorni infecondi*, infertile days.

infedele *agg.* **1** unfaithful, faithless, false: — *a una promessa*, false (*o* unfaithful) to a promise; *alleato* —, faithless ally; *amico, marito* —, unfaithful friend, husband **2** (*di traduzione, riproduzione ecc.*) inaccurate; unfaithful ◆ *s.m.* e *f.* infidel, unbeliever.

infedeltà *s.f.* **1** unfaithfulness, faithlessness; (*tra coniugi*) infidelity **2** (*di traduzione, riproduzione ecc.*) inaccuracy; unfaithfulness.

infelice *agg.* **1** unhappy, wretched; (*disgraziato*) unfortunate: *un'esistenza* —, a wretched existence; *un'iniziativa* —, an unfortunate initiative; *si sente molto* —, he feels very unhappy; *avere l'aria* —, to look unhappy; *rendere — qlcu.*, to make s.o. unhappy **2** (*inappropriato*) unfortunate, inappropriate; ill-timed: *frase* —, unfortunate phrase; *scherzo* —, ill -timed (*o* unfortunate) joke **3** (*cattivo*) bad, poor: *traduzione* —, poor translation **4** (*imbarazzante*) awkward: *situazione* —, awkward situation **5** (*che non ha successo*) unsuccessful: *una commedia* —, an unsuccessful play; *la gara ha avuto un esito — per la nostra squadra*, the match turned out badly for our side ◆ *s.m.* e *f.* **1** (*chi non è felice*) unhappy person, wretched person, poor wretch **2** (*chi è afflitto da una menomazione*) wretch; disabled person.

infelicemente *avv.* **1** unfortunately, unhappily; wretchedly, unluckily **2** (*inappropriatamente*) badly, inappropriately **3** (*malamente*) badly **4** (*in modo imbarazzante*) awkwardly **5** (*senza successo*) unsuccessfully; in failure: *il tentativo di recuperare i superstiti si è concluso* —, the attempt to rescue the survivors ended in failure.

infelicità *s.f.* **1** unhappiness; wretchedness **2** (*inopportunità*): inappropriateness: *l'— di un'osservazione*, the inappropriateness of a remark.

infeltrimento *s.m.* felting.

infeltrire *v.tr.* to felt, to felter, to mat ◆ *v.intr.* → infeltrirsi.

□ **infeltrirsi** *v.intr.pron.* to felt; (*restringersi*) to shrink*.

inferenza *s.f.* inference (*anche stat.*): *per* —, by inference.

inferiore *agg.* **1** (*meno buono, non all'altezza*) inferior (to): *sentirsi* —, to feel inferior; *merci di qualità* —, goods of inferior quality (*o* second-rate *o* low-quality goods); *è — a loro in intelligenza*, he's inferior to them in intelligence // *si dimostrò — alle aspettative*, he proved to be below expectation // *fu — alla sua fama*, he did not live up to his reputation **2** (*più basso, meno elevato*) lower: *temperatura, velocità* —, lower temperature, speed; *quel negozio pratica prezzi inferiori*, that shop has lower prices; *il corso — di un fiume*, the lower course of a river; *gli appartamenti ai piani inferiori costano meno*, the flats on the lower floors cost less // (*geol.*) *cretaceo* —, Lower Cretaceous // *le classi inferiori*, the lower classes **3** (*sottostante*) lower; below: *labbro, mascella* —, lower lip, jaw; *abita al piano* —, he lives on the floor below **4** (*di grado*) junior: *ufficiali inferiori*, junior officers ◆ *s.m.* (*subalterno*) subordinate.

inferiorità *s.f.* inferiority: — *di numero*, inferiority in numbers; *la squadra ha dovuto riconoscere la propria* —, the team had to acknowledge its inferiority; *la sua miopia lo mette in uno stato d'*—, he is handicapped by his shortsightedness; (*psic.*) *complesso d'*—, inferiority complex.

inferiormente *avv.* **1** (*più in basso*) below, lower down, further down **2** (*in modo inferiore*) to a lesser degree.

inferire *v.tr.* **1** (*dare, infliggere*) to strike*, to inflict: — *un colpo a qlcu.*, to inflict a blow on s.o. (*o* to deal s.o. a blow); *l'offensiva ha inferto gravi perdite al nemico*, the offensive has inflicted heavy losses on the enemy; *non ha superato il duro colpo infertogli dall'incidente*, he hasn't got over the shock inflicted on him by the accident **2** (*dedurre*) to infer, to deduce, to conclude: *ne inferisco che egli non è d'accordo con te*, I infer that he doesn't agree with you; — *qlco. da qlco.*, to infer sthg. from sthg. **3** to hoist: — *una bandiera*, to hoist a flag **4** (*mar.*) to bend*; to reeve: — *una vela*, to bend a sail; — *un bozzello*, to reeve a block.

inferitoio *s.m.* (*mar.*) jackstay.

inferitura *s.f.* (*mar.*) **1** (*fissaggio al pennone*) bending **2** (*lato dell'inferitura*) head; (*di bandiera*) hoist.

infermare *v.tr.* (*letter.*) to make* ill; (*indebolire*) to weaken ◆ *v.intr.* (*letter.*) (*diventare infermo*) to grow* sickly.

infermeria *s.f.* **1** infirmary; sickroom **2** (*mar.*) (*di bordo*) sickbay.

infermiera *s.f.* (hospital) nurse: — *capo*, matron; — *diplomata*, registered nurse; *fare da — a qlcu.*, to nurse s.o. (*o* to look after s.o.).

infermiere *s.m.* hospital attendant; male nurse: — *professionale*, trained nurse.

infermieristica *s.f.* nursing.

infermieristico *agg.* nursing: *personale* —, nursing staff.

infermità *s.f.* **1** infirmity, illness, sickness: — *mentale*, insanity (*o* madness); (*dir.*) insanity **2** (*fig.*) (*debolezza*) weakness, infirmity: — *dell'animo*, weakness of spirit.

infermo *agg.* invalid, infirm; sick (*gener. attr.*); ill (*gener. pred.*): *mia madre è inferma da molti anni*, my mother has been an invalid for many years; *restare — per tutta la vita*, to be left an invalid for the whole of one's life ◆ *s.m.* invalid; patient.

infernale *agg.* **1** (*dell'inferno*) infernal, hellish: *spiriti infernali*, infernal spirits; *regioni infernali*, infernal regions **2** (*fig.*) (*terribile*) awful, dreadful: *un carattere* —, a filthy temper; *ma che caldo —!*, it's hellishly hot!; *i bambini facevano un baccano* —, the children were kicking up a hell of a row; *ha lavorato a un ritmo* —, he worked at a hectic pace // *macchina* —, hellish device (*anche fig.*).

inferno *s.m.* **1** (*cristiano*) hell; (*pagano*) hades, the underworld: *essere condannato all'—*, to be condemned to hell // *l'Inferno di Dante*, Dante's Inferno // *mandare qlcu. all'—*, (*fig.*) to send s.o. to hell: *va' all'—!*, go to hell! // *soffrire le pene dell'—*, (*fig.*) to suffer the torments of hell // *d'—*, hellish: *che caldo d'—!*, it's hellishly hot!; *una giornata d'—*, a hellish day; *c'è un rumore d'—*, there is a hell of a noise **2** (*fig.*) hell, inferno*: *quella casa è un —!*, that house is hell!; *la vita con lui è diventata un* —, life with him had become a living hell; *il campo di battaglia era un* —, the battlefield was an inferno.

infero *agg.* **1** (*letter.*) (*inferiore*) inferior, lower **2** (*non com.*) (*infernale*) infernal, hellish ◆ *s.m.pl.* gods of the underworld; (*estens.*) hell.

inferocire *v.tr.* to enrage, to make* ferocious: *il tuo ritardo lo ha inferocito*, your arriving late enraged him (*o* made him furious) ◆ *v.intr.* **1** (*compiere atti di ferocia*) to act ferociously **2** (*diventare feroce*) to become* ferocious; (*arrabbiarsi*) to get* furious.

□ **inferocirsi** *v.intr.pron.* (*diventare feroce*) to become* ferocious, to turn nasty; (*fig.*) to get* furious: *i cani si sono inferociti e l'hanno attaccato*, the dogs turned nasty and attacked him; *si è inferocito quando ha visto cosa avevi fatto*, he grew furious when he saw what you'd done.

inferocito *agg.* enraged, furious: *un toro* —, an enraged bull; *se ne andò* —, he went off enraged (*o* furious).

inferriata *s.f.* **1** grille, grating, bars (*pl.*): *la casa aveva le inferriate alle finestre*, the house had bars on the windows **2** (*cancellata*) railings (*pl.*).

infertilire *v.tr.* (*non com.*) to fertilize: — *il suolo*, to fertilize the soil.

infertilità *s.f.* infertility, sterility.

infervoramento *s.m.* fervour, ardour, enthusiasm, zeal.

infervorare *v.tr.* to fill with fervour, to impassion; to animate, to enliven: *il suo discorso infervorò la folla*, his speech impassioned the crowd.

□ **infervorarsi** *v.intr.pron.* to grow* fervent, to grow* impassioned: *si infervora in ogni discussione*, he grows fervent in every argument.

infervorato *agg.* fervent; enthusiastic, passionate, impassioned: *una discussione infervorata*, an animated discussion; *essere tutto — per la partenza*, to be all enthusiastic about the departure.

infervorire → **infervorare**.

infestamento *s.m.* infestation.

infestante *agg.* infestant: *pianta* —, weed; *le erbacce infestanti devono essere strappate*, the weeds have to be pulled up; *insetti infestanti*, insect pests.

infestare *v.tr.* to infest, to overrun* (*anche fig.*): *le cavallette infestano la regione*, grasshoppers infest the region; *la casa era infestata dai topi*, the house was infested (*o* overrun) with rats; *la corruzione infesta la società*, corruption infests society.

infestatore *agg.* (*non com.*) infesting: *gli insetti infestatori*, insect pests ◆ *s.m.* (*non com.*) pest.

infestazione *s.f.* **1** infestation: *ripulire il terreno dall'— delle erbacce*, to weed the ground **2** (*med.*) infestation.

infesto *agg.* (*letter.*) harmful, hurtful; obnoxious; hostile: *una stagione infesta*, an obnoxious season.

infetidire *v.tr.* to stink* out ◆ *v.intr.* to stink*.

infettare *v.tr.* **1** to infect, to pollute: — *una ferita*, to infect a wound; — *l'acqua*, to pollute water **2** (*fig.*) (*corrompere*) to taint, to corrupt.

□ **infettarsi** *v.intr.pron.* to become* infected: *la ferita si è infettata*, the wound has become infected.

infettività *s.f.* (*med.*) infectiveness; infectivity.

infettivo *agg.* infectious, contagious; infective; catching (*pred.*): *la scarlattina è una malattia infettiva*, scarlet fever is a contagious disease; *febbre infettiva*, infectious fever.

infetto *agg.* **1** infected: *una ferita infetta*, an infected wound; *acqua infetta*, infected water **2** (*fig.*) (*corrotto*) corrupt.

infeudamento *s.m.* enfeoffment, infeudation.

infeudare *v.tr.* **1** (*st.*) to enfeoff **2** (*estens.*) (*assoggettare*) to subjugate, to subdue, to get* control over (sthg.): — *la propria coscienza*, to subdue one's conscience; (*econ.*) *i monopoli infeudano le piccole industrie*, monopolies get control over small industries.

□ **infeudarsi** *v.rifl.* **1** (*st.*) to become* enfeoffed **2** (*estens.*) to become* subjugated.

infeudazione *s.f.* → **infeudamento**.

infezione *s.f.* **1** infection, contagion: — *acuta, cronica, secondaria*, acute, chronic, secondary infection; *diffondere l'—*, to spread the infection; *la ferita ha fatto* —, the wound has become infected; *impedire che l'— si propaghi*, to prevent the infection from spreading **2** (*fig.*) (*corruzione*) corruption.

infiacchimento *s.m.* weakening, enfeeblement, enervation.

infiacchire *v.tr.* to weaken, to enfeeble, to enervate: *un clima che infiacchisce*, an enervating climate ◆ *v.intr.* → infiacchirsi.

□ **infiacchirsi** *v.intr.pron.* to become* weak, to grow* weak, to weaken, to become* enfeebled, to lose* one's strength.

infiacchito *agg.* weak, feeble; (*malaticcio*) sickly.

infialare *v.tr.* to put* into phials.

infialatrice *s.f.* **infialettatore** *s.m.* phial filler.

infialettare → **infialare**.

infiammabile *agg.* inflammable (*anche fig.*): *sostanze infiammabili*, inflammables; *temperamento* —, fiery (*o* quick) temper ◆ *s.m.* (*spec. pl.*) inflammable: *deposito di infiammabili*, deposit of inflammables.

infiammabilità *s.f.* inflammability, inflammableness // *punto di* —, flash point.

infiammare *v.tr.* **1** to set* on fire, to ignite, to kindle: *la scintilla infiammò la legna secca*, the spark kindled the dry wood **2** (*estens.*) (*rendere rosso acceso*) to inflame, (*di viso*) to flush: *la collera gli infiammò il viso*, his face flushed with rage; *il sole morente infiammò il cielo*, the setting sun inflamed the sky **3** (*fig.*) (*eccitare*) to inflame, to kindle, to excite, to stir (up): *il suo discorso infiammò l'uditorio*, his speech inflamed the audience **4** (*med.*) to inflame.

□ **infiammarsi** *v.intr.pron.* **1** to catch* fire, to take* fire: *l'aereo s'infiammò nell'atterraggio*, the plane caught fire while landing; *la benzina si infiamma facilmente*, petrol catches fire easily **2** (*estens.*) (*diventare rosso acceso*) to get* inflamed; (*di viso*) to be flushed: *gli si infiammarono le guance per la vergogna*, his cheeks flushed with shame **3** (*fig.*) (*eccitarsi*) to become* inflamed, to get* excited // — *per una donna*, to fall passionately in love with a woman **4** (*med.*) to become* inflamed, to inflame.

infiammativo *agg.* (*non com.*) of inflammation: *fermare il processo* —, to stop the process of inflammation.

infiammato *agg.* **1** (*med.*) inflamed: *gola infiammata*, inflamed throat **2** (*ardente*) burning, inflamed; (*rosso acceso*) blazing red, flushed red: — *di rabbia*, inflamed by rage.

infiammatorio *agg.* (*med.*) inflammatory.

infiammazione *s.f.* inflammation (*anche med.*): *avere un'— alla gola, agli occhi*, to have an inflammation of the throat, of the eyes.

infiascare *v.tr.* to bottle.

infiascato *agg.* bottled, in bottles; flasked, in flasks.

infiascatrice *s.f.* bottler.

infiascatura *s.f.* bottling.

infibulamento *s.m.* (*med.*) **1** infibulation **2** splinting.

infibulare *v.tr.* (*med.*) **1** to infibulate **2** to fix a fracture with a splint.

infibulazione *s.f.* **1** (*med.*) → infibulamento **2** (*pratica di popoli primitivi*) infibulation.

infibulo *s.m.* (*med.*) splint.

inficiare *v.tr.* to invalidate, to nullify (*anche dir.*): *un ragionamento inficiato da mille divagazioni*, an argument invalidated by endless digressions.

infido *agg.* untrustworthy; (*falso*) treacherous: *un amico* —, a false (*o* treacherous) friend; *un sorriso* —, a treacherous smile.

infierire *v.intr.* **1** (*incrudelire*) to act cruelly, to be pitiless: — *contro qlcu.*, to be pitiless towards s.o. **2** (*imperversare*) to rage: *l'epidemia infieriva*, the epidemic was raging.

infievolimento → **affievolimento**.

infievolire → **affievolire**.

infiggere *v.tr.* to drive*, to fix: — *un palo nel terreno*, to fix a stake into the ground; — *un'idea in testa a qlcu.*, to drive an idea into s.o.'s head.

□ **infiggersi** *v.intr.pron.* to penetrate, to fix, to go* deep.

infilacapi, **infilacappi**, **infilaguaine**, **infilanastri** *s.m.* bodkin.

infilare *v.tr.* **1** to thread; to string*: — *un ago*, to thread a needle; — *perle*, to string beads **2** (*infilzare*) to pierce (through), to transfix; to run* through: — *un pollo sullo spiedo*, to put a chicken on the spit; — *qlcu. con la spada*, to run s.o. through with a sword **3** (*introdurre*) to insert; to slip in, — *una chiave nella toppa*, to insert a key in the lock; — *una mano in tasca*, to slip one's hand into one's pocket; — *l'anello nel dito*, to slip a ring on one's finger **4** (*passare per*) to enter; to take*: — *una strada*, to turn down a street; — *l'uscio*, (*per entrare*) to slip in; (*per uscire*) to slip out **5** (*indossare*) to slip on, to put* on: — *la giacca, le scarpe*, to slip on one's jacket, one's shoes **6** (*azzeccare*) to get* right: — *una risposta*, to get an answer right; *non infilarne una*, to get everything wrong; — *uno sbaglio dopo l'altro*, to make a string of mistakes; *abbiamo infilato dieci giorni di pioggia*, we had ten days' rain in a row **7** (*mil.*) to enfilade.

□ **infilarsi** *v.rifl.* **1** to thread one's way: *mi infilai attraverso la folla*, I threaded my way through the crowd; *si è infilato nella galleria a tutta velocità*, he shot into the tunnel at top speed **2** (*introdursi*) to slip: — *nel letto*, to slip (*o fam.* to pop) into bed // *come sei riuscito a infilarti nella lista degli invitati?*, how did you manage to get yourself on the list of guests?

infilata *s.f.* **1** row, line; suite; string: *un'— di alberi*, a row of trees; *un'— di insulti*, a string of insults; *un'— di stanze*, a suite of rooms **2** (*mil.*) raking fire, enfilade.

infilatrice *s.f.* threader.

infilatura *s.f.* (*di ago*) threading; (*di perle*) stringing: — *automatica*, self-threading.

infiltramento *s.m.* filtering, filtration.

infiltrarsi *v.intr.pron.* to infiltrate, to permeate, to penetrate, to seep: *l'acqua si infiltra dappertutto*, water is infiltrating (*o* seeping in) everywhere; — *nelle linee nemiche*, to penetrate the enemy lines; *alcune spie si sono infiltrate nell'organizzazione*, a number of spies have infiltrated the organization; *idee che si infiltrano nel popolo*, ideas that permeate the people.

infiltrato *agg.* (*med.*) infiltrated ◆ *s.m.* **1** (*med.*) infiltrate **2** (*spia*) infiltrator.

infiltrazione *s.f.* infiltration (*anche med.*), permeation, penetration, seepage: *un'— di acqua*, a seepage of water; *l'— di spie nell'organizzazione*, the infiltration of spies into the organization.

infilzamento *s.m.* **1** piercing **2** (*il conficcare*) sticking **3** (*l'infilare*) stringing.

infilzare *v.tr.* **1** to transfix, to pierce, to run* through: *infilzò il nemico con la spada*, he transfixed the enemy with his sword; — *qlcu. da parte a parte*, to run s.o. through **2** (*conficcare*) to stick*: — *una forchetta in una patata*, to stick a fork into a potato; — *un palo nel terreno*, to stick a pole in the ground **3** (*infilare*) to string* // — *bugie*, to tell a pack of lies.

□ **infilzarsi** *v.rifl.* o *rifl.rec.* **1** to run* oneself through: *andò a — su una lancia del cancello*, he ran himself through on a spike of the gate **2** (*conficcarsi*) to get* stuck: *una spina gli si infilzò nel dito*, a thorn got stuck in his finger.

infilzata *s.f.* row, line; suite; string.

infilzato *agg.* stuck.

infilzatura *s.f.* **1** (*l'infilzare*) threading **2** (*insieme di cose infilzate*) row.

infimamente *avv.* **1** to the lowest degree **2** (*meschinamente*) basely, meanly.

infimo *agg.* lowest, very low, very mean (*anche fig.*): *d'— grado*, of the lowest degree; *merce d'infima qualità*, shoddy goods (*o* goods of the lowest quality).

infine *avv.* **1** (*alla fine, finalmente*) at last: *suonammo a lungo, — qualcuno venne ad aprire*, we kept on ringing the bell and at last someone came to open the door; — *si è deciso a venire!*, so he's decided to come at last! **2** (*da ultimo*) finally: *nacque a Roma e visse a Torino, Firenze e — a Napoli*, he was born in Rome and lived in Turin, Florence and finally in Naples **3** (*in fondo, dopotutto*) ultimately; after all: *sì, è vero, ma — il problema è di carattere morale*, that's true, but ultimately the problem is a moral one; *l'hanno tanto criticato, ma — non aveva tutti i torti*, he was severely criticized, but he wasn't so wrong after all **4** (*insomma, in conclusione*) in short, well then: — *si tratta di questioni economiche*, in short, it's a question of economics; —, *si può sapere perché non è venuto?*, well, why didn't he come, then?

infinestrare *v.tr.* to window, to frame.

infinestratura *s.f.* window, frame.

infingardaggine *s.f.* laziness, sloth, sluggishness: *per pura* —, out of sheer laziness.

infingardire *v.tr.* to make* lazy, to make* slothful ◆ *v.intr.* → infingardirsi.

□ **infingardirsi** *v.intr.pron.* to become* lazy, to grow* lazy, to become* slothful.

infingardo *agg.* lazy, slothful, sluggish, slack: *è un individuo* —, he is a lazy fellow ◆ *s.m.* lazy person, sluggard, slacker; (*fam.*) lazybones.

infingimento *s.m.* (*letter.*) feigning, simulation.

infinità *s.f.* **1** infinity; infiniteness: *l'— del creato*, the infinity of the universe; *l'— della misericordia divina*, the infiniteness of God's mercy **2** (*gran numero*) infinite number, infinity, endless number: *un'— di cose*, an infinite number of things; *un'— di gente*, an endless crowd of people (*o* swarms of people); *un'— di modi di fare qlco.*, infinite ways of doing sthg.; *un'— di ragioni*, endless reasons.

infinitamente *avv.* infinitely; (*fam.*) awfully: — *buono*, infinitely good; — *più intelligente*, infinitely more intelligent; *mi dispiace* —, I am awfully sorry; *questo va — meglio*, that is infinitely better; *sentirsi — meglio*, to feel far (*o* much much) better.

infinitesimale *agg.* (*mat.*) infinitesimal: *calcolo* —, infinitesimal calculus.

infinitesimo *agg.* infinitesimal ◆ *s.m.* **1** infinitesimal part: *vorrei un — della sua intelligenza*, I wish I had an infinitesimal part of his intelligence **2** (*mat.*) infinitesimal.

infinitezza *s.f.* (*non com.*) infiniteness, infinity, infinitude.

infinitivo *agg.* (*gramm.*) infinite, infinitive.

infinito *agg.* **1** infinite (*anche mat.*): *bontà infinita*, infinite goodness; *spazio* —, infinite space; *Dio è* —, God is infinite **2** (*interminabile*) endless, never-ending **3** (*innumerevole*) innumerable, numberless, endless: *ha superato infinite difficoltà*, he overcame endless difficulties **4** (*gramm.*) infinite, infinitive: *modo* —, infinitive mood ◆ *s.m.* **1** infinite // *all'—*, endlessly (*o* repeatedly): *non voglio ripetere all'— gli stessi errori*, I don't want to repeat the same errors endlessly **2** (*gramm.*) infinitive **3** (*mat.*) infinity: *all'—*, to infinity; *retta all'—*, line at infinity // (*fot.*) *regolare all'—*, to focus for infinity.

infino (*ant., letter.*) → **fino**[1].

infinocchiare *v.tr.* (*fam.*) to take* in, to make* a fool of (s.o.), to cheat, to deceive: *non farti — da lui*, don't let him make a fool of you.

infinocchiatura *s.f.* (*fam.*) cheating, tricking.

infioccare *v.tr.* to tassel, to adorn with tassels.

infiocchettare *v.tr.* **1** to decorate with ribbons, to beribbon **2** (*fig.*) (*abbellire*) to embellish, to adorn: — *un discorso con metafore*, to embellish a speech with metaphors.

□ **infiocchettarsi** *v.rifl.* to bedeck oneself; to beribbon oneself.

infiochire *v.tr.* **1** (*voce*) to hoarsen, to make* hoarse, to make* husky **2** (*luce*) to dim, to lower ◆ *v.intr.* **1** (*di voce*) to hoarsen, to grow* hoarse **2** (*di luce*) to dim, to grow* dim, to fade away.

infiorare *v.tr.* **1** to adorn with flowers, to deck with flowers, to decorate with flowers **2** (*cospargere di fiori*) to strew with **3** (*fig.*) to embellish, to adorn: — *un discorso di paroloni*, to embellish a speech with long words.

infiorata *s.f.* decking with flowers.

infiorescenza *s.f.* (*bot.*) inflorescence, florescence: — *a capolino*, head; — *cimosa*, glomerule; — *staminifera*, tassel.

infiorettare *v.tr.* **1** (*ornare con fiori*) to adorn with flowers **2** (*fig.*) (*abbellire*) to embellish, to adorn: — *un discorso di citazioni*, to embellish a speech with quotations // *una prosa tutta infiorettata*, (*spreg.*) flowery prose.

infiorettatura *s.f.* **1** (*l'infiorettare*) decoration with flowers; (*l'essere infiorettato*) floweriness **2** (*spec. pl.*) (*abbellimento*) embellishment, ornamentation.

infirmare *v.tr.* (*indebolire*) to weaken, to impair, to shake*; (*dir.*) (*invalidare*) to invalidate, to vitiate: (*econ.*) *il credito della ditta fu infirmato*, the firm's credit was shaken; (*dir.*) — *un contratto, un testamento*, to invalidate a contract, a will.

infischiarsi *v.intr.pron.* (*fam.*) not to care (for, about sthg.), to make* light of (sthg.), to take* no notice (of sthg.), to laugh (at sthg.), to set* (sthg.) at naught: *me ne infischio!*, I couldn't care less; *infischiarsene di tutto e di tutti*, not to care about anything or anyone.

infisso *agg.* embedded, fixed: *parole infisse nella memoria*, words engraved on one's memory ◆ *s.m.* **1** frame: (*di porta*) door frame, (*di finestra*) window frame; *gli infissi della casa*, the door and window frames **2** (*ling.*) infix.

infistolire *v.intr.* **infistolirsi** *v.intr.pron.* to become* fistulous.

infittire *v.tr.* **1** to thicken, to make* thick: — *le maglie di una rete*, to thicken the meshes of a net **2** (*rendere più frequente*) to make* more frequent, to step up: — *le visite a qlcu.*, to step up one's visits to s.o. ◆ *v.intr.* → infittirsi.

□ **infittirsi** *v.intr.pron.* **1** to thicken, to become* thicker: *la nebbia s'infittiva sempre più*, fog was becoming thicker and thicker **2** (*diventare più frequente*) to become* more frequent: *le sue visite s'infittivano con l'andare del tempo*, his visits became more frequent as time went on **3** (*di lana*) to get* matted.

inflativo *agg.* (*econ.*) inflationary.

inflazionare *v.tr.* **1** (*econ.*) to inflate: — *il mercato*, to inflate the market; — *la moneta*, to inflate the currency **2** (*fig.*) to overwork, to overdo*: — *un'espressione*, to overdo a phrase; — *un'immagine pubblicitaria*, to overexpose an advertising image.

inflazionato *agg.* **1** (*econ.*) inflated **2** (*fig.*) overworked: *ormai è un'espressione inflazionata*, it's now an overworked phrase.

inflazione *s.f.* (*econ.*) inflation: — *da domanda*, demand-pull inflation; — *da prezzi*, price inflation; — *da spinta salariale*, wage-push inflation; — *eccessiva*, hyperinflation; — *galoppante*, galloping (*o* runaway) inflation; — *inerziale*, core inflation; — *libera*, open inflation; — *occulta*, hidden inflation; — *strisciante*, creeping inflation; — *strutturale*, structural inflation; — *zero*, zero inflation; *frenare l'*—, to curb inflation; *contenere l'*—, to restrain inflation // — *di laureati*, (*fig.*) inflation of graduates.

inflazionismo *s.m.* (*econ.*) inflationism.

inflazionista *s.m.* e *f.* inflationist.

inflazionistico *agg.* (*econ.*) inflationary: *tendenze, spinte inflazionistiche*, inflationary tendencies (*o* trends); *manovre inflazionistiche*, inflationary practices; *spirale inflazionistica*, inflationary spiral.

inflessibile *agg.* inflexible, rigid: *un atteggiamento* —, an inflexible attitude; *un'opposizione* —, an inflexible opposition.

inflessibilità *s.f.* inflexibility.

inflessione *s.f.* inflexion: — *dialettale*, dialectal inflexion.

inflettere *v.tr.* (*non com.*) to bend* // — *la voce*, to inflect (*o* to modulate) one's voice.

□ **inflettersi** *v.intr.pron.* to bend*: *le volute del capitello corinzio si inflettono formando foglie d'acanto*, the volutes of the Corinthian capital bend to form acanthus leaves.

infliggere *v.tr.* to inflict, to impose; to lay*: — *un colpo a qlcu.*, to inflict a blow on s.o.; — *una pena a qlcu.*, to inflict a penalty on s.o.; — *la propria presenza a qlcu.*, to impose one's company on s.o.

infliorescenza → **infiorescenza**.

influente *agg.* influential: *una persona* —, an influential person.

influenza *s.f.* **1** influence: *l'— degli astri sulla vita umana*, the influence of the stars on human life; *esercitare la propria — su qlcu.*, to exert one's influence on s.o.; *essere sotto l'— di qlco.*, to be under the influence of sthg.; *avere — su qlcu.*, to have an influence on s.o. **2** (*med.*) influenza; (*fam.*) flu: *prendere l'*—, to catch flu **3** (*econ.*) influence, effect: *zona, sfera d'*—, sphere of influence.

influenzabile *agg.* open to influence, easily influenced.

influenzale *agg.* (*med.*) influenzal: *febbre* —, influenzal fever.

influenzamento *s.m.* (*non com.*) influence.

influenzare *v.tr.* to influence, to affect: *i giornali possono — l'opinione pubblica*, newspapers can influence public opinion; *le sue dolorose vicende influenzarono il suo carattere*, his sad experiences influenced (*o* affected) his character // *lasciarsi — da qlcu.*, to allow oneself to be influenced by s.o. // (*econ.*) — *il mercato a proprio favore*, to manipulate the market.

□ **influenzarsi** *v.rifl.rec.* to influence each other ◆ *v.intr.pron.* (*med.*) to catch* influenza.

influenzato *agg.* **1** influenced, affected: *una decisione influenzata dalla madre*, a decision influenced by his, her mother **2** (*affetto da influenza*) suffering from influenza: *sono ancora* —, I've still got the flu.

influire *v.intr.* to influence (s.o., sthg.), to have influence; to affect (s.o., sthg.): *ciò non influirà sulle mie decisioni*, that will have no influence on my decisions; (*stat.*) — *sulla media*, to affect the average; (*econ.*) — *sui prezzi*, to affect prices.

influsso *s.m.* influence: *l'— benefico della luna*, the benign influence of the moon; *avere un — su qlcu.*, to have an influence on s.o.

infocare *v.tr.* **1** (*ant.*) to heat up, to make* red hot **2** (*estens.*) to flush red: *l'ira gli infocava il volto*, anger flushed his face red **3** (*fig.*) to inflame, to kindle, to excite.

□ **infocarsi** *v.intr.pron.* **1** to become* red hot **2** (*estens.*) to become* flushed: *gli si era infocato il viso per il caldo*, his face became flushed with the heat **3** (*fig.*) to become* inflamed, to grow* heated, to get* excited: — *nella discussione*, to grow heated in an argument.

infocato *agg.* **1** (*arroventato*) blazing hot; (*scottante*) burning: *sabbia infocata dal sole*, sand blazing in the sun // *clima* —, torrid climate, (*fig.*) torrid atmosphere **2** (*fig.*) heated, inflamed, excited: *si sono scambiati parole infocate*, they exchanged heated words.

infognarsi *v.intr.pron.* (*fam.*) to plunge, to sink*: — *nei debiti*, to plunge into debt; *è andato a — in quel lavoro orribile!*, he got bogged down in that awful job!

infoiare *v.tr.* (*volg.*) (*eccitare sessualmente*) to arouse, to titillate.

□ **infoiarsi** *v.intr.pron.* (*fam.*) to get* the hots, to become* aroused.

infoiato *agg.* (*volg.*) aroused, titillated.

in folio *agg.* folio (*attr.*); in folio: *un volume* —, a folio volume (*o* a volume in folio) ◆ *s.m.* folio.

infoltire *v.tr.* to thicken, to make* thick, to make* thicker: *una cura per — i capelli*, a treatment to make one's hair grow thicker ◆ *v.intr.* → infoltirsi.

□ **infoltirsi** *v.intr.pron.* to thicken, to grow* thick, to grow* thicker.

infondatezza *s.f.* groundlessness: *l'— dei suoi sospetti è stata ampiamente dimostrata*, the groundlessness of his suspicions has been amply demonstrated.

infondato *agg.* groundless, unfounded: *accusa infondata*, groundless charge.

infondere *v.tr.* to infuse, to inspire, to instil: — *coraggio, speranza in qlcu.*, to infuse courage, hope into s.o. (*o* to infuse s.o. with courage, hope); — *le proprie idee nella mente di qlcu.*, to instil one's ideas in s.o.'s mind.

inforcare *v.tr.* **1** to pitchfork: *i contadini inforcavano il fieno*, the peasants were pitchforking hay **2** (*montare a cavalcioni di*) to get* on (sthg.), to mount: — *una bicicletta, un cavallo*, to get on (*o* to mount) a bicycle, a horse **3** — *gli occhiali*, to put on one's spectacles.

inforcata *s.f.* (pitch)forkful.

inforcatura *s.f.* **1** (*l'inforcare*) pitchforking **2** (*biforcazione*) forking; bifurcation.

inforestierare, **inforestierire** *v.tr.* (*non com.*) to foreignize.

□ **inforestierarsi**, **inforestierirsi** *v.intr.pron.* to become* foreignized.

informale *agg.* **1** informal; unofficial: *incontro* —, informal meeting; *tono* —, informal tone **2** (*pitt.*) informal, non-representational.

informare *v.tr.* **1** to inform, to acquaint: — *qlcu. di qlco.*, to inform s.o. about (*o* of) sthg. (*o* to acquaint s.o. with sthg.); *sei stato informato che la riunione è stata rinviata?*, have you been told (*o* informed) that the meeting has been postponed?; *vi preghiamo di informarci di ogni eventuale cambio di residenza*, please inform (*o* notify) us of any change of address; — *la polizia di un furto*, to report a theft to the police **2** (*conformare, caratterizzare*) to pervade, to permeate, to characterize: *queste idee informano tutte le sue opere*, these ideas pervade (*o* characterize) all his works **3** (*form.*) (*dar forma a, plasmare*) to shape, to mould (*anche fig.*).

□ **informarsi** *v.intr.pron.* **1** to inquire, to enquire: — *su, di qlco., qlcu.*, to inquire about sthg., after s.o.; *ti sei informato a che ora parte il treno?*, did you enquire about the time the train leaves?; *faresti bene a informarti*, you ought to enquire **2** (*form.*) (*essere pervaso, caratterizzato da*) to be pervaded (with sthg.), to be informed (with sthg.), to be inspired (with sthg.), to be imbued (with sthg.): *tutti i suoi scritti si informano a queste idee*, all his writings are inspired with these ideas **3** (*form.*) (*prendere forma*) to take* shape.

informatica *s.f.* computer science; (*elaborazione dati*) data processing; informatics®: — *industriale*, industrial data processing; — *linguistica*, computational linguistics; — *per l'ufficio*, bureautics (*o* office data processing).

informatico *agg.* data processing (*attr.*), information (*attr.*), computerized: *sistemi informatici*, data processing (*o* information) systems ◆ *s.m.* computer scientist, DP man.

informativa *s.f.* **1** (*nota informativa*) informative report; (*complesso di informazioni*) background information; (*circolare*) report **2** (*istruzioni*) briefing.

informativo *agg.* informative: *un articolo* —, an informative article // *prezzo* —, indicative price // *a puro titolo* —, for information only // *nota informativa*, informative report.

informatizzare *v.tr.* to computerize.

informatizzazione *s.f.* computerization.

informato *agg.* **1** informed: *bene* —, well -informed; *male* —, ill-informed **2** (*che ha molte informazioni*) well-informed: *un giornalista* —, a well-informed journalist **3** (*letter.*) (*improntato*) informed (with sthg.), inspired (with sthg.), imbued (with sthg.): — *a strani principi*, imbued with strange principles.

informatore *agg.* informing: *i principi informatori dei suoi scritti*, the principles informing his writings.

informatore *s.m.* **informatrice** *s.f.* **1** informer; (*delatore*) informant: — *della polizia*, police informer // — *medico*, representative for a pharmaceutical firm **2** (*giornalista*) source **3** (*ling.*) informant **4** (*mil.*) intelligencer.

informazione *s.f.* **1** information [U]; piece of information; (*richiesta di informazioni*) inquiry: *questa è un'— interessante*, this is an interesting piece of information; *desideriamo delle informazioni sui prodotti locali*, we want some information about local products; *ottenere informazioni in merito a qlco., qlcu.*, to get information about (*o* on) sthg., s.o.; *dare informazioni*, to supply information; *assumere informazioni su qlcu.*, to make inquiries about s.o.; *chiedere, domandare informazioni su qlco.*, to request information about sthg. (*o* to ask about sthg.) // *informazioni ufficiose*, semi-official information; — *riservata*, tip (*o* confidential) information // *servizio informazioni*, information service; *servizio informazioni militari*, intelligence service; *ufficio informazioni*, inquiry office (*o* information bureau) // (*comm.*): *informazioni commerciali*, market information (*o* business report); — *sul consumatore*, consumer data; *lettera d'— (richiesta)*, letter of inquiry // (*econ.*) *informazioni economiche*, economic information // (*fin.*) *informazioni finanziarie*, money-market intelligence // (*mar.*) *informazioni marittime*, shipping intelligence **2** (*dir.*) preliminary investigation (of a case) **3** (*inform.*) information: *teoria dell'—*, information theory; *bit di* —, information bit; *circuito dell'—*, information channel; *centro di* —, information centre; *recupero, reperimento dell'—*, information retrieval **4** (*biol.*) — *genetica*, genetic information.

informe *agg.* **1** shapeless, without any shape **2** (*bot., zool.*) unformed.

informicolarsi e *deriv.* → **informicolirsi** e *deriv.*

informicolimento *s.m.* tingle, tingling sensation, prickling.

informicolirsi *v.intr.pron.* to have pins and needles, to tingle: *mi si è informicolito un braccio*, I have pins and needles in my arm.

infornare *v.tr.* to put* into an oven; to bake ◆ *v.intr.* to put* (sthg.) into the oven, to bake: *infornano presto al mattino*, they bake early in the morning.

infornata *s.f.* **1** batch (of bread) **2** (*fig.*) batch, bunch, group: *un'— di reclute*, a batch of recruits; *un'— di lettere di reclamo*, a batch (*o* bunch) of complaining letters.

infortunarsi *v.intr.pron.* to be injured, to get* injured, to have an accident, to suffer an accident: *molti sono coloro che si infortunano sul posto di lavoro*, many people have (*o* suffer) accidents at work.

infortunato[1] *agg.* injured // *gli infortunati*, the injured.

infortunato[2] *agg.* (*ant.*) (*sfortunato*) unfortunate, hapless, unlucky.

infortunio *s.m.* **1** (*incidente*) accident: — *sul lavoro*, accident at work (*o* industrial injury); *assicurazione contro gli infortuni*, accident insurance; *ci furono diversi infortuni il mese scorso*, there were several accidents last month; *subire un* —, to have an accident **2** (*evento sfortunato*) mishap, mischance.

infortunistica *s.f.* (*dir.*) industrial accident research.

infortunistico *agg.* (*dir.*) concerning industrial accidents, concerning industrial injuries, industrial accident (*attr.*), industrial injury (*attr.*): *legislazione infortunistica*, industrial injury legislation.

infossamento *s.m.* **1** (*incavo*) hollow; cavity: — *del terreno*, hollow in the ground; — *delle guance*, hollows of one's cheeks **2** (*di prodotti agricoli*) storing in a pit.

infossare *v.tr.* (*prodotti agricoli*) to store in a pit.

□ **infossarsi** *v.intr.pron.* **1** (*di guance, occhi*) to become* hollow **2** (*affondare nel terreno*) to cave in, to sink*.

infossato *agg.* **1** (*incavato*) sunken, hollow: *guance infossate*, sunken cheeks; *occhi infossati*, sunken eyes **2** (*affondato nel terreno*) embedded (in the earth): *un animale che vive — nel terreno*, an animal living embedded in the earth **3** (*non com.*) (*sepolto*) buried.

infra (*poet.*) → **fra**[1].

infra- *pref.* di origine latina usato nella formazione di aggettivi o sostantivi per indicare 'inferiorità' o 'interiorità'; ingl. infra-, mid-: *infrastruttura*, infrastructure; *infrarosso*, infrared; *infrasettimanale*, midweek.

infracidire *v.intr.* **1** (*marcire*) to rot **2** (*non com.*) (*bagnarsi*) to drench, to soak, to steep.

infradiciamento *s.m.* **1** (*il bagnarsi*) drenching, soaking **2** (*il marcire*) rotting.

infradiciare *v.tr.* **1** to drench, to soak **2** (*rendere marcio*) to rot.

□ **infradiciarsi** *v.intr.pron.* **1** to get* drenched, to get* soaked **2** (*marcire*) to rot, to get* rotten.

infradiciato *agg.* **1** wet through, soaking wet, wringing wet, drenched **2** (*marcito*) rotten.

infradiciatura *s.f.* drenching, soaking.

infradito *s.m.* o *f.* (*calzatura*) flip-flop, thong.

inframmettenza *s.f.* interference, meddlesomeness, intrusiveness.

inframmettere *v.tr.* to interpose.

□ **inframmettersi** *v.intr.pron.* to interfere, to meddle; to intrude (on, upon sthg.): *è meglio non — nelle liti familiari*, it's better not to interfere in family quarrels.

inframmezzare → **intramezzare**.

inframmischiare → **frammischiare**.

infrangere *v.tr.* **1** to shatter, to crush, to smash; to break* (*anche fig.*): — *la resistenza nemica*, to crush the enemy('s) resistance: — *il vetro di una finestra*, to shatter (*o* to smash) a windowpane; — *le speranze di qlcu.*, to shatter s.o.'s hopes; — *una promessa, un giuramento*, to break a promise, an oath **2** (*violare*) to infringe, to violate: — *una legge*, to infringe a law.

□ **infrangersi** *v.intr.pron.* to break* (up); to smash, to shatter (*anche fig.*): *le onde si infrangono contro le rocce*, the waves break against the rocks; *in quel momento si infransero tutte le sue speranze*, at that moment all his hopes were shattered; *la nostra diffidenza si infranse contro la sua cordialità*, our diffidence melted away before his friendliness.

infrangibile *agg.* unbreakable; (*fis.*) infrangible: *bicchiere, vetro* —, unbreakable glass.

infranto *agg.* broken, shattered, smashed, crushed (*anche fig.*): *nel giardino c'erano resti di vetri infranti*, there were pieces of broken glass in the garden; *cuore* —, broken heart.

infrapporre *v.tr.* to interpose.

infrarosso *agg.* e *s.m.* (*fis.*) infrared: *radiazione infrarossa*, infrared radiation; *astronomia all'—*, infrared astronomy; *telescopio per* —, infrared telescope.

infrascare *v.tr.* (*non com.*) to cover with branches.

□ **infrascarsi** *v.rifl.* (*non com.*) to hide* among the branches, to cover oneself with branches.

infrascritto *agg.* undermentioned.

infrasettimanale *agg.* midweek (*attr.*); midweekly: *festività* —, midweek holiday; *chiusura — dei negozi*, midweek closing (of shops).

infrasonico, **infrasonoro** *agg.* (*fis.*) infrasonic.

infrastruttura *s.f.* infrastructure; (*servizi, attrezzature*) facilities (*pl.*); (*econ.*) infrastructure, public overhead capital; (*ferr.*) substructure.

infrastrutturale *agg.* infrastructural.

infrasuono *s.m.* (*fis.*) infrasound.

infrattare *v.tr.* (*fam.*) (*imboscare*) to hide*.

□ **infrattarsi** *v.rifl.* (*fam.*) (*imboscarsi*) to hide* oneself, to take* oneself off (to).

infravisibile *agg.* (*fis.*) infravisible.

infrazione *s.f.* **1** infraction, infringement; violation, breach: *commettere un'—*, to commit a transgression; — *a una legge*, infraction (*o* infringement *o* violation) of a law; — *di contratto*, breach of contract; — *al codice della strada*, traffic violation **2** (*med.*) infraction.

infreddarsi *v.intr.pron.* to catch* a cold.

infreddatura *s.f.* cold, chill: *prendere un'—*, to catch a cold.

infreddolirsi *v.intr.pron.* to feel* cold, to become* cold, to get* cold: *ero poco coperto e mi sono infreddolito*, I was lightly dressed and I felt cold.

infreddolito *agg.* cold: *ho le mani infreddolite*, my hands are cold.

infrenabile *agg.* unrestrainable, uncontrollable, irrepressible, irresistible: *un impulso* —, an uncontrollable (*o* irresistible) impulse.

infrenellare *v.tr.* (*mar.*) to lash.

infrequente *agg.* infrequent, rare, uncommon: *casi di questo tipo sono infrequenti*, cases of this type are not frequent (*o* are infrequent).

infrequenza *s.f.* infrequency.

infrollimento *s.m.* 1 hanging: *bisogna sottoporre la selvaggina a — prima di cuocerla*, game must be hung before cooking. 2 (*fig.*) (*infiacchimento*) weakening: — *della volontà*, weakening of the will.

infrollire *v.tr.* 1 to hang* 2 (*fig.*) (*privare d'energia*) to weaken ◆ *v.intr.* → infrollirsi.
□ **infrollirsi** *v.intr.pron.* 1 (*diventar frollo*) to become* tender 2 (*fig.*) (*indebolirsi*) to weaken; to decline, to slacken, to get* slack.

infrondire *v.intr.* (*non com.*) (*diventare frondoso*) to put* forth leaves, to become* leafy.

infruttescenza *s.f.* (*bot.*) infructescence.

infruttifero *agg.* 1 unfruitful 2 (*sterile*) unfertile, barren, sterile 3 (*econ.*) unprofitable, non-interest-bearing, interest-free, idle: *capitale* —, idle capital; (*banca*) *deposito* —, non-interest-bearing deposit.

infruttuosamente *avv.* 1 unfruitfully; unprofitably 2 (*inutilmente*) uselessly; (*vanamente*) vainly, in vain.

infruttuosità *s.f.* 1 unfruitfulness; unprofitableness 2 (*inutilità*) uselessness, futility: *l'— di una ricerca*, the futility of a research.

infruttuoso *agg.* 1 (*sterile*) unfruitful, fruitless: *terreno* —, barren (*o* unfruitful) land 2 (*econ.*) (*che non dà profitto*) unprofitable, unproductive, idle: *capitale* —, idle capital 3 (*inutile*) useless; (*vano*) vain: *ricerche infruttuose*, unsuccessful investigation; *il tentativo si è rivelato del tutto* —, the attempt proved to be completely unsuccessful.

infundibolare *agg.* infundibular.

infundibolo *s.m.* 1 (*imbuto affusolato*) funnel 2 (*anat.*) infundibulum*.

infungibile *agg.* 1 (*dir.*) non-fungible: *beni infungibili*, non-fungible goods 2 (*burocrazia*) non-replaceable, irreplaceable: *funzionario* —, non-replaceable officer.

infungibilità *s.f.* 1 (*dir.*) non-fungibility 2 (*non-sostituibilità*) irreplaceability, non replaceability.

infuocare e *deriv.* → **infocare** e *deriv.*

infuori, **in fuori** *avv.* out; (*con movimento*) outwards: *eravamo molto — con la barca*, we were a long way out with the boat; *si sporse troppo — e cadde dal parapetto*, he leant too far out and fell over the edge // *braccia —!*, arms out!; *petto —!*, chest out! (*o* shoulders back!) // *all'*—, (*verso l'esterno*) outwards: *il balcone sporge* (*all'*) —, the balcony juts outwards; *lo sportello si apre all'*—, the door opens outwards // *all'— di*, except, but; apart from: *c'erano tutti all'— di te*, everyone was there except you; *all'— di questo non disse altro*, apart from this, he didn't say anything else ◆ *agg.*: *occhi* —, bulging eyes; *denti* —, protruding teeth.

infurbire *v.tr.* (*rendere furbo, scaltro*) to make* cunning, to make* shrewd.
□ **infurbirsi** *v.intr.pron.* to grow* cunning, to grow* shrewd; to sharpen one's wits.

infurfantire *v.intr.* **infurfantirsi** *v.intr. pron.* (*non com.*) to become* a rogue, to become* a scoundrel.

infuriare *v.tr.* (*non com.*) to infuriate, to enrage, to make* (s.o.) angry, to make* (s.o.) see red: *questo lo infuriò*, that made him angry ◆ *v.intr.* to rage: *la tempesta infuriava*, the storm was raging.
□ **infuriarsi** *v.intr.pron.* to fly* into a passion, to flare up, to fly* off the handle, to lose* one's temper.

infuriato *agg.* 1 (*adirato*) infuriated, enraged; in a flaming temper (*pred.*): *se ne andò* —, he went off in a flaming temper 2 (*furioso*) raging, wild, furious: *mare* —, wild sea.

infusibile *agg.* infusible.

infusibilità *s.f.* infusibility.

infusione *s.f.* infusion, brewing: *il tè si prepara per* —, tea is made by infusion; *lasciare in* —, leave to infuse (*o* to draw).

infuso *agg.* infused // *scienza infusa*, (*fam.*) innate (*o* built-in) knowledge: *non ho la scienza infusa!*, I'm not a walking encyclop(a)edia! ◆ *s.m.* infusion, brew: — *di erbe*, infusion of herbs.

infusore → **ciliato**.

ingabbiare *v.tr.* 1 to cage, to put* (sthg., s.o.) into a cage, to crate; (*in una stia*) to coop: — *un macchinario*, to crate machinery 2 (*edil.*) to erect the framework of: — *un edificio*, to erect the framework of a building 3 (*fig.*) (*intrappolare*) to entrap, to enclose; to lock up; (*fam.*) to coop up, to coop in.

ingabbiatura *s.f.* (*edil.*) framework.

ingaggiare *v.tr.* 1 to engage, to hire, to employ, to sign on, to take* on: — *manodopera*, to engage labour; — *un calciatore*, to sign (up) a footballer; — *qlcu. a fare qlco.*, to engage s.o. to do sthg. 2 (*mil.*) (*arruolare*) to enlist, to enrol, to recruit: — *soldati mercenari*, to enlist (*o* to recruit) mercenaries; (*mar.*) — *un equipaggio*, to crew (a ship) 3 (*iniziare*) to start: — *una lotta*, to start a fight (*anche fig.*); (*mil.*) — *battaglia* (*con qlcu.*), to engage (s.o.) in battle.
□ **ingaggiarsi** *v.intr.pron.* 1 (*mar.*) to get* entangled 2 (*non com.*) (*arruolarsi*) to enlist, to enrol, to sign up, to sign on.

ingaggiatore *s.m.* recruiting officer.

ingaggio *s.m.* 1 engagement, employment, hiring, hire: — *di un calciatore*, signing of a footballer; *premio d'*—, signing-on fee; (*amer.*) bonus; *offrire un buon* —, to grant (*o* to offer) a substantial bonus 2 (*mil.*) (*arruolamento*) enlistment, enrolment, recruitment 3 (*hockey*) face-off.

ingagliardire *v.tr.* to strengthen, to invigorate, to fortify, to encourage, to embolden, to hearten ◆ *v.intr.* → ingagliardirsi.
□ **ingagliardirsi** *v.intr.pron.* to grow* strong, to strengthen, to fortify.

ingaglioffare, **ingaglioffire** *v.tr.* to make* a scoundrel of (s.o.).
□ **ingaglioffarsi**, **ingaglioffirsi** *v.intr.pron.* to become* a scoundrel.

ingangherare *v.tr.* (*non com.*) to hinge.

ingannabile *agg.* deceivable, gullible, easily cheated: *un individuo*—, a gullible guy.

ingannare *v.tr.* 1 (*trarre in inganno*) to deceive, to cheat, to fool, to dupe, to take* in: *cercò di ingannarmi, ma non ci riuscì*, he tried to deceive (*o* to cheat) me, but he did not succeed; *fui ingannato dalla luce artificiale*, I was deceived by the artificial light // — *la fame*, to beguile one's hunger // — *il tempo*, to while away the time (*o* to kill time); *per — l'attesa si mise a leggere*, to while away the time he began to read 2 (*frodare, truffare*) to swindle: *fu ingannato dal socio in affari*, he was swindled by his partner 3 (*essere infedele a*) to be unfaithful to (s.o., sthg.), to betray: — *la moglie, il marito*, to be unfaithful to one's wife, husband.
□ **ingannarsi** *v.intr.pron.* (*essere in errore*) to be mistaken, to be wrong: *mi sono ingannato sul suo conto*, I was mistaken about him; *se non m'inganno tuo figlio è medico*, if I'm not mistaken (*o* wrong) your son is a doctor; *credo si inganni*, I think he is mistaken.

ingannatore *agg.* deceiving, deceptive; (*fuorviante*) misleading: *parole ingannatrici*, deceiving words ◆ *s.m.*, **ingannatrice** *s.f.* deceiver; (*chi froda*) swindler, cheat, fraud.

ingannevole *agg.* deceitful, deceiving, deceptive; (*fuorviante*) misleading: *un'— aria di tranquillità*, a deceptive air of tranquillity.

inganno *s.m.* deceit, deception; (*frode*) fraud: *con l'*—, by fraud; *non lo credevo capace d'*—, I did not think him capable of deceit; *trarre in* —, to deceive (*o* to cheat): *fu tratto in — dal segnale luminoso*, it was the neon signal that deceived him // *usare l'*—, to practice deception // *cadere in* —, (*sbagliarsi*) to be mistaken (*o* to be wrong).

ingarbugliare *v.tr.* 1 to entangle, to tangle up: — *una matassa*, to tangle up a skein 2 (*fig.*) (*complicare*) to complicate 3 (*fig.*) (*confondere*) to confuse, to muddle: *mi ha ingarbugliato con le sue chiacchiere*, he confused me with his chat.
□ **ingarbugliarsi** *v.intr.pron.* to get* entangled, to get* confused; to get* mixed up (*anche fig.*): *la questione si è ingarbugliata*, the matter has become complicated; *per l'emozione si è ingarbugliato*, he was so excited he got confused; *si ingarbugliò con le date*, he got mixed up (*o* muddled) over the dates.

ingarbugliato *agg.* tangled; (*fig.*) confused, complicated, mixed up, intricate: *una matassa ingarbugliata*, a tangled skein; *un affare* —, a complicated (*o* intricate) business; *una spiegazione ingarbugliata*, an involved (*o* complicated) explanation.

ingavonarsi *v.intr.pron.* (*mar.*) to heel.

ingegnaccio *s.m.* uncultivated talent: *un certo — non gli manca*, there's a touch of genius in him.

ingegnarsi *v.intr.pron.* to do* everything one can, to do* everything possible: *mi sto ingegnando per capire il funzionamento di questa macchina*, I'm racking my brains trying to understand how this machine works; — *per vivere*, to do everything one can to make ends meet.

ingegnere *s.m.* engineer: — *civile, elettrotecnico*, civil, electrical engineer; — *meccanico*, mechanical engineer; — *minerario*, mining engineer.

ingegneria *s.f.* engineering: — *civile, chimica, meccanica, militare, navale*, civil, chemical, mechanical, military, naval engineering; *una laurea in* —, a degree in engineering // — *genetica*, genetic engineering.

ingegno *s.m.* 1 intelligence; talent; genius: *un ragazzo senza* —, a boy without intelligence (*o* acumen); *un uomo di grande* —, a man of great intelligence (*o* talent); *un — vivace*, a lively (*o* quick) mind (*o* intelligence); *manca di* —, he's not brilliant; *avere un — pronto*, to have quick wits (*o* to be quick-witted); *la necessità aguzza l'*—, necessity is the mother of invention; *prontezza d'*—, quick-wittedness // *alzata d'*—, brainwave // *un prodotto dell'*—, a work of the intellect; (*dir.*) *opere dell'—*, original works **2** (*letter.*) (*indole*) flair, gift; predisposition: *— musicale*, a flair (*o* gift) for music **3** (*di persona*) great mind, great brain; intellectual: *una nazione ricca di ingegni*, a nation abounding in great minds (*o* great brains) **4** (*letter.*) (*trovata ingegnosa*) stratagem, expedient **5** (*ant., letter.*) (*congegno*) device, contrivance // *l'— della chiave*, the key bit.

ingegnone *s.m.* (*fam.*) wizard, whiz kid.

ingegnosamente *avv.* ingeniously, cleverly, skilfully; artfully: *ha espresso molto — quei concetti*, he has very ingeniously (*o* cleverly) explained the concepts (*o* he has explained the concepts with great skill).

ingegnosità *s.f.* ingeniousness; cleverness; resourcefulness.

ingegnoso *agg.* ingenious; clever; resourceful: *un inventore —*, an ingenious inventor; *un meccanismo —*, an ingenious mechanism; *le sue risposte sono spesso ingegnose*, his answers are often clever.

ingelosire *v.tr.* to make* jealous: *— qlcu.*, to make s.o. jealous.

□ **ingelosirsi** *v.intr.pron.* to become* jealous: *si ingelosisce molto quando gli si parla di lui*, he gets very jealous when anyone speaks about him.

ingemmare *v.tr.* to adorn with jewels; to bestud with jewels, to bejewel: *— una corona*, to bestud a crown with jewels; (*una pianta*) to bud, to cause to bud.

□ **ingemmarsi** *v.rifl.* **1** to adorn oneself with jewels **2** (*di pianta*) to bud.

ingenerare *v.tr.* (*letter.*) to engender; to produce, to cause, to give* rise to: *— confusione*, to cause (*o* give rise to) confusion.

□ **ingenerarsi** *v.intr.pron.* to be caused (by sthg.), to be due (to sthg.), to arise* (from sthg.): *l'errore si è ingenerato per un equivoco*, the mistake was due to a misunderstanding.

ingenerosità *s.f.* lack of generosity; selfishness.

ingeneroso *agg.* ungenerous; (*egoista*) selfish: *un gesto —*, a selfish gesture.

ingenito *agg.* (*innato*) inborn, innate: *tendenza ingenita*, innate tendency.

ingente *agg.* great, considerable, vast; (*enorme*) enormous, huge: *ingenti spese*, heavy expenses; *le inondazioni hanno causato ingenti danni*, the floods caused considerable (*o* heavy) damage.

ingentilimento *s.m.* refinement, refining, polishing.

ingentilire *v.tr.* to refine; (*nobilitare*) to ennoble: *— un linguaggio*, to refine a language; *— le maniere*, to refine manners.

□ **ingentilirsi** *v.intr.pron.* to become* refined: *crescendo i suoi lineamenti si sono ingentiliti*, as he grew up his features became more refined.

ingenua *s.f.* (*teatr.*) ingenue.

ingenuamente *avv.* ingenuously, naively, simply; candidly: *ha seguito molto — tutto ciò che le veniva suggerito*, she very naively (*o* ingenuously) fell in with everything that was suggested.

ingenuità *s.f.* **1** (*candore*) candour, candidness; guilelessness; naivety: *l'— di un bambino*, the candour of a child **2** (*sprovvedutezza*) ingenuousness: *tutti approfittano della sua —*, everyone takes advantage of his ingenuousness; *una domanda che rivela —*, a question that denotes naivety // *dire delle —*, to come out with ingenuous expressions.

ingenuo *agg.* ingenuous, naive; (*candido*) guileless, candid: *che —!*, how simple you are!; *parole ingenue*, naive words; *una ragazza ingenua*, a naive girl; *uno sguardo —*, an ingenuous look ◆ *s.m.* (*persona ingenua*) ingenuous person: *a dispetto degli anni è rimasto un —*, despite his age he's as ingenuous as ever // *fare l'—*, to look as if butter wouldn't melt in one's mouth.

ingerenza *s.f.* interference, meddling: *non tollero nessuna — nel mio lavoro*, I can't stand any interference in my job.

ingerimento *s.m.* **1** ingestion **2** (*non com.*) → ingerenza.

ingerire *v.tr.* to swallow, to ingest: *— una medicina*, to swallow a medicine.

□ **ingerirsi** *v.intr.pron.* to meddle (with sthg.), to interfere (with sthg.): *— in un affare altrui*, to interfere (*o* meddle) with s.o. else's business.

ingessare *v.tr.* **1** (*un arto fratturato*) to plaster, to put* (sthg.) in plaster: *— un braccio*, to put an arm in plaster **2** (*fissare con gesso*) to plaster.

ingessatura *s.f.* (*l'ingessare*) plastering; (*il gesso*) plaster: *devo tenere l'— per un mese*, I shall have to keep the plaster on for a month.

ingestione *s.f.* ingestion: *— di un farmaco*, ingestion of a drug.

inghiaiare *v.tr.* **1** to gravel **2** (*ferr.*) to ballast.

inghiaiatura *s.f.* **1** gravelling **2** (*ferr.*) ballasting.

inghiottimento *s.m.* swallowing (*anche fig.*).

inghiottire *v.tr.* to swallow (down), to swallow (up) (*anche fig.*): *— la saliva, un boccone*, to swallow saliva, a mouthful; *ha inghiottito una caramella intera*, he swallowed (*o* gulped down) a whole sweet; *la barca fu inghiottita dal mare*, the boat was swallowed up (*o* engulfed) by the sea; *è difficile da —!*, (*fig.*) that's hard to swallow!; *— una pillola* (*amara*), (*fig.*) to swallow a (bitter) pill; *— un insulto*, to swallow an insult; *essere inghiottito dal buio*, (*fig.*) to be swallowed up by darkness // *— le lacrime*, to swallow one's tears.

inghiottitoio *s.m.* **1** (*geol.*) sinkhole, swallow hole **2** (*speleologia*) pot, pothole.

inghiottonire *v.tr.* (*non com.*) to make* greedy ◆ *v.intr.* → inghiottonirsi.

□ **inghiottonirsi** *v.intr.pron.* (*non com.*) to become* greedy, to become* a glutton.

inghippo *s.m.* (*region.*) snag, catch; setback: *tutto è proseguito senza inghippi*, everything proceeded without any snags; *mi sono ficcato in un brutto —*, I'm in a nice (*o* real) hole.

inghirlandare *v.tr.* to wreathe; to (en)garland: *inghirlandarsi il capo*, to wreathe one's head.

□ **inghirlandarsi** *v.rifl.* to garland oneself (with sthg.).

ingiallimento *s.m.* yellowing.

ingiallire *v.tr.* to yellow, to make* yellow, to colour yellow: *il tempo ingiallisce le pagine dei libri*, time yellows the pages of books ◆ *v.intr.* → ingiallirsi.

□ **ingiallirsi** *v.intr.pron.* to yellow, to turn yellow, to grow* yellow; (*di piante*) to sicken: *il grano ingiallisce all'inizio dell'estate*, corn turns yellow with the onset of summer.

ingiallito *agg.* yellowed; turned yellow, grown yellow: *carte, pergamene, fotografie ingiallite dal tempo*, papers, parchments, photos yellowed with age; *dita ingiallite dalla nicotina*, nicotine-stained fingers.

ingigantire *v.tr.* to magnify (*anche fig.*); to exaggerate (*anche fig.*): *un microscopio ingigantisce gli oggetti*, a microscope magnifies objects; *la sua immaginazione ingigantisce ogni più piccolo problema*, his imagination magnifies even the slightest problems; *— i difetti di qlcu.*, to exaggerate s.o.'s faults ◆ *v.intr.* → ingigantirsi.

□ **ingigantirsi** *v.intr.pron.* to become* gigantic, to grow* gigantic (*anche fig.*): *col passare del tempo il problema si è ingigantito*, with the passing of time the problem became gigantic (*o* enormous).

inginocchiamento *s.m.* kneeling (down); (*genuflessione*) genuflexion.

inginocchiarsi *v.intr.pron.* to kneel* (down), to fall* on one's knees: *— davanti all'altare*, to kneel (down) before the altar; *— al cospetto di qlcu.*, to kneel (down) before s.o.; *si inginocchiò per raccogliere il cappello*, he knelt (down) to pick up his hat; *tutti si inginocchiarono in preghiera*, everyone knelt in prayer.

inginocchiatoio *s.m.* prie-dieu, kneeling -stool.

ingioiellare *v.tr.* **1** to adorn with jewels, to bejewel: *arrivò alla festa tutta ingioiellata*, she arrived at the party heavily bejewelled **2** (*fig.*) (*ornare*) to embellish, to decorate, to adorn.

□ **ingioiellarsi** *v.rifl.* to adorn oneself with jewels.

ingiù, **in giù** *avv.* → giù 1 // *all'—*, (*verso il basso*) down, downward(s): *guardare all'—*, to look down(wards); *aveva i baffi piegati all'—*, he had a drooping moustache; *il corpo giaceva riverso sulla poltrona con la testa* (*all'*) *—*, the body was slumped head down in the armchair // *dall'—*, upwards: *la saracinesca si apre dall'—*, the shutter opens upwards.

ingiudicato *agg.* unjudged; (*dir.*) sub judice.

ingiungere *v.tr.* to enjoin (*anche dir.*); to order, to command: *gli ingiunsero di andarsene*, they ordered him to go; *mi ingiunse di tacere*, he enjoined me to keep silent (*o* he enjoined silence on me); *— penitenza a qlcu.*, to enjoin penance on s.o.

ingiuntivo *agg.* injunctive, enjoining (*anche dir.*): *decreto —*, injunction.

ingiunzione *s.f.* injunction, order, precept, enjoinment // (*dir.*): *— preventiva, preliminare*, preventive, provisional injunction; *— di pagamento*, injunction to pay; *procedimento per —*, injunction proceedings.

ingiuria *s.f.* **1** (*insulto*) insult; (*affronto*) affront, abuse; (*oltraggio*) outrage: *un discorso pieno d'ingiurie*, a speech full of insults; *coprire qlcu. di ingiurie*, to cover s.o. with insults; *scambiarsi ingiurie*, to exchange insults (*o* to call each other names); *ha dovuto sopportare diverse ingiurie*, he had to put up with several affronts; *recare, fare — a qlcu.*, to do s.o. wrong; *proferire, pronunciare ingiurie contro qlcu.*, to hurl insults (*o* abuse) at s.o. (*o* to abuse s.o.) **2** (*dir.*) slander, offence to s.o.'s dignity **3** (*danno*) damage, injury: *le ingiurie del tempo*, the ravages of time.

ingiuriare *v.tr.* to insult, to abuse, to revile; to call (s.o.) names; (*dir.*) to slander: *ingiu-*

riarono l'arbitro più volte, they insulted the referee several times.
□ **ingiuriarsi** *v.rifl.rec.* to insult each other (one another), to abuse each other (one another), to revile each other (one another); to call each other (one another) names: *i due automobilisti si ingiuriarono*, the two motorists hurled insults at each other (*o* called each other names).

ingiurioso *agg.* insulting, abusive, reviling: *parole ingiuriose*, insulting words (*o* abusive language); *una lettera ingiuriosa*, an abusive letter.

ingiustificabile *agg.* unjustifiable, inexcusable: *un ritardo* —, an unjustifiable (*o* inexcusable) delay; *la sua reazione violenta è* —, his violent reaction is unjustifiable (*o* inexcusable).

ingiustificato *agg.* unjustified; (*non fondato*) unwarranted: *ritardo* —, unjustified delay; *assenza ingiustificata*, unjustified absence; *senza — ritardo*, forthwith; *licenziamento* —, unfair dismissal; *sono timori del tutto ingiustificati*, these fears are totally unwarranted.

ingiustizia *s.f.* **1** (*l'essere ingiusto*) injustice, unfairness; inequity: *l'— di un provvedimento*, the injustice (*o* inequity) of a measure; *l'— di un arbitro*, the unfairness of a referee; *mi ha trattato con grande* —, he has treated me very unfairly; *è un'—!*, it's not fair! (*o* it's unfair!) **2** (*torto*) wrong: *subire, soffrire molte ingiustizie*, to suffer many wrongs; *commettere un'—*, to commit an injustice; *fare un'— a qlcu.*, to do s.o. an injustice (*o* to be unfair to s.o.); *combattere le ingiustizie sociali*, to fight against social injustice.

ingiusto *agg.* unjust, unfair (*anche dir.*); (*dir.*) wrong, wrongful; un lawful: *condanna, sentenza ingiusta*, unjust condemnation, sentence; *giudice* —, unjust judge; *guerra ingiusta*, unjust war; *legge ingiusta*, unjust law; *lode ingiusta*, unfair praise; *i miei sospetti erano ingiusti*, my suspicions were unfounded (*o* unjust); *essere — con qlcu.*, to be unfair to s.o.: *penso che tu sia stato piuttosto — con lui*, I think you've dealt rather unfairly with him; *la vita è stata ingiusta con me*, life has treated me unfairly ◆ *s.m.* **1** (*persona*) unjust: *gli ingiusti saranno puniti*, the unjust will be punished **2** (*ingiustizia*) injustice: *distinguere il giusto dall'—*, to distinguish the just from the unjust.

inglese *agg.* English: *una signora* —, an English lady // *all'—*, after the English fashion: *giardino all'—*, English garden; *riso all'—*, boiled rice; *andarsene, filarsela all'—*, to slip away unobtrusively // *sale* —, Epsom salts // *zuppa* —, trifle // (*tip.*) *carattere* —, English script ◆ *s.m.* **1** (*abitante*) Englishman* // *gli Inglesi*, the English (people) **2** (*lingua*) (the) English (language): *sto facendo un corso accelerato d'—*, I'm doing an intensive English course; *non mi piace la mia insegnante d'—*, I don't like my English teacher; *le genti che parlano* —, the English-speaking world ◆ *s.f.* Englishwoman*.

inglesismo *s.m.* Anglicism, Englishism.

inglobamento *s.m.* incorporation, absorption; takeover; englobing.

inglobare *v.tr.* to englobe; to incorporate; to absorb, to take* over.

inglorioso *agg.* inglorious; ingnominious: *una morte ingloriosa*, an ignominious death.

ingluvie *s.f.* (*zool.*) ingluvies; crop.

ingobbiare *v.tr.* (*ceramica*) to slip.

ingobbio *s.m.* (*ceramica*) engobe, slip.

ingobbire *v.tr.* to bend*: *il peso gli ingobbisce la schiena*, his back is curved (*o* bent) under the weight.
□ **ingobbirsi** *v.intr.pron.* to become* bent, to become* curved: *con gli anni si è ingobbito*, his back had become bent (*o* curved) over the years.

ingobbito *agg.* bent, curved: *cammina tutto* —, he walks all hunched up.

ingoffare, ingoffire *v.tr.* to make* (s.o., sthg.) look ungainly, to make* (s.o., sthg.) look clumsy: *non stai bene con quel vestito, t'ingoffa*, that dress doesn't suit you, it makes you look ungainly (*o* dowdy).

ingoiamento *s.m.* (*non com.*) swallowing.

ingoiare *v.tr.* to swallow, to gulp down (*anche fig.*): *ingoiò un pezzo di pane*, he swallowed a morsel of bread; — *il pranzo in due bocconi*, to gulp down one's lunch in two mouthfuls; *furono ingoiati dal mare, dall'oscurità*, they were swallowed up (*o* engulfed) by the sea, by the darkness; — *le lacrime*, to hold back one's tears; *ha sempre dovuto — molte umiliazioni*, he's always had to put up with a lot of humiliation // — *la pillola, un rospo*, (*fig.*) to swallow a bitter pill.

ingolfamento *s.m.* (*aut.*) flooding.

ingolfare *v.tr.* to flood (*anche aut.*); to engulf.
□ **ingolfarsi** *v.intr.pron.* **1** (*formare un golfo*) to form a gulf **2** (*fig.*) (*impelagarsi*) to become* involved (in sthg.); to throw* oneself (into sthg.), to plunge (into sthg.): *mi sono ingolfato in un brutto affare*, I've become involved (*o* mixed up) in some nasty business; — *nei debiti*, to get up to one's eyes in debt (*o* to run into debts *o* to plunge into debts) **3** (*aut.*) to flood: *si è ingolfato il motore*, the engine flooded.

ingolfato *agg.* (*aut.*) flooded.

ingolla *s.f.* (*agr.*) fruit picker.

ingollare *v.tr.* to swallow, to gulp down; (*mangiare avidamente*) to wolf down, to gobble.

ingolosire *v.tr.* **1** to make* s.o.'s mouth water; to excite s.o.'s greed: *è un gelato che mi ingolosisce*, it's an ice cream that makes my mouth water **2** (*invogliare*) to entice: — *qlcu. con delle promesse*, to entice s.o. with promises ◆ *v.intr.* → ingolosirsi.
□ **ingolosirsi** *v.intr.pron.* to become* greedy.

ingombrante *agg.* **1** cumbersome, bulky, encumbering **2** (*fig.*) (*scomodo, importuno*) awkward, intrusive: *si è rivelato un ospite* —, (*fig.*) he turned out to be an awkward guest.

ingombrare *v.tr.* **1** to encumber, to hamper, to obstruct, to block (up): *le bancarelle ingombravano la strada*, the stalls blocked the street; *le tue valigie ingombrano il passaggio*, your suitcases are blocking the passage **2** (*fam.*) (*impacciare*) to be in s.o.'s way: *questo tavolo mi ingombra*, this table is in my way **3** (*fig.*) to stuff, to cram: — *la mente di nozioni inutili*, to stuff (*o* to cram) one's mind with useless notions.

ingombro[1] *agg.* encumbered; packed, crammed: *un tavolo — di libri*, a table crammed (*o* weighed down) with books.

ingombro[2] *s.m.* **1** (*impedimento*) encumbrance, obstruction // *questa seggiola mi è d'—*, this chair is in my way **2** (*mole, massa*) bulk; (*spazio occupato*) overall dimensions (*pl.*), size // (*comm.*): *merci di molto* —, bulky goods; *merci di poco* —, compact goods; (*mar.*) *altezza di* —, overall height.

ingommare *v.tr.* **1** (*spalmare di gomma*) to gum, to smear with gum **2** (*incollare*) to stick*, to gum.

ingordaggine → **ingordigia**.

ingordigia *s.f.* greed, greediness (*anche fig.*): *mangiare con* —, to eat greedily (*o* to wolf down one's food); — *di denaro*, greed for money.

ingordo *agg.* **1** greedy (of, for sthg.): *non essere così —, farai indigestione*, don't be so greedy, you'll get indigestion **2** (*fig.*) greedy, eager: — *di guadagno*, greedy for gain; — *di ricchezze, potere*, greedy (*o* eager) for wealth, power ◆ *s.m.* glutton: *è un — di dolci, di salame*, he is a glutton for cakes, for salami.

ingorgamento *s.m.* obstruction.

ingorgare *v.tr.* to obstruct, to clog (up), to stop up, to block (up): *ho ingorgato il lavandino*, I've blocked the washbasin.
□ **ingorgarsi** *v.intr.pron.* to become* blocked (up), to become* obstructed, to clog (up) (with sthg.): *il tubo di scarico si è ingorgato*, the drainpipe has blocked up (*o* clogged up); *in questo incrocio il traffico si ingorga spesso*, (*estens.*) there is often a traffic jam at this crossroads.

ingorgo *s.m.* obstruction, blocking up: *un — del traffico*, a traffic jam.

ingovernabile *agg.* ungovernable, unmanageable, uncontrollable: *la situazione è diventata ormai* —, the situation at this stage is out of hand.

ingovernabilità *s.f.* ungovernability: *l'— del paese*, the ungovernability of the country.

ingozzamento *s.m.* gulp, swallow; gulping, swallowing.

ingozzare *v.tr.* **1** (*inghiottire*) to swallow; (*mangiare avidamente*) to gobble, to eat* up; (*tracannare*) to gulp down; (*inghiottire a fatica*) to gulp: *ho dovuto — quella terribile medicina*, I had to swallow that awful medicine **2** (*far mangiare*) to stuff; to fatten: — *oche*, to fatten geese; *non — quel bambino*, don't stuff that child **3** (*fig.*) (*sopportare*) to put* up with (sthg.).
□ **ingozzarsi** *v.rifl.* to gulp down, to gobble down: *non farmi fretta, mi sto già ingozzando!*, don't hurry me up, I am gulping it as fast as I can.

ingozzata *s.f.* pig-out, blow-out.

ingracilire *v.tr.* (*non com.*) to debilitate, to weaken ◆ *v.intr.* → ingracilirsi.
□ **ingracilirsi** *v.intr.pron.* to become* delicate, to become* frail; to weaken.

ingranaggio *s.m.* **1** (*mecc.*) gear: — *accoppiato*, mating gear; — *conduttore*, driving (*o* drive) gear; *ingranaggi del cambio, del differenziale*, change, differential gears; — *della prima* (*velocità*), low gear; — *della quarta* (*velocità*), high gear; — *della retromarcia*, reverse gear; — *della seconda* (*velocità*), second gear; — *della terza* (*velocità*), third gear; — *dello sterzo*, steering gear; — *elicoidale*, helical gear; — *fisso*, fixed gear; — *folle*, idle gear (*o* neutral); — *riduttore*, reducing gear; *dente di* —, gear tooth; *riduttore a ingranaggi*, reduction gear; *senza ingranaggi*, gearless; *sistema di ingranaggi*, gearing **2** (*ruota dentata*) cogwheel: *gli ingranaggi di un orologio*, the cogwheels of a clock; — *per catena*, sprocket wheel **3** (*fig.*)

mechanism, workings (*pl.*), system: *l'— della vita politica*, the workings of political life; *conosce gli ingranaggi della burocrazia*, he knows the workings of bureaucracy; *essere preso nell'— del lavoro*, to be caught up in the job.

ingranamento *s.m.* **1** settling down; getting going **2** (*mecc.*) mesh **3** (*mecc.*) (*grippaggio*) seizing, seizure.

ingranare *v.tr.* (*mecc.*) **1** to put* into gear; to interlock, to mesh; to engage; to pitch: — *due ruote*, to engage two cogwheels; — *la prima marcia*, to engage the first gear **2** (*mecc.*) (*grippare*) to seize ◆ *v.intr.* **1** (*mecc.*) to be in gear, to be in mesh; to engage: *queste due ruote ingranano*, these two cogwheels are in mesh; *non* —, to be out of gear (*o* out of mesh) **2** (*fig. fam.*) (*trovarsi bene*) to get* on (with s.o.): *quell'uomo non ingrana coi suoi colleghi*, that man doesn't get on with his colleagues; *mio figlio non riesce a — con la scuola*, my son can't settle into school.

□ **ingranarsi** *v.intr.pron.* (*mecc.*) to seize up.

ingrandimento *s.m.* **1** enlargement, growth; increase: *l'— di una città*, the growth of a city **2** (*fis.*) magnification: *lente d'—*, magnifying glass; *potere di* —, magnifying power **3** (*fot.*) enlargement.

ingrandire *v.tr.* **1** to enlarge, to make* larger; (*estendere*) to expand, to extend; (*aumentare*) to increase: — *un edificio*, to enlarge a building; — *uno stato*, to expand a state; — *un'azienda*, to expand a firm; — *un negozio*, to enlarge a shop **2** (*fis.*) to magnify: *questo vetro ingrandisce gli oggetti*, this glass magnifies objects **3** (*fot.*) to enlarge **4** (*fig.*) (*esagerare*) to exaggerate, to magnify: *gli piace — i suoi meriti*, he likes to magnify his own merits; — *i fatti, i pericoli*, to exaggerate the facts, the dangers ◆ *v.intr.* → ingrandirsi.

□ **ingrandirsi** *v.intr.pron.* to grow*, to increase, to become* larger, to expand, to widen: *quel commerciante all'ingrosso si è ingrandito*, that wholesaler has increased his business.

ingranditore *s.m.* (*fot.*) magnifier.

ingrassaggio *s.m.* (*mecc.*) greasing.

ingrassamento *s.m.* **1** fattening **2** (*concimazione*) manuring, fertilization: *l'— del terreno*, the fertilizing of land.

ingrassare *v.tr.* **1** to fatten, to make* fat; (*bestiame*) to tallow: — *un maiale*, to fatten a pig // *quel vestito ti ingrassa*, that dress makes you look fatter **2** (*mecc.*) to grease: — *un meccanismo*, to grease a mechanism **3** (*concimare*) to manure, to fertilize **4** (*arricchire*) to enrich ◆ *v.intr.* → ingrassarsi.

□ **ingrassarsi** *v.intr.pron.* **1** to grow* fat, to get* fat, to put* on weight, to fatten (up): *è ingrassata di nuovo*, she has put on weight again; *non vuole* —, he does not want to get fat; *si è molto ingrassato*, he has put on a lot of weight **2** (*fig.*) to get* fat (on sthg.): *persone che si ingrassano imbrogliando il prossimo*, people who feather their nests swindling others.

ingrassatore *s.m.* (*operaio*) greaser; (*dispositivo*) grease cup, grease gun.

ingrasso *s.m.* **1** fattening; (*di oche ecc.*) stuffing: *animali da* —, fattening animals **2** (*concime*) manure.

ingraticciare *v.tr.* to trellis, to hurdle, to wattle.

ingraticciata *s.f.* trellis-work, latticework.

ingraticolare *v.tr.* to close with grating.

ingratitudine *s.f.* ingratitude, ungratefulness, thanklessness.

ingrato *agg.* **1** ungrateful, unthankful; unappreciative: — *verso qlcu.*, ungrateful to s.o. **2** (*sgradevole*) thankless, unpleasant, disagreeable: *compito* —, thankless task **3** (*sterile*) barren, sterile: *terra ingrata*, barren land ◆ *s.m.* ungrateful person, unappreciative person: *comportarsi da* —, to behave ungratefully.

ingravidare *v.tr.* to make* pregnant.

□ **ingravidarsi** *v.intr.pron.* to become* pregnant.

ingraziare *v.tr.* to ingratiate oneself with (s.o.), to get* on the right side of (s.o.); to get* into s.o.'s good books: *dovresti ingraziarti il nuovo boss*, you ought to get on the right side of the new boss; *voleva ingraziarsi l'insegnante*, he wanted to get into his teacher's good books.

ingrediente *s.m.* ingredient (*anche fig.*): *il fascino è l'— principale del suo successo*, charm is the principal ingredient of his success.

ingressa *s.f.* (*eccl.*) introit.

ingressaggio *s.m.* (*in biblioteca*) (*l'ingressare*) accession: *numero di* —, accession number.

ingressare *v.tr.* (*in biblioteca*) to accession.

ingressione *s.f.* (*geol.*) ingression, transgression.

ingressivo *agg.* (*gramm.*) inchoative; ingressive.

ingresso *s.m.* **1** (*l'entrare*) entry: *l'— trionfale del nuovo presidente nella capitale*, the triumphal entry of the new president into the capital; *il suo — nella vita politica*, his first steps in political life; *l'— della Gran Bretagna nella CEE*, the entry of Great Britain into the EEC // (*fin.*) — *di capitali*, afflux (*o* inflow) of capital **2** (*entrata*) entrance, doorway: — *di servizio*, tradesmen's entrance; — *principale*, main entrance, (*porta*) front door; *all'— del teatro*, at the entrance of the theatre; *aprire, sbarrare l'—*, to open, to bar the entrance **3** (*facoltà di accesso*) entry, entrance, admittance, admission: — *libero*, free admittance (*o* admission free); — *a pagamento*, admission by ticket only; *biglietto d'—*, admittance (*o* entrance *o* admission) ticket // *vietato l'—*, no entry: *vietato l'— ai non addetti ai lavori*, no entry to unauthorized persons // (*dir.*) — *abusivo nel fondo altrui*, trespass.

ingrigire *v.intr.* (*letter.*) **1** (*assumere un colore grigio*) to grey, to become* grey **2** (*fig.*) (*assumere un tono dimesso*) to become* dull.

ingrinzire → **aggrinzire**.

ingrippare, **ingripparsi** → **grippare**, **gripparsi**.

ingrommare *v.tr.* to encrust.

□ **ingrommarsi** *v.intr.pron.* to become* encrusted.

ingrossamento *s.m.* **1** enlargement (*anche fig.*) **2** (*aumento di volume*) increase, growth **3** (*ispessimento*) thickening **4** (*ingrassamento*) fattening **5** (*gonfiamento*) swelling **6** (*parte ingrossata*) bulge: *il tubo presenta un* —, there is a bulge in the tube.

ingrossare *v.tr.* **1** (*far aumentare di volume, di numero*) to enlarge, to increase: *grazie alla sua tenacia ha molto ingrossato il suo patrimonio*, thanks to his tenacity he greatly enlarged (*o* increased) his fortune; — *i muscoli*, to develop one's muscles // — *le file di un partito*, to swell the ranks of a party **2** (*ispessire*) to thicken **3** (*gonfiare*) to swell*: *le piogge torrenziali ingrossarono il fiume*, the torrential rains swelled the river **4** (*far sembrare grosso*) to make* (sthg.) look bigger, to make* (sthg.) look fat: *quel cappello ti ingrossa il viso*, that hat makes your face look bigger **5** (*fig. non com.*) (*rendere confuso*) to dull, to blunt.

□ **ingrossarsi** *v.intr.pron.* **1** to become* bigger, to grow* (bigger): *il nostro debito si è ingrossato*, our debt has grown **2** (*aumentare*) increase **3** (*gonfiarsi*) to swell* (up): *dopo la caduta mi si è ingrossato il ginocchio*, my knee swelled up after the fall **4** (*ingrassare*) to become* fat, to become* stout: *si è molto ingrossato*, he has become very stout **5** (*di vento, di mare*) to rise*, to get* up **6** (*fam.*) (*diventare gravida*) to become* pregnant.

ingrossatura *s.f.* → **ingrossamento**.

ingrosso, all' *locuz.avv.* **1** (*comm.*) wholesale, in bulk: *all'— e al minuto*, wholesale and retail; *commercio all'—*, wholesale trade; *prezzi all'—*, wholesale (*o* store) prices; *comperare, vendere all'—*, to buy, to sell wholesale (*o* in bulk) **2** (*approssimativamente*) roughly, approximately.

ingrugnare, **ingrugnire** *v.intr.* **ingrugnarsi**, **ingrugnirsi** *v.intr. pron.* to pout, to sulk, to be grumpy.

ingrullire *v.tr.* (*region.*) to make* silly, to make* stupid ◆ *v.intr.* to become* silly, to become* stupid.

ingruppare *v.tr.* to group (together).

□ **ingrupparsi** *v.rifl.* to form into a group.

inguadabile *agg.* unfordable.

inguaiare *v.tr.* to get* (s.o.) into trouble, to get* (s.o.) in a mess, to get* (s.o.) in a fix.

□ **inguaiarsi** *v.rifl.* to get* (oneself) into trouble, to get* (oneself) in a mess, to get* (oneself) in a fix: *si è inguaiato sino ai capelli*, he's up to his neck in trouble.

inguainare *v.tr.* to sheath(e) (*anche bot.*): — *la spada*, to sheathe the sword (*anche fig.*); *le foglie inguainano lo stelo*, the leaves sheathe the stem; *uscì inguainata in un abito di lamé*, she went out sheathed in a lamé dress.

ingualcibile *agg.* crease resistant, uncreasable: *questa stoffa è* —, this material doesn't crease.

ingualcibilità *s.f.* crease-proof quality.

inguldrappare *v.tr.* (*rar.*) to caparison.

inguantare *v.tr.* to put* gloves on (s.o.).

□ **inguantarsi** *v.rifl.* to put* on one's gloves.

inguantato *agg.* gloved, wearing gloves: *mani inguantate*, gloved hands.

inguaribile *agg.* incurable.

inguinale *agg.* (*anat.*) inguinal: *ernia* —, inguinal hernia; *linfonodo* —, inguinal gland // *regione* —, groin.

inguine *s.m.* (*anat.*) groin, inguen.

ingurgitare *v.tr.* to gulp (down), to swallow (down): — *un bicchiere di vino*, to gulp (down) a glass of wine.

inia *s.f.* (*zool.*) (*Inia geoffroyensis*) inia.

inibire *v.tr.* **1** to forbid*, to prohibit: — *a qlcu. di fare qlco.*, to forbid s.o. to do sthg. **2** (*frenare, intimidire*) to inhibit (*anche psic.*), to restrain: *la sua presenza lo inibisce*, her presence inhibits him.

□ **inibirsi** *v.rifl.* to restrain oneself.

inibito *agg.* **1** (*vietato*) forbidden **2** (*che ha inibizioni*) inhibited ◆ *s.m.* (*chi soffre di inibizioni*) inhibited person.

inibitore *agg.* inhibitory ◆ *s.m.* **1** inhibitor **2** (*chim.*) inhibitor, depressor.

inibitorio *agg.* inhibitory (*anche med.*): (*psic.*) *freni inibitori*, inhibitory impulses.

inibizione *s.f.* **1** inhibition (*anche psic.*) **2** (*dir.*) prohibition **3** (*chim.*) inhibition, depression.

inidoneità *s.f.* unfitness (for sthg., to do), unsuitability (for sthg., for doing).

inidoneo *agg.* unfit (for sthg., to do), unsuitable (for sthg., for doing), unsuited (to, for sthg., to do, for doing): — *al servizio militare*, unfit for military service.

iniettabile *agg.* injectable; that can be injected (*pred.*).

iniettare *v.tr.* to inject: *si iniettò una dose di insulina*, he injected a dose of insuline into himself; (*med.*) — *per via intramuscolare*, to inject intramuscularly; — *per endovena*, to inject intravenously // (*mecc.*) — *il carburante nella camera di combustione*, to inject the fuel into the combustion chamber.

□ **iniettarsi** *v.intr.pron.* to become* bloodshot: *gli occhi gli si iniettarono di sangue*, his eyes became bloodshot.

iniettato *agg.* injected: *occhi iniettati di sangue*, bloodshot eyes.

iniettivo *agg.* (*mat.*) injective // *applicazione iniettiva*, injection.

iniettore *s.m.* (*mecc.*) injector.

iniezione *s.f.* **1** injection: — *endovenosa, ipodermica*, intravenous, hypodermic injection // (*fig.*) *ricevere un'— di fiducia*, to get a boost to one's confidence **2** (*miner., geol.*) (*di cemento, di magma*) injection: *gneiss di* —, injection gneiss **3** (*mecc.*) injection: *motore a* —, injection engine; *stampaggio a* —, injection moulding **4** (*astrodinamica*) — *in orbita* (*di un veicolo spaziale*), injection **5** (*fis., mat.*) injection; injective mapping.

inimicare *v.tr.* **1** (*rendere nemico*) to antagonize, to make* an enemy of (s.o.), to alienate, to estrange: *la tua condotta ti inimicherà i tuoi amici*, your behaviour will alienate (*o* estrange) your friends; *si è inimicata tutti*, she has antagonized everybody **2** (*antiq.*) (*trattare da nemico*) to treat as an enemy.

□ **inimicarsi** *v.intr.pron.* to fall* out with (s.o.): — *con un collega*, to fall out with a colleague; *non mi piace inimicarmi coi miei parenti*, I don't like to quarrel with (*o* to fall out with) my relatives ◆ *v.rifl.rec.* to become* enemies.

inimicizia *s.f.* enmity, hostility, antagonism; (*odio*) hatred, animosity: *creare — fra due persone*, to create bad blood between two people; *tra le loro famiglie esiste una profonda* —, there's deep enmity between the two families.

inimitabile *agg.* inimitable; (*impareggiabile*) incomparable: *uno stile* —, an inimitable style.

inimmaginabile *agg.* unimaginable; (*impensabile*) inconceivable, unthinkable.

ininfiammabile *agg.* uninflammable, nonflammable: *materiale* —, uninflammable material.

ininfluente *agg.* irrelevant, unimportant: *un dettaglio* —, an irrelevant detail.

ininfluenza *s.f.* irrelevance, unimportance.

inintelligibile *agg.* **1** (*che non si comprende*) unintelligible, obscure: *una spiegazione* —, an unintelligible explanation **2** (*che non si riesce a udire*) inaudible: *bisbiglio* —, inaudible murmur **3** (*che non si riesce a leggere*) illegible, unreadable: *uno scarabocchio* —, an illegible scribble.

inintelligibilità *s.f.* (*non com.*) **1** (*incomprensibilità*) unintelligibility, unintelligibleness **2** (*impossibilità di essere udito*) inaudibility **3** (*impossibilità di essere letto*) illegibility.

inintermediari *avv.* no agents, without intermediaries.

ininterrottamente *avv.* continually, unceasingly, uninterruptedly, nonstop: *lavorai — per tre giorni*, I worked for three days without stopping (*o* I worked for three days nonstop *o* no end); *piovve — tutta la settimana*, it rained nonstop for a week.

ininterrotto *agg.* (*continuo*) continuous, unbroken, uninterrupted; (*incessante*) incessant, unceasing, ceaseless, nonstop: *febbre ininterrotta*, unintermittent fever; *linea ininterrotta*, continuous (*o* unbroken) line; *progresso* —, steady progress; *rumore* —, incessant (*o* continuous) noise; *serie ininterrotta di papi*, unbroken succession of Popes; *sonno* —, unbroken sleep.

iniquità *s.f.* **1** (*ingiustizia*) iniquity, unfairness, injustice **2** (*atto iniquo*) iniquity: *commettere* —, to commit wicked acts **3** (*malvagità*) wickedness; evil; iniquity **4** (*di tempo atmosferico*) harshness, inclemency.

iniquo *agg.* **1** (*ingiusto*) unfair, unjust, iniquitous: *azioni inique*, unrighteous actions; *lotta iniqua*, unequal (*o* unfair) struggle; *sentenza iniqua*, unjust sentence; *sorte iniqua*, unfair destiny **2** (*malvagio*) wicked, evil, iniquitous: *menzogna iniqua*, wicked lie **3** (*di tempo atmosferico*) harsh, inclement: *tempo* —, inclement weather.

iniziabile *agg.* that can be started (*pred.*), that can be begun (*pred.*).

iniziale *agg.* **1** initial: *lettere iniziali*, initial letters **2** (*dell'inizio*) starting, opening, initial, first: *sintomi iniziali*, initial symptoms; *stadio* —, initial (*o* early) stage; *velocità* —, starting speed; *stipendio* —, starting salary // (*fin.*): *capitale* —, starting capital; *bilancio* —, opening balance ◆ *s.f.* initial: *dovete scrivere le vostre iniziali qui*, you must write your initials here; *scrivere con l'— maiuscola*, to write with a capital letter.

inizializzare *v.tr.* (*inform.*) to inizialize.

iniziare *v.tr.* **1** to begin*, to start; (*dare inizio a*) to initiate; to originate: — *a fare qlco.*, to begin (*o* to start) to do (*o* doing) sthg.: *quando hai iniziato a studiare il russo?*, when did you begin (*o* start) studying Russian?; — *una carriera scientifica*, to take up a scientific career; — *il dibattito*, to open the debate; — *la lezione*, to begin the lesson; — *una lite*, to start (*o* to open) a quarrel; (*dir.*) — *l'azione penale*, to start the prosecution; — *le ostilità*, to open hostilities; — *una riforma, una nuova politica*, to initiate a reform, a new policy; — *trattative con qlcu.*, to enter into (*o* to start) negotiations with s.o.; — *un viaggio*, to start on a journey (*o* to set out on a voyage); (*comm.*): — *un'impresa commerciale*, to start (on) a business enterprise; — *un commercio*, to open up a trade (*o* to set up in business); — *relazioni di affari*, to enter into business connections; (*mar.*) — *la discarica*, to break bulk (*o* to start unloading the cargo) // *per — ...*, to begin with... (*o* first of all...) **2** (*instradare*) to initiate, to introduce: — *qlcu. ai riti massonici*, to initiate s.o. into massonic rites; — *un allievo allo studio dei classici*, to initiate a student into classical studies ◆ *v.intr.* to begin*, to start, to commence: *le lezioni iniziano alle dieci*, classes begin at ten.

iniziatico *agg.* **1** initiatory **2** (*estens.*) obscure, esoteric.

iniziativa *s.f.* initiative, enterprise; undertaking, venture: *mancanza d'*—, lack of initiative; *una persona piena d'*—, an enterprising person; *spirito d'*—, spirit of enterprise; *dovete avere più* —, you must have more initiative; *non ha alcuna* —, he is totally lacking in initiative; *avere l'*—, to have the initiative; *fare qlco. di propria* —, to do sthg. on one's own initiative; *prendere l'*—, to take the initiative; — *culturale*, cultural initiative // (*econ.*): — *privata*, private enterprise; — *congiunta*, joint venture; *libera* —, free enterprise // *a, per — di ...*, on the initiative of...

iniziato *agg.* started (*pred.*), begun (*pred.*): *non si può entrare a spettacolo* —, you can't go in when the show has already begun ◆ *s.m.* initiate: *un linguaggio da iniziati*, an esoteric language.

iniziatore *s.m.* initiator, starter.

iniziazione *s.f.* initiation: *riti d'*—, initiation rites.

inizio *s.m.* **1** beginning, start, commencement: *la partita avrà — alle tre*, the game will start at three; *dall'— alla fine*, from beginning to end (*o* from start to finish); *sin dall'*—, from the very beginning // (*sport*) *calcio d'*—, kickoff **2** (*prima fase*) beginning; opening: *l'— del romanzo è descrittivo*, the opening of the novel is descriptive; *all'— dell'estate*, at the beginning of summer.

in loco *avv.* (*lat.*) on the spot, in the same place.

innacquare → **annacquare**.

innaffiare e *deriv.* → **annaffiare** e *deriv.*

innalzamento *s.m.* (*elevazione*) elevation (*anche fig.*), raising (*anche fig.*); (*aumento*) increase, rise: — *del pelo d'acqua*, (*idraulica*) raising of the water-level; — *al trono*, elevation to the throne; (*econ.*) — *dei prezzi*, rise (*o amer.* raising) in prices.

innalzare *v.tr.* **1** (*elevare*) to lift (up), to raise (*anche fig.*), to elevate (*anche fig.*): — *una bandiera*, to raise (*o* to hoist) a flag; — *le braccia*, to raise one's arms; — *gli occhi al cielo*, to raise (*o* to lift up) one's eyes to heaven; — *un inno*, to raise a hymn; — *l'animo di qlcu.*, to elevate s.o.'s mind // — *un palo*, (*fissarlo in posizione verticale*) to set up a pole // — *al settimo cielo*, to praise (*o* to extol *o* to laud) to the skies **2** (*fig.*) (*elevare di condizione*) to raise, to advance, to promote: — *qlcu. a una dignità*, to raise (*o* to promote *o* to advance) s.o. to a dignity; — *qlcu. di grado*, to raise s.o. to a higher rank (*o* to promote s.o.); — *qlcu. al trono*, to raise s.o. to the throne; — *qlcu. all'onore degli altari*, to make s.o. a saint **3** (*erigere*) to build*, to erect, to put* up, to raise: — *un monumento*, to put up (*o* to erect) a monument **4** (*rendere più alto*) to raise, to make* higher: — *una casa di due piani*, to make a house two storeys higher; — *un muro di due metri*, to raise a wall by two metres (*o* to make a wall two metres higher); *l'alta marea ha innalzato il livello dell'acqua*, the high tide has raised the level of the water // — *la voce*, to raise one's voice.

□ **innalzarsi** *v.rifl.* o *intr.pron.* **1** to rise*: *il fumo s'innalzava verso il cielo*, the smoke was rising towards the sky; *montagne che s'innalzano oltre i 3000 m*, mountains that rise to more than 3000 m; *davanti alla casa s'innalzava un bel fico*, before the house rose up (*o* stood) a beautiful fig tree **2** (*fig.*) (*elevarsi di condizione*) to rise*: — *al di sopra della mediocrità*, to rise above mediocrity; — *col proprio lavoro*, to work one's way up **3** (*fig. letter.*) (*imporsi*) to assert oneself.

innamoramento *s.m.* **1** falling in love: *una persona facile agli innamoramenti*, a person who falls in love easily; *il loro — stupì tutti*, their falling in love astonished everybody **2** (*amore*) love; (*tenerezza*) fondness.

innamorare *v.tr.* **1** (*non com.*) to cause (s.o.) to fall in love (with), to make* (s.o.) fall in love (with), to make* (s.o.) love: *lo innamorò con la sua bellezza*, her beauty made him fall in love with her (*o* made him love her) **2** (*estens.*) (*incantare, affascinare*) to captivate, to enchant, to charm; to fascinate: *innamora tutti con il suo sorriso gentile*, she captivates everybody with her gentle smile // *un sorriso che innamora*, an enchanting (*o* a captivating) smile; *una musica che innamora*, enchanting music.

□ **innamorarsi** *v.intr.pron.* **1** to fall* in love (with s.o.): *si è innamorata di un mio amico*, she has fallen in love with a friend of mine; *si innamorò di lei a prima vista*, he fell in love with her at first sight // *lo fece innamorare di sé*, she made him fall in love with her **2** (*estens.*) (*di un luogo, un oggetto ecc.*) to fall* in love (with sthg.); to be enthusiastic (about sthg.), to grow* enthusiastic (about sthg.): *si è innamorato della vita di campagna*, he fell in love with life in the country ◆ *v.rifl.rec.* to fall* in love (with each other): *si innamorarono pazzamente appena si incontrarono*, they fell head over heels in love (with each other) at first sight.

innamorata *s.f.* lover; sweetheart; girlfriend.

innamorato *agg.* **1** in love (with s.o.); full of love (for s.o.), loving: *è innamorata di un inglese*, she is in love with an Englishman; *occhi innamorati*, loving eyes // *è — cotto*, (*fam.*) he is crazy about her **2** (*estens.*) (*entusiasta*) fond; (*fam.*) crazy (about s.o., sthg.): *sono — di questo quadro*, I am very fond of (*o* I love) this picture ◆ *s.m.* lover; sweetheart; boyfriend: *uscire con l'—*, to go out with one's boyfriend.

innanzi *avv.* **1** (*non com.*) → avanti **2** (*precedentemente*) before, earlier: *come si è detto —*, as stated before **3** (*poi, in seguito*) on, onward(s); (*più avanti*) later, further on: *da oggi, d'ora —*, from now on(wards); *da allora —*, thenceforward (*o* thenceforth); *di questo argomento si parlerà più —*, this subject will be discussed later on ◆ *agg.* (*antecedente*): *il giorno —*, the previous day; *alcuni mesi —*, some months previously ◆ *s.m.*: *per l'—*, (*in passato*) before, in the past; (*in futuro*) in the future: *per l'— non aveva mai fatto parlare di sé*, he had never drawn attention to himself before; *procura, per l'—, di non ricadere nello stesso errore*, try not to make the same mistake again in the future.

innanzi (a) *prep.* **1** (*davanti a, di fronte a*) before, in front of: — *a Dio e agli uomini*, before God and men; *l'ho sempre — agli occhi*, I have him constantly before my eyes; *camminava — a lui*, she walked in front of him; *dovranno comparire — al giudice*, they will have to appear before the judge **2** (*prima di*) before: — *l'alba, sera*, before dawn, evening; — *tutto*, (*soprattutto*) above all, (*prima di tutto*) first of all; — *tempo*, (*in anticipo*) early, (*prematuramente*) before one's time.

innanzi che *cong.* (*non com.*) — *che*, (*prima che*) before; (*piuttosto che*) sooner than, rather than: *devo vederti — che tu parta*, I must see you before you leave; *si farebbe uccidere — che confessare*, he would die sooner (*o* rather) than confess.

innario *s.m.* (*eccl.*) hymnal, hymn book, hymnary.

innatismo *s.m.* (*fil.*) nativism.

innatista *agg.* e *s.m.* e *f.* (*fil.*) nativist.

innatistico *agg.* (*fil.*) nativistic.

innato *agg.* innate, inborn, inbred, native; (*naturale, istintivo*) natural: *intelligenza innata*, native intelligence (*o* wit); *facoltà innata*, innate (*o* inborn) faculty; *difetto —*, congenital defect; *la sua innata modestia*, her native (*o* inbred) modesty; *un'innata generosità*, a natural generosity; *un'innata passione per l'arte*, an innate (*o* natural) passion for art // (*fil.*) *idee innate*, innate ideas.

innaturale *agg.* unnatural.

innavigabile *agg.* **1** unnavigable **2** (*letter.*) (*non adatto a navigare*) unseaworthy.

innavigabilità *s.f.* unnavigability.

innegabile *agg.* undeniable.

inneggiamento *s.m.* **1** (*il cantare inni*) hymn-singing, singing of hymns **2** (*fig.*) (*il levare lodi*) extolling, praising; (*il rivolgere un'ovazione, il cantare in coro*) cheering; chanting; ovation: *gli inneggiamenti della folla si sentivano fin fuori dallo stadio*, you could even hear the cheering (*o* the chanting) of the crowd outside the stadium **3** (*spec.pl.*) (*lode*) praise [U]; (*lode insincera*) flattery [U], adulation [U] **3** *pl.* (*inni*) hymns.

inneggiare *v.intr.* **1** (*non com.*) (*cantare inni*) to sing* hymns, to sing* a hymn of praise **2** (*fig.*) (*levare lodi*) to sing* the praises (of s.o., sthg.), to extol (s.o., sthg.), to exalt (s.o., sthg.): *nei suoi discorsi si inneggia sempre alla pace*, his speeches always extol the virtues of peace **3** (*fig.*) (*rivolgere un'ovazione*) to cheer, to cheer on (s.o.); to greet (s.o.) with an ovation: *tutto lo stadio inneggiava alla squadra di casa*, the whole stadium cheered on the home team; *tutti inneggiarono a lui quando entrò*, he was greeted with an ovation when he entered **4** (*fig. spreg.*) (*levare lodi insincere*) to adulate, to flatter.

inneità *s.f.* (*fil.*) innateness.

innervare *v.tr.* **1** (*med.*) to innervate, to innerve **2** (*fig. letter.*) (*animare, vivificare*) to strengthen, to vivify.

innervazione *s.f.* (*anat.*) innervation.

innervosire *v.tr.* **1** (*irritare*) to get* on s.o.'s nerves, to annoy, to irritate: *tutto questo rumore mi innervosisce*, all this noise gets on my nerves **2** (*far diventare ansioso*) to make* (s.o.) nervous, to make* (s.o.) jumpy; (*fam.*) to give* (s.o.) the jitters.

□ **innervosirsi** *v.intr.pron.* **1** (*irritarsi*) to get* annoyed, to become* irritable: *è facile a —*, he gets annoyed (*o* irritated) easily **2** (*diventare ansioso*) to grow* nervous, to get* nervous; (*fam.*) to grow* jumpy: *se fa tardi mi innervosisco*, if he's late I get nervous.

innervosito *agg.* (*irritato*) annoyed, irritated; (*in ansia*) nervous; jumpy.

innescamento *s.m.* **1** (*di esplosivo*) priming: *durante l'— la carica esplose*, the charge went off during the priming **2** (*pesca*) baiting.

innescante *agg.* priming: *carica —*, priming charge ◆ *s.m.* primer.

innescare *v.tr.* **1** (*pesca*) to bait **2** (*tecn.*) to prime: — *una mina*, to prime a mine; — *una pompa*, to prime a pump **3** (*fis., chim.*) to trigger: — *una reazione a catena*, to trigger a chain reaction // (*elettr.*) — *un arco elettrico*, to strike an electric arc.

□ **innescarsi** *v.intr.pron.* **1** to start, to get* under way well **2** (*elettr.*) to strike*.

innesco *s.m.* **1** (*dispositivo*) primer **2** (*fis., chim.*) trigger: *una bomba A usata come — di una bomba H*, an A-bomb used as trigger of an H-bomb // (*elettr.*) *l'— di una scarica elettrica*, the striking of an electric discharge **3** (*fig.*) trigger.

innestabile *agg.* graftable.

innestamento *s.m.* (*non com.*) (*agr.*) grafting.

innestare *v.tr.* **1** (*med., agr.*) to graft: — *un germoglio in un vecchio albero*, to graft a shoot onto an old tree **2** (*med.*) (*inoculare*) to inoculate, to vaccinate: — *a qlcu. il vaccino del vaiolo*, to inoculate s.o. against smallpox **3** (*inserire*) to insert **4** (*mecc.*) to engage: — *la frizione*, to engage the clutch.

□ **innestarsi** *v.intr.pron.* to be grafted (on to sthg.), to be inserted (into sthg.), to join (sthg.) (*anche fig.*): *il viale s'innesta sulla strada principale*, the avenue joins the main road.

innestatoio *s.m.* (*agr.*) grafting knife*.

innestatore *agg.* grafting ◆ *s.m.* grafter.

innestatura *s.f.* (*agr.*) grafting.

innesto *s.m.* **1** (*agr.*) graft, grafting, engraftation: *produrre per —*, to graft; *tagliare per —*, to slip **2** (*med.*) graft; inoculation, vaccination: — *epidermico*, skin grafting **3** (*mecc.*) clutch, connection, engagement; joint: — *a baionetta*, bayonet joint; — *a frizione*, friction clutch; — *di sicurezza*, slip clutch **4** (*elettr.*) connection; (*a spina*) plugging in **5** (*fig.*) (*inserimento*) insertion, junction.

innevamento *s.m.* snowfall; snowy conditions (*pl.*): *l'— delle montagne*, the snowfall in the mountains // — *artificiale*, covering with artificial snow.

innevare *v.tr.* to cover with snow.

□ **innevarsi** *v.intr.pron.* to be covered with snow.

innevato *agg.* covered with snow, snow-clad, snowy.

inning *s.m.* (*baseball*) inning.

inno *s.m.* **1** hymn; anthem: — *nazionale*, national anthem; *cantare, innalzare inni*, to sing hymns **2** (*fig.*) hymn, paean: *le sue parole erano un — alla pace*, his words were a paean to peace.

innocente *agg.* **1** (*non colpevole*) innocent; guiltless; (*dir.*) not guilty (*pred.*): *tutti credono che egli sia —*, everybody believes he is innocent; (*dir.*) *dichiararsi —*, to plead not guilty; *l'accusato è presunto —*, the accused is presumed innocent **2** (*privo di malizia, candido*) innocent, harmless; simple, artless: *un bimbo —*, an innocent child; *un sorriso —*, an innocent smile; *bugia —*, white lie; *piaceri innocenti*, innocent pleasures ◆ *s.m.* e *f.* innocent: *fare l'—*, to feign innocence; *punire un —*, to punish an innocent // *la strage degli Innocenti*, (*Bibbia*) the Slaughter of the Innocents.

innocentino *s.m.* (*iron.*) innocent: *fare l'—*, to play the innocent.

innocentismo *s.m.* attitude of a person who holds the accused to be innocent.

innocentista *s.m.* e *f.* person who holds the accused to be innocent.

innocenza *s.f.* **1** innocence: (*dir.*) *dichiarare la propria —*, to plead not guilty **2** (*purezza, ingenuità, candore*) innocence, simplicity: *conservare l'— di un bambino*, to preserve the innocence of a child // *beata —!*, blessed innocence!

innocuità *s.f.* harmlessness, innocuity, innocuousness.

innocuo *agg.* innocuous, harmless, inoffensive, (*di animale*) safe: *un medicinale —*, a harmless (*o* safe) medicine.

innodia *s.f.* **1** hymnody, hymn-singing **2** (*complesso di inni*) hymnody, hymns (*pl.*).

innografia *s.f.* **1** hymn-writing, hymnography **2** (*innodia*) hymnody **3** (*libro*) hymn book.

innografico *agg.* of hymn-writing (*pred.*), hymn (*attr.*).

innografo *s.m.* hymnographer, hymnwriter.

innologia *s.f.* hymnology.

innologico *agg.* hymnologic.

innologo *s.m.* hymnologist.

innominabile *agg.* (*vergognoso*) unmentionable, unnameable, shameful.

innominato *agg.* **1** unnamed // *l' 'Innominato'*, (*nei 'Promessi Sposi'*) the 'Innominato' (*o* the 'Unnamed') **2** (*senza nome*) nameless.

innondare → **inondare**.

innovamento *s.m.* → **innovazione**.

innovare *v.tr.* to make* innovations in (sthg.), to innovate, to renew, to change, to reform // (*econ.*): *— il processo produttivo*, to renew the manufacturing process; *— un'azienda*, to reorganize a firm.

□ **innovarsi** *v.intr.pron.* (*non com.*) to be renewed, to be made new again.

innovativo *agg.* innovative, innovatory: *un programma —*, an innovatory programme; *idee innovative*, innovative ideas.

innovatore *agg.* innovative, innovatory ◆ *s.m.* innovator.

innovazione *s.f.* innovation, change: *introdurre innovazioni in un processo produttivo*, to introduce innovations in a production process; *— tecnica*, technical change; *— tecnologica*, technological innovation; *innovazioni sociali*, social changes.

in nuce *agg.* (*lat.*) **1** (*conciso*) concise **2** (*allo stato embrionale*) embryonic ◆ *avv.* **1** (*in breve*) in brief **2** (*in embrione*) in embryo.

innumerabile *agg.* (*letter.*) innumerable; numberless.

innumerevole *agg.* innumerable, numberless, countless: *una folla —*, a vast crowd.

ino *agg.* (*fam.*) tiny, minute, very small: *un ragazzino — —*, a tiny little boy.

inobliabile *agg.* (*letter.*) unforgettable.

inobliato *agg.* (*letter.*) unforgotten.

inocchiare *v.tr.* (*agr.*) to bud.

inoccultabile *agg.* unconcealable.

inoccupato *agg.* (*stat.*) (*di persona*) unemployed; unoccupied; (*di luogo*) vacant, free: *impiego —*, vacant position ◆ *s.m.* unemployed, jobless person: *gli inoccupati*, persons in search of employment.

inoccupazione *s.f.* unemployment, lack of employment: *— giovanile*, youth unemployment.

inoculare *v.tr.* **1** (*med.*) (*introdurre*) to inoculate: *— il vaccino del vaiolo a qlcu.*, to inoculate s.o. against smallpox **2** (*fig.*) to implant, to sow*: *— un sospetto*, to sow suspicion.

inoculazione *s.f.* inoculation.

inodore, **inodoro** *agg.* odourless; scentless, inodorous.

inoffensivo *agg.* **1** (*che non offende*) inoffensive, harmless: *era una frase inoffensiva*, it was a harmless phrase **2** (*innocuo*) harmless, inoffensive, innocuous, safe: *un cane —*, a harmless (*o* safe) dog; *rendere — qlcu.*, to render s.o. harmless.

inoliare *v.tr.* (*non com.*) **1** (*condire con olio*) to dress with oil **2** (*ungere con olio*) to oil.

inoltrare *v.tr.* (*trasmettere, inviare*) to forward, to send* (on), to transmit, to pass on, to convey; (*per posta*) to mail; (*via mare*) to ship; (*documenti*) to submit, to lodge: *dovete — il vostro bagaglio*, you must send on your luggage; *— merci*, to send on (*o* to ship) goods; *— documenti*, to send in documents; *— una domanda d'impiego*, to submit (*o* to send in) an application for a job; (*o amer.* to file for a post); *— una lettera*, to forward a letter; *— un reclamo*, to lodge (*o* to put in) a complaint.

□ **inoltrarsi** *v.rifl.* to advance, to go* forward, to proceed, to penetrate; to enter (*anche fig.*): *— in un bosco*, to penetrate (into) a wood; *— nella vita politica*, to enter political life; *man mano che si inoltravano*, as they advanced; *non voglio inoltrarmi in particolari*, I don't want to enter into details.

inoltrato *agg.* **1** (*spedito*) forwarded, sent on; (*di posta*) mailed; (*burocrazia*) submitted, put in; (*passato agli atti*) filed: *pratiche inoltrate*, submitted papers (*o* documents); (*Borsa*) (*di titoli sul mercato*) put through **2** (*avanzato*) advanced, late: *in inverno —*, late in winter; *nel pomeriggio —*, late in the afternoon; *essere — negli anni*, to be advanced in years (*o* to be well on in years).

inoltre *avv.* besides; too, as well; (*form.*) moreover, furthermore: *è troppo tardi per affrontare simili argomenti, — sono stanco*, it's too late to tackle such questions; besides, I'm tired out; *l'albergo è molto accogliente, e — ha una posizione incantevole*, the hotel is very comfortable and is charmingly situated as well; *il tema è banale; — è pieno di errori*, the essay is unoriginal; moreover, it is full of mistakes; *le accludo — una fotocopia del contratto*, I furthermore enclose a photocopy of the contract.

inoltro *s.m.* (*invio di merce*) dispatch, shipment; (*di lettere*) forwarding, sending off, mailing; (*di documenti*) submission, filing; (*di reclamo*) lodging: (*comm.*) *spese d'—*, forwarding expenses; *con preghiera d'—*, please forward.

inondamento *s.m.* → **inondazione**.

inondare *v.tr.* to flood, to inundate (*anche fig.*): *il fiume inondò la campagna*, the river flooded the countryside; *le lacrime gli inondavano il viso*, tears flooded (*o* poured) down his face; *i capelli le inondavano le spalle*, her hair flowed over her shoulders; *la folla inondò le strade*, the crowd flooded (*o* swamped *o* filled) the streets; *il nostro ufficio fu inondato dalle domande*, applications inundated (*o* swamped) our office; *i prodotti giapponesi hanno inondato il mercato*, Japanese products have flooded the market // *— qlcu. di baci*, to cover (*o* to smother) s.o. with kisses.

inondazione *s.f.* flood, flooding; inundation (*anche fig.*): *un'— di turisti*, a flood of tourists; *— di prodotti stranieri*, flood of foreign products.

inonesto → **disonesto**.

inonorato *agg.* (*letter.*) (*non onorato*) unhonoured; (*senza onore*) without honour.

inoperabile *agg.* (*med.*) inoperable: *tumore —*, inoperable tumour.

inoperante *agg.* inoperative // (*dir.*) *legge —*, law which is not in force; *contratto —*, contract which is not in force.

inoperosità *s.f.* inactivity, idleness; sluggishness.

inoperoso *agg.* inactive; (*ozioso*) idle, lazy; sluggish: *una giornata inoperosa*, a lazy day; *rimanere —*, (*di macchinario*) to remain idle, (*di persona*) to be idle // (*econ.*) *capitale —*, idle (*o* unemployed) capital.

inopinabile *agg.* (*letter.*) **1** (*impensabile*) unthinkable, inconceivable, unimaginable **2** (*imprevedibile*) unforeseeable.

inopinatamente *avv.* unexpectedly; (*improvvisamente*) suddenly.

inopinato *agg.* (*letter.*) unexpected; unforeseen; (*improvviso*) sudden.

inopportunamente *avv.* **1** (*intempestivamente*) inopportunely, at the wrong moment, untimely **2** (*fuori luogo*) inconveniently, awkwardly.

inopportunità *s.f.* **1** (*intempestività*) inopportuneness, untimeliness **2** (*l'essere fuori luogo*) inconvenience, awkwardness.

inopportuno *agg.* **1** untimely, inopportune, inappropriate: *una visita inopportuna*, an untimely visit **2** (*fuori luogo*) inopportune, inconvenient, awkward: *una domanda inopportuna*, an awkward question.

inoppugnabile *agg.* incontrovertible, incontestable; indefeasible: *una prova —*, an incontrovertible proof; *un diritto —*, an incontestable right.

inoppugnabilità *s.f.* incontrovertibility, incontestability; indefeasibility.

inorganicità *s.f.* **1** inorganic nature: *l'— di una sostanza*, the inorganic nature of a substance **2** (*incoerenza*) unsystematic nature, disjointedness; lack of coherence; disorganization: *l'— di un'opera artistica*, the unsystematic nature of a work of art; *l'— di un modo di lavorare*, the unsystematic nature of a way of working.

inorganico *agg.* **1** inorganic: *chimica inorganica*, inorganic chemistry **2** (*fig.*) unsystematic, disjointed, disorganized: *un progetto —*, a disjointed plan.

inorgoglire *v.tr.* to make* proud, to fill with pride: *il tuo successo lo inorgoglisce molto*, your success makes him very proud ◆ *v.intr.* → inorgoglirsi.

□ **inorgoglirsi** *v.intr.pron.* to become* proud, to grow* proud: *— per qlco.*, to be proud over (*o* about) sthg.

inorpellare *v.tr.* (*fig. letter.*) to gild over.

inorridire *v.tr.* (*riempire di orrore*) to horrify, to strike* with horror ◆ *v.intr.* to be horrified, to be struck with horror: *inorridimmo a quell'idea*, we were horrified by that idea.

inosabile *agg.* (*letter.*) unattemptable, undareable: *un'impresa* —, a feat that cannot or must not be attempted.

inosite *s.f.* **inositolo** *s.m.* (*chim.*) inositol.

inospitale *agg.* **1** inhospitable: *gente* —, inhospitable people **2** (*di luogo, casa*) uninhabitable, inhospitable: *una regione deserta e* —, an inhospitable (*o* uninhabitable) region.

inospitalità *s.f.* inhospitality.

inosservabile *agg.* **1** (*non com.*) (*che non si può osservare*) unobservable, that cannot be seen: *il fenomeno è — senza telescopio*, the phenomenon cannot be seen without a telescope **2** (*non adempibile*) that cannot be observed, that cannot be kept: *una norma* —, a rule that cannot be followed (*o* kept).

inosservante *agg.* failing to observe, that doesn't respect; non-observing (*attr.*); (*dir.*) unobservant: *un automobilista — del codice stradale*, a driver failing to observe the highway code.

inosservanza *s.f.* inobservance, non-observance; (*inadempienza*) non-fulfilment.

inosservato *agg.* **1** unobserved, unnoticed, unperceived: *l'avvenimento passò* —, the event passed unnoticed; *il ladro passò* —, the thief passed unnoticed **2** (*inadempiuto*) unperformed, unfulfilled; not observed, not obeyed.

inossidabile *agg.* **1** rustproof, inoxidizable, stainless: *acciaio* —, stainless steel **2** (*fig.*) (*temprato*) inured to hardship, tough.

inossidabilità *s.f.* stainlessness.

inottemperanza *s.f.* inobservance, non-observance; (*inadempienza*) non-fulfilment.

inox *agg.* inoxidizable.

input *s.m.* **1** (*inform.*) input **2** (*estens.*) start: *dare l'— a un'iniziativa*, to give a start to a project **3** (*econ.*) (*insieme degli elementi necessari alla produzione di un bene*) input: *analisi input-output*, input-output analysis; — *fisso*, fixed input; — *variabile*, variable input.

inquadramento *s.m.* (*amm.*) organization, arrangement: — *unico*, integrated salary scheme (*o* policy).

inquadrare *v.tr.* **1** to frame: — *una foto*, to frame a photo **2** (*fig.*) (*collocare, inserire*) to organize, to arrange: *le cognizioni sono utili solo se sono inquadrate in un sistema*, knowledge is useful only when organized into a system; — *una figura in un periodo storico*, to set a figure in his historical background **3** (*mil.*) to organize, to assign to a unit **4** (*burocrazia*) to organize, to assign (s.o.) to a permanent duty: *essere assunto e inquadrato come impiegato*, to be engaged and assigned as an employee **5** (*fot., cinem., tip.*) to frame.

□ **inquadrarsi** *v.intr.pron.* (*collocarsi, inserirsi*) to fit in, to form part of: *un provvedimento che si inquadra in un progetto più ampio*, a measure forming part of a broader project.

inquadratura *s.f.* **1** (*fot., cinem.*) (*l'inquadrare*) framing; (*il risultato*) shot: *un'— suggestiva*, an evocative shot **2** (*tip.*) (*l'incorniciare*) framing; (*la cornice*) frame.

inqualificabile *agg.* **1** (*non valutabile*) unmarkable: *il tuo test di ammissione è* —, your entrance test is unmarkable **2** (*fig.*) (*deplorevole*) abominable; despicable: *hai tenuto un contegno* —, you behaved abominably.

inquartare *v.tr.* **1** (*arald.*) to quarter **2** (*metall.*) to quartate.

□ **inquartarsi** *v.intr.pron.* (*ingrassare*) to grow* fat.

inquartata *s.f.* (*scherma*) quart.

inquartato[1] *agg.* (*arald.*) quartered ◆ *s.m.* (*arald.*) quartering.

inquartato[2] *agg.* (*robusto*) sturdy, thickset: *un ragazzo ben* —, a sturdy boy.

inquartazione *s.f.* (*metall.*) quartation.

in-quarto *agg.* (*tip.*) quarto (*attr.*): *volume* —, quarto volume.

inquietante *agg.* disturbing, disquieting, worrying: *una prospettiva* —, a disturbing (*o* disquieting) prospect.

inquietare *v.tr.* (*preoccupare*) to disturb, to worry, to disquiet, to make* uneasy, to alarm: *notizie che inquietano*, disturbing (*o* disquieting) news; *il suo silenzio mi inquieta*, his silence disturbs me.

□ **inquietarsi** *v.intr.pron.* **1** (*impazientirsi*) to become* impatient; (*arrabbiarsi*) to get* angry **2** (*preoccuparsi*) to worry, to be anxious (about sthg.).

inquietezza *s.f.* (*non com.*) anxiety, disquiet, uneasiness.

inquieto *agg.* **1** (*agitato*) restless, unquiet, fidgety, agitated: *un bambino* —, a restless child; *una notte inquieta*, a restless night; *sonno* —, troubled (*o* broken) sleep **2** (*preoccupato*) anxious (about s.o., sthg.), uneasy (about s.o., sthg.), worried (about s.o., sthg.): *sono — per il suo ritardo*, I'm worried about his delay; *il suo silenzio mi rende* —, his silence makes me feel uneasy **3** (*arrabbiato*) angry, annoyed; cross.

inquietudine *s.f.* **1** (*agitazione*) restlessness, fidget, agitation **2** (*preoccupazione*) anxiety, uneasiness, worry: *stato d'*—, state of anxiety (*o* anxious state of mind); *dissipare le inquietudini di qlcu.*, to set s.o.'s mind at ease; *nutrire delle vive inquietudini per qlcu.*, to be extremely anxious (*o* worried) about s.o.

inquilinato *s.m.* tenancy.

inquilinismo *s.m.* (*biol.*) inquilinism.

inquilino *s.m.* **1** tenant; (*pensionante*) lodger **2** (*biol.*) inquilin.

inquinamento *s.m.* **1** pollution: — *atmosferico, delle acque*, air, water pollution; *l'— ha raggiunto un livello pericoloso per la salute*, pollution has reached a level dangerous to health // (*dir.*) *reati in materia di* —, environmental crimes **2** (*fig.*) (*corruzione*) defilement: — *dell'animo*, defilement of the soul // (*dir.*) — *delle prove*, counterfeiting of evidence.

inquinante *agg.* polluting; (*fig.*) defiling: *sostanze inquinanti*, polluting substances ◆ *s.m.* (*chim.*) pollutant.

inquinare *v.tr.* **1** to pollute: *i corsi d'acqua sono spesso inquinati dai rifiuti delle fabbriche*, rivers are often polluted by waste from factories **2** (*fig.*) to defile; to mar: *il suo stile era inquinato da un eccessivo uso di arcaismi*, his style was marred by excessive use of archaic expressions.

inquinato *agg.* polluted: *acqua inquinata*, polluted water; *aria non inquinata*, clean air; *mare — dagli scarichi industriali*, sea polluted by industrial waste.

inquirente *agg.* examining; investigatory: (*commissione*) —, investigatory commission; (*giudice, magistrato*) —, examining judge, magistrate.

inquisibile *agg.* (*dir.*) subject to inquisition, subject to inquiry.

inquisire *v.tr.* to investigate, to inquire into (sthg.); to search ◆ *v.intr.* to inquire (about, after sthg.).

inquisitivo *agg.* enquiring; questioning; searching: *domanda inquisitiva*, probing question.

inquisitore *agg.* investigating; searching: *giudice* —, investigating judge; *uno sguardo* —, a searching look ◆ *s.m.* inquisitor // *il Grande Inquisitore*, (*st.*) the Grand Inquisitor.

inquisitorio *agg.* **1** (*relativo all'inquisizione*) inquiring, searching: (*dir.*) *modello* (*processuale*) —, inquisitorial model **2** (*da inquisitore*) inquisitorial: *rivolgersi a qlcu. con un tono* —, to address s.o. in an inquisitorial tone.

inquisizione *s.f.* inquisition (*anche estens.*) // *la Santa Inquisizione*, (*st.*) the Inquisition.

inretire → **irretire**.

insabbiamento *s.m.* **1** silting up: *l'— di un porto*, the silting up of a port **2** (*fig.*) shelving; (*occultamento*) cover-up: *l'— di una pratica, di un'inchiesta*, the shelving of a dossier, of an inquiry; *l'— di uno scandalo*, the cover-up of a scandal.

insabbiare *v.tr.* **1** to cover with sand, to sand; (*riempire di sabbia*) to silt up **2** (*fig.*) (*non mandare avanti*) to shelve; (*occultare*) to cover up: — *un'inchiesta*, to shelve an inquiry; — *uno scandalo*, to cover up a scandal.

□ **insabbiarsi** *v.rifl.* o *intr.pron.* **1** to cover oneself; to get* covered with sand; (*riempirsi di sabbia*) to silt up: *il granchio si è insabbiato*, the crab has covered itself with sand **2** (*arenarsi*) to run* aground: *il battello si è insabbiato*, the boat ran aground **3** (*fig.*) to be shelved: *il progetto di legge si è insabbiato al senato*, the bill was shelved in the Senate.

insabbiatura *s.f.* **1** sand bath **2** → insabbiamento.

insaccamento *s.m.* **1** (*il mettere in un sacco*) sacking, putting into a sack, into sacks **2** (*di salumi*) sausage-making.

insaccare *v.tr.* **1** to sack, to put* into sacks // — (*il pallone*), (*segnare*) to get a goal // — *le spalle*, to hunch one's shoulders **2** (*pigiare dentro*) to cram, to stuff **3** (*salumi*) to make* into sausages **4** (*non com.*) (*infagottare*) to make* look bulky.

□ **insaccarsi** *v.rifl.* o *intr.pron.* **1** (*pigiarsi dentro*) to squeeze **2** (*vestirsi male*) to dress badly, to dress in badly-fitting clothes **3** (*cadere ricevendo un forte contraccolpo*) to jolt oneself **4** (*di sole*) to hide* behind the clouds **5** (*sport*) (*finire in rete*) to slam into the net.

insaccata *s.f.* **1** (*colpo dato al sacco*) shake, shakedown **2** (*contraccolpo*) jolt; (*per una brusca frenata*) lurch: *prendere un'*—, to get a jolt **3** (*mar.*) swell.

insaccato *agg.* sacked, packed in a sack // *carni insaccate*, sausages ◆ *s.m.pl.* (*salumi*) sausages.

insaccatore *s.m.* **1** sacker **2** (*di salumi*) sausage maker.

insaccatrice *s.f.* **1** sacking machine, sacker **2** (*di salumi*) sausage filler.

insaccatura *s.f.* **1** sacking **2** (*di salumi*) sausage making.

insacchettamento *s.m.* bagging.

insacchettare *v.tr.* to bag.

insacchettatrice *s.f.* (*mecc.*) bagging machine, bagger.

insalata *s.f.* **1** salad: — *di verdura, di pollo*, vegetable, chicken salad; — *russa*, Russian salad; *condire l'—*, to dress the salad; — *di riso, di mare*, rice, seafood salad; *posate da —*, salad servers; *centrifuga per —*, salad spinner // *in —*, in a salad: *patate in —*, potato salad // *me lo mangio in —*, (*scherz.*) he's not a patch on me **2** (*fig.*) (*mescolanza*) mixture; muddle.

insalatiera *s.f.* salad bowl.

insaldabile *agg.* **1** (*non saldabile*) unweldable **2** (*fig.*) unhealable; unbridgeable: *fra loro c'è stata una rottura —*, there's been an unhealable rift between them.

insalivare *v.tr.* to insalivate, to wet with saliva.

insalivazione *s.f.* insalivation.

insalubre *agg.* (*letter.*) insalubrious, unhealthy.

insalubrità *s.f.* unhealthiness, insalubrity.

insalutato *agg.* (*letter.*) unsaluted: *andarsene — ospite*, to go away without saying goodbye.

insalvatichire → **inselvatichire**.

insanabile *agg.* **1** incurable (*anche fig.*) **2** (*irrimediabile*) irremediable: *la crisi sembra ormai —*, the crisis now seems irremediable **3** (*fig.*) (*implacabile*) undying, implacable: *odio —*, undying hatred.

insanabilità *s.f.* incurability.

insanguinare *v.tr.* **1** to cover with blood; to stain with blood (*anche fig.*): — *il pavimento*, to stain the floor with blood // *insanguinarsi le mani*, (*spec. fig.*) to stain one's hands with blood **2** (*funestare con stragi*) to bathe in blood: *le guerre hanno insanguinato lungamente l'Italia*, wars bathed Italy in blood for many years.

□ **insanguinarsi** *v.rifl.* to become* bloodstained; to cover oneself with blood.

insanguinato *agg.* bloodstained.

insania *s.f.* insanity, madness.

insanire *v.intr.* to become* insane, to go* mad.

insano *agg.* insane, crazy, mad: *un gesto —*, an insane (*o* a crazy *o* a mad) gesture // (*dir.*) *di mente insana*, insane (*o* mentally incompetent).

insaponamento *s.m.* soaping.

insaponare *v.tr.* to soap; (*con sapone da barba*) to lather.

□ **insaponarsi** *v.rifl.* to soap oneself: *insaponati bene*, soap yourself properly.

insaponata *s.f.* (quick) soaping: *datti una bella —*, soap your hands properly.

insaponatura *s.f.* soaping, lathering: *una buona — è alla base di un buon bucato*, proper soaping is essential for a good wash.

insaporare → **insaporire**.

insapore *agg.* **1** tasteless, flavourless: *è incolore e —*, it's colourless and tasteless **2** (*fig.*) insipid: *è piuttosto —*, he's pretty insipid.

insaporire *v.tr.* to flavour, to season: *carne insaporita con aglio*, meat seasoned with garlic.

□ **insaporirsi** *v.intr.pron.* to gain flavour: *lascialo — in erbe aromatiche*, leave it to gain flavour in aromatic herbs.

insaporo → **insapore**.

insaputa, all' *locuz.avv.* unknown to (s.o., sthg.), without the knowledge of (s.o., sthg.): *a sua —*, without his knowing it.

insaturabile *agg.* **1** (*chim.*) unsaturable **2** (*letter.*) (*insaziabile*) insatiable, unappeasable (*anche fig.*).

insaturazione *s.f.* (*chim.*) unsaturation.

insaturo *agg.* (*chim.*) unsaturated: *idrocarburo —*, unsaturated hydrocarbon; *soluzione insatura*, unsaturated solution.

insaziabile *agg.* insatiable, unappeasable (*anche fig.*): *un desiderio — di far carriera*, an insatiable desire to get on.

insaziabilità *s.f.* insatiability, insatiableness (*anche fig.*).

insaziato *agg.* (*letter.*) insatiate, unappeased (*anche fig.*).

inscatolamento *s.m.* (*di merci*) packing, boxing; (*di alimenti*) tinning, canning: — *della carne*, meat tinning (*o* meat canning).

inscatolare *v.tr.* (*merci*) to pack, to box; (*alimenti*) to tin, to can: — *pomodori*, to tin, to can tomatoes.

inscatolato *agg.* tinned, canned: *cibo —*, tinned (*o* canned) food.

inscatolatore *s.m.* (*di merci*) packer; (*di alimenti*) tinner, canner.

inscatolatrice *s.f.* boxing machine; (*per alimenti*) tinning machine, canning machine.

inscenare *v.tr.* to stage (*anche fig.*); to put* on the stage: — *una dimostrazione*, to stage a demonstration.

insciente *agg.* (*letter.*) ignorant, unaware.

inscindibile *agg.* indissoluble; inseparable: *c'è un patto — fra loro*, there's an indissoluble pact between them; *i due fatti sono inscindibili*, the two occurrences are inseparable.

inscindibilità *s.f.* indissolubleness; inseparability.

inscrittibile *agg.* (*mat.*) inscribable.

inscrivere *v.tr.* (*mat.*) to inscribe: *cerchio inscritto*, inscribed circle.

□ **inscriversi** *v.intr.pron.* to belong, to fit: *il problema si inscrive in un ambito più vasto*, the problem belongs within a larger framework.

inscrivibile → **inscrittibile**.

inscrizione *s.f.* **1** (*mat.*) (*l'inscrivere*) inscription **2** → iscrizione.

inscrutabile *agg.* inscrutable, impenetrable.

inscrutabilità *s.f.* inscrutability, inscrutableness.

inscurire *v.tr.* to darken ◆ *v.intr.* → inscurirsi.

□ **inscurirsi** *v.intr.pron.* to grow* darker.

inscusabile *agg.* unpardonable, inexcusable, unjustifiable: *il suo comportamento è davvero —*, his behaviour is quite unpardonable.

insecchire *v.tr.* to dry up, to make* dry ◆ *v.intr.* → insecchirsi.

□ **insecchirsi** *v.intr.pron.* **1** to become* dry, to dry up **2** (*avvizzire*) to wither **3** (*dimagrire*) to grow* thin.

insediamento *s.m.* **1** (*stanziamento*) settlement **2** (*in una carica*) installation: *cerimonia d'—*, ceremony of installation in office.

insediare *v.tr.* to install: — *qlcu. in un ufficio*, to install s.o. in office // (*dir.*) — *una giuria*, to swear in a jury; *i giurati vennero insediati*, the jurors were sworn in.

□ **insediarsi** *v.intr.pron.* **1** to install oneself, to enter into (sthg.); (*prendere possesso*) to take* possession (of sthg.); to take* office: *il nuovo sindaco si insedierà il mese prossimo*, the new mayor will take office next month **2** (*stabilirsi*) to settle, to establish oneself; (*di animali*) to territorialize: *si è insediato a casa mia e chi lo muove più!*, he's settled into my house and he's never going to get out!

in-sedicesimo *agg.* (*tip.*) sextodecimo (*attr.*).

insegna *s.f.* **1** (*emblema*) insignia (*pl.*): — *della regalità*, insignia of royalty **2** (*distintivo*) badge **3** (*bandiera*) flag, banner, standard; colours (*pl.*); (*mar.*) ensign: *le insegne di un reggimento*, the colours of a regiment // *la festa si svolse all'— dell'allegria*, the party was characterized by merriment **4** (*di negozio, locale*) sign: *insegne al neon*, neon signs; — *di un albergo*, hotel sign; — *luminosa*, luminous sign; — *pubblicitaria*, advertisement (*o* advertising) sign.

insegnabile *agg.* teachable.

insegnamento *s.m.* **1** teaching; (*istruzione*) education, instruction; (*specialmente privato*) tuition; (*privato per preparazione agli esami*) coaching: *programmi d'—*, syllabuses; *materie d'—*, school subjects; *metodo d'—*, teaching method; *l'— della chimica*, the teaching of chemistry; — *elementare, secondario*, primary, secondary education; *l'— è costoso in questa scuola*, tuition is expensive in this school; *non mi piace l'—*, I don't like teaching; *si diede all'—*, he became a teacher **2** (*precetto*) advice [U], precept, teaching: *ben presto si dimenticò gli insegnamenti materni*, he soon forgot his mother's advice // *questo ti servirà d'—!*, this will be a lesson to you!

insegnante *agg.* teaching: *il corpo —*, the teaching staff ◆ *s.m.* e *f.* teacher: *fa l'—*, he is a teacher; *è un'— di storia*, she is a history teacher.

insegnare *v.tr.* **1** to teach*: *mi insegnò il francese*, he taught me French; *mi insegni a giocare a ping-pong?*, will you teach me to play ping-pong?; *l'esperienza, la vita insegna che...*, experience, life teaches that...; *ti insegnerò a farlo*, I shall teach you to do it (*o* how to do it); — *qlco. a qlcu.*, to teach s.o. sthg. (*o* to teach sthg. to s.o.); — *il male*, to teach evil; *ci sono libri che non insegnano nulla*, there are books that teach nothing // *chi ti ha insegnato l'educazione?!*, where did you learn your manners?! **2** (*per professione*) to teach*, to be a teacher of (sthg.): *insegna letteratura italiana*, he teaches Italian literature **3** (*mostrare, indicare*) to show*: *potete insegnarmi la strada?*, can you show me the way?

inseguimento *s.m.* pursuit, chase: *essere all'— di qlcu.*, to be in pursuit of s.o. (*o* to run after s.o.); *gettarsi all'—*, to dash in pursuit // — *in flagrante*, (*da parte della polizia*) hot pursuit.

inseguire *v.tr.* **1** to chase, to run* after (s.o., sthg.): — *un ladro*, to chase (after) a thief; *i cani inseguivano la lepre*, the dogs were chasing (*o* running after) the hare; — *qlcu. da*

vicino, to be close behind s.o. **2** (*fig.*) to follow; to pursue: — *un sogno*, to pursue a dream; *inseguiva l'illusione di ritornare presto a casa*, he nursed the illusion of returning home soon; *i ricordi lo inseguivano ovunque*, memories followed him everywhere.
□ **inseguirsi** *v.rifl.rec.* to chase each other, to run* after each other; to pursue each other.

inseguitore *s.m.* **inseguitrice** *s.f.* pursuer, chaser.

insellamento *s.m.* saddling.

insellare *v.tr.* to saddle.
□ **insellarsi** *v.intr.pron.* to mount.

insellatura *s.f.* saddleback.

inselvatichire *v.tr.* to make* wild; (*fig.*) to make* unsociable: *la vita solitaria l'ha inselvatichito*, his solitary life has made him unsociable ◆ *v.intr.* → inselvatichirsi.
□ **inselvatichirsi** *v.intr.pron.* to grow* wild, to become* wild; (*fig.*) to become* unsociable.

inseminare *v.tr.* to inseminate.

inseminato *agg.* (*letter.*) unsown.

inseminazione *s.f.* (*biol.*) insemination.

insenatura *s.f.* inlet.

insensatezza meno com. **insensataggine** *s.f.* **1** senselessness; foolishness, craziness: *questo è il frutto della sua* —, this is the result of his foolishness **2** (*atto insensato*) senseless action; foolish action; (*detto insensato*) nonsense: *non doveva farlo, che* —!, he shouldn't have done it, what a foolish action!; *dice solo insensatezze*, he talks nonsense all the time.

insensato *agg.* senseless; foolish, crazy: *reso — dal dolore*, driven senseless by pain; *fa dei discorsi insensati*, he talks senselessly.

insensibile *agg.* **1** (*impercettibile*) imperceptible; slight: *la differenza è* —, the difference is imperceptible; *un rumore* —, a slight noise; *una diminuzione — dei prezzi*, a slight drop in prices **2** (*che non avverte una sensazione*) insensitive, unaffected: — *al freddo, al caldo*, insensitive to cold, to heat; *le mie mani erano insensibili per il freddo*, my hands were numb with cold; *strumento — alle variazioni di temperatura*, instrument unaffected by variations in temperature **3** (*senza sentimento*) insensitive, unfeeling; hard: *un cuore* —, a hard heart; *una persona* —, an insensitive (*o* unfeeling) person **4** (*indifferente*) indifferent: *è — alle sofferenze altrui*, he is indifferent to other people's sufferings; — *all'adulazione, ai complimenti*, indifferent to flattery, to compliments ◆ *s.m.* e *f.* insensitive person.

insensibilità *s.f.* **1** insensitivity; indifference: — *al dolore*, indifference to pain; — *alle bellezze della natura*, insensitivity to the beauties of nature; — *ai cambiamenti di clima*, insensitivity to changes in the weather **2** (*med.*) insensibility, numbness: *accusa una certa — alla gamba destra*, he feels a certain numbness in the right leg **3** (*mancanza di sentimenti*) insensitivity, unfeelingness: *che — la sua!*, how unfeeling he is!

inseparabile *agg.* inseparable, indivisible ◆ *s.m.* (*zool.*) lovebird.

inseparabilità *s.f.* inseparability, indivisibility.

insepolto *agg.* unburied.

insequestrabile *agg.* (*dir.*) not liable to sequestration.

insequestrabilità *s.f.* (*dir.*) immunity from seizure.

inserimento *s.m.* **1** (*l'inserire, l'inserirsi*) insertion; introduction: *l'— di una clausola in un contratto*, the insertion of a clause in a contract; *l'— del bambino nella nuova famiglia è stato privo di problemi*, the child's insertion in the family went off without any difficulty **2** (*cosa, pezzo inserito*) insertion, insert: *toglierei il secondo* —, I'd take out the second insertion.

inserire *v.tr.* **1** (*introdurre*) to insert, to put* in: *bisognerebbe — qualche citazione*, we ought to put in some quotations; *lo inseriremo nella prossima edizione*, we will insert it in the next edition; — *un articolo in catalogo*, to include an item in a catalogue; *hanno inserito anche il suo nome nella lista*, they also put (*o* included) his name on the list; — *un annuncio in un giornale*, to insert (*o* to put) an advertisement in a newspaper // (*dir.*) — *una clausola*, to insert (*o* to put in) a clause // (*fin.*) — *a bilancio*, to budget for // (*comm.*) — *i prezzi in un listino*, to list prices **2** (*elettr.*) to connect, to plug in: — *la spina*, to insert the plug in (*o* to plug in); — *l'allarme*, to put on the alarm // — *in derivazione*, to shunt.
□ **inserirsi** *v.rifl.* o *intr.pron.* (*diventare parte*) to enter: — *in una conversazione*, to enter a conversation; — *nel mondo degli affari*, to enter the business world; — *in un ambiente*, to become part of an environment; *è riuscito a — fra i big della finanza*, he has managed to become one of the big names in finance.

inserito *agg.* **1** (*integrato*) integrated: *il bambino è ben — nella nuova classe*, the child is well integrated in the new class **2** (*attivato*) on, switched on, put on, turned on: *l'allarme è* —, the alarm is on.

inseritore *agg.* inserting ◆ *s.m.* **1** (*persona*) inserter **2** (*dispositivo*) inserting device, inserter **3** (*elettr.*) connector.

inserto *s.m.* file, dossier; (*fascicolo di giornale*) insert, inset; (*di cinema, tv*) commercial: *hai visto il nuovo — del giornale?*, have you seen the new insert of the newspaper?; — *pubblicitario*, advertising insert; — *economico*, economic insert.

inservibile *agg.* useless, of no use, unserviceable: *questo coltello è ormai* —, this knife is useless now.

inserviente *s.m.* attendant; (*in negozio*) errand boy; (*in ufficio*) office boy ◆ *s.f.* servant; attendant; (*in ufficio*) office girl.

inserzionare *v.intr.* (*fare inserzioni*) to advertise.

inserzione *s.f.* **1** (*inserimento*) insertion, inclusion: — *di un nome in un elenco*, insertion (*o* inclusion) of a name in a list; — *di una clausola in un contratto*, insertion of a clause in a contract **2** (*su giornali*) advertisement; ad: *leggere le inserzioni*, to read the advertisements; — *in una rubrica*, classified advertisement; *pagina delle inserzioni*, ads page; *mettere un'— su un giornale*, to put an advertisement in a newspaper // *fare inserzioni*, to advertise // (*dir.*) *notificazione mediante — in un giornale*, service by publication **3** (*elettr.*) connection **4** (*tess.*) — *della trama*, picking.

inserzionista *s.m.* e *f.* advertiser ◆ *agg.* advertising.

inserzionistico *agg.* advertising, advertisement (*attr.*): *pubblicità inserzionistica*, newspaper advertising.

insettario *s.m.* insectarium*.

insetticida *agg.* insecticidal; insecticide (*attr.*): *polvere* —, insect-powder ◆ *s.m.* insecticide; pesticide.

insettifugo *s.m.* insectifuge.

insettivoro *agg.* (*zool., bot.*) insectivorous ◆ *s.m.* (*zool., bot.*) insectivore.

insetto *s.m.* **1** insect: — *acquatico*, water-fly; — *perfetto*, imago **2** (*fig.*) (*persona meschina*) worm **3** (*zool.*) — *stecco*, (*Bacillus rossii*) stick insect.

insettologo *s.m.* (*non com.*) entomologist.

insicurezza *s.f.* insecurity; (*incertezza*) uncertainty, unsureness: *senso d'*—, sense of insecurity.

insicuro *agg.* **1** (*che manca di sicurezza*) insecure: *è un uomo* —, he's an insecure man **2** (*che rivela insicurezza*) uncertain, unsure, insecure: *una risposta insicura*, an uncertain answer **3** (*pericoloso*) unsafe, insecure: *una strada insicura*, an unsafe road ◆ *s.m.* insecure person: *è sempre stato un* —, he has always been an insecure person.

insidia *s.f.* **1** snare, trap, ambush; (*inganno*) plot; *tendere un'— a qlcu.*, to set a trap (*o* an ambush) for s.o.; *sospettare un'*—, to suspect a trap **2** (*pericolo*) danger, peril; (*fig.*) (*pericolo morale*) snare, allurement, temptation, blandishment: *le insidie della foresta*, the dangers of the forest; *le insidie dell'alta società*, the temptations (*o* snares) of high society; *è un'— all'incolumità personale*, it's a danger to one's personal safety.

insidiare *v.tr.* (*tendere insidie a*) to lie* in wait for (s.o.); to lay* snares for (s.o.), to lay* traps for (s.o.): *reparti nemici insidiavano i nostri soldati*, enemy divisions were lying in wait for our soldiers ◆ *v.tr.* e *intr.* (*attentare*) to make* an attempt (on sthg.); to have designs (on s.o.); to make* a play (for s.o.): — (*al*)*la vita di qlcu.*, to make an attempt on s.o.'s life; — *la felicità di qlcu.*, to undermine s.o.'s happiness // — *una donna*, to have designs on a woman.

insidiatore *s.m.* (*non com.*) tempter, snarer ◆ *agg.* (*non com.*) tempting, alluring.

insidioso *agg.* insidious, treacherous, tricky: *male* —, insidious disease; *luogo* —, treacherous spot; *domanda insidiosa*, tricky question; *proposta insidiosa*, tricky proposal.

insieme *s.m.* **1** (*unione, complesso*) whole, totality: *un — armonioso*, a harmonious whole; — *di colori*, group of colours; *l'— degli attori era ottimo*, the whole cast was magnificent; *l'— dei cittadini*, all the citizens // *idea di* —, general idea (of a subject); *sguardo d'*—, overall (*o* comprehensive) view // *nell'*—, as a whole (*o* on the whole): *cosa presa, vista nell'*—, thing taken, seen as a whole; *gli alunni, presi nell'—, erano turbolenti*, the pupils, taken as a body, were unruly // (*econ.*) — *delle conoscenze tecnologiche*, know-how **2** (*servizio, assortimento*) set: *un — di tre pezzi*, a three-piece set; *un — di utensili*, a set of tools **3** (*moda*) suit, outfit, ensemble: *un — sportivo*, a sports outfit **4** (*mat.*) set: — *vuoto*, empty set; — *potenza*, power set; — *complementare*, complement set; — *ben ordinato*, well-ordered set; *teoria degli insiemi*, set theory **5**

(*inform.*) (*di pezzi, di parti di programma*) assembly, array, kit; (*di caratteri, dati*) set // — *di regole*, range // — *di informazioni*, bulk of information.

insieme *avv.* **1** (*unione, compagnia*) together: *abitano, vivono* —, they live together; *abbiamo cenato* —, we had dinner together; *escono spesso* —, they often go out together; *faremo il viaggio* —, we're travelling together; *hanno comprato la casa* —, they bought the house together; *abbiamo passato una bella serata* —, we spent a nice evening together; *quei due stanno — da dieci anni*, those two have been together for ten years; *dopo due anni di separazione sono tornati* —, after two years apart, they're back together again // *tutti* —, all together: *dormono tutti — in una stanza*, they sleep all together in one room; *usciremo tutti* —, we'll all go out together **2** (*congiuntamente, in associazione*) together, jointly: *i due farmaci vanno somministrati* —, the two medicines are to be taken together (*o* jointly); *mescolate — le uova, lo zucchero e la farina*, mix the eggs, sugar and flour together; *il pacco era tenuto — da un pezzo di spago*, the parcel was held together with a piece of string; *la giacca e la gonna si vendono — o separatamente*, the jacket and the skirt can be sold separately or jointly; *questi due colori non vanno bene* —, these two colours don't go well together; *questa sedia non sta più* —, (*va in pezzi*) this chair is falling apart // *mettere* —, to put together; (*raccogliere, radunare*) to get together; (*allestire*) to organize, to arrange: *metti tutte quelle pratiche — nel primo scaffale*, put all those papers together on the top shelf; *abbiamo messo — una discreta somma*, we've put a tidy sum together; *non è capace di mettere — due righe*, he can't put two lines together; *ha messo — una bella squadra*, he's got a good team together; *hanno messo — una bella mostra*, they organized (*o* arranged) a fine exhibition // *andare* —, (*fam.*) (*guastarsi*) to go off; (*perdere la testa*) to go berserk **3** (*contemporaneamente*) together, at the same time: *leggiamo — la lezione*, let's read the lesson together; *non parlate* (*tutti*) —, don't all speak together; *cinque corridori hanno tagliato — il traguardo*, five runners crossed the finishing line together (*o* at the same time); *e ora* (*cantiamo*) *tutti* —..., all together now...; *hanno fatto il servizio militare* —, they did their national service together; *vuoi fare troppe cose* —, you want to do too many things at the same time; *era una conferenza istruttiva e — interessante*, the lecture was instructive and interesting at the same time; *la ragazza rideva e piangeva* —, the girl was laughing and crying at the same time.

insieme a, con *prep.* **1** (*in compagnia di*) (together) with: *ho passato le vacanze — con alcuni miei amici*, I spent my holidays (together) with some friends of mine; *vive — ai genitori*, he lives with his parents; *ha lo studio — col fratello*, he shares an office with his brother; — *al conto mi diede la ricevuta*, he gave me the bill and receipt together; *il nuoto, — con il tennis, è il suo sport preferito*, his favourite sport is swimming, together with tennis **2** (*contemporaneamente a*) at the same time as: *siamo partiti più tardi, ma siamo arrivati — con gli altri*, we left later but arrived at the same time as the others.

insiemistica *s.f.* (*mat.*) set theory.

insiemistico *agg.* (*mat.*) set (*attr.*), set -theoretical: *una proprietà insiemistica*, a set-theoretical property.

insigne *agg.* **1** distinguished, illustrious, eminent; (*famoso*) famous; (*grande*) outstanding, exceptional: *un — scienziato*, a famous scientist; *è un — personaggio nel campo letterario*, he's an outstanding figure in the literary field **2** (*notorio*) notorious: *un criminale* —, a notorious criminal.

insignificante *agg.* **1** (*di poco o nessun valore*) insignificant, unimportant, trifling, petty, trivial, paltry: *somma* —, trifling sum; *costo* —, paltry cost; *occupare un posto — in società*, to occupy an insignificant place in society; *errore* —, unimportant mistake **2** (*senza significato*) meaningless: *parole insignificanti*, meaningless words **3** (*che manca di espressività*) inexpressive, expressionless, blank: *un volto* —, an expressionless (*o* vacuous) face **4** (*privo di personalità*) insignificant: *una persona* —, an insignificant person; *un'opera* —, an insignificant work.

insignire *v.tr.* to decorate, to confer, to award: — *qlcu. di una decorazione*, to decorate s.o.; — *qlcu. di un titolo*, to confer a title upon s.o.; — *qlcu. del grado di...*, to confer the rank of... on s.o.

insignito *agg.* decorated (with sthg.).

insilamento *s.m.* ensilage.

insilare *v.tr.* to ensile, to silo.

insilatrice *s.f.* silo filler, ensiler: — *ad aria soffiata*, ensilage blower.

insincerità *s.f.* insincerity, lack of sincerity.

insincero *agg.* insincere, false; hypocritical; lying: *è stato — con me*, he was insincere with me; *atteggiamento* —, hypocritical attitude; *le sue parole suonavano insincere*, his words sounded insincere (*o* false).

insindacabile *agg.* unquestionable, unchallengeable, unappealable, final; not liable to criticism: *la decisione dell'arbitro è* —, the referee's decision is final; *a suo — giudizio questo libro è un capolavoro*, it is his firm opinion (*o* he's firmly convinced) that this book is a masterpiece.

insindacabilità *s.f.* unobjectionableness, unquestionableness, irrevocability, finality.

insino (*letter.*) → **fino**[1].

insinuabile *agg.* insertable: *in un animo debole i sospetti sono facilmente insinuabili*, it's very easy to insinuate (*o* instil) suspicion in a weak mind.

insinuante *agg.* coaxing, persuasive; (*subdolo*) insinuating, insinuative: *modi insinuanti*, insinuating ways.

insinuare *v.tr.* **1** (*introdurre*) to slip, to insert, to introduce: *insinuò la mano nella fenditura*, he slipped his hand into the crack **2** (*suggerire*) to insinuate, to hint at (sthg.), to suggest; (*instillare*) to instil: *vorresti — che sono stato io?*, are you insinuating that it was me?; *c'era chi insinuava che egli fosse colpevole*, it was insinuated (*o* there were those who hinted) that he was guilty; — *un dubbio nella mente di qlcu.*, to insinuate (*o* instil) a doubt in s.o.'s mind; *insinuò strane idee nella sua mente*, he instilled strange ideas into his mind **3** (*dir.*) to prove, to tender a proof of (sthg.), to claim: — *un credito*, to tender a proof of credit; — *un credito in un fallimento*, to prove (*o* to claim) a credit in a bankruptcy.

□ **insinuarsi** *v.rifl.* o *intr.pron.* **1** to insinuate oneself (*anche fig.*); (*infilarsi*) to slip (in), to worm one's way in: *riesce a — ovunque*, he manages to worm his way in everywhere; — *tra la folla*, to slip into the crowd **2** (*penetrare, introdursi*) to seep, to creep*, to penetrate; to work one's way in: *l'acqua si era insinuata nel muro*, the water seeped into (*o* penetrated) the wall; *a poco a poco la disperazione si insinuava nel suo animo*, little by little desperation crept into his mind.

insinuazione *s.f.* **1** insinuation; innuendo*: *fare insinuazioni*, to make insinuations; *è una vile —!*, that's a rotten insinuation!; (*dir.*) — *diffamatoria*, innuendo **2** (*dir.*) claim // — *di un credito in un fallimento*, proof of a debt in a bankruptcy.

insipidezza, **insipidità** *s.f.* **1** insipidity, tastelessness; (*fig.*) (*banalità*) banality, insipidity, dullness: *l'— di un piatto*, the insipidity of a dish; — *di un film*, banality of a film **2** (*frase insipida*) banal remark.

insipido *agg.* **1** (*carente di sale*) lacking in salt; (*senza sapore*) insipid, tasteless: *questa minestra è insipida*, this soup needs more salt **2** (*fig.*) (*banale, insignificante*) banal, insipid, dull: *commedia insipida*, dull play.

insipiente *agg.* (*letter.*) **1** (*sciocco*) silly, foolish **2** (*ignorante*) ignorant.

insipienza *s.f.* (*letter.*) **1** foolishness, silliness **2** (*ignoranza*) ignorance.

insistente *agg.* **1** insistent; (*in modo irritante*) annoying: *un mendicante* —, an insistent beggar; *non essere —!*, stop annoying me! **2** (*ripetuto con insistenza*) persistent: *domande insistenti*, persistent questions; *una melodia — accompagnava la cerimonia*, the same tune was repeated insistently during the ceremony **3** (*incessante*) unceasing, continual, incessant: *pioggia* —, incessant rain.

insistentemente *avv.* **1** insistently; (*in modo irritante*) annoyingly **2** (*ripetutamente*) persistently **3** (*incessantemente*) unceasingly, continually, incessantly.

insistenza *s.f.* **1** (*ostinazione*) insistence, insisting: *chiedere con* —, to ask insistently; *la sua — nel volersi unire a noi mi ha dato fastidio*, his insistence on wanting to join us annoyed me **2** *pl.* persistent requests: *cedere alle insistenze di qlcu.*, to give way to s.o.'s persistent requests **3** (*persistenza*) persistence: *la pioggia cadde con — tutta la notte*, the rain fell incessantly all night.

insistere *v.intr.* **1** to insist (on sthg., on doing): *devi — su questo punto*, you must insist on this point; *insisti sui verbi irregolari*, insist on irregular verbs; — *su un argomento*, to dwell on a subject; *non cedere a meno che egli insista*, don't give in unless he insists; *insisti perché venga*, insist on his coming (*o* insist that he comes); *insisteva perché io li accompagnassi*, he insisted on my going with them; *se non vuoi non insisto*, if you don't want to, I won't insist; *a me sembra che arrivi domani, ma non insisto*, I think that he's coming tomorrow, but I won't insist **2** (*edil.*) to stand*, to rest.

insito *agg.* **1** (*innato*) inborn, innate, inherent **2** (*implicito*) implicit; implied: *la risposta è insita nella domanda*, the answer is implied in the question.

in situ *locuz.avv.* (*lat.*) in situ, on the spot.

insociale *agg.* (*non com.*) **1** (*contrario alla vita sociale*) antisocial, unsocial: *comportamento* —, antisocial behaviour **2** (*non socievole*) unsociable, unfriendly.

insocievole *agg.* (*non com.*) (*scontroso*) unsociable, unfriendly: *carattere* —, unsociableness (*o* unfriendliness).

insocievolezza *s.f.* unsociability, unsociableness, unfriendliness.

insoddisfacente *agg.* unsatisfactory, disappointing: *risultati insoddisfacenti*, unsatisfactory results.

insoddisfatto *agg.* **1** unsatisfied (with sthg.): *sono — di te*, I'm unsatisfied (*o* not satisfied) with you **2** (*scontento*) dissatisfied, discontented: *è sempre* —, he's always dissatisfied **3** (*non appagato*) unsatisfied, unfulfilled: *ambizione insoddisfatta*, unfulfilled ambition.

insoddisfazione *s.f.* dissatisfaction, discontent: — *di sé*, dissatisfaction with oneself; *provare una profonda* —, to experience deep dissatisfaction.

insofferente *agg.* **1** (*facile a irritarsi*) impatient; irritable: *è una persona* —, he's an impatient person **2** (*che sopporta male*) intolerant, impatient: *è — di ogni vincolo*, he's intolerant of any restriction.

insofferenza *s.f.* intolerance, impatience.

insoffribile *agg.* (*non com.*) insufferable, unbearable.

insolazione *s.f.* **1** (*scient.*) insolation; incoming solar radiation **2** (*colpo di sole*) sunstroke, insolation: *colpito da* —, suffering from sunstroke **3** (*edil.*) insolation.

insolente *agg.* insolent, impudent, impertinent, (*fam.*) cheeky; (*offensivo*) offensive, rude: *è un ragazzo* —, he's a cheeky boy; *fa sempre osservazioni insolenti*, he always makes offensive (*o* rude) remarks ◆ *s.m.* e *f.* insolent person; (*fam.*) cheeky devil.

insolentire *v.intr.* (*essere insolente*) to be insolent (to s.o.), to be rude (to s.o.): *incominciò a — contro di me*, he took to being rude (*o* insolent) to me ◆ *v.tr.* (*offendere*) to abuse, to insult: *lo insolentì con male parole*, he hurled abuse at him.

insolenza *s.f.* insolence, impudence, impertinence, sauciness; (*fam.*) cheekiness; (*insulto*) insult, insolent remark, rude remark: *è un'— da parte sua*, it is a piece of impudence on his part; *dire delle insolenze a qlcu.*, to say something insolent to s.o. (*o* to insult s.o.).

insolfare e *deriv.* → **inzolfare** e *deriv.*

insolitamente *avv.* unusually.

insolito *agg.* unusual, unaccustomed, unwonted, out of the ordinary (*pred.*); (*non comune*) uncommon; (*strano*) strange, odd: *un avvenimento* —, an unusual occurrence; *fu accolto con — calore*, he was received with unaccustomed friendliness; *parole nuove e insolite*, new and strange words; *mostrare un'insolita generosità*, to show unusual (*o* unwonted) generosity; *era in ritardo, cosa insolita per lui*, he was late, which was unsual for him.

insolubile *agg.* **1** (*chim.*) insoluble: *un composto — nell'acqua*, a compound insoluble in water **2** (*fig.*) insoluble, unsolvable: *situazione* —, deadlock; *il problema a me pare* —, the problem seems insoluble to me.

insolubilità *s.f.* insolubility, insolubleness.

insoluto *agg.* **1** unsolved, unresolved, unsettled: *la faccenda è ancora insoluta*, the matter is still unsolved **2** (*non pagato*) unpaid, unsettled, outstanding: *effetto* —, outstanding (*o* dishonoured) bill; *debito* —, bad debt; *tratta insoluta*, unpaid draft.

insolvente *agg.* (*dir.*) insolvent: *debitore* —, insolvent debtor.

insolvenza *s.f.* (*dir.*) insolvency; (*mancato pagamento*) bad debt, dishonour: *stato di* —, (state of) insolvency.

insolvibile *agg.* **1** (*di debito*) unpayable, that cannot be paid: *debito* —, bad debt **2** (*di debitore*) insolvent: *debitore* —, insolvent debtor **3** (*letter.*) (*irrisolvibile*) unsolvable, (*amer.*) insolvable, insoluble.

insolvibilità *s.f.* (*dir.*) insolvency.

insomma *avv.* **1** (*in breve*) in short; in other words **2** (*in conclusione*) in conclusion; (*in complesso*) all in all, on the whole: —, *il problema è stato risolto così*, in conclusion, the problem was resolved in this way **3** (*dopo tutto*) after all: —, *non è poi così facile*, it's not so easy after all **4** (*dunque*) well, then: *è chiaro, — ?*, is it clear, then? **5** (*come esclamazione*) well (then), for Heaven's sake: —, *ti decidi o no?*, well then, have you decided or not?; —, *smettila di seccarmi!*, for Heaven's sake, stop annoying me! // *"Come stai?" "—"*, "How are you?" "Well, not bad (*o* so, so)"; *"Ti sei divertito?" "Ma, —"*, "Did you enjoy yourself?" "Well, not exactly".

insommergibile *agg.* unsinkable.

insondabile *agg.* unfathomable.

insonne *agg.* **1** sleepless, wakeful: *attese — l'alba*, he waited sleepless for dawn **2** (*che non si concede tregua*) indefatigable, tireless: *un ricercatore* —, an indefatigable researcher.

insonnia *s.f.* insomnia, sleeplessness, wakefulness: *insonnie frequenti*, frequent fits of insomnia; *soffrire d'*—, to suffer from insomnia; *persona che soffre d'*—, insomniac.

insonnolito *agg.* drowsy, sleepy: *essere* —, to be (*o* to feel) drowsy.

insonorizzante *agg.* soundproofing: *trattamento* —, soundproofing treatment ◆ *s.m.* soundproofing material, deadening.

insonorizzare *v.tr.* to soundproof.

insonorizzato *agg.* soundproof: *uno studio* —, a soundproof studio.

insonorizzazione *s.f.* soundproofing.

insopportabile *agg.* unbearable, unendurable, intolerable, insufferable: *caldo* —, unbearable heat; *persona* —, insufferable person; *smettila, sei — !*, stop it, you're being insufferable!

insopportabilità *s.f.* unbearableness, intolerableness.

insopprimibile *agg.* irrepressible, unsuppressable: *un desiderio — di pace*, an irrepressible desire for peace.

insordire *v.intr.* to become* deaf.

insorgente *agg.* early, initial; (a)rising.

insorgenza *s.f.* onset, beginning: *l'— dei primi sintomi*, the onset of the first symptoms.

insorgere *v.intr.* **1** (*ribellarsi*) to rise* (up), to rebel, to revolt: *le tribù insorsero contro gli invasori*, the tribes rebelled against the invaders; — *contro un tiranno*, to rise up against a tyrant **2** (*protestare*) to protest: *insorsero tutti contro la sua decisione*, everyone protested against his decision **3** (*sorgere, manifestarsi*) to arise*, to crop up: *insorsero molte difficoltà*, many difficulties arose (*o* cropped up); *aveva solo trent'anni quando la malattia insorse*, he was only thirty when the illness set in.

insorgimento *s.m.* (*il manifestarsi*) onset.

insormontabile *agg.* insurmountable, insuperable: *barriere insormontabili*, insuperable barriers; *difficoltà insormontabili*, insurmountable difficulties.

insorto *agg.* insurgent, rebellious ◆ *s.m.* insurgent, rebel.

insospettabile *agg.* **1** beyond suspicion, above suspicion **2** (*inaspettato, impensato*) unsuspected, unexpected.

insospettabilità *s.f.* **1** being above suspicion: *l'— della sua condotta lo tenne a lungo al sicuro da ogni indagine*, his conduct, which was above suspicion, kept him out of any investigation for a long time **2** (*l'essere inaspettato*) unexpectedness.

insospettato *agg.* **1** unsuspected **2** (*impensato*) unexpected, unsuspected; (*imprevisto*) unforeseen.

insospettire *v.tr.* to make* suspicious, to arouse s.o.'s suspicions: *ciò mi insospettì*, this aroused my suspicions (*o* made me suspicious). □ **insospettirsi** *v.intr.pron.* to grow* suspicious, to become* suspicious, to begin* to suspect.

insostenibile *agg.* **1** unsustainable, indefensible, untenable: *affermazione* —, unsustainable (*o* untenable) statement **2** (*insopportabile*) unbearable, unsupportable, unendurable: *un'angoscia* —, an unendurable anguish; *la situazione è diventata* —, the situation has become unbearable.

insostenibilità *s.f.* **1** (*l'essere insostenibile, indifendibile*) untenableness **2** (*l'essere insopportabile*) unbearableness.

insostituibile *agg.* irreplaceable, unreplaceable: *nessuno è* —, no one is irreplaceable; *si ritiene* —, he considers himself irreplaceable.

insostituibilità *s.f.* irreplaceableness, irreplaceability.

insozzare *v.tr.* **1** to soil, to dirty **2** (*fig.*) to sully, to disgrace, to besmirch: — *il buon nome della propria famiglia*, to disgrace the good name of one's family; — *la reputazione di qlcu.*, to sully s.o.'s reputation.
□ **insozzarsi** *v.rifl.* o *intr.pron.* **1** to dirty oneself, to soil oneself, to get* (oneself) dirty **2** (*fig.*) to degrade oneself.

insperabile, **insperato** *agg.* unhoped-for; (*inaspettato*) unexpected, unlooked-for: *ricevette un aiuto* —, he received unexpected help; *trovò un appoggio — nei partiti di sinistra*, he got unexpected support from the parties of the left.

inspessire e *deriv.* → **ispessire** e *deriv.*

inspiegabile *agg.* inexplicable; unaccountable.

inspiegabilità *s.f.* inexplicability.

inspiegato *agg.* unexplained.

inspirare *v.tr.* **1** to breathe in; (*inalare*) to inhale: — *col naso*, to breathe in through the nose; *inspiri profondamente*, breathe in deeply; — *fumo*, to inhale smoke **2** → **ispirare**.

inspiratore *agg.* 1 (*anat.*) inspiratory 2 → ispiratore.

inspiratorio *agg.* (*med., ling.*) inspiratory.

inspirazione *s.f.* 1 (*med.*) inspiration; (*inalazione*) breathing in, inhalation 2 → ispirazione.

instabile *agg.* 1 (*privo di stabilità*) unstable; (*malfermo*) unsteady: *la tua libreria è un po' —*, your bookcase is a bit unsteady 2 (*variabile, mutevole*) unsettled, changeable, variable: *tempo —*, unsettled (*o* changeable) weather // (*econ.*): *il mercato è —*, the market is unsteady; *una — situazione economica*, an unsettled economic situation 3 (*fig.*) (*incostante*) inconstant, changeable, fickle: *è di umore —*, he's very changeable (*o* moody) 4 (*fis., chim., mecc.*) unstable, labile: *composto —*, unstable compound; *equilibrio —*, unstable equilibrium.

instabilità *s.f.* 1 (*l'essere privo di stabilità*) instability, unstableness, unsteadiness 2 (*variabilità*) instability, changeableness, variability: *l'— del tempo, del clima*, the instability of the weather, of the climate; *— politica, economica*, political, economic instability 3 (*fig.*) (*incostanza*) inconstancy, fickleness: *l'— dell'opinione pubblica è risaputa*, the fickleness of public opinion is well-known 4 (*fis., chim., mecc.*) instability, lability.

installare *v.tr.* 1 (*tecn.*) to install; to fit up, to put* in, to set* up: *— l'aria condizionata, il telefono*, to install air-conditioning, the telephone; *— una macchina*, to set up (*o* to install) a machine; *— una rampa di lancio*, to install a launching ramp // (*inform.*) *— un programma*, to install a software 2 (*insediare*) to install: *— qlcu. in una carica*, to install s.o. in an office 3 (*sistemare in un alloggio*) to put* up, to settle: *li ha installati in un albergo*, he put them up in a hotel; *— qlcu. in una casa*, to settle s.o. in a house.

□ **installarsi** *v.rifl.* to settle (down), to settle (oneself) in; (*form.*) to install oneself: *in seguito i greci si installarono sull'isola*, later the Greeks settled on the island; *appena ci installammo nella nuova casa...*, as soon as we settled down in our new home...; *quando ti installerai nella nuova casa?*, when will you move into the new house? // *ormai si sono installati in casa nostra e non se ne vanno più*, they have now settled down in our house and have no intention of leaving; *si è installato in poltrona e non lo smuovono neanche le cannonate*, he is well and truly settled into the armchair and a bomb wouldn't move him.

installatore *agg.* installing, fitting; installation (*attr.*): *qual è la ditta installatrice?*, what is the installation firm? ◆ *s.m.* installer, fitter: *aspetto l'— dell'antenna*, I'm waiting for the aerial installer.

installazione *s.f.* 1 (*l'installare*) installation 2 (*impianto*) installation, plant, facility: *un improvviso guasto alle installazioni*, a sudden breakdown in the plant; *installazioni industriali*, industrial plants; *installazioni aeroportuali*, airport facilities.

instancabile *agg.* 1 tireless, untiring, indefatigable: *un lavoratore —*, a tireless worker 2 (*estens.*) (*incessante*) tireless, unceasing, unremitting: *grazie ai suoi sforzi instancabili riuscimmo a portare a termine il progetto con successo*, thanks to his unceasing efforts we successfully concluded the project.

instancabilità *s.f.* (*resistenza alla fatica*) tirelessness, indefatigability; (*perseveranza*) persistence, tirelessness: *— nel lavoro*, tirelessness in work; *ho sempre ammirato la sua — nel perorare la causa dei lavoratori*, I have always admired his tirelessness in supporting the workers' cause.

instante *agg.* (*letter.*) 1 (*insistente*) insistent, pressing, urgent 2 (*incombente*) impending: *un pericolo —*, an impending danger ◆ *s.m.* petitioner.

instanza → **istanza**.

instare *v.intr.* (*rar.*) 1 (*insistere*) to insist 2 (*incombere*) to be impending.

instaurare *v.tr.* to set* up, to establish, to found: *abbattuta la monarchia fu instaurata la repubblica*, after the overthrow of the monarchy the republic was set up.

□ **instaurarsi** *v.intr.pron.* to begin*, to start: *s'instaurò un'era nuova*, a new age began.

instauratore *s.m.* **instauratrice** *s.f.* founder.

instaurazione *s.f.* establishment, foundation, institution.

insterilire → **isterilire**.

instigare e *deriv.* → **istigare** e *deriv.*

instillare e *deriv.* → **istillare** e *deriv.*

institore *s.m.* (*dir.*) institor, factor, agent.

institorio *agg.* (*dir.*) institorial.

instituire e *deriv.* → **istituire** e *deriv.*

instradare e *deriv.* → **istradare** e *deriv.*

instruire e *deriv.* → **istruire** e *deriv.*

instupidire → **istupidire**.

insù, in su *avv.* → **su** 1 // *all'—*, (*verso l'alto*) up, upward(s): *guardare all'—*, to look up(wards); *nasino all'—*, a small upturned nose; *portare i baffi all'—*, to have an upward-curling moustache // *dall'—*, downwards, from top to bottom: *la vernice va applicata dall'— all'ingiù*, apply the paint from top to bottom.

insubordinatezza *s.f.* insubordination.

insubordinato *agg.* insubordinate; undisciplined ◆ *s.m.* insubordinate.

insubordinazione *s.f.* insubordination.

insuccesso *s.m.* failure: *l'— lo avvilì profondamente*, his failure greatly disheartened him; *non bisogna arrendersi al primo —*, you mustn't give up at the first setback; *lo spettacolo fu un —*, the play was a flop (*o* a failure); *l'— di un film, di un libro*, the failure of a film, of a book.

insudiciare *v.tr.* 1 to dirty, to soil; to stain: *— la tovaglia col sugo*, to stain the tablecloth (*o* to dirty the tablecloth) with sauce; *insudiciarsi le mani*, to soil one's hands; *insudiciarsi i vestiti*, to soil (*o* to dirty) one's clothes 2 (*fig.*) to defile, to sully: *— la reputazione di qlcu.*, to sully s.o.'s reputation.

□ **insudiciarsi** *v.rifl.* o *intr.pron.* 1 to dirty oneself, to get* (oneself) dirty: *vedi di non insudiciarti*, don't get yourself dirty (*o* take care not to get dirty); *— d'inchiostro*, to stain oneself with ink 2 (*fig.*) to lower oneself, to demean oneself: *— per poche lire*, to demean oneself for a few liras.

insueto *agg.* (*letter.*) 1 (*insolito*) unusual 2 (*non assuefatto*) unaccustomed.

insufficiente *agg.* 1 insufficient, inadequate: *provviste insufficienti*, inadequate provisions; *cibo —*, shortage of food; *abiti insufficienti*, insufficient clothing; *mezzi insufficienti*, insufficient (*o* inadequate) means; *stipendio —*, insufficient salary; *il compenso era del tutto —*, the fee was totally inadequate; *istruzione —*, inadequate education; *informazioni insufficienti*, inadequate information; *ci diede spiegazioni insufficienti*, he gave us inadequate explanations; (*dir.*) *prova —*, insufficient evidence 2 (*non idoneo*) inadequate, unfit (for sthg.), unsuited (to sthg): *si è dimostrato — al compito*, he turned out to be unfit for (*o* unsuited to) the task 3 (*valutazione scolastica*): *il tuo compito è —*, your work is below the pass mark; *essere — in una materia*, to be backward (*o* behind) in a subject.

insufficienza *s.f.* 1 insufficiency, inadequacy; (*mancanza*) shortage, want, lack: *— di materie prime*, scarcity (*o* shortage) of raw materials; *— di manodopera, di personale*, shortage of labour, of personnel; *— di mezzi*, inadequacy of means; (*dir.*) *— di prove*, lack of evidence 2 (*inettitudine*) unfitness, incapacity 3 (*valutazione scolastica*) low mark: *ho preso un'— in italiano*, I got a low mark in Italian 4 (*med.*) insufficiency: *— cardiaca, muscolare, renale*, cardiac, muscular, renal insufficiency.

insufflare *v.tr.* 1 to insufflate 2 (*fig. letter.*) to inspire (s.o. with sthg.); to instill (sthg. into s.o.); to imbue (s.o. with sthg.).

insufflazione *s.f.* insufflation // (*med.*) *— tubarica*, tubal insufflation.

insulare *agg.* 1 (*geogr.*) insular: *clima —*, insular climate; *popolazioni insulari*, island populations // *l'Italia —*, the Italian islands 2 (*biol.*) insular.

insularità *s.f.* insularity.

insulina *s.f.* (*biochim.*) insulin.

insulinico *agg.* (*biochim.*) insulinoid // (*med.*) *shock —*, insulin shock.

insulinoterapia *s.f.* (*med.*) insulin therapy.

insulsaggine *s.f.* 1 silliness, stupidity, idiocy; insipidity, dullness; inanity, fatuity: *ma non ti accorgi dell'— di quello che dici?*, don't you realize the inanity of what you are saying?; *il suo comportamento era di una tale — che stupì tutti*, his behaviour was so silly (*o* fatuous) that it left everybody stupefied 2 (*cosa insulsa*) nonsense, rot, (*fam.*) bull: *dire insulsaggini*, to talk nonsense; *i suoi articoli sono pieni di insulsaggini*, his articles are full of nonsense (*o* bilge).

insulso *agg.* (*fig.*) silly, stupid, idiotic; insipid, dull; inane, fatuous: *uno scherzo —*, a silly joke; *un uomo —*, a dull (*o* silly) man; *parole insulse*, inane words.

insultante *agg.* insulting, offensive: *una proposta —*, an offensive (*o* insulting) proposal.

insultare *v.tr.* to insult, to abuse: *— qlcu.*, to insult (*o* to abuse) s.o.; *— qlcu. senza mezzi termini*, to abuse s.o. roundly.

insulto *s.m.* 1 insult, offence; abuse [U]; (*affronto*) affront: *ciò che dice è un —*, what he is saying is an insult (*o* an affront); *è un — alla miseria!*, it is an insult to poverty!; *lanciare, scagliare insulti contro qlcu.*, to hurl insults (*o* abuse) at s.o.; *riempire qlcu. di insulti*, to shower abuse on s.o.; *ingoiare un —*, to swallow an insult 2 (*danno, oltraggio*) inclemency: *gli insulti del tempo*, the ravages of time 3 (*med.*) attack; stroke: *— cardiaco*, heart attack; *— apoplettico*, apoplectic stroke (*o* stroke of apoplexy).

insuperabile *agg.* (*insormontabile*) insuperable, insurmountable; (*ineguagliabile*) incomparable, unbeatable; (*ineguagliato*) unexcelled, unequalled, unparalleled, unrivalled, unsurpassed: *barriera* —, insuperable barrier; *difficoltà* —, insurmountable difficulty; *ha un talento* —, he has an unbeatable (*o* an incomparable) talent; *è — per bontà e disponibilità*, his goodness and helpfulness are unbeatable; *un'— esecuzione di Beethoven*, an unequalled performance of Beethoven; *un maestro* —, an unexcelled (*o* unrivalled) maestro; *è un rimedio — per i reumatismi*, it is an insuperable (*o* unbeatable) remedy for rheumatic pains.

insuperabilità *s.f.* insuperability; supremeness, pre-eminence, superlativeness.

insuperato *agg.* unsurpassed, unbeaten; unequalled, unexcelled: *record finora* —, a hitherto unbeaten record; *il numero di vittorie della squadra rimane* —, the number of the team's victories remains unsurpassed.

insuperbire *v.tr.* to make* proud ◆ *v.intr.* → insuperbirsi.

□ **insuperbirsi** *v.intr.pron.* to be proud (of sthg.), to boast (about sthg.), to brag (about sthg.), to crow* (about sthg.): *non hai nulla di che insuperbirti*, you have nothing to be proud of (*o* to boast about).

insurrezionale *agg.* insurrectional, insurrectionary: *il movimento — è piuttosto ben organizzato*, the insurrectionary movement is quite well organized; *nuovo tentativo — nel territorio occupato*, new attempt at insurrection (*o* revolt) in the occupied territory.

insurrezione *s.f.* insurrection, rising, revolt: *reprimere un'*—, to repress an insurrection (*o* a rising *o* a revolt).

insussistente *agg.* non-existent; inexistent; (*infondato*) unfounded; groundless; unsubstantial: *sospetti insussistenti*, unfounded (*o* groundless) suspicions; *notizia* —, unfounded rumour; (*dir.*) *accusa* —, groundless charge.

insussistenza *s.f.* non-existence, inexistence; (*infondatezza*) unsubstantiality, groundlessness: *l'— di una scusa*, the flimsiness of an excuse; (*dir.*) *— di un'accusa*, groundlessness of a charge.

intabarrarsi *v.rifl.* to wrap oneself up in a cloak, to muffle oneself up in a cloak: *uscì di casa intabarrato, come se fosse gennaio*, he left home muffled (*o* wrapped) up as if it were the month of January.

intaccabile *agg.* susceptible (to sthg.): *— dagli acidi, dalla ruggine*, susceptible to acids, to rust; *una reputazione* —, a reputation not beyond reproach (*o* a vulnerable reputation).

intaccare *v.tr.* **1** (*fare tacche in*) to notch, to nick: *— un bastone*, to notch a stick **2** (*corrodere*) to corrode, to eat* into (sthg.); to etch: *gli acidi intaccano i metalli*, acids corrode (*o* eat into) metals **3** (*danneggiare*) to damage, to injure, to impair; (*sciupare*) to spoil*: *la casa non fu intaccata dal fuoco*, the house was not damaged by the fire; *ciò intaccherà la sua reputazione*, this will injure (*o* damage) his reputation; *l'infezione gli ha intaccato anche la mano*, the infection has also affected his hand **4** (*cominciare a usare*) to draw* on, to dip into, to tap // (*econ.*): *— un fondo di riserva*, to dip into a reserve fund; *— il capitale*, to draw on one's capital; *— i propri risparmi*, to draw on (*o* to dip into) one's savings **5** (*fig.*) (*incrinare*) to undermine: *i continui insuccessi hanno intaccato la sua fiducia nella vita*, his continual failures have undermined his self-confidence; *— il morale delle truppe*, to undermine the morale of the troops.

intaccatura *s.f.* indentation; (*tacca*) notch, nick.

intacco *s.m.* (*non com.*) (*diminuzione*) reduction, decrease: *— del patrimonio*, erosion of one's assets.

intagliare *v.tr.* **1** (*incidere*) to incise, to intaglio, to engrave **2** (*scolpire*) to carve: *è una statua intagliata nel legno*, it is a statue carved in wood **3** (*intaccare*) to notch.

intagliatore *s.m.* **1** (*incisore*) engraver, cutter **2** (*scultore*) carver: *— su legno*, woodcarver.

intagliatrice *s.f.* (*miner.*) cutting machine.

intagliatura *s.f.* carving.

intaglio *s.m.* **1** (*arte*) intaglio **2** (*tacca*) notch.

intanarsi → **rintanarsi**.

intangibile *agg.* intangible; (*inviolabile*) inviolable: *funzionario* —, untouchable official; *diritti intangibili*, inviolable rights.

intangibilità *s.f.* **1** intangibility **2** (*inviolabilità*) inviolability, inviolableness.

intanto *avv.* **1** (*nel frattempo*) meanwhile, in the meantime; (*nello stesso tempo*) at the same time: *voi salite sul treno, io — faccio i biglietti*, You get on the train. In the meantime I'll go and get the tickets; *continua a rimandare la partenza, e — i giorni passano...*, he keeps putting off his departure, and in the meantime the days are slipping by...; *lei guardava la* TV, *e — lavorava a maglia*, she was watching TV and knitting at the same time // *per* —, (*per il momento*) for the moment, for the present; for the time being: (*per*) *— ti conviene accettare l'incarico, poi esaminerai altre proposte*, for the moment you'd better accept the job, then you can see what else there is on offer **2** (*con valore avversativo*) but: *fa un mucchio di promesse, e — non ne mantiene una*, he makes all sorts of promises but doesn't keep a (single) one; *dice sempre di sì, e — fa di testa sua*, he (always) says yes to everything, but then goes and does what he likes **3** (*con valore conclusivo*) the fact is...: *è inutile prendersela, — le cose non cambiano*, it's no use getting upset; the fact is, things won't change; *— anche questo problema è risolto!*, that's another problem out of the way!

intanto che *cong.* (*mentre*) while, as: *vuoi dare un'occhiata al giornale — aspetti?*, do you want to have a look at the (news)paper while you're waiting?

intarlare *v.intr.* **intarlarsi** *v.intr.pron.* to get* worm-eaten.

intarlatura *s.f.* woodworm hole.

intarmare *v.intr.* **intarmarsi** *v.intr.pron.* to be filled with moths; to become* motheaten.

intarsiare *v.tr.* **1** to inlay* **2** (*fig.*) to stud.

intarsiato *agg.* inlaid.

intarsiatore *s.m.* inlayer.

intarsiatura *s.f.* inlaying.

intarsio *s.m.* inlay: *lavoro d'*—, inlay work (*o* marquetry).

intasamento *s.m.* obstruction, stoppage; block, blockage: *— del traffico*, traffic jam (*o* snarl-up); *— urbano*, urban congestion.

intasare *v.tr.* to obstruct, to block, to choke, to clog, to snarl (up).

□ **intasarsi** *v.intr.pron.* to become* obstructed, to become* blocked, to become* clogged, to become* snarled (up): *si è intasato lo scarico*, the drainpipe is blocked (*o* clogged).

intasatore *s.m.* **1** (*agr.*) straw press **2** (*miner.*) tamper.

intasatura *s.f.* obstruction, stoppage, clogging.

intascare *v.tr.* to pocket, to put* into one's pocket: *intascò tutto il denaro che gli diedi*, he pocketed all the money I gave him; *— un premio*, to get a bonus; *secondo me ha intascato un bel po' di soldi in quell'affare*, in my opinion he pocketed a lot of money in that business.

intassellare *v.tr.* to decorate with marquetry-work.

intatto *agg.* intact, untouched; (*senza danni*) undamaged, unimpaired, uninjured; (*senza macchia*) unsullied, unblemished: *ritrovarono la macchina intatta, sul lato della strada*, the car was found undamaged, at the side of the street; *la mia fiducia in lui è intatta*, my belief in him is intact (*o* unimpaired); *il suo patrimonio è ancora* —, his patrimony is still intact; (*comm.*) *le merci arrivarono intatte*, the goods arrived undamaged; (*fin.*) *capitale* —, intact capital.

intavolare *v.tr.* **1** (*iniziare*) to begin*, to start; to enter into (sthg.); to broach: *— una discussione*, to start a discussion (*o* to raise a subject for discussion); *— una trattativa di pace*, to enter upon peace negotiations **2** (*sistemare in tabelle*) to tabulate: *— dati, numeri*, to tabulate data, figures **3** (*non com.*) (*mettere su una tavola*) to put* on a board.

intavolato *s.m.* **1** (*riparo di tavole*) boarding, planking **2** (*pavimento di tavole di legno*) plank floor.

intavolatura *s.f.* **1** (*non com.*) boarding, planking **2** (*mus.*) tablature.

intavolazione *s.f.* tabulation, setting out in tabular form: *l'— dei dati in una tabella*, the tabulation of data in a table.

intedescare, **intedeschire** *v.tr.* to Germanize.

□ **intedescarsi**, **intedeschirsi** *v.intr.pron.* to become* Germanized.

integerrimo *agg.* upright, incorruptible: *è un politico* —, he is an upright politician.

integrabile *agg.* integrable // (*mat.*) *funzione* —, integrable function.

integrabilità *s.f.* integrability.

integrafo *s.m.* (*mat.*) integraph.

integrale *agg.* **1** integral; complete, entire, in full, whole, comprehensive, total: *una riforma — della scuola*, a comprehensive education reform; *vedere un film in versione* —, to see an uncut version of a film; *edizione* —, unabridged edition; *pagamento* —, payment in full; *restituzione* —, full restitution **2** (*non raffinato*) unrefined, wholemeal: *zucchero* —, unrefined sugar; *farina* —, wholemeal flour; *pane* —, wholemeal (*o* brown) bread **3** (*mat.*) *calcolo* —, integral calculus ◆ *s.m.* (*mat.*) integral: *— definito, indefinito, di linea*, definite, indefinite, line integral.

integralismo *s.m.* extremism.

integralista *s.m.* e *f.* extremist.

integralistico *agg.* extremist.

integralità *s.f.* entirety, completeness: *pubblicare un'opera nella sua* —, to publish the unabridged version of a book.

integralmente *avv.* integrally, completely, entirely.

integramento *s.m.* → **integrazione**.

integrante *agg.* integral: (*dir.*) *una clausola che è parte — del contratto*, a clause that is an integral part (*o* that is part and parcel) of the contract.

integrare *v.tr.* **1** (*completare; arrotondare*) to supplement; (*unificare*) to integrate, to combine: — *un testo con note esplicative*, to supplement a text with explanatory notes; — *lo stipendio con gli straordinari*, to supplement one's salary by working overtime; — *il capitale con nuovi apporti*, to increase (*o* improve) capital with new contributions; — *elementi diversi*, to combine (*o* integrate) different elements // (*dir.*) *questo fatto non integra un reato*, this fact doesn't amount to a crime **2** (*inserire*) to integrate: — *qlcu. in un ambiente nuovo*, to integrate s.o. into a new environment **3** (*mat.*) to integrate.

□ **integrarsi** *v.rifl.* to integrate (in sthg.): *non sarà facile — in quel paese*, it won't be easy to integrate in that country ♦ *v.rifl.rec.* (*completarsi*) to complement each other.

integrativo *agg.* supplementary, additional: *lezione integrativa*, supplementary (*o* extra) lesson; (*amm.*) *indennità integrativa*, supplementary allowance; *assegno* —, supplementary benefit.

integrato *agg.* **1** (*completato*) supplemented: *un testo — con note esplicative*, a text supplemented with explanatory notes **2** (*inserito*) integrated: *vive del tutto — nella nuova città*, he is completely integrated in the new town **3** (*elettr.*) *circuito* —, integrated circuit **4** (*inform.*) built-in; in-house ♦ *s.m.* **1** (*elettr.*) integrated circuit **2** (*persona inserita*) integrated person; (*conformista*) conformist.

integratore *s.m.* (*mat.*) → integrafo ♦ *agg.* integrating: *strumento* —, integrating instrument (*o* integrator).

integrazione *s.f.* **1** integration; (*aggiunta*) supplement; (*dir.*) (*aggiunta di una clausola a un atto*) rider // (*econ.*): — *a monte*, backward integration; — *a valle*, forward integration; — *circolare*, circular integration; — *orizzontale, verticale*, horizontal, vertical integration; — *economica*, economic integration // (*amm.*): — *dello stipendio*, salary supplement; *cassa — guadagni*, redundancy fund (*o* guaranteed wage fund); *essere messo in cassa* —, to receive redundancy payment (*o* to be made redundant) **2** (*inserimento*) integration: — *sociale, razziale*, social, racial integration; *l'— delle minoranze nella società*, the integration of minorities in society **3** (*annessione*) annexation **4** (*rapporto di cooperazione*) integration: *una stretta forma di — economica*, a form of close economic integration **5** (*mat.*) integration: *limiti d'*—, integration limits; — *per parti, per sostituzione*, integration by parts, by substitution.

integrazionismo *s.m.* racial integration movement.

integrazionista *s.m.* e *f.* integrationist.

integrazionistico *agg.* racial integration (*attr.*).

integrismo *s.m.* extremism.

integrista → **integralista**.

integrità *s.f.* **1** integrity, completeness, entireness, wholeness: *pubblicare un testo nella sua* —, to publish an unabridged text; *tentare di salvaguardare l'— fisica dei prigionieri*, to try to protect the physical wellbeing of the prisoners **2** (*fig.*) (*onestà*) uprightness, integrity: *non ho mai dubitato della sua* —, I have never doubted his integrity.

integro *agg.* **1** integral, complete, entire; (*di testi*) unabridged: *ha conservato — il suo buonumore*, he maintained his good humour unimpaired **2** (*fig.*) upright, strictly honest.

integumento *s.m.* (*bot., anat.*) integument.

intelaiare *v.tr.* **1** (*tess.*) to loom: — *il tessuto*, to loom the web **2** (*munire di telaio*) to frame.

intelaiatura *s.f.* **1** (*mecc., edil.*) frame, framework: — *a traliccio*, latticework (*o* trestle); — *di finestra*, sash; — *di fondazione*, grillage **2** (*mar., aer.*) — *di sostegno*, (*di scafo in costruzione*), cradle **3** (*l'intelaiare*) framing **4** (*fig.*) (*struttura*) structure, framework: *l'— di un romanzo*, the structure of a novel **5** (*inform.*) (*di trasformatore dentato*) gate.

intellegibile e *deriv.* → **intelligibile** e *deriv.*

intellettivo *agg.* intellective, intellectual: *facoltà intellettive*, intellectual faculties.

intelletto *s.m.* **1** intellect, mind; (*comprensione*) understanding: *l'uso dell'*—, the use of intellect; *l'— umano non può capire queste cose*, the human mind cannot understand these things // *perdere il bene dell'*—, to lose one's wits **2** (*persona di grande intelligenza*) intellect, mind, brain: *è uno dei migliori intelletti del nostro paese*, he is one of the finest minds (*o* brains) in our country.

intellettuale *agg.* **1** intellectual: *facoltà intellettuali*, intellectual faculties; *lavoro* —, intellectual work // (*dir.*) *proprietà* —, intellectual property **2** (*cerebrale*) highbrow: *letteratura* —, highbrow literature ♦ *s.m.* e *f.* intellectual, man of letters; (*iron.*) highbrow, egghead: *i nuovi occhiali gli danno un'aria da* —, his new glasses give him an intellectual air; *era un noto — di sinistra*, he was a well-known left wing intellectual // *gli intellettuali*, the intellectuals (*o* the intelligentsia).

intellettualismo *s.m.* intellectualism.

intellettualista *s.m.* e *f.* intellectualist.

intellettualistico *agg.* intellectualistic: *arte intellettualistica*, cerebral art.

intellettualità *s.f.* **1** intellectuality **2** (*l'insieme degli intellettuali*) intellectuals (*pl.*), intelligentsia.

intellettualizzare *v.tr.* to intellectualize.

intellettualizzazione *s.f.* intellectualization.

intellettualmente *avv.* intellectually: *lavorare* —, to work with one's mind; *è un uomo — molto valido*, intellectually he's extremely capable.

intellettualoide *agg.* e *s.m.* e *f.* (*spreg.*) pseudo-intellectual, highbrow.

intellezione *s.f.* intellection.

intelligente *agg.* intelligent, clever: *un lavoro* —, an intelligent (*o* clever) piece of work: *bravo! hai fatto una scelta* —, good for you! you've made an intelligent choice!

intelligenza *s.f.* **1** intelligence; cleverness, skill: *una persona di grande* —, a person of great intelligence; *la sua condotta non mostra grande* —, his behaviour doesn't show much intelligence; *questo lavoro è fatto con molta* —, this work has been done with great cleverness // *quoziente d'*—, intelligence quotient // — *artificiale*, artificial intelligence // (*teol.*) — *suprema*, the Supreme Intelligence **2** (*accordo, intesa*) agreement, understanding **3** (*comprensione*) comprehension, understanding: *metterò alcune note in margine per una migliore — del testo*, I shall put some notes in the margin for a better understanding of the text.

intellighenzia *s.f.* intelligentsia (*anche estens.*).

intelligibile *agg.* **1** (*fil.*) intelligible **2** intelligible, comprehensible, understandable: *una spiegazione — a un vasto pubblico*, an explanation intelligible to a vast audience ♦ *s.m.* (*fil.*) intelligible: *il mondo dell'*—, the world of the intelligible.

intelligibilità *s.f.* intelligibility, comprehensibility: *l'— di un discorso, di un testo*, the intelligibility of a speech, of a text.

intemerata *s.f.* (*fam.*) scolding, talking-to, tirade: *fare un'— a qlcu.*, to give s.o. a scolding (*o* to tick s.o. off).

intemerato *agg.* faultless, irreproachable; stainless, undefiled.

intemperante *agg.* intemperate, immoderate, incontinent: *modi intemperanti*, intemperate behaviour.

intemperanza *s.f.* intemperance: — *di linguaggio*, intemperance of speech; — *nel mangiare, nel bere*, overindulgence in eating, in drinking.

intemperato *agg.* (*non com.*) intemperate, immoderate, incontinent.

intemperie *s.f.pl.* bad weather, inclement weather: *esposto alle* —, exposed to the inclemency of the weather; *resistente alle* —, weatherproof.

intempestivamente *avv.* untimely, inopportunely; unseasonably.

intempestività *s.f.* untimeliness, inopportuneness; unseasonableness: *l'— dei mezzi di soccorso*, the belated arrival of the rescue team.

intempestivo *agg.* untimely, ill-timed, inopportune; unseasonable: *il suo — intervento ha rovinato l'atmosfera*, his untimely (*o* ill-timed) words ruined the atmosphere.

intendente *s.m.* intendant, (super)intendent; (*di una proprietà immobiliare*) land agent: — *di Finanza*, tax inspector.

intendentizio *agg.* (*burocrazia*) revenue (*attr.*).

intendenza *s.f.* intendancy, superintendency: — *di Finanza*, Revenue Office.

intendere *v.tr.* **1** (*capire*) to understand*: *intendi cosa voglio dire?*, do you understand what I mean?; *mi fece — che non voleva venire*, he made it clear to me that he did not want to come; *la frase non è chiara, ecco come l'intendo io*, the sentence isn't clear, this is how I understand it; *il brano può essere inteso in modi diversi*, this piece can be interpreted in a number of different ways; — *a rovescio*, to misunderstand; *mi diede a — che l'aveva fatto*, he gave me to believe that he had done it; *ha cercato di darmela a — ma non gli ho creduto*, he tried to fool me but I didn't believe him // *s'intende che verrà anche la tua famiglia*, it goes without saying that your family will be coming too // *— ragione*, to listen to reason: *Non intende ragioni! Vuole partire e basta!*, He won't listen to reason! He wants to leave and that's that! **2** (*significare*) to mean*, to intend; (*interpretare*) to understand*, to interpret: *che cosa intendi con questo?*, what do you mean by this? **3** (*avere intenzione di*) to intend, to propose, to mean*, to be going to: *che cosa intendi fare?*, what do you intend (*o* propose) to do? (*o* doing?) (*o* what are you going to do? *o* what do you mean to do?); *intendo provare ancora*, I intend to try (*o* trying) again; *non intendevo offenderti*, I didn't mean to hurt your feelings; *non intendo essere preso in giro*, I don't want to be laughed at **4** (*udire*) to hear*: *dillo ancora, per piacere, non ti ho inteso*, say it again, please, I didn't hear you; *ho inteso dire che è partito per l'America*, I have heard that he has left for America.

□ **intendersi** *v.intr.pron.* (*aver cognizione di*) to be a (good) judge, to be an expert (in sthg.), to know* (about sthg.): *non m'intendo di pittura*, I am no judge of painting; *non mi intendo di queste cose*, I know nothing about these things ◆ *v.rifl.rec.* **1** (*mettersi d'accordo, capirsi*) to come* to an agreement, to come* to terms, to agree: *non ci siamo intesi sul prezzo*, we didn't agree on the price; *spero che essi s'intendano*, I hope they will come to an agreement; *purtroppo ci siamo intesi male e non ci siamo trovati*, unfortunately we misunderstood each other and we didn't meet // *ci siamo intesi?*, is it clear?; *intendiamoci bene!*, let this be quite clear! **2** (*andare d'accordo*) to get* on (well) with (s.o.): *quei due ragazzi non s'intendono, non fanno che litigare*, those two boys do not get on, they do nothing but quarrel // *intendersela con qlcu.*, to have an understanding with s.o.; (*avere una relazione amorosa*) to have an affair with s.o.

intendimento *s.m.* **1** understanding, mind **2** (*proposito, intenzione*) intention, plan, purpose: *è mio — chiarire la questione*, it's my intention to clear up the matter.

intenditore *s.m.* **intenditrice** *s.f.* connoisseur, expert (in, on sthg.), good judge: *è un — di pittura*, he is a connoisseur (*o* he is a good judge) of painting; *non sono un — di cani*, I am no judge of dogs // *a buon — poche parole*, (*prov.*) a word to the wise.

intenebrare, **intenebrarsi** → **ottenebrare**, **ottenebrarsi**.

intenerimento *s.m.* **1** softening **2** (*fig.*) softening, tenderness: *ho notato un — nelle sue parole quando parlava di te*, I noticed a tenderness in his words when he spoke of you.

intenerire *v.tr.* **1** to soften, to make* tender **2** (*fig.*) to move, to move to pity: *— qlcu.*, to touch s.o.'s heart; *niente lo intenerisce*, nothing moves him ◆ *v.intr.* → intenerirsi.

□ **intenerirsi** *v.intr.pron.* **1** to soften, to grow* soft **2** (*fig.*) to be moved, to feel* compassion: *mi si intenerisce il cuore quando ne parlo*, I feel moved when I speak of him.

intenerito *agg.* moved (*pred.*); tenderly, with tenderness: *lo guardava intenerita*, she gazed at him tenderly.

intensamente *avv.* intensely; hard: *guardare — qlcu.*, to gaze intensely at s.o.; *lavorare troppo —*, to work too hard (*o* to overwork).

intensificare *v.tr.* to intensify, to increase, to step up; to make* more frequent: *— le visite a qlcu.*, to intensify one's visits to s.o.; (*econ.*): *— la produzione*, to step up (*o* increase) production; *— le vendite*, to boost sales.

□ **intensificarsi** *v.intr.pron.* to intensify, to become* more intense; to become* more frequent: *il traffico si è intensificato a dismisura*, the traffic has increased beyond all limits; *i suoi attacchi di gelosia si sono intensificati col tempo*, his fits of jealousy have become more frequent with the passing of time.

intensificazione *s.f.* intensification; (*aumento*) increase, escalation; (*del lavoro*) speeding up, stepping up: *— del freddo*, increase in the cold; *l'— della propaganda*, the intensification of the propaganda.

intensionale *agg.* (*fil.*) connotational.

intensione *s.f.* **1** (*letter.*) intensity **2** (*fil.*) connotation.

intensità *s.f.* **1** intensity, intenseness; strength, depth: *l'— del desiderio*, the intensity of desire; *l'— di un colore*, the intensity of a colour; *desiderare qlco. con —*, to desire sthg. with ardour (*o* intensity) **2** (*fis.*) intensity: *— di campo magnetico*, magnetic field intensity (*o* strength); *— luminosa*, luminous intensity; *modulazione di —*, intensity modulation.

intensivo *agg.* intensive: *metodo —*, intensive method; *corso — di lingua*, intensive language course // (*agr.*) *coltura intensiva*, intensive farming // (*med.*) *terapia intensiva*, intensive care: *reparto di terapia intensiva*, intensive care unit // (*ling.*) *prefisso —*, intensifying prefix.

intenso *agg.* **1** intense; (*di colore*) intense, deep: *dolore —*, intense (*o* acute) pain; *freddo —*, severe (*o* intense) cold; *un rosso —* a deep red; *un'espressione intensa*, an intense expression; *sguardo —*, intense (*o* searching) look **2** (*teso, costante*) intense, strenuous, concentrated, unremitting: *sforzo —*, concentrated effort // *una giornata intensa*, a full (*o* busy) day.

intentabile[1] *agg.* (*non com.*) unattemptable, that cannot be attempted.

intentabile[2] *agg.* (*dir.*) suable.

intentare *v.tr.* (*dir.*) to bring*: *— causa contro qlcu.*, to bring an action against s.o.; *— una causa per danni*, to sue for damages.

intentato *agg.* unattempted, untried: *non lasciar nulla —*, to leave no stone unturned.

intento *agg.* **1** (*attento*) fixed, intent: *uno sguardo —*, an intent look **2** (*occupato*) intent (on sthg.), busy (at, with, over sthg.): *è — a risolvere il problema*, he is intent on (solving) the problem; *era — al suo compito*, he was intent on his homework; *era — al suo libro*, he was absorbed in his book; *essere — a scrivere*, to be busy writing ◆ *s.m.* aim, purpose, object, end; (*intenzione*) intention; purpose; (*dir.*) (*dolo*) intent: *i nostri intenti sono diversi*, our purposes are different; *raggiungere il proprio —*, to achieve one's end (*o* purpose); *è riuscito nel suo —*, he achieved his purpose // *con l'—, nell'— di fare*, with the intention of doing; *l'ho fatto con l'— di aiutarti*, I did it with the intention of helping you.

intenzionale *agg.* intentional, wilful, deliberate (*anche dir.*) // (*dir.*) *omicidio —*, murder // (*sport*) *fallo —*, deliberate foul.

intenzionalità *s.f.* **1** deliberateness **2** (*fil.*) intentionality **3** (*dir.*) wilfulness.

intenzionalmente *avv.* intentionally, deliberately, on purpose; (*dir.*) wilfully, scienter: *ha — smesso di lavorare per lasciare il posto al figlio*, he deliberately resigned to make room for his son.

intenzionato *agg.* disposed, inclined: *bene —*, well-disposed (*o* well-meaning *o* well -intentioned): *essere ben — verso qlcu.*, to be well-disposed towards s.o.; *male —*, ill-disposed: *essere male — verso qlcu.*, to be ill-disposed towards s.o.; *non è — a venire*, he does not intend to come; *sono intenzionati a sposarsi*, they intend to marry.

intenzione *s.f.* intention, intent (*anche dir.*); (*scopo*) aim, purpose, end: *che intenzioni hai?*, what do you intend to do?; *ho — di andare a vivere in campagna*, I intend to go and live in the country; *ho — di fare una gita*, I intend (*o* have a mind) to take a trip; *lo colpì con l'— di ucciderlo*, he struck him with the intention of killing him; *lo disse con l'— di offenderti*, he said it with the intention of hurting your feelings; *non avevo nessuna — di farlo*, I had no intention of doing it (*o* I did not intend to do it *o* doing it); *non era nella mia — offenderlo*, I didn't mean to offend him // *avere delle buone intenzioni*, to be well-meaning (*o* to have good intentions); *avere una mezza —*, to have half a mind; *fare qlco. secondo le proprie intenzioni*, to do sthg. according to one's wishes // *fare il processo alle intenzioni*, to judge s.o. by their intentions // *con —*, intentionally, on purpose, deliberately // *senza —*, unintentionally // *la strada che porta all'inferno è lastricata di buone intenzioni*, (*prov.*) the road to hell is paved with good intentions // (*fin.*) *intenzioni di investimento*, investment intentions // (*comm.*) *— (di spesa) dei consumatori*, consumer sentiment.

intepidire → **intiepidire**.

inter- *pref.* di origine latina che indica 'reciprocità, relazione all'interno di un gruppo'; ingl. inter-: *interministeriale*, interministerial; *interscambio*, interchange; *interafricano*, inter-African; *interatomico*, interatomic.

interagente *agg.* interactive, interacting; (*chim.*) interactant.

interagire *v.intr.* to interact.

interamente *avv.* entirely, wholly, fully, completely: *hanno — ricostruito la casa*, they have completely rebuilt the house; *voi avete — ragione*, you are quite right.

interarmi *agg.* (*mil.*) interservice: *manovre —*, interservice manoeuvres.

interasse *s.m.* (*mecc.*) wheelbase.

interatriale *agg.* (*anat.*) interatrial: *setto —*, interatrial sectum.

interattivo *agg.* (*che interagisce*) interactive; (*inform.*) interactive.

interaziendale *agg.* intercompany (*attr.*), interfirm (*attr.*): *contratto —*, intercompany contract; *torneo — di tennis*, tennis tournament between several firms.

interazione *s.f.* interaction: (*fis.*) *— debole, forte*, strong, weak interaction; *— elettromagnetica*, electromagnetic interaction.

interbancario *agg.* interbank (*attr.*): *accordo —*, interbank agreement; *prestiti interbancari*, interbank loans.

interbase *s.f.* (*baseball*) shortstop.

interbellico *agg.* (*compreso tra due guerre*) between the wars.

interbinario *s.m.* (*ferr.*) gap between two tracks.

interblocco *s.m.* (*inform.*) interblock.

intercalare *agg.* (*non com.*) intercalary: *giorno, mese* —, intercalary day, month // (*agr.*) *coltivazione* —, intercropping ♦ *s.m.* **1** (*ritornello*) refrain **2** (*modo di dire che si ripete per abitudine*) stock phrase, pet phrase: *il suo — era "Vero?"*, his pet phrase was "Right?".

intercalare *v.tr.* **1** (*inserire*) to insert: — *illustrazioni a un testo*, to insert illustrations into a text **2** (*alternare*) to alternate: — *il riposo al lavoro*, to alternate periods of relaxation with periods of work **3** (*pronunciare come intercalare*) to use as a pet phrase: *intercala sempre 'cioè'*, he uses 'cioè' as a pet phrase **4** (*inform.*) (IBM) to collate.

intercalazione *s.f.* insertion, intercalation.

intercambiabile *agg.* **1** interchangeable: *pezzi intercambiabili*, interchangeable parts **2** (*inform.*) plug-to-plug compatible.

intercambiabilità *s.f.* **1** interchangeability, interchangeableness **2** (*inform.*) transportability; (*di un programma*) import-export.

intercambio → **interscambio**.

intercapedine *s.f.* **1** (*mecc., edil.*) interspace; air space, hollow space: *parete con* —, *muro a* —, cavity wall **2** (*mar.*) cofferdam.

intercategoriale *agg.* intercategory (*attr.*): *contratto* —, intercategory contract; *sindacato* —, intercategory union.

intercedere *v.intr.* **1** to intercede, to plead: — *presso qlcu. per qlcu.*, to plead (*o* to intercede) with s.o. for (*o* on behalf of) s.o.; *ha interceduto presso il capo di stato per ottenere la sua libertà*, he interceded with the head of state to obtain her freedom **2** (*non com.*) (*di spazio*) to be, to lie*; (*di tempo*) to elapse, to intervene: *la distanza che intercede fra le due case*, the distance between (*o* separating) the two houses ♦ *v.tr.* (*non com.*) (*ottenere*) to obtain.

intercellulare *agg.* (*biol.*) intercellular.

intercessione *s.f.* intercession; (*mediazione*) mediation: — *a favore di qlcu.*, intercession on behalf of s.o.; *per — di qlcu.*, by intercession of s.o.

intercessore *s.m.* intercessor; (*mediatore*) mediator.

intercetta *s.f.* (*mat.*) intercept.

intercettamento *s.m.* → **intercettazione**.

intercettare *v.tr.* to intercept, to cut* off; (*corrispondenza*) to intercept; (*comunicazione telefonica*) to tap, to monitor; (*merci*) to seize: — *un aereo nemico*, to intercept an enemy aircraft; *i soldati hanno intercettato una pattuglia nemica*, the soldiers have intercepted (*o* cut off) an enemy patrol; (*comm.*) — *merci di contrabbando*, to seize smuggled goods // (*sport*) — *il pallone, un passaggio*, to intercept the ball, a pass.

intercettatore *agg.* interceptive, intercepting ♦ *s.m.* interceptor.

intercettazione *s.f.* interception; (*telefonica*) (wire)tapping, eavesdropping; (*di merci*) seizure: — *di merci di contrabbando*, seizure of smuggled goods.

intercettore *s.m.* (*mil.*) interceptor.

intercezione → **intercettazione**.

interclasse *s.f.* **1** (*organizzazione di insegnanti e allievi*) association of teachers and students from different classes who meet to decide on matters of common interest **2** (*nella scuola elementare*) group of classes with children of the same age group.

interclassismo *s.m.* interclass movement.

interclassista *s.m.* e *f.* supporter of interclass collaboration ♦ *agg.* interclass (*attr.*).

interclassistico *agg.* interclass (*attr.*).

intercolunnio *s.m.* (*arch.*) intercolumniation.

intercomunale *agg.* intermunicipal, intercity: *piano urbanistico* —, intermunicipal town planning; *servizio di autobus* —, intercity bus service ♦ *s.f.* (*tel.*) (*a breve distanza*) trunk call; (*a lunga distanza*) longdistance call.

intercomunicante *agg.* intercommunicating, communicating: *stanze intercomunicanti*, communicating rooms; *telefono* —, intercommunication telephone (*o* intercom); *treno con carrozze intercomunicanti*, corridor train.

interconfederale *agg.* inter(con)federation (*attr.*); (*di sindacato*) inter-union.

interconfessionale *agg.* interconfessional, interdenominational; interfaith (*attr.*).

interconfessionalismo *s.m.* ecumenicalism; interdenominationalism.

interconfessionalista *s.m.* e *f.* interdenominationalist.

interconfessionalistico *agg.* ecumenical, interdenominational.

interconfessionalità *s.f.* ecumenicity.

interconnessione *s.f.* interconnection.

interconnettere *v.tr.* to interconnect.

interconsonantico *agg.* (*ling.*) interconsonantal: *vocale interconsonantica*, interconsonantal vowel.

intercontinentale *agg.* intercontinental: *missile balistico* —, intercontinental ballistic missile.

intercorrente *agg.* **1** (*esistente*) existing: *i rapporti intercorrenti tra due nazioni*, the relations existing between two nations **2** (*che è in mezzo*) intervening, that separates (*pred.*): *gli anni intercorrenti tra la prima e la seconda guerra mondiale*, the years that separate (*o* come between) the First and Second World War.

intercorrere *v.intr.* **1** (*di tempo*) to pass, to elapse, to intervene, to be between (sthg.): *fra le due guerre intercorse un anno*, there was a year between (*o* a year separated) the two wars, *fra le due lettere intercorse un lungo tempo*, a long time elapsed (*o* passed) before the second letter; *i mesi che intercorsero*, the months that intervened **2** (*esserci*) to be, to exist: *tra noi sono sempre intercorsi buoni rapporti*, we have always got on well.

intercostale *agg.* (*anat.*) intercostal, infracostal.

intercotidale *agg.* (*geogr.*) intertidal // *zona* —, foreshore.

interculturale *agg.* intercultural: *scambi interculturali tra due nazioni*, (inter)cultural exchanges between two countries.

interdentale *agg.* interdental (*anche anat.*) ♦ *s.f.* (*ling.*) interdental consonant.

interdentario *agg.* → **interdentale**.

interdetto[1] *agg.* **1** (*vietato*) forbidden, prohibited **2** (*dir.*) interdicted, disqualified, disabled, incapable **3** (*eccl.*) interdicted ♦ *s.m.* **1** (*dir.*) interdict **2** (*scherz.*) (*sciocco*) idiot.

interdetto[2] *agg.* (*confuso*) dumbfounded, astounded, disconcerted, nonplussed.

interdetto[3] *s.m.* (*eccl.*) interdict; (*estens.*) ban, interdiction.

interdigitale *agg.* (*anat.*) interdigital.

interdipendente *agg.* interdependent, mutually dependent: (*econ.*) *domanda e offerta sono interdipendenti*, supply and demand are interdependent.

interdipendenza *s.f.* interdependence, interdependency: *analisi delle interdipendenze strutturali*, input-output analysis.

interdire *v.tr.* **1** (*proibire*) to forbid*, to prohibit, to ban, to interdict: — *qlco. a qlcu.*, to forbid sthg. to s.o.; — *qlcu. dal fare qlco.*, to prohibit s.o. from doing sthg. (*o* to forbid s.o. to do sthg.) **2** (*dir.*) to interdict, to disqualify, to disable; to suspend; to incapacitate: — *qlcu. dalle proprie funzioni*, to suspend s.o. from the execution of his duties **3** (*eccl.*) to interdict, to lay* under an interdict: — *un prete*, to lay a priest under an interdict.

interdisciplinare *agg.* interdisciplinary.

interdisciplinarità *s.f.* interdisciplinary character.

interdittorio *agg.* (*dir.*) prohibitory: *decreto* —, prohibitory decree.

interdizione *s.f.* **1** prohibition, ban, interdiction // (*sport*) *mediano di* —, defensive midfielder // (*mil.*) *tiro d'*—, standing barrage fire **2** (*dir.*) disqualification, disablement, interdiction: — *legale*, legal disqualification; — *giudiziale*, disqualification by judicial decree; — *dai diritti civili*, deprivation of civil rights; *interdizioni del fallito*, disabilities of bankrupts; *colpire di — un alienato*, to impose judicial interdiction on a lunatic; — *dai pubblici uffici*, disqualification from holding public office; *status di* —, incapacity **3** (*eccl.*) interdiction, interdict.

interessamento *s.m.* interest, (*premura*) concern: *mostrò molto — alla faccenda*, he showed great interest in the matter; *il suo — per la mia salute mi ha commosso*, his concern over my health has deeply moved me // *per — di*, by (*o* through) the good offices of.

interessante *agg.* interesting; (*piacevole*) appealing; (*attraente*) attractive: *un libro, un caso* —, an interesting book, case // *essere in stato* —, to be with child: *una donna in stato* —, an expectant (*o* pregnant) mother (*o* a pregnant woman).

interessare *v.tr.* **1** (*riguardare, toccare*) to concern, to affect, to involve, to touch: *la faccenda mi interessa da vicino*, the matter concerns me closely; *questo non lo interessa affatto*, this doesn't concern him at all; *questa lesione non interessa il cuore*, this lesion does not affect the heart; *la perturbazione ha interessato l'Europa meridionale*, the disturbance has affected southern Europe; *...e ora una notizia che interessa chi viaggia in treno*, ...and now a piece of news that will interest (*o* will be of interest to) those of you travelling by train **2**

(*suscitare l'interesse di, far prendere interesse a*) to interest; to entertain: *tenterò di interessarlo all'argomento*, I shall try to interest him in the subject; — *i giovani alla politica*, to interest (*o* to arouse the interest of) the young in politics **3** (*econ.*) (*cointeressare*) to give* a share, to involve: — *gli operai agli utili dell'azienda*, to give workers a share in the profits ◆ *v.intr.* **1** to interest, to be of interest: *questo libro mi interessa*, this book interests me; *questo argomento non interessa ai nostri lettori*, this subject is of no interest to our readers // *mi interessa ricevere i documenti entro domani*, I need to have the documents by tomorrow **2** (*importare*) to matter; to be important: *questo non interessa*, this does not matter; *ti interessa veramente saperlo?*, is it really important for you to know it?

□ **interessarsi** *v.intr.pron.* to take* an interest (in s.o., sthg.), to be interested (in s.o., sthg.), to show* interest (in s.o., sthg.); (*preoccuparsi*) to care (for, about s.o., sthg.): *si interessò molto al caso*, he took a great interest in the case; *interessati che abbia tutto quello che gli occorre*, see that he has everything he needs; *chi si interesserà di lui dopo la mia partenza?*, who will care for (*o* take care of) him after my departure?; *non si interessa di questi problemi*, he does not take any interest in these problems // *interessati degli affari tuoi!*, mind your own business!

interessatamente *avv.* interestedly; out of self-interest, opportunistically: *fa ogni cosa* —, he always acts out of self-interest (*o* opportunistically).

interessato *agg.* **1** interested (in s.o., sthg.): *sono molto — alla sua offerta*, I'm very interested in his offer **2** (*colpito, coinvolto*) concerned (with s.o., sthg.); affected (by s.o., sthg.); involved (in s.o., sthg.): *la zona interessata dalla perturbazione*, the area affected by the disturbance; *le parti interessate*, the parties concerned // *essere — in un'azienda*, to have an interest (*o* a share) in a business **3** (*egoistico*) interested, selfish, self-seeking, opportunistic: *motivi interessati*, interested motives // *amore* —, cupboard love ◆ *s.m.* party concerned, interested party: *tutti gli interessati*, all those concerned; *tutti gli interessati alla gita dovranno...*, anyone interested in the trip should...

interesse *s.m.* **1** (*tornaconto, vantaggio*) interest, benefit, profit; self-interest: *è tuo — farlo*, it's in your interest (*o* to your advantage) to do it; *non hai — a farlo*, you have no interest in doing it; *che — avrei a mentire?*, what interest would I have in lying?; *agire nell'— comune del popolo*, to act for the common good of the people; *agisce per il suo —, non per il tuo bene*, he acts out of self -interest, and not for your good; *non è nel mio* —, I've nothing to gain **2** (*interessamento*) interest, attention, concern: *avere interessi musicali, artistici*, to have musical, artistic interests; *quali sono i tuoi interessi?*, what are your interests?; *prendere — a qlco.*, to take an interest in sthg.; *il suo — per la musica*, his interest in music; *ciò suscitò grande* —, this aroused great interest; *mostra un grande — per il nostro paese*, he shows great interest in our country **3** (*valore*) interest, importance, note: *di grande — storico*, of great historical importance **4** (*econ.*) interest: — *attivo*, interest charged (*o* received); — *passivo*, interest allowed; *tasso, saggio d'*—, interest rate; *tasso primario d'*—, prime rate; — *maturato*, accrued interest; *maturazione degli interessi*, interest accrual; *dare, fruttare il 10% di* —, to bear 10% interest; *pagare l'— del 10% su un prestito*, to pay 10% interest on a loan; *prestare denaro dietro* —, to lend money on (*o* at) interest **5** (*spec.pl.*) (*affari, attività*) interest affairs, business ⓤ: *badare ai propri interessi*, to look after one's own interest; *grossi interessi economici sono in gioco*, great economic considerations are at stake.

interessenza *s.f.* (*econ.*) profit-sharing, sharing: *avere un'*—, to have a share in the profits; — *nelle vendite*, percentage on sales.

intereuropeo *agg.* inter-European.

interezza *s.f.* **1** (*totalità*) entirety, completeness; wholeness **2** (*integrità*) integrity.

interfaccia *s.f.* (*inform.*) interface.

interfacoltà *agg.* inter-faculty; between faculties (*pred.*) ◆ *s.f.* (*organo elettivo di università*) students' council.

interfederale *agg.* (*tra federazioni*) interfederation (*attr.*); (*tra sindacati*) interunion (*attr.*): *patto* —, interunion agreement.

interferenza *s.f.* **1** (*fis., rad.*) interference: (*fis.*) *figura di* —, interference figure; (*rad.*) — *di stazioni estere*, interference from foreign broadcasting stations **2** (*intromissione*) interference; meddling: *non posso tollerare la tua — nel mio lavoro*, I can't tolerate your meddling in my work.

interferenziale *agg.* (*fis.*) interferential.

interferire *v.intr.* **1** (*fis. rad.*) to interfere **2** (*intromettersi*) to interfere; to meddle.

interferometria *s.f.* interferometry: (*astr.*) — *a lunghissima base*, long-base interferometry.

interferometro *s.m.* (*fis.*) interferometer.

interferone *s.m.* (*biochim.*) interferon.

interferro *s.m.* **1** (*edil.*) gap between two iron bars in reinforced concrete **2** (*elettr.*) → traferro.

interfilare *s.m.* (*agr.*) lane.

interfogliare *v.tr.* to interleave.

interfogliazione *s.f.* interleaving.

interfoglio *s.m.* interleaf*.

interfolio e *deriv.* → **interfoglio** e *deriv.*

interfonico *agg.* intercom (*attr.*) ◆ *s.m.* → interfono.

interfono *s.m.* (*tel.*) intercom, interphone.

interforze *agg.* (*mil.*) interforces (*attr.*): *esercitazione* —, interforces exercise.

intergalattico *agg.* (*astr.*) intergalactic: *materia intergalattica*, intergalactic matter.

interglaciale *agg.* (*geol.*) interglacial: *periodo* —, interglacial stage.

interiettivo *agg.* (*ling.*) interjectional, ejaculatory.

interiezione *s.f.* (*gramm.*) interjection.

interim *s.m.* interim: *assumere l'*—, to take temporary charge; *impiego ad* —, temporary post; *ministro ad* —, interim minister.

interinale *agg.* interim, temporary, provisional, pro-tempore: *incarico* —, temporary appointment; *governo* —, provisional (*o* caretaker) government; *contratto* —, provisional contract.

interinato *s.m.* interim, temporary office.

interindividuale → **interpersonale**.

interino *agg.* temporary, provisional; interim (*attr.*): *medico* —, locum (tenens) ◆ *s.m.* deputy, substitute.

interiora *s.f.pl.* entrails; (*rigaglie*) giblets; offal.

interiore *agg.* **1** (*intimo*) inner (*attr.*); inward (*attr.*); interior (*attr.*): *felicità* —, inward (*o* inner) happiness; *natura* —, inner nature; *vita* —, inner life; *voce* —, inner voice **2** (*interno*) internal; interior (*attr.*): *cortile* —, interior courtyard ◆ *s.m.*: *l'*—, the interior, the inside.

interiorità *s.f.* **1** (*natura intima*) inwardness **2** (*vita interiore*) inner life*, spiritual life*: *un'opera che riflette una forte* —, a work that reveals an intense inner life.

interiorizzare *v.tr.* (*psic.*) to interiorize.

□ **interiorizzarsi** *v.intr.* to be interiorized.

interiorizzazione *s.f.* (*psic.*) interiorization.

interista *agg.* Inter (*attr.*) ◆ *s.m.* e *f.* **1** (*giocatore*) Inter player **2** (*tifoso*) Inter supporter.

interlinea *s.f.* **1** space between the lines, spacing: *doppia* —, double spacing **2** (*tip.*) lead.

interlineare *agg.* interlinear.

interlineare *v.tr.* **1** to space **2** (*tip.*) to lead*.

interlineatura, **interlineazione** *s.f.* **1** spacing **2** (*tip.*) leading, leading-out.

interlingua *s.f.* interlingua (an artificial international language).

interlinguistica *s.f.* interlinguistics ⓤ.

interlinguistico *agg.* interlinguistic.

interlocale *agg.* interlocal: *rapporti interlocali*, interlocal relations; (*comm.*) *scambi interlocali*, interlocal exchanges.

interlocutore *s.m.* interlocutor; person one is talking to; conversation partner: *un — stimolante*, a stimulating conversation partner.

interlocutorio *agg.* interlocutory: (*dir.*) *sentenza, pronuncia interlocutoria*, interlocutory judgement.

interlocutrice *s.f.* (female) interlocutor, person one is talking to; conversation partner.

interlocuzione *s.f.* interlocution; (*l'interloquire*) taking part in a conversation.

interloquire *v.intr.* **1** (*essere interlocutore*) to take* part in a conversation **2** (*intromettersi*) to put* in a word; (*fam.*) to chime in, to butt in.

interludio *s.m.* **1** (*mus.*) interlude **2** (*estens.*) (*intermezzo, pausa*) interlude, interval.

interlunare *agg.* (*astr.*) interlunar, interlunary.

interlunio *s.m.* (*astr.*) interlunation.

intermediario meno com. **intermediatore** *agg.* intermediary, intermediate ◆ *s.m.* **1** intermediary, go-between; middleman*: *fare da* —, to act as a go-between (as an intermediary); *trattare con qlcu. senza intermediari*, to deal with s.o. without intermediaries **2** (*econ.*) broker, agent, dealer, intermediary: — *finanziario*, financial broker (*o* dealer); — *nel mercato monetario*, money broker; — *sul mercato dei cambi*, foreign currency (*o* exchange) dealer; — *di assicurazione*, insurance broker; — *di Borsa*, stockbroker (*o* floor broker).

intermediazione *s.f.* **1** intermediation **2** (*econ.*) brokerage, broking: — *finanziaria*, financial brokerage; *compensi di* —, brokerage fees.

intermedio *agg.* intermediate; middle; mean: *colore —*, intermediate colour; *stadio, grado —*, intermediate stage (*o* degree) // *una via intermedia*, (*fig.*) a middle course; (*chim.*) *prodotto —*, intermediate product // (*econ.*) *prezzo —*, mean price // (*trib.*) *aliquota intermedia*, intermediate rate // (*banca*) *scadenza intermedia*, intermediate maturity // (*mar.*) *scalo —*, intermediate port ◆ *s.m.* **1** (*chim.*) intermediate **2** (*lavoratore*) specialized worker.

intermestruale *agg.* intermenstrual.

intermetallico *agg.* (*metall.*) intermetallic: *composto —* (o *lega intermetallica*), intermetallic compound.

intermezzo *s.m.* **1** (*teatr., mus.*) interlude, intermezzo*: *un — musicale, comico*, a musical, comic interlude **2** (*intervallo*) break, interval, pause: *un breve — sul lavoro*, a short break in the work.

interminabile *agg.* interminable, endless.

interminato *agg.* (*poet.*) boundless.

interministeriale *agg.* interdepartmental; intragovernmental: *comitato —*, interdepartmental committee; *comitato — prezzi*, Interdepartmental Committee on Prices.

intermissione *s.f.* (*letter.*) intermission, pause.

intermittente *agg.* intermittent: *pioggia —*, intermittent rain; (*elettr.*) *corrente —*, intermittent current; (*med.*) *febbre, polso —*, intermittent fever, pulse; (*mecc.*) *funzionamento —*, intermittent working.

intermittenza *s.f.* intermittence, intermittency.

intermolecolare *agg.* (*chim.*) intermolecular.

intermontano *agg.* intermontane, (*non com.*) intermont: *bacino —*, intermontane basin.

internalizzazione *s.f.* internalization: (*econ.*) *— delle esternalità*, internalization of externalities.

internamente *avv.* **1** (*all'interno*) internally, inside **2** (*nell'intimo*) inwardly; innerly: *essere sereni —*, to be inwardly serene.

internamento *s.m.* internment: *campo d'—*, internment camp.

internare *v.tr.* to intern: *— un pazzo*, to intern a madman; *— gli stranieri in tempo di guerra*, to intern aliens in wartime.
□ **internarsi** *v.intr.pron.* (*non com.*) to enter (into sthg.), to penetrate (into sthg.), to go* deeply (into sthg.) (*anche fig.*): *— in una scienza*, to go deeply into a science.

internato[1] *agg.* interned ◆ *s.m.* (*di campo di concentramento*) prisoner; (*di ospedale psichiatrico*) inmate, patient; (*confinato politico*) internee.

internato[2] *s.m.* **1** (*di alunno in collegio*) boarding **2** (*di laureando in medicina*) internship (*spec. amer.*): *fare l'—*, to intern.

internazionale *agg.* international: *accordo —*, international agreement; *commercio —*, international trade; *vaglia —*, international money order; *diritto —*, international law; *ora —*, standard time; *liquidità —*, international liquidity; (*metrol.*) *sistema — di unità di misura* (*SI*), international system of units (SI); (*fin.*) *Fondo monetario —* (*FMI*), International Monetary Fund (IMF) ◆ *s.f.* (*associazione operaia socialista*) International (Working Men's Association) // *l'Internazionale*, (*inno dei lavoratori socialisti*) Internationale.

internazionalismo *s.m.* internationalism.

internazionalista *s.m.* e *f.* internationalist.

internazionalistico *agg.* internationalist.

internazionalità *s.f.* international character: *l'— del problema ecologico*, the international character (*o* scope) of ecological problems.

internazionalizzare *v.tr.* to internationalize.
□ **internazionalizzarsi** *v.intr.pron.* to become* international.

internazionalizzazione *s.f.* internationalization.

Internet *s.f.* Internet: *navigare in —*, to surf the Internet.

internista *s.m.* e *f.* (*med.*) internist.

interno *agg.* **1** (*che è dentro*) internal, inner (*attr.*), inside (*attr.*): *un cortile —*, an inner (*o* internal) courtyard; *tasca interna*, inside pocket; *organi interni*, internal organs; *lato —*, inner side; *superficie interna*, inner surface; *la parte interna di un corpo*, the internal part of a body (*o* the inside of a body) // *alunno —*, boarder // *medico —*, intern(e) // *combustione interna*, internal combustion // (*tel.*) *numero —*, extension // (*mat.*): *prodotto —*, inner product; *angolo —*, interior angle **2** (*geogr.*) inland (*attr.*): *mare —*, inland sea; *acque interne*, inland waters **3** (*econ.*) internal, inland; (*nazionale*) home (*attr.*), domestic, national: *— alla ditta, allo stabilimento*, in-house; *produzione interna*, home (*o* inland *o* domestic) production; *prodotto — lordo*, gross domestic (*o* national) product; *concorrenza interna*, inland (*o* domestic) competition; *mercato —*, home (*o* domestic) market; *commercio —*, home trade; *trasporti interni*, inland transport; *migrazione interna*, internal migration // (*trib.*) *gettito fiscale —*, internal revenue **4** (*fig.*) (*interiore*) inner (*attr.*), inward (*attr.*): *una gioia interna*, inward (*o* inner) happiness // *voce interna*, inner voice ◆ *s.m.* **1** (*la parte interna*) interior; inside: *l'— dell'edificio è in puro stile barocco*, the interior of the building is in pure Baroque style; *un soprabito con un — di pelliccia*, a coat with a fur lining; *la porta è chiusa dall'—*, the door is closed on the inside // *notizie dall'—*, home news // (*geogr.*): *abitante dell'—*, inlander; *spingersi verso l'— di un paese*, to travel towards the interior of a country (*o* to travel inland); *la capitale è all'—, lontana dalla costa*, the capital lies inland, far from the coast **2** (*ambiente chiuso*) interior: *pittore d'interni*, painter of interiors // (*cinem.*) *gli interni sono stati girati a Cinecittà*, the interiors were filmed at Cinecittà **3** (*di telefono*) (telephone) extension: *mi passi l'— 230*, put me through to extension 230 **4** (*alunno interno*) boarder **5** (*fig.*) (*interiorità*) inner self, inward self: *nel suo — soffre, ma non te lo dirà mai*, inwardly (*o* in his inner self) he is suffering, but he will never tell you so **6** (*sport*) *— destro, sinistro*, inside right, left.

internodio, **internodo** *s.m.* (*bot.*) internode.

inter nos *avv.* (*lat.*) between ourselves: *mi raccomando! che resti —*, be sure it doesn't go any further (*o* be sure it remains between ourselves); *detto —, mi è antipatico*, between ourselves, I don't like him.

internunzio *s.m.* (*eccl.*) internuncio.

intero *agg.* **1** (*tutto*) whole, all: *l'— giorno*, the whole (*o* all the) day; *si è mangiato un — pacchetto di biscotti*, he ate a whole packet of biscuits; *in due si sono scolati due bottiglie intere di whisky*, they drank two whole bottles of whisky between them; *ho letto l'intera Divina Commedia*, I've read the whole of the Divine Comedy; *ha girato il mondo —*, he's been all over the world **2** (*completo, indiviso*) entire (*attr.*); whole, complete: *ha passato la vita intera a studiare i fossili*, he spent his entire life studying fossils; *l'— edificio è stato ristrutturato*, the entire building has been remodelled; *l'intera isola era ricoperta da foreste*, the entire island was covered with forests; *l'ha ingoiato —*, he swallowed it whole; *un'intera collezione*, a complete collection; *l'intera responsabilità*, the whole responsibility; *un problema che investe l'intera società*, a problem that concerns the whole of society ◆ *s.m.* whole; entirety: *due metà formano un —*, two halves make a whole; *il problema va considerato nel suo —*, the problem should be considered in its entirety (*o* as a whole) // *per —*, in full: *scrivete nome e indirizzo per —*, write your name and address in full.

interoceanico *agg.* interoceanic.

interosseo *agg.* (*anat.*) interosseous.

interparlamentare *agg.* interparliamentary.

interpartitico *agg.* interparty (*attr.*): *accordo —*, interparty agreement.

interpellante *agg.* e *s.m.* e *f.* interpellant.

interpellanza *s.f.* interpellation: *presentare un'— al ministro*, to present an interpellation to the minister.

interpellare *v.tr.* **1** (*nell'uso parlamentare*) to interpellate **2** (*dir.*) to summon **3** (*interrogare*) to ask, to question: *— un cardiologo*, to ask (*o* to question) a cardiologist.

interpellato *agg.* questioned, asked ◆ *s.m.* person questioned: *l'— non rispose*, the person questioned did not answer.

interpersonale *agg.* (inter)personal: *avere buoni rapporti interpersonali sul lavoro*, to enjoy good (inter)personal relationships at work.

interpetrare e *deriv.* → **interpretare** e *deriv.*

interpiano *s.m.* (*edil.*) (staircase) landing.

interplanetario *agg.* (*astr.*) interplanetary: *materia interplanetaria*, interplanetary medium (*o* matter); *spazio —*, interplanetary space.

interpolabile *agg.* that may be interpolated.

interpolamento *s.m.* → **interpolazione**.

interpolare *v.tr.* to interpolate (*anche mat.*), to insert.

interpolatore *s.m.* **interpolatrice** *s.f.* interpolator.

interpolazione *s.f.* (*gramm., mat.*) interpolation.

interponte *s.m.* (*mar.*) between-decks.

interporre *v.tr.* **1** to interpose: *— la propria autorità, il proprio veto*, to interpose one's authority, one's veto; (*dir.*) *— appello*, to appeal **2** (*frapporre*) to present: *— ostacoli, difficoltà*, to present obstacles, difficulties.
□ **interporsi** *v.rifl* o *intr.pron.* **1** to interpose, to mediate: *— fra due che litigano*, to interpose between two persons who are quarrelling **2** (*intervenire*) to intervene: *— in difesa di qlcu.*,

in una lite, to intervene in s.o.'s defence, in a quarrel.

interposizione *s.f.* **1** interposition **2** (*intervento*) intervention.

interposto *agg.* interposed // *per interposta persona*, through a third party.

interpretabile *agg.* interpretable, explainable.

interpretare *v.tr.* **1** to interpret: *non so come — il suo comportamento*, I don't know how to interpret his behaviour; *come interpreti i fatti?*, how do you interpret (*o* explain) the facts?; *come interpreti questi versi?*, how do you interpret these lines?; — *un discorso, parole astruse*, to interpret a speech, abstruse words; — *un sogno*, to interpret a dream; — *la Sacra Scrittura*, to interpret the Scriptures; — *un testo*, to interpret a text; (*dir.*) — *una legge*, to interpret a law // *male* —, to misunderstand (*o* to misinterpret): *hai male interpretato le mie parole*, you have misinterpreted my words // (*mil.*) — *i segnali*, to read the signals **2** (*teatr.*, *mus.*) to play, to interpret: *interpreterà la parte di Ofelia*, she will play (*o* interpret) the part of Ophelia; — *un film*, to star in a film; — *una parte*, to interpret a role; — *un concerto di Brahms*, to interpret a concerto by Brahms.

interpretariato *s.m.* interpreting: *scuola d'*—, interpreters' school.

interpretativo *agg.* interpretative, explanatory: *norma interpretativa*, interpretative provision.

interpretatore *agg.* interpretative.

interpretazione *s.f.* **1** interpretation: — *errata*, misinterpretation (*o* misunderstanding); *si possono dare due interpretazioni di questi versi*, these lines may be given two interpretations; *dare una falsa — di un brano*, to misinterpret a passage; *dare una falsa — alle azioni di qlcu.*, to put a wrong interpretation on s.o.'s actions // (*dir.*) — *letterale, restrittiva, estensiva*, literal, strict, liberal construction **2** (*teatr.*, *mus.*) interpretation, rendering; (*cinem.*) starring: *la sua — dell'Amleto è stata osannata dalla critica*, his interpretation of Hamlet was praised by the critics.

interprete *s.m.* **1** interpreter: *studia le lingue perché vuole diventare* —, he studies languages because he wants to become an interpreter; *fare da — a qlcu.*, to act as interpreter for s.o.; *parlare per mezzo di un* —, to speak through an interpreter; *farsi — della gratitudine di tutti*, to act as spokesman for the gratitude of all **2** (*mus.*) interpreter; (*teatr.*, *cinem.*) actor; interpreter: *quel film ha ottimi interpreti*, that film has very good actors (*o* a very good cast).

interprovinciale *agg.* interprovincial: *consorzio* —, interprovincial union.

interpungere *v.tr.* to punctuate.

interpunzione *s.f.* punctuation.

interramento *s.m.* burial.

interrare *v.tr.* **1** (*introdurre nella terra*) to plant; (*seppellire*) to bury: — *un seme*, to plant a seed **2** (*coprire di terra*) to fill in, to fill up. □ **interrarsi** *v.intr.pron.* (*riempirsi di terra*) to fill with earth, to be filled with earth.

interrato *agg.* filled in // (*piano*) —, basement: *abitare in un* —, to live in a basement.

interrazziale *agg.* interracial.

interregionale *agg.* interregional.

interregno *s.m.* interregnum*.

interrelato *agg.* interrelated.

interrelazione *s.f.* interrelation, interrelationship.

interrogante *s.m.* e *f.* investigating; enquiring ◆ *agg.* investigating: *i magistrati interroganti*, the investigating magistrates.

interrogare *v.tr.* **1** to ask questions to (s.o.): *lo interrogai a lungo ma non ebbi risposte soddisfacenti*, I asked him a lot of questions but I didn't get satisfactory answers **2** (*dir.*) to examine, to question, to interrogate: *fu interrogato dal giudice*, he was questioned by the judge; — *un testimone*, to examine (*o* to question) a witness **3** (*consultare*) to consider, to examine: — *i fatti*, to consider (*o* to examine) the facts; — *la propria coscienza*, to examine one's conscience; — *qlcu. con lo sguardo*, to look at s.o. inquiringly **4** (*scuola*) to examine, to test: *essere interrogato in latino*, to be tested in Latin.

interrogativamente *avv.* interrogatively, questioningly: *mi guardò* —, he looked at me questioningly.

interrogativo *agg.* interrogative; inquiring, questioning: (*gramm.*) *pronome* —, interrogative pronoun; *punto* —, question mark; *uno sguardo* —, a questioning glance ◆ *s.m.* **1** (*quesito*) question: *sollevare alcuni interrogativi*, to raise a number of questions **2** (*cosa misteriosa*) unknown quantity; mystery: *l'avvenire è un grande* —, the future is an unknown quantity; *quell'uomo rimane un — per me*, that man's a bit of a mystery to me.

interrogato *agg.* **1** questioned; examined **2** (*dir.*) examined, questioned, interrogated **3** (*a scuola*) tested: *uno degli studenti interrogati ha risposto brillantemente*, one of the students tested answered brilliantly ◆ *s.m.* **1** person questioned **2** (*dir.*) person interrogated, person questioned **3** (*a scuola*) person tested.

interrogatore *agg.* interrogating, interrogative ◆ *s.m.* **1** questioner **2** (*esaminatore*) examiner.

interrogatorio *agg.* interrogatory, interrogative: *un tono* —, an interrogatory tone ◆ *s.m.* interrogation; questioning: *i prigionieri furono sottoposti a un lungo* —, the prisoners underwent a lengthy interrogation; (*dir.*) — *diretto*, direct examination; — *di polizia*, police interrogation; — *con contraddittorio, incrociato*, cross-examination // *e non farmi l'— per sapere dov'ero!*, (*estens.*) and don't cross-examine (*o* interrogate) me to find out where I was!

interrogazione *s.f.* **1** interrogation, question, query: *punto d'*—, question mark (*o* mark of interrogation) **2** (*scolastica*) test: *un'— di matematica, storia,* a maths, history test **3** (*parlamentare*) question **4** (*inform.*) inquiry, query.

interrompere *v.tr.* **1** (*sospendere*) to interrupt; (*troncare*) to break* off; to cut* off: *la gara fu interrotta dalla pioggia*, the match was interrupted by the rain; — *il lavoro*, to interrupt work; — *le trattative*, to break off negotiations; — *un viaggio*, to break a journey; — *la corrente*, tu cut off (*o* to switch off) the current; — *una conversazione telefonica*, to cut off a call; (*tv*) *interrompiamo la trasmissione per darvi una notizia importante*, we interrupt the programme to bring you an important news flash **2** (*bloccare*) to block: *l'incidente ha interrotto il traffico per un'ora*, the accident held up (*o* blocked) the traffic for an hour; — *il corso di un fiume*, to block (*o* to interrupt) the flow of a river; *una frana ha interrotto la strada*, a landslip has blocked the road; *questo palo interrompe la vista*, this pole cuts off (*o* blocks) the view **3** (*un discorso*) to interrupt: *scusa se ti interrompo*, excuse my interrupting you; *e non interrompermi quando parlo!*, and don't interrupt me while I'm speaking!; — *una conversazione, qlcu. che parla*, to interrupt a conversation, s.o. who is speaking; — *qlcu. bruscamente*, to cut s.o. short **4** (*inform.*) (*un programma*) to abort; (*un'esecuzione*) to break*, to stop.
□ **interrompersi** *v.intr.pron.* to stop, to break* off: *si interruppe nel mezzo della conversazione*, he stopped in the middle of the conversation; *a un certo punto la strada si interrompe*, at a certain point the road comes to an end.

interrottamente *avv.* intermittently.

interrotto *agg.* interrupted, broken off, cut off; (*di strada*) blocked: *voce interrotta*, broken voice; *trasmissione interrotta*, programme interrupted; *attenzione! strada interrotta*, beware! road blocked.

interruttore *s.m.* **1** interrupter **2** (*elettr.*) switch: — *a leva*, lever switch; — *a levetta*, tumbler switch; — *a pulsante*, press (*o* push) switch; *girare l'*—, (*per accendere*) to switch on; (*per spegnere*) to switch off **3** (*inform.*) circuit breaker; (*di alimentazione*) power switch: — *di sicurezza*, keylock switch.

interruzione *s.f.* interruption; (*di comunicazioni*) severance; (*di negoziati*) suspension: *sulla strada c'è un'— per lavori in corso*, there's a holdup on the road because work is being carried out; *scusate l'—: la trasmissione riprenderà appena possibile*, please excuse the interruption: the programme will continue as soon as possible; — *del lavoro*, work stoppage // *senza* —, without a break (*o* uninterruptedly) // — *di gravidanza*, termination of pregnancy // (*dir.*) — *della prescrizione*, interruption of the period of limitation.

interscambiabile e *deriv.* → **intercambiabile** e *deriv.*

interscambio *s.m.* **1** (*scambio reciproco*) exchange: — *culturale*, cultural exchange // (*econ.*) — *di merci*, visible trade; (*con l'estero*) import-export trade **2** (*svincolo stradale*) interchange.

interscapolare *agg.* (*anat.*) interscapular.

interscuola *s.f.* inter-school.

intersecamento *s.m.* → **intersecazione**.

intersecante *agg.* intersecting.

intersecare *v.tr.* to intersect (*anche mat.*).
□ **intersecarsi** *v.rifl.rec.* to intersect (*anche mat.*).

intersecazione *s.f.* intersection.

intersessuale *agg.* e *s.m.* e *f.* (*biol.*) intersexual.

intersessualità *s.f.* (*biol.*) intersexuality.

intersettoriale *agg.* intersectorial: *ricerca* —, intersectorial research.

intersezione *s.f.* intersection: *linea di* —, line of intersection.

intersiderale *agg.* intersidereal.

intersindacale *agg.* inter-union: *accordo* —, inter-union agreement.

intersoggettivo *agg.* intersubjective.

interspecifico *agg.* (*biol.*) interspecific.

interspinale *agg.* (*anat.*) interspinal.

interstazionale *agg.* interstation (*attr.*).

interstellare *agg.* interstellar: *materia* —, interstellar matter; *spazio* —, outer space.

interstiziale *agg.* interstitial // (*anat.*): *cellule interstiziali*, interstitial cells; *ghiandola* —, interstitial gland.

interstizio *s.m.* interstice.

interstratificato *agg.* (*geol.*) interbedded.

intertempo *s.m.* lap time: *primo* —, first lap time.

intertemporale *agg.* intertemporal // (*econ.*) *preferenze intertemporali*, intertemporal preferences.

intertrigine *s.f.* (*med.*) intertrigo.

intertropicale *agg.* intertropical: *zona* —, intertropical zone.

interumano *agg.* interpersonal.

interurbano *agg.*: *allacciamenti interurbani*, trunk connections; *telefonata interurbana*, trunk call.

intervallare *v.tr.* to space out; to stagger: — *le partenze di una gara*, to stagger the start of a race; — *gli alberi di qualche metro*, to space out the trees a few metres from one another; — *il lavoro con una pausa per il caffè*, to suspend work with a coffee break.

intervallo *s.m.* interval (*anche mat.*); (*distacco*) gap: *un — di due mesi*, a two months' interval; *ci vediamo all'— tra le due lezioni*, we'll see each other in the interval (*o* break) between the two lessons; *nell'— tra il primo e il secondo tempo*, in the interval between the first half and the second // *a intervalli*, at intervals // (*med.*) — *lucido*, lucid interval // (*inform.*) — *di tempo*, slot (*o* segment).

intervenire *v.intr.* **1** to intervene: *le autorità intervennero e tutto fu sistemato*, the authorities intervened and everything was settled; — *in una disputa*, (*anche dir.*) to intervene in a dispute; *la polizia ha dovuto — per fermarli*, the police had to intervene to stop them; — *in un conflitto*, to intervene in a war // (*sport*) — *sul pallone*, to take the ball **2** (*interferire*) to interfere: *non voglio — in queste cose*, I don't want to interfere in these things **3** (*prendere parte*) to attend (sthg.); to be present: *non intervenne alle celebrazioni*, he was not present at the celebrations; — *a una adunanza*, to attend a meeting; *quando fu il suo turno di —, non seppe cosa dire*, when it was his turn to speak, he didn't know what to say **4** (*letter.*) (*accadere*) to happen, to intervene **5** (*med.*) to operate **6** (*inform.*) to assume control.

interventismo *s.m.* (*pol.*, *econ.*) interventionism.

interventista *agg.* (*pol.*, *econ.*) interventionist (*attr.*) ◆ *s.m.* e *f.* (*pol.*, *econ.*) interventionist: *non* —, non-interventionist.

interventistico *agg.* (*pol.*, *econ.*) interventionist (*attr.*).

intervento *s.m.* **1** intervention: *il tuo — in questa faccenda è veramente necessario*, your intervention in this matter is really necessary; *l'— dei vigili del fuoco è stato tempestivo*, the intervention of the fire brigade was speedy; *le zone colpite dal terremoto hanno richiesto l'— dell'esercito*, the areas hit by the earthquake have called on the army to intervene; *progetto di — edilizio*, housing project // (*burocrazia*): — *statale*, state intervention; — *pubblico*, government intervention; — *anticiclico*, countercyclical action // (*econ.*): — *antimonopolistico*, (*amer.*) trustbusting; — *sul mercato*, market support // (*banca*): — *cambiario*, act of honour; — *valutario*, exchange intervention // *per* —, for honour (*o* supraprotest) // (*dir.*) *accettazione per* —, acceptation for honour // *non* —, non-intervention: *politica del non* —, policy of non-intervention // (*sport*) — *falloso*, foul, tackle: *un — falloso di un terzino su un attaccante*, a foul committed by a full-back on a forward **2** (*discorso*) speech, statement: *l'— del ministro è stato giudicato molto polemico*, the minister's speech appeared highly polemical **3** (*partecipazione*) presence, participation: *il suo — alla festa fu considerato un atto di sfida*, his presence at the party was taken as a challenge **4** (*interferenza*) interference: *il suo — nei miei affari mi dà ai nervi*, his interference in my affairs gets on my nerves **5** (*med.*) operation: *subire un* —, to undergo an operation.

intervenuto *agg.* (*presente*) present: *il pubblico — numeroso ha applaudito l'oratore*, the big crowd cheered the speaker ◆ *s.m.* person present // *gli intervenuti*, the people present.

interversione *s.f.* (*dir.*) conversion: — *del possesso*, fraudulent appropriation (*o* conversion of the property of another).

intervertebrale *agg.* (*anat.*) intervertebral: *disco* —, intervertebral disk.

intervideo *s.m.* closed-circuit television.

intervisione® *s.f.* intervision®.

intervista *s.f.* interview: *avere un'— con qlcu.*, to have an interview with s.o.; *concedere un'— a qlcu.*, to give s.o. an interview; *pubblicare un'— in esclusiva*, to publish an exclusive interview; — *d'assunzione*, job interview; — *di congedo*, exit interview; — *guidata*, patterned interview; — *in profondità*, in-depth interview; — *qualitativa*, *quantitativa*, qualitative, quantitative interview.

intervistare *v.tr.* to interview: *il giornalista riuscì finalmente a — la celebre attrice*, the journalist succeeded at last in interviewing the famous actress // (*stat.*): — *un gruppo rappresentativo di persone*, to sample; — *1000 consumatori potenziali*, to sample 1000 potential consumers.

intervistato *agg.* interviewed: *il ministro — dal nostro inviato, ha dichiarato...*, the minister interviewed by our correspondent stated... ◆ *s.m.* interviewee; person interviewed.

intervistatore *s.m.* **intervistatrice** *s.f.* interviewer // (*amm.*) — *di aspiranti a un lavoro*, personnel consultant.

intervocalico *agg.* (*ling.*) intervocalic.

interzato *agg.* (*arald.*) tierced.

interzonale *agg.* interzonal.

intesa *s.f.* **1** (*accordo*) agreement, accord, understanding: *come d'*—, as agreed upon; *con l'— che*, on the understanding that // *agire d'— con qlcu.*, to act in agreement with s.o. // *essere d'— con qlcu.*, to be in agreement with s.o.; *venire a un'*—, to come to an agreement (*o* an understanding) // (*dir.*) — *fraudolenta*, conspiracy to defraud **2** (*comprensione reciproca*) mutual understanding: *l'— fra quei due è meravigliosa*, the mutual understanding between those two is simply wonderful **3** (*pol.*) entente // (*st.*) *la Triplice Intesa*, the Triple Entente.

inteso *agg.* **1** (*convenuto, stabilito*) understood, agreed upon: *come* —, as agreed upon; *è — che tu devi venire con me*, it is understood that you must come with me; *siamo rimasti intesi che verrà a prenderci alle 3*, we agreed he would come and fetch us at 3; *resta — che...*, let it be clearly understood that... // —*?*, *siamo intesi?*, is that clear? **2** (*mirante*) intended (to do), meant (to do): *il Parlamento approvò un progetto di legge — a ridurre il prezzo del pane*, Parliament passed a bill intended to reduce the price of bread **3** (*compreso, interpretato*) understood: *la frase intesa male suscitò la sua rabbia*, the phrase misunderstood made him angry; *una vacanza intesa come momento di riposo*, a holiday considered as a period of rest; *la società intesa come insieme di uomini*, society understood as people in general.

intessere *v.tr.* to interweave*: — *una stoffa con fili d'oro*, to interweave a material with golden threads // — *le lodi di qlcu.*, (*fig.*) to sing s.o.'s praises.

intessuto *agg.* interwoven: *un abito — con fili dorati*, a dress interwoven with golden threads // *un libro — di citazioni*, a book studded with quotations.

intestabile *agg.* that can be made out; that can be registered: *un abbonamento — a due persone*, a season ticket that can be made out to (*o* held in the name of) two people.

intestardire *v.intr.* **intestardirsi** *v.intr. pron.* to insist (on, upon sthg., on, upon doing), to persist (in sthg., in doing): *non ti intestardire a partire*, don't insist on leaving; *se si intestardisce su un'idea, niente lo smuove*, if he gets an idea into his head, nothing will make him change it.

intestare *v.tr.* **1** (*mettere l'intestazione a*) to head: — *un capitolo, una pagina*, to head a chapter, a page **2** (*comm.*, *dir.*) to register (in s.o.'s name); (*denaro*) to enter (in s.o.'s account): *la casa fu intestata a lui*, the house was registered in his name // (*banca*): — *un conto a qlcu.*, to open an account in s.o.'s name; — *un libretto di risparmio*, to register a passbook in s.o.'s name; — *una fattura a qlcu.*, to make out an invoice to s.o.; *questo denaro sarà intestato a te*, this money will be entered in your account **3** (*tecn.*) to butt **4** (*mecc.*) to face.

□ **intestarsi** *v.intr.pron.* to insist (on, upon sthg., on, upon doing); to be obstinate; to persist (in sthg., in doing); to be determined: *si è intestato a volerlo fare*, he has taken it into his head to do it.

intestatario *s.m.* holder; (*proprietario*) owner, proprietor; (*di azioni, titoli*) nominee: (*dir.*) — *di una ditta*, owner (*o* proprietor) of a firm; (*comm.*) — *di una licenza di commercio*, holder of a trading licence; (*banca*) — *di un conto corrente*, holder of a current account.

intestato[1] *agg.* **1** headed: *carta intestata*, headed paper **2** (*comm.*, *dir.*) registered; entered (in s.o.'s account): *una casa intestata a mio padre*, a house registered in my father's name; *denaro — a me*, money entered in my account; (*Borsa*) *azioni intestate*, registered shares **3** (*ostinato*) stubborn, obstinate: — *nelle proprie decisioni*, stubborn in one's decisions.

intestato[2] *agg.* (*dir.*) (*senza testamento*) intestate.

intestatura *s.f.* **1** (*unione di testa*) butt: (*mar.*) — *del fasciame*, butt in the planking **2** (*mecc.*) facing.

intestazione *s.f.* **1** heading, headline; (*registrazione*) registration; superscription (*anche comm.*): — *di carta da lettera*, letterhead; *l'— di un giornale*, the heading of a newspaper // (*banca*) — *di un titolo di credito*, registration of a credit instrument; — *di un conto*, name of an account // (*amm.*) — *di un rendiconto*, statement heading **2** (*titolo*) title **3** (*inform.*) header: — *di lotto*, (*di documenti*) batch header.

intestinale *agg.* (*med.*) intestinal: *occlusione* —, intestinal obstruction.

intestino[1] *agg.* intestine, internal, domestic, civil: *guerre intestine*, civil wars.

intestino[2] *s.m.* (*anat.*) intestine, gut: — *crasso, tenue*, large, small intestine // *gli intestini*, the intestines.

intiepidire *v.tr.* **1** (*scaldare un poco*) to warm (up): *devo intiepidirti un poco di latte?*, shall I warm you up some milk?; *il sole ha intiepidito l'aria*, the sun has warmed the air **2** (*raffreddare un poco*) to cool: *che cosa ha intiepidito i suoi sentimenti?*, what has cooled his feelings?; *la pioggia ha intiepidito l'aria*, the rain has cooled the air.

□ **intiepidirsi** *v.intr.pron.* **1** (*riscaldarsi un poco*) to warm up; to become* lukewarm: *l'aria si è intiepidita*, the air has warmed up **2** (*raffreddarsi un poco*) to cool (down) (*anche fig.*): *il suo sentimento si intiepidì*, his feeling cooled.

intiero → **intero**.

intima *s.f.* (*anat.*) intima.

intimamente *avv.* **1** (*in modo intimo*) intimately: *lo conosco* —, I know him intimately; *conversare* —, to converse intimately **2** (*profondamente*) deeply; (*fam.*) at bottom: *sono — convinto che sia uno sciocco*, at bottom I am convinced he is a fool; *essere — commosso*, to be deeply moved // *conoscere — una materia*, to have a profound knowledge of a subject **3** (*strettamente*) closely, intimately: — *connesso*, closely connected.

intimare *v.tr.* **1** (*ordinare*) to order, to command, to enjoin: *mi intimò di farlo*, he ordered me to do it; — *il silenzio*, to enjoin silence; *una pattuglia della polizia ci ha intimato l'alt*, a police patrol ordered us to stop **2** (*ingiungere*) to summon: — *a qlcu. di pagare*, to summon s.o. to pay; — *la resa a qlcu.*, to summon s.o. to surrender; — *lo sfratto*, to serve s.o. with an eviction order **3** (*notificare*) to serve, to notify: (*dir.*) — *una citazione a qlcu.*, to serve a summons on s.o.; — *la guerra*, to declare war.

intimatore *agg.* (*non com.*) commanding; summoning ♦ *s.m.* (*non com.*) commander; summoner.

intimazione *s.f.* **1** (*ordine*) order, injunction; (*ingiunzione*) summons: *dare l'— di alt*, to issue an order to stop; *ricevere — di sfratto*, to be served with an eviction order; — *di pagamento*, injunction to pay; — *di fallimento*, summons of bankruptcy **2** (*notifica*) notification: — *di guerra*, declaration of war.

intimidatorio *agg.* intimidatory; threatening: *è stata una frase intimidatoria*, it was a threatening (*o* intimidatory) expression; *sparare a scopo* —, to shoot as a warning.

intimidazione *s.f.* intimidation, threat: *arrendersi alle intimidazioni di qlcu.*, give in to s.o.'s. threats.

intimidire *v.tr.* **1** (*rendere timido*) to overawe, to make* nervous: *quel professore lo intimidisce*, that teacher overawes him **2** (*intimorire*) to frighten, to intimidate: — *qlcu. con pesanti minacce*, to intimidate s.o. with ugly threats; *non crederai di intimidirmi?*, don't think you can frighten me!

□ **intimidirsi** *v.intr.pron.* **1** (*diventare timido*) to become* shy, to become* timid: *Paolo si intimidisce se ci sono estranei*, Paolo becomes timid if strangers are there **2** (*intimorirsi*) to be frightened; to be intimidated.

intimidito *agg.* **1** (*che prova timore*) overawed, intimidated: *apparve — davanti alle telecamere*, he looked overawed before the TV cameras; *sentirsi* —, to feel intimidated **2** (*intimorito*) frightened, nervous, intimidated: *si presentò all'esame, — al punto di tartagliare*, he turned up for the exam so nervous that he stuttered; *il gatto, — da tutta quella gente, corse fuori*, the cat, frightened by all those people, ran away.

intimismo *s.m.* intimism.

intimista *s.m.* e *f.* e *agg.* intimist: *poeta, pittore* —, intimist poet, painter.

intimistico *agg.* intimist: *arte intimistica*, intimist art.

intimità *s.f.* **1** privacy; intimacy: *l'— della propria casa*, the privacy of one's home; *non voglio disturbare la vostra* —, I don't want to intrude upon your privacy; *l'— dei suoi pensieri*, the inwardness of his thoughts; *non sappiamo cosa accade nella loro* —, we don't know what happens when they are alone // *nell'— del suo animo*, at the bottom of his heart **2** (*familiarità*) familiarity: *non trattatela con troppa —!*, don't treat her with too much familiarity!; *è in — con...*, he's an intimate friend of...

intimo *agg.* **1** (*stretto, confidenziale*) intimate, close: *un amico* —, a close (*o* intimate) friend; *una relazione intima*, a close relationship // *una cena intima*, an intimate dinner // *essere in intimi rapporti con qlcu.*, to have a close (*o* intimate) relationship with s.o. // *avere rapporti intimi con qlcu.*, to have a sexual relationship with s.o. **2** (*privato, segreto*) private, intimate: *è stata una cerimonia intima*, it was a private ceremony; *una conversazione intima*, a private (*o* intimate) conversation // *vita intima*, private life // *igiene intima*, personal hygiene // *biancheria intima*, underwear **3** (*accogliente*) intimate: *ambiente* —, intimate interior; *la tua camera è molto intima*, your bedroom's very intimate **4** (*il più profondo, il più segreto*) intimate; inner, innermost, inmost (*attr.*): *intima felicità*, inner happiness; *i pensieri intimi*, innermost (*o* inmost) thoughts; *la struttura intima dell'atomo*, the inner structure of the atom; *l'— significato di una frase*, the inner meaning of a phrase; *le intime ragioni di una scelta*, the inner reasons for a choice **5** (*profondo*) profound, deep: *un'intima convinzione*, a profound conviction; *un — dolore*, a deep sorrow; *le intime viscere della terra*, the bowels of the earth ♦ *s.m.* **1** (*amico*) close friend, intimate (friend): *la cerimonia sarà per pochi intimi*, the ceremony will be for a few close friends **2** (*animo*) soul, hearth: *nell'— ne sono sicuro*, in my heart I am sure of it **3** (*parte interna, intima*) bottom: *dall'— del mio cuore*, from the bottom of my heart; *nell'— è un buon uomo*, at bottom he is a good man.

intimorimento *s.m.* **1** (*intimidazione*) intimidation, frightening **2** (*paura*) fear, fright.

intimorire *v.tr.* to frighten, to intimidate: *le sue minacce lo intimorirono*, his threats frightened him.

□ **intimorirsi** *v.intr.pron.* to be frightened, to be afraid, to be scared, to be intimidated: *si intimorì alla presenza del pubblico*, he was frightened in (*o* by) the presence of the public; *non si intimorisce facilmente*, he isn't frightened.

intingere *v.tr.* to dip: — *la penna nell'inchiostro*, to dip one's pen in the ink: — *il biscotto nel latte*, to dip (*o* dunk) the biscuit in the milk.

intingolo *s.m.* **1** (*salsa*) sauce **2** (*sugo di carne*) gravy.

intinto *agg.* dipped; dunked.

intirizzimento *s.m.* **1** (*intorpidimento*) numbness, benumbment **2** (*irrigidimento*) stiffening, stiffness.

intirizzire *v.tr.* (*intorpidire*) to numb, to make* numb; (*irrigidire*) to stiffen, to make* stiff; to freeze*: *un gelo che intirizzisce i piedi*, a freezing cold that numbs your feet (*o* makes your feet grow numb) ♦ *v.intr.* → intirizzirsi.

□ **intirizzirsi** *v.intr.pron.* (*intorpidirsi*) to grow* numb; (*irrigidirsi*) to stiffen, to grow* stiff, to freeze*: *in casa sua si intirizzisce* (*dal freddo*), you freeze with the cold in his house.

intirizzito *agg.* (*intorpidito*) numb, benumbed: *sono — dal freddo*, I am numb with cold; *sono tutto* —, I'm numb all over.

intisichire *v.tr.* **1** (*rendere tisico*) to make* consumptive **2** (*fig.*) (*far perdere vitalità*) to wither; to weaken ♦ *v.intr.* → intisichirsi.

□ **intisichirsi** *v.intr.pron.* **1** (*diventare tisico*) to become* consumptive **2** (*fig.*) (*perdere vitalità*) to wilt, to wither (away) **3** (*fig.*) (*intristire*) to grow* weak, to waste away, to languish.

intitolare *v.tr.* **1** to entitle, to name, to call: *come s'intitola quel romanzo?*, what's the title of the novel? **2** (*dedicare*) to dedicate, to name after: *la chiesa è stata intitolata a S. Giuseppe*, the church has been dedicated to St. Joseph.

□ **intitolarsi** *v.rifl.* to call oneself, to name oneself; to assume the title of: *Napoleone si intitolò imperatore*, Napoleon assumed the title of emperor ♦ *v.intr.pron.* **1** (*avere come titolo*) to be called, to be named, to be entitled: *il film si intitola '...'*, the film is called '...' **2** (*essere dedicato*) to be dedicated (to), to be in honour (of): *il monumento s'intitola ai caduti*, the monument is in honour of those killed in the war.

intitolato *agg.* **1** entitled, bearing the title (of sthg.): *un film — '...', a film entitled '...'* **2** (*dedicato*) dedicated, named after: *la strada è intitolata a Giorgio Washington*, the street is named after George Washington.

intitolazione *s.f.* **1** (*l'intitolare*) entitling **2** (*titolo*) title, heading **3** (*dedica*) dedication.

intoccabile *agg.* untouchable: *riserve intoccabili*, untouchable reserves ♦ *s.m.* (*in In-

dia, persona fuori casta) untouchable (*anche fig.*).

intollerabile *agg.* intolerable, insufferable; (*non sopportabile*) unbearable: *un'arroganza* —, an intolerable (*o* insufferable) arrogance; *caldo —!*, unbearable heat!; *lo trovo un bimbo* —, I find him an unbearable child.

intollerabilità *s.f.* intolerability, intolerableness; (*insopportabilità*) unbearableness.

intollerante *agg.* intolerant: *un uomo — delle opinioni altrui*, a man intolerant of other people's opinions // *è — del caldo*, he can't stand the heat // (*med.*) *— verso certi farmaci*, allergic to some medicines.

intolleranza *s.f.* **1** intolerance: *— religiosa*, religious intolerance; *— del freddo, del dolore*, inability to withstand (*o* intolerance of) cold, pain // *avere — per un medicamento*, to have an allergy to a drug **2** (*impazienza*) impatience: *ha avuto un gesto di — verso l'arbitro*, he made an impatient gesture at the referee.

intonacamento *s.m.* → **intonacatura**.

intonacare *v.tr.* (*edil.*) to plaster.

intonacatore *s.m.* (*edil.*) plasterer.

intonacatrice *s.f.* (*edil.*) plaster sprayer.

intonacatura *s.f.* (*edil.*) plastering: *— a spruzzo*, gun plastering; *— grezza*, pargeting.

intonachino *s.m.* (*edil.*) plaster finish: *— a gesso*, putty.

intonachista → **intonacatore**.

intonaco *s.m.* plaster: *dar l'— a un muro*, to plaster a wall; *l'— si sta staccando dalle pareti*, the plaster is peeling off the walls.

intonamento *s.m.* (*mus.*) tuning.

intonare *v.tr.* **1** (*accordare*) to tune, to attune; (*mediante corista*) to tune up: *— uno strumento*, to tune an instrument; *i suonatori stavano ancora intonando i loro strumenti*, the players were still tuning up their instruments **2** (*cantilenare, salmodiare*) to intone: *— un canto spirituale*, to intone a spiritual **3** (*cominciare a cantare*) to strike* up, to lead* off into: *intonarono l'inno nazionale*, they struck up the national anthem; *Allora cominciamo! Chi intona?*, Okay, let's begin! Who will lead us off on the right note? **4** (*fig.*) (*armonizzare*) to match: *— bene i colori tra loro*, to match the colours well; *— una cravatta con un vestito*, to match a tie with a suit.

□ **intonarsi** *v.intr.pron.* to be in tune (with sthg.); to tone in (with sthg.); to harmonize (with sthg.); to match (with sthg.); to fit in (with sthg.): *il copriletto s'intona con le tende*, the bedspread tones in with the curtains; *non s'intona con l'ambiente*, it doesn't fit in with its surroundings; *questi due colori non s'intonano*, these two colours do not match.

intonato *agg.* **1** (*di persona*) able to sing in tune: *è — e ha una bella voce*, he sings in tune and he's got a good voice; *essere* —, to be in tune; *non essere* —, to be out of tune **2** (*in armonia*) in tune (with sthg.); in harmony (with sthg.): *essere — all'ambiente*, to be in tune with (*o* to fit in) the surroundings **3** (*di colori*) matching: *questi due colori non sono intonati*, these two colours do not match.

intonatore *s.m.* tuner.

intonazione *s.f.* **1** (*mus.*) intonation, pitch: *— della voce*, intonation (*o* pitch) of the voice **2** (*l'intonare strumenti*) tuning **3** (*ling.*) intonation; (*estens.*) (*inflessione*) inflection: *attento all'— quando parli inglese*, pay attention to your intonation when you speak English **4** (*fig.*) (*tono*) tone; overtone: *un discorso d'— polemica*, a speech with polemical overtones **5** (*fot.*) toner.

intonso *agg.* (*letter.*) **1** (*non tagliato*) uncut, untrimmed: *una chioma intonsa*, a flowing mane // *un libro* —, an uncut book **2** (*non rasato*) unshaven; (*di animali*) unshorn.

intontimento *s.m.* dull feeling, dizzy feeling, woozy feeling, dizziness: *mi sento uno strano* —, I've got a strange dizzy feeling; *quel sonnifero lascia un — fastidioso*, that sleeping pill leaves you with an irritating woozy feeling.

intontire *v.tr.* to stun; to daze, to make* dizzy; (*di alcolici*) to make* tipsy: *fu intontito da un colpo in testa*, he was stunned by a blow on the head; *tutto questo frastuono mi intontisce*, all this noise makes me dizzy ◆ *v.intr.* → intontirsi.

□ **intontirsi** *v.intr.pron.* to be stunned, to become* dazed.

intontito *agg.* stunned, dazed; (*istupidito*) dull, stupefied: *dopo la caduta è rimasto — per qualche minuto*, he remained dazed (*o* stunned) for a few minutes after the fall; *quando mi sveglio sono sempre* —, when I wake up I always feel dazed.

intoppare *v.tr.* (*incontrare per caso*) to come* across (s.o., sthg.), to run* into (s.o., sthg.) ◆ *v.intr.* **1** (*inciampare*) to stumble (over, against sthg.); to run* up (against sthg.) (*anche fig.*): *intoppò in un sasso*, he stumbled over a stone; *ha intoppato in mille difficoltà*, he ran up against loads of difficulties **2** (*balbettare*) to stumble over one's words, to stammer **3** (*imbattersi*) to run* (into), to bump (into).

intoppo *s.m.* **1** obstacle, hindrance, difficulty: *trovare intoppi sul proprio cammino*, to find obstacles (*o* difficulties) in one's way **2** (*fig.*) hitch, snag, impediment; *la riunione continuò senza intoppi*, the meeting went on without a hitch.

intorbare *v.tr.* (*non com.*) to muddy, to make* turbid, to cloud: *— l'acqua*, to muddy the water.

intorbidamento *s.m.* cloud, clouding, turbidity; muddiness; *l'— dell'acqua è dovuto alla sabbia del fondale*, the clouding (*o* turbidity) of the water is due to the sand from the river bed.

intorbidare *v.tr.* **1** (*render torbido*) to make* turbid, to make* muddy, to muddy: *la mareggiata ha intorbidato l'acqua*, the stormy sea made the waters turbid // *— le acque*, (*fig.*) to muddy the waters **2** (*fig.*) (*crear confusione*) to cloud, to confuse, to muddle; to trouble, to upset*: *il troppo vino gli aveva intorbidato le idee*, too much wine had confused his ideas.

□ **intorbidarsi** *v.intr.pron.* **1** (*diventar torbido*) to become* turbid, to become* muddy: *l'acqua s'intorbidò*, the water became turbid (*o* muddy) **2** (*divenir confuso, difficile*) to become* troubled: *la situazione politica si intorbida*, the political situation is getting troubled **3** (*offuscarsi*) to darken, to get* dark; (*della vista*) to grow* dim.

intorbidato *agg.* **1** (*torbido*) turbid, muddy: *acque intorbidate*, muddied waters; (*fig.*) troubled waters **2** (*confuso*) confused, troubled, muddled **3** (*di vista*) dim, clouded: *aveva la vista intorbidata e gli girava la testa*, his sight was clouded and his head span.

intorbidimento → **intorbidamento**.

intorbidire → **intorbidare**.

intorno *avv.* (a)round, about [cfr. *attorno*]: *c'era un gran silenzio* —, there was deep silence all around; *per un chilometro* —, for half a mile around; *non ama avere gente* —, he doesn't like having people around; *guardare, guardarsi* —, to look around (*o* about): *guardiamoci un po'* —, let's have a look around; *non c'era un'anima* —, there wasn't a soul around (*o* about) // *qui* —, round here // *lì* —, round there // *tutt'*—, all around: *c'è uno steccato tutt'*—, there's a fence all (a)round; *si sedettero tutt'*—, they sat all around // *d'ogni* —, on every side (*o* on all sides) // *levati d'—!*, get out of the way!; *levatemelo d'—!*, get him out of my sight! // *andare* —, (*a zonzo*) to go around // *avere qlcu. sempre* —, (*averlo alle costole*) to have s.o. around (*o* under one's feet) all the time ◆ *agg.* (*circostante*) surrounding (*attr.*): *la valle, i paesi* —, the surrounding valleys, villages ◆ *s.m.* (*mat.*) neighbourhood.

intorno (a) *prep.* **1** (*in giro a*) (a)round, about: *il mondo — a noi*, the world around us; *un viaggio — al mondo*, a trip round the world; *— alla villa c'è un parco*, there's a park round the house; *erano seduti — alla tavola*, they were seated round the table; *hanno costruito un muro tutt'— alla proprietà*, they built a wall all round the estate; *portava una sciarpa — al collo*, he was wearing a scarf round his neck; *la terra gira — al sole*, the earth goes round the sun; *giri — alla piazza e prenda la strada per Como*, go round the square and take the road for Como; *tutti gli stavano — e gli facevano domande*, everyone was round him asking questions **2** (*circa, approssimativamente*) about: *— a Natale*, around (*o* about) Christmas; *— all'anno mille*, about the year 1000 AD; *— al 1800*, about 1800; *è — ai cinquanta*, he is about fifty; *nello stadio c'erano — ai 60.000 spettatori*, there were about 60,000 spectators in the stadium; *la spesa si aggirerà — alle centomila lire*, it will cost about 100,000 liras **3** (*circa, riguardo a*) about, on: *un saggio — alla poesia del '900*, an essay on 20th century poetry; *lavora da anni — a quel progetto*, he's been working on that project for years; *abbiamo discusso a lungo — al problema*, we discussed (*o* talked about) the problem at length.

intorpidimento *s.m.* numbness, numbing; torpor; (*fig.*) sluggishness, dulling: *— della mente*, dulling of the mind.

intorpidire *v.tr.* to numb, to make* torpid; to make* sluggish, to dull (*anche fig.*): *il freddo intorpidisce le membra*, cold numbs the limbs; *il vino gli ha intorpidito il cervello*, the wine has dulled his mind ◆ *v.intr.* → intorpidirsi.

□ **intorpidirsi** *v.intr.pron.* to grow* numb; to become* torpid; to become* sluggish (*anche fig.*): *mi si è intorpidita una gamba*, one of my legs has gone numb (*o* has gone to sleep).

intorpidito *agg.* numb, benumbed; torpid; (*fig.*) dull(ed), sluggish: *mani intorpidite dal freddo*, hands numb with cold; *avere il cervello* —, to have a dull(ed) mind.

intossicare *v.tr.* to poison; (*form.*) to intoxicate: *la fuoriuscita di vapori chimici ha intossicato diversi operai*, the leakage of

chemical fumes poisoned several workers; *è stato intossicato da cibi avariati*, he has been poisoned by food that has gone off.
□ **intossicarsi** *v.rifl.* o *intr.pron.* to be poisoned: *se non conosci i funghi corri il rischio di intossicarti*, if you don't know mushrooms you run the risk of being poisoned.

intossicato *agg.* poisoned; (*form.*) intoxicated: — *da una fuoriuscita di gas*, poisoned by a gas leak ◆ *s.m.* poisoned person.

intossicazione *s.f.* poisoning; (*form.*) intoxication: — *da cibo*, food poisoning; — *intestinale*, intestinal intoxication.

in toto *avv.* (*lat.*) in toto, totally, entirely: *ha pagato — i suoi debiti*, he has paid off his debts entirely.

intozzare, **intozzire** *v.intr.* (*di persone, animali*) to grow* squat.

intra- *pref.* di origine latina che indica 'dentro, all'interno di'; ingl. intra-: *intracellulare*, intracellular; *intracerebrale*, intracerebral; *intracranico*, intracranial; *intramolecolare*, intramolecular; *intraoculare*, intraocular; *intrauterino*, intrauterine.

intra-aziendale *agg.* (*econ.*) in-house.

intracardiaco *agg.* (*anat.*) intracardiac, endocardiac.

intradermico *agg.* (*anat.*) intracutaneous, intradermal.

intradermoreazione *s.f.* (*med.*) intradermoreaction, intradermal reaction.

intradosso *s.m.* **1** (*arch.*) intrados **2** (*aer.*) face.

intraducibile *agg.* untranslatable, that cannot be translated; (*estens.*) (*che non si può esprimere*) indescribable: *un termine* —, an untranslatable term; *è una gioia — in parole*, it's an indescribable joy.

intraducibilità *s.f.* untranslatableness.

intraferro *s.m.* (*elettr.*) gap.

intralciamento *s.m.* (*non com.*) **1** hindering, hampering **2** (*ostruzione*) obstruction.

intralciare *v.tr.* **1** (*ostacolare*) to hinder, to hamper, to impede; to interfere with (sthg.); (*rallentare*) to hold* up: *la gonna mi intralcia quando corro*, my skirt hampers me when I run; *il ritardo nelle consegne intralciò il mio lavoro*, the delay in delivery interfered with my work; — *il progresso*, to hinder progress; — *il traffico*, to hold up the traffic **2** (*ostruire*) to obstruct, to block (up): — *il corso della giustizia*, to obstruct the course of justice.
□ **intralciarsi** *v.rifl.rec.* to get* in each other's way, to impede each other: *non ci stiamo tutti qui dentro, ci intralciamo a vicenda*, we can't all stay in here, we keep getting in each other's way ◆ *v.intr.pron.* (*non com.*) (*incepparsi*) to hamper, to slow down.

intralcio *s.m.* **1** hindrance, hitch, encumbrance, obstacle: *continua a creare intralci al lavoro*, he continues to create obstacles at work; *i lavori stradali sono d'— alla circolazione*, the road works are causing holdups to traffic; *essere d'— a qlcu.*, to be in s.o.'s way **2** (*ostruzione*) obstruction.

intralicciatura *s.f.* (*tecn.*) bracing, latticework.

intrallazzare *v.intr.* to have illegal dealings, to have shady dealings, to wheel and deal; to intrigue; (*imbrogliare*) to swindle: *sta intrallazzando per trovare un lavoro al nipote*, he's trying every trick in the book to get a job for his nephew.

intrallazzatore *s.m.* wheeler and dealer; (*intrigante*) intriguer, schemer, plotter; (*imbroglione*) swindler, cheat: *un ministro con fama di* —, a minister with a reputation as an intriguer.

intrallazzo *s.m.* shady deal; intrigue; (*imbroglio*) swindle: *vive d'intrallazzi*, he thrives on intrigue; *ha un — col fratello del ministro*, he's well in with the minister's brother; *ha intrallazzi un po' con tutti*, he's always well in with the right people.

intramettere *v.tr.* (*non com.*) to interpose, to put* in the middle.
□ **intramettersi** *v.rifl.* o *intr.pron.* (*non com.*) to come* between.

intramezzare *v.tr.* to interpose, to put* in the middle; to alternate: — *risa a lacrime*, to alternate between laughter and tears.

intramontabile *agg.* everlasting, timeless, ageless, immortal, eternal: *un campione che sembra* —, a champion that seems immortal; *il suo fascino è* —, her charm is ageless.

intramurale *agg.* (*med.*) intramural, intraparietal.

intramuscolare *agg.* (*med.*) intramuscular, intermuscular ◆ *s.f.* (*iniezione*) intramuscular injection.

Intranet *s.f.* Intranet: *le aziende comunicano via* —, the companies communicate using an Intranet.

intransigente *agg.* intransigent, uncompromising, intolerant (of sthg.); (*severo*) strict, rigid, inflexible: *è un cattolico* —, he is a very strict Catholic.

intransigenza *s.f.* intransigence, intolerance; strictness.

intransitabile *agg.* impracticable, impassable, intransitable: *il valico è — a causa della frana*, the pass is impracticable because of the landslide.

intransitabilità *s.f.* impracticability, impassability.

intransitività *s.f.* (*gramm.*) intransitiveness.

intransitivo *agg.* e *s.m.* (*gramm.*) intransitive.

intrappolare *v.tr.* to trap, to snare, to ensnare (*anche fig.*): — *un topo*, to trap a mouse; *è riuscita a intrappolarlo e a farsi sposare*, she managed to trap him and get him to marry her.

intraprendente *agg.* enterprising, resourceful, go-ahead; (*ardito*) bold, forward: *una persona* —, an enterprising person; *mostrare uno spirito* —, to show enterprise (*o* initiative); *quel ragazzo è troppo* —, that boy is too forward.

intraprendenza *s.f.* enterprise, initiative, resourcefulness; boldness.

intraprendere *v.tr.* to undertake*, to engage in (sthg.), to embark on (sthg.), to take* up (sthg.), to begin*, to start: — *una professione*, to go in for a profession; — *i propri studi*, to begin one's studies; — *un viaggio*, to set out on a journey; — *un lavoro*, to start a job; — *nuove attività*, to embark on new activities; — *la carriera di attore*, to embark on a career as an actor.

intrapresa *s.f.* (*non com.*) undertaking, enterprise.

intrapsichico *agg.* (*psic.*) intrapsychic.

intrasferibile *agg.* untransferable; (*dir.*) non-transferable.

intrasferibilità *s.f.* untransferability; (*dir.*) non-transferability.

intrasgredibile *agg.* (*non com.*) that must be obeyed, inviolable.

intrasmessibile *agg.* (*dir.*) non-transferable.

intraspecifico *agg.* (*biol.*) intraspecific.

intrasportabile *agg.* that cannot be moved, that must not be moved, that cannot be transported, that must not be transported: *il malato è stato dichiarato* —, it was decided that the patient could not be moved.

intratellurico *agg.* (*geol.*) intratelluric.

intratoracico *agg.* (*anat.*) intrathoracic.

intrattabile *agg.* **1** intractable, unmanageable; (*fam.*) impossible: *bambino* —, unmanageable child; *è — come al solito*, he is unapproachable as usual // *argomento* —, unmentionable subject // *i miei capelli sono intrattabili*, I can't do a thing with my hair **2** (*insensibile al trattamento*) intractable; refractory.

intrattabilità *s.f.* **1** intractability, ungovernableness; refractoriness **2** (*metall.*) intractability, refractoriness.

intrattenere *v.tr.* to entertain; (*ospiti*) to play host to (s.o.): *ci intrattenne con i racconti dei suoi viaggi*, he entertained us (*o* kept us amused) with stories about his travels; *puoi intrattenerlo mentre sarò fuori?*, can you entertain him while I am out? // — *una corrispondenza con qlcu.*, to maintain a correspondence with s.o.
□ **intrattenersi** *v.intr.pron.* **1** (*fermarsi*) to stop: *si intrattenne a chiacchierare con lei*, she stopped to have a chat with her; *si intrattenne qui per circa un'ora*, he stopped here for about an hour **2** (*dilungarsi*) to dwell* (upon sthg.), to linger (over sthg.): — *su un argomento*, to dwell upon a subject.

intrattenimento *s.m.* **1** (*l'intrattenere*) entertainment, entertaining: *chi si occuperà dell'— degli ospiti?*, who will be responsible for entertaining the guests? **2** (*non com.*) (*festa*) entertainment: *organizzare un — prima di cena*, to organize an entertainment before dinner.

intrattenitore *s.m.* **1** (*chi intrattiene*) entertainer; conversationalist: *un brillante* —, a sparkling conversationalist **2** (*attore*) compère, host.

intrauterino *agg.* (*anat., med.*) intrauterine.

intravascolare *agg.* (*anat.*) intravascular.

intravedere *v.tr.* **1** (*vedere di sfuggita*) to glimpse, to catch* a glimpse of (s.o., sthg.); (*vedere indistintamente*) to make* out, to see* indistinctly: *l'ho appena intravisto*, I have only caught a glimpse of him; *si intravedeva una nave all'orizzonte*, a ship could be made out on the horizon **2** (*avere una vaga idea di*) to have a vague idea of (sthg.); (*intuire*) to sense, to guess: *intravedo quanto tu vuoi dire*, I have a vague idea (*o* notion) of what you mean **3** (*prevedere*) to foresee*: *nessuno poteva — questo risultato*, nobody could foresee this result.

intraversare *v.tr.* (*non com.*) **1** (*porre di traverso*) to place across; (*estens.*) (*ostacolare*) to obstruct **2** (*attraversare*) to cross **3** (*piallare in controfibra*) to cross plane.

intrecciamento *s.m.* (*non com.*) **1** interlacement; intertwinement **2** (*l'intrecciare*) interlacing, intertwisting, intertwining; (*di nastri, capelli*) braiding, plaiting.

intrecciare *v.tr.* **1** to interlace, to twist; to twine; to intertwine; (*intessere*) to weave*, to interweave*: — *i cestini di giunco*, to weave baskets out of reeds; — *rami*, to twist branches; — *le dita*, intertwine one's fingers // — *una conversazione*, to fall into conversation // — *una relazione amorosa*, to embark on a love affair **2** (*nastri, capelli*) to braid, to plait: *la ragazza intrecciò i suoi capelli*, the girl plaited her hair **3** (*fig.*) to weave* together, to join up, to link; (*stringere*) to make*, to establish, to strike* up: — *le fila di un racconto*, to weave together the threads of a story.

□ **intrecciarsi** *v.rifl.rec.* **1** to interlace, to intertwine: *rami che si intrecciano*, interlacing branches **2** (*nastri, capelli*) to be braided, to be plaited **3** (*fig.*) to mingle, to intermingle, to intersect, to cross each other: *i discorsi s'intrecciavano e non si capiva più nulla*, the speeches mingled and nothing could be understood.

intrecciato *agg.* **1** interlaced, intertwisted, intertwined; woven, interwoven; (*di nastri, capelli*) braided, plaited: *capelli intrecciati*, plaited hair; *mani intrecciate*, clasped hands **2** (*fig.*) established.

intreccio *s.m.* **1** interlacement, plait(ing), weaving; (*l'intrecciare*) interlacing; (*di canne o vimini*) wattle: *l'— dei fili era difficile da sciogliere*, it was difficult to disentangle the threads; *lavori d'—*, basketwork, wickerwork **2** (*di tessuto*) weave, web, network **3** (*trama di un'opera*) plot, intrigue, action // *commedia d'—*, comedy of intrigue.

intrepidezza *s.f.* (*letter.*) bravery, intrepidity.

intrepido *agg.* intrepid, brave, fearless.

intricare *v.tr.* **1** (*aggrovigliare*) to tangle, to entangle: — *i fili di una matassa*, to entangle the threads of a skein **2** (*fig.*) (*confondere*) to confuse, to complicate, to entangle.

□ **intricarsi** *v.intr.pron.* **1** (*aggrovigliarsi*) to get* (en)tangled: *la mia lenza si è intricata tra le alghe*, my fishing line has got entangled in some weeds **2** (*fig.*) (*imbrogliarsi*) to get* involved, to become* involved, to get* complicated, to become* complicated: *col suo arrivo la faccenda si è intricata ancora di più*, with his arrival the business became even more complicated (*o* involved).

intricato *agg.* **1** intricate; (*ingarbugliato*) tangled, entangled: *vegetazione intricata*, tangled vegetation **2** (*fig.*) (*complicato*) complicated, involved, confused: *una faccenda intricata*, a complicated matter.

intrico *s.m.* **1** tangle, entanglement, jumble; knot: *era difficile muoversi nell'— della vegetazione*, it was difficult to move in the tangle of vegetation **2** (*fig.*) (*confusione*) jumble, tangle; (*situazione difficile*) predicament, plight: *un — di sentimenti contrastanti*, a jumble of contradictory emotions.

intridere *v.tr.* **1** (*inzuppare*) to soak **2** (*impastare farina ecc.*) to knead, to mix.

intrigante *agg.* intriguing, scheming; interfering, meddlesome; *un avvocato —*, a scheming lawyer ◆ *s.m.* e *f.* intriguer, schemer; meddler, busybody.

intrigare *v.tr.* **1** (*intricare*) to tangle, to entangle, to mix up **2** (*fig.*) (*turbare, imbarazzare*) to disturb, to embarrass ◆ *v.intr.* (*macchinare*) to intrigue, to plot: — *per avere una nomina, un posto*, to plot to obtain an appointment, a post.

□ **intrigarsi** *v.rifl.* to get* involved (in sthg.); to get* mixed up (with sthg.), to interfere (with sthg.), to meddle (with sthg.); (*frapporsi*) to intervene: *come hai fatto a intrigarti in quel brutto affare?*, how did you get mixed up in that nasty business?; *non voglio intrigarmi in queste cose*, I don't want to meddle with (*o* to get involved in) these things.

intrigo *s.m.* **1** (*azione poco lecita*) intrigue, plot: *non ero al corrente di questo —*, I was not informed of this plot; *ordire intrighi*, to lay (*o* to hatch) plots; *fiutare un —*, to get wind of an intrigue **2** (*situazione intricata*) confused situation, involved situation.

intrigone *s.m.* (*fam.*) schemer, intriguer: *da vero — ha già trovato un lavoro*, just like a schemer, he's already found a job.

intrinsecamente *avv.* **1** (*sostanzialmente*) intrinsically, essentially, basically: *è un ragazzo — buono*, he's basically a good boy **2** (*implicitamente*) intrinsically, implicitly: *una domanda — maliziosa*, an implicitly malicious question **3** (*intimamente*) intimately, closely: *siamo — legati da amicizia*, we are closely bound by friendship.

intrinsecità *s.f.* (*non com.*) intrinsicalness; intimacy.

intrinseco *agg.* **1** intrinsic, inherent; (*effettivo*) real, actual; (*sostanziale*) essential: *il valore — di una cosa*, the intrinsic (*o* real) value of a thing; *l'onestà è una sua qualità intrinseca*, honesty is one of his intrinsic qualities; *differenza intrinseca*, material difference; (*dir.*) *prova intrinseca di colpevolezza*, material evidence of guilt **2** (*non com.*) (*intimo*) intimate, close; inner (*attr.*): *amico —*, close friend; *il mio io —*, my inner self ◆ *s.m.* (*non com.*) essence, heart: *nel suo —*, in his soul; *guardare l'— delle cose*, to look at the essence of things.

intrinsichezza *s.f.* (*non com.*) familiarity, closeness, intimacy.

intrinsico → **intrinseco**.

intrippare *v.tr.* (*fam.*) to stuff.

□ **intripparsi** *v.rifl.* (*fam.*) to stuff oneself: — *di caramelle e cioccolato*, to stuff oneself with sweets and chocolate.

intriso *agg.* **1** (*inzuppato*) soaked (in sthg.), drenched (with sthg.): — *d'acqua*, soaked in (*o* drenched with) water; *straccio — d'olio*, oil-soaked rag **2** (*imbrattato*) soiled (with sthg.), stained (with sthg.), dirty (with sthg.): *ho le mani intrise di farina*, my hands are dirty with flour **3** (*fig.*) steeped (in sthg.), imbued (with sthg.): *un racconto — di romanticismo*, a story steeped in romanticism ◆ *s.m.* mash; paste.

intristimento *s.m.* **1** (*tristezza*) sadness, saddening **2** (*di piante*) stuntedness; wilt; (*di fiori*) drooping.

intristire *v.intr.* **1** (*diventare triste*) to become* sad, to grow* sad: *intristisco a vederti così preoccupata*, I grow sad at seeing you so worried **2** (*deperire*) to decay, to pine away, to weaken **3** (*di piante*) to grow* stunted; to wilt; (*di fiori*) to droop.

introdotto *agg.* **1** (*importato*) imported, introduced: *merci introdotte di contrabbando*, smuggled goods; *merci introdotte in Italia*, goods imported into Italy **2** (*con relazioni*) well-known, well-established: *persona introdotta negli ambienti commerciali, nell'alta società*, person well-known (*o* well-established) in business circles, in high society; *un rappresentante ben —*, an established agent **3** (*venduto largamente*) established, successful: *un articolo ben — sul mercato*, an article that sells well (*o* is successful) on the market **4** (*esperto, istruito*) acquainted (with sthg.), familiar, knowledgeable: — *nella materia*, knowledgeable about the subject.

introducibile *agg.* introducible.

introducibilità *s.f.* introducibility.

introducimento *s.m.* (*non com.*) introduction; introducing.

introdurre *v.tr.* **1** (*inserire*) to put*, to insert: — *una moneta nella fessura*, put (*o* insert) a coin in the slot; — *una chiave nella toppa*, to insert (*o* to put) a key in the lock; — *con forza*, to thrust **2** (*inform.*) to feed* in; (*dati da tastiera*) to key in; (*volontariamente errori in un programma*) to bug **3** (*in un paese, in un ambiente ecc.*) to introduce; to bring* in; (*importare*) to import: *i cinesi introdussero la seta in Europa*, the Chinese introduced silk into Europe; — *una nuova moda*, to introduce (*o* bring in) a new fashion; — *merci di contrabbando in un paese*, to smuggle goods into a country; — *sul mercato*, to put on the market (*o* to market); — *qlcu. in società*, to introduce s.o. into society // *introduce nel suo romanzo personaggi realmente vissuti*, he introduces people who actually lived into his novel **4** (*far entrare*) to show* in(to), to usher, to let* in(to): *un maggiordomo lo introdusse in salotto*, a butler ushered (*o* showed) him into the drawing room; *lo introdusse in casa di soppiatto*, she slipped him into the house **5** (*presentare*) to introduce, to present **6** (*iniziare*) to open, to introduce; (*ad attività ecc.*) to introduce: *il presidente introdusse il discorso con un saluto alle autorità presenti*, the chairman opened (*o* introduced) his speech by greeting the authorities present; *fu introdotto dal padre allo studio della musica*, his father introduced him to the study of music; *'affinché' introduce in italiano una proposizione finale*, in Italian 'affinché' introduces a final clause.

□ **introdursi** *v.rifl.* o *intr.pron.* (*penetrare*) to get* into (sthg.), to enter, to penetrate (sthg.): *i ladri si introdussero nel negozio attraverso una finestra*, the thieves got into the shop through a window; — *furtivamente*, to slip in; (*dir.*) — *abusivamente*, to trespass, (*con effrazione in un domicilio*) to break in (*o* to burgle); — *strisciando*, to creep in.

introduttivo *agg.* introductory, opening, preliminary: *un capitolo —*, an introductory chapter // (*dir.*) *atto —*, (*di un giudizio*) summons (*o* complaint).

introduttore *s.m.* introducer.

introduttorio *agg.* (*non com.*) introductory.

introduzione *s.f.* **1** introduction; (*inserimento*) insertion: *l'— delle nuove tecnologie ha causato una riduzione dei posti di lavoro*, the introduction of new technologies caused a loss of jobs **2** (*premessa, prefazione; avvio*) introduction: *discorso di —*, introductory speech; *l'— è di...*, the introduction is by...; — *alla filosofia aristotelica*, introduction to the philosophy of Aristotle **3** (*inform.*) input; (*da tastiera*) entry: — *dei dati*, data entry; — *dei dati a tastiera*, keyboard data entry.

introflessione *s.f.* (*biol.*) introflection, introflexion.

introflesso *agg.* (*biol.*) introflexed.

introflettersi *v.intr.pron.* (*biol.*) to introflex.

introiettare *v.tr.* (*psic.*) to introject.

introiezione *s.f.* **1** (*psic.*) introjection **2** (*estens.*) (*interiorizzazione*) interiorization.

introitare *v.tr.* (*burocrazia*) to cash, to collect, to take*in.

introito *s.m.* **1** (*incasso*) receipts (*pl.*), takings (*pl.*); (*entrata*) income, revenues (*pl.*), returns (*pl.*) // (*econ.*): *introiti lordi*, gross receipts; *gli introiti superano le spese*, receipts exceed expenses; — *derivante da affitto*, rental; *registrare gli introiti della giornata*, to register (*o* to book) the day's takings // (*trib.*) *introiti fiscali*, tax receipts **2** (*eccl.*) introit.

intromettere *v.tr.* (*non com.*) to interpose, to introduce, to insert.

□ **intromettersi** *v.rifl.* **1** (*ingerirsi*) to interfere (with sthg.), to meddle (in, with sthg.): — *nelle cose altrui*, to interfere with other people's things **2** (*interporsi*) to come* between, to intervene: *si intromise fra i due litiganti*, he came between the two contending parties; — *in una lite*, to intervene in a dispute ◆ *v.intr.pron.* (*non com.*) (*verificarsi*) to happen, to occur: *se non s'intromette nessun contrattempo partiremo domani*, if there are no setbacks we'll leave tomorrow.

intromissione *s.f.* **1** interference, intrusion, meddling: *non gradisco la tua — nel mio modo di lavorare*, I don't appreciate your interference in my way of working **2** (*intercessione*) intercession, intervention; (*mediazione*) mediation.

intronamento *s.m.* (*non com.*) deafening.

intronare *v.tr.* **1** (*assordare*) to deafen **2** (*fig.*) (*stordire*) to stun, to daze, to leave* in a daze **3** (*scuotere con forza*) to shake* ◆ *v.intr.* (*non com.*) **1** (*rintronare*) to thunder, to boom, to roar **2** (*restare intontito*) to be stunned.

□ **intronarsi** *v.rifl.* (*non com.*) (*stordirsi*) to stun oneself.

intronato *agg.* (*assordato*) deafened; (*intontito*) dazed, stunned.

introspettivo *agg.* introspective.

introspezione *s.f.* introspection.

introspezionismo *s.m.* (*psic.*) introspectionism.

introvabile *agg.* unfindable, unobtainable; not to be found: *ormai è un modello* —, now it's an unobtainable model; *il direttore oggi è* —, the boss can't be found today.

introversione *s.f.* (*psic.*) introversion.

introverso *agg.* (*psic.*) introvert, introverted ◆ *s.m.* (*psic.*) introvert.

introvertersi, **introvertirsi** *v.rifl.* (*psic.*) to become* introverted.

intrufolare *v.tr.* (*fam.*) to slide* (sthg. into), to slip (sthg. into): — *una mano in tasca a qlcu.*, to slip one's hand into s.o.'s pocket.

□ **intrufolarsi** *v.rifl.* to slip in, to slip (into sthg.), to sneak in, to sneak (into sthg.): *i ladri si sono intrufolati di notte nella villa*, the thieves slipped (*o* sneaked) into the villa during the night; *si intrufolò senza farsi vedere*, he slipped in without being seen; *si è intrufolato fra i giornalisti, fra gli invitati*, he slipped in among the journalists, the guests; — *nella discussione*, to butt into the conversation.

intrugliare *v.tr.* (*fam.*) **1** to concoct: *è di là che intruglia da due ore*, she's been in there concocting something for the last two hours // — *il vino*, to adulterate the wine // *intrugliarsi lo stomaco*, to ruin one's stomach **2** (*fig.*) (*confondere*) to confuse, to muddle.

□ **intrugliarsi** *v.rifl.* (*fam.*) **1** (*insudiciarsi*) to get* (oneself) dirty **2** (*fig.*) (*immischiarsi in cose poco pulite*) to get* (oneself) mixed up in.

intruglio *s.m.* **1** (*di cibi*) swill, disgusting concoction; (*di liquidi*) brew, slop; (*per i maiali*) swill: *ci ha servito un — immangiabile*, he served us an inedible concoction **2** (*fam.*) (*medicina cattiva*) concoction, nasty (tasting) medicine **3** (*estens.*) (*scritto, lavoro raffazzonato*) mess; botch-up, muddle **4** (*fig.*) (*faccenda poco chiara*) shady business, dodgy business; (*intrigo*) plot.

intruppamento *s.m.* **1** (*l'intrupparsi*) forming into a troop; (*estens.*) going along; ganging together, tagging along (*spec. spreg.*): *l'— dei ragazzi comincia fin dai primi anni*, children start to go round in gangs from an early age; *l'— è un tipico fenomeno dell'adolescenza*, ganging together (*o* being one of the herd) is typical of adolescence **2** (*persone intruppate*) troop; crowd.

intrupparsi *v.rifl.* to join the troop; (*estens.*) to go* along (with s.o., sthg.); to troop along (with s.o., sthg.); to tag along (with s.o., sthg.) (*spec. spreg.*): *i giovani amano andare in giro intruppati*, young people like going around in gangs (*o* like being one of the herd); *si sono intruppati nella manifestazione solo per passare il tempo*, they tagged along with the demonstrators just to kill time.

intrusione *s.f.* intrusion (*anche geol.*); interference: *nessuno l'aveva invitato, la sua è un'—!*, nobody invited him, he just barged in.

intrusivo *agg.* intrusive // (*geol.*) *rocce intrusive*, intrusive rocks.

intruso *agg.* intrusive, intruding ◆ *s.m.* intruder, interloper, outsider: *mi sento un — a casa mia*, I feel like an outsider in my own home; *sono stato trattato da* —, I was treated like an outsider (*o* an intruder).

intubare *v.tr.* **1** (*med.*) to intubate **2** (*tecn.*) to tube.

intubazione *s.f.* (*med.*) intubation, tubage.

intubettare *v.tr.* to tube, to put* into tubes: — *un dentifricio*, to tube toothpaste (*o* to put toothpaste into tubes).

intubettatrice *s.f.* tube-filling machine.

intugliare *v.tr.* (*mar.*) to splice.

intuibile *agg.* intuitable: *le sue intenzioni erano difficilmente intuibili*, his intentions were difficult to guess.

intuibilità *s.f.* intuitability: *il suo progetto era di facile* —, it wasn't difficult to realize (*o* to guess) his plan.

intuire *v.tr.* to guess, to sense, to intuit: *intuii che era infelice non appena la vidi*, I guessed (*o* sensed) she was unhappy as soon as I saw her; *ho subito intuito che si stava parlando di te*, I sensed (*o* guessed) immediately that they were talking about you; — *i pensieri di qlcu.*, to guess s.o.'s thoughts.

intuitivismo *s.m.* (*fil.*) intuitivism.

intuitività *s.f.* intuitiveness.

intuitivo *agg.* intuitive: *mente, conoscenza, verità intuitiva*, intuitive mind, knowledge, truth // *ma è —!*, it is evident! // *metodo* —, direct method.

intuíto *agg.* sensed, guessed, intuited: *un pericolo — in tempo*, a danger sensed (*o* guessed) in time.

intúito *s.m.* (*intuizione*) intuition; (*perspicacia*) insight: *conoscere, capire per* —, to know by intuition (*o* to guess); *essere dotato d'*—, to be gifted with intuition; *un uomo dal grande* —, a man of great intuition; *il suo — per questo genere di cose è sorprendente*, his insight into this kind of thing is surprising.

intuizione *s.f.* intuition (*anche fil.*), insight; (*percezione*) perception, realization; (*presentimento*) presentiment: *per* —, by intuition; *essere dotato d'*—, to be gifted with intuition; *l'— della verità*, the perception (*o* the realization) of the truth; *ebbi subito l'— che si trattava di qualcosa di grave*, I had a sudden intuition that something serious had happened; *ebbi un'improvvisa — su un problema che mi sfuggiva da anni*, I had a sudden insight into a problem that had baffled me for years; *ebbe subito l'— del pericolo*, he had a sudden presentiment of danger // — *artistica*, artistic insight.

intuizionismo *s.m.* (*fil.*) intuitionism, intuitionalism.

intuizionista *s.m.* e *f.* (*fil.*) intuitionist, intuitionalist.

intuizionistico *agg.* (*fil.*) intuitionist(ic), intuitionalist(ic).

intumescente *agg.* (*non com.*) intumescent.

intumescenza *s.f.* (*non com.*) intumescence (*anche bot.*); (*rigonfiamento*) swelling.

inturgidimento *s.m.* swelling (up), turgescence.

inturgidire *v.intr.* **inturgidirsi** *v.intr.pron.* to become* turgid, to swell* (up): *per lo sforzo gli si inturgidirono le vene del collo*, the veins in his neck swelled with the effort.

inuguale e *deriv.* → **ineguale** e *deriv.*

inulasi *s.f.* (*biochim.*) inulase.

inulina *s.f.* (*chim.*) inulin.

inulinasi *s.f.* (*biochim.*) inulase.

inumanazione *s.f.* (*teol.*) assumption of a human nature.

inumanità *s.f.* inhumanity; cruelty.

inumano *agg.* inhuman; (*crudele*) cruel: *persona inumana*, cruel person; *è — pretendere ciò da una persona*, it's unthinkable to expect that from a person; (*dir.*) *pena inumana*, inhuman (*o* cruel and unusual) punishment.

inumare *v.tr.* to bury, to inter, to inhume.

inumazione *s.f.* burial, interment, inhumation.

inumidimento *s.m.* dampening, moistening: *l'— della biancheria facilita la stiratura*, dampening the laundry makes ironing easier.

inumidire *v.tr.* to moisten, to dampen, to wet: *con un panno bagnato le inumidiva le labbra*, he moistened her lips with a wet cloth.

□ **inumidirsi** *v.intr.pron.* to moisten, to become* moist, to become* damp, to become* wet: *quando nominava il suo paese le si inumidivano gli occhi*, when she mentioned her home, her eyes moistened.

inumidito *agg.* moist, moistened, dampened: *lenzuola inumidite per la stiratura*, sheets dampened for ironing; *aveva gli occhi inumiditi dalle lacrime*, his eyes were moist with tears.

inurbamento *s.m.* urban migration.

inurbanità *s.f.* incivility, rudeness, impoliteness.

inurbano *agg.* uncivil, rude, impolite, discourteous: *modi inurbani*, rude manners.

inurbarsi *v.intr.pron.* **1** (*trasferirsi dalla campagna alla città*) to move to the town **2** (*estens.*) (*raffinarsi*) to become* refined.

inusato *agg.* (*letter.*) (*inconsueto*) unusual; (*che non è nell'uso*) obsolete.

inusitato *agg.* unusual, uncommon: *un comportamento* —, unusual behaviour.

inutile *agg.* useless, (of) no use, pointless; (*inefficace*) ineffective; (*inutilizzabile*) unusable; (*non necessario*) unnecessary; (*di scarto*) waste: *le mie parole sono state inutili*, my words were useless (*o* ineffective); *che lavoro —!*, what a pointless job!; *sentirsi* —, to feel useless; *è — che tu vada*, it is useless for you to go; *è — parlare con lui*, it is no use (*o* no good) talking to him; *è stato tutto —, non ce l'hanno fatta a salvarlo*, it was all in vain, they didn't manage to save him; *spese inutili*, unnecessary expenses; *impianto* —, unusable plant; *materiale* —, waste material.

inutilità *s.f.* uselessness, pointlessness: *non vedi l'— di questo lavoro?*, can't you see the pointlessness of this job?

inutilizzabile *agg.* unusable, useless, unserviceable: *ormai l'automobile è* —, by now the car is unusable; *ho ancora molti biglietti omaggio, ormai inutilizzabili*, I still have a lot of free tickets but they're not usable any more; *la penna è — finché non cambiamo il pennino*, the pen is useless until we change the nib.

inutilizzare *v.tr.* **1** (*non utilizzare*) to leave* unused: — *costosi impianti*, to leave costly equipment unused; — *le risorse accumulate*, not to use the accumulated funds; — *il proprio tempo libero*, not to use one's free time **2** (*rendere inutilizzabile*) to put* out of order, to make* unserviceable: — *una macchina*, to put a machine out of order (*o* to make a machine unserviceable).

inutilizzato *agg.* unused, unemployed; idle: *la macchina restò inutilizzata perché nessuno ne conosceva il funzionamento*, the machine stayed idle because nobody knew how it worked; *nel magazzino c'era un sacco di materiale* —, in the warehouse there was a pile of unused material; *il denaro giaceva — in banca*, the money lay unused in the bank; *somme inutilizzate*, unemployed sums; (*fin.*) *capitale* —, idle capital.

inutilizzazione *s.f.* non-use.

inutilmente *avv.* uselessly, in vain: *lottò — per liberarsi dal bavaglio*, he struggled uselessly (*o* in vain) to free himself from the gag; *tentò — di convincerlo*, she tried in vain to convince him.

invadente *agg.* intrusive, interfering; (*fam.*) nosy, pushy: *non essere —!*, don't be nosy! (*o* pushy!) ◆ *s.m. e f.* busybody; (*intrigante*) schemer.

invadenza *s.f.* pushiness: *non tollero l'— di mia suocera*, I can't stand my mother-in-law's pushiness.

invadere *v.tr.* **1** to invade (*anche fig.*), to overrun*; (*di acqua*) to flood: — *un paese*, to invade a country; *i turisti invasero il villaggio*, tourists invaded the village; *l'acqua ha invaso i campi*, water has flooded the fields; *in estate siamo letteralmente invasi dalle zanzare*, in summer we are literally invaded by mosquitoes; *la paura lo invase*, fear seized him // (*sport*) — *il campo*, to invade the pitch **2** (*usurpare*) to encroach on (sthg.): — *il campo di qlcu.*, to encroach on s.o.'s territory; — *i diritti di qlcu.*, to encroach on s.o.'s rights.

invaghimento *s.m.* (*letter.*) fancy (for s.o., sthg.), infatuation.

invaghire *v.tr.* (*rar.*) to charm, to attract. □ **invaghirsi** *v.intr.pron.* **1** to take* a fancy (to s.o., sthg.); to take* a liking (to s.o., sthg.): *si invaghisce di tutti i gioielli che vede*, she falls for every jewel she sees **2** (*innamorarsi*) to fall* in love (with s.o.), to become* infatuated (with): *si è follemente invaghito di lei*, he has become wildly infatuated with her.

invaginare *v.tr.* (*letter.*) (*riporre un'arma nel fodero*) to sheathe.
□ **invaginarsi** *v.intr.pron.* (*med.*) to invaginate.

invaginazione *s.f.* (*med.*) invagination, intussusception.

invaiare *v.intr.* (*di frutta*) to turn dark coloured (of grapes and olives) ◆ *v.tr.* (*non com.*) to darken, to blacken.

invalere *v.intr.* to take* root, to spread*, to become* established: *una moda che è invalsa negli ultimi anni*, a fashion that has become established in recent years.

invalicabile *agg.* impassable; (*fig.*) insuperable, insurmountable: *una montagna* —, an insuperable mountain; *sono sorte difficoltà invalicabili*, insurmountable problems have arisen // *attenzione! limite* —, attention! no access beyond this point (*o* off limits).

invalicabilità *s.f.* impassability; (*fig.*) insurmountableness.

invalidabile *agg.* that can be invalidated; (*dir.*) voidable.

invalidabilità *s.f.* (*dir.*) voidableness, revocability, defeasibility: — *di un contratto*, revocability of a contract.

invalidamento *s.m.* (*dir.*) invalidation, voidance: — *di una nomina*, invalidation (*o* annulment) of an appointment.

invalidante *agg.* **1** (*dir.*) invalidating: *clausola* —, invalidating clause **2** (*med.*) disabling.

invalidare *v.tr.* (*dir.*) to invalidate, to nullify, to void: — *un testamento*, to invalidate a will; — *un contratto*, to impeach a contract; — *un atto*, to void a deed; — *una sentenza*, to quash a verdict // — *una tesi*, to disprove a theory.

invalidazione *s.f.* → **invalidamento**.

invalidità *s.f.* **1** (*dir.*) invalidity, invalidness: — *di un contratto*, invalidity of a contract **2** (*di persona*) invalidity, disablement, disability: — *temporanea, permanente*, temporary, permanent disability; — *totale*, total disability; *pensione d'*—, disability (*o* disablement) pension; *assicurazione per l'*—, insurance against invalidity.

invalido *agg.* **1** (*menomato*) disabled, invalid; (*infermo*) infirm; (*non idoneo*) unfit: *essere — al lavoro*, to be unfit for work (*o* unable to work); *rimanere* —, to become disabled **2** (*dir.*) invalid, void, null: *atto, documento, contratto* —, void deed, document, contract ◆ *s.m.* invalid, disabled person: — *di guerra*, disabled serviceman; — *per incidente sul lavoro*, a person disabled by an industrial accident // *grande* —, seriously disabled person.

invalso *agg.* established, widespread, common: *un sistema ormai largamente* —, a practice which has now become common.

invano *avv.* in vain, vainly, uselessly, to no purpose: *ho tentato — di telefonarti, era sempre occupato*, I tried to telephone you but it was no good; the line was always engaged.

invar® *s.m.* (*metall.*) invar®.

invariabile *agg.* **1** invariable; constant, unchanging, unchangeable **2** (*gramm.*) uninflected; indeclinable.

invariabilità *s.f.* invariability, constancy, unchangeableness.

invariabilmente *avv.* invariably: *...e — rifiutava i nostri inviti*, ...and he invariably refused our invitations.

invariante *agg. e s.f.* (*mat., fis.*) invariant.

invariantivo *agg.* (*mat.*) *proprietà invariantiva*, invariance property.

invarianza *s.f.* (*mat., fis.*) invariance.

invariato *agg.* unvaried, unchanged: *le condizioni del paziente sono invariate*, the patient's condition is unchanged; *le condizioni del tempo resteranno invariate*, weather conditions will remain unchanged.

invasamento *s.m.* **1** (*ossessione demoniaca*) obsession **2** (*eccitazione*) excitement.

invasare[1] *v.tr.* **1** (*ossessionare*) to possess, to seize **2** (*riferito a passioni*) to fill.
□ **invasarsi** *v.intr.pron.* to become* infatuated (with sthg.), to be obsessed (by sthg.).

invasare[2] *v.tr.* **1** (*mettere in vasi*) to pot, to put* into a pot **2** (*mar.*) to put* on the launching cradle.

invasato *agg.* **1** (*posseduto dal demonio*) possessed **2** (*turbato, agitato*) filled (with sthg.), overcome (with sthg.), gripped (by sthg.): *è — dal desiderio di far soldi*, he is consumed by (*o* filled with) a desire to make money ◆ *s.m.* possessed person // *alcuni invasati hanno assalito un gruppo di tifosi avversari*, some crazed supporters threw themselves at a group of opposing fans.

invasatura *s.f.* **1** (*il mettere in vaso*) putting in pots, potting **2** (*mar.*) (launching) cradle.

invasione *s.f.* invasion: *le invasioni barbariche*, the barbarian invasions; *è una vera —!*, (*fam.*) we are being invaded! // (*sport*) *la partita fu interrotta per — di campo*, the match was interrupted because of an invasion of the pitch.

invasivo *agg.* **1** (*non com.*) invading **2** (*med.*) invasive: *tumore* —, invasive tumour.

invaso *agg.* invaded, overrun: *il campo è ora — dai tifosi*, the pitch has now been invaded (*o* overrun) by the supporters; *la zona invasa dalle acque è stata evacuata*, the flooded area has been evacuated.

invaso *s.m.* **1** → invasatura 1 **2** (*idraulica*) storage capacity.

invasore *agg.* invading: *l'esercito* —, the invading army ◆ *s.m.* invader.

invecchiamento *s.m.* ageing; aging; growing old: *ho paura dell'*—, I'm afraid of growing old; *il suo stile di vita gli ha causato un precoce* —, his style of life resulted in his premature aging: — *artificiale di vini, mobili ecc.*, artificial ageing of wines, furniture etc.

invecchiare *v.tr.* **1** (*rendere vecchio*) to make* old; to age: *il duro lavoro lo ha preco-*

cemente invecchiato, hard work has aged him precociously // — *un vino*, to age a wine **2** (*far parere più vecchio*) to make* (s.o., sthg.) look older: *questo taglio di capelli ti invecchia*, this haircut makes you look older ◆ *v.intr.* **1** to grow* old, to get* old, to age, to get* on in years: *invecchia ma la sua salute è ottima*, he is getting on in years but his health is excellent; *invecchiamo senza accorgercene*, we grow old without noticing it; *il vino invecchiando migliora*, wine improves with age; *ha una terribile paura di* —, she has a terrible fear of growing old **2** (*fig.*) (*diventare antiquato*) to become* obsolete.

invecchiato *agg.* **1** old, aged: *ha detto che mi trova* —, she said that she finds me aged; *dalla morte del figlio sembra — di 10 anni*, since the death of his son he looks ten years older // *vino* —, aged wine **2** (*antiquato*) obsolete: *ormai è un modello* —, it's now an obsolete model.

invece *avv.* instead; (*al contrario*) but; on the contrary: *dovrei andare io, vacci tu —!*, I should (really) go, but you go instead; *volevo telefonargli e — andai di persona*, I was going to phone him, but went to see him instead; *credevo di trovarlo in casa*, (*ma*) — *non c'era*, I expected to find him at home, but he wasn't there; *lui ama lo sport, e — io no*, he loves sport, but I don't; *"Ti sei annoiato?" "No, —. Mi sono molto divertito"*, "Were you bored?" "On the contrary. I enjoyed myself immensely"; *i suoi fratelli hanno studiato medicina; lui*, —, *ha scelto legge*, his brothers studied medicine; he, on the contrary, opted for law // In espressioni del linguaggio infantile: *"Non puoi giocare a pallone con questo tempo!" "E — sì!"*, "You can't play football in this weather!" "Oh yes I can!".

invece che *cong.* (*anziché*) instead of: — *che star lì senza far niente, leggiti un libro!*, read a book instead of sitting there doing nothing!; — *che a teatro preferirei andare al cinema*, I'd like to go to the cinema instead of the theatre; — *che venire lui, ha mandato il figlio*, instead of coming himself, he sent his son.

invece di *prep.* instead of: — *di venti, gli ospiti erano cinquanta*, instead of twenty guests, there were fifty; *le prove scritte saranno 4 — di 3*, there will be 4 written papers instead of 3; — *del giornale, preferirei un rotocalco*, I'd like a magazine instead of a newspaper; — *di comprarle l'appartamento, le regalò un'automobile*, instead of buying her a flat, he gave her a car; — *di curarti da solo, faresti meglio a sentire un medico!*, you'd better see a doctor instead of trying to cure yourself!

inveire *v.intr.* to shout (abuse) (at s.o., sthg.), to curse (at s.o., sthg.), to inveigh; to rail (at, against s.o., sthg.): *inveì contro l'autista dell'altra auto*, he shouted abuse at the driver of the other car; *dopo che ebbe tanto inveito si calmò*, after his outburst he calmed down.

invelare *v.tr.* (*mar.*) to supply with sails ◆ *v.intr.* (*mar.*) to spread* the sails.

invelenire *v.tr.* to envenom; to embitter, to make* bitter: *le recenti delusioni lo hanno invelenito*, recent disappointments in his life have made him bitter (*o* have embittered him) // — *una lite*, to fan (*o* to inflame) a quarrel.

□ **invelenirsi** *v.intr.pron.* to get* embittered; to get* furious: *si è invelenito contro il giornalista quando ha letto l'articolo*, he got furious with the journalist when he read the article.

invelenito *agg.* **1** envenomed, embittered, bitter **2** (*irato*) enraged, furious: *con un tono — mi ha detto di uscire*, in an enraged tone she told me to get out.

invendibile *agg.* unsal(e)able, unmarketable; (*comm.*): *merce* —, unsal(e)able goods; *prodotti invendibili*, unmarketable products.

invendibilità *s.f.* (*comm.*) unsal(e)ability; (*fin.*) (*di titoli*) nonmarketability.

invendicabile *agg.* unavengeable; that cannot be avenged (*pred.*).

invendicato *agg.* unavenged, unrevenged: *un delitto* —, an unavenged crime.

invenduto *agg.* unsold, unbought: *le merci invendute sono in magazzino*, the unsold goods are in the warehouse; (*comm.*) *salvo* —, subject to being unsold ◆ *s.m.* unsold goods (*pl.*), unsolds (*pl.*); (*giacenze*) left-overs (*pl.*); (*di libri*) remainders (*pl.*); (*comm.*) *rendere l'*—, to return the unsold goods.

inventare *v.tr.* **1** to invent: *chi inventò il telefono?*, who invented the telephone? // *bravo, hai inventato l'acqua calda!*, (*iron.*) well done, but the wheel has already been invented! // *è capace di inventarne delle belle*, he's capable of all sorts of mischief **2** (*creare, escogitare*) to invent, to think* up, (*fam.*) to cook up: *ha inventato una storia avvincente*, he has invented a gripping story; — *una bugia*, to invent a lie; *non — delle scuse*, don't invent (*o* make up) any excuses; *ne inventa una ogni giorno pur di non lavorare*, every day he cooks up a new excuse for not working // *aveva inventato tutto di sana pianta*, he had made it all up // *ne inventa tante!*, he tells so many lies!

inventariare *v.tr.* to inventory, to take* stock: (*comm.*) — *le giacenze di magazzino*, to take stock of unsold goods (*o* to make an inventory of the stock on hand).

inventariazione *s.f.* stocktaking, inventory.

inventario *s.m.* **1** inventory; (*delle merci*) stocktaking: — *permanente*, perpetual (*o* continuous) inventory; — *delle giacenze*, stock inventory; — *di fine anno*, year-end inventory; — *periodico*, periodic inventory; *registro di* —, inventory register; *valutazione d'*—, inventory valuation (*o* pricing); *fare l'*—, to inventory (*o* to take stock) // *con beneficio d'*—, with benefit of inventory (*o* with reservation) // (*mar.*): — *di bordo*, ship's inventory; — *del carico*, inventory of the cargo **2** (*elenco*) list; (*catalogo*) catalogue: — *dei mobili di un ufficio*, list of the office furniture; *mi ha fatto l'— delle sue malattie*, he reeled off a list of his illnesses.

inventato *agg.* invented; (*immaginario*) fictitious, imaginary: *scusa inventata*, invented excuse; *storia inventata, racconto* —, invented tale; *non si sa se è un personaggio reale o* —, it is not known whether he is a real or fictitious character.

inventiva *s.f.* inventiveness; creativity: *uno scrittore di grande* —, a writer of great creativity; *avere scarsa* —, to have little inventive (*o* creative) ability.

inventivo *agg.* inventive, creative: *scrittore* —, inventive writer; *facoltà inventiva*, inventive (*o* creative) power (*o* ability).

inventore *agg.* inventive, creative: *un genio* —, a creative genius ◆ *s.m.* inventor: *chi fu l'— del telefono?*, who invented the telephone?

invenzione *s.f.* **1** invention: *l'— della radio*, the invention of the radio; *le invenzioni della scienza moderna*, the inventions of modern science; (*dir.*) *brevetto di* —, — *brevettata*, patent // (*econ.*): — *industriale*, industrial invention; — *risparmio di capitali*, capital-saving invention **2** (*bugia*) lie, story: *è tutta una* —, it's all made up **3** (*creazione*) creation: — *artistica*, artistic creation; *quel personaggio è un'— del romanziere*, the character has been made up by the novelist **4** (*trovata*) idea, find: — *diabolica*, diabolic idea **5** (*letter.*) (*ritrovamento*) invention, finding (*anche dir.*) // *l'Invenzione della Croce*, the Invention of the Cross **6** (*ret.*) invention.

inverdimento *s.m.* turning green, greening.

inverdire *v.tr.* to turn green, to make* green ◆ *v.intr.* → inverdirsi.

□ **inverdirsi** *v.intr.pron.* to turn green, to become* green.

inverecondia *s.f.* indecency, immodesty; (*impudenza*) impudence.

inverecondo *agg.* indecent, immodest; (*impudente*) impudent, brazen.

invergare *v.tr.* **1** (*tess.*) to lease **2** (*mar.*) → inferire 4.

inverisimile e *deriv.* → **inverosimile** e *deriv.*

invermigliare *v.tr.* (*letter.*) to turn vermilion, to make* vermilion; to redden.

inverminire *v.intr.* **inverminirsi** *v.intr. pron.* **1** (*fare vermi*) to become* infested with worms **2** (*fig. non com.*) (*corrompersi*) to become* corrupt.

invernale *agg.* winter (*attr.*); (*che ha le caratteristiche dell'inverno*) wintry: *aria, cielo, tempo* —, wintry air, sky, weather; *mesi invernali*, winter months; *sport invernali*, winter sports; *stagione* —, winter season; *abito* —, winter dress.

invernata *s.f.* (*non com.*) winter: *fu una brutta* —, it was a bad winter.

inverniciare e *deriv.* → **verniciare** e *deriv.*

inverno *s.m.* winter: *un — mite*, a mild winter; *fu un — gelido*, it was a bitter winter; *d'*—, in winter (time); *nel cuore dell'*—, in the depths of winter; *passare l'— al mare*, to spend the winter at the seaside; *solstizio d'*—, winter solstice; (*mil.*) *quartieri d'*—, winter quarters; (*zool.*) *passare l'*—, to winter.

invero *avv.* (*letter.*) indeed; really; truly.

inverosimiglianza *s.f.* unlikelihood; implausibility; improbability: *l'— del suo racconto*, the implausibility of his story.

inverosimile *agg.* unlikely, improbable; incredible: *cosa c'è di — in ciò?*, what's unlikely about that?; *una folla — gremiva la strada*, an incredibly large crowd filled the street; *è assai* —, it's highly unlikely; *è tutt'altro che — che egli venga*, it's not at all unlikely that he will come ◆ *s.m.* improbability; implausibility: *la cosa ha dell'*—, it's hard to believe; *mangia sino all'*—, he eats an incredible amount.

inverosimilmente *avv.* unlikely, improbably; incredibly.

inversamente *avv.* inversely: (*mat.*) — *proporzionale a*, in inverse relation (*o* proportion) to.

inversione *s.f.* **1** inversion (*anche gramm.*); reversal: — *di comando*, reversal of control; — *di velocità*, reversal of speed; — *di rotta*, turnabout (*anche fig.*); — *di tendenza*, reversal of trend (*o* turnabout); — *di marcia*, U-turn; (*meteor.*) — *termica*, inversion; (*geofisica*) — *del campo magnetico terrestre*, geomagnetic reversal; (*fot.*) *bagno d'*—, reversing bath; (*chim.*) *reazione d'*—, inversion reaction // (*fis.*): *spettro di* —, reversal spectrum (*o* inversion spectrum); *strato di* —, inversion layer; *temperatura di* —, inversion temperature // (*mecc.*) — *della traslazione*, traverse reverse; — *dell'avanzamento*, feed reverse; — *di rotazione*, reversal of rotation // (*aer.*) — *del timone*, rudder lock // (*dir.*) — *dell'onere della prova*, shifting of the burden of proof // (*psic.*) — *sessuale*, inversion // (*sport*) — *di campo*, changing ends **2** (*bot.*) resupination.

inversivo *agg.* **1** (*non com.*) (*che serve a invertire*) reverse (*attr.*) **2** (*ling.*) inversive.

inverso *agg.* **1** (*opposto*) opposite, contrary; (*rovescio*) reverse: *disporre in ordine* —, to put in reverse order; *indice* —, reverse index; *in senso* —, in the opposite (*o* contrary) direction (*o* contrarywise) // (*ragioneria*) *metodo* —, reverse method // (*trib.*) *imposta sul reddito inversa*, reverse income tax // (*geol.*) *faglia inversa*, reverse fault // (*chim.*) *osmosi inversa*, reverse osmosis **2** (*mat.*) inverse, reciprocal: *funzione inversa*, inverse function; *rapporto* —, reciprocal ratio; *proporzione inversa*, inverse proportion **3** (*region.*) (*di cattivo umore*) in a bad mood ◆ *s.m.* opposite, contrary, inverse: *è l'— di ciò che credi*, it is the opposite of what you think; *fa sempre l'— di quello che gli dico*, he always does the opposite of what I tell him // *all'*—, the opposite direction (*o* way): *ripercorrere una strada all'*—, to go along a street in the opposite direction; *tutto è andato all'— di come pensavo*, everything went the opposite way to what I expected // (*fis.*) *legge dell'— del quadrato* (*della distanza*), inverse square law.

inversore *s.m.* (*tecn.*) reverser: (*aer.*) — *di spinta*, thrust reverser.

invertasi *s.f.* (*biochim.*) invertase, saccharase, sucrase.

invertebrato *agg.* (*zool.*) invertebrate ◆ *s.m.* (*zool.*) invertebrate.

invertibile *agg.* invertible, reversible: (*elettr.*) *fase* —, invertible phase; (*fot.*) *pellicola* —, reversible film.

invertibilità *s.f.* reversibility.

invertire *v.tr.* **1** (*volgere in senso opposto*) to invert, to reverse: — *la marcia*, to reverse; — *la rotta*, to turn about // (*mecc.*) — *il movimento*, to reverse the movement // (*elettr.*) — *la corrente*, to reverse the current **2** (*cambiare di posto*) to invert; to rearrange; to exchange; to change round: — *due numeri*, to invert two numbers; — *la collocazione dei mobili*, to rearrange the furniture; — *le parti*, to exchange roles; — *i fili*, to exchange the wires round; (*mat.*) — *l'ordine dei fattori*, to invert the order of the factors.

□ **invertirsi** *v.intr.pron.* to be inverted, to be reversed: *i nostri ruoli si sono invertiti*, our roles are reversed.

invertito *agg.* **1** inverted, reversed: *l'immagine in uno specchio risulta invertita*, in a mirror the image is reversed; *ordine* —, reverse(d) order **2** (*chim.*) invert: *zucchero* —, invert sugar **3** (*bot.*) resupinate.

invertito *s.m.* (*omosessuale*) homosexual.

invertitore *s.m.* **1** (*mecc.*) reverser, reverse gear, reversing gear: — *di marcia*, reversing gear **2** (*elettr.*) (*convertitore di corrente*) inverter; (*interruttore di comando*) reversing switch, reverser: — *statico*, static inverter; — *di polarità*, pole reverser.

invescamento *s.m.* **1** (*di uccelli*) liming **2** (*fig. non com.*) entanglement; (*adescamento*) enticement.

invescare *v.tr.* **1** (*uccelli*) to lime **2** (*fig. letter.*) to entangle; (*adescare*) to entice.

□ **invescarsi** *v.intr.pron.* (*letter.*) **1** (*invischiarsi*) to get* entangled (with sthg.) **2** (*innamorarsi*) to fall* in love.

investibile *agg.* (*comm.*) investable, investible: (*fin.*) *fondi, capitali investibili*, investible funds, capital; *denaro — in terreni*, money to invest in land.

investibilità *s.f.* (*fin.*) investibility.

investigabile *agg.* investigable.

investigare *v.tr.* to investigate, to inquire into (sthg.), to look into (sthg.): — *le cause di un incidente*, to investigate the causes of an accident ◆ *v.intr.* to investigate; to make* investigations, to make* inquiries: *la polizia sta investigando*, the police are investigating (*o* are making inquiries); *investigherò*, I will inquire.

investigativo *agg.* investigative, investigating: *agente* —, detective; *nucleo* —, detective branch.

investigatore *s.m.* **investigatrice** *s.f.* investigator, detective: — *privato*, private detective (*o* private eye) ◆ *agg.* investigating, investigatory.

investigazione *s.f.* investigation, inquiry, research: — *scientifica*, scientific research; — *giudiziaria*, judicial inquiry; *fare investigazioni su qlco.*, to inquire into (*o* to investigate) sthg.

investimento *s.m.* **1** (*econ., fin.*) investment, capital outlay; (*collocazione*) placement: — *a breve, a lungo termine*, short-term, long-term investment; — *azionario, obbligazionario*, share, bond investment; — *di portafoglio, in titoli*, portfolio investment; — *in beni strumentali*, capital equipment investment; — *in beni rifugio*, non-monetary investment; — *in immobili*, real estate investment; — *sicuro*, sound investment; — *statale*, government investment; *investimenti pubblici, privati*, public, private investment; *beni d'*—, investment goods; *remuneratività di un* —, profitability of an investment; *politica degli investimenti*, investment policy; *fare un* —, to invest **2** (*urto, cozzo*) collision, crash: *fu vittima di un — automobilistico*, he was run over (*o* knocked down) by a car **3** (*mil.*) investment **4** (*mar.*) collision **5** (*psic.*) investment.

investire *v.tr.* **1** (*econ., fin.*) to invest; (*collocare*) to place, to put*: — *denaro in nuovi macchinari*, to invest money in new machinery; — *denaro in un affare*, to put money in a business; — *in azioni*, to invest in shares; — *in immobili*, to invest in real estate; — *i profitti nell'azienda*, to plough the profits back into the firm; — *nei settori d'avanguardia*, to invest (money) in the leading sectors // (*fig.*) *bisogna — nei giovani*, we have to invest in youth; (*fig.*) *ho investito tutte le mie forze in questo progetto*, I've put all my energy into this project **2** (*urtare, cozzare*) to collide with (s.o., sthg.), to crash into (s.o., sthg.), to run* into (s.o., sthg.); to run* over (s.o., sthg.), to run* (s.o., sthg.) down; (*solo di navi*) to ram: *il camion investì l'automobile*, the lorry collided with the car; *fui investito da un'automobile*, I was run over by a car; *un incrociatore investì la nave*, a cruiser rammed the ship; *l'automobile investì un gruppo di spettatori*, the car ran into a group of spectators **3** (*assalire*) to assail, to attack: *all'alba investimmo le posizioni nemiche*, at dawn we attacked the enemy positions; *mi investì con una sfilza d'insulti*, (*fig.*) he hurled abuse at me; *egli mi investì di domande*, (*fig.*) he plied me with questions // *l'uragano ha investito il sud del paese*, the hurricane has struck the south of the country **4** (*conferire un possesso, una carica*) to invest, to give*: *egli fu investito di pieni poteri*, he was given full powers; — *qlcu. di una carica*, to appoint s.o. to an office; — *un cavaliere*, to knight s.o.; — *qlcu. di una terra*, to invest s.o. with an estate.

□ **investirsi** *v.rifl.* to enter thoroughly (into sthg.): — *della propria parte*, to enter thoroughly into one's part; — *della propria responsabilità*, to be fully conscious of one's responsibility ◆ *v.rifl.rec.* to collide: *i due natanti si investirono*, the two boats collided.

investito *agg.* **1** (*econ., fin.*) invested: *denaro non* —, unemployed money **2** (*urtato, travolto*) (*di persona*) run over (*pred.*), knocked down (*pred.*), (*di veicolo*) collided with (*pred.*), crashed into (*pred.*) ◆ *s.m.* victim (of a road accident).

investitore *agg.* **1** (*che investe*) that runs somebody down **2** (*econ.*) investing ◆ *s.m.* **1** (*chi investe*) the person who runs somebody down **2** (*econ.*) investor: — *istituzionale*, institutional investor; — *estero*, foreign investor.

investitura *s.f.* investiture.

inveterato *agg.* inveterate; (*di vizio, abitudine ecc.*) deep-rooted, ingrained: *un fumatore* —, an inveterate smoker; *un vizio* —, an ingrained (*o* inveterate) vice; *uno scapolo* —, a confirmed bachelor.

invetriare *v.tr.* (*ceramica*) to glaze.

invetriata *s.f.* **1** (*finestra*) window **2** (*porta a vetri*) glass door **3** (*vetrata divisoria*) glass partition.

invetriato *agg.* (*di ceramica*) glazed: *terracotta invetriata*, glazed earthenware.

invetriatura *s.f.* (*di ceramica*) glaze, glazing.

invettiva *s.f.* invective: *lanciare invettive contro qlcu.*, to throw invectives at s.o.

inviare *v.tr.* to send* (*anche inform.*), to dispatch, to forward, to consign; (*via mare*) to ship: — *un pacco, un telegramma, un telex, un fax*, to send a parcel, a telegram, a telex, a fax; *te lo invio per posta*, I'll send it to you by post; — *saluti, ringraziamenti*, to send one's best wishes, one's thanks; — *le proprie dimissioni*, to send in one's resignation // (*comm.*): *la merce non fu inviata in tempo*, the goods were not forwarded in time; — *circolari*, to circularize; — *denaro*, to remit money; — *merce per ferrovia*, to consign goods by rail; — *una fattura a qlcu.*, to invoice s.o., (*amer.*) to bill s.o. // (*amm.*) — *una comunicazione di servizio a qlcu.*, to memo s.o. // (*inform.*) — *su canale*, to channel.

inviato *s.m.* **1** (*messaggero*) messenger; (*rappresentante*) representative: *un — del cielo*, a messenger from heaven **2** (*in diplomazia*) envoy: — *straordinario*, Envoy Extraordinary **3** (*giornalismo*) correspondent: *dal nostro — speciale*, from our special correspondent.

invidia *s.f.* envy: *per —*, out of envy; *sguardi d'—*, envious looks; *fare —*, to be envied (*o* to arouse envy): *fare — a qlcu.*, to make s.o. envious; *suscitare —*, to excite envy; *nutrire, provare — per qlcu.*, to envy s.o. (*o* to feel envy for s.o.); *un'abbronzatura che fa —*, an enviable tan; *ha una salute da fare —*, his good health is to be envied; *essere roso dall'—*, to be eaten up with envy; *essere verde d'—*, to be green with envy // *è meglio fare — che pietà*, (*prov.*) (it is) better to be envied than pitied.

invidiabile *agg.* enviable: *una posizione —*, an enviable position; *si trova in una situazione poco —*, he is in an unenviable situation.

invidiare *v.tr.* **1** to envy: *— qlcu. per qlco.*, to envy s.o. sthg.; *lo invidio*, I envy him; *non gli invidio il suo successo*, I don't envy him his success; *invidio la sua calma*, I envy his serenity // *non avere niente da — a*, to be in no way inferior to: *il mio nuovo lavoro non ha niente da — al vecchio*, my new job is in no way inferior to the old one **2** (*ant., letter.*) (*negare, contrastare, togliere*) to begrudge: *non mi — questo po' di consolazione*, don't begrudge me this small consolation.

invidioso *agg.* envious: *essere — di qlco.*, to be envious of sthg.; *parole invidiose*, envious words.

invigliacchire *v.intr.* **invigliacchirsi** *v.intr.pron.* to become* a coward.

invigorimento *s.m.* invigoration; (*rafforzamento*) strengthening.

invigorire *v.tr.* to invigorate; (*rafforzare*) to strengthen: *— la muscolatura*, to strengthen (*o* to tone up) one's muscles.
□ **invigorirsi** *v.intr.pron.* to get* invigorated; (*rafforzarsi*) to gain strength.

invigorito *agg.* invigorated; (*rafforzato*) strengthened.

invilimento *s.m.* (*non com.*) loss of heart.

invilire *v.tr.* (*non com.*) **1** (*abbassare, deprezzare*) to debase, to depreciate, to lower **2** (*degradare*) to degrade **3** (*deprimere*) to deject, to depress ◆ *v.intr.* → invilirsi.
□ **invilirsi** *v.intr.pron.* **1** (*abbassarsi, deprezzarsi*) to become* debased, to be depreciated **2** (*degradarsi*) to become* degraded **3** (*deprimersi*) to lose* heart.

inviluppamento *s.m.* **1** (*l'avvolgere*) enveloping, wrapping up **2** (*involucro*) envelopment **3** (*intrico*) entanglement, tangle (*anche fig.*).

inviluppare *v.tr.* **1** (*avvolgere*) to envelop, to wrap up, to swathe **2** (*impigliare*) to entangle (*anche fig.*).
□ **invilupparsi** *v.rifl.* **1** to wrap oneself up **2** (*impigliarsi*) to get* entangled.

inviluppo *s.m.* **1** (*intrico*) entanglement, tangle (*anche fig.*) **2** (*involucro*) wrapper, covering **3** (*mat.*) envelope.

invincibile *agg.* invincible; unbeatable, insuperable: *un atleta —*, an unbeatable athlete // *un senso d'— ripugnanza*, (*fig.*) an irrepressible feeling of disgust.

invincibilità *s.f.* invincibility; insuperability.

invio *s.m.* **1** (*per posta*) mailing, posting **2** (*di merci*) dispatch, forwarding, consignment; (*per nave*) shipment **3** (*di denaro*) remittance: (*comm.*) *— del saldo*, remittance of balance **4** (*metrica*) envoi **5** (*inform.*) *— messaggi*, mailing.

inviolabile *agg.* inviolable; unbreakable: *diritto —*, inviolable right.

inviolabilità *s.f.* inviolability.

inviolato *agg.* inviolate, untouched, pure: *vette inviolate*, untouched (*o* unprofaned) heights; *foresta inviolata*, virgin forest; *promessa inviolata*, unbroken promise; *sede inviolata*, pure faith.

inviperire *v.intr.* **inviperirsi** *v.intr.pron.* to become* furious // *far —*, to madden (*o* to infuriate): *il suo atteggiamento arrogante mi fa —*, his supercilious attitude maddens me.

inviperito *agg.* furious, enraged, infuriated; (*fam.*) mad.

inviscerarsi *v.intr.pron.* to penetrate deeply (into sthg.); to get* to the heart (of sthg.).

invischiare *v.tr.* **1** (*cospargere di vischio*) to spread* with birdlime **2** (*fig.*) to entice (into sthg.), to draw* (into sthg.), to involve (in sthg.): *lo invischiarono in un affare poco pulito*, they drew him into some shady business.
□ **invischiarsi** *v.intr.pron.* (*rimanere coinvolto*) to get* involved, to become* involved, to get* mixed up: *mi sono invischiato in una situazione difficile*, I have become involved (*o* mixed up) in a difficult situation.

inviscidire *v.intr.* to become* viscid, to become* viscous; to become* slimy.

invisibile *agg.* **1** (*che non si può vedere*) invisible: *forze invisibili*, invisible forces; *rammendo, cucitura —*, invisible mending, seam; *particelle invisibili a occhio nudo*, particles that are invisible to the naked eye **2** (*molto piccolo*) tiny, very small: *stampato con caratteri invisibili*, in small print.

invisibilità *s.f.* invisibility, invisibleness.

inviso *agg.* disliked (by s.o., sthg.), hated (by s.o., sthg.): *— a molta gente*, disliked (*o* hated *o* loathed) by many people.

invitante *agg.* inviting; attractive; alluring, tempting; (*di cibo*) appetizing: *una proposta —*, an alluring (*o* attractive) proposal; *un profumo —*, an attractive (*o* alluring) perfume; *un aspetto poco —*, an unprepossessing appearance; *un piatto —*, an appetizing dish; *un pranzo —*, an inviting meal.

invitare[1] *v.tr.* **1** to invite; to ask: *mi invitò a casa sua*, he invited (*o* asked) me to his house; *— qlcu. a pranzo*, to invite (*o* to ask) s.o. to dinner; *— qlcu. a entrare*, to invite s.o. in; *sono stato invitato a tenere delle conferenze*, I have been invited (*o* asked) to give lectures **2** (*domandare, pregare*) to ask, to request; to beg; (*form.*) to call upon: *si invitano i passeggeri a presentare i loro documenti*, passengers are requested to show their documents; *è stato invitato ad allontanarsi*, he was asked to leave; *inviterò ora il prossimo oratore*, I shall now call upon the next speaker; *lo invitai a pensarci su*, I invited him to think it over **3** (*invogliare, indurre*) to be conducive to (sthg.); to aid; to stimulate: *questo silenzio invita al sonno*, this silence is conducive to sleep; *un'atmosfera che invita al dialogo*, an atmosphere that stimulates (*o* lends itself to) discussion **4** (*a carte*) to call, to bid*: *— a quadri*, to call for diamonds.
□ **invitarsi** *v.rifl.* to invite oneself; (*a una festa*) to gatecrash (a party): *si sono invitati da soli*, they invited themselves.

invitare[2] *v.tr.* (*non com.*) (*mecc.*) to screw, to screw sthg. down, on.

invitato *agg.* invited ◆ *s.m.* guest.

invitatorio *agg.* invitatory (*anche eccl.*) ◆ *s.m.* (*eccl.*) invitatory.

invito *s.m.* **1** invitation: *un — a pranzo*, an invitation to dinner; *biglietto di —*, invitation card; *accettare, declinare un —*, to accept, to decline an invitation; *diramare inviti*, to send out invitations; *venire su — di qlcu.*, to come at s.o.'s invitation; *estendere un — a qlcu.*, to extend an invitation to s.o. **2** (*richiesta*) request: *un — a presentarsi in questura*, a request to report to the police station **3** (*carte*) stake, stakes (*pl.*) **4** (*scherma*) invitation **5** (*arch.*) first step **6** (*mecc.*) draft.

in vitro *agg.* e *avv.* (*lat.*) in vitro: *esperimento —*, experiment in vitro; *fecondazione —*, fertilization in vitro.

invitto *agg.* (*letter.*) **1** (*mai vinto*) unconquered, undefeated **2** (*invincibile*) invincible; indomitable.

invivibile *agg.* (*insopportabile*) unbearable; (*di ambiente*) uninhabitable: *l'atmosfera in ufficio era —*, the atmosphere in the office was unbearable.

in vivo *agg.* e *avv.* (*lat.*) in vivo.

invizzire → **avvizzire**.

invocabile *agg.* (*non com.*) invocable.

invocare *v.tr.* **1** to invoke; to entreat: *— i santi*, to invoke the Saints **2** (*implorare ad alta voce*) to invoke, to cry for (sthg.): *— aiuto*, to cry (*o* to beg) for help; *— l'aiuto di qlcu.*, to invoke s.o.'s help **3** (*chiedere con insistenza*) to demand, to press for (sthg.): *— riforme, la pace*, to demand (*o* to press for) reforms, peace **4** (*fare appello a*) to appeal to (s.o., sthg.): *— la legge*, to appeal to the law; *— la clemenza dei giudici*, to appeal to the court's (*o* to the jury's) clemency // (*dir.*) *— un alibi*, to plead an alibi.

invocativo *agg.* (*letter.*) invocatory.

invocatore *agg.* invoking, entreating ◆ *s.m.*, **invocatrice** *s.f.* invoker.

invocazione *s.f.* **1** invocation, supplication; entreaty, plea: *rivolgere un'— a Dio*, to make a supplication to (*o* to invoke) God; *invocazioni d'aiuto*, entreaties for help **2** (*appello*) appeal **3** (*relig.*) epiclesis, liturgical invocation of the Holy Spirit.

invogliante *agg.* inviting, tempting; attractive.

invogliare *v.tr.* to temp; to make* (s.o.) want (to do sthg.); to attract: *le vetrine natalizie invogliano la gente a comprare*, the Christmas shop windows tempt people to buy; *il sole invoglia a uscire*, the sun makes one want to go out; *cerco di invogliarlo allo studio*, I try to induce him to study; *non lasciarti — da queste cose*, don't let these things tempt you; *questa torta ti invoglia solo a guardarla*, seeing this cake is enough to make you want it.
□ **invogliarsi** *v.intr.pron.* (*desiderare*) to desire, to take* a fancy to (sthg.): *quel bambino s'invoglia di tutti i giocattoli che vede*, that child takes a fancy to all the toys he sees.

invogliato *agg.* desirous, eager: *mi sento — a vedere quel film del quale ho sentito tanto parlare*, I'm eager to see that film I've heard so much about.

invoglio *s.m.* (*bot.*) → **tegumento**.

involare[1] *v.tr.* (*letter.*) (*rubare*) to steal*.

□ **involarsi** *v.intr.pron.* to vanish, to pass, to fly* away.

involare[2] *v.intr.* **involarsi** *v.intr.pron.* (*aer.*) to take* off.

involgarire *v.tr.* to vulgarize, to coarsen, to make* vulgar: *un trucco che involgarisce*, tawdry make-up ◆ *v.intr.* → **involgarirsi**.

□ **involgarirsi** *v.intr.pron.* to become* vulgar, to become* coarse: *frequentando quella gente si è involgarito*, he became coarse through mixing with those people.

involgere *v.tr.* **1** (*avvolgere*) to wrap (up); to envelop **2** (*non com.*) (*coinvolgere*) to involve, to implicate; (*implicare, comportare*) to imply, to involve.

□ **involgersi** *v.rifl.* o *intr.pron.* **1** (*avvolgersi*) to wrap oneself (up) **2** (*non com.*) (*restare coinvolto*) to get* involved (in sthg.).

involo *s.m.* (*aer.*) takeoff.

involontariamente *avv.* (*senza farlo apposta*) unintentionally, involuntarily, accidentally, inadvertently: *ho — calpestato la coda al cane*, I accidentally trod on the dog's tail; *non lo sgridare, l'ha fatto —*, don't tell him off, he didn't do it on purpose.

involontario *agg.* involuntary; unintentional: *un gesto —*, an involuntary gesture; *uno sbaglio —*, an unintentional mistake; (*dir.*) *omicidio —*, involuntary manslaughter.

involtare *v.tr.* (*fam.*) (*involgere*) to wrap (up); to envelop.

involtino *s.m.* (*cuc.*) roulade, roll: *— di prosciutto*, roulade of ham.

involto *s.m.* **1** (*fagotto*) bundle; package **2** (*involucro*) covering, wrapping.

involucro *s.m.* **1** covering, wrapping, wrapper; (*copertura*) cover; (*imballo*) packaging; (*custodia*) case, casing: *un — di cartone*, a cardboard wrapper; *rompere l'— di un pacco*, to tear a parcel wrapping **2** (*bot.*) involucre; (*baccello*) pod; (*di frutto*) coat; (*di semi*) cod **3** (*zool.*) indusium* **4** (*di aerostato*) envelope **5** (*di siluro*) shell.

involutivo *agg.* involutional: *processo —*, involutional process.

involuto *agg.* **1** intricate, complicated, complex; involved, involute; obscure: *quello scrittore ha uno stile —*, that writer has an involved style; *un discorso —*, an involved speech **2** (*bot., zool.*) involute.

involuzione *s.f.* **1** involution (*anche mat.*): *un'— di parole*, an involution of words **2** (*decadenza*) decline: *il partito subì un'— dopo la guerra*, the party underwent a decline after the war **3** (*med.*) involution: *— uterina*, involution of the uterus; *— senile*, senile involution.

invulnerabile *agg.* invulnerable; unassailable (*anche fig.*): *si crede —*, he believes himself unassailable; *reputazione —*, (*fig.*) unassailable reputation.

invulnerabilità *s.f.* invulnerability (*anche fig.*).

invulnerato *agg.* (*letter.*) unhurt, uninjured.

inzaccherare *v.tr.* to splash with mud, to spatter with mud, to muddy: *— le scarpe*, to get one's shoes muddy (*o* to muddy one's shoes).

□ **inzaccherarsi** *v.rifl.* o *intr.pron.* to get* splashed with mud, to get* muddy: *rincasando sotto la pioggia, mi sono tutto inzaccherato*, I got all muddy coming home in the rain.

inzavorrare *v.tr.* to ballast.

inzeppamento *s.m.* wedging.

inzeppare[1] *v.tr.* (*mettere zeppe a*) to wedge.

inzeppare[2] *v.tr.* **1** (*riempire*) to cram, to stuff, to fill **2** (*rimpinzare*) to stuff.

inzeppatura *s.f.* (*non com.*) **1** (*l'inzeppare*) wedging **2** (*zeppa*) wedge.

inzigare *v.tr.* (*non com.*) (*aizzare*) to incite, to goad, to instigate; (*provocare*) to provoke.

inzolfare *v.tr.* to sulphur, to fumigate with sulphur.

inzolfatoio *s.m.* sulphurator.

inzolfatura *s.f.* sulphuration.

inzotichire *v.tr.* to make* boorish, to make* uncouth, to coarsen, to make* ill-mannered.

□ **inzotichirsi** *v.intr.pron.* to become* boorish, to become* ill-mannered.

inzuccare *v.tr.* (*fam.*) (*ubriacare*) to make* drunk, to go* to the head of (s.o.).

□ **inzuccarsi** *v.intr.pron.* **1** (*ubriacarsi*) to get* drunk **2** (*non com.*) (*innamorarsi*) to fall* in love **3** (*ostinarsi*) to take* it into one's head, to persist.

inzuccherare *v.tr.* **1** to sugar; to sprinkle with sugar **2** (*fig.*) (*addolcire*) to sweeten, to soften: *— i rimproveri*, to soften one's criticism // *— la pillola*, to sugar the pill.

inzuccherata *s.f.* sugaring.

inzuccherato *agg.* **1** sugared **2** (*addolcito*) sweetened.

inzuccheratura *s.f.* sugaring, sweetening.

inzuppare *v.tr.* **1** to soak, to drench, to steep: *la pioggia mi ha inzuppato il soprabito*, the rain has soaked through my overcoat; *— il pane nel latte*, to soak bread in milk **2** (*intingere*) to dip: *— la penna nell'inchiostro*, to dip one's pen in the ink.

□ **inzupparsi** *v.intr.pron.* to get* drenched, to get* soaked through: *con quel temporale ci siamo inzuppati da capo a piedi*, in that storm we got soaked from head to foot.

inzuppato *agg.* soaked, drenched, thoroughly wet: *— di pioggia*, drenched with rain; *pane — nel latte*, bread soaked in milk; *non avevo ombrello e tornai —*, I had no umbrella and I came back wet (*o* drenched through *o* soaked to the skin).

io *pron.pers.m.* e *f.* *1ª pers.sing.* **1** (*sogg.; in it. è spesso sottinteso, ma in inglese deve sempre essere espresso*) I: *tu e —*, you and I; *quando (—) studio non voglio essere disturbato*, I don't want to be disturbed when I'm studying; *— non avrei agito così*, I wouldn't have behaved like that; *(—) non credo a quello che dicono in giro*, I don't believe what's being said around; *quando (—) mi allontanai, qualcuno mormorò alle mie spalle*, when I moved away, there was some muttering behind my back; *devo andare —?*, shall I go?; *non occorre che lo faccia tu, lo farò —*, you don't have to do it, I will; *te lo dico —!*, I'm telling you!; *"È ora di andare?" "(Io) direi"*, "Is it time to go?" "I should say so" // *— sottoscritto*, I the undersigned // *— come —*, I for my part (*o* as for me) // *— al tuo posto...*, if I were you... **2** (*con uso rafforzativo o enfatico*): *—, fare una cosa simile?*, do you think I'd do a thing like that?; *"Detesto gli sport violenti" "Anch'—"*, "I detest violent sports" "So do I"; *"Non andrò a quella riunione" "Neanch'—"*, "I won't go to that meeting" "Neither will I" // *— stesso, proprio —*, I... myself (*o* I myself): *— stesso ho insistito perché lo assumessero*, I myself insisted (*o* it was I who insisted) he should be taken on; *sono andato — stesso dal direttore*, I went to see the manager myself **3** (*con uso predicativo*) me; (*form.*) I, I myself: *"Chi è?" "Sono —"*, "Who is it?" "It's me" (*o form.* "It is I"); *"Chi è stato?" "Non sono stato —"*, "Who was it?" "It wasn't me"; *sono — che gliel'ho detto, sono stato — a dirglielo*, it was I who told him (*o* I was the one who told him); *è stato lui a cominciare, non —!*, he started it, not me! // *gliela farò pagare, o non sono più —!*, I'll get my own back, or my name's not...! ◆ *s.m.* (*fil.*) *l'— e il non —*, the ego and the non-ego; *mettere il proprio — dinanzi a tutto*, to put oneself first; *pensare solo al proprio —*, to think only of oneself.

iodare *v.tr.* (*chim., fot.*) to iodize, to iodate: *— un sale*, to iodize a salt.

iodato *s.m.* (*chim.*) iodate ◆ *agg.* (*chim.*) iodized: *sale —*, iodized salt.

iodico *agg.* (*chim.*) iodic: *acido —*, iodic acid.

iodidrico *agg.* (*chim.*) hydriodic: *acido —*, hydriodic acid.

iodio *s.m.* (*chim.*) iodine: *tintura di —*, tincture of iodine.

iodismo *s.m.* (*med.*) iodism.

iodoformio *s.m.* (*chim.*) iodoform.

iodometria *s.f.* (*chim.*) iodometry.

iodoso *agg.* (*chim.*) iodous: *acido —*, iodous acid.

iodurazione *s.f.* (*chim.*) iodination.

ioduro *s.m.* (*chim.*) iodide: *— di potassio*, potassium iodide.

ioga → **yoga**.

iogurt → **yogurt**.

ioide *agg.* e *s.m.* (*anat.*) hyoid (bone).

iole *s.f.* (*mar.*) gig.

iolito *s.m.* (*min.*) iolite.

iolla *s.f.* (*mar.*) yawl.

ione *s.m.* (*chim., fis.*) ion: *— positivo*, cation; *— negativo*, anion; *coppia di ioni*, ion pair; *scambio di ioni*, ion exchange.

ionico[1] *agg.* e *s.m.* Ionic; (*metrica*): *metro —*, Ionic metre; *arte ionica*, Ionic art; *ordine —*, Ionic order.

ionico[2] *agg.* (*chim., fis.*) ionic: *legame —*, ionic bond; *mobilità ionica*, ionic mobility; *cristallo —*, ionic crystal.

ionio[1] *agg.* Ionian: *Isole Ionie*, Ionian Islands.

ionio[2] *s.m.* (*chim.*) ionium.

ionizzante *agg.* (*chim., fis.*) ionizing: *radiazione —*, ionizing radiation.

ionizzare *v.tr.* (*chim., fis.*) to ionize.

ionizzazione *s.f.* (*chim., fis.*) ionization: *camera di —*, ionization chamber; *potenziale di —*, ionization potential.

ionoforesi *s.f.* (*med.*) ion(t)ophoresis (*pl.* -ses).

ionone *s.m.* (*chim.*) ionone.

ionosfera *s.f.* ionosphere.

ionosferico *agg.* (*fis.*) ionospheric.

ionosonda *s.f.* (*fis.*) ionosonde.

ionoterapia *s.f.* (*med.*) iontophoresis (*pl.* -ses).

iosa, a *locuz.avv.* in plenty, galore: *pasto con carne e birra a —*, meal with meat and beer galore; *non regalargli giocattoli, ne ha a —*, don't give him any toys, he's got plenty.

iosciamina *s.f.* (*chim.*) hyoscyamine.

iota *s.m.* o *f.* (*lettera dell'alfabeto greco*) iota // *non vale uno —*, it isn't worth a jot.

iotacismo *s.m.* **1** → itacismo **2** (*filologia*) iotacism.

ipallage *s.f.* (*ret.*) hypallage.

ipecacuana *s.f.* (*bot.*) (*Cephaelis ipecacuanha*) ipecacuanha.

iper- *pref.* di origine greca che indica 'abbondanza' o 'quantità o grado superiori al normale'; ingl. hyper-: *iperattivo*, hyperactive; (*med.*) *iperbilirubinemia*, hyperbilirubinemia; *iperalgesia*, hyperalgesia.

iperacidità *s.f.* (*med.*) hyperacidity.

iperalimentazione *s.f.* (*med.*) hyperalimentation.

iperazotemia *s.f.* (*med.*) hyperazotemia.

iperbarico *agg.* hyperbaric: *camera iperbarica*, hyperbaric chamber.

iperbarismo *s.m.* (*med.*) hyperbarism.

iperbato *s.m.* (*ret.*) hyperbaton.

iperbole *s.f.* **1** (*ret.*) hyperbole (*anche estens.*) **2** (*mat.*) hyperbola*.

iperboleggiare *v.intr.* to hyperbolize.

iperbolicamente *avv.* hyperbolically.

iperbolicità *s.f.* hyperbolism: *— di un'affermazione*, the hyperbolism of a statement.

iperbolico *agg.* **1** (*ret.*) hyperbolic(al) **2** (*estens.*) hyperbolic(al), exaggerated; extravagant: *lodi iperboliche*, extravagant praise; *prezzo —*, exorbitant price **3** (*mat.*) hyperbolic: *cilindro, paraboloide —*, hyperbolic cylinder, paraboloid.

iperboloide *s.m.* (*mat.*) hyperboloid: *— a due falde*, hyperboloid of two sheets.

iperboreo *agg.* (*letter.*) hyperborean.

ipercalorico *agg.* hypercaloric, high -calory (*attr.*): *dieta ipercalorica*, high-calory diet.

ipercarica *s.f.* (*fis.*) hypercharge.

ipercloridria *s.f.* (*med.*) hyperchlorhydria.

ipercolesterolemia *s.f.* (*med.*) hypercholesteremia.

iperconiugazione *s.f.* (*chim., fis.*) hyperconjugation.

ipercorrettismo *s.m.* (*ling.*) **1** hypercorrectness **2** (*forma ipercorretta*) hypercorrection.

ipercorretto *agg.* (*ling.*) hypercorrect, overcorrect.

ipercorrezione *s.f.* (*ling.*) hypercorrection.

ipercriticismo *s.m.* tendency to hypercriticism, fault finding.

ipercritico *agg.* hypercritical ◆ *s.m.* hypercritical person.

iperdosaggio *s.m.* (*med.*) hyperdosage.

ipereccitabile *agg.* (*med.*) hyperexcitable.

iperemotività *s.f.* (*psic.*) hyperemotionality.

iperemotivo *agg.* e *s.m.* (*psic.*) hyperemotional.

iperestesia *s.f.* (*med.*) hyperaesthesia, (*amer.*) hyperesthesia.

iperfocale *agg.* (*fot.*) hyperfocal: *distanza —*, hyperfocal distance.

iperfosfatemia, **iperfosforemia** *s.f.* (*med.*) hyperphosphatemia.

iperfunzionante *agg.* (*med.*) hyperfunctioning.

iperglicemia *s.f.* (*med.*) hyperglycemia.

iperglobulia *s.f.* (*med.*) hyperglobulia.

ipergolo *s.m.* (*aer.*) hypergol.

iperico *s.m.* (*bot.*) (*Hypericum perforatum*) Aaron's beard, great St. John's wort.

iperinflazione *s.f.* (*econ.*) hyperinflation, galloping inflation, runaway inflation: *l'— tedesca degli anni venti*, the German hyperinflation of the twenties.

iperinflazionistico *agg.* (*econ.*) hyperinflationary, hyperinflation (*attr.*).

iperlipemia *s.f.* (*med.*) hyperlipemia.

ipermercato *s.m.* hypermarket.

ipermetro *agg.* (*metrica*) hypermetric(al).

ipermetrope *agg.* (*med.*) hypermetrope.

ipermetropia *s.f.* (*med.*) hypermetropia.

ipernutrizione *s.f.* (*med.*) hypernutrition.

iperoccupazione *s.f.* (*econ.*) overemployment.

iperone *s.m.* (*fis.*) hyperon.

iperonimia *s.f.* (*ling.*) hyperonimia.

iperonimo *s.m.* (*ling.*) hyperonym ◆ *agg.* hyperonymic, hyperonymous.

iperosmia *s.f.* (*med.*) hyperosmia.

iperossia *s.f.* (*med.*) hyperoxia.

iperostosi *s.f.* (*med.*) hyperostosis.

iperpiano *s.m.* (*mat.*) hyperplane.

iperpiressia *s.f.* (*med.*) hyperpyrexia.

iperplasia *s.f.* (*med.*) hyperplasia.

iperpnea *s.f.* (*med.*) hyperpnea.

iperproteico *agg.* hyperproteic: *alimento —*, hyperproteic food.

iperproteinemia *s.f.* (*med.*) hyperproteinemia.

iperprotidico → **iperproteico**.

iperrealismo *s.m.* hyper-realism.

iperreattività *s.f.* (*med.*) hyperreactivity.

iperreazione *s.f.* (*econ.*) overshooting.

iperrisparmio *s.m.* (*econ.*) oversaving.

ipersecrezione *s.f.* (*med.*) hypersecretion.

ipersensibile *agg.* hypersensitive ◆ *s.m.* e *f.* hypersensitive person; (*estens.*) oversensitive, touchy.

ipersensibilità *s.f.* **1** hypersensitivity; (*estens.*) oversensitiveness, touchiness **2** (*med.*) hypersensibility.

ipersfruttamento *s.m.* (*econ.*) overexploitation.

ipersonico *agg.* (*aer.*) hypersonic: *aereo —*, hypersonic aircraft; *velocità ipersonica*, hypersonic velocity (*o* speed); *galleria del vento ipersonica*, hypersonic wind tunnel.

ipersostentatore *s.m.* (*aer.*) flap.

ipersostentazione *s.f.* (*aer.*) increase of maximum lift.

iperspazio *s.m.* hyperspace (*anche mat.*).

iperstatico *agg.* (*mecc.*) redundant.

iperstene *s.m.* (*min.*) hypersthene.

iperstenico *agg.* (*med., min.*) hypersthenic.

ipersuperficie *s.f.* (*mat.*) hypersurface.

ipersurrenalismo *s.m.* (*med.*) hyperadrenalism.

ipertensione *s.f.* (*med.*) hypertension.

ipertensivo *agg.* e *s.m.* (*med.*) hypertensive.

ipertermia *s.f.* (*med.*) hyperthermia.

iperteso *agg.* e *s.m.* (*med.*) hypertensive.

ipertimismo *s.m.* (*med.*) hyperthymism.

ipertiroideo *agg.* e *s.m.* (*med.*) hyperthyroid.

ipertiroidismo *s.m.* (*med.*) hyperthyroidism.

ipertonia *s.f.* (*med.*) hypertonia.

ipertonico *agg.* (*med., chim.*) hypertonic.

ipertricosi *s.f.* (*med.*) hypertrichosis.

ipertrofia *s.f.* (*med.*) hypertrophy.

ipertrofico *agg.* **1** hypertrophic, hypertrophied **2** (*fig.*) hypertrophied, overgrown: *un apparato burocratico —*, an overgrown bureaucracy.

ipertrofizzato *agg.* hypertrophied (*anche fig.*).

iperurbanesimo *s.m.* (*ling.*) hyperurbanism.

iperuricemia *s.f.* (*med.*) hyperuricemia.

iperventilazione *s.f.* (*med.*) hyperventilation.

ipervitaminico *agg.* hypervitaminic, rich in vitamins (*pred.*): *frutto —*, fruit rich in vitamins.

ipervitaminosi *s.f.* (*med.*) hypervitaminosis.

ipetro *agg.* (*arch.*) hypaethral.

ipnagogico *agg.* (*psic.*) hypnagogic.

ipnogeno *agg.* (*med.*) hypnogenic.

ipnologia *s.f.* hypnology.

ipnologo *s.m.* hypnologist.

ipnopedia *s.f.* hypnopedia.

ipnosi *s.f.* hypnosis (*pl.* -ses).

ipnoterapia *s.f.* (*med.*) hypnotherapy.

ipnoterapista *s.m.* e *f.* hypnotherapist.

ipnotico *agg.* hypnotic (*anche estens.*): *sostanze ipnotiche*, hypnotic substances; *fascino —*, hypnotic charm ◆ *s.m.* hypnotic.

ipnotismo *s.m.* hypnotism.

ipnotizzare *v.tr.* to hypnotize (*anche fig.*): *le sue parole mi avevano ipnotizzato*, I was hypnotized by his words.

ipnotizzatore *s.m.* **ipnotizzatrice** *s.f.* hypnotist, hypnotizer.

ipo- *pref.* di origine greca che indica **1** diminuzione, quantità o grado inferiore al normale; ingl. hypo-: *ipoalgesia*, hypoalgesia; *ipocalcemia*, hypocalcemia **2** in chimica il composto con valenza inferiore fra quelli di uno stesso elemento ossigenato con più gradi di ossidazione: *ipoclorito*, hypochlorite.

ipoacusia *s.f.* (*med.*) hypacusia.

ipoacusico *agg.* (*med.*) hypacusic ◆ *s.m.* (*med.*) (person) affected by hypacusia.

ipoalimentazione *s.f.* (*med.*) hypoalimentation.

ipoazotide *s.f.* (*chim.*) nitrogen tetroxide.

ipobromito *s.m.* (*chim.*) hypobromite.

ipobromoso *agg.* (*chim.*) hypobromous: *acido —*, hypobromous acid.

ipocalorico *agg.* hypocaloric, low-calory (*attr.*).

ipocausto *s.m.* (*archeol.*) hypocaust.

ipocentro *s.m.* (*geofisica*) focus*.

ipocicloide *s.f.* (*mat.*) hypocycloid.

ipoclorito *s.m.* (*chim.*) hypochlorite.

ipocloroso *agg.* (*chim.*) hypochlorous: *acido* —, hypochlorous acid.

ipocolesterolemia *s.f.* (*med.*) hypocholesteremia.

ipocondria *s.f.* (*med.*) hypochondria, hypochondriasis.

ipocondriaco *agg.* e *s.m.* hypochondriac.

ipocondrico *agg.* (*anat.*) hypochondriac.

ipocondrio *s.m.* (*anat.*) hypochondrium*.

ipocoristico *agg.* (*ling.*) hypocoristic ◆ *s.m.* (*ling.*) hypocorism.

ipocrisia *s.f.* hypocrisy; cant, dissimulation: *sono tutte ipocrisie*, it's sheer hypocrisy (*o* it's pure cant); *mettiamo da parte le ipocrisie*, let's stop pretending.

ipocristallino *agg.* (*min.*) hypocrystalline, hemiocrystalline.

ipocrita *s.m.* e *f.* hypocrite, dissembler: *sei il solito* —, you're being a hypocrite as usual ◆ *agg.* hypocritical, false: *non mi fido dei suoi sorrisi ipocriti*, I don't trust his hypocritical smiles; *un atteggiamento* —, a hypocritical attitude.

ipocrito *agg.* → **ipocrita** *agg.*

ipodattilia *s.f.* (*med.*) hypodactyly, hypodactylia, hypodactylism.

ipoderma *s.m.* **1** (*anat.*) hypoderm **2** (*bot.*, *zool.*) hypodermis **3** (*zool.*) (*genere d'insetti*) hypoderma.

ipodermico *agg.* hypodermic: *ago* —, hypodermic needle; *iniezione ipodermica*, hypodermic; *siringa ipodermica*, hypodermic (syringe).

ipodermide *s.f.* (*bot.*) hypodermis.

ipodermoclisi *s.f.* (*med.*) hypodermoclysis*.

ipoeccitabilità *s.f.* (*med.*) hypoexcitability.

ipoestesia *s.f.* (*med.*) hypoesthesia.

ipofillo *agg.* (*bot.*) hypophyllous.

ipofisario *agg.* (*anat.*) hypophysial, hypophyseal.

ipofisi *s.f.* (*anat.*) hypophysis*.

ipofonia *s.f.* (*med.*) hypophonia.

ipofosfatemia, **ipofosforemia** *s.f.* (*med.*) hypophosphatemia.

ipofosfato *s.m.* (*chim.*) hypophosphate.

ipofosfito *s.m.* (*chim.*) hypophosphite.

ipofosforico *agg.* (*chim.*) hypophosphoric: *acido* —, hypophosphoric acid.

ipofosforoso *agg.* (*chim.*) hypophosphorous: *acido* —, hypophosphorous acid.

ipogastrico *agg.* (*anat.*) hypogastric.

ipogastrio *s.m.* (*anat.*) hypogastrium*.

ipogeo *agg.* (*bot.*, *zool.*) hypogeal, hypogean, hypogeous, underground: *fauna ipogea*, hypogean fauna ◆ *s.m.* (*archeol.*) hypogeum*.

ipogeusia *s.f.* (*med.*) hypogeusia.

ipogino *agg.* (*bot.*) hypogynous.

ipoglicemia *s.f.* (*med.*) hypoglycemia.

ipoglicemico *agg.* (*med.*) hypoglycemic.

ipoglicidico *agg.* (*med.*) low sugar (*attr.*): *dieta ipoglicidica*, low sugar diet.

ipoglobulia *s.f.* (*med.*) hypoglobulia.

ipoglosso *s.m.* (*anat.*) hypoglossal, hypoglossus ◆ *agg.*: (*nervo*) —, hypoglossal (nerve).

ipoglottide *s.f.* (*anat.*) hypoglottis.

ipolimnio *s.m.* (*geogr.*) hypolimnion (*pl.* -mnia).

ipolipemia *s.f.* (*med.*) hypolipemia.

ipolipidico *agg.* (*med.*) hypolipidic: *dieta ipolipidica*, low fat diet.

ipomea *s.f.* (*bot.*) — *messicana*, (*Calonyction aculeatum*) moonflower.

ipometro *agg.* (*metrica*) hypometric.

ipometrope *agg.* (*med.*) shortsighted, myopic ◆ *s.m.* e *f.* (*med.*) shortsighted, myopic person.

ipometropia *s.f.* (*med.*) hypometropia, shortsightedness.

iponimo *s.m.* hyponym ◆ *agg.* hyponymic, hyponymous.

iponitrito *s.m.* (*chim.*) hyponitrite.

iponitroso *agg.* (*chim.*) hyponitrous.

iponutrizione *s.f.* hyponutrition.

ipoplasia *s.f.* (*biol.*) hypoplasia.

ipoplastico *agg.* (*biol.*) hypoplastic.

ipoproteico, **ipoprotidico** *agg.* hypoproteic.

iporchema *s.m.* (*lett.*) hyporchema, hyporcheme.

iposcenio *s.m.* (*teatr. greco*) hyposcenium.

iposcopio *s.m.* hyposcope.

iposecrezione *s.f.* (*med.*) hyposecretion.

iposensibilità *s.f.* (*med.*) hyposensitiveness, hyposensitivity.

iposmia *s.f.* (*med.*) hyposmia.

iposodico *agg.* low salt (*attr.*): *dieta iposodica*, low salt diet.

iposolfito *s.m.* (*chim.*) hyposulphite.

iposolforoso *agg.* (*chim.*) hyposulphurous.

ipostasi *s.f.* **1** (*teol.*, *fil.*, *med.*, *ling.*) hypostasis* **2** (*fig.*) (*rappresentazione di un concetto*) hypostasis*, hypostatization.

ipostatico *agg.* **1** (*fil.*, *med.*) hypostatic **2** (*teol.*) hypostatic(al) **3** (*fig.*) (*rappresentativo*) hypostatic(al).

ipostatizzare *v.tr.* (*fil.*, *ling.*) to hypostatize.

ipostatizzazione *s.f.* (*fil.*, *ling.*) hypostatization.

ipostilo *agg.* (*arch.*) hypostyle.

iposurrenalismo *s.m.* (*med.*) hypoadrenalism.

ipotalamico *agg.* (*med.*) hypothalamic.

ipotalamo *s.m.* (*anat.*) hypothalamus*.

ipotassi *s.f.* (*ling.*) hypotaxis, subordination of clauses.

ipotattico *agg.* (*ling.*) hypotactic.

ipoteca *s.f.* **1** (*dir.*) mortgage: — *di prima iscrizione*, first recorded mortgage; — *di secondo grado*, second mortgage; — *aperta*, open-end mortgage; — *chiusa*, closed-end mortgage; — *generale*, blanket mortgage; — *immobiliare*, real-estate mortgage; — *mobiliare*, chattel mortgage; *proprietà gravata da* —, mortgaged property; *libero da* —, unmortgaged (*o* unencumbered); *contratto di* —, mortgage deed; *riscatto*, *estinzione dell'*—, redemption of mortgage; *estinguere*, *spegnere un'*—, to pay off (*o* to redeem) a mortgage; *accendere un'*—, to raise a mortgage; *mettere un'— su qlco.*, to mortgage sthg.; *prorogare un'*—, to postpone a mortgage; *registro delle ipoteche*, mortgage registry (*o* register of charges) **2** (*fig.*) claim: *con questa vittoria la squadra ha messo un'— sullo scudetto*, with this victory the team has staked a claim to (*o* on) the championship.

ipotecabile *agg.* mortgageable: *terreno* —, mortgageable land; *beni ipotecabili*, mortgageable assets // *il futuro non è* —, (*fig.*) you can't stake a claim on (*o* to) the future.

ipotecare *v.tr.* **1** to mortgage, to raise a mortgage (on sthg.): — *una casa*, to mortgage a house **2** (*fig.*) to stake a firm claim on (*o* to), to take* (sthg.) for granted: — *il futuro*, to stake a claim on the future; — *la vittoria*, to make sure of victory.

ipotecario *agg.* mortgage (*attr.*); on mortgage: *creditore* —, mortgagee; *debitore* —, mortgager; *mutuo* —, mortgage loan; *contratto* —, (*certificato*) mortgage deed; *garanzia ipotecaria*, mortgage guarantee; *cambiale ipotecaria*, mortgage bill; *cancellazione ipotecaria*, redemption (*o* satisfaction) of a mortgage; *credito* —, mortgage credit.

ipotecato *agg.* mortgaged: *proprietà ipotecata*, mortgaged estate; *merci ipotecate*, mortgaged goods; *non* —, unmortgaged.

ipotensione *s.f.* (*med.*) hypotension.

ipotensivo *agg.* e *s.m.* (*med.*) hypotensive.

ipotenusa *s.f.* (*mat.*) hypotenuse.

ipotermia *s.f.* (*med.*) hypothermia.

ipotesi *s.f.* **1** hypothesis*, theory, conjecture; supposition: *l'intera storia è basata su un'*—, the whole story is based on a hypothesis (*o* theory); *ho azzardato un'— sulle cause del disastro*, I ventured a conjecture about the causes of the disaster; *formulare un'*—, to formulate a hypothesis (*o* theory); *siamo solo nel campo delle ipotesi*, we're only in the field of conjecture // (*astr.*) — *di Kant-Laplace*, nebular hypothesis // (*dir.*) — *di legge*, case described by law // (*econ.*): — *di lavoro*, working hypothesis; — *edonistica*, law of self-interest // (*mat.*): — *del continuo*, continuum hypothesis; *poniamo per — che A sia uguale a B*, let A be equal to B // (*stat.*): — *statistica*, statistical hypothesis; — *comportamentale*, behavioural assumption **2** (*estens.*) (*eventualità*) case, event, possibility: *nella migliore delle* —, at best; *nella peggiore delle* —, at worst (*o* if the worst comes to the worst) // *nell'— che*, *se per* —, supposing (*o* suppose): *se*, *per* —, *facesse tardi*, supposing he's late; *se per — dovesse piovere*, suppose (*o* supposing) it were to rain.

ipoteso *agg.* e *s.m.* (*med.*) hypotensive.

ipotetico *agg.* **1** hypothetical, theoretical; (*immaginario*) conjectural, imaginary // (*gramm.*) *periodo* —, if clause **2** (*presunto*) supposed, presumed: *guadagno* —, supposed (*o* presumed) earnings.

ipotiposi *s.f.* (*ret.*) hypotyposis.

ipotiroideo *agg.* (*med.*) hypothyroid ◆ *s.m.* (*med.*) person affected with hypothyroidism.

ipotiroidismo *s.m.* (*med.*) hypothyroidism.

ipotizzabile *agg.* assumable, supposable: *è — un movente economico*, an economic motive can be assumed.

ipotizzare *v.tr.* to assume, to suppose, to hypothesize.

ipotonia *s.f.* (*med.*) hypotonicity.

ipotonico *agg.* hypotonic: *soluzione ipotonica*, hypotonic solution.

ipotricosi *s.f.* (*med.*) hypotrichosis.

ipotrofia *s.f.* (*med.*) hypotrophy.

ipovitaminosi *s.f.* (*med.*) hypovitaminosis.

ipoxantina *s.f.* (*chim., biol.*) hypoxanthine.

ippica *s.f.* horse racing: *ha molta passione per l'—*, he is very fond of horse racing // *datti all'—!*, (*scherz.*) why don't you take up knitting?! (*o* quit!); *lascia perdere lo sci e datti all'—*, give up skiing and take up knitting.

ippico *agg.* horse (*attr.*): *concorso —*, horse show; *corse ippiche*, horse races.

ippocampo *s.m.* **1** (*mit., anat.*) hippocampus* **2** (*zool.*) seahorse, hippocampus*.

ippocastano *s.m.* (*bot.*) (*Aesculus hippocastanum*) chestnut, horse chestnut.

ippocratico *agg.* Hippocratic.

ippodromo *s.m.* **1** racecourse, racetrack **2** (*archeol.*) hippodrome, circus*.

ippoglosso *s.m.* (*zool.*) (*Hippoglossus hippoglossus*) halibut.

ippogrifo *s.m.* (*mit.*) hippogriff, hippogryph.

ippologia *s.f.* hippology.

ippopotamo *s.m.* (*zool.*) (*Hippopotamus amphibius*) hippopotamus*, (*fam.*) hippo*.

ippotrago *s.m.* (*zool.*) hippotragus.

ippurico *agg.* (*chim.*) hippuric: *acido —*, hippuric acid.

ippuride *s.m.* (*bot.*) (*Hyppuris vulgaris*) mare's-tail.

ippurite *s.m.* (*paleont.*) hippurite.

iprite *s.f.* (*chim.*) mustard gas, yperite: *— azotata*, nitrogen mustard.

ipsilon *s.f.* o *m.* **1** letter Y **2** (*lettera dell'alfabeto greco*) ypsilon.

ipsocefalia *s.f.* hypsocephaly, hypsicephaly.

ipso facto *avv.* (*lat.*) immediately; at once; on the spot: *— decise di partire*, she decided to leave at once (*o* on the spot).

ipsofillo *s.m.* (*bot.*) hypsophyll.

ipsofilo *agg.* (*ecol.*) hypsophilous.

ipsofono *s.m.* (*tel.*) answering machine.

ipsografia *s.f.* (*cartografia*) hypsography.

ipsografico *agg.* (*cartografia*) hypsographic, hypsographical.

ipsometria *s.f.* hypsometry.

ipsometrico *agg.* hypsometric, hypsometrical.

ipsometro *s.m.* (*fis.*) hypsometer.

ira *s.f.* **1** rage, anger, fury, wrath: *era fuori di sé dall'—*, he was beside himself with fury; *lo feci in un accesso d'—*, I did it in a fit of rage; *agire sotto l'impulso dell'—*, to act in anger; *provocare l'— di qlcu.*, to provoke s.o. to anger; *essere preso dall'—*, to fly into a rage // *l'— di Dio*, the wrath of God // *essere un'— di Dio*, (*fig.*) (*di cosa*) to be a curse, (*di persona*) to be a pest (*o* a nuisance) // *fare un'— di Dio*, (*fig.*) to create havoc: *i bambini hanno fatto un'— di Dio in casa*, the kids created havoc in the house; *è successa un'— di Dio*, all hell broke loose **2** (*fig. letter.*) rage, fury: *l'— del mare*, the fury of the sea.

irace *s.m.* (*zool.*) hyrax*, rock rabbit.

irachena *s.f.* Iraqi.

iracheno *s.m.* e *agg.* Iraqi.

iracondia *s.f.* irascibility, quick temper.

iracondo *agg.* irascible, quick-tempered, short-tempered, hot-tempered: *uomo —*, hot-tempered man // *parole iraconde*, angry words.

irakeno → **iracheno**.

iraniana *s.f.* Iranian.

iraniano *s.m.* e *agg.* Iranian.

iranico *agg.* e *s.m.* Iranian.

iranista *s.m.* e *f.* specialist in Iranian studies.

iranistica *s.f.* Iranian studies (*pl.*).

irascibile *agg.* irascible, hot-tempered, quick-tempered, short-tempered.

irascibilità *s.f.* irascibility, hot temper, quick temper, short temper; (*suscettibilità*) touchiness.

irato *agg.* angry, enraged, furious, wrathful: *sguardo —*, furious gaze.

irbis *s.m.* (*zool.*) (*Panthera uncia*) ounce, snow leopard.

ire *v.intr.* (*poet.*) to go*.

irenismo *s.m.* **1** (*relig.*) (e)irenics [U] **2** (*non com.*) (*pacifismo*) irenicism.

irenista *s.m.* e *f.* **1** (*relig.*) proponent of (e)irenic theology **2** (*non com.*) (*pacifista*) irenist, pacifist.

irenistico *agg.* **1** (*relig.*) (e)irenist **2** (*pacifico*) irenic(al).

irenologia *s.f.* peace studies (*pl.*).

ireos → **iris**.

iridaceo *agg.* (*bot.*) iridaceous.

iridare *v.tr.* (*letter.*) to paint with the colours of the rainbow, to make* iridescent.

□ **iridarsi** *v.intr.pron.* (*letter.*) to become* iridescent.

iridato *agg.* rainbow-coloured, iridescent // (*sport*): *maglia iridata*, rainbow(-striped) jersey (of the world cycling champion); *campione —*, world champion ♦ *s.m.* (*sport*) world cycling champion.

iridazione → **iridescenza**.

iride *s.f.* **1** (*anat., fis.*) iris **2** (*letter.*) (*arcobaleno*) iris, rainbow **3** (*bot.*) iris; flower de luce **4** (*gamma di colori*) iris, prismatic halo*.

iridectomia *s.f.* (*med.*) iridectomy.

irideo *agg.* (*anat.*) iridal.

iridescente *agg.* iridescent.

iridescenza *s.f.* **1** iridescence **2** (*fot.*) fringe.

iridico *agg.* (*chim.*) iridic.

iridio *s.m.* (*chim.*) iridium.

iridociclite *s.f.* (*med.*) iridocyclitis.

iridosmina *s.f.* (*chim.*) osmiridium.

iris *s.m.* (*bot.*) iris; flower de luce.

irish coffee *s.m.* (*caffè bollente e whisky irlandese*) Irish coffee.

irite *s.f.* (*med.*) iritis.

irizzare *v.tr.* (*porre un'azienda sotto il controllo dell'IRI*) to place a company under the control of IRI (Institute for Industrial Reconstruction).

irlandese *agg.* Irish ♦ *s.m.* **1** (*abitante*) Irishman* // *gli Irlandesi*, the Irish (people) **2** (*lingua*) (the) Irish (language) ♦ *s.f.* Irishwoman*.

irone *s.m.* (*chim.*) irone.

ironia *s.f.* irony: *l'— della sorte*, the irony of fate; *le ironie della vita*, the ironies of life.

ironicamente *avv.* ironically.

ironico *agg.* ironic(al): *un sorriso —*, an ironic smile.

ironista *s.m.* e *f.* (*non com.*) ironist.

ironizzare *v.tr.* to be ironic about (s.o., sthg.), to knock ♦ *v.intr.* to be ironic, to speak* ironically: *— su tutto e su tutti*, to be ironic about all and sundry.

iroso *agg.* **1** (*pieno d'ira*) hot-tempered, irascible: *uomo —*, hot-tempered man **2** (*infuriato*) angry, wrathful, furious; (*di animale*) ferocious.

Irpef *s.f.* (*fin.*) (*Imposta sul reddito delle persone fisiche*) Personal Income Tax.

Irpeg *s.f.* (*fin.*) (*Imposta sul reddito delle persone giuridiche*) Corporate Income Tax.

irraccontabile *agg.* unrepeatable, unmentionable, untellable: *una barzelletta —*, an unrepeatable joke.

irradiamento *s.m.* irradiation, radiation.

irradiare *v.tr.* **1** to irradiate, to shed* light on (sthg.), to shine* upon (sthg.): *il suo viso irradiava gioia*, his face radiated joy **2** (*diffondere per radio*) to broadcast* **3** (*med.*) to irradiate ♦ *v.intr.* to irradiate, to radiate; to shine*: *il calore che irradia dal sole*, the heat radiating from the sun.

□ **irradiarsi** *v.intr.pron.* to radiate, to spread* out, to diffuse: *le strade si irradiano in tutto il paese*, roads radiate all over the country; *il dolore della mano si è irradiato al braccio*, the pain in the hand spread to the arm.

irradiatore *agg.* (*non com.*) radiating, irradiating.

irradiazione *s.f.* irradiation.

irraggiamento *s.m.* irradiation, radiation.

irraggiare, **irraggiarsi** → **irradiare, irradiarsi**.

irraggiungibile *agg.* **1** unreachable, inaccessible: *per ora il paese, isolato dalla frana, è —*, for the moment the village, cut off by the landslide, is inaccessible **2** (*fig.*) unrealizable, unattainable, unreachable: *un sogno —*, an unrealizable dream.

irraggiungibilità *s.f.* **1** inaccessibility **2** (*fig.*) unattainability.

irragionevole *agg.* **1** (*non dotato di ragione*) irrational, unreasoning **2** (*contro ragione*) unreasonable, absurd, senseless: *una pretesa —*, an unreasonable claim; *prezzo —*, steep price; *non essere —!*, don't be absurd!; *avere una paura —*, to feel an irrational fear.

irragionevolezza *s.f.* (*l'essere irragionevole*) irrationality; unreasonableness, absurdity, senselessness: *l'— di una proposta*, the absurdity of a proposal; *nessuno l'ha comprato per l'— del prezzo*, nobody bought it because of the steepness of the price.

irrancidimento *s.m.* going rancid, growing rank.

irrancidire *v.intr.* to go* rancid, to become* rank, to grow* stale: *questo burro è irrancidito*, this butter has gone rancid.

irrappresentabile *agg.* unperformable, unplayable.

irrappresentabilità *s.f.* unperformable nature.

irrazionale *agg.* **1** irrational (*anche mat.*); (*illogico*) illogical, absurd: *un comportamento del tutto —*, completely irrational behaviour

2 (*privo di funzionalità*) impractical, non-functional: *i locali sono disposti in modo —*, the rooms are laid out in an impractical way ◆ *s.m.* irrational.

irrazionalismo *s.m.* **1** (*fil.*) irrationalism **2** (*estens.*) irrationality; unreasonableness.

irrazionalista *s.m.* e *f.* (*fil.*) irrationalist.

irrazionalistico *agg.* **1** (*fil.*) irrationalist **2** (*estens.*) irrational, unreasonable, illogical.

irrazionalità *s.f.* **1** irrationality; unreasonableness: *l'— del suo comportamento*, the irrationality of his behaviour **2** (*non funzionalità*) impracticality: *l'— di un sistema di lavoro*, the impracticality of a method of working.

irrazionalmente *avv.* **1** (*illogicamente*) irrationally; unreasonably: *agire —*, to act irrationally **2** (*in modo non funzionale*) impractically, non-functionally: *spazio sfruttato —*, space used impractically.

irreale *agg.* unreal; (*fantastico*) fantastic, dream (*attr.*).

irrealizzabile *agg.* unrealizable, unfeasible, impossible: *il progetto per il momento è —*, the project is unfeasible for the time being.

irrealizzabilità *s.f.* impracticability, unfeasibility; impossibility.

irrealtà *s.f.* unreality: *l'— di una situazione*, the unreality of a situation // (*gramm.*) *periodo ipotetico dell'—*, second conditional sentence.

irreconciliabile *agg.* (*non com.*) irreconcilable.

irreconciliabilità *s.f.* (*non com.*) irreconcilability, irreconcilableness.

irrecuperabile *agg.* irrecoverable, unrecoverable, irretrievable: (*econ.*) *debito, perdita —*, irrecoverable debt, loss; (*assicurazioni*) *danno —*, irretrievable damage; *la loro armonia sembra essere —*, their harmony seems gone forever // *un malato —*, a terminally-ill patient.

irrecuperabilità *s.f.* irrecoverableness, irretrievableness.

irrecusabile *agg.* **1** (*che non si può rifiutare*) unrefusable, that cannot be refused: *un'offerta —*, an offer that can't be refused **2** (*non confutabile*) irrefutable, incontrovertible: *una testimonianza —*, an irrefutable testimony.

irrecusabilità *s.f.* irrefutability, undeniableness: *— della prova*, irrefutability of the evidence.

irredentismo *s.m.* (*pol.*) irredentism.

irredentista *s.m.* e *f.* (*pol.*) irredentist.

irredentistico *agg.* irredentist.

irredento *agg.* unredeemed.

irredimibile *agg.* unredeemable, irredeemable: (*fin.*) *obbligazioni irredimibili*, irredeemable bonds.

irredimibilità *s.f.* (*econ.*) irredeemability, irredeemableness.

irrefragabile *agg.* (*letter.*) (*che non si può confutare*) indisputable, incontrovertible, irrefutable, unanswerable, irrefragable.

irrefragabilità *s.f.* (*letter.*) (*l'essere inconfutabile*) indisputability, indisputableness, irrefragability.

irrefrenabile *agg.* (*incontrollabile*) irrepressible, unrestrainable: *un impulso —*, an irrepressible impulse; *una voglia — di ridere*, an irrepressible desire to laugh.

irrefrenabilità *s.f.* irrepressibleness, unrestrainableness.

irrefutabile *agg.* irrefutable, indisputable: *le prove sono irrefutabili*, the evidence is irrefutable.

irrefutabilità *s.f.* irrefutability, irrefutableness, indisputability, indisputableness.

irreggimentare *v.tr.* **1** (*mil.*) (*inquadrare in un reggimento*) to regiment, to form into regiments **2** (*fig.*) (*sottoporre a rigida disciplina*) to regiment: *la dittatura irreggimentò le masse*, the dictatorship regimented the masses.

irreggimentazione *s.f.* regimentation.

irregolare *agg.* **1** (*non conforme a regola*) irregular: *elezioni irregolari*, irregular elections; (*sport*) *condotta di gara —*, breach of the rules; (*gramm.*) *verbo —*, irregular verb; (*mil.*) *milizie irregolari*, irregular troops // *unione —*, cohabitation **2** (*dir.*) irregular; unlawful: *deposito —*, irregular deposit; *contratto —*, irregular contract **3** (*asimmetrico*) irregular; (*non uniforme*) uneven: *forma —*, irregular shape; *edificio a pianta —*, building with an irregular plan; *terreno —*, uneven (*o* rough) ground **4** (*sregolato*) disorderly, loose: *vita —*, loose life **5** (*instabile*) unsteady; (*intermittente*) intermittent: *mercato —*, unsteady market; *polso —*, intermittent pulse ◆ *s.m.* e *f.* (*anticonformista*) anticonformist, rebel ◆ *s.m.* (*mil.*) irregular: *una banda di irregolari*, a band of irregulars.

irregolarità *s.f.* **1** (*non conformità alla regola*) irregularity; (*scorrettezza*) irregularity: *l'— della sua posizione*, the irregularity of his position; *commettere un'—*, to commit a breach of the rules; *sono state rilevate delle — nei libri contabili*, irregularities have been discovered in the accounts // *— amministrativa*, embezzlement of public funds // *— di gioco*, foul **2** (*dir.*) irregularity; unlawfulness: *una mera —*, a mere technicality **3** (*discontinuità*) unevenness; (*instabilità*) instability: *l'— del suo umore*, the unevenness of his temper; *trar vantaggio dall'— del terreno*, to take advantage of the unevenness (*o* roughness) of the ground; (*econ.*) *— del mercato*, instability of the market.

irregolarmente *avv.* irregularly.

irrelato *agg.* (*non connesso ad altri elementi*) unrelated, unconnected: *concetti irrelati fra loro*, unrelated concepts.

irreligione *s.f.* irreligion, irreligiousness.

irreligiosità *s.f.* irreligiousness.

irreligioso *agg.* irreligious.

irremissibile *agg.* (*imperdonabile*) irremissible; unpardonable; (*che non perdona*) unforgiving: *un peccato —*, an unpardonable sin.

irremissibilità *s.f.* (*letter.*) unremissibility.

irremovibile *agg.* (*inflessibile*) inflexible, unyielding: *essere —*, to be inflexible; *è — nelle sue decisioni*, he's inflexible in his decisions; *essere — nei propri principi*, to be steadfast in one's principles.

irremovibilità *s.f.* (*inflessibilità*) inflexibility, steadfastness.

irremovibilmente *avv.* (*inflessibilmente*) inflexibly, steadfastly.

irremunerato *agg.* (*non com.*) unpaid, not remunerated, unrewarded.

irreparabile *agg.* **1** (*a cui non si può porre rimedio*) irreparable; irretrievable, irrecoverable: *danno —*, irreparable damage; *un errore —*, an irreparable error; *perdita —*, irrecoverable loss **2** (*non com.*) (*inevitabile*) inevitable ◆ *s.m.* irreparable: *è accaduto l'—*, the irreparable has happened.

irreparabilità *s.f.* irreparability; irretrievableness.

irreparabilmente *avv.* irreparably; irretrievably: *un esperimento — compromesso*, an experiment irreparably compromised; *felicità — perduta*, irretrievably lost happiness.

irreperibile *agg.* untraceable, not to be found: *Sai dov'è il direttore? È stato — tutta la mattina*, Do you know where's the boss? I haven't been able to find him all morning; *questo tipo di prodotti sono ormai irreperibili*, these products can no longer be found // *rendersi — è la sua specialità*, making himself scarce is his speciality // (*dir.*) *testimone —*, unavailable witness.

irreperibilità *s.f.* untraceableness: *la sua — ha causato gravi disagi*, the fact that he couldn't be found caused serious problems // (*dir.*) *— di un testimone*, unavailability of a witness.

irrepetibile e *deriv.* → **irripetibile** e *deriv.*

irreprensibile *agg.* irreproachable, faultless, irreprehensible, blameless; above reproach (*pred.*): *il suo lavoro è —*, his work is irreproachable; *è di un'eleganza —*, he's faultlessly elegant; *condotta —*, balmeless behaviour.

irreprensibilità *s.f.* irreproachability, irreproachableness, faultlessness, blamelessness.

irreprensibilmente *avv.* irreproachably, faultlessly, blamelessly: *abbigliato —*, impeccably dressed.

irreprimibile *agg.* irrepressible, unrestrainable: *impulso —*, irrepressible impulse.

irrepugnabile *agg.* (*letter.*) irrefutable, indisputable.

irrequietezza *s.f.* restlessness, uneasiness.

irrequieto *agg.* (*agitato*) restless, uneasy: *è stato — tutta la notte*, he was uneasy all night; *non essere così —*, don't be so restless; *un cavallo —*, a frisky horse.

irrequietudine *s.f.* restlessness, uneasiness.

irresistibile *agg.* irresistible.

irresolubile *agg.* (*letter.*) irresolvable, unsolvable, insoluble.

irresolubilità *s.f.* (*letter.*) insolubility, unsolvability.

irresolutezza *s.f.* irresolution, indecision, hesitation: *sono stanco della sua continua —*, I am tired of his perpetual irresolution.

irresoluto *agg.* (*indeciso*) irresolute, hesitating.

irrespirabile *agg.* unbreathable; (*soffocante*) stifling (*anche fig.*): *l'aria di città è —*, the city's air is unbreathable; *un'atmosfera —*, a stifling atmosphere.

irresponsabile *agg.* **1** not responsible, irresponsible (*anche estens.*) **2** (*dir.*) immune from prosecution ◆ *s.m.* e *f.* irresponsible person.

irresponsabilità *s.f.* **1** irresponsibility **2** (*dir.*) immunity from prosecution.

irresponsabilmente *avv.* irresponsibly.

irrestringibile *agg.* unshrinkable, non -shrink.

irrestringibilità *s.f.* unshrinkableness.

irretimento *s.m.* (*non com.*) (*seduzione*) seduction, enticing; (*inganno*) tricking.

irretire *v.tr.* **1** (*non com.*) (*prendere nella rete*) to net **2** (*allettare, ammaliare*) to snare; to entice, to seduce: *si è lasciato — da quella ragazza*, he let himself be snared by that girl **3** (*ingannare*) to trick, to cheat, to take* in: *non lasciarti — dalle loro promesse*, don't be taken in by their promises.

irretrattabile e *deriv.* → **irritrattabile** e *deriv.*

irretroattività *s.f.* (*dir.*) non-retroactivity.

irretroattivo *agg.* (*dir.*) non-retroactive.

irreversibile *agg.* irreversible, not reversible: (*fis.*) *cambiamento, processo* —, irreversible change, process; (*med.*) *coma* —, irreversible coma // *malattia* —, incurable illness // (*burocrazia*) *pensione* —, non-transferable pension // (*fin.*) *capitale* —, tied-up capital.

irreversibilità *s.f.* irreversibility, non -reversibility: (*burocrazia*) — *della pensione*, non-transferability of a pension; (*econ.*) — *di una funzione*, non-reversibility of a function.

irrevocabile *agg.* **1** irrevocable; (*dir.*) absolute: *decisione* —, irrevocable decision; *prendere una decisione* —, to take an irrevocable decision; *decreto* —, decree absolute; *offerta, proposta* —, irrevocable offer; *sentenza* —, irrevocable sentence // (*fin.*): *credito* —, irrevocable credit; *lettera di credito* —, irrevocable letter of credit **2** (*letter.*) (*definitivamente passato*) beyond recall, past recall: *il tempo dell'— giovinezza*, the time of childhood beyond recall.

irrevocabilità *s.f.* irrevocability, irrevocableness.

irrevocato *agg.* (*non revocato*) unrevoked: *una legge irrevocata*, an unrevoked law.

irricevibile *agg.* (*form.*) inadmissible; (*estens.*) inacceptable.

irriconciliabile e *deriv.* → **irreconciliabile** e *deriv.*

irriconoscente *agg.* ungrateful.

irriconoscibile *agg.* unrecognizable; altered beyond recognition (*pred.*): *il nostro povero amico era* —, our poor friend had altered beyond recognition; *era — in quel suo travestimento*, he was unrecognizable in his getup.

irriconoscibilità *s.f.* unrecognizableness.

irridere *v.tr.* (*letter.*) (*deridere*) to deride; to laugh at (s.o., sthg.); to mock; to make* fun of (s.o., sthg.).

irriducibile *agg.* **1** (*che non si può ridurre*) irreducible, not reducible, that cannot be reduced: (*comm.*) *prezzi irriducibili*, irreducible (*o* rock-bottom) prices; (*comm.*) *spesa* —, irreducible expense // (*mat.*) *polinomio* —, irreducible polynomial **2** (*fig.*) (*ostinato*) indomitable; (*irremovibile*) inflexible, unyielding: *avversario, volontà* —, indomitable opponent, will; *mostrarsi — su una clausola*, to be inflexible over a clause **3** (*med.*) irreducible ◆ *s.m.* e *f.* (*gergo*) (*di terrorista*) (the) diehard (terrorist).

irriducibilità *s.f.* irreducibility (*anche mat.*).

irriferibile *agg.* (*indecente, non riferibile*) unrepeatable: *insulti irriferibili*, unrepeatable insults.

irriflessione *s.f.* (*non com.*) thoughtlessness, heedlessness.

irriflessività *s.f.* thoughtlessness.

irriflessivo *agg.* thoughtless, heedless: *un'azione irriflessiva*, a thoughtless (*o* an unthinking) action.

irrigabile *agg.* irrigable: *terreno* —, irrigable field.

irrigamento → **irrigazione**.

irrigare *v.tr.* **1** to irrigate, to water **2** (*med.*) to irrigate; to douche.

irrigatore *agg.* irrigation (*attr.*), irrigational ◆ *s.m.* **1** (*impianto di irrigazione*) irrigator; (*per giardino*) sprinkler **2** (*med.*) irrigator, douche.

irrigatorio *agg.* irrigation (*attr.*), irrigational.

irrigazione *s.f.* **1** irrigation, watering **2** (*med.*) irrigation; douching.

irrigidimento *s.m.* **1** stiffening; (*di clima*) turning cold: *ho notato un improvviso — del clima recentemente*, I've noticed that the weather has turned cold (*o* chilly) recently **2** (*fig.*) tightening; hardening: *chiese un — delle sanzioni*, he asked for a tightening of sanctions; *l'— sulle reciproche posizioni ha rallentato le trattative*, the hardening of their respective positions has slowed the negotiations.

irrigidire *v.tr.* to stiffen, to make* stiff (*anche fig.*): *il freddo mi ha irrigidito le mani*, the cold has made my hands stiff.

□ **irrigidirsi** *v.intr.pron.* to stiffen, to become* stiff (*anche fig.*): *si irrigidirono sulle rispettive posizioni*, they refused to budge from (*o* stuck to) their respective standpoints; *si irrigidì dalla paura*, he went stiff with fear // *il clima si è irrigidito*, the climate has turned colder (*o* chillier *o* has grown harsher).

irrigidito *agg.* **1** stiff, rigid: *ero — dal freddo*, I was frozen stiff; *— sull'attenti*, standing stiffly to attention **2** (*fig.*) (*irremovibile*) unbending; unrelenting; (*ostinato*) stubborn.

irriguardoso *agg.* disrespectful, irreverent: *comportamento — verso i genitori*, disrespectful behaviour towards one's parents.

irriguo *agg.* **1** (*ricco d'acqua*) well-watered; (*irrigato*) irrigated: *campo* —, well-watered field **2** (*che irriga*) irrigation (*attr.*): *canale* —, irrigation canal.

irrilevante *agg.* **1** insignificant, trifling, unimportant: *un particolare* —, an insignificant detail; *danno* —, slight (*o* minor) damage; *la sua opinione è* —, his opinion is unimportant; *somma* —, trifling sum **2** (*dir.*) irrelevant, immaterial: *prova* —, irrelevant evidence.

irrilevanza *s.f.* **1** insignificance **2** (*dir.*) irrelevance, irrelevancy; impertinence.

irrimandabile *agg.* unpostponable.

irrimediabile *agg.* **1** irreparable; irremediable: *un errore* —, an irreparable error; *danno* —, irreparable error **2** (*irrecuperabile*) irrecoverable, irretrievable: *perdita* —, irrecoverable loss.

irrimediabilità *s.f.* irremediableness, irreparableness, irreparability.

irrimediabilmente *avv.* irreparably, irremediably.

irrinunciabile *agg.* inalienable; irremissible; that cannot be given up: *diritti irrinunciabili*, inalienable rights; *bene* —, irremissible good.

irrinunciabilità *s.f.* (*inalienabilità*) inalienability; irremissibility: — *di un diritto*, inalienability of a right; — *di una rivendicazione*, irremissibility of a claim.

irripetibile *agg.* unrepeatable: *un'esperienza* —, an unrepeatable experience; *frasi irripetibili*, unrepeatable words.

irripetibilità *s.f.* unrepeatability.

irriproducibile *agg.* unreproduceable.

irriproducibilità *s.f.* unreproduceability.

irrisione *s.f.* derision, mockery, ridicule: *esporre qlcu. all'*—, to hold s.o. up to ridicule.

irrisolto *agg.* unsolved; unresolved: *un mistero rimasto* —, an unsolved mystery; *un problema* —, an unresolved problem.

irrisoluto e *deriv.* → **irresoluto** e *deriv.*

irrisolvibile *agg.* unsolvable.

irrisore *s.m.* (*letter.*) derider, mocker ◆ *agg.* (*letter.*) derisive, mocking.

irrisoriamente *avv.* **1** derisively, mockingly **2** (*in modo inadeguato*) paltrily, meanly, meagrely: *lo compensarono* —, they gave him a paltry reward.

irrisorio *agg.* **1** (*che irride*) derisive **2** (*inadeguato*) paltry, trifling, mean, meagre // (*econ.*) *prezzo, compenso* —, paltry price, reward; *offerta irrisoria*, paltry offer.

irrispettoso *agg.* disrespectful: *è un ragazzo* —, he is a disrespectful boy; *essere — verso qlcu.*, to be disrespectful towards s.o.

irritabile *agg.* **1** (*di persona*) irritable: *un carattere facilmente* —, a character easily irritated; *il caldo mi rende* —, hot weather makes me irritable **2** (*med.*) irritable, sensitive: *colon* —, irritable colon.

irritabilità *s.f.* **1** (*di persona*) irritability **2** (*med.*) irritability, sensitiveness.

irritamento → **irritazione**.

irritante *agg.* **1** irritating, annoying: *un fanciullo* —, an irritating child **2** (*med.*) irritant ◆ *s.m.* (*med.*) irritant.

irritare *v.tr.* **1** (*provocare, innervosire*) to irritate, to annoy: *non irritatela!*, don't irritate her!; *è riuscito a irritarmi*, he managed to irritate me **2** (*ferita, pelle ecc.*) to irritate, to inflame: *lo sfregamento irritò la ferita*, rubbing irritated (*o* inflamed) the wound.

□ **irritarsi** *v.intr.pron.* **1** (*innervosirsi*) to get* irritated, to get* annoyed: — *con qlcu. per qlco.*, to get irritated at s.o. over sthg.; *si irrita per niente*, he got irritated over nothing **2** (*di ferita, pelle ecc.*) to become* irritated: *una pelle che si irrita facilmente*, a skin that is easily irritated.

irritativo *agg.* irritative, irritating.

irritato *agg.* **1** irritated, annoyed **2** (*infiammato*) inflamed, irritated, sore: *avere la pelle irritata*, to have a skin inflammation; *avere la gola irritata*, to have a sore throat.

irritazione *s.f.* **1** irritation; (*ira*) anger: *essere in preda a una viva* —, to be seething with anger **2** (*di ferita, pelle ecc.*) inflammation, irritation.

irrito *agg.* (*dir.*) null, void, of no effect (*pred.*): *il testamento è* —, the will is null and void.

irritrattabile *agg.* irrevocable: *questa decisione è* —, this decision is irrevocable; *in Italia l'azione penale è* —, in Italy criminal prosecution is irrevocable.

irritrattabilità *s.f.* irrevocableness, irrevocability.

irrituale *agg.* (*dir.*) informal; amicable: *transazione* —, amicable composition.

irritualità *s.f.* (*dir.*) irregularity.

irrivelabile *agg.* (*non com.*) that cannot be revealed, that cannot be disclosed: *il trattato fu revocato per ragioni per ora irrivelabili*, the treaty was revoked for reasons that cannot be revealed at present.

irriverente *agg.* irreverent; disrespectful: *è — verso le persone anziane*, he's disrespectful towards the elderly; *parole irriverenti*, irreverent words.

irriverenza *s.f.* irreverence, disrespectfulness: *comportarsi con* —, to behave disrespectfully.

irrobustire *v.tr.* to strengthen: *lo sport irrobustisce il fisico*, practising sport strengthens the body.

□ **irrobustirsi** *v.intr.pron.* to grow* strong(er): *questo ragazzo si sta sempre più irrobustendo*, this boy is growing stronger and stronger.

irrogare *v.tr.* (*dir.*) to inflict, to impose: — *una pena*, to impose a sentence.

irrogazione *s.f.* (*dir.*) imposition, infliction.

irrompere *v.intr.* **1** to break* into (a place), to burst* into (a place): *i ladri irruppero nella casa*, the burglars broke into the house; — *in una stanza*, to burst (*o* to rush) into a room **2** (*riversarsi*) to swarm: *la folla irruppe nel campo da gioco*, the crowd swarmed over the football pitch **3** (*di acque*) to overflow, to flood **4** (*fig.*) to overwhelm: *un ricordo irruppe nella sua mente*, a memory overwhelmed his mind.

irroramento → **irrorazione**.

irrorare *v.tr.* **1** to sprinkle; to spray **2** (*agr.*) to spray **3** (*biol.*) to supply (with blood or lymph).

irroratrice *s.f.* (*agr.*) sprayer, spraying machine.

irrorazione *s.f.* **1** sprinkling; spraying **2** (*agr.*) spraying.

irrotazionale *agg.* irrotational: (*fis.*) *campo* —, irrotational field.

irruente *agg.* **1** (*letter.*) (*che irrompe*) raging; violent: *folla* —, raging crowd **2** (*fig.*) (*impetuoso*) impetuous; impulsive: *ha un temperamento* —, he has an impetuous nature.

irruenza *s.f.* impetuousness, impetuosity, impulsiveness: *l'— delle passioni*, the impetuosity of the passions.

irrugginire → **arrugginire**.

irrumazione *s.f.* irrumation.

irruvidimento *s.m.* roughening.

irruvidire *v.tr.* to roughen, to make* rough; (*screpolare*) to chap: *il vento irruvidisce la pelle*, the wind chaps the skin.

□ **irruvidirsi** *v.intr.pron.* to become* rough: *le si sono irruvidite le mani*, her hands have become rough (*o* chapped) // *col passare degli anni il suo carattere si è irruvidito*, (*fig.*) with the years his character has grown harsher.

irruzione *s.f.* **1** (*di militari, polizia e simili*) raid: *un'— della polizia*, a police raid; *la polizia fece — in una bisca clandestina*, the police raided the gambling den **2** (*estens.*) (*l'entrare con impeto*) irruption: *il processo fu interrotto dall'— dei giornalisti*, the irruption of the journalists into court interrupted the proceedings; *il capo ha fatto — nell'ufficio*, the boss burst into the office; *fare — in un luogo*, to break into a place.

irsuto *agg.* **1** shaggy, hairy, bristly: *una barba irsuta*, a shaggy beard; *petto* —, hairy chest **2** (*fig.*) (*rozzo*) rough, harsh: *carattere* —, rough character.

irto *agg.* **1** bristly, shaggy: *capelli irti*, shaggy hair **2** (*pieno di punte*) bristling: *una costa irta di scogli*, a rugged coastline; — *di spine*, bristling with (*o* full of) thorns // *è un lavoro — di difficoltà*, that job is bristling with difficulties.

isagoge *s.f.* (*letter.*) isagoge.

isagogico *agg.* (*letter.*) isagogic.

isagono *s.m.* (*mat.*) isogon ◆ *agg.* isogonic.

isatina *s.f.* (*chim.*) isatin.

isba *s.f.* isba(h).

iscariota *agg.* Iscariot: (*Bibbia*) *Giuda* —, Judas Iscariot.

ischeletrire *v.tr.* to emaciate, to make* gaunt: *la lunga malattia l'ha ischeletrito*, the long illness has emaciated him ◆ *v.intr.* → ischeletrirsi.

□ **ischeletrirsi** *v.intr.pron.* to grow* gaunt, to become* emaciated.

ischeletrito *agg.* emaciated, gaunt: *alberi, animali ischeletriti*, gaunt trees, animals.

ischemia *s.f.* (*med.*) ischemia.

ischialgia *s.f.* (*med.*) ischialgia.

ischiatico *agg.* (*anat.*) ischial, ischiatic, (*non com.*) ischiadic.

ischio *s.m.* (*anat.*) ischium*.

iscritto[1] *agg.* **1** (*a scuola, esame, associazione, competizione ecc.*) enrolled **2** (*annoverato, registrato*) recorded, registered: *socio* —, registered member // (*comm.*) *spese iscritte in bilancio*, expenses entered in the financial statements **3** (*scolpito*) engraved, inscribed **4** (*mat.*) inscribed ◆ *s.m.* member, (*di scuola*) pupil, (*di università*) student: — *al sindacato*, trade union member (*o* trade unionist *o* unionist); *gli iscritti a un partito*, the members of a party; *il numero degli iscritti è aumentato*, the membership has risen.

iscritto[2] *s.m.*: *per* —, in writing; *mettere in* —, to put down in writing.

iscrivere *v.tr.* **1** (*a scuola, esame, associazione, competizione ecc.*) to enrol(l), to enter: *devo iscriverti a questa gara?*, shall I enter you (*o* your name) for this match?; *ho iscritto mio figlio a questo esame*, I have entered my son for this examination; — *qlcu. a un club*, to enrol s.o. as a member of a club; — *una persona, un nome su una lista*, to enter a person, a name on a list **2** (*registrare*) to record, to register; to enter, to book: *la storia iscriverà il suo nome fra i grandi uomini di quel paese*, history will record his name among the great men of that country // (*dir.*): — *un'ipoteca*, to register a mortgage; — *una causa a ruolo*, to enter a case for trial // (*trib.*) — (*beni*) *nei ruoli dell'imposta*, to list (goods) // (*comm.*): — *all'attivo*, to book (*o* enter) in the assets; — *al passivo*, to book (*o* enter) as a liability; — *le spese di esercizio a bilancio*, to enter operating expenses in the budget **3** (*scrivere, scolpire*) to inscribe, to engrave: *il suo nome fu iscritto su una lastra di marmo*, his name was inscribed on a marble slab // — *qlco. nella memoria di qlcu.*, to engrave sthg. on s.o.'s memory **4** (*mat.*) to inscribe.

□ **iscriversi** *v.rifl.* to enter (sthg.); to enter one's name (for sthg.); to enrol(l) oneself; to join (sthg.): *mi sono iscritto all'esame di latino*, I have enrolled for the Latin examination; — *all'università*, to matriculate; — *a un concorso*, to enter for a competition; — *a un partito*, to join (*o* to become a member of) a party; — *a una scuola*, to enrol in a school; — *a un club*, to join a club.

iscrizione *s.f.* **1** (*a scuola, esame, associazione, competizione ecc.*) entry, enrolment, registration; (*a università*) matriculation: *domanda d'*—, application; *modulo d'*—, application (*o* entry) form; *tassa d'*—, enrolment fee (*o* membership fee); *certificato d'*—, enrolment certificate; — *di un'impresa*, registration of a company; *ci furono venti iscrizioni per questa corsa*, there were twenty entries for this race; *fare l'— a un esame*, to enrol for an examination **2** (*scritta*) inscription: *un'— in latino*, an inscription in Latin **3** (*dir.*) enrolment, registration: — *ipotecaria*, registry (*o* registration) of a mortgage; — *dei trapassi di proprietà*, registration of transfers // (*trib.*) — *a ruolo*, entry in the tax rolls; (*dir.*) — *di una causa a ruolo*, enrolment (*o* registration) of a case in the rolls of a court.

iscuria *s.f.* (*med.*) ischuria.

iscurire → **inscurire**.

isentropico → **isoentropico**.

Islam *s.m.* (*st. relig.*) Islam.

islamico *agg.* Islamic ◆ *s.m.* Moslem.

islamismo *s.m.* (*st. relig.*) Islamism, Mohammedanism.

islamista *s.m.* e *f.* Islamicist.

islamistica *s.f.* Islamic studies (*pl.*).

islamita *agg.* Islamic, Islamitic ◆ *s.m.* e *f.* Islamite.

islamizzare *v.tr.* to Islamize.

□ **islamizzarsi** *v.rifl.* o *intr.pron.* to be Islamized.

islamizzazione *s.f.* Islamization.

islandese *agg.* Icelandic ◆ *s.m.* e *f.* Icelander ◆ *s.m.* (*lingua*) (the) Icelandic (language).

ismaelita, **ismailita** *agg.* Ishmaelitish ◆ *s.m.* e *f.* Ishmaelite.

ismo → **istmo**.

iso- *pref.* di origine greca della terminologia scientifica; ingl. iso-; indica **1** uguaglianza o affinità: (*mat.*) *isoperimetrico*, isoperimetric **2** in chimica, l'isomero di un composto: *isocianina*, isocyanine; *isopentano*, isopentane.

isoalina *s.f.* (*geogr.*) isohaline.

isoamile *s.m.* (*chim.*) isoamyl.

isoamilico *agg.* (*chim.*) isoamyl (*attr.*): *alcol* —, isoamyl alcohol.

isobara *s.f.* (*meteor.*) isobar.

isobarico *agg.* (*meteor., fis.*) isobaric.

isobaro *s.m.* (*fis.*) isobar, isobare.

isobata *s.f.* (*geogr.*) isobath.

isobutano *s.m.* (*chim.*) isobutane.

isobutene *s.m.* (*chim.*) isobutene.

isobutile *s.m.* (*chim.*) isobutyl.

isobutilene *s.m.* (*chim.*) isobutylene.

isochinolina *s.f.* (*chim.*) isoquinoline.

isocianato *s.m.* (*chim.*) isocyanate.

isocianico *agg.* (*chim.*) isocyanic: *acido* —, isocyanic acid.

isocianina *s.f.* (*chim.*) isocyanine.

isoclina *s.f.* **1** (*fis.*) isocline **2** (*geofisica*) isoclinic line.

isoclinale *agg.* (*geol.*) isoclinal ◆ *s.f.* (*geol.*) isocline.

isocolo *s.m.* (*ret.*) isocolon.

isocora *s.f.* (*fis.*) isochore: — *di reazione*, isochore of reaction.

isocoro *agg.* (*fis.*) isochoric.

isocosto *s.m.* (*econ.*) isocost, iso-outlay: *curva di* —, isocost (*o* iso-outlay) curve.

isocromatico *agg.* isochromatic.

isocronismo *s.m.* (*fis.*) isochronism.

isocrono *agg.* (*fis.*) isochronous, isochronal.

isodattilia *s.f.* (*med.*) isodactylism.

isodattilo *agg.* (*zool.*) isodactylous.

isodinamico *agg.* (*fis.*) isodynamic.

isoentropico *agg.* (*fis.*) isentropic: *processo* —, isentropic process.

isofona *s.f.* (*ling.*) isophone.

isogamete *s.m.* (*biol.*) isogamete.

isogamia *s.f.* (*biol.*) isogamy.

isogona *s.f.* (*geofisica*) isogonal.

isogonica *s.f.* (*geofisica*) isogonic (line).

isogonico *agg.* (*cartografia*) conformal, orthomorphic: *proiezione isogonica*, conformal (*o* orthomorphic) map projection.

isogono *agg.* isogonal.

isoieta *s.f.* (*meteor.*) isohyet.

isoipsa *s.f.* (*cartografia*) isohypse, contour.

isola *s.f.* **1** island; isle: *vivere su un'*—, to live on an island; *le Isole Baleari*, the Balearic Islands; *le Isole Britanniche*, the British Isles; *le Isole Canarie*, the Canary Islands; *l'— di Man*, the Isle of Man; *le Isole Normanne*, the Channel Islands; *tutta l'— si sollevò*, (*estens.*) the whole island revolted // *cercare la propria — felice*, (*fig.*) to seek one's own corner of paradise // — *etnica, linguistica*, ethnic, linguistic island // — *salvagente, spartitraffico*, traffic island // — *pedonale*, pedestrian precinct (*o* traffic-free area) **2** (*isolato*) block (of houses) **3** (*anat.*) island: *isole di Langerhans*, Langerhans islands **4** (*di portaerei*) island.

isolamento *s.m.* **1** isolation; (*solitudine*) loneliness: *un periodo di* —, a period of isolation; *vive nell'— più assoluto*, he lives in total seclusion (*o* isolation) // *splendido* —, (*st.*) splendid isolation // (*dir.*) *carcerazione in* —, solitary confinement **2** (*med.*) isolation: *reparto di* —, isolation ward **3** (*tecn.*) insulation: — *acustico*, soundproofing (*o* deadening); — *elettrico*, electric insulation; — *termico*, heat insulation.

isolana *s.f.* islander.

isolano *agg.* insular; island (*attr.*) ◆ *s.m.* islander.

isolante *agg.* (*tecn.*) insulating: *nastro* —, insulating tape; *pannello* —, insulating board ◆ *s.m.* (*tecn.*) insulator: — *acustico*, soundproofing (*o* deadening); — *elettrico*, (electric) insulator.

isolare *v.tr.* **1** to isolate, to cut* off; to separate; to set* apart: *il cattivo tempo ci ha isolati*, the bad weather has isolated us (*o* cut us off); — *una frase dal contesto*, to take a phrase out of its context; *l'incendio è stato isolato*, the fire was confined; — *una nazione*, (*fig.*) to isolate a nation; *non isolatela sempre (dal gruppo)!*, (*fig.*) don't always leave her out! **2** (*med.*) to isolate: — *un malato*, to isolate a patient **3** (*chim.*) to isolate: — *una sostanza chimica*, to isolate a chemical substance **4** (*tecn.*) to insulate: — *acusticamente*, to soundproof.

□ **isolarsi** *v.rifl.* to cut* oneself off, to isolate oneself: *ho bisogno d'isolarmi per studiare*, I need seclusion in order to study; — *dal mondo*, to withdraw (from) the world.

isolatamente *avv.* **1** (*separatamente*) separately, on one's own; isolatedly, in isolation: *parlò a ciascuno di loro* —, he talked to each of them separately (*o* on their own); *esaminare — gli aspetti di una questione*, to examine each aspect of a question in isolation **2** (*da solo*) on one's own, alone: *ha agito* —, he acted on his own.

isolato[1] *agg.* **1** isolated, secluded, lonely, solitary; (*distaccato*) apart; aloof (*pred.*): *vivere* —, to live a secluded life (*o* in seclusion); *si tratta di un fenomeno* —, it is an isolated phenomenon // (*mat.*) *punto* —, isolated point **2** (*di luogo*) lonely, remote, solitary, isolated, secluded **3** (*tecn.*) insulated: — *acusticamente*, soundproof ◆ *s.m.* **1** (*persona che vive senza contatti con altri*) recluse **2** (*sport*) independent racer, independent runner.

isolato[2] *s.m.* (*blocco di case*) block (of houses).

isolatore *s.m.* (*elettr.*) insulator.

isolazionismo *s.m.* (*pol.*) isolationism.

isolazionista *s.m.* e *f.* (*pol.*) isolationist.

isolazionistico *agg.* (*pol.*) isolationist.

isoletta *s.f.* **isolotto** *s.m.* islet, small island.

isoleucina *s.f.* (*chim.*) isoleucine.

isomerasi *s.f.* (*biochim.*) isomerase.

isomeria *s.f.* (*chim.*) isomerism.

isomerismo *s.m.* isomerism: — *nucleare*, nuclear isomerism.

isomero *s.m.* (*chim.*) isomer.

isometria *s.f.* (*mat.*, *cartografia*) isometry.

isometrico *agg.* (*mat.*, *fis.*) isometric, isometrical: (*fis.*) *trasformazione isometrica*, isometric change; (*cartografia*) *linea isometrica*, isometric line // *ginnastica isometrica*, isometrics.

isomorfismo *s.m.* isomorphism.

isomorfo *agg.* isomorphous, isomorphic (*anche mat.*): (*chim.*) *sostanza isomorfa*, isomorph; (*min.*) *minerale* —, isomorph.

isoniazide *s.f.* (*chim.*) isoniazid.

isonicotinico *agg.* (*chim.*) isonicotinic: *acido* —, isonicotinic acid.

isonomia *s.f.* isonomy.

isoottano *s.m.* (*chim.*) isooctane.

isopleta *s.f.* (*cartografia*) isopleth.

isopo → **issopo**.

isoprene *s.m.* (*chim.*) isoprene.

isoprenoide *agg.* (*chim.*) isoprenoid.

isoprodotto *s.m.* (*econ.*) isoproduct curve, isoquant curve.

isoquanto *s.m.* (*econ.*) isoproduct (curve), isoquant (curve), equal product curve.

isoscele *agg.* (*mat.*) (*di triangolo*) isosceles.

isosismica *s.f.* (*geofisica*) isoseismal line, isoseismic line.

isostasia *s.f.* (*geofisica*) isostasy.

isostatico *agg.* (*geofisica*) isostatic; (*mecc.*) statically determinate.

isostenia *s.f.* (*fil.*) equality of pros and cons.

isotattico *agg.* (*chim.*) isotactic: *polipropilene* —, isotactic polypropylene.

isoterma *s.f.* (*meteor.*) isothermal; isotherm (*anche fis.*).

isotermia *s.f.* constancy of temperature.

isotermico *agg.* (*fis.*) isothermal: *trasformazione isotermica*, isothermal process.

isotermo *agg.* isothermal.

isotipo *agg.* (*chim.*) isotypic(al) ◆ *s.m.* (*chim.*) isotype.

isotonia *s.f.* (*chim.*) isotonia, isotonicity.

isotonico *agg.* (*chim.*) isotonic.

isotono *s.m.* (*fis. nucleare*) isotone.

isotopia *s.f.* (*chim.*) isotopy.

isotopico *agg.* (*chim.*, *fis.*) isotopic: *tracciante* —, isotopic tracer; *separazione isotopica*, isotope separation; *spin* —, isotopic spin (*o* isospin).

isotopo *s.m.* (*chim.*, *fis.*) isotope: — *radioattivo*, radioisotope.

isotropia *s.f.* (*fis.*) isotropy.

isotropico *agg.* (*biol.*) isotropic.

isotropo *agg.* (*fis.*, *mat.*) isotropic.

isottano → **isoottano**.

isovolumico *agg.* (*fis.*) isochoric.

ispanicità → **ispanità**.

ispanico *agg.* Hispanic.

ispanismo *s.m.* (*ling.*) Hispanicism.

ispanista *s.m.* e *f.* Hispanist.

ispanistica *s.f.* Spanish studies (*pl.*).

ispanità *s.f.* **1** (*complesso dei caratteri culturali dei paesi di lingua spagnola*) Hispanic culture **2** (*insieme dei popoli di lingua spagnola*) Hispanic races (*pl.*); Spanish-speaking peoples (*pl.*).

ispanizzare *v.tr.* to Hispanicize; to make* Spanish.

□ **ispanizzarsi** *v.intr.pron.* to be Hispanicized; to become* Spanish.

ispanizzazione *s.f.* Hispanicization.

ispano *agg.* Hispanic, Spanish ◆ *s.m.* Spaniard.

ispano-americano *agg.* Hispano-American.

ispessimento *s.m.* **1** thickening **2** (*chim.*, *med.*) inspissation.

ispessire *v.tr.* **1** to thicken, to make* denser **2** (*chim.*) to inspissate **3** (*non com.*) to increase, to make* more frequent: — *i turni di lavoro*, to increase shift work.

□ **ispessirsi** *v.intr.pron.* **1** to thicken, to become* denser **2** (*chim.*) to inspissate **3** (*non com.*) to become* more frequent: *le sue visite cominciarono a* —, his visits began to grow more frequent.

ispessito *agg.* (*anat.*, *bot.*, *zool.*) sclerous.

ispettivo *agg.* inspecting, inspectorial, supervisory: *fu inviato là con mansioni ispettive*, he was sent there with supervisory duties.

ispettorato *s.m.* **1** (*carica, ufficio d'ispettore*) inspectorate, inspectorship; (*amm.*) — *del Lavoro*, Department of Labour **2** (*sede dell'ispettore*) inspectorate **3** (*corpo degli ispettori*) inspectorate; inspectors (*pl.*).

ispettore *s.m.* inspector, supervisor, overseer, surveyor: — *di polizia*, detective inspector; — *fiscale*, tax inspector; — *scolastico*, school inspector; — *alle vendite*, sales supervisor; — *di* *zona*, field sales manager (*o* field supervisor); *— generale*, chief inspector (*o* inspector general); *— contabile*, auditor.

ispettrice *s.f.* inspectress (*spec. amm.*).

ispezionare *v.tr.* to inspect; to examine: *— la scuola*, to inspect the school; *— i libri contabili*, to audit the accounts; *— un ufficio*, to inspect an office; (*mar.*) *— una nave*, to survey a ship.

ispezione *s.f.* inspection; survey; supervision; examination; control: *fare un'—*, to make an inspection (*o* to inspect); *— doganale*, customs control (*o* inspection); *— dei registri di una ditta*, audit (*o* auditing) of the accounts; *— di campionamento*, sampling inspection.

ispidezza *s.f.* **1** bristliness, roughness **2** (*fig.*) gruffness, roughness.

ispido *agg.* **1** bristly; prickly; (*fig.*) rough, gruff; difficult: *capelli ispidi*, bristly hair; *guance ispide*, prickly cheeks; *un argomento —*, a prickly subject **2** (*bot.*, *zool.*) strigose, strigous.

ispirare *v.tr.* to inspire; (*infondere*) to infuse: *il paesaggio ispirò il pittore*, the landscape inspired the painter; *ispirava fiducia a tutti*, he inspired confidence in everybody; *i testi sacri furono ispirati da Dio*, the sacred texts were inspired by God.

□ **ispirarsi** *v.intr.pron.* to draw* one's inspiration (from s.o., sthg.): *— alla bellezza di qlcu.*, to be inspired by s.o.'s beauty; *qui veniva Leopardi per —*, Leopardi came here for his inspiration.

ispirato *agg.* inspired: *un poeta —*, an inspired poet; *parole ispirate*, inspired words; *occhi ispirati*, eyes shining with inspiration; *proclama — a principi rivoluzionari*, proclamation inspired by revolutionary principles.

ispiratore *agg.* inspiring, inspirational: *il principio — di quest'ode*, the inspiring principle of this ode ◆ *s.m.*, **ispiratrice** *s.f.* inspirer.

ispirazione *s.f.* inspiration: *il dono dell'—*, the gift of inspiration; *trarre — da qlco.*, to be inspired by sthg.; *mi è venuta l'— di farlo in questo modo*, I came up with an idea to do it like this; *principi di chiara — liberale*, principles of evident liberal inspiration; *secondo un'— improvvisa*, on the spur of the moment.

israeliana *s.f.* e *agg.* Israeli; (*nata in Israele*) Sabra.

israeliano *s.m.* e *agg.* Israeli; (*nato in Israele*) Sabra.

israelita *agg.* Israelite, Jewish ◆ *s.m.* Israelite, Jew, Hebrew ◆ *s.f.* Israelite, Jewess, Hebrew.

israelitico *agg.* Israelite, Israelitic, Jewish.

issa, (oh) *inter.* heave (oh)!

issare *v.tr.* to hoist; to heave*; to raise; to lift (*anche estens.*): *— l'ancora a bordo*, to raise the anchor; *— un baule su un armadio*, to heave a trunk onto a wardrobe; *— la bandiera*, to hoist the flag; *— qlcu. a cavallo*, to hoist s.o. on to his horse.

□ **issarsi** *v.rifl.* (*region.*) to pull oneself up: *— in sella a un cavallo*, to climb into the saddle.

issia *s.f.* (*bot.*) ixia.

issopo *s.m.* (*bot.*) (*Hyssopus officinalis*) hyssop.

istallare e *deriv.* → **installare** e *deriv.*

istamina *s.f.* (*biochim.*) histamine.

istaminico *agg.* (*biochim.*) histaminic.

istantanea *s.f.* (*fot.*) snapshot, snap: *fare un'—*, to take a snapshot (*o* snap).

istantaneità *s.f.* instantaneousness; immediacy.

istantaneo *agg.* instantaneous, instant, immediate, sudden: *morte istantanea*, sudden death; *una risposta istantanea*, an immediate answer; *sentire un sollievo —*, to feel instant relief; *una reazione istantanea*, an instantaneous reaction.

istante *s.m.* instant, moment: *torno tra un —*, I'll be back in a moment; *all'—*, at once (*o* instantly *o* immediately); *da un — all'altro*, at any moment; *sarà qui da un — all'altro*, he will be here any moment now; *in un —*, in an instant (*o* in a second); *in questo stesso —*, this very instant.

istanza *s.f.* **1** (*domanda formale scritta*) application, request, petition; (*dir.*) motion, petition, instance: *— di pagamento*, application of payment; *fare, presentare un'—*, to make a petition; *accogliere, respingere un'—*, to grant, to reject a request // (*dir.*): *tribunale di prima —*, court of first instance; *tribunale di ultima —*, court of last resort; *presentare — di fallimento*, to file a bankruptcy petition; *— postdibattimentale*, post-trial motion // *in ultima —*, (*fig.*) in the last resort **2** (*richiesta*) request; (*supplica*) appeal, plea, entreaty: *su — di qlcu.*, at the request of s.o.; *a, per mia —*, at my request; *non ascoltò le nostre istanze*, he didn't listen to our appeals; *cedere alle istanze di qlcu.*, to give in to s.o.'s pleas; *fare viva —*, to entreat earnestly **3** (*insistenza nel chiedere*) insistency, urgency: *chiedere qlco. con la massima —*, to ask for sthg. insistently **4** (*esigenza*) need, demand: *le istanze sociali*, pressing social needs **5** (*pol.*) (*organizzazione che ha potere decisionale*) decision-making body: *l'— di base*, (*di un partito*) the grass roots level; *l'— di vertice*, (*di un partito*) the leadership of a party.

istare → **instare**.

istaurare e *deriv.* → **instaurare** e *deriv.*

isterectomia *s.f.* (*med.*) hysterectomy.

isteresi *s.f.* (*fis.*) hysteresis: *ciclo, perdita di —*, hysteresis loop, loss; *— magnetica*, magnetic hysteresis.

isteria *s.f.* (*med.*, *psic.*) hysteria.

isterico *agg.* (*med.*, *psic.*) hysteric, hysterical: *crisi isterica*, fit of hysteria (*o* hysterics); *avere un attacco —*, to fall (*o* to go) into hysterics ◆ *s.m.* hysteric.

isterilimento *s.m.* barrenness, drying up (*anche fig.*): *l'— di un terreno*, the barrenness of a piece of land; *l'— di una vena poetica*, the drying up of a poetic vein.

isterilire *v.tr.* to make* barren, to dry up (*anche fig.*): *la lunga siccità ha isterilito il terreno*, the long drought has made the land barren.

□ **isterilirsi** *v.intr.pron.* to become* sterile, to become* barren, to dry up (*anche fig.*): *il terreno si era isterilito*, the land had dried up (*o* had become barren); *capì che la sua creatività si era isterilita*, he realized that his creative powers had dried up.

isterilito *agg.* made sterile (*pred.*), made barren (*pred.*), dried up (*anche fig.*): *un terreno — dalla mancanza di acqua*, an area of land turned (*o* made) barren through lack of water; *un'immaginazione isterilita*, a dried-up imagination.

isterismo *s.m.* (*med.*, *psic.*) hysteria: *crisi di —*, fit of hysteria (*o* hysterics); *essere preso da una crisi di —*, to have hysterics // *i tuoi isterismi mi hanno stancato*, (*estens.*) your hysterical fits have worn me out // *— collettivo*, collective hysteria.

isterografia *s.f.* (*med.*) hysterography.

isteroscopia *s.f.* (*med.*) hysteroscopy.

isterotomia *s.f.* (*med.*) hysterotomy.

istidina *s.f.* (*biochim.*) histidine.

istigamento *s.m.* instigation, incitement.

istigare *v.tr.* to instigate, to incite, to prompt; to urge: *— qlcu. a commettere un delitto*, to solicit (*o* to induce *o* to incite) s.o. to commit a crime; *— qlcu. al male*, to incite s.o. to evil; *— qlcu. a bere*, to egg s.o. on to drink.

istigatore *agg.* instigating; of incitement (*pred.*): *parole istigatrici*, words of incitement ◆ *s.m.*, **istigatrice** *s.f.* instigator: *gli istigatori della rivolta*, the instigators of the revolt.

istigazione *s.f.* instigation, incitement; (*dir.*) (*a delinquere*) inducement, solicitation: *fare qlco. su — di qlcu.*, to do sthg. at (*o* on) s.o.'s instigation.

istillamento *s.m.* (*non com.*) instillation; instilling.

istillare *v.tr.* **1** to drop, to drip; to instil: *— il collirio negli occhi*, to put drops of eyewash into the eyes **2** (*fig.*) (*infondere*) to instil, to inspire.

istintivamente *avv.* instinctively, by instinct, on instinct: *cercò — di proteggersi il viso*, he tried instinctively to protect his face.

istintività *s.f.* instinctiveness: *l'— di una reazione*, the instinctiveness of a reaction.

istintivo *agg.* instinctive, instinctual; spontaneous: *antipatia istintiva*, instinctive (*o* spontaneous) dislike; *gli animali hanno una paura istintiva del fuoco*, animals have an instinctive dread of fire ◆ *s.m.* instinctive person.

istinto *s.m.* **1** instinct: *— sessuale, materno*, sexual, maternal instinct; *— di conservazione*, instinct of self-preservation; *gli uccelli imparano a volare per —*, birds learn to fly by instinct; *agire d'—*, to act on instinct; *seguire l'—*, to follow one's instinct; *vincere, frenare gli istinti*, to conquer, to control one's instincts **2** (*estens.*) (*inclinazione*) instinct, flair, inclination: *avere un — per gli affari*, to have a flair (*o* nose) for business.

istintuale *agg.* instinctual, instinctive.

istiocita *s.m.* (*biol.*) hystiocyte.

istituire *v.tr.* **1** to institute, to set* up, to establish: *— un nuovo sistema*, to set up a new system; *— un parallelo*, to establish a parallel; *— delle relazioni economiche*, to establish economic links; *— una commissione d'inchiesta*, to set up a board (*o* commission) of inquiry; *— una legge*, to pass a law; *— una nuova festività*, to designate a new holiday // *— una società*, to set up (*o* establish) a company; *— una società mediante documento ufficiale*, to charter a company **2** (*fondare*) to found: *— una scuola*, to found a school; *— un ordine religioso*, to found a religious order **3** (*dir.*) (*designare*) to appoint, to designate: *— qlcu. proprio erede*, to appoint s.o (as) one's heir.

istitutivo *agg.* institutive, constitutive.

istituto *s.m.* **1** (*ente*) institute; institution (*anche dir.*); body: *un — di carità*, a charitable institution; — *di prevenzione e di pena*, prison (*o* gaol); — *di bellezza*, beauty parlour; *Istituto Centrale di Statistica*, Central Statistics Institute; *Istituto Nazionale per il Commercio Estero*, National Institute for Foreign Trade **2** (*scuola*) school; institute; college: — *magistrale*, teachers' training college; — *tecnico*, technical school (*o* institute) **3** (*di università*) department: — *di fisica, di inglese*, Physics, English Department **4** (*banca*) bank: — *di credito*, credit institution (*o* banking company *o amer.* bank corporation); — *di credito fondiario*, building society; — *di intermediazione finanziaria*, merchant bank (*o* banker); — *di risparmio*, savings bank; — *di sconto*, discount house; — *di emissione*, bank of issue; — *capofila*, syndicate manager **5** (*struttura sociale*) institution: *l'— della famiglia*, the institution of the family; *l'— del divorzio*, the institution of divorce.

istitutore *s.m.* **1** (*precettore*) tutor **2** (*non com.*) (*fondatore*) founder.

istitutrice *s.f.* **1** (*educatrice*) governess **2** (*non com.*) (*fondatrice*) foundress.

istituzionale *agg.* **1** (*di istituzione*) institutional, institutionary **2** (*relativo agli elementi fondamentali di una scienza*) elementary, basic: *corso* —, basic course.

istituzionalismo *s.m.* (*econ.*) institutionalism.

istituzionalista *s.m.* e *f.* (*econ.*) institutionalist.

istituzionalizzare *v.tr.* to institutionalize, to put* (sthg.) on a firm basis: — *una consuetudine*, to institutionalize a custom // — *un rapporto di collaborazione*, to regularize a collaboration.

□ **istituzionalizzarsi** *v.intr.pron.* to become* institutionalized, to become* established: *queste procedure si sono istituzionalizzate*, these procedures have become established.

istituzionalizzato *agg.* institutionalized.

istituzionalizzazione *s.f.* institutionalization.

istituzione *s.f.* **1** institution; (*ente, fondazione*) institute, foundation: *un'— di beneficenza*, a charitable institution; — *senza scopo di lucro*, non-profit institution; — *bancaria*, banking institution; *istituzioni di risparmio*, thrift institutions; *istituzioni finanziarie, economiche*, financial, economic institutions **2** (*l'istituire*) institution, foundation, establishment: *ufficio di recente* —, recently set up (*o* established) office **3** (*struttura sociale*) institution: *l'— del matrimonio*, the institution of marriage; *la crisi delle istituzioni*, the crisis of the institutions; *trasformare in* —, to institutionalize // *è ormai diventato un'— nel club*, (*scherz.*) by now he has become an institution in the club **4** *pl.* (*elementi fondamentali di un ordinamento politico, di una disciplina ecc.*) institutes; (*leggi*) laws: *le istituzioni di Giustiniano*, the Institutes of Justinian; *istituzioni di diritto*, institutes in law; *rispetta le patrie istituzioni*, he abides by the laws of his country **5** (*dir.*) (*designazione*) appointment: — *di un erede*, appointment of an heir.

istmico *agg.* isthmian.

istmo *s.m.* **1** (*geogr.*) isthmus*; *l'— di Panama, di Suez*, the Isthmus of Panama, of Suez **2** (*anat.*) isthmus*: — *delle fauci*, isthmus of fauces.

istochimica *s.f.* histochemistry.

istogenesi *s.f.* (*biol.*) histogenesis, histogeny.

istogramma *s.m.* (*stat.*) histogram: — *circolare*, pie chart (*o* pie diagram).

istologia *s.f.* (*med.*) histology.

istologico *agg.* (*med.*) histological, histologic.

istologo *s.m.* (*med.*) histologist.

istone *s.m.* (*biochim.*) histone.

istopatologia *s.f.* histopathology.

istoria e *deriv.* → **storia** e *deriv.*

istoriare *v.tr.* to adorn with figures, to decorate with scenes; (*un libro*) to illustrate.

istoriato *agg.* decorated with scenes, adorned with figures; (*di libro*) illustrated: *urna istoriata*, storied urn.

istradamento *s.m.* routing; direction.

istradare *v.tr.* **1** (*avviare per una strada*) to route, to direct: *il traffico fu istradato per una via secondaria*, the traffic was routed via a secondary road **2** (*fig.*) to start (off), to set* up: — *qlcu. in una professione*, to start s.o. (off) in a profession.

□ **istradarsi** *v.intr.pron.* **1** (*avviarsi per una strada*) to make* one's way, to head for **2** (*intraprendere*) to take* up (sthg.): — *verso la carriera militare*, to take up a military career.

istriano *agg.* e *s.m.* Istrian.

istrice *s.m.* **1** (*zool.*) (*Hystrix cristata*) porcupine, (*amer.*) hedgehog // *avere barba, capelli da* —, to have a spiky beard, spiky hair **2** (*fig.*) (*di persona*) prickly person, touchy person.

istrione *s.m.* **1** (*st. teatr.*) actor **2** (*spreg.*) ham: *far l'*—, to overact **3** (*fig.*) (*chi ha atteggiamenti plateali*) stagey person, histrionic person, theatrical person.

istrionesco *agg.* histrionic, theatrical, stagey.

istrionico *agg.* histrionic, theatrical, stagey: *l'arte istrionica*, the dramatic art.

istrionismo *s.m.* histrionics (*pl.*), theatricality.

istruire *v.tr.* **1** to teach*, to instruct; (*educare*) to educate; (*addestrare*) to train: — *qlcu. nel canto*, to teach s.o. singing (*o* to instruct s.o. in singing); — *la gioventù, il popolo*, to educate young people, the people **2** (*addestrare un animale*) to train, to school: — *un cavallo*, to school a horse **3** (*dare istruzioni a*) to give* instructions to, to instruct: — *i passeggeri su come si devono comportare in caso di emergenza*, to instruct (*o* to give instructions to) the passengers on how to behave in case of emergency // *ti hanno istruito bene!*, (*fam. iron.*) they've primed you well! **4** (*dir.*) to institute: — *un processo*, to prepare a case for trial (*o* to institute proceedings) // — *la giuria*, to instruct the jury // — *una pratica*, to get a file ready (*o* to prepare documentation).

□ **istruirsi** *v.rifl.* **1** to educate oneself, to teach* oneself, to improve one's mind: — *leggendo*, to educate oneself by reading **2** (*informarsi*) to find* out, to get* information: *devo istruirmi sulle ultime disposizioni*, I must find out about the latest regulations.

istruito *agg.* (well) educated, cultured, learned: *una persona istruita*, an educated person.

istrumento e *deriv.* → **strumento** e *deriv.*

istruttivo *agg.* instructive, (*educativo*) educational; (*informativo*) informative: *libri istruttivi*, educational books; *un esempio* —, an instructive example.

istruttore *s.m.* instructor; teacher: — *di volo*, flying instructor; — *di nuoto*, swimming instructor; (*mil.*) *caporale* —, drill-sergeant; (*dir.*) *giudice* —, investigating judge (*o* examining magistrate).

istruttoria *s.f.* (*dir.*) preliminary investigation, inquest: — *formale, sommaria*, formal, summary inquest; *aprire l'*—, to open (the) proceedings.

istruttorio *agg.* (*dir.*) preliminary, pre-trial (*attr.*): *il periodo* —, the preliminary proceeding; *atti istruttori*, documentation of pre-trial investigation; *sentenza istruttoria*, pre-trial judgement of the investigating judge; *segreto* —, secrecy concerning the documentation of pre-trial investigation.

istruzione *s.f.* **1** education; (*addestramento*) training: — *classica, scientifica*, classical, scientific education; — *tecnica, professionale*, technical, vocational training; — *primaria, secondaria, superiore*, primary, secondary, higher education; — *obbligatoria*, compulsory education; — *gratuita*, free tuition; *provvedere all'— dei propri figli*, to provide for the education of one's children **2** (*cultura*) learning, culture; education, schooling: *tutti ammirano la sua* —, everybody admires his learning; *ha una modesta* —, he hasn't got much of an education (*o* he hasn't had much schooling) **3** (*spec. pl.*) (*direttiva, ordine*) instruction, order: *dare, impartire istruzioni a qlcu.*, to give instructions to s.o.; *ricevere istruzioni*, to receive instructions (*o* orders) // *come da istruzioni*, as requested // (*comm.*) *secondo le Vs. istruzioni*, according to your instructions **4** *pl.* (*norme*) instructions, directions: *istruzioni per l'uso*, directions (*o* instructions); *leggere attentamente le istruzioni*, read the directions carefully // (*comm.*) *istruzioni per la spedizione*, shipping instructions **5** (*dir.*) preliminary investigation **6** (*inform.*) instruction; statement; control information; language statement; order: — *di calcolo*, arithmetic statement; — *di richiamo*, call instruction; — *di salto*, jump instruction; — *di salto calcolato*, switch; — *di scelta logica*, discrimination instruction; — *elementare*, primary instruction; — *operativa*, effective instruction.

istupidimento *s.m.* stupidity; (*intontimento*) daze.

istupidire *v.tr.* to make* stupid, to dull; (*intontire*) to daze, to stupefy: *mi ha istupidito con le sue chiacchiere*, she left me dazed with her chattering.

□ **istupidirsi** *v.intr.pron.* to become* stupid, to grow* dull: — *a forza di bere*, to drink oneself stupid.

istupidito *agg.* (*intontito*) dulled, stupefied, dazed: — *dal bere*, stupefied with drink; — *dal dolore*, dazed with grief; *sono — dalla stanchezza*, I'm groggy with tiredness.

isuride *s.m.* (*zool.*) mackerel shark.

-ità *suff.* di origine latina usato in italiano per formare sostantivi astratti per lo più da aggettivi; ingl. -ity; -ness: *regolarità*, regularity; *incorruttibilità*, incorruptibility; *sacralità*, sacredness.

itacismo *s.m.* (*ling.*) itacism.

itacistico *agg.* (*ling.*) itacistic.

itaconico *agg.* (*chim.*) itaconic: *acido* —, itaconic acid.

italiana *s.f.* Italian, Italian woman.

italianamente *avv.* **1** (*secondo la moda italiana*) in the Italian style, in the Italian way **2** (*da buon italiano*) as a good Italian.

italianeggiare *v.intr.* (*imitare gli italiani*) to imitate the Italians.

italianismo *s.m.* (*ling.*) Italianism.

italianista *s.m.* e *f.* Italianist, expert in Italian studies.

italianistica *s.f.* Italian studies (*pl.*).

italianità *s.f.* (*spirito italiano*) Italian spirit; Italian character.

italianizzare *v.tr.* **italianizzarsi** *v.intr. pron.* to Italianize: *italianizzare un'espressione inglese*, to Italianize an English expression.

italianizzazione *s.f.* Italianization: *l'— di voci dialettali*, the Italianization of dialectal words.

italiano *agg.* Italian // *all'italiana*, Italian style; *vestire, mangiare all'italiana*, to dress, to eat Italian style // *western all'italiana*, spaghetti western ◆ *s.m.* **1** (*abitante*) Italian // *gli italiani*, the Italians (*o* the Italian people) **2** (*lingua*) (the) Italian (language).

italico *agg.* e *s.m.* (*letter.*) **1** Italic, Italian: *lingue italiche*, Italic languages; *la penisola italica*, the Italian peninsula **2** (*tip.*) italics (*pl.*): *in —*, in italics.

italiota *agg.* e *s.m.* e *f.* Italiot(e).

italo *agg.* (*poet.*) Italian.

italo- *pref.* di origine latina che significa 'italiano'; ingl. Italo-: *— inglese*, Italo-English; *— americano*, Italo-American; *italofilo*, Italophile; *italofobo*, Italophobe.

italofono *agg.* Italian-speaking ◆ *s.m.* Italian speaker.

iter *s.m.* course, route, procedure: (*burocr.*) *— burocratico*, bureaucratic course (*o* procedure); (*dir.*) *— (parlamentare) di una legge*, the parliamentary history of an act (*o* the due procedure to enact a bill in Parliament).

iterabile *agg.* (*letter.*) repeatable, iterable.

iterare *v.tr.* (*letter.*) to iterate, to repeat.

iterativo *agg.* **1** (*ripetitivo*) iterative, repetitive // (*mat.*) *processo —*, iteration process **2** (*ling.*) iterative: *verbo —*, frequentative (*o* iterative) verb.

iterato *agg.* (*letter.*) iterated, repeated.

iterazione *s.f.* **1** iteration (*anche mat.*), repetition **2** (*ret.*) reiteration **3** (*inform.*) cycling, (IBM) loop.

itifallico *agg.* ithyphallic.

itifallo *s.m.* ithyphallus.

itinerante *agg.* itinerant, travelling; wandering: *esposizione —*, travelling exhibition; *predicatori itineranti*, itinerant (*o* wandering) preachers.

itinerario *agg.* itinerary ◆ *s.m.* **1** itinerary, route, way: *che — hanno preso?*, which route have they taken?; *seguire un —*, to follow an itinerary (*o* route); *— turistico*, tour itinerary; (*di città*) sightseeing tour; *— spirituale*, spiritual route (*o* way) **2** (*guida stradale*) guide -book.

itterbico *agg.* (*chim.*) ytterbic.

itterbio *s.m.* (*chim.*) ytterbium: *ossido di —*, ytterbium oxide (*o* ytterbia).

itterbioso *agg.* (*chim.*) ytterbious.

itterico *agg.* (*med.*) jaundiced, icteric(al) ◆ *s.m.* (*med.*) jaundice patient.

itterizia *s.f.* **ittero**[1] *s.m.* (*med.*) jaundice, icterus // *far venire l'itterizia a qlcu.*, (*fig.*) to infuriate s.o. (*o* to make s.o. jaundiced).

ittero[2] *s.m.* (*zool.*): *— di Baltimora*, (*Icterus galbula*) fire-bird.

ittico *agg.* ichthyic.

ittiocolla *s.f.* isinglass.

ittiofagia *s.f.* ichthyophagy.

ittiofago *agg.* ichthyophagous ◆ *s.m.* ichthyophagist.

ittiofauna *s.f.* ichtyofauna.

ittiolo *s.m.* (*chim.*) Ichthyol®.

ittiologia *s.f.* ichthyology.

ittiologico *agg.* ichthyologic(al).

ittiologo *s.m.* ichthyologist.

ittiosauro *s.m.* (*paleont.*) ichthyosaur(us).

ittiosi *s.f.* (*med.*) ichthyosis.

ittita *agg.* e *s.m.* e *f.* Hittite.

itto *s.m.* (*med.*) ictus; heartbeat.

ittrico *agg.* (*chim.*) yttric.

ittrio *s.m.* (*chim.*) yttrium: *ossido di —*, yttrium oxide (*o* yttria).

ittrocrasite *s.f.* (*min.*) yttrocrasite.

ittrotantalite *s.f.* (*min.*) yttrotantalite.

iucca *s.f.* (*bot.*) yucca.

iud *s.m.* (*med.*) IUD.

iudeo → **giudeo**.

iugero *s.m.* juger, jugerum (*pl.* -era) (*antica misura di superficie* = 25,2 are).

iugoslavo *agg.* e *s.m.* **iugoslava** *s.f.* Yugoslav, Jugoslav, Jugoslavian.

iugulare → **giugulare**.

iungla → **giungla**.

iunior → **junior**.

iureconsulto → **giureconsulto**.

iussivo *agg.* e *s.m.* (*ling.*) jussive.

iustizia → **giustizia**.

iuta *s.f.* (*bot.*) (*Corchorus capsularis*) jute // *sacco di —*, jute bag (*o* sack).

iutiero *agg.* jute (*attr.*): *industria iutiera*, jute industry.

iutificio *s.m.* jute factory, jute mill.

iuventino → **juventino**.

iva *s.f.* (*bot.*) (*Ajuga chamaepitys*) ground pine, groundpine bugle.

Iva *s.f.* (*fin.*) (Imposta sul valore aggiunto) VAT (Value Added Tax).

ivi *avv.* (*letter.*) **1** (*lì*) there: *i Normanni conquistarono l'Inghilterra nel 1066 e — instaurarono il sistema feudale*, the Normans conquered England in 1066 and established the feudal system there **2** (*nel linguaggio comm. e burocratico*) therein; thereto, therewith: *— incluso*, enclosed therein; *— accluso*, joined thereto (*o* therewith); *la riforma fiscale interesserà ogni tipo di tassazione, — compresa l'imposta di successione*, the new tax law will affect every kind of taxation, including death duties **3** (*nelle citazioni bibliografiche*) ibidem (*abbr.* ib., ibid.).

ivoriano *agg.* e *s.m.* Ivorian.

izba → **isba**.

Jj

j *s.f.* o *m.* (*decima lettera dell'alfabeto*) j (*pl.* js, j's) // (*tel.*) — *come Jolly*, j for Jack (*o amer.* j for Jig).

jaborandi *s.m.* (*bot.*) (*Pilocarpus jaborandi*) jaborandi*.

jabot *s.m.* (*abbigl.*) jabot.

jacaranda *s.f.* (*bot.*) (*Jacaranda copaia*) jacaranda.

jack *s.m.* **1** (*elettr.*, *tel.*) jack **2** (*carte*) (*il fante*) jack, knave **3** (*mar.*) jack.

jacobiano *agg.* (*mat.*) Jacobian.

jacquard *agg.* (*tess.*) jacquard.

jainismo *s.m.* (*st. relig.*) Jainism.

jalite *s.f.* (*min.*) hyalite.

jazz *s.m.* e *agg.* jazz: — *caldo*, hot jazz; — *freddo*, cool jazz; *appassionato di* —, devotee of jazz, (*fam.*) hepcat; *orchestra* —, jazz band.

jazzista *s.m.* e *f.* jazz musician, player of jazz: *è un* —, he plays in a jazz band.

jazzistico *agg.* jazz (*attr.*): *complesso* —, jazz band.

jeans *s.m.pl.* **1** (*forma abbreviata di blue-jeans*) jeans **2** (*tessuto*) jean.

jeep® *s.f.* (*aut.*) jeep®.

jersey *s.m.* (*tessuto*) jersey.

jet *s.m.* (*aer.*) jet.

jet-set *s.m.* **jet-society** *s.f.* jet-set.

jiddish → **yiddish**.

jingle *s.m.* (*breve motivo musicale*) jingle.

jockey *s.m.* (*fantino*) jockey.

jodler *s.m.* (*canto tirolese*) yodel.

jogging *s.m.* jogging.

jolly *s.m.* **1** (*carte*) joker **2** (*estens.*) jack-of-all-trades; all-rounder.

joule *s.m.* (*metrol.*) joule.

joulometro *s.m.* joule-meter.

joystick *s.m.* joystick.

judo *s.m.* judo.

judoista, **judoka** *s.m.* e *f.* judoka, one who practises judo.

jugoslavo → **iugoslavo**.

jujitsu *s.m.* (*lotta giapponese*) jujitsu.

juke-box *s.m.* jukebox.

jumbo, **jumbo-jet** *s.m.* (*aer.*) jumbo jet.

jungla → **giungla**.

junior *agg.* e *s.m.* e *f.* junior (*anche sport*).

juventino *agg.* of Juventus (football club); Juventus (*attr.*) ◆ *s.m.* Juventus (football club) supporter, Juventus fan; Juventus player.

Kk

k *s.f.* o *m.* (*undicesima lettera dell'alfabeto*) k (*pl.* ks, k's) // (*tel.*) — *come Kursaal*, k for King.

kainite *s.f.* (*min.*) kainite.

kaiser *s.m.* kaiser.

kajal *s.m.* kohl.

kakapo *s.m.* (*zool. pop.*) (*Strigops habroptilus*) kakapo.

kaki → **cachi**.

kalashnikov *s.m.* Kalashnikov.

kalong *s.m.* (*zool.*) (*Pteropus vampyrus*) kalong.

kamikaze *s.m.* kamikaze (*anche fig.*).

kantiano *agg.* e *s.m.* (*st. fil.*) Kantian.

kantismo *s.m.* (*st. fil.*) Kantianism, Kantism.

kaone *s.m.* (*fis.*) Kaon.

kapò *s.m.* e *f.* kapo (*pl.* -os).

kapok *s.m.* (*bot.*) (*Eriodendron anfractuosum*) kapok.

kappaò *avv.* (*fam.*) knocked out (*anche fig.*): *essere* —, to be knocked out (*o* to be out for the count); *mettere qlcu.* —, to knock s.o. out (*o* to K.O. s.o.).

kaputt *agg.* kaput(t), finished, done for, ruined.

karakiri *s.m.* hara-kiri.

karakul *s.m.* (*zool.*) karakul, caracul, Persian lamb.

karaté *s.m.* karate.

karkadè → **carcadè**.

karma(n) *s.m.* karma.

kartismo *s.m.* (*lo sport del 'go-kart'*) go-karting.

kartista *s.m.* e *f.* go-kart driver.

kartodromo *s.m.* kart track, go-kart track.

kasba → **casba**.

kasher → **kosher**.

kashmir → **cachemire**.

kasolite *s.f.* (*min.*) kasolite.

katana *s.f.* katana.

kava *s.f.* (*bot.*) (*Piper methysticum*) kava.

kayak *s.m.* kayak.

kay-way → **k-way**.

kazako *agg.* e *s.m.* Kazakh.

kedivè *s.m.* khedivè.

kefir → **chefir**.

kellerina → **chellerina**.

kelvin *s.m.* (*fis.*) Kelvin.

keniano *agg.* e *s.m.* **keniota** *agg.* e *s.m.* e *f.* Kenyan.

kennediano *agg.* of Kennedy.

képi → **chepì**.

kepleriano *agg.* (*astr.*) Keplerian, of Kepler: *cannocchiale* —, Keplerian telescope.

kermes → **chermes**.

kermesse *s.f.* **1** (*fiera*) kermess, kermis **2** (*estens.*) fair, festival; merry-making; celebration.

kernite *s.f.* (*min.*) kernite.

kerogene *s.m.* (*chim.*) kerogen.

kerosene → **cherosene**.

kersantite *s.f.* (*min.*) kersantite.

ketch *s.m.* (*mar.*) ketch.

ketchup *s.m.* (*cuc.*) ketchup.

ketogenesi *s.f.* (*biochim.*) ketogenesis.

keynesiano *agg.* e *s.m.* (*econ.*) Keynesian.

khan *s.m.* khan.

khomeinismo *s.m.* Khomeiniism.

kibbutz *s.m.* (*comunità agricola israeliana*) kibbutz*.

kieserite *s.f.* (*min.*) kieserite.

killer *s.m.* e *f.* killer ♦ *agg.* (*che uccide*) lethal, deadly.

kilo- → **chilo-**.

kiloton → **chilotone**.

kilowatt *s.m.* (*elettr.*) kilowatt.

kilt *s.m.* kilt.

kimberlite *s.f.* (*min.*) kimberlite.

kimono → **chimono**.

kinderheim *s.m.* (*ted.*) children's holiday home, children's holiday centre.

kinesiterapia e *deriv.* → **chinesiterapia** e *deriv.*

kino *s.m.* (*chim.*) kino (gum).

kippur, **kipur** *s.m.* Yom Kippur, Jewish Day of Atonement.

kirghiso → **chirghiso**.

kirsch *s.m.* kirsch, kirschwasser.

kitsch *s.m.* kitsch ♦ *agg.* (*di cattivo gusto*) kitsch.

kiwi, **kivi** *s.m.* **1** (*zool.*) (*Apteryx australis*) kiwi **2** (*bot.*) (*Actinidia chinensis*) kiwi.

kleenex® *s.m.* Kleenex®.

klystron® *s.m.* (*elettr.*) klystron®.

knickerbockers *s.m.pl.* knickerbockers, plus fours.

knock-down *avv.* o *agg.* e *s.m.* (*boxe*) knockdown.

knock-out *avv.* o *agg.* e *s.m.* (*boxe*) knockout // *essere* —, to be knocked out; *mettere* —, to knock out (*o* to K.O.); *questo caldo mi mette* —, (*fig.*) this heat knocks me out; *vincita per* —, knockout victory // — *tecnico*, technical knockout.

know how *s.m.* (*econ.*) know-how (*anche estens.*): *cedere — ai paesi in via di sviluppo*, to pass on know-how to developing countries.

K.O., **KO** → **knock-out**.

koala *s.m.* (*zool.*) (*Phascolarctos cinereus*) koala.

kob *s.m.* (*zool.*) kob.

kodiak *s.m.* (*zool.*) (*Ursus arctos middendorffi*) Kodiak (bear).

kohl *s.m.* (*cosmetico per occhi*) kohl.

koinè *s.f.* koine.

kolchoz *s.m.* kolkhoz.

kolchoziano → **colcosiano**.

kolossal *s.m.* colossal: *un — televisivo*, a TV colossal.

kombinat *s.m.* kombinat, state industrial combine.

kookaburra *s.m.* (*zool.*) (*Dacelo gigas*) kookaburra, (*pop.*) laughing jackass.

kosher *agg.* kosher.

kos(s)ovaro *agg.* e *s.m.* Kosovo (*attr.*).

krapfen *s.m.* (*cuc.*) doughnut.

krill *s.m.* krill.

kris, **kriss** *s.m.* kris.

kristiania → **cristiania**.

krypton → **cripto**.

kümmel *s.m.* (*ted.*) (*liquore*) kümmel.

kumys *s.m.* (*bevanda*) koumiss, kumiss, kumys(s).

kung fu *s.m.* kung fu.

kunzite *s.f.* (*min.*) kunzite.

kurciatovio *s.m.* (*chim.*) kurchatovium.

kursaal *s.m.* kursaal.

kuwaitiano *agg.* e *s.m.* Kuwaiti.

k-way® *s.m.* k-way®.

kyriale *s.m.* (*eccl.*) kyrial(e).

kyrie *s.m.* (*eccl.*) — *eleison*, kyrie eleison.

Ll

l *s.f.* o *m.* **1** (*dodicesima lettera dell'alfabeto*) l (*pl.* ls, l's) // (*tel.*) — *come Livorno*, l for Lucy (*o amer.* l for Love) // *a L*, L-shaped (*o* L): *un tavolo a L*, an L-shaped table; *trave a L*, L beam; *disporre qlco. a L*, to put sthg. into an L shape **2** *L*, (*numero romano equivalente a cinquanta*) L (fifty).

la[1] *art.det.f.sing.* **1** the: — *terra*, — *luna*, the earth, the moon; — *campagna inglese*, the English countryside; — *fine del mondo*, the end of the world; *l'età della pietra*, the Stone Age; — *storia d'Italia*, the history of Italy; *l'isola di Wight*, the Isle of Wight; — *regina di Svezia*, the Queen of Sweden; — *donna di cuori*, the queen of hearts; — *città era deserta*, the city was deserted; — *rock-star più famosa del momento*, the most famous rock star at the time; *ecco — casa che vorrei comprare*, this is the house I'd like to buy; *era l'estate del '73*, it was the summer of 1973; — *seconda metà dell'800*, the second half of the 19th century // — *'Queen Elizabeth'*, the 'Queen Elizabeth' **2** (*spesso non si traduce*): — *Signora Rossi*, Mrs Rossi; *Maria — Sanguinaria*, Bloody Mary; — *regina Vittoria*, Queen Victoria; *l'Italia, l'Europa*, Italy, Europe; — *Gran Bretagna è un'isola*, Great Britain is an island; — *settimana prossima, scorsa*, next, last week; *la mostra resta chiusa — domenica*, the exhibition is closed on Sundays; *è l'una*, it's one o'clock; *l'estate sta per finire*, summer is nearly over; *adoro — musica*, I love music; — *carne non mi piace, preferisco il pesce*, I don't like meat, I prefer fish; *l'agricoltura è la principale fonte di ricchezza della zona*, farming is the main source of income in the area; — *geografia è la sua materia preferita*, geography is his favourite subject; *negli ultimi anni — tecnologia ha fatto notevoli progressi*, technology has made great strides in the last few years; — *madre di Franco*, Frank's mother // — *'Francesca da Rimini' è un'opera di Zandonai*, 'Francesca da Rimini' is an opera by Zandonai **3** (*si traduce con un agg. poss.*): *lui lavora in banca, — moglie insegna*, he works in a bank, his wife is a teacher; *mettiti — giacca*, put your jacket on; *mi mise — mano sulla spalla*, he put his hand on my shoulder; *gli hanno rubato — macchina*, his car's been stolen **4** (*si traduce con l'art. indef.*) a, an: — *foca è un mammifero*, a seal is a mammal; *hai — macchina da scrivere?*, have you got a typewriter?; *hanno una villa con — piscina*, they've got a house with a swimming-pool; *aveva — fronte alta e spaziosa*, he had a deep, wide forehead; *fumo soltanto — pipa*, I only smoke a pipe; *si è messa in testa di fare l'attrice*, she's got it into her head to become an actress **5** (*si traduce con il partitivo*) some, any: *hai ordinato l'acqua minerale?*, have you ordered any mineral water?; *preferisci mangiare il riso o — pasta?*, would you prefer to have some rice or (some) pasta?; *manca — chiave a questa porta*, there isn't any key to this door **6** (*con valore distr.*) a, an: *queste uova costano duecento lire l'una, duemila lire — dozzina*, these eggs cost 200 liras each, 2000 liras a dozen; *guadagna 300.000 lire — settimana*, he earns 300,000 liras a week.

la[2] *pron.pers.f. 3ª pers.sing.* **1** (*compl. ogg.*) her (*riferito a donna o animale femmina o a cosa personificata*); it (*riferito a cosa o animale di sesso non specificato*): *"Hai notizie di Giovanna?" "No, non — vedo da tempo"*, "Have you any news of Joan?" "No, I haven't seen her for ages"; *aspettiamola, sono certo che arriverà*, let's wait for her, I'm sure she'll come; *dammi quella lettera, — voglio leggere*, give me that letter, I want to read it; *non trovo la mia penna, aiutami a cercarla*, I can't find my pen. Help me to look for it // *eccola!*, here she is (*o* it is)! **2** (*compl. ogg.*) (*formula di cortesia*) you (*usato anche al maschile*): — *ringrazio, Signora!*, thank you (Madam)!; *con la presente La invitiamo a presentarsi nei nostri uffici*, you are hereby requested to visit our offices **3** (*in espressioni ellittiche*): *smettila!*, stop it!; *l'hai fatta grossa!*, now you've done it!; *non ce — faccio più!*, I can't go on! **4** (*region.*) (*pleonastico, con funzione di sogg.*): — *mi dica, Signora!*, can I help you, Madam?; *non — doveva proprio capitare!*, that should never have happened!

la[3] *s.m.* (*mus.*) A, la: *sonata in — maggiore*, sonata in A major; *l'oboe diede il — all'orchestra*, the oboe gave the (tuning) A to the orchestra // — *bemolle*, A flat // *dare il — alla conversazione*, to set the tone of the conversation.

là *avv.* **1** there: *sedetevi —*, sit there; *guarda —!*, look there!; *tuo padre è — che ti aspetta*, your father's (over) there waiting for you; *posalo — sulla scrivania*, put it there on the desk; *ci fermeremo — una settimana*, we'll stay there a week; *quanto ci si mette per arrivare —?*, how long does it take to get there? // *era — dove l'avevo lasciato*, it was exactly where I'd left it // — *dentro*, in(side) there // — *fuori*, out(side) there // — *intorno*, around there // — *sopra, sotto*, on, under there // *fin —*, up to there // *da qua a —*, from here to there // (*in*) *qua e* (*in*) —, here and there // *di —*, (*da quel luogo*) from there; (*da quelle parti*) by there; (*in quella direzione*) that way; (*nell'altra stanza*) in there, in(to) the other room: *vengo adesso di —*, I've just come from there; *passiamo spesso di —*, we often pass by there; *"Da che parte andate?" "(Per) di —"*, "Which way are you going?" "That way"; *vado di — a leggermi il giornale*, I'm going over there to read the (news)paper // *al di —*, (*oltre*) beyond: *al di — c'era il deserto*, beyond lay the desert; *l'al di —, il mondo di —*, the hereafter; *essere più di — che di qua*, to be more dead than alive // *al di — di, di — da*, over, beyond, on the other side of: *al di — delle Alpi*, over (*o* on the other side of) the Alps; *di — dal mare*, across (*o* over) the sea; *ciò è al di — della mia comprensione*, it's beyond my understanding // (*più*) *in —*, (*nello spazio*) further on; (*nel tempo*) later on: *la nostra casa è molto più in —*, our house is much further on; *fatti, spostati* (*più*) *in —*, move over; *questi lavori si faranno più in —*, this work will be done later on; *quest'anno andremo molto in — con gli esami*, the exams will go on much later this year; *essere in — con gli anni*, to be getting on in years; *le mie conoscenze di greco non vanno più in —*, that's as far as my knowledge of Greek goes; *andare, spingersi troppo in —*, (*eccedere*) to go too far; *non vedere più in — del proprio naso*, to see no further than one's nose **2** (*con uso rafforzativo o enfatico*): *chi è —?, chi va —?*, who's there, who goes there?; *eccolo —!*, there he (*o* it) is!; *chi sono quelli —?*, who are those people?; *quei ragazzi —*, those boys (and girls) over there; *non voglio questo libro, voglio quello —*, I don't want this book, I want that one // In frasi esclamative: *alto —!*, halt!; *ehi —!*, hey (*o* hello) there!; *ma va —!*, come on (*o* go on with you!); —, *ho finito finalmente!*, there, that's it at last!

labaro *s.m.* **1** (*st.*) labarum (*pl.* -ra) **2** (*fig.*) (*letter.*) (*vessillo*) banner.

labbro *pl.f.* **labbra** *nei significati 1 e 3*; *pl.m.* **labbri** *nel sign. 2*, *s.m.* **1** lip: *labbra carnose*, fleshy (*o* thick) lips; *labbra sporgenti*, protuberant lips; — *superiore, inferiore*, upper, lower lip; — *leporino*, harelip (*o* cleft lip); *dal suo — non esce mai un lamento*, no complaint ever passes his lips; *morì col suo nome sulle labbra*, she died with his name on her lips; *la preghiera le morì sul —*, the prayer died on her lips; *accostare un bicchiere alle labbra*, to raise a glass to one's lips; *leccarsi le labbra*, (*fig.*) to lick (*o* to smack) one's lips; *mordersi le labbra*, to bite one's lip (*anche fig.*) // *a fior di labbra*, rather unwillingly: *parlare a fior di labbra*, to murmur; *un sorriso a fior di labbra*, a ghost of a smile // *avere una parola sulle labbra*, (*sulla punta della lingua*) to have a word on the tip of one's tongue // *pendere dalle labbra di qlcu.*, to hang on s.o.'s words **2** (*orlo*) lip, brim, rim: *i labbri di una ferita*, the lips of a wound; *i labbri di un vaso*, the rim of a vase **3** (*anat.*) labium*: *piccole, grandi labbra*, labia minora, majora.

labdacismo → **lambdacismo**.

labdano → **ladano**.

labe *s.f.* (*letter.*) stain.

labellato *agg.* (*bot.*) labellate.

labello *s.m.* (*bot.*) labellum*.

lab-fermento *s.m.* (*biochim.*) chymosin.

labiale *agg.* (*anat., fon.*) labial ◆ *s.f.* (*fon.*) labial.

labializzare *v.tr.* (*fon.*) to labialize. □ **labializzarsi** *v.intr.pron.* to be labialized.

labializzazione *s.f.* (*fon.*) labialization.

labiata *s.f.* (*bot.*) labiate.

labiato *agg.* **1** (*anat., zool.*) labiate, lipped **2** (*ling.*) labialized.

labile *agg.* **1** (*letter.*) (*fugace, passeggero*) fleeting, transient; ephemeral **2** (*debole*) weak; faint: *labili tracce*, faint traces; *memoria* —, weak memory **3** (*psic.*) labile.

labilità *s.f.* **1** (*fugacità*) transience, transiency **2** (*debolezza*) weakness, faintness: *la — di un indizio*, the faintness of a clue **3** (*psic.*) lability.

labiodentale *agg.* e *s.f.* (*fon.*) labiodental.

labiolettura *s.f.* lip-reading.

labionasale *agg.* (*ling.*) labionasal.

labiovelare *agg.* (*ling.*) labiovelar.

labirinteo, **labirintico** *agg.* labyrinthine; maze-like // (*med.*) *riflesso* —, labyrinthine reflex.

labirintite *s.f.* (*med.*) labyrinthitis.

labirinto *s.m.* **1** labyrinth, maze: *uscire da un* —, to get out of a maze // (*mecc.*) *tenuta a* —, labyrinth seal **2** (*anat.*) labyrinth.

labirintodonte *s.m.* (*paleont.*) labyrinthodon.

labirintopatia *s.f.* (*med.*) labyrinthine disease.

labirintosi *s.f.* (*med.*) labyrinthine (chronic) disease.

laboratorio *s.m.* **1** laboratory: — *di fisica, chimica*, physics, chemistry laboratory; *diagnosi di* —, laboratory diagnosis // — *linguistico*, language laboratory // — *spaziale*, space-lab **2** (*di artigiano*) workshop; (*annesso a un negozio*) workroom: — *di sartoria*, dressmaker's workroom; — *di gioielliere*, jeweller's workshop; — *fotografico*, photographer's studio.

laboriosità *s.f.* **1** industriousness, industry **2** (*fatica*) laboriousness, arduousness.

laborioso *agg.* **1** (*operoso*) industrious; hard-working: *popolo* —, hard-working people; *una città laboriosa*, a busy town (*o fam.* a hive of industry); *essere molto* —, to be very industrious **2** (*faticoso*) laborious, toilsome, wearisome; (*difficile*) arduous, difficult: *una trattativa laboriosa*, laborious negotiations; *ricerca laboriosa*, laborious search; *calcolo* —, laborious calculation; *digestione laboriosa*, sluggish digestion; *indagine laboriosa*, laborious inquiry // *parto* —, difficult birth.

laborismo e *deriv.* → **laburismo** e *deriv.*

labradite, **labradorite** *s.f.* (*min.*) labradorite.

Labrador *s.m.* (*zool.*) (*cane del*) —, Labrador (retriever).

labro *s.m.* (*zool.*) wrasse*.

laburismo *s.m.* (*pol.*) labourism.

laburista *agg.* (*pol.*) labour (*attr.*): *partito* —, Labour Party ◆ *s.m.* e *f.* (*pol.*) Labourite; (*membro del partito*) member of the Labour Party; (*deputato*) Labour M. P. // *i laburisti e i conservatori*, Labour and the Conservatives.

laburistico *agg.* Labour (*attr.*): *principi laburistici*, Labour principles.

laburno *s.m.* (*bot.*) (*Laburnum anagyroides*) laburnum.

lacaniano *agg.* e *s.m.* (*psic.*) Lacanian.

lacca *s.f.* **1** (*per capelli*) hair spray **2** (*smalto per unghie*) nail polish, nail varnish **3** (*vernice*) lake; (*spec. per aerei, veicoli*) dope: — *giapponese*, Japanese lacquer (*o* Japan); *gomma* —, shellac (*o* lac); *rosso* —, lake (*o* lake red) **4** (*colore*) lac ◆ *agg.* (*di color lacca*) laky.

laccamuffa *s.f.* → **tornasole**.

laccare *v.tr.* **1** to lacquer // — *le unghie*, to varnish one's nails **2** (*con pittura a smalto*) to enamel.

laccato *agg.* **1** lacquered: *mobili laccati*, lacquered furniture **2** (*con pittura a smalto*) enamelled **3** (*di unghie*) varnished: *avere le unghie laccate di rosso*, to have one's nails varnished red.

laccatore *s.m.* **laccatrice** *s.f.* lacquerer.

laccatura *s.f.* (*il laccare*) lacquering; (*strato di lacca*) lacquer.

lacchè *s.m.* lackey (*anche fig.*): *mi hai preso forse per il tuo —?*, do you think I'm your lackey?

laccio *s.m.* **1** (*legaccio, stringa*) lace, string: *lacci da scarpe*, shoelaces // — *emostatico*, tourniquet **2** (*trappola*) snare (*anche fig.*): *cadere nel* —, (*fig.*) to fall into a trap; *prendere al* —, to snare; (*fig.*) to ensnare; *tendere un* —, to lay a snare (*o* trap) // *mettere il — al collo a qlcu.*, (*fig.*) to trap s.o. // *avere il — al collo*, (*fig.*) to be trapped **3** (*legame*) bond, tie: — *amoroso*, ties of love.

laccolite *s.f.* o *m.* (*geol.*) laccolith, (*non com.*) laccolite.

lacedemone *agg.* e *s.m.* (*letter.*) Lacedaemonian.

lacerabile *agg.* lacerable, easily torn.

laceramento *s.m.* laceration, tearing.

lacerante *agg.* **1** tearing, rending; (*zool.*) laniary **2** (*fig.*) piercing; lacerating: *un grido* —, a piercing cry; *dolore* —, lacerating pain.

lacerare *v.tr.* to lacerate, to tear*, to rend* (*anche fig.*): *ciò mi lacera il cuore*, this breaks my heart; *era lacerato dai rimorsi*, he was torn by remorse; *la gelosia lo lacerava*, he was torn by intense jealousy; *ho lacerato il mio vestito nuovo*, I have torn my new dress; *le urla laceravano l'aria*, the shouts rent the air; (*zool.*) — *a morsi la preda*, to worry a prey. □ **lacerarsi** *v.intr.pron.* to tear*; to break*.

lacerazione *s.f.* **1** laceration (*anche med.*); tearing, rending: (*med.*) — *della cervice*, laceration of the cervix **2** (*fig.*) affliction.

lacero *agg.* **1** torn, ragged: *un mendicante* —, a ragged beggar; *vestiti laceri*, torn (*o* ragged) clothes **2** (*med.*) lacerated.

lacero-contuso *agg.* (*med.*) *ferita lacero-contusa*, lacerated and contused wound.

lacertide *s.m.* (*zool.*) lacertilian.

lacerto *s.m.* (*anat.*) biceps.

lacinia *s.f.* (*scient.*) lacinia (*pl.* -ae, -as).

laciniato *agg.* (*bot., zool.*) laciniate, laciniated.

laconicità *s.f.* terseness, laconicism: *ha risposto con la sua solita* —, he replied with his usual terseness.

laconico *agg.* **1** laconic, terse, concise: *discorso* —, laconic speech; *stile* —, laconic (*o* terse) style **2** (*della Laconia*) Laconian.

laconismo *s.m.* **1** (*di dialetto laconico*) laconism **2** (*fig.*) terseness.

lacrima *s.f.* **1** tear: *viso bagnato di lacrime*, face bathed with tears; *il suo viso era rigato di lacrime*, the tears were streaming down her face; *i suoi occhi si bagnarono di lacrime*, her eyes filled with tears; *asciugare le lacrime a qlcu.*, (*fig.*) to comfort s.o.; *avere le lacrime agli occhi*, to have tears in one's eyes; *con le lacrime agli occhi*, with tears in one's eyes; *in lacrime*, in tears; *frenare le lacrime*, to keep back (*o* to choke back) one's tears; *ridere fino alle lacrime*, to laugh until one cries; *scoppiare in lacrime*, to burst into tears; *versare lacrime di gioia*, to shed tears of joy; *mi sono commosso fino alle lacrime*, I was moved to tears; *non ho più lacrime*, I'm past crying // *lacrime di coccodrillo*, crocodile tears // *questa valle di lacrime*, this vale of tears // *ha le lacrime in tasca*, tears come easy to her // *piangere a calde lacrime*, to cry desperately (*o* to shed scalding tears); *piangere lacrime amare*, to weep bitter tears **2** (*goccia*) drop: *lacrime di resina*, resin tears // *una — di vino*, a drop of wine **3** (*bot.*) *lacrime di Giobbe*, (*Coix lacryma-job*) Job's tears.

lacrimabile *agg.* (*letter.*) lamentable; woeful.

lacrimale *agg.* **1** (*anat.*) lachrymal: *dotto, ghiandola, sacco* —, lachrymal duct, gland, sac **2** (*archeol.*) *vaso* —, tear bottle.

lacrimare *v.intr.* **1** (*inumidirsi per irritazione*) to water: *il fumo mi fa — gli occhi*, smoke makes my eyes water **2** (*non com.*) (*piangere*) to shed* tears, to weep*, to cry.

lacrimato *agg.* (*letter.*) (*compianto*) lamented.

lacrimatoio *s.m.* (*archeol.*) lachrymatory.

lacrimazione *s.f.* lachrymation.

lacrimevole *agg.* tearful, pitiful, sad: *con voce* —, in a tearful voice; *un film* —, (*fam.*) a tearjerker (*o* a tearjerking film); *una storia* —, (*fam.*) a sob story.

lacrimogeno *agg.* **1** lachrymatory: *gas* —, tear gas; *bomba lacrimogena*, tear gas cannister **2** (*scherz.*) (*troppo commovente*) soppy, sentimental: *un film* —, a tearjerker (*o* a soppy film).

lacrimoso *agg.* **1** tearful: *occhi lacrimosi*, tearful eyes **2** (*triste*) woeful: *un racconto* —, a woeful story.

lacuale → **lacustre**.

lacuna *s.f.* **1** gap; (*form.*) lacuna*: *devi studiare di più, hai molte lacune*, you need to study more, there's a lot you don't know still; *avere grosse lacune della memoria*, to have serious lapses of memory; *colmare le lacune della propria educazione*, to fill in the gaps in one's education // (*dir.*) — *legislativa*, gap in the law **2** (*tip.*) blank **3** (*geol.*) — *stratigrafica*, disconformity, hiatus* **4** (*inform.*) information gap.

lacunare *s.m.* (*edil.*) lacunar.

lacunosità *s.f.* incompleteness; defectiveness; fragmentariness.

lacunoso *agg.* lacunose, full of gaps; full of blanks: *un'educazione lacunosa*, a defective education; *un manoscritto* —, a manuscript full of gaps // (*bot.*) *tessuto* —, lacunose tissue.

lacustre *agg.* lacustrine, lacustral; lake (*attr.*): *abitazioni lacustri*, lake-dwellings; *piante lacustri*, lacustrine plants; *clima, paesaggio* —, lake climate, landscape.

ladano *s.m.* (*chim.*) labdanum: *essenza di* —, labdanum oil.

laddove *avv.* (*letter.*) (*là dove*) (there) where ◆ *cong.* (*letter.*) **1** (*mentre*) whereas, while, whilst: *usò la forza, — occorreva* (*usare*) *dolcezza*, he used strength whereas it was gentleness that was called for **2** (*se*) if, in case: — *sorgessero contestazioni, si farà riferimento alle leggi vigenti*, in case of contestation, reference will be made to the laws in force.

ladino *agg.* e *s.m.* Ladin.

ladra *s.f.* **1** (woman) thief* **2** (*region.*) (*tasca interna di un vestito*) inside pocket.

ladreria *s.f.* robbery, theft.

ladresco *agg.* thieving, thievish.

ladro *s.m.* thief*; (*con violazione di domicilio*) burglar; (*con violenza o minaccia*) robber: *i ladri hanno svaligiato l'appartamento*, the thieves burgled the flat; *dare del — a qlcu.*, to call s.o. a thief; *in quel ristorante sono dei ladri!*, what thieves they are in that restaurant! // — *di strada*, highwayman; — *di cuori*, lady-killer (*o* philanderer) //— *in guanti gialli*, gentleman thief // — *di galline*, (*fig.*) petty thief // *al —!*, stop thief! // *buio da ladri*, pitch-dark // *vestito come un* —, dressed like a tramp // *chi è bugiardo è* —, (*prov.*) lying and thieving go together // *l'occasione fa l'uomo* —, (*prov.*) opportunity makes the thief ◆ *agg.* **1** thieving, dishonest: *un cassiere* —, a thieving cashier; *un bottegaio* —, a dishonest shopkeeper **2** (*seducente*) bewitching: *occhi ladri*, bewitching eyes **3** (*brutto, pessimo*) horrible, dreadful: *fame ladra*, gnawing hunger; *tempo* —, horrible weather; *che stagione ladra abbiamo avuto!*, what a dreadful season we have had!

ladrocinio *s.m.* robbery; theft.

ladrone *s.m.* robber, thief*; (*ladro di strada*) highwayman*, bandit // *i due ladroni*, the good thief and the bad thief.

ladroneccio *s.m.* (*rar.*) robbery; theft.

ladroneggiare *v.intr.* (*letter.*) to rob, to take* to stealing.

ladroneria *s.f.* **1** (*l'essere ladro*) thievishness **2** (*ruberia*) thievery, robbery.

ladronesco *agg.* thieving, dishonest.

ladruncolo *s.m.* petty thief*, pilferer.

lagenaria *s.f.* (*bot.*) (*Lagenaria siceraria*) calabash.

lager *s.m.* lager, laager; concentration camp.

laggiù *avv.* **1** (*in basso, in fondo*) down (there): *guardate* —, look down there; — *negli abissi marini*, down in the depths of the sea; — *nella valle*, down (below) in the valley; *vivono — nel profondo sud*, they live down in the deep south // *di* —, from down there: *di — si vedevano le torri del castello*, the castle towers could be seen from down there; *veniamo di* —, we've come from down there **2** (*lontano*) over there: *vedi — quegli alberi?*, (do you) see those trees over there?; *abita in quella casa* —, she lives in that house over there // *la fermata è — in fondo alla strada*, the stop is down at the end of the street.

laghetto *s.m.* (*geogr.*) pond, pool: — *montano*, tarn.

laghista *agg.* lake (*attr.*): *poeti laghisti*, Lake poets.

lagna *s.f.* **1** (*lamento ripetuto*) whine, whining, wail **2** (*estens.*) (*testo, discorso, brano noioso*) bore; drag **3** (*fig.*) (*persona noiosa*) bore; drag: *sei la solita —!*; you're such a drag!

lagnanza *s.f.* complaint, grumbling; protest: — *a carico di...*, complaint against...; *motivo di* —, ground for complaint; *dare luogo a lagnanze*, to give cause for complaint; *le lagnanze dei cittadini*, the protests of the citizens.

lagnarsi *v.intr.pron.* **1** to complain, to grumble, (*fam.*) to moan (about sthg.): *si lagnava di un forte mal di testa*, she complained of a bad headache; *si lagnò di non essere pagato puntualmente*, he complained that he was not paid punctually; — *delle nuove tasse*, to complain (*o* to grumble) about the new taxes; — *per la scadente qualità della merce*, to complain about the inferior quality of the goods; *ha sempre qlco. di cui* —, she is always moaning about sthg.; *non puoi lagnarti!*, you can't complain! **2** (*emettere lamenti*) to moan, to groan: *si lagnò tutta la notte*, she moaned the whole night.

lagno *s.m.* (*non com.*) lamentation; complaint.

lagnone *s.m.* (*fam.*) (*persona lagnosa*) grumbler, complainer, moaner.

lagnoso *agg.* **1** (*di persona*) grumbling, moaning, complaining **2** (*fam.*) (*noioso*) boring; (*lungo*) interminable, never-ending: *un romanzo* —, a boring novel.

lago *s.m.* **1** lake: — *alpino*, alpine lake; — *aperto*, lake with an outlet; — *artificiale*, artificial lake; — *chiuso*, lake with no outlet; — *craterico*, crater lake; — *di sbarramento*, barrier lake; — *di valle glaciale*, finger lake // *Lago Maggiore*, Lake Maggiore; *Lago Salato*, Salt Lake; *regione dei laghi*, (*in Gran Bretagna*) Lake District **2** (*fig.*) pool, sea: *un — di sangue*, a pool of blood; *essere in un — di sudore*, to be in a sweat.

laguna *s.f.* lagoon, sound (*spec. amer.*); (*piccola*) fleet: — *costiera*, backwater; *la — di Venezia*, the lagoon of Venice.

lagunare *agg.* lagoon (*attr.*).

lai *s.m.* **1** (*st. lett.*) lay **2** *pl.* (*lamenti*) lamentations.

laicale *agg.* lay, laic(al).

laicamente *avv.* laically.

laicato *s.m.* **1** (*condizione di chi è laico*) lay state **2** (*l'insieme dei laici*) laity.

laicismo *s.m.* **1** secularism, laicism; anticlericalism **2** (*laicità*) lay state.

laicista *agg.* e *s.m.* e *f.* secularist.

laicistico *agg.* lay, secular.

laicità *s.f.* laicality; laity.

laicizzare *v.tr.* to laicize, to secularize.
□ **laicizzarsi** *v.intr.pron.* to become* lay, to become* secular.

laicizzazione *s.f.* laicization, secularization.

laico *agg.* **1** lay, laic(al), secular: *scuola laica*, non-denominational school // (*dir.*) *giudice* —, lay judge **2** (*che non segue rigidamente un'ideologia*) non-ideological ◆ *s.m.* **1** layman*, laic **2** (*frate laico*) lay brother.

laidezza *s.f.* (*letter.*) **1** (*sporcizia*) filthiness; (*bruttezza*) ugliness **2** (*turpitudine morale*) filthiness, foulness; corruption **3** (*oscenità*) obscenity, indecency.

laido *agg.* (*letter.*) **1** (*sporco*) filthy, dirty, foul (*anche fig.*); (*turpe*) indecent, obscene, disgusting: *una barzelletta laida*, a dirty story; *un disegno* —, an obscene picture; *un vecchio* —, a dirty old man **2** (*brutto*) ugly: *donna laida*, ugly woman.

laidume *s.m.* (*letter.*) **1** (*sporcizia*) filth, dirt (*anche fig.*) **2** (*turpitudine*) indecency, obscenity; corruption.

lallazione *s.f.* (*ling.*) lallation, la(m)bdacism.

lama[1] *s.f.* **1** blade: — *di rasoio*, razor blade; — *fissa*, fixed blade; — *rotante*, rotary blade; *la — dei pattini da ghiaccio*, the blade of the ice-skates; *temperino a due lame*, double-bladed penknife; — *a doppio filo, taglio*, double-edged blade; *il filo, il taglio della* —, the edge of the blade; *affilare una* —, to sharpen a blade // *è una buona* —, (*è un bravo schermitore*) he is a good swordsman (*o* blade) **2** (*di apripista, ruspa ecc.*) blade **3** (*aut.*) (*di balestra*) leaf*; (*di paraurti*) (face) bar **4** (*estens.*) (*strato sottile*) sheet: *una — d'acqua, di ghiaccio*, a sheet of water, of ice.

lama[2] *s.m.* (*zool.*) (*Lama glama*) llama.

lama[3] *s.m.* (*monaco buddista tibetano*) lama.

lama[4] *s.f.* (*palude*) swamp.

lamaico *agg.* lamaic, of the lamas.

lamaismo *s.m.* (*relig.*) lamaism.

lamaistico *agg.* lamaistic.

lamantino *s.m.* (*zool.*) (*Trichecus manatus*) sea cow, (*pop.*) manatee.

lamare *v.tr.* to plane: — *il parquet*, to plane the parquet floor.

lambda *s.m.* o *f.* lambda.

lambdacismo *s.m.* la(m)bdacism, lallation.

lambert *s.m.* (*fis.*) lambert.

lambiccamento *s.m.* (*scervellamento*) racking one's brains.

lambiccare *v.tr.* (*ponderare*) to ponder, to puzzle over, to think* over carefully.
□ **lambiccarsi** *v.rifl.* (*scervellarsi*): — *il cervello per qlco., per fare*, to rack (*o* to cudgel) one's brains for sthg., to do; *mi sono lambiccato il cervello per delle ore senza trovare una spiegazione*, I racked my brains for hours without finding an explanation; *si lambiccava il cervello per ricordare*, he racked his brains to remember.

lambiccato *agg.* (*studiato, sforzato*) over-elaborate, overrefined, affected: *stile* —, over-elaborate style.

lambiccatura *s.f.* overrefinement, over-elaboration, affectation.

lambimento *s.m.* licking.

lambire *v.tr.* **1** (*sfiorare con la lingua*) to lap, to lick: *il cane lambiva la mano del padrone*, the dog licked his master's hand; *il gatto lambiva il latte*, the cat lapped (up) the milk **2** (*estens.*) (*sfiorare*) to lick, to brush, to graze; (*di onde*) to lap on (sthg.): *le fiamme lambivano il tetto*, flames licked the roof; *le onde lambivano la riva*, the waves were lapping on the shore.

lambliasi *s.f.* (*med.*) lambliasis.

lambrecchini *s.m.pl.* (*arald.*) lambrequins.

lambrusco *s.m.* lambrusco (kind of Italian red sparkling wine).

lamé *s.m.* (*tessuto*) lamé ◆ *agg.* lamé (*attr.*).

lamella *s.f.* **1** lamella* **2** (*anat.*) lamella* **3** (*bot.*) lamella*; (*di funghi*) gill: *togliere le lamelle ai funghi*, to gill **4** (*zool.*) lamella*, scale **5** (*mecc., elettr.*) (*di relè ecc.*) reed **6** (*tess.*) (*di telaio*) drop wire **7** (*fot.*) (*dell'otturatore*) shutter blades.

lamellare *agg.* **1** (*scient.*) lamellar; laminated; flaky; (*metall.*) *grafite* —, lamellar graphite **2** (*di metallo*) foliated **3** (*min.*) spathic, spathose, foliated.

lamellato *agg.* (*scient.*) lamellate, lamellated.

lamelliforme *agg.* lamelliform.

lamentabile *agg.* (*letter.*) (*pietoso*) lamentable; (*lamentevole*) mournful.

lamentare *v.tr.* **1** to lament, to mourn, to mourn for (sthg.), to mourn over (sthg.), to bewail; (*rimpiangere*) to regret, to rue: — *la morte di qlcu.*, to mourn (*o* to mourn for *o* to mourn over *o* to lament) s.o.'s death; — *la perdita di un amico*, to mourn the loss of a friend **2** (*estens.*) (*esprimere risentimento, protesta per*) to complain about (sthg.): *i cittadini lamentavano inefficienze nei servizi pubblici*, the citizens complained about the inefficiency of the public services **3** (*fig.*) (*essere costretti a segnalare*) to be reported: *si lamentano molte vittime*, many victims are reported; *si lamentano gravi disordini nella capitale*, serious disturbances are reported in the capital.

□ **lamentarsi** *v.intr.pron.* **1** to lament, to moan, to groan: *l'ho udito — per tutta la notte*, I heard him moaning all through the night **2** (*lagnarsi*) to complain (about sthg.), to moan (about sthg.): *mi lamenterò del cibo col direttore*, I will complain to the manager about the food; *andrò a lamentarmi presso i tuoi superiori*, I'll go and complain to your superiors; *si lamentava delle sue disgrazie*, he was bemoaning (*o* moaning about) his misfortunes; *si lamenta sempre*, she is always complaining (*o* grumbling); *non hai motivi per lamentarti*, you've got nothing to complain (*o* to moan) about; *per quanto riguarda la salute, non posso proprio lamentarmi*, as far as my health goes, I can't complain.

lamentatore *s.m.* **1** (*ant., letter.*) (*chi si lamenta, protesta*) complainer **2** (*nei riti funebri*) (*chi si lamenta dietro compenso*) professional mourner.

lamentazione *s.f.* lamentation, lament // '*Le lamentazioni di Geremia*', (*Bibbia*) 'The Lamentations of Jeremiah'.

lamentela *s.f.* complaint; complaining, grumbling: *si sentono lamentele sul suo conto*, you hear complaints about him; *è una — generale*, it's a widespread complaint; *se avete delle lamentele rivolgetevi al direttore*, if you've got any complaints go and see the manager; *sono stanco di sentire le vostre lamentele*, I'm tired of listening to your complaining (*o* grumbling).

lamentevole *agg.* **1** mournful, sorrowful; (*piagnucoloso*) plaintive: *voce* —, mournful (*o* plaintive) voice **2** (*pietoso*) lamentable, pitiful, pitiable: *era ridotto in uno stato* —, he was reduced to a pitiable condition.

lamentio *s.m.* moaning, groaning.

lamento *s.m.* **1** lament, lamentation, moan, moaning: *il — dei feriti era straziante*, the moaning of the wounded was (*o* the moans of the wounded were) heart-rending; *il — di un cane ferito*, the whining (*o* the whimpering) of a wounded dog; *levare lamenti*, to moan; *quando è stanco è un — continuo*, when he's tired he's always moaning **2** (*estens.*) (*suono flebile e triste*) plaintive sound, wail, wailing: *il — di un violino*, the plaintive sound of a violin; *il — del vento fra le foglie*, the wailing of the wind in the leaves **3** (*lagnanza*) complaint: *essere sordo ai lamenti altrui*, to be deaf to others' complaints; *sento molti lamenti sul tuo conto*, I've heard a lot of complaints about you **4** (*poesia*) lament **5** (*mus.*) lament, dirge.

lamentoso *agg.* mournful, sorrowful; plaintive: *parlava con voce lamentosa*, he was speaking in a mournful voice; *una lettera lamentosa*, a letter of complaint.

lametta *s.f.* razor blade.

lamiera *s.f.* (*grossa*) plate, (*sottile*) sheet: — *bugnata*, buckle plate; — *decapata*, pickled plate; — *del fondo*, end plate; — *di acciaio*, sheet steel; — *di ottone*, sheet brass; — *di zinco*, sheet zinc; — *greggia*, raw plate; — *laminata a freddo, a caldo*, cold-rolled, hot -rolled plate; — *liscia*, smooth plate; — *ondulata*, corrugated sheet iron: *tetto di — (ondulata)*, corrugated iron roof; — *piombata*, terneplate; — *placcata*, cladded sheet metal; — *rigata*, rifled plate; — *stampata*, stamped plate; — *stirata*, lath; — *striata*, chequered plate; — *zincata*, galvanized sheet iron; *pacco di lamiere*, mill pack.

lamierino *s.m.* lamination, latten, sheet (metal): — *di acciaio*, (*metall.*) steel sheet, (*elettr.*) lamina; (*metall.*) — *di ottone*, brass sheet; — *magnetico*, lamination (*o* magnetic sheet); (*elettr.*) — *per trasformatori*, transformer core plate.

lamierista *s.m.* sheet metal worker, laminator.

lamina *s.f.* **1** lamina*, thin plate, thin layer (of metal), thin sheet (of metal); (*molto sottile*) leaf: (*metall.*) — *di ottone*, brass foil; — *d'oro*, (pale) gold leaf; (*elettr.*) — *magnetica*, magnetic shell // (*fis.*) — *mezz'onda, quarto d'onda*, half-wave, quarter-wave plate **2** (*nei minerali*) lamina*: *dividersi in lamine*, to foliate **3** (*geol.*) band **4** (*bot.*) lamina*: — *di foglia*, blade **5** (*anat.*) lamina*: — *cribrosa*, lamina cribrosa (*o* cribriform plate); — *fusca*, lamina fusca; — *reticolare*, lamina reticularis.

laminare[1] *agg.* laminar: (*fis.*) *corrente, flusso, moto* —, laminar flow; (*geol.*) *strato* —, lamina.

laminare[2] *v.tr.* **1** (*metall.*) to roll; (*in fogli sottili*) to laminate: — *a caldo*, to hot-roll; — *a freddo*, to cold-roll; — *in barre*, to mill **2** (*coprire con lamina*) to laminate.

laminaria *s.f.* (*bot.*) (*Laminaria saccharina*) sea tangle.

laminato[1] *agg.* (*metall.*) rolled, flattened; (*ind. plastica*) leafy: *ferro* —, rolled iron // (*geol.*) *carbone* —, banded coal ◆ *s.m.* (*metall.*) rolled section: — *di acciaio*, rolled steel section; — *di ferro*, rolled iron section; — *plastico*, laminated plastic (*o* laminate).

laminato[2] *s.m.* (*tessuto*) lamé, silver cloth ◆ *agg.* lamé (*attr.*).

laminatoio *s.m.* (*mecc.*) (*strumento, stabilimento*) rolling mill: — *per barre*, bar rolling mill (*o* bar mill *o* rod mill); — *per blumi*, blooming mill; — *per lamiere*, plate (rolling) mill; — *per lamiere sottili*, sheet rolling mill; — *per profilati*, section rolling mill; — *per sbozzati*, slabbing mill; — *per tubi*, tube rolling mill; — *trio*, (*a tre cilindri di laminazione*) three-high (*o* three-rolling *o* trio) mill.

laminatura *s.f.* **1** (*tecn.*) lamination **2** (*tess.*) rolling.

laminazione *s.f.* (*metall.*) rolling, rolling-mill process: — *a caldo*, hot rolling; — *a freddo*, cold rolling.

lamio *s.m.* (*bot.*) dead-nettle.

lampada *s.f.* lamp: — *al neon*, neon lamp (*o* neon tube); — *a olio*, oil lamp; — *a sospensione*, swinging lamp; — *da tavolino*, reading lamp; — *da muro, ad applique*, bracket lamp; — *a raggi infrarossi, ultravioletti*, infrared, ultra -violet lamp; — *a fluorescenza*, fluorescent lamp; — *ad acetilene*, carbide lamp; — *a gas*, gaslamp; — *a incandescenza*, incandescent lamp; — *di sicurezza*, safety lamp (*o* Davy lamp); — *spia*, pilot lamp; — *a pila*, torch (*o spec. amer.* flashlight) // — *di Aladino*, Aladdin's lamp.

lampadario *s.m.* light fitting, light fixture; pendant lamp; ceiling lamp; chandelier: — *a gocce, a bracci*, chandelier; — *di Murano*, Venetian chandelier.

lampadina *s.f.* (light) bulb, lamp: *una — da 60 watt*, a 60-watt (light) bulb; *la — è bruciata*, the bulb has gone // — *di fase*, phase lamp; — *elettrica tascabile*, pocket lamp (*o* electric torch *o spec. amer.* flashlight); — *smerigliata*, frosted lamp.

lampante *agg.* **1** brilliant, shining **2** (*fig.*) (*chiaro, evidente*) clear, crystal clear; evident; glaringly obvious: *una verità* —, a glaringly obvious truth; *vi sono prove lampanti che...*, there is clear proof that...

lampara *s.f.* (*mar.*) 'lampara', fishing boat equipped with a large lamp light to attract fish at night.

lampasco *s.m.* (*vet.*) lampas.

lampeggiamento *s.m.* **1** (*sfolgorio*) flashing; (*fig.*) flashing, sparkling: *la sua rabbia traspariva dal — degli occhi*, the flashing of his eyes betrayed his rage **2** (*di luci intermittenti*) flashing; winking: *il — dei fari delle automobili*, the flashing of the car headlights **3** (*di tempo atmosferico*) lightning.

lampeggiare *v.intr.* **1** (*sfolgorare*) to flash; (*fig.*) to flash (with sthg.), to sparkle (with sthg.): *il fuoco lampeggiava fra le rovine*, there were flashes of fire from the ruins; *le spade lampeggiavano al sole*, swords were flashing in the sun; *le lampeggiavano gli occhi di gioia*, her eyes shone (*o* sparkled) with joy; *l'ira gli faceva — gli occhi*, rage caused his eyes to flash **2** (*emettere una luce intermittente*) to flash; to wink, to blink: — *agli incroci stradali*, to flash one's lights at a crossroads; *non ho visto — la freccia della motocicletta*, I didn't see the indicator of the motorcycle winking (*o* flashing); *il faro lampeggiava*, the lighthouse flashed ◆ *v.intr.impers.* (*di tempo atmosferico*) to lighten: *lampeggiava da un'ora*, there had been lightning for an hour.

lampeggiatore *s.m.* **1** (*aut.*) indicator; (*di ambulanza, auto polizia*) flashing light **2** (*fot.*) — *elettronico*, flashlight.

lampéggio, lampeggío *s.m.* (*di tempo atmosferico*) lightning; (*di luci intermittenti*) flashing, winking.

lampionaio *s.m.* **1** (*chi accende i lampioni*) lamplighter **2** (*chi fabbrica lampioni*) maker of street lamps.

lampioncino *s.m.* Chinese lantern; (*per albero di Natale*) fairy-lamp.

lampione *s.m.* **1** street lamp: — *a gas*, gaslamp (*o* gaslight) **2** (*di carrozza*) carriage lamp.

lampista *s.m.* lamp-man.

lampo *s.m.* **1** lightning ⓤ, flash of lightning: *il temporale fu preannunziato da molti lampi*, the storm was heralded by a lot of lightning // *veloce come il* —, as quick as lightning; *l'automobile passò come un* —, the car flashed by; *correva come un* —, he ran like lightning // *lo indovinò in un* —, he guessed it in a flash; *questa settimana è passata in un* —, this week has passed in a flash // *è un* — *a fare i conti*, he does sums like lightning **2** (*luce istantanea*) flash (*anche fig.*): — *di luce*, flash of light; (*fot.*) — *al magnesio*, magnesium flash (*o* flashlight); *un* — *di gioia*, a flash of merriment; *un* — *di speranza*, a flash of hope; *i suoi occhi mandavano lampi di collera*, his eyes flashed with anger // *un* — *di genio*, a flash of genius (*o* a brainwave) ◆ *s.f.* (*fam.*) (*chiusura lampo*) zip (fastener); (*spec. amer.*) zipper ◆ *agg.* (*istantaneo*) lightning (*attr.*): *un matrimonio* —, a whirlwind marriage; *una visita* —, a lightning visit; *fare una telefonata — a qlcu.*, to give s.o. a buzz // *guerra* —, blitzkrieg (*o* lightning war) // *telegramma* —, express telegram // *treno* —, express train.

lampone *s.m.* **1** (*bot.*) (*Rubus idaeus*) raspberry(-bush) **2** (*frutto*) raspberry: *marmellata di lamponi*, raspberry jam // (*med.*) *lingua* —, raspberry (*o* strawberry) tongue.

lampreda *s.f.* (*zool.*) lamprey, lamper eel.

lana *s.f.* **1** wool: — *greggia*, *grezza*, raw wool; — *comune*, ordinary wool; — *ordinaria*, broad wool; — *ruvida*, harsh wool; — *scelta*, matchings; *un gomitolo di* —, a ball of wool; *una matassa di* —, a skein of wool; *bioccolo di* —, lock of wool; *l'industria della* —, the wool industry; *tingere la* —, to dye wool // *di* —, woollen; wool (*attr.*): *abito di* —, woollen dress; *filo di* —, woollen yarn; *stoffa*, *articoli di* —, woollen goods; *tessuto di* —, woollen cloth; *tessuto di — pettinata*, worsted fabric // (*tess.*): — *a fibra corta*, short-stapled wool; — *a fibra lunga*, long-stapled wool; — *contenente cascame*, noily wool; — *corta*, frib; — *da carda*, carding (*o* clothing) wool; — *da concia*, pulled wool; — *debole*, tender wool; — *difettosa*, defective wool; — *fragile*, brittle wool; *cardatura della* —, wool-carding; *filatura della* —, wool-spinning; *pettinatura della* —, wool -combing; *tessitura della* —, wool-weaving // (*ind.*): — *d'acciaio*, steel wool; — *di vetro*, glass wool (*o* fibreglass) // (*edil.*): — *di legno*, wood wool; — *di roccia*, rock wool // (*chim.*) *grasso di* —, woolfat (*o* wool grease) **2** (*bot.*) (*lanugine*) nap, floss, egret **3** (*fig.*) (*di persona*) *è una buona — quello!*, he's an old rascal!

lanaiolo *s.m.* (*antiq.*) **1** (*chi vende lana*) woollen-draper, wool merchant **2** (*chi lavora la lana*) wool worker, textile worker.

lanario *s.m.* (*zool.*) (*Falco biarmicus feldeggi*) lanner.

lanatoside *s.f.* (*chim.*) lanatoside.

lanca *s.f.* (*geogr.*) oxbow lake.

lanceolato *agg.* (*bot.*) lanceolate.

lancere → **lanciere**.

lancetta *s.f.* **1** (*di orologio*) hand: *la — delle ore*, *dei minuti*, the hour hand, the minute hand **2** (*med.*) lancet **3** (*mecc.*) (*indicatore di uno strumento*) pointer, needle, index (hand) **4** (*bot. pop.*) ladytulip **5** (*zool.*) → anfiosso.

lancia[1] *s.f.* **1** lance: *scagliare la* —, to hurl one's lance // *partire — in resta*, (*fig.*) to go full tilt // *spezzare una — a favore di qlcu.*, to put in a word for s.o. (*o* to strike a blow for s.o.) **2** (*guerriero armato di lancia*) lance, lancer: *una buona* —, a good fighter **3** (*oggetto a forma di lancia*) bolt: *le lance del cancello*, the gate bolts **4** (*tecn.*) (*per l'uscita di un fluido*) nozzle.

lancia[2] *s.f.* (*mar.*) ship's boat, tender, gig, jollyboat; (*a motore*) launch; (*a remi, per nave*) dinghy: — *antincendio brandeggiabile*, monitor; — *armata*, cutter; (*mil.*) — *di parata*, barge; — *di salvataggio*, lifeboat.

lanciabile *agg.* that can be thrown, that can be flung; (*da un aereo o da una nave, sganciabile*) jettisonable.

lanciabombe *s.m.* (*mil.*) trench-mortar; bomber; bomb thrower; (*mar.*) depth-charge thrower: *addetto al* —, bomb thrower // *dispositivo* —, bomb release.

lanciafiamme *s.m.* (*mil.*) flame-thrower // *carro* (*armato*) —, flame-thrower tank.

lanciamissili *agg.* missile-launching: *nave* —, ship fitted with rocket (*o* missile), launcher; *sottomarino* —, missile-carrying submarine ◆ *s.m.* missile launcher.

lanciapiattello *s.m.* (*nel tiro al piattello*) trap.

lanciarazzi *s.m.* rocket launcher; rocket gun; (*aer.*) (*contenitore per il trasporto e il lancio di razzi da velivoli*) rocket pad // (*pistola*) — *per segnalazioni*, signal pistol (*o* Very pistol).

lanciare *v.tr.* **1** to throw*; to fling*, to hurl, to launch: — *una pietra*, to throw a stone; — *pietre contro qlcu.*, to throw stones at s.o.; — *un siluro*, to launch (*o* to discharge *o* to fire) a torpedo; — *delle bombe*, to throw (*o* to drop) bombs; — *in aria una moneta*, to toss a coin; — *un'occhiata a qlcu.*, to dart (*o* to cast) a glance at s.o.; — *un grido*, to give (*o* to utter) a cry (*o* to cry out); *lanciò un grido di dolore*, she cried out with pain; — *una bestemmia*, to hurl a curse; — *minacce contro qlcu.*, to hurl threats at (*o* to launch threats against) s.o. // — *un cavallo*, to start a horse off at full gallop // *sul rettilineo lanciò l'auto a tutta velocità*, he drove at full speed (*o* put on a spurt) on the straight // *ha lanciato l'idea di fare una gita domenica prossima*, he threw out the idea of going on an outing next Sunday **2** (*diffondere, far conoscere*) to launch, to bring* out; (*articoli*) to push, to market: — *un prodotto*, to launch a product; — *un attore*, *un film*, to launch an actor, a film; — *una campagna*, to launch a campaign; — *in commercio*, to bring into trade; *stanno lanciando molto il nuovo detersivo*, they are launching an intensive campaign for the new washing powder; — *una moda*, to launch (*o* to set) a fashion; — *qlcu. negli affari*, to launch s.o. into business (*o* to start s.o. in business *o* to give s.o. a start) // (*fin.*) — *una società*, to float a company; — *un prestito*, to float a loan **3** (*inform.*) (*un programma*) to launch, to activate, to introduce; (*un sottoprogramma*) to call.

□ **lanciarsi** *v.rifl.* **1** to throw* oneself; to fling* (oneself), to dash, to hurl oneself: — *in avanti*, to rush (*o* to dash *o* to shoot) forward; — *contro qlcu.*, to hurl oneself at s.o.; *si lanciò fuori dalla stanza*, he dashed out of the room; *si lanciò nell'acqua*, he threw himself (*o* plunged) into the water; — *all'inseguimento di qlcu.*, to dash off in pursuit of s.o.; — *nella mischia*, to hurl oneself into the fray; — *col paracadute*, to bale out (*o* to parachute) **2** (*fig.*) (*buttarsi, introdursi*) to launch: — *in una discussione*, to launch into a discussion; — *nella politica*, to launch out into politics; — *con entusiasmo in una nuova attività*, to fling (*o* to throw) oneself into a new activity with enthusiasm.

lanciasabbia *s.m.* (*ferr.*) sander; (*fonderia*) sandslinger.

lanciasagola *s.m.* (*mar.*) line-throwing gun.

lanciasiluri *s.m.* (*mar. mil.*) torpedo-tube.

lanciato *agg.* **1** at full speed: *arrivare* —, to arrive at full speed // *quando è — nessuno lo ferma più*, once he gets going there is no stopping him **2** (*fig.*) (*affermato, noto*) successful, (*comm.*) launched, well-marketed **3** (*sport*) flying, running: *chilometro* —, flying kilometre.

lanciatore *s.m.* **lanciatrice** *s.f.* **1** thrower, hurler **2** (*sport*) (*atletica*) thrower; (*cricket*) bowler; (*baseball*) pitcher **3** (*di moda*) initiator.

lanciere *s.m.* **1** (*mil.*) lancer **2** *pl.* (*musica, danza*) lancers.

lancinante *agg.* piercing, excruciating, shooting: *ho delle fitte lancinanti allo stomaco*, I have piercing (*o* shooting) pains in my stomach.

lancio *s.m.* **1** (*il lanciare*) throwing, hurling, flinging; (*lancio*) throw, hurl, fling; (*di missili ecc.*) launch, launching, firing: *un — molto lungo*, a long throw: — *col paracadute*, parachuting (*o* parachute drop *o* parachute jump); — *con apertura ritardata*, (*di paracadute*) delayed drop; — *di bombe*, *paracadutisti*, dropping of bombs, paratroopers; *un — di siluri*, a launch(ing) (*o* firing *o* discharging) of torpedoes: *il — è stato effettuato da Cape Canaveral*, the launch was made from Cape Canaveral; *rampa di* —, launching pad; *carica di* —, propelling charge; (*aer.*) *pista di* —, runway **2** (*sport*) throwing; (*baseball*) pitching; (*cricket*) bowling: — *del disco*, *del giavellotto*, discus, javelin throwing; — *del peso*, putting the shot; — *dal trampolino*, trampoline jump; (*cricket*) *il battitore è stato eliminato con l'ultimo* —, the batter was bowled out with the last ball **3** (*mar.*) (*varo*) launch, launching **4** (*campagna promozionale*) launch, launching, promotional campaign; (*di impresa*, *di prodotto*) start-up: *il — di un attore*, the launching of an actor // (*comm.*): *il — di un prodotto*, the launching of a product; — *pubblicitario*, advertising campaign; *offerta di* —, introductory offer (*o* launch bargain) // (*fin.*): — *di società*, (*emettendo azioni*) floatation of a company; — (*di titoli sul mercato*), launch (of stocks on the market).

lanciola *s.f.* (*bot.*) (*Plantago major*) plantain.

landa[1] *s.f.* barren land; (*brughiera*) moor, heath.

landa[2] *s.f.* (*mar.*) chain-plate.

landgravio → **langravio**.

landò *s.m.* landau.

laneria *s.f.* (*gener. pl.*) woollen goods (*pl.*), woollens (*pl.*): *commercio di lanerie*, trade in woollens; *mercante in lanerie*, woollen merchant; *negozio di lanerie*, wool shop.

lanetta *s.f.* **1** (*lana leggera*) light wool **2** (*region.*) (*lana non pura*) mixed wool **3** (*lana d'acciaio*) steel wool.

langbanite *s.f.* (*min.*) langbanite.

langbeinite *s.f.* (*min.*) langbeinite.

langraviato *s.m.* (*st.*) landgraviate.

langravio *s.m.* (*st.*) landgrave.

languente *agg.* **1** languishing (with sthg.); pining (for, with sthg.); drooping: — *d'amore*, pining away for love; *luce* —, fading light **2** (*comm.*) dull, slack, weak, flat: *in questo momento il mercato è* —, the market is dull (*o* flat) at the moment; *l'attività commerciale è* —, business is slack.

languidezza *s.f.* languor, faintness, weakness.

languido *agg.* **1** (*debole, fiacco*) languid, weak, faint, listless; drooping: *colorito* —, pallor; *quello scrittore ha uno stile* —, that writer has a languid style **2** (*che affetta languidezza*) languishing, languid, languorous: *aspetto* —, languid look; *voce languida*, languid voice; *guardare qlcu. con occhi languidi*, to look at s.o. with languishing eyes **3** (*di luce*) faint, dim.

languire *v.intr.* **1** to languish (with sthg.); (*struggersi*) to pine (with, for sthg.): — *per la fame, la sete*, to languish with hunger, thirst; — *in prigione*, to languish in prison; — *nella miseria*, to languish in poverty; — *d'amore per qlcu.*, to pine with love for s.o.; — *di nostalgia*, to pine for home **2** (*scemare*) to languish, to slacken, to flag, to drag; (*comm.*) to slack, to be slack: *in quella commedia l'azione langue*, the action of that play drags; *la conversazione langue*, the conversation is flagging; *non lasciar — la conversazione!*, keep the conversation going!; *gli affari languono*, business is slack **3** (*di fiori*) to droop **4** (*di luce*) to fade.

languore *s.m.* **1** languor, languidness, faintness, weakness // — *di stomaco*, pangs of hunger **2** (*struggimento*) languor: *con* —, languidly; *occhi pieni di* —, languishing eyes.

languoroso *agg.* languorous.

laniccio *s.m.* fluff.

laniere *s.m.* wool manufacturer.

laniero *agg.* woollen; wool (*attr.*): *commercio* —, wool trade; *industria laniera*, wool industry ◆ *s.m.* wool worker.

lanifero *agg.* (*bot., zool.*) laniferous.

lanificio *s.m.* wool(len) mill; wool(len) factory.

lanolina *s.f.* (*chim.*) lanolin: — *greggia*, woolfat.

lanosità *s.f.* woolliness, fleeciness.

lanoso *agg.* **1** woolly; wool (*attr.*), woollen **2** (*simile a lana*) fleecy, woolly: *capelli lanosi*, woolly hair.

lantana *s.f.* (*bot.*) (*Viburnum lantana*) lantana, wayfaring-tree, (*pop.*) laurustine.

lantanide *s.m.* (*chim.*) lanthanide: *serie dei lantanidi*, lanthanide series.

lantanio *s.m.* (*chim.*) lanthanum.

lanterna *s.f.* **1** lantern: — *a olio*, oil lamp; — *cieca*, dark lantern (*o* bull's-eye lantern); — *antivento*, hurricane lamp // — *magica*, magic lantern; *non troverai mai la persona giusta neanche a cercarla con la* —, (*fig.*) you'll never find the right person however hard you try // *prendere lucciole per lanterne*, to be deceived by appearances **2** (*arch.*) (*di cupola*) lantern; (*lucernario*) skylight **3** (*mar.*) (*faro*) lighthouse **4** (*cinem.*) — *di proiettore*, lamp housing **5** (*elettr.*) — *dell'indotto*, armature spider **6** (*fonderia*) core barrel: — *per anime*, spindle.

lanternaria *s.f.* (*zool.*) lantern fly.

lanugine *s.f.* **1** (*peluria*) down **2** (*bot.*) nap, floss, egret **3** (*zool.*) flue; (*di uccelli acquatici*) down **4** (*anat.*) lanugo.

lanuginoso *agg.* **1** downy **2** (*bot.*) lanuginose, lanuginous, floccose, stupeous.

lanuto *agg.* (*letter.*) (*coperto di lana*) woolly ◆ *s.m.* (*poet.*) (*ovino*) sheep.

lanzichenecco *s.m.* (*st.*) lansquenet.

lanzo *s.m.* mercenary soldier (especially one in the service of the Medici family).

lao *s.m.* Lao, the language of the Laotian people.

laonde *avv.* (*letter.*) (*quindi*) wherefore, therefore.

laotiano *agg.* e *s.m.* Laotian.

lapalissiano *agg.* evident, obvious: *è una verità lapalissiana*, it is a self-evident truth.

laparatomia → **laparotomia**.

laparoscopia *s.f.* (*med.*) laparoscopy.

laparotomia *s.f.* (*med.*) laparotomy.

lapidare *v.tr.* **1** to stone **2** (*fig.*) to flay **3** (*mecc.*) to lap, to polish.

lapidaria *s.f.* **1** the art of composing inscriptions on stone **2** epigraphy.

lapidario *agg.* **1** lapidary, lapidarian: *arte lapidaria*, lapidary art **2** (*fig.*) lapidary: *stile* —, lapidary style ◆ *s.m.* **1** (*chi incide lapidi*) ornamental mason **2** (*chi lavora le pietre*) gem-cutter, stone cutter, lapidary **3** (*museo di lapidi*) museum of ancient stone tablets **4** (*trattato sulle pietre*) lapidary.

lapidatore *s.m.* **1** lapidator, stone thrower **2** → lappatore.

lapidatrice → **lappatrice**.

lapidatura → **lappatura**.

lapidazione *s.f.* stoning (to death), lapidation.

lapide *s.f.* **1** tombstone, gravestone **2** (*commemorativa*) plaque, memorial tablet.

lapideo *agg.* (*letter.*) stony.

lapillo *s.m.* (*geol.*) lapillus*.

lapin *s.m.* (*fr.*) lapin, rabbit fur.

lapis *s.m.* pencil: — *copiativo*, copying-pencil.

lapislazzuli *s.m.* (*min.*) lapislazuli.

lappa → **bardana**.

lappare[1] *v.intr.* to lap (up).

lappare[2] *v.tr.* (*mecc.*) to lap.

lappatore *s.m.* lapper.

lappatrice *s.f.* (*mecc.*) lapping machine, lapper.

lappatura *s.f.* (*mecc.*) lapping.

lappola *s.f.* (*bot.*) → **bardana**.

lappone *agg.* Lapp, Laplandish, Lappish ◆ *s.m.* e *f.* Lapp, Laplander ◆ *s.m.* (*lingua*) Lapp, (the) Lappish (language).

lapsus *s.m.* (*lat.*) slip: *è stato un classico — freudiano*, it was a classic Freudian slip // — *calami*, slip of the pen // — *linguae*, slip of the tongue (*o* lapsus linguae).

lardare *v.tr.* **1** (*non com.*) to lard **2** (*mar.*) to thrum.

lardatura *s.f.* (*non com.*) larding.

lardellare *v.tr.* to lard (*anche fig.*): — *uno scritto di citazioni*, to lard a passage with quotations.

lardellatura *s.f.* larding.

lardello *s.m.* piece of lard.

larderellite *s.f.* (*min.*) larderellite.

lardo *s.m.* lard, bacon-fat: *una fetta di* —, a slice of lard (*o* of bacon-fat) // *nuotare nel* —, (*fig.*) to live off the fat of the land // *sei una palla di* —, (*scherz.*) you are a fat lump // *tanto va la gatta al — che ci lascia lo zampino*, (*prov.*) you can't get away with it all the time.

lardoso *agg.* fatty.

lare *s.m.* (*spec. pl.*) **1** (*mit.*) lar* **2** (*letter.*) (*famiglia*) lares (*pl.*); home: *tornare ai patri lari*, to return home.

larga, alla *locuz.avv.* away, at a distance: *stare alla — da qlcu.*, to keep away from s.o. (*o* to keep clear of s.o.): *stai alla — dal cane!*, beware of the dog!; *non è giornata, stammi alla* —, it's not my day, keep clear of me.

largamente *avv.* **1** (*diffusamente*) at length; fully: *parlare — di un programma*, to speak at length about a programme; *rispondere* —, to reply fully **2** (*in larga misura*) largely, to a great degree; (*generosamente*) freely, generously: *una tecnologia — superata*, a technology largely obsolete; *la vostra prestazione è stata — compensata*, your services have been generously rewarded; *spendere* —, to spend freely **3** (*con agiatezza*) comfortably, prosperously: *vivere* —, to live comfortably.

largare *v.tr.* **1** (*ant.*) to widen; to loose*: (*mar.*) — *le vele*, to spread the sails **2** (*mar.*) to get* (sthg.) under way: — *la nave*, to cast* off.

□ **largarsi** *v.rifl.* (*mar.*) to push off, to cast* off, to set* sail.

largheggiare *v.intr.* to be free (with sthg.), to be lavish (with sthg.): *largheggia di consigli, promesse*, he is very free with advice, promises; — *col denaro*, to be free with one's money.

larghetto *s.m.* (*mus.*) larghetto.

larghezza *s.f.* **1** width, breadth: — *della strada*, width of the road; *libro della — di trenta centimetri*, book 30 centimetres in width (*o* breadth); *lunghezza e* —, length and breadth; *la stanza misura sei piedi in* —, the room is six feet wide; (*mar.*) — *massima*, (*di una nave*) beam // (*inform.*) — *di banda*, bandwidth **2** (*abbondanza*) largeness, abundance: *raccontare una storia con — di particolari*, to tell a story with abundance of detail; — *di mezzi*, largeness of means **3** (*ampiezza*) breadth, largeness; (*liberalità*) liberality: — *di idee*, largeness of mind; — *di interessi*, breadth of interests; — *di vedute*, broadmindedness; *mostrò grande — con gli amici*, he showed great liberality with his friends; *interpretare la legge con* —, to interpret the law broadly.

largire *v.tr.* (*letter.*) to give* liberally, to bestow liberally.

largitore *s.m.* (*letter.*) donator.

largizione *s.f.* (*letter.*) **1** (*atto del largire*) donation, bestowal, largition **2** (*cosa largita*) gift, donation; largess(e).

largo *agg.* **1** (*esteso, ampio*) wide, broad: *un fosso — dieci metri*, a ditch ten-metres wide; *un fiume* —, a wide (*o* broad) river; *la nuova autostrada è larga venti metri*, the new motorway is twenty metres wide; *quanto deve essere — il tavolo?*, how wide does the table have to be?; *il fico ha le foglie larghe*, the fig tree has broad leaves; *cappello con larghe falde*, broad-brimmed hat; *queste scarpe mi stanno larghe*, these shoes are too big for me; *avere le spalle larghe*, (*anche fig.*) to have broad shoulders; *a larghi intervalli*, at broad intervals; *una larga parte della popolazione vive nel sud*, much of the population lives in the south; *una larga estensione di deserto*, a broad expanse of desert // *è più — che lungo*, he's roly-poly // *quando studio mi piace stare —*, when I study I like to have a lot of space // *ti conviene stare —, poi se spendi meno meglio*, you'd better allow (*o* calculate) a bit extra, then if you spend less, so much the better; *meglio stare larghi nei preventivi*, you'd better calculate a bit extra in the estimate // *uomo di larghe vedute*, broadminded man // *termine usato in senso —*, term used in a broad sense; *devi interpretare la sua tesi in senso —*, you have to interpret his thesis in a broad sense // *è una curva pericolosa, prendila larga*, it's a dangerous curve, take it wide; *non prenderla troppo larga, vieni subito al dunque*, (*fig.*) don't beat about the bush, come to the point **2** (*lasco*; *allentato*) loose: *un nodo —*, a loose knot; *una fasciatura —*, a loose bandage **3** (*di indumenti*) (*ampio*) loose-fitting; (*eccessivo di misura*) big; loose; too wide: *vanno di moda le gonne larghe*, full skirts are in fashion; *mi piacciono i maglioni larghi*, I like loose-fitting sweaters; *questa gonna mi è larga in vita*, this skirt is loose in the waist; *la giacca è larga di spalle*, this jacket is too wide in the shoulder; *queste scarpe sono troppo larghe*, these shoes are too big **4** (*abbondante*) large, wide: *una larga ricompensa*, a large reward; *avere una larga parte nella direzione*, to have a large share in management; *larghi poteri*, large powers; *un — margine di guadagno, di sicurezza*, a wide margin of profit, of safety; *quell'articolo è prodotto su larga scala*, that article is produced on a large scale; *fare larghe concessioni*, to make big concessions // *i turisti hanno preferito in larga misura il mese di agosto*, tourists showed a marked preference for August **5** (*liberale*) free, liberal, generous: *— di promesse*, free with promises; *è — nelle mance*, he is a generous tipper; *è — con gli amici*, he is generous with his friends // *essere di manica larga*, to be easy going **6** (*di pronuncia*) broad: *ha un accento —*, he has a broad accent **7** (*sport*) (*scherma*) *guardia larga*, open guard **8** (*pitt.*) bold: *pennellata larga*, bold brushwork ◆ *s.m.* **1** breadth, width: *metti giù il tappeto per il —*, put down the carpet lengthwise; *ho visitato la città in lungo e in —*, I have been all over (*o* over the length and breadth of) the city; *estendersi in —*, to stretch sideways; *fare — (a qlcu.)*, to make room (for s.o.) // *farsi —*, (*anche fig.*) to make one's way: *farsi — tra la folla*, to make (*o* to push) one's way through the crowd // *—!*, make way!; *— ai giovani!*, make way for the young! // *tieniti al — da certa gente*, keep clear of certain people **2** (*mar.*) open sea, offing: *la nave si tenne al —*, the ship stood offshore (*o* in the offing); *andare al —*, to take to the open sea; *dieci miglia al —*, ten miles out to sea; *passare al — di una nave*, to give a ship a wide berth; *prendere il —*, to set sail (*o* to leave port); (*fig.*) to run away // *al — di*, off: *al — di Genova*, off Genoa **3** (*mus.*) largo: *il 'Largo' di Händel*, Händel's 'Largo' **4** (*piazza*) square; (*seguito da nome proprio*) largo: *troviamoci in Largo Battisti*, we will meet in Largo Battisti ◆ *avv.* wide: *girare —*, to turn wide.

lariano *agg.* of Como, from Como.

larice *s.m.* (*bot.*) (*Larix europaea*) larch: *— americano*, (*Larix laricina*) tamarack (*o* hackmatack) // *legno di —*, larch-wood.

laringale *agg.* (*anat.*) laryngeal ◆ *agg.* e *s.f.* (*ling.*) laryngeal.

laringe *s.f.* (*anat.*) larynx*.

laringectomia *s.f.* (*med.*) laryngectomy.

laringectomizzato *s.m.* (*med.*) laryngectomee ◆ *agg.* (*med.*) laryngectomized.

laringeo *agg.* (*anat.*) laryngeal.

laringite *s.f.* (*med.*) laryngitis*.

laringofaringe *s.f.* (*anat.*) laryngopharynx.

laringofaringite *s.f.* (*med.*) laryngopharyngitis.

laringoiatra *s.m.* (*med.*) laryngologist.

laringoiatria *s.f.* (*med.*) laryngology.

laringologia *s.f.* laryngology.

laringologo *s.m.* laryngologist.

laringopatia *s.f.* (*med.*) laryngopathy.

laringoscopia *s.f.* (*med.*) laryngoscopy.

laringoscopio *s.m.* (*med.*) laryngoscope.

laringospasmo *s.m.* (*med.*) laryngospasm.

laringotomia *s.f.* (*med.*) laryngotomy.

laringotracheite *s.f.* (*med.*) laryngotracheitis.

larnite *s.f.* (*min.*) larnite.

larva *s.f.* **1** (*zool.*) larva*, maggot: *— di insetto*, grub **2** (*letter.*) (*spettro*) phantom, ghost, spirit **3** (*apparenza ingannevole*) phantom: *— di gloria*, phantom of glory **4** (*scheletro*) skeleton: *ridotto ad una —*, reduced to a skeleton; *è una — umana*, he's a mere shell of a man.

larvale *agg.* (*zool.*) larval.

larvare *v.tr.* (*letter.*) (*mascherare*) to disguise, to mask.

larvato *agg.* disguised, hidden, concealed, masked; latent: *malattia larvata*, latent disease; *odio —*, hidden (*o* concealed) hatred; *razzismo —*, hidden racism.

larvicida *agg.* larvicidal ♦ *s.m.* larvicide.

larviforme *agg.* larviform.

lasagne *s.f. pl.* (*cuc.*) lasagne [U].

lasca *s.f.* (*zool.*) (*Chondrostoma genei*) dace*, roach*, beaked-carp // *sano come una —*, (*fam.*) as sound as a bell.

lascare *v.tr.* (*mar.*) to surge, to slacken.

lasciapassare *s.m.* pass, permit; (*salvacondotto*) safe-conduct: (*mar.*) *— doganale*, clearance papers; *— per merci in transito*, pass for transit.

lasciare *v.tr.* **1** (*andar via da*) to leave*; (*abbandonare*) to abandon; to desert, to quit; (*rinunciare*) to give* up: *lasciammo Londra una settimana prima di te*, we left London a week before you; *ha lasciato l'ufficio verso mezzogiorno*, he left the office towards midday; *lo lasciammo che lavorava in giardino*, we left him working in the garden; *ha lasciato il lavoro per unirsi a un gruppo rock*, he quit (*o* left) his job to join a rock group; *ha dovuto — l'università per motivi di salute*, he had to leave (*o* give up) university because of ill-health; *la ditta lascerà la vecchia sede*, the firm will move out of its former premises; *i medici avevano lasciato ogni speranza di salvarlo*, the doctors had given up all hope of saving him; *ha lasciato la famiglia per seguire quella donna*, he has left (*o* deserted *o* abandoned) his family for the sake of that woman; *lasciò la fidanzata*, he left his fiancée // *ci ha lasciati l'anno scorso*, (*è morto*) he left us last year **2** (*far rimanere*) to leave*; (*lasciar dietro di sé*) to leave* behind: *ha lasciato moglie e figli in Italia*, he left his wife and children in Italy; *non posso — a casa i bambini*, I can't leave the children at home; *lascia la finestra aperta per piacere*, leave the window open, please; *quando morì lasciò moglie e due figli*, when he died he left a wife and two children behind him; *la ferita mi ha lasciato una cicatrice*, the wound has left me with a scar; *mi lasciò senza una lira*, he left me penniless; *questa medicina mi ha lasciato la bocca amara*, this medicine has left a bitter taste in my mouth; *ha lasciato tutto com'era*, he left everything as it was; *ha lasciato un buon ricordo di sé*, he left behind a good memory of himself; *l'assassino ha lasciato molte tracce*, the murderer left a load of clues behind; *è partito senza — istruzioni*, he went off without leaving any instructions // *— fuori*, to leave out // *— da parte*, to leave aside // *— solo*, *in pace*, to leave alone, in peace **3** (*posare*, *deporre*) to leave*, to put*; (*far scendere*) to drop off: *ti lascerò il pacchetto sulla scrivania*, I'll leave (*o* put) the packet on your desk; *lascialo pure sulla sedia*, you can put it on the chair; *ti lascerò davanti al supermercato*, I'll drop you off (*o* leave you) opposite the supermarket **4** (*dimenticare*, *non prendere con sé*) to leave*, to forget*: *ho lasciato gli occhiali a casa*, I have left my glasses at home; *ho lasciato l'ombrello sull'autobus*, I've forgotten the umbrella on the bus; *ha lasciato la finestra aperta ed è entrato un ladro*, he left the window open and a thief got in **5** (*rimetterci*) to leave*, to lose*: *in quell'incidente ci lasciò la vita*, he lost his life in that accident; *per poco ci lasciai la salute*, I nearly ruined my health; *ci ha lasciato la vita*, it cost him his life **6** (*in eredità*) to leave*, to bequeath, to will: *gli ha lasciato tutto il patrimonio*, he left all his property to him; *— una proprietà a un ente assistenziale*, to bequeath an estate to a charitable institution **7** (*permettere*, *fare*) to let* (s.o. do), to allow (s.o. to do): *chi ti ha lasciato entrare?*, who let you in?; *lascialo fare a me*, let me do it; *lascia che me ne occupi io*, leave it to me; *questa fessura lascia passare molta aria*, this crack lets in a lot of air; *non — cadere quel vaso*, don't drop that vase; *l'hanno lasciato morire senza far niente*, they let him die without doing anything; *non lascia uscire suo figlio da solo*, he doesn't allow his son to go out on his own; *non gli lascia guidare la sua auto*, he doesn't let him drive his car **8** (*serbare*) to keep*, to leave*: *lasciami questa carne per cena*, keep this meat for my supper; *puoi lasciarmi qualcosa da mangiare?*, can you leave (*o* keep) me something to eat?; *lasciami un po' di birra*, leave me a drop of beer **9** (*affidare*, *dare*) to leave*, to trust, to give*; (*cedere*) to let* have: *lasciami tuo figlio fino a questa sera*, leave your son with me until tonight; *non voglio lasciargli il mio orologio, ho paura che me lo rompa*, I don't want to trust my watch to him (*o* to give him my watch), I'm afraid he may break it; *te lo lascerò per 100.000 lire*, you can have it for 100,000 lire; *hai lasciato la mancia al cameriere?*, did you tip the waiter? (*o* did you leave a tip for the waiter?) **10** (*allentare*) to let* go; (*liberare*) to release; to set* free, to free: *lascia la corda*, let go of the rope; *il cane lasciò la presa*, the dog loosened its grip; *lasciarono il prigioniero in libertà*, they released the prisoner ◆ *v.intr.* (*smettere, cessare di*) (*non com.*) to stop, to leave* off: *non lascia di brontolare*, she doesn't stop grumbling; *non lasciò di fumare, sebbene gli facesse male*, he didn't stop smoking, though it was bad for his health. □ **lasciarsi** *v.rifl.* to let* oneself: *non mi lascerò truffare*, I'm not going to be cheated; *non si lasciò vedere per tutta una settimana*, he didn't appear for a whole week; *si lasciò andare su una poltrona*, he sank into an armchair; *si lasciò trasportare dall'ira*, he let himself be carried away by anger; — *guidare dall'esperienza*, to let oneself be guided by experience; *non si lascia avvicinare da nessuno*, he doesn't let anyone get close to him; *si è lasciato convincere facilmente*, he let himself be convinced easily // *lasciati andare*, (*rilassati*) let yourself go (*o* relax); *dopo che lei lo ha abbandonato si è completamente lasciato andare*, after she left him he let himself go completely; *non lasciarti prendere dall'emozione, dal panico*, don't let yourself get carried away, don't panic ◆ *v.rifl.rec.* to part, to leave* each other: *si sono lasciati dopo nove anni di fidanzamento*, they left each other after a nine-year engagement; *si lasciarono all'alba*, they parted at daybreak. ◆ FRASEOLOGIA: *prendere o* —, take it or leave it // *è meglio — perdere*, we'd better forget (*o* leave) it // *ho deciso di — correre*, I decided to forget (*o* leave) it // *lascia stare, non è affar tuo!*, leave it, it's none of your business! // — *detto qlco. a qlcu.*, to leave a word with s.o. // *la sua condotta lascia molto a desiderare*, his behaviour leaves a lot to be desired // *lascialo dire*, let him talk // *"Com'è il tuo dolce?" "Si lascia mangiare"*, "What's your cake like?" "Not bad".

lasciata *s.f.*: *ogni — è persa!*, opportunity only knocks once (*o* the chance won't come again).

lascito *s.m.* bequest, legacy (*anche dir.*); (*di bene patrimoniale*) devise: *un — di parecchi milioni*, a legacy of quite a few millions; *un — in denaro*, a legacy of money; *fece molti lasciti ai poveri*, he made many bequests to the poor.

lascivia *s.f.* **1** lasciviousness, lust, wantonness **2** (*atto lascivo*) lascivious act.

lascivo *agg.* lascivious, lustful.

lasco *agg.* **1** slack, loose: *bullone* —, loose bolt; (*mar.*) *cavo* —, slack (*o* loose) rope **2** (*rilassato*) loose, lax: *morale lasca*, loose morals ◆ *s.m.* **1** (*mecc.*) clearance, backlash **2** (*mar.*) slack.

laser *s.m.* (*fis.*) laser: — *a elettroni liberi*, free-electron laser // *raggio* —, laser beam // *stampante* —, laser printer.

laserterapia *s.f.* (*med.*) laser therapy.

lasiocampa *s.f.* (*zool.*) (*Lasiocampa quercus*) egger.

lassa *s.f.* (*poesia*) laisse.

lassana *s.f.* (*bot.*) (*Lapsana communis*) nipplewort.

lassativo *agg.* e *s.m.* laxative: *azione lassativa*, laxative effect; *prendere un* —, to take a laxative.

lassismo *s.m.* **1** (*st.*) laxism **2** (*estens.*) (*eccessiva indulgenza*) laxity, laxness.

lassista *s.m.* e *f.* **1** (*st.*) laxist **2** (*estens.*) lax person.

lassistico *agg.* lax.

lassità *s.f.* (*med.*) relaxation.

lasso[1] *agg.* (*ant.*, *letter.*) **1** weary, tired **2** (*infelice*): *ohimè —!*, alas!

lasso[2] *s.m.* lapse; period: *dopo un certo — di tempo*, after a lapse of time; *rimarrà per un certo — di tempo*, he will remain for a certain period of time; *cosa hai fatto in questo — di tempo?*, what have you been doing lately?

lasso[3] *agg.* (*non com.*) **1** (*allentato*) slack, loose **2** (*eccessivamente indulgente*) lax.

lasso[4] *s.m.* (*laccio*) lasso.

lassù *avv.* **1** up there; (*al piano di sopra*) upstairs: *c'è qlcu. —?*, is there anyone up there (*o* upstairs)?; *mi piacerebbe arrivare — sulla montagna*, I'd like to climb up there on the mountain; — *gli inverni sono rigidi*, up there the winters are harsh // *di* —, from up there: *di — si vede il mare*, from up there you can see the sea **2** (*fig. fam.*) (*in cielo*) up there, (up) above: *aspettiamo la giustizia di* —, we are awaiting justice from on high; *saremo uniti* —, we shall be united up above.

lastra *s.f.* **1** slab; (*generalmente di metallo*) plate; sheet: — *di acciaio*, steel plate; — *di ardesia*, slate; — *di ghiaccio*, slab of ice; (*galleggiante*) ice-floe; — *di marmo*, marble slab; — *di vetro*, sheet of glass; (*tip.*) — *stereotipa*, stereotype **2** (*fot.*) plate: — *che ha preso luce*, light-struck plate; — *fotomeccanica*, process plate **3** (*edil.*) plate, slab: — *di ardesia per tetti, per pavimentazione stradale*, flag stone.

lastricare *v.tr.* to pave.

lastricato *agg.* paved // *di buone intenzioni è — l'inferno*, (*prov.*) the road to hell is paved with good intentions ◆ *s.m.* (stone) paving, (stone) pavement.

lastricatore *s.m.* paver.

lastricatura *s.f.* paving.

lastrico *s.m.* paving // (*geol.*) *pietra da* —, flagstone // *essere sul* —, to be on the rocks: *dopo una serie di disavventure è rimasto sul* —, after a string of mishaps he was on the rocks; *gettare qlcu. sul* —, to turn s.o. out of house and home.

lastrone *s.m.* (large) slab; (*generalmente di metallo*) (large) plate, block: *un — di ghiaccio*, a (large) slab (*o* block) of ice; (*galleggiante*) a large ice-floe; — *di pietra*, stone slab; (*edil.*) (*di fondazione in cemento armato*) mat.

lasurite → **lazurite**.

latebra *s.f.* (*letter.*) recess, secret place: *le latebre dell'anima*, (*fig.*) the innermost recesses of the soul.

latebroso *agg.* (*letter.*) full of recesses.

latente *agg.* latent; concealed, hidden: *il significato — di un discorso*, the hidden meaning of a speech; *il suo odio per me non è più troppo* —, he doesn't bother to hide his hatred of me any more; (*fis.*) *calore* —, latent heat; (*med.*) *periodo* —, latent period.

latenza *s.f.* (*med.*, *psic.*) latency.

laterale *agg.* **1** side (*attr.*), lateral: *cappella* —, side chapel; *entrata* —, side entrance; (*arch.*) *navata* —, side aisle; *parete* —, side wall; *porta* —, side door; *ramo* —, (*di una famiglia*) lateral branch; *via* —, side street // (*anat.*) *menisco* —, lateral meniscus // (*bot.*) *gemma* —, lateral bud **2** (*fig.*) secondary: *un personaggio* —, a secondary character; *questo è solo un problema* —, this is only a secondary problem ◆ *s.m.* (*sport*) halfback ◆ *agg.* e *s.f.* (*ling.*) lateral (consonant).

lateralità *s.f.* (*non com.*) laterality.

lateralmente *avv.* laterally, sideways, at the side(s).

lateranense *agg.* Lateran (*attr.*): *i Patti Lateranensi*, the Lateran Treaty.

Laterano *no.pr.m.* Lateran: *il* —, the Lateran (Palace); *S. Giovanni in* —, St. John Lateran.

laterite *s.f.* (*geol.*) laterite.

lateritico *agg.* (*geol.*) lateritic.

laterizio *agg.* lateritious; brick (*attr.*): *un muro* —, a brick wall ◆ **laterizi** *s.m.pl.* bricks, tiles: *fabbrica di laterizi*, brickworks.

laterizzazione *s.f.* (*geol.*) laterization.

lateroflessione *s.f.* (*med.*) lateroflexion, lateroflection.

lateroversione *s.f.* (*med.*) lateroversion.

latice *s.m.* (*bot.*) latex*: *che dà* —, lactiferous.

laticifero *agg.* (*bot.*) lacticiferous.

laticlavio *s.m.* (*st. romana*) laticlave.

latifoglia *s.f.* (*bot.*) broad-leaf // *foresta a latifoglie*, hardwood forest.

latifoglio *agg.* (*bot.*) broad-leaf, broad-leaved.

latifondiario *agg.* of a large estate.

latifondismo *s.m.* latifundism.

latifondista *s.m.* e *f.* latifundist; (*ricco proprietario terriero*) large landowner, landed proprietor.

latifondo *s.m.* latifundium (*pl.* -ia); (*vasta proprietà*) large estate.

latimeria *s.f.* (*zool.*) (*Latimeria chalumnae*) latimeria.

latinamente *avv.* in a Latin manner, in the Latin style.

latineggiante *agg.* latinizing.

latineggiare *v.intr.* to use latinisms, to latinize.

latinismo *s.m.* latinism.

latinista *s.m.* e *f.* latinist, Latin scholar: *è un buon* —, he is a fine Latin scholar.

latinità *s.f.* **1** (*l'essere latino*) latinity **2** (*lingua*) Latin: *bassa* —, Low Latin; *uno scrittore della tarda* —, a late Latin writer **3** (*epoca, cultura*) Roman period, Roman civilization: *tarda* —, late Roman period.

latinizzare *v.tr.* to latinize.
□ **latinizzarsi** *v.intr.pron.* to become* latinized.

latinizzazione *s.f.* latinization.

latin lover *s.m.* latin lover.

latino *agg.* Latin: *popoli latini*, Latin peoples // *America latina*, Latin America // *croce latina*, Latin cross // (*mar.*) *vela latina*, lateen sail ◆ *s.m.* **1** Latin **2** (*lingua*) (the) Latin (language): — *maccheronico*, dog Latin; — *volgare*, vulgar Latin.

latino-americano *agg.* e *s.m.* Latin American.

latirismo *s.m.* (*med.*) lathyrism.

latiro *s.m.* (*bot.*) (*Lathyrus pratensis*) vetchling.

latitante *agg.* (*dir.*) in hiding, on the run; absconding: *è* —, he is in hiding // *classe politica* —, politicians unwilling to face up to their responsibilities ◆ *s.m.* e *f.* (*dir.*) fugitive offender, absconder, fugitive from justice.

latitanza *s.f.* being on the run; (*dir.*) abscondence, fugitiveness (from justice): *darsi alla* —, to go into hiding; (*dir.*) to abscond // *la — del governo*, (*fig.*) the government's evasion of its responsibilities.

latitare *v.intr.* **1** to go* into hiding; (*dir.*) to abscond **2** (*fig.*) to wriggle out of one's responsibilities.

latitudinale *agg.* latitudinal.

latitudinario *agg.* e *s.m.* (*relig.*) latitudinarian.

latitudinarismo *s.m.* (*relig.*) latitudinarianism.

latitudine *s.f.* **1** latitude: — *astronomica*, astronomical latitude; — *Nord*, North latitude (*o* northing); — *Sud*, South latitude (*o* southing); *grado di* —, degree of latitude; *trenta gradi di — a sud dell'equatore*, thirty degrees South of the equator // *l'uomo vive sotto tutte le latitudini*, man can live in any latitude **2** (*rar.*) (*larghezza*) latitude, breadth.

lato[1] *s.m.* **1** side (*anche mat.*): — *di un poligono*, side of a polygon; — *di un triangolo*, side of a triangle; *sull'altro — della strada*, on the other side of the street; *la torre pende da un* —, the tower leans to one side; *ai lati della strada c'erano alberi*, there were trees by the sides of (*o* lining) the road; *spostò la macchina di — per farlo passare*, he moved the car to one side to let him pass; — *opposto*, opposite (*o* far) side; *questo — dell'edificio*, this side of the building; *il suo — sinistro è rimasto paralizzato*, his left side is paralyzed; — *principale*, (*di medaglie ecc.*) face; (*mar.*) — *sopravento*, windward side // *mettiti da un — e aspetta*, stand aside and wait // (*comm.*): — *dell'avere*, credit side; — *del dare*, debit side // (*econ.*) — *dell'offerta*, (*nel mercato*) supply side **2** (*fig.*) side; (*punto di vista*) point of view, standpoint: *cerca di considerare il — buono della vicenda*, try and look on the bright side of the question; *questo problema ha dei lati oscuri*, there are some obscure aspects to this problem // *da un* —, on the one hand: *mentre da un* —..., *dall'altro*..., whereas on the one hand..., on the other hand... // *d'altro* —, (*d'altronde*) on the other hand // *dal — mio non ho problemi*, there are no problems on my side.

lato[2] *agg.* (*rar.*) wide // *in senso* —, in a broad sense (*o* broadly speaking).

latomia *s.f.* (*st.*) latomia; (*estens.*) prison.

latore *s.m.* (*comm.*) bearer: *il — della presente è il sig. X*, the bearer of this letter is Mr X; *pagare al* —, pay the bearer.

latrare *v.intr.* **1** to bark, to bay; (*ululare*) to howl **2** (*estens.*) (*sbraitare*) to shout.

latrato *s.m.* bark, barking, bay; (*ululato*) howl: *il — di un cane mi tenne sveglio*, the barking of a dog kept me awake.

latria *s.f.* (*teol.*) latria.

latrina *s.f.* **1** lavatory; toilet; (*spec. mil.*) latrine; (*amer.*) washroom **2** (*estens.*) pigsty.

latrocinio → **ladrocinio**.

latta *s.f.* **1** tin: (*ind.*) — *bianca, stagnata*, tin plate; (*metall.*) *foglio di* —, tin sheet // *oggetti di* —, tinware // *rivestito di* —, lined with tin (*o* tin-lined) **2** (*recipiente*) tin, can: *una — di biscotti*, a tin of biscuits; *una — d'olio*, a can of oil // *in* —, *in lattine*, tinned, canned.

lattagogo → **galattagogo**.

lattaia *s.f.* milkwoman*; milkmaid.

lattaio *s.m.* milkman*.

lattame *s.m.* (*biochim.*) lactam.

lattante *agg.* **1** (*nutrito dalla madre*) breast-fed **2** (*non ancora divezzato*) unweaned ◆ *s.m.* e *f.* (unweaned) baby // *zitto tu! sei ancora un —!*, shut up! you're still a baby.

lattarino → **latterino**.

lattasi *s.f.* (*biochim.*) lactase.

lattato[1] *agg.* milk white.

lattato[2] *s.m.* (*chim.*) lactate.

lattazione *s.f.* (*med.*) lactation.

latte *s.m.* **1** milk: — *acido*, sour milk; — *condensato*, condensed milk; — *di mucca, di capra, di pecora*, cow's, goat's, sheep's milk; — *fresco*, fresh milk; — *cagliato*, curdled milk; — *in polvere*, powdered milk; — *intero*, whole milk; — *pastorizzato, sterilizzato*, pasteurized milk; — *a lunga conservazione*, long-life (*o* UKT) milk; — *scremato*, skim(med) milk; *caffè e* —, white coffee; — *macchiato*, milk with a dash of coffee; *centrale del* —, central dairy; *mucca da* —, dairy cow; *vitello di* —, sucking calf; *dare il* —, (*allattare*) to nurse (*o* to suckle); *togliere il — a un bambino*, (*svezzarlo*) to wean a child // — *di gallina*, (*anche fig.*) egg-nog // *denti di* —, milk teeth // *figliolo, fratello di* —, foster child, foster brother // *era bianco come il* —, he was as white as a sheet // *far venire il — alle ginocchia*, to bore s.o. to tears // *avere ancora il — in bocca*, (*fam.*) to be still wet behind the ears // *succhiare una dottrina col* —, (*fig.*) to be brought up in a doctrine // *è inutile piangere sul — versato*, (*prov.*) it is no use crying spilt milk **2** (*sostanza simile al latte*): — *di cocco*, coconut milk; — *di mandorle*, milk of almonds; — *detergente*, cleansing milk; — *di pesce*, milt (*o* soft roe) // (*chim.*) — *di calce*, whitewash; — *di magnesia*, milk of magnesia **3** (*bot. pop.*) — *di gallina*, (*Ornithogalum umbellatum*) star-of-Bethlehem*.

lattemiele *s.m.* whipped cream ◆ *agg.* (*fig.*) oversweet, sugary.

latteo *agg.* (*di latte*) milk (*attr.*); (*simile al latte*) milky; (*med.*): *dieta lattea*, milk diet; *farina lattea*, milk powder // (*med.*): *crosta lattea*, milk crust; *febbre lattea*, milk fever // (*astr.*) *la Via Lattea*, the Milky Way // (*min.*) *quarzo* —, milk quartz.

latteria *s.f.* dairy.

latterino *s.m.* (*zool.*) (*Atherina mochon*) Caspian-sand smelt.

lattescente *agg.* lactescent, milky, milk-like.

lattescenza *s.f.* lactescence, milkiness.

lattice → **latice**.

latticello *s.m.* buttermilk.

latticinio, **latticino** *s.m.* (*spec. pl.*) dairy product.

lattico *agg.* (*chim.*) lactic: (*biochim.*) *acido* —, lactic acid.

lattide *s.m.* (*chim.*) lactide.

lattiera *s.f.* milk jug.

lattiero *agg.* dairy, milk (*attr.*): *industria lattiera*, milk industry; *settore — caseario*, dairy industry.

lattifero *agg.* (*che produce latte*) lactiferous, milk-producing; (*che conduce latte*) lactiferous, milk-bearing: *canali lattiferi*, milk ducts.

lattiginoso *agg.* **1** (*simile al latte*) milky, lacteous **2** (*di pianta*) lactiferous, latex -producing.

lattime *s.m.* (*med.*) milkcrust.

lattimo *s.m.* milk glass.

lattina *s.f.* tin, can.

lattivendola *s.f.* milkwoman*.

lattivendolo *s.m.* milkman*.

lattoalbumina *s.f.* (*biochim.*) lactalbumin.

lattobacillo *s.m.* (*biol.*) lactobacillus*.

lattodensimetro *s.m.* lactometer.

lattoflavina *s.f.* (*biochim.*) lactoflavin.

lattone[1] *s.m.* (*maiale*) sucking pig; (*vitello*) sucking calf.

lattone[2] *s.m.* (*chim.*) lactone.

lattoniere *s.m.* **1** (*stagnaio*) tinker, tinsmith, tinman*, whitesmith **2** (*di carrozzeria*) panel beater; sheet metal worker.

lattonitrile *s.m.* (*chim.*) lactonitrile.

lattonzolo *s.m.* (*maialino*) sucking pig; (*vitellino*) sucking calf.

lattoscopio *s.m.* lactoscope.

lattosio *s.m.* (*biochim.*) lactose, milk-sugar.

lattoso *s.m.* (*biochim.*) lactose.

lattovario, **lattuario** → **elettuario**.

lattucario *s.m.* (*chim.*) lactucarium.

lattuga *s.f.* **1** (*bot.*) (*Lactuca sativa*) lettuce // — *cappuccia*, (*Lactuca sativa capitata*) cabbage-lettuce // — *romana*, (*Lactuca sativa longifolia*) cos **2** (*gorgiera*) ruff.

lauda *s.f.* **1** (*lett.*) laud, hymn of praise: — *drammatica*, mystery play **2** (*ant.*) (*lode*) praise **3** *pl.* (*eccl.*) lauds.

laudanidina *s.f.* (*chim.*) laudanidine.

laudanina *s.f.* (*chim.*) laudanine.

laudano *s.m.* (*chim.*) laudanum.

laudare e *deriv.* → **lodare** e *deriv.*

laudario *s.m.* (*raccolta di laudi medievali*) laud book.

laudativo *agg.* (*letter.*) laudatory, laudative: *un discorso* —, an encomium (*o* a speech of praise).

laudatorio *agg.* (*non com.*) laudatory, laudative.

laudazione *s.f.* (*letter.*) praise; encomium, speech of praise.

laudese *s.m.* (*st.*) **1** singer of lauds **2** (*scrittore di laudi sacre*) composer of lauds.

laumontite *s.f.* (*min.*) laumontite.

launeddas *s.f.pl.* (*mus.*) launeddas.

laurea *s.f.* (university) degree: — *ad honorem*, honorary degree; — *in medicina, in legge*, degree in medicine, in law; *diploma di* —, degree certificate; *esame di* —, degree examination; *tesi di* —, degree thesis; *ha una — in lingue straniere*, he has a degree in modern languages; *conferire a qlcu. una* —, to confer a degree on s.o.; *conseguire, prendere una* —, to obtain a degree (*o* to graduate); *ha preso la — in economia*, he took a degree in economics.

laureando *agg.* final year (*attr.*); (*amer.*) senior ◆ *s.m.* final year student, (*amer.*) senior.

laureare *v.tr.* **1** to confer a degree on (s.o.) **2** (*estens.*) to award a title to (s.o.), to crown. □ **laurearsi** *v.rifl.* **1** to graduate, to take* a degree, to obtain a degree: — *in legge, in medicina*, to take a degree in law, in medicine; — *con 110 e lode*, to graduate with first class honours **2** (*estens.*) to be crowned, to be awarded the title of: *la squadra si è laureata campione d'Italia*, the team were crowned champions of Italy.

laureato *agg.* **1** graduated: *è — in legge*, he has a degree in law **2** (*coronato d'alloro*) laureate: *poeta —*, poet laureate ◆ *s.m.* graduate: *corso per laureati*, post-graduate course.

laurencio → **laurenzio**.

laurenziano *agg.* Laurentian.

laurenzio *s.m.* (*chim.*) lawrencium.

laureo *agg.* (*letter.*) laurel.

lauretano *agg.* Loreto (*attr.*).

laureto *s.m.* (*letter.*) laurel grove.

laurifero *agg.* (*poet.*) laurel-bearing; rich in laurel.

laurile *s.m.* (*chim.*) lauryl.

laurilico *agg.* (*chim.*): *alcol —*, lauryl alcohol.

laurite *s.f.* (*min.*) laurite.

lauro *s.m.* **1** (*bot.*) (*Laurus nobilis*) laurel, bay: *foglia di —*, bay leaf **2** (*fig.*) (*gloria, trionfo*) laurels (*pl.*), glory.

lauroceraso *s.m.* (*bot.*) (*Prunus laurocerasus*) cherry-bay, cherry-laurel.

lautamente *avv.* (*abbondantemente*) largely, abundantly, plentifully; (*sontuosamente*) sumptuously, magnificently, splendidly; (*generosamente*) generously, lavishly, handsomely: *pagare —*, to pay generously; *fu ricompensato —*, he was handsomely rewarded; *pranzare —*, to dine lavishly; *vivere —*, to live lavishly.

lautezza *s.f.* (*non com.*) abundance; magnificence, splendour; lavishness.

lauto *agg.* (*abbondante*) abundant, rich, large; (*sontuoso*) sumptuous, magnificent, splendid; (*generoso*) generous, lavish, handsome: *lauti guadagni*, large profits; *lauta ricompensa*, generous (*o* handsome) reward; *— stipendio*, high salary; *— pranzo*, lavish meal.

lava *s.f.* lava: *colata di —*, lava flow (*o* stream) // *— a corda*, ropy lava; *— a guanciale*, pillow lava.

lavaauto → **lavamacchine**.

lavabiancheria *s.f.* washing machine.

lavabile *agg.* washable: *tessuto —*, washable fabric.

lavabilità *s.f.* washability.

lavabo *s.m.* **1** washbasin; washstand **2** (*eccl.*) lavabo*.

lavacristallo → **tergicristallo**.

lavacro *s.m.* (*letter.*) **1** (*bacino per lavarsi*) basin, bath **2** (*il lavare*) bathing; (*purificazione*) purification // *santo —*, baptism.

lavadita *s.m.* finger bowl.

lavafrutta *s.m.* bowl for washing fruit.

lavaggio *s.m.* **1** (*lavatura*) washing, wash; (*di ponte di nave*) wash down: *— a secco*, dry-cleaning; *questi colori scoloriscono al —*, these colours come out in the wash // *tunnel di —*, car wash // *— del cervello*, (*fig.*) brainwashing; *fare il — del cervello*, to brainwash; *subire il — del cervello*, to be brainwashed **2** (*ind.*) (*del minerale*) puddling, washing, wash-up; (*tess.*) scour, scouring; (*tip.*) (*dei cilindri inchiostrati*) wash-up; (*chim.*) (*di gas ecc.*) scrubbing; (*di gas di scarico di motore*) scavenge, scavenging: *— a immersione*, immersion washing; *acqua di —*, wash water; *— forzato*, (*di motore Diesel*) pressure scavenging; (*chim.*) *— con acqua di calce*, limewashing.

lavagna *s.f.* **1** blackboard, board: *cancellare la —*, to wipe the blackboard; *scrivere alla —*, to write on the blackboard; *chiamare un alunno alla —*, to call a pupil to the blackboard // *— luminosa*, overhead projector // *— magnetica*, magnetic board **2** (*min.*) slate.

lavallière *s.f.* (*fr.*) (*cravatta maschile*) lavallière.

lavamacchine *s.m.* e *f.* car washer, attendant at a car wash.

lavamano *s.m.* **1** (*portacatino*) washstand **2** (*lavabo*) washbasin.

lavamoquette *s.f.* carpet cleaner.

lavanda[1] *s.f.* **1** (*letter.*) washing, wash; (*di ponte di nave*) wash down **2** (*med.*) lavage: *— gastrica*, gastric lavage **3** (*eccl.*) washing of feet (on Maundy Thursday).

lavanda[2] *s.f.* (*bot.*) (*Lavandula officinalis*) lavender: *fiori di —*, lavender; *acqua di —*, lavender water.

lavandaia *s.f.* **1** washerwoman*; laundress **2** (*fig.*) (*donna volgare, villana*) fishwife*.

lavandaio *s.m.* **1** laundryman* **2** → **candeggiatore**.

lavanderia *s.f.* laundry: *— a gettone*, laund(e)rette.

lavandino *s.m.* **1** sink: *un — ingombro di piatti*, a sink full of (*o* piled with) dishes // *sei un —, come fai a mangiare così tanto?*, (*fig. fam.*) you're a pig, how can you eat so much? **2** (*lavabo*) washbasin.

lavapavimenti *s.f.* floorwasher, floor-washing machine.

lavapiatti *s.m.* e *f.* dishwasher ◆ *s.f.* (*macchina lavastoviglie*) dishwasher.

lavare *v.tr.* **1** to wash: *lavalo con acqua e sapone*, wash it with soap and water; *lavalo in acqua calda, fredda*, wash it in hot, cold water; *questa stoffa si lava facilmente*, this material washes easily; *— a secco*, to dry-clean; *— un'automobile*, to wash (down) a car; *— i panni*, to do one's washing (*o* to wash the clothes); *— i piatti*, to wash up (*o* to do the washing up *o* to wash the dishes); *— un vestito*, to wash a dress; *—, lavarsi le mani, il viso*, to wash one's hands, one's face // *lavarsene le mani*, to wash one's hands of it // *i panni sporchi si lavano in famiglia*, (*prov.*) don't wash your dirty linen in public **2** (*purificare, mondare*) to purify, to wash, to cleanse; to wash away: *la confessione e il pentimento lavano l'anima dalle colpe*, confession and repentance cleanse (*o* purify) the soul of its sins; *— un'offesa nel sangue*, to wipe out an offence with blood **3** (*tecn.*) (*con abrasivi*) to scour; (*chim.*) (*un gas ecc.*) to scrub; (*un minerale*) to puddle, to wash; (*fibre tessili*) to bowk; (*la lana*) to scour; (*mecc.*) (*i cilindri e i gas di scarico di un motore*) to scavenge.

□ **lavarsi** *v.rifl.* to wash (oneself), to have a wash: *desidero lavarmi prima di andare a cena*, I want to wash (*o* to have a wash) before supper.

lavarello *s.m.* (*zool.*) (*Coregonus lavaretus*) lavaret.

lavasciuga *s.f.* washer-dryer.

lavasecco *s.m.* o *f.* dry cleaner's.

lavastoviglie *s.f.* (*elettrodomestico*) dishwasher.

lavata *s.f.* wash: *darsi una* (*bella*) *—*, to have a (good) wash; *dare una — veloce ai piatti*, to give the plates a quick wash // *— di capo*, (*fig. fam.*) telling-off (*o* ticking-off *o* dressing-down).

lavatesta *s.m.* shampoo basin.

lavativo *s.m.* **1** (*med. pop.*) (*clistere*) enema, clyster **2** (*fannullone*) idler, shirker, skiver; (*persona noiosa*) bore; (*persona pignola*) pedant: *è inutile insistere con lui, è un —!*, it's a waste of time persisting with him, he never does a stroke!

lavato *agg.* washed, clean: *mani lavate*, clean hands // *bianco come un lenzuolo —*, as white as a sheet.

lavatoio *s.m.* **1** (*luogo*) wash-house **2** (*vasca*) wash-tub.

lavatore *s.m.* **1** (*chi lava*) washer **2** (*tecn.*) (*di lana ecc.*) fuller, scourer: (*chim.*) *— di gas*, scrubber.

lavatrice *s.f.* **1** (*lavabiancheria*) washing machine; (*lavastoviglie*) dishwasher **2** (*miner.*) washer **3** (*ind. tess.*) scouring-machine: *— ultrasonica*, ultrasonic cleaning-machine.

lavatura *s.f.* **1** washing, wash: *— a secco*, dry-cleaning; *un colore solido resiste alla —*, a fast colour stands washing **2** (*liquido rimasto dopo la lavatura*) washing water: *— di piatti*, dishwater (*o* washing-up water).

lavavetri *s.m.* e *f.* **1** (*addetto alla pulizia dei vetri*) window cleaner; (*chi lava i parabrezza ai semafori*) windscreen washer **2** (*spatola*) squeegee **3** (*di auto*) windshield washer ◆ *s.f.* (*elettrodomestico*) electric window cleaner.

lavello *s.m.* (*acquaio*) sink.

lavico *agg.* lava (*attr.*), lavic: *colata lavica*, lava flow.

lavina → **slavina**.

lavorabile *agg.* (*di materiale*) workable; (*di terreno*) cultivable, tillable, arable.

lavorabilità *s.f.* (*di materiale*) workability; (*di terreno*) cultivability, arability.

lavoracchiare *v.intr.* (*fam.*) to work half-heartedly: *ha lavoracchiato tutto il giorno senza concludere granché*, he worked half-heartedly all day without getting much done.

lavorante *s.m.* worker, workman*; (*bracciante, uomo di fatica*) labourer; (*aiutante*) assistant: *— finito*, skilled worker (*o* experienced assistant) ◆ *s.f.* (female) worker; (*aiutante*) assistant: *le lavoranti di una sartoria*, the dressmaker's assistants.

lavorare *v.intr.* **1** to work; (*con fatica*) to labour, to toil: *finita la scuola andrà a —*, when he finishes school he'll go (out) to work; *— molto, sodo*, to work hard; (*far*) *— troppo*, to overwork; *— meglio di qlcu.*, to outwork s.o.; *— a ore*, to work by the hour; *— a tempo pieno, a tempo parziale*, to work full-time, part-time; *— a orario ridotto*, to work short time (*o* to be on short time); *far — qlcu. a orario ridotto*, to put s.o. on short time; *— a turni*, to work by (*o* in) relays, to work (in) shifts; *— in proprio*, to work on one's own account (*o* to work for oneself); *— presso qlcu.*, to be in the employ of s.o.; *— da falegname, da muratore*, to work as a carpenter, a bricklayer; *— nel cinema*, to work in the cinema industry; *— nei trasporti*, to work in the transport industry; *— d'ago*, to needlework; *— d'intarsio*, to inlay; *— a maglia*, to knit; *— a, intorno a qlco.*, to work at (*o* on) sthg.; *sto lavorando a un romanzo*, I am working on a novel; *dare da — a qlcu.*, to provide work (*o* employment) for s.o. // (*Borsa*) *— in parità*, to transact at par // (*miner.*) *— in profondità*, to work in depth // *l'Italia che lavora*, the working population of Italy // *— come un cane, come un negro*, to work like a dog // *— di cervello*, to do brain work (*o* intellectual work); (*ingegnarsi*) to use one's brain // — *d'astuzia*, to be shrewd // — *di fantasia*, to let one's imagination run free; (*inventare*) to imagine things // — *di gomiti*, to elbow one's way (through) // — *di mano*, (*rubare*) to steal // — *per la gloria*, to work for nothing // — *sott'acqua*, (*fig.*) to scheme, to be underhanded // *far* — *qlcu. fino all'esaurimento*, to work s.o. to a standstill (*o* to death) // *chi non lavora non mangia*, (*prov.*) no work, no pay **2** (*funzionare*) to operate, to work; (*di chiave*) to turn: *in quello stabilimento gli impianti lavorano giorno e notte*, in that plant machines work (*o* operate) day and night; *le fabbriche hanno ripreso a* —, the factories have resumed working; *il suo fegato non lavora bene*, his liver doesn't work very well; *il veleno sta lavorando*, the poison is working (*o* is having its effect) **3** (*avere un giro di affari*) to do* business: *questo bar lavora poco*, this coffee bar doesn't do much business; *questo negozio lavora molto*, this shop is doing good business ◆ *v.tr.* to work; (*trattare*) to process; (*mecc.*) (*alle macchine*) to machine (tool): — *il ferro, la creta*, to work iron, clay; (*metall.*) — *a freddo, a caldo*, to hot-work, to cold-work; — *a sbalzo*, to emboss; — *la terra*, to till (*o* to work) the land; (*cuc.*) — *la pasta*, to work dough// *lavorarsi qlcu.*, (*fig.*) to work on s.o. (*o* to get round s.o.); (*boxe*) to beat up; *si è lavorato il capo e ha avuto l'aumento*, he worked on the boss and got a rise; *lavorarsi l'opinione pubblica*, to work on public opinion.

lavorata *s.f.* stint: *ho fatto una* — *di sei ore*, I did a six-hour stint.

lavorativo *agg.* **1** working (*attr.*): *attività lavorativa*, working activity; *ciclo* —, working cycle (*o* schedule); *ore lavorative*, working hours; *giorno* —, working day (*o* weekday); *giorni non lavorativi*, non-working days **2** (*di terreno*) tillable, cultivable, arable.

lavorato *agg.* **1** worked; (*sottomesso a trattamento*) processed; (*confezionato*) manufactured, made; (*intarsiato*) inlaid: — *a maglia*, knitted; — *a mano, a macchina*, handmade, machine-made; — *a caldo*, hot -processed; — *a sbalzo*, embossed; — *in oro*, wrought in gold; *articoli lavorati*, manufactured articles; *ben* —, well finished; *pietra lavorata*, worked (*o* dressed) stone; *prodotto* —, manufactured product; *merce non lavorata*, unmanufactured goods; *zolfo, metallo* —, processed sulphur, metal; *ferro* —, wrought iron; *petrolio* —, refined (*o* processed) oil; *cuoio* —, tooled leather **2** (*elaborato*) elaborate: *quest'abito è troppo* —, this dress is too elaborate **3** (*di terreno*) tilled, cultivated.

lavoratore *s.m.* **1** worker, workman*: — *agricolo*, agricultural labourer (*o* farmhand *o* farm worker); — *a giornata*, day labourer (*o* day worker); — *a tempo parziale*, part-time worker; — *a domicilio*, outworker; — *a cottimo*, jobbing worker (*o* jobber); — *avventizio*, casual worker; — *autonomo*, self-employed worker; — *dipendente*, employee (*o* wage earner); — *frontaliero*, border worker; — *qualificato*, skilled worker; — *stagionale*, seasonal worker; — *del commercio*, worker in the business sector; — *dell'industria*, industry worker; *lavoratori edili*, building workers; *sindacato dei lavoratori*, (trade) union **2** (*chi lavora molto*) hard worker: *quel ragazzo è un gran* —, that boy is a hard worker ◆ *agg.* working: *classe lavoratrice*, working class.

lavoratrice *s.f.* worker: — *domestica*, maid (*o* home help).

lavorazione *s.f.* **1** (*il lavorare un materiale*) working, manufacturing, processing, making; (*fattura*) workmanship: — *a caldo*, hot working; — *a catena*, line production; — *a mano*, handwork; — *a macchina*, machining; — *a pieno ritmo*, full-scale processing; — *dei metalli*, metalworking; — *del cotone*, cotton manufacture; — *del tabacco*, tobacco manufacture; — *del vetro*, glass making; — *della carta*, paper making; — *per lotti*, batch process; — *su commessa, per conto terzi*, jobbing; — *perfetta*, finished (*o* faultless) manufacture (*o* workmanship); *ciclo di* —, production (*o* manufacturing) cycle; *impianti per la* —, processing (*o* manufacturing) equipment; *essere in* —, to be in progress (*o* in the course of manufacture); *entrare in* —, to enter the production cycle **2** (*complesso delle operazioni per la realizzazione di un'opera*) production, making: *iniziare, sospendere la* — *di un film*, to start, to stop the production of a film **3** (*agr.*) tilling, cultivation.

lavoretto *s.m.* (*lavoro di poco impegno*) small job, little job; (*lavoro occasionale*) odd job: *ho un* — *facile di 3 ore al giorno*, I've got an easy little job for three hours a day.

lavoricchiare *v.intr.* (*fam.*) **1** (*di malavoglia*) to work half-heartedly, to work slackly **2** (*lavorare saltuariamente*) to work off and on; to do* odd jobs.

lavorìo *s.m.* **1** (*lavoro intenso, febbrile*) intense activity, hustle and bustle: *nell'officina c'è un gran* —, there is intense activity in the workshop **2** (*fig.*) (*maneggio, complotto*) plotting, intrigue: — *elettorale*, electioneering.

lavoro *s.m.* **1** (*attività*) work; (*manuale*) labour: — *di concetto, creativo*, creative work; — *intellettuale*, brain-work; — *specializzato*, skilled work (*o* specialized job); — *dei campi*, farm work (*o* labour), agricultural work; — *impegnativo*, exacting work; — *usurante*, fatiguing work, arduous work; *lavori pubblici*, public works; — *eccessivo*, overwork; *i lavori di un congresso*, the proceedings of a congress // *lavori in corso*, work in progress, (*segnaletica stradale*) roadworks ahead // *alla base ci fu un grosso* — *diplomatico*, there was a lot of diplomatic work behind it **2** (*occupazione retribuita*) job, employment, work, occupation, place, post, position; — *fisso*, regular job; *lavori occasionali*, odd jobs; — *precario*, casual labour (*o* irregular work); — *a giornata*, work by the day, day labour (*o* work); — *a orario ridotto, a tempo parziale*, part-time, short-term job; — *a tempo pieno*, full-time job; — *con orario fisso*, nine to five job; — *dipendente*, subordinate employment (*o* job *o* work), dependent labour; — *autonomo*, self -employment; — *di ufficio, impiegatizio*, office (*o* clerical) work; — *nero*, (*non denunciato*) concealed labour (*o* moonlighting), (*sfruttamento di manodopera*) sweated labour; — *straordinario*, overtime (*o* overtime work); *l'ambiente di* —, the working environment; *essere abile, inabile al* —, to be fit, unfit for work; *dare* — *a qlcu.*, to hire (*o* to employ) s.o.; *vivere del proprio* —, to earn one's living; *essere senza* —, to be out of work (*o* without a job) // *cessazione del rapporto di* —, severance // *domanda, offerta di* —, (*di manodopera*) labour demand, supply // *ufficio del* —, job centre // *diritto del* —, labour law; *diritto al* —, right to work **3** (*ramo di attività*) job: *che* — *fa tuo padre*, what does your father do? (*o* what's your father's job?) **4** (*compito*) task, job: *convincerlo sarà un* — *difficile*, it will be hard task (*o* job) to convince him **5** (*fis., mecc.*) work: — *interno, esterno*, internal, external work; *funzione* —, work function; — *di attrito*, work due to friction; — *di deformazione*, deformation (*o* strain) work **6** (*inform.*) job: — *simultaneo, in multiprogrammazione*, time sharing **7** (*opera*) work; (*teatrale*) play; (*cinematografica*) film: *questo romanzo è uno dei suoi migliori lavori*, this novel is one of his best works.

lawrencio, lawrenzio → **laurenzio**.

laziale *agg.* of Lazio, from Lazio ◆ *s.m.* e *f.* **1** inhabitant of Lazio **2** (*sport*) supporter of Lazio (football club).

lazo *s.m.* lasso*: *prendere un cavallo al* —, to lasso a horse.

lazulite *s.f.* (*min.*) lazulite.

lazurite *s.f.* (*min.*) lazurite.

lazzaretto *s.m.* lazaretto*, lazar house, lazaret.

lazzarista *s.m.* (*eccl.*) Lazarist.

lazzaro *s.m.* (*ant.*) (*lebbroso*) leper.

lazzarolo e *deriv.* → **lazzeruolo** e *deriv.*

lazzaronata *s.f.* dirty trick.

lazzarone *s.m.* **1** (*fannullone*) idler, slacker **2** (*canaglia*) rogue, rascal, scoundrel.

lazzaronesco *agg.* (*non com.*) **1** (*da fannullone*) slack, lazy **2** (*da mascalzone*) scoundrelly, good-for-nothing (*attr.*).

lazzaruolo e *deriv.* → **lazzeruolo** e *deriv.*

lazzeretto → **lazzaretto**.

lazzerolo e *deriv.* → **lazzeruolo** e *deriv.*

lazzeruola *s.f.* (*bot.*) azarole.

lazzeruolo *s.m.* (*bot.*) (*Crataegus azarolus*) azarole tree.

lazzo[1] *agg.* (*letter.*) (*agro*) sour, tart, sharp.

lazzo[2] *s.m.* (*motto scherzoso*) joke, jest.

le[1] *art.det.f.pl.* **1** the: — *Alpi*, the Alps; — *isole Shetland*, the Shetlands; — *Canarie*, the Canary Islands; — *pagine del libro*, the pages of the book; *ecco* — *conseguenze del diboscamento*, these are the consequences of deforestation; — *più importanti risorse della regione sono le miniere di carbone*, the region's major resources are its coalmines; — *ragazze che avete conosciuto ieri sono partite*, the girls you met yesterday have left **2** (*spesso non si traduce*): *in autunno cadono* — *foglie*, leaves fall in autumn; — *formiche sono insetti*, ants are insects; *quest'anno si portano* — *gonne corte*, short skirts are in this year; *porta* — *lenti a contatto*, he wears contact lenses; *ha* — *ciglia lunghe*, she has long eyelashes; *ti piacciono* — *pesche?*, do you like peaches?; *vado al cinema tutte* — *domeniche*, I go to the cinema every Sunday; — *nostre camere sono al primo piano*, our rooms are on the first floor; *conosci* — *sorelle di Stefano?*, do you know Steve's sisters? **3** (*si traduce con l'agg. poss.*): *togliti* — *scarpe*, take your shoes off; *non trovo* — *pantofole*, I can't find my slippers; *Anna è uscita con* — *amiche*, Ann has gone out with her friends **4** (*si traduce con il partitivo*) some, any: *mi occorrono* — *patate e* — *carote*, I need some potatoes and carrots; *hai comprato* — *sigarette?*, did you get any cigarettes?

le[2] *pron.pers.f. 3ª pers.sing.* **1** (*compl. di termine di* ella, lei, essa): (to, for) her (*riferito a* *persona o animale di sesso femminile*); (to, for) it (*riferito a cosa o animale di sesso non specificato*): — *manderemo un mazzo di fiori*, we'll send her a bunch of flowers; — *ho parlato un'ora fa*, I spoke to her an hour ago; *scrivile una lettera*, write her a letter; *dopo quella lite, non — rivolge più la parola*, he's stopped speaking to her since that quarrel; *questa è la lettera, se vuoi puoi darle un'occhiata*, this is the letter, you can have a look at it if you like **2** (*formula di cortesia*) (to, for) you (*usato anche per il maschile*): *posso parlarle?*, may I have a word with you?; *scusi, — ho fatto male?*, sorry, did I hurt you?; *Egregio Signore, Le comunico che...*, Dear Sir, I wish to inform You that...

le[3] *pron.pers.f. 3ª pers.pl.* **1** (*compl. ogg.*) them: *"Conosci quelle persone?" "Sì, — conosco bene"*, "Do you know those people?" "Yes, I know them well"; *non trovo le fotografie, dove — hai messe?*, I can't find the photos, where did you put them?; *se esistono delle norme, bisogna rispettarle*, if there are rules, one should respect them; *ci sono delle lettere sul mio tavolo, potresti imbucarmele?*, there are some letters on my desk, could you post them for me?; *guardale bene: non sembrano sorelle?*, observe them closely: don't they look like sisters? // *eccole !*, here they are! // — *inventa tutte*, he's always got some excuse! (*o* he's a fine one!) // — *racconta grosse!*, he's a born liar! // *darle di santa ragione*, to thrash s.o. • Per le forme composte → **gliele** **2** (*region.*) (*pleonastico, con funzione di sogg.*): — *sono andate via or ora*, they've just this minute left; — *sono cose da dire?*, is that any way to speak?

leader *agg.* (*principale, primario*) leading: (*econ.*) *azienda* —, leading firm (*o* leader); *settori* —, leading sectors ◆ *s.m.* (*capo, guida*) leader: — *politico*, political leader; — *sindacale*, trade union leader.

leadership *s.f.* (*comando, guida*) leadership: *conquistare la — di un partito*, to win the leadership of a party // *conquistare la — nell'industria automobilistica*, to become the leading firm in the car industry.

leale *agg.* **1** loyal; (*fido*) faithful: — *alla causa*, loyal to the cause; *un amico* —, a true (*o* faithful) friend; *servitore* —, faithful servant; *è un suddito* —, he is a loyal subject **2** (*onesto*) fair; (*sincero*) frank, sincere, honest: *gioco* —, fair play; *non è — da parte tua*, it isn't fair of you; *è stato un combattimento* —, it was a fair fight; *un avversario* —, a fair (*o* sportsmanlike) opponent.

lealismo *s.m.* loyalism, loyalty.

lealista *agg.* e *s.m.* e *f.* loyalist.

lealmente *avv.* **1** loyally; faithfully **2** (*onestamente*) fairly; (*sinceramente*) sincerely, frankly: *parlare — a qlcu.*, to speak sincerely to s.o.; *combattere, giocare* —, to fight, to play fairly.

lealtà *s.f.* **1** loyalty; (*fedeltà*) faithfulness: *la sua — fu messa a dura prova*, his loyalty was put to a hard test; *dare prova di — a qlcu.*, to show one's loyalty to s.o. **2** (*onestà*) fairness, honesty, uprightness; (*sincerità*) sincerity, frankness: *è un uomo di grande* —, he is a very upright man; *riconoscere la — di un avversario*, to acknowledge the fairness of an opponent.

leardo *agg.* e *s.m.* (*zool.*) grey (horse).

leasing *s.m.* (*econ.*) leasing agreement, leasing arrangement, leasing, lease: — *finanziario*, finance lease; — *immobiliare*, leaseback; — *operativo*, operating lease; — *di impianti*, equipment leasing; *società di* —, leasing company; *avere una fotocopiatrice in* —, to run a copier under a leasing arrangement.

lebbra *s.f.* **1** (*med.*) leprosy, lepra **2** (*fig.*) bane, plague.

lebbrosario *s.m.* leper hospital; leper colony.

lebbroso *agg.* leprous ◆ *s.m.* leper // *sfuggire, scansare qlcu. come un* —, to avoid s.o. like a leper.

leccaculo *s.m.* e *f.* (*volg.*) arse-licker, crawler.

lecca-lecca *s.m.* lollipop.

leccamento *s.m.* **1** licking **2** (*fig.*) bootlicking.

leccapiedi *s.m.* e *f.* bootlicker, crawler, toady.

leccarda *s.f.* (*cuc.*) dripping-pan.

leccare *v.tr.* **1** to lick; to lap: *il gatto leccava il piatto*, the cat was licking the plate; — *il latte*, to lap (up) milk // *leccarsi le dita, i baffi*, (*fig.*) to smack one's lips; *una torta buona da leccarsi le dita*, a mouthwatering cake // *leccarsi le ferite*, (*fig.*) to lick one's wounds **2** (*fig.*) to suck up to, to flatter; to lick: — *i piedi, il culo a qlcu.*, to lick s.o.'s boots, arse **3** (*fig.*) to overpolish.

□ **leccarsi** *v.rifl.* **1** to lick oneself: *il gatto si leccava coscienziosamente*, the cat was licking itself industriously **2** (*fig.*) to preen oneself: *si leccò davanti allo specchio per un'ora*, he preened himself for an hour before the mirror.

leccata *s.f.* **1** lick, licking **2** (*fig.*) bootlicking.

leccato *agg.* overpolished, over-elaborate.

leccatura *s.f.* **1** licking **2** (*fig.*) (*adulazione*) bootlicking, crawling **3** (*fig.*) overpolishing, over-elaboration.

lecceto *s.m.* **1** ilex grove, ilex wood **2** (*fig.*) maze.

lecchino *s.m.* (*spreg.*) (*adulatore*) toady.

leccio *s.m.* (*bot.*) (*Quercus ilex*) ilex*, holm-oak.

leccornía *s.f.* delicacy, titbit, dainty.

lecitamente *avv.* lawfully, legitimately.

lecitina *s.f.* (*biochim.*) lecithin.

lecitinasi *s.f.* (*biochim.*) lecithinase.

lecito *agg.* **1** (*dir.*) (*permesso dalla legge*) lawful; licit: *far* —, to legalize (*o* to make lawful); *azioni lecite*, lawful actions; *matrimonio* —, lawful marriage; *causa lecita*, (*in un contratto*) legal consideration **2** (*concesso*) allowed (*pred.*), permitted (*pred.*); right; decent; legitimate: *crede che a lei tutto sia* —, she thinks she can do what she likes; *mi è — farvi un'altra domanda?*, may I ask you another question?; *mi sia — farvi un'altra domanda*, allow me to ask you another question; *non è — far ciò*, you are not allowed to do that; *non è — trattare così una povera ragazza!*, it's not right to treat a poor girl like this!; *non ti è — comportarti così*, it is not right for you to behave like this; *potreste dirmi, se è —, quando si dovrà firmare il contratto?*, would you be so kind as to tell me when the contract has to be signed?; *vi par — dire certe cose?*, do you think it decent to say such things? ◆ *s.m.* right: *il — e l'illecito*, right and wrong; *andare oltre i confini del* —, to go beyond what is allowed.

lectina *s.f.* (*biochim.*) lectin.

lectio brevis *s.f.* (*lat.*) half-holiday.

led *s.m.* (*elettr.*) LED.

ledeburite *s.f.* (*metall.*) ledeburite.

ledere *v.tr.* to harm, to damage, to injure: *ha leso la mia reputazione*, he has damaged my reputation; — *la giustizia*, to offend against the law; — *gli interessi di qlcu.*, to be prejudicial to s.o.'s interests; *il terremoto ha leso gli edifici*, the earthquake has damaged the buildings; *il proiettile le aveva leso gli organi vitali*, the bullet had damaged her vital organs.

lega[1] *s.f.* **1** league, association, alliance: — *offensiva, difensiva*, offensive, defensive alliance; *stringere, sciogliere una* —, to form, to end an alliance // (*econ.*): — *dei consumatori*, consumers' association; — *doganale*, customs union; — *sindacale*, trade union (*o* association) // (*fin.*) — *monetaria*, monetary union // (*st.*): *la — delle Nazioni*, the League of Nations; *la Lega Santa*, the Holy League **2** (*spreg.*) gang, league: *far — con i peggiori*, to gang up with the worst types **3** (*sport*) league **4** (*metall.*) alloy: — *antifrizione*, babbit (*o* antifriction alloy *o* bearing alloy); — *d'acciaio*, alloy steel; — *di stagno*, (*peltro*) pewter; — *fusibile*, fusible alloy; — *leggera*, light (*o* aluminium) alloy; — *ultra leggera*, magnesium alloy; — *per alte temperature*, super alloy (for high temperatures); — *per caratteri da stampa*, type metal; — *per fusioni*, casting metal; — *per saldatura a stagno* (*dolce*), soft solder; *moneta di bassa* —, base coin; *l'ottone è una — di rame e zinco*, brass is an alloy of copper and zinc (*o* a copper -zinc alloy) // *di buona* —, (*fig.*) genuine; *di cattiva* —, (*fig.*) low (*o* vulgar); *è uno scherzo di cattiva* —, it is a joke in bad taste.

lega[2] *s.f.* league (*misura itineraria* = 4,83 km; *misura marittima* = 5,56 km).

legaccio *s.m.* **1** string; tape; twine, cord; (*di scarpe*) shoe lace, shoestring; (*di scarponi, stivali*) bootlace **2** (*nel lavoro a maglia*) garter stitch.

legale *agg.* **1** legal; (*giuridico*) juridical: *atti legali*, legal acts; *documento* —, legal document; *impedimento* —, legal difficulty (*o* impediment); *medicina* —, forensic (*o* legal) medicine; *poteri legali*, legal powers; *termini legali*, legal terms, (*di tempo*) prescribed times; *spese legali*, legal costs (*o* expenses); *professione* —, legal profession; *scienze legali*, legal sciences; *studio* —, law firm (*o* lawyer's office) // *per vie legali*, by legal means (*o* proceedings *o* steps) **2** (*conforme alla legge*) lawful: *possessore* —, lawful owner; *il suo matrimonio non è* —, his marriage is not lawful ◆ *s.m.* lawyer, (*amer.*) attorney: *consultare un* —, to consult a lawyer.

legalismo *s.m.* (*dir.*) legalism.

legalista *s.m.* e *f.* legalist ◆ *agg.* legalistic.

legalistico *agg.* legalistic: *atteggiamento* —, legalistic attitude (*o* behaviour).

legalità *s.f.* legality, lawfulness: *il principio di* —, the principle of legality (*o* the rule of law); *agire, rimanere nella* —, to act, to keep within the law (*o* legally).

legalitario *agg.* respectful of legality, legalistic: *partito* —, legalistic party.

legalizzare *v.tr.* **1** (*autenticare*) to authenticate, (*spec. amer.*) to notarize: — *un attestato*, to authenticate a certificate; *far — una firma*, to have a signature certified (*o* notarized) **2** (*regolarizzare*) to legalize, to make* legal: — *un contratto*, to legalize a contract.

legalizzazione *s.f.* **1** (*autenticazione*) authentication, (*spec. amer.*) notarization **2** (*regolarizzazione*) legalization; (*ratificazione*) ratification.

legalmente *avv.* legally, lawfully.

legame *s.m.* **1** (*vincolo*) tie; bond: *legami del sangue*, blood ties; *legami di parentela*, family ties; *ha troncato ogni — con la famiglia*, he has broken all ties with his family; *uno stretto — d'affetto li unisce*, they are linked by a close bond of affection **2** (*connessione*) connection, link: *non c'è alcun — fra queste idee*, there is no connection between these ideas; *stabilire un — tra due avvenimenti*, to establish a link (*o* connection) between two events **3** (*chim.*) bond, link: *energia di —*, binding energy; *— ionico*, electrovalent (*o* ionic) bond; *— covalente*, covalent bond **4** (*inform.*) link; (IBM) connection.

legamento *s.m.* **1** (*anat.*) ligament **2** (*mus.*) ligature, slur **3** (*il legare*) tying (up), binding; (*l'assicurare con fune*) fastening **4** (*ling.*) liaison, sandhi **5** (*scherma*) engagement **6** (*mar.*) binding.

legamentoso *agg.* (*anat.*) ligamental, ligamentary, ligamentous.

legante[1] *agg.* **1** (*chim.*) binding: *agente —*, binding agent **2** (*cuc.*) (*addensante*) thickening ◆ *s.m.* **1** (*chim.*) binder, ligand; (*edil.*) binder; (*metall.*) alloying element **2** (*cuc.*) (*sostanza addensante*) thickener.

legante[2] *s.m.* e *f.* (*dir.*) legator.

legare[1] *v.tr.* **1** to tie (up), to bind*; (*assicurare con fune ecc.*) to fasten, to tie: *— un pacco*, to tie up a parcel; *il guardiano fu legato e imbavagliato*, the caretaker was gagged and his hands and feet were tied; *— i capelli con un nastro*, to tie one's hair with a ribbon; *il cane fu legato all'albero*, the dog was fastened to the tree; *il ragazzo legò la barca al molo*, the boy fastened the boat to the jetty; *— strettamente*, to bind fast // *pazzo da —*, stark raving mad // *— la lingua a qlcu.*, to tie s.o.'s tongue // *— qlcu. mani e piedi*, to tie s.o. hand and foot **2** (*fig.*) to bind*, to link, to tie, to unite: *sono legati da intima amicizia*, they are bound (*o* linked) by a close friendship; *essere molto legato alla moglie*, to be very close to one's wife; *essere legato da affetto a qlcu.*, to be bound to s.o. by affection **3** (*libro*) to bind*: *— un libro in pelle*, to bind a book in leather **4** (*incastonare*) to set*, to mount: *— un diamante in oro*, to set (*o* to mount) a diamond in gold **5** (*med.*) to ligate, to tie up: *— un'arteria*, to ligate an artery **6** (*connettere*) to connect, to link up: *— un'idea con un'altra*, to connect one idea with another **7** (*mus.*) to tie: *— due o più note*, to tie two or more notes **8** (*metall.*) to alloy **9** (*mar.*) to bend*, to reeve, to seize, to tie together **10** (*chim.*) to bind **11** (*cuc.*) (*rendere denso*) to thicken **12** (*fam.*) (*allappare*) *i frutti acerbi legano i denti*, sour fruit draws your mouth ◆ *v.intr.* **1** (*andare d'accordo*) to get* on well (with s.o.), to hit* it off; (*fam.*) to click: *i due ragazzi legano bene*, the two children get on well together (*o* hit it off) **2** (*star bene insieme*) to go* (well), to fit in (well): *la tappezzeria non lega con le tende*, the wallpaper does not go well with the curtains **3** (*aver connessione*) to be connected: *quest'episodio non lega col resto della storia*, this episode is not connected with the rest of the story **4** (*cuc.*) (*amalgamarsi*) to thicken: *la salsa non lega senza l'uovo*, the sauce does not thicken without an egg **5** (*metall.*) to alloy (with sthg.). □ **legarsi** *v.rifl.* to bind* oneself (to s.o., to sthg.): *— d'amicizia con qlcu.*, to make friends (*o* to form a friendship) with s.o.; *— in matrimonio*, to get married; *— con una promessa a qlcu.*, to be bound to s.o. by a promise ◆ *v.rifl.rec.* to be united: *sono legati da un profondo senso di solidarietà*, a deep sense of solidarity unites them.

legare[2] *v.tr.* (*dir.*) to bequeath, to legate: *— i propri beni a qlcu.*, to bequeath one's property to s.o.

legata *s.f.* tying (up): *dare una —*, to tie up: *date una — a quel pacco*, tie up that parcel.

legatario *s.m.* (*dir.*) (*di beni mobili*) legatee; (*di beni immobili*) devisee.

legatizio *agg.* legatary; (*eccl.*) legatine.

legato[1] *agg.* **1** bound; tied; (*fig.*) attached: *lo trovarono — mani e piedi*, they found him with his hands and feet tied; *Ulisse viaggiò saldamente — all'albero della sua nave*, Ulysses travelled firmly lashed (*o* tied) to the mast of his ship; *di giorno teniamo sempre il cane —*, we always keep the dog tied during the day; *è molto legata alla madre*, she is very attached to her mother; *sono — a lui come a un fratello*, I am as attached to him as if he were my brother; *legati da un patto di sangue*, united by a pact of blood // *avere le mani legate*, (*fig.*) to have one's hands tied **2** (*rigido*) stiff: *avere i movimenti legati*, to move stiffly **3** (*metall.*) alloyed: *acciaio —*, alloyed steel **4** (*mus.*) tied, slurred: *note legate*, tied notes ◆ *s.m.* (*mus.*) slur, tie.

legato[2] *s.m.* **1** (*st.*) legate **2** (*ant.*) ambassador, envoy **3** (*eccl.*) legate.

legato[3] *s.m.* (*dir.*) legacy, bequest; (*di beni immobili*) devise: *fare un —*, to leave a legacy (*o* to make a bequest).

legatoria *s.f.* **1** (*arte del rilegare*) bookbinding **2** (*laboratorio*) bookbindery, bindery.

legatura *s.f.* **1** fastening; (*di libro*) (book)binding: *— in cuoio*, leather binding; *— in stoffa*, cloth binding **2** (*oreficeria*) mounting, setting **3** (*mus.*) tie, ligature **4** (*med.*) ligature.

legazia *s.f.* legateship.

legazione *s.f.* legation.

legenda → **leggenda** 4.

legge *s.f.* **1** (*atto del parlamento*) law; (*del parlamento inglese*) act (*spesso maiuscolo*); statute: *disegno, progetto di —*, bill; *proposta di —*, draft bill; *— retroattiva*, retroactive (*o* ex post facto) law; *— locale, regionale, comunale*, bylaw; *in base alla —*, according to the law; *in base alla legge n. ...*, in accordance with law no...; *approvare, abrogare, respingere una —*, to pass, to repeal, to reject a law; *presentare una — in Parlamento*, to introduce a bill (*o* to bring a bill before Parliament) // *— ponte*, interim (*o* bridge) law; *— quadro*, outline (*o* general policy) law; parent statute; *— delega*, law enacted under delegate power (*o* enabling act) // *— sulla correttezza commerciale*, Fair Trading (*o* Trade) Act // *— valutaria*, currency act; *— di copertura finanziaria*, appropriation act; *— finanziaria*, financial act **2** (*legislazione*) law; laws (*pl.*), legislation: *— civile, penale*; civil, criminal law; *— naturale*, natural law; *— marziale*, martial law; *leggi antimonopolistiche*, antitrust laws (*o* legislation); *leggi sul diritto al lavoro*, right-to-work laws: *leggi economiche*, economic laws; *leggi agrarie*, agrarian laws; *leggi sul fallimento*, bankruptcy laws (*o* legislation) // *ricorrere alla —*, to go to law (*o* to court *o* to take legal proceedings) **3** (*disciplina*) law, jurisprudence: *studiare —*, to study (*o* read) law (*o* to read for the Bar); *studente di —*, law student; *uomo di —*, lawyer; *è laureato in —*, he has got a degree in law **4** (*regola*) law, rule: *— di gravità*, law of gravity; *— della domanda e dell'offerta*, law of supply and demand; *leggi dell'amore*, rules of love.

leggenda *s.f.* **1** legend: *leggende medievali*, medieval legends // *entrare nella —*, to enter into legend **2** (*estens.*) legend, myth: *la — napoleonica*, the Napoleonic legend **3** (*diceria*) tale, story **4** (*spiegazione dei segni convenzionali*) key, legend; (*iscrizione*) inscription; (*inform.*) callout.

leggendario *agg.* **1** legendary; (*mitico*) mythical: *un eroe —*, a legendary hero; *il — West*, the legendary West **2** (*meraviglioso*) legendary; marvellous, wonderful: *un'impresa leggendaria*, a wonderful enterprise ◆ *s.m.* legendary.

leggera, alla *locuz.avv.* thoughtlessly: *prende tutto alla —*, he doesn't take anything seriously; *ha preso troppo alla — le sue nuove responsabilità*, he didn't take his new responsibilities seriously enough (*o* he took his new responsibilities too lightly).

leggere *v.tr.* **1** to read*: *mi piace molto —*, I love reading; *legge un libro al mese*, he reads a book a month; *— da capo a fondo*, to read through (*o* over); *— correntemente*, to read fluently; *leggo il francese abbastanza bene*, I can read French quite well; *— rapidamente un giornale*, to read a newspaper cursorily (*o* to skim through a newspaper); *ho letto sul giornale che il concerto è stato annullato*, I read in the paper that the concert has been cancelled; *la maestra lo fa spesso — a voce alta*, the teacher often makes him read aloud; *il professore lesse la lista degli ammessi agli esami*, the teacher read out the list of the examinees; *— un autore*, to read an author; *aver letto molto*, to be well-read; *il primo verso della Divina Commedia legge...*, the first line of the Divine Comedy reads ... // *— una carta geografica, una formula*, to read a map, a formula // *— della musica*, to read music; *— della musica a prima vista*, to sightread music // *— la mano, le carte*, to read hands, cards // *— tra le righe*, to read between the lines // (*comm.*) *nell'attesa di leggervi...*, hoping to hear from you... **2** (*fig.*) to read*: *— nel cuore, nel pensiero*, to read s.o.'s heart, thoughts; *— nel futuro*, to read the future; *il suo pensiero gli si legge in viso*, what he thinks is written all over his face; *ti si legge negli occhi che stai mentendo*, I can tell from your eyes that you are lying **3** (*interpretare*) to interpret; to read*: *— gli avvenimenti in chiave politica*, to interpret events from a political point of view; *questo film può essere letto in chiave simbolica*, this film can be interpreted symbolically.

leggerezza *s.f.* **1** lightness: *— di un gas*, lightness of a gas; *— di tocco*, lightness of touch **2** (*agilità*) nimbleness, agility: *la — dei suoi movimenti*, the nimbleness of his movements **3** (*fig.*) (*mancanza di serietà*) thoughtlessness, irresponsibility; (*frivolezza*) levity, frivolity: *hai agito con troppa —*, you acted too thoughtlessly; *hai commesso un'imperdonabile —*, your behaviour was unforgivably irresponsible (*o* thoughtless).

leggermente *avv.* **1** lightly: *premere —*, to press lightly (*o* gently) **2** (*senza riflessione*) lightly, thoughtlessly, irresponsibly; (*frivolmente*) frivolously: *agire —*, to act thoughtlessly **3** (*di poco*) slightly: *ferito —*, slightly wounded; *si è — spostato sulla destra*, he moved slightly to the right.

leggero *agg.* **1** (*che ha poco peso*) light: *l'olio è più — dell'acqua*, oil is lighter than water; *la tua valigia è leggera*, your suitcase is light; *un vestito —*, a light dress; *cibo —*, a light food // *— come una piuma*, as light as a feather (*o* as air) // (*boxe*) *peso —*, light weight // (*sport*) *atletica leggera*, athletics // (*mil.*): *truppe leggere*, light-armed troops; *cavalleria leggera*, light cavalry // *sentirsi —*, (*fig.*) to feel light-hearted **2** (*non forte*) light; (*di tè, caffè*) weak; *vino —*, light wine; *un vento —*, a light wind; *un colore —*, a light colour; *un profumo — di lavanda*, a light scent of lavander **3** (*agile*) light, nimble, agile: *movimento —*, nimble movement; *a passi leggeri*, with a light step; *ha una figurina leggera*, she has a light figure // *avere la mano leggera*, to have a light hand (*o* touch) **4** (*che non affligge o affatica eccessivamente*) light: *un compito —*, a light duty; *una leggera punizione*, a light punishment **5** (*moderato, lieve*) slight; (*di suono*) faint: *una leggera difficoltà*, a slight difficulty; *una leggera ferita*, a slight (*o* superficial) wound; *un — rumore*, a faint noise; *una colpa leggera*, a minor sin; *una leggera divergenza di opinioni*, a slight difference of opinion; *un — attacco di influenza*, a mild attack of flu; *ha un — raffreddore*, he has got a slight cold; *parla italiano con un — accento tedesco*, he speaks Italian with a slight German accent **6** (*di spettacolo ecc.*) light: *un film, un libro —*, a light film, book // *musica leggera*, light music **7** (*superficiale*) light, heedless, thoughtless; (*frivolo*) light, frivolous; flirtatious: *comportamento —*, frivolous behaviour; *una donna leggera*, a flirtatious woman // *a cuor —*, light-heartedly (*o* with a light heart) ◆ *avv.* lightly: *vestirsi —*, to dress lightly; *camminare —*, to walk lightly; *mangiare —*, to eat light food.

leggerone *s.m.* (*fam.*) frivolous person, thoughtless person.

leggiadria *s.f.* prettiness; loveliness; gracefulness.

leggiadro *agg.* pretty; lovely; graceful.

leggibile *agg.* **1** (*che si può leggere*) legible, readable: *calligrafia —*, legible (*o* clear) handwriting; *firma —*, legible (*o* clear) signature **2** (*che merita di essere letto*) readable: *è un libro —*, it's a readable book.

leggibilità *s.f.* legibility; readability (*anche inform.*), readableness.

leggicchiare → **leggiucchiare**.

leggimi *s.m.* (*inform.*) readme.

leggina *s.f.* (*dir.*) bylaw.

leggìo *s.m.* reading-desk; (*da tavolo*) bookrest, bookstand; (*per musica*) music stand; (*eccl.*) lectern.

leggiucchiare *v.tr.* **1** to read* listlessly, to glance at (sthg.): *mentre aspettavo leggiucchiavo il giornale*, while I was waiting I glanced at the paper **2** (*a fatica*) to struggle through (sthg.): *leggiucchiava un testo in tedesco antico*, he was struggling through an old German text.

leghista *s.m.* (*membro di lega operaia*) member of a workers' association.

legiferare *v.intr.* **1** to legislate, to make* laws **2** (*scherz.*) (*dettar legge*) to lay* down the law.

legiferatore *agg.* legislative; lawgiving (*attr.*), lawmaking (*attr.*) ◆ *s.m.* legislator; lawgiver, lawmaker.

legionario *agg.* e *s.m.* legionary; (*della Legione Straniera*) legionnaire.

legione *s.f.* **1** legion // *Legione Straniera*, Foreign Legion **2** (*onorificenza*) legion: *— d'onore*, Legion of Honour **3** (*estens.*) (*schiera, moltitudine*) legion, multitude, host: *le legioni angeliche*, the angelic hosts: *i seguaci di quella dottrina sono ormai una —*, the followers of that doctrine are now legion // *una — di turisti*, (*scherz.*) a horde of tourists.

legislativo *agg.* legislative; lawgiving (*attr.*), lawmaking (*attr.*): *potere —*, legislative power.

legislatore *agg.* legislative, legislatorial ◆ *s.m.* legislator, lawgiver, lawmaker.

legislatura *s.f.* **1** legislature **2** (*durata di assemblea legislativa*) period of office of the legislature.

legislazione *s.f.* **1** (*il fare leggi*) legislation, lawgiving, lawmaking: *i principi della —*, the principles of legislation **2** (*complesso di leggi*) legislation, law(s); (*insieme di regole*) regulations (*pl.*): *— del lavoro*, labour legislation (*o* laws); *— ferroviaria*, railway laws; *— sociale*, social legislation; *— societaria*, company law; *— doganale*, tariff legislation (*o* customs regulations); *— bancaria*, banking legislation; *— fiscale*, tax laws; *— sanitaria*, health regulations // *la — industriale*, the Factory Acts.

legista *s.m.* (*rar. dir.*) legist.

legittima *s.f.* (*dir.*) legitim(e) // *— della vedova, del figlio*, marital, child's portion.

legittimamente *avv.* legitimately; legally.

legittimare *v.tr.* **1** (*dir.*) to legitimate, to legitimize; (*rendere legalmente valido*) to legalize: *— un figlio*, to legitimize a child; *— un contratto, una ricevuta*, to legalize a contract, a receipt **2** (*giustificare*) to justify, to excuse: *— un'azione, una decisione*, to justify an action, a decision; *nulla può — la strage*, nothing can justify the massacre.

legittimario *s.m.* (*dir.*) forced heir.

legittimazione *s.f.* legitimation, legitimization; legalization (*anche dir.*) // *— processuale attiva, passiva*, standing to sue, to be sued.

legittimismo *s.m.* (*st.*) legitimism.

legittimista *s.m.* e *f.* (*st.*) legitimist.

legittimistico *agg.* legitimist.

legittimità *s.f.* **1** (*dir.*) lawfulness, legitimacy; legality: *una questione di — costituzionale*, a question of constitutional legitimacy // *vizio di —*, defect concerning a matter of law; *impugnare una delibera per vizio di —*, to contest (*o* to impugn) a resolution for illegitimacy (*o* for defect of legitimacy) **2** (*giustezza*) legitimacy, validity: *la — di un dubbio, di una richiesta*, the legitimacy of a doubt, of a claim.

legittimo *agg.* **1** (*conforme alle leggi*) lawful, legitimate, legal: *erede —*, legal heir; *successore —*, lawful successor; *figlio —*, legitimate child; *legittima proprietà*, lawful property; *il — proprietario*, the lawful owner; *autorità legittima*, lawful authority; *titolo —*, just title; *arresto —*, lawful arrest; *matrimonio —*, lawful wedlock // *legittima difesa*, self-defence **2** (*giusto, lecito*) legitimate, just, lawful, proper, right; valid: *chiedere questo mi pare cosa legittima*, it seems to me legitimate to ask this **3** (*fondato*) legitimate, justifiable, rightful: *timore —*, legitimate fear; *dubbio —*, justifiable doubt.

legna *s.f.* wood, firewood: *— da ardere*, firewood; *— verde, secca, dolce, dura*, green, dry, soft, hard wood; *una catasta di —*, a woodpile; (*andare a*) *far —*, to gather firewood; *spaccare —*, to chop (*o* to split) wood // *mettere — al fuoco*, (*fig.*) to stir up discord // *portar — al bosco*, (*fig.*) to carry coals to Newcastle.

legnaceo *agg.* (*non com.*) woody, ligneous.

legnaia *s.f.* woodshed, wood-house.

legnaiolo *s.m.* **1** (*taglialegna*) woodcutter **2** (*antiq.*) (*falegname*) carpenter, joiner.

legname *s.m.* wood; (*da costruzione*) timber; (*amer.*) lumber: *— asciato*, split timber; *— essiccato*, dry wood; *— in tavole*, timber in planks; *— in tronchi*, logs; *— lavorato*, dressed stuff; *— non stagionato*, green wood; *— per carpenteria*, stuff; *— per cartiere*, pulpwood; *— piallato*, surfaced timber; *— stagionato*, seasoned timber; *lavoro in —*, timber-work; *sostegno in —*, timber support; (*mar.*) *— da alberatura*, masting-wood // (*miner.*) *armatura in —*, timbering.

legnare[1] *v.tr.* (*bastonare*) to beat*; to thrash (*anche fig.*).

legnare[2] *v.intr.* (*ant.*) (*far legna*) to gather firewood.

legnata *s.f.* blow (with a cudgel), blow (with a stick); hiding, thrashing (*anche fig.*): *dare un fracco di legnate a qlcu.*, to give s.o. a sound thrashing (*o* a good hiding); *hanno preso una — nelle ultime elezioni*, (*fig.*) they were given a thrashing (*o* a hiding) at the last election.

legnatico *s.m.* (*dir.*) right to gather (*o* cut) firewood // *servitù di —*, estovers.

legno *s.m.* **1** wood: *— dolce, duro*, soft, hard wood; *— massiccio*, solid wood; *— nodoso*, knotty wood; *— stagionato*, seasoned wood; *— pregiato*, tiger wood; *— impiallacciato*, veneered wood; *— marezzato, venato*, speckled wood; *— compensato*, plywood // *— rosato*, (*di sandalo*) redwood; *— rosso*, beef-wood; *— rosso di California*, redwood; *— di sequoia*, redwood; *— di palissandro*, rosewood; *— di arancio*, orangewood; *— di abete, di pino*, deal; *— di balsa*, balsa (wood); *— pernice*, partridge wood; *— zebra*, zebra wood // *questa bistecca è dura come il —*, this steak is as tough as old boots; *ha la testa dura come il —*, he's as thick as two short planks **2** *di, in —*, wooden, wood (*attr.*): *tavola, trave di —*, wooden plank, beam; *gamba di —*, wooden leg; *scultura in —*, wooden sculpture; *incisione in —*, wood carving; *pasta di —*, wood pulp // *lavorazione del —*, woodwork(ing); *lavoro in —*, woodwork // *rivestimento in —*, wainscot **3** (*bastone*) stick; cane: *picchiare qlcu. con un —*, to beat s.o. with a stick (*o* with a cane) **4** *pl.* (*mus.*) woodwinds **5** (*fig.*) (*imbarcazione*) vessel; ship; boat.

legnosità *s.f.* woodiness; (*durezza*) toughness; (*rigidità*) stiffness, woodenness.

legnoso *agg.* **1** woody; wooden; ligneous **2** (*estens.*) (*duro, fibroso*) tough, stringy: *carne legnosa*, tough meat **3** (*fig.*) (*rigido, impacciato*) stiff, wooden: *movimenti legnosi*, wooden (*o* stiff) movements; *mi sento le gambe legnose*, my legs feel stiff.

leguleio *s.m.* (*spreg.*) pettifogger.

legume *s.m.* 1 (*baccello, pianta*) legume 2 *pl.* (*semi*) pulse: *un piatto di legumi*, a dish of pulses.

leguminosa *s.f.* (*bot.*) legume, clover: *delle leguminose*, leguminous.

lehm *s.m.* (*geol.*) lehm, glacial silt.

lei *pron.pers.f.* *3ª pers.sing.* 1 (*compl. ogg. e ind. di* ella) her: *hanno scelto — al mio posto*, they chose her in my place; *scriverò a — direttamente*, I'll write to her directly; *è partito con* —, he left with her; *l'ho fatto per* —, I did it for her; *chiedilo a* —, ask her // *il padre di —, il di — padre*, her father 2 (*con funzione di sogg.*) she: *le ho scritto, ma — non mi ha risposto*, I wrote to her, but she didn't reply; *lo dice* —, she says so; *mentre — parlava, tutti tacevano*, while she was speaking, everyone was silent; *— arrivò puntuale, lui in ritardo*, she was on time, he was late; *ha risposto — al telefono?*, did she answer the phone?; *era presente anche* —, she was there too; *lo saprà — quanto guadagna suo marito*, she'll know how much her husband earns; *la penso esattamente come* —, I think exactly the same as she does // *beata —!*, lucky her! // *partita —, le cose cambiarono*, once she'd left, things changed 3 (*con uso rafforzativo o enfatico*): *—, tenere un segreto?*, her, keep a secret?; *"Ha superato brillantemente la prova" "Lei, così emotiva?"*, "She passed the test brilliantly" "What, with her nerves?"; *"Lui non ha detto una parola" "Nemmeno —"*, "He didn't say a word" "Neither did she" // *— stessa, proprio* —, she... herself (*o* she herself): *l'ha confessato — stessa*, she admitted so herself; *"È la famosa rock-star?" "Sì, proprio —"*, "Is it the famous rock star?" "Yes, that's right" (*o* "Yes, the girl herself") 4 (*con funzione predicativa*) she, her: *"Chi è?" "È —"*, "Who is it?" "It's her"; *è stata — che me l'ha chiesto, è stata — a chiedermelo*, it was she who asked me (*o* she was the one to ask me) // *se fossi (in)* —, if I were her // *da quando ha perso il marito, non è più* —, she hasn't been the same since she lost her husband // *è tutta* —, (*di ritratto*) it's just like her (*o* it's the spitting image of her) 5 (*sogg. e compl.*) (*formula di cortesia*) you (*usato anche al maschile*): *faccia* —, you decide; *mi dica — che cosa le devo*, tell me what I owe you; *saremo da — alle otto*, we'll be with you at eight o'clock // *Egregio Signore, ci rivolgiamo a Lei per...*, (*form.*) Dear Sir, we are writing to You to... // Usato anche come s.m.: *dare, darsi del* —, not to be on first-name terms: *vi date ancora del —?*, aren't you on first-name terms yet? ◆ *s.f.* (*fam.*) (*ragazza*) girlfriend; (*fidanzata*) fiancée: *è uscito con la sua* —, he's gone out with his girlfriend // *non ha ancora trovato la sua* —, he hasn't met (his) Miss Right yet.

Leida *no.pr.f.* (*geogr.*) Leyden, Leiden // (*fis.*) *bottiglia di* —, Leyden jar.

leishmania *s.f.* (*zool.*) leishmania.

leishmaniosi *s.f.* (*med.*) leishmaniasis.

leitmotiv *s.m.* (*mus.*) leitmotiv (*anche estens.*).

lek *s.m.* (*unità monetaria dell'Albania*) lek.

lembo *s.m.* 1 border, margin, edge: *il — della gonna*, the hem of the skirt; *il — di un fazzoletto, di una tovaglia*, the border of a handkerchief, of a tablecloth 2 (*zona, fascia*) strip: *un — di cielo*, a strip of sky // *gli estremi lembi della Terra*, the ends of the earth 3 (*bot.*) limb.

lemma *s.m.* 1 (*di enciclopedia, dizionario*) headword, entry(word) 2 (*mat.*) lemma*.

lemmario *s.m.* word list, list of entry words.

lemmatizzare *v.tr.* to include in a word list, to enter (a word).

lemmatizzazione *s.f.* inclusion of a word in a list, entering of a word in a list.

lemme lemme *locuz.avv.* (*fam.*) very slowly: *camminare* —, (*lentamente*) to walk very slowly (*o* to dawdle); (*tranquillamente*) to walk at a leisurely pace (*o* to walk taking one's time).

lemming *s.m.* (*zool.*) lemming.

lemniscata *s.f.* (*mat.*) lemniscate.

lemnisco *s.m.* (*anat.*) lemniscus (*pl.* -sci).

lemure *s.m.* 1 (*mit.*) lemur* 2 (*zool.*) lemur*: *di* —, lemuroid; *simile a* —, lemurine (*o* lemuroid).

lena *s.f.* 1 (*energia*) vigour, energy: *lavorare di buona —, mettersi di buona — al lavoro*, to work with a will 2 (*letter.*) (*respiro*) breath: *riprender* —, to recover one's breath.

lendine *s.m.* (*zool.*) nit.

lendinoso *agg.* nitty, nit-infested; (*estens.*) filthy.

lene *agg.* (*letter.*) (*delicato*) delicate; (*leggero*) light, gentle; (*dolce*) sweet // (*ling.*) *consonante* —, lenis consonant.

lenimento *s.m.* soothing, mitigation, relief.

leninismo *s.m.* Leninism.

leninista *s.m.* e *f.* e *agg.* Leninist.

leninistico *agg.* Leninist.

lenire *v.tr.* to calm, to soothe, to mitigate: *— il dolore*, to soothe pain.

lenitivo *agg.* 1 lenitive 2 (*fig.*) (*che mitiga*) palliative, soothing ◆ *s.m.* 1 lenitive 2 (*fig.*) (*ciò che mitiga*) palliative.

lenizione *s.f.* (*ling.*) lenition.

lenocinio *s.m.* (*letter.*) 1 procuring, panderism, pimping 2 (*fig.*) artifice; blandishment: *lenocini dello stile*, artifices of style.

lenone *s.m.* 1 (*st.*) slave dealer 2 (*letter.*) (*ruffiano*) pander, procurer, pimp.

lentaggine[1] → **lentezza**.

lentaggine[2] → **lantana**.

lentamente *avv.* slowly.

lente *s.f.* 1 lens*: *— a contatto*, contact lens; *— biconcava*, biconcave lens; *— convergente*, converging lens; *— d'ingrandimento*, magnifying glass (*o* magnifying lens *o* magnifier); *— divergente*, diverging lens; (*fis.*) *— magnetica*, magnetic lens; (*fot.*) *— teleobiettiva*, telephoto lens // *portar le lenti*, (*occhiali*) to wear spectacles; (*lenti a contatto*) to wear contact lenses 2 (*geol.*) lens* 3 (*inform.*) (*di una spia*) jewel.

lentezza *s.f.* slowness; (*mancanza di energia*) slackness; (*indolenza*) sluggishness: *camminava con una — straordinaria*, he walked extremely slowly (*o* at a snail's pace); *lavora con una certa* —, he is rather slow at his work (*o* he works rather slowly).

lenticchia *s.f.* (*bot.*) (*Lens esculenta*) lentil // *— d'acqua*, (*Lemna minor*) duckweed // *un piatto di lenticchie*, a dish of lentils // *dare, cedere qlco. per un piatto di lenticchie*, (*fig.*) to let something go for next to nothing (*o* for a song).

lenticella *s.f.* (*bot.*) lenticel.

lenticolare *agg.* lenticular // (*anat.*): *fossa* —, lenticular fossa; *ganglio* —, lenticular ganglion.

lentiforme *agg.* lenticular.

lentiggine *s.f.* (*spec. pl.*) freckle, (*non com.*) lentigo*: *avere lentiggini sul naso*, to have freckles on one's nose (*o* to have a freckled nose).

lentigginoso *agg.* freckled, freckly: *un viso* —, a freckled face.

lentischio, **lentisco** *s.m.* (*bot.*) (*Pistacia lentiscus*) lentisk, mastic tree.

lento *agg.* 1 slow; (*indolente*) sluggish, indolent; (*tardo*) dull, obtuse, slow: *essere — nel parlare, nello scrivere*, to be a slow speaker, writer; *essere — a capire*, to be slow-witted; *sei — come una lumaca, una tartaruga!*, you're a real slowcoach!; *crescita lenta*, slow growth; *è molto — di movimenti*, he is very slow in his movements; *treno* —, slowtrain // *a fuoco* —, on a low flame; (*in un forno*) in a slow oven // *un veleno* —, a slow-acting poison // *una morte lenta*, a lingering death // *— a virare di bordo*, slack in stays 2 (*allentato*) slack, loose: *una fune lenta*, a slack rope; *una vite lenta*, a loose screw; *questo vestito è piuttosto* —, this dress is rather loose(-fitting) 3 (*mus.*) lento ◆ *s.m.* (*ballo*) slow dance: *ballare un* —, to dance a slow dance ◆ *avv.* (*non com.*) slowly: *camminare* —, to walk slowly.

lenza *s.f.* 1 fishing line: *pesca alla* —, angling 2 (*fam.*) (*persona furba*) cunning person 3 (*edil.*) plumb-line.

lenzuolo *s.m.* sheet: *— da una piazza, da due piazze*, single, double sheet; *lenzuola di lino*, linen sheets; *cambiare, rimboccare le lenzuola*, to change, to tuck in the sheets; *cacciarsi sotto le lenzuola*, to slip between the sheets // *bianco come un* —, as white as a sheet; *un fazzoletto grande come un* —, a handkerchief as big as a sheet // *un — di neve*, a blanket of snow // *— funebre*, shroud.

leonardesco *agg.* (*arte*) Leonardesque, after the style of Leonardo.

leoncino *s.m.* lion cub, young lion.

leone *s.m.* 1 (*zool.*) (*Felis leo*) lion: *andare a caccia di leoni*, to go lion-hunting // *fare la parte del* —, (*fig.*) to take the lion's share; *sentirsi un* —, (*fig.*) to feel full of energy (*o* in very good form) // *meglio vivere un giorno da — che cent'anni da pecora*, (*prov.*) it's better to live one day as a lion than a hundred years as a sheep 2 (*zool.*) *— marino*, sea lion, eared seal // *— marino della California*, (*Zalophus californianus*) sea dog 3 (*bot. pop.*) *bocca di* —, (*Antirrhinum majus*) snapdragon, (*scient.*) antirrhinum.

Leone *no.pr.m.* (*astr.*) Leo, Lion.

leonessa *s.f.* lioness.

leonino[1] *agg.* (*di papa Leone*) Leonine: *città leonina*, Leonine city.

leonino[2] *agg.* leonine; lion-like (*attr.*): *aveva un coraggio* —, he was as brave as a lion; *ha una forza leonina*, he has the strength of a lion // (*dir.*) *patto* —, leonine partnership (*o* leonina societas).

leonino[3] *agg.* (*metrica*) leonine: *versi leonini*, leonine verses (*o* leonines).

leontiasi *s.f.* (*med.*) leontiasis.

leontopodio *s.m.* (*bot.*) leontopodium.

leopardiano *agg.* of Leopardi, Leopardian.

leopardo *s.m.* 1 (*zool.*) (*Panthera pardus*) leopard, panther, catamountain // — *americano*, (*Panthera onca*) leopard (*o* jaguar *o* panther) // — *delle nevi*, (*Panthera uncia*) snow leopard (*o* ounce) 2 (*pelliccia*) leopard-skin coat.

lepade *s.f.* (*zool.*) gooseneck barnacle.

lepidezza *s.f.* 1 wit 2 (*motto arguto*) witticism, witty remark.

lepidio *s.m.* (*bot.*) lepidium.

lepidità → **lepidezza**.

lepido *agg.* (*letter.*) witty, facetious.

lepidodendro *s.m.* (*paleont.*) lepidodendron.

lepidolite *s.f.* (*min.*) lepidolite, lithiolite, lithium mica.

lepidosirena *s.f.* (*zool.*) lepidosiren.

lepidottero *s.m.* (*zool.*) lepidopter, lepidopteron*: *dei lepidotteri*, lepidopterous.

lepiota → **bubbola**[3].

lepisma *s.f.* (*zool.*) silverfish.

lepisosteo *s.m.* (*zool.*) garfish.

leporino *agg.* leporine: (*med.*) *labbro* —, harelip.

lepre *s.f.* 1 hare: — *maschio*, jack hare; — *alpina*, (*Lepus timidus*) blue hare // *timido come la* —, as shy as a mouse // *correre come una* —, to run like a hare // (*sport*) — *meccanica*, (electric) hare; *fare la* —, to act as the pacemaker // (*cuc.*) — *in salmì*, jugged hare 2 (*zool.*) — *di mare*, (*Aplysia punctata*) sea hare.

leprino *agg.* (*non com.*) leporine, hare-like.

leprosario → **lebbrosario**.

leproso *agg.* (*med.*) leprous, (*non com.*) leprotic.

leprotto *s.m.* leveret // — *del Nord America*, sage rabbit.

leptone *s.m.* (*fis.*) lepton.

leptospirosi *s.f.* (*med.*) leptospirosis.

lerciare *v.tr.* (*non com.*) (*sporcare*) to dirty, to soil.

lercio *agg.* dirty; (*disgustoso*) foul, filthy: *un abito* —, a filthy suit // *un'azione lercia*, (*fig.*) a vile act ◆ *s.m.* (*sporcizia*) dirt, filth.

lerciume *s.m.* dirt; filth (*anche fig.*): — *morale*, moral degradation.

lesbica *s.f.* lesbian.

lesbico *agg.* lesbian: *amore* —, lesbianism.

lesbio *agg.* (*letter.*) Lesbian ◆ *s.m.* (*letter.*) Lesbian, native of Lesbos.

lesbismo *s.m.* lesbianism.

lesena *s.f.* (*arch.*) pilaster.

lesina *s.f.* 1 (*artig.*) pegging awl, awl 2 (*fig.*) (*spilorceria*) meanness, miserliness: *politica della* —, policy of financial austerity 3 (*persona avara*) skinflint, miser.

lesinare *v.tr.* to skimp (on), to scrimp (on), to (be) grudge: — *il cibo*, to skimp on the food // — *il centesimo*, to count every penny ◆ *v.intr.* to skimp, to scrimp, to be stingy: — *sul prezzo*, to haggle over the price; — *sulle spese*, to spend sparingly.

lesineria *s.f.* (*non com.*) stinginess, meanness.

lesionare *v.tr.* (*danneggiare*) to damage: *le bombe lesionarono la casa*, bombs damaged the house.

□ **lesionarsi** *v.intr.pron.* to be damaged: *l'edificio si è lesionato durante gli scavi*, the building was damaged during the excavations.

lesione *s.f.* 1 (*med.*) lesion: *lesioni interne*, internal lesions; — *degenerativa*, degenerative lesion 2 (*danno*) damage; (*crepa*) crack: *l'edificio ha molte lesioni*, the building has a lot of cracks in it 3 (*offesa*) damage, injury 4 (*dir.*) injury: — *personale*, personal injury; — *corporale*, bodily harm.

lesivo *agg.* damaging (to); detrimental (to); prejudicial (to).

leso *agg.* injured, damaged: *arto* —, injured (*o* damaged) limb; *edifici lesi dal terremoto*, buildings damaged by the earthquake // (*dir.*) *lesa maestà*, lese-majesty; *la parte lesa*, the injured party.

lessare *v.tr.* to boil: — *le patate*, *la verdura*, to boil potatoes, vegetables.

lessata, **lessatura** *s.f.* boiling: *dare una — a qlco.*, to boil sthg. for a short time.

lessema *s.m.* (*ling.*) lexeme.

lessicale *agg.* lexical: *errori lessicali*, lexical errors.

lessicalizzare *v.tr.* **lessicalizzarsi** *v.intr.pron.* (*ling.*) to lexicalize.

lessicalizzazione *s.f.* (*ling.*) lexicalization.

lessico *s.m.* 1 lexicon, vocabulary; language: *il — dello sport*, the language of sport 2 (*dizionario*) dictionary, lexicon: — *greco*, Greek dictionary.

lessicografia *s.f.* lexicography.

lessicografico *agg.* lexicographic(al) // (*econ.*) *ordinamento* —, lexicographical arrangment.

lessicografo *s.m.* lexicographer.

lessicologia *s.f.* lexicology.

lessicologico *agg.* lexicologic(al).

lessicologo *s.m.* lexicologist.

lessicometria, **lessicostatistica** *s.f.* (*ling.*) lexicostatistics [U].

lesso *agg.* boiled: *carne lessa*, boiled meat; *pesce* —, boiled fish ◆ *s.m.* boiled meat; (*taglio di carne*) boiling meat // *a* —, boiled.

lestezza *s.f.* 1 (*rapidità*) quickness, swiftness, speed: *la — dei suoi movimenti è sorprendente*, the swiftness (*o* quickness) of his movements is surprising 2 (*agilità*) nimbleness, agility: *benché sia tanto grasso, si muove con sorprendente* —, although he is so fat he moves with surprising agility.

lesto *agg.* 1 (*svelto*, *rapido*) quick, swift, fast: *a passo* —, at a quick pace; *essere — a capire*, to be quick on the uptake // *essere — d'ingegno*, to be quick-witted // — *di mano*, (*che picchia facilmente*) free with one's fists; (*che ruba con destrezza*) light-fingered 2 (*sbrigativo*) hasty, hurried: *una decisione lesta*, a hasty decision; *un lavoro* —, a hurried job // *fare qlco. alla lesta*, to do sthg. hastily (*o* hurriedly) 3 (*agile*) nimble, agile.

lestofante *s.m.* (*imbroglione*) swindler, cheat.

letale *agg.* lethal, fatal, mortal, deadly: *arma* —, lethal weapon; *una dose — di veleno*, a lethal dose of poison.

letalità *s.f.* lethality, mortality // (*stat.*) *quoziente di* —, death rate.

letamaio *s.m.* 1 dung-heap, dung-hill, manure-heap 2 (*fig.*) pigsty, hovel: *vivono in un* —, they live in a pigsty.

letamare *v.tr.* to manure, to dung.

letamazione *s.f.* manuring.

letame *s.m.* 1 manure, dung: *spargere il — su un campo*, to manure a field; (*agr.*) — *artificiale*, artificial fertilizer 2 (*fig.*) dirt, filth.

letargia *s.f.* 1 (*med.*) lethargy 2 (*di animali*) (*invernale*) hibernation; (*estiva*) aestivation.

letargico *agg.* 1 lethargic, lethargical: (*med.*) *encefalite letargica*, lethargic encephalitis; *il malato cadde in un sonno* —, the sick man sank into a lethargic sleep 2 (*di animali*) (*di letargo invernale*) hibernating; (*di letargo estivo*) aestivating: *una tartaruga in stato* —, a tortoise in a state of hibernation 3 (*fig.*) (*inerte*) lethargic.

letargo *s.m.* 1 (*med.*) lethargy 2 (*di animali*) dormancy; (*invernale*) hibernation; (*estivo*) aestivation: *cadere in* —, to go into hibernation; *passare l'inverno in* —, to hibernate; *far cadere in* —, to lethargize; *in* —, dormant 3 (*fig.*) lethargy, torpor, apathy: *l'ho risvegliato dal suo — e l'ho incitato ad agire*, I roused him from his torpor and urged him to act.

letizia *s.f.* joy, gladness, happiness; delight: *colmare di — il cuore di qlcu.*, to fill s.o.'s heart with joy; *vivere in* —, to live happily.

letiziare *v.tr.* (*rar.*) to fill with joy, to gladden.

letta *s.f.* glance, quick look, hasty perusal: *diede una — al giornale*, he had a glance through the newspaper.

lettera *s.f.* 1 letter: *ho ricevuto una sua — la settimana scorsa*, I got a letter from him last week; *spedire una* —, to send a letter; — *raccomandata*, *assicurata*, registered letter; — *per via aerea*, air mail letter; — *espresso*, express letter // — *anonima*, anonymous letter; — *al direttore*, letter to the editor; — *aperta*, open letter // — *apostolica*, Papal encyclical // (*comm.*): — *circolare*, circular letter; — *commerciale*, business letter; — *di accettazione*, letter of acceptance; — *di ordinazione*, order letter; — *di fideiussione*, letter of guaranty (*o* surety); — *di riscontro*, acknowledgment; — *di sollecito*, reminder; — *di sollecito del pagamento di un debito*, dunning letter; — *di avviso*, letter of advice, advice note; — *di conferma*, confirmation letter; — *di presentazione*, letter of introduction; — *di richiesta di informazioni*, letter of inquiry; — *di pegno*, letter of lien (*o* lien letter); — *di vettura*, waybill (*o* consignment note); — *di accompagnamento*, covering letter; — *di offerta*, letter of offer; — *prestampata*, form letter // (*banca*): — *di credito*, letter of credit; — *circolare di credito*, circular note; — *di accreditamento*, credit note; — *di addebitamento*, debit note // (*amm.*): — *di assunzione*, letter of appointment; — *di raccomandazione*, letter of recommendation, testimonial; — *di domanda di assunzione*, letter of application; *diramare lettere circolari*, to send round circular letters (*o* to circularize) // (*assicurazioni*): — *di garanzia*, *di indennizzo*, letter of indemnity; — *di copertura*, cover note 2 (*dell'alfabeto*) letter: — *maiuscola*, *minuscola*, (block) capital, small letter: *scrivi il tuo nome e cognome a lettere maiuscole*, write your name and surname in (block) capitals; *scrivere un numero in lettere*, to write a number in words // *giorno da scrivere a lettere d'oro*, (*fig.*) red-letter day // *impresso a lettere di fuoco*, engraved (on sthg.) 3 (*senso letterale*) letter // *alla* —, literally (*o* to the letter): *tradurre alla* —, to translate literally (*o* word for word) // *attenersi alla — della legge*, to keep to the letter of the law // *rimanere — morta*, to remain a dead letter **4** (*Borsa*): — *di offerta*, offer; *prezzo, cambio, corso* —, ask price; *fare* —, to fix the selling price **5** *pl.* letters, Arts: *lettere e filosofia*, the humanities; *dottore in lettere*, Bachelor of Arts (*abbr.* BA); *uomo di lettere*, man of letters **6** (*lett.*) Epistle; epistles: *le Lettere di San Paolo ai Corinzi*, St Paul's Epistles to the Corinthians.

letterale *agg.* literal: *senso* —, literal meaning; *traduzione* —, literal (*o* word for word) translation.

letteralità *s.f.* literalness.

letterarietà *s.f.* literariness.

letterario *agg.* literary, of literature: *studi letterari*, literary studies; *circolo* —, literary circle (*o* club) // *proprietà letteraria*, copyright.

letterato *agg.* **1** (*colto*) well-read, cultured **2** (*che ha carattere letterario*) literary ◆ *s.m.* **1** (*chi coltiva lo studio delle lettere*) literary man, man of letters **2** (*chi è istruito*) well-read man, cultured man **3** (*fam.*) (*chi sa leggere*) literate.

letteratura *s.f.* **1** literature: *storia della* —, history of literature; *dedicarsi alla* —, to devote oneself to literature **2** (*complesso di opere relative a una scienza, a un autore*) literature, writings (*pl.*): *la — medica*, medical literature **3** (*fig. spreg.*) (*cosa vana*) vain words (*pl.*): *di fare della — son capaci tutti!*, we can all string vain words together!

letterista *s.m.* stone engraver.

lettiera *s.f.* **1** (*non com.*) bedstead **2** (*strame*) litter, bedding: — *di cavallo*, horse litter.

lettiga *s.f.* **1** stretcher, litter **2** (*portantina*) litter.

lettighiere *s.m.* **1** (*barelliere*) stretcher -bearer **2** (*di portantina*) stretcher-bearer, litter-bearer.

lettino *s.m.* small bed, couch; (*per bambini*) cot, crib; (*di ospedale*) examination couch // — *solare*, sun bed.

letto *s.m.* **1** bed: — *a una piazza*, single bed; — *a due piazze*, double bed; *letti gemelli*, twin beds; — *a castello*, bunk bed; — *da campo*, camp bed; — *di ferro*, iron bedstead; — *di piume*, feather bed; — *elastico*, spring bed; — *pieghevole*, folding bed; *camera a un* —, room with a single bed; *camera a due letti*, room with two beds; *camera da* —, bedroom; *compagno di* —, bedfellow; *divano* —, divan bed; *vagone* —, sleeping car (*o* sleeper); *andare a* —, to go to bed: *è ora di andare a* —, it's bedtime; *andare a — con qlcu.*, (*avere rapporti sessuali*) to go to bed with s.o.; *fare, disfare il* —, to make, to strip the bed; *essere a* —, to be in bed; *mettere un bambino a* —, to put a child to bed // *saltare giù dal* —, to jump (*o* to spring) out of bed // *morire nel proprio* —, to die in one's bed (*o* to die a natural death) // *essere inchiodato a un* —, to be confined to bed // *sei cascato dal — stamattina!*, (*fig.*) you're up with the lark today! // *sdraiarsi su un — di foglie*, to lie down on a bed of leaves // *figlio di primo* —, child of one's first marriage // — *di dolore*, bed of pain; — *di morte*, deathbed // — *di Procuste*, bed of Procustes // *un — di rose*, (*fig.*) a bed of roses; *essere in un — di spine*, (*fig.*) to be on a bed of thorns (*o* in serious trouble) // *chi va a — senza cena, tutta notte si dimena*, (*prov.*) he who goes to bed supperless, tumbles and tosses all night **2** (*med.*) bed: — *capillare*, capillary bed; — *dell'unghia*, nail-bed **3** (*agr.*): — *caldo*, hotbed **4** (*geol., miner.*) footwall **5** (*geogr.*) bed, streambed: — *di fiume*, riverbed; — *asciutto di lago salato*, salt flat **6** (*chim.*) — *di fusione*, hearth; — *fluidizzato*, fluidized bed.

lettone *agg.* Latvian, Lettish ◆ *s.m.* **1** (*abitante della Lettonia*) Latvian, Lett **2** (*lingua*) Latvian, Lettish.

lettorato *s.m.* **1** (*ufficio del lettore universitario*) lecteurship **2** (*eccl.*) lectorate, lectorship.

lettore *s.m.* **1** reader: *è un grande — di gialli*, he's a great thriller reader; *il pubblico dei lettori*, the reading public **2** (*carica universitaria*) lecteur **3** (*eccl.*) lector **4** (*tip.*) (proof)reader **5** (*dispositivo di lettura*) reader; scanner: — *di schede*, card reader; — *magnetico* (*ottico*), magnetic (optical) reader; — *di codice a barre*, bar code reader (*o* scanner) // (*cinem.*) — *del suono*, sound pick-up.

lettrice *s.f.* **1** reader **2** (*carica universitaria*) lecteur **3** (*tip.*) (proof)reader.

lettura *s.f.* **1** reading: — *ad alta voce*, reading aloud; — *attenta, distratta*, careful, cursory reading; *è amante della* —, he's fond of reading; *brani di* —, reading passages; *libro di* —, reader (*o* primer); *sala di* —, reading room; *la — mi stanca*, reading tires me; *una commedia poco interessante alla* —, a play that is not very interesting to read; *domani ci sarà la — del testamento*, tomorrow there will be the reading of the will; *quel libro è di piacevole* —, that book makes pleasant reading; *dare — di qlco.*, to read sthg. out; *immergersi nella — di*, to immerse oneself in (*o* to plunge into) the reading of // — *del contatore*, meter reading // — (*della bussola*), compass azimuth (*o* reading) **2** (*spec. pl.*) (*ciò che si legge*) reading-matter ⓤ, reading ⓤ; literature: *letture per adulti, per ragazzi*, reading-matter suitable for adults, for children; *letture amene*, light literature; *letture edificanti*, edifying literature **3** (*interpretazione*) reading, interpretation: *la mia — non concorda con la tua*, my reading does not agree with yours; *la — di un avvenimento politico*, the interpretation of a political event **4** (*conferenza su un testo*) lecture **5** (*inform.*) reading; browsing: — *a scansione*, scanning; — *ottica di carattere*, optical character recognition.

letturista *s.m.* e *f.* (*chi legge contatori*) meter reader; (*del contatore del gas*) (*uomo*) gas man.

leucemia *s.f.* (*med.*) leuk(a)emia.

leucemico *agg.* **1** (*che riguarda la leucemia*) leuk(a)emic **2** (*che soffre di leucemia*) suffering from leuk(a)emia ◆ *s.m.* leuk(a)emia patient, leuk(a)emia sufferer.

leucemide *s.f.* (*med.*) leukemid.

leucina *s.f.* (*biochim.*) leucine.

leucisco → **lasca**.

leucite *s.f.* (*min.*) leucite.

leucocita *s.m.* (*biol.*) leucocyte, leukocyte.

leucocitario *agg.* (*biol.*) leucocytic, leukocytic.

leucocito → **leucocita**.

leucocitosi *s.f.* (*med.*) leucocytosis, leukocytosis.

leucocratico *agg.* (*geol.*) felsic.

leucodermia *s.f.* (*med.*) leucoderma, leukoderma.

leucoma *s.m.* (*med.*) leucoma, leukoma.

leucon *s.m.* (*zool.*) leukon.

leucopenia *s.f.* (*med.*) leucopenia, leukopenia.

leucoplachia, **leucoplasia** *s.f.* (*med.*) leucoplakia, leukoplakia.

leucoplasto *s.m.* (*bot.*) leucoplast.

leucopoiesi *s.f.* (*biol.*) leucopoiesis, leukopoiesis.

leucorrea *s.f.* (*med.*) leucorrhagia, leukorrhagia, leucorrhea, leukorrhea.

leucorroico *agg.* (*med.*) leucorrheal, leukorrheal.

leva[1] *s.f.* **1** (*mecc.*) lever: — *a mano*, hand lever; — *a pedale*, foot (control) lever; — *del cambio*, gear lever (*o amer.* gear shift), (*al volante*) column shift-bar, (*di macchina utensile*) speed lever; — *del freno*, brake lever; — *del gas*, throttle (lever); (*ferr.*) — *dello scambio*, switch lever; — *di arresto*, cut-off lever; — *di avviamento*, starting lever; — *di disinnesto*, release lever, (*a scatto*) trip lever; — *di bloccaggio*, clamping lever; — *di manovra*, operating lever; (*aer.*) — *di comando, di controllo*, control lever (*o* cloche); — *liberacarrello*, (*di macchina da scrivere*) carriage release // (*inform.*) — *di estrazione della carta*, board puller // *far* —, to lever (*o* to prize): *per aprire il barattolo fai — con un coltello*, to open the jar, put a knife under the edge and prize it (open) // *far — sui sentimenti di qlcu.*, to play on s.o.'s feelings **2** (*fig.*) incentive, stimulus*: *il denaro è una potente — per ottenere il successo*, money is a powerful incentive to reach success **3** (*fig.*) (*strumento di comando*) lever: *le leve del potere*, the levers of power.

leva[2] *s.f.* **1** (*mil.*) call up; (*coscrizione*) conscription; (*spec. amer.*) draft: — *di terra*, National Service; — *di mare*, National Service in the Navy; *la — del 1957*, those called up in 1957; — *di massa*, general conscription; *consiglio, commissione di* —, army selection board; *essere di* —, to be due for call up (*o* to be liable for National Service); *renitente alla* —, draft dodger (*o* draft evader); *gli scartati alla* —, draft rejects **2** (*estens.*) generation: *le nuove leve del cinema*, the new generation in the cinema.

levacapsule *s.m.* (*apribottiglie*) bottle opener.

levanoccioli *s.m.* (fruit) stoner.

levante *agg.* rising: *sol* —, rising sun // *l'impero del Sole Levante*, the empire of the Rising Sun ◆ *s.m.* (*punto cardinale*) east; *vento di* —, levanter (*o* levant).

levantino *agg.* e *s.m.* Levantine.

levapunti *s.m.* o *f.* staple puller.

levare *v.tr.* **1** (*sollevare, alzare*) to raise; to lift (*anche fig.*): — *gli occhi, lo sguardo*, to raise one's eyes; — *le braccia*, to raise one's arms; — *la voce*, to raise one's voice; *la montagna leva la cima nevosa verso il cielo*, (*fig.*) the mountain rears its snowy summit towards the sky; *questa gru leva venti tonnellate*, this crane lifts twenty tons; — *il bicchiere alla salute di qlcu.*, to raise one's glass to s.o.; — *le vele*, to hoist (*o* to set) sail // — *l'ancora*, to weigh anchor // — *un grido*, to utter (*o* to let out) a cry // — *le mani su qlcu.*, to raise one's hand against s.o. (*o* to lay hands on s.o. *o* to strike s.o.) // — *il bollore*, to come to the boil // — *il capo*, (*insuperbirsi*) to become full of oneself // — *qlcu. al cielo*, to praise s.o. to the skies **2** (*togliere, rimuovere*) to remove, to take* away: *glielo ha levato dalle mani*, she took it out of his hands; *leva via questa sedia*, take this chair away; *leva (via) quei libri dal tavolo*, clear your books off the table; *— una macchia da un vestito*, to remove a stain from a piece of clothing; *non riesco a — il tappo dalla bottiglia*, I can't get the cork out of the bottle; *non levò gli occhi dal libro*, he never took his eyes off his book; *levati di dosso i vestiti bagnati*, take off your wet clothes; *levarsi la giacca*, to take one's jacket off; *levo tanto di cappello alla tua cultura*, I take off my hat to your culture; *— la tovaglia*, to take off the tablecloth; *— tutti i dubbi*, to remove all doubts; *— un assedio*, to raise a siege; *— un dente*, to pull a tooth out; *— le lettere dalla cassetta*, to take the letters out of the letterbox; (*dir.*) *— i sigilli*, to remove (*o* to break) the seals // *se vai avanti così due sberle non te le leva nessuno*, (*fam.*) if you go on like that, you'll get what's coming to you // *se si levano due o tre persone...*, (*eccettuandole*) two or three persons excepted... // *— la fame a qlcu.*, to appease s.o.'s hunger; *— la sete a qlcu.*, to quench s.o.'s thirst // *— il disturbo, l'incomodo*, to take one's leave // *— qlco., qlcu. di mezzo*, to get rid of sthg., s.o.; *leva di mezzo quel tavolo*, move the table out of the way; *è uno che parla troppo, bisogna levarlo di mezzo*, he talks too much, we've got to get rid of him // *levarsi qlcu. di torno*, to get rid of s.o. // *— le parole di bocca a qlcu.*, to take the words out of s.o.'s mouth // *levarsi un'idea dalla testa*, to get an idea out of one's head // *levarsi una voglia, un capriccio*, to satisfy a wish, a whim // *levarsi la maschera*, to take off (*o fig.* to drop) the mask // *— il latte a un bambino*, (*svezzarlo*) to wean a child // *— il pelo a qlcu.*, (*sgridarlo*) to flay s.o. // *— le tende*, to break camp, (*fig. fam.*) (*andarsene*) to clear out // *— un vizio a qlcu.*, to break s.o. of a vice: *è riuscita a levargli il vizio del fumo*, she succeeded in breaking his smoking habit // *levarsi il pane di bocca*, to go without: *si è levato il pane di bocca per far studiare i figli*, he went without so that his children could study **3** (*mat.*) to subtract, to take* away: *— cinque da dieci*, to take (*o* to subtract) five from ten **4** (*abolire*) to abolish, to remove, to lift; (*detrarre*) to deduct: (*trib.*) *— una tassa*, to abolish a tax; *— un embargo*, to lift an embargo; (*amm.*) *— le spese*, to deduct expenses **5** (*caccia*) to put* up, to flush: *il cane ha levato una pernice*, the dog has flushed a partridge **6** (*comprare all'ingrosso merci*) to buy* wholesale.

□ **levarsi** *v.rifl.* o *intr.pron.* **1** (*togliersi da un luogo*) to get* out (of a place): *levati di lì*, get out (*o* clear out) of the way **2** (*alzarsi*) to rise*; (*dal letto*) to get* up; (*in volo*) to take* off: *si leva di buon mattino*, he gets up early (*o* he is an early riser); *l'albatros si levò in volo*, the albatross took off; *l'aereo si levò (in volo) con difficoltà*, the plane took off with difficulty; *— da tavola*, to leave the table; *— in piedi*, to get up (*o* to get to one's feet); *— in difesa di qlcu.*, to come to s.o.'s defence **3** (*sorgere*) to rise*: *il sole si leva alle sei*, the sun rises at six; *si sta levando il vento*, the wind is rising (*o* getting up).

levare *s.m.* **1** (*il sorgere*) rise, rising: *partimmo al — del sole*, we left at sunrise **2** (*mus.*) upbeat: *in battere e in —*, on the beat and on the upbeat.

levata *s.f.* **1** rising; (*del sole*) sunrise; (*di un astro*) rise, rising // *— di scudi*, rebellion // *di prima —*, first thing in the morning: *di prima — è sempre di cattivo umore*, he is always in a bad mood when he gets up **2** (*delle lettere*) collection, clearance: *la — è stata appena fatta*, there's just been a collection; *ore di —*, collection hours **3** (*compra all'ingrosso*) wholesale purchase: *— del sale, dei tabacchi*, purchase of salt, tobacco **4** (*ora di alzarsi*) getting-up (time), (*mil.*) reveille: *in caserma la — è alle sei*, in barracks reveille is at six.

levataccia *s.f.* very early rising: *fare una —*, to get up early; *abbiamo proprio fatto una — alzandoci alle 5 stamattina*, we got up at an ungodly hour, it was 5 o'clock in the morning.

levato *agg.* **1** (*alzato*) raised; lifted **2** (*eccettuato*): *levati alcuni errori di ortografia, questa traduzione è piuttosto buona*, except for (*o* but for) a few spelling mistakes, this translation is rather good **3** (*volto in su*) turned up: *cadere a gambe levate*, to fall on one's back // *correre a gambe levate*, to run at full speed.

levatoio *agg.*: *ponte —*, drawbridge.

levatrice *s.f.* midwife*.

levatura *s.f.* stature, calibre; (*grado d'intelligenza*) intellect, intelligence, mental calibre; (*dignità morale*) moral stature: *un'opera di eccezionale —*, a work of outstanding calibre; *un'osservazione di poca —*, a rather unintelligent remark; *essere di scarsa —*, to lack intellect (*o* intellectual stature).

leveraggio *s.m.* (*mecc.*) leverage.

levetta *s.f.* (small) lever: *— di sgancio, di scatto*, trigger; *— mobile*, (*di serratura*) tumbler.

leviatano *s.m.* Leviathan (*anche estens.*).

levigare *v.tr.* **1** to smooth (down), to make* smooth; (*fori*) to hone; (*lucidare*) to polish; (*smerigliare*) to lap, to hone; (*con carta, pasta o polvere abrasiva*) to rub down; (*carteggiare*) to sandpaper; (*lisciare, spianare*) to face: (*superficie di pietra*) to dress, to face: *— una superficie prima di verniciarla*, to smooth (down) a surface before painting it **2** (*chim., fis.*) to levigate **3** (*fig.*) to smooth out, to polish: *— un discorso*, to polish (up) a speech.

levigatezza *s.f.* smoothness.

levigato *agg.* **1** smooth; (*lucidato*) polished; (*smerigliato*) lapped; (*con carta, pasta o polvere abrasiva*) rubbed down; (*carteggiato*) sandpapered; (*di pietra*) dressed: *marmo —*, dressed marble; *— dall'uso*, worn smooth **2** (*di stile, ricercato*) polished, elaborated **3** (*fig.*) (*ben rifinito*) polished, smooth: *stile —*, polished (*o* smooth) style.

levigatore *s.m.* (*operaio*) grinder, polisher.

levigatrice *s.f.* (*mecc.*) lapping machine, lapper; (*per fori e cilindri di motori*) honing machine; (*edil.*) (*per pietre*) surfacer.

levigatura *s.f.* **1** smoothing; (*lucidatura, levigazione*) polishing; (*di superficie di pietra*) dressing; (*dell'interno di un cilindro*) honing, hone-boring; (*smerigliatura*) lapping; (*con carta, pasta o polvere abrasiva*) rubbing down; (*carteggiatura*) sandpapering, sand finish: *— degli ingranaggi*, gear lapping **2** (*chim.*) levigation **3** (*agr.*) paring.

levigazione *s.f.* **1** smoothing, polishing **2** (*chim., fis.*) levigation.

levirato *s.m.* (*etnologia*) levirate.

levistico *s.m.* (*bot.*) (*Levisticum officinale*) lovage.

levita *s.m.* (*Bibbia*) Levite.

levità *s.f.* (*letter.*) lightness, levity.

levitare *v.intr.* to levitate.

levitazione *s.f.* levitation.

levitico *agg.* (*Bibbia*) Levitic(al) ◆ *s.m.* (*Bibbia*) Leviticus.

levogiro *agg.* **1** (*antiorario*) anticlockwise **2** (*chim., fis.*) levorotatory, levogyrous.

levorotatorio *agg.* (*chim., fis.*) levorotatory.

levorotazione *s.f.* (*chim., fis.*) levorotation.

levriere, levriero *s.m.* greyhound; (*scozzese*) deerhound // *le corse dei levrieri*, greyhound racing.

levulina *s.f.* (*chim.*) levulin.

levulosio *s.m.* (*chim.*) levulose.

lewisite *s.f.* (*chim., min.*) lewisite.

lezio *s.m.* (*non com.*) affectation, simper.

lezione *s.f.* **1** lesson, class: *dare, fare —*, to give a lesson; *prendere lezioni*, to have lessons; *andare a —*, to go to a lesson; *oggi non c'è —*, there isn't a lesson today; *— privata*, private lesson; *— universitaria*, lecture; *ora di —*, period; *le lezioni di inglese cominceranno domani*, (the) English classes will start tomorrow; *che cosa hai di — per domani?*, what lesson must you prepare for tomorrow?; *studiare, ripassare, ripetere la —*, to study, to revise, to repeat the lesson; *non manca mai alle lezioni di filologia*, he never misses any philology lectures; *tenne una serie di lezioni sulla letteratura provenzale*, he gave a series of lectures on Provençal literature // *saltare le lezioni*, to play truant **2** (*ammaestramento, esempio*) lesson, warning: *una — di vita*, a lesson for life; *dare una — a qlcu.*, to teach s.o. a lesson; *che questo ti serva di —!*, let this be a lesson to you!; *ci ha rimesso un sacco di soldi, gli servirà di —!*, he has lost a lot of money in this, that will teach him!; *fu una — dura, ma meritata!*, that was a hard, but well-deserved lesson!; *ti meriti una — coi fiocchi*, you deserve a good telling-off **3** (*Bibbia*) lesson **4** (*variante*) reading: *la migliore — di quel manoscritto*, the best reading of that manuscript; *le varie lezioni date a piè di pagina*, the various readings given at the foot of the page.

leziosaggine *s.f.* **1** affectedness; affectation; mawkishness: *il Parini ritrae la — del Settecento*, Parini portrays the mawkishness of the eighteenth century **2** (*atto, discorso lezioso*) affectation, simper.

leziosamente *avv.* **1** (*con affettazione*) affectedly **2** (*con moine*) simperingly.

leziosità *s.f.* affectedness, mawkishness.

lezioso *agg.* affected, mawkish; mincing: *uno stile —*, an affected (*o* mawkish) style; *un sorriso —*, a simpering smile.

lezzo *s.m.* **1** (*cattivo odore*) stink, stench **2** (*sudiciume*) filth, mire (*anche fig.*): *marcire nel —*, to rot in the filth.

li[1] *pron.pers.m. 3ª pers.pl.compl.ogg.* them: *quando arrivano gli ospiti, fateli accomodare*, when the guests arrive, show them in; *— vedo spesso in città*, I often see them in town; *chiamali subito*, call them at once; *non trovo gli occhiali, — ho cercati dappertutto*, I can't find my glasses, and I've looked for them everywhere // *eccoli!*, here they are! • Per le forme composte → glieli.

li[2] (*forma ant. dell'art.det.m.pl., usata nelle indicazioni di date*): *Milano, — 5 maggio*, Milan, 5th May (*o* May 5th).

lì *avv.* **1** there [cfr. *là*]: *ero — per caso*, I was there by chance; *saremo — fra un'ora*, we'll be there in an hour; *mettetelo* —, put it there; *stai fermo* —, stay there; *resta — dove sei*, stay where you are; *lo trovai — dove l'avevo lasciato*, I found it where I'd left it; *non muovetevi di* —, don't move from there; *se passate di —, venite a trovarci*, if you're passing by there, call and see us; *da — all'albergo ci sono cinque minuti di strada*, it's a five-minute drive from there to the hotel; *da qui a* —, from here to there; *sono andati su di* —, they went up there; *scendi subito di —!*, come down from there at once! // — *dentro*, in there; — *vicino*, near there; — *sopra*, on there; — *sotto*, under there // *qui e* —, here and there: *i libri erano sparsi uno qui uno* —, the books were scattered here and there // *fin* —, as far as there; (*fig.*) as far as that (*o* up to that point): *sono arrivato fin — a piedi*, I walked as far as there (*o* I got there on foot); *e fin — aveva ragione lui*, up to that point he was right **2** (*in espressioni di tempo*): *di — a un mese*, a month later; *di — a poco*, shortly after; *di — a pochi giorni*, a few days later **3** (*in espressioni ellittiche*): *eccola —!*, there she (*o* it) is!; *in quel momento* —, at that very moment; *voglio questo libro, non quello* —, I want this book, not that one; *chi sono quei tipi —?*, who are those people?; *non ho intenzione di parlare con quella* —, I have no intention of speaking to that woman **4** (*con uso pleonastico ed enfatico*): *fermo —!*, stop!; *zitto —!*, shut up!; *guardate — che sconquasso!*, just look at the mess!; *ormai con i soldi siamo* —, (*agli sgoccioli*) we've just about run out of money; *siamo sempre* —, (*alle solite*) here we go again.

◆ FRASEOLOGIA: *giù di* —, (*pressappoco*) so (*o* thereabouts): *saranno passati dieci anni o giù di* —, ten years or so must have passed; *costerà due milioni o giù di* —, it will cost two million liras, or thereabouts // — *per* —, (*dapprima*) at first; (*sul momento*) there and then; offhand: — *per — dissi di no, poi ci ripensai*, I said no at first, but then had second thoughts; — *per — non seppe cosa dire*, he didn't know what to say offhand; *decisi — per — di fare le valigie*, I decided to pack my bags there and then // *se non ha settant'anni, siamo* —, if he isn't seventy, he's not far off it; *se non sono mille chilometri, saranno* —, if it isn't a thousand kilometres, it must be getting on that way (*o* it can't be far from it) // *essere — — per fare qlco.*, to be on the (very) point of doing sthg. (*o* to be just about to do sthg.): *era — — per confessare*, he was just about to confess; *ero — — per abbandonare tutto*, I was on the point of giving up; *era — — per piangere*, she was on the verge of tears // *la cosa non finì* —, that wasn't the end of it.

liana *s.f.* (*bot.*) liana, liane, creeper.

lias *s.m.* (*geol.*) lias.

liassico *agg.* (*geol.*) liassic.

libagione *s.f.* libation.

libanese *agg.* e *s.m.* e *f.* Lebanese.

libano *s.m.* (*mar.*) esparto rope.

libare[1] *v.intr.* (*non com.*) (*brindare*) to toast.

libare[2] *v.tr.* (*mar.*) to lighten.

libatorio *agg.* libatory.

libazione → **libagione**.

libbra *s.f.* **1** (*antica misura di peso romana = 327 g*) libra* **2** (*nel sistema anglosassone*) — (*avoirdupois*), pound (*misura di peso avoirdupois = 453,6 g*) **3** (*nel sistema anglosassone*) (*per metalli preziosi, pietre preziose e medicinali*) — (*troy*), pound (*misura di peso troy = 373,242 g*).

libecciata *s.f.* gale caused by the libeccio.

libeccio *s.m.* (*meteor.*) libeccio (southwest wind).

libellista *s.m.* e *f.* libeller, defamer.

libello *s.m.* libel (*anche dir.*).

libellula *s.f.* (*zool.*) dragonfly, adder-fly // *muoversi come una* —, to flit like a butterfly.

liberale *agg.* **1** liberal: *educazione* —, liberal education // *arti liberali*, liberal arts **2** (*fautore del liberalismo economico*) liberal(ist), liberalistic; (*pol.*) liberal: *partito* —, Liberal party **3** (*generoso*) liberal, generous, open-handed: — *di promesse*, liberal with promises ◆ *s.m.* e *f.* (*pol.*) Liberal.

liberaleggiante *agg.* liberalist, liberalistic.

liberalismo *s.m.* **1** (*pol.*) liberalism **2** (*econ.*) liberalism, laissez-faire, free enterprise: — *economico*, economic liberalism (*o* free trade); — *riformista*, reform liberalism.

liberalistico *agg.* (*econ.*) liberalist, liberalistic.

liberalità *s.f.* **1** (*generosità*) liberality, generosity **2** (*atto generoso*) generous act **3** (*dir.*) (*donazione*) donation: *atto di* —, gifts.

liberalizzare *v.tr.* **1** (*econ.*) to liberalize; (*sbloccare*) to unfreeze*, to derestrict; (*prezzi, affitti, salari*) to decontrol, to free*: — *il commercio estero*, to liberalize foreign trade; — *i prezzi*, to unfreeze (*o* to decontrol) prices **2** (*rendere libero*) to liberalize: — *la droga leggera*, to liberalize the use of soft drugs.

liberalizzazione *s.f.* (*econ.*) liberalization; (*di prezzi, affitti, salari*) decontrol; (*abolizione di regolamenti restrittivi*) deregulation: *la — del mercato nei paesi comunisti*, the liberalization of the market in communist countries; — *degli scambi*, liberalization of trade; — *del prezzo dell'oro*, unfreezing (o decontrol) of the price of gold; *la — delle tariffe aeree*, the deregulation of air fares.

liberaloide *agg.* (*spreg.*) with liberal affectations, pseudo-liberal, would-be liberal ◆ *s.m.* e *f.* (*spreg.*) pseudo-liberal, would-be liberal.

liberalsocialismo *s.m.* Liberal Socialism.

liberalsocialista *agg.* e *s.m.* e *f.* Liberal Socialist.

liberamargine *s.m.* (*nella macchina per scrivere*) margin release.

liberamente *avv.* **1** (*senza restrizioni*) freely: *diritto di varcare — le frontiere*, right of free entry; *usate — i miei libri*, make free use of (*o* you are welcome to) my books **2** (*con franchezza*) frankly, plain, plainly: *non ti preoccupare, parla pure* —, don't worry, speak freely (*o* frankly).

liberare *v.tr.* **1** (*rendere libero*) to free, to liberate, to set* free, to release: — *un popolo dalla dittatura*, to free a people from dictatorship; *liberami da quella donna*, rid me of that woman; *lo schiavo fu liberato*, the slave was set free; — *un paese dai banditi*, to rid a country of bandits; — *un prigioniero*, to release a prisoner; — *qlcu. da un pericolo*, to rescue s.o. from a danger; — *qlcu. sotto cauzione*, to release s.o. on bail; — *un topo da una trappola*, to free a mouse from a trap; *Dio ci scampi e liberi!*, God forbid!; *Dio ci liberi dagli arrivisti!*, God save us from social climbers!; — *la mente dai pregiudizi*, (*fig.*) to free the mind of prejudice; — *l'immaginazione*, (*fig.*) to free the imagination; — *qlcu. da un incarico*, to release s.o. of a job; — *un congegno*, to release a mechanism; *questo bottone libera una molla che fa scattare una leva*, this button releases a spring which sets off a lever **2** (*sgomberare*) to free, to clear: — *una stanza*, to clear a room; — *un tubo intasato*, to clear (*o* to free) a clogged pipe; *libera il tavolo che devo apparecchiare*, clear the table, I've got to set it; *devono ancora — la strada dai detriti*, they still have to clear the street of rubble **3** (*econ.*) to free, to liberate; (*riscattare*) to redeem, to ransom; (*sbloccare prezzi, affitti*) to unfreeze*, to decontrol; (*esonerare*) to exempt, to exonerate, to discharge: (*fin.*) — *capitali*, to free capital; (*trib.*) — *il reddito dalle tasse*, to exempt income from tax; (*dir.*) — *una casa da un'ipoteca*, to redeem a mortgage on a house; — *un oggetto impegnato*, to redeem an object from the pawnshop; (*Borsa*) — *azioni, titoli*, to pay up shares, stock **4** (*mecc.*) to release, to trip **5** (*chim.*) to liberate **6** (*inform.*) (*area, zona*) to release.

□ **liberarsi** *v.rifl.* o *intr.pron.* to free oneself; to rid oneself (of s.o., sthg.); to get* rid (of s.o., sthg.); — *dalla stretta di qlcu.*, to free oneself from s.o.'s grasp; *il prigioniero è riuscito a — dalla corda*, the prisoner managed to free himself from the rope; *la barca si è liberata dall'incaglio*, the boat pulled itself free of the obstruction; *mi sono liberato di loro*, I've got rid of them; — *da un'abitudine*, to free oneself of a habit; — *da un obbligo*, to rid oneself of an obligation; — *dai propri impegni*, to free oneself from one's commitments // (*Borsa*) — *di un pacchetto azionario*, to unload a parcel (*o* block) of shares; (*dir.*) — *mediante contratto da una obbligazione*, to contract out of an obligation.

liberativo *agg.* (*non com.*) liberating, freeing.

liberato *agg.* freed, liberated.

liberatore *s.m.* **liberatrice** *s.f.* liberator, deliverer ◆ *agg.* liberating // *Cristo Liberatore*, the Redeemer.

liberatorio *agg.* **1** liberating: *sfogo* —, liberating outburst **2** (*dir.*) redeeming, releasing: *pagamento* —, releasing payment; (*econ.*) *potere* —, redeeming power; (*amm.*) *rilasciare una ricevuta liberatoria*, to issue an acquittance.

liberazione *s.f.* **1** liberation, freeing; release, discharge; redemption: *guerra di* —, war of liberation; *movimento di — delle donne*, Women's Liberation Movement (*o* Women's Lib); — *di uno schiavo*, freeing of a slave; *la partenza di mia suocera è stata una* —, (*fig.*) the departure of my mother-in-law was a liberation; *dopo l'esame provai un senso di* —, after the exam I experienced a sense of release // (*dir.*): — *condizionale*, conditional release; — *da un'ipoteca*, redemption (*o* release) of a mortgage; — *da un'obbligazione*, release from an obligation // (*banca*) — *bancaria*, bank release **2** (*esenzione dal servizio militare*) exemption **3** (*ferr.*) clearing **4** (*chim.*) (*di un gas*) extrication.

libercolo *s.m.* (*spreg.*) worthless book, trashy book.

liberiano *agg.* e *s.m.* (*della Liberia*) Liberian.

liberismo *s.m.* laissez-faire, free trade, free enterprise, liberalism: — *economico*, economic liberalism.

liberista *s.m.* e *f.* (*econ.*) free trader, liberalist ◆ *agg.* liberalistic, liberalist, free trade (*attr.*):

politica —, free trade policy; *dottrina* —, liberalist doctrine.

liberistico *agg.* (*econ.*) liberalistic, laissez-faire (*attr.*), free trade (*attr.*): *regime* —, free enterprise system (*o* laissez-faire policy).

libero[1] *agg.* **1** free (*anche fig.*): *lasciare — un prigioniero*, to set a prisoner free; *essere un — cittadino*, to be a free citizen; *— arbitrio*, free will; *— come l'aria*, as free as the air; *— da pregiudizi*, free from prejudice; *— da preoccupazioni*, carefree (*o* free from care); *è — di fare quello che vuole*, he is free to do what he wants; *radio, televisione libera*, independent radio, TV channel; *— amore*, free love; *ha sempre avuto — accesso agli uffici*, he has always had free access to the offices; *entrata libera*, admission free // *parcheggio* —, free car park // *spiaggia libera*, public beach // *traduzione libera*, free translation; *verso* —, free verse // *disegno a mano libera*, freehand drawing // (*chim.*) *allo stato* —, loose // (*sport*): *esercizi a corpo* —, floor exercises; *stile* —, freestyle (*o* crawl); *tiro* —, free throw // (*dir.*): *— da tutela*, of age; *— su cauzione*, out on bail; *fede di stato* —, certificate of unmarried status; *carta libera*, unstamped paper // *libera professione*, profession; *— professionista*, professional (*o* freelancer); *— docente*, tenured university lecturer // (*econ.*): *libera impresa*, free enterprise; *libera trattazione*, free marketing; *— scambio*, free trade (*o* freedom of trade); *— gioco della domanda e dell'offerta*, free play of supply and demand; *area di — scambio*, free trade area; *libera concorrenza*, open (*o* free) competition; *mercato* —, open (*o* free) market // (*fin.*): *cambio* —, free exchange; *libera monetazione*, free coinage // (*trib.*) *— da imposta*, duty-free (*o* tax-free) // (*dir.*) *— da ipoteca*, unmortgaged (*o* mortgage-free *o* unencumbered) **2** (*non occupato*) free, clear, empty; vacant: *è — questo tavolo?*, is this table free?; *lasciare libera una camera*, to leave a room free; *ci sono ancora dei posti liberi se vuoi venire a teatro*, there are still some seats free if you want to come to the theatre; *l'autostrada era completamente libera*, the motorway was completely clear; *aprimi la porta, visto che hai le mani libere*, since your hands are free (*o* empty) open the door for me; *è difficile trovare un appartamento* —, it's hard to find a vacant flat; *posto di lavoro* —, vacancy; *il taxi è* —, the taxi is for hire (*o* free); (*tel.*) *la linea è libera*, the line is free; *mi ha dato via libera per il progetto*, (*fig.*) he has given me the go-ahead for the project; *Via libera!, Se ne sono andati tutti*, (*fig.*) It's all clear! They've all gone away // (*ferr.*) *via libera*, line clear **3** (*senza impegni*) free, not engaged, off (*pred.*): *tempo* —, free (*o* spare) time; *quando sarò — verrò a trovarti*, when I'm free I'll look you up; *sono — dalle due alle tre*, I am free between two and three; *l'ho lasciato — nel pomeriggio*, I gave him the afternoon free (*o* off); *mi lascerai — presto oggi?*, will you let me off early today?; *sabato* —, Saturday off **4** (*aperto*) open, clear: *all'aria libera*, in the open air **5** (*licenzioso*) free, loose: *costumi, discorsi liberi*, loose customs, talk **6** (*mecc.*) free, clear: *ruota libera*, free-wheel.

libero[2] *s.m.* (*calcio*) libero (*pl.* -os); (*nella tattica del catenaccio*) sweeper, spare man.

liberoscambismo *s.m.* (*econ.*) free trade.

liberoscambista *s.m.* e *f.* (*econ.*) freetrader ◆ *agg.* (*econ.*) free trade (*attr.*): *teoria* —, free trade theory.

libertà *s.f.* **1** freedom, liberty; (*indipendenza*) independence: *vivere in* —, to live in freedom; *concedere molta — ai propri figli*, to give one's children a lot of freedom; *ottenere la* —, to secure one's liberty (*o* freedom); *privare qlcu. della* —, to deprive s.o. of his liberty (*o* freedom); *perdere la* —, to lose one's freedom (*o* liberty); *riacquistare la* —, to regain one's freedom (*o* liberty); *dare — d'iniziativa a qlcu.*, to give s.o. a free hand; *domani è il mio giorno di* —, tomorrow is my free day (*o* my day off) // *— di azione*, freedom of action: *avere piena — di azione*, to be free to do as one pleases (*o* to have independence of action); — *di coscienza*, freedom of conscience; — *di culto*, freedom of religion; — *di parola*, freedom of speech; — *di pensiero*, freedom of thought; — *di stampa*, freedom of the press // (*dir.*): — *provvisoria su cauzione*, release on bail; — *provvisoria* (*senza cauzione*), release pending trial; *accordare, concedere la — provvisoria a qlcu.*, to let s.o. out on bail (*o* to release s.o. on bail); — *condizionata, vigilata*, probation (*o* conditional release) // (*econ.*): — *di impresa*, freedom of enterprise; — *di scambio, commercio*, freedom of trade, free trade; — *di scelta*, freedom of choice; — *dal bisogno*, freedom from want; — *contrattuale*, freedom of contract // (*fis., mecc.*) *gradi di* —, degrees of freedom // *in* —, at liberty, (*a proprio agio*) at home, (*di animali*) free, at large: *mettere in* —, to set free (*o* to release); (*dir.*) *mettere in — l'accusato*, to discharge the accused; *mettersi in* —, to make oneself at home // *in tutta* —, freely: *parlare in tutta* —, to speak freely (*o* without restraint) // *la Statua della Libertà*, the Statue of Liberty // *prendersi la — di fare qlco.*, to take the liberty of doing sthg. // *prendersi delle — con qlcu.*, to take liberties with s.o.: *il capufficio si è preso delle — con lei*, the office manager got too familiar with her // *trattare qlcu. con troppa* —, to be too familiar with s.o. **2** (*licenziosità*) freedom, looseness: — *di costumi*, looseness of behaviour.

libertario *agg.* e *s.m.* libertarian.

libertarismo *s.m.* libertarianism.

liberticida *agg.* e *s.m.* e *f.* liberticide: *legge* —, liberty-destroying law.

liberticidio *s.m.* liberticide.

libertinaggio *s.m.* licentiousness, libertinage, libertinism.

libertinismo *s.m.* libertinism.

libertino *s.m.* **1** libertine, rake, debauchee, profligate **2** (*st. lett.*) libertine; (*libero pensatore*) free thinker **3** (*st. romana*) libertine.

liberto *s.m.* (*st. romana*) freedman*.

liberty *agg.* e *s.m.* (*arte*) Art Nouveau.

libico *agg.* e *s.m.* Libyan.

libidico *agg.* (*psic.*) libidinal.

libidine *s.f.* **1** lechery, lasciviousness, libidinousness, lustfulness // (*dir.*) *atti di* —, sexual harassment **2** (*desiderio sfrenato*) lust, thirst: — *del denaro*, lust for money; — *del potere*, thirst for power **3** (*psic.*) libido.

libidinoso *agg.* lecherous, lascivious, libidinous, lustful.

libido *s.f.* (*psic.*) libido: — *dell'io*, ego libido.

lìbito *s.m.* (*letter.*) will; caprice; desire // *a* —, at will.

lib-lab *agg.* e *s.m.* Lib-Lab.

libocedro *s.m.* (*bot.*) (*Libocedrus decurreus*) incense cedar.

libra *s.f.* (*bilancia*) scales (*pl.*), balance // (*astr.*) *Libra*, Libra.

libraio *s.m.* bookseller.

librare *v.tr.* **1** to weigh; to poise, to balance (*anche fig.*): — *il pro e il contro*, to weigh the pros and cons **2** (*rar.*) (*equilibrare*) to poise, to balance.

□ **librarsi** *v.rifl.* o *intr.pron.* to hover; (*di aliante ecc.*) to glide: *l'elicottero si librava a mezz'aria*, the helicopter was hovering in mid-air; — *in volo*, to soar.

librario *agg.* book (*attr.*): *commercio* —, book trade; *mercato* —, book market; *novità librarie*, new books.

librato *agg.* hovering: *volo* —, (*aer.*) glide, gliding, unpowered flight, soaring flight; (*di elicottero che resta fermo in aria*) hovering.

libratore *s.m.* (*aer.*) glider, sailplane.

librazione *s.f.* libration: — *della luna*, libration of the moon.

libreria *s.f.* **1** (*negozio di libri*) bookshop; (*amer.*) bookstore: — *di libri di occasione*, second-hand bookshop **2** (*biblioteca*) library // (*inform.*) — *di dati*, data library // *Libreria Vaticana*, Vatican Library **3** (*scaffale*) bookcase; bookshelves (*pl.*): — *girevole*, revolving bookcase.

libresco *agg.* bookish.

librettista *s.m.* e *f.* librettist.

librettistica *s.f.* libretto-writing; study of librettos.

libretto *s.m.* **1** booklet, small book; (*documento*) book, papers (*pl.*), — *di istruzioni*, instruction book (*o* booklet *o* handbook); — *di banca*, bankbook; — *degli assegni*, chequebook (*o amer.* checkbook); — *di risparmio*, passbook (*o* savings book); — *di deposito*, deposit book; — *per i versamenti*, paying-in book; — *di lavoro*, employment card, working papers (*pl.*); (*aut.*) — *di circolazione*, log-book; (*mil.*) — *di matricola*, pay-book; — *personale*, service record; — *universitario*, university student's record-book **2** (*mus.*) libretto*.

libro *s.m.* **1** book: — *in brossura, rilegato, tascabile*, paperback, hardcover edition, pocket edition; — *di consultazione*, book of reference (*o* reference book); — *di testo*, text-book; — *manoscritto*, manuscript; — *usato*, second-hand book; — *giallo, poliziesco*, thriller, detective story; — *di cucina*, cookery book; — *presentato prima della entrata in commercio*, advance copy; *libri nuovi a prezzi scontati*, remainders; *fiera del* —, book fair; *catalogo dei libri*, book-catalogue; *un club del* —, a book club; *l'edizione del — è esaurita*, the book is out of print; *questo — è appena uscito*, this book has just been published (*o* has just come out); *divorare un* —, to devour a book; *divulgare un* —, to make a book known (*o* to popularize a book); *recensire un* —, to review a book; *scorrere un* —, to skim through a book; *sfogliare un* —, to leaf through a book // — *bianco*, report; (*del governo*) White Paper: *un — bianco sulla droga*, a report on the drug problem // *parlare come un — stampato*, (*scherz.*) to talk like a book // *il grande — della natura*, (*fig.*) the great book of nature; *il — della memoria, della vita*, (*fig.*) the book of memory, of life // *mettere qlcu. sul — nero*, (*fig.*) to put s.o. in the black book // (*eccl.*): — *di preghiera*, prayer book; — *delle ore*, book of hours; — *da messa*, missal; *libri liturgici*, liturgical books; *libri canonici*, sacred books; — *battesimale*, baptismal register; — *apocrifo*, apocryphal book // — *all'indice*, book on the Index // (*mar.*) — *di bordo*, logbook (*o* log) **2** (*ciascuna delle parti in cui è divisa un'opera*) book: *il 'Paradiso Perduto' di Milton è in dodici libri*, Milton's 'Paradise Lost' consists of twelve books **3** (*registro*) register, book: *gran — del debito pubblico*, national debt register; *presentare i libri in tribunale*, to submit the accounts to the Court; (*dir.*) *libri del codice*, civil and criminal codes // (*econ.*): — *degli amministratori*, register of directors; — *dei soci*, register of members; — *delle ipoteche e degli oneri*, register of charges; *libri sociali*, corporate books // (*comm.*): — *cassa*, cash-book; — *degli inventari*, inventory book; — *delle ordinazioni*, order book; — *fatture*, invoice book; — *di magazzino*, warehouse book; — *di carico e scarico di magazzino*, stock book; — *spedizioni e consegne*, delivery book // (*amm.*): — *giornale*, journal; — *mastro*, *a partita doppia*, ledger; — *paga*, payroll (ledger); *libri contabili*, accounting books; *libri catastali*, land and property registers; *essere sul — paga*, to be on the payroll; *mettere a* —, to enter in a book (*o* to book); *tenere i libri*, to keep the books (*o* the accounts) // (*banca*) — *saldi*, balance book // (*Borsa*): — *dei soci*, shareholders' register; — *dei titoli azionari*, stock ledger **4** (*bot.*) liber, phloem.

licantropia *s.f.* (*psic.*) lycanthropy.

licantropo *s.m.* (*psic.*) lycanthrope, lycanthropist.

licaone *s.m.* (*zool.*, *mit.*) lycaon.

licci → **litchi**.

liccio *s.m.* (*tess.*) heald; (*amer.*) heddle; (*pl.*) harness: — *di filo metallico*, wire heddle; *intrecciatrice meccanica per licci*, heddle braiding -machine; *macchina per la preparazione dei licci*, heddle knotting-machine.

licciolo *s.m.* shaft.

liceale *agg.* high school (*attr.*), secondary school (*attr.*), pertaining to a 'liceo': *studente* —, pupil at a 'liceo'; *licenza* —, high school leaving certificate ◆ *s.m.* e *f.* high school student.

liceità *s.f.* (*dir.*) lawfulness; legality.

licenza *s.f.* **1** (*permesso*) permission, leave: *chiedere*, *concedere*, *ottenere* —, to ask, to grant, to obtain permission (*o* leave); *chiedere — di assentarsi* (*dal tavolo*), to beg to be excused; *con — dell'autore*, by permission of the author // *con sua* —, if you will allow me (*o* by your leave) **2** (*concessione*) licence, (*amer.*) license; permit, authorization: — *di caccia*, *di pesca*, shooting, fishing licence; — *di porto d'armi*, gun licence; — *matrimoniale*, marriage licence; — *edilizia*, planning permission // (*comm.*): — *di commercio*, trade licence; — *d'esercizio*, trading licence, (*scritta*) trading certificate; — *d'importazione*, *esportazione*, import, export licence; — *di vendita*, selling licence; — *di fabbricazione*, manufacturing licence; *produzione su* —, licence production; *tassa di* —, licence fee; *gli hanno revocato la* —, they took his licence away (*o* he lost his licence) **3** (*permesso d'assentarsi*) leave: *ottenne una — di dieci giorni*, he got ten days' leave; *essere*, *andare in* —, to be, to go on leave; — *di convalescenza*, *di malattia*, sick leave; — *ordinaria*, ordinary leave; — *straordinaria*, temporary leave; — *premio*, special leave; (*mil.*) *foglio di* —, permit, leave (*o* pass) **4** (*scolastica*) (*esame*) school-leaving examination; (*attestato*) diploma, school-leaving certificate: — *elementare*, elementary school-leaving certificate; *esame di* —, leaving examination; *dare la* —, to take one's school-leaving exam **5** (*libertà*) liberty; (*abuso di libertà*) liberty, license: *prendersi la — di fare qlco.*, to take the liberty of doing sthg.; *prendersi troppe licenze*, to take too many liberties // — *poetica*, poetic licence **6** (*non com.*) (*disdetta*) cancellation.

licenziabile *agg.* dismissable, dischargeable.

licenziamento *s.m.* dismissal, discharge; (*fam.*) sacking, firing: — *ingiustificato*, unfair dismissal; — *in tronco*, dismissal without notice; — *per giusta causa*, dismissal for just cause; — *per crisi*, lay-off; *lettera di* —, letter of dismissal; *preavviso di* —, notice of dismissal; *indennità di* —, severance pay; *licenziamenti per esuberanza di personale*, redundancies.

licenziando *agg.* graduating, about to take one's school-leaving exam ◆ *s.m.* graduating student, student about to take his school -leaving exam.

licenziare *v.tr.* **1** to dismiss, to discharge; (*fam.*) to sack, to give* the sack; to fire: — *un operaio*, *un impiegato*, to dismiss (*o* to sack) a worker, an employee; — *un impiegato per motivi ingiustificati*, to dismiss an employee wrongfully; — *per crisi*, to lay off; — *senza preavviso*, *in tronco*, to discharge on the spot (*o* to dismiss without notice) // — *il fidanzato*, (*scherz.*) to dump one's boyfriend **2** (*conferire un diploma a*) to confer a diploma on (s.o.); (*amer.*) to graduate: *la nostra scuola ha licenziato cento studenti*, a hundred students passed the leaving exam at our school **3** (*non com.*) (*accomiatare*) to dismiss, to send* away **4** (*tip.*) — *le bozze per la stampa*, to pass proofs for printing.

□ **licenziarsi** *v.rifl.* **1** to resign, to give* notice: — *da una ditta*, *da un lavoro*, to resign from a firm, from one's post **2** (*ottenere un diploma*) to take* one's certificate: *si è licenziato con una buona media*, he passed his (leaving) exam with a good mark **3** (*letter.*) (*accomiatarsi*) to take* one's leave.

licenziatario *s.m.* licensee.

licenziato *agg.* **1** (*da una scuola*) certificated; (*amer.*) graduated **2** (*dal lavoro*) dismissed, discharged; (*fam.*) sacked ◆ *s.m.* **1** (*da una scuola*) school leaver; (*amer.*) graduate **2** (*dal lavoro*) dismissed person; (*fam.*) sacked person.

licenziosità *s.f.* **1** (*l'essere licenzioso*) licentiousness, dissoluteness, bawdiness **2** (*atto licenzioso*) licentious act: *dire delle* —, to talk bawdily.

licenzioso *agg.* licentious, dissolute, debauched; lewd, bawdy; (*fam.*) dirty: *costumi licenziosi*, dissolute habits; *un libro* —, a dirty book.

liceo *s.m.* **1** 'Liceo' (Italian secondary school); secondary school; (*amer.*) high school: — *artistico*, 'Liceo' specializing in art subjects; — *classico*, 'Liceo' specializing in classical studies; — *musicale*, Conservatory; — *scientifico*, 'Liceo' specializing in scientific studies; — *linguistico*, 'Liceo' specializing in foreign languages **2** (*fil.*) Lyceum.

licere *v.intr.* (*poet.*) to be permitted: *questo non lice*, this is not permitted.

licet *s.m.* (*lat.*) (*antiq.*) lavatory; toilet.

lichen *s.m.* (*med.*) lichen.

lichene *s.m.* (*bot.*) lichen // — *delle renne*, (*Cladonia rangiferina*) reindeer moss // — *d'Islanda*, (*Cetraria islandica*) Iceland lichen.

licio *agg.* e *s.m.* Lycian.

licitare *v.intr.* **1** (*concorrere all'asta*) to put* up for auction, to sell* by auction **2** (*offrire un prezzo all'asta*) to bid*.

licitazione *s.f.* **1** (*vendita all'asta*) sale by auction, auction sale **2** (*offerta all'asta*) bid, bidding **3** (*gara d'appalto*) tender, tendering // (*dir.*): — *privata*, private treaty (*o* contract); — *collusiva*, collusive tendering; — *fittizia*, dummy tendering; *indire una — per la fornitura di merci o servizi*, to invite tenders for the supply of goods or services **4** (*bridge*) bid, bidding.

licnide *s.f.* (*bot.*) campion.

licodonte *s.m.* (*zool.*): — *aulico*, (*Lycodon aulicus*) carpet-snake.

licopene *s.m.* (*chim.*) lycopene.

licopodio *s.m.* (*bot.*) (*Lycopodium clavatum*) club-moss, wolf's foot, foxtail, (*scient.*) lycopodium.

lidio *agg.* e *s.m.* Lydian.

lido *s.m.* shore, beach: *il Lido di Venezia*, the Venice Lido // *i patrii lidi*, (*letter.*) one's own country (*o* one's homeland): *lasciare i patrii lidi*, to leave one's native land // *prendere il volo per altri lidi*, to set out for foreign lands.

lidocaina *s.f.* (*chim.*) lidocaine.

lieto *agg.* happy, glad; (*allegro*) cheerful, gay; merry; (*contento*) pleased, delighted: *mostrarsi*, *apparire* —, to look happy; *un film a — fine*, a film with a happy ending; *di — umore*, in good humour; *era sempre* —, he was always cheerful; *ci accolse con — viso*, he gave us a hearty (*o* cheerful) welcome; *fu — al sentire la notizia*, the news made him happy; *sono — che tu sia guarito completamente*, I am glad you have completely recovered; *sono — di accettare il vostro invito*, I am delighted to accept your invitation // *"Piacere, Paola Bianchi" "Molto —"*, "How do you do, I'm Paola Bianchi" "How do you do" // — *evento*, (*nascita*) happy event.

lieve *agg.* **1** (*leggero, di poco peso*) light: *un carico* —, a light load **2** (*tenue, debole*) gentle, light; slight, soft: *una — brezza*, a light (*o* gentle) breeze; *un tocco* —, a light touch; *c'è nelle sue parole una — vena di umorismo*, there is a slight (*o* faint) touch of humour in his words; *c'era una — differenza di opinioni fra di noi*, there was a slight difference in our opinions; *non c'è il più — dubbio*, there is not the slightest doubt; *sul suo volto si diffuse un — rossore*, a slight blush spread over her cheeks **3** (*poco grave*) slight, minor, light: *te la sei cavata con una — ferita*, you have got off with a slight injury **4** (*facile*) light, easy: *il compito non è così* —, the task is not so easy.

lievemente *avv.* **1** (*con leggerezza*) gently, lightly, softly: *si posò* —, it touched down gently (*o* lightly); *le toccò — la mano*, he touched her hand gently **2** (*leggermente, appena*) slightly, lightly: *questa situazione è — imbarazzante*, this situation is slightly embarrassing.

lievità *s.f.* (*leggerezza, l'essere lieve*) slightness, lightness.

lievitare *v.tr.* (*mescolare con lievito*) to leaven: *hai lievitato troppo questa pasta*, you have added too much yeast to this dough ◆ *v.intr.* **1** to rise*; (*scient.*) to ferment: *ci vorranno due ore perché lieviti*, it will take two hours to rise; *far* —, to leaven **2** (*fig.*) (*aumentare*) to grow*, to swell*: *i prezzi lievitano*, prices are rising; *il malumore andava lievitando*, discontent was building up.

lievitatura *s.f.* (*l'aggiungere lievito*) leavening; (*non com.*) (*lievitazione*) rising.

lievitazione *s.f.* leavening, rising: — *di un dolce, del pane*, rising of a cake, of bread; — *dei prezzi*, rise (*o* increase) in prices.

lievito *s.m.* **1** yeast; leaven; ferment: — *di birra*, brewer's yeast, barm; — *in polvere*, baking powder; *pane senza* —, unleavened bread **2** (*fig.*) (*fermento*) ferment, spark, spur: — *di rivolta*, spark of rebellion.

lift *s.m.* **1** (*addetto all'ascensore*) lift attendant **2** (*tennis*) lift.

liftare *v.tr.* (*tennis*) to (hit with) top spin.

lifting *s.m.* face-lift: *fare un* —, to have face -lift.

ligio *agg.* **1** (*fedele*) faithful, true; loyal; (*osservante*) that abides (by); observant (of); obedient (to): — *al dovere*, dutiful (*o* faithful to one's duty); — *alle regole*, observant of rules; *è — al sovrano*, he is loyal (*o* true) to his King; *essere — alla tradizione*, to be faithful to tradition **2** (*st.*) liege: *un suddito — al proprio signore*, a subject liege to his lord.

lignaggio *s.m.* (*letter.*) lineage, descent; (*stirpe*) birth, origin: *un uomo di alto* —, a man of high descent.

ligneo *agg.* wooden, ligneous; (*simile a legno*) woody: *strutture lignee*, wooden structures; *consistenza lignea*, woody consistency.

lignificare *v.tr.* e *intr.* **lignificarsi** *v.intr. pron.* (*bot.*) to lignify.

lignificazione *s.f.* lignification.

lignina *s.f.* (*biochim.*) lignin.

lignite *s.f.* (*geol.*) lignite, brown coal: — *fibrosa*, fibrous lignite; — *lustra*, jet coal.

lignocellulosa *s.f.* (*chim.*) lignocellulose.

ligroina *s.f.* (*chim.*) ligroin.

ligula *s.f.* (*bot.*) ligule*, strap.

ligulato *agg.* (*bot.*) ligulate.

ligure *agg.* e *s.m.* e *f.* Ligurian.

ligustro *s.m.* (*bot.*) (*Ligustrum vulgare*) privet.

liliaceo *agg.* (*bot.*) liliaceous; lily-like (*attr.*).

liliale *agg.* (*letter.*) lily-white; (*fig.*) (*puro*) pure.

lilla *agg.* e *s.m.* (*colore*) lilac.

lillà *s.m.* (*bot.*) (*Syringa vulgaris*) lilac, syringa.

lillipuziano *agg.* e *s.m.* Lilliputian.

lima *s.f.* **1** file: — *a coltello*, knife file; — *a losanga*, slitting file; — *da legno*, rasp (*o* rasping file); — *mezzo tonda*, half-round file; — *per le unghie*, nail file; — *piatta*, flat file; — *triangolare*, three-square (*o* triangular) file; *levigare qlco. con la* —, to file sthg. smooth // *lavorar di* —, (*fig.*) to polish: *sta lavorando di — al suo romanzo*, he is giving the finishing touches to his novel // (*tecn.*) — *a taglio semplice*, float **2** (*fig. letter.*) (*cruccio*) torment.

limabile *agg.* that can be filed.

limaccia *s.f.* (*zool.*) snail, slug.

limaccio *s.m.* slime, mud.

limaccioso *agg.* **1** slimy, muddy; murky: *fiume* —, muddy river **2** (*fig.*) (*oscuro*) murky, obscure: *stile* —, obscure style.

limare *v.tr.* **1** to file; (*con la raspa*) to rasp **2** (*fig.*) (*perfezionare*) to polish, to perfect: — *ogni frase*, to polish every sentence **3** (*fig.*) (*rodere*) to gnaw (at), to torment: *una preoccupazione che lima la mente*, a worry that gnaws (at) the mind.

limato *agg.* filed; (*fig.*) polished, refined: *stile* —, polished style.

limatore *s.m.* **1** filer **2** (*fig.*) polisher.

limatrice *s.f.* (*mecc.*) shaper, shaping machine: — *da banco*, bench shaping machine; — *universale*, universal shaping machine; — *a colonna*, pillar shaper.

limatura *s.f.* **1** filing; (*dei denti di un ingranaggio, di una sega*) topping **2** (*polvere dell'oggetto limato*) filings (*pl.*); file dust.

limbo *s.m.* limbo.

limetta[1] *s.f.* (*bot.*) (*Citrus aurantifolia*) lime.

limetta[2] *s.f.* (*per unghie*) nail file.

limicolo *agg.* (*biol.*) limicolous.

limitabile *agg.* limitable.

limitabilità *s.f.* limitableness.

limitare[1] *s.m.* (*letter.*) **1** (*soglia*) threshold (*anche fig.*): *essere al — della vita*, to be on the threshold of life **2** (*fig.*) (*limite*) boundary, edge.

limitare[2] *v.tr.* **1** (*circoscrivere*) to bound, to mark the bounds of: — *l'orto con una siepe*, to hedge round a vegetable patch **2** (*restringere*) to limit, to restrict (*anche fig.*): *devi — il numero degli invitati*, you must limit the number of guests; *la legge limita i miei poteri*, the law limits my powers; *la nostra visuale è limitata dagli alberi*, our view is restricted by the trees; — *il consumo di alcolici*, to restrict (*o* to limit) the consumption of alcohol; — *le spese*, to limit expenses; — *i prestiti*, to restrict loans // (*econ.*) — *l'inflazione*, to curb inflation // (*banca*) — *il credito*, to squeeze credit.

□ **limitarsi** *v.rifl.* to limit oneself, to restrict oneself: *devo limitarmi a dieci sigarette al giorno*, I must limit myself to ten cigarettes a day; *si limitò a sgridarlo*, he just reproached him; *limitati a fare quello che ti dico*, just restrict yourself to what I tell you (to do).

limitatamente *avv.* within certain limits; to a limited extent: *cercherò di collaborare — alle mie possibilità*, I'll try to collaborate as far as I can.

limitatezza *s.f.* limitation, limitedness: *riconoscere la propria* —, to know one's limitations.

limitativo *agg.* limitative, limiting, restrictive: (*dir.*) *clausola limitativa*, restrictive clause (*o* proviso).

limitato *agg.* **1** limited; (*ristretto*) restricted, narrow; (*scarso*) scanty, small: *capitali limitati*, limited capital; *poteri limitati*, limited powers; *ha mezzi limitati*, he has limited means; *la velocità è limitata a 40 km/h*, the speed is restricted to 40 km/h; *possiamo solo darvi notizie molto limitate*, we can give you only scanty news; *la sua intelligenza è molto limitata*, he is a man of limited intelligence; *mentalità limitata*, narrow-mindedness // (*econ.*): *reddito* —, modest income; *credito* —, close credit; *responsabilità limitata*, limited liability; *società a responsabilità limitata*, limited (liability) company **2** (*controllato*) moderate, careful: *essere — nelle spese*, to spend carefully; *essere — nel bere*, to drink moderately **3** (*mat.*) bounded.

limitatore *s.m.* **1** limiter, person who limits **2** (*mecc.*) limiting device; (*rad.*) limiter // (*mecc.*) — *di carico, di velocità*, load, speed limiting device // (*elettr.*): — *di corrente*, current limiter; — *di tensione*, aerial discharge ◆ *agg.* (*che limita*) limiting.

limitazione *s.f.* limitation, restriction; restraint: *mi impose delle limitazioni*, he imposed some limitations on me; — *alla concorrenza economica*, restraint of trade; *limitazioni valutarie*, currency restrictions; — *dei consumi*, restriction on consumption // — *delle nascite*, birth control.

limite *s.m.* **1** limit; bound; boundary, edge: *i limiti di un campo di gioco*, the boundaries of a playing field; *il — dell'area di rigore*, the edge of the penalty area; *fissare un* —, to fix a limit; — *d'età*, age limit; *stabilire un — di tempo*, to set a time limit; *porre un — all'autorità di qlcu.*, to set limits to s.o.'s authority; *mantenersi entro certi limiti*, to keep within certain limits; *conoscere i propri limiti*, to know one's limits; *c'è un — a tutto!*, there's a limit to everything; *essere al — della sopportazione*, to be at the end of one's tether; *impegnarsi al — delle proprie possibilità*, to do as much as one can // *al* —, (*fig.*) if the worst comes to the worst (*o* at worst): *al — ti aiuterò io*, if the worst comes to the worst I'll help you // *passare ogni* —, to go too far // *orgoglio senza limiti*, unbounded pride // *caso* —, borderline case // — *di guardia*, safety level; (*fig.*) danger point: *la tensione internazionale ha raggiunto il — di guardia*, the international tension has reached danger point // — *chilometrico*, kilometre marker // (*aut.*): — *di velocità*, speed limit; — *di peso, di carico*, weight, load limit // (*econ.*): *prezzo* —, price limit; — *di spesa*, expenditure limitation; — *massimo* (*di consegna*), superior limit // (*banca*): — *di credito*, credit limit (*o* ceiling); — *di indebitamento*, debt (*o* borrowing) limit // (*edil.*): — *di rottura*, breaking point; — *di elasticità*, limit of elasticity (*o* elastic limit) // (*metall.*) — *di elasticità convenzionale*, proof stress // (*ferr.*) *indicazione del — di portata*, marked capacity // (*inform.*) *limiti estremi*, range // (*boxe*) *vincere prima del* —, to win within the distance **2** (*mat.*) limit; bound: — *di una funzione*, limit of a function; *limiti d'integrazione*, integration limits; *minimo — superiore*, least upper bound.

limitrofo *agg.* neighbouring, adjacent: *paese* —, neighbouring country; *essere — di un paese*, to border on a country.

limnetico *agg.* (*ecol.*) limnetic, limnic.

limnofita *s.m.* (*ecol.*) limnophyte.

limnologia *s.f.* limnology.

limnologico *agg.* limnologic, limnological.

limnologo *s.m.* limnologist.

limo *s.m.* **1** (*fango, fanghiglia*) slime, mud // — *atmosferico*, (*pulviscolo*) motes (*pl.*) **2** (*geol.*) silt.

limonaia *s.f.* lemon-house.

limonare *v.intr.* (*region.*) to pet.

limonata *s.f.* (*bevanda*) lemonade, lemon squash.

limoncina *s.f.* (*bot.*) (*Lippia citriodora*) lemon verbena.

limone *s.m.* (*bot.*) (*albero*) (*Citrus limon*) lemon (tree); (*frutto*) lemon: *scorza di —*, lemon peel; *sugo di —*, lemon juice // *— spremuto*, (*fig.*) person who has been squeezed dry ♦ *agg.* (*colore*) lemon (yellow): *blusa* (*color*) *—*, lemon-coloured blouse.

limonene *s.m.* (*chim.*) limonene.

limonite *s.f.* (*min.*) limonite.

limonitizzazione *s.f.* (*min.*) limonitization.

limosino *agg.* of Limoges, Limoges (*attr.*), Limosin.

limosità *s.f.* slimness.

limoso *agg.* slimy, muddy: *acque limose*, muddy waters.

limousine *s.f.* (*fr.*) (*grossa e lussuosa automobile*) limousine.

limpidezza, **limpidità** *s.f.* limpidity, clearness, lucidity, pellucidity (*anche fig.*); (*fig.*) clarity: *la — dell'acqua*, the clearness (*o* limpidity) of the water; *la — del suo ragionamento*, the clearness (*o* clarity) of his reasoning.

limpido *agg.* limpid, clear: *acqua limpida*, limpid water; *cielo —*, clear sky; *cristallo —*, clear crystal; *una giornata limpida*, a clear day; *mente limpida*, clear mind: *una persona dalla mente limpida*, a clear-minded person; *occhi limpidi*, limpid eyes; *stile —*, limpid style; *limpida onestà*, limpid honesty; *coscienza limpida*, clear conscience; *ragionamento —*, lucid reasoning.

limulo *s.m.* (*zool.*) (*Limulus limulus*) horseshoe crab, sword-tail, king-crab.

linaiola *s.f.* (*bot.*) (*Linaria vulgaris*) toadflax, (*pop.*) butter-and-eggs.

linaiolo *s.m.* (*antiq.*) **1** (*chi lavora il lino*) flax dresser **2** (*commerciante in lino*) linen draper.

linalolo *s.m.* (*chim.*) linalool.

linaria → **linaiola**.

lince *s.f.* (*zool.*) (*Lynx lynx*) lynx* // *— rossa*, (*Lynx rufus*) bobcat // *— del deserto*, (*Lynx caracal*) caracal // *persona dagli occhi di —*, (*fig.*) lynx-eyed person; *essere una —*, (*fig.*) to be really sharp.

linceo *agg.* **1** (*di lince*) lyncean; lynx (*attr.*); (*fig.*) sharp, lynx-like **2** (*dell'Accademia dei Lincei*) of the Accademia dei Lincei ♦ *s.m.* (*membro dell'Accademia dei Lincei*) member of the Accademia dei Lincei.

linciaggio *s.m.* lynching // *— morale*, character assassination.

linciare *v.tr.* to lynch.

linciatore *s.m.* (*non com.*) lyncher.

lincomicina *s.f.* (*chim.*) lincomycin.

lindano *s.m.* (*chim.*) lindane.

lindezza *s.f.* neatness, cleanness, tidiness (*anche fig.*).

lindo *agg.* **1** (*pulito*) neat, clean, tidy: *biancheria linda*, clean linen; *questa stanza è linda e in ordine*, this room is clean and tidy // *coscienza linda*, (*fig.*) spotless (*o* clear) conscience **2** (*di persona*) (*curata nell'aspetto*) neat, smart **3** (*nitido, chiaro*) precise, clear.

linea *s.f.* **1** (*segno, tratto*) line: *tracciare una —*, to draw a line; *— retta, curva, convergente, divergente*, straight, curved, convergent, diverging line; *— punteggiata, tratteggiata*, dotted line; *le linee della mano*, the lines of the hand; *— di confine*, (*tra due proprietà*) boundary line, (*tra due paesi*) border, (*fig.*) borderline; *— di partenza*, starting line; *— spartitraffico*, traffic line; *— di giunzione*, (*di stoffa, lamiere ecc.*) seam // *avanzare in — retta*, to move forward in a straight line // *procedere in linee parallele*, to follow parallel lines // (*sport*): *— laterale*, touchline; *— mediana*, half-back line; *— di fondo* (*campo*), baseline // (*geogr.*): *— del cambiamento di data*, International Date Line; *— di costa*, coastline (*o* shoreline); *— delle nevi perenni*, snowline; *— di displuvio*, divide (*o* watershed); *— di spiaggia*, shoreline (*o* beachline) // (*geofisica*): *— agonica*, agonic line; *— isogonica*, isogonic line; *— isosismica*, isoseismal (*o* isoseismic) line // (*cartografia*): *— isometrica*, isometric line (*o* isogram *o* isoline); *— ortodromica*, orthodrome // (*topografia*) *— di base*, baseline // *distanza in — d'aria*, (distance) as the crow flies: *in — d'aria ci sono 10 km da qui allo stadio*, it's 10 km from here to the stadium as the crow flies // (*fis.*): *— di forza*, line of force; *— di flusso*, streamline // *— di fede*, (*di strumenti*) fiducial (*o* halving) line // (*mar.*): *— di galleggiamento*, waterline; *— di rispetto*, limit of territorial waters; *— di scandaglio*, lead line; *— di rotta*, heading line **2** (*di termometro*) degree: *avere qualche — di febbre*, to have a slight temperature; *la febbre del paziente è scesa di qualche —*, the patient's temperature has dropped slightly **3** (*contorno, sagoma*) line; (*di abito*) line, cut: *non mi piace la — di quell'automobile*, I don't like the line of that car; *le linee architettoniche di un edificio*, the architectural lines of a building; *armonia di linee*, harmony of lines; *una giacca di ottima —*, a well-cut jacket; *un tailleur di — classica, moderna*, a classic, modern suit // *descrivere a grandi linee*, (*fig.*) to outline; *ti posso esporre il programma solo a grandi linee per il momento*, I can only give you a rough outline of the programme at the moment **4** (*personale*) figure: *avere una bella —*, to have a good figure; *che —!*, what a figure!; *perdere la —*, to lose one's figure; *riacquistare la —*, to get one's figure back (*o* to regain one's figure); *si rovina la — mangiando troppi dolci*, she is ruining her figure (*o* she is putting on too much weight) by eating too many sweet things **5** (*comportamento, strategia*) line: *— di condotta, di azione*, line of conduct, of action; *mi atterrò alla — del partito*, I'll follow the party line; *seguire una —*, to follow (*o* to take) a line; *non so che — tenere con lui*, I don't know what line to take with him // *le sue idee sono in — con le mie*, his ideas are in line with mine // *in — di principio*, in principle // *in — di massima*, as a rule (*o* generally speaking) **6** (*fila*) line: *mettersi in —*, to get in line (*o* in the queue) // (*mil.*): *— del fuoco*, line of fire; *— di mira*, line of sight; *fuoco di —*, line-firing; *— di difesa*, defence line // *prima —*, firing line (*o* front line); *fanteria di prima —*, front-line infantry troops // *essere in prima —*, to be at the front line, (*fig.*) to be at the fore front // *passare in seconda —*, to take second place; *il problema è passato in seconda —*, the problem took second place // *vittoria su tutta la —*, (*anche fig.*) victory all along the line // (*sport*): *— di attacco*, forward line; *— di difesa*, the backs // *motore a sei cilindri in —*, six cylinder in-line (*o* straight-six *o* in-line six) engine **7** (*serie di prodotti*) line: *— di prodotti*, product line; *— di prodotti di alta qualità*, line of high-quality products; *— di accessori*, line of accessories; *una — completa di cosmetici*, a complete line of cosmetics **8** (*econ.*) line: *— di produzione, di lavorazione*, production line; *— di montaggio*, assembly line; *— delle vendite*, sales line; *linee di spesa*, expenditure lines; *— di credito* credit line; *— di credito allo scoperto*, open line; *— di credito stand-by*, stand-by arrangement (*o* credit); *— reciproca di credito*, (*tra banche centrali*) swap; *linee di credito accordate*, bank-lending commitments; *linee di credito con emissione di titoli*, backup facilities; (*Borsa*) *— dei rialzi e dei ribassi*, advance-decline line **9** (*di parentela*) line: *— maschile*, male line; *discendente in — diretta*, direct descendant; *discendere in — diretta da*, to descend in direct line from **10** (*di comunicazione*) line: *— ferroviaria*, railway line; *— della metropolitana*, underground line; *— aerea*, airline; *— di navigazione*, (*compagnia*) shipping company; *— principale, secondaria*, main, secondary line; *la — del tram*, the tramline; *la — Roma-Milano è rimasta interrotta dalla frana*, the Rome-Milan line has been blocked by the landslide; *i treni ritardarono per lavori lungo la —*, the trains were delayed because of works along the track // *nave di —*, liner; *aeroplano di —*, airliner // *servizio di —*, regular (*o* scheduled) service **11** (*tecn.*) (*collegamento di impianto*) line: *— elettrica*, electric line; (*elettr.*) *— di raccordo*, connecting line // (*tel.*): *trovare la — occupata, libera*, to find the line engaged, free; *prendere la —*, to get through; *è caduta la —!*, we have been cut off!; *prego attenda in —*, hold the line, please; *la — per Milano è guasta*, the line to Milan is out of order **12** (*tip.*) line; (*inform.*) bar // (*inform.*): *— comune, condivisa, multipunto*, party line; *— con numeri*, digit row; *— superiore*, top line; *— commutata*, switched line.

lineamenti *s.m.pl.* **1** (*fattezze*) features, lineaments: *ha dei — molto delicati*, she has very delicate features; *nei — mi ricorda suo padre*, her features remind me of her father **2** (*fig.*) (*elementi essenziali*) outlines; broad lines, main lines: *— di letteratura inglese*, outlines of English literature.

lineare[1] *agg.* **1** linear: *disegno —*, line drawing; *misure lineari*, linear (*o* long) measures // (*bot.*) *foglia —*, linear leaf // (*geol.*) *eruzione —*, fissure eruption // (*chim.*) *catena —*, straight chain // (*fis.*) *acceleratore —*, linear accelerator **2** (*fig.*) (*coerente, chiaro*): straightforward, consistent: *ragionamento —*, consistent reasoning; *condotta —*, straightforward (*o* consistent) conduct **3** (*mat.*) linear: *equazione —*, linear equation; *algebra —*, linear algebra.

lineare[2] *v.tr.* (*non com.*) (*segnare con linee*) to draw* (lines) on (sthg.); (*estens.*) (*descrivere*) to describe.

linearismo *s.m.* (*arte*) linear style.

linearità *s.f.* **1** (*fis., mat.*) linearity **2** (*fig.*) (*coerenza*) straightforwardness, consistency.

lineetta *s.f.* **1** dash: *c'è una — qui, non una virgola*, there is a dash here, not a comma **2** (*trattino d'unione*) hyphen.

lineria *s.f.* (*tessuti di lino*) linen goods (*pl.*), linen.

linfa *s.f.* **1** (*biol.*) lymph **2** (*bot.*) lymph, sap: *ricco di —*, sappy; *senza —*, sapless **3** (*letter.*) lymph, water **4** (*fig.*) (*alimento*) nourishment.

linfadenite *s.f.* (*med.*) lymphadenitis

linfadenoma *s.m.* (*med.*) lymphadenoma.

linfangioma *s.m.* (*med.*) lymphangioma.

linfangite *s.f.* (*med.*) lymphangitis.

linfatico *agg.* (*anat.*) lymphatic: *sistema* —, lymphatic system; *vaso* —, lymphatic vessel; *ghiandole linfatiche*, lymphatic (*o* lymph) glands; *temperamento* —, lymphatism ◆ *s.m.* lymphatic subject, anaemic subject.

linfatismo *s.m.* (*med.*) lymphatism.

linf(o)- *pref.* di origine greca usato nella terminologia scientifica per indicare riferimento alla 'linfa' e al 'sistema linfatico'; ingl. lymph-, lympho-: (*med.*) *linfedema*, lymphedema; *linfogranuloma*, lymphogranuloma.

linfoadenite → **linfadenite**.

linfoadenoma → **linfadenoma**.

linfocita, **linfocito** *s.m.* (*anat.*) lymphocyte.

linfocitopenia *s.f.* (*med.*) lymphocytopenia.

linfocitosi *s.f.* (*med.*) lymphocytosis.

linfoghiandola *s.f.* (*anat.*) lymph node, lymph gland.

linfoghiandolare *agg.* (*med.*) lymphnodal.

linfogranuloma *s.m.* (*med.*) lymphogranuloma.

linfoma *s.m.* (*med.*) lymphoma*.

linfonodo *s.m.* (*anat.*) lymph node.

linfopenia *s.f.* (*med.*) lymphopenia.

linfosarcoma *s.m.* (*med.*) lymphosarcoma.

lingottiera *s.f.* (*metall.*) ingot mould.

lingotto *s.m.* **1** ingot; (*d'oro o d'argento*) bar, bullion: — *d'oro*, gold bar; *oro, argento in lingotti*, gold, silver in bullion (*o* in bars); — *sbozzato*, bloom **2** (*tip.*) clump.

lingua *s.f.* **1** tongue: *il cane aveva la — fuori*, the dog's tongue was hanging out; *tira fuori la* —, put out your tongue // *avere la — bianca*, to have a furred (*o* coated) tongue; *avere la — secca*, to have a dry mouth // — *mordace, tagliente*, sharp tongue // *mala* —, (*persona maldicente*) scandalmonger: *essere una mala* —, to be a scandalmonger (*o* a mischief-maker *o* a backbiter) // *che —!*, what a chatterbox!; *che — lunga che hai!*, don't you ever stop talking? // *avere una bella —!*, (*chiacchierare molto*) to be a chatterbox, (*sparlare*) to be a gossip (*o* a backbiter) // *avere una — velenosa*, to have a poison tongue // *non ha peli sulla* —, (*fig.*) he doesn't mince (his) words (*o* he says what he thinks) // *avere la — sciolta*, to have a glib (*o* ready) tongue // *frenare la —, tenere la — a posto*, to hold one's tongue // *mordersi la* —, (*per non parlare*) to bite one's tongue // *sciogliere la — a qlcu.*, to loosen s.o.'s tongue // *avere perduto la* —, to have lost one's tongue: *Rispondimi! Hai forse perso la —?*, Answer me! Have you lost your tongue? // *avere qlco. sulla punta della* —, to have sthg. on the tip of one's tongue // *la — batte dove il dente duole*, (*prov.*) the tongue ever turns to the aching tooth // *ferisce più la — che la spada*, (*prov.*) the pen is sharper than the sword // *taglio della* —, (*antica pena*) ellinguation // — *di bue*, ox-tongue; // (*cuc.*) — *salmistrata*, corned tongue; *lingue di gatto*, (*biscotti*) finger biscuits **2** (*linguaggio*) language, tongue: — *materna*, mother-tongue; — *morta*, dead language; — *parlata, scritta*, spoken, written language; *storia della* —, history of language; *lingue straniere*, foreign languages; — *volgare*, vulgar tongue, (*il volgare*) early Italian language; *paesi, gente di — inglese*, English-speaking countries, people; *avere il dono delle lingue*, to have a gift for languages **3** (*geogr.*) (*di terra*) tongue, neck // (*geol.*) — *di ghiacciaio*, lobe **4** (*bot.*): — *cervina*, (*Phillitis scolopendrium*) hart's tongue; — *di vipera*, — *di serpe*, (*Ophioglossum vulgare*) adder's tongue.

linguaccia *s.f.* (*persona maldicente*) slanderer: *quella donna è una* —, that woman has a slanderous tongue.

linguacciuto *agg.* chatty, talkative; (*pettegolo*) gossipy.

linguaggio *s.m.* language; (*eloquio*) speech: — *colorito*, racy speech; *il — dei sordomuti*, sign language; *il — della musica*, the language of music; — *infantile*, babyish (*o* childish) language; — *familiare*, familiar language; — *raffinato, volgare*, refined, vulgar language; — *fiorito*, flowery language; — *tecnico*, technical language; — *violento*, strong language; — *sportivo, burocratico*, the language of sport, bureaucracy; *usa un — triviale*, he uses coarse language (*o* his language is coarse); *correttezza di* —, correctness of speech; *natura, origine del* —, nature, origin of language; *anche gli animali hanno un* —, animals have a language too // *che —!*, that's no way to talk! // (*inform.*): — *assemblatore*, assembly language; — *macchina*, computer (*o* machine) language; — *di definizione di dati*, data definition language; — *di programmazione*, programming language; *sottoinsieme di un* —, language subset; — *per l'elaborazione*, problem oriented language.

linguaiolo *s.m.* (*spreg.*) linguistic pedant.

linguale *agg.* (*anat., ling.*) lingual.

linguata *s.f.* (*leccata*) lick.

linguatula *s.f.* (*zool.*) (*Linguatula serrata*) tongue worm.

linguella *s.f.* **1** (*filatelia*) (*pezzetto di carta gommata*) (stamp)hinge **2** (*nei guanti*) lateral insert.

linguetta *s.f.* **1** (*di scarpe*) tongue (of a shoe) **2** (*di strumento a fiato*) reed **3** (*mecc.*) tang, tongue, spline **4** (*di busta*) flap; (*sporgente, di schede, cartellette*) tab.

linguiforme *agg.* tongue-shaped, linguiform.

linguine *s.f.pl.* (*cuc.*) ribbon noodles.

linguista *s.m.* e *f.* linguist.

linguistica *s.f.* linguistics [U]: — *strutturale*, structural linguistics; — *generale, descrittiva*, general, descriptive linguistics.

linguistico *agg.* linguistic: *studi linguistici*, linguistic studies.

lingula *s.f.* (*anat., zool.*) lingula*.

linicoltura *s.f.* flax cultivation.

liniero *agg.* concerning the linen industry.

linificio *s.m.* (*tess.*) flax mill, linen mill.

linimento *s.m.* (*med.*) liniment.

linite *s.f.* (*med.*) linitis.

linkare *v.tr.* (*inform.*) to link.

linnea *s.f.* (*bot.*) (*Linnaea borealis*) twinflower.

linneano *agg.* (*bot.*) Linnaean.

linneite *s.f.* (*min.*) linnaeite.

lino *s.m.* **1** (*bot.*) (*Linum usitatissimum*) flax: *fibra di* —, flax; — *greggio*, raw flax; *filatura del* —, flax spinning; *olio di* —, linseed oil; *seme di* —, linseed **2** (*tela di lino*) linen: *asciugamano di* —, linen towel; *fazzoletti di* —, linen handkerchiefs; *industria del* —, linen industry; — *greggio*, (*non candeggiato*) unbleached linen.

linoleato *s.m.* (*chim.*) linoleate.

linoleico *agg.* (*chim.*) linoleic: *acido* —, linoleic acid.

linoleista *s.m.* linoleum layer.

linolenato *s.m.* (*chim.*) linolenate.

linolenico *agg.* (*chim.*) linolenic: *acido* —, linolenic acid.

linoleografia *s.f.* printing from linocuts.

linoleum® *s.m.* linoleum.

linone *s.m.* **1** (*tess.*) lawn **2** (*da cappellaio*) buckram.

linosa *s.f.* (*seme di lino*) linseed.

linotipia *s.f.* (*tip.*) linotyping.

linotipista *s.m.* e *f.* (*tip.*) linotypist, linotyper.

linotipo *s.m.* **linotype**® *s.f.* linotype®, (*fam.*) lino.

linseme *s.m.* linseed.

linteo *agg.* (*letter.*) linen (*attr.*) ◆ *s.m.* (*ant.*) (*panno di lino*) linen cloth.

liocorno *s.m.* (*zool. mit.*) unicorn.

liofilizzare *v.tr.* (*ind. alimentare*) to freeze -dry; (*ind. chim.*) to lyophilize.

liofilizzato *agg.* e *s.m.* **1** (*ind. alimentare*) freeze-dried: *caffè* —, freeze-dried coffee **2** (*ind. chim.*) lyophilized.

liofilizzazione *s.f.* (*ind. alimentare*) freeze -drying; (*ind. chim.*) lyophilizing.

liofilo *agg.* (*chim., fis.*) lyophilic.

liofobo *agg.* (*chim., fis.*) lyophobic.

lione → **leone**.

L-ioscina *s.f.* (*chim.*) scopolamine.

lip- → **lipo-**.

liparite *s.f.* (*geol.*) liparite.

lipasi *s.f.* (*biochim.*) lipase.

lipectomia *s.f.* (*med.*) lipectomy.

lipide *s.m.* (*biochim.*) lipid, lipide.

lipidico *agg.* (*biochim.*) lipidic.

lipizzano *agg.* (*zool.*) *cavallo* —, lippizaner.

lipo- *pref.* di origine greca usato nella terminologia scientifica per indicare attinenza con sostanze grasse o con tessuti adiposi; ingl. lip(o)-: *liposarcoma*, liposarcoma; *lipoproteina*, lipoprotein; *lipotimia*, lipothymia; *lipemia*, lipemia.

lipogramma *s.m.* lipogram.

lipogrammatico *agg.* lipogrammatic.

lipoide *s.m.* (*chim.*) lipoid.

lipolisi *s.f.* (*med.*) lipolysis.

lipoma *s.m.* (*med.*) lipoma*.

lipomatosi *s.f.* (*med.*) lipomatosis.

lipoproteina *s.f.* (*biochim.*) lipoprotein.

liposolubile *agg.* (*chim.*) liposoluble.

lipotimia *s.f.* (*med.*) lipothymia.

lipotropo *agg.* (*chim.*) lipotropic.

lippa *s.f.* (*gioco fanciullesco*) tip-cat.

lipsanoteca *s.f.* (*cassettina per reliquie*) reliquary, container for relics.

liquame *s.m.* sewage.

liquare, **liquarsi** → **liquefare**, **liquefarsi**.

liquazione *s.f.* (*metall.*) liquation.

liquefare *v.tr.* **1** to liquefy; (*sciogliere*) to melt: (*fis.*) — *un gas, l'aria*, to liquefy a gas, air; — *il burro*, to melt butter **2** (*fig.*) (*scialacquare*) to dissipate: — *un patrimonio*, to dissipate a fortune.

□ **liquefarsi** *v.intr.pron.* **1** to liquefy (*anche fis.*); (*sciogliersi*) to melt: *la neve si liquefa al sole*, snow melts in the sun **2** (*fig.*) (*disperdersi facilmente*) to melt (away): *i nostri risparmi si sono liquefatti*, our savings have melted away.

liquefattibile *agg.* liquefiable: *una sostanza* —, a liquefiable substance.

liquefatto *agg.* liquefied; molten; (*sciolto*) melted: *gas di petrolio* —, liquefied petroleum gas.

liquefazione *s.f.* liquefaction: (*fis.*) — *dei gas*, liquefaction of gases; — *dell'aria*, air liquefaction; *causare la — di qlco.*, to liquidize sthg.

liquerizia → **liquirizia**.

liquescente *agg.* (*chim.*) liquescent.

liquescenza *s.f.* (*chim.*) liquescence.

liquida *s.f.* (*ling.*) liquid consonant.

liquidabile *agg.* that can be settled, that can be cleared, that can be liquidated.

liquidare *v.tr.* **1** (*pagare, saldare*) to liquidate, to settle, to clear, to pay* off: — *un conto*, to settle an account; — *un assegno*, to clear a cheque; — *un debito*, to clear (*o* to pay off) a debt; — *gli arretrati*, to pay up arrears; — *la pensione*, to pay out a pension; — *un dipendente*, to pay off an employee // — *i danni*, to liquidate damages; — *una richiesta di indennizzo*, to adjust a claim // — *un fallimento*, to liquidate a bankruptcy **2** (*sciogliere*) to liquidate, to wind* up; — *una ditta, una società*, to wind up a firm, a company **3** (*vendere a prezzo inferiore*) to sell* off, to clear; (*sbarazzarsi, disfarsi*) to dispose of, to get* rid of: — *una merce a fine stagione*, to sell off (*o* to clear) goods at the end of the season; — *le scorte di magazzino*, to sell off the stocks // — *qlcu.*, to get rid of s.o.: *mi ha liquidato con un semplice "Non ho tempo"*, he got rid of me by just saying "I haven't got the time"; — *una questione*, (*risolverla*) to solve a problem, (*accantonarla*) to dismiss a problem **4** (*realizzare*) to convert into cash: (*fin.*) — *attività patrimoniali*, to convert assets into cash; (*Borsa*) — *la posizione*, to close a transaction.

liquidato *agg.* (*econ.*) liquidated; (*di conto*) settled; (*di merce*) cleared, sold off; (*di debito*) cleared, paid off: *non* —, unliquidated (*o* undischarged).

liquidatore *agg.* liquidating (*attr.*); winding -up (*attr.*): (*dir.*) *atto — di una società*, winding -up (*o* resolution) of a company; (*assicurazioni*) *perito* —, assessor (*o* adjuster) ◆ *s.m.* (*dir. comm.*) liquidator; (*assicurazioni*) adjuster; — *nominato dal tribunale*, receiver and manager; *nomina del* —, appointment of the liquidator; — *di fallimento*, official receiver; — *giudiziario*, official liquidator.

liquidazione *s.f.* **1** (*pagamento*) payment, settlement, liquidation, payoff; (*saldo*) balance: — *di un conto*, settlement (*o* balance) of an account; — *di un debito*, settlement (*o* liquidation) of a debt; — *di una pensione*, payment of a pension **2** (*cessazione di attività*) winding-up, liquidation: — *coatta di una società*, compulsory winding-up of a company; — *volontaria*, voluntary winding -up; — *giudiziaria*, winding-up by Court; *ditta in* —, firm in liquidation; *ordinanza di messa in* —, winding-up order; *andare in* —, to go into liquidation (*o* to liquidate); *la società fu messa in* —, the company wound up **3** (*indennità di fine rapporto*) severance pay, retirement bonus, gratuity; (*fam.*) golden handshake **4** (*vendita a prezzo inferiore*) clearance sale, selling off sales, selling out sales; (*amer.*) closing out: — *di fine stagione*, end-of-season sale; — *delle rimanenze*, remnant (*o* clearing up) sale; *prezzo di* —, knockdown price (*o* sale price); *articoli in* —, sale articles; *svendita di* —, winding-up sale // (*dir.*) — *forzata*, compulsory sale **5** (*Borsa*) (*scadenza di contratti a termine*) settlement: — *corrente*, current settlement; — *coattiva di Borsa*, sell out; — *periodica*, term settlement; *giorno di* —, settling day (*o* account day).

liquidità *s.f.* **1** liquidity; liquid state **2** (*econ.*) liquidity; (*capitale liquido*) liquid assets (*pl.*): *la — di una impresa*, the liquid assets of a company; — *di cassa*, cash on hand; — *primaria*, primary liquidity; — *secondaria*, secondary liquid assets (*o* second-line liquidity); *movimenti di* —, cash flow // (*banca*): — *bancaria*, bank liquidity; — *monetaria*, monetary liquidity.

liquido *agg.* **1** liquid, fluid: *colla liquida*, liquid glue // *alimenti liquidi*, liquids **2** (*ling.*) liquid **3** (*econ.*) liquid, ready, available: *denaro* —, ready money (*o* cash); *fondi liquidi*, available funds; *capitale* —, liquid assets; *riserva liquida*, liquid reserve; *credito — ed esigibile*, liquidated claim; *non* —, illiquid ◆ *s.m.* **1** liquid; fluid: — *refrigerante*, coolant; *motore raffreddato a* —, liquid cooled engine; — *antighiaccio*, anti-ice fluid // (*anat.*) — *amniotico*, amniotic fluid **2** (*econ.*) (*denaro contante*) liquid, ready money; cash: — *disponibile*, available cash (*o* money on hand); — *in banca*, (*saldo attivo*) cash at bank; — *di cassa*, cash in hand; *pagare in* —, to pay cash.

liquirizia *s.f.* (*bot.*) (*Glycyrrhiza glabra*) liquorice; (*spec. amer.*) licorice // *pasticche di* —, liquorice drops.

liquor *s.m.* (*anat.*) cerebrospinal fluid.

liquore *s.m.* **1** liqueur; *pl.* (*superalcolici*) spirits (*pl.*), liquor [U]: *commerciante di liquori*, dealer in spirits; *tassa sui liquori*, tax on spirits; *beve sempre un — e fuma un sigaro la sera dopo cena*, he always drinks a liqueur and smokes a cigar after dinner in the evenings; *il dottore gli ha proibito i liquori*, the doctor told him to give up drinking spirits; *gli piacciono i liquori*, he is fond of strong drink **2** (*sostanza liquida*) liquid, liquor.

liquoreria *s.f.* **1** (*fabbrica*) (liquor-)distillery **2** (*negozio*) off-licence, shop that sells wines and spirits.

liquoriero *agg.* liquor (*attr.*), spirits (*attr.*).

liquorino *s.m.* (*fam.*) small glass of liqueur.

liquorista *s.m.* e *f.* **1** (*chi fabbrica liquori*) distiller **2** (*chi vende liquori*) dealer in spirits.

liquoristico *agg.* liquor (*attr.*), spirits (*attr.*).

liquorizia → **liquirizia**.

liquoroso *agg.*: *vino* —, strong sweet wine.

lira[1] *s.f.* **1** (*mus.*) lyre: *suonare la* —, to play the lyre // (*astr.*) *Lira*, Lyra **2** (*fig.*) (*poesia lirica*) lyric poetry **3** (*zool.*) *uccello* —, (*Menura novaehollandiae*) lyrebird.

lira[2] *s.f.* (*moneta*) lira*: *una moneta da 500 lire*, a five-hundred-lira coin; *una banconota da mille lire*, a (one-)thousand-lira note; — *commerciale*, commercial lira; — *verde*, green lira; — *interbancaria*, interbank lira; — *sterlina*, pound sterling; — *egiziana*, Egyptian pound; — *israeliana*, shekel; — *turca*, Turkish lira; — *siriana*, Syrian pound; — *libanese*, Lebanese pound; — *libica*, dinar; *pagare in lire*, to pay in lire; *cambiare lire in dollari*, to change lire into dollars; *costa tremila lire*, it costs three thousand lire; *un gelato da duemila lire*, a two-thousand-lira icecream; *non avere una* —, not to have a penny (*amer.* a cent) // *non valere una* —, to be worthless // *una — risparmiata è una — guadagnata*, (*prov.*) a penny saved is a penny gained.

lirica *s.f.* **1** lyric poetry: *la — amorosa del Petrarca*, Petrarch's love poetry **2** (*componimento lirico*) lyric (poem): *una — giovanile di Dante*, a youthful lyric by Dante **3** (*il teatro lirico*) opera: *la — italiana*, Italian opera.

liricità *s.f.* lyricism.

liricizzare *v.tr.* to lyricize.

lirico *agg.* **1** lyric(al): *la poesia lirica del Petrarca*, Petrarch's lyric poetry (*o* lyrics); *poeta* —, lyric poet (*o* lyrist) // *fece una descrizione assai lirica del paesaggio*, she gave a very lyrical description of the landscape **2** (*mus.*) operatic: *cantante* —, opera singer; *la stagione lirica*, the opera season; *teatro* —, opera house ◆ *s.m.* lyric poet, lyrist.

liriodendro *s.m.* (*bot.*) (*Liriodendron tulipifera*) tulip tree.

lirismo *s.m.* **1** lyricism **2** (*estens.*) (*sentimentalismo*) sentimentalism.

lirista *s.m.* e *f.* (*citarista*) lyrist, lyre player.

lisca *s.f.* **1** (*di pesce*) fish bone **2** (*parte legnosa della canapa*) hards (*pl.*), hurds (*pl.*); tow **3** (*fam.*) (*pronuncia blesa*) lisp: *avere la* —, to have a lisp.

liscia *s.f.* (*strumento per lisciare il cuoio*) sleeker; (*ind. cartaria*) calender.

lisciamento *s.m.* **1** (*il lisciare*) smoothing, stroking **2** (*fig.*) (*adulazione*) flattery, flattering.

lisciare *v.tr.* **1** to smooth: *le lisciò i capelli dolcemente*, he smoothed her hair gently **2** (*fig.*) (*rifinire*) to polish up **3** (*accarezzare*) to stroke; (*di animali, leccare i piccoli*) to lick, to lick clean: — *un cane, un cavallo*, to stroke a dog, a horse; *la gatta liscia i gattini*, the cat is licking her kittens (clean) // — *il pelo a qlcu.*, (*fam.*) (*picchiare*) to beat s.o. up, (*adulare*) to butter up s.o. **4** (*fig.*) (*adulare*) to toady to: *lisciò il suo capo finché non ottenne la promozione*, he toadied to his boss until he got promotion **5** (*linguaggio sportivo*) to mishit* **6** (*levigare*) to polish; (*piallare*) to plane: — *un muro*, to finish a wall **7** (*brunire*) to burnish **8** (*ind. cartaria*) to glaze **9** (*ind. della ceramica*) to glaze **10** (*conceria*) to slick, to sleek.

□ **lisciarsi** *v.rifl.* **1** (*di animale*) to lick itself: *il cane si lisciava attentamente*, the dog licked itself carefully **2** (*di uccello, pulirsi le penne*) to preen, to plume, to prink **3** (*agghindarsi*) to smarten oneself up, to preen oneself.

lisciata *s.f.* **1** smoothing down, lick: *darsi una — ai capelli*, to smooth down one's hair **2** (*fig.*) (*adulazione*) flattery [U].

lisciato *agg.* **1** sleek, smooth **2** (*fig.*) refined, polished: *uno stile* —, a polished style // *uscì di casa tutto* —, he left home all dressed up.

lisciatoio *s.m.* (*spatola*) sleeker, (*per scarpe*) shoe stone, smoothing stick.

lisciatore *s.m.* smoother; (*lucidatore*) polisher.

lisciatrice *s.f.* (*mecc.*) polisher; (*tess.*) straightener.

lisciatura *s.f.* **1** smoothing **2** (*levigatura*) polishing; slicking, sleeking; (*con materiale abrasivo*) rubbing down, sandpapering; (*pialtatura*) planing; (*di un muro*) finishing, dressing, trowelling, striking; (*della carta*) glazing; (*del feltro*) pouncing **3** (*brunitura*) burnishing **4** (*fig.*) (*adulazione*) flattery [U].

liscio *agg.* **1** smooth; glossy, polished: *pelle liscia*, smooth skin; *capelli lisci*, sleek hair; *un velluto* —, a smooth velvet; *superficie liscia*, smooth surface; — *come il vetro*, as smooth as glass; *il mare era — come l'olio*, the sea was as smooth as glass; *la cosa non è liscia*, (*fig.*) this business isn't simple (*o* straightforward) // *passarla liscia*, to get off scot-free: *stavolta non la passerà liscia*, this time he won't get away with it // *finora fila tutto* —, so far everything is going very smoothly // (*mat.*) *curva liscia*, smooth curve // (*anat.*) *muscolo* —, smooth muscle **2** (*non elaborato*, *semplice*) plain: *abito* —, plain dress **3** (*di arma da fuoco*) smooth-bore, (*cannone a canna liscia*) smooth-bore gun **4** (*di bevanda alcolica*) neat, undiluted: *vermut* —, neat vermouth // *tè* —, tea without milk or sugar **5** (*di ballo*) ballroom (*attr.*): *ballo* —, ballroom dance ◆ *s.m.* **1** (*ballo*) ballroom dance **2** (*sport*) miss; bad shot, bad kick **3** (*carte*) low card.

liscio *avv.* smoothly: *tutto va* —, everything is going smoothly.

lisciva, **liscivia** *s.f.* lye(-wash); (*rar.*) lixivium*; (*miner.*) leach liquor; (*ind. cartaria*) liquor; (*tess.*) boiling agent.

lisciviare *v.tr.* **1** to wash in lye **2** (*chim.*) to leach, to lixiviate **3** (*geol.*, *miner.*) to leach **4** (*ind. cartaria*) to boil.

lisciviatore *s.m.* **1** (*chim.*) leacher, lixiviating tub **2** (*ind. cartaria*) boiler, kier, digester.

lisciviatura *s.f.* (*degli stracci*) boiling.

lisciviazione *s.f.* **1** (*chim.*) leaching, lixiviation, lying; (*miner.*) leaching **2** (*ind. cartaria, tess.*) boiling.

liscoso *agg.* (*di pesce*) bony, full of bones.

lisergico *agg.* (*chim.*) lysergic: *acido* —, lysergic acid; *dietilammide dell'acido* — (abbr. LSD), lysergic acid diethylamide (*abbr.* LSD).

liseuse *s.f.* (*fr.*) bed-jacket.

lisi *s.f.* (*chim.*, *med.*) lysis*.

lisimetro *s.m.* (*tecn.*) lysimeter.

lisina *s.f.* (*biochim.*) **1** (*amminoacido*) lysine **2** (*anticorpo*) lysin // *di* —, lytic.

liso *agg.* worn, threadbare.

lisoformio® *s.m.* (*chim.*) lysoform.

lisogenia *s.f.* (*biol.*) lysogeny.

lisolo *s.m.* (*chim.*) lysol.

lisosoma *s.m.* (*biol.*) lysosome.

lisozima *s.m.* (*biol.*) lysozime.

lissa *s.f.* (*med.*) lyssa, rabies, hydrophobia.

lista *s.f.* **1** strip, stripe, band: *una — di carta*, a strip of paper; *una — di legno*, a strip of wood; *una borsa fatta di liste di cuoio cucite*, a bag made of strips of leather sewn together **2** (*elenco*) list; roll; schedule; (*dei turni di servizio*) roster: — *dei passeggeri*, passenger list (*o* waybill); — *delle spese*, shopping list; — *degli invitati*, guest list; — *della lavanderia*, laundry list; — *delle vivande*, menu; *mettere in* —, to include in a list; *fare, compilare una* —, to make a list; *fa una — di ciò che devi comprare*, make a list of the things you have to buy; *il suo nome è ormai nella — nera*, (*fig.*) his name is now on the blacklist // (*pol.*): — *dei candidati*, list of candidates (*o amer.* slate *o* ticket); — *elettorale*, Electoral Register (*o* roll *o amer.* list of voters) // (*comm.*): — *delle merci*, list of goods (*o* waybill); — *dei prezzi*, price list; — *di carico*, loading list; — *di imballaggio*, packing list // (*econ.*): — *di mercato*, market schedule; — *delle esportazioni*, *delle importazioni*, export, import list // (*amm.*): — *di collocamento*, employment list; — *civile*, civil list // (*dir.*): — *dei giurati*, list of jurors (*o* jury list); *formare la — dei giurati*, to impanel the jury // (*ferr.*, *tel.*) — *di protezione*, guard strip **3** (*inform.*) list; repertory: — *di controllo di accesso*, access control list (*abbr.* ACL); — *di verifica*, checklist; — *di opzioni*, (*proposte all'operatore*) menu.

listare *v.tr.* to stripe, to line; (*bordare*) to border, to edge: — *a lutto*, to edge in black.

listato *agg.* striped; (*bordato*) edged: *il foglio era — di nero*, *a lutto*, the paper was black -edged ◆ *s.m.* (*inform.*) list.

listatura *s.f.* **1** (*il bordare di liste*) edging, bordering **2** (*elencazione*) listing.

listello *s.m.* (*arch.*) list, listel; (*di modanatura*) spline, fillet; (*di colonna*) cincture.

listino *s.m.* list: — *prezzi*, price list (*o* priced catalogue); *prezzo di* —, list price; *mettere in* —, to list; *comprare a prezzo di* —, to buy at list price // (*Borsa*): — *di Borsa*, (Stock) Exchange list (*o* share-list); — *ufficiale*, official list; — *giornaliero*, daily list; — *dei prezzi*, list; *ordine in chiusura di* —, at the close order; *ordine in apertura di* —, at the opening order; *ammettere a* —, to list.

litania *s.f.* **1** (*eccl.*) litany: *dire le litanie*, to recite the litany **2** (*noiosa sequela*) litany, string, long list: *una — di ingiurie*, a string of abuse; *mi ripeteva sempre la solita* —, he always told me the same old story.

litaniare *v.intr.* (*letter.*) to chant a litany.

litanico *agg.* (*letter.*) of a litany, like a litany.

litantrace *s.m.* (*geol.*) bituminous coal, semianthracite coal.

litargirio *s.m.* (*chim.*) litharge.

litchi *s.f.* (*bot.*) (*Litchi chinensis*) litchee, litchi.

lite *s.f.* **1** (*litigio*) quarrel, argument, row; (*rissa*) fight, brawl: *la nostra — è nata da un malinteso*, our quarrel started from a misunderstanding; *era scoppiata una — furibonda*, a furious row had broken out; *placare una* —, to settle a dispute; *attaccare — con qlcu.*, to begin a quarrel with s.o. // — *letteraria*, literary controversy **2** (*dir.*) lawsuit: — *pendente*, pending suit; *dalle nostre contestazioni è risultata una — giudiziaria*, our dispute led to a lawsuit; *intentar — contro qlcu.*, to bring a suit against s.o.; *perdere, vincere la* —, to lose, to win one's case.

litiasi *s.f.* (*med.*) lithiasis.

litico *agg.* **1** (*biol.*) lytic **2** (*chim.*) lytic **3** (*geol.*) lithic.

litigante *s.m.* **1** (*dir.*) litigant: *i litiganti*, the litigants (*o* the contending *o* the litigant parties) **2** (*persona che litiga*) quarreller, arguer; (*rissante*) brawler // *tra i due litiganti il terzo gode*, (*prov.*) the onlooker gets the best of a fight.

litigare *v.intr.* **1** (*far lite*) to quarrel, to argue, to have a row; (*rissare*) to fight*, to brawl: — *per questioni di interesse*, to quarrel over money matters; — *per una sciocchezza*, to quarrel (*o* to squabble) over a trifle **2** (*dir.*) (*non com.*) to go* to law, to litigate ◆ *v.tr.* (*non com.*) (*contendere*) to quarrel about (sthg.), to quarrel over (sthg.), to dispute: — *qlco. a qlcu.*, to dispute about (*o* over) sthg. with s.o.: *i soci si litigavano il guadagno*, the partners quarrelled about (*o* over) their earnings.

litigata *s.f.* quarrel, argument, row; (*rissa*) brawl, fight.

litighino *s.m.* (*fam.*) quarrelsome person, troublemaker.

litighìo *s.m.* quarrelling, squabbling; bickering.

litigio *s.m.* quarrel, dispute, altercation, row: *venire a* —, to quarrel.

litigiosità *s.f.* **1** quarrelsomeness, contentiousness **2** (*dir.*) litigiousness.

litigioso *agg.* quarrelsome, contentious, litigious: (*dir.*) *credito* —, contested (*o* litigious) credit.

litigone *s.m.* (*fam.*) quarrelsome person, troublemaker.

litio *s.m.* (*chim.*) lithium; *ossido di* —, lithia.

litioforite *s.f.* (*min.*) lithiophorite.

litioso *agg.* (*chim.*) *acqua litiosa*, lithia water.

litisconsorte *s.m.* (*dir.*) coparty (to a lawsuit), party to a multiple parties lawsuit; (*l'attore*) coplaintiff; (*il convenuto*) codefendant.

litisconsorzio *s.m.* (*dir.*) joinder of causes of action: — *facoltativo*, permissive joinder; *parti di un* —, necessary parties.

litispendenza *s.f.* (*dir.*) pendency.

lito *s.m.* (*letter.*) shore.

litoclasi *s.f.* (*geol.*) lithoclase.

litodomo *s.m.* (*zool.*) (*Lithodomus lithophagus*) date mussel.

litofaga *s.f.* (*zool.*) (*Lithophaga lithophaga*) stone-borer, stone-eater.

litofago *agg.* (*zool.*) litophagous: *mollusco* —, stone-eater (*o* stone-borer).

litofania *s.f.* (*decorazione su vetro ecc.*) lithography; (*prodotto*) lithophane.

litofilo *agg.* e *s.m.* (*ecol.*): (*organismo*) —, lithophile.

litofita *s.f.* (*bot.*) lithophyte.

litofotografia *s.f.* (*fot.*) photolithography.

litogenesi *s.f.* (*geol.*) lithogenesis.

litografare *v.tr.* to lithograph.

litografia *s.f.* **1** lithography **2** (*ciò che è stato riprodotto con litografia*) lithograph, lithographic print, lithoprint **3** (*officina litografica*) lithographic printing works (*pl.*).

litografico *agg.* lithographic // (*geol.*) *pietra litografica*, *calcare* —, lithographic limestone.

litografo *s.m.* lithographer.

litoide *agg.* (*geol.*) lithoid.

litoincisione *s.f.* (*tip.*) lithogravure.

litolatra *agg.* stone-worshipping ◆ *s.m.* e *f.* stone worshipper.

litolatria *s.f.* (*relig.*) litholatry, stone worship.

litologia *s.f.* (*geol.*) lithology.

litologico *agg.* (*geol.*) lithologic(al).

litologo *s.m.* lithologist.

litomarga *s.f.* (*geol.*) lithomarge.

litopedio *s.m.* (*med.*) lithopedion.

litopone *s.m.* (*chim.*) lithopone.

litorale *agg.* coastal, littoral, coast (*attr.*): *cordone* —, sandbar ◆ *s.m.* coastline, littoral: *il — adriatico*, the shores of the Adriatic Sea (*o* the Adriatic coast).

litoranea *s.f.* (*strada*) coast road; (*ferrovia*) coastal railway.

litoraneo *agg.* coastal, litoral, coast (*attr.*), shore (*attr.*): *vegetazione litoranea*, coastal vegetation.

litosfera *s.f.* (*geol.*) lithosphere.

litostratigrafia *s.f.* (*geol.*) lithostratigraphy.

litostroto *s.m.* (*mosaico pavimentale*) tessellated pavement.

litote *s.f.* (*ret.*) litotes.

litoteca *s.f.* collection of minerals.

litotomia *s.f.* (*med.*) lithotomy.

litotri(p)sia *s.f.* (*med.*) lithotripsy, lithotrity.

litotritore *s.m.* (*med.*) lithotriptor, lithotrite.

litro *s.m.* litre; (*amer.*) liter.

littera e *deriv.* → **lettera** e *deriv.*

littorale → **litorale**.

littoraneo e *deriv.* → **litoraneo** e *deriv.*

littore *s.m.* (*st. romana*) lictor.

littorina[1] *s.f.* (*ferr.*) (*antiq.*) Diesel rail-car.

littorina[2] *s.f.* (*zool.*) (*Littorina littorea*) periwinkle, winkle.

littorio *agg.* **1** (*st. romana*) of the lictor: *i fasci littori*, (lictorian) fasces **2** (*estens.*) Fascist ◆ *s.m.* **1** (*emblema*) fasces (*pl.*) **2** (*estens.*) (*Fascismo*) Fascism // *gioventù del* —, Fascist youth movement.

lituano *agg.* e *s.m.* Lithuanian.

liturgia *s.f.* **1** liturgy, ritual, rite: *la — cristiana*, the Christian liturgy; *la — dei defunti*, the rites for the dead **2** (*estens.*) ritual, ceremony: *la — degli esami*, the ritual of exams.

liturgico *agg.* liturgic(al): *indumenti liturgici*, liturgical vestments; *musica liturgica*, church music; *anno* —, liturgical year.

liturgista *s.m.* e *f.* liturgist.

liù *s.m.* (*zool.*) kinglet.

liutaio *s.m.* lute-maker; maker of stringed instruments.

liuteria *s.f.* **1** (*il costruire strumenti a corda*) art of making stringed instruments; (*liuti*) art of making lutes **2** (*bottega*) workshop of a maker of stringed instruments; (*di liuti*) workshop of a maker of lutes.

liutista *s.m.* e *f.* lute-player, lutist.

liuto *s.m.* lute: *corda del* —, lute string.

livella *s.f.* level: *— a bolla d'aria*, spirit-level; *— a cannocchiale*, surveyor's (*o* dumpy-)level; *— ad acqua*, waterlevel; *— da ferrovia*, railroad track-level.

livellamento *s.m.* **1** levelling, flattening out, smoothing out: *il — del suolo*, the levelling (out) of the ground **2** (*fig.*) equalization, levelling: *— dei prezzi*, levelling of prices; *— dei salari*, equalization of wages // (*fin.*) *— del cambio*, exchange-rate adjustment.

livellare[1] *v.tr.* **1** to level, to make* level, to smooth: *— una strada*, to level a road **2** (*fig.*) (*uguagliare*) to level, to level out, to level off, to equalize: *la morte livella tutti*, death is the great leveller; *— le retribuzioni*, to level out wages (*o* salaries); *— i prezzi*, to level off prices; *— i redditi*, to equalize income // (*trib.*) *— l'onere fiscale*, to equalize the tax burden **3** (*topografia*) to level.

□ **livellarsi** *v.intr.pron.* **1** to become* level **2** (*uguagliare, uguagliarsi*) to level out, to level off, to even out: *i prezzi si sono livellati*, prices have evened out.

livellare[2] *v.tr.* (*dir.*) to lease by emphyteusis, to grant a lease (perpetual or for a long time).

livellare[3] *agg.* (*dir.*) emphyteutical: *canone* —, emphyteutical rent.

livellare[4] *agg.* (*non com.*) (*di livello*) level (*attr.*).

livellario *agg.* (*dir.*) *contratto* —, lease ◆ *s.m.* (*dir.*) leaseholder.

livellatore *agg.* levelling: (*elettr.*) *circuito* —, smearer ◆ *s.m.* **1** leveller **2** (*elettr.*) equalizer **3** (*costr. stradali*) grader.

livellatrice *s.f.* (*edil., costr. stradali*) bulldozer, (road) grader, planer, scraper.

livellazione *s.f.* levelling; (*amer.*) leveling: *— geodetica*, geodetic levelling; *rete di* —, levelling net.

livelletta *s.f.* (*di strada*) steady gradient.

livelletto *s.m.* (*topografia*) level.

livello[1] *s.m.* **1** level: *— dell'acqua*, water level; *differenze di* —, differences in level; *il terrazzo è al — della strada*, the terrace is at street (*o* ground) level; *l'interruttore è allo stesso — dell'allarme*, the switch is at level with (*o* on the same level as) the alarm; *a, sopra il, sotto il — del mare*, at, above, below sea level; *— (medio) del mare*, mean sea level; *le altezze delle montagne si calcolano sul — del mare*, the height of mountains is calculated from sea level // *— di sicurezza*, safety level; *— di guardia*, danger level (*o* point); (*di fiume o bacino d'acqua*) safety highwater mark // (*econ.*): *— dei prezzi*, price level; *— massimo dei prezzi*, price ceiling; *— minimo dei prezzi*, price floor; *— retributivo*, salary level; *— salariale*, wage level; *— occupazionale*, employment level // (*amm.*): *— dell'organico*, manning level; *— dirigenziale*, management (*o* top) level // (*Borsa*) *— normale*, par // (*comm.*) *— delle scorte*, stock level // (*cartografia*) *curva di* —, contour line (*o* isohypse) // (*fis.*) *— costante*, dead level **2** (*fig.*) (*grado, condizione*) level, standard, degree: *— di vita*, standard of living (*o* living standard); *appartengono a due livelli sociali diversi*, they belong to two different social levels (*o* ranks); *un alto — sociale*, a high social level; *riunione ad alto* —, high-level meeting; *il — di istruzione di uno studente*, the educational level of a student // *scendere al — di qlcu.*, to come down to s.o.'s level; *la tua preparazione non è al mio* —, your preparation is not on the same level as mine; *non siamo a quei livelli*, (*così bassi*) we haven't sunk so low, (*così alti*) we aren't on such a high level; *la soluzione va presa a — di tecnici*, the solution is the responsibility of the technicians // *a — scientifico ci sono ancora molti problemi*, from a scientific point of view there are still many problems; *è un marchio noto a — nazionale*, on a national scale it's a well-known brand; *è un lavoro interessante, ma a — economico non soddisfa*, it's an interesting job, but economically speaking it's not satisfactory **3** (*ferr.*) *passaggio a* —, level crossing: *passaggio a — incustodito*, unguarded level crossing **4** (*strumento*) level: (*topografia*) *— a cannocchiale*, dumpy-level (*o* surveyor's level); (*fis. nucleare*) *— elettronico*, shell **5** (*inform.*) (*di software*) swatch **6** (*geol.*) (*piano geologico*) horizon.

livello[2] *s.m.* (*dir.*) emphyteusis*, perpetual lease.

lividastro *agg.* (*non com.*) livid, ashy, ashen, bluish.

lividezza *s.f.* lividness, leaden colour, ghastly pallor.

lividiccio *agg.* livid, ashen, bluish.

livido *agg.* **1** (*bluastro*) livid, bluish, black and blue: *mani livide di freddo*, hands blue with cold; *faccia livida*, wan face **2** (*plumbeo*) leaden, grey, wan: *cielo* —, leaden sky **3** (*fig.*) livid, deathly pale, wan: *era — di collera*, he was livid with rage; *era — di invidia*, he was green with envy // *sguardo* —, a look full of hatred (*o* a black look *o* a spiteful look) ◆ *s.m.* bruise: *era coperto di lividi*, he was covered with bruises; *farsi un — su un ginocchio*, to bruise one's knee.

lividore *s.m.* **1** (*macchia livida*) bruise, weal **2** (*aspetto livido*) lividness, leaden colour, ghastly pallor, bluishness: *il — del suo viso*, the ghastly pallor of his face.

lividume *s.m.* (*non com.*) bruising.

lividura *s.f.* (*livido*) bruise.

livore *s.m.* (*invidia*) envy; (*odio*) hatred; (*astio*) spite, malice.

livornese *agg.* of Leghorn, from Leghorn ◆ *s.m.* e *f.* native of Leghorn; inhabitant of Leghorn.

livoroso *agg.* (*invidioso*) envious; (*rancoroso*) bitterly resentful.

livrea *s.f.* **1** livery: *tutti i servi erano in* —, all the footmen were in livery // *portar la* —, (*fig.*) to be servile: *io non porto* —, I am my own master **2** (*di uccelli*) plumage: *— estiva*, summer plumage; *uccello in — invernale*, bird in eclipse; *avere perso la — nuziale*, to be in eclipse; *la cupa — del corvo*, the sombre plumage of the crow.

livreato *agg.* (*rar.*) liveried, in livery: *servitori livreati*, liveried footmen (*o* footmen in livery).

lizza *s.f.* lists (*pl.*): *entrare in* —, to enter the lists; *essere in* —, to be competing.

llano *s.m.* (*geogr.*) llano*.

lo[1] *art.det.m.sing.* (*usato in luogo di* il *davanti a vocaboli che iniziano per vocale*, s *impura*, gn, ps, x, z) the: *— stato*, the state; *— pseudonimo*, the pseudonym; *l'anno scolastico*, the school year; *— stadio di Wembley*, Wembley stadium; *l'aspetto esterno dell'edificio*, the outside of the building; *— stretto necessario*, the essentials; *— spettacolo è stato interessante*, the show was interesting; *l'appartamento era troppo piccolo*, the flat was too small; *andiamo allo zoo?*, shall we go to the zoo? // *per — più*, mostly (*o* usually) // *per — meno*, at least • Per l'uso in ingl. e per ulteriori esempi → il[1].

lo[2] *pron.pers.m.* 3ª *pers.sing.* **1** (*compl. ogg.*) him (*riferito a persona o animale maschio*); it (*riferito a cosa o animale di sesso non specificato*): *"Chi è quell'uomo?" "Non — conosco"*, "Who's that man?" "I don't know him"; *ha telefonato Gianni, ha detto di richiamarlo*, Jack phoned. He wants you to call him back; *mandatelo a chiamare, devo parlargli subito*, send for him. I want to speak to him at once; *che bel gattino! L'hai comprato o te l'hanno regalato?*, what a pretty kitten! Did you buy it or was it a present?; *è un bellissimo film, l'ho visto due volte*, it's an excellent film. I've seen it twice **2** (*compl. ogg., con valore neutro*) (*questo, ciò*) it, that (*spesso in ingl. non si traduce*): *dillo anche a me*, tell me too; *non — fare*, don't do it; *— credo anch'io*, I think so too; *— sapevo da un pezzo*, I'd known for some time; *— dicono tutti*, everyone says so; *— si sa*, everyone knows; *"Sono arrivati ieri" "Lo so"*, "They arrived yesterday" "I know"; *l'ho offeso senza volerlo*, I offended him without meaning to; (—) *immaginavo che si sarebbe pentito*, I guessed he'd regret it **3** (*con uso predicativo, nel significato di* tale): *diceva di essere suo figlio, ma non — era*, he said he was his son, but he wasn't; *sembra un tipo scostante, ma non — è affatto*, he looks unsociable, but he isn't really.

lob *s.m.* (*tennis*) lob.

lobare *agg.* (*scient.*) lobar.

lobato *agg.* **1** lobed (*anche zool.*) **2** (*bot.*) lobed, lobate, cut; (*di corolle*) ringent.

lobbia *s.f.* homburg (hat).

lobbismo *s.m.* lobbying.

lobby *s.f.* lobby (*in tutte le accezioni*): *esponente di una —*, lobbyist.

lobectomia *s.f.* (*med.*) lobectomy.

lobelia *s.f.* (*bot.*) lobelia // *— a fior di cardinale*, (*Lobelia cardinalis*) cardinal-flower.

lobelina *s.f.* (*chim.*) lobeline.

lobo *s.m.* (*anat., zool.*) lobe; (*bot.*) lobe, lip, lamina*: *un — del fegato*, a lobe of liver; *— dell'orecchio*, earlobe; (*di animali*) lappet; *il — di una foglia*, the lobe of a leaf; (*bot., zool.*) *formazione di lobi*, lobation.

lobotomia *s.f.* (*med.*) lobotomy.

lobotomizzare *v.tr.* (*med.*) to lobotomize.

lobulare *agg.* (*scient.*) lobular.

lobulato *agg.* (*scient.*) lobulate.

lobulo *s.m.* (*anat., bot., zool.*) lobule.

locale[1] *agg.* local: *dialetto —*, local dialect; *artigianato —*, local handicraft; *cucina —*, local cuisine; *colore —*, local colour; *ora —*, local time; *ente —*, local administration; *autorità locali*, local authorities; *imposte locali*, rates (*o* local taxes); *stampa —*, local press // (*med.*) *anestesia —*, local anaesthetic // (*dir.*) *corti locali*, local courts // (*mat.*) *sistema di coordinate locali*, local coordinate system // (*inform.*) *rete — di computer*, local area network (LAN) ◆ *s.m.* **1** (*spec. pl.*) (*indigeno*) locals (*pl.*) **2** (*treno*) local (train).

locale[2] *s.m.* room; premises (*pl.*): *la mia casa ha quattro locali*, my house has four rooms; *questa scuola non ha locali a sufficienza*, this school has not enough classrooms; *— sfitto*, vacant premises; *cambiamento di locali*, change of premises; *cambiamento nella disposizione dei locali*, alterations to premises; *— adibito a negozio*, shop premises; *locali adibiti a uffici*, office (*o* business) premises; *— per magazzinaggio*, storeroom; *locali della banca*, bank premises // *— notturno*, nightspot (*o* nightclub); *è un bel — dove si mangia bene*, it's a nice restaurant where you can have a good meal; *è un — alla moda dove si può sentire della buona musica*, it's a fashionable place (*o* spot) where you can listen to good music // *— caldaie*, boiler room, (*mar.*) stokehold; *— dell'equipaggio*, mess-deck (*o* crew's quarters); *— macchine*, engine room.

localismo *s.m.* sectionalism.

località *s.f.* resort: *una famosa — turistica*, a famous tourist resort; *una — di montagna*, a mountain resort; *— balneare*, seaside resort.

localizzabile *agg.* locatable.

localizzare *v.tr.* **1** to locate, to spot: *— un dolore*, to locate the source of a pain; *— un aereo con il radar*, to locate (*o* to spot) a plane with radar **2** (*circoscrivere*) to localize, to confine: *— un incendio*, to localize (*o* to confine) a fire; *— un'infezione*, to localize an infection. □ **localizzarsi** *v.intr.pron.* to become* localized: *l'infezione si era localizzata alla faringe*, the infection had localized in the pharynx.

localizzato *agg.* **1** located **2** (*circoscritto*) localized.

localizzatore *s.m.* detector, finder, localizer, locator; *— ultrasonoro*, sonar; *— radioelettrico*, radar (*o* direction finder) ◆ *agg.* localizing, locating.

localizzazione *s.f.* **1** location, locating; (*individuazione*) spotting: *la — del nemico*, the location of the enemy; *— degli impianti*, plant location; *— di un bersaglio*, location (*o* spotting) of a target // (*inform.*) *— di errore*, fault isolation **2** (*limitazione*) localization, localizing **3** (*med.*) (cerebral) localization.

localmente *avv.* locally.

locanda *s.f.* inn.

locandiera *s.f.* **locandiere** *s.m.* innkeeper.

locandina *s.f.* (*manifesto teatrale*) playbill: *appendere le locandine per uno spettacolo*, to put up the playbills (*o* the posters) for a show.

locare *v.tr.* (*dir.*) **1** (*prendere in locazione*) to rent **2** (*dare in locazione*) to let*, to rent (out), to lease (out): *— una casa*, to let a house.

locatario *s.m.* (*dir.*) lessee, leaseholder; (*inquilino, affittuario*) tenant, lodger, renter: *il — di un appartamento*, the renter of a flat; *— a vita*, tenant for life; *— a tempo indeterminato*, tenant at will.

locativo[1] *agg.* (*dir.*) rental, rent (*attr.*), lease (*attr.*): *valore —*, rental value; *tassa sul valore —*, property tax (*o* house rate).

locativo[2] *agg.* (*gramm.*) locative: *genitivo —*, locative genitive.

locatizio *agg.* (*dir.*) relating to a lease; lease (*attr.*): *contratto —*, lease.

locatore *s.m.* **locatrice** *s.f.* (*dir.*) lessor.

locatorio *agg.* (*dir.*) **1** (*relativo alla locazione*) rental **2** (*relativo al locatore*) of the landlord, of the lessor.

locazione *s.f.* **1** (*dir.*) lease, location **2** (*affitto*) tenancy, hire: *casa in —*, house on a lease; *contratto di —*, lease (*o* leasing); *durata della —*, duration of the lease; *— a lungo termine*, long-term lease; *— a vita*, tenancy for life (*o* life tenancy); *— di abitazione*, house lease; *— di suolo*, ground lease; *— edilizia*, building lease; *— di impianti*, plant hire; *dare in — una casa*, to let a house; *rinnovare una —*, to renew a lease (*o* tenancy); *— rinnovata tacitamente*, tenancy at sufferance // *— con diritto di riscatto da parte del conduttore*, hire-purchase agreement // (*fin.*): *— finanziaria*, leasing (*o* finance lease *o* leasing agreement *o* leasing arrangement); *— operativa*, operating lease **3** (*inform.*) location.

locco *agg.* (*ant., region.*) silly; stupid.

lochi *s.m.pl.* (*med.*) lochia.

lochiazione *s.f.* (*med.*) lochial discharge.

loco *s.m.* (*letter.*) place: *— natio*, native place.

locomobile *s.f.* (*mecc.*) portable steam engine.

locomotiva *s.f.* locomotive, engine: *— articolata*, articulated locomotive; *— a vapore*, steam locomotive, steam engine; *— con serbatoio*, tank locomotive, tank engine; *— con tender*, locomotive with tender; *— elettrica*, electric locomotive // *sbuffare come una —*, (*scherz.*) to puff like a steam engine // *la — del progresso*, (*fig.*) the engine (*o* driving force) of progress.

locomotore *agg.* locomotor, locomotive: (*anat.*) *apparato —*, locomotor apparatus.

locomotore *s.m.* (*ferr.*) locomotive: *— con motore Diesel*, Diesel locomotive; *— 'Decauville'*, dolly; *— Diesel elettrico*, Diesel-electric locomotive.

locomotorio *agg.* locomotor, locomotive: (*med.*) *atassia locomotoria*, locomotor ataxy; (*anat.*) *sistema —*, locomotor system.

locomotorista *s.m.* engine driver, locomotive driver.

locomotrice *s.f.* → **locomotore**.

locomozione *s.f.* locomotion: *mezzo di —*, means of transport; vehicle.

loculo *s.m.* **1** loculus*, niche (for urn) **2** (*scient.*) loculus*.

locupletare *v.tr.* (*letter., rar.*) to enrich.

locupletazione *s.f.* (*letter.*) (*arricchimento*) enrichment // (*dir.*) *— ingiusta*, unjust (*o* unjustified) enrichment.

locus *s.m.* (*biol.*) (*di gene*) locus*.

locusta *s.f.* **1** (*zool.*) locust **2** (*fig. letter.*) (*persona avida*) greedy person; (*persona molesta e dannosa*) pest.

locutore *s.m.* (*letter.*) speaker (*anche ling.*).

locuzione *s.f.* (*ling.*) locution; expression, phrase; (*frase idiomatica*) idiom, idiomatic expression: (*gramm.*) *— avverbiale*, adverbial phrase.

lodabile *agg.* laudable, commendable, praiseworthy: *un'azione —*, a laudable (*o* commendable) act.

lodabilità *s.f.* (*rar.*) laudability, praiseworthiness.

lodare *v.tr.* **1** to praise; to commend: *la lodai per la sua modestia*, I praised her for her modesty; *— il coraggio di qlcu.*, to praise s.o.'s courage; *il suo coraggio fu molto lodato*, he was highly commended for his bravery; *— un lavoro ben fatto*, to praise a job well done **2** (*glorificare*) to praise, to extol, to glorify, to laud: *— Dio*, to praise God // *Dio sia lodato!*, praise be (to God)!; (*finalmente!*) thank God! // *sia lodato il cielo!*, thank heavens! // *"Sia lodato Gesù Cristo!" "Sempre sia lodato!"*, "May the Lord be praised!" "May the Lord always be praised!". □ **lodarsi** *v.rifl.* to boast, to brag, to praise oneself: *non sa parlare di sé senza —*, he can't talk about himself without boasting // *chi si loda s'imbroda*, (*prov.*) self-praise is no recommendation ◆ *v.intr.pron.* (*letter.*) (*dichiararsi soddisfatto*) to be pleased (with sthg.).

lodativo *agg.* (*letter.*) laudative, laudatory, eulogistic.

lodato *agg.* praised; commended: *una squadra troppo lodata*, an overpraised team.

lodatore *s.m.* **lodatrice** *s.f.* praiser; (*adulatore*) adulator.

lode *s.f.* **1** praise [U]; commendation [U]: *lodi sincere, immeritate*, sincere, undeserved praise; *il comportamento del Presidente fu oggetto di ampia* —, the President's behaviour was highly commended (*o* widely praised); *merita una* —, he deserves praise; *riscosse le lodi di tutti*, he was praised by everyone; *il suo eroismo è degno di* —, his heroism is praiseworthy; *vi fu un coro di lodi*, there was a chorus of praise; *uno spettacolo perfetto, superiore a ogni* —, a perfect performance, beyond all praise // *senza infamia e senza* —, without praise or blame **2** (*glorificazione*) praise, laud: — *a Dio!*, God be praised!; *dar, rendere — a Dio*, to praise God; *scrisse un sonetto in — del principe*, he wrote a sonnet in praise of the prince // *cantare, celebrare le lodi di qlcu.*, to sing s.o.'s praises; *cantare le proprie lodi*, to blow one's own trumpet (*o* to sing one's own praises); *tessere le lodi di qlcu.*, to be loud in (*o* to sing) s.o.'s praises **3** (*merito*) merit, credit, praise: *tornare a — di qlcu.*, to be to s.o.'s credit (*o* to do s.o. credit); *enumerare le lodi di qlcu.*, to enumerate s.o.'s merits **4** (*università, scuola*) honours (*pl.*): *laurearsi con* —, to graduate with honours; *ho preso 30 e — nell'esame di letteratura italiana*, I got full marks in the Italian literature exam; *si è laureato con 110 e* —, he got a first(-class degree); *10 e* —, ten out of ten // *bene, bravo, dieci e —!*, (*fig.*) good, well done, ten out of ten!

loden *s.m.* (*tessuto*) loden (cloth); (*cappotto*) loden overcoat.

lodevole *agg.* praiseworthy, laudable; commendable.

lodigiano *agg.* of Lodi, Lodi (*attr.*) ◆ *s.m.* **1** inhabitant of Lodi; person from Lodi **2** (*formaggio*) type of cheese from Lodi.

lodo *s.m.* (*dir.*) arbitration.

lodola *s.f.* (*zool.*) → **allodola**.

lodolaio *s.m.* (*zool.*) (*Falco subbuteo*) hobby.

loess *s.m.* (*geol.*) loess.

loffio *agg.* (*region.*) **1** (*floscio*) flabby **2** (*fiacco, inconcludente*) weak, feeble, insipid: *uno spettacolo* —, a feeble show; *un personaggio* —, an insipid (*o* a feeble) character.

lofina *s.f.* (*chim.*) lophine.

lofio *s.m.* (*zool.*) (*Lophius piscatorius*) angler (fish).

lofoforo *s.m.* (*zool.*) lophophore.

lofotrico *agg.* (*biol.*) lophotrichous.

logaedico *agg.* (*metrica*) logaoedic.

logaedo *s.m.* (*metrica*) logaoedic verse.

logaritmico *agg.* (*mat.*) logarithmic // (*fis.*) *decremento* —, logarithmic decrement.

logaritmo *s.m.* (*mat.*) logarithm: — *decimale, comune, di Briggs*, common logarithm; — *naturale, di Nepero*, natural logarithm; — *di addizione, di sottrazione*, addition, subtraction logarithm; *il — in base dieci di 100 è 2*, the common logarithm of 100 is 2.

loggia *s.f.* **1** (*arch.*) loggia*; (*con vetri*) verandah; (*balcone*) balcony **2** (*circolo massonico*) (Masonic) lodge **3** (*bot.*) loculus*, anther cell **4** (*anat.*) — *renale*, kidney area.

loggiato *s.m.* (*arch.*) open gallery, arcade.

loggione *s.m.* (*teatr.*) gallery; (*fam.*) the gods (*pl.*).

loggionista *s.m.* e *f.* member of the gallery, frequenter of the gallery.

logica *s.f.* **1** (*fil.*) logic: *la — aristotelica*, Aristotelian logic **2** (*rigore, coerenza*) logic; (*modo di ragionare*) reasoning: *un discorso pieno di* —, a speech full of logic; *un discorso privo di* —, an illogical speech; *discute con grande* —, he argues with great logic; *una — sottile*, subtle logic (*o* reasoning); *un errore di* —, an error of logic (*o* mistaken logic); *secondo la tua* —, by your logic // *a rigor, a fil di* —, logically (speaking); *procedere a fil di* —, to proceed logically // *la — dei fatti*, the logic of events; *in base alla — dei fatti, si è dimostrata la colpevolezza del guidatore*, the logic of events showed the driver to be guilty **3** (*inform.*): — *di macchina*, logic; — *dei circuiti discreti*, random logic.

logicamente *avv.* **1** logically: *ragionare* —, to reason logically **2** (*naturalmente*) obviously, naturally: *l'hanno licenziato e — cerca un altro lavoro*, they sacked him and obviously he's looking for another job; *l'hai insultato e, —, se l'è presa*, you insulted him and naturally he was offended.

logicismo *s.m.* (*fil.*) logicism.

logicista *s.m.* e *f.* (*fil.*) logicist ◆ *agg.* (*fil.*) of logicism: *scuola* —, school of logicism.

logicistico *agg.* (*fil.*) logicism (*attr.*), of logicism, relating to logicism.

logicità *s.f.* logicality, logicalness, logical character.

logico *agg.* logical; natural: *conclusione, conseguenza logica*, logical conclusion, consequence; *ordine* —, logical order // *è — che...*, it is logical that...; *è — che tu ti senta stanco*, it is only natural that you should feel tired // *siamo logici!*, let's be logical! // (*fil.*) *principi logici*, principles of logic // (*inform.*): *errore* —, logical error; *istruzione logica*, logical instruction ◆ *s.m.* logician: *è un — eccellente*, he is an excellent logician.

logistica *s.f.* **1** (*mat.*) logistic **2** (*mil.*) logistics [U] **3** (*estens.*) logistics (*pl.*): *si sta studiando una nuova — dei trasporti*, new logistics of transport are being studied.

logistico *agg.* logistic(al) // (*mil.*) *servizi logistici*, logistics.

loglio *s.m.* (*bot.*) (*Lolium multiflorum*) rye -grass: — *comune*, (*Lolium temulentum*) darnel (*o* chess *o* cockle) // *distinguere il grano dal* —, (*Bibbia*) to separate the tares from the wheat.

lognormale *agg.* e *s.f.* (*stat.*) lognormal: *curva* —, lognormal curve; *distribuzione* —, lognormal distribution.

logo[1] → **logos**.

logo[2] → **logotipo** 2.

logografia *s.f.* (*lett. greca*) logography.

logografico *agg.* logographic(al).

logografo *s.m.* (*lett. greca*) logographer.

logogramma *s.m.* logogram.

logogrifo *s.m.* logogriph.

logomachia *s.f.* (*letter.*) logomachy.

logopatia *s.f.* (*med.*) logopathia.

logopatico *agg.* (*med.*) logopathic.

logopedia *s.f.* (*med.*) logopedia.

logopedista → **logoterapista**.

logoplegia *s.f.* (*med.*) logoplegia.

logorabile *agg.* that can be worn out; subject to wear; that can deteriorate.

logorabilità *s.f.* liability to wear; liability to deterioration.

logoramento *s.m.* **1** wear, wearing out, wear and tear: *il — di una macchina*, the wear and tear on a machine **2** (*fig.*) deterioration; wasting away; wearing down: — *della salute*, deterioration of (*o* in) one's health // *combattere una guerra di* —, to wage a war of attrition.

logorante *agg.* wearing, exhausting, trying, nerve-racking: *un'attesa* —, a nerve-racking wait; *una giornata* —, an exhausting (*o* a trying) day // *una guerra* —, an exhausting war.

logorare *v.tr.* **1** to wear* (out), to wear* (down): *ho logorato i tacchi di queste scarpe*, I have worn down the heels of these shoes; *ho logorato la giacca sui gomiti*, I've worn out my jacket at the elbows; *le pietre furono logorate dal flusso continuo dell'acqua*, the stones were worn by the constant flow of the water **2** (*fig.*) to wear* (out), to use up, to consume; to waste (away); to ruin: — *le proprie energie*, to use up one's energy; *aveva logorato tutte le sue forze*, he had used up all his strength; *logorarsi la salute*, to ruin one's health; *il bere continuo gli ha logorato la salute*, his drinking habits told on (*o* affected) his health; *logorarsi la vista sui libri*, to ruin one's sight reading; *quel duro lavoro lo logorò*, that hard work wore him out; *la lunga malattia lo ha completamente logorato*, the long illness wasted him away; *la guerriglia ha logorato la resistenza delle truppe*, the guerrilla warfare wore down the troops' resistance; *continue preoccupazioni gli logorarono il cuore*, constant worry affected his heart; *era logorata dall'ansia*, she was worn out with anxiety; *con tutte le tue domande mi logori i nervi!*, you're getting on my nerves with all your questions!

□ **logorarsi** *v.intr.pron.* to wear* (out), to wear* (down): *i tacchi di queste scarpe si sono già logorati*, the heels of these shoes are already worn (down); *i gomiti delle giacche si logorano facilmente*, jackets wear out easily at the elbows // *gli slogan si logorano prestissimo*, (*fig.*) slogans soon lose their force // *la bellezza si logora col tempo*, (*fig.*) beauty fades with time ◆ *v.rifl.* (*fig.*) to wear* (oneself) out: *si sta logorando inutilmente*, he is wearing himself out uselessly; — *con il lavoro*, to wear oneself out with work.

logorato *agg.* **1** worn(-out), worn(-down): *un cappotto — dall'uso*, a worn(-out) coat; *tacchi logorati*, worn-down heels **2** (*fig.*) worn(-out); wasted (away); used up: — *dall'ansia*, worn(-out) with anxiety; — *dalla malattia*, wasted away by illness; *ho i nervi logorati dall'attesa*, my nerves are on edge from waiting.

logorìo *s.m.* wearing out; wear and tear (*anche fig.*): *il — delle macchine*, the wearing out of machinery; *il — della vita moderna*, (*fig.*) the stress and strain of modern life // (*econ.*) — *fisico*, (*deprezzamento di macchinari*) physical depreciation // (*fin.*) — *di monete*, abrasion of coins.

logoro[1] *agg.* **1** worn(-out), worn(-down): *scarpe logore*, worn-out shoes; *tacchi logori*, worn-down heels; *un abito coi gomiti logori*, a dress worn-out (*o* threadbare) at the elbows; *il mendicante indossava il suo solito abito* —, the beggar wore his usual threadbare suit // *esser — dalle fatiche*, to be worn-out after hard work **2** (*fig.*) worn(-out), wasted (away): *idee, parole logore*, trite (*o* outworn) ideas, words; *frasi logore*, hackneyed phrases.

logoro[2] *s.m.* (*non com.*) **1** → logoramento **2** (*sciupio*) wasting.

logoro[3] *s.m.* (*richiamo per la caccia*) lure.

logorrea *s.f.* logorrhea.

logorroico *agg.* logorrheic.

logos *s.m.* (*fil.*) logos.

logoterapeuta *s.m.* e *f.* speech therapist, speech pathologist.

logoterapia *s.f.* (*psic.*) speech therapy.

logoterapista *s.m.* e *f.* speech therapist, speech pathologist.

logotipo *s.m.* **1** (*tip.*) logotype; (*di giornale*) signature (*abbr.* sig.) **2** (*pubblicità*) logotype, logo.

lolismo *s.m.* (*med.*) lolism.

lolita *s.f.* lolita, nymphet.

lolla *s.f.* husk; chaff; tailings (*pl.*): *separare il grano dalla —*, to separate the wheat from the chaff.

lombaggine *s.f.* (*med.*) lumbago*.

lombalgia *s.f.* (*med.*) lumbago*.

lombardesco *agg.* (*di stile*) Lombardesque.

lombardismo *s.m.* Lombardism.

lombardo *agg.* Lombard(ic): *la pianura lombarda*, the plain of Lombardy ◆ *s.m.* Lombard.

lombare *agg.* (*anat.*) lumbar: *regione —*, lumbar region; *puntura —*, lumbar puncture.

lombata *s.f.* (*cuc.*) loin, sirloin.

lombo *s.m.* **1** (*spec. pl.*) loin: *cingersi i lombi*, to gird up one's loins // *magnanimi lombi*, noble ancestry (*o* noble stock) **2** (*di animale*) loin; (*cuc.*) loin, sirloin: *bistecca di —*, sirloin steak.

lombosacrale *agg.* (*anat.*) lumbosacral.

lombricaio *s.m.* **1** (*terreno con lombrichi*) soil full of earthworms **2** (*estens.*) (*luogo umido*) damp place **3** (*fig.*) (*luogo abitato da gente sudicia o disonesta*) pigsty, hovel.

lombricale *agg.* (*anat.*) lumbrical: *muscolo —*, lumbricalis (*o* lumbrical).

lombricicoltore *s.m.* earthworm breeder.

lombricicoltura *s.f.* earthworm breeding.

lombrico *s.m.* earthworm, rain-worm; worm; (*amer.*) night crawler.

lomento *s.m.* (*bot.*) loment.

londinese *agg.* London (*attr.*): *dialetto —*, Cockney ◆ *s.m.* e *f.* Londoner.

longa manus *s.f.* (*lat.*) long arm.

longanime *agg.* longanimous; patient, forbearing.

longanimità *s.f.* forbearance: *mostrare — verso qlcu.*, to show forbearance towards s.o.

longarina → **longherina**.

longarone → **longherone**.

longevità *s.f.* longevity.

longevo *agg.* long-lived.

longherina *s.f.* **1** (*edil.*) iron girder: *— di fondazione*, sill; *— di sospensione*, suspension boom **2** (*aut.*) member, rail: *— laterale*, side rail (*o* side-member) **3** (*ferr.*) sleeper, (*amer.*) tie: *— portarotaia*, rail bearer (*o* stringer).

longherone *s.m.* **1** (*di veicoli in genere*) backstay, longitudinal frame member; (*di auto*) (side-)member **2** (*aer.*) (*dell'ala*) spar; (*di fusoliera*) longeron: *— anteriore, posteriore, ausiliario*, front (*o* forward) rear, auxiliary spar; *— superiore, inferiore*, upper, lower spar; *— a cassone*, box(-type) spar **3** (*edil.*) sleeper.

longilineo *agg.* long-limbed ◆ *s.m.* a long -limbed person.

longitipo → **longilineo**.

longitudinale *agg.* **1** (*geogr., astr.*) longitudinal **2** (*nel senso della lunghezza*) longitudinal: *un taglio —*, a cut running lengthwise; (*mecc.*) *gioco —*, end play; (*aer.*) *trave —*, longitudinal.

longitudine *s.f.* (*astr.*) longitude: *— celeste, astronomica*, celestial, astronomical longitude; *— in gradi*, longitude in arc; *— in ore e minuti*, longitude in time.

longobardico *agg.* Lombard, Longobard.

longobardo *agg.* e *s.m.* Lombard, Longobard: *il regno —*, the Lombard kingdom.

long playing *agg.* long-playing (*attr.*) ◆ *s.m.* LP, long-playing record: *ho comprato il nuovo — dei Pink Floyd*, I've bought the new Pink Floyd LP.

longuette *agg.* (*fr.*) calf-length ◆ *s.f.* calf -length dress, calf-length skirt.

lontana, alla *locuz.avv.* at a distance: *parenti alla —*, distant relations; *assomigliare a qlcu. alla —*, to resemble s.o. faintly (*o* slightly); *lo conosco solo alla —*, I know him only slightly; *me ne ha parlato alla —*, he hinted at it to me.

lontanamente *avv.* (*vagamente*) vaguely; (*leggermente*) slightly: *si assomigliano —*, there is faint resemblance between them; *non ci penso neanche —*, I wouldn't dream of it.

lontananza *s.f.* distance; remoteness: *in —*, in the distance; (*da lontano*) from far away (*o* from a distance): *da qui si può vedere il Monte Bianco in —*, from here you can see Mont Blanc in the distance; *l'ho visto in —*, I saw him from far away (*o* from a distance); *soffriva per la — dai suoi cari*, he suffered at being so far away from his family; *la prospettiva dà l'impressione della —*, the perspective gives the impression of distance; *quando avrà fine la nostra —?*, when will our separation be over?

lontano *agg.* **1** (*nello spazio*) (*attr.*) far-off, faraway, distant; (*form.*) far; (*pred.*) far off, far away, far apart, a long way off: *un paese —*, a far-off (*o* distant) country; *il — Sud*, the distant South; *"È lontana la stazione?" "Sì, è molto lontana da qui"*, "Is it far to the station?" "Yes, it's a long way off"; *quanto è —?*, how far (off *o* away) is it?; *il vostro albergo non è — da qui*, your hotel isn't far from here; *il rifugio era — due miglia*, the (mountain) refuge was two miles away; *peccato che siamo così lontani*, it's a pity we're so far apart // *il — Oriente, Occidente*, the Far East, West // *lontana da me l'idea di offenderlo*, far be it from me to offend him **2** (*nel tempo*) (*attr.*) far-off, faraway, bygone, distant; (*pred.*) far off, far away: *giorni lontani*, far-off (*o* bygone) days; *in tempi lontani*, in distant times (*o* long ago); *l'estate non è lontana*, summer isn't far away (*o* far off); *in un — futuro*, in the distant future // *nel — 1930*, back in 1930 // *i miei più lontani ricordi*, my earliest memories **3** (*assente*) absent: *brindiamo agli amici lontani*, let's drink to absent friends **4** (*remoto, vago*) faint, slight, vague: *non noti una lontana somiglianza fra loro?*, can't you see a faint likeness between them?; *ho un — sospetto che...*, I have a vague (*o* slight) suspicion that...; *non avevo la più lontana idea di ciò che volesse dire*, I hadn't the faintest (*o* slightest) idea what he meant **5** (*riferito a parentela*) distant: *un — cugino*, a distant cousin; *sono lontani parenti di mia moglie*, they are distant relatives of my wife **6** (*diverso*) (very) different, widely diverging: *avere opinioni ben lontane*, to have widely diverging ideas; *il suo modo di pensare è molto — dal mio*, his way of looking at things is very different from mine **7** (*inform.*) remote.

lontano *avv.* a long way (away), far away; in the distance; (*solo in frasi negative o interr.*) far: *abiti —?*, do you live far away?; *— si vedevano le montagne*, you could see the mountains in the distance; *era qui un momento fa, non può esser —*, he was here a moment ago; he can't have gone far; *non stare così —, avvicinati!*, Don't stay so far away. Come closer!; *andare —*, (*fig.*) to go far; *la sua pigrizia non lo porterà —*, his laziness won't get him far // *non riesco a vedere così —*, I can't see as far as that // *vedere —*, (*fig.*) to be farsighted // *essere — un miglio*, (*fig.*) to be miles off // *più —*, farther (*o* further) away; *il più — possibile*, the farthest possible; *molto più —*, much farther // *da, di —*, from a long way off (*o* from afar); (*a distanza*) far; from a distance: *venite da —?*, have you come far? (*o* from a distance?); *viste da —, le case sembravano tutte uguali*, seen from a distance, all the houses looked alike; *mi salutò da —*, he greeted me from a distance.

lontano da *prep.* (*distanza*) far from; (*allontanamento, assenza*) away from: *vivere — da casa*, to live away from home; *non ama stare — dalla famiglia*, he doesn't like being away from home; *abitiamo non — dal centro*, we live not far from the centre; *come vorrei essere — da qui!*, if only I could get away from here! // *nulla è più — dal vero*, nothing is further from the truth // *— dagli occhi, — dal cuore*, (*prov.*) out of sight, out of mind.

lontra *s.f.* (*zool.*) otter: *— marina*, (*Enhydra lutris*) (sea-)otter (*o* fur-seal) // *pelliccia di —*, otter.

lonza *s.f.* (*region.*) (*cuc.*) loin of pork.

look *s.m.* look; appearance: *curare il proprio —*, to be careful of one's appearance.

loparite *s.f.* (*min.*) loparite.

lopezite *s.f.* (*min.*) lopezite.

lopolite *s.m.* (*geol.*) lopolith.

loppa *s.f.* **1** (*del grano*) husk, chaff, hull: *togliere la —*, to husk **2** (*metall.*) slag, dross: *— di alto forno*, blast-furnace slag.

loppio *s.m.* (*bot.*) (*Acer campester*) hedge maple.

loppone *s.m.* (*bot.*) (*Acer pseudoplatanus*) plane-tree maple, sycamore maple.

lopposo *agg.* (*non com.*) chaffy: *orzo —*, chaffy barley.

loquace *agg.* **1** talkative, loquacious; (*garrulo*) garrulous: *una donna —*, a talkative woman **2** (*fig., letter.*) eloquent: *un'occhiata —*, an eloquent glance.

loquacità *s.f.* talkativeness, loquacity, loquaciousness.

loquela *s.f.* (*letter.*) **1** (*linguaggio*) language, (manner of) speech **2** (*facoltà di parlare*) eloquence: *perdere la —*, to lose one's tongue.

lord *s.m.* lord; (*estens.*) gentleman*: *camera dei —*, House of Lords.

lordare *v.tr.* to dirty, to soil (*anche fig.*). □ **lordarsi** *v.rifl.* to dirty oneself, to soil oneself (*anche fig.*).

lordatore *s.m.* (*letter.*) soiler; (*fig.*) besmircher.

lordezza *s.f.* dirt [U], filth [U] (*anche fig.*).

lordo *agg.* **1** (*letter.*) dirty, filthy (*anche fig.*): *— di fango, di inchiostro*, covered with mud, ink; *mani lorde di sangue*, blood-stained hands; *ha la coscienza lorda*, he has a lot on his conscience **2** (*di valore*) gross // (*comm.*): *peso —*, gross (*o* total) weight; *prezzo —*, gross price; *incasso —*, gross proceeds; *importo —*, gross amount; *avere un incasso — di un milione*, to gross one million // (*econ.*): *reddito —*, gross income; *utile —*, gross profits; *stipendio —*, gross salary; *prodotto nazionale —*, gross national product (*abbr.* GNP); *prodotto interno —*, gross domestic product (*abbr.* GDP); (*assicurazioni*) *premio —*, gross premium // (*mar.*) *stazza lorda*, gross tonnage ♦ *s.m.* gross amount, gross figure // (*comm.*): *al — di*, inclusive of; *al — di imposta*, inclusive of tax; *— per netto*, (*senza calcolare la tara*) gross for net; *calcolare qlco. al —*, to calculate sthg. gross; *dedurre il netto dal —*, to deduct the net from the gross amount (*o* price *o* weight).

lordosi *s.f.* (*med.*) lordosis*.

lordotico *agg.* (*med.*) lordotic.

lordume *s.m.* filth [U] (*anche fig.*).

lordura *s.f.* filth [U] (*anche fig.*): *ogni genere di —*, all kinds of filth.

lorenese *agg.* Lorraine (*attr.*) ♦ *s.m.* e *f.* Lorrainer.

lorenzio *s.m.* (*chim.*) → **laurenzio**.

loretano → **lauretano**.

lorgnette *s.f.* (*fr.*) (*occhialetto*) lorgnette.

lori *s.m.* (*zool.*) loris // *— gracile*, (*Loris gracilis*) sloth monkey.

lorica *s.f.* lorica* (*anche zool.*).

loricato *agg.* (*zool.*) loricate.

lorichetto *s.m.* (*zool.*) (*Lorius domicella*) lorikeet.

loro[1] *agg.poss.m.* e *f.* *3ª pers.pl.* **1** their; (*loro proprio*) their own: *la — madre*, their mother; *i — figli*, their children; *non mi piace il — atteggiamento*, I don't like their attitude; *sentivamo le — voci*, we could hear their voices; *portano sempre i (—) bambini con loro*, they always take their children with them; *siamo andati a casa —*, we went to their house; *vorrebbero avere una casa —*, they'd like to have a house of their own; *hanno comprato il terreno con i — (propri) risparmi*, they bought the land with their (own) savings; *hanno un — modo di vedere le cose*, they have their own way of looking at things; *vogliono sempre fare a modo —*, they always want to do things their way; *tutto è accaduto sotto i — (propri) occhi*, everything happened before their very eyes // *un — cugino*, a cousin of theirs; *sono venuti con tre — amici*, they came with three friends of theirs; *abbiamo ancora alcuni — libri*, we still have some books of theirs **2** (*formula di cortesia*) your: *le Loro Altezze, le Loro Maestà*, Your (Royal) Highnesses, Your Majesties; *Lor Signoria*, Your Lordship; *i signori sono pregati di esibire i — passaporti*, you are kindly requested to show your passports **3** (*con uso predicativo*) theirs; (*formula di cortesia*) yours: *l'appartamento è —*, the flat is theirs; *la responsabilità è —, non vostra*, it's their responsibility, not yours; *scusino, è — questa valigia?*, excuse me, is this case yours? ♦ *pron.poss.m.* e *f.pl.* **1** theirs; (*formula di cortesia*) yours: *questa è la nostra stanza, quella è la —*, this is our room, that is yours; *i nostri figli studiano, i — lavorano*, our children are studying, theirs are working; *il mio parere non è diverso dal —*, my opinion is no different from theirs; *noi abbiamo fatto le nostre scelte, altri faranno le —*, we've made our choices, others will make theirs **2** (*in espressioni ellittiche*): *abbiamo ricevuto la — del 5 aprile*, we have received your letter of 5th April; *sta sempre dalla — (parte)*, he's always on their side; *ne hanno combinato una delle —*, they've (gone and) done it again; *vogliono sempre dire la —*, they always want their say.

loro[2] *pron.pers.m.* e *f.* *3ª pers.pl.* **1** (*compl. ogg. e ind. di* essi, esse) them: *sto chiamando —, non voi*, I'm calling them, not you; *dite — di venire subito da me*, tell them to come straight to me; *hai pensato a —?*, have you thought of them?; *partirò con —*, I'll leave with them; *andiamo da — stasera*, we're going to see them this evening; *di — non sapevamo nulla*, we knew nothing about them; *sta a — decidere*, it's up to them to decide // *uno di —*, one of them; *alcuni di —*, some of them; *nessuno di —*, none of them // *il padre di —, il di — padre*, their father **2** (*con funzione di sogg.*) they: *io verrò con voi, — non hanno ancora deciso*, I'm coming with you, they haven't decided yet; *faremo quello che fanno —*, we'll do what they do; *te l'hanno detto —?*, did they tell you?; *tutti erano puntuali, — arrivarono in ritardo*, everyone else was on time, they came late; *al ricevimento c'erano anche —*, they were at the reception too; *in quella casa sono rimasti solo —*, they are the only ones left in that house; *se — credono di farmela, si sbagliano*, if they think they can take me in, they're mistaken // *— due, tre*, the two, three of them // *beati —!*, lucky them! // *partiti —, tutto tornò come prima*, once they'd left, everything got back to normal **3** (*con uso rafforzativo o enfatico*): *"Non ne sappiamo nulla" "Neanche —"*, "We don't know anything about it" "Neither do they" // *— stessi, proprio —*, they... themselves (*o* they themselves): *l'hanno ammesso — stessi*, they admitted it themselves (*o* they themselves admitted it) **4** (*con funzione predicativa*) they, them: *"Chi è?" "Sono —"*, "Who is it?" "It's them"; *"Siete stati voi?" "No, sono stati —"*, "Was it you?" "No, it was them"; *sono stati — ad avvertirmi*, it was they who told me (*o* they were the ones to tell me); *se fossi (in) — non mi muoverei*, if I were them, I wouldn't move // *dopo quell'esperienza, non sembravano più —*, after that experience they were never themselves again **5** (*sogg. e compl.*) (*formula di cortesia*) you: *come (—) desiderano*, as you wish; *se — vogliono accomodarsi...*, would you like to come this way, please?; *Egregi Signori, ci permettiamo di inviare Loro...*, Dear Sirs, we take the liberty of sending you...

losanga *s.f.* **1** lozenge, rhomb **2** (*mat.*) rhombus* **3** (*arald.*) lozenge **4** (*inform.*) (*di uno schema a blocchi*) diamond **5** (*tip.*) diamond dash **6** (*di vetrata a piombo*) quarrel, quarry (light).

losangato *agg.* (*arald.*) lozengy.

losco *agg.* **1** (*non com.*) (*miope*) shortsighted; (*cieco da un occhio*) one-eyed; (*strabico*) squint-eyed **2** (*bieco*) sly: *sguardo —*, sly look **3** (*di dubbia onestà*) suspicious, underhand; (*fam.*) shady, fishy: *affari un po' loschi*, rather shady (*o* underhand) business; *le sue intenzioni mi sembrano losche*, his intentions strike me as suspicious; *è un uomo —*, he is a suspicious (*o* fishy) character; *avere un'aria losca*, to look suspicious ♦ *s.m.* (*ciò che è losco*) shady business, underhand business: *c'è del —*, there is something underhand going on ♦ *avv.* (*di sbieco*) slyly: *mi guardò —*, he gave me a sly look.

löss → **loess**.

lossodromia *s.f.* (*cartografia*) loxodrome, loxodromic curve, rhumb (line).

lossodromico *agg.* (*cartografia*) loxodromic: *linea lossodromica*, loxodromic curve (*o* loxodrome *o* rhumb line); (*mar.*) *rotta lossodromica*, rhumb (line).

lotaringio *agg.* e *s.m.* Lotharingian.

loto *s.m.* (*bot.*) lotus: *— bianco*, (*Nymphaea lotus*) nenuphar (*o* nuphar) // (*mit.*) *mangiatore di —*, lotus-eater.

lotofago *agg.* (*mit.*) lotus-eating, lotophagous ♦ *s.m.* (*mit.*) lotus-eater: *i lotofagi*, lotus-eaters (*o* Lotophagi).

lotta *s.f.* **1** struggle, fight (*anche fig.*): *dopo una lunga — l'avversario cedette*, after a long struggle his opponent yielded; *— corpo a corpo*, hand-to-hand fighting; *— impari, mortale*, uneven, mortal combat; *— a oltranza*, fight to the death; *l'istinto della —*, the fighting instinct; *ci fu una — violenta*, there was a violent struggle; *sostennero una — disperata con la polizia*, they put up a desperate fight against the police; *sostenere una — con qlcu.*, to have a fight with s.o.; *— di classe*, class struggle (*o* war); *lotte sociali*, social struggles // (*econ.*): *— tariffaria*, tariff war; *lotte del lavoro*, labour conflicts; *lotte sindacali*, union struggles; *— economica*, economic warfare; *— contro l'inflazione*, fight against inflation; *— contro i concorrenti*, fight against competitors; *la legge fu approvata in seguito a una — ostinata alla Camera dei Comuni*, the bill was passed after a stubborn fight in the House of Commons; *— contro la droga, contro il cancro*, battle against drugs, against cancer // *— per l'esistenza*, struggle for survival **2** (*sport*) wrestling: *— americana*, all-in wrestling; *— greco-romana*, Graeco-Roman wrestling; *— libera*, catch-as -catch-can; *una gara di —*, a wrestling match; *fare alla —*, to wrestle **3** (*disaccordo, dissidio*) quarrel; dispute: *è in — col padre*, he is at odds with his father; *le sue passioni erano in —*, his passions were struggling within him.

lottare *v.intr.* **1** to struggle, to fight* (*anche fig.*): *— contro un esercito potente*, to fight against a powerful army; *lotta con uno più forte di lui*, he is fighting against an opponent stronger than himself; *dovette — contro le avversità della vita*, he had to struggle against adversity; *— con un problema*, to struggle (*o* to wrestle) with a problem; *lottava col sonno*, he was struggling to keep awake; *— contro un abuso*, to make a stand against an abuse; *— contro la tentazione*, to fight (against) temptation // *— con la morte*, to fight against death // — *con se stesso*, to struggle with one's own impulses **2** (*sport*) to wrestle.

lottatore *s.m.* **lottatrice** *s.f.* **1** battler (*anche fig.*) **2** (*sport*) wrestler.

lotteria *s.f.* (*nazionale*) (State) lottery; (*di beneficienza*) raffle; sweepstake: *ha vinto alla* —, he won a prize in the lottery; — *di beneficienza*, charity raffle; *biglietto della* —, lottery ticket; (*di beneficienza*) raffle ticket.

lottistico *agg.* lottery (*attr.*).

lottizzabile *agg.* apportionable, that can be parcelled out.

lottizzare *v.tr.* **1** (*suddividere in lotti*) to share out, to lot out, to parcel out, to divide into lots: — *un terreno*, to lot (*o* parcel) out a piece of land; — *una partita di merci*, to share out a parcel of goods **2** (*pol.*) to carve up: — *un ente statale*, to carve up a state corporation; (*amm.*) — *i pubblici incarichi*, to share out the spoils.

lottizzatore *agg.* allotting ◆ *s.m.* allotter: — *di cariche, benefici*, allotter of the spoils.

lottizzazione *s.f.* **1** (*suddivisione in lotti*) lotting out, parcelling out; apportionment; (*distribuzione*) sharing out: *la — di un'area fabbricabile*, the parcelling out of a building site (*o* the subdivision of land with planning permission) **2** (*pol.*) carve-up: *sistema di — politica*, the spoils system; *la — della stampa*, (political) carve-up of the press // (*trib.*) — *fiscale*, fiscal zoning.

lotto *s.m.* **1** (*gioco*) State lottery, (state-run) numbers pool, numbers lottery: *ricevitoria, banco del* —, State lottery office; *estrazione del* —, drawing of the lottery; *giocare due numeri al* —, to bet two numbers at the State lottery; *vincere un terno al* —, to win a tern in the lottery, (*fig.*) (*avere un colpo di fortuna*) to hit the jackpot; — *clandestino*, numbers game **2** (*appezzamento di terreno*) lot, parcel, plot, allotment; (*porzione, partita*) batch, lot, parcel: *un — di terreno*, a plot of land; — *fabbricabile*, building plot (*o* lot); *frazionare un terreno in lotti*, to divide (*o* parcel out) a piece of land into lots // (*comm.*): *un — di merci*, a lot of goods; — *di occasione*, job-lot; *acquistare un — di calzature*, to buy a lot of shoes // (*econ.*): — *economico*, economic lot; — *di lavoro*, work allotment // (*dir.*) — *di un'eredità*, block of an inheritance // (*Borsa*) — *di contrattazione*, round (*o* even) lot // (*inform.*) — *di schede*, batch **3** (*gruppo di concorrenti*) field, starters (*pl.*), runners (*pl.*): *il — dei partenti*, the field (*o* the runners).

lozione *s.f.* lotion: — *astringente*, astringent lotion; — *rinfrescante*, tonic lotion.

LP *s.m.* (*disco a 33 giri*) LP, long-playing record.

LSD *s.m.* (*chim.*) (*Dietilammide dell'Acido Lisergico*) LSD (Lysergic Acid Diethylamide).

lubricità *s.f.* (*non com.*) (*indecenza*) indecency, obscenity; (*lascivia*) lewdness.

lubrico *agg.* **1** (*letter.*) (*scivoloso*) slippery: *un pendio* —, a slippery slope **2** (*fig.*) (*indecente*) obscene, indecent: *un gesto* —, an obscene gesture; *una canzone lubrica*, a bawdy song.

lubrificante *agg.* lubricating: *olio* —, lubricating oil (*o fam. amer.* lube); *grasso* —, lubricating grease ◆ *s.m.* lubricant // (*mecc.*): — *per imbutitura*, drawing compound; — *per ingranaggi*, gear lubricant; (*aut.*) — *per ponti*, axle grease.

lubrificare *v.tr.* to lubricate, to grease, to oil.

lubrificativo *agg.* (*non com.*) lubricant, lubricating.

lubrificatore *s.m.* lubricator ◆ *agg.* lubricating.

lubrificazione *s.f.* lubrication, greasing, oiling // (*mecc.*): — *a bagno d'olio*, bath lubrication; — *a coppa secca*, dry sump lubrication; — *a circuito chiuso*, loop lubrication; — *ad anello*, ring lubrication; — *a olio*, oiling; — *a grasso*, greasing; — *a sbattimento*, splash lubrication; — *forzata*, pressure lubrication (*o* forced-feed lubrication); *impianto di* —, lubricating system; *siringa per* —, oil (*o* grease) gun.

lucarino → **lucherino**.

lucchese *agg.* of Lucca, from Lucca ◆ *s.m.* e *f.* inhabitant of Lucca, person from Lucca.

lucchetto *s.m.* padlock: *il — del baule, del catenaccio*, the padlock on the trunk, on the bolt; *chiudere a chiave col* —, to lock a padlock // *mettere il — alla bocca di qlcu.*, (*fig.*) to shut s.o. up.

luccicante *agg.* glittering, sparkling: *gioielli luccicanti*, glittering jewels; *il mare era — al sole*, the sea was glittering (*o* sparkling) in the sunshine.

luccicare *v.intr.* to glitter (with sthg.); to sparkle (with sthg.); to twinkle; to gleam: *l'armatura luccicava al sole*, the armour glittered in the sun; *luccica come un brillante*, it sparkles like a diamond; *il mare luccicava al chiaro di luna*, the sea was glittering in the moonlight; *i suoi occhi luccicavano di gioia*, her eyes sparkled with joy.

luccichìo *s.m.* glitter, glittering; sparkle, sparkling; twinkle, twinkling: *il — di una stella*, the twinkling of a star.

luccicone *s.m.* large tear: *le vennero i lucciconi agli occhi*, her eyes filled with tears.

luccicore → **luccichìo**.

luccio *s.m.* (*zool.*) (*Esox lucius*) pike*, (*amer.*) jackfish // — *di mare*, sea pike; (*Sphyraena sphyraena*) snook // — *sauro*, (*Scomberesox saurus*) saury (*o* skipper).

lucciola *s.f.* **1** (*zool.*) (*Lamprys noctiluca*) firefly; glow-worm; (*amer.*) lightning bug // *mostrare lucciole per lanterne*, to make believe that the moon is made of green cheese; *prendere lucciole per lanterne*, to make a blunder **2** (*bot.*) *erba* —, (*Ophioglossum vulgare*) adder's tongue **3** (*maschera di cinema, teatro*) usherette **4** (*prostituta*) prostitute, streetwalker.

lucciolare *v.intr.* (*letter.*) (*risplendere fiocamente*) to glimmer.

luccioperca → **lucioperca**.

luce *s.f.* **1** light (*anche fig.*): — *del sole*, sunlight; — *della luna*, moonlight; — *elettrica*, electric light; — *diurna*, daylight; — *diretta*, direct light; — *debole*, faint light; — *forte*, bright light; — *diffusa*, diffused light; — *abbagliante*, dazzling light; *un filo di* —, a glimmer of light; *fascio di* —, beam of light; *raggio di* —, ray of light; *quella stanza riceve — dal cortile*, that room is lit by a window overlooking the courtyard; *sposta quel vaso, lì non prende* —, move that flowerpot, it doesn't get any light there; *dar — a un locale*, to let light into a room; *tre finestre danno — alla sala da pranzo*, the dining room is lit by three windows; *quel quadro non è in buona* —, that picture is not in a good light; *non riesco a vederti perché ho la — negli occhi*, I can't see you because I'm dazzled (*o* because the light is shining into my eyes); *aveva una strana — negli occhi*, (*fig.*) he had a strange gleam in his eyes // *alla — del sole*, by the light of the sun, (*fig.*) openly (*o* publicly): *ho agito alla — del sole*, I acted openly // *alla — della fede, della ragione, della scienza*, (*fig.*) by the light of faith, reason, science **2** (*sorgente luminosa, lampada, dispositivo illuminante*) light; (*elettricità*) electricity: *le luci della città*, the lights of the town; *le luci dei negozi*, the shop lights; *la bolletta della* —, the electricity bill; *accendere la* —, to turn (*o* to switch *o* to put) on the light; *spegnere la* —, to turn out (*o* to switch off *o* to put off) the light; *è andata via la — per tre ore*, the electricity (*o* power) was cut off for three hours; *è tornata la* —, the electricity (*o* power) has come back on; *la città è ancora senza* —, the city is still without electricity (*o* power) // (*aut.*): *luci di posizione, di arresto*, parking, stop lights; *luci della retromarcia*, reversing (*o amer.* backup) lights // *luci della ribalta*, (*fig.*) limelight // *cinema a luci rosse*, porno cinema **3** *pl.* (*poet.*) (*occhi*) eyes **4** (*apertura*) opening; light window; (*arch.*) span; (*mecc.*) port: (*arch.*) — *di un arco*, arch span; *un negozio con tre luci*, a shop with three windows (*o* lights); — *di aspirazione*, (*di motore*) inlet port (*o* admission opening); — *di scarico*, (*di motore*) exhaust port **5** (*lastra di specchio*) mirror, looking glass: *un armadio a tre luci*, a wardrobe with three mirrors.

◆ FRASEOLOGIA: *far — su qlco.*, (*fig.*) to throw (*o* cast) light upon sthg. // *mettere qlcu. in buona, cattiva* —, (*fig.*) to place s.o. in a favourable, unfavourable light // *alla — di quanto ha detto...*, in the light of what he said... // *mettere in* —, (*fig.*) to show (*o* to display *o* to stress *o* to emphasize): *quell'opera ha messo in — le sue qualità di scrittore*, that work has shown (*o* brought out) his qualities as a writer; *mettere in — l'importanza di qlco.*, to stress (*o* to bring out) the importance of sthg.; *ha messo i fatti nella giusta* —, he showed the facts in their true light; *si è messo in — vincendo il torneo di tennis*, he stepped into the limelight by winning the tennis tournament // *dare alla — un bambino*, to give birth to a child; *venire alla* —, (*nascere*) to be born; (*essere scoperto*) to come to light: *fatti curiosi sono venuti alla* —, some curious facts have come to light // *portare alla* —, to bring to light: *gli scavi hanno portato alla — oggetti di grande interesse archeologico*, the excavations have brought to light objects of great archaeological interest // *far — su un argomento*, to throw (*o* to shed) light on a subject.

lucente *agg.* (*lucido*) shiny; (*risplendente*) bright, shining: *occhi lucenti*, bright eyes.

lucentezza *s.f.* brilliance; brightness; sheen; shine: *la — dei suoi capelli*, the sheen of her hair; *la — di un'immagine*, the brilliance of an image; *quella seta aveva una — meravigliosa*, that silk had a beautiful sheen; *le sue scarpe hanno perso la* —, his shoes have lost their shine.

lucere *v.intr.* (*poet.*) to shine* (with sthg.), to gleam.

lucerna *s.f.* **1** oil lamp **2** (*cappello*) cocked hat; (*tricorno*) three-cornered hat **3** (*zool.*) → **uranoscopo**.

lucernaio, **lucernario** *s.m.* skylight, rooflight.

lucerniere *s.m.* lampstand.

lucertola *s.f.* (*zool.*) lizard: — *comune*, (*Lacerta muralis*) wall-lizard: *una borsa di* —, a lizard-skin bag // *essere come una* —, (*amare il sole*) to love lying in the sun // *mangiar le lucertole*, (*essere magro e patito*) to be as thin as a rake.

lucherino *s.m.* (*zool.*) **1** (*Carduelis spinus*) siskin; (*pop.*) aberdevine **2** (*Carduelis tristis*) goldfinch.

lucidalabbra *s.m.* lipgloss.

lucidamente *avv.* lucidly, clearly.

lucidamento *s.m.* (*non com.*) polishing, shining.

lucidante *agg.* polishing: *cera — per pavimenti*, floor polishing wax ♦ *s.m.* polish.

lucidare *v.tr.* **1** to polish; (*tecn. cartaria*) to plate, to glaze; (*tess.*) to lustre; (*un metallo*) to polish; to buff; (*legno, a spirito*) to French -polish: — *i pavimenti*, to polish floors; — *le scarpe*, to polish shoes (*o fam.* to give shoes a shine); — *a cera*, to wax **2** (*ricalcare un disegno*) to trace, to make* a trace of (sthg.).

lucidatore *s.m.* **1** polisher: — *di mobili*, furniture polisher (*o* French polisher); — *di pavimenti*, floor polisher **2** (*di disegni*) drawing tracer.

lucidatrice *s.f.* **1** polisher: — *per pavimenti*, floor polisher **2** (*mecc.*) polishing machine.

lucidatura *s.f.* **1** polishing, shining; finishing: — *a cera*, wax finishing **2** (*tecn. cartaria, fot.*) glazing **3** (*tess.*) lustring **4** (*ricalco di disegno*) tracing.

lucidezza *s.f.* shine, brightness; sheen; lustre: *la — del marmo*, the sheen of marble.

lucidista *s.m.* e *f.* (*disegnatore di lucidi*) (drawing) tracer.

lucidità *s.f.* lucidity, clearness: — *di mente*, clearness of mind; *momenti di* —, lucid intervals; *esaminare una questione con* —, to look at a problem in a clear-headed way.

lucido *agg.* **1** bright, shiny; glossy; (*lucidato*) polished: *pavimento* —, polished floor; *scarpe lucide*, polished shoes; *occhi lucidi*, bright eyes; *seta lucida*, glossy silk; *in primavera le foglie sono di un verde* —, the leaves are bright green in Spring // — *come uno specchio*, spotlessly clean **2** (*chiaro*, *evidente*) lucid, clear: *lucida esposizione*, lucid explanation; *idee lucide*, clear ideas; *mente lucida*, lucid (*o* clear) mind; *stile* —, clear style; *un — esame della situazione*, a clear-headed examination of the situation // *essere* —, to be lucid ♦ *s.m.* **1** (*lucentezza*) brightness, sheen, shine, polish, lustre; gloss: *il — del marmo*, the sheen (*o* lustre) of marble; *il — della seta*, the sheen of silk; *perdere il* —, to lose polish **2** (*materia che conferisce lucentezza*) polish: — *per le scarpe*, shoe polish; *dare il — alle scarpe*, to polish (*o* to put a shine on) one's shoes **3** (*carta da ricalco*) paper; (*disegno riprodotto*) drawing: *fare il — di un disegno*, to make a tracing of a drawing.

luciferasi *s.f.* (*biochim.*) luciferase.

luciferina *s.f.* (*biochim.*) luciferin.

luciferino *agg.* **1** (*di Lucifero*) Luciferian, of Lucifer **2** (*fig.*) (*diabolico*) diabolic, satanic.

lucifero *agg.* (*letter.*) light-bringing, light-giving.

lucifugo *agg.* **1** (*letter.*) (*che rifugge dalla luce*) that shuns the light **2** (*scient.*) lucifugal, lucifugous.

lucignolato *agg.* (*non com.*) twisted.

lucignolo *s.m.* **1** wick // *essere, ridursi un* —, to be, to become as thin (*o* skinny) as a rake **2** (*tess.*) roving.

lucioperca *s.m.* o *f.* (*zool.*) (*Lucioperca lucioperca*) zander.

lucivago *agg.* (*letter.*) (*amante della luce*) light-seeking.

lucrabile *agg.* profitable; obtainable.

lucrare *v.tr.* **1** to gain, to earn, to make* a profit from (sthg.): *ha lucrato molto con la vendita di quelle azioni*, he has made a large profit from the sale of those shares; — *grandi somme*, to make a lot of money **2** (*eccl.*) — *l'indulgenza*, to get the indulgence.

lucrativo *agg.* lucrative, profitable, remunerative: *attività lucrative*, lucrative (*o* profit -bearing) activities; *non* —, unremunerative (*o* unprofitable).

lucro *s.m.* gain, profit; (*spreg.*) lucre: *a scopo di* —, for profit (*o* for the sake of gain); *associazione senza fini di* —, non-profit-making association; *ricavare, trarre — da qlco.*, to make a profit from (*o* on) sthg. // (*dir.*): — *cessante*, lost (*o* missing) profit, loss of anticipated profit; — *cessante e danno emergente*, missing profit and accruing damage.

lucroso *agg.* profitable, lucrative, remunerative, paying: *professione lucrosa*, lucrative profession; *affare* —, moneymaker.

lucubrare e *deriv.* → **elucubrare** e *deriv.*

luculliano *agg.* Lucull(i)an: *un pranzo* —, a sumptuous dinner.

luddismo *s.m.* (*st. econ.*) Luddism.

luddista *s.m.* e *f.* (*st. econ.*) Luddite.

luddistico *agg.* (*st. econ.*) Luddite (*attr.*), of Luddism.

ludibrio *s.m.* **1** (*scherno*) mockery, scorn, derision: *mettere qlcu., qlco. in* —, to hold s.o., sthg. up to mockery (*o* to make a mockery of s.o., sthg.) // *esporre al pubblico* —, to hold up to public scorn **2** (*persona schernita*) laughing -stock, butt: *è il — di tutti*, he's the butt of everyone's jokes.

ludico *agg.* **1** (*letter.*) of games (*pred.*), play (*pred.*): *attività ludiche*, play **2** (*estens.*) (*giocoso, spensierato*) playful, light-hearted, ludic: *atteggiamento* —, playful attitude.

ludione → **diavoletto** 3.

ludo *s.m.* (*spec. pl.*) (*poet.*) (*gioco*) game (*anche estens.*): *ludi olimpici*, Olympic games; *ludi scenici*, theatrical performances.

ludoteca *s.f.* toy and game centre, recreation centre (for children); (*locale*) playroom, gamesroom.

ludotecario *s.m.* person in charge of a toy and game centre, person in charge of a recreation centre (for children).

ludoterapia *s.f.* (*psic.*) play therapy.

lue *s.f.* (*med.*) lues (*pl. invar.*), syphilis.

luetico *agg.* (*med.*) luetic, syphilitic ♦ *s.m.* luetic person, person who suffers from lues.

luffa *s.f.* (*bot.*) loofah.

lugana *s.m.* 'lugana' (a dry, white, Italian wine).

luganega, **luganiga** *s.f.* (*region.*) a type of long, thin sausage.

lugarino, **lugaro** → **lucherino**.

lugliatico *agg.* (*agr.*) ripening in July.

luglio *s.m.* July.

lugubre *agg.* lugubrious; (*luttuoso*) mournful, funereal; (*tetro*, *cupo*) dismal, gloomy: *una faccia* —, a dismal face; *uno spettacolo* —, a mournful (*o* funereal) scene; *un posto* —, a gloomy place; *me lo disse con una voce* —, he told me so in a lugubrious voice.

lui *pron.pers.m. 3ª pers.sing.* **1** (*compl. ogg. e ind. di* egli) him: *tra tutti i concorrenti hanno scelto* —, they chose him from among all the competitors; *hanno invitato anche —?*, have they invited him, too?; *il ragazzo ci guardò e noi guardammo* —, the boy looked at us and we looked at him; *consegnatelo a — personalmente*, hand it to him personally; *"Non c'è il direttore? Desidero parlare con —"*, "Isn't the manager there? I'd like to speak to him"; *abbiamo parlato a lungo di* —, we talked about him at length; *tutti hanno fiducia in* —, everyone trusts him; *non ha occhi che per* —, she only has eyes for him; *non faceva che pensare a* —, she could think of nothing but him // *il padre di —, il di — padre*, his father **2** (*con funzione di sogg.*) he: — *sostiene di aver ragione*, he maintains he's in the right; *io parlavo, — ascoltava in silenzio*, I talked and he listened in silence; — *avrebbe agito come te*, he would have done the same as you (did); — *è italiano, la moglie è austriaca*, he's Italian and his wife's Austrian; *l'ha detto* —, he said so; *è venuto — ad aprire*, he came and opened the door; *ha risposto — al telefono?*, did he answer the phone?; *tra gli invitati c'erano — e sua moglie*, his wife and he were among the guests; *ne so quanto* —, I know as much as he does; *lei lavora come* —, she works just as he does; *verrà anche — alla gita?*, is he coming on the trip, too?; *il padre vorrebbe farlo studiare, ma — ha deciso di fare il cantante*, his father wants him to study but he's decided to go in for singing // *beato —!*, lucky him! // *contento —, contenti tutti*, as long as he's happy, everyone is **3** (*con uso rafforzativo o enfatico*): —, *rinunciare al suo lavoro?*, him, give up his job?; *"Carlo è diventato direttore generale" "Lui, così giovane?"*, "Charles has become the managing director" "What, and him so young?"; *"Lei non sa una parola di tedesco" "Nemmeno —"*, "She can't speak a word of German" "Neither can he" // — *stesso, proprio* —, he... himself (*o* he himself): *me l'ha confermato — stesso*, he told me so himself; *"Pavarotti, il famoso tenore?" "Sì, proprio —!"*, "Pavarotti, the famous tenor?" "Yes, the man himself!" **4** (*con funzione predicativa*) he, him: *"Chi è?" "È —"*, "Who is it?" "It's him" (*o form.* "It's he"); *"Sei stato tu?" "No, è stato —"*, "Was it you?" "No, it was him"; *è stato — che ha deciso, è stato — a decidere*, it was he who decided, he was the one to decide; *se fossi (in) — mi rivolgerei all'avvocato*, if I were him I'd see a lawyer // *da un po' di tempo non è più* —, he hasn't been himself for some time // *è molto cambiato, non sembra più* —, he's so changed, he doesn't look like himself at all // *è tutto* —, (*di ritratto*) it's just like him (*o* it's the spitting image of him) ♦ *s.m.* (*fam.*) (*ragazzo*) boyfriend; (*fidanzato*) fiancé: *è uscita con il suo* —, she's gone out with her boyfriend (*o* fiancé) // *non ha ancora trovato il suo* —, she hasn't found her Mr Right yet.

luì *s.m.* (*zool.*) — *piccolo*, (*Phylloscopus collybita*) chiffchaff.

luigi *s.m.* (*moneta*) louis(-d'or) (*pl. invar.*).

lumaca *s.f.* **1** snail; (*scient.*) limax*; (*senza guscio*) slug: (*cuc.*) *lumache alla bourguignonne*, snails à la bourguignonne; *a passo di —*, at a snail's pace **2** (*fig.*) slowcoach: *sei una —!*, you are a slowcoach! // *il treno delle 10.15 è una —*, the 10.15 train goes at a snail's pace **3** *pl.* (*cuc.*) snail-shaped pasta.

lumachella *s.f.* (*geol.*) lumachel(le), coquina.

lumacone *s.m.* **1** (*zool.*) (*senza guscio*) slug **2** (*grossa chiocciola*) big snail **3** (*fig.*) (*persona lenta*) slowcoach: *muoviti, —!*, get a move on, slowcoach!

lumare *v.tr.* (*region.*) to eye: *stare in spiaggia a — le pupe*, to lie on the beach eyeing the dolls.

lume *s.m.* **1** (*lampada*) lamp, light; (*candela*) candle: *— ad acetilene, petrolio*, acetylene, oil lamp; *metti lì il —*, put the lamp there; *accendere, spegnere il —*, to turn on, to turn out the light; *accendere un — alla Madonna*, to light a candle to Our Lady // *tenere, reggere il —*, (*fig.*) to play gooseberry **2** (*luce*) light (*anche fig.*): *a — di candela*, by candlelight; *cenammo a — di candela*, we had supper by candlelight; *non si può scrivere senza —*, you cannot write in the dark; *far — su qlco.*, to throw (*o* to shed) light on sthg. (*anche fig.*); *vedere un — in lontananza*, to see a light in the distance // *il — della fede*, the light of Faith; *il — della ragione*, the light of reason: *perdere il — della ragione*, (*arrabbiarsi*) to be beside oneself with rage, (*impazzire*) to lose one's head // *il — degli occhi*, eyesight: *perdere il — degli occhi*, (*arrabbiarsi*) to be blinded by anger // *a — di naso*, at a guess // (*st. fil.*) *il secolo dei lumi*, the Age of Enlightenment // *ricorreremo ai lumi di uno specialista*, we shall consult (*o* ask the advice of) an expert **3** (*anat.*) lumen* **4** *pl.* (*poet.*) eyes.

lumeggiamento *s.m.* (*pitt.*) highlighting, heightening.

lumeggiare *v.tr.* **1** (*letter.*) (*illuminare*) to light(en), to illuminate **2** (*fig.*) (*dare risalto a*) to highlight: *— un personaggio*, to highlight a character **3** (*pitt.*) to highlight, to heighten.

lumeggiatura *s.f.* (*pitt.*) highlighting, heightening.

lumen *s.m.* (*fis., anat.*) lumen*.

lumenometro *s.m.* (*fis.*) integrating photometer.

lumenora *s.f.* (*fis.*) lumen-hour.

lumicino *s.m.* **1** small light; (*piccola lampada*) small lamp // *cercare qlco. col —*, to look for sthg. high and low // *essere, ridursi al —*, to be nearing rock bottom, (*essere in fin di vita*) to be at death's door **2** (*lumino funebre*) grave light.

lumiera *s.f.* (*region.*) (*lampadario*) chandelier.

luminanza, **luminara** *s.f.* (*fis.*) luminance.

luminare *s.m.* luminary; (*fam.*) leading light: *è un — della letteratura*, he is a literary luminary.

luminaria *s.f.* **1** (*addobbo luminoso*) illuminations (*pl.*), lights (*pl.*) **2** (*illuminazione pubblica*) public illumination.

luminello *s.m.* (*riverbero del sole*) glare.

luminescente *agg.* luminescent.

luminescenza *s.f.* (*fis.*) luminescence: *lampada a —*, gas lamp // (*geofisica*): *— atmosferica*, airglow; *— notturna*, nightglow.

luminio *s.m.* (*letter.*) sparkle, sparkling.

luminismo *s.m.* (*pitt.*) luminism.

luminista *agg.* e *s.m.* e *f.* (*pitt.*) luminist.

luministica *s.f.* (*teatr.*) stage lighting.

luministico *agg.* (*pitt.*) of luminism, luministic.

lumino *s.m.* **1** small light; (*da notte*) nightlight, nightlamp **2** (*candela funebre*) grave light.

luminolo *s.m.* (*chim.*) luminol.

luminosità *s.f.* **1** brightness (*anche astr.*); luminosity, luminousness, brilliance, brilliancy: *la — del cielo*, the brightness of the sky; *— di una lampadina*, brightness of a light bulb; (*fis.*) *fattore di —*, luminosity factor; (*tv*) *— dello schermo*, brilliance of the screen; *eccessiva —*, over-brilliance; *il fenomeno della — del mare*, the phenomenon of sea phosphorescence **2** (*fot.*) relative aperture, speed.

luminoso *agg.* **1** bright, shining; luminous (*anche fis.*): *cielo —*, bright sky; *occhi luminosi*, bright eyes; *raggio —*, ray (of light); *stanza luminosa*, bright room; *corpo —*, luminous body; (*fis.*) *onda luminosa*, light wave; *sorgente luminosa*, source of light; *fotografia luminosa*, high-key photograph; *stanza luminosa*, well-lighted room **2** (*fig.*) (*brillante*) brilliant: *idea luminosa*, brilliant idea; *un — esempio d'onestà*, a shining example of honesty **3** (*fig.*) (*chiaro, evidente*) clear; glaring: *prova luminosa*, clear proof.

luna *s.f.* **1** moon: *— calante*, waning moon; *— crescente*, crescent (*o* waxing) moon; *— falcata*, crescent moon; *— nuova*, new moon; *— piena*, full moon; *chiaro di —*, moonlight; *corni della —*, horns of the moon; *macchie della —*, shadows on the moon; *mezza —*, half moon; *primo quarto di —*, the first quarter of the moon; *raggio di —*, moonbeam; *è una notte di —*, it is a moonlit night; *è una notte senza —*, it is a moonless night; *andare, sbarcare sulla —*, to go to, to land on the moon; *la conquista della —*, the conquest of the moon **2** (*astr.*) (*satellite*) moon, satellite: *— artificiale*, artificial satellite (*o* moon); *il pianeta Giove ha nove lune*, the planet Jupiter has nine moons **3** (*bot. pop.*) *erba —* → **lunaria**.

◆ FRASEOLOGIA: *— di miele*, honeymoon: *sono in — di miele*, they are on their honeymoon // *faccia di — piena*, (*fam.*) face like a full moon // *abbaiare alla —*, (*fig.*) to bay (*o* to bark) (at) the moon // *andare a lune*, to be moody // *avere la —*, to be in a bad mood: *oggi ha la — di traverso*, he's in a bad mood today (*o* he got out of bed on the wrong side this morning) // *avere la testa nella —*, to be absent-minded (*o* to have one's head in the clouds) // *chiedere, domandare la —*, to ask for the moon (and stars) // *essere nel mondo della —*, to daydream // *far vedere la — nel pozzo*, (*darla a bere*) to lead (s.o.) up the garden path (*o* to hoodwink s.o.) // *promettere la —*, to promise the moon // *venire dal mondo della —* (*cadere dalle nuvole*), to be amazed (*o* to be astonished) // *vivere nel mondo della —*, to live in cloud cuckoo land // *essere ancora nella —*, (*non essere ancora nato*) not to be born yet.

luna park *s.m.* funfair, amusement park: *andare al —*, to go to the funfair.

lunare *agg.* lunar; moon (*attr.*): *ciclo —*, lunar cycle; *luce —*, moonlight; *mese —*, lunar month (*o* lunation); *cratere —*, lunar crater; *roccia —*, moonrock.

lunaria *s.f.* **1** (*bot.*) (*Lunaria annua*) honesty, moonwort, satinflower **2** (*min.*) moonstone.

lunario *s.m.* almanac, calendar // *sbarcare il —*, (*fam.*) to make ends meet.

lunaticheria *s.f.* (*non com.*) **1** (*l'essere lunatico*) moodiness, changeableness **2** (*comportamento lunatico*) eccentricity; lunacy.

lunatico *agg.* moody, changeable ◆ *s.m.* moody man, changeable man.

lunato *agg.* crescent-shaped; lunate(d).

lunazione *s.f.* (*astr.*) lunation.

lunedì *s.m.* Monday: *— a otto*, a week on Monday (*o* Monday week); *il — di Pasqua*, Easter Monday; *— grasso*, Shrove Monday; *— prossimo*, next Monday; *— scorso*, last Monday.

lunetta *s.f.* **1** (*arch., mil., eccl.*) lunette: (*arch.*) *— a ventaglio*, fanlight **2** (*mecc.*) (*di tornio*) steady rest: *— fissa*, fixed (*o* steady) rest; *— mobile*, follow rest **3** (*orologeria*) bezel **4** (*basket*) free throw area **5** (*rinforzo di scarpe*) toe-cap.

lunga *s.f.* (*fon.*) long: *lunghe e brevi*, longs and shorts.

lungaggine *s.f.* **1** slowness; (*indugio*) delay: *le lungaggini burocratiche hanno rallentato i lavori*, red tape has slowed down the work **2** (*prolissità*) prolixity; longwindedness.

lungagnata, **lungagnola** *s.f.* (*fam.*) tiresome speech; rigmarole.

lungamente *avv.* long; for a long time: *ci ho pensato —*, I thought it over for a long time; *attendere qlco. —*, to wait a long time for sthg.

lungarno *s.m.* the Arno embankment.

lunge → **lungi**.

lungherina → **longherina**.

lungherone → **longherone**.

lunghezza *s.f.* **1** length: *misura tre metri in —*, it is three metres in length; *nel senso della —*, lengthways; *— totale*, overall length; *misurare, prendere la —*, to measure the length // *vincere per tre lunghezze*, to win by three lengths // (*rad.*) *— d'onda*, wavelength // (*fot.*) *— focale*, focal length // (*mecc.*) *— di contatto*, length of contact; *— utile*, working length // (*fis. nucleare*) *— di diffusione*, diffusion length **2** (*edil., di una struttura, di un ponte ecc.*) run, span; (*miner., di una galleria*) run **3** (*ferr., tel., di una linea*) mileage **4** (*mecc., di una parte filettata*) reach, length of engagement **5** (*durata*) length: *ridurre la — di un discorso, di un film*, to reduce the length of a speech, of a film // (*ling.*) *— di una sillaba*, length of a syllable **6** (*inform.*) (*di un codice*) size: *— attiva*, working size.

lungi *avv.* (*letter.*) far // *— da*, far from: *ero ben — dal pensare che...*, I was far from thinking that... (*o* I little thought that...) // *— da me il pensarne male!*, far be it from me to think ill of him!; *— da me un'idea simile!*, I would never entertain such an idea! // *da —*, from afar.

lungimirante *agg.* farsighted, farseeing: *politica —*, farsighted policy; *era un uomo —*, he was a farsighted man.

lungimiranza *s.f.* farsightedness.

lungo *agg.* **1** long: *un — cammino*, a long way; *un — corteo*, a long procession; *— dieci metri*, ten metres long; *un — inverno*, a long winter; *un — sospiro*, a long-drawn sigh; *un — viaggio*, a long journey; *una lunga vita*, a long life; *calzoni lunghi*, long trousers; *le signore erano in (abito) —*, the ladies were in long dresses; *capelli lunghi*, long hair; *era un discorso un po' —*, it was a somewhat lengthy speech; *è una lunga storia*, it is a long story; *in questa stagione le notti si fanno più lunghe*, at this season of the year the nights get longer; *una lunga attesa*, a long (*o* lengthy) wait; *un film — due ore*, a two-hour film; *morì dopo lunga malattia*, he died after a long illness; *non lo vedo da — tempo*, it is a long time since I saw him; *oggi hai la barba lunga*, you haven't had a shave today; *quel vecchio ha la barba lunga*, that old man has a long beard; *avere braccia, mani lunghe*, to have long arms, long hands; *aver gambe lunghe*, to be long-legged; *avere il naso —*, to have a long nose; *avere il viso, il collo —*, to have a long face, a long neck; *avere la vista lunga*, to be longsighted, (*essere lungimirante*) to be farsighted; *fare una lunga chiacchierata con qlcu.*, to have a long talk with s.o.; *percorrere la strada più lunga*, to take the longest way round // *cadde — disteso*, he fell headlong; *giaceva — disteso per terra*, he lay full length on the ground // *sono amici di lunga data*, they are friends of long standing (*o* old friends) // *avere la lingua lunga*, (*essere chiacchierone*) to be a chatterbox, (*essere pettegolo*) to be a gossip // *avere le mani lunghe*, (*rubacchiare*) to be light-fingered; *essere — di mano*, (*essere manesco*) to be very free with one's fists // *fare la faccia lunga*, to pull a long face // *fare il passo più — della gamba*, to bite off more than one can chew **2** (*alto*) tall: *— come un palo, come una pertica*, as tall as a beanpole; *era — —*, he was ever so tall **3** (*fam.*) (*lento*) slow: *sbrigati, quanto sei —!*, hurry up, how slow you are!; *essere — a fare qlco.*, to take a long time doing sthg.; *una ferita lunga da guarire*, a wound that is slow to heal // *è — come la fame*, (*fam.*) he is painfully slow **4** (*diluito*) weak, thin: *brodo —*, thin soup; *caffè —*, weak coffee; *vino —*, watered wine **5** (*fon.*) long: *sillaba, vocale lunga*, long syllable, vowel.

◆ FRASEOLOGIA: *a —*, a long time, for long; at length: *hai aspettato a —?*, did you wait a long time (*o* long)?; *non ho atteso a —*, I haven't waited long; *non voglio aspettare più a —*, I won't wait any longer; *ha parlato a —*, he spoke at length // *a — andare, alla lunga*, in the long run, sooner or later, eventually, at last: *a — andare ce la faremo*, we'll do it sooner or later; *a — andare mi diventò simpatico*, I got to like him eventually // *di gran lunga*, by far, far and away: *è di gran lunga il migliore*, he is by far (*o* far and away) the best // *in — e in largo*, high and low (*o* everywhere *o* far and wide) // *per il —*, in length: *due metri per il —*, two metres in length // *andare per le lunghe*, to take a long time: *questa faccenda va per le lunghe*, this business takes a long time // *farla lunga*, to keep on, to go on and on: *come la fai lunga!*, how you keep on! // *saperla lunga*, to have a long head (*o* to know what's what) // *tirare in — qlco.*, to draw sthg. out // *tirar di —*, to keep going.

lungo *prep.* **1** (*rasente*) along: *camminare — il fiume*, to walk along the river; *— tutto il percorso di gara ci sono servizi di assistenza*, there are assistance units along the course of the race **2** (*durante*) during, over: *— il viaggio*, during the journey; *— il corso dei secoli*, over the centuries.

lungobanco *s.m.* (*ind. miner.*) drive, mine drive.

lungodegente *s.m.* e *f.* long-term patient, long-stay patient.

lungofiume *s.m.* embankment.

lungolago *s.m.* lakeside, promenade.

lungolinea *s.m.* (*tennis*) long-line.

lungomare *s.m.* promenade; seafront: *una passeggiata sul —*, a walk along the promenade; *un caffè sul —*, a café on the seafront.

lungometraggio *s.m.* (*cinem.*) feature film, full-length film.

lungopò *s.m.* the Po embankment.

lungosenna *s.m.* the Seine embankment.

lungotevere *s.m.* the Tiber embankment.

lunisolare *agg.* (*astr.*) lunisolar.

lunotto *s.m.* (*aut.*) rear window: *— termico*, reated rear window.

lunula *s.f.* **1** (*scient.*) lunule: *— dell'unghia*, lunule of the fingernail, (*pop.*) half moon **2** (*mat.*) lune.

luogo *s.m.* **1** place; spot: *— aperto*, open place; *— consacrato*, sacred place; *il — del delitto, del sinistro*, the scene of the crime, of the disaster; *il — della battaglia*, the site of the battle; (*aer.*) *— di atterraggio*, landing strip (*o* landing field); *— di destinazione, provenienza*, place of destination, origin; *— di partenza*, departure point; *— di nascita*, place of birth (*o* birth-place); *— di passaggio*, thoroughfare; *— fortificato*, fortified place; *questo non è il — per farlo*, this is not the place to do it; *mettere qlco. in un — sicuro*, to put sthg. in a safe place; *complemento di —*, complement of place // *in nessun —*, nowhere; *in ogni —*, everywhere; *in qualsiasi —*, anywhere: *in qualsiasi — sia*, wherever it is (*o* may be) // *sul —*, on the spot: *ero sul —*, I was on the spot // *usanze del —*, local customs; *non è del —*, he doesn't come (*o* he isn't) from here; *la gente del —*, the locals // *i Luoghi Santi*, the Holy Places (of Palestine); *— santo*, (*cimitero*) hallowed (*o* sanctified) ground // (*dir.*): *— di competenza*, place of venue; *— di pena*, prison (*o* penitentiary) // *— di cura*, health resort // *a tempo e —*, at the proper time and place // *fuori —*, out of place (*o* inopportune) // *in — di*, instead of: *in — del film si terrà un concerto*, there will be a concert instead of the film // *in primo —*, in the first place (*o* first of all *o* firstly); *in secondo —*, in the second place (*o* secondly) // *tenne — di giudice*, he acted as judge // *avere —*, to take place: *quando avrà — il matrimonio?*, when will the marriage take place?; *la riunione avrà — a Milano*, the meeting will be held in Milan; *lo scambio di corrispondenza che ha avuto — fra di loro*, the correspondence that has passed between them // *dar — a qlco.*, (*provocare*) to give rise to sthg., (*condurre a*) to lead to sthg.: *azione che potrebbe dar — a delle critiche*, action open to criticism; *tutto dà — a credere che...*, everything leads us to believe that...; *dar — a dubbi*, to give rise to doubts; *dar — a lagnanze*, to give cause for complaint **2** (*non com.*) (*spazio*) room: *fare — a qlcu.*, to make room (*o* way) for s.o. **3** (*passo di uno scritto*) passage: *— oscuro*, obscure (*o* difficult) passage; *in certi luoghi della Divina Commedia*, in certain passages of the Divine Comedy; *nel — citato*, in the passage quoted // *— comune*, commonplace (*o* cliché) **4** (*dir.*): *non — a procedere*, nonsuit; *pronunziare un non — a procedere*, to enter a nonsuit (*o* to deliver an open verdict) **5** *— geometrico, dei punti*, locus* **6** (*ant.*) (*rango*) rank, class, position.

luogotenente *s.m.* **1** deputy, representative **2** (*mil.*) lieutenant **3** (*st. romana*) legate.

luogotenenza *s.f.* **1** deputyship **2** (*mil.*) lieutenancy, lieutenantship **3** (*st. romana*) legateship.

lupa *s.f.* **1** she-wolf* // *la — capitolina*, the Capitoline she-wolf // (*st.*) *figli, figlie della —*, Fascist youth organisation // (*med.*) *mal della —*, bulimia **2** (*carie del legno*) dry rot.

lupacchiotto *s.m.* (*cucciolo di lupo*) wolf cub; (*lupo giovane*) young wolf*.

lupaia *s.f.* (*covo di lupi*) wolves' lair, wolves' den.

lupanare *s.m.* **1** brothel **2** (*fig.*) den of vice.

lupara *s.f.* **1** (*cartuccia*) buckshot **2** (*fucile*) sawn-off shotgun.

luparia *s.f.* (*bot.*) (*Aconitum lycoctonum*) wolf's bane.

lupercale *agg.* e *s.m.* Lupercal // (*st. romana*) *i lupercali*, Lupercalia.

lupesco *agg.* wolfish, lupine.

lupetto *s.m.* **1** (*zool.*) wolf cub **2** (*estens.*) (*degli scout*) (wolf) cub.

lupicante *s.m.* (*zool.*) (*Homarus vulgaris*) lobster.

lupinaio *s.m.* (*venditore di lupini*) lupin seller.

lupinella *s.f.* (*bot.*) (*Onobrychis sativa*) cock's head, cockshead, sainfoin.

lupino[1] *agg.* wolfish, of a wolf, wolf's, lupine: *dente —*, wolfish tooth // (*med.*) *gola lupina*, cleft palate.

lupino[2] *s.m.* (*bot.*) lupin(e).

lupinosi *s.f.* (*vet.*) lupinosis, lupine poisoning.

lupo *s.m.* **1** (*zool.*) (*Canis lupus*) wolf*: *— maschio*, he-wolf // *— delle praterie*, (*Canis latrans*) coyote (*o* prairie wolf); *— cerviero*, lynx // *— di mare*, (*marinaio*) old salt (*o* sea dog): *era un vecchio — di mare*, he was an old sea dog // *— mannaro*, (*licantropo*) werewolf, (*spauracchio infantile*) bog(e)y man // *"In bocca al —!" "Crepi il —!"*, "Good luck!" "Thanks!" // *tempo da lupi*, foul (*o* filthy) weather // *avere una fame da —*, to be as hungry as a horse // *gridare al —*, to cry wolf // *mangiare come un —*, to eat like a horse // *finire in bocca al —*, (*fig.*) to go into the lion's den // *il — perde il pelo ma non il vizio*, (*prov.*) the leopard never changes his spots // *— non mangia —*, (*prov.*) dog doesn't eat dog // *chi pecora si fa, il — se lo mangia*, (*prov.*) he that makes himself a sheep, shall be eaten by the wolf **2** (*zool.*) *— di mare, pesce —*, (*Anarhichas lupus*) swine-fish (*o* sea-wolf *o* wolf-fish) **3** (*tess.*) willow: *— cardatore*, carding willow.

lupoide *agg.* (*med.*) lupoid.

luposo *agg.* (*med.*) lupous.

luppolaia *s.f.* hop-field, hop-garden.

luppolino *s.m.* lupulin.

luppolizzazione *s.f.* (*tecn.*) hopping.

luppolo *s.m.* (*bot.*) (*Humulus lupulus*) hop: *raccolta del —*, hop picking (*o* hopping).

lupus *s.m.* (*med.*) lupus.

lupus in fabula *inter.* (*lat.*) speak of the devil....

luridezza *s.f.* filthiness, dirtiness, dirt.

lurido *agg.* **1** filthy, dirty: *viveva in una lurida catapecchia*, he lived in a filthy hovel; *hai delle mani veramente luride*, your hands are really filthy **2** (*fig.*) (*losco, disonesto*) dirty; corrupt: *si trovò immischiato in quella lurida faccenda senza saperlo*, he found himself mixed up in that dirty business without even knowing it.

luridume *s.m.* filth, filthiness, dirt (*anche fig.*): *vivere nel* —, to live amidst the dirt // — *morale*, moral degradation.

luscengola *s.f.* (*zool.*) (*Chalcides chalcides*) serpent-lizard.

lusco *agg.* (*rar.*): *tra il — e il brusco*, in half light; *mi guardò tra il — e il brusco*, (*fig.*) he looked at me with a mixture of indulgence and irritation.

lusiade *agg.* e *s.m.* e *f.* (*letter.*) Lusitanian, Portuguese.

lusinga *s.f.* **1** allurement, cajolery [U], blandishment; (*persuasione*) coaxing [U]; (*adulazione*) flattery [U], praise: *le lusinghe dei sensi*, the allurements of the senses; *le lusinghe di una donna*, a woman's blandishments; *cercò di accattivarselo con delle lusinghe*, he tried to win him over by flattery; *cedere alle lusinghe*, to give way to enticements (*o* to blandishments); *attirare qlcu. con lusinghe*, to entice s.o. with one's blandishments; *era indifferente alle lusinghe della grande città*, he was indifferent to the attractions (*o* the lure) of the city **2** (*letter.*) (*illusione*) illusion, false hope, delusion: *speravo di riuscire, ma era una* —, I hoped to succeed, but it was a delusion; *vivere di lusinghe*, to live on one's illusions.

lusingamento *s.m.* (*non com.*) allurement, blandishment.

lusingare *v.tr.* **1** to allure, to entice, to cajole; (*adulare*) to flatter: *in fondo ne era lusingato*, deep down he was flattered (by it); *non mi* —, don't flatter me; — *l'amor proprio di qlcu.*, to flatter s.o.'s pride; — *una persona con promesse*, to entice a person with promises **2** (*nutrire con vane speranze*) to deceive, to delude: *il medico lo lusingava riguardo alle sue condizioni*, the doctor deceived him as to his condition.

□ **lusingarsi** *v.rifl.* (*non com.*) to flatter oneself; (*nutrire false speranze*) to delude oneself, to entertain illusions; (*sperare*) to hope, to trust: *mi lusingavo di poter riuscire*, I flattered myself that I could succeed; — *con vane speranze*, to delude oneself with false hopes // *mi lusingo che vorrete venire*, (*form.*) I trust (that) you will come.

lusingatore *s.m.* **lusingatrice** *s.f.* (*letter.*) flatterer, wheedler ◆ *agg.* flattering.

lusinghevole *agg.* flattering, enticing, tempting: *parole lusinghevoli*, flattering words.

lusinghiero *agg.* **1** (*che dà piacere, che lusinga*) flattering, cajoling, blandishing: *lode lusinghiera*, (high) praise; *ha avuto per te parole lusinghiere*, he spoke of you in flattering terms **2** (*letter.*) (*che alletta*) tempting, enticing, alluring: *proposta lusinghiera*, tempting (*o* attractive) proposal.

lusitano *agg.* e *s.m.* (*letter.*) Lusitanian; Portuguese.

lussare *v.tr.* to dislocate, to sprain: *lussarsi una spalla*, to dislocate one's shoulder; *mi sono lussato una caviglia*, I have sprained my ankle.

lussatura, **lussazione** *s.f.* (*med.*) dislocation, luxation, displacement, sprain: — *semplice, congenita*, closed (*o* simple), congenital luxation.

lussemburghese *agg.* Luxemb(o)urgian ◆ *s.m.* e *f.* inhabitant of Luxemb(o)urg; native of Luxemb(o)urg; Luxemb(o)urger.

lusso *s.m.* luxury, lavishness; (*abbondanza*) wealth, abundance; *amare il* —, to love luxury; *vivere nel* —, to live in (the lap of) luxury // *di* —, luxury (*attr.*); de luxe: *articoli di* —, luxury articles; *edizione di* —, de luxe edition; *hotel di* —, luxury (*o* de luxe) hotel; *negozio di* —, luxury (*o* high-class) shop; (*trib.*) *tassa sui generi di* —, luxury tax // *un libro con gran — di illustrazioni*, a book with a wealth of illustrations; *era vestita con gran —, ma senza eleganza*, she was richly but not elegantly dressed; *questo per me è un* —, this is a luxury for me // *prendersi, permettersi il — di*, to afford oneself the luxury of: *non posso permettermi il — di una vacanza*, I cannot afford the luxury of a holiday; *non posso permettermi il — di alzarmi alle dieci!*, I can't afford the luxury of getting up at ten! // *che —!*, what luxury!

lussuoso *agg.* luxurious, luxury (*attr.*), rich, sumptuous: *un appartamento* —, a luxury flat; *una casa lussuosa*, a magnificent (*o* splendid) house.

lussureggiante *agg.* luxuriant, lush, gross, rank; (*fig.*) luxuriant, rich: *la vegetazione — dei tropici*, the luxuriant vegetation of the tropics; *ha uno stile* —, he has a rich style.

lussureggiare *v.intr.* to be luxuriant, to be lush; to flourish, to thrive*: *il grano lussureggiava quell'anno*, the corn was thriving that year.

lussuria *s.f.* lust, lechery, lewdness, lasciviousness.

lussurioso *agg.* lustful, lecherous, lewd, lascivious: *un uomo* —, a lecherous man; *conduce una vita lussuriosa*, he leads a depraved life ◆ *s.m.* lecherous man.

lustrale *agg.* **1** (*purificatorio*) purifying, lustral // *acqua* —, (*st. romana*) lustral water, (*eccl.*) holy water **2** (*letter.*) (*di un lustro*) lustral, quinquennial.

lustramento *s.m.* (*non com.*) **1** (*il lustrare*) polishing, shining **2** (*fig.*) (*esagerata adulazione*) (outrageous) flattery.

lustrare[1] *v.tr.* **1** (*far diventare lucido*) to polish, to shine*: — *i bottoni della divisa*, to polish (*o* to burnish) the buttons on one's uniform; — *mobili*, to polish furniture; — *scarpe*, to shine (*o* to polish) shoes // — (*le scarpe a*) *qlcu.*, (*adularlo*) to lick s.o.'s boots **2** (*fig. non com.*) (*adulare*) to flatter; (*fam.*) to butter up ◆ *v.intr.* (*risplendere*) to shine*, to gleam: *il pavimento lustrava come uno specchio*, the floor shone like a mirror; *gli lustrano gli occhi dalle lacrime*, his eyes are shining with tears; *le lustravano gli occhi dalla gioia*, her eyes glowed (*o* shone) with joy.

lustrare[2] *v.tr.* (*letter.*) (*purificare*) to lustrate, to purify.

lustrascarpe *s.m.* **1** shoeblack; (*amer.*) shoeshine boy **2** (*fig.*) (*adulatore*) crawler, flatterer, bootlicker.

lustrata *s.f.* polish, shine: *da' una — alle scarpe*, give your shoes a polish.

lustratura *s.f.* (*il lustrare*) polishing, shining; (*lucidatura*) polish, shine.

lustrazione *s.f.* **1** (*nell'antica Roma*) lustration **2** (*eccl.*) lustration, purification **3** (*revisione quinquennale del catasto*) five-yearly revision of the land register.

lustrino *s.m.* **1** (*guarnizione*) sequin: *un abito da sera ricamato a lustrini*, an evening dress trimmed with sequins **2** (*fig.*) (*orpello*) false glitter, useless ornament.

lustro[1] *agg.* **1** (*lucido*) bright, shining; glowing; glossy: *occhi lustri di febbre*, eyes bright with fever; *il mio cane ha il pelo* —, my dog has a glossy coat **2** (*lucidato*) polished; shiny: *una superficie lustra*, a shiny (*o* polished) surface; *le tue scarpe sono così lustre che sembrano nuove*, your shoes are so shiny that they look new ◆ *s.m.* **1** (*lucentezza*) shine, brilliance, gloss; lustre; sheen: *questo mobile, questa lastra di marmo ha perso il* —, this piece of furniture, this marble top has lost its shine (*o* sheen) // *la sua casa è sempre tirata a* —, her home is always spick and span **2** (*prestigio*) lustre, splendour; fame; prestige: *opere che hanno dato — al suo nome*, works which have made his name famous; *portò grande — all'università*, he brought great prestige to (*o* shed lustre on) the University // *è il — della famiglia*, he's the pride of the family.

lustro[2] *s.m.* **1** (*spazio di cinque anni*) five-year period: *visse dieci lustri*, he lived for fifty years **2** (*st. romana*) lustrum*.

lutare *v.tr.* to lute.

luteina *s.f.* (*biochim.*) lutein.

luteinico *agg.* (*biochim.*) luteal: *ormone* —, luteal hormone.

luteinizzante *agg.* (*biochim.*) luteinizing: *ormone* —, luteinizing hormone.

luteo *agg.* **1** (*letter.*) (*giallo, aureo*) luteous, golden yellow **2** (*anat.*): *corpo* —, corpus luteum; *macchia lutea*, macula lutea.

luteola *s.f.* (*bot.*) (*Reseda luteola*) weld.

luteolina *s.f.* (*chim.*) luteolin.

luteranesimo, **luteranismo** *s.m.* (*relig.*) Lutheranism.

luterano *agg.* e *s.m.* (*relig.*) Lutheran.

lutezio *s.m.* (*chim.*) lutetium.

luto *s.m.* lute: *cementare con il* —, to lute.

lutolento → **lutulento**.

lutreola *s.f.* (*zool.*) (*Mustela lutreola*) mink.

lutto *s.m.* **1** (*segno di cordoglio*) mourning: — *stretto*, full mourning; *mezzo* —, half mourning; *abito da* —, mourning; *carta listata a* —, black-edged paper; *parato a* —, draped in black; *fascia da* —, mourning-band; *essere in* —, to be in mourning; *mettere, smettere il* —, to go into, to come out of mourning; *portare il* —, to wear mourning **2** (*dolore*) grief, mourning; (*perdita*) loss, bereavement; (*disgrazia*) disaster: — *nazionale*, national mourning; *partecipare al — di qlcu.*, to share s.o.'s grief; *tutta la nazione era in* —, the whole country was plunged into mourning; *la sua morte fu un — generale*, his death was universally mourned; *avere un — in famiglia*, to have a loss in the family.

luttuoso *agg.* (*doloroso*) mournful, doleful, sorrowful; (*che è causa di lutto*) tragic, distressing: *avvenimenti luttuosi*, tragic events; *notizie luttuose*, distressing news.

lutulento *agg.* (*letter.*) (*fangoso*) muddy.

lux *s.m.* (*fis.*) lux.

luxmetro *s.m.* (*fis.*) luxmeter.

Mm

m *s.f.* o *m.* **1** (*tredicesima lettera dell'alfabeto*) m (*pl.* ms, m's) // (*tel.*) — *come Milano*, m for Mary (*o amer.* m for Mike) **2** *M*, (*numero romano equivalente a mille*) M (one thousand).

ma[1] *cong. con valore avversativo* **1** (*contrasto diretto*) but: *incredibile — vero*, incredible but true; *è un libro difficile — interessante*, it's a difficult but interesting book; *è un bell'appartamento, — è troppo caro*, it's a lovely flat but too expensive; *gli ho scritto — non mi ha ancora risposto*, I wrote to him but he hasn't replied yet; *ha diversi quadri, — neanche uno autentico*, he has a lot of paintings but none of them are originals; *lei accetterebbe, — io no*, she would accept, but I wouldn't; *ha agito così non per timore — per prudenza*, he behaved thus not out of fear but out of caution **2** (*invece, solo che*) but, only that: *l'avrei comprato, — non avevo i soldi*, I would have bought it, but (*o* only that) I didn't have the money; *avremmo accettato l'invito, — avevamo un altro impegno*, we would have accepted the invitation but were otherwise engaged **3** (*tuttavia*) but, still, yet: *arrivammo alla stazione in ritardo — riuscimmo a prendere il treno*, we got to the station late but were still able to catch the train; *c'era un tempo pessimo — la gita si fece ugualmente*, the weather was awful, but the trip took place all the same; *sarà anche onesto, — (tuttavia) non mi fido di lui*, he may be honest, but I (still) don't trust him; *non credo di poterlo aiutare, — farò il possibile*, I don't think I can help him, but I'll do what I can; *"Vuoi un po' di whisky?" "Sì, — pochissimo"*, "Would you like some whisky?" "Yes, but only a drop"; *va' pure, — torna presto*, you can go, but be back soon; *hai pienamente ragione — non devi prendertela tanto!*, you're quite right, but don't worry so much about it! **4** (*con uso rafforzativo o enfatico*): *è ricco, — così ricco*, he's rich but (so) rich; *è stato bello, — bello davvero*, it was absolutely lovely!; *il cibo era non buono — eccellente*, The food wasn't (just) good. It was excellent; *ha parlato bene, — proprio bene*, he spoke well, very well indeed; *gliene ha date tante, — tante*, he gave him a real good hiding // *non solo... — anche*, not only... but also **5** (*all'inizio di frase*): *È una situazione insostenibile. Ma parliamo d'altro*, It's an unbearable situation. But let's change the subject; *— torniamo a quanto vi stavo dicendo*, But let's get back to what I was telling you; *questo è vero, — ammettendo anche che tu abbia ragione...*, that's true, but even admitting you are right...; *— ti dico che l'ho visto!*, but I tell you I saw him! **6** (*in frasi escl. o interr.; di solito in ingl. non si traduce*): *— è vero?!*, Is it true?; *— che dici?*, what are you saying?; *— che splendida giornata!*, what a lovely day!; *— che cos'hai oggi?*, what's wrong with you today?; *— insomma, taci!*, for heaven's sake, be quiet! // *— bravo!*, (*iron.*) that's a clever boy! // *— davvero?*, really? // *— se lo sanno tutti!*, everyone knows! // *— sì!*, why (*o* yes), of course!: *— sì che è vero!*, it's true, I tell you! // *— certo!*, yes, sure! // *— no!*, (*per esprimere meraviglia*) no! (*o* really? *o* indeed?); (*per esprimere forte negazione*) of course not!; *— no che non lo devi dire!*, you mustn't talk like that! // *— che!*, *— va là!*, *— via!*, go on (*o* come off it!) // *— come ?!*, (*per esprimere meraviglia o sdegno*) how come? (*o* what?).

ma[2] *inter.* (*per esprimere perplessità o dubbio*): *"Sai che ha interrotto gli studi?" "Ma! chi l'avrebbe potuto immaginare!"*, "Have you heard he's dropped out of college?" "Well! Whoever would have thought it?"; *"Come si chiama quel tizio?" "Ma, chi lo sa!"*, "What's that fellow's name?" "Heaven knows!"; *"Dove andremo a finire?" "Ma!..."*, "What's the world coming to?" "Goodness knows!"

ma[3] *s.m.* but: *andrebbe tutto bene, ma c'è un —...*, it should be all right, but there's just one problem...; *con tutti i tuoi — e se, non combinerai nulla!*, with all your ifs and buts you'll never get anywhere!; *deciditi, senza tanti — e se*, make up your mind, without so many ifs and buts; *non c'è — che tenga*, no buts about it!

macabro *agg.* macabre, gruesome; morbid: *una storia macabra*, a gruesome story; *avere il gusto del —*, to have morbid tastes // *danza macabra*, Dance Macabre (*o* Dance of Death).

macaco *s.m.* **1** (*zool.*) macaque // *maki —*, (*Lemur macaco*) macaco* **2** (*uomo brutto, goffo e sciocco*) runt.

macadam *s.m.* (*edil.*) macadam.

macadamizzare *v.tr.* (*edil.*) to macadamize.

macao[1] *s.m.* (*zool.*) macaw.

macao[2] *s.m.* (*gioco d'azzardo*) macao.

macaone *s.m.* (*zool.*) (*Papilio machaon*) swallow-tail (butterfly).

macaronico → **maccheronico**.

maccabeo *agg.* Maccabean // *i Maccabei*, the Maccabees.

maccarello *s.m.* (*zool.*) → **scombro**.

maccaronico → **maccheronico**.

maccartismo *s.m.* (*pol.*) McCarthyism.

maccartista *s.m.* e *f.* McCarthyist.

macché *inter.* (*no, mai più*) of course not!; (*neanche per sogno*) not on your life!; (*suvvia*) go on!; come off it!

maccheronata *s.f.* (abundant) dish of macaroni.

maccheronea *s.f.* macaronic composition.

maccheroni *s.m.pl.* (*cuc.*) macaroni [U]: *maccheroni al gratin*, macaroni au gratin; *maccheroni fatti in casa*, homemade macaroni // *questa vacanza è venuta come il cacio sui maccheroni*, this holiday has come just at the right time.

maccheronico *agg.* macaronic.

macchia[1] *s.f.* **1** spot, stain, blot; (*piccola*) speck: *— di colore*, blob of colour; *— di fango*, spot of mud; *— d'inchiostro*, ink blot (*o* smudge of ink); *— di sangue*, bloodstain; *— di unto*, grease stain; *— di vino*, wine stain; *— di umidità* (*su carta*), fox mark; *una vecchia stampa con macchie di umidità*, a foxed old engraving; *con macchie*, spotted; *marmo bianco con macchie nere*, white marble with black spots; *è rimasta la —*, the stain hasn't come out; *questa — non va via*, this stain won't come out; *il suo vestito era coperto di macchie*, her dress was covered with stains; *fare una —*, to make (*o* to leave) a dirty mark; *levare una —*, to take out (*o* to remove) a stain; *quella — ha lasciato un alone*, that stain has left a ring // *particolare che fa — in un quadro*, detail that stands out in a picture // *allargarsi a — d'olio*, to spread in all directions; (*fig.*) to spread like wildfire; *gli scioperi si diffondevano a — d'olio in tutto il paese*, strikes were spreading like wildfire all over the country; *la città si estende a — d'olio*, the town is sprawling outwards // (*fot. cinem.*) *— di luce*, hot-spot // (*fis.*) *— di riflessione*, flare-spot (*o* flare ghost) // (*tv*) *— fluorescente*, fluorescent spot **2** (*fig.*) blemish, spot, stain, blot: *la — del peccato*, the stain (*o* taint) of sin; *una — sull'onore di qlcu.*, a stain (*o* blot) on s.o.'s honour; *non ha macchie sulla coscienza*, he has nothing on his conscience // *senza —*, spotless (*o* stainless *o* unblemished *o* unsullied); *nome, reputazione senza —*, unblemished (*o* spotless) name, reputation **3** (*med.*) macula: *— cieca*, macula lutea **4** (*zool.*) spot: *le macchie di un leopardo*, the spots of a leopard; *— a forma di occhio*, ocellus; *— della coda*, (*del pavone*) eye; *— bianca*, (*sulla fronte di cavallo o bue*) blaze **5** (*astr.*) spot: *macchie solari*, sunspots; *— rossa*, (*di Marte*) great red spot **6** (*pitt.*) rough sketch: *fare, dipingere alla —*, to sketch.

macchia[2] *s.f.* (*boscaglia*) bush, scrub; copse, thicket; maquis; (*dei deserti nordamericani*) chaparral; *terreno a —*, scrub-land // *alla —*, (*clandestinamente*) clandestinely: *stampare un libro alla —*, to print a book clandestinely // *darsi alla —*, to take to the bush (*o* maquis), (*fig.*) (*rendersi irreperibile*) to go into hiding // *vivere alla —*, to be an outlaw.

macchiaiola *s.f.* (*bot.*) (*Erica tetralyx*) heath bell.

macchiaiolo *s.m.* (*st. pitt.*) macchiaiolo (Florentine impressionist painter).

macchiare *v.tr.* **1** to stain, to spot; (*sporcare*) to soil: *egli aveva le mani macchiate di sangue*, he had bloodstained hands; *— di fango*, to spatter (*o* to bespatter) with mud; *— di vino*, to stain with wine; *— d'inchiostro*, to blot (*o* smudge) with ink; *attento a non macchiarti la cravatta con il caffè*, mind you don't spill coffee on your tie (*o* mark your tie with coffee) **2** (*fig.*) to stain, to spot, to sully, to blemish: *— la reputazione di qlcu.*, to stain (*o* soil) s.o.'s reputation **3** (*pitt.*) (*dipingere a macchia*) to sketch.

□ **macchiarsi** *v.intr.pron.* **1** to get stained; (*sporcarsi*) to dirty oneself, to get dirty: *si è macchiato le mani*, he dirtied his hands (*o* got his hands dirty); *stoffa che si macchia facilmente*, cloth that stains easily; *la tovaglia si è macchiata*, the table-cloth got stained **2** (*fig.*) to sully (oneself): *— la reputazione*, to sully one's reputation; *si è macchiato di molti delitti*, he's soiled his hands with many foul deeds.

macchiato *agg.* **1** (*chiazzato*) spotted, stained, blotched, blotchy: *marmo —*, spotted marble; *hai la camicia tutta macchiata*, your shirt's all stained // *caffè —*, (*fam.*) espresso coffee with a dash of milk; *latte —*, milk with a dash of coffee **2** (*zool.*) (*di cavallo ecc.*) dappled: *— di bianco*, bald **3** (*di carta mal conservata*) foxed.

macchietta *s.f.* **1** (*piccola macchia*) speck, little spot **2** (*pitt.*) sketch, caricature **3** (*persona stravagante*) odd person, eccentric person, character **4** (*teatr.*) character part.

macchiettare *v.tr.* to speckle, to dapple.

macchiettato *agg.* flecked; (*zool.*, *bot.*) punctate, punctated; ticked: *una stoffa gialla macchiettata di rosso*, yellow fabric flecked with red.

macchiettatura *s.f.* (*bot.*, *zool.*) punctation.

macchiettista *s.m.* **1** (*teatr.*) character actor **2** (*caricaturista*) caricaturist.

macchiettistico *agg.* burlesque.

macchina *s.f.* **1** machine; engine; apparatus; (*macchinario*) machinery, equipment: *— automatica*, automatic (machine); *— a vapore*, steam engine; *— elettrica*, electric(al) machine; *— termica*, heat machine; *— utensile*, machine tool; *— contabile*, accounting machine; *— per scrivere elettrica*, *automatica*, *a testina rotante*, electric, type-controlled, golf ball typewriter; *battere*, *scrivere a —*, to type; *— fotocopiatrice*, photocopying machine (*o* photocopier); *— calcolatrice*, calculator (*o* calculating machine); *— affrancatrice*, franking machine; *— tabulatrice*, tabulating machine; *— per fatturare*, invoicing (*o* billing) machine; *— telescrivente*, teletypewriter (*o fam.* teletype); *— distruggidocumenti*, shredder; *— per ufficio*, office machinery (*o* equipment) // *— lavapiatti*, *lavastoviglie*, dishwasher (*o* dish-washing machine); *— per cucire*, sewing machine; *— per maglieria*, knitting machine; *fatto a —*, machine-made; *lavorazione a —*, machine work; *montare*, *smontare una —*, to assemble, to dismantle a machine // *sala macchine*, engine room // (*agr.*): *macchine agricole*, agricultural machinery; *— per la mietitura*, reaping machine // (*fot.*, *cinem.*): *— fotografica*, camera; *— da presa*, movie camera; *— da proiezione*, projector // (*mecc.*): *— per filettare*, threading machine (*o* threader); *— per il controllo degli ingranaggi*, gear testing machine; *— per prove di trazione*, tensile testing machine; *— per prove d'urto*, impact testing machine; *— per zigrinare*, knurling machine // (*tess.*): *— cimatrice*, shearing machine; *— per cardare*, carding machine // (*tip.*): *— compositrice*, composing (*o* typesetting) machine; *— da stampa*, printing press (*o* printing machine *o* printer); *— piegafogli*, folding machine; *— rotativa*, rotary press; *— tagliacarte*, paper cutter; *andare in —*, to go to press // (*inform.*): *— perforatrice*, cardpunch, (*amer.*) keypunch; *codice —*, machine code **2** (*automobile*) car: *siamo venuti in —*, we drove here; *conto di andarci in —*, I'm thinking of going there by car; *siamo andati con la mia —*, we went in my car; *è venuto con la sua — nuova*, he came in his new car; *è partito in — mezz'ora fa*, he left by car half an hour ago // *avere tre macchine di vantaggio*, to be three car-lengths ahead • Per ulteriori esempi cfr. *auto* **3** (*fig.*) machine: *la — burocratica*, bureaucratic machine; *la — elettorale*, the electoral machine; *mettere in moto la — della giustizia*, to set the wheels of justice turning (*o* the machine of justice in motion) // *— infernale*, infernal machine // *non è un uomo, è una —*, he's not a man, he's a machine.

macchinale *agg.* mechanical, automatic: *un movimento —*, a mechanical (*o* automatic) movement.

macchinamento *s.m.* → **macchinazione**.

macchinare *v.tr.* **1** (*tramare*, *complottare*) to plot; to scheme, to contrive; to hatch: *che cosa state macchinando?*, what mischief are you hatching between you?; *macchina un tradimento*, he is plotting treason; *macchinarono di rovesciare i loro rivali*, they schemed to overthrow their rivals; *— di uccidere qlcu.*, to plot to kill s.o. **2** (*non com.*) (*lavorare a macchina*) to machine, to work by machine: *— il legname*, to machine timber.

macchinario *s.m.* machinery [U]; equipment [U].

macchinata *s.f.* (*fam.*) (*di lavatrice o lavastoviglie*) load: *con una — ho lavato tutta la biancheria*, I did all the washing in one load; *una — di indumenti colorati*, a load of coloureds.

macchinatore *s.m.* **macchinatrice** *s.f.* (*non com.*) (*chi trama*) machinator, intriguer, plotter.

macchinazione *s.f.* machination, intrigue, plot: *le macchinazioni dei nostri avversari*, the machinations of our opponents; *scoprire una — politica*, to discover a political plot (*o* intrigue); *fu la vittima di una — politica*, he was the victim of a political intrigue.

macchinetta *s.f.* machine, device: *— del caffè*, coffee machine (*o* percolator) // *parlare come una —*, (*fig.*) to speak very fast (*o* to talk nineteen to the dozen).

macchinismo → **meccanicismo**.

macchinista *s.m.* machinist; (*ferr.*) engine -driver; (*mar.*) (ship) engineer: *— capo*, chief engineer; (*di teatro*) stagehand (*o* sceneshifter).

macchinosità *s.f.* complexity, intricacy: *la — di un romanzo*, the complexity of a novel; *la — della trama*, the intricacy of the plot.

macchinoso *agg.* complicated, complex: *è un romanzo con una trama macchinosa*, it is a novel with a complicated plot; *il suo ragionamento è un po' — ma funziona*, his reasoning is a bit complicated but it works.

macchione *s.m.* brushland.

macedone *agg.* e *s.m.* Macedonian.

macedonia *s.f.* (*cuc.*) fruit salad; macedoine.

macedonico *agg.* Macedonian.

macellabile *agg.* fit for slaughtering: *vitelli macellabili*, calves for slaughter (*o* fit for slaughtering).

macellaio *s.m.* **1** (*chi vende carne*) butcher; (*chi macella*) slaughterer: *negozio di —*, butcher's shop **2** (*fig. spreg.*) slaughterer, butcher: *quel chirurgo è un —*, that surgeon is a butcher.

macellare *v.tr.* to slaughter, to butcher (*anche estens.*): *il macellaio macella una volta la settimana*, the butcher slaughters once a week; *la popolazione fu macellata dalla guerra*, the population was butchered in the war.

macellatore *s.m.* slaughterer, butcher.

macellazione *s.f.* slaughter(ing).

macelleria *s.f.* butcher's shop.

macello *s.m.* **1** (*luogo dove si macellano le bestie*) slaughterhouse, abattoir: *costruire un nuovo —*, to build a new slaughterhouse **2** (*non com.*) (*macelleria*) butcher's shop **3** (*il macellare*) slaughtering: *bestie da —*, animals for slaughter **4** (*massacro*) slaughter, butchery, massacre: *l'esplosione causò un —*, the explosion caused a massacre // *condurre*, *mandare al —*, (*a morte certa*) to lead, to send to the slaughter // *carne da —*, (*di soldati*) cannon fodder **5** (*fig. fam.*) (*disastro*) mess, shambles; (*affollamento*) crowd, horde: *i bambini hanno fatto un — in cucina*, the children have made a shambles in the kitchen; *c'era un — di gente alla festa*, there were hordes of people at the party; *che —!*, what a shambles!

macerabile *agg.* soakable, that can be soaked, that can be macerated; (*di carta*) that can be pulped.

macerabilità *s.f.* (*non com.*) the capacity to be soaked, the capacity to be macerated.

macerale *s.m.* (*geol.*) maceral.

maceramento *s.m.* → **macerazione**.

macerare *v.tr.* **1** to soak, to steep: *— la carne nell'aceto*, to soak (*o* to steep) meat in vinegar; *— il pane nel latte*, to soak bread in milk **2** (*tecn.*) to macerate; (*tess.*) to ret; (*pelli*) to bate: *— il lino*, to ret flax **3** (*fig. letter.*) (*affliggere*, *mortificare*) to mortify, to torment.

□ **macerarsi** *v.intr.pron.* **1** to soak **2** (*tecn.*) to macerate; (*tess.*) to ret ◆ *v.rifl.* (*fig.*) (*struggersi*) to waste (away), to wear* oneself out: *si macera dall'ansietà*, she is wearing herself out with anxiety; *— dal desiderio*, to be eaten away with desire; *— dal dolore*, to waste away with sorrow.

macerato *agg.* **1** soaked, steeped: *carne macerata*, soaked (*o* steeped) meat **2** (*tecn.*) macerated; (*tess.*) retted **3** (*fig.*) (*straziato*) distressed, angrushed: *volto —*, angrushed face ◆ *s.m.* soaked material, macerated material.

maceratoio *s.m.* (*tess.*) rettery.

maceratore *s.m.* (*tecn. cartaria*) macerator.

macerazione *s.f.* **1** soaking, steeping **2** (*tecn.*) maceration; (*tess.*) retting; (*pelli*) bating: — *all'acqua calda*, warm-water retting **3** (*fig.*) (*mortificazione*) mortification; torment: — *della carne*, mortification of the flesh.

maceria *s.f.* (*spec. pl.*) rubble [U]; debris [U]; wreckage [U]; ruins (*pl.*), remains (*pl.*): *le macerie di un edificio*, the ruins of a building; *la città è un cumulo di macerie*, the city is a heap of rubble; *rimase sepolto sotto le macerie*, he lay under the debris.

macero *agg.* **1** (*marcio*) rotten, decomposed, putrid **2** (*pesto*) beaten, bruised; (*fig.*) emaciated ◆ *s.m.* retting-ground, retting-pit.

Mach *s.m.* (*fis.*) Mach: (*numero di*) —, Mach (number).

machete *s.m.* machete.

machiavelleria *s.f.* (*sotterfugio*) subterfuge, cunning scheme.

machiavellesco *agg.* (*non com.*) Machiavellian.

machiavelliano *agg.* Machiavellian.

machiavellico *agg.* **1** (*non com.*) Machiavellian **2** (*astuto*) Machiavellian, crafty, cunning: *un piano* —, a Machiavellian scheme.

machiavellismo *s.m.* Machiavellianism, Machiavellism.

machiavellista *s.m.* e *f.* **1** Machiavellian, Machiavellist **2** (*persona astuta*) Machiavellian, crafty schemer, double dealer.

machiavello *s.m.* **1** (*espediente ingegnoso*) clever trick, ruse **2** (*non com.*) (*persona astuta*) Machiavellian, schemer.

machmetro *s.m.* (*metrol.*) machmeter.

macho *agg.* e *s.m.* (*sp.*) macho: *atteggiamento* —, macho attitude.

macie *s.f.* (*letter.*) emaciation.

macigno *s.m.* **1** (*geol.*) hard sandstone **2** (*masso*) boulder: *questo pane è duro come un* —, (*fig.*) this bread is as hard as stone // *è un* —, he is a blockhead // *è un cuore di* —, he is hard-hearted (*o* he has a heart of stone) // *quel libro è un* —!, what a bore that book is! **3** (*fig.*) (*ostacolo insormontabile*) stumbling block, stone wall.

macilento *agg.* emaciated, gaunt.

macilenza *s.f.* emaciation, gauntness.

macina *s.f.* grindstone, millstone: *le macine andavano tutto il giorno*, the wheels were grinding all day long // *quel pacco è pesante come una* —, (*fig.*) that parcel weighs a ton.

macinabile *agg.* grindable.

macinacaffè *s.m.* coffee grinder, coffee mill.

macinacolori *s.m.* muller.

macinadosatore *s.m.* coffee grinder and measurer.

macinapepe *s.m.* pepper mill, pepper grinder.

macinare *v.tr.* **1** to grind*; (*grano*) to mill, to grind*: — *la farina, il caffè*, to grind flour, coffee; — *la carne*, to mince meat // — *i chilometri*, to eat up (*o* to grind out) the miles // *acqua passata non macina più*, (*prov.*) what's past is past **2** (*fig.*) (*rimuginare*) to brood on (sthg.), to dwell* on (sthg.): — *rabbia, ricordi*, to brood on one's anger, memories.

macinata *s.f.* **1** (*il macinare*) grinding, milling: *dare una* —, to grind hastily **2** (*quantità macinata di volta in volta*) quantity ground.

macinato *agg.* ground, milled: *caffè* —, ground coffee ◆ *s.m.* **1** meal; (*farina*) flour // (*st.*) *tassa sul* —, milling (*o* tax on flour) **2** (*fam.*) (*carne tritata*) mincemeat, minced meat.

macinatoio *s.m.* (*frantoio*) olive press.

macinatore *agg.* grinding, milling.

macinatrice *s.f.* (*mecc.*) grinder, miller.

macinatura *s.f.* grinding, milling.

macinazione *s.f.* grinding, milling: *finezza di* —, fineness of grinding; *pista circolare di* —, (*di un mulino*) bottom grinding ring.

macinino *s.m.* **1** grinder, mill: — *da caffè*, coffee grinder (*o* coffee mill); — *per pepe*, pepper mill **2** (*scherz.*) (*automobile piccola e malandata*) old crock; jalopy.

macinio *s.m.* grinding.

macis *s.m.* e *f.* (*bot.*) mace.

maciste *s.m.* (*scherz.*) colossus*, Hercules.

maciullamento *s.m.* braking, scutching; crushing.

maciullare *v.tr.* **1** to brake, to scutch: — *canapa, lino*, to brake hemp, flax **2** (*stritolare*) to mangle; to crush: *il suo corpo fu maciullato dal treno*, his body was mangled (*o* crushed) by the train.

maciullatrice *s.f.* brake, scutch(er).

maciullatura *s.f.* (*di canapa, lino*) scutching, braking.

maclura *s.f.* (*bot.*) (*Maclura aurantiaca*) osage orange.

macola e *deriv.* → **macula** e *deriv.*

macramè *s.m.* macramé.

macro *agg.* (*inform.*) macro.

macrò *s.m.* (*fam.*) (*sfruttatore di prostitute*) pimp.

macro- *pref.* di origine greca che significa 'grande, di notevole estensione'; ingl. macro-: *macrocosmo*, macrocosm; *macrodistribuzione*, macro-distribution; *macroeconomica*, macroeconomics.

macroanalisi *s.f.* **1** macroanalysis **2** → macroeconomia.

macrobiotica *s.f.* macrobiotics [U].

macrobiotico *agg.* macrobiotic: *dieta macrobiotica*, macrobiotic diet; *ristorante* —, macrobiotic restaurant.

macrocefalìa *s.f.* (*med.*) macrocephaly, macrocephalia.

macrocefalo *agg.* (*med.*) macrocephalous, macrocephalic.

macrochilia *s.f.* (*med.*) macrocheilia.

macrochiria *s.f.* (*med.*) macrocheiria.

macrocita, **macrocito** *s.m.* (*biol.*) macrocyte.

macrocitosi *s.f.* (*med.*) macrocytosis, macrocythemia.

macroclima *s.m.* (*climatologia*) macroclimate.

macrocosmo *s.m.* (*fil.*) macrocosm.

macrocristallino *agg.* (*geol.*) macrocrystalline.

macrodattilia *s.f.* (*med.*) macrodactylia.

macrodattilo *agg.* e *s.m.* (*med.*) macrodactyl.

macrodonte *agg.* (*med.*) macrodont.

macrodontia *s.f.* **macrodontismo** *s.m.* (*med.*) macrodontia.

macroeconomia *s.f.* (*econ.*) macroeconomics [U].

macroeconomico *agg.* (*econ.*) macroeconomic: *modello* —, macroeconomic model; *analisi macroeconomica*, aggregate analysis.

macroestesia *s.f.* (*med.*) macroesthesia.

macrofago *s.m.* (*biol.*) macrophage.

macrofauna *s.f.* (*ecol.*) macrofauna.

macrofillo *s.m.* (*bot.*) macrophyllous.

macroflora *s.f.* (*ecol.*) macroflora.

macrofossile *s.m.* (*paleont.*) macrofossil.

macrofotografia *s.f.* (*fot.*) photomacrography.

macroftalmia *s.f.* (*med.*) macrophthalmia.

macroftalmo *agg.* e *s.m.* (*med.*) (person) affected with macrophthalmia.

macrogamete *s.m.* (*biol.*) macrogamete, egg-cell.

macroglobulina *s.f.* (*biochim.*) macroglobulin.

macroglossa *s.f.* (*zool.*) (*Macroglossa stellatarum*) hawk-moth, hummingbird moth.

macroglossia *s.f.* (*med.*) macroglossia.

macroistruzione *s.f.* (*inform.*) macro*: *stendere macroistruzioni*, to macroize.

macrolinguistica *s.f.* macrolinguistics [U].

macromelia *s.f.* (*med.*) macromelia.

macromole *s.f.* (*chim.*) macromole.

macromolecola *s.f.* (*chim.*) macromolecule.

macromolecolare *agg.* (*chim.*) macromolecular.

macronucleo *s.m.* (*biol.*) macronucleus.

macropetalo *agg.* (*bot.*) macropetalous.

macropia → **macropsia**.

macropode → **macropodo**.

macropodia *s.f.* (*med.*) macropodia.

macropodo *s.m.* (*zool.*) macropod.

macropsia *s.f.* (*med.*) macropsia, macropsy.

macroscopico *agg.* **1** macroscopic: (*fis.*) *stato* —, macroscopic state **2** (*fig.*) glaring, gross: *un errore* —, a glaring mistake (*o* blunder).

macrosismo, **macrosisma** *s.m.* (*geol.*) macroseism.

macrosociologia *s.f.* macrosociology.

macrosociologico *agg.* macrosociological.

macrosomia → **gigantismo**.

macrospora *s.f.* (*bot.*) macrospore.

macrosporangio *s.m.* (*bot.*) macrosporangium (*pl.* -ia).

macrosporogenesi *s.f.* (*bot.*) macrosporogenesis.

macrostruttura *s.f.* macrostructure.

macrottero *agg.* (*zool.*) macropterous.

macula *s.f.* (*anat.*, *med.*) macula*: — *acustica, lutea, corneale*, macula acustica, lutea, cornea.

maculare[1] *v.tr.* **1** (*region.*) (*ammaccare*) to bruise: — *un frutto*, to bruise a fruit **2** (*letter.*) (*macchiare*) to stain, to tarnish (*anche fig.*).

maculare[2] *agg.* macular // (*astr.*) *zona* —, (*del sole*) active region (of the sun).

maculato *agg.* spotted, speckled; (*bot., zool.*) punctate(d); (*zool.*) maculate, ocellate(d), dapple(d).

maculoso *agg.* (*ant.*, *letter.*) spotted // (*med.*) *febbre maculosa*, spotted fever.

macumba *s.f.* (*danza*) macumba.

madama *s.f.* **1** madam // *prego —!*, (*scherz.*) after you, ma'am **2** (*fam.*) (*polizia*) the law, the old bill.

madamato *s.m.* (*dir.*) illicit cohabitation between a European colonist and an indigenous woman.

madamigella *s.f.* mademoiselle, miss, missy.

madapolam *s.m.* (*tessuto*) madapol(l)am.

madarosi *s.f.* (*med.*) madarosis.

maddalena *s.f.* (*dolce*) madeleine.

made in Italy *agg.* made in Italy, of Italian make: *un frigorifero —*, an Italian-made fridge ◆ *s.m.* Italian products (*pl.*): *il — sta conquistando i mercati americani*, Italian products are gaining ground (*o* winning new customers) on the American markets.

madera *s.m.* Madeira (wine).

madia *s.f.* **1** (*mobile in cui si impasta il pane*) kneading trough **2** (*credenza*) kitchen cupboard.

madido *agg.* **1** wet, soaked: *— di sudore*, bathed in perspiration (*o* sweat) **2** (*fig. letter.*) (*inondato*) drenched, soaked.

madiere *s.m.* (*mar.*) floor; (*di nave in legno*) floor timber; (*di nave in ferro*) floor plate.

madismo e *deriv.* → **mahdismo** e *deriv.*

madonna *s.f.* **1** (*ant.*, *letter.*) (*titolo d'onore*) Lady, Madonna; My Lady: *— Laura*, Madonna Laura **2** *Madonna*, (*la Vergine*) the Virgin Mary, Our Lady, (the) Madonna: *pregare la Madonna*, to pray to the Madonna; *invocare la Madonna*, to invoke the Madonna; *il mese della Madonna*, the month of the Virgin Mary; *la Madonna di Loreto*, Our Lady of Loreto // *le Madonne di Raffaello*, Raphael's Madonnas.

◆ FRASEOLOGIA: *— santa!*, Good Lord (*o* Heavens)!; *— che paura quella strada di notte*, God, that road is really frightening at night; *avere una fretta della —*, (*fam.*) to be in a tearing hurry; *avere una fame della —*, (*fam.*) to be starving.

madonnaro *s.m.* **1** (*artista*) pavement artist (who represents the Madonna and other religious subjects) **2** (*chi, nelle processioni, porta l'immagine della Madonna*) bearer of the image of the Madonna in processions.

madonnina *s.f.* **1** small effigy of the Madonna **2** (*iron.*) (*donna dall'aria compunta*) prude, goody-goody // *fa la —*, *ha un'aria da — infilzata*, she looks as if butter wouldn't melt in her mouth.

madoqua *s.f.* (*zool.*) dik-dik.

madore *s.m.* (*non com.*) perspiration.

madornale *agg.* huge, enormous; gross: *errore —*, blunder (*o* gross mistake).

madornalità *s.f.* hugeness, enormity; grossness.

madosca *inter.* (*fam. region.*) bloody hell!

madras *s.m.* (*tessuto*) madras.

madrasa *s.f.* (*arch.*) madrasa(h).

madre *s.f.* **1** mother; (*di animale*) mother, dam: *essere —*, to be a mother; *è — di due bambini*, she is a mother of two; *diventare —*, to become a mother (*o* to bear a child *o* to give birth to a child); *è il ritratto di sua —*, she is the image of her mother; *mia — non è in casa*, mother isn't in; *salutatemi vostra —*, say hallo to your mother (*o form.* give my regards to your mother); *è stata per me una seconda —*, *come una —*, she was like a mother to me; *fare da — a qlcu.*, to be a mother to s.o.; (*a un adulto*) to mother s.o.; *— di famiglia*, mother (of a family); *senza —*, motherless; *— adottiva*, adoptive mother; *la rese —*, he gave her a child // *zio per parte di —*, maternal uncle // *— terra*, *la gran —*, *la comune —*, mother earth (*o* the earth) // *— natura*, Mother Nature // *prima —*, *antica —*, Eve (*o* our first mother) // *Santa Madre Chiesa*, Holy Mother Church // *onora il padre e la —*, honour thy father and thy mother **2** (*fig.*) (*origine*, *causa*) mother, cause: *la teologia era considerata la — di tutte le scienze*, theology was considered the mother of all sciences **3** (*eccl.*) Mother: *— superiora*, Mother Superior; *reverenda —*, Reverend Mother; *— badessa*, Abbess **4** (*anat.*) mater: *dura*, *pia —*, dura, pia mater **5** (*biochim.*) *— dell'aceto*, mother of vinegar **6** (*comm.*) (*matrice*) counterfoil; stub: *una ricevuta a — e figlia*, a counterfoil receipt; *la — di un assegno*, the stub of a cheque ◆ *agg.* **1** mother (*attr.*): *ragazza —*, unmarried mother; *regina —*, Queen Mother **2** (*fig.*) (*che costituisce l'origine*) mother (*attr.*); original, fundamental: *idea —*, fundamental idea; *teoria —*, original (*o* basic) theory // *lingua —*, mother tongue // *chiesa —*, mother church // (*comm.*) *casa —*, head office (*o* parent company); (*di ordini religiosi*) mother house // (*teatr.*) *scena —*, crucial scene; *fare una scena — per qlco.*, to make a song and dance about sthg. // (*chim.*) *acqua —*, mother water (*o* liquor *o* lye) // (*mecc.*) *vite —*, (*del tornio*) lead screw.

madrecicala *s.f.* (*zool.*) larval case (of a cicada).

madreggiare *v.intr.* (*non com.*) **1** (*comportarsi da madre*) to act like a mother **2** (*assomigliare alla propria madre*) to take* after one's mother.

madrelingua *s.f.* (*lingua madre*) mother tongue, native tongue, native language: *è di — inglese*, his mother tongue is English ◆ *s.m.* e *f.* (*chi parla la propria lingua d'origine*) native speaker: *è un — inglese*, he is a native speaker of English ◆ *agg.* (*che parla la propria lingua d'origine*) mother tongue: *insegnante — cercasi*, mother-tongue teacher required (*o* native speaker sought as teacher).

madrepatria *s.f.* homeland, mother country, mother land, native land, fatherland.

madreperla *agg.* mother-of-pearl ◆ *s.f.* mother-of-pearl, nacre; pearl: *— greggia*, pearl -shell; *bottone di —*, pearl button.

madreperlaceo *agg.* pearly; nacreous.

madrepora *s.f.* (*zool.*) madrepore.

madreporico *agg.* (*zool.*) madreporic, madrepore (*attr.*): *banco —*, madrepore reef; *piastra madreporica*, madreporite.

madreporite *s.f.* (*zool.*) madreporite.

madreselva → **caprifoglio**.

madrevite *s.f.* (*mecc.*) **1** (*elemento filettato internamente*) female screw, female thread **2** (*filiera*) die: *— per bulloni*, bolt die; *— per tubi*, pipe die.

madrigale *s.m.* (*mus.*, *poesia*) madrigal.

madrigaleggiare *v.intr.* (*mus.*, *poesia*) (*cantare madrigali*) to sing* madrigals; (*comporre madrigali*) to compose madrigals.

madrigalesco *agg.* (*mus.*, *poesia*) madrigal (*attr.*), of madrigals.

madrigalista *s.m.* e *f.* (*mus.*, *poesia*) madrigalist, composer of madrigals.

madrigalistico *agg.* (*mus.*, *poesia*) madrigal (*attr.*), of madrigals.

madrigna → **matrigna**.

madrileno *agg.* of Madrid, Madrilenian ◆ *s.m.* Madrilenian, Madrileno, inhabitant of Madrid, person from Madrid.

madrina *s.f.* **1** godmother: *è stata mia — di battesimo*, she was my godmother // *— di guerra*, woman who writes to a soldier during war to offer comfort **2** (*di nave*) lady who launches a ship: *— della nuova nave sarà la signora X.Y.*, the new ship will be launched by Mrs X.Y. **3** (*di cerimonia pubblica*) patroness.

madrinato *s.m.* (*assistenza per i bisognosi*) benefaction, charity.

maestà *s.f.* **1** majesty; (*imponenza*, *grandiosità*) majesty, stateliness; grandeur: *la — di un edificio*, the grandeur (*o* stateliness *o* magnificence) of a building; *la — del paesaggio*, the grandeur of the landscape; *la — del suo portamento*, the majesty (*o* stateliness) of her bearing **2** (*titolo*): *Maestà*, Your Majesty; *la Maestà del Re*, *della Regina*, *Sua Maestà* (*il Re*), (*la Regina*), His Majesty the King, Her Majesty the Queen; *le loro Maestà*, Their Majesties; (*formula di cortesia*) Your Majesties // (*dir.*) *delitto di lesa —*, lèse-majesté (*o* lese-majesty) crime (*o* high treason) // *la Divina Maestà*, God **3** (*pitt.*) Majesty: *fu commesso al pittore di dipingere una —*, the painter was commissioned to execute the painting of a Majesty **4** (*tabernacolo su strada*) wayside shrine.

maestosità *s.f.* (*regalità*) majesty, stateliness; (*grandiosità*) grandeur, magnificence: *la — delle Alpi*, the grandeur (*o* majesty) of the Alps; *la — di una reggia*, the magnificence (*o* grandeur) of a royal palace.

maestoso *agg.* **1** (*regale*) majestic, stately; (*grandioso*) imposing, grand, magnificent: *aspetto —*, stately (*o* imposing) appearance; *edificio —*, stately building; *l'incedere — del re*, the stately bearing of the King; *panorama —*, magnificent (*o* grand) panorama **2** (*mus.*) maestoso.

maestra *s.f.* **1** teacher, mistress; (*di scuola*) (primary-school) teacher, schoolteacher, schoolmistress: *è una buona —*, she is a good teacher; *— di ballo*, dancing-mistress (*o* dancing -teacher); *— di cucito*, needlework mistress; *— di musica*, music mistress (*o* teacher); *— di violino*, violin teacher; (*diplomata*) professional violinist; *— elementare*, primary-schoolteacher; *— giardiniera*, (*antiq.*) nursery-schoolteacher **2** (*donna molto abile*) expert, past mistress: *è — nel giardinaggio*, she has green fingers; *quella ragazza è — nel mentire*, (*scherz.*) that girl is a past mistress at lying **3** (*fig.*) (*guida*) guide, teacher: *la storia è — di vita*, history is a guide for life **4** (*mar.*) (*vela di*) —, mainsail; *albero di —*, mainmast **5** (*tip.*) (*foglio di*) —, tympan (sheet).

maestrale *s.m.* (*vento*) mistral ◆ *agg.* northwest.

maestranza *s.f.* (*spec. pl.*) workers (*pl.*), hands (*pl.*), workmen (*pl.*); (*impiegati*) employees (*pl.*): *maestranze specializzate*, skilled workers; *maestranze di un cantiere na-*

vale, shipyard workers (*o* hands); *maestranze portuali*, dockers; *assemblea, sciopero delle maestranze*, workers' meeting, strike.

maestria *s.f.* **1** mastery, skill, ability: *la — del suo pennello fu universalmente riconosciuta*, his mastery of the brush (*o* skill in painting) was universally acknowledged; *con grande —*, very skilfully (*o* in a masterly manner *o* with great skill): *il concerto fu diretto con grande —*, the concert was conducted with great skill (*o* in a masterly manner) **2** (*scaltrezza*) cunning, shrewdness, astuteness: *con —*, cunningly: *uscì dalla difficile situazione con —*, he got out of the difficult situation by cunning; *giocare di —*, to play with shrewdness.

maestro *agg.* **1** (*principale*) main: *muro —*, main wall; *strada maestra*, highroad (*o* main road) // (*mar.*): *albero —*, mainmast; *vela maestra*, mainsail **2** (*abile, magistrale*) masterly, skilful: *colpo —*, masterly stroke; *con mano maestra*, skilfully (*o* in a masterly manner) ◆ *s.m.* **1** master, teacher; (*di scuola*) (primary -school) teacher, schoolteacher, schoolmaster: *— di ballo*, dancing-master (*o* dancing-teacher); *— elementare*, primary-schoolteacher; *— di scherma*, fencing-master; *— di nuoto*, swimming teacher (*o* instructor); *è il — della seconda classe*, he is the teacher of the second-year class // *il Maestro*, (*Bibbia*) the Master // *— di cerimonie*, Master of Ceremonies // *Gran Maestro*, (*di ordine cavalleresco*) Grand Master // *il dolore è — di virtù*, sorrow teaches virtue // *l'esercizio è buon —*, (*prov.*) practice makes perfect **2** (*uomo abile, dotto*) master, expert, past master: *è — nell'arte del pennello*, he is a master of the brush; *è un — nell'arte della conversazione*, he is a past master in the art of conversation; *è un — d'eleganza*, he is a model (*o* leader) of fashion; *è — di inganni*, he's a past master in deceit // *lavoro da —*, masterwork // *colpo da —*, masterstroke // *non tutti possono essere maestri*, all men can't be masters // *nessuno nasce —*, all trades must be learnt // *farla da —, darsi arie da —*, to play the teacher **3** (*operaio specializzato*) master: *— muratore*, master mason; *— d'ascia*, carpenter; (*mar.*) shipwright **4** (*mus.*) (*musicista di professione, diplomato*), (professional) musician; master; (*titolo riferito a un musicista affermato*) maestro* // *— del coro*, chorus master // *— di cappella*, chapel-master // *— concertatore e direttore d'orchestra*, conductor **5** (*pitt., scult.*) master // *i Maestri del Rinascimento*, the masters of the Renaissance **6** (*nord-ovest*) northwest; (*maestrale*) mistral, northwest wind.

mafia *s.f.* **1** Mafia, (*estens.*) mafia: *le vendette della —*, Mafia vendettas; *la — del sottogoverno*, the Mafia that operates political patronage **2** (*non com.*) (*prepotenza*) bullying [U], arrogance [U].

mafico *agg.* (*chim.*) mafic.

mafiosità *s.f.* Mafia-like nature, Mafia-like character.

mafioso *agg.* of the Mafia ◆ *s.m.* member of the Mafia; mafioso (*pl.* -i) (*anche estens.*).

maga *s.f.* **1** sorceress; (*strega*) witch **2** (*fig.*) (*ammaliatrice*) enchantress, spellbinder, witch **3** (*fig.*) (*donna molto abile*) artist, expert: *è una — in cucina*, she works wonders in the kitchen (*o* she's a brilliant cook).

magagna *s.f.* (*fam.*) **1** (*difetto*) flaw, fault, blemish, defect, imperfection (*anche fig.*): *frutta con delle magagne*, fruit with blemishes (*o* damaged fruit); *c'è qualche — in queste gemme*, there are some flaws (*o* imperfections *o* faults) in these gems; *legname con delle magagne*, wood with flaws (*o* flawed wood); *dopo il matrimonio, ha scoperto tutte le sue magagne*, after the marriage, she found out all his faults; *è un bravo ragazzo, ma il suo carattere ha qualche —*, he is a good boy, but there are some flaws in his character; *sa ben coprire le sue magagne*, he is quite good at covering up his defects **2** (*guaio, problema*) catch, snag: *è un'offerta troppo vantaggiosa, ci sarà sotto qualche —*, his offer is too generous, there must be a catch (*o* a snag) in it **3** (*acciacco*) ailment, infirmity: *son vecchio e pieno di magagne*, I am old, and full of aches and pains.

magagnare *v.tr.* (*fam.*) (*guastare*) to spoil*, to damage; (*di frutta*) to turn bad, to rot.
□ **magagnarsi** *v.intr.pron.* (*non com.*) (*guastarsi, spec. di frutta*) to go* bad, to spoil*, to rot.

magagnato *agg.* (*fam.*) **1** (*difettoso*) defective, spoilt, blemished **2** (*di frutta*) (*ammaccato*) damaged, bruised; (*marcio*) rotten **3** (*pieno di acciacchi*) infirm, ailing.

magari *inter.* and how!; you bet!; not half!: *"Ti piacerebbe andare a New York?" "Magari!"*, "Would you like to go to New York?" "You bet! (*o* and how! *o* not half!)"; *"Ti hanno dato l'aumento?" "Sì, —!"*, "Did you get a rise?" "I wish I had!" ◆ *cong.* **1** (*con valore desiderativo*) if only: *— fosse vero!*, if only it were true!; *— tornasse indietro!*, if only he'd come back!; *— mi fosse venuto in mente prima!*, if only I'd thought of it before!; *— potessi aiutarlo!*, if only I could help him!; *— non ci fossimo mai fermati qui!*, if only we'd never stopped here! **2** (*con valore concessivo*) even if: *lo aspetterò, (—) dovessi rimanere qui un'intera giornata*, I'll wait for him even if I have to stay here all day ◆ *avv.* **1** (*forse*) perhaps, maybe: *— ci vediamo stasera e ne parliamo*, perhaps we can see each other this evening and talk it over; *— ha deciso di non venire*, perhaps he's decided not to come; *fate presto, — siete ancora in tempo*, hurry up, you may still be in time **2** (*per caso, per combinazione*): *e se, —, ha sbagliato indirizzo?*, what if he's got the wrong address?; *non è che — all'ultimo momento cambiate idea?*, you're not going to change your minds at the last moment, are you? **3** (*persino*) even: *potrebbe — offendersi*, he might even be offended; *sarebbero — capaci di negare il fatto*, they'd be quite capable of denying the fact.

magatello *s.m.* (*region.*) **1** (*taglio di carne*) topside **2** (*fantoccio*) puppet.

magazzeno → **magazzino**.

magazzinaggio *s.m.* (*comm.*) storage, storing, warehousing: (*spese di*) —, storage (charges); *pagare il —*, to pay storage; *diritti di —*, warehouse dues; *operazioni di —*, storage operations.

magazziniere *s.m.* warehouseman*, storeman*, warehouse-keeper.

magazzino *s.m.* **1** (*deposito di merci*) warehouse, storehouse, entrepôt; (*stanza*) storeroom: *— di deposito*, depository (*o* repository); *— doganale*, bonded warehouse; *— frigorifero*, cold store (*o* refrigerated warehouse); *— delle materie prime*, raw material storehouse; *— ferroviario*, goods shed; *magazzini generali*, bonded (*o* customs) warehouses; *— portuale*, dock warehouse; *in —*, in stock (*o* in store); *ricevuta di —*, warehouse receipt; *fondi di —*, old (*o* dead) stock, oddments; *giacenze di —*, unsold goods (*o* remnants); *contabilità di —*, stock accounting; *mettere in —*, to store; (*mar.*) *— viveri*, victualling yard // (*geol.*) *roccia —*, (*di petrolio*) reservoir rock **2** (*negozio, emporio*) shop, store; *grandi magazzini*, department stores; *magazzini all'ingrosso*, wholesale stores; *aprire un nuovo — all'ingrosso*, to open a new wholesale store; *magazzini a catena*, chain stores; *— a prezzi popolari*, low-price store; *— a prezzo ridotto*, discount house **3** (*grande quantità di cose*) store: *la sua casa è un — di libri*, his house is overflowing with books // *un — di scienza*, (*di persona*) a store of learning **4** (*inform.*) stock; (*archivio*) archive: *— dei dati*, data warehouse; *— di alimentazione*, input feeder (*o* delivery hopper); *— di memoria a nastri magnetici*, magazine **5** (*fot., tip.*) magazine.

magdaleniano *agg.* e *s.m.* (*geol.*) Magdalenian (period).

magenta *agg.* e *s.m.* (*colore*) magenta.

maggengo *agg.* May (*attr.*): *fieno —*, first-crop hay (*o* May hay); *pascolo —*, May pasture.

maggesare *v.tr.* (*agr.*) to fallow.

maggese *agg.* (*non com.*) (*di maggio*) May (*attr.*): *olive maggesi*, May olives; *fieno —*, first-crop hay ◆ *s.m.* (*agr.*) fallow, lea: *a —*, fallow (*o* lea); *tenere un campo a —*, to leave a field fallow (*o* to fallow a field); (*terreno a*) —, fallow land.

maggiaiolo *agg.* (*rar.*) May (*attr.*) *feste maggiaiole*, May Day festivities.

maggiatico *s.m.* **1** (*agr.*) fallow **2** (*st.*) tribute paid in May.

maggio *s.m.* May: *feste di —*, May-Day festivities; *il primo —*, (*Calendimaggio*) May Day; (*festa dei lavoratori*) Labour Day; *il — della vita*, (*fig.*) the springtime of life; *un'acqua di —*, a refreshing shower; *fresca e bella come una rosa di —*, sweet and fresh as a rose in May.

maggiociondolo → **laburno**.

maggiolata *s.f.* May song.

maggiolino[1] *s.m.* **1** (*zool.*) (*Melolontha melolontha*) cockchafer, may-bug, may-beetle **2** (*automobile*) beetle.

maggiolino[2] *s.m.* (*mobile*) piece of inlaid furniture made by Maggiolini (18th century).

maggiorana *s.f.* (*bot.*) (*Origanum majorana*) marjoram, sweet marjoram.

maggiorante *agg.* e *s.m.* (*mat.*) majorant.

maggioranza *s.f.* **1** majority, the greater number, the greater part; most: *la — degli italiani*, most Italians; *la — della nazione, del paese*, the greater part of the country; *nella — dei casi*, in most cases; *la — dei suoi amici era con lui*, most of his friends were with him; *la — della gente lo ha dimenticato*, most people have forgotten him; *l'opinione della —*, majority opinion // *— silenziosa*, silent majority **2** (*dir., pol.*) majority: *— assoluta*, absolute majority; *— relativa*, relative (*o* limited) majority; *— qualificata*, qualified majority; *partito, governo di —*, majority party, government; *— dei due terzi*, two-thirds majority; *a — di voti*, by a majority of votes; *elezione a —*, election by (a) majority; *verdetto a —*, majority verdict; *la — è scarsa*, the majority is small; *fu eletto con una — di dieci voti*, he was elected by a majority of ten votes; *la proposta di legge fu approvata con una — di venti voti*, the bill was carried (*o* passed) with a majority of twenty votes; *avere la —*, to be in the majority; *riportare la —*, to secure a majority; *la — ha respinto la proposta*, the majority rejected the proposal; (*econ.*): *stretta —*, narrow (*o* bare) majority; *approvare un bilancio a larga —*, to pass a balance sheet by a large majority.

maggiorare *v.tr.* to increase, to raise, to put* up, to mark up: *il prezzo è stato maggiorato*, the price has been put (*o* marked) up; — *una fattura del 10%*, to put 10% on an invoice; — *i salari*, to raise wages; — *il premio (di assicurazione)*, to load the premium.

maggiorascato *s.m.* (*st. dir.*) right of primogeniture.

maggiorasco *s.m.* (*st. dir.*) **1** (*beni trasmessi*) estate and title received by right of primogeniture **2** (*il trasmettere in maggiorasco*) passing of estate and title to the eldest son.

maggiorata *agg.* (*fam.*) curvaceous, shapely ◆ *s.f.* a curvaceous woman.

maggiorato *agg.* (*comm.*) increased, raised, put up: *la fattura è maggiorata della nostra commissione*, we have added our commission to the invoice.

maggiorazione *s.f.* **1** (*comm.*, *econ.*) (*aumento*) increase, rise, loading; (*sovrapprezzo*) surcharge, extra charge, additional charge: — *per spese postali*, extra charge for postage; — *dei prezzi*, increase in prices (*o* price rise); *una — del 20%*, a twenty per cent rise; — *dello stipendio*, increase in salary; — *delle tariffe*, rise in rates (*o* increased rates); — *del nolo*, freight surcharge **2** (*Borsa*) stagging.

maggiordomo *s.m.* **1** butler, majordomo; house-steward **2** (*st.*) majordomo.

maggiore *agg.compar.* **1** (*in senso astratto*) greater; (*più grosso*) larger, bigger; (*più ampio*) wider; (*più alto*) higher, taller; (*più lungo*) longer: *una quantità —*, a greater quantity; *una somma —*, a bigger (*o* larger) amount; *con maggior cura*, with greater care; *occorre uno spazio —*, a larger (*o* bigger *o* wider) space is needed; *il costo risultò molto — del preventivo*, the cost turned out to be much higher than the estimate; *l'affluenza alle urne è stata — nel nord che nel sud*, the turnout at the polls was higher in the north than in the south; *una distanza —*, a longer distance; *il lato — dell'edificio è ornato da colonne*, the longer side of the building is decorated with columns // *otto è — di cinque*, eight is more than five // *per maggiori dettagli*, for further details // *onde evitare danni maggiori*, to avoid greater (*o* heavier) damage // *avere maggiori probabilità di riuscita*, to stand a better chance of success // *dare — importanza a qlco.*, to give more importance to sthg. // *a maggior ragione*, all the more reason // *per causa di forza —*, for reasons beyond one's control; (*dir.*) act of God // *altare —*, high (*o* main) altar // *Lago Maggiore*, Lake Maggiore // *San Domenico Maggiore*, St. Dominic the Greater // (*eccl.*) *ordini maggiori*, higher orders // (*astr.*) *Orsa Maggiore*, the Great Bear **2** (*più importante*) major, more important: *le opere maggiori del Leopardi*, Leopardi's major works; *i personaggi maggiori del romanzo*, the major characters in the novel; *arti maggiori*, major arts; *astri maggiori*, major stars **3** (*più anziano*) older; (*di fratelli o figli*) elder: *Carlo è — di Mario*, Charles is older than Mario; *lei è — di me di 2 anni*, she is 2 years older than me; *mio figlio —*, my elder son; *chi dei due è il —?*, which one is the elder? // *raggiungere la — età*, to come of age // *Scipione il Maggiore*, Scipio the Elder ◆ *agg.superl.rel.* **1** (*in senso astratto*) the greatest; (*il più grosso*) the largest, the biggest; (*il più ampio*) the widest; (*il più alto*) the highest, the tallest; (*il più lungo*) the longest: *Dante è il — poeta italiano*, Dante is the greatest Italian poet; *uno dei maggiori filosofi dell'antichità*, one of the greatest philosophers of ancient times; *i maggiori esponenti del Romanticismo*, the greatest exponents of Romanticism; *il suo — difetto è la pigrizia*, laziness is his greatest failing; *superare le maggiori difficoltà*, to overcome the greatest difficulties; *trattare con la maggior cura possibile*, to handle with the greatest possible care; *vendere al prezzo —*, to sell at the highest price; *il — offerente*, the highest bidder; *il programma televisivo con il — indice di ascolto*, the TV programme with the highest audience ratings; *il Po è il — fiume italiano*, the Po is the longest river in Italy // *la maggior parte*, most; (*la maggioranza*) the majority: *la maggior parte degli italiani va in vacanza in agosto*, most Italians go on holiday in August; *la maggior parte dei presenti votò contro la proposta*, most of those presents voted against the proposal; *i turisti erano per la maggior parte tedeschi*, most of the tourists were German; *la maggior parte della gente crede che...*, most people think that...; *passa la maggior parte del suo tempo in ufficio*, he spends most of his time at the office; *la maggior parte di noi la pensava diversamente*, most of us thought differently; *Rotterdam è uno dei maggiori porti del mondo*, Rotterdam is one of the busiest ports in the world // *la cattedrale ha subito i danni maggiori*, the worst (*o* heaviest) damage was to the cathedral // *andare per la —*, to be very popular (*o* to be in) **2** (*il più importante*) major, main, leading: *i nostri maggiori concorrenti sono i giapponesi*, our major (*o* main) competitors are the Japanese; *Milano e Torino sono i maggiori centri industriali d'Italia*, Milan and Turin are Italy's major (*o* main) industrial centres; *i maggiori rappresentanti del partito*, the party's leading representatives; *uno dei maggiori stilisti*, one of the leading designers; *il Canada è il maggior produttore di grano nel mondo*, Canada is the world's leading wheat producer **3** (*il più anziano*) oldest; (*di fratelli o figli*) the eldest: *Giorgio è il — dei fratelli*, George is the eldest brother; *il — dei miei figli, il mio figlio —*, my eldest son; *chi è il — dei tre?*, which of the three is the eldest? • Come si nota dagli esempi, questo agg. è espresso in ingl. in modi diversi a seconda del significato assunto dall'agg. positivo *grande* // (*econ.*) *i soci maggiori di una società*, the senior partners of a company; *i maggiori azionisti di un'impresa*, the main shareholders of an enterprise; *i maggiori dirigenti di un'azienda*, the chief executives of a company.

maggiore *s.m.* e *f.* **1** (*chi è più anziano d'età*) the oldest; (*di fratelli o figli*) the eldest: *il — dei tre fratelli lavora negli Stati Uniti*, the eldest of the three brothers works in the United States **2** (*chi è di grado superiore*) senior **3** (*dir.*) → maggiorenne **4** (*mil.*) major: — *generale*, major general.

maggiorenne *agg.* (*dir.*) of age: *diventare —*, to come of age; *essere —*, to be of age ◆ *s.m.* e *f.* (*dir.*) adult, major: *possono votare solo i maggiorenni*, only people who are of age (*o* majors) can vote.

maggiorente *s.m.* (*spec. pl.*) notable, important person, influential person.

maggiorità *s.f.* (*mil.*) regimental office.

maggioritario *agg.* majority (*attr.*): *voto —*, majority vote; *sistema —*, majority system // *i maggioritari*, the majority.

maggiormente *avv.* **1** (*di più*) more; (*ancora di più, a maggior ragione*) much more, even more; (*tanto più*) (all) the more: *in città il caldo si sente — che in campagna*, one feels the heat more in the town than in the country; *dovrebbe concentrarsi — nel suo lavoro*, he should concentrate more on his work; *dovresti essere — preoccupato tu che sei suo padre*, you as his father should be more concerned about him; *fui — deluso per il fatto che lo credevo un amico*, I was all the more disappointed because I considered him a friend **2** (*più di tutto*) most: *ciò che — mi preoccupa è il suo stato di salute*, what worries me most is his state of health; *le regioni — colpite dal maltempo*, the areas most (*o* worst) hit by the bad weather; *la spesa che incide — sul bilancio è l'affitto*, the most expensive item on the budget is the rent; *la vaccinazione è consigliabile per le persone — esposte al pericolo di contagio*, vaccination is advisable for those most exposed to the risk of contagion.

magia *s.f.* **1** magic [U]: *non credo alla —*, I don't believe in magic; — *bianca*, white magic; — *naturale*, natural magic; — *nera*, black magic // *per —*, by magic **2** (*incantesimo*) spell: *fare una — a qlcu.*, to cast a spell on s.o. **3** (*fig.*) (*fascino*) magic, charm, enchantment: *la — della poesia di Keats*, the magic of Keats' poetry; *rimanere vittima della — di qlcu.*, to fall a victim to s.o.'s charms.

magiaro *agg.* e *s.m.* Magyar.

magicamente *avv.* **1** magically // *il problema si risolse quasi —*, the problem was solved as if by magic **2** (*abilmente*) skilfully.

magico *agg.* **1** magic(al): *arti magiche*, magic arts; *bacchetta magica*, magic wand; *cerchio —*, magic circle; *parole magiche*, magic words // *lanterna magica*, magic lantern // (*mat.*) *numeri magici*, magic numbers // (*fis.*) *occhio —*, visual tuning indicator; (*fam.*) magic eye **2** (*incantevole*) magical; enchanting; delightful: *la magica luce della luna*, the bewitching light of the moon **3** (*che ha effetti straordinari*) magical, extraordinary: *la magica potenza del denaro*, the magical power of money.

magio *s.m.* (*spec. pl.*) Magus* // *i Magi*, the Magi (*o* the three Kings *o* the three Wise Men).

magione *s.f.* (*ant. letter.*) mansion, abode, dwelling.

magismo *s.m.* (*st. persiana*) Magism, Magianism.

magistero meno com. **magisterio** *s.m.* **1** (*professione di maestro*) teaching: *darsi al —*, to devote oneself to teaching; *esercitare il —*, to teach // *facoltà di —*, faculty of Education **2** (*estens.*) (*insegnamento autorevole*) teaching: *il — della chiesa*, the teaching(s) of the Church **3** (*abilità*) skill, ability: *con gran — di stile*, with masterly style **4** (*ufficio che sta a capo di un* *ordine cavalleresco*) Mastership: *gran* —, Grand Mastership **5** (*chim.*) magistery: — *di bismuto*, magistery of bismuth.

magistrale *agg.* **1** teaching, education (*attr.*): *cattedra* —, teaching post; *scuola* —, (teachers') training school; *concorso* —, examination for teaching posts in elementary schools **2** (*cattedratico*) magisterial: *aria* —, magisterial air; *in tono* —, in a magisterial tone **3** (*eccellente, da maestro*) masterly, magisterial; *colpo* —, (*fam.*) master stroke; *opera* —, masterly work; *l'esecuzione della sinfonia fu* —, the execution of the symphony was masterly (*o* magisterial).

magistralità *s.f.* (*non com.*) **1** (*maestria*) skill, masterliness **2** (*tono solenne*) solemnity.

magistralmente *avv.* magisterially, masterfully: *è un libro scritto* —, it's a masterfully written book.

magistrato *s.m.* **1** (*funzionario*) official; authority: *il sindaco è il primo — della città*, the Mayor is the first authority of the town **2** (*come giudice*) judge, magistrate; justice of the peace: *i magistrati*, the Bench; — *di carriera*, stipendiary magistrate; — *della corte d'appello*, judge of the court of appeal (*o amer.* of appeals); — *della corte suprema*, (*amer.*) justice; — *incorruttibile*, incorruptible magistrate; *diventare* —, to be appointed judge **3** (*come pubblico ministero*) public prosecutor (*o amer.* state's attorney).

magistratura *s.f.* **1** magistracy, magistrature, magistrateship; judiciary, judicature **2** (*l'insieme dei magistrati*) the Bench, the magistracy; (*collegio giudicante*) Court; *la — fu d'accordo che...*, the Bench agreed that...; — *del Lavoro*, Labour Court; — *che decide controversie commerciali*, Commercial Court; *sottoporre un caso alla* —, to take a case to Court.

maglia *s.f.* **1** (*punto di lavoro a maglia*) stitch; (*tessuto*) knitted fabric: — *a diritto, a rovescio*, plain stitch, purl (stitch); *calze, guanti a* —, knitted stockings, gloves; *lavoro a* —, knitting; *mi è caduta una* —, I've dropped a stitch; *questa giacca è a — rasata*, this cardigan is plain knitted; *aumentare una* —, to add a stitch; *fare la* —, *lavorare a* —, to knit (*o* to do one's knitting); *riprendere una* —, to pick up a stitch **2** (*di rete*) mesh: — *di uno staccio*, mesh of a sieve; *rete a maglie rade, fitte*, wide-mesh, close-mesh net; *rete con maglie di mezzo pollice*, net with half inch mesh; *i pesciolini scappano attraverso le maglie*, the little fish get through the net; *cadere nelle maglie di qlcu.*, (*fig.*) to fall into s.o.'s toils; *filtrare tra le maglie del nemico*, (*fig.*) to infiltrate the enemy's network **3** (*di catena*) link: — *a molinello*, swivel link; — *per cingoli da trattore*, tractor track link; *si è rotta una — della catenina*, a link in the chain broke **4** (*maglione leggero*) (light) sweater, (light) pullover; (*maglia intima*) vest; (*maglietta*) T-shirt: *porta sempre la — di lana*, he always wears a woollen vest; *una — di cotone*, a cotton T-shirt; *portati una — per stasera!*, bring a sweater for this evening! **5** (*sport*) shirt; (*ciclismo*) jersey: *indossa la — numero 11*, he is wearing shirt No. 11; *la squadra giocherà in — chiara*, the team will be playing in light-coloured shirts // — *azzurra*, blue shirt (of the Italian national teams) // — *rosa, gialla, iridata*, pink, yellow, rainbow jersey **6** (*di armatura medioevale*) mail: *cotta di* —, coat of mail.

magliaia *s.f.* woman who does knitting (for payment).

magliaro *s.m.* (*venditore ambulante di stoffe*) travelling cloth salesman*; (*spreg.*) (*commerciante disonesto*) swindler, trickster.

maglieria *s.f.* **1** (*articoli di maglia*) knitwear [U], knitted goods (*pl.*), woollens (*pl.*): — *intima*, woollen underwear; *è il miglior negozio di* —, it's the best shop for knitwear; *macchina per* —, knitting machine **2** (*negozio*) hosier's (shop).

maglierista *s.m.* e *f.* knitter.

maglietta *s.f.* **1** T-shirt; (*intima*) vest: *una — a maniche corte*, a short-sleeved T-shirt **2** (*anello metallico*) ring **3** (*di gancio*) eye.

maglietto *s.m.* (*mar.*) serving mallet.

maglificio *s.m.* knitwear factory.

maglio *s.m.* **1** (*mecc.*) hammer: — *a caduta libera*, drop hammer; — *ad aria compressa*, (compressed-)air hammer; — *a leva*, helve (*o* trip) hammer; — *a vapore*, steam hammer; — *pneumatico*, pneumatic hammer; *sbozzatura al* —, hammer cogging **2** (*sport*) (*croquet*) mallet.

magliolo *s.m.* (*agr.*) vine-shoot.

maglione *s.m.* sweater, pullover, jumper: — *a collo alto*, polo-neck sweater (*o* polo neck *o amer.* turtleneck sweater).

maglista *s.m.* hammerman.

magma *s.m.* **1** (*geol.*, *chim.*) magma* **2** (*fig.*) jumble: *un — di pensieri*, a jumble of thoughts.

magmatico *agg.* **1** (*geol.*) magmatic: *camera magmatica*, magma chamber **2** (*fig.*) jumbled, chaotic.

magmatismo *s.m.* (*geol.*) magmatism.

magnaccia *s.m.* (*region.*) pimp.

magnalio *s.m.* (*metall.*) magnalium.

magnanimità *s.f.* magnanimity, noble-mindedness; generosity.

magnanimo *agg.* magnanimous, noble; generous: *si mostrò — e donò una somma generosa*, he showed himself magnanimous and donated a generous sum; *ha un cuore* —, he has a noble heart; *una magnanima impresa*, a noble undertaking.

magnanina *s.f.* (*zool.*) (*Sylvia undata*) Dartford warbler.

magnano *s.m.* (*region.*) (*fabbro ferraio*) (lock)smith.

magnare *v.tr.* (*region.*) (*mangiare*) to eat*.

magnarone → **ghiozzo**.

magnate *s.m.* **1** (*st.*) (*grande proprietario terriero*) magnate: *i magnati di Ungheria, di Polonia*, the magnates of Hungary, of Poland **2** (*pezzo grosso*) magnate, king, (*fam.*) tycoon; (*amer.*) baron: *un — del petrolio*, an oil baron (*o* magnate); *un — dell'industria editoriale*, a newspaper tycoon (*o* a press baron); — *della finanza*, financial magnate; *un — degli affari*, a business tycoon.

magnatizio *agg.* (*letter.*) magnate (*attr.*): *boria magnatizia*, lordly arrogance.

magnesia *s.f.* (*chim.*) magnesia: *latte di* —, milk of magnesia.

magnesiaco, **magnesico** *agg.* (*chim.*) magnesic.

magnesifero *agg.* (*chim.*) magnesian.

magnesio *s.m.* (*chim.*) magnesium: *carbonato di* —, magnesium carbonate; *solfato di* —, magnesium sulphate // (*fot.*) *lampo al* —, magnesium flash (*o* magnesium light).

magnesite *s.f.* (*min.*) magnesite.

magnete *s.m.* **1** (*fis.*) magnet: — *artificiale*, artificial magnet; — *permanente, temporaneo*, permanent, temporary magnet; — *di campo*, field magnet **2** (*elettr.*) magneto: — *schermato*, screened (*o* shielded) magneto // (*aut.*): — *d'accensione*, ignition magneto; *magnetino d'avviamento*, hand starting magneto.

magneticamente *avv.* magnetically (*anche fig.*); (*fig.*) alluringly.

magnetico *agg.* **1** (*fis.*) magnetic: *ago* —, magnetic needle; *campo, circuito* —, magnetic field, circuit; *asse* —, magnetic axis; *curve magnetiche*, magnetic curves; *deviazione magnetica*, magnetic deviation; *equatore* —, magnetic equator; *induzione magnetica*, magnetic induction (*o* magnetic flux density); *mina magnetica*, magnetic mine; *nastro* —, magnetic tape // (*geofisica*): *poli magnetici*, magnetic (*o* geomagnetic) poles; *polo* —, magnetic north; *tempesta magnetica*, magnetic storm **2** (*fig.*) (*che affascina*) magnetic; mesmeric: *fluido* —, magnetic fluid; *occhi magnetici*, magnetic eyes; *una personalità magnetica*, a magnetic personality.

magnetismo *s.m.* magnetism; magnetics [U]: — *animale*, animal magnetism; — *terrestre*, terrestrial magnetism; *il — di uno sguardo*, (*fig.*) the magnetism (*o* allure) of a look.

magnetite *s.f.* (*min.*) magnetite, lo(a)dstone.

magnetizzabile *agg.* magnetizable.

magnetizzabilità *s.f.* magnetizability.

magnetizzamento *s.m.* → **magnetizzazione**.

magnetizzare *v.tr.* **1** (*fis.*) to magnetize **2** (*ipnotizzare*) to hypnotize, to mesmerize; to magnetize (*anche fig.*): *il suo sguardo lo aveva magnetizzato*, her gaze had magnetized him. □ **magnetizzarsi** *v.intr.pron.* (*fis.*) to magnetize.

magnetizzatore *s.m.* **1** (*fis.*) magnetizing apparatus* **2** (*non com.*) (*ipnotizzatore*) hypnotist, mesmerist.

magnetizzazione *s.f.* (*fis.*) magnetization: *intensità di* —, intensity of magnetization; *curva normale di* —, magnetization curve; — *residua*, residual magnetization.

magnetochimica *s.f.* (*fis.*) magnetochemistry.

magnetoelasticità *s.f.* (*fis.*) magnetoelasticity.

magnetoelettrico *agg.* (*fis.*) magnetoelectric: *induzione magnetoelettrica*, magnetoelectric induction.

magnetofluidodinamica *s.f.* (*fis.*) magnetofluid dynamics [U].

magnetofono® *s.m.* magnetophone®.

magnetoidrodinamica *s.f.* (*fis.*) magnetohydrodynamics [U](*abbr.* MHD).

magnetomeccanico *agg.* (*fis.*) magnetomechanical.

magnetometria *s.f.* (*fis.*) magnetometry.

magnetometro *s.m.* (*fis.*) magnetometer.

magnetomotore *agg.* (*fis.*) magnetomotive: *forza magnetomotrice*, magnetomotive force (*abbr.* mmf).

magnetone *s.m.* (*fis.*) magneton.

magnetoottica *s.f.* (*fis.*) magneto-optics [U].

magnetoottico *agg.* (*fis.*) magneto-optical: *effetti magnetoottici*, magneto-optical effects.

magnetopausa *s.f.* (*astr.*) magnetopause.

magnetoresistenza *s.f.* (*fis.*) magnetoresistance.

magnetoresistore *s.m.* (*fis.*) magnetoresistor.

magnetosfera *s.f.* (*astr.*) magnetosphere.

magnetostatica *s.f.* (*fis.*) magnetostatics [U].

magnetostrittivo *agg.* (*fis.*) magnetostrictive.

magnetostrizione *s.f.* (*fis.*) magnetostriction.

magnetoterapia *s.f.* (*med.*) magnetotherapy.

magnetoterapico *agg.* (*med.*) magnetotherapeutic.

magnetron *s.m.* (*fis.*) magnetron: — *sintonizzabile*, tunable magnetron.

magnificamente *avv.* magnificently: *la tavola era — imbandita*, the table was magnificently laid; *sto — bene!*, I'm in splendid (*o* magnificent) form.

magnificamento *s.m.* (*non com.*) (*esaltazione*) exaltation, glorification.

magnificare *v.tr.* (*esaltare*) to praise, to glorify, to magnify, to extol, to exalt: — *Dio*, to praise God; — *la memoria di qlcu.*, to glorify the memory of s.o.

□ **magnificarsi** *v.rifl.* (*vantarsi*) to boast.

magnificat *s.m.* (*eccl.*) Magnificat.

magnificazione *s.f.* **1** (*il magnificare*) exaltation, magnification, glorification **2** (*tecn.*) magnification.

magnificente *agg.* (*letter.*) (*non com.*) magnificent.

magnificentissimo *agg.* magnanimous, munificent.

magnificenza *s.f.* **1** (*l'essere magnifico*) magnificence, splendour: *la — della natura*, the magnificence of nature **2** (*sfarzo, pompa*) pomp, magnificence: *nozze celebrate con —*, a wedding celebrated with great pomp **3** (*letter.*) (*liberalità*) magnanimity: *un atto di —*, an act of magnanimity.

magnifico *agg.* **1** magnificent, splendid, (*fam.*) great; (*di stile*) grand: *pranzo —*, splendid dinner; *tempo —*, wonderful weather; *da questa finestra si gode di una magnifica vista*, there's a splendid view from this window; *l'orchestra ha eseguito un — concerto*, the orchestra performed a magnificent concerto **2** (*non com.*) (*munifico*) open-handed, lavish: *fare il —*, to be very generous (*o fam.* to throw one's money around) // *Lorenzo il Magnifico*, Lorenzo the Magnificent **3** (*titolo onorifico*): *Magnifico Rettore*, Rector of the University.

magniloquente *agg.* (*letter.*) magniloquent, rhetorical; (*spreg.*) (*ampolloso*) pompous, bombastic.

magniloquenza *s.f.* **magniloquio** *s.m.* magniloquence; (*spreg.*) pompousness, bombast: *esprimersi con —*, to express oneself in a high -flown manner, pompously (*o* bombastically).

magnitudine *s.f.* **1** (*astr.*) magnitude: — *assoluta, apparente*, absolute, apparent magnitude **2** (*geol.*) (*di terremoto*) magnitude.

magnitudo *s.f.* (*astr., geol.*) magnitude.

magno *agg.* great: *aula magna*, great hall; *opera magna*, magnum opus; *pompa magna*, high pomp and state // *Alberto Magno*, Albertus Magnus; *Alessandro Magno*, Alexander the Great; *Carlo Magno*, Charlemagne // (*st. inglese*) *Magna Charta*, Magna C(h)arta // *Magna Grecia*, Magna Graecia.

magnolia *s.f.* (*bot.*) magnolia // — *acuminata*, (*Magnolia acuminata*) cucumber tree; — *tripetala*, (*Magnolia tripetala*) umbrella tree.

magnum *s.m.* **1** (*bottiglia*) magnum **2** (*cartuccia*) bullet for Magnum pistol; (*pistola*) Magnum.

mago *s.m.* **1** magician, sorcerer, wizard; (*artista, prestidigitatore*) magician: *il — Merlino*, Merlin the Wizard // — *libero*, (*gioco*) tag **2** (*fig.*) (*chi è abilissimo in un'attività*) wizard: *è un — della cinepresa*, he's a wizard with the cinecamera; *è un — dell'elettronica*, he's a wizard in electronics.

magona *s.f.* (*antiq.*) (*ferriera*) ironworks.

magone *s.m.* **1** (*region.*) (*ventriglio di polli, uccelli*) gizzard **2** (*fig.*) (*nodo alla gola*) grief: *avevo il —*, I had a lump in my throat; *le sue parole mi hanno fatto venire il —*, his words brought tears to my eyes.

magra *s.f.* **1** (*di fiume*) minimum flow; (*di marea*) low-water mark: *essere in —*, to run low **2** (*carestia, penuria*) shortage: *furono tempi di —*, they were hard times **3** (*fam.*) (*figuraccia*) sorry figure: *fare una —*, to cut a sorry figure.

magramente *avv.* scantily, meagrely: *vivere —*, to live meagrely; *essere — ricompensato*, to be poorly paid.

magrebino *agg.* e *s.m.* Maghrebian, North African.

magrezza *s.f.* **1** (*l'essere magro*) thinness, leanness: *è di una grande —, di una — spaventosa*, he is as thin as a rake **2** (*di terreno*) poorness, sterility, aridity; (*di acque*) low level: *era un terreno di grande —*, it was a very poor soil **3** (*fig.*) (*scarsità, penuria*) scarcity, scantiness.

magro *agg.* **1** thin, lean; (*scarno*) skinny; (*snello*) slim: *come sei diventato —!*, how thin you've got; *era piuttosto —*, he was on the lean side; *belle gambe magre*, fine slim legs // — *come un chiodo*, as thin as a rake **2** (*povero di parti grasse*) lean: *compera della carne magra*, buy some lean meat; *se vuoi c'è del prosciutto —*, if you like, you can have some lean ham // *cibi magri*, low-fat foods, (*relig.*) food allowed on days of abstinence **3** (*scarso, povero*) scanty, poor, meagre, lean: *magri profitti*, scanty profits; *magra ricompensa*, poor reward; *stipendio —*, meagre salary; *mi spiace che la cena sia stata magra questa sera*, I am sorry the meal was rather poor tonight; *quell'anno vi fu un raccolto —*, the harvest was scanty (*o* poor) that year; *sarà un'annata magra*, it is going to be a lean year // *acque magre*, low waters // *argilla magra*, lean clay **4** (*di terreno, sterile*) sterile, poor: *terra magra*, sterile soil; *pascoli magri*, poor pastures **5** (*fig.*) (*misero, meschino*) meagre, scant: *ho avuto la magra soddisfazione di riavere il portafoglio vuoto*, I had the meagre satisfaction of getting my wallet back empty; *non ti pare una magra consolazione?*, don't you think it is very meagre (*o* scant) consolation?; *fare una magra figura*, to cut a poor figure; *non portarmi delle magre scuse*, don't come to me with those lame excuses ♦ *s.m.* **1** (*la parte magra delle carni macellate*) lean (meat): *prendi un bel pezzo di —*, get a good piece of lean meat **2** (*relig.*) abstinence: *giorno di —*, day of abstinence; *pranzo di —*, meatless meal; *oggi si mangia di —*, we shall not eat meat today.

magrone *s.m.* **1** (*suino*) store pig **2** (*edil.*) lean concrete.

mah → **ma**[2].

maharajah *s.m.* maharajah.

maharani *s.f.* (*moglie di maharajah*) maharani.

mahatma *agg.* mahatma: *il — Gandhi*, Mahatma Gandhi.

mahdi *s.m.* (*relig. islamica*) Mahdi.

mahdismo *s.m.* Mahdism.

mahdista *s.m.* e *f.* Mahdist.

mah-jong® *s.m.* (*gioco*) mah-jong.

mai *avv.* **1** (*nel significato di* non mai) never; (*in presenza di altra negazione e nel significato di* talvolta) ever: *non bevo — alcolici*, I never drink alcohol; *non telefona — a quest'ora*, he never phones at this time; *non ho — visto un film così divertente*, I've never seen such an enjoyable film; *non dimenticherò — l'espressione del suo viso*, I'll never forget the expression on her face; *non sono — stato a Mosca*, I've never been to Moscow; *non me ne avevi — parlato*, you'd never told me about it; *non sarebbe — capace di fingere*, he would never be capable of pretending; *non si sarebbero — sognati di farlo*, they would never have dreamt of doing it; *non si ripeterà — un'occasione simile*, there will never be a chance like this again; *nessuno l'ha — visto né sentito*, no one has ever seen or heard of him; *senza averci — pensato*, without ever thinking about it; *niente avrebbe — potuto turbarlo a tal punto*, nothing could ever have disturbed him so much // — *più*, never again: *non accadrà — più*, it will never happen again; *adesso o — più*, (it's) now or never // — *più!*, — *e poi —!*, never! (*o* not on your life!) // *quasi —*, hardly ever (*o* almost never): *non viene quasi —*, he hardly ever comes // *non sia — detto che...*, never let it be said that... // *non si sa —*, you never can tell // — *dire —*, never say never **2** (*in frasi interrogative o ipotetiche*) ever: *"Sei — stato in Giappone?" "No, —"*, "Have you ever been to Japan?" "No, never"; *avete — sentito parlare di lui?*, have you ever heard talk of him?; *potrai — perdonarmi?*, will you ever be able to forgive me?; *non so se sia — stato all'estero*, I don't know whether he's ever been abroad (or not); *ti sei — chiesto il perché di un simile gesto?*, have you ever wondered why he did that? // *dove —?*, where on earth?; wherever?: *mi domando dove — può essersi cacciato*, I wonder where on earth he can have got to // *quando —?*, whenever?: *quando — hai sentito questo?*, whenever did you hear that? // *chi —?*, who on earth?; whoever?: *chi — poteva essere?*, whoever could it have been? // *che* (*cosa*) —*...?*, what on earth...? whatever...?: *che — hai combinato?*, what on earth have you been up to?; *non so proprio che cosa — vi siate messi in testa*, I don't know what on earth got into your heads; *che — stai cercando di dirmi?*, whatever are you trying to tell me? // *come —?*, why?; how come?; whyever?: *come — non va l'ascensore?*, how come the lift isn't working?; *come — non ci avete pensato prima?*, whyever didn't you think of it before? // *se —, caso —*, if (*o* if ever *o* in case): *se — dovessi incontrarla...*, if ever you should meet her...; *se avessi — pensato...*, if I had ever thought...; *caso — tornasse, mandalo da me*, if he happens to come back, send him to me; *prendete l'ombrello, caso — piovesse*, take an umbrella in case it rains **3** (*in frasi comparative*) ever: *più* *che* —, more than ever: *sono più che — convinto di aver agito bene*, I'm more than ever convinced I did the right thing; *sono più felice che* —, I'm happier than I've ever been (*o* I've never been so happy); *sono stati più gentili che* —, they were ever so kind; *nonostante le cure, deperiva più che* —, in spite of the treatment he got weaker and weaker // *meno che* —, less than ever // *peggio che* —, worse than ever // *è quanto — testardo, è (un) testardo che* — (o *quant'altri* —), he's terribly stubborn // *ho una sete che* —, I'm terribly thirsty // *meglio tardi che* —!, (*prov.*) better late than never! **4** (*in frasi ellittiche o con uso enfatico*): *io ho scritto tante volte, loro* —, I've written many times, but they never have; *lui lo farebbe, io* —, he'd do it, but I never would; *tutto, ma questo* —, anything but this; — *un momento di pace*, never a moment's peace; — *che dicesse la verità!*, I wish he'd tell the truth for once!

maia *s.f.* (*zool.*) (*Maja squinado*) spider-crab, thornback.

maialata *s.f.* (*fam.*) indecent behaviour, piggish behaviour.

maiale *s.m.* **1** pig; swine (*pl. invar.*); hog: *un branco di maiali*, a herd of swine **2** (*carne*) pork; (*spec. di maiale giovane*) pig: *braciola di* —, pork chop (*o* cutlet); *salsiccia di* —, pork sausage **3** (*fig.*) (*persona sporca, ingorda*) pig; (*persona dissoluta*) lecher: *non si lava mai, è un* —!, he never washes himself, he's a dirty fellow; *non ti sei ancora lavato le mani, maialino?*, haven't you washed your hands yet, you dirty child?; *mangiare come un* —, (*in modo sconveniente*) to eat like a pig; (*troppo*) to make a pig of oneself; *parole da* —, foul language; *gesti da* —, vulgar gestures; *è un vecchio* —, he's a dirty old man (*o* a lecher) **4** (*mar.*) pigboat.

maialesco *agg.* piggish (*spec. fig.*).

maidico *agg.* (*del mais*) maize (*attr.*) // (*med.*) *malattia maidica*, pellagra.

maidismo *s.m.* → **pellagra**.

maiestatico *agg.* royal, regal: *plurale* —, the royal 'we'.

maieutica *s.f.* (*fil.*) maieutics [U].

maieutico *agg.* (*fil.*) maieutic.

maiolica *s.f.* **1** (*prodotto ceramico*) majolica **2** (*geol.*) chalk.

maiolicaio *s.m.* **1** (*chi fabbrica oggetti di maiolica*) maker of majolica ware; (*chi vende oggetti di maiolica*) seller of majolica ware **2** (*operaio edile*) worker specialized in laying majolica tiles.

maiolicare *v.tr.* (*ricoprire con lo smalto della maiolica*) to glaze; (*rivestire con piastrelle di maiolica*) to cover with majolica tiles.

maiolicaro → **maiolicaio**.

maiolicato *agg.* (*ricoperto con lo smalto della maiolica*) glazed; (*rivestito con piastrelle di maiolica*) tiled with majolica ◆ *s.m.* (*parete ricoperta di piastrelle di maiolica*) majolica -tiled wall.

maionese *s.f.* (*cuc.*) mayonnaise.

mais → **granturco**.

maître *s.m.* (*fr.*) (*maggiordomo*) butler, house steward // — *d'hôtel*, maître d'hôtel (*o* head waiter).

maîtresse *s.f.* (*fr.*) (*tenutaria di una casa di tolleranza*) madam.

maiuscola *s.f.* capital (letter), block letter.

maiuscoletto *s.m.* (*tip.*) small capital: *una parola composta in* —, a word typed in small capital.

maiuscolo *agg.* **1** capital: *lettera maiuscola*, capital letter **2** (*madornale*) gross, big: *errore* —, gross blunder ◆ *s.m.* capitals (*pl.*): *scrivere in* —, to write in capitals (*o* in block letters).

maizena® *s.f.* maize starch, cornflour.

majorette *s.f.* majorette.

make-up *s.m.* (*trucco del viso*) make-up.

maki *s.m.* (*zool.*) maki // — *macaco*, (*Lemur macaco*) macaco*.

makò *s.m.* (*cotone*) maco, fine Egyptian cotton.

mala *s.f.* (*fam.*) (*malavita*) underworld, world of organized crime: *appartenere alla* —, to belong to the world of crime (*o* to be a crook *o* to lead a life of crime).

malacarne *s.f.* (*antiq.*) **1** tainted meat, poor quality meat **2** (*persona malvagia*) scoundrel.

malacca *s.m.* **1** (*bot.*) (*Calamus rotang*) rattan **2** (*bastone*) Malacca-cane.

malaccetto *agg.* unwelcome.

malacconcio *agg.* (*non com.*) unsuitable, unseemly, unfit.

malaccortamente *avv.* unwisely, ill -advisedly, rashly, imprudently.

malaccortezza *s.f.* rashness, imprudence.

malaccorto *agg.* unwise, ill-advised, imprudent: *sei stato — ad agire così*, you were ill-advised to act that way.

malachite *s.f.* (*min.*) malachite.

malacia *s.f.* (*med.*) malacia; malacosis.

malacolite *s.f.* (*min.*) malacolite, diopside.

malacologia *s.f.* (*zool.*) malacology.

malacologico *agg.* (*zool.*) malacological.

malacopia *s.f.* (*region.*) rough copy.

malacreanza *s.f.* rudeness, impoliteness, bad manners (*pl.*): *la sua — è proverbiale*, his rudeness (*o* his lack of manners) is proverbial.

malafede *s.f.* **1** bad faith: *essere, agire in* —, to be, to act in bad faith **2** (*dir.*) mala fide: *possessore di* —, mala fide holder (*o* bad faith possessor).

malafemmina *s.f.* (*region.*) (*prostituta*) prostitute.

malaffare *s.m.*: *donna di* —, whore (*o* prostitute *o* tart); *gente di* —, crooks (*pl.*) (*o* criminals *pl.*).

malaga *s.f.* (*uva*) Malaga ◆ *s.m.* (*vino*) Malaga.

malagevole *agg.* (*difficile*) difficult, hard; (*faticoso*) tiring; (*scomodo*) uncomfortable: *lavoro* —, tiring work; *una salita* —, a hard climb; *tempi malagevoli*, hard times; *un viaggio* —, an uncomfortable journey.

malagevolezza *s.f.* difficulty, badness.

malagevolmente *avv.* (*difficilmente*) with difficulty; (*in modo disagevole*) uncomfortably.

malagiato *agg.* (*non com.*) **1** uncomfortable **2** (*privo di mezzi*) short of money, badly off.

malagrazia *s.f.* bad grace; rudeness: *fare qlco. di* —, to do sthg. with a bad grace.

malalingua *s.f.* backbiter, gossip: *non dar retta alle malelingue*, don't listen to gossips.

malamente *avv.* badly.

malamute *s.m.* (*zool.*) (*cane eschimese*) malamute.

malandare *v.intr.* to go* badly; to go* to wrack and ruin.

malandato *agg.* in bad condition; (*fam.*) in bad shape: — *in salute*, in poor health (*o* in bad shape); *casa malandata*, dilapidated house (*o* house in bad condition); *un libro, un mobile* —, a battered book, piece of furniture.

malandrinaggio *s.m.* (*non com.*) brigandage, (highway) robbery.

malandrinata *s.f.* (*azione*) dishonest trick; (*comportamento*) crooked behaviour.

malandrinesco *agg.* (*non com.*) brigand-like (*attr.*), robber-like (*attr.*); dishonest.

malandrino *agg.* **1** (*disonesto*) dishonest, crooked: *gente malandrina*, bunch of crooks **2** (*insidioso*) roguish: *occhi malandrini*, roguish eyes // *tempo* —, (*scherz.*) fickle weather ◆ *s.m.* **1** (*antiq.*) (*brigante*) brigand, robber, highwayman* **2** (*estens.*) (*persona priva di scrupoli*) villain, crook **3** (*scherz.*) (*bambino vivace*) rascal, rogue: *tuo figlio ha fatto un po' il — oggi*, your son has been a bit of a rascal today.

malanimo *s.m.* malevolence; malice; animosity: *c'è in lui del — verso di noi*, he has a grudge against us; *doveva vincere il — che la famiglia della moglie nutriva verso di lui*, he had to overcome the animosity of his wife's family; *fare qlco. di* —, to do sthg. unwillingly (*o* reluctantly); *senza* —, without malice.

malanno *s.m.* **1** (*disgrazia*) misfortune; (*calamità*) calamity; (*danno*) damage; *è stato un grande — per tutta l'Europa*, it was a calamity for the whole of Europe; *la grandinata è stata un gran — per le viti*, the hailstorm has severely damaged the vines // *un — non viene mai solo*, (*prov.*) troubles never come singly (*o* it never rains but it pours) **2** (*malattia*) illness, disease; (*acciacco*) infirmity, ailment: *malgrado l'età avanzata è senza malanni*, in spite of his age, he has no trouble with his health; *ti prenderai un —, se non ti copri un po' di più*, if you don't cover yourself up a bit more, you'll catch something **3** (*scherz.*) (*persona molesta, noiosa*) bore; pest.

malaparata *s.f.* (*fam.*) (*insidia*) (hidden) danger: *vista la — se ne andò*, seeing the danger he left.

malapena, a *locuz.avv.* hardly, scarcely: *riuscii a — a prendere il treno*, I just managed to catch my train; *riuscivo a — a capire quello che diceva*, I could hardly (*o* scarcely) understand what he was saying; *riusciva a tenersi in piedi a* —, he could hardly stand up; *respirava a* —, he was breathing with difficulty.

malare *agg.* (*anat.*) malar: (*osso*) —, malar bone.

malaria *s.f.* (*med.*) malaria, marsh fever: *è affetto da* —, he has got malaria.

malarico *agg.* (*med.*) malarial: *febbre malarica*, malarial fever; *zona malarica*, malarial area.

malariologia *s.f.* (*med.*) malariology.

malarioterapia *s.f.* (*med.*) malariotherapy.

malasorte *s.f.* bad luck, ill luck: *essere perseguitato dalla* —, to be plagued by bad luck.

malassare *v.tr.* (*non com.*) to malaxate.

malassatrice *s.f.* (*non com.*) malaxator.

malassatura *s.f.* malaxage, malaxation.

malassorbimento *s.m.* (*med.*) malabsorption, malassimilation: *disturbi da — alimentare*, malabsorption syndrome.

malaticcio *agg.* sickly, ailing: *una persona malaticcia*, a sickly person.

malato *agg.* **1** sick; ill (*pred.*): *un bimbo —*, a sick child; *è — di fegato, di cuore*, he has got (*o* suffers from) liver, heart trouble; *è gravemente —*, he is dangerously ill; *cadde — di polmonite*, he was taken ill with pneumonia **2** (*di piante*) diseased: *questa pianta è malata*, this plant is diseased; *un olivo —*, a diseased olive **3** (*fig.*) (*turbato, esaltato*) sick, unhealthy, unsound, morbid: *aveva un'immaginazione malata*, he had an unhealthy imagination; *ha una sensibilità malata*, she has a morbid sensibility; *ha una mente malata*, he's mentally ill; *è — di gelosia*, he's sick with (*o* he suffers from) jealousy; *è malata d'amore*, she's lovesick; *io credo sia — in testa*, I think he's sick in the head (*o* he's mad) **4** (*fig.*) (*in cattivo stato*) sick; (*in difficoltà*) lame: *economia malata*, sick economy ◆ *s.m.* **1** sick person, invalid, patient: *— grave, cronico, terminale*, seriously, chronically, terminally ill person; *— di mente*, mental patient (*o* case); *negli ospedali non c'era più posto per i malati*, there was no more room for patients in the hospitals **2** (*entusiasta*) maniac: *è un — della musica, dei computer*, he's a music, computer maniac.

malattia *s.f.* **1** sickness, illness; disease; (*non grave*) ailment: *— contagiosa*, contagious disease; *malattie cutanee*, skin diseases; *— del sonno*, sleeping sickness; *— infettiva*, infectious disease; *— mentale*, mental illness; *malattie veneree*, venereal diseases; *— sociale*, social disease; *cura, diagnosi, sintomi di una —*, treatment, diagnosis, symptoms of a disease; *spesso le malattie si diffondono per mancanza di igiene*, disease is often spread by lack of hygiene; *questa — colpisce soprattutto il fegato*, this disease affects the liver above all; *è compito del medico prevenire e curare le malattie*, the business of doctors is to prevent and treat illness; *ha superato una grave —, ma è ancora debole*, he has got over a serious illness, but he is still very weak; *soffrire di una —*, to suffer from a disease; *prendere, contrarre una —*, to get (*o* to contract) an illness // *il cancro è la — del nostro secolo*, cancer is the disease of our century; *— del secolo*, (*fig.*) mal du siècle // *— professionale, del lavoro*, occupational (*o* industrial) disease // *assicurazione contro le malattie*, health insurance **2** (*di piante*) disease **3** (*fig.*) (*vizio, passione esagerata, mania*): l'invidia è una brutta —, envy is a nasty trait; *ha la — delle automobili*, he's mad about cars // *non farne una —*, don't let it get you down (*o* don't make a tragedy out of it).

malauguratamente *avv.* unluckily, unfortunately: *— si è messo a piovere*, unfortunately it has started to rain.

malaugurato *agg.* (*sfortunato*) ill-fated, unlucky, unfortunate; (*di cattivo auspicio*) inauspicious: *in quel — giorno*, on that ill-fated day; *un'idea malaugurata*, an unhappy (*o* unfortunate) idea // *nella malaugurata ipotesi che vengano anche loro, starò a casa io*, if by some unfortunate chance they come too, I'll stay home.

malaugurio *s.m.* ill omen; bad luck: *fare il —*, to be a Jonah; *essere di —*, to be a jinx (*o* to bring bad luck); *è di — passare sotto le scale*, it's bad luck to walk under ladders // *uccello del —*, (*persona che annunzi o apporti male*) bird of ill omen.

malauguroso *agg.* (*non com.*) (*sfortunato*) ill-fated, unlucky, unfortunate.

malavita *s.f.* **1** (life of) crime: *darsi alla —*, to embark on a life of crime **2** (*insieme di malviventi*) gangsters (*pl.*), racketeers (*pl.*), underworld: *un covo di —*, a gangsters' hideout; *il gergo della —*, underworld slang; *la — organizzata*, organised crime.

malavitoso *s.m.* gangster, criminal ◆ *agg.* underworld (*attr.*), criminal: *è legato a un ambiente —*, he has criminal connections.

malavoglia *s.f.* ill-will, unwillingness, reluctance: *fare qlco. di —*, to do sthg. half-heartedly (*o* reluctantly).

malavveduto *agg.* (*incauto*) rash, unwary, unwise: *un gesto —*, a rash gesture; *è stato — nel fidarsi di lui*, he was unwise to trust him.

malavventurato *agg.* (*letter.*) (*sfortunato*) ill-fated, unlucky, unfortunate.

malavventuroso *agg.* (*non com.*) (*di cattivo auspicio*) inauspicious, ominous; (*sfortunato*) unlucky, unfortunate.

malavvezzo *agg.* (*abituato male*) spoiled; (*maleducato*) ill-bred, impolite, rude.

malavvisato *agg.* (*letter.*) ill-advised, unwise, thoughtless.

malaysiano *agg.* e *s.m.* Malaysian.

malazzato *agg.* (*non com.*) (*malaticcio*) sickly, ailing.

malbianco *s.m.* (*agr.*) powdery mildew.

malcaduco *s.m.* (*med.*) falling sickness.

malcapitato *agg.* unlucky, unfortunate, hapless ◆ *s.m.*, **malcapitata** *s.f.* victim; unlucky person: *tutti si affrettarono a soccorrere il —*, everybody hurried to help the victim.

malcauto *agg.* (*incauto*) rash, unwary, unwise.

malcelato *agg.* ill-concealed: *una rabbia malcelata*, ill-concealed anger.

malcerto *agg.* (*non com.*) (*incerto*) uncertain, doubtful; (*instabile*) unstable.

malcollocato *agg.* badly placed, misplaced (*anche fig.*): *sentimenti malcollocati*, misplaced feelings // (*econ.*) *denaro —*, badly invested money.

malconcio *agg.* battered; knocked about; in bad shape: *portava un vecchio cappello —*, he was wearing a battered old hat; *essere —*, to be in a sorry state (*o* in bad shape); *uscire — da qlco.*, to come out of sthg. badly (*o* the worse for wear); *rendere —*, to knock about // *tutto pesto e —*, black and blue all over.

malconoscente *agg.* (*non com.*) (*ingrato*) ungrateful.

malconsiderato *agg.* (*letter.*) (*avventato*) ill-considered, incautious.

malconsigliato *agg.* (*non com.*) (*incauto*) ill-advised, imprudent, unwise.

malcontento *agg.* dissatisfied (with s.o., sthg.); discontented (with s.o., sthg.): *è sempre —*, he is never satisfied; *la sua espressione malcontenta tradiva una grande delusione*, his dissatisfied expression revealed bitter disappointment; *mi ha dato l'impressione di essere piuttosto — di te*, I got the impression he was rather dissatisfied with you ◆ *s.m.* **1** (*persona*) malcontent **2** (*insoddisfazione*) discontent, dissatisfaction: *essere oggetto di —*, to be cause for dissatisfaction; *il — serpeggiava fra il popolo*, discontent spread among the people; *il provvedimento suscitò il — generale*, the rule aroused widespread discontent; *mostrare il proprio —*, to show (*o* to express) one's displeasure; *seminare il —*, to provoke (*o* to arouse) discontent.

malcoperto *agg.* (*letter.*) **1** (*poco coperto*) half covered **2** (*fig.*) (*mal dissimulato*) badly concealed.

malcorrisposto *agg.* (*letter.*) unreciprocated, unrequited: *amore —*, unrequited love.

malcostumato *agg.* (*non com.*) **1** (*maleducato*) discourteous, impolite **2** (*di cattivi costumi*) immoral, dissolute.

malcostume *s.m.* **1** (*immoralità*) immorality; (*corruzione*) corruption; (*disonestà*) dishonesty: *le leggi contro il —*, the laws against immorality; *combattere il —*, to combat immorality; *combattere il — politico*, to fight against political corruption **2** (*cattiva abitudine*) bad habit.

malcreato *agg.* (*non com.*) (*maleducato*) impolite, ill-mannered, rude.

maldestro *agg.* **1** awkward, clumsy: *un movimento —*, a clumsy (*o* an awkward) movement; *una persona maldestra*, a clumsy person; *fare un — tentativo di...*, to make a clumsy attempt to... **2** (*inesperto*) inexperienced, inexpert.

maldicente *agg.* slanderous, disparaging ◆ *s.m.* e *f.* backbiter, slanderer, scandalmonger.

maldicenza *s.f.* **1** (*l'essere maldicente*) backbiting, slander: *la sua — è ormai ben nota*, his malicious tongue is now well-known **2** (*discorso maldicente*) (malicious) gossip [U]: *gira qualche — sul tuo conto*, there's some gossip going round about you.

maldisposto *agg.* ill-disposed (towards s.o., sthg.); (*ostile*) hostile (to s.o., sthg.); (*avverso, contrario*) disinclined: *è — verso di me*, he is ill-disposed towards me; *l'ho trovato — a lavorare con te*, he seemed (to me) rather unwilling (*o* he didn't seem inclined) to work with you.

male *s.m.* **1** (*opposto di* bene) evil: *il bene e il —*, right and wrong (*o* good and evil); *il genio del —*, the evil genius; *lo spirito del —*, the spirit of evil; *non conosce il —*, she doesn't know the meaning of evil; *indurre qlcu. al —*, to lead s.o. astray; *rendere bene per —*, to return good for evil **2** (*sventura*) ill, evil, misfortune; (*guaio*) trouble: *i mali della vita*, the ills (*o* evils) of life; *augurare del — a qlcu.*, to wish s.o. ill; *raccontare i propri mali*, to tell one's troubles (*o* woes) // *portare —*, to bring bad luck // *mal comune mezzo gaudio*, (*prov.*) misery loves company // *a mali estremi, estremi rimedi*, (*prov.*) desperate ills need desperate remedies // *un — tira l'altro*, (*prov.*) it never rains but it pours (*o* misfortunes never come singly) // *non tutto il — viene per nuocere*, (*prov.*) every cloud has a silver lining // *tra due mali bisogna scegliere il minore*, (*prov.*) choose the lesser of two evils **3** (*malattia*) illness, disease, sickness; (*dolore fisico*) pain, ache: *mal d'aria*, altitude sickness; *mal caduco*, falling sickness; *mal di cuore*, heart disease; *mal di denti*, toothache; *mal di gola*, sore throat: *ho mal di gola*, I have a sore throat; *mal di mare*, seasickness; *avere il mal di mare*, to be seasick; *mal di montagna*, mountain sickness; *mal di stomaco*, stomach-ache; *mal di testa*, headache; *un brutto —*, cancer; i cibi pesanti mi fanno —, heavy food gives me indigestion; *ti fa —?*, does it hurt?; *ho — alle braccia, mi fanno — le braccia*, my arms ache (*o* hurt); *mi fai —*, you are hurting me; *essere affetto da un — incurabile*, to suffer from an incurable disease; *farsi —*, to hurt oneself: *si è fatto — cadendo da un albero*, he hurt himself falling from a tree; *si è fatto — alla gamba*, he hurt his leg **4** (*danno, torto*) harm, damage: *il — che mi ha fatto*, the wrongs he has done me; *che — ti può fare?*, what harm can it do you?; *ciò farà più — che bene*, it will do more harm than good; *gli avete fatto del — parlando così*, you have hurt him by talking like that; *non c'è niente di — in ciò*, there is no harm in that; *non si deve fare — a nessuno*, you mustn't hurt people; *poco — se non può venire*, it does not matter if he cannot come; *non sarà — avvisarlo*, it wouldn't hurt to tell him; *la sua partenza è stato un — per tutti*, his departure was bad for everyone.

◆ FRASEOLOGIA: *meno —*, just as well (*o* a good job *o* a good thing); (*grazie a Dio*) thank goodness; (*almeno*) at least: *è arrivato con due ore di ritardo, ma meno — che ora è qui*, he arrived two hours late, but at least he's here now; *ho dato l'esame di francese e ho preso 20; meno —, poteva andare peggio*, I got 20 out of 30 in the French exam; not so bad!, it could have been worse; *ho dimenticato il portafogli, meno — che ho un po' di soldi in tasca*, I have forgotten my wallet, it's just as well (*o* it's a good job *o* it's a good thing) I have some money in my pocket; *meno — che sei arrivato, ero proprio nei pasticci*, thank goodness you've arrived, I was really in a mess // *non bisogna pensare — di lui*, give him the benefit of the doubt (*o* don't think badly of him) // *non c'è —*, not too bad (*o* pretty well) // *non pensavo a nulla di —*, I did not mean anything bad // *spettacolo che fa —*, (*doloroso*), painful sight // *andare a —*, to go bad // *aversela a — di qlco., prendere qlco. a —*, to feel hurt by sthg. (*o* to take sthg. in bad part *o* to take sthg. amiss) // *farsi venire un —*, to pretend to faint (*o* to swoon) // *mettere —*, to foster enmity (*o* to sow discord) // *venir —*, to feel faint; *mi vien —*, I feel faint // *voler — a qlcu.*, (*odiarlo*) to hate s.o.; (*avere un rancore contro qlcu.*) to have a grudge against s.o.

male *avv.* **1** (*in modo non giusto, scorrettamente*) badly: *riconosco di aver agito —*, I admit I behaved badly; *parlare — l'italiano*, to speak Italian badly; *trattare — qlcu.*, to treat s.o. badly; *è un lavoro fatto —*, it's a badly done job // *mi ha risposto —*, he gave me a rude answer (*o* he answered me rudely) // *fa — a prendersela tanto*, he's wrong to get so upset // *ti ho fatto —?*, did I hurt you? **2** (*in modo sgradevole, sconveniente, sfavorevole*): *ho dormito — stanotte*, I slept badly last night; *in quel ristorante si mangia —*, the food's awful in that restaurant; *quella persona veste —*, that person dresses badly; *ci siamo rimasti tutti molto —*, we all felt bad (*o* we were all upset) about it; *sentirsi —*, to feel ill // *star —*, (*di salute*) to be ill; (*essere sconveniente*) to look bad; (*di abito ecc.*) not to suit // *star — a quattrini*, to be badly off // *gli affari vanno —*, business is bad // *le cose si mettono —*, things are looking bad // *io la vedo —*, I don't like the look of it // *finir —*, (*avere cattivo esito*) to end badly; (*prendere una brutta strada*) to come to a bad end: *la giornata è finita —*, the day ended badly; *se continua a frequentare quell'ambiente, finirà —*, if he keeps in with those people, he'll come to a bad end // *non —*, not (so) bad: *"Come stai?" "Non —"*, "How are you?" "Not so bad"; *"Come vanno le cose?" "Non —"*, "How are things going?" "Not badly" // *bene o —*, somehow (or other) // *né bene né —*, so so // *di — in peggio*, from bad to worse // *per — che vada*, at (the) worst **3** (*in modo imperfetto, non completamente*) not properly, poorly, badly: *quella porta è chiusa —*, that door isn't properly closed; *la radio funziona —*, the radio isn't working properly // *hai scritto — l'indirizzo*, you didn't get the address right // *la foto è riuscita —*, the photo hasn't come out well; *la gita era mal organizzata*, the trip was badly (*o* poorly) organized // *la mia fiducia era mal riposta*, my trust was misplaced // *siete — informati*, you've got it wrong // *devo aver capito —*, I must have misunderstood **4** (*con valore di negazione*): *guardare qlcu. con mal celata antipatia*, to look at s.o. with ill-concealed dislike; *è un atteggiamento che mal si addice a un presidente*, it's an attitude that ill becomes a president **5** (*con valore di agg.*): *quella ragazza non è —*, that girl isn't bad-looking; *questo quadro non è —*, this picture isn't bad at all ◆ *inter.* (*per esprimere disapprovazione o rammarico*): *"Non hai ancora fatto i compiti? Male!"*, "Haven't you done your homework yet? That's too bad!"; *"Ho perso di nuovo le chiavi di casa" "Male!"*, "I've lost the house keys again" "Too bad!"

maleato *s.m.* (*chim.*) maleate.

maledettamente *avv.* (*fam.*) awfully, terribly, dreadfully: *sono — stanco!*, I'm terribly tired!

maledetto *agg.* **1** cursed; damned: *si direbbe una casa maledetta*, the house seems to have a jinx on it; *— quel mascalzone!*, hang the rogue!; *— il giorno che l'incontrai!*, curse the day I met him! // *i poeti maledetti*, the poètes maudits **2** (*fam.*) (*terribile*) damned, blasted, confounded, bloody: *maledetta scocciatura!*, what a confounded (*o* damned) nuisance; *che tempo —!*, what cursed (*o* confounded *o* wretched) weather!; *sempre con queste maledette cifre!*, always these same damned figures!; *mi fece una paura maledetta*, it frightened me to death; *quel — rumore mi fa impazzire*, that blasted noise is driving me crazy; *avere una fame maledetta*, to be starving ◆ *s.m.* **1** (*dannato*) damned soul **2** (*persona odiata*) damned person, blasted person, bloody person: *"Se n'è andato quel —?"*, "Has that damn(ed) (*o* blasted *o* bloody) man gone?"

maledico *agg.* (*letter.*) slanderous, backbiting.

maledire *v.tr.* to curse, to damn; (*eccl.*) to anathematize: *Dio maledisse Caino*, God cursed Cain; *maledisse la propria follia*, he cursed his own folly; *— il giorno in cui si è nati*, to curse the day one was born; *sia maledetto il giorno in cui ti ho incontrato*, cursed be the day I met you.

maledizione *s.f.* **1** curse, malediction; (*eccl.*) anathema: *la — di Dio*, God's curse (*o* malediction); *avere la — addosso*, to be jinxed // *—!*, damn! **2** (*imprecazione*) curse, oath: *coprire qlcu. di maledizioni*, to curse s.o. roundly **3** (*fig.*) curse, plague, calamity: *è una — aver quella donna in casa*, it's a curse (*o* plague) to have that woman around the house; *questa grandine è una vera —!*, this hailstorm is a real calamity!

maleducato *agg.* rude, impolite; ill-bred, ill-mannered: *è — comportarsi in quel modo*, it is bad manners to behave like that; *non essere così — con tua sorella!*, don't be so rude to your sister!; *è molto —*, he's a very rude man (*o* he's got no manners at all); *la tua risposta è stata maleducata*, your answer was rude ◆ *s.m.* rude person, ill-bred person: *sono solo i maleducati che fanno così*, it is only ill-bred people who act like that; *che —!*, what a rude man!

maleducazione *s.f.* rudeness, bad manners, ill-breeding; impoliteness: *la tua — non ha limiti*, there's no end to your rudeness.

malefatta *s.f.* (*cattiva azione*) misdeed, wrongdoing; (*birbonata*) mischief [U]: *sono stufo di porre rimedio alle tue malefatte!*, I'm fed up with righting your wrongdoings!; *non sarà l'ultima delle sue malefatte*, it won't be his last piece of mischief.

maleficio *s.m.* **1** spell: *lanciò un — su di lui*, she cast a spell on him; *riuscì a rompere il —*, she managed to break the spell **2** (*ant.*) (*misfatto*) misdeed; crime.

malefico *agg.* harmful, evil, baleful: *questo libro può avere un'influenza malefica*, this book may have an evil (*o* a harmful) influence.

malefizio → **maleficio**.

maleico *agg.* (*chim.*) maleic: *acido —*, maleic acid.

maleodorante *agg.* smelly, stinking, evil -smelling: *una stanza —*, a smelly room.

maleolente *agg.* (*letter.*) malodorous, evil -smelling.

malerba *s.f.* weed (*anche fig.*): *le malerbe crescono in fretta*, (*prov.*) ill weeds grow apace.

malese *agg.* e *s.m.* e *f.* Malay // *arcipelago —*, Malay Archipelago.

malessere *s.m.* **1** indisposition, ailment, malaise, bodily discomfort: *sento un — generale*, I feel off colour (*o* out of sorts) **2** (*fig.*) uneasiness, disquiet; malaise: *provavo un certo — entrando in quella casa*, I felt a certain uneasiness as I entered that house; *a causa dell'instabile situazione politica il — cresceva*, owing to the unsettled political situation disquiet was spreading.

malestro *s.m.* mischief, damage.

malevolenza *s.f.* malevolence, ill-will, malice, spite: *mostrare — verso qlcu.*, to show s.o. ill-will; *lo disse con —*, he said it out of spite.

malevolo *agg.* malevolent, spiteful, malicious: (*maligno*) evil-minded: *un giudizio, un critico —*, a malicious (*o* spiteful) judgement, critic; *con malevola intenzione*, with malevolent intention; *era solo una voce sparsa da alcune persone malevole*, it was just a rumour spread by a few spiteful people.

malfamato *agg.* ill-famed: *luogo —*, place of ill-fame; *gente malfamata*, people with a bad reputation.

malfare *v.intr.* (*non com.*) to do* wrong, to do* evil.

malfatto *agg.* **1** (*non com.*) (*di corpo non proporzionato*) misshapen **2** (*di cosa imperfetta*) badly done, badly made; (*di vestito*) badly fitting: *tavolo —*, badly made table ◆ *s.m.* misdeed: *pentirsi del —*, to repent of one's misdeeds.

malfattore *s.m.* evildoer, wrongdoer, criminal: *una banda di malfattori*, a gang of criminals.

malfermo *agg.* **1** wobbly, shaky, unsteady, tottering: *passi malfermi*, shaky (*o* tottering) steps; *voce malferma*, shaky voice; *era — sulle gambe*, he was unsteady (*o* wobbly) on his legs; *quel tavolo è —*, that table is unsteady (*o* wobbly); *la sua mano si fa malferma*, his hand is getting shaky (*o* unsteady) **2** (*fig.*) shaky, unsteady: *è — nelle sue convinzioni*, his convictions are very shaky **3** (*di salute*) poor, delicate: *salute malferma*, poor (*o* delicate) health.

malfidato *agg.* suspicious, distrustful, diffident ◆ *s.m.* suspicious person, doubting Thomas.

malfidente *agg.* (*letter.*) distrustful, suspicious.

malfido *agg.* untrustworthy, unreliable: *amico —*, unreliable (*o* untrustworthy) friend: *memoria malfida*, unreliable memory // *tempo —*, unreliable weather.

malfondato *agg.* ill-founded, ill-grounded: *sospetti malfondati*, ill-founded suspicions.

malformato *agg.* **1** misshapen, malformed **2** (*biol.*, *med.*) malformed.

malformazione *s.f.* (*biol.*, *med.*) malformation, deformity: *avere una — a un braccio*, to have a malformed arm.

malfrancese *s.m.* (*antiq.*) (*sifilide*) syphilis.

malga *s.f.* (*baita*) 'malga' (shepherd's hut in the Alps).

malgarbo *s.m.* **1** (*contegno sgarbato*) rudeness, impoliteness: *è conosciuto per il suo —*, he is well-known for his rudeness **2** (*sgarbo*) discourteous act.

malgaro *s.m.* (*region.*) herdsman* (in summer Alpine pastures).

malgascio *agg.* Madagascan, of Madagascar, from Madagascar ◆ *s.m.* Madagascan, inhabitant of Madagascar; person from Madagascar.

malghese → **malgaro**.

malgiudicare *v.tr.* to misjudge; (*giudicare severamente*) to judge too harshly: *l'hai malgiudicato, è un ragazzo intelligente*, you have misjudged him, he's an intelligent boy.

malgoverno *s.m.* **1** misgovernment, bad government, misrule; (*cattiva amministrazione*) mismanagement, maladministration: *i patrioti insorsero contro il —*, the patriots revolted against misrule; *un periodo di —*, a period of bad government **2** (*non com.*) (*mancanza di cura per se stessi o per le cose*) negligence, neglect: *— della propria salute*, neglect of one's own health.

malgradito *agg.* unwelcome; disagreeable: *notizia malgradita*, unwelcome news; *una persona malgradita*, a disagreeable person.

malgrado *prep.* in spite of, notwithstanding; for all, with all: *si sono molto divertiti, — la pioggia*, they had a really good time in spite of the rain; *— tutto quello che ha detto...*, in spite of (*o* notwithstanding) all he said...; *— la sua ricchezza, è un infelice*, he's unhappy for all his wealth; *— tutto il suo talento, era poco apprezzato*, he was little appreciated, for all his talent; *— i suoi difetti, mi è simpatico*, I like him with all his faults ◆ *avv.* (*in unione con agg. poss.*) (*contro la propria volontà*) against one's will; (*con proprio rincrescimento*) much to one's regret: *fu costretto, suo —, a dimettersi*, he was obliged, against his will, to resign; *dovranno lasciare la casa, loro —*, much to their regret, they will have to leave the house.

malgrado (che) *cong.* (al)though, even though: *— si vedessero raramente, erano molto legati*, they were very close, even though (*o* although) they seldom saw each other; *— lo avessi sconsigliato di partire, non mi diede retta*, (al)though I had advised him not to leave, he went all the same; *— non lo conosca bene, mi dà affidamento*, even though I don't know him very well, I feel I can trust him.

malguardato *agg.* (*letter.*) unguarded, unprotected.

malgusto *s.m.* (*non com.*) bad taste.

malìa *s.f.* **1** (*stregoneria*) witchcraft, sorcery; (*incantesimo*) spell, enchantment **2** (*fascino*) fascination, charm: *i suoi begli occhi hanno un'irresistibile —*, her beautiful eyes have an irresistible charm.

maliarda *s.f.* (*persona seducente*) charmer; enchantress: *è una vera —*, she's a real charmer.

maliardo *agg.* bewitching, enchanting, fascinating: *un sorriso —*, an enchanting smile ◆ *s.m.* (*non com.*) charmer.

malico *agg.* (*chim.*) malic: *acido —*, malic acid.

malificio, **malifizio** → **maleficio**.

malignamente *avv.* maliciously.

malignare *v.intr.* to malign (s.o., sthg.), to slander (s.o., sthg.), to think* badly (of s.o., sthg.); to speak* ill (of s.o., sthg.); to speak* badly (of s.o., sthg.): *si maligna molto su quel-l'uomo politico*, that politician is very much maligned; *stavano malignando fortemente sul suo conto*, they were speaking very badly of him; *trova da — su tutti e tutto*, he finds something nasty to say about everyone and everything.

malignità *s.f.* **1** malice, malignity, malevolence: *— diabolica*, diabolical malignity; *è noto per la sua —*, he is well-known for his malicious comments (*o* remarks) (*o* for his malevolence); *le sue parole sono sempre piene di —*, his words are always full of malice **2** (*atto, detto, pensiero maligno*) malice; *non era che una —*, it was sheer malice; *sono tutte — di tuo fratello*, these are all examples of your brother's malice; *stai dicendo delle —*, you are being very malicious; *dire — sul conto di qlcu.*, to say sthg. malicious about s.o. **3** (*med.*) (*carattere maligno, di malattia*) malignancy.

maligno *agg.* **1** malicious; malevolent; nasty: *parole maligne*, malicious words; *una persona maligna*, malicious (*o* malevolent) person; *non essere così —*, don't be so malicious; *una risata maligna*, a malicious laughter **2** (*malefico*) evil, malignant; malign: *luogo —*, evil place; *spirito —*, evil (*o* malignant) spirit: *libro che esercita un'influenza maligna*, book that has a malign (*o* an evil) influence **3** (*di malattia*) malignant: *febbre maligna*, malignant fever; *morbo —*, malign desease; *tumore —*, malignant tumor (*o* malignancy) **4** (*letter.*) (*di clima, nocivo*) unhealthy **5** (*di terreno, sterile*) sterile ◆ *s.m.* malicious person // *il Maligno*, the Evil One.

malinconia *s.f.* **1** melancholy; (*tristezza*) sadness: *cupa —*, (*tetraggine*) gloominess; *la — di un paesaggio invernale*, the sadness of a winter landscape; *la — dei romantici*, the melancholy of the Romantics; *immerso nella —*, plunged in melancholy; *profonda —*, deep dejection; *ho una grande — oggi*, I feel very depressed today; *me ne andai con una grande —*, I went away feeling very dejected (*o* in very low spirits); *lasciarsi prendere dalla —*, (*fam.*) to get the blues **2** (*pensiero malinconico*) melancholy, gloom, worry: *questo libro scaccerà ogni tua —*, this book will drive away your gloom **3** (*psic.*) melancholia.

malinconicamente *avv.* in a melancholy way, dejectedly; in very low spirits; (*tristemente*) sadly; (*cupamente, tetramente*) gloomily: *se ne andò —*, he went away in very low spirits; *sorrise —*, she smiled in a melancholy way.

malinconico *agg.* melancholy; (*triste*) sad; (*cupo, tetro*) gloomy; (*che dà malinconia*) melancholy, dismal, depressing: *una casa malinconica*, a gloomy house; *con voce malinconica*, in a sad voice; *un paesaggio —*, a melancholy landscape; *pensieri malinconici*, gloomy thoughts; *tempo —*, dismal weather; *aveva un'aria malinconica*, he looked sad; *è — per natura*, he has a melancholy nature; *oggi sono —*, I feel depressed today.

malinconioso *agg.* (*letter.*) melancholy, melancholic.

malincuore, a *locuz.avv.* (*controvoglia*) unwillingly, reluctantly: *lasciai la mia vecchia casa a —*, I left my old home reluctantly.

malinformato *agg.* misinformed, badly informed.

malintenzionato *agg.* ill-intentioned, malicious, ill-disposed: *è una persona malintenzionata*, he is a malicious person; *era — nei miei riguardi*, he wanted to do me harm (*o* was ill-disposed towards me) ◆ *s.m.* suspicious character: *un — si aggirava nel giardino*, a suspicious-looking man was creeping about the garden.

malinteso *agg.* mistaken: *per un — senso di riguardo*, out of a mistaken feeling of respect ◆ *s.m.* misunderstanding: *a scanso di malintesi*, to avoid misunderstandings; *è solo un —*, it's only a misunderstanding; *chiarire un —*, to clear up a misunderstanding.

malioso *agg.* enchanting, fascinating, charming, bewitching: *un sorriso —*, a bewitching smile.

malizia *s.f.* **1** malice: *per —*, out of malice: *dire qlco. con —*, to say sthg. with malice **2** (*astuzia*) artfulness, cleverness, cunning: *quel bambino usa ogni — per ottenere ciò che vuole*, that boy is clever at getting what he wants **3** (*espediente*) trick: *queste sono le malizie del mestiere*, these are the tricks of the trade.

maliziare *v.intr.* (*non com.*) to think* badly (of s.o., sthg.); to speak* ill (of s.o., sthg.).

maliziosamente *avv.* maliciously; mischievously; slyly, artfully: *le sorrise —*, he gave her a sly smile; *alluse molto — all'accaduto*, he hinted maliciously at what had happened.

maliziosità *s.f.* maliciousness.

malizioso *agg.* malicious; mischievous; sly, artful: *un bambino —*, a mischievous (*o* naughty) child; *una domanda maliziosa*, an artful question; *occhi maliziosi*, mischievous eyes; *uno sguardo —*, a sly look.

malleabile *agg.* **1** malleable: (*metall.*) *ghisa —*, malleable (cast)iron **2** (*fig.*) malleable, pliable: *un carattere —*, a pliant (*o* malleable) character.

malleabilità *s.f.* **1** malleability, malleableness **2** (*fig.*) malleability, pliability.

malleo *s.m.* (*anat.*) malleus*.

malleolare *agg.* (*med.*) malleolar.

malleolo *s.m.* (*anat.*) malleolus*.

mallevadore *s.m.* **mallevadrice** *s.f.* (*dir.*) guarantor, guarantee: *essere — di qlcu.*, to stand surety for s.o. (*o* to go bail for s.o.).

mallevadoria, **malleveria** *s.f.* (*dir.*) surety, security; (*garanzia*) guarantee, guaranty; (*cauzione*) bail: *dare — a qlcu.*, to stand surety for s.o.

mallevatore → **mallevadore**.

mallo *s.m.* (*bot.*) husk; (*di noce*) walnut husk, hull.

malloppo *s.m.* **1** (*fagotto*) bundle **2** (*fig.*) (*peso*) weight, worry // *togliersi un — dallo stomaco*, to take a load off one's mind **3** (*fam.*) (*refurtiva*) loot, booty, swag: *restituire il —*, to give back the loot **4** (*aer.*) trail rope.

malmaritata *s.f.* unhappily-married woman.

malmenare *v.tr.* **1** (*picchiare*) to beat* up, to rough up: *è stato malmenato dalla polizia*, he was beaten up by the police **2** (*maltrattare*) to mistreat, to ill-treat; (*strapazzare*) to mishandle, (*fam.*) to murder: *— la lingua inglese*, to murder the English language // *— uno strumento*, to play an instrument very badly.

malmeritare → **demeritare**.

malmesso *agg.* **1** (*non curato*) shabby: *casa vecchia e malmessa*, shabby old house **2** (*vestito in modo trasandato*) carelessly dressed, badly dressed, poorly dressed, shabby **3** (*in cattive condizioni economiche*) badly-off, hard up: *non posso pagarti subito perché sono un po' — a soldi*, I can't pay you straightaway because I'm a bit hard up **4** (*di salute*) off colour, under the weather: *con questo raffreddore mi sento proprio —*, I feel really under the weather with this cold.

malmignatta *s.f.* (*zool.*) (*Lathrodectes tredicimguttatus*) malmignatte.

malnato *agg.* **1** (*maleducato*) ill-bred, rude, uncouth **2** (*malvagio*) wicked **3** (*sfortunato*) unlucky, wretched **4** (*dannoso*) injurious, harmful.

malnoto *agg.* little known.

malnutrito *agg.* malnourished, undernourished.

malnutrizione *s.f.* malnutrition.

malo *agg.* (*letter.*) bad: *mala sorte*, bad luck; *mi rispose in — modo*, he answered me badly (*o* rudely); *mi coprì di male parole*, he heaped insults on me; *prendere qlco. in mala parte*, to take sthg. amiss (*o* badly).

malocchio *s.m.* evil eye: *gettare il — su qlcu.*, to cast the evil eye on s.o. // *vedere qlcu. di —*, to look askance at s.o. (*o* to look at s.o. with dislike).

malocclusione *s.f.* (*med.*) malocclusion.

malonato *s.m.* (*chim.*) malonate.

malonesto → **disonesto**.

malonico *agg.* (*chim.*) malonic: *acido —*, malonic acid.

malora *s.f.* ruin: *andare in —*, to go to ruin (*o fam.* to go to the dogs); *mandare in — qlcu.*, to bring s.o. to ruin // *va in —!*, go to hell! // *della —*, damned: *fa un freddo della —*, it's damned (*o* perishing) cold; *cosa aspetti a tenere legato quel cane della —?!*, when are you going to put that damned dog on the leash?!

malore *s.m.* (*med.*) attack, seizure, illness; (*svenimento*) fainting fit: *fu colto da un improvviso —*, he was taken ill all of a sudden (*o* he had a sudden illness).

malparlante *agg.* (*non com.*) **1** (*che parla scorrettamente*) careless in one's speech **2** (*maldicente*) malicious, backbiting ◆ *s.m.* **1** (*chi parla scorrettamente*) person who doesn't speak the language correctly **2** (*maldicente*) backbiter.

malpelo *agg.*: *rosso —*, redhead (*o* carrot top).

malpensante *s.m.* e *f.* (*che pensa male degli altri*) nasty-minded person.

malpiglio *s.m.* (*letter.*) scowl, threatening look.

malposizione *s.f.* (*med.*) malposition.

malpratico *agg.* (*non com.*) inexpert, inexperienced, unpractised.

malpreparato *agg.* badly prepared; unprepared.

malproprio *agg.* (*non com.*) **1** (*improprio*) incorrect; inappropriate **2** (*inadatto*) unsuitable.

malridotto *agg.* in a bad state; (*di salute*) run down: *dopo l'incidente l'auto era proprio malridotta*, after the accident the car was really in a bad state; *è ancora molto — dopo la lunga malattia*, he is still very run down (*o* in a bad state) after the long illness // *dopo la morte del padre è economicamente molto —*, after his father's death he is really hard up.

malriuscito *agg.* unsuccessful: *un progetto, un tentativo —*, an unsuccessful project, attempt; *una torta malriuscita*, a cake that didn't turn out well.

malsano *agg.* **1** unhealthy, sickly; (*debole*) weak: *persona malsana*, sickly person **2** (*insalubre*) unhealthy, unwholesome (*anche fig.*): *aria malsana*, unhealthy air; *cibo —*, unwholesome food; *clima —*, unhealthy climate; *luogo —*, unhealthy place; *idee malsane*, unwholesome ideas; *teorie malsane*, unwholesome (*o* unhealthy) theories **3** (*morboso*) sick, unhealthy, morbid: *fantasia malsana*, morbid imagination.

malsicuro *agg.* **1** (*privo di stabilità*) unsteady, shaky; (*privo di sicurezza*) unsafe, insecure: *luogo —*, unsafe place; *seggiola malsicura*, unsteady chair; *trave malsicura*, unsafe rafter **2** (*incerto*) uncertain; (*di persona*) irresolute: *risposta malsicura*, uncertain reply **3** (*inattendibile*) unreliable, untrustworthy: *testimonianza malsicura*, unreliable evidence.

malsoddisfatto *agg.* dissatisfied (with s.o., sthg.).

malsofferente *agg.* (*letter.*) intolerant, impatient.

mälström *s.m.* maelstrom.

malta *s.f.* **1** (*edil.*) mortar **2** (*region.*) (*fango*) mud, mire, slime.

Malta *no.pr.f.* (*geogr.*) Malta // *i Cavalieri di —*, Knights of Malta // *croce di —*, Maltese cross.

maltagliati *s.m.pl.* (*cuc.*) 'maltagliati' (kind of pasta).

maltalento *s.m.* (*letter.*) (*malanimo*) ill-will, malice.

maltasi *s.f.* (*biochim.*) maltase.

maltatore *s.m.* (*edil.*) mortar mixer.

maltempo *s.m.* bad weather: *a causa del — la partita è stata sospesa*, the match has been cancelled due to bad weather.

maltenuto *agg.* untidy, unkempt: *una casa maltenuta*, an untidy house; *capelli maltenuti*, unkempt hair; *registri maltenuti*, badly-kept books.

malteria *s.f.* malt-house.

maltese *agg.* e *s.m.* e *f.* Maltese (*pl. invar.*): *dialetto —*, Maltese // (*zool.*) (*cane*) —, Maltese (dog) // (*med.*) *febbre —*, Malta fever (*o* Mediterranean fever).

malthusianismo *s.m.* Malthusianism.

malthusiano *agg.* e *s.m.* Malthusian.

maltinto *agg.* **1** (*tinto male*) badly dyed **2** (*di cavallo*) black tinged with brown.

malto *s.m.* **1** malt, malted barley **2** (*caffè d'orzo*) barley coffee.

maltollerante *agg.* (*non com.*) (*intollerante*) intolerant, impatient.

maltolo *s.m.* (*chim.*) maltol.

maltolto *agg.* ill-gotten; extorted ◆ *s.m.* ill-gotten gains (*pl.*): *restituire il —*, to return stolen (*o* illegally obtained) goods.

maltosio, **maltoso** *s.m.* (*chim.*) maltose.

maltrattamento *s.m.* ill-treatment [U], abuse [U], maltreatment [U], mistreatment [U] (*anche dir.*): *patire, subire maltrattamenti*, to suffer abuse.

maltrattare *v.tr.* **1** to ill-treat, to maltreat, to abuse, to mistreat (*anche dir.*): *non mi farò —!*, I won't be abused!; *— gli animali*, to ill-treat (*o* to be cruel to) animals **2** (*usare male*) to misuse; (*interpretare erroneamente*) to misinterpret: *— un libro*, to mistreat a book; *— una lingua*, (*parlarla male*) to misuse a language; *— un autore, la storia*, to misinterpret an author, the history.

maltusiano e *deriv.* → **malthusiano** e *deriv.*

maluccio *avv.* rather badly, not very well.

malumore *s.m.* **1** bad mood, bad temper: *non seppe nascondere il suo —*, he could not conceal the bad mood he was in; *il rifiuto lo mise di —*, the refusal threw him into a bad mood; *questo tempo mi mette di —*, this weather puts me in a bad mood; *essere di —*, to be in a bad mood; *rispondere di —*, to answer snappishly; *sfogare il proprio — su qlcu.*, to take it out on s.o. **2** (*dissapore*) slight disagreement, bad feeling, friction: *tra loro ci sono stati dei malumori*, there's been some friction between them **3** (*scontento*) discontent, resentment, unrest: *tra le truppe serpeggiava il —*, unrest spread among the troops.

malunione *s.f.* (*med.*) malunion.

malva *s.f.* (*bot.*) (*Malva sylvestris*) mallow ◆ *s.m.* (*colore malva*) mauve ◆ *agg.* (*di colore malva*) mauve (*attr.*).

malvaccione *s.m.* (*bot.*) (*Althea officinalis*) marshmallow.

malvaceo *agg.* (*bot.*) malvaceous.

malvagiamente *avv.* wickedly, evilly; (*fam.*) badly, nastily: *agì — con noi*, she treated us very nastily.

malvagio *agg.* **1** (*cattivo, perfido*) wicked, evil: *azione malvagia*, wicked deed (*o* wrong); *natura, indole malvagia*, evil nature; *tiranno —*, wicked tyrant; *vita malvagia*, evil life; *aver l'aria malvagia*, to look evil; *non essere —!*, don't be unkind! **2** (*fam.*) (*pessimo*) bad, awful, unpleasant: *tempo —*, awful weather; *questo libro non è poi così —*, this book is not so bad after all ◆ *s.m.* (*persona perfida*) wicked man // *il Malvagio*, the Evil One (*o* the Devil).

malvagità *s.f.* **1** (*l'essere malvagio*) wickedness, evil, malice: *la sua — non ha limiti*, his wickedness knows no bounds; *fare qlco. per —*, to do sthg. out of malice **2** (*atto malvagio*) evil deed, evil action: *ha commesso molte — in vita sua*, he did many evil deeds (*o* things) during his life.

malvarosa *s.f.* (*bot.*) (*Althea rosea*) hollyhock.

malvasia *s.f.* **1** (*uva*) malvasia **2** (*vino*) malmsey.

malveduto *agg.* (*non com.*) (*malvisto*) disliked (by s.o.), unpopular (with s.o.).

malversare *v.tr.* (*dir.*) to embezzle.

malversatore *s.m.* (*dir.*) embezzler.

malversazione *s.f.* (*dir.*) embezzlement, malversation, misappropriation: *— di pubblico denaro*, misappropriation of public money.

malvestito *agg.* **1** (*vestito con abiti dimessi*) shabby, seedy looking: *un mendicante — bussò alla porta*, a shabby beggar knocked on the door **2** (*vestito senza gusto*) badly dressed.

malvezzo *s.m.* (*cattiva abitudine*) bad habit.

malvissuto *agg.* dissolute, loose living.

malvisto *agg.* unpopular (with s.o.), disliked (by s.o.): *era — dai suoi colleghi*, he was unpopular with (*o* disliked by *o* frowned upon by) his colleagues; *era — da tutti per la sua arroganza*, he was disliked by everyone because of his arrogance.

malvivente *s.m.* **1** (*delinquente*) delinquent, gangster, criminal; (*fam.*) crook: *sono stata scippata da due malviventi*, I had my bag swatched by two delinquents; *un covo di malviventi*, a haunt of criminals **2** (*letter.*) (*persona dissoluta*) depraved person, dissolute person.

malvivenza *s.f.* **1** (*non com.*) (*delinquenza*) crime, criminality, criminal activity: *la — è in aumento*, crime is on the increase **2** (*i malviventi*) gangsters (*pl.*), criminals (*pl.*), crooks (*pl.*); the underworld: *la nostra città è infestata dalla —*, our town is swarming with criminals.

malvolentieri *avv.* against one's will, reluctantly, unwillingly, grudgingly: *studia — il latino*, he studies Latin against his will (*o* reluctantly); *acconsentire — a fare qlco.*, to agree reluctantly to do sthg.; *se lo devi fare —, non farlo*, if you have to do it grudgingly, don't do it.

malvolere *s.m.* **1** (*indolenza*) indolence: *non riesce negli studi più per — che per incapacità*, he doesn't get on well at school due to indolence (*o* laziness) rather than inability **2** (*letter.*) (*malvagità*) ill will; malevolence, wickedness, evil intent.

malvolere *v.tr.* to dislike: *era malvoluto da tutti*, he was universally disliked; *farsi —*, to make oneself disliked (*o* unpopular); *l'hanno preso a —*, they've taken a dislike to him.

malvolontieri → **malvolentieri**.

malvone *s.m.* → **malvarosa**.

mamba *s.m.* (*zool.*) mamba: *— verde*, (*Dendroaspis viridis*) mamba.

mambo *s.m.* (*musica, danza*) mambo.

mamelucco *s.m.* (*st.*) (*mercenario al servizio del sultano d'Egitto*) Mameluke.

mamertino *agg.* (*del dio Marte*) of Mars, Mamertine.

mamillare → **mammillare**.

mamma *s.f.* **1** mother, (*nel linguaggio infantile*) mum, mummy, mamma, mama: *hai parlato con la tua —?*, did you speak to your mother?; *la — di questi cuccioli ha il pelo bianco*, the mother of these puppies has a white coat; *dai —, aiutami a fare i compiti!*, come on mummy, help me to do my homework!; *era la — dei poveri*, (*estens.*) she was a mother to the poor // *essere attaccato alle gonne della —*, to be tied to one's mother's apron strings // *— mia!*, good heavens! (*o* my goodness!) // *oh —, che coda!*, dear me, what a queue! // *cocco di —*, mother's darling (*o* mummy's darling) // *gira per casa come — l'ha fatto*, he goes around the house stark naked **2** (*letter.*) (*mammella*) breast, mamma*.

mammale *agg.* (*non com.*) mammalian, mammiferous.

mammalogia *s.f.* (*zool.*) mammalogy.

mammalogico *agg.* (*zool.*) mammalogic(al).

mammalucco *s.m.* **1** (*st.*) Mameluke **2** (*fam.*) (*sciocco*) fool, blockhead; (*fam.*) twit.

mammamia *inter.* good heavens, my goodness.

mammana *s.f.* (*region.*) **1** (*levatrice*) midwife*; (*donna che procura aborti clandestini*) backstreet abortionist **2** (*ruffiana*) bawd, procuress.

mammario *agg.* (*anat.*) mammary: *le ghiandole mammarie*, the mammary glands.

mammasantissima *s.m.* (*sl.*) boss of bosses, big boss (especially of the mafia).

mammella *s.f.* (*anat.*) mamma*; (*fam.*) breast; (*di animali da latte*) udder.

mammellare → **mammillare**.

mammellonare *agg.* (*geol., min.*) mammillary.

mammellonato *agg.* (*geogr.*) (*di collina*) round.

mammellone *s.m.* (*geogr.*) round-topped mountain.

mammelucco → **mammalucco**.

mammifero *agg.* mammiferous, mammalian ◆ *s.m.* mammal; mammalian.

mammillare *agg.* (*anat.*) mam(m)illary.

mammismo *s.m.* "mammismo"; excessive dependence on the mother; (*della madre verso il figlio*) doting maternal behaviour.

mammografia *s.f.* (*med.*) mammography.

mammografico *agg.* (*med.*) mammographic.

mammola *s.f.* (*bot.*) (*Viola odorata*) violet.

mammona *s.m.* o *f.* (*fig.*) (*la ricchezza*) mammon // *non si può servire a Dio e a Mammona*, one can't serve God and Mammon.

mammone *s.m.* (*fam.*) mummy's boy.

mammut *s.m.* (*paleont.*) mammoth.

mana *s.m.* (*forza soprannaturale*) mana.

manachino *s.m.* (*zool.*) manakin.

management *s.m.* (*attività di gestione e di direzione*) management; (*scienza della direzione*) management science.

manager *s.m.* e *f.* manager.

manageriale *agg.* managerial: *attività —*, management (*o* managerial activity); *capacità —*, managerial ability; *responsabilità —*, managerial responsibility.

managerialità *s.f.* managerial ability, managerial quality.

manaiuola *s.f.* (*piccola scure*) hatchet.

manata *s.f.* **1** (*manciata*) handful: *una — di caramelle*, a handful of sweets; *una — d'oro*, a handful of gold // *buttar via denaro a manate*, to throw money away by the handful **2** (*colpo dato con la mano*) slap, smack, cuff: *mi ha dato un'affettuosa — sulla spalla*, he gave me an affectionate slap on the back.

manato *s.m.* (*zool.*) (*Trichechus manatus*) sea cow; (*pop.*) manatee.

manca *s.f.* **1** (*mano sinistra*) left hand **2** (*parte sinistra*) left, left-hand side // *a dritta e a —*, on all sides.

mancamento *s.m.* **1** (*svenimento*) swoon, faint, fainting: *avere un —*, to faint; *fu colta da —*, she fainted **2** (*non com.*) (*difetto*) defect, shortcoming; (*fallo, colpa*) fault.

mancante *agg.* (*incompleto*) defective, incomplete; (*assente*) absent, missing; (*privo di*) wanting, lacking; (*non conteggiato*) unaccounted for: *manoscritto —*, defective manuscript; *un'iscrizione —*, an incomplete inscription; *dove sono le pagine mancanti di questo libro?*, where are the missing pages from this book?; *è un ragionamento — di logica*, it's an argument lacking in logic // (*comm.*): *articoli mancanti*, missing articles; *voci mancanti*, items unaccounted for; *un conto —*, (*che non torna*) an account which doesn't balance // (*fin.*): *— di danaro*, stringent; *mercato — di liquidità*, stringent market ◆ *s.m.* e *f.* (*assente*) missing person.

mancanza *s.f.* **1** lack, deficiency; want; shortage; (*assenza*) absence: *— di affetto*, lack of affection; *— di coraggio*, lack of courage; *— di tempo*, lack of time; *— di denaro*, lack (*o* shortage) of money; *— di manodopera*, shortage of labour; *— di immaginazione*, want of imagination; *— di educazione*, bad manners; *il tuo atteggiamento denota — di comprensione*, your behaviour shows lack of understanding; *il bambino soffre la — di una figura paterna*, the child suffers from the lack of a father figure; *durante la sua —*, during his absence; *sentire la — di qlcu.*, to miss s.o.; *sente la — dei suoi amici*, he misses his friends; *sento molto la tua —*, I miss you very much // *in — di*, failing (*o* for want of), (*in assenza di*) in the absence of: *in — del presidente, firmerà il segretario*, in the absence of the chairman, the secretary will sign; *in — di verdura fresca potremmo mangiare verdura surgelata*, if we don't have fresh vegetables, we could eat some frozen ones; *in — di meglio andammo al cinema*, for want of something better to do we went to the cinema // *per — di*, for want (*o* lack) of: *fu assolto per — di prove*, he was acquitted for lack of evidence; *molte persone soffrono per — di cibo*, many people suffer from lack of food // (*dir.*): *— di testimoni*, absence of witnesses; *— di testamento*, intestacy; *— di giurisdizione*, lack (*o* want) of jurisdiction // (*banca*): *— di copertura*, no funds (*o* insufficient funds *o* absence of consideration); *— di credito*, credit stringency **2** (*errore, fallo*) fault; (*difetto*) defect, shortcoming: *una lieve —*, a slight fault; *questa è una grave — da parte sua*, this is a bad fault on his part; *commettere una — imperdonabile*, to make an unforgivable mistake; *supplire al-*

le proprie mancanze, to make up for one's shortcomings **3** (*non com.*) (*svenimento*) fainting.

mancare *v.intr.* **1** (*non avere a sufficienza*) to be lacking (in sthg.), to lack (s.o., sthg.); to be wanting (in sthg.), to want (s.o., sthg.): *mi manca il tempo per fare tutto quello che vorrei*, I'm short of time to do all the things I'd like to; *gli manca il denaro per farlo*, he lacks the money to do it (*o* he hasn't got enough money to do it); *gli manca il buon senso, manca di buon senso*, he lacks (*o* is lacking in) common sense; *manca di coraggio*, he is lacking in courage; *questa minestra manca di sale*, the soup needs salt; *la sua casa manca di tutto*, his house lacks everything (*o fam.* his house is short of everything) // *è la voglia di lavorare che gli manca*, it's the will to work that he lacks // *non faceva — nulla alla sua famiglia*, he made sure that his family lacked for nothing **2** (*distare, intercorrere da un termine stabilito*) to be: *mancano tre giorni alla partenza*, there are three days to departure; *mancano ancora 20 minuti a mezzogiorno*, there are still twenty minutes to go before twelve o'clock; *manca 1 km al traguardo*, there's one kilometre to go; *manca poco a finire*, it's nearly finished; *quanto manca alla fine dello spettacolo?*, how long is it until the end of the show?; *non credo che manchi molto*, I don't think it will be long **3** (*non esserci*) not to be; (*non essere reperibile*) to be missing; (*essere assente*) to be absent: *mancano delle carte che erano sulla mia scrivania*, some papers that were on my desk are missing; *si accorse che mancavano i suoi gioielli*, she noticed her jewels were missing; *manca la firma in questo assegno*, there is no signature on this cheque; *mancano le prove*, there is no proof; *da quanto tempo mancate da Milano?*, how long have you been away from Milan?; *manco da casa da cinque giorni*, I've been away from home for five days; *quanti alunni mancano?*, how many pupils are absent?; *manca un giocatore alla squadra*, the team is one short **4** (*richiedere come completamento*) to be needed: *mancano cinquanta sterline per completare la somma*, fifty pounds are needed to make up the sum; *è tutto finito, mancano solo gli ultimi ritocchi*, it's all done, it just needs a few finishing touches **5** *venire a —*, (*rimanere senza*) to run* out; (*andar via*) to go* out: *in pieno deserto mancò, venne a — la benzina*, in the middle of the desert the petrol ran out (*o* we ran out of petrol); *poi è mancata la luce*, then the light went out; *dalle 3 alle 5 mancherà il gas, la luce*, gas, electricity will be cut off from 3 to 5 **6** (*venir meno*) to fail (s.o., in sthg., to do); (*svenire*) to faint: *mi mancarono le forze*, my strength failed me; *sentirsi — le forze*, to feel one's strength failing; *— al proprio dovere*, to fail in one's duty; *sentirsi —*, to faint; *la voce le mancò per lo spavento*, she was speechless with fright // *— a una promessa, alla parola data*, to break a promise, one's word; *sentirsi — il terreno sotto i piedi*, (*fig.*) to feel lost: *mi sento — il terreno sotto i piedi senza il tuo aiuto*, I feel lost without your help **7** (*morire*) to die, to pass away: *è mancato, è venuto a — due anni fa*, he passed away (*o* died) two years ago **8** (*tralasciare*) to forget*, to fail: *"Non — di scrivermi" "Non mancherò!"*, "Don't forget to write to me" "I won't!"; *non manchi di portargli i miei saluti*, don't forget to give him my regards **9** (*sbagliare*) to make* a mistake; to err; (*agire scorrettamente*) to wrong (s.o.): *— verso qlcu.*, to treat s.o. rather badly; *— verso il prossimo*, to wrong one's fellow-men **10** (*essere rimpianto, desiderato*) to miss (*costr. pers.*): *quando sono all'estero mi manca il caffè italiano*, when I'm abroad I miss Italian coffee; *ci sei mancato molto*, we really missed you ◆ *v.tr.* to miss: *— il bersaglio*, to miss the mark (*o* the target); *— la palla*, to miss the ball; *— un'occasione*, to miss an opportunity.

◆ FRASEOLOGIA: *— di rispetto a qlcu.*, to show little respect for s.o. // *gli manca un venerdì, una rotella*, (*scherz.*) he's got a screw missing (*o* loose) // *ci mancava anche questo!*, that's all we needed!; *ci mancherebbe altro!*, that would be the limit! (*o* that would be the last straw!); *ci mancava anche la pioggia!*, now it's raining... that's all we need! // *poco mancò che...*, he, she ecc. nearly...: *poco mancò che cadesse*, he nearly fell.

mancato *agg.* **1** (*fallito*) manqué; unsuccessful; (*perso*) missed, last: *un attore —*, an actor manqué; *quell'uomo è uno scrittore —*, that man should have been a writer; *colpo —*, miss, (*fig.*) (*tentativo fallito*) unsuccessful attempt; *occasione mancata*, missed opportunity **2** (*non avvenuto*): *mancata accettazione*, non -acceptance; *— arrivo*, non-arrival; *— pagamento*, non-payment; *in caso di — pagamento*, in default of payment, (*di cambiale*) dishonour; (*dir.*) *mancata comparizione*, (*in tribunale*) default (*o* non-appearance); (*mar.*) *— imbarco*, non-shipment.

mancese *agg.* e *s.m.* Manchurian, Manchu.

mancetta *s.f.* pocket money; (*amer.*) allowance.

manche *s.f.* (*fr.*) **1** (*sport*) round; (*sci*) run: *chi ha vinto la prima —?*, who won the first round? **2** (*mano di carte*) hand; (*bridge*) rubber.

manchette *s.f.* (*fr.*) **1** (*breve testo*) boxed article; (*pubblicità*) boxed advertisement **2** (*fascetta*) book band.

manchevole *agg.* faulty, defective: *memoria —*, defective (*o* faulty) memory; *traduzione —*, faulty translation.

manchevolezza *s.f.* **1** (*imperfezione*) imperfection; (*mancanza*) defect, fault: *nonostante tutte le sue manchevolezze è un brav'uomo*, in spite of all his faults he is a good man; *commettere una —*, to commit a fault; *supplire una —*, to make up for one's shortcomings; *un lavoro pieno di manchevolezze*, a piece of work full of faults **2** (*atto sconveniente*) thoughtless, inconsiderate action: *è stata una — da parte loro non invitarlo*, it was thoughtless of them not to invite him **3** (*l'essere manchevole*) imperfection, defectiveness, deficiency.

manchevolmente *avv.* imperfectly, defectively.

mancia *s.f.* tip; (*form.*) gratuity: *dare la — a qlcu.*, to tip s.o. (*o* to give s.o. a tip); *ho ricevuto una — generosa*, I received (*o* was given) a generous tip; *lasciare la —*, to leave a tip; *lauta —*, generous reward // *— competente*, adequate reward // *la — di Natale*, the Christmas box.

manciata *s.f.* handful: *una — di polvere*, a handful of dust; *una — di sassi*, a handful of stones // *a manciate*, in handfuls: *gettare denaro a manciate*, to squander money.

mancina *s.f.* **1** left hand // *a —*, to the left **2** (*donna*) left-handed woman.

mancinella *s.f.* (*bot.*) (*Hippomane mancinella*) manchineel.

mancinismo *s.m.* left-handedness.

mancino *agg.* **1** left-handed // *pugile —*, southpaw **2** (*sleale*) treacherous; sneaky: *colpo —*, sneaky trick ◆ *s.m.* left-hander.

mancipazione *s.f.* (*st. dir.*) mancipation.

manciù *agg.* e *s.m.* Manchu.

manco[1] *agg.* (*letter.*) left; left-hand (*attr.*): *sulla riva manca del fiume*, on the left bank of the river.

manco[2] *avv.* (*fam.*) (*nemmeno*) not even: *non ci ho — pensato*, I haven't even thought of it // *— a dirlo*, needless to say // *— per idea, per sogno!*, not on your life!

mancorrente → **corrimano**.

mandamentale *agg.* (*dir.*) of the district; district (*attr.*): *carcere —*, district penitentiary, (*di contea*) county prison.

mandamento *s.m.* (*dir.*) district; area of local government.

mandante *s.m.* e *f.* (*dir.*) (*nel contratto di mandato*) principal, mandator; mandant; (*di reato penale*) instigator.

mandarancio *s.m.* (*bot.*) clementine.

mandare *v.tr.* **1** to send*: *lo mandarono ad avvertirmi del pericolo*, they sent him to warn me of the danger; *lo mandarono ambasciatore a Parigi*, they sent him as ambassador to Paris; *lo mandarono in esilio*, they sent him into exile; *manda le tue lettere a questo indirizzo*, send your letters to this address; *mandami due righe*, drop me a line; *non ha ancora mandato il conto*, he has not yet sent the bill; *quella ditta manda merci in tutto il mondo*, that firm sends goods all over the world; *— gli abiti in tintoria*, to send one's clothes to the cleaner's; *— a chiamare qlcu., a prendere qlco.*, to send for s.o., sthg.: *mandammo a chiamare il dottore*, we sent for the doctor; *mi ha mandato a fare la spesa*, he sent me to do the shopping; *il preside mi ha mandato a chiamare*, the head teacher has sent for me; *mandò il fattorino a ritirare la posta*, he sent the messenger boy to pick up the post; *— qlcu. a fare una commissione*, to send s.o. on an errand; *— un bambino a scuola, a letto*, to send a child to school, to bed; *— una lettera*, to send a letter; *— un pacco per posta, per ferrovia*, to send a parcel by post, by rail; *— per via mare*, to ship; *— per abbonamento*, to send by subscription; *— le proprie dimissioni*, to send in one's resignation; *— acqua in un canale*, to make water flow into a canal; *— corrente a un circuito*, to feed a circuit; *— a dire qlco. a qlcu., — un messaggio a qlcu.*, to send word to s.o.; *— un bacio a qlcu.*, to blow s.o. a kiss // *— via qlcu.*, to send s.o. away, (*licenziare*) to dismiss s.o. (*o fam.* to sack s.o. *o* to fire s.o.): *— via qlcu. sui due piedi*, to sack s.o. on the spot; *il limone manda via l'odore di pesce*, lemon gets rid of the smell of fish **2** (*emettere, esalare*) to give* off, to emit: *mandò un profondo sospiro*, she sighed deeply; *quel flauto manda un suono dolcissimo*, that flute has a very sweet tone; *questa rosa manda un profumo delizioso*, this rose smells lovely; *— un grido*, to utter (*o* to let out) a cry; *il camino manda fumo*, the chimney smokes **3** (*non com.*) (*far funzionare*) to drive*: *l'acqua manda la ruota del mulino*, the water drives the millwheel.

◆ FRASEOLOGIA: *che Dio ce la mandi buona!*, God help us! // *non glielo mandò a dire*, she told him so to his face // *piove che Dio la manda*, it's bucketing down (*o* it is raining cats and dogs) // — *a effetto, a compimento*, to carry out // — *al diavolo, all'inferno, a quel paese*, to tell s.o. to go to hell // — *all'altro mondo, al creatore*, to kill s.o., to finish (s.o.) off // *la palla mandò in frantumi, a pezzi la vetrina*, the ball shattered the window // — *a memoria*, to learn by heart // — *a monte, all'aria, a rotoli, in fumo*, to upset: — *a monte un accordo*, to wreck an agreement; — *a monte un matrimonio*, to make a marriage fall through // — *a morte qlcu.*, to sentence s.o. to death // (*mar.*) — *a picco*, to scuttle (*o* to sink) // — *da Erode a Pilato*, (*fig.*) to send from pillar to post // — *giù*, to swallow (*anche fig.*): *mandò giù la birra tutta d'un fiato*, he gulped down the beer; *questa è dura da — giù*, (*fig.*) that's hard to swallow // — *imprecazioni, maledizioni contro qlcu.*, to curse s.o. // *un camion ci ha mandato fuori strada*, a lorry forced us off the road // — *in lungo*, to put off (*o* to delay) // — *in onda*, to broadcast.

mandarinato *s.m.* (*st. cinese*) mandarinate.

mandarinetto *s.m.* (*liquore*) mandarin -flavoured liqueur.

mandarinismo *s.m.* **1** (*burocrazia venale*) heavy-handed bureaucracy, corrupt bureaucracy **2** (*pol.*) (*tendenza a mantenere i propri privilegi*) tendency to protect one's own interests and maintain one's own privileges.

mandarino[1] *s.m.* (*st. cinese*) mandarin.

mandarino[2] *s.m.* (*bot.*) (*Citrus nobilis*) tangerine, mandarin (orange).

mandata *s.f.* **1** (*quantità di merce spedita*) lot, batch; (*spedizione*) shipment, consignment: *spedire il materiale in due, in più mandate*, to forward the material in two, in several lots; *abbiamo ricevuto la prima — di merce*, we have received the first consignment of goods // *far entrare tutti in una sola —*, (*estens.*) to let everybody in together **2** (*di serratura*) turn: *chiudere a doppia —*, to double-lock **3** (*di pompa idraulica*) delivery **4** (*non com.*) (*gruppo di persone affini*) bunch, gang.

mandatario *agg.* mandatory (*anche dir.*), representative: (*dir.*) *stato —*, mandatory state; *agente —*, mandatory agent ◆ *s.m.* (*dir.*) mandatory, mandate holder, proxy agent; (*assegnatario*) assignee; (*commissionario*) factor: — *generale*, universal (*o* general) agent.

mandato *s.m.* **1** (*incarico*) mandate, task, commission, mission: — *speciale*, special mandate (*o* mission); — *esplorativo*, exploratory mission; *eseguire un —*, to carry out a commission (*o* a task); *dare, affidare un —*, to assign a task; *durata del —*, term of office // — *elettorale*, electoral mandate; — *parlamentare*, Parliamentary mandate **2** (*dir., comm.*) agency; (*ordine*) warrant, order: — *di consegna*, warrant for delivery; — *commerciale*, agency; — *generale*, general agency; — *di pagamento*, order of payment (*o* payment order); — *di rappresentanza*, agency; — *d'incasso*, cash warrant; — *di vendita*, warrant of sale; — *postale*, postal order; *estinzione del —*, termination of agency; *revoca del —*, revocation of agency; *rinunzia del —*, renunciation of agency; *rinunziare al —*, to renounce the agency // (*banca*): — *di pagamento di interessi, di dividendi*, interest, dividend warrant; — *di liquidazione*, settlement warrant **3** (*dir.*) warrant, order, mandate: — *d'arresto contro qlcu.*, warrant for s.o.'s arrest; — *di comparizione*, summons; — *di perquisizione*, search warrant; — *di sequestro*, distress warrant (*o* writ of sequestration); — *di esecuzione*, writ of execution; — *di estradizione*, warrant of extradition; — *di procura*, power of attorney; — *con procura*, proxy; — *di tutela*, guardianship; — *papale*, papal mandate (*o* rescript) **4** (*pol.*) mandate: *la Lega delle Nazioni concedeva mandati su certi territori*, the League of Nations granted mandates over certain territories.

mande *s.m.* Mande, Mandingo.

mandelico *agg.* (*chim.*) mandelic: *acido —*, mandelic acid.

mandibola *s.f.* (*anat.*) mandible, lower jaw.

mandibolare *agg.* (*anat.*) mandibular: *riflesso —*, mandibular reflex.

mandingo *agg.* e *s.m.* e *f.* Mandingo.

mandiritto → **mandritto**.

mandola *s.f.* (*mus.*) mandola.

mandolinata *s.f.* (*mus.*) mandolin(e) music.

mandolinista *s.m.* e *f.* mandolinist, mandolin(e) player.

mandolino *s.m.* mandolin(e).

mandorla *s.f.* **1** almond: *occhi a —*, almond -shaped eyes; *olio di mandorle*, almond-oil; *pasta di mandorle*, almond-paste **2** (*seme, gheriglio*) kernel **3** (*arch., pitt.*) mandorla **4** (*mar.*) bull's eye.

mandorlato *s.m.* (*cuc.*) almond cake ◆ *agg.* almond (nut) (*attr.*): *cioccolato —*, almond nut chocolate.

mandorleto *s.m.* (*terreno a mandorli*) almond grove.

mandorliero *agg.* of almonds.

mandorlo *s.m.* (*bot.*) (*Prunus amygdalus*) almond (tree): *fiore di —*, almond-blossom.

mandra → **mandria**.

mandragola, **mandragora** *s.f.* (*bot.*) mandrake; (*non com.*) mandragora.

mandratura *s.f.* manuring.

mandria *s.f.* **1** herd, drove; (*rar.*) rout **2** (*spreg.*) (*gruppo di persone*) herd.

mandriale[1] → **mandriano**.

mandriale[2] *s.m.* (*metall.*) rabble.

mandriano *s.m.* herdsman*, stockman*.

mandrillo *s.m.* **1** (*zool.*) (*Mandrillus sphinx*) mandrill **2** (*fig. scherz.*) lecher, dirty (old) man: *quel — non cambierà mai*, he's a lecher and he'll never change.

mandrinaggio *s.m.* (*mecc.*) (*di tubi*) expan.

mandrinare *v.tr.* (*mecc.*) to expand.

mandrinatura *s.f.* (*mecc.*) (*di tubi*) expansion.

mandrino *s.m.* (*mecc.*) **1** mandrel **2** (*albero porta-utensile*) spindle; (*amer.*) arbor **3** (*morsetto autocentrante*) chuck **4** (*allargatubi*) expander **5** (*inform.*) spool.

mandritta *s.f.* (*non com.*) right hand: *a —*, to the right.

mandritto *s.m.* (*non com.*) (*ceffone*) cuff.

manducare *v.tr.* (*antiq.*) to manducate, to chew.

mane *s.f.* (*poet.*) morn, morning: *da — a sera*, from morning to evening (*o* all day long), (*continuamente*) all the time.

maneggevole *agg.* **1** handy, manageable: *arnese —*, handy tool; *poco —*, awkward; *un'automobile —*, a handy car **2** (*fig. non com.*) (*trattabile*) manageable, tractable, easy to handle: *a poco a poco quel ragazzo si fa più —*, that boy is gradually becoming easier to handle (*o* more tractable).

maneggevolezza *s.f.* handiness, manageability.

maneggiabile *agg.* handy, manageable.

maneggiabilità *s.f.* handiness.

maneggiamento *s.m.* **1** (*non com.*) handling **2** (*fig.*) (*intrigo*) plot.

maneggiare *v.tr.* **1** (*impastare*) to knead; to mould: — *la creta*, to mould clay; — *la pasta*, to knead dough **2** (*strumenti ecc.*) to handle, to wield, to use: *ha imparato a — i suoi strumenti*, he has learnt how to handle his tools; — *un fucile*, to handle a gun; — *una spada*, to wield a sword; — *con cura*, to handle with care; — *denaro*, to handle money; *sa — la penna*, (*estens.*) he knows how to use his pen **3** (*addestrare cavalli*) to manage: *sa — bene un cavallo*, he knows how to manage a horse **4** (*fig.*) (*persone*) to handle, to deal* with (s.o.): *bisogna saperlo —*, one must know how to handle (*o* to deal with) him; *è una persona piuttosto difficile da —*, he is rather difficult to handle **5** (*fig.*) (*amministrare*) to manage, to run*: — *molto denaro*, to manage large amounts of money; (*econ.*) — *il mercato*, to rig the market.

maneggiatore *s.m.* person who handles; wielder.

manéggio[1] *s.m.* **1** (*il maneggiare*) handling; (*uso*) use: *è abile nel — delle armi*, he is skilled at using weapons **2** (*fig.*) handling; (*conduzione*) management, running: — *della casa*, household management; *tenere il — della casa*, to run the house // (*econ.*): *il — degli affari, del denaro*, the handling of business, of money; — *di grosse somme di denaro*, management of large sums **3** (*fig.*) (*spec. pl.*) intrigue; scheming [U]: *i suoi maneggi furono presto scoperti*, his scheming was soon discovered **4** (*equitazione*) manège: *scuola di —*, riding school.

maneggìo[2] *s.m.* fiddling, meddling: *con quel continuo — il registratore si ruppe*, after being constantly fiddled with the record player broke.

maneggione *s.m.* (*spreg.*) trafficker, huckster.

manesco *agg.* **1** rough; aggressive; brutal: *un uomo —*, a man free with his hands (*o* with his fists) **2** (*maneggevole*) handy.

manetta *s.f.* **1** *pl.* handcuffs, manacles: *gli misero le manette*, they handcuffed him; *entrò in aula con le manette ai polsi*, he entered the court handcuffed **2** (*manopola*) handle; throttle: *la — del gas*, gas throttle // *a tutta —*, at full throttle (*o* at full speed).

manfanile *s.m.* (*agr.*) flail handle.

manfano *s.m.* **1** (*tappo della botte*) cork **2** → manfanile.

manforte *s.f.* help, aid, assistance; backing: *ci diede —*, he backed us up; *prestare —*, to (give) help; *avere — da qlcu.*, to receive a helping hand from s.o. (*o* to get help from s.o.).

manfrina *s.f.* **1** monferrina (Piedmontese dance) // *suonare la —*, (*fig.*) to strum **2** (*petulanza*) wheedling [U]: *che —!*, what a song and dance! // *non fare la* —, stop going on and on about it.

manganare *v.tr.* (*tecn.*) to mangle.

manganato *s.m.* (*chim.*) manganate.

manganatore *s.m.* (*tecn.*) mangler.

manganatura *s.f.* (*tecn.*) mangling.

manganella *s.f.* **1** folding bench **2** (*st. mil.*) mangonel.

manganellare *v.tr.* to club, to bludgeon.

manganellata *s.f.* blow with a baton: *prendere qlcu. a manganellate*, to club s.o. (*o* to beat s.o. with a baton).

manganello *s.m.* truncheon, club, baton.

manganese *s.m.* (*chim.*) manganese.

manganesifero *agg.* manganiferous: *rocce manganesifere*, manganiferous rocks.

manganico *agg.* (*chim.*) manganic.

manganina *s.f.* (*metall.*) manganine.

manganite *s.f.* (*min.*) manganite.

mangano *s.m.* **1** (*tecn.*) mangle **2** (*st. mil.*) mangonel.

manganoso *agg.* (*chim.*) manganous.

mangereccio *agg.* edible, eatable: *funghi mangerecci*, edible mushrooms.

mangeria *s.f.* (*fam.*) illicit gain, illicit profit; fiddle; (*fam. amer.*) graft: *tutti sanno che ha fatto delle mangerie*, everybody knows about his fiddling.

mangiabambini *s.m.* e *f.* soft-hearted ogre; (*fig.*) soft-hearted grouch.

mangiabile *agg.* eatable: *"Come è la carne?" "Mangiabile"*, "What's the meat like?" "It's eatable".

mangiacarte *s.m.* e *f.* (*spreg.*) pettifogger; hack lawyer; (*amer.*) shyster.

mangiacassette *s.m.* cassette player.

mangiacristiani *s.m.* e *f.* blusterer.

mangiadischi® *s.m.* portable record player.

mangia-e-bevi *s.m.* (*gelato*) ice cream with fruit and liqueur.

mangiafumo *agg.* smoke-eating (*attr.*): *candela* —, smoke-eating candle.

mangia mangia *s.m.* (*fam.*) graft.

mangiamento *s.m.* (*non com.*) **1** eating **2** (*fig.*) (*tormento*) torment.

mangiamoccoli *s.m.* e *f.* (*spreg.*) bigot.

mangianastri® *s.m.* cassette player.

mangiapane *s.m.* e *f.* scrounger, sponger // *è un — a tradimento*, he is a scrounger (*o* sponger).

mangiapreti *s.m.* e *f.* rabid anticlerical.

mangiare *v.tr.* **1** to eat*; to have one's meals, to take* one's meals: *mangia di tutto*, he eats anything; *abitualmente mangiamo in cucina*, we usually eat in the kitchen; *si mangia alle 12.30*, lunch is at 12.30; *a tavola, si mangia!*, lunch (*o* dinner) is ready!; *non c'è niente di buono da —?*, is there anything good to eat?; *da lei si mangia bene*, you eat well at her house; *ristorante in cui si mangia bene*, restaurant where the food is good; *vuoi da —?*, would you like something to eat?; — *al ristorante*, to eat at the restaurant; — *a sazietà*, to eat one's fill; — *bene, male*, to eat well, badly (*o* to have a good meal, to have a poor meal); — *con appetito*, to eat heartily; — *di grasso*, to eat meat; — *di magro*, not to eat meat (*o* to abstain from eating meat); — *in bianco*, to eat plain food; *fare da* —, to do the cooking (*o* to cook); *non sa fare da* —, she can't cook; *mangio un boccone e arrivo*, I'll eat a bite and be with you straightaway; — *fuori di casa*, to eat out; — *qlco. di gusto*, to eat sthg. with relish; *ho mangiato proprio di gusto*, I really enjoyed my meal; — *svogliatamente*, to pick at one's food; *dar da — a*, to feed; *hai dato da — al cane?*, have you fed the dog? // — *a crepapelle*, to stuff oneself with food // — *come un uccellino*, to nibble at one's food // — *come un lupo*, to eat like a horse // — *per quattro*, to eat heartily (*o* greedily) // *mangiarsi le unghie*, to bite one's nails **2** (*consumare*) to consume, to eat* up; (*corrodere*) to corrode, to eat* away, to eat* into (sthg.): *quella locomotiva mangia tanto carbone*, that steam engine eats up a lot of coal; *gli acidi mangiano i metalli*, acids eat into (*o* corrode) metals; *la riva fu mangiata dal fiume*, the banks were eaten away by the river; *la ruggine mangia il ferro*, rust corrodes iron **3** (*a carte, scacchi ecc.*) to take*.

◆ FRASEOLOGIA: *mangiarsi qlcu. con gli occhi*, to devour s.o. with one's eyes // *se non la pianta me lo mangio vivo*, if he doesn't cut it out, I'll tear him apart // — *qlcu. d(a)i baci*, to smother s.o. with kisses // *mangiarsi il fegato dalla rabbia*, to be seething with anger // — *la foglia*, to smell a rat // — *le parole*, to mumble (*o* to speak indistinctly) // *è così brava che se li mangia tutti*, she is so good that she can run rings round everyone // — *alle spalle di qlcu.*, to be a sponger (*o* to sponge on s.o. *o* live off s.o.) // — *negli affari*, to make an illicit profit in business; *sono in troppi a — in quella società*, there are too many people on the fiddle in the company; — *i soldi a qlcu.*, to squander s.o.'s money; *in due anni si è mangiato un patrimonio*, he went through (*o* squandered) a fortune in two years; *mangiarsi una fortuna al gioco*, to gamble away a fortune.

mangiare *s.m.* **1** eating: *il — è il suo unico piacere*, eating is his only pleasure **2** (*cibo*) food; (*cucina*) cooking: — *leggero*, light food; — *pesante*, heavy food; *è il marito che si occupa del* —, it's her husband who does the cooking; *il — da loro è molto buono*, the cooking at their house is very good.

mangiarino *s.m.* (*fam.*) delicacy, dainty: *gli ho preparato un — delicato*, I have prepared a real delicacy for him.

mangiasoldi *agg.*: *macchina* —, slot machine (*o* fruit machine *o fam.* one-armed bandit) ◆ *s.m.* e *f.* (*sperperatore*) spendthrift, squanderer, waster.

mangiata *s.f.* square meal, full meal; (*fam.*) nosh-up, blowout: *una bella — di maccheroni*, a good feed of macaroni; *feci una bella — d'uva*, I stuffed myself with grapes; *che —!*, what a blowout!

mangiatoia *s.f.* **1** manger: *il foraggio è nella* —, the fodder is in the manger **2** (*fig.*) (*mangeria*) fiddle.

mangiatore *s.m.* **mangiatrice** *s.f.* heavy eater: *è un gran — di cioccolato*, he eats an awful lot of chocolate // — *di fuoco, di spade*, fire-eater, sword-eater.

mangiatoria *s.f.* **1** (*scherz.*) meal **2** (*fig. non com.*) (*mangeria*) fiddle.

mangiatutto *s.m.* e *f.* **1** big eater, indiscriminate eater: *è un* —, he'll eat anything you give him **2** (*fig.*) (*sciupone*) spendthrift.

mangiaufo *s.m.* e *f.* sponger, scrounger.

mangiauomini *s.f.* man-eater.

mangiavento *s.m.* (*mar.*) storm jib.

mangime *s.m.* feed, feedstuff [U]; (*foraggio*) fodder [U]; (*becchime*) birdseed [U].

mangione *s.m.* **1** heavy eater, big eater **2** (*fig.*) (*chi cerca sempre guadagni illeciti*) fiddler; (*amer.*) grafter.

mangiucchiare *v.tr.* to nibble at (sthg.): *il bambino mangiucchiava un pezzo di pane*, the child was nibbling at a piece of bread; *mangiucchia biscotti tutto il santo giorno*, she's always nibbling biscuits ◆ *v.intr.* to toy with one's food; to pick at one's food (*anche di uccelli*): *ha mangiucchiato senza voglia*, he toyed with his food listlessly; *più che mangiar, mangiucchia*, she doesn't eat, she just picks at her food.

mango *s.m.* (*bot.*) (*Mangifera indica*) mango*.

mangosta *s.f.* (*zool.*) → **mangusta**.

mangostano *s.m.* (*bot.*) (*Garcinia mangostana*) mangostan, mangosteen.

mangrovia *s.f.* (*bot.*) (*Rhizophora mangle*) mangrove: (*ecol.*) *palude di mangrovie*, mangrove swamp.

mangusta *s.f.* (*zool.*) mongoose: — *icneumone*, (*Herpestes ichneumon*) ichneumon.

mani *s.m.pl.* (*mit.*) manes // *ai — di qlcu.*, (*estens. letter.*) (*alla memoria di un defunto*) in s.o.'s memory (*o* in memory of s.o.).

mania *s.f.* **1** (*psic.*) mania: — *di persecuzione*, persecution mania **2** (*predilezione fanatica*) mania; fixation; obsession; (*entusiasmo passeggero*) fad: *ha la — di far collezioni*, he has a mania for collecting things; *questa è una delle mie manie*, this is one of my fads; *il giardinaggio è la sua* —, he is mad about gardening.

maniacale *agg.* (*psic.*) maniacal: *crisi* —, maniacal crisis // *atteggiamenti maniacali*, (*ossessivi, smodati*) maniacal attitudes.

maniaco *agg.* **1** (*psic.*) maniac(al), manic: *furia maniaca*, maniacal fury; *un soggetto* —, a maniac **2** (*fissato*) obsessed (with sthg.); (*fanatico*) mad (about sthg.); crazy (about sthg.); keen (on sthg.): *è — della musica*, he is mad about music; *è — dell'ordine*, he's got a thing about (*o* he is obsessed with) tidiness ◆ *s.m.* (*psic.*) maniac // *è un — dei film dell'orrore*, he is crazy about horror films.

maniaco-depressivo *agg.* (*psic.*) manic -depressive: *psicosi maniaco-depressiva*, manic -depressive psychosis.

manica *s.f.* **1** sleeve: *maniche corte*, short sleeves: *un abito (da donna) a maniche corte*, a short-sleeved dress; *una giacca corta di maniche*, a jacket short in the sleeves; *maniche lunghe*, long sleeves; *maniche tre quarti*, three -quarter length sleeves; *una camicetta senza maniche*, a sleeveless blouse; *tirare qlcu. per la* —, to pluck s.o.'s sleeve; *essere in maniche di camicia*, to be in one's shirtsleeves // *rimboccarsi le maniche*, (*anche fig.*) to tuck up (*o* to roll up) one's sleeves // *mezze maniche* (*soprammaniche*), oversleeves, (*estens. spreg.*) (*gli impiegati*) pen pushers // *è un altro paio di maniche*, (*fig.*) that's another kettle of fish (*o* that's quite another matter) // *essere di — larga*, to be indulgent (*o* to be easygoing); *essere di — stretta*, to be strict (*o* severe); *essere nella — di qlcu.*, (*fig.*) to be in s.o.'s good books **2** (*fam.*) (*grande quantità*) a lot of: *si* *è preso una — di botte*, he got a hiding (*o* a thrashing) **3** (*fam. spreg.*) (*combriccola*) gang, band: *una — di ladri*, a gang of thieves **4** (*aer.*) *— a vento*, wind sleeve (*o* wind sock); *— a bersaglio*, sleeve target **5** (*mar.*) *— a vento*, wind scoop (*o* wind sail) **6** (*metall.*) (*di alto forno*) downtake.

manicaio → **cappalunga**.

manicaretto *s.m.* delicacy, choice dish, dainty.

manicheismo *s.m.* (*st. relig.*) Manich(a)eism.

manicheo *agg.* (*st. relig.*) Manich(a)ean ◆ *s.m.* (*st. relig.*) Manichee.

manichetta *s.f.* **1** (*soprammanica*) oversleeve **2** (*tubo*) hose: *— antincendio*, fire hose; *— d'aspirazione*, suction hose; *— di gomma*, rubber hose; *— di tela*, canvas hose.

manichetto[1] *s.m.* (*non com.*) **1** (*risvolto di manica di abito femminile*) cuff **2** (*polsino inamidato*) starched cuff **3** (*sport*) (*lotta*) wristlock.

manichetto[2] *s.m.* (*manico corto*) small handle.

manichino[1] *s.m.* **1** (*risvolto di manica di abito femminile*) cuff **2** (*polsino che può essere staccato*) detachable cuff.

manichino[2] *s.m.* **1** (*fantoccio usato dagli artisti come modello*) manikin **2** (*per sarti*) dressmaker's dummy; (*per negozi e vetrine*) dummy, mannequin, manikin // *non startene lì come un —, entra pure*, don't stand there like a dope (*o* a dummy), come in // *sembrare un —*, (*essere vestito con ricercatezza*) to look like a fashion plate.

manico *s.m.* handle; (*di strumento musicale a corde*) neck: *— del coltello*, knife handle; *— dell'ombrello*, umbrella handle; *— della spada*, sword handle; *il — del violino*, the neck of the violin; *— di scopa*, broomstick // *il difetto sta nel —*, (*fig.*) the fault lies at the top.

manicomio *s.m.* **1** mental hospital; lunatic asylum; (*fam.*) madhouse **2** (*fam.*) (*luogo in disordine, situazione caotica*) madhouse; bedlam: *questa casa è un —*, this house (*o* this place) is like a madhouse; *durante la festa la casa sembrava un —*, during the party the house was bedlam // *roba da —*, that's crazy.

manicomizzare *v.tr.* to intern (*o* to confine) in a mental hospital.

manicotto *s.m.* **1** muff **2** (*tecn.*) sleeve, muff // (*mecc.*): *— a forcella*, yoke; *— d'accoppiamento*, coupling sleeve; *— di riduzione*, reducing socket // (*aut.*): *— del radiatore*, radiator hose; *— di riscaldamento*, heating muff // (*tess.*) *— di filatura*, spinning cot.

manicure *s.f.* e *m.* **1** (*manicurista*) manicurist: *gli arnesi della —*, the manicurist's instruments **2** (*operazione del curare mani e unghie*) manicure: *farsi fare la, il —*, to have a manicure.

manicurista *s.m.* e *f.* (*non com.*) manicurist.

maniera *s.f.* **1** way, manner, fashion: *in questa —*, thus (*o* in this way); *la sua — di parlare*, the way he speaks; *ciascuno lo fa alla sua —*, everyone does it his own way; *è felice alla sua —*, he is happy in his own way; *lasciatemi fare alla mia —*, let me do it my own way; *parlare in — sgarbata*, to speak rudely; *che — è questa di rispondere?!*, is that the way to answer?!; *non è questa la — di comportarsi!*, that's no way to behave! // *è una — come un'altra per farti sapere cosa vuole*, it's as good a way as any of letting you know what he wants // *è una — di dire tipica degli abitanti di quella zona*, it's a typical expression of the people of that area // *in — che*, so that: *fallo in — che nessuno se ne accorga*, do it so that nobody notices // *in una — o nell'altra*, somehow or other (*o* by some means or other *o* by hook or by crook) // *in nessuna —*, on no account (*o* by no means *o* in no way) // *in ogni —*, (*comunque*) anyhow, (*a qualunque costo*) at any cost // *complemento, avverbio di modo o —*, adverbial phrase, adverb of manner // *c'è modo e — di trattare una persona*, there are better ways to treat a person; *non c'è modo o — di convincerlo*, there is no way to convince him // *le celebrazioni del bicentenario sono state davvero fuor di —*, the bicentennial celebrations were really over the top (*o* overlavish); *la sua reazione è stata senz'altro fuor di —*, his reaction was certainly over the top (*o* excessive) // *alla — veneta*, in the Venetian style; *vivono alla — degli zingari*, they live in gipsy fashion (*o* like gipsies) **2** *pl.* (*modi, comportamento*) manners; manner (*sing.*), bearing (*sing.*): *persona di buone, cattive maniere*, well-mannered, ill-mannered person; *che maniere!*, what manners!; *quell'uomo aveva maniere così dignitose*, that man had such a dignified bearing (*o* manner) **3** (*stile artistico*) style, fashion, manner: *alla — di qlcu.*, after the fashion (*o* in the manner) of s.o.; *quadro dipinto alla — di Raffaello*, picture painted in the manner of Raphael; *assomiglia al Verdi della prima —*, it sounds rather like Verdi in his early style // *di —*, mannered, affected: *scrittore di —*, mannered (*o* affected) writer // *— grande*, Grand Manner.

manierato *agg.* **1** (*affettato*) affected; mincing: *modi manierati*, affected manners; *tono —*, mincing tone; *gesti troppo manierati*, excessively affected gestures **2** (*lett., pitt.*) (*di maniera*) mannered, affected: *scrittore —*, mannered writer; *stile —*, affected style; *pittura manierata*, mannered painting.

manierismo *s.m.* (*lett., pitt.*) mannerism (*anche estens.*).

manierista *s.m.* e *f.* (*lett., pitt.*) (*seguace del manierismo*) mannerist; (*scrittore di maniera*) mannered writer; (*pittore di maniera*) mannered painter ◆ *agg.* (*lett., pitt.*) (*del manierismo*) mannerist; (*manierato*) mannered: *pittore —*, mannerist (painter); mannered painter.

manieristico *agg.* (*lett., pitt.*) (*del manierismo*) manneristic(al); (*di maniera*) mannered.

maniero *s.m.* **1** castle **2** (*residenza di signori di campagna*) country house.

manieroso *agg.* well-mannered, polite, mannerly; refined; (*affettato*) mincing: *non pensi che quella signora sia un po' manierosa?*, don't you think that lady is somewhat overrefined (*o* has a rather affected manner)?

manifattore *agg.* (*non com.*) (*riguardante la manifattura*) manufacturing: *industria manifattrice*, manufacturing industry ◆ *s.m.* (*chi dirige una manifattura*) manufacturer; (*chi lavora in una manifattura*) workman*; (*artigiano*) artisan, craftsman*.

manifattura *s.f.* **1** manufacture, manufacturing: *la — della seta*, silk manufacture; *— del tabacco*, tobacco manufacture; *— di tessuti, di abiti confezionati*, production of textiles, of ready-made clothes; *di — inglese*, made in England; *è un articolo di — straniera*, it's an article of foreign make (*o* manufacture) **2** (*lavorazione*) workmanship: *articoli di eccellente —*, articles of excellent workmanship; *— artigianale*, craftsmanship **3** (*fabbrica*) factory: *una — di calzature*, a shoe factory; *è il direttore di una grande —*, he is the manager of a big factory **4** (*non com.*) (*manufatto, specialmente nell'industria dell'abbigliamento*) manufactured article: *— da uomo*, men's wear.

manifatturiere *s.m.* (*proprietario di una manifattura*) manufacturer; (*operaio*) factory worker.

manifatturiero *agg.* manufacturing, factory (*attr.*): *industria manifatturiera*, manufacturing industry; *settore —*, manufacturing sector; *operaio —*, factory worker.

manifestare *v.tr.* to express, to show*, to manifest, to display; (*rivelare*) to reveal: *manifesta sempre le sue emozioni*, he always shows his emotions; *manifestò un gran dispiacere nel separarsi da lui*, she evinced (*o* displayed) great sorrow at parting from him; *il suo sguardo manifestava profonda tristezza*, his eyes revealed his deep sadness; *manifestò la sua gioia*, he expressed (*o* showed) his joy; *manifestò il desiderio di sposarlo*, she expressed her desire to marry him; *— il proprio proposito*, to express one's purpose; *— un segreto*, to reveal a secret ◆ *v.intr.* (*partecipare a una manifestazione*) to demonstrate: *i lavoratori manifestavano contro i licenziamenti*, workers were demonstrating against dismissals.

□ **manifestarsi** *v.rifl.* o *intr.pron.* to manifest oneself, to show* (oneself); (*rivelarsi*) to reveal oneself: *viaggiava in incognito e non volle —*, he was travelling incognito and did not want to make himself known; *si manifestò amico*, he showed (*o* revealed) he was a friend; *il suo talento non ebbe tempo di —*, his talent had no time to reveal itself; *la sua impazienza si manifestava nel suo comportamento*, his impatience showed (itself) in his behaviour.

manifestazione *s.f.* **1** manifestation, display: *— di gioia, dolore*, manifestation of joy, grief; *— di coraggio*, display of courage; *prima — di una malattia*, first symptoms of a disease **2** (*dimostrazione pubblica*) demonstration, protest: *— politica*, political demonstration; *— di lavoratori, di studenti*, demonstration of workers, students; *una — per la pace*, a peace protest (*o* demonstration); *una — di protesta*, a protest demonstration; *fecero una — di protesta contro la nuova legge*, they held a demonstration to protest against the new law; *tutti i lavoratori parteciparono alla —*, the workers all joined (in) the demonstration.

manifestino *s.m.* leaflet: *— pubblicitario*, handout (*o* throwaway).

manifesto *agg.* **1** (*evidente*) clear; obvious; plain; manifest; evident: *verità manifesta*, manifest (*o* plain) truth; *errore —*, palpable error; *la cosa è manifesta*, the whole thing is quite clear (*o* obvious); *fu — a tutti che mentiva*, it was plain to everybody that he was lying; *rese manifeste le sue intenzioni*, he made his intentions clear // *furto —*, open theft **2** (*notorio*) notorious, well-known: *è un criminale —*, he is a notorious criminal; *la sua fama di seduttore è manifesta*, he's a notorious womanizer; *è un fatto — che il primo ministro non è ben visto dai grandi industriali*, it's well-known that the big industrialists do not approve of the Premier ◆ *s.m.* **1** (*pubblica dichiarazione di un programma*) manifesto*: — *letterario*, literary manifesto // (*st.*) *il Manifesto dei Comunisti*, the Communist Manifesto **2** (*avviso*) bill; (*affisso*) poster, placard; (*volantino*) leaflet: — *pubblicitario*, advertisement; *il ministro fece stampare dei manifesti*, the Minister had some leaflets printed; *stanno attaccando dei manifesti elettorali*, they are sticking up election posters // (*Borsa*) — *di emissione*, (*di azioni, obbligazioni*) prospectus **3** (*mar.*) manifest: — *di carico*, (ship's) manifest; — *di arrivo e partenza delle navi*, sailing card.

maniglia *s.f.* **1** handle; (*appiglio per passeggeri in tram ecc.*) strap: — *di cassetto*, drawer handle; — *di porta*, door handle // *avere qualche* —, (*fig. fam.*) (*raccomandazione, protezione*) to know s.o. who has pull (*o* influence) // (*ginnastica*) *cavallo con maniglie*, pommel horse **2** (*mar.*) shackle.

manigliame *s.m.* handles (*pl.*), set of handles.

maniglione *s.m.* (*mar.*) shackle: — *dell'ancora*, anchor shackle.

manigoldo *s.m.* **1** (*furfante*) rascal, knave, villain; scamp: *si è comportato da vero* —, he behaved like a real rascal **2** (*ant.*) (*carnefice*) executioner.

manila, **manilla** *s.f.* **1** (*tess.*) manilla: *canapa di* —, manilla hemp; *cappello di* —, manilla hat; *cavo, corda di* —, manilla rope **2** (*carta da pacchi*) manilla ◆ *s.m.* (*sigarino*) manilla (cheroot).

maniluvio *s.m.* (*non com.*) bathing of the hands.

manina *s.f.* **1** (*spec. pl.*) (*bot.*) (*Orchis maculata*) dead man's finger, dead man's thumb **2** (*in un testo*) (*indicazione di passo significativo*) index mark, hand.

manioca *s.f.* (*bot.*) (*Manihot utilissima*) manioc, cassava: *farina, fecola di* —, cassava (*o* manioc).

manipolare[1] *agg.* e *s.m.* (*st. romana mil.*) manipular.

manipolare[2] *v.tr.* **1** to manipulate, to handle; (*mescolare*) to mix, to blend; to concoct: — *colori, unguenti*, to blend colours, ointments; — *sostanze radioattive*, to manipulate radioactive substances; — *un nuovo piatto*, to concoct a new dish **2** (*adulterare, alterare*) to adulterate: — *il vino*, to adulterate wine // (*biol.*) — *strutture genetiche*, to manipulate genetic structures **3** (*fig.*) (*falsificare*) to falsify, to manipulate; to fiddle; to rig: *manipolò i conti*, he falsified (*o* manipulated *o* fiddled) the accounts; — *i prezzi, i dati*, to manipulate (*o* to rig) prices, data; — *i risultati delle votazioni*, to manipulate (*o* to rig) the results of the voting; — *le elezioni*, to rig the election // (*Borsa*) — *il mercato*, to rig the market **4** (*fig.*) (*condizionare*) to manipulate; (*trattare*) to handle: — *le coscienze*, to manipulate consciences; — *i consumatori*, to manipulate consumers; *quel politicante sa* — *i suoi sostenitori*, that politician knows how to handle his supporters **5** (*massaggiare*) to massage, to manipulate.

manipolatore *s.m.* **manipolatrice** *s.f.* **1** manipulator; mixer; (*adulteratore*) adulterator: — *di vini*, adulterator of wines **2** (*fig.*) (*falsificatore*) falsifier, manipulator; fiddler; (*maneggione*) intriguer, schemer, plotter: *un* — *d'imbrogli*, an intriguer **3** (*tecn.*) manipulator: — *di sostanze radioattive*, manipulator of radioactive substances **4** (*tel.*) key: — *telegrafico*, telegraphic key.

manipolazione *s.f.* **1** (*il manipolare*) manipulation, handling; (*il mescolare*) blending; (*risultato del manipolare*) concoction: — *di sostanze pericolose*, manipulation of dangerous substances; — *di unguenti*, blending of ointments; *il cuoco ci servì una delle sue manipolazioni*, the cook served us one of his concoctions **2** (*adulterazione, alterazione*) adulteration: — *del cibo*, adulteration of food // (*biol.*) — (*genetica*), manipulation **3** (*fig.*) (*falsificazione*) falsification, manipulation; fiddling; (*alterazione*) rigging: — *dei dati, dei prezzi*, manipulation (*o* rigging) of data, of prices; *la* — *dei voti portò il partito al potere*, the fiddling of votes led the party into power // (*econ., Borsa*): — *del mercato*, the rigging of the market; — *del mercato azionario*, stock -market manipulation **4** (*inform.*): — *di bit*, bit fiddling; — *di istruzioni*, (*per migliorarne i risultati*) bit handling **5** (*fig.*) (*condizionamento*) manipulation: *la* — *delle coscienze*, the manipulation of consciences **6** (*fig.*) (*imbroglio*) fiddle, rig **7** (*massaggio*) massage, manipulation.

manipolo *s.m.* **1** (*non com.*) (*fastello*) sheaf*, bundle: *un* — *di spighe*, a sheaf of corn **2** (*st. romana mil.*) maniple: *un* — *di soldati*, a maniple of soldiers **3** (*eccl.*) maniple.

maniscalco *s.m.* **1** horseshoer **2** (*ant.*) (*veterinario*) farrier **3** (*st.*) marshal.

manismo *s.m.* **1** (*relig.*) ancestor worship **2** (*fil.*) manism.

manistico *agg.* manistic.

manitù *s.m.* manitou.

manizza *s.f.* **1** (*mar.*) steering wheel handle **2** *pl.* (*guanti*) cycling gloves.

manna[1] *s.f.* **1** manna; (*fig.*) (*benedizione*) godsend, blessing: *non muove mai un dito, aspetta che la* — *gli piova dal cielo*, he doesn't lift a finger, he just waits for things to fall into his lap; *fu come la* — *dal cielo*, it was like manna from heaven; *questa pioggia è una* — *per la campagna!*, this rain is a blessing for the country!; *questo denaro è una* — *per lui*, this money is a godsend to him // (*di cibo*) *senti che* —*!*, mm, this is delicious! **2** (*med.*) manna.

manna[2] *s.f.* (*agr., rar.*) sheaf*, bundle.

mannaggia *inter.* (*fam.*) bloody hell!, damn!: — *a te e alle tue telefonate!*, to hell with you and your telephone calls!; — *la miseria!*, damn it!

mannaia *s.f.* **1** (*del boia*) axe; (*della ghigliottina*) blade **2** (*per macellai*) cleaver, meat axe **3** (*scure*) lumberjack's axe.

mannarino *s.m.* cleaver, meat axe.

mannaro *agg. lupo* —, (*licantropo*) werewolf*; (*spauracchio infantile*) bog(e)y-man.

mannello *s.m.* (*agr.*) sheaf*.

mannequin *s.f.* (*fr.*) fashion model, mannequin.

manneto *s.m.* manna ash wood.

mannite *s.f.* (*chim.*) mannite.

mannitolo *s.m.* (*chim.*) mannitol.

mannosio, **mannoso** *s.m.* (*chim.*) mannose.

mano *s.f.* **1** hand: *mani affusolate, callose, tozze*, slender, horny, stubby hands; *la* — *destra, sinistra*, the right, left hand; *le linee della* —, the lines of the hand; *mi sono fatto male alla* —, I hurt my hand; *vai a lavarti le mani*, go and wash your hands; *avere qlco. in* —, to have sthg. in one's hand; *battere le mani*, to clap (one's hands); *consegnare, trasportare qlco. a* —, to deliver, to carry sthg. by hand; *passeggiare* — *nella* —, to walk hand in hand; *alzare la* —, to put one's hand up; *voto per alzata di* —, voting by show of hands // *mani in alto!*, hands up!; *giù le mani!*, hands off! // (*calcio*) *fallo di* —, hands ball // *avere le mani pulite, sporche*, (*anche fig.*) to have clean, dirty hands; *il nostro è un partito dalle mani pulite*, there's no taint of corruption in our party // *stringere la* —, *le mani a qlcu.*, to shake hands with s.o.; *qua la* —*!*, let's shake hands!; *stretta di* —, handshake **2** (*parte, lato*) side: *contro* —, (*di veicoli ecc.*) on the wrong side of the road; *tenere la propria* —, (*nella circolazione stradale*) to keep to one's own side of the road **3** (*potere, balìa*) hand; power: *cadde in* — *al nemico*, he fell into the enemy's hands; *i terroristi hanno ancora in* — *cinque ostaggi*, the terrorists still have five hostages in their hands; *il mio destino è nelle tue mani*, my fate is in your hands; *quella proprietà non è più nelle sue mani*, that property is no longer in his hands; *quell'uomo è in mia* —, that man is in my power; *avere in* — *il successo*, to have success within one's grasp **4** (*scrittura*) handwriting, (*form.*) hand: *di sua* —, in his own hand; *ha una bella* —, he has beautiful handwriting **5** (*tocco*) touch (*anche fig.*): — *da maestro*, masterly touch; *si riconosce facilmente la* — *di un maestro*, it is easy to recognize the hand of a master; — *leggera*, (*di medico ecc.*) light touch; *dare l'ultima* — *a un quadro*, to give the finishing touch to a work // *avere la* — *pesante*, to be heavy-handed **6** (*strato di colore, vernice ecc.*) coat: — *di finitura*, finishing coat; — *di fondo*, primer (*o* priming *o* undercoat); *una* — *di vernice*, a coat of varnish; — *isolante*, sealer; *occorre dare un'altra* — *di bianco al soffitto*, we have to give another coat of white to the ceiling **7** (*alle carte*) hand: — *fortunata*, lucky hand; *facciamo ancora una* —, let's play one more hand // *chi è di* —*?*, (*a chi tocca iniziare il gioco?*) whose lead is it? **8** — *d'opera* → manodopera.

◆ FRASEOLOGIA: *fatto a* —, handmade; *tessuto a* —, handwoven // (*mus.*): *pezzo a quattro mani*, a piece for four hands; *suonare a quattro mani*, to play piano duets // *di* — *in* —, from hand to hand // *a mani vuote*, empty-handed // *a piene mani*, in (*o* by) handfuls: *attinse a piene mani dai classici*, he drew liberally on the classics // *a* — *armata*, by force of (*o* under) arms: *rapina a* — *armata*, holdup (*o* armed robbery) // *a man salva*, with impunity (*o* unopposed) // *paga sempre denaro alla* —, (*pronta cassa*) he always pays (in) cash (*o* ready money); *presentarsi al controllo documenti alla* —, have your documents ready for checking // *scappare, sfuggire di* —, to slip through one's fingers: *il vaso mi è sfuggito di* — *accidentalmente*, the vase slipped out of my hands accidentally; *la situazione gli è sfuggita di* —, he couldn't keep the situation in hand (*o* he lost control of the situation); *mi è sfuggito dalle mani un buon affare*, a good deal slipped through my fingers // *ho in* — *le prove di quanto asserisco*, I have evidence of what I say in my hands // *di prima, di seconda* —, first -hand, second-hand: *articolo di seconda* —, second-hand article; *notizie di prima —*, first -hand news // *disegno a — libera*, free-hand drawing // *luogo fuori —*, out of the way place // *una persona alla —*, an easygoing person // *gli restituirò il denaro man —*, I shall give him the money back little by little; *man — che andava avanti si stancava sempre più*, as he went on he got more and more tired; *man — che invecchia diventa sempre più avaro*, the older he gets the meaner he grows // *ha le mani di pastafrolla*, he's a butterfingers // *ho le mani legate*, (*fig.*) my hands are tied // *avere le mani in pasta*, to have one's finger in the pie // *me ne lavo le mani*, I wash my hands of it // *mi prudono le mani!*, I could hit you! // *mettere le mani su qlco.*, to lay hands on sthg. // *non ci metterei la — sul fuoco*, I would not stake my life on it (*o* wouldn't swear to it) // *possono darsi la —*, (*fig.*) they are two of a kind // *puoi darmi una —, per piacere?*, can you give me a hand, please? // *alzare le mani contro qlcu.*, to lift one's hand against s.o. // *avere le mani bucate*, to be a spendthrift // *avere le mani lunghe*, (*per rubare*) to have light fingers; *un uomo svelto di —*, (*ladruncolo*) a light-fingered man (*o* a pilferer) // *il nuovo direttore ha le mani lunghe*, (*facile a toccare le donne*) the new manager can't keep his hands to himself // *tenere qlco. a portata di —*, to have sthg. handy (*o* at hand *o* within easy reach *o* ready) // *avere qlco. per le mani*, to have sthg. in hand // *fare la — a qlco.*, to get one's hand in at sthg. // *caricare la —*, to exaggerate // *chiedere, domandare la — di qlcu.*, to ask s.o.'s hand in marriage // *essere in buone mani*, to be in good hands // *fare man bassa di qlco.*, to plunder (*o* loot) sthg.; *i ragazzi hanno fatto man bassa di tutto ciò che c'era da mangiare*, the kids made short work of everything that there was to eat // *il cavallo gli ha preso la —*, he lost control of the horse; *farsi prendere la — da qlco.*, to lose control of sthg. // *forzare la — a qlcu.*, to force s.o.'s hand // *lasciare — libera a qlcu.*, to allow (*o* to give) s.o. a free hand // *mi sarei mangiato le mani per essermi lasciato sfuggire quell'affare*, I could kick myself for losing that deal // *menar le mani*, to fight // *non ho ancora potuto metter — al nuovo lavoro*, I still haven't been able to get started on (*o* get down to) that new job // *mettere — alla penna*, to put pen to paper // *mettere — alla spada*, to draw one's sword // *mettere — alla borsa*, (*fig.*) to open one's purse strings // *mettere le mani avanti*, to be on the safe side: *in ogni caso ti conviene metter le mani avanti e definire al più presto la tua posizione*, in any case it would be a good idea for you to play safe and clarify your position as soon as possible // *mettersi in — a, nelle mani di un buon medico*, to put oneself into the hands of a good doctor // *portare qlcu. in palma di —*, to hold s.o. in the palm of one's hand // *prendere il coraggio a due mani*, to take one's courage in both hands // *stare con le mani in —*, to twiddle one's thumbs (*o* to remain idle): *non stare lì con le mani in —!*, don't stand there doing nothing! (*o* twiddling your thumbs!) // *tendere la —*, (*elemosinare*) to beg; *tendere la — a qlcu.*, to hold out a hand to s.o. (*o* to give a helping hand to s.o. *o* to give s.o. a hand) // *tener — a qlcu.*, to aid and abet s.o. // *toccare con —* (*qlco.*), to see (sthg.) for oneself // *venire alle mani*, to come to blows // *la — sinistra non sappia quello che fa la destra*, (*prov.*) let not your left hand know what your right hand is doing // *una — lava l'altra*, (*prov.*) you scratch my back and I'll scratch yours.

manodopera *s.f.* labour, manpower, workforce: *— a contratto*, contract labour; *— avventizia, temporanea*, casual labour; *— qualificata, specializzata*, skilled labour; *— non qualificata*, unskilled labour; *costo della —*, cost of labour; *— stagionale*, seasonal labour; *cercasi —*, hands wanted; *eccesso di —*, excess manpower (*o* excess of labour); *scarsezza di —*, lack of labour (*o* manpower shortage); *siamo a corto di —*, we are short of hands (*o* shorthanded); *l'incidenza della — sul costo complessivo*, the incidence of labour on the total cost.

manomesso *agg.* **1** (that has been) tampered with: *una lettera, una serratura manomessa*, a letter, a lock that has been tampered with **2** (*violato*) violated **3** (*dir. romano*) (*di schiavo liberato*) freed.

manometro *s.m.* manometer: *— a mercurio*, mercury gauge; *— dell'aria*, air gauge; *— dell'olio*, oil-pressure gauge; *— differenziale*, differential manometer; *— metallico, di Bourdon*, Bourdon gauge.

manomettere *v.tr.* **1** to tamper with (sthg.); (*scassinare*) to break* open: *questa lettera è stata manomessa*, this letter has been opened (*o* tampered with); *— la cassa*, to tamper with the till; *hanno manomesso la porta e sono entrati in casa*, they broke the door open and entered the house; *qualcuno deve aver manomesso i freni*, someone must have tampered with the brakes **2** (*violare*) to violate: *— i diritti del popolo*, to violate the rights of the people **3** (*dir. romano*) to manumit.

manomissione *s.f.* **1** tampering; (*scasso*) opening, breaking // *— di merci*, pilfering of goods **2** (*violazione*) violation **3** (*dir. romano*) manumission, freeing.

manomorta *s.f.* (*dir.*) mortmain: *beni di —*, mortmain property (*o* goods in mortmain); *abolizione della —*, abolition of mortmain; *— demaniale, ecclesiastica*, demesnial, ecclesiastical mortmain.

manonera *s.f.* (*associazione criminale*) Black Hand.

manopola *s.f.* **1** (*impugnatura*) grip, handle **2** (*bottone girevole*) knob; control: *— del volume*, volume control; *— di sintonia*, tuning knob (*o* control) **3** (*st.*) (*guanto di armatura*) gauntlet **4** (*guantone da scherma*) fencing-glove **5** (*polsino di un vestito*) cuff.

manoscritto *agg.* handwritten ◆ *s.m.* manuscript (*abbr.* MS.): *i manoscritti*, the manuscripts (*abbr.* MSS.).

manovalanza *s.f.* (*insieme di manovali*) labourers (*pl.*), unskilled workers (*pl.*); (*prestazione*) unskilled labour: *il costo della — è sempre più alto*, the cost of labour continues to rise.

manovale *s.m.* hand, labourer, unskilled worker, manual worker, navvy; (*garzone di muratore*) hodman*.

manovella *s.f.* (*mecc.*) crank; handle: *— d'avviamento*, starting handle; *albero a —*, crankshaft.

manovellismo *s.m.* (*mecc.*) crank gear.

manovra *s.f.* **1** (*mil.*) manoeuvre: *grandi manovre*, army manoeuvres; *guerra di —*, war of manoeuvre; *manovre navali*, naval manoeuvres; *terreno di manovre*, area for manoeuvres; *truppe in —*, troops on manoeuvres // (*aer.*) *eseguire una — acrobatica*, to perform an acrobatic manoeuvre **2** (*movimento*) manoeuvring, working: *bisogna fare molte manovre per far uscire l'automobile dal garage*, it's going to require a lot manoeuvring to get the car out of the garage; *— dell'ancora*, working of the anchor // (*ferr.*): *— (di smistamento)*, shunting; *— (di composizione e scomposizione di treni)*, marshalling; *— a spinta*, pushing off; *— dello scambio*, throwing over the points; *— di disinserzione*, backward transition; *— per l'inserzione*, forward transition; *locomotiva di —*, shunting engine; *servizio di —*, shunting work; *stazione di —*, marshalling yard (*o* sorting siding *o* sorting depot) **3** (*mar.*) (*cavo, cordame*) rigging, handling: *manovre correnti*, running rigging; *manovre dormienti, fisse*, standing rigging **4** (*fig.*) (*raggiro, macchinazione*) manoeuvre, scheme, trick, manipulation: *è stata una — ignobile da parte sua*, it was an ignoble move on his part; *è stata solo una — per farsi della pubblicità*, it was only a manoeuvre to get publicity; *fare manovre parlamentari*, to lobby; *una — per trarre in inganno*, a scheming manoeuvre (*o* sharp practice); *avere libertà di —*, (*fig.*) to have freedom of movement; *— fraudolenta*, swindling; *manovre politiche*, political manoeuvring (*o* jockeying) // (*fin.*): *manovre finanziarie, monetarie, di bilancio*, financial, monetary, budgetary manoeuvring; *manovre sulla valuta*, currency transactions; *— del tasso ufficiale di sconto*, adjustment in the official discount rate // (*Borsa*) *manovre di Borsa*, Stock Market speculations (*o* rigging).

manovrabile *agg.* manoeuvrable: *quell'automobile è facilmente —*, that car is easily manoeuvrable (*o* is easy to control).

manovrabilità *s.f.* manoeuvrability, handling, control.

manovrare *v.tr.* **1** to manoeuvre, to handle, to control; (*far funzionare*) to operate, to drive*: *— le vele*, to handle the sails; *— le truppe*, to manoeuvre troops; *— una gru*, to operate a crane **2** (*fig.*) to manage, to rig; to manipulate: *— un'assemblea*, to rig a meeting; *il governo manovra l'opinione pubblica*, the government manipulates public opinion // (*fin., Borsa*) *— il mercato*, to rig the market // (*econ.*): *— i prezzi*, to rig prices; *— gli affari*, to manage business ◆ *v.intr.* **1** to manoeuvre: *non c'è abbastanza spazio per —*, there isn't enough space to manoeuvre in **2** (*fig.*) to scheme; to plot: *— per ottenere un buon impiego*, to scheme to get a good position (*o* to jockey for position).

manovrato *agg.* manipulated, manoeuvred; (*econ.*) managed: *economia manovrata*, managed economy // (*mil.*) *guerra manovrata*, open warfare // (*sport.*) *gioco —*, tactical (*o* strategical) play.

manovratore *s.m.* **1** operator: (*ferr.*) *— di scambi*, switch tender **2** (*di tram*) tram driver **3** (*fig.*) manoeuvrer; (*speculatore*) speculator, gambler.

manovriero *agg.* manoeuvrable; (*sport*) tactical ◆ *s.m.* clever tactician.

manritta *s.f.* (*rar.*) right hand: *a —*, to the right.

manritto → **mandritto**.

manrovescio *s.m.* **1** backhander: *mi diede un* —, he gave me a backhander **2** (*colpo di spada*) backhanded stroke.

mansalva, a *locuz.avv.* (*non com.*) with impunity, freely; without risk: *rubarono nella casa a* —, they ransacked the house with impunity.

mansarda *s.f.* (*arch.*) mansard.

mansardato *agg.* with a mansard.

mansionario[1] *s.m.* (*eccl.*) beneficed clergyman*.

mansionario[2] *s.m.* (*elenco delle mansioni*) assignment record, job description.

mansione *s.f.* **1** (*compito*) task, assignment, job; duty; (*incarico*) function, office: *è — del vigile proteggere e assistere il pubblico*, the duty of a policeman is to protect and assist the public; *avere le mansioni di presidente*, to hold the office of president; *una — essenziale nell'azienda*, a key job in a firm; *mansioni impiegatizie*, clerical work (*o* duties); *mansioni ispettive*, the functions of an inspector; *mansioni direttive, esecutive*, managerial, executive duties; *avere mansioni direttive*, to be an executive; *svolgere le proprie mansioni*, to perform (*o* fulfil) one's duties (*o* functions); *ti ho affidato una difficile* —, I have entrusted you with a difficult task; *quali sono le mie mansioni?*, what are my duties?; *con quali mansioni è stata assunta?*, in what capacity has she been taken on? **2** (*st.*) (*stazione di posta*) stage **3** (*letter.*) (*dimora*) abode, dwelling.

mansuefare *v.tr.* (*letter.*) to tame (*anche fig.*).

mansueto *agg.* **1** meek, mild, docile: *un animale* —, a docile animal; *indole mansueta*, mild (*o* meek) disposition; *un ragazzo* —, a docile boy; *è — come un agnello*, he is as meek as a lamb; *occhi mansueti*, gentle eyes **2** (*mite*) mild: *inverno* —, mild winter.

mansuetudine *s.f.* meekness, mildness, docility: *la — dell'agnello è proverbiale*, the lamb's meekness is proverbial.

manta *s.f.* (*zool.*) (*Manta birostris*) devil fish.

mantecare *v.tr.* to whip, to whisk.

mantecato *s.m.* 'mantecato' (semi-liquid ice cream) ◆ *agg.* whipped, whisked.

mantella *s.f.* cape, mantle, cloak.

mantellata[1] *s.f.* (*edil.*) mattress.

mantellata[2] *s.f.* (*suora*) Mantellate; Dominican tertiary nun.

mantellato *agg.* cloaked, mantled.

mantelletta *s.f.* mant(e)let; short cloak.

mantellina *s.f.* (*mil.*) cape.

mantello *s.m.* **1** cloak, mantle, cape: *il vecchio si avvolse nel suo* —, the old man wrapped himself up in his cloak; *la campagna è sotto un — di neve*, the countryside is covered with a blanket of snow **2** (*fig. non com.*): cloak, cover **3** (*di animali*) coat; (*di molluschi*) mantle, pallium*: *cavallo con — sauro*, chestnut horse **4** (*mecc.*) skirt: *— del pistone*, piston skirt // (*mar.*) — *d'elica*, propeller nozzle **5** (*geol.*) (*della crosta terrestre*) mantle **6** (*anat.*) — *cerebrale*, (brain) mantle, pallium*.

mantenere *v.tr.* **1** to keep*, to maintain, to preserve: *manteniamo ancora vive queste tradizioni di famiglia*, we still keep alive (*o* preserve) these family traditions; — *agile il corpo*, to keep fit; — *le apparenze*, to keep up appearances; — *buone relazioni con qlcu.*, to maintain good relations with s.o.; — *l'equilibrio*, to keep one's balance; — *in vita qlcu.*, to keep s.o. alive; — *l'ordine*, to keep (*o* to maintain) order; — *la pace*, to keep the peace; (*mil.*) — *una posizione*, to hold a position; — *i prezzi alti*, to keep prices high (*o* to keep up prices) // — *la linea*, (*serbarsi snello*) to keep one's figure **2** (*sostentare*) to maintain, to sustain, to support, to keep*: — *la famiglia*, to maintain (*o* to keep *o* to support) one's family; — *un'istituzione benefica*, to support a charitable institution; *si fa — dalla moglie*, he lets his wife keep him **3** (*conservare in buono stato*) to maintain: — *le strade*, to maintain roads **4** (*rispettare*) to keep*: *l'aereo mantiene l'orario*, the aircraft is making good time; — *la parola data*, to keep one's word; — *una promessa*, to keep a promise; — *un segreto*, to keep a secret **5** (*sostenere*) to maintain; to support: *quel che ho detto lo mantengo*, I maintain what I have said; — *un'opinione*, to maintain an opinion **6** (*inform.*) to hold*.

□ **mantenersi** *v.intr.pron.* to keep*: *in frigo la carne si mantiene più a lungo*, meat keeps longer in the fridge; — *fresco*, to keep cool; *spero che il tempo si mantenga bello la prossima settimana*, I hope the weather keeps fine next week; — *a galla*, to keep afloat; — *giovane*, to keep young; — *in buona salute*, to keep fit (*o* in good health); — *in contatto con qlcu.*, to keep in touch with s.o. ◆ *v.rifl.* (*sostentarsi*) to earn one's living, to subsist, to keep* oneself: *mi mantengo facendo il cameriere*, I earn my living as a waiter; *non avere come, da* —, to have insufficient means.

mantenimento *s.m.* **1** (*conservazione*) maintenance, preservation: — *delle istituzioni*, preservation of institutions; *è la polizia che deve pensare al — dell'ordine pubblico*, the Police are responsible for the maintenance of public order // (*comm.*): — *del prezzo*, price maintenance; *accordo di — dei prezzi*, resale price (maintenance) agreement **2** (*sostentamento*) maintenance, support; (*di moglie separata dal marito*) alimony (*anche dir.*): *provvedere al — dei figli*, to support one's children; *il tribunale ha deciso che il marito pensi al — della moglie*, the Court has ordered the husband to pay alimony **3** (*manutenzione*) maintenance, upkeep: *il — di un esercito*, the maintenance of an army; *lo stato deve pensare al — dei musei*, the State must see to the upkeep of museums.

mantenuta *s.f.* kept woman.

mantenuto *agg.* **1** maintained, preserved **2** (*sostentato*) maintained, supported, kept, held ◆ *s.m.* kept man, gigolo*.

mantica *s.f.* (art of) divination.

mantice *s.m.* **1** bellows (*pl.*) (*anche fot.*) // *soffiare come un* —, to puff and blow **2** (*di carrozza, auto ecc.*) hood; (*ferr.*) vestibule.

manticista *s.m.* (*ferr.*) vestibule maintenance man.

mantico *agg.* divinatory.

mantide *s.f.* (*zool.*): — (*religiosa*), (*Mantis religiosa*) (praying) mantis*.

mantiglia *s.f.* (*ampio scialle*) mantilla.

mantiglio → **amantiglio**.

mantissa *s.f.* (*mat.*) mantissa.

manto *s.m.* **1** mantle; cloak: — *regale*, royal mantle (*o* robe) // *un — di neve*, (*fig.*) a blanket of snow; — *stradale*, (*fig.*) road surface **2** (*fig.*) cloak; disguise: *sotto il — dell'amicizia*, under the disguise of friendship; *rifugiarsi sotto il — della fede*, to take refuge under the cloak of religion **3** (*non com.*) (*di animali*) coat: *quel cavallo ha un bellissimo — nero*, that horse has a beautiful black coat **4** (*Borsa*) (*certificato azionario*) share certificate.

mantovana *s.f.* **1** (*arch.*) bargeboard **2** (*di tendaggio*) pelmet.

mantovano *agg.* e *s.m.* Mantuan // *la musa mantovana*, (*Virgilio*) the Mantuan Muse.

manuale[1] *agg.* manual: *lavoro* —, manual labour // *comando* —, manual control ◆ *s.m.* (*tastiera di organo*) keyboard.

manuale[2] *s.m.* (*libro*) manual, handbook: — *di filosofia*, philosophy handbook // (*econ.*): — *di direzione aziendale*, handbook of company management; — *dei costi*, cost manual; — *di contabilità*, accounting manual; — *di manutenzione*, maintenance handbook; — *di vendita*, sales manual; — *di ufficio*, office manual // *da* —, copybook: *un goal da* —, a copybook goal.

manualista *s.m.* e *f.* writer of handbooks.

manualistica *s.f.* manuals (*pl.*), handbooks (*pl.*).

manualistico *agg.* **1** (*di, da manuale*) manual (*attr.*) **2** (*spreg.*) (*superficiale*) superficial, sketchy, half-baked: *cultura manualistica*, superficial culture.

manualità *s.f.* **1** (*carattere manuale*) manual character: *la — del lavoro*, the manual character of the work **2** (*abilità nel lavorare con le mani*) manual ability; dexterity, deftness: *la — della ricamatrice*, the deftness of the embroidress.

manualizzare *v.tr.* (*rendere manuale*) to manualize: — *un dispositivo*, to manualize a device.

manualmente *avv.* manually, by hand: *azionare — i comandi*, to work the controls by hand.

manubrio *s.m.* **1** (*mecc.*) handle; (*di veicolo*) handlebar(s) **2** (*attrezzo per ginnastica*) dumbbell.

manufatto *agg.* handmade, hand -manufactured: *articolo* —, handmade article ◆ *s.m.* handmade article, handmanufactured article, handiwork [U]: *manufatti di lana*, handmade woollens; *manufatti tessili*, handmade textiles.

manutengolo *s.m.* abettor, accomplice.

manutentore *agg.* maintenance (*attr.*), servicing: *impresa manutentrice*, maintenance firm ◆ *s.m.* maintenance man, service engineer.

manutenzione *s.f.* **1** maintenance, service, upkeep: — *programmata*, planned maintenance; — *ordinaria, straordinaria*, ordinary, extraordinary maintenance; (*inform.*) — *periodica*, scheduled maintenance; — *tecnica*, service; *personale addetto alla* —, maintenance staff; *lavoro di* —, maintenance; *spese di* —, maintenance charges (*o* expenses); *costo di — di una macchina*, upkeep of a car; *questa casa ci costa poco di* —, the upkeep of this house doesn't cost us very much; *eseguire la — di una macchina*, to service a car; *avere la — di un giardino*, to be in charge of (*o* to be entrusted with) the care of a garden **2** (*dir.*) (*tutela del possesso dei beni*) possessory action.

manutergio *s.m.* (*eccl.*) manutergium (*pl.* -ia).

manza → **giovenca**.

manzo *s.m.* **1** (*zool.*) steer, bullock **2** (*carne macellata*) beef: — *lesso*, boiled beef; *arrosto di* —, roast beef; *una bistecca di* —, a beefsteak; *stufato di* —, stewed beef; *brodo di* —, beef broth.

manzoniano *agg.* of Manzoni; *opere manzoniane*, works of Manzoni; *il centenario* —, the centenary of Manzoni ◆ *s.m.* follower of Manzoni.

mao *inter.* (*verso del gatto*) miaow.

maoismo *s.m.* Maoism.

maoista *agg.* e *s.m.* e *f.* Maoist: *dottrina* —, Maoist doctrine.

maoistico *agg.* Maoist.

maomettano *agg.* e *s.m.* Mohammedan.

maomettismo *s.m.* (*antiq.*) Mohammedanism, Islam.

maona *s.f.* (*mar.*) barge, lighter.

maori *s.m.* e *agg.* Maori.

mappa *s.f.* **1** map, plan; (*carta geografica*) chart: *disegnare, rilevare la* — *di*, to map; — *altimetrica*, layered map; — *catastale*, cadastral map; *una proprietà segnata in* — *coi numeri*, an estate marked on the map with numbers; (*mar.*) — *nautica*, chart (*o* navigation map) // (*inform.*) — *della memoria*, storage (*o* core) map // (*econ.*) — *delle curve di indifferenza*, indifference map **2** (*fig.*) map: — *dell'associazionismo giovanile*, map of youth organizations.

mappamondo *s.m.* **1** (*globo*) globe **2** (*planisfero*) map of the world: — *celeste*, map of the heavens.

mappatura *s.f.* mapping.

maquillage *s.m.* make-up.

maquis *s.m.* (*st.*) Maquis, French Resistance.

marabù *s.m.* (*zool.*) (*Leptoptilos crumeniferus*) marabou; (*rar.*) argala // — *indiano*, (*Leptoptilus dubius*) adjutant.

marabut, **marabutto** *s.m.* **1** (*santone musulmano*) Marabout **2** (*tomba dello stesso*) marabout.

maraca *s.f.* (*mus.*) maraca.

marachella *s.f.* trick, prank: *basta con le vostre marachelle!*, no more of your tricks!; *sta combinando un'altra delle sue marachelle*, he is up to one of his pranks.

maragia, **maragià** *s.m.* maharajah.

maramaglia → **marmaglia**.

maramaldo *s.m.* bully; person who mistreats the defenceless.

maramao → **marameo**.

marame *s.m.* **1** (*insieme di cose disparate*) jumble; clutter [U] **2** (*rifiuti*) waste [U]; trash [U] (*anche fig.*).

marameo *inter.*: *far* — *a qlcu.*, to cock a snook at s.o.; —, *sono qui!*, sucks to you! I'm here!

marangone[1] → **cormorano**.

marangone[2] *s.m.* (*region.*) (*falegname*) carpenter, joiner.

marasca *s.f.* (*bot.*) morello* (cherry), morel.

maraschino *s.m.* (*liquore*) maraschino.

marasco *s.m.* (*bot.*) (*Prunus cerasus*) morello tree.

marasma, **marasmo** *s.m.* **1** (*med.*) marasmus **2** (*fig.*) (*decadenza*) decay; (*confusione*) chaos, confusion: — *politico, economico*, political, economic decay.

marasso *s.m.* (*zool.*) (*Vipera berus*) adder, viper.

maratona *s.f.* (*sport*) marathon // — *di ballo*, dance marathon // *per arrivare in tempo ho fatto una bella* —!, (*scherz.*) what a trek it was to get there in time!

maratoneta *s.m.* e *f.* (*sport*) marathon runner.

maratonina *s.f.* (*sport*) half-marathon.

maratto *agg.* e *s.m.* Maratha.

maraviglia e *deriv.* → **meraviglia** e *deriv.*

marazzo *s.m.* (*letter.*) (*stagno*) pond.

marca[1] *s.f.* **1** (*comm.*) (*marchio*) brand, mark, brand name; (*fabbricazione*) make: — *di fabbrica*, trademark (*o* brand name); — *nazionale*, national brand; — *del produttore*, manufacturer's brand; *automobili di tutte le marche*, cars of all makes; *dischi di ogni* —, records of all labels; *una buona* — *di sigari*, a good brand of cigars; *di che* — *è la tua lavatrice?*, what make is your washing machine?; *prodotti, articoli di* —, branded goods (*o* high -quality *o* first-class) articles; *immagine della* —, brand image; *fedeltà alla* —, brand loyalty; *comperare, indossare solo vestiti di* —, to buy, to wear only quality-brand (*o* high-quality) clothes **2** (*contromarca, gettone*) check, token **3** (*bollo, sigillo*) stamp: — *da bollo*, revenue stamp; — *assicurativa*, insurance stamp **4** (*non com.*) (*segno*) sign, mark; (*a fuoco*) brand **5** (*fig.*) (*impronta*) kind, character, nature: *umorismo di chiara* — *inglese*, humour of a decidedly English kind **6** (*mar.*) mark: — *di bordo libero*, Plimsoll mark; — *di pescaggio*, draught mark **7** (*inform.*) mark: — *di inizio dell'informazione*, (IBM) beginning of information mark; — *di inizio di nastro*, beginning of tape marker.

marca[2] *s.f.* (*st.*) March.

marcamento *s.m.* (*sport*) marking: — *a uomo*, man-to-man marking; *zona a* —, zonal marking; *la squadra pratica un* — *stretto*, the team practises close-marking.

marcantonio *s.m.* (*fam.*) he-man*: *è un bel pezzo di* —, he is a he-man.

marcanzia *s.f.* (*bot.*) (*Marchantia polimorpha*) liverwort.

marcapezzi *s.m.* e *f.* (*chi marca i prodotti*) marker.

marcapiano *s.m.* (*arch.*) string-course.

marcapunto *s.m.* pricking wheel.

marcare *v.tr.* **1** to mark, to make* a mark on (sthg.); (*a fuoco*) to brand (*anche fig.*): — *la biancheria*, to mark linen; — *le pecore*, to brand sheep; — *qlcu. d'infamia*, to brand s.o. with infamy // (*mil.*) — *visita*, to report sick **2** (*segnare*) to score: — *i punti*, (*al gioco*) to keep the score; — *un goal*, to score a goal // — *a uomo*, to mark man-to-man // — *stretto*, to mark closely **3** (*rilevare un dato*) to show*: — *l'ora, la temperatura*, to show the time, the temperature **4** (*fig.*) (*accentuare*) to emphasize, to stress: — *le linee di un disegno*, to emphasize the lines of a drawing.

marcasite, **marcassite** *s.f.* (*min.*) marcasite.

marcatempo *s.m.* **1** (*controllore dei tempi di lavorazione*) timekeeper **2** (*orologio*) time clock.

marcato *agg.* **1** (*con un marchio*) (*di merce*) branded; (*di metalli preziosi*) hallmarked: *tutta l'argenteria è marcata*, all silverware is hallmarked **2** (*accentuato*) marked, pronounced: *avere lineamenti marcati*, to have prominent (*o* marked) features; *un* — *accento francese*, a marked (*o* pronounced) French accent; *un* — *tratto di penna*, a heavy pen-stroke.

marcatore *s.m.* **marcatrice** *s.f.* **1** (*chi marca i prodotti*) marker **2** (*chi segna i goal, i punti*) scorer: *è primo nella classifica marcatori*, he heads the list of goal-scorers.

marcatura *s.f.* **1** marking; (*a fuoco*) branding **2** (*sport*) → marcamento **3** (*inform.*) (IBM) mark.

marcescente *agg.* (*letter.*) rotting, decaying (*anche fig.*); (*di piante*) marcescent, rotting.

marcescenza *s.f.* (*letter.*) (*l'essere marcescente*) rottenness (*anche fig.*).

marcescibile *agg.* (*letter.*) perishable.

march → **marsc**.

marchesa *s.f.* (*titolo inglese*) marchioness; (*non inglese*) marquise, marchesa.

marchesato *s.m.* marquisate.

marchese *s.m.* marquis, marquess.

marchesina *s.f.* daughter of a marquis.

marchesino *s.m.* son of a marquis.

marchetta *s.f.* **1** (*marca assicurativa*) insurance stamp **2** (*fam.*) (*gettone*) token // *fare marchette*, (*esercitare la prostituzione*) to be a streetwalker.

marchettara *s.f.* (*region. volg.*) (*prostituta*) streetwalker.

marchettaro *s.m.* (*region. volg.*) (*omosessuale che si prostituisce*) male prostitute.

marchiano *agg.* enormous; extraordinary: *errore* —, glaring blunder (*o* gross mistake).

marchiare *v.tr.* **1** to stamp, to mark; (*a fuoco*) to brand; (*metalli preziosi*) to hallmark: — *il bestiame*, to brand cattle **2** (*fig.*) to brand: — *d'infamia*, to brand with infamy.

marchiatore *s.m.* (*chi marchia*) marker.

marchiatura *s.f.* marking; (*a fuoco*) branding.

marchigiano *agg.* of the Marche; from the Marche ◆ *s.m.* inhabitant of the Marche; native of the Marche.

marchingegno *s.m.* **1** contraption: *quel* — *per fare il caffè non funziona!*, that contraption for making coffee doesn't work! **2** (*fig.*) (*espediente*) ruse, contrivance: *trovare un* — *per risolvere la situazione*, to find a ruse to deal with the situation.

marchio *s.m.* **1** stamp, mark; (*a fuoco*) brand: — *di proprietà*, (*sull'orecchio di animali*) earmark **2** (*fig.*) mark, stain: — *d'infamia*, mark of infamy; *non potrà togliersi questo* — *di dosso*, he will never live down such a disgrace **3** (*comm.*) mark; (*di metalli preziosi*) hallmark; (*di automobili*) marque: — *di fabbrica*, trademark (*o* brand name); — *di fabbrica depositato*, registered trademark; — *di conformità alle norme ufficiali*, kite-mark; — *commerciale*, merchandise mark; — *di un'azienda*, logo (*o* logogram *o* *amer.* corporate symbol); — *di qualità*, seal of quality (*o* quality trademark); — *d'origine*, certification mark;

— *distintivo*, tally; — *d'editore*, (*in un libro*) colophon; *contraffazione del* —, forgery of trademark; *tutti i prodotti recano il nostro* — *di fabbrica*, all products bear our trademark.

marchionale *agg.* (*letter.*) pertaining to a marquess.

marcia[1] *s.f.* **1** march (*anche mil.*): *raggiunsero la capitale dopo tre giorni di* —, after three days' march they reached the capital; *dopo un'ora di* — *ci fermammo*, after walking one hour we halted // *mettere in* —, to start; *mettersi in* —, to set off (*o* to start off) // — *forzata*, forced march: *siamo indietro col lavoro e quindi occorre procedere a marce forzate*, (*fig.*) we are behind with our work and so we'll have to put a spurt on // (*mil.*) *formazione di* —, order of march // (*st.*) — *su Roma*, march on Rome **2** (*sport*) walk: — *non competitiva*, non-competitive walk **3** (*manifestazione*) march: *organizzare una* — *di protesta*, to organize a protest march **4** (*mus.*) march: — *funebre*, dead (*o* funeral) march; — *nuziale*, *trionfale*, wedding, triumphal march **5** (*aut.*) gear, speed: *automobile a quattro marce*, car with four gears; *innestare la* —, to engage the gears; *cambiare* (*la*) —, to change gear; *inversione di* —, reverse; *"In che — sei?" "In terza"*, "Which gear are you in?" "Third"; — *sovramoltiplicata*, overdrive; — *avanti*, forward gear (*o* speed); *andare a* — *avanti*, to go in forward gear, (*di nave*) to go ahead; — *indietro*, reverse gear; *andare a* — *indietro*, to reverse // *far* — *indietro*, (*fig.*) to back out // *avere una* — *in più*, (*fig.*) to be a cut above.

marcia[2] *s.f.* (*med. pop.*) (*purulenza*) pus.

marcialonga *s.f.* (*sport*) cross-country skiing race; (*gara podistica*) marathon walk.

marciapiede *s.m.* **1** pavement; (*amer.*) sidewalk; (*di stazione*) platform: — *largo*, wide pavement; *camminate sul* —!, walk on the pavement! // *battere il* —, to be a streetwalker // *donna da* —, streetwalker **2** (*mar.*) footrope.

marciare *v.intr.* (*mil.*) to march; (*camminare*) to walk: *l'esercito marciava sulla capitale*, the army was marching on the capital; *entrare marciando*, to march in; — *in coda*, to bring up the rear; — *in testa*, to lead the march; *gli studenti marciavano in corteo*, the students were taking part in a protest march; *gli autobus non possono* — *a portiere aperte*, buses can't drive with the doors open // *far* — *qualcuno*, (*fig.*) to make s.o. toe the line.

marciatore *s.m.* **1** (*buon camminatore*) good walker **2** (*sport*) walker.

marcime *s.m.* (*rar.*) (animal) manure.

marcio *agg.* **1** rotten, bad: *frutta marcia*, rotten fruit; *legno* —, rotten (*o* decayed) wood; *pesce* —, rotten fish; *uovo* —, rotten egg; *si sono intossicati mangiando della carne marcia*, they got food poisoning by eating bad (*o* contaminated) meat; *la parte inferiore di quel muro è completamente marcia*, the bottom (part) of that wall is completely rotten; *dente* —, bad (*o* decayed) tooth **2** (*fig.*) (*corrotto*) corrupt, rotten: *società marcia*, corrupt society; *è cresciuto in un ambiente* —, he grew up in a corrupt environment **3** (*fam.*): *lo fece a suo* — *dispetto*, she did it deliberately to spite him; *aver torto* —, to be totally in the wrong ◆ *s.m.* **1** rottenness, badness; (*parte marcia*) rotten (*o* bad) part: *quel pesce sa di* —, that fish smells bad; *togli il* — *a quelle mele*, cut the bad parts out of those apples **2** (*med.*) (*pus, materia*) pus, matter **3** (*fig.*) (*corruzione*) corruption, rottenness: *era evidente che c'era del* — *nelle alte sfere*, it was evident that there was corruption in high places.

marcire *v.intr.* **1** (*decomporsi*) to rot, to decay; (*di cibo*) to go* bad: *la carne marcirà presto con questo caldo*, meat will soon go bad in this hot weather; *le mele sono marcite per l'umidità*, the apples have gone bad owing to the dampness **2** (*med.*) (*suppurare*) to fester, to suppurate **3** (*fig.*) to rot: *lasciar* — *qlcu. in prigione*, to let s.o. rot in gaol // — *nell'ozio*, to rot in idleness **4** (*di lino, canapa*) to ret.

marcita *s.f.* (*agr.*) water meadow, aquiprata.

marcitoio *s.m.* (*tecn. cartaria*) rettery.

marciume *s.m.* putrefaction, rot, rottenness (*anche fig.*): *il* — *delle sue azioni*, the rottenness of his deeds.

marco *s.m.* (*moneta*) mark.

marcofilia *s.f.* hobby of collecting duty -stamps.

marconigrafare *v.tr.* → **radiotelegrafare**.

marconigramma *s.m.* (*rad. antiq.*) marconigram.

marconista *s.m.* wireless operator.

marconiterapia *s.f.* (*med.*) diathermy.

marcorella *s.f.* (*bot.*) → **bastarda**.

marcusiano *agg.* (*fil.*) Marcusian.

mare *s.m.* **1** sea: — *agitato, molto agitato*, moderate, rough sea; — *calmo*, calm sea; — *corto*, choppy sea; — *di poppa*, following sea; — *di prua*, head sea; — *di traverso*, abeam sea; — *grosso*, very rough sea; — *in burrasca*, stormy sea; — *leggermente mosso*, light sea; — *lungo*, long sea; — *piatto, quasi calmo*, smooth sea; — *tempestoso, tempestosissimo*, very high, stormy sea; — *aperto*, open sea (*o* high seas); — *chiuso*, closed sea; — *interno*, inland sea; — *litoraneo*, litoral sea; (*dir.*) — *territoriale*, territorial waters (*o* sea); *in* — *aperto, in alto* —, in (*o* on) the open sea; *al di là del* —, beyond the sea(s); *braccio di* —, arm of the sea; (*mil.*) *forze di terra e di* —, land and sea forces; *gente di* —, sea-going people; *uomo di* —, seaman; *livello del* —, sea level; *sopra, sotto il livello del* —, above, below sea level; *Milano è a 120 metri sul livello del* —, Milan is 120 metres above sea level; *mal di* —, seasickness: *soffrire, non soffrire il mal di* —, to suffer, not to suffer from seasickness; *nave di alto* —, seagoing ship; *per* —, by sea; *verso il* —, seaward (*o* seawards); *porto di* —, seaport; *casa sua è un porto di* —, (*fig.*) his house is like a railway station; *vento di* —, sea-breeze (*o* onshore wind); *aria di* —, sea-air; *l'aria di* — *gli fa bene*, sea-air is good for him; *il* — *è calmo come l'olio*, the sea is like a sheet of glass; *l'ammiraglio ordinò di calare una scialuppa in* —, the admiral ordered a boat to be lowered; *fu seppellito in* —, he was buried at sea; *la nave subì un colpo di* —, the ship was struck by a heavy sea; *un'onda lo gettò in* —, a wave swept him into the sea, (*da una nave*) a wave swept him overboard; *Palermo è una città di* —, Palermo is a town on the sea; *Venezia era la signora dei mari*, Venice was the mistress of the seas; *avere il dominio dei mari*, to have the mastery of the seas; *cadere in* —, to fall into the sea, (*da una nave*) to fall overboard; *gettare in* —, to throw into the sea, (*da una nave*) to throw overboard; *mettere in* — *una nave*, to set a vessel afloat; *prendere il* —, to set sail, (*di persone*) to go to sea; (*comm.*) *spedire via* —, to ship; *tenere il* —, to keep the sea; *nave atta a tenere il* —, seaworthy ship; *viaggiare per* —, to travel by sea // *uomo in* —!, man overboard! // *è una goccia nel* —, it's a drop in the ocean // *la questione è ancora in alto* —, the question is still undecided; *siamo ancora in alto* —!, we still have a long way to go! // *cercare qlcu. per terra e per* —, to hunt high and low for s.o. // *portare acqua al* —, to carry coals to Newcastle // *promettere mari e monti*, to promise wonders // *ha gettato a* — *anche il lavoro per seguirla*, he even threw up his job to follow her **2** (*geogr.*) *Mare*, Sea: *il Mare Adriatico*, the Adriatic Sea; *il Mar Baltico*, the Baltic Sea; *il Mar Caspio*, the Caspian Sea; *il Mare dei Caraibi*, the Caribbean Sea; *il Mare del Giappone, della Cina*, the Japan, China Sea; *il Mare Jonio*, the Ionian Sea; *il Mare Mediterraneo*, the Mediterranean Sea; *il Mar Morto*, the Dead Sea **3** (*luogo sul mare*) seaside: *abbiamo conosciuto parecchia gente al* —, we met a lot of people at the seaside; *l'anno scorso andammo al* — *per le vacanze*, last year we went to the seaside for our holidays **4** (*astr.*) (*della Luna o di altri corpi celesti*) mare*, sea: — *lunare*, lunar sea; *il Mare della Tranquillità*, Sea of Tranquillity **5** (*fig.*) (*quantità smisurata*) flood, sea; host; (*moltitudine*) hordes (*pl.*), crowds (*pl.*): *un* — *di gente*, crowds of people; *un* — *di guai*, big trouble: *trovarsi in un* — *di guai*, to be in big (*o* deep) trouble; *un* — *di sangue*, a sea of blood **6** *frutti di* —, seafood, shellfish: (*cuc.*) *spaghetti ai frutti di* —, spaghetti with a seafood sauce.

marea *s.f.* **1** tide: *alta* —, high tide (*o* high water); *bassa* —, ebb tide (*o* low tide); — *discendente, calante, decrescente*, falling tide (*o* ebb tide); — *effettiva*, actual tide; — *lenta*, slack tide; — *massima sigiziale, grande* —, springtide; — *minima*, — *delle quadrature, piccola* —, neap (tide); — *montante*, floodtide; — *terrestre*, earth tide; *di, della* —, tidal; *canale di* —, tideway; *corrente di* —, (*turbolenta*) riptide; *onda di* —, tidal wave, (*in estuario*) bore; *porta della* —, tide-gate; *tavola della* —, tide-table; *andare a seconda della* —, to go with the tide; *partire con la* —, to sail with the tide; *la* — *si abbassa*, the tide goes out **2** (*estens.*) flood, sea; host: *una* — *di fango*, a sea of mud; *una* — *di gente*, crowds (*o* hordes) of people.

mareggiare *v.intr.* to be wavy; to undulate (*anche fig.*).

mareggiata *s.f.* stormy sea, sea storm: *una violenta* — *ha danneggiato la banchina*, a violent sea storm damaged the wharf.

mareggio *s.m.* (*non com.*) undulation.

mare magnum *s.m.* (*lat.*) sea, host; hordes (*pl.*).

maremma *s.f.* maremma (*pl.* -me); marine swamp; salt marsh // (*geogr.*) *la Maremma*, the Maremma.

maremmano *agg.* Maremma (*attr.*): *cavalli maremmani*, Maremma horses; *pastore* —, Maremma sheepdog; (*med.*) *febbri maremmane*, malaria ◆ *s.m.* inhabitant of Maremma.

maremoto *s.m.* seaquake, submarine earthquake: *onda di* —, tsunami (*o* tidal wave).

marengo *s.m.* (*moneta*) napoleon; (*emessa in Italia*) marengo (*pl.* -oes).

mareografo *s.m.* (*geogr.*) marigraph.

mareogramma *s.m.* (*geogr.*) marigram.

mareometro *s.m.* (*oceanografia*) tide gauge.

marescialla *s.f.* **1** marshal's wife* **2** (*scherz.*) (*donna autoritaria*) overbearing woman.

maresciallo *s.m.* **1** (*ufficiale*) marshal; (GB) field marshal: *bastone di* —, (field) marshal's baton; *Napoleone apparve circondato dai suoi marescialli*, Napoleon appeared surrounded by his marshals // *Maresciallo dell'Aria*, Air Marshal // *Maresciallo di Francia*, Marshal of France **2** (*sottufficiale*) warrant officer: — *d'alloggio*, quartermaster; — *di fanteria*, infantry warrant officer.

maretta *s.f.* (*mar.*) choppy sea, short sea: *c'è un po' di* — *oggi*, it is a bit choppy today; *finché dura questa* — *è meglio che non andiate in barca*, you had better not go sailing so long as it is choppy // *c'è* — *nel governo*, (*fig.*) there's friction in the government; *oggi in ufficio c'è* —, (*fig.*) there's friction in the office today.

marezzare *v.tr.* to marble; (*in tessuto*) to water.

marezzato *agg.* marbled, veined; (*di pelo di animali*) tabby; (*di tessuto*) watered: *carta marezzata*, marbled paper; *marmo* —, veined marble; *seta marezzata*, watered silk.

marezzatura *s.f.* marbling.

marezzo *s.m.* marbling; (*di tessuto*) watering.

margarina *s.f.* (*cuc.*) margarine.

margarinare *v.tr.* (*mescolare con margarina*) to mix with margarine.

margarite *s.f.* (*min.*) margarite.

margherita *s.f.* **1** (*bot.*) daisy: *sfogliare la* —, to pick the petals off a daisy; (*fig.*) (*essere incerto*) to waver // (*cuc.*): *torta* —, sponge cake; *pizza* —, pizza with basil, tomato and mozzarella cheese **2** (*bot.*) — *dei campi*, (*Chrysanthemum leucanthemum*) (oxeye) daisy, moonflower, marguerite **3** (*di macchina per scrivere*) daisy wheel **4** (*mar.*) (*nodo*) —, sheepshank (knot) **5** (*ant.*) (*perla*) pearl.

margheritina *s.f.* **1** (*bot.*) (*Bellis perennis*) daisy **2** *pl.* (*perline*) beads.

marginale *agg.* **1** marginal: *note marginali*, marginal notes; *terra* —, marginal land **2** (*secondario*) secondary: *una questione* —, a marginal question **3** (*econ.*) marginal: *costo* —, marginal cost; *utile* —, marginal profit; *reddito* —, marginal income; *ricavo* —, marginal revenue; *impresa* —, marginal firm; *produttività* —, marginal productivity; *utilità* —, marginal utility; *analisi* —, marginal analysis; *indennità marginali*, fringe benefits; *valore* —, marginal value; (*trib.*) *aliquota* —, marginal rate.

marginalismo *s.m.* **1** (*non com.*) (*marginalità*) marginal character **2** (*econ.*) marginalism, marginal utility school.

marginalizzare *v.tr.* to reject; (*estromettere*) to oust.

marginare *v.tr.* (*tip.*) to margin.

marginatore *s.m.* (*di macchina per scrivere*) margin stop.

marginatura *s.f.* **1** margining **2** (*tip.*) (*lingotti che determinano i margini*) furniture.

margine *s.m.* **1** (*orlo, ciglio*) edge: *il* — *di un fosso*, the edge of a ditch; *il* — *della strada*, the side of the road; *i ladri abbandonarono l'automobile sul* — *della strada*, the thieves abandoned the car by the side of the road; *vivere ai margini della società*, (*fig.*) to live on the fringe of society **2** (*di foglio*) margin: — *ampio*, *stretto*, wide, narrow margin; *annotare qlco. sul* — *di un libro*, to make a note in the margin of a book; (*comm.*) *importo indicato a* —, amount stated at margin // *osservazioni in* —, (*fig.*) marginal observations **3** (*di tempo, spazio, denaro ecc.*) margin: — *di sicurezza*, margin of safety; *un buon* — *d'azione*, a wide margin of action, of manoeuvre // (*econ.*): — *lordo*, spread (*o* gross margin); — *di contribuzione*, profit contribution (*o* contribution margin); — *netto*, net margin; — *di utile lordo*, gross income margin (*o* mark-up *o* mark-on); — *di copertura*, (cover) margin; — *di guadagno, di profitto*, profit margin (*o* margin of gain); *tali prezzi non lasciano alcun* —, these prices allow of no margin // (*fin.*): — *di fluttuazione dei cambi*, fluctuation (*o* flexibility) margin in exchange rates; *margini di fluttuazione* (*delle monete*), fluctuation bands (of currencies) // (*banca*) — *di interesse bancario*, spread // (*Borsa*): — *del giorno*, day's spread; — *dell'operatore di Borsa*, jobber's turn (*o amer.* dealer spread) **4** (*med.*) (*di ferita*) acies.

margotta *s.f.* (*agr.*) layer.

margottare *v.tr.* (*agr.*) to layer.

margraviato *s.m.* (*titolo*) title of margrave, margraviate; (*territorio*) margravate, margraviate.

margravio *s.m.* (*st.*) margrave.

marguai *s.m.* (*zool.*) (*Felis tigrina*) margay.

mariano *agg.* Marian: *mese* —, the month of Mary.

maricoltore *s.m.* mariculturist.

maricoltura *s.f.* mariculture.

marijuana *s.f.* marijuana, Indian hemp, (*fam.*) grass.

marimba *s.f.* (*mus.*) marimba.

marina *s.f.* **1** (*flotta*) navy, marine, fleet: — *militare*, Navy; — *mercantile*, merchant navy (*o* mercantile marine *o* merchant marine); *ufficiale di* —, naval officer **2** (*costa*) coast(line); (*riva del mare*) seashore: *navigava lungo la* —, he sailed along the coast; *passeggiavo sulla* —, I was walking along the seashore **3** (*pitt.*) seascape, marine landscape: *dipingere una* —, to paint a seascape.

marinaio *s.m.* sailor, seaman*; (*letter.*) mariner: (*mar. mil.*) — (*semplice*), seaman; — *comune di 2ª classe*, (GB) junior seaman, (USA) recruit seaman; — *comune di 1ª classe*, (GB) ordinary seaman, (USA) apprentice seaman // *nodo da* —, sailor's knot // *promessa di* —, worthless promise // — *d'acqua dolce*, (*scherz.*) landlubber.

marinara *s.f.* **1** (*abito*) sailor suit: *indossare la* —, to wear a sailor suit (*o* to dress like a sailor) **2** (*cappello alla marinara*) sailor hat.

marinare *v.tr.* **1** (*cuc.*) to marinate, to pickle, to souse **2** — *la scuola*, (*fam.*) to play truant, (*amer.*) to play hooky.

marinaresca *s.f.* (*mus.*) sea shanty.

marinaresco *agg.* sailor-like, seaman-like; seafaring: *gergo* —, sailor's slang; *vita marinaresca*, seafaring life.

marinaretto *s.m.* **1** (*marinaio giovane*) sailor boy; (*allievo delle scuole nautiche*) naval cadet **2** (*bambino vestito alla marinara*) child dressed like a sailor.

marinaro *agg.* **1** (*di mare*) seafaring, marine, maritime: *gente marinara*, seafaring people; *una nazione marinara*, a maritime nation // *le repubbliche marinare*, the maritime republics **2** (*da marinaio*) sailor-like, seaman-like // *alla marinara*, sailor-like: *cappello, vestito alla marinara*, sailor hat, suit.

marinata *s.f.* (*cuc.*) marinade.

marinato *agg.* marinated, pickled, soused: *pesce* —, pickled fish; *zucchine marinate*, marinated courgettes // *fritto e* —, (*fig.*) (*conciato male*) knocked about (*o* battered).

marinatura *s.f.* (*cuc.*) marinating, pickling, sousing.

marine *s.m.* (*mil.* GB e USA) marine.

marineria *s.f.* (*marina militare*) navy; (*marina mercantile*) marine.

marinismo *s.m.* (*st. lett.*) Marinism.

marinista *s.m.* e *f.* (*st. lett.*) Marinist.

marinistico *agg.* of Marinism.

marino *agg.* marine; sea (*attr.*); (*relativo alla navigazione*) nautical, maritime, sea (*attr.*): *acqua marina*, sea water; *aria marina*, sea air; *fondo* —, seabed (*o* sea floor); *brezza marina*, sea breeze; *colonia marina*, seaside home for children; *uccelli marini*, sea birds; *alghe marine*, seaweed; *verde* —, sea green; *blu* —, navy blue; *carta marina*, nautical chart.

marioleria *s.f.* **1** (*l'essere monello*) mischievousness, naughtiness **2** (*azione da monello*) trick, prank **3** (*antiq.*) (*azione da furfante*) swindle, deception.

mariolesco *agg.* (*non com.*) **1** (*da furfante*) dishonest, rascally **2** (*da monello*) naughty, rascally.

mariolo *s.m.* **1** (*antiq.*) (*furfante*) rascal, rogue, scoundrel **2** (*scherz.*) (*monello*) scamp, rascal, imp.

mariologia *s.m.* (*teol.*) Mariology.

mariologo *s.m.* (*teol.*) Mariologist.

marionetta *s.f.* marionette; puppet (*anche fig.*): *teatro delle marionette*, puppet theatre; *è solo una* — *nelle tue mani*, (*fig.*) he's only a puppet in your hands // *fa sempre la* —, he's always playing the fool.

marionettista *s.m.* e *f.* puppeteer, puppet master.

marionettistico *agg.* puppet (*attr.*): *uno spettacolo* —, a puppet show (*o* puppet play).

mariscalco → **maniscalco**.

maritabile *agg.* (*non com.*) (*da marito*) marriageable.

maritale *agg.* (*del marito*) marital; (*coniugale*) conjugal: *l'autorità* —, a husband's authority.

maritalmente *avv.* maritally; (*coniugalmente*) conjugally: *convivere* —, to live as husband and wife.

maritare *v.tr.* **1** to marry, to wed*: *egli maritò la figlia a un ricco mercante*, he married his daughter to a rich merchant **2** (*agr.*) to train: — *la vite all'olmo*, to train a vine up an elm.

□ **maritarsi** *v.rifl.* to get* married, to marry, to wed*: *mia sorella si maritò molto giovane*, my sister got married (*o* married) very young ◆ *v.rifl.rec.* (*unirsi in matrimonio*) to get* married: *si mariteranno presto*, they are getting married soon.

maritato *agg.* **1** married: *donna maritata*, married woman; *Giovanna Bianchi, maritata Rossi*, Giovanna Rossi née Bianchi **2** (*agr.*) trained: *vite maritata all'olmo*, vine trained up elm.

marito *s.m.* husband: *sono — e moglie*, they are husband and wife; *aveva per — un avvocato*, her husband was a lawyer; *cercar —*, to look for a husband; *non trovar —*, not to find a husband; *essere separata dal —*, to be separated from one's husband; *perdere il —*, to become a widow (*o* to lose one's husband); *prendere —*, to get married (*o* to marry) // *una ragazza da —*, a girl of marriageable age.

maritozzo *s.m.* (*dolce*) kind of currant bun.

marittimo *agg.* maritime; marine; shipping; naval, sea (*attr.*): *città marittima*, sea-town; *palude marittima*, marine swamp; *miglio —*, nautical (*o* sea) mile (*misura di lunghezza* = 1853,2 m) // (*assicurazioni*): *assicurazione marittima*, marine insurance; *agente di assicurazione marittima*, marine insurance broker // (*comm.*): *agente —*, shipping agent; *commercio —*, shipping business (*o* sea trade); *ufficio —*, shipping office; *vettore —*, sea carrier; *via marittima* sea-way; *per via marittima*, by sea; *trasporto —*, carriage by sea (*o* sea freight) // (*dir.*): *codice —*, maritime law; *contratto di trasporto —*, contract of affreightment // *le Alpi Marittime*, the Maritime Alps ◆ *s.m.* sailor; seaman*: *sciopero dei marittimi*, seamen's strike.

mariuolo → **mariolo**.

marker *s.m.* **1** (*evidenziatore*) (text) marker **2** (*med.*) marker: *— genetico*, genetic marker.

market *s.m.* (*mercato, luogo di vendita*) market; (*supermercato*) supermarket.

marketing *s.m.* (*econ.*) (*tecniche di vendita*) marketing: *— di massa*, mass marketing; *— di prova*, test marketing; *— dei servizi*, service marketing; *ricerca di —*, marketing research (*o* analysis); *— mix, combinazione dei fattori di —*, marketing mix; *accordo di —*, marketing agreement; *costo di —*, marketing cost; *direttore dell'ufficio di —*, marketing manager (*o* director); *addetto al —*, marketing man; *controllo di —*, marketing control; *strategia di —*, marketing strategy (*o* policy).

marmaglia *s.f.* **1** (*gentaglia*) rabble, riffraff; mob: *la — si era radunata*, the rabble had gathered **2** (*scherz.*) (*gruppo chiassoso*) rowdy mob **3** (*letter.*) (*intrico*) jumble, hotchpotch, tangle.

marmellata *s.f.* jam: *— di fragole*, strawberry jam; *un vaso di —*, a jar (*o* pot) of jam; *— d'arance*, marmalade.

marmetta *s.f.* (*edil.*) marble-chip floor tile.

marmettista *s.m.* e *f.* (marble-chip) tile maker.

marmifero *agg.* **1** (*che contiene marmo*) marble-bearing, marble-yielding: *la zona è marmifera*, the area is rich in marble **2** (*che concerne il marmo*) marble (*attr.*): *il centro dell'industria marmifera italiana è Carrara*, the centre of the Italian marble industry is Carrara.

marmista *s.m.* e *f.* **1** (*chi lavora il marmo*) marble-cutter, marble worker **2** (*chi vende marmi*) dealer in marble.

marmitta *s.f.* **1** (*grosso recipiente*) stockpot **2** (*aut.*) silencer, muffler: *— catalitica*, catalytic muffler **3** (*geol.*) *— dei giganti*, pothole.

marmittone *s.m.* (*scherz.*) raw recruit.

marmo *s.m.* marble: *— grezzo, lavorato*, unworked, worked marble; *cava di —*, marble quarry; *lastra di —*, marble slab; *polvere di —*, marble dust; *statua di —*, marble statue; *una raccolta di marmi antichi*, a collection of ancient marbles // *i marmi di Elgin*, the Elgin marbles // *ero gelata come un pezzo di —*, I was frozen stiff (*o* I was like a block of ice) // *ha il cuore duro come il —*, he has a heart of stone // *essere di —*, (*insensibile*) to have a heart of stone // *restare di —*, (*sbalordito*) to be dumbfounded, (*impassibile*) to remain impassive // *essere inciso nel —*, (*essere indimenticabile*) to enter history.

marmocchio *s.m.* (*scherz.*) kid; (*spreg.*) brat.

marmoraria *s.f.* art of working marble.

marmorario → **marmista**.

marmoreo *agg.* **1** (*di marmo*) marmorean, marmoreal; marble (*attr.*): *colonna marmorea*, marble column **2** (*fig.*) rock-like, stony (*pred.*): *la sua impassibilità era marmorea*, his impassiveness was rock-like.

marmorizzare *v.tr.* to marble.

marmorizzato *agg.* marbled: *libro col bordo —*, marble-edged book; *vetro —*, marbled glass.

marmorizzatura, marmorizzazione *s.f.* marbling.

marmosa → **apale**.

marmotta *s.f.* **1** (*zool.*) marmot: *— comune, delle Alpi*, (*Marmota marmota*) rock whistler; *— grigia, caligata*, (*Marmota caligata*) whistler; *— monax, americana*, (*Marmota monax*) woodchuck (*o* groundhog) // *dorme come una —*, he sleeps like a log **2** (*persona pigra e indolente*) lazybones **3** (*ferr.*) position target.

marna *s.f.* (*geol.*) marl: *— compatta*, marlstone.

marnare *v.tr.* (*agr.*) to marl.

marnatura *s.f.* (*agr.*) marling.

marnoso *agg.* (*geol.*) marly.

marò *s.m.* (*sl. mil.*) (*marinaio*) sailor, seaman*.

marocca *s.f.* (*geol.*) moraine.

marocchinare *v.tr.* to tan (hide) into morocco leather.

marocchinatura *s.f.* tanning (of hide) into morocco leather.

marocchineria *s.f.* morocco leather goods (*pl.*).

marocchino[1] *agg.* e *s.m.* Moroccan.

marocchino[2] *s.m.* **1** (*cuoio*) morocco leather **2** (*colore rosso*) morocco red.

maronita *agg.* e *s.m.* e *f.* (*relig.*) Maronite.

maroso *s.m.* billow, breaker: *i marosi venivano a frangersi sulla spiaggia*, breakers pounded on the beach; *l'imbarcazione fu travolta dai marosi*, the boat was capsized by the breakers.

marpione *s.m.* (*fam.*) (*persona furba*) cunning (old) devil, slyboots.

marquisette *s.f.* **1** (*tess.*) marquisette **2** (*tenda*) roll-up sunshade.

marra *s.f.* **1** (*agr.*) hoe **2** (*mar.*) fluke.

marrana *s.f.* ditch.

marrancio *s.m.* (*grosso coltello*) butcher's knife, cleaver.

marrano *s.m.* **1** (*st.*) Marrano (*pl.* -os), forced convert (from Judaism or Mohammedanism) **2** (*letter.*) (*traditore*) renegade **3** (*non com.*) (*uomo rozzo*) boor, uncouth man.

marronata *s.f.* (*fam.*) (*errore grossolano*) blunder: *fare una —*, to make a blunder.

marrone[1] *agg.* (*colore castano*) chestnut (brown), brown; (*marrone rossiccio*) maroon: *scarpe marroni*, brown shoes ◆ *s.m.* **1** (*castagna*) chestnut: *marroni canditi*, marrons glacés **2** (*volg.*) (*testicolo*) ball, bollock: *non mi rompere i marroni!*, get off my wick! **3** (*fam.*) (*errore grossolano*) blunder.

marrone[2] *s.m.* **1** (*guida di montagna*) mountain guide **2** (*animale che guida il branco*) leader.

marron glacé *s.m.* (*fr.*) (*marrone candito*) marron glacé.

marrubio *s.m.* (*bot.*) (*Marrubium vulgare*) horehound.

marruca → **biancospino**.

marsala *s.m.* 'Marsala' (kind of Sicilian wine).

marsalare *v.tr.* to give* a wine the taste of Marsala.

□ **marsalarsi** *v.intr.pron.* to acquire a taste like Marsala.

marsc *inter.* march: *avanti, —!*, forward, march! // *e adesso a letto, —!*, (*scherz.*) and now off to bed, jump to it!

marsigliese *agg.* e *s.m.* e *f.* Marseillaise (*invariato al pl.*) // *la Marsigliese*, the Marseillaise ◆ *s.f.* (*edil.*) plain roofing tile, gutter tile.

marsina *s.f.* tailcoat, tails (*pl.*).

marsovino *s.m.* (*zool.*) → **focena**.

marsupiale *agg.* e *s.m.* (*zool.*) marsupial.

marsupializzazione *s.f.* (*med.*) marsupialization.

marsupio *s.m.* (*zool.*) **1** pouch, marsupium* **2** (*portabambini*) baby sling.

martagone *s.m.* (*bot.*) (*Lilium martagon*) martagon, Turk's cap lily.

marte *s.m.* **1** (*letter.*) (*guerra*) war // (*mil.*) *campo di —*, drill ground; (*piazza d'arme*) parade ground // *il popolo di —*, the ancient Romans **2** (*astr.*) Mars: *il pianeta Marte*, the planet Mars **3** (*ant.*) (*martedì*) Tuesday // *né di venere né di — non si sposa, non si parte*, (*prov.*) never get married or travel on Tuesdays or Fridays.

martedì *s.m.* Tuesday // *— grasso*, Shrove Tuesday.

martellamento *s.m.* **1** hammering; pounding **2** (*fig.*) pounding, bombardment: *non sopporto il continuo — di domande*, I can't stand the continual bombardment with questions **3** (*pulsazioni*) throbbing.

martellante *agg.* incessant, continuous, repeated: *una campagna pubblicitaria —*, an incessant advertising campaign; (*mil.*) *fuoco —*, continuous fire.

martellare *v.tr.* **1** to hammer: *— a freddo*, to cold-hammer; *— a penna*, to peen; *— il ferro rovente*, to hammer red-hot iron **2** (*fig.*) to pound, to bombard: *— le postazioni nemiche*, to pound the enemy positions; *— qlcu. di domande*, to bombard s.o. with questions ◆ *v.intr.* (*pulsare*) to throb: *mi martellavano le tempie*, my temples throbbed.

martellata *s.f.* **1** hammer blow: *ahi! mi sono dato una — sul dito!*, ouch! I've hit my finger with the hammer! **2** (*fig.*) heavy blow: *la notizia della sua morte è stata come una —*, the news of his death came as a heavy blow.

martellato *agg.* **1** hammered: *ferro —*, hammered ironwork // *cristallo —*, faceted crystal **2** (*mus.*) martellato.

martellatore *s.m.* hammerer, swager.

martellatura *s.f.* hammering, swaging.

martelletto *s.m.* **1** hammer: *il — del campanello elettrico*, the hammer of the electric bell; *i martelletti del pianoforte*, the hammers of the piano **2** (*di venditore all'incanto, di giudice ecc.*) gavel **3** (*di macchina per scrivere*) typebar.

martelliano *s.m.* (*metrica*) 'martelliano' (verse of fourteen syllables).

martellina *s.f.* (*per spianare pietre*) bushhammer; (*per rifinire pietre sbozzate*) hack hammer, facing hammer; (*per scultori, scalpellini*) marteline; (*per disincrostare caldaie*) scaling hammer.

martellinare *v.tr.* (*edil.*) to bushhammer.

martellinatore *s.m.* (*edil.*) stone dresser.

martellinatura *s.f.* (*edil.*) bushhammering.

martellio *s.m.* hammering: *il — della grandine*, the hammering of the hail.

martellista *s.m.* **1** (*ferr.*) tamper **2** (*miner.*) rock-drill operator **3** (*sport*) hammer thrower.

martello *s.m.* **1** hammer: *— ad aria compressa*, pneumatic hammer; *— da aggiustatore*, fitter's hammer; *— da bugnatura*, stonemason's hammer; *— da calderaio*, boilermaker's hammer; *— da falegname*, claw hammer; *— da geologo*, pick hammer; *— da tagliapietre*, stonemason's hammer; *— da vetraio*, glazier's hammer; (*miner.*) *— perforatore, pneumatico*, hammer drill (*o spec. amer.* jackhammer); *bocca del —*, face of the hammer; *colpo di —*, hammer blow; *piantare un chiodo a colpi di —*, to hammer in a nail // (*med.*) *dito a —*, hammer-toe // *essere tra l'incudine e il —*, (*fig.*) to be between the devil and the deep blue sea // *suonare a —*, to sound the alarm **2** (*di orologio*) striker; (*di battente*) knocker **3** (*anat.*) (*dell'orecchio interno*) malleus*, hammer **4** (*sport*) hammer: *lancio del —*, throwing the hammer **5** (*zool.*) *pesce —*, hammer-fish, hammer-head (shark) **6** (*st. mil.*): *— d'arme, ferrato*, martel; *torre —*, martello tower.

martensite *s.f.* (*metall.*) martensite.

martensitico *agg.* (*metall.*) martensitic: *acciaio —*, martensite steel.

martinella *s.f.* **1** 'martinella' (large bell sounded before a battle and during the battle to give orders) **2** (*scherz.*) bell (used to call politicians to order in the two Houses of Parliament).

martinetto *s.m.* (*mecc.*) jack: *— a slitta*, sliding jack; *— a vite*, jackscrew (o screw jack); *— idraulico*, hydraulic jack; *alzare mediante —*, to jack.

martingala *s.f.* **1** (*per cavallo*) martingale **2** (*mar.*) martingale **3** (*di vestito*) half-belt **4** (*in giochi d'azzardo*) martingale.

martinicca *s.f.* (*freno*) block brake.

martin pescatore *s.m.* (*zool.*) (*Alcedo hispida*) kingfisher.

martire *s.m.* e *f.* martyr (*anche fig.*): *le reliquie dei martiri*, the relics of martyrs; *— della libertà*, martyr for freedom; *— della scienza*, martyr in the cause of science // *fare una vita da —*, (*fig.*) to lead a martyr's life // *non lo sopporto quando fa il —*, (*fig.*) I can't stand him when he plays the victim.

martirio *s.m.* **1** martyrdom Ⓤ: *la corona del —*, the crown of martyrdom; *sottoporre qlcu. al —*, to martyr s.o.; *subire il —*, to suffer martyrdom **2** (*fig.*) (*tormento*) torture, torment: *è un — dovergli parlare*, (*fam.*) it is torture (*o* it is painful) to have to talk to him; *la sua vita è stata tutta un —*, his life was one long torment // *quella conferenza, che —!*, (*scherz.*) what torture that lecture was!

martirizzamento *s.m.* **1** martyrizing, martyrization **2** (*fig.*) torment, torture.

martirizzare *v.tr.* **1** to martyr, to martyrize, to make* a martyr of (s.o.) **2** (*fig.*) (*tormentare*) to torture, to torment: *smettila di — quel povero gatto*, stop torturing that poor cat; *non mi — con le tue ansie*, don't torment me with your anxieties.

martirizzato *agg.* martyred, martyrized, tortured (*anche fig.*).

martirizzatore *s.m.* (*non com.*) **1** martyrizer **2** (*fig.*) torturer, tormenter.

martiro → **martirio**.

martirologio *s.m.* **1** (*libro*) martyrology **2** (*insieme di martiri*) martyrs (*pl.*): *il — della resistenza*, the martyrs of the resistance.

martora *s.f.* (*zool.*) marten: *— comune*, (*Martes martes*) pine marten; *— canadese, di Pennant*, (*Martes pennantis*) pekan (*o amer.* fisher); *— americana*, (*Martes americana*) pine marten.

martoriamento *s.m.* (*non com.*) torment, torture.

martoriare *v.tr.* to torture, to torment (*anche fig.*): *— il cervello*, to rack one's brains. □ **martoriarsi** *v.intr.pron.* (*fig.*) to torture oneself.

martoriato *agg.* mangled; tortured, tormented: *dopo l'incidente furono estratti corpi martoriati dall'auto*, after the accident mangled bodies were pulled out of the car.

marxiano *agg.* (*pol.*) Marxian, Marxist.

marxismo *s.m.* (*pol.*) Marxism, Marxianism.

marxismo-leninismo *s.m.* (*pol.*) Marxist -Leninism.

marxista *agg.* e *s.m.* e *f.* (*pol.*) Marxist, Marxian: *ideologia —*, Marxist ideology.

marxista-leninista *agg.* e *s.m.* e *f.* (*pol.*) Marxist-Leninist.

marxistico *agg.* (*pol.*) Marxist, Marxian.

marza *s.f.* (*agr.*) scion, graft.

marzaiola *s.f.* (*zool.*) (*Anas querquedula*) garganey.

marzaiolo *agg.* (*non com.*) of March, March (*attr.*).

marzapane *s.m.* (*cuc.*) marzipan.

marzeggiare *v.intr.* (*non com.*) (*essere mutevole*) to be changeable (like March weather).

marziale *agg.* **1** martial (*anche letter.*), military; soldierly, soldier-like: *marcia —*, military march; *portamento, aria —*, martial (*o* soldierly) bearing, air // *arti marziali*, martial arts // *corte —*, court-martial; *deferire, portare davanti alla corte —*, to court-martial; *conferire davanti alla corte —*, to be tried by court-martial // *legge —*, martial law **2** (*chim.*) martial.

marzialità *s.f.* martial character, soldierliness, soldierly character, soldierly nature.

marziano *agg.* (*astr.*) Martian ◆ *s.m.* **1** Martian; (*estens.*) extraterrestrial **2** (*fig. fam.*) (*persona strana, fuori del comune*) oddball.

marzio *agg.* (*letter.*) martian.

marzo *s.m.* March: *— pazzerello*, March many weathers // *essere nato di —*, (*scherz.*) to be as mad as a March hare.

marzolino, **marzuolo** *agg.* of March, March (*attr.*).

mas *s.m.* (*mar.*) motor torpedo boat.

mascalcia *s.f.* (*letter.*) (*arte del maniscalco*) farriery; (*bottega del maniscalco*) smithy, forge.

mascalzonata *s.f.* dirty trick, nasty trick.

mascalzone *s.m.* scoundrel, rogue, rascal.

mascara *s.m.* (*cosmetico*) mascara.

mascarpone *s.m.* 'mascarpone' (Italian soft cheese).

mascella *s.f.* **1** (*anat.*) jaw: *— inferiore*, (*mandibola*) lower jaw (*o* mandible); *— superiore*, upper jaw (*o* maxilla) // *fa sempre andare le mascelle*, (*scherz.*) he is always stuffing himself **2** (*mecc.*) jaw: *— di frantoio*, crushing jaw.

mascellare *agg.* maxillary; jaw (*attr.*): (*anat.*) *osso —*, maxilla (*o* jawbone).

maschera *s.f.* **1** (*da viso*) mask (*anche fig.*): *— di legno*, wooden mask; *— da pagliaccio, da carnevale*, clown, carnival mask; *portare una —*, to wear a mask // *gettar via la —*, (*fig.*) to drop the mask // *giù la —!*, (*fig. fam.*) stop acting (*o* say what you mean) // *strappare la — a qlcu.*, to unmask s.o. // *il suo viso era una — di sangue*, (*fig.*) his face was a mask of blood // (*teatr. greco*) *la — tragica*, the tragic mask // *— (funebre)*, death mask **2** (*fig.*) (*finzione*) mask, blind, cloak: *la sua pietà non è che una —*, his piety is only a mask (*o* blind); *dietro la — dell'amicizia nasconde cattive intenzioni*, under the cloak (*o* mask *o* guise) of friendship he is hiding evil intentions **3** (*travestimento*) fancy dress; (*persona mascherata*) masker, masquerader: *una sfilata di maschere*, a fancy dress parade; *ballo in —*, masked ball **4** (*personaggio del teatro popolare*) 'maschera', stock (comic) character: *la — di Napoli è Pulcinella*, the stock comic character of Naples is Punchinello **5** (*espressione del viso*) mask; expression, features (*pl.*); (*il viso*) face: *il suo viso era la — della disperazione*, his face was a mask of desperation; *ha una — molto mobile*, he has very mobile features **6** *— (di bellezza)*, face pack, face mask **7** (*maschera protettiva*) mask: *— antigas*, gas mask; *— (subacquea)*, (underwater) mask (*o* diving mask); *— (da scherma)*, (fencing-)mask; (*med.*) *— per anestesia*, anaesthetic mask **8** (*inserviente di cinema, teatro*) usher; (*donna*) usherette **9** (*mecc.*) jig; (*dima*) template **10** (*inform.*) mask; (IBM) picture: *— sullo schermo*, format; *— da riempire*, (*di dati*) format (*o* screen); *— di raccolta dati*, (*sullo schermo*) form (*o* screen).

mascheramento *s.m.* **1** masking; (*fig.*) (*dissimulazione*) hiding, masking **2** (*mil.*) masking; (*mimetizzazione*) camouflage **3** (*tv*) blanking; (*amer.*) blackout **4** (*acustica*) masking.

mascherare *v.tr.* **1** to mask, to put* a mask on (s.o.); (*travestire*) to dress up: *mascherarsi il viso*, to mask one's face (*o* to hide one's face behind a mask); *— un bambino da pagliaccio*, to dress up a child (*o* to get a child up) as a clown **2** (*nascondere*) to conceal, to hide; to mask, to disguise: *— l'entrata con una tenda*, to conceal (*o* to mask) the entrance with a curtain; *non riesco a — la mia disapprovazione*, I'm unable to conceal my disapproval;

— *i difetti di qlcu.*, to conceal (*o* to hide) s.o.'s faults; — *il proprio gioco*, to conceal one's intentions (*o* to act underhandedly); — *i propri sentimenti*, to hide (*o* to conceal) one's feelings; — *qlco. a qlcu.*, to conceal (*o* to hide) sthg. from s.o. **3** (*mil.*) to mask; (*mimetizzare*) to camouflage: — *una batteria*, to mask (*o* to conceal) a battery **4** (*acustica*) to mask.

□ **mascherarsi** *v.rifl.* **1** to put* on a mask; (*mettersi in costume*) to put* on a fancy-dress: — *da Arlecchino*, to dress as Harlequin **2** (*fig.*) (*camuffarsi*) to pass oneself off (as s.o., sthg.): — *da filantropo*, to pass oneself off as a philanthropist.

mascherata *s.f.* masquerade (*anche fig.*): *è tutta una* — *!*, it's all a masquerade.

mascherato *agg.* **1** masked: *ballo* —, masked ball; *erano tutti mascherati*, they were all masked (*o* in fancy dress *o* dressed up) // *carri mascherati*, carnival float // *corso* —, masked pageant **2** (*nascosto*) hidden, concealed; disguised: *verità mascherata*, hidden truth; *tirannide mascherata*, tyranny in disguise **3** (*mil.*) masked; (*mimetizzato*) camouflaged.

mascheratura *s.f.* masking (*anche tecn.*); (*fig.*) (*dissimulazione*) hiding, masking; (*ciò che serve a mascherare*) mask, disguise.

mascherina *s.f.* **1** (*mezza maschera*) domino*, half mask **2** (*bambino in maschera*) child in a mask, child in fancy dress // *ti conosco* —*!*, (*fam.*) you can't fool me (*o* try another one!) **3** (*macchia sul muso di un animale*) patch **4** (*di una scarpa*) toe cap **5** (*aut.*) (radiator) grill.

mascherone *s.m.* **1** (*maschera grottesca*) grotesque mask: *era così truccata che sembrava un* —, she was so heavily made up that her face looked like a (grotesque) mask **2** (*faccia deforme*) deformed face **3** (*arch.*) mask, mascaron: — *di grondaia*, gargoyle.

mascherpone → **mascarpone**.

maschiaccio *s.m.* **1** (*ragazzo irrequieto*) wild boy, rough boy **2** (*ragazza di maniere mascoline*) tomboy: *le tue cugine sono proprio due maschiacci*, your two cousins are real tomboys.

maschiare *v.tr.* (*mecc.*) to tap.

maschiatore *s.m.* (*mecc.*) tapper.

maschiatrice *s.f.* (*mecc.*) tapping machine, tapper.

maschiatura *s.f.* (*mecc.*) tapping.

maschietta *s.f.* tomboy // *capelli alla* —, bobbed hair (*o* Eton crop).

maschiettare *v.tr.* (*tecn.*) to fit with pintles.

maschiettatura *s.f.* (*tecn.*) fitting with pintles.

maschietto[1] *s.m.* (*neonato*) baby boy; (*bambino*) little boy: *ha due figli: un — e una femminuccia*, she has two children: a little boy and a little girl.

maschietto[2] *s.m.* (*tecn.*) pintle.

maschile *agg.* **1** male, men's: *sesso* —, male sex; *discendenza* —, male descent; *linea* —, (*di discendenza*) male line, (*di abbigliamento*) men's wear line; *abbigliamento* —, men's wear; *gara* —, men's race; *spogliatoio* —, men's dressing room; *coro* —, male choir; *scuola* —, boys' school **2** (*virile*) manly, masculine; (*detto di donna*) mannish, masculine: *una voce* —, a manly voice; *una donna con una voce* —, a woman with a masculine voice **3** (*gramm.*) masculine: *genere* —, masculine gender ◆ *s.m.* (*gramm.*) masculine.

maschilismo *s.m.* male chauvinism; men's feeling of superiority.

maschilista *agg.* male chauvinist ◆ *s.m.* male chauvinist ◆ *s.f.* supporter of male superiority.

maschilistico *agg.* male chauvinist.

maschilità *s.f.* masculinity, maleness.

maschio[1] *agg.* **1** male: *cugino* —, male cousin; *erede* —, male heir; *figli maschi*, male children **2** (*virile*) manly, masculine, virile: *un aspetto* —, a manly appearence; *cuore* —, brave heart; *qualità maschie*, manly qualities; *modi maschi*, masculine ways; *stile* —, powerful style; *voce maschia*, manly voice **3** (*bot.*) male: *un fiore* —, a male (*o* staminate) flower; *felce maschia*, male fern **4** (*zool.*) male: *scimmia* —, male monkey; *elefante* —, male (*o* bull) elephant; *lepre* —, male (*o* jack *o* buck) hare; *volpe* —, male (*o* dog) fox; *passero* —, male (*o* cock) sparrow ◆ *s.m.* **1** male; (*ragazzo*) boy; (*uomo*) man; (*figlio*) son: *che bel bambino, è un — o una femmina?*, what a beautiful baby, is it a boy or a girl?; *aspetta un* —, she's expecting a boy; *ho due maschi in casa*, I have two sons; *questo cane ha quattro cuccioli, tutti maschi*, this dog has four puppies, all male **2** (*mecc.*) male; (*per filettare*) (screw) tap: — *della vite*, male screw; *secondo* —, plug tap **3** (*mar.*) tenon: — *d'albero*, mast tenon; — *del timone*, rudder-head.

maschio[2] *s.m.* (*torre di una fortezza*) donjon, keep.

mascolinità *s.f.* masculinity.

mascolinizzare *v.tr.* (*non com.*) to masculinize.

□ **mascolinizzarsi** *v.rifl.* o *intr.pron.* to become* masculine; to behave* like a man.

mascolinizzazione *s.f.* masculinization.

mascolino *agg.* **1** (*maschile*) masculine, male, man's (*attr.*): *tratti mascolini*, masculine (*o* male) traits **2** (*poco femminile*) mannish; masculine: *una donna mascolina*, a mannish woman; *mani mascoline*, masculine hands.

mascon *s.m.* (*astr.*) mascon.

mascone *s.m.* (*mar.*) bow.

mascotte *s.f.* mascot: *la — della squadra*, the team mascot.

maser *s.m.* (*fis.*) maser.

masnada *s.f.* **1** (*banda*) band, gang **2** (*scherz.*) (*gruppo rumoroso*) tribe, mob: *una — di nipotini*, a tribe (*o* mob) of grandchildren.

masnadiere *s.m.* **1** bandit, brigand; highwayman* **2** (*estens.*) (*mascalzone*) rogue, villain: *ha una faccia da* —, (*non com.*) he looks like a rogue.

masochismo *s.m.* (*psic.*) masochism.

masochista *s.m.* e *f.* (*psic.*) masochist.

masochistico *agg.* (*psic.*) masochistic.

masonite® *s.f.* Masonite®.

masora *s.f.* Masorah.

masoreta *s.m.* Masorete, Masorite.

masoretico *agg.* Masoretic.

masque *s.m.* (*lett.*) masque.

massa *s.f.* **1** (*quantità di materia*) mass, body: *una — d'acqua*, a body of water; — *d'aria*, air mass; *una — di argilla*, a mass of clay; *si staccò una — di neve*, a mass of snow broke away; *una — di metallo fuso*, a mass of molten metal // (*pitt.*) — *di luce, di ombra*, mass of light, of shadow **2** (*grande quantità, mucchio*) heap, load, pile: *una — di libri*, a heap of books; *una — di pietre*, a heap of stones; *una — di sciocchezze*, a load (*o* a lot of) nonsense; *nel tuo compito c'era una — di errori*, there were lots (*o* a lot) of mistakes in your homework; *ha una — di lavoro arretrato*, he has a load of work piled up; *avere una — di cose da fare*, to have a load (*o* pile *o* lot) of things to do; *la — dei creditori*, the general body of creditors // *in* —, in bulk; *produzione in* —, mass production; *vendere in* —, to sell in bulk **3** (*folla, popolo*), mass; crowd, load: *allo spettacolo accorse una gran* —, a huge crowd (*o* a mass of people) attended the show; *la gran — del pubblico*, the great mass of the public; *nella — l'individuo tende a scomparire*, in the mass the individual tends to disappear; *le masse* (*popolari*), the masses; *le masse operaie, rurali*, the working, rural masses; *parlare alle masse*, to speak to the masses // *far* —, to crowd together // *di* —, mass (*attr.*): *cultura di* —, mass culture; *scolarizzazione di* —, mass education; *partito di* —, mass party; *mezzi di comunicazione di* —, mass media // *in* —, en masse; *i manifestanti si sono riuniti in — davanti al municipio*, the demonstrators assembled en masse in front of the town hall; *eravamo presenti in* —, we turned out en masse; *si sollevarono in* —, they rose in a body; *adunanza in* —, mass-meeting; *accorrere in* —, to rush altogether; *giudicare in* —, to sentence en masse; *esecuzione in* —, mass-execution // (*mil.*): *attacco in* —, mass-attack; *leva in* —, general conscription **4** (*fin., dir.*) (*fondi, sostanze*): — *attiva*, liquid assets; — *passiva*, liabilities; — *monetaria*, money supply (*o* stock); — *circolante*, money in circulation // (*dir.*): — *fallimentare*, bankruptcy assets; — *ereditaria*, hereditament (*o* hereditary estate *o* legal assets) // (*assicurazioni*) — *debitoria* (*nell'avaria generale*), contributory values **5** (*fis.*) mass: — *atomica*, atomic mass; — *critica*, critical mass; — *di riposo*, rest mass; — *inerziale*, inertial mass; — *isotopica*, isotopic mass; *centro di* —, centre of mass; *difetto di* —, mass defect **6** (*elettr.*) earth, ground.

massacrante *agg.* exhausting, gruelling: *il mio orario di lavoro è* —, I have an exhausting work schedule.

massacrare *v.tr.* **1** to massacre, to slaughter, to butcher: *massacrarono tutta quella povera gente indifesa*, they massacred all those poor, helpless people // *Nerone fece — molti cristiani*, Nero had many Christians massacred **2** (*picchiare con violenza*) to beat* (up), (*fam.*) to beat* to a pulp: *lo massacrò di colpi*, he beat the stuffing out of him **3** (*spossare*) to exhaust; (*fam.*) to do* in, to kill; (*sl.*) to knacker: *il lavoro mi ha massacrato*, the job exhausted me **4** (*rovinare*) to spoil, to ruin, to murder: *ha massacrato il libro con la sua pessima traduzione*, he has completely spoilt (*o* he has ruined *o* murdered) the book with his terrible translation.

massacratore *agg.* slaughtering, butchering ◆ *s.m.* slaughterer, butcher.

massacro *s.m.* **1** (*strage*) massacre, slaughter, butchery: *quell'incidente aereo è stato un vero* —, a lot of people were killed in the air crash; *proteggere una specie animale dal* —, to protect an animal species from slaughter **2** (*fig.*) (*di-

sastro) disaster: *gli esami di inglese sono stati un —*, loads of people failed the English exams **3** (*arald.*) massacre.

massaggiagengive *s.m.* teething ring.

massaggiare *v.tr.* to massage.

massaggiatore *s.m.* **1** masseur, massager: *— estetico*, beauty masseur **2** (*apparecchio*) massager.

massaggiatrice *s.f.* masseuse.

massaggio *s.m.* massage: *centro (di) massaggi*, massage parlour // (*med.*) *— cardiaco*, cardiac massage.

massaia *s.f.* housewife*.

massaio *s.m.* (*ant.*) **1** (*amministratore*) administrator **2** (*capo d'azienda agricola*) bailiff, farmer, steward; (*agricoltore*) husbandman*.

massellare *v.tr.* (*metall.*) to bloom.

massellatura *s.f.* (*metall.*) blooming.

massello *s.m.* **1** (*metall.*) bloom; ingot // *oro di —*, (*massiccio*) solid gold **2** (*bot.*) (*durame*) heartwood, (*scient.*) duramen **3** (*edil.*) block **4** (*legno massiccio*) solid wood: *mobili in — di noce*, solid walnut furniture.

masseria *s.f.* (*fattoria e podere*) farm.

masserizie *s.f. pl.* (household) furniture and fittings; household goods: *— di cucina*, pots and pans (*o* kitchen utensils); *dovettero trasportare le loro — in luogo sicuro*, they had to move their goods and chattels to a safe place.

massetere *s.m.* (*anat.*) masseter.

masseto *s.m.* untilled rocky land.

massicciare *v.tr.* (*non com.*) to ballast; to metal.

massicciata *s.f.* roadbed; ballast: *la — si copre con asfalto*, the roadbed is covered with asphalt.

massiccio *agg.* **1** (*solido*) solid, massive: *legno —*, solid wood; *oro —*, solid gold; *una porta di noce massiccia*, a door made of solid walnut **2** (*grosso, voluminoso*) massive; stout: *un edificio —*, a massive building; *un mobile —*, a massive piece of furniture; *ha spalle massicce*, he has massive shoulders // *prende antibiotici in dosi massicce*, he takes massive doses of antibiotics **3** (*fig.*) (*attuato con forza e compattezza*) massive: *un — bombardamento*, massive bombardment; *sciopero —*, massive (*o* all-out) strike; *una massiccia campagna pubblicitaria*, a widespread (*o* all-out) advertising campaign; (*econ.*) *una massiccia penetrazione nel mercato*, a large-scale penetration of the market **4** (*di libro*) massive, enormous: *un — volume di storia*, a massive tome on history ◆ *s.m.* **1** (*geogr.*, *geol.*) massif: *il — dell'Himalaya*, the Himalayan massif **2** (*geol.*) horst **3** (*miner.*) *— di coltivazione*, block **4** (*mar.*) deadwood.

massico *agg.* (*fis.*) massive, mass (*attr.*).

massificare *v.tr.* to standardize; to deprive of individuality.

massificato *agg.* standardized.

massificazione *s.f.* standardization: *negli ultimi anni si è avuta una — della cultura*, the last few years have seen a standardization of culture.

massima[1] *s.f.* **1** (*principio*) maxim, rule, principle, precept: *non si può stabilire come — ciò che è vero soltanto in pochi casi*, what is true in only a few cases cannot be accepted as a (general) principle; *avere come — di...*, to make a point of...: *ha come — di non accettare mai un invito*, he makes a point of never accepting an invitation // *in linea di —, è un libro ben riuscito*, on the whole the author has made a good job of this book; *in linea di — sono d'accordo con te*, on the whole I agree with you; *in linea di — non facciamo credito*, as a general rule we do not give credit // *accordo di —*, provisional (*o* outline *o* preliminary) agreement; *progetto di —*, outline (*o* preliminary) plan **2** (*detto, proverbio*) saying, maxim, adage: *è un libro pieno di ottime massime morali*, it is a book full of excellent moral maxims (*o* principles); *è una saggia — cinese*, it is a wise Chinese saying **3** (*dir.*) maxim, rule, principle: *massime d'esperienza*, judicial notice.

massima[2] *s.f.* **1** (*temperatura massima*) maximum*: *termometro di —*, maximum thermometer **2** (*med.*) (*di pressione*) the highest blood pressure, systolic pressure.

massimale *agg.* maximum, highest, top (*attr.*); ceiling (*attr.*): *prezzo —*, maximum price ◆ *s.m.* top, limit, ceiling // (*assicurazioni*): *— di rischio*, limit of liability (*o* maximum coverage); *assicurarsi per un — di 100 milioni*, to insure oneself (*o* to take out an insurance) up to a limit of 100 million // (*banca*): *— del credito*, credit ceiling; *— di espansione degli impieghi bancari*, lending limit (*o* ceiling on bank loans) // (*econ.*): *— di reddito*, income limit; *— di retribuzione*, wage ceiling; *— di sconto*, highest discount.

massimalismo *s.m.* **1** (*pol.*) maximalism **2** (*fig.*) (*atteggiamento intransigente*) intransigent behaviour.

massimalista *s.m.* e *f.* (*pol.*) maximalist.

massimalistico *agg.* (*pol.*) maximalist (*attr.*).

massimamente *avv.* chiefly, especially.

massimare[1] *v.tr.* (*dir.*) to elaborate in a maxim (the ratio decidendi of a case).

massimare[2] *v.tr.* (*mat.*, *fis.*) → **massimizzare**.

massimario *s.m.* **1** (*dir.*) collection of maxims **2** (*raccolta di massime*) book of sayings, book of maxims.

massime *avv.* (*letter.*) mainly, chiefly; (*soprattutto*) above all.

massiminimo *s.m.* (*fin.*) (*scelta del risultato migliore tra i risultati minimi*) maximin: *strategia del —*, maximin strategy.

massimizzare *v.tr.* **1** (*mat.*, *fis.*) to maximize **2** (*econ.*) to maximize: *— i profitti*, to maximize profits; *— la produzione*, to maximize output.

massimizzazione *s.f.* (*econ.*) maximization: *— dei profitti*, profit maximization; *— dell'utilità*, utility maximization; *— delle vendite*, sales maximization.

massimo *agg.superl.rel.* **1** (*il più grande*) the greatest, largest, biggest; maximum (*attr.*); (*l'estremo*) extreme, utmost; (*il più alto*) the highest; (*il più elevato*) top (*attr.*), peak (*attr.*); (*il più lungo*) the longest; (*il migliore*) the best; (*il più importante*) the most important: *con la massima cura*, with the greatest (*o* with extreme) care; *impara le lingue con la massima facilità*, he learns languages with the greatest ease (*o* very easily); *una cosa della massima importanza*, something of the greatest (*o* utmost) importance; *lavorare con il — impegno*, to put the greatest effort into one's work; *trattare qlcu. con il — rispetto*, to treat s.o. with the greatest (*o* utmost) respect; *la massima taglia che abbiamo è la 50*, the largest (*o* biggest) size we have is 50; *vi prego di prestare la massima attenzione*, please pay the greatest (*o* maximum) attention; *trarre il — beneficio da qlco.*, to get the maximum benefit out of sthg.; *ottenere il — punteggio*, to get the highest score; *la temperatura massima*, the highest (*o* the maximum) temperature; *il — fiume italiano è il Po*, the longest river in Italy is the Po; *l'altitudine, la densità, la larghezza massima*, the maximum height, density, width; *procedere alla massima velocità consentita*, to proceed at the maximum speed allowed; *il — risultato*, the best result; *Picasso è il — esponente del cubismo*, Picasso is the greatest (*o* the most important) exponent of cubism; *carcere di massima sicurezza*, top security prison; *documenti della massima segretezza*, top secret papers; *— livello*, top (*o* peak) level; *limite —*, top limit (*o* ceiling); *prezzi massimi*, top prices; *vendere al —*, to sell at best // (*sport*) *tempo —*, time limit; *peso —*, heavy-weight // *in massima parte*, for the most part; largely: *i dimostranti erano in massima parte studenti*, the demonstrators were largely (*o* for the most part) students • Come si nota dagli esempi, questo agg. è espresso in ingl. in modi diversi, a seconda del significato assunto dall'agg. positivo *grande* **2** (*mat.*, *fis.*) maximum // *— comun divisore*, highest common factor (*o* divisor) ◆ *s.m.* **1** maximum*; top, peak; height; (*tutto quello*) the most: *il — della velocità*, the maximum (*o* top) speed; *il — della pressione*, the maximum pressure; *questo è il — della scortesia*, this is the height of rudeness; *era il — che potessi fare per lui*, it was the most I could do for him // *lavorare al — della produttività*, to work at peak productivity; *gli scambi commerciali con l'estero hanno raggiunto un nuovo —*, foreign trade has reached a new peak // (*dir.*) *il — della pena*, the maximum penalty // *laurearsi col — dei voti*, to get a first-class degree // *raggiungere il — della pensione*, to get a full pension // *spingere il motore al —*, to drive at full (*o* top) speed // *sono al — dell'esasperazione*, I can't take any more (*o* I'm at my wits' end) // *al —*, (*tutt'al più*) at most; (*al più tardi*) at the latest: *poteva avere al — vent'anni*, he could have been twenty at most; *mi fermerò al — fino a domenica*, I'll stay till Sunday at the (very) latest **2** (*sport*) (*peso massimo*) heavy-weight: *la categoria dei massimi*, heavy-weight class **3** (*Borsa*) *— storico*, all-time peak: *un — storico in Borsa*, an all-time high (*o* peak *o* a record high) on the Stock Exchange.

massivo *agg.* **1** (*massiccio, in gran quantità*) massive: *immigrazione massiva*, massive immigration **2** (*fis.*) → massico.

mass media *s.m.pl.* mass media.

massmediatico, massmediologico *agg.* mass media (*attr.*); media (*attr.*).

masso *s.m.* block, mass of stone; rock; (*geol.*) boulder: *— vivo*, bare (*o* naked) rock; *attenzione, caduta massi*, beware, falling rocks; (*geol.*) *— erratico*, erratic (boulder) // *duro come un —*, (*fig.*) as hard as a rock // *pesante come un —*, (*fig.*) as heavy as a rock // *quell'armadio è un —, non riesco a spostarlo!*, that wardrobe weights a ton, I'll never move it! // *dormire come un —*, (*fig.*) to sleep like a log.

massone *s.m.* Freemason, mason.

massoneria *s.f.* Freemasonry.

massonico *agg.* Masonic: *loggia massonica*, Masonic lodge.

massora e *deriv.* → **masora** e *deriv.*

massoterapia *s.f.* (*med.*) massotherapy.

massoterapista *s.m.* e *f.* (*med.*) massotherapist.

mastadenite *s.f.* (*med.*) mastadenitis, mastitis.

mastalgia *s.f.* (*med.*) mastalgia.

mastectomia *s.f.* (*med.*) mastectomy.

mastello *s.m.* vat, tub: *un — di uva, di olive*, grapes, olive vat; *— per il bucato*, wash tub.

master *s.m.* **1** (*titolo*) master's degree: *ha un — in economia*, he has a master's degree in Economics **2** (*torneo di tennis*) the Masters.

masticabile *agg.* masticable.

masticamento *s.m.* (*non com.*) mastication, chewing.

masticare *v.tr.* **1** to chew, to masticate: *dovresti — bene il cibo prima di inghiottirlo*, you should masticate (*o* chew) your food well before you swallow it; *ogni volta che lo vedo sta masticando qlco.*, whenever I see him he's chewing something // *— amaro*, (*fig.*) to seethe **2** (*pronunciare indistintamente*) to mumble; to stammer: *masticò qualche parola che non compresi*, he mumbled some words which I did not understand; *— un complimento*, to stammer out a compliment; *— una scusa*, to mumble an excuse // *mastica un po' di francese*, he has a smattering of French **3** (*non com.*) (*rimuginare*) to ponder, to chew over (sthg.).

masticato *agg.* **1** chewed, masticated; *cibo ben —*, well-chewed (*o* masticated) food **2** (*assimilato*) assimilated: *bene —*, well -assimilated.

masticatoio *s.m.* (snaffle) bit.

masticatore *agg.* chewing ◆ *s.m.* chewer, masticator (*anche tecn.*).

masticatorio *agg.* masticatory.

masticatura *s.f.* **1** (*ciò che si mastica*) chew, quid **2** (*non com.*) (*masticamento*) chewing, mastication **3** (*fig.*) (*rimasticatura*) reworking.

masticazione *s.f.* mastication (*anche tecn.*).

mastice *s.m.* (*chim.*) (*di gomma*) mastic, mastix, rubber solution; (*da vasaio*) lute; (*per sigillare*) putty: *— all'asfalto*, (asphalt) mastic; *— all'ossido di ferro*, iron putty; *— al minio*, red-lead putty.

mastino *s.m.* **1** (*cane*) mastiff: *— napoletano*, Neapolitan mastiff **2** (*fig.*) (*persona aggressiva*) bear.

mastio → **maschio**[2].

mastite *s.f.* (*med.*) mastitis.

mastodinia *s.f.* (*med.*) mastalgia, mastodynia.

mastodonte *s.m.* **1** (*paleont.*) mastodon **2** (*persona grossa e goffa*) hulking oaf*, elephant // *i mastodonti della strada*, juggernaut lorries.

mastodontico *agg.* colossal, gigantic, huge: *quell'edificio è davvero —*, that building is really colossal.

mastoide *s.f.* (*anat.*) mastoid.

mastoidectomia *s.f.* (*med.*) mastoidectomy.

mastoideo *agg.* (*anat.*) mastoid.

mastoidite *s.f.* (*med.*) mastoiditis.

mastopatia *s.f.* (*med.*) mastopathy.

mastra[1] *s.f.* (*mar.*) partner, coaming.

mastra[2] *s.f.* (*grossa madia*) kneading-trough.

mastrino *s.m.* (*amm.*) control account, total account.

mastro *s.m.* **1** (*operaio, artigiano*) master, craftsman*: *— carpentiere*, master carpenter **2** *Mastro*, (*appellativo*) Master: *Mastro Giovanni*, Master John **3** (*amm.*) (*libro contabile*) ledger, book of final entry: *— acquisti*, bought ledger; *— vendite*, sold ledger; *— a fogli staccati*, loose-leaf ledger; *— dei conti creditori*, creditors' ledger; *— dei conti debitori*, debtors' ledger; *— dei clienti*, customers' ledger; *— di magazzino*, stores ledger; *— generale*, general ledger; *registrare a —*, to post; *aggiornare il libro —*, to post up the ledger; (*Borsa*) *— dei soci*, shareholders' ledger.

masturbare *v.tr.* **masturbarsi** *v.rifl.* to masturbate.

masturbatorio *agg.* masturbatory.

masturbazione *s.f.* masturbation // *— intellettuale*, (*fig.*) intellectual masturbation.

masurio *s.m.* (*chim.*) masurium.

masut *s.m.* (*chim.*) mazut, mas(o)ut.

matador *s.m.* (*sp.*) matador.

matafione *s.m.* (*mar.*) point, bearing: *— di terzarolo*, reef point.

matassa *s.f.* **1** skein; hank; (*fig.*) tangle, muddle: *una — di cotone*, a hank of cotton; *una — di lana*, a skein of wool; *è una — così imbrogliata!*, (*fig.*) it is such a muddle!; *arruffare la —*, (*fig.*) to create confusion; *dipanare una —*, to unravel a skein; *dipanare la —*, (*fig.*) to clear up the confusion (*o* difficulty) // *trovare il bandolo della —*, to disentangle a matter: *non riesco a trovare il bandolo della —*, I can't make head or tail of this **2** (*elettr.*) coil: *le matasse di un avvolgimento*, the coils of a winding.

matassatore *s.m.* skeiner, hank winder.

matassatura *s.f.* skeining, hank winding.

mate *s.m.* **1** (*bot.*) (*Ilex paraguariensis*) maté, mate, St. Hill Paraguay tea **2** (*l'infuso*) maté, mate.

matelassé *agg.* e *s.m.* (*fr.*) matelassé.

matematica *s.f.* mathematics ⓤ; (*fam.*) maths ⓤ: *la — non è il suo forte*, mathematics is not his strong point; *— applicata, pura*, applied, pure mathematics; *— attuariale, finanziaria*, actuarial, financial mathematics // *la — non è un'opinione*, mathematics is an exact science.

matematicamente *avv.* **1** mathematically **2** (*con certezza*) absolutely, definitely: *è — sicuro di farcela*, he's absolutely sure he'll make it.

matematico *agg.* mathematic(al): *ragionamento —*, mathematical reasoning; *scienze matematiche*, mathematical sciences; *logica matematica*, mathematical logic (*o* symbolic logic); *calcolo —*, mathematic calculus; *fece ogni cosa con precisione matematica*, he did everything with mathematical accuracy; *avere la certezza matematica di qlco.*, to be absolutely certain of sthg. ◆ *s.m.* mathematician: *è un insigne —*, he is a great mathematician.

matematizzare *v.tr.* to mathematicize.

materano *agg.* from Matera, of Matera ◆ *s.m.* native of Matera, inhabitant of Matera.

materassaio *s.m.* mattress-maker.

materassino *s.m.* **1** (*sport*) mat **2** (*piccolo materasso pneumatico*) airbed, inflatable mattress: *sdraiarsi al sole sul —*, to sunbathe on the airbed.

materasso *s.m.* mattress: *— a molle*, spring mattress; *— di crine*, hair mattress; *— di gommapiuma*, foam rubber mattress; *— di lana*, wool mattress; *— ad acqua*, water mattress; *rifare un —*, to restuff a mattress; *rivoltare, battere un —*, to turn, to beat a mattress // *— pneumatico*, inflatable mattress // *squadra —*, pushover.

materia *s.f.* **1** matter (*anche fil.*); substance; (*materiale*) material: *— infiammabile*, inflammable material; *— plastica*, plastic material; *materie tessili*, textile materials; *— inerte*, inert matter // *materie prime*, raw materials; (*prodotti base*) staples (*o* primary products *o* basic commodities); (*econ.*) *mercato delle materie prime*, commodity market; *tra di noi manca la — prima per qualsiasi accordo*, (*fig.*) we lack the basic elements for any kind of agreement; *gli manca la — prima per fare un lavoro del genere*, (*scherz.*) (*l'intelligenza*) he hasn't the brains to do a job like this; *gli manca la — prima per condurre quel tipo di vita*, (*scherz.*) (*il denaro*) he hasn't the wherewithal (*o* the necessary resources) to lead that kind of life // (*chim.*): *— colorante*, dyestuff; *— organica, inorganica*, organic, inorganic matter; *— gassosa, liquida, solida, volatile*, gaseous, liquid, solid, volatile matter // (*fis.*) *onde di —*, matter waves // (*astr.*) *— interstellare*, interstellar medium (*o* matter) **2** (*med.*) matter: *— grigia, bianca*, grey, white matter **3** (*pus*) matter, pus: *la ferita era piena di —*, the wound was full of pus (*o* matter) **4** (*argomento*) matter, subject; topic, theme: *una — controversa*, a controversial matter; *— di riflessione*, food for thought; *indice delle materie*, table of contents; *catalogo per materie*, subject catalogue; *la — del suo saggio non è molto interessante*, the theme (*o* subject) of his essay is not very interesting; *questa è la — del mio libro*, this is the subject matter of my book; *entrare in —*, to broach a subject; *tolleranza in — di religione*, toleration in religious matters; *è molto versato in —*, he is well up in the subject; *non so nulla in —*, I know nothing of the subject; *sa tutto in — di musica*, he knows everything about music // (*dir.*): *il tribunale si è dichiarato competente a pronunciarsi in —*, the Court has declared itself competent to pass judgement on the matter; *in — di legge*, in point of law; *la — del contendere*, the matter at issue; *— di diritto*, matter of law; *— di fatto*, matter of fact // (*relig.*) *— di fede*, tenet **5** (*disciplina scolastica*) subject: *materie letterarie, scientifiche*, literary, scientific subjects; *materie obbligatorie*, compulsory subjects; *quali sono le tue materie preferite?*, which are your favourite subjects?; *quale — preferisci a scuola?*, which subject do you like best at school?; *essere bocciato, promosso in tutte le materie*, to fail, pass in all subjects // *— medica*, (*antiq.*) materia medica **6** (*occasione, motivo*) matter; reason, grounds (*pl.*): *non ho — per pensare che egli sia un ladro*, I have no reason to believe that he is a thief; *non mi ha dato mai — di preoccupazione*, he never gave me cause for worry; (*dir.*) *vi è — per un processo*, there are grounds for litigation.

materiale *agg.* **1** material; physical: *sostanze materiali*, material substances; *il móndo —*, the physical world; *beni materiali*, material (*o* worldly) goods; *benessere —*, material comfort; *causa —*, material cause; *danno —*, material damage; *perdita —*, actual (*o* material) loss; *necessità materiali*, material needs; *progresso —*, material progress; *soccorso —*, material help; *si cura solo dei piaceri materiali*, he only cares for material pleasures; *amore —*, material love; *lavoro —*, manual work // *errore —*, careless slip // *non ho il tempo — di farlo*, I just haven't enough time to do it // (*dir.*): *l'elemento — del reato*, the actus reus; *costituzione —*, the living constitution **2** (*rozzo, grossolano*) clumsy, rough, unpolished: *è un tipo —*, he is a rough type; *quel ragazzo ha dei modi così materiali...*, that boy has such rough manners... // *i suoi mobili sono vistosi e materiali*, her furniture is showy and common ◆ *s.m.* **1** material, stuff [U]: *— da costruzione*, building materials; *— di scarto*, waste (*o* discarded material); *— inutilizzato*, wasted material; *— di recupero*, salvage; *— greggio*, raw material; *— lavorato*, processed material; *— da imballaggio*, wrapping (*o* packing) material; *— chirurgico, elettrico*, surgical, electrical equipment; *— scolastico, didattico*, educational materials; *— informativo*, literature; *— pubblicitario*, advertising material; *— pubblicitario distribuito per posta*, mailshot (*o fam.* junk mail); *— promozionale*, promotional material (*o fam. amer.* flack); *materiali per uffici*, office supplies; *— bellico*, war materials; *materiali strategici*, strategic materials; (*amm.*) *—, manodopera e spese generali*, material, labour and overheads; *raccogliere il — per una tesi*, to collect material for a thesis // *— umano*, (*insieme di persone*) manpower // (*elettr.*) *— coibente, isolante*, insulating material // (*fis.*) *— fissile*, fissile material // (*geol.*): *— alluvionale*, alluvium; *— sedimentato*, silt // (*edil.*): *— antiacustico*, soundproof material; *— di riporto*, filling; *— di sterro*, diggings // (*ferr.*) *— rotabile*, rolling stock **2** (*non com.*) (*persona rozza*) rough person, coarse-grained person, boor.

materialismo *s.m.* materialism: *— dialettico, storico*, dialectic, historical materialism.

materialista *agg.* materialistic(al) ◆ *s.m.* e *f.* materialist.

materialistico *agg.* materialistic.

materialità *s.f.* **1** materiality, materialness **2** (*fig.*) (*grossolanità*) vulgarity, grossness.

materializzare *v.tr.* to materialize.

□ **materializzarsi** *v.intr.pron.* **1** (*di spiriti*) to materialize, to appear out of nowhere **2** (*di progetto*) (*concretizzarsi*) to materialize, to take* shape.

materializzazione *s.f.* materialization.

materialmente *avv.* **1** materially; physically: *fare questo è — impossibile*, it is physically impossible to do this **2** (*grossolanamente*) clumsily.

materialone *s.m.* (*fam.*) lout, oaf*; clumsy person.

materico *agg.* (*della materia*) of matter: *arte materica*, art of matter.

materismo *s.m.* (*arte materica*) art of matter.

maternità *s.f.* **1** motherhood, maternity: *desiderio di —*, desire for motherhood; *le gioie, le ansie della —*, the joys, the worries of motherhood; *essere alla prima —*, to be a mother for the first time // *congedo, assenza per, periodo di —*, maternity leave; *entrare in —*, to start maternity leave; *assegno di —*, maternity benefit // *dichiarare paternità e —*, to declare father's and mother's name **2** (*clinica ostetrica*) maternity (hospital): *reparto —*, maternity ward **3** (*rappresentazione artistica di Madonna con Bambino*) mother and child: *una — lignea del* XV *secolo*, a 15th century mother and child in wood.

materno *agg.* (*di, proprio della madre*) motherly, maternal, mother (*attr.*); (*da parte di madre*) maternal: *latte —*, mother's milk; *istinto —*, maternal instinct; *tenerezza materna*, motherly tenderness; *nutrire per qlcu. sentimenti materni*, to develop maternal feelings towards s.o.; *casa materna*, mother's home; *parenti materni*, maternal relatives; *è mio zio dal lato —*, he is my uncle on my mother's side // *lingua materna*, mother tongue // *scuola materna*, nursery school.

materozza *s.f.* (*metall.*) head, feedhead, riser.

materozzolo *s.m.* (*ant.*) wooden key holder // *essere come la chiave e il —*, (*fig.*) (*essere inseparabili*) to be inseparable (*o* to be always together).

matetico *agg.* (*letter.*) mathetic.

matinée *s.f.* (*teatr.*) matinée, afternoon performance.

matita *s.f.* pencil: *— blu, rossa*, blue, red pencil; *— copiativa*, copying-pencil; *— con mina di grafite*, lead pencil; *disegno a —*, pencil drawing; *disegno a due matite*, sketch in charcoal and white chalk; *scrivere a —*, to write in pencil; *temperare la —*, to sharpen a pencil // *— automatica*, mechanical pencil // *— per gli occhi*, eyeliner; *— per le labbra*, lip liner // *— emostatica*, styptic pencil // (*inform.*): *— di lettura*, wand reader (*o* scanner); *— elettronica*, data pen.

matitatoio *s.m.* pencil holder.

matraccio *s.m.* (*chim.*) matrass, bolt head: *— graduato*, volumetric flask.

matriarca *s.f.* matriarch (*anche scherz.*).

matriarcale *agg.* matriarchal: *società —*, matriarchy (*o* matriarchal society).

matriarcato *s.m.* matriarchy, matriarchate.

matricale *s.f.* (*bot.*) → **partenio**.

matrice *s.f.* **1** (*mat.*) matrix*: *— trasposta*, transposed matrix // (*fis.*) *meccanica delle matrici*, matrix mechanics **2** (*geol.*) (*di roccia sedimentaria*) matrix*, groundmass **3** (*comm.*) matrix*; (*di libretto, registro*) counterfoil, stub; (*cedola, talloncino*) talon: *registro a —*, counterfoil book; *— di ricevuta*, counterfoil of receipt; *staccare la figlia dalla —*, to tear the counterfoil from the stub // (*amm.*) *— della contabilità sociale*, social accounting matrix // (*banca*) *— degli assegni*, cheque stub // (*Borsa*) *— di azioni, titoli*, talon // (*econ.*) *— delle interdipendenze strutturali*, input-output matrix **4** (*inform.*) matrix*: *— a punti*, dot matrix; *— di connessioni*, wiring board; *— di porta*, gate array; *stampante a —*, matrix printer; *macchina a organizzazione a —*, array processor **5** (*mecc.*) matrix*, die: *— per imbutitura*, drawing die; *— per piegatura*, forming die; *— per trafilatura*, die (plate) (*o* drawplate); *— per tranciare* (*lamiere*), blanking die **6** (*metall.*) matrix*, mould, die **7** (*tip.*) matrix*, mould; (*per ciclostile*) stencil **8** (*per dischi fonografici*) shell; master matrix **9** (*fig.*) (*origine, radice*) root, origin: *la — culturale di uno scrittore*, a writer's cultural roots (*o* origins *o* background) **10** (*region.*) (*utero*) matrix*, womb; (*radice dell'unghia*) matrix*.

matriciale *agg.* (*mat.*) matrix* (*attr.*): *calcolo —*, matrix calculus.

matricida *agg.* matricidal ◆ *s.m.* e *f.* matricide.

matricidio *s.m.* matricide.

matricina *s.f.* (*bot.*) sapling.

matricola *s.f.* **1** matricula, register, roll, list (of members): *— degli studenti*, matriculation roll; *— dei militari*, regimental roll; *numero di —*, (*di studenti*) registration (*o* matriculation) number, (*di militari*) service number, (*di un fucile*) rifle number; (*mil.*) *libretto di —*, service record (*o* service certificate) // (*mil.*) *ufficio —*, roll office **2** (*numero di matricola*) (matriculation) number, (registration) number: *la — di quello studente è 271007*, the matriculation number of that student is 271007; *la — di una pistola*, the number of a pistol **3** (*mar.*) register: *— della gente di mare*, register; *numero di —*, register number **4** (*studente*) freshman*: *festa delle matricole*, freshmen's party.

matricolare[1] *agg.* registration (*attr.*), matriculation (*attr.*): *numero —*, registration number.

matricolare[2] → **immatricolare**.

matricolato *agg.* matriculated // *un briccone —*, an arrant knave; *un imbroglione —*, a notorious swindler; *un bugiardo —*, an out -and-out liar.

matricolazione → **immatricolazione**.

matrigna *s.f.* stepmother (*anche fig.*) // *la natura è — in questi paesi*, Nature is harsh (*o* unkind) in these lands.

matrilineare *agg.* (*etnologia*) matrilineal, matrilinear.

matrilinearità *s.f.* (*etnologia*) matrilinearity.

matrilineo *agg.* (*etnologia*) matrilinear.

matrilocale *agg.* (*etnologia*) matrilocal.

matrilocalità *s.f.* (*etnologia*) matrilocality.

matrimoniabile *agg.* (*scherz.*) eligible, marriageable: *un giovane ricco e —*, a rich, eligible young man.

matrimoniale *agg.* matrimonial, conjugal; marriage (*attr.*), wedding (*attr.*): *anello —*, wedding ring; *camera —*, double room; *letto —*, double bed; *vita —*, married life; *pubblicazioni matrimoniali*, banns; *diritto —*, marriage law // (*dir.*): *contratto, convenzione —*, marriage settlement; *certificato —*, marriage lines (*o* certificate).

matrimonialista *s.m.* e *f.* lawyer specializing in marriage law.

matrimonio *s.m.* **1** marriage, matrimony: *— civile*, civil marriage; *— religioso*, church marriage; *— d'amore*, love-match; *— di convenienza*, marriage of convenience; *— misto*, mixed marriage; *— morganatico*, morganatic marriage; *domanda di —*, offer of marriage; *rottura della promessa di —*, breach of promise; *annullamento, scioglimento di un —*, dissolution of a marriage; *certificato di —*, marriage lines (*o* certificate); *pubblicazioni di —*, banns; *sensale di matrimoni*, matchmaker; *celebrare un —*, to celebrate a marriage; *contrarre —*, to contract a marriage; *unirsi in —*, to get married; *unire qlcu. in —*, to marry s.o.; *dare in —*, to give in marriage; *annullare, sciogliere un —*, to dissolve a marriage; *combinare un —*, to arrange a marriage; *ha fatto un buonissimo —*, he has made a very good match **2** (*estens.*) (*vita coniugale*) marriage: *il — lo ha molto cambiato*, marriage changed him a lot; *separarsi dopo due anni di —*, to separate after two years of marriage **3** (*cerimonia, festa nuziale*) wedding: *— semplice, sfarzoso*, simple, extravagant wedding; *anniversario di —*, wedding anniversary; *sono stato invitato al loro —*, I've been invited to their wedding.

matriosca, **matrioska** *s.f.* matryoshka, Russian doll.

matrizzare *v.intr.* (*non com.*) to take* after one's mother.

matrona *s.f.* **1** matron (*anche scherz.*): *pare una —*, she is a matronly figure **2** (*letter.*) (*nobildonna*) gentlewoman*, lady.

matronale *agg.* matronly, matronal; matron -like: *dignità —*, matronly dignity; *una donna di aspetto —*, a matron-like woman.

matta[1] *s.f.* mad woman, crazy woman.

matta[2] *s.f.* (*carte*) (*jolly*) (jolly) joker; (*qualsiasi altra carta*) wild card.

mattacchione *s.m.* lively spark, joker, wag: *è un gran —, non è vero?*, he is a lively spark, isn't he?

mattaccino *s.m.* (*ant., region.*) jester, buffoon; (*saltimbanco*) mountebank ♦ *agg.* (*non com.*) (*burlone*) buffoonish, clownish.

mattana *s.f.* (*fam.*) (*improvviso accesso d'ira*) tantrum, bad mood, fit of bad temper; (*improvviso accesso di allegria*) burst of hilarity, burst of joy: *gli salta spesso la —*, he often throws tantrums (*o* he often has fits of bad temper); *lasciagli passare la —*, wait for him to get over his bad temper (*o* his bad mood); *guarda come ride, sembra che abbia le mattane!*, look at the way he's laughing, it looks like he's having a fit!

mattanza *s.f.* (*mar.*) tunny (*o* tuna) killing.

mattare *v.tr.* (*dare scacco matto*) to checkmate.

mattarello → **matterello**.

mattata *s.f.* (*fam.*) (piece of) lunacy: *è stata proprio una — andare e tornare lo stesso giorno*, it was lunacy to go and come back on the same day.

mattatoio *s.m.* slaughterhouse, abattoir.

mattatore *s.m.* **1** (*macellatore*) slaughterer, butcher **2** (*teatr.*) spotlight chaser: *essere, fare il —*, (*fig.*) to steal the show.

mattazione *s.f.* (*non com.*) slaughtering.

matteggiare *v.intr.* to act like a madman, to act the fool.

matterello *s.m.* rolling pin.

mattezza *s.f.* (*non com.*) **1** madness, craziness **2** (*mattata*) (piece of) lunacy.

mattina *s.f.* morning: *una bella — di primavera*, a fine spring morning; *di, la —*, in the morning; *di prima —*, early in the morning; *domani —*, tomorrow morning (*o* in the morning); *ieri —*, yesterday morning; *questa —*, this morning; *cosa hai fatto tutta —?*, what have you been doing all morning?; *studio sempre la —*, I always study in the morning; *alzarsi presto la —*, to get up early; *perdere la —*, to waste the morning; *lo incontrai una —*, I met him one morning; *la domenica — andiamo in chiesa*, on Sunday morning we go to Church; *ti telefonerò mercoledì —*, I'll phone you (on) Wednesday morning; *dalla — alla sera*, from morning to evening // *dalla sera alla —*, (*fig.*) overnight (*o* without any warning *o* out of the blue): *dalla sera alla — se ne è andato*, without any warning he left; *ha cambiato idea dalla sera alla —*, he changed his mind overnight.

mattinale *agg.* (*letter.*) morning (*attr.*) ♦ *s.m.* (*rapporto scritto*) kind of official report normally prepared in the morning.

mattinata *s.f.* **1** morning; forenoon: *— nebbiosa, piovosa*, foggy, rainy morning; *ho perduto tutta la — a far compere*, I wasted the whole morning shopping; *in —*, during the morning (*o* before midday): *te lo farò sapere in —*, I'll let you know during the morning **2** (*teatr.*) matinée, afternoon performance **3** (*canto amoroso*) morning-song, aubade.

mattiniero *agg.* early-rising: *persona mattiniera*, early riser (*o* early bird); *come sei —!*, what an early bird you are!

mattino *s.m.* morning (*anche fig.*): *al — presto, di buon —*, early in the morning: *alzarsi di buon —*, to get up early; *sul fare del —*, at dawn; *le luci del —*, first light; *edizione del —*, morning edition; *i giornali del —*, the morning newspapers; *il — della vita*, (*fig.*) the morning of life // *stella del —*, morning star // *le ore del — han l'oro in bocca*, (*prov.*) the early bird catches the worm // *il buongiorno si vede dal —*, (*prov.*) you can see how things will end by the way they begin.

matto[1] *agg.* **1** mad; (*fam.*) crazy: *diventar —*, to go mad; *far diventar — qlcu.*, to drive s.o. mad; *la bambina mi sta facendo diventar matta*, the little girl is driving me mad (*o* out of my mind) // *— furioso, — da legare*, stark raving mad // *cavallo —*, wild horse // *è sempre stato una testa matta*, he's always been a crackpot (*o* a lunatic *o* a maniac) // *c'è da diventar —!*, it is enough to drive you mad (*o* crazy)! // *va — per i Beatles*, he's crazy about the Beatles; *va matta per quel ragazzo*, she's crazy about that boy // *è mezzo —*, he is half crazy // *fossi —!*, what do you take me for? (*o* do you think I am mad? *o* you must be joking!): *"Pensi di rivederlo?" "Fossi matta!"*, "Will you be seeing him again?" "You must be joking!" // *era — di gioia*, he was mad (*o* beside himself) with joy // *"Ho deciso di cambiare lavoro" "Ma sei —?!"*, "I'm going to change my job" "Are you mad?!" // *che tempo —!*, what crazy weather! **2** (*fam.*) (*grande*): *avevano una voglia matta di andarsene*, they were dying to leave; *si vogliono un bene —*, they are mad about each other; *abbiamo fatto delle risate matte quando ci ha raccontato delle sue prime lezioni di sci*, we split our sides laughing when he told us about his first skiing lessons; *ho una voglia matta di cioccolato*, I've got a craving for chocolate **3** (*opaco*) mat, matt: (*fot.*) *carta matta*, mat paper **4** (*falso*) false: *oro —*, false gold; *pietra matta*, false stone; *gioielli matti*, worthless jewellery ♦ *s.m.* madman*, lunatic: *ospedale dei matti*, mental hospital; *è un — furioso*, he is a raving lunatic // *cose da matti!*, this is ridiculous (*o* this is sheer madness)! // *gabbia di matti*, lunatic asylum (*o* madhouse): *non resterò un momento di più in questa gabbia di matti*, I'm not going to stay a moment longer in this madhouse // *quel — del nostro amico*, that crazy friend of ours // *ridere, correre, urlare come un —*, to laugh, to run, to shout like a madman // *le piace da matti andare al mare*, she's mad about going to the seaside.

matto[2] *agg.* (*scacchi*): *scacco —*, checkmate; *dare scacco —*, to checkmate.

mattoide *agg.* rather mad, dotty ♦ *s.m.* e *f.* odd fellow.

mattonaia *s.f.* brickfield, brickyard.

mattonaio *s.m.* brickmaker.

mattonare *v.tr.* to pave with bricks.

mattonata *s.f.* **1** (*colpo dato con un mattone*) blow with a brick **2** (*fig.*) (*cosa noiosa*) bore.

mattonato *s.m.* brick floor, brick pavement ♦ *agg.* paved with bricks.

mattonatura *s.f.* brick paving, brick flooring.

mattone *s.m.* **1** brick: *— a coltello*, arch brick; *— a cuneo*, key (*o* wedge-shaped) brick; *— crudo*, green brick; *— forato*, hollow brick; *— refrattario*, firebrick; *costruzione di mattoni*, brickwork; *muro di mattoni*, brick wall; *rosso —*, brick red; *cuocere mattoni*, to burn (*o* to bake) bricks **2** (*cosa, persona noiosa*) bore, nuisance; *che —!*, what a bore!; *questo libro è un vero —*, this book is really boring **3** (*cibo difficile da digerire*) difficult to digest: *mi sento un — sullo stomaco*, I feel something lying heavy on my stomach.

mattonella *s.f.* **1** tile: *— per pavimenti*, floor tile; *— per rivestimento di pareti*, wall tile; *a mattonelle*, tiled; *posa in opera di mattonelle*, tiling **2** (*torba compressa*) peat briquette: *— di lignite*, brown coal briquette; *— di polvere di carbone*, coal briquet(te) **3** (*gelato*) ice brick **4** (*sponda del biliardo*) cushion.

mattonellificio *s.m.* tile factory.

mattonetto *s.m.* small brick.

mattoniera *s.f.* brick moulding machine.

mattonificio *s.m.* brick factory.

mattutino *agg.* **1** morning (*attr.*); (*rar.*) matutinal: *una passeggiata mattutina*, a morning walk; *preghiera mattutina*, morning prayer; (*eccl.*) matins **2** (*mattiniero*) early-rising ♦ *s.m.* (*eccl.*) matins (*pl.*): *la campana suonava il —*, the bell was ringing for matins.

maturando *s.m.* candidate for high school leaving examination ♦ *agg.* final year (of high school) (*attr.*).

maturare *v.intr.* **1** (*di frutto*) to ripen: *le mele maturano in autunno*, apples ripen in autumn; *lasciare — il vino*, to mellow wine // *col tempo e con la paglia maturano le nespole*, (*prov.*) all things come to those who wait **2** (*estens.*) (*di persona, di cosa*) to mature: *le ragazze maturano prima dei ragazzi*, girls mature before boys; *i suoi piani non erano ancora maturati*, his plans had not yet matured; *questo ascesso sta maturando*, this abscess is coming to a head **3** (*comm.*) (*giungere a scadenza*) to fall* due, to become* due; (*riferito a interessi*) to mature, to accrue: (*banca*) *gli interessi maturano ogni sei mesi*, interest accrues every six months; *le cedole di queste obbligazioni matureranno in settembre*, the coupons of these debentures will fall due in September ♦ *v.tr.* **1** (*rendere maturo*) to mature, to ripen: *il sole matura i frutti*, the sun ripens fruit; *quell'esperienza lo ha maturato*, that experience has matured him **2** (*raggiungere gradualmente*) to reach gradually, to complete: *— una decisione, una scelta*, to reach a decision, a choice gradually // (*amm.*) *— 20 anni di servi-*

zio presso una ditta, to complete 20 years of work with a firm **3** (*fam.*) (*promuovere alla maturità*) to pass (s.o. in the school leaving examination), (*amer.*) to graduate.
□ **maturarsi** *v.intr.pron.* to mature, to become* mature.

maturato *agg.* (*comm.*) (*giunto a scadenza*) due, fallen due; (*di interessi, effetti*) accrued: *spese maturate*, accrued expenses (*o* charges); *competenze maturate*, dues (*o* fees due) // (*banca*) *interessi maturati*, accrued interest; *non* —, unaccrued ◆ *s.m.* (*econ.*) (*somma maturata*) accrued amount.

maturato *s.m.* student with a school leaving certificate; (*in* USA) high-school graduate.

maturazione *s.f.* **1** maturity, ripening (*anche fig.*): *giungere a* —, to become ripe (*o* to ripen) **2** (*med.*) maturation **3** (*comm.*) (*scadenza*) maturity, expiry, expiration; (*di interessi, effetti*) accrual: — *degli interessi*, accrual of interest; — *di una cambiale*, maturity of a bill; *data di* —, date of expiry.

maturità *s.f.* **1** ripeness, maturity: *bisogna lasciar venire i frutti a piena* —, fruit must be allowed to ripen fully; *giungere a* —, to come to (*o* to reach) maturity **2** (*fig.*) maturity: — *politica*, political maturity; *gli anni della* —, the years of maturity; *quel romanzo fu l'opera della sua* —, that novel was the work of his maturity; *quel ragazzo mostra grande* —, that boy shows great maturity // *certificato di* —, school leaving certificate (awarded after five years of 'Liceo') // *esame di* —, school leaving examination (taken after five years of 'Liceo') **3** (*geol.*) (*dell'erosione*) maturity **4** (*bot.*) perfection.

maturo *agg.* **1** (*di frutta ecc.*) ripe; (*di vino*) mellow: *una mela matura*, a ripe apple; *vino* —, mellow wine **2** (*fig.*) mature, ripe: *bellezza matura*, mature beauty; *una coppia matura*, a middle-aged couple; *di età matura*, of ripe age; *dopo matura considerazione*, after long consideration; *giudizio* —, mature judgment; *ha una matura esperienza della vita*, he is a man of great experience; *per essere così giovane è molto* —, for someone so young he is very mature; *i tempi sono maturi per la guerra*, the time is ripe for war **3** (*med.*) mature: *cataratta matura*, mature cataract; *questo foruncolo è* —, this boil has come to a head **4** (*comm.*) mature, due: *interessi maturi*, mature interests; *il nostro credito è* —, our credit is due.

matusa *s.m.* e *f.* (*fam.*) (*persona anziana*) old fogey: *Papà, sei un* —*!*, Dad, you're just an old fogey!

matusalemme *s.m.* (*fam.*) (*persona decrepita*) decrepit old man, fossil.

maurino *s.m.* Maurist.

mauritano, mauro *agg.* e *s.m.* Mauritanian; Moor.

mausoleo *s.m.* mausoleum.

mauvina *s.f.* (*chim.*) mauveine.

maxicappotto *s.m.* calf-length coat.

maxigonna *s.f.* maxi-skirt, calf-length skirt.

maxillofacciale *agg.* (*anat.*) maxillofacial.

maxillolabiale *agg.* (*anat.*) maxillolabial.

maximin *s.m.* (*econ.*) (*massiminimo*) maximin.

maximulta *s.f.* heavy fine.

maximum *s.m.* (*econ.*) (*prezzo, tariffa massimi*) maximum price, maximum tariff.

maxiprocesso *s.m.* mass trial: — *di mafia*, mass trial of mafia suspects.

maxwell *s.m.* (*fis.*) maxwell (*unità di misura del flusso magnetico*).

maya *s.m.* e *agg.* Maya.

mazdaico *agg.* (*st. relig.*) Mazdean.

mazdeismo *s.m.* (*st. relig.*) Mazdaism, Mazdeism.

mazurca *s.f.* (*musica, danza*) mazurka.

mazut → **masut**.

mazza *s.f.* **1** (*clava, randello*) club, cudgel, bludgeon // (*st. mil.*) — *ferrata*, mace **2** (*grosso martello*) sledgehammer; (*martello di legno*) mallet; (*mecc.*) — *battente*, ram **3** (*sport*) (*baseball*) bat, club; (*golf*) club **4** (*simbolo d'autorità*) mace **5** (*bot. pop.*): — *di palude*, — *sorda*, (*Typha latifolia*) cat's-tail (*o* reed mace); — *di tamburo*, (*Lepiota procera*) parasol mushroom.

mazzacavallo *s.m.* **1** (*per attingere acqua*) (well)sweep **2** (*battipalo*) pile-driver.

mazzacoppia *s.f.* heavy sledgehammer.

mazzafionda → **fionda**.

mazzapicchio *s.m.* **1** (*mazzuola da bottaio*) cooper's mallet **2** (*martello da macellaio*) poleaxe **3** (*edil.*) rammer.

mazzata *s.f.* sledgehammer blow; (*colpo*) heavy blow (*anche fig.*): *colpì l'animale con una* —, he gave the animal a heavy blow; *la notizia della sua morte fu una* — *per lei*, the news of his death came as a terrible blow to her; *la bolletta del telefono è stata una* — *questo mese*, the telephone bill was an awful shock this month.

mazzeranga *s.f.* **1** (*agr.*) tamper **2** (*edil.*) rammer.

mazzetta[1] *s.f.* **1** hand hammer: — *da fabbro*, blacksmith's hand hammer **2** (*edil.*) reveal.

mazzetta[2] *s.f.* **1** (*mazzo di banconote*) wad of banknotes, roll of banknotes; (*campioni di tessuti*) bunch of samples, sample book: *denaro raccolto in mazzette*, prepackaged currency **2** (*denaro dato per ottenere un favore*) kickback; (*tangente, bustarella*) bribe.

mazzetto *s.m.* **1** bunch: *un* — *di fiori*, a bunch of flowers // *fare* —, (*region.*) (*mischiare le carte da gioco per avere le migliori*) to stack the deck **2** (*bot.*) fascicle.

mazziere[1] *s.m.* (*chi precede un corteo*) mace bearer; (*di banda musicale*) drum major.

mazziere[2] *s.m.* (*di carte*) dealer.

mazzinianismo *s.m.* Mazzinian theory.

mazziniano *agg.* Mazzinian: *ideali mazziniani*, Mazzinian ideals ◆ *s.m.* follower of Mazzini.

mazzo[1] *s.m.* bunch; cluster: — *di carte*, pack of cards; — *di chiavi*, bunch of keys; — *di fiori*, bunch of flowers; *crescere a mazzi*, to grow in clusters // *fare il* —, (*alle carte*) to shuffle; *chi è di* —*?*, whose turn is it to shuffle? // *mettere tutti in un* —, to mix good and bad // *entrare nel* —, to join the group.

mazzo[2] *s.m.* (*volg.*) (*deretano*) bottom, backside // *farsi il* —, (*fig.*) to knock oneself out (*o* to sweat blood).

mazzocchio *s.m.* **1** (*crocchia di capelli*) tuft **2** (*germoglio di cicoria, radicchio*) shoot.

mazzola → **mazzuola**.

mazzolare *v.tr.* **1** (*ant.*) (*uccidere con una mazzuola*) to club to death, to bludgeon to death **2** (*colpire con il mazzuolo*) to hit* with a mallet.

mazzolata *s.f.* (*colpo dato col mazzuolo o la mazzuola*) blow (from a mallet).

mazzolo → **mazzuolo**.

mazzuola *s.f.* mallet.

mazzuolo *s.m.* mallet: (*mar.*) — *da calafato*, caulking mallet; — *di legno*, wooden (*o* carpenter's) mallet.

me *pron.pers.m.* e *f.* *1ª pers.sing.* **1** (*compl. ogg. e ind. di* io) me; (*me stesso*) myself: *cercate* —*?*, are you looking for me?; *stanno parlando di* —, they're talking about me; *l'hanno detto solo a* —, they only told me; *è venuto da* — *ieri*, he came to see me yesterday; *l'ha fatto per* —, he did it for me; *a* — *non importa*, it doesn't matter to me; *non si curano di* —, they don't bother about me; *uscii chiudendo la porta dietro di* —, I went out shutting the door behind me; *ne terrò uno per* —, I'll keep one for myself; *ho una stanza tutta per* —, I have a room all to myself (*o* a room of my own); *mi vergogno di* — *stesso*, I'm ashamed of myself // *da* —, (*da solo*) by myself: *l'ho fatto da* —, I did it by myself; *so da* — *quello che devo fare*, I know what to do (by) myself // *per* —, *in quanto a* —, as for me (*o* as far as I'm concerned) // *secondo* —, according to me (*o* in my opinion) // *"E ora che faccio?", pensavo tra* — (*e* —), I thought to myself, "Now what shall I do?"; *dissi tra* — (*e* —), I said to myself // *è l'uomo che fa per* —, he's the man for me // *non saper né di* — *né di te*, (*fam.*) (*di persona*) to be insipid (*o* wishy-washy); (*di cosa*) to have no taste (*o* to be insipid *o* to be tasteless) **2** (*con funzione di sogg., spec. in frasi comparative*) I; me: *fate come* —, do as I do (*fam.* do like me); *è più vecchio di* —, he's older than me (*form.* than I am); *ne sa quanto* —, he knows as much as I do // *beato* —*!*, lucky me!; *povero* —*!*, poor me! **3** (*con funzione predicativa*) me: *tu non sei* —, you're not me; *se tu fossi in* —, if you were me **4** (*compl. di termine in luogo di* mi) (to, for) me: — *l'ha detto tante volte*, he's told me again and again; *mandatemeli*, send them to me; *dammelo*, give it to me; *non* — *li hanno ancora consegnati*, they haven't let me have them yet; — *ne dai ancora un po'?*, will you give me some more?; *non parlarmene*, don't talk to me about it.

mea culpa *avv.* e *s.m.* (*lat.*) (*relig.*) mea culpa: *dire, recitare il* —, to repent of (*o* to own up to) one's fault // *a questo punto puoi solo dire* —, at this point all you can do is own up to your faults.

meandro *s.m.* **1** meander, bend: *i meandri del fiume*, the meanders of the river // (*geogr.*) — *morto*, mortlake (*o* oxbow); — *incassato*, incised meander **2** (*labirinto*) maze: *perdersi nei meandri della burocrazia*, to get lost in red tape; *i meandri di un ragionamento*, the twists and turns of a line of reasoning.

meato *s.m.* (*anat.*) meatus*.

mecca *s.f.* mecca: *Hollywood era la* — *del cinema*, Hollywood was the mecca of the cinema.

meccanica *s.f.* **1** mechanics Ⓤ: — *applicata*, applied mechanics; — *analitica*, *razionale*, analytical, pure mechanics; — *celeste*, celestial mechanics; — *quantistica*, quantum mechanics; — *ondulatoria*, wave mechanics; — *degli aeriformi*, pneumatics; — *dei solidi*, mechanics of solids; — *statistica*, statistical mechanics; — *agricola*, agricultural machinery // (*geol.*) — *delle rocce*, rock mechanics **2** (*meccanismo*) mechanism: *la — di un orologio*, the mechanism of a watch **3** (*fig.*) process: *la — della digestione*, the process of digestion; *ricostruire la — dei fatti*, to reconstruct the sequence of events.

meccanicamente *avv.* **1** mechanically: *lavorazioni svolte —*, work carried out mechanically **2** (*fig.*) mechanically, automatically: *ripetere qlco. —*, to repeat sthg. mechanically.

meccanicismo *s.m.* (*fil.*) mechanism.

meccanicista *s.m.* e *f.* mechanist.

meccanicistico *agg.* mechanistic.

meccanicità *s.f.* mechanicalness (*anche fig.*): *la — di un gesto*, the mechanicalness of a gesture.

meccanico *agg.* mechanical (*anche fig.*): *energia meccanica*, mechanical energy; *ingegneria meccanica*, mechanical engineering; *lavoro —*, mechanical work (*anche fig.*); *movimenti meccanici*, mechanical movements (*anche fig.*); *stampa meccanica*, power press; (*tess.*) *telaio —*, power loom // *uomo —*, robot ◆ *s.m.* mechanic; (*tecnico*) engineer; (*mar.*) engine-room artificer; *portare l'auto dal —*, to take the car to the garage (*o* the mechanic); — *dentista*, dental mechanic.

meccanismo *s.m.* **1** (*mecc.*) mechanism, works (*pl.*); (*funzionamento*) working, mechanics: — *a cremagliera*, rack-work; — *d'arresto automatico*, automatic stop motion; — *di disinnesto*, throwout; — *di un orologio*, works of a watch; — *di sparo*, (*di armi da fuoco*) gunlock // (*aut.*) — *di sterzo*, steering gear // (*mar.*) — *del timone, di governo*, steering gear // (*inform.*) — (*automatico*) *di trascinamento carta*, automatic carriage **2** (*fig.*) mechanism: (*psic.*) — *di difesa*, defence mechanism; — *di adeguamento*, adjustment mechanism; *meccanismi selettivi*, screening devices // (*econ.*): — *dei prezzi*, price mechanism; *meccanismi di intervento*, support arrangements; — *di mercato*, market mechanism; *il — della memoria*, the memorizing process.

meccanizzare *v.tr.* to mechanize: — *l'agricoltura*, to mechanize agriculture; (*amm.*) — *la contabilità*, to mechanize accounting.

□ **meccanizzarsi** *v.intr.pron.* to become* mechanized.

meccanizzato *agg.* mechanized (*anche fig.*); (*automatizzato*) automated: *società meccanizzata*, mechanized society; (*econ.*) *linea di lavorazione completamente meccanizzata*, fully automated production line; (*mil.*) *truppe meccanizzate*, motorized troops.

meccanizzazione *s.f.* mechanization: *la — dell'agricoltura*, agricultural mechanization.

meccanocettore → **meccanorecettore**.

meccanografia *s.f.* automatic data processing.

meccanografico *agg.* data processing (*attr.*): *centro —*, data processing center; *sistema —*, data processing system; *addetto —*, data processor (*o* punched-card reader).

meccanorecettore *s.m.* (*anat.*) mechanoreceptor.

meccanoterapia *s.f.* (*med.*) mechanotherapy.

mecenate *s.m.* e *f.* patron, benefactor.

mecenatismo *s.m.* patronage: *il — rinascimentale*, Renaissance patronage.

mèche *s.f.* streak: *farsi le —*, to have one's hair streaked.

mechitarista *s.m.* (*st. relig.*) Mekhitarist.

meco *pron.* (*ant.*, *letter.*) (*con me*) with me.

meconina *s.f.* (*chim.*) meconin.

meconio *s.m.* (*med.*) meconium.

meconismo *s.m.* (*med.*) meconism.

meda *s.f.* (*mar.*) seamark, beacon: — *luminosa*, light beacon.

medaglia *s.f.* medal: — *al merito*, medal of merit; — *al valore*, medal for valour; *ostentava tutte le sue medaglie*, he sported all his medals; *conferire una — a qlcu.*, to award s.o. a medal (*o* to decorate s.o.); *vincere la — d'oro, d'argento, di bronzo*, to win the gold, silver, bronze medal // *l'atleta fu — d'oro nei cento metri piani*, the athlete was the gold medallist in the hundred metres // *il rovescio della —*, the reverse of the medal, (*fig.*) the other side of the coin.

medagliere *s.m.* **1** collection of medals: *il — olimpico dell'Italia*, the (number of) Olympic medals won by Italy **2** (*vetrina in cui conservare le medaglie*) medal showcase.

medaglietta *s.f.* **1** (*piccola medaglia*) small medal **2** parliamentary deputy's badge.

medaglione *s.m.* **1** medallion, locket: *aveva un bel — al collo*, she had a beautiful locket round her neck **2** (*arch.*) medallion **3** (*lett.*) pen-portrait **4** (*cuc.*) medallion.

medaglista *s.m.* **1** (*collezionista*) collector of medals; numismatist **2** (*incisore*) medallist.

medaglistica *s.f.* **1** numismatics [U] **2** (*incisione, conio di medaglie*) medallistics [U].

medesimo *agg.dimostr.* **1** (*identico*) same; very [cfr. *stesso*]: *fanno il — lavoro*, they do the same work; *tutte le classi usano i medesimi testi*, every class uses the same texts; *nel — tempo*, at the same time; *erano del — parere*, they were of the same opinion; *in quel — giorno*, on that very day; *si tratta della stessa medesima cosa*, it's about the very same thing // *la legge medesima lo consente*, the law itself allows it // *io —, noi medesimi*, I... myself, we... ourselves; *me —, te — ecc.*, myself, yourself etc. **2** (*uguale per quantità o qualità*) same, like: *due piante della medesima specie*, two plants of the same species; *vendere al — prezzo*, to sell at the same price; *abbiamo la medesima età*, we've the same age; *i due farmaci producono i medesimi effetti*, the two medicines produce the same effects ◆ *pron.dimostr.* **1** (*la stessa persona*) the same (one): *"È lo stesso uomo di cui mi parlavi?" "Il —"*, "Is it the man you were telling me about?" "The same" // *Venne poi interrogato il Signor Rossi. Il — dichiarò che...*, The next to be questioned was Mr Rossi. He declared that... **2** (*la stessa cosa*) the same (thing): *costo dell'apparecchio e installazione del — ...*, cost of appliance and installation of same...

media[1] *s.f.* **1** average; mean: — *oraria*, average per hour (*o* hourly average); — *aritmetica, geometrica*, arithmetic, geometric mean; — *proporzionale*, proportional mean; — *barometrica*, mean (*o* average) barometric level; *fare una — approssimativa*, to strike a rough average; *calcolare la — di*, to calculate (*o* to work out) the average of; *fa la — fra tre, cinque e sette e otterrai cinque*, average three, five and seven and you get five // *alla — di*, at an average of: *viaggiava alla — di 100 km/h*, he travelled at an average of 100 km per hour // *sopra, sotto la —*, above (the), below (the) average; (*Borsa*) above, below par: *la sua prestazione è stata al di sotto della —*, he gave a below average performance // *in —*, on (an) average: *leggo in — 20 pagine al giorno*, I read 20 pages a day on average; *ci sono 20 scolari in — in ogni classe*, on (an) average there are twenty students in each class; *facevamo in — duecento miglia al giorno*, we averaged two hundred miles a day; *questi articoli mi sono costati in — diecimila lire l'uno*, I paid an average of ten thousand lire for each article // *è stato promosso alla quarta classe con una buona —*, he went up to the fourth class with a good average // (*stat.*): — *mobile*, moving average; — *ponderata*, weighted mean (*o* average); — *semplice*, simple mean (*o* average) **2** (*corso di studi*) Italian middle school, (first three years of a) secondary school; (*amer.*) junior high school: *frequenta le medie*, he is in the Italian middle school.

media[2] *s.m.pl.* (*mezzi di comunicazione di massa*) media: *esperto di —*, media man.

mediale *agg.* (*anat.*) medial: *malleolo —*, medial malleolus.

mediana *s.f.* **1** (*mat.*, *stat.*) median **2** (*calcio*) halfback.

medianicità *s.f.* mediumistic nature.

medianico *agg.* mediumistic: *avere poteri medianici*, to have mediumistic powers (*o* the powers of a medium).

medianismo *s.m.* mediumism.

medianità *s.f.* mediumism.

mediano *agg.* medial, mean; middle (*attr.*); (*scient.*) median: *quantità mediana*, mean quantity; *punto —*, mid (*o* middle) point; *piano —*, median plane; *linea mediana*, median (line) // (*mar.*) *albero —*, mainmast // (*anat.*) *nervo —, vena mediana*, median // (*edil.*) *muro —*, inside wall.

mediano *s.m.* (*sport*) (*calcio*) halfback; (*rugby*) back: — *di mischia*, scrumhalf.

mediante *prep.* by, by means of, through: *è stato assunto — un'agenzia*, he was hired through (*o* by means of) an agency; *il pagamento può essere effettuato — assegno o carta di credito*, payment can be made by (means of a) cheque or credit card; (*dir.*) — *procura*, by proxy.

mediare *v.intr.* to mediate (*anche dir.*): — *tra le parti in giudizio*, to mediate between two litigants ◆ *v.tr.* **1** to mediate: — *un accordo*, to mediate an agreement **2** (*mat.*) to find*, to calculate the average, to average out.

mediastinico *agg.* (*anat.*) mediastinal.

mediastinite *s.f.* (*med.*) mediastinitis.

mediastino *s.m.* (*anat.*) mediastinum*.

mediateca *s.f.* multimedia library.

mediatico *agg.* media (*attr.*); mass media (*attr.*).

mediato *agg.* indirect, mediate: (*dir.*) *autore —*, innocent agent.

mediatore *s.m.* **1** mediator, intermediary; middleman*, go-between: *agire da —*, to act as a go-between **2** (*comm.*) agent, broker: — *d'affari*, business agent; — *di case, terreni*, estate agent, (*amer.*) realtor; — *di prodotti agricoli*, produce broker; — *di assicurazioni*, insurance broker; — *di Borsa* (*che tratta col pubblico*), stockbroker; — *in titoli* (*che non tratta col pubblico*), (stock) jobber; — *di Borsa merci*, commodity (*o* produce) broker; — *di noleggi marittimi*, ship broker (*o* chartering agent).

mediatrice *s.f.* mediatress, mediatrix.

mediazione *s.f.* **1** mediation, intermediation; intercession: *fare opera di* —, to act as mediator **2** (*comm.*) brokerage, mediation: *addebitamento per* —, brokerage charge; *diritti di* —, brokerage (*o* commission) rates **3** (*compenso della*) —, commission, brokerage.

medicabile *agg.* medicable; treatable; (*sanabile*) healable (*anche fig.*).

medicale *agg.* (*non com.*) medical.

medicamento *s.m.* **1** (*medicina*) medicament, medication **2** (*non com.*) (*il medicare*) medication, treatment.

medicamentoso *agg.* medicamentous.

medicare *v.tr.* **1** to treat, to medicate: *l'infermiera medicò la ferita del paziente*, the nurse dressed the patient's wound; *medicarsi un dito*, to treat one's injured finger **2** (*fig. letter.*) (*correggere*) to cure; to heal: *il tempo medica tutti i dispiaceri*, time heals all sorrows.
□ **medicarsi** *v.rifl.* to medicate oneself; to dress one's own wounds: *si medicò accuratamente*, he dressed his wounds carefully.

medicastro *s.m.* (*spreg.*) quack, medicaster.

medicato *agg.* **1** treated; (*di ferite*) dressed **2** (*corretto con sostanze medicinali*) medicated: *cerotto* —, medicated plaster.

medicazione meno com. **medicatura** *s.f.* **1** (*il medicare*) medication, treatment; (*di ferita*) dressing: *posto di* —, first aid post **2** (*l'insieme dei medicamenti*) medication, dressing, bandage: *cambiare la — ogni tre ore*, to change the dressing every three hours.

mediceo *agg.* Medicean, Medici (*attr.*).

medichessa *s.f.* (*scherz.*) lady doctor.

medicina *s.f.* **1** medicine: — *aerospaziale*, aerospace medicine; — *del lavoro*, occupational medicine; — *interna*, internal medicine; — *legale*, legal (*o* forensic) medicine (*o* medical jurisprudence); — *nucleare*, nuclear medicine; — *omeopatica*, homeopathy; — *preventiva*, preventive medicine; — *sociale*, socialized medicine; — *sperimentale*, experimental medicine; — *sportiva*, sports medicine; — *tradizionale*, orthodox (*o* normal *o* regular) medicine (*o* allopathy); — *veterinaria*, veterinary medicine; — *e chirurgia*, medicine and surgery; *dottore in* —, doctor of medicine; *frequenta la facoltà di* —, he is a medical student; *facoltà di* —, faculty of medicine; *laurea in* —, medical degree; *libri di* —, medical books; *scuola di* —, medical school (*o* school of medicine); *studente in* —, medical student; *esercitare la* —, to practise medicine; *studiare* —, to study medicine **2** (*medicamento*) medicine, medicament; (*amer.*) drug: *prendere una* —, to take a medicine; *fare uso eccessivo di medicine*, to take too many medicines; *per molti mali non vi sono medicine*, for many diseases there are no remedies; *questa bibita sa di* —, this drink tastes like medicine **3** (*fig.*) (*rimedio salutare*) remedy, medicine, cure: *il tempo è un'ottima* —, time is a great healer; *un buon libro è spesso la — migliore*, a good book is often the best remedy.

medicinale *agg.* medicinal: *erba* —, medicinal herb; *liquore* —, medicinal liqueur; *pianta* —, medicinal plant; *questa sostanza ha virtù medicinali*, this substance has healing properties ◆ *s.m.* medicine, medicament; (*amer.*) drug // *armadietto dei medicinali*, medicine cabinet.

medico *agg.* medical: —*-legale*, medico -legal; *anatomia medica*, medical anatomy; *certificato* —, medical certificate; *clinica medica*, medical clinic; *consulto* —, medical consultation; *materia medica*, (*antiq.*) materia medica; *patologia medica*, medical pathology; *professione medica*, medical profession; *ricetta medica*, medical prescription; *visita medica*, medical (*o* physical) examination; *assistente, ufficiale* —, medical assistant, medical officer.

medico *s.m.* doctor; (*antiq.*) physician: *dobbiamo chiamare il* —, we must call the doctor; *qual è il tuo* —?, who is your doctor?; *segui i consigli del* —, follow your doctor's advice; *consultare un* —, to see a doctor; *sua moglie è* —, his wife is a doctor // — *chirurgo*, surgeon; — *condotto*, medical officer; — *di famiglia*, family doctor; — *generico*, general practitioner; — *curante*, doctor in charge (of a case); — *legale*, medical examiner (*o amer.* coroner); — *fiscale*, company doctor; — *di bordo*, ship's surgeon; — *militare*, medical officer // *il tempo è un gran* —, time is a great healer // —, *cura te stesso!*, (*prov.*) physician, heal thyself!; *il — pietoso fa la piaga verminosa*, (*prov.*) the tender surgeon makes a foul wound.

medievale *agg.* **1** (*del medioevo*) medieval: *storia* —, medieval history **2** (*fig. spreg.*) (*retrogrado*) medieval, backward, outmoded.

medievalismo *s.m.* medievalism.

medievalista *s.m.* e *f.* medievalist.

medievalistica *s.f.* medieval studies (*pl.*).

medievalistico *agg.* concerning medieval studies.

medievista → **medievalista**.

medio *agg.* **1** (*di mezzo, mediano*) middle, medium: *media età*, middle age; *un uomo di età media*, a middle-aged man; *il corso — di un fiume*, the middle course of a river; *dito* —, middle finger; *di grandezza media*, middle-size (*o* medium-sized) // (*econ.*): *a — termine*, middle-term; *valore — di mercato*, middle marked value // *ceto* —, middle class(es) // (*sport*) *peso* —, middleweight // *scuola media*, Italian middle school (*o* secondary school *o amer.* junior high school) // (*fil.*) *termine* —, middle term // *il Medio Evo*, the Middle Ages // *il Medio Oriente*, the Middle East **2** (*conforme alla media*) average (*attr.*); mean (*attr.*): *produzione media*, average production; *statura media*, middle (*o* average *o* medium) height; *intelligenza media*, average intelligence; *prezzo* —, average price; (*astr.*) *tempo* —, mean time, (*sport*) average time; (*econ.*) *scarto — dei prezzi*, mean price difference **3** (*tecn.*) medium: (*cinem.*) *campo* —, medium shot; (*rad.*) *onde medie*, medium waves ◆ *s.m.* **1** (*dito medio*) middle finger **2** (*mat.*) mean (term) **3** (*sport*) middleweight **4** (*comm.*) — *circolante*, circulating medium (*o* currency).

mediocre *agg.* mediocre; ordinary; second -rate, middling; poor; (*fam.*) run-of-the-mill: *un lavoro* —, a second-rate work; *un ristorante* —, a mediocre (*o* very ordinary) restaurant; *uno scrittore* —, a second-rate writer; *rappresentazione* —, mediocre (*o fam.* run-of-the -mill) performance; *guadagni mediocri*, poor profits; *vino* —, poor wine; *profitto* —, (*a scuola*) poor progress ◆ *s.m.* e *f.* mediocre person.

mediocredito *s.m.* (*banca*) medium-term credit.

mediocremente *avv.* rather badly, poorly; not very well.

mediocrità *s.f.* mediocrity, second-rateness: — *d'ingegno*, mediocrity of talent; *uscire dalla* —, to emerge from mediocrity // *è una* —, he is a mediocrity.

medioevale e *deriv.* → **medievale** e *deriv.*

medioevo *s.m.* Middle Ages (*pl.*): *alto* —, Dark Ages (*o* early Middle Ages); *basso* —, late Middle Ages; *costumi da* —, medieval customs.

mediolatino *agg.* e *s.m.* medieval Latin, middle Latin.

medioleggero *agg.* (*boxe*) welter (*attr.*) ◆ *s.m.* (*boxe*) welterweight.

mediologia *s.f.* media studies (*pl.*).

mediologico *agg.* of media studies.

mediologo *s.m.* media expert, expert in mass media.

mediomassimo *agg.* e *s.m.* (*boxe*) light heavyweight.

mediopalatale *agg.* (*ling.*) mid-palatal.

mediorientale *agg.* middle Eastern, of the Middle East.

meditabondo *agg.* meditating, thoughtful, meditative; (*pensieroso*) pensive: *contemplare qlco. con aria meditabonda*, to gaze meditatively at sthg.; *essere* —, to be pensive.

meditare *v.tr.* **1** (*considerare attentamente*) to meditate; to ponder: — *le proprie parole*, to weigh one's words **2** (*aver intenzione*) to meditate; to consider, to intend; to think* (of doing); (*progettare*) to plan, to plot: *sto meditando di andarmene*, I am thinking of going; — *la vendetta, la fuga*, to plan revenge, one's escape ◆ *v.intr.* to meditate (on sthg.); (*riflettere*) to ponder; (*rimuginare*) to brood (over sthg.): — *sulle miserie umane*, to meditate on (*o* upon) human miseries; — *sulle proprie disgrazie*, to reflect on one's misfortunes; — *sul mistero della morte*, to meditate on the mystery of death; *passare un'ora a* —, to spend an hour in thought; *parole che invitano a* —, words that invite us to ponder (*o* to reflect); *ho meditato a lungo sul da farsi*, I've spent a long time thinking about what to do.

meditatamente *avv.* on purpose, deliberately.

meditativo *agg.* meditative, reflective, pensive; contemplative: *carattere* —, pensive character; *vita meditativa*, contemplative life.

meditato *agg.* meditated, considered, thought out: *parole meditate*, considered words; *parere* —, considered opinion; *è stata una soluzione ben meditata*, it was a well thought out solution.

meditazione *s.f.* **1** (*il meditare*) meditation; (*il riflettere*) reflection: *assidua, profonda* —, constant, deep meditation (*o* reflection); *questo libro è il risultato di una lunga* —, this book is the result of long reflection **2** (*pratica ascetica*) meditation, contemplation: *ritirarsi in* —, to go on retreat.

mediterraneità *s.f.* Mediterranean quality, Mediterranean character: *la — della pittura di Picasso*, the Mediterranean quality of Picasso's painting.

mediterraneo *agg.* **1** (*del Mare Mediterraneo*) Mediterranean: *civiltà mediterranea*, Mediterranean civilization; *clima, fauna, flora mediterranea*, Mediterranean climate, fauna, flora // (*ecol.*) *macchia —*, maquis // (*med.*) *febbre mediterranea*, Mediterranean (*o* Malta) fever; *anemia —*, Mediterranean anemia // *dieta —*, Mediterranean diet **2** (*ant.*) (*circondato da terre*) inland, landlocked, mediterranean.

medium *s.m.* e *f.* (*persona dotata di poteri paranormali*) medium.

medo *agg.* (*st.*) Median ◆ *s.m.* Mede.

medusa *s.f.* (*zool.*) jellyfish, medusa*.

mefistofelico *agg.* Mephistophelean, Mephistophelian, satanic (*anche fig.*): *sorriso —*, satanic smile.

mefite *s.f.* mephitis.

mefitico *agg.* **1** (*fetido*) pestilential; mephitic: *aria mefitica*, mephitic air **2** (*fig.*) (*moralmente corrotto*) foul, corrupt.

mega- *pref.* di origine greca che significa **1** grande, grosso; ingrossato; ingl. mega-: *megalito*, megalith; *megafono*, megaphone; *megacardia*, megacardia **2** un milione, 10^6; ingl. mega-: *megahertz*, megahertz; *megaciclo*, megacycle.

megabaud *s.m.* (*inform.*) megabaud.

megabit *s.m.* (*inform.*) megabit.

megabyte *s.m.* (*inform.*) megabyte.

megacaloria *s.f.* megacalory.

megacardia *s.f.* (*med.*) megacardia.

megaciclo *s.m.* (*rad.*) megacycle: *megacicli al secondo*, megacycles per second (*abbr.* mc/s).

megacolon *s.m.* (*med.*) megacolon.

megaconcerto *s.m.* super concert.

megadirettore *s.m.* (*scherz.*) big boss.

megafarad *s.m.* (*elettr.*) megafarad.

megaflops *s.m. pl.* (*inform.*) megaflops (1 million floating point operations per second).

megafono *s.m.* megaphone.

megagalattico *agg.* (*scherz.*) super, fabulous, stupendous: *ha una casa megagalattica*, he's got a fabulous house.

megahertz *s.m.* (*fis.*) megahertz.

megalite *s.m.* (*archeol.*) megalith.

megalitico *agg.* megalithic: *monumenti megalitici*, megalithic monuments; *pietra megalitica*, megalith.

megalo- *pref.* di origine greca; ingl. megalo- → **mega-** 1.

megalocardia → **megacardia**.

megalocefalia *s.f.* (*med.*) megacephalia.

megalocefalo *agg.* megacephalic, megacephalous ◆ *s.m.* megacephalus.

megalogastria *s.f.* (*med.*) megalogastria.

megalomane *agg.* e *s.m.* e *f.* (*psic.*) megalomaniac.

megalomania *s.f.* (*psic.*) megalomania.

megalopoli *s.f.* (*grande metropoli*) megalopolis.

megaohm *s.m.* (*elettr.*) megaohm.

megarico *agg.* Megarian ◆ *s.m.* (*spec. pl.*) Megarian.

megaron *s.m.* (*archeol.*) megaron.

megaspora → **macrospora**.

megaterio *s.m.* (*paleont.*) megathere*, megatherium*.

megatermo *agg.* (*bot.*) megathermal, megathermic // *pianta megaterma*, megatherm.

megaton *s.m.* (*fis. nucleare*) megaton.

megattera *s.f.* (*zool.*) (*Megaptera nodosa*) humpback whale.

megavolt *s.m.* (*elettr.*) megavolt.

megera *s.f.* (*donna brutta e maligna*) hag, witch, shrew: *ha sposato una vecchia —*, he married an old witch.

meglio *avv.compar.* **1** (*in modo migliore*) better: *rifletticі —*, think it over a bit more; *da qui si vede — il lago*, you can see the lake better from here; *cercherò di far — la prossima volta*, I'll try to do better next time; *dovresti scrivere un po' —*, you should write a bit better; *parla — l'inglese del francese*, he speaks English better than French; *mio fratello sa sciare molto — di me*, my brother can ski much better than I can; *oggi mi sento — di ieri*, today I feel better than I did yesterday; *la festa è riuscita — del previsto*, the party was better than I'd expected; *lo so — di te*, I know better than you do; *nessuno avrebbe potuto farlo —*, nobody could have done it better; *in seguito le cose andarono —*, things got better later on; *"Come va?" "Un po' —"*, "How are you?" "A bit better"; *non potrebbe andar — (di così)*, it couldn't be better // *star —*, (*essere in migliori condizioni*) to be (*o* to feel) better; (*essere più adatto*) to suit better; to look better: *il malato sta — oggi*, the patient is (*o* feels) better today; *si stava — prima*, we were better off before; *questo quadro sta — in salotto*, this picture looks better in the living-room; *il rosso sta — a te che a me*, red suits you better than me // *di bene in —*, better and better: *gli affari andavano di bene in —*, business got better and better // *cambiare in —*, to change for the better // *o —, — ancora*, or rather (*o* better still): *dovresti telefonargli, o —, andare di persona*, you should phone him, or better still go yourself // *per — dire*, to be more exact (*o* or rather): *non ha potuto o, per — dire, non ha voluto venire*, he couldn't, or rather, wouldn't come **2** (*ant.*) (*piuttosto*) rather: *— varrebbe far finta di nulla*, it would be better to ignore it ◆ *avv.superl.rel.* best; (*tra due*) better: *gli alunni — preparati*, the best students; *la — riuscita delle due foto*, the better of the two photos; *chiedete a loro che sono i — informati*, ask them, as they're the best informed; *ho fatto — che ho potuto*, I did the best I could // *il — possibile*, as well as one can (*o* the best one can): *loro hanno cercato di agire (il) — possibile*, they tried to do the best they could.

meglio *agg.compar.invar.* **1** (*migliore*) better: *il film era — di quanto pensassi*, the film was better than I expected; *la seconda versione mi sembra — della prima*, I think the second version is better than the first // *qualcosa di —*, something better; *niente di —*, nothing better; *non c'è (niente) di — che...*, there's nothing better than...; *in mancanza di —*, for want of something better; *non chiedo di —*, I couldn't ask for anything better // Usato anche come pron.: *sarà anche un bravo pianista, ma ne ho sentiti di* (o *dei*) *—*, he may be a good pianist, but I've heard better **2** (*preferibile*) better: *è — andare*, we'd better go; *credetti — non intervenire nella discussione*, I thought it better not to intervene in the discussion; *sarà — che gli telefoni subito*, you'd better phone him at once // (*è*) *— non parlarne!*, (you'd) better not mention it! // *tanto —!, — così!*, so much the better; *tanto — per lui!*, so much the better for him! // *sarebbe — che andassi, faresti — ad andare*, you'd better go // *— tardi che mai*, better late than never // *— un uovo oggi che una gallina domani*, (*prov.*) a bird in the hand is worth two in the bush ◆ *agg.superl.rel.* the best: *ciò che potete fare di — è aspettare*, the best thing you can do is to wait (*o* you'd do best to wait); *è quanto di — si possa trovare sul mercato*, it's the best you can find on the market; *fa' come credi (sia) —*, do as you think best // *è la — squadra del momento*, (*fam.*) it's the top team at the moment ◆ *s.f.invar.*: *avere la —*, to have (*o* to get) the better of it: *ha avuto la — sui suoi avversari*, he got the better of his opponents // *alla —, alla bell'e —*, as well as possible (*o* as best one can *o* somehow or other): *si tira avanti alla —*, we're managing somehow // *è un lavoro fatto alla bell'e —*, it's a makeshift job (*o* a rough-and-ready job) ◆ *s.m.* (*la cosa migliore*) the best (thing); (*la parte migliore*) the best part: *pensai che il — fosse restare*, I thought it best to stay; *era il — che tu potessi fare per lui*, it was the best you could do for him; *si è preso il —*, he took the best for himself; *ti sei perso il — della serata*, you missed the best of the evening; *il — della produzione*, the best part (*o* the top) of the production // *nel — del sonno*, (*fam.*) in one's deepest sleep // *per il —*, (all) for the best: *tutto andò per il —*, it was all for the best; *agire per il —*, to act for the best; *sperare per il —*, to hope for the best // *fare del proprio —*, to do one's best // *al —*, (*nelle migliori condizioni*) at one's best: *il giocatore non era al — della forma*, the player wasn't at his best // *si sono battuti al — delle loro possibilità*, they fought their hardest // (*Borsa*): *vendere al —*, to sell at best; *ordine al —*, market order.

megliore e *deriv.* → **migliore** e *deriv.*

meharista *s.m.* meharist.

meiosi *s.f.* (*biol.*) meiosis*.

meiotico *agg.* (*biol.*) meiotic.

mela *s.f.* apple: *mele al forno*, baked apples; *mele cotte*, stewed apples; *torta di mele*, apple pie (*o* apple tart); *torsolo di —*, apple core; *sbucciare una —*, to peel an apple; *verde —*, apple green // *bianco e rosso come una —*, (*fam.*) (*di viso sano*) rosy cheeked // *— cotogna*, quince; *— renetta*, rennet; *— ruggine*, russet (apple); *— selvatica*, crab apple; *— invernale*, winesap; *— dolce*, sweeting.

melafiro *s.m.* (*min.*) melaphyre.

melagrana *s.f.* (*bot.*) pomegranate.

melagrano → **melograno**.

melammina *s.f.* (*chim.*) melamine.

melamminico *agg.* (*chim.*) melamine (*attr.*): *resina melamminica*, melamine resin.

melampiro *s.m.* (*bot.*) (*Melampyrum arvense*) cow-wheat.

melan- → **melan(o)-**.

melancolia, **melanconia** e *deriv.* → **malinconia** e *deriv.*

melanesiano *agg.* e *s.m.* (*geog.*) Melanesian.

mélange *s.m.* mixture, mélange: — *di caffè e panna*, coffee with whipped cream.

melangola *s.f.* (*bot.*) bitter orange, Seville orange.

melangolo *s.m.* (*bot.*) (*Citrus aurantium*) bitter orange (tree), Seville orange (tree).

melanico *agg.* (*biol.*) melanic.

melanina *s.f.* (*biochim.*) melanin, melanine.

melanismo *s.m.* (*biol.*) melanism.

melanite *s.f.* (*min.*) melanite.

melanittero *s.m.* (*med.*) melanic icterus.

melan(o)- *pref.* di origine greca del linguaggio scientifico che significa 'nero, scuro'; ingl. melan(o)-: *melanosi*, melanosis; *melanuria*, melanuria.

melanodermia *s.f.* (*med.*) melanoderma.

melanoforo *s.m.* (*biol.*) melanophore.

melanoma *s.m.* (*med.*) melanoma.

melanosi *s.f.* (*med.*) melanosis.

melanterite *s.f.* (*min.*) melanterite, green vitriol.

melanuria *s.f.* (*med.*) melanuria.

melanzana *s.f.* (*bot.*) (*Solanum melongena*) aubergine, (*amer.*) eggplant // (*cuc.*): *melanzane ripiene*, stuffed aubergines; *melanzane alla parmigiana*, aubergines with tomatoes and cheese.

melarancia *s.f.* (*bot.*) sweet orange.

melarancio *s.m.* (*bot.*) (*Citrus sinensis*) sweet orange (tree).

melario *s.m.* honeycomb ◆ *agg.* honey (*attr.*).

melassa *s.f.* non com. **melasso** *s.m.* molasses, treacle.

melata *s.f.* honeydew.

melato *agg.* **1** sweetened with honey **2** (*fig.*) honeyed: *con parole melate*, with honeyed words.

melchita *s.m.* e *f.* Melchite, Melkite.

mele → **miele**.

meleagride → **fritillaria**.

melensaggine *s.f.* **1** (*l'essere melenso*) dullness, slow-wittedness **2** (*atto, discorso melenso*) (piece of) inanity, stupidity: *dice delle gran melensaggini*, he comes out with a lot of inanities.

melenso *agg.* **1** (*goffo*) dull, slow(-witted); (*fam.*) dopey: *che tipo — è il tuo amico!*, what a dull fellow your friend is! **2** (*insulso*) fatuous, inane: *parole melense*, fatuous words; *romanzo —*, inane (*o* fatuous) novel. ◆ *s.m.* simpleton, (*fam.*) dope: *sei proprio un —!*, what a simpleton you are!

meleto *s.m.* apple orchard.

melica[1] → **meliga**.

melica[2] *s.f.* (*poesia melica*) melic poetry.

melico *agg.* **1** melic: *poesia melica*, melic poetry **2** (*musicale*) musical ◆ *s.m.* melic poet.

melifaga *s.f.* (*zool.*) honey eater.

meliga *s.f.* (*bot.*) melic.

melilite *s.f.* (*min.*) melilite.

meliloto *s.m.* (*bot.*) (*Melilotus officinalis*) sweet clover.

melina *s.f.* (*sport*) (*fam.*) (*il trattenere la palla*) possession: *fare (la) —*, to keep possession.

melinite *s.f.* (*esplosivo*) melinite.

melinofane *s.f.* (*min.*) meliphanite.

melisma *s.m.* (*mus.*) (*abbellimento*) melisma (*pl.* -ta, -as).

melismatico *agg.* (*mus.*) melismatic.

melissa *s.f.* (*bot.*) (*Melissa officinalis*) lemon -balm, balm-mint.

melitense → **maltese**.

melitosio *s.m.* (*chim.*) melitose.

mellifero *agg.* (*letter.*) honey-producing, melliferous.

mellificare *v.intr.* to make* honey.

mellificazione *s.f.* honey-making.

mellifluamente *avv.* **1** (*letter.*) mellifluously **2** (*fig.*) in a honeyed manner; unctuously.

mellifluità *s.f.* **1** (*letter.*) mellifluousness **2** (*fig.*) (*dolcezza affettata*) honeyed manner; unctuousness, (*fam.*) sugariness: *la — della sua voce non mi persuase*, his sugary words did not persuade me.

mellifluo *agg.* **1** (*letter.*) (*stillante miele*) mellifluous, sweet **2** (*fig.*) (*affettato*) honeyed; unctuous, (*fam.*) sugary: *parole melliflue*, honeyed words.

mellitato *s.m.* (*chim.*) mellitate.

mellite *s.f.* (*min.*) mellite.

mellitico *agg.* (*chim.*) mellitic: *acido —*, mellitic acid.

mellito *agg.* (*med.*) mellitus ◆ *s.m.* (*medicinale*) mellitum.

mellivora *s.f.* (*zool.*) (*Mellivora capensis*) ratel.

melma *s.f.* **1** slime; ooze; (*fango*) mud; mire: *il fondo dello stagno è coperto di —*, the bottom of the pond is covered with slime **2** (*fig.*) filth, dirt.

melmosità *s.f.* sliminess; ooziness; (*fangosità*) muddiness.

melmoso *agg.* slimy; oozy; (*fangoso*) muddy; miry: *il fondo — di uno stagno*, the slimy bottom of a pond; *terreno —*, muddy ground.

melo *s.m.* (*bot.*) (*Pirus malus*) apple (-tree) // *— selvatico*, (*Malus sylvestris*) crab apple (tree).

mélo *s.m.* melodrama ♦ *agg.* melodramatic.

melode → **melodia**.

melodia *s.f.* **1** (*mus.*) melody, tune **2** (*aria, motivo*) melody, air, tune: *una — popolare*, a folk song; *cantò una vecchia — spagnola*, he sang an old Spanish melody; *una — orecchiabile*, a tuneful melody; *eseguire una —*, to play a tune **3** (*estens.*) melody, melodiousness, tunefulness: *musica ricca, priva di —*, tuneful, tuneless music; *quei versi hanno una certa —*, those lines have a certain melodiousness; *la — del canto degli uccelli*, the melodiousness of birdsong.

melodica *s.f.* (*strumento musicale*) melodica.

melodico *agg.* melodic, tuneful, melodious: *canzone melodica*, tuneful song; *la voce melodica dell'usignuolo*, the melodious song of the nightingale.

melodioso *agg.* tuneful, melodious, sweet -sounding: *ha una voce melodiosa*, she has a melodious voice; *lingua melodiosa*, melodious language; *canto —*, tuneful song.

melodista *s.m.* e *f.* (*mus.*) melodist.

melodramma *s.m.* **1** opera, music drama: *i melodrammi verdiani*, the operas of Verdi **2** (*fig.*) melodrama: *lo disse in un tono da —*, he said it in a melodramatic voice.

melodrammaticamente *avv.* melodramatically.

melodrammatico *agg.* **1** operatic **2** (*fig.*) melodramatic: *gesto —*, melodramatic gesture; *prese un atteggiamento —*, he struck a melodramatic pose.

meloe proscarabeo *s.m.* (*zool.*) (*Mylabris pustulata*) oil-beetle.

melograno *s.m.* (*bot.*) (*Punica granatum*) pomegranate (tree).

melologo *s.m.* (*mus.*) melologue.

melolonta → **maggiolino**[1].

melomane *s.m.* e *f.* melomaniac, melomane.

melomania *s.f.* melomania.

melone *s.m.* (*bot.*) **1** (*Cucumis melo*) melon, muskmelon **2** *— d'acqua* → **anguria**.

melopea *s.f.* melopoeia, slow melody.

meloterapia → **musicoterapia**.

membrana *s.f.* **1** (*anat., zool.*) membrane, film, velum*: *— mucosa*, mucous membrane; *falsa —*, false membrane (*o* pseudomembrane); *— del timpano*, tympanic (*o* drum) membrane: *connesso da una —*, webbed; *provvisto di —*, webby // (*zool.*) *— nittitante*, nictitating membrane **2** (*biol.*): *— cellulare*, cell membrane; *— nucleare*, nuclear membrane **3** (*tecn.*) membrane, diaphragm; (*di microfono, di altoparlante*) diaphragm // (*chim., fis.*) *— semipermeabile*, semipermeable membrane.

membranaceo *agg.* **1** (*biol.*) membranaceous: *osso —*, membrane bone **2** (*di pergamena*) parchment (*attr.*): *codice —*, parchment codex.

membraniforme *agg.* membranous.

membranofono *s.m.* (*mus.*) membranophone.

membranoso *agg.* membran(e)ous: *tessuto —*, membranous tissue.

membratura *s.f.* **1** (*insieme delle membra*) limbs (*pl.*), frame: *una — robusta*, a strong frame **2** (*arch.*) member; frame (work).

membro *pl.m.* **membri** *nei significati 1 e 3*; *pl.f.* **membra** *nel sign. 2*, *s.m.* **1** (*componente*) member: *sono — del circolo sportivo*, I am a member of the sporting club; *— di un'associazione, di un club*, member of an association, of a club; *diventare — di un'associazione, di un club*, to join an association, a club; *i membri della famiglia*, the members of the family; *— di una commissione*, member of a commission; *— del Parlamento*, Member of Parliament; *— onorario*, honorary member; *— di diritto*, member by right; *— di una lobby*, lobbyist // (*dir.*) *membri della giuria*, members of the jury // (*amm.*): *— della Camera di Commercio*, member of the Chamber of Commerce; *— del consiglio di amministrazione di una società*, director; *— della commissione interna di una fabbrica*, shop steward; *— fiduciario di un consiglio di amministrazione*, trustee // (*gramm.*) *i membri di un periodo*, the members of a sentence // (*mat.*) *il primo, il secondo — di un'equazione*, the left-hand, the right-hand member of an equation // (*arch.*) *i membri di una facciata*, the members of a façade **2** (*anat.*) limb: *le membra inferiori*, the lower limbs; *riposa le stanche membra!*, rest your tired limbs!; *le sue membra sono gracili*, she is frail-limbed **3** (*anat.*) — *virile*, membrum virile, member, penis.

memento *s.m.* **1** (*relig.*) Memento **2** (*ricordo*) memento; reminder **3** (*ammonizione*) warning: *dare un — a qlcu.*, (*iron.*) to give s.o. something to remember.

memorabile *agg.* memorable, unforgettable: *un'occasione —*, a memorable occasion; *una data —*, an unforgettable date; *un'impresa —*, an unforgettable feat; *il giorno — del grande incendio*, the never-to-be-forgotten day of the great fire; *ha fatto una gaffe —*, he made a memorable gaffe; *si è preso una sbornia —*, he got gloriously drunk // (*lett.*) *i memorabili*, memorabilia: *i — di Senofonte*, the memorabilia of Xenophon.

memorando *agg.* (*letter.*) memorable, momentous.

memorandum *s.m.* **1** (*promemoria, breve nota informativa*) memorandum*; (*fam.*) memo: — *diplomatico, commerciale*, diplomatic, business memorandum **2** (*libretto per appunti*) memorandum-book **3** (*carta da lettere di piccolo formato*) small writing paper.

memorare *v.tr.* (*ant., poet.*) to remember, to call to mind.

memore *agg.* (*letter.*) mindful; (*riconoscente*) grateful (for sthg.): — *dei piaceri ricevuti*, mindful of (*o* grateful for) favours received; — *dell'esperienza passata, non ricadde nello stesso errore*, mindful of past experience, he didn't make the same mistake; *essere — del proprio dovere*, to be mindful of one's duty.

memoria *s.f.* **1** memory: — *fedele*, retentive (*o* reliable) memory; — *di ferro, ferrea*, excellent memory; — *labile*, unreliable (*o* untrustworthy) memory; — *prodigiosa*, prodigious (*o* extraordinary) memory; — *pronta*, ready memory; — *visiva*, visual memory; — *fotografica*, photographic memory; *ha una buona —*, he has a good memory; *non ha —, ha una cattiva — per i nomi, per le date*, he has a bad memory (*o* he has no head) for names, for dates; *avere la — corta, essere corto di —*, to have a short memory; *l'avvenimento mi si è impresso, mi si è fissato nella —*, the incident stuck in my mind; *il suo volto è scolpito nella mia —*, his face is imprinted in my memory; *il primo viaggio a Parigi è rimasto vivo nella sua —*, his first trip to Paris remains fresh in his memory; *quella faccenda mi ritorna spesso alla —*, that affair often returns to my mind; *cancellare qlco. dalla —*, to erase sthg. from one's memory; *cercare, frugare, rivangare nella —*, to search one's memory; *fidarsi della propria —*, to trust (*o* to rely on) one's memory; *offuscare la —*, to cloud s.o.'s memory; *perdere, smarrire la —*, to lose one's memory; *riacquistare la —*, to recover one's memory; *richiamare alla —*, to call to mind; *rinfrescare la — a qlcu.*, to refresh s.o.'s memory; *esercitare la —*, to exercise one's memory // *a —*, by heart: *imparare, sapere qlco. a —*, to learn, to know sthg. by heart; *suonare, dipingere a —*, to play, to paint from memory // *a — d'uomo*, within living memory (*o* in the memory of man): *non s'era mai vista, udita cosa simile a — d'uomo*, within the memory of man such a thing had never been seen (*o* had never been heard of) // *se la — non mi tradisce...*, if my memory does not fail me...; *cadere dalla —*, to sink into oblivion **2** (*idea, immagine di cose passate*) memory, recollection, remembrance, reminiscence (*spec. pl.*): *la — di un caro amico*, the memory of a dear friend; *la — di quel giorno è rimasta impressa in tutti noi*, the memory of that day remained printed on our minds; — *confusa*, dim memory; — *imperitura*, everlasting (*o* undying) memory; *ho una vaga — della mia infanzia*, I have a faint recollection of my childhood; *fatti, tempi di cui si è persa la —*, events, times of which the memory is lost; *queste scene risvegliano le memorie del mio passato*, these scenes awaken memories of my past // *di beata —*, of blessed memory // *in — di*, in memory of // *medaglia alla —*, posthumous decoration **3** (*oggetto che rimane come ricordo*) memento, keepsake; (*ricordo di famiglia*) heirloom: *questo libro è una cara — di mio padre*, this book is a treasured memento of my father; *quel quadro è una preziosa — di famiglia*, that picture is a precious (family) heirloom **4** (*testimonianza del passato storico*) memorial: *Atene è ricca di memorie dell'antica grandezza*, Athens is full of memories of ancient grandeur **5** (*breve scritto, dissertazione*) memoir; (*dir.*) memorial **6** *pl.* (*note autobiografiche, storiche*) memoirs: *stampò le sue memorie*, he published his memoirs // *'Le memorie' di Casanova*, 'The Memoirs' of Casanova **7** (*inform.*) (*di elaboratore*) memory, store, storage: — *addizionale interna, esterna*, add-in, add-on memory; — *a bolle*, bubble memory (*o* bubble storage); — *ad accesso casuale*, random access memory (RAM); — *di sola lettura*, read only memory (ROM); — *a dischi*, juke box storage; — *a nuclei*, core memory; — *a strato magnetico*, magnetic thin film storage; — *a tamburo*, drum memory; — *associativa*, parallel search memory (*o* parallel search storage); — *ausiliaria*, secondary (*o* additional) store; — *cache*, cache memory (*o* cache store); — *centrale*, main (*o* primary) store (*o* core); — *di archivio*, file store; — *di controllo*, control storage; — *di elaborazione*, processor storage; — *di massa*, mass memory; — *di test*, error-catching RAM; — *intermediaria*, buffer (storage); — *rapida*, fast-access memory; — *tampone*, buffer storage (*o* store); — *virtuale*, virtual memory.

memoriale *s.m.* **1** (*petizione*) memorial (*anche dir.*); petition: *l'imputato ha presentato un — ai giudici*, the accused has presented a memorial to the judges; *redigere un —*, to draw up a memorial **2** (*raccolta di documenti*) record **3** (*libro di memorie*) memoirs (*pl.*).

memorialista *s.m.* e *f.* memorialist.

memorialistica *s.f.* (*lett.*) memoir writing; memoirs (*pl.*).

memorialistico *agg.* pertaining to memoir writing; memorialists' (*attr.*).

memorizzare *v.tr.* **1** to memorize, to learn* by heart: *non riesco a — il copione*, I can't learn the script by heart **2** (*di calcolatore*) to store, to read* in, to save, to unload.

memorizzatore *s.m.* (*inform.*) memory.

memorizzazione *s.f.* **1** memorization; learning by heart: *la — di una lista di date*, the memorization of a list of dates **2** (*inform.*) (IBM) storage.

mena *s.f.* (*spec. pl.*) plot, intrigue.

menabò *s.m.* (*tip.*) dummy; (*di impaginazione*) mock-up, layout, make-up.

menabrida *s.m.* (*mecc.*) driving plate, driver plate.

menade *s.f.* (*mit.*) maenad, Bacchante.

menadione *s.m.* (*chim.*) menadione.

menadito, a *locuz. avv.* at one's fingertips, perfectly, very well: *conoscere, sapere qlco. a —*, to have sthg. at one's fingertips; *conosce a — il codice stradale*, he has the Rules of the Road at his fingertips.

ménage *s.m.* marriage, family-life: *un — sereno, difficile*, a happy, troubled marriage // *un — à trois*, a ménage à trois.

menagramo *s.m.* e *s.f.* (*region.*) (*iettatore*) jinx, wet blanket: *non essere il solito —!*, don't be the usual wet blanket!

menaide *s.f.* (*mar.*) herring drift net.

menarca *s.f.* (*med.*) menarche.

menare *v.tr.* **1** (*letter.* o *region.*) (*condurre*) to lead* (*anche fig.*); (*portare*) to bring*: *dove mena questa strada?*, where does this road lead? (*o* take us?); — *alla rovina*, to lead (*o* to bring) to ruin; — *il cavallo a mano*, to lead a horse // — *il can per l'aia*, to beat about the bush // — *qlco. per le lunghe*, to drag sthg. out // — *qlcu. per il naso*, to lead s.o. by the nose (*o* to lead s.o. up the garden path) // — *vanto*, to boast // — *a fine qlco.*, (*letter.*) to complete sthg. (*o* to bring sthg. to completion) // — *buono, gramo*, to bring good, bad luck **2** (*passare, vivere*) to lead*: *mena una vita miserabile*, he leads (*o* lives *o* has) a miserable life **3** (*agitare, muovere*): — *la coda*, to wag its tail // — *le mani*, to fight (*o* to come to blows); *incominciarono a — le mani*, they started fighting // — *le gambe*, to run away // — *la lingua*, (*fig.*) (*sparlare*) to gossip (*o* to talk scandal) **4** (*assestare*) to give*, to deal*, to deliver, to land: — *calci a qlcu.*, to kick s.o.; — *un pugno*, to land a punch **5** (*fam.*) (*picchiare*) to beat, to thump.

□ **menarsi** *v.rifl.rec.* (*fam.*) (*picchiarsi*) to come* to blows: *si sono menati di santa ragione*, they beat (*o* knocked) the living daylights out of each other.

menarola *s.f.* → **girabacchino**.

menata *s.f.* **1** (*non com.*) (*l'agitare, il muovere*) stir; shake **2** (*fam.*) (*batosta*) hiding, beating **3** (*region.*) (*noiosa lamentela*) moan [U], moaning [U]; (*seccatura*) pain in the neck, nuisance; (*cosa noiosa*) bore: *smettila con queste menate e fai qualcosa*, stop moaning and do something.

menda *s.f.* (*letter.*) (*difetto*) flaw, defect; (*errore*) mistake, fault: *quest'opera ha alcune mende*, this work has a few flaws; *rilevare le mende in qlco.*, to pick out the mistakes in sthg.

mendace *agg.* (*letter.*) mendacious, untruthful, lying; false; misleading: *notizie mendaci*, false reports; *promesse mendaci*, false promises; *persona —*, mendacious person; *testimone —*, untruthful witness; *le apparenze sono spesso mendaci*, appearances are often misleading.

mendacia *s.f.* (*letter.*) mendacity, lying; falsity.

mendacio *s.m.* (*letter.*) (*bugia*) mendacity, lie, falsehood, untruth.

mendacità *s.f.* (*letter.*) mendacity, lying; falsity.

mendelevio *s.m.* (*chim.*) mendelevium.

mendeliano *agg.* (*biol.*) Mendelian.

mendelismo *s.m.* (*biol.*) Mendelism.

mendicante *agg.* mendicant, begging // *frati mendicanti*, mendicant friars; *ordini mendicanti*, mendicant orders ◆ *s.m.* e *f.* beggar, mendicant.

mendicare *v.intr.* to beg: *negli ultimi anni della sua vita fu costretto a —*, in the last years of his life he was reduced to begging; *preferirei morire che —*, I would die rather than beg ◆ *v.tr.* to beg; to beg for (sthg.) (*anche fig.*); *— il cibo*, to beg for food; *— un tozzo di pane*, to beg for a crust of bread; *— un aiuto, un lavoro, una promozione*, to beg for help, for a job, for a promotion; *— complimenti, lodi*, to fish for compliments, for praise; *— un favore da qlcu.*, to beg (*o* to beseech) a favour of s.o.; *— scuse*, to try to find excuses (*o* to look for excuses).

mendicità *s.f.* mendicity, mendicancy, begging: *ridursi alla —*, to be reduced to begging // *ricovero di —*, poorhouse.

mendico *agg.* (*letter.*) mendicant ◆ *s.m.* (*letter.*) beggar, mendicant.

menefreghismo *s.m.* couldn't-care-less attitude: *trovo insopportabile il suo —*, I can't stand his couldn't-care-less attitude.

menefreghista *s.m.* e *f.* person who couldn't care less, person who doesn't give a damn: *è un —*, he couldn't care less (*o* he doesn't give a damn); *si è rivelato ancora una volta il solito —*, it just shows once again that he couldn't care less (*o* that he doesn't give a damn).

meneghino *agg.* (*fam.*) Milanese: *dialetto —*, Milanese dialect ◆ *s.m.* **1** (*fam.*) Milanese (*invar. al pl.*) **2** (*dialetto milanese*) Milanese dialect: *parlare in —*, to speak Milanese dialect.

menestrello *s.m.* **1** minstrel **2** (*scherz.*) (*poeta da strapazzo*) poetaster.

menhir *s.m.* (*archeol.*) menhir.

meniano *s.m.* **1** (*archeol.*) diazoma **2** (*arch.*) balcony.

meninge *s.f.* (*anat.*) meninx* // *spremersi le meningi*, (*fig. fam.*) to rack one's brains.

meningeo *agg.* (*anat.*) meningeal.

meningismo *s.m.* (*med.*) meningism.

meningite *s.f.* (*med.*) meningitis.

meningococco *s.m.* (*med.*) meningococcus*.

menisco *s.m.* (*scient.*) meniscus*: (*fis.*) *correzione di —*, meniscus correction.

meno *avv.compar.* **1** (*in minor quantità o grado*) less; not so... (as); not as... (as): *dovresti lavorare (di) — e riposare di più*, you should work less and rest more; *il viaggio di ritorno mi è sembrato — lungo*, the journey back didn't seem so long (to me); *quest'anno ha piovuto (di) —*, it hasn't rained so much this year; *non per questo è — intelligente*, he is no less intelligent for that // *più o —, poco più poco —*, more or less // *chi più chi —*, more or less (*o* some more some less): *tutti hanno contribuito, chi più chi —, al buon esito dell'iniziativa*, everyone more or less contributed to the success of the venture (*o* everyone contributed to the success of the venture, some more some less) // *né più né —*, just, exactly: *gli ho detto né più né — come la pensavo*, I told him just (*o* exactly) how I felt about it; *le cose sono andate né più né — così*, that's exactly what happened **2** (*nel compar. di minoranza*) less... (than); not so... (as), not as... (as): *l'argento è — prezioso dell'oro*, silver is less precious than gold (*o* silver isn't as precious as gold); *lui non è — studioso di te*, he studies just as much as you do (*o* he studies no less than you do); *oggi è — freddo di ieri*, it isn't as cold today as it was yesterday (*form.* it is less cold than yesterday); *il traffico era — intenso del solito*, the traffic wasn't as heavy as usual (*o* was less heavy than usual); *è andata — bene del previsto*, it didn't go as well as expected **3** (*correl.*) (*quanto*) — ... (*tanto*) —: the less... the less: *— si lavora, — si lavorerebbe*, the less you work, the less you feel like working; *— studi, — impari*, the less you study, the less you learn **4** (*nel superl. di minoranza*) the least; (*fra due*) the less: *tra tutte le conferenze, questa è stata la — interessante*, of all the lectures, this was the least interesting; *la — preparata delle due squadre*, the less fit of the (two) teams; *ho intenzione di scegliere la macchina che costa —*, I'm going to choose the car that costs the least (*o* the cheapest car); *cerca di affaticarti il — possibile*, try to tire yourself as little as possible **5** (*con valore di* no) not: *fammi sapere se verrai o —*, let me know whether or not you're coming; *mi domando se valga la pena o — di accettare*, I wonder whether or not it's worth accepting; *mi hanno accreditato 800.000 lire, — le spese bancarie*, my account was credited with 800,000 lire, minus bank charges **6** (*mat.*) minus: *sette — tre è uguale a quattro*, seven minus three is four (*o* three from seven leaves four) // *la temperatura è — due*, the temperature is two degrees below zero // *ci sono mille lire in —, di —*, (*mancano mille lire*) there's a thousand lire missing; *ho speso mille lire in —*, I spent a thousand lire less; *uno di —!*, one less!; *non eravamo in — di otto*, there were no less than eight of us // *se avessi vent'anni di —!*, if only I were twenty years younger! // *sono le otto — cinque*, it's five to eight ◆ *prep.* (*tranne*) but, except: *c'erano tutti — loro*, everyone was there except (*o* but) them; *il museo è aperto tutti i giorni — il lunedì*, the museum is open every day but (*o* except) Monday; *ho pensato a tutto — che a fare i biglietti*, I saw to everything except the tickets.

◆ FRASEOLOGIA: *tanto —, ancora —*, even less: *non ho accettato finora, tanto — accetterei adesso*, I haven't accepted so far, and now I've got even less reason to accept // *— che mai, men che —*, let alone: *non sa parlare l'italiano, — che mai l'inglese*, he can't even speak Italian, let alone English // *quanto —*, (*perlomeno*) at least: *avresti potuto quanto — farmi una telefonata*, you could at least have phoned me // *fare a — di qlcu., di (fare) qlco.*, to do without s.o., (doing) sthg.: *non potrei fare a — di lui*, I couldn't do without him; *non potei fare a — di ridere*, I couldn't help laughing // *venire —*, (*venire a mancare*) to fail; (*svenire*) to faint; *mi venne — il coraggio*, my courage failed me; *a quella notizia, mi sentii venire —*, I felt as if I was going to faint when I heard the news // *venire — alla parola data*, to break one's word // *essere da — (di qlcu.)*, to be less than s.o. // *senza —*, (*region.*) certainly, for sure: *le telefonerò domani senza —*, I'll phone her tomorrow for sure; *a — che, a — di*, unless: *lo spettacolo si terrà all'aperto, a — che non piova*, the performance will take place outdoors, unless it rains; *non farei mai una cosa simile, a — di non esservi costretto*, I would never do such a thing, unless I was forced to // *niente —* → **nientedimeno** // *per lo —* → **perlomeno**.

meno *agg.compar.invar.* less; not so much, not as much; (*con s. pl.*) fewer; not so many, not as many: *c'è — traffico sulle strade rispetto a ieri*, there's less traffic on the roads than yesterday (*o* there isn't as much traffic on the roads as yesterday); *oggi c'è — gente in giro*, there are fewer people (*o* there aren't so many people) about today; *se prendi l'autostrada impiegherai — tempo*, it will take you less time (*o* it won't take you so long) if you use the motorway; *c'erano — italiani e più stranieri*, there were fewer Italians and more foreigners; *ha — amici che nemici*, he has fewer friends than enemies; *loro hanno — preoccupazioni di noi*, they have fewer worries than we have (*o* they haven't so many worries as we have); *questa volta hai fatto — errori*, this time you made fewer mistakes (*o* you didn't make so many mistakes) // *— storie!*, stop making a fuss! // *— male*, thank goodness; just as well; it's a good job (*o* a good thing); not so bad: *— male che non si è fatto niente*, thank goodness he wasn't hurt; *— male che siete arrivati in tempo*, it's a good job you arrived in time; *— male, poteva andar peggio!*, not so bad, things could have been worse! ◆ *s.m.* **1** (*con valore di compar.*) less, not as much: *ho fatto — di quanto avrei voluto*, I did less than (*o* I didn't do as much as) I would have liked; *ha mangiato — del solito*, he ate less than usual (*o* he didn't eat as much as usual); *— di così non si poteva dare*, you couldn't give less than that; *si accontenterebbe di molto —*, he would be satisfied with much less; *oggi ho dovuto aspettare molto —*, today I didn't have nearly so long to wait (*o* I had much less to wait); *ci vorranno non — di tre ore per arrivare*, it will take no less than three hours to get there; *finirò il lavoro in — di un mese*, I shall finish the job in less than a month; *arriverà tra non — di due settimane*, he won't be here for a fortnight // *a —, per —*, (*a minor prezzo*) for less (*o* cheaper): *vendere, acquistare per —*, to sell, to purchase for less // *in men che non si dica*, in less than no time **2** (*con valore di superl.*) the least; as little as: *questo è il — che tu possa fare*, that's the least you can do; *era il — che gli potesse capitare*, it was the least that could happen to him; *vorrei spendere il — possibile*, I'd like to spend as little as possible // *parlare del più e del —*, to talk of this and that // *quando — ci si pensa...*, when you least expect... **3** (*mat.*) minus: *il segno del —*, the minus sign **4** *pl.*: *i —*, (*la minoranza*) the minority; *i deputati che votarono a favore della proposta di legge erano i —*, the *MP*s who voted in favour of the bill were in the minority.

menomare *v.tr.* **1** (*danneggiare*) (*persone*) to disable; (*arti, sensi*) to impair; (*cose*) to damage **2** (*non com.*) (*diminuire*) to lessen, to diminish, to detract from (sthg.): *questo non menoma il suo valore*, this does not detract from (*o* lessen) his worth ◆ *v.intr.* → **menomarsi**.

□ **menomarsi** *v.intr.pron.* (*non com.*) (*scemare*) do dwindle, to fail.

menomato *agg.* **1** (*di arti, sensi*) impaired; (*di persona*) disabled: *respirazione, vista, udito —*, impaired breathing, vision, hearing; *rimase — in un incidente sul lavoro*, he was disabled in an accident at work; *essere — nella vista, nell'udito*, to have poor eyesight, to be hard of hearing **2** (*non com.*) (*diminuito, sminuito*) lessened, diminished: *valore —*, lessened value; *essere — nei propri diritti*, to be deprived of one's rights; *uscire — da una polemica*, to have (*o* to get) the worst of an argument ◆ *s.m.* disabled person // — *psichico*, person of unsound mind.

menomazione *s.f.* **1** (*di arti, sensi*) impairment; (*di persona*) disablement: *non ha più potuto lavorare dopo la sua —*, he hasn't been able to work since his disablement; *lo scoppio di quella bomba gli causò una — permanente alla vista*, the explosion of the bomb brought about the permanent impairment of his sight **2** (*non com.*) (*diminuzione*) lessening, diminution, reduction, decrease: — *dei diritti civili*, reduction (*o* restriction) of civil rights.

menopausa *s.f.* (*med.*) menopause.

menorragia *s.f.* (*med.*) menorrhagia.

menorrea *s.f.* (*med.*) menorrhoea.

menostasi *s.f.* (*med.*) menostasis, menostasia.

mensa *s.f.* **1** table (*anche fig.*): *una lauta, povera —*, a rich, poor table; *i piaceri della —*, the pleasures of the table; *la loro — è sempre ricca e abbondante*, they keep an excellent table; *rallegrò la —*, she kept the table amused; *si alzarono dalla —*, they left the table; *imbandire, sparecchiare la —*, to lay, to clear the table // *le briciole che cadono dalla — del ricco*, the crumbs which fall from the rich man's table // (*dir.*) *separazione di —*, judicial separation **2** (*mensa di università, di convento ecc.*) refectory; (*di ufficiali*) mess; (*di soldati*) cookhouse; (*di fabbrica*) canteen: *gli operai di quella fabbrica possono mangiare alla —*, the workmen of that factory can have their lunch at the canteen; *quando ero all'università spesso mangiavo alla —*, when I was at university, I often ate at the students' restaurant; *questa sera ci sarà un ricevimento alla — ufficiali*, tonight there will be a cocktail party in the officers' mess **3** (*eccl.*) altar; the Lord's table // *la Mensa Eucaristica*, Holy Communion **4** (*dir. eccl.*) revenue, income: — *vescovile*, bishop's revenue (*o* bishop's income).

menscevico *agg.* e *s.m.* (*st.*) Menshevik.

menscevismo *s.m.* (*st.*) Menshevism.

mensile *agg.* monthly: *salario —*, monthly salary; *interessi mensili*, monthly interest payment; *entrata* — monthly income; *rivista —*, monthly review; *abbonamento —*, (*di mezzi di trasporto*) monthly (*o* season) ticket ◆ *s.m.* **1** (*stipendio*) salary: *percepire un buon —*, to earn a good salary **2** (*pubblicazione mensile*) monthly.

mensilità *s.f.* **1** (*rata, importo mensile*) monthly instalment, monthly payment; (*stipendio*) monthly salary: *riscuotere le — arretrate*, to collect arrears (*o* to draw one's back pay); *devo pagare un'altra —*, I have one more monthly instalment to pay // *tredicesima —*, Christmas bonus **2** (*l'essere mensile*) monthly nature, monthly character.

mensilmente *avv.* monthly, once a month, every month: *lo vado a trovare —*, I call on him once a month; *pagare —*, to pay monthly.

mensola *s.f.* **1** (*arch.*) bracket; console **2** (*ripiano*) shelf*; (*di caminetto*) mantelpiece: *è su quella —*, it is on that shelf; *quel caminetto aveva una — di marmo rosa*, that fireplace had a pink marble mantelpiece **3** (*sostegno per cavi elettrici*) cross arm.

mensolone *s.m.* (*arch.*) corbel.

menstruo e *deriv.* → **mestruo** e *deriv.*

mensualizzazione *s.f.* (*amm.*) (*di salari*) mensualization.

mensurale *agg.* (*mus.*) mensural.

mensuralismo *s.m.* (*mus.*) mensural notation.

menta *s.f.* **1** (*bot.*) mint // — *acquatica*, (*Mentha aquatica*) bergamot mint (*o* water mint) // — *piperita*, (*Mentha piperita*) peppermint // — *verde*, (*Mentha spicata*) spearmint **2** (*estens.*) (*sciroppo*) mint syrup; (*bibita*) mint drink; (*pastiglia*) peppermint, mint.

mentale[1] *agg.* mental: *deficienza —*, mental deficiency; *età —*, mental age; *limitazione —*, mental limitation; *malattia —*, mental disease (*o* illness); *disturbo —*, mental disorder; *salute, igiene —*, mental health, hygiene; *ginnastica —*, mental gymnastics; *calcolo —*, mental calculation; *orazione —*, mental prayer; *riserva —*, mental reservation; *strapazzo —*, mental strain.

mentale[2] *agg.* (*non com.*) (*del mento*) mental.

mentalismo *s.m.* (*fil.*) mentalism.

mentalità *s.f.* mentality, outlook: — *aperta*, open-mindedness; — *ristretta*, narrow -mindedness; — *bigotta, infantile*, bigotted, childish mentality; — *consumistica*, consumer mentality; — *impiegatizia*, white-collar mentality; *ha una — arretrata*, he's got an old -fashioned outlook; *la — della borghesia, degli studenti*, middle-class, student mentality.

mentalmente *avv.* mentally; (*con la mente*) silently: *essere affaticato —*, to be suffering from mental fatigue; *pregare —*, to pray silently; *ripetere — la lezione*, to revise the lesson silently.

mentano *s.m.* (*chim.*) terpane, menthane.

mentastro → **marrubio**.

mente *s.f.* **1** mind: — *malata, sana*, unsound, sound mind; — *acuta*, keen intellect; — *debole*, weak mind; — *aperta*, open mind; — *ristretta, limitata*, narrow mind; *è una persona dalla — aperta*, he is an open-minded (*o* broad-minded) person; *avere una — matematica*, to have a mathematical mind; *il potere della —*, the power of the mind; *la — umana*, the human mind; *la sua — fu sconvolta dal dolore*, his mind was overwhelmed with grief // *malato di —*, mentally ill person // *ho rivisitato con l'occhio della — i luoghi della mia infanzia*, I thought back to the places of my childhood // *avere in — di fare qlco.*, to be thinking of doing sthg.: *aveva in — di cambiare l'arredo*, he was thinking of changing the décor; *adesso ti dico quello che ho in —*, I'll tell you what I have in mind (*o* what I'm thinking of) // *ficcarsi, mettersi in — di fare qlco.*, to take it into one's head to do sthg.: *ormai si è ficcato in — di partire e nessuno lo fermerà*, now that he's taken it into his head to leave, no one can stop him; *devi metterti in — che le regole sono queste*, you've got to get it into your head (*o* mind) that these are the rules // *togliti di — quell'idea!*, forget about that idea! // *che cosa ti è saltato in —?*, what on earth got into you? // *non mi venne in — allora*, I didn't think of it (*o* it didn't cross my mind) at the time; *gli venne improvvisamente in — di dover fare una telefonata*, it suddenly struck him (*o* occurred to him) that he had to make a phone call // *ho sempre in — le tue parole*, your words always come to my mind // *non mi passò nemmeno per la — di scrivergli*, I never dreamt of writing to him // *tenere a — qlco.*, to bear (*o* to keep) sthg. in mind: *tieni a — tutte le istruzioni*, keep all the instructions in mind; *mi è proprio uscito di —*, it just slipped my mind // *ora che mi viene in — ...*, now I think of it ...; *ora che lo vedo, mi viene in — chi è*, now that I see him I remember who he is // *aguzzare la —*, to sharpen one's wits // *calcolare a —*, to calculate mentally // *le sue spiegazioni mi hanno illuminato la —*, his explanations enlightened my mind // *è uscito di —*, (*impazzito*) he's gone out of his mind // *a — fredda*, in cold blood, (*con calma*) calmly: *agire a — fredda*, to act in cold blood; *considerare qlco. a — fredda*, to consider sthg. calmly // *a — fresca, riposata*, with a clear mind: *riesaminerò il tutto a — fresca*, I'll go over everything again with a clear mind // — *sana in corpo sano*, (*prov.*) a sound mind in a sound body **2** (*attenzione*) attention, mind: *non riesco a concentrarmi, ho la — altrove*, I can't concentrate, my mind keeps wandering; *applicare la — a qlco.*, to keep one's mind on (*o* to pay attention to) sthg. // *"Non trovo i miei occhiali" "Prova a fare — locale"*, "I can't find my glasses" "Try and remember where you left them"; *so di averti già visto ma non riesco a fare — locale*, I know I have seen you before but I can't remember where **3** (*estens.*) (*cervello*) mind, intellect, brain: *le migliori menti d'Europa erano presenti al congresso*, the best brains (*o* minds *o* intellects) of Europe were present at the congress; *la — della banda è una donna*, a woman is the brains behind the gang; *nel suo campo è una —*, he is an authority in his field // *il braccio e la —*, (*fig.*) the brawn and the brains.

-mente *suff.* di origine latina usato per formare la maggior parte degli avverbi italiani; ingl. -ly; -ally: *ansiosamente*, anxiously; *categoricamente*, categorically.

mentecatto *agg.* insane, mad ◆ *s.m.* madman*; (*idiota*) idiot.

mentene *s.m.* (*chim.*) menthene.

mentina *s.f.* peppermint, mint.

mentire *v.intr.* to lie: *si vede che non sai —*, it's clear you can't tell a lie; — *spudoratamente*, to lie shamelessly; *mentite!*, you're lying!; — *a qlcu.*, to lie to s.o. // *mentì a se stesso la gravità della situazione*, he deceived himself about the gravity of the situation // *se il tuo aspetto non mente, direi che stai benone*, unless appearances deceive me, I'd say you are fine // *se la fama non mente*, if report is true ◆ *v.tr.* (*non com.*) to falsify, to misrepresent: — *il vero*, to falsify the truth.

mentito *agg.* false, sham: *un — pentimento*, a sham repentance; *con — affetto*, out of pretended love // *sotto mentite spoglie*, under false pretences.

mentitore *agg.* lying, mendacious, false ◆ *s.m.*, **mentitrice** *s.f.* liar.

mento *s.m.* chin: — *aguzzo*, sharp (*o* pointed) chin; — *in fuori*, protruding chin; — *sfuggente*, receding chin; *doppio —*, double chin: *un'imponente signora col doppio —*, a stately, double-chinned lady; *sedeva pensieroso col — fra le mani*, he sat deep in thought, with his chin cupped in his hands.

-mento *suff.* di origine latina usato in italiano per formare sostantivi astratti da verbi; ingl. -ment; -ing: *armamento*, armament; *raffreddamento*, cooling.

mentolato *agg.* (*chim.*) mentholated.

mentolo *s.m.* (*chim.*) menthol.

mentone *s.m.* (*chim.*) menthone.

mentoniera *s.f.* chin rest.

mentore *s.m.* (*consigliere*) mentor, adviser.

mentovare *v.tr.* (*rar.*) to mention.

mentre *cong.* **1** (*temporale*) while, whilst; (*quando*) as, when: *è accaduto — eravamo in vacanza*, it happened while (*o* whilst) we were on holiday; *— stavano giocando, cominciò a piovere*, while they were playing, it began to rain; *lo incontrai — uscivo dal portone*, I met him as I was going through the front door; *lo videro — parcheggiava l'auto*, they saw him while he was parking the car; *— parlava gli tremava la voce*, his voice trembled as he spoke; *lavora sempre a maglia — guarda la televisione*, she always knits while watching TV; *— era povero, nessuno si curava di lui*, when he was poor, nobody took care of him **2** (*avversativo*) whereas, while, whilst: *a lui piace viaggiare, — io amo la vita sedentaria*, he likes travelling whereas I like staying where I am; *continua a lavorare, — dovrebbe stare a riposo*, he's still working, whereas he ought to retire; *il contenuto del tema è buono, — la forma lascia a desiderare*, the content of the essay is good, while (*o* whilst) the form could be better **3** (*finché*) while, as long as: *fallo — sei in tempo*, do it while you're still in time; *— era lui a capo del partito, non ci furono dissidi interni*, while (*o* as long as) he was party leader, there was no in-fighting ◆ *s.m.*: *in quel —*, (*in quel momento*) at that moment, (*nel frattempo*) meanwhile (*o* in the meantime *o* meantime) // *nel — che*, (*fam.*) while.

mentuccia *s.f.* (*bot.*) (*Mentha pulegium*) pennyroyal.

menù *s.m.* menu (*anche inform.*): *— a tendina*, pull-down menu.

menzionare *v.tr.* to mention, to refer to (s.o., sthg.): *Dante lo menziona due o tre volte*, Dante mentions (*o* refers to) him two or three times.

menzionato *agg.* mentioned; *sopra —*, above-mentioned; *sotto —*, below-mentioned; *già —*, aforementioned.

menzione *s.f.* mention: *degno di —*, worth mentioning: *fare — di qlcu., qlco.*, to mention s.o., sthg. // *— onorevole*, honourable mention.

menzogna *s.f.* lie, falsehood: *una — innocente*, a white lie; *un cumulo di menzogne*, a pack of lies; *questa è una —!*, that is a lie!

menzognero *agg.* **1** (*di persona*) lying, untruthful, mendacious: *è una persona menzognera*, he is an untruthful person (*o* he is a liar); (*dir.*) *testimone —*, false witness **2** (*di cosa*) false, untruthful: *un'affermazione menzognera*, an untruthful statement; *lode menzognera*, false praise; *parole, promesse menzognere*, false words, promises ◆ *s.m.* (*mentitore*) liar.

meprobamato *s.m.* (*chim.*) meprobamate.

meramente *avv.* merely, simply, purely, barely.

meraviglia *s.f.* **1** wonder; (*sorpresa*) astonishment, surprise: *ciò fu fonte di grande —*, this roused great astonishment; *fui sopraffatto dalla —*, I was overcome by wonder; *mi fa — che ancora non si sia sposato*, it is a marvel that he hasn't got married yet; *mi fa — che tu dica ciò*, I am surprised at your saying that; *mi lanciò uno sguardo pieno di —*, he looked at me in wonder; *nessuna — che si sentisse a disagio*, no wonder she felt uneasy; *non fa — che sia in ritardo*, no wonder he is late; *restai pieno di — davanti alle bellezze di Roma*, I was filled with wonder at the beauties of Rome; *il suo arrivo destò gran —*, his arrival caused great astonishment // *a —*, excellently: *andiamo a —*, we are getting on excellently; *tutto è andato a —*, everything went off smoothly; *questo vestito ti va a —*, (*fam.*) this dress suits you to a T **2** (*cosa meravigliosa*) wonder, marvel: *le meraviglie della natura*, the marvels of nature; *che —!*, what a marvel (*o* wonder)!; *è una —*, it is a marvel; *dire meraviglie di qlcu.*, to speak in glowing terms of s.o.; *fare meraviglie*, to perform wonders (*o* to work marvels) // *le sette meraviglie del mondo*, the seven wonders of the world // *questa è l'ottava — del mondo*, this is the eighth wonder of the world // *'Alice nel paese delle meraviglie'*, (*lett.*) 'Alice in Wonderland' **3** (*bot.*) moonflower.

meravigliare *v.tr.* to amaze; to astonish, to surprise: *ciò mi meraviglia*, that surprises me; *le sue parole mi meravigliarono*, his words astonished me.

□ **meravigliarsi** *v.intr.pron.* to be amazed (at s.o., sthg.); to be astonished (at s.o., sthg.), to be surprised (at s.o., sthg.): *mi meravigliai del suo coraggio*, I was amazed at (*o* astonished by) his courage; *mi meraviglio che egli non sia venuto*, I'm surprised (that) he did not come; *mi meraviglio di vederti*, I am surprised to see you; *non c'è da — che...*, no wonder that...; *ormai non mi meraviglio più di niente*, I no longer feel surprised at anything // *mi meraviglio di te!*, I am surprised at you!

meravigliato *agg.* amazed; astonished, surprised: *sguardo —*, surprised look; *rimasi — nel vederlo arrivare così presto*, I was amazed to see him arrive so early; *sono veramente — di vederti*, I am really amazed to see you.

meraviglioso *agg.* **1** wonderful, marvellous: *una vista meravigliosa*, a wonderful sight; *abbiamo avuto un tempo — durante le vacanze*, we had wonderful weather during our holidays; *è semplicemente meravigliosa!*, she is just splendid!; *fa dei progressi meravigliosi*, he is doing marvellously; *ne abbiamo un ricordo —*, we have got wonderful memories of it; *fare cose meravigliose*, to work wonders **2** (*straordinario*) extraordinary ◆ *s.m.* **1** (*lett.*) the supernatural **2** (*aspetto sorprendente*) wonder: *il — in questa faccenda è che...*, the wonder of this matter is that...

merbromina *s.f.* (*chim.*) merbromin.

mercantare → **mercanteggiare**.

mercante *s.m.* merchant, trader; dealer; (*negoziante*) shopkeeper, tradesman*: *— all'ingrosso*, wholesale trader (*o* wholesaler); *— al minuto*, retail trader (*o* retailer); *— d'arte*, art dealer; *— di bestiame*, cattle dealer; *— di grano*, corn dealer (*o* corn factor); *— di schiavi*, slave trader; *— di vino*, wine merchant; *un ricco — di Firenze*, a rich merchant of Florence // *fare orecchi da —*, to turn a deaf ear.

mercanteggiabile *agg.* negotiable, marketable, saleable.

mercanteggiamento *s.m.* bargaining, haggling; (*contrattazione*) dealing: *abile —*, clever bargaining (*o* horse-trading).

mercanteggiare *v.intr.* **1** (*antiq.*) (*fare il mercante*) to trade, to deal*: *— in olio, vini*, to deal in oil and wine **2** (*contrattare*) to bargain, to haggle, to huckster: *— sul prezzo di qlco.*, to haggle over the price of sthg.; *— per una somma irrisoria*, to bargain about a paltry sum **3** (*speculare*) to speculate: (*fin.*) *— sul cambio*, to speculate on the exchange ◆ *v.tr.* (*far oggetto di traffico indegno*) to traffic in (sthg.): *— voti*, to traffic in votes; *— la coscienza, l'onore*, to sell one's conscience, honour.

mercantesco *agg.* (*spreg.*) mercenary: *ingordigia mercantesca*, mercenary cupidity.

mercantile *agg.* **1** mercantile (*attr.*); merchant (*attr.*), commercial: *azienda —*, commercial concern; *bandiera —*, merchant flag; *codice —*, commercial code; *legislazione —*, mercantile law; *marina —*, merchant navy (*o* merchant marine *o* mercantile marine); *nave —*, merchant ship (*o* merchantman *o* cargo boat); *paese —*, mercantile country; *sistema —*, mercantile system; *attività —*, commerce (*o* trade); *banca —*, merchant bank **2** (*spreg.*) (*mercantesco*) mercenary ◆ *s.m.* (*nave mercantile*) merchant ship (*o* merchantman *o* cargo boat).

mercantilismo *s.m.* mercantilism, commercialism, mercantile system.

mercantilista *s.m.* e *f.* mercantilist ◆ *agg.* mercantile (*attr.*), mercantilist (*attr.*): *politica —*, mercantile policy.

mercantilistico *agg.* mercantilistic (*attr.*), mercantilist (*attr.*): *dottrina, economia mercantilistica*, mercantilist doctrine, economy.

mercanzia *s.f.* **1** (*merce*) merchandise [U]; goods (*pl.*); wares (*pl.*); commodity: *— avariata*, damaged goods; *inventario della —*, stocktaking; *la — è buona*, the merchandise is good; *un magazzino pieno di —*, a warehouse full of merchandise // *saper vendere la propria —*, (*fig.*) to make the most of oneself // *ogni mercante loda la sua —*, (*prov.*) every pedlar praises his own wares **2** (*ant.*) (*il commerciare*) trade **3** (*fam.*) (*roba*) stuff [U]: *dove posso mettere tutta la mia —?*, where can I put all my stuff?

mercaptale *s.m.* (*chim.*) mercaptal.

mercaptano *s.m.* (*chim.*) mercaptan.

mercaptoetanolo *s.m.* (*chim.*) mercaptoethanol.

mercaptolo *s.m.* (*chim.*) mercaptol.

mercatale *agg.* (*non com.*) (*di mercato*) market (*attr.*), market day (*attr.*).

mercatante → **mercante**.

mercatino *s.m.* **1** (*piccolo mercato rionale*) small market, local market, district market **2** (*Borsa*) (*mercato di titoli non quotati in Borsa*) over-the-counter market, unlisted market, street market.

mercatistica *s.f.* (*non com.*) marketing.

mercato *s.m.* **1** (*luogo dove si contratta e negozia*) market, marketplace: *— all'aperto*, open-air market; *— coperto*, covered market; *— dei fiori*, flower market; *— della lana*, wool market; *— del bestiame*, cattle market; *— del pesce*, fish market; *— ortofrutticolo*, fruit and vegetable market; *— rionale*, local market; *mercati generali*, general market; *città sede di —*, market town; *piazza del —*, market square; *andare al —*, to go to market // *— dell'usato*, second-hand market // *— delle pulci*, flea market // *giorno di —*, market day // *fare (un) —*, (*fig.*) (*fare confusione*) to make a commotion **2** (*econ.*) market: *— aperto*, open market; *— concorrenziale*, competitive (*o* free) market; — *del lavoro, della manodopera*, labour market; — *estero*, overseas (*o* foreign) market; — *interno*, home market; — *nero*, black market; — *sostenuto, stagnante*, steady, stagnant market; — *tendente al ribasso*, sagging market; — *unico*, single market; *mercati operanti su 24 ore*, round-the-clock markets; *accordo di* —, marketing agreement; *azienda primaria sul* —, market leader; *controllo del* —, market control; *esclusiva di* —, market franchise; *leggi di* —, market laws; *ricerca di* —, marketing research; *sbocco di* —, market outlet; *tendenza del* —, market trend; *prezzo di* —, market price; *quota di* —, market share; *il* — *dello zucchero è saturo*, the market is oversupplied with sugar; *queste automobili non hanno* —, there's no market for these cars; *conquistare nuovi mercati*, to conquer (*o* to win) new markets; *operare sul* —, to deal on the market; *rovinare il* —, to spoil the market; *sovraccaricare il* —, to flood the market; *vendere qlco. sotto* —, to sell off sthg. at cut prices // *Mercato Comune Europeo*, European Common Market (*abbr.* ECM) // (*Borsa*): — *agitato*, unsettled market; — *al rialzo*, bull market; — *al ribasso*, bear market; — *alle grida*, outcry market; — *attivo*, brisk market; — *azionario*, equity (*o* stock) market; — *calmo*, idle market; — *non ufficiale dei titoli*, coulisse (*o* curb exchange); — *stabilizzato*, (*anche fin.*) pegged market // (*fin.*): — *a pronti*, spot market; — *del reddito fisso*, fixed interest market; — *immobiliare*, property (*o* real estate) market; — *mobiliare dei titoli*, security (*o* stock) market; — *obbligazionario*, bond market **3** *a buon* —, cheap, inexpensive: *articoli a buon* —, low-priced goods **4** (*fig. spreg.*) (*trattazione, affare*) deal, bargain: *fare buono, cattivo* —, to make a good, a bad deal: *fare* — *di qlco. con qlcu.*, to bargain with s.o. for sthg.; *fare* — *del proprio onore, corpo*, to prostitute oneself.

mercatura *s.f.* (*ant.*) commerce, trade, trading.

merce *s.f.* goods (*pl.*); wares (*pl.*); merchandise; commodities: — *alla rinfusa*, goods in bulk; — *all'ingrosso*, wholesale goods; — *a termine*, future commodity; *merci di consumo*, consumer goods; *merci difettose*, faulty goods; *merci di prima necessità*, staple commodities; — *di prima scelta*, choice goods; — *di seconda scelta*, seconds (*pl.*) (*o* middling goods); — *di qualità scadente*, thirds (*pl.*); *merci di qualità sopraffina*, superfines; — *di transito*, transit goods; *merci durevoli*, durable goods; — *esente da dogana, dazio*, duty-free goods (*o* duty -free commodities *o* free commodities); *merci in attesa di sdoganamento, vincolate*, goods in bond; *merci in confezioni*, packaged goods; — *in deposito franco*, bonded goods; *merci in magazzino*, stock in hand (*o* goods on hand *o* inventory); — *in prova, in esame, in visione, soggetta a verifica*, goods on approval; — *in vendita*, goods on offer; — *molto ricercata*, goods in great demand; *merci non vendute*, stock undisposed of (*o* unsold goods); *merci per consumo interno*, goods for home use; *merci pericolose*, dangerous goods; — *preziosa, pregiata*, valuable goods (*o* valuables); — *rifiutata, protestata*, refused (*o* rejected) goods; *merci regolamentate*, regulated commodities; *merci secche*, dry goods; *merci sdoganate*, cleared goods; *merci soggette a dazio*, dutiable goods; *merci trasportate via aerea*, air freight; *merci trasportate via mare*, sea-borne goods; *merci voluminose*, bulky goods (*o amer.* freight); *merci che si vendono poco*, goods of slow sale; *movimento delle merci*, goods traffic; *partita di* —, consignment (*o* lot) of goods; *la* — *non è conforme all'ordinazione*, the goods do not correspond to orders given; *ritirare la* —, to collect the goods; *ricevere una partita di merci*, to receive a consignment of goods; *spedire merci*, to send (*o* forward *o* ship) goods; *spacciare* — *di contrabbando*, to smuggle goods (*o* to traffic in smuggled goods).

mercé *s.f.* (*letter.*) (*pietà; balìa*) mercy: *avere* — *di qlcu.*, to have mercy (*o* pity) on s.o.; *implorare* —, to cry for mercy; *rimettersi alla* — *di qlcu.*, to throw oneself on s.o.'s mercy; *alla* — *delle onde*, at the mercy of the waves; *siamo tutti alla* — *della fortuna*, we are all at the mercy of fortune; *essere abbandonato alla* — *di qlcu.*, to be left to the mercy of s.o. // *la Dio* —, (*ant.*) thanks be to God.

mercede *s.f.* (*letter.*) **1** (*paga*) pay **2** (*ricompensa*) reward.

mercenario *agg.* mercenary: *lavoro* —, mercenary work; *gente mercenaria*, mercenary people; *soldato* —, mercenary (soldier) // *amore* —, prostitution // *scrittore* —, hack writer // *politico* —, mercenary politician // (*dir.*) *testimone* —, hireling witness ◆ *s.m.* mercenary, hireling.

mercenarismo *s.m.* **1** (*st.*) mercenary system **2** (*spreg.*) mercenariness.

merceologia *s.f.* (*econ.*) study of marketable goods, (*amer.*) commodity economics.

merceologico *agg.* (*econ.*) merchandise (*attr.*), product (*attr.*): *analisi merceologica*, product analysis.

merceria *s.f.* **1** (*spec. pl.*) haberdashery [U] **2** (*negozio*) haberdasher's (shop).

mercerizzare *v.tr.* (*tess.*) to mercerize.

mercerizzato *agg.* (*tess.*) mercerized.

mercerizzazione *s.f.* (*tess.*) mercerization.

merciaia *s.f.* **merciaio** *s.m.* haberdasher.

mercificazione *s.f.* commercialization.

mercimonio *s.m.* (*commercio illecito*) illicit trade, trafficking.

mercoledì, mercoldì *s.m.* Wednesday: *al* — *siamo sempre fuori per pranzo*, on Wednesdays we always go out for dinner // — *delle Ceneri*, Ash Wednesday.

mercuriale[1] *agg.* (*med.*) mercurial: *unguento* —, mercurial ointment.

mercuriale[2] *s.f.* (*listino dei prezzi medi delle merci*) market report, market list.

mercurialismo *s.m.* (*med.*) mercurialism.

mercuriano *agg.* e *s.m.* mercurian, mercurial.

mercuriare *v.tr.* (*chim.*) to mercurate.

mercuriazione *s.f.* (*chim.*) mercuration.

mercurico *agg.* (*chim.*) mercuric.

mercurio *s.m.* **1** (*chim.*) mercury; quicksilver: *barometro a* —, mercury barometer; *cloruro di* —, mercuric chloride; *pila a ossido di* —, mercury cell; *rivestire di* —, to quicksilver; *trattare con* —, to mercurialize (*o* to quicksilver) **2** (*elettr.*) mercury: *arco a* —, mercury arc; *lampada a vapori di* —, mercury vapour lamp.

Mercurio *no.pr.m.* (*astr.*) Mercury.

mercurocromo® *s.m.* (*chim.*) Mercurochrome®.

mercuroso *agg.* (*chim.*) mercurous: *cloruro* —, mercurous chloride.

merda *s.f.* (*volg.*) shit: *che giornata di* —!, what a shitty day!; *che tempo di* —!, what shitty weather!; *sono nella* — *fino al collo*, I'm in the shit up to my neck; *Merda! Ho perso il treno*, Shit!, I've missed the train.

merdaio *s.m.* (*volg.*) filthy place.

merdoso *agg.* (*volg.*) filthy, foul.

merenda *s.f.* (afternoon) snack: *i bambini stanno facendo* —, the children are having a snack // *questo c'entra come i cavoli a* —, (*fam.*) this has nothing to do with the subject.

merendina *s.f.* snack.

meretrice *s.f.* (*letter.*) whore, prostitute.

meretricio *s.m.* (*letter.*) prostitution.

mergo → **smergo**.

mericismo *s.m.* (*med.*) rumination.

meridiana *s.f.* **1** (*geogr.*) meridian **2** (*orologio*) sundial.

meridiano *agg.* meridian: *altitudine, linea meridiana*, meridian altitude, line; *ombra meridiana*, noonday shadow; *sole* —, midday sun // *dimostrare qlco. alla luce meridiana*, (*fig.*) to make sthg. as clear as daylight ◆ *s.m.* (*geogr.*) meridian: — *celeste*, celestial meridian; — *fondamentale*, — *di Greenwich*, prime meridian; — *geografico, magnetico*, true, magnetic meridian.

meridionale *agg.* southern; south (*attr.*): *l'Africa* —, Southern Africa; *l'America* —, South America; *l'Italia* —, Southern Italy; *gli Stati meridionali*, the Southern States; *vento* —, south (*o* southerly) wind; *carattere, accento* —, southern Italian character, accent // *questione* —, economic and social question of Southern Italy ◆ *s.m.* e *f.* southerner.

meridionalismo *s.m.* (*ling.*) southern Italian idiom.

meridionalista *s.m.* e *f.* expert on the problems of Southern Italy.

meridionalistico *agg.* **1** (*del meridione*) southern **2** (*che riguarda la questione meridionale*) concerning the economic and social question of Southern Italy.

meridione *s.m.* south: *vivere nel* —, to live in the south.

meriggiare *v.intr.* (*letter.*) to have a siesta.

meriggio *s.m.* midday, noon: *in pieno* —, at noon // *stare al* —, to have a siesta.

meringa *s.f.* meringue.

meringato *agg.* made with meringue, meringue (*attr.*): (*torta*) *meringata*, meringue pie.

merino *s.m.* **1** (*zool.*) merino* (sheep) **2** (*lana*) merino (wool).

meristema *s.m.* (*bot.*) meristem.

meristematico *agg.* (*bot.*) meristematic.

meritare *v.tr.* **1** to deserve, to merit: — *una lode*, to deserve praise; *meriti tutta la mia fiducia*, you deserve my complete trust; *meritava la vittoria*, he deserved the victory; *uno sforzo che merita*, a worthwhile effort; *merita che si faccia qlco. per lui*, he deserves to have sthg. done on his behalf; *merita di essere punito*, he deserves punishment (*o* to be punished); *meritano la nostra ammirazione*, they deserve (*o* merit) our admiration // *una notizia che merita attenzione*, a piece of news that deserves attention // *te lo meriti*, (*ben ti sta*) it served you right; *l'hanno rimproverato, se l'è meritato*, they've told him off, it served him right **2** (*valere*) to be worth: *questa poesia merita di essere letta*, this poem is worth reading; *questo quadro non merita tutto quel denaro*, this picture isn't worth all that money // *non merita la pena*, it isn't worth the trouble **3** (*far ottenere, procacciare*) to earn: *è questo che gli meritò la promozione*, this is what earned him his promotion; *la sua condotta gli meritò la lode di tutti*, his conduct earned him universal praise.

meritatamente *avv.* deservedly, justly: *la squadra ha — avuto la vittoria*, the team won deservedly.

meritato *agg.* deserved: *un premio ben —*, a well-deserved prize.

meritevole *agg.* deserving, worthy, praiseworthy, meritorious: *atti meritevoli*, praiseworthy deeds; *la sua condotta è — di molta lode*, his behaviour is worthy of the highest praise; *— di fiducia*, trustworthy; *— di nota*, noteworthy.

merito *s.m.* **1** merit; credit: *lavoro di scarso —*, work of little merit (*o* of small value); *un uomo di —*, a man of merit; *non c'è nessun — in quel che stai facendo*, there is no merit in what you are doing; *loda sempre i meriti di sua moglie*, he is always extolling the merits of his wife; *il suo maggior — è la pazienza*, his greatest merit is patience; *questa ricerca ha il — di esaminare ogni aspetto del problema*, this research has the merit of examining every aspect of the problem; *avere qualche —*, to be of some merit; *ricompensare qlcu. secondo i suoi meriti*, to reward s.o. according to his merits; *gli si attribuisce sempre il — dei nostri successi*, he always takes the credit for our successes (*o* when we succeed) // *andare, tornare a — di qlcu.*, to be to s.o.'s credit // *onore al —*, award for merit // *a pari —*, equal: *le squadre si sono classificate a pari —*, the teams tied; *fu secondo a pari — con John*, he tied for second place with John // *per —*, through (*o* thanks to): *per — mio*, thanks to me: *ha trovato un buon posto per — mio*, he got a good job thanks to (*o* through) me; *è (per) — della sua prontezza se abbiamo evitato un incidente*, it's thanks to his quickness that we avoided an accident; *promozione per —*, promotion by merit; *gratifica per —*, merit bonus; *aumento di paga per —*, merit increase // *punti di —*, good marks // *non aver né — né colpa*, to deserve neither praise nor blame // *rendere — a qlcu.*, to reward s.o. // *Dio te ne renda —!*, may you be rewarded for it! **2** (*dir.*) merits (*pl.*): *il — di una causa*, the merits of a cause; *sentenza nel —*, judgment upon the merits; *eccezione nel —*, substantive plea; *giudizio di —*, trial on the merits; *vizio di —*, error as to the merits (*o* fundamental error) **3** (*aspetto sostanziale*): *entrare nel — di una questione*, to go deeply into a matter // *in — a*, as to (*o* about *o* as regards *o* with regard to *o* regarding *o* with respect to *o* respecting): *in — a questo argomento*, as to (*o* as regards) this subject; *avrete istruzioni in —*, you will receive instructions about this; *non so niente in —*, I know nothing about the matter; *parlare in — a qlco.*, to speak about sthg.

meritocratico *agg.* meritocratic: *criterio —*, meritocratic criterion; *società meritocratica*, meritocratic society.

meritocrazia *s.f.* meritocracy.

meritorio *agg.* meritorious, deserving, praiseworthy: *azioni meritorie*, praiseworthy deeds.

merla *s.f.* (*zool.*) female blackbird, hen blackbird // *i giorni della —*, the last three days of January.

merlango → **merlano** 1.

merlano *s.m.* (*zool.*) **1** (*Gadus merlangus*) whiting **2** *— nero*, (*Pollachius virens*) pollack.

merlare *v.tr.* (*arch.*) to embattle, to crenel(l)ate.

merlato *agg.* **1** (*arch.*) embattled, battlemented, crenel(l)ated: *torre merlata*, battlemented tower **2** (*arald.*) embattled.

merlatura *s.f.* (*arch.*) battlement, crene(l)lation.

merlettaia *s.f.* **1** (*chi fabbrica merletti*) lace maker, lace worker **2** (*chi vende merletti*) lace vendor, lace seller.

merlettare *v.tr.* to trim with lace; to lace: *— le federe*, to trim pillowcases with lace.

merlettatura *s.f.* **1** (*il merlettare*) trimming with lace **2** (*guarnizione*) lace trimming.

merletto *s.m.* lace: *— a tombolo*, pillow lace (*o* bobbin lace); *— con l'ago*, needle lace; *— di cotone, di seta*, cotton lace, silk lace; *ornato di —*, lace-edged.

merlino *s.m.* (*mar.*) marline, marling.

merlo[1] *s.m.* **1** (*zool.*) (*Turdus merula*) blackbird, (*non com.*) ouzel // *— acquaiolo*, (*Cinclus cinclus*) dipper **2** (*fig.*) (*sciocco, sempliciotto*) fool, simpleton, booby: *che —!*, what a simpleton!

merlo[2] *s.m.* (*arch.*) merlon.

merlot *s.m.* (*vino*) merlot.

merlotto *s.m.* **1** (*zool.*) young blackbird **2** (*fig.*) (*sciocco, sempliciotto*) fool, simpleton, booby.

merluzzetto *s.m.* (*zool.*) codling.

merluzzo *s.m.* (*zool.*) (*Gadus morrhua*) cod, codfish: *olio di fegato di —*, cod-liver oil.

mero *agg.* **1** (*letter.*) (*puro*) pure: *acqua mera*, pure water; *vino —*, neat wine **2** (*fig.*) (*vero e proprio*) pure, mere, sheer; simple: *è tutta una mera invenzione*, the whole thing is pure imagination; *fu una mera coincidenza*, it was a mere coincidence // (*dir.*) *mera detenzione*, (*senza il possesso*) custody, (*senza la proprietà*) naked possession.

meroedria *s.f.* (*min.*) merohedrism.

merope → **gruccione**.

merovingico, **merovingio** *agg.* Merovingian.

mesa *s.f.* (*geogr.*) mesa.

mesata *s.f.* **1** (*non com.*) (*mese*) month **2** (*fam.*) (*paga di un mese di lavoro*) monthly pay, monthly salary, monthly wage: *riscuotere la —*, to draw one's pay; *— anticipata*, a month's pay in advance **3** (*canone mensile*) monthly payment, monthly instalment: *pagare due mesate di affitto anticipate*, to pay two months' rent in advance (*o* to prepay two months' rent).

mescal *s.m.* (*bot.*) mescal.

mescalina *s.f.* (*chim.*) mescaline.

mescere *v.tr.* **1** (*versare*) to pour (out): *mesci il vino per piacere*, pour the wine, please **2** (*letter.*) (*mescolare*) to mix.

meschineria, **meschinità** *s.f.* **1** (*l'essere meschino*) meanness **2** (*azione meschina*) mean action; (*parola meschina*) mean word: *dire meschinerie, meschinità*, to say mean things.

meschino *agg.* **1** (*povero*) poor; (*misero*) miserable: *conduce una vita meschina*, he leads a miserable life; *ho ricevuto un regalo —*, I received a miserable present **2** (*gretto*) mean; wretched: *pensieri meschini*, mean thoughts; *una persona meschina*, a narrow-minded person; *una scusa meschina*, a wretched excuse // *fece una figura meschina*, he cut a very poor figure ♦ *s.m.* **1** (*persona gretta*) wretch **2** (*letter. region.*) (*povero diavolo*) poor fellow.

mescita *s.f.* **1** (*il mescere*) pouring (out) // *banco di —*, bar **2** (*bottega in cui si servono al banco vini e liquori*) wine shop; tavern; bar.

mescitore *s.m.* barman*.

mescola *s.f.* (*tecn.*) mixture, mix.

mescolabile *agg.* mixable.

mescolamento *s.m.* mixing, mingling.

mescolanza *s.f.* **1** (*chim.*) mixture, composition **2** (*miscuglio*) mix, mixture; (*miscela*) blend: *quel quadro è una — di stili*, that picture is in a mixture of styles; *una — di gente di ogni provenienza*, a mix of people from all over; *una — di vini*, a blend of wines.

mescolare *v.tr.* **1** to mix; (*tè, caffè, liquori, tabacco*) to blend: *— latte e miele*, to mix milk and honey; *— lo zucchero alla, con la farina*, to mix sugar with flour; *— diversi tipi di caffè*, to blend different kinds of coffee **2** (*chim.*) to compound **3** (*fig.*) (*confondere*) to confuse, to muddle (up): *— il sacro col profano*, to muddle the sacred and the profane **4** (*rimestare*) to stir: *mescola bene il caffè*, give the coffee a good stir (*o* stir the coffee well); *devo — la crema?*, shall I stir the custard? **5** (*mettere in disordine*) to muddle (up), to jumble (up); (*le carte*) to shuffle: *— i coltelli con i cucchiai*, to jumble (up) the knives with the spoons.

□ **mescolarsi** *v.intr.pron., rifl.* o *rifl.rec.* **1** to mix; (*di tè, caffè, liquori, tabacco*) to blend: *l'acqua si mescola col vino*, water mixes with wine; *questi tipi di tabacco si mescolano bene*, these kinds of tobacco blend well **2** (*finire insieme disordinatamente*) to get* mixed, to get* jumbled up, to get* into a muddle; (*associarsi*) to mingle: *i fogli si sono mescolati*, the sheets have got mixed up; *si mescola a ogni categoria di persone*, he is a good mixer; *— con la folla*, to mingle with (*o* in) the crowd **3** (*fig. non com.*) (*impicciarsi*) to interfere (with sthg.): *non mescolatevi in ciò che non vi riguarda*, do not interfere with what doesn't concern you.

mescolata *s.f.* **1** mix; (*il mescolare*) mixing **2** (*rimestata*) stir; (*il rimestare*) stirring: *dare una — alla polenta*, to give the polenta a stir **3** (*alle carte*) shuffle; (*il mescolare le carte*) shuffling.

mescolatore *s.m.* **mescolatrice** *s.f.* (*tecn.*) mixer, blender.

mescolatura, **mescolazione** *s.f.* (*il mescolare*) mixing; blending.

mescolio *s.m.* (*mescolare continuo*) mixing, mingling.

mese *s.m.* **1** month: *il — di dicembre*, the month of December; *nel — di luglio sarò via*, I'll be away in July; *il — scorso*, last month; *il — prossimo*, next month; *il corrente —*, the current month; *il venti del corrente* —, the twentieth of this month; *ai primi del* —, early in the month; *centomila lire al* —, a hundred thousand lire a month; *quanti ne abbiamo del —?*, what day of the month is it? (*o* what is the date?); *ogni* —, every month (*o* monthly); *un — di ferie*, a month's holiday; *quel viaggio durò mesi e mesi*, that journey lasted months and months; *si trova ormai al sesto* —, (*di gravidanza*) she is already in her sixth month; *noleggiare qlco. a* —, to hire sthg. by the month // *da mesi*, for months: *non lo vedo da mesi*, I haven't seen him for months // (*astr.*): — *lunare*, *sinodico*, lunation; — *civile*, calendar month; — *anomalistico*, anomalistic month // (*comm.*) — *commerciale*, standardized 30-day month; — *contrattuale*, contract month **2** (*paga di un mese*) monthly pay, monthly salary, monthly wage: *esigere tre mesi anticipati* (*d'affitto*), to ask for three months' rent in advance.

mesencefalico *agg.* (*anat.*) mesencephalic.

mesencefalo *s.m.* (*anat.*) mesencephalon*.

mesenchima *s.m.* (*biol.*) mesenchyme.

mesentere *s.m.* (*anat.*) mesentery.

mesenterico *agg.* (*anat.*) mesenteric.

mesenterio → **mesentere**.

mesenterite *s.f.* (*med.*) mesenteritis.

mesetto *s.m.* (*un mese circa*) (period of) about a month, (period of) nearly a month: *starò via un* —, I'll be away for about a month.

mesitile *s.m.* (*chim.*) mesityl: *ossido di* —, mesityl oxide.

mesitilene *s.m.* (*chim.*) mesitylene.

mesmerico *agg.* mesmeric.

mesmerismo *s.m.* mesmerism.

mesmerizzare *v.tr.* (*curare con il mesmerismo*) to mesmerize.

mes(o)- *pref.* di origine greca della terminologia scientifica che significa 'medio, intermedio'; ingl. mes(o)-: *mesenchimale*, mesenchymal; *mesocefalia*, mesocephaly; *mesopausa*, mesopause; *mesosfera*, mesosphere.

mesocarpo *s.m.* (*bot.*) mesocarp.

mesocefalo *agg.* mesocephalic, mesocephalous.

mesocolon *s.m.* (*anat.*) mesocolon.

mesoderma *s.m.* (*biol.*) mesoderm.

mesofase *s.f.* (*chim.*, *fis.*) mesophase.

mesofillo *s.m.* (*bot.*) mesophyll.

mesofita *s.f.* (*bot.*) mesophyte.

mesogastrio *s.m.* (*anat.*) mesogastrium (*pl.* -ia).

mesoglea *s.f.* (*biol.*) mesoglea.

mesolitico *agg.* e *s.m.* (*geol.*) Mesolithic.

mesomeria *s.f.* (*chim.*) mesomerism.

mesomero *s.m.* **1** (*chim.*) mesomeric compound **2** (*biol.*) mesomere.

mesomorfo *agg.* (*scient.*) mesomorphic ◆ *s.m* (*scient.*) mesomorph.

mesone *s.m.* (*fis.*) meson: — *-K*, K-meson.

mesonico *agg.* (*fis.*) mesonic.

mesopotamico *agg.* Mesopotamian.

mesotelio *s.m.* (*anat.*) mesothelium*.

mesoterapia *s.f* (*med.*) mesotherapy.

mesotermo *agg.* mesothermal // (*bot.*) *pianta mesoterma*, mesotherm.

mesotorace *s.m.* (*zool.*) mesothorax.

mesotorio *s.m.* (*chim.*) mesothorium.

mesotrone *s.m.* (*fis.*) mesotron.

mesozoico *agg.* e *s.m.* (*geol.*) Mesozoic.

messa[1] *s.f.* (*eccl.*) mass, Mass: — *cantata*, sung mass; — *solenne*, *grande*, solemn, high mass; — *da morto*, *da requiem*, requiem (mass); — *letta*, *piana*, *bassa*, low mass; — *alta*, high mass; *prima* —, — *novella*, first mass; *paramenti per la* —, mass (*o* priest's) vestments; *andare a* —, to go to mass; *ascoltare la* —, to hear mass; *celebrare*, *dire la* —, to celebrate, to say mass; *servire* (*la*) —, to serve mass; *far dire una — per un defunto*, to have a mass offered for the repose of the soul of s.o.; *togliere la — a un sacerdote*, to deprive a priest of the right to celebrate mass // — *per coro e organo*, mass for choir and organ; *la 'Messa da Requiem' di Verdi*, Verdi's 'Requiem'.

messa[2] *s.f.* **1** (*il mettere*) placing, putting, setting; — *in piega*, set; (*teatr.*) — *in scena*, staging; (*dir.*) — *in vigore*, enforcement; (*fin.*) — *in liquidazione*, liquidation; (*elettr.*) — *a terra*, grounding (*o* earthing); (*cinem.*) — *in quadro*, framing; (*tess.*) — *in carta*, designing; (*tip.*) — *in macchina*, imposing // (*comm.*): *la — in vendita di un prodotto*, the offering of a product for sale; — *in conto*, charging (*o* debiting); (*comm. mar.*) — *a bordo*, shipping (*o* loading aboard) // (*mar.*): — *in cantiere*, laying-down; — *in disarmo*, laying-up; — *in mare*, launching // (*mecc.*) — *a punto*, setting up (*o* adjustment), (*aut.*) tuning, (*di una trasmissione ecc.*) truing, (*fig.*) (*di un progetto*) finalization // — *in fase*, setting; — *in fase dell'accensione*, ignition timing; — *in fase del motore*, engine timing; — *in moto*, (*motorino di avviamento*) starter; (*avviamento*) starting up; — *in opera*, (*di impianto*) installation (*o* setting up); — *in orbita di un satellite*, launching of a satellite into orbit // (*ottica*): — *a fuoco*, focusing; — *a fuoco all'infinito*, infinity focusing // *la — a fuoco di un problema*, (*fig.*) getting a problem into focus // (*inform.*): — *a punto*, (*verifica*) checkout, (*di programma*) debugging (*o* adjustment), (*di nastro*) threading; — *in applicazione*, *in versione*, implementation; — *in forma*, editing (*o* formatting); — *in evidenza*, (*sullo schermo*) enhancement **2** (*al gioco*, *posta*, *puntata*) stake.

messaggeria *s.f.* (*spec. pl.*) (*servizio di trasporti*) distribution service, delivery service; (*impresa che cura tale servizio*) distributors (*pl.*), freight company // — *postale*, private delivery service.

messaggero *s.m.* **1** messenger; herald: *un — di pace*, a messenger of peace **2** (*addetto postale su treni e navi*) postal official ◆ *agg.* (*poet.*) that heralds, heralding: *un discorso — di vittoria*, a speech heralding victory.

messaggio *s.m.* **1** message: *inviare*, *consegnare*, *ricevere un* —, to send, to deliver, to receive a message; *lasciagli un — sul tavolo*, leave a message on the table for him; *qual è il — di questo film?*, (*fig.*) what's the message of this film? // — *pubblicitario*, (*nei giornali*) advertisement, (*radiotelevisivo o cinematografico*) commercial // *il — evangelico*, the evangelical message; *il — illuministico*, the message of Enlightenment // (*inform.*): — *di errore*, error message; — *di intervento*, action message; — *informativo*, informative (*o* informational) message; — *orale*, *verbale*, voice-gram; — *di posta elettronica*, i-mail // (*tel.*) — *multidestinatario*, book message **2** (*discorso solenne*) address: — *presidenziale*, presidential address; *il — del papa ai fedeli*, the Pope's address to the faithful.

messale *s.m.* **1** (*eccl.*) missal **2** (*scherz.*) (*libro di proporzioni rilevanti*) massive tome.

messalina *s.f.* (*donna dissoluta*) dissolute woman, Messalina.

messe *s.f.* **1** (*spec. pl.*) crop; (*raccolto*) harvest: *una — abbondante*, an abundant harvest (*o* a bumper crop); *falciare le messi*, to reap the crops (*o* the harvest); *messi non mietute*, standing (*o* unharvested) crops **2** (*letter.*) (*mietitura*) reaping, harvesting: *tempo della* —, harvest-time **3** (*spec. pl.*) (*biade*) corn ⓤ: *le bionde messi*, the golden corn **4** (*fig.*) (*raccolta*, *copia*) crop, harvest: *ricca — di informazioni*, a rich harvest of information.

messere *s.m.* (*ant.*) Sir; (*accompagnato dal nome*) Master: — *lo giudice*, His Honour, (*vocativo*) Your Honour; *sì* —, yes Sir.

messia *s.m.* messiah // (*relig.*) *il Messia*, the Messiah.

messianico *agg.* Messianic.

messianismo *s.m.* Messianism.

messicano *agg.* e *s.m.* Mexican.

messidoro *s.m.* (*st. francese*) Messidor.

messinese *agg.* Messinese, of Messina, from Messina ◆ *s.m.* e *f.* inhabitant of Messina; native of Messina.

messinscena *s.f.* **1** (*teatr.*) staging; production: *una spettacolare — dell'Aida*, a spectacular production of Aida **2** (*fig.*) (*simulazione*) performance, sham; (*fam.*) act: *le sue lacrime erano solo una* —, her tears were only an act.

messo[1] *agg.*: *ben* —, (*vestito bene*) well -dressed, (*robusto*) well-built (*o* sturdy), (*in buone condizioni finanziarie*) well-off; *mal* —, (*trascurato*) shabby, (*mal vestito*) poorly dressed (*o* badly dressed *o* got up); (*in cattive condizioni finanziarie*) badly-off (*o* hard up); *una ditta mal messa*, a firm in financial straits.

messo[2] *s.m.* **1** messenger; (*ambasciatore*) ambassador; (*legato*) legate: — *papale*, (papal) legate // — *del cielo*, heavenly messenger **2** (*dipendente di uffici pubblici*) usher; (*fattorino*) messenger boy, runner: — *comunale*, municipal messenger; — *di tribunale*, usher.

mestamento *s.m.* (*non com.*) **1** stirring; (*mescolamento*) mixing **2** (*fig.*) plot, plotting.

mestare *v.tr.* to stir; (*mescolare*) to mix ◆ *v.intr.* (*fig.*) (*intrigare*) to intrigue, to plot; (*interferire negli affari altrui*) to meddle.

mestatoio *s.m.* (*non com.*) stirrer.

mestatore *s.m.* **mestatrice** *s.f.* **1** (*non com.*) stirrer; (*chi mescola*) mixer **2** (*fig.*) (*intrigante*) intriguer, plotter; (*ficcanaso*) meddler.

mestica *s.f.* (*pitt.*) **1** (*mistura per preparare tele da dipingere*) ground mixture **2** (*miscela di colori sulla tavolozza*) paint mixture.

mesticare *v.tr.* (*pitt.*) **1** (*stendere la mestica su*) to ground **2** (*mescolare*) to mix.

mestichino *s.m.* (*pitt.*) spatula, palette knife.

mestierante *s.m.* e *f.* **1** (*chi si applica superficialmente e per lucro a ogni genere di lavoro*) jack-of-all-trades **2** (*spreg.*) (*scrittore, artista poco originale, ma che sa fare il suo me-*

stiere) hack: *un buon* —, an honest workman.

mestiere[1] *s.m.* **1** trade; profession; line; (*occupazione*) job, occupation: *il — del falegname*, the carpenter's trade; *il — dell'avvocato, dell'ingegnere, del giornalista*, the lawyer's, the engineering, the journalist's profession; *che — fai?*, what do you do (for a living)? (*o* what line are you in?); *fa il calzolaio di* —, he is a shoemaker by trade; *fa l'architetto di* —, he is an architect by profession; *fa il cantante di* —, he is a professional singer; *di —, fa il fornaio*, he is a baker (by trade); *è un truffatore di* —, (*fig.*) he's a habitual cheat; *ha lasciato il suo — perché era troppo difficile*, he left his job because it was too difficult for him; *imparare, insegnare, esercitare un* —, to learn, to teach, to carry on a trade; *sta imparando il — del carpentiere*, he is learning carpentry // *essere del* —, to be an expert (*o* to know one's job) // *cambia —!*, change your job! // *i ferri del* —, the tools of the trade // *gli incerti del* —, the hazards of the profession (*o* trade) // *conoscere i segreti, i trucchi del* —, to know the secrets, the tricks of the trade // *arti e mestieri*, arts and crafts // *fare il* —, (*essere una prostituta*) to be on the game // *non è — tuo*, (*fig.*) (*non è affar tuo*) it's none of your business **2** (*perizia*) skill, craft, experience, expertise: *è molto dotato ma gli manca il* —, he's very gifted but he lacks experience; *per far questo ci vuol* —, for this job you need skill **3** (*lavoro*) job: *puoi fare questo — per me?*, can you do this job for me? // *fare i mestieri*, (*le faccende di casa*) to do the house-work **4** (*spreg.*) (*professione per lucro*) business: *della pittura ha fatto un* —, he made a business out of painting.

mestiere[2], **mestieri** *s.m.* (*ant., letter.*) (*in frasi imp.*): *è, fa* —, it is necessary.

mestizia *s.f.* sadness; melancholy.

mesto *agg.* sad; melancholy; mournful; (*depresso*) depressed: — *addio*, sad farewell; *aria mesta, motivo* —, melancholy air, tune // *la mesta cerimonia*, (*il funerale*) the funeral.

mestola *s.f.* **1** (*arnese da cucina*) (*di metallo*) ladle; (*di legno*) wooden spoon: — *bucata*, skimmer (*o* strainer) **2** (*cazzuola*) bricklayer's trowel // *essere una buona* —, (*fig.*) (*un bravo muratore*) to be a skilful bricklayer **3** *pl.* (*fig. fam.*) (*mani grandi*) paws, big hands.

mestolame *s.m.* (*insieme di mestoli*) kitchen spoons and ladles.

mestolata *s.f.* **1** (*quantità contenuta in un mestolo*) ladleful; spoonful **2** (*quantità contenuta in una cazzuola*) trowelful **3** (*colpo dato con un mestolo*) blow with a ladle; (*mescolata data con un mestolo*) stir with a ladle: *dai una — al riso ogni tanto*, give the rice a stir from time to time.

mestoliera *s.f.* ladle-rack.

mestolo *s.m.* ladle; (*di legno*) wooden spoon // *avere il — in mano*, (*fig.*) (*farla da padrone*) to rule the roost // *tenere il* —, (*fig.*) (*comandare*) to be at the helm.

mestolone *s.m.* **1** (*uomo goffo*) clumsy oaf* **2** (*zool.*) (*Anas clypeata*) shoveller.

mestone *s.m.* wooden stirrer, wooden spatula.

mestruale *agg.* (*med.*) menstrual.

mestruare *v.intr.* to menstruate.

mestruazione *s.f.* menstruation, periods (*pl.*).

mestruo *s.m.* → **mestruazione**.

meta[1] *s.f.* **1** (*destinazione*) destination: *la — del nostro viaggio era Atene*, our destination was Athens; *errare senza* —, to wander about aimlessly **2** (*scopo, fine*) goal, aim, object, purpose: *la — della propria vita*, one's aim in life; *prefiggersi una* —, to set oneself a goal; *raggiungere la — prefissa*, to reach one's set goal (*o* aim) **3** (*archeol.*) (*nei circhi*) meta (*pl.* -ae) **4** (*sport*) (*rugby*) try: *andare in, segnare una* —, to score a try.

meta[2] *s.f.* **1** (*mucchio, ammasso*) pile: — *di paglia*, pile of straw; — *di fieno*, haystack **2** (*rar.*) (*escremento di bestia grossa*) dung, turd.

meta[3®] → **metaldeide**.

metà *s.f.* **1** half*: *la — del mio tempo, dei miei soldi*, half (of) my time, (of) my money; *una — della casa è mia*, half (of) the house is mine; *la — di cento è cinquanta*, half (of) a hundred is fifty; *hai mangiato solo — minestra*, you've only had half your soup; — *e* —, half -and-half; — *di queste frasi sono sbagliate*, half (of) these sentences are wrong; *più della — dei miei libri*, more than half (of) my books; *la prima — del secolo*, the first half of the century // *a* —, half: *cotto a* —, half-cooked; *dividere qlco. a* —, to divide sthg. in half (*o* in two *o* into two halves); *essere a — di qlco.*, to be halfway through sthg.; *sono circa a — libro*, I'm about halfway through the book; *fare a — di qlco. con qlcu.*, to go halves (*o* fifty-fifty); *ho solo un panino, facciamo a* —, I only have one sandwich, let's share it between us; *fare le cose a* —, (*non finirle*) to do things by halves (*o* to leave things half-done); *lasciare qlco. a* —, to leave sthg. half-done; *non finisce mai un libro, li lascia tutti a* —, he never finishes a book, he always gives up halfway through; *fermarsi a — di un'impresa, di un viaggio*, to stop halfway through an undertaking, a journey; *abbiamo un garage a — con i nostri vicini*, we share the garage with our neighbours; *dire le cose a* —, to leave some things unsaid // *comprare, vendere a — prezzo*, to buy, to sell at half-price // *siamo circa a — strada*, we're about halfway (*o* midway) // *per* —, half: *un tessuto per — lana per — cotone*, a fabric that is half wool half cotton; *è americano per* —, he is half American; *la tua teoria è giusta solo per* —, your theory is only half right // *lavorare — tempo*, to work part-time // (*dir.*) — *di un bene*, — *quota*, moiety // *quel viaggio ti ha davvero ridotto la* —, (*fig.*) (*sei dimagrito moltissimo*) that journey has really taken it out of you **2** (*parte mediana*) middle: *a — stanza*, in the middle of the room; *verso la — di settembre*, around (*o* about) the middle of September; *siamo già a — settimana*, we are already midweek // (*sport*): — *campo*, (*centrocampo*) midfield, (*ciascuna delle due parti del campo*) the opponents' half; *linea di — campo*, halfway line; *entrare nella — campo avversaria*, to go into the opponents' half; *oltrepassare la — campo*, to cross the halfway line // *chi ben comincia è a — dell'opera*, (*prov.*) a good beginning is half the battle **3** (*fig. scherz.*) (*coniuge*) half*: *la mia dolce* —, my better half; *ha trovato la sua — ideale*, he's found his ideal partner (*o* his other half).

meta- *pref.* di origine greca; ingl. meta-; significa **1** mutamento; trasposizione; trasferimento: *metatesi*, metathesis; *metempsicosi*, metempsychosis **2** dopo; dietro; al di là: *metatorace*, metathorax; *metafisica*, metaphysics **3** superamento dei limiti: *metapsichica*, metapsychology **4** che si riferisce a se stesso: *metalinguistica*, metalinguistics **5** (*chim.*) acido che ha una molecola d'acqua in meno (rispetto a un altro derivato dalla stessa anidride); sale di tale acido; forma più complessa (del composto organico a cui è premesso); composto bisostituito del benzene nel quale i sostituenti sono distanziati di una posizione: *acido metafosforico*, metaphosphoric acid; *metaldeide*, metaldehyde; *metaxilene*, meta -xylene.

metabasi *s.f.* (*ret.*) metabasis*.

metabisolfito *s.m.* (*chim.*) metabisulphite.

metabole *s.f.* (*ret.*) metabole.

metabolico *agg.* (*biol.*) metabolic.

metabolismo *s.m.* (*biol.*) metabolism: — *basale*, basal metabolism; — *dei grassi*, fat metabolism.

metabolizzare *v.tr.* **metabolizzarsi** *v.intr. pron.* (*biol.*) to metabolize.

metacarpo *s.m.* (*anat.*) metacarpus*.

metacentro *s.m.* (*mar.*) metacentre.

metacrilato *s.m.* (*chim.*) methacrylate.

metacrilico *agg.* (*chim.*) methacrylic: *acido* —, methacrylic acid; *polimero* —, methacrylic polymer.

metacromatico *agg.* (*biol.*) metachromatic.

metadinamo *s.f.* (*elettr.*) metadyne.

metadone *s.m.* (*chim.*) methadone.

metaemoglobina *s.f.* (*biol.*) methemoglobin.

metafase *s.f.* (*biol.*) metaphase.

metafisica *s.f.* **1** (*fil.*) metaphysics [U] **2** (*fig. spreg.*) (*confusa astrazione*) nebulous abstraction.

metafisicheria *s.f.* (*spreg.*) (*argomentazione astrusa*) overabstruse thinking.

metafisico *agg.* (*fil.*) metaphysical ◆ *s.m.* (*fil.*) metaphysician.

metafonesi → **metafonia**.

metafonetico *agg.* (*ling.*) metaphonetic.

metafonia *s.f.* (*ling.*) metaphony, umlaut.

metafora *s.f.* (*ret.*) metaphor // *parlare per metafore*, to speak allusively // *fuor di* —, clearly (*o* explicitly).

metaforeggiare *v.intr.* to speak* metaphorically, to speak* in metaphors.

metaforico *agg.* metaphorical, figurative: *uso — di una parola*, metaphorical use of a word; *linguaggio* —, figurative language.

metaforizzare *v.tr.* (*non com.*) (*esprimere in forma metaforica*) to express in metaphors, to express metaphorically ◆ *v.intr.* (*usare metafore*) to use metaphors, to speak* metaphorically.

metafosforico *agg.* (*chim.*) metaphosphoric: *acido* —, metaphosphoric acid.

metafraste *s.m.* (*letter.*) (*traduttore, interprete*) metaphrast.

metagalassia *s.f.* (*astr.*) metagalaxy.

metagenesi *s.f.* (*biol.*) metagenesis.

metageometria *s.f.* metageometry.

metagiuridico *agg.* (*dir.*) meta-juridical.

metaldeide *s.f.* (*chim.*) metaldehyde.

metalingua *s.f.* **metalinguaggio** *s.m.* (*ling.*) metalanguage.

metalinguistica *s.f.* (*ling.*) metalinguistics [U].

metalinguistico *agg.* (*ling.*) metalinguistic.

metallaro *s.m.* (*fanatico della musica heavy metal*) heavy metal freak.

metallico *agg.* **1** metal (*attr.*): *oggetto* —, metal object; *rivestimento* —, metal plating; *moneta metallica*, coin (*o* coinage *o* hard money); *riserva metallica*, metal reserve; *lucentezza metallica*, metallic shine; *suono* —, clang (*o* metallic sound): *dare un suono* —, to clang; *voce metallica*, metallic (*o* harsh) voice **2** (*chim.*) metallic, metalline: *legame* —, metallic bond; *sale* —, metallic salt; *acque metalliche*, metalline waters.

metallifero *agg.* (*geol.*) metalliferous: *miniere metallifere*, metal(liferous) mines.

metallina *s.f.* (*metall.*) matte.

metallino *agg.* (*chim.*) metalline.

metallizzare *v.tr.* **1** (*ricoprire con uno strato metallico*) to metallize, to metal **2** (*impregnare di particelle metalliche*) to metallize **3** (*verniciare con vernice metallizzata*) to spray with metallized paint **4** (*chim.*) (*combinare con un metallo*) to metallize.

metallizzato *agg.* **1** (*ricoperto con uno strato metallico*) metallized, metalled **2** (*impregnato di particelle metalliche*) metallized: *vernice metallizzata*, metallized paint **3** (*verniciato con vernice metallizzata*) sprayed with metallized paint **4** (*chim.*) (*combinato con un metallo*) metallized.

metallizzazione *s.f.* metallization; metallizing, metalling; metal coating: — *galvanica*, galvanic metallization; — *al cannello*, flame metal coating.

metallo *s.m.* metal: (*chim.*) — *alcalino*, alkali metal; — *antifrizione*, antifriction (*o* Babbitt) metal; — *base*, base metal; — *bianco*, white metal; — *delta*, delta metal; — *dolce*, soft metal; — *duro*, hard metal; — *fragile*, brittle metal; — *fuso*, molten metal; — *grezzo*, raw metal; — *lavorato*, wrought metal; — *Muntz*, Muntz; — *nobile*, noble metal; — *prezioso*, precious metal; — *vile*, base metal; *estrarre il* — *da un minerale*, to extract metal from the ore // *il vile* —, (*fig.*) filthy lucre.

metallocromia *s.f.* (*metall.*) blueing.

metallogenesi *s.f.* (*geol.*) metallogenesis.

metallogenico *agg.* (*geol.*) metallogenic.

metallografia *s.f.* (*metall.*, *tip.*) metallography.

metallografico *agg.* metallographic.

metallografo *s.m.* metallographer.

metalloide *agg.* (*min.*) metalloid(al) ◆ *s.m.* (*chim.*) metalloid.

metalloporfirina *s.f.* (*biochim.*) metalloporphyrin.

metallorganico *agg.* (*chim.*) metallo -organic, metallorganic.

metalloscopio *s.m.* (*mecc.*) metalloscope.

metalloterapia *s.f.* (*med.*) metallotherapy.

metallurgia *s.f.* metallurgy.

metallurgico *agg.* metallurgic, metallurgical: *industria metallurgica*, metallurgical industry ◆ *s.m.* metalworker.

metallurgista *s.m.* e *f.* (*esperto di metallurgia*) metallurgist.

metalmeccanico *agg.* engineering (*attr.*), metal and mechanical (*attr.*): *industria metalmeccanica*, engineering industry; *lavoratore* —, metal (*o* engineering) worker ◆ *s.m.* metalworker: *sciopero dei metalmeccanici*, metalworkers' (*o* engineer's) strike.

metameria *s.f.* (*chim.*, *zool.*) metamerism.

metamerico *agg.* (*chim.*, *zool.*) metameric.

metamero *s.m.* **1** (*chim.*) metamer **2** (*zool.*) somite, metamere.

metamorfico *agg.* metamorphic: (*geol.*) *roccia metamorfica*, metamorphic rock.

metamorfismo *s.m.* (*geol.*) metamorphism: — *di contatto*, contact metamorphism.

metamorfosare *v.tr.* **metamorfosarsi** *v.intr.pron.* (*scient.*) to metamorphose.

metamorfosi *s.f.* metamorphosis*, transformation (*anche biol.*): *le sue idee hanno subito una profonda* —, (*fig.*) his ideas underwent a complete change (*o* transformation).

metanale *s.f.* (*chim.*) methanal.

metanefrina *s.f.* (*biochim.*) metanephrine.

metaniera *s.f.* (*mar.*) methane-tanker.

metaniero *agg.* methane (*attr.*): *industria metaniera*, methane industry.

metanifero *agg.* methane-producing.

metanizzare *v.tr.* **1** (*fornire di metano*) to supply with methane **2** (*rendere funzionante a metano*) to convert to methane.

metanizzazione *s.f.* **1** (*fornitura di metano*) supplying with methane **2** (*conversione a metano*) conversion to methane.

metano *s.m.* (*chim.*) methane, marsh gas: *serie del* —, methane series.

metanodotto *s.m.* methane pipeline.

metanolo *s.m.* (*chim.*) methanol.

metanometro *s.m.* (*miner.*) firedamp detector.

metaplasia *s.f.* (*biol.*) metaplasia.

metaplasma *s.m.* **1** (*biol.*) metaplasm **2** (*ling.*) → **metaplasmo**.

metaplasmo *s.m.* (*gramm.*, *ling.*) metaplasm.

metaplastico *agg.* (*biol.*, *ling.*) metaplastic.

metaproteina *s.f.* (*biochim.*) metaprotein.

metapsichica *s.f.* (*fil.*) metapsychics [U]; parapsychology.

metapsichico *agg.* metapsychical; parapsychological.

metasomatismo *s.m.* (*geol.*) metasomatism.

metastabile *agg.* (*chim.*, *fis.*) metastable: *fase* —, metastable phase; *ione* —, metastable ion; *stato* —, metastable state.

metastasi *s.f.* (*med.*) metastasis*.

metastasiano *agg.* Metastasian, of Metastasio.

metastatico *agg.* (*med.*) metastatic.

metastatizzare *v.intr.* **metastatizzarsi** *v.intr.pron.* (*med.*) to metastasize.

metastatizzazione *s.f.* (*med.*) metastasization.

metastorico *agg.* metahistorical.

metatarsale *agg.* (*anat.*) metatarsal.

metatarso *s.m.* (*anat.*) metatarsus*.

metatesi *s.f.* (*gramm.*, *chim.*) metathesis*.

metatetico *agg.* (*gramm.*, *chim.*) metathetic.

metatitanico *agg.* (*chim.*) titanic: *acido* —, titanic acid.

metatorace *s.m.* (*zool.*) metathorax (*pl.* -axes, -aces).

metaxilene *s.m.* (*chim.*) meta-xylene.

metazoo *s.m.* (*zool.*) metazoan.

metemoglobina → **metaemoglobina**.

metempirico *agg.* (*fil.*) metempirical.

metempsicosi *s.f.* metempsychosis*.

metencefalo *s.m.* (*anat.*) metencephalon (*pl.* -la).

meteo *s.m.* weather report.

meteoecologia *s.f.* meteorological ecology.

meteora *s.f.* (*astr.*) meteor; (*fam.*) shooting star // *la sua salita al potere passò come una* —, (*fig.*) his rise to power was short-lived.

meteorico[1] *agg.* (*astr.*) meteoric (*anche fig.*): (*geol.*) *cratere* —, meteor (*o* meteorite *o* impact) crater // *acque meteoriche*, meteoric water.

meteorico[2] *agg.* (*med.*) affected by meteorism.

meteorismo *s.m.* (*med.*) meteorism, tympanites.

meteorite *s.m.* o *f.* (*astr.*) meteorite // (*geol.*): — *metallico*, siderite; — *metallico-litoide*, siderolite; — *a silicati*, aerolite.

meteoritico *agg.* (*geol.*) meteoritic; (*spec. amer.*) meteoritical: *cratere* —, meteor (*o* meteorite) crater.

meteorografo *s.m.* meteorograph.

meteoroide *s.m.* (*astr.*) meteoroid.

meteorologia *s.f.* meteorology.

meteorologico *agg.* meteorological; weather (*attr.*): *bollettino* —, weather report; *carta meteorologica*, weather map (*o* chart); *previsioni meteorologiche*, weather forecast; *stazione meteorologica*, weather station; *ufficio* —, weather bureau.

meteorologo *s.m.* meteorologist.

meteoropatia *s.f.* (*med.*) meteoropathy.

meteoropatico *agg.* (*med.*) meteoropathic ◆ *s.m.* person suffering from meteoropathy.

meteosat *s.m.* weather satellite.

metessi *s.f.* (*fil.*) methexis.

meticciamento *s.m.* (*zootecnia*) cross, crossbreeding.

meticcio *agg.* mestizo (*attr.*); hybrid ◆ *s.m.* mestizo; half-caste; half-breed (*anche di animale*).

meticolosaggine *s.f.* fussiness, pedantry.

meticolosità *s.f.* **1** meticulousness, scrupulousness **2** (*rar.*) (*azione meticolosa*) meticulous action.

meticoloso *agg.* meticulous, scrupulous: *un impiegato* —, a scrupulous employee; *un rendiconto* —, a meticulous report.

metilale *s.m.* (*chim.*) methylal.

metilammina *s.f.* (*chim.*) methylamine.

metilarancio *s.m.* (*chim.*) methyl orange.

metilare *v.tr.* (*chim.*) to methylate.

metilato *agg.* (*chim.*) methylated: *alcol* — (*denaturato con metanolo*), methylated spirit (denatured with methanol) ◆ *s.m.* (*chim.*) methylate.

metile *s.m.* (*chim.*) methyl: *acetato di* —, methyl acetate.

metilene *s.m.* (*chim.*) methylene: *blu di* —, methylene blue.

metilico *agg.* (*chim.*) methylic; methyl (*attr.*): *alcol* —, methyl alcohol.

metionina *s.f.* (*biochim.*) methionine.

metodica *s.f.* **1** teaching method **2** (*metodologia*) methodology, method: *adottare una nuova* —, to adopt a new methodology.

metodicità *s.f.* methodicalness, orderliness: *la — delle sue abitudini*, the regularity of his habits.

metodico *agg.* methodical, systematic, orderly: *uno studio* —, a systematic study; *un uomo* —, a methodical man.

metodismo *s.m.* (*st. relig.*) Methodism.

metodista[1] *s.m.* e *f.* (*st. relig.*) Methodist.

metodista[2] *s.m.* e *f.* person who follows a method, person who follows a system ◆ *agg.* (*sport*) traditional: *centromediano* —, traditional centre half.

metodistico *agg.* (*st. relig.*) Methodist.

metodizzare *v.tr.* to systematize, to put* on a systematic basis.

metodo *s.m.* **1** method, system; (*tecnica*) technique: — *induttivo, deduttivo*, inductive, deductive method; — *analitico, sintetico*, analytic, synthetic method; — *scientifico, sperimentale*, scientific, experimental method; *mancanza di* —, lack of method; *lavorare senza* —, to work without method (*o* unmethodically); *non aver* —, to lack method (*o* to be unmethodical); — *d'indagine*, method of survey; — *di lavoro*, working method; — *di lavorazione*, process (*o* processing technique) // (*econ.*): — *di ammortamento*, depreciation method; — *di pagamento*, method of payment; *metodi di produzione*, methods of production; — *di vendita*, sales method; — *di negoziazione*, transaction system // (*amm.*): — *della partita doppia*, double-entry system; — *di contabilità dei costi*, cost accounting system; — *di ammortamento a quote costanti*, straight-line method of depreciation // (*banca*) — *scalare*, daily-balance interest calculation // (*assicurazioni*) — *di valutazione dei danni*, measure of damage // (*inform.*): — *di accesso*, access level (*o* method); — *di accesso di base*, basic access method; — *di accesso di base in teletrasmissione*, basic telecommunication access method; — *del percorso critico*, critical path method; — *del percorso sequenziale di base*, basic sequential access method; — *di registrazione su nastro*, tape mode **2** (*manuale*) tutor, method, primer: — *di pianoforte*, piano tutor (*o* method) **3** (*modo di agire*) behaviour; (*maniera*) method, way: *metodi sbrigativi*, brisk ways; *metodi drastici*, drastic methods **4** (*calcio*) the tactic of playing with two fullbacks, three halfbacks and five forwards.

metodologia *s.f.* **1** (*fil.*) methodology **2** methodology, method: *le moderne metodologie critiche*, the modern critical methodologies.

metodologico *agg.* methodological.

metodologo *s.m.* methodologist.

metolo *s.m.* (*chim.*) metol.

metonimia *s.f.* (*ret.*) metonymy.

metonimico *agg.* (*ret.*) metonymic(al).

metopa *s.f.* (*arch.*) metope.

metossietanolo *s.m.* (*chim.*) methoxyethanol.

metossilico *agg.* (*chim.*) methoxy.

metraggio *s.m.* **1** (*misurazione in metri*) measurement (in metres): *la tela si vende a* —, the cloth is sold by the metre **2** (*lunghezza in metri*) length (in metres): *che — ci vuole per un vestito?*, how many metres do you need for a dress? **3** (*cinem.*) film length.

metratura *s.f.* **1** (*misurazione calcolata in metri*) measurement (in metres) **2** (*lunghezza, ampiezza espressa in metri*) length (in metres); width (in metres): *appartamenti di varie metrature*, flats of various measurements; *una — sufficiente per due camicie*, a length that will make two shirts.

metrica *s.f.* **1** (*poesia*) prosody, metrics, versification: *manuale di* —, manual of prosody; — *classica*, classical prosody (*o* metrics) **2** (*mat.*) metric.

metricamente *avv.* (*poesia*) metrically.

metrico *agg.* **1** metric, metrical: *sistema — decimale*, metric system; *spazio* —, metric space; *geometria metrica*, metric geometry **2** (*poesia*) metrical: *schema* —, metrical scheme.

metricologia *s.f.* metrics ⓤ.

metrite *s.f.* (*med.*) metritis.

metro[1] *s.m.* **1** metre; (*amer.*) meter: — *lineare*, metre; — *cubo*, cubic metre; — *quadrato*, square metre; *vorrei un — di stoffa*, I'd like a metre of fabric **2** (*strumento per misurare*) rule; (*da sarto*) tape measure: — *pieghevole*, folding rule; — *tascabile*, pocket rule **3** (*fig.*) (*criterio di giudizio*) standard criterion, yardstick: *giudicare tutti con lo stesso* —, to use the same yardstick (*o* measure) for everybody; *non riesco a capire il tuo — di giudizio*, I can't understand your criterion // *secondo il mio* —, according to my criterion (*o fam.* by my standards) **4** (*poesia*) metre; (*amer.*) meter: — *dattilico*, dactylic metre; *il — del sonetto*, the sonnet metre **5** (*letter.*) poetry **6** (*fig.*) tone.

metro[2] *s.f.* (*fam.*) underground (railway); (*fam.*) tube; (*amer.*) subway.

metrologia *s.f.* **1** (*scienza delle misurazioni*) metrology **2** (*studio dei sistemi metrici*) the study of metric systems; (*in poesia*) the study of prosody.

metrologico *agg.* metrological.

metrologo *s.m.* metrologist.

metronomo *s.m.* (*mus.*) metronome.

metronotte *s.m.* (*guardia notturna*) night watchman*.

metropatia *s.f.* (*med.*) metropathy.

metropoli *s.f.* metropolis.

metropolita *s.m.* (*eccl.*) metropolitan, metropolite.

metropolitana *s.f.* underground (railway); (*fam.*) tube; (*amer.*) subway: *che — prendi per andare al lavoro?*, which (underground) line do you take to get to work?

metropolitano *agg.* **1** (*non com.*) (*della madrepatria*) national: *esercito* —, national army **2** (*di una grande città*) metropolitan; urban: *arteria metropolitana*, urban highway **3** (*proprio di metropolita*) metropolitan ◆ *s.m.* **1** (*chi abita in una grande città*) metropolitan, inhabitant of a big city **2** (*vigile urbano*) policeman*.

metrorragia *s.f.* (*med.*) metrorrhagia.

metrovia *s.f.* (*non com.*) underground (railway).

mettere *v.tr.* **1** to put*; (*collocare, disporre*) to place, to set*; (*posare, deporre*) to lay* (down), to put* (down): *mise i libri sullo scaffale*, he put the books on the shelf; *metterò la nuova poltrona in camera mia*, I'll put the new armchair in my bedroom; *metti la firma a questa lettera*, put your signature to this letter; *metti questa scatola sulla tavola*, put this box on the table; *mise il denaro in tasca*, he put the money in his pocket; *mise tutti i giocattoli davanti al suo amico*, he placed (*o* set) all his toys in front of his friend **2** (*infondere*) to inspire; (*produrre, causare*) to cause; to make*: *l'idea di vederlo mi mette gioia*, the idea of seeing him makes me very happy; *questo tempo mi mette tristezza*, this weather makes me sad; — *fame, sete*, to make (s.o.) hungry, thirsty; — *paura a qlcu.*, to scare (*o* to frighten) s.o.; — *soggezione* (*a qlcu.*), to make (s.o.) uneasy; — *terrore* (*a qlcu.*), to terrify (s.o.) **3** (*emettere*) to put* forth: *quel ragazzo sta mettendo i baffi*, that boy is growing a moustache; — *un dente*, to cut a tooth; — *i denti*, to teethe; — *le foglie*, to grow (*o* to put forth) leaves; — *radici*, to put down roots (*anche fig.*) **4** (*impiegare*) to take*: *quanto tempo ci hai messo a farlo?*, how long did it take you to do it? **5** (*investire*) to put*; (*scommettere, puntare*) to bet*: *ho messo 10 sterline su Golden Cloud*, I bet (*o* put) ten pounds on Golden Cloud; *ci ha messo tutti i suoi risparmi*, he put all his savings in it **6** (*indossare*) to put* on; (*portare*) to wear*; *mettiti l'abito azzurro*, put on the blue dress; *che cosa ti metterai al matrimonio?*, what are you going to wear for the wedding? **7** (*non com.*) (*ridurre, rendere*) to turn: — *in francese*, to translate into French; — *in versi*, to turn into verse **8** (*far pagare*) to charge: *quanto ti hanno messo per vitto e alloggio?*, how much did they charge you for board and lodgings? **9** (*ammettere*) to suppose: *mettiamo che abbia ragione*, (let us) suppose he is right **10** (*paragonare*) to compare: *non vorrai — la mia casa con la tua*, you can't compare your house with mine; *la sua è molto più bella, neanche da* —, (*fam.*) hers is much nicer, there is no comparison **11** (*installare*) to lay* on, to put* in: *ti hanno messo il telefono?*, have they put in (*o* installed) the telephone?; *domani verranno a — il gas*, tomorrow they are coming to lay on the gas; *non hanno ancora messo lo scaldabagno*, they haven't installed the water heater yet ◆ *v.intr.* (*sboccare*) to lead* (to sthg.); (*sfociare*) to flow (into sthg.).

□ **mettersi** *v.rifl.* o *intr.pron.* **1** to put* oneself; to place oneself: *mi sono messo in una situazione imbarazzante*, I have got (myself) into an awkward position; *si mise vicino a sua moglie*, he placed himself near his wife; — *a sedere*, to sit down; — *a tavola*, to sit down at the table // *mettiti nei miei panni*, put yourself in my shoes // — *a capo di qlco.*, to assume control of sthg. // — *a letto*, (*ammalarsi*) to take to one's bed // — *a proprio agio, in libertà*, to make oneself at home (*o* comfortable) // — *d'accordo su qlco.*, to come to an agreement about sthg. // — *in contatto con qlcu.*, to get in touch with s.o. // — *in mostra*, to draw attention to oneself // (*comm.*) — *in società con qlcu.*, to form a (*o* to go into) partnership with s.o. // — *in urto con qlcu.*, to fall out with s.o. // — *sotto*, (*accingersi a un lavoro di buona lena*) to get down to it **2** (*incominciare*) to begin*, to start, to set* to (sthg.): *si mise a lavorare*, he started working; *è ora di — a lavorare*, it's time to get down to work; *si mise a piovere*, it began to rain; — *in cammino*, *in viaggio*, to set out (*o* off *o* forth) **3** (*diventare*) to become*, to turn: *la situazione si mette male*, the situation is taking a turn for the worse; *il tempo si mette al bello*, the weather turned out fine; — *in sospetto*, to become suspicious **4** (*indossare*) to wear*, to put* on (sthg.): *non occorre — in abito da sera*, you don't need to wear evening dress.

◆ FRASEOLOGIA: — *a*, to put to; — *a bottega*, to apprentice; — *a confronto*, to confront (*o* to compare); — *a dieta*, to put on a diet; — *a disposizione di qlcu.*, to put at s.o.'s disposal; — *a frutto*, to invest; (*ottica*) — *a fuoco*, to focus; — *agli atti*, to file away; — *a grano un campo*, to plant a field with corn; — *al bando*, to ban; — *al corrente qlcu. di qlco.*, to inform s.o. of (*o* to acquaint s.o. with) sthg.; — *alla gogna*, to pillory; — *a letto*, to put to bed; — *alla porta qlcu.*, to show s.o. the door (*o* to turn s.o. out); — *alla prova*, to test (*o* to put to a test); — *alla tortura*, to torture; — *all'incanto, all'asta*, to put up for auction; — *all'indice*, to put on the Index; — *al sicuro*, to put into a safe place (*o* to preserve); — *al trotto*, to put into a trot; — *a morte*, to put to death; — *a parte qlcu. di qlco.*, to tell s.o. sthg.; — *a posto qlco.*, to put sthg. in its proper place, (*aggiustare*) to repair (*o* to adjust) sthg.: — *le cose a posto*, (*fig.*) to put things right; — *a posto qlcu.*, (*trovargli lavoro*) to find a job for s.o., (*dargli una lezione*) to put s.o. in his place: *ti metto a posto io!*, I'll fix you!; — *a profitto qlco.*, to turn sthg. to account: — *a profitto un consiglio*, to profit by advice; — *a punto*, to get ready, (*un motore*) to tune up; — *a sacco*, to sack; — *a soqquadro*, to turn upside-down (*o* to turn topsy-turvy) // — *in*, to put in(to): — *in atto*, to put into action; — *in cantiere qlco.*, to begin work on sthg.; — *in carta*, to write down; — *in chiaro qlco.*, to make sthg. clear; — *in commercio*, to put on sale; — *in conto qlco. a qlcu.*, to put sthg. on s.o.'s account; — *in dubbio, in forse qlco.*, to cast doubt on (*o* to question *o* to doubt) sthg.: *non lo metto in dubbio*, I don't doubt it; — *in fila*, to line up; — *in fuga*, to put to flight; — *in funzione una macchina*, to start a machine; — *in giro, in piazza*, to spread (*o* to broadcast); — *in grado qlcu. di fare qlco.*, to enable s.o. to do sthg.; — *nei guai qlcu.*, to land s.o. in a mess; — *in guardia qlcu.*, to put s.o. on his guard; — *in libertà*, to set free; — *in luce, in rilievo qlco.*, (*fig.*) to emphasize (*o* to stress *o* to highlight) sthg.; (*tip.*) — *in macchina*, to print; — *qlco. in mano di qlcu.*, to put sthg. in s.o.'s hands; (*mecc.*) — *in moto, in marcia*, to start; — *in musica*, to set to music; (*rad.*) — *in onda*, to broadcast; — *in opera*, to start up (*o* to set running); — *in ordine*, to put (*o* to set) in order; — *in pericolo*, to endanger; — *in pratica*, to put into practice; — *in prigione*, to put in prison (*o* to imprison); — *in salvo*, to save; (*teatr.*) — *in scena*, to produce; — *in tacere*, to keep secret; — *in vendita*, to put on sale: — *in vendita una casa*, to put a house up for sale; — *nel sacco*, to fool (*o* to deceive) // *mettersi in mente, in testa di fare qlco.*, to get (*o* to take) it into one's head to do sthg.: *si mise in mente che la colpa fosse mia*, he got it into his head that it was my fault; *si mise in mente una strana idea*, he got a strange idea into his head; *si mise in testa di farlo*, he took it into his head to do it // — *su*, to put on: — *su arie*, to put on airs; — *su casa*, to set up house; — *su ciccia*, (*fam.*) to put on weight; — *su la minestra*, (*fam.*) to put the soup on; — *su un negozio*, to set up a shop; — *su i punti*, (*a maglia*) to cast on stitches; — *su qlcu. contro un altro*, to set (*o* to incite) s.o. against another // — *le ali ai piedi di qlcu.*, to lend wings to s.o.'s heels // — *avanti, indietro un orologio*, to put a watch forward, back // — *il bastone tra le ruote*, to put a spoke in s.o.'s wheel // — *il carro davanti ai buoi*, to put the cart before the horse // — *qlcu. con le spalle al muro, alle strette*, to get s.o. with his back to the wall // — *da parte*, to put (*o* to set *o* to lay) aside: *ha messo da parte molto denaro*, he has put a good bit of money aside // — *dentro*, (*in prigione*) to put inside // — *disaccordo tra due persone*, to set two people against each other // — *fine a qlco.*, to put an end to sthg. // — *fuoco a qlco.*, to set fire to sthg. (*o* to set sthg. on fire) // — *fuori combattimento qlcu.*, (*boxe*) to knock s.o. out // — *insieme*, to put together, (*raccogliere*) to gather (*o* to collect) // — *le mani addosso a qlcu.*, to lay hands on s.o., (*molestare una donna*) to touch s.o. up // — *le mani su qlco.*, to lay one's hands on (*o* to take) sthg. // *non credo che ci abbia messo mano*, I do not think he has had a hand in it; — *mano alla spada*, to clap one's hand to one's sword // — *il naso, il becco in qlco.*, to stick one's nose into sthg. // — *nome a qlcu.*, to call (*o* to name) s.o.: *gli ho messo nome Giovanni*, I've named him John // — *gli occhi addosso a qlcu.*, to set eyes on s.o. // — *per iscritto*, to put in writing // — *piede in un posto*, to set foot in a place // — *una pulce nell'orecchio a qlcu.*, to sow doubts in s.o.'s mind // — *i puntini sugli i*, to dot one's i's // — *sotto i piedi qlcu.*, to humiliate (*o* to trample on) s.o. // — *sul lastrico qlcu.*, to turn s.o. out into the street, (*fig.*) to ruin s.o. // — *tavola*, to lay the table // — *tempo in mezzo*, to gain time // — *la testa a partito, a posto*, to settle down // — *una tassa*, to levy a tax.

mettibocca *s.m.* e *f.* butter-in, busybody.

mettifoglio *s.m.* (*tip.*) feeder: — *automatico*, automatic feeder.

mettiloro *s.m.* (*non com.*) gilder.

mettimale *s.m.* e *f.* (*fam.*) mischief-maker, troublemaker.

mettiscandali *s.m.* e *f.* (*fam.*) scandalmonger.

meublé *agg.* e *s.m.* (*hotel*) —, hotel without board.

mezza *s.f.* **1** (*la mezz'ora*) half hour: *è la —*, it is half past twelve; *una pendola che suona le mezze*, a clock that strikes the half hours **2** (*mezzogiorno e mezzo*) half past twelve, twelve thirty: *pranzare alla —*, to eat at twelve thirty.

mezzacalzetta *s.f.* mediocrity, second -rater.

mezzacartuccia *s.f.* mediocrity, second -rater.

mezzacosta *s.f.* hillside: *è una passeggiata tutta a —*, it's a walk all along the hillside.

mezzadria *s.f.* sharecropping; (*form.*) métayage.

mezzadrile *agg.* (*che si riferisce alla mezzadria*) sharecropping (*attr.*), métayage (*attr.*); (*che si riferisce al mezzadro*) sharecropper (*attr.*), métayer (*attr.*).

mezzadro *s.m.* sharecropper; (*form.*) métayer.

mezzala *s.f.* (*sport*) inside forward: *gioca come —*, he plays inside forward; — *destra, sinistra*, inside right, inside left.

mezzalana *s.f.* (*tessuto*) mixed wool and cotton cloth; linsey-woolsey.

mezzaluna *s.f.* **1** (*astr.*) half moon, crescent // (*anat., bot., zool.*) *a forma di —*, semi-lunar **2** (*emblema dell'islamismo*) crescent **3** (*cuc.*) mincing knife **4** (*mil.*) (*fortificazione*) ravelin, demilune.

mezzamanica *s.f.* (*spec. pl.*) oversleeve; (*estens. spreg.*) (*impiegato*) pen pusher.

mezzana *s.f.* **1** (*mar.*) (*vela*) mizzen sail: *albero di —*, mizzen (*o* mizzenmast) **2** (*mus.*) middle string **3** (*ruffiana*) procuress **4** (*region.*) (*sartoria*) seamstress.

mezzanella *s.f.* (*mar.*) mizzen staysail.

mezzanino *s.m.* mezzanine (floor), entresol.

mezzano *agg.* middle (*attr.*); medium (*attr.*): *statura mezzana*, medium size (*o* height); *fratello —*, middle brother ◆ *s.m.* **1** (*non com.*) (*mediatore*) go-between, mediator, intermediary **2** (*ruffiano*) pimp.

mezzanotte *s.f.* **1** midnight: *incontriamoci a —*, let's meet at midnight; *verso —*, towards midnight // *sole di —*, midnight sun **2** (*non com.*) (*Nord*) North: *esposto a —*, facing North.

mezzapunta *s.f.* (*sport*) attacking midfielder.

mezzaria → **mezzeria**[1].

mezzasega *s.m.* e *f.* (*volg.*) **1** (*persona insignificante*) weed, nonentity **2** (*persona inetta*) failure, loser: *non combina mai niente di buono, è una —!*, he can never get anything together, he's a complete failure.

mezz'asta *avv.*: *a —*, at half mast; *bandiera a —*, flag at half mast.

mezzatela *s.f.* cotton and linen cloth.

mezzatinta *s.f.* **1** half-shade, half-tint: *quest'anno andranno di moda le mezzetinte*, half-shades will be in fashion this year **2** (*fig.*) (*tono attenuato*) undertone, subtlety: *uno scrittore che non usa mezzetinte*, a writer who doesn't go in for subtle undertones **3** (*tip.*) mezzotint.

mezzavela *s.f.* (*mar.*) jib.

mezzena *s.f.* (*non com.*) (*di bovino*) side of beef; (*di suino*) side of pork.

mezzeria[1] *s.f.* middle; (*di strada*) centre line: *rispettare la —*, to keep inside the centre line.

mezzeria[2] → **mezzadria**.

mezzina *s.f.* (*di rame*) copper jug; (*di terracotta*) earthen jug.

mezzo[1] *agg.* (*non com.*) **1** (*di frutta, marcio*) rotten: *pera mezza*, rotten pear **2** (*fradicio*) soaked, drenched **3** (*fig.*) (*corrotto*) rotten, corrupt.

mezzo[2] *agg.* **1** half: *mezza bottiglia di vino*, half a bottle of wine; *una bottiglia e mezza di vino*, one and a half bottles of wine; *mezza dozzina di volte*, half a dozen times; *mezz'ora al giorno*, half an hour a day; *mezz'ora prima di colazione*, half an hour before lunch; *è lontano un — chilometro*, it is (about) half a kilometre away; *ho letto — libro*, I have read half the book; *in questa prima mezz'ora parleremo di musica*, in this first half hour we will talk about music; *un pavimento — bianco e — nero*, a floor half white and half black; *mezza Quaresima*, Mid-Lent // *a mezza voce*, in a low voice **2** (*indicante approssimazione*) half: — *trionfo*, half victory; *una mezza verità*, a half truth; *una mezza promessa*, a half promise;

avevo una mezza intenzione, una mezza idea di venire, I had half a mind to come; *c'è stata una mezza discussione in ufficio, ma poi tutto si è sistemato*, there was a bit of an argument in the office but then everything was sorted out; *questa mela è mezza marcia*, this apple is half rotten; *è mezza matta*, she's a bit crazy; *lo spettacolo è stato un — fiasco*, the performance was a bit of a fiasco **3** (*medio*) middle; medium (*attr.*): *mezza altezza*, medium height; *mezza età*, middle age: *una persona di mezza età*, a middle-aged person; *incontrarsi a mezza strada*, to meet half way ◆ *s.m.* **1** (*metà*) half*: *due mezzi fanno un intero*, two halves make a whole; *aveva due anni e —*, he was two and a half (years old); *bevvero due litri e — di vino*, they drank two and a half litres of wine; *aggiungere un cucchiaio e — di olio*, add a spoon and a half of oil; *sono le tre e —*, it is half past three **2** (*centro, punto mediano*) middle, centre: *nel — della notte*, in the middle of the night (*o* at dead of night); *nel bel — del giardino*, in the very middle of the garden; *ce ne andammo nel bel — della festa*, we left right in the middle of the party; *tieniti nel — della strada*, keep to the middle of the road ◆ *avv.* half: *paesi ancora — distrutti dalla guerra*, countries still half destroyed by the war.

◆ FRASEOLOGIA: *in — a*, (*fra molti*) among, (*fra due*) between, (*nel centro di*) in the middle of: *lo vide in — alla folla*, he saw him among the crowd; *il proiettile lo colpì in — agli occhi*, the bullet hit him right between the eyes; *c'è un obelisco in — alla piazza*, there's an obelisk in the middle of the square; *ovunque vada me lo trovo sempre in — ai piedi*, wherever I go I always find him in my way // *— e —*, so-so // *fare le cose a —*, to do things by halves; *lasciare a — un lavoro*, to leave a job half finished; *questa bistecca è troppo grande: facciamo a —?*, this steak is too big for me, why don't we take half each?; *fare a —*, (*dividere una spesa*) to go fifty-fifty // *di —*, in the middle: *il posto di —*, the seat in the middle // *levare di — qlcu.*, to get rid of s.o.; *levare di — qlco.*, to take sthg. out of the way: *bisognerà levarlo di —*, we'll have to get rid of him; *leva di mezzo quelle valigie*, take those suitcases out of the way; *levati di —*, get out of the way // *sono tutti amici finché non ci sono di — i soldi*, they are all friends just as long as there is no money involved // *non deve andarci di — chi è innocente*, someone who is innocent shouldn't have to lose out // *mettersi di —*, to intervene (*o* to interfere); *fate quello che volete basta che non mi mettiate in —*, do what you want but just don't involve me.

mezzo[3] *s.m.* **1** (*strumento*) means; (*apparato*) equipment: *mezzi di comunicazione, di produzione*, means of communication, of production; *mezzi audiovisivi*, audio-visual equipment; *mezzi leciti, illeciti*, legal, illegal means; *con mezzi disonesti*, by foul means; *questo era l'unico — per raggiungerlo*, this was the only way (*o* means) of reaching him // (*econ.*): *— di scambio*, medium of exchange; *mezzi di pagamento*, means of payment // (*dir.*) *— di prova*, (piece of) evidence // *a — posta*, by post; *a — ferrovia*, by rail // *per — di*, by (*o* by means of), (*attraverso*) through: *lo ebbi per — di un mio amico*, I got it through a friend of mine; *mi fu consegnato per — di un fattorino*, it was delivered to me by messenger; *spedire merci a — corriere*, to send (*o* ship) goods through a carrier // *il fine giustifica i mezzi*, the end justifies the means // *non c'è — di saperlo*, there is no way of knowing **2** (*spec. pl.*) *mezzi* (*di trasporto*), means of transport, transport: *viaggiare con i mezzi pubblici*, to travel by public transport; *riuscimmo ad arrivare al villaggio con dei mezzi di fortuna*, we managed to reach the village travelling by whatever transport was available **3** (*fis.*) medium: *l'elettricità si propaga più o meno rapidamente secondo il —*, electricity travels more or less quickly according to the conductor; *i raggi di luce si rifrangono passando da un — a un altro*, rays of light are refracted when they pass from one medium to another **4** *pl.* (*denaro*) means, money [U]; funds: *una persona con mezzi*, a person of means; *egli ha molti mezzi*, he is well off; *vivere al di sopra dei propri mezzi*, to live beyond one's means; *prima di affrontare quella spesa bisognerà reperire i mezzi*, before meeting that expense we shall have to find the funds.

mezzobusto *s.m.* **1** (*scult.*) bust // *a —*, head and shoulders: *fotografia a —*, head and shoulders photograph **2** (*iron., scherz.*) (*giornalista televisivo*) talking head.

mezzocerchio *s.m.* **1** semicircle **2** (*scherma*) half-circle parry.

mezzocontralto *s.m.* (*mus.*) mezzocontralto (*pl.* -os).

mezzodì *s.m.* midday; noon: *a —*, at noon.

mezzofondista *s.m.* e *f.* (*sport*) middle -distance racer.

mezzofondo *s.m.* (*sport*) middle-distance race.

mezzogiorno *s.m.* **1** midday; noon: *è — in punto*, it's exactly twelve o'clock; *mancano dieci minuti a —*, it's ten to twelve; *è suonato da un po' —*, the clock struck twelve a while ago // (*astr.*) *— vero*, apparent noon **2** (*Sud*) south: *stanza posta, esposta a —*, room facing (*o* looking) south; *il — d'Italia*, the South of Italy; *i problemi del —*, the problems of the South of Italy.

mezzolitro *s.m.* half litre, half a litre.

mezzomarinaro *s.m.* (*mar.*) boat hook.

mezzopunto *s.m.* (*punto di ricamo*) half -stitch.

mezzora *s.f.* half hour, half an hour: *ci metteremo una — circa ad arrivare*, it will take us about half an hour to get there; *non è un problema risolvibile in —*, it isn't a problem that can be solved in half an hour.

mezzosangue *s.m.* e *f.* **1** (*di animale*) cross, crossbreed **2** (*estens.*) (*di persona*) half -caste, half-breed.

mezzoservizio *s.m.* part-time service: *lavorare a —*, to work part-time.

mezzosoprano *s.m.* (*mus.*) mezzo-soprano (*pl.* -os).

mezzotermine → **termine**.

mezzotondo *s.m.* **1** (*scult.*) mezzotondo: *scultura a —*, sculpture in mezzotondo **2** (*metall.*) half-round.

mezzuccio *s.m.* mean trick, cheap trick: *ricorrere a mezzucci*, to resort to petty tricks.

mezzule *s.m.* (*di botte*) opening (of a cask).

mho *s.m.* (*elettr.*) mho.

mi[1] *pron.pers.m.* e *f.* *1ª pers.sing.* **1** (*compl. ogg. di* io) me: *— rimproverano sempre*, they're always telling me off; *— considera (come) un fratello*, he looks on me as a brother; *non — ha visto*, he didn't see me; *— obbligò a firmare*, he made me sign; *non — lasciarono partire*, they wouldn't let me leave; *— sentite?*, can you hear me?; *— porteranno con loro*, they'll take me with them; *— puoi accompagnare alla stazione?*, can you take me to the station?; *io parlo, ma tu non — stai ad ascoltare*, I talk, but you don't listen to me; *non — aveva riconosciuto*, he hadn't recognized me; *— hai chiamato?*, did you call me?; *guardami!*, look at me!; *lasciatemi stare!*, leave me alone! // *eccomi!*, here I am! **2** (*compl.termine*) (to, for) me: *dammi quel libro, per favore*, give me that book, please; *— presenti tua moglie?*, will you introduce me to your wife?; *— parlava sempre dei suoi progetti*, he always talked to me about his plans; *— hanno comprato un bel regalo*, they bought a lovely present for me (*o* they bought me a lovely present); *— vai a comprare un giornale?*, will you go and get me a newspaper (*o* will you go and get a newspaper for me)?; *— daranno un incarico di fiducia*, they're going to entrust me with an important job; *— consegneranno la merce domani*, they are delivering the goods to me tomorrow; *non — ha voluto leggere la lettera*, he wouldn't read the letter to me; *non — hanno ancora telefonato*, they have not phoned me yet ◆ *pron. rifl. 1ª pers.sing.* **1** myself (*spesso sottointeso*): *— sono tagliato*, I cut myself; *non — sono affatto divertito alla festa*, I didn't enjoy myself at the party at all; *— comprerò un nuovo computer*, I'm going to buy myself a new computer; *alla fine — decisi a parlare*, in the end I decided to talk; *— vestii in fretta e — precipitai giù per le scale*, I hurriedly dressed and rushed downstairs; *— guardai intorno*, I looked around me; *non — posso lamentare*, I can't complain // *il cuore — batteva forte*, my heart beat hard; *— hanno rubato il portafoglio*, my wallet's been stolen; *devo mettermi gli occhiali*, I must put my glasses on; *vorrei lavarmi le mani*, I'd like to wash my hands; *— mise una mano sulla spalla*, he put his hand on my shoulder **2** (*con uso pleonastico o enfatico*): *che cosa — combini?*, what have you been up to?; *— mangerei un bel gelato*, I fancy a nice ice-cream; *statemi bene!*, look after yourselves!

mi[2] *s.m.* (*mus.*) E, mi: *chiave in — bemolle*, key of E flat.

mi[3] *s.m.* o *f.* (*lettera dell'alfabeto greco*) mu.

miagolamento *s.m.* miaowing, mewing; caterwauling (*anche fig.*).

miagolare *v.intr.* **1** to mew, to miaow; to yowl; (*di gatto in amore*) to caterwaul (*anche fig.*) **2** (*lamentarsi*) to whine **3** (*di proiettili, sibilare*) to whine.

miagolata *s.f.* miaowing; caterwauling (*anche fig.*).

miagolio *s.m.* miaowing; caterwauling (*anche fig.*).

mialgia *s.f.* (*med.*) myalgia.

mialgico *agg.* (*med.*) myalgic.

miao *inter.* (*voce onomatopeica riproducente un miagolio*) miaow: *fare —*, to miaow ◆ *s.m.* (*miagolio*) caterwauling.

miasi *s.f.* (*med., vet.*) myiasis.

miasma *s.m.* miasma*.

miasmatico *agg.* miasmatic, miasmal.

miastenia *s.f.* (*med.*) myasthenia.

miastenico *agg.* (*med.*) myasthenic.

miatonia *s.f.* (*med.*) myatonia, myatony.

miatrofia *s.f.* (*med.*) myatrophy.

miau → **miao**.

mica[1] *avv.* (*fam.*) **1** (*come rafforzativo di negazione*): *non l'ho — visto*, I haven't seen it (at all); *non le stava — male quell'abito*, she didn't look at all bad in that dress; *non ti sarai — offeso?*, you're not offended, are you? **2** (*con valore di* non): *"Come va?" "Mica male"*, "How are things?" "Not bad (at all)"; *sono cose vere, — storie*, it's true, no kidding // — *tanto*, not much: *"Vi siete divertiti?" "Mica tanto"*, "Did you enjoy yourselves?" "Not much".

mica[2] *s.f.* (*min.*) mica.

micaceo *agg.* micaceous.

micanite *s.f.* (*elettr.*) micanite.

micaschisto, **micascisto** *s.m.* (*geol.*) mica schist.

micca → **mica**[1].

miccia *s.f.* **1** fuse **2** (*mar.*) tenon, heel.

micco *s.m.* (*region.*) (*sciocco*) simpleton, fool.

micelio *s.m.* (*bot.*) mycelium*.

micella *s.f.* (*chim.*, *fis.*) micelle.

miceneo *agg.* e *s.m.* Mycenaean.

micete[1] *s.m.* (*bot.*) mycete.

micete[2] *s.m.* (*zool.*) mycetes.

micetologia → **micologia**.

micetoma *s.m.* (*med.*) mycetoma.

michelaccio *s.m.* (*fam.*) loafer, lounger, idler: *fare la vita di* —, to loaf about (*o* to live the life of Riley).

michelangiolesco *agg.* (*arte*) Michelangelesque; of Michelangelo; in Michelangelo's style.

michetta *s.f.* (*region.*) bread roll.

micidiale *agg.* lethal; deadly, murderous (*anche fig.*): *è un insetticida — per le mosche*, it's an insecticide lethal to flies; *un colpo* —, a murderous blow; *un veleno* —, a deadly poison; *un clima* —, a deadly climate; *è un lavoro* —, it's a killing job; *tuo cugino è* —, (*insopportabile*) your cousin is unbearable.

micino *s.m.* kitten, pussy.

micio *s.m.* (*fam.*) tomcat; (*fam.*) pussy(cat).

mico- *pref.* di origine greca che indica rapporto, relazione coi funghi; ingl. myco-: *micologia*, mycology; *micobatterio*, mycobacterium.

micobatterio *s.m.* (*bot.*) mycobacterium.

micologia *s.f.* mycology.

micologico *agg.* mycologic, mycological.

micologo *s.m.* mycologist.

micorriza *s.f.* (*bot.*) mycorrhiza.

micosi *s.f.* (*med.*) mycosis*.

micotico *agg.* (*med.*) mycotic.

micrite *s.f.* (*geol.*) micrite.

micro- *pref.* di origine greca usato spec. nel linguaggio scientifico e tecnico; ingl. micro- **1** piccolissimo; relativo a cose molto piccole: *microonda*, microwave; *microfilm*, microfilm **2** di sviluppo limitato: *microdattilia*, microdactylia, microdactyly **3** relazione con il microscopio: *microorganismo*, microorganism; *microchirurgia*, microsurgery **4** premesso a unità di misura ne indica la milionesima parte: *microgrammo*, microgram; *microsecondo*, microsecond; *microlitro*, microlitre.

microampere *s.m.* (*elettr.*) microampere.

microamperometro *s.m.* (*elettr.*) microammeter.

microanalisi *s.f.* (*chim.*) microanalysis.

microanalitico *agg.* microanalytic.

microbicida *agg.* microbicidal ◆ *s.m.* microbicide.

microbico *agg.* microbial, microbic.

microbilancia *s.f.* microbalance.

microbio *s.m.* microbe.

microbiologia *s.f.* microbiology.

microbiologico *agg.* microbiologic, microbiological.

microbiologo *s.m.* microbiologist.

microbo *s.m.* **1** (*biol.*) microbe **2** (*fig.*) (*persona insignificante e meschina*) louse, worm.

microcalcolatore → **microelaboratore**.

microcamera *s.f.* (*fot.*) miniature camera.

microcebo *s.m.* (*zool.*) microcebus.

microcefalia *s.f.* **1** (*med.*) microcephaly **2** (*scherz.*) (*stupidità*) idiocy, imbecility.

microcefalo *agg.* **1** (*med.*) microcephalous, microcephalic **2** (*scherz.*) (*stupido*) idiot, imbecile ◆ *s.m.* **1** (*med.*) microcephalus (*pl.* -li) **2** (*fig.*) (*stupido*) idiot, imbecile.

microchimica *s.f.* microchemistry.

microchirurgia *s.f.* microsurgery.

microcinematografia *s.f.* microcinematography.

microcircuito *s.m.* (*elettr.*) microcircuit: (*inform.*) — *integrato*, chip.

microcita → **microcito**.

microcitemia *s.f.* (*med.*) microcythemia.

microcito *s.m.* (*anat.*) microcyte.

microclima *s.m.* microclimate.

microclimatologia *s.f.* microclimatology.

microclino *s.m.* (*min.*) microcline.

micrococco *s.m.* (*biol.*) micrococcus*.

microconflittualità *s.f.* microconflict.

microcosmico *agg.* microcosmic.

microcosmo *s.m.* microcosm.

microcristallino *agg.* (*min.*) microcrystalline.

microcurie *s.m.* (*fis.*) microcurie.

microdattilia *s.f.* (*med.*) microdactylia, microdactyly.

microeconomia *s.f.* (*econ.*) microeconomics [U].

microeconomico *agg.* (*econ.*) microeconomic.

microelaboratore *s.m.* (*inform.*) microcomputer.

microelemento *s.m.* (*chim.*) microelement.

microelettronica *s.f.* microelectronics [U].

microelettronico *agg.* microelectronic.

microfarad *s.m.* (*elettr.*) microfarad.

microfauna *s.f.* (*ecol.*) microfauna.

microfilm *s.m.* microfilm.

microfilmare *v.tr.* to microfilm.

microfisiologia *s.f.* microphysiology.

microflora *s.f.* (*ecol.*) microflora.

microfondamenti *s.m.pl.* (*econ.*) microfoundations.

microfonico *agg.* microphonic.

microfonista *s.m.* e *f.* microphone technician.

microfono *s.m.* microphone; (*abbr. fam.* mike): *parlare, cantare al* —, to speak, to sing into a microphone // (*rad.*): — *a condensatore*, condenser microphone; — *a nastro*, ribbon microphone; (*tel.*): — *ricevitore*, receiver; — *trasmettitore*, transmitter.

microfossile *s.m.* (*paleont.*) microfossil.

microfotografia *s.f.* **1** microphotography **2** (*riproduzione microfotografica*) microphotograph.

microfotografico *agg.* microphotographic.

microftalmia *s.f.* (*med.*) microphtalmia.

microftalmo *s.m.* (*med.*) microphtalmus.

microgrammo *s.m.* microgram.

microierace *s.m.* (*zool.*) falconet.

microinfusore *s.m.* (*med.*) micropipette.

microinterruttore® *s.m.* (*elettr.*) microswitch®.

microistruzione *s.f.* (*inform.*) microinstruction.

microlettore *s.m.* (*tecn.*) microreader.

microlingua *s.f.* microlanguage.

microlinguistica *s.f.* microlinguistics [U].

microlitro *s.m.* microlitre; (*amer.*) microliter.

micrologico *agg.* (*elettr.*) micrologic, micrological: *circuito* —, micrologic(al) circuit.

micromeccanica *s.f.* micromechanics [U].

micromelia *s.f.* (*med.*) micromelia.

micrometeorite *s.m.* o *f.* (*geol.*) micrometeorite.

micrometeorologia *s.f.* micrometeorology.

micrometria *s.f.* micrometry.

micrometrico *agg.* micrometric, micrometrical // *calibro* —, micrometer caliper.

micròmetro[1] *s.m.* **1** (*ottica*) micrometer: — *oculare*, micrometer eyepiece (*o* ocular micrometer) **2** (*mecc.*) micrometer gauge, micrometer caliper, micrometer: — *per profondità*, micrometer depth gauge.

micromètro[2] *s.m.* (*milionesimo di metro*) micrometer.

micromillimetro *s.m.* micromillimetre.

micromotore *s.m.* **1** (*piccolo motore*) small motor **2** (*motorino, ciclomotore*) moped.

micron *s.m.* (*micromètro*) micron.

micronesiano *agg.* e *s.m.* Micronesian.

micronizzare *v.tr.* to micronize.

microonda *s.f.* (*fis.*) microwave: *fascio di microonde*, microwave beam; *generatore di microonde*, microwave generator // *forno a microonde*, microwave oven.

microorganismo → **microrganismo**.

micropaleontologia *s.f.* micropal(a)eontology.

micropilo *s.m.* (*biol.*) micropyle.

microprocessore *s.m.* (*elettr.*, *inform.*) microprocessor.

microprogrammazione *s.f.* (*inform.*) microprogramming.

micropsia *s.f.* (*med.*) micropsia.

microrganismo *s.m.* microorganism.

microriproduttore *s.m.* microcopier.

microriproduzione *s.f.* microcopy.

microsaldatura *s.f.* micro-soldering.

microscheda *s.f.* microfiche.

microscopia *s.f.* microscopy.

microscopico *agg.* **1** microscopic, microscopical **2** (*fig.*) (*piccolissimo*) microscopic(al), minute, tiny: *una microscopica fetta di torta*, a microscopic (*o* tiny) slice of cake; *apparve un — ometto*, a tiny little man appeared.

microscopio *s.m.* microscope: — *elettronico*, electron microscope; — *a emissione di campo*, field-emission microscope; *visibile al —*, visible under a microscope // *osservare qlco. al —*, (*anche fig.*) to examine sthg. under the microscope.

microscopista *s.m.* e *f.* microscopist.

microsecondo *s.m.* microsecond.

microsisma *s.m.* (*geofisica*) microseism.

microsismografo *s.m.* microseismograph.

microsociologia *s.f.* microsociology.

microsociologo *s.m.* microsociologist.

microsolco *s.m.* **1** microgroove **2** (*disco*) long-playing (record): *un — a 45 giri*, a single; *un — a 33 giri*, an LP.

microsonda *s.f.* microprobe.

microspia *s.f.* bug.

microspora *s.f.* (*bot.*) microspora.

microsporangio *s.m.* (*bot.*) microsporangium (*pl.* -ia).

microstoria *s.f.* microhistory.

microstruttura *s.f.* microstructure.

microtelefono *s.m.* handset.

microtermo *agg.* microthermal: *pianta microterma*, microtherm.

microtomo *s.m.* (*scient.*) microtome.

microtono *s.m.* (*mus.*) microtone.

microvolt *s.m.* (*elettr.*) microvolt.

midinette *s.f.* midinette.

midolla *s.f.* **1** (*mollica*) crumb **2** (*non com.*) (*midollo*) marrow.

midollare *agg.* (*anat.*, *bot.*) medullary: *guaina —*, medullary sheath.

midollo *s.m.* **1** (*anat.*) marrow; medulla*: — *osseo*, medulla ossium (*o* bone marrow); — *allungato*, medulla oblongata; — *spinale*, spinal cord (*o* medulla spinalis) **2** (*bot.*) pith, medulla* **3** (*parte essenziale*) medulla*; pith and marrow // *bagnato fino al —*, wet through (*o* soaked to the skin) // *non ha —*, he is spineless // *quell'uomo è monarchico fino al —*, that man is a monarchist to the backbone.

midolloso *agg.* **1** full of marrow: *osso —*, bone full of marrow (*o* marrowbone) **2** (*bot.*) pithy.

midriasi *s.f.* (*med.*) mydriasis.

midriatico *agg.* (*med.*) mydriatic.

mielata *s.f.* honeydew.

mielato → **melato**.

miele *s.m.* honey: — *selvatico*, wild honey; — *vergine*, virgin (*o* white) honey; *addolcire con un cucchiaio di —*, to sweeten with a spoonful of honey // *luna di —*, honeymoon // *è tutta —*, she's as sweet as sugar // *le sue parole erano dolci come il —*, his words were as sweet as honey.

mielencefalo *s.m.* (*anat.*) myelencephalon (*pl.* -la).

mielina *s.f.* (*anat.*) myelin.

mielinico *agg.* (*anat.*) myelinic.

mielite *s.f.* (*med.*) myelitis.

miel(o)- *pref.* di origine greca usato nella terminologia medica; significa 'midollo, del midollo'; ingl. myel(o)-: (*biol.*) *mielocito*, myelocyte; (*med.*) *mielopatia*, myelopathy; (*med.*) *mielotomia*, myelotomy.

mielocito *s.m.* (*biol.*) myelocyte.

mielografia *s.f.* (*med.*) myelography.

mieloma *s.m.* (*med.*) myeloma*.

mielosi *s.f.* (*med.*) myelosis.

mielosità *s.f.* (*non com.*) sugariness.

mieloso *agg.* sugary (*anche fig.*).

mietere *v.tr.* **1** to reap, to harvest: — *un campo, il grano*, to reap a field, the corn // — *il campo altrui*, (*fig.*) to reap where one has not sown **2** (*fig.*) (*uccidere*) to mow* down; (*raccogliere*) to reap: *l'epidemia ha mietuto molte vittime*, the epidemic has taken a heavy tall of victims // — *successi*, to have a run (*o* string) of successes // — *allori*, to win (*o* to reap) laurels.

mietilega, **mietilegatrice** *s.f.* (*agr.*) (reaper-)binder.

mietitore *s.m.* reaper ◆ *agg.* reaper (*attr.*).

mietitrebbia, **mietitrebbiatrice** *s.f.* (*agr.*) combine harvester.

mietitrice *s.f.* (*agr.*) reaper, reaping-machine, harvester: — *legatrice*, (reaper-)binder; — *trebbiatrice*, combine harvester.

mietitura *s.f.* **1** (*il mietere*) reaping **2** (*il tempo in cui si miete*) reaping time, harvest (time) **3** (*il raccolto*) harvest: *festa della —*, harvest festival.

migale *s.f.* (*zool.*) (*Mygale avicularia*) mygale.

migliaccio *s.m.* (*region.*) (*cuc.*) type of pancake; (*di maiale*) black-pudding, blood-pudding.

migliaio *s.m.* (about a) thousand; thousand odd: *migliaia di persone*, thousands of people; *un — di uomini*, about a thousand men; *a migliaia*, by (*o* in) thousands (*o* by the thousand): *arrivarono a migliaia*, they came in thousands; *centinaia di migliaia*, hundreds of thousands; *l'ho pagato poche migliaia di lire*, I paid a few thousand lire for it.

miglialsole → **migliarino**².

migliare → **miliare**¹.

migliarino¹ *s.m.* (*zool.*) — *di palude*, (*Emberiza schoeniclus*) reed bunting, reed sparrow.

migliarino² *s.m.* (*bot.*) (*Lithospermum officinale*) gromwell.

miglio¹ *s.m.* **1** mile (*misura di lunghezza* = 1,6093 km): — *geografico*, geographical mile; — *marittimo*, nautical (*o* sea) mile (*misura di lunghezza* = 1852 m); — *aereo*, air mile; — *quadrato*, square mile (*misura di superficie* = 2,5885 km²); *un viaggio di 50 miglia*, a fifty-mile journey; *abita a mezzo — da qui*, he lives half a mile from here; *per miglia e miglia non vedrete che alberi*, for miles and miles you'll see nothing but trees; *si sentiva il rumore ad un — di distanza*, the noise could be heard a mile away // *lontano mille miglia*, miles away: *era lontano mille miglia dall'immaginare che...*, he was far from imagining that...; *siamo lontani mille miglia*, (*fig.*) we are poles apart // *si vede lontano un — che non è felice*, you can see a mile off he isn't happy **2** (*pietra miliare*) milestone.

miglio² *s.m.* (*bot.*) (*Panicum miliaceum*) millet: *grano di —*, millet(-seed).

migliorabile *agg.* improvable.

miglioramento *s.m.* improvement: — *delle condizioni di lavoro*, improvement in working conditions; — *del tenore di vita*, rise in the standard of living; *la situazione politica non mostra segno di —*, the political situation doesn't show any sign of improvement (*o* of getting better); *le condizioni del malato sono in via di —*, the condition of the patient is improving; *un piccolo — c'è stato, speriamo si riprenda*, there has been a slight improvement, let's hope he will recover; *la casa ha proprio bisogno di qualche —*, the house really needs some improvement; *bisogna apportare dei miglioramenti all'interno dell'organizzazione*, improvements have to be made within the organization // (*econ.*): — *salariale*, increase (*o* rise) in wages; — *dell'economia*, economic recovery; — *tecnologico*, technological progress; — *fondiario*, land improvement; *tendenza al —*, upward trend.

migliorando *s.m.* (*fin.*) split order.

migliorare *v.tr.* to improve, to make* better, to better: *devi — la tua conoscenza dell'inglese*, you must improve your knowledge of English; — *lo stile*, to improve one's style; *ha migliorato il suo record personale nei cento metri*, he improved on his personal record for the hundred metres; — *le condizioni dei lavoratori*, to improve (*o* to better) the conditions of the workers; — *le condizioni economiche di un paese*, to improve the economic condition of a country // (*econ.*) — *la retribuzione di un impiegato*, to upgrade the pay of an employee; — *la qualità di un prodotto*, to upgrade a product; — *un'offerta*, to improve on an offer // (*fin.*) — *le condizioni di un titolo*, to sweeten an issue of stock ◆ *v.intr.* to improve, to get* better: *le nostre relazioni con quel paese sono molto migliorate ultimamente*, our relations with that country have improved a great deal lately; *il malato migliora lentamente*, the patient is slowly getting better (*o* is slowly recovering); *se il tempo non migliora, non parto*, I am not going to leave unless the weather improves; *le sue maniere sono molto migliorate*, her manners have improved a lot; *il tuo inglese sta migliorando*, your English is improving; *il vino migliora con gli anni*, wine improves with age; — *con l'uso*, to improve with use; — *di salute*, to improve in health; — *negli studi*, to make progress in one's studies // (*econ.*) *gli affari stanno migliorando*, business is recovering (*o fam.* is picking up) // (*fin.*) *la lira sta migliorando*, the lira is recuperating (*o* getting stronger).

migliorativo *agg.* curative, remedial // *provvedimenti migliorativi*, ameliorative measures.

miglioratore *s.m.* improver ◆ *agg.* ameliorative.

migliorazione → **miglioramento**.

migliore *agg.compar.* better: *un avvenire —*, a better future; *Giorgio è — di me in latino*, George is better than me (*o* than I am) at Latin; *vorrei una stoffa di qualità —*, I'd like a better quality material; *da questo lato si gode una vista —*, you can get a better view from this side; *ha trovato un lavoro, ma è in attesa di una sistemazione —*, he has found a job but is hoping for something better; *capiterà un'occasione* —, something better will turn up; *il figlio non era — del padre*, the son was no better than the father; *la seconda rappresentazione non è stata — della prima*, the second performance was no better than the first; *non c'è avvocato — (di lui)*, there is no better lawyer than he is (*o* he's the best lawyer there is); *non c'è cosa — di una buona dormita*, there's nothing better than a good (night's) sleep; *le sue condizioni sono un po' migliori di ieri*, his condition is slightly better than (it was) yesterday; *l'esperienza l'ha reso* —, experience has made him a better person; *avere miglior cera, un aspetto* —, to look better; *avere migliori possibilità di riuscita*, to stand a better chance of success // *molto —, assai* —, much better: *potremmo ottenere un prezzo assai* —, we could get a much better price; *i risultati furono molto migliori del previsto*, the results were much better than expected // *sperare in tempi migliori*, to hope things get better ◆ *agg.superl.rel.* the best; (*fra due*) the better: *il mio — amico*, my best friend; *il miglior film dell'anno*, the year's best film; *è la persona — che abbia conosciuto*, he's the best person I've (ever) met; *è stato scelto il — dei due progetti*, the better of the (two) plans was chosen; *era la miglior cosa da farsi*, it was the best thing to do; *ha ottenuto il miglior punteggio di tutti*, he got the best score of all; *eravamo alloggiati nel miglior albergo della città*, we stayed in the best hotel in town; *qual è la strada — per arrivare allo stadio?*, which is the best road to take for the stadium?; *i posti migliori erano già occupati*, the best seats were already taken; *i migliori anni della nostra vita*, the best years of our lives; *il suo saggio risultò il — in assoluto*, his essay was the very best; *indossare gli abiti migliori*, to wear one's best clothes; *è l'uomo — del mondo*, he's one of the best; *godere della — salute*, to be in the best of health; *fare qlco. nel — dei modi, nel miglior modo possibile*, to do sthg. in the best way possible; *essere nelle migliori condizioni*, to be at one's best (*o* to look one's best) // *i migliori auguri, saluti*, all the best (*o* best wishes) // *nel — dei casi, nella — delle ipotesi*, at best // (*banca*) *il — tasso di sconto*, the finest rate of discount ◆ *s.m.* e *f.* (*la persona migliore*) the best: *cerco sempre di imitare i migliori*, I always try to imitate the best; *a scuola era sempre tra le migliori*, she was always one of the best at school // *vinca il* —, may the best man win.

miglioria *s.f.* **1** improvement: *migliorie a uno stabile*, building improvements // (*dir.*) *contributo di* —, tax on improved real estate value **2** (*bonifica*) reclamation.

migliorismo *s.m.* (*fil.*) meliorism.

migma *s.m.* (*geol.*) migma.

migmatite *s.f.* (*geol.*) migmatite.

migmatizzazione *s.f.* (*geol.*) migmatization.

mignatta *s.f.* **1** (*zool.*) leech, bloodsucker **2** (*fig.*) (*strozzino*) bloodsucker **3** (*fig.*) (*persona appiccicosa*) clinging person, leech **4** (*mil.*) limpet mine.

mignattaio *s.m.* (*zool.*) (*Plegadis falcinellus*) glossy ibis.

mignattino *s.m.* (*zool.*) (*Chlidonias nigra*) small black tern.

mignolo *agg.*: *dito* —, little finger; (*del piede*) little toe ◆ *s.m.* little finger; (*del piede*) little toe.

mignon *agg.*: *bottiglia* —, miniature bottle; *pasticceria* —, tartlets; (*elettr.*) *lampadina* —, mignon lamp.

mignonnette *s.f.* (*bottiglia mignon*) miniature bottle.

mignotta *s.f.* (*region. volg.*) (*prostituta*) trollop, slut.

migrante *agg.* migrant: *popolo* —, migrant people.

migrare *v.intr.* to migrate; (*di uccelli*) to flight.

migratore *agg.* migratory, migrant: *uccello* —, migrator (*o* bird of passage) ◆ *s.m.*, **migratrice** *s.f.* migrant.

migratorio *agg.* migratory; (*di uccello*) peregrin, peregrine.

migrazione *s.f.* **1** migration; (*di uccelli*) flyaway, passage, migration // (*econ.*): — *industriale*, industrial migration; — *interna*, internal migration; — *stagionale*, seasonal migration // (*fin.*) — *di capitali*, flight of capital **2** (*chim., fis.*) migration: — *di ioni*, migration of ions **3** (*med.*) migration.

mila *agg.num.card.* **1** thousand **2** (*fam.*) (*grossa quantità*) thousands of: *non so quanti — dolci ha mangiato!*, I don't know how many thousands of cakes he ate!

milanese *agg.* e *s.m.* e *f.* Milanese // *risotto alla* —, risotto with saffron // *cotoletta alla* —, wiener schnitzel // *i milanesi*, the Milanese.

milanista *agg.* Milan (*attr.*) ◆ *s.m.* **1** (*giocatore*) Milan player **2** (*anche f.*) (*tifoso*) Milan supporter.

milia → **mila**.

miliardario *s.m.* multimillionaire; (*amer.*) billionaire: *alla morte di suo padre, si trovò* —, when his father died, he found he was multimillionaire (*o* worth millions); *una villa da miliardari*, a palatial villa ◆ *agg.* multimillionaire (*attr.*); (*amer.*) billionaire, worth millions (*pred.*).

miliardesimo *agg.* e *s.m.* thousand millionth; (*amer.*) billionth.

miliardo *s.m.* one thousand millions, milliard; (*amer.*) billion: *un — di lire*, a thousand million lire; *un — di sterline*, a thousand million pounds; *un — di dollari*, a billion dollars; *uno stanziamento di 5 miliardi di lire*, a five billion lire allocation; *vale un* —, it is worth a thousand million.

miliare[1] *agg.*: *pietra* —, milestone (*anche fig.*).

miliare[2] *agg.* (*med.*) miliary: *ascesso* —, miliary abscess; *febbre* —, miliary fever (*o* miliaria); *tubercolo* —, miliary tubercle ◆ *s.f.* miliaria, miliary fever.

milieu *s.m.* (*form.*) (*ambiente*) milieu.

milio *s.m.* (*med.*) milium (*pl.* -ia).

milionario *agg.* millionaire (*attr.*): *industriale* —, millionaire industrialist ◆ *s.m.* millionaire.

milione *s.m.* **1** million: *un — di sterline*, one million pounds; *milioni di abitanti*, millions of inhabitants; *due milioni di abitanti*, two million inhabitants // *non ci starei neanche se mi regalassero un — di sterline*, I wouldn't stay there for a million pounds **2** (*mucchio, gran quantità*) thousands of, heaps: *un — di volte*, thousands of times; *avere milioni a palate*, to have heaps of money; *guadagnare milioni a palate*, to make pots of money; *un — di frottole*, a pack of lies.

milionesimo *agg.num.ord.* millionth ◆ *s.m.* millionth, the millionth part.

militante *agg.* militant: *partito* —, militant (*o* active) party; *politica* —, policy of action; *un sindacalista* —, a militant trade unionist; *la Chiesa* —, the Church Militant ◆ *s.m.* e *f.* militant, activist: *i militanti di base*, (*del sindacato*) the grass roots militants (of a trade union).

militanza *s.f.* militancy: — *femminista*, feminist militancy.

militare *agg.* military: *divisa* —, military uniform; *saluto* —, salute; *arte* —, the art of war; *addetto* —, military attaché; *strada, zona* —, military road, zone; *cappellano* —, military chaplain; *tribunale* —, military court; *diritto* —, military law; *reato* —, military offence; *educazione* —, military education; *aspetto* —, soldierly appearance; *spirito* —, soldierly spirit; *nonostante tutto gli piace la vita* —, in spite of everything he likes military life ◆ *s.m.* soldier: *civili e militari*, civilians and soldiers; *è — di carriera*, he is a regular soldier; *fare il* —, to do military service.

militare *v.intr.* **1** (*fare il soldato*) to serve in the army; to be a soldier: *aveva militato con Garibaldi*, he had served with Garibaldi **2** (*lavorare a favore di*) to militate; to support (s.o., sthg.): *militava nelle schiere monarchiche*, he supported the Royalist cause; *ci sono molti motivi che militano a mio favore*, there are a great many points in my favour // — *in una squadra sportiva*, to play for a team.

militaresco *agg.* martial, military: *aspetto* —, martial (*o* military) appearance; *portamento* —, military bearing.

militarismo *s.m.* militarism.

militarista *s.m.* e *f.* militarist.

militaristico *agg.* militaristic.

militarizzare *v.tr.* **1** (*fortificare*) to militarize: *i tedeschi militarizzarono la zona renana*, the Germans militarized the Rhineland **2** (*mobilitare in caso di guerra o di emergenza*) to mobilize: *militarizzarono i ferrovieri*, the railwaymen were mobilized // — *un partito*, to organize a party on military lines.
□ **militarizzarsi** *v.rifl.* to become* militarized.

militarizzazione *s.f.* **1** militarization **2** (*mobilitazione*) mobilization.

militarmente *avv.* militarily: *occupare — un paese*, to occupy a country by military force; *salutarono — l'ufficiale*, they saluted the officer.

milite *s.m.* **1** militiaman*; soldier: — *dei Carabinieri*, Carabinieri private // *il Milite Ignoto*, the Unknown Warrior **2** (*fig. antiq.*) supporter; soldier: — *di Cristo nel lontano oriente*, missionary in the Far East.

militesente *agg.* exempt from military service: *cercasi laureato* —, wanted graduate exempt from military service ◆ *s.m.* person who is exempt from military service.

milizia *s.f.* **1** (*professione delle armi*) military life: *abbandonare la* —, to leave military life (*o* the Army); *darsi alla* —, to join (*o* to enter) the Army; *esercitare la* —, to serve in the Army (*o* to soldier) **2** (*esercito*) Army; troops (*pl.*): *milizie mercenarie*, mercenary troops; *milizie regolari*, Regular (*o* Standing) Army; — *territoriale*, Territorial Army; *milizie volontarie*, voluntary troops // *la — celeste*, the Heavenly Host // *la — di Dio*, the Army of the Lord **3** (*fig.*) (*attività*) service: *una lunga — in un partito*, a long service in a party.

miliziano *s.m.* militiaman*.

millantare *v.tr.* to boast of (sthg.), to boast about (sthg.); to brag of (sthg.), to brag about (sthg.): *non fa che — la sua casa*, he is always boasting about his house; — *le proprie prodezze, ricchezze*, to boast about (*o* of) one's exploits, wealth.
□ **millantarsi** *v.rifl.* to boast, to brag.

millantato *agg.* boasted, vaunted // (*dir.*) — *credito*, false pretences (*o* fraudulent representation).

millantatore *s.m.* **millantatrice** *s.f.* braggart.

millantatura, millanteria *s.f.* boasting, bragging: *è pura* —, it's sheer bragging; *dire qlco. per* —, to say sthg. as a boast.

mille *agg.num.card.* e *s.m.* a thousand, one thousand: —, *duemila sterline*, a (*o* one) thousand, two thousand pounds; *queste — lire sono mie*, these thousand liras are mine; — *e cento persone*, one thousand one hundred people; *i — fastidi della vita*, the thousand and one irritations of life; — *grazie*, a thousand thanks (*o* thanks a lot); — *volte no!*, a thousand times no!; *avete — ragioni*, you are absolutely right; *ho — preoccupazioni per mia figlia*, I am worried to death about my daughter; *le dissi — volte di non farlo*, I told her a thousand times not to do it; *mi par mill'anni che non lo vedo*, it seems ages since I saw him; *ti mando — auguri*, I send you my very best wishes; — *baci*, thousands of kisses // *ce n'era più di* —, there were more than a thousand of them; *come lui ce n'è uno su* —, he is one in a thousand // *corpo di — diavoli!*, hell's bells! // *si fece di — colori*, he went as red as a beetroot // (*lett.*) *'Le — e una notte'*, 'The Arabian Nights' (*o* 'The Thousand and One Nights'): *questa è una cosa da — e una notte*, this is like something out of the Arabian Nights // *il Mille*, the year one thousand // (*st. italiana*) *i Mille*, the Thousand.

millecento® *s.f.* (*automobile*) Fiat 1100, Fiat eleven hundred.

millecinquecento *s.m.* (*sport*) 1500 metres, fifteen hundred metres.

millefiori *s.m.* **1** (*liquore*) liqueur scented with wildflowers **2** (*vetro*) millefiori glass.

millefoglie *s.m.* **1** (*dolce*) layered cake made of puff pastry and cream **2** (*bot.*) → **millefoglio**.

millefoglio *s.m.* (*bot.*) (*Achillea millefolium*) milfoil, thousand-leaf, yarrow.

millenario *agg.* millenary, millenarian, millennial; (*fig.*) age-old, ancient: *una civiltà millenaria*, a millenary civilization ◆ *s.m.* **1** (*millesimo anniversario*) millennium: *il — della fondazione*, the millennium of the foundation **2** (*st. relig.*) millenarian.

millenarismo *s.m.* (*st. relig.*) millenarianism.

millenarista *s.m.* e *f.* (*st. relig.*) millenarianist.

millenaristico *agg.* (*st. relig.*) millenarian.

millenne *agg.* (*rar.*) millennial, millenary.

millennio *s.m.* millennium, millenary: *il primo — a.C.*, the first millennium BC.

millepiedi *s.m.* (*zool.*) millepede, millipede.

millerighe *agg.* e *s.m.* (*tess.*) (*picchè*) —, ribbed piqué.

millerite *s.f.* (*min.*) millerite.

millesimato *agg.* (*enologia*) dated.

millesimo *agg.num.ord.* thousandth: *la millesima parte*, the thousandth part; *lo ripeterò per la millesima volta*, (*fig.*) I'll repeat it for the thousandth time ◆ *s.m.* **1** thousandth, millesimal: *un — di grammo*, one thousandth of a gram; *un — di dollaro*, mill **2** (*data*) date: *manca il — su questa moneta*, there is no date on this coin.

milleusi *agg.* multi-purpose: *un coltello* —, a multi-purpose knife.

milli- *pref.* di origine latina che, anteposto a un'unità di misura, ne divide il valore per mille; ingl. milli-: *millibar*, millibar; *millilitro*, millilitre.

milliampere *s.m.* (*elettr.*) milliampere.

millibar *s.m.* (*fis., meteor.*) millibar.

milligramma, milligrammo *s.m.* milligram(me).

millilitro *s.m.* millilitre; (*amer.*) milliliter.

millimetrare *v.tr.* to divide into millimetres.

millimetrato *agg.* divided into millimetres: *riga millimetrata*, ruler divided into millimetres; *carta millimetrata*, graph paper.

millimetrico *agg.* **1** (*diviso in millimetri*) divided into millimetres: *reticolo* —, millimetre grid **2** (*valutabile in millimetri*) millimetric, measurable in millimetres; (*estens.*) very short: *grandezza millimetrica*, millimetric magnitude; *una distanza millimetrica*, a very short distance **3** (*preciso*) very precise: *un atterraggio* —, a very precise landing.

millimetro *s.m.* millimetre; (*amer.*) millimeter.

millimicron *s.m.* millimicron.

millisecondo *s.m.* millisecond.

millivolt *s.m.* (*elettr.*) millivolt.

miloioideo *s.m.* (*anat.*) mylohyoid.

milonite *s.f.* (*geol.*) mylonite.

milord *s.m.* **1** (*gentiluomo inglese*) lord, milord: *vivere come un* —, to live like a lord **2** (*scherz.*) (*persona elegante*) lordly fellow.

milordo *s.m.* (*zool.*) (*Coluber viridiflavus*) grass snake.

milza *s.f.* (*anat.*) spleen.

mimare *v.tr.* e *intr.* to mime: — *una scena*, to mime a scene; *sa — molto bene*, he can mime well.

mimeografo *s.m.* mimeograph.

mimesi *s.f.* **1** (*fil.*) mimesis **2** (*letter.*) (*imitazione di voce, gesti ecc.*) mimicry.

mimesia *s.f.* (*min.*) mimetry.

mimetica¹ *s.f.* (*non com.*) (*arte dell'imitare*) mimicry; imitation.

mimetica² *s.f.* (*mil.*) camouflage (uniform); battle dress.

mimetico *agg.* **1** (*imitativo*) mimetic, mimetical; mimic: *arte mimetica*, mimetic art **2** (*di mimetismo*) mimetic, mimetical, mimic (*anche zool.*); (*che serve a mimetizzare*) camouflage: *colorazione mimetica*, (*di animali*) mimic coloration; *animale* —, mimic; *tuta mimetica*, camouflage battledress; *vernice mimetica*, camouflage paint.

mimetismo *s.m.* **1** (*zool., bot.*) mimicry, mimetism, mimesis: — *protettivo*, protective mimicry **2** (*mil.*) camouflage **3** (*fig. spreg.*) changing one's allegiance to suit one's interests; opportunism.

mimetite *s.f.* (*min.*) mimetite.

mimetizzare *v.tr.* to camouflage: — *un carro armato*, to camouflage a tank.
□ **mimetizzarsi** *v.rifl.* **1** to camouflage oneself (*anche zool., bot.*): *i soldati si mimetizzarono con foglie e rami*, the soldiers camouflaged themselves with leaves and branches; *il camaleonte ha la facoltà di* —, a chameleon can camouflage itself // *certi insetti si mimetizzano con le foglie per proteggersi*, some insects mimic leaves to protect themselves **2** (*fig. spreg.*) to change one's allegiance to suit one's interests.

mimetizzazione *s.f.* camouflage; (*zool. bot.*) mimicry.

mimica *s.f.* **1** (*arte scenica*) mime **2** (*il gesticolare*) gesticulation; (*gesti*) gestures: — *facciale*, facial expressions; *la — di un bambino*, a child's gestures.

mimicamente *avv.* mimically.

mimico *agg.* **1** (*che riguarda la mimica, il mimo*) miming: *l'arte mimica*, the art of mime **2** (*di atti e gesti*) mimic: *linguaggio* —, sign language (*o* dumb show).

mimo *s.m.* **1** (*attore*) mime, mimer; (*fig. spreg.*) (*commediante*) masquerader, humbug **2** (*teatr.*) (*azione scenica mimica*) mime **3** (*zool.*) (*Mimus polyglottus*) mockingbird.

mimodramma *s.m.* **1** (*mus.*) mime with music; pantomime **2** (*psic.*) therapeutic (group) miming.

mimografo *s.m.* mimographer.

mimosa *s.f.* (*bot.*) mimosa: — *sensitiva, pudica*, (*Mimosa pudica*) sensitive plant // — *arborea*, (*Albizia julibrissin*) acacia.

mimulo *s.m.* (*bot.*) mimulus, monkey-flower.

mina *s.f.* **1** (*cavità riempita di esplosivo*) mine: — *mancata*, misfire; *fornello da* —, drill hole; *miccia della* —, fuse of the mine; *far brillare una* —, to explode a mine; *disinnescare una* —, to defuse a mine **2** (*ordigno esplosivo*) mine: — *a contatto*, contact mine; — *anticarro*, anti-tank mine; — *terrestre*, landmine // (*mar.*) — *acustica*, acoustic mine; — (*navale*) *di fondo*, (sea) ground mine; — *galleggiante*, floating mine; — *sottomarina*, submarine (*o* torpedo) mine; — *vagante*, drifting mine; *dragare una* —, to sweep a mine **3** (*anima della matita*) lead **4** (*non com.*) (*miniera*) mine.

minaccevole *agg.* (*letter.*) (*minaccioso*) menacing, foreboding.

minaccia *s.f.* threat, menace (*anche dir.*): *il suo discorso era pieno di velate minacce*, his speech was full of veiled threats; *si è arreso alle nostre minacce*, he gave in to our threats; *proferire minacce*, to utter threats; *vane minacce*, empty threats; *silenzio gravido di minacce*, ominous silence; *gesto di* —, menacing (*o* threatening) gesture; *lo fecero accettare con le minacce*, they bullied him into accepting; *c'è una — di pioggia*, (*fig.*) there is a threat of rain in the sky (*o* it looks like rain); *è una — per la pace del mondo*, (*fig.*) it is a menace to world peace; *la ditta vive sotto la — di un crollo finanziario*, (*fig.*) the threat of a financial crash hangs over the company.

minacciare *v.tr.* **1** to threaten, to menace (*anche dir.*): *minacciarono vendetta*, they threatened revenge; — *guerra*, to threaten war; — *qlcu. di arresto, di morte*, to threaten s.o. with arrest, with death; — *qlcu. di ricorrere a misure legali*, to threaten to take s.o. to law; — *un testimone*, to intimidate a witness; *mi-*

nacciò di licenziarsi, he threatened to resign; *minacciò di uccidermi*, he threatened to kill me **2** (*fig.*) (*mettere in pericolo*) to menace, to threaten: *un contrasto che minaccia la pace*, a disagreement that menaces the peace; *il mio viaggio è minacciato dallo sciopero aereo*; my trip is threatened by the air strike **3** (*fig.*) (*far presentire un danno*) to threaten: *il cielo minaccia temporale*, the sky is threatening; *il mare minaccia burrasca*, the sea is threatening; *la febbre minaccia di salire*, the temperature is threatening to rise **4** (*fig. letter.*) (*sovrastare minacciosamente*) to loom over (sthg.): *il castello minaccia il villaggio*, the castle looms over the village.

minacciosamente *avv.* threateningly, menacingly: *lo guardò —*, she looked at him threateningly (*o* menacingly).

minaccioso *agg.* **1** threatening, menacing: *attitudine, sguardo, tono —*, menacing (*o* threatening) attitude, look, tone **2** (*fig.*) (*che preannuncia un danno*) threatening, menacing, ominous: *il tempo sembra —*, the weather looks threatening (*o* ominous); *onde minacciose*, threatening waves **3** (*fig. letter.*) (*che ispira timore*) looming: *vette minacciose*, looming peaks.

minare *v.tr.* **1** to mine: *minarono l'imboccatura del porto*, they mined the entrance of the harbour; *— una nave*, to mine a ship **2** (*corrodere, insidiare*) to undermine, to sap: *la febbre minò le sue forze*, fever sapped (*o* undermined) his strength; *il fiume minò le fondamenta della nostra casa*, the river undermined (*o* wore away) the foundations of our house; *— le basi di una dottrina*, to sap the foundations of a doctrine; *— la reputazione di qlcu.*, to undermine s.o.'s reputation.

minareto *s.m.* minaret.

minato *agg.* **1** mined: *zona minata*, mined area; *terreno —*, minefield (*anche fig.*) **2** (*corroso, insidiato*) undermined; eaten up (with sthg.), consumed (with sthg.): *— dall'invidia*, eaten up with envy; *il suo fisico era ormai —*, his health was already jeopardized.

minatore *s.m.* **1** (*chi lavora nelle miniere*) miner; (*di carbone*) coal-miner, pitman*, (*non com.*) collier: *— che lavora al fronte di avanzamento*, faceman* **2** (*miner.*) *— continuo*, (*macchina scavatrice in sotterraneo*) miner **3** (*mil.*) sapper.

minatorio *agg.* threatening, minatory: *lettera minatoria*, threatening letter.

minchia *s.f.* (*volg. region.*) prick.

minchiata *s.f.* (*volg. region.*) (*stupidaggine*) boob, cock-up, bullshit (U).

minchionaggine *s.f.* (*fam.*) stupidity, silliness; (*ingenuità*) naïveté, naïvety, ingenuousness.

minchionare *v.tr.* (*fam.*) (*prendere in giro*) to make* (s.o.) look a fool; (*ingannare*) to take* (s.o.) in; to fool (s.o.): *diceva così per minchionarmi*, he said that only to make me look like an idiot.

minchionatore *s.m.* (*fam.*) (*canzonatore*) teaser, mocker.

minchionatura *s.f.* (*fam.*) **1** fooling; mockery, leg-pull **2** (*scherzo*) joke **3** (*danno patito*) rip-off.

minchione *s.m.* (*fam.*) simpleton, dope, fool: *fare il —*, to play the idiot (*o* to play dumb) ◆ *agg.* (*fam.*) dopey, gormless, dim-witted, dumb.

minchioneria *s.f.* (*fam.*) **1** (*l'essere minchione*) stupidity **2** (*sciocchezza*) stupid thing; blunder: *hai fatto, detto una —*, you did, you said something stupid.

minera → **miniera**.

minerale *agg.* mineral: *acqua —*, mineral water; *carbone —*, mineral (*o* pit) coal; *cera —*, mineral wax; *olio —*, (*petrolio*) mineral oil; *sale —*, mineral salt; *regno —*, mineral kingdom ◆ *s.m.* mineral; (*economicamente estraibile*) ore: *— di zolfo, di ferro, di rame*, sulphur, iron, copper ore; *giacimento di —*, mineral (*o* ore) deposit (*o* bed); *— utile*, ore (*o fam. amer.* pay dirt); *— grezzo*, rude ore; *preparazione dei minerali*, ore dressing (*o* mineral processing); *arricchimento dei minerali*, ore dressing // (*petrografia*) *— accessorio*, accessory mineral.

mineralista *s.m.* e *f.* mineralogist.

mineralizzare *v.tr.* **mineralizzarsi** *v.intr.pron.* (*chim., geol.*) to mineralize // (*miner.*) *zona mineralizzata*, prospect; *livello mineralizzato*, reef.

mineralizzatore *s.m.* (*chim., geol.*) mineralizer ◆ *agg.* (*chim., geol.*) mineralizing: *elemento —*, mineralizing element.

mineralizzazione *s.f.* (*chim., geol.*) mineralization.

mineralogia *s.f.* mineralogy.

mineralogico *agg.* mineralogical.

mineralogista *s.m.* e *f.* mineralogist.

mineraloide *s.m.* mineraloid.

minerario *agg.* (*geol., miner.*) mineral; (*miner.*) mining; mine (*attr.*); ore (*attr.*): *risorse minerarie*, mineral resources; *diritti minerari*, mineral rights; *giacimento —*, ore deposit (*o* bed); *corpo —*, ore body; *distretto —*, ore (*o* mining) district; *regione mineraria*, ore district; *riserva mineraria*, ore reserve; *attività, coltivazione mineraria*, mining; *industria mineraria*, mining industry; *concessione mineraria*, mining claim (*o* concession); *società mineraria*, mining company // *ingegnere —*, mining engineer.

minerogenesi *s.f.* (*geol.*) ore genesis.

minerva[1®] *s.m.pl.* (*tipo di fiammiferi di sicurezza*) safety matches.

minerva[2] *s.f.* (*med.*) (*collare ortopedico*) neck collar.

minestra *s.f.* **1** soup: *— in brodo*, thin (*o* clear) soup; *— densa*, thick soup; *— di verdura*, vegetable soup; *servire, scodellare la —*, to serve the soup // *è sempre la stessa —*, (*fig.*) it's always the same (old) story // *è tutta un'altra —*, (*fig.*) it's an altogether different story // *una — riscaldata*, (*fig.*) a rehash // *trovare la — bell'e fatta*, (*fig.*) to have everything laid on **2** (*porzione di minestra*) a helping of soup **3** (*primo piatto*) first course.

minestrina *s.f.* thin soup, clear soup.

minestrone *s.m.* **1** (*cuc.*) 'minestrone' (vegetable soup) **2** (*fig. fam.*) (*miscuglio*) hotchpotch, jumble, mix-up: *il suo ultimo libro è un —*, his latest book is a hotchpotch (*o* a jumble); *fa di tutto un —*, he makes a hotchpotch of everything; *che —!*, what a mix-up!

mingere *v.intr.* to urinate, to micturate, to pass water.

mingherlino *agg.* puny, thin, delicate, slight: *è troppo — per vincere*, he's too puny to win.

mini- *pref.* che significa 'molto piccolo, di formato ridotto'; ingl. mini-: *minigonna*, miniskirt; (*inform.*) *minielaboratore*, minicomputer.

mini *agg.* tiny, mini-: *una casa —*, a tiny house (*o* a flatlet).

miniabito *s.m.* short dress, mini-dress.

minialloggio, **miniappartamento** *s.m.* flatlet.

miniare *v.tr.* **1** to paint in miniature: (*manoscritti*) to illuminate, to miniate **2** (*fig.*) (*descrivere con molta precisione*) to describe minutely.

miniassegno *s.m.* minicheque (very low value small-sized cheque issued in the '70s by some Italian banks owing to a shortage of coins).

miniato *agg.* illuminated, miniated: *manoscritto —*, illuminated manuscript.

miniatore *s.m.* miniaturist; (*di manoscritti*) illuminator.

miniatura *s.f.* miniature (*anche fig.*); (*di manoscritti*) illumination, miniature: *la — medievale*, medieval illumination (*o* miniature); *un codice ricco di miniature*, a richly illuminated code // *sembrare una —*, to resemble a miniature; *un viso che sembrava una —*, a face whose delicate features resembled a miniature // *in —*, in miniature, miniature (*attr.*): *una nave in —*, a miniature ship; *una donna in —*, a minute (*o* tiny) woman.

miniaturista *s.m.* e *f.* miniaturist; (*di manoscritti*) illuminator.

miniaturistico *agg.* of (a) miniature, miniature (*attr.*); (*di manoscritti*) illumination (*attr.*).

miniaturizzare *v.tr.* to miniaturize.

miniaturizzato *agg.* miniaturized: *circuito —*, miniaturized circuit.

miniaturizzazione *s.f.* miniaturization.

minibus *s.m.* minibus.

minicalcolatore, **minicomputer** *s.m.* minicomputer.

minidisco *s.m.* (*inform.*) minidisk, (IBM) minidiskette, minifloppy disk, floppy disk.

minielaboratore *s.m.* (*inform.*) minicomputer.

miniera *s.f.* **1** mine; pit: *— di carbone*, coalmine (*o* coal-pit *o* colliery); *— di rame*, copper mine; *— d'oro*, goldmine; (*fig.*) money-spinner; *scoprire una — d'oro*, to discover a goldmine; *— a cielo aperto*, (open) pit; *— in sotterraneo*, underground mine; *sfruttare una —*, to work a mine; *scendere in —*, to go down the pit; *lavorare in —*, to work in the mines // *pozzo di —*, mine shaft **2** (*fig.*) mine: *una — d'informazioni*, a mine of information; *un attore che è una — di barzellette*, an actor who has an endless supply of jokes.

minigolf *s.m.* pitch and putt.

minigonna *s.f.* miniskirt.

minima *s.f.* **1** (*mus.*) minim **2** (*meteor.*) minimum temperature: *la — di ieri a Milano è stata di –2 °C sotto zero*, yesterday's minimum temperature in Milan was 2 degrees centigrade below freezing **3** (*med.*) (*di pressione*) the lowest blood pressure, diastolic pressure: *ha 85 di — e 130 di massima*, his blood pressure ranges between a minimum of 85 and a maximum of 130.

minimale *agg.* (*non com.*) minimal, minimum, lowest: *tariffa* —, minimum charge (*o* lowest rate) ◆ *s.m.* (*quota, limite minimi*) minimum; (*assicurazione*) minimum sum that can be insured.

minimalismo *s.m.* (*pol.*) minimalism.

minimalista *s.m.* e *f.* e *agg.* (*pol.*) minimalist.

minimalistico *agg.* (*pol.*) minimalist.

minimamente *avv.* at all; in the least: *la temperatura non è — scesa rispetto a ieri*, the temperature hasn't gone down at all since yesterday; *in tanti anni, il paese non era — cambiato*, in all those years the country had not changed at all (*o* had not changed in the least); *non lo conosco* —, I don't know him at all; *non hanno — rispettato le norme di sicurezza*, they did not respect the safety rules at all; *è un egoista, non pensa — agli altri*, he's so selfish, he never considers others at all.

minimare *v.tr.* (*mat.*) to minimize.

minimassimo, **minimax** *s.m.* (*mat.*) minimax.

minimercato *s.m.* minimarket.

minimetro *s.m.* (*mecc.*) dial gauge.

minimizzare *v.tr.* to minimize: — *uno scandalo*, to minimize (*o* to play down) a scandal; — *una sconfitta*, to make light of a defeat // (*econ.*): — *le perdite*, to minimize losses; — *i rischi*, to minimize risks.

minimizzazione *s.f.* (*non com.*) minimization // (*econ.*) — *dei costi*, cost minimization // (*trib.*) — *dell'onere fiscale*, tax avoidance (*o* dodging).

minimo *agg.superl.rel.* **1** (*il più piccolo*) the least (*o* the slightest *o* the smallest); minimum (*attr.*); (*il più basso*) the lowest: *senza la minima cura*, without the least (*o* the slightest) care; *non ho il* (*benché*) — *dubbio*, I haven't the slightest (*o* the least *o* the smallest) doubt; *anche il — errore sarebbe stato fatale*, even the slightest mistake would have proved fatal; *la quantità minima*, the minimum (*o* the smallest) quantity; *la temperatura minima*, the minimum (*o* the lowest) temperature; *ha ottenuto il punteggio* —, he got the minimum score (*o* the lowest possible score); *il livello — di un fiume*, the lowest level of a river; *procedere alla minima velocità*, to go at the minimum speed (*o* at the lowest speed possible); *l'altitudine, la densità, la larghezza minima*, the minimum height, density, width; *senza il — sforzo, la minima esitazione*, without the least (*o* the slightest) effort, hesitation; *non avevo la minima intenzione di cedere*, I hadn't the slightest intention of giving up // *non hanno la minima fiducia in lui*, they have no confidence (whatever) in him **2** (*mat.*) the lowest, smallest, simplest: *il — comune multiplo*, the lowest common multiple; *ridurre una frazione ai minimi termini*, to reduce a fraction to its lowest (*o* smallest) terms; *ridurre una questione ai minimi termini*, to reduce a matter to its simplest terms **3** (*piccolissimo*) very small; very slight; minimal; (*bassissimo*) very low: *un prezzo* —, a very low price; *una quantità minima*, a very small quantity; *la differenza è minima*, the difference is very slight; *le speranze di trovare altri superstiti erano minime*, hopes of finding any other survivors were minimal ◆ *s.m.* **1** minimum*: *il — d'età prescritto per essere ammessi è...*, the minimum age for admission is...; *il — di paga*, the minimum wages; *gli fu applicato il — della pena*, he was given the minimum sentence; *ridurre le spese al* —, to reduce expenses to a minimum; *le quotazioni hanno toccato il* —, quotations have dropped to a minimum // (*Borsa*) — *storico*, an all-time low // *al* —, (*per lo meno*) at least (*o* at the very least); *ci vuole al — un'ora di macchina*, it will take an hour by car at least (*o* at the very least) // *non ha un — di buon senso*, he hasn't an ounce of sense // *con un — di fortuna*, with a (little) bit of luck **2** (*di motore*) bottom gear; idling: (*aer.*) — *di avvicinamento*, approach idling; (*aer.*) — *di volo*, flight idling; (*aut.*) *girare al* —, to tick over (*o* to idle) **3** (*la minima cosa*) the least: *era il — che potessi fare*, it was the least I could do.

minimosca *s.m.* (*boxe*) light flyweight.

minimum *s.m.* minimum*: (*econ.*) *stabilire un — retributivo*, to fix a minimum wage (*o* a wage floor).

minio *s.m.* (*chim.*) minium, red lead.

miniriforma *s.f.* minireform, partial reform.

miniserie *s.f.* (*tv*) miniseries.

ministeriale *agg.* ministerial; cabinet (*attr.*): *i banchi ministeriali*, the ministerial benches; *consiglio* —, cabinet meeting; *crisi* —, cabinet (*o* ministerial) crisis; *decreto* —, ministerial decree; *circolare* —, departmental (*o* ministerial) memorandum ◆ *s.m.* (*chi lavora in un ministero*) ministerial civil servant.

ministero *s.m.* **1** (*ufficio, funzione*) office, function; (*eccl.*) ministry: *un alto* —, a high office; *svolgere un — di pace*, to carry out a mission of peace // *il sacro* —, the (sacred) ministry **2** (*ministero, dipartimento amministrativo dello Stato*) Ministry, Office, Board; (*negli Stati Uniti*) Department // — *dell'aeronautica*, (GB) Air Ministry, (USA) Department of the Air Force // — *degli* (*affari*) *esteri*, Ministry of Foreign Affairs, (GB) Foreign Office, (USA) Department of State // — *degli* (*affari*) *interni*, Ministry of the Interior, (GB) Home Office, (USA) Department of the Interior // — *per gli affari sociali*, (*in Italia*) Ministry for Social Affairs // — *dell'agricoltura e foreste*, Ministry of Agriculture and Forestry, (GB) Ministry of Agriculture, Fisheries and Food, (USA) Department of Agriculture // — *dell'ambiente*, Ministry of the Environment, (GB) Department of the Environment // — *per le aree urbane*, (*in Italia*) Ministry for Urban Development and Rehabilitation // — *dei beni culturali*, (*in Italia*) Ministry for Arts and Culture // — *del bilancio*, Ministry of the Budget, (GB) the Treasury, (USA) Office of Management and Budget // — *del commercio con l'estero*, Ministry of Foreign Trade, (GB) Overseas Trade Ministry, (USA) US International Trade Commission // — *della difesa*, Ministry of Defence, (USA) Department of Defense // — *delle finanze*, Ministry of Finance, (GB) Exchequer (*o* Ministry of Finance), (USA) Department of the Treasury // — *della funzione pubblica*, (*in Italia*) Ministry for the Civil Service // — *di grazia e giustizia*, Ministry of Justice, (USA) Department of Justice // — *della guerra*, Ministry of War, (GB) War Office, (USA) Department of War // — *dell'industria, commercio e artigianato*, Ministry of Industry and Trade, (GB) Department of Trade and Industry, (USA) Department of Commerce // — *del lavoro e della previdenza sociale*, Ministry of Labour and Social Security, (GB) Department of Employment, (USA) Department of Labor // — *dei lavori pubblici*, (*in Italia*) Ministry of Public Works // — *della Marina*, Ministry of the Navy, (GB) Admiralty, (USA) Department of the Navy // — *della marina mercantile*, Ministry of the Merchant Marine, (GB) Marine Division of the Department of Trade, (USA) Maritime Administration of the Department of Commerce // — *delle partecipazioni statali*, Ministry of State Investment, (GB) National Enterprise Board // — *per le politiche comunitarie*, (*nei paesi della* CEE) Ministry for EEC Policy // — *delle poste e telecomunicazioni*, Ministry of Post and Telecommunications, (GB) Post Office Board, (USA) Post Office Department // — *della protezione civile*, Ministry for Civil Defence, (USA) (*a livello nazionale, ma non in qualità di ministero*) Federal Emergency Board // — *della pubblica istruzione*, Ministry of Education, (GB) Department of Education and Science, (USA) Department of Health, Education and Welfare // — *per i rapporti col parlamento*, (*in Italia*) Ministry for Parliamentary Affairs // — *della ricerca scientifica e tecnologica*, (*in Italia*) Ministry of Scientific Research and Technology // — *della sanità*, Ministry of Health, (GB) Department of Health, (USA) Department of Health, Education and Welfare // — *del tesoro*, Ministry of the Treasury, (GB) the Treasury, (USA) Department of the Treasury // — *dei trasporti e dell'aviazione civile*, Ministry of Transport and Civil Aviation, (GB) Department of Transport and Civil Aviation Authority, (USA) Department of Transportation // — *del turismo e dello spettacolo*, Ministry of Tourism and Culture, (GB) British Tourist Authority, (USA) United States Travel Service (of the Department of Commerce) **3** (*Consiglio dei Ministri, governo*) government, ministry; (*Gabinetto*) Cabinet: — *radicale*, radical government; *fece parte del — Crispi*, he served in Crispi's ministry; *formare un* —, to form a government (*o* a ministry *o* a Cabinet) **4** (*dir.*) *pubblico ministero*, Public Prosecutor; (*amer.*) Prosecuting Attorney; District Attorney: *la difesa e il pubblico* —, the Defence and the Prosecution.

ministra *s.f.* **1** (*letter.*) (*sacerdotessa*) priestess **2** (*scherz.*) (*donna ministro*) woman minister.

ministrante *agg.* (*non com.*) serving; administering ◆ *s.m.* (*relig.*) altar server.

ministrare *v.tr.* (*letter.*) (*somministrare*) to supply, to furnish.

ministrello → **menestrello**.

ministressa *s.f.* (*scherz.*) (*donna ministro*) woman minister.

ministro *s.m.* **1** (*eccl.*) minister, clergyman*, priest; (*titolo*) Minister: — *della Chiesa*, minister of religion **2** (*pol.*) minister, secretary (of State): *Primo* —, Prime Minister, (*o* GB Premier); *Consiglio dei Ministri*, Cabinet; (*della* CEE) Council of Ministers // — *senza portafoglio*, Minister without portfolio // — *dell'aeronautica*, (GB) Secretary of State for Air (*o* Air Minister), (USA) Secretary of the Air Force // — *degli* (*affari*) *esteri*, Foreign Minister, (GB) Foreign Secretary, (USA) Secretary of State // — *degli* (*affari*) *interni*, Minister of the Interior, (GB) Home Secretary, (USA) Secretary of the Interior // — *per gli affari sociali*, (*in Italia*) Minister for Social Affairs // — *dell'agricoltura e foreste*, Minister of Agriculture and Forestry, (GB) Minister of Agriculture, Fisheries and Food, (USA) Secretary of Agriculture // — *dell'ambiente*, Minister of the

Environment, (GB) Secretary of State for the Environment // — *per le aree urbane*, (*in Italia*) Minister for Urban Development and Rehabilitation // — *dei beni culturali*, (*in Italia*) Minister for Arts and Culture // — *del bilancio*, (*in Italia*) Minister of the Budget // — *del commercio con l'estero*, (*in Italia*) Minister of Foreign Trade // — *della difesa*, Minister of Defence, (GB) Secretary of State for Defence (*o* Defence Secretary), (USA) Secretary of Defense // — *delle finanze*, Minister of Finance, (GB) Chancellor of the Exchequer, (USA) Secretary of the Treasury // — *della funzione pubblica*, (*in Italia*) Minister for the Civil Service // — *di grazia e giustizia*, Minister of Justice, (USA) Secretary of Justice (*o* Attorney General) // — *della guerra*, Minister of War, (GB) War Secretary (*o form.* Secretary of State for War), (USA) Secretary of War // — *dell'industria, commercio e artigianato*, Minister of Industry and Trade, (GB) President of the Board of Trade, (USA) Secretary of Commerce // — *del lavoro e della previdenza sociale*, Minister of Labour and Social Security, (USA) Secretary of Labor // — *dei lavori pubblici*, (*in Italia*) Minister of Public Works // — *della marina*, Minister of the Navy, (GB) First Lord of the Admiralty, (USA) Secretary of the Navy // — *della marina mercantile*, (*in Italia*) Minister of the Merchant Marine // — *delle partecipazioni statali*, (*in Italia*) Minister of State Investment // — *per le politiche comunitarie*, (*nei paesi della CEE*) Minister for EEC Policy // — *delle poste e telecomunicazioni*, Postmaster General // — *della protezione civile*, (*in Italia*) Minister for Civil Defence // — *della pubblica istruzione*, Minister of Education, (GB) Secretary of Education and Science, (USA) Secretary of Health, Education and Welfare // — *per i rapporti col parlamento*, (*in Italia*) Minister for Parliamentary Affairs // — *della ricerca scientifica e tecnologica*, (*in Italia*) Minister of Scientific Research and Technology // — *della sanità*, Minister of Health, (GB) Minister of Health and Social Security, (USA) Secretary of Health, Education and Welfare // — *del tesoro*, Minister of the Treasury, (GB) Chancellor of the Exchequer, (USA) Secretary of the Treasury // — *dei trasporti e dell'aviazione civile*, Minister of Transport and Civil Aviation, (GB) Secretary of State for Transport, (USA) Secretary of Transportation // — *del turismo e dello spettacolo*, (*in Italia*) Minister of Tourism and Culture **3** (*chi esercita un alto ufficio*) minister **4** (*chi amministra*) administrator, officer; (*difensore*) defender: *i ministri della giustizia*, the administrators of justice; — *di pace, di civiltà*, defender of peace, of civilization **5** (*diplomazia*) (*capo di legazione*) minister: *il Ministro d'Italia a Kabul*, the Italian Minister in Kabul; — *plenipotenziario*, minister plenipotentiary.

minoico *agg.* Minoan.

minorante *agg.* e *s.m.* (*mat.*) minorant.

minoranza *s.f.* **1** minority: *nella — dei casi*, in the minority of cases; *opinione di —*, minority opinion; — *parlamentare*, parliamentary minority; *gli esponenti della —*, the members of the minority; *essere, andare in —*, to be, to become a minority **2** (*etnica ecc.*) minority: *minoranze religiose, etniche*, religious, ethnic minorities; *i diritti delle minoranze*, the rights of minority groups.

minorare *v.tr.* (*non com.*) **1** to reduce, to lower, to diminish, to lessen: (*econ.*) — *i costi*, to reduce costs **2** (*rendere invalido*) to disable, to impair.

minorascato *s.m.* (*dir.*) trust in favour of a younger son.

minorasco *s.m.* (*dir.*) trust in favour of a younger son.

minorativo *agg.* (*rar.*) (*che rende minore*) reducing, diminishing.

minorato *agg.* disabled, handicapped; (*invalido*) mutilated, maimed: *soldati minorati in guerra*, soldiers disabled in the war; *render —*, to disable ◆ *s.m.* disabled person; handicapped person; (*invalido*) invalid: *un — fisico, psichico*, a physically, mentally disabled (*o* handicapped) person; *scuola per minorati psichici*, school for the mentally disabled (*o* handicapped); — *del lavoro*, worker disabled by an industrial accident; *minorati di guerra*, (*soldati*) disabled ex-servicemen, (*civili*) war-disabled person.

minorazione *s.f.* **1** (*diminuzione*) reduction; diminution, lessening; curtailment: (*econ.*) — *dei prezzi*, reduction in prices (*o* price reduction) **2** (*menomazione*) disability, handicap; (*l'essere minorato, invalido*) disablement: — *fisica, psichica*, physical, mental handicap; *inabile al lavoro per una grave —*, unfit for work owing to a serious handicap.

minore *agg.compar.* **1** (*più piccolo*) smaller; (*più basso*) lower; (*più corto*) shorter; (*più poco*) less(er): *una quantità —*, a smaller quantity; *una somma —*, a smaller amount; *una distanza —*, a shorter distance; *una cifra —*, a lower figure; *a minor prezzo*, at a lower price; *con minor spesa*, at less cost (*o* less expensively); *con minor forza*, with less force; *con minor cura*, with less(er) care; *le spese di riscaldamento risultarono minori del previsto*, the heating expenses turned out less than expected; *l'affluenza alle urne è stata — nel sud che nel nord*, the turnout at the polls was lower in the south than in the north; *il secondo progetto non ebbe minor fortuna del primo*, the second plan was no less successful than the first (*o* was just as successful as the first) // *cinque è — di otto*, five is less than eight // *avere minori probabilità di riuscita*, to stand less chance of success // *scegliere il male —*, to choose the lesser of two evils // *Asia Minore*, Asia Minor // (*astr.*) *Orsa Minore*, Ursa Minor **2** (*meno importante*) minor, less important: *le opere minori del Petrarca*, Petrarch's minor works; *i personaggi minori di una commedia*, the minor characters in a play // *astri minori*, minor stars // *arti minori*, minor arts // (*eccl.*) *frati minori*, Friars Minor (*o* Minorites); *ordine —*, minor order **3** (*più giovane*) younger: *Anna è — di Cinzia*, Ann is younger than Cynthia; *mio fratello è — di me di tre anni*, my brother is three years younger than me // *vietato ai minori di quattordici anni*, forbidden to children under fourteen years of age // *Bruto Minore*, the Younger Brutus; *Catone il Minore*, Cato the Younger **4** (*mus.*) minor: *tono —*, minor key; *do —*, C minor **5** (*mat., log.*) minor ◆ *agg.superl.rel.* **1** (*il più piccolo*) the smallest; (*il più basso*) the lowest; (*il più corto*) the shortest; (*il minimo*) the least: *la quantità —*, the smallest quantity; *la — distanza*, the shortest distance; *vendere al minor prezzo possibile*, to sell at the lowest possible price; *il — offerente*, the lowest bidder; *nel minor tempo possibile*, in the shortest time **2** (*il meno importante*) minor: *i minori affluenti del Po*, the Po's minor tributaries; *gli artisti minori del Cinquecento*, the minor artists of the sixteenth century **3** (*il più giovane*) the youngest; (*fra due*) the younger: *mio figlio —*, my youngest (*o* my younger) son • Come si nota dagli esempi, questo agg. è espresso in ingl. in modi diversi, a seconda del significato assunto dall'agg. positivo *piccolo* ◆ *s.m.* e *f.* **1** (*chi è più giovane d'età*) the youngest; (*fra due*) the younger: *chi è il — fra voi due?*, which of you is the younger?; *la — delle sorelle*, the youngest of the sisters **2** (*chi è di grado inferiore*) junior **3** (*dir.*) → minorenne **4** *pl.* (*eccl.*) (*frati minori*) Minorites **5** (*mat.*) (*di una matrice*) minor.

minorenne *agg.* underage: *delinquente —*, juvenile delinquent; *essere —*, to be underage (*o* to be a minor) ◆ *s.m.* e *f.* (*dir.*) minor: *tribunale dei minorenni*, juvenile court; *corruzione di —*, corruption of a minor (*o* sexual abuse of a child); *tutela dei minorenni*, wardship.

minorile *agg.* juvenile, of minors: *delinquenza —*, juvenile delinquency; *età —*, minority.

minorita *s.m.* (*eccl.*) Minorite, Friar Minor.

minorità *s.f.* (*dir.*) minority.

minoritario *agg.* minority (*attr.*): *una corrente minoritaria del partito*, a minority wing of the party; *governo —*, minority government // (*fis.*) *portatore —*, minority carrier.

minoritico *agg.* (*eccl.*) Minorite (*attr.*)

minuendo *s.m.* (*mat.*) minuend.

minuetto *s.m.* (*mus.*) minuet.

minugia *s.f.* **minugio** *s.m.* **1** (*budella*) gut, intestine **2** (*mus.*) (cat)gut **3** (*med.*) (*catetere uretrale*) urethral catheter.

minuscola *s.f.* small letter, minuscule; (*tip.*) lower case letter: *non si comincia un periodo con la —*, one must not begin a sentence with a small letter.

minuscolo *agg.* **1** (*di scrittura*) small: *lettera minuscola*, small (*o* minuscule) letter **2** (*piccolino*) tiny, minute: *una stanza minuscola*, a tiny room ◆ *s.m.* **1** (*carattere*) small letter: *scrivere in —*, to write in small letters **2** (*tip.*) lower case letter.

minusvalenza *s.f.* (*econ.*) capital loss // *minusvalenze*, (*perdite derivanti da cessioni di beni o titoli*) losses arising on disposal.

minusvalore *s.m.* (*fin.*) (*diminuzione di valore di titoli*) depreciation.

minuta *s.f.* draft, rough copy; minute: *ricopiare in bella una —*, to write up a rough copy neatly; *stendere, scrivere la — di qlco.*, to make a rough draft of sthg. // (*amm.*): *stendere la — di un contratto*, to make the draft of a contract (*o* to draft a contract); — *di bilancio*, draft balance sheet.

minutaggio *s.m.* minute count.

minutaglia *s.f.* **1** (*spec. pl.*) bits and pieces (*pl.*), odds and ends (*pl.*); (*dettagli*) details (*pl.*) **2** (*insieme di pesciolini*) whitebait.

minutame *s.m.* → **minutaglia** 1.

minutamente *avv.* **1** (*in pezzettini*) finely, into little pieces: *tritare qlco. —*, to chop sthg. into tiny pieces **2** (*minuziosamente*) minutely, meticulously; in great detail: *descrivere un fatto —*, to describe an event in great detail.

minutante[1] *s.m.* e *f.* (*amm.*) (*chi scrive minute*) drafter, minute-writer.

minutante[2] *s.m.* e *f.* (*comm.*) (*non com.*) (*venditore al minuto*) retailer.

minutare *v.tr.* (*amm.*) (*scrivere minute*) to draft, to draw* up a rough copy of (sthg.).

minutario *s.m.* (book of) minutes.

minutazione *s.f.* (*inform.*) (IBM) coding.

minutenza *s.f.* (*spec. pl.*) lines (*pl.*), lashing.

minuteria *s.f.* **1** (*insieme di piccole cose*) bits and pieces (*pl.*), odds and ends (*pl.*); (*ninnoli*) (k)nick-(k)nacks (*pl.*), bric-à-brac: *una bancarella di minuterie*, a stall selling odds and ends **2** (*mecc.*) nuts and bolts (*pl.*) **3** (*di orologi meccanici*) motion work.

minutezza *s.f.* **1** minuteness; (*sottigliezza*) thinness **2** (*rar.*) (*minuzia*) minor detail, trifle.

minutiere *s.m.* (*chi vende oggetti ornamentali*) dealer in fancy goods.

minuto[1] *agg.* **1** (*piccolo*) minute, small, tiny: *calligrafia minuta*, small (*o* minute) handwriting; *oggetti minuti*, small (*o* tiny) objects; *carbone* —, tiny pieces of a coal; *persona di ossatura minuta*, a small-boned person; *pioggia minuta*, drizzle // (*cuc.*) *frittura minuta*, small fry // *bestie minute*, small stock **2** (*delicato*) delicate; (*gracile*) frail: *lineamenti minuti*, delicate features; *un bambino* —, a frail child **3** (*dettagliato*) detailed; (*minuzioso*) minute: *una minuta spiegazione*, a detailed explanation; *fece minute indagini sul delitto*, he made minute inquiries into the crime; *un piano studiato nei più minuti particolari*, a plan studied to the last detail; *un — resoconto*, a detailed account **4** (*accessorio, di poco conto*) petty, trivial: *occupazioni minute*, trivial jobs; *spese minute*, petty expenses; *denaro per i minuti piaceri*, pocket money // *popolo* —, the common people, (*spreg.*) the mob ◆ *s.m.* **1** (*comm.*) *al* —, (by) retail: *commerciante al* —, retailer; *prezzo al* —, retail price; *vendere al* —, to retail (*o* to sell by retail); *comprare al* —, to buy retail **2** (*minuzie*) details (*pl.*) // *cadere nel* —, to get bogged down in details.

minuto[2] *s.m.* **1** minute: — *secondo, primo*, second, minute; *mancano dieci minuti alle cinque*, it is ten (minutes) to five; *sono le quattro e venti minuti*, it is twenty (minutes) past four; *ogni — mi sembrava un'ora*, every minute seemed an hour to me; *ogni cinque minuti c'è un autobus*, every five minutes there's a bus; *abitiamo a cinque minuti da un parco*, we live five minutes from a park // *il mio orologio spacca il* —, my watch is dead on time // *contare i minuti*, to count the minutes // *stare al —, guardare il* —, (*fig.*) to be a stickler for punctuality **2** (*fig.*) (*pochissimo tempo*) minute, moment: *non ho mai un — di pace, di calma*, I never have a moment of peace, of calm (*o* of rest); *quel bimbo non sta fermo un* —, that child doesn't keep still for a moment; *in un —, tra un* —, in a minute; *sarò qui tra un* —, I'll be here in a minute; *aspetta, è una questione di due, di pochi minuti*, wait, it's a matter of minutes // *presto, non c'è un — da perdere!*, quick, we can't afford to waste a moment! // *avere i minuti contati*, to have very little time // *ogni* (*mezzo*) —, every minute, all the time; *non è possibile, mi interrompe ogni —!*, it's impossible, he interrupts me every minute (*o* all the time) // *di — in* —, (*da un momento all'altro*) any minute, (*di momento in momento*) every moment, from one moment to the next; *lo aspettiamo di — in* —, we're expecting him any minute; *la tensione aumentava di — in* —, the tension was increasing every moment (*o* from one moment to the next).

minuzia *s.f.* **1** (*spec. pl.*) minutia*, trifle, trivial detail: *si perde in minuzie*, he can't see the wood for the trees; *litigare per una* —, to quarrel over nothing **2** (*minuziosità*) meticulousness: *una — eccessiva*, an excessive concern for detail.

minuziosaggine *s.f.* **1** (*minuziosità*) pettiness, meticulousness **2** (*cavillo*) quibble.

minuziosamente *avv.* minutely; meticulously, scrupulously; (*dettagliatamente*) in detail: *eseguire un lavoro* —, to carry out a job scrupulously; *raccontare una storia* —, to tell a story in great detail.

minuziosità *s.f.* meticulousness, scrupulousness: *la — di una ricerca*, the meticulousness of a piece of research; *esaminare qlco. con* —, to examine sthg. in great detail.

minuzioso *agg.* minute; (*dettagliato*) detailed; (*di persona*) meticulous: *descrizione minuziosa*, detailed description; *fare un resoconto* —, to give a detailed report.

minuzzolo *s.m.* **1** (*non com.*) crumb, scrap, tiny bit: *fare a minuzzoli*, to crumble // *un — di tempo*, (*fig.*) a moment of time **2** (*fig.*) (*bambino*) little lad.

minzione *s.f.* (*med.*) micturition, urination.

mio *agg.poss. di 1ª pers.sing.* **1** my; (*mio proprio*) my own: — *padre e mia madre*, my father and mother; *i miei colleghi di lavoro*, my colleagues (at work); *la mia vecchia casa*, my old house; *il — migliore amico*, my best friend; *passo le mie serate davanti alla televisione*, I spend my evenings watching TV; *ha osato insultarmi in casa mia*, he had the nerve to insult me in my own house; *vorrei avere una casa mia*, I wish I had a house of my own // *un — amico*, a friend of mine; *ho rivisto quel — compagno di scuola*, I've seen that old schoolfriend of mine again; *ho venduto alcuni miei libri*, I've sold some of my books // *Mio carissimo Alberto...*, My dear Albert... // *caro* —, old man (*o* old fellow *o* old chap); *figlio* —, my son; *sentite, ragazzi miei*, listen to me, boys (*o* lads) // *in vece mia*, instead of me (*o* in my stead) // *fallo per amor* —, do it for my sake (*o* for love of me) // *Dio —, come ti sei ridotto!*, Good heavens, what a state you're in! **2** (*con uso predicativo*) mine: *questa casa è mia*, this house is mine; *questi libri non sono miei*, these books aren't mine (*o* don't belong to me) ◆ *pron.poss.* **1** mine: *questo appartamento è più grande del* —, this flat is bigger than mine; *le tue idee sono anche le mie*, we are of the same mind (*o* your ideas are the same as mine); *usa la tua macchina, non la mia*, use your car, not mine **2** (*in espressioni ellittiche*): *quando leggerai questa mia...*, when you read this letter...; *avete ricevuto la mia del 5 corr.?*, have you received my letter of the 5th inst.?; *stai dalla mia?*, are you on my side?; *anch'io ho avuto le mie*, I've had my share too // *devo averne combinata una delle mie*, I've gone and done it again ◆ *s.m.* **1** *vivo del* —, I live on my income; *ci ho rimesso del* —, I lost my own money; *mi accontento del* —, I'm satisfied with what I've got **2** (*partitivo*): *vorrei aggiungere qualcosa di* —, I'd like to add something of my own; *non ho niente di* —, I have nothing of my own **3** *pl.*: *i miei*, my family (*o* my relatives, *fam.* my folks); (*partigiani, seguaci*) my supporters.

miocardico *agg.* (*med.*) myocardial: *insufficienza miocardica*, myocardial insufficiency; *infarto* —, myocardial infarction.

miocardio *s.m.* (*anat.*) myocardium*.

miocardiopatia *s.f.* (*med.*) myocardiopathy: — *dilatativa*, dilative myocardiopathy.

miocardiosi *s.f.* (*med.*) myocardosis.

miocardite *s.f.* (*med.*) myocarditis.

miocardosi *s.f.* (*med.*) → **miocardiosi**.

miocele *s.m.* (*med.*) myocele.

miocene *s.m.* (*geol.*) Miocene.

miocenico *agg.* (*geol.*) Miocene, Miocenic.

mioclonia *s.f.* (*med.*) myoclonia.

mioclono *s.m.* (*med.*) myoclonus.

miodistonia *s.f.* (*med.*) myodystony.

miodistrofia *s.f.* (*med.*) myodystrophy, muscular dystrophy.

miofibrilla *s.f.* (*biol.*) myofibril.

mioflogosi → **miosite**.

miogale *s.m.* (*zool.*) (*Desmana moschata*) desman.

mioglobina *s.f.* (*biol.*) myoglobin.

miologia *s.f.* (*med.*) myology.

miologico *agg.* (*med.*) myological.

mioma *s.m.* (*med.*) myoma*.

miometrio *s.m.* (*anat.*) myometrium.

mioneurale *agg.* (*anat.*) myoneural.

miopatia *s.f.* (*med.*) myopathy.

miopatico *agg.* e *s.m.* (*med.*) myopathic.

miope *agg.* myopic, shortsighted, nearsighted (*anche fig.*): *sguardo* —, shortsighted look; *atteggiamento* —, shortsighted attitude ◆ *s.m.* e *f.* (*med.*) myope; shortsighted person, nearsighted person (*anche fig.*): *occhiali da* —, glasses for myopia.

miopia *s.f.* myopia, shortsight, shortsightedness, nearsight, nearsightedness (*anche fig.*): *una leggera* —, a slight case of myopia.

miopico *agg.* (*med.*) myopic.

mioplastica *s.f.* (*med.*) myoplasty.

mioplastico *agg.* (*med.*) myoplastic.

mioressia, mioressi *s.f.* (*med.*) myorrhexis.

miorilassante *agg.* e *s.m.* (*med.*) muscle relaxant.

miosclerosi *s.f.* (*med.*) myosclerosis (*pl.* -ses).

miosi *s.f.* (*med.*) myosis.

miosico → **miotico**.

miosina *s.f.* (*biochim.*) myosin.

miosite *s.f.* (*med.*) myositis.

miosotide *s.f.* e *m.* (*bot.*) → **nontiscordardimé**.

miospasmo *s.m.* meno com. **miospasia** *s.f.* (*med.*) myospasm.

miotico *agg.* (*med.*) myotic, myositic.

miotomo *s.m.* (*anat.*) myotome.

miotonia *s.f.* (*med.*) myotonia.

mira *s.f.* **1** aim: *ha una — straordinaria*, he is a wonderful shot; *alzare, abbassare, spostare la* —, to raise, to lower, to adjust one's aim; *prendere la — accuratamente prima di sparare*, to take careful aim before shooting; *prendere la — troppo alta*, to aim too high // *prendere di — qlcu.*, (*fig.*) to pick on s.o.; *l'insegnante lo aveva preso di* —, (*fig.*) the teacher had picked on him **2** (*estens.*) target; (*fig.*) aim, goal, intention: *ha mire troppo alte*, he is aiming too high (*o* he has high ambitions); *scoprire le proprie mire*, to discover one's real goals **3** (*mirino*) sight: — *anteriore*, foresight; — *posteriore*, backsight.

mirabile *agg.* admirable; (*meraviglioso*) wonderful, marvellous: — *a dirsi*, wonderful to relate; — *a vedersi*, wonderful to see; — *visione*, heavenly vision; *lavorava con — diligenza*, he worked with admirable diligence.

mirabilia *s.f.pl.* (*scherz.*) wonders: *fare* —, to work wonders (*o* to perform miracles).

mirabolano *s.m.* (*bot.*) (*Prunus cerasifera*) cherry-plum, myrobalan.

mirabolante *agg.* (*scherz.*) astonishing, amazing, extraordinary: *avventure mirabolanti*, amazing adventures.

miracolare *v.tr.* (*non com.*) to perform a miracle on (s.o.), to work a miracle on (s.o.): *la Madonna lo ha miracolato*, the Virgin Mary healed, saved him miraculously.

miracolato *agg.* miraculously healed, miraculously saved ◆ *s.m.* miraculously healed person, miraculously saved person: *i miracolati di Lourdes*, the people miraculously healed at Lourdes.

miracolismo *s.m.* (*rar.*) the promising of miracles.

miracolista *s.m.* e *f.* miracle-worker, wonder -worker ◆ *agg.* miracle-working, wonder -working.

miracolistico *agg.* (*non com.*) miracle -working, wonder-working.

miracolo *s.m.* **1** miracle (*anche fig.*); (*fig.*) wonder: *il — dei pani e dei pesci*, the miracle of the loaves and fishes; *i miracoli di Gesù*, the miracles of Jesus; *tutti gridarono al* —, everyone acclaimed the miracle; *fare miracoli*, to perform miracles, (*fig.*) to work wonders; *quella medicina può far miracoli*, that medicine can work wonders; *i miracoli della scienza*, the miracles of science; *è un — di bontà*, she is wonderfully good; *è un — che ti abbia trovato*, it's a miracle that I've found you; *ho preso l'aereo per* —, I caught the plane in the nick of time; *fu salvo per* —, he was saved by a miracle; *se la cavò per* —, he had a miraculous escape // *narrare vita, morte e miracoli di qlcu.*, to relate the life, death and miracles of s.o. // — *economico*, economic miracle **2** (*st. teatr.*) miracle (play), mystery (play).

miracoloso *agg.* miraculous; (*portentoso*) wonderful: *una guarigione miracolosa*, a miraculous recovery; *quella medicina è miracolosa*, that medicine is wonderful.

miraggio *s.m.* (*meteor.*) mirage (*anche fig.*): *essere attratti dal — di facili guadagni*, to be attracted by the mirage of easy profits.

miraglio *s.m.* **1** (*ant.*) mirror **2** (*mar.*) top mark (on a buoy).

mirare *v.tr.* (*letter.*) **1** to look at (s.o., sthg.); to stare at (s.o., sthg.), to gaze at, on (s.o., sthg.) **2** (*fig.*) (*ammirare*) to admire ◆ *v.intr.* **1** to aim (at s.o., sthg.), to take* aim (at s.o., sthg.): *mirò attentamente prima di sparare*, he took accurate aim before shooting; — *a un bersaglio*, to aim at a target; — *al cuore*, to aim at the heart **2** (*fig.*) (*tendere, aspirare*) to aim (at sthg., at doing): *a che cosa miri?*, what are you aiming at?; *il suo discorso mira a provare che...*, his speech sets out to prove that... (*o* aims at proving that...); — *a diventare qlcu.*, to aim at becoming s.o.

□ **mirarsi** *v.rifl.* to look at oneself: *si mirò allo specchio*, she looked at herself in the mirror.

mirato *agg.* aimed at: *un esempio — a chiarire la teoria*, an example aimed at clarifying the theory.

mirbana *s.f.* mirbane; (*chim.*) *essenza di* —, mirbane oil (*o* nitrobenzene).

miriade *s.f.* myriad, multitude: *una — di stelle*, a multitude of stars.

miriagramma, **miriagrammo** *s.m.* myriagram(me).

miriametro *s.m.* myriametre; (*amer.*) myriameter.

miriapode *s.m.* (*zool.*) myriapod.

mirica, **mirice** *s.f.* (*bot.*) (*Myrica gale*) gale, sweet-gale.

mirifico *agg.* (*letter.*) (*meraviglioso*) wondrous, marvellous, wonderful.

miringe *s.f.* (*anat.*) myringa.

mirino *s.m.* **1** (*di arma da fuoco*) foresight, sight; (*a cannocchiale*) telescopic sight **2** (*fot., cinem.*) finder, viewfinder.

miristico *agg.* (*chim.*) myristic: *acido* —, myristic acid.

miristina *s.f.* (*chim.*) myristin.

mirliton *s.m.* (*mus.*) mirliton.

mirmecofago *agg.* (*zool.*) myrmecophagous ◆ *s.m.* (*zool.*) → **formichiere**.

mirmecofilia *s.f.* (*biol.*) myrmecophily.

mirmecofilo *agg.* (*zool., ecol.*) myrmecophilous: *organismo* —, myrmecophile.

mirmecologia *s.f.* myrmecology.

mirmidone *agg.* e *s.m.* e *f.* (*mit. greca*) Myrmidon.

mirobolano *s.m.* (*bot.*) → **mirabolano**.

mirra *s.f.* (*bot.*) myrrh.

mirrato *agg.* (*rar.*) myrrhed.

mirride *s.f.* (*bot.*) → **finocchiella**.

mirteto *s.m.* myrtlegrove.

mirtillo *s.m.* (*bot.*) (*Vaccinium myrtillus*) blueberry, bilberry, whortleberry, huckleberry: — *americano*, (*Gaylussacia baccata*) huckleberry; — *palustre*, (*Vaccinium oxycoccus*) cranberry.

mirto *s.m.* (*bot.*) (*Myrthus communis*) myrtle.

mirtolo *s.m.* (*chim.*) myrtle oil.

misantropia *s.f.* misanthropy.

misantropico *agg.* misanthropic(al).

misantropo *s.m.* misanthropist, misanthrope: *vivere da* —, to lead a misanthropic existence ◆ *agg.* misanthropic.

miscela *s.f.* **1** mixture (*anche aut.*); (*di tè, caffè, tabacco*) blend: (*aut.*) — *antigelo*, antifreeze; (*metall.*) — *legante*, temper; (*chim.*) — *solutropa*, solutrope; (*miner.*) — *tonante*, explosive gas (*o* firedamp) // — *sahariana*, (*greggio algerino*) Saharan blend **2** (*fig.*) mixture, blend: *una — di sapori, odori*, a mixture (*o* blend) of tastes, smells.

miscelamento *s.m.* (*fis.*) mixture.

miscelare *v.tr.* **1** to mix: — *due ingredienti*, to mix two ingredients **2** (*tè, caffè, tabacco*) to blend.

miscelato *agg.* mixed, blended: *caffè* —, blended coffee.

miscelatore *s.m.* **1** (*operaio*) mixer; blender **2** (*apparecchio*) mixer; (*di caffè, tabacco ecc.*) blender **3** (*elettr., tv*) mixer.

miscelatura, **miscelazione** *s.f.* **1** (*operazione*) mixing, blending **2** (*risultato*) mixture, blend.

miscellanea *s.f.* **1** (*letter.*) (*mescolanza*) mixture, miscellany **2** (*raccolta di opuscoli*) miscellany.

miscellaneo *agg.* (*letter.*) miscellaneous.

mischia *s.f.* **1** fray, fight, tussle, scuffle: *nel furore della* —, in the heat of the fray (*o* fight); *gettarsi nella* —, to join the fight (*o* to enter the fray); *essere al di sopra della* —, to be above the fray **2** (*rugby*) scrum, scrummage: *pacchetto di* —, (*nel football americano*) scrum forwards **3** (*tess.*) blending.

mischiare *v.tr.* to mix, to mingle; (*amalgamare, miscelare*) to blend; (*alle carte*) to shuffle: — *vino con acqua*, to mix wine with water.

□ **mischiarsi** *v.rifl.* **1** to mix (with sthg.); to mingle (with sthg.); (*amalgamarsi, miscelarsi*) to blend: *si mischiarono alla folla*, they mixed (*o* mingled) with the crowd **2** (*intromettersi*) to meddle, to interfere: *si è mischiato nei miei affari*, he meddled in my affairs ◆ *v.rifl.rec.* to mix: *l'olio e l'acqua non si mischiano*, oil and water don't mix.

mischiata *s.f.* (quick) mix; (*di carte da gioco*) (quick) shuffle: *dare una — alle carte*, to give the cards a quick shuffle.

miscibile *agg.* **1** (*mescolabile*) mixable **2** (*chim.*) miscible: *acqua e alcol sono due liquidi miscibili*, water and alcohol are two miscible liquids.

miscibilità *s.f.* **1** (*l'essere mescolabile*) mixability **2** (*chim.*) miscibility.

misconoscere *v.tr.* (*non riconoscere*) not to acknowledge; (*stimare meno del merito*) to underestimate, to underrate: *era misconosciuto dai suoi stessi fratelli*, he was underestimated by his own brothers; — *i meriti di qlcu.*, to ignore (*o* not to appreciate) s.o.'s merits; — *la verità di un fatto*, to deny (*o* not to acknowledge) the truth of a fact.

misconoscimento *s.m.* (*non com.*) disregard, non-acknowledgement.

miscredente *agg.* **1** (*non religioso*) unreligious, non-religious **2** (*estens.*) (*ateo*) atheistic; (*empio*) irreligious **3** (*che mostra diffidenza*) unbelieving ◆ *s.m.* e *f.* **1** (*persona non religiosa*) unbeliever, non-believer **2** (*estens.*) (*persona atea*) atheist; (*persona empia*) irreligious person **3** (*chi mostra diffidenza*) disbeliever.

miscredenza *s.f.* **1** (*irreligiosità*) irreligiousness **2** (*mancanza di fede*) unbelief, lack of faith **3** (*falsa credenza*) disbelief.

miscuglio *s.m.* **1** mixture; hotchpotch: *un — di colori*, a mixture of colours; *un — di interessi, di idee*, a hotchpotch of interests, of ideas **2** (*chim.*) mixture.

mise *s.f.* (*fr.*) (*modo di vestire*) outfit: *hai sempre delle belle* —, you always wear nice outfits; *una — molto originale*, a very original getup (*o* outfit).

miserabile *agg.* **1** miserable, wretched; unfortunate: *vivere una vita* —, to lead a miserable (*o* wretched) life; *un quartiere* —, a poverty-stricken quarter; *si trova in una condizione* —, he is in a miserable (*o* sorry) plight **2** (*scarso*) poor, scanty; paltry, measly: *guadagno* —, scanty (*o* poor) profit; *un salario* —, a paltry (*o* measly) wage **3** (*moralmente spregevole*) despicable, mean: *ha commesso un'a-*

zione —, he did a despicable (*o* mean) thing // *per una* — *moneta*, for a measly (*o* paltry) coin ◆ *s.m.* e *f.* (*persona miserabile*) poor wretch: *una banda di miserabili*, a bunch of unfortunate wretches.

miserabilità *s.f.* **1** wretchedness, misery; miserableness **2** (*viltà*) meanness.

miserabilmente, **miseramente** *avv.* **1** (*in modo misero*) poorly, miserably, wretchedly: *vivere* —, to live wretchedly (*o* poorly) **2** (*in modo meschino*) meanly, despicably: *agire* —, to act despicably **3** (*in modo miserevole*) miserably, unhappily.

miserando *agg.* miserable, wretched, pitiable, pitiful: *un caso* —, a pitiable (*o* pitiful) case; *fece una fine miseranda*, he came to a miserable (*o* wretched) end.

miserere *s.m.* (*relig.*) Miserere: *hanno cantato il* —, they sang the Miserere // *cantare il — a qlcu.*, (*fig. scherz.*) to write s.o. off ◆ *inter.* (*letter.*) mercy, for pity's sake.

miserevole *agg.* miserable, wretched, pitiable, pitiful: *condizione* —, wretched (*o* sorry) plight.

miseria *s.f.* **1** (*estrema povertà*) poverty, destitution: *vivere nella* —, to live in poverty; *andare in* —, to fall into poverty; (*o* destitution); *essere ridotto in* —, to be reduced to destitution (*o* poverty *o fam.* to be down and out) // *piangere* —, to plead (*o* to complain of) poverty // — *nera*, dire poverty // *porca* —!, — *ladra!*, damn (it)! (*o* blast!) **2** (*meschinità*) meanness, vileness: *la sua — d'animo mi disgusta*, his meanness disgusts me; — *morale, intellettuale*, moral, intellectual impoverishment **3** (*inezia*) trifle; (*esiguità*) pittance: *questo vaso costa una* —, this vase only costs a trifle; *l'ho comprato per una* —, (*fam.*) I bought it for a song; *litigare per una* —, to quarrel over nothing (*o* a trifle); *guadagnare una* —, to work for a mere pittance **4** *pl.* (*disgrazie*) misfortunes, troubles: *le miserie della vita*, the troubles (*o* misfortunes) of life **5** (*bot.*) (*erba*) —, (*Tradescantia vulgaris*) spiderwort; (*Cotyledon umbilicus-veneris*) pennywort, Venus's navelwort.

misericorde *agg.* (*letter.*) merciful.

misericordia *s.f.* **1** mercy; clemency; charity; compassion: *la — infinita di Dio*, the infinite mercy of God // *senza* —, (*spietato*) merciless (*o* ruthless); (*spietatamente*) mercilessly (*o* ruthlessly): *è un uomo senza* —, he is a ruthless man; *lo colpì senza* —, he hit him mercilessly // *affidarsi alla — di qlcu.*, to throw oneself on s.o.'s mercy // *avere — di qlcu.*; to be merciful to s.o. (*o* to have mercy on s.o.) // *gridare* —, to cry for mercy // *la Misericordia*, 'the Misericordia' (lay confraternity for giving aid to sick people) // (*teol.*) *opere di — corporali*, corporal works of mercy; *opere di — spirituali*, spiritual works of mercy **2** (*st.*) (*pugnale*) misericord ◆ *inter.* Good heavens.

misericordioso *agg.* merciful: *un atto* —, a merciful act ◆ *s.m.* merciful person.

misero *agg.* **1** (*povero*) poor, wretched, miserable: *una misera esistenza*, a wretched (*o* miserable) life; *una casa misera*, a poor house **2** (*scarso*, *insufficiente*) poor, scanty; paltry, needy: *miseri guadagni*, paltry (*o* meagre) earnings; — *pasto*, poor meal; — *raccolto*, scanty (*o* poor) crop; — *reddito*, poor income; *guadagnare quattro misere lire*, (*fig.*) to earn a pittance (*o* next to nothing); *una misera scusa*, a wretched (*o* a paltry) excuse; *mi disse un — grazie*, all I got from him was a thank you; *avere una misera opinione di qlcu.*, to have a poor opinion of s.o. **3** (*meschino*) miserable, mean, poor, despicable; (*infelice*) unhappy, unfortunate: *fece una misera figura*, he cut a poor figure // — *me!*, poor me! **4** (*di abito*) skimpy **5** (*ant.*) (*avaro*) miserly, stingy; mean: *è un individuo — e gretto*, he is a mean (*o* stingy) fellow ◆ *s.m.* poor person.

miserrimo *agg.superl.* extremely poor.

misfatto *s.m.* misdeed; crime; mischief: *commettere un* —, to commit an offence.

misirizzi *s.m.* wobbly man.

misofobia *s.f.* (*psic.*) mysophobia.

misofobo *agg.* (*psic.*) mysophobic ◆ *s.m.* (*psic.*) mysophobic person.

misogamia *s.f.* misogamy.

misoginia *s.f.* **misoginismo** *s.m.* misogyny.

misogino *agg.* misogynous ◆ *s.m.* misogynist.

misologia *s.f.* misology.

misoneismo *s.m.* misoneism.

misoneista *agg.* misoneistic ◆ *s.m.* e *f.* misoneist.

misoneistico *agg.* misoneistic.

miss *s.f.* Miss: — *Italia*, Miss Italy.

missaggio *s.m.* (*cinem.*) mixing: — *microfonico*, (*elettr.*, *rad.*) microphonic mixing; *tecnico del* —, mixer.

missare *v.tr.* (*rad.*, *cinem.*, *tv*) to mix.

missile *agg.* (*letter.*) missile ◆ *s.m.* missile: — *a razzo*, rocket missile: — *aria-aria*, air -to-air missile; — *aria-superficie*, air-to-surface missile; — *aria-terra*, air-to-ground missile; — *aria-terra a corta gittata*, short-range attack missile; — *balistico*, ballistic missile; — *balistico intercontinentale*, Intercontinental Ballistic Missile; — *guidato*, guided missile; — *radiocomandato*, radio-controlled missile; — *superficie-aria*, surface-to-air missile; — *superficie-superficie*, surface-to-surface missile; — *terra-aria*, ground-to-air missile; — *terraterra*, ground-to-ground missile; *lanciare un* —, to launch a missile.

missilistica *s.f.* rocketry.

missilistico *agg.* missile (*attr.*): *una base missilistica*, a missile base.

missino *agg.* of the Movimento Sociale Italiano ◆ *s.m.* member of the Movimento Sociale Italiano (right wing Italian party).

missinoide *s.m.* (*zool.*) hag (fish).

missionario *s.m.* **1** missionary **2** (*fig.*) envoy: *andò da loro come — di pace*, he came to them as a bringer (*o* envoy) of peace ◆ *agg.* missionary (*attr.*): *suora missionaria*, missionary sister; *ordine* —, missionary order // *spirito* —, (*fig.*) missionary spirit.

missione *s.f.* **1** mission; (*viaggio*) trip: — *commerciale*, trade mission; *essere in — d'affari*, to be on a business trip; *compiere una* —, to undertake a mission; — *compiuta*, mission accomplished; — *segreta*, *speciale*, secret, special mission; *fu mandato in — segreta a Casablanca*, he was sent on a secret mission to Casablanca; *portò brillantemente a termine la sua* —, he completed his mission successfully // (*amm.*) *indennità di* —, travel allowance **2** (*relig.*) mission: *le missioni africane hanno urgente bisogno di aiuti finanziari*, the African missions urgently need financial help; *l'ospedale della* —, the mission hospital **3** (*estens.*) mission: *pensava che la sua — fosse aiutare i bambini poveri*, she thought her mission was to help poor children; *ritiene che fare il medico sia una* —, he thinks that being a doctor is a mission.

missionologia *s.f.* study of missions.

missiva *s.f.* missive, message, letter.

mistagogia *s.f.* (*st. relig.*) mystagogy.

mistagogico *agg.* (*st. relig.*) mystagogic.

mistagogo *s.m.* (*st. relig.*) mystagogue.

mister *s.m.* Mister; (*abbr.*) Mr // — *muscolo*, Mr Universe // *ciao, — simpatia*, (*scherz.*) hi, Mr Nice Guy // *il* — (*della squadra*), the boss (*o* the manager) (of the team).

misterico *agg.* mystery (*attr.*): *culto* —, mystery cult.

misteriosità *s.f.* mysteriousness.

misterioso *agg.* mysterious; (*segreto*) secret, clandestine; (*sospetto*) suspicious, mysterious; (*enigmatico*) mysterious, enigmatic: *una malattia misteriosa*, a mysterious illness; *un appuntamento* —, a clandestine meeting; *un uomo dall'aspetto* —, a mysterious-looking man; (*sospetto*) a man with a suspicious look; *morte misteriosa*, mysterious death; (*sospetta*) suspicious death; *ha un amante* —, she has a mysterious lover; *un tipo* —, an enigmatic type // *fare il* —, to make a mystery out of it // *un atteggiamento che ha del* —, an attitude that has a touch of mystery.

misteriosofia *s.f.* esoteric wisdom.

misteriosofico *agg.* mystery (*attr.*); of esoteric wisdom.

mistero *s.m.* **1** (*teol.*) mystery: *il — della Trinità, dell'Eucarestia*, the mystery of the Trinity, of the Eucharist; *i misteri del Rosario*, the Mysteries of the Rosary; *misteri gaudiosi*, the Joyful Mysteries; *i misteri dolorosi*, the Mysteries of Suffering; *i misteri gloriosi*, the Glorious Mysteries; *i misteri eleusini*, the Eleusinian Mysteries **2** mystery, enigma; (*segreto*) secret: *il suo passato è un* —, his past is a mystery; *quell'uomo è un* —, that man is an enigma; *avvolto nel* —, shrouded in mystery; *far — di qlco.*, to make a mystery (*o* a secret) of sthg.; *non ho mai fatto — di essere innamorato di lei*, I've never made a secret of being in love with her **3** (*st. teatr.*) mystery (play).

mistica *s.f.* **1** mysticism; mystical theology: *la — cristiana*, Christian mysticism **2** (*estens.*) (*adesione acritica a un'ideologia*) mystique, idealizing theory: *la — nazista*, the mystique of Nazism; *la — della forza*, the mystique of force **3** (*genere letterario*) mystic literature.

misticheggiante *agg.* **1** tending to mysticism: *un atteggiamento* —, an attitude tending to mysticism **2** (*fig.*) (*criptico*, *iniziatico*) cryptic, esoteric: *linguaggio* —, cryptic language **3** (*estens.*) (*che denota adesione acritica*) blind: *esaltazione* —, blind fervour.

misticismo *s.m.* **1** mysticism **2** (*estens.*) (*atteggiamento di fede incondizionata*) blind faith.

misticità *s.f.* mysticality, mystical nature.

mistico *agg.* **1** mystic(al): *estasi mistica*, mystical ecstasy // (*teol.*) *il corpo — di Cristo*, the Mystical Body of Christ **2** (*estens.*) (*che comporta adesione acritica*) blind: *una fiducia mistica in qlco.*, a blind faith in sthg. **3** (*fig.*) (*puro*, *spirituale*) spiritual, pure: *un amore* —, a spiritual love ◆ *s.m.* mystic: *i mistici medievali*, the mediaeval mystics.

mistificante *agg.* mystifying, mystificatory, distorting: *una versione — dei fatti*, a version that distorts the facts.

mistificare *v.tr.* **1** (*ingannare*) to mystify, to fool, to take* in, to hoax; to deceive **2** (*adulterare*) to adulterate; (*falsificare*) to falsify: *— la verità*, to falsify (*o* to distort) the truth.

mistificatore *s.m.* **mistificatrice** *s.f.* **1** (*chi inganna*) mystifier, hoaxer; deceiver **2** (*chi adultera*) adulterator; (*chi falsifica*) falsifier.

mistificatorio *agg.* mystificatory.

mistificazione *s.f.* **1** (*inganno*) mystification; deception **2** (*adulterazione*) adulteration; (*falsificazione*) falsification: *la — dei fatti*, the falsification of the facts.

mistilineo *agg.* mixtilinear.

mistilingue *agg.* mixed language (*attr.*); multilingual: *una regione —*, a mixed language area; *un'opera letteraria —*, a multilingual literary work.

mistilinguismo *s.m.* the fact of being made up of various languages; multilingual character: *il — di una nazione, di un'opera letteraria*, the multilingual character of a nation, of a literary work.

misto *agg.* mixed: *vino — con acqua*, wine mixed with water; *un racconto — di saggezza e luoghi comuni*, a tale that is a mixture of wisdom and commonplaces; *pioggia mista a grandine*, sleet // *fritto —*, mixed fry // *matrimonio —*, mixed marriage // *scuola mista*, mixed (*o* co-educational) school // *treno —*, combined goods and passenger train // *banca mista*, mixed bank // *economia mista*, mixed economy; *reddito —*, mixed income; *agricoltura mista*, mixed farming // (*amm.*) *commissione mista*, joint committee // (*assicurazioni*) *polizza mista*, mixed policy ◆ *s.m.* mixture: *si esprimeva in un — di italiano e inglese*, he expressed himself in a mixture of Italian and English; *un abito* (*di*) *— lana*, a wool mixture suit; *un — di bene e di male*, a mixture of good and evil.

mistrà *s.m.* (*acquavite d'anice*) anisette.

mistral *s.m.* (*meteor.*) mistral.

mistura *s.f.* mixture, blend; (*spreg.*) concoction: *una — di acqua e fango*, a mixture of mud and water; *mi ha offerto una strana —, dicendo che era tè*, he offered me a strange concoction, saying that it was tea.

misura *s.f.* **1** measure (*anche mat.*); (*misurazione*) measurement: *unità di —*, unit of measurement; *— di lunghezza, di superficie, di volume, di capacità*, linear, square, cubic, capacity measure; *pesi e misure*, weights and measures; *— per liquidi*, liquid measure; *— per cereali*, corn measure; *due misure di grano*, two measures of wheat; *una — precisa, approssimativa*, a precise, approximate measurement; *la — del tempo*, the measurement of time; *prendere la — di una stanza*, to measure a room (*o* to take the dimensions of a room); *la sarta mi prese le misure*, the dressmaker took my measurements; *prendere la — della vista*, to test s.o.'s sight // *nella — in cui*, insofar as // *in — diretta*, (*proporzionalmente*) in proportion to // *a — che...*, as... (*o* the more... the more); *a — che il pericolo aumentava, il panico s'impadroniva della gente*, as the danger increased, the people were overcome with panic // *a —*, (*esattamente, precisamente*) perfectly; *questo abito mi va, mi sta a —*, this dress fits me perfectly // *la — è colma*, the measure is full to the brim; (*fig.*) I'm sick and tired of it // *usare due pesi e due misure*, (*fig.*) to use different criteria of (*o* to be biased in one's) judgment // *fallire di —*, to be pipped at the post; *vincere di —*, to win by a hair's breadth; (*col minimo scarto*) to scrape home // (*econ.*): *— della produttività*, productivity measure; *azienda di media —*, medium-sized concern; *guadagnare in — del proprio lavoro*, to earn according to the amount of one's work // (*mat.*) *teoria della —*, measure theory **2** (*taglia, dimensione*) size: *abiti su —*, clothes made to measure; *scarpe di tutte le misure*, shoes of all sizes; *che — porti?*, what size do you take?; *le scarpe non sono della mia —*, the shoes aren't my size; *oggetti di tutte le misure*, objects of all different sizes // *una città a — d'uomo*, a city on a human scale **3** (*limite, proporzione*) limit, proportion; (*moderazione*) moderation: *avere il senso della —*, to have a sense of proportion; *passar la —*, to exceed (*o* to overstep) the limit (*o* to lose all sense of proportion); *spendere senza —*, to spend without limit; *lo farò nella — delle mie forze, del possibile*, I shall do it to the best of my ability, as much as possible // *con —*, moderately // *fuori di, oltre —*, excessively (*o* beyond measure) **4** (*spec. pl.*) (*provvedimento*) measure, step: *misure di sicurezza*, safety measures; *— precauzionale*, precautionary measure; *misure di emergenza*, emergency measures; *misure di polizia*, police measures; *misure politiche*, political measures; *misure restrittive*, restrictive measures; *misure espansionistiche*, expansionary measures; *misure protezionistiche*, protectionist measures; *prendere, adottare le misure del caso*, to take the necessary measures (*o* steps); *il parlamento ha adottato le nuove misure fiscali*, Parliament has taken the new fiscal measures (*o* steps); *il governo ha preso tutte le misure per evitare dissensi interni*, the government has taken all possible steps to avoid internal dissension; *prendere delle misure contro qlcu.*, to take measures against s.o.; *ricorrere a misure drastiche*, to resort to drastic measures // *mezze misure*, (*fig.*) half measures; *non conosce mezze misure*, he doesn't use half measures // (*econ.*): *misure anticongiunturali*, anti-recession measures; *misure antinflazionistiche*, anti-inflation (*o* anti-inflationary) measures // (*dir.*) *— conservativa*, measure of conservation (*o* provisional remedy) **5** (*livello, qualità*) standard, measure: (*econ.*) *— del valore*, standard of value **6** (*poesia*) measure, metre **7** (*mus.*) measure, time **8** (*scherma*) measure, reach, distance; (*boxe*) reach: (*boxe*) *chiudere la —*, to clinch.

misurabile *agg.* measurable: *una distanza facilmente —*, a distance that can be measured easily.

misurabilità *s.f.* measurableness.

misurare *v.tr.* **1** to measure; (*la capacità, il contenuto, il calibro*) to gauge: *— la dimensione di qlco.*, to measure the size of sthg.; *— la lunghezza di una stoffa*, to measure the length of a piece of cloth; *— un terreno*, to survey a piece of land; *— la pioggia*, to measure (*o* to gauge) the rainfall; *— la stanza a occhio*, to take a rough measurement of the room; *— la distanza a occhio*, to gauge (*o* to judge) the distance with one's eye; *— la temperatura a qlcu.*, to take s.o.'s temperature // *— le scale*, (*scherz.*) (*ruzzolare*) to fall headlong down the stairs; *— la stanza*, (*scherz.*) (*cadere*) to fall flat on one's face // *— un ceffone a qlcu.*, (*dargliello*) to give s.o. a slap **2** (*provare facendo indossare*) to fit s.o. for (sthg.); (*provare indossando*) to try on (sthg.): *ieri il sarto mi ha misurato l'abito*, yesterday the tailor fitted me for the suit; *— un cappello, i guanti*, to try on a hat, the gloves; *misurati le scarpe prima di comprarle*, try on the shoes before you buy them **3** (*valutare, giudicare*) to estimate, to evaluate, to judge: *— le difficoltà, gli ostacoli*, to estimate the difficulties, the obstacles; *— le difficoltà di un progetto*, to evaluate the difficulties of a plan; *— la gravità di una situazione*, to judge the gravity of a situation; *— le proprie forze*, to try one's strength **4** (*limitare*) to limit, to moderate, to keep* within limits; (*razionare*) to ration; (*soppesare*) to weigh: *cercò di — le spese*, he tried to limit his expenses (*o* to keep his expenses down); *mi misurano il pane*, they keep me short of bread; *— il cibo a qlcu.*, to ration s.o.'s food // *— le parole, i termini*, to weigh one's words **5** (*percorrere a passi eguali*) to pace: *misurò la stanza tutta la notte*, he paced (up and down) the room all night ◆ *v.intr.* to measure: *questa stanza misura quindici piedi di larghezza*, this room measures fifteen feet across (*o* is fifteen feet wide); *questo libro misura dodici centimetri per otto*, this book measures twelve centimetres by eight; *quanto misura quell'armadio?*, how much does that wardrobe measure?

□ **misurarsi** *v.rifl.* **1** (*contenersi*) to limit oneself; to ration oneself: *— nello spendere*, to limit oneself in spending; *il dottore mi ha detto di misurarmi nel mangiare*, the doctor told me to ration myself in eating **2** (*cimentarsi*) to measure oneself; (*competere*) to compete: *non ardisco misurarmi con lui*, I dare not compete (*o* measure myself) with him; *— in una gara*, to compete in a race **3** (*venire alle mani*) to come to blows.

misuratamente *avv.* moderately, with measure.

misuratezza *s.f.* moderation.

misurato *agg.* **1** measured // *passi misurati*, measured steps **2** (*moderato*) moderate, measured; (*prudente*) cautious: *parole misurate*, measured words; *essere — nelle spese*, to be moderate in spending.

misuratore *s.m.* **1** (*chi misura*) measurer **2** (*strumento di misura*) gauge, meter: *— di umidità*, hygrometer; (*topografia*) *— di livello*, hypsometer; (*mar.*) *— di profondità*, depthometer; (*inform.*) *— di inquadramento*, registration gauge.

misurazione *s.f.* measurement, measuring; gauging: *la — della vista*, the testing of s.o.'s sight; *la — della pressione*, the measuring of s.o.'s blood pressure // (*econ.*): *— del lavoro*, work measurement; *— dei tempi*, timing.

misurino *s.m.* (small) measure; (small) measuring vessel: *un — di detersivo è sufficiente*, one measure of washing powder is enough.

mite *agg.* **1** gentle; meek; mild: *— come un agnello*, as meek as a lamb; *una persona —*, a gentle person **2** (*di clima*) mild: *un inverno —*, a mild winter **3** (*moderato*) moderate: *prezzo —*, moderate price; *sentenza, pena —*, lenient (*o* light) sentence, punishment; (*comm.*) *miti pretese*, reasonable charges ◆ *s.m.* e *f.* meek person.

mitezza *s.f.* **1** gentleness; meekness; mildness **2** (*di clima*) mildness **3** (*moderazione*) moderation; (*di prezzo*) moderation, reasonableness.

miticità *s.f.* mythic nature, mythic quality.

mitico *agg.* **1** mythical: *i personaggi mitici dell'Odissea*, the mythical characters of the Odyssey **2** (*leggendario*) legendary: *i mitici anni trenta*, the legendary thirties **3** (*utopistico*) ideal: *una città mitica, senza traffico*, an ideal city without traffic.

mitigabile *agg.* that can be mitigated; (*di passioni*) that can be appeased; (*di dolore*) that can be relieved.

mitigamento *s.m.* → **mitigazione**.

mitigare *v.tr.* to mitigate; (*passioni*) to appease; (*dolore*) to relieve, to alleviate: *lo scirocco mitiga il freddo*, the south wind mitigates the cold; — *la collera di qlcu.*, to appease s.o.'s anger; — *una pena*, to lighten (*o* to mitigate) a punishment.

□ **mitigarsi** *v.intr.pron.* **1** to be appeased, to calm down, to relax, to subside: *la sua severità si mitigò*, his strictness relaxed; *sembra che il suo risentimento accenni a* —, his resentment seems to be fading **2** (*di clima*) to become mild.

mitigativo *agg.* mitigatory.

mitigatore *agg.* mitigating, mitigatory.

mitigazione *s.f.* mitigation; appeasement; (*di dolore*) alleviation, relief.

mitilicoltore *s.m.* mussel farmer.

mitilicoltura *s.f.* mussel farming.

mitilo *s.m.* (*zool.*) (*Mytilus edulis*) mussel; (*scient.*) mytilus.

mitizzare *v.tr.* to mythicize, to turn into a myth; (*estens.*) to turn into a legend: *la figura di questo presidente è stata mitizzata*, the figure of this president has become a myth ◆ *v.intr.* (*non com.*) (*creare miti*) to create myths.

mitizzazione *s.f.* (*il mitizzare*) mythicizing; mythologizing; (*l'essere mitizzato*) mythicization; mythologization.

mito *s.m.* myth (*anche fig.*): *questa attrice è diventata un* —, this actress has become a myth // *far cadere un* —, to explode a myth.

mitocondriale *agg.* (*biol.*) mitochondrial.

mitocondrio *s.m.* (*biol.*) mitochondrion*.

mitografia *s.f.* mythography.

mitografico *agg.* mythographical.

mitografo *s.m.* mythographer.

mitologia *s.f.* mythology: — *greca*, Greek mythology.

mitologico *agg.* mythological.

mitologista *s.m.* e *f.* mythologist.

mitologo *s.m.* mythologist.

mitomane *agg.* mythomaniacal (*anche psic.*) ◆ *s.m.* e *f.* mythomaniac (*anche psic.*).

mitomania *s.f.* mythomania (*anche psic.*).

mitopoiesi *s.f.* mythopoeia.

mitopoietico *agg.* mythopoeic.

mitosi *s.f.* (*biol.*) mitosis*.

mitotico *agg.* (*biol.*) mitotic.

mitra[1] *s.f.* **1** (*eccl., st.*) mitre: *gli fu conferita la — il mese scorso*, he was mitred (*o* made a bishop) last month **2** (*copertura della canna fumaria*) cowl, chimney cap.

mitra[2] *s.m.* (*mil.*) submachine gun.

mitraglia *s.f.* **1** (*mil.*) machinegun fire **2** (*mitragliatrice*) machinegun // *parlare a* —, to rattle away.

mitragliamento *s.m.* **1** machinegunning **2** (*fig.*) (*serie continua*) volley: *un — di domande*, a volley of questions.

mitragliare *v.tr.* **1** to machinegun: *ebbe l'ordine di — i ribelli*, he was ordered to machinegun the rebels **2** (*fig.*) to bombard: — *qlcu. di domande*, to bombard s.o. with questions.

mitragliata *s.f.* **1** burst of machinegun fire; volley of fire **2** (*fig.*) (*serie continua*) volley: *una — di colpi*, a volley of blows.

mitragliatore *agg.* (*mil.*): *fucile* —, light machinegun; *pistola mitragliatrice*, submachine gun ◆ *s.m.* (*mil.*) (*mitragliere*) machinegunner.

mitragliatrice *s.f.* (*mil.*) machinegun: — *a nastro*, belt-fed machinegun; *nido di* —, machinegun nest; (*aer.*) — *girevole*, free gun.

mitragliera *s.f.* heavy machinegun.

mitragliere *s.m.* (*mil.*) machinegunner.

mitraglietta *s.f.* (*mil.*) submachine gun.

mitraismo *s.m.* (*relig.*) Mithraism.

mitrale *agg.* (*anat.*) mitral: *valvola* —, mitral valve.

mitralico *agg.* (*med.*) mitral: *stenosi mitralica*, mitral stenosis.

mitrato *agg.* (*eccl.*) mitred ◆ *s.m.* bishop.

mitria → **mitra**[1].

mitridatico *agg.* **1** (*st.*) Mithridatic **2** (*med.*) mithridatic.

mitridatismo *s.m.* (*med.*) mithridatism.

mitridatizzare *v.tr.* (*med.*) to mithridatize.

□ **mitridatizzarsi** *v.rifl.* (*med.*) to mithridatize, to immunize oneself.

mitteleuropeo *agg.* Mitteleuropean.

mittente *s.m.* (*di lettera*) sender; (*di merce*) consignor, consigner: *nome e indirizzo del* —, sender's (*o* consignor's) name and address; *lettera respinta al* —, letter returned to the sender; *spese a carico del* —, expenses to be charged (*o* chargeable) to the consigner (*o* carriage paid).

mix *s.m.* (*econ.*) mix: — *di prodotti*, product mix; — *delle vendite*, sales mix; — *del marketing*, marketing mix; — *promozionale*, promotional mix.

mixage *s.m.* mixing.

mixer *s.m.* **1** (*recipiente per mescolare cocktail*) mixer **2** (*di frullatore*) blender, liquidizer; food processor **3** (*cinem., tv, rad.*) mixer; (*tecnico del missaggio*) mixer.

mixeraggio → **missaggio**.

mixine *s.f.* (*zool.*) hag (fish).

mixomatosi *s.f.* (*vet.*) myxomatosis.

mixomicete *s.m.* (*bot.*) myxomycete.

mixovirus *s.m.* (*biol.*) myxovirus.

mnemonica *s.f.* mnemonics [U].

mnemonico *agg.* mnemonic: *esercizio* —, mnemonic exercise; *studio puramente* —, rote-learning (*o* learning by rote).

mnemotecnica *s.f.* mnemonics [U].

mnemotecnico *agg.* mnemotechnical.

mnestico *agg.* (*med.*) mnestic, mnemic.

mo' *s.m.*: *a — di*, like, as: *entrò a — di Babbo Natale, carico di pacchetti*, he came in like Father Christmas, laden with parcels.

moabita *agg.* e *s.m.* e *f.* (*st.*) Moabite.

moabitico *agg.* Moabite, Moabitish.

mobile *agg.* **1** (*che si muove*) mobile, moving: *la mascella inferiore è* —, the lower jaw is mobile; *truppe mobili*, mobile troops // *sabbie mobili*, quicksand (*o* shifting sands) // *scala* —, escalator (*o* moving staircase); (*econ.*) sliding scale // *la squadra* —, (*di polizia*) the flying squad // (*med.*): *rene* —, floating kidney; *costole mobili*, floating ribs **2** (*che può essere mosso*) movable: (*dir.*) *beni mobili*, personal property (*o* movables *o* goods and chattels); (*trib.*) *ricchezza* —, personal property; (*tip.*) *caratteri mobili*, movable types; (*eccl.*) *feste mobili*, movable feasts: *la Pasqua è una festa* —, Easter is a movable feast; (*mecc.*) *piattaforma* —, travelling platform **3** (*bot., zool.*) motile, versatile **4** (*mutevole, incostante*) changeable, inconstant, fickle, unstable: *la fortuna è* —, fortune is fickle **5** (*pronto, vivace*) lively: *ha un ingegno molto* —, he has a very lively mind ◆ *s.m.* **1** piece of furniture; *pl.* furniture [U]: *un — di noce*, a piece of furniture in walnut; *mobili di antiquariato*, antique furniture; *mobili per ufficio*, office furniture; *questi mobili sono vecchi*, this furniture is old; *mobili intarsiati*, inlaid furniture; *bisognerà rinnovare qualche* —, we shall have to replace some pieces of furniture; *era una casa arredata con mobili del Settecento tutti in ottime condizioni*, it was a house furnished with fine eighteenth-century pieces all well-preserved; *venderà la casa con mobili e infissi*, he is going to sell his house, furniture and fittings included // *è un bel —, non c'è dubbio*, (*scherz.*) he is a fine rogue, there is no mistake **2** (*st. astr.*) *il Primo Mobile*, Primum Mobile.

mobilia *s.f.* furniture.

mobiliare[1] *agg.* (*dir.*) movable, personal: *proprietà, patrimonio* —, movables (*o* movable property) // (*fin.*) *credito* —, credit on personal property.

mobiliare[2] → **ammobiliare**.

mobiliato → **ammobiliato**.

mobiliere *s.m.* **1** (*chi fabbrica mobili*) furniture-maker **2** (*chi vende mobili*) furniture -seller.

mobilificio *s.m.* furniture factory.

mobilio *s.m.* → **mobilia**.

mobilità *s.f.* **1** mobility (*anche econ.*): — *sociale*, social mobility // (*econ.*): — *del lavoro*, mobility (*o* fluidity) of labour; — *orizzontale, verticale del lavoro*, lateral, vertical labour mobility; — *del personale*, staff turnover; *controllo sulla* —, labour mobility control; *accordo sulla* —, labour mobility agreement **2** (*mutevolezza, incostanza*) changeableness, inconstancy, fickleness, instability: — *di carattere*, fickleness (*o* changeableness) of character **3** (*vivacità*) liveliness: — *d'ingegno*, quickness of mind **4** (*bot., zool.*) versatility **5** (*fis.*) mobility: *coefficiente di* —, mobility coefficient; — *intrinseca*, intrinsic mobility.

mobilitare *v.tr.* to mobilize; — *il capitale*, to mobilize capital; — *il risparmio*, to mobilize savings; — *le truppe*, to mobilize troops; — *l'opinione pubblica*, to stir (*o* to mobilize) public opinion; — *le coscienze al problema ecologico*, to alert people to ecological problems.

□ **mobilitarsi** *v.rifl.* to mobilize, to rally: *le forze politiche dovranno — per superare la crisi*, the political forces will have to rally to overcome the crisis.

mobilitazione *s.f.* mobilization: — *delle truppe*, mobilization of troops; *ordine di* —, mobilization order; — *politica, sindacale*, political, union mobilization; — *economica*, economic mobilization.

mobilizzabile *agg.* (*econ.*) (*realizzabile*) cashable, convertible into cash.

mobilizzare *v.tr.* to mobilize: — *un arto*, to mobilize a limb // (*econ.*): — *capitali*, to mobilize capital; — *risorse*, to mobilize resources // (*dir.*) — *ipoteche*, to mobilize mortgages.

mobilizzazione *s.f.* mobilization // (*econ.*): — *del capitale*, mobilization of capital; — *di risorse*, mobilization of resources; — *della ricchezza*, mobilization of wealth.

moca *s.m.* Mocha (coffee) ◆ *s.f.* (*caffettiera*) coffeepot; coffee percolator: *un caffè fatto con la* —, a coffee made with a percolator.

mocassino *s.m.* **1** moccasin **2** (*zool.*) (*Agkistrodon contortrix mokasen*) copperhead // — *acquatico*, (*Agkistrodon piscivorus*) cottonmouth (*o* water mocassin).

moccicare *v.intr.* (*region.*) **1** to run*: *gli moccicava il naso*, his nose was running **2** (*frignare*) to snivel.

moccichino *s.m.* (*region.*) **1** (*fazzoletto*) handkerchief **2** → moccioso *s.m.*

moccicone → **moccioso** *s.m.*

moccio *s.m.* mucus from the nose; (*volg.*) snot.

moccioso *agg.* (*pieno, sporco di moccio*) snotty(-nosed); snivelling ◆ *s.m.* snotty kid (*anche fig.*).

moccolo *s.m.* **1** (*mozzicone di candela*) candle-end **2** (*candela piccola*) small candle; (*candela sottile*) taper // *portare, reggere il* —, (*fig. fam.*) to chaperon s.o. (*o* to play gooseberry) **3** (*fam.*) (*bestemmia*) oath, swearword: *tirare un* —, to swear (*o* to curse).

moda *s.f.* **1** fashion, style; vogue; (*modelli*) fashions (*pl.*): *la — attuale*, the current fashion; *la — autunnale, primaverile*, autumn, spring fashions; *la — francese*, French fashion; *molte personalità intervennero alla presentazione della — francese a New York*, many well-known personalities attended the French fashion show in New York; *la — femminile cambia ogni anno*, women's fashions change every year; *lanciare una* —, to set a fashion; *seguire la* —, to follow the fashion // *casa di mode*, fashion house; *negozio di* —, fashion shop // *alla* —, fashionable (*o* stylish): *essere alla* —, to be fashionable; *abito alla* —, fashionable (*o* stylish) dress; *abito alla — americana*, dress in the American style (*o* fashion) // *all'ultima* —, in the latest fashion // *di* —, in fashion: *è venuto di — andare all'estero*, it has become fashionable to go abroad; *passare, uscire di* —, to go out of fashion // *fuori* —, out of fashion: *abito fuori* —, out of fashion dress // — *pronta*, ready-to-wear (*o* off-the-peg) clothes // *alta* —, haute couture (*o* high fashion) **2** (*abitudine, modo*) custom, fashion; manner, way // *alla — di*, after the manner (*o* the style) of: *mangiare il riso alla — dei cinesi*, to eat rice in the Chinese way **3** (*stat.*) mode.

modale *agg.* modal: (*gramm.*) *proposizione* —, modal proposition; (*mus.*) *sistema* —, modal system.

modalismo *s.m.* (*teol.*) modalism.

modalità *s.f.* modality; condition; manner; method; (*procedura*) formality, procedure: — *di pagamento*, conditions (*o* modes *o* methods) of payment; *seguire le — richieste*, to comply with the necessary formalities; *le — di un contratto*, the form of a contract; *decidere le — di intervento nella zona del disastro*, to decide what course of action to follow in the disaster area // — *per l'uso*, instructions for use.

modanare *v.tr.* to mould.

modanatore *s.m.* moulder.

modanatura *s.f.* (*arch.*) moulding.

modano *s.m.* **1** (*modello per modanature*) pattern, model, mould **2** (*legnetto per formare le maglie delle reti*) netting needle **3** (*ricamo su rete*) filet.

modella *s.f.* model: *lavora come* —, she works as a model.

modellabile *agg.* mouldable: *la cera è una sostanza facilmente* —, wax is an easily mouldable substance.

modellamento *s.m.* (*non com.*) modelling, moulding.

modellare *v.tr.* to model, to shape, to mould, to fashion (*anche fig.*): — *una testa in creta*, to mould a head in clay; *cercava di — la sua vita secondo gli ideali del Cristianesimo*, he tried to fashion his life according to the ideals of Christianity; *modellò il suo stile su quello del Manzoni*, he modelled his style on Manzoni's // *un abito che modella la figura*, a close-fitting (*o* -clinging) dress.

□ **modellarsi** *v.rifl.* to model oneself: — *a, su qlcu.*, to model oneself on s.o.

modellato *agg.* moulded; modelled; shaped: *un vaso di creta — a mano*, a hand-moulded earthenware vase ◆ *s.m.* (*scult., pitt.*) shaping.

modellatore *s.m.* **modellatrice** *s.f.* modeller ◆ *agg.* modelling; shaping.

modellatura *s.f.* (*rar.*) modelling, moulding.

modellazione *s.f.* modelling, moulding.

modellino *s.m.* (*riproduzione in miniatura*) model: *il — di un aereo*, a model aircraft; *il — sperimentale di uno stadio*, the experimental model of a stadium.

modellismo *s.m.* model-making: *un appassionato di — aereo*, an aircraft modelling enthusiast.

modellista *s.m.* e *f.* **1** (*tecn.*) pattern maker; model maker, modellist **2** (*chi pratica il modellismo*) modelling enthusiast **3** (*di moda*) model maker, pattern maker.

modellistica *s.f.* modelling.

modello *s.m.* **1** (*esemplare perfetto*) model, paragon, pattern: *questo scrittore è un — di stile*, this writer is a model of style; *quella donna è un — di virtù*, that woman is a paragon of virtue; *un — di cavalleria*, a pattern of chivalry // (*dir.*) — *di diligenza*, standard of care **2** (*riproduzione di un originale*) model: *il — di una casa*, the model of a house; — *di creta, gesso, cera*, clay, plaster, wax model; — *in scala*, scale model; *questa statua è solo il — di un'opera antica*, this statue is just a model of an ancient work; *fare un — di una nave*, to make a model of a ship **3** (*stampo*) mould (*anche fig.*): *questi pezzi sono tutti fatti sullo stesso* —, all these pieces are made from the same mould **4** (*corpo su cui si forma lo stampo*) (casting) pattern: — *di macchina*, pattern of a machine; — *di statua*, pattern of a statue **5** (*di sartoria*) pattern: — *di vestito*, pattern of a dress; *tagliare sul* —, to cut from a pattern; *chi ha disegnato il —?*, who designed this pattern?; *il — dell'abito è bello, ma il tessuto è pessimo*, the dress is well-designed but the fabric is very poor **6** (*prodotto, creazione industriale*) model: *gli ultimi modelli di Parigi*, the latest models (*o* fashions) from Paris; *il Salone dell'Automobile presenta tutti i nuovi modelli*, the Motor Show exhibits all the new models; *l'ultimo — ha i finestrini automatici*, the latest model has electronic windows; *è un'automobile di vecchio* —, this car is an old model; *ne abbiamo diversi modelli*, we have a variety of models; — *di serie*, standard model; — *fuori serie*, special model; *produrre un nuovo — di utilitaria*, to produce a new model of economy car // (*comm.*): — *brevettato*, patent model; — *depositato*, registered pattern // — *italiano*, Italian design **7** (*persona, cosa che serve da modello*) model: *il Manzoni è il suo* —, Manzoni is his model; *non si è attenuto al* —, he did not stick to the model; *prendere qlcu. per* —, to take s.o. as one's model; *servire da — a un artista*, (*posare per lui*) to sit for an artist; *per — prese un ragazzo qualsiasi*, he took an ordinary boy as a model **8** (*manichino*) manikin, tailor's dummy **9** (*mat.*) model: *teoria dei modelli*, model theory; — *matematico*, mathematical model // (*fis. nucleare*) — (*nucleare*) *a goccia*, liquid drop model // (*econ.*): — *macroeconomico, microeconomico*, macroeconomic, microeconomic model; — *econometrico*, econometric model; — *di confronto*, standard of comparison; — *di mercato*, market pattern **10** (*inform.*) pattern; (*di scrittura dati*) picture **11** (*modulo*) form // (*trib.*) — *101*, tax-return form ◆ *agg.* exemplary, model (*attr.*): *una fattoria* —, a model farm; *ragazza* —, exemplary girl; *Anna è una moglie* —, Ann is an exemplary (*o* a model *o* a perfect) wife.

modem *s.m.* (*tel.*) modem.

modenese *agg.* Modenese; of Modena; from Modena // *pozzi modenesi*, Artesian wells ◆ *s.m.* e *f.* Modenese (*pl. invar.*); inhabitant of Modena, native of Modena.

moderabile *agg.* governable, limitable.

moderare *v.tr.* **1** to moderate, to curb, to check; (*mitigare*) to mitigate: *modera la tua ira*, curb your anger; *dovrebbe — il suo entusiasmo*, he ought to moderate his enthusiasm; — *l'impazienza*, to curb one's impatience; — *il tono di voce*, to moderate the tone of one's voice // *per favore, modera le parole!*, please, mind (*o* watch) your language! // — *un dibattito*, to chair a debate **2** (*contenere*) to control, to regulate, to reduce, to curb, to check: — *i prezzi*, to regulate prices; — *le spese*, to cut down expenses; — *la velocità*, to reduce speed (*o* to slow down) **3** (*rar.*) (*governare*) to govern.

□ **moderarsi** *v.rifl.* to moderate oneself; (*frenare la propria collera*) to keep one's temper: — *nel mangiare, nel bere*, to eat, to drink moderately.

moderatamente *avv.* **1** moderately, temperately: *un liquore — alcolico*, a mildly alcoholic liqueur **2** (*con moderazione*) in moderation: *bere* —, to drink in moderation.

moderatezza *s.f.* moderation, temperateness: *la — del suo linguaggio contrastava con la sua aggressività*, the mildness of his language contrasted with his aggressive behaviour.

moderatismo *s.m.* moderatism.

moderativo *agg.* (*non com.*) moderating.

moderato *agg.* **1** moderate, temperate; reasonable: *partito* —, moderate party; *è — nel bere*, he drinks moderately (*o* he is a moderate drinker); *è una persona moderata*, he is a temperate person; *qui i prezzi sono moderati*, prices are reasonable here; *avere idee moderate*, to have moderate opinions; *mi sembra una pretesa moderata*, it seems a reasonable claim to me **2** (*mus.*) moderato ◆ *s.m.* moderate (person).

moderatore *agg.* moderating: *svolgere un'azione moderatrice in un dibattito*, to chair a debate ◆ *s.m.* **1** moderator; chairman* (of the discussion) **2** (*chim.*) regulator; (*fis. nucleare*) moderator.

moderatrice *s.f.* moderator.

moderazione *s.f.* moderation, temperateness; restraint; (*di prezzi*) reasonableness: *ci vuol — in tutto*, moderation is necessary in all things; *il medico gli consigliò più — nel mangiare e nel bere*, the doctor advised more moderation in eating and drinking; *il Presidente parlò con* —, the President spoke with moderation; *spendere con* —, to spend in moderation.

modernamente *avv.* **1** in the modern manner: *pensare* —, to have up-to-date ideas (*o* to have a modern approach) **2** (*nei tempi moderni*) in modern times: *è solo — che l'idea si è affermata*, the idea has caught on only recently.

modernariato *s.m.* modern antique dealing; modern antique collecting // *oggetti di* —, modern antiques.

modernismo *s.m.* (*st. fil.*) modernism.

modernista *s.m.* e *f.* (*st. fil.*) modernist.

modernistico *agg.* modernistic.

modernità *s.f.* modernity: *la — di un edificio, di un autore*, the modernity of a building, of a writer.

modernizzare *v.tr.* to modernize, to renovate, to update, to renew: — *un ufficio*, to modernize an office; (*econ.*) — *l'organizzazione di vendita*, to update the sales organization; — *un'azienda*, to modernize a business.

□ **modernizzarsi** *v.rifl.* to modernize oneself, to get* up-to-date: *l'azienda deve* —, the company must modernize itself (*o* get up-to-date).

modernizzato *agg.* modernized.

modernizzazione *s.f.* modernization, updating: *la — del servizio postale*, the modernization of the postal service.

moderno *agg.* modern; recent; up-to-date (*attr.*): *arte moderna*, modern art; *sistema* —, modern system; *tecnica moderna*, up-to-date technique; *lingue moderne*, modern languages; *le scoperte moderne nel campo della medicina*, the recent discoveries of medicine; *storia moderna*, modern history; *tempi moderni*, modern times ◆ *s.m.* modern: *gli antichi e i moderni*, the ancients and the moderns; *ammira il* —, he admires what is modern; *ma non hai qlco. di — da mettere?*, haven't you anything fashionable to put on?

modestamente *avv.* modestly: *vivere* —, to live modestly // —, *l'ho fatto tutto io!*, I don't want to blow my own trumpet but I did the whole thing myself.

modestia *s.f.* **1** (*mancanza di presunzione*) modesty, unpretentiousness: *falsa* —, false modesty; *non peccare di —!*, don't be too modest!; *per — detesta parlare di sé*, out of modesty he loathes talking about himself // — *a parte*, in all modesty (*o* though I say it myself): — *a parte, sono stata brava!*, though I say it myself I was very good **2** (*pudore*) modesty; reserve: *la — è la sua dote migliore*, modesty is her best quality; *la sua — le impedì di fargli sapere i suoi veri sentimenti*, her modesty prevented her from revealing her real feelings to him (*o* she was too reserved to reveal her real feelings to him) **3** (*mediocrità*) modesty; *la — di un guadagno*, the modesty of one's earnings; *il suo tenore di vita non è conforme alla — dei suoi mezzi*, his lifestyle is out of keeping with the modesty of his means.

modesto *agg.* **1** (*non superbo*) modest, unassuming, unpretentious: *è molto — riguardo le sue imprese*, he is very modest about his achievements; *non essere troppo —!*, don't be too modest! **2** (*pudico*) modest; (*riservato*) self-effacing: *i suoi modi modesti*, his self-effacing manner; *comportamento* —, modest behaviour **3** (*mediocre, semplice*) modest, simple, humble: — *livello di vita*, modest standard of living; *ha una casa modesta*, he has a simple (*o* unpretentious) house // *una famiglia di origini modeste*, a family of humble origin(s) // *vivere in modeste condizioni*, to live in modest conditions **4** (*moderato, contenuto*) modest, moderate; low; small: *ha ambizioni modeste*, he has modest ambitions; *prezzo* —, moderate price; *un calo — della produzione*, a slight stepdown in production; *compenso* —, small reward; *reddito* —, modest income.

modicità *s.f.* moderateness, moderation; reasonableness; (*basso prezzo*) cheapness: *questo articolo è molto richiesto per la — del suo prezzo*, this article is in great demand owing to its cheapness.

modico *agg.* moderate, reasonable; (*a buon mercato*) cheap: *articoli a prezzo* —, cheap articles; (*banca*) *interesse* —, low interest; *puoi comprare una fotocopiatrice per una modica cifra*, you can buy a photocopier for a reasonable amount of money.

modifica *s.f.* modification; alteration; change: *orario soggetto a modifiche*, timetable subject to alteration; *apportare delle modifiche a qlco.*, to make changes in sthg. // (*dir.*) — *di una legge*, amendment of a law // (*assicurazioni*) — *delle condizioni di assicurazione*, endorsement on the policy // (*inform.*): — *di indirizzo*, address control.

modificabile *agg.* modifiable; alterable.

modificabilità *s.f.* modifiability.

modificare *v.tr.* **1** to modify; to alter; to change: *cerca di — il tuo atteggiamento verso di lui*, try to change your attitude towards him; (*econ.*) — *la produzione*, to modify production; *ha modificato le sue dichiarazioni*, he has modified his statements; — *i propri piani*, to alter one's plans; (*dir.*) — *i termini di un contratto*, to change the terms of a contract; — *una legge*, to amend a law; *la costituzione fu modificata con un referendum*, the Constitution was amended by a referendum **2** (*inform.*) (*la tastiera*) to patch; (*un programma*) to zap.

□ **modificarsi** *v.intr.pron.* to modify, to alter, to change: *il suo carattere si è modificato con gli anni*, his character has changed over the years.

modificativo *agg.* modifying, modificative.

modificatore *agg.* modifying, modificative, modificatory ◆ *s.m.*, **modificatrice** *s.f.* modifier.

modificazione → **modifica**.

modiglione *s.m.* (*arch.*) modillion.

modista *s.f.* milliner.

modisteria *s.f.* millinery; (*negozio*) milliner's (shop).

modo *s.m.* **1** way, manner: — *di parlare, camminare*, way (*o* manner) of speaking, walking; *non mi piace il suo — di ridere*, I don't like the way he laughs; *è il — migliore per risparmiare tempo*, it's the best way to save time; *non parlare in questo* —, don't speak like that; *questo non è il — di trattare una signora*, this is not the way to treat a lady; *secondo il mio — di vedere, di pensare*, in my opinion (*o* to my way of thinking *o* in my view); *fallo in questo* —, do it like this; *non ci sono due uomini che pensano allo stesso* —, no two men think alike; *il suo — di lavorare è diverso dal mio*, his way of working is different from mine; *ho un — tutto mio di impostare il lavoro*, I have my own way of organizing my job; *lascia che faccia le cose a — suo*, let him do things his own way; *ragiona a — suo*, he has his own way of thinking; *ha uno strano — di fare dei complimenti!*, he has a strange way of paying compliments; *può essere fatto in vari modi*, it can be done in various ways; *è un — (come un altro) per farsi notare*, it's one way (of many) of attracting attention; *attento! se guidi in questo — avremo un incidente!*, be careful! if you drive like that we'll have an accident! **2** (*opportunità, occasione*) way; (*mezzi*) means (*pl.*): *gli diedi — di fare un buon affare*, I enabled him to make a good bargain (*o fam.* I put him on to a good bargain *o* I put him in the way of a good bargain); *purtroppo non ho avuto — di dirtelo prima*, unfortunately I had no way of telling you before; *non gli ho mai dato — di pensarlo*, I have never given him cause to think so; *non ho — di vederlo prima di domani*, I've no way of seeing him before tomorrow; *dammi almeno — di spiegarmi!*, give me at least the chance to explain (*o* at least let me explain!); *troverò il — di fargliela pagare!*, I'll find the way to make him pay; *non c'è — di fargliela capire*, there is no way of making him understand; *trovò il — di scappare*, he found the way (*o* the means) to escape; *devo trovare il — di vederlo*, I must find some way of seeing him; *studiare i tempi e i modi più adatti per il lancio di un prodotto*, to study when and how to launch a product // (*comm.*) *modi di pagamento*, methods (*o* means) of payment **3** (*maniera, garbo*) manners (*pl.*); (*misura*) measure: *modi amichevoli*, friendly manners; *avere brutti, bei modi*, to have good, bad manners; *non fate caso ai suoi modi bruschi*, don't pay attention to his rough ways; *oh, ma che modi!*, what bad manners!; *ma che modi sono questi?*, what do you think you're doing?; *oltre* —, beyond measure (*o* excessively *o* extremely); *agire con — e misura*, to act reasonably and sensibly // *persona a* —, polite (*o* well-mannered) person // *fare qlco. a* —, to do sthg. properly **4** (*gramm.*) mood: — *indicativo, congiuntivo*, indicative, subjunctive mood; *avverbio di* —, adverb of manner **5** (*locuzione*) expression: — *improprio*, incorrect expression; — *letterario*, literary expression (*o* turn of speech) // —

di dire, idiom (*o* idiomatic phrase *o* idiomatic expression); *questo — di dire non si usa più*, this expression is no longer used // *per — di dire*, so to speak (*o* so to say *o* as it were) **6** (*mus.*) key, mode: *scala di — maggiore*, major scale **7** (*inform.*) mode: — *conversazionale*, conversational mode; — *iniziale*, start mode **8** (*fis.*) mode **9** *di — che* → **dimodoché** **10** *in — che, da*, so that, in such a way as to, so as to: *preparatevi per tempo, in — da non arrivare tardi*, get ready in time so that you won't arrive late; *avvertilo subito, in — che arrivi in tempo*, let him know straight away so that he can get here in time; *rimisero tutto a posto in — che nessuno si accorgesse di nulla*, they put everything back in its place so that nobody would notice it // *fare in — di fare qlco.*, to try to do sthg.: *bisogna fare in — che si incontrino*, we must find a way to make them meet (*o* of making them meet); *devi fare in — che le cose si muovano*, you must try to get things moving; *devi fare in — che venga*, you must get him to come; *devi fare in — di venire*, you must try to come.

◆ FRASEOLOGIA: *in un — o in un altro*, (in) one way or another: *ci riuscirà in un — o in un altro*, he will succeed one way or another // *in qualche —*, somehow (*o* one way or another); (*poco accuratamente*) badly: *in qualche — riuscirò*, somehow (or other) I will succeed; *in qualche — riuscì a trovare un lavoro*, he managed to find a job somehow; *in qualche — cercherò di accontentarlo*, I'll try to satisfy him somehow; *non fare le cose in qualche —, cerca di essere preciso*, don't be so slapdash, try to be more careful; *finì il lavoro in qualche —*, (*fam.*) he finished the work any-old-how // *in — singolare*, in a peculiar (*o* strange) way // *in nessun —*, in no way // *in malo —*, badly: *fare qlco. in malo —*, to do sthg. badly; *alla posta mi hanno trattato in malo —*, they treated me badly (*o* rudely) at the post office // *in special, particolar —*, particularly (*o* especially): *amo Beethoven, in special — le sinfonie*, I love Beethoven, particularly his symphonies // *in che —*, how: *dimmi in che — hai avuto quel lavoro*, tell me how you got that job; *in che — era vestita?*, how was she dressed? // *in certo qual —*, in a way: *in un certo qual — devo dargli ragione*, in a way I have to admit he's right // *in tutti i modi, in, ad ogni —*, in any case (*o* at any rate *o* anyhow *o* anyway): *in ogni —, ci sentiamo quando torno*, anyway, we'll get in touch when I come back // *c'è — e — di fare qlco...*, there is a right and a wrong way of doing sthg. // *al — di*, like: *dipingere al — di Tiziano*, to paint in the style (*o* manner) of Titian.

modulabile *agg.* (*rar.*) that can be modulated.

modulare[1] *v.tr.* **1** (*mus.*) to modulate: — *il canto*, to modulate one's singing; — *da una chiave a un'altra*, to modulate from one key to another; — *la voce*, to modulate one's voice // *formulò il suo discorso modulando il tono*, he modulated his tones throughout his speech **2** (*fig.*) (*formulare*) to formulate: — *una proposta*, to formulate a proposal (*o* to put a proposal into words) **3** (*elettr.*) to modulate.

modulare[2] *agg.* **1** (*di un modulo*) of a form **2** (*costituito da elementi singoli*) modular: *scaffali componibili modulari*, modular shelf units.

modulario *s.m.* (*amm.*) block of forms.

modularità *s.f.* (*l'essere modulare*) modular structure.

modulatore *agg.* (*rad.*) modulating ◆ *s.m.* modulator: — *di fase*, phase modulator; — *di frequenza*, frequency modulator.

modulazione *s.f.* **1** modulation, inflection: — *dei suoni*, modulation of sounds; — *della voce*, inflection of voice **2** (*elettr.*, *fis.*, *rad.*) modulation: — *della luce*, light modulation; — *di ampiezza*, amplitude modulation (*abbr.* AM); — *di fase*, phase modulation; — *di frequenza*, frequency modulation (*abbr.* FM); — *di intensità*, intensity modulation; *fattore di —*, modulation factor.

modulistica *s.f.* (*amm.*) (*raccolta di moduli*) set of forms, forms (*pl.*).

modulo *s.m.* **1** form; (*amer.*) blank: — *di assunzione*, labour engagement sheet; — *di domanda*, application form; — *in bianco*, blank form; — *per telegramma*, telegram form; — *intestato per fatture*, billhead; — *stampato*, printed form; — *standard*, standard form; — *di versamento*, paying-in slip; — *d'iscrizione*, enrolment form; — *per la dichiarazione dei redditi*, tax-return form; — *di dichiarazione doganale*, customs entry form; (*fin.*) — *monetario*, currency unit; (*Borsa*) — *di sottoscrizione*, subscription form; *compilare, riempire un —*, to fill up (*o* in) a form **2** (*arch.*, *idraulica*) module **3** (*mat.*, *mecc.*) modulus*: — *di elasticità*, coefficient (*o* modulus) of elasticity; — *di compressione*, *di torsione*, modulus of compression, of torsion; — *di resistenza*, section modulus **4** (*numismatica*) diameter (of coin) **5** (*inform.*) (*di programma*) module, package; board; (IBM) facility; (*documento*) form, paper: — *a n copie*, (IBM) part form; — *in carta continua*, endless form; — *meccanografico*, tab form // (*tel.*) — *di adattamento*, gateway **6** (*tecn.*) (*unità standard di struttura modulare*) module: — *base*, basic module **7** (*astronautica*) (*unità indipendente*) module: — *di comando*, control module; — *lunare*, lunar module.

modus vivendi *s.m.* (*lat.*) **1** modus vivendi (*anche dir.*) **2** (*stile di vita*) way of life, lifestyle.

mofeta *s.f.* (*geol.*) mofette.

moffetta *s.f.* (*zool.*) (*Mephitis mephitis*) skunk.

mogano *s.m.* (*bot.*) (*Suvietenia mahagoni*) mahogany, acajou // (*color*) —, mahogany.

moggio *s.m.* (*ant.*) (*misura agraria*) modius; (*misura di capacità*) bushel // *porre la fiaccola sotto il —*, to hide one's light under a bushel.

mogigrafia *s.f.* (*med.*) writer's cramp.

mogio *agg.* **1** (*depresso*) depressed, dejected, downfallen: *sembrava molto mogia*, she looked very depressed // — —, crestfallen (*o* dejected): *venne a casa — —*, he came home crestfallen **2** (*quieto*) quiet: *il bambino sembra fin troppo —!*, the child seems far too quiet!

moglie *s.f.* wife: *essere marito e —*, to be husband and wife; — *legittima*, lawful wife (*o* wedded wife); *il Signor Smith e sua —*, Mr and Mrs Smith; *quella è la sua seconda —*, that lady is his second wife; *sarà una buona — per lui*, she will make him a good wife; *aver —*, to have a wife; *non ha —*, he hasn't got a wife; *cercar —*, to seek a wife; *chiedere qlcu. in —*, to propose (marriage) to s.o.; *prender —*, to get married; *prendere in — una vedova*, to take a widow to wife // *— e buoi dei paesi tuoi*, (*prov.*) it is better to marry over the mixen than over the moor // *tra — e marito non mettere il dito*, (*prov.*) never interfere between husband and wife.

mogol *s.m.* (*st.*) Mogul: *il Gran Mogol*, the Great Mogul.

mohair *s.m.* (*fibra tessile*) mohair: *un maglione di —*, a mohair sweater.

Moicano *agg.* e *s.m.* Mohican, Mahican.

moietta *s.f.* (*metall.*) metal strip, metal band.

moina *s.f.* simpering; (*comportamento lezioso*) coaxing, wheedling, cajoling: *fare moine*, to simper; *smetti di fare tante moine*, stop simpering; *fare moine a qlcu. per indurlo a fare qlco.*, to wheedle (*o* to coax) a person into doing sthg.; *con un po' di moine ottiene dalla mamma quel che vuole*, with a little bit of coaxing (*o* wheedling) he can get anything he wants from his mother.

moire *s.m.* (*tessuto*) moire.

moka → **moca**.

mola *s.f.* **1** (*macina di mulino*) millstone **2** (*utensile della molatrice*) grindstone; (grinding) wheel: — *a tazza*, cup grinding wheel; — *a smeriglio*, emery grinding wheel; — *diamantata*, diamond wheel **3** (*molatrice*) grinder **4** (*zool.*) sunfish, moonfish **5** (*med.*) (*tumore della placenta*) mole.

molale *agg.* (*chim.*) molal.

molalità *s.f.* (*chim.*, *fis.*) molality.

molare[1] *agg.* **1** (*anat.*) molar: *dente —*, molar (tooth); *ghiandole molari*, molar glands **2** (*per mole*) *pietra —*, bu(h)rstone ◆ *s.m.* (*dente*) molar.

molare[2] *agg.* (*chim.*, *fis.*) molar: *capacità termica —*, molar heat capacity; *conducibilità —*, molar conductivity; *volume —*, molar volume; *diluizione —*, molar dilution; *frazione —*, molar fraction.

molare[3] *v.tr.* **1** to grind*: — *a umido*, to wet-grind; — *a secco*, to dry-grind; — *il vetro*, to grind glass **2** (*affilare con la mola*) to whet: — *un coltello*, to whet a knife **3** (*tagliare*) to cut: — *il cristallo*, to cut crystal; *una bottiglia di cristallo molato*, a bottle of cut crystal.

molarità *s.f.* (*chim.*, *fis.*) molarity.

molassa *s.f.* (*geol.*) molasse.

molatore *s.m.* (*operaio*) grinder.

molatrice *s.f.* (*mecc.*) grinder: — *da banco*, bench grinder; — *portatile*, portable grinder.

molatura *s.f.* grinding.

molazza *s.f.* (*tecn.*) muller.

molazzatore *s.m.* (*tecn.*) muller operator.

molcere *v.tr.* (*poet.*) (*placare*) to soothe, to mitigate; to assuage, to alleviate.

moldavo *agg.* e *s.m.* Moldavian, Moldovan.

mole[1] *s.f.* **1** (*massa*) mass; bulk; *la — di quell'edificio è imponente*, the mass of that building is imposing // *una grande — di lavoro*, (*fig.*) a vast amount of work **2** (*dimensione*) size, dimension, proportion: *un libro di grande —*, a book of large proportions; *un macigno di smisurata —*, a rock of massive dimensions.

mole[2] *s.f.* (*chim.*, *fis.*) mole.

molecola *s.f.* **1** (*chim.*, *fis.*) molecule: *schema della disposizione degli atomi in una —*, atomic model **2** (*particella*) particle.

molecolare *agg.* (*chim.*, *fis.*) molecular: *peso, volume —*, molecular weight, volume; *formula —*, molecular formula; *fascio —*, molecular beam; *orbitale —*, molecular orbital;

spettri molecolari, molecular spectra; *setaccio* —, molecular sieve // *biologia* —, molecular biology.

molecolarità *s.f.* (*chim., fis.*) molecularity.

molestamento *s.m.* (*non com.*) molestation; molesting.

molestare *v.tr.* to molest; to disturb, to bother; to worry; to annoy, to tease: *fu molestata da tre teppisti*, she was molested by three thugs; — *il sonno di qlcu.*, to disturb s.o.'s rest; *le zanzare non hanno smesso un momento di molestarmi*, the mosquitoes haven't stopped bothering me (*o* left me in peace) for a moment; *non molestarmi con domande così sciocche*, don't bother me with such silly questions; *non — il gatto!*, don't tease the cat!

molestatore *agg.* molesting ◆ *s.m.*, **molestatrice** *s.f.* (*non com.*) molester, disturber.

molestia *s.f.* nuisance (*anche dir.*); trouble, bother: *recare, procurare, dar — a qlcu.*, to cause s.o. trouble (*o* to bother s.o.) // (*dir.*): *molestie sessuali*, sexual harassment; *molestie sessuali a danno di minori*, child molestation.

molesto *agg.* troublesome, bothersome, irritating, annoying: *persone moleste*, bothersome people; *tosse molesta*, troublesome cough; *le mosche sono insetti molesti*, flies are troublesome insects; *dei rumori molesti mi hanno tenuta sveglia tutta la notte*, troublesome (*o* tiresome) noises kept me awake all night; *essere, riuscire — a qlcu.*, to annoy s.o.

moletta *s.f.* 1 (*tess.*) roller. 2 (*ind. miner.*) sheave wheel.

molibdato *agg.* (*chim.*) molybdate.

molibdenite *s.f.* (*min.*) molybdenite.

molibdeno *s.m.* (*chim.*) molybdenum.

molibdico *agg.* (*chim.*) molybdic: *acido* —, molybdic acid.

molibdoso *agg.* (*chim.*) molybdous.

molinello → **mulinello**.

molinetto *s.m.* (*mar.*) windlass.

molinismo *s.m.* (*st. relig.*) Molinism.

molino → **mulino**.

molisano *agg.* of the Molise, from the Molise ◆ *s.m.* 1 inhabitant of the Molise 2 (*dialetto*) dialect spoken in the Molise.

molitore *s.m.* 1 (*addetto alla molitura*) miller 2 (*macchina*) mill, miller.

molitorio *agg.* molinary, milling: *industria molitoria*, milling industry, (*stabilimento*) mill.

molitura *s.f.* milling, grinding.

molla *s.f.* 1 (*mecc.*) spring: *spira di una* —, coil of a spring; *caricare una* —, to load a spring; *scaricare una* —, to release (*o* to relieve) a spring; *tendere una* —, to stretch a spring; — *a balestra*, leaf spring; — *a bovolo*, volute spring; — *a spirale*, coil spring; — *d'arresto*, stop spring; — *di compressione*, compression spring; — *di torsione*, torsion spring; — *motrice*, (*di orologio*) mainspring; *arresto a* —, spring-pawl; *bilancia a* —, spring-balance; *materasso a molle*, spring-mattress; *regolatore a* —, spring-governor; *caricato a* —, spring -loaded // *scattare come una* —, (*fig.*) to spring into action 2 (*incentivo*) mainspring, incentive, spur: *l'ambizione è la — di tutte le azioni umane*, ambition is the mainspring of all human actions 3 (*pl.*) tongs: *molle per il carbone*, coal tongs; *molle per il ghiaccio*, ice tongs; *molle per lo zucchero*, sugar tongs // *prendere qlcu. con le molle*, (*fig.*) to handle s.o. carefully (*o* to watch one's step with s.o.).

mollaccione *s.m.* (*persona indolente*) lazybones, slowcoach: *quel — non si alza mai prima delle dieci*, that lazy fellow never gets up before ten.

mollare *v.tr.* 1 (*allentare*) to slacken; (*lasciare andare*) to let* go: — *la presa*, (*allentare*) to slacken one's hold; (*lasciar andare*) to let go (*o* to loose one's hold); *molla la fune adesso!*, let go of the rope now! // *mi ha raccontato tutta la sua vita e non mi mollava più!*, he told me the story of his life and he wouldn't let me go (*o* I couldn't get away) // *tira e molla*, (*fig. fam.*) shilly-shallying: *a furia di tira e molla si sono lasciati*, after a lot of shilly-shallying (*o* dithering) they left each other; *basta con questi tira e molla, devi deciderti!*, that's enough shilly-shallying, you must take a decision! // *fare a tira e molla*, to shilly-shally 2 (*mar.*) to let* go, to cast* off: — *gli ormeggi*, to let go the moorings // *molla!*, let go! (*o* cast off!) 3 (*fam.*) (*abbandonare*) to quit*, to leave*, to give* up: *un giorno o l'altro mollo tutto e me ne vado!*, one of these days I'll pack it in and leave!; *ha mollato la fidanzata*, he's jilted (*o* left) his fiancée 4 (*fig. fam.*) (*appioppare*) to give*, to land: *gli ha mollato un ceffone*, she gave him a slap; — *un calcio a qlcu.*, to give (*o* to land) s.o. a kick (*o* to kick s.o.) ◆ *v.intr.* 1 (*cedere*) to give* in: *ha insistito finché ho mollato*, he insisted until I gave in 2 (*fig. fam.*) (*smettere*) to stop*, to give* up: *se comincia a parlare non molla più!*, once he starts talking there's no stopping him.

molle *agg.* 1 (*tenero, morbido*) soft: — *come la cera*, as soft as wax; *cuoio, legno* —, soft leather, wood; *tessuto* —, soft material; *terreno* —, soft ground; *questo materasso è molto* —, this mattress is very soft 2 (*bagnato*) wet, soaking wet; (*umido*) moist: — *di sudore*, wet with sweat; *occhi molli di pianto*, moist eyes; *terra* —, moist earth 3 (*pieghevole*) flexible, supple, pliable, pliant: *un — giunco*, a flexible reed 4 (*floscio*) flabby, slack; (*flaccido*) limp: *mi porse una mano — da stringere*, he gave me a limp hand to shake 5 (*debole*) weak, feeble, flabby: *un carattere* —, a weak character; *un governo* —, a weak government; *stile* —, flabby style 6 (*rilassato*) loose: *molli costumi*, lax morals; *vita* —, loose living 7 (*mite, piacevole*) soft: *molli parole*, soft words; *voce* —, soft voice ◆ *s.m.* soft part; (*del corpo*) fleshy part: *il — e il duro di un oggetto*, the soft and the hard parts of an object // *sedere, dormire sul* —, to sit, to sleep on sthg. soft // *mettere in* —, to soak // *stare a* —, to soak.

molleggiamento *s.m.* 1 (*il molleggiare*) springing, bouncing 2 (*di veicoli ecc.*) (*sistema di molleggio*) springing system 3 (*elasticità*) springiness, elasticity.

molleggiare *v.intr.* 1 (*avere elasticità*) to be springy; to be elastic: *questa poltrona molleggia bene*, this armchair is well sprung 2 (*camminare con elasticità*) to have a spring in one's step ◆ *v.tr.* (*dotare di molleggio*) to spring*, to fit* with springs: — *un'auto*, to fit a car with springs // (*sport*) — *le ginocchia*, to bend (*o* to flex) one's knees.

□ **molleggiarsi** *v.rifl.* (*muoversi con elasticità*) to walk with a spring.

molleggiato *agg.* sprung: *un sedile* —, a sprung seat; *questo divano è ben* —, this sofa is well-sprung // *avere un passo* —, to have a springy step.

molleggio *s.m.* 1 suspension, springing: — *dolce*, soft spring suspension; — *duro*, hard spring suspension; *sistema di* —, springing system; *provare il — di un veicolo*, to try (*o* to test) the springs of a vehicle 2 (*l'essere molleggiato*) springiness 3 (*sport*) flexing: — *sulle ginocchia*, knee flexing.

mollemente *avv.* 1 (*senza severità; dolcemente*) softly: *fu educato* —, he was pampered 2 (*debolmente, fiaccamente*) weakly, feebly, faintly: *si difendeva* —, he offered feeble (*o* weak) resistance 3 (*languidamente*) languidly: *era — sdraiata su un divano*, she was lying languidly on a sofa.

molletta *s.f.* 1 (*per il bucato*) clothes peg; (*per capelli*) hairpin; hairgrip 2 *pl.* tongs: *mollette per il ghiaccio*, ice tongs; *mollette per lo zucchero*, sugar tongs.

mollettone *s.m.* (*panno*) thick flannel.

mollezza *s.f.* 1 (*morbidezza*) softness 2 (*debolezza, fiacchezza*) weakness, feebleness: — *d'animo*, weakness of character; *la — di un governo*, the weakness of a government 3 (*rilassatezza*) laxity, looseness: — *di costumi*, looseness of morals 4 *pl.* (*comodità, piaceri*) luxury (*sing.*): *vivere tra le mollezze*, to live in the lap of luxury.

mollica *s.f.* 1 (*parte interna e molle del pane*) crumb, soft part of the bread: *estrasse la — dalla pagnotta*, he took the soft part out of the loaf 2 *pl.* (*briciole*) crumbs.

molliccio *agg.* 1 softish; (*umidiccio*) dampish: *terra molliccia*, dampish ground 2 (*floscio*) limp, flabby: *un cencio* —, a limp cloth 3 (*fig.*) (*debole*) weak ◆ *s.m.* damp ground, muddy ground.

mollificare *v.tr.* (*non com.*) 1 (*rendere molle*) to soften: — *una sostanza*, to soften a substance 2 (*fig. letter.*) (*addolcire*) to mollify, to appease, to soften: — *il cuore di qlcu.*, to soften s.o.'s heart.

□ **mollificarsi** *v.intr.pron.* (*divenir molle*) to soften.

mollificazione *s.f.* (*non com.*) softening: *la — della cera*, the softening of wax.

mollo *agg.* (*fam.*) (*molle*) soft ◆ *s.m.*: *tenere, mettere a* —, to soak.

molluschicoltore *s.m.* producer of shellfish.

molluschicoltura *s.f.* production of shellfish.

mollusco *s.m.* 1 (*zool.*) mollusc, (*amer.*) mollusk; shellfish*: — *univalve*, univalve; *banco di molluschi*, mussel-bed 2 (*persona senza volontà*) spineless person; (*fam.*) slug 3 (*med.*) molluscum*.

molluscoide *agg.* (*zool.*) molluscoid.

molmetro *s.m.* (*chim., fis.*) mole meter.

molo *s.m.* pier, jetty; mole; (*banchina*) wharf: — *di carico*, loading wharf; (*comm.*) *diritti di* —, pierage.

moloc(h) *s.m.* (*zool.*) (*Moloch horridus*) moloch.

molosso *agg.* Molossian ◆ *s.m.* 1 (*zool.*) Molossian (dog) 2 (*poesia*) molossus (*pl.* -i).

molotov *s.f.* (*bomba*) Molotov cocktail.

molteplice *agg.* 1 many; numerous, various, manifold: *per molteplici ragioni*, for various reasons; *ha molteplici doveri*, he has many duties; *ha incontrato molteplici difficoltà*, he met with numerous difficulties; *il libro contiene molteplici errori*, the book contains numerous mistakes **2** (*di varie qualità*) manifold, many-sided: *il — ingegno di Ulisse*, the many-sided genius of Ulysses **3** (*bot.*) multifarious: *fiore —*, multifarious flower.

molteplicità *s.f.* multiplicity, variety.

molti- → **multi-**.

moltiplica *s.f.* **1** (*mat. fam.*) multiplication **2** (*mecc.*) gear ratio; (*estens.*) chain wheel.

moltiplicabile *agg.* multipliable, multiplicable.

moltiplicabilità *s.f.* multiplicability.

moltiplicando *s.m.* (*mat.*) multiplicand.

moltiplicare *v.tr.* **1** (*mat.*) to multiply: *— un numero per un altro*, to multiply a number by another; *— un numero per se stesso*, to multiply a number by itself (*o* to square a number) **2** (*accrescere*) to multiply, to increase: *gli specchi moltiplicavano le immagini*, the mirrors multiplied the images; *— gli sforzi*, to redouble one's efforts; (*estens.*) *— i propri guadagni, la propria attività*, to increase one's profits, one's activity **3** (*zool.*) (*riprodurre*) to propagate ◆ *v.intr.* to multiply: *— in superbia*, to become more and more arrogant.

□ **moltiplicarsi** *v.rifl.* o *intr.pron.* **1** to multiply; to increase: *le preoccupazioni si moltiplicano con l'età*, cares multiply with age; *le attività commerciali della città si moltiplicarono*, the trade of the city increased // *crescete e moltiplicatevi*, (*Bibbia*) go forth and multiply **2** (*zool.*) to multiply, to propagate; to spawn, to breed*: *alcuni insetti si moltiplicano molto rapidamente*, some insects multiply (*o* breed) very quickly.

moltiplicativo *agg.* multiplicative.

moltiplicatore *agg.* multiplying, multiplicative ◆ *s.m.* multiplier: (*rad.*) *— di frequenza*, frequency multiplier; (*aut.*) *— di velocità*, overdrive; (*elettr.*) *— elettronico*, (electron) multiplier // (*econ.*): *— bancario*, credit multiplier; *— della occupazione*, employment multiplier; *— delle esportazioni*, export multiplier.

moltiplicazione *s.f.* multiplication: *la — del genere umano*, the reproduction of the human species; *— degli sforzi*, redoubling of one's efforts; *— delle difficoltà*, increase in the number of difficulties; (*fis.*) *fattore di —*, multiplication factor // (*bot.*) *— vegetativa*, asexual multiplication (*o* propagation) // *la — dei pani e dei pesci*, the miracle of the loaves and fishes.

moltiplice e *deriv.* → **molteplice** e *deriv.*

moltissimo *agg.indef.superl.* **1** very much (*in frasi affermative è gener. sostituito da* a great deal): *ha moltissima pazienza coi bambini*, she has got a great deal of patience with children; *non ho — tempo*, I haven't very much time; *spesero — denaro*, they spent a great deal of (*o* ever so much) money // *c'è moltissima differenza*, there is a very great difference **2** (*in espressioni ellittiche*) — (*tempo*), a very long time; very long (*usato solo in frasi interr. e negative*): *è — (tempo) che non vado a Roma*, it is a very long time (*o* it is ages) since I last went to Rome **3** *pl.* very many (*in frasi affermative è gener. sostituito da* a great many): *hanno moltissimi libri*, they have a great many books ◆ *pron.indef.* **1** very much (*in frasi affermative è gener. sostituito da* a great deal): *non è — ma è tutto quello che ti posso dare*, it's not very much, but it's all I can give you; *suo padre ha fatto — per lei*, her father did a great deal (*o* ever so much) for her **2** *pl.* very many; (*moltissime persone*) very many (people) (*gener. non usato in frasi affermative*); a great many; a great many (people): *ne ho moltissimi*, I've got a great many (*o* ever so many); *moltissimi sostengono che...*, a great many people maintain that...; *eravamo in moltissimi*, there were a great many of us; *non erano in moltissimi*, there weren't very many of them ◆ *avv.* very much, a great deal: *lavorare —*, to work very hard; *mi è piaciuto —*, I liked it very much; *ci siamo divertiti —*, we enjoyed ourselves very much (*o* a great deal).

moltitudine *s.f.* multitude; throng; (*gran folla*) great crowd: *una — di voci*, a multitude of voices; *una — era nella piazza*, there was a great crowd in the square; *una — di animali*, a great number of animals.

molto *agg.indef.* **1** (*con riferimento alla quantità*) much (*gener. in frasi negative o interr.*); a lot of, lots of, a great (*o* a good) deal of, a great (*o* a large) quantity of, plenty of: *non beve — vino*, he doesn't drink much wine; *c'è — traffico sulle strade*, there is a lot of traffic on the roads; *fu sprecato — tempo in inutili discussioni*, a great deal of time was wasted in useless arguing; *ci vuole molta pazienza con i bambini*, you need a lot of (*o* a good deal of) patience with children; *non c'è rimasto — pane*, we haven't got much bread left; *quel ragazzo non dedica — tempo allo studio*, that boy doesn't devote much time to studying; *non c'era — tempo per agire*, there wasn't much time to act; *avete — tempo libero?*, do you get much spare time?; *hanno — denaro*, they have plenty of (*o* lots of) money **2** (*con riferimento all'intensità*) great; a lot of: *con — piacere, molta cura*, with great pleasure, care; *ho appreso con molta gioia la notizia*, the news gave me great joy (*o* I was delighted to hear the news); *quell'insperato successo gli diede molta soddisfazione*, the unexpected success gave him great satisfaction; *le sue dimissioni hanno destato — scalpore*, his resignation caused a great sensation; *non hanno dato molta importanza alla cosa*, they didn't attach much importance to the matter // *avere molta stima di qlcu.*, to have a high opinion of s.o.; *non avere molta stima di qlcu.*, not to think much of s.o. // *c'è — sole*, it's very sunny; *c'era molta nebbia*, it was very foggy; *non c'era — freddo*, it wasn't very cold; *lo spettacolo ha avuto — successo*, the show was very successful; *dovete fare molta attenzione*, you must be very careful; *ho molta sete*, I'm very thirsty; *hanno avuto — coraggio*, they were very brave **3** (*con riferimento alla durata*) long: *— tempo*, a long time; *— tempo prima*, a long time before (*o* long before); *— tempo dopo*, a long time after (*o* long after); *da allora è passato — tempo*, a long time has elapsed since then; *ho atteso — tempo prima che qualcuno venisse ad aprire*, I waited a long time before someone came and opened the door; *non lo vedo da — tempo*, I haven't seen him for a long time; *ti assenterai per — tempo?*, will you be away (for) long?; *non ci volle — tempo per capire cosa stava accadendo*, it didn't take us long to realize what was going on // Usato anche in espressioni ellittiche: *fra non —*, before long; *ho dovuto aspettare —*, I had to wait a long time; *ci vuole — per prepararti?*, will it take you long to get ready?; *ne avrai per —?*, will you be long?; *è uscito da non —*, he left not long ago; *non manca — a Natale*, it isn't long to Christmas **4** (*con riferimento all'estensione nello spazio*) a long way, far: *ho fatto molta strada per arrivare fin qui*, I've come a long way to get here; *da qui alla stazione la distanza non è molta*, it isn't far from here to the station **5** *pl.* many (*gener. in frasi negative e interrogative*); a lot of, a great many, a large number of; plenty of, a good many, lots of (*gener. in frasi affermative*): *ha molti amici*, he has a lot of (*o* a great many *o* lots of) friends; *hai fatto molti errori nel compito*, you made a lot of mistakes in the test; *c'erano molte persone nella piazza*, there were a lot of (*o* a great many *o* a large number of) people in the square; *molti scienziati sostengono che...*, many scientists claim that...; *ci sono molti negozi nella zona?*, are there many shops in the area?; *non ho visto molti film quest'anno*, I haven't seen many films this year ◆ *pron.indef.* **1** much (*in frasi affermative è gener. sostituito da* a lot, a great deal, plenty): *io ho poco tempo per leggere, ma tu ne hai —*, I get (very) little time for reading, but you get a lot; *— di quanto ci hanno riferito è falso*, much of what they told us is wrong; *c'è — di vero in ciò che ha detto*, there is a great deal of (*o* a lot of) truth in what he said; *hanno fatto — per me*, they did a lot for me; *non ne so —, non me ne intendo — di informatica*, I don't know much about computer technology; *"Hai del pane?" "Sì, ne ho —"*, "Have you got any bread?" "Yes, I've got plenty"; *non c'è — da dire*, there isn't much (*o* a lot) to be said; *ci sarebbe — da imparare da lui*, a lot could be learnt from him; *chiedono — per quella casa?*, are they asking much (*o* a lot) for that house?; *non ci voleva — a capirlo*, it didn't take much (*o* a lot of) understanding // *è già — se...*, it's already saying a lot if...; *è già — che io sia arrivato in tempo con tutto quel traffico*, it's already saying a lot that I got here on time, with all that traffic // *a dir —*, at (the) most (*o* worst): *sarò occupato ancora un paio d'ore, a dir —*, I'll be busy for another couple of hours at (the) most **2** *pl.* many, a lot of; (*molta gente*) many people, a lot of people: *Sono quadri bellissimi, ne vendete molti?*, They're beautiful pictures. Do you sell a lot of them?; *molti di loro hanno preferito prendere l'aereo*, many of them preferred to go by air; *molti dei turisti erano tedeschi*, many of the tourists were German; *era stimato da molti*, he was respected by many (people); *eravate in molti?*, were there many of you?; *sono partiti in molti, ma non tutti hanno concluso la gara*, there were a lot of starters, but not all of them finished the race; *"Sono rimasti molti posti liberi?" "No, non (ce ne sono) molti"*, "Are there many seats left?" "No, not many"; *molti ritengono che...*, many people (*o* a lot of people) think that... ◆ *s.m.*: *non si accontenta né del poco né del —*, he's never satisfied.

molto *avv.* **1** (*davanti ad agg. e avv. di grado positivo e con p.pres. usato come agg.*) very; most: *una casa — grande*, a very large house; *un uomo — intelligente*, a very (*o* a most) intelligent man; *un giornalista — noto*, a (very) well-known journalist; *è stato uno spettacolo — divertente*, it was a very (*o* a most) enjoyable show; *ha parlato — bene*, he spoke very well; *lo farò — volentieri*, I'll be very glad to do it (*o form.* I shall do it most willingly); *mi* *alzo — presto, tardi*, I get up very early, late; *eravamo — a disagio*, we felt very (*o* most) uncomfortable; *sono constatazioni — amare*, they are very bitter observations; *possiamo fare — poco per lui*, we can do very little for him **2** (*con agg. e avv. compar.*) much; far: — *più grande*, much bigger; — *migliore*, much (*o* far) better; — *meno, più*, much less, much more; — *più lentamente*, much more slowly; *oggi è — più freddo di ieri*, today is much colder than yesterday; *è — più coraggioso di quanto sembri*, he is much braver than he seems; *si conobbero — più tardi*, they met much later **3** (*con p.pass.*) much; greatly, widely: *è — apprezzato dai colleghi*, he is much (*o* greatly) appreciated by his colleagues (*o* he is very popular with his colleagues); *i provvedimenti sono stati — criticati da tutti*, the measures were greatly criticized by all (*o* were widely criticized); *rimasi — colpito dalla sua bellezza*, I was greatly struck by her beauty; *il problema ecologico è — dibattuto*, the ecological problem is a much debated one; *è — cambiato*, he is much (*o* greatly) changed // *un prodotto — richiesto*, a product in great demand **4** (*con verbi*) much (*gener. in frasi negative e interr. o preceduto da* very *o* so); a lot (*gener. in frasi affermative*); (*spesso*) often: *non legge* —, he doesn't read (very) much; *mi piace — questa musica*, I like this music very much; *ci siamo divertiti — alla festa*, we enjoyed ourselves very much (*o* we had a wonderful time) at the party; *non lo vediamo* —, we don't often see him; *Vi ringraziamo — per...*, Thank you very (*o* so) much for...; *non ho apprezzato — il suo ultimo film*, I didn't think much of his last film; *viaggiate —?*, do you do much travelling?; *non ci vediamo — in questo periodo*, we haven't seen much of each other lately; *stanotte non ho dormito* —, I didn't sleep much last night // *studiare, lavorare* —, to study, to work hard // *né — né poco*, (*per nulla*) at all: *la cosa non mi interessa né — né poco*, it doesn't interest me at all.

molva *s.f.* (*zool.*) (*Molva molva*) ling.

momentaccio *s.m.* (*fam.*) bad patch, bad time: *economicamente questo per me è un* —, at the moment I'm going through a bad patch economically.

momentaneamente *avv.* at the moment, at present; just now; (*temporaneamente*) temporarily: — *siamo sprovvisti di questa merce*, at present we are out of this article; *lavora — qui*, he is working here temporarily; *il direttore è — assente*, the manager isn't here at the moment.

momentaneo *agg.* (*temporaneo*) temporary; (*passeggero*) momentary, passing, brief: *una gioia momentanea*, a passing (*o* momentary) joy; *un successo* —, a brief success (*o fam.* a flash in the pan).

momento *s.m.* **1** moment; time: *senza un — di esitazione*, without a moment's hesitation; *aspetta un* —, wait a moment; *un —, per piacere*, just a moment, please; *un — solo*, just a moment; *a un dato* —, at a given moment; *sto uscendo proprio in questo* —, I'm just going out; *un —!, cerchiamo di ragionare*, wait a moment! let's try to think things out; *un —! che fretta c'è?*, just a moment! what's the hurry?; *un — e la servo subito*, I'll serve you in just a moment; *dammi ancora un — e poi usciamo*, just give me another moment and then we'll go out; *ricordo ancora il — in cui il primo uomo mise piede sulla luna*, I still remember the moment when the first man set foot on the moon; *aspetto con ansia il — di ricevere la tua lettera*, I'm waiting anxiously for your letter; *era il — culminante del dramma*, it was the climax of the drama; *l'ho amato fin dal primo* —, I loved him from the very first moment; *fino a questo — non ho ricevuto nessuna telefonata*, I haven't received any phone calls so far; *lo farò in un altro* —, I shall do it another time; *non c'era un — da perdere*, there was not a moment to lose (*o* to be lost); *non è il — di scherzare*, this is no time for joking; *non perde mai un* —, she never wastes a moment; *la prossima volta vieni un — prima*, next time come a little earlier; *si dedica alla lettura nei momenti liberi*, she devotes her spare time to reading // *per il* —, for the moment (*o* for the present *o* for the time being) // *tutti i momenti, ogni* —, continually: *ogni — chiede soldi*, he is continually asking for money **2** (*tempo, circostanza*) time: *momenti difficili*, hard times; *è un capriccio del* —, it is a passing fad; *il mio — si avvicina*, my time is drawing near; *passare un brutto* —, to have a bad (*o* rough) time; *durante la guerra passammo terribili momenti*, we went through terrible times during the war; *bisogna creare dei momenti di gruppo per scambiarsi le opinioni*, we need to create occasions for meeting to exchange opinions; *il suo discorso è stato il — forte della serata*, his speech was the highpoint of the evening // *l'uomo del* —, the man of the moment **3** (*opportunità*) opportunity, chance: *aspetto il — adatto per agire*, I am waiting for an opportunity to act; *approfitta del — favorevole e compra delle azioni*, take advantage of this favourable moment and buy some shares; *cogliere il* —, to take the chance **4** (*un pochino*) a bit: *questa stanza dovrebbe essere un — più grande*, this room should be just a bit bigger **5** (*ant., letter.*) (*gravità, importanza*) moment: *una decisione di grande, poco* —, a decision of great, little moment **6** (*fis.*) moment: — *di una coppia*, moment of a couple; — *magnetico, elettrico*, magnetic, electric moment; — *di una forza*, moment of a force (*o* torque); — *di inerzia*, moment of inertia; — *angolare*, angular moment (*o* momentum); — *lineare*, linear momentum; — *flettente*, bending moment // (*mecc.*) — *del contrappeso*, counterbalance moment // (*aer.*): — *di beccheggio*, pitching moment; — *di cerniera*, hinge moment; — *di rollio*, rolling moment.

◆ FRASEOLOGIA: *dovrebbe arrivare da un — all'altro*, he should arrive any moment now (*o* at any moment); *da un — all'altro ha cambiato idea*, all of a sudden he changed his mind // *a momenti*, (*talvolta*) sometimes, (*fra poco*) in a moment (*o* before long *o* soon), (*quasi*) nearly, almost: *a momenti è gentile, a momenti è villano*, sometimes he is polite, sometimes he is rude; *va a momenti, ora piove ora c'è il sole*, it's very changeable, one moment it's raining, the next it's sunny; *Claudio va a momenti, alle volte è veramente intrattabile*, Claude is moody, at times he's really unapproachable; *Sara va a momenti, a volte può essere anche brillante*, Sarah has her moments, at times she can be brilliant; *sarà pronto a momenti*, he'll be ready in a moment; *a momenti cadevo!*, I nearly (*o* almost) fell (down)! // *al* —: *al — della consegna*, at the time of delivery; *al — non ho traduzioni da darti*, at the moment I haven't got a translation to give you; *al — della decisione Claudia non seppe cosa fare*, when the time came to decide, Claudia didn't know what to do; *al — di parlare non ci riuscì*, when the time came to speak he wasn't able to utter a word; *al — non ci avevo fatto caso*, at the time I didn't attach any importance to it; *proprio al — opportuno*, just at the right moment; *in quel ristorante il pesce te lo preparano al* —, in that restaurant they cook the fish for you as you wait // *dal* —, (*dato che*) since, as, (*da quando*) (ever) since, from the (first) moment (that): *dal — che sei qui dammi una mano*, since you are here give me a hand; *dal — che te ne sei andato la casa non è più la stessa*, since (*o* from the moment) you went away the house hasn't been the same anymore.

mon- *pref.* → **mono-**.

mona *s.f.* (*volg.*) (*vulva*) pussy, twat; cunt // *va in —!*, fuck off! ◆ *s.m.* (*region.*) (*sciocco*) berk.

monaca *s.f.* **1** nun: — *di clausura*, enclosed nun; — *novizia*, novice; *farsi* —, to take the veil (*o* to become a nun) **2** (*zool.*) — *bianca*, (*Mergus albellus*) smew, nun **3** (*zool.*) — *di mare*, (*Lymantria monacha*) nun moth.

monacale *agg.* monastic: *abito* —, (*di monaco*) monk's habit; (*di monaca*) nun's habit; *condurre una vita* —, to lead a monk's life.

monacare *v.tr.* (*ant., letter.*) to admit to a monastic order; (*mettere in convento*) to put* into a convent.

□ **monacarsi** *v.rifl.* (*farsi monaco*) to become* a monk, to enter a monastery, (*farsi monaca*) to take* the veil, to become* a nun, to enter a convent.

monacato *s.m.* **1** (*monachismo*) monasticism **2** (*il complesso dei monaci e delle monache*) monks and nuns (*pl.*) **3** (*vita monastica*) monastic life.

monacazione *s.f.* taking monastic vows; taking the veil, taking the habit.

monacchia *s.f.* (*zool. dial.*) → **corvo**.

monacense *agg.* (*letter.*) of Munich; from Munich ◆ *s.m.* e *f.* (*letter.*) inhabitant of Munich; native of Munich.

monachella *s.f.* **1** young nun // *non fare la —, ti conosco!*, don't play the innocent, I know you! **2** (*zool.*) (*Oenanthe hispanica*) black-throated wheatear.

monachese *agg.* of Munich; from Munich ◆ *s.m.* e *f.* inhabitant of Munich; native of Munich.

monachesimo *s.m.* monasticism.

monachetto *s.m.* **1** (*mecc.*) staple **2** (*mar.*) bitt.

monachina *s.f.* **1** young nun **2** (*fig. iron.*) prim and proper girl; prude // *ha un'aria da* —, she looks as if butter wouldn't melt in her mouth **3** (*zool. pop.*) → avocetta 1 **4** *pl.* (*faville*) sparks.

monachino *s.m.* **1** young monk **2** (*zool.*) → ciuffolotto.

monachismo → **monachesimo**.

monaco *s.m.* **1** monk: — *benedettino*, Benedictine (*o* black monk); — *cistercense*, Cistercian (*o* white monk *o* grey monk); — *cluniacense*, Clunist (*o* Cluniacensian); *farsi* —, to become a monk // *l'abito non fa il* —, (*prov.*) the cowl does not make the monk **2** (*scaldino per il letto*) bed-warmer **3** (*arch.*) (*di capriata a un solo monaco*) king post; (*di ca-

priata a due monaci) queen post **4** (*zool.*) → ciuffolotto.

monacordo → **monocordo**.

monade *s.f.* (*fil.*) monad.

monadelfo *agg.* (*bot.*) monadelphous: *pianta monadelfa*, monadelph.

monadico *agg.* (*chim.*) monadic(al).

monadismo *s.m.* (*fil.*) monadism.

monadologia *s.f.* monadology.

monadologico *agg.* (*fil.*) monadological.

monandria *s.f.* (*bot.*) monandry.

monandro *agg.* (*bot.*) monandrous.

monarca *s.m.* **1** monarch **2** (*zool.*) → danaide.

monarcato *s.m.* (*letter.*) monarchy.

monarchia *s.f.* monarchy: — *assoluta*, absolute monarchy; — *costituzionale*, constitutional monarchy; — *ereditaria*, hereditary monarchy; *abbattere*, *restaurare la* —, to overthrow, to restore the monarchy; *monarchie europee*, European monarchies.

monarchianismo *s.m.* (*teol.*) Monarchianism.

monarchiano *agg.* e *s.m.* Monarchian.

monarchico *agg.* **1** monarchic(al): *uno stato* —, a monarchical state **2** (*fautore della monarchia*) monarchist, royalist: *partito* —, monarchist party; *movimento* —, royalist movement ◆ *s.m.* monarchist, royalist.

monarchismo *s.m.* monarchism.

monarchista *agg.* e *s.m.* e *f.* monarchist, royalist.

monastero *s.m.* (*spec. di monaci*) monastery; (*di monache*) convent, nunnery: *un — buddista*, a Buddhist monastery; *entrare in* —, (*farsi monaco*) to enter a monastery, (*farsi monaca*) to enter a convent.

monastico *agg.* monastic: *istituzioni monastiche*, *voti monastici*, monastic institutions, vows; *regola*, *vita monastica*, monastic rule, life.

monazite *s.f.* (*min.*) monazite.

moncare *v.tr.* (*non com.*) to cut*.

moncherino *s.m.* stump (*anche estens.*).

monco *agg.* **1** maimed, mutilated: — *di un braccio*, one-armed; — *di una mano*, with one hand missing; *una mano monca delle dita*, a hand without any fingers; — *di ambo le mani*, with both hands missing **2** (*fig.*) (*mutilo*, *incompleto*) defective, incomplete: *frasi monche*, broken phrases; *notizie monche*, incomplete news; *risposta monca*, incomplete answer ◆ *s.m.* maimed person, mutilated person: *un povero* —, a poor mutilated man.

moncone *s.m.* **1** stump (*anche estens.*): — *di una gamba*, stump of a leg **2** (*fig.*) fragment; unfinished work.

monda *s.f.* (*agr.*) weeding: *la — del riso*, rice-weeding.

mondabile *agg.* (*non com.*) cleanable; (*fig.*) purifiable.

mondamento *s.m.* (*non com.*) cleaning; (*fig.*) purification.

mondana *s.f.* (*prostituta*) lady of pleasure, prostitute.

mondanamente *avv.* in a worldly manner.

mondaneggiare *v.intr.* to lead* a lively social life: *vorrei — un po' di più!*, I'd like to live it up a bit more.

mondanità *s.f.* **1** (*letter.*) (*laicità*) wordliness **2** (*ciò che è mondano*) wordly things: *amare le* —, to love wordly pleasures **3** (*estens.*) high society; jet set life: *frequentare la* —, to live the high life.

mondano *agg.* **1** (*terreno*) worldly, earthly; mundane: *beni mondani*, worldly goods; *felicità mondana*, earthly happiness; *piaceri mondani*, worldly pleasures **2** (*estens.*) (*della società elegante*; *che ama la vita di società*), worldly; society (*attr.*): *gente mondana*, society people; *un luogo di soggiorno* —, a fashionable resort; *fare vita mondana*, to lead a worldy life; *andare a una festa mondana*, to go to a society party; *una riunione mondana*, a society gathering; *cronaca mondana*, society news; *una signora mondana*, a wordly woman; *un uomo* —, a man about town; *vita mondana*, society life.

mondare *v.tr.* **1** to clean; (*da erbacce*) to weed; (*dalla buccia*) to peel; (*dalla loppa*) to winnow: — *arance*, *mele*, to peel oranges, apples; — *un campo*, to weed a field; — *fagiolini*, to string beans; — *il grano*, to winnow the corn; — *piselli*, to shell peas; — *il riso*, (*prima di cuocerlo*) to clean rice; — (*una pianta*) *dei germogli*, to disbud **2** (*fig.*) (*purificare*) to cleanse, to purify: — *l'anima dal peccato*, to cleanse (*o* to purify) the soul from sin.
□ **mondarsi** *v.rifl.* (*letter.*) to purify oneself.

mondariso *s.m.* e *f.* rice weeder.

mondatore *agg.* weeding; (*fig.*) purifying ◆ *s.m.* weeder; (*fig.*) purifier.

mondatura *s.f.* **1** cleaning; (*da erbacce*) weeding; (*dalla buccia*) peeling; (*dalla loppa*) winnowing **2** (*scorie*) dross; (*rifiuti*) refuse; (*erbacce*) weeds (*pl.*); (*bucce*) peelings (*pl.*); (*loppa*) chaff.

mondezza[1] *s.f.* (*letter.*) **1** (*pulizia*) cleanliness; cleanness, neatness **2** (*purezza*) purity.

mondezza[2] *s.f.* (*region.*) rubbish [U], garbage [U].

mondezzaio *s.m.* **1** rubbish dump, (rubbish) heap **2** (*estens.*) pigsty: *quella casa è un* —, that house is a pigsty **3** (*fig.*) den, sink: *un — di vizi*, a sink of iniquity; *sei un — di ipocrisia*, you are a filthy hypocrite.

mondiale *agg.* **1** worldwide; world (*attr.*); (*universale*) universal; international: *congresso* —, international congress; *crisi* —, world crisis; *di fama* —, world-famous (*attr.*), world famous (*pred.*); *fama* —, worldwide fame; *Guerra Mondiale*, World War; *politica* —, international politics; *la Gran Bretagna era una potenza* —, Great Britain was a world power; *commercio* —, world trade; *esposizione* —, world exhibition // (*sport*): *campionati mondiali di atletica leggera*, World Athletics Championship; *essere campione — di judo*, to be the World Judo Champion; *stabilire un nuovo record* —, to establish a new world record **2** (*fig. fam.*) fantastic, wonderful, sensational: *è un'idea* —, it's a fantastic idea.

mondiglia *s.f.* (*non com.*) **1** refuse **2** (*scorie metalliche*) dross **3** (*pula di cereali*) chaff.

mondina *s.f.* rice weeder.

mondo[1] *s.m.* **1** world (*anche fig.*): *fare il giro del* —, to go round the world; *vedere il* —, to see the world; *in tutto il* —, *per tutto il* —, all over the world; *è conosciuto in tutto il* —, he is known all over the world; *il — in cui viviamo*, the world we live in; *il — animale*, the animal kingdom (*o* world); *il — cattolico*, *medioevale*, the Catholic, medi(a)eval world; *il — della fantasia*, *dei sogni*, the world of the imagination, of dreams (*o* dreamland); *il — della scienza*, the world of science; *il — di un bambino*, the world of a child (*o* a child's world); *il — esterno*, the external world: *il — letterario*, *musicale*, *artistico*, *politico*, the literary, musical, artistic, political world; *il suo — si è sgretolato*, her world crumbled // *il terzo* —, the Third World // *il Nuovo*, *il Vecchio Mondo*, the New, the Old World // *vecchio come il* —, as old as the hills (*o* as Methuselah) // (*econ.*): *il — degli affari*, the business world; *il — finanziario*, the financial world, (*amer.*) Wall Street; *il — operaio*, the working world; *il — dell'editoria*, the world of publishing; *il — industrializzato*, the developed world // *il — è bello perché è vario*, variety is the spice of life; *questo — è fatto a scale, chi le scende, chi le sale*, (*prov.*) the world is like a game, sometimes you win, sometimes you lose; *tutto il — è paese*, it's the same the whole world over **2** (*la gente*) the world; humanity; everybody: *il — ride alle sue spalle*, everybody laughs at him behind his back; *il — spera in un avvenire migliore*, humanity hopes for a better future; *dice male di tutto il* —, he speaks badly (*o* ill) of everybody (*o fam.* he runs everyone down); *vuole salvare le apparenze agli occhi del* —, he wants to preserve appearances in the eyes of the world // *il bel* —, *il gran* —, (fashionable) society, jet set; *donna di* —, society woman; *uomo di* —, (*ricco di esperienza*) man of the world, (*che fa vita di società*) man about town // *alla festa c'era mezzo* —, there were loads of people at the party **3** (*grande quantità*) *un — di*, a world of, a lot of, lots of: *un — di auguri*, *di baci*, all the best, lots of kisses; *un — di gente*, a large crowd; *costa un* —, it costs a fortune; *gli usò un — di cortesie*, he treated him with every courtesy; *mi ha fatto un — di bene*, it has done me a world of good; *mi sono divertito un* —, I have had a really good time.
◆ FRASEOLOGIA: *come è piccolo il —!*, what a small world! // *da che — è* —, from time immemorial // *niente al — gli può far cambiare idea*, nothing in the world can make him change his mind; *non ha un pensiero al* —, he hasn't a care in the world // *non è poi la fine del* —, it is not the end of the world; *una festa che è stata la fine del* —, it was a fantastic party; *è la cosa più semplice del* —, it's the easiest thing in the world // *fermate il* —, *voglio scendere!*, stop the world, I want to get off! // *ti troverò in capo al —!*, I'll find you even at the end of the earth!; *andare in capo al* —, to go to the end of the earth // *non lo cederei neppure per tutto l'oro del* —, I wouldn't part with it for the world (*o* for all the tea in China); *non lo farei neppure se dovesse cascare il* —, I wouldn't do it for the world (*o fam.* I'll be damned if I do it!) // *vivere nel — della luna*, to have one's head in the clouds; *ma in che — vivi?*, where have you been? // *porco —!*, — *cane!*, damn! // *così va il* —, that's life; *stanco del* —, weary of life // *non è più di questo* —, he is no longer of this world; *quando era al — mio padre*, when my father was alive; *essere al* —, to be alive (*o fam.* to be in the land of the living); *mettere al* —, to bring into the world; *tornare al* —, to come to life again; *venire al* —, to be born (*o* to come into the world); *non ha più voglia di stare al* —, he no longer wants to live // *l'altro* —, the next world (*o* the hereafter);

andare all'altro —, to pass away; *mandare qlcu. all'altro* —, to send s.o. to kingdom-come; *cose dell'altro* —!, (*fig.*) really weird! // *vivere fuori del* —, (*fig.*) to live cut off from the world; *prendere il* — *come viene*, to take the world as it comes; *è uno che sa stare al* —, he knows the ways of the world; *rinunciare al* —, to forsake (*o* to retire from) the world.

mondo[2] *agg.* (*letter.*) **1** (*pulito*) clean: *casa monda*, clean house **2** (*fig.*) (*puro*) pure: *cuore* —, pure heart; *è un uomo* — *da vizi*, he is a man free from vice.

mondovisione *s.f.* international telecast: *trasmettere in* —, to transmit worldwide.

monegasco *agg.* Monegasque; of Monaco; from Monaco ◆ *s.m.* Monegasque; inhabitant of Monaco; native of Monaco.

monel *s.m.* (*metall.*) Monel metal®.

monella *s.f.* tomboy.

monelleria *s.f.* **1** (*comportamento*) mischievousness: *la sua* — *mi esasperava*, his mischievousness annoyed me **2** (*azione*) mischief [U]; prank: *i bambini combinano sempre qualche* —, children are always up to some mischief; *fare delle monellerie*, to play pranks.

monellesco *agg.* mischievous, naughty, rascally.

monello *s.m.* rascal, urchin; (*di bimba*) tomboy: *che* — *che sei !*, what a rascal you are!

moneta *s.f.* **1** (*metallica*) coin, piece; (*denaro*) money; (*valuta*) currency: — *d'oro, d'argento*, gold coin, silver coin; — *da cinque centesimi di dollaro*, (*fam.*) nickel; — *da dieci centesimi di dollaro*, dime; — *da venticinque centesimi di dollaro*, quarter; *la* — *italiana è la lira*, lira is the standard currency unit for Italy; — *falsa*, false (*o* counterfeit) coin, (*denaro in genere*) false money // *non prendere per* — *buona ciò che dice*, (*fig.*) don't take what he says at its face value; *ripagare di pari* —, (*fig.*) to pay s.o. back in his own coin (*o* to give tit for tat) // (*fin.*): — *a corso forzoso*, inconvertible money, (*amer.*) fiat money; — *ad alto potenziale, primaria*, high-powered (*o* primary) money; — *bancaria*, credit (*o* deposit) money (*o* deposit currency *o* credit circulation); — *base*, standard money (*o* currency); — *calda*, (*capitali vaganti*) hot money; — *contante*, ready money; — *forte*, strong (*o* hard) money (*o* currency); — *debole*, soft (*o* weak) money (*o* currency); — *di conto*, money of account; — *di riserva*, reserve currency; — *fluttuante*, floating money; — *regolata, manovrata*, managed currency (*o* money); — *scritturale*, bank (*o* substitute) money (*o* money of account); — *sopravalutata*, overvalued currency; — *sottovalutata*, undervalued currency; — *svalutata*, debased currency; *la* — *cattiva scaccia la buona*, bad money drives out good **2** (*spiccioli*) (small) change: *non ho* —, I have no (*o* I haven't got any) small change.

monetabile *agg.* (*fin.*) coinable.

monetaggio *s.m.* (*fin.*) mintage; (*costo del monetaggio*) cost of coinage.

monetale *agg.* (*fin.*) monetary, coin (*attr.*): *impronta* —, mintmark.

monetare *v.tr.* (*fin.*) (*battere moneta*) to mint, to coin; (*monetizzare*) to monetize: — *l'oro*, to coin (*o* to monetize) gold.

monetario *agg.* (*fin.*) monetary: *fondo* —, monetary fund; *mercato* —, money market; *sistema* — *internazionale*, International Monetary System; *valore* —, monetary value; *serpente* —, monetary snake; *reddito* —, monetary income; *riserva monetaria*, monetary reserve; *non* —, non-monetary ◆ *s.m.* minter.

monetarismo *s.m.* (*econ.*) monetarism.

monetarista *s.m.* e *f.* (*econ.*) monetarist ◆ *agg.* (*econ.*) monetarist (*attr.*).

monetaristico *agg.* (*econ.*) monetarist (*attr.*).

monetato *agg.* (*fin.*) (*trasformato in moneta*) coined, monetized: *oro* —, coined gold; *carta monetata*, paper money.

monetazione *s.f.* **1** (*fin.*) (*il batter moneta*) minting, coining, mintage, coinage **2** (*econ.*) (*monetizzazione*) monetization.

monetina *s.f.* small coin; (*fig.*) cent; penny.

monetizzare *v.tr.* (*econ.*) (*tradurre in termini di moneta*) to monetize; (*valutare nel suo equivalente in moneta*) to assess, to value: *un danno monetizzato di cento milioni*, an assessed damage of a hundred million lire.

monetizzazione *s.f.* (*econ.*) (*l'operazione del monetizzare*) monetization; (*valutazione di un bene in termini di denaro*) assessment, valuation.

monferrino *agg.* of Monferrato; from Monferrato ◆ *s.m.* inhabitant of Monferrato; native of Monferrato.

mongolfiera *s.f.* hot-air balloon, fire balloon, montgolfier.

mongolico *agg.* Mongolian.

mongolide *agg.* **1** (*antropologia*) Mongol **2** (*med.*) mongol, mongoloid ◆ *s.m.* e *f.* **1** Mongol **2** (*med.*) mongol.

mongolismo *s.m.* (*med.*) mongolism.

mongolo *agg.* (*della Mongolia*) Mongolian: *lingue, popolazioni mongole*, Mongolian languages, people ◆ *s.m.*, **mongola** *s.f.* Mongol.

mongoloide *agg.* **1** (*antropologia*) Mongoloid: *razza* —, Mongoloid race **2** (*med.*) mongoloid ◆ *s.m.* e *f.* (*med.*) mongoloid.

mongomeri → **montgomery**.

monile *s.m.* (*letter.*) jewel; (*collana*) necklace: *coperto di monili*, bejewelled.

monilia *s.f.* (*bot.*) monilia.

moniliasi *s.f.* (*med.*) moniliasis.

moniliforme *agg.* (*spec. bot., zool.*) moniliform.

monismo *s.m.* (*fil.*) monism.

monista *s.m.* e *f.* (*fil.*) monist.

monistico *agg.* (*fil.*) monistic, monistical.

monito *s.m.* warning: *rivolgere un* — *a qlcu.*, to give s.o. a warning; *che questo serva loro di* —, let this be a warning to them.

monitor *s.m.* monitor.

monitoraggio *s.m.* monitoring: *sistema di* —, monitoring system // (*med.*) *apparecchio per il* — *fetale*, fetal monitor.

monitore[1] *s.m.* (*istruttore*) instructor.

monitore[2] *s.m.* (*mar.*) monitor.

monitorio *agg.* (*che ammonisce*) monitory, warning; of warning: *lettera monitoria*, warning letter (*o* letter of warning) ◆ *s.m.* (*eccl.*) admonition.

monitorizzare *v.tr.* (*attrezzare con monitor*) to equip with a monitor, to equip with monitors; (*sottoporre a monitoraggio*) to monitor.

mon-khmer *agg.* e *s.m.* Mon-Khmer.

monna *s.f.* (*ant., letter.*) lady // *Monna Lisa*, Mona Lisa.

mono *agg.* **1** (*tecn.*) mono: *un giradischi* —, a mono record player **2** (*inform.*) single.

mono- *pref.* di origine greca; ingl. mon(o)-; single-; uni-; significa **1** con un solo, unico: *monoblocco*, monobloc; (*mecc.*) *monocilindrico*, single-cylinder; *monocuspidato*, unicuspidate; *monovalente*, univalent **2** in chimica indica anche la presenza di un solo determinato atomo, o radicale, o gruppo: *monossido*, monoxide.

monoacido *agg.* (*chim.*) monoacid, monoacidic ◆ *s.m.* (*chim.*) monoacid.

monoalbero *agg.* (*mecc.*) single-shaft.

monoasse *agg.* (*tecn.*) single-axle.

monoatomico *agg.* (*chim.*) monatomic.

monoaurale *agg.* (*scient.*) monaural.

monobasico *agg.* (*chim.*) monobasic.

monoblocco *s.m.* **1** (*mecc.*) monobloc, cylinder block **2** (*di cucina*) built-in kitchen unit ◆ *agg.* monobloc.

monocalibro *agg.* (*mar.*) single-calibre.

monocamera *s.f.* bed-sitter; one-roomed flat.

monocamerale *agg.* (*pol.*) monocameral, one-chambered.

monocarbossilico *agg.* (*chim.*) monocarboxylic: *acido* —, monocarboxylic acid.

monocarpico *agg.* (*bot.*) monocarpic, monocarpous.

monocasio *s.m.* (*bot.*) monochasium (*pl.* -sia).

monocefalo *agg.* (*bot.*) monocephalous.

monocellulare *agg.* (*biol.*) monocellular.

monociclico *agg.* (*chim.*) monocyclic.

monocilindrico *agg.* (*mecc.*) single-cylinder.

monocita, **monocito** *s.m.* (*biol.*) monocyte.

monoclamidato, **monoclamideo** *agg.* (*bot.*) monochlamydeous.

monoclasse *agg.* one-class, single-class.

monoclinale *agg.* (*geol.*) monoclinal: *piega* —, monocline ◆ *s.f.* (*geol.*) monocline.

monoclino *agg.* **1** (*bot.*) monoclinous **2** (*min.*) monoclinic.

monoclonale *agg.* (*med.*) monoclonal: *anticorpi monoclonali*, monoclonal antibodies.

monocolo *s.m.* **1** (*lente*) monocle **2** (*piccolo cannocchiale*) spyglass ◆ *agg.* (*che ha un solo occhio*) one-eyed.

monocolore *agg.* **1** of a single colour **2** (*pol.*) single-party, one-party: *governo* —, single-party government.

monocoltura *s.f.* (*agr.*) monoculture.

monocompatibile *agg.* monocompatible.

monocorde *agg.* (*monotono*) monotonous: *un discorso* —, a monotonous speech.

monocordo *s.m.* (*mus.*) monochord.

monocoriale *agg.* (*biol.*) monochorionic, monochorial.

monocotiledone *agg.* (*bot.*) monocotyledonous ◆ *s.f.* (*bot.*) monocotyledon.

monocratico *agg.* **1** (*letter.*) (*relativo a monocrazia*) monocratic **2** (*dir.*) *giudice* —, solo judge.

monocristallo *s.m.* (*min.*) singlecrystal.

monocromare → **monocromatizzare**.

monocromaticità *s.f.* monochromaticity.

monocromatico *agg.* **1** monochrome, monochromatic **2** (*fis.*) monochromatic: *radiazione monocromatica*, monochromatic radiation.

monocromatismo *s.m.* **1** (*med.*) monochromatism **2** (*arti figurative*) monochrome painting.

monocromatizzare *v.tr.* (*fis.*) to monochromatize.

monocromato → **monocromo**.

monocromatore *s.m.* (*fis.*) monochromator.

monocromia *s.f.* monochromy.

monocromo *agg.* monochrome, monochromatic: *una facciata monocroma*, a monochrome façade ◆ *s.m.* monochrome.

monoculare *agg.* monocular: *strabismo* —, monocular strabismus; *lente* —, monocle.

monocultura *s.f.* (*antropologia*) monoculture.

monocuspidale *agg.* (*arch.*) single-spire.

monodattilo *agg.* (*zool.*) monodactylous.

monodia *s.f.* (*mus.*) monody.

monodico *agg.* (*mus.*) monodic.

monodose *agg.* (*di confezione farmaceutica*) single-dose.

monoelica *agg.* (*mecc.*) single-screw.

monofagia *s.f.* monophagy (*anche biol.*).

monofago *agg.* (*zool.*) monophagous.

monofase *agg.* (*fis.*) monophase, monophasic, single-phase: *corrente elettrica* —, monophasic electric current.

monofiletico *agg.* (*biol.*) monophyletic.

monofiletismo *s.m.* **monofilia** *s.f.* (*biol.*) monophyletism, monophylety.

monofillo *agg.* (*bot.*) monophyllous.

monofisismo *s.m.* (*st. relig.*) Monophysitism.

monofisita *s.m.* e *f.* (*st. relig.*) Monophysite ◆ *agg.* (*st. relig.*) Monophysitic.

monofisitico *agg.* (*st. relig.*) Monophysitic.

monofito *agg.* (*agr.*) monophytous.

monofobia *s.f.* (*psic.*) monophobia.

monofonditrice *s.f.* (*tip.*) Monotype caster.

monofonematico *agg.* (*ling.*) monophonemic.

monofonico → **monoaurale**.

monofora *agg.* e *s.f.* (*arch.*) single lancet window.

monofune *agg.* monocable.

monogamia *s.f.* monogamy.

monogamico *agg.* monogamic.

monogamo *agg.* monogamous; (*estens.*) (*fedele*) faithful ◆ *s.m.* monogamist.

monogenesi *s.f.* (*biol.*) monogenesis.

monogenetico *agg.* (*biol.*) monogenetic.

monogenismo *s.m.* **1** (*teol.*) monogenism **2** (*biol.*) monogenesis.

monogino *agg.* (*bot.*) monogynous.

monografia *s.f.* monograph: *una — sulla Rivoluzione francese*, a monograph on the French Revolution.

monografico *agg.* monographic: *corso* —, specialized course; *saggio* —, monographic study.

monogramma *s.m.* monogram: *gli regalarono un portafoglio con il suo* —, they gave him a wallet with his monogram (*o* initials) on it.

monogrammatico *agg.* monogrammatic.

monoicismo *s.m.* (*biol.*) monoecism, monoecy.

monoico *agg.* (*biol.*) monoecious, monoicous.

monoideismo *s.m.* (*psic.*) monoideism.

monoidrato *s.m.* (*chim.*) monohydrate.

monokini *s.m.* monokini, topless bathing suit.

monolatria *s.f.* (*relig.*) monolatry.

monolingue *agg.* monolingual: *dizionario* —, monolingual dictionary; *individuo* —, monolingual person.

monolitico *agg.* **1** monolithic **2** (*fig.*) (*rigidamente unitario*) monolithic; (*fermo, deciso*) strong-minded: *un partito* —, a monolithic party; *ha un carattere* —, he is strong-minded.

monolitismo *s.m.* monolithic nature.

monolito *s.m.* **1** (*pietra*) monolith // *essere un* —, (*fig.*) to be a rock **2** (*arch.*) monolith **3** (*alpinismo*) (*guglia rocciosa*) jagged rock.

monolocale *s.m.* bed-sitter, bed-sitting room, one-roomed flat: — *arredato*, furnished bed-sit (*o* bed-sitting room).

monoloculare *agg.* (*bot.*) unilocular, monolocular.

monologare *v.intr.* **1** (*parlare da solo*) to talk to oneself; to soliloquize **2** (*recitare un monologo*) to recite a monologue, to monologize.

monologo *s.m.* monologue; soliloquy: *il — di Amleto*, Hamlet's soliloquy; *nel teatro moderno ci sono pochi monologhi*, in modern drama there are few soliloquies; *reciterà un breve* —, he will recite a short monologue // — *interiore*, interior monologue.

monomandatario *agg.* (*comm.*) one-firm (*attr.*): *agente* —, one-firm agent ◆ *s.m.* (*comm.*) one-firm agent, one-firm representative.

monomane *s.m.* e *f.* monomaniac ◆ *agg.* monomaniac, monomaniacal.

monomania *s.f.* **1** (*psic.*) monomania **2** (*fissazione*) mania, obsession.

monomaniacale *agg.* (*psic.*) monomaniacal.

monomaniaco *agg.* monomaniac, monomaniacal ◆ *s.m.* monomaniac.

monomero *s.m.* (*chim.*) monomer.

monometallico *agg.* (*econ.*) monometallic.

monometallismo *s.m.* (*econ.*) monometallism: — *argenteo*, *aureo*, silver, gold standard; *fautore del* —, monometallist.

monometrico *agg.* (*min.*) monometric.

monometro *s.m.* (*metrica*) monometer ◆ *agg.* (*metrica*) monometric, monometrical.

monomiale *agg.* (*mat.*) monomial.

monomio *s.m.* (*mat.*) monomial.

monomolecolare *agg.* (*chim.*) monomolecular, unimolecular: *composto* —, monomolecular compound; *reazione* —, unimolecular reaction.

monomorfismo *s.m.* (*scient.*) monomorphism.

monomorfo *agg.* (*scient.*) monomorphic, monomorphous.

monomotore *agg.* (*di aeroplano*) single-engine (*attr.*) ◆ *s.m.* single-engine plane.

mononucleare *agg.* (*biol.*) mononuclear.

mononucleato *agg.* (*biol.*) mononuclear ◆ *s.m.* (*biol.*) mononuclear leukocyte.

mononucleosi *s.f.* (*med.*) mononucleosis*.

monopala *agg.* (*aer.*) single-blade.

monopartitismo *s.m.* single-party rule.

monopattino *s.m.* scooter.

monopetalo *agg.* (*bot.*) monopetalous.

monopetto *agg.* single-breasted ◆ *s.m.* single-breasted jacket.

monopezzo *agg.* one-piece ◆ *s.m.* one-piece bathing suit.

monoplano *s.m.* (*aer.*) monoplane.

monoplegia *s.f.* (*med.*) monoplegia.

monopodiale, **monopodico** *agg.* (*bot.*) monopodial.

monopodio *s.m.* (*bot.*) monopodium (*pl.* -dia).

monopolare *agg.* (*fis.*) monopolar, unipolar.

monopoli® *s.m.* (*gioco*) Monopoly®.

monopolio *s.m.* **1** (*econ.*) monopoly: — *di Stato*, State monopoly; *in Italia il tabacco è un — di Stato*, in Italy tobacco is a government monopoly; — *commerciale*, commercial monopoly; — *fiscale*, fiscal monopoly; — *imperfetto*, near-monopoly; — *perfetto*, pure (*o* absolute) monopoly; — *di vendita*, sellers' monopoly; *in regime di* —, under a monopoly system; *concedere un* —, to grant a monopoly; *esercitare, detenere un* —, to exercise a monopoly **2** (*fig.*) (*privilegio, possesso esclusivo*) monopoly, control; privilege: *l'essere onesto pare — tuo*, (*iron.*) one would think you were the only honest person here (*o* you had a monopoly of honesty); *per tutta la serata ha tenuto il — della conversazione*, he monopolized the conversation all the evening **3** (*consorzio, cartello*) monopoly, trust (*anche dir.*): *i monopoli mantengono alti i prezzi*, monopolies keep prices high; *il potere dei grandi monopoli*, the power of great monopolies.

monopolista *s.m.* e *f.* (*econ.*) monopolist: *rendita del* —, monopolist's income.

monopolistico *agg.* (*econ.*) monopolistic.

monopolizzare *v.tr.* **1** to monopolize: *lo stato italiano ha monopolizzato la vendita delle sigarette*, the Italian government has monopolized the sale of cigarettes **2** (*fig.*) to monopolize; (*fam.*) to hog: — *l'attenzione di qlcu.*, to monopolize (*o* to hog) s.o.'s attention; *non — la conversazione!*, don't monopolize the conversation! // — *una persona*, (*scherz.*) to monopolize a person **3** (*inform.*) (*l'unità centrale*) to hog.

monopolizzatore *s.m.* monopolizer ◆ *agg.* monopolizing.

monopolizzazione *s.f.* monopolization.

monopolo *s.m.* (*fis.*) monopole.

monoposto *agg.* (*aut.*, *aer.*) single-seater (*attr.*) ◆ *s.m.* e *f.* (*aut.*, *aer.*) single-seater.

monoprogrammazione *s.f.* (*inform.*) uniprogramming.

monoprotico *agg.* (*chim.*) monoacid, monoacidic; monobasic.

monopsichismo *s.m.* (*fil.*) monopsychism.

monopsonio *s.m.* (*econ.*) monopsony, buyer's monopoly.

monopsonista *s.m.* e *f.* (*econ.*) monopsonist.

monopsonistico *agg.* (*econ.*) monopsonistic.

monoptero *agg.* (*arch.*) monopteral.

monoreattore *agg.* (*aer.*) single-jet (*attr.*) ◆ *s.m.* (*aer.*) single-jet.

monorifrangente *agg.* (*fis.*) monorefringent.

monorifrangenza *s.f.* (*fis.*) monorefractivity.

monoritmico *agg.* (*metrica*) monorhythmic.

monoritmo *agg.* (*metrica*) monorhythmic ◆ *s.m.* (*metrica*) monorhythm.

monorotaia *s.f.* (*ferr.*) monorail.

monorotore *agg.* (*mecc.*) single-rotor.

monosaccaride *s.m.* (*chim.*) monosaccharide.

monoscafo *s.m.* (*mar.*) monohull.

monosci *s.m.* monoski.

monoscocca *s.f.* (*aut.*) monocoque body.

monoscopio *s.m.* (*tv*) monoscope.

monosemico *agg.* (*ling.*) monosemic.

monosepalo *agg.* (*bot.*) monosepalous.

monosillabico *agg.* monosyllabic.

monosillabo *s.m.* monosyllable // *parlare a monosillabi*, to speak in monosyllables ◆ *agg.* monosyllabic.

monosio *s.m.* (*chim.*) monose.

monosoma *s.m.* (*biol.*) monosomy.

monosomia *s.f.* (*biol.*) monosome.

monospermia *s.f.* (*biol.*) monospermy.

monospermo *agg.* (*bot.*) monospermous.

monossido *s.m.* (*chim.*) monoxide.

monostabile *agg.* (*elettr.*) monostable.

monostadio *agg.* (*aer.*, *mecc.*) single-stage (*attr.*).

monostico *s.m.* (*poesia*) monostich.

monostrofico *agg.* (*metrica*) monostrophic.

monoteismo *s.m.* (*relig.*) monotheism.

monoteista *s.m.* e *f.* (*relig.*) monotheist.

monoteistico *agg.* (*relig.*) monotheistic.

monotelismo → **monotelitismo**.

monotelita *s.m.* (*teol.*) monothelite.

monotelitismo *s.m.* (*teol.*) monotheletism.

monotematico *agg.* **1** (*mus.*) monothematic **2** (*estens.*) based on one theme: *film* —, film based on one theme.

monotipia *s.f.* (*tip.*) monotype system.

monotipista *s.m.* e *f.* (*tip.*) monotypist.

monotipo[1] *s.m.* (*procedimento*) monotype.

monotipo[2] *s.m.* (*macchina*) → **monotype**®.

monotonia *s.f.* monotony, tediousness, tedium; (*noia*) boredom: *non sopporto la — di questo lavoro*, I can't stand the monotony of this job; *la — di uno spettacolo*, the monotony (*o* tediousness) of a show; *che — queste giornate piovose!*, it's so boring with all these rainy days!

monòtono[1] *agg.* monotonous, tedious; humdrum; (*noioso*) boring: *discorso* —, tedious speech; *musica monotona*, monotonous music; *un'occupazione monotona*, a monotonous job; *viaggio* —, tedious journey; *vita monotona*, humdrum life; *voce monotona*, dull voice; *quanto sei — con queste lamentele!*, how boring you are with all your complaints!

monotòno[2] *agg.* (*mat.*) monotonic: *funzione monotona crescente*, *decrescente*, increasing, decreasing monotonic function.

monotremo *s.m.* (*zool.*) monotreme.

monotrofo *agg.* (*biol.*) monotrophic.

monottongare *v.intr.* (*ling.*) to monophthongize.

monottongo *s.m.* (*ling.*) monophthong.

monotype® *s.f.* (*tip.*) monotype®.

monouso *agg.* disposable, throwaway: *siringa* —, disposable syringe.

monovalente *agg.* **1** monovalent // (*med.*) *vaccinazione* —, monovalent vaccination **2** (*chim.*) univalent.

monovalenza *s.f.* (*chim.*) univalence.

monovolume *s.f.* (*automobile*) space wagon.

monovulare *agg.* (*biol.*) monovular, monoovular.

monozigote, **monozigotico** *agg.* (*biol.*) monozygotic.

monsignore *s.m.* (*eccl.*) monsignor.

monsone *s.m.* (*meteor.*) monsoon: — *estivo*, wet monsoon; — *invernale*, dry monsoon.

monsonico *agg.* (*meteor.*) monsoonal, monsoon (*attr.*).

monta *s.f.* **1** (*di animali*) covering, leap, service // (*stazione di*) —, stud farm **2** (*modo di cavalcare*) riding; (*estens.*) (*fantino*) jockey: *sistema inglese di* —, English system of riding **3** (*arch.*) (*di un arco*) rise.

montacarichi, **montacarico** *s.m.* **1** goods lift, goods hoist, (*amer.*) elevator **2** (*miner.*) elevator hoist **3** (*edil.*) skip hoist.

montaggio *s.m.* **1** (*tecn.*) assembly, assembling; (*in opera*) installation, fitting; (*di vetri*) glazing // (*mecc.*): *linea*, *catena di* —, assembly line; *reparto* —, (*locale*) assembly (*o* assembling) bay, (*reparto*) assembly department **2** (*tess.*, *tip.*) mounting **3** (*cinem.*) editing.

montaggista *s.m.* e *f.* (*tip.*) mounter.

montagna *s.f.* mountain: *catena di montagne*, mountain range (*o* mountain chain); *la cima della* —, the top of the mountain; *sistema di montagne*, mountain system; *alta* —, high mountain; *aria di* —, mountain air; *fiore di* —, alpine flower; *scalare una* —, to climb a mountain; *luogo di villeggiatura in alta* —, mountain resort; *andare in* —, to go to the mountains; *ho passato l'estate in* —, I spent the summer in the mountains; *preferisci il mare o la —?*, do you prefer the sea(side) or the mountains?; *il suo amore per la — è fortissimo*, he is passionately keen on the mountains // *mal di* —, mountain sickness // *in inverno mi piace fare un po' di* —, in winter I like to practise mountain sports // (*geogr.*) *le Montagne Rocciose*, the Rocky Mountains // — *sottomarina*, seamount (*o* sea knoll) // (*mil.*) *artiglieria*, *batteria di* —, mountain artillery, battery // *ferrovia di* —, mountain railway // *montagne russe*, roller coaster // *il discorso della* —, (*Bibbia*) the sermon on the mount // *il Vecchio della Montagna*, the Old Man of the Mountains // *una — di debiti*, *di difficoltà*, a mountain of debts, difficulties; *ho una — di libri da leggere per l'esame*, I have a heap (*o* mountain) of books to read for my exam // *è grande come una* —, he is as big as a mountain // *se la — non viene a Maometto, Maometto andrà alla* —, if the mountain won't come to Mahomet, Mahomet must go to the mountain.

montagnardo *s.m.* (*st. francese*) Montagnard.

montagnola *s.f.* mound, knoll, hummock, hillock; (*boscosa*) holt.

montagnolo → **montanaro**.

montagnoso *agg.* mountainous; hilly: *regione montagnosa*, mountainous district; *terreno* —, mountainous terrain.

montanaro *agg.* mountain (*attr.*); of the mountains (*pred.*): *popolazione montanara*, mountain population; *abitudini montanare*, customs of mountain dwellers ◆ *s.m.* highlander, mountain dweller.

montanino *agg.* (*region.*) mountain (*attr.*); of the mountains (*pred.*) ◆ *s.m.* (*region.*) highlander, mountain dweller.

montano *agg.* mountain (*attr.*): *paese* —, mountain village; *zona montana*, highland; *clima* —, mountain climate; *paesaggio* —, mountain landscape.

montante *s.m.* **1** (*boxe*) uppercut **2** (*colpo dato con armi*) upward thrust **3** (*aer.*) strut **4** (*mecc.*, *edil.*) upright, vertical rod, stanchion; (*pilastro*) post **5** (*econ.*) (*importo*) amount; (*fin.*) (*capitale e interesse*) capital and interest; (*compenso integrativo*) deficiency payment.

montare *v.tr.* **1** (*salire*) to mount, to go* up, to ascend: — *i gradini*, to go up (*o* to climb) the steps // — *la guardia*, to mount guard **2** (*cavalcare*) to ride*: *montava un cavallo bianco*, he was riding a white horse **3** (*di animale, nell'accoppiamento*) to cover, to mount **4** (*gonfiare*) to exaggerate, to blow* up: — *una notizia*, to blow up a piece of news; *come al solito hai montato l'accaduto*, you've exaggerated the episode as usual // — (*la testa a*) *qlcu.*, (*renderlo superbo*) to give s.o. a swollen head (*o* to turn s.o.'s head): *il successo gli ha montato la testa*, success has gone to his head (*o* turned his head *o fam.* made him big-headed); *montarsi la testa*, to become swollen-headed; *non montarti la testa al primo successo*, don't let your first success go to your head // *l'avete montato contro di me e ora non vuole più vedermi*, (*aizzato*) you have turned him against me and now he doesn't want to see me anymore // (*cuc.*): — *la panna*, to whip cream; — *la chiara d'uovo*, to beat egg whites **5** (*mettere insieme*) to assemble: — *una macchina*, *un orologio*, *un motore*, to assemble a machine, a watch, an engine; *abbiamo finito solo ora di — l'armadio*, we have only just finished assembling the wardrobe // (*cinem.*) — *una pellicola cinematografica*, to edit a film // — *una tenda*, to pitch a tent **6** (*incastonare*) to set*, to mount: — *una pietra preziosa in oro*, to set a precious stone in gold **7** (*incorniciare*) to mount **8** (*mil.*) (*installare*) to mount, to place: — *un cannone*, to mount a gun ◆ *v.intr.* **1** to climb (sthg.); to climb (on, to sthg.); to mount (sthg.); to get* on (sthg.): *montami sulle spalle*, climb on my shoulder; — *in carrozza*, to get into a carriage; — *su un albero*, to climb a tree; — *su una bicicletta*, to get on a bicycle; — *su una scala*, to climb (*o* to go up *o* to mount) a ladder; — *su un tavolo*, to get on (*o* to climb on) a table; — *a cavallo*, to mount a horse, (*cavalcare*) to ride: *monta bene* (*a cavallo*), he rides well // *il sangue gli montò alla testa*, he flew into a rage // — *in collera*, to get angry (*o* to fly into a rage); — *su tutte le furie*, to see red // — *in superbia*, to put on airs (*o* to act arrogantly) // *far — la mosca al naso a qlcu.*, to make s.o. angry **2** (*alzarsi, aumentare*) to rise*: *il fiume è montato di un metro*, the river has risen one metre; *la marea monta*, the tide is rising (*o* coming in) // *con il caldo la panna non monta bene*, cream doesn't whip easily when it's hot **3** (*ant.*) (*ammontare*) to amount **4** *impers.* (*letter.*) (*importare*) to matter.

□ **montarsi** *v.intr.pron.* (*eccitarsi*) to get* excited; (*fam.*) to get* worked up; (*inorgoglirsi*) to get* big-headed: *non ti montare perché ti hanno promosso vicedirettore*, don't get big-headed because they've made you deputy manager.

montata *s.f.* **1** (*di salmoni*) ascent (of a river) **2** (*fisiologia*) — *lattea*, lactation onset.

montato *agg.* **1** (*mil.*) mounted **2** (*sbattuto*) whipped; beaten: *panna montata*, whipped cream **3** (*borioso*) arrogant, conceited, (*fam.*) big-headed ◆ *s.m.* arrogant person, bighead: *che — che sei!*, what a big-head you are!

montatoio *s.m.* **1** (*predellino di carrozza*) footboard, step; (*di treno*) footboard; (*di automobili*) running board **2** (*equitazione*) mounting block.

montatore *s.m.* mounter; (*mecc.*) fitter, assembler; (*cinem.*) editor.

montatura *s.f.* **1** (*tecn.*) → montaggio **2** (*di occhiali*) frame(s); (*di gioiello*) setting, mounting **3** (*fig.*) (*gonfiatura, esagerazione*) stunt: — *giornalistica*, newspaper stunt; — *pubblicitaria*, advertising stunt; *questa faccenda non è che una* —, it's all a stunt.

montavivande *s.m.* service-lift; dumbwaiter.

monte *s.m.* **1** mountain; (*spec. usato davanti ai no.pr.sing.*) mount: *catena di monti*, mountain range (*o* chain); *in cima a un* —, on the top of a mountain; — *sottomarino*, (*con la sommità piatta*) gnyot; *il Monte Rosa è uno dei monti più alti d'Europa*, Monte Rosa is one of the highest mountains in Europe // *Monte Bianco*, Mont Blanc; *i Monti Cantabrici*, the Cantabrian Mountains; *Monte Everest*, Mount Everest // *a* —, (*di fiume*) upriver (*o* upstream), (*fig.*) *andare a — di un problema*, to get to the bottom of a problem; *le cause del suo comportamento vanno cercate a* —, you have to go to the source to find the reasons for his behaviour // *per valli e per monti*, up hill and down dale // *promettere mari e monti a qlcu.*, to promise s.o. the earth **2** (*gran quantità*) mountain, heap, lot, great deal: *un — di cose*, a lot of things; *un — di difficoltà*, a mountain of difficulties; *un — di libri*, a heap of books // (*econ.*): — *salari*, total wages; — *ore*, paid working hours **3** (*carte scartate al gioco*) discarded cards (*pl.*) // *andare a* —, (*annullare la partita*) to scrap the game, (*fig.*) (*andare in fumo*) to fail (*o* to come to nothing): *il fidanzamento è andato a* —, the engagement was broken off; *tutti i miei piani sono andati a* —, all my plans have fallen through (*o* have come to nothing); *mandare a* —, to cause to fail, (*disdire*) to cancel: *mandò a — i nostri progetti*, he wrecked our plans; *l'incontro fu mandato a* —, the meeting fell through (*o* was cancelled) **4** (*insieme delle poste dei giocatori*) pool; (*fam.*) kitty // — *premi* → montepremi **5** (*banca*) bank: — *dei pegni*, — *di pietà*, pawnshop (*o* pawn agency), (*amer.*) hockshop; *portare l'orologio al — di pietà*, to pawn one's watch **6** (*anat.*) — *di Venere, del pube*, mons veneris, mons pubis.

montebianco *s.m.* (*cuc.*) type of cake made with chestnuts, chocolate and whipped cream.

montenegrino *agg.* e *s.m.* Montenegrin.

montepremi *s.m.* prize money, (*fam.*) jackpot: *il — è di un milione*, the prize money amounts to one million liras.

montessoriano *agg.* Montessorian.

montgomery *s.m.* (*cappotto*) duffel coat.

monticello *s.m.* hillock, mound, rise.

montmorillonite *s.f.* (*min.*) montmorillonite.

montonata *s.f.* (*equitazione*) buck, bucking.

montonato *agg.* (*geol.*) *roccia montonata*, roche moutonnée.

montone *s.m.* **1** ram: *carne di* —, mutton // *salto del* —, (*equitazione*) buck **2** (*st. mil.*) (*ariete*) battering ram.

montuosità *s.f.* **1** mountainousness; hilliness **2** (*collina*) hill; hillock.

montuoso *agg.* mountainous: *zona montuosa*, mountainous area (*o* highlands *o* uplands).

montura *s.f.* (*mil.*) uniform.

monumentale *agg.* monumental (*anche fig.*): *un'opera* —, a monumental work.

monumentalità *s.f.* monumentality: *la — di un edificio*, the monumentality of a building.

monumento *s.m.* monument (*anche fig.*): — *equestre*, equestrian monument; — *ai caduti*, war memorial; — *funebre*, tomb; *il — a Washington*, the Washington Monument; — *marmoreo*, marble monument; *mi condusse a visitare i monumenti della città*, he took me on a sightseeing tour of the town; *erigere, innalzare un — alla memoria di qlcu.*, to erect a monument in s.o.'s memory; *un — rinascimentale*, a building in Renaissance style // — *nazionale*, national monument.

monzonite *s.f.* (*min.*) monzonite.

mops → **carlino**[2].

moquettato *agg.* with a fitted carpet, carpeted.

moquette *s.f.* (*fr.*) fitted carpet, moquette.

mora[1] *s.f.* (*bot.*) **1** (*di gelso*) mulberry **2** (*di rovo*) blackberry, bramble(-berry) // — *selvatica*, dewberry // *raccolta delle more*, blackberrying.

mora[2] *s.f.* (*dir.*) (*ritardo*) delay; (*inadempienza*) default; (*somma arretrata*) arrears (*pl.*); (*dilazione*) extension, respite: (*interesse di*) —, interest on delayed payment (*o* interest on arrears); — *nella consegna*, delay in delivery; *pagare la* —, to pay interest on arrears; *essere in* —, to be in arrears (*o* to be behindhand with payments); *cadere in* —, to fall into arrears; *ottenere una — di tre mesi*, to get an extension of three months; *concedere una* —, to grant a respite; *mettere in — qlcu.*, to bring a default action against s.o.; *costituzione in* —, placing in default.

mora[3] → **morra**.

mora[4] *s.f.* **1** (*negra*) negress **2** (*donna bruna*) brunette: *gli piacciono solo le more!*, he only likes brunettes!

morale *agg.* moral: *appoggio* —, moral support; *azione* —, moral action; *certezza* —, moral certainty; *forza* —, moral courage; *responsabilità* —, moral responsibility; (*dir.*) *danni morali*, moral damages; *uomo* —, upright man // *schiaffo* —, affront // *vittoria* —, moral victory ◆ *s.f.* **1** morals (*pl.*): *persona senza* —, person without morals (*o* immoral person); — *pubblica*, public morals; *la — cattolica è molto severa*, Catholic morals are very strict; *a quei tempi la — era molto libera*, in those days morals were very lax **2** (*filosofia morale*) moral philosophy, ethics [U] **3** (*conclusione didascalica*) moral: *trarre la* —, to draw a moral ◆ *s.m.* morale, spirits (*pl.*): *essere su, giù di* —, to be in high, low spirits; *il — dei soldati era basso*, the soldiers' morale was low; *tenere su il — del popolo*, to bolster the morale (*o* spirits) of the people // *dai, su col —!*, (*fam.*) come on, keep your spirits up!

moraleggiante *agg.* moralizing: *una prosa* —, a moralizing style.

moraleggiare *v.intr.* to moralize.

moralismo *s.m.* **1** moralism **2** (*eccessiva moralità*) moralizing: *non sopporto questi moralismi, proprio da lui*, I can't stand all this moralizing especially from him.

moralista *s.m.* e *f.* moralist: *fare il* —, (*iron.*) to play the moralist ◆ *agg.* moralistic.

moralistico *agg.* moralistic.

moralità *s.f.* **1** morality, moral standards (*pl.*); morals (*pl.*); ethics [U]: *uomo di ottima* —, man of excellent character (*o* of high moral standards); *uomo senza* —, immoral man; *un personaggio politico di dubbia* —, a political figure of dubious morality; — *pubblica*, public morality (*o* morals); (*dir.*) *reati contro la — pubblica*, crimes against public morals **2** (*st. teatr.*) morality (play).

moralizzare *v.tr.* to improve the morals of (s.o., sthg.), to raise the moral standards of (s.o., sthg.): — *la pubblica amministrazione*, to raise the moral standards of the civil service.

moralizzatore *s.m.* moralizer ◆ *agg.* moralizing: *esercitare un'influenza moralizzatrice*, to exert a moralizing influence.

moralizzazione *s.f.* moralization.

moralmente *avv.* morally: *un'azione — riprovevole*, a morally reprehensible action // *comportarsi* —, to behave with moral rectitude.

morandola *s.f.* (*bot.*) (*Solanum nigrum*) black nightshade.

moratoria *s.f.* **1** (*dir.*) moratorium*: *chiedere la* —, to ask for a moratorium; *concedere una* —, to grant a postponement; *le banche richiesero una — sui pagamenti*, the banks called for a moratorium on payments; *legge sulla — per i pagamenti*, Postponement of Payments Act **2** (*estens.*) (*sospensione*) suspension: *la — degli esperimenti nucleari*, the suspension of nuclear experiments.

moratorio *agg.* (*dir.*) moratory: *provvedimento* —, moratory measure.

moravo *agg.* e *s.m.* Moravian.

morbida *s.f.* (*geogr.*) moderate flow (of a river).

morbidezza *s.f.* **1** softness (*anche fig.*): — *di un materasso*, softness of a mattress; — *di luce*, softness of light **2** (*effeminatezza*) effeminacy **3** (*arrendevolezza*) tractability, pliability; (*eccessiva indulgenza*) leniency: *la — di un carattere*, the tractability (*o* pliability) of a character.

morbidiccio *agg.* softish.

morbido *agg.* **1** (*soffice, molle, tenero*) soft: — *come il burro*, as soft as butter; *cera morbida*, soft wax; *guanciale, letto, tessuto* —, soft pillow, bed, material // *marmo* —, soft marble // *metallo* —, soft (*o* malleable) metal; *pietra morbida*, soft stone // *terreno* —, soft ground // *abito di linea morbida*, loose-fitting dress **2** (*liscio*) soft; smooth: *capelli morbidi*, soft hair; *pelle morbida*, smooth (*o* soft) skin; *mani morbide*, smooth hands **3** (*delicato*) soft, delicate: *luce morbida*, soft light **4** (*arrendevole*) tractable, pliable ◆ *s.m.* soft part; something soft: *dormire sul* —, to sleep on a soft mattress.

morbidone *agg.* (*fam. scherz.*) lazy ◆ *s.m.* (*fam. scherz.*) lazybones: *Alzati —! È ora!*, Get up, lazybones! It's time!

morbidume *s.m.* (*spreg.*) over-soft stuff.

morbifero *agg.* (*ant.*) morbiferous.

morbifico *agg.* (*med.*) morbific.

morbigeno → **patogeno**.

morbilità *s.f.* (*med.*) morbidity: (*stat.*) *quoziente di* —, morbidity rate.

morbillo *s.m.* (*med.*) measles (*pl.*); rubeola.

morbilloso *agg.* (*med.*) morbilliform, morbillous ◆ *s.m.* a person affected with measles.

morbo *s.m.* **1** (*letter.*) disease, illness; infectious disease; (*peste*) plague: — *asiatico*, Asiatic cholera; — *blu*, cyanotic disease; — *di Parkinson, di Addison*, Parkinson's, Addison's disease; *la violenza del* —, the virulence of the disease; *il — infieriva*, the plague was raging **2** (*fig.*) (*male*) evil; scourge **3** (*ant.*) (*cattivo odore*) stench.

morbosità *s.f.* morbidity, morbidness (*anche fig.*): *la — di una passione*, the morbidity of a passion.

morboso *agg.* **1** (*med.*) (*non sano*) morbid, unhealthy, unwholesome: *pallore* —, unhealthy (*o* sickly) pallor **2** (*fig.*) morbid: *curiosità morbosa*, morbid (*o* unhealthy) curiosity; *è morbosa verso suo figlio*, she is morbidly attached to her son.

morchella *s.f.* (*bot.*) (*Morchella esculenta*) morel.

morchia *s.f.* greasy deposit; (*di olio lubrificante*) sludge.

mordace *agg.* **1** (*non com.*) (*che morde*) snapping: *cane* —, snapping dog **2** (*fig.*) biting, cutting, pungent, mordant: *critica* —, biting criticism; *discorso* —, pungent speech; *parole mordaci*, cutting words; *satira* —, biting (*o* mordant) satire; *è un critico* —, he is a biting (*o* pungent) critic; *ha uno spirito* —, he has a pungent wit ◆ *s.f.* (*mecc.*) vice cap.

mordacità *s.f.* pungency, mordacity, bitingness, sharpness.

mordenite *s.f.* (*min.*) mordenite.

mordente *agg.* biting, sharp (*anche fig.*): *freddo, vento* —, biting cold, wind // *aceto* —, sour vinegar; *salsa* —, piquant sauce ◆ *s.m.* **1** (*chim.*) mordant **2** (*mus.*) mordent **3** (*spirito aggressivo*) bite; (*combattività*) drive, push; (*incisività*) verve: *truppe prive di* —, troops lacking in spirit; *è uno scrittore che manca di* —, he is a writer lacking verve; *la squadra mancava di* —, the team lacked drive (*o* go); *il suo discorso mancava di* —, his speech lacked bite.

mordenzare *v.tr.* (*chim.*) to mordant.

mordenzatura *s.f.* (*chim.*) mordanting.

mordere *v.tr.* **1** to bite* into (sthg.), to bite* (*anche fig.*): *il cane mi ha morso il braccio*, the dog has bitten me in the arm (*o* has bitten my arm); — *una mela*, to bite into an apple // *c'è un vento che morde*, there is a biting wind // — *il freno*, (*fig.*) to strain at the leash // — *la polvere*, (*fig.*) to bite the dust // *mi sarei morso le dita per non esserci andato*, I could have kicked myself for not going // *mordersi le labbra, la lingua*, (*fig.*) to bite one's lip, one's tongue: *appena detto questo mi sarei morso la lingua*, as soon as I said it I could have bitten my tongue // *un gatto che si morde la coda*, (*fig.*) a vicious circle **2** (*fam.*) (*pungere*) to bite*, to sting*: *mi ha morso una zanzara*, I've been bitten by a mosquito **3** (*far presa*) to grip: *l'ancora morse il fondo*, the anchor gripped the bottom; *i cingoli mordono meglio delle ruote*, caterpillar-tracks grip better than wheels **4** (*intaccare, corrodere*) to bite* into (sthg.), to eat* into (sthg.), to corrode: *l'acido morde il metallo*, acid eats into metal; *la lima morse il ferro*, the file bit into the iron.

mordicchiare *v.tr.* to nibble, to gnaw, to chew: — *una matita*, to chew a pencil.

mordiglione *s.m.* (*edil.*) bending iron.

morella *agg.* e *s.f.* (*bot. pop.*) (*erba*) —, morel, deadly nightshade.

morello *agg.* blackish ◆ *s.m.* (*zool.*) black (dark) horse.

morena *s.f.* (*geol.*) moraine: — *laterale, mediana, profonda*, lateral, medial, ground moraine; — *frontale*, end (*o* terminal) moraine.

morenico *agg.* (*geol.*) morainic, morainal.

morente *agg.* **1** dying **2** (*fig.*) dying, fading: *un'istituzione* —, a dying institution; *l'anno* —, the dying year; *la luce — del giorno*, the fading light of day ◆ *s.m.* dying man ◆ *s.f.* dying woman.

moresca *s.f.* (*danza*) Moorish dance.

moresco *agg.* Moorish, Moresco; Moresque: *architettura moresca*, Moorish architecture; *stile* —, Moresque // *alla moresca*, in the Moorish manner.

moretta *s.f.* **1** (*ragazza scura*) dark-skinned girl, brunette **2** (*giovane negra*) black girl **3** (*maschera veneziana*) black Venetian mask **4** (*zool.*) (*Aythya ferina*) dun-bird, pochard // — *americana*, (*Aythya valisneria*) canvasback; — *grigia*, (*Aythya marila*) scaup (-duck); — *arlecchino*, (*Histrionicus histrionicus*) harlequin duck.

morettina *s.f.* **1** → moretta 1, 2 **2** (*mascherina*) half-mask.

moretto *s.m.* **1** (*ragazzo scuro*) dark-skinned boy **2** (*giovane nero*) black boy.

more uxorio *loc.avv.* (*lat.*) as husband and wife: *vivere* —, to cohabit as husband and wife // (*dir.*) *convivenza* —, common law marriage.

morfema *s.m.* (*ling.*) morpheme.

morfematico, **morfemico** *agg.* (*ling.*) morphemic.

morfina *s.f.* (*chim.*) morphine, morphia.

morfinismo *s.m.* (*med.*) morphinism.

morfinomane *s.m.* e *f.* morphine addict; (*antiq.*) morphinomaniac.

morfinomania *s.f.* (*med.*) morphine addiction, morphinomania.

morfismo *s.m.* (*mat.*) morphism.

morfofonema *s.m.* (*ling.*) morphophoneme.

morfofonematica → **morfofonologia**.

morfofonematico → **morfofonologico**.

morfofonologia *s.f.* (*ling.*) morphophonemics [U].

morfofonologico *agg.* (*ling.*) morphophonemic.

morfogenesi *s.f.* (*biol.*) morphogenesis.

morfogenetico *agg.* (*biol.*) morphogenetic.

morfolina *s.f.* (*chim.*) morpholine.

morfologia *s.f.* morphology: — *animale, vegetale*, animal, vegetable morphology; — *delle rocce*, rock morphology.

morfologico *agg.* morphological, morphologic.

morfonema e *deriv.* → **morfofonema** e *deriv.*

morfonologia e *deriv.* → **morfofonologia** e *deriv.*

morfosi *s.f.* (*biol.*) morphosis (*pl.* -ses).

morfosintassi *s.f.* morphosyntax.

morfosintattico *agg.* morphosyntactic.

morganatico *agg.* morganatic: *matrimonio* —, morganatic marriage.

morganite *s.f.* (*min.*) morganite.

moria *s.f.* **1** (*pestilenza*) plague, pestilence **2** (*malattia del bestiame*) murrain **3** (*malattia del pollame*) fowl plague **4** (*bot.*) damping -off.

moribondo *agg.* dying; moribund (*anche fig.*): *il paziente è* —, the patient is dying; *istituzione moribonda*, moribund institution ◆ *s.m.* dying man // *i moribondi*, the dying: *assistere i moribondi*, to assist (*o* to attend) the dying.

morigerare *v.tr.* to moderate, to temper, to sober.

morigeratezza *s.f.* moderation, soberness, sobriety: — *di discorsi*, soberness of speech; *mangiare e bere con* —, to eat and drink with moderation.

morigerato *agg.* moderate, sober, restrained: *vita morigerata*, sober life; *è un uomo* —, he is a restrained type of man.

moriglione *s.m.* (*zool.*) (*Aythya ferina*) pochard, dun-bird.

morina *s.f.* (*chim.*) morin.

morione[1] *s.m.* (*antico elmo*) morion.

morione[2] *s.m.* (*min.*) morion.

morire *v.intr.* **1** to die: *morì a cinquant'anni*, he died at fifty; *morì di polmonite*, he died of pneumonia; — *per soffocamento*, to suffocate; — *annegato*, to drown; — *da codardo*, to die a coward's death; — *di crepacuore*, to die of a broken heart; — *di fame*, to starve to death (*anche fig.*): *far — di fame qlcu.*, to starve s.o.; — *di freddo*, to freeze to death, (*fig.*) to be freezing; — *di inedia*, to die of hunger, to starve (*anche fig.*); — *di una malattia*, to die of an illness; — *di morte naturale*, to die a natural death; — *di morte violenta*, to die a violent death; — *di vecchiaia*, to die of old age; *lasciarsi* —, to let oneself die; — *pazzo*, to die mad; — *per la patria*, to die for one's country; — *prematuramente*, to die before one's time; — *ricco*, to die rich (*o* a rich man); — *santamente*, to die a holy death // *freddo da* —, bitterly (*o* freezing) cold; *stanco da* —, dead (*o* dog) tired; *fa un male da* —, it hurts really badly; *una donna bella da* —, an incredibly beautiful woman; *essere annoiato da* —, to be bored to death // *che io possa — se...*, may I die (*o* strike me down) if... // *chi non muore si rivede!*, long time no see // *credevo di* —, I thought I'd die // *lasciarono — il discorso*, they let the conversation drop (*o* die away) // *lo farò a costo di* —, I'll do it even if it kills me // *meglio di così si muore!*, you can't have better than that! // *mi sentivo* —, I could have died; *mi sento — al pensiero di dover cominciare tutto da capo*, the thought of having to begin all over again just makes me want to give up // *lasciatemi andare a letto, sto morendo dal sonno*, let me go to bed, I'm dead tired // *morivano come le mosche*, they died like flies // *muor giovane chi al cielo è caro*, those whom the gods love die young // *non morrà nella nostra memoria*, he will live for ever in our memories // *non si sa di che morte si deve* —, no one knows what the future holds in store // *la parola gli morì sulle labbra*, the word froze on his lips // *piuttosto —!*, over my dead body!; *piuttosto — che...*, I had rather die than... // — *dalla curiosità*, to be dying with curiosity // — *dalla voglia di qlco., di fare qlco.*, to be dying for sthg., to do sthg. // — *dallo spavento*, to die of fright: *mi hai fatto — dallo spavento*, you frightened me to death // — *dal ridere*, to die laughing // — *di noia*, to be bored to death // — *in piedi*, to die with one's boots on // — *solo come un cane*, to die alone, abandoned by everybody // *far* —, to kill: *il gelo fa — le piante da frutto*, the frost kills fruit trees; *far — una pianta*, to kill a plant (off); *mi farai —!*, (*fig.*) you'll be the death of me!; *quella ragazza è uno schianto, mi fa —!*, that girl is a real knockout, I'm crazy about her // *una persona dura a* —, an incredibly obstinate person; *il suo risentimento è duro a* —, he's got an incredible grudge // *va a — ammazzato*, (*sl.*) go and drop dead // *altro è parlare di morte, altro è* —, (*prov.*) it is one thing to talk of dying, but it is another thing to die // *chi muore giace, chi vive si dà pace*, (*prov.*) let the dead bury the dead **2** (*di luce, colore*) to fade; (*di suono*) to die away: *la sua voce andava morendo*, his voice was dying away **3** (*spegnersi*) to go* out, to die out **4** (*tramontare*) to set*; (*poet.*) to draw* to a close: *moriva il giorno*, (*poet.*) the day was drawing to a close **5** (*venir meno*) to die, to disappear: *le sue speranze morirono*, his hopes died away **6** (*estinguersi*) to die out: *questa usanza va ormai morendo, va ormai a* —, this custom is now beginning to die out **7** (*terminare*) to end: *questo treno muore a Roma*, this train ends at Rome ◆ *v.tr.* to die: — *una morte gloriosa*, to die a glorious death.

morituro *agg.* (*letter.*) dying; moribund (*anche fig.*).

morlacco *agg.* e *s.m.* Morlachiàn, from Morlachia.

mormone *s.m.* (*st. relig.*) Mormon.

mormonico *agg.* Mormon (*attr.*).

mormonismo *s.m.* Mormonism.

mormora → **pagello**.

mormoramento *s.m.* (*rar.*) murmuring, muttering.

mormorare *v.tr.* **1** to murmur; (*bisbigliare*) to whisper: *mormorò alcune parole e se ne andò*, he murmured a few words and went away; *le mormorò un segreto all'orecchio*, he whispered a secret in her ear; *si mormora che sia una persona disonesta*, it is rumoured that he is dishonest; — *una preghiera*, to murmur (*o* to breathe) a prayer **2** (*borbottare*) to mutter, to mumble: *che cosa stai mormorando?*, what are you muttering (about)? ◆ *v.intr.* **1** to murmur; (*bisbigliare*) to whisper; (*borbottare*) to mumble: *non —, parla più forte!*, don't mumble, speak up!; *il ruscello mormorava*, the brook was murmuring (*o* babbling); *il vento mormorava tra i rami*, the wind was whispering in the branches **2** (*parlar male*) to speak* ill, to speak* badly; (*esprimere malcontento*) to grumble (about s.o., sthg.); to moan (about s.o., sthg.), to murmur: — *alle spalle di qlcu.*, to speak ill (*o* badly) of s.o. behind his back; — *contro le nuove tasse*, to grumble about new taxes.

mormoratore *s.m.* **mormoratrice** *s.f.* **1** (*chi brontola*) grumbler, moaner **2** (*maldicente*) backbiter, rumour-monger.

mormorazione *s.f.* **mormoreggiamento** *s.m.* **1** (*lamentela*) complaining, grumbling, moaning **2** (*maldicenza*) backbiting, rumourmongering **3** (*pettegolezzo*) gossip **4** (*cosa mormorata*) complaint, grumble, moan.

mormoreggiare → **mormorare**.

mormorio *s.m.* **1** murmur, murmuring; (*bisbiglio*) whispering: *il — della foresta*, the whispering of the forest; *il — di un ruscello*, the murmur (*o* babbling) of a brook; *corse per la sala un — di ammirazione*, a murmur of admiration ran through the hall; *sentiva un — di voci nella stanza accanto*, he heard a murmur of voices from the next room **2** (*lamentela*) complaining, grumbling, moaning: *cominciano a circolare mormorii di disapprovazione contro il nuovo presidente*, people are beginning to complain about the new President **3** (*malignità, maldicenza*) backbiting (*o* malicious) gossip: *non puoi impedire i mormorii in una città piccola*, you cannot prevent malicious gossip in a small town.

moro[1] *agg.* dark, black; swarthy: *pelle mora*, dark skin; *un ragazzo* —, a dark (*o* dark -skinned) boy ◆ *s.m.* **1** (*antiq.*) Moor; (*negro*) negro: *il Moro di Venezia*, the Moor of Venice; *i mori furono cacciati dalla Spagna*, the Moors were driven out of Spain // *testa di* —, (*colore*) very dark brown **2** (*persona scura di capelli*) dark-haired person; (*persona scura di carnagione*) dark-skinned person **3** (*zool.*) sooty mangabey.

moro[2] *s.m.* (*bot.*) mulberry (tree).

morosa *s.f.* (*fam.*) sweetheart, girlfriend.

morosità *s.f.* (*dir.*) arrearage; state of default; delay in payment: *una — del 20%*, a 20% arrearage; *essere sfrattato per* —, to be evicted for non payment of rent.

moroso[1] *agg.* (*dir.*) defaulting; tardy; in arrears (*pred.*); *debitore* —, defaulting debtor (*o* debtor in arrears) ◆ *s.m.* (*dir.*) defaulter; overdue debtor; person in arrears.

moroso[2] *s.m.* (*region.*) boyfriend, sweetheart.

morra *s.f.* morra, mora: *giocare a* —, to play mor(r)a // — *cinese*, Chinese mor(r)a.

morsa *s.f.* **1** (*mecc.*) vice: — *girevole*, swivel vice; — *parallela*, parallel-jaw vice; — *per trapano*, drill vice; — *per tubi*, pipe vice; *le ganasce della* —, the jaws of the vice; *la sua stretta è come una* —, his grip is like a vice **2** (*arch.*) toothing **3** (*fig.*) vicelike grip: *trovarsi in una* —, to find oneself trapped in a vicelike grip.

morse *agg.* Morse: *alfabeto* —, Morse code ◆ *s.m.* Morse code: *trasmettere in* —, to transmit in Morse code.

morsettiera *s.f.* (*elettr.*) terminal board.

morsetto *s.m.* **1** (*mecc.*) clamp: — *a mano*, hand vice (*o* screw clamp *o* adjustable clamp); — *portautensili*, tool clamp **2** (*elettr.*) terminal: — *d'attacco*, connecting terminal; — *di carica*, (*di batteria*) charging clip.

morsicare *v.tr.* to bite*; (*di insetti*) to bite*, to sting*: *"Chi ha morsicato questa pera?"*, "Who has bitten this pear?"; *mi ha morsicato una zanzara*, I've been bitten (*o* stung) by a mosquito; *il cane gli morsicò una mano*, the dog bit him in the hand.

morsicatura *s.f.* bite; (*di insetti*) bite, sting: *le morsicature di alcuni insetti sono mortali*, the bites of some insects are fatal; *aveva una brutta — sul braccio*, he had a nasty bite on his arm.

morsicchiare *v.tr.* to gnaw at (sthg.), to nibble at (sthg.): *morsicchiava il pane*, he was nibbling at the bread.

morsicchiatura *s.f.* nibble; nibbling.

morso *s.m.* **1** bite: *il — di un cane, di un insetto*, dog bite, insect bite (*o* insect sting); *dare un — alla mela*, to bite (into) an apple; *il — di alcune serpi è velenoso*, some snakebites are poisonous; *il mastino gli staccò un orecchio con un* —, the mastiff bit his ear off; *dare un — a qlcu.*, to bite s.o.; *dare morsi*, (*di cane, gatto*) to worry **2** (*boccone*) bit, scrap: *un — di pane*, a scrap of bread; *ne ho preso solo un* —, I only took a bit **3** (*fig.*) (*puntura, stimolo*) sting; pang: *i morsi della fame*, the pangs of hunger; *il — dell'invidia*, the sting of envy **4** (*del cavallo*) bit: *mettere il — a un cavallo*, to put the bit in a horse's mouth; *dare una strappata di* —, to give a pull at the bit; *allentare, stringere il* —, to slacken, to tighten the bit (*anche fig.*) // *mettere il — a qlcu.*, (*sottometterlo, domarlo*) to curb (*o* to restrain *o* to check) s.o. **5** (*delle tenaglie*) jaws (*pl.*) **6** (*bot.*) — *del diavolo*, (*Scabiosa succisa*) devil's bit.

morsura *s.f.* (*tip.*) etching.

morta *s.f.* (*geogr.*) (*di fiume*) mortlake, oxbow lake, slack.

mortadella *s.f.* 'mortadella' (Bologna sausage).

mortaio *s.m.* **1** mortar: *pestello e* —, pestle and mortar // *pestar l'acqua nel* —, (*fare una cosa inutile*) to beat the air (*o* to flog a dead horse) **2** (*mil.*) mortar: *il — affondò nel fango*, the mortar sank into the mud.

mortaista *s.m.* gunner; (*amer.*) mortarman (*pl.* -men).

mortale *agg.* **1** (*che cagiona morte*) mortal, deadly (*anche fig.*): *colpo* —, lethal (*o* mortal) blow; *combattimento* —, mortal combat (*o* a fight to the death); *ferita* —, mortal wound (*o* death-wound); *incidente* —, fatal accident; *malattia* —, fatal illness; *odio* —, deadly (*o* mortal) hatred; *offesa* —, deadly insult; *veleno* —, deadly poison; *è il mio — nemico*, he is my deadly enemy; *è caduto in una trappola* —, he fell into a deadly trap; *era preda di un'angoscia* —, he was seized by mortal anguish; *aspettare l'autobus è una noia* —, waiting for the bus is a real bore; *quel relatore è di una noia* —, that lecturer is deadly dull; *peccato* —, mortal (*o* deadly) sin // *sarebbe un peccato — lasciarsi sfuggire questa occasione!*, (*fig.*) it would be a crying shame to let slip this opportunity! // *salto* —, somersault: *ho fatto salti mortali per aiutarlo*, (*fig.*) I nearly killed myself trying to help him **2** (*soggetto a morte*) mortal: *il corpo è —, l'anima è immortale*, the body is mortal, the soul is immortal; *le sue spoglie mortali furono sepolte nel cimitero del suo paese*, his mortal remains were buried in the cemetery of his village; *gli uomini sono mortali*, men are mortal **3** (*come la morte*) deadly, deathlike, deathly: *pallore* —, deathlike (*o* deathly) pallor; *silenzio* —, deathly (*o* deadly) silence ◆ *s.m.* e *f.* mortal: *noi, miseri mortali*, we, poor mortals // *fortunato —!*, you lucky fellow!

mortaletto → **mortaretto**.

mortalità *s.f.* mortality: *indice di* —, death rate; *la — infantile*, infantle mortality.

mortalmente *avv.* mortally, deadly; (*come la morte*) deathly: — *ferito*, mortally wounded; — *offeso*, mortally offended; *odiare qlcu.* —, to feel deadly hatred for s.o.; — *noioso*, deadly dull; *il suo viso era — pallido*, her face was deathly pale.

mortaretto *s.m.* cracker: *per la festa del paese fecero scoppiare molti mortaretti*, they let off a great many crackers at the village festival.

mortasa *s.f.* (*tecn.*) mortise, mortice: *connessione a* —, mortising; *giunto a tenone e* —, mortise and tenon joint; *collegare con un incastro a tenone e* —, to mortise.

mortasare *v.tr.* (*tecn.*) to mortise.

mortasatore *s.m.* mortiser.

mortasatrice *s.f.* (*tecn.*) mortising machine; mortiser: — *a catena*, chain (and chisel) mortiser; — *combinata*, boring-and-mortising machine.

mortasatura *s.f.* (*tecn.*) mortising.

morte *s.f.* **1** death: — *prematura*, premature death; — *lenta, improvvisa*, slow, sudden death; — *dolorosa*, painful death; — *apparente*, catalepsy; — *per annegamento, per apoplessia*, death by drowning, from apoplexy; *alla — di suo padre tornò in Italia*, on his father's death he returned to Italy; *morire di — naturale, violenta*, to die a natural, a violent death; *affrontare la* —, to face death; *sfidare la* —, to challenge death; *lottare con la* —, to struggle against death; *augurare la — a qlcu.*, to hope s.o. dies; *ritardare la — a qlcu.*, to postpone s.o.'s death; *incontrare, trovare la* —, to meet one's death; *venire a* —, (*antiq.*) to die (*o* to pass away); *andare incontro a — sicura*, to face certain death; *correre pericolo di* —, to run the risk of death; *cercare la* —, to look for one's death; *dare la — a qlcu.*, to kill s.o.; *darsi la* —, to commit suicide; *essere vicino alla* —, to be near to death (*o* to be on the brink of death); *fare una buona, una brutta* —, to die a good, a bad death; *salvare qlcu. dalla* —, to rescue s.o. from death // — *eterna*, eternal damnation // — *bianca*, (*per assideramento*) death from exposure // (*dir.*) — *civile*, civil death (*o* loss of civil rights), (*estens.*) (*stato di emarginazione*) being an outcast // (*fig.*) — *termica dell'universo*, heat death of the universe // *di* —, death (*attr.*), deathlike: *atto di* —, death certificate; *letto di* —, deathbed; *pallore di* —, deathlike pallor; *silenzio di* —, deathly silence; *sentenza di* —, death sentence // *a* —, to death, (*mortalmente*) mortally; *condannare a* —, to condemn to death; *mettere a — qlcu.*, to put s.o. to death; *a — il traditore!*, death to the traitor!; *ferito a* —, mortally wounded; *odiare a — qlcu.*, (*fam.*) *avercela a — con qlcu.*, to hate s.o. like poison (*o* to have it in for s.o.); *annoiarsi a* —, to be bored to death // *fino alla* —, till death: *fedele fino alla* —, faithful till death // *finché — non ci separi*, till death us do part // *in — di*, on the death of: *un poema in — di*, a poem on the death of // *in caso di* —, in case of death // *in punto di* —, on the point of dying (*o* death) // *è una questione di vita o di* —, it's a question (*o* case) of life or death // *essere tra la vita e la* —, to be between life and death // *morire la — del giusto*, to die peacefully // *fare la — del topo*, to be crushed to death // *quando mi ribaltai con la macchina vidi la — in faccia*, when the car turned over, I saw death staring me in the face (*o* I thought my end had come) // *sembrare la — in vacanza*, (*essere malridotti*) to look like death warmed-up **2** (*motivo di morte*) death (*anche fig.*): *quella figlia sarà la mia* —, that daughter of mine will be the death of me // *avere la — nell'anima*, to be filled with anguish // *con la — nel cuore*, heavy-hearted (*o* sick at heart) **3** (*fig.*) (*fine, scomparsa*) end, close: *la — di un regno, di una tradizione*, the end of a reign, of a tradition; *quel fallimento fu la — della nostra società*, that bankruptcy marked the end of our partnership **4** (*caso di morte*) death: *registro delle morti*, register of deaths; *ci furono molte morti per annegamento l'estate scorsa*, there were many deaths by drowning last summer; *notificare una* —, to notify a death **5** (*cuc.*) (*il miglior modo di cucinare*) the best way of cooking: *la — del galletto è arrosto*, the best way of cooking a spring chicken is to roast it.

mortella *s.f.* (*bot.*) **1** → mirto **2** — *di palude*, fen-berry.

mortesa e *deriv.* → **mortasa** e *deriv.*

mortifero *agg.* lethal, deadly, mortal; (*rar.*) mortiferous: *un'arma mortifera*, a lethal weapon; *un veleno* —, a deadly (*o* mortal) poison; *epidemia mortifera*, deadly epidemic.

mortificante *agg.* mortifying, humiliating: *una situazione* —, a mortifying situation; *è — sentirsi sempre dire di no*, it's mortifying to get nothing but 'no' for an answer.

mortificare *v.tr.* **1** (*umiliare*) to mortify, to humiliate: *la sua risposta mi mortificò*, his reply humiliated me (*o* I was mortified by his reply); — *i sentimenti di qlcu.*, to wound (*o* to mortify) s.o.'s feelings; — *qlcu. con un'osservazione*, to humiliate (*o* to mortify) s.o. with a scathing remark **2** (*reprimere*) to mortify: — *la carne*, to mortify the flesh; — *le proprie passioni*, to mortify one's passions **3** (*svilire*) to demolish, to destroy: — *una poesia con una brutta interpretazione*, to demolish a poem with a bad interpretation **4** (*med.*) to mortify. □ **mortificarsi** *v.rifl.* to mortify oneself: *il sacerdote ci esortò a mortificarci durante la quaresima*, the priest exhorted us to mortify ourselves during Lent ◆ *v.intr.pron.* (*sentirsi umiliato*) to feel* mortified, to feel* humiliated: *al minimo rimprovero si mortifica*, at the slightest reproof she feels mortified.

mortificativo *agg.* (*non com.*) mortifying.

mortificato *agg.* **1** (*dispiaciuto*) mortified; (*umiliato*) mortified, humiliated: *ne sono veramente* —, I'm truly mortified; *sentirsi, restare* —, to be mortified **2** (*med.*) mortified: *tessuto* —, mortified tissue.

mortificatore *agg.* mortifying, humiliating; *parole mortificatrici*, mortifying words.

mortificazione *s.f.* mortification, humiliation: *dover ricorrere al suo aiuto è per me una* —, it's mortifying for me to have to turn to him for help; *subire una grande* —, to suffer great mortification; — *dei sensi*, mortification of the senses.

mortinatalità *s.f.* (*stat.*) stillbirths (*pl.*).

mortisa → **mortasa**.

mortizza *s.f.* (*geogr.*) → **morta**.

morto *agg.* **1** dead: *un uomo* —, a dead man; *un animale, un albero* —, a dead animal, tree; *foglie morte*, dead leaves; *è — di malattia*, he died of an illness; — *di freddo*, frozen to death, (*fig.*) frozen stiff; — *di paura*, (*fig.*) dead with fright; *cadere — sul colpo*, to drop dead; *il guidatore è — sul colpo*, the driver was killed outright (*o* died instantly) // *più — che vivo*, more dead than alive; *mezzo* —, half dead // — *e sepolto*, dead and buried; — *stecchito*, as dead as a doornail (*o* stone dead); *stanco* —, dead-tired // *un braccio* —, (*paralizzato*) a paralysed arm // *unghia morta*, dead nail // *nato* —, (*anche fig.*) stillborn: *un progetto nato* —, stillborn (*o* abortive) plan // *se ti muovi sei un uomo —!*, if you move you're a dead man! // *cadere a corpo* —, to collapse in a heap // *buttarsi a corpo — in qlco.*, to fling oneself into sthg. // — *al mondo*, dead to the world // — *alla gioia*, (*letter.*) dead to pleasure **2** (*fig.*) (*inattivo, improduttivo*; *poco vivace*) dead, slack, dull, idle: *città morta*, dead (*o* dull) town; *questa di sera è una città morta*, this town is dead at night; *stagione morta*, off (*o* slack) season; *ore morte*, dead hours; *lingua morta*, dead language // (*ferr.*) *binario* —, (storage) siding // *aria morta*, stale air // *acqua morta*, stagnant water // *terreno* —, wasteland // (*pitt.*) *natura morta*, still life // (*mil.*) *angolo* —, dead ground // *punto* —, deadlock (*o* standstill): *giungere a un punto* —, to reach a deadlock // *peso* —, dead-weight: *è un peso — per la società*, he's a dead-weight for society // (*econ.*): *capitale* —, idle (*o* unproductive) capital; *denaro* —, dead (*o* unemployed) money; *mercato* —, dead market ◆ *s.m.* **1** dead man, corpse: *i morti*, the dead; *le anime dei morti*, the souls of the dead; *cassa da* —, coffin; *passa il* —, a funeral is passing; *piangere i morti*, to mourn for the dead; *seppellire un* —, to bury a dead person // (*teol.*) *la resurrezione dei morti*, the resurrection of the dead; *ufficio dei morti*, office of the dead // *i Morti*, (*ricorrenza religiosa*) All Souls' Day // *un — di fame*, (*spiantato*) poor unfortunate, (*persona avara*) tightfisted person (*o amer.* tightwad) // *muoviti, — di sonno*, get moving, sleepyhead // *su con la vita, mi sembri un — in piedi, un — che cammina*, cheer up, you look like a zombie // *pallido come un* —, as pale as death // *farebbe resuscitare un* —, it would make a dead man sit up and take notice // *per poco non ci scappava il* —, someone nearly got killed // *fare il* —, to pretend to be dead, (*al nuoto*) to float on one's back // *suonare a* —, to toll for the dead **2** (*alle carte*) dummy **3** (*fam.*) (*denaro nascosto*) hoard.

mortorio *s.m.* (*rar.*) (*funerale*) funeral, burial // *il ricevimento è stato un* —, (*fig.*) the party was like a funeral (*o* deadly dull); *che — questo locale!*, (*fig.*) this place is a bit of a morgue!

mortuario *agg.* mortuary: *camera mortuaria*, death chamber; *cappella mortuaria*, mortuary chapel; *registro* —, death register.

morula *s.f.* (*biol.*) morula (*pl.* -ae).

morva *s.f.* (*vet.*) glanders [U].

mosaicato *agg.* (*non com.*) mosaic (*attr.*): *pavimenti mosaicati*, mosaic pavements.

mosaicista *s.m.* e *f.* mosaicist, mosaic worker.

mosaico[1] *agg.* (*di Mosè*) Mosaic: *legge mosaica*, Mosaic law.

mosaico[2] *s.m.* **1** mosaic: *lavoro a* —, mosaic work; *pavimentazione a* —, mosaic flooring; *i mosaici di S. Marco hanno il fondo d'oro*, the mosaics in St. Mark's have a gold background; — *alla palladiana*, terrazzo; *mosaici a smalto*, glazed mosaics; — *romano*, tessellated paving; — *veneziano*, Venetian mosaic **2** (*composizione d'arte non omogenea*) mosaic, pastiche, patchwork (*anche estens.*): *quel lavoro musicale è un vero* —*!*, that musical composition is a real pastiche!; *la sua tesi è un — di citazioni*, (*estens.*) his thesis is a pastiche of quotations; *un — di nozioni*, (*estens.*) a patchwork (*o* pastiche) of concepts **3** (*bot.*) (*malattia del tabacco ecc.*) mosaic (disease) **4** (*fot.*, *tv*) mosaic.

mosaismo *s.m.* (*st. relig.*) Mosaism.

mosandrite *s.f.* (*min.*) mosandrite.

mosca *s.f.* **1** fly: *uno sciame di mosche*, a swarm of flies; *il ronzare delle mosche*, the buzzing of the flies; *acchiappare le mosche*, to catch flies // *uova di mosche*, flyblow: *questa carne è piena di uova di mosche*, this meat is all flyblown // (*zool.*): — *carnaria, della carne*, (*Sarcophaga carnaria*) fleshfly (*o* meat-fly); — *cavallina*, (*Hippobosca equina*) horsefly; — *domestica, comune*, (*Musca domestica*) housefly; — *frit*, (*Oscinella frit*) fritfly; — *olearia, delle olive*, (*Dacus oleae*) olive (fly); — *scorpione*, (*Panorpa communis*) scorpion-fly; — *tse-tse*, (*Glossina palpalis*) tsetse(-fly) // — *bianca*, (*fig.*) rara avis // *morivano come mosche*, they died like flies // *non farebbe male a una* —, he wouldn't hurt a fly // *se gli salta la — al naso!*, if he loses his temper! (*o fam.* if he gets his dander up!) // *sei più fastidioso di una* —, you are a pest // *non si sentiva volare una* —, you could have heard a pin drop // (*zitto e*) —*!*, (*fam.*) silence! // *rimanere con un pugno di mosche*, to be left empty-handed // *in bocca chiusa non entrano mosche*, (*prov.*) a closed mouth catches no flies **2** (*finto neo*) beauty spot, patch **3** (*barbetta*) imperial, goatee **4** (*esca*) fly: — *per le trote*, trout-fly; *amo con* —, fly-hook; *pescare con la* —, to fly-fish **5** (*zool. pop.*) *uccello* —, colibrì.

moscacieca *s.f.* blind man's buff: *giocare a* —, to play blind man's buff.

moscaiola *s.f.* **1** meat-safe **2** (*non com.*) (*acchiappamosche*) fly-trap.

moscardino *s.m.* **1** (*zool.*) (*Glis glis*) dormouse* **2** (*non com.*) (*bellimbusto*) dandy.

moscarola, **moscaruola** → **moscaiola**.

moscatello *agg.* muscatel (*attr.*) ◆ *s.m.* (*bot.*) muscatel, muscadine, muscat.

moscato[1] *agg.* **1** (*del vitigno moscato*) muscat(el) (*attr.*): *uva moscata*, muscat(el) **2** *noce moscata*, nutmeg ◆ *s.m.* muscat(el).

moscato[2] *agg.* (*di cavallo*) dappled.

moscatura *s.f.* (*di cavallo*) dappling.

moscerino *s.m.* **1** gnat; (*Chironomus plumosus*) midge **2** — *del vino*, — *della frutta* → drosofila **3** (*scherz. o spreg.*) shrimp, runt: *non ti spaventerà certo quel* —, surely you're not afraid of that shrimp.

moscezza *s.f.* (*non com.*) flabbiness.

moschea *s.f.* mosque.

moschettata *s.f.* musket-shot.

moschetteria *s.f.* (*mil.*) musketry.

moschettiera, alla *locuz.agg.*: *guanto, manica alla* —, mosquetaire glove, sleeve.

moschettiere *s.m.* musketeer.

moschetto *s.m.* musket.

moschettone *s.m.* (*gancio a molla*) snap -hook.

moschicida *agg.* fly (*attr.*): *carta* —, flypaper ◆ *s.m.* insecticide: *usare un* —, to use an insecticide.

moschino → **moscerino**.

moscio *agg.* **1** flabby, flaccid; (*morbido*) soft: *cappello* —, soft hat; *muscoli mosci*, flabby muscles **2** (*fig.*) (*fiacco*) limp, lackadaisical; (*depresso*) down, low: *un tipo* —, a limp (*o* lackadaisical) individual; *avere un'aria moscia*, to have a limp (*o* lackadaisical) air; *oggi sono un po'* —, I feel a bit down (*o* low) today // *erre moscia*, French 'r': *avere, parlare con l'erre moscia*, to speak with a French 'r'.

mosco *s.m.* (*zool.*) (*Moschus moschiferus*) musk deer.

mosconata *s.f.* (*Borsa*) day trade.

moscone *s.m.* **1** (*zool.*) (*azzurro o verde*) blowfly, (*Calliphora vomitoria*) bluebottle **2** (*zool.*) — *d'oro* → cetonia **3** (*fig. scherz.*) (*corteggiatore*) suitor **4** (*mar.*) (*a remi*) twin-hulled boat; (*a pedali*) pedal boat, pedalo (*pl.* -os) **5** (*piccola notizia su giornale*) announcement.

moscovita *agg.* e *s.m.* e *f.* Muscovite.

mosquito *s.m.* (*zool.*) mosquito*.

mossa *s.f.* **1** movement: *una — improvvisa*, a sudden movement; *il cavallo fece una — all'improvviso*, the horse started; *fece una — con le spalle*, he shrugged his shoulders; *fece una — falsa e si slogò la caviglia*, he missed his step and dislocated his ankle; *non ha fatto una — per aiutarci*, he didn't lift a finger to help us; *imitare le mosse di qlcu.*, to imitate s.o.'s movements // *prendere le mosse da qlco.*, to start (*o* to stem) from sthg. **2** (*spostamento al gioco*) move (*anche fig.*): — *strategica*, strategic move; *prevedere le mosse dell'avversario*, to anticipate the moves of one's opponent; *è una — abilissima*, it's a clever move; *fare una* —, to make a move: *ha fatto una — sbagliata, falsa*, (*anche fig.*) he has made a false move (*o* he has slipped up) // *fare la prima* —, (*anche fig.*) to make the first move // (*di cavalli in partenza*) *essere sulle mosse*, to be under starter's orders (*o* to be ready to start) // (*scacchi*): *vincere in poche mosse*, to win in a few moves; *la prima — spetta al nero*, black moves first.

mossiere *s.m.* (*sport*) starter.

mosso *agg.* **1** moved: *una vela mossa dal vento*, a sail blown by the wind // *terreno* —, (*arato*) ploughed land // *fotografia mossa*, blurred photograph // *mare* —, rough sea **2** (*ondulato*) *capelli mossi*, wavy hair // *paesaggio* —, rolling countryside **3** (*mus.*) mosso.

mostacchio → **mustacchio**.

mostaccio *s.m.* (*non com. spreg.*) (*faccia*) ugly face, mug.

mostarda *s.f.* **1** mustard **2** (*mostarda di frutta*) 'mostarda' (Italian sweet fruit pickles) **3** (*chim.*) *gas* —, mustard gas, iprite.

mostimetro *s.m.* (*tecn.*) must saccharimeter.

mosto *s.m.* must // — *di malto*, wort.

mostoso *agg.* (*non com.*) **1** juicy: *uva mostosa*, juicy grapes **2** (*dal sapore, profumo di mosto*) musty.

mostra *s.f.* **1** (*esposizione*) show, exhibition; display; exposition: — *d'arte*, art exhibition; — *di fiori, di libri*, flower show, book show; *sala di* —, show room; — *dell'agricoltura*, agricultural show; — *itinerante*, travelling exhibition; (*comm.*) — *della merce*, display of goods; — *di veicoli d'occasione*, second-hand car exhibition; — *internazionale dei prodotti dell'industria*, international exposition of the products of industry; *per* —, exhibitory; *allestire una* —, to mount an exhibition // *essere in* —, to be on display (*o* on show); *mettersi in* —, to attract attention (*o* to show off): *le piace mettersi in* —, she likes to show off // *ora le due statue fanno bella — di sé al museo nazionale*, now the two statues make a fine show at the national museum; *la squadra ha fatto bella — di sé*, the team made a good showing **2** (*vetrina*) shop window; (*vetrinetta*) showcase: *l'ho visto in — dal gioielliere*, I saw it in the jeweller's window **3** (*ostentazione*) display; ostentation: — *di abilità, di coraggio*, display of skill, of courage; *far — di cultura*, to show off (*o* to display) one's learning **4** (*apparenza*) show; (*finzione*) pretence: *è stata tutta una* —, it was all show; *far — di leggere*, to pretend to be reading; *far — di saper tutto*, to pretend to know everything **5** (*non com.*) (*campione*) sample: — *di panno*, sample of cloth.

mostrare *v.tr.* **1** to show*, to display, to exhibit: *mostrami i tuoi libri*, show me your books; *mi ha mostrato la sua casa nuova*, he showed me his new home; — *a un turista la città*, to show a tourist (the sights of) the town; *non se la sente di — i suoi quadri in pubblico*, he doesn't feel like exhibiting his paintings in public; — *la merce al cliente*, to display (*o* to show) the goods to a customer; — *il biglietto, il passaporto*, to show one's ticket, one's passport // — *i denti*, (*fig.*) to show one's teeth // — *il proprio debole*, (*fig.*) to show one's weakness // — *la lingua a qlcu.*, (*spreg.*) to put (*o* stick) out one's tongue at s.o. **2** (*ostentare*) to show* off, to display: *le piace — i gioielli*, she likes to show off her jewels; — *la propria erudizione*, to display (*o* to make a show of) one's learning // *una gonna che mostrava le gambe*, a skirt that showed off her legs **3** (*indicare*) to show*; (*segnalare*) to point out; (*spiegare, far intendere*) to show*, to explain: *mostrami come si fa*, show (*o* teach) me how to do it; *mostrami come funziona la lavatrice*, show me how the washing machine works; *il tecnico mi mostrò come funziona la lavatrice*, the technician demonstrated the washing machine to me; *mi mostrò i miei errori*, he pointed out my mistakes; *ve lo mostrerò con un esempio*, I'll make it clear with an example; — *la strada a qlcu.*, to show s.o. the way // — *la porta a qlcu.*, to show s.o. the door // *essere mostrato a dito*, to be pointed at (*o* to be singled out) **4** (*rivelare, manifestare*) to show*, to bear* evidence of (sthg.); (*dimostrare, provare*) to prove, to demonstrate: *mostra d'aver poco giudizio*, he shows little judgement; *mostra di essere molto intelligente*, he shows great intelligence; *mostra più anni di quelli che ha*, he looks older than he really is; *mostra i segni delle ferite*, he bears the scars of his wounds; *questo mostra che egli* *agì in malafede*, this shows (*o* proves) that he acted in bad faith; *le rovine mostrano la grandezza di Roma antica*, the ruins are evidence of the greatness of ancient Rome; — *coraggio*, to show courage; — *un gran miglioramento*, to show a great improvement; — *sorpresa, indifferenza*, to express surprise, indifference (*o* to appear surprised, indifferent) // *ti mostrerò di che cosa sono capace*, I'll show you what I can do // *mi ha mostrato un grande affetto*, he showed me great affection **5** (*voler far credere, fingere*) to pretend: *mostra di non curarsene*, he pretends not to care.

□ **mostrarsi** *v.rifl.* o *intr. pron.* **1** to show* oneself: *si mostrò all'altezza della situazione*, he showed he was equal to the situation; *si mostrò commosso*, he appeared to be moved; *si mostrò vigliacco*, he showed himself to be a coward **2** (*apparire*) to appear, to show* oneself: *si mostrò al momento giusto*, he appeared (*o* turned up) at the right moment; — *in pubblico*, to show oneself in public.

mostravento *s.m.* vane, wind tee.

mostrina *s.f.* (*spec. pl.*) (*mil.*) collar badge.

mostrino *s.m.* (*di orologio*) second dial.

mostro *s.m.* **1** monster (*anche fig.*): *mostri marini*, sea monsters; *sei un — con quei capelli lunghi*, you look horrible with your hair so long; *un — di brutalità*, a monster of brutality; *quella donna è un — di intelligenza*, that woman is a prodigy of intelligence // — *sacro*, mythical figure **2** (*fig.*) (*colpevole di gravi delitti*) monster.

mostruosità *s.f.* monstrosity; enormity; (*l'essere mostruoso*) monstrousness: *la — di Frankenstein*, the monstrousness of Frankenstein; *la — di un delitto*, the enormity of a crime; *le — compiute durante la guerra*, the monstrosities committed during the war.

mostruoso *agg.* **1** monstrous (*anche fig.*): *delitto* —, monstrous crime; *vizi mostruosi*, monstrous vices; *è — che sia permessa una cosa simile!*, it is monstrous that such a thing should be allowed!; *la sua crudeltà è veramente mostruosa*, his cruelty is really monstrous **2** (*enorme*) enormous, huge: *un errore* —, a huge (*o* an enormous) mistake // *un'intelligenza mostruosa*, tremendous intelligence.

mota *s.f.* (*region., letter.*) mud, mire; sludge.

motel *s.m.* motel; (*amer.*) motor lodge.

motilità *s.f.* (*biol.*) motility.

motivare *v.tr.* **1** to justify, to give* reasons for (sthg.): *motivò la sua decisione improvvisa*, he justified (*o* gave the reasons for) his sudden decision **2** (*dir.*) to allege; to justify: *le ragioni motivate non sono sufficienti*, the reasons alleged are insufficient; — *un decreto, una sentenza*, to justify (*o* to state the reasons for) a decree, a judgment; — *un errore di giudizio*, to allege an error of judgment **3** (*causare*) to cause, to motivate: *il suo comportamento era motivato dall'invidia*, his behaviour was motivated by envy; — *un dissenso*, to cause a difference of opinion **4** (*suscitare interesse*) to motivate: — *qlcu. al lavoro, allo studio*, to motivate s.o. to work, to study.

motivato *agg.* **1** (*precisato*) explained, clarified, justified: *una decisione ben motivata*, a clearly justified decision **2** (*fondato*) well-founded, well-grounded: *una protesta motivata*, a well-founded protest **3** (*interessato*) motivated: *sono poco — a continuare gli studi*, I'm not strongly motivated to go on studying.

motivazionale *agg.* motivational: *avere una spinta — allo studio*, to be strongly motivated to study; (*marketing*) *ricerca* —, motivational research.

motivazione *s.f.* **1** motivation; (*motivo*) motive, reason: *la — di un premio*, the reason for a prize; *cercare le motivazioni dell'accaduto*, to look for the reasons for what happened; *non ha motivazioni ad andare all'università*, he has no motivation to go to University **2** (*dir.*) opinion, justification: *la — del giudice*, the judge's opinion; *la — di una sentenza*, the grounds for a judgment.

motivo *s.m.* **1** motive, reason, grounds (*pl.*): — *di annullamento del provvedimento*, grounds for quashing the proceedings; *i motivi di un decreto*, the reasons for a bill; — *di un delitto*, motive of a crime; *motivi di divorzio*, grounds for divorce; — *di licenziamento*, grounds for dismissal; *motivi impellenti*, urgent reasons; *per il — sopra detto*, for the reason given above (*o* the above reason); *ciò diede — a molte obiezioni*, this gave rise to many objections; *era assente per motivi di famiglia*, he was absent for family reasons; *fu sospeso per motivi disciplinari*, he was suspended for disciplinary reasons; *fare un viaggio per motivi di lavoro*, to go on a business trip; *per motivi di salute, darà le dimissioni*, he will resign for health reasons; *se se ne è andato avrà i suoi buoni motivi*, if he has left he must have his reasons (*o* good reason); *che — avevi di dirlo anche a lui?*, what was your reason for (*o* the point of) telling him too?; *ho fondati motivi di credere che sia colpevole*, I have good grounds for thinking that he is guilty; *non c'è — di farlo*, there is no reason for doing it; *non hai — di lamentarti*, you have no reason to complain (*o* no ground for complaint); *è un buon — per fare una festa*, it's a good reason for having a party; — *in più per andarsene*, one more reason for leaving; *le sue azioni sono determinate da motivi bassi ed egoistici*, his actions are determined by low and selfish motives; *dar — di credere...*, to give reason to believe...; *non gli ho mai dato — di pensarlo*, I have never given him reason to think so; *spiegare il — per cui...*, to state the reason why... // *a — di*, owing to (*o* on account of *o* because of) // *senza* —, groundless; *senza —, cambiò lavoro*, he changed his job for no reason (*o* without reason); *mi ha dato uno schiaffo senza* —, he gave me a slap for no reason (*o* without reason) // (*dir.*): *motivi per l'appello, di impugnazione*, grounds for the appeal; — *di nullità*, cause of voidness (*o* grounds for invalidity); — *di una sentenza*, justification of a sentence // (*comm.*) — *di reclamo*, cause for complaint **2** (*mus.*) theme, motif: — *conduttore*, leit-motif; *ti piace il — svolto in quella sinfonia?*, do you like the theme developed in that symphony?; *fischiettare un motivetto allegro*, to whistle a cheerful tune **3** (*estens.*) (*tema principale*) theme: *il — del ricordo in...*, the theme of remembering in... **4** (*decorazione*) motif: — *floreale*, a floreal motif; *una decorazione a — geometrico*, a geometric design (*o* pattern).

moto[1] *s.m.* **1** motion, movement; (*gesto*) gesture: *il — dei pianeti, degli astri*, the motion of the planets, of the stars; — *ondoso*, (*del mare*) wave motion (*o* surge); *il — del treno*, the movement of the train; *un — di stizza*, a gesture of irritation; *ha avuto un — di impazienza*, he made a gesture of impatience (*o* an impatient gesture) // *in* —, in motion (*o* on the move): *questo bambino è sempre in —, ha il — perpetuo addosso*, this child is never still (*o* is always moving about *o* is always on the move); *tutta la polizia è in* —, all the police are in action; *mettere in — qlco.*, to set sthg. in motion: *mettere in — una macchina*, to start a car; *mettersi in* —, to start (*o* to set out *o* to get going *o fam.* to get moving); *si è finalmente messo in — per trovare una casa*, he has finally got down to looking for a house // (*gramm.*) *verbi, avverbi di* —, verbs, adverbs of motion **2** (*esercizio fisico*) exercise: *il — gli giova*, exercise does him good // *fare del* —, to take exercise: *hai bisogno di fare un po' di* —, you need a bit of exercise **3** (*impulso*) impulse: *i moti del cuore*, the impulses of the heart; *avere un — di commozione*, to feel a stirring of emotion **4** (*sommossa*) rebellion, revolt: *i moti del 1821*, the risings of 1821; — *politico*, political revolt; — *rivoluzionario*, rebellion (*o* uprising) **5** (*fis.*) motion: — *alternativo*, reciprocating motion; — *armonico*, harmonic motion; — *di rotazione*, motion of rotation; — *fluttuante*, flutter; — *perpetuo*, perpetual motion; — *rettilineo*, rectilinear motion; — *rotatorio*, rotary motion; — *uniforme*, uniform motion; — *uniformemente accelerato*, uniformly accelerated motion; — *uniformemente ritardato*, uniformly retarded motion; — *vario*, variable motion; *quantità di* —, momentum // *le leggi del* —, the laws of motion **6** (*mecc.*) motion: — *di lavoro*, primary motion; — *di taglio*, cutting motion; — *di vai e vieni, di andata e ritorno*, back and forth motion; *elica* (*aerea*) *in* —, turning airscrew; *messa in* —, starting.

moto[2] *s.f.* (*motocicletta*) motorcycle.

moto- *pref.* di formazione moderna, che è abbreviazione di motore; indica **1** macchine, veicoli azionati da un motore; ingl. motor(-), power, powered, engine-driven: *motoaliante*, power glider; *motobarca*, motorboat; *motocarrello*, power truck; *motocisterna*, motor tanker; *motozappa*, engine-driven cultivator **2** impiego di veicoli a motore o mezzi meccanici; ingl. motor, motorized, mechanical: *motocolonna*, motorized column; *motocoltura*, mechanical farming; *mototrazione*, motor traction.

motoaliante *s.m.* powered glider.

motoaratore *s.m.* motor-plough driver.

motoaratrice *s.f.* motor plough.

motoaratura *s.f.* mechanical ploughing.

motobarca *s.f.* motorboat.

motocannoniera *s.f.* (*mil.*) motor gunboat.

motocarrello *s.m.* power truck.

motocarriola *s.f.* power barrow.

motocarro *s.m.* delivery tricar.

motocarrozzetta *s.f.* **motocarrozzino** *s.m.* sidecar.

motocicletta *s.f.* motorcycle; (*fam.*) motorbike.

motociclismo *s.m.* motorcycling.

motociclista *s.m.* e *f.* motorcyclist // *corridore* —, motorcycle racer.

motociclistico *agg.* motorcycle (*attr.*): *una gara motociclistica*, a motorcycle race.

motociclo *s.m.* motorcycle; (*fam.*) motorbike.

motocolonna *s.f.* (*mil.*) motorized column.

motocoltivatore *s.m.* powered cultivator.

motocoltura *s.f.* (*agr.*) mechanical farming.

motocompressore *s.m.* (*mecc.*) (*con motore termico*) engine-compressor; (*con motore elettrico*) motor-compressor.

motocorazzato *agg.* (*mil.*) armoured and mechanized: *reparto* —, armoured unit.

motocross *s.m.* cross-country motorcycle racing, motocross: *una gara di* —, a cross-country motorcycle (*o* a motocross) race.

motocrossismo *s.m.* motocross.

motocrossista *s.m.* e *f.* motocross racer, cross-country motorcycle racer.

motodromo *s.m.* motordrome.

motofalciatrice *s.f.* power mower.

motofurgoncino *s.m.* light three-wheeled delivery van.

motofurgone *s.m.* three-wheeled delivery van.

motolancia *s.f.* (*mar.*) motor launch.

motoleggera *s.f.* lightweight motorcycle.

motomeccanizzare *v.tr.* (*mil.*) to mechanize.

motomezzo → **motoveicolo**.

motonauta *s.m.* e *f.* motorboat pilot.

motonautica *s.f.* motorboating: *gara di* —, motorboat race.

motonautico *agg.* motorboat (*attr.*): *una competizione motonautica*, a motorboat race.

motonave *s.f.* (*mar.*) motorship: — *da carico costiera*, motor coaster.

motoneurone *s.m.* (*anat.*) motoneuron.

motopeschereccio *s.m.* (*mar.*) motor trawler.

motopista *s.f.* motorcycle track.

motopompa *s.f.* (*mecc.*) motor pump: — *antincendio*, fire engine.

motoproprio → **motuproprio**.

motopropulsore *s.m.* (*mar.*) power unit ◆ *agg.* motor propelling.

motoraduno *s.m.* motorcycle rally: *grande — nazionale*, national motorcycle rally.

motorcaravan → **autocaravan**.

motore *agg.* motor; driving, propelling: *impulso* —, motor impulse // (*mecc.*) *albero* —, driving shaft; *forza motrice*, driving power // (*mar.*) *apparato* —, propelling machinery // (*aer.*) *apparato, gruppo* —, power plant // (*anat.*) *muscolo* —, motor ◆ *s.m.* **1** (*mecc.*) motor; engine: — *di aeroplano*, aeromotor; — *elettrico*, electric motor; — *termico*, heat engine; — *a vapore*, steam engine // (*aut.*): — *a benzina*, petrol engine (*o* motor), (*amer.*) gasoline motor; — *a combustione interna*, internal combustion engine; — *a due, a quattro tempi*, two-, four-stroke engine; — *a nafta, Diesel*, diesel engine; — *a valvole in testa*, overhead -valve engine; — *di riserva*, spare engine; — *raffreddato ad acqua, ad aria*, water-cooled, air-cooled engine; *il — dell'automobile è fermo*, the car engine is dead; *il — perde giri*, the motor speed is falling; *avviare un* —, to start an engine // (*aer.*): — *a reazione*, jet engine; — *a stella* (o *radiale*), radial engine; — *a turboelica*, turboprop engine; — *a turbogetto*, turbojet engine // (*mar.*) — *entrobordo, fuoribordo*, inboard, outboard engine // (*elettr.*): — *a corrente continua, alternata*, direct, alternating current motor; — *a induzione*, induction motor // (*inform.*) — *di ricerca*, search engine **2** (*fig.*) (*ciò che dà impulso*) prime mover, first cause; drive, motive: *la ricerca del profitto è il — dell'economia*, profit -seeking is the drive behind the economy // (*fil.*) *il Primo Motore*, the Prime Mover (*o* the First Cause).

motoretta *s.f.* (motor) scooter.

motorettista *s.m.* e *f.* (*non com.*) (motor-) scooter rider.

motorino *s.m.* **1** (*aut.*) — *d'avviamento*, starter **2** (*fam.*) (*ciclomotore*) moped: *mi hanno rubato il* —, my moped has been stolen.

motorio *agg.* motor (*attr.*); motory (*attr.*): (*anat.*) *nervo* —, motor nerve; *muscolo* —, motor.

motorismo *s.m.* motor-sports (*pl.*).

motorista *s.m.* engineer: — *d'aviazione*, aircraft engineer (*o* fitter); (*aer.*) — *di bordo*, flight engineer.

motoristica *s.f.* **1** design and engineering: *la — della Formula 1 è avanzatissima*, Formula 1 design and engineering are very advanced **2** → motorismo.

motoristico *agg.* motor-sports (*attr.*): *gara motoristica*, motorcycle (*o* car) race.

motorizzare *v.tr.* to motorize, to power. □ **motorizzarsi** *v.rifl.* **1** to motorize **2** (*fam.*) (*acquistare, avere una macchina*) to get* a car: *se siamo motorizzati vi raggiungiamo alle 3*, if we come by car we'll join you at 3.

motorizzato *agg.* motorized, powered, mechanized // *truppe motorizzate*, mechanized troops.

motorizzazione *s.f.* motorization // *ispettorato della — civile*, traffic control authority.

motorscooter *s.m.* (motor) scooter.

motoscafista *s.m.* e *f.* speedboat pilot, motorboat pilot.

motoscafo *s.m.* motorboat: — *da competizione*, speedboat.

motoscuterista *s.m.* e *f.* (motor) scooter rider.

motosega *s.f.* chain saw.

motoseminatrice *s.f.* mechanical seeder.

moto-sidecar → **motocarrozzetta**.

motosilurante *s.f.* (*mar.*) motor torpedo boat.

motoslitta *s.f.* snowmobile.

mototorpediniera → **motosilurante**.

motovedetta *s.f.* (*mar.*) patrol boat: *una — della polizia*, a police patrol boat.

motoveicolo *s.m.* motor vehicle.

motoveliero *s.m.* (*mar.*) motorsailer.

motovelodromo → **motodromo**.

motovettura *s.f.* three-wheeler, tricar.

motozappa *s.f.* engine-driven cultivator.

motozattera *s.f.* (*mar.*) landing craft.

motrice *s.f.* (*mecc.*) tractor: — *a vapore*, steam engine; — *e rimorchio*, tractor and trailer.

motricità *s.f.* motility, motion.

motteggevole *agg.* (*letter.*) waggish; (*scherzoso*) joking.

motteggiamento *s.m.* joking, banter.

motteggiare *v.intr.* to joke (about s.o., sthg.); to jest (about s.o., sthg.); to banter (about s.o., sthg.) ◆ *v.tr.* to make* fun of (s.o., sthg.); to chaff, to tease; (*malignamente*) to scoff at (s.o., sthg.), to jeer at (s.o., sthg.).

motteggiatore *agg.* waggish; (*scherzoso*) joking ◆ *s.m.* wag; joker, jester.

motteggio *s.m.* **1** banter, raillery: *subiva i motteggi degli amici*, he was the butt of his friends' raillery (*o* jokes) **2** (*detto arguto*) joke, jest.

mottetto *s.m.* **1** (*poesia*) rhyme **2** (*mus.*) motet.

motto *s.m.* **1** (*parola*) word: *senza far* —, without a word **2** (*detto, proverbio*) saying: *il suo — era 'sempre avanti'*, his saying was 'push on' // — *pubblicitario*, slogan (*o* catchword) **3** (*facezia*) witticism, pleasantry: *un — di spirito*, a witticism.

motuleso *agg.* (*med.*) crippled ◆ *s.m.* (*med.*) cripple.

motuproprio *s.m.* (*lat.*) motu proprio.

mouse *s.m.* (*inform.*) mouse.

mousse *s.f.* (*fr.*) (*cuc.*) mousse.

movente *s.m.* **1** motive; cause, reason: — *di un delitto*, motive of a crime; *il — di una contestazione*, the cause of a dispute // (*econ.*): *moventi economici*, economic motives; — *precauzionale, speculatorio*, precautionary, speculative motive; — *di profitto*, profit motive **2** (*mecc.*) driver.

movenza *s.f.* **1** (*di statue, figure dipinte ecc.*) attitude **2** *pl.* movements: *goffo nelle movenze*, clumsy in one's movements.

movere → **muovere**.

movibile *agg.* (*non com.*) movable.

movibilità *s.f.* (*letter.*) movability.

moviere *s.m.* (*mil.*) traffic controller.

movimentare *v.tr.* (*animare*) to enliven, to animate: *il suo arrivo movimentò la festa*, his arrival enlivened the party // (*econ.*) — *il mercato*, to enliven the market // (*banca*): — *un conto*, to operate upon an account; — *un deposito*, to move a deposit; — *un portafoglio*, to shuffle a portfolio.

movimentato *agg.* **1** lively, animated; (*pieno di movimento*) busy: *festa movimentata*, lively party; *strada, quartiere* —, busy street, district **2** (*ricco di avvenimenti*) eventful; (*agitato*) agitated: *un anno* —, an eventful year; *il secondo atto è poco* —, the second act is uneventful.

movimentazione *s.f.* **1** move, moving, removal: *impiegare una ruspa per la — della terra*, to use a digger for moving earth **2** (*comm.*) handling: — *delle merci*, handling of goods; — *dei materiali*, materials handling.

movimentismo *s.m.* (*pol.*) grass roots politics.

movimentista *s.m.* e *f.* grass roots political activist.

movimentistico *agg.* grass roots (*attr.*).

movimento *s.m.* **1** movement: — *continuo, regolare, irregolare, lento, affrettato*, continuous, regular, irregular, slow, accelerated movement; *movimenti volontari, involontari*, voluntary, involuntary movements; *i movimenti del corpo*, bodily movements; *movimenti ginnastici, muscolari*, gymnastic, muscular movements; — *dei ghiacciai, dei pianeti*, movements of glaciers, of the planets; *il minimo — sarebbe stato notato*, the slightest movement would have been noticed; *tutti i suoi movimenti erano aggraziati*, all her movements were graceful; *fare un — brusco, improvviso*, to make a sharp, sudden movement; *fare un — col braccio*, to move one's arm; *fare un — con la mano*, to move one's hand; *fare un — falso*, (*fig.*) to make a false move: *feci un — falso e mi ruppi una caviglia*, I took a false step and broke my ankle // *hai bisogno di fare del* —, you need to do some exercise // *questa gonna stretta mi impedisce i movimenti*, this tight skirt hinders my movements // *libertà di* —, freedom of movement // *leggere il — delle labbra*, to lip-read **2** (*mecc.*) movement; (*moto*) motion; (*meccanismo*) mechanism, movement, action: — *a scatto*, trigger-action; — *del braccio di una gru*, jib motion; — *di una locomotiva*, drive -mechanism; *il — di un orologio*, the movement of a watch; — *di rotazione, rotatorio*, rotatory motion; — *elastico*, cushioned movement; — *laterale*, traverse movement; — *parallelo*, parallel motion; — *trasversale*, crosswise movement; *invertire il* —, to reverse; *mettere in* —, to set (*o* to put) in motion (*o* to start) **3** (*traffico*) traffic; (*andirivieni*) movement, flow; (*trambusto*) bustle, activity: — *dei viaggiatori, dei forestieri*, flow of travellers, tourists; *il — della popolazione*, the movement of population; *il — del materiale*, material handling; *il — del porto di Genova*, the movement of shipping in the port of Genoa; *il — di una grande città*, the bustle of a large town; — *ferroviario, stradale*, rail, road traffic; *una cittadina senza* —, a lifeless little town; *c'era molto, poco — sull'autostrada*, there was a lot of traffic, little traffic on the motorway // — *di manodopera*, labour turnover // (*fin.*): — *di fondi*, movement of funds; *movimenti di capitale*, movements of capital (*o* capital movements *o* capital flows) // (*comm.*): — *delle merci*, movement of goods (*o* goods traffic); — *di cassa*, cash flow // *una festa piena di* —, a lively party // *essere in gran* —, to be on the move (*o* to be in motion) **4** (*corrente letteraria, politica*) movement: — *politico*, political movement; *il Romanticismo fu un — letterario molto importante*, Romanticism was a very important literary movement; — *operaio*, labour movement; — *dei consumatori*, consumer movement; — *di liberazione della donna*, women's liberation movement // — *d'opinione*, shift (*o* movement) in opinion **5** (*letter.*) (*moto, impulso*): *i movimenti dell'anima*, the workings of the soul **6** (*mus.*) movement **7** (*mil.*) movement; evolution **8** (*inform.*) movement, posting.

moviola *s.f.* (*cinem.*) moviola: *rivedere un goal alla* —, to see a goal again in slow motion.

mozambicano *agg.* e *s.m.* Mozambican, Mozambiquean.

mozarabico *agg.* Mozarabic.

mozartiano *agg.* Mozartian.

mozione *s.f.* motion (*anche dir.*): *proporre, presentare una* —, to propose a motion; *respingere una* —, to reject a motion; *sostenere, appoggiare una* —, to carry (*o* to support) a motion; — *d'ordine*, point of order; — *di fiducia, di sfiducia*, motion of confidence, of non -confidence; — *parlamentare*, motion (in Parliament).

mozzafiato *agg.* breathtaking: *una minigonna* —, a breathtaking miniskirt; *uno spettacolo acrobatico* —, a breathtaking acrobatic performance.

mozzamento *s.m.* → **mozzatura**.

mozzare *v.tr.* to cut* off; (*coda, orecchie ecc. ad animali*) to dock, to crop: — *la coda a un animale*, to dock an animal's tail; — *la testa a qlcu.*, to behead s.o. (*o* to cut off s.o.'s head) // *la paura le mozzò le parole in bocca*, fear made the words die on her lips // — *il fiato*, to take (s.o.'s) breath away: *ha avuto una paura da mozzargli il fiato*, his fear took his breath away.

mozzarella *s.f.* (*formaggio*) 'mozzarella' (kind of Italian cheese originally made from buffalo's milk).

mozzatura *s.f.* cutting-off; (*di coda*) docking.

mozzetta *s.f.* (*eccl.*) mozzetta, mozetta.

mozzicare *v.tr.* (*region.*) (*mordere*) to bite*.

mozzicone *s.m.* butt, stump, stub: — *di candela*, candle end; — *di sigaretta*, cigarette end (*o* butt *o* fag end); — *di coda*, (*di animali*) stumpy tail.

mozzo[1] *agg.* cut (off); (*di coda, capelli*) docked // *voce mozza dalla paura*, voice choked with fear // *una frase mozza*, a broken phrase // *fucile a canne mozze*, sawn-off shotgun.

mozzo[2] *s.m.* **1** (*mar.*) ship-boy, cabin boy **2** (*di stalla*) stable boy, groom.

mozzo[3] *s.m.* **1** (*mecc.*) (*di ruota*) hub: — *a ruota libera*, free-wheel hub; — *della ruota*, wheel-hub (*o* nave) **2** (*aer., mar.*) (*di elica*) boss, hub: — *dell'elica*, (screw) propeller boss.

mucca *s.f.* cow: — *da latte*, dairy (*o* milch) cow.

mucchio *s.m.* heap, mass, pile (*anche fig.*); (*di legna*) stack: *un — di fieno, di paglia*, a heap (*o* rick) of hay, of straw; *un — di grano*, a heap of corn; *un — di gente*, a lot (*o* a mass) of people; *un — di libri*, a heap of books; *un — di soldi*, a heap (*o* a pile *o fam.* a packet *o* a pot) of money; *questa macchina mi è costata un — di soldi*, this car cost me a packet; *mi hai detto un — di bugie*, you told me a pack of lies // *mettere tutti in un* —, (*fig.*) to use the same measure for everyone // *sparare nel* —, to shoot into the crowd, (*fig.*) (*lanciare accuse indistintamente*) to accuse everyone indiscriminately.

mucico *agg.* (*chim.*) mucic: *acido* —, mucic acid.

mucido *agg.* (*non com.*) mouldy; musty: *pane* —, mouldy bread ◆ *s.m.* (*non com.*) (*muffa*) mould; (*odore di muffa*) musty smell; (*sapore di muffa*) mouldy taste.

mucilla(g)gine *s.f.* mucilage.

mucilla(g)ginoso *agg.* mucilaginous.

mucina *s.f.* (*biochim.*) mucin.

muciparo *agg.* (*biol.*) muciparous.

muco *s.m.* mucus.

mucoide *agg.* (*biochim.*) mucoid.

mucolitico *agg.* (*biochim.*) mucolytic.

mucopolisaccaride *s.m.* (*chim., biol.*) mucopolysaccharide.

mucoproteina *s.f.* (*biochim.*) mucoprotein.

mucosa *s.f.* (*anat.*) mucous membrane, mucosa*.

mucosità *s.f.* mucosity.

mucoso *agg.* mucous; (*delle mucose*) mucosal: (*biol.*) *cellula mucosa*, mucous cell; *membrana mucosa*, mucous membrane (*o* mucosa); (*anat.*) *tessuto* —, mucous tissue.

mucronato *agg.* (*anat., bot.*) mucronate(d).

mucrone *s.m.* (*anat., bot.*) mucro.

muda → **muta**[1] 2, 3.

muezzin, muezzino *s.m.* muezzin.

muffa *s.f.* mould, mildew: — *della penicillina*, penicillin mould; — *azzurra*, — *di formaggi*, blue mould; *odore di* —, mouldy (*o* musty) smell; *sa di* —, (*come sapore*) it tastes mouldy, (*come odore*) it smells musty (*o* mouldy); *coperto di* —, mildewed (*o* mildewy); *procurare, dare la* — (*a*), to mildew; *fare la* —, to go mouldy, (*fig.*) to collect dust.

muffione → **muflone**.

muffire *v.intr.* to become* mouldy, to go* mouldy; to mildew // *non voglio — in questo paese*, I don't want to stagnate (*o* to go to seed) in this village.

muffola *s.f.* **1** (*guanto*) mitten **2** (*tecn.*) muffle: *forno a* —, muffle furnace **3** (*elettr.*) box: — *di derivazione*, junction box.

muffolista *s.m.* e *f.* muffle-furnace operator.

muffoso *agg.* (*non com.*) mouldy, mildewy, musty.

muflone *s.m.* (*zool.*) (*Ovis musimon*) mouf(f)lon.

mugghiare *v.intr.* (*letter.*) **1** (*muggire*) to bellow **2** (*del mare*) to roar; (*del vento*) to howl **3** (*lamentarsi, gridare*) to howl.

mugghio *s.m.* (*letter.*) **1** (*muggito*) bellow **2** (*del mare*) roar; (*del vento*) howl **3** (*lamento*) howl.

muggine *s.m.* (*zool.*) mullet.

muggire *v.intr.* **1** (*di bovini*) to moo, to low **2** (*mugghiare*) to bellow **3** (*fig. letter.*) to roar; (*di vento*) to howl.

muggito *s.m.* **1** (*di bovini*) moo, lowing; bellowing **2** (*letter.*) (*di mare*) roar; (*di vento*) howling.

mughetto *s.m.* **1** (*bot.*) (*Convallaria majalis*) lily of the valley, may-lily, wood lily **2** (*med.*) thrush.

mugic *s.m.* moujik, muzhik, mujik.

mugnaia *s.f.* **mugnaio** *s.m.* miller.

mugnaiaccio *s.m.* (*zool.*) (*Larus marinus*) great black-backed gull.

mugo *s.m.* (*bot.*) (*Pinus mugo*) mountain pine.

mugolamento *s.m.* (*non com.*) **1** (*piagnucolamento*) whining, whimpering **2** (*borbottamento*) mumble, mutter.

mugolare *v.intr.* **1** (*spec. di animali*) to howl; (*piagnucolare*) to whine, to whimper: *il cane mugolava dal dolore*, the dog was whimpering with pain **2** (*di persona*) (*gemere, lamentarsi*) to moan, to groan **3** (*di vento*) to whine, to haul ◆ *v.tr.* (*borbottare*) to mumble, to mutter: *cosa stai mugolando?*, what are you muttering (*o* mumbling)?

mugolìo[1] *s.m.* **1** howl, howling; (*piagnucolio*) whimpering **2** (*di persona*) moaning, groaning **3** (*borbottio*) mumbling, muttering.

mugòlio[2®] *s.m.* (*chim.*) mugho oil.

mugolo *s.m.* (*non com.*) **1** (*lamento*) moan, groan; whimper, whine **2** (*borbottio*) mumble, mutter.

mugugnare *v.intr.* (*brontolare*) to grumble, to grouch, to moan.

mugugno *s.m.* grunt; (*brontolio*) grumbling: *mi ha risposto con un* —, he answered me with a grunt.

mulacchia *s.f.* (*zool.*) (*Corvus cornix*) hooded crow.

mulaggine *s.f.* (*testardaggine*) mulishness, obstinacy, stubbornness.

mulatta *s.f.* mulatto (woman), mulatta.

mulattiera *s.f.* muletrack.

mulattiere *s.m.* muleteer, mule driver.

mulattiero *agg.* mule (*attr.*): *strada mulattiera*, muletrack.

mulatto *s.m.* e *agg.* mulatto*.

muletto *s.m.* **1** (*sl. automobilistico*) spare car **2** (*carrello elevatore*) forklift truck.

muliebre *agg.* feminine, womanly: *statua* —, statue of a female figure; *virtù muliebri*, womanly virtues.

mulinare *v.tr.* **1** (*far girare in tondo*) to mill; to whirl: *il vento mulinava le foglie*, the wind whirled the leaves about (*o* round) **2** (*fig.*) to brood over (sthg.), to ruminate upon, about (sthg.): — *qlco.* (*nella mente*), to turn sthg. over (and over) in one's mind (*o* to brood over sthg. *o* to ponder on sthg.) ◆ *v.intr.* **1** (*girare in tondo*) to whirl around: *le foglie secche mulinavano al vento*, the dry leaves whirled around in the wind **2** (*fig.*) (*agitarsi*) to whirl through, to whirl around, to mill through, to mill around: *mille idee gli mulinavano in testa*, hundreds of ideas were milling through his mind.

mulinello *s.m.* **1** (*vortice d'acqua*) whirlpool, eddy; (*vortice d'aria*) whirlwind, eddy **2** (*rapido movimento circolare*) moulinet, twirl: *fare dei mulinelli col bastone*, to twirl one's stick (*o* to flourish one's stick) **3** (*giocattolo*) wind vane **4** (*ventilatore a disco girevole per finestre*) ventilating fan **5** (*mar.*) windlass: — *di catena*, swivel; — *di cavo*, rope swivel; — *voltacatene*, mooring swivel **6** (*aer.*) (*elica di prova*) fan brake; (*nell'ala del velivolo*) windmill **7** (*di canna da pesca*) fishing reel **8** — *idraulico*, current meter **9** (*acrobazia aerea*) roll **10** (*scherma*) moulinet.

mulino *s.m.* mill: — *ad acqua*, watermill; — *a mano*, handmill; — *a martelli*, hammer mill; — *a palle*, ball mill; — *a pestelli*, stamping mill; — *a tamburo*, drum mill; — *a vapore*, steam mill; — *a vento*, windmill; — *elettrico*, electric mill; — *per farina*, flour mill; *macina di* —, millstone; *ruota di* —, mill wheel // *combattere con i mulini a vento*, to tilt at windmills // *tirare acqua al proprio* —, to bring grist to one's own mill // *chi va al* — *s'infarina*, (*prov.*) you can't touch pitch without being defiled.

mullite *s.f.* (*min.*) mullite.

mulo *s.m.* mule: — *da basto*, sumpter mule; *trasportare un carico a dorso di* —, to carry (*o* to transport) a load on a mule // *caparbio, ostinato, cocciuto come un* —, as stubborn as a mule // *scalciare come un* —, to kick like a mule // *fare il* —, (*fig.*) to be stubborn (*o* obstinate).

multa *s.f.* **1** (*sanzione per contravvenzione*) fine: — *leggera, pesante*, light, heavy fine; *prendere una* — *per eccesso di velocità*, to be fined for breaking the speed limit; — *per divieto di sosta*, (parking) ticket; *pagare una* —, to pay a fine; *dare la* — *a qlcu.*, to fine s.o.; *mi hanno dato 150 mila lire di* —, I've been fined 150 thousand lire; *appioppare una* — *a qlcu.*, (*fam.*) to slap a fine on s.o.; *conciliare una* —, to pay a fine on the spot; — *a conciliazione immediata*, on-the-spot fine **2** (*dir.*) (*pena pecuniaria*) penalty: — *contrattuale*, penalty for breach of contract; — *a carico dei ritardatari*, late penalty; — *penitenziale*, penalty.

multare *v.tr.* to fine: — *qlcu. di cinquantamila lire*, to fine s.o. fifty thousand lire; *essere multato per eccesso di velocità*, to get a ticket for speeding; — *qlcu. con una soprattassa*, to surcharge s.o.

multi- *pref.* di origine latina che significa 'molto'; ingl. multi-: *multilaterale*, multilateral; *multiforme*, multiform; *multimilionario*, multimillionaire.

multicanale *agg.* multichannel (*attr.*): *televisore* —, multichannel TV // (*fis.*) *analizzatore* —, multichannel analyzer.

multicolore *agg.* multicolour, multicoloured, many-coloured.

multicomponente *agg.* (*scient.*) multicomponent.

multidisciplinare *agg.* multidisciplinary.

multietnico *agg.* multi-ethnic.

multifocale *agg.* (*fis.*) multifocal.

multiforme *agg.* multiform, variform.

multifunzionale *agg.* multipurpose: *un mobile* —, a multipurpose piece of furniture.

multigrade, **multigrado** *agg.* multigrade ◆ *s.m.* multigrade motor oil.

multilaterale *agg.* many-sided, multilateral: *accordo* —, multilateral agreement; *scambi multilaterali*, multilateral trade.

multilateralismo *s.m.* (*econ.*) multilateralism.

multilateralità *s.f.* multilateralism: *la* — *di un accordo*, the multilateralism of an agreement.

multilingue *agg.* multilingual; polyglot: *un paese* —, a multilingual country; *interprete* —, multilingual interpreter.

multilustre *agg.* (*letter.*) aged, ancient.

multimedia, **multimediale** *agg.* multimedia (*attr.*): *campagna pubblicitaria* —, multimedia advertising campaign.

multimedialità *s.f.* use of multimedia.

multimetro *s.m.* (*elettr.*) multimeter.

multimiliardario *agg.* e *s.m.* multibillionaire; multimillionaire.

multimilionario *agg.* e *s.m.* multimillionaire.

multimodale *agg.* multimodal: *trasporto* —, multimodal transportation.

multinazionale *agg.* multinational: *società* —, multinational company (*o amer.* multinational corporation) ◆ *s.f.* multinational company, multinational.

multinomiale *agg.* (*stat.*) multinomial.

multipara *s.f.* multipara (*pl.* -ae, -as).

multiparo *agg.* (*med.*, *vet.*) multiparous.

multiplatore *s.m.* (*inform.*) multiplexer, multiplexor: *canale* —, multiplexor channel.

multipletto *s.m.* (*fis.*) multiplet.

multiplexer → **multiplatore**.

multiplo *agg.* multiple: (*astr.*) *stella multipla*, multiple star // (*elettr.*) *presa* (*di corrente*) *multipla*, multiple outlet // (*med.*) *sclerosi multipla*, multiple sclerosis // (*psic.*) *personalità multipla*, multiple personality; *macchina a impiego* —, multi-purpose machine // (*comm.*) *prezzi multipli*, multiple prices; *applicazione di prezzi multipli*, multiple pricing; *campionamento* —, multiple sampling; (*trib.*) *imposizione multipla*, multiple taxation ◆ *s.m.* (*mat.*) multiple: *minimo comune* —, least (*o* lowest) common multiple; *12 è* — *di 4*, 12 is a multiple of 4.

multipolare *agg.* **1** (*elettr.*) multipolar **2** (*fig.*) (*fondato su più centri*) multi-centred.

multipolarità *s.f.* **1** (*elettr.*) multipolarity **2** (*fig.*) multi-centredness.

multipolo *agg.* e *s.m.* (*fis.*) multipole.

multiprocessore *s.m.* (*inform.*) multiprocessor.

multiprogrammazione *s.f.* (*inform.*) multiprogramming.

multiproprietà *s.f.* (*sistema*) time-sharing.

multirazziale *agg.* multiracial.

multirischi *agg.* (*assicurazioni*) all-risk (*attr.*): *polizza* —, all-risk policy.

multisale *agg.* (*detto di cinema*) multi-screen (*attr.*).

multiscafo *agg.* e *s.m.* multihull.

multisecolare *agg.* age-old, centuries-old.

multisocietario *agg.* (*econ.*) multi-company (*attr.*).

multistadio *agg.* multistage: *missile* —, multistage rocket; *turbina* —, multistage turbine.

multitudine → **moltitudine**.

multiuso *agg.* multipurpose, multi-use: *un coltello, una borsa* —, a multipurpose knife, bag.

multivalente *agg.* (*chim.*) multivalent.

multivalenza *s.f.* (*chim.*) multivalence.

multivalutario *agg.* (*fin.*) multicurrency.

multivibratore *s.m.* (*elettr.*) multivibrator: — *astabile, monostabile, bistabile*, astable, monostable, bistable multivibrator.

mummia *s.f.* **1** mummy: *le mummie egiziane*, Egyptian mummies **2** (*fig.*) (*persona incartapecorita*) wizened old person; (*persona di idee ristrette*) fuddy-duddy, old fogey: *non stare lì impalato come una* —, *aiutami!*, don't just stand there, help me!

mummificare *v.tr.* to mummify; (*imbalsamare*) to embalm.

□ **mummificarsi** *v.intr.pron.* **1** to become* mummified **2** (*fig.*) (*fossilizzarsi*) to fossilize.

mummificatore *s.m.* (*non com.*) embalmer ◆ *agg.* (*non com.*) mummifying.

mummificazione *s.f.* mummification; (*imbalsamazione*) embalming.

mundial *s.m.* World Cup, world championship.

mungere *v.tr.* **1** to milk: — *una mucca*, to milk a cow **2** (*fig.*) (*spillare soldi a*) to milk, to squeeze, to bleed*: — *un parente ricco*, to milk (*o* to squeeze) a rich relative; — *la borsa di qlcu.*, to bleed (*o* to tap) s.o. for money.

mungitoio *s.m.* (*luogo*) milking shed, milking parlour.

mungitore *s.m.* milker.

mungitrice *s.f.* (*mecc.*) milker, milking machine.

mungitura *s.f.* **1** (*il mungere*) milking: — *a mano, meccanica*, hand, machine milking **2** (*il latte munto*) quantity of milk; milk yield: — *abbondante*, large (*o* abundant) quantity of milk.

mungo[1] *s.m.* (*bot.*) (*Phaseolus mungo*) mung (bean).

mungo[2] *s.m.* (*zool.*) (*Herpestes mungo*) Indian mongoose.

municipale *agg.* **1** municipal; town (*attr.*), council (*attr.*): *consiglio* —, town council; *amministrazione* —, local government; *azienda* —, municipal enterprise (*o* corporation); *diritti municipali*, municipal rights; *legislazione* —, municipal law; *guardia* —, (municipal) policeman; *parco* —, town park; *palazzo* —, town hall **2** (*spreg.*) (*circoscritto alla cerchia delle mura cittadine*) local, parochial: *rivalità municipali*, local rivalry.

municipalesco *agg.* (*spreg. non com.*) parochial, local: *ambizioni municipalesche*, local political ambitions.

municipalismo *s.m.* parochialism.

municipalistico *agg.* local, parochial: *interesse* —, purely local interest.

municipalità *s.f.* municipality.

municipalizzare *v.tr.* to municipalize: — *i trasporti*, to municipalize public transport.

municipalizzato *agg.* municipal; taken over by the municipality: *aziende municipalizzate*, municipal concerns.

municipalizzazione *s.f.* **1** (*il municipalizzare*) municipalization: *la — dell'azienda del gas*, the municipalization of the gas company **2** (*insieme delle aziende municipalizzate*) city-owned companies (*pl.*), city-controlled companies (*pl.*).

municipio *s.m.* **1** (*st. romana*) municipium (*pl.* -ia) **2** (*comune, municipalità*) municipality; town council; (*di grande città*) city council: *essere impiegato al* —, to be a municipal employee **3** (*palazzo del municipio*) town hall.

munificente *agg.* (*letter.*) (*munifico*) munificent, liberal, bountiful, generous.

munificenza *s.f.* munificence, liberality, bounty; lavishness: *la galleria di arte moderna fu fondata per la — del signor X*, the gallery of modern art was founded thanks to the generosity of Mr X; *la — di un banchetto*, the lavishness of a banquet.

munifico *agg.* munificent, liberal, bountiful, generous; lavish: *un principe, un industriale* —, a liberal (*o* generous *o* bountiful) prince, industrialist; *un dono* —, a generous (*o* handsome) gift.

munire *v.tr.* **1** (*fortificare*) to fortify, to strengthen, to protect: *munirono il loro accampamento di trincee*, they fortified their camp with trenches; — *una città di mura*, to fortify (*o* to strengthen) a town with walls **2** (*provvedere*) to provide, to supply, to furnish: — *una porta di serratura*, to provide a lock for a door; — *di lettera di presentazione*, to provide with a letter of introduction; *lo munì di un salvacondotto*, he provided him with a safe -conduct; — *qlcu. di denaro*, to provide s.o. with money; (*comm.*) — *di fondi*, to supply with funds.

□ **munirsi** *v.rifl.* **1** (*difendersi*) to equip oneself: — *contro il freddo*, to equip oneself against the cold **2** (*provvedersi*) to provide oneself, to supply oneself: *si munì di denaro per il viaggio*, he provided himself with money for the trip; — *di provviste*, to supply oneself with provisions (*o* to lay in supplies); *si munì di pazienza e cominciò a sciogliere i nodi*, she mustered her patience and began to undo the knots.

munito *agg.* **1** (*fortificato*) fortified, strengthened: *una postazione ben munita*, a well-fortified post // — *dei conforti religiosi*, fortified by the last sacraments **2** (*fornito*) fitted (with sthg.), equipped (with sthg.): *partì — di sci e scarponi*, he left equipped with skis and boots; *la casa è munita di legna per il camino*, the house has a supply of firewood.

munizionamento *s.m.* (*mil.*) munitioning.

munizionare *v.tr.* (*non com.*) (*fornire di munizioni*) to munition.

munizione *s.f.* **1** (*spec. pl.*) munitions (*pl.*); ammunition [U]: *abbiamo finito le munizioni*, we are out of munitions (*o* ammunitions); *un deposito di munizioni*, a deposit of munitions **2** (*edil.*) *avere, tenere in* —, to have, to keep in store.

munizioniere *s.m.* (*non com.*) ammunition officer.

muone *s.m.* (*fis.*) muon.

muovere *v.tr.* **1** to move (*anche fig.*): — *la testa*, to move one's head; *l'acqua muove la ruota del mulino*, the water drives (*o* moves) the millwheel; *questa leva muove l'intero congegno*, this lever moves the whole mechanism; *non muovetelo finché non arriva il dottore*, don't move him until the doctor comes; — *una pedina*, to move a piece; *il cane muoveva la coda*, the dog wagged its tail; *chi ha mosso i miei libri?*, who shifted my books?; *il vento muoveva le foglie*, the wind was stirring the leaves; — *il fuoco*, to poke the fire; — *un passo*, to make (*o* to take) a step; — *i primi passi*, (*anche fig.*) to take one's first steps; *non muoverebbe un dito per aiutarmi*, he wouldn't lift a finger to help me // (*mil.*): — *il campo*, to break camp; — *le truppe*, to move troops // (*Borsa*) — *la posizione*, to substitute one's securities portfolio **2** (*sollevare*) to raise, to bring* up: — *guerra contro un paese*, to wage war on a country; — *critiche*, to criticize; — *difficoltà*, to raise (*o* to make) difficulties; — *un dubbio*, to raise a doubt; — *rimproveri a qlcu.*, to scold (*o* to reproach) s.o. // (*dir.*): — *causa a qlcu.*, to sue s.o.; — *un'accusa a qlcu.*, to indict s.o. (*o* to bring a charge against s.o.) **3** (*indurre*) to move, to induce, to prompt: *che cosa lo mosse a farlo?*, what moved (*o* induced) him to do it?; — *qlcu. al pianto, al riso, alla pietà*, to move s.o. to tears, to laughter, to pity; *è mosso solo da interessi personali*, he is only acting out of personal interest ◆ *v.intr.* to move: *la strada muove dal paese*, the road starts from the village; — *alla volta di un luogo*, to set off (*o* out) for a place; — *in direzione di*, to move in the direction of; — *verso*, to move towards.

□ **muoversi** *v.rifl.* o *intr.pron.* **1** to move; to stir: *non riusciva a — a causa di un forte dolore*, she couldn't move because of a severe pain; *ho proprio voglia di muovermi*, I really want to stretch my legs; *nessuno si mosse quando entrai*, nobody stirred when I went in; *nessuno si mosse in suo aiuto*, (*fig.*) nobody moved to help him; *non mi muoverò da qui*, I shan't move from here; *non mi sono mosso da casa*, I haven't set foot outside the house; *quel bambino non fa che* —, that child is never still (*o* is always on the go); *non posso muovermi perché aspetto una telefonata*, I can't move because I'm waiting for a phonecall // *se non ti muovi perderai il treno*, if you don't hurry up you'll miss the train; *muoviti!*, hurry up! (*o fam.* get a move on!); *ti muovi?*, are you coming? // *eppur si muove!*, but it does move! **2** (*fig.*) (*commuoversi*) to be moved: *si mosse a compassione del cane e se lo portò a casa*, he was moved by pity at the sight of the dog and he brought it home.

mura *s.f.* (*mar.*) tack: — *di fiocco*, jib tack.

muraglia *s.f.* **1** wall // *la Grande Muraglia*, the Great Wall of China **2** (*fig.*) (*barriera*) wall, barrier: *la Rivoluzione Francese abbattè ogni — tra le classi sociali*, the French Revolution broke down all barriers between social classes; *una — d'odio*, a wall of hatred **3** (*parte dello zoccolo del cavallo*) wall.

muraglione *s.m.* **1** massive wall; retaining wall; embankment: *i muraglioni di un porto*, seawalls **2** (*mar.*) studding sail.

muraiola *s.f.* (*bot.*) (*Parietaria officinalis*) (wall) pellitory.

muraiolo *agg.* (*bot.*) wall-climbing.

murale *agg.* mural; wall (*attr.*): *carta* —, wall map; *pittura* —, mural (*o* wall painting); *giornale* —, wall newspaper.

murales *s.m.pl.* murals.

muralismo *s.m.* **1** (*movimento*) mural art movement **2** (*arte*) the art of mural painting.

muralista *s.m.* e *f.* muralist.

murare *v.tr.* **1** (*chiudere un'apertura*) to wall in, to wall up, to brick in, to brick up; (*fissare*) to fix, to embed: *ha murato la porta, la finestra*, he walled up the door, he bricked in the window; — *un gancio*, to fix a hook in a wall **2** (*circondare di mura*) to wall: *ha murato il giardino*, he has walled the garden **3** (*chiudere in un muro*) to immure, to wall up: — *un tesoro*, to immure a treasure; — *viva una persona*, to immure (*o* to wall up) a person ◆ *v.intr.* (*costruire un muro, muri*) to build* a wall, to build* walls: — *a secco*, to build a dry wall.

□ **murarsi** *v.rifl.* (*fig.*) (*chiudersi in un luogo*) to immure (oneself); to shut* oneself up: *si mura nella sua stanza e non parla a nessuno*, he shuts himself up in his room and does not speak to anybody.

murario *agg.* building (*attr.*): *arte muraria*, masonry; *opera muraria*, building work // *cinta muraria*, walls.

murata *s.f.* (*mar.*) broadside.

murato *agg.* **1** (*cinto di mura*) walled: *città murata*, walled town **2** (*chiuso da un muro*) walled up: *finestra murata*, walled up window.

muratore *s.m.* mason; bricklayer // *franco* —, freemason.

muratorio *agg.* (*non com.*) mason's, bricklayer's; building (*attr.*).

muratura *s.f.* **1** (*il murare*) walling **2** (*opera muraria*) masonry: — *a opera incerta*, stonework; — *di mattoni*, brickwork; — *di sostegno*, breast wall; — *in calcestruzzo*, concrete masonry; *ponte in* —, masonry (*o* stone) bridge.

murazzo *s.m.* (*spec. pl.*) embankment: *i murazzi della laguna di Venezia*, the embankments of the lagoon of Venice.

murena *s.f.* (*zool.*) moray (eel): — (*del Mediterraneo*), (*Muraena helena*) moray (*o* muraena).

muriatico *agg.* (*chim.*) muriatic: *acido* —, muriatic acid.

muriato *s.m.* (*chim.*) muriate.

muricciolo *s.m.* low wall.

murice *s.m.* (*zool.*) murex*.

murmure *s.m.* **1** (*poet.*) murmur **2** (*med.*) — *vescicolare*, vesicular murmur.

muro *pl.m.* **muri** *nei significati 1 e 3*; *pl.f.* **mura** *nel sign. 2, s.m.* **1** wall; barrier (*anche fig.*): — *a secco*, dry (*o* dry-stone) wall; — *di cinta*, boundary (*o* enclosure) wall; — *di confine*, party wall; — *di mattoni*, brick wall; — *divisorio*, partition wall; — *esterno*, outer wall; — *maestro*, main wall; *armadio a* —, built-in cupboard; *orologio a* —, wall clock; (*pallavolo*) *fare* —, to block; (*aer.*) — *del suono*, sound barrier; *abitare — a* —, to be next-door neighbours; — *del pianto*, (*a Gerusalemme*) wailing wall; — *di Berlino*, Berlin wall; *battere la testa contro un* —, to bang one's head against a (brick) wall; *essere con le spalle al* —, to have one's back to the wall; *mettere qlcu. al* —, to put s.o. up against a wall; *parlare al* —, to talk to the wall; *parlava al* —, his words fell on deaf ears; *puntare i piedi al* —, to dig one's heels in; *un — di nebbia*, a wall of fog; *un — di silenzio, di odio*, a wall of silence, of hatred // *i muri hanno orecchie*, (*prov.*) walls have ears **2** *pl.* walls: *le mura della città*, the town walls; *assalire le mura di una città*, to storm the walls of a city; *cingere di mura una città*, to build a wall around a city; *fuori* (*del*)*le mura*, outside the walls // *le mura domestiche*, home // *chiudersi tra quattro mura*, to shut oneself up **3** (*geol.*) (*di faglia*) footwall.

murra *s.f.* (*min.*) murra.

murrino *agg.* murrhine: *vasi murrini*, murrhines (*o* murrhine vases).

musa *s.f.* **1** (*mit.*) Muse: *le nove muse*, the nine Muses; *invocazione alla* —, invocation of the muse **2** (*fig.*) (*ispirazione poetica*) muse, poetical inspiration; (*poesia*) poetry: *la mia — tace*, my muse is silent; *la — tragica*, the tragic muse.

musata *s.f.* nuzzle; blow on the nose, bump on the nose: *il cane gli diede una* —, the dog gave him a nuzzle; *ho preso una — cadendo*, (*fam.*) I fell down and banged my nose.

muscari *s.m.* (*bot.*) (*Muscari comosum*) tassel hyacinth.

muscarina *s.f.* (*chim.*) muscarine.

muschiato *agg.* **1** (*che contiene muschio, che ha odore di muschio*) musk (*attr.*); musky: *olio* —, musk oil; *sapone* —, musk-scented soap; *odore* —, musky scent **2** (*zool.*) (*che secerne muschio*) musk (*attr.*): *bue* —, (*Ovibos moschatus*) musk ox; *topo* —, (*Ondatra zibethica*) musk rat (*o* musquash); *anatra muschiata*, (*Cairina moschata*) musk duck.

muschio[1] *s.m.* (*chim.*) musk.

muschio[2] meno com. **musco** *s.m.* (*bot.*) moss: — *clavato*, (*Lycopodium clavatum*) ground-pine; *ricoprire di* —, to (cover with) moss; *coperto di* —, mossy.

muscolare *agg.* (*anat.*) muscular: *contrazione* —, muscular contraction; *forza* —, muscular strength; *sistema* —, muscular system (*o* musculature); *tessuto* —, muscular tissue; *fibra* —, muscle fibre // (*med.*) *distrofia* —, muscular dystrophy.

muscolatura *s.f.* (*anat.*) musculature.

muscolazione *s.f.* muscle development: *esercizi di* —, exercises to develop (*o* to strengthen) one's muscles.

muscolo *s.m.* **1** (*anat.*) muscle: *i muscoli delle braccia*, the arm muscles; — *volontario*, voluntary muscle; *contrazione dei muscoli*, muscle contraction, (*crampo*) cramp // *è tutto muscoli*, he is muscular // *avere muscoli d'acciaio*, to have muscles (*o* sinews) of steel **2** (*cuc.*) stewing steak **3** (*zool.*) mussel.

muscolosità *s.f.* muscularity, brawniness.

muscoloso *agg.* muscular, brawny: *braccia muscolose*, muscular (*o* brawny) arms.

muscoso *agg.* mossy.

muscovite *s.f.* (*min.*) muscovite, white mica.

museale *agg.* (*non com.*) museum (*attr.*).

museo *s.m.* museum: — *di storia naturale*, natural history museum; *custode del* —, museum keeper; *pezzo da* —, (*fig.*) old fogey (*o* museum piece); — *delle cere*, waxworks (*o* wax museum).

museografia *s.f.* museology; museography.

museografico *agg.* museological.

museologia → **museografia**.

museruola *s.f.* muzzle: *mettere la — a un animale*, to muzzle an animal; *togliere la — a un cane*, to unmuzzle a dog // *mettere la — a qlcu.*, (*fig.*) to muzzle (*o* to silence) s.o.

musetta *s.f.* nosebag.

musetto *s.m.* **1** pretty little face: *un bimbo con un bel* —, a child with a pretty (*o* lovely) little face **2** (*aut.*) nose.

musica *s.f.* **1** music: — *da camera*, chamber music; — *per organo*, organ music; — *per archi*, music for strings; — *sacra*, church (*o* sacred) music; *leggere la* —, to read music; *che bella —!*, what lovely music!; *maestro di* —, music master (*o* teacher); *un pezzo di* —, a piece of music; *avere passione per la* —, to have a passion for music; *fare* —, to play (*o* to make) music; *mettere in* —, to set to music; *studiare* —, to study music; — *in piazza*, open-air concert; *metti un po' di — che balliamo*, put on some music and we'll dance; *la — del mare, del vento*, the music of the sea, of the wind // *dovresti cambiare* —, you should change your tune // *è la solita —!*, it is the same old story! **2** (*banda*) band: *la — del reggimento*, the regimental band.

musicabile *agg.* that may be set to music.

musicabilità *s.f.* suitableness for setting to music.

musical *s.m.* musical.

musicale *agg.* musical; music (*attr.*): *accademia* —, Academy of Music; *film* —, musical; *commedia* —, musical comedy; *circolo* —, music club; *dramma* —, opera; *educazione* —, musical education; *orecchio* —, musical ear (*o* ear for music); *serata* —, musical evening; *strumento* —, musical instrument; *voce* —, musical voice; *una lingua* —, a musical language.

musicalità *s.f.* musicality, musicalness: *la — di una poesia*, the music of a poem.

musicalmente *avv.* musically: *è — preparatissimo*, he's extremely knowledgeable about music.

musicante *s.m.* musician; (*di banda*) bandsman*.

musicare *v.tr.* to set* to music: *sta musicando una commedia*, he is setting a play to music.

musicassetta *s.f.* cassette (of music).

music-hall *s.m.* **1** (*teatro*) music hall, variety theatre, (*amer.*) vaudeville theatre **2** (*spettacolo*) variety show, music hall show, (*amer.*) vaudeville.

musichetta *s.f.* catchy music: *che bella —!*, what a nice catchy tune!

musicista *s.m.* e *f.* musician.

musico *s.m.* (*letter.*) musician.

musicografo *s.m.* (*critico musicale*) music critic.

musicologia *s.f.* musicology.

musicologico *agg.* musicological.

musicologo *s.m.* musicologist.

musicomane *s.m.* e *f.* music lover, music fan.

musicomania *s.f.* love of music, passion for music.

musicoterapia *s.f.* (*med.*) musicotherapy.

musivo *agg.* mosaic (*attr.*): *arte musiva*, mosaic art // *oro* —, mosaic gold.

muso *s.m.* **1** (*di animale*) snout; muzzle: — *di cane*, dog's muzzle; — *di maiale*, pig's snout **2** (*spreg.* o *scherz.*) (*di persona*) mug, snout; face: *è un brutto —, ma non mi fa paura*, he is an ugly mug but I am not afraid of him // *a — duro*, resolutely // *dire qlco. a qlcu. sul* —, to say sthg. to s.o.'s face // *ridere sul — a qlcu.*, to laugh in s.o.'s face // *spaccare il — a qlcu.*, to smash s.o.'s face (*o* to bash s.o.'s face) in; *dare un pugno sul — a qlcu.*, to punch s.o. in the face // *torcere il* —, to turn up one's nose **3** (*fam.*) (*broncio*) long face: *avere il* —, to have the sulks (*o* to be sulky); *fare, mettere il* —, to pull a long face; *tenere il — a qlcu.*, to be in a huff with s.o.; *mi tiene ancora il — da quella sera*, he's still in a shuff with me after that evening.

musone *s.m.* **1** (*di animale*) large muzzle **2** (*spreg.* o *scherz.*) (*di persona*) big round face **3** (*fam.*) (*persona che tiene il broncio*) misery, sulky person, sourpuss: *sei proprio un* —, you are a real misery.

musoneria *s.f.* sulkiness, sullenness.

mussare *v.intr.* (*di bevanda*) to froth, to foam; to sparkle ♦ *v.tr.* (*gonfiare*): — *una notizia*, to play up a news story.

mussitazione *s.f.* (*med.*) mussitation.

mussola, **mussolina** *s.f.* muslin: — *a disegni*, figured muslin; — *di lana, di seta*, mousseline de laine, de soie; — *stampata*, printed muslin.

mussoliniano *agg.* Mussolini's, of Mussolini ♦ *s.m.* follower of Mussolini.

mussolinismo *s.m.* politics based on the cult of Mussolini.

mussulmano → **musulmano**.

mustacchio *s.m.* **1** (*spec. pl.*) (long) moustache: *arricciarsi i mustacchi*, to curl one's moustache **2** (*mar.*) bobstay.

mustelide *s.m.* (*zool.*) mustelid.

musteriano *agg.* e *s.m.* (*antropologia*) Mousterian.

musulmana *s.f.* **musulmano** *s.m.* e *agg.* Muslim, Moslem.

musulmanesimo *s.m.* (*st. relig.*) Islamism, Mohammedanism.

muta[1] *s.f.* **1** (*non com.*) (*cambio*) change: — *di cavalli*, relay of horses; (*mil.*) *dare la* —, to relieve (*o* to change) the guard **2** (*di uccelli ecc.*) moult, moulting; ecdysis; castings (*pl.*); slough; (*spec. di serpenti*) shedding: *fare la* —, to moult; *essere in* —, to be in moult; (*periodo della*) —, moult **3** (*luogo della muta*) mew **4** (*serie*) set: *una — di candelieri*, a set of chandeliers; (*mar.*) *una — di vele*, a set of sails **5** (*tuta subacquea*) wet suit.

muta[2] *s.f.* **1** (*di cani*) pack: *radunare, radunarsi in* —, to pack **2** (*non com.*) (*di cavalli*) team.

mutabile *agg.* **1** changeable, mutable: *tempo* —, changeable weather **2** (*incostante*) changeable, fickle, inconstant: *è di umore molto —*, he is very moody.

mutabilità *s.f.* **1** changeability, changeableness, mutability **2** (*incostanza*) changeability, changeableness, fickleness, inconstancy.

mutacismo[1] *s.m.* (*med.*) mutism.

mutacismo[2] *s.m.* (*med.*) (*difficoltà a pronunciare la lettera* m) mytacism.

mutagenesi *s.f.* (*biol.*) mutagenesis.

mutagenicità *s.f.* (*biol.*) mutagenicity.

mutageno *agg.* (*biol.*) mutagenic: *agente, fattore —*, mutagen.

mutagione → **mutazione**.

mutamento *s.m.* change; (*alterazione*) alteration; (*variazione*) variation: *— in meglio, in peggio*, change for the better, for the worse; *improvviso — di fortuna*, sudden change of fortune; *— di governo*, change of government; *— di clima*, change of climate; *l'azienda ha subito radicali mutamenti*, the company has undergone radical changes.

mutande *s.f.pl.* briefs; pants; (*da uomo*) underpants; (*da donna*) panties; knickers.

mutandine *s.f.pl.* **1** (*da bambino*) briefs, pants; (*da donna*) panties **2** (*da bagno*) bathing trunks, swimming trunks; (*da ginnastica*) shorts, gym shorts.

mutante *s.m.* (*biol.*) mutant.

mutare *v.tr.* **1** to change: *le ferrovie hanno mutato il volto del paese*, the railways have changed the face of the country; *il vento ha mutato direzione*, the wind has changed direction; *una virgola può — il senso di una frase*, a comma can change the meaning of a sentence; *— argomento, discorso*, to change the subject; *— opinione*, to change one's mind; *— le proprie abitudini*, to change one's habits; *— qlcu. in meglio, in peggio*, to change s.o. for the better, the worse; *— vita*, to change one's way of living, (*emendarsi*) to mend one's ways **2** (*trasformare*) to change, to turn: *l'illusionista lo mutò in un asino*, the conjuror turned (*o* changed) him into a donkey; *— acqua in vino*, to change water into wine **3** (*di animali*) (*corna*) to shed*; (*penne, pelo*) to moult, to cast*; (*pelle*) to shed*, to slough, to throw* off ◆ *v.intr.* to change: *i tempi sono mutati*, times have changed; *il tempo muta*, the weather is changing; *la situazione politica è molto mutata da allora*, the political situation has changed a great deal since then.
□ **mutarsi** *v.rifl.* o *intr.pron.* to change: *la crisalide si muta in farfalla*, the chrysalis changes into a butterfly // *— d'abito*, to change one's clothes.

mutativo *agg.* (*non com.*) changing.

mutato *agg.* changed: *com'è —!*, how changed he is!; *non vi è nulla di —*, there's nothing new.

mutazionale *agg.* (*biol.*) mutational.

mutazione *s.f.* **1** change, mutation; (*alterazione*) alteration; (*variazione*) variation: *il paese ha subito una profonda —*, the country has undergone a profound change **2** (*biol.*) mutation: *cellula di —*, mutant cell **3** (*poesia*) 'mutazione' (part of stanza in a ballad) **4** (*mus.*) mutation.

mutazionismo *s.m.* (*biol.*) mutationism.

mutazionistico *agg.* (*biol.*) mutationism (*attr.*).

mutevole *agg.* **1** changeable, mutable: *l'aspetto — delle cose*, the changeable aspect of things **2** (*volubile*) changeable, inconstant, fickle: *indole —*, inconstant mind.

mutevolezza *s.f.* changeableness, mutability; (*fig.*) fickleness, inconstancy: *la — della sorte*, the fickleness of fate.

mutezza *s.f.* (*non com.*) dumbness, muteness.

mutico *agg.* (*bot.*) muticous, beardless: *grano —*, beardless (*o* muticous) wheat.

mutilamento *s.m.* (*non com.*) mutilation.

mutilare *v.tr.* **1** to maim, to cripple, to mutilate: *fu mutilato gravemente in guerra*, he was seriously maimed (*o* crippled *o* disabled) in the war **2** (*fig.*) to mutilate: *— un discorso*, to mutilate a speech.

mutilato *agg.* maimed, crippled; (*invalido*) disabled, mutilated (*anche fig.*) ◆ *s.m.* cripple; (*invalido*) disabled person, invalid: *— del lavoro*, disabled worker; *— di guerra*, disabled ex-serviceman.

mutilazione *s.f.* **1** maiming, mutilation: *— volontaria*, self-mutilation; *subì una grave — in guerra*, he was seriously disabled during the war **2** (*fig.*) mutilation; (*di statua*) defacement: *la statua subì delle mutilazioni*, the statue was defaced; *le mutilazioni operate dalla censura*, the cuts imposed by censorship.

mutilo *agg.* (*letter.*) mutilated.

mutismo *s.m.* **1** (*anche med.*) mutism, dumbness, muteness **2** (*ostinato silenzio*) (stubborn) silence: *si chiuse in un ostinato —*, he maintained a stubborn silence.

muto *agg.* **1** dumb, mute: *— dalla nascita*, born dumb // *sarò — come una tomba*, I will be as silent as the grave // *alla muta*, without speaking (*o* by gestures) **2** (*silenzioso*) dumb, mute, silent; (*senza parole*) speechless: *il grande bosco era —*, the forest was silent; *mi guardò con muta sorpresa*, he looked at me in mute amazement; *restammo muti per l'orrore*, we were struck dumb with horror; *rimase — davanti al tribunale*, he stood mute (*o* silent) before the tribunal; *rimase — quando glielo dissi*, he remained speechless when I told him; *cinema, film —*, silent cinema, film // (*teatr.*) *scena muta*, dumb show: *quando fu interrogato fece scena muta*, (*fig.*) when he was questioned, he couldn't say a word **3** (*fon.*) silent, mute; muted: *e muta*, silent e; *lettera muta*, silent letter; *suoni muti*, muted sounds **4** *carta* (*geografica*) *muta*, blank map ◆ *s.m.* dumb person, mute: *il linguaggio dei muti*, deaf-and-dumb language.

mutone *s.m.* (*biol.*) muton.

mutria *s.f.* (*letter.*) haughty expression.

mutua *s.f.* **1** (*istituto assistenziale*) national health insurance: *— sanitaria nazionale*, National Health Service; *— aziendale*, workers' sickness fund; *essere iscritto alla —*, to be registered in the National Health Service; *scegliere il medico della —*, to choose one's National Health Service doctor; *mettersi in —*, to ask for sick leave (*o* to claim health insurance benefits) **2** (*società mutualistica*) mutual aid association: *— assicuratrice*, mutual insurance company.

mutuabile[1] *agg.* (*corrisposto dalla mutua*) prescriptible under the National Health Service.

mutuabile[2] *agg.* (*dir.*) (*che può essere dato in prestito*) loanable; (*investibile*) investible.

mutuale *agg.* → **mutuo**[1].

mutualismo *s.m.* (*pol., ecol.*) mutualism, reciprocity.

mutualista *s.m.* e *f.* National Health Service doctor.

mutualistico *agg.* **1** (*dir.*) mutual aid (*attr.*): *associazione mutualistica*, mutual aid society **2** (*della mutua*) national health insurance (*attr.*), National Health service (*attr.*): *sistema —*, national insurance system; *assistenza mutualistica*, health insurance assistance; *ente —*, national health institute **3** (*ecol.*) mutual: *simbiosi mutualistica*, mutual symbiosis.

mutualità *s.f.* **1** mutual aid; mutual assistance **2** (*sistema assicurativo*) mutual insurance system.

mutuante *agg.* (*dir.*) lending; loan (*attr.*): *banca —*, loan bank ◆ *s.m.* e *f.* (*dir.*) lender, money lender.

mutuare *v.tr.* **1** (*prendere in prestito*) to borrow: *— capitali da una banca*, to borrow capital from a bank **2** (*dare in prestito*) to lend*, to loan: *— denaro a un'impresa*, to lend (*o* to loan) money to a company.

mutuatario *agg.* (*dir.*) borrowing, credit -taking ◆ *s.m.*, **mutuataria** *s.f.* (*dir.*) (*chi riceve un mutuo*) borrower, credit-taker, mutuary.

mutuato[1] *agg.* (*dir.*) (*dato in prestito*) lent, loaned; (*preso in prestito*) borrowed.

mutuato[2] *agg.* (*assistito da una mutua*) insured against illness ◆ *s.m.* person insured against illness: *i mutuati*, the National Health Service patients (*o* the persons insured against illness).

mutuazione *s.f.* (*letter.*) exchange.

mutulo *s.m.* (*arch.*) mutule.

mutuo[1] *agg.* mutual, reciprocal: *— affetto*, reciprocal affection; *mutua assicurazione*, mutual insurance; *— soccorso, accordo*, mutual aid, agreement: *società di — soccorso*, mutual aid (*o* friendly) society // *cassa mutua*, sickness benefit fund // *società mutua d'assicurazioni*, mutual insurance company // (*dir.*) *— consenso*, mutual assent // (*fis.*): (*coefficiente di*) *mutua induttanza*, mutual inductance; *capacità mutua*, mutual capacitance.

mutuo[2] *s.m.* (*dir.*) loan: *— ipotecario*, mortgage loan; *capitale a —*, borrowed capital; *— per l'acquisto della casa*, housing loan; *— garantito*, secured loan; *— non garantito, chirografario*, unsecured loan; *— a breve, a lungo termine*, short-term, long-term loan; *— senza interessi*, interest-free loan; *— fruttifero*, interest -bearing loan; *— bancario*, bank loan; *concedere un —*, to loan (*o* to grant a loan); *chiedere un —*, to apply for a loan; *contrarre un —*, to obtain (*o* to contract) a loan.

Nn

n *s.f.* o *m.* **1** (*quattordicesima lettera dell'alfabeto*) n (*pl.* ns, n's) // (*tel.*) — *come Napoli*, n for Nellie (*o amer.* n for Nan) // *n*, (*abbr.* di *nato*) b. // *n*, (*abbr.* di *numero*) No: *via Washington n 15*, 15, Washington St. **2** (*mat.*) (*numero indefinito*) n.

nababbo *s.m.* **1** nabob **2** (*estens.*) rich man // *vivere da* —, to live in the lap of luxury // *spendere come un* —, to spend lavishly.

nacchera *s.f.* **1** (*spec. pl.*) (*mus.*) castanets **2** (*mus.*) (*timpano*) kettledrum **3** (*zool.*) nacre.

nadir *s.m.* (*astr.*) nadir.

nafta *s.f.* **1** (*chim.*) (*miscela di idrocarburi*) naphtha: — *greggia*, crude naphtha **2** (*olio combustibile*) fuel oil; (*per motori Diesel*) Diesel oil: *bruciatori di* —, oil burner; — *di alta qualità*, high-test Diesel oil.

naftalano *s.m.* (*chim.*) naphthalan.

naftalene *s.m.* (*chim.*) naphthalene.

naftalico *agg.* (*chim.*) naphthalic: *acido* —, naphthalic acid.

naftalina *s.f.* **1** (*chim.*) naphthalene **2** (*in palline antitarme*) mothballs: *mettere in* —, (*anche fig.*) to put in mothballs.

naftenato *s.m.* (*chim.*) naphthenate.

naftene *s.m.* (*chim.*) naphthene.

naftenico *agg.* (*chim.*) naphthenic: *acido* —, naphthenic acid.

naftilammina *s.f.* (*chim.*) naphthylamine.

naftile *s.m.* (*chim.*) naphthyl.

naftochinone *s.m.* (*chim.*) naphthoquinone.

naftogenesi *s.f.* (*geol.*) naphthogenesis.

naftolo *s.m.* (*chim.*) naphthol.

nagana *s.f.* (*vet.*) nagana, n'gana.

naia[1] *s.f.* (*zool.*) naja.

naia[2] *s.f.* (*fam.*) National Service; (*amer.*) draft: *essere sotto la* —, to be doing National Service.

naiade *s.f.* **1** (*mit.*) naiad **2** (*bot.*): — *natante*, (*Potamogeton natans*) pondweed; — *sottile*, (*Potamogeton pusillus*) baby pondweed.

naïf *agg.* (*fr.*) **1** naive, naif: *arte, pittura* —, naive art, painting **2** (*fig.*) naive, naïve ◆ *s.m.* e *f.* naive (painter).

nailon® → **nylon**.

namibiano *agg.* e *s.m.* Namibian.

nana *s.f.* **1** (female) dwarf* **2** (*astr.*) dwarff, dwarl star: — *rossa*, red dwarf.

nanchino *s.m.* (*tess.*) nankeen.

nandù *s.m.* (*zool.*) (*Rhea americana*) rhea, nandu.

nanerottolo *s.m.* (*spreg.*) pigmy, dwarf*.

nanismo *s.m.* (*med.*) nanism, dwarfism: *affetto da* —, nanitic.

nanistico *agg.* (*med.*) dwarfish.

nanna *s.f.* (*fam.*) bye-byes: *andare a* —, to go to bye-byes (*o* beddy-byes); *buona notte, è ora di fare la* —, night, night, it's time to go to bye-byes; *non disturbare il tuo fratellino che sta facendo la* —, don't disturb your little brother: he's asleep.

nannufaro, **nannufero** → **nenufaro**.

nano *agg.* **1** dwarf, dwarfish; stunted: *alberi nani*, dwarf trees; *rosa nana*, dwarf rose // (*astr.*) *stella nana*, dwarf star **2** (*fig.*) (*gretto*) pigmy, mean, narrow-minded ◆ *s.m.* **1** dwarf* **2** (*fig.*) (*persona di bassa statura intellettuale o morale*) intellectual pigmy, moral pigmy.

nanocefalia *s.f.* (*med.*) nanocephaly.

nanocefalo *agg.* (*med.*) nanocephalous, nanocephalic ◆ *s.m.* (*med.*) nanocephalus.

nanocurie *s.m.* (*fis.*) nanocurie.

nanosecondo *s.m.* (*metrol.*) nanosecond.

nanufero → **nenufaro**.

napalm *s.m.* (*chim.*) napalm: *bomba al* —, napalm bomb.

napea *s.f.* wood nymph, dryad.

napello *s.m.* (*bot.*) (*Aconitum napellus*) aconite.

napoleone *s.m.* **1** (*moneta*) napoleon **2** (*bicchiere*) brandy glass.

napoleonico *agg.* Napoleonic: *periodo, codice* —, Napoleonic era, code // *preparare il pranzo di Natale è stata un'impresa napoleonica!*, getting the Christmas dinner ready was a heroic undertaking! ◆ *s.m.* **1** follower of Napoleon, supporter of Napoleon **2** (*soldato*) soldier of Napoleon, Napoleonic soldier.

napoletana *s.f.* (*caffettiera*) Neapolitan coffeepot.

napoletanismo *s.m.* (*ling.*) Neapolitan word, Neapolitan expression.

napoletanità *s.f.* Neapolitan character.

napoletano *agg.* Neapolitan; of Naples, from Naples // *alla napoletana*, in the Neapolitan way // *pizza alla napoletana*, pizza with tomato, basil, anchovies and mozzarella cheese ◆ *s.m.* **1** Neapolitan, inhabitant of Naples, native of Naples **2** (*dialetto*) Neapolitan (dialect) **3** (*territorio*) territory round Naples, Naples area.

nappa *s.f.* **1** (*fiocco*) tassel; tuft **2** (*pelle*) soft leather **3** (*scherz.*) (*grosso naso*) big nose; conk, beak.

nappina *s.f.* (*mil.*) badge.

narbonese *agg.* of Narbonne, from Narbonne; Narbonne (*attr.*) // (*st.*) *Gallia* —, Gallia Narbonensis.

narceina *s.f.* (*chim.*) narceine.

narcisismo *s.m.* (*psic.*) narcissism.

narcisista *s.m.* e *f.* narcissist.

narcisistico *agg.* narcissistic, narcissist: *comportamento* —, narcissistic behaviour.

narciso[1] *s.m.* (*bot.*) narcissus*: — *a mazzetti*, (*Narcissus tazetta*) polyanthus.

narciso[2] *s.m.* narcissist.

narco *s.m.* drug baron.

narco- *pref.* di origine greca usato nella terminologia scientifica per indicare relazione con il 'sonno'; ingl. narco-: *narcoipnosi*, narcohypnosis; (*psic.*) *narcoanalisi*, narcoanalysis; (*med.*) *narcolessia*, narcolepsy; *narcoterapia*, narcotherapy.

narcodollaro *s.m.* (*denaro proveniente dal traffico di droga*) narcodollar.

narcosi *s.f.* (*med.*) narcosis*; general anaesthesia.

narcotest *s.m.* drug test.

narcotico *agg.* narcotic: *l'oppio è una sostanza narcotica*, opium is a narcotic ◆ *s.m.* narcotic, dope // *squadra narcotici*, drugs squad.

narcotina *s.f.* (*chim.*) narcotine.

narcotismo *s.m.* (*med.*) narcotism.

narcotizzare *v.tr.* to narcotize.

narcotizzazione *s.f.* narcotization.

narcotrafficante *s.m.* e *f.* drug trafficker, drug dealer, drug baron ◆ *agg.* drug-trafficking.

nardo *s.m.* (*bot.*): — *indiano*, (*Nardostachys iatamansi*) nard, spikenard.

narghilè *s.m.* narghile, nargile(h), hookah.

nari *s.f.pl.* (*letter.*) nostrils.

narice *s.f.* (*anat.*) nostril, (*scient.*) naris*.

narrabile *agg.* tellable, that can be told.

narrante *agg.* e *s.m.* narrator: *la presenza dell'io — è molto frequente nel romanzo novecentesco*, the use of a first person narrator is very common in the 19th century novel.

narrare *v.tr.* to tell*, to relate, to narrate: — *una storia*, to tell a story ◆ *v.intr.* to tell* (about s.o., sthg.): *mi narrò di sé, della sua vita*, he told me about himself, about his life.

narrativa *s.f.* (*genere letterario*) fiction [U]: *la — spagnola*, Spanish fiction; *uno scrittore di*

—, a writer of fiction; *molti scrittori preferiscono la* —, many writers prefer to write fiction; *legge solo libri di* —, he only reads novels.

narrativo *agg.* narrative: *poema* —, narrative poem; *stile* —, narrative style; *genere* —, fiction.

narratologia *s.f.* narratology [U].

narratore *s.m.* **narratrice** *s.f.* **1** narrator, storyteller **2** (*scrittore*) writer (of fiction); novelist.

narrazione *s.f.* **1** narration, telling: *una — molto vivace*, a very lively telling **2** (*storia*) story, tale.

nartece *s.m.* (*arch.*) narthex.

narvalo *s.m.* (*zool.*) (*Monodon monoceros*) narwhal.

nasale *agg.* **1** (*anat.*) nasal: *cavità* —, nasal cavity; *fosse nasali*, nasal fossae; *setto* —, nasal septum **2** (*fon.*) nasal: *le consonanti nasali*, the nasals (*o* the nasal consonants); *suoni nasali*, nasal sounds // *pronuncia* —, nasal accent // *avere una voce* —, to have a nasal voice ◆ *s.m.* (*dell'elmo*) nose-piece ◆ *s.f.* (*fon.*) nasal consonant.

nasalità *s.f.* (*fon.*) nasality.

nasalizzare *v.tr.* (*fon.*) to nasalize.

nasalizzazione *s.f.* (*fon.*) nasalization.

nasata *s.f.* (*colpo ricevuto sul naso*) blow on the nose; (*colpo dato col naso*) blow with the nose // *dare una* —, (*di gatto, cane*) to nuzzle: *il cane mi diede una — affettuosa*, the dog nuzzled me affectionately.

nascente *agg.* rising; dawning: *il giorno* —, the dawning day; *il sole* —, the rising sun // *astro* —, (*fig.*) rising star: *è un astro — della finanza*, he's a rising star in the financial world.

nascere *v.intr.* **1** to be born: *è nato a Venezia il 15 settembre*, he was born in Venice on the 15th September; *quando sei nato?*, when were you born?; *Shakespeare nacque nel 1564*, Shakespeare was born in 1564; — *sano, prematuro, cieco*; to be born healthy, prematurely, blind; *le è nato un maschietto*, she had a boy; *è nato da genitori poveri*, he was born of poor parents; *è nato poeta*, he is a born poet; *è nato ricco*, he was born rich // *è nato per fare l'avvocato*, he was born to be a lawyer // *l'ho visto* —, I have known him since the day he was born // *nessuno nasce artista*, artists aren't born, but made // *poeta si nasce, non si diventa*, poets are born, not made // *deve ancora — chi riuscirà a ingannarlo!*, no one can deceive him! // *non è nato per lo sci!*, he's not cut out for skiing! // *non sono nato ieri*, I wasn't born yesterday // — *con la camicia*, to be born (under a) lucky (star) // — *con gli occhi aperti*, to be born crafty // — *sotto una buona, cattiva stella*, to be born under a lucky, an unlucky star **2** (*di piante*) (*spuntare dalla terra*) to spring* up, to come* up; (*spuntare da un albero*) to sprout, to begin* to grow: *le foglie nascono in primavera*, leaves sprout (*o* begin to grow) in spring // — *come funghi*, (*fig.*) to spring up like mushrooms **3** (*di capelli, corna ecc.*) to sprout, to begin* to grow **4** (*dei piccoli di animali ovipari*) to be hatched: *questi pulcini sono appena nati*, these chickens are newly hatched **5** (*di fiume*) to rise*; to have its source: *molti fiumi nascono dalle Alpi*, many rivers rise in the Alps; *il Po nasce dal Monviso*, the Po rises (*o* has its source) on Monviso **6** (*sorgere*) to rise*: *il giorno nasceva*, the day was dawning; *il sole nasce a oriente*, the sun rises in the east // *il — del giorno*, daybreak (*o* dawn) // *il — del sole*, sunrise **7** (*fig.*) to be born; to start, to begin*; (*avere origine*) to originate; (*derivare*) to arise* (from sthg.), to be due (to sthg.), to derive (from sthg.): *dopo queste parole nacque una violenta discussione*, following these words a violent argument arose; *a questo punto mi nasce la domanda, il sospetto...*, at this stage I begin to wonder, to suspect...; *il marxismo è nato in Germania*, Marxism originated (*o* was born) in Germany; *un nuovo caseggiato nascerà su quell'area*, a new block will be built in that area; *la loro amicizia è nata da un incontro casuale*, their friendship began with a chance meeting; *il suo malcontento nasce dalla situazione finanziaria*, his discontent is due to the financial situation // *il vizio nasce dall'ozio*, vice is born from idleness // *far* —, (*causare*) to create (*o* to cause *o* to bring forth *o* to bring about), (*dare origine a*) to originate (*o* to give birth to), (*provocare*) to give rise to: *questo malinteso fece — una grande lite*, this misunderstanding brought about a great quarrel; *far — dei disordini*, to stir up trouble; *far — un'idea*, to give birth to an idea: *ciò mi fece — l'idea di viaggiare*, that gave me the idea of travelling; *far — uno scandalo*, to give rise to (*o* to occasion) a scandal; *far — un sorriso*, to provoke a smile; *far — un sospetto*, to give rise to (*o* to arouse) suspicion; *far — la speranza che...*, to give rise to (*o* to raise *o* to awaken) the hope that... // *stroncare qlco. sul* —, to nip sthg. in the bud // *da cosa nasce cosa*, (*prov.*) one thing leads to another.

nascita *s.f.* **1** birth: *anniversario di* —, birthday; *certificato, atto di* —, birth certificate; *luogo di* —, birthplace; *cieco, muto dalla* —, blind, dumb from birth (*o* born blind, dumb); *il bambino era molto piccolo alla* —, the child was very small at birth; *pesava 3 chili alla* —, he weighed 3 kilos at birth; *il centenario della — di Shakespeare*, the hundredth anniversary of the birth of Shakespeare; *controllo delle nascite*, birth control // *prima della, dopo la — di Cristo*, before, after Christ (*abbr.* BC, AD) // (*dir.*): *per diritto di* —, by right of birth; *cittadinanza per* —, citizenship by birth; *denunciare una* —, to notify a birth **2** (*origine*) origin; (*lignaggio*) birth, descent, extraction: *di — oscura*, of low birth (*o* extraction); *nobile di* —, of noble birth; *era inglese di* —, he was English by birth **3** (*di astro*) rising: *la — del sole*, sunrise; *la — del giorno*, dawn (*o* daybreak) **4** (*fig.*) birth; origin; beginning: *la — di un movimento politico*, the birth of a political movement; *la — dell'istituto matrimoniale*, the origin of the institution of marriage.

nascituro *agg.* (as yet) unborn ◆ *s.m.* unborn child // *i diritti del* —, the rights of the unborn child.

nascondarello → **nascondino**.

nascondere *v.tr.* **1** to hide*, (*form.*) to conceal: — *un libro*, to hide a book; — *un ricercato*, to hide a wanted man; *nascose il viso tra le mani*, she hid (*o* buried) her face in her hands; *le nubi nascosero il sole*, the clouds hid the sun; *quel muro nasconde la vista del mare*, that wall blocks the view of the sea; *tutta la vallata era nascosta dalla nebbia*, the whole valley was hidden (*o* covered) by the fog **2** (*fig.*) to hide*, to conceal; to disguise, to mask; to keep* secret: *cercò di — i propri sentimenti*, he tried to hide (*o* to conceal) his feelings; *nascose la sua identità*, he kept his identity secret; *non nascondo che sono preoccupato*, I make no secret of the fact that I am worried; *sapeva bene come — il suo odio*, he knew well how to disguise his hatred; *la sua affabilità nasconde una mancanza assoluta di scrupoli*, his affability conceals a complete lack of scruple; — *qlco. a qlcu.*, to hide sthg. from s.o. // *non aver niente da* —, to have nothing to hide.

□ **nascondersi** *v.rifl.* o *intr.pron.* to hide* (oneself); to be hidden: *dove è andato a —?*, where has he hidden himself?; *un uccello si nascondeva tra i rami*, a bird was hidden among the branches; *il sole si nascondeva dietro le nuvole*, the sun was hidden by the clouds; *dietro la sua freddezza si nasconde una grande sensibilità*, (*fig.*) he hides his deep sensitiveness behind a mask of coldness // *va' a nasconderti!*, (*fam.*) (*vergognati!*) shame on you! // *giocare a* —, to play hide-and-seek.

nascondiglio *s.m.* hiding-place; (*fam.*) hideout; *trovò un ottimo — per il bottino*, he found a good hiding-place for the booty; *la polizia sta ancora cercando il — dei banditi*, the police are still looking for the bandits' hideout (*o* hiding-place).

nascondino *s.m.* hide-and-seek: *giocare a* —, to play hide-and-seek.

nascostamente *avv.* hiddenly; (*segretamente*) secretly, in secret; (*furtivamente*) stealthily.

nascosto *agg.* **1** hidden, (*form.*) concealed; (*appartato*) secluded: *una casa nascosta fra gli alberi*, a house hidden among the trees; *l'angolo più — del giardino*, the most secluded corner of the garden // *rimanere* —, to be in hiding: *rimase — per tre mesi*, he stayed in hiding for three months // *di* —, secretly: *incontrarsi di* —, to meet in secret; *lo fecero di* —, they did it secretly **2** (*fig.*) hidden; (*segreto*) secret: *dolore* —, secret grief; *significato* —, hidden meaning // *avere doti nascoste*, to have hidden talent(s).

nasello[1] *s.m.* (*zool.*) (*Merluccius merluccius*) hake.

nasello[2] *s.m.* (*tecn.*) snug, nib.

nasetto *s.m.* **1** (*mus.*) nut **2** (*tecn.*) snug.

nasica *s.f.* (*zool.*) (*Nasalis larvatus*) nasalis.

naso *s.m.* **1** nose; (*di animale*) snout, muzzle, nose: — *affilato*, sharp nose; — *all'insù*, turned-up nose; — *a punta*, pointed nose; — *aquilino*, aquiline (*o* hooked) nose; — *camuso*, snub nose; — *greco*, Greek nose; — *schiacciato*, flattened nose; — *a patata*, bulbous nose; *avere il — che cola*, to have a runny nose; *soffiarsi il* —, to blow one's nose // *a lume di* —, by guesswork // *sotto il — di qlcu.*, (right) under s.o.'s nose: *gli ho messo il giornale sotto il* —, I put the newspaper under his nose // *farla sotto il — di qlcu.*, to do sthg. under s.o.'s nose // *gli saltò la mosca al* —, he lost his temper // *non aveva il coraggio di metter fuori la punta del* —, he did not dare to poke his nose out of doors // *non si ricorda dal — alla bocca*, (*fig. fam.*) he can't remember a thing for five minutes // *torcere, arricciare il — (di fronte) a qlco.*, to turn up one's nose at sthg. // *cacciare, ficcare, mettere il — in qlco.*, to poke (*o* to thrust) one's nose into sthg. // *chiudere, sbattere la porta sul — a qlcu.*, to shut the door in s.o.'s face // *fare il — a...*, to get accustomed to... // *menar, prendere qlcu. per il* —, to lead s.o. by the nose // *non vedere più in* *là del proprio* —, not to see any farther (*o* further) than the end of one's nose; *parlar con il* —, to speak through one's nose // *restar con un palmo di* —, *con tanto di* —, to feel disappointed **2** (*fiuto*): *aver* (*buon*) —, to have a good nose (*anche fig.*); (*fig.*) to have a feel for sthg. **3** (*tecn.*) nose.

nasone *s.m.* **1** big nose **2** (*scherz.*) (*persona*) (person with a) big nose.

naspo → **aspo**.

nassa *s.f.* creel, bow-net; (*per anguille*) eel basket, eel pot; (*per aragoste*) lobsterpot.

nastia *s.f.* (*bot.*) nastic movement.

nastico *agg.* (*bot.*) nastic.

nastrare *v.tr.* (*tecn.*) to tape.

nastratrice *s.f.* taping machine.

nastratura *s.f.* (*tecn.*) taping.

nastriforme *agg.* (*zool.*) cestoid.

nastrino *s.m.* (*mil.*) ribbon.

nastro *s.m.* **1** ribbon, riband: — *di seta*, silk ribbon; — *del cappello*, hatband; — *per capelli*, hair ribbon; *a forma di* —, ribbon-like; *ornato di nastri*, riboned; *vedevo la strada stendersi dritta come un* —, I saw the road stretching out as straight as a ribbon **2** (*tecn.*) tape, ribbon, band, strip, belt: — *adesivo*, adhesive (*o* sticky) tape; — *della macchina per scrivere*, typewriter ribbon; — *metrico*, tape measure; — *magnetico*, magnetic tape; — *per registrazione*, recording tape; *registrazione su* —, tape recording // (*mecc.*): *sega a* —, band saw (*o* bend saw); — *trasportatore*, conveyer belt // (*elettr.*) — *isolante*, electric tape (*o* insulating tape) // (*metall.*): — *d'acciaio*, steel strip; — *di ferro*, iron strip; — *laminato a caldo*, *a freddo*, hot-rolled, cold-rolled strip **3** (*decorazione mil.*) ribbon: — *azzurro*, blue ribbon **4** (*sport*) tape: *allinearsi ai nastri di partenza*, to line up at the starting tape; *tagliare il* — *del traguardo*, to cross the finishing line (*o* to break the finishing tape) **5** (*inform.*) tape: — *pilota*, format (*o* tape) loop; — *vuoto*, blank tape; — *perforato*, paper (*o* punched) tape; — *permanente*, master tape; — *di lavoro*, scratch tape; — *di servizio*, utility tape; — *di carta continua*, web.

nastroteca *s.f.* tape library.

nasturzio *s.m.* (*bot.*) nasturtium.

nasuto *agg.* big-nosed (*attr.*).

natabile *agg.* (*non com.*) navigable.

natale *agg.* (*letter.*) native: *paese* —, native country; *città* —, hometown; *dì* —, birthday; *luogo* —, birthplace ◆ *s.m.* **1** *Natale*, Christmas (*abbr.* Xmas): *a Natale*, on Christmas Day; (*durante il periodo natalizio*) at Christmas; *albero di Natale*, Christmas tree; *buon Natale!*, happy (*o* merry) Christmas!: *i migliori auguri di buon Natale*, best wishes for a merry (*o* happy) Christmas; *il giorno di Natale*, Christmas Day; *il periodo delle feste di Natale*, Christmastime (*o* Christmastide *o* Yuletide); *le vacanze di Natale*, the Christmas holidays; *la vigilia di Natale*, Christmas Eve; *festeggiare il Natale*, to celebrate (*o* to keep) Christmas // *Babbo Natale*, Santa Claus (*o* Father Christmas) // *durare da Natale a S. Stefano*, (*fig.*) to be short-lived **2** (*giorno natale*) birthday // (*st.*) *il* — *di Roma*, anniversary of the foundation of Rome **3** *pl.* (*nascita*, *origine*) birth: *ebbe i natali a Roma*, he was born in Rome; *l'Italia diede i natali a molti grandi artisti*, Italy was the birthplace of many great artists; *essere di illustri natali*, to be of noble birth.

natalità *s.f.* (*stat.*) birthrate, natality: *quoziente di* —, birthrate.

natalizio *agg.* **1** (*di, del Natale*) Christmas (*attr.*): *decorazioni natalizie*, Christmas decorations; *doni natalizi*, Christmas presents; *vacanze natalizie*, Christmas holidays **2** (*non com.*) (*di nascita*) natal: *giorno* —, birthday ◆ *s.m.* (*non com.*) (*compleanno*) birthday.

natante *agg.* floating: *isola* —, floating island; *mina* —, floating mine ◆ *s.m.* (*mar.*) (water) craft*.

natatoia *s.f.* (*di pesce*) fin; (*di mammiferi acquatici*) flipper, paddle.

natatorio *agg.* swimming (*attr.*), natatory // *vescica natatoria*, swim (*o* air) bladder.

natazione *s.f.* natation, swimming.

natica *s.f.* buttock.

natimortalità *s.f.* (*stat.*) stillbirth, stillbirth rate.

natìo *agg.* (*letter.*) **1** (*del luogo di nascita*) native: *terra natia*, native land **2** (*naturale*, *congenito*) innate, natural.

nativismo *s.m.* (*fil.*) nativism.

natività *s.f.* nativity.

nativo *agg.* **1** native: *sono* — *di Londra*, I am a Londoner (*o* I was born in London); *sono* — *di questi luoghi*, I was born round here (*o* I am a native of these parts); *paese* —, native country (*o* homeland *o* motherland) **2** (*non com.*) (*innato*) inborn, innate **3** (*naturale*) natural, native: *allo stato* —, in one's natural state // (*min.*) *elemento*, *metallo* —, native element, metal ◆ *s.m.* native: *i nativi*, the natives.

nato *agg.* **1** born (*pred.*): *bambino appena* —, newborn baby; — *cieco*, born blind; — *da povera gente*, born of poor parents; — *morto*, stillborn // — *a grandi cose*, born to great things // — *con la camicia*, born under a lucky star (*o* with a silver spoon in one's mouth) // — *ieri*, (*fig.*) born yesterday // — *sotto buona stella*, born under a lucky star // *un poeta*, *pittore* —, a born poet, painter // *la signora Rossi, nata Bianchi*, Mrs Rossi, née Bianchi // *era suo padre* — *e sputato*, he was the spitting image of his father **2** (*uscito dall'uovo*) hatched **3** (*germogliato*, *spuntato*) sprouting, beginning to grow; (*di denti*) cut **4** (*di fiumi ecc.*) rising (in, on sthg.) **5** (*fig.*) (*sorto*) born (of sthg.); (*causato*) brought about, occasioned: *disgrazie nate dalla guerra*, misfortunes brought about by war; *personaggi nati dalla sua fantasia*, characters born of his imagination ◆ *s.m.* person born: *i nati del 1960*, the people born in 1960 // *il primo* —, the first child (*o* first born).

natrice *s.f.* (*zool.*) natrix.

natrolite *s.f.* (*min.*) natrolite.

natron *s.m.* (*min.*) natron.

natta *s.f.* (*med.*) wen.

natura *s.f.* **1** nature: — *selvaggia*, wild nature; *i fenomeni della* —, natural phenomena; *le bellezze della* —, the beauties of nature; *legge di* —, law of nature; *vivere a contatto della* —, to live close to nature; *rispettare la* —, to respect nature // (*pitt.*) — *morta*, still life // *allo stato di* —, in the natural state // *contro* —, against nature (*o* unnatural) // *vivere secondo* —, to live according to nature // *madre* —, mother nature // *scambio in* —, barter; *compenso in* —, remuneration in kind; *pagare in* —, to pay in kind (*o* to truck) **2** (*essenza*, *l'essere*) nature, essence: *la* — *di Dio*, the nature of God; *la* — *umana*, human nature **3** (*genere*, *caratteristica*) nature, type, kind: *oggetti della medesima* —, objects of the same nature (*o* kind); *un problema di* — *economica*, *sociale*, an economic, social problem (*o form.* a problem of economic, a social nature); *una questione di* — *privata*, a private matter (*o form.* a question of a private nature) **4** (*carattere*, *indole*) nature, character: *contrario alla mia* —, contrary to my nature; *è nella sua* — *agire così*, it's part of his character to behave like that (*o* he is the sort of person who behaves like that); *vincere la propria* —, to overcome one's nature; *è una* — *irrequieta*, he has a restless nature // *nella* — *delle cose*, in the nature of things // *di*, *per* —, by nature: *egli è buono di* —, he is good-natured; *allegro di* —, naturally cheerful.

naturale *agg.* **1** natural: *bellezze naturali*, natural beauties; *fenomeni naturali*, natural phenomena; *forze naturali*, natural forces; *leggi naturali*, natural laws; (*dir.*) *diritto* —, natural law; *scienze naturali*, natural science (*o* natural history); *confine* —, natural boundary (*o* barrier) // *figlio* —, natural (*o* illegitimate) son // *morte* —, natural death // *vita natural durante*, for one's natural (*o* whole) life // (*dir.*) *obbligazione* —, imperfect (*o* natural) obligation **2** (*innato*) natural, innate: *abilità naturali*, innate (*o* natural) abilities; *avere una* — *inclinazione per la musica*, to have a natural gift for music **3** (*spontaneo*) natural, unaffected: *linguaggio* —, unstudied language; *parla in modo molto* —, he speaks in a very natural way (*o* very naturally) **4** (*non contraffatto*, *genuino*) natural, genuine: *vino* —, genuine wine; *i miei capelli sono naturali*, my hair is natural; *provare una* — *simpatia per qlcu.*, to take a spontaneous liking to s.o. // *fibre naturali*, natural fibres // *gas* —, natural gas // (*comm.*): *prodotto* —, natural product; *economia* —, non-monetary economy **5** (*ovvio*) natural, obvious: *è* — *che egli lo pensi*, it is natural for him to think so; *questo è* —, that's obvious (*o* of course *o* naturally); *"Verrai anche tu?" "Naturale!"*, "Are you coming?" "Of course!" **6** (*mus.*) natural **7** (*mat.*): *numero* —, natural number; *trasformazione* —, natural transformation ◆ *s.m.* **1** (*antiq.*) (*carattere*, *indole*) nature, character, disposition: *il suo* — *è così fatto*, that is his character **2** *pl.* (*antiq.*) (*indigeno*) native **3** *al* —, life-size: *ritratto al* —, life-size portrait // *verdure al* —, uncooked vegetables.

naturalezza *s.f.* **1** (*verosimiglianza*) truthfulness, fidelity: *descrivere una scena con* —, to describe a scene truthfully **2** (*spontaneità*) naturalness; simplicity: *comportarsi con* —, to behave naturally; *con* —, plainly (*o* unaffectedly); *quella ragazza manca di* —, that girl is affected.

naturalismo *s.m.* naturalism.

naturalista *s.m.* e *f.* naturalist.

naturalistico *agg.* naturalist, naturalistic.

naturalità *s.f.* **1** (*non com.*) (*l'essere naturale*) naturalness **2** (*dir.*) (right of) citizenship.

naturalizzare *v.tr.* (*dir.*) to naturalize.
□ **naturalizzarsi** *v.rifl.* o *intr.pron.* (*dir.*) to naturalize, to become* naturalized.

naturalizzazione *s.f.* (*dir.*, *biol.*) naturalization.

naturalmente *avv.* **1** (*in modo naturale*) naturally: *svilupparsi* —, to develop naturally

2 (*senza affettazione*) naturally, unaffectedly: *parla* —, he speaks unaffectedly 3 (*per natura*) by nature: *i bambini sono curiosi* —, children are curious by nature 4 (*certamente*) naturally, of course: *"L'hai detto a tua madre?" "Naturalmente"*, "Did you tell your mother?" "Of course, I did".

naturamortista *s.m.* e *f.* (*non com.*) still life painter.

naturante *agg.* (*teol.*) naturing.

nature *agg.* (*fr.*) natural: *una bellezza* —, a natural beauty.

naturismo *s.m.* 1 naturism 2 (*st. relig.*) nature worship.

naturista *s.m.* e *f.* naturist.

naturista, **naturistico** *agg.* naturistic, naturalistic; naturist (*attr.*): *movimento* —, naturist movement.

naufragare *v.intr.* 1 (*di persona*) to be shipwrecked; (*di nave*) to be wrecked: *la nave naufragò nella tempesta*, the ship was wrecked by the storm 2 (*fig.*) (*finir male*, *fallire*) to be wrecked, to fail: *le sue speranze naufragarono*, his hopes were wrecked; *l'affare è naufragato*, the deal fell through (*o* failed).

naufragio *s.m.* 1 shipwreck, wreck: *far* —, to be wrecked 2 (*fig.*) (*fallimento*) wreck, failure, ruin: *il — dei nostri progetti*, the failure of our plans; *il — di un'azienda*, the failure of a firm.

naufrago *agg.* shipwrecked, wrecked ◆ *s.m.* shipwrecked person: *i naufraghi furono raccolti da una nave*, the survivors were picked up by a ship.

naupatia *s.f.* (*med.*) seasickness, naupathia.

nauplio *s.m.* (*biol.*) nauplius (*pl.* -ii).

nausea *s.f.* nausea [U]; (*fig.*) (*disgusto*) nausea [U], loathing, disgust: *avere la* —, to feel sick (*o fam.* to feel queasy); *in auto mi viene la* —, I get car sick; *essere facile alle nausee*, to be squeamish; *far venire*, *dare la* —, to make sick (*o* to disgust *o* to nauseate): *il suo comportamento mi dà la* —, (*fam.*) his behaviour makes me sick; *avere a — qlco.*, to loathe sthg.; *ripetere qlco. fino alla* —, to repeat sthg. ad nauseam; *mangiare fino alla* —, to eat until one is sick.

nauseabondo, **nauseante** *agg.* nauseating, sickening, loathsome, disgusting, repulsive (*anche fig.*): *cibo* —, nauseating food; *uno spettacolo* —, a repulsive (*o* sickening) sight.

nauseare *v.tr.* to nauseate, to make* sick (*anche fig.*): *il suo comportamento nauseò tutti*, his behaviour disgusted everybody (*o* made everybody sick).

nauseato *agg.* nauseated (at, by sthg.), sickened (by sthg.) (*anche fig.*).

nauta *s.m.* (*poet.*) navigator; pilot.

nautica *s.f.* 1 (*scienza*) nautical science; navigation, seamanship 2 (*attività*) boating, sailing // *gare di* —, sailing races // *negozio di* —, marine shop // *Salone della Nautica*, Boat Show.

nautico *agg.* nautical: *sport nautici*, aquatic sports; *strumenti nautici*, nautical instruments; *carta nautica*, nautical chart // (*dir.*) *colpa nautica*, nautical fault.

nautilo *s.m.* (*zool.*) (*Argonauta argo*) nautilus*.

navale *agg.* naval, ship (*attr.*): *battaglia* —, naval (*o* sea) battle; *cantiere* —, shipyard; *forza* —, naval strength; *ingegnere* —, naval engineer // *Accademia Navale*, Naval Academy // *Lega Navale*, Navy League // *registro* —, Lloyd's Register.

navalismo *s.m.* navalism.

navalistico *agg.* naval, (*non com.*) navalistic: *politica navalistica*, navalism (*o* naval policy).

navalmeccanica *s.f.* naval engineering.

navalmeccanico *agg.* naval engineering (*attr.*): *operaio* —, naval engineering worker; *industria navalmeccanica*, naval engineering industry ◆ *s.m.* naval engineering worker.

navarca, **navarco** *s.m.* (*letter.*) navarch.

navata *s.f.* (*arch.*) (*centrale*, *maggiore*) nave, (*solo amer.*) broad aisle; (*laterale*, *minore*) (side) aisle: *chiesa a tre navate*, church with a nave and two side aisles.

nave *s.f.* ship; boat; vessel: — *a due alberi*, two-master; — *alla fonda*, ship at anchor; — *ammiraglia*, flagship; — *appoggio*, tender; — *a vapore*, steamer (*o* steamship); — *a vela*, sailing ship; — *cisterna*, tanker; — *civetta*, decoy ship; — *corsara*, corsair; — *da piccolo cabotaggio*, *costiera*, coaster (*o* coasting vessel); — *da carico*, freighter (*o* cargo boat); — *da guerra*, warship; — *di linea*, liner; — *di soccorso*, rescue ship; — *frigorifera*, refrigerator ship; — *gemella*, sister ship; — *goletta*, schooner; — *idrografica*, survey ship; — *lanciamissili*, missileship; — *mercantile*, merchant ship (*o* merchantman); — *officina*, repair ship; — *ospedale*, hospital ship; — *passeggeri*, passenger ship; — *per trasporto truppe*, troopship; — *petroliera*, oil tanker; — *portacontainer*, container ship; — *posamine*, minelayer; — *rompighiaccio*, icebreaker (*o* iceboat); — *scuola*, training ship; — *traghetto*, ferry(boat); *trasportare merci per* —, to ship goods; *varo di una* —, launching of a ship; *la — entra in porto*, *salpa*, *getta l'ancora*, the ship enters harbour, leaves harbour (*o* sails), anchors // — *spaziale*, spaceship // *la — del deserto*, the ship of the desert // *guidare la — dello stato*, to steer the ship of State.

navetta *s.f.* (*tecn.*) shuttle // (*aer.*) — *spaziale*, space shuttle // *far* —, to go to and fro ◆ *agg.* shuttle (*attr.*): *treno* —, shuttle train.

navette *s.f.* (*fr.*) (*taglio di gemme*) navette: *taglio a* —, navette cut.

navicella *s.f.* 1 small ship, boat; (*poet.*) bark // *la — di San Pietro*, (*la Chiesa*) St. Peter's bark (*o* boat) 2 (*aer.*) (*di dirigibile*) nacelle, car; (*di pallone*) basket 3 (*eccl.*) incense-boat 4 (*tecn.*) shuttle.

navicello *s.m.* (*mar.*) two-masted sailing-boat.

navicolare *agg.* (*anat.*) navicular, scaphoid: *osso* —, scaphoid.

navigabile *agg.* 1 navigable: *fiume* —, navigable river // (*dir.*) *acque navigabili*, navigable waters // (*geogr.*) *passaggio* —, passage (*o* pass) 2 (*ant.*) (*che può tenere il mare*) seaworthy: *bastimento* —, seaworthy vessel // *vino* —, wine that travels well.

navigabilità *s.f.* 1 navigability 2 (*capacità di tenere il mare*) seaworthiness.

navigante *agg.* (*su nave*) seafaring, sailing; (*su aereo*) flight (*attr.*): *personale* —, (*di aereo*) flight crew, (*di nave*) crew (*o* sailors) // *bollettino per i naviganti*, weather report for sailors.

navigare *v.intr.* 1 to sail, to navigate; (*di aereo*) to fly*: *è pericoloso — vicino alla costa*, it is dangerous to sail near the coast; *è spesso difficile — in questo estuario*, it is often difficult to navigate in this estuary; *ha navigato per tutti i mari*, he has sailed the seven seas; *naviga da trent'anni*, he has been at sea for thirty years; *questo piroscafo naviga bene*, this ship behaves well (at sea); — *in carico*, to sail laden; — *a luci spente*, to sail blacked-out; *l'aereo naviga ad alta quota*, the plane is flying at high altitude; — *col vento in poppa*, to have the wind in one's sails (*anche fig.*) // — *secondo il vento*, (*adattarsi alle circostanze*) to trim one's sails according to the wind // — *in cattive acque*, (*essere in difficoltà*) to be in deep waters (*o* to be in dire straits) // — *sulla scia di qlcu.*, (*seguirne l'esempio*) to follow in s.o.'s wake (*o* footsteps) 2 (*fig.*) (*barcamenarsi*) to get* by: *è difficile per l'azienda — in un mercato competitivo*, it's difficult for the firm to get by in a competitive market 3 (*inform.*) to navigate, to surf: — *in Internet*, to surf the Internet ◆ *v.tr.* to sail, to navigate: — *i mari della Cina*, to sail the China seas; — *l'oceano*, to sail the ocean.

navigato *agg.* 1 (*esperto*) experienced, worldly-wise: *uomo* —, experienced man 2 (*non com.*) (*trasportato per nave*) shipped 3 (*non com.*) (*percorso da molte navi*) navigated.

navigatore *s.m.* 1 navigator: *Colombo fu un grande* —, Columbus was a great navigator // — *solitario*, lone sailor 2 (*marinaio*) sailor, seaman*, mariner: *vita da* —, sailor's life (*o* seafaring life) 3 (*sport*) navigator ◆ *agg.* seafaring: *popolo* —, seafaring people.

navigatorio *agg.* (*non com.*) navigational.

navigazione *s.f.* 1 navigation; (*a vela*) sailing: — *aerea*, air navigation; — *aerea astronomica*, astronavigation; — *aerea cieca*, instrument navigation; — *a vapore*, steam -navigation; — *fluviale*, river navigation; — *interna*, inland navigation; (*mar.*) — *radioguidata*, radio navigation; *servizio di* —, boat service; (*mar.*) *compagnia di* —, shipping company (*o* shipping-line), (*aer.*) airline: *perché non viaggi con la compagnia di — X.Y.?*, why don't you travel by the X.Y. line?; *rivolgiti alla compagnia di* —, go to the shipping agent; *la — attraverso il canale di Suez è aumentata*, navigation through the Suez Canal has increased // (*dir.*): *diritto di* —, right of navigation; *diritto della* —, maritime law // (*st.*) *atto di* —, Navigation Act 2 (*viaggio*) sea voyage; (*traversata*) crossing: *la — è stata faticosa*, the crossing (*o* voyage) was tiring; *ci vogliono dieci giorni di — per arrivare in Brasile*, the voyage to Brazil takes ten days 3 (*inform.*) navigation.

naviglio *s.m.* 1 ships (*pl.*), vessels (*pl.*); (*flotta*) fleet: — *da guerra*, navy; — *leggero*, light surface craft; — *mercantile*, merchant ships; — *da pesca*, fishing fleet 2 (*rar.*) (*nave*) craft 3 (*region.*) (*canale navigabile*) canal, waterway.

navimodellismo *s.m.* (*il costruire modellini navali*) model-boat building; (*il collezionare modellini navali*) model-boat collecting.

navimodellista *s.m.* e *f.* (*chi costruisce modellini navali*) model-boat builder; (*chi colleziona modellini navali*) model-boat collector.

navoncella *s.f.* (*zool.*) (*Pieris napi*) black -veined white worm.

navone *s.m.* → **rutabaga**.

nazareno *agg.* e *s.m.* Nazarene.

nazi *s.m.* (*pol.*) Nazi.

nazifascismo *s.m.* Nazi-Fascism.

nazifascista *agg.* e *s.m.* e *f.* Nazi-Fascist.

nazificare *v.tr.* to nazify.

nazionalcomunismo *s.m.* (*pol.*) National Communism.

nazionalcomunista *s.m.* e *f.* (*pol.*) National Communist.

nazionalcomunistico *agg.* (*pol.*) National -Communist (*attr.*).

nazionale *agg.* national, domestic, home (*attr.*): *lingua, festa, inno,* —, national language, holiday, anthem; *industria, produzione* —, home industry, manufacture; *prodotti nazionali*, national (*o* home *o* domestic) products; *voli nazionali*, domestic flights; *reddito* —, national income; *commercio* —, domestic trade; *banca* —, national bank ◆ *s.f.* (*squadra*) national team: *giocare in* —, to play in the national team ◆ *s.m.* e *f.* (*atleta*) international.

nazionalismo *s.m.* nationalism.

nazionalista *s.m.* e *f.* nationalist ◆ *agg.* nationalist(ic).

nazionalistico *agg.* nationalist(ic).

nazionalità *s.f.* **1** (*l'essere nazionale*) national character // *principio di* —, principle of the self-determination of nations **2** (*cittadinanza*) nationality: *ho la — italiana*, I have Italian nationality; *ha perso la — svizzera*, he has lost Swiss nationality // *gente di ogni* —, people of all nationalities (*o* from all countries).

nazionalizzare *v.tr.* to nationalize: — *le ferrovie, le banche*, to nationalize the railways, the banks // *industrie nazionalizzate*, nationalized industries.

nazionalizzazione *s.f.* nationalization: *la — delle imprese elettriche*, the nationalization of the electricity companies.

nazionalpopolare *agg.* national-popular.

nazionalsocialismo *s.m.* (*pol.*) National Socialism; Nazism.

nazionalsocialista *agg.* e *s.m.* e *f.* (*pol.*) National Socialist, Nazi.

nazionalsocialistico *agg.* (*pol.*) National Socialist, Nazi.

nazione *s.f.* nation; state; (*paese*) country: *gente di ogni* —, people from all countries; *la ricchezza di una* —, the wealth of a nation; — *in via di sviluppo*, developing country; — *sottosviluppata*, underdeveloped country; — *creditrice*, creditor nation; — *debitrice*, debtor nation; — *industrializzata*, industrialized nation // (*st.*) *la Società delle Nazioni*, the League of Nations.

nazismo *s.m.* (*pol.*) Nazism.

nazista *agg.* e *s.m.* e *f.* (*pol.*) Nazi.

nazistico *agg.* (*pol.*) Nazi.

nazzareno → **nazareno**.

'ndrangheta *s.f.* 'ndrangheta (a Calabrian criminal organization similar to the Mafia).

né *cong. coordinativa* **1** (*e neppure, e non*) neither, nor; (*in presenza di altra negazione*) either, or: *lui non era al corrente, — lo ero io*, he knew nothing about it, nor did I; *non gli ho parlato, — intendo parlargli*, I haven't spoken to him, and I'm not going to, either (*o form.* I have not spoken to him, nor do I intend to); *non l'avevo mai visto — conosciuto*, I had neither seen nor spoken to him before; *vorrei un'automobile non troppo costosa — troppo ingombrante*, I'd like a car that's neither too expensive nor too large; *non aveva voglia di uscire — di vedere gente*, he did not feel like going out or meeting people // Con uso enfatico: *ha voluto farlo, — io lo condanno per questo*, he wanted to do it, and I don't blame him (for that) **2** *né... né*, (neither)... nor; (*in presenza di altra negazione*) (either)... or: *non ha — sorelle — fratelli*, he has no sisters or brothers (*o* he hasn't any sisters or brothers); *non l'ho trovato — in ufficio — a casa*, I couldn't find him (either) at the office or at home; *il suo discorso non è stato — interessante — istruttivo*, his talk was neither interesting nor instructive; *non parlava — l'inglese, — il tedesco, e nemmeno l'italiano*, he spoke neither English, nor German, nor even Italian; — *si è scusato, — ha ammesso di aver sbagliato*, he neither apologized nor admitted he was wrong; — *tu — io accetteremmo una simile offerta*, neither you nor I would accept such an offer; *se ne sono andati senza — ringraziare — salutare*, they left without either thanking us or saying goodbye // — *da una parte — dall'altra*, on neither side // *non lo farei — ora — mai*, I wouldn't do it now or at any other time // — *più — meno*, nothing but; exactly: *si è rivelato — più — meno per quello che è*, he showed himself up for exactly what he is; *questa è una truffa, — più — meno*, this is nothing but a swindle // — *l'uno — l'altro*, neither; (*in presenza di altra negazione*) either: — *l'uno — l'altro vollero rispondere*, neither of them would answer; *non conosco — l'uno — l'altro dei fratelli*, I don't know either of the brothers.

ne *pron.m.* e *f.sing.* e *pl.* **1** (*specificazione o argomento; talvolta in ingl. è sottinteso*) of, about him, her, them (*riferito a persona*); of, about it, this, that (*riferito a cosa*): *è un uomo eccezionale, tutti — parlano con ammirazione*, he is an exceptional man, everyone speaks highly of him; — *ho abbastanza di loro!*, I've had enough of them!; *che — sai?*, what do you know about it?; *andiamo al cinema, che — dici?*, what about it, shall we go to the cinema?; *Le è piaciuta la rivista? Gliene manderemo una copia*, Did you like the magazine? We'll send you a copy (of it); *gliene hai parlato?*, have you spoken to him (*o* to her) about it?; *non vuole più saperne*, he doesn't want to hear any more about it; *vuoi parlarmene?*, do you want to talk to me about it?; *ho ricevuto il libro e — ho letto alcune pagine*, I received the book and have read a few pages of it; *"Hai comprato il giornale?" "No, me — sono dimenticato"*, "Did you get the newspaper?" "No, I forgot (all about it)"; *le cose stanno così, ma tu non — sembri convinto*, that's how it is, but you don't seem convinced; *"Dobbiamo avvertire la polizia?" "No, non — vedo la necessità"*, "Should we inform the police?" "No, I don't see any need to" // *non avertene a male*, don't take it to heart // *non — vale la pena!*, it isn't worth it! **2** (*con valore possessivo*) his, her, its, their: *uccise il re e — usurpò il trono*, he killed the king and usurped his throne; *abbiamo visitato Roma e — abbiamo ammirato le rovine*, we visited Rome and admired its ruins; *questa lettera è di Giorgio, — riconosco la scrittura*, this letter is from George, I recognize his handwriting **3** (*con valore partitivo; talvolta in ingl. è sottinteso*) some, any: *non ho libri da leggere, me — presti qualcuno?*, I haven't any books to read. Will you lend me some?; *"Avete amici a Milano?" "No, non — abbiamo"*, "Have you got any friends in Milan?" "No, we haven't"; *"Vorrei del formaggio" "Mi dispiace, non ce n'è più"*, "I'd like some cheese" "Sorry, there isn't any left"; *le etichette non bastano, dammene delle altre*, there aren't enough labels, give me some more; *"Sono tutti presenti i candidati?" "No, — mancano alcuni"*, "Are all the candidates here?" "No, some (of them) are missing" **4** (*con valore causale*) for it, about it: *ho saputo la bella notizia e — sono felice*, I've heard the good news, and I'm very happy about it; *si è comportato male, ma se — pentirà*, he has behaved badly, but he'll be sorry for it **5** (*derivazione, provenienza, conseguenza*) from it, out of it: *non saprei trarne una conclusione*, I couldn't draw any conclusions from it; *è stata sempre gentile con lui ma non — ha ricevuto che sgarbi*, she was always nice to him, but all she got out of it was rudeness // — *deriva che..., se — deduce che...*, it follows that..., what comes out of it is that... **6** (*uso pleonastico*): *me — vado subito*, I'm off; *se — andò tutto soddisfatto*, he went off as pleased as could be; *se — stava tutta sola in un angolo*, she was sitting in a corner all by herself; *se — veniva bel bello quando...*, he was strolling along when... **7** (*in espressioni ellittiche*): — *ha fatto di belle*, he got up to all sorts of things; *gliene ho dette tante!*, I gave him a piece of my mind!; — *ho combinata una delle mie!*, I've gone and done it again! ◆ *avv.* **1** (*moto da luogo*) from it, from there; out of it, out of there: *"Sei stato in città?" "Sì, — vengo ora"*, "Have you been to town?" "Yes, I've just come back from there"; *una volta entrato nel cunicolo, non riuscì più ad uscirne*, once he had entered the tunnel, he was unable to get out of it again; *era in una brutta situazione ma — è venuto fuori*, he was in a real predicament, but he managed to get out of it **2** (*con uso pleonastico; in ingl. spesso non si traduce*): *non startene lì impalato, fa' qualcosa!*, don't just stand there, do something!

ne' forma tronca di *nei*.

neanche *avv.* **1** neither, nor; (*in presenza di altra negazione*) either, or: *"Non sono mai andato a Parigi" "Neanche io"*, "I've never been to Paris" "Neither (*o* Nor) have I"; *neanch'io lo sapevo*, I didn't know, either; *io non posso andarci, lui* —, I can't go, and neither can he; *non l'ho visto, e — voglio vederlo*, I haven't seen him and I don't want to, either; *non ha agito così per paura e — per interesse*, he didn't behave like that out of fear, or out of self-interest, either **2** (*rafforzativo di negazione*) even; not so much as: *non ci penso — lontanamente*, I wouldn't (even) dream of it; *non l'ho — visto*, I haven't even seen him; *se n'è andato senza — salutare*, he left without even (*o* without so much as) saying goodbye // *non ci credo — un po'*, I can't believe a word of it // — *per sogno!*, not on your life! // — *uno*, not a single one: *non ha — un amico, non ha — un soldo*, he hasn't a single friend, he hasn't a penny; *non ha fatto — un errore*, he didn't make a single mistake; *di tutti i concorrenti — uno ha concluso la gara*, out of all the competitors, not a single one finished the race.

neanche a, se *cong.* (*con valore concessivo*): *non cederebbe quella casa, — a pagargliela a peso d'oro*, he wouldn't give up that house even if you offered him a fortune; *non ci crederei — se lo vedessi con i miei occhi*, I wouldn't believe it even if I were to see it with my own eyes // — *a farlo apposta, la batteria era scarica*, (just) to make matters worse, the battery was flat.

neandertaliano *agg.* Neanderthalian.

nebbia *s.f.* **1** fog; (*foschia*) mist; (*da calore*) haze; (*mista a fumo*) smog: — *bassa*, ground fog; — *fitta*, thick fog; (*fam.*) pea souper; *banco di* —, fog bank; *cortina di* —, smokescreen; *sirena per la* —, fog horn; (*ferr.*) *petardi da* —, fog signals; *la — si alza*, the mist is rising; *la — si dilegua*, the fog is lifting; *il paesaggio era avvolto nella* —, the landscape was shrouded in mist; *causa — l'aeroporto è chiuso*, the airport is closed because of fog // *c'era una — da tagliare col coltello*, the fog was so thick you could cut it with a knife // *ho come una — davanti agli occhi*, I have a sort of mist before my eyes // (*fis.*) *camera a* —, cloud chamber **2** (*fig.*) (*offuscamento*) haze, mist **3** (*malattia delle piante*) blight.

nebbiogeno *agg.* smoke discharging ◆ *s.m.* smoke discharger.

nebbiolo *s.m.* 'Nebbiolo' (kind of red wine made in Piedmont).

nebbione *s.m.* thick fog; (*fam.*) pea souper: *c'era un — incredibile*, the fog was unbelievably thick.

nebbiosità *s.f.* fogginess, haziness (*anche fig.*): *la — di un ricordo*, the haziness of a memory.

nebbioso *agg.* **1** foggy, misty: *tempo* —, foggy (*o* misty) weather; *una zona nebbiosa*, a foggy area **2** (*fig.*) (*oscuro*) hazy, misty; confused; obscure: *discorso* —, confused speech; *idea nebbiosa*, hazy idea; *stile* —, obscure style.

nebula *s.f.* **1** (*ant., letter.*) (*nebbia*) nebula, mist, fog **2** (*astr.*) → **nebulosa**.

nebulare *agg.* (*astr.*) nebular.

nebulizzare *v.tr.* to nebulize, to vaporize.

nebulizzatore *s.m.* nebulizer, vaporizer.

nebulizzazione *s.f.* nebulization, vaporization.

nebulosa *s.f.* (*astr.*) nebula*: — *oscura, lucente*, dark, bright nebula; — *fondamentale*, primeval nebula; *teoria della — fondamentale*, nebular hypothesis; — *di Orione*, Orion nebula; — *di Andromeda*, Andromeda galaxy.

nebulosità *s.f.* **1** (*astr.*) nebulosity **2** (*imprecisione, indeterminatezza*) haziness, vagueness, nebulousness; obscurity: *la — delle sue idee*, the haziness of his thoughts.

nebuloso *agg.* **1** nebulous **2** (*fig.*) (*impreciso, vago*) nebulous, vague; obscure: *stile* —, obscure style; *teoria nebulosa*, vague theory.

nécessaire *s.m.* (*fr.*) dressing case; (*per le unghie*) manicure set; (*per la barba*) shaving set; (*per la toilette femminile*) beauty (*o* make-up) case; (*per le scarpe*) shoe box; (*per lavoro*) workbasket; (*per cucire*) sewing case; (*per fumatori*) smoker's set.

necessariamente *avv.* necessarily: *dovremo — assumere altro personale*, we must of necessity (*o* we have no alternative but to) take on new staff.

necessario *agg.* necessary; requisite; (*indispensabile*) indispensable: *l'aria, il cibo e l'acqua sono necessari alla vita*, air, food and water are indispensable to life; *articoli necessari*, necessary (*o* requisite) articles; *i documenti necessari*, the documents required; *la somma necessaria per un pagamento*, the money needed (*o* necessary) for a payment; *avere il denaro* —, to have enough money; *dammi il tempo — per arrivare*, allow me the time I need to arrive; *la nuova sede è ormai diventata necessaria*, the new head office has become a necessity; *è — che egli ritorni*, he must come back (*o* it is necessary for him to come back); *è — che io lo veda*, I must see him (*o* it is necessary for me to see him); *è — che tu lo segua*, you must follow him (*o* it is necessary for you to follow him); *è — molto tempo per imparare bene una lingua straniera*, it takes a long time to learn a foreign language well; *non è — che tu venga*, you need not come; *la sola cosa necessaria è che...*, the essential thing is that...; *il suo arrivo rende — che io me ne vada*, his arrival means that I must go; *l'emergenza lo rende* —, the emergency makes it necessary; *rendersi — a qlcu.*, to make oneself indispensable to s.o.; *ritenere — qlco.*, to consider sthg. (*o* to deem sthg.) necessary // (*dir.*) *erede* —, heir at law ◆ *s.m.* **1** (*ciò che è indispensabile*) necessities (*pl.*), necessaries (*pl.*), essentials (*pl.*): *il puro, lo stretto* —, the bare necessities; *il — alla vita*, the necessities (*o* the necessaries) of life; *essere privo del — per vivere*, to be without the necessities of life (*o* to lack the essentials to live) **2** (*cosa necessaria*) (what is) necessary: *farò tutto il* —, I shall do all that is necessary (*o* everything necessary); *non voglio fare più del* —, I don't want to do more than is necessary; *suo padre gli fornirà il* —, his father will provide him with what he needs.

necessità *s.f.* **1** necessity; (*bisogno*) need: *la — di mangiare, di bere*, the need to eat, to drink; — *di riposo*, need of rest; *ho — di riposo*, I need to rest; *una — logica*, a logical necessity; *le — della vita*, the necessities of life; *secondo le* —, as needed (*o* required); *che — c'era di farlo?*, why was it necessary (*o* why did you have) to do that?; *non vedo la — di questo incontro*, I don't see the need for (*o* the necessity of) this meeting; *non c'è — che tu vada*, there is no need for you to go (*o* you need not go *o* it is not necessary for you to go); *in caso di — sarò sempre contenta di aiutarti*, if necessary (*o* if need be *o* in case of need) I shall always be glad to help you; *se ci fosse —, ci andrei*, if the necessity arose (*o* if it were necessary), I should go there; *trovarsi nella — di fare qlco.*, to be constrained (*o* compelled) to do sthg.; *essere nella — di guadagnare*, to be obliged to earn one's living; *piegarsi alla* —, to give in to necessity // *di, per* —, out of (*o* from) necessity: *l'ho fatto per* —, I did it out of necessity // *oggetti di prima* —, indispensable articles // *le — corporali*, the call of nature // (*dir.*) *stato di* —, (state of) necessity // (*econ.*) — *del consumatore*, consumer needs // (*fin.*): — *finanziarie*, financial needs; — *di investimento*, investment requirements // *la — aguzza l'ingegno*, (*prov.*) necessity is the mother of invention // *bisogna fare di — virtù*, (*prov.*) what can't be cured must be endured **2** (*indigenza*) need, necessity, poverty: *bisogna aiutarlo perché vive in* —, we must help him as he lives in poverty; *trovarsi, versare in grande* —, to be in great (*o* dire) need.

necessitare *v.tr.* to necessitate, to call for (sthg.): *l'aumento della popolazione necessita una maggiore provvista di cibo*, the rise in the population necessitates (*o* calls for) a larger food supply; *la situazione economica necessita nuove misure restrittive*, the economic situation requires (*o* calls for) new restrictive measures ◆ *v.intr.* **1** (*aver bisogno*) to need (sthg.): *necessito di molte cose*, I need many things; *il palazzo necessita di urgenti restauri*, the building is in urgent need of repairs; *la ditta necessita di fondi*, the company needs funds **2** (*essere necessario*) to be necessary: *a questo punto necessita una riforma*, at this point a reform is necessary.

necro- *pref.* di origine greca che indica attinenza con i 'cadaveri' o 'organismi, tessuti morti'; ingl. necro-: *necrofilia*, necrophilia (*o* necrophilism); (*biol.*) *necrobiosi*, necrobiosis.

necrofagia *s.f.* necrophagy.

necrofago *agg.* (*zool.*) necrophagous.

necrofilia *s.f.* (*psic.*) necrophilia, necrophilism.

necrofilo *agg.* (*psic.*) necrophiliac ◆ *s.m.* (*psic.*) necrophile, necrophiliac.

necrofobia *s.f.* (*psic.*) necrophobia.

necroforo *s.m.* **1** (*becchino*) gravedigger **2** (*zool.*) sexton (-beetle), necrophorus, (*pop.*) burying-beetle.

necrologia *s.f.* **1** (*annuncio sul giornale*) obituary (notice) **2** (*orazione funebre*) funeral oration.

necrologico *agg.* necrological: *annuncio* —, obituary (notice).

necrologio *s.m.* **1** (*registro delle morti*) necrology, obituary, register of deaths **2** (*annuncio sul giornale*) obituary (notice).

necrologista *s.m.* e *f.* necrologist, obituarist.

necromanzia → **negromanzia**.

necropoli *s.f.* necropolis.

necroscopia meno com. **necropsia** *s.f.* postmortem (examination), autopsy, necropsy.

necroscopico *agg.* necroscopic(al); postmortem (*attr.*): *esame* —, postmortem examination (*o* autopsy).

necrosi *s.f.* (*med., bot.*) necrosis*.

necrotico *agg.* (*med., bot.*) necrotic.

necrotizzare *v.tr.* **necrotizzarsi** *v.intr. pron.* (*med., bot.*) to necrotize; to necrose.

necton *s.m.* (*zool.*) nekton.

nectonico *agg.* (*zool.*) nektonic.

neerlandese meno com. **nederlandese** *agg.* Netherlandish ◆ *s.m.* e *f.* Netherlander.

nefandezza *s.f.* **1** (*l'esser nefando*) nefariousness, wickedness: *la — di una calunnia*, the wickedness of a slander **2** (*atto nefando*) foul deed, vile deed, wicked deed: *macchiarsi di una* —, to discredit oneself with a foul deed.

nefando *agg.* nefarious, wicked: *un delitto* —, a wicked crime; *un — assassino*, a vile murderer.

nefasto *agg.* (*infausto, funesto*) inauspicious, fateful, ill-omened; (*malefico*) evil, baleful; (*fatale*) fatal: *un giorno* —, a fateful day; *un segno* —, an ominous sign; *un annuncio* —, an inauspicious piece of news; *esercitare un'influenza nefasta su qlcu.*, to exert a malign (*o* a baleful) influence on s.o.; *un'impresa nefasta*, a fatal undertaking; *un incontro* —, (*fatale*) a fatal encounter, (*funesto*) an ill-omened encounter.

nefelina *s.f.* (*min.*) nepheline, nephelite.

nefelinite *s.f.* (*geol.*) nephelinite.

nefelio *s.m.* → **nubecola**.

nefelografo *s.m.* (*fis., meteor.*) nephelograph.

nefelometria *s.f.* (*fis., meteor.*) nephelometry.

nefelometro *s.m.* (*fis., meteor.*) nephelometer.

nefologia *s.f.* (*meteor.*) nephology.

nefoscopia *s.f.* (*meteor.*) nephoscopy.

nefoscopio *s.m.* (*meteor.*) nephoscope.

nefrectomia *s.f.* (*med.*) nephrectomy.

nefrite[1] *s.f.* (*med.*) nephritis.

nefrite[2] *s.f.* (*min.*) nephrite.

nefritico *agg.* e *s.m.* (*med.*) nephritic.

nefro- *pref.* di origine greca usato nella terminologia scientifica per indicare 'i reni' o relazione con i reni; ingl. nephr(o)-: (*med.*) *nefralgia*, nephralgia; (*med.*) *nefrografia*, nephrography.

nefroide *agg.* (*med.*) nephroid, kidney-shaped.

nefrolitiasi *s.f.* (*med.*) nephrolithiasis.

nefrolito *s.m.* (*med.*) nephrolith.

nefrologia *s.f.* (*med.*) nephrology.

nefrologico *agg.* (*med.*) nephrologic.

nefrologo *s.m.* (*med.*) nephrologist.

nefrone *s.m.* (*anat.*) nephron.

nefropatia *s.f.* (*med.*) nephropathy.

nefroptosi *s.f.* (*med.*) nephroptosis.

nefrorragia *s.f.* (*med.*) nephrorrhagia.

nefrosclerosi *s.f.* (*med.*) nephrosclerosis.

nefrosi *s.f.* (*med.*) nephrosis.

nefrotomia *s.f.* (*med.*) nephrotomy.

negabile *agg.* (*non com.*) deniable.

negare *v.tr.* **1** to deny: *l'imputato nega l'accusa*, the accused denies the charge (*o* pleads not guilty); *nego che questo sia vero*, I deny that this is true; *negò di averlo visto*, he denied having seen him; *non nego che fra noi vi siano interessi comuni*, I do not deny that we have common interests; *non si può — che abbia ragione*, it cannot be denied that he is right; — *l'esistenza di Dio*, to deny the existence of God; — *un fatto*, to deny a fact; *gli chiesero se la conosceva ed egli negò*, they asked him if he knew her and he denied it **2** (*rifiutare*) to refuse, to deny: *lei non gli nega mai nulla*, she never refuses (*o* denies) him anything; — *l'autorizzazione, il consenso*, to refuse (*o* to withhold) authorization, consent; — *un permesso*, to refuse permission (*anche dir.*); — *il proprio aiuto*, to refuse to help (*o* one's help); *non ti negherò mai il mio appoggio*, I'll never refuse (*o* deny) you my support // — *ogni lusso*, to deny oneself every luxury // *farsi — al telefono*, to get s.o. to say that one is not in **3** (*rinnegare*) to deny: *Pietro negò il Signore*, Peter denied his Master; — *la propria fede, il proprio paese*, to deny one's faith, one's country.

□ **negarsi** *v.rifl.* **1** to pretend not to be in: — *al telefono*, to pretend one is not in **2** (*non concedersi sessualmente*) to deny one's favours.

negativa *s.f.* **1** negative: *'no' e 'non' sono negative*, 'no' and 'not' are negatives // *persistere sulla* —, to maintain a negative attitude **2** (*fot.*) negative: — *a contatto*, contact negative.

negativamente *avv.* negatively: *rispose* —, he replied in the negative; *giudicare — qlcu., qlco.*, to judge s.o., sthg. negatively.

negativismo *s.m.* **1** (*psic.*) negativism **2** (*estens.*) negative attitude.

negatività *s.f.* negativeness.

negativo *agg.* **1** negative; (*sfavorevole*) unfavourable: *risposta negativa*, negative answer (*o* answer in the negative); *proposizione negativa*, negative proposition; *voto* —, unfavourable (*o* negative) vote; *assunsero un atteggiamento* —, they took up a negative attitude; *non guardare solo i lati negativi della questione*, don't look only at the negative aspects of the question; *il progetto presenta alcuni aspetti negativi*, the plan has some drawbacks; *il parere della commissione è* —, the opinion of the commission is negative; *l'esame istologico risulta* —, the result of the histological test is negative **2** (*mat., fis., fot.*) negative: (*fot.*) *pellicola, lastra negativa*, negative film, plate // (*elettr.*): *elettricità negativa*, negative electricity; *polo* —, negative pole // (*mat.*): *numeri negativi*, negative numbers; *quantità negativa*, negative quantity; *segno* —, negative sign ◆ *s.m.* (*fot.*) negative.

negato *agg.* (*che non ha inclinazione per*); hopeless (at sthg.) (*pred.*): *essere — a, per qlco.*, to have no gift (*o* aptitude) for sthg. (*o* to be hopeless at sthg. *o* to be no good at sthg.); *mio figlio è — per la matematica*, my son is hopeless at mathematics; *credo di essere — per le lingue*, I think I'm hopeless at languages; *sono — per i lavori manuali*, I'm no good at manual work; *è negata per lo sci*, she's hopeless at skiing.

negatone → **negatrone**.

negatore *agg.* negatory ◆ *s.m.*, **negatrice** *s.f.* denier.

negatorio *agg.* negatory.

negatrone *s.m.* (*fis.*) negatron, negaton.

negazione *s.f.* **1** denial; (*rifiuto*) refusal: *protestavano contro la — dei più elementari diritti umani*, they were protesting against the denial of the most basic human rights; *oppose alle loro richieste un'esplicita* —, he met their demands with a downright refusal **2** (*gramm.*) negative: *in inglese due negazioni affermano*, in English two negatives make an affirmative **3** (*cosa, azione diametralmente opposta ad un'altra*) negation, contrary: *questa sentenza è la — della giustizia*, the sentence is the negation of justice **4** (*log.*) negation.

neghittoso *agg.* (*letter.*) **1** (*indolente*) slothful; (*pigro*) lazy; (*svogliato*) listless **2** (*negligente*) negligent, neglectful.

negletto *agg.* (*letter.*) **1** neglected; ignored **2** (*di abbigliamento, aspetto*) slovenly: *aspetto* —, slovenly appearance.

négligé *s.m.* (*fr.*) (*abbigl.*) negligée.

negligente *agg.* negligent, careless, neglectful; (*svogliato*) slothful, lazy: — *nei propri doveri*, negligent of one's duties; *un cassiere — nel tenere i libri*, a cashier careless in his bookkeeping; *un ragazzo — non riuscirà mai nella vita*, a careless boy will never succeed; *comportamento* —, negligent behaviour (*anche dir.*).

negligenza *s.f.* **1** (*l'essere negligente*) negligence; carelessness; (*svogliatezza*) slothfulness, laziness: — *abituale*, usual carelessness; *per* —, through negligence; *l'incidente fu dovuto a* —, the accident was due to negligence; (*dir.*) *lieve, grave* —, slight, gross negligence; — *nell'esercizio professionale*, malpractice **2** (*trascuratezza*) untidiness, shabbiness **3** (*atto negligente*) oversight, piece of negligence: *commettere una* —, to be guilty of an oversight.

negligere *v.tr.* (*letter.*) to neglect.

negoziabile *agg.* negotiable; (*commerciabile*) marketable: *non* —, non-negotiable (*o* unnegotiable); *accordo non* —, non-negotiable pact; *prezzo* —, negotiable price // (*fin.*): *titolo* —, negotiable instrument (of credit); *obbligazioni negoziabili*, marketable bonds.

negoziabilità *s.f.* negotiability; (*commerciabilità*) marketability.

negoziale *agg.* (*dir.*) concerning a legal transaction, contractual: *documento* —, contractual document; *volontà* —, contractual will.

negoziante *s.m.* e *f.* **1** trader, dealer: — *all'ingrosso*, wholesaler (*o* wholesale dealer); — *al minuto*, retailer (*o* retail dealer); — *di vini*, wine merchant (*o* wine dealer); — *di bestiame*, cattle dealer; — *di porcellane*, china dealer **2** (*chi ha negozio*) shopkeeper (*amer.*) storekeeper.

negoziare *v.tr.* **1** (*commerciare*) to deal* in (sthg.), to trade in (sthg.): — *titoli, azioni in Borsa*, to deal in stocks and shares at the Stock Exchange **2** (*trattare*) to negotiate: — *una partita di zucchero*, to negotiate a lot of sugar; — *un prestito*, to negotiate a loan; — *un matrimonio*, to negotiate a marriage; — *la pace*, to negotiate peace; — *i termini di un accordo, di un contratto*, to negotiate the terms of an agreement, of a contract; — *un affare con qlcu.*, to transact business with s.o. ◆ *v.intr.* **1** (*esercitare il commercio*) to deal* (in), to trade (in): — *in olio*, to deal in oil; — *in granaglie*, to trade in corn **2** (*trattare*) to negotiate, to deal*: *dovettero — per lungo tempo*, they had to negotiate for a long time: *la polizia ha negoziato con i terroristi*, the police negotiated with the terrorists.

negoziato *agg.* negotiated; transacted: *pace negoziata*, negotiated peace; *accordo* —, negotiated agreement; (*fin.*) *titolo* —, negotiated bill ◆ *s.m.* negotiation: *negoziati tra governo e sindacati*, negotiations between the government and the trade unions; *intavolare negoziati per un armistizio*, to enter into negotiations for an armistice; *interrompere negoziati*, to interrupt negotiations; *negoziati commerciali*, trade negotiations; *negoziati tariffari*, tariff negotiations // (*econ.*) — *complessivo*, package deal (*o* offer).

negoziatore *s.m.* negotiator; (*comm.*) transactor: — *di pace*, peace negotiator; — *di un accordo commerciale*, transactor of a business deal.

negoziazione *s.f.* negotiation; (*comm.*) transaction, deal; (*Borsa*) dealing: *il governo ha avviato una — di pace*, the Government has begun negotiations for peace (*o* peace negotiations) // (*Borsa*): — *di titoli*, dealing in securities (*o* securities trading); — *di opzioni*, option dealing (*o* trading); — *per contanti*, dealing for cash; — *a termine*, dealing for the settlement.

negozio *s.m.* **1** (*bottega*) shop; (*amer.*) store; (*magazzino*) warehouse: — *ben fornito*, well-stocked shop; — *all'ingrosso*, store (*o* wholesale shop); — *al dettaglio*, retail shop; — *di generi diversi*, general store; — *di giocattoli*, toyshop; — *di calzature*, shoe shop; — *di libri*, bookshop; — *di abbigliamento*, clothes shop; — *di moda*, boutique; — *di articoli sportivi*, sports shop; — *di parrucchiere*, hairdresser's; — *self-service*, self-service store; — *di cibi pronti da asportare*, takeaway; *rilevare un* —, to take over a shop; *gestire un* —, to run (*o* keep) a shop; *aprire, chiudere un* —, (*attività commerciale*) to open up, to close down a shop **2** (*affare*) business, deal, transaction; bargain // (*dir.*) — (*giuridico*), legal transaction; contract; agreement.

negra *s.f.* negress.

negride *agg.* (*antropologia*) Negro (*attr.*), Negroid.

negriere → **negriero**.

negriero *agg.* slave (*attr.*): *nave negriera*, slave ship (*o* slaver) ◆ *s.m.* **1** (*mercante di schiavi*) slave trader, slave merchant, slave dealer **2** (*fig.*) slave driver: *il nuovo direttore è un* —, the new manager is a slave driver.

negrillo *s.m.* negrillo (*pl.* -os).

negrità *s.f.* negritude, nigritude.

negrito *s.m.* negrito (*pl.* -os).

negritudine *s.f.* negritude, nigritude.

negro *agg.* **1** (*di razza nera*) black; negro (*attr.*): *le popolazioni negre d'America*, the black populations of America; *domestici negri*, negro servants; *razza negra*, negro race **2** (*ant.*) (*nero*) black ◆ *s.m.* **1** negro*, black; (*fam. spreg.*) nigger: *tratta dei negri*, slave trade // *lavorare come un* —, to slave away **2** (*chi scrive articoli o discorsi per altri*) ghost(-writer).

negroafricano *agg.* African negro.

negroamericano *agg.* Afro-American.

negroide *agg.* negroid ◆ *s.m.* e *f.* negroid.

negromante *s.m.* e *f.* necromancer.

negromantesco, **negromantico** *agg.* necromantic.

negromanzia *s.f.* necromancy.

negus *s.m.* (*st.*) Negus.

neh *inter.* (*region.*): *ci sei venuto volentieri, —?*, you came willingly, didn't you?; *è un uomo molto ricco, —?*, he is a very rich man, isn't he?

nekton → **necton**.

nelumbo *s.m.* (*bot.*) nelumbium*, nelumbo*.

nemasperma, **nemaspermio** *s.m.* (*biol.*) spermatozoon.

nematelminto *s.m.* (*zool.*) nemathelminth.

nematico *agg.* (*chim.*, *fis.*) nematic.

nematocida *agg.* (*zool.*) nematocidal, nematicidal ◆ *s.m.* (*zool.*) nematocide, nematicide.

nematodo *s.m.* (*zool.*) nematode.

nembo *s.m.* **1** nimbus*; (*nube tempestosa*) raincloud **2** (*fig.*) (*nugolo*) cloud; (*stuolo*) hordes (*pl.*), cloud: *un — di armati*, hordes of soldiers; *— di frecce*, cloud of arrows; *— di polvere*, cloud of dust.

nembostrato *s.m.* (*meteor.*) nimbostratus.

nemeo *agg.* Nemean.

nemesi *s.f.* (*vendetta*) nemesis*: *— storica*, the nemesis of history.

nemico *agg.* **1** (*ostile*) inimical, adverse (to s.o., sthg.), hostile (to s.o., sthg.), opposed (to s.o., sthg.): *la sorte gli fu nemica*, fate was against him; *farsi — qlcu.*, to make an enemy of s.o.; *dimostrarsi* —, to reveal oneself to be hostile (*o* an enemy); *essere — di tutti*, to show hostility to everyone **2** (*che detesta*) fearful; incompatible: *esser — delle chiacchiere*, to loathe gossip; *essere — della luce*, (*di pianta*) to fear light // *essere — dell'acqua*, (*non lavarsi*) to hate soap and water, (*bere solo alcolici*) to drink only alcoholic drinks **3** (*nocivo*) harmful, detrimental: *il gelo è — alle piante*, frost is harmful to plants **4** (*del nemico*) enemy (*attr.*): *l'armata nemica*, the enemy army; *il campo* —, the enemy camp; *le navi nemiche*, the enemy ships ◆ *s.m.* **1** enemy; (*avversario*) opponent: *— giurato*, sworn enemy; *— mortale*, mortal enemy; *nemici politici*, political opponents; *— pubblico*, public enemy; *il — fu messo in fuga*, the enemy was put to flight; *egli ha molti nemici*, he has many enemies; *sconfiggere il* —, to defeat the enemy; *passare al* —, to go over to the enemy // *il Nemico*, (*il diavolo*) the Enemy // *a — che fugge ponti d'oro*, (*prov.*) build golden bridges for a flying enemy // *dal — mi guardo io, dagli amici mi guardi Iddio*, (*prov.*) I can protect myself from my enemies, but God protect me from my friends **2** (*ciò che è dannoso*) enemy: *il fumo è un pericoloso — della salute*, smoke is dangerous to health // *la fretta è la mia peggior nemica*, haste is my worst enemy.

nemmanco, **nemmeno** → **neanche**.

nemorale *agg.* (*bot.*) nemoral.

nenia *s.f.* **1** (*canto funebre*) dirge, lament **2** (*cantilena*) singsong, (*per bambini*) nursery rhyme; (*ninnananna*) lullaby **3** (*piagnucolio*) whining [U].

nenufaro *s.m.* (*bot.*) (*Nuphar luteum*) candock, nenuphar.

neo *s.m.* **1** mole, spot; (*med.*) naevus*; (*posticcio*) beauty-spot, patch: *— materno*, naevus maternus (*o* birthmark); *— peloso*, pilose naevus; *aveva un — sulla guancia*, she had a mole on her cheek **2** (*fig.*) (*piccola pecca*) flaw, defect, drawback.

neo- *pref.* di origine greca che significa 'nuovo, recente, moderno'; ingl. neo-; new, recent: *neocriticismo*, neocriticism; *neofreudiano*, neo-Freudian; *neomalthusiano*, neo-Malthusian; *neomarxista*, neo-Marxist; *neoverismo*, neo-Verism; *neopositivista*, neopositivist.

neoaccademico *agg.* e *s.m.* (*fil.*) of the Middle Academy, of the New Academy.

neoacquisto *s.m.* (*sport*) new signing: *il giocatore è uno dei nostri neoacquisti*, the player is one of our new signings.

neoassunto *agg.* e *s.m.* new recruit, new member of staff.

neoavanguardia *s.f.* (*arte*, *lett.*) neo-avantgarde.

neocapitalismo *s.m.* neo-capitalism.

neocapitalista *s.m.* e *f.* e *agg.* neo-capitalist.

neocapitalistico *agg.* neo-capitalist(ic).

neoclassicismo *s.m.* neoclassicism (*anche econ.*).

neoclassicista *s.m.* e *f.* neoclassicist (*anche econ.*).

neoclassico *agg.* neoclassic(al) (*anche econ.*) ◆ *s.m.* neoclassicist (*anche econ.*).

neocolonialismo *s.m.* neocolonialism.

neocolonialista *s.m.* e *f.* e *agg.* neocolonialist: *politica* —, neocolonialist policy.

neocolonialistico *agg.* neocolonialist, neocolonial: *mire neocolonialistiche*, neocolonialist ambitions.

neocomunista *agg.* e *s.m.* neo-communist, neo-Marxist.

neocontrattualismo *s.m.* (*econ.*) neo-contractualism, neo-contractual theory.

neocorporativismo *s.m.* (*econ.*) neo-corporativism, neo-corporatism.

neodimio *s.m.* (*chim.*) neodymium.

neodiplomato *agg.* e *s.m.* student who has just obtained the secondary school diploma; newly-qualified student.

neoebraico *agg.* e *s.m.* modern Hebrew.

neoegiziano *agg.* e *s.m.* modern Egyptian.

neoeletto *agg.* newly elected ◆ *s.m.* newly elected person: *i neoeletti in parlamento*, the newly elected members of parliament.

neoellenico *agg.* neo-Hellenic ◆ *s.m.* (*greco moderno*) modern Greek.

neoempirismo *s.m.* (*fil.*) neo-empiricism.

neofascismo *s.m.* neo-fascism.

neofascista *s.m.* e *f.* e *agg.* neo-fascist: *movimento* —, neo-fascist movement.

neofascistico *agg.* neo-fascist: *tendenze neofascistiche*, neo-fascist tendencies.

neofita *s.m.* e *f.* **neofito** *s.m.* neophyte, novice; (*fig.*) beginner, novice.

neoformazione *s.f.* **1** (*med.*) neoformation **2** (*ling.*) neologism.

neogene *s.m.* (*geol.*) Neogene.

neogotico *agg.* e *s.m.* neo-Gothic.

neogreco *agg.* e *s.m.* modern Greek, neo-Greek.

neohegeliano *agg.* e *s.m.* (*fil.*) neo-Hegelian.

neoidealista *s.m.* e *f.* neo-Hegelian.

neoimpressionismo *s.m.* (*pitt.*) neo-Impressionism.

neokantiano *agg.* e *s.m.* (*fil.*) neo-Kantian.

neokeynesiano *agg.* e *s.m.* (*econ.*) neo-Keynesian.

neolalia *s.f.* (*psic.*) neolalia.

neolatino *agg.* Romance (*attr.*), neo-Latin.

neolaureato *agg.* newly graduated (from university): *ingegnere* —, newly graduated engineer ◆ *s.m.* recent university graduate: *gli sbocchi professionali dei neolaureati*, occupational openings for recent university graduates.

neoliberismo, **neoliberalismo** *s.m.* (*econ.*) neo-liberalism.

neolitico *agg.* e *s.m.* (*geol.*) Neolithic.

neologia *s.f.* (*ling.*) neology.

neologico *agg.* (*ling.*) neological.

neologismo *s.m.* (*ling.*) neologism.

neologista *s.m.* e *f.* neologist, neologian.

neomercantilismo *s.m.* (*econ.*) neo-mercantilism.

neomicina® *s.f.* (*chim.*) neomycin.

neon *s.m.* (*chim.*) neon: *insegna al* —, neon sign; *lampada al* —, neon lamp; *luce al* —, neon light.

neonatale *agg.* neonatal: *medicina* —, neonatal medicine.

neonato *agg.* newborn (*attr.*): *un bimbo* —, a newborn baby // *un partito* —, a newly born party ◆ *s.m.* (newborn) baby: *l'alimentazione dei neonati*, the diet of newborn babies.

neonatologia *s.f.* neonatal medicine.

neonatologo *s.m.* neonatal doctor.

neonazismo *s.m.* (*pol.*) neo-Nazism.

neonazista *agg.* e *s.m.* e *f.* (*pol.*) neo-Nazi.

neonista *s.m.* neon-sign maker.

neopaganesimo *s.m.* new paganism, neopayanism.

neopallio *s.m.* (*anat.*) neopallium.

neopatentato *agg.* e *s.m.* recently qualified driver.

neopentecostale *agg.* e *s.m.* e *f.* (*teol.*) neo-Pentecostal.

neopentecostalismo *s.m.* (*teol.*) neo -Pentecostalism.

neopersiano *agg.* e *s.m.* modern Persian.

neopitagorico *agg.* e *s.m.* (*fil.*) neo -Pythagorean.

neoplasia *s.f.* (*med.*) neoplasia.

neoplasma *s.m.* (*med.*) neoplasm.

neoplasticismo *s.m.* neo-plasticism.

neoplastico *agg.* (*med.*) neoplastic.

neoplatonico *agg.* (*fil.*) Neoplatonic ◆ *s.m.* (*fil.*) Neoplatonist.

neoplatonismo *s.m.* (*fil.*) Neoplatonism.

neopositivismo *s.m.* (*fil.*) neopositivism.

neopositivista *agg.* e *s.m.* e *f.* (*fil.*) neopositivist.

neopositivistico *agg.* (*fil.*) neopositivist.

neoprene *s.m.* (*chim.*) neoprene.

neopurismo *s.m.* (*ling.*) neo-Purism.

neopurista *s.m.* e *f.* (*ling.*) neo-Purist.

neorealismo *s.m.* neorealism.

neorealista *agg.* e *s.m.* e *f.* neorealist: *un romanzo* —, a neorealist novel.

neorealistico *agg.* neorealist.

neoricardiano *agg.* (*econ.*) neo-Ricardian.

neoromantico *agg.* neoromantic.

neoscolastica *s.f.* (*fil.*) neo-Scholasticism.

neoscolastico *agg.* e *s.m.* (*fil.*) neo-Scholastic.

neostoma *s.m.* (*med.*) neostomy.

neotenia *s.f.* (*zool.*) neoteny.

neotenico *agg.* (*zool.*) neotenic.

neoterico *agg.* (*lett.*) neoteric ◆ *s.m.* (*spec. pl.*) (*lett.*) neoterist.

neoterismo *s.m.* (*lett.*) neoterism.

neotestamentario *agg.* of the New Testament, New Testament (*attr.*)

neotomismo *s.m.* (*fil.*) neo-Thomism.

neotomista *agg.* e *s.m.* e *f.* (*fil.*) neo-Thomist.

neotomistico *agg.* (*fil.*) neo-Thomist.

neotrago *s.m.* (*zool.*) neotragus.

neotropicale *agg.* neotropical.

neozelandese *agg.* New Zealand (*attr.*) ◆ *s.m.* e *f.* New Zealander, (*fam.*) Kiwi.

neozoico *agg.* e *s.m.* (*geol.*) Neozoic.

nepalese *agg.* Nepalese ◆ *s.m.* e *f.* Nepalese.

nepente *s.f.* (*bot.*) (*Nepenthes distillatoria*) pitcher-plant, nepenthe(s).

nepitella *s.f.* (*bot. pop.*) → **calaminta**.

nepote → **nipote**.

nepotismo *s.m.* nepotism.

nepotista *s.m.* e *f.* nepotist ◆ *agg.* nepotistic.

nepotistico *agg.* nepotistic.

neppure → **neanche**.

nerastro *agg.* blackish.

nerbare *v.tr.* (*non com.*) to whip, to flog, to scourge.

nerbata *s.f.* lash: *lo prese a nerbate*, he flogged him.

nerbo *s.m.* **1** (*ant.*) (*nervo*) nerve **2** (*frusta*) whip, scourge **3** (*fig.*) (*forza*) strength: *il — dell'esercito*, the strength of the army; *la sua parola non ha* —, his prose lacks vigour.

nerboruto meno com. **nerbuto** *agg.* brawny, muscular: *braccia nerborute*, brawny arms.

nereggiare *v.intr.* (*letter.*) **1** (*tendere al nero*) to be black, to be dark: *il cielo nereggiava di nubi*, the sky was dark with clouds **2** (*formare una massa nera*) to form a black mass: *la folla nereggiava nella piazza*, the crowd formed a black mass in the square.

nereide[1] *s.f.* (*mit.*) Nereid.

nereide[2] *s.f.* (*zool.*) nereid.

neretto *s.m.* (*tip.*) bold, boldface: *caratteri in* —, bold types; *comporre in* —, to compose in boldface.

nerezza *s.f.* (*non com.*) blackness.

nericcio *agg.* blackish.

neritico *agg.* (*geol.*) neritic.

nero *agg.* **1** black; (*scuro*) dark: *mi occorrono un paio di scarpe nere*, I need a pair of black shoes; *capelli, occhi neri*, dark hair, eyes; *nuvole nere*, dark clouds; — *come l'ebano, come l'inchiostro, come il carbone*, as black as ebony, as ink, as coal // *pane* —, brown bread // *caffè* —, black coffee // *pelle nera*, dark skin // *una foto in bianco e* —, a black and white photograph // *occhiali neri*, dark (*o* sun) glasses // *il Continente Nero*, the Dark Continent // *il Mar Nero*, the Black Sea // *libro* —, black books (*o* black paper): *se lo farai ti segnerò sul mio libro* —, if you do that, you will be in my black books // *magia nera*, black art (*o* magic) // *l'angelo* —, the Devil **2** (*sporco*) dirty, black: *mani nere*, dirty hands; *i polsini della tua camicia sono neri*, the cuffs of your shirt are black (with dirt) **3** (*tetro, malinconico*) black, gloomy: *era — in volto*, his face was drawn (*o* anxious); *vedere tutto* —, to look on the dark side of things; *ha una visione nera del futuro*, he takes a gloomy view of the future; *sono di umore — oggi*, I'm in a black mood today; *pensieri neri*, gloomy thoughts; *giornata nera*, black day // *è un periodo* —, it's a troubled period // *sono — di rabbia*, I'm seething // *la vedo nera per te*, things are looking black for you // *romanzo* —, horror story **4** (*estremo, più profondo*) deepest, dire: *miseria nera*, dire poverty; *disperazione nera*, black (*o* deepest) despair **5** (*fig.*) (*scellerato, empio*) wicked, black: *un'anima nera*, a wicked soul; *nera ingratitudine*, deepest ingratitude; *calunnia nera*, wicked slander **6** (*illegale*) black, illegal: *mercato —, borsa nera*, black market; *economia nera*, black economy; *lavoro* —, moonlighting; *fondi neri*, slush fund **7** (*del fascismo*) fascist: *le trame nere*, neo-fascist conspiracies // *camicie nere*, black shirts.

nero *s.m.* **1** black: *chiesa parata a* —, church hung with black; *tingere in* —, to dye black; *vestir di* —, to dress in black: *una donna vestita di* —, a woman dressed in black // (*pitt.*) — *di avorio*, ivory black // *mettere — su bianco*, to write (a few lines), (*metter per iscritto*) to put things down in black and white // *non distingue il bianco dal* —, (*fig.*) he can't tell black from white // *il — vince*, (*scacchi*) black wins // *in* —, in the black: *contabilità in* —, (*in credito*) accounts in the black; *assumere dipendenti in* —, to employ (*o* to hire) workers illegally **2** (*persona di colore*) black: *i neri d'Africa*, the blacks from Africa **3** (*fascista*) Fascist **4** (*tip.*) black, extra bold.

nerofumo *s.m.* (*chim.*) lampblack, gas black.

nerognolo *agg.* blackish.

neroli *s.m.* (*chim.*) neroli: *essenza di* —, neroli oil.

nerolidolo *s.m.* (*chim.*) nerolidol.

nerolo *s.m.* (*chim.*) nerol.

neroniano *agg.* Neronian.

nerume *s.m.* **1** (*strato nerastro*) grime [U]; (*ammasso di cose nere*) black mass: *lo smog lasciava un — sulle case*, the smog left a layer of grime on the houses **2** (*bot.*) rust.

nervato *agg.* (*bot.*) nervate, nerved; (*di foglie*) ribbed.

nervatura *s.f.* **1** (*bot.*) vein, neuration, nervation: — *centrale*, (*di foglia*) midrib; — *principale*, (*di foglia*) keel (*o* rib) **2** (*zool.*) vein, neuration; (*di ali di insetti*) tracery **3** (*anat.*) nerves (*pl.*) **4** (*costolatura*) ribs (*pl.*), ribbing: (*mecc.*) — *di rinforzo, di irrigidimento*, stiffening rib (*o* stiffening bead) **5** (*del dorso di un libro*) band **6** (*arch.*) ribbing.

nervetti *s.m.pl.* (*region.*) (*cuc.*) 'nervetti' (chopped calf's gristle served with onions, olive oil and vinegar).

nervino *agg.* nervine: *gas* —, nerve gas.

nervo *s.m.* **1** nerve: *attacco, crisi di nervi*, fit of nerves; *il caffè eccita i nervi*, coffee makes you nervous; *calmare i nervi*, to soothe the nerves // *nervi d'acciaio*, nerves of steel // *sta in piedi a forza di nervi*, he lives on his nerves // *avere i nervi* (*tesi*), *a fior di pelle, scoperti*, to be irritable (*o* nervy *o* to be on edge) // *dare ai nervi a qlcu., irritare, urtare i nervi di qlcu.*, to get on s.o.'s nerves // *essere tutto nervi*, to be full of nervous energy // *oggi ho i nervi, lasciatemi stare!*, today I'm in a bad mood, leave me alone! // *avere i nervi a pezzi*, to be a bundle of nerves // *ho sbagliato, che nervi!*, damn! I made a mistake; *che nervi! non fare così!*, God! How annoying! Stop doing that! // *guerra di nervi*, war of nerves // (*anat.*): — *afferente, centripeto*, centripetal nerve; — *centrifugo, motore*, centrifugal, motor nerve; — *ottico*, optic nerve **2** (*fam.*) (*tendine*) gristle: *questa carne è piena di nervi*, this meat is gristly **3** (*bot.*) (*nervatura*) nervure, rib, vein, nerve: — *mediano*, midrib **4** (*letter.*) (*dell'arco, della lira*) string, cord.

nervosismo *s.m.* irritation, annoyance; (*apprensione*) nervousness: *durante l'esame il suo — lo faceva tartagliare*, during the exam his nervousness made him stutter; *dare segni di* —, to show signs of irritation; *oggi c'è — in ufficio*, tension is running high in the office today; *un momento di — può capitare!*, an outburst of irritation is understandable!

nervosità *s.f.* **1** (*l'essere nervoso*) irritability **2** (*fig.*) (*incisività*) incisiveness: *la — di un discorso*, the incisiveness of a speech **3** *pl.* (*atti, discorsi da persona nervosa*) outbursts: *non tollero più — da parte tua*, I won't stand for any more outbursts from you.

nervoso *agg.* **1** nervous: *centro* —, nerve centre; *esaurimento* —, nervous breakdown; *ganglio* —, (nerve) ganglion; *sistema* —, nervous system; *terminazione nervosa*, nerve ending // *tensione nervosa*, nervous tension // *una risata nervosa*, a nervous titter **2** (*irritabile, eccitabile*) nervous; irritable, short-tempered; (*fam.*) nervy; (*di cavallo*) frisky: *un bambino* —, a nervy child; *è un uomo molto* —, he is very irritable (*o* short-tempered); *oggi sono molto* —, today I am feeling very nervy; *quel bambino diventa facilmente* —, that child is very excitable; *aspettare mi rende* —, it annoys me to wait // *siamo nervosetti, vero, oggi?*, (*iron.*) we're a bit edgy today, aren't we? // (*Borsa*) *mercato* —, jumpy market **3** (*incisivo*) incisive, sinewy: *uno stile* —, an incisive (*o* sinewy) style **4** (*asciutto, muscoloso*) sinewy: *braccia, gambe nervose*, sinewy arms, legs ◆ *s.m.* **1** nervousness, irritability: *avere il* —, to be very irritable (*o* to be on edge) // *non farmi venire il* —, don't get on my nerves // *che —! si è fermato l'orologio*, damn! the clock has stopped **2** (*persona nervosa*) irritable person.

nesosilicato *s.m.* (*chim.*) nesosilicate.

nespola *s.f.* **1** (*bot.*) medlar; (*del Giappone*) loquat // *col tempo e con la paglia maturano le nespole*, (*prov.*) all things come to him who waits **2** *dare le nespole a qlcu.*, (*fam.*) (*picchiarlo*) to give s.o. a good hiding // *nespole!*, (*fam.*) goodness!

nespolo *s.m.* (*bot.*) (*Mespilus germanica*) medlar (tree) // — *del Giappone*, (*Eriobotrya japonica*) loquat (*o* Japanese medlar).

nesso *s.m.* connection, relation, link; nexus: — *logico*, logical connection (*o* relation); *sai trovare un — fra le due cose?*, can you find any connection between the two things?; — *causale*, causal connection (*o* nexus); *sono due idee senza alcun — logico*, these are two ideas without any logical connection // (*ling.*) — *vocalico, consonantico*, vowel, consonant nexus.

nessuno *agg.indef.* **1** no; (*in presenza di altra negazione*) any: *nessun presidente fu mai più amato dal popolo*, no president was ever more loved by the people; *nessun concorrente si ritirò dalla gara*, no competitors withdrew from the race; *nessun colore le dona come l'azzurro*, no colour suits her better than blue; *non c'è nessuna novità*, there is no news; *non voleva nessuna ricompensa*, he didn't want any reward; *non ha nessuna pazienza con i bambini*, he has no patience with children; *non hai nessun motivo per lamentarti*, you have no reason to complain; *un episodio di nessun interesse*, an uninteresting episode; *persona di nessuna importanza*, a person of no importance; *non lo farei per nessuna ragione al mondo*, I wouldn't do it for any reason whatever; *non lo permetterò in nessun caso*, under no circumstances will I allow it (*o fam.* there's no way I'll allow it); *non siamo andati da nessuna parte*, we went nowhere (*o* we didn't go anywhere); *non ti posso aiutare in nessun modo*, there is no way I can help you // *nessuna cosa*, nothing // *nessuna persona*, no one, nobody **2** (*nel significato di* qualche *spec. in frasi interr.*) any: *nessuna notizia?*, any news?; *hai nessun suggerimento da darmi?*, have you got any advice to give me?; *c'è nessun inglese fra voi?*, are any of you English?; *dimmi se ti serve nessun aiuto*, tell me if you need any help ◆ *pron.indef.* **1** nobody, no one (*riferito a persone*); none (*riferito a cose*); (*accompagnato da un partitivo*) none (*per persone e cose*); (*in presenza di altra negazione*) anybody, anyone, any; (*accompagnato da un partitivo*) any: — *lo sa*, nobody knows; — *mi ha mai detto una cosa simile*, no one has ever said any thing like that to me before; *non c'era — ad attenderlo*, there was no one to meet him; *non parla mai con* —, he never talks to anyone; *"Ha telefonato qualcuno?" "No, —"*, "Has anyone phoned?" "No, no one"; *"Quanti errori hai fatto?" "Nessuno"*, "How many mistakes did you make?" "None"; — *di noi è andato alla riunione*, none of us went to the meeting; *non ho visto — di loro*, I haven't seen any of them; — *dei presenti applaudì*, none of those present applauded; *non ho letto — dei libri che mi hai prestato*, I haven't read any of the books you lent me; *non ha mantenuto nessuna delle promesse*, he didn't keep any of his promises // — *dei due*, neither (of them): — *dei due sembrava deciso a cedere*, neither of them seemed ready to give in // *nessun altro*, (*di persona*) nobody else, no one else, (*di cosa*) no other, (*in presenza di altra negazione*) anybody else, anyone else; any other: *voglio parlare con lei e con nessun altro*, I want to speak to her, and nobody else; *mi interessa quel quadro, e nessun altro*, I'm interested in that picture, and no other // *figlio di* —, foundling (*o* waif), (*fig.*) loner // *terra di* —, no man's land **2** (*nel significato di qualcuno, spec. in frasi interr.*) anybody, anyone; (*accompagnato da un partitivo*) any: *c'è —?*, is there anybody there?; *c'è — che voglia venire con me?*, does anyone want to come with me?; *guarda se c'è — in casa*, see if there's anyone at home; — *di voi lo sa?*, do any of you know?; *hai visto — dei nostri amici?*, have you seen any of our friends? ◆ *s.m.* nobody, no one: *si dà tante arie, ma non è* —, he gives himself a lot of airs, but he's (a) nobody.

nestaia *s.f.* (*agr.*) nursery of young trees.

nestore *s.m.* (*zool.*) (*Nestor notabilis*) kea.

nestorianesimo *s.m.* (*teol.*) Nestorianism.

nestoriano *agg.* e *s.m.* (*teol.*) Nestorian.

net *s.m.* (*tennis*) let.

nettamente *avv.* **1** (*chiaramente*) clearly; *ormai lo si distingueva* —, he could now be clearly seen **2** (*con decisione*) definitely: *mi oppongo — al suo progetto*, I'm definitely opposed to his plan // *è — il migliore*, he's definitely (*o* clearly) the best // *vincere* —, to win hands down.

nettapenne *s.m.* pen-wiper.

nettapiedi *s.m.* (*stuoino*) doormat.

nettapipe *s.m.* pipe cleaner.

nèttare[1] *s.m.* (*mit., bot.*) nectar (*anche fig.*).

nettàre[2] *v.tr.* (*region., letter.*) to clean; to cleanse (*anche fig.*).

nettareo *agg.* (*letter.*) nectarean, nectareous.

nettarifero *agg.* (*bot.*) nectariferous.

nettarina *s.f.* (*zool.*) nectarinia.

nettarino *agg.* (*bot.*): *pesca nettarina*, nectarine.

nettario *s.m.* (*bot.*) nectary.

nettatura *s.f.* (*non com.*) cleaning, cleansing.

nettezza *s.f.* **1** cleanness, cleanliness (*anche fig.*) // *servizio di — urbana*, municipal street cleaning and refuse disposal service **2** (*precisione, ordine*) clarity: — *di contorni*, clarity (*o* sharpness) of outline; *la — del suo stile*, the clarity of his style.

netto *agg.* **1** (*spec. fig.*) clean, spotless: *coscienza netta*, clean conscience // (*mar.*) *patente netta*, clean bill of health **2** (*preciso*) clean, clear, clear-cut, sharp: *un colpo* —, a clean blow; *contorni netti*, clear (*o* sharp) outline; *divisione netta*, clear-cut division; *la sagoma della casa si stagliava netta sullo sfondo*, the house stood out clearly (*o* sharply) against the background; (*fot.*) *immagine netta*, sharp image; *un taglio* —, a clean cut; *un — rifiuto*, a definite refusal; *una netta presa di posizione*, a definite stand; *la squadra ha dimostrato la sua netta superiorità*, the team showed its clear (*o* marked) superiority; *avere una visione netta del futuro*, to have a clear vision of the future **3** (*comm., econ.*) net, clear: *ammontare* —, net (*o* clear) amount; *peso* —, net weight; *prezzo* —, net price; *stipendio* —, net salary (*o fam.* take-home pay); *investimento* —, net investment; *utile* —, net profit; *ricavo* —, net proceeds (*o amer.* net avails); *guadagnare centomila lire nette*, to earn a clear one hundred thousand lire; *ottenere un alto profitto* —, to net a fat profit ◆ *avv.* (*chiaramente*) plainly: *parlare chiaro e* —, to speak out; *dire chiaro e* —, to say straight out // *di* —, clean through: *si è spezzato di* —, it broke clean off; *con un colpo tagliò di — il ramo*, with one blow he cut clean through the branch; *tagliare (di) — con qlcu.*, to make a clean break with s.o. // (*comm.*) *al* —, net: *al — d'imposta*, after-tax (*o* post-tax); *profitto al — d'imposta*, after-tax profit; *questo è il mio reddito al — delle spese*, this is my net income.

nettuniano *agg.* (*astr., mit.*) Neptunian // (*geol.*) *teoria nettuniana*, neptunism.

nettunio[1] *agg.* (*letter.*) Neptunian.

nettunio[2] *s.m.* (*chim.*) neptunium: *serie del* —, neptunium series.

nettunismo *s.m.* (*geol.*) neptunism.

nettunite *s.f.* (*min.*) neptunite.

Nettuno *s.m.* **1** (*astr.*) Neptune **2** (*poet.*) (*mare*) sea, ocean, Neptune.

netturbino *s.m.* (*spazzino*) dustman*; (*amer.*) garbage collector, garbage man.

neuma *s.m.* (*mus.*) neume.

neumatico *agg.* (*mus.*) neumatic.

neurale *agg.* (*anat.*) neural: *cresta* —, neural crest; *piega* —, neural fold; *tubo* —, neural tube.

neuralgia e *deriv.* → **nevralgia** e *deriv.*

neurasse → **nevrasse**.

neurastenia e *deriv.* → **nevrastenia** e *deriv.*

neurectomia *s.f.* (*med.*) neurectomy.

neurilemma *s.m.* (*anat.*) neurilemma, neurolemma.

neurina *s.f.* (*biochim.*) neurine.

neurite *s.f.* **1** (*med.*) neuritis* **2** (*biol.*) → cilindrasse.

neuritico *agg.* (*med.*) neuritic.

neuro *s.f.* (*fam.*) nuthouse: *finirà alla* —, he'll end up in the nuthouse.

neuro- *pref.* di origine greca della terminologia scientifica; indica rapporto, relazione con i 'nervi' o col 'sistema nervoso'; ingl. neuro-: (*med.*) *neurocrinia*, neurocrinism; (*med.*) *neurodermite*, neurodermatitis; (*med.*) *neurofisiologia*, neurophysiology; *neurochimica*, neurochemistry.

neurobiologia *s.f.* neurobiology.

neurobiologo *s.m.* neurobiologist.

neuroblasto *s.m.* (*biol.*) neuroblast.

neuroblastoma *s.m.* (*med.*) neuroblastoma.

neurochirurgia *s.f.* neurosurgery.

neurochirurgico *agg.* neurosurgical.

neurochirurgo *s.m.* neurosurgeon.

neurodeliri *s.m.* (*fam.*) nuthouse, loony bin: *finiremo tutti al —!*, we'll end up in the loony bin!

neurofibrilla *s.f.* (*biol.*) neurofibril.

neurofibromatosi *s.f.* (*med.*) neurofibromatosis.

neurofisiologico *agg.* neurophysiological.

neurofisiologo *s.m.* neurophysiologist.

neuroglia → **nevroglia**.

neurolabile *agg.* (*med.*) neuropathic ◆ *s.m.* e *f.* (*med.*) neuropath.

neurolettico *agg.* e *s.m.* (*med.*) neuroleptic.

neurologia *s.f.* neurology.

neurologico *agg.* neurologic(al).

neurologo *s.m.* neurologist.

neuroma *s.m.* (*med.*) neuroma*.

neuromero *s.m.* (*anat.*) neuromere.

neuronale *agg.* (*anat.*) neuronal, neuronic.

neurone *s.m.* (*anat.*) neuron.

neuropatia *s.f.* (*med.*) neuropathy.

neuropatico *agg.* (*med.*) neuropathic ◆ *s.m.* neuropath.

neuropatologia *s.f.* neuropathology.

neuropatologo *s.m.* neuropathologist.

neuroplegico *agg.* (*med.*) neuroleptic ◆ *s.m.* (*med.*) neuroleptic drug.

neuropsichiatra *s.m.* e *f.* neuropsychiatrist.

neuropsichiatria *s.f.* neuropsychiatry.

neuropsichiatrico *agg.* neuropsychiatric.

neuropsichico *agg.* (*med.*) neuropsychological.

neuropsicologia *s.f.* neuropsychology.

neurosi e *deriv.* → **nevrosi** e *deriv.*

neurospora *s.f.* (*bot.*) neurospore.

neurotomia *s.f.* (*med.*) neurotomy.

neurotossico *agg.* (*med.*) neurotoxic.

neurotossina *s.f.* (*biol.*) neurotoxin.

neurotrasmettitore *s.m.* (*biol.*) neurotransmitter.

neurottero *s.m.* (*zool.*) neuropter, neuropteron.

neurovegetativo *agg.* (*med.*) neurovegetative.

neurula *s.f.* (*biol.*) neurula (*pl.* -ae).

neuston *s.m.* (*biol.*) neuston.

neutrale *agg.* **1** neutral: *stato* —, neutral state; *restar* —, to remain neutral // *acque neutrali*, neutral waters **2** (*chim.*) neutral ◆ *s.m.* neutral.

neutralismo *s.m.* neutralism, neutrality.

neutralista *s.m.* e *f.* neutralist ◆ *agg.* neutralistic, of neutrality (*pred.*): *politica* —, neutralist policy (*o* policy of neutrality).

neutralistico *agg.* neutralistic.

neutralità *s.f.* neutrality: (*chim.*) — *di una soluzione*, neutrality of a solution // (*econ.*) — *della moneta*, neutrality of money.

neutralizzabile *agg.* neutralizable, that may be neutralized.

neutralizzare *v.tr.* **1** to neutralize: — *gli effetti di un veleno*, to neutralize (*o* to counteract) the effects of a poison; — *un attacco*, to neutralize (*o* to thwart) an attack; — *una manovra degli avversari*, to thwart an opponent's move **2** (*sport*) (*non computare il tempo*) not to count **3** (*chim.*) to neutralize.

neutralizzazione *s.f.* neutralization // (*fin.*) — *dell'oro*, neutralization of gold.

neutrino *s.m.* (*fis.*) neutrino.

neutro *agg.* **1** neutral: *colore* —, *tinta neutra*, neutral colour; *territorio* —, no-man's-land; *zona neutra*, neutral zone; *restare* —, to remain neutral // (*sport*) *campo* —, neutral ground: *le squadre giocheranno in campo* —, the teams will play in a neutral ground **2** (*chim.*, *fis.*, *fot.*) neutral: (*elettr.*) *filo* —, neutral conductor; (*chim.*) *soluzione neutra*, neutral solution; *sostanza neutra*, neutral substance **3** (*biol.*) neuter: *ape neutra*, neuter bee; *fiore* —, neuter (*o* asexual) flower **4** (*gramm.*) neuter: *pronome* —, neuter pronoun ◆ *s.m.* **1** (*gramm.*) neuter **2** (*elettr.*) neutral wire.

neutrofilia *s.f.* (*med.*) neutrophilia.

neutrofilo *agg.* (*biol.*) neutrophil.

neutrone *s.m.* (*fis.*) neutron: — *lento*, *veloce*, slow, fast neutron; — *istantaneo*, *ritardato*, prompt, delayed neutron; *stella di neutroni*, neutron star; *bomba a neutroni*, neutron bomb.

neutronico *agg.* (*fis.*) neutron (*attr.*).

neutropenia *s.f.* (*med.*) neutropenia.

nevaio *s.m.* snowfield, névé.

nevale → **nivale**.

nevato *agg.* (*letter.*) **1** (*coperto di neve*) snow-covered, snow-clad; (*di cima di montagna*) snow-capped **2** (*bianco come neve*) snow-white ◆ *s.m.* (*geogr.*) firn field.

neve *s.f.* **1** snow: *le nevi del ghiacciaio*, the snows of the glacier; — *fresca*, fresh snow; — *marcia*, *bagnata*, slush; *neve farinosa*, powder snow; — *granulosa*, firn; — *artificiale*, artificial snow; *nevi persistenti*, *perpetue*, perpetual snow; *limite delle nevi perpetue*, snowline; *cumulo di* —, snow-drift; *fiocco di* —, snowflake; *manto*, *coltre di* —, blanket (*o* cloak) of snow; *coperto di* —, snow-covered (*o* covered with snow); *paesaggio coperto di* —, snowscape; *palla di* —, snowball; *giocare a palle di* —, to play snowballs; *pupazzo di* —, snowman; *la stagione delle nevi*, the snowy season; *tempesta di* —, snowstorm; *rimase sepolto sotto la* —, he was buried under the snow; *affondare nella* —, to sink into the snow; *rimanere bloccato dalla* —, to be snowed up (*o* snow-bound); *spalare la* —, to sweep away the snow; *pneumatici da* —, snow tyres; *sport della* —, snow sports; *bollettino della* —, snow report // (*poet.*) *capelli*, *barba di* —, snowy hair, beard // (*cuc.*) *chiare a* —, whites of eggs beaten stiff: *montare, sbattere le chiare a* —, to beat egg whites till stiff // *sott'acqua fame, sotto* — *pane*, (*prov.*) under water, famine; under snow, bread **2** (*sl.*) (*cocaina*) cocaine, snow ◆ *agg.* (*radar*, *tv*) *effetto* —, snow.

nevicare *v.intr.impers.* to snow: *nevica*, it is snowing // *è nevicato sui suoi capelli*, (*scherz.*) the years have whitened his hair.

nevicata *s.f.* snowfall: *un'abbondante — ha ricoperto il paese*, a heavy snowfall (*o* fall of snow) covered the country.

nevischiare *v.intr.impers.* to sleet.

nevischio *s.m.* sleet.

nevo *s.m.* (*med.*) naevus*.

nevometro → **nivometro**.

nevosità *s.f.* **1** (*l'essere nevoso*) snowiness **2** (*quantità di neve caduta*) snowfall.

nevoso[1] *agg.* **1** snowy: *inverno* —, snowy winter **2** (*coperto di neve*) snow-covered; (*di vetta*) snow-capped.

nevoso[2] *s.m.* (*st. francese*) Nivôse.

nevralgia *s.f.* (*med.*) neuralgia.

nevralgico *agg.* neuralgic // *punto* —, centre of the pain, (*fig.*) crucial point (*o* nerve centre): *il punto — della città è la zona centrale*, the nerve centre of the city is the central area.

nevrasse *s.m.* (*anat.*) neuraxis.

nevrastenia *s.f.* (*med.*) neurasthenia.

nevrastenico *agg.* **1** (*med.*) neurasthenic **2** (*facilmente irritabile*) irritable, nervy: *oggi sei proprio —!*, today you are really nervy! ◆ *s.m.* **1** (*med.*) neurasthenic **2** (*persona irritabile*) irritable person, nervy person.

nevrectomia *s.f.* (*med.*) neurectomy.

nevrite e *deriv.* → **neurite** e *deriv.*

nevro- → **neuro-**.

nevroglia *s.f.* (*anat.*) neuroglia.

nevropatia e *deriv.* → **neuropatia** e *deriv.*

nevrosi *s.f.* (*med.*) neurosis*: — *cardiaca*, cardiac neurosis.

nevrotico *agg.* e *s.m.* (*psic.*) neurotic (*anche estens.*).

nevrotizzare *v.tr.* to produce neurosis. □ **nevrotizzarsi** *v.intr.pron.* to become* neurotic.

nevrotizzazione *s.f.* neurotization.

nevvero *inter.*: *è arrivato, —?*, he has arrived, hasn't he?; *sei stanco, —?*, you're tired, aren't you?

newtoniano *agg.* Newtonian.

new wave *agg.* e *s.f.* new wave: *un film* —, a new wave film.

newyorkese *agg.* of New York; from New York; New York (*attr.*) ◆ *s.m.* e *f.* New Yorker.

ni[1] *avv.* (*fam.*) neither yes nor no.

ni[2] *s.m.* o *f.* (*tredicesima lettera dell'alfabeto greco*) ny.

niacina *s.f.* (*chim.*) niacine, nicotinic acid.

nibbio *s.m.* (*zool.*) kite.

nibelungico *agg.* **1** of the Nibelungs **2** (*fig. letter.*) (*cupamente tragico*) darkly tragic, grim.

nibelungo *s.m.* Nibelung.

nicaraguense *agg.* e *s.m.* e *f.* **nicaraguegno** *agg.* e *s.m.* Nicaraguan.

nicchia *s.f.* **1** niche: *una — nel muro*, a niche in the wall; *sto bene nella mia* —, (*fig.*) I have found my niche // (*inform.*) — *applicativa*, application niche // (*ecol.*) — *ecologica*, ecological niche **2** (*miner.*) cubbyhole.

nicchiare *v.intr.* (*esitare*) to hedge, to hesitate, to shilly-shally: *ha nicchiato un po' ma poi ha accettato*, he hedged a bit but then he accepted; *dammi una risposta, non* —, give me a straight answer, don't shilly-shally.

niccolite *s.f.* (*min.*) niccolite.

nichel *s.m.* (*chim.*) nickel.

nichelare *v.tr.* to nickel, to nickel-plate.

nichelatore *s.m.* nickel-plater.

nichelatura *s.f.* nickel-plating, nickelling.

nichelcromo *s.m.* (*metall.*) nickel-chromium alloy.

nichelico *agg.* (*chim.*) nickelic.

nichelina *s.f.* (*metall.*) nickeline.

nichelino *s.m.* (*fam.*) nickel coin; (*amer.*) nickel; (*piccola moneta*) small coin.

nichelio → **nichel**.

nicheloso *agg.* (*chim.*) nickelous.

nichilismo *s.m.* nihilism.

nichilista *s.m.* e *f.* nihilist ◆ *agg.* nihilistic.

nichilistico *agg.* nihilistic.

nicol *s.m.* (*fis.*) nicol (prism).

nicotina *s.f.* (*chim.*) nicotine.

nicotinammide *s.f.* (*chim.*) nicotinamide.

nicotinico *agg.* (*chim.*) nicotinic: *acido* —, nicotinic acid.

nicotinismo *s.m.* (*med.*) nicotinism.

nictalope *agg.* (*med.*) nyctalopic, night-blind ◆ *s.m.* e *f.* (*med.*) nyctalope.

nictalopia *s.f.* (*med.*) nyctalopia, night -blindness.

nictemerale *agg.* (*med.*) nycthemeral.

nicticora → **nitticora**.

nictitropico *agg.* (*bot.*) nyctitropic.

nictitropismo *s.m.* (*bot.*) nyctitropism.

nictofobia *s.f.* (*psic.*) nyctophobia.

nicturia *s.f.* (*med.*) nocturia, nycturia.

nidace, **nidiace(o)** *agg.* (*letter.*) (*di uccellino di nido*) unfledged.

nidiata *s.f.* nest(ful), clutch; (*di uccelli da preda*) eyrie, eyry; (*covata*) brood: *una — di topolini*, a nest of mice // *una — di bambini*, a swarm of children.

nidicolo *agg.* nidicolous.

nidificare *v.intr.* to nest, to nidify, (*rar.*) to nidificate.

nidificazione *s.f.* nest-building, (*rar.*) nidification.

nido *s.m.* **1** nest; (*di uccello da preda*) aerie, aery, eyrie, eyry; (*di insetti*) nest, nidus*: *— d'api*, honeycomb; *un — d'aquile*, eagles' aerie; *— di topi*, rats' nest; *— di vespe*, vespiary; *— di vipere*, nest of vipers (*anche fig.*); *uccello di* —, fledgeling (*o* nestling) // *un — di mitragliatrici*, a nest of machineguns // *farsi il — in un luogo*, (*fig.*) to make one's home in a place; *ritornare al proprio* —, (*fig.*) to go back home **2** (*tana, covo*) den: *— di briganti*, robbers' den **3** (*asilo*) —, nursery (school).

nidore *s.m.* (*letter.*) (*fetore*) nidor.

niellare *v.tr.* to niello, to decorate with niello.

niellatore *s.m.* niellist.

niellatura *s.f.* niello-work.

niello *s.m.* niello*.

nielsborio *s.m.* (*chim.*) nielsborium.

niente *pron.indef.* **1** nothing; (*in presenza di altra negazione*) anything: *— si oppone alla realizzazione del progetto*, nothing prevents the project being carried out; *non ne sapevo* —, I knew nothing about it; *"Che cosa fai?" "Niente"*, "What are you doing?" "Nothing"; *sta tutto il giorno senza far* —, he spends the whole day doing nothing; *ancora non avete visto* —, you haven't seen anything yet; *non bisogna dirgli* —, he mustn't be told anything; *non dà mai — a nessuno*, he never gives anyone anything; *so poco o — di lui*, I know next to nothing about him // *nient'altro*, nothing else, (*in presenza di altra negazione*) anything else: *"Non disse altro?" "Nient'altro"*, "Didn't he say anything else?" "No, he didn't" (*o* "No, nothing else") // *nient'altro che*, nothing but: *non è nient'altro che un bugiardo*, he's nothing but a liar // *— di nuovo, d'interessante*, nothing new, interesting; *non c'è — di meglio*, there's nothing better (*o* there isn't anything better); *non ha fatto — di male*, he hasn't done anything wrong // *non sa — di* —, he knows nothing whatever (*o* nothing at all *o* nothing about nothing) // *per* —, (*senza nessun compenso o risultato*) for nothing, (*senza motivo, inutilmente*) about nothing: *lavorare per* —, to work for nothing, *arrabbiarsi, lamentarsi per* —, to get angry, to complain about nothing; *ho parlato per* —, I wasted my breath; *nessuno fa — per* —, nobody does anything for nothing // *di* —, (*in risposta a un ringraziamento*) don't mention it (*o* you're welcome): *"Grazie mille!" "Di —, si figuri!"*, "Thank you so much" "Don't mention it" // *non serve a* —, it's no use // *non cambia* —, (*fa lo stesso*) it makes no odds // *non fa* —, (*non importa*) it doesn't matter (*o* it's all right) // *non posso farci* —, I can't do anything about it (*o* I can do nothing about it) // *non aver — a che fare con qlcu.*, to have nothing to do with s.o. **2** (*qualche cosa*) anything (*spec. in frasi interr. o dubitative*): *c'è — per me ?*, is(n't) there anything for me?; (*c'è*) *— di nuovo?*, is there any news?; *ti serve —?*, do you need anything?; *hai mai visto — di così divertente?*, have you ever seen anything so amusing? (*o* as amusing as that?); *hai — in contrario?*, have you any objections?; *avete nient'altro da dirmi?*, have you anything else to tell (*o* to say to) me?; *dimmi se c'è — che possa fare per te*, tell me if there's anything I can do for you // *non per* — ..., (*non senza ragione*) not for nothing... **3** (*poca cosa*) nothing: *il danno alla mia auto era — in confronto al suo*, the damage to my car was nothing in comparison with the damage to his; *ti pare —?*, do you think it's nothing?; *l'ho pagato — rispetto al suo valore*, I paid nothing in comparison with what it's worth // *come se — fosse*, as if nothing were the matter // *da* —, (*da poco*) nothing much; *è una ferita da* —, it's only a scratch; *una cosa da* —, a trifle // *un buono a* —, a good-for-nothing ◆ *s.m.* (*nessuna cosa*) nothing: *è un* —, he is a mere nothing; *l'ho avuto per* (*un*) —, I got it for next to nothing; *tutto finì in* (*un*) —, it all came to nothing (*o* everything fell through); *offendersi per un* —, to take offence at the slightest thing; *la conferenza finì in un — di fatto*, nothing concrete came out of the meeting // *l'ha fatto in meno di un* —, he did it in next to no time // *ridursi un* —, (*logorarsi*) to wear oneself out; *ridursi al* —, (*perdere tutto*) to lose everything // *venire dal* —, to come up from nothing // *non ha ottenuto un bel* —, he got nothing at all ◆ *avv.* **1** (*punto, affatto*) not at all: *— male!*, not bad at all!; *non ho — voglia di lavorare oggi*, (*fam.*) I don't feel like working today at all; *non gli assomiglia per* —, it's nothing like him at all; *non m'importa* —, it doesn't matter to me at all (*o* I don't care at all) // *speravo di convincerlo, ma lui* —, I was hoping to persuade him, but he wasn't having any // *— affatto*, not at all: *"Ti sei convinto?" "Niente affatto!"*, "Are you convinced?" "Not at all" **2** (*molto poco*): *non ci metto — a farlo*, it won't take me a minute to do it // *se — — gli si dà retta...*, (*fam.*) once you start listening to him... ◆ *agg.invar.* (*fam.*) (*nessuno*) no; (*in presenza di altra negazione*) any: *— pasta per me, grazie, sono a dieta*, no pasta for me, thank you, I'm on a diet; *non ha avuto — rispetto per quel pover'uomo!*, he didn't show that poor man any consideration // In espressioni ellittiche: *— paura!*, not to worry!; *— scherzi, mi raccomando!*, no tricks, please!; *— scuse!*, no apologies!

nientedimeno, **nientemeno** *avv.* no less than; (*riferito solo a cosa*) nothing less than: *era — (che) il presidente in persona*, it was no less than the president himself; *mi ha chiesto — (che) 20 milioni d'affitto*, he asked me no less than 20 million lire rent ◆ *inter.* (*addirittura*) fancy that!; you don't say!; I say!: *"Chiede due miliardi di danni" "Nientemeno!"*, "He is claiming two billion lire damages" "You don't say!".

nietzschiano *agg.* e *s.m.* (*fil.*) Nietzschean.

nife *s.m.* (*geol.*) nife, nifel.

nigella *s.f.* (*bot.*) (*Nigella damascena*) love-in -a-mist: *— bianca*, (*Nigella sativa*) fennel flower (*o* black-cumin).

nigeriano *agg.* e *s.m.* Nigerian.

nigerino *agg.* of Niger; from Niger ◆ *s.m.* native of Niger; inhabitant of Niger.

night-club *s.m.* nightclub.

nightglow *s.m.* (*geofisica*) nightglow.

nigrosina *s.f.* (*chim.*) nigrosine.

nihilismo e *deriv.* → **nichilismo** e *deriv.*

nilgai, **nilgau** *s.m.* (*zool.*) (*Boselaphus tragocamelus*) nilgai, nilgau.

nilota *s.m.* e *f.* (*antropologia*) Nilot.

nilotico *agg.* (*antropologia*) Nilotic, Nile (*attr.*).

nilpotente *agg.* (*mat.*) nilpotent.

nimbo *s.m.* (*letter.*) nimbus*, halo*.

nimico → **nemico**.

ninfa *s.f.* **1** (*mit., poet.*) nymph // *— Egeria*, Egeria **2** (*zool.*) nymph, chrysalid*, chrysalis* **3** (*anat.*) nympha (*pl.* -ae).

ninfale *agg.* **1** (*letter.*) (*di ninfa*) nymph-like **2** (*zool.*) nymphal, nymphean ◆ *s.m.* (*lett.*) nymphal.

ninfea *s.f.* (*bot.*) (*Nymphaea alba*) waterlily, nymphaea; *— gialla*, (*Nuphar luteum*) nenuphar.

ninfeo *s.m.* (*archeol.*) nymphaeum.

ninfetta *s.f.* nymphet.

ninfomane *s.f.* (*psic.*) nymphomaniac.

ninfomania *s.f.* (*psic.*) nymphomania.

ninfosi *s.f.* (*zool.*) nymphosis*.

nini → **nino**.

ninna *s.f.* (*gergo infantile*) bye-byes, beddy -byes: *fare la* —, to go to bye-byes.

ninnananna *s.f.* lullaby: *addormentare un bambino con una* —, to sing a child to sleep with a lullaby.

ninnare *v.tr.* (*fam.*) to lullaby, to lull to sleep.

ninnolare *v.tr.* to amuse.

□ **ninnolarsi** *v.intr.pron.* (*non com.*) to idle one's time away.

ninnolo *s.m.* **1** knick-knack, trinket: *una casa piena di ninnoli*, a house filled with knick -knacks **2** (*balocco*) plaything, toy.

nino *s.m.* (*fam. region.*) (*vezzeggiativo per bambino*) darling, pet.

niobio *s.m.* (*chim.*) niobium.

nipiologia *s.f.* (*med.*) nepiology.

nipiologico *agg.* neonatal.

nipiologo *s.m.* neonatologist.

nipitella → **nepitella**.

nipote *s.m.* **1** (*di zii*) nephew; (*di nonni*) grandson, grandchild*: *è già nonna di cinque nipotini*, she has already got five grandchildren; *lo zio ha lasciato tutto al suo unico* —, the uncle has left everything to his only nephew **2** *pl.* (*discendenti*) progeny (*sing.*), posterity (*sing.*): *i nipoti di Adamo*, mankind ◆ *s.f.* (*di zii*) niece; (*di nonni*) granddaughter, grandchild*: *era la mia — preferita*, she was my favourite niece.

nipotismo → **nepotismo**.

nipple, **nipplo** *s.m.* (*mecc.*) nipple.

nipponico *agg.* (*letter.*) Japanese // *i Nipponici*, the Japanese.

nipponismo *s.m.* (*ling.*) Japanese word, Japanese expression.

nirvana *s.m.* (*relig. indù*) nirvana (*anche estens.*).

nirvanico *agg.* nirvanic (*anche fig.*).

nisba *avv.* (*fam. region.*) (*niente*) nothing; (*proprio no*) no.

nistagmo *s.m.* (*med.*) nystagmus.

nistatina *s.f.* (*chim.*) nystatin.

nit *s.m.* (*metrol.*) nit.

nitella *s.f.* (*biol.*) nitella.

nitidamente *avv.* clearly, sharply, distinctly.

nitidezza *s.f.* **1** (*limpidezza*) clearness, brightness, limpidness **2** (*chiarezza*) clearness, sharpness, distinctness.

nitido *agg.* **1** (*pulito*) clean and tidy: *tutto era lindo e — in quella casa*, everything was spick and span (*o* clean and tidy) in the house **2** (*limpido*) clear, bright, limpid: *cristallo —*, clear crystal **3** (*chiaro*) clear, sharp: *un'immagine nitida*, a sharp image; *un ricordo —*, a clear memory; *una voce nitida*, a clear voice; *ha uno stile —*, he has a clear style.

nito(n) *s.m.* (*chim.*) niton.

nitore *s.m.* (*letter.*) **1** (*nitidezza*) brightness, clearness **2** (*fig.*) clearness, lucidity.

nitrare *v.tr.* (*chim.*) to nitrate.

nitratare *v.tr.* (*agr.*) to fertilize with nitrates.

nitratazione *s.f.* (*agr.*) fertilization with nitrates.

nitratina *s.f.* (*chim.*) nitratine.

nitrato *s.m.* (*chim.*) nitrate: *— d'argento*, silver nitrate; *— di potassio*, potassium nitrate (*o* nitrate of potash *o* niter *o* saltpetre); *— di sodio*, sodium nitrate (*o* niter *o* Chile saltpetre).

nitratore *s.m.* (*chim.*) nitrator.

nitratura, **nitrazione** *s.f.* (*chim.*) nitration.

nitrico *agg.* (*chim.*) nitric: *acido —*, nitric acid.

nitriera *s.f.* nitriferous deposit.

nitrificante *agg.* (*biol.*) nitrifying: *batterio —*, nitrifying bacterium (*o* nitrifier).

nitrificare *v.tr.* (*chim.*) to nitrify.

nitrificazione *s.f.* (*chim.*) nitrification.

nitrile *s.m.* (*chim.*) nitrile.

nitrilico *agg.* (*chim.*) nitrile (*attr.*): *composto —*, nitrile (compound).

nitrire *v.intr.* to neigh, to whinny.

nitrito[1] *s.m.* (*di cavallo*) neigh, whinny.

nitrito[2] *s.m.* (*chim.*) nitrite: *— di potassio*, potassium nitrite; *— di sodio*, sodium nitrite.

nitro *s.m.* (*chim.*) **1** (*salnitro*) nitre, saltpetre: *— del Cile*, Chile saltpetre **2** (*nitrogruppo*) nitrite group.

nitro- *pref.* della terminologia chimica indicante i composti che sono stati sottoposti a nitrazione; ingl. nitro-: *nitrometano*, nitromethane; *nitroparaffina*, nitroparaffin.

nitrobatterio *s.m.* (*biol.*) nitrobacter.

nitrobenzene *s.m.* (*chim.*) nitrobenzene.

nitrobenzolo *s.m.* (*antiq. chim.*) nitrobenzene.

nitrocellulosa *s.f.* (*chim.*) nitrocellulose: *— solubile*, pyroxylin(e); *verniciatura alla —*, nitrocellulose painting.

nitrocotone *s.m.* (*chim.*) nitrocotton.

nitroderivato *s.m.* (*chim.*) nitro compound.

nitrofilo *agg.* (*bot.*) nitrophilous.

nitrofosfato *s.m.* (*chim.*) nitrophosphate.

nitroglicerina *s.f.* (*chim.*) nitroglycerin(e).

nitrogruppo *s.m.* (*chim.*) nitrite group.

nitrolico *agg.* (*chim.*) nitrolic: *acido —*, nitrolic acid.

nitrometano *s.m.* (*chim.*) nitromethane.

nitrometro *s.m.* (*chim.*) nitrometer.

nitron *s.m.* (*chim.*) nitron.

nitronio *s.m.* (*chim.*) nitronium: *ione —*, nitronium ion.

nitrosa *s.f.* (*chim.*) nitrosylsulphuric acid.

nitrosazione *s.f.* (*chim.*) nitrosation.

nitrosile *s.m.* (*chim.*) nitrosyl.

nitros(o)- *pref.* della terminologia chimica indicante la presenza di un gruppo nitroso nella molecola; ingl. nitros(o)-: *nitrosammina*, nitrosamine; *nitrosoguanidina*, nitrosoguanidine.

nitroso *agg.* (*chim.*) nitrous: *acido —*, nitrous acid.

nitrurazione *s.f.* (*chim.*) nitriding.

nitruro *s.m.* (*chim.*) nitride.

nitticora *s.f.* (*zool.*) nycticorax.

nittitante *agg.* (*zool.*) *membrana —*, nictitating membrane.

nittitazione *s.f.* (*med.*) nictitation.

nivale *agg.* (*geogr.*, *geol.*) nival, niveal: *limite —*, snowline.

nivazione *s.f.* (*geol.*) nivation.

niveo *agg.* (*letter.*) snow-white, snowy: *carnagione nivea*, snow-white complexion.

nivometro *s.m.* (*meteor.*) snow gauge.

nizzardo *agg.* Nice (*attr.*) // (*cuc.*) *insalata alla nizzarda*, salade Niçoise ◆ *s.m.*, **nizzarda** *s.f.* native of Nice; inhabitant of Nice.

no *particella di negazione* **1** (*risposta negativa assoluta*) no: *"Hai letto questo libro?" "No"*, "Have you read this book?" "No, I haven't"; *"Ti è piaciuto il film?" "No, affatto"*, "Did you like the film?" "No, I didn't like it at all"; *"Credi che accetteranno le nostre condizioni?" "No, non credo"*, "Do you think they'll accept our terms?" "No, I don't think so"; *la mia risposta è —*, my answer is no // *— e poi —!*, definitely not! // *—, grazie*, no, thank you // *hai capito, sì o —?*, have you understood, or haven't you? **2** (*quando, in ingl., c'è un verbo, espresso o sottinteso, o un avverbio*) not: *— di certo*, certainly not; *forse —*, maybe not; *perché —?*, why not?; *bello o —, a me piace*, I like it, whether it's beautiful or not; *a qualcuno è piaciuto, a qualcun altro —*, some liked it, some didn't; *credo, suppongo di —*, I think not, I suppose not (*o* I don't think so, I don't suppose so); *preferisco di —*, I'd rather not; *se mi piace, lo compero, se —, —*, if I like it I'll buy it, if not I won't; *Ti sei offeso? Spero di —*, Are you offended? I hope not; *vieni o —?*, are you coming or not? **3** (*nelle domande retoriche, con valore di* 'non è vero?'*; in ingl. si esprime con le* 'tail questions'): *fa piuttosto freddo, —?*, it's quite cold, isn't it?; *sai nuotare, —?*, you can swim, can't you?; *è stata una bella serata, —?*, it was a lovely evening, wasn't it?; *sei già stato a Parigi, —?*, you've already been to Paris, haven't you?; *vi avevo detto di stare attenti, —?*, I told you to be careful, didn't I?; *a quest'ora saranno partiti, —?*, they will have left by now, won't they? ◆ *s.m.* no*; (*rifiuto*) refusal: *i —*, (*voti negativi*) the noes: *ci furono dieci sì e venti —*, there were ten yes and twenty noes; *non mi aspettavo un —*, I didn't expect a refusal; *essere per il —*, to be against it; *essere tra il sì e il —*, to be unable to make up one's mind (*o* to be undecided) // *un bel —, un — chiaro e tondo*, a flat refusal // *abbiamo deciso per il —*, we decided against it ◆ *agg.invar.* (*fam.*) *una giornata —*, an off-day.

◆ FRASEOLOGIA: *anzi che —*, rather: *è antipatico anzi che —*, he's a rather unpleasant type // *né sí né —*, neither yes nor no, (*in presenza di altra negazione*) either yes or no: *non dire né sì né —*, to say neither yes nor no (*o* not to say either yes or no) // *più sì che —*, more likely yes than no // *se —*, otherwise (*o* or else *o* if not): *vattene subito, se —...*, go away at once, or else... // *forse* (*che*) *sì, forse* (*che*) *—*, maybe or maybe not; *"Partirai?" "Forse sì, forse —"*, "Are you leaving?" "Maybe, or maybe not" // *come —!*, certainly!, (*eccome*) and how! // *uno sì e uno —*, every second (*o* every other) person; *un giorno sì e uno —*, every other day // *sì e —*, (*circa*) about: *dovevano essere sì e — una cinquantina*, there must have been about fifty of them // *dir di —*, to say no: *non sa dir di — a nessuno*, he can't say no to anyone // *è difficile, non dico di —*, it's hard, I must admit // *far cenno di —*, *far di — col capo*, to shake one's head.

noa *s.m.* (*etnologia*) noa.

Nobel *s.m.* **1** (*vincitore del premio Nobel*) Nobel prize winner: *un — della fisica*, winner of the Nobel prize for physics (*o* Nobel prize winner for physics) **2** (*premio*) Nobel prize.

nobelio *s.m.* (*chim.*) nobelium.

nobildonna *s.f.* (*antiq.*) noblewoman*.

nobile *agg.* **1** noble: *un giovane di famiglia —*, a youth of noble family; *una tradizione —*, a noble tradition // *sangue —*, noble blood // (*mil.*) *guardia —*, corps of noblemen // (*arch.*) *piano —*, piano nobile **2** (*elevato, eletto*) noble, lofty: *animo —*, noble (*o* lofty) soul; *una persona di animo —*, a noble-minded person; *azione —*, noble action; *parole, sentimenti nobili*, noble words, feelings; *stile —*, lofty style **3** (*chim.*) noble: *gas —*, noble gas; *metallo —*, noble metal ◆ *s.m.* nobleman*, noble: *un — decaduto*, a fallen aristocrat ◆ *s.f.* noblewoman*.

nobilesco *agg.* (*spreg.*) noble, aristocratic.

nobiliare *agg.* noble, nobiliary: *la casta —*, the nobility; *titolo —*, title of nobility (*o* of rank).

nobilitamento *s.m.* (*non com.*) ennobling.

nobilitare *v.tr.* **1** (*non com.*) to ennoble, to bestow a title on (s.o.): *Carlo v nobilitò la sua famiglia*, Charles v ennobled his family (*o* raised his family to the nobility) **2** (*elevare*) to ennoble, to dignify: *il lavoro nobilita l'uomo*, work ennobles man.

□ **nobilitarsi** *v.rifl.* (*elevarsi*) to ennoble oneself, to distinguish oneself: *volle — col sacrificio*, he wanted to ennoble himself through sacrifice.

nobilitato *agg.* **1** ennobled **2** (*tecn.*) faced: *truciolato —*, faced chipboard.

nobilitazione *s.f.* ennobling.

nobilmente *avv.* nobly.

nobiltà *s.f.* **1** nobility: *l'alta — inglese*, the English peerage; *di antica, recente —*, of old, new nobility; *la — si oppose a quel progetto*, the nobility (*o* the nobles) opposed the plan; *appartiene alla — romana*, he belongs to the Roman nobility // *— di spada*, title earned by military prowess **2** (*elevatezza, eccellenza*) nobility, nobleness, loftiness, magnanimity: *— d'animo*, nobleness of soul (*o* noble -mindedness); *— di sentimenti*, loftiness of feelings.

nobilume *s.m.* (*spreg.*) lordlings (*pl.*).

nobiluomo *s.m.* (*antiq.*) nobleman*.

nocca *s.f.* **1** (*anat.*) knuckle **2** (*mecc.*) knuckle (joint).

nocchia → **nocciola**.

nocchiere, **nocchiero** *s.m.* **1** (*letter.*) (*timoniere*) pilot, helmsman*; (*estens.*) (*traghettatore*) boatman*, ferryman* **2** (*mar.*) helmsman*, steersman*.

nocchieroso *agg.* (*non com.*) knotty, knobby.

nocchieruto *agg.* knotty, knobby; (*di albero*) gnarled.

nocchio *s.m.* knot, knob; gnarl // *i nocchi dei frutti*, the woody parts of fruit.

nocchioso, **nocchiuto** → **nocchieruto**.

nocciola *s.f.* (*bot.*) hazelnut, filbert.

nocciolaia *s.f.* (*zool.*) (*Nucifraga caryocatactes*) nutcracker.

nocciolaio *s.m.* nut seller.

nocciolato *s.m.* (*tipo di cioccolato*) (hazel)nut chocolate.

noccioleto *s.m.* hazel grove.

nocciolina *s.f.* (*bot.*) **1** (*piccola nocciola*) little nut **2** *— americana*, peanut.

nòcciolo[1] *s.m.* **1** (*bot.*) stone; (*amer.*) pit: *— di ciliegia, di pesca*, cherry-stone, peach-stone; *senza —*, (*di frutto*) stoneless; *togliere il —*, (*a frutta*) to stone **2** (*punto centrale, essenziale*) heart, kernel, core; point; gist: *il — della questione*, the heart of the matter: *il — di un problema*, the core (*o* kernel) of a problem; *questo è il — di ciò che disse*, this is the gist of what he said; *veniamo al —!*, let us come to the point! // *— duro*, hard core, kernel: *il — duro di una teoria, di un partito*, the core of a theory, of a party **3** (*tecn.*) core.

nocciòlo[2] *s.m.* (*bot.*) (*Corylus avellanus*) hazel, filbert.

nocciuola → **nocciola**.

nocciuolo → **nocciolo**[2].

noccola → **nocca**.

noccoluto *agg.* (*non com.*) large-knuckled (*attr.*).

noce *s.m.* **1** (*albero*) (*Juglans regia*) walnut (tree): *— cinereo americano*, (*Juglans cinerea*) butternut; *— d'Egitto*, (*Adansonia digitata*) baobab **2** (*legno*) walnut: *legno di — americano*, hickory; *un tavolo in —*, a walnut table.

noce *s.f.* **1** (*frutto*) walnut: *guscio di —*, walnut shell, (*fig.*) (*piccola barca*) cockleshell; *bacchiare, schiacciare le noci*, to knock down, to crack nuts; *olio di —*, walnut oil; *un dolce di noci*, a walnut cake // *— di cocco*, coconut // *— moscata*, nutmeg // *— vomica*, (*Strichnos nux-vomica*) nux vomica **2** (*cuc.*) *— di vitello*, pope's eye; *una — di burro*, a knob of butter **3** (*pop.*) (*anat.*) *— del piede*, ankle bone.

nocella *s.f.* **1** (*bot.*) kernel **2** (*anat.*) wrist-bone **3** (*cardine del compasso*) pivot.

nocepesca *s.f.* (*frutto*) nectarine.

nocepesco *s.m.* (*bot.*) (*Prunus persica nectarina*) nectarine (tree).

noceto *s.m.* walnut grove.

noch *s.m.* (*Borsa*) (*contratto a premio semplice*) (*per ritirare*) buyer's option to double; call of more; (*per consegnare*) seller's option to double; put of more.

nocicettore *s.m.* (*biol.*) nociceptor.

nocicezione *s.f.* (*biol.*) nociperception.

nocino *s.m.* **1** (*gioco da ragazzi*) children's game played with walnuts **2** (*liquore*) walnut liqueur.

nocività *s.f.* harmfulness, injuriousness; noxiousness.

nocivo *agg.* harmful, noxious; hurtful; injurious: *ciò è — alla salute*, this is injurious to (*o fam.* bad for) the health; *non credi che potrebbe essere — per me e per te?*, don't you think it might be harmful to both of us? // *insetti nocivi*, pests.

noctiluca → **nottiluca**.

nocumento *s.m.* (*letter.*) damage, harm, iniury: *arrecare — a qlcu.*, to harm s.o. (*o* to do s.o. harm).

nodale *agg.* **1** (*scient., tecn.*) nodal: *punti nodali*, nodal points; *elaboratore —*, nodal processor **2** (*astr.*) nodical **3** (*fig.*) key (*attr.*), crucial: *i problemi nodali dell'economia*, the key problems of the economy.

nodello *s.m.* **1** (*di cavallo*) fetlock; (*di cane, gallo ecc.*) dew-claw **2** (*della canna*) knot.

nodino *s.m.* **1** (*piccolo fiocchetto*) little bow **2** (*cuc. region.*) veal cutlet **3** (*punto di ricamo*) French knot.

nodo *s.m.* **1** knot: *— piatto*, reef knot; *— scorsoio*, slip knot (*o* running knot *o* noose); *— semplice*, single knot; *disfare un —*, to undo (*o* to untie) a knot; *allentare un —*, to loosen a knot; *fare un —*, to make (*o* to tie) a knot: *fare un — al fazzoletto*, to tie a knot in one's handkerchief; *fare il — a una fune*, to tie a knot in a rope; *farsi il — alla cravatta*, to knot (*o* to tie) one's tie // (*mar.*): *— dell'ancora*, anchor knot (*o* fisherman's bend); *— di boa*, buoy rope knot // *— di tosse*, attack of coughing // *avere un — alla gola*, to have a lump in one's throat: *sentiva un — alla gola, mentre la salutava*, he felt a lump in his throat as he waved goodbye to her // *sciogliere i nodi nei capelli*, to get the tangles (*o* knots) out of one's hair // *tutti i nodi vengono al pettine*, (*prov.*) be sure your sins will find you out **2** (*vincolo, legame*) knot, bond, tie: *— coniugale*, wedding (*o* marriage) knot; *i nodi dell'amicizia*, the bonds (*o* ties) of friendship; *stringere un — d'amicizia con qlcu.*, to establish a bond of friendship with s.o. **3** (*punto cruciale, essenziale*) crux: *il — della faccenda*, the crux of the matter; *sciogliere il — di una questione*, to solve a knotty problem **4** (*centro di collegamento*) junction, knot: *— ferroviario, stradale*, railway, road junction **5** (*bot.*) node, knot; (*del legno*) knag **6** (*anat.*) node, nodus*: *— linfatico*, lymph node (*o* lymphonodus); *— atrioventricolare*, atrioventricular node **7** (*teatr.*) (*intreccio*) plot: *il — di una commedia*, the plot of a play **8** (*unità di misura di velocità*) knot: *quella nave fa venti nodi*, that ship does twenty knots **9** (*fis.*) node // (*astr.*): *— ascendente, discendente*, ascending, descending node; *linea dei nodi*, nodal line **10** (*mat.*) crunode, node: *— isolato*, acnode **11** (*inform.*) (*di rete*) node.

nodosità *s.f.* (*l'essere nodoso*) knottiness, nodosity; (*nodo del legno*) node, knot.

nodoso *agg.* knotty, knotted, knaggy // *mani nodose*, gnarled hands.

nodulare *agg.* **1** (*geol.*) nodular **2** (*bot.*) tuberculate(d).

nodulo *s.m.* **1** (*geol.*) nodule **2** (*anat.*) nodule, nodulus* **3** (*bot.*) *— radicale*, root nodule.

noduloso *agg.* nodulous, nodulose.

noema *s.m.* (*fil.*) noema (*pl.* -ata).

noematico *agg.* (*fil.*) noematic.

noesi *s.f.* (*fil.*) noesis.

noetico *agg.* (*fil.*) noetic.

noi *pron.pers.m.* e *f.* *1ª pers.pl.* **1** (*sogg.; in it. è spesso sottinteso ma in inglese deve essere sempre espresso*) we: (—) *siamo italiani*, we are Italian; (—) *preferiremmo rimanere a casa*, we'd rather stay at home; *voi potete restare, — ce ne andiamo*, you can stay, we're going; *fate come facciamo —*, do as we do; *dobbiamo dirglielo —?*, should we tell him?; *ci saremo anche —*, we'll be there too // *— due, tre*, the two, the three of us // *— altri* → noialtri **2** (*con funzione di compl. ogg. e ind.*) us: *stanno chiamando —*, they are calling us; *ce l'hanno proprio con —*, they are really against us (*o* they've really got it in for us); *fatelo per —*, do it for us; *venite con —?*, are you coming with us?; *ditelo pure a —*, you can tell us; *volete fermarvi a cena da —?*, will you stay and have dinner with us? // *uno di —*, one of us; *alcuni di —*, some of us; *nessuno di —*, none of us // *da —*, (*nel nostro paese*) here (*o* in our country); *nella nostra famiglia*, in our family // *veniamo a —!*, let's get back to the subject **3** (*con uso rafforzativo o enfatico*): *"Loro non erano informati" "Neanche —"*, "They didn't know" "Neither did we" // *— stessi, proprio —*, we... ourselves (*o* we ourselves); *— stessi abbiamo ammesso di aver torto*, we admitted we were wrong ourselves; *dobbiamo pensare a — stessi*, we have to think of ourselves // *glie l'avevamo consigliato proprio — di farlo*, we were the ones who had advised him to do it **4** (*con funzione predicativa*) we, us: *"Chi è?" "Siamo —"*, "Who is it?" "It's us"; *siamo stati — a dare l'allarme*, it was we who gave the alarm (*o* we were the ones to give the alarm) **5** (*con uso impers.*) we: *ora, se — consideriamo che...*, now if we consider that...; *esaminando più a fondo il problema, — vediamo che...*, examining the problem more deeply, we see that... **6** (*pl. di maestà*) we.

noia *s.f.* **1** (*tedio*) boredom, tedium, ennui: *la — di una vita monotona*, the tedium of a monotonous life; *sbadigliare di —*, to yawn with boredom // *che —!*, what a bore! // *ammazzare, vincere la —*, to relieve the boredom: *andrò al cinema tanto per ammazzare la —*, I'll go to the cinema just to relieve the boredom; *cercare di vincere la — di un lungo viaggio*, to try to relieve the boredom of a long journey // *avere a — qlco.*, to be fed up (*o* bored stiff) with sthg. // *leggere mi è venuto a —*, I've become bored with reading (*o* I'm tired of reading) // *morire di* —, to die of boredom (*o* to be bored to death *o* to be deadly bored *o* to be bored to tears): *questo libro mi fa morire di* —, this book bores me stiff (*o* bores me to death *o* bores me to tears) // *prendere a — qlcu.*, to be sick of s.o. (*o* to be fed up with s.o.) // *ripetere qlco. fino alla* —, to repeat sthg. ad nauseam **2** (*fastidio*) annoyance; nuisance; trouble: *il fumo mi dà* —, smoke bothers me; *le noie della vita*, the troubles of life; *luce che dà* —, irritating light; *ebbe delle noie per la sua attività politica*, he had a lot of bother (*o* trouble) on account of his political activity; *non voglio noie con il capo!*, I don't want any trouble with the boss; *avere noie al motore*, to have engine trouble // *non dargli —!*, don't trouble him!; *ti do —?*, am I disturbing you? // *che —!*, what a nuisance! **3** (*persona, cosa che infastidisce*) bore, nuisance: *ho cenato con Paolo, che è una — mortale*, I had dinner with Paul: he is a dead bore; *il suo discorso era una — terribile*, his speech was terribly boring; *fare la coda è una tale —!*, queueing up is such a nuisance! // *che — (che) sei! cosa vuoi adesso?*, (*fam.*) what a nuisance you are! what do you want now?

noialtri, **noi altri** *pron.pers. 1ª pers.m.pl.* (*rafforzativo di noi*) (*sogg.*) we; (*compl.*) us.

noiosità *s.f.* **1** (*l'essere noioso*) boringness; tiresomeness **2** (*cosa noiosa*) bore, nuisance; annoyance.

noioso *agg.* **1** boring, tedious; tiresome: *un libro* —, a boring (*o* tedious) book; *una persona noiosa*, a tiresome (*o* boring) person; *una serata noiosa*, a boring evening; *un lavoro* —, a tedious (*o* boring) job **2** (*molesto, fastidioso*) annoying; tiresome, troublesome: *un rumore* —, a tiresome (*o* irritating) noise ◆ *s.m.* bore, boring person.

noisette *agg.* (*fr.*) hazel (*attr.*); nut-brown.

noleggiamento *s.m.* hiring; (*mar.*) chartering.

noleggiante *s.m.* (*comm.*) hirer, charterer; affreighter.

noleggiare *v.tr.* **1** (*prendere a noleggio*) to hire, to rent; (*navi, aerei*) to charter, to freight: — *una barca*, to hire a boat; — *una nave*, to charter a ship; *abbiamo noleggiato una macchina*, we have hired a car **2** (*dare a noleggio*) to hire out, to rent, to let* (out): *mi ha noleggiato un'auto*, he rented me a car; *si noleggiano biciclette*, bicycles for hire.

noleggiatore *s.m.* hirer, renter; (*di navi, aerei*) charterer, freighter, affreighter: — *di biciclette*, bicycle hirer; — *di film*, (*distributore*) film distributor.

noleggio *s.m.* **1** (*il noleggiare*) hire, rent; (*di navi, aerei*) charter, chartering, freight: *il — di un'auto, di un pianoforte*, the hiring of a car, of a piano; *vettura da* —, car for hire; *il — di un film*, the renting of a film // (*mar.*): *contratto di* —, charterparty; — *a collettame*, liner freighting; — *a tempo*, time charter; — *a viaggio*, voyage charter **2** (*prezzo del noleggio*) hire, rental; (*per trasporto su navi o aerei*) freight, freightage: *pattuire il — di una macchina*, to agree on the rental of a car; *tariffa di* —, rental (*o* hire rate) **3** (*luogo in cui si dà a nolo*) rental firm, hire firm: — *di biciclette*, bicycle hire (firm).

nolente *agg.* unwilling: *volente o —, verrai con me*, whether you like it or not, you'll come with me.

nolo *s.m.* **1** (*dir.*) (*il noleggiare*) hire, rent; (*di navi, aerei*) charter freight: *dare a* —, to hire out (*o* rent *o* let out); *prendere a* —, to hire (*o* to rent) **2** (*prezzo del noleggio*) hire, rental; (*per trasporto su navi, aerei*) freight, freightage: — *a corpo*, lump-sum freight; — *a forfait, cumulativo*, through freight; — *di percorso*, distance freight; — *vuoto per pieno*, dead freight; — *di andata*, outward freight; — *di ritorno*, homeward (*o* return) freight; — *aereo*, air freight; — *a peso*, freight by weight; — *a tempo*, time freight; — *a viaggio*, voyage freight; — *stabilito per contratto*, chartered freight; — *supplementare*, extra freight; *mercato dei noli*, charter (*o* freight) market; *noli* (*nella bilancia dei pagamenti*), transportation.

nolontà *s.f.* (*fil.*) nolition.

noma *s.m.* (*med.*) noma.

nomade *agg.* nomadic, nomad: *popoli nomadi*, nomadic peoples; *vita* —, nomadic life ◆ *s.m.* e *f.* nomad, wanderer; (*spreg.*) drifter.

nomadismo *s.m.* nomadism.

nomare *v.tr.* (*letter.*) to name.

nome *s.m.* **1** name: — *di battesimo*, Christian name (*o* first name); — *di famiglia*, family name (*o* surname); — *e cognome*, full name; *senza* —, nameless; *il suo — è Paolo*, his name is Paul; *le hanno dato — Maria*, they have called her Mary; *portare il — di qlcu.*, to be named (*o* called) after s.o.; *questo metodo ha preso il — dal suo ideatore*, this system is named after its inventor // *prendere il — di qlcu.*, (*annotarlo*) to take down s.o.'s name // *viaggiare sotto falso* —, to travel under an alias (*o* under a false name *o* incognito) // *non fare il mio* —, don't mention my name // *fare i nomi dei colpevoli*, to name names // *fuori i nomi, chi giocava a pallone in classe?*, (*fam.*) come on! tell me the names! who was playing football in the classroom? // — *di battaglia*, nom de guerre, (*di attore*) stage name, (*di scrittore*) pen name (*o* nom de plume) // *a — di*, in the name of (*o* on behalf of): *parlo a — mio e del signor Smith*, I am speaking on behalf of Mr Smith and myself; *presentati a — mio*, tell them I sent you // *di* —, by name; (*nominalmente*) in name: *di — Maria*, Mary by name (*o* by name Mary *o* by the name of Mary); *conoscere qlcu. di* —, to know s.o. by name; *essere padrone solo di* —, to be master in name only // *di — e di fatto*, in name and in deed: *è una signora di —, ma non di fatto*, she's a lady in name but not in deed // *in — di*, in the name of (*o dir.* on behalf of): *in — della legge*, in the name (*o* on behalf) of the law; *in — di Dio*, in God's name // *per* —, by name: *chiamare qlcu. per* —, to call s.o. by name // *sotto il — di*, under the name of: *essere conosciuto sotto il — di*, to go by the name of // *chiamare le cose col loro* —, to call a spade a spade // (*comm.*): — *commerciale*, trade (*o* brand) name; — *depositato*, registered trade name; — *d'azienda*, (*ragione sociale*) style (*o* company title *o* business name), (*amer.*) corporate name; *società in — collettivo*, unlimited company **2** (*fama, reputazione*) name, reputation; renown: *ha un buon — come chirurgo*, he has a high reputation as a surgeon; *avere, godere di un buon — come avvocato*, to have a good name as a lawyer; *farsi un* —, to make a name for oneself (*o* to make one's name); *macchiare il proprio buon* —, to spoil one's good name **3** (*persona illustre*) name, celebrity, great man: *i grandi nomi del passato*, the great names of the past **4** (*soprannome*) nickname; *gli fu dato il — di 'Spillo'*, he was nicknamed 'Spillo' **5** (*gramm.*) noun, substantive: — *proprio, comune, collettivo*, proper, common, collective noun **6** (*inform.*) name: — *convenzionale*, tag.

nomea *s.f.* reputation: *ha una — di ladro*, he has the reputation of a thief.

nomenclatore *s.m.* **1** nomenclator **2** (*glossario di nomi*) glossary of names.

nomenclatura *s.f.* nomenclature.

nomignolo *s.m.* nickname, pet name.

nomina *s.f.* appointment, nomination, designation: — *elettorale*, nomination; — *ministeriale*, appointment by the government; — *provvisoria*, provisional appointment; *ricevere la — di direttore*, to be appointed director; — *a magistrato*, nomination as judge; *presidente di prima* —, newly appointed chairman; (*dir.*) *decreto di* —, decree of appointment.

nominabile *agg.* mentionable, namable.

nominale *agg.* **1** nominal: *appello* —, roll call; *lista* —, nominal list **2** (*non effettivo*) nominal: *un incarico puramente* —, a purely nominal appointment; *affitto* —, nominal rent // (*econ.*): *costo* —, nominal cost; *interesse* —, nominal interest // (*Borsa*): *valore* —, nominal (*o* face *o* denominational) value; *valore — di un'azione*, nominal value of a share; *prezzo* —, nominal price **3** (*gramm.*) nominal.

nominalismo *s.m.* (*st. fil.*) nominalism.

nominalista *s.m.* e *f.* (*st. fil.*) nominalist.

nominalistico *agg.* nominalistic.

nominalizzare *v.tr.* (*ling.*) to nominalize; to transform into a noun.

nominalizzatore *s.m.* (*ling.*) noun suffix.

nominalizzazione *s.f.* (*ling.*) transformation into a noun.

nominalmente *avv.* nominally.

nominare *v.tr.* **1** (*non com.*) (*dare un nome*) to name, to call **2** (*menzionare*) to name, to mention: *non l'ho mai sentito* —, I have never heard of him; *non l'ho neppure nominato*, I haven't even mentioned him; *per favore non nominarmelo nemmeno*, please, don't even mention his name (*o* him) to me // *non — il nome di Dio invano*, thou shalt not take the name of the Lord thy God in vain **3** (*eleggere*) to appoint, to designate, to name: *lo hanno nominato ambasciatore*, he has been appointed ambassador; *fu nominato successore dell'attuale presidente*, he was named as the successor to the present manager; — *il consiglio di amministrazione di una società*, to appoint the board of directors of a company; (*dir.*) — *qlcu. erede*, to designate s.o. as heir.

nominatamente, **nominativamente** *avv.* **1** (*per nome*) by name **2** (*letter.*) (*specialmente*) expressly, specifically.

nomination *s.f.* (*pol.*) (*nomina a candidato alla presidenza negli Stati Uniti*) nomination: *ottenere la — a presidente*, to get the nomination for president.

nominatività *s.f.* (*fin.*) registration: — *dei titoli*, registration of securities.

nominativo *agg.* **1** (*gramm.*) nominative: *caso* —, nominative case **2** (*comm.*) registered: *polizza nominativa*, named (*o* special) policy; *libretto — di risparmio*, personal savings book // (*Borsa*): *azione nominativa*, registered share; *titoli nominativi*, registered stock (*o* inscribed securities).

nominato *agg.* (*non com.*) (*celebre*) famous, renowned.

nominazione *s.f.* (*non com.*) naming; (*nomina*) nomination; appointment.

nomofillo *s.m.* (*bot.*) nomophillum.

nomogenesi *s.f.* (*biol.*) nomogenesis.

nomografia *s.f.* (*mat.*) nomography.

nomografo *s.m.* nomograph.

nomogramma *s.m.* (*mat.*) nomogram.

nomotetico *agg.* (*fil.*) nomothetic.

non *avv.* **1** (*come negazione di un v.*) not (*spesso contratto in* n't *con ausiliari o 'modal verbs'*): — *è vecchio*, he isn't old; — *era vero*, it wasn't true; — *sarà facile*, it won't be easy; *la questione — è stata risolta*, the problem has not been solved; — *ha amici*, he hasn't any friends (*o* he has no friends); — *avevamo soldi*, we didn't have any money (*o* we had no money); — *è venuto*, he didn't come; — *abbiamo ancora deciso*, we haven't decided yet; — *posso farlo*, I can't do it; — *potresti passare più tardi?*, couldn't you call later?; — *dovete cedere*, you mustn't give in; — *avrebbe dovuto accettare*, he shouldn't have accepted; — *oso telefonargli*, I daren't phone him; — *volete riposarvi un po'?*, don't you want to rest a while?; — *permetterò che la trattino in quel modo*, I won't let them treat her like that; — *dirlo*, don't say it; — *parliamone*, let's not talk about it; — *lavora in quella ditta*, he doesn't work for that firm; — *hanno voluto ascoltarmi*, they wouldn't listen to me; — *parlò per tutto il giorno*, he did not speak all day; *è meglio — indagare*, we'd better not go into it; — *vedendolo arrivare, cominciai a preoccuparmi*, not seeing him arrive, I began to get worried // In frasi negative, come rafforzativo di un'altra negazione: — *c'era nessuno*, there wasn't anybody; — *so nulla*, I don't know anything; — *hanno avuto nessuna notizia*, they haven't had any news; — *ne ho parlato con nessuno*, I haven't spoken to anyone about it; — *ha bevuto niente*, he didn't drink anything; — *disse neanche una parola*, he didn't say a word; — *ci credo affatto*, I don't believe a word of it; — *gliene importava niente*, it didn't matter to him at all; — *è mica vero!*, it's not true at all!; — *ci capisco un'acca!*, I can't understand a word!; — *vado mai a teatro*, I never go to the theatre; — *l'ho mai visto*, I've never seen him; — *era mai stato così felice*, he had never been so happy • Come si nota dagli esempi, l'avv. *not* non si usa in ingl. in presenza di un'altra negazione **2** (*in frasi interrogative, per lo più retoriche*): — *l'avevi detto proprio tu?*, wasn't it you who said it?; *chi — accetterebbe una simile proposta?*, who wouldn't accept such an offer?; — *avresti dovuto partire stasera?*, shouldn't you have left this evening?; *mi chiedo se — sarebbe stato meglio rinunciare*, I wonder whether it wouldn't have been better to give up **3** (*come negazione di un agg. o avv. per affermare un concetto negandone l'opposto*): — *è improbabile*, it's possible; *è un'impresa — facile*, it's a hard task; *un uomo — privo di talento*, a man not without talent; *ha lavorato — poco per farsi una posizione*, he worked hard to get on; — *pochi la pensano come me*, lots of people think the way I do; — *sarà male ripeterlo*, it won't do any harm to repeat it; — *sempre si può fare quello che si vuole*, you can't always do as you like; — *senza fatica*, not without effort; — *del tutto*, — *completamente*, not completely • Come si nota dagli esempi, in questo caso la negazione è spesso espressa usando l'agg. o l'avv. di significato opposto **4** (*seguito da un compar.*) no, not: *doveva avere — più di vent'anni*, he couldn't have been more than twenty; *saranno stati — meno di mille*, there must have been no fewer than a thousand; — *più tardi di ieri*, no later than yesterday; *arriveremo — prima delle otto*, we shall arrive not before eight o'clock; — *oltre il 15 di questo mese*, no later than the 15th of this month; *un pesciolino — più grosso del mio mignolo*, a fish no bigger than my little finger; *una cifra — inferiore al milione*, a figure no less than a million; *un locale — più grande di questa stanza*, a place no bigger than this room **5** (*nelle contrapposizioni*) not: — *è bello, ma è simpatico*, he isn't good-looking, but he's nice; — *tu, ma lui avrebbe dovuto pensarci*, you shouldn't have had to think of it, he should; *dovete presentarvi domani, — oggi*, you have to go there tomorrow, not today; *è un problema mio, — tuo*, it's my problem, not yours **6** (*con uso pleonastico; in ingl. non si traduce*): — *appena mi vide, mi corse incontro*, as soon as he saw me, he ran to meet me; *è più facile di quanto — si creda*, it's easier than you think; *poco mancò che — ci cascassi anch'io*, I nearly fell for it too; *ti aspetterò finché — arriverai*, I'll wait for you to arrive; *a meno che tu — voglia ripensarci...*, unless you want to think it over... // *in men che — si dica*, in less than no time // In frasi esclamative: *le bugie che — mi ha raccontato!*, the lies he told me!; *quanto — ho fatto per lui!*, what I've done for him!
◆ FRASEOLOGIA: *dottore o — dottore, è un ignorante*, he's an ignoramus, whether he's got a degree or not // — *che io ci creda, ma...*, not that I believe it, but... // *che è che — è*, all of a sudden // — *c'è di che*, (*formula di cortesia in risposta a un ringraziamento*) not at all, you're welcome.

non- *pref.negativo* che entra nella formazione di aggettivi e sostantivi; ingl. non-, un-, in-: — *allineato*, non-aligned; — *collaborazione*, non-collaboration; — *belligeranza*, non -belligerency; — *credente*, non-believer, unbeliever; — *valido*, invalid.

nona *s.f.* **1** (*st. romana*) none **2** (*eccl.*) Nones (*pl.*), None **3** (*mus.*) ninth.

nonagenario *agg.* ninety years old (*pred.*); ninety-year-old (*attr.*); nonagenarian ◆ *s.m.* nonagenarian.

nonagesimo → **novantesimo**.

non aggressione *s.f.* non-aggression: *patto di* —, non-aggression treaty.

non allineamento *s.m.* (*pol.*) non-alignment.

non allineato *agg.* non-aligned // (*pol.*) *paese* —, non-aligned country.

nonano *s.m.* (*chim.*) nonane.

non bancabile *agg.* (*banca*) unbankable: *effetti non bancabili*, unbankable papers.

non belligeranza *s.f.* (*pol.*) non-belligerency.

nonchalance *s.f.* (*fr.*) nonchalance.

nonché *cong.* **1** (*tanto meno*) let alone; still less: *era proibito parlare di politica, — scriverne*, it was forbidden to talk about politics, let alone (*o* still less) write about it **2** (*e inoltre*) as well as, and... as well: *è sciocco — presuntuoso*, he's foolish, and presumptuous as well; *la mozione sarà presentata al sindaco, — al prefetto della città*, the motion will be presented to the mayor of the city, as well as (to) the prefect.

non collaborazione *s.f.* (*econ.*) non collaboration; (*forma di lotta sindacale*) slow -down strike.

non conformismo *s.m.* nonconformism; anticonformism; unconventionality.

nonconformista *s.m.* e *f.* nonconformist, anticonformistic person; unconventional person.

nonconformista, **nonconformistico** *agg.* nonconformist; anticonformist, unorthodox; unconventional.

non credente *s.m.* e *f.* non-believer, unbeliever; atheist.

noncurante *agg.* careless, heedless: — *del pericolo*, heedless of danger.

noncuranza *s.f.* carelessness, heedlessness.

nondimeno *cong.* nevertheless; however: *non so se potrò risolvere il problema, — ci proverò*, I am not sure I can solve the problem; nevertheless (*o* however), I shall try.

non docente *agg.* non-teaching: *personale* —, non-teaching staff ♦ *s.m.* e *f.* non-teaching member of staff, member of the non-teaching staff.

none *s.f.pl.* (*nel calendario romano*) Nones.

non essere *s.m.* (*fil.*) non-being.

nonetto *s.m.* (*mus.*) nonet.

non figurativo *agg.* (*arte*) non-figurative.

non fumatore *s.m.* non-smoker: *compartimento per non fumatori*, non-smoking compartment.

nonile *s.m.* (*chim.*) nonyl.

non intervento *s.m.* non-intervention.

nonio *s.m.* (*metrol.*) nonius.

non menzione *s.f.* (*dir.*) benefit of non registration of one's conviction (on the criminal record).

non-metallo *s.m.* (*chim.*) non-metal.

nonna *s.f.* grandmother; (*fam.*) grandma, granny, gran.

nonnismo *s.m.* (*gergo*) superiority of older soldiers over recruits.

nonno *s.m.* **1** grandfather; (*fam.*) grandpa(pa), gran(d)dad: — *materno, paterno*, maternal, paternal grandfather; *i miei nonni*, my grandparents **2** *pl.* (*estens.*) (*antenati*) ancestors, forefathers.

nonnulla *s.m.* trifle, slightest thing: *si arrabbia per un* —, he takes offence at the slightest thing.

nono *agg.num.ord.* e *s.m.* ninth.

non operativo *agg.* (*econ.*) non-operating: *spese non operative*, non-operating expenses; *reddito* —, non-operating income.

nonostante *prep.* in spite of, despite; for all; (*form.*) notwithstanding: *la partita si giocherà — la pioggia*, the match will be played in spite of the rain; — *i suoi difetti è una brava persona*, he's a good fellow, for all his faults; *ciò* —, even so (*o form.* notwithstanding this).

nonostante (che) *cong.* (al)though, even though: — *abbia superato l'ottantina, è ancora pieno di brio*, although (*o* even though) he is over eighty, he's still full of life; *continua a fumare, — (che) glielo abbiano proibito*, he still smokes, even though he has been ordered not to.

non pagato *agg.* (*comm.*) outstanding.

nonpertanto → **nondimeno**.

non plus ultra *s.m.* (*lat.*) acme, height, ne plus ultra: *il — della stupidità*, the height of stupidity; *questo è il —*, this is the ne plus ultra.

non professionale *agg.* non-professional.

non proliferazione *s.f.* (*pol. mil.*) non -proliferation.

non recuperabile *agg.* non-recoverable: *credito —*, non-recoverable credit.

non ritorno *s.m.* no return: *punto di —*, point of no return.

nonsense *s.m.* nonsense.

nonsenso *s.m.* nonsense [U], absurdity: *quel che dici è un —*, what you say is nonsense (*o* an absurdity).

non so che *agg.* undefinable ◆ *s.m.* something undefinable: *in lei c'è un — di misterioso*, there's (*o* she has) something mysterious about her; *un certo —*, a certain je ne sais quoi.

non stop *avv.* e *agg.* nonstop: *una trasmissione —*, a nonstop programme.

non tessuto *s.m.* unwoven fabric.

nontiscordardimé *s.m.* (*bot.*) (*Myosotis scorpioides*) forget-me-not, (*scient.*) myosote.

nonuplo *agg.* (*non com.*) nine times greater ◆ *s.m.* something nine times greater: *18 è il — di 2*, 18 is nine times greater than 2.

non valore *s.m.* (*fil.*) non-value.

non vedente *s.m.* e *f.* blind.

nonviolento *agg.* nonviolent.

nonviolenza *s.f.* non-violence.

noradrenalina *s.f.* (*biochim.*) noradrenaline.

norcineria *s.f.* (*region.*) (*macelleria suina*) pork-butcher's.

norcino *s.m.* (*region.*) (*chi lavora carni di maiale*) pork-butcher.

nord *s.m.* (*geogr., astr.*) north: *ho viaggiato a lungo nel — dell'Europa*, I have travelled a lot in the north of Europe (*o* in North Europe); *la Scozia è situata a — dell'Inghilterra*, Scotland lies to the north of England; *casa esposta a —*, house looking (*o* facing) north; *venire dal —*, to come from the north; *— geografico*, true north // *l'America del Nord*, North America; *il Capo Nord*, the North Cape; *il Mare del Nord*, the North Sea; *il Polo Nord*, the North Pole // *del —*, northern (*o* north): *abitanti del —*, Northerners; *vento del —*, north wind // *verso —*, northward (*agg.*); northwards (*avv.*).

nordafricano *agg.* e *s.m.* North African.

nordamericano *agg.* e *s.m.* North American.

nordatlantico *agg.* North Atlantic.

nord-est *s.m.* (*geogr.*) northeast ◆ *agg.* (*geogr.*) northeastern; (*rivolto a nord-est*) northeastward ◆ *avv.* (*geogr.*) (*verso nord-est*) northeastward(s).

nordeuropeo *agg.* e *s.m.* North European.

nordico *agg.* **1** northern: *clima —*, northern climate; *città nordica, paese —*, northern town, country **2** (*dell'Europa settentrionale*) Nordic: *lingua, razza nordica*, Nordic language, race ◆ *s.m.* **1** (*abitante del nord*) Northerner **2** (*dell'Europa settentrionale*) Nordic.

nordista *s.m.* e *f.* **1** (*st. amer.*) federalist; Northerner; (*spreg.*) Yankee **2** (*chi vive al nord*) Northerner ◆ *agg.* federal; (*spreg.*) Yankee.

nordoccidentale *agg.* (*geogr.*) northwest, northwesterly, northwestern.

nordorientale *agg.* (*geogr.*) northeast, northeasterly, northeastern.

nord-ovest *s.m.* (*geogr.*) northwest ◆ *agg.* (*geogr.*) northwestern; (*rivolto a nord-ovest*) northwestward ◆ *avv.* (*geogr.*) (*verso nord-ovest*) northwestward(s).

norepinefrina *s.f.* (*biochim.*) norepinephrine.

noria *s.f.* (*mecc.*) noria.

norite *s.f.* (*geol.*) norite.

norma *s.f.* **1** (*regola*) rule, norm, standard; precept; provision; (*principio*) principle: *le buone norme dell'educazione*, the rules (*o* principles) of good manners; *attenersi a una —*, to obey (*o* to follow) a rule; *applicare una —*, to apply a rule; *dettare le norme*, to set the standards; *procedere secondo le norme*, to act according to the rules; *seguire le norme*, to observe the rules; *trasgredire le norme*, to break the rules // *di —*, as a rule // *per vostra —*, for your guidance (*o fam.* information); *per tua — (e regola) ricordati che non ammetto questo linguaggio*, let me tell you once and for all that I don't allow that kind of language // *norme di sicurezza*, safety regulations (*o* standards) // (*amm.*): *norme generali*, general rules; *norme e regolamenti*, rules and regulations; *deroga dalla —*, deviation from the norm // (*dir.*): *— contrattuale*, provision of a contract; *— di legge*, rule of law; *a — di legge*, according to law; *le norme vigenti*, the regulations in force; *norme di lavoro*, work rules **2** (*avvertenza, istruzione*) instruction, direction; (*regolamento*) regulation; *norme per l'uso*, instructions (*o* directions) for use; (*comm.*) *norme per la spedizione*, shipping regulations // (*inform.*) *norme di funzionamento*, specifications **3** (*consuetudine*) custom, tradition; norm: *inferiore, superiore alla —*, below, above norm (*o* par); *secondo la — ora terrà il discorso inaugurale*, as is the custom, he will now deliver the inaugural address; *di — la partecipazione del pubblico è numerosa*, people usually participate in large numbers // (*econ.*): *— di produzione*, norm of production (*o* production standard); *aumento salariale inferiore alla — nazionale*, pay increase below the national norm **4** (*mat.*) norm: *— di un vettore*, norm of a vector.

normale *agg.* **1** normal; usual; regular; standard (*attr.*): *i lavori stradali hanno intralciato la — circolazione del traffico*, the roadworks disturbed the normal circulation of the traffic; *domani gli autobus riprenderanno il — servizio*, normal bus service will resume tomorrow; *la città è tornata alla vita —*, life has returned to normal in the city; *è — che nevichi a Natale*, it usually snows at Christmas time; *non è — che tu ti comporti così*, you don't usually (*o* normally) behave like this; (*med.*) *polso —*, regular (*o* normal) pulse; *prezzi normali*, standard prices; *tariffa —*, standard tariff (*o* ordinary rate); *orario —*, regular working hours // *quel tuo amico non mi sembra tanto —!*, (*fam.*) that friend of yours doesn't seem all there to me // (*stat.*): *distribuzione —*, normal distribution; *curva —*, normal curve; *tasso — di mortalità*, normal mortality rate // (*fis.*) *temperatura e pressione normali*, standard (*o* normal) temperature and pressure // (*st.*) *scuola —*, teachers' training college **2** (*che dà una norma*) standard (*attr.*): *dimensione —*, standard dimension ◆ *s.m.* normal: *al disopra, disotto del —*, above, below normal; *la produzione può scendere al disotto del —*, production may fall below normal ◆ *s.f.* (*mat.*) normal, perpendicular.

normalità *s.f.* normality.

normalizzare *v.tr.* to normalize; to bring* back to normal; (*standardizzare*) to standardize: (*econ.*) *— la produzione*, to standardize production; *— le relazioni internazionali*, to normalize international relations.

□ **normalizzarsi** *v.intr.pron.* to get* back to normal: (*econ.*) *la situazione del mercato si va normalizzando*, the situation of the market is getting back to normal.

normalizzatore *agg.* normalizing ◆ *s.m.* normalizer.

normalizzazione *s.f.* normalization; (*standardizzazione*) standardization: (*econ.*) *la — di un procedimento, di una produzione*, the standardization of a process, of a production // (*stat.*) *— di una variabile*, normalization of a variable.

normalmente *avv.* normally; usually, generally.

normanno *agg.* e *s.m.* Norman: (*st.*) *anglo —*, Anglo-Norman; *la conquista normanna*, the Norman Conquest.

normativa *s.f.* (*burocrazia*) provisions (*pl.*); regulations (*pl.*), set of rules: (*amm.*) *— in materia di vigilanza*, supervisory regulations; (*amm.*) *— sulle pensioni*, pension scheme provisions.

normatività *s.f.* normativeness.

normativo *agg.* normative; prescribing; prescriptive: (*dir.*) *potere —*, rule making (*o* prescriptive *o* regulative) power; (*dir.*) *accordo —*, prescriptive agreement.

normato *agg.* (*mat.*) normed: *spazio —*, normed space.

normazione *s.f.* standardization.

normoblasto *s.m.* (*biol.*) normoblast.

normocito *s.m.* (*biol.*) normocyte.

normodotato *agg.* (*psic.*) normally intelligent ◆ *s.m.* (*psic.*) a person normally intelligent.

normodotazione *s.f.* (*psic.*) normal intelligence.

normoergia *s.f.* (*med.*) normergy.

normoglicemico *agg.* (*med.*) normoglycemic.

normografo *s.m.* stencil.

normolineo → **normotipo**.

normopeso *agg.* (*med.*) with a normal weight ◆ *s.m.* (*med.*) a person with a normal weight.

normotensione *s.f.* (*med.*) normotension.

normotermia *s.f.* (*med.*) normal temperature.

normoteso *agg.* e *s.m.* (*med.*) normotensive.

normotipo *agg.* (*med.*) with a normal structure ◆ *s.m.* (*med.*) a person with a normal structure.

norna *s.f.* (*mit.*) Norn.

norreno *agg.* e *s.m.* Old Norse.

norvegese *agg.* e *s.m.* e *f.* Norwegian ◆ *s.f.* (*sport*) cross-country ski race.

noso- *pref.* di origine greca usato nella terminologia medica con significato di 'malattia, relativo alle malattie'; ingl. nos(o)-: *nosografia*, nosography; *nosocomiale*, nosocomial.

nosocomio *s.m.* nosocomion, nosocomium; hospital.

nosofobia *s.f.* (*med.*) nosophobia.

nosogenesi *s.f.* (*med.*) nosogenesis, nosogeny.

nosologia *s.f.* (*med.*) nosology.

nosologico *agg.* nosological.

nosotropico *agg.* (*med.*) nosotropic.

nossignore *avv.* no, Sir; (*proprio no*) certainly not.

nostalgia *s.f.* nostalgia; (*rimpianto*) longing (for sthg.): *avere, sentire la — della propria casa*, to be homesick (*o* to feel nostalgia for one's home); *soffrire la — della propria famiglia*, to be homesick; *ho — dei miei amici*, I miss my friends; *ha — dei vecchi tempi*, he feels nostalgia for the old days.

nostalgico *agg.* nostalgic; (*di casa*) homesick: *un animo —*, a nostalgic soul (*o* person); *ricordi nostalgici*, nostalgic memories ◆ *s.m.* nostalgic person: *un — degli anni sessanta*, a person who looks back nostalgically on (*o* who is nostalgic for) the sixties // *un — (del fascismo)*, (*iron.*) a person who is nostalgic about the fascist period.

nostomania *s.f.* (*psic.*) nostomania.

nostrale *agg.* (*nostrano*) home (*attr.*); national; local, regional: *prodotti nostrali*, home products.

nostrano *agg.* home (*attr.*), local: *cucina nostrana*, home cooking; *formaggio, prodotto —*, local cheese, product.

nostro *agg.poss. di 1ª pers.pl.* **1** our; (*nostro proprio*) our own: *la nostra casa*, our house; *i nostri genitori*, our parents; *abbiamo fatto il — dovere*, we did our duty; *sono i nostri migliori amici*, they are our best friends; *abbiamo ripreso le nostre vecchie abitudini*, we have got back into our old habits; *sono venuti spesso a casa nostra*, they have often been to our house; *vorremmo avere una casa nostra*, we would like to have a house of our own // *un — parente*, a relative of ours; *alcuni nostri amici*, some friends of ours; *in questo — paese*, in this country of ours // *Nostro Signore*, Our Lord // *in vece nostra*, in our place (*o* instead of us *o form.* in our stead) // *fatelo per amor —*, do it for our sake **2** (*con uso predicativo*) ours: *questo giardino è —*, this garden is ours; *quelle lettere non sono nostre*, those letters aren't ours **3** (*pl. di maestà*) our: *è — preciso desiderio che...*, it is our express wish that... **4** (*in espressioni ellittiche*): *la nostra del 10 corr.*, our letter of the 10th inst.; *anche noi abbiamo le nostre*, we've got our own troubles; *è sempre dalla nostra*, he is always on our side; *stiamo sulle nostre*, we keep ourselves to ourselves ◆ *pron.poss.* **1** ours: *la loro casa è proprio di fronte alla nostra*, their house is right opposite ours; *questo è un modo di vedere molto diverso dal —*, this is a very different outlook from ours // *il Nostro*, (*riferito a scrittore o artista di cui si sta parlando*) the author **2** *pl.*: *i nostri*, our family (*o* our relatives *o fam.* our folks); (*partigiani, seguaci*) our supporters; (*soldati*) our soldiers (*o* our men *o* our side); *sarai dei nostri domani sera?*, will you join us tomorrow evening? // *arrivano i nostri!*, here come the goodies! ◆ *s.m.*: *campiamo del —*, we earn our own living; *non vorremmo rimetterci del —*, we wouldn't like to lose any of our own money.

nostromo *s.m.* (*mar.*) boatswain.

nota *s.f.* **1** (*segno, caratteristica*) sign, mark: *note caratteristiche*, characteristic signs; *la sua — caratteristica è l'ordine*, his distinctive feature is his love of order; *— d'infamia*, mark of infamy **2** (*appunto*) note; memorandum*, memo: *quaderno per note*, notebook; *parlava aiutandosi con delle note*, he spoke from notes; *una — di biasimo*, a reproachful note; *una — (di demerito) sul registro*, a black mark; *scrivere una — di ringraziamento*, to write a note of thanks; *prendere —*, to take note: *prendi — del mio indirizzo*, make a note of my address; *prendere delle note su qlco.*, to make (*o* to take) notes on sthg.; (*comm.*) *abbiamo preso —*, we have duly noted; (*comm.*) *prender — di un ordine*, to book an order // *— diplomatica*, diplomatic note // (*dir.*) *— a sentenza*, comment to a court decision // *degno di —*, noteworthy: *un fatto degno di —*, a noteworthy fact **3** (*mus.*) note: *le sette note musicali*, the seven notes of the scale; *tenere, sostenere una —*, to hold a note // *le dolenti note*, doleful notes: *ora incominciano le dolenti note*, now the trouble starts // *glielo ha cantato a chiare note*, he told her plainly // *vi era una — di orgoglio nella sua voce*, there was a note of pride in his voice // *mettere una — allegra, triste*, to bring a happy, sad note // *portare una — di allegria*, to introduce a cheerful note // *trovare la — giusta*, to strike the right note **4** (*commento*) note: *— a pié di pagina*, footnote; *— critica*, critical note; *— marginale*, marginal note; *note introduttive*, introductory note; *— del redattore (n.d.r.)*, editor's note; *— del traduttore (n.d.t.)*, translator's note **5** (*conto*) bill: *la — dell'albergo*, the hotel bill // (*dir.*) *— di spese giudiziarie*, bill of costs **6** (*lista*) list: *la — dei libri*, the book list; *la — della spesa*, the shopping list; *fare una —*, to make a list // (*comm.*): *— di consegna*, delivery note; *— di acquisto*, bought note; *— di spedizione*, waybill (*o* consignote); *— di vendita*, sold note; *— spese*, expense account; *— di pegno*, warrant (*o* warehouse warrant *o* warrant for goods) // (*mar.*) *— d'imbarco*, shipping note // (*assicurazioni*) *— di copertura*, cover note // (*banca*) *— di accreditamento*, credit note.

notabene *s.m.* nota bene (*abbr.* n.b., NB).

notabilato *s.m.* (*l'insieme dei notabili*) notables (*pl.*), important people.

notabile *agg.* (*letter.*) (*importante*) notable; remarkable, considerable: *un avvenimento —*, a remarkable event ◆ *s.m.* (*persona importante*) notable: *i notabili del luogo*, the notables of the place.

notabilità *s.f.* (*non com.*) **1** notability, distinction **2** *pl.* (*i notabili*) the notables.

notaio *s.m.* notary, notary public.

notare *v.tr.* **1** (*prendere nota di, annotare*) to note, to write* down, to take* note of (sthg.), to record; to jot down: *ho notato su questo foglio quello che disse*, I have written down what he said on this paper; *il poliziotto notò il mio indirizzo*, the policeman wrote (*o* took) down my address // (*amm.*): *— le spese*, to take note of (*o* to write down) expenses; *— le entrate e le uscite*, to record income and expenditure // *non ho niente contro di lui, nota bene, ma preferisco non vederlo*, I have nothing against him, mind you, but I prefer not to see him **2** (*osservare*) to notice, to note, to take* notice of (sthg.); (*fare un'osservazione*) to remark, to observe: *hai notato come era pallido?*, did you notice how pale he was (looking)?; *non ho notato nulla di strano*, I didn't notice anything strange; *l'ho notato subito perché vestiva stranamente*, I noticed him at once because he was strangely dressed; *egli notò che avresti dovuto venire prima*, he observed (*o* remarked) that you should have come earlier // *far —*, to point out // *farsi —*, to draw attention to oneself **3** (*indicare con nota*) to mark: *noterò a margine i passi più belli*, I will mark the most beautiful passages in the margin.

notariato *s.m.* profession of notary; office of notary: *esercitare il —*, to be a notary public.

notarile *agg.* notarial: *atto —*, notarial act (*o* deed under seal); *procura —*, power of attorney; *copia —*, certified copy; *ufficio —*, notary's office; *collegio —*, board of notaries // *la gestione — di un ente*, the notarial direction of a corporation.

notazione *s.f.* **1** (*il notare*) marking, (*annotazione*) annotation; (*segnatura*) numbering: *la — delle pagine*, page numbering **2** (*fig.*) observation: *fare acute notazioni*, to make penetrating observations **3** (*mus.*) notation **4** (*mat., chim.*) notation.

notes *s.m.* (*blocco*) notebook, notepad; (*agenda*) diary.

notevole *agg.* **1** (*pregevole, degno di nota*) remarkable, outstanding; notable, noteworthy: *la — bellezza del paese*, the remarkable (*o* outstanding) beauty of the country; *un evento —*, a remarkable (*o* an outstanding) event; *non abbiamo visto nulla di —*, we saw nothing noteworthy **2** (*considerevole, grande*) considerable: *a — distanza*, at a considerable distance; *una rendita, una spesa —*, a considerable income, expense.

notevolmente *avv.* remarkably; considerably: *il suo inglese è — migliorato da quando è stato in Inghilterra*, his English has greatly improved since he went to England.

notifica *s.f.* **1** (*burocrazia*) (*il notificare*) notification, notice, advice: *dare — di qlco. a qlcu.*, to notify s.o. of sthg.; (*comm.*) *— di una vendita*, announcement of a sale; (*trib.*) *— di accertamento*, notice of assessment **2** (*dir.*) service, summons: *— di una sentenza*, service of a judgement; *— di comparizione*, summons (to appear); *dare — di qlco. a qlcu.*, to serve a notice of sthg. on s.o.

notificabile *agg.* notifiable.

notificabilità *s.f.* notifiability.

notificando *s.m.* (*dir.*) person to be notified.

notificare *v.tr.* **1** (*dir.*) to serve, to notify; to report: *— una citazione a...*, to serve a summons on...; *— un atto*, to serve an act; *— un mandato d'arresto*, to serve a warrant of arrest; *— un appello*, to notify an appeal; *— un furto alla polizia*, to report a theft to the police; *— una nascita*, to report (*o* to notify) a birth **2** (*render noto*) to give* notice of, to advise, to announce; to inform: *— qlco. a qlcu.*, to inform s.o. of sthg. // (*trib.*) *— i propri redditi*, to return one's income // (*comm.*) *— l'importazione di una merce*, to declare the importation of an article.

notificatore *agg.* notifying, notification (*attr.*): *lettera notificatrice*, letter of notification; (*dir.*) *atto —*, notification deed.

notificazione *s.f.* **1** notification: *— amministrativa*, administrative notification; *provvedere alla — del cambio di residenza*, to notify one's change of residence; *dare — di una nascita*, to notify a birth **2** (*manifesto, avviso*) notice: *affiggere una —*, to affix (*o* to stick up) a notice **3** (*dir.*) service, summons: — *di una sentenza*, service of a judgment: — *a comparire*, summons to appear; — *a mani proprie*, personal service; — *a mano di terzi*, substituted service; *eseguire una — di qlco.*, to serve notice of sthg.; *ricevere una — di qlco.*, to receive notice of sthg.

notista *s.m.* e *f.* (*giornalismo*) political commentator.

notizia *s.f.* **1** news [U], piece of news (*solo sing.*): *la — del mio matrimonio fu una sorpresa per lui*, the news of my wedding was a surprise to him; *che notizie ci sono?*, what is the news?; *ricevere, dare* —, to receive, to give news; *dare una brutta* —, to break the news; *qualcuno dovrà dargli la — dell'incidente*, someone will have to break the news of the accident to him; *dammi notizie ogni giorno*, let me hear from you every day; *non abbiamo sue notizie da due mesi*, we've had no news (*o* we haven't heard) from him for two months; *le notizie non sono cattive*, the news is not bad; *questa è una — interessante*, this is an interesting piece of news; *diffondere notizie false*, to spread false rumours; *le ultime notizie*, the last news; (*le più recenti*) the latest news; *ultime notizie del giornale radio*, late night news; — *da prima pagina*, front-page news; *la — era in prima pagina*, the news was on the front page; *le notizie che provengono dalla Germania parlano di...*, the news reports from Germany say that... // *corre — che...*, there is a rumour that... // (*comm.*): *notizie commerciali*, economic news; *come da* —, as per advice; *siamo in attesa di vostre notizie*, we are looking forward to hearing from you // *far* —, to create a stir **2** (*informazione*) information (*solo sing.*); (*dato*) note: *datemi alcune notizie su ciò*, give me some information about it; *ho raccolto alcune notizie storiche*, I have gathered some historical information; *vorrei delle notizie più dettagliate su questo autore*, I'd like to have more detailed information about this writer; *notizie biografiche*, biographical notes; *dar — di qlco. a qlcu.*, to inform s.o. of sthg.

notiziario *s.m.* news [U]; (*bollettino di ditta, associazione*) newsletter: — *del mattino*, morning news; — *radiofonico*, radio news (*o* bulletin); — *televisivo*, TV news (*o* bulletin); — *medico*, medical newsletter (*o* bulletin); — *politico, economico*, politic, economic news; — *commerciale*, trade report; — *di Borsa*, market news.

noto *agg.* well-known: *un — scrittore*, a well-known writer; *un viso* —, a familiar face; *una località tristemente nota*, a place with an unhappy reputation; *è — a tutti che...*, everybody knows (*o* it is common knowledge) that...; *questo non mi era* —, I did not know that; *render — qlco. a qlcu.*, to make sthg. known to s.o. ◆ *s.m.*: *il — e l'ignoto*, the known and the unknown.

notonetta *s.f.* (*zool.*) (*Notonecta glauca*) boatfly, water-boatman.

notoriamente *avv.* well-known; (*in senso sfavorevole*) notoriously: *è — un dongiovanni*, he's well-known as a lady killer; *quella zona è — malfamata*, that area is notorious (*o* ill-famed).

notorietà *s.f.* notoriety // (*dir.*) *atto di* —, attested affidavit.

notorio *agg.* well-known; (*spec. in senso sfavorevole*) notorious: *un fatto* —, a well-known fact; *un — criminale*, a notorious criminal; *una persona notoria per la sua sfortuna*, a person well-known for his bad luck // (*dir.*) *atto* —, affidavit.

nottambulismo *s.m.* staying out at night, love of nightlife.

nottambulo *agg.* night-loving; night wandering ◆ *s.m.* night bird, night-owl: *una compagnia di nottambuli*, a group of late-night revellers.

nottante *s.m.* e *f.* night nurse.

nottata *s.f.* night, period of a night: *è stata una — di pioggia*, it rained all night // *far nottata*, to stay up all night.

notte *s.f.* **1** night: *una — di luna*, a moonlit night; *una — stellata*, a starry night; *questa* —, tonight; *ieri* —, last night; *lunedì* —, Monday night; *la — di mercoledì*, Tuesday night; *alle tre di —, suonò il telefono*, the phone rang at three o'clock in the morning; *al cader, al calar, sul far della* —, at nightfall; *a — fatta, inoltrata, nel cuore della* —, at dead of night; *giorno e* —, night and day; — *in bianco*, — *bianca*, sleepless night; *ho passato la — in bianco, non ho chiuso occhio tutta la* —, I didn't sleep a wink all night; *non posso passare la — qui*, I cannot stay here overnight; *passeremo la — in treno*, we'll spend the night in the train; *passare una — di baldoria*, to make a night of it; *non passerà la* —, (*fig.*) he won't see this night out (*o* he won't last the night) // *far* —, (*far tardi*) to be late: *ho fatto — chiacchierando con i miei amici*, I chatted with my friends into the small hours // *di* —, at night: *non voglio guidare di* —, I don't want to drive at night; *ho paura a stare sola in casa di* —, at nightime I'm afraid to stay at home by myself; *i ladri sono entrati di* —, the thieves got in during the night // *la — di Natale*, Christmas Eve // *buona —!*, goodnight!; (*iron.*) that's that: *dare la buona* —, to say goodnight; *l'ho mandato via e buona* —, I have sent him away and that is that // (*lett.*) *'Le Mille e una Notte'*, 'The Arabian Nights' (*o* 'Thousand and One Nights'); *è stata una festa da mille e una* —, the party was like something out of the Arabian Nights // *peggio che andar di —!*, worse than ever! // *questo si perde nella — dei tempi*, this is lost in the mists of time // *correrci quanto dal giorno alla* —, to be as different as chalk and cheese // *la — è fatta per dormire*, the night is made for sleep // *la — porta consiglio*, sleep on it (*o* tomorrow is another day) **2** (*letter.*) (*oscurità*) darkness, obscurity: *col favore della* —, under cover of darkness **3** (*fig. letter.*) (*cecità fisica, mentale*) blindness.

nottetempo *avv.* at night, by night, in the nighttime, during the night: *arrivammo — alla nostra meta*, we arrived at our destination during the night.

nottiluca *s.f.* (*zool.*) noctiluca*.

nottola[1] *s.f.* (*zool.*) (*Nyctalus noctula*) noctule.

nottola[2] *s.f.* (*tecn.*) latch.

nottolino *s.m.* **1** (*fermaimposte*) latch **2** (*mecc.*) pawl, pallet: — *di arresto*, ratchet (*o* pawl); — *di inversione*, reverse dog.

nottolone *s.m.* (*zool.*) (*Caprimulgus europaeus*) nighthawk, nightjar.

nottua *s.f.* (*zool.*) noctua, noctuid: — *delle messi*, dart-moth.

notturna *s.f.* (*sport*) evening game.

notturno *agg.* night (*attr.*); nightly; nocturnal: *campanello* —, night bell; *guardiano* —, night watchman; *locale* —, nightclub (*o* nightspot); *la quiete notturna*, the quiet of the night; *spettacolo* —, late night performance; *lavoro* —, nightwork; *animale* —, nocturnal animal; *uccello* —, night-bird; *volo* —, night flight ◆ *s.m.* **1** (*eccl.*) nocturn **2** (*mus.*) nocturne **3** (*dipinto, fotografia notturna*) nocturnal scene **4** (*programma radiofonico*) night time programme.

notula *s.f.* (*conto*) bill, (*amer.*) check; (*onorario*) fee.

noumenico *agg.* (*fil.*) noumenal.

noumeno *s.m.* (*fil.*) noumenon*.

nouvelle vague *s.f.* (*fr.*) (*cinem.*) nouvelle vague.

nova *s.f.* (*astr.*) nova*.

novanta *agg.num.card.* e *s.m.* ninety: *va per i* —, he's getting on for ninety; *gli anni* —, the nineties // *pezzo da* —, (*fig.*) bigwig (*o* big shot) // *la paura fa* —, (*scherz.*) fear can move mountains.

novantenne *agg.* ninety years old (*pred.*); ninety-year-old (*attr.*) ◆ *s.m.* ninety-year-old man ◆ *s.f.* ninety-year-old woman.

novantennio *s.m.* ninety years; ninety-year period.

novantesimo *agg.num.ord.* e *s.m.* ninetieth.

novantina *s.f.* about ninety, some ninety: *una — di libri*, about (*o* some) ninety books; *essere sulla* —, to be about ninety (years old).

novatore *agg.* (*letter.*) innovatory, innovating ◆ *s.m.*, **novatrice** *s.f.* innovator.

novazione *s.f.* (*dir.*) novation.

nove *agg.num.card.* e *s.m.* nine: *l'appuntamento è fissato per il* —, the appointment is fixed for the ninth; *sono già le* —, it's already nine o'clock // *prova del* —, casting out nines, (*fig.*) crucial test.

novecentesco *agg.* twentieth-century (*attr.*): *stile* —, twentieth-century style.

novecentismo *s.m.* modernism.

novecentista *agg.* twentieth-century (*attr.*) ◆ *s.m.* e *f.* **1** twentieth-century artist; twentieth-century writer **2** (*studioso*) specialist in twentieth-century art; specialist in twentieth-century history.

novecentistico *agg.* twentieth-century (*attr.*).

novecento *agg.* **1** *num.card.* nine hundred **2** (*del secolo ventesimo*) twentieth-century (*attr.*); (*moderno*) modern, contemporary: *un mobile primi* —, an early twentieth-century piece of furniture; *stile* —, twentieth-century style ◆ *s.m.* nine hundred // *il Novecento*, the twentieth-century: *il Novecento ha visto il progresso della tecnica*, the twentieth century has seen the advance of technology.

novella *s.f.* **1** short story, tale: — *romantica*, romantic tale; *scrittore di novelle*, short story writer; *il Decamerone è una raccolta di cento novelle*, the Decameron is a collection of a hundred tales // *la buona* —, (*il Vangelo*) the Gospel **2** → notizia 1.

novellante *s.m.* e *f.* (*ant.*) storyteller.

novellare *v.intr.* (*letter.*) to tell* stories, to tell* tales.

novellatore *s.m.* **novellatrice** *s.f.* **1** (*letter.*) storyteller **2** (*chi scrive novelle*) short story writer.

novelletta *s.f.* (*mus.*) novelet, novelette.

novelliere *s.m.* **1** (*chi scrive*) short story writer **2** (*chi racconta*) storyteller **3** (*raccolta di novelle*) collection of short stories.

novellino *agg.* inexperienced, raw, green: *un ufficiale —*, a raw young officer; *è un medico —*, he is an inexperienced doctor ♦ *s.m.* inexperienced person, beginner; (*fam.*) greenhorn; (*sl. amer.*) tenderfoot*: *sei ancora un —!*, you are still a greenhorn!

novellista *s.m.* e *f.* (*non com.*) short story writer.

novellistica *s.f.* short story writing.

novellistico *agg.* short story (*attr.*), of the short story (*pred.*).

novellizzazione *s.f.* novelization.

novello *agg.* **1** (*nato da poco*) new; spring (*attr.*): *erba novella*, spring grass; *patate novelle*, new potatoes; *pollo —*, spring chicken // *età novella*, tender age // *la stagione novella*, spring **2** (*recente*) new: *sacerdote —*, newly ordained priest; *sposa novella*, new bride (*o* newlywed bride); *sposi novelli*, newlyweds (*o* newly married couple) // (*eccl.*) *Messa novella*, First Mass **3** (*nuovo, secondo*) second: *un — Michelangelo*, a second Michelangelo.

novembre *s.m.* November // *trenta giorni ha — con april, giugno e settembre, di ventotto ve n'è uno, tutti gli altri ne han trentuno*, thirty days hath September, April, June and November; all the rest have thirty-one, excepting February alone, which hath but twenty-eight days clear, and twenty-nine in each leap year.

novembrino *agg.* November (*attr.*): *nebbie novembrine*, November fog.

novena *s.f.* (*eccl.*) novena (*pl.* -ae).

novenario *agg.* (*metrica*) nine-syllable (*attr.*), of nine syllables ♦ *s.m.* (*metrica*) line of nine syllables.

novennale *agg.* novennial; (*che dura nove anni*) lasting nine years; nine-year (*attr.*); (*che ricorre ogni nove anni*) nine-yearly // (*fin.*) *buono —*, nine-year treasury bond.

novenne *agg.* nine years old (*pred.*); nine-year-old (*attr.*).

novennio *s.m.* nine-year period.

noverare *v.tr.* (*letter.*) **1** to enumerate, to count **2** (*fig.*) (*ricordare*) to recall.

novero *s.m.* **1** (*ant.*) (*numero*) number **2** (*classe, categoria*) class, category, group, circle: *mettere nel — di*, to number (*o* to count) among; *entrare nel — degli amici fidati*, to enter the circle of trusted friends.

novilunio *s.m.* new moon.

novità *s.f.* **1** novelty; newness; (*originalità*) originality: *la — di una situazione*, the novelty of a situation; *quelle poesie colpiscono per la — della forma*, those poems are particularly striking because of the originality of their form; *questi mobili sono notevoli per la — della linea*, this furniture is remarkable for the newness of its design **2** (*cosa nuova*) novelty; (*innovazione*) innovation, change: *le — della moda*, the latest fashions; *non ero stato informato della —*, I had not been informed of the change; *per loro fu una —*, it was a new experience for them; *i vecchi odiano le —*, old people hate change; *tenersi al corrente delle —*, to keep up with new ideas; *queste sono le ultime — del settore*, these are the latest developments in the field; *introdurre delle — in un processo produttivo*, to introduce innovations into (*o* to make changes in) a production process // *— libraria*, new book; *— teatrale*, new play; *— discografiche*, new releases **3** (*notizia*) news [U]: *le — del giorno*, the news of the day; *che — ci sono?*, what is the news?; *non ho altre — da raccontarti*, I haven't got any other news to tell you // *che — sono queste?*, what ever is the world coming to?

noviziale *agg.* novice's (*attr.*), of a novice (*pred.*).

noviziato *s.m.* **1** (*eccl.*) novitiate, noviciate: *fare il —*, to serve one's novitiate **2** (*tirocinio*) novitiate, noviciate, apprenticeship // *pagare il —*, to learn the hard way.

novizio *s.m.* **1** (*eccl.*) novice **2** (*principiante*) novice, beginner, apprentice.

novo → **nuovo**.

novobiocina *s.f.* (*biochim.*) novobiocin.

novocaina® *s.f.* (*chim.*) novocain(e)®.

nozionale *agg.* notional; sciolistic.

nozione *s.f.* **1** knowledge, element; notion: *nozioni di grammatica*, elements of grammar; *ha delle elementari nozioni di latino*, he has a smattering of (*o* some idea of) Latin; *le mie nozioni di inglese sono molto scarse*, my knowledge of English is very poor; *non ha la — del bene e del male*, he has no sense of good and evil; *non ha la — del tempo*, he has no notion of time; *ero così immerso nel mio lavoro che ho perso la — del tempo*, I was so absorbed in my work that I lost all sense of time **2** (*fil.*) notion, concept.

nozionismo *s.m.* superficial factual knowledge; sciolism.

nozionista *s.m.* e *f.* **1** (*studente*) student with superficial factual knowledge; sciolist **2** (*insegnante*) teacher who stresses superficial factual knowledge.

nozionistico *agg.* sciolistic, based on superficial factual knowledge.

nozze *s.f.pl.* wedding (*sing.*), marriage (*sing.*); (*letter.*) nuptials: *celebrare le —*, to celebrate (a, the, one's) marriage; *mi dispiace non poter venire alle tue —*, I am sorry not to be able to come to your wedding; *annunci di —*, (*nei giornali*) wedding announcements; *partecipazione di —*, wedding card; *regalo di —*, wedding present; *pranzo di —*, wedding breakfast (*o* reception); *— d'argento*, silver wedding; *— di diamante*, diamond wedding; *— d'oro*, golden wedding // *viaggio di —*, honeymoon // *passare a seconde —*, to marry for the second time // *andare a —*, (*fig.*) to do sthg. very willingly // *farlo parlare di poesia è come invitarlo a —*, it suits him down to the ground if you ask him to talk about poetry // *fare le — coi fichi secchi*, (*scherz.*) to do (sthg.) on a shoestring.

nuance *s.f.* nuance; (*di significato*) shade of meaning: *una particolare — di colore*, a particular nuance of colour; *questa frase ha diverse nuance*, this phrase has different nuances (*o* shades of meaning).

nube *s.f.* (*meteor.*) cloud: *— temporalesca*, thundercloud (*o* storm cloud); *— di tornado, a proboscide*, funnel cloud; *banco di nubi*, cloud bank; *una — di polvere, di fumo*, a cloud of dust, of smoke; *— tossica, radioattiva*, toxic, radioactive cloud; (*astr.*) *— cosmica*, cosmic cloud // *felicità senza nubi*, unalloyed happiness; *una — di tristezza gli oscurò il volto*, his face clouded over with sadness; *sono nubi passeggere*, they are only passing clouds (*anche fig.*).

nubecola *s.f.* **1** (*med.*) nubecola (*pl.* -ae) **2** (*astr.*) (*piccola nebulosa*) small nebula*.

nubiano *agg.* e *s.m.* Nubian.

nubifero *agg.* (*letter.*) cloud-covered.

nubifragio *s.m.* cloudburst, downpour: *il — ha danneggiato le piante del giardino*, the downpour has damaged the plants in the garden.

nubilato *s.m.* (*dir.*) spinsterhood [U].

nubile *agg.* unmarried, single: *stato —*, unmarried state; *rimanere —*, to remain unmarried (*o* single) ♦ *s.f.* unmarried woman, single woman; (*dir.*) (*su documenti*) spinster.

nuca *s.f.* nape (of the neck): *lo colpì alla —*, it hit him in the nape (*o* back) of the neck.

nucifraga → **nocciolaia**.

nucleale *agg.* (*letter.*) essential.

nucleare *agg.* **1** (*fis.*) nuclear: *energia —*, nuclear power; *fisica —*, nuclear physics (*o* nucleonics); *reazione — a catena*, nuclear chain reaction; *isomerismo —*, nuclear isomerism; *reattore —*, nuclear reactor **2** (*biol.*) nuclear: *membrana —*, nuclear membrane **3** (*ling.*) nuclear **4** (*antropologia*) *famiglia —*, nuclear family **5** (*non com.*) (*essenziale, sostanziale*) essential ♦ *s.m.* nuclear power: *l'impiego del —*, the use of nuclear power.

nucleasi *s.f.* (*biochim.*) nuclease.

nucleato *agg.* (*biol.*) nucleate(d).

nucleico *agg.* (*biochim.*) nucleic: *acidi nucleici*, nucleic acids; *basi nucleiche*, nuclein bases.

nucleina *s.f.* (*biochim.*) nuclein.

nucleo *s.m.* **1** nucleus*; core: *il — del seme*, the nucleus of the seed; *— dell'acciaio*, steel core; *il — costitutivo di una frase*, the nuclear component (*o* the nucleus) of a sentence; *il — concettuale di una teoria*, the nuclear concept of a theory // (*fis.*): *— atomico*, atomic nucleus; *— magnetico*, magnetic core **2** (*di cometa*) nucleus*; (*di sinclinale*) trough; (*di un astro, della Terra*) core **3** (*mat.*) kernel **4** (*inform.*) core **5** (*origine, inizio*) nucleus*, beginnings (*pl.*): *i soldi che ereditò da suo padre costituirono il — della sua fortuna*, the money he inherited from his father formed the nucleus of his fortune **6** (*gruppo*) group: *il nostro club fu fondato da un piccolo — di entusiasti*, our club was founded by a small group of enthusiasts; *il — familiare*, the family; *— abitativo*, residential complex **7** (*squadra*) team; squad: *— antisofisticazione*, team of health inspectors; *— antidroga*, drugs squad.

nucleofilo *agg.* (*chim.*) nucleophilic.

nucleolo *s.m.* (*biol.*) nucleolus*.

nucleone *s.m.* (*fis.*) nucleon.

nucleonica *s.f.* (*fis.*) nucleonics [U].

nucleoplasma *s.m.* (*biol.*) nucleoplasm.

nucleoproteina *s.f.* (*biochim.*) nucleoprotein.

nucleoside *s.m.* (*biochim.*) nucleoside.

nucleotermoelettrico *agg.* nuclear power (*attr.*): *impianto —*, nuclear power plant.

nucleotidasi *s.f.* (*biochim.*) nucleotidase.

nucleotide *s.m.* (*biochim.*) nucleotide.

nuclide *s.m.* (*fis.*) nuclide.

nude-look *s.m.* see-through clothing, see-through clothes: *presentarsi in —*, to appear in see-through clothes.

nudezza *s.f.* (*letter.*) nudity.

nudismo *s.m.* nudism.

nudista *agg.* e *s.m.* e *f.* nudist: *una colonia —*, a nudist colony; *una spiaggia per nudisti*, a nudist beach.

nudità *s.f.* **1** nakedness; nudity; bareness // *mostrare le proprie —*, to show off one's body **2** (*di ambiente*) bareness **3** (*semplicità*) plainness, simplicity.

nudo *agg.* **1** naked; nude; bare; (*svestito*) unclothed: *a gambe nude*, barelegged; *a piedi nudi*, barefoot(ed); *a testa nuda*, bareheaded; *a seno —*, barebreasted; *mezzo —*, half-naked; *prendere il sole a torso —*, to sunbathe stripped to the waist // *— come un verme*, stark naked (*o fam.* in one's birthday suit) // *mi venne ad aprire — come mamma lo fece*, he came to open the door stark naked // *mettere a —*, (*fig.*) to lay bare (*o* to expose *o* to uncover *o* to strip *o* to reveal) **2** (*privo di rivestimento, di vegetazione ecc.*) naked, bare; (*senza pelo*) hairless; (*privo di arredi*) bare: *alberi nudi*, bare trees; *una collina nuda*, a bare (*o* naked) hillside; *cavallo —*, (*senza sella*) barebacked horse; *pareti nude*, bare walls; *spada nuda*, *ferro —*, naked sword // *dormire sulla nuda terra*, to sleep on the bare ground **3** (*semplice, schietto*) naked, bare, plain: *i nudi fatti*, the bare facts; *verità nuda*, naked (*o* bare *o* plain) truth // *— e crudo*, bluntly (*o* plainly *o* plain): *gli dissi — e crudo quello che pensavo*, I told him plainly what I thought; *gli dissi la verità nuda e cruda*, I told him the plain truth (*o* I bluntly told him the truth); *parlare — e crudo*, to speak bluntly // (*dir.*): *nuda proprietà*, bare ownership; *— proprietario*, remainderman; *— contratto, patto*, nude (*o* naked) contract ◆ *s.m.* (*arte*) nude: *disegnare un —*, to draw a nude.

nugolo *s.m.* cloud (*anche fig.*): *un — di soldati*, a horde (*o* a multitude) of soldiers; *un — di frecce*, a hail (*o* a mass) of arrows; *un — di insetti*, a cloud of insects; *un — di polvere*, a cloud of dust.

nulla → **niente**.

nulladimeno → **nondimeno**.

nullafacente *agg.* idle; (*buono a nulla*) good-for-nothing ◆ *s.m.* e *f.* idler; (*buono a nulla*) good-for-nothing.

nullaggine *s.f.* (*non com.*) **1** (*l'esser nulla*) nothingness, nullity; (*inettitudine*) worthlessness **2** (*cosa da nulla*) nonentity, nullity.

nullaosta *s.m.* authorization (*anche dir.*), permission; (*documento*) permit; (*eccl.*) nihil obstat: *dare, concedere il —*, to give permission (*o* the go-ahead); *— di partenza*, (*per una nave mercantile*) certificate of clearance.

nullatenente *agg.* without property, propertyless: *un impiegato —*, an employee without property ◆ *s.m.* e *f.* person without property, person with no property: *sposare una —*, to marry a woman with no property; *i nullatenenti*, (*fam.*) the have-nots.

nullatenenza *s.f.* lack of property.

nullezza *s.f.* (*non com.*) (*l'essere nulla*) nothingness, nullity.

nullificare *v.tr.* to nullify: *— gli sforzi*, to nullify the efforts.

□ **nullificarsi** *v.intr.pron.* to be nullified: *tutti i suoi sforzi si nullificarono in un momento*, all his efforts were nullified in a moment.

nullificazione *s.f.* (*il nullificare*) nullification; (*annientamento*) annihilation.

nullipara *agg.* nulliparous ◆ *s.f.* nullipara (*pl.* -as, -ae), nulligravida.

nulliparità *s.f.* (*med.*) nulliparity.

nullismo *s.m.* (*st. fil.*) nihilism.

nullista *s.m.* e *f.* (*fil.*) nihilist.

nullità *s.f.* **1** (*letter.*) (*mancanza di valore, d'importanza*) nullity: *la — dei suoi argomenti*, the nullity (*o* the vacuity) of his arguments; *la — delle ambizioni umane*, the nullity of human ambitions **2** (*cosa, persona di nessun valore*) nonentity: *è una —*, he is a nonentity (*o* a cipher); *sentirsi una — di fronte a qlcu., qlco.*, to feel one is nothing compared to s.o., sthg. **3** (*dir.*) (*invalidità*) invalidity, nullity, voidness: *la — di un testamento, di un matrimonio*, the nullity (*o* invalidity) of a will, of a marriage; *la — di una sentenza*, the nullity of a judgment; *causa di —*, grounds for annulment; *eccepire la — di un documento*, to appeal against the invalidity of a document; *incorrere nella — di un atto*, to incur the nullity of a deed.

nullo *agg.* **1** (*dir.*) null, void, invalid: *— e non valido*, null and void; *atto —*, null and void act; *dichiarare — un atto*, to annul an act; *assegno, testamento —*, invalid cheque, will; *polizza nulla*, invalid policy; *sentenza nulla*, null sentence // *scheda nulla*, spoiled ballot paper // (*sport*): *rete nulla*, disallowed goal; *incontro —*, draw match **2** (*di nessuna utilità*) of no use; (*di nessun valore*) of no value; (*di nessuna importanza*) of no importance: *il tuo aiuto è —*, your help is of no use; *conseguenze nulle*, consequences of no importance **3** (*letter.*) (*nessuno*) no; (*in presenza di altra negazione*) any.

nume *s.m.* numen, deity: *— tutelare*, tutelary deity // *santi numi!*, my goodness!

numeaite *s.f.* (*min.*) garnierite.

numerabile *agg.* numerable, countable: (*mat.*) *insieme —*, numerable set.

numerabilità *s.f.* numerability, countability.

numerale *agg.* e *s.m.* (*gramm.*) numeral.

numerare *v.tr.* **1** (*segnare con numero*) to number: *— le pagine di un libro*, to number the pages of a book **2** (*non com.*) (*contare*) to count: *— a uno a uno*, to count one by one; *— fino a cento*, to count to a hundred.

numerario *agg.* (*non com.*) numerary ◆ *s.m.* (*econ.*) conventional unit of money, (*non com.*) numeraire; (*estens.*) (*contante*) cash; (*metallico*) specie.

numerato *agg.* numbered: *copia numerata*, numbered copy; *posto —*, numbered seat.

numeratore *agg.* numerating ◆ *s.m.* **1** (*chi numera*) numberer, numerator **2** (*mat.*) numerator: *mettere al —*, to put at the numerator **3** (*apparecchio per numerare*) numbering machine.

numerazione *s.f.* **1** numbering, numeration: *— sbagliata delle pagine*, wrong numbering of the pages; *— progressiva*, progressive numbering; *seguire la —*, to follow the numbering; *la — di una via*, the street numbers **2** (*mat.*) numeration; notation: *— decimale*, decimal numeration; *— romana*, Roman notation; *— araba*, Arab numerals // (*inform.*): *— binaria*, binary number system; *— (codificata) in binario*, binary notation.

numericamente *avv.* numerically: *forze — superiori*, numerically superior forces; *esprimere —*, to express numerically.

numerico *agg.* numerical: *serie numerica*, numerical series; *valore —*, numerical value; *analisi numerica*, numerical analysis; *superiorità numerica*, numerical superiority // *calcolatore —*, digital computer.

numerizzare *v.tr.* (*non com.*) to number.

numero *s.m.* **1** number; (*cifra*) figure: *numeri arabi, romani*, Arabic, Roman numerals; *numeri pari, dispari*, even, odd numbers; *— a una cifra*, single figure; *— di targa*, licence number; *— di conto corrente*, current account number; *— di serie*, serial number; *hai il posto n 27*, you have seat No 27; *vada allo sportello n 3*, go to window No 3 // *è il — uno nella sua azienda*, he is number one in his firm // *estrarre i numeri* (*al lotto*), to draw the numbers // *dare i numeri*, (*fig.*) to be off one's head // (*mat.*): *numeri cardinali, ordinali*, cardinal, ordinal numbers; *— intero*, integer; *— naturale, razionale, irrazionale, reale, immaginario*, natural, rational, irrational, real, imaginary number; *— primo*, prime number; *— periodico*, repeater // (*stat.*) *legge dei grandi numeri*, law of large numbers // (*fis.*): *— isotopico*, isotopic number; *— di massa*, nuclear (*o* mass) number; *numeri magici*, magic numbers; *— quantico*, quantum number // (*inform.*): *— casuale*, random number; *— d'ordine*, sequence number; *— di verifica*, clock number; *— (di registrazione) di blocco*, block serial number; *— di bit del microprocessore*, bit size; *— di iterazioni*, cycle criterion // (*mecc.*) *— categorico*, part number // (*econ.*): *inflazione a un —*, single figure inflation; *— indice dei prezzi*, price index number **2** (*di telefono*) telephone number: *qual è il tuo — di telefono?*, what's your telephone number?; *fare, comporre un — telefonico*, to dial a number; *scusi, ho sbagliato —*, sorry, I've got the wrong number **3** *— civico*, street number: *abita in via Roma ma non so a che —*, she lives in via Roma but I don't know the number; *abito al n 28*, I live at No 28 **4** (*taglia, misura*) size: *un paio di scarpe — 38*, a pair of size 38 shoes; *che — di guanti porti?*, what size gloves do you wear? **5** (*quantità*) number: *un gran — di*, a large number of (*o* a lot of *o* a great many); *c'era un gran — di persone*, there was (*o* were) a large number of people; *ha un — incredibile di abiti*, she has an amazing number of clothes; *al congresso c'era un buon, un discreto — di partecipanti stranieri*, a good, a fair number of foreigners took part in the congress; *le richieste oltrepassavano il — dei biglietti a disposizione*, the demand exceeded the number of tickets available; *il — dei partecipanti era superiore ai posti disponibili*, the partecipantes outnumbered the places available; *siamo sopraffatti dal — di richieste*, we are overwhelmed by the number of requests // *erano cinquanta di —*, they were fifty in number; *eravamo in due di —*, there were just two of us // (*comm.*) *vendere a —*, to sell by the piece // *far —*, to make up the number // *— chiuso, programmato*, restricted (*o* selective) entry; *università a — chiuso*, university that applies selective entry // (*dir.*): *— legale*, quorum; *raggiungere il — legale*, to form a quorum // (*mecc.*) *— di giri*, number of revolutions **6** (*compagnia, gruppo*) number, circle, set: *avere un ristretto — di amici*, to have a small circle (*o* number) of friends; *tu non entri nel — dei fortunati*, you are not one of the lucky ones; *es-*

sere nel — degli eletti, to be numbered among the elects // *uscire dal —*, (*distinguersi*) to stand out // *andare nel — dei più*, (*morire*) to die **7** *pl.* (*banca*) (*nel calcolo degli interessi attivi e passivi*) products: *numeri rossi*, (*scoperto di conto corrente*) overdraft (*o* red); *interesse sui numeri rossi*, red interest **8** (*di giornale, rivista*) number, issue: *— arretrato*, back number (*o* back issue); *nel — di domani troverete il supplemento*, in tomorrow's issue you will find the supplement // *— unico*, one-off issue // *— zero*, sample issue **9** (*di uno spettacolo*) number, turn, item: *un — comico*, a comedy (*o* comic) turn // *che — quel ragazzo!*, (*fig.*) what a scream that boy is! **10** (*spec. pl.*) (*qualità*) quality: *ha molti numeri*, he has many good qualities; *quello scrittore ha i numeri per avere successo*, that writer has what it takes to succeed (*o* the right recipe for success); *quel cavallo ha tutti i numeri per vincere*, that horse has got what it takes to win // *avere dei numeri*, to have the right qualities **11** (*gramm.*) number: *questo sostantivo è di — plurale*, this noun is in the plural (number) **12** (*mus.*) numbers (*pl.*) **13** (*letter.*) (*ritmo*) rhythm.

numerologia *s.f.* numerology.

numerologo *s.m.* numerologist.

numerosamente *avv.* numerously, in great numbers.

numerosità *s.f.* numerousness.

numeroso *agg.* **1** numerous; large: *assemblea numerosa*, large gathering; *esercito —*, large army; *una classe numerosa*, a big class; *numerose persone presero parte alla conferenza*, many (*o* a large number of) people took part in the conference; *il pubblico intervenne —*, a large audience was present; *per numerosi motivi non posso partire*, for numerous reasons I can't leave **2** (*letter.*) (*armonioso, ritmico, di verso, metro*) numerous, rhythmical.

numida[1] *agg.* e *s.m.* e *f.* (*della Numidia*) Numidian.

numida[2] *s.f.* (*zool.*) numida.

numidico *agg.* Numidian.

numinoso *agg.* e *s.m.* numinous.

numismatica *s.f.* numismatics [U].

numismatico *agg.* numismatic ◆ *s.m.* numismatist.

nummulite *s.f.* (*paleont.*) nummulite.

nummulitico *agg.* (*paleont.*) nummulitic: *calcare —*, nummulitic limestone ◆ *s.m.* (*geol.*) Nummulitic, Paleogene.

nuncio *s.m.* (*eccl.*) nuncio.

nuncupativo *agg.* (*dir.*) nuncupative: *testamento —*, nuncupative will.

nuncupazione *s.f.* (*dir.*) nuncupation.

nundinale *agg.* nundinal.

nundine *s.f.pl.* nundine (*sing.*).

nunziatura *s.f.* **1** (*eccl.*) nunciature **2** (*residenza del nunzio*) nuncio's residence.

nunzio *s.m.* (*eccl.*) nuncio: *— apostolico*, papal nuncio.

nuocere *v.intr.* to damage (s.o., sthg.), to harm (s.o., sthg.), to hurt* (s.o., sthg.), to injure (s.o., sthg.): *il bere eccessivo nuoce alla salute*, excessive drinking injures the health; *il freddo non nuocerà a questi fiori*, the cold will not hurt (*o* harm) these flowers; *la grandine ha nociuto molto al raccolto*, the hail has caused a great deal of damage to the harvest; *non credo che una piccola pausa possa —*, I think a short break would do no harm; *non nuocerà ripetergliello*, it won't hurt to tell him again; *non volevo nuocerti*, I did not want to hurt you; *questo scandalo nuocerà molto alla sua reputazione*, this scandal will damage his reputation a lot // *tentar non nuoce*, (*prov.*) there is no harm in trying.

nuora *s.f.* daughter-in-law // *essere come suocera e —*, to be at daggers drawn.

nuotare *v.intr.* **1** to swim*: *nuotava sott'acqua*, he swam under water; *so — a rana, a crawl, a farfalla, a dorso, a delfino*, I can do the breaststroke, the crawl, the butterfly stroke, the backstroke, the dolphin; *— come un pesce*, to swim like a fish; *— controcorrente*, to swim against the stream; *— sul dorso, sul fianco*, to swim on one's back, on one's side; *— come il piombo*, (*scherz.*) to swim like a stone (*o* a brick) // *i piedi gli nuotano nelle scarpe*, he flops around in his shoes **2** (*di cose, essere immerse, galleggiare*) to swim*: *quelle patate nuotano nell'olio*, those potatoes are swimming in oil // *— nell'aria*, (*fig.*) to float **3** (*fig.*) (*sguazzare*) to swim*, to roll, to wallow: *— nell'abbondanza, nell'oro*, to be rolling (*o* to wallow) in money; *— nei debiti*, to be deep in debt; *— nella gioia*, to be overjoyed ◆ *v.tr.* (*sport*) to swim*: *— i 200 metri*, to swim the 200 metres.

nuotata *s.f.* swim: *facciamo una —*, let's have a swim.

nuotatore *s.m.* **nuotatrice** *s.f.* swimmer.

nuoto *s.m.* swimming: *— a rana, a crawl, a farfalla, a dorso, a delfino*, breaststroke, crawl, butterfly stroke, backstroke, dolphin; *— sincronizzato*, synchronized swimming; *gara di —*, swimming race: *partecipare a una gara di —*, to swim in a race; *lezioni di —*, swimming lessons; *scuola di —*, swimming school; *sono andato a — fino a quell'isola*, I swam to that island; *passare un lago, un fiume a —*, to swim across a lake, a river: *far passare a — un cavallo attraverso un fiume*, to swim a horse across a river; *salvarsi a —*, to swim to safety; *tentare di salvarsi a —*, to swim for one's life.

nuova *s.f.* news [U]: *ricevere buone nuove*, to riceive good news // *nessuna — buona —*, (*prov.*) no news is good news.

nuovaiorchese *agg.* New York (*attr.*) ◆ *s.m.* e *f.* New Yorker.

nuovamente *avv.* **1** (*di nuovo*) again: *quel negozio ha — cambiato proprietario*, that shop has changed hands again **2** (*ant. letter.*) (*di recente*) recently.

nuovismo *s.m.* love of the new, neophilia.

nuovista *agg.* modernizing: *atteggiamento —*, modernizing attitude ◆ *s.m.* e *f.* neophiliac, modernizer.

nuovo *agg.* **1** new: *una casa, una strada nuova*, a new house, street; *un vestito —*, a new dress; *un — tipo di automobile*, a new kind of car; *una nuova tendenza*, a new tendency (*o* trend); *è una casa di nuova costruzione*, it's a newly-built house // *anno —*, new year; *anno — vita nuova*, (*prov.*) new year, new fife // *luna nuova*, new moon // *vino —*, new wine // *patate nuove*, new potatoes // *la nuova generazione*, the rising generation // *i nuovi venuti*, the newcomers // *i nuovi ricchi*, the nouveaux riches (*o* the new rich) // *il Nuovo Mondo*, the New World // *il Nuovo Testamento*, the New Testament // *— fiammante, di zecca*, brand-new // *come —*, like new; *l'ho lavato ed è tornato come —*, I washed it and it's like new again // (*econ.*) *nuova economia*, new economics // (*Borsa*): *nuova emissione*, new issue; *azioni di nuova emissione*, newly-issued shares // *questa moneta è di — conio*, this coin is freshly minted // *essere — a un mestiere, a un'attività*, to be new to a trade, a business // *essere — di un luogo, una città, un lavoro*, to be new to a place, a town, a job **2** (*mai visto, originale*) new, unknown: *un viso — per me*, a face new to me; *un — sentimento*, a new feeling; *questo mi giunge —, questa sì che è nuova*, it's new to me; *questo nome non mi è —*, this name is not new to me **3** (*diverso*) new, different: *inizierò una nuova vita*, I'll begin a new life; *ogni giorno indossa un abito —*, she wears a new dress every day; *dopo quell'esperienza terribile, è ora un uomo —*, after the terrible experience, he is now a new (*o* changed) man **4** (*ulteriore*) new, fresh, further: *fare un — tentativo*, to make another (*o* a fresh) attempt; *cercherò di ottenere nuove informazioni*, I'll try to get further information; *seguì una nuova pausa*, another pause followed; *questo è un — esempio della sua generosità*, this is a fresh example of his generosity; *una nuova proroga*, a readjournment; *fino a — ordine*, till further instructions; *in attesa di Vs. nuovi ordini*, awaiting your further orders // *passare a nuove nozze*, to remarry **5** (*di persona, cosa che assomiglia a una precedente*) second: *abbiamo un — Manzoni*, we have a second Manzoni **6** (*persona che prende l'incarico di un'altra*) new: *è il — professore di inglese*, he's the new English teacher; *i nuovi deputati*, the newly-elected Members of Parliament ◆ *s.m.* new: *c'è qualcosa di —?*, is there anything new?; *che c'è di —?*, what's new?; *non c'è niente di —*, there's nothing new // *essere amante del —*, to love change // *di —*, again, once again; *l'ho visto di —*, I saw him again; *siamo di — andati nello stesso hotel*, we've been back to the same hotel; *non dirmi di — che non verrai*, don't tell me again you're not coming // *di —!*, (*arrivederci*) goodbye! // *rimettere a —*, to renovate (*o* to restore) // *vestire di —*, to put on new clothes // *non c'è nulla di — sotto il sole*, there is nothing new under the sun.

nuraghe *s.m.* (*archeol.*) nuraghe (*pl.* ghi).

nuragico *agg.* (*archeol.*) of the nuraghi.

nurse *s.f.* nurse; (*governante*) governess.

nutazione *s.f.* (*astr., mecc., bot.*) nutation.

nutria *s.f.* (*zool.*) (*Myocastor coypus*) nutria, coypu*.

nutribile *agg.* (*rar.*) nourishable.

nutrice *s.f.* wetnurse.

nutriente *agg.* nutritious, nourishing: *cibo molto —*, highly nutritious food; *cibo poco —*, unnutritious food // *crema —*, (*per la pelle*) nourishing cream.

nutrimento *s.m.* **1** (*il nutrire*) feeding, nourishing **2** (*alimento*) nourishment (*anche fig.*); nutriment: *un bimbo gracile abbisogna di abbondante —*, a weak child needs a lot of nourishment; *la lettura è — per lo spirito*, reading is food for the spirit; *la linfa è il — delle piante*, sap is the nutriment of plants; *dare — a qlcu., qlco.*, to feed s.o., sthg.; *trarre — da qlco.*, to draw nourishment from sthg.

nutrire *v.tr.* **1** to feed*, to nourish (*anche fig.*): *— un bambino*, to feed a child; *— un cucciolo*, to feed a puppy; *di che nutri il tuo cane?*, what do you feed your dog on?; *la lettura nutre lo spirito*, reading feeds the spirit; — *la pelle*, to nourish one's skin; — *la terra col concime*, to nourish the soil with manure **2** (*allattare*) to breast-feed*: — *il proprio bambino*, to breast -feed one's baby **3** (*non com.*) (*allevare*) to bring* up: *ha nutrito i due nipoti fino ai 18 anni*, he brought up two nephews till eigthteen **4** (*sentimenti, passioni*) to nourish, to nurture, to harbour: — *affetto per qlcu.*, to feel affectionate towards s.o.; — *cattivi pensieri*, to harbour evil thoughts; — *false speranze*, to nurture false hopes; — *illusioni*, to nurture illusions; *nutro forti dubbi sulla riuscita dell'esperimento*, I have serious doubts about the success of the experiment; — *molta stima per qlcu.*, to hold s.o. in great esteem (*o* to feel great esteem for s.o.); — *un sentimento di vendetta*, to harbour feelings of revenge ◆ *v.intr.* (*dare nutrimento*) to be nutritious: *la carne nutre molto*, meat is highly nutritious.

□ **nutrirsi** *v.rifl.* to feed* (on sthg.) (*anche fig.*): *le piante si nutrono dei minerali della terra*, plants feed on the minerals in the ground.

nutritivo, **nutritizio** *agg.* **1** (*che serve a nutrire*) nutritive, nutritional: *potere — dei grassi*, nutritive value of fats; *cibi con alto, con basso potere —*, foodstuffs with a high, low nutritive value **2** (*nutriente*) nourishing, nutritious: *biscotti nutritivi*, nourishing biscuits.

nutrito *agg.* **1** fed, nourished: *uomo ben —, mal —*, well-nourished, undernourished man **2** (*fig.*) (*fitto, folto*) strong, large: *un — applauso*, strong applause; *un — gruppo di persone*, a large group of people; *una nutrita scorta di viveri*, a good (*o* substantial) supply of food.

nutritore *s.m.* **1** (*non com.*) (*chi nutre*) nourisher **2** (*apparecchio per distribuire mangime*) feeder.

nutrizionale *agg.* nutritional.

nutrizione *s.f.* **1** (*il nutrire*) feeding, nourishing **2** (*alimentazione*) nourishment, nutrition: — *scarsa, abbondante*, meagre, abundant diet.

nutrizionista *s.m.* e *f.* nutritionist.

nuvola *s.f.* cloud (*anche estens.*): *nuvole di pioggia*, rain clouds; — *passeggera*, passing cloud (*anche fig.*); *nuvole tempestose*, storm clouds; — *di fumo, di polvere*, cloud of smoke, of dust; *avvolto nelle nuvole*, hidden by (*o* covered with) clouds; *cielo coperto di nuvole*, sky covered with clouds (*o* overcast sky); *cielo senza una —*, cloudless sky; *il vento spazzò via le nuvole*, the wind drove away the clouds // *aver la testa nelle nuvole*, to have one's head in the clouds // *quando me l'hanno detto sono cascato dalle nuvole*, when they told me, I was astounded // *vivere nelle nuvole*, to live in cloud-cuckoo-land.

nuvolaglia *s.f.* mass of clouds.

nuvolo *agg.* (*region.*) (*nuvoloso*) cloudy, overcast: *è —*, it's cloudy; *cielo —*, overcast sky ◆ *s.m.* **1** cloudy weather **2** (*fig.*) (*moltitudine*) swarm, mass: *un — di gente*, a mass (*o* swarm) of people; *un — di mosche*, a swarm of flies.

nuvolosità *s.f.* cloudiness: (*meteor.*) — *in aumento*, cloudiness increasing.

nuvoloso *agg.* cloudy, overcast: *cielo —*, cloudy (*o* overcast) sky; *tempo —*, cloudy weather.

nuziale *agg.* wedding (*attr.*); bridal, nuptial: *abito —*, wedding dress; *anello —*, wedding ring; *corteo —*, wedding procession; *marcia —*, wedding march; *torta —*, wedding cake; *velo —*, bridal veil // (*zool.*) *livrea, abito —*, nuptial plumage (*o* dress).

nuzialità *s.f.* (*stat.*) marriage rate.

nylon® *s.m.* (*chim.*) nylon: *calze di —*, nylon stockings (*o* nylons); *filato di —*, nylon yarn.

Oo

o[1] *s.f.* o *m.* (*quindicesima lettera dell'alfabeto*) o (*pl.* os, oes, o's) // (*tel.*) — *come Otranto*, o for Oliver (*o amer.* o for Oboe) // *tondo come l'— di Giotto*, round as Giotto's o.

o[2] *cong.* **1** (*oppure*) or: *prendi tè — caffè?*, will you have tea or coffee?; *quale vuoi, questo — quello?*, which do you want, this one or that one?; *ti telefonerò — verrò di persona*, I'll call you or come in person; *ci vediamo lunedì — martedì*, see you Monday or Tuesday; *telefona due — tre volte alla settimana*, he phones two or three times a week; *venite — non venite?*, are you coming or not?; *hai capito (sì) — no?*, have you understood, or haven't you? // *adesso — mai più*, now or never // *è questione di vita — di morte*, it's a matter of life and (*o* or) death **2** *o... o...*, (*correl.*) either... or...: *devi scegliere — questo — quello*, you must choose either this one or that one; *"Che macchina hai intenzione di comprare?" "O una Fiat — una Ford"*, "What make of car are you going to buy?" "Either a Fiat or a Ford"; *qualcuno di voi me l'ha detto, — Franco — tu*, one of you told me, either Frank or you; — *ti decidi a studiare, — ti trovi un lavoro*, you either decide to study or you get yourself a job // — *l'uno — l'altro*, either one or the other; either of them: — *l'uno — l'altro (di loro) si farà vivo prima o poi*, either one or the other (of them) will turn up sooner or later; *"Che colore preferisce?" "O l'uno — l'altro di questi due andrà bene"*, "Which colour do you prefer?" "Either of them will do" // — *la borsa — la vita!*, your money or your life! // — *la va — la spacca*, make or break **3** (*sia che... o che...*) whether... or...: *che tu acconsenta — no...*, whether you agree or not...; *lo sapesse — non lo sapesse, avrebbe fatto meglio a tacere*, whether he knew or not, he would have done better to keep quiet **4** (*ovvero, ossia*) or: *le isole Eolie, — Lipari*, the Aeolian, or Lipari islands; *l'ape maschio, — fuco*, the male bee, or drone; *la sismologia, — scienza che studia i movimenti tellurici*, seismology, or the science of earthquakes **5** (*altrimenti*) or (else); otherwise: *sbrigatevi, — perderete il treno*, hurry up, or (else) you'll miss the train; *ti conviene confessare, — saranno guai*, you had better own up, otherwise there will be trouble.

o[3] *inter.* **1** (*rafforzativo di un'esclamazione*) oh!; (*poet.*) o!: — *povero me!*, oh, dear!; — *Dio, che tragedia!*, good Lord, what a tragedy! **2** (*enfatico o retorico; in ingl. non si traduce*): — *amati concittadini...*, my dear compatriots... **3** (*fam.*) (*per chiamare qlcu.*) hey: — *voi, laggiù!*, hey you, out there!

o[4] *inter.* (*region., spesso pleonastico*) — *che ti credevi, che ci sarei cascato?*, did you actually think I'd fall for it?

oaks *s.f.pl.* (*corsa ippica*) flat race for three -year-old fillies.

oasi *s.f.* oasis* (*anche fig.*): *un'— di pace*, an oasis of peace; *un'— di verde nel centro della città*, an oasis of green in the centre of the city.

obbediente *agg.* obedient (to), compliant (with), submissive, docile: *un bambino —*, an obedient child; *essere — agli ordini di qlcu.*, to be at s.o.'s beck and call.

obbedienza *s.f.* **1** obedience; (*ai genitori, maestri, superiori*) dutifulness; (*all'autorità legale*) submission; (*l'abitudine di obbedire*) submissiveness: — *cieca*, blind obedience; — *passiva*, passive obedience; *in — agli ordini, alle regole*, in accordance with (*o* in compliance with) the orders, the rules; *dovere — a qlcu.*, to owe s.o. obedience // (*relig.*) *voto di —*, vow of obedience // (*mil.*) *rifiuto di —*, insubordination **2** (*ant. letter.*) (*al sovrano*) allegiance: *giurare — al re*, to swear allegiance to the king.

obbedire *v.intr.* **1** to obey (s.o., sthg.), to comply (with s.o., sthg.): *il cane obbedisce al padrone*, a dog obeys his master; — *a un ordine*, to obey (*o* to comply with) an order; *voglio essere obbedito*, I want to be obeyed; — *alle leggi*, to obey the law; *farsi — (da qlcu.)*, to command obedience (*o* to make oneself obeyed) // — *alla forza di gravità*, to obey the force of gravity // *i freni non obbediscono più (ai comandi)*, the brakes don't respond to the controls **2** (*cedere, sottomettersi*) to yield, to submit: — *alla forza*, to yield to force.

obbiettare e *deriv.* → **obiettare** e *deriv.*

obbiettivo e *deriv.* → **obiettivo** e *deriv.*

obbliare e *deriv.* → **obliare** e *deriv.*

obbligante *agg.* **1** (*che obbliga*) obliging; (*vincolante*) binding: *clausola —*, binding clause **2** (*cortese*) obliging, affable: *usare maniere obbliganti*, to be obliging ◆ *s.m.* e *f.* (*dir.*) obliger.

obbligare *v.tr.* **1** (*sottoporre a un obbligo*) to oblige, to compel: *la legge obbliga i giovani al servizio militare*, the law obliges (*o* requires) young men to do military service; *il dovere ti obbliga a informarli*, duty obliges (*o* compels) you to tell them **2** (*costringere*) to oblige, to force, to make*: *il cattivo tempo ci obbligò a fermarci*, the bad weather forced us to stop (*o* made us stop); *fu obbligato a dimettersi*, he was made (*o* forced) to resign **3** (*indurre con insistenze*) to insist, to oblige: *mi hanno obbligato a restare a cena*, they insisted that I stayed to dinner **4** (*impegnare, vincolare con patto*) to bind*, to obligate, to pledge (*anche dir.*): *la tua parola ti obbliga a pagare i debiti*, your word binds you to pay your debts; — *qlcu. per contratto*, to bind s.o. by contract; — *qlcu. a soddisfare determinate condizioni*, to bind (*o* to obligate) s.o. to fulfil specific conditions; — *con un'ipoteca la propria casa*, to mortgage one's house.

□ **obbligarsi** *v.rifl.* to bind* oneself, to engage oneself, to undertake* (*anche dir.*): *si obbligò a fornire il denaro necessario*, he bound himself (*o* he undertook) to provide the necessary money // (*dir.*): — *come mallevadore di qlcu.*, to stand surety for s.o.; — *in solido*, to bind oneself jointly and severally // *non voglio chiedergli nulla per non obbligarmi*, I don't want to ask him anything because I don't want to be under an obligation to him.

obbligatario *s.m.* (*dir.*) obligee.

obbligato *agg.* **1** (*vincolato*) bound (*pred.*): — *a una promessa*, bound by a promise **2** (*riconoscente*) obliged, grateful: *le sono molto —*, I am much obliged to you; *mi sento — verso di loro*, I feel grateful (*o* indebted) to them **3** (*imposto, fissato*) unavoidable; fixed, set: *una scelta obbligata*, an unavoidable (*o* inescapable) choice; (*sport*) *percorso —*, fixed course // (*mus.*) *parte obbligata*, obbligato (part) // (*poesia*) *rime obbligate*, fixed rhyme **4** (*costretto*) confined, forced: — *a letto*, confined to bed **5** (*tecn.*) fixed, forced ◆ *s.m.* (*dir.*) obliger // — *principale*, principal debtor.

obbligatorietà *s.f.* obligatoriness, compulsoriness, imperativeness.

obbligatorio *agg.* **1** compulsory, obligatory: *contributo —*, compulsory contribution; *assicurazione obbligatoria*, compulsory insurance; *servizio militare —*, compulsory military service; *l'istruzione elementare è obbligatoria*, elementary education is compulsory; *l'uso delle cinture di sicurezza è —*, wearing car seat belts is compulsory **2** (*dir.*) mandatory, binding: *contratto —*, binding contract; *norme obbligatorie*, mandatory provisions.

obbligazionario *agg.* (*fin.*) debenture (*attr.*), bond (*attr.*), bonded: *prestito —*, debenture loan; *debito —*, bonded debt; *titoli obbligazionari*, bonds (*o* bond securities).

obbligazione *s.f.* **1** (*dir.*) obligation; (*passività*) indebtedness, liability: — *contrattuale*, contractual obligation; *contrarre un'—*, to contract (*o* to undertake) an obligation; *rendere esecutiva un'—*, to enforce an obligation; *ricambiare un'—*, to repay an obligation; *soddisfare, adempiere un'—*, to fulfil (*o* to meet) an obligation; — *solidale*, joint and several obligation; — *legale*, statutory obligation; — *naturale*, imperfect (*o* natural) obligation **2** (*fin.*) bond, debenture: — *al portatore*, bearer debenture (*o* bond); *obbligazioni a tasso variabile*, floating rate notes (*o* bonds); — *a termine*, term bond; — *couponata*, coupon bond; — *dello stato*, Government bond; — *di prim'ordine*, blue chip; — (*denominata*) *in valuta*, foreign currency bond; — *di avaria*, average bond; *obbligazioni estere*, foreign bonds; — *estratta*, drawn (*o* called) bond; — *fondiaria*, property bond; — *garantita*, secured bond; — *garantita da beni immobili*, mortgage debenture; — *indicizzata*, indexed bond; *obbligazioni ipotecarie*, (real estate) mortgage bonds; *obbligazioni nominative*, registered bonds (*o* stock); — *non garantita*, unsecured (*o* income *o* debenture) bond; *obbligazioni negoziabili*, negotiable bonds; — *ordinaria*, straight bond; — *permutabile*, interchangeable bond; — *priva di cedola*, zero coupon bond; *obbligazioni privilegiate*, preference (*o* underlined) bonds; — *redimibile*, redeemable debenture (*o* bond); — *riscattabile*, callable bond; — *scaduta*, matured liability; — *semplice*, income bond; — *sotto la pari*, discount bond; — *trasferibile*, transferable bond; *certificato provvisorio di obbligazioni*, scrip; *collocare obbligazioni*, to place bonds; *portatore di obbligazioni*, debenture holder (*o* bondholder); *denaro investito in obbligazioni*, bond money.

obbligazionista *s.m.* e *f.* (*comm.*) bondholder, debenture holder.

obbligo *s.m.* **1** obligation; (*dovere*) duty; (*debito*) debt, liability, obligation: *obblighi di coscienza*, moral obligations; *ho molti obblighi verso di lui*, I am very much obliged to him; *mi sento in — di avvertirvi che...*, I feel compelled to warn you that...; *mi sento l'— di dirti che...*, I feel I ought to tell you that...; *mi sento in — di andare a trovarlo*, I feel obliged (*o* duty-bound) to go and see him; *avere l'— di fare qlco.*, to be bound (*o* to be obliged) to do sthg.; *assolvere i propri obblighi verso qlcu.*, to fulfil one's obligations towards s.o.; *assumere l'— di fare qlco.*, to undertake to do sthg.; *sottrarsi ai propri obblighi*, to fail to carry out one's obligations; *sollevare qlcu. da un —*, to release s.o. from an obligation; *i cittadini hanno l'— di pagare le tasse*, citizens have the duty to pay taxes; *non rispettare i propri obblighi*, not to meet one's liabilities // — *di leva, del servizio militare*, liability to military service // *in Italia la scuola dell'— dura fino a 14 anni*, compulsory education finishes at the age of 14 in Italy // *contributo d'—*, compulsory contribution // (*dir.*): — *contrattuale*, contractual obligation; — *civile*, civil obligation; *obblighi finanziari*, financial liabilities // (*eccl.*) *festa d'—*, holyday of obligation // *essere d'—*, to be required (*o* requisite): *è d'— l'abito nero*, evening dress is obligatory; *per guidare è d'— la patente*, a license is compulsory in order to drive // *frasi d'—*, set phrases // (*burocrazia*) *è fatto — agli iscritti di presentarsi entro le dieci*, it is obligatory for the candidates to present themselves by ten **2** (*condizione*) condition: *glielo diedi con l'— di restituirlo entro un mese*, I gave it to him on condition that he gave it back within a month.

obbrobrio *s.m.* **1** (*infamia*) dishonour, shame, disgrace **2** (*fig.*) disgrace: *questo libro è un —*, this book is a disgrace; *la sua nuova casa è un —*, his new house is an eyesore.

obbrobriosità *s.f.* (*non com.*) disgracefulness, shamefulness.

obbrobrioso *agg.* **1** dishonourable, shameful, disgraceful **2** (*orribile, bruttissimo*) ghastly, disgraceful, dreadful: *un quadro —*, a ghastly picture; *la sua ultima commedia è decisamente obbrobriosa*, his latest play is an absolute disgrace **3** (*non com.*) (*offensivo*) insulting.

obduzione *s.f.* (*med.*) obduction.

obedire e *deriv.* → **obbedire** e *deriv.*

obelisco *s.m.* obelisk.

oberare *v.tr.* (*non com.*) (*sovraccaricare*) to overload, to burden: *ci hanno oberati di lavoro*, they've overloaded (*o* swamped) us with work.

oberato *agg.* burdened, overburdened (*anche fig.*): *essere — di debiti*, to be weighed down (*o* overburdened) with debts; — *da forti tasse*, burdened with heavy taxation; (*dir.*) *un immobile — da ipoteche*, a heavily mortgaged estate; — *di lavoro*, weighed down by work; *sono — di impegni per la prossima settimana*, (*fig. fam.*) I'm up to my neck in appointments next week.

obesità *s.f.* obesity, fatness.

obeso *agg.* obese, fat ◆ *s.m.* obese person.

obice *s.m.* (*mil.*) howitzer.

obiettare *v.tr.* e *intr.* to object (*anche dir.*): *ha obiettato che non conosci abbastanza bene l'inglese*, he objected that your English was not good enough; *non aveva niente da —*, he had nothing to say against it; *obiettò solo su un punto*, he only objected (*o* took exception) to one point.

obiettivare *v.tr.* to objectify (*anche med.*): — *il proprio modo di giudicare*, to make one's judgement more objective.

□ **obiettivarsi** *v.rifl.* (*assumere un atteggiamento obiettivo*) to be objective, to look at sthg. objectively.

obiettivazione *s.f.* (*non com.*) objectification.

obiettività *s.f.* objectiveness, objectivity; (*del giudice*) impartiality: *manca di —*, he lacks objectivity.

obiettivo *s.m.* **1** (*mil.*) objective; (*il bersaglio*) target: *il missile ha centrato l'—*, the missile has hit the target; *mancare l'—*, to miss the target (*anche fig.*) **2** (*scopo*) aim, goal, target, objective: *il suo — era di ottenere un prestito*, his aim was to obtain a loan // (*econ.*): — *di bilancio*, budget target; — *di produzione*, production target; — *monetario*, monetary objective (*o* target) **3** (*ottica*) object glass, objective; (*fot.*) lens*, objective: — *a fuoco fisso*, fixed-focus lens; — *anastigmatico*, anastigmatic lens; — *di grande lunghezza focale*, long-focus lens; — *di piccola lunghezza focale*, short-focus lens; — *grandangolare*, wide-angle lens; — *doppio*, doublet.

obiettivo *agg.* objective: *una descrizione obiettiva*, an objective description; *cerca di essere —*, try to be objective // *giudice —*, impartial judge; (*dir.*) *responsabilità obiettiva*, strict liability.

obiettore *s.m.* objector (*anche dir.*) // — *di coscienza*, conscientious objector (*o fam.* conchy *o* conchie).

obiezione *s.f.* objection: *non ho nessuna — a che tu parta*, I have no objection (*o* I don't object) to your leaving; *fare, sollevare un'—*, to make (*o* to raise) an objection; *rispondere a un'—*, to meet an objection // (*dir.*): *accogliere, respingere un'—*, to sustain, to deny an objection; — *accolta!, respinta!*, objection sustained!, denied!

obitorio *s.m.* mortuary, morgue.

obituario *s.m.* **1** (*registro funebre*) obituary list **2** (*rubrica*) obituary column.

oblare *v.tr.* (*dir.*) to settle (a penalty) by immediate cash payment.

oblativo *agg.* (*estens.*) (*altruistico*) altruistic; disinterested.

oblato *s.m.* (*eccl.*) oblate; (*chi segue la regola del monastero senza prendere i voti*) lay brother ◆ *agg.* belonging to an order of oblates.

oblatore *s.m.* donor, donator; benefactor; (*offerente a un'asta*) bidder.

oblatrice *s.f.* donor, donator; benefactress.

oblazione *s.f.* **1** (*offerta*) offering, donation **2** (*eccl.*) (*parte della Messa*) oblation, offertory **3** (*dir.*) cash settlement (of a fine).

obliabile *agg.* (*letter.*) (*dimenticabile*) forgettable.

obliare *v.tr.* (*letter.*) (*dimenticare*) to forget*.

□ **obliarsi** *v.rifl.* (*letter.*) (*dimenticare se stesso*) to forget* oneself.

obligare e *deriv.* → **obbligare** e *deriv.*

oblio *s.m.* (*letter.*) oblivion: *votato all'—*, doomed to oblivion; *cadde in —*, he sank into oblivion; *essere nell'—*, to be completely forgotten // *il fiume dell'—*, the waters of oblivion.

oblioso *agg.* (*letter.*) (*che dimentica*) forgetful; (*che fa dimenticare*) bringing oblivion.

obliquamente *avv.* **1** sideways; obliquely, slantways, slantwise: *camminare —*, to walk sideways; *tagliare un foglio —*, to cut a piece of paper slantways (*o* at an angle) // *guardare — qlcu.*, (*fig.*) to look askance at s.o. **2** (*ambiguamente*) deviously: *procedeva — in ogni sua cosa*, he acted deviously (*o* in an underhand manner) in everything he did.

obliquità *s.f.* obliqueness, obliquity (*anche fig.*) // (*astr.*) — *dell'eclittica*, obliquity of the ecliptic.

obliquo *agg.* **1** oblique; (*inclinato*) slanting: (*anat.*) *muscolo —*, oblique muscle; (*astr.*) *sfera obliqua*, oblique sphere; *scrittura obliqua*, slanting handwriting; *occhiata obliqua*, sidelong glance; *pioggia obliqua*, driving rain **2** (*fig.*) (*indiretto*) indirect, roundabout; (*ambiguo*) devious, oblique, tortuous, underhand: *per vie oblique*, indirectly (*o* in a roundabout way); *riuscì a ottenere il potere con mezzi obliqui*, he achieved power by devious (*o* underhand) means **3** (*gramm.*) oblique: *casi obliqui*, oblique cases.

obliterante *agg.* (*med.*) occluding, obstructing.

obliterare *v.tr.* **1** (*cancellare*) to obliterate, to efface: *ricordi che il tempo ha obliterato*, memories obliterated by time **2** (*biglietto*) to stamp; (*facendo un foro*) to punch; (*strappando*) to tear* **3** (*med.*) (*occludere*) to occlude, to obstruct, to obliterate.

□ **obliterarsi** *v.intr.pron.* (*med.*) (*occludersi*) to be occluded, to be obstructed.

obliterato *agg.* **1** (*cancellato*) obliterated, effaced **2** (*di biglietto*) stamped; (*con un foro*) punched; (*con uno strappo*) torn **3** (*med.*) (*occluso*) occluded, obstructed.

obliteratore *agg.* cancelling; stamping; obliterating: *macchina obliteratrice*, stamping machine.

obliteratrice *s.f.* stamping machine; obliterator.

obliterazione *s.f.* **1** (*di biglietto*) stamping; obliteration; cancelling **2** (*fig.*) (*offuscamento*) obliteration **3** (*med.*) (*occlusione*) occlusion, obstruction, obliteration: — *di un condotto*, complete occlusion of a passage.

oblivione *s.f.* (*poet.*) (*dimenticanza*) oblivion.

oblivioso *agg.* (*poet.*) (*che fa dimenticare*) oblivious.

oblò *s.m.* (*mar.*) porthole.

oblomovismo *s.m.* (*lett.*) Oblomovism.

oblungo *agg.* oblong; (*bot., zool.*) elongate.

obnubilamento *s.m.* (*offuscamento*) clouding: — *della vista, della memoria*, clouding of sight, of memory.

obnubilare *v.tr.* (*letter.*) (*offuscare*) to cloud, to obscure.
□ **obnubilarsi** *v.intr.pron.* (*letter.*) (*offuscarsi*) to become* clouded.

obnubilato *agg.* (*letter.*) clouded: *intelletto* —, clouded mind.

obnubilazione → **obnubilamento**.

oboe *s.m.* (*mus.*) oboe.

oboista *s.m.* e *f.* oboist.

obolo *s.m.* **1** (*moneta*) (*in Grecia*) obol*, obolus* **2** (*offerta*) (small) offering; (*di poca entità*) mite: *anche la povera gente diede un piccolo* —, even the poor people gave their mite; *tutti deposero il loro — nella cassetta delle elemosine*, they all placed their offerings in the alms-box // (*eccl.*) *l'— di S. Pietro*, Peter's pence.

obsolescente *agg.* obsolescent, outdated.

obsolescenza *s.f.* obsolescence (*anche econ.*): *l'— dei macchinari*, the obsolescence of the machinery; *l'— di un impianto*, the depreciation of a plant; — *programmata, pianificata*, built-in (*o* planned) obsolescence.

obsoleto *agg.* **1** obsolete: *idee, parole obsolete*, obsolete ideas, words **2** (*econ.*) obsolete, out-of-date, outdated: *impianto* —, obsolete plant; *essere, diventare* —, to obsolesce.

obstare → **ostare**.

oc *s.m.* (*nell'antico provenzale = sì*) oc: *lingua d'*—, (*provenzale antico*) langue d'oc (*o* old Provençal).

oca *s.f.* **1** goose*: — *giovane*, gosling; — *maschio*, gander; *ci hanno servito una squisita — farcita*, they gave us a delicious stuffed goose // (*zool.*): — *canadese*, (*Branta canadensis*) grey-goose; — *colombaccio*, (*Branta bernicla*) brent(-goose); — *delle nevi, polare*, (*Anser caerulescens*) wavy (*o* wavey *o pop.* snow) goose; — *facciabianca*, (*Branta leucopsis*) barnacle-goose; — *selvatica*, (*Anser anser*) grey-goose (*o* greylag *o* wild-goose) // *penna d'*—, goose quill // *cuscino di piumino d'*—, feather pillow // *gioco dell'*—, game similar to snakes and ladders // *camminavano in fila come le oche*, they were walking in Indian file // *ecco fatto il becco all'—!*, that's that finished! // (*bot.*) *piè d'*—, (*Chenopodium urbicum*) goosefoot // (*mil.*) *passo dell'*—, goosestep // (*mecc.*) *collo d'*—, gooseneck; *a collo d'*—, goosenecked **2** (*persona stupida*) (silly) goose, simpleton: *non è un'— come credi*, she is not as naive (*o* not such a goose) as you think; *non fare l'*—, don't be such a goose; *quell'— ha dimenticato di spegnere il gas*, that silly goose has forgotten to turn the gas off.

ocaggine *s.f.* **1** (*stupidità*) stupidity, foolishness, silliness: *non sopporto la sua —!*, I can't stand his stupidity! **2** (*atto sciocco*) piece of folly; (*detto sciocco*) piece of nonsense: *basta con le tue ocaggini!*, that's enough of your nonsense!

ocarina *s.f.* (*mus.*) ocarina.

ocarinista *s.m.* e *f.* ocarina player.

occamismo *s.m.* (*fil.*) Ockhamism, Occamism.

occamista *s.m.* (*fil.*) Ockhamist, Occamist.

occamistico *agg.* (*fil.*) Ockhamistic, Occamistic.

occasionale *agg.* **1** immediate: *la causa — della guerra fu...*, the immediate cause of the war was... **2** (*fortuito*) fortuitous; chance (*attr.*): *fu un incontro* —, it was a chance meeting **3** (*saltuario*) occasional: *compratore, visitatore* —, occasional customer, visitor.

occasionalismo *s.m.* (*fil., teol.*) occasionalism.

occasionalmente *avv.* **1** occasionally; now and then: — *viene da noi a cena*, occasionally he comes to dinner with us **2** (*fortuitamente*) by chance, fortuitously: *lo incontrai* —, I met him by chance.

occasionare *v.tr.* (*non com.*) to give* rise to (sthg.), to occasion; to cause.

occasione *s.f.* **1** occasion: *per l'— comprò un cappello nuovo*, she bought a new hat for the occasion; *in — delle tue nozze...*, on the occasion of your wedding...; *festeggiare in — dell'anniversario*, to celebrate on (the occasion of) s.o.'s anniversary; *in molte occasioni*, on many occasions // *frasi d'*—, stock phrases; *parole d'*—, conventional remarks // *poesie d'*—, occasional poems **2** (*opportunità*) opportunity, chance, occasion; (*di lavoro*) opening // *all'*—, when necessary (*o* should the need arise): *all'— si presta molto*, when circumstances require it he is very helpful // *ogni — è buona per litigare!*, if you want to quarrel, you can always find an excuse! // *l'— fa l'uomo ladro*, (*prov.*) opportunity makes the thief **3** (*buon affare*) bargain: *quell'appartamento è una vera* —, that flat is a real bargain; *prezzo, merce d'*—, bargain price, lot; *banco delle occasioni*, bargain counter; *è una vera — a quel prezzo*, it's a good buy at that price // *d'*— (*usato*), second-hand: *automobile d'*—, second-hand car; *ho comperato questo libro d'*—, I bought this book second-hand **4** (*causa*) cause: *dare — a critiche*, to give cause for criticism; *l'auto è stata — di litigi*, the car gave rise to quarrels (*o* caused quarreling).

occaso *s.m.* (*poet.*) **1** west; (*tramonto*) sunset, setting: *il sole volge all'*—, the sun is setting **2** (*fig.*) death.

occhiaccio *s.m.*: *fare gli occhiacci a qlcu.*, (*fam.*) to scowl at s.o. (*o* to give s.o. a black look).

occhiaia *s.f.* **1** (*anat.*) eye socket; orbit **2** *pl.* (*ombre sotto gli occhi*) shadows: *avere le occhiaie*, to have shadows under one's eyes.

occhialaio *s.m.* (*antiq.*) optician.

occhiale *agg.* eye (*attr.*), ocular ◆ *s.m.* → occhiali.

occhialetto *s.m.* lorgnette; (*monocolo*) monocle, eyeglass.

occhiali *s.m.pl.* (*a stanghetta*) glasses, spectacles, (*fam.*) specs; (*a molla*) pince-nez (*sing.*): — *da miope, da presbite*, glasses for short-sightedness, for long-sightedness; — *da motociclista*, goggles; — *da neve*, snowgoggles; — *da sci*, ski goggles; — *da sole*, sunglasses; *astuccio per gli* —, glasses-case; *montatura per* —, spectacle-frame; *un paio di* —, a pair of glasses; *vetro per* —, spectacle-glass; *mettersi, inforcare gli* —, to put on one's glasses; *levarsi gli* —, to take off one's glasses; *portare gli* —, to wear glasses // (*zool.*) *serpente con gli, dagli* —, spectacled snake.

occhialino → **occhialetto**.

occhialone *s.m.* (*zool.*) (*Pagellus centrodontus*) red bream.

occhialuto *agg.* spectacled (*attr.*), bespectacled (*attr.*); wearing spectacles (*pred.*) ◆ *s.m.* bespectacled person; (*fam.*) four-eyes, specs.

occhiare → **adocchiare**.

occhiata[1] *s.f.* look, glance: — *fredda*, cold look; — *languida*, languid look; — *maliziosa*, malicious look; — *rapida*, quick look (*o* glance); — *scrutatrice*, piercing look; *voglio dare un'—, un'occhiatina al giornale prima di uscire*, I want to have a quick look (*o* to glance) at the newspaper before going out; *dai un'— nell'armadio per vedere se è lì*, have a quick look in the wardrobe to see if it's there; *dare, lanciare un'—, un'occhiatina intorno*, to have a quick look round; *lanciare un'— a qlcu.*, to glance at s.o.; *lo fulminò con un'*—, he gave him a withering look; *scambiarsi un'— d'intesa*, to exchange meaning looks.

occhiata[2] *s.f.* (*zool.*) (*Oblada melanura*) saddled bream.

occhiataccia *s.f.* black look.

occhiato *agg.* (*rar.*) ocellated.

occhiceruleo *agg.* (*poet.*) blue-eyed.

occhieggiare *v.tr.* to eye, (*fam.*) to ogle: — *le ragazze per strada*, to eye the girls in the street ◆ *v.intr.* to peep: *le margheritine occhieggiavano nel prato*, daisies were peeping through the grass.
□ **occhieggiarsi** *v.rifl.rec.* to eye each other: *si occhieggiavano da un capo all'altro della stanza*, they eyed each other from opposite sides of the room.

occhiellaio *s.m.* **1** buttonholer **2** (*tecn.*) eyeletter, eyelet-fitter.

occhiellatrice *agg.* eyelet (*attr.*) ◆ *s.f.* (*mecc.*) eyelet machine.

occhiellatura *s.f.* **1** (*il praticare occhielli*) buttonholing **2** (*insieme degli occhielli*) (*di abiti*) buttonholes (*pl.*), (*di tende, vele ecc.*) eyelets (*pl.*): *l'— di quest'abito è malfatta*, the buttonholes on this dress are badly done.

occhiello *s.m.* **1** buttonhole; (*per corda o fettuccia*) eyelet: *un fiore all'*—, a buttonhole (flower); *il bottone non passa dall'*—, the button won't go through the buttonhole **2** (*tecn.*) eye, eyelet, grommet: — *a vite*, screw eye; — *di molla* (*a spirale*), eye of a spring; — *metallico*, grommet (*o* metal eyelet) **3** (*di giornale*) subheading, subhead **4** (*tip.*) half title page.

occhiera *s.f.* eyecup.

occhietto *s.m.*: *far l'— a qlcu.*, to wink at s.o.

occhio *s.m.* **1** eye: *occhi a mandorla*, almond -shaped (*o* slanting) eyes; *occhi sporgenti*, bulging (*o* protruding) eyes; *bianco dell'—*, white of the eye; *con le lacrime agli occhi*, with tears in one's eyes; *dagli occhi neri*, black -eyed; *sollevare, abbassare gli occhi*, to raise, to lower one's eyes; *mi piange un —*, my eye is watering; *mi fanno male gli occhi*, my eyes ache (*o* are sore); *aveva gli occhi rossi di pianto*, her eyes were red with crying; *sfregarsi gli occhi*, to rub one's eyes; *strizzare gli occhi*, to squint, (*per luce forte*) to screw up one's eyes; *strizzar l'— a qlcu.*, to wink at s.o.; *affaticarsi, consumarsi gli occhi*, to strain one's eyes; *avere gli occhi storti*, to be cross-eyed; *guardare dritto negli occhi*, to look straight in the eye // *— per —, dente per dente*, (*prov.*) an eye for an eye, a tooth for a tooth // *— non vede, cuore non duole*, (*prov.*) what the eye doesn't see the heart doesn't grieve over // *— di vetro*, glass eye // *banca degli occhi*, eye bank // *non posso crederci finché non lo vedo con i miei occhi*, I can't believe it until I see it with my own eyes // *ormai non le sono rimasti che gli occhi per piangere*, she has cried her eyes out // *ho ancora davanti agli occhi la scena*, I can still see the scene **2** (*sguardo*) look; glance: *mi guardò con l'— assente*, he looked at me absently; *sotto gli occhi di qlcu.*, under s.o.'s eyes; *cercare qlcu. con gli occhi*, to look round for s.o.; *distogliere gli occhi*, to look away; *interrogare qlcu. con gli occhi*, to give s.o. a questioning look (*o* to look at s.o. inquiringly) // *mi è caduto l'— su un errore*, my eye fell on a mistake **3** (*cosa a forma d'occhio*): *occhi del brodo*, blobs of fat floating on the soup; *gli occhi del formaggio*, the holes in (gruyère) cheese; *gli occhi delle penne del pavone*, the eyes on a peacock's feathers **4** *— di pernice, — pollino*, (*callo*) corn (between the toes) **5** (*bot.*) eye, bud, eyespot **6** (*bot. pop.*); *— di bue*, (ox eye) daisy; *— di diavolo*, pheasant's eye **7** (*zool.*) eye: *— composto*, (*di insetto*) compound eye; *— semplice*, stemma **8** (*min.*): *— di gatto*, cat's-eye; *— di tigre*, tiger-eye **9** (*tip.*) typeface **10** (*tecn.*) eye: *— del martello*, eye of the hammer; (*mecc.*) *— della molla*, spring eye; (*arch.*) *— della voluta*, eye of the volute; (*edil., fot.*) *— di bue*, bull's eye // (*mar.*): *— di coperta*, deck light; *— di cubia*, hawse-hole; (*rad. fam.*) *— magico*, magic eye **11** (*meteor.*) eye: *— del ciclone, del tifone*, eye of the storm.

◆ FRASEOLOGIA: *—!*, mind! (*o* watch out! *o* look out!); *— al portafoglio!*, watch your wallet! // *non bisogna comprare niente a occhi chiusi*, never buy anything with your eyes closed; *saprei andarci, farlo a occhi chiusi*, I could go there, do it blindfold; *di lui ti puoi fidare a occhi chiusi*, you can trust him blindly // *la nuova stella è troppo piccola per poterla vedere a — nudo*, the new star is too small to be seen with the naked eye; *si vede a — nudo che è falso*, you can tell at a glance that it is false // *quattr'occhi*, (*scherz.*) (*persona con gli occhiali*) four-eyes; *quattro occhi vedono meglio di due*, two pairs of eyes are better than one; *a quattr'occhi*, in private (*o* in confidence): *una conversazione a quattr'occhi*, a tête-à-tête // *la pianura si estende a perdita d'—*, the plain stretches out as far as the eye can see; *crescere a vista d'—*, to grow by leaps and bounds (*o* visibly) // *in un batter d'—*, in a trice (*o* in the twinkling of an eye) // *agli occhi miei ha ragione*, in my opinion he is right // *aveva gli occhi fuori dalla testa*, his eyes were popping out of his head // *darei un — (della testa) per avere quell'auto*, I'd give anything (in the world) to have that car // *ma dove hai gli occhi?*, watch what you're doing // *non l'ha fatto certo per i suoi begli occhi!*, he didn't do it for love! (*o* for nothing!) // *la notte scorsa non ho potuto chiudere —*, I didn't sleep a wink last night // *quello che è successo mi ha aperto gli occhi*, what happened (really) opened my eyes; *quando aprirai gli occhi capirai che ti sta prendendo in giro*, when you open your eyes you'll understand he's pulling your leg // *avere gli occhi dappertutto*, to have eyes in the back of one's head // *avere — per qlco.*, to have an eye for sthg. // *avere gli occhi pesanti*, to be drowsy (*o* sleepy) // *avere, tenere gli, stare a occhi aperti*, to keep one's eyes open (*o* skinned *o* peeled); *sognare a occhi aperti*, to daydream // *chiudere un — su qlco.*, (*fig.*) to turn a blind eye to sthg.: *non può chiudere un — per questa volta?*, couldn't you turn a blind eye (just) for this time? // *mi si chiudono gli occhi*, (*dal sonno*) I can hardly keep my eyes open // *dormire con gli occhi aperti*, to sleep with one eye open; (*avere il sonno leggero*) to sleep very lightly // *essere tutt'occhi e tutt'orecchie*, to be all eyes and ears // *fare gli occhi neri, un — nero a qlcu.*, to give s.o. a black eye // *c'è da cavarsi gli occhi a leggere con questa luce*, reading in this light would ruin your eyesight; *gli caverei gli occhi a quello!*, (*fam.*) I'd scratch that fellow's eyes out! // *guardare qlcu. con la coda dell'—*, to look at s.o. out of the corner of one's eye // *leggo nei tuoi occhi che stai mentendo*, I can tell by your eyes that you are lying // *mettere qlco. sotto gli occhi a qlcu.*, to bring (*o* to draw) sthg. to s.o.'s attention // *sgranare gli occhi*, to open one's eyes wide (*o* to goggle) // *lo vedo come il fumo negli occhi*, I can't bear the sight of him // *vedere qlco. di buon —, di mal —*, to look favourably, unfavourably on sthg. // *la differenza salta all'—*, the difference leaps out at you; *salta all'— che non ha voglia di venire*, it's clear as crystal that he doesn't want to come // *dare nell'—*, to attract attention: *ci mescolammo agli invitati senza dare nell'—*, we mingled with the guests without attracting attention // *fare l'— a qlco.*, to get used to sthg. // *perdere d'— qlcu., qlco.*, to lose sight of s.o., sthg. // *tenere d'— qlcu.*, to keep an eye on s.o. // *a colpo d'—*, at first sight: *ho capito la situazione al primo colpo d'—*, I took the situation in at a glance; *vedere qlco. al primo colpo d'—*, to see sthg. at a glance // *a — (e croce)*, roughly (*o* about *o* approximately) // *misurare qlco. a —*, to measure sthg. by sight (*o* at a glance) // *mettere gli occhi addosso a qlco., qlcu.*, to have one's eye on sthg., s.o.; *non aveva occhi che per lei, non le toglieva gli occhi di dosso*, he couldn't take his eyes off her // *dare un — a qlco.*, to have a look at sthg. // *fare gli occhi dolci a qlcu.*, to make (sheep's) eyes at s.o. // *gettare l'— su qlco.*, to run (*o* to cast) one's eyes over sthg. (*o* to glance at sthg.) // *mangiarsi qlco., qlcu. con gli —*, to devour sthg., s.o. with one's eyes // *la cucina cinese mi esce dagli occhi*, I'm fed up to the back teeth with Chinese cooking.

occhiocotto, occhiorosso *s.m.* (*zool.*) (*Sylvia melanocephala*) Sardinian warbler.

occhiolino *s.m.*: *far l'— a qlcu.*, to wink at s.o.

occhione *s.m.* (*zool.*) (*Burhinus oedicnemus*) stone-curlew, stone-plover.

occhiuto *agg.* **1** (*letter.*) many-eyed; (*che spia dappertutto*) sharp-eyed, watchful **2** (*estens.*) (*cha ha molte macchie*) ocellated, oculate **3** (*fig.*) (*oculato*) cautious, prudent.

occidentale *agg.* western; (*spec. nei nomi geografici*) west; (*da occidente*) westerly: *la costa —*, the west coast; *vento —*, westerly (*o* west) wind; *l'Europa —*, Western Europe; *le Indie Occidentali*, the West Indies; *Africa —*, West Africa; *paesi occidentali*, western countries; *la parte — della città fu danneggiata da un terremoto*, the western part of the city was damaged by an earthquake; *civiltà —*, western (*o* occidental) civilization; *avere una mentalità —*, to have a western mentality // *all'—*, western-style: *vestire all'—*, to dress in western fashion // (*pol.*) *il blocco —*, the western bloc ◆ *s.m.* e *f.* Westerner, Occidental.

occidentalismo *s.m.* (*pol.*) occidentalism.

occidentalista *s.m.* e *f.* (*pol.*) occidentalist.

occidentalistico *agg.* (*pol.*) occidentalist (*attr.*).

occidentalizzare *v.tr.* to westernize, to occidentalize.

□ **occidentalizzarsi** *v.intr.pron.* to become* westernized.

occidentalizzazione *s.f.* westernization.

occidente *s.m.* west: *da oriente a —*, from east to west; *posto a —*, facing west; *viaggiare verso —*, to travel west (*o* westwards) // (*st.*) *l'Impero d'Occidente*, the Western Empire.

occiduo *agg.* (*poet.*) **1** (*occidentale*) western **2** (*che tramonta*) setting: *il sole —*, the setting sun.

occipitale *agg.* (*anat.*) occipital: *osso —*, occipital (bone); *lobo —*, occipital lobe.

occipite *s.m.* (*anat.*) occiput*.

occitanico *agg.* Provençal: *letteratura, poesia occitanica*, Provençal literature, poetry.

occludere *v.tr.* to occlude (*anche chim.*), to stop up, to close; (*ostruire*) to obstruct: *— un vaso sanguigno*, to occlude a blood vessel.

occlusione *s.f.* **1** occlusion; (*ostruzione*) obstruction **2** (*med.*) stoppage, obstruction, occlusion: *— intestinale*, ileus (*o* intestinal) occlusion; *— coronarica*, coronary occlusion (*o* thrombosis) **3** (*meteor.*) occlusion **4** (*fon.*) occlusion **5** (*chim., fis.*) occlusion, sorption.

occlusivo *agg.* occlusive // (*fon.*) *consonanti occlusive*, occlusive consonants.

occluso *agg.* (*med.*) occluded; (*ostruito*) obstructed.

occlusore *agg.* shielding ◆ *s.m.* (*oculistica*) eye shield.

occorrente *agg.* necessary, requisite, required: *non hanno il capitale —*, they lack the requisite (*o* necessary) capital; *le qualità occorrenti per questo posto sono...*, the qualities required for this post are...; *raccogliere il materiale — per una tesi*, to collect (*o* to get together) the necessary material for a thesis ◆ *s.m.* the necessary, everything necessary: *— per scrivere, disegnare*, writing, drawing materials; *ha portato tutto l'—*, he took everything necessary; *procura l'— e partiremo per la montagna*, collect up everything necessary, and we'll set off for the mountains.

occorrenza *s.f.* **1** (*circostanza*) circumstance: *le occorrenze della vita*, the events of life; *se-*

condo l'—, depending on circumstances **2** (*necessità*) necessity, need // *all'—*, in case of need (*o* necessity).

occorrere *v.intr.* **1** (*costr. pers.*) to need*, to want, to require; to be needed, to be required, to be wanted: *mi occorrono molti soldi*, I need a lot of money; *non mi occorre nient'altro*, I do not want anything else; *cosa ti occorre?*, what do you need?; *prendi tutto ciò che ti occorre*, take everything you need (*o* you require); *occorrono ancora dieci milioni di lire*, another ten million lire are needed (*o* wanted); *occorrono tre metri di stoffa per un abito da uomo*, three metres of cloth are required for a suit **2** (*riferito a tempo*) (*costr. impers.*) to take*: *occorre molto tempo per imparare bene una lingua*, it takes a long time to learn a language well; *occorsero tre secoli per costruire la cattedrale*, it took three centuries to build the cathedral **3** (*non com.*) (*accadere*) to occur, to happen: *questo occorse diverse volte*, this occurred several times ◆ *v.intr.impers.* to be necessary; (*costr. pers.*) to need*, to have (to do); to must*; to ought* (to do): *occorre che io lo veda subito*, I must see him at once; *occorre che sia fatto subito*, this needs to be done at once; *occorreva più gentilezza da parte tua*, you should (*o* ought to) have been kinder; *occorre far presto*, it's necessary to be quick (*o* to hurry); *andrò se occorrerà*, I shall go if it is necessary; *non occorre che tu glielo dica*, it is not necessary for you to tell him (*o* you need not tell him).

occultabile *agg.* concealable.

occultamento *s.m.* concealment: *— di cadavere*, concealment of a corpse.

occultare *v.tr.* **1** to hide*, to conceal (*anche fig.*): *occultò la refurtiva*, he hid the stolen goods; *— un delitto*, to conceal a crime; *— la verità*, to hide (*o* to conceal) the truth **2** (*astr.*) (*un corpo celeste*) to occult.

□ **occultarsi** *v.rifl.* o *intr.pron.* to hide*; (*astr.*) to occult.

occultatore *s.m.* (*non com.*) hider, concealer.

occultazione *s.f.* **1** → occultamento **2** (*astr.*) occultation, eclipse: *— di una stella*, occultation of a star.

occultismo *s.m.* occultism.

occultista *s.m.* e *f.* occultist.

occultistico *agg.* occult: *pratiche occultistiche*, occult practices.

occulto *agg.* **1** (*nascosto*) hidden, concealed: *amore —*, hidden love; *pensiero —*, concealed thought; *esercitare un potere —*, to exercise occult power; *possedere doti occulte*, to possess occult powers // (*comm.*) *socio —*, sleeping (*o* silent *o* dormant) partner // (*dir.*) *vizio —*, hidden defect (*o* default *o* fault) **2** (*magico*) occult: *scienze occulte*, occult sciences ◆ *s.m.* occultism: *i misteri, il mondo dell'—*, the mysteries, the world of occultism.

occupabile *agg.* (*non com.*) occupiable.

occupamento *s.m.* (*non com.*) occupation.

occupante *agg.* occupying: *le potenze occupanti*, the occupying powers ◆ *s.m.* e *f.* occupant, occupier; (*affittuario*) tenant: *gli occupanti l'automobile*, the occupants of the car; *— abusivo di case*, squatter // (*dir.*): *il primo —*, the first occupier; *— unico*, sole tenant; *— per diritto speciale*, special occupant.

occupare *v.tr.* **1** (*prendere possesso*) to occupy, to take* possession of (sthg.): *— un edificio*, to take possession of a building; *— il suolo pubblico*, to occupy public property; *— abusivamente una casa vuota*, to squat in an empty house; *le famiglie sfrattate hanno occupato il palazzo*, the evicted families have occupied the building; *gli operai hanno occupato la fabbrica in segno di protesta*, the workers occupied the factory as a gesture of protest; *— una casa di due piani*, (*abitare*) to occupy (*o* to inhabit) a two-storey house; *— un posto a sedere*, to occupy a seat // (*mil.*) *— una città, un paese*, to occupy (*o* to take possession of) a town, a country **2** (*riempire uno spazio*) to take* up: *i libri occupano molto spazio*, books take up a lot of room; *una descrizione che occupa tutto il primo capitolo*, a description that takes up the whole of the first chapter; *molte preoccupazioni occupavano la sua mente*, his mind was full of worries **3** (*il tempo*) to occupy, to spend*: *occupo il mio tempo studiando l'inglese*, I spend my time studying English; *questo lavoro mi occupa troppo tempo*, this work takes up too much of my time; *sa come — il tempo*, he knows how to occupy his time **4** (*cariche, uffici*) to occupy, to fill; to hold*: *occupa la cattedra di inglese nella nostra università*, he holds the chair of English at our university; *— un posto di lavoro, una carica*, to occupy a post; *— un posto vacante*, to fill a vacancy **5** (*ingaggiare, far lavorare*) to employ, to engage, to take* on: *— venti operai*, to employ twenty workmen **6** (*tenere occupato*) to keep* busy: *l'insegnamento mi occupa tutta la giornata*, teaching keeps me busy all day long; *il suo lavoro lo occupa anche la domenica*, his job keeps him busy even on Sunday.

□ **occuparsi** *v.intr.pron.* **1** (*avere come occupazione*) to be responsible for (sthg.), to do* (sthg.) as a job; (*avere come incarico*) to deal* with (sthg.), to attend to (sthg.); (*commerciare*) to deal* in (sthg.): *si occupa del recupero crediti*, he's responsible for recovery of debts; *mi occupo di pubbliche relazioni*, I attend to public relations; *— dell'acquisto e della vendita delle merci*, to attend to the buying and selling of goods; *ci occupiamo di antiquariato*, we deal in antiques **2** (*interessarsi*) to be interested in; (*attivamente*) to be involved in; (*con dedizione*) to devote oneself to: *mi occupo di moda, sport*, I'm interested in fashion, sport; *non si occupa più di politica*, he is not involved in politics any more; *— di opere di carità*, to devote oneself to works of charity **3** (*prendersi cura, badare*) to look after (s.o., sthg.); to see* to (s.o., sthg.): *chi si occuperà del cane quest'estate?*, who will look after the dog this summer?; *mi occuperò io dei bambini*, I'll look after the children; *occupati delle bevande, io mi occuperò del cibo*, you see to the drinks, I'll see to the food; *puoi occuparti tu degli ospiti che sono appena arrivati?*, can you see to the guests who've just arrived? **4** (*impicciarsi*) to get* involved in (sthg.): *non voglio assolutamente occuparmene*, I do not want to have anything to do with it; *occupati dei fatti tuoi*, mind your own business **5** (*trovar lavoro*) to find* a job, to get* a job, to be employed: *si è occupato in un'industria farmaceutica*, he has got a job in a farmaceutical company.

occupato *agg.* **1** (*non libero*) engaged, taken: *questo posto è —*, this seat is taken; (*tel.*) *la linea è occupata*, the line is engaged // *libero, —*, (*sui cartelli*) vacant, engaged **2** (*sottoposto ad occupazione*) occupied: *fabbrica, scuola occupata*, occupied factory, school; *paese —*, occupied country **3** (*indaffarato, intento ad un lavoro*) busy, engaged: *al momento sono —*, I am busy at the moment; *non potrò vederti oggi, sono troppo —*, I shan't be able to see you today, I am too busy; *sarò occupata fino alle cinque*, I shall be engaged (*o* busy) until five o'clock; *"Siete liberi questa sera?" "Ci spiace, siamo occupati"*, "Are you free this evening?" "Sorry, we are engaged"; *era occupata a prepararsi per il viaggio*, she was busy getting ready for her journey; *era — a scrivere una lettera*, he was busy writing a letter **4** (*impiegato*) employed: *è — in banca*, he works (*o* is employed) in a bank; *siamo occupati presso una casa editrice*, we work in a publishing house ◆ *s.m.* employed person: *gli occupati*, the wage-earning population; *gli occupati e i disoccupati*, the employed and the unemployed.

occupazionale *agg.* occupational, employment (*attr.*): *livello —*, employment level; *gravi problemi occupazionali*, serious unemployment problems.

occupazione *s.f.* **1** (*presa di possesso*) occupation: *l'— della fabbrica, dell'ambasciata*, the occupation of the factory, of the embassy; *— abusiva di una casa, una proprietà*, squatting in a house, a property; *sciopero con —*, sit-down strike // (*mil.*): *l'— romana in Britannia*, the Roman occupation of Britain; *esercito d'—*, army of occupation **2** (*attività*) occupation; (*impiego*) employment, job, work, position: *le mie numerose occupazioni mi costringono a...*, my numerous occupations compel me to...; *qual è l'— che preferisci?*, what is your favourite occupation?; *qual'è la sua —?*, what is his occupation (*o* job)?; *— giovanile*, youth employment; *— in proprio*, self-employment; *giovani in cerca di prima —*, young people looking for first employment; *cercare, trovare un'—*, to look for, to find employment (*o* a job); *essere senza un'—*, to be unemployed (*o* jobless) // (*econ.*): *piena —*, full employment; *aumentare, ridurre l'—*, to increase, to reduce employment **3** (*dir.*) occupancy, tenure: *— di suolo pubblico*, occupancy (*o* occupation) of public area; *diritto di — di una proprietà*, tenure of an estate; *per diritto di —*, by right of occupancy.

oceaniano *agg.* e *s.m.* Oceanian.

oceanicità *s.f.* (*climatologia*) oceanicity.

oceanico *agg.* oceanic; ocean (*attr.*); pelagic: *corrente oceanica*, ocean current; *bacino, fondale —*, ocean basin, floor; *rotta oceanica*, ocean line // *c'era una folla oceanica*, (*fig.*) there was a huge crowd.

oceanino *agg.* (*poet.*) oceanic.

oceano *s.m.* **1** ocean: *il sole si tuffò nell'—*, the sun sank into the ocean // *l'Oceano Atlantico, Pacifico*, the Atlantic, Pacific Ocean **2** (*grossa quantità*) huge quantity, expanse: *un — di sabbia*, a vast expanse of sand; *un — di silenzio*, an immense silence.

oceanografia *s.f.* oceanography.

oceanografico *agg.* oceanographic(al): *prospezione oceanografica*, oceanographic survey.

oceanografo *s.m.* oceanographer.

ocellato *agg.* (*zool.*) ocellate(d).

ocello *s.m.* (*zool.*) eyespot, stemma*; (*rar.*) ocellus*; (*di uccello*) speculum*.

ocelot *s.m.* (*zool.*) (*Felis pardalis*) ocelot, tiger-cat.

ochetta *s.f.* **1** (*piccola oca*) gosling **2** (*di onde*) ripple: *il mare faceva le ochette*, there were ripples on the sea.

oclocratico *agg.* (*pol.*) ochlocratic.

oclocrazia *s.f.* (*pol.*) ochlocracy.

ocra *s.f.* (*min.*) ochre // (*chim.*) — *gialla*, yellow ochre (*o* yellow earth) ◆ *s.m.* (*color*) —, ochre.

ocraceo *agg.* (*non com.*) ochreous, ochrous.

ocrea *s.f.* (*bot.*) ocrea (*pl.* -eae).

octastilo → **ottastilo**.

octilico *agg.* (*chim.*) octylic.

oculare *agg.* ocular; eye (*attr.*) // (*anat.*): *bulbo* —, eyeball; *muscoli oculari*, ocular muscles // (*med.*) *bagno* —, eye bath // *testimone* —, eye witness ◆ *s.m.* eyepiece: *l'— di un telescopio*, the eyepiece of a telescope.

oculatamente *avv.* cautiously, prudently, wisely.

oculatezza *s.f.* caution, prudence, circumspection; wisdom: — *di giudizio*, cautious judgement; *agire con* —, to act with caution.

oculato *agg.* cautious, shrewd; prudent; circumspect; wise: *si mostrò molto* —, he showed himself to be very circumspect (*o* prudent); *un amministratore* —, a shrewd (*o* wise) administrator; *una decisione, una scelta oculata*, a wise decision, choice.

oculista *s.m.* e *f.* (*med.*) ophthalmologist, oculist.

oculistica *s.f.* (*med.*) ophthalmology.

oculistico *agg.* (*med.*) ophthalmologic(al), oculist: *fare una visita oculistica*, to have one's eyes examined; *gabinetto* —, oculist's (*o* eye specialist's) surgery.

oculo *s.m.* **1** (*letter.*) eye **2** (*arch.*) oeil-de -boeuf*.

oculomotore *agg.* (*anat.*) oculomotor: *nervo* —, oculomotor nerve.

od → **o**[2].

odalisca *s.f.* odalisque.

ode *s.f.* (*poesia*) ode: *odi barbare*, barbarian odes.

odeo, **odeon** *s.m.* (*st.*) odeum*.

odiabile *agg.* hateful, odious.

odiare *v.tr.* to hate, to detest, to abominate: *odio ogni forma di ipocrisia*, I hate all forms of hypocrisy; *odio dovermi alzare presto*, I hate having to get up early; *odio muovermi quando fa caldo*, I detest (*o* can't stand) moving about when it's hot; — *qlcu. a morte*, to have a mortal hatred of s.o. // — *qlcu. cordialmente*, to detest s.o. cordially // *farsi* —, to make (*o* to get) oneself hated (*o* detested).

□ **odiarsi** *v.rifl.* to hate oneself, to detest oneself: *mi odio per quello che ho fatto*, I hate myself for what I've done ◆ *v.rifl.rec.* to hate each other (one another) to detest each other (one another): *quei due si odiano a morte*, those two are mortal enemies (*o* detest each other).

odiato *agg.* hated, hateful: *deve tornare in quell'— posto*, he must go back to that hateful place.

odiernamente *avv.* nowadays.

odierno *agg.* **1** today's (*attr.*); of today: *fatti odierni*, the day's events; *la lezione odierna*, today's lesson **2** (*del momento*) modern, of the day: *studi odierni*, modern studies.

odio *s.m.* hatred, hate: — *cieco*, blind hatred; — *feroce, implacabile*, furious, implacable hatred; — *inveterato*, old (*o* inveterate) hatred; — *di classe*, class hatred; — *ereditario*, (family) feud; *era pieno d'— per il suo nemico*, he was filled with (*o* full of) hate for his enemy; *covare un — profondo verso qlcu.*, to smoulder with hatred for s.o.; *essere accecato dall'—*, to be blinded with hatred; *accecato dall'— commise il terribile gesto*, blinded with hatred he committed the dreadful deed; *accendere l'— (verso qlcu., qlco.)*, to kindle s.o.'s hatred (against s.o., sthg.); *alimentare l'— (verso qlcu., qlco.)*, to feed s.o.'s hatred (against s.o., sthg.); *attirarsi, tirarsi l'—*, to make oneself hated (*o* to incur s.o.'s hatred); *fare qlco. in — a qlcu., qlco.*, to do sthg. out of hatred for s.o., sthg.; *fomentare gli odi (verso qlcu., qlco.)*, to foment s.o.'s hatred (against s.o., sthg.); *prendere in — qlcu., qlco.*, to conceive a strong aversion for s.o., sthg.; *rinfocolare, risvegliare gli odi verso qlcu., qlco.*, to rekindle s.o.'s hatred against s.o., sthg. // *avere in* —, to hate: *ho in — il sole, il cattivo tempo*, I hate (*o* I cannot bear) sunshine, bad weather // *la verità genera* —, (*prov.*) truth begets hatred.

odiosamente *avv.* **1** hatefully, odiously **2** (*con odio*) with hatred.

odiosità *s.f.* hatefulness, odiousness.

odioso *agg.* hateful, odious: *una persona odiosa*, an odious person; *la sua presunzione lo rende* —, his presumptuousness makes him odious; *un delitto* —, a hateful (*o* hideous) crime.

Odissea *s.f.* **1** (*lett.*) Odyssey **2** (*fig.*) *odissea*, odyssey.

odografo *s.m.* **1** (*fis.*) hodograph **2** (*strumento topografico*) odograph.

odometro *s.m.* (*mecc.*) (h)odometer.

odonimo *s.m.* (*ling.*) street name.

odonomastica *s.f.* **1** (*insieme dei nomi di vie*) street names (*pl.*) **2** (*disciplina*) study of street names.

odonomastico *agg.* of street names.

odontalgia *s.f.* (*med.*) odontalgia, odontalgy.

odontalgico *agg.* (*med.*) odontalgic(al).

odontoblasto *s.m.* (*biol.*) odontoblast.

odontogenesi *s.f.* (*med.*) odontogenesis, odontogeny.

odontoglosso *s.m.* (*bot.*) odontoglossum.

odontoiatra *s.m.* e *f.* odontologist, odontist, dentist.

odontoiatria *s.f.* (*med.*) dentistry, odontology, odontologia.

odontoiatrico *agg.* (*med.*) dental, odontologic(al): *cure odontoiatriche*, dental treatment.

odontoide *s.m.* (*anat.*) odontoid.

odontologia *s.f.* (*med.*) odontology.

odontologico *agg.* (*med.*) dental, odontologic(al).

odontoma *s.m.* (*med.*) odontoma (*pl.* -mas, -mata).

odontometro *s.m.* (*filatelia*) perforation gauge.

odontoscopio *s.m.* perforation gauge.

odontotecnica *s.f.* (*med.*) dental technology.

odontotecnico *s.m.* (*med.*) dental technician.

odoramento *s.m.* (*non com.*) smelling.

odorare *v.tr.* **1** (*fiutare*) to smell*: *odora questo fiore*, smell this flower; *i cani avevano odorato la selvaggina*, the dogs had smelt out the game **2** (*fig.*) (*intuire*) to smell* (out), to scent (out): — *il vento infido, (il pericolo)* to scent danger; — *un buon affare*, to smell a bargain **3** (*rendere odoroso*) to perfume, to scent ◆ *v.intr.* **1** to smell*, to have a scent: *come odorano questi fiori!*, how nice these flowers smell!; — *di violette*, to smell of violets; *la stanza odora di vernice*, the room smells of paint **2** (*fig.*) (*far presagire*) to smell*: *l'affare odora d'imbroglio*, the deal smells.

odorato[1] *s.m.* smell: *il senso dell'—*, the sense of smell; *avere un — molto fine*, to have a keen sense of smell.

odorato[2] *agg.* (*letter.*) odorous, fragrant.

odore *s.m.* **1** smell, odour, scent; (*di animale, di selvaggina*) spoor: — *di cucina*, smell of cooking; *che buon —!*, what a nice (*o* good) smell!; *c'era un forte — di benzina nel garage*, there was a strong smell of petrol in the garage; *l'— delle rose riempiva la stanza*, the scent of roses filled the room; *c'è — di chiuso nella stanza*, this room smells musty; *la minestra ha un buon —, ha — di aglio*, the soup smells nice, smells of garlic; *non sento nessun* —, I can't smell anything; *queste uova hanno un cattivo* —, these eggs smell bad; *questi fiori non hanno* —, these flowers don't smell (*o* have no scent); *senti l'— di questa carne*, smell this meat; *la volpe sentì l'— del pollame*, the fox scented the poultry; *avere buon, cattivo, forte* —, to smell good, bad, strong **2** (*profumo*) perfume, scent **3** (*fig.*) (*indizio, sentore*) odour: *le sue opinioni sono in — di eresia*, his opinions smack of heresy; *morire in — di santità*, to die in the odour of sanctity; *sentire — di imbroglio*, to suspect trickery **4** *pl.* (*cuc.*) herbs.

odorifero *agg.* (*letter.*) fragrant, sweet -smelling.

odorimetro → **olfattometro**.

odorizzante *agg.* odorizing ◆ *s.m.* odorant.

odorizzare *v.tr.* (*chim.*) to odorize.

odorizzazione *s.f.* odorization.

odoroso *agg.* fragrant, sweet-smelling; odorous: *legno* —, fragrant (*o* sweet-smelling) wood.

odoscopio *s.m.* (*fis. nucleare*) hodoscope.

oersted *s.m.* (*fis.*) oersted.

ofelimità *s.f.* (*econ.*) ophelimity; utility.

off *agg.* **1** (*spento*) off **2** (*alternativo*) alternative, experimental: *teatro* —, experimental theatre.

offa *s.f.* **1** spelt cake **2** (*fig. letter.*) (*dono propiziatorio*) sop: *gettar l'— a qlcu.*, to throw a sop to s.o.

offendere *v.tr.* **1** to offend: *non avresti dovuto offenderlo*, you should not have offended him; *non l'ho detto per offenderlo*, I did not mean to hurt his feelings when I said it // — *Dio*, to offend against the Lord, (*con bestemmie*) to blaspheme **2** (*violare, oltraggiare*) to break*, to infringe; to offend; (*nuocere a*) to be detrimental to (sthg.): — *l'onore di qlcu.*, to offend s.o.'s honour; — *qlcu. nella proprietà*, to damage (*o* to harm) s.o.'s property; *la sua condotta offende la moralità pubblica*, his conduct is detrimental to public morality; — *la legge*, to break the law; — *i diritti di qlcu.*, to infringe on s.o.'s rights; *il suo spettacolo offende il buon gusto*, her show is in really bad taste **3** (*ledere*) to injure, to damage; (*con un'arma*) to wound: *fortunatamente il proiettile non ha offeso gli organi vitali*, fortunately the bullet has not damaged the vital organs **4** (*colpire*) to hurt*, to offend: *suoni che offendono le orecchie*, sounds that hurt the ears **5** (*mil.*) to damage.

□ **offendersi** *v.intr.pron.* to feel* hurt (by sthg.), to be offended (at, by sthg.), to take* offence (at sthg.): *non offenderti se ti dico queste cose*, don't take it amiss (*o* don't take offence *o* don't be offended) if I tell you these things; *si offendeva sempre per le mie osservazioni*, he was always offended at (*o* by) my remarks; *è molto permaloso, si offende per niente*, he is very touchy, he takes offence at nothing; *non è il caso di* —, there's no need to take offence ◆ *v.rifl.rec.* to offend each other (one another), to insult each other (one another); to get* at each other (one another): *continuarono a — per tutta la sera*, they went on insulting each other all evening.

offensiva *s.f.* (*mil.*) offensive; (*estens.*) campaign, drive: *l'— è stata portata a termine*, the offensive was carried out successfully; *passare all'—*, to go on to the offensive; — *pubblicitaria*, advertising drive (*o* campaign).

offensivo *agg.* **1** (*mil.*) offensive: *armi offensive e difensive*, weapons of offence and defence (*o* offensive and defensive weapons); *guerra offensiva*, war of attack; *lega offensiva*, hostile league; *ritorno* —, counter-attack; *tattica offensiva*, offensive tactics **2** (*oltraggioso*) offensive, insulting; (*dir.*) slanderous: *modi offensivi*, insulting manners; *fu* —, he was insulting; *parole offensive*, offensive words.

offerente *s.m.* e *f.* **1** offerer; (*a un'asta*) bidder; (*in un appalto*) tenderer: *vendere qlco. al migliore* —, to sell sthg. to the highest bidder **2** (*econ.*) (*venditore*) seller, vendor; (*produttore*) producer, selling agent.

offerta *s.f.* **1** offer; (*proposta*) proposal: *fare, accettare, respingere un'—*, to make, to accept, to decline an offer; *ha ricevuto una buona — per la vendita della casa*, they made him a good offer for the house // *chiedere offerte di prezzo*, to ask for quotations **2** (*donazione*) offering, donation: — *generosa, meschina*, generous, wretched offering; *fece un'— alla Vergine*, he made an offering to the Virgin; *fare un'— a un istituto di beneficenza*, to make a donation (*o* an offering) to a charitable organization // *raccogliere le offerte*, (*durante la Messa*) to take the collection (during Mass) **3** (*comm.*) offer, offering; (*econ.*) supply: — *campionata*, offer with sample; — *di merce*, offer of goods; — *di prova*, trial offer; — *di vendita*, offer for sale; — *di occasione*, bargain offer; — *concorrenziale*, competitive offer; — *promozionale*, deal; — *ferma*, firm offer; — *minima*, knockdown offer; — *regalo, premio*, premium offer; — *risparmio*, saving offer; — *speciale*, bargaining (*o* special) offer; — *vincolante*, binding offer; — *di trattare*, overture; *il caffè oggi è in* —, coffee is on special offer today // (*econ.*): — *anelastica, rigida*, inelastic supply; — *interna*, home (*o* domestic) supply; — *di manodopera*, labour supply; *domanda e* —, supply and demand; — *d'impiego*, vacancy (*o* job offer); *offerte d'impiego*, (*nei giornali*) situations vacant; *economia dell'—*, supply-side economics // (*fin.*): — *di sottoscrizione al pubblico*, (*di azioni* o *obbligazioni*) public issue (*o amer.* public offering) (of shares or bonds); *emissione di titoli con — di opzione*, rights issue of bonds; — *di moneta*, money supply (*o* stock); — *pubblica di acquisto*, (*OPA*) takeover bid (*o amer.* tender); *una nuova — di BOT*, a new issue of treasury bonds **4** (*in un'asta*) bid, bidding; (*in un appalto*) tender: — *aperta*, open bid; — *segreta*, sealed bid (*o* tender); — *insufficiente, inferiore a un dato livello*, underbid; *fare offerte a un'asta*, to bid at an auction; *fare un'— insufficiente*, to underbid; *fare un'— più alta*, to overbid; *far salire le offerte*, to force up the bidding **5** (*dir.*) — *reale*, tender.

offertista *s.m.* e *f.* (*econ.*) (*chi sostiene l'economia dell'offerta*) supporter of supply-side economics.

offerto *agg.* **1** offered; (*di prezzi*) quoted; (*nelle aste*) bid; (*negli appalti e fin.*) tendered: *servizi offerti*, services offered; *somma offerta*, sum offered (*o* tendered); *azioni offerte a diecimila lire*, shares tendered at ten thousand lire **2** (*relig.*) (*dedicato*) offered (up): *preghiere offerte alla Vergine*, prayers offered (up) to the Virgin.

offertorio *s.m.* (*eccl.*) offertory.

offesa *s.f.* **1** offence, (*amer.*) offense (*anche dir.*); affront, insult; (*torto*) wrong: *un'— lieve*, a slight affront (*o* offence); *questa è un'— al mio onore*, this is an insult to my honour; *questa musica è un'— all'udito*, this music is an offence to the ear; *sia detto senza* —, no offence meant; *il suo abito è un'— al buon gusto*, her dress is an offence against good taste; *dimenticare le offese*, to forget offences (*o* wrongs); *ingoiare un'—*, to swallow an insult; *patire un'—*, to suffer a wrong; *recare — a qlcu.*, to give offence to s.o. **2** (*mil.*) (*offensiva*) offensive, attack: *armi di* —, offensive weapons.

offeso *agg.* **1** offended, hurt, injured: *parlava con tono* —, he spoke in an injured (*o* hurt) tone; *si sente — per ciò che ho detto*, he feels offended at (*o* by) what I said // (*dir.*) *la parte offesa*, the plaintiff **2** (*colpito, ferito*) injured, damaged: *la gamba offesa*, the damaged (*o* injured) leg ◆ *s.m.* offended person: *non fare l'— con me!*, don't get all huffy with me!

office *s.m.* pantry.

officiante *agg.* (*eccl.*) officiating ◆ *s.m.* (*eccl.*) officiant.

officiare *v.intr.* (*eccl.*) to officiate ◆ *v.tr.* to serve: *la chiesa non è più officiata*, the church is not served any longer.

officiatore *s.m.* (*eccl.*) officiator ◆ *agg.* officiating.

officina *s.f.* **1** workshop, shop; workroom; (*per automobili*) garage: — *di montaggio*, assembly (*o* erecting) shop; — *meccanica*, machine shop; *capo* —, shop foreman; — *di manutenzione*, maintenance shop; *portare l'automobile in* —, to take a car to the garage; (*comm.*) *franco* —, ex works **2** (*letter.*) workshop (*anche fig.*).

officinale *agg.* (*bot., med.*) officinal.

officio → **ufficio**.

officiosità *s.f.* (*letter.*) **1** (*cortesia*) courtesy, civility **2** (*mancanza di ufficialità*) unofficial nature.

officioso *agg.* **1** (*cortese*) courteous, civil; obliging **2** (*rar.*) (*non ufficiale*) unofficial.

offizio e *deriv.* → **ufficio** e *deriv.*

off limits *agg.* **1** off limits; out of bounds (*pred.*) **2** (*fig.*) (*non permesso*) unacceptable: *comportamento* —, unacceptable behaviour.

off line *agg.* (*inform.*) off-line.

offrire *v.tr.* **1** to offer: *posso offrirti una sigaretta?*, may I offer you a cigarette?; *oggi offro da bere a tutti!*, today I'll pay for (*o* offer) drinks all round! (*o* today I'll treat everyone to a drink!); *posso offrirti il pranzo?*, may I invite you to lunch?; *gli offrì del danaro per corromperlo*, he offered him a bribe; *gli offrì la sua amicizia*, he offered him his friendship; *questo mi offre finalmente l'occasione di ringraziarti*, this offers (*o* gives) me the opportunity to thank you at last; *ti posso — ospitalità per questa notte*, I can put you up for the night; — *aiuto, assistenza*, to offer help, assistance; — *qlco. in dono*, to offer sthg. as a gift; — *le proprie scuse*, to tender (*o* to proffer) one's apologies; — *i propri servigi*, to offer one's services **2** (*dedicare*) to offer (up): — *sacrifici agli dei*, to offer sacrifices to the gods; — *preghiere a Dio*, to offer (up) prayers to God **3** (*comm.*) to offer, to tender; (*sponsorizzare*) to sponsor; (*fornire*) to supply: — *un impiego*, to offer a job; — *un programma televisivo*, to sponsor a television programme; — *qlco. in vendita*, to offer sthg. for sale; — *un prezzo molto alto per una casa*, to offer a high price for a house; — *merci a un prezzo inferiore*, to undercut goods; — *una forte somma per estinguere un debito*, to tender a large sum in discharge of a debt // (*fin.*) — *azioni a 10.000 lire l'una*, to tender shares at ten thousand lire each // (*assicurazioni*) — *un indennizzo dei danni subiti*, to offer a compensation for damages **4** (*nelle aste*) to bid*; (*negli appalti*) to tender: *chi offre di più per questo dipinto?*, who bids more for this painting?; — *di più di un altro*, to outbid s.o.; — *di meno di un altro*, to underbid s.o. **5** (*presentare*) to expose, to offer: *offrì il viso alla pioggia*, she exposed her face to the rain; *questa situazione offre pochi vantaggi*, this situation offers few advantages; — *il fianco alle critiche*, to expose oneself to criticism.

□ **offrirsi** *v.rifl.* to offer; to expose oneself: *si offrì di aiutarla*, he offered to help her; *si offrì eroicamente ai colpi*, he exposed (*o* offered) himself heroically to the blows; — *volontario*, to volunteer; — *per fare un lavoro*, to volunteer for a job (*o* to offer to do a job); — *come ostaggio*, to offer oneself as a hostage ◆ *v.intr.pron.* to present itself; to offer itself: *una vista meravigliosa si offriva ai loro occhi*, a splendid view unfolded before them; *accetterò la prima occasione che si offrirà*, I shall take the first opportunity that arises.

offset *agg.* (*tip.*) offset: *stampa* —, offset printing ◆ *s.m.* (*tip.*) (*procedimento*) offset; (*macchina*) offset rotary: *stampare in* —, to offset.

offshore *agg.* **1** (*mar.*) offshore: *gara* —, powerboat race // (*geol.*) *giacimenti petroliferi* —, offshore oil reserves **2** (*fin.*) (*di società operante all'estero*) offshore: *società* —, offshore company; *fondo* —, offshore fund.

offside *avv.* e *s.m.* (*calcio*) offside.

offuscamento *s.m.* (*l'oscurare*) darkening, dimming, obscuring (*anche fig.*): — *della ragione*, dulling of reason (*o* of the reasoning powers); — *della vista*, dimming (*o* blurring) of one's sight; — *del sole*, darkening of the sun.

offuscare *v.tr.* to darken, to dim, to obscure, to cloud; to blur (*anche fig.*): *il fumo aveva offuscato il cielo*, the smoke had darkened the sky; *la sua gloria non verrà mai offuscata*, his glory will never be dimmed; *le lacrime le offuscarono gli occhi*, tears blurred her eyes; *il tempo offusca la memoria*, time dims the memory; *gli anni offuscarono la sua bellezza, non la sua fama*, time dimmed her beauty but not her fame.

□ **offuscarsi** *v.intr.pron.* to grow* dark, to darken; to grow* dim, to become* obscured (*anche fig.*): *il cielo si offuscò*, the sky grew dark; *durante la malattia gli si offuscò la vista*, his sight grew dim (*o* became blurred) during his illness; *la sua fama si offuscò*, his fame became obscured (*o* grew dim).

oficiare → **officiare**.

oficio → **ufficio**.

ofide *s.m.* (*zool.*) ophidian.

ofioglossa *s.f.* (*bot.*) serpent's tongue.

ofiolite *s.f.* (*geol.*) ophiolite.

ofiologia *s.f.* (*zool.*) ophiology.

ofiura *s.f.* (*zool.*) bristlestar; (*scient.*) ophiuran.

ofiziare → **officiare**.

ofizio → **ufficio**.

ofizioso → **officioso**.

oftalmia *s.f.* (*med.*) ophthalmia.

oftalmico *agg.* (*med.*) ophthalmic.

oftalmite → **oftalmia**.

oftalmologia *s.f.* (*med.*) ophthalmology.

oftalmologo *s.m.* (*med.*) ophthalmologist.

oftalmoscopia *s.f.* (*med.*) ophthalmoscopy.

oftalmoscopio *s.m.* (*med.*) ophthalmoscope.

oggettistica *s.f.* **1** gift and fancy goods (*pl.*): *in quel negozio si vende* —, that shop sells gift and fancy goods **2** (*industria*) gift and fancy goods industry.

oggettivare *v.tr.* to objectify; to express concretely.

□ **oggettivarsi** *v.intr.pron.* to be expressed concretely.

oggettivazione *s.f.* objectification.

oggettivismo *s.m.* objectivism (*anche fil.*).

oggettivista *s.m.* e *f.* (*fil.*) objectivist.

oggettivistico *agg.* (*fil.*) objectivistic.

oggettività *s.f.* objectivity, objectiveness: *giudicare con* —, to judge objectively.

oggettivo *agg.* **1** (*obiettivo*) objective; impartial, detached: *è difficile essere oggettivi*, it's difficult to be objective; *cerca di essere — nei tuoi giudizi*, try to be impartial (*o* detached) in your judgements; *era — nella discussione*, he was objective in the discussion **2** (*reale*) objective: *realtà oggettiva*, objective reality // (*dir.*) *responsabilità oggettiva*, strict liability **3** (*gramm.*) objective, object (*attr.*): *proposizione oggettiva*, objective clause.

oggetto *s.m.* **1** object; thing, article: *è un — di cattivo gusto*, it is a tasteless object; *questo — non mi serve*, this thing is of no use to me; *senza gli occhiali vedo tutti gli oggetti confusi*, without my glasses everything looks blurred; *oggetti in legno, in avorio, in corallo*, wooden, ivory, coral articles (*o* objects); *oggetti da viaggio*, travelling-articles; *oggetti di valore*, valuables; *oggetti personali*, personal belongings // *ufficio oggetti smarriti*, lost property office // (*inform.*) *codice* —, object code **2** (*argomento*) subject, subject matter: *l'— della nostra discussione sarà...*, the subject of our debate will be...; *qual è stato l'— della vostra lunga conversazione?*, what was the subject of your long conversation?; (*dir.*) *l'— di un contratto, di una causa*, the subject matter of a contract, of an action // (*assicurazioni*) — *assicurato*, subject matter insured // (*comm.*): —*: pratica Bianchi*, re: the Bianchi file; *la questione in* —, the matter in hand **3** (*motivo*) object, subject: *è — di invidia da parte di molti*, many people envy him; *era diventato — di scherno generale*, he had become a laughingstock **4** (*scopo*) object, purpose: *l'— della mia lettera era molto chiaro*, the purpose of my letter was very clear; *l'— della mia visita era di dirgli quello che pensavo*, the object of my visit was to tell him what I thought **5** (*gramm.*) object: *l'— e il soggetto*, the object and the subject; — *diretto, indiretto*, direct, indirect object **6** (*fil.*) object: — *materiale*, material object; — *formale*, formal object **7** (*astr.*) (*asteroide*) asteroid: — *Amor, Apollo*, Amor, Apollo asteroid.

oggettuale *agg.* object (*attr.*).

oggi *avv.* **1** today: *il giornale di* —, today's newspaper; *quanti ne abbiamo —?*, what's today's date?; — *è il 27 settembre*, today is the 27th September; — *è venerdì*, today is Friday; — *non ci sono lezioni*, there are no lessons today; — *non posso*, today I can't; *comincia da —!*, begin from today!; *da — in poi studierò*, from today on (*o* henceforward) I'll study; *fino a — non ha scritto*, up to today she has not written // *sette giorni* —, a week from today // — *a otto*, today week (*o* a week today); — *a quindici*, today fortnight (*o* a fortnight today) // — *come — non potrei farlo*, for the time being (*o* as things stand) I can't do it // — *è un anno che si sono sposati*, they've been married a year today // — *stesso*, this very day: *vi spediremo la merce — stesso*, we will send the goods this very day // *da — in poi decido io*, from today on I'll decide // — *a me, domani a te*, (*prov.*) your turn will come **2** (*nel tempo presente*) today, nowadays: — *l'inglese è parlato in tutto il mondo*, today English is spoken all over the world; — *non si dice più...*, today we no longer say... ◆ *s.m.* today: *per — basta così!*, that's enough for today!; *a tutt'— la situazione è immutata*, up till now the situation remains unchanged; *la moda d'—*, today's fashion // *al giorno d'— ogni famiglia ha la televisione*, nowadays every family has a television set; *dall'— al domani possono succedere tante cose*, between today and tomorrow (*o* between one day and another) so many things may happen.

ogiva *s.f.* **1** (*arch.*) ogive: *arco a* —, pointed arch; *finestra a* —, pointed window **2** (*mil.*) (*di proiettile*) ogive; (*di razzo, missile*) nosecone **3** (*dell'elica*) spinner.

ogivale *agg.* (*arch.*) ogival: *architettura* —, ogival architecture; *arco* —, pointed arch.

ogni *agg.indef.* **1** (*ciascuno*) every, every single, each; (*tutti*) all: — *giorno, mese, anno*, every day, month, year; — *giorno della settimana*, every day in the week; — *lunedì, martedì ecc.*, every Monday, Tuesday etc.; *mi telefonava — giorno*, he phoned me every (single) day; *in quell'emporio si vendono prodotti di — genere*, all kinds of products are sold in that store; *questo computer esegue — sorta di operazioni*, this computer carries out all sorts of operations; *il problema è stato considerato sotto — aspetto*, the problem was studied from every angle; — *documento dev'essere autenticato*, each (*o* every) document must be authenticated; — *villetta ha il suo giardino intorno*, each house has a garden round it; — *partecipante riceverà un premio di consolazione*, each participant will receive a consolation prize; — *uomo ha diritto alla propria libertà*, every man has (*o* all men have) a right to freedom; — *sua parola era un ordine per noi*, every word he spoke was an order for us; *sarà preso in esame — singolo dettaglio*, each (*o* every single) detail will be taken into consideration; *descrisse — singola fase dell'esperimento*, he described each (*o* every single) stage of the experiment; — *regione ha le proprie specialità*, each region has its own specialities // — *cosa*, everything: *mi ha riferito — cosa*, he told me everything; *l'incendio aveva distrutto — cosa*, the fire had destroyed everything; *rimettete — cosa al suo posto*, put everything back in (its) place // *con — cura*, with all possible care // *da — parte*, everywhere // *la vita di — giorno*, everyday life // *ti auguro — bene*, I wish you all the best • Come si nota dagli esempi, in questo significato si usa preferibilmente *each* con riferimento a un gruppo determinato di persone o cose **2** (*qualsiasi*) any, all: *uomini di — età*, men of any age (*o* of all ages); *gente di — razza*, people of any race (*o* of all races); *ad — costo*, at any cost (*o* at all costs); *ad — modo*, (*tuttavia*) anyway; *in — caso*, (*comunque*) anyhow // *in, per — dove*, (*letter.*) anywhere // *fuor d'— dubbio*, beyond all doubt // *oltre — dire*, beyond all description **3** (*con valore distr., spec. con numerali*) every: *c'è una stazione di servizio — 20 km*, there is a service station every 20 km; — *due, tre settimane*, every two, three weeks (*o* every second, third week); *in Inghilterra le elezioni hanno luogo — cinque anni*, in England elections take place every five years; *ci sarà una guida — venti persone*, there will be a guide for every twenty persons; *prenda queste capsule — sei ore*, take these capsules every six hours // — *tanto*, every now and then (*o* every so often) // *una volta — tanto*, once in a while.

ogniqualvolta *cong.* whenever, every time: — *la vedevo il mio cuore si riempiva di gioia*, whenever (*o* every time) I saw her, my heart leaped for joy; — *hai bisogno, chiamami*, whenever you're in need call me.

Ognissanti *s.m.* All Saints' Day, All Hallows.

ognora *avv.* (*letter.*) always.

ognuno *pron.indef.* (*solo sing.*) **1** (*ciascuno, tutti*) everybody, everyone; all: — *è responsabile delle proprie azioni*, everyone is responsible for their (*o* his *o* her) actions; *questi sono i fatti, — può trarne le conclusioni*, these are the facts, everyone can draw their own conclusions; — *ha diritto di pensarla come vuole*, everyone has a right to his own opinion; *a — verrà consegnato un modulo da compilare*, everyone will be given a form to fill in; *di — vollero sapere nome, cognome e indirizzo*, they wanted to know everyone's name, surname and address // — *per sé e Dio per tutti*, (*prov.*) every man for himself **2** (*con valore distr. o con partitivo*) each (one); every (single) one; each and every one; all: — *di noi, di voi ecc.*, each of us, of you, etc.; — *di noi voleva dare il proprio contributo*, we all (*o* each of us) wanted to contribute; — *di loro riceverà un regalo*, each of them will receive a gift; — *dei presenti aveva qualcosa da dire*, each one present (*o* all those present) had something to say; *dopodiché ritornarono — a casa propria*, after which they all went back home (*o* each went back to his own home); — *di questi quadri vale un patrimonio*, each of these pictures is worth a fortune; *hanno ricevuto un compenso di due milioni —*, they each received two million lire; *dobbiamo leggere questi libri e di — presentare una relazione*, we must read these books and give a report on each one ◆ *agg.* ant. per *ogni*.

oh *inter.* oh!; (*poet.*) o!: —, *che meraviglia!*, (oh), how wonderful!; — *santo cielo!*, (oh), good gracious!; — *povero me!*, oh, dear!; — *no, non è possibile!*, oh no, it can't be!

ohe *inter.* hey (there).

ohi *inter.* (*di dolore*) ow; (*di disappunto*) oh dear; (*di meraviglia*) gosh!

ohibò *inter.* (*di sdegno*) tut (tut); (*di sorpresa*) cripes.

ohimè *inter.* oh dear; (*letter.*) alas.

ohm *s.m.* (*elettr.*) ohm.

ohmetro → **ohmmetro**.

ohmico *agg.* (*fis.*) ohmic.

ohmmetro *s.m.* (*fis.*) ohmmeter.

oi → **ohi**.

oibò → **ohibò**.

oidio *s.m.* (*bot.*) **1** oidium (*pl.* -ia) **2** (*della vite*) (vine) mildew: *coprirsi di —*, (*della vite*) to mildew.

oïl *s.m.* (*nell'antico francese = sì*): *lingua d'—*, langue d'oïl.

oimè → **ohimè**.

O.K. *inter.* OK, okay: *"Finisci tu questo lavoro?" "—"*, "Can you finish this job?" "OK" ◆ *s.m.* OK, okay, go-ahead, all clear: *dammi l'—*, give me the go-ahead; *abbiamo avuto l'— per il decollo*, we received the all clear for take off.

okapi *s.m.* (*zool.*) (*Okapia johnstoni*) okapi.

okay → **O.K.**

olà *inter.* hey (there)!

olanda *s.f.* (*tess.*) holland.

olandese *agg.* Dutch ◆ *s.m.* **1** (*abitante*) Dutchman* **2** (*lingua*) (the) Dutch (language) ◆ *s.f.* **1** Dutchwoman* **2** (*tecn. cartaria*) hollander, beater, beating machine.

oleaceo *agg.* (*non com.*) oleaceous.

oleaginoso *agg.* oleaginous.

oleagno → **eleagno**.

oleandro *s.m.* (*bot.*) (*Nerium oleander*) oleander; (*pop.*) rose-bay, rose-laurel.

oleario *agg.* oil (*attr.*): *mercato —*, (vegetable) oil market.

oleastro → **olivastro**².

oleato *agg.* oiled: *carta oleata*, greaseproof paper; (*per disegno*) tracing paper ◆ *s.m.* (*chim.*) oleate.

olecrano *s.m.* (*anat.*) olecranon.

olefina *s.f.* (*chim.*) olefin(e).

olefinico *agg.* (*chim.*) olefinic.

oleico *agg.* (*chim.*) oleic: *acido —*, oleic acid.

oleicolo *agg.* olive (*attr.*), of olives.

oleicoltore *s.m.* olive grower.

oleicoltura *s.f.* olive growing.

oleifero *agg.* oil producing, oleiferous.

oleificio *s.m.* oil mill.

oleina *s.f.* (*chim.*) olein.

oleobromia *s.f.* (*fot.*) bromoil process.

oleodinamico *agg.* oil-pressure (*attr.*).

oleodotto *s.m.* oil pipeline.

oleografia *s.f.* **1** (*chim., pitt.*) (*arte, processo*) oleography; (*quadro in oleografia*) oleograph **2** (*fig.*) (*di opera letteraria*) unoriginal work of art.

oleografico *agg.* **1** oleographic **2** (*fig.*) (*manierato*) conventional, mannered, unoriginal.

oleografismo *s.m.* (*arte*) unoriginal art, mannered art.

oleomargarina *s.f.* (*chim.*) oleomargarine.

oleometro *s.m.* (*chim., fis.*) oleometer.

oleopneumatico *agg.* (*tecn.*) airdraulic: *macchina oleopneumatica*, airdraulic machine.

oleoresina *s.f.* (*chim.*) oleoresin.

oleosità *s.f.* oiliness.

oleoso *agg.* oily; oil (*attr.*): *liquido —*, oily liquid; *seme —*, oil-seed; *sostanza oleosa*, oily substance; *pianta oleosa*, oil-plant.

oleum *s.m.* (*chim.*) oleum (*pl.* -a).

olezzante *agg.* (*letter.*) (*profumato*) fragrant, sweet-smelling.

olezzare *v.intr.* (*letter.*) (*profumare*) to smell* sweetly, to be fragrant.

olezzo *s.m.* **1** (*letter.*) (*profumo*) fragrance, sweet smell **2** (*scherz.*) (*cattivo odore*) stink, stench.

olfattivo *agg.* olfactory: *organo —*, olfactory organ; *bulbo, lobo, nervo —*, olfactory bulb, lobe, nerve.

olfatto *s.m.* (sense of) smell, olfaction: *un — molto sviluppato*, a highly-developed sense of smell.

olfattometro *s.m.* olfactometer.

olfattorio *agg.* (*rar.*) → **olfattivo**.

oliare *v.tr.* to oil: — *un ingranaggio*, to oil a gear.

oliastro *s.m.* (*bot.*) → **olivastro**².

oliata *s.f.* (*non com.*) oiling, oil: *dare un'— a qlco.*, to put some oil on sthg.

oliato *agg.* **1** oiled: *motore —*, oiled engine **2** (*condito con olio*) dressed with oil.

oliatore *s.m.* (*mecc.*) **1** (*portatile*) oilcan, oiler **2** (*piccolo serbatoio lubrificatore*) lubrificator.

oliatura *s.f.* oiling.

olibano *s.m.* olibanum.

oliera *s.f.* **1** (*da tavolo*) oil and vinegar cruet **2** (*contenitore-versatore per olio*) oil cruet.

olifante *s.m.* oliphant.

oligarca *s.m.* oligarch.

oligarchia *s.f.* oligarchy.

oligarchico *agg.* oligarchic(al).

oligisto *s.m.* (*min.*) oligist, iron glance.

olig(o)- *pref.* di origine greca che indica 'numero ristretto', 'scarsità'; ingl. olig(o)-: *oligarchia*, oligarchy; (*med.*) *oligomenorrea*, oligomenorrhea; (*biol.*) *oligodinamico*, oligodynamic.

oligoamnio → **oligoidramnio**.

oligocene *s.m.* (*geol.*) Oligocene.

oligocenico *agg.* (*geol.*) oligocene (*attr.*).

oligocitemia *s.f.* (*med.*) oligocythemia.

oligoclasio *s.m.* (*min.*) oligoclase.

oligocrazia *s.f.* oligarchy.

oligodinamico *agg.* (*biol.*) oligodynamic.

oligoelemento *s.m.* (*chim.*) trace element.

oligoemia *s.f.* (*med.*) olig(a)emia.

oligoemico *agg.* (*med.*) olig(a)emic.

oligofrenia *s.f.* (*med.*) oligophrenia.

oligofrenico *agg.* e *s.m.* (*med.*) oligophrenic.

oligoidramnio *s.m.* (*med.*) oligohydramnios, oligoamnios.

oligomero *s.m.* (*chim.*) oligomer.

oligomicina *s.f.* (*chim.*) oligomycin.

oligominerale *agg.* low in mineral content.

oligopolio *s.m.* (*econ.*) oligopoly: — *collusivo*, collusive oligopoly; — *puro*, perfect oligopoly; — *imperfetto*, imperfect oligopoly.

oligopolista *s.m.* e *f.* (*econ.*) oligopolist.

oligopolistico *agg.* (*econ.*) oligopolistic: *mercato —*, oligopolistic market.

oligopsonio *s.m.* (*econ.*) oligopsony.

oligopsonista *agg.* (*econ.*) oligopsonist (*attr.*) ◆ *s.m.* e *f.* (*econ.*) oligopsonist.

oligopsonistico *agg.* (*econ.*) oligopsonistic.

oligosaccaride *s.m.* (*chim.*) oligosaccharide.

oligospermia *s.f.* (*med.*) oligospermia.

olimpiaco *agg.* Olympic.

olimpiade *s.f.* **1** (*st. greca*) Olympic games (*pl.*); (*tempo compreso tra due olimpiadi*) Olympiad **2** *pl.* (*sport*) Olympics, Olympic games (*pl.*): *olimpiadi di Los Angeles*, Los Angeles Olympics; *olimpiadi invernali*, winter Olympics.

olimpicità *s.f.* (*serenità olimpica*) Olympian calm.

olimpico¹ *agg.* (*dell'Olimpo*) Olympian (*anche fig.*), of Olympus: *gli dei olimpici*, the gods of Olympus (*o* the Olympians); *calma olimpica*, (*fig.*) Olympian calm.

olimpico² *agg.* (*di Olimpia, delle olimpiadi*) Olympic: *giochi olimpici*, Olympic games (*o* Olympics); *stadio —*, Olympic stadium.

olimpio¹ *agg.* (*dell'Olimpo*) → **olimpico**¹.

olimpio² *agg.* (*di Olimpia*) Olympian.

olimpionico *agg.* Olympic: *primato —*, Olympic record; *campione —*, Olympic champion; *squadra olimpionica*, Olympic team ◆ *s.m.* (*campione olimpionico*) Olympic champion; (*chi partecipa a un'olimpiade*) Olympic athlete.

olimpo *s.m.* **1** (*monte*) *Olimpo*, Olympus // *non scende mai dal suo —*, (*fig. iron.*) he never gets off his high horse **2** (*fig.*) elite: *è entrato nell'— dei vincitori*, he became one of the elite winners.

olio *s.m.* oil: — *d'arachidi*, peanut oil; — *di semi*, seed oil; — (*di semi*) *di girasole*, sunflower seed oil; — *d'oliva*, olive oil; — *extra vergine* (*d'oliva*), extra vergine olive oil; *condire l'insalata con l'—*, to dress the salad with oil; — *da cucina*, cooking oil // — *di fegato di merluzzo*, cod-liver oil; — *di lino*, linseed (*o* flax) oil; — *di mandorle*, almond oil; — *di palma*, palm oil; — *di paraffina*, paraffin oil; — *di ricino*, castor oil; — *di sansa*, husk-oil; — *di sego*, tallow-oil; — *di sesamo*, sesame oil; — *lubrificante*, lubricating oil; — *combustibile distillato*, kerosene; — *combustibile pesante*, fuel oil; — *minerale*, *animale*, *vegetale*, mineral, animal, vegetable oil; — *solare*, sun tan oil; — *raffinato*, refined oil // (*pitt.*): *colore a* —, oil paint (*o* oils); *quadro a* —, oil painting; *dipingere a* —, to paint in oils // *sott'*—, in oil; *tonno sott'*—, tuna in oil // (*eccl.*) — *santo*, holy oil; *dare*, *ricevere l'— santo*, to give, to receive extreme unction // — *di gomito*, elbow-grease // *liscio come l'*—, as smooth as silk (*o* very smoothy) // *il mare era un* —, the sea was as smooth as glass // *gettar — sul fuoco*, to add fuel to the fire.

olismo *s.m.* (*biol.*) holism.

olistico *agg.* (*biol.*) holistic.

oliva *s.f.* olive: *olive verdi*, *nere*, green, black olives; *olive snocciolate*, stoned olives; *olio d'*—, olive oil; *verde* —, olive green.

olivaceo *agg.* (*non com.*) olive-green.

olivale, **olivare** *agg.* (*anat.*) olivary: *corpi olivali*, olivary bodies.

olivastro[1] *agg.* olive, olive-green, olive -coloured: *carnagione olivastra*, olive complexion.

olivastro[2] *s.m.* (*bot.*) (*Olea oleaster*) oleaster, (*pop.*) wild olive.

olivella → **dafne**.

olivenite *s.f.* (*min.*) olivenite.

olivetano *agg.* (*eccl.*) Olivetan (*attr.*) ◆ *s.m.* (*eccl.*) Olivetan.

oliveto *s.m.* olive grove.

olivetta *s.f.* (*bottone di un alamaro*) button, toggle.

olivicolo *agg.* olive (*attr.*), of olives: *produzione olivicola*, olive production.

olivicoltore *s.m.* olive grower.

olivicoltura *s.f.* olive growing.

olivigno *agg.* (*letter.*) olive-green, olive -coloured.

olivina *s.f.* (*min.*) olivine.

olivo *s.m.* 1 (*bot.*) (*Olea europaea*) olive, olive tree: *ramoscello d'*— (*benedetto*), olive branch (blessed on Palm Sunday); *offrire un ramoscello d'*—, to hold out (*o* to offer) the olive branch (*anche fig.*) // (*eccl.*) *Domenica degli Olivi*, Palm Sunday // *il giardino degli Olivi*, the Garden of Olives // *il Monte degli Olivi*, the Mount of Olives 2 (*bot.pop.*) — *di Boemia*, (*Elaeagnus angustifolia*) wild olive, oleaster.

olla *s.f.* 1 (*letter.*) (*pentola di coccio*) earthenware pot, jar 2 (*archeol.*) cinerary urn.

olmaceo *agg.* (*bot.*) ulmaceous.

olmaia *s.f.* (*bot.*) → **olmeto**.

olmaria *s.f.* (*bot.*) (*Spiraea ulmaria*) meadow -sweet.

olmeto *s.m.* (*bot.*) elm-grove, elmwood.

olmio *s.m.* (*chim.*) holmium.

olmo *s.m.* (*bot.*) elm // — *bianco*, (*Celtis occidentalis*) huckberry // — *montano*, (*Ulmus glabra*) Scotch elm // — *riccio*, (*Ulmus montana*) wych-elm (*o* witch-elm).

olocarpico *agg.* (*bot.*) holocarpic.

olocausto *s.m.* 1 holocaust // (*st.*) *l'Olocausto*, the Holocaust 2 (*sacrificio*) sacrifice: *fare — di qlco.*, to sacrifice sthg.; *offrire in — qlco. a qlcu.*, to sacrifice sthg. to s.o. 3 (*eccl.*) the Sacrifice of the Mass.

olocene *s.m.* (*geol.*) Holocene.

olocenico *agg.* (*geol.*) Holocene (*attr.*), Recent.

olofrastico *agg.* (*ling.*) holophrastic.

olografia *s.f.* (*fis.*) holography.

olografico *agg.* holographic, holographical.

olografo *agg.* (*dir.*) holograph, holographic (al): *testamento* —, holograph will.

ologramma *s.m.* (*fis.*) hologram.

olometabolo *agg.* (*zool.*) holometabolous.

olomorfo *agg.* (*mat.*) holomorphic: *funzione olomorfa*, holomorphic function.

olona *s.f.* (*tess.*) sail cloth canvas.

olosterico *agg.* (*fis.*) holosteric.

oloturia *s.f.* (*zool.*) sea cucumber, bêche-de -mer; (*scient.*) holothurian.

olozoico *agg.* (*zool.*) holozoic.

oltracciò *avv.* (*non com.*) besides; moreover, furthermore.

oltracotante *agg.* (*letter.*) (*arrogante*) overbearing, arrogant.

oltracotanza *s.f.* (*letter.*) (*arroganza*) arrogance.

oltraggiamento *s.m.* (*non com.*) 1 (*l'oltraggiare*) outraging, insulting 2 (*oltraggio*) insult; (*violazione*) violation.

oltraggiare *v.tr.* 1 to outrage; (*insultare*) to insult, to abuse; (*dir.*) to slander: — *la natura*, to outrage nature; *mi oltraggiò ad alta voce*, he loudly insulted (*o* abused) me 2 (*profanare*) to desecrate; (*violare*) to violate: — *un luogo sacro*, to desecrate a holy place; — *una tomba*, to violate a tomb.

oltraggiatore *s.m.* (*non com.*) outrager; (*chi insulta*) insulter; (*chi viola*) violator; (*dir.*) slanderer ◆ *agg.* insulting, offensive: *un gesto* —, an offensive gesture.

oltraggio *s.m.* 1 outrage; (*insulto*) insult, abuse; (*offesa*) offence: *recare — alla giustizia, al pudore*, to be an outrage against justice, decency; *recare — a qlcu.*, to commit an outrage on (*o* against) s.o.; *subire un* —, to suffer an affront; *vendicare un* —, to revenge an insult // (*dir.*): — *alla corte*, contempt of court; — *a pubblico ufficiale*, insulting a public officer // *quel lusso è un — alla miseria*, that luxury is an insult to misery 2 (*letter.*) (*danno*) injury: *gli oltraggi del tempo*, the ravages of time.

oltraggioso *agg.* outrageous; (*insultante*) insulting; (*offensivo*) offensive: *comportamento* —, outrageous conduct; *parole oltraggiose*, offensive words.

oltralpe *avv.* beyond the Alps, on the other side of the Alps: *vivere* —, to live north of the Alps ◆ *s.m.* (*paesi al di là delle Alpi*) transalpine countries (*pl.*), countries on the other side of the Alps // *d'*—, from the other side of the Alps: *i costumi d'*—, the customs from the other side of the Alps; *gente d'*—, transalpine people.

oltramontano *agg.* ultramontane, beyond the mountains: *paesi oltramontani*, countries beyond the mountains.

oltranza, a *locuz.avv.* to the bitter end, to the death: *guerra a* —, war to the death; *sciopero a* —, all-out strike // *resistere a* —, to resist (*o* to stick sthg. out) to the bitter end.

oltranzismo *s.m.* (*pol.*) extremism.

oltranzista *agg.* e *s.m.* e *f.* extremist // *politica* —, extremist politics.

oltranzistico *agg.* extremist.

oltre *avv.* 1 (*di luogo*) further (on), farther (on): *non fermatevi qui, andate* —, don't stop here, go further on; *la strada era bloccata, non si poteva andare* —, the road was blocked, (so) it was impossible to go any further (*o* any farther) // *andare troppo* —, (*fig.*) to go too far // *passare* —, to go past (*o* by *o* on): *fece finta di non vedermi e passò* —, he pretended not to see me and went past (*o* by *o* on) 2 (*di tempo*) longer, more, over; (*più tardi*) later: *posso aspettare dieci minuti, non* —, I can wait for ten minutes, and no longer; *"Quanto tempo ti fermerai a Londra?" "Un mese e —"*, "How long are you going to stay in London?" "Over a month" (*o* "A month or more"); *le domande vanno inviate entro la fine del mese, non* —, applications should be sent by the end of the month and no later // *essere — negli anni*, to be well on in years 3 (*di quantità*) over, more: *da qui all'albergo ci saranno cinque chilometri e* —, it must be five kilometres or more from here to the hotel; *ragazzi di sedici anni e* —, young people of siwteen or over; *pacchi da dieci chilogrammi e* —, parcels of ten kilograms or more ◆ *prep.* 1 (*di luogo*) on the other side of, beyond; (*gener. moto a luogo*) over: — *quelle montagne c'è la Francia*, France is on the other side of those mountains (*o* beyond those mountains is France); *andare — il confine*, to go over the border // — *ogni dire, credere*, beyond description, belief 2 (*più di*) over, more than: *per quell'appartamento chiedono — duecento milioni*, they are asking over two hundred million liras for that flat; *non lo vedo da — un anno*, I haven't seen him for over a year; *un uomo — i cinquanta*, a man over fifty; *c'erano — 50.000 spettatori*, there were over (*o* more than) 50,000 spectators; *l'ho aspettato per — un'ora*, I waited for him for over an hour; *piove da — due settimane*, it has been raining for ever a fortnight; *New York ha — 11 milioni d'abitanti*, New York has over 11 million inhabitants; *i Tudor regnarono in Inghilterra per — un secolo*, the Tudors ruled England for over a century 3 — *a*, (*in aggiunta a*) besides, in addition to, as well as; (*all'infuori di*) apart from: — *alla villa in campagna, possiede un appartamento al mare*, besides a house in the country he (also) has a flat by the sea; — *alle spese di gestione, ci sono le spese di riscaldamento*, in addition to general maintenance, there are also heating expenses; — *al solaio c'è anche la cantina*, as well as (*o* besides) an attic, there in also a cellar; — *a noi, c'erano solo venti persone*, apart from us, there were only twenty people; — *a questo, non ho altro da dirti*, apart from this, I have nothing else to say to you.

oltre a, **che** *cong.* besides, as well as: — *che poeta, fu anche drammaturgo*, besides being a poet, he was also a dramatist; — *a essere una bella macchina, non consuma molto*, besides (*o* as well as) being a beautiful car it doesn't use much petrol.

oltrecortina *s.m.* (*paesi al di là della cortina di ferro*) Iron Curtain countries (pl.) ◆ *avv.* behind the Iron Curtain: *andare* —, to go behing the Iron Curtain; *essere conosciuti* —, to be known behind the Iron Curtain.

oltrefrontiera *agg.* e *avv.* across the border: *territorio* —, territory across the border; *usi d'*—, customs of foreign countries; *andare* —, to go across the border.

oltremanica *agg.* beyond the (English) Channel // *paesi d'*—, the British Isles ♦ *avv.* across the Channel: *andare* —, to go across the (English) Channel (*o* to cross the English Channel).

oltremare *avv.* overseas: *viaggiare* —, to travel overseas ♦ *s.m.* **1** (*territorio al di là del mare*) overseas country // *d'*—, (*di oltremare*) overseas (*attr.*); (*da oltremare*) from overseas: *paesi d'*—, oversea(s) countries; *venire d'*—, to come from overseas **2** (*colore azzurro intenso*) ultramarine // *blu* —, ultramarine (blue).

oltremarino *agg.* **1** oversea(s) (*attr.*); ultramarine: *commercio* —, oversea(s) trade **2** *azzurro* —, ultramarine (blue).

oltremisura *avv.* beyond measure, excessively, in an exaggerated fashion: *si è scusato* —*!*, he excused himself in an exaggerated fashion (*o* excessively)!

oltremodo *avv.* extremely: *sono stati* — *gentili*, they were extremely kind; *la cosa mi fa* — *piacere*, I am extremely pleased about it.

oltremondano *agg.* ultramundane; supernatural.

oltremontano → **oltramontano**.

oltreoceano *avv.* overseas, across the ocean: *andare* —, to cross the ocean (*o* to go across the ocean *o* to go overseas) // *terra d'*—, land across the ocean (*o* land overseas).

oltrepassabile *agg.* surpassable: *un limite* —, a surpassable limit.

oltrepassare *v.tr.* **1** to go* beyond (sthg.); (*eccedere*) to exceed: *dobbiamo* — *il villaggio*, we must go beyond the village; *non ho mai oltrepassato il limite di velocità*, I have never exceeded the speed limit; — *i limiti*, (*fig.*) to go too far (*o* to overstep all bounds *o* to overdo things) // (*dir.*): — *illegalmente un confine* (*dell'altrui proprietà*), to trespass; — *i propri diritti*, to strain one's rights **2** (*mar.*) (*doppiare*) to double.

oltretomba *s.m.* hereafter, afterlife: *il mistero dell'*—, the mystery of the hereafter // *mi parlò con voce d'*—, (*fig.*) he spoke to me in a gloomy voice.

oltreumano *agg.* (*non com.*) superhuman.

omaccio, **omaccione** *s.m.* ugly brute; hulk.

omaggiare *v.tr.* to honour, to pay* homage to (s.o.).

omaggio *s.m.* **1** (*segno di ossequio*) tribute; homage: *rendere* — *a qlcu.*, to pay tribute (*o* homage) to s.o. // *in* — *a*, as a tribute to: *in* — *alla verità*, in the interests of truth **2** *pl.* (*saluto rispettoso*) respects, regards: *porgete i miei omaggi a vostro padre*, please give my regards to your father **3** (*offerta*) free gift; (*comm.*) premium, handout, gift, (*amer.*) freebie; (*all'acquisto di un prodotto*) giveaway: *dare, ricevere un* —, to give, to receive a free gift; — *dell'autore*, with the author's compliments; *copia in* —, complimentary (*o* presentation) copy; *comprando il libro avrete la cassetta in* —, on buying the book you will receive the cassette free of charge; *fare* — *di qlco. a qlcu.*, to present s.o. with sthg.; *come* — *alle signore offrirono un profumo*, the ladies were presented with perfume; — *della ditta*, (*scherz.*) on the house // *buono* —, gift coupon (*o* gift token *o* gift voucher); *confezione* —, gift pack; *biglietto* —, complimentary ticket **4** (*st.*) (*atto di vassallaggio*) homage: *giurare* — *a qlcu.*, to pay homage to s.o.

omai (*letter.*) → **ormai**.

òmaro → **astice**.

omaso *s.m.* (*zool.*) omasum*; fardel-bag.

ombelicale *agg.* (*anat.*) umbilical: *cordone* —, umbilical cord (*o non com.* navel string); *ernia* —, umbilical hernia.

ombelicato *agg.* umbilicate (*anche bot.*).

ombelico *s.m.* **1** (*anat.*) navel; umbilicus*; omphalos* **2** (*bot.*) — *di Venere* → **miseria 5** **3** (*fig. letter.*) (*centro*) navel.

ombra *s.f.* **1** shade: *l'*— *del bosco*, the shade of the wood; *le ombre della sera, della notte*, the shades of evening, of night; — *densa, fitta*, deep shade; *una campagna desolata, senza un filo d'*—, a desolate countryside without the smallest patch of shade; *dopo tre ore al sole vorrei un po' di* —, after three hours in the sun I'd like a little shade; *abbassa la tapparella così avremo un po' d'*—, let the blinds down so that we can have a little shade; *cerco un po' d'*— *dove sedermi*, I am looking for some shade to sit in; *una casa sempre in* —, a house always in the shade; *il muschio cresce sulla parte di tronco in* —, moss grows on the part of the trunk that is in the shade; *per favore spostati, mi fai* —*!*, move over, please, you're keeping the sun off me; *si facevano* — *con un giornale*, they shaded themselves with a newspaper; *i pioppi fanno poca* —, poplars give little shade // *all'*—, in the shade; *camminava all'*—, he was walking in the shade; *sedere all'*— *di un albero*, to sit in the shade of a tree // *mettere in* — *qlcu., qlco.*, (*fig.*) to put s.o., sthg. in (*o* to throw s.o., sthg. into) the shade: *la sua bellezza mette in* — *quella delle altre donne*, her beauty puts all other women in the shade // *tenersi nell'*—, (*fig.*) to keep in the shade // *preferisce restare nell'*—, he prefers to keep in the shade (*o* background) // *tramare nell'*—, to plot secretly // *agire nell'*—, to do sthg. on the quiet // *trarre qlcu. dall'*—, to bring s.o. into the limelight // (*pitt.*): *luci e ombre*, light and shade (*anche fig.*); *metà del viso è in* —, half the face is in shadow; *queste ombre sono troppo forti*, this shading is too dark **2** (*immagine proiettata*) shadow: *l'*— *di una mano sullo schermo*, the shadow of a hand on the screen; *vedere un'*— *sul pavimento*, to see a shadow on the floor; *proiettare ombre sulla parete*, to cast shadows on the wall // *all'*— *di qlco.*, in the shadow of sthg.: *starsene all'*— *della legge*, to be within the letter of the law; *vivere all'*— *di qlcu.*, to live in the shadow of s.o. // *gettare un'*—, to cast a shadow: *la minaccia di una guerra getta un'*— *sinistra sul futuro*, the threat of war casts a gloomy shadow over the future // *non è che un'*— *di quello che era*, he is only the shadow of his former self // *aver paura della propria* —, to be afraid of one's own shadow // *correr dietro alle ombre*, to run after shadows (*o* to catch at shadows) // *dar corpo alle ombre*, to imagine things // *essere l'*— *di qlcu.*, to be s.o.'s shadow: *il suo cane è la sua* —, his dog is his shadow // *le guardie del corpo lo seguivano come un'*—, his bodyguards followed him like his shadow // *prendere* —, (*di cavallo*) to shy, (*di persona*) to take umbrage // *ridursi un'*—, to wear oneself to a shadow // *ombre cinesi*, shadow theatre (*o* shadow play) **3** (*traccia, parvenza*) shadow; hint; suggestion: *non c'è* — *di dubbio!*, there is not a shadow of a doubt!; *ci andò senz'*— *di sospetto*, he went along without a shadow of suspicion; *non c'è* — *di vero in ciò che dici*, there is not even a shadow of truth in what you say; *sul suo viso apparve un'*— *di tristezza*, a hint of melancholy (*o* sadness) passed across her face; *non c'è l'*— *di un quattrino*, (*fam.*) we are broke // *nemmeno per* —*!*, not at all! **4** (*spettro, spirito*) shade: *le ombre del passato*, the shades of the past; *l'*— *di Virgilio*, the shade of Virgil; *il mondo delle ombre*, the shades // *essere un'*— *di sovrano*, to be a puppet ruler **5** (*alone*) slight stain: *sull'abito è rimasta un'*—, a slight stain remained on the suit **6** (*astr.*) *cono d'*—, umbra* ♦ *agg.*: *governo* —, shadow government; (*econ.*) *prezzo* —, shadow price; *bandiera* —, flag of convenience.

ombrare *v.tr.* **1** (*letter.*) (*coprire d'ombra*) to overshadow **2** (*graduare le ombre*) to shade: — *un disegno*, to shade a drawing.

□ **ombrarsi** *v.intr.pron.* **1** (*letter.*) (*coprirsi d'ombra*) to darken; (*di cielo*) to become* overcast **2** (*macchiarsi*) to become* stained **3** (*fig. non com.*) (*adombrarsi*) (*di persone*) to take* umbrage; (*di cavalli*) to shy.

ombratile → **umbratile**.

ombrato *agg.* (*non com.*) (*ombreggiato*) shaded, shady ♦ *s.m.* (*ombreggiatura*) shading; (*tratteggio*) hatching.

ombratura → **ombreggiatura**.

ombreggiamento *s.m.* shading.

ombreggiare *v.tr.* to shade: *gli alberi ombreggiavano il prato*, the trees shaded the lawn; — *un disegno*, to shade a drawing.

ombreggiato *agg.* **1** shady, shaded: *un giardino* —, a shady garden **2** (*arte*) shaded: *un disegno* —, a shaded drawing.

ombreggiatura *s.f.* (*pitt.*) shading; (*tratteggio*) hatching.

ombrella *s.f.* (*bot.*) umbel, umbella (*pl.* -ae, -as): — *secondaria, piccola*, umbellule; *a forma di* —, umbellate(d) (*o* umbelliform *o* umbellal *o* umbellar).

ombrellaio *s.m.* **1** (*chi fabbrica ombrelli*) umbrella maker **2** (*chi vende ombrelli*) umbrella seller.

ombrellata *s.f.* blow with an umbrella: *diede ombrellate a tutti*, he laid about him with his umbrella.

ombrellifera *s.f.* (*bot.*) umbellifer.

ombrellifero *agg.* (*bot.*) umbelliferous.

ombrellificio *s.m.* umbrella factory.

ombrelliforme *agg.* (*scient.*) umbelliform.

ombrellino *s.m.* (*da sole*) parasol, sunshade.

ombrello *s.m.* **1** umbrella: *aprire, chiudere l'*—, to open, to close one's umbrella; *reggere l'*—, to hold the umbrella; — *da sole*, parasol (*o* sunshade); *fodero d'*—, umbrella sheath; *intelaiatura dell'*—, umbrella frame; *manico d'*—, umbrella handle; *stecche d'*—, umbrella ribs **2** (*zool.*) (*di medusa ecc.*) umbrella, swimming -bell **3** (*mil.*) umbrella: — *aereo*, air umbrella // — *atomico, nucleare*, atomic, nuclear umbrella.

ombrellone *s.m.* sunshade parasol: — *da spiaggia*, beach umbrella; *stare sotto l'*—, to stay under the beach umbrella.

ombretta *s.f.* (*zool.*) (*Scopus umbretta*) umbrette, umber-bird.

ombretto *s.m.* (*cosmesi*) eye shadow.

ombrifero *agg.* **1** (*letter.*) shady **2** (*bot.*) umbriferous.

ombrina *s.f.* (*zool.*) (*Umbrina cirrhosa*) umbrine.

ombrinale *s.m.* (*mar.*) scupper.

ombrofilia *s.f.* (*ecol.*) ombrophily.

ombrofilo *agg.* (*ecol.*) ombrophilous.

ombrofobia[1] *s.f.* (*psic.*) ombrophobia.

ombrofobia[2] *s.f.* (*ecol.*) ombrophoby.

ombrofobo *agg.* (*ecol.*) ombrophobous.

ombrometro → **pluviometro**.

ombrosamente *avv.* (*con suscettibilità*) touchily; (*con diffidenza*) suspiciously.

ombrosità *s.f.* **1** shadiness, shadowiness **2** (*suscettibilità*) touchiness; (*del cavallo*) skittishness; (*diffidenza*) suspiciousness.

ombroso *agg.* **1** shady, shadowy: *un angolo* —, a shady corner (*o* nook); *boschi ombrosi*, shadowy woods; *valle ombrosa*, shaded valley **2** (*di cavallo*) skittish **3** (*suscettibile*) touchy; (*diffidente*) suspicious: *è un vecchio* —, he is a touchy old man **4** (*di piante*) umbriferous.

ombudsman *s.m.* (*dir.*) (*difensore civico*) ombudsman*.

omega *s.m.* o *f.* (*ultima lettera dell'alfabeto greco*) omega // *dall'alfa all'*—, from beginning to end (*o* from a to z).

omelette meno com. **omeletta** *s.f.* (*cuc.*) omelet(te): — *con, al prosciutto*, ham omelette.

omelia *s.f.* (*eccl.*) homily; sermon.

omeliario *s.m.* homiliary; book of homilies, book of sermons.

omelista *s.m.* homilist; writer of homilies; preacher of homilies.

omento *s.m.* (*anat.*, *zool.*) omentum*: *grande* —, greater omentum (*o* omentum majus); *piccolo* —, lesser omentum (*o* omentum minus).

omeomeria *s.f.* (*fil.*) homoeomery.

omeomorfismo *s.m.* (*mat.*) homeomorphism.

omeomorfo *agg.* (*mat.*) homeomorphic.

omeopata *s.m.* e *f.* (*med.*) homeopath, homeopathist.

omeopatia *s.f.* (*med.*) homeopathy.

omeopatico *agg.* (*med.*) homeopathic: *rimedio* —, homeopathic remedy ◆ *s.m.* (*med.*) homeopathist, homeopath.

omeopatista *agg.* homeopathic ◆ *s.m.* e *f.* homeopathist, homeopath.

omeopolare → **omopolare**.

omeostasi *s.f.* (*biol.*) homeostasis.

omeostatico *agg.* (*biol.*) homeostatic.

omeostato *s.m.* (*biol.*) homeostatic organism.

omeotermo *agg.* (*biol.*) homeothermic, homoiothermic ◆ *s.m.* (*biol.*) homeotherm, homoiotherm.

omeotonico *agg.* (*mus.*) having the same tone.

omerale *agg.* (*anat.*) humeral.

omerico *agg.* **1** Homeric: *poemi omerici*, Homeric poems; *questione omerica*, Homeric question **2** (*fig.*) (*degno dei personaggi omerici*) Homeric: *ire omeriche*, Homeric wrath // *appetito* —, (*enorme*) vast appetite; *risata omerica* (*lunga e sonora*), Homeric laughter.

omero *s.m.* **1** (*anat.*) humerus* **2** (*spalla*) shoulder.

omertà *s.f.* (*della malavita*) omertà; (*estens.*) silence, conspiracy of silence.

omertoso *agg.* based on a conspiracy of silence.

omesso *agg.* omitted, left out (*pred.*): *un particolare — per dimenticanza*, a detail left out through an oversight.

omettere *v.tr.* to omit, to leave* out (*anche dir.*); (*saltare*) to skip: *questo capitolo può essere omesso*, this chapter may be omitted; — *di fare qlco.*, to omit doing (*o* to do) sthg.; *ho omesso alcuni passi di quel libro*, I have skipped some passages of that book; *quella parola è sbagliata, hai omesso una 'r'*, that word is wrong, you have left out an 'r'.

ometto *s.m.* **1** (*uomo piccolo fisicamente*) little man, little chap, little fellow; (*persona da poco, meschina*) nonentity: *un — arzillo*, a lively little man; *è un — da nulla*, he is a nonentity // *ha solo 4 anni, ma è un* —, (*fam.*) he's only 4 years old but he's a very sensible little fellow **2** (*region.*) (*gruccia per abiti*) clothes-hanger **3** (*nel biliardo*) (*birillo*) pin, kittle **4** (*arch.*) king post.

omiciattolo *s.m.* (*spreg.*) little nobody; nonentity.

omicida *agg.* **1** homicidal, murderous: *intenzione* —, murderous intent (*o* intent to kill); *mania* —, homicidal mania **2** (*che ha dato la morte*) death-dealing: *mani omicide*, death-dealing hands ◆ *s.m.* e *f.* homicide; (*assassino*) murderer.

omicidio *s.m.* homicide; (*assassinio*) murder: — *colposo*, *preterintenzionale*, manslaughter (*o amer.* second-degree murder *o* murder in the second degree); — *per legittima difesa*, homicide (*o* murder) in self-defence; — *premeditato*, wilful murder (*o* premeditated homicide *o amer.* first-degree murder *o* murder in the first degree); *tentato* —, attempted murder; *colpevole di* —, guilty of murder; *essere imputato di* —, to be charged with murder; *processo per* —, murder trial (*o* murder case); *commettere un* —, to commit (a) murder // — *bianco*, (*morte di operai sul lavoro*) on-the-job fatality.

omicron *s.m.* o *f.* (*lettera dell'alfabeto greco*) omicron.

omileta → **omelista**.

omiletica *s.f.* (*eccl.*) homiletics [U].

omiletico *agg.* (*eccl.*) homiletic.

ominazione *s.f.* (*biol.*) hominization.

ominide *s.m.* (*antropologia*) hominid.

omino *s.m.* little man, little fellow, little chap.

ominoso *agg.* (*letter.*) ominous, fateful.

omissibile *agg.* omissible: *questa parte è* —, this part can be left out.

omissione *s.f.* **1** omission, leaving out: — *di una virgola*, omission of a comma; — *volontaria*, *involontaria*, voluntary, involuntary omission // *peccato di* —, sin of omission // *salvo errori ed omissioni* (abbr. S.E. e O.), errors and omissions excepted (*abbr.* E. & O.E.) **2** (*dir.*) omission; neglect; failure; default; non-feasance: *reato di* —, non-feasance (*o* crime of omission); — *di soccorso*, failure to assist; — *d'atti d'ufficio*, neglect of an official duty.

omissis *s.m.* (*lat.*) **1** omission **2** (*estens.*) deliberate omission: *una relazione con troppi* —, a report with too many points deliberately left out (*o* with too many deliberate omissions).

ommatidio *s.m.* (*zool.*) (*di insetto*) ommatidium (*pl.* -dia).

omnibus *s.m.* (*lat.*) **1** (*diligenza*) horse-drawn bus **2** (*antiq.*) (*treno*) slow train, stopping-train; (*corriera*) local coach ◆ *agg.* omnibus: *edizione* —, omnibus edition; (*assicurazioni*) *clausola* —, (*comprensiva di ogni rischio*) omnibus clause.

omnium *s.m.* (*lat.*) (*sport*) open race, event.

omo[1] → **uomo**.

omo[2] *agg.* e *s.m.* e *f.* (*gergo*) (*omosessuale*) homo, homosexual.

omo- *pref.* di origine greca che indica 'uguaglianza, identità'; ingl. homo-: *omomorfo*, homomorphic; *omonimia*, homonymy.

omocentrico *agg.* (*fis.*) homocentric(al).

omocinetico *agg.* (*mecc.*) constant-velocity.

omocromia *s.f.* (*scient.*) homocromy.

omocromo *agg.* (*scient.*) homocromous.

omodonte *agg.* (*zool.*) homodont.

omoerotico *agg.* (*non com.*) (*omosessuale*) homoerotic.

omoerotismo *s.m.* (*non com.*) (*omosessualità*) homoeroticism.

omofagia *s.f.* (*etnol.*) homophagy.

omofilia *s.f.* homosexuality.

omofilo *agg.* e *s.m.* homosexual.

omofobia *s.f.* homophobia.

omofonia *s.f.* (*fon.*, *mus.*) homophony.

omofonico *agg.* (*fon.*, *mus.*) homophonic.

omofono *agg.* (*fon.*, *mus.*) homophonous: *parola omofona*, homophone ◆ *s.m.* (*fon.*) homophone.

omogamia *s.f.* (*biol.*) homogamy.

omogeneità *s.f.* homogeneity // (*inform.*) *mancanza di* —, inconsistency.

omogeneizzare *v.tr.* to homogenize: — *i dati*, to make data uniform (*o* to homogenize data).

omogeneizzato *agg.* homogenized: *latte* —, homogenized milk ◆ *s.m.* homogenized food: *gli omogeneizzati per l'infanzia*, homogenized baby foods.

omogeneizzatore *s.m.* (*tecn.*) homogenizer.

omogeneizzazione *s.f.* homogenization.

omogeneo *agg.* homogeneous; (*fig.*) well-blended, homogeneous: *unità di misura omogenee*, homogeneous units of measurement; *colori omogenei*, well-blended colours; *un miscuglio — di stili*, a harmonious mixture of styles; *questa è una classe molto omogenea*, this is a very homogeneous class; *un insieme composto di elementi omogenei*, a compound made of homogeneous elements // (*mat.*) *polinomio* —, homogeneous polynomial.

omogenesi *s.f.* (*biol.*) homogenesis.

omogenizzare → **omogeneizzare**.

omografia *s.f.* (*fon.*) homography.

omografo *agg.* (*fon.*) homographic ◆ *s.m.* (*fon.*) homograph.

omolemma *s.m.* homonymous headword.

omologare *v.tr.* **1** (*dir.*) to homologate, to prove; to confirm, to approve; to validate; (*oggetti, veicoli*) to type-test, to approve: — *un atto*, to homologate a deed (*o* a proceeding); — *un testamento*, to prove a will; — *una delibera, un documento*, to validate a resolution, a document; — *un dispositivo di sicurezza*, to approve a safety device; — *un'automobile*, to type-test a car **2** (*riconoscere ufficialmente*) to ratify, to recognize: — *un primato sportivo*, to recognize a sporting record; — *un trattato*, to ratify a treaty.

omologato *agg.* **1** (*dir.*) homologated; (*di testamento*) proved; approved; validated; (*di oggetti, veicoli*) type-tested, type-approved, approved: *un atto* —, a homologated deed; *un documento* —, an approved (*o* a validated) document; *un salvagente* —, an approved (*o* a type-approved) life jacket **2** (*ratificato*) ratified, recognized.

omologazione *s.f.* **1** (*dir.*) homologation, probate; confirmation, approval; validation; (*di oggetti, veicoli*) type-testing, type-approval: (*dir.*) — *di un atto*, homologation of a deed; (*dir.*) — *di un testamento*, probate of a will; — *di un'automobile*, type-testing of a car **2** (*riconoscimento ufficiale*) ratification, recognition: — *di un primato sportivo*, recognition of a sporting record.

omologia *s.f.* homology // (*mat.*) *teoria dell'*—, homology theory.

omologico *agg.* homological.

omologo *agg.* **1** (*scient.*) homologous // (*biol.*) *vaccino* —, homologous vaccine // (*chim.*) *serie omologa*, homologous series **2** (*corrispondente*) corresponding: *due casi omologhi*, two corresponding cases; *l'attuale situazione non è omologa alla precedente*, the present situation is not the same as the previous one; *una politica perfettamente omologa a quella del partito*, a policy that corresponds perfectly to (*o* is perfectly in line with) that of the party ◆ *s.m.* homologue; (*di persone*) counterpart: *un elemento di una serie e il suo — di un'altra serie*, an element in a series and its homologue in another series; *incontrò il suo — dell'altra ditta*, he met his opposite number (*o* counterpart) in the other firm.

omomorfismo *s.m.* (*scient.*) homomorphism.

omomorfo *agg.* (*scient.*) homomorphic.

omomorfosi *s.f.* (*biol.*) homomorphosis.

omone *s.m.* (*fam.*) giant.

omonimia *s.f.* **1** coincidence of names: *si tratta d'un caso d'*—, they happen to have the same name **2** (*fon.*) homonymy.

omonimo *agg.* **1** homonymous; having the same name: *due località omonime*, two places with the same name; *il film è stato tratto dal libro* —, the film was based on the book of the same title **2** (*fon.*) homonymic, homonymous ◆ *s.m.* **1** namesake: *non è mio parente, ma solo mio* —, he is not a relative of mine, he is just my namesake **2** (*fon.*) homonym.

omopolare *agg.* homopolar: (*chim., fis.*) *legame* —, homopolar bond.

omoritmia *s.f.* (*mus.*) isorhythm.

omosessuale *agg.* e *s.m.* e *f.* homosexual: *amore, rapporto* —, homosexual love, relationship.

omosessualità *s.f.* homosexuality: — *latente, manifesta*, latent, open (*o* manifest) homosexuality.

omosex *agg.* e *s.m.* e *f.* (*gergo*) homosexual.

omosfera *s.f.* homosphere.

omosporia *s.f.* (*bot.*) homospory.

omotopia *s.f.* (*mat.*) homotopy: *teoria dell'*—, homotopy theory.

omotrapianto *s.m.* (*med.*) homograft.

omottero *s.m.* (*zool.*) homopteron.

omozigote *agg.* (*biol.*) homozygous ◆ *s.m.* (*biol.*) homozygote.

omozigotico *agg.* (*biol.*) homozygotic, homozigous.

omuncolo *s.m.* (*spreg.*) **1** (*non com.*) (*nano, pigmeo*) dwarf, pigmy **2** (*fig.*) (*uomo dappoco*) little nobody; nonentity.

onagro *s.m.* **1** (*zool.*) (*Equus onager*) onager*, wild-ass **2** (*st. mil.*) onager*.

onanismo *s.m.* onanism.

onanista *s.m.* e *f.* onanist.

onanistico *agg.* onanistic.

oncia *s.f.* **1** — (*avoirdupois*), ounce (*misura di peso avoirdupois = 28,35 g*); — (*troy*), ounce (*misura di peso troy = 31,10 g*): (*boxe*) *guantoni da otto once*, eightounce gloves **2** — *fluida*, fluid ounce (*misura di capacità = 28,4 cm³ in Gran Bretagna*; *= 29,57 cm³ negli Stati Uniti*) **3** (*estens.*) (*minima quantità*) little, bit, ounce: *non ha un'— di buon senso*, he hasn't an ounce of common sense // *a — a* —, little by little.

onciale *agg.* e *s.f.* uncial: *un manoscritto* —, an uncial; *scrittura* —, uncial writing.

oncogene *s.m.* (*biol.*) oncogene.

oncogenesi *s.f.* (*med.*) oncogenesis*.

oncogeno *agg.* (*med.*) oncogenic, oncogenous.

oncologia *s.f.* (*med.*) oncology.

oncologico *agg.* (*med.*) oncologic(al).

oncologo *s.m.* (*med.*) oncologist.

onda *s.f.* **1** wave: — *alta*, high wave; — *lunga*, roller (*o* swell); *onde lunghe e profonde*, (*in mare aperto*) groundswell; *onde grosse*, billows; *cresta dell'*—, wave crest; *una costa battuta dalle onde*, a coastline pounded by the waves; *essere in balia delle onde*, to be tossed by the waves; *fendere, tagliare le onde*, to breast the waves // *onde dei capelli*, waves in one's hair; *un'— di entusiasmo*, a wave of enthusiasm // *essere sulla cresta dell'*—, (*fig.*) to be on the crest of the wave: *i Beatles sono ancora sulla cresta dell'*—, the Beatles are still on the crest of the wave // *seguire, andare dietro l'*—, to follow the crowd (*o* to go with the fashion): *i giovani seguono l'— del momento*, young people go with the fashion // (*econ.*) — *lunga*, (*di ciclo economico*) long wave **2** (*fis., rad.*) wave: — *elettromagnetica*, electromagnetic wave; *onde hertziane*, hertzian waves; — *luminosa*, light wave; *onde medie, lunghe, corte*, medium, long, short waves; — *portante*, carrier wave; — *sonora*, sound wave; *onde termiche*, heat waves; *lunghezza d'*—, wavelength; *treno d'onde*, wave train; — *stazionaria*, standing (*o* stationary) wave; — *longitudinale, quadra*, longitudinal, square wave; *fronte d'*—, wavefront; *funzione d'*—, wave function; *guida d'*—, waveguide; *numero d'*—, wave number; *superficie d'*—, wave surface; *equazione delle onde*, wave equation // *andare, mandare in* —, to broadcast: *questa sera andrà in — un nuovo programma*, this evening we will broadcast a new programme.

ondametro *s.m.* (*fis.*) wavemeter.

ondata *s.f.* **1** wave (*anche fig.*); surge; (*grossa onda*) billow: *il vascello fu investito da pesanti ondate*, the vessel was struck by heavy waves; — *di caldo*, heat wave; — *di freddo*, cold wave, (*improvvisa*) (cold) snap; — *di fumo*, gust of smoke; — *di entusiasmo*, wave of enthusiasm; — *di panico*, wave of panic // *a ondate*, in waves: *la gente arrivava a ondate nella piazza*, waves of people surged into the square (*o* people surged into the square in waves) **2** (*econ.*) wave: — *speculativa*, wave of speculation; — *di rialzi, ribassi in Borsa*, wave of rising, falling prices in the Stock Exchange.

ondatra *s.f.* (*zool.*) (*Ondatra zibethica*) muskrat, musquash.

onde[1] *avv.* → **donde**.

onde[2] *pron.rel.* (*letter.*) (*da cui*) whence; from where; from which; whence; whereby; (*con cui*) with which: *tornate al luogo — siete venuti*, go back where you came from (*o antiq.* whence you came); *aveva i mezzi — poter vivere agiatamente*, he had the means by which (*o form.* whereby) to live comfortably; *il male — era afflitto continuava a peggiorare*, the disease he was suffering from (*o* from which he was suffering) continued to get worse // — *segue che...*, — *si deduce che*, thus it follows that...

onde[3] *cong.* **1** (*affinché*) so that, in order that: *ti dico questo — tu possa cautelarti*, I'm telling you this so that you can take the necessary precautions; *vi scrivo — avvertirvi che...*, I am writing to notify you that... **2** (*cosicché*) so that: *la stampa non ne parla, — presumo che la notizia sia infondata*, there is no report of it in the press, so (that) I presume the news is without foundation.

ondeggiamento *s.m.* **1** (*di barca ecc.*) rolling, rocking **2** (*movimento simile a quello delle onde*) waving, swaying; (*di bandiera, tela*) fluttering; (*di messi, erba ecc.*) waving, rippling; (*di folla*) swaying **3** (*fig.*) (*incertezza*) wavering, hesitation, vacillation; (*fam.*) dithering.

ondeggiante *agg.* **1** rolling, rocking: *andatura* —, rolling gait **2** (*che si muove come le onde*) (*di bandiera, tela*) fluttering; (*di messi, erba ecc.*) waving, rippling; (*di folla*) swaying **3** (*fig.*) (*esitante*) wavering, hesitating, vacillating.

ondeggiare *v.intr.* **1** (*di barca ecc.*) to rock, to roll; (*di acque*) to ripple: *la barca ondeggiava dolcemente agli ormeggi*, the boat was rocking (*o* rolling) gently at her moorings; *una volta in alto mare la nave ondeggiò terribilmente*, the ship rolled terribly when it got out to sea **2** (*oscillare, fluttuare con movimento simile a quello delle onde*) to wave, to sway; (*di bandiera, tela*) to flutter; (*di messi, erba ecc.*) to wave, to ripple; (*di capelli*) to blow*: *le bandiere ondeggiavano al vento*, the flags were fluttering in the wind; *la fiamma ondeggiò e si spense*, the flame wavered (*o* flickered) and died; *il grano ondeggiava*, the corn was wavering (*o* rippling *o* swaying); *i suoi capelli ondeggiavano al vento*, her hair was blowing in the wind; *le tende ondeggiavano davanti alla finestra aperta*, the curtains were waving (*o* fluttering) at the open window; *la folla ondeggiò paurosamente*, the crowd swayed frighteningly // *il vento faceva — le cime degli alberi*, the treetops were swaying in the wind (*o* the wind was shaking the treetops) **3** (*fig.*) (*essere incerto*, *esitare*) to waver, to hesitate, to vacillate; (*fam.*) to dither: — *fra due soluzioni*, to waver (*o* to hesitate) between two solutions; — *tra il sì e il no*, to dither (*o* to waver) between yes and no.

ondina *s.f.* **1** (*mit.*) undine **2** (*nuotatrice*) female champion swimmer.

ondoscopio *s.m.* (*fis.*) **1** (*per lo studio di onde superficiali*) ripple tank **2** (*tubo elettronico*) ondoscope.

ondosità *s.f.* undulation, waviness.

ondoso *agg.* undulating, undulatory, wavy: *moto* —, undulatory motion (*o* wave-motion).

ondulante *agg.* swaying, undulating, waving // (*med.*) *febbre* —, recurrent fever.

ondulare *v.tr.* to wave: *mi farò — i capelli*, I shall have my hair waved // (*tecn.*) — *una lamiera*, to corrugate sheet metal ◆ *v.intr.* (*letter.*) to undulate.

ondulato *agg.* **1** wavy, undulating: *capelli ondulati*, wavy hair; *terreno* —, undulating ground **2** (*di lamiera ecc.*) corrugated: *cartone* —, corrugated card-board; *tetto in lamiera ondulata*, corrugated iron roof **3** (*di margine di foglia*) repand.

ondulatore *s.m.* (*elettr.*) **1** (*invertitore*) inverter **2** (*strumento registratore*) ondograph.

ondulatorio *agg.* undulatory: *movimento* —, wave-motion; *terremoto* —, undulatory earthquake // (*fis.*) *meccanica ondulatoria*, wave mechanics.

ondulazione *s.f.* **1** undulation, waviness: *l'— del terreno*, the undulation of the ground **2** (*movimento ondulatorio*) undulation, wave -motion; (*elettr.*, *rad.*) ripple **3** (*di capelli*) wave.

onduregno → **honduregno**.

onerare *v.tr.* to burden, to weigh down; (*dir.*) to encumber: *essere onerato da imposizioni fiscali*, to be burdened with heavy taxation.

onerato *agg.* (*dir.*) burdened, encumbered: *proprietà onerata da debiti*, encumbered estate ◆ *s.m.* (*dir.*) lienee; (*erede legatario*) legatee.

onere *s.m.* burden; (*spesa*) charge, outlay, expense; (*dovere*) duty: *la famiglia era un — troppo gravoso per lui*, his family was too heavy a burden for him; *addossarsi un* —, to take on a responsibility; *assumersi l'— delle spese*, to take upon oneself the burden of expenses // (*trib.*) — *tributario*, tax burden // (*dir.*): — *della prova*, burden (*o* onus) of proof (*o* onus probandi); *l'— della prova spetta al Pubblico Ministero*, the onus lies on the prosecution; *eredità con un* —, conditional legacy // (*amm.*): *oneri fissi*, fixed charges; *oneri sociali, previdenziali*, welfare contributions; *oneri salariali*, labour costs; — *non dovuto*, overcharge; *oneri obbligatori*, compulsory charges // (*banca*): *oneri bancari*, bank charges; *oneri su scoperto di conto corrente*, overdraft charges; *oneri di interesse*, interest charges; *senza oneri finanziari*, uncharged (*o* free) // (*fin.*) *oneri finanziari*, financial charges (*o* expenses *o* outlays).

onerosità *s.f.* onerousness, heaviness: *l'— di una tassa*, the onerousness of a tax.

oneroso *agg.* onerous, burdensome, heavy: *contratto* —, onerous contract; *impegno* —, onerous task // (*dir.*) *condizioni onerose*, (*di contratto*) onerous (*o* hard) terms; *a titolo* —, for a valuable consideration; *negozio giuridico* —, onerous legal deed.

onestà *s.f.* **1** (*rettitudine, onoratezza*) honesty, uprightness, integrity: *persona di grande, dubbia* —, person of great, doubtful honesty; *l'— delle sue intenzioni*, the honesty of his intentions; — *di vita, di costumi*, upright life, ways; *nei limiti dell'*—, within the bounds of honesty; *mettere in dubbio l'— di qlcu.*, to cast aspersions on (*o* to raise doubts about) s.o.'s honesty **2** (*decenza*) decency, propriety: *offesa all'*—, offence against decency (*o* breach of propriety) **3** (*ant.*) (*bellezza, decoro di aspetto*) grace: — *del portamento*, graceful bearing.

onestamente *avv.* **1** (*con rettitudine*) honestly, uprightly: *cerco di vivere* —, I try to lead an honest life **2** (*in coscienza*) in all honesty: *riconosco — di aver sbagliato*, in all honesty I admit I was wrong **3** (*ant.*) (*con decenza*) decently.

onesto *agg.* **1** (*retto*) honest, upright; (*giusto*) just: *uomo* —, honest (*o* straight) man; *gente onesta*, honest (*o* upright *o* decent) people; *lavoro* —, honest work; *propositi onesti*, honest (*o* honourable) intentions; *nato da poveri, ma onesti genitori*, born of poor, but honest parents **2** (*virtuoso*) honest, virtuous; modest: *comportamento* —, modest behaviour; *moglie onesta*, honest (*o* virtuous) wife **3** (*equo, lecito*) fair, honest; decent: *libro, linguaggio* —, decent book, language; *piacere* —, decent (*o* honest) pleasure; *prezzo* —, fair price; *richiesta onesta*, reasonable (*o* decent) request; *guadagno* —, fair profit // *a un'ora onesta*, at a decent hour **4** (*onorevole*) honourable: *morte onesta*, honourable death ◆ *s.m.* **1** (*persona onesta*) honest person **2** (*onestà*) what is honest; what is just; what is fair: *contentatevi dell'*—, be content with what is fair (*o* just); *è indeciso tra l'— e l'utile*, he is undecided (*o* wavering) between what is honest and what is useful.

onice *s.f.* (*min.*) onyx.

onicofagia *s.f.* (*med.*) nail-biting; onychophagia, onychophagy.

onicosi *s.f.* (*med.*) onychosis (*pl.* -ses).

oniomania *s.f.* (*psic.*) oniomania.

onirico *agg.* **1** oneiric: *attività onirica*, oneiric activity **2** (*irreale*) dreamy, dreamlike: *l'atmosfera onirica di un racconto*, the dreamlike atmosphere of a story.

onirismo *s.m.* (*psic.*) oneirism.

onirologia *s.f.* (*psic.*) oneirology.

oniromanzia *s.f.* oneiromancy.

onisco *s.m.* (*zool.*) woodlouse, sow-bug.

online *agg.* (*inform.*) on-line.

onnicomprensivo *agg.* all-embracing, all-inclusive.

onnidirezionale *agg.* (*non com.*) omnidirectional, in all directions.

onnipossente, **onnipotente** *agg.* **1** (*attributo divino*) almighty, omnipotent: *Dio* —, God Almighty // *l'Onnipotente*, (*Dio*) the Almighty **2** (*attributo umano*) all-powerful: *un funzionario* —, an all-powerful official.

onnipotenza *s.f.* almightiness, omnipotence; *l'— del denaro*, the omnipotence of money.

onnipresente *agg.* omnipresent, ubiquitous.

onnipresenza *s.f.* omnipresence, ubiquity.

onnisciente *agg.* omniscient.

onniscienza *s.f.* omniscience.

onniveggente *agg.* all-seeing.

onniveggenza *s.f.* all-embracing vision.

onnivoro *agg.* omnivorous: *persona onnivora, animale* —, omnivore.

onnubilare e *deriv.* → **obnubilare** e *deriv.*

onomanzia *s.f.* onomancy.

onomasiologia *s.f.* (*ling.*) onomasiology.

onomastica *s.f.* onomatology.

onomastico *agg.* onomastic: *lessico* —, onomasticon ◆ *s.m.* **1** (*giorno onomastico*) name day **2** (*lessico dei nomi*) onomasticon.

onomatopea, **onomatopeia** *s.f.* (*ret.*) onomatopoeia.

onomatopeico *agg.* (*ret.*) onomatopoe-ic(al), onomatopoeic: *parola onomatopeica*, onomatopoeic word (*o* onomatope); *verso* —, onomatopoeic line.

ononide *s.f.* (*bot.*) (*Ononis repens*) restharrow.

onorabile *agg.* honourable; respectable.

onorabilità *s.f.* honourableness, honour; respectability: *ledere l'— di una persona*, to offend s.o.'s honour.

onorando *agg.* (*letter.*) honourable.

onoranza *s.f.* (*spec. pl.*) honour: *onoranze funebri*, (*esequie*) funeral rites, (*insegna*) undertaker's // *rendere le estreme onoranze*, to render the last honours.

onorare *v.tr.* **1** (*rendere onore a*) to honour, to pay* honour to (s.o.); to celebrate: *onora tuo padre e tua madre*, (*Bibbia*) honour thy father and thy mother; — *la memoria di un amico*, to honour the memory of a friend; — *i morti*, to honour the dead **2** (*dare onore a*) to be an honour to (s.o., sthg.), to do* credit to (s.o., sthg.): *questa azione ti onora*, this action does you credit; *il suo eroismo onora la patria*, his heroism is an honour to his country; *un atleta che onora lo sport italiano*, an athlete who brings honour (*o* does credit) to Italian sport **3** (*pregiare*) to honour: *mi onora della sua amicizia*, he honours me with his friendship **4** (*comm.*) to honour: — *una cambiale*, to honour a bill; — *una tratta*, to meet (*o* honour) a draft; — *la propria firma*, to honour one's signature; — *i propri impegni*, to fulfil one's obligations.

□ **onorarsi** *v.rifl.* (*pregiarsi*) to be proud (of sthg.), to be honoured (by sthg.): *mi onoro della sua amicizia*, I am proud of his friendship; *mi onoro di fare ciò che vuoi*, I consider it an honour to do what you desire; *ci onoriamo della vostra presenza*, we are honoured by your presence.

onorario[1] *agg.* honorary: *socio* —, honorary member; *presidente, console* —, honorary chairman, consul; *cittadinanza onoraria*, honorary citizenship.

onorario[2] *s.m.* fee, emolument: *l'— di un avvocato*, a lawyer's fee; *l'— di un medico*, a doctor's fee; *pagare l'— a qlcu.*, to pay s.o.'s fees; *pagare l'— di un avvocato*, to pay lawyer's fees (*o* a lawyer's fee).

onoratamente *avv.* honourably.

onoratezza *s.f.* honourableness, respectability.

onorato *agg.* **1** honoured: *portare un nome —*, to bear an honoured name; *sentirsi —*, to feel honoured; *siamo onorati di averla con noi*, we are honoured to have you with us // *l'onorata società*, (*camorra, mafia ecc.*) the Mafia **2** (*che dà onore*) honourable; (*rispettabile*) respectable: *condotta onorata*, honourable behaviour; *famiglia onorata*, respectable family; *vita onorata*, honourable life.

onore *s.m.* **1** honour, (*amer.*) honor: *offendere l'— di qlcu.*, to offend s.o.'s honour; *perdere l'—*, to lose one's honour; *ne va del mio —*, my honour is at stake // *uomo d'—*, honourable man // *debito, parola, punto, questione d'—*, debt, word, point, question of honour; *Parola d'—! L'ho visto con i miei occhi*, Word of honour! I saw it with my own eyes // (*dir.*) *Vostro Onore*, (*al giudice*) Your Honour **2** (*castità di donna*) honour, chastity: *insidiare l'— di una donna*, to try to seduce a woman // (*dir.*): *causa d'—*, motive of honour; *delitto d'—*, crime committed for motive of honour **3** (*vanto, gloria*) honour, glory; (*credito*) credit: *è l'— della famiglia*, he is a credit to his family; *l'— della vittoria spetta a lui*, the honour (*o* the glory) of victory is his; *questo sentimento ti fa —*, this feeling does you credit (*o* honour); *ho avuto l'— di conoscere il presidente*, I had the honour of meeting the president // *farsi — in qlco.*, to excel in sthg.; *farsi — sul lavoro, in battaglia, in gara*, to excel in one's work, in battle, in competition // *fare — alla propria firma, a una cambiale*, to honour one's signature, a bill // *tenere alto l'— della patria*, to uphold the honour of one's country **4** (*atto di omaggio*) honour, homage: *ricevimento, banchetto in — di qlcu.*, reception, banquet held in s.o.'s honour; *ci accolse con tutti gli onori*, he received us with great ceremony // *onori militari*, military honours // *— al merito!*, give praise where praise is due! // *a — del vero*, to tell the truth // *damigella d'—*, maid of honour // *serata d'—*, gala evening // *posto d'—*, place of honour // *scorta d'—*, guard of honour // (*sport*) *giro d'—*, lap of honour // *"Siediti a capotavola" "Troppo —!"*, "Sit at the head of the table" "That's too kind of you!" // *fare gli onori di casa*, to do the honours of the house // *fare — a un pranzo*, to do justice to a dinner // *salire agli onori degli altari*, to be raised to the altars **5** (*spec. pl.*) (*titolo*) honour: *pervenire ai più alti onori*, to receive the highest honours **6** *pl.* (*bridge ecc.*) honours **7** (*letter.*) (*ornamento*) honour, ornament // *l'— del mento*, (*scherz.*) the beard.

onorevole *agg.* **1** honourable: *condotta —*, honourable behaviour (*o* conduct); *menzione —*, honourable mention; *professione —*, honourable profession; *una soluzione — per entrambe le parti*, an honourable solution for both parts **2** (*titolo dei deputati*) Honourable: *onorevoli deputati*, Honourable Members; *l'— X*, Mr X MP (*abbr. di* Member of Parliament) ◆ *s.m.* Member of Parliament.

onorevolezza *s.f.* honourableness, respectability.

onorificenza *s.f.* **1** honour; (*in documenti ufficiali*) dignity: *conferire un'— a qlcu.*, to confer an honour upon s.o. **2** (*decorazione*) decoration: *— di guerra*, war decoration.

onorifico *agg.* honorary; honorific: *carica onorifica*, honorary office; *titolo —*, courtesy (*o* honorary *o* honorific) title.

onta *s.f.* **1** (*disonore*) disgrace, dishonour, shame: *morirebbe piuttosto che vivere nell'—*, he would rather die than live in dishonour; *essere un'— per la propria famiglia*, to be a disgrace to one's family; *recare — a qlcu.*, to bring shame on s.o. (*o* to cover s.o. with disgrace) **2** (*antiq.*) (*offesa, ingiuria*) offence, insult: *cancellare un'— col sangue*, to wipe out an offence (*o* insult) with blood; *vendicare l'— subita*, to avenge the offence suffered // *a — di*, in spite of; notwithstanding: *a — di tutte le calunnie*, in spite of all calumnies.

ontano *s.m.* (*bot.*) alder.

on the rocks *locuz.avv.* e *agg.* (*di liquore*) on the rocks.

ontico *agg.* (*fil.*) ontic.

ontogenesi *s.f.* (*biol.*) ontogenesis, ontogeny.

ontogenetico *agg.* (*biol.*) ontogenetic.

ontologia *s.f.* (*fil.*) ontology.

ontologico *agg.* (*fil.*) ontological.

ontologismo *s.m.* (*fil.*) ontologism.

ontologista *s.m.* e *f.* (*fil.*) ontologist.

onusto *agg.* (*poet.*) (*carico*) laden (with sthg.), loaded (with sthg.): *— di gloria*, covered with glory.

oo- *pref.* di origine greca della terminologia scientifica; ingl. oo-; indica **1** relazione con l'uovo, o gamete femminile: (*biol.*) *oocita*, oocyte; (*biol.*) *oogamia*, oogamy **2** somiglianza con un uovo: (*geol.*) *oolite*, oolith.

ooblasto *s.m.* (*biol.*) ooblast.

oocisti *s.f.* (*biol.*) oocyst.

oocita *s.m.* (*biol.*) oocyte.

ooforite *s.f.* (*med.*) → **ovarite**.

ooforo *agg.* (*biol.*) oophoric ◆ *s.m.* (*biol.*) oophore.

oogamete *s.m.* (*biol.*) oogamete.

oogamia *s.f.* (*biol.*) oogamy.

oogamo *agg.* (*biol.*) oogamous.

oogenesi *s.f.* (*biol.*) oogenesis.

oogenetico *agg.* (*biol.*) oogenetic.

oogonio *s.m.* (*biol.*) oogonium (*pl.* -ia).

oolite *s.f.* (*geol.*) oolith.

oolitico *agg.* (*geol.*) oolitic: *calcare —*, oolite.

oologia *s.f.* (*zool.*) oology.

oomicete *s.m.* (*bot.*) oomycete.

oosfera *s.f.* (*biol.*) oosphere.

oosperma *s.m.* (*biol.*) oosperm.

oospora *s.f.* (*biol.*) oospore.

ooteca *s.f.* (*zool.*) egg-case, cocoon.

opacità *s.f.* **1** opacity (*anche fis.*); opaqueness: *l'— di un vetro*, the opacity (*o* opaqueness) of a pane of glass **2** (*fig.*) dullness, dimness; (*inespressività*) inexpressiveness.

opacizzare *v.tr.* to opacify, to make* opaque.

opacizzazione *s.f.* opacification.

opaco *agg.* **1** (*non trasparente*) opaque: *vetro —*, opaque glass; *— ai raggi X*, opaque to X-rays **2** (*non lucido*) opaque, dull; (*di carta*) matt: *seta a strisce lucide e opache*, silk with glassy and opaque stripes; *grigio —*, dull grey; *quel ripiano di marmo è diventato —*, that marble shelf has lost its polish **3** (*di suono*) dull; (*attutito*) muffled **4** (*fig.*) (*ottuso, inespressivo*) dull: *intelligenza opaca*, dull wittedness; *sguardo —*, glazed eyes **5** (*bot., zool.*) (*scuro*) shady, dark.

opale *s.m.* (*min.*) opal: *— comune*, common opal; *— di fuoco*, girasol(e) (*o* fire opal) // (*geol.*) *— xiloide*, silicified wood.

opalescente *agg.* opalescent.

opalescenza *s.f.* opalescence.

opalina *s.f.* **1** (*vetro.*) opaline, milk glass; opal glass **2** (*tipo di carta*) opalescent-finished paper **3** (*tessuto*) kind of light cotton.

opalino *agg.* opaline: *vetro —*, opal glass.

opalizzato *agg.* opalized.

op art *s.f.* (*arte*) Op Art.

ope legis *locuz.avv.* e *agg.* (*lat.*) by law; by statute.

open *agg.* **1** (*sport*) open **2** (*di biglietto aereo ecc.*) open ◆ *s.m.* (*sport*) open tournament: *un — di tennis*, an open tennis tournament.

open-end *locuz.agg.* (*fin.*) (*aperto*) open -end: *fondo —*, open-end fund (*o* trust).

open space *s.m.* (*arch.*) open-plan.

opera *s.f.* **1** (*attività, azione*) work; (*non com.*) deed: *l'— dell'uomo*, the work of man; *l'— di Dio*, the work of God; *l'— della Natura, del vento*, the work of Nature, of the wind; *opere di carità*, charitable works; *opere di misericordia*, works of mercy; *un'— buona*, a good deed; *fare opere buone*, to do good works; *faresti un'— buona se lo lasciassi stare*, you would do him a favour if you left him alone; *ha cercato di fare — di persuasione presso di lui senza risultato*, he tried to convince him without any effect; *fare — di pace*, to act as a peacemaker; *è — di un malvagio*, this is the work of a wicked man; *lo scherzo è sicuramente — vostra*, this joke is definitely your work; *il mio licenziamento fu — sua*, I was dismissed because of him // *per — di*, by means (*o* through): *ha ottenuto il lavoro per — di una persona influente*, he got the job by means of (*o* through) an influential person // *mettere in —*, (*attuare*) to get under way; (*realizzare*) to carry out; (*mettere in funzione*) to set running, to set working; *mettere in — un progetto*, to get a project under way; *ha messo in — il proposito di andarsene*, he carried out his decision to leave **2** (*lavoro*) work: *ho proseguito l'— iniziata dal mio amico*, I have carried on the work begun by my friend; *buona parte del libro è — di mio padre*, a good part of the book is my father's work; *mettersi all'—*, to get down to work; *all'—!*, to work!; *mi piacerebbe vederti all'—*, I'd like to see you at work; *essere all'—*, to be at work; *valersi dell'— di qlcu.*, to call on s.o.'s services // *prestatore d'—*, workman (*o* employee) // *datore d'—*, employer // *chi ben comincia è a metà dell'—*, (*prov.*) well begun is half done **3** (*prodotto di un lavoro, di un'attività*) (piece of) work: *— manuale*, hand work; *opere pubbliche*, public works; *— in muratura*, brickwork; *opere di fortificazione*, fortifications // (*mil.*) *opere difensive, distaccate*, defensive, detached work // (*dir.*) *contratto d'—*, work contract // (*mar.*) *— viva, morta*, bottom works, upperworks **4** (*prodotto artistico*) work: *— d'arte*, work of art; *— letteraria, filosofica*, literary, philosophical work; *le opere di Bach, Manzoni, Matisse*, Bach's, Manzoni's, Matisse's works; *tutte le opere di, l'— completa di Dante*, Dante's complete works; *l'— critica del De Sanctis*, De Sanctis's critical work; *hai* *letto le prime opere di Calvino?*, have you read Calvino's early books? // (*mus.*) *sonata per pianoforte — 27* (abbr. *op. 27*), piano sonata opus 27 (*abbr.* op. 27) **5** (*melodramma*) opera: *— lirica*, opera; *— buffa*, comic opera; *cantante d'—*, opera singer; *teatro dell'—*, opera house; *libretto d'—*, opera libretto; *rappresentare un'—*, to perform an opera **6** (*istituzione*) institution, organization: *— pia*, charitable institution // *l'— del Duomo*, (*fabbrica*) the construction of the cathedral **7** (*non com.*) (*lavoro a giornata*) day labour; (*lavoratore a giornata*) day labourer.

operabile *agg.* (*med.*) operable.

operaia *s.f.* (female) worker, working woman.

operaio *agg.* **1** (*che lavora*) worker (*attr.*): *prete —*, worker priest; *ape operaia*, worker-bee; *formica operaia*, worker ant **2** (*di operai*) working, workers' (*attr.*): *classe operaia*, working -class; *movimento —*, workers' movement; *lotte operaie*, labour conflicts (*o* struggles); *le maestranze operaie*, workers (*o* hands) ◆ *s.m.* **1** worker, workman*; hand: *— a cottimo*, pieceworker; *— a ore*, time-worker; *— a orario ridotto*, part-time worker; *— a giornata*, day labourer; *— finito, qualificato, specializzato*, skilled worker; *— non specializzato*, unskilled worker; *— di fabbrica*, factory worker; *operai dell'industria*, industrial workers; *operai tessili*, textile workers; *— metallurgico*, metalworker; *— disoccupato*, unemployed worker // (*mecc.*): *— addetto alla punzonatrice*, piercer; *— montatore*, fitter; *— tornitore*, turner (*o* lathe worker) **2** (*estens. letter.*) worker: *— della penna*, writer; *— del pennello*, painter.

operaismo *s.m.* (*pol.*) labourism.

operaista *s.m.* e *f.* (*pol.*) supporter of labourism, labourite.

operaistico *agg.* (*pol.*) labouristic.

operando *agg.* e *s.m.* (patient who is) going to be operated.

operante *agg.* **1** operating, acting, working; operative (*anche dir.*): *rendere — un decreto*, to put a decree into operation; *accordo —*, working agreement **2** (*med.*) operating.

opera omnia *s.f.* (*lat.*) complete works (*pl.*).

operare *v.tr.* **1** (*compiere*) to do*, to work, to perform, to operate: *— il bene, il male*, to do good, evil; *la fede opera miracoli*, faith works miracles; *— un cambiamento in qlcu., qlco.*, to produce a change in s.o., sthg.; *la cura non ha operato alcun effetto*, the treatment had no effect **2** (*med.*) to operate on (s.o.): *— qlcu. a caldo*, to operate on s.o. in the acute stage; *— qlcu. a freddo*, to operate on s.o. between attacks; *— qlcu. al fegato*, to operate on s.o.'s liver (*o* to perform an operation on s.o.'s liver); *— qlcu. d'ernia*, to operate on s.o. for a hernia // *farsi —*, to undergo (*o* to have) an operation; *farsi — di calcoli biliari*, to have a gallstones operation **3** (*tess.*) to damask ◆ *v.intr.* **1** (*agire*) to work, to act, to produce: *i suoi intrighi operano lentamente*, his plots work slowly; *il veleno operò in fretta*, the poison worked quickly; *— secondo la propria coscienza*, to act according to one's own conscience; *il nostro battaglione operava sul fronte orientale*, our battalion operated on the western front; *— con buoni risultati*, to work to good (*o* to produce good results) // (*comm.*): *— su larga scala*, to operate on a large scale; *— su un mercato*, to operate on a market; *— nel settore industriale*, to operate in the industrial sector **2** (*lavorare*) to work: *Giotto operò a Napoli*, Giotto worked in Naples **3** (*med.*) to operate **4** (*mat.*) (*fare operazioni*) to do* sums. □ **operarsi** *v.intr.pron.* **1** (*accadere, prodursi*) to take* place, to occur: *si operò in lui uno strano cambiamento*, a strange change took place in him **2** (*farsi operare*) to have an operation, to be operated on: *deve — al cuore*, he's got to have a heart operation.

operativismo *s.m.* (*fil.*) operationalism.

operatività *s.f.* **1** (*l'essere efficace*) efficacy, effectiveness: *l'— di un piano*, the efficacy (*o* effectiveness) of a plan **2** (*l'essere in vigore*) effectiveness: *l'— di un accordo*, the effectiveness of an agreement.

operativo *agg.* **1** (*fattivo, efficiente; in vigore*) operative, effective: *l'accordo è già —*, the agreement is already operative (*o* effective) **2** (*che riguarda l'attuazione pratica*) operating; operational: *piano —*, operating plan; *costi operativi*, operational costs; *spese operative*, operating expenses; *ricerca operativa*, operational research; *bilancio —*, operating budget; *profitto —*, operating profit; *ordine —*, executive order; *settore —*, production department; *sala operativa*, operations' room; (*mil.*) *squadra operativa*, active service team (*o* unit) // (*inform.*) *sistema —*, operating system.

operato *agg.* **1** (*med.*) operated (on) **2** (*tess.*) (*damascato*) damask (*attr.*) ◆ *s.m.* **1** conduct, behaviour; (*azione*) action: *dovrà render conto del suo —*, he will have to account for his behaviour **2** (*chi ha subito un'operazione*) patient who has been operated on.

operatore *agg.* operating // (*biol.*) (*gene*) *—*, operator ◆ *s.m.* **1** operator; worker: *— sanitario*, health worker // *— cinematografico, televisivo*, cameraman // *— del suono*, sound recordist **2** (*econ.*) operator, agent; (*commerciale*) dealer, trader: *— turistico*, tour operator; *— di Borsa*, stockbroker (*o* operator *o* dealer *o* floor dealer); *— di Borsa merci*, produce broker; *— in titoli*, dealer in securities; *— esterno*, outside dealer **3** (*mat.*) operator: *— alle differenze*, difference operator.

operatorio *agg.* operating, operative: *sala, tavola operatoria*, operating theatre, operating table.

operazionale *agg.* operational.

operazionalismo *s.m.* (*fil.*) operationalism.

operazione *s.f.* **1** operation: *una difficile — di polizia*, a difficult police operation; *— matematica*, mathematical operation; *operazioni militari*, military operations **2** (*med.*) operation: *— a caldo, a freddo*, emergency, interval operation; *— chirurgica*, surgical operation; *— d'appendicite*, removal of the appendix; *fare un'—*, to perform an operation (on s.o.,); *subire un'—*, to undergo (*o* to have) an operation **3** (*econ.*) operation, transaction, deal, dealing: *— a termine*, forward dealing (*anche Borsa*); *— commerciale*, business deal (*o* transaction); *— chiavi in mano*, turnkey operation; *— di compravendita*, dealing; *— di fusione*, merger deal; *— economica*, economic operation (*o* transaction); *fare delle operazioni*, to operate // (*banca*): *— bancaria*, banking transaction; *— di prestito*, loan transaction; *operazioni di credito attivo*, lending operations; *operazioni di credito passivo*, borrowing operations // (*fin.*): *— finanziaria*, financial transaction; *— di sconto*, discounting transaction; *operazioni di mercato aperto*, open-market operations; *operazioni di pagamento*, money transfers; *operazioni di capitale*, capital transactions // (*Borsa*): *— al rialzo*, bull transaction; *— al ribasso*, bear transaction; *— a margine*, trading on margin (*o* margin dealing); *— a pronti*, cash (*o* spot) transaction; *operazioni di Borsa*, Stock Exchange operations // (*comm.*) *operazioni di carico*, lading (*o* loading) operations.

operazionismo *s.m.* (*fil.*) operationalism.

opercolo *s.m.* (*zool., bot.*) valve; (*scient.*) operculum*; (*solo bot.*) lid // (*zool.*) *— branchiale*, gill cover.

operetta *s.f.* **1** (*lett.*) short work **2** (*teatr.*) operetta.

operettista *s.m.* operettist, composer of operettas.

operettistico *agg.* **1** of operetta, operetta (*attr.*) **2** (*fig.*) (*frivolo*) frivolous.

operismo *s.m.* (*l'opera come genere musicale*) opera.

operista *s.m.* e *f.* composer of operas.

operistico *agg.* opera (*attr.*), operatic: *stagione operistica*, opera season.

operone *s.m.* (*biol.*) operon.

operosità *s.f.* industry, industriousness; activity: *la sua — instancabile*, his untiring activity; *ha sempre mostrato una grande —*, he has always shown great industriousness (*o* industry).

operoso *agg.* (*laborioso*) hard-working, industrious, active; (*ricco di lavoro*) busy: *vita operosa*, active life; *è un uomo molto —*, he is a very active (*o* hard-working) man; *una città operosa*, a busy town; *una giornata operosa*, a busy day.

opificio *s.m.* (*antiq.*) factory, works, plant.

opilione dei muri *s.m.* (*zool.*) daddy -longlegs.

opimo *agg.* (*letter.*) fertile, rich; (*grasso*) fat: *terra opima*, fertile (*o* rich) land // (*st. romana*) *spoglie opime*, spolia opima.

opinabile *agg.* (*discutibile*) debatable, open to question (*pred.*): *una questione —*, a debatable question.

opinabilità *s.f.* (*non com.*) (*discutibilità*) debatableness, openness to question.

opinare *v.tr.* e *intr.* (*letter.*) to think*, to be of (the) opinion, to hold*, to opine.

opinione *s.f.* opinion: *— fondata, arbitraria*, grounded, arbitrary opinion; *— pubblica*, public opinion; *secondo l'— degli esperti*, in the opinion of the experts; *secondo la mia modesta — le cose non andarono così*, in my humble opinion it didn't happen like that; *avere un'— in merito a qlcu., qlco.*, to hold (*o* to have) an opinion about s.o., sthg.; *avere una buona, cattiva — di qlcu., qlco.*, to have a good, bad opinion of s.o., sthg.; *avere il coraggio delle proprie opinioni*, to have the courage of one's convictions; *avere un'alta — di sé*, to have a high opinion of oneself; *cambiare —*, to change one's opinion; (*cambiare idea*) to change one's mind; *condividere l'— di qlcu.*, to share s.o.'s opinion (*o* to agree with s.o.); *imporre la propria — a qlcu.*, to impose one's opinion on s.o.; *sono dell'— che non tornerà mai*, I am of the opinion that he will never come back; *farsi, formarsi un'— su qlcu., qlco.*, to form an opinion of (*o* on) s.o., sthg. // *articolo di —*, opinion column //

(*dir.*) — *concordante, dissenziente*, (*del giudice con la maggioranza della corte*) concurring, dissenting opinion.

opinionista *s.m.* e *f.* (*giornalista di articoli d'opinione*) columnist.

op là *inter.* **1** (*grido per incitare un cavallo a saltare*) jump, over you go **2** (*a un bambino*) oops-a-daisy.

oplita *s.m.* (*st. greca*) hoplite.

opoponaco *s.m.* (*bot.*) (*Opoponax chironium*) opoponax (tree).

opossum *s.m.* (*zool.*) opossum, possum.

opoterapia *s.f.* (*med.*) opotherapy, organotherapy.

oppiaceo *agg.* e *s.m.* opiate.

oppiare *v.tr.* **1** (*mescolare con oppio*) to opiate, to mix with opium **2** (*drogare con oppio*) to opiate, to drug with opium.

oppiato *agg.* opiate: *bevanda oppiata*, opiate drink ◆ *s.m.* (*med.*) opiate.

oppio *s.m.* opium: *fumatore d'—*, opium smoker; *mangiatore d'—*, opium eater.

oppiomane *s.m.* e *f.* opium addict.

oppiomania *s.f.* opiomania, opium habit.

opplà → **op là**.

opponente *agg.* opposing, opponent (*anche dir.*) ◆ *s.m.* e *f.* (*non com.*) opponent, opposer (*anche dir.*).

opponibile *agg.* **1** (*che si può opporre*) that can be opposed **2** (*dir.*) exceptionable.

opporre *v.tr.* **1** (*contrapporre*) to oppose: — *la bontà alla cattiveria*, to oppose good to evil; — *la persuasione alla forza*, to oppose force with persuasion; — *un ostacolo a qlcu., qlco.*, to raise an obstacle against s.o., sthg.; — *resistenza al nemico*, to offer resistance to the enemy; — *validi argomenti*, to put forward (*o* to present) valid arguments; — *un rifiuto*, to give a refusal // (*dir.*) — *un'eccezione*, to raise an objection **2** (*non com.*) (*obiettare*) to object: *non ho niente da — a ciò*, I have nothing to object to that.

□ **opporsi** *v.rifl.* o *intr.pron.* to oppose (sthg.); to set* oneself against (sthg.); (*essere contrario*) to be opposed (to sthg.): *mi sono opposto a ciò con tutte le mie forze*, I opposed it with all my strength; — *al nemico con tutte le proprie forze*, to oppose the enemy with all one's strength; — *a una mozione, a un progetto di legge*, to oppose a motion, a bill; *si oppose alle nostre decisioni*, he was opposed to our decisions; — *a un progetto, a un matrimonio*, to set oneself against (*o* to stand in the way of) a scheme, a marriage; *ha fatto di tutto per — ai miei piani*, he did everything he could to oppose (*o* to stand in the way of) my plans; *se a voi va bene così, io non mi oppongo*, if you're satisfied I won't raise any objection // *mi oppongo*, (*nei dibattiti parlamentari*) I object ◆ *v.rifl.rec.* **1** (*non com.*) (*essere in contraddizione reciproca*) to contradict each other **2** (*ling.*) to be in opposition.

opportunamente *avv.* **1** (*al momento opportuno*) opportunely, at the right moment, seasonably **2** (*in modo opportuno*) appropriately, suitably: *in questo articolo le citazioni sono state fatte —*, the quotations in this article are very appropriate.

opportunismo *s.m.* **1** opportunism, time-serving: *ha agito così solo per —*, he acted like that only out of opportunism **2** (*sport*) opportunism.

opportunista *s.m.* e *f.* **1** opportunist, timeserver: *quel tipo è un vero —*, that guy is a real opportunist **2** (*sport*) opportunist ◆ *agg.* opportunistic: *una scelta —*, an opportunistic choice.

opportunistico *agg.* opportunistic.

opportunità *s.f.* **1** (*l'essere opportuno*) timeliness, opportuneness, advisability: *stanno ancora discutendo sull'— di intraprendere un'azione legale*, they're still discussing the advisability of taking legal proceedings; *avere il senso dell'—*, to have a sense of the right moment **2** (*occasione favorevole*) opportunity, chance, occasion, opening; (*fam.*) break: *avere, cogliere l'—*, to have, to seize the opportunity; *avere l'— di fare qlco.*, to have an opportunity (*o* a chance) to do sthg.; *buone — per gli affari*, good openings for business // *questo impiego non lascia molte — di iniziativa*, this job doesn't leave muche scope for one's initiative.

opportuno *agg.* opportune, well-timed, timely, seasonable; (*giusto*) right; (*adatto*) suitable, appropriate: *osservazione opportuna*, opportune remark; *discorso —*, timely speech; *è arrivato al momento —*, he arrived at the right time; *abbiamo ritenuto — dirglielo*, we thought it right to tell him; *questo è il luogo e il momento — per farlo*, this is the right (*o* proper) place and time to do it; *sarebbe stato più — dirlo subito*, it would have been more suitable (*o* appropriate) to have said so at once; *citazione opportuna*, appropriate quotation; *cure opportune*, suitable treatment.

oppositivo *agg.* (*di opposizione*) opposition (*attr.*).

opposito → **opposto**.

oppositore *s.m.* **oppositrice** *s.f.* opponent, opposer: *un — accanito*, a tenacious opponent; *gli oppositori del governo*, the opponents of the government.

opposizione *s.f.* **1** opposition [U]: *in — all'opinione pubblica*, in opposition to public opinion; *incontrai una forte —*, I met with strong opposition; *a nulla valsero le mie opposizioni*, my opposition was in vain; *fare — a qlco.*, to oppose (*o* to object to) sthg.; *non fece —*, he offered no opposition; *muovere — a una decisione*, to oppose a decision; *vincere ogni —*, to break down all opposition; *vincere l'— di qlcu.*, to overcome s.o.'s opposition // (*pol.*) *partito, giornale d'—*, opposition party, paper; *il Partito Laburista era all'—*, the Labour Party was in opposition; *passare all'—*, to go over to the opposition // (*econ.*) — *alle vendite*, sales opposition (*o* resistance) **2** (*contrasto, contraddizione*) opposition, contradiction, clash: *esiste una forte — tra i nostri piani*, our plans clash **3** (*dir.*) exception, challenge, opposition: — *di terzo*, third party appeal **4** (*astr.*) opposition: *il pianeta è in — (al Sole)*, the planet is in opposition (to the Sun) **5** (*ling.*) opposition.

opposto *agg.* **1** (*posto di fronte*) opposite: *la riva opposta del fiume*, the opposite bank of the river; *sul lato — della strada*, on the opposite side of the road; *il pendio —*, the adverse slope; *l'uno — all'altro*, facing each other // (*mat.*) *angolo — al vertice*, vertically opposite angle // (*bot.*) *foglie opposte*, opposite leaves **2** (*contrario*) opposite, opposing, contrary: *in direzione opposta*, in the opposite direction; *seguire la direzione opposta*, to go the opposite way; *il partito —*, the opposing party; *punti di vista opposti*, opposite (*o* opposing) points of view; *avevano idee opposte*, they had opposite opinions ◆ *s.m.* opposite, contrary: *è proprio l'— di quello che avevo pensato*, it is just the opposite (*o* contrary) of what I thought; *il tuo carattere è l'— di quello di tuo fratello*, your character is the opposite of your brother's; *fa tutto l'— di quello che dice*, he does the exact opposite of what he says // *all'—*, on the contrary.

oppressione *s.f.* **1** (*giogo*) oppression: — *tirannica*, tyrannical oppression; *vittima dell'—*, victim of oppression; *liberarsi dall'— familiare*, to escape the family yoke **2** (*ansia, preoccupazione*) oppression, anxiety; depression: *la sua situazione familiare gli dava una grande —*, family affairs were causing him a great deal of depression; *l'— di una lunga attesa*, the anxiety of a long wait.

oppressivo *agg.* oppressive (*anche fig.*).

oppresso *agg.* (*gravato*) oppressed, weighed down (by, with s.o., sthg.) (*anche fig.*); (*sopraffatto*) overwhelmed, overpowered (by s.o., sthg.) (*anche fig.*): — *da un grosso carico*, weighed down by (*o* burdened with) a heavy load; — *dal dolore*, weighed down with sorrow; — *da preoccupazioni*, weighed down by cares; — *dal sonno*, heavy with sleep; *un paese —*, an oppressed country ◆ *s.m.* oppressed person: *prendere la parte degli oppressi*, to support the oppressed.

oppressore *agg.* oppressive ◆ *s.m.* oppressor: *vivere sotto l'—*, to live under the oppressor; *insorgere contro l'—*, to rise against the oppressor.

opprimente *agg.* oppressive: *atmosfera —*, oppressive atmosphere; *caldo —*, oppressive (*o* stifling) heat; *dolore —*, oppressive (*o* overwhelming) grief; *una noia —*, an oppressive feeling of boredom; *fatica —*, grinding toil; *non essere così —!*, stop pestering me!

opprimere *v.tr.* to oppress (*anche fig.*); to weigh down; (*gravare*) to burden: — *un paese, un popolo*, to oppress a country, a people; *quel cibo opprime lo stomaco*, that food lies heavy on the stomach; *questo caldo opprime il respiro*, this heat is oppressive (*o* suffocating); *la sua routine quotidiana le opprimeva lo spirito*, her daily routine suffocated her; *le sue preoccupazioni lo opprimevano*, his troubles weighed him down (*o* oppressed him); *la loro compagnia mi opprime*, I find their company oppressive // — *qlcu. con tasse*, to burden s.o. with taxes.

oppugnabile *agg.* (*confutabile*) refutable; impugnable, appealable (*anche dir.*).

oppugnabilità *s.f.* refutability; impugnability, appealability (*anche dir.*): *l'— di una sentenza*, appealability of a judgement.

oppugnare *v.tr.* **1** (*contestare*) to impugn, to confute, to refute; (*dir.*) to impugn, to appeal: — *l'onestà di qlcu.*, to impugn s.o.'s honesty; — *le opinioni di qlcu.*, to refute s.o.'s opinions **2** (*ant.*) (*assalire*) to assail, to assault, to storm: — *una città, una fortezza*, to assail (*o* to storm) a city, a fortress.

oppugnatore *s.m.* **oppugnatrice** *s.f.* opponent, antagonist.

oppugnazione *s.f.* **1** (*confutazione*) opposition, attack, refutation: *l'— di una teoria*, the refutation of a theory **2** (*ant.*) (*attacco, assalto*) assault.

oppure *cong.* **1** (*o*) or; or on the other hand, or alternatively: *preferite andare al cinema — a teatro?*, would you rather go to the cinema or the theatre?; *vuoi un libro — un disco?*, do you want a book or a record?; *andiamo a piedi — prendiamo l'auto?*, shall we walk or go by car?; —, *sai che cosa si potrebbe fare?*, or alternatively (*o* or on the other hand), do you know what we could do? **2** (*altrimenti*) or else, otherwise: *fa' come ti dico, — saranno guai*, do as I tell you, or else (*o* otherwise) there will be trouble.

opra e *deriv.* → **opera** e *deriv.*

opsonico *agg.* opsonic.

opsonina *s.f.* (*biol.*) opsonin.

optare *v.intr.* (*fare una scelta*) to opt, to choose* (sthg.), to make* one's choice (for sthg.): — *per qlco.*, to opt for sthg.; — *tra il cinema e il teatro*, to choose between the cinema and the theatre.

optimum *s.m.* (*lat.*) optimum, highest level: *atleta all'— della forma*, athlete in peak form // (*econ.*): *raggiungere l'— di una produzione*, to achieve the production optimum; — *d'impresa*, optimum firm; — *di utilità*, utility optimum // *l'— sarebbe partire tutti insieme*, ideally we'd all leave together.

optional *s.m.* (*accessorio*; *variante*) optional.

optogramma *s.m.* (*med.*) optogram.

optometria *s.f.* (*med.*) optometry.

optometrista *s.m.* e *f.* optometrist.

optometro *s.m.* optometer.

optotipo → **ottotipo**.

opulento *agg.* **1** rich, wealthy, opulent, affluent: *società opulenta*, affluent society; *rendita opulenta*, high income; *vita opulenta*, luxurious life **2** (*fig.*) florid, overelaborate: *stile* —, overelaborate style // *donna opulenta*, voluptuous (*o* curvaceous) woman.

opulenza *s.f.* **1** opulence, wealth; riches (*pl.*) **2** (*fig.*) floridness, overelaboratedness.

opunzia *s.f.* (*bot.*) → **fico d'India**.

opus *s.m.* (*lat.*) (*archeol.*, *mus.*) opus*.

opuscolo *s.m.* (*libro di poche pagine*) booklet; (*politico*, *scientifico*) pamphlet; (*religioso*) tract; brochure: *nell'— troverai le istruzioni*, you will find the instructions in the booklet; — *di propaganda*, advertising brochure.

opzionale *agg.* optional.

opzione *s.f.* option, choice: *esercitare un'—*, *il diritto di* —, to take up (*o* to exercise) an option // (*fin.*) *contratto di* —, option contract // (*Borsa*): — *azionaria*, stock (*o* call) option; — *di acquisto*, call; — *di vendita*, — *put*, put (*o* put option); — *doppia*, double option (*o* put and call *o amer.* spread); *con* —, with rights; *concedere il diritto di* —, to give for the put and call; *pagare il premio di* —, to pay down the option money; *ex* —, ex rights.

or *avv.* (*ora*) now // *otto giorni — sono*, eight days ago.

ora[1] *s.f.* **1** hour: *un'— e mezzo*, an hour and a half; *mezz'—*, half an hour; *un giorno ha ventiquattro ore*, there are twenty four hours in a day; *un'— di orologio*, a whole hour; *un'— di lezione*, an hour's lesson; *le prime ore del giorno*, the early morning; *nelle prime ore del pomeriggio*, in the early (hours of the) afternoon; *questo caffè è aperto 24 ore su 24*, this café is open 24 hours a day; *quest'orologio batte le ore*, this clock strikes the hours; *si fermò qui per un'—*, he stopped here for a full hour; *studio da un'—*, I have been studying for an hour; *ti ho aspettato per ore*, I have been waiting for you for hours; *lavorare per ore e ore*, to work for hours and hours; *sarà qui fra due ore*, he will be here in two hours' time; *c'è ancora un'— di auto, di cammino da qui al paese*, we are still an hour's drive, walk from the village // — *di punta*, rush (*o* peak) hour // *le ore piccole*, (*del mattino*) the small hours (of the morning): *fare le ore piccole*, to stay up late // *all'—*, by the hour (*o* per hour *o* an hour): *l'automobile andava a 150 km all'—*, the car was doing 150 km an hour; *bisogna pagare l'idraulico a ore*, you'll have to pay the plumber by the hour; *noleggiare una bicicletta a ore*, to hire a bicycle by the hour // *a tarda —*, late // *alla buon'—*, at last // *di buon'—*, early // *le notizie arrivano di — in —*, news arrives hourly // *notizie dell'ultima —*, the latest news, (*sui giornali*) stop-press news // *è uno che non ha ore*, he doesn't have regular hours // *non vedo l'— di partire*, I can't wait to leave (*o* I'm looking forward to leaving) // *passai un brutto quarto d'—*, I had a bad (*o* a difficult) quarter of an hour // (*econ.*): *ore di lavoro*, (*lavorate*) hours of work, (*lavorative*) working hours; — *di macchina*, machine-hour; *ore straordinarie*, overtime; — *uomo*, man-hour // (*eccl.*): — *canonica*, canonical hour; *libro delle ore*, Book of Hours; *le quarantott'ore*, the Forty Hours // *le ore del mattino hanno l'oro in bocca*, (*prov.*) an hour in the morning is worth two in the evening **2** (*nel computo del tempo*) time: — *astronomica*, sidereal time; — *legale*, summer (*o amer.* daylight-saving) time; — *locale*, local time; — *di Greenwich*, Greenwich mean (*o* civil) time; — *ufficiale*, *internazionale*, standard time; *che — è?*, what is the time? (*o* what time is it?); *che — fate?*, what time do you make it?; *che — fa il tuo orologio?*, what time does your watch say?; *a che — comincia il film?*, what time does the film start?; *credo che a quest'— sarà a Roma*, I think he will be in Rome by now; *domani a quest'— sarò a Roma*, at this time tomorrow I shall be in Rome; *questo bambino non sa ancora leggere le ore*, this child cannot tell the time yet; *sai l'— giusta?*, do you know the right time?; *sono le* (*ore*) *due e un quarto, e venti, e mezzo*, it is a quarter, twenty, half past two; *sono le* (*ore*) *due e tre quarti, le* (*ore*) *tre meno dieci*, it is a quarter, ten to three; *sono le* (*ore*) *nove in punto*, it is nine o' clock exactly (*o* on the dot); *il treno parte alle* (*ore*) *otto e cinquanta*, the train leaves at eight fifty; *a quest'— non si può disturbare la gente*, you can't disturb people at this time of the day **3** (*tempo*) time; (*momento*) moment: — *dei pasti*, mealtime; — *del tè, di colazione*, teatime, lunchtime; — *di apertura, di chiusura*, opening, closing time; — *di pranzo*, dinnertime: *leggo per fare l'— di pranzo*, I am reading to kill time until dinner; *ore rubate*, stolen time; *le ore più calde del giorno*, the hottest time of the day; *a una certa —*, at a certain moment; *all'— fissata*, at the appointed time; *all'— solita*, at the usual time; — *X, zero*, zero hour; *è — di andare*, it is time to go: *è — che vada*, it is time I went; *sarebbe — che tu andassi a letto*, it's time for you to go to bed; *era — che ti decidessi!*, it was high time you decided!; *"Sono pronto" "Era —!"*, "I'm ready" "About time (too)!" // *a tutte le ore*, at any time (*o* hour): *puoi venire a tutte le ore*, you can come at any time // *l'— è suonata!*, (*fig.*) the time has come! // *la mia — si avvicina*, my time is drawing near; *morì prima della sua —*, he died before his time // *viene sempre fuori —*, he never comes at the right time // *da un'— all'altra*, (*in brevissimo tempo*) very quickly (*o* in a moment), (*improvvisamente*) suddenly, (*fra poco*) soon.

ora[2] *avv.* **1** (*adesso, al presente*) now; at present: *che fate —?*, what are you doing now (*o* at present)?; — *non ho tempo, ne parliamo più tardi*, I haven't time now, we'll discuss it later; *e — che si fa?*, now what shall we do?; — *basta, hai superato ogni limite!*, that's enough now, you've gone too far!; — *le cose vanno meglio*, things are better now; *passiamo — a un altro argomento*, let's go on to another subject now; *dovevi pensarci prima, — è tardi*, you should have thought of it before. It's too late now // — *o mai più*, now or never // — *più che mai*, now more than ever // *d'— in poi, d'— in avanti*, from now on // *proprio —*, right (*o* just) now // *per —*, (*per il momento*) for now, at the moment, for the time being; (*in questo momento*) at present: *grazie, per —*, thanks for now; *per — non ho bisogno di aiuto*, I don't need any help for now (*o* at the moment *o* for the time being *o* at present) // — *come —*, (*nelle condizioni attuali*) at present: — *come — non saprei cosa rispondere*, I wouldn't know how to reply at present; — *come — non conviene vendere*, it's unadvisable to sell at present // *prima d'—*, before: *non se n'era mai parlato prima d'—*, it had never been mentioned before // *fin'—*, *fino a —* → finora // *fin d'—*, from now on, (*subito*) right now, (*in anticipo*) in advance: *comincia fin d'— a comportarti bene*, start behaving yourself from now on; *te lo dico fin d'—*, I'm telling you right now (*o* here and now); *ringraziandovi fin d'— per la Vostra cortesia*, thanking you in advance for your kindness // *alcuni mesi or sono*, a few months ago; *or è un anno che non lo vedo*, it's a year now since I last saw him; *or non è molto*, not long ago **2** (*appena, da poco*) just: *siamo arrivati —*, we've just arrived // *or —*, just now: *l'ho visto or —*, I saw him just now **3** (*subito, tra poco*) in a minute; any time now; shortly; soon; straightaway: *dovrebbe arrivare —*, he should arrive any time now (*o* in a minute); *l'aereo parte —*, the plane will be leaving shortly (*o* soon); — *le passo il direttore*, I'll put you through to the manager straightaway ◆ *cong.* **1** (*dunque, allora*) now: — *avvenne che...*, now it happened that...; — *supponiamo di dover misurare il lato minore del rettangolo*, now let us suppose we are going to measure the shorter side of the rectangle; — *che cosa faresti al posto mio?*, now what would you do in my place? // *or dunque*, *or bene*, now then **2** (*ma*) but: *tu credi di aver ragione, — io ti dico che hai torto*, you think you're right but I say you're wrong; *questo è quello che dicono i giornali, — le cose stanno diversamente*, that's what the papers say, but things are different **3** *ora... ora...*, (*correl.*) now... now..., sometimes... sometimes..., first... then..., one minute... the next...: — — *qua*, — *là*, now here, now there; — *è favorevole*, — *è contrario*, first (*o* one minute) he's for it, then (*o* the next) he's against it; *il tempo è molto variabile, — piove, — c'è il sole*, the weather is very changeable: sometimes it's rainy (and) sometimes it's sunny; *guardava — l'uno — l'altro senza dire una parola*, he looked now (*o* first) at one now (*o* then) at the other, without saying a word **4** *ora che*, now that: — *che ci penso, era proprio un lunedì*, now that I think of it, it was actually a Monday; — *che le cose si sono sistemate, mi sento più tranquillo*, now that things are settled, I feel more at ease.

oracoleggiare *v.intr.* (*scherz.*) to speak* like an oracle.

oracolo *s.m.* oracle: *l'— di Delfi*, the Delphic oracle; *consultare un* —, to consult an oracle.

orafo *s.m.* goldsmith ◆ *agg.* goldsmith's, of a goldsmith: *arte orafa*, the art of the goldsmith (*o* the goldsmith's art).

orale *agg.* **1** (*scient.*) oral: *cavità* —, oral cavity // (*med.*) *contraccettivo* —, oral contraceptive; (*psic.*) *fase* —, oral phase **2** (*non scritto*) oral, verbal: *esame* —, oral examination; *tradizione* —, oral tradition // (*dir.*) *testimonianza* —, oral testimony **3** (*ling.*) oral ◆ *s.m.* (*esame orale*) oral: *domani ho l'— di francese*, I've got my French oral tomorrow.

oralmente *avv.* orally; by word of mouth.

oramai → **ormai**.

orango, **orangutan** *s.m.* (*zool.*) (*Pongo pygmaeus*) orangutan.

orante *agg.* (*letter.*) praying ◆ *s.m.* e *f.* (*letter.*) person praying; (*arte*) orant.

orare *v.tr.* e *intr.* (*letter.*) to pray.

orario *s.m.* **1** hours (*pl.*), schedule: — *di lavoro*, working hours (*o* time); — *scolastico*, school hours; — *d'apertura, di chiusura*, opening, closing time; — *d'ufficio, lavorativo*, business (*o* office) hours; — *elastico, flessibile*, flexitime; — *di visita*, (*per far visita a qlcu.*) visiting hours, (*per consultare qlcu. o qlco.*) consulting hours; *ho un — pesante*, I have a heavy schedule // *fuori* —, (*di lavoro, chiusura*) after hours // (*banca*) — *di sportello*, bank (*o* banking) hours **2** (*tabella dell'orario*) timetable, schedule: — *dei corsi*, course timetable; — *dei treni, dei traghetti*, train, ferry timetable; — *invernale*, winter timetable; *consultare l'—*, to consult (*o* to look at) the timetable; *essere segnato sull'—*, to be scheduled: *questa fermata non è segnata sull'—*, this is an unscheduled stop // *arrivare, essere in* —, to arrive, to be on time; *non arrivare, non essere in* —, to arrive, to be behind time; *l'aereo è in ritardo sull'— previsto*, the plane is behind schedule ◆ *agg.* hourly, hour (*attr.*), time: *paga oraria*, hourly pay; *tariffa oraria*, hourly rate; *tabella oraria*, timetable.

orata *s.f.* (*zool.*) (*Sparus auratus*) gilthead bream.

oratore *s.m.* orator; (*parlatore*) speaker: *Cicerone è tra i più famosi oratori dell'antichità*, Cicero is one of the best known orators of ancient times; *voglio congratularmi con l'— della conferenza*, I want to congratulate the lecturer // (*eccl.*) *sacro* —, preacher.

oratoria *s.f.* oratory; rhetoric; (*eloquenza*) eloquence: *l'— politica*, political oratory.

oratoriale *agg.* oratorio (*attr.*), of an oratorio.

oratoriano *s.m.* (*eccl.*) oratorian ◆ *agg.* oratorical.

oratorio[1] *agg.* **1** oratorical, oratorial; orator's (*attr.*): *arte oratoria*, art of oratory (*o* orator's art) **2** (*fig.*) (*retorico*) oratorical: *tono* —, oratorical tone.

oratorio[2] *s.m.* **1** (*piccola cappella*) oratory **2** (*eccl.*) Oratory // — *festivo*, Sunday school // *frequentare l'—*, to attend parish youth club **3** (*mus.*) oratorio.

oraziano *agg.* of Horace (*pred.*); Horace's (*attr.*); Horatian.

orazione *s.f.* **1** prayer: *dire le orazioni*, to say one's prayers; *stare in* —, to be at one's prayers // — *domenicale*, (*il paternostro*) the Lord's Prayer **2** (*discorso*) oration: *le orazioni di Cicerone*, Cicero's orations; — *funebre*, funeral oration.

orbace *s.m.* **1** coarse woollen fabric (from Sardinia) **2** (*uniforme fascista*) fascist uniform.

orbe *s.m.* (*ant.*, *letter.*) orb // *l'— terrestre, terracqueo*, the world // *l'— cattolico*, (*fig.*) the Catholic world.

orbene *cong.* (*letter.*) so, well (then): —, *la conclusione può essere una sola*, so there can be only one conclusion; —, *cosa vuoi fare a questo punto?*, well then, what do you want to do at this point?

orbettino *s.m.* (*zool.*) (*Anguis fragilis*) slowworm.

orbicolare, **orbiculare** *agg.* (*anat.*) orbicular: *muscolo* —, orbicular muscle ◆ *s.m.* (*anat.*) orbicularis (*pl.* -es).

orbita *s.f.* **1** (*scient.*) orbit: *mettere in — un satellite artificiale*, to send into orbit an artificial satellite; (*astr.*) *piano dell'—*, plane of orbit; (*fis.*) — *sincrona, geostazionaria*, geostationary (*o* geosynchronous *o* synchronous) orbit // *quel film l'ha lanciato in* —, (*fig.*) that film made him a star **2** (*fig.*) (*sfera d'azione*) orbit, sphere (of action): — *del dollaro*, dollar area **3** (*anat.*) orbit, eye socket // *con gli occhi fuori dalle orbite*, with his eyes popping out of his head: *guardare qlco. con gli occhi fuori dell'—*, to stare aghast at sthg.

orbitale *agg.* orbital: (*fis.*) *numero quantico* —, orbital quantic number ◆ *s.m.* (*fis.*) (*in meccanica quantistica*) orbital: — *atomico, molecolare*, atomic, molecular orbital.

orbitante *agg.* orbiting.

orbitare *v.intr.* (*astr.*) to orbit (*anche fig.*).

orbitario *agg.* (*anat.*) orbital: *regione orbitaria*, orbital area.

orbo *agg.* **1** (*letter.*) (*privato*) bereaved, deprived **2** (*cieco*) blind; (*da un occhio*) one-eyed: *essere — come una talpa*, to be as blind as a bat ◆ *s.m.* blind man // *si sono dati botte da orbi*, they beat the living daylights out of each other.

orca *s.f.* **1** (*zool.*) — (*marina*), (*Orcinus orca*) killer whale **2** (*mit.*) orc.

orceina *s.f.* (*chim.*) orcein.

orchessa *s.f.* ogress.

orchestica *s.f.* (*letter.*) art of dancing; dance.

orchestra *s.f.* **1** orchestra; (*orchestrina*) band: — *da ballo*, dance band; — *d'archi*, string orchestra; — *sinfonica*, symphony orchestra; — *da camera*, chamber orchestra; *a grande* —, with full orchestra; *direttore d'—*, conductor; *i professori d'—*, the members of the orchestra; *dirigere l'—*, to conduct the orchestra **2** (*teatr.*) orchestra pit **3** (*archeol.*) orchestra.

orchestrale *agg.* orchestral: *composizione* —, orchestral composition ◆ *s.m.* e *f.* member of (an) orchestra.

orchestrare *v.tr.* to orchestrate (*anche fig.*): — *una campagna pubblicitaria*, to orchestrate a publicity campaign.

orchestratore *s.m.* orchestrator (*anche fig.*).

orchestrazione *s.f.* orchestration.

orchestrina *s.f.* **1** band: — *da ballo*, dance band **2** (*partitura musicale*) sheet music.

orchetto marino *s.m.* (*zool.*) (*Melanitta nigra*) scoter, surf-duck.

orchidaceo *agg.* (*bot.*) orchidaceous.

orchidea *s.f.* (*bot.*) orchid, orchis.

orchiectomia *s.f.* (*med.*) orchiectomy, orchidectomy.

orchiopessia *s.f.* (*med.*) orchiopexy.

orchite *s.f.* (*med.*) orchitis.

orciaio *s.m.* **1** (*chi fa orci*) potter who makes jars, pitchers **2** (*chi vende orci*) seller of jars, pitchers.

orcina *s.f.* (*chim.*) archil.

orcio *s.m.* **1** (*vaso*) pitcher; (*per olio*) oil jar **2** (*estens.*) (*quantità contenuta in un orcio*) jarful; pitcherful.

orco *s.m.* **1** (*mostro delle fiabe*) ogre; (*estens.*) bogeyman (*pl.* — men); monster **2** (*mit.*) Orcus; Pluto.

orda *s.f.* horde (*anche estens.*): *orde di Tartari*, the Tartar horde; *un'— di bimbi scatenati*, a horde of wild kids.

ordalia *s.f.* (*st.*) ordeal.

ordalico *agg.* by ordeal (*pred.*): *prova ordalica*, trial by ordeal.

ordigno *s.m.* **1** (mechanical) device, contrivance: — *esplosivo*, explosive device **2** (*scherz.*) (*arnese strano*) whatsit; gadget; contraption.

ordinabile *agg.* that can be ordered.

ordinale *agg.* ordinal: (*mat.*) *numero* —, ordinal number ◆ *s.m.* (*mat.*) ordinal // (*log.*) — *limite*, limit-ordinal.

ordinamento *s.m.* **1** (*l'ordinare*) ordering, arrangement; (*ordine, disposizione*) order, disposition: *l'— delle parole in una frase*, the order of the words (*o* the word order) in a sentence // (*inform.*) — *aritmetico*, arithmetic sorting **2** (*regolamento, sistema*) code; system; *pl.* regulations, rules: *ordinamenti civili*, civil code; — *giudiziario*, judicature (*o* judiciary); — *giuridico*, legal system; *ordinamenti militari*, military code; — *politico*, political system; — *scolastico*, regulations of a school.

ordinando *s.m.* (*eccl.*) ordinand.

ordinante *s.m.* **1** ordinant (*anche eccl.*) **2** (*comm.*) placer of an order // (*banca*) — *di un'apertura di credito*, opener of a credit ◆ *agg.* ordering; placing an order (*pred.*).

ordinanza *s.f.* **1** (*mil.*) order: *berretto d'—*, regulation cap; *divisa fuori* —, non-regulation dress // *soldato d'—*, batman; *ufficiale d'—*, orderly officer **2** (*dir.*) ordinance, decree, order, injunction; writ; warrant: *emettere un'—*, to issue an order (*o* a decree); — *municipale*, municipal ordinance (*o* ordinance of the city council); — *del tribunale*, court order; — *di rinvio a giudizio*, indictment (*o* commitment for trial); — *di non luogo a procedere*, nonsuit; — *ministeriale*, ministerial decree (*o* departmental ordinance); — *che istituisce l'inizio della procedura fallimentare*, receiving -order; — *d'amnistia*, amnesty ordinance.

ordinare *v.tr.* **1** (*sistemare*) to arrange; (*mettere in ordine*) to tidy (up), to put* in order; (*organizzare*) to organize: *devo — le mie carte*,

I must put my papers in order; *ho ordinato la mia stanza*, I have tidied up my room; *il generale ordinò le sue truppe per la battaglia*, the general drew up his troops in order of battle; — *le idee*, to put one's ideas in order; — *i propri affari*, to set one's affairs in order **2** (*comandare*) to order, to tell*; to command; to direct: *gli ordinai di rimanere a casa*, I ordered him to stay at home; *mi è stato ordinato di non dire niente*, I've been ordered not to say anything; *mi si ordinò di entrare, uscire*, I was ordered (to go) in, I was ordered out; *ordinerò che sia fatto*, I shall order it to be done (*o* I shall give orders to have it done); *il vigile gli ordinò di proseguire*, the policeman directed him to proceed; — *alle truppe di attaccare il nemico*, to order the troops to attack the enemy; — *a qlcu. di tacere*, to tell s.o. to keep quiet; — *uno sciopero*, to call a strike **3** (*commissionare*) to order: *ho ordinato un paio di scarpe dal tuo calzolaio*, I have ordered a pair of shoes from your shoemaker; *non sono ancora arrivate le merci che abbiamo ordinato*, we have not yet received the goods we ordered; *ho ordinato la colazione per l'una*, I have ordered lunch for one o'clock // *avete già ordinato?*, (*al ristorante ecc.*) have you ordered?; *possiamo — il secondo?*, can we order the main course? **4** (*prescrivere*) to prescribe: *il dottore mi ha ordinato una vacanza in montagna*, the doctor has prescribed a holiday in the mountains for me // *non l'ha certo ordinato il dottore!*, (*scherz.*) there's no call for it **5** (*preordinare*) to ordain, to order **6** (*eccl.*) (*investire di ordine sacro*) to ordain: *fu ordinato prete*, he was ordained.

□ **ordinarsi** *v.rifl.* (*disporsi*) to draw* oneself up; to arrange oneself: *i ginnasti si ordinarono in due file*, the gymnasts arranged themselves (*o* drew themselves up) in two files.

ordinariato *s.m.* **1** (full) professorship **2** (*eccl.*) bishopric.

ordinarietà *s.f.* ordinariness, normality; (*estens.*) (*volgarità*) vulgarity.

ordinario *agg.* **1** ordinary, usual, customary, normal: *spese ordinarie*, ordinary charges; *acquisti ordinari*, usual purchases; *prezzo* —, average price; *tariffa ordinaria*, standard rate; *biglietto* —, full fare; *posta ordinaria*, ordinary rate (postage); *altezza ordinaria*, average height; *ha lavorato con l'ordinaria energia*, he worked with his customary energy // *cosa di ordinaria amministrazione*, routine business // (*amm.*): *socio* —, regular (*o* ordinary) member; *contabilità ordinaria*, ordinary accounts; *assemblea ordinaria*, ordinary meeting; *seduta ordinaria*, ordinary session // *assegno* —, open cheque; (*Borsa*) *azionista* —, ordinary shareholder // (*dir.*) *magistratura ordinaria*, ordinary magistracy // (*fis.*) *raggio* —, ordinary ray // (*mat. non com.*) *frazione ordinaria*, common fraction **2** (*comune*) ordinary, common: *d'aspetto* —, plain; *una stoffa ordinaria*, ordinary cloth, (*dozzinale*) coarse cloth **3** (*non raffinato*) common: *persona ordinaria*, common person; *ha dei modi molto ordinari*, his manners are very common ◆ *s.m.* **1** ordinary: *fuori dell'*—, out of the ordinary; *secondo l'*—, according to habit (*o* custom); *uscire dall'*—, to be out of the ordinary (*o* to be exceptional) // *d'*—, usually (*o* as a rule) **2** (*professore ordinario*) (full) professor: *è un — di letteratura americana*, he has the chair of American literature **3** (*eccl.*) Ordinary; (*confessore delle monache*) conventual confessor.

ordinata[1] *s.f.* (*fam.*) tidy-up: *voglio dare una veloce — alle mie cose*, I want to give my things a quick tidy-up.

ordinata[2] *s.f.* **1** (*mat.*) ordinate: *congiungere le estremità delle ordinate con linee rette*, to join the ends of the ordinates by straight lines **2** (*aer., mar.*) frame: — *di forza*, sparframe; — *di paratia*, bulkhead frame; — *intermedia*, intermediate transverse frame; — *maestra*, main frame; — *rovescia*, reverse frame.

ordinatamente *avv.* tidily; in an orderly way; (*metodicamente*) methodically: *vestire* —, to be tidily dressed; *ha esposto molto — tutti quei concetti*, he explained all the concepts very methodically; *la folla lasciò — lo stadio*, the crowd left the football ground in an orderly way.

ordinatario *s.m.* (*banca*) payee.

ordinativo *agg.* regulating, governing: *principi ordinativi*, regulating principles ◆ *s.m.* (*comm.*) order; (*di merci per importazione o esportazione*) indent: — *aperto*, open indent; — *arretrato*, back order; — *chiuso*, closed indent; — *di prova*, trial order; — *di spedizione*, shipping order.

ordinato *agg.* **1** tidy, neat; (*regolare*) regular, orderly: *una stanza ordinata*, a tidy room; *un quaderno* —, a neat exercise book; *è sempre* —, he's always neat; *una vita ordinata*, a regular life **2** (*mat.*) (*di insieme*) ordered **3** (*eccl.*) ordained.

ordinatore *agg.* ordering; (*organizzatore*) organizing, arranging: *ha una mente ordinatrice*, he has a methodical mind // (*dir.*) *leggi ordinatrici*, ordinative laws ◆ *s.m.* (*non com.*) (*elaboratore elettronico*) electronic computer.

ordinatorio *agg.* (*dir.*) regulative; fixed by order.

ordinazione[1] *s.f.* (*eccl.*) ordination.

ordinazione[2] *s.f.* (*comm.*) order, commission; (*di merci per importazione o esportazione*) indent: *un'— di dieci chili di zucchero*, an order for ten kilos of sugar; — *ripetuta*, repeat order; — *urgente*, rush order; *fatto su* —, made to order (*o amer.* custom-made); *annullare un'*—, to cancel an order; *confermare un'*—, to confirm an order; *lavorare su* —, to work to order; *conforme all'*—, up to order; *ricevere un'*—, to receive an order // *il cameriere venne per le ordinazioni*, the waiter came to take the orders.

ordine *s.m.* **1** order, arrangement; (*fila, serie*) series*, sequence: — *alfabetico, cronologico*, alphabetical, chronological order; — *logico*, logical order; — *numerico*, numerical order; (*sport*) — *d'arrivo*, order of arrival; *in base all'— di partenza sono il primo*, according to the starting order I am the first; *in — di età, importanza*, in order of age, importance; *numero d'*—, serial number; *in — di apparizione*, in order of appearance; *che — in camera tua!*, what a neat room!; *ha la mania dell'*—, he is obsessed with tidiness; *cerchiamo di procedere con* —, let's try to be methodical; *mettetevi in — di altezza*, line up by height; *metter in — alfabetico*, to put in alphabetical order; *mettere in — di data*, to put in order of date // *mettere qlco. in* —, (*riassettare*) to tidy sthg. up (*o* to put sthg. in order): *mettere in — la camera*, to tidy (up) the bedroom; *mettiti in — che usciamo*, tidy yourself up, we're going out; *ho appena finito di rimettere in — gli appunti*, I've just finished putting my notes in order; *mettere in — i propri affari*, to straighten (out) one's affairs; *se non fai un po' di — sulla scrivania, non troverai niente!*, if you don't tidy (up) your desk, you won't find anything! // *tenere in — i libri*, to keep the books tidy (*o* in order) // *essere in* —, to be in order, (*di persona*) to be tidy: *la casa è in perfetto* —, the house is in perfect order; *è tutto in —, possiamo partire*, everything is in order, we can leave // — *di idee*, scheme of things: *ciò non rientra nel mio — di idee*, this does not enter into my scheme of things; *entrare nell'— di idee di fare qlco.*, to come round to the idea of doing sthg. // *all'— del giorno*, on the agenda: *questioni all'— del giorno*, items on the agenda; *passare all'— del giorno*, to proceed with the business on the agenda (*o* to the business of the day); *mettere un argomento all'— del giorno*, to table an item; *è un argomento all'— del giorno*, (*fig.*) it's a topical subject; *ormai le sue scenate sono all'— del giorno*, (*estens.*) his scenes are now everyday occurrences // (*mil.*) — *sparso, chiuso*, open, close order: *avanzare in — sparso*, to advance in open order // *ritirarsi in buon* —, to retire in good order; *il mio progetto era troppo caro e quindi mi sono ritirato in buon* —, my plan was too expensive so I backed down // (*comm.*) *in — a*, with regard to (*o* as to *o* following): *in — alla vostra proposta*, with regard to your proposal **2** (*comando*) order, direction: — *scritto*, written order; *fino a nuovo* —, until further orders; *per — di*, by order of; *ho l'— di restare qui*, I have orders to remain here; *ricevette l'— di andare all'estero*, he was ordered abroad; *dare — che sia fatto qlco.*, to give orders for sthg. to be done; *dare, eseguire un* —, to give (*o* to carry out) an order; *eseguivo soltanto gli ordini*, I was acting under orders; *essere agli ordini di qlcu.*, to be at s.o.'s beck and call, (*mil.*) to be under s.o.'s orders (*o* command); *ubbidire a un* —, to obey an order; *non prendo ordini da nessuno*, I don't take orders from anyone; *chi l'ha autorizzato a dare ordini?*, who authorized him to give orders? // (*mil.*) *agli ordini!*, yes, sir! // *parola d'*—, password: *quest'anno nella moda la parola d'— è 'minigonna'*, (*fig.*) this year in the world of fashion the miniskirt is a must **3** (*dir.*) order, injunction; rule; decree; (*mandato*) warrant; writ: — *di comparizione*, summons; — *di sequestro*, writ of attachment **4** (*econ.*) order, request: — *di pagamento*, order of payment (*o* payment order), (*banca*) banker's order; — *di prelievo*, stock withdrawal order; — *di acquisto*, purchase order; — *di merci per l'esportazione*, indent; — *di prova*, trial order; — *verbale*, verbal order; — *inevaso*, unfulfilled (*o* unexecuted) order; — *aperto*, open order; *ordini non ancora eseguiti, arretrati*, outstanding orders; — *per corrispondenza*, mail order; — *ripetitivo*, (*dello stesso genere di merci*) repeat order; *dare — di pagamento di una fattura*, to authorize payment of an invoice; *soddisfare un* —, to execute (*o* carry out an order); *inoltrare un* —, to send in an order; *passare un — a qlcu.*, to place an order with s.o. (*o* to remit an order to s.o.); *accusare ricevuta d'*—, to acknowledge receipt of an order; *annullare un* —, to cancel an order; *confermare un* —, to confirm an order; *evadere un* —, to fill an order // (*Borsa*): — *di Borsa*, Stock Market order; — *al listino, in chiusura*, buy on close; — *condizionato*, contingent order; — *debordant*, stop order (*o* stop-loss order *o* resting order); — *miglio-*

rando, split order; — *revocabile*, revocable order // (*banca*): *all'— di*, to the order of; — *permanente*, standing order; — *di accreditamento*, credit order; — *di bonifico*, payment order; — *di fermo*, stop payment; — *di riscossione, di incasso*, collection order **5** (*disciplina*) order: — *pubblico*, public order; (*dir.*) *delitto contro l'— pubblico*, breach of the peace; *fu ristabilito l'—*, order was restored; *mantenere l'—*, to keep order; *richiamare all'—*, to call (a meeting) to order **6** (*categoria*) order, rank, class: *tutti gli ordini sociali erano rappresentati*, all social classes were represented // — *professionale*, professional association; — *degli Avvocati*, Bar Association; Roll of Solicitors; — *dei medici*, Medical Association // *di prim'—*, first-class (*attr.*); first-rate: *albergo di prim'—*, first-class hotel; *merce di prim'—*, first-rate goods; *artista di prim'—*, first-rate artist; *pranzo di prim'—*, first-rate dinner; *ristorante di infimo —*, third -class restaurant // (*amm.*) *impiegato d'—*, junior employee // (*dir.*) — *delle ipoteche*, rank of mortgages **7** (*genere*) kind, nature: *problemi d'— tecnico*, problems of a technical nature (*o* technical problems); *questo è un altro — di cose*, this is a different matter altogether **8** (*congregazione*) order: — *cavalleresco, religioso*, order of chivalry, religious order // *Ordine dei Cavalieri di Malta*, Order of the Knights of Malta; *Ordine dei Domenicani*, Dominican Order **9** *pl.* (*eccl.*) orders: *ordini maggiori, minori*, major, minor orders; *ordini sacri*, Holy Orders; *prendere gli ordini sacri*, to take Holy Orders **10** (*mat.*) order: — *di un gruppo, di un'equazione*, order of a group, of an equation; *relazione d'—*, order relation // (*fis.*) — *di grandezza*, order of magnitude **11** (*arch.*) order: — *dorico, ionico, corinzio*, Doric, Ionic, Corinthian order **12** (*bot., zool.*) order: *appartenente a un —*, ordinal.

ordire *v.tr.* **1** (*tess.*) to warp: — *una tela*, to warp a cloth **2** (*fig.*) (*tramare, macchinare*) to plot, to plan: *stavano ordendo un intrigo*, they were plotting (*o* planning) some mischief; — *un complotto*, to hatch a plot; — *una congiura contro qlcu.*, to intrigue (*o* to plot) against s.o.; — *un crimine*, to plot a crime **3** (*fig.*) (*congegnare*) to plot: — *la trama di una commedia*, to plot a play.

ordito *s.m.* **1** (*tess.*) warp: *passo d'—*, shed; *filo di —*, warp yarn **2** (*fig.*) (*intrico*) web, tissue: *un — di bugie*, a pack of lies **3** (*fig.*) (*intreccio*) plot: *l'— di un romanzo*, the plot of a novel.

orditoio *s.m.* (*tess.*) warping mill, warping machine, warper.

orditore *s.m.* **1** warper **2** (*fig.*) (*persona che trama inganni*) plotter, schemer.

orditura *s.f.* **1** (*tess.*) (*l'ordire*) warping; (*l'ordito*) warp: — *a macchina*, mill-warping **2** (*fig.*) (*trama, macchinazione*) plotting, planning **3** (*fig.*) (*struttura, intreccio*) plot.

ordoviciano *agg.* e *s.m.* (*geol.*) Ordovician.

oreade *s.f.* (*mit.*) oread.

orecchia *s.f.* **1** (*bot.*) ear, auricle **2** (*zool.*) — *di mare*, (*Haliotis tuberculata*) abalone, ear -shell **3** → **orecchio** **4** (*estens.*) (*piega all'angolo di una pagina*) dog ear: *una pagina con l'—*, a dog-eared page; *fare un'— a una pagina*, to dog-ear a page.

orecchiabile *agg.* catchy: *un motivo —*, a catchy tune.

orecchiabilità *s.f.* catchiness.

orecchiale *s.m.* (*tecn.*) earphone.

orecchiante *s.m.* e *f.* **1** (*chi suona a orecchio*) person who plays by ear; (*chi canta a orecchio*) person who sings by ear **2** (*fig.*) person with shallow knowledge.

orecchiare *v.tr.* to pick up: — *un motivetto*, to pick up a tune (*o* to sing a tune by ear); *ho orecchiato un po' di inglese*, I've picked up a bit of English ◆ *v.intr.* (*non com.*) (*origliare*) to eavesdrop.

orecchietta *s.f.* **1** (*anat.*) auricle **2** (*pl.*) (*cuc.*) 'orecchiette' (type of pasta).

orecchino *s.m.* earring; (*pendente*) eardrop: *un bel paio di orecchini*, a nice pair of earrings.

orecchio *pl.m.* **orecchi**; *pl.f.* **orecchie** *s.m.* **1** ear: (*anat.*) — *esterno, medio, interno*, outer, middle, inner ear; *dolore, mal d'—*, earache; *essere sordo, non sentirci da un —*, to be deaf in one ear; *essere duro d'—*, to be hard of hearing; *ha le orecchie a sventola*, his ears stick out; *mi ronzano gli orecchi*, my ears are tingling (*o* buzzing); *dire qlco. all'— di qlcu.*, to say sthg. (*o* to have a word) in s.o.'s ear; *dimmelo in un —*, whisper it in my ear; *portare il cappello sull'—*, to wear one's hat over one ear (*o* on one side); *mi sono fatta il buco alle orecchie*, I had my ears pierced; *lo prese per un —*, he took him by the ear; *ho ancora nelle orecchie quelle grida*, I can still hear those shouts (ringing in my ears); *l'ho sentito con le mie stesse orecchie*, I heard it with my own ears; *turarsi le orecchie*, to stop one's ears // *mi fischiano gli orecchi: qualcuno parla di me*, my ears are tingling (*o* my ears are burning): someone must be talking about me // *tendere, allungare le orecchie*, to prick up one's ears (*anche fig.*); *il cane si fermò e tese le orecchie*, the dog stopped and cocked its ears // *avere le orecchie lunghe*, (*fig.*) to keep one's ears open // *ti tiro le orecchie!*, (*ti sgrido*) I'll give you a ticking off; *se non torni a casa presto, ti darò una tirata di orecchie*, (*fam. scherz.*) if you're not home early, you'll hear all about it // *a portata di —*, within earshot // *abbassare le orecchie*, (*fig.*) to be crestfallen // *avere — per la musica*, (*fig.*) to have an ear for music; *non avere —* (*musicale*), to have a tin ear // *suonare, cantare a —*, to play, to sing by ear // *dare, prestare — a qlco.*, to give ear (*o* to lend an ear) to sthg. // *entrare da un — e uscire dall'altro*, to go in one ear and out the other // *è inutile chiedergli un prestito, da quest'— non ci sente*, (*fig.*) it's useless asking him for a loan; he's deaf as far as that subject is concerned // *essere tutto orecchi*, to be all ears // *fare orecchi da mercante*, to turn a deaf ear (*o* to pretend not to hear) // *avere gli orecchi foderati di prosciutto*, to be blinkered // *giungere all'—*, (*fig.*) to come to the ear // *lacerare gli orecchi*, to deafen // *mettere una pulce nell'— a qlcu.*, to drop s.o. a hint // *i muri hanno orecchie*, (*prov.*) the walls have ears // *chi ha orecchie per intendere, intenda, (prov.)* he that has (*o* hath) ear to hear, let him hear **2** (*bot.*): — *di Giuda*, (*Auricularia auricula-Judae*) Jew's ear; — *d'orso*, (*Primula auricula*) auricule; — *di topo*, (*Hieracium pilosella*) mouse-ear hawkweed.

orecchione *s.m.* **1** large ear **2** *pl.* (*med. fam.*) (the) mumps **3** (*artiglieria*) trunnion **4** (*zool.*) (*Plecotus auritus*) long-eared bat **5** (*region.*) (*volg.*) (*omosessuale*) queer.

orecchioniera *s.f.* (*artiglieria*) trunnion bearing.

orecchiuto *agg.* long-eared.

orefice *s.m.* goldsmith; jeweller; (*amer.*) jeweler.

oreficeria *s.f.* **1** (*negozio di orefice*) jeweller's (shop); goldsmith's (shop) **2** (*arte dell'orefice*) goldsmith's art; jeweller's art; (*amer.*) jeweler's art: *articoli d'—*, jewellery (*o amer.* jewelery).

orfano *agg.* orphan; *rimase — quando era ancora bambino*, he was left an orphan when he was still a child ◆ *s.m.*, **orfana** *s.f.* orphan: *è un — di guerra*, he is a war orphan // *poveri orfanelli!*, poor little orphans!

orfanotrofio *s.m.* orphanage.

orfico *agg.* Orphic, Orphean ◆ *s.m.* Orphist.

orfismo *s.m.* **1** Orphism (*anche pitt.*) **2** (*fig.*) orphic quality, esoteric quality.

organaio → **organaro**.

organario *agg.* organ (*attr.*); concerning organs: *arte organaria*, organ building.

organaro *s.m.* organ-builder.

organdi, **organdis** → **organza**.

organello *s.m.* (*biol.*) organelle.

organetto *s.m.* **1** (*a manovella*) barrel organ, hurdy-gurdy: *suonatore di —*, organ grinder **2** (*zool.*) (*Carduelis flammea*) redpoll.

organicamente *avv.* organically; systematically.

organicare *v.tr.* (*biol.*) to transform into organic compounds.

organicazione *s.f.* (*biol.*) transformation into organic compounds.

organicismo *s.m.* (*med., psic., fil.*) organicism.

organicista *agg.* e *s.m.* e *f.* organicistic.

organicistico *agg.* (*med., psic., fil.*) organicistic.

organicità *s.f.* **1** organic unity; organicity **2** (*connessione ordinata*) organization; coherence.

organico *agg.* **1** organic (*anche fig.*): *chimica organica*, organic chemistry; *malattia organica*, organic disease; *rifiuti organici*, organic remains; *unità organica*, organic unity; (*chim.*) *sale —*, organic salt **2** (*sistematico*) organized, systematic: *studio —*, organized study; *metodo —*, systematic method **3** (*amm.*) organization (*attr.*), staff (*attr.*), personnel (*attr.*): *pianta organica*, organization chart; *ruolo —*, roll (*o* permanent staff) ◆ *s.m.* personnel; staff: *l'— di una azienda*, the company staff; *essere in —*, to be on the roll; *ampliare, ridurre l'—*, to increase, to reduce the staff (*o* the workforce); *livello del personale in —*, manning level.

organigramma *s.m.* **1** (*amm.*) organization chart, table of organization; organigram **2** (*inform.*) data flowchart.

organino → **organetto**.

organismo *s.m.* **1** organism, being: — *vivente*, living organism; *deperimento dell'—*, physical decline **2** (*ente*) organization, body, structure; (*amer.*) agency: — *amministrativo*, administrative body; — *burocratico*, bureaucratic structure; — *senza fine di lucro*, non-profit -making institution; *organismi sindacali*, (trade) unions; *organismi politici*, political organizations.

organista *s.m.* e *f.* organist.

organistico *agg.* organ (*attr.*): *musica organistica*, organ music.

organizzabile *agg.* organizable.

organizzamento → **organizzazione**.

organizzare *v.tr.* **1** to organize: — *un esercito, un partito politico*, to organize an army, a political party; — *una spedizione*, to organize an expedition; *non sa — la giornata*, he doesn't know how to organize his day; — *un'azienda*, to organize a firm; — *una riunione*, to arrange a meeting **2** (*inform.*) to schedule.

□ **organizzarsi** *v.rifl.* to organize oneself: *i lavoratori si sono organizzati in sindacati*, the workmen have organized themselves into trade unions.

organizzativo *agg.* organizational, organizing: *lavoro* —, organizational work; *comitato* —, organizing committee; *fase organizzativa*, organizing phase; *struttura organizzativa*, organizational structure; *capacità organizzativa*, organizing ability.

organizzato *agg.* organized: *lavoro* —, organized work; (*di manodopera*) organized labour; *viaggio* —, package tour; *ufficio ben* —, well-organized office; *gruppo* —, organized group ◆ *s.m.* (*non com.*) member (of an organization).

organizzatore *agg.* organizing: *il comitato* —, the organizing committee ◆ *s.m.*, **organizzatrice** *s.f.* **1** organizer, arranger; (*promotore*) promoter **2** (*biol.*) organization center.

organizzazione *s.f.* **1** organization: — *internazionale*, international organization; — *criminale*, criminal organization; *difetto d'*—, lack of organization; *curare l'— di qlco.*, to be in charge of the organization of sthg. // (*econ.*): — *di distribuzione*, distribution organization; — *aziendale*, business management; — *commerciale*, business organization; — *per funzioni*, functional organization (*o* foremanship); — *di vendita*, sales organization; — *del personale*, personnel administration; — *della produzione*, production management; — *scientifica* (*del lavoro*), scientific management // (*amm.*): — *gerarchica*, organization line; — *senza fini di lucro*, non-profit-making organization; — *sindacale*, labour organization (*o* trade union); — *dei consumatori*, consumers' organization; — *di categoria, professionale*, trade organization; — *dei datori di lavoro*, employers' organization (*o* association); — *lavorativa*, workers' organization // *Organizzazione dei Paesi Esportatori di Petrolio*, Organization of Petroleum Exporting Countries (*abbr.* OPEC); *Organizzazione per i Prodotti Alimentari e l'Agricoltura*, Food and Agricultural Organization (*abbr.* FAO) // *Organizzazione Internazionale per il Commercio*, International Trade Organization // *Organizzazione Europea per la Cooperazione Economica*, Organization for European Economic Cooperation (*abbr.* OEEC) // *Organizzazione per la Cooperazione e lo Sviluppo Economico* (abbr. *OCSE*), Organization for Economic Cooperation and Development (*abbr.* OECD) // (*bot., zool.*) — *territoriale*, territorialism **2** (*inform.*) (*di nastro, memoria*) layout.

organo *s.m.* **1** organ: (*anat.*) — *dei sensi*, sense organ; *gli organi dell'udito*, the organs of hearing; — *riproduttivo*, sex organ; *organi genitali*, genital organs (*o* genitals) // (*zool.*) — *natatorio, prensile*, swimmer(et), holder // (*bot.*): — *auricolato*, auricle; — *campanulato*, bell **2** (*amm.*) (*ente*) body, organ; (*autorità*) authority: — *amministrativo*, (*l'apparato*) administrative agency, (*il singolo soggetto*) administrative agent; — *esecutivo, legislativo dello stato*, executive, legislative branch of the State; *gli organi giurisdizionali*, the judicial branch; — *di controllo*, controlling body; — *della persona giuridica*, corporate officers; — *consultivo*, advisory body; — *di governo*, organ of government; — *ufficiale del partito*, official organ of the party **3** (*mus.*) organ: — *a due tastiere*, two-manual organ; — *elettrico*, electric organ; *canne d'*—, organ pipes **4** (*mecc.*): — *di macchina*, machine-member; — *motore*, mover **5** (*inform.*) (*di macchina*) function unit.

organogenesi *s.f.* (*biol.*) organogenesis, organogeny.

organogeno *agg.* (*geol.*) organogenic, biogenic; *roccia organogena*, biolite (*o* biolith *o* organic rock).

organografia *s.f.* (*biol.*) organography.

organografico *agg.* (*biol.*) organographic.

organolettico *agg.* organoleptic.

organologia *s.f.* (*biol.*) organology.

organologico *agg.* (*biol.*) organologic(al).

organometallico *agg.* (*chim.*) organometallic.

organometallo *s.m.* (*chim.*) organometallic compound.

organoscopia *s.f.* (*med.*) organoscopy.

organoterapia *s.f.* (*med.*) organotherapy.

organum *s.m.* (*mus.*) organum.

organza *s.f.* (*tess.*) organza, organdie.

organzino *s.m.* (*tess.*) organzine.

orgasmico *agg.* orgasmic.

orgasmo *s.m.* **1** orgasm: *raggiungere l'*—, to reach orgasm; *avere un* —, to have an orgasm **2** (*estens.*) excitement, agitation: *l'— della partenza*, the excitement of departure; *essere in* —, to be agitated (*o* to be in a flutter); *mettere in* —, to fluster.

orgastico *agg.* (*non com.*) orgastic.

orgia *s.f.* orgy (*anche fig.*): *orge bacchiche*, orgies of Bacchus; — *di colori*, profusion (*o* riot) of colour.

orgiasta *s.m.* e *f.* orgiast.

orgiastico *agg.* **1** orgiastic(al) **2** (*fig., letter.*) (*sfrenato*) wild, riotous.

orgoglio *s.m.* pride: — *smisurato*, boundless pride; *giusto, legittimo* —, legitimate pride; *stupido* —, stupid pride; *è pieno d'*—, he is very proud; *l'hai ferito nell'*—, you've wounded his pride; *è l'— della famiglia*, he's the pride of the family.

orgoglioso *agg.* proud: *è troppo — per domandarti perdono*, he is too proud to apologize to you; *essere — di qlco.*, to be proud of sthg.; *un maestro — dei suoi allievi*, a teacher proud of his pupils.

oriafiamma → **orifiamma**.

oribi *s.m.* (*zool.*) (*Ourebia ourebi*) oribi.

oricalco *s.m.* **1** (*lega*) orichalc **2** (*ant.*) (*ottone*) brass **3** (*poet.*) (*tromba*) trumpet.

orice *s.m.* (*zool.*) oryx*.

oricello *s.m.* (*bot.*) orchil, archil.

orientabile *agg.* that can be orientated; adjustable: *antenna* —, adjustable aerial; *faro* —, adjustable lamp.

orientale *agg.* eastern, oriental; (*spec. nei nomi geogr.*) east (*attr.*); (*da oriente*) easterly: *arte, civiltà, cultura* —, oriental art, civilization, culture; *Asia, Africa Orientale*, East Asia, Africa; *Indie Orientali*, East Indies; *lingue orientali*, oriental languages; *paesi orientali*, eastern countries; *sulla costa* —, on the East coast; *vento* —, east (*o* easterly) wind; *tappeto* —, oriental carpet // *all'*—, eastern-style // (*pol.*): *blocco* —, eastern bloc; *la questione* —, the eastern question // (*st. relig.*) *Chiesa Orientale*, Orthodox (*o* Eastern) Church ◆ *s.m.* e *f.* Oriental, Asiatic, Asian.

orientaleggiante *agg.* oriental; orientalizing: *gusto* —, oriental taste; *costumi orientaleggianti*, oriental customs.

orientalismo *s.m.* orientalism.

orientalista *s.m.* e *f.* orientalist.

orientalistica *s.f.* oriental studies (*pl.*).

orientalistico *agg.* oriental.

orientalizzare *v.tr.* to orientalize, to easternize.

□ **orientalizzarsi** *v.rifl.* o *intr.pron.* to become* orientalized, to become* easternized.

orientalizzazione *s.f.* orientalization.

orientamento *s.m.* **1** orientation; sense of direction: *ho molto senso di* —, I've got a good sense of direction; *perdere l'*—, to lose one's bearings **2** (*tendenza*) trend; (*indirizzo*) guidance, guideline; direction: *l'— di una ricerca*, the direction of a piece of research; *l'— della politica*, the political trend; *l'— del mercato*, the market trend; *orientamenti economici*, economic trends // — *professionale, scolastico*, vocational guidance.

orientare *v.tr.* **1** to orient, to orientate: — *una carta geografica, la bussola*, to orient a map, the compass // — *i fari verso l'alto*, to point the spotlights upwards **2** (*fig.*) (*indirizzare*) to steer, to guide: — *gli studenti alla ricerca*, to steer students into research; — *qlcu. a un'attività economica*, to steer s.o. into a business career **3** (*mat.*) to orientate **4** (*mar.*) to trim, to jib: — *le vele*, to trim the sails.

□ **orientarsi** *v.rifl.* **1** to get* one's bearings, to orientate oneself, to orient oneself: *con questa nebbia non riesco a orientarmi*, I can't get my bearings in this fog **2** (*raccapezzarsi*) to find* one's way: — *nelle procedure burocratiche*, to find one's way through red tape; *non riesco a orientarmi in questo affare*, I can't make head or tail of this business; *si orientò facilmente nel suo nuovo lavoro*, he picked things up quickly in his new job **3** (*tendere*) to tend: *la sua filosofia si orientava verso l'atomismo*, his philosophy tended towards atomism **4** (*intraprendere*) to take* up: — *verso la carriera bancaria*, to take up a career in banking; *alla fine mi sono orientato verso matematica*, finally I opted for maths.

orientativo *agg.* indicative; guidance (*pred.*): *indagine orientativa*, preliminary inquiry; *a scopo* —, for guidance.

orientato *agg.* **1** oriented, orientated; (*volto*) facing: *un appartamento — a nord*, a flat facing north // — *all'utenza, alla clientela*, customer-driven (*o* customer-oriented) // (*mat.*) *retta orientata*, directed line **2** (*fig.*) launched; inclined: *un giovane ben — negli* *studi*, a young man who is well launched (*o* on the right path) in his studies.

orientazione *s.f.* (*chim.*) orientation.

oriente *s.m.* **1** east: *verso* —, eastwards; *finestra che guarda a* —, window facing east; *la Germania è a — della Francia*, Germany is to the east of France; *questo paese confina a — col mare*, this country is bounded on the east by the sea // *Oriente*, East (*o* Orient): *Impero d'*—, Eastern Empire; *il Medio, l'Estremo Oriente*, the Middle, the Far East; *il traffico con l'*—, the trade with the East **2** (*loggia massonica*) lodge // *il Grande Oriente*, the Grand Lodge **3** (*trasparenza delle perle*) orient.

orifiamma *s.f.* (*st.*) oriflamme.

orifizio *s.m.* **1** opening, aperture; orifice: (*anat.*) — *pilorico*, piloric orifice; — *anale*, anal orifice **2** (*zool.*) (*per respirare*) spiracle.

origami *s.m.* origami.

origano *s.m.* (*bot.*) (*Origanum vulgare*) origanum, origan, oregano, wild marjoram: *aggiungere un po' di* —, add some oregano.

orige → **orice**.

originale *agg.* **1** original: *il disegno — di quel monumento*, the original design for that monument; *idioma* —, original language; *testo, traduzione* —, original text, translation // *documento* —, original document; (*dir.*) script // *edizione — di un film*, original version of a film // (*mus.*) *partitura* —, original score // (*teol.*) *peccato* —, original sin **2** (*non contraffatto*) genuine, pure, real; (*non copiato*) original: *lana — scozzese*, genuine (*o* pure) Scotch wool **3** (*nuovo*) new, original; (*ingegnoso*) ingenious: *idee, pensieri originali*, new (*o* original) ideas, thoughts; *mente* —, original (*o* inventive) mind; *impronta* —, original touch; *è un modo molto — per farsi conoscere*, it is a very original (*o* ingenious) way of making oneself known **4** (*strano*) odd, queer, strange; (*eccentrico*) eccentric: *modi originali*, odd manners; *un tipo* —, a character ◆ *s.m.* **1** original: *la copia è grande quanto l'*—, the copy is the same size as the original; *è più bello l'— che il ritratto*, the original is better than the portrait; *non ho mai letto Chaucer nell'*—, I have never read Chaucer in the original; *copiare dall'*—, to copy from the original; *riscontrare, collazionare con l'*—, to compare with the original // *copia conforme all'*—, faithful copy // — *televisivo*, film made for Tv **2** (*persona strana*) eccentric, odd person; (*fam.*) character: *è un* —, he is an eccentric.

originalità *s.f.* **1** originality: *quello scrittore manca d'*—, that writer lacks originality; *l'— di un'idea*, the originality of an idea **2** (*novità*) novelty: *il prodotto ha avuto molto successo per la sua* —, the product was very successful because of its novelty **3** (*stranezza*) oddness, queerness, strangeness; (*eccentricità*) eccentricity: *l'— dei suoi modi*, the oddness of his behaviour **4** (*stravaganza*) extravagance: *le — della moda*, the extravagances of fashion; *ne ho abbastanza delle tue* —, I have had enough of your extravagant behaviour.

originalmente *avv.* **1** originally, initially, from the beginning **2** (*in modo insolito*) originally, in an original way **3** (*stranamente*) oddly; (*eccentricamente*) eccentrically.

originare *v.tr.* to originate, to give* rise to (sthg.), to cause, to occasion; (*effettuare*) to bring* about: *la sua risposta originò un litigio*, his reply caused (*o* gave rise to) an argument ◆ *v.intr.* → originarsi.

□ **originarsi** *v.intr.pron.* to originate (from, with sthg.); to arise* (from, out of sthg.); to spring* (from sthg.): *lo sciopero (si) originò dalle rivendicazioni dei sindacati*, the strike sprang from (*o* arose out of) the demands of the trade unions.

originario *agg.* **1** original, former; (*primo*) primary: *la causa originaria*, the primary cause; *ha perso il suo — splendore*, it has lost its original shine; *il significato — di questa parola è mutato*, the original meaning of this word has changed **2** (*nativo, oriundo*) original: *gli abitanti originari di un paese*, the original inhabitants of a country; *un popolo — dell'Asia*, a people that originally came from Asia; *paese* —, country of origin; *è un animale — dell'India*, it is an animal indigenous to India; *essere — della Cina*, to be of Chinese stock.

origine *s.f.* **1** origin; (*inizio*) beginning; starting point: *le origini della letteratura inglese*, the origins of English literature; *l'— della Terra*, the origin of the Earth; *l'— di una lingua, di una parola*, the origin of a language, of a word; *risalire alle origini di un fatto*, to trace an event (back) to its origin // *all'*—, originally; (*comm.*) at source // *avere, trarre — da*, to originate from (sthg.) (*o* to arise from sthg.): *la lite fra i due vicini ebbe — da uno spiacevole incidente*, the quarrel between the two neighbours originated from an unpleasant incident // *dare — a*, to give rise to (*o* to cause); *la discussione diede — a una rissa*, the discussion caused a brawl // (*fis.*) — *di una traiettoria*, initial point of a trajectory // (*mat.*) *l'— del sistema di coordinate*, the origin of the coördinate system **2** (*sorgente*) source, origin (*anche fig.*): *l'— di un fiume*, the source of a river; *l'— di questo fiume è nelle Alpi*, this river rises in the Alps; *l'— di tutti i miei guai*, the source (*o* origin) of all my troubles **3** (*causa*) cause: *non riusciamo a capire l'— di questo male*, we cannot make out the cause of this illness **4** (*nascita, stirpe*) origin, descent, extraction; (*nazionalità*) nationality: *di nobile, umile* —, of noble, humble origin (*o* descent); *famiglia tedesca, ma italiana d'*—, German family but of Italian origin (*o* extraction); *luogo d'*—, place of origin; *è d'— russa*, he is of Russian origin **5** (*provenienza*) origin, provenance: *di dubbia* —, of doubtful provenance; *paese di — di un prodotto*, country of origin of a product // *vino a denominazione d'— controllata*, wine of guaranteed origin // (*dir.*) *certificato d'*—, certificate of origin **6** (*inform.*) source; (*di un'informazione*) point of origination.

origliare *v.intr.* to eavesdrop.

orina *s.f.* urine.

orinale *s.m.* chamber pot.

orinare *v.intr.* e *tr.* to urinate.

orinario *agg.* urinary.

orinata *s.f.* **1** micturition; (*fam.*) pee **2** (*quantità emessa*) (quantity of) urine passed.

orinatoio *s.m.* public convenience.

orinazione *s.f.* (*non com.*) urination.

oriolo *s.m.* (*zool.*) **1** → rigogolo **2** — *americano*, oriole.

oritteropo *s.m.* (*zool.*) (*Orycteropus afer*) aardvark, earth-pig.

oriundo *agg.*: *essere — di Milano*, to be of Milanese origin (*o* extraction); *un argentino — italiano*, an Argentinian of Italian extraction (*o* descent) ◆ *s.m.* **1** citizen of foreign extraction **2** (*giocatore*) foreign player qualified to play for a national team (as a result of his family's origins).

orizzontale *agg.* horizontal: *in posizione* —, in a horizontal position // (*econ.*) *mobilità — del lavoro*, horizontal labour mobility ◆ *s.f.* **1** *pl.* (*nei cruciverba*) horizontal clue (*sing.*); horizontal solution (*sing.*) **2** (*sport*) horizontal (position).

orizzontalità *s.f.* **1** horizontality **2** (*posizione*) horizontal position.

orizzontamento *s.m.* **1** orientation **2** (*edil.*) (*solaio*) ceiling.

orizzontare *v.tr.* to orient, to orientate.

□ **orizzontarsi** *v.rifl.* **1** (*orientarsi*) to get* one's bearings, to orient oneself, to orientate oneself: *con questa nebbia non riesco ad orizzontarmi*, I can't get my bearings in this fog **2** (*fig.*) (*raccapezzarsi*) to find* one's way: — *tra le leggi fiscali*, to find one's way through the tax laws.

orizzonte *s.m.* **1** horizon: *linea dell'*—, horizon line; *il sole tramontò all'*—, the sun sank below the horizon // *alto sull'*—, high above the horizon // *all'*—, on the horizon // (*astr.*): — *astronomico*, astronomical horizon; — *celeste*, celestial horizon; — *geometrico*, geometrical horizon; — *ottico*, optical horizon; — *visibile*, apparent horizon // (*fis.*) — *degli eventi*, event horizon // (*aer.*): — *artificiale*, artificial horizon; — *artificiale giroscopico*, gyro horizon **2** (*fig.*) horizon(s): *gli orizzonti della scienza moderna*, the horizons of modern science; *l'— politico*, political horizon; *uomo di — limitato*, narrow-minded man (*o* man of limited horizons) // *aprire nuovi orizzonti*, to open up new horizons (*o* new vistas): *questa scoperta ha aperto orizzonti nuovi*, this discovery has opened up new horizons // *fare un giro d'*—, to make a general survey // *niente di nuovo all'—?*, anything new in prospect?

orlare *v.tr.* (*cucire l'orlo*) to hem; (*bordare*) to edge, to border; (*bordare un oggetto circolare*) to rim; (*rifinire con bordo applicato*) to trim: — *un fazzoletto*, to hem a handkerchief; — *a giorno*, to hemstitch; — *una sottoveste con pizzo*, to edge (*o* to border) a slip with lace; — *un cerchio con gomma*, to rim a hoop with rubber; — *una tenda con una frangia*, to fringe a curtain.

orlato *agg.* hemmed; (*bordato*) edged, bordered; (*di oggetto rotondo*) rimmed; (*con bordo applicato*) trimmed: *fazzoletto — di pizzo*, handkerchief edged (*o* bordered) with lace; *toga orlata di ermellino*, gown trimmed with ermine; *nuvole orlate di rosa*, (*estens.*) clouds edged with pink.

orlatore *s.m.* hemmer.

orlatrice *s.f.* **1** hemmer **2** (*mecc.*) hemming machine.

orlatura *s.f.* **1** hemming; bordering, edging **2** (*orlo*) hem; (*bordura*) border, edge.

orleanista *agg.* e *s.m.* e *f.* Orleanist.

orlo *s.m.* **1** (*di abiti, biancheria ecc.*) hem; (*bordo applicato*) trimming; (*bordo aggiunto come ornamento*) edging, border: *devo fare l'— alla gonna*, I've got to take the hem up on my skirt; *un — di pizzo a una tovaglia*, a lace border on a tablecloth // — *a giorno*, hemstitch // — *ribattuto*, double hem **2** (*estremità, margine*) edge; (*ornamento*) border; (*di oggetto rotondo*) lip, rim; (*bordo largo*) brim; (*di dirupi* *ecc.*) brink; edge; — *arrotondato*, rounded edge; *l'— di un bicchiere, una tazza, un secchio*, the rim of a glass, of a cup, of a bucket; *l'— di una brocca*, the lip of a jug; *l'— di un cappello*, the brim of a hat; *l'— di un piatto*, the edge (*o* rim) of a plate; *l'— di un tavolo*, the edge of a table; *l'— dorato di un tavolo*, the gilded border of a table; *bicchiere pieno fino all'—*, glass full to the brim // *è sull'— della pazzia*, (*fig.*) he's on the edge of madness // *sull'— della rovina*, (*fig.*) on the verge (*o* brink) of ruin // (*aer.*) — *periferico*, peripheral hem.

orma *s.f.* 1 footprint, footmark; (*traccia*) track; (*di animale*) trail, spoor: *le orme di un animale sulla neve*, the tracks of an animal in the snow; *il cane seguiva le orme della lepre*, the hound followed the trail (*o* spoor) of the hare; *si vedevano le sue orme sulla sabbia*, we saw his footprints (*o* footmarks) in the sand // *seguire le orme di qlcu.*, to follow in s.o.'s footsteps (*anche fig.*) // *ritornare sulle proprie orme*, (*fig.*) to go back on one's tracks 2 (*fig.*) (*impronta*) mark, trace: *lasciò un'— indelebile nella mia memoria*, he left an indelible impression on my memory; *lasciò la sua — nella politica italiana*, he made his mark on Italian politics 3 *pl.* (*fig.*) (*vestigia*) traces, vestiges: *le orme di una passata grandezza*, the traces (*o* vestiges) of past greatness.

ormai *avv.* 1 (*a quest'ora*) (by) now, by this time; (*con riferimento al passato*) by then, by that time, by the time...: — *è tardi, riprenderemo il discorso domani*, it's late now, we'll go on with the subject tomorrow; *non sei più in tempo, — è scaduto il termine per l'iscrizione*, you're too late, the enrolment date has passed by now; — *non si può fare più niente per lui*, by now it's too late to do anything for him; — *dovresti averlo capito*, you should have realized by now; — *non vale più la pena di tentare*, it's no use trying any more (now); *è tempo che metta giudizio, sei grande —!*, it's time you had more sense, you're a big boy now!; *è passato troppo tempo —*, it's too long ago now; *quando lo portarono all'ospedale, era — troppo tardi*, by the time they got him to hospital it was too late; *a quest'ora saranno — andati via tutti*, everyone will have left by now (*o* by this time); — *avevano perso ogni speranza di trovarlo vivo*, by then they had given up hope of finding him alive 2 (*quasi*) almost, nearly: — *è Natale*, it's almost Christmas; *coraggio, stiamo per arrivare —*, come on, we're nearly there.

ormeggiare *v.tr.* (*mar., aer.*) to moor: — *una nave lungo la banchina*, to moor a ship at the quayside.

□ **ormeggiarsi** *v.intr.pron.* (*mar.*) to moor.

ormeggiatore *s.m.* person who moors (a boat).

ormeggio *s.m.* (*mar.*) mooring, moorage: — *a ruota*, single anchor mooring; — *di prua*, bow fast (*o* head-mooring); — *di poppa*, stern mooring (*o* stern fast); — *in quattro*, head-and -stern mooring; *boa d'—*, mooring buoy; *cattivo —*, foul berth; *cavo d'—*, mooring rope (*o* fast); *diritti d'—*, moorage; *gancio d'—*, mooring dog; *palo d'—*, mooring pile; *posto d'—*, berth (*o* moorings); *punto d'—*, mooring point; *la nave era agli ormeggi*, the ship was at her moorings; *levare gli ormeggi*, to pick up the moorings; *spezzare gli ormeggi*, to break (the) moorings.

ormonale *agg.* (*biol.*) hormonal, hormonic: (*med.*) *disfunzione —*, hormonal disorder; *dosaggio —*, hormonal dosage.

ormone *s.m.* (*biol.*) hormone: — *sessuale*, sex hormone; — *testicolare*, androgen; *deficienza d'ormoni*, hormone deficiency // (*bot.*) — *florigeno*, florigen.

ormonico *agg.* (*biol., med.*) hormonic; hormone (*attr.*).

ornamentale *agg.* ornamental, decorative: *pianta —*, ornamental plant; *disegno, fregio —*, ornamental (*o* decorative) design, frieze.

ornamentazione *s.f.* ornamentation.

ornamento *s.m.* 1 ornament (*anche fig.*); decoration: *la mensola del camino era carica di ornamenti*, the mantelpiece was crowded with ornaments; *piante d'—*, ornamental plants; *questo vestito ha troppi ornamenti per il mio gusto*, this dress is too fussy for my liking // (*arch.*): — *a dentelli*, denticular ornament; — *a fogliami*, foliation (*o* feathering); — *a ovoli e lancette*, egg-and-dart ornament; — *arabesco*, arabesque; — *a rosone*, rosette; *una facciata ricca di ornamenti*, a façade rich in ornaments 2 *pl.* (*mus.*) ornaments, grace notes.

ornare *v.tr.* to adorn; to decorate; to ornament (*anche fig.*); (*abbellire*) to beautify; (*guarnire*) to trim: *due splendidi quadri del Trecento ornavano la parete*, two magnificent fourteenth -century pictures adorned the wall; *una ghirlanda di fiori le ornava i capelli*, a garland of flowers adorned her hair; *il suo vestito è ornato con pizzo*, her dress is trimmed with lace; *le strade erano ornate di bandiere*, the streets were decorated (*o* hung) with flags; — *una finestra di fiori*, to deck a window with flowers; — *il proprio stile*, to embellish one's style // (*fin.*) — *una moneta di granitura*, to engrail a coin.

□ **ornarsi** *v.rifl.* o *intr.pron.* to adorn oneself: *ama — di gioielli*, she likes to wear jewellery; *in autunno il bosco si orna di colori*, in autumn the trees adorn themselves with colours.

ornatamente *avv.* ornately, in an ornate style.

ornatezza *s.f.* (*non com.*) ornateness.

ornatista *s.m.* e *f.* ornamentalist.

ornativo *agg.* (*non com.*) ornamental.

ornato[1] *agg.* 1 adorned, trimmed: *un vestito — di pizzo*, a dress trimmed with lace 2 (*di stile*) ornate; (*spreg.*) flowery: *ha uno stile —*, he has a flowery style.

ornato[2] *s.m.* 1 ornamentation, decoration: *la facciata è troppo carica di ornati*, the façade is too rich in ornamentation 2 (*arte della decorazione*) (art of) decoration: *è professore di —*, he teaches decoration.

ornatore *s.m.* ornamenter, decorator.

ornatura *s.f.* (*rar.*) ornamentation.

orneblenda *s.f.* (*min.*) hornblende.

ornello, orniello *s.m.* (*bot.*) (*Fraxinus ornus*) manna-ash.

ornitofilo *agg.* (*bot.*) ornithophilous.

ornitologia *s.f.* ornithology.

ornitologico *agg.* ornithological // *stazione ornitologica*, bird-watching post.

ornitologo *s.m.* ornithologist; bird-watcher.

ornitomanzia *s.f.* ornithomancy.

ornitorinco *s.m.* (*zool.*) (*Ornithorhynchus anatinus*) platypus*, duckbill, ornithorhynchus.

ornitosi *s.f.* (*med.*) ornithosis.

orno *s.m.* (*bot.*) → **ornello**.

oro *s.m.* 1 gold (*anche chim.*): — *zecchino*, fine gold; — *puro*, pure gold; — *fino*, refined gold; — *greggio*, unrefined gold; — *massiccio*, solid gold; — *lavorato*, wrought gold; — *di coppella, a 24 carati*, 24 carat gold; — *bianco*, white gold; *moneta, orologio d'—*, gold coin, watch; *cercatore d'—*, gold digger; *miniera d'—*, gold mine; *pepita d'—*, gold nugget; *lingotti d'—*, gold ingot (*o* gold bar *o* gold bullion); *polvere d'—*, gold dust; *placcato in —*, gold -plated // — *nero*, (*petrolio*) black gold // *età dell'—*, golden age // *febbre dell'—*, gold fever; *corsa all'—*, gold rush // *capelli d'—*, golden hair // *un cuore d'—*, a heart of gold; *una persona d'—*, a wonderful (*o* exceptional) person // *questo è stato un anno d'— per l'economia*, this has been a golden year for the economy // *occasione d'—*, golden opportunity // *ore d'—*, golden hours // *nozze d'—*, golden wedding // *non lo farei per tutto l'— del mondo*, I wouldn't do it for all the money in the world (*o* for all the tea in China) // *non prendere tutto quello che dico per — colato*, don't take everything I say as gospel // *nuotare nell'—*, to be rolling in money (*o* wealth) // *ottenere qlco. a peso d'—*, to pay a king's ransom for sthg.; *vendere a peso d'—*, to sell at a very high price // *vale tanto — quanto pesa*, he is worth his weight in gold // *non è tutto — quello che riluce*, (*prov.*) all that glitters is not gold // (*chim.*): *numero d'—*, gold number; — *musivo*, mosaic gold // (*fin.*): — *monetato*, coined gold; — *a titolo legale*, standard gold // (*dir.*) *clausola —*, gold clause 2 *pl.* jewels: *i miei ori*, my jewels (*o* my jewellery).

orobanche *s.f.* (*bot.*) broomrape.

orofaringe *s.f.* (*anat.*) oropharynx.

orofita *s.f.* (*ecol.*) orophyte.

orogene *s.m.* (*geol.*) orogene.

orogenesi *s.f.* (*geol.*) orogenesis, orogeny: — *alpina*, Alpine orogeny.

orogenetico *agg.* (*geol.*) orogenetic.

orografia *s.f.* orography.

orografico *agg.* orographic(al): *carta orografica*, relief map.

oroidrografia *s.f.* (*geogr.*) orohydrography.

orologeria *s.f.* 1 (*arte dell'orologiaio*) watchmaking; clock-making 2 (*negozio di orologiaio*) watchmaker's (shop) 3 *movimento d'—*, clock (*o* watch) movement; *congegno ad —*, timer (*o* timing device); *bomba ad —*, time bomb.

orologiaio *s.m.* 1 watchmaker, clockmaker 2 (*chi ripara orologi*) watch-repairer.

orologiero *agg.* watch (*attr.*), clock (*attr.*).

orologio *s.m.* 1 (*tascabile, da polso*) watch; (*da muro ecc.*) clock: *caricare un —*, to wind (up) a clock, a watch; *regolare un —*, to regulate a clock, a watch; *l'— si è fermato*, the clock, the watch has stopped; *il mio — è avanti, indietro di tre minuti*, my watch is three minutes fast, slow; *il tuo — va avanti, indietro cinque minuti al giorno*, your watch gains, loses five minutes a day; *l'— del campanile suona le ore e le mezze ore*, the clock on the tower strikes the hours and (the) half-hours // *un'ora d'—*, a whole hour: *ti ho aspettato per un'ora d'—!*, I have waited a whole hour for you! // *è un —*, (*fig.*) (*di congegno*) it runs like clockwork; (*di persona puntuale*) he is always on the dot //

stare con l'— in mano, (*fig.*) to be a stickler for punctuality // *cassa dell'—*, watchcase // *— da polso*, wrist-watch; *— da tavolo*, table-clock; *— da tasca*, pocket watch; *— sveglia*, alarm clock; *— elettrico*, electric watch, clock; *— digitale*, digital watch, clock; *— al quarzo*, quartz watch, clock; *— subacqueo, impermeabile*, waterproof watch; *— a pendolo*, pendulum-clock; *— a polvere*, hourglass; *— ad acqua*, water-clock; *— a carica automatica*, self-winding watch; *— a cronometro*, timer (*o* timepiece); *— a ripetizione*, repeating clock; *— a carillon*, chiming -clock; *— solare*, sundial; *— astronomico*, astronomical clock; *— di controllo con timbratura*, time-clock **2** (*inform.*) clock, timer: *— pilota*, master clock **3** (*zool.*): *— dei coloni* → kookaburra; *— della morte*, (*Atropos pulsatorium*) deathwatch (beetle).

oroscopia *s.f.* horoscopy.

oroscopico *agg.* (*non com.*) horoscopic.

oroscopo *s.m.* horoscope: *leggo sempre il mio —*, I always read my horoscope.

orpellare *v.tr.* **1** (*letter.*) (*ornare con orpelli*) to cover with pinchbeck **2** (*fig.*) (*mascherare*) to disguise, to gild, to cover up.

orpello *s.m.* **1** pinchbeck **2** (*fig.*) (*apparenza ingannevole*) show, disguise; (*ornamento inutile*) frill.

orpimento *s.m.* (*min.*) orpiment.

orrendamente *avv.* horribly, dreadfully, hideously: *un viso — sfigurato*, a hideously disfigured face.

orrendo *agg.* **1** dreadful, horrible, shocking, hideous: *un delitto —*, a dreadful (*o* shocking) crime; *una morte orrenda*, a horrible death; *una guerra orrenda*, an awful war; *è — a vedersi*, it is a dreadful sight **2** (*pessimo*) horrendous, dreadful, awful, terrible: *un film —*, a horrendous (*o* dreadful) film; *un mobile —*, an awful piece of furniture.

orribile *agg.* **1** dreadful, horrible, shocking, hideous: *mostro —*, horrible monster; *tormento —*, horrible torture; *crimine —*, hideous crime; *morire di una morte —*, to die a horrible death **2** (*pessimo*) horrendous, dreadful, awful, terrible: *tempo —*, awful weather; *tempesta —*, dreadful thunderstorm.

orribilità *s.f.* horribleness, dreadfulness.

orrido *agg.* **1** (*terribilmente brutto*) horrid, horrible, awful: *avere un aspetto —*, to be repulsive-looking **2** (*spaventevole*) frightful, dreadful; horrifying: *bellezza orrida*, horrifying beauty; *visione orrida*, dreadful sight ◆ *s.m.* **1** (*aspetto orrido*) horridness **2** (*precipizio*) precipice, ravine, gorge.

orripilante *agg.* horrifying; hair-raising.

orripilazione *s.f.* (*fisiologia*) horripilation.

orrore *s.m.* **1** horror; (*terrore*) dread, terror; (*ripugnanza*) repugnance, disgust, abhorrence: *colto, preso d'—*, horror-struck (*o* horror -stricken); *con mio grande —*, to my unspeakable horror; *provo — del sangue*, the sight of blood fills me with horror; *avere — di qlcu., qlco.*, to hate s.o., sthg.; *mi fa — pensarci*, I dread to think of it; *la tua condotta mi fa —*, your behaviour disgusts me; *a certi bambini l'acqua fa —*, some children are terrified of water // *film, romanzo dell'—*, horror film, story // *sacro —*, awe **2** (*cosa orribile*) horror (*anche fig.*): *gli orrori della guerra*, the horrors of war; *commettere degli orrori*, to commit atrocities; *quel quadro è un —*, that picture is hideous (*o* ghastly).

orsa *s.f.* **1** (*zool.*) she-bear **2** (*astr.*): *Orsa Maggiore*, Great Bear (*o* the Plough *o* Ursa Major); *Orsa Minore*, Little Bear (*o* Ursa Minor).

orsacchiotto *s.m.* **1** (*piccolo orso*) bear cub, young bear **2** (*giocattolo*) teddy bear.

orsaggine *s.f.* (*l'essere poco socievole*) gruffness, bearishness.

orsetto *s.m.* (*zool.*) **1** (*piccolo orso*) bear cub, young bear **2** *— d'America*, coati; *— lavatore* → procione.

orsino *agg.* (*non com.*) of a bear, bear's.

orso *s.m.* **1** (*zool.*) bear: *cucciolo d'—*, bear cub; *caccia all'—*, bear hunting; *grasso d'—*, bear-grease; *pelle d'—*, bear's skin (*o* bearskin) // *— bianco, polare*, (*Ursus maritimus*) polar (*o* white *o* sea) bear; *— bruno*, (*Ursus arctos*) brown bear (*o pop.* cinnamomum bear); *— dell'Alaska*, (*Ursus arctos middendorffi*) kodiak (bear); *— giocoliere, labiato*, (*Melursus ursinus*) sloth-bear (*o* honey-bear); *— grigio del Nord America*, (*Ursus horribilis*) grizzly; *— marsupiale*, (*Phascolarctos cinereus*) koala // *vendere la pelle dell'— prima che sia morto*, (*prov.*) to count one's chickens before they are hatched **2** (*paleont.*) *— delle caverne*, (*Ursus spelaeus*) cave-bear **3** (*persona goffa*) awkward person; (*burbera*) bear, gruff person; (*non socievole*) unsociable person, bear: *ballare come un —*, to dance like an elephant; *non fare l'—, esci con noi*, don't be such a bear, come out with us **4** (*Borsa*) (*ribassista*) bear.

orsolina *s.f.* (*eccl.*) Ursuline.

orsù, or su *inter.* (*letter.*) come on; go ahead: *—, andiamo!*, come on, let's go!

ortaggio *s.m.* vegetable: *la lattuga e il cavolo sono ortaggi*, the lettuce and the cabbage are vegetables; *piantare ortaggi*, to plant vegetables.

ortaglia *s.f.* **1** (*terreno piantato a orto*) vegetable garden, kitchen garden **2** (*region.*) (*ortaggio*) vegetable.

ortense *agg.* (*rar.*) garden (*attr.*).

ortensia *s.f.* (*bot.*) (*Hydrangea hortensia*) hydrangea.

ortesi *s.f.* (*med.*) orthesis.

ortica *s.f.* (*bot.*) (*Urtica dioica*) (stinging) nettle, hedge-nettle: *puntura d'—*, nettle sting // *— bianca*, (*Boehmeria nivea*) (*pop.*) ramie // *gettare qlco. alle ortiche*, (*fig.*) to throw away.

orticaceo *agg.* (*bot.*) urticaceous.

orticaio *s.m.* nettle-bed.

orticante *agg.* **1** (*di piante*) stinging, urticant **2** (*estens.*) stinging, irritating.

orticaria *s.f.* (*med.*) hives, nettle rash, urticaria.

orticolo *agg.* horticultural: *esposizione orticola*, horticultural show; *prodotti orticoli*, vegetables.

orticoltore *s.m.* vegetable grower, horticulturist; (*su grande scala*) market gardener.

orticoltura *s.f.* vegetable growing, horticulture; (*su grande scala*) market gardening.

orticon, orticonoscopio *s.m.* (*tv*) orthicon.

ortivo[1] *agg.* (*coltivato a orto*) vegetable (*attr.*): *terreno —*, vegetable garden; *piante ortive*, vegetables.

ortivo[2] *agg.* (*astr.*) *punto —*, rising point.

orto[1] *s.m.* (*di casa*) vegetable garden, kitchen garden; (*di un orticoltore*) market garden; (*amer.*) truck farm; (*frutteto*) orchard // *— botanico*, botanical garden // *l'— di Getsemani*, (*Bibbia*) the Garden of Gethsemane // *non è la via dell'—*, (*fig.*) it is not the easiest way // *star coi frati e zappar l'—*, (*fig. scherz.*) to swim with the current.

orto[2] *s.m.* (*poet.*) **1** (*il sorgere di un astro*) rising **2** (*oriente*) east, orient.

orto- *pref.* di origine greca che entra nella composizione di alcuni aggettivi e sostantivi; ingl. ortho-: **1** con il significato di 'diritto, retto': *ortopedia*, orthop(a)edy; *ortoscopico*, orthoscopic **2** con il significato di 'esatto, giusto, corretto': *ortografico*, orthographic(al); *ortoepico*, orthoepic(al) **3** in chim. organica indica la posizione contigua di due gruppi sostituenti due atomi di idrogeno nell'anello benzenico dei composti aromatici: *ortofosforico*, orthophosphoric.

ortocentro *s.m.* (*mat.*) orthocentre.

ortoclasio *s.m.* (*min.*) orthoclase.

ortocromatico *agg.* (*fot.*) orthochromatic.

ortodontico *agg.* (*med.*) orthodontic.

ortodontista *s.m.* e *f.* orthodontist.

ortodonzia *s.f.* (*med.*) orthodontics [U], orthodontia.

ortodossia *s.f.* orthodoxy: *l'— cattolica, marxista*, Catholic, Marxist orthodoxy; *azioni che mancano di —*, unorthodox actions.

ortodosso *agg.* orthodox: *Cristianesimo —*, orthodox Christianity; *fede ortodossa*, orthodox faith; *opinioni poco ortodosse*, unorthodox opinions; *nel partito Paolo è sicuramente il meno —*, Paul is the least conventional (*o* orthodox) member of the party // *la Chiesa Ortodossa*, (*greco-scismatica*) the Orthodox Church ◆ *s.m.* orthodox // *gli Ortodossi*, (*cristiani greco-scismatici*) members of the Orthodox Church.

ortodromia *s.f.* (*geogr.*) orthodrome.

ortodromico *agg.* (*geogr.*) orthodromic: *linea ortodromica*, orthodrome.

ortoepia *s.f.* orthoepy.

ortoepico *agg.* orthoepic(al).

ortofonia *s.f.* orthoepy.

ortofonico *agg.* orthoepic(al).

ortofonista *s.m.* e *f.* orthoepist.

ortoforia *s.f.* (*med.*) orthophoria.

ortofosfato *s.m.* (*chim.*) orthophosphate.

ortofosforico *agg.* (*chim.*) orthophosphoric: *acido —*, orthophosphoric acid.

ortofrenia *s.f.* (*psic.*) orthophrenia.

ortofrenico *agg.* (*psic.*) orthophrenic.

ortofrutticolo *agg.* fruit and vegetable (*attr.*): *mercato —*, fruit and vegetable market.

ortofrutticoltore *s.m.* market gardener; (*amer.*) truck farmer.

ortofrutticoltura *s.f.* market gardening.

ortogenesi *s.f.* (*biol.*) orthogenesis.

ortogenetico *agg.* (*biol.*) orthogenetic.

ortognatismo *s.m.* (*antropologia*) orthognatism.

ortognato *agg.* (*antropologia*) orthognatous.

ortogonale *agg.* (*mat.*) orthogonal, orthographic(al): *vettore —*, orthogonal vector.

ortogonalità *s.f.* (*mat.*) orthogonality.

ortografia *s.f.* **1** spelling, orthography: *errori di* —, spelling mistakes **2** (*arch.*) elevation.

ortografico *agg.* orthographic(al), spelling: *errore* —, spelling mistake // (*cartografia*) *proiezione ortografica*, orthographic map projection.

ortolano *s.m.* **1** (*venditore di frutta e verdura*) greengrocer **2** (*orticoltore*) market gardener; (*amer.*) truck farmer **3** (*zool.*) (*Emberiza hortulana*) ortolan ◆ *agg.* (*non com.*) garden (*attr.*).

ortomercato *s.m.* vegetable market.

ortopedia *s.f.* orthop(a)edics [U], orthop(a)edy, orthopaedia.

ortopedico *agg.* orthop(a)edic(al): *chirurgia ortopedica*, orthopedic surgery; *collare* —, neck collar; *scarpe ortopediche*, orthopedic shoes ◆ *s.m.* orthop(a)edist.

ortopnea *s.f.* (*med.*) orthopnea.

ortoscopia *s.f.* (*med.*) orthoscopy.

ortoscopico *agg.* (*med.*) orthoscopic.

ortoscopio *s.m.* (*med.*) orthoscope.

ortose, **ortosio** *s.m.* (*min.*) orthoclase.

ortostatico *agg.* (*med.*) orthostatic.

ortostatismo *s.m.* (*med.*) orthostatism.

ortostica *s.f.* (*bot.*) orthostichy.

ortotono *s.m.* (*med.*) orthotonos, orthotonus.

ortottero *s.m.* **1** (*aer.*) orthopter **2** (*zool.*) orthopteran.

ortottica *s.f.* (*med.*) orthoptics [U].

ortottico *agg.* (*med.*) orthoptic.

ortottista *s.m.* e *f.* (*med.*) orthoptist.

ortoxilene *s.m.* (*chim.*) orthoxylene.

orvietano *agg.* of Orvieto, from Orvieto ◆ *s.m.* **1** native of Orvieto; inhabitant of Orvieto **2** → **orvieto 3** (*antico medicamento*) Orvietan.

orvieto *s.m.* 'Orvieto' (kind of Italian wine).

orza *s.f.* (*mar.*) **1** (*canapo*) bowline // *andare all'*—, to sail close to the wind; *mettersi all'*—, to haul to windward (*o* to luff); *stare all'*—, to haul upon the wind **2** (*lato di sopravvento*) luff, weatherboard, windward side.

orzaiolo *s.m.* sty, stye: *avere un* —, to have a sty in one's eye.

orzare *v.intr.* (*mar.*) **1** (*andare all'orza*) to sail close to the wind **2** (*mettersi all'orza*) to luff.

orzarolo → **orzaiolo**.

orzata[1] *s.f.* (*mar.*) luff.

orzata[2] *s.f.* (*bibita*) orgeat.

orzato *agg.* (*non com.*) barley (*attr.*).

orzo *s.m.* **1** barley; corn: *chicco d'*—, barleycorn (*o* grain of barley); — *perlato*, *tallito*, perl, malted barley; *farina*, *zucchero d'*—, barley meal, sugar; *acqua d'*—, barley water; *caffè d'*—, barley coffee **2** (*bot.*) — *selvatico*, (*Hordeum murinum*) squirrel tail.

osanna *s.m.* hosanna; (*estens.*) (*grido di gioia*) cheer: *gli — della folla*, the cheers of the crowd; *levare un* —, to cheer.

osannare *v.intr.* **1** (*cantare osanna*) to sing* hosannas; (*gridare evviva*) to shout hurrah: *il popolo osannava al re*, the people shouted hurrah for (*o* cheered) the king **2** (*estens.*) (*fare lodi pubbliche*) to acclaim (s.o., sthg.), to applaud (s.o., sthg.): — *ai divi dello sport*, to applaud the sports heroes ◆ *v.tr.* (*celebrare*, *esaltare*) to acclaim: *uno scrittore osannato dai critici*, a writer acclaimed by the critics.

osannite *s.f.* (*min.*) riebeckite.

osare *v.servile* to dare (*usato come 'modal verb' o come v.intr.*): *ha osato presentarsi di nuovo alle elezioni*, he (actually) dared to stand for election again; *mi meraviglio che osi farmi una simile richiesta*, I'm surprised he dares (to) ask (*o* he dare ask) such a thing of me; *non oso telefonargli*, I daren't phone him; *non oso pensarci*, I daren't think (*o* I don't dare to think) of it; *non ha mai osato farsi avanti*, he never dared (to) expose himself; *vorrei chiederti un favore, ma non oso*, I'd like to ask you a favour, but I daren't (*o* I don't dare to); *non osavo sperare tanto*, I didn't dare to hope so much; *non — parlarmi mai più in questo modo!*, never dare (to) speak to me (*o* don't dare to speak to me) like that again!; *come osi dire una cosa simile?*, how dare you say such a thing?; *come osate presentarvi a quest'ora?*, how dare you turn up at this time?; *oseresti chiedergli del denaro?*, would you dare (to) ask him for money?; *chi avrebbe osato contraddirlo?*, who(ever) would have dared (to) contradict him? // *oserei dire*, I daresay (*o* I dare say) // *come osi?*, how dare you? ◆ *v.tr.* (*arrischiare*, *azzardare*) to attempt, to risk: — *l'impossibile*, to attempt the impossible; — *il tutto per tutto*, to risk everything.

Oscar *s.m.* **1** (*cinem.*) (*premio*) —, Oscar: *ha vinto l'— come migliore attrice*, she won the Oscar for Best Actress; *il film era candidato a due* —, the film was nominated for two Oscars **2** (*estens.*) (*primo premio*) first prize; award: *ricevere l'— del commercio*, to win the award for commerce.

oscenità *s.f.* **1** obscenity, indecency, lewdness: *l'— di uno scritto*, the obscenity (*o* the lewdness) of a piece of writing **2** (*parola*, *azione oscena*) obscenity, indecency: *dire*, *scrivere* —, to utter, to write obscenities; *non capisco perché facciano vedere tali — in televisione*, I don't understand why they show such obscene acts on television **3** (*opera di cattivo gusto*) monstrosity: *questa casa è un'*—, this house is a monstrosity.

osceno *agg.* **1** obscene, indecent, lewd, bawdy: *canzone oscena*, bawdy (*o* obscene) song; *un film* —, an obscene (*o fam.* a dirty) film; *quadro* —, obscene picture; *linguaggio* —, obscene language; *un'espressione oscena*, a lewd expression; *proposta oscena*, indecent proposal // (*dir.*) *atti osceni*, indecent behaviour; (*in luogo pubblico*) indecent exposure **2** (*orribile*) horrible, obscene, monstrous: *si trucca il viso in modo* —, her make-up is horrible; *un edificio* —, a monstrous (*o* an obscene) building.

oscillante *agg.* **1** swinging; swaying, rocking; oscillating **2** (*fig.*) (*variabile*) fluctuating; varying: *temperature oscillanti fra 15 e 20 gradi*, temperatures varying from 15 to 20 degrees (*o* fluctuating between 15 and 20 degrees); *prezzi oscillanti*, fluctuating prices // (*fin.*) *tasso d'interesse* —, floating interest rate **3** (*fig.*) (*tentennante*) wavering: *opinioni oscillanti*, wavering opinions **4** (*elettr.*, *rad.*) oscillating: *corrente* —, oscillating current; *circuito* —, oscillatory circuit.

oscillare *v.intr.* **1** to swing*; to sway, to rock; to oscillate; to move to and fro; (*vibrare*) to vibrate: *il lampadario oscillava pericolosamente sopra le loro teste*, the chandelier swayed (*o* swung) dangerously above their heads; *l'altalena continuò a* —, the swing kept on moving to and fro; *il pendolo oscilla*, the pendulum swings; *fare — un pendolo*, to swing a pendulum; *le onde fanno — la barca*, the waves rock the boat; *fare — un filo metallico*, to make a wire vibrate // *il suo discorso oscillava tra il tragico e il comico*, (*fig.*) his speech oscillated between tragic and comic // *una fiamma che oscilla nell'oscurità*, a flame flickering (*o* wavering) in the dark **2** (*fig.*) (*variare*) to fluctuate; to vary: *la temperatura oscilla fra i 25 e i 30 gradi*, the temperature varies from 25 to 30 degrees (*o* fluctuates between 25 and 30 degrees); *i prezzi oscillano sul mercato*, prices fluctuate on the market; *le quotazioni oscillano dalle venti alle trenta mila lire*, quotations vary from twenty to thirty thousand lire // (*fin.*): *bisognerebbe permettere alla lira di — liberamente*, the lira should be allowed to float independently; *il governo ha deciso di fare — la sterlina*, the government decided to float the pound **3** (*fig.*) (*tentennare*) to waver: — *tra due opinioni*, to waver between two opinions **4** (*elettr.*, *rad.*) to oscillate.

oscillatore *s.m.* (*elettr.*, *fis.*) oscillator: — *acustico*, audio-oscillator; — *a battimenti*, beat -frequency oscillator; — *a cavità*, cavity oscillator; — *a rilassamento*, blocking oscillator; — *a valvola*, valve oscillator.

oscillatorio *agg.* oscillatory, oscillating.

oscillazione *s.f.* **1** swing(ing); sway(ing), rocking; oscillation; (*vibrazione*) vibration: *l'— del pendolo*, *di una corda*, the swing of a pendulum, the swinging of a rope; *l'— di una nave*, the swaying (*o* the rocking) of a boat; *l'— di un'altalena*, the swinging of a swing; *l'— di un filo metallico*, the vibration of a wire **2** (*fig.*) (*variazione*) fluctuation; variation: *oscillazioni della temperatura*, variations in temperature; — *dei prezzi*, fluctuation in prices; — *delle vendite*, fluctuation in sales; *le oscillazioni di pronuncia di un vocabolo*, the variations in pronunciation of a word // (*fin.*): — *delle monete europee*, floating of European currency; — *verso l'alto*, *verso il basso* (*di una moneta*), floating up, down (of a currency); — *del cambio*, fluctuation of exchange (*o* in the rate of exchange) // (*econ.*) — (*del mercato*), movements (of the market) // (*Borsa*) — *giornaliera delle quotazioni*, spread **3** (*ginnastica*) leg circle **4** (*scient.*) oscillation // (*fis.*): — *a lungo periodo*, long-period oscillation; — *costante*, *forzata*, *libera*, *smorzata*, constant, forced, free, damped oscillation; — *di rilassamento*, relaxation oscillation; — *elettrica*, (electric) oscillation // (*aer.*): — *laterale*, lateral oscillation; — *longitudinale*, longitudinal oscillation // (*cinem.*): — *dell'immagine*, unsteady picture; — *del suono*, flutter // (*geol.*) *oscillazioni glaciali*, glacier oscillations.

oscillografia *s.f.* (*med.*) oscillography.

oscillografico *agg.* (*med.*) oscillographic.

oscillografo *s.m.* **1** (*elettr.*) oscillograph: — *a ferro dolce*, soft-iron oscillograph; — *a raggi catodici*, cathode-ray oscillograph **2** (*med.*) → **oscillometro**.

oscillogramma *s.m.* (*elettr.*) oscillogram.

oscillometro *s.m.* (*med.*, *mar.*) oscillometer.

oscilloscopio *s.m.* (*elettr.*) oscilloscope.

oscinide *s.f.* (*zool.*) (*Oscinella frit*) fritfly.

osculare *v.tr.* (*mat.*) to osculate.

osculatore *agg.* (*mat.*) osculating: *cerchio*, *piano* —, osculating circle, plane.

osculazione *s.f.* (*mat.*) osculation.

osculo *s.m.* (*bot., zool.*) osculum*.

oscurabile *agg.* (*non com.*) that may be darkened; that may be obscured (*anche fig.*); (*fig.*) that may be eclipsed.

oscuramento *s.m.* **1** darkening; obscuring (*anche fig.*); dimming (*anche fig.*); (*fig.*) clouding; (*fig.*) eclipsing: *vi fu un improvviso — del cielo*, there was a sudden darkening (*o* dimming) of the sky; *— della vista*, dimming of sight; *— delle facoltà mentali*, clouding of the mind; *la sua fama subì un improvviso —*, his fame was suddenly eclipsed (*o* obscured) **2** (*in tempo di guerra*) blackout.

oscurantismo *s.m.* obscurantism.

oscurantista *agg.* e *s.m.* e *f.* obscurantist.

oscurantistico *agg.* obscurantist.

oscurare *v.tr.* to darken; to black out; (*schermare*) to shade; to obscure, to dim, to overshadow (*anche fig.*); (*fig.*) to cloud; (*fig.*) to eclipse: *il cielo è oscurato dal fumo*, the sky is darkened by the smoke; *le nuvole oscuravano la montagna*, the clouds obscured the mountain; *il sole era oscurato dalle nuvole*, the sun was obscured by the clouds; *— una stanza*, (*abbassando le luci*) to darken a room, (*chiudendo le imposte*) to black out a room; *— una fotografia*, to darken a photograph; *— una luce*, to shade a lamp; *l'abbassamento di pressione gli oscurò la vista*, the drop in his blood pressure dimmed his sight; *la veletta le oscurava la vista*, the veil obscured her view; *la rabbia e il vino le oscurarono la mente*, anger and wine clouded her mind; *Byron oscurò la fama di Walter Scott come poeta*, Byron overshadowed (*o* eclipsed) the fame of Walter Scott as a poet (*o* Byron's fame as a poet overshadowed that of Walter Scott) ◆ *v.intr.* (*letter.*) → **oscurarsi**.

□ **oscurarsi** *v.intr.pron.* to darken (*anche fig.*), to grow* dark; to dim (*anche fig.*), to grow* dim; to become* obscure (*anche fig.*): *il cielo si sta oscurando*, the sky is growing dark (*o* is growing dim *o* is clouding over); *gli si oscurò improvvisamente la vista*, his sight dimmed suddenly; *— in volto*, to frown; *gli si oscurò il volto*, his face darkened; *la sua fama si sta oscurando*, his fame is fading away.

oscurato *agg.* darkened; obscured (*anche fig.*); dim (*anche fig.*); (*fig.*) clouded; (*fig.*) eclipsed: *avevo la vista oscurata*, my sight was dim; *mente oscurata*, clouded mind; *mente oscurata dall'ira*, mind clouded with wrath; *fama oscurata dal tempo*, fame eclipsed by the passing of time.

oscuratore *agg.* darkening; obscuring (*anche fig.*) ◆ *s.m.* **1** (*chi oscura*) darkener **2** (*mar.*) deadlight.

oscurazione *s.f.* → **oscuramento**.

oscurità *s.f.* **1** darkness; obscurity: *l'— della notte*, the darkness of the night; *nella più completa —*, in utter darkness; *abituare gli occhi all'—*, to accustom one's eyes to the darkness: *fuggire approfittando dell'—*, to escape under cover of darkness **2** (*fig.*) (*mancanza di chiarezza*) obscurity, obscureness: *l'— di un testo, di uno scrittore*, the obscurity of a text, of a writer **3** (*fig.*) (*mancanza di notorietà*) obscurity: *vivere nell'—*, to live in obscurity // *— di natali*, obscurity of one's origins **4** (*fig.*) (*ignoranza*) ignorance: *vivere nell'—*, to live in ignorance.

oscuro *agg.* **1** dark: *cielo —*, dark sky; *foresta, notte oscura*, dark forest, night; *una stanza oscura*, a dark room // *viso —*, (*torvo, accigliato*) frowning face; *il suo volto si fece —*, his face darkened // (*fot.*) *camera oscura*, darkroom **2** (*fig.*) (*non chiaro, non esplicito*) dark, obscure; mysterious: *passo, significato —*, obscure passage, meaning; *uno scrittore —*, an abstruse writer; *un — presagio, segreto*, a dark omen, secret; *oscuri disegni*, dark designs; *ricevere oscure minacce*, to receive dark (*o* mysterious) threats; *una vicenda con molti punti oscuri*, an episode with a lot of obscure aspects; *morire in circostanze oscure*, to die in mysterious circumstances **3** (*fig.*) (*poco noto*) obscure, unknown; (*umile*) obscure, humble: *uno scrittore —*, an obscure (*o* unknown) writer; *molti episodi della vita di Dante sono ancora oscuri*, many episodes of Dante's life remain obscure; *un'oscura esistenza*, an obscure existence; *di oscuri natali*, of obscure (*o* humble) origins **4** (*fig.*) (*disonorevole, vergognoso*) dark, shameful: *fatti, secoli oscuri della nostra storia*, dark (*o* shameful) deeds, centuries of our history **5** (*fig.*) (*difficile*) hard, difficult: *avvenire —*, difficult future; *tempi oscuri*, hard times ◆ *s.m.* darkness, dark (*spec. fig.*): *essere all'—*, (*al buio*) to be in the dark (*o* darkness); *essere all'— di qlco.*, (*fig.*) to be in the dark about sthg.; *tenere una persona all'— di qlco.*, (*fig.*) to keep a person in the dark about sthg.

osé *agg.* (*fr.*) risqué, osé, audacious: *un film —*, an audacious film; *un complimento —*, a risqué compliment.

osmanico *agg.* Ottoman, Osmanli: *lingua osmanica*, Ottoman, Osmanli.

osmanli *agg.* e *s.m.* Ottoman, Osmanli.

osmero americano *s.m.* (*zool.*) (*Osmerus mordax*) smelt.

osmiato *s.m.* (*chim.*) osmate.

osmico *agg.* (*chim.*) osmic.

osmio *s.m.* (*chim.*) osmium.

osmiridio *s.m.* (*chim.*) osmiridium.

osmoforo *agg.* (*chim.*) osmophoric ◆ *s.m.* (*chim.*) osmophore.

osmometro *s.m.* (*chim.*) osmometer.

osmosi *s.f.* **1** (*chim., fis.*) osmosis; (*non com.*) osmose: *— inversa*, reverse osmosis; *sottoporre a —, passare per —*, to osmose // *— elettrica*, electro-osmosis **2** (*fig.*) (*fusione*) fusion: *— fra due culture*, fusion of two cultures.

osmoso *agg.* (*chim.*) osmous.

osmotattismo *s.m.* (*biol.*) osmotaxis.

osmotico *agg.* (*chim., fis.*) osmotic: *pressione osmotica*, osmotic pressure.

osmunda *s.f.* (*bot.*) (*Osmunda regalis*) royal fern, (*scient.*) osmund.

ospedale *s.m.* hospital, infirmary: *— civile*, (civil) hospital; *— militare*, military hospital; *— da campo*, field (*o* clearing) hospital (*o* field dressing station); *— psichiatrico*, mental hospital; *— oftalmico*, eye hospital; *— ortopedico*, orthopaedic hospital; *uscire, essere dimesso dall'—*, to come out of, to be discharged from hospital; *fare un mese d'—*, to spend a month in hospital; *portare qlcu. all'—*, to carry s.o. to hospital; *ricovero in —*, hospitalization // *mandare qlcu. all'—*, (*picchiarlo*) to beat s.o. up // *essere un — ambulante*, (*fig. scherz.*) to be a hospital-case (*o* to be full of aches and pains) // *— delle bambole*, dolls' hospital ◆ *agg.* hospital (*attr.*): *nave —*, hospital ship; *treno —*, hospital train.

ospedaliero *agg.* hospital (*attr.*): *medico —*, hospital doctor; *attrezzatura ospedaliera*, hospital equipment; *assistenza ospedaliera*, hospital services; *cure ospedaliere*, hospital treatment; *suora ospedaliera*, nun working in a hospital; *istituti ospedalieri*, hospitals ◆ *s.m.* hospital worker.

ospedalismo *s.m.* hospitalism.

ospedalità → **spedalità**.

ospedalizzare *v.tr.* to hospitalize; to admit to hospital.

ospedalizzazione *s.f.* hospitalization.

ospitale *agg.* hospitable: *una famiglia —*, a hospitable family; *un popolo —*, a hospitable people.

ospitalità *s.f.* hospitality: *il dovere dell'—*, host's duty; *dare, offrire — a qlcu.*, to give, to offer s.o. hospitality (*o fam.* to put s.o. up); (*fig.*) (*in un giornale, in una mostra*) to accept s.o.'s work (for publication, exhibition); *spero vorrà darmi — nel suo giornale*, I hope you will accept my work for publication in your paper; *chiedere —*, to ask for hospitality; *trovare —*, to find hospitality; *negare —*, to deny hospitality; *la proverbiale — degli italiani*, the proverbial hospitality of the Italians.

ospitante *agg.* host (*attr.*): *paese —*, host country; *squadra —*, host team ◆ *s.m.* host ◆ *s.f.* hostess.

ospitare *v.tr.* **1** to give* hospitality to (s.o.); to give* shelter to (s.o.), to shelter; to take* in; to put* up: *— un amico*, to give hospitality to a friend; *fui ospitato da un amico*, I stayed with a friend; *puoi ospitarmi per questa notte?*, can you put me up for the night?; *spero di poterti — per una settimana*, I hope (to be able) to have you as my guest for a week; *una nazione che ha ospitato molti esuli*, a nation that gave shelter to many exiles; *il convento ospitò per qualche giorno le vittime del terremoto*, the convent took in the victims of the earthquake for some days; *— provvisoriamente i bagagli di un amico*, to take in (*o* to store) a friend's luggage for a time // *— qlcu. in albergo*, to accommodate s.o. in a hotel; *l'albergo ospita 200 clienti*, the hotel accommodates two hundred guests // (*sport*) *— una squadra*, (*giocare in casa*) to play a team at home (*o* to be at home to a team) **2** (*estens.*) (*contenere*) to house; (*di giornale*) (*pubblicare*) to publish: *il museo ospita una mostra di gioielli*, the museum houses a jewellery exhibition; *è una rivista che ospita articoli di scrittori famosi*, it's a magazine that publishes (*o* carries) articles by famous writers; *chiedere a una rivista di — un articolo*, to ask a magazine to carry an article.

ospite *s.m.* e *f.* **1** (*chi ospita*) (*uomo*) host; (*donna*) hostess: *la nostra — ci intrattenne piacevolmente*, our hostess entertained us pleasantly **2** (*persona ospitata*) guest: *ero — del mio amico*, I stayed with my friend (*o* at my friend's); *spero che sarai mio — a Milano*, I hope you will be my guest in Milan; *scusatemi, ma stasera ho ospiti*, I'm sorry but I have guests this evening // *stanza per gli ospiti*, guest-room // *andarsene insalutato —*, (*letter.*) (*senza prendere commiato*) to go without taking one's leave, (*fig.*) (*sparire*) to go out of circulation (*o* to disappear suddenly) // *l'— è come il pesce, dopo tre giorni puzza*, (*prov.*) a guest who stays too long is unwelcome **3** (*biol.*) host ◆ *agg.* **1** (*che ospita*) host (*attr.*): *la nazione —*, the host nation **2** (*che è ospitato*) visiting:

(*sport*) *squadra* —, (*che gioca fuori casa*) visiting team.

ospizio *s.m.* **1** (*per anziani*) home, hospice; charitable institution: — *per anziani*, old people's home (*o* home for the aged); *finì i suoi giorni in un* —, he ended his days in a home (*o* hospice) // — *per i ciechi*, home for the blind // — *per i poveri*, poorhouse (*o* alms house) **2** (*antiq.*) (*albergo per viandanti*) pilgrim hospice; (*poet.*) (*dimora*) dwelling (place).

ospodaro *s.m.* (*st.*) hospodar, gospodin (*pl.* -da).

ossalato *s.m.* (*chim.*) oxalate.

ossalico *agg.* (*chim.*) oxalic: *acido* —, oxalic acid.

ossaluria *s.f.* (*med.*) oxaluria.

ossame *s.m.* (*letter.*) (*mucchio di ossa*) heap of bones; collection of bones.

ossario *s.m.* ossuary, charnel house.

ossatura *s.f.* **1** skeleton; bone structure: *una persona dall'— grossa*, a big-boned person; *essere di — minuta*, to have small bones (*o* a slender frame) **2** (*arch.*) frame(work); structure; carcass, carcase: — *dell'edificio*, building skeleton (*o* frame); *ponte con — in acciaio*, bridge with a steel framework **3** (*fig.*) (*di discorso ecc.*) structure, framework: *l'— di un romanzo*, the structure of a novel.

ossazolo *s.m.* (*chim.*) oxazole.

osseina *s.f.* (*biochim.*) ossein.

osseo *agg.* bony, osseous, osteal: *tessuto* —, bony tissue // (*med.*) *callo* —, callus.

ossequente *agg.* (*letter.*) **1** (*rispettoso*) respectful (of s.o., sthg.); deferential; obsequious: *un figlio* —, a respectful son **2** (*obbediente*) compliant (with s.o., sthg.), obedient: — *agli ordini*, compliant with orders; — *alla legge*, law-abiding.

ossequiare *v.tr.* (*riverire*) to pay* one's respects to (s.o.).

ossequiente → **ossequente**.

ossequio *s.m.* **1** (*omaggio*) homage: *rendere — al sovrano*, to pay homage to one's sovereign **2** *pl.* (*saluti deferenti*) regards, respects: *voglia porgere i miei ossequi a sua madre*, please give my regards (*o* my kind respects) to your mother **3** (*obbedienza*) obedience: *in — a*, *verso*, in obedience to (*o* in conformity with *o* in accordance with): *in — ai suoi ordini*, in obedience to his orders; (*dir.*) *in — alla legge*, according to the law.

ossequiosamente *avv.* **1** (*cerimoniosamente*) ceremoniously, with ceremony **2** (*con deferenza*) deferentially; (*rispettosamente*) respectfully.

ossequiosità *s.f.* **1** (*deferenza*) deference; (*rispetto*) respectfulness **2** (*servilità*) obsequiousness.

ossequioso *agg.* **1** (*cerimonioso*) ceremonious: *una persona ossequiosa*, a ceremonious person **2** (*deferente*) deferential; (*rispettoso*) respectful: *un saluto* —, a respectful greeting **3** (*servile*) obsequious.

osservabile *agg.* (*che può essere osservato*) observable: *una stella — a occhio nudo*, a star that can be seen with the naked eye; (*fis.*) *quantità* —, observable quantity.

osservante *agg.* **1** observant, observing: *cittadino — della legge*, law-abiding citizen; *cattolico* —, practising catholic **2** (*eccl.*) *frate* —, Observant Friar // (*eccl.*) *gli Osservanti*, the Observants.

osservanza *s.f.* **1** observance, compliance, conformity, accordance: *l'— della legge*, observance of the law // *in — a*, in conformity with; *in — alle norme vigenti*, in compliance (*o* conformity) with the regulations in force **2** (*ossequio*) regards (*pl.*) // (*comm.*) (*nelle lettere*) *con* —, yours respectfully **3** (*eccl.*) observance: *frate dell'*—, friar of the strict Observants.

osservare *v.tr.* **1** to observe, to watch; (*esaminare*) to examine; to look through (sthg.): — *un fenomeno naturale*, to observe a natural phenomenon; *vi prego di — bene le rifiniture*, please observe the finishing touches carefully; *ho osservato accuratamente questi documenti*, I have examined (*o* looked through) these documents carefully; *lo osservai attentamente mentre scriveva quella lettera*, I watched (*o* observed) him carefully while he was writing that letter; *osserva come lo faccio*, watch how I do it // *sentirsi osservato*, to feel oneself under observation **2** (*rispettare, mantenere*) to keep*, to observe, to respect; to comply with (sthg.); (*attenersi a*) to keep* to (sthg.): — *una dieta rigorosa*, to keep to a strict diet; — *l'orario*, to keep to (*o fam.* to stick to) the timetable; — *il digiuno*, to fast; — *le feste della Chiesa*, to observe (*o* to keep) the feasts of the Church; — *un giuramento*, *una promessa*, to keep an oath, a promise; — *la legge*, *le regole*, to observe (*o* to comply with) the law, the rules; — *una norma*, to follow a rule; — *il silenzio*, to observe silence **3** (*considerare, notare*) to observe, to notice; (*rilevare*) to point out: *hai osservato come era pallida?*, did you notice how pale she was?; *è necessario — che...*, it is necessary to point out that...; *voglio farti — tutti gli errori che hai fatto*, I want to point out all the mistakes you have made; *vorrei farle — che a questa lettera manca il francobollo*, I would like to point out that the letter has no stamp; *voglio farvi — il fatto che non esiste una ricevuta*, I want to draw your attention to (*o* I want to bring to your notice) the fact that no receipt exists **4** (*obiettare*) to make* an objection to (sthg.): *hai niente da — su questo?*, have you any objection (to make) to this?; *osservò che era troppo tardi per uscire*, he objected (*o* he made the objection) that it was too late to go out.

osservatore *agg.* observing ◆ *s.m.* **1** observer: *quel giornalista è un acuto* —, that journalist is an acute observer // *l'— italiano all'ONU*, the Italian observer at the UN **2** (*mar., mil.*) spotter; observer: *l'— prese molte fotografie dei movimenti del nemico*, the observer took many photographs of the enemy's movements.

osservatorio *s.m.* **1** observatory **2** (*mil.*) observation post.

osservazione *s.f.* **1** observation: — *astronomica*, astronomical observation; *posto d'*—, observation post (*o* lookout post); *torre di* —, observation tower; *avere capacità, spirito di* —, to have powers, a spirit of observation; (*med.*) *il malato è in* —, the patient is being kept under observation; (*med.*) *mettere qlcu. in* —, to put s.o. under observation **2** (*nota, giudizio*) observation, comment, remark: *approvò il mio lavoro senza osservazioni*, he passed my work without any comment (*o* a word); *vi sono delle osservazioni assai acute nel tuo tema*, there are some very keen observations (*o* comments) in your composition; *fare un'*—, to make a comment; *permettersi un'*—, to venture a remark; *ho messo alcune osservazioni a margine del tuo testo*, I have written some comments in the margin of your text **3** (*rimprovero*) reproach, criticism: *fare delle osservazioni a qlcu.*, to criticize s.o.; *non voglio farmi fare delle osservazioni per colpa vostra*, I don't want to be criticized because of you.

ossessionante *agg.* haunting, obsessing: *una musica* —, a haunting melody.

ossessionare *v.tr.* **1** (*tormentare*) to haunt, to obsess: *ero ossessionato dall'idea che potesse tornare*, I was haunted (*o* obsessed) by the idea that he might come back; *è ossessionato dai ricordi*, he is haunted by his memories **2** (*esasperare*) to pester: — *qlcu. con continue richieste*, to pester s.o. with continual (*o* constant) requests; *mi stai ossessionando con le tue fissazioni*, your fixations are becoming a nightmare for me.

ossessione *s.f.* obsession: *è ordinato fino all'*—, neatness is almost an obsession with him; *è una vera —!*, it is a real obsession!; *ha l'— degli esami*, he is obsessed by the thought of his exams.

ossessività *s.f.* obsessiveness.

ossessivo *agg.* haunting, obsessing; obsessive; obsessional (*anche psic.*): *musica ossessiva*, haunting music; *ritmo* —, obsessing rhythm; *pensiero* —, obsessing thought // (*psic.*) *nevrosi ossessiva*, obsessional neurosis.

ossesso *s.m.* person possessed: *gridava come un* —, he shouted like one possessed (*o* like a madman).

ossi- *pref.* ricavato da *ossigeno*, 'oxygen' che nella terminologia chimica indica la presenza di ossigeno nei composti inorganici oppure la presenza di uno o più gruppi ossidrilici nei composti organici; ingl. oxy-: *ossiacido*, oxyacid.

ossia *cong.* **1** (*cioè*) that is, id est (*abbr.* i.e.); or: *l'ecologia*, — *lo studio dell'ambiente*, ecology, or (*o* that is) the study of the environment **2** (*o per meglio dire*) or rather: *non ha potuto*, — *non ha voluto aiutarci*, he couldn't, or rather wouldn't help us.

ossiacetilenico *agg.* (*chim.*) oxyacetylene // (*metall.*): *cannello* —, oxyacetylene blowpipe (*o* torch); *saldatura ossiacetilenica*, oxyacetylene welding.

ossiacido *s.m.* (*chim.*) oxyacid, oxygen acid.

ossianico *agg.* (*lett.*) Ossianic: *i poemi ossianici*, the Ossianic poems.

ossidabile *agg.* oxidizable, oxidable.

ossidabilità *s.f.* oxidizability, oxidability.

ossidante *agg.* (*chim.*) oxidizing, oxidative: *agente* —, oxidizing agent; *atmosfera* —, oxidizing atmosphere ◆ *s.m.* oxidant, oxidizer.

ossidare *v.tr.* (*chim.*) to oxidize.

□ **ossidarsi** *v.intr.pron.* (*chim.*) to oxidize, to become* oxidized: *l'oro non si ossida*, gold does not oxidize.

ossidasi *s.f.* (*biochim.*) oxidase.

ossidativo *agg.* (*chim.*) oxidative.

ossidato *agg.* (*chim.*) oxidized.

ossidazione *s.f.* (*chim.*) oxidation, oxidization: — *anodica*, anodizing (*o* anodic oxidation); — *frazionata*, fractional oxidation; *numero di* —, oxidation number; *potenziale di* —, oxidation potential.

ossidiana *s.f.* (*geol.*) obsidian.

ossidimetria *s.f.* (*chim.*) oxidimetry.

ossido *s.m.* (*chim.*) oxide: — *di berillio*, beryllium oxide (*o* beryllia); — *di calcio*, calcium oxide; — *di diazoto*, laughing gas; — *di magnesio*, magnesium oxide; — *di rame*, copper oxide (*o* cuproxide); — *di zinco*, zinc oxide.

ossidoriduzione *s.f.* (*chim.*) oxidation-reduction: *potenziale di* —, oxidation-reduction (*o* redox) potential; *reazione di* —, redox reaction.

ossidrico *agg.* (*tecn.*) oxyhydrogen: *cannello* —, oxyhydrogen blowpipe (*o* torch); *fiamma ossidrica*, oxyhydrogen flame; *saldatura ossidrica*, oxyhydrogen welding.

ossidrile *s.m.* (*chim.*) hydroxyl.

ossidrilico *agg.* (*chim.*) hydroxylic.

ossidulo *s.m.* (*chim.*) protoxide.

ossifero *agg.* **1** ossiferous **2** (*geol.*) osseous: *livello* —, bone bed; *breccia ossifera*, bone breccia.

ossificare *v.tr.* **ossificarsi** *v.intr.pron.* to ossify.

ossificazione *s.f.* (*biol.*) ossification.

ossifraga *s.f.* (*zool.*) **1** (*Pandion haliaetus*) osprey, ossifrage **2** — (*del Nord*), (*Macronectes giganteus*) glutton, nelly, stinker.

ossigenare *v.tr.* **1** to oxygenate, to oxygenize: — *il sangue*, to oxygenate the blood; — *una stanza*, to oxygenate a room **2** (*capelli*) to peroxide **3** (*sollevare da una crisi*) to revive, to revitalize: — *un'azienda in crisi*, to revive (*o* to revitalize) a firm in financial difficulties.

□ **ossigenarsi** *v.rifl.* **1** (*respirare aria ricca di ossigeno*) to get* some fresh air **2** (*capelli*) to peroxide, to bleach.

ossigenasi *s.f.* (*biochim.*) oxygenase.

ossigenato *agg.* **1** (*chim.*) oxygenated, oxygenized: *acqua ossigenata*, hydrogen peroxide; *aria ossigenata*, oxygenated (*o* oxygenized) air **2** (*di capelli*) peroxided.

ossigenatore *s.m.* (*chim.*) oxygenator.

ossigenatura *s.f.* oxygenation.

ossigenazione *s.f.* oxygenation.

ossigeno *s.m.* oxygen: *bombola di* —, oxygen bottle; *inalatore di* —, breathing apparatus; *maschera a* —, oxygen mask; *tenda a* —, oxygen tent; *aver bisogno d'*—, to need fresh air, (*fig.*) (*aver bisogno d'aiuto*) to need help; *fabbisogno biologico di* —, biochemical oxygen demand; *dare* — *a un ammalato*, to give oxygen to a patient; *dare* — *a un'azienda*, (*fig.*) to revive (*o* to give financial assistance to) a firm // (*chim.*): — *liquido*, lox; — *pesante*, heavy oxygen; *appartenente all'*—, *estratto dall'*—, oxygenous.

ossima *s.f.* (*chim.*) oxime.

ossimetria *s.f.* (*chim.*, *med.*) oximetry.

ossimetro *s.m.* (*chim.*, *med.*) oximeter.

ossimoro *s.m.* (*ret.*) oxymoron*.

ossina *s.f.* (*chim.*) oxine.

ossiriduzione *s.f.* (*chim.*) oxidation-reduction.

ossitocico *agg.* (*med.*) oxytocic.

ossitocina *s.f.* (*biochim.*) oxytocin.

ossitono *agg.* (*metrica*) oxyton(e).

ossiuriasi *s.f.* (*med.*) oxyuriasis.

ossiuro *s.m.* (*zool.*) (*Enterobius vermicularis*) pinworm.

osso *pl.f.* **ossa** *nel sign. 1*; *pl.m.* **ossi** *nei significati 2 e 3*, *s.m.* **1** bone: *le ossa del cranio*, the bones of the head; — *sacro*, sacrum*; *le ossa della spina dorsale si chiamano vertebre*, the bones of the spine are called vertebrae; *si è fratturato l'— della gamba*, he has broken his leg; *una persona dalle ossa grosse*, a big-boned person // *in carne e ossa*, in flesh and blood (*o* in person) // *essere di carne e ossa*, to be made of flesh and blood // *bagnato fino all'*—, soaked to the skin // *bisogna fare economia sino all'*—, we must practise the strictest economy // *quest'organizzazione è marcia sino all'*—, this organization is rotten to the core (*o* through and through) // *è tutt'ossa, è pelle e ossa*, he is nothing but skin and bone // *freddo che penetra nelle ossa*, bitter cold: *il freddo mi penetra nelle ossa*, I am chilled (*o* frozen) to the bone // *non è facile convincerlo, è un — duro!*, it's not easy to convince him, he's a tough nut to crack // *il latino è un — duro*, Latin is a hard nut to crack // *avere le ossa rotte*, to be aching all over // *è uscito da quell'esperienza con le ossa rotte*, that experience left him a wreck // *essere all'*—, to have nothing left: *ormai il patrimonio è all'*—, the inheritance has been frittered away // *rompere le ossa a qlcu.*, to thrash s.o. // *rompersi l'— del collo*, to break one's neck // *lasciarci le ossa*, (*morire*) to kick the bucket; (*essere sconfitto*) to get a drubbing // *farsi le ossa*, to gain experience: *si è fatto le ossa lavorando col padre*, he gained experience by working with his father // *le mie ossa riposeranno in pace in questo piccolo camposanto*, my bones will rest in peace in this little churchyard // — *di seppia*, cuttlebone // — *di balena*, whalebone // *questo bottone è di* —, this button is made of bone **2** (*di animale macellato*) bone: *carne con l'*—, meat with the bone; *spolpare un* —, to pick a bone // *molla l'—!*, (*fig. scherz.*) give it to me! **3** (*bot.*) (*nocciolo*) stone: *l'— di una pesca*, a peach stone.

ossobuco *s.m.* (*cuc.*) marrowbone.

ossonio *s.m.* (*chim.*) oxonium: *ione* —, oxonium ion.

ossuto *agg.* bony: *mano ossuta*, bony hand.

ostacolare *v.tr.* **1** to obstruct; (*impacciare*) to hamper, to hinder: *il lungo mantello le ostacolava i movimenti*, she was hampered by her long cloak; *una frana ostacolava il passaggio*, a rockfall blocked the way **2** (*fig.*) (*intralciare*) to thwart, to be a hindrance to (s.o., sthg.), to hamper, to handicap, to interfere with (sthg.): *mi ha sempre ostacolato*, he has always thwarted me; *ha sempre ostacolato i miei piani*, he has always interfered with (*o* obstructed) my plans; *nella sua carriera politica fu ostacolato dal suo passato di cantante*, his political career was hampered by his past as a singer; — *il corso degli affari*, to hamper the progress of business; — *un matrimonio*, to impede a marriage; — *il corso della giustizia*, to obstruct the due course of justice.

□ **ostacolarsi** *v.rifl.rec.* (*danneggiarsi a vicenda*) to get* in each other's way.

ostacolista *s.m.* e *f.* (*atletica*) hurdler; (*ippica*) jumper, steeplechaser.

ostacolo *s.m.* **1** obstacle, hindrance, impediment; handicap; (*freno*) check: *scavalcare un* —, to climb over an obstacle; *fermarsi davanti a un* —, to stop in front of an obstacle; *questi ostacoli non saranno superati molto facilmente*, these obstacles will not be overcome easily; *essere d'— a*, to be a bar to (*o* to be a hindrance to *o* to stand in the way of); *non voglio essere d'— alla vostra felicità*, I do not want to be an obstacle to (*o* to stand in the way of) your happiness; *l'estrazione sociale modesta non è stata un — per la sua carriera*, his humble background did not stand in the way of his career; *mettere un — a qlco.*, to prevent (*o* to oppose) sthg.; (*econ.*) *un — ai profitti*, a check to profits; (*dir.*) — *alla stipulazione di un contratto*, impediment to the drawing up of a contract **2** (*atletica*) hurdle; (*ippica*) jump: *la gara dei 400 m (a) ostacoli*, the 400 metres hurdles.

ostaggio *s.m.* hostage: *tenere qlcu. in* —, to hold s.o. as a hostage; *prendere qlcu. in* —, to take s.o. hostage; *rilasciare gli ostaggi*, to release hostages.

ostare *v.intr.* (*non com.*) (*essere d'ostacolo*) to be opposed, to hinder (s.o., sthg.), to prevent (s.o.): *nulla osta all'adozione di questa misura preventiva*, there are no impediments to the adoption of this precautionary measure; *osta l'articolo 14*, the article 14 forbids it.

ostativo *agg.* (*dir.*) impedimental.

oste *s.m.* host, innkeeper, landlord // *fare i conti senza l'*—, to count one's chickens before they are hatched.

osteggiamento *s.m.* (*non com.*) opposition, hostility.

osteggiare *v.tr.* to oppose, to be hostile to (s.o., sthg.), to be opposed to (s.o., sthg.): *molti lo osteggiano*, many are hostile to (*o* oppose) him; — *un progetto*, to oppose (*o* to obstruct) a plan.

osteggiatore *agg.* (*non com.*) opposing ◆ *s.m.* (*non com.*) opposer.

osteina *s.f.* (*med.*) ostein(e).

osteite *s.f.* (*med.*) osteitis.

ostello *s.m.* **1** (*ant.*, *letter.*) (*alloggio*) dwelling, abode; (*rifugio*) refuge **2** (*albergo per la gioventù*) (youth) hostel.

ostensivo *agg.* (*ling.*, *fil.*) ostensive, demonstrative.

ostensorio *s.m.* (*eccl.*) monstrance.

ostentamento *s.m.* ostentation, display.

ostentare *v.tr.* **1** to show* off, to parade, to display: *gli piace — la sua cultura*, he likes to show off (*o* to parade) his culture **2** (*fingere*) to feign: *ostenta povertà*, he feigns poverty.

ostentativo *agg.* (*non com.*) ostentatious, boastful.

ostentato *agg.* ostentatious.

ostentatore *agg.* (*non com.*) ostentatious ◆ *s.m.* boaster, ostentatious person, show-off.

ostentazione *s.f.* ostentation, display, parade, showing off: — *delle proprie virtù, ricchezze*, ostentation of one's virtues, wealth.

osteo- *pref.* di origine greca usato nella terminologia scientifica per indicare relazione con l'osso o la struttura ossea; ingl. osteo-: (*med.*) *osteoporosi*, osteoporosis; (*biol.*) *osteoblasto*, osteoblast.

osteoartrite *s.f.* (*med.*) osteoarthritis.

osteocita, **osteocito** *s.m.* (*biol.*) osteocyte.

osteoclasia *s.f.* (*med.*) osteoclasis, osteoclasia.

osteoclaste *s.m.* (*med.*) osteoclast.

osteoclasto *s.m.* (*biol.*) osteoclast.

osteofita, **osteofito** *s.m.* (*med.*) osteophyte.

osteogenesi *s.f.* (*biol.*) osteogenesis.

osteoide *agg.* (*biol.*) osteoid.

osteologia *s.f.* (*med.*) osteology.

osteologico *agg.* (*med.*) osteological.

osteologo *s.m.* (*med.*) osteopath.

osteoma *s.m.* (*med.*) osteoma*.

osteomalacia *s.f.* (*med.*) osteomalacia.

osteomielite *s.f.* (*med.*) osteomyelitis.

osteone *s.m.* (*med.*) osteon(e).

osteopatia *s.f.* (*med.*) osteopathy.

osteopatico *agg.* (*med.*) osteopathic.

osteoporosi *s.f.* (*med.*) osteoporosis*.

osteosclerosi *s.f.* (*med.*) osteosclerosis.

osteosi *s.f.* (*med.*) osteosis.

osteotomia *s.f.* (*med.*) osteotomy.

osteotomo *s.m.* (*med.*) osteotome.

osteria *s.f.* tavern, public house; (*locanda*) inn.

osteriggio *s.m.* (*mar.*) skylight.

ostessa *s.f.* hostess, innkeeper's wife, landlady.

ostetrica *s.f.* obstetrician, midwife*, accoucheuse: — *diplomata*, trained midwife.

ostetricia *s.f.* obstetrics [U], midwifery.

ostetrico *agg.* obstetric(al): *clinica ostetrica*, maternity home ◆ *s.m.* obstetrician, accoucheur.

ostia *s.f.* **1** (*relig.*) sacrificial victim **2** (*eccl.*) host: — *consacrata*, consecrated host; *il sacerdote consacra l'— nella Messa*, the priest consecrates the host in the Mass **3** (*cialda*) wafer.

ostiariato *s.m.* (*eccl.*) (order of) ostiary.

ostiario *s.m.* **1** (*eccl.*) ostiary **2** (*letter.*) (*custode*) doorkeeper, porter.

ostico *agg.* **1** (*letter.*) (*disgustoso*) distasteful, unpalatable **2** (*fig.*) (*duro*) hard, irksome, difficult: *lavoro* —, irksome job; *il latino mi è* —, Latin is very difficult for me.

ostile *agg.* hostile; adverse, opposed: *l'esercito* —, the enemy army; *un giornale — al governo*, a newspaper hostile (*o* opposed) to the government; *il partito era — alla nuova politica*, the party was hostile (*o* opposed) to the new policy; *i popoli assoggettati rimasero ostili*, the subject peoples remained hostile; *ambiente* —, hostile surroundings; *assumere un atteggiamento* —, to take on a hostile attitude; *essere — a qlco., qlcu.*, to be against (*o* hostile to) sthg., s.o.

ostilità *s.f.* **1** hostility, enmity; antagonism: *l'— della stampa*, the hostility (*o* unfriendliness) of the press; *non v'è alcuna — tra i due gruppi*, there is no hostility (*o* antagonism) between the two groups; *la sua — nuoce al nostro progetto*, his hostility is spoiling our plan; *provare dell'— verso qlcu.*, to feel hostility (*o* hostile) towards s.o.; *vincere l'— di qlcu.*, to overcome s.o.'s hostility **2** *pl.* (*mil.*) hostilities: *aprire, sospendere le* —, to open, to suspend hostilities // *subisce le — dei colleghi*, he is suffering from the hostility of his colleagues.

ostinarsi *v.intr.pron.* to persist (in sthg., in doing), to keep* (on doing sthg.); (*insistere*) to insist: *non mi ostino su questo punto*, I don't insist on this point; *non ostinarti, hai torto!*, don't insist, you are wrong!; *si ostina a credere, a negare*, he persists in believing, in denying; *si ostina a fare a modo suo*, he insists on doing it his own way; *si ostina nella sua opinione*, he clings stubbornly to his opinion; — *nell'errore*, to persist in error.

ostinatamente *avv.* **1** obstinately, stubbornly, mulishly: *credeva — alla possibilità di una vittoria finale*, he obstinately believed in the possibility of a final victory; *era — attaccato alle sue idee*, he clung obstinately (*o* stubbornly) to his opinions; *si rifiutava — di entrare*, he stubbornly refused to enter **2** (*persistentemente*) persistently: *il vento soffiò — dalle prime ore del mattino*, the wind blew persistently from the early morning.

ostinatezza *s.f.* obstinacy, stubbornness, mulishness: *la sua — mi irrita*, his stubbornness gets on my nerves.

ostinato *agg.* **1** obstinate, stubborn; mulish; (*solo di persona*) pigheaded: *persona ostinata*, obstinate (*o* stubborn *o* pigheaded) person; *non essere così —!*, don't be so stubborn! // — *come un mulo*, as stubborn (*o* obstinate) as a mule **2** (*persistente*) persistent; obstinate, stubborn: *assalti ostinati*, persistent attacks; *febbre, malattia ostinata*, persistent fever, illness; *silenzio* —, stubborn silence; *incontrare una resistenza ostinata*, to meet with dogged (*o* stubborn) resistance.

ostinazione *s.f.* **1** obstinacy, stubbornness: — *nel fare qlco.*, obstinacy in doing sthg. **2** (*persistenza*) persistence, persistency: — *nel negare la verità*, persistency in denying the truth.

ostracismo *s.m.* **1** (*esilio*) banishment, exile **2** (*fig.*) ostracism: *dare l'— a qlcu.*, to ostracize (*o* to boycott) s.o.; *fare — a qlco.*, to boycott sthg.

ostracizzare *v.tr.* **1** (*esiliare*) to banish, to exile **2** (*fig.*) (*contrastare*) to ostracize, to boycott.

ostrica *s.f.* (*zool.*) **1** (*Ostrea edulis*) oyster: *banco di ostriche*, oyster bed (*o* oyster bank); *allevamento di ostriche*, oyster farm (*o* oyster field); *vivaio di ostriche*, oyster park // *essere chiuso come un'*—, (*fig.*) to be close-mouthed **2** — *perlifera*, (*Meleagrina margaritifera*) pearl-oyster.

ostricaio *s.m.* **1** (*venditore di ostriche*) oyster seller, oysterer **2** (*banco di ostriche*) oyster bed, oyster bank; (*allevamento*) oyster farm, oyster field **3** (*zool.*) (*Haematopus ostralegus*) oystercatcher, sea pie.

ostricoltore *s.m.* oyster-man*; oyster culturist.

ostricoltura *s.f.* oyster breeding, oyster culture.

ostro[1] *s.m.* (*letter.*) (*porpora*) purple; (*drappo color porpora*) purple cloth.

ostro[2] *s.m.* (*letter.*) (*vento*) south wind, Auster.

ostrogotico *agg.* Ostrogothic.

ostrogoto *agg.* Ostrogothic ◆ *s.m.* **1** Ostrogoth **2** (*fig.*) (*barbaro*) barbarian **3** (*linguaggio incomprensibile*): *quello che dice è — per me*, what he says is Greek to me; *parlare* —, to speak double-dutch.

ostruente *agg.* obstructive.

ostruire *v.tr.* to obstruct, to block (up), to clog (up), to stop (up): *gli alberi caduti ostruivano la strada*, the fallen trees obstructed (*o* blocked) the road; *il tubo era ostruito dalla polvere*, the pipe was clogged (*o* stopped) up with dust; — *il passaggio, il traffico*, to obstruct (*o* to block) the passage, the traffic; — *il corso della giustizia*, to obstruct the due course of justice.

□ **ostruirsi** *v.intr.pron.* to become* obstructed, to become* blocked, to get* clogged (up), to get* obstructed: *il canale si è ostruito*, the canal got clogged up (*o* blocked).

ostruito *agg.* obstructed, blocked, clogged (up): *un passaggio* —, a blocked passage.

ostruttivo *agg.* (*non com.*) obstructive; obstructing.

ostruzione *s.f.* **1** obstruction, blocking, clogging (up) // (*sport*) *fallo di* —, obstruction **2** (*impedimento*) obstruction, obstacle, impediment // *fare* —, to be obstructive **3** (*mar.*) barrage: — *antiaerea*, aerial barrage; — *con rete*, net barrage; — *parasiluri*, torpedo net **4** (*med.*) stoppage, obstruction: — *intestinale*, intestinal obstruction.

ostruzionismo *s.m.* obstructionism, (*amer.*) filibustering; (*parlamentare*) stonewalling; (*sindacale, sciopero bianco*) working to rule.

ostruzionista *s.m.* e *f.* obstructionist; (*amer.*) filibusterer ◆ *agg.* obstructive, obstructionist: *una minoranza* —, an obstructive minority.

ostruzionistico *agg.* obstructive, obstructionist: *una manovra ostruzionistica*, an obstructionist manoeuvre.

otalgia *s.f.* (*med.*) otalgia, earache.

otalgico *agg.* (*med.*) otalgic.

otarda *s.f.* (*zool.*) (*Otis tarda*) bustard.

otaria *s.f.* (*zool.*) sea lion, eared seal; (*rar.*) otary.

otico *agg.* (*med.*) otic.

otite *s.f.* (*med.*) otitis.

oto- *pref.* di origine greca usato nella terminologia scientifica con significato di 'orecchio', ingl. oto-: (*anat.*) *otocisti*, otocyst // (*med.*) *otoiatrico*, otologic(al); *otopatia*, otopathy; *otoplastica*, otoplasty; *otorinolaringoiatrico*, otolaryngological; *otorrea*, otorrhea; *otoscopio*, otoscope.

otocione *s.m.* (*zool.*) (*Otocyon megalotis*) long-eared fox.

otogeno *agg.* (*med.*) otogenic, otogenous.

otoiatra *s.m.* e *f.* otologist.

otoiatria *s.f.* (*med.*) otology.

otolite *s.m.* (*biol.*) otolith.

otorino → **otorinolaringoiatra**.

otorinolaringoiatra *s.m.* e *f.* (*med.*) otolaryngologist, otorhinolaryngologist.

otorinolaringoiatria *s.f.* (*med.*) otolaryngology, otorhinolaryngology.

otre *s.m.* wineskin, leather bag, leather bottle // *pieno come un* —, full up (*o* bloated).

otricolare *agg.* (*anat., bot.*) utricular.

otricolaria → **utricolaria**.

otricolo *s.m.* (*anat., bot.*) utriculus*, utricle.

ottacordo *s.m.* (*mus.*) octachord, eight -stringed instrument.

ottaedrico *agg.* (*mat.*) octahedral.

ottaedrite *s.f.* (*geol.*) octahedrite.

ottaedro *s.m.* (*mat.*) octahedron*.

ottagonale *agg.* (*mat.*) octagonal.

ottagono *s.m.* (*mat.*) octagon.

ottale *agg.* (*inform.*) octal.

ottametro *s.m.* (*metrica*) octameter.

ottanico *agg.* (*chim.*) octane (*attr.*).

ottano *s.m.* (*chim.*) octane: *ad alto numero di* —, high octane; *numero di* —, octane number.

ottanolo *s.m.* (*chim.*) octanol.

ottanta *agg.num.card.* e *s.m.* eighty: *il numero —*, the number eighty; *il nonno ha raggiunto gli — (anni)*, grandad has reached the age of eighty; *guarda a pagina — del libro*, look at page eighty in the book // *gli anni Ottanta*, the eighties.

ottante *s.m.* (*astr., mat.*) octant.

ottantenne *agg.* eighty years old (*pred.*); eighty-year-old (*attr.*) ♦ *s.m.* eighty-year-old man ♦ *s.f.* eighty-year-old woman.

ottantennio *s.m.* (*periodo di ottanta anni*) eighty-year period, eighty years.

ottantesimo *agg.num.ord.* e *s.m.* eightieth: *abbiamo festeggiato l'— compleanno del nonno*, we celebrated grandad's eightieth birthday; *un — (del totale)*, an eightieth; *sono arrivato — nella gara di sci*, I came eightieth in the ski race.

ottantina *s.f.* about eighty, around eighty, fourscore: *c'erano un'— di persone alla festa*, there were about eighty people at the party; *ha passato l'—*, he is over eighty.

ottarda → **otarda**.

ottare → **optare**.

ottastilo *agg.* octastyle.

ottativo *agg.* e *s.m.* (*gramm.*) optative.

ottava *s.f.* **1** (*eccl., mus.*) octave **2** (*metrica*) ottava rima, octave: *l' 'Orlando Furioso' è in ottave*, 'Orlando Furioso' is in ottava rima **3** (*Borsa*) (*settimana*) Stock Exchange week.

ottavario *s.m.* (*eccl.*) octave.

ottavino *s.m.* **1** (*mus.*) piccolo* **2** (*banca*) one eighth of one per cent bank commission.

ottavo *agg.num.ord.* eighth: *abito all'— piano*, I live on the eighth floor // (*metrica*) *ottava rima*, ottava rima ♦ *s.m.* **1** eighth // (*sport*) *gli ottavi di finale*, the quarter finals **2** (*tip.*) octavo* (*abbr.* 8vo): *in —*, octavo **3** (*mus.*) octave, eighth.

ottemperante *agg.* (*non com.*) compliant; obedient.

ottemperanza *s.f.* compliance; obedience // *in — a*, in compliance with: *in — alle norme vigenti*, in compliance (*o* conformity) with the regulations in force; (*dir.*) *giudizio di —*, compliance proceedings.

ottemperare *v.intr.* to comply (with sthg.), to conform (to sthg.), to observe, to respect, to obey: *bisogna — alle leggi*, we must comply with the law; *— a una formalità*, to observe (*o* to go through) a formality.

ottene *s.m.* (*chim.*) octene.

ottenebramento *s.m.* darkening, obscuring, clouding (over) (*anche fig.*): *— del cielo*, darkening of the sky; *l'— della sua mente*, the clouding (over) of his mind.

ottenebrare *v.tr.* to darken, to obscure, to cloud (*anche fig.*); (*fig.*) to overshadow: *le nuvole ottenebrarono il sole*, the clouds darkened the sun; *la sua fama fu ottenebrata da quella del figlio*, his fame was overshadowed by that of his son; *— la mente di qlcu.*, to cloud s.o.'s mind.

□ **ottenebrarsi** *v.intr.pron.* to grow* dark, to darken, to cloud over (*anche fig.*): *il cielo si ottenebrò*, the sky grew dark; *la vista gli si ottenebrò improvvisamente*, his sight suddenly dimmed.

ottenebrato *agg.* darkened, dimmed, clouded (*anche fig.*); *cielo —*, darkened sky; *mente ottenebrata dall'alcol*, mind dimmed (*o* clouded over) by alcohol.

ottenebrazione → **ottenebramento**.

ottenere *v.tr.* **1** to obtain, to get*; to gain: *ottenni il suo consenso*, I obtained his consent; *come hai ottenuto quel denaro?*, how did you get (*o* come by) that money?; *come puoi ottenerlo?*, how can you get hold of it?; *non insistere, non otterrai niente da lui*, don't insist, you won't get anything out of him; *non potei — di vederlo*, I couldn't get permission to see him; *ottiene sempre ciò che vuole*, she always gets what she wants; *— un buon risultato*, to get (*o* to achieve *o* to obtain) a good result; *ha ottenuto il massimo dei voti*, he got top marks; *— delle informazioni*, to get information; *— un favore, una risposta, un permesso*, to get (*o* to obtain) a favour, an answer, permission; *— un premio, una vittoria, la fiducia di qlcu.*, to win a prize, a victory, s.o.'s trust // (*econ.*): *— un appalto*, to secure a contract; *— un contratto*, to win a contract; *— un impiego*, to get a position // (*comm.*): *— uno sconto*, to get a discount; *— un prestito*, to obtain a loan; *— una dilazione di pagamento*, to be granted an extension of payment; *— un guadagno (nelle vendite)*, to realize a profit (in sales) **2** (*ricavare*) to extract, to obtain, to derive: *l'alcol si può — dal carbone*, alcohol can be obtained from coal.

ottenibile *agg.* obtainable.

ottenimento *s.m.* obtaining, achievement.

ottenne *agg.* (*non com.*) eight years old (*pred.*); eight-year-old (*attr.*) ♦ *s.m.* (*non com.*) eight-year-old boy ♦ *s.f.* (*non com.*) eight-year-old girl.

ottennio *s.m.* (*non com.*) (period of) eight years.

ottentotto *agg.* Hottentot ♦ *s.m.* **1** Hottentot **2** (*fig.*) (*persona incivile*) boor, oaf.*

ottetto *s.m.* **1** (*mus.*) octet **2** (*chim, fis.*) octet: *regola dell'—*, octet rule.

ottica *s.f.* **1** (*fis.*) optics [U]: *— geometrica*, geometrical optics **2** (*insieme di lenti*) optical system **3** (*fig.*) (*punto di vista*) point of view, viewpoint: *mettersi in una certa —*, to have a certain point of view; *considerare la questione con un'— diversa*, to look at the question from a different point of view.

ottico *agg.* optic, optical: (*fis.*) *esperimento, fenomeno —*, optical experiment, phenomenon; *illusione ottica*, optical illusion; *strumento —*, optical instrument; (*mat.*) *angolo —*, optic angle // (*fis.*): *attività ottica*, optical activity; *asse —*, optical axis // (*anat.*): *papilla ottica*, optic disk; *nervo —*, optic nerve // (*inform.*) *lettore —*, optical (character) recognition machine ♦ *s.m.* optician.

ottil- *pref.* della terminologia chimica indicante la presenza del radicale ottile; ingl. octyl-: *ottilacetico*, octylacetic.

ottimale *agg.* optimal, optimum: *temperatura —*, optimum temperature // (*econ.*): *condizioni ottimali di vendita*, optimum conditions for sale; *capacità —*, optimal capacity; *dimensione —*, optimum size.

ottimalità *s.f.* optimality.

ottimalizzare *v.tr.* to optimize.

ottimalizzazione *s.f.* optimization.

ottimamente *avv.* very well; extremely well; excellently; brilliantly; beautifully: *"Come stai?" "Ottimamente, grazie"*, "How are you?" "Very well, thanks"; *"Com'è andata?" "Ottimamente"*, "How did it go?" "Extremely well" (*o* "Brilliantly"); *ha superato — la prova d'esame*, he passed the exam brilliantly (*o* he did excellently in the exam).

ottimare → **ottimizzare**.

ottimate *s.m.* (*st.*) optimate.

ottimetro® *s.m.* optimeter.

ottimismo *s.m.* optimism: *affrontare i problemi con —*, to face problems with optimism; *essere portato all'—*, to be an optimist; *il suo atteggiamento rivelava un cauto —*, his attitude displayed cautious optimism.

ottimista *s.m.* e *f.* optimist ♦ *agg.* optimistic: *una persona —*, an optimistic person; *nonostante tutto rimango —*, in spite of everything I'm still optimistic.

ottimistico *agg.* (*che rivela ottimismo*) optimistic: *una visione ottimistica della vita*, an optimistic outlook on life.

ottimizzare *v.tr.* to optimize.

ottimizzazione *s.f.* optimization (*anche mat.*).

ottimo *agg.superl.rel.* **1** (*buonissimo, eccellente*) very good, excellent; perfect; first-rate: *un — impiegato, insegnante*, a very good (*o* an excellent) clerk, teacher; *mia madre è un'ottima cuoca*, my mother is an excellent (*o* a very good) cook; *proviene da un'ottima famiglia*, he comes from a very good family; *un'ottima idea*, a very good (*o* an excellent) idea; *era di — umore*, he was in a very good mood (*o* in high spirits); *è stato un — risultato*, it was an excellent result; *è stato un — acquisto*, you've made an excellent purchase; *è un — rimedio per la tosse*, it's an excellent remedy for a cough; *essere in ottima salute*, to be in perfect health (*o* the best of health); *la macchina non è nuova, ma il motore è in — stato*, the car isn't new, but the engine is in perfect condition; *parla un — inglese*, he speaks perfect English; *un — lavoro*, a first-rate job; *abbiamo avuto un — trattamento*, we got first-rate treatment; *avere un'ottima memoria*, to have an excellent (*o* a first-rate) memory // *essere promosso con ottimi voti*, to pass with honours **2** (*ottimale*) optimal, optimum (*attr.*): *— livello*, optimum level // (*econ.*) *ottima distribuzione delle risorse*, optimal resource allocation ♦ *s.m.* **1** (*la cosa, il risultato migliore*) the best: *richiedere, esigere l'—*, to demand the best **2** (*condizione ottimale, optimum*) optimum, top level: *l'— del rendimento*, optimum output; *raggiungere l'—*, to get to top level (*o* to obtain perfection) **3** (*valutazione massima*) top marks: *meritare l'—*, to be worth top marks // In frasi esclamative: *Avete concluso l'affare? Ottimo!*, Have you done the deal? Great!

otto *agg.num.card.* e *s.m.* eight: *l'— luglio*, the eighth of July; *oggi —*, today week (*o* this day week); *ogni — giorni*, every week (*o* once a week); *ha preso — in storia*, he has got eight out of ten in history // *a forma di —*, shaped like an 8 // *— volante*, switchback // (*tip.*) *corpo —*, eight points // *in quattro e quattr'—*, in no time (*o* in the twinkling of an eye) // *è chiaro come quattro e quattro fa —*, it's as plain as a pikestaff // *dare gli — giorni a qlcu.*, to give s.o. a week's notice.

ottobre *s.m.* October: *in* —, in October; *nel mese di* —, in (the month of) October; *al venti* —, on October the twentieth (*o* on the twentieth of October); *ci siamo sposati il 2 di* —, we got married on the second of October.

ottobrino *agg.* **1** October (*attr.*) **2** (*che matura in ottobre*) ripening in October.

ottocentesco *agg.* nineteenth-century (*attr.*).

ottocentesimo *agg.num.ord.* e *s.m.* eight hundredth.

ottocentista *s.m.* e *f.* **1** nineteenth-century writer; nineteenth-century artist **2** (*studioso dell'Ottocento*) nineteenth-century specialist.

ottocentistico *agg.* nineteenth-century (*attr.*).

ottocento *agg.num.card.* e *s.m.* eight hundred // *l'Ottocento*, the nineteenth century.

ottogenario → **ottuagenario**.

ottomana *s.f.* ottoman.

ottomano *agg.* e *s.m.* Ottoman: *Impero* —, Ottoman Empire.

ottonaio *s.m.* brazier, brass worker.

ottoname *s.m.* brassware [U].

ottonare *v.tr.* (*tecn.*) to brass-plate, to coat with brass.

ottonario *agg.* (*metrica*) octosyllabic ◆ *s.m.* (*metrica*) octosyllabic verse.

ottonatura *s.f.* brass coating (*o* plating).

ottone *s.m.* **1** brass: — *crudo*, hard-drawn brass; — *giallo, per bossoli*, cartridge brass; *lamiera di* —, brass sheet; *placca di* —, brass plate; *saldatura a* —, brazing; *pulire gli ottoni*, to polish the brass (*o* the brasses) // *di color* —, brassy **2** *pl.* (*mus.*) brass (*sing.*): *concerto per ottoni*, brass concerto.

ottoniano *agg.* Othonian.

ottosillabo *agg.* octosyllabic ◆ *s.m.* octosyllable.

ottotipico *agg.* optotype (*attr.*).

ottotipo *s.m.* optotype.

ottuagenario *agg.* eighty years old (*pred.*); eighty-year-old (*attr.*); octogenarian ◆ *s.m.* octogenarian.

ottundere *v.tr.* (*letter.*) to blunt, to dull (*anche fig.*): *se cerchi di spaccarlo con un coltello, ne ottunderai la punta*, if you try to split it with a knife, you'll blunt its point; — *la mente*, to dull the mind.

□ **ottundersi** *v.intr.pron.* to become* blunt, to become* dull.

ottundimento *s.m.* blunting, dulling.

ottuplo *s.m.* octuple ◆ *agg.* (*non com.*) eightfold, octuple.

otturamento *s.m.* blocking up, stopping up, sealing.

otturare *v.tr.* **1** (*ostruire*) to block (up), to clog (up); (*chiudere*) to stop (up), to close; to plug: *i detriti hanno otturato il filtro*, silt has clogged the filter; — *un'apertura*, to plug an opening; (*mar.*) — *una falla*, to stop (*o* to seal) a leak **2** (*med.*) — *un dente*, to fill a tooth.

□ **otturarsi** *v.intr.pron.* to get* blocked up, to clog, to stop: *si è otturato lo scarico del lavandino*, the waste outlet of the sink has got blocked up.

otturato *agg.* **1** (*ostruito*) blocked (up), clogged (up); (*chiuso*) stopped, plugged: *tubo* —, blocked (*o* clogged) tube; *orecchie otturate*, blocked up ears **2** (*med.*) *dente* —, filled tooth.

otturatore *agg.* obturating; (*anat.*) obturator (*attr.*): *membrana otturatrice*, obturator membrane; *muscolo* —, obturator muscle ◆ *s.m.* **1** (*di arma da fuoco*) breechblock, bolt, lock **2** (*cinem., fot.*) shutter: — *a diaframma*, diaphragm shutter; — *a tendina*, curtain shutter; — *centrale*, interlens shutter.

otturazione *s.f.* **1** (*ostruzione*) blocking (up), clogging (up); (*chiusura*) stopping, closing, plugging: *l'— del lavandino*, the blocking up of the sink **2** (*di dente*) filling: *togliere l'— a un dente*, to remove the stopping of a tooth.

ottusangolo *agg.* (*mat.*) obtuse-angled, obtuse-angular.

ottusità *s.f.* **1** (*mat.*) obtuseness **2** (*l'essere smussato*) bluntness **3** (*fig.*) slowness, dullness: — *di mente*, dullness (of mind).

ottuso *agg.* **1** (*mat.*) obtuse: *angolo* —, obtuse angle **2** (*smussato, senza punta*) blunt: *arnese* —, blunt tool **3** (*di suono*) dull: *suono* —, dull sound (*o* thud) **4** (*fig.*) dull, slow, obtuse: *di mente ottusa*, dull-minded; *d'intelligenza ottusa*, obtuse (*o fam.* thick).

out *avv.* out ◆ *s.m.* (*tennis*) out (of court); (*pugilato*) out; (*calcio*) off- side.

ouverture *s.f.* (*fr.*) (*mus.*) overture.

ovaia *s.f.* (*anat.*) ovary.

ovaiolo *agg.* (*non com.*) laying: *gallina ovaiola*, good layer.

ovalare *agg.* (*scient.*) oval.

ovalbumina *s.f.* (*biochim.*) ovalbumin.

ovale *agg.* e *s.m.* oval: *un vassoio* —, an oval tray; *il suo viso è un* — *perfetto*, her face is a perfect oval // (*anat.*) *finestra* — (*dell'orecchio*), oval window // *palla* —, (*gioco*) rugby.

ovalizzare *v.tr.* to make* oval, to oval // (*mecc.*) *cilindro ovalizzato*, ovaled cylinder.

□ **ovalizzarsi** *v.intr.pron.* to become* oval, to oval.

ovalizzazione *s.f.* ovaling.

ovarico *agg.* **1** (*bot.*) ovarian **2** (*anat.*) ovarian, ovarial: *funzione ovarica*, ovarial function; *cisti ovarica*, ovarian cyst.

ovariectomia *s.f.* (*med.*) ovariectomy.

ovario *s.m.* **1** (*bot.*) ovary **2** (*anat. antiq.*) → ovaia.

ovarite *s.f.* (*med.*) ovaritis, oophoritis.

ovato *agg.* **1** oval, egg-shaped **2** (*bot.*) ovate.

ovatta *s.f.* **1** (*tess.*) wadding; (*per imbottiture*) padding // *tenere qlcu. nell'*—, to cocoon s.o. **2** (*cotone idrofilo*) cotton wool.

ovattare *v.tr.* **1** to stuff with wadding, to pad **2** (*fig.*) (*attenuare*) to attenuate, to soften; (*rumori*) to muffle.

ovattato *agg.* **1** (*imbottito*) stuffed with wadding, padded: *un abito con le spalle ovattate*, a dress with padded shoulders **2** (*fig.*) (*attutito*) attenuated, softened; (*rumori*) muffled: *passi ovattati*, muffled steps.

ovattatura *s.f.* wadding, stuffing with wadding.

ovazione *s.f.* ovation: *gli fecero una* —, he received an ovation.

ove *avv.* (*letter.*) → **dove** ◆ *cong.* (*letter.*) (*qualora, nel caso che*) if, in case: — *fosse richiesta la vostra presenza, ci metteremo in contatto con voi*, should your presence be required (*o* if your presence is required), we shall contact you; — *sorgessero contestazioni, deciderà l'autorità competente*, in case of dispute, the relevant authority will decide.

overdose *s.f.* overdose: *un'— di eroina*, an overdose of heroin.

ovest *s.m.* west: *casa esposta a* —, house facing west; *dell'*—, western; *vento dell'*—, west wind; *diretto a* —, westbound; *in direzione* —, in a westerly direction; *questo paese confina a* — *col mare*, this country is bounded on the west by the sea; *tira vento da* —, a westerly wind is blowing; *Torino è a* — *di Milano*, Turin is (to the) west of Milan // *più a* — *di*, further west than // *verso, rivolto a* —, westward (*agg.*); *verso* —, westward(s) (*avv.*).

ovidotto, **ovidutto** *s.m.* (*anat.*) oviduct.

oviforme *agg.* egg-shaped, oviform.

ovigero *agg.* (*biol.*) oviferous, ovigerous.

ovile *s.m.* fold, sheepfold, pen, sheepcote: *chiudere nell'*—, to fold; *ritornare all'*—, to return to the fold (*anche fig.*).

ovino *agg.* sheep (*attr.*), ovine: *carne ovina*, mutton; *allevamento* —, sheep farm ◆ *s.m.* sheep*: *allevamento di ovini*, sheep farm.

oviparo *agg.* (*biol.*) oviparous.

ovo → **uovo**.

ovocellula *s.f.* **1** (*bot.*) ovicell **2** (*biol.*) egg cell.

ovocita *s.m.* (*biol.*) oocyte.

ovogamia *s.f.* (*biol.*) oogamy.

ovogenesi *s.f.* (*biol.*) oogenesis.

ovogonio *s.m.* (*biol.*) oogonium (*pl.* -ia).

ovoidale, **ovoide** *agg.* (*non com.*) ovoid(al), egg-shaped, ovate.

ovolaccio *s.m.* (*bot.*) (*Amanita muscaria*) fly-agaric, flybane, fly mushroom.

ovolo *s.m.* **1** (*fungo*) (*Amanita caesarea*) royal agaric **2** (*arch.*) (*modanatura*) ovolo (*pl.* -li); (*motivo ornamentale*) ovum* **3** (*bot.*) ovule.

ovopositore *agg.* (*zool.*) ovipositional ◆ *s.m.* (*zool.*) ovipositor.

ovovia *s.f.* cable car.

ovoviviparo *agg.* ovoviviparous ◆ *s.m.* ovoviviparous animal.

ovra e *deriv.* → **opera** e *deriv.*

ovulare[1] *agg.* **1** (*biol.*) ovular **2** (*di forma ovale*) ovoid, egg-shaped.

ovulare[2] *v.intr.* (*biol.*) to ovulate.

ovulatorio *agg.* (*biol.*) ovulatory.

ovulazione *s.f.* (*biol.*) ovulation.

ovulo *s.m.* **1** (*biol.*) ovule, egg(-cell), ovum* **2** (*vaginale*) vaginal suppository.

ovunque → **dovunque**.

ovvero *cong.* (*ossia*) or; that is; in other words; (*o piuttosto*) or rather: *Amleto,* — *il principe di Danimarca*, Hamlet, or the Prince of Denmark; *la matematica,* — *la scienza dei numeri*, mathematics, or (*o* that is) the science of numbers; *tutto è successo stanotte,* — *stamattina presto*, it all happened last night, or rather early this morning.

ovverosia *cong.* (*letter.*) (*ossia*) that is.

ovviamente *avv.* clearly, obviously, evidently; of course: — *non ti interessa ciò che dico*, obviously you are not interested in what I'm saying.

ovviare *v.intr.* to get* round (sthg.), to get* out of (sthg.); to remedy (sthg.): — *a una difficoltà*, to get round (*o* out of) a difficulty.

ovvietà *s.f.* obviousness, self-evidence: *l'— di una conclusione*, the obviousness (*o* self -evidence) of a conclusion.

ovvio *agg.* clear, obvious, evident: *il rimedio più —*, the most obvious remedy; *supposizioni ovvie*, obvious suppositions; *è — che non potrà pagare subito*, it's obvious he won't be able to pay right away; *"Verrai con noi?" "È —!"*, "Are you coming with us?" "Of course!"; *è — che se ne riparlerà*, obviously it will be talked over again.

oxitocina → **ossitocina**.

oxo *agg.* (*chim.*) oxo: *processo —*, oxo process.

oxo- *pref.* della terminologia chimica indicante la presenza di un gruppo chetonico; ingl. oxo-: *oxo-alcoli*, oxo-alcohols.

oxocomposto *s.m.* (*chim.*) oxo compound.

oxoniense *agg.* (*letter.*) of Oxford, Oxford (*attr.*).

ozena *s.f.* (*med.*) oz(a)ena.

oziare *v.intr.* to idle (about); to loaf, to laze about: — *per le strade*, to idle (*o* to loaf) about the streets; — *tutto il giorno*, to loaf about all day.

ozio *s.m.* **1** (*infingardaggine*) idleness, laziness, indolence; (*inoperosità*) inactivity, idleness: *passare la vita in —*, to lead a life of idleness; *stare in — dalla mattina alla sera*, to idle away one's time from morning to evening (*o* to do nothing all day long); — *forzato*, forced inactivity // *l'— è il padre dei vizi*, (*prov.*) the Devil finds work for idle hands **2** (*letter.*) (*riposo*) leisure: *momenti d'—*, leisure moments; *nelle mie ore d'—*, in my leisure hours (*o* time).

oziosaggine *s.f.* idleness, laziness, indolence.

oziosamente *avv.* **1** (*in modo ozioso*) idly: *passeggiare —*, to wander idly (*o* to loaf about) **2** (*vanamente*) idly, vainly: *parlare —*, to talk idly.

oziosità *s.f.* **1** (*oziosaggine*) idleness, laziness, indolence **2** (*discorso ozioso*) idle talk [U]: *sono tutte —*, it's all idle talk.

ozioso *agg.* **1** (*inoperoso*) idle: *vita oziosa*, idle life; *passare una giornata oziosa*, to have a lazy day // *capitale —*, uninvested (*o* idle) capital **2** (*inutile, vano*) idle, useless: *cose oziose*, useless things; *discorso —*, idle talk [U]: *domande oziose*, idle questions ◆ *s.m.* idler, loafer.

ozocerite *s.f.* (*min.*) ozocerite, ozokerit(e), mineral wax.

ozonico *agg.* (*chim.*) ozonic.

ozonizzare *v.tr.* (*chim.*) to ozonize, to ozonate.

ozonizzatore *s.m.* (*chim.*) ozonizer, ozonator.

ozonizzazione *s.f.* (*chim.*) ozonization, ozonation.

ozono *s.m.* (*chim.*) ozone: *strato dell'—*, ozone layer // (*fis.*) *generatore di —*, ozonizer // (*ecol.*) *il buco nell'—*, the hole in the ozone layer.

ozonometria *s.f.* ozonometry.

ozonosfera *s.f.* ozonosphere.

ozonoso *agg.* (*chim.*) ozonous.

ozonoterapia *s.f.* (*med.*) ozonotherapy.

ozonuro *s.m.* (*chim.*) ozonide.

Pp

p *s.f.* o *m.* (*sedicesima lettera dell'alfabeto*) p (*pl.* ps, p's) // (*tel.*) — *come Palermo*, p for Peter // *P*, (*parcheggio*) P.

pa' *s.m.* (*fam.*) dad; (*amer.*) pa, pop.

paca *s.m.* (*zool.*) — *grande*, (*Cuniculus paca*) paca.

pacare *v.tr.* (*letter.*) to calm (down), to soothe; to pacify, to appease.
□ **pacarsi** *v.rifl.* o *intr.pron.* (*letter.*) to calm down.

pacatezza *s.f.* calm, calmness, quietness, peacefulness: *parlare con* —, to speak calmly.

pacato *agg.* calm, quiet: *con voce pacata*, quietly (*o* in a calm voice); *un giudizio* —, considered judgement.

pacca *s.f.* (*fam.*) slap, smack: *mi ha dato una — sulla spalla*, he slapped me on the shoulder.

pacchetto *s.m.* **1** pack, packet, parcel, package: *un — di caramelle*, a packet of sweets; — *postale*, parcel (*o* postal packet); *dammi quel — di sigarette, per favore*, please, give me that packet of cigarettes (*o amer.* pack of cigarettes) **2** (*estens.*) package: — *complessivo di provvedimenti*, package deal; — *anticongiunturale*, antislump package deal; — *di leggi*, set of laws // (*fin.*): — *azionario*, block of shares (*o* stake); *abbiamo un grosso — azionario in quella società*, we have a large stake in that company; — *negoziabile*, marketable parcel // (*econ.*) — *industriale*, industrial package // (*inform*): — *applicativo*, application package; — *software*, package **3** (*sport*) — *difensivo, d'attacco*, the defence, the attack (*o* the defenders, the attackers); (*rugby*) pack **4** (*tip.*) block.

pacchia *s.f.* (*fam.*) (*divertimento*) fun; (*cosa facile*) piece of cake, pushover, cinch: *che —!*, what fun!; *che —! oggi possiamo fare quel che vogliamo*, what fun! we can do as we like today; *quell'impiego è una vera* —, that job is a real piece of cake.

pacchianata *s.f.* something flashy, something vulgar, something showy: *quell'arredamento è una vera* —, the décor is really vulgar.

pacchianeria *s.f.* flashiness, showiness, vulgarity: *la sua — mi disturba*, his showiness bothers me.

pacchiano *agg.* flashy, vulgar, showy: *ha un'eleganza pacchiana*, he dresses flashily; *una cravatta pacchiana*, a garish tie.

pacciamatura *s.f.* (*agr.*) mulch(ing).

pacciame *s.m.* (*agr.*) mulch.

pacco *s.m.* pack, parcel; (*collo*) package; (*pacchetto*) packet; (*involto*) bundle: *un — di quaderni*, a pack of exercise books; *fare un* —, to make up (*o* do up) a parcel; *disfare un* —, to undo a parcel; *ti faccio un — regalo?*, shall I gift-wrap it for you? // (*comm.*): — *offerta*, bargain pack; — *dono*, gift parcel; — *viveri*, food parcel; — *assicurato, raccomandato*, registered parcel; *ufficio spedizione pacchi*, parcel office; *pacchi per via aerea*, air parcels; — *postale*, parcel; *spedire per — postale*, to send by parcel post // (*inform.*): — *di schede*, deck (*o* pack); — *di carta continua*, pack.

paccottiglia *s.f.* **1** (*st.*) small quantity of goods which members of a ship's crew were formerly permitted to trade in **2** (*estens.*) (*cosa di nessun valore*) junk [U], trash [U].

pace *s.f.* **1** peace: *conferenza di* —, peace conference; *in tempo di* —, in time of peace; *proposta di* —, peace proposal; *trattato di* —, peace treaty; — *onorevole*, peace with honour; *fu firmata la — fra le due potenze*, the peace treaty was signed between the two powers; *le forze di — dell'Onu*, the United Nations peace-keeping force; *questo paese è in — da due secoli*, this country has been at peace for two centuries; *chiedere la* —, to ask for peace; *mantenere, turbare la* —, to keep, to disturb the peace // *la pace di Amiens, di Versailles ecc.*, the Peace of Amiens, of Versailles etc. **2** (*concordia, accordo*) peace: *per amor di* —, for the sake of peace and quiet; *cercò di metter — tra loro*, he tried to make peace between them; *con buona — di tutti, ora possiamo cominciare*, now that everybody is happy we can start; *essere in — con la propria coscienza*, to be at peace with one's own conscience; *essere in — con qlcu.*, to be at peace (*o* to be on good terms) with s.o. // *fare la — con qlcu.*, to make peace (*o* to make it up) with s.o. **3** (*tranquillità*) peace; (*calma*) quiet, stillness: *la — del cuore, dell'anima*, peace (*o* tranquillity) of mind; *la — della sera*, the peace of the evening; *la — pubblica*, public peace: *disturbatore della — pubblica*, disturber of the peace; *la — regna in città dopo i disordini di ieri*, peace prevails in the town after yesterday's riots; *che — c'è qui!*, how peaceful (*o* quiet) it is here!; *non mi dà un momento di* —, he doesn't give me a moment's peace; *ora che se ne è andato, avrò finalmente un po' di* —, now that he has gone, I shall have some peace at last; *il rimorso non gli dava* —, remorse gave him no peace; *lasciare in — qlcu.*, to leave s.o. alone; *vivere in* —, to live in peace; *lasciami in* —, leave me alone; *stasera devo studiare e vorrei essere lasciato in* —, I've got to study this evening and I'd like to be left in peace; *mettersi il cuore in* —, to set one's mind at rest; *mettiti il cuore in —, perché ormai non c'è più rimedio*, you'll have to put up with it, there's nothing you can do now; *dopo la sconfitta non sa darsi* —, he can't reconcile himself to his defeat // *la messa è finita, andate in* —, the Mass is ended, go in peace // *la — eterna*, eternal rest; *Dio l'abbia in —!*, God rest his soul!; *il pover'uomo ora riposa in* —, the poor man is now at rest; *riposa in —!*, rest in peace!; — *all'anima sua!*, may he rest in peace! // *santa —!*, my goodness!

pace-maker *s.m.* (*anat., med.*) pacemaker.

pachiderma *s.m.* **1** (*zool.*) pachyderm **2** (*estens.*) (*persona grassa*) elephant; (*persona poco sensibile*) thick-skinned person.

pachidermia *s.f.* (*med.*) pachyderma, pachydermia.

pachidermico *agg.* (*fig.*) pachydermatous, pachydermic.

pachimeninge *s.f.* (*anat.*) pachymeninx (*pl.* -ninges), dura (mater).

pachipleurite *s.f.* (*med.*) pachypleuritis, productive pleurisy.

pachistano *agg.* e *s.m.* Pakistani.

paciere *s.m.* peacemaker: *fare da* —, to act as peacemaker.

pacificabile *agg.* **1** (*riconciliabile*) reconcilable: *una controversia difficilmente* —, a controversy that is difficult to settle **2** (*placabile*) pacifiable, appeasable.

pacificamente *avv.* peacefully, pacifically: *convivere* —, to live together peacefully (*o* in peace).

pacificamento → **pacificazione**.

pacificare *v.tr.* **1** (*riconciliare*) to reconcile: *pacificò il padre col figlio*, she reconciled the father with his son; — *due nemici tra loro*, to reconcile two enemies **2** (*rendere pacifico*) to pacify, to appease: — *un paese*, to pacify (*o* to restore peace to) a country.
□ **pacificarsi** *v.rifl.rec.* to become* reconciled (to, with s.o.); to reconcile oneself (to, with s.o.); to make* it up (with s.o.); to make* friends again (with s.o.): *si pacificarono dopo aspre contese*, they became (*o* were) reconciled after violent quarrels ♦ *v.intr.pron.* **1** to make* it up: *si è pacificato con la famiglia*, he has made it up with his family (*o* he has made his peace with his family) **2** (*calmarsi*) to calm down, to die down: *la controversia si è pacificata*, the controversy has calmed (*o* died) down.

pacificato *agg.* at peace, peaceful; pacified: *un paese finalmente* —, a country finally at peace.

pacificatore *agg.* **1** (*che riconcilia*) reconciling **2** (*che rende pacifico*) pacifying, appeasing ◆ *s.m.* (*chi riconcilia*) reconciler, peacemaker.

pacificatorio *agg.* pacifying, peacemaking: *intervento* —, peacemaking intervention.

pacificazione *s.f.* **1** (*riconciliazione*) reconciliation: *fare opera di* —, to try to reconcile **2** (*il rendere pacifico*) pacification, appeasement.

pacifico *agg.* **1** peaceful, pacific; peaceable: *carattere* —, peaceful (*o* pacific) character; *intenzioni pacifiche*, peaceful intentions; *tribù pacifiche*, peaceful tribes; *uomo* —, pacific (*o* peaceable *o* peace-loving) man; *protesta, manifestazione pacifica*, peaceful protest, manifestation; *una convivenza pacifica*, a peaceful co-existence // (*geogr.*) *l'Oceano Pacifico*, the Pacific (Ocean) **2** (*fuori discussione*) obvious, self-evident: *è — che...*, it is obvious that...

pacifismo *s.m.* pacifism.

pacifista *agg.* e *s.m.* e *f.* pacifist: *un movimento* —, a pacifist movement.

pacioccone *s.m.* (*fam.*) easygoing person.

pacione *s.m.* (*fam.*) easygoing person, placid person.

pacioso *agg.* (*fam.*) peaceful, placid; easygoing.

paciugo *s.m.* (*region.*) **1** slush: *la neve sciolta ha lasciato un — nelle strade*, the melted snow has left the streets very slushy **2** (*gelato*) icecream with fruit syrup and whipped cream.

paciulì *s.m.* (*bot.*) (*Pogostemon patchouly*) patchouli.

pack *s.m.* (*geogr.*) pack ice.

package *s.m.* (*inform.*) (software) package, pack.

packaging *s.m.* (*marketing*) (*confezione di un prodotto*) packaging.

padano *agg.* Po (*attr.*): *la val padana*, the Po Valley (*o* the Po River Basin).

padda *s.m.* (*zool.*) (*Padda oryzivora*) rice-bird.

padella *s.f.* **1** frying pan: *una — di alluminio*, an aluminium frying pan; *cuocere il pesce in* —, to fry the fish // (*sport*) *far* —, (*mancare il bersaglio*) to miss the target **2** (*per infermi*) bedpan **3** (*region.*) (*macchia*) stain, spot.

padellaio *s.m.* (*non com.*) **1** (*chi fabbrica padelle*) maker of pans **2** (*chi vende padelle*) seller of pans.

padellare *v.tr.* (*cuc.*) to sauté ◆ *v.intr.* (*sport*) (*fam.*) to miss the target.

padellata *s.f.* **1** blow with a frying pan: *gli diede una — in testa*, she hit him on the head with a frying pan **2** (*contenuto*) panful: *una — di patate*, a panful of potatoes.

padiglione *s.m.* **1** (*tenda*) pavilion, tent // (*arch.*): *volta a* —, cloister vault; *tetto a* —, hip (*o* pavilion) roof **2** (*baldacchino*) canopy: *— sopra un letto*, canopy over a bed **3** (*edificio isolato*) pavilion: *i padiglioni di un ospedale, di un'esposizione*, hospital pavilions, exhibition pavilions; *— di caccia*, hunting lodge **4** (*anat.*) auricle, pavilion **5** (*di diamante*) pavilion **6** (*mar.*) rigging **7** (*mus.*) bell.

padovanella *s.f.* (*calessino*) sulky.

padovano *agg.* e *s.m.* Paduan.

padre *s.m.* **1** father (*anche fig.*): *— adottivo, putativo*, adoptive, putative father; *— affettuoso, indulgente, severo*, affectionate, indulgent, severe father: *fa il — severo*, he plays the heavy father; *— di famiglia*, father of a family; *è — di cinque figli*, he is the father of five children; *far le veci del* —, to act as a father; *rendere — qlcu.*, to make s.o. a father; *è un ragazzo* —, he's an unmarried father; *parente per parte di* —, related on one's father's side; *Dante è il — della lingua italiana*, Dante is the father of the Italian language // *Piccolo Padre*, (*lo zar*) Little Father // *da* —, as a father, (*paternamente*) like a father: *mi parlò da* —, he spoke to me like a father; *ti parlo da* —, I am speaking to you as a father // *far da — a qlcu.*, to be a father to s.o.: *mi ha fatto da* —, he was a father to me // *di — in figlio*, from father to son: *privilegi trasmessi di — in figlio*, privileges handed down from father to son // (*teatr.*) *— nobile*, heavy father // *i nostri padri*, our forefathers (*o* ancestors) // (*st.*) *Padri Pellegrini*, Pilgrim Fathers **2** (*teol.*) Father: *Dio Padre*, God the Father; *"Padre nostro che sei nei cieli..."*, "our Father which art in Heaven..." **3** (*eccl.*) Father: *Padre Giovanni*, Father John; *Padre O' Brien*, Father O' Brien; *il Santo Padre*, the Holy Father // *— spirituale*, father confessor, (*estens.*) mentor // *i Padri della Chiesa*, the Fathers of the Church.

padrenostro, **padre nostro** *s.m.* **1** Paternoster; Lord's Prayer; Our Father **2** (*di rosario*) Paternoster (bead).

padreterno *s.m.* **1** (*Dio Padre*) God the Father **2** (*fig. fam.*) god almighty: *crede di essere un* —, he thinks he's god almighty.

padrigno → **patrigno**.

padrino *s.m.* **1** godfather **2** (*capo di cosca mafiosa*) godfather; (*della finanza*) magnate, tycoon **3** (*in un duello*) second.

padrona *s.f.* **1** mistress (*anche estens.*); (*di casa*) the lady of the house; (*quando riceve*) the hostess: *la — di casa ci accolse cordialmente*, our hostess gave us a warm welcome; *la — sta parlando con la cuoca*, the mistress is speaking to the cook; *la — è in casa?*, is the lady of the house in?; *è — della situazione*, she is mistress of the situation; *è — di se stessa*, (*è indipendente*) she is her own mistress, (*sa dominarsi*) she is very self-controlled **2** (*proprietaria*) owner: *è — di tutte queste terre*, she is the owner of all this land **3** (*di casa, albergo*) landlady: *la — della mia pensione è molto gentile*, my landlady is a very kind woman.

padronale *agg.* (*del padrone*) master's, owner's; (*imprenditoriale*) employers', managerial: *classe* —, managerial class; *organizzazione* —, employers' association; *è una vecchia casa* —, it is an old country house // *il bagno* —, the main bathroom.

padronanza *s.f.* **1** (*proprietà*) ownership **2** (*fig.*) mastery, self-control; (*controllo*) command, control: *perdere la — di sè*, to lose one's self-control; *ha una perfetta — della lingua*, he has complete mastery of the language; (*econ.*) *— del mercato*, control (*o* command) of the market.

padronato *s.m.* **1** (*possesso, proprietà*) property, ownership **2** (*datori di lavoro*) employers (*pl.*); owners (*pl.*) **3** (*region.*) (*proprietà rurale*) country property.

padroncino *s.m.* **1** (*giovane padrone*) young master; (*figlio del padrone*) the boss's son **2** owner-driver; (*di autocarro*) self-employed lorry-driver, (*amer.*) truck-driver; (*di taxi*) self-employed taxi driver: *organizzazione dei padroncini*, owner-driver system.

padrone *s.m.* **1** master (*anche fig.*): *non sono più — in casa mia!*, I am no longer the master in my own house!; *parlare a qlcu. da* —, to speak authoritatively to s.o.; *farla da* —, to lord it; *il pilota non era più — dell'aereo*, the pilot had lost control of the plane; *non è — di sé quando è arrabbiato*, he has no self-control when he is angry; *non è — delle sue azioni*, he is not responsible for his actions; *essere — della situazione*, to be master of the situation; *rimanere — del campo*, to remain master of the field; *sono — di fare ciò che voglio*, I am free to do (*o* I can do) as I like; *essere — di una lingua*, to have mastery of a language // *non si possono servire due padroni*, you cannot serve two masters **2** (*proprietario*) owner, proprietor; (*datore di lavoro*) employer: *il — del cane*, the dog's owner; *è — di due case*, he is the owner of (*o* he owns) two houses; *— di bottega*, shopkeeper (*o* shopowner); *essere, lavorare sotto* —, to be employed (*o* to be in s.o.'s employment); *cambiar* —, to change one's employer; *andare a* —, to go into service; *il — ha respinto le richieste salariali degli operai*, the employer has turned down the workers' pay claims // *l'occhio del — ingrassa il cavallo*, (*prov.*) the master's eye makes the horse fat **3** (*di casa, albergo*) landlord: *sono in buoni rapporti col mio — di casa*, I am on good terms with my landlord.

padroneggiare *v.tr.* to master, to command (*anche fig.*): *padroneggiò la folla*, he controlled the mob; *seppe — la situazione*, he was able to handle the situation; *non sa — le proprie passioni*, he can't control his own passions; *— una lingua*, to master a language.

□ **padroneggiarsi** *v.rifl.* to control oneself, to keep* oneself under control: *non riesce a* —, he cannot control himself.

padronesco *agg.* (*spreg.*) lordly.

padronissimo *s.m.*: *sei — di fare quel che vuoi!*, you are free to do whatever you like (*o* wish)!; *vuoi farlo? —!*, do you want to do it? go ahead!

paesaggio *s.m.* **1** landscape; scenery; view: *— di montagna*, mountain scenery; *— marino*, seascape; *da quella finestra si gode un bel* —, you can enjoy a fine view (*o* you can see a beautiful landscape) from that window; *quei nuovi grattacieli hanno rovinato il* —, the new skyscrapers have ruined the landscape // *tutela del* —, preservation of the landscape **2** (*pitt.*) landscape, paysage: *ha un — di Constable che vale milioni*, he has a landscape by Constable which is worth millions.

paesaggismo *s.m.* (*pitt.*) landscape art; landscape painting; (*lett.*) landscape description.

paesaggista *s.m.* e *f.* (*pitt.*) landscape painter, painter of landscapes, landscapist.

paesaggistica *s.f.* **1** (*pitt.*) landscape painting **2** (*insieme di opere paesaggistiche*) landscapes (*pl.*).

paesaggisticamente *avv.* scenically.

paesaggistico *agg.* landscape (*attr.*).

paesana *s.f.* villager; countrywoman*, peasant woman.

paesano *agg.* **1** (*rurale*) country (*attr.*); rustic, rural: *abitudini paesane*, country habits; *danza paesana*, country dance; *semplicità pae-*

sana, rustic simplicity; *le usanze paesane*, rural customs // *alla paesana*, in a rustic (*o* simple) manner (*o* way): *mi piacciono le camicette alla paesana*, I like peasant-style blouses **2** (*di un villaggio*) village (*attr.*): *una festa paesana*, a village festival ◆ *s.m.* **1** villager; countryman*, peasant: *i paesani*, country folk **2** (*compaesano*): *è un mio —*, he comes from my village.

paese *s.m.* **1** (*nazione*) country: *il — è contrario alla nuova legge*, the country is opposed to the new law; *un — di antiche tradizioni letterarie*, a country with longstanding literary traditions; *— d'origine*, country of origin (*o* native land); *i paesi Europei*, European countries; *invasero il — nemico*, they invaded the enemy's country // *i Paesi Bassi*, the Low Countries // (*econ.*): *paesi acquirenti*, buyer countries; *paesi consumatori*, consumer countries; *— eccedentario*, surplus country; *paesi emergenti*, emerging (*o* developing) countries; *paesi in via di sviluppo*, developing countries; *paesi poveri*, less developed countries; *paesi sviluppati*, developed countries; *paesi sottosviluppati*, undeveloped (*o* underdeveloped) countries; *paesi del terzo mondo*, third world countries; *paesi membri*, member countries; *paesi produttori*, producer countries; *paesi petroliferi*, oil-producing countries // *paesi d'oltremare*, overseas countries // *il bel Paese*, Italy **2** (*territorio*) country, land: *— fertile, sterile*, fertile, barren country; *— montuoso*, mountainous country; *— piano, di pianura*, level (*o* flat) country **3** (*luogo d'origine*) place: *— natio*, birthplace (*o* native place); *non siete di questo —*, you don't belong to these parts; *ha nostalgia del suo —*, he is homesick // *mandare a quel —*, (*fam.*) to send to hell // *donne e buoi dei paesi tuoi*, (*prov.*) it's better to marry over the mixen, than over the moor // *— che vai, usanza che trovi*, (*prov.*) when in Rome, do as the Romans do // *tutto il mondo è —*, (*prov.*) it is the same the whole world over **4** (*villaggio*) village; (*cittadina*) town: *— natio*, (*villaggio*) native village, (*città*) hometown, native town; *un piccolo — fra i monti*, a little village in (*o* among) the mountains; *al mio — tutti parlano il dialetto*, where I come from (*o* in my hometown) everybody speaks dialect; *vado in — a fare spese*, I am going shopping in the village (*o* going down to the shops); *tornare al —*, to return to one's hometown (*o* to one's native village).

paesista → **paesaggista**.

paesistico → **paesaggistico**.

paf, paffete (*voce onomatopeica*) flop; bang; crash.

paffuto *agg.* chubby, plump: *un bel bambino paffutello*, a fine chubby child; *guance paffute*, chubby (*o* plump) cheeks: *una ragazzina dalle guance paffute*, a chubby-cheeked little girl; *viso —*, chubby face; *è una bella ragazza, ma un po' paffutella*, she is a pretty girl, but a little bit on the plump side.

paga[1] *s.f.* pay; (*stipendio*) salary; (*salario*) wages (*pl.*): *— giornaliera*, daily pay (*o* wage); *— base*, base (*o* basic) pay (*o* basic wage rate); *— intera*, full pay; *— quindicinale*, fortnightly pay; *— settimanale*, weekly pay; *— minima garantita*, minimum guaranteed wages; *— giusta*, fair wages; *la — di un operaio*, a worker's wages; *giorno di —*, payday; *ufficio —*, pay office; *prendere una buona —*, to have (*o* to get) a good salary; *è un brutto lavoro, ma la — è buona*, it's an unpleasant job but the pay is good.

paga[2] *s.m.* e *f.* (*non com.*) (*pagatore*) payer: *è una mala —*, he is a bad payer.

pagabile *agg.* payable; (*di debito*) dischargeable // (*banca*): *— all'ordine*, payable to order; *— alla presentazione*, payable on demand (*o* presentation); *— a se stesso*, (*all'emittente*) payable to self; *— a vista, a richiesta*, payable on demand (*o* on sight *o* at sight); *— alla scadenza*, payable at (*o* on) maturity; *— al portatore*, payable to bearer; *— contro presentazione di documenti*, payable against documents; *— contro fattura*, payable against invoice; *— a vista al portatore*, (*di banconota*) payable to bearer on demand; *titolo bancario non —*, non-negotiable instrument of credit // (*comm.*): *— alla cassa*, payable at the counter; *— in rate mensili*, payable in (*o* by) monthly instalments.

pagaia *s.f.* paddle.

pagaiare *v.intr.* to paddle.

pagamento *s.m.* (*il pagare*) payment; (*di un debito*) satisfaction, liquidation, discharge; (*saldo*) settlement; (*esborso*) disbursement; (*compenso*) consideration; (*somma pagata*) amount paid: *dietro — di*, against payment of; *fino a totale —*, until fully paid; *ricevuta di —*, receipt of payment; *far fronte ai pagamenti*, to meet payments; *esentare dal —*, to exempt from payment // (*comm.*): *— a lunga, breve scadenza*, long-term, short-term payment; *— a rate*, payment by instalments; *— differito*, deferred payment; *— all'ordinazione*, payment with order; *— a mezzo assegno, cambiale*, payment by cheque, by bill; *— a saldo*, full payment (*o* settlement); *— alla scadenza*, payment at (*o* on) maturity; *— con riserva*, qualified payment; *— degli arretrati*, back payment; *— di tutti i debiti*, discharge of all debts; *— eccessivo*, overpayment; *— forfettario*, lump sum payment; *— frazionato*, spaced payment; *— immediato*, spot payment; *— in acconto*, payment in advance (*o* on account); *— in natura*, payment (*o* allowance) in kind; *— in conto*, payment on account; *— mensile, trimestrale*, monthly, quarterly payment; *— parziale*, part payment; *pagamenti rateali*, instalment payments; *— simbolico*, nominal fee (*o* token payment); *— una tantum*, single payment // *paziente a —*, fee-paying patient.

paganeggiante *agg.* pagan: *una cultura —*, a pagan culture.

paganeggiare *v.intr.* to live like a pagan; to act like a pagan.

paganesimo *s.m.* paganism, heathenism.

pagania *s.f.* **1** (*letter.*) heathendom **2** → paganesimo.

paganismo → **paganesimo**.

paganizzare *v.tr.* to paganize.
□ **paganizzarsi** *v.rifl.* o *intr.pron.* to become* paganized.

pagano *agg.* e *s.m.* pagan, heathen: *i riti pagani*, the heathen rites.

pagante *agg.* paying: *socio —*, paying member; *spettatori paganti*, paying spectators; *ospite —*, paying guest ◆ *s.m.* e *f.* payer: *2000 spettatori, 1900 i paganti*, 2000 spectators, 1900 of whom had paid.

pagare *v.tr.* e *intr.* **1** to pay* (*anche fig.*): *— un affitto alto*, to pay a high rent; *— un conto*, to pay (*o* to meet *o* to foot) a bill; *hai pagato il conto?*, have you paid the bill?; *pagò il conto di tasca sua*, he paid the bill out of his own pocket; *— il conto dell'albergo*, to pay the hotel bill; *dobbiamo — la merce*, we have to pay for the goods; *— un debito*, to pay off (*o* to extinguish *o* to meet *o* to honour) a debt; *ho pagato tutti i miei debiti*, I have paid (off) all my debts; *— tutte le spese*, to pay (*o form.* to defray) all expenses; *quanto hai pagato (per) il tuo cappello?*, how much did you pay for your hat?; *ho pagato 100 milioni (per) quella casa*, I paid a hundred million lire for that house; *l'ho pagato una sciocchezza*, I got it for a song; *per quel che l'ho pagato va più che bene*, considering what I paid it is more than adequate; *pagammo £ 25.000 a testa*, we paid 25,000 lire a head (*o* each); *— un creditore*, to pay a creditor; *— qlcu. per le sue prestazioni*, to pay s.o. for his services; *— alla romana*, to go dutch; *— caro qlco.*, to pay dearly for sthg.; *— un occhio della testa*, to pay through the nose (*o* a lot of money *o* a fortune); *— immediatamente, sull'unghia*, to pay on the nail; *far — qlcu. per qlco., qlco. a qlcu.*, to charge s.o. for sthg.: *quanto fate — (per) la camera e la prima colazione?*, how much do you charge for bed and breakfast?; *gli fecero — più di un milione per quel danno*, they charged him more than a million for the damage; *si fa — (caro) ma è molto bravo*, he charges a lot, but he's very good; *fare — a qlcu. meno del dovuto, troppo poco*, to undercharge s.o.; *far — a qlcu. più del dovuto, troppo*, to overcharge s.o. // *pagherai cara la tua impertinenza*, you'll pay for your insolence; *me la pagherai!*, you'll pay for it!; *pagheranno (caro) (per) quel che hanno fatto*, they'll have to pay (dearly) for what they have done // *ha pagato la sua avventatezza con la vita*, he paid for his rashness with his life // *non so cosa pagherei per aiutarlo*, I would give anything to be able to help him // *— di persona*, to face the consequences (*o fam.* the music) // *— qlcu. a parole*, to put s.o. off with fine words // *— qlcu. della stessa moneta*, to pay s.o. back in his own coin // *— lo scotto*, to pay the reckoning // *chi rompe paga*, breaker pays // (*comm.*): *— a rate*, to pay by (*o* in) instalments; *— a saldo di ogni avere*, to pay in full; *— con un assegno, una tratta*, to pay by cheque, by draft; *— un assegno, una cambiale*, to pay (*o* honour) a cheque, a bill; *— una tratta*, to meet a draft; *— il saldo*, to pay the balance; *— una cambiale alla scadenza*, to redeem a bill at maturity // *da pagarsi*, due (*o* payable): *somma da pagarsi*, due amount // (*banca*): *interessi da —*, interest payable; *non — un effetto*, to dishonour a bill // (*fin.*) *— dividendi*, to pay dividends **2** (*offrire*) to stand*, to treat (s.o. to sthg.): *pago io!*, it's on me!; *gli ho pagato un gelato*, I treated him to an ice; *— un caffè a qlcu.*, to buy s.o. a coffee; *chi paga?*, who's going to pay?; *— da bere a qlcu.*, to stand s.o. a drink; *— un pranzo a qlcu.*, to stand s.o. a dinner **3** (*ricompensare*) to reward, to requite: *è così che paga il mio affetto!*, that's how he rewards me for my affection! // *il delitto non paga*, crime doesn't pay.

pagato *agg.* paid; (*saldato*) settled; (*di cambiale, assegno*) honoured // (*comm.*): *— alla consegna, a carico del destinatario*, collect on delivery; *— anticipatamente*, prepaid (*o* paid in advance); *non —*, unpaid (*o* unsettled *o* outstanding), (*di cambiale*) not accepted; *debito non —*, outstanding debt; *fattura non pagata*, unpaid invoice.

pagatore *s.m.* payer: *cattivo —*, slow payer; (*dir.*) *— moroso*, defaulting payer // (*amm.*)

ufficiale —, paymaster ◆ *agg.* paying: *banca pagatrice*, paying bank.

pagella *s.f.* (school-)report, report card: *ha avuto dei voti discreti sulla* —, he had fairly good marks in his (school-)report; *non ho avuto una bella — quest'anno*, I didn't have (*o* get) a good (school-)report this year.

pagello *s.m.* (*zool.*) sea bream.

paggio *s.m.* pageboy, page: *pettinatura alla* —, pageboy haircut.

pagherò *s.m.* (*fin.*) promissory note, I owe you (*abbr.* IOU): — *bancario*, (*amer.*) marker; — *cambiario*, promissory note (*o* note of hand); — *diretto*, financing note.

paghetta *s.f.* pocket money, spending money.

pagina *s.f.* **1** page; (*foglio*) leaf*: — *bianca*, blank page; — *dispari*, right-hand page (*o form.* recto); — *pari*, left-hand page (*o form.* verso); — *sciolta*, loose leaf; *a piede di* —, at the foot of the page; *in testa di* —, at the top of the page; *è a — 52*, it is on page 52; *volta la* —, turn the page (over); *numerare le pagine*, to number the pages; *piegare la* —, to fold (down) the page; *leggere le prime pagine di un romanzo*, to read the first few pages of a novel; *sfogliare le pagine di un libro*, to glance through a book; *strappare una — da un libro*, to tear a page (*o* a leaf) out of a book // *sono le pagine migliori di questo autore*, (*estens.*) they are the finest passages (*o* pages) by this author // *voltare* —, (*fig.*) to turn over a new leaf: *col nuovo anno voglio voltar* —, with the new year I will turn over a new leaf; *con il nuovo governo democratico il paese volta* —, with the new democratic government the country will change for the better // (*di giornale*): *prima* —, front page; *lo scandalo è finito in prima* —, the scandal ended up on the front page; *terza* —, the culture (*o* literary) page; — *di cronaca locale*, local news page // *pagine gialle*, yellow pages // — della pubblicità, advertising page **2** (*fig.*) (*episodio, momento*) page, chapter; leaf*: *una bella — di storia*, a fine chapter (*o* page) in history **3** (*bot.*) face **4** (*inform.*) page: — *web*, web page; — *iniziale di un sito*, homepage.

paginatura *s.f.* paging.

paginazione *s.f.* paging.

paglia *s.f.* **1** straw: *cappello di* —, straw hat; (*di Firenze*) leghorn; *letto di* —, straw bed; *sacco, mucchio di* —, sack, heap of straw; *color* —, straw-colour: *capelli color* —, straw-coloured hair; *imbottito di* —, stuffed with straw; *tetto di* —, thatch: *una casetta col tetto di* —, a thatched cottage; *dormire sulla* —, to sleep on straw // *fuoco di* —, flash in the pan // *uomo di* —, man of straw // *avere la coda di* —, to have a guilty conscience // *mettere la — vicino al fuoco*, to tempt fate (*o* providence) // *col tempo e con la — maturano le nespole*, (*prov.*) everything comes to him who waits **2** — *di ferro*, steel wool, wire wool; — *di legno*, wood wool.

pagliaccesco *agg.* clownish, burlesque.

pagliaccetto *s.m.* **1** (*indumento femminile*) cami-knickers (*pl.*) **2** (*per bambini*) rompers (*pl.*), romper suit.

pagliacciata *s.f.* (*cosa poco seria*) joke; (*cosa facile*) child's play, cinch, doddle: *basta con le tue pagliacciate*, stop fooling around; *questi esami sono tutta una —!*, these exams are just a joke (*o* a farce)!

pagliaccio *s.m.* **1** clown **2** (*fig.*) clown, buffoon: *smettila di fare il* —, stop playing the fool (*o* stop clowning around) **3** (*ant.*) (*pagliericcio*) paillasse, palliasse, straw mattress, pallet.

pagliaio *s.m.* **1** (*cumulo di paglia*) straw stack, rick of straw, pile of straw **2** (*edificio dove si tiene la paglia*) barn.

pagliarolo *s.m.* (*zool.*) (*Acrocephalus paludicola*) marsh warbler.

pagliericcio *s.m.* **1** paillasse, palliasse, straw mattress, pallet **2** (*estens.*) (*letto*) bed.

paglierino *agg.* straw-coloured.

paglietta *s.f.* **1** (*cappello*) straw hat **2** (*per pulire pentole, pavimenti*) steel wool, wire wool **3** (*trucioli per imballaggio*) (*di legno*) wood shavings; (*di carta*) paper wool.

paglietto *s.m.* (*mar.*) mat: — *di cocco*, coir mat.

pagliolato *s.m.* (*mar.*) ceiling.

pagliolo *s.m.* (*mar.*) dunnage.

paglione *s.m.* (*region.*) (*pagliericcio*) palliasse, pallet // *bruciare il* —, (*fig.*) (*mancare a un impegno*) to break one's word, (*a un appuntamento*) to break an appointment.

pagliuzza *s.f.* **1** wisp of straw, blade of straw // *e perché osservi la — nell'occhio del tuo fratello, e non badi alla trave che è nell'occhio tuo?*, (*Bibbia*) why beholdest thou the mote that is in thy brother's eye, but considerest not the beam that is in thine own eye? **2** (*minutissima parte d'oro*) speck (of gold).

pagnotta *s.f.* (round) loaf // *scrive per guadagnarsi la* —, (*fam.*) he writes for a living // *è lui che porta a casa la* —, (*fam.*) he's the bread -winner.

pago *agg.* (*letter.*) satisfied (with sthg.), content(ed) (with sthg.), pleased (with sthg.): *sono — di ciò che ho fatto*, I'm pleased (*o* satisfied *o* content) with what I've done.

pagoda *s.f.* pagoda.

pagro *s.m.* (*zool.*) (*Pagrus pagrus*) porgy*, schnapper.

paguro *s.m.* (*zool.*) hermit-crab, soldier-crab, pagurian.

paillette *s.f.* (*fr.*) sequin.

paio *s.m.* **1** (*di cose uguali o che vanno usate insieme*) pair: *un — di guanti, scarpe*, a pair of gloves, shoes; *un — di calzoni, di occhiali, di forbici*, a pair of trousers, glasses, scissors // *è un altro — di maniche!*, it's a different kettle of fish altogether! **2** (*due, circa due*) couple, two: *un — di giorni*, a couple of (*o* two) days; *è arrivato con un — di amici*, he arrived with a couple of friends; *il paese dista un — di chilometri*, the village is a couple of kilometres away; *l'ho visto un — di volte*, I've seen him a couple of times **3** (*coppia*) pair, couple; (*di uccelli*) brace (*pl. invar.*); (*di buoi*) yoke: *un — di cavalli*, a pair (of horses); *un — di anatre*, a brace of ducks; *sei paia di fagiani*, six brace of pheasants.

paiolata *s.f.* potful, ca(u)ldronful.

paiolo *s.m.* pot, cauldron.

paisà *s.m.* (*dial.*) (*compaesano*) fellow villager, fellow countryman*.

pakistano → **pachistano**.

pala[1] *s.f.* **1** shovel: — *del carbone, del fornaio*, coal shovel, baker's shovel; *scavare una fossa con la* —, to dig a pit with a shovel **2** (*di remo, di elica, di timone*) blade; (*di mulino, di turbina*) vane: (*aer.*) *angolo della* —, blade angle; — *di elicottero*, rotor blade; *a tre pale*, three-bladed // (*mar.*) *ruota a pale*, paddle wheel; **3** — *meccanica*, power shovel, excavator **4** (*pitt.*) — *d'altare*, altar-piece.

pala[2] *s.f.* **1** (*montagna dalle pareti molto ripide*) steep mountain **2** (*prato inclinato*) steep mountain slope.

paladino *s.m.* **1** (*st.*) paladin; knight-errant: *i paladini di Carlomagno*, the paladins of Charlemagne **2** (*fig.*) (*difensore*) champion: — *dei poveri*, champion of the poor; — *della libertà*, champion of liberty.

palafitta *s.f.* **1** (*edil.*) (*sostegno di pali*) pilework **2** (*abitazione su palafitte*) palafitte, pile-dwelling; (*su lago*) lake-dwelling.

palafittare *v.tr.* (*edil.*) to pile.

palafitticolo *s.m.* (*st.*) pile-dweller; lake -dweller, ◆ *agg.* pile-dwelling; (*sul lago*) lake -dwelling: *cultura palafitticola*, pile-dwelling culture; *villaggio* —, village built on piles.

palafreniere *s.m.* **1** groom, footman* **2** (*mil.*) military riding instructor.

palafreno *s.m.* (*cavallo*) palfrey.

palaia *s.f.* (*non com.*) **1** (*bosco ceduo*) coppice (for pole timber) **2** (*mucchio di pali*) stack of poles.

palamedea *s.f.* (*zool.*) screamer.

palamento *s.m.* (*mar.*) oarage.

palamidone *s.m.* (*scherz.*) **1** (*spilungone*) lanky person, gawky person **2** (*lungo cappotto*) long overcoat, long frock coat.

palamita *s.f.* (*zool.*) kind of tuna.

palamite, **palamito** *s.m.* (*mar.*) boulter; (*amer.*) trawl (line).

palanca[1] *s.f.* **1** (*grossa trave*) plank **2** (*estens.*) (*opera difensiva*) stockade **3** (*mar.*) gangplank.

palanca[2] *s.f.* (*fam. region.*) penny, (*amer.*) cent: *non hanno una* —, they haven't got a penny.

palanchino[1] *s.m.* (*portantina*) palanquin, palankeen.

palanchino[2] *s.m.* (*mecc.*) crowbar; handspike.

palanco → **paranco**.

palancola *s.f.* **1** plank **2** (*edil.*) sheet pile.

palandra *s.f.* (*mar.*) bilander.

palandrana *s.f.* **1** (*vestaglia maschile*) man's dressing gown **2** (*scherz.*) (*abito lungo e largo*) long coat, loose coat.

palangaro *s.m.* (*mar.*) deep-sea boulter; (*amer.*) trawl (line).

palare *v.tr.* (*sostenere con pali*) to stake; (*fornire di pali*) to pile: (*agr.*) — *una vite*, to stake a vine.

palasport *s.m.* (indoor) stadium*.

palata *s.f.* **1** (*quantità contenuta in una pala*) shovelful: *una — di sabbia*, a shovelful of sand // *fecero denaro a palate*, they made piles of money; *spendere denaro a palate*, to spend heaps of money **2** (*colpo di pala*) blow with a shovel **3** (*colpo di remo*) stroke.

palatale *agg.* **1** (*anat.*) palatal, palatine: *osso* —, palate (*o* palatine) bone **2** (*fon.*) palatal ◆ *s.f.* (*fon.*) palatal.

palatalizzare *v.tr.* (*fon.*) to palatize.
□ **palatalizzarsi** *v.intr.pron.* (*fon.*) to be palatized.

palatalizzazione *s.f.* (*fon.*) palatalization.

palatinato *s.m.* (*st.*) palatinate.

palatino[1] *agg.* palatine: *conte* —, count palatine // *guardia palatina*, Palatine Guard // (*st.*) *scuola palatina*, palatine school ◆ *s.m.* (*st.*) palatine.

palatino[2] *agg.* (*anat.*) palatine: *arcata palatina*, arch of the palate; *osso* —, palate (*o* palatine) bone; *papilla palatina*, palatine papilla; *velo* —, velum palatinum.

palatizzare e *deriv.* → **palatalizzare** e *deriv.*

palato[1] *s.m.* **1** (*anat.*) palate: — *molle*, *duro*, soft, hard palate; *la volta del* —, the palatine vault **2** (*senso del gusto*) palate, taste: *gradevole al* —, palatable; *cibo che stuzzica il* —, appetizing food; *avere il* — *fine*, to have a delicate palate; *avere il* — *grosso*, to have a coarse palate.

palato[2] *agg.* (*arald.*) paled ◆ *s.m.* (*arald.*) paled shield.

palatografia *s.f.* (*fon.*) palatography.

palatogramma *s.m.* (*fon.*) palatogram.

palatoplastica *s.f.* (*med.*) palatoplasty.

palatoschisi *s.f.* (*med.*) cleft palate, palatoschisis.

palatura *s.f.* (*agr.*) staking.

palazzina *s.f.* villa, house: *una* — *a tre piani*, a three-storied house.

palazzinaro *s.m.* (*spreg.*) building speculator.

palazzo *s.m.* **1** palace: *il* — *reale*, the Royal Palace; *guardia di* —, palace guard; *prefetto di* —, Chamberlain; *congiura di* —, palace plot // — *dello sport*, (indoor) stadium; — *del ghiaccio*, ice rink // — *di giustizia*, Law Courts (*o* Court House) // *Palazzo Ducale*, (*a Venezia*) the Doge's Palace // — *municipale*, tow hall // — *di vetro*, (*sede dell'*ONU) United Nations Building **2** (*casa signorile*) mansion, town house: *in quella zona residenziale ci sono dei palazzi antichi*, in that residential district there are some old mansions **3** (*grande edificio*) building; apartment building, block of flats.

palazzotto *s.m.* severe-looking building.

palcato *agg.* (*edil.*) boarding framework.

palchettista *s.m.* e *f.* (*teatr.*) box-holder.

palchetto *s.m.* **1** (*teatr.*) box **2** (*ripiano di armadi, scaffali ecc.*) shelf **3** (*miner.*) platform; stull: — *ad ala*, wing stull; — *rinforzato*, reinforced stull; — *volante*, false stull.

palco *s.m.* **1** (*teatr.*) box: *un* — *di prima fila*, a box in the first tier; *un* — *di proscenio*, a stage-box; — *d'onore*, royal box **2** (*pedana, tribuna*) stand, platform; (*palcoscenico*) stage: *il* — *della banda musicale*, the bandstand; *un* — *improvvisato*, (*per un oratore*) a soapbox; *erigere un* —, to raise a stand; *salire sul* —, to step onto the stage **3** (*edil.*) (*tavolato*) flooring, boarding; (*impalcatura*) scaffolding, stage **4** (*patibolo*) scaffold **5** (*di cervo*) antler: *un cervo con corna a tre palchi*, a stag with three antlers **6** (*di albero*) branch.

palcoscenico *s.m.* **1** (*teatr.*) stage **2** (*fig.*) (*il teatro*) theatre, boards (*pl.*) // *amare il* —, to be stagestruck.

paleantropo *s.m.* Pal(a)eoanthropus.

paleartico *agg.* Palaearctic.

palella *s.f.* **1** (*tecn.*) scarf: *giunzione a* —, scarf joint **2** (*scalpello da calafato*) caulking iron.

palemone *s.m.* (*zool.*) prawn.

paleo *s.m.* (*bot.*): — *odoroso*, (*Anthoxanthum odoratum*) sweet vernal grass.

pale(o)- *pref.* di origine greca usato nella terminologia scientifica con significato di 'antico, preistorico'; ingl. pale(o)-: *paleografico*, paleographic; *paleontologia*, paleontology; *paleobiologia*, pal(a)eobiology; (*econ.*) *paleocapitalistico*, paleocapitalistic.

pale(o)antropologia *s.f.* paleoanthropology.

pale(o)antropologico *agg.* paleoanthropologic(al).

pale(o)antropologo *s.m.* paleoanthropologist.

paleoavanguardia *s.f.* early avant-garde movement.

paleobotanica *s.f.* pal(a)eobotany.

paleocapitalismo *s.m.* (*econ.*) paleocapitalism.

paleocapitalista *agg.* e *s.m.* e *f.* **1** (*econ.*) paleocapitalist **2** (*spreg.*) old-fashioned capitalist.

paleocene *s.m.* (*geol.*) Paleocene.

paleocenico *agg.* Paleocene.

paleocristiano *agg.* early Christian.

paleoecologia *s.f.* pal(a)eoecology.

paleogene *s.m.* (*geol.*) Paleogene ◆ *agg.* Paleogene, Nummulitic.

paleogeografia *s.f.* pal(a)eogeography.

paleografia *s.f.* pal(a)eography.

paleografico *agg.* paleographic(al).

paleografo *s.m.* paleographer.

paleoindustriale *agg.* early industrial.

paleolitico *agg.* Paleolithic ◆ *s.m.* Paleolith.

paleomagnetismo *s.m.* pal(a)eomagnetism.

paleomarxismo *s.m.* traditional Marxism.

paleontologia *s.f.* paleontology.

peleontologico *agg.* paleontologic(al).

paleontologo *s.m.* paleontologist.

paleopallio *s.m.* (*biol.*) paleopallium.

paleotettonica *s.f.* (*geol.*) paleotectonics [U].

paleozoico *agg.* e *s.m.* Paleozoic.

paleozoologia *s.f.* pal(a)eozoology.

paleria *s.f.* (*di tenda*) set of tent pegs.

palermitano *agg.* of Palermo, from Palermo ◆ *s.m.* inhabitant of Palermo; native of Palermo.

palesamento *s.m.* (*non com.*) revelation, disclosure; display.

palesare *v.tr.* to disclose, to reveal: *palesò il segreto*, he disclosed (*o* revealed) the secret; — *i propri pensieri*, to reveal one's thoughts.

□ **palesarsi** *v.rifl.* o *intr.pron.* to show oneself, to reveal oneself: *si è palesato per quello che era*, he showed himself for what he was; *le difficoltà si palesarono subito gravi*, the difficulties immediately proved to be serious.

palese *agg.* obvious, evident, manifest, clear, plain, known: *fatti palesi a tutti*, facts known to everybody; *una contraddizione* —, an obvious contradiction; *rendere* —, to make clear.

palestinese *agg.* e *s.m.* e *f.* Palestinian.

palestra *s.f.* **1** (*st.*) palestra*, palaestra* **2** (*sport*) gymnasium; (*estens.*) (*ginnastica*) gymnastics [U]: *vado in* — *tutti i lunedì*, I go to the gym every Monday; *faccio tre ore di* — *alla settimana*, I do three hours of gymnastics a week; *ti farebbe bene un po' di* —, a bit of exercise (*o* some gymnastics) would do you good // — *di roccia*, practice wall (for rock climbing).

paletnologia *s.f.* paleethnology.

paletnologico *agg.* paleethnologic(al).

paletnologo *s.m.* paleethnologist.

paletot *s.m.* (*fr.*) overcoat, heavy coat.

paletta *s.f.* **1** small shovel; (*per focolare*) small coal-shovel; (*per spazzatura*) dustpan; (*per bambini*) spade; (*di poliziotto*) signalling disc; (*di capostazione*) bat **2** (*mecc.*) blade; vane: *ruota a palette*, vane wheel **3** (*cuc.*) — *per dolci*, cake slice.

palettare *v.tr.* (*non com.*) (*circondare, munire di palizzata*) to fence.

palettata *s.f.* **1** shovelful **2** (*colpo dato con una paletta*) blow with a shovel.

palettatura *s.f.* (*tecn.*) blading.

palettizzare *v.tr.* to palletize.

palettizzazione *s.f.* palletization.

paletto *s.m.* **1** (*piccolo palo*) stake, post, small pole; (*di tenda*) peg **2** (*chiavistello*) bolt, sliding bar: *metti il* — *alla porta*, bolt the front door.

palificare *v.tr.* to pile ◆ *v.intr.* to drive* piles into the ground.

palificazione *s.f.* **1** (*non com.*) (*messa in opera di una palizzata*) fencing **2** (*edil.*) piling, pilework.

palilalia *s.f.* (*med.*) palilalia.

palilogia *s.f.* (*ret.*) (*iterazione*) palil(l)ogy.

palina *s.f.* (*topografia*) stake, ranging rod: — *a traguardo*, *graduata*, target, level rod.

palinare *v.tr.* (*topografia*) to stake off.

palindromico *agg.* palindromic, palindrome.

palindromo *s.m.* palindrome ◆ *agg.* palindromic, palindrome.

palingenesi *s.f.* palingenesis.

palingenetico *agg.* (*letter.*) palingenetic.

palinodia *s.f.* (*poesia*) palinode.

palinologia *s.f.* (*bot.*) palynology.

palinologico *agg.* (*bot.*) palynologic, palynological.

palinologo *s.m.* palynologist.

palinsesto *s.m.* **1** (*paleografia*) palimpsest **2** (*scherz.*) (*vecchio scritto pieno di cancellature*) scrawl **3** (*radio, tv*) radio program, tv program.

palinuro *s.m.* (*zool.*) palinurus.

palio *s.m.* **1** (*corsa*) 'palio' (horse race held twice a year at Siena): *correre il* —, to compete in the 'palio' // *essere in* —, to be at stake // *mettere in* —, to offer as a prize **2** (*drappo*) 'palio' (silk banner awarded to the winner of the 'palio').

paliotto *s.m.* (*eccl.*) frontal.

palissandro *s.m.* (*Dalbergia latifolia*) palisander, rosewood.

palizzata *s.f.* **1** paling, fence; palisade, stockade: *erigere una* —, to erect a fence; *circondare, difendere con palizzate*, to palisade (*o* to stockade) **2** (*biol.*) *tessuto a* —, palisade parenchyma.

palla[1] *s.f.* **1** ball: — *da biliardo, da golf, da tennis*, billiard, golf, tennis ball; — *di gomma*, rubber ball; — *di neve*, snowball: *giocare a palle di neve*, to throw snowballs (*o* to snowball); *afferrare la* — (*al volo*), to catch the ball; *giocare a* —, to play ball; *rimandare la — a qlcu.*, to return the ball to s.o. // *è una — di lardo*, he is a fat lump // *cogliere, prendere la — al balzo*, (*fig.*) to seize the opportunity // *essere in* —, (*essere in forma*) to be in (good) form // *mi sento in* —, (*confuso*) I feel confused // *mettere la — al piede a qlcu.*, (*fig.*) to hinder (*o* to thwart) s.o. // *quando fai così sei veramente una — al piede*, when you do that you are a drag (*o* you are more of a hindrance than a help) // (*sport*): — *basca*, pelota; — *ovale*, rugby ball // — *dell'occhio*, (*fam.*) ball of the eye (*o* eyeball) **2** (*mil.*) bullet: — *da cannone*, cannonball **3** (*per votazione*) ballot, ballot ball: — *bianca, nera*, white, black ballot **4** *pl.* (*arald., st.*) balls **5** (*spec. pl.*) (*volg.*) (*testicolo*) balls: *non farmi girare le palle!*, stop pissing me about!; *che — che sei!*, what a bloody nuisance you are!; *mi hai rotto le palle tutto il giorno!*, you've been getting on my tits all day! **6** (*fam.*) (*frottola*) balls (*pl.*): *non credergli, racconta un sacco di palle!*, don't believe him, he talks a lot of balls! **7** (*bot. pop.*) — *di neve*, (*Viburnum opulus*) guelder rose, queen's pincushion; (*scient.*) viburnum.

palla[2] *s.f.* **1** (*st. romana*) palla (*pl.* -ae) **2** (*eccl.*) pall.

pallabase → **baseball**.

pallacanestro *s.f.* (*sport*) basketball.

pallacorda *s.f.* (*sport antiq.*) lawn tennis.

palladiano *agg.* (*arch.*) Palladian.

palladiare *v.tr.* (*tecn.*) to palladinize.

palladico *agg.* (*chim.*) palladic.

palladio[1] *agg.* (*letter.*) (*di Pallade*) Palladian ◆ *s.m.* **1** (*simulacro della dea Pallade*) palladium **2** (*fig. letter.*) (*baluardo*) safeguard, palladium.

palladio[2] *s.m.* (*chim.*) palladium.

palladoso *agg.* (*chim.*) palladous.

pallamaglio *s.m.* o *f.* (*sport antiq.*) pall-mall.

pallamano *s.f.* (*sport*) fieldball, (field) handball.

pallamuro *s.f.* handball; fives (*pl.*).

pallanuotista *s.m.* e *f.* (*sport*) water polo player.

pallanuoto *s.f.* (*sport*) water polo.

pallata *s.f.* blow from a ball: *fare a pallate di neve*, to throw snowballs (*o* to snowball).

pallavolista *s.m.* e *f.* (*sport*) volleyball player.

pallavolo *s.f.* (*sport*) volleyball.

palleale *agg.* (*zool.*) pallial.

palleggiamento *s.m.* **1** playing ball **2** (*fig.*) *il — di una responsabilità*, passing the buck.

palleggiare *v.tr.* **1** to toss: — *un sasso*, to toss a stone **2** (*fig.*) to pass the buck: *palleggiarsi una decisione*, to shift the responsibility of a decision from one person to another ◆ *v.intr.* **1** (*esercitarsi alla palla*) to play ball **2** (*basket*) to dribble the ball; to bounce; (*calcio*) to juggle the ball; to exchange passes: *i due calciatori palleggiavano di testa e di piede*, the two footballers juggled the ball using their heads and their feet **3** (*tennis*) (*prima dell'incontro*) to knock up: *palleggiamo un po' prima di cominciare!*, let's knock up a while before starting!

palleggiatore *s.m.* **1** tosser **2** (*calcio*) (*chi controlla bene la palla*) ball artist.

palleggio *s.m.* **1** knocking a ball about, (*tennis*) knocking-up: *far* —, to knock a ball about, (*tennis*) to knock up // *il — delle accuse*, (*fig.*) the continuous exchange of accusations **2** (*calcio*) control, juggle: *ha un buon* —, he has good ball control.

pallet *s.m.* (*tecn.*) pallet.

pallettizzare e *deriv.* → **palettizzare** e *deriv.*

pallettone *s.m.* large shot*: *un fucile caricato a pallettoni*, a gun loaded with large shots.

palliativo *agg.* e *s.m.* palliative (*anche fig.*): *le medicine sono spesso solo dei palliativi*, medicines are often only palliatives; *questa riforma è un* —, (*fig.*) this reform is a palliative.

pallidezza *s.f.* (*non com.*) paleness, pallor; wanness.

pallidiccio *agg.* rather pale, palish.

pallidità *s.f.* (*letter.*) paleness, pallor; wanness.

pallido *agg.* **1** pale, pallid; wan: — *come un morto*, as white as death; — *di paura*, pale with fright; *diventare* —, to grow (*o* to turn) pale (*o* wan) // *viso* —, paleface **2** (*di colore*) pale: *rosso, giallo* —, pale red, yellow **3** (*debole*) faint, dim, pale: *una pallida luce*, a dim light; *un — sorriso*, a wan (*o* bleak) smile **4** (*vago*) faint, slight: *avere un — ricordo di qlco.*, to have a faint recollection of sthg.; *non ne ho la più pallida idea*, I haven't the faintest (*o* slightest) idea.

pallidume *s.m.* (*letter.*) pallor, paleness.

pallina *s.f.* **1** little ball, pellet; (*biglia*) marble **2** (*inform.*) — *rotante*, control ball.

pallino *s.m.* **1** (*piccola palla*) little ball // *una cravatta a pallini rossi*, a tie with red spots (*o* a red-spotted tie) // *disegno a pallini*, polka -dot pattern **2** (*alle bocce*) jack **3** *pl.* (*per fucile da caccia*) shot*, pellets: *cartuccia a pallini*, shot cartridge **4** (*fig.*) (*mania, idea fissa*) craze, mania: *ha il — degli abiti rossi*, she has got a mania (*o* a craze) for red dresses; *ha il — delle automobili veloci*, he has a craze (*o* mania) for fast cars; *ha il — del tennis*, he is mad on tennis.

pallio *s.m.* **1** (*eccl., st.*) pallium* **2** (*anat.*) pallium*.

pallonaio *s.m.* **1** (*chi fabbrica palloni*) balloon-maker **2** (*chi vende palloni*) seller of balloons **3** (*fig.*) (*spaccone*) boaster.

pallonata *s.f.* **1** blow with a ball, ball; (*calcio*) hard shot: *con una — ha rotto la vetrata*, he broke the window with a ball **2** (*fig.*) (*fandonia*) yarn, tall story.

palloncino *s.m.* **1** (*per bambini*) balloon **2** (*lampioncino*) Chinese lantern **3** (*aer.*) ballonet.

pallone *s.m.* **1** balloon; ball: — *da calcio, da basket, da rugby*, football, basketball, rugby ball; *il bambino si lasciò sfuggire il* —, the child let the balloon go // (*calcio*) *giocare al* —, to play football; *gioco del* —, football; *una partita di* —, a football match; *tirare* (*col piede*), *arrestare, rincorrere il* —, to kick, to stop, to go after the ball; *mandare il — in rete*, to put the ball in the net; *mandare il — fuori campo*, to send the ball out of play // *avere, sentirsi la testa come un* —, (*fig. fam.*) to feel dazed // *mi ha fatto la testa come un — con le sue lamentele*, (*fig. fam.*) he gave me a headache with his complaints // *essere, andare nel* —, (*fig. fam.*) to be in a daze // *gonfio come un* —, (*fig.*) swollen with his own importance; *è un — gonfiato*, (*fig.*) he is a bighead **2** (*aerostato*) balloon: — *da osservazione*, observation balloon; — *di sbarramento*, barrage balloon; — *drago*, (kite) balloon; (*meteor.*) — *frenante*, balloon drag; — *frenato*, captive balloon; — *libero*, free balloon; — *osservatorio*, observation balloon; — *sonda*, sounding balloon; — *stratosferico*, stratospheric balloon **3** (*chim.*) flask: — *a fondo piatto*, flat-bottomed flask; — *a fondo rotondo*, round-bottomed flask; — *per distillazione*, distilling flask; — *tarato*, volumetric flask **4** (*bot. pop.*) — *di neve, di maggio*, guelder rose (*o* queen's pincushion) **5** (*anche fiocco pallone*) spinnaker.

pallonetto *s.m.* **1** (*tennis*) lob; (*calcio*) lob, chip **2** (*di dirigibile*) gasbag.

pallore *s.m.* pallor, paleness: — *mortale*, pallor of death.

pallosità *s.f.* (*fam.*) tediousness, dullness: *la — di un discorso*, the dullness of a speech.

palloso *agg.* (*fam.*) (*noioso*) deadly boring, deadly dull: *la festa è stata pallosa*, the party was a real drag; *una persona pallosa*, a pain in the neck.

pallottola *s.f.* **1** pellet, small ball: *una — di carta*, a pellet of paper **2** (*mil.*) bullet, pellet; shot*: — *dum dum*, dumdum bullet; — *incendiaria*, incendiary bullet; — *morta*, spent bullet; — *tracciante*, tracer bullet.

pallottoliera *s.f.* (*di arco, balestra*) notch -holder.

pallottoliere *s.m.* abacus*.

palma[1] *s.f.* **1** (*della mano*) palm: *giungere le palme*, to join one's hands // *portare in — di mano*, (*fig.*) to hold in great esteem **2** (*dei piedi dei palmipedi*) web.

palma[2] *s.f.* (*bot.*) palm (tree): — *da dattero*, (*Phoenix dactylifera*) date-palm; — *del cocco*, (*Cocos nucifera*) coconut palm (*o* coco-palm); — *da cera*, (*Copernicia cerifera*) wax-palm; — *dum*, (*Hyphaene tebaica*) doum (palm); — *nana*, palmet (*o* palmetto); *vino, olio di* —, palm wine, oil; *di* —, *simile a* —, palmaceous // *la — del martirio*, (*fig.*) the crown (*o* the palm) of martyrdom // *Domenica della Palme*, Palm Sunday // *ottenere, riportare la* —, (*fig.*) to bear the palm.

palmare *agg.* **1** (*anat.*) palmar: *riflesso* —, palmar reflex; *muscolo* —, palmaris musculus **2** (*fig.*) (*evidente*) clear, evident: *prova* —, evident proof.

palmarès *s.m.* (*fr.*) **1** (*classifica dei vincitori di un premio*) (group of) prizewinners: *il — del festival di Cannes*, the prizewinners of the Cannes festival **2** (*gruppo al vertice*) top people, élite: *è entrato nel — dei migliori stilisti del mondo*, he has become one of the top designers in the world.

palmato *agg.* **1** (*bot.*) palmate(d) **2** (*di piedi di palmipedi*) palmate(d), webbed.

palmatoria *s.f.* (*eccl.*) bugia, palmatoria.

palmento *s.m.* millstone // *macinare, mangiare a quattro palmenti*, (*fig.*) to eat greedily (*o* to gorge).

palmer *s.m.* (*mecc.*) micrometer gauge.

palmeto *s.m.* palm grove.

palmetta *s.f.* **1** (*agr.*) fan training, training to grow flat **2** (*arch.*) palmette.

palminervio *agg.* (*bot.*) palmate: *foglia palminervia*, palmate leaf.

palmipede *agg.* (*zool.*) web-footed, palmiped(e) ◆ *s.m.* (*zool.*) palmiped(e).

palmisti *s.m.* (*bot.*) palmiste: *olio di* —, palm-kernel oil.

palmitato *s.m.* (*chim.*) palmitate.

palmite *s.m.* (*letter.*) (*vite*) vine shoot; (*ramo di pianta rampicante*) shoot, branch of climbing plant.

palmitico *agg.* (*chim.*) palmitic: *acido* —, palmitic acid.

palmitina *s.f.* (*chim.*) palmitin(e).

palmizio *s.m.* **1** (*albero della palma*) palm (tree) **2** (*ramo di palma intrecciato*) palm.

palmo *s.m.* **1** (*region.*) (*palma*) palm: *il — di una mano*, the palm of a hand **2** (*come misura*) span, handsbreadth: *è largo un* —, it's a span in width; *è caduto un — di neve*, a few inches of snow have fallen; *possedere un — di terreno*, to possess a small patch of land // *a — a* —, little by little (*o* inch by inch): *contrastare il terreno a — a* —, to fight every inch of the way // *restare con un — di naso*, to feel done **3** (*metrol.*) palm (*misura di lunghezza variabile da un minimo di circa 7,5 cm a un massimo di circa 25 cm*).

palmola *s.f.* **1** (*agr.*) pitchfork **2** (*antiq.*) (*mecc.*) cam.

palo *s.m.* **1** pole, post; (*edil.*) pile; (*per sostenere piante ecc.*) stake: — *telefonico, telegrafico*, telephone, telegraph pole; — *della luce*, lamppost; — *dell'antenna*, mast; — *di confine*, boundary post; (*mar.*) — *di ormeggio*, bollard (*o* mooring pile); — *indicatore*, finger-post (*o* signpost); *la vigna è sostenuta da pali*, the vine is supported by stakes; *piantare un* —, to set up a pole (*o* to drive a pole into the ground) // (*elettr.*): — *a mensola*, bracket pole; — *a traliccio*, pylon // (*edil.*): — *a vite*, screw pile; — *di calcestruzzo*, concrete pile; — *di fondazione*, pile // (*sport*): — *della porta*, goalpost; *colpire il* —, to hit the post; — *di arrivo, di partenza*, winning, starting post; *restare al* —, to fail to start, (*fig.*) to miss an opportunity // *diritto come un* —, as straight as a die // *rigido come un* —, as stiff as a poker // *essere condannato al* —, to be impaled // *saltare di — in frasca*, to jump from one subject to another **2** (*mar.*) aftermast, fore-and-aft rigged mast: *brigantino a* —, four-masted barque **3** (*fam.*) (*complice*) lookout: *fare il* —, (*durante un furto*) to be on the lookout.

palomba → **colomba**[1].

palombaro *s.m.* diver.

palombella *s.f.* (*sport*): *tiro a* —, lob.

palombo *s.m.* (*zool.*) **1** (*pesce*) (*Mustelus mustelus*) smooth hound **2** (*colombo*) wood -pigeon, ring-dove.

palpabile *agg.* palpable, tangible (*anche fig.*); (*evidente*) obvious, evident, plain: *è una verità* —, it is palpably truth.

palpabilità *s.f.* (*non com.*) palpability (*anche fig.*); (*evidenza*) obviousness.

palpamento *s.m.* (*non com.*) touching, handling; (*med.*) palpation.

palpare *v.tr.* **1** to feel*, to touch, to handle; to squeeze, to finger; (*med.*) to palpate: *i ciechi riconoscono gli oggetti palpandoli*, the blind recognize objects by feeling them; — *qlco. con le dita*, to touch sthg. with one's fingers (*o* to finger sthg.) **2** (*estens.*) (*con compiacimento sessuale*) to fondle, to caress.

palpata *s.f.* touch; squeeze.

palpatore *s.m.* (*tecn.*) toucher, feeler pin.

palpazione *s.f.* (*med.*) palpation.

palpebra *s.f.* eyelid: *battere le palpebre*, to blink; *chiudere le palpebre*, to close one's eyes.

palpebrale *agg.* (*anat.*) palpebral: *rima* —, palpebral fissure; *piega* —, tarsal (*o* palpebral) fold.

palpeggiamento *s.m.* (*non com.*) feeling, patting, touching, squeezing.

palpeggiare *v.tr.* to feel*, to pat, to touch, to squeeze.

palpitamento *s.m.* (*letter.*) palpitation, throbbing.

palpitante *agg.* **1** throbbing, palpitating **2** (*fig.*) vibrant: *romanzo di — interesse*, novel vibrant in interest; *un argomento di — interesse*, a fascinating subject // *essere — di amore per qlcu.*, to be madly in love with s.o.

palpitare *v.intr.* to palpitate (with sthg.), to throb (with sthg.), to quiver (with sthg.): *il suo cuore palpitò di gioia*, her heart throbbed with joy; — *di desiderio, di speranza*, to quiver with desire, hope // — *d'amore per qlcu.*, to be madly in love with s.o.

palpitazione *s.f.* palpitation, throbbing: — *cardiaca*, cardiac palpitation; *mi fa venire le palpitazioni*, it makes my heart throb; *avere le palpitazioni*, to suffer from palpitations.

palpito *s.m.* throb; (*battito*) beat: — *di gioia*, throb of joy.

palpo *s.m.* (*zool.*) palp.

palta *s.f.* (*region.*) muck, mud.

paltò *s.m.* overcoat, heavy coat.

paltoncino *s.m.* child's winter coat.

paludamento *s.m.* **1** (*st.*) (*mantello*) paludament **2** (*estens.*) (*veste solenne*) rich mantle; sumptuous robe **3** (*fig.*) (*ridondanza stilistica*) pompous embellishment.

paludare *v.tr.* to dress (s.o.) in a rich mantle, to dress (s.o.) up.

□ **paludarsi** *v.rifl.* to dress oneself up.

paludato *agg.* **1** (*rivestito di paludamenti*) wearing a paludament; richly dressed **2** (*ampolloso*) pompous, bombastic.

palude *s.f.* marsh, fen, bog; (*tropicale*) swamp; quagmire: — *costiera*, salt marsh; — *marittima*, marine swamp; *in seguito alle recenti piogge il campo si è trasformato in una* —, owing to the recent rains the field has turned into a quagmire; *bonificare una* —, to reclaim fenland; *prosciugare una* —, to drain a marsh.

paludicolo *agg.* paludicolous, palustrine.

paludismo *s.m.* (*med.*) malaria, paludism.

paludoso *agg.* marshy, boggy; swampy: *zona paludosa*, marshland.

palustre *agg.* marshy, boggy; swampy: *uccelli palustri*, fen-birds; *piante palustri*, palustrine plants.

pam *inter.* crash, crack; (*di arma da fuoco*) bang.

pamela *s.f.* broad-brimmed straw hat.

pampa *s.f.* pampa.

pampepato → **panpepato**.

pamphlet *s.m.* (*opuscolo*) (*fr.*) pamphlet, booklet; (*pubblicitario*) brochure; (*libello*) satire, lampoon.

pampino *s.m.* (*bot.*) vine-leaf.

pamporcino → **panporcino**.

pan- *pref.* di origine greca che entra nella composizione di alcuni aggettivi con significato di 'tutto, intero, interamente'; ingl. pan-: *panarabismo*, Pan-Arabism; (*fil.*) *panpsichismo*, panpsychism; (*med.*) *pansinusite*, pansinusitis.

panace *s.m.* (*bot.*) (*Heracleum spondylium*) cow-parsnip.

panacea *s.f.* (*letter.*) (*rimedio universale*) panacea: *crede di aver trovato una — per tutti i mali sociali*, he thinks he has found a panacea for all social evils.

panafricanismo *s.m.* Pan-Africanism.

panafricano *agg.* Pan-African.

panama *s.m.* (*cappello*) Panama (hat).

panamense *agg.* e *s.m.* e *f.* Panamanian.

panamericanismo *s.m.* Pan-Americanism.

panamericano *agg.* Pan-American.

panare *v.tr.* → **impanare**[1].

panasiatico *agg.* Pan-Asiatic, Pan-Asian.

panasiatismo *s.m.* Pan-Asiatism.

panata *s.f.* (*cuc.*) panada, bread-soup.

panatica *s.f.* (*mar.*) (*vitto*) board; (*equivalente in denaro al vitto*) board money.

panato *agg.* (*cuc.*) covered with breadcrumbs: *cotolette panate e fritte*, cutlets fried in breadcrumbs.

panca *s.f.* bench; (*senza schienale*) form; (*di chiesa*) pew; (*di parco*) park bench: — *ribaltabile*, folding bench // *panchettina per i piedi*, footstool // *è buono solo a consumar le panche all'osteria*, the only thing he's good for is wearing out the seats in the pub // *scalda le panche e basta*, (*a scuola*) he just sits there counting the flies on the ceiling.

pancaccio *s.m.* plank bed, prison bed.

pancake *s.m.* (*fondotinta*) foundation.

pancardite *s.f.* (*med.*) pancarditis.

pancarrè *s.m.* sandwich loaf*.

pancera → **panciera**.

pancetta *s.f.* **1** (*cuc.*) bacon **2** (*scherz.*) (*pancia*) pot(belly), paunch: *alla tua età è facile mettere su* —, at your age it's easy to put on weight.

panchetto *s.m.* stool, small bench.

panchina *s.f.* bench; (*di parco*) park bench, garden bench // (*sport*): *sedere in* —, to sit on the bench; *decisioni della* —, trainer's decisions.

panchinaro *s.m.* (*sport*) (*riserva*) substitute.

pancia *s.f.* (*fam.*) **1** stomach; belly; (*scherz.*) (*pancetta*) paunch; (*fam.*) tummy: *mal di* —, stomachache; *bambini denutriti con la — gonfia*, starving children with swelled (*o* swollen) bellies; *aveva un forte mal di* —, he had a violent stomachache; *cammina con la — in fuori*, she sticks her stomach out when she walks; *mi sento proprio la — vuota*, I am simply starving; *che —!*, (*scherz.*) what a paunch!; *hai messo su —, mi sembra*, I think you've put on a bit of paunch; *dormire a — in giù*, to sleep on one's stomach; *se ne stava — all'aria*, he was lying on his back; *se ne stava — all'aria tutto il santo giorno*, (*fig.*) she didn't do a stroke of work all day long; *predica il digiuno a — piena*, he preaches fasting with a full belly // *grattarsi la* —, (*fig.*) to loaf (*o* lounge) about // *tenersi la — dalle risa*, to be ready to burst laughing // *pensare solo alla —*, (*al cibo*) to only think about food **2** (*fig.*) (*di fiasco, di vela ecc.*) belly; (*di lettera*) loop: *la — della 'p'*, the loop of the 'p'.

panciafichista *s.m.* e *f.* (*spreg.*) pacifist, neutralist.

panciata *s.f.* **1** belly flop: *tuffandosi diede una —*, he did a belly flop when he tried to dive **2** (*fam.*) (*scorpacciata*) blowout: *ho fatto una — d'uva*, I've stuffed myself with (*o* on) grapes.

panciera *s.f.* **1** (*corazza*) cuirass **2** (*ventriera*) corset; (*solo per donne*) girdle.

panciolle, in *locuz.avv.*: *stare in —*, to lounge (*o* to loll *o* to laze) about: *se ne starebbe in — tutto il giorno*, he would like to lounge about all day long.

pancione *s.m.* **1** (*fam.*) (*di donna incinta*) big tummy **2** (*fam.*) (*persona panciuta*) paunch.

panciotto *s.m.* waistcoat; (*amer.*) vest: *indossava un — a scacchi*, he wore a check waistcoat.

panciuto *agg.* **1** (*fam.*) (*di persona*) pot-bellied, big-bellied, corpulent: *un uomo —*, a big-bellied (*o* pot-bellied) man **2** (*estens.*) (*di cosa*) swelling, bulging, pot-bellied: *vaso, bicchiere —*, pot-bellied vase, glass; *un otre —*, a bulging goatskin.

pancone *s.m.* **1** (*banco da falegname*) carpenter's bench **2** (*asse di grande spessore*) plank, thick board.

pancotto *s.m.* (*cuc.*) panada, bread-soup.

pancratico *agg.* (*fis.*) pancratic: *oculare —*, pancratic eye piece.

pancrazio[1] *s.m.* (*st. greca*) pancratium (*pl.* -tia).

pancrazio[2] *s.m.* (*bot.*) (*Pancratium maritimum*) sea squill.

pancreas *s.m.* (*anat.*) pancreas.

pancreatico *agg.* (*anat.*) pancreatic: *canale —*, pancreatic duct; *succo —*, pancreatic juice.

pancreatina *s.f.* (*biochim.*) pancreatin.

pancreatite *s.f.* (*med.*) pancreatitis.

pancristiano *agg.* ecumenical.

pancromatico *agg.* (*fot.*) panchromatic.

panda *s.m.* (*zool.*) panda: *— maggiore*, (*Ailuropoda melanoleuca*) giant panda; *— minore*, (*Ailurus fulgens*) lesser panda.

pandano *s.m.* (*bot.*) screw-pine.

pandemia *s.f.* (*med.*) pandemia, pandemic.

pandemio *agg.* (*letter.*) pandemic.

pandemonio *s.m.* pandemonium: *è un vero —!*, it's absolute pandemonium!; *fare un — dell'altro mondo*, (*fam.*) to raise hell.

pandette *s.f.pl.* **1** (*st. dir.*) Pandects **2** (*estens.*) body of laws.

pandettista *s.m.* e *f.* (*dir.*) pandectist.

pandiatonicismo *s.m.* (*mus.*) pandiatonicism.

pandispagna *s.m.* (*cuc.*) sponge (cake).

Pandora *no.pr.f.* (*mit.*) Pandora: *il vaso di —*, Pandora's box.

pandoro *s.m.* (*cuc.*) 'pandoro' (a kind of cake, a speciality of Verona).

pane[1] *s.m.* **1** bread: *— azzimo*, unleavened bread; *— bianco, nero*, white, brown bread; *— casereccio*, homemade bread; *— di miglio, di segale*, millet-bread, rye-bread; *— duro, secco*, dry bread; *— e burro*, bread and butter; *— fresco, raffermo*, fresh, stale bread; *— grattugiato*, breadcrumbs; *— integrale*, wholemeal bread; *— tostato*, toast; *un tozzo di —*, a crust of bread; *una fetta di —*, a slice of bread; *un filone di —*, a French loaf; *mollica di —*, crumb (*o* soft part of the bread); *cuocere il —*, to bake bread; *imburrare il —*, to butter the bread; *spezzare il — con qlcu.*, to break bread with s.o. // *mettere qlcu. a — e acqua*, to put s.o. on bread and water // *non si vive di solo —*, man does not live by bread alone // *si vende come il —*, (*fig.*) it is selling like hot cakes // *comprare qlco. per un pezzo di —*, (*fig.*) to get sthg. for a song // *dir — al — e vino al vino*, (*fig.*) to call a spade a spade // *sembra un burbero, ma in realtà è un pezzo di —*, (*fig.*) he looks bad-tempered but he is a really good man // *mangiare — a tradimento, a ufo*, (*fig.*) to be a sponger // *rendere pan per focaccia*, (*fig.*) to give tit for tat // *trovare — per i propri denti*, (*fig.*) to meet one's match // *lascia stare quel lavoro, non è — per i tuoi denti!*, (*fig.*) forget about that job, you are not up to it! // *se non è zuppa è pan bagnato*, (*fig.*) if it isn't one thing, it's the other // *spezzare il — della scienza*; (*fig.*) to impart knowledge **2** (*forma di pane*) loaf*; (*panino*) roll: *non ho mangiato che due pani*, I have only eaten two rolls // *il miracolo dei pani e dei pesci*, the miracle of the loaves and fishes **3** (*fig.*) (*il necessario alla vita*) bread, food, living: *il — quotidiano*, one's daily bread; *— sudato*, hard-earned bread; *ha il — sicuro*, he has a safe job; *guadagnarsi il —*, to earn one's bread (*o* a living *o* a livelihood); *assicurarsi il — per la vecchiaia*, to provide for one's old age; *togliere il — di bocca a qlcu.*, to take the bread out of s.o.'s mouth **4** (*oggetto a forma di pane*) block, cake, lump: *— di burro*, pat of butter; *— di cera, di sapone*, cake of wax, of soap; *pan di zucchero*, sugarloaf **5** (*metall.*) pig, ingot: *ghisa, piombo in pani*, pig iron, lead.

pane[2] *s.m.* (*mecc.*) → **filetto**.

panegirico *s.m.* panegyric; eulogy (*anche fig.*).

panegirista *s.m.* e *f.* panegyrist (*anche fig.*).

panel *s.m.* (*stat.*) panel: *— di consumatori*, consumer panel; *un — di esperti*, a panel of experts.

panellenico *agg.* Panhellenic.

panellenismo *s.m.* Panhellenism.

panello *s.m.* oilcake.

panenteismo *s.m.* (*fil.*) panentheism.

panettaio *s.m.* caking machine operator.

panettatrice *s.f.* (*mecc.*) caking machine.

panetteria *s.f.* bakery; (*negozio*) baker's (shop): *va' a comprarmi del pane nella — all'angolo*, go and get me some bread at the baker's on the corner.

panettiere *s.m.* baker.

panetto *s.m.* **1** (*di burro*) pat of butter **2** (*gergo teatrale*) applause in the middle of a scene.

panettone *s.m.* 'panettone' (Milanese cake).

paneuropeo *agg.* Pan-European.

panfilo *s.m.* **1** yacht **2** (*st. mar.*) galley.

panflettista *s.m.* e *f.* pamphleteer.

panflettistico *agg.* pamphleteering.

panforte *s.m.* 'panforte' (Sienese cake).

pangermanismo *s.m.* (*pol.*) Pangermanism.

pangermanista *s.m.* e *f.* (*pol.*) Pangermanist.

pangolino *s.m.* (*zool.*) pangolin, scaly anteater.

pangrattato *s.m.* breadcrumbs (*pl.*).

pania *s.f.* **1** (bird)lime **2** (*fig.*) snare, trap.

panicato *agg.* (*vet.*) infected by measles.

panicatura *s.f.* (*vet.*) measles.

panico[1] *agg.* (*di Pan*) of Pan (*pred.*); panic: *timor —*, panic fear // (*lett.*) *poesia panica*, nature poetry ◆ *s.m.* panic: *essere in preda al —*, to be panic-stricken; *lasciarsi prendere dal —*, to be seized by panic // *— in Borsa*, panic on the Stock Exchange; *— del ribassista*, bear panic.

panico[2] *s.m.* (*bot.*) **1** (*Panicum italicum*) panic (grass) **2** (*mangime*) birdseed.

panicolato *agg.* (*bot.*) panicled, paniculate(d).

paniera *s.f.* **1** large basket **2** (*contenuto di una paniera*) basketful.

panieraio *s.m.* **1** (*chi fabbrica panieri*) basket-maker **2** (*chi vende panieri*) basket-seller.

panierata *s.f.* basketful.

paniere *s.m.* **1** basket: *un — di uova*, a basket of eggs // *rompere le uova nel — a qlcu.*, to upset s.o.'s plans (*o* to put a spoke in s.o.'s wheel) **2** (*panierata*) basketful **3** (*econ.*) basket: *— di beni*, basket (*o* bundle) of goods (*o* items); *— (dei beni) della scala mobile*, basket of indexed-linked goods; *— dei consumi privati*, housewife's shopping basket // (*fin.*): *— di monete*, basket of currencies (*o* currency basket); *l'ECU è costituito da un — di monete europee*, ECU is made up of a basket of European currencies.

panificare *v.tr.* to make* into bread ◆ *v.intr.* (*fare il pane*) to make* bread.

panificatore *s.m.* (*non com.*) (*panettiere*) baker.

panificazione *s.f.* breadmaking, baking.

panificio *s.m.* **1** baker's (shop), bakery **2** (*fabbricazione del pane*) breadmaking.

paniforte *s.m.* (*semilavorato di legno*) laminboard.

paninaro *s.m.* (*fam.*) 'paninaro' (one of a group of young people who frequent sandwich bars and wear fashionable clothes).

panineria → **paninoteca**.

panino *s.m.* roll: *— (imbottito)*, sandwich; *un — col salame, col formaggio*, a salami, cheese sandwich.

paninoteca *s.f.* sandwich bar.

panislamico *agg.* Pan-Islamic.

panislamismo *s.m.* (*pol.*) Pan-Islamism.

panismo *s.m.* (*letter.*) nature worship, cult of nature.

panlogismo *s.m.* (*fil.*) panlogism.

panmissia *s.f.* (*biol.*) panmixia, panmixis.

panna[1] *s.f.* cream: *— montata*, whipped cream; *fragole con —*, strawberries and cream; *con la — si fa il burro*, butter is made from cream.

panna[2] *s.f.* **1** (*mar.*): *in —*, hove-to: *in — secca*, hove-to with all sails furled; *mettersi in —*, to heave to; *stare in —*, to be hove-to **2** (*mecc. antiq.*) breakdown: *rimanere in —*, to have a breakdown.

pannarola *s.f.* (*cucchiaio di legno*) skimmer, skimming-spoon.

panne *s.f.* (*fr.*) (*mecc.*) (*arresto di motore*) breakdown: *l'automobile è in* —, the car is broken down; *rimanere in* —, to have a breakdown.

panneggiamento *s.m.* draping; (*panneggio*) drapery (*anche arte*).

panneggiare *v.tr.* (*drappeggiare*) to drape ◆ *v.intr.* (*pitt.*) to paint drapery; (*scult.*) to carve drapery.

panneggiato *agg.* draped: *una tenda panneggiata*, a draped curtain.

panneggio *s.m.* drapery [U].

pannellista *s.m.* e *f.* panel installer.

pannello *s.m.* **1** (*stoffa leggera*) light cloth* **2** (*arch., edil.*) panel: — *acustico*, baffle; — *arabescato*, diaper; — *di finestra*, windowpane; — *isolante*, insulating board; — *radiante*, radiating panel (*o* surface); *riscaldamento a pannelli radianti*, panel (*o* radiant) heating; — *solare*, solar panel; *rivestire di pannelli*, to panel; *una stanza rivestita con pannelli di legno*, a panelled room // — *espositivo*, display panel // (*inform.*): — *a gas*, gas panel; — *di interconnessione*, access panel **3** (*quadro dei comandi*) (*di macchina*) dashboard; (*di aereo*) instrument panel: — *di controllo*, control panel.

pannicello *s.m.* (*pezzuola medicamentosa*) poultice // *pannicelli caldi*, (*fig.*) nostrum (*o* quack cure).

pannicolo *s.m.* (*anat.*) panniculus (*pl.* -li).

panno *s.m.* **1** (*pezzo di tessuto*) cloth: — *di lana*, woollen cloth; — *per i piatti*, dishcloth; — *per pulire le scarpe*, shoecloth // *bianco come un — lavato*, (*fig.*) as white as a sheet **2** *pl.* (*abiti*) clothes: *panni leggeri, vecchi, nuovi*, light, old, new clothes; *mettere i panni in bucato*, to put the dirty clothes in the wash // *essere, mettersi nei panni di qlcu.*, to be, to put oneself in s.o.'s shoes (*o* place): *mettiti nei miei panni e dimmi che faresti!*, put yourself in my shoes (*o* place) and tell me what you'd do! // *non stare più nei propri panni dalla gioia*, (*fig.*) to be beside oneself with joy (*o* to be overjoyed) // *tagliare i panni addosso a qlcu.*, to pull s.o. to pieces // *i panni sporchi si lavano in famiglia*, (*prov.*) don't wash your dirty linen in public **3** (*non com.*) (*velo, membrana*) skin: — *dell'uovo*, egg membrane.

pannocchia *s.f.* **1** (*bot.*) panicle, cob, ear; (*di granoturco*) maize-cob; (*di miglio*) millet-cob **2** (*bot.*) (*infiorescenza*) spike **3** (*zool.*) → **canocchia**.

pannocchina *s.f.* (*bot.*) (*Dactylis glomerata*) cocksfoot, cock's foot.

pannolano *s.m.* (*tessuto morbido di lana*) woollen cloth.

pannolino[1] *s.m.* **1** (*per bambini*) napkin; (*fam.*) nappy; (*amer.*) diaper **2** (*assorbente igienico*) sanitary towel, sanitary pad.

pannolino[2] *s.m.* (*tessuto di lino*) linen cloth.

pannolone *s.m.* incontinence pad.

pannonio *agg.* e *s.m.* Pannonian.

panoftalmite *s.f.* (*med.*) panophtalmia, panophtalmitis.

panoplia *s.f.* **1** (*armatura completa*) panoply **2** (*trofeo*) trophy.

panorama *s.m.* **1** view, panorama: — *marino*, seascape; *ammirare il* —, to admire the view (*o* panorama) **2** (*fig.*) survey, outline: — *della letteratura italiana*, survey of Italian literature // (*econ.*): — *del mercato*, market survey; *delineare un — della situazione economica*, to outline a survey of the economic situation **3** (*teatr.*) (*fondale*) backdrop.

panoramica *s.f.* **1** (*panorama*) view, panorama **2** (*fig.*) (*quadro d'insieme*) survey: *fare una — della situazione*, to make a survey of the situation **3** (*fot.*) wide-angle shot; (*cinem.*) panning shot, pan **4** *strada* —, scenic road **5** (*med.*) dental arch X-rays.

panoramicare *v.intr.* (*sl. cinem.*) (*effettuare una panoramica*) to pan: — *sulla vallata*, to pan across the valley.

panoramicità *s.f.* panoramic quality: *la — di un'altura*, a hill offering a panoramic view.

panoramico *agg.* **1** panoramic: *terrazza panoramica*, (*di casa*) terrace with a panoramic view // (*tv*) *ripresa panoramica*, panning shot // (*cinem.*) *schermo* —, panoramic screen **2** (*fig.*) (*riassuntivo*) general, overall: *una ricognizione panoramica dei fatti*, a general survey of events.

panorpa *s.f.* (*zool.*) (*Panorpa communis*) scorpion-fly.

panpepato *s.m.* (*cuc.*) 'panpepato' (type of Italian cake).

panporcino *s.m.* (*bot. pop.*) sowbread.

panromanzo *agg.* common to all Romance languages.

pansé *s.f.* (*fr.*) (*viola del pensiero*) pansy.

pansessuale *agg.* pansexual.

pansessualismo *s.m.* pansexualism.

panslavismo *s.m.* (*pol.*) Pan-Slavism.

panslavista *s.m.* e *f.* (*pol.*) Pan-Slavist.

pantagonna *s.f.* (*non com.*) (*gonna pantalone*) divided skirt.

pantagruelico *agg.* **1** Pantagruelian **2** (*fig.*) (*enorme*) enormous, huge: *volumi di dimensioni pantagrueliche*, books of enormous dimensions.

pantalonaio *s.m.* trouser-maker.

pantaloncini *s.m.pl.* shorts.

Pantalone *no.pr.m.* (*st. teatr.*) Pantaloon (Venetian mask) // *paga* —, (*scherz.*) muggins has to pay.

pantalone *s.m.* → **pantaloni** ◆ *agg.*: *gonna* —, divided skirt.

pantaloni *s.m.pl.* (a pair of) trousers; (a pair of) slacks (*anche da donna*); (*spec. amer.*) pants: — *lunghi, corti*, long, short trousers; — *alla zuava*, knickerbockers; — *da sci*, ski trousers; *piega dei* —, trouser crease; *risvolto dei* —, turn-up (*o amer.* cuff); *in questa casa i — li porta mia moglie*, (*fig.*) in this house my wife wears the trousers (*o* pants).

pantana[1] → **pantano**.

pantana[2] *s.f.* (*zool.*) (*Tringa nebularia*) greenshank.

pantano *s.m.* **1** morass; (*luogo pantanoso*) quagmire; bog, marsh **2** (*fig.*) (*intrigo, difficoltà*) mess; mire, morass: — *morale*, moral corruption; *essere in un bel* —, to be in a mess.

pantanoso *agg.* muddy, miry; (*coperto di pantani*) boggy, marshy: *terreno* —, muddy ground.

panteismo *s.m.* (*fil.*) pantheism.

panteista *s.m.* e *f.* (*fil.*) pantheist.

panteistico *agg.* (*fil.*) pantheistic, pantheistical.

pantellerite *s.f.* (*geol.*) pantellerite.

panteon → **pantheon**.

pantera *s.f.* **1** (*zool.*) (*Panthera pardus*) panther, (black) leopard; (*femmina*) pantheress, (black) leopardess **2** (*fam.*) (*automobile della polizia*) patrol car **3** (*st.*) *Pantere nere*, Black Panthers.

pantheon *s.m.* pantheon.

pantocratore *agg.* e *s.m.* almighty.

pantofago *agg.* (*zool.*) pantophagous.

pantofobia *s.f.* (*med.*) pantaphobia.

pantofola *s.f.* slipper: *essere, mettersi in pantofole*, to be wearing slippers; (*fig.*) to live a life of ease.

pantofolaio *s.m.* **1** (*chi fabbrica pantofole*) maker of slippers **2** (*chi vende pantofole*) seller of slippers **3** (*fig. spreg.*) lounger, lazybones: *non sopporto la sua vita da* —, I can't stand the sort of life he leads, just lounging around ◆ *agg.* (*scarsamente attivo*) inactive, unenterprising: *politica pantofolaia*, do-nothing policy.

pantofoleria *s.f.* (*fabbrica*) slipper factory; (*negozio*) slipper shop.

pantografia *s.f.* pantography.

pantografista *s.m.* e *f.* pantographer.

pantografo *s.m.* pantograph (*anche ferr.*): — *per incisioni elettriche*, electric etcher; — *per stampi*, die-sinking pantograph; — *tridimensionale*, three-dimensional pantograph.

pantomima *s.f.* **1** (*teatr.*) mime show, dumb show, mime; (*estens.*) gestures (*pl.*), gesticulation **2** (*fig.*) stunt; performance, show; act: *non bisogna credergli, è solo una —!*, don't believe it, it's just a stunt!

pantomimico *agg.* (*letter.*) pantomimic, pantomimical.

pantomimo *s.m.* **1** (*attore*) mime artist, (pantomimist) mime **2** (*pantomima*) dumb show, mime.

pantotenato *s.m.* (*chim.*) pantothenate.

pantotenico *agg.* (*biochim.*) pantothenic: *acido* —, pantothenic acid.

panza e *deriv.* → **pancia** e *deriv.*

panzana *s.f.* lie, fib; tall story: *racconta sempre un sacco di panzane!*, he always tells a lot of cock and bull stories!

panzé → **pansé**.

panzer *s.m.* **1** (*mil.*) tank **2** (*fig. scherz.*) tank, bull.

panzootico *agg.* (*vet.*) panzootic.

paolinismo *s.m.* (*teol.*) Paulinism.

paolino *agg.* Pauline, St. Paul's: *insegnamento* —, St. Paul's teaching.

paolotto *agg.* **1** (*eccl.*) Pauline; Vincentian **2** (*fig.*) (*bigotto*) bigoted ◆ *s.m.* **1** (*eccl.*) Pauline; Vincentian **2** (*fig.*) (*bigotto*) bigot.

paonazzo *agg.* purple; violet: *viso* —, purple face; *diventare — dalla rabbia*, to get purple (in the face) with anger; *ho le mani paonazze per il freddo*, my hands have gone blue from the cold ◆ *s.m.* (*colore rosso-violaceo*) purple, violet.

papa *s.m.* **1** Pope: — *Pio* X, Pope Pius X // *Storia dei papi*, History of the Popes // *il — nero*, the black pope (general superior of the Jesuits) // *ogni morte di* —, (*fig.*) once in a blue moon // *stare, vivere come un* —, (*fig.*) to live in (the lap of) luxury // *morto un — se ne* *fa un altro*, (*prov.*) no one is indispensable in this world **2** (*fig.*) (*massima autorità di un gruppo*) boss.

papà *s.m.* (*fam.*) daddy; (*amer.*) pop; (*fam.*) dad, pa, (*antiq.*) papa: *il — non è in casa*, dad isn't at home // *figlio di* —, (*spreg.*) spoilt boy.

papabile *agg.* (*di cardinale*) (who is) likely to be elected Pope // *candidato* —, (*fig.*) likely candidate.

papaia *s.f.* (*bot.*) (*Carica papaya*) papaya, papaw, pawpaw.

papaina *s.f.* (*biochim.*) papain.

papale *agg.* (*del papa*) papal: *benedizione* —, papal blessing ◆ *avv.* (*fam.*) (*in modo esplicito, chiaro*) frankly, bluntly; explicitly: *parlare* — —, to speak very bluntly; *mi ha detto di andarmene* — —, he told me, in no uncertain terms, to go away.

papalina *s.f.* **1** skullcap, zucchetto **2** (*berretto*) wolly cap.

papalino *agg.* papal: *guardia papalina*, papal guard ◆ *s.m.* **1** (*fautore del potere temporale del papa*) papalist **2** (*soldato*) papal soldier.

paparazzo *s.m.* (*fam.*) paparazzo (*pl.* -zi); photographer (for scandal magazines).

papas, **papasso** *s.m.* (*sacerdote greco-ortodosso*) pope.

papato *s.m.* **1** (*pontificato*) papacy, pontificate: *durante il — di Pio* XI, during the pontificate (*o* papacy) of Pope Pius XI; *Celestino* V *rinunziò al* —, Pope Celestinus V resigned the papacy (*o* pontificate) **2** (*istituzione*) papacy: *storia del* —, papal history.

papaveraceo *agg.* (*bot.*) papaveraceous.

papaverico *agg.* (*letter.*) papaverous; sleep -inducing.

papaverina *s.f.* (*chim.*) papaverine.

papavero *s.m.* **1** (*bot.*) poppy: *coperto di papaveri*, poppied; *testa, capsula di semi di* —, poppy-head // — *officinale*, — *da oppio*, (*Papaver somniferum*) opium poppy // — *selvatico*, (*Papaver rhoeas*) corn poppy **2** (*persona importante*) bigshot, bigwig: *i papaveri dell'alta finanza*, the bigshots in the world of high finance.

papaya → **papaia**.

papera *s.f.* **1** duckling **2** (*errore*) slip (of the tongue): *fare, prendere una* —, to make a slip **3** (*fig.*) (*donna sciocca*) ninny, scatterbrain.

papero *s.m.* gander, gosling, young goose*: *camminare come un* —, to waddle.

papesco *agg.* (*spreg.*) popish, papish.

papessa *s.f.* **1** female pope: *la — Giovanna*, Pope Joan **2** (*fig. iron.*) (*donna influente*) queen.

papier collé *s.m.* (*fr.*) collage.

papilionaceo *agg.* (*bot.*) papilionaceous.

papilla *s.f.* (*anat., bot.*) papilla*: *a forma di* —, *coperto di papille*, papillate.

papillare *agg.* (*anat., bot.*) papillar(y): (*med.*) *carcinoma* —, papillary tumor.

papilloma *s.m.* (*med.*) papilloma*.

papillon *s.m.* bow tie.

papilloso *agg.* (*anat., bot.*) papillose.

papiraceo *agg.* papyrus (*attr.*): *codice* —, papyrus manuscript.

papiro *s.m.* **1** (*bot., archeol.*) papyrus*: *rotolo di* —, scroll of papyrus; *papiri greci, egiziani*, Greek, Egyptian papyri **2** (*scherz.*) (*scritto prolisso*) screed.

papirografia *s.f.* papyrography.

papirografico *agg.* papyrographic.

papirologia *s.f.* papyrology.

papirologico *agg.* papyrologic(al).

papirologista *s.m.* e *f.* **papirologo** *s.m.* papyrologist.

papismo *s.m.* papism; (*spreg.*) popery.

papista *s.m.* e *f.* papist // *essere più — del papa*, (*fig.*) to be more royalist than the king.

papistico *agg.* papistic.

pappa[1] *s.f.* **1** pap; (*per bambini*) baby food; (*linguaggio infantile*) din-dins // *scodellare la — a qlcu.*, (*fig.*) to spoon-feed s.o.; *trovare la — pronta*, (*fig.*) to have everything given on a plate; *volere, pretendere la — pronta*, (*fig.*) to expect everything on a plate // *mangiare la — in capo a qlcu.*, (*fig. scherz.*) (*essere più alto*) to be taller than s.o. // — *reale*, royal jelly **2** (*cibo troppo cotto*) mush.

pappa[2] *s.m.* (*fam.*) (*magnaccia*) pimp.

pappafico *s.m.* **1** (*ant.*) (*cappuccio*) hood **2** (*mar.*) topgallant **3** (*region.*) (*pizzo di barba*) Van Dyck (beard), imperial.

pappagallescamente *avv.* like a parrot; parrot-like, parrot fashion: *ripetere* —, to repeat parrot fashion.

pappagallesco *agg.* parrot-like, parrotty.

pappagallino *s.m.* (*zool.*) — (*ondulato*), (*Melopsittacus ondulatus*) budgerigar.

pappagallo *s.m.* **1** parrot (*anche fig.*) // *fare il* —, *ripetere a* —, to parrot: *ha ripetuto a — tutta la lezione di storia*, he repeated the whole history lesson parrot fashion **2** (*chi molesta le donne*) 'pappagallo' (man who makes advances to girls in the street) **3** (*recipiente per urine*) urinal **4** (*pinza*) pipe wrench.

pappagorgia *s.f.* double chin.

pappalardo *s.m.* **1** (*antiq.*) (*ghiottone*) glutton; (*uomo sciocco*) fool, dolt **2** (*ant.*) (*falso devoto*) pharisee.

pappamolle *s.m.* e *f.* (*indolente*) lazybones; (*fiacco*) weakling: *che — sei diventato!*, what a weakling you've become!; *dai —, sbrigati!*, hurry up, lazybones!

pappardella *s.f.* **1** (*spec. pl.*) (*cuc.*) 'pappardelle' (kind of lasagne) **2** (*fig.*) (*scritto prolisso*) screed; (*discorso prolisso*) boring speech: *non la finisce più con la sua —?*, is he ever going to finish this boring speech?

pappare *v.tr.* (*fam.*) **1** (*mangiare con ingordigia*) to wolf, to gobble up: *chi si è pappato tutta la torta?*, who gobbled up all the cake? **2** (*fig.*) (*appropriarsi di beni*) to walk off with (sthg.), to line one's pocket with (sthg.), to pocket: *si pappò tutti i proventi dell'affare*, he lined his own pocket with (*o* pocketed) all the profits from the deal.

pappata *s.f.* (*fam.*) hearty meal: *fare una bella* —, to have a hearty meal.

pappataci *s.m.* (*zool.*) sand fly: (*med.*) *febbre da* —, sand-fly fever.

pappatore *s.m.* (*fam.*) **1** huge eater; glutton **2** (*fig.*) (*scroccone*) sponger.

pappatoria *s.f.* (*fam.*) **1** feeding: *è l'ora della —!*, grub up! **2** (*guadagno illecito*) loot.

pappo *s.m.* (*bot.*) pappus*, blowball.

pappolata *s.f.* (*fam.*) **1** mash; swill **2** (*fig.*) (*discorso sciocco e prolisso*) rigmarole.

pappone *s.m.* (*fam.*) **1** (*ghiottone*) glutton **2** (*fam.*) (*magnaccia*) pimp.

papposo *agg.* (*bot.*) pappose, pappous.

pappuccia *s.f.* (*non com.*) slipper.

paprica *s.f.* (*cuc.*) paprika.

pap-test *s.m.* (*med.*) smear test.

papuano *agg.* e *s.m.* Papuan.

papula *s.f.* (*med.*) papula*, papule*.

papuloso *agg.* (*med.*) papular.

para *s.f.* para rubber.

parà *s.m.* e *f.* parachutist.

para- *pref.* di origine greca: ingl. para-; indica **1** vicinanza, affinità, somiglianza: *parabancario*, parabanking; *parametro*, parameter; (*med.*) *paraplegia*, paraplegia **2** deviazione, contrapposizione: *paranormale*, paranormal; (*med.*) *paranoia*, paranoia **3** nella terminologia chimica, un gruppo di composti derivati dal benzene: *paraldeide*, paraldehyde.

parabasi *s.f.* (*teatr. greco*) parabasis*.

parabile *agg.* sav(e)able; that can be parried: *tiro* —, saveable shot.

parabola[1] *s.f.* (*racconto allegorico*) parable: *Gesù parlava per parabole*, Jesus spoke in parables; *la — del figliol prodigo*, the parable of the prodigal son.

parabola[2] *s.f.* **1** (*mat.*) parabola // *la — di un proiettile*, the trajectory of a bullet **2** (*fig.*) course; rise and fall: *la — della vita*, life's course // *essere nella fase ascendente, discendente della* —, to be on the way up, on the way down.

parabolico[1] *agg.* (*mat.*) parabolic(al): *curva parabolica*, parabolic curve; (*tel.*) *antenna parabolica*, parabolic antenna, satellite dish; (*fis.*) *riflettore, specchio* —, parabolic reflector.

parabolico[2] *agg.* (*non com.*) by parables; in the form of a parable: *insegnamento* —, teaching by parables.

paraboloide *s.m.* **1** (*mat.*) paraboloid **2** (*tel.*) parabolic antenna.

parabordo *s.m.* (*mar.*) fender.

parabrezza *s.m.* windscreen; (*amer.*) windshield.

paracadutare *v.tr.* to parachute, to drop: — *truppe, rifornimenti*, to parachute (*o* to drop) troops, supplies.

□ **paracadutarsi** *v.rifl.* to parachute, to make* a drop; (*in caso di emergenza*) to bale out.

paracadute *s.m.* parachute: — *ad apertura automatica*, automatic(-opening) parachute; — *di emergenza*, emergency parachute; — *di riserva*, reserve parachute; — *freno*, brake parachute; — *libero*, free parachute; — *stabilizzatore*, stabilizing parachute; — *sussidiario*, retarder parachute; *discendere col* —, to parachute (down); *aprire il* —, to open the parachute; *lanciarsi col* —, to parachute (*o* to make a drop), (*in caso di emergenza*) to bale out // *fare da — a qlcu.*, (*fig.*) (*proteggerlo da rischi ecc.*) to shield s.o.

paracadutismo *s.m.* parachuting.

paracadutista *s.m.* e *f.* parachutist; (*mil.*) paratrooper ◆ *agg.* (*mil.*) parachute (*attr.*) // *reparti paracadutisti*, paratroops.

paracadutistico *agg.* parachute (*attr.*): *lancio* —, parachute jump.

paracalli *s.m.* corn-plaster, corn-pad.

paracamino *s.m.* fireboard.

paracarro *s.m.* wayside post.

paracenere *s.m.* fender.

paracentesi *s.f.* (*med.*) paracentesis.

Paracleto *s.m.* (*teol.*) Paraclete.

paracolpi *s.m.* (*di porta*) doorstop(per); (*aut.*) (door-)bumper; (*tecn.*) buffer: (*mecc.*) — *di gomma*, rubber buffer.

paracqua *s.m.* (*region.*) umbrella.

paraculo *s.m.* (*region. volg.*) scheming bastard.

paracusia *s.f.* (*med.*) parac(o)usis, paracusia.

paradenite *s.f.* (*med.*) paradenitis.

paradenti *s.m.* (*pugilato*) gumshield.

paradentite *s.f.* (*med.*) periodontitis.

paradentosi *s.f.* (*med.*) periodontosis.

paradigma *s.m.* (*gramm., ling.*) paradigm.

paradigmatico *agg.* (*gramm., ling.*) paradigmatic(al).

paradisea *s.f.* (*zool.*) bird of paradise.

paradisiaco *agg.* **1** heavenly, celestial, paradisiac(al): *beatitudine paradisiaca*, heavenly bliss **2** (*fig.*) heavenly, blissful, idyllic: *una quiete paradisiaca*, a blissful calm; *un paesaggio* —, an idyllic landscape.

paradiso *s.m.* **1** paradise, heaven (*anche fig.*): *il — terrestre*, the Earthly Paradise; *i santi del* —, the saints of heaven; *sentirsi in* —, to be in seventh heaven // *di* —, heavenly (*o* celestial *o* paradisiacal *o* divine): *è una musica di* —, it's a heavenly music; *un giorno di* —, a divine day // *guadagnarsi il* —, to earn one's place in heaven // *andare in* —, (*morire*) to pass away (*o* to pass on) // *vuole andare in — in carrozza*, he wants it handed to him on a plate // *avere dei santi in* —, (*fig.*) to be well connected // — *artificiale*, drug-induced bliss (*o* fantasy) // — *fiscale*, tax haven // (*lett.*): *il 'Paradiso' di Dante*, Dante's 'Paradiso'; *'Il Paradiso Perduto'*, 'Paradise Lost' **2** (*zool.*) *uccello del* —, bird of paradise.

paradiso *agg.* (*bot.*) paradise (*attr.*): *melo* —, (*Malus sylvestris paradisiaca*) paradise (apple).

paradorso → **paradosso**[2].

paradossale *agg.* **1** paradoxical: *una situazione* —, a paradoxical situation **2** (*estens.*) (*bizzarro*) bizarre, strange: *un personaggio* —, a bizarre character.

paradossalità *s.f.* paradoxicality, paradoxicalness: *la — di una tesi*, the paradoxicality of a thesis.

paradosso[1] *s.m.* paradox: *un — matematico*, a mathematical paradox; *ragionare per paradossi*, to think in paradoxes // *la sua vita è stata tutta un* —, his life was full of contradictions ◆ *agg.* (*med.*) paradoxical: *embolia paradossa*, paradoxical embolus.

paradosso[2] *s.m.* **1** (*mil.*) parados **2** (*edil.*) rafter.

parafa *s.f.* (*burocrazia*) (*sigla*) initials (*pl.*).

parafango *s.m.* mudguard; (*amer.*) fender.

parafare *v.tr.* (*burocrazia*) (*siglare*) to initial.

parafarmaceutico *agg.* parapharmaceutical, over-the-counter ◆ *s.m.* parapharmaceutical, over-the-counter product.

parafasia *s.f.* (*med., psic.*) paraphasia.

parafernale *agg.* (*dir.*) paraphernal: *beni parafernali*, paraphernalia.

paraffa e *deriv.* → **parafa** e *deriv.*

paraffina *s.f.* (*chim.*) paraffin: (*cera di*) —, paraffin wax; *olio di* —, paraffin oil; *trattare con, cospargere di* —, to paraffin // *prova del guanto di* —, paraffin test.

paraffinare *v.tr.* to paraffin.

paraffinatura *s.f.* paraffining.

paraffinico *agg.* (*chim.*) *serie paraffinica*, paraffin series.

paraffo → **parafa**.

parafiamma *s.m.* **1** (*paratia antincendio*) firestop, firewall **2** (*di arma da fuoco*) flame damper ◆ *agg.* fire-resistant.

parafimosi *s.f.* (*med.*) paraphimosis.

parafrasare *v.tr.* to paraphrase.

parafrasi *s.f.* paraphrase: *fare la — di un poema*, to paraphrase a poem.

parafrasia *s.f.* (*med., psic.*) paraphrasia.

parafrastico *agg.* paraphrastic.

parafrenia *s.f.* (*psic.*) paraphrenia.

parafulmine *s.m.* lightning conductor, (*amer.*) lightning rod // *fare da* —, (*fig.*) to act as lightning rod.

parafuoco *s.m.* firescreen, fender; (*di metallo*) fireguard.

parageusia *s.f.* (*med.*) parageusia.

paraggio *s.m.* (*spec. pl.*) **1** (*mar.*) coastal waters (*pl.*) **2** *pl.* neighbourhood (*sing.*); environs: *non vi sono parchi in questi paraggi*, there are no parks in this neighbourhood; *vive nei paraggi di Londra*, he lives in the environs of London.

paragocce *s.m.* drip-catcher.

paragoge *s.f.* (*ling.*) paragoge.

paragogico *agg.* (*ling.*) paragogical.

paragonabile *agg.* comparable: *la tua esperienza è — alla mia*, your experience is comparable to mine.

paragonare *v.tr.* **1** to compare, to make* a comparison, to draw* a comparison: — *due scrittori*, to compare (*o* to make a comparison between) two authors; *la mia casa non può essere paragonata alla tua*, my house cannot be compared with yours; — *una copia con l'originale*, to compare a copy with the original **2** (*ritenere simile*) to compare, to liken: *i poeti hanno paragonato il sonno alla morte*, poets have compared (*o* likened) sleep to death; — *la terra a una palla*, to compare (*o* to liken) the earth to a ball.

□ **paragonarsi** *v.rifl.* to compare oneself: *vuoi forse paragonarti a lui?*, are you trying to compare yourself to him?

paragone *s.m.* **1** comparison: *il — è giusto, sbagliato*, it's a good, a bad comparison; *termini di* —, terms of comparison; *fare, stabilire un* —, to make (*o* to draw) a comparison; *è spesso utile fare un — tra due cose*, it is often helpful to make a comparison between two things; *mettere a — due poeti*, to make a comparison between two poets; *il suo libro non regge il — con questo*, his book does not stand comparison with this; *tra lui e suo fratello non c'è* —, there's no comparison between him and his brother; *i paragoni sono odiosi*, comparisons are odious // *a — di*, in comparison with: *gli edifici di Milano sono piccoli a — dei grattacieli di New York*, the buildings in Milan are small in comparison with the skyscrapers of New York; *non è niente a — di ciò*, it is nothing in comparison with that // *senza* —, incomparable (*o* peerless) // (*gramm.*) *complemento di* —, complement of comparison **2** (*esempio*) analogy, example: *ti porto a — una mia esperienza*, you can draw an analogy from my experience; *mi porti un — che non regge*, your analogy doesn't stand **3** (*gioielleria*) touchstone.

paragonite *s.f.* (*min.*) paragonite.

paragrafare *v.tr.* to paragraph.

paragrafo *s.m.* paragraph; (*dir.*) paragraph, section // (*inform.*) *paragrafi passe-partout*, canned paragraphs.

paragramma *s.m.* (*ret.*) paragram.

paragrilletto *s.m.* trigger guard.

paraguaiano *agg.* e *s.m.* Paraguayan.

paraidrogeno *s.m.* (*fis.*) parahydrogen.

parainfluenzale *agg.* (*med.*) parainfluenzal.

paraipotassi *s.f.* (*ling.*) parahypotaxis.

paraipotattico *agg.* (*ling.*) parahypotactical.

paralalia *s.f.* (*psic.*) paralalia.

paraldeide *s.f.* (*chim.*) paraldehyde.

paralessi *s.f.* (*ret.*) paralipsis, paraleipsis.

paralessia *s.f.* (*med.*) paralexia.

paraletterario *agg.* light literature (*attr.*).

paraletteratura *s.f.* light literature.

paralipomeni *s.m.pl.* paralipomena.

paralisi *s.f.* **1** (*med.*) paralysis*, palsy: — *cardiaca*, paralysis of the heart; — *facciale*, facial palsy; — *cerebrale*, cerebral palsy; — *infantile*, infantile paralysis (*o* poliomyelitis); — *motoria*, motor paralysis; — *progressiva*, progressive (*o* ascending) paralysis; — *sensoria*, sensory paralysis; *colpito da* —, palsied (*o* stricken with paralysis) **2** (*fig.*) paralysis*: — *del traffico*, traffic paralysis, — *del mercato*, *del commercio*, paralysis of the market, of trade.

paralitico *agg.* e *s.m.* paralytic: *un vecchio* —, a paralytic old man.

paralizzare *v.tr.* to paralyse, to paralyze (*anche fig.*): *leggi che paralizzano l'industria*, laws that paralyse industry; — *la produzione*, to cripple production.

paralizzato *agg.* palsied, paralysed, paralyzed (*anche fig.*): — *a un braccio*, paralysed in one arm; — *dalla paura*, paralysed with fear; *traffico* —, paralysed traffic.

parallasse *s.f.* (*astr., fis.*) parallax: — *eliocentrica*, heliocentric parallax; — *geocentrica*, geocentric parallax; — *in quota*, parallax in altitude.

parallattico *agg.* (*astr., fis.*) parallactic: *angolo* —, parallactic angle; *orbita parallattica*, parallactic orbit.

parallela *s.f.* **1** (*mat., mil.*) parallel **2** *pl.* (*ginnastica*) parallel bars **3** *pl.* (*strumento per tracciare linee parallele*) parallel ruler.

parallelamente *avv.* paralle(l)y; (*fianco a fianco*) side by side: *le due macchine procedevano* —, the two cars drove on side by side // *agire* —, to act in the same way.

parallelepipedo *s.m.* parallelepiped, parallelepipedon.

parallelismo *s.m.* **1** (*mat., biol.*) parallelism **2** (*fig.*) parallelism, similarity **3** (*ret.*) parallelism.

parallelizzatore *s.m.* (*inform.*) deserializer; series-to-parallel converter.

parallelo *agg.* parallel: *rette parallele*, parallel lines; *due piani paralleli*, two parallel planes;

strada che corre parallela al fiume, road that runs parallel to (*o* with) the river; *corsi paralleli di lingua straniera*, parallel foreign language courses // (*inform.*) *elaboratore* —, concurrent processor // (*sport*) *slalom* —, parallel slalom ◆ *s.m.* **1** (*geogr.*) parallel (of latitude): *paesi posti sullo stesso* —, countries on the same parallel **2** (*comparazione*) parallel, comparison: *fare un — tra due cose*, to draw a parallel (*o* to make a comparison) between two things **3** (*elettr.*) parallel: *batterie in* —, batteries in parallel; *collegamento in* —, parallel connection // (*inform.*) *esecuzione in* —, parallel running.

parallelogramma, **parallelogrammo** *s.m.* parallelogram: (*fis.*) — *delle forze*, parallelogram of forces.

paralogismo *s.m.* (*fil.*) paralogism.

paralogistico *agg.* paralogistic, paralogical.

paralogizzare *v.intr.* to paralogize.

paraluce *s.m.* (*fot.*) lens hood; (*cinem.*) gobo*.

paralume *s.m.* lampshade.

paramagnetico *agg.* (*fis.*) paramagnetic.

paramagnetismo *s.m.* (*fis.*) paramagnetism.

paramano *s.m.* **1** (*polsino*) cuff **2** (*edil.*) face brick.

paramecio *s.m.* (*zool.*) paramecium*.

paramedico *agg.* paramedical: *personale* —, paramedical staff ◆ *s.m.* paramedic.

paramento *s.m.* (*gener. pl.*) **1** hangings (*pl.*): *le pareti erano ricoperte di paramenti*, the walls were covered with hangings **2** (*eccl.*) paraments (*pl.*) **3** (*edil.*) face.

parametrazione *s.f.* (*econ.*) parameterization.

parametrico *agg.* (*mat., fis.*) parametric(al), parametral.

parametrizzare *v.tr.* (*mat., fis.*) to parameterize.

parametrizzazione *s.f.* (*mat., fis.*) parameterization.

parametro *s.m.* **1** (*mat., fis., inform.*) parameter **2** *pl.* (*inform.*) input (data) **3** (*fig.*) parameter, criteria (*pl.*): *giudicare secondo un certo* —, to judge according to certain criteria **4** (*econ.*) parameter, indicator, level: *parametri economici*, economic indicators; *parametri retributivi*, wage levels; *rimanere entro i parametri del bilancio*, to remain within the parameters of the budget.

paramezzale *s.m.* (*mar.*) keelson.

paramilitare *agg.* paramilitary.

paramine *s.m.* (*mar.*) paravane, otter.

paramnesia *s.f.* (*med., psic.*) paramnesia.

paramorfismo *s.m.* (*med.*) paramorphia.

paramosche *s.m.* dishcover, fly-net.

paranasale *agg.* (*anat.*) paranasal: *seni paranasali*, paranasal sinuses.

parancare *v.intr.* (*mar.*) to bouse, to bowse.

paranco *s.m.* (*mar., mecc.*) (block and) tackle, hoist, purchase; burton: — *differenziale*, differential tackle; — *semplice, doppio*, single, twofold tackle (*o* purchase).

paraneve *s.m.* **1** (*per strade, ferrovie*) snowshed **2** (*ghetta*) snow gaiter.

paraninfo *s.m.* **1** (*st. greca*) paranymph **2** (*estens.*) (*chi combina matrimoni*) matchmaker; (*mezzano*) pimp.

paranoia *s.f.* (*psic.*) paranoia // *quando vedo queste cose vado in* —, (*fam.*) when I see things like these I go out of my mind; *che — questo tempo!*, (*fam.*) this weather is a real drag!

paranoicale *agg.* (*psic.*) paranoiac.

paranoico *agg.* e *s.m.* (*psic.*) paranoiac, paranoic.

paranoide *agg.* (*psic.*) paranoid, paranoidal.

paranormale *agg.* e *s.m.* paranormal.

paranormalità *s.f.* paranormality.

paranza *s.f.* (*mar.*) **1** (*imbarcazione*) trawler **2** (*rete*) trawl.

paraocchi *s.m.* blinkers (*pl.*) // *avere i* —, (*fig.*) to close one's eyes to sthg. (*o* to wear blinkers); *procedere con i* —, (*fig.*) to go on blindly.

paraocchio *s.m.* eyecup.

paraolio *s.m.* (*mecc.*) oil seal.

paraonde *s.m.* (*mar.*) breakwater.

paraorecchi *s.m.* **1** (*casco*) scrum cap **2** (*fascia di lana*) earflap.

paraormone *s.m.* (*biochim.*) parahormone.

parapalle *s.m.* (*mil.*) butt.

paraparesi *s.f.* (*med.*) paraparesis.

parapetto *s.m.* **1** parapet; (*davanzale*) windowsill **2** (*mil.*) parapet **3** (*mar.*) railing, bulwark.

parapiglia *s.m.* turmoil, commotion, confusion; stampede: *scoppiò un — per accaparrarsi i posti migliori*, there was a stampede for the best places.

parapioggia *s.m.* (*non com.*) umbrella.

paraplegia *s.f.* (*med.*) paraplegia.

paraplegico *agg.* (*med.*) paraplegic.

parapsichico *agg.* parapsychic(al).

parapsicologia *s.f.* parapsychology.

parapsicologico *agg.* parapsychologic(al).

parapsicologo *s.m.* parapsychologist.

parare *v.tr.* **1** (*ornare con paramenti*) to decorate, to adorn, to deck: — *una chiesa*, to decorate a church (with hangings); — *una chiesa a lutto*, to drape a church in black **2** (*riparare, proteggere*) to shield, to protect: — *dal freddo, dalla neve*, to shield (*o* to protect) from cold, from snow **3** (*evitare, scansare*) to parry, to ward off, to save: — *un colpo*, to parry (*o* to ward off) a blow; (*calcio*) *ha parato un tiro difficile*, he saved a difficult shot **4** (*mar.*) — *le vele*, to hoist the sails ◆ *v.intr.*: *andare a* —, to drive at sthg. (*o* to lead up to sthg.); *non so dove le sue parole vadano a* —, I don't know what he is driving at.

□ **pararsi** *v.rifl.* o *intr.pron.* **1** (*non com.*) (*ripararsi*) to shelter (oneself), to protect (oneself) **2** (*comparire*) to appear: *mi si parò dinanzi*, he appeared before me; *riesce a superare qualunque ostacolo gli si pari davanti*, he can overcome any difficulty that appears before him (*o* that arises) **3** (*vestirsi*) to dress up; (*eccl.*) to vest oneself // — *a festa*, (*scherz.*) to doll oneself up.

pararosanilina *s.f.* (*chim.*) pararosaniline.

parasartie *s.m.* (*mar.*) channel, chainwale.

parasceve *s.f.* (*st. ebraica*) parasceve.

paraschegge *agg.* (*mil.*) splinterproof ◆ *s.m.* (*mil.*) splinterproof screen.

parascolastico *agg.* educational; extracurricular: *attività parascolastiche*, extracurricular activities.

paraselene *s.m.* (*astr.*) paraselene*.

parasimpatico *agg.* e *s.m.* (*anat.*) parasympathetic.

parasimpaticolitico *agg.* (*med.*) parasympatholytic.

parasintetico *agg.* (*ling.*) parasynthetic.

parasinteto *s.m.* (*ling.*) parasynthetic compound.

parasole *s.m.* **1** parasol, sunshade **2** (*fot.*) lens hood **3** (*aer.*) parasol ◆ *agg.* sun (*attr.*): *aletta* —, (sun) visor.

paraspalle *s.m.* (*sport*) shoulder-pad, shoulder-guard.

paraspigolo *s.m.* (*edil.*) edge protector.

parassita *agg.* **1** (*biol.*) parasitic(al) **2** (*fig.*) parasitical: *organizzazioni parassite*, parasitical organizations **3** parasitic: (*elettr.*) *correnti parassite*, eddy currents; (*rad.*) *rumori parassiti*, interference ◆ *s.m.* **1** (*biol.*) parasite **2** (*anche f.*) (*scroccone*) parasite; (*fam.*) sponger, scrounger: *parassiti della società*, parasites on society.

parassitare *v.tr.* (*biol.*) to parasitize, to be a parasite on (s.o., sthg.).

parassitario *agg.* **1** (*biol.*) parasitary **2** (*fig.*) parasitic(al): *organismo economico* —, parasitic economic organization // *rendita parassitaria*, unearned income.

parassiticida *agg.* parasiticidal, parasiticidic ◆ *s.m.* parasiticide.

parassitico *agg.* **1** (*biol.*) parasitic(al), parasital **2** (*di persona*) parasitic, (*fam.*) sponging: *vita parassitica*, parasitic life.

parassitismo *s.m.* **1** (*biol.*) parasitism **2** (*fig.*) parasitism, (*fam.*) sponging: — *economico*, economic parasitism.

parassitologia *s.f.* parasitology.

parassitologico *agg.* parasitological.

parassitologo *s.m.* parasitologist.

parassitosi *s.f.* (*med.*) parasitosis.

parastatale *agg.* state-controlled, government -controlled, semipublic, (*amer.*) parastatal: *ente* —, state-controlled enterprise ◆ *s.m.* e *f.* employee of a state-controlled enterprise.

parastato *s.m.* (*amm.*) **1** (*l'insieme degli enti*) state-controlled bodies, state-controlled enterprises (*pl.*) **2** (*i dipendenti*) people working for state-controlled bodies, employees of state-controlled enterprises: *sciopero del* —, strike in state-controlled enterprises.

parastinchi *s.m.* shinguards (*pl.*), shinpads (*pl.*).

parata[1] *s.f.* (*il parare un colpo*) parry: *fare una* —, to parry; (*nel calcio*) to save: — *in tuffo*, diving save.

parata[2] *s.f.* **1** (*mil.*) parade: *schieramento in* —, parade order; *essere in* —, to be on parade; *sfilare in — davanti a qlcu.*, to parade past s.o. // *abiti di* —, formal dress; *pranzo di* —, banquet **2** *vista la mala* —..., when he saw that things were taking a turn for the worse...

paratasca *s.m.* pocket flap.

paratassi *s.f.* (*gramm.*) parataxis.

paratattico *agg.* (*gramm.*) paratactic(al).

parathion *s.m.* (*chim.*) parathion.

paratia *s.f.* (*mar., edil.*) bulkhead: — *corazzata*, armoured bulkhead; — *di collisione*, forepeak (*o* collision) bulkhead; — *parafiamma, tagliafuoco*, fireproof bulkhead; —

stagna, watertight bulkhead; — *volante*, temporary bulkhead.

paratico *s.m.* (*st.*) (*corporazione di artigiani e mercanti*) guild.

paratifo *s.m.* (*med.*) paratyphoid fever.

paratiroide *s.f.* (*anat.*) parathyroid.

parato[1] *s.m.* (*gener. pl.*) (*drappo*) hangings (*pl.*): *i parati di un altare*, altar-hangings // *carta da parati*, wallpaper.

parato[2] *agg.* **1** decorated, decked: — *a festa*, sumptuously decorated; (*di persona*) in one's Sunday best (*o* dressed up) **2** (*ant.*) (*preparato*) ready: *sono — a tutto*, I am ready for anything.

paratoia *s.f.* sluice-gate, floodgate.

paratormone *s.m.* (*biol.*) parathormone.

paratura *s.f.* (*non com.*) (*il parare*) hanging; decorating; (*l'insieme dei parati*) decoration.

paraurti *s.m.* **1** (*aut.*) bumper: — *a molla*, spring-loaded bumper **2** (*ferr.*) buffer.

paravento *s.m.* **1** screen **2** (*fig.*) (*copertura*) screen, front, cover // *far da — a qlcu.*, (*fig.*) to shield s.o.

parca *s.f.* **1** (*mit.*) Fate **2** (*fig. letter.*) (*morte*) death.

parcare *v.tr.* (*mil.*) to park.

parcella *s.f.* **1** (*emolumento*) fee, bill, note of fees: — *di avvocato*, note of counsel's fees; — *del dentista*, dentist's fee (*o* dentist's note of fees); *pagare la — a qlcu.*, to fee s.o. (*o* to pay s.o.'s fees) **2** (*piccolo appezzamento di terreno*) parcel, lot: (*dir.*) — *catastale*, cadastral parcel.

parcellare *agg.* (*di appezzamenti di terreno*) parcel (*attr.*): *catasto* —, detailed cadastral survey.

parcellazione *s.f.* parcelling out, apportionment.

parcellizzare *v.tr.* to parcel out, to share out, to apportion: — *un lavoro*, to share out (*o* to apportion) a work.

parcellizzazione *s.f.* parcelling out, sharing out, apportionment: *la — dei lavori, dei compiti*, the apportionment of jobs, of duties.

parcheggiare *v.tr.* **1** to park: — *l'auto*, to park the car; *è difficilissimo — in centro*, it is very difficult to park in the centre; *ho preso la multa perché ho parcheggiato davanti all'entrata*, I got a fine for parking in front of the entrance **2** (*fig.*) (*sistemare provvisoriamente*) to park, to leave*: *sono partiti per un viaggio parcheggiando il figlio dai nonni*, they went on a trip parking (*o* leaving) their son with his grandparents.

parcheggiatore *s.m.* **1** (*chi parcheggia*) a person who parks **2** (*posteggiatore*) car-park attendant: — *abusivo*, unlicensed car-park attendant.

parcheggio *s.m.* **1** (*il parcheggiare*) parking: *vietato il* —, no parking; *area di* —, parking area (*o amer.* parking lot) // *effettuare un — perfetto*, to park perfectly // *governo di* —, (*fig.*) temporary government **2** (*posteggio*) (car) park, (*amer.*) parking lot: — *a pagamento*, paying car park; — *gratuito*, free parking; — *incustodito*, unattended car park.

parchettatura *s.f.* parqueting.

parchettista *s.m.* e *f.* parqueting layer.

parchezza *s.f.* (*non com.*) (*l'essere parco*) moderation; frugality; sobriety.

parchimetro *s.m.* parking meter.

parco[1] *agg.* frugal, sparing; (*parsimonioso*) parsimonious, thrifty; (*moderato*) moderate: *una parca cena*, a frugal dinner; *essere — nel mangiare*, to be a frugal eater; *essere — nel bere*, to be a moderate drinker; *è molto — nello spendere*, he is very thrifty; *è — di lodi*, he is sparing of praise (*o* in his praise); *è — di parole*, he is sparing with words (*o* he doesn't waste words).

parco[2] *s.m.* **1** park: *la loro villa si trova nel mezzo di un bellissimo* —, their villa is in the middle of a beautiful park; — *naturale*, natural park; — *nazionale*, national park; — *pubblico*, public park; *il — di Monza*, Monza Park; — *con animali in libertà*, safari park // — *dei divertimenti*, funfair (*o* amusement park) // — *delle rimembranze*, Gardens of Remembrance **2** (*non com.*) (*recinto*) park, yard // (*comm.*) — *di deposito*, depot // (*Borsa*) — *buoi*, area reserved to the public **3** (*insieme di macchinari, di materiale specifico*): — *macchine*, (*di una ditta*) fleet of cars (*o* car pool); (*ferr.*) — *rotabile*, rolling stock; (*metall.*) — *di lingotti*, ingot yard // (*mil.*): — *d'artiglieria*, artillery park; — *di munizioni*, ammunition dump // (*inform.*): — *macchine*, installed base (*o* inventory *o* population); — *installazioni*, (*presso i clienti*) (*spec. amer.*) base **4** (*non com.*) (*posteggio*) (car) park, parking, (*amer.*) parking lot.

parcometro → **parchimetro**.

par condicio *s.f.* (*dir.*) (*lat.*) equal treatment; (*amer.*) equal time rule.

pardo *s.m.* (*ant., letter.*) (*leopardo*) pard.

pardon *inter.* (*fr.*) (*per scusarsi*) (I'm) sorry, I beg your pardon; (*per chiedere permesso*) excuse me: *Oh, —!, Non l'ho fatto apposta!*, Sorry, I didn't do it on purpose!; —, *posso interrompervi un attimo?*, excuse me, may I interrupt you for a moment?

parecchio *agg.indef.* **1** (*con riferimento alla quantità*) (quite) a lot of; rather a lot of; plenty of [cfr. *molto*]: *abbiamo speso — denaro*, we have spent quite (*o* rather) a lot of money; *ho — tempo libero questa settimana*, I've got quite a lot (*o* plenty) of spare time this week **2** (*con riferimento alla durata nel tempo*) (quite) a long; rather a long: — *tempo*, (quite) a long time; long (*spec. in frasi interr.*): *accadde — tempo fa*, it happened (quite) a long time ago; *non lo vedo da — tempo*, I haven't seen him for quite (*o* rather) a long time; *hai dovuto attendere — tempo?*, did you have to wait long? // Anche in espressioni ellittiche: *siete qui da —?*, have you been here long?; *c'è — da qui alla stazione?*, is it far from here to the station?; *è stato — assente da scuola*, he has been away from school for quite a long time; *ci è voluto — per fargliela capire*, he took a lot of convincing **3** *pl.* (*diversi*) several; (*un numero notevole di*) quite a lot of; rather a lot of; quite a few: *conosciamo parecchie persone a Roma*, we know quite a lot of (*o* quite a few) people in Rome; *vive a Londra da parecchi anni*, he has lived in London for quite a few years; *ho ancora parecchie pagine da leggere*, I still have several (*o* quite a few) pages to read; *ci sono parecchi errori in questo esercizio*, there are quite (*o* rather) a lot of mistakes in this exercise ◆ *pron.indef.* **1** quite a lot; rather a lot; plenty: *c'è — da vedere in questa città*, there is quite a lot (*o* plenty) to see in this town; *"Hai ancora molto lavoro da fare?" "Sì, —"*, "Have you still got much work to do?" "Yes, quite (*o* rather) a lot" (*o fam.* "Yes, lots") **2** *pl.* (*diversi*) several; (*un numero notevole*) quite a few, quite a lot; (*parecchia gente*) quite a lot of people: *parecchi di noi, di loro ecc.*, several of us, of them etc.; *parecchie di queste monete sono false*, several of these coins are false; *"Avete venduto molti quadri?" "Sì, parecchi"*, "Have you sold many paintings?" "Yes, quite a lot" (*o* "Yes, quite a few"); *parecchi credono che ci siano forme di vita su Marte*, quite a lot of people think there is life on Mars; *eravamo in parecchi*, there were quite a lot (*o* quite a few) of us ◆ *avv.* quite, very, rather (*con agg.*); quite a lot; rather a lot: *fui — sorpreso di vederlo*, I was quite (*o* very *o* rather) surprised to see him; *quel ragazzo è — intelligente*, that boy is quite clever; *il suo ultimo libro è stato — criticato*, his latest book has met with quite (*o* rather) a lot of criticism; *hanno bevuto — stasera*, they have had quite (*o* rather) a lot to drink this evening; *si è dato — da fare per aiutarmi*, he did (quite) a lot to help me • Per ulteriori esempi vedi *molto*.

pareggiabile *agg.* **1** (*comm.*) (*di conti, di bilancio ecc.*) that can be balanced; (*econ.*) that can be equalized **2** (*livellabile*) that can be levelled.

pareggiamento *s.m.* **1** (*comm.*) balancing, squaring; (*econ.*) (*perequazione*) equalization; (*Borsa*) evening up: — *del bilancio*, balancing of the budget; — *dei conti*, squaring of accounts **2** (*livellamento*) levelling **3** (*parificazione di scuola ecc.*) official recognition.

pareggiare *v.tr.* **1** (*comm.*) to balance, to square, to even up; (*saldare*) to settle: — *il bilancio*, to balance the budget; — *i conti*, to balance (*o* to square *o* to settle) the accounts; — *i conti con qlcu.*, (*fig.*) to settle (*o* to square) accounts with s.o. (*o* to even up with s.o.); *far — un conto*, to even up an account **2** (*tagliare ad altezza uniforme*) to trim: *farsi — la barba*, to have one's beard trimmed; — *i cespugli*, to trim the bushes; — *l'erba di un prato*, (*con una falciatrice*) to mow a lawn **3** (*livellare*) to level, to make* even: — *un campo da tennis, una strada*, to level a tennis lawn, a road **4** (*uguagliare*) to match: *nessuno lo può* —, nobody can match him (*o* he is unrivalled); *nessuno può — quell'uomo in bontà*, nobody can match that man in (*o* that man is unrivalled for) goodness **5** (*sport*) to draw*, to tie: — *un incontro*, to draw a match **6** (*parificare*) (*una scuola*) to recognize officially: *questa scuola fu pareggiata l'anno scorso*, this school was officially recognized last year ◆ *v.intr.* (*sport*) to draw*, to tie; (*segnare il punto del pareggio*) to equalize: *le due squadre hanno pareggiato*, the two sides drew (*o* tied); *il Milan ha pareggiato con l'Inter per 3 a 3*, Milan drew with Inter 3-3; *il terzino pareggiò per la Juventus*, the back equalized for Juventus.

□ **pareggiarsi** *v.rifl.* (*letter.*) (*farsi uguale*) to become* equal ◆ *v.rifl.rec.* (*equivalersi*) to be equal: *le loro forze si pareggiano*, they are equal in strength.

pareggiato *agg.* **1** (*di scuola*) officially recognized **2** (*alla pari*) square: *conti pareggiati*, square accounts.

pareggiatore *agg.* (*non com.*) equalizing ◆ *s.m.* (*non com.*) equalizer.

pareggiatura *s.f.* → **pareggiamento**.

pareggio *s.m.* **1** (*comm.*) balance, balancing, squaring, levelling, adjustment; (*saldo*) settlement;

(*econ.*) (*perequazione*) equalization: *i conti sono in* —, the accounts balance; — *di bilancio*, (*dei conti*) balancing of accounts, (*del budget*) balanced budget (*o* budgetary equilibrium); *chiudere il bilancio in* —, to break even; *raggiungere il — del bilancio*, to reach breakeven; *non in* —, unbalanced **2** (*sport*) draw; tie: *la partita finì con un* —, the match finished in a draw; *la gara di atletica si concluse in* —, the athletic competition finished in a tie; *trovarsi in* —, to be drawing (*o* to be level); *chiudere il primo tempo in* —, to be level at half time.

parelio *s.m.* (*astr.*) parhelion*; mock sun, sun-dog.

paremiografia *s.f.* paroemiography.

paremiografo *s.m.* paroemiologist.

paremiologia *s.f.* paroemiology.

paremiologo *s.m.* paroemiologist.

parenchima *s.m.* (*anat., bot.*) parenchyma.

parenchimatico *agg.* (*anat., bot.*) parenchymal, parenchymatous: *tessuto* —, parenchyma.

parenchimatoso *agg.* (*anat.*) parenchymal, parenchymatous.

parentado *s.m.* **1** (*insieme dei parenti*) relations (*pl.*), relatives (*pl.*): kin (*pl.*); kinsfolk (*pl.*); (*form.*) kindred (*pl.*): *invitò tutto il* —, he invited all his relatives; *tutto il mio — vive in America*, all my relatives live in America **2** (*ant.*) (*legame di parentela*) relationship, kinship; (*matrimonio*) marriage **3** (*stirpe, lignaggio*) lineage, stock, descent: *di buon* —, of good lineage (*o* descent); *venire da un buon* —, to come of good stock.

parentale *agg.* (*letter.*) **1** (*dei genitori*) parental (*anche dir.*): *autorità, potestà* —, parental authority; *congedi parentali*, parental leave // *malattia* —, hereditary disease **2** (*dei parenti*) family (*attr.*), kindred (*attr.*): *solidarietà* —, family solidarity.

parentali *s.m.pl.* **parentalie** *s.f.pl.* **1** memorial celebrations, commemoration **2** (*st. romana*) parentalia.

parente *s.m.* e *f.* **1** relative, relation; (*letter.*) (*uomo*) kinsman*; (*donna*) kinswoman*: *un mio* —, a relation (*o* a relative) of mine; *parenti da parte di madre*, relations on the mother's side; — *stretto, prossimo*, close relation; — *lontano*, distant relation; — *acquisito*, in-law; *i parenti più stretti sono stati informati*, the next of kin have been informed; *siamo parenti stretti*, we are closely related: *circondato da parenti e amici*, surrounded by his relatives and friends; *è tuo —?*, is he a relative of yours? (*o* is he any relation to you?); *non ha parenti a Milano*, he has no relations in Milan; *non sono parenti*, they are not relations // *il sonno è — della morte*, (*fig.*) sleep is the image of death **2** (*letter.*) (*genitore*) parent.

parentela *s.f.* **1** (*vincolo di consanguineità*) relationship, kinship: *grado di* —, degree of kindred; — *in linea retta*, relationship in a direct line; — *collaterale*, collateral relationship; *vincolo di* —, family tie; *c'è una stretta — tra di loro*, they are closely related; *vanta una — che non esiste*, he claims a relationship which does not exist // — *naturale*, (*per consanguineità*) kinship; — *civile*, (*per matrimonio*) relationship acquired by marriage // *la — fra le lingue indoeuropee*, (*fig.*) the interrelationship of Indo-European languages **2** (*insieme dei parenti*) relations (*pl.*); relatives (*pl.*); kith and kin (*pl.*); kin (*pl.*), kinsfolk (*pl.*); (*form.*) kindred (*pl.*): *la maggior parte della mia — verrà al mio matrimonio*, most of my relatives will come to my wedding **3** (*relazione*) relationship.

parenterale *agg.* (*med.*) parenteral.

parentesi *s.f.* **1** (*inciso*) digression, aside: *tra — devo dirti che...*, by the way (*o* incidentally) I must tell you that...; *smettila di aprire continue — e arriva al punto*, stop beating about the bush and come to the point; *chiudiamo questa — e torniamo al discorso principale*, let's bring this aside to a close and return to the main subject **2** (*segno grafico*) parenthesis*, bracket (*anche mat.*): — *aperta, chiusa*, open, close bracket (*o* parentheses); — *quadre, tonde*, square, round brackets (*o* parentheses); — *graffe*, braces (*o* curly brackets *o* curly parentheses); *mettere tra* —, to put in (*o* between) brackets; *mettere una parola tra* —, to put a word between brackets (*o* to bracket a word); *togliere le* —, to remove (the) brackets **3** (*fig.*) interlude, interval, period: *la — delle vacanze mi ha lasciato tempo per riflettere*, the interlude of the holidays gave me time to think about it; *quei mesi rappresentano una — felice della mia vita*, I remember those months as a happy period in my life.

parentesizzazione *s.f.* (*ling.*) parenthesization.

parentetico *agg.* parenthetic(al).

parere *v.intr.* **1** to seem, to look, to appear; (*essere simile a, somigliare a*) to look like: *il lago pare uno specchio*, the lake is like a mirror; *pare una gran dama*, she seems to be a great lady; *pare molto triste*, he looks very sad; *pare una persona intelligente*, he seems to be (*o* looks like) an intelligent person; *pare una persona per bene*, he looks like a nice person; *la sua casa mi pare una reggia*, his house looks like a palace to me; *il viaggio mi è parso un incubo*, the journey was like a nightmare for me // *per ben* —, to make a good impression // *senza* —, without making oneself noticed // *pare rabarbaro*, it tastes like rhubarb // *pare velluto*, it feels like velvet // *questo pare un verso di Shakespeare*, this sounds like a verse of Shakespeare's **2** (*in costr. impers.*) (*sembrare*) to seem, (*credere*) to think* (*entrambi con costr. pers.*); (*dare l'impressione di*) to look (like): *che te ne pare?, come ti pare?*, what do you think of it?; *fa' come ti pare*, do as you like (*o* please); *mi pare che abbia ragione*, I think he is right (*o* he seems to be right); *mi pare di averlo visto*, I think I saw him; *mi pare di conoscerlo, di averlo già incontrato*, I think I know him, I seem to have (*o* it seems that I have) met him already; *mi pare di essere a casa mia qui*, I feel at home here; *se prendessimo un taxi faremmo prima, non ti pare?*, if we took a taxi we'd get there earlier, don't you think?; *ti pare onesto quello che hai fatto?*, do you think that what you did was right?; *mi pareva di aver ragione*, I thought I was right; *mi pareva di sognare*, I seemed to be (*o* I thought I was) dreaming; *mi parve d'aver visto qlco.*, I thought I had seen sthg.; *pare che non sia vero*, it seems that it is not true; *pare che sia molto malato*, it seems that he is (*o* he seems to be) very ill; *pare che il tempo voglia rimettersi*, it looks as if the weather is changing for the better; *pare che voglia piovere*, it looks like rain; *pare di sì*, it seems so; *pare di sì, ma non ne sono sicuro*, I think so but I am not sure; *pare strano, impossibile che...*, it seems strange, impossible that...; *parrebbe che io abbia torto*, it would seem that I am wrong; *ti pare di aver ragione?*, do you think (that) you are right? // *a quanto pare*, as far as we know // *come mi pare e piace*, as I like // *"Grazie" "Ma vi pare!"*, "Thanks!" "Don't mention it!" // *mi pare un secolo che non lo vedo*, it seems ages since I saw him // *"Cos'ha? È arrabbiato?" "Pare"*, "What's wrong with him, is he angry?" "So it seems" **3** (*poet.*) (*apparire*) to appear.

parere *s.m.* opinion, advice (*anche fig.*): *a mio* —, in my opinion; *non sono del* —, I do not agree; *non sono del tuo — a questo riguardo*, I don't share your opinion on this question; *questo è il mio* —, this is my opinion; *sono del — che non dovresti andare*, I don't think that you should go; *rimango sempre del mio* —, I'm sticking to my opinion (*o* my opinion remains the same); *cambiar* —, to change one's mind; *sentire il — di qlcu.*, to hear s.o.'s opinion; *ho sentito il — di un avvocato*, I've consulted a lawyer; *dare — favorevole, contrario*, to give favourable, adverse opinion // (*dir.*) — *obbligatorio, vincolante*, mandatory advice.

paresi *s.f.* (*med.*) paresis (*pl.* -ses).

parestesia *s.f.* (*med.*) par(a)esthesia.

parete *s.f.* **1** wall: *appendere un quadro alla* —, to hang a picture on the wall; *una — divide le due stanze*, the two rooms are separated by a wall; — *divisoria*, partition (wall); — *esterna*, outside wall; — *interna*, inside wall; — *di legno*, wooden wall; *a doppia* —, double-walled // *fra le pareti domestiche*, (*fig.*) at home **2** (*superficie interna o esterna di un oggetto*) side, face, surface: — *di un vaso*, (*interna*) inner side of a vase, (*esterna*) outer surface of a vase **3** (*anat.*) wall, paries*: — *toracica*, chest (*o* thoracic) wall; — *addominale*, abdominal wall; — *membranosa*, membranous paries **4** (*miner.*) (*di galleria*) wall, sidewall: — *di una caverna*, wall of a cave; — *di un tunnel*, lining of a tunnel **5** (*fianco di montagna*) face: *due miei amici hanno scalato ieri la — più difficile del Cervino*, yesterday two friends of mine climbed the most difficult face of the Matterhorn **6** (*fig.*) wall, barrier: *una — di rancori divideva le due fazioni*, the two factions were separated by a wall of resentment.

paretico *agg.* e *s.m.* (*med.*) paretic.

paretimologia *s.f.* (*ling.*) popular etymology.

pargoleggiare *v.intr.* (*letter.*) to behave like a child.

pargolo *agg.* (*letter.*) little, tiny ◆ *s.m.* (little) child*; baby // *Lasciate che i pargoli vengano a me*, (*Vangelo*) Suffer little children to come unto me.

pari *agg.* **1** (*uguale, equivalente*) equal, same; (*simile*) like, similar: *essere di — altezza, valore*, to be of equal (*o* of the same) height, worth; *di — qualità, quantità*, of the same quality, quantity; *ufficiali di — grado*, officers of equal rank; *essere — di età*, to be of the same age; *essere — in bontà*, to be equally good; *non c'è nessuno — a lui in generosità*, there is nobody like him for (*o* he has no equal in *o* he is unrivalled in) generosity; *essere — per condizione sociale*, to have the same social status; *non ho mai visto nessuno vivere in condizioni — a queste*, I've never seen anybody living in similar (*o* in such) conditions (*o* in conditions like these); *a — condizioni*, under the same conditions; *a — diritti, meriti*, rights, merits being equal; (*sport*) *arrivo a — merito*, dead heat; *a — prezzo, preferisco questo modello*, for the same price, I prefer this model; *questi due libri sono venduti a — prezzo*, these two books are sold at the same price; *i due nuotatori fecero le tre vasche in — tempo*, the two swimmers did three lengths in the same time // *di — passo*, at the same rate (*o* pace) (*anche fig.*): *procedere di — passo*, to proceed at the same rate; *andare di — passo con qlcu., qlco.*, to keep up with s.o., sthg.; *andar di — passo con i tempi*, (*fig.*) to keep up (*o* to keep pace) with the times // *quell'attore è proprio — alla sua fama*, that actor lives up to his reputation; *non era — al suo compito*, he was not equal to his task // *Prometeo volle farsi — a Zeus*, Prometheus wanted to put himself on the same level as Zeus // *combattere ad armi —*, (*fig.*) to be evenly matched **2** (*di conto, punteggio, risultato*) equal, even, balanced: *i conti sono —*, the accounts are balanced; *le spese sono — alle entrate*, expenditure is equal to income; *le entrate e le uscite questo mese sono —*, income and expenditure balance this month; *punteggio —*, (*durante una partita, un gioco ecc.*) even score(s), (*in classifica*) equal points // *essere —*, (*nel punteggio*) to be level, (*fig.*) to be quits, (*di forze*) to be evenly matched: *dopo dieci minuti le squadre erano —*, after ten minutes the two teams were level; *i due avversari erano —*, the two opponents were evenly matched; *ora finalmente siamo —!*, (*fig.*) we are quits now! // *il risultato finale della partita fu di due —*, the final result of the match was two all; (*tennis*) *quaranta —*, deuce **3** (*in equivalenze di valori, di monete ecc.*) equivalent, equal: *un miglio è — a 1609,34 m*, a mile is equal (*o* equivalent) to 1609.34 m **4** (*senza sporgenze, in equilibrio, in posizione parallela*) level, equal: *una fila di mattoni tutti —*, a level layer of bricks; *i piatti della bilancia sono —*, the scales are level (*o* equal); *l'orlo del vestito non è —*, the hem of your dress isn't straight // *saltare a piè —*, to jump with one's feet together; *saltare a piè — un capitolo*, (*fig.*) to skip a whole chapter **5** (*divisibile per due*) even: *numeri — e dispari*, even and odd numbers; *essere in numero —*, to be even in number *l'ufficio è aperto solo nei giorni —*, the office is open only on Tuesday(s), Thursday(s) and Saturday(s) **6** (*anat.*) paired ◆ *avv.* (*in parità*) in a draw; in a tie: *la partita è finita —*, the match ended level (*o* in a draw); *la gara è finita —*, the competition finished in a tie; *le due automobili arrivarono —*, the two cars arrived in a dead heat // *buona parte del suo articolo è copiato — — da altre riviste*, most of his article has been copied word for word from other magazines; *gli ho detto — — quel che pensavo di lui*, I told him flatly (*o* plainly) what I thought of him; *come finì di parlare, risposi — — alle sue accuse*, as he finished speaking, I answered his accusations straight.

pari *s.m.* **1** (*pareggio*) draw; tie: *la partita è finita con un —*, the match finished in a draw; *le due squadre han fatto (un) —*, the two teams drew (*o* tied) // *far — e patta*, to draw, to tie: *il gioco finì — e patta*, the game ended in a tie (*o* in a draw); *essere — e patta*, (*fig.*) to be quits // *i piatti della bilancia non sono in —*, the scales aren't level (*o* equal); *mettere in — la siepe*, to trim the hedge; *mettere in — le gambe di un tavolo*, to even up the legs of a table; *mettere in — un mucchio di fogli*, to straighten a pile of papers; *mettersi in — con il proprio lavoro, studio, con gli altri*, to catch up with one's work, studies, with the others; *mettersi in — con i pagamenti*, to pay the arrears; *mettersi in — con i conti*, to get one's accounts squared; *tenere in — un registro dei conti*, to keep a register updated (*o* up to date); *essere in — (con qlcu.)*, (*aver saldato i conti*) to be square (with s.o.) (*anche fig.*) // *voglio essere trattato al — di ogni altro cliente*, I want to be treated on a par with (*o* in the same way as) your other clients; *sei uno sciocco al — di lui*, you are as silly as he is // *quel pittore è del — famoso in Inghilterra e America*, that painter is as famous in England as he is in America **2** (*numero pari*) even number; (*insieme di numeri pari*) even numbers (*pl.*): *ha puntato tutto sul —*, he has staked everything on the even numbers // *far — e dispari*, to play odds and evens **3** (*persona di ugual grado, rango ecc.*) equal, peer: *è un mio —*, he is my equal; *essere giudicato dai propri —*, to be rated by one's peers // *si è comportato da — suo*, he behaved as expected // *parlarsi da — a —*, to talk man to man; *trattare qlcu. da — a —*, to treat s.o. as one's equal // *non ha — in cucina*, as a cook she's without equal // *bellezza senza —*, matchless (*o* peerless) beauty; *scultore senza —*, incomparable sculptor; *la sua gentilezza è senza —*, her kindness is unequalled (*o* unrivaled) **4** (*paladino*) peer: *i dodici — di Carlo Magno*, the twelve peers of Charlemagne (*o* the douzepeers) **5** (*nobiluomo*) peer: *i — del regno*, the Peers of the Realm; *la camera dei —*, the House of Lords; *— a vita*, life peer; *classe, dignità di —*, peerage ◆ *s.f.* **1** (*persona di ugual grado, rango ecc.*) equal, peer **2** (*nobildonna*) peeress **3** (*fin.*) (*parità*) par: *— dei cambi*, par exchange rate (*o* par of exchange); *— commerciale*, commercial par // (*Borsa*): *sopra la —*, above par (*o* at a premium); *sotto la —*, below par; *vendere azioni sopra la —*, to sell shares at a premium; *alla —*, at par; *conto alla —*, accounts at par; *queste azioni sono rimborsabili alla —*, these shares are redeemable at par; *cambio alla —*, exchange parity // (*comm.*) *vendere qlco. alla —*, to sell sthg. at cost price **4** *alla —*, (*presso una famiglia*) au pair: *ragazza alla —*, au pair girl; *stare alla — presso una famiglia inglese*, to stay in an English family (as an) au pair // *alla —*, (*allo stesso livello*) at the same level: *mettersi alla — di qlcu.*, to place oneself on the same level as s.o.; *nessuno può starle alla —*, no one can match her; *trattare con qlcu. alla —*, to deal with s.o. on an equal footing (*o* on equal terms) // *la partita è finita alla —*, the match finished level (*o* in a draw).

paria *s.m.* **1** (*in India*) pariah **2** (*estens.*) (*emarginato*) outcast.

parietale *agg.* **1** (*di pitture, sculture*) wall (*attr.*) **2** (*anat.*) parietal: *lobo —*, parietal lobe; *osso parietale*, parietal bone ◆ *s.m.* (*anat.*) parietal (bone).

parietaria *s.f.* (*bot.*) pellitory.

parifica → **parificazione**.

parificare *v.tr.* to make* equal, to put* on an equal footing; (*una scuola*) to recognize officially: *— i diritti*, to give equal rights; *— una scuola*, to recognize a school officially.

parificato *agg.* recognized as equal: *scuola parificata*, officially recognized school.

parificazione *s.f.* (*amm.*) equalization; (*di una scuola*) official recognition: *ottenere la —*, to obtain official recognition.

parigina *s.f.* **1** Parisian (woman), Parisienne **2** (*stufa*) slow-combustion stove **3** (*ferr.*) hump.

parigino *agg.* e *s.m.* Parisian.

pariglia *s.f.* **1** pair: *una — di cavalli*, a pair (of horses) **2** *render la —*, (*il contraccambio*) to give tit for tat.

parigrado *agg.* e *s.m.* e *f.* equal (in rank).

parimenti *avv.* (*letter.*) (*ugualmente*) equally, likewise.

pariolino *agg.* of Parioli (elegant district in Rome) ◆ *s.m.* inhabitant of the Parioli district of Rome; (*estens.*) snob.

paripennato *agg.* (*bot.*): *foglia paripennata*, even-pinnate (*o* paripinnate) leaf.

parisillabo *agg.* (*gramm., metrica*) parisyllabic ◆ *s.m.* (*gramm.*) parisyllable.

parisite *s.f.* (*min.*) parisite.

parità *s.f.* **1** equality, parity: *le donne hanno diritto alla — con gli uomini*, women have the right to equality with men; *in un paese democratico tutti hanno — di diritti e di doveri*, in a democratic country everybody has equal rights and duties // *a — di condizioni*, under the same conditions (*o dir.* conditions being equal); *a — di meriti, di diritti*, merits, rights being equal; *a — di prezzo*, for the same price; *a — di voti*, with an equal number of votes // (*inform.*) *verifica di —*, parity check **2** (*sport*) (*punteggio pari*) draw: *la partita è finita in —*, the match finished as a draw **3** (*econ., fin.*) par, parity: *— dei poteri d'acquisto*, purchasing power parity; *— salariale*, equal pay; *— aurea*, gold parity; *— dei cambi*, exchange rate parity (*o* par of exchange); *— monetaria, valutaria*, currency parity (*o* par value) **4** (*mat., fis.*) parity.

paritario *agg.* (*di parità*) equal: *condizioni paritarie*, equal terms; *trattamento —*, treatment on an equal basis.

pariteticità *s.f.* (*non com.*) joint nature.

paritetico *agg.* (*pol.*) joint (*attr.*): *commissione paritetica*, joint committee.

parkerizzare *v.tr.* (*chim.*) to parkerize.

parkerizzazione *s.f.* (*chim.*) parkerizing.

parkinsoniano *agg.* (*med.*) parkinsonian ◆ *s.m.* person suffering from Parkinson's disease.

parkinsonismo *s.m.* (*med.*) parkinsonism.

parlamentare *agg.* **1** (*del parlamento*) parliamentary: *autorità, governo —*, parliamentary authority, government; *immunità —*, parliamentary immunity **2** (*scherz.*) (*diplomatico*) diplomatic: *un comportamento non troppo —*, not very diplomatic behaviour ◆ *s.m.* **1** (*membro del Parlamento*) Member of Parliament, parliamentarian **2** (*mil.*) (*negoziatore*) parleyer.

parlamentare *v.intr.* to parley, to hold* a parley; to negotiate: *— con il nemico*, to parley with the enemy; *abbiamo dovuto — molto, prima di giungere a un compromesso*, we had long negotiations before reaching a compromise.

parlamentarismo *s.m.* (*pol.*) parliamentarianism.

parlamentarista *s.m.* e *f.* (*pol.*) parliamentarianist.

parlamentaristico *agg.* parliamentarian.

parlamentatore *s.m.* (*non com.*) parleyer, negotiator ◆ *agg.* (*non com.*) negotiating.

parlamentino *s.m.* (*piccola assemblea direttiva*) (small) assembly, (small) meeting; committee meeting.

parlamento *s.m.* **1** (*pol.*) Parliament: *membro del —*, Member of Parliament (*abbr.* M.P.); *riapertura, chiusura del —*, opening, closing of Parliament; *seduta del —*, sitting of Parliament; *convocare, sciogliere il —*, to summon, to dissolve Parliament; *ottenere la fiducia del —*, to win a vote of confidence in Parliament **2** (*edificio*) Parliament building; (*in Gran Bretagna*) the Houses of Parliament (*pl.*) **3** (*st.*) (*assemblea pubblica*) assembly; parley: *chiamare a —*, to beat (*o* to sound) a parley; *tener —*, to hold a parley.

parlante *agg.* **1** talking: *bambola —*, talking doll; *ha un merlo —*, he has a blackbird that talks; *gli animali parlanti delle favole*, the talking animals of fairy tales // *è il ritratto — di suo nonno*, he is the very image of his grandfather (*o fam.* he is the dead spit of his grandfather) // *quel ritratto è —*, that portrait is most lifelike (*o* you can almost hear that portrait speak): *quel ritratto di Giovanni è —*, that portrait is John to the life // *occhi parlanti*, expressive eyes **2** (*chiaro*) clear; (*ovvio*) obvious: *prova —*, clear proof ◆ *s.m.* speaker.

parlantina *s.f.* (*fam.*) talkativeness, gift of the gab: *ha una buona —*, he has the gift of the gab (*o* he is a glib talker); *con la — che ha non ci saranno certo silenzi imbarazzanti*, he has such a gift of the gab that there certainly won't be any embarrassing silences; *che —!*, what a way with words!

parlare *v.intr.* **1** to speak*, to talk; (*chiacchierare*) to talk: *il bambino non ha ancora incominciato a —*, the baby hasn't started talking yet; *con chi ho il piacere di —?*, who(m) have I the pleasure of speaking to?; *di che cosa state parlando?*, what are you talking about?; *non sa — in inglese*, he can't speak English; *quando incomincia a — non la smette più*, once he starts talking he never stops; *non voglio — io tutto il tempo*, I don't want to do all the talking (myself); *parla spesso del suo lavoro*, he often talks about his work (*o fam.* he often talks shop); *parlavano al telefono da dieci minuti*, they had been talking on the telephone for ten minutes; *sta parlando al telefono*, he's on the phone; *Milano è in linea, parli pure!*, Milan is on the line, go ahead please!; *parlavano sottovoce fra loro*, they were whispering (*o* speaking softly) to each other; *parla più forte, per favore!*, will you speak up, please?; *pronto, chi parla?, con chi parlo?*, hello, who's speaking please?; *— a bassa voce*, to speak in a low voice; *— da solo*, to talk to oneself; *— alla radio, alla televisione*, to speak on radio, television; *— nel sonno*, to talk in one's sleep; *— spedito*, to speak quickly (*o* fast); *— tanto da diventar rauco*, to talk oneself hoarse // *i fatti parlano*, the facts speak for themselves; *il regolamento parla chiaro in proposito*, the regulations are clear on this point // *occhi che parlano*, eloquent (*o* expressive) eyes **2** (*trattare*) (*parlando*) to speak*; (*scrivendo*) to write*; (*far menzione*) to mention (sthg.): *i giornali di ieri ne parlavano*, it was in yesterday's papers; *il libro non ne parla*, the book does not mention it; *mio padre non vuole assolutamente sentirne —*, my father won't hear of it; *l'oratore parlò a lungo della situazione attuale*, the speaker spoke for a long time about the present situation; *non è più un segreto, ne parlano tutti*, it's not a secret any more, it's the talk of the town; *si parla di te come del più probabile candidato*, you have been mentioned as the most likely candidate // *per non — di*, not to mention (*o* let alone): *per non — di quello che fa lui*, not to mention (*o* let alone) what he does himself **3** (*discutere*) to discuss (sthg.), to debate (sthg.), to talk: *a cena si parlò di quello che si sarebbe fatto il giorno dopo*, over dinner we discussed what we would do the next day; *so che parlavano di me e di te*, I know they were discussing (*o* talking about) me and you; *parlano di andare in Spagna ma non hanno ancora deciso*, they are talking of (*o* about) going to Spain but they haven't decided yet; *stavamo parlando se andare in montagna o al mare*, we were debating whether to go to the mountains or to the seaside; *— d'affari*, to talk business (*o* shop) **4** (*rivolgersi*) to address (s.o.): *bada con chi parli*, remember who(m) you are speaking to; *sto parlando con te non con Giovanni*, I am talking to you not to John; *quando parla alla Camera*, when he addresses the House; *il Rettore parlerà agli studenti*, the Chancellor will address the students **5** (*region.*) *mio fratello parlava a una ragazza che non mi piaceva*, my brother had a girlfriend I didn't like ◆ *v.tr.* to speak*: *parla bene quattro lingue*, he speaks four languages well; *qui si parla inglese*, English (is) spoken here // *— ostrogoto, arabo, turco*, (*fam.*) to talk double -Dutch.

◆ FRASEOLOGIA: *parli sul serio?*, do you mean it (*o* are you serious)?; *parlo per esperienza*, I'm speaking from experience // *— bene, male di qlcu., qlco.*, to speak well, not too well of s.o., sthg. // *— chiaro*, (*fig.*) to speak one's mind; *questo si chiama parlar chiaro!*, that is putting it rather bluntly!; *— fuori dai denti*, to call a spade a spade (*o* not to mince words) // *— in modo sensato*, to talk sensibly (*o* common sense); *— a vanvera, a casaccio*, to talk through one's hat // *approssimativamente parlando...*, roughly speaking... // *con rispetto parlando*, if you don't mind me saying so // *ho bisogno di parlarti a quattr'occhi*, I want to speak to you privately // *lascialo —!*, let him have his say! (*o* let him speak for himself!); (*non badargli*) let him talk! // *parla come un libro stampato*, he talks like a book; *parla sempre in punta di forchetta*, he is always very affected in his speech // *parla tanto per —*, he talks for the sake of talking // *parlavano del più e del meno*, they were talking of one thing and another (*o* of this and that) // *se le pietre parlassero!...*, if only stones could speak!... // *si parla di licenziarlo*, there is some talk of dismissing him // *— al vento, al muro*, to talk to the wall (*o* to waste one's breath): *in questa classe io parlo al vento*, I am wasting my breath talking to this class // *— nel naso*, to speak through one's nose // *far — qlcu.*, to make s.o. speak: *era così timido che non riuscii a farlo —*, he was so shy that I could not get him to speak (*o* say a word); *Esopo fa — gli animali*, Aesop puts words into his animals' mouths; *non mi far —!*, don't make me say any more!; *la polizia l'ha fatto —*, the police made him talk // *non se ne parla neppure*, it's out of the question // *senti chi parla!*, listen to who's talking! // *adesso ti do quanto ti spetta e non ne parliamo più*, now I'll give you your due and let's hear no more about it // *"Ho una montagna di lavoro..." "Non me ne —!"*, "I have loads of work at the moment..." "I'm in the same boat!".

□ **parlarsi** *v.rifl.rec.* **1** to talk to each other (one another): *le donne si parlavano da un balcone all'altro*, the women chatted (to one another) from their balconies; *non ci parliamo più*, we aren't on speaking terms anymore **2** (*region.*) to go* out: *si parlano da due mesi*, they've been going out for two months.

parlare *s.m.* **1** (*discorso*) speech; words (*pl.*); (*chiacchiere*) talk: *questo è un — ambiguo*, these are ambiguous words; *questo è un bel —, ma...*, these are fine words, but...; *ci fu un gran — di ciò*, there was a lot of talk about it; *con turpi parlari*, with filthy language (*o* obscenely) **2** (*idioma*) language; dialect: *il — toscano*, the Tuscan dialect; *nel — popolare*, in the vernacular **3** (*modo di parlare*) (way of) speaking.

parlata *s.f.* **1** (*modo di parlare*) (way of) speaking; (*dialetto*) dialect: *lo riconobbi alla, dalla —*, I recognized him from the way he spoke; *la — comasca*, the dialect of Como **2** (*fam.*) (*discorso*) speech, talk; (*conversazione*) conversation.

parlato[1] *agg.* spoken: *l'inglese —*, spoken English; *una lingua parlata male*, a badly-spoken language; *un film —*, a talking film ◆ *s.m.* **1** (*linguaggio parlato*) language; way of speaking **2** (*dialogo di film*) dialogue **3** (*mus.*) parlando **4** (*inform.*) voice-gram.

parlato[2] *agg.* (*mar.*) (*nodo*) —, clove hitch.

parlatore *s.m.* **1** speaker, talker: *è un gran —!*, he's a great speaker! **2** (*oratore*) orator.

parlatorio *s.m.* parlour.

parlottare *v.intr.* to talk in a low voice; (*mormorare*) to mutter.

parlottio *s.m.* chattering: *basta con questo —!*, stop that chattering!

parlucchiare *v.tr.* (*parlare in modo approssimativo*) to have a smattering of: *sa bene il tedesco e parlucchia un po' di francese*, he knows German well and has a smattering of French.

parmense *s.m.* e *f.* (*letter.*) Parmese ◆ *agg.* (*letter.*) Parmesan.

parmigiano *agg.* Parmesan: *formaggio —*, Parmesan // (*cuc.*) *alla parmigiana*, cooked with tomatoes and cheese ◆ *s.m.* **1** (*di Parma*) Parmese **2** (*formaggio*) Parmesan: *grattugiare il —*, to grate the Parmesan (cheese).

parnassia *s.f.* (*bot.*) (*Parnassia palustris*) grass of Parnassus.

parnassianismo *s.m.* (*st. lett.*) Parnassianism.

parnassiano *agg.* Parnassian: (*st. lett.*) *la scuola parnassiana*, the Parnassian school ◆ *s.m.* Parnassian.

parna(s)so *s.m.* (*letter.*) **1** (*la poesia*) Parnassus, poetry **2** (*i poeti*) poets (*pl.*): *il — italiano*, the Italian poets.

parocchi → **paraocchi**.

parodia *s.f.* **1** parody: *fare la — di un'opera*, to parody a work; *mettere in — un poema*, to parody (*o* to make a parody of) a poem **2** (*imitazione caricaturale*) caricature: *fare la — del vicino di casa*, to take off one's neighbour **3** (*fig.*) (*ridicola contraffazione*) farce: *il processo è una —*, the trial is a farce **4** (*mus.*) parody.

parodiare *v.tr.* to parody: *— un cantante*, to parody a singer.

parodico → **parodistico**.

parodista *s.m.* e *f.* parodist.

parodistico *agg.* parodistic.

parodo *s.m.* o *f.* (*st. teatr.*) parode*.

parodonto → **periodonto**.

parodontopatia *s.f.* (*med.*) paradontal disease.

parola *s.f.* **1** word: — *composta, semplice*, compound, simple word; — *d'origine germanica*, word of German origin; *una — di cinque lettere, di tre sillabe*, a five-letter, three-syllable word; *cercare la — adatta, esatta*, to look for the suitable, exact word; *egli è buono nel vero senso della —*, he is good in the real sense of the word; *la musica è di Schubert, le parole di Heine*, the music is by Schubert and the words by Heine; *non credo una — di quanto ha detto*, I do not believe a word of what he said; *non ho capito una — di quello che ha detto*, I didn't understand a word of what he said; *non ho parole per ringraziarti*, I have no words to thank you; *non riesco a cavargli una — di bocca*, I can't get a word out of him; *voglio scambiare due parole con te*, I want (to have) a word with you; *avere una buona — per tutti*, to have a kind (*o* good) word for everyone; *senza proferir —*, without (saying) a word; *tradurre i pensieri in parole*, to put one's thoughts into words; *ripetere — per —*, to repeat word for word // *parole incrociate*, crosswords (*o* crossword puzzle) // *gioco di parole*, pun // — *d'ordine*, password // (*inform.*): — *di identificazione*, call word; — *chiave*, password (*o* keyword); — *di controllo*, word check // *giro di parole*, circumlocution: *basta con i giri di parole e vieni al dunque*, stop beating about the bush and come to the point // *in altre parole*, in other words // *in una —*, in one word // *in poche parole*, in a few words // *l'ultima —*, (*il prezzo minimo*) the lowest price // *non è detta l'ultima —*, the last word has not been said // *avere l'ultima —*, to have the last word // *non farne —*, don't say a word about it (*o* keep it secret) // *pesare le parole*, to weigh one's words; *moderare le parole*, to moderate one's words // *dire, mettere una buona — a favore di qlcu.*, to say (*o* to put in) a word for s.o. // *far — di qlco. con qlcu.*, to mention (*o* to speak of) sthg. to s.o. // *suggerire le parole a qlcu.*, to prompt s.o. // *non dire — di qlco.*, not to breathe a word about sthg. // *non sapere una — di latino*, not to know a word of Latin (*o* the first thing about Latin) // *passar dalle parole ai fatti*, to get down to brass tacks // *passar —*, to pass the word on // *rimaner senza parole*, to be struck dumb (*o* to be left speechless) // *togliere, rubare la — di bocca a qlcu.*, to take the words out of s.o.'s mouth // *venire a parole con qlcu.*, to have words with s.o. // *è una —!*, (*non è facile*) it's easier said than done! // *non ho parole*, (*in segno di riprovazione*) the less said the better; *a buon intenditor poche parole*, (*prov.*) a word to the wise (is sufficient) **2** (*facoltà di parlare*) speech: *il dono della —*, the gift of speech; *se gli animali avessero la —...*, if animals could speak (*o* had the power of speech)...; *perdere la —*, to lose the power (*o* faculty) of speech; *gli manca la —*, (*di animale*) it can do anything but speak **3** (*discorso*) words (*pl.*), speech: *gli rivolsi la — in francese*, I addressed him in French; *le mie parole sono rivolte a te*, my words are addressed to you; *non mi ha nemmeno rivolto la —*, he hasn't even spoken to me // *la — a Mr Smith*, I will now call on Mr Smith (*o* I shall now ask Mr Smith to address the meeting) // *non bastano le parole, ci vogliono i fatti*, actions are needed, not just words // *la — è tua*, it's your turn // *gli fu tolta la —*, he was not allowed to say any more (*o* to speak any further) // *chiedere, domandare la —*, to ask leave to speak, (*pol.*) to raise a point of order // *dare la — a qlcu.*, to call upon s.o. to speak (*o* to address the meeting) // *ottenere la —*, to be allowed to speak // *prender la —*, to begin to speak (*o* to take the floor) // *avere la — facile*, to have a glib tongue; *non avere la — facile*, to be slow of speech // *la — di Dio*, the Word of God; *la — è d'argento, il silenzio è d'oro*, (*prov.*) speech is silvern, silence is golden **4** (*promessa, impegno*) word, promise; (*mil.*) parole: *è uomo di —*, he is a man of his word (*o* he is as good as his word); *mi fido della tua —*, I take you at your word (*o* I take your word for it); *credere qlcu. sulla —*, to take a person's word; *dare la propria — a qlcu.*, to give one's word to s.o.; *mantenere la propria —*, to keep one's word; *non mantenere la propria —*, to break one's word, (*mil.*) to break one's parole; *prendere qlcu. in —*, to take s.o. at his word; *rimangiarsi la —*, to eat one's words (*o* to take back one's words) // *sulla mia —*, on my word; *impegno sulla —*, gentleman's agreement; *prestar denaro sulla —*, to lend money on trust // *— d'onore*, word of honour: *— d'onore, questa è la verità*, on my word (*o* honestly) this is the truth; *essere in — con qlcu.*, to be negotiating with s.o. **5** *pl.* (*di canzone*) lyrics.

parolaccia *s.f.* swearword, four-letter word: *dire parolacce a qlcu.*, to swear at s.o., (*insultarlo*) to call s.o. names; *smetti di dire parolacce!*, stop swearing!

parolaio *s.m.* (*chiacchierone*) chatterer; (*fam.*) chatterbox, gasbag ◆ *agg.* (*che è fatto di vane parole*) empty, meaningless: *critica parolaia*, empty (*o* meaningless) criticism.

paroletta *s.f.* (*parola affettuosa*) sweet talk; (*parola lusinghiera*) soft soap.

paroliere *s.m.* (*di canzoni*) lyricist.

parolina *s.f.* a few words (*pl.*); word in confidence: *vieni, devo dirti una — all'orecchio!*, come here, I've got something to whisper in your ear!

parolona *s.f.* **parolone** *s.m.* difficult word, long word; (*senza senso*) meaningless word: *non usare paroloni difficili, non ti capisco!*, don't use difficult words, I can't understand you!; *quando comincia a usare paroloni vuol dire che non sa più cosa dire*, when he starts using long (*o* difficult) words it means he doesn't know what else to say.

paronimia *s.f.* (*ling.*) paronymy.

paronimico *agg.* (*ling.*) paronymic, paronymous.

paronimo *s.m.* (*ling.*) paronym.

paronomasia *s.f.* (*ret.*) paronomasia.

paronomastico *agg.* (*ret.*) paronomastic.

parosismo → **parossismo**.

parosmia *s.f.* (*med.*) parosmia.

parossismo *s.m.* (*med., psic., geol.*) paroxysm (*anche fig.*): *nel — dell'ira ruppe tutti i piatti che erano sul tavolo*, in a fit (*o* paroxysm) of rage she broke all the plates on the table.

parossistico *agg.* **1** (*med., geol.*) paroxysmal **2** (*fig.*) (*esasperato*) convulsive, frantic, feverish: *uno stato di tensione parossistica*, a state of feverish tension.

parossitonia *s.f.* (*fon.*) paroxytony.

parossitono *agg.* (*fon.*) paroxytone.

parotide *s.f.* (*anat.*) parotid (gland).

parotideo *agg.* (*anat.*) parotid.

parotite *s.f.* (*med.*) parotitis; (*pop.*) mumps (*pl.*).

parotitico *agg.* (*med.*) parotitic.

parovario *s.m.* (*anat.*) parovarium.

parquet *s.m.* (*fr.*) **1** parquet **2** (*Borsa*) floor, (*amer.*) pit.

parra *s.f.* (*zool.*) (*Actophilornis africana*) surgeon-bird.

parricida *agg.* parricidal; parricide (*attr.*) ◆ *s.m.* e *f.* **1** parricide **2** (*fig. letter.*) (*traditore*) traitor.

parricidio *s.m.* **1** parricide **2** (*fig. letter.*) (*tradimento*) betrayal of one's fatherland.

parrocchetto *s.m.* **1** (*mar.*) foretopsail: *albero di —*, foretopmast **2** (*zool.*) parakeet, par(r)oquet, lovebird.

parrocchia *s.f.* **1** parish **2** (*chiesa parrocchiale*) parish church **3** (*comunità dei fedeli*) parish **4** (*fig.*) (*gruppo*) group, set: *appartenere alla stessa —*, to belong to the same set (*o* to be tarred with the same brush); *essere di un'altra —*, to be a horse of a different colour.

parrocchiale *agg.* parish (*attr.*); parochial: *chiesa, riunione —*, parish church, meeting; *la comunità —*, the parish (community).

parrocchiano *s.m.* parishioner.

parroco *s.m.* (*cattolico*) parish priest; (*protestante*) vicar, parson.

parrucca *s.f.* **1** wig: — *incipriata*, powdered wig; *portare la —*, to wear a wig; *mettersi la —*, to put on one's wig **2** (*zazzera*) long hair.

parrucchiere *s.m.* **1** hairdresser: — *per signora*, ladies' hairdresser; — *per uomo*, barber (*o* gentlemen's hairdresser); *ho un appuntamento dal — alle 10*, I have an appointment with the hairdresser at 10 **2** (*fabbricante di parrucche*) wig maker.

parrucchino *s.m.* toupee.

parruccone *s.m.* (*spreg.*) old fogey, old fossil.

parsec *s.m.* (*astr.*) parsec.

parsi *agg.* e *s.m.* Parsee.

parsimonia *s.f.* thriftiness, parsimony, frugality: *vivere con —*, to live frugally // — *di parole*, sparing (*o* thrifty) use of words.

parsimonioso *agg.* thrifty, economical, frugal: *una persona parsimoniosa*, a thrifty person.

parsismo *s.m.* (*st. relig.*) Parseeism, Mazdaism.

partaccia *s.f. fare una — a qlcu.*, (*trattarlo male*) to bite s.o.'s head off, (*giocargli un brutto tiro*) to play the dirty on s.o.

parte *s.f.* **1** part; (*porzione*) share, portion: *mi è piaciuta la prima —*, I liked the first part; *una — della casa andò distrutta dal fuoco*, part of the house was destroyed by the fire; *ho avuto la mia — di fortuna*, I have had my share of luck; *non ho ancora avuto la mia — dei profitti*, I have not had my share of the profits yet; *un'ora è la ventiquattresima — di un giorno*, an hour is the twenty-fourth part of a day; *dividere in due parti*, to divide into two parts; *fare le parti*, to divide up (*o* to share out); *es-*

sere — integrante di qlco., to be an integral part of sthg. // (*mat.*) *integrazione per parti*, integration by parts // —, (*alcuni*) some: *una — di loro non venne*, some of them did not come // *gran — di* , a lot of (*o* a large part of); (*pl.*) a great many (of) (*o* a lot of): *gran — della gente...*, a great many people...; *gran — del mio denaro va per mangiare*, a lot of my money goes on food // *in —*, in part (*o* partly): *in — con la forza, in — con la persuasione*, partly by force, partly by persuasion; *contribuire in — alle spese di produzione*, to contribute in part towards the expenses of production // *in gran —*, largely (*o* to a great extent) // *la maggior — di*, most (of) (*o* the majority of): *la maggior — della gente*, most people; *la maggior — dei miei studenti*, most of my students; *per la maggior —*, for the most part // *aver — in qlco.*, to have a hand in sthg. // *essere a — di qlco.*, to be informed of sthg. (*o* to be in on sthg.); *mettere qlcu. a — di qlco.*, to inform s.o. of (*o* about) sthg. // *far — di qlco.*, to be (*o* to form) part of sthg.: *far — della famiglia*, to be one of the family; *far — di un partito*, to be a member of a party // *prender — a qlco.*, to take part (*o* to join) in sthg., (*dividere*) to share sthg.: *voglio prendere — alle spese con te*, I want to share the expenses with you; *prender — a una congiura, alle celebrazioni, a un affare*, to take part in a conspiracy, in the celebrations, in a business-deal; *prender — alla conversazione*, to join in the conversation; *prendere — alla gioia di qlcu.*, to participate in (*o* to share) s.o.'s joy **2** (*pezzo*) part, piece: *parti di ricambio*, spare parts **3** (*luogo, regione*) part, region: *da qualche —*, somewhere; *da che — viene quell'uomo?*, where does that man come from?; *dalle mie parti si parla in dialetto*, in my part of the country dialect is spoken; *devo andare da quelle parti, vuoi un passaggio?*, I've got to go over there; if you want I'll give you a lift; *non conosco nessuno da queste parti*, I don't know anybody in these parts **4** (*lato*) side, part: *dall'altra —*, on the other side; *dalla — destra, sinistra*, on the right, left (*o* on the right-hand, left-hand side); *da questa — della montagna, della strada*, on this side of the mountain, of the road; *nell'altra — della città*, on the other side of the city; *da che — viene il vento?*, which way is the wind blowing from?; *questa — del foglio deve rimanere vuota*, this side of the paper must be left blank; *il quadro pende da una —*, the picture is hanging down on one side; *da che — arriva il treno?*, on which side does the train come in?; *da questa —, signori*, this way, gentlemen // *da una — all'altra*, from one side to the other // *a —*, apart (from): *a — ciò*, apart from that; *a — qualche eccezione*, apart from a few exceptions; *in una lista a —*, in a separate list; *scherzi a —*, joking apart; *questa è una cosa a —*, that's another matter (*o* a different thing altogether); *il servizio è a —*, the service is extra; *le telefonate le pago a —*, I pay for the telephone calls separately // *da —*, aside: *farsi, tirarsi da —*, to step aside (*o* to get out of the way); *tirare da —*, to draw apart; *ho alcune migliaia di sterline da —*, I have a few thousand pounds put aside; *mettere da —*, (*risparmiare*) to put aside (*o* to save), (*trascurare*) to put on one side; *sentirsi messo da —*, to feel left out // *da una —..., dall'altra...*, on (the) one hand..., on the other... // *d'altra —...*, on the other hand... // *da — a —*, right through: *la freccia gli passò il braccio da — a —*, the arrow went right through his arm // *da — di*, from, (*di parentela*) on one's father's, mother's side: *un parente da — di mio padre*, a relative on my father's side; *ci sono molte lamentele da — degli studenti*, there are many complaints from the students; *da — mia farò il possibile*, for my part (*o* as for me) I shall do my best; *da — mia non ci sono problemi*, there are no problems on my side; *da — sua non ho ricevuto niente*, I haven't received anything from him; *digli da — mia che...*, tell him from me that...; *questo è molto gentile da — tua*, this is very kind of you; *salutalo da — mia*, give him my regards // *da ogni —, da tutte le parti*, on all sides (*o* in every direction), (*moto*) from all sides: *da tutte le parti si vedeva il mare*, the sea could be seen on all sides (*o* in every direction); *il forte fu attaccato da ogni —, da tutte le parti*, the fort was attacked from all sides // *da tutt'e due le parti*, on both sides // *da due mesi a questa — non lo vedo*, I have not seen him for two months (*o* I have. not seen him these last two months) // *sono dalla tua —*, I'm on your side; *essere dalla — del torto*, to be in the wrong; *mettersi dalla — del torto*, to put oneself in the wrong **5** (*ruolo in opere teatrali, in un affare ecc.*) part, rôle: *la — principale di una commedia*, the leading rôle of a play; *distribuzione delle parti*, cast of the play; (*il distribuirle*) casting of the play; *fece la — di Otello*, he played Othello; *assegnare la — a qlcu.*, to cast s.o. for a part; *sostenere una —*, to act (*o* to sustain) a rôle; *avere una — importante in un affare*, to play (*o* to take) a prominent part in an affair; *fare una — secondaria*, to play a minor (*o* secondary) rôle // *fa sempre la — dello stupido*, he is always playing the fool // *ha fatto la sua — fino alla fine*, he played his part to the end // *fare una (brutta) — a qlcu.*, (*trattarlo male*) to bite s.o.'s head off, (*giocargli un brutto tiro*) to play the dirty on s.o. **6** (*fazione, partito*) faction, party: *uomo di —*, party man; *spirito di —*, party spirit **7** (*comm., dir.*) party; side: *— civile*, plaintiff; *costituirsi — civile contro qlcu.*, to bring an action against s.o. (*o* to sue s.o.); *le parti in causa*, the parties to the case; *la — lesa, interessata*, the injured, interested party; *le due parti in un contratto*, the two parties to a contract; *convocare, udire le parti*, to summon, to hear the parties **8** (*mus.*) part.

partecipante *agg.* (*che prende parte*) participating, sharing, taking part: *gli atleti partecipanti alle olimpiadi*, the athletes taking part in the Olympic games ◆ *s.m.* e *f.* **1** (*chi prende parte*) participant, sharer, partaker: *i partecipanti a una gara*, the participants in a race; *i partecipanti a un incontro, a un corso*, the people attending a meeting, a course; *i partecipanti al viaggio*, the travellers **2** (*comm.*) party, sharer, participant: *i partecipanti ai profitti, alle spese*, the sharers in the profits, in the expenses; (*dir.*) *— a un contratto*, party to a contract.

partecipanza *s.f.* (*ant.*) participation.

partecipare *v.intr.* **1** (*prender parte*) to participate (in sthg.), to share (sthg., in sthg.), to have a share (in sthg.), to join, to take* part (in sthg.): *— a una gara, a uno spettacolo*, to take part in a race, a show; *hai partecipato a quel lavoro?*, did you join in that work?; *ho partecipato al suo successo*, I have had a share in his success; *— a una conversazione, a un dibattito*, to participate (*o* to take part) in a conversation, in a debate; *— a un affare*, to take part in a business deal; *— agli utili, alle spese*, to share in the profits, in the expenses; *— al dolore, alla gioia, ai sentimenti di qlcu.*, to share s.o.'s grief, joy, feelings; *— alle trattative*, to take part in the negotiations; *— a un'impresa*, to participate in an enterprise // (*dir.*) *— a un reato*, to be a party to a crime; *— a un appalto*, to tender for a contract **2** (*essere presente*) to attend (sthg.), to be present (at sthg.): *non ho potuto — al ricevimento perché ero occupato*, I could not go to (*o* be present at) the reception because I was busy; *partecipai a quella festa da ballo*, I was present at (*o* I went to) that ball; *— a un corso, una riunione*, to attend a course, a meeting; *— all'assemblea degli azionisti*, to attend the shareholders' meeting **3** (*avere in comune*) to have (sthg.) in common (with s.o., sthg.); to share (sthg.): *partecipa dei difetti dell'amico*, he shares his friend's faults ◆ *v.tr.* **1** (*annunciare*) to announce, to inform (s.o. of sthg.), to acquaint (s.o. with sthg.): *mi partecipò le sue intenzioni*, he informed me of his intentions; *— un matrimonio*, to announce a wedding; *— un segreto a qlcu.*, to let s.o. in on a secret **2** (*letter.*) (*concedere, dispensare*) to grant (s.o. sthg.); to bestow (sthg. upon s.o.); (*spartire*) to share out: *— un'eredità*, to share out an inheritance.

partecipativo *agg.* participative.

partecipazione *s.f.* **1** (*il prendere parte*) participation, taking part; (*presenza*) attendance, presence: *— dei lavoratori alla gestione*, worker participation in management; *la tua — alla cerimonia sarebbe gradita*, your presence at the ceremony would be appreciated; *il primo ministro ha assicurato la sua —*, the Prime Minister has promised to be present; *la sua — al progetto ne garantì il successo*, his partecipation in the project guaranteed its success // (*cinem.*) *con la — di Laurence Olivier nel ruolo di...*, featuring Laurence Olivier as... // (*dir.*) *— criminosa*, criminal complicity, (*l'istituto penalistico*) parties to crime // (*fin.*) *— agli utili*, profit (*o* gains) sharing // (*econ.*) *economia della —*, profit-sharing economy **2** (*fin.*) holding, stock, interest; (*investimento*) investment: *— azionaria*, holding (*o* shareholding *o* equity holding *o* stake); *— all'estero*, foreign interest; *partecipazioni diverse*, sundry investments; *— di controllo*, control stock; *— di maggioranza*, controlling interest (*o* majority stake); *— di minoranza*, minority interest (*o* stake); *partecipazioni incrociate*, cross holdings (*o* mutual shareholdings *o* interwoven holdings); *partecipazioni statali*, state holdings (*o* investment) **3** (*annuncio*) announcement; (*annuncio scritto*) card: *— di morte*, announcement of death; *— di nozze*, wedding (announcement) card.

partecipazionismo *s.m.* tendency to extend the participation of citizens in the decision-making process.

partecipazionista *s.m.* e *f.* believer in the participation of ordinary citizens in decision making.

partecipe *agg.* **1** participating, sharing, taking part; *essere — del dolore, della gioia di qlcu.*, to share in s.o.'s pain, joy // (*dir.*) *persona — a un reato*, accomplice (*o* party to a crime) **2** (*informato*) acquainted, informed: *fare, rendere — qlcu. di qlco.*, to acquaint s.o. with sthg.

parteggiamento *s.m.* siding, taking sides (with s.o., sthg.).

parteggiare *v.intr.* to side (with s.o., sthg.), to take* sides (with s.o., sthg.); to back (s.o., sthg.), to support (s.o., sthg.): *non voglio —*, I do not want to take sides; *— per il più debole*, to side with the weakest; *— per la squadra di casa*, to support the home team.

partenio *s.m.* (*zool.*) (*Chrysanthemum parthenium*) feverfew.

partenocarpia *s.f.* (*bot.*) parthenocarpy.

partenogenesi *s.f.* (*biol.*) parthenogenesis.

partenogenetico *agg.* parthenogenetic.

Partenone *s.m.* (*arch. greca*) Parthenon.

partenopeo *agg.* Neapolitan, Parthenopean ◆ *s.m.* Neapolitan.

partente *agg.* leaving, departing ◆ *s.m.* e *f.* person leaving, departing person: *il gruppo dei partenti radunò il bagaglio*, the group of people ready to leave gathered together their luggage.

partenza *s.f.* **1** departure: *l'ora della —*, the time of departure; *rimandare la —*, to put off one's departure; *fissare la data della —*, to fix the departure date; *mancano dieci giorni alla — per Roma*, there are ten days left before the departure for Rome; *l'aereo, la nave, il treno in — per Napoli*, the plane, the ship, the train leaving for Naples; *il treno è in — dal binario 6*, the train is about to leave from platform 6; *prendere il primo treno in —*, to take the first train leaving; *marciapiede di —*, (*in stazione*) (departure) platform; *segnale di —*, starting-signal **2** (*sport*) (*inizio di una corsa, di un movimento*) start: *— da fermi*, standing start; *— lanciata*, flying start; *falsa —*, false start; *linea di —*, starting line; *presentarsi alla —*, to arrive at the starting line; *punto di —*, starting point (*anche fig.*): *questo fu il punto di — del nostro dibattito*, this was the starting point for our discussion.

parterre *s.m.* (*fr.*) parterre.

particella *s.f.* **1** particle: (*fis. nucleare*) *— elementare*, elementary particle; *— ionizzante*, ionizing particle // (*gramm.*) *— avverbiale*, adverbial particle **2** (*dir.*) parcel: *— catastale*, (cadastral) parcel.

particellare *agg.* **1** (*fis. nucleare*) particle (*attr.*) **2** (*dir.*) parcel (*attr.*): *catasto —*, detailed cadastral survey; *mappa —*, cadastral map.

particina *s.f.* bit part, minor role.

participare e *deriv.* → **partecipare** e *deriv.*

participiale *agg.* (*gramm.*) participial, participle (*attr.*).

participio *s.m.* (*gramm.*) participle: *— passato, presente*, past, present participle.

particola *s.f.* (*eccl.*) host, particle.

particolare *agg.* **1** (*speciale*) special, particular, peculiar: *un caso —*, a particular case; *cura —*, particular care; *un favore —*, a special favour; *missione —*, special mission; *segni particolari*, (*sul passaporto*) distinguishing features; *ho delle ragioni particolari per desiderarlo*, I have my own peculiar reasons for wishing it; *non ho niente di — da dirti*, I have nothing special to tell you; *partii senza alcuna ragione —*, I left for no particular reason; *ha un'andatura —*, that gait is peculiar to him // (*dir.*) *legato —*, specific legacy **2** (*privato*) particular, private, personal: *lettera —*, personal letter; *lezione —*, private lesson **3** (*strano, bizzarro*) peculiar, strange, odd: *un carattere —*, a peculiar character; *idee particolari*, odd ideas **4** (*accurato*) detailed, particular: *descrizione —*, detailed description ◆ *s.m.* **1** detail, particular: *i particolari di un progetto*, the details of a plan; *dare i particolari di qlco.*, to give particulars of sthg.; *entrare nei particolari*, to go into details; *eseguire un ordine in ogni —*, to carry out an order to the last detail; (*dir.*) *particolari giudiziari*, particulars // *in —*, particularly (*o* in particular); *desidero questo in —*, I want this particularly // (*mecc.*) *— finito, lavorato*, finished, machined part **2** (*individuo*) individual: *agire in qualità di —*, to act in one's individual capacity (*o* merely as a private individual).

particolareggiare *v.intr.* to go* into minute details, to give* minute details ◆ *v.tr.* to specify, to detail.

particolareggiato *agg.* detailed, particularized, circumstantial: *racconto —*, detailed account.

particolarismo *s.m.* **1** particularism **2** (*parzialità*) favouritism, partiality.

particolarista *s.m.* e *f.* particularist.

particolaristico *agg.* particularistic.

particolarità *s.f.* **1** particularity, peculiarity, characteristic, speciality **2** (*stranezza, caratteristica*) peculiarity, oddity **3** (*particolare*) detail, particular.

particolarizzare *v.tr.* (*non com.*) to describe in detail.

particolarizzazione *s.f.* (*non com.*) description in detail.

particolarmente *avv.* **1** (*nei particolari*) in detail; in (every) particular **2** (*specialmente*) particularly, (e)specially: *egli vi stima —*, he holds you in special honour; *questo pane non è — buono*, this bread is not particularly good; *ho apprezzato — la tua osservazione*, I particularly appreciated your observation **3** (*in modo specifico*) particularly, especially; in particular; above all: *sono — interessato a questa iniziativa*, I am interested above all in this project.

partigiana *s.f.* (*arma*) partisan.

partigianeria *s.f.* partisanship.

partigianesco *agg.* (*spreg.*) partisan, one -sided.

partigiano *agg.* **1** partisan; party (*attr.*): *politica partigiana*, party policy; *spirito —*, party spirit **2** (*dei partigiani*) partisan: *guerra partigiana*, partisan warfare ◆ *s.m.* **1** partisan, follower; (*fautore*) advocate, upholder, supporter: *un — della pace*, an advocate of peace; *i partigiani del re, del papa*, the supporters of the king, of the Pope **2** (*guerrigliero*) partisan, guer(r)illa fighter: *andare coi partigiani*, to join the partisans.

partire[1] *v.intr.* **1** to leave*, to go* away; (*decollare*) to take* off; (*salpare*) to sail: *quando parti?*, when are you leaving?; *partiremo la settimana prossima*, we are leaving (*o* going away) next week; *è partito così in fretta che ha dimenticato la valigia*, he left in such a hurry that he forgot his suitcase; *a che ora parte il tuo treno?*, what time does your train leave?; *il tuo aereo parte da Linate o dalla Malpensa?*, is your plane leaving from Linate airport or Malpensa airport?; *l'aereo delle 8.50 per Londra non è ancora partito*, the 8.50 plane to London hasn't taken off yet; *è partito per Roma ieri*, he left for Rome yesterday; *partirai presto domani mattina?*, will you leave (*o* set off *o* set out) early tomorrow morning?; *bisognerà far — gli inviti al più presto*, the invitations must go (*o* be sent) off as soon as possible // *— in missione, per affari*, to go away on a mission, on business // *— a piedi, in auto, a cavallo*, to leave on foot, by car, on horseback // *— di giorno, di sera, di notte*, to leave in the daytime, in the evening, at night // *— in treno, in aereo, per nave*, to leave by train, by plane, by ship // *— per l'estero*, to go abroad; *— per ignota destinazione*, to leave for an unknown destination // *— è un po' morire*, (*prov.*) to part is to die a little **2** (*mettersi in moto*) to start, to set* off: *l'auto non partiva questa mattina*, the car didn't start this morning; *quest'auto stenta sempre a —*, this car never starts straight away // *— in quarta*, (*molto velocemente*) to dash off; *— in quarta per qlco.*, to plunge into sthg.: *non — in quarta!, lascia che le cose maturino*, don't jump straight in! let things develop a little first // *— come una freccia*, to be off like a shot // *quando parte a raccontare barzellette non la smette più*, (*fam.*) when he starts telling jokes he never stops **3** (*di pallottola, freccia ecc.*) to shoot*; to fire: *partì un colpo di fucile*, a shot was fired; *far — un colpo*, to shoot a bullet // *non ci ho visto più e mi è partita una sberla*, I just couldn't stop myself from slapping him **4** (*avere origine, iniziare*) to start (*anche fig.*): *due canali partono dalla città*, two canals begin (*o* start) from the town; *la strada nuova parte dalla piazza*, the new road starts from the square; *l'ordine è partito dalla direzione*, the order came from the management; *partendo da questo concetto, deduciamo che...*, starting from this principle we can deduce that...; *partiamo da punti di vista diversi*, we start from different standpoints // *a — da*, beginning from (*o* as from): *a — da domani, ieri, oggi, venerdì*, beginning (*o* as) from tomorrow, yesterday, today, Friday; *a — dal 10 luglio questo treno verrà soppresso*, as from 10th July this train will not run; *a — da quel momento nessuno è più entrato nella stanza*, from that time on nobody has entered the room; *a — da questa pagina si tratta un nuovo argomento*, from this page onwards a new subject is dealt with // *è partito dal niente*, he has risen from nothing **5** (*fam.*) (*rompersi, guastarsi*) to go*: *ieri sera è partita la televisione*, the television went last night; *è partita la luce*, the light's gone // *gli bastano un paio di bicchieri per —*, it only takes a couple of glasses and he's completely gone; *è partito per quella donna*, he's lost his head over that woman **6** (*provenire*) to come*: *il grido partiva da una grotta*, the cry came from a cave; *un sospiro che parte dal cuore*, a sigh from the heart.

partire[2] *v.tr.* (*letter.*) **1** (*separare*) to separate, to divide **2** (*spartire*) to share (*anche fig.*).
□ **partirsi** *v.rifl.* o *intr.pron.* (*letter.*) (*allontanarsi, distaccarsi*) to part; to leave* (s.o., sthg.): *— dalle persone care, dalla patria*, to leave one's loved ones, one's native country // *— da questa vita, dal mondo*, to pass away.

partita *s.f.* **1** (*giocata*) game; (*gara*) match: *una — a carte, bocce, scacchi*, a game of cards, bowls, chess; *una — a tennis*, a game of tennis (*o* a tennis-match); *una — di calcio*, a football (*o* soccer) match; *fare una —*, to play a game; *perdere, vincere una —*, to lose, to win a game; *assistere a una —*, to be a spectator at a match; *tutte le domeniche va alla —*, (*di calcio*) he goes to a football match every Sunday // *una — di caccia*, a hunting party // *— d'onore*, duel // *dar — vinta a qlcu.*, (*fig.*) to give in to s.o. // *essere della —*, to be one of the party: *vuoi essere della —?*, will you join us? // *perdere, vincere la —*, (*fig.*) to lose, to win // *è una — chiusa*, it's settled once and for all (*o* it's a closed chapter) **2** (*comm.*) parcel, stock, lot, consignment, batch: *— di merci*, parcel (*o* lot) of goods; *— aperta*, open stock; *— chiusa*, closed stock; *— di grano*, stock of wheat; *questa — di scarpe non è conforme a campione*, this consignment of shoes is not up to sample; *la polizia ha sequestrato una grossa — di droga*, the police seized a large drugs haul; *collocare una — di merce*, to dispose of a lot of goods **3** (*amm.*) (*voce, scrittura contabile*) entry, item: *— semplice, doppia*, single, double entry; *— di giro*, clearing entry (*o* self-balancing item); *— attiva, dell'avere*, credit item; *— passiva, del dare*, debit item; *registrare una —*, to make (*o* to record) an entry; *saldo delle partite correnti*, balance on current accounts // (*econ.*): *partite visibili*, visibles (*o* visible items *o* visible exports and imports); *partite invisibili*, invisibles (*o* invisible items *o* invisible exports and imports) // (*trib.*) *— IVA*, VAT number.

partitamente *avv.* separately, distinctly.

partitario *s.m.* (*amm.*) ledger, auxiliary book: *— vendite*, sales (*o* sold) ledger: *— fornitori*, bought ledger; *— a schede*, card ledger.

partitico *agg.* party (*attr.*): *accordi partitici*, agreements between the parties.

partitismo *s.m.* (*pol.*) party system, party politics.

partitissima *s.f.* (*sport*) big match, crucial match.

partitivo *agg.* e *s.m.* (*gramm.*) partitive: *articolo, pronome —*, partitive article, pronoun.

partito *s.m.* **1** (*politico*) party: *il — al potere, all'opposizione*, the party in power, the opposition (party); *— di maggioranza, di minoranza*, majority, minority party; *— di governo*, governing party; *— comunista, conservatore, liberale*, Communist, Conservative, Liberal Party; *i partiti di centro, di destra, di sinistra*, the Centre, the Right, the Left; *lotte di —*, inter-party struggles; *interessi di —*, party politics; *guerra di partiti*, party strife; *uomo di —*, party-man; *è fedele alla linea del suo —*, he sticks to the party line; *fu espulso dal —*, he was expelled from his party; *questo — ha molti iscritti*, this party has many members; *abbandonare il —*, to desert one's party; *obbedire agli ordini del —*, to follow (*o* to obey) party orders; *iscriversi a un —*, to join a party // *ha vinto il — dell'ordine*, the party of order won **2** (*risoluzione*) resolution, decision; (*alternativa*) alternative: *il miglior — sarebbe di rinunciarvi*, the best thing would be to give it up; *non so che — prendere*, I can't make up my mind what to do (*o* I don't know what to do); *a, per — preso*, on principle // *mettere la testa a —*, to turn over a new leaf // *prendere — per qlcu.*, to side with s.o.; *prendere — contro qlcu.*, to take sides against s.o. **3** (*beneficio*) advantage, benefit: *trarre — da qlco.*, to benefit from sthg. **4** (*situazione*) situation: *ridursi a mal —*, to be in a bad situation (*o* in a bad way) **5** (*occasione di matrimonio*) match: *è un buon —*, he is a good catch; *le si presentò un buon —, ma se lo lasciò sfuggire*, a good match was offered to her, but she let it slip.

partito *agg.* **1** (*letter.*) (*diviso*) separated, divided (*anche fig.*) **2** (*bot.*) partite.

partitocratico *agg.* partyist.

partitocrazia *s.f.* party power, partyism.

partitona *s.f.* **partitone** *s.m.* great match, great game; classic match.

partitore *s.m.* **1** (*idraulica*) divisor **2** (*elettr.*) divider: *— di tensione*, voltage (*o* potential) divider.

partitura *s.f.* **1** (*mus.*) score: *leggere la —*, to read the score **2** (*rar.*) (*divisione dei prodotti della terra*) division (of agricultural produce).

partizione *s.f.* **1** partition, division (*anche dir.*) // (*fis.*) *funzione di —*, partition function **2** (*inform.*) sharing, partition: *— di tempo*, time -sharing **3** (*arald.*) division.

partner *s.m.* e *f.* partner; (*in un legame sentimentale*) companion, partner ◆ *agg.* partner (*attr.*) // *società —*, subsidiary (*o* associated) company.

partnership *s.f.* (*associazione*) partnership; (*collaborazione politica, economica*) cooperation, alliance.

parto[1] *agg.* e *s.m.* Parthian // *la freccia del —*, a Parthian shot (*o* shaft).

parto[2] *s.m.* **1** childbirth, birth, delivery, parturition: *— facile, difficile*, easy, difficult delivery; *— gemellare*, twin (*o* double) birth; *— prematuro*, premature birth; *le doglie del —*, labour; *— tardivo*, post-term birth; *— cesareo*, Caesarean birth (*o* partus caesarius); *— eutocico*, eutocia; *sala —*, delivery room (*o* labour room); *assistere a un —*, to attend a delivery; *morire di —*, to die in childbirth **2** (*di animali*) delivery, birth, dropping **3** (*fig.*) (*prodotto*) product; work: *— poetico, letterario*, poetical, literary work; *— della mente*, brainchild; *— della fantasia, dell'immaginazione*, a figment of the imagination.

partone *s.m.* (*fis. nucleare*) parton: *modello dei partoni*, parton model.

partoriente *agg.* in labour, parturient ◆ *s.f.* woman in labour, woman in childbed.

partorire *v.tr.* **1** to give* birth to (a child), to bear*, to be delivered of (a child): *gli ha partorito due figli*, she has borne him two children; *ha partorito due gemelli*, she gave birth to twins; *partorirà tra due mesi*, she will give birth in two months // *la montagna ha partorito il topolino*, (*iron.*) the mountain has brought forth a mouse **2** (*di animale in genere*) to give* birth to, to litter; to drop, to throw*; (*di cagna*) to pup, to whelp; (*di cavalla*) to foal; (*di gatta*) to kitten; (*di vacca*) to calve; (*di orsa, volpe*) to cub; (*di pecora*) to lamb; (*di scrofa*) to pig, to farrow; (*di bestia feroce in genere*) to whelp, to cub **3** (*fig.*) (*produrre*) to produce, to beget*: *ha partorito un altro romanzo*, he produced another novel.

part time *s.m.* **1** (*tempo ridotto di lavoro*) part-time work: *chiedere il —*, to ask for part-time work (*o* for a part-time job); *un accordo sul —*, an agreement on part-time work // *lavorare (a) —*, to work part-time **2** (*lavoratore a tempo ridotto*) part-time employee, part timer: *assumere un —*, to hire a part-time employee ◆ *agg.* part-time: *un lavoro —*, a part-time job; *segretaria —*, part-time secretary; *contratto —*, part-time contract.

parulide *s.f.* (*med.*) parulis (*pl.* -ides).

parure *s.f.* (*fr.*) set: *una — di gioielli*, a set of jewellery; *una — di biancheria intima*, a set of underwear.

parusia *s.f.* (*fil., teol.*) parousia.

parvenu *s.m.* (*fr.*) parvenu; upstart.

parvenza *s.f.* **1** (*letter.*) (*apparenza*) appearance, aspect **2** (*traccia*) semblance, show: *nessuna — di verità, di ragione*, no semblance of truth, of reason.

parziale *agg.* **1** (*che riguarda una parte*) partial, incomplete; part (*attr.*): *risultato — delle elezioni*, partial result of the elections; *una conoscenza — dei fatti*, an incomplete knowledge of the facts; *eclissi —*, partial eclipse; *paralisi —*, partial paralysis; *successo —*, partial success // (*comm.*): *pagamento —*, part payment; *somma —*, subtotal **2** (*che favorisce una delle parti*) partial, biased; one-sided: *critico —*, partial (*o* unfair) critic; *un giudizio —*, a biased judgement; *un arbitro —*, a one -sided (*o* biased) referee; *essere — verso qlcu.*, to be partial to s.o. ◆ *s.m.* (*risultato parziale*) half-time score.

parzialità *s.f.* partiality, bias, favouritism: *accusare un giudice di —*, to accuse a judge of bias (*o* partiality); *non faccio — per nessuno*, I don't show favouritism to anybody.

parzializzare *v.tr.* **1** (*dividere in parti*) to divide **2** (*tecn.*) to choke.

parzializzatore *s.m.* (*tecn.*) choke.

parzializzazione *s.f.* (*tecn.*) choking.

parzialmente *avv.* **1** (*con favoritismo*) partially, unfairly: *la giuria si è comportata —*, the jury showed bias; *giudicare —*, to judge with partiality **2** (*in parte*) partly, partially: *sono — soddisfatto*, I'm partly (*o* partially) satisfied.

pascal *s.m.* **1** (*fis.*) Pascal **2** (*inform.*) (*linguaggio di programmazione*) Pascal.

pascaliano *agg.* Pascal's (*attr.*).

pascere *v.intr.* to graze, to pasture ◆ *v.tr.* **1** to eat*, to feed* on (sthg.): *— l'erba*, to eat (*o* to feed on) grass **2** (*condurre al pascolo*) to graze, to pasture, to herd: *— le vacche*, to graze (*o* to pasture) cows **3** (*fig.*) (*nutrire*) to feed*, to nourish: *— la mente di lettura*, to feed the mind with reading; *— gli occhi*, to feed (*o* to feast) one's eyes.

□ **pascersi** *v.rifl.* **1** to feed* (on sthg.): *— di carne*, to feed on meat **2** (*fig.*) to cherish, to nurse: *— di illusioni, di speranze*, to cherish illusions, hopes.

pascià *s.m.* pasha, pacha // *fare il —, stare, vivere da —*, to live like a lord.

pascialato *s.m.* (*st.*) pashadom.

pasciona *s.f.* (*non com.*) **1** (*raccolto abbondante*) bumper crop, bumper harvest **2** (*estens.*) (*prosperità*) prosperity, abundance.

pasciulì → **paciulì**.

pasciuto *agg.* nourished, fed: *ben —*, well -fed.

pascolare *v.intr.* to graze, to pasture, to browse: *le vacche pascolano*, the cows are grazing (*o* pasturing); *— in un prato*, to browse in a meadow ◆ *v.tr.* to graze, to pasture, to herd: *— il gregge*, to pasture the flock.

pascolativo *agg.* pasturable; pasture (*attr.*), grazing (*attr.*).

pascoliano *agg.* of Pascoli, Pascoli's (*attr.*).

pascolivo → **pascolativo**.

pascolo *s.m.* **1** pasture, grazing; pasturage: *terreno da —*, grazing (land); *quel monte ha buoni pascoli*, that mountain has good pastures; *pascoli naturali*, rough grazing; *— aperto, libero*, (*in Nord America*) range (*o* rangeland); *condurre il gregge al —*, to herd the flock to pasture; *essere al —*, to be grazing // (*dir.*): *diritto di —*, right of common; *servitù di —*, grazing rights; *— abusivo*, unlawful pasturage **2** (*fig. non com.*) (*nutrimento*) food: *— per la mente*, food for the mind; *dar — all'invidia*, to stir up envy.

pasigrafia *s.f.* (*ling.*) pasigraphy.

Pasqua *s.f.* (*dei Cristiani*) Easter; (*degli ebrei*) Passover, Pesach: *— alta, bassa*, late, early Easter; *giorno, settimana, vacanze di —*, Easter Day, week, holidays; *uovo di —*, Easter egg // *— delle rose*, (*Pentecoste*) Whitsunday (*o* Pentecost); *— di ceppo*, (*Natale*) Christmas // *buona —*, happy Easter // *essere contento come una —*, to be as happy as can be (*o* as a king *o* as a sand-boy) // *fare la —*, to do one's Easter duty.

pasquale *agg.* (*della Pasqua cristiana*) Easter (*attr.*); paschal; (*della Pasqua ebraica*) paschal; *agnello —*, paschal lamb; *candela —*, paschal candle; *precetto —*, Easter precept; *uova pasquali*, Easter eggs; *vacanze pasquali*, Easter holidays.

pasquarosa *s.f.* (*fam.*) (*Pentecoste*) Whitsunday, Pentecost.

pasquetta *s.f.* **1** (*fam.*) (*lunedì dopo Pasqua*) Easter Monday; (*Pentecoste*) Whitsunday; (*Epifania*) Epiphany **2** (*gita del lunedì dopo Pasqua*) Easter Monday picnic.

pasquinata *s.f.* (*componimento satirico*) lampoon, pasquinade: *scrittore di pasquinate*, lampooner (*o* satirist *o* pasquinader); *scrivere, comporre pasquinate*, to lampoon (*o* to pasquinade).

passabile *agg.* (*discreto*) passable, tolerable, fairly good, not bad (*pred.*): *un vino, un film —*, a passable wine, film.

passacaglia *s.f.* (*mus.*) passacaglia, passacaglio.

passacarte *s.m.* e *f.* (*chi svolge mansioni di poco rilievo*) paper pusher, pen pusher.

passacavo *s.m.* (*mar.*) fairlead.

passafilm *s.m.* e *f.* (*cinem.*, *tv*) film checker.

passafuori *s.m.* (*edil.*) rafter end.

passaggio *s.m.* **1** (*il passare*) passage, passing; (*transito*) transit, passage: *abbiamo assistito al — dei ciclisti*, we saw the cyclists pass; *tutti facevano ala al suo —*, everybody moved aside as he passed; *il — della banda*, the passing of the band; *ostacolare il —*, to stand in the way; *impedire il —*, to block the way; *vietato il —*, (*sui cartelli*) no transit (*o* no throughfare); *una via di grande —*, a very busy street; *c'è un gran — di gente in questa piazza*, there is a lot of coming and going in this square; *ero di — e ho pensato di farti visita*, I was passing and I thought I would drop in; *accennare a qlco. di —*, (*fig.*) to make a passing reference to sthg. (*o* to refer to sthg. in passing); (*comm.*) *merci di —*, goods in transit; (*dir.*) *servitù, diritto di —*, right of way (*o* passage); (*sport*) *— di testa, all'indietro*, header, back pass // *il gran —*, (*la morte*) passing away **2** (*fig.*) (*cambiamento*) shift, sharing; (*trasferimento*) handing over, change (over); transfer: *— dallo stato solido a quello liquido*, transformation from a solid to a liquid state; *— di potere da una persona a un'altra*, handing over of power from one person to another; *— di proprietà*, passing of title (*o* property); (*Borsa*) *— di pacchetto azionario*, transfer of shares; (*inform.*) *— da una apparecchiatura, da un'applicazione a un'altra*, migration **3** (*luogo per cui si passa*) passage, way, passageway: *un — lungo e stretto*, a long and narrow passage; *— fra i monti*, mountain pass; *— navigabile*, navigable passage; *— coperto*, covered passage, (*fra due edifici*) walkway; *— ad arco*, archway; *— sotterraneo*, subway; *— pedonale*, pedestrian crossing; *— a livello*, level crossing; *— obbligato*, fixed course, (*fig.*) only course; *qui ostruiamo il —*, we are in the way here; *aprirsi un — a forza*, to force one's way through, (*alpinismo*) *ascensione con passaggi difficili*, ascent with difficult stretches // *— a Nord-Ovest*, Northwest Passage **4** (*tragitto compiuto gratis*) lift: *chiedere un —*, to ask for a lift; *posso darle un —?*, can I give you a lift?; *mi sono fatta dare un — da mio fratello*, I got a lift from my brother **5** (*viaggio su nave*) passage: *prenotare un —*, to book a passage; *guadagnarsi il — lavorando*, to work one's passage **6** (*traversata*) crossing: *— delle Alpi*, crossing of the Alps; *— di un fiume*, crossing of a river; *il — di quel fiume è facile*, that river is easy to cross **7** (*mus.*, *lett.*) passage: *questo — è estremamente difficile*, this passage is extremely difficult **8** (*astr.*) (*di un corpo celeste*) transit.

passamaneria *s.f.* **1** (*fabbrica di passamani*) passementerie factory; (*negozio di passamani*) passementerie shop **2** (*passamani*) trimming(s), passementerie.

passamano[1] *s.m.* **1** passing from hand to hand: *fare il —*, to make a human chain **2** (*region.*) → corrimano.

passamano[2] *s.m.* (*fettuccia per guarnizione*) braid.

passamontagna *s.m.* (*berretto di lana*) balaclava.

passanastro *s.m.* lace with eyelets.

passa-non passa *s.m.* (*mecc.*) go no-go gauge.

passante *s.m.* **1** (*anche f.*) (*persona che passa*) passer-by*: *tutti i passanti sembravano aver fretta*, all the passers-by seemed to be in a hurry **2** (*di cinghia, cintura ecc.*) loop **3** — (*ferroviario*), railway link **4** (*tennis*) (*colpo*) —, passing shot **5** (*elettr.*) feedthrough **6** (*tel.*) (*selezione*) —, through line.

passaparola *s.m.* **1** (*mil.*) order passed by word of mouth **2** (*gioco*) Chinese whispers.

passapatate → **schiacciapatate**.

passapiede *s.m.* (*mus.*) passepied.

passaporto *s.m.* passport: *— falso*, forged passport; *— scaduto*, expired passport; *il mio — scade in ottobre*, my passport expires in October; *chiedere il —*, to apply for a passport; *concedere, rilasciare il —*, to grant a passport; *mettere il visto su un —*, to visa (*o* to put a visa on) a passport; *negare il — a qlcu.*, to refuse s.o. a passport; *rinnovare il —*, to renew one's passport.

passare *v.intr.* **1** to pass; (*vicino*) to pass by, to go* by, to get* by; (*attraverso*) to go* through, to pass through, to get* through: *lasciami —*, let me pass; *si fece da parte per far — l'auto*, he moved aside to let the car pass; *egli passò senza fermarsi*, he passed without stopping; *per andare a Roma da Milano si passa per Bologna*, to go to Rome from Milan you pass through Bologna; *la strada passa per il bosco*, the road passes (*o* goes *o* runs) through the wood; *passiamo per il centro?*, shall we go (*o* pass) through the centre?; *l'Arno passa da Firenze*, the Arno flows through Florence; *l'autobus passa davanti alla stazione*, the bus goes past the station; *passa sotto il ponte e gira a destra*, go under the bridge and turn right; *in quel cavo passa la corrente*, there's electricity in that cable; *si abbassò per — dalla porta*, he bent to get through the doorway; *per far — il frigorifero bisogna spostare l'armadio*, we'll have to move the cupboard to get the fridge to pass; *questa corda è troppo grossa, non ci passa*, this string is too thick, it won't go through **2** (*penetrare*) to come* in, to pass through: *la luce passava attraverso le persiane*, the light came in through the shutters **3** (*trasferirsi da una persona all'altra, da un luogo all'altro*) to pass: *la palla passava da un giocatore all'altro*, the ball passed from one player to the other; *— di padre in figlio*, to be handed down (*o* passed on) from father to son; *— in altre mani*, to pass into other hands; *passiamo in salotto per il caffè*, let's have our coffee in the drawing room // *passava da un argomento all'altro con grande facilità*, he passed from one subject to another with the greatest of ease // *è tempo di — dalle parole ai fatti*, it's time for action (*o* it's time to pass from words to action) **4** (*trascorrere*) to pass, to elapse, to go* by: *i giorni passarono*, the days went by; *la gioventù passa presto*, youth soon passes; *man mano che passano gli anni...*, as the years go by...; *il tempo non passa mai quando si aspetta qlcu.*, time goes slowly when you're waiting for s.o.; *sono già passati due anni*, two years have already passed; *facciamo una partita a carte tanto per far — il tempo*, let's have a game of cards, just to pass the time **5** (*cessare*) to pass (away), to cease: *il mal di denti mi è passato*, my toothache has passed off (*o* gone); *la sua collera passò presto*, his anger soon passed (*o* cooled); *il temporale è passato*, the storm is over (*o* has passed *o* has ceased); *— di moda*, to go out of fashion // *passerà anche questa*, it won't last for ever; *tutto passa*, everything comes to an end; *per lui è stato un brutto colpo ma spero gli passerà presto*, it was a tough blow for him but I hope he'll get over it quickly // *cerca di farti — il malumore*, try to snap out of it **6** (*andare, venire*) to call on (s.o.), to call at (a place): *devo — dal suo ufficio*, I must call at his office; *passerà di qui fra poco*, he will come here soon (*o* before long); *passerò a prenderti*, I'll call for you; *passerò da te questa sera*, I'll drop in (on you) tonight; *— da un cliente*, to call on a client; *passa a portarmi quel libro*, come here and bring me the book **7** (*diventare*) to become*: *passò capitano*, he was promoted captain **8** (*essere scambiato per*) to be taken for, to pass off as; (*essere reputato*) to be believed, to be considered: *così vestito potrebbe — per un prete*, dressed like that he could be taken for a priest; *lo hanno fatto — per pazzo*, they passed him off as mad; *si è fatto — per un professore di chimica e tutti ci hanno creduto*, he passed himself off as a chemistry teacher and everyone believed him; *passa per bella, intelligente*, she is considered (*o* thought) beautiful, intelligent; *— per ricco*, to be thought rich **9** (*essere accettato, aver corso*) to be passed, to get* through: *il progetto di legge passò il mese scorso*, the bill was passed last month; *— a un* *esame*, to get through an examination; *non è un capolavoro ma può —*, it's not a masterpiece but it'll do **10** (*intercorrere*) to be: *passa una gran differenza*, there is a great difference **11** (*di cibi*) (*andare a male*) to go* bad, to go* off; (*di vino*) to turn sour; to turn sweet **12** (*a carte*) to pass ◆ *v.tr.* **1** (*attraversare*) to pass, to cross; (*oltrepassare*) to pass, to go* beyond: *— il confine*, to pass (*o* to cross) the border; *i fuggitivi sono 11riusciti a — il fiume*, the fugitives succeeded in crossing the river; *dopo che hai passato il tabaccaio è la prima casa a destra*, when you pass the tobacconist's it's the first house on your right; *ho passato l'edicola senza vederla*, I went beyond the newstand without seeing it **2** (*far passare*) to pass: *— il filo nell'ago*, to pass the thread through the eye of the needle; *si fece — una corda in vita*, he passed the rope round his waist **3** (*essere più di*) to be over: *quel tipo passa i 2 metri*, that fellow is over two metres tall; *per me ha passato i 50 anni*, I think he's over fifty; *questa lettera passa il peso*, this letter is overweight **4** (*trascorrere*) to spend*, to pass: *dove passerai le vacanze?*, where are you going to spend your holidays?; *passeremo il Natale insieme*, we'll spend (*o* pass) Christmas together; *sta passando un brutto periodo*, he's having (*o* going through) a bad time; *ho passato una serata molta bella*, I've had a lovely evening; *ha passato tre anni in prigione*, he spent three years in prison **5** (*cospargere di*) to put*, to spread*: *passati un po' di crema in viso*, put a bit of cream on your face; *— la cera sul pavimento*, to wax the floor **6** (*pulire*) to wipe, to clean; *— uno straccio sulla lavagna*, to wipe the blackboard with a cloth; *— lo straccio sul pavimento*, to wipe the floor; *si passò il fazzoletto sul collo*, he mopped (*o* wiped) his neck with his handkerchief **7** (*dare*) to pass, to give*, to hand: *l'albergo non passa la colazione*, the hotel does not give breakfast; *guarda queste fotografie e passale agli altri*, look at these photographs and pass them on to the others; *passami il sale, per favore*, can you pass me the salt, please?; *mi passa un assegno mensile*, he gives me a monthly cheque; *— gli alimenti alla moglie*, to pay one's wife alimony; (*comm.*) *— un ordine*, to place an order; (*sport*) *— la palla*, to pass the ball **8** (*sopportare*) to undergo*, to pass through (sthg.): *ha passato un mucchio di guai*, she has gone through (*o* she has had) a lot of trouble; *ne ho passate tante, ne ho passate di tutti i colori, te lo assicuro*, I have been through a lot, I can tell you **9** (*trafiggere*) to pass through; to run* through, to transfix: *lo passò da parte a parte*, he ran him through **10** (*approvare, promuovere; superare*) to pass: *ho passato tutti i miei allievi*, I have passed all my pupils; *— un progetto di legge*, to pass a bill; *hai passato l'esame di guida?*, did you pass your driving test? **11** (*cuc.*) (*setacciare*) to sieve; (*al passaverdura*) to purée // *passa il pesce nella farina prima di friggerlo*, flour the fish before frying; *— nell'uovo*, to dip in beaten egg; *— gli spinaci nel burro*, to sauté the spinach; *— nel pangrattato*, to coat with breadcrumbs.

◆ FRASEOLOGIA: *— a miglior vita*, to pass away // *— inosservato*, to go (*o* to pass) unnoticed // *— di mente*, to go out of one's mind; *— per la mente*, to cross (*o* to come into) one's mind // *sarà due chili e passa*, it's probably two kilos or more; *avrà trent'anni e passa*, he must be over thirty // *non posso — sopra a così tanti errori*, I can't overlook so many mistakes // *faccia la coda, non cerchi di — davanti a tutti*, don't try to pass ahead of everyone (*o* to jump the queue); *è passato in testa al gruppo, alla classifica*, he moved up to the top // *passi la sua ignoranza, ma non la cattiva educazione*, I'm prepared to overlook his ignorance but not his bad manners // *passa via!*, get (*o* go) away, scram! // *passarla liscia*, to get away with sthg. (*o* to get off scot-free) // *passarsela bene, male*, (*finanziariamente*) to be well off, badly off // *passar parola*, to pass the word on (*o* round) // *— qlco. sotto silenzio*, to pass over sthg. in silence // *non gliene passa una*, she picks him up on everything • Questo verbo è usato in molte frasi idiomatiche per la cui traduzione si rinvia agli altri elementi. Per esempio: *— per le armi* → arma; *— in rivista* → rivista; *— dei guai* → guaio; *— al setaccio* → setaccio ecc.

passascotte *s.m.* (*mar.*) sheet chock.

passata *s.f.* **1** rub, wipe: *il tavolo è ancora sporco, dagli un'altra —*, the table is still dirty, give it another rub; *una — di spazzola*, a brush; *dovresti dare una — di ferro a questa gonna*, you should give this skirt a press **2** (*passaggio*) (*antiq.*) passage; (*venuta*) coming: *la — dei barbari*, the coming of the barbarians // *una — di pioggia*, a shower (of rain) **3** (*scorsa*) look, glance: *dare una — a un libro*, to have a look (*o* a glance) at a book **4** (*di vernice*) coat **5** (*cuc.*) soup: *— di piselli*, pea soup; *— di pomodoro*, pulped tomatoes; *una — di patate*, mashed potatoes **6** (*a carte*) pass **7** (*scherma*) pass, thrust **8** (*equitazione*) passade **9** (*traccia della selvaggina*) trail **10** (*mecc.*) pass, traverse **11** (*inform.*) (*di un programma*) running: *— in macchina*, routine.

passatello *agg.* (*scherz.*) (*non giovane*) getting on (in years); elderly.

passatempo *s.m.* pastime: *— preferito*, hobby; *il — preferito di mio fratello è la fotografia*, my brother's hobby is photography; *la lettura e la musica sono i migliori passatempi*, reading and music are the best pastimes; *lo faceva così per —*, he did it as a pastime.

passatismo *s.m.* traditionalism.

passatista *s.m.* e *f.* traditionalist.

passatistico *agg.* traditionalistic.

passato *agg.* **1** past; (*scorso*) last: *gli anni, i giorni passati*, past years, days; *le generazioni passate*, past generations; *nei tempi passati*, in the past (*o* in former times *o* in times past); *la settimana passata*, last week // *ha quarant'anni passati*, he is over forty // *sono le sei passate*, it is past six o'clock // *lascia stare, ormai è acqua passata*, let things be, it's all over (and done with) now // *queste sono ormai idee passate*, these ideas are now obsolete **2** (*avvizzito*) faded: *bellezza passata*, faded beauty **3** (*gramm.*) past: *participio —*, past (*o* perfect) participle ◆ *s.m.* **1** past: *una persona con un —*, a person with a past; *ha un — di militanza politica*, he was a political militant in the past; *il — non torna più*, the past can never return; *non conosco il suo —*, I don't know his past; *è ancora legato al —*, he is still tied to the past // *metti una pietra sul —*, let bygones be bygones **2** (*gramm.*) past, perfect: *— prossimo*, present perfect; *— remoto*, (simple) past **3** (*cuc.*) soup: *— di patate*, mashed potatoes; *— di piselli, fagioli*, pea soup, bean soup; *— di verdura*, vegetable soup.

passatoia *s.f.* **1** carpet; (*di scale*) stair carpet **2** (*ferr.*) crossing.

passatoio *s.m.* stepping-stone.

passatore *s.m.* (*region.*) (*traghettatore*) ferryman*.

passatura *s.f.* **1** (*rammendo*) darn **2** (*tess.*) reeding.

passatutto *s.m.* (*utensile di cucina*) mill.

passavanti *s.m.* (*mar.*) gangway.

passaverdura *s.m.* vegetable mill.

passavia → **cavalcavia**.

passavivande *s.m.* (serving) hatch, hatchway.

passeggero *agg.* passing; transient, fleeting, short-lived; momentary: *nuvole passeggere*, passing clouds; *capriccio —*, passing fancy; *bellezza passeggera*, transient beauty; *felicità passeggera*, fleeting (*o* transient) happiness; *successo —*, short-lived (*o* transitory) success; *dolore —*, momentary pain ◆ *s.m.* **1** (*viaggiatore*) passenger; traveller: *— clandestino*, stowaway; *passeggeri di prima classe*, first-class passengers; (*mar.*) *passeggeri di terza classe*, steerage passengers; *la nave imbarcò cinquecento passeggeri*, the ship took on five hundred passengers **2** (*letter.*) (*passante*) passer-by*.

passeggiamento *s.m.* (*non com.*) (*il passeggiare*) walking; strolling.

passeggiare *v.intr.* to walk, to take* a walk, to go* for a walk; to stroll: *passeggiammo per un'ora lungo i viali*, we walked (*o* strolled) along the avenues for an hour; *la sera passeggio a lungo nei campi*, in the evening I go for long walks in the fields; *— per la strada*, to take a walk in the street (*o* to stroll about the streets); *— sulla spiaggia*, to walk along the beach; *— per la stanza*, to walk up and down the room // *portare il cane a —*, to take the dog for a walk ◆ *v.tr.* (*non com.*) (*condurre*) to walk: *— un cavallo*, to walk a horse.

passeggiata *s.f.* **1** (*a piedi*) walk; (*in automobile, carrozza*) drive, ride; (*a cavallo*) ride; (*in bicicletta*) (bicycle) ride: *una — in montagna*, a walk in the mountains; (*andare a*) *fare una — a piedi*, to go for (*o* to take) a walk; *portare un bambino a fare una —*, to take a child (out) for a walk // *— militare*, route march // *non puoi essere così stanco, per me è stata una —*, you can't be so tired, as far as I'm concerned it was just a stroll // *non ti preoccupare per quell'esame, è una —!*, don't worry about that exam, it's a piece of cake! **2** (*luogo dove si passeggia*) walk; (*lungomare, lungolago*) promenade: *in quella località ci sono splendide passeggiate*, there are beautiful walks round there; *l'ho incontrato sulla — di Sanremo*, I met him on the promenade at Sanremo.

passeggiatore *s.m.* walker.

passeggiatrice *s.f.* (*prostituta*) streetwalker.

passeggiero → **passeggero**.

passeggino *s.m.* pushchair; (*spec. amer.*) stroller.

passeggio *s.m.* **1** walk, stroll: *il — serale*, the evening stroll (*o* promenade); *vieni a — con me*, come for a walk with me; *andare a —*, to go for a walk (*o* a stroll); *condurre qlcu. a —*, to take s.o. out for a walk; *essere a —*, to be out walking **2** (*luogo dove si passeggia*) walk; (*lungomare, lungolago*) promenade: *— affollato*, crowded promenade **3** (*la gente che passeggia*) promenaders (*pl.*): *mi godevo il — sul* *corso*, I was enjoying the view of people promenading (*o* strolling) up and down the main street.

passe-partout *s.m.* (*fr.*) **1** passe-partout, master key **2** (*cornice*) passe-partout.

passera *s.f.* **1** (*zool.*) hen sparrow: — *scopaiola*, dunnock (*o* hedge sparrow) **2** (*pesci*): — *di mare*, (*Pleuronectes platessa*) dab (*o* plaice); — *nera*, (*Pleuronectes flesus*) flounder (*o* fluke) **3** (*region.*) (*genitali femminili*) pussy.

passeraceo *agg.* e *s.m.* passerine.

passeraio *s.m.* **1** (*pigolio di passeri*) twittering, chirping **2** (*fig.*) (*cicaleccio*) chattering.

passerella *s.f.* **1** (*ponte pedonale*) footbridge; (*provvisoria*) trestle bridge **2** (*mar.*) (*di servizio*) catwalk; (*d'imbarco e sbarco*) gangway, gangplank **3** (*edil.*) gangway, platform, catwalk **4** (*di teatro*) (forestage) parade; (*per indossatrici*) catwalk, walkway // *fare la* —, to parade.

passero *s.m.* sparrow: — *cantore*, snow bird; — *dei canneti*, reed sparrow; — *di Giava*, (*Padda oryzivora*) rice-bird; — *solitario*, (*Monticola solitarius*) blue rock thrush.

passerotto *s.m.* (*piccolo passero*) (little) sparrow.

passi *s.m.* (*burocrazia*) (*documento che autorizza l'ingresso*) pass.

passibile *agg.* **1** (*dir.*) liable (to sthg.); subject, indictable: — *di espulsione*, liable to expulsion; — *di multa*, liable to fine; — *di punizione*, liable to punishment; — *di pena*, indictable; *reato — delle pene previste dal codice penale*, crime subject to the penalties provided by the criminal code (*o* crime indictable under penal law); *essere — di reclusione*, to be liable to imprisonment // *prezzo — di aumento*, price subject to increase **2** (*ant.*) (*soggetto a soffrire*) passible, liable to suffer.

passibilità *s.f.* **1** (*dir.*) liability (to sthg.) **2** (*ant.*) (*l'essere soggetto a patire*) passibility.

passiflora *s.f.* (*bot.*) (*Passiflora quadrangularis*) passionflower.

passim *avv.* (*lat.*) passim: *vedi Virgilio, Eneide*, —, see Virgil, Aeneid, passim.

passino *s.m.* (*colino*) strainer.

passionale *agg.* **1** (*appassionato*) passionate: *temperamento* —, passionate nature **2** (*di passione*) of passion: *delitto* —, crime of passion; *dramma* —, drama of passion.

passionalità *s.f.* passion, passionateness.

passionario[1] *s.m.* (*eccl.*) (*di Cristo*) passionary; (*dei santi*) passional.

passionario[2] *agg.* (*non com.*) passionate ◆ *s.m.* passionate person.

passionato *agg.* (*ant.*) emotional; impassioned.

passione *s.f.* **1** passion: *l'impeto della* —, the force of passion; *la — gli oscurava la mente*, passion darkened his mind; *è schiavo delle sue passioni*, he is the slave of his passions; *era accecato dalla* —, he was blinded by passion; *animo libero da* —, mind free of passion; *quella donna è stata la — della sua vita*, that woman was the passion of his life; *dominare, frenare le passioni*, to control, to bridle one's passions; *soddisfare le passioni*, to satisfy (*o* to gratify) one's passions **2** (*estens.*) (*inclinazione*) passion: — *per la botanica, per la musica*, passion for botany, for music; *ha — per lo studio*, he is very keen on study (*o* he has a passion for study); *il gioco d'azzardo era la sua* —, gambling was his passion; *fa il suo lavoro con* —, he does his work enthusiastically // *ci metti troppo poca —!*, you are not putting enough enthusiasm into it! // *non aver — a niente*, not to take an interest in anything // *prendere — a qlco.*, to become enthusiastic about (*o* keen on) sthg. **3** (*letter.*) (*afflizione*) anxiety, affliction, suffering, pain: *è una — vederlo soffrire*, it is distressing to see him suffer // *ho passato un giorno di* —, I have been anxious all day (*o* I have had an anxious day) **4** (*relig.*) Passion, martyrdom: *la — di Nostro Signore*, the Passion of Christ; *la — di San Sebastiano*, the martyrdom of St. Sebastian // *la 'Passione secondo S. Matteo' di Bach*, Bach's 'Passion according to St. Matthew' (*o* Bach's 'St. Matthew Passion') // *la settimana di* —, Passion Week **5** (*bot. pop.*) *fior di* —, (*Passiflora quadrangularis*) passionflower; *frutto della passione*, passionfruit.

passionista *s.m.* (*eccl.*) Passionist.

passista *s.m.* e *f.* (*ciclista*) long distance cyclist.

passito *s.m.* 'passito' (wine made from dried grapes).

passivamente *avv.* passively: *accettare qlco.* —, to accept sthg. passively.

passivare *v.tr.* (*chim.*) to passivate.

passivazione *s.f.* (*chim.*) passivation.

passivismo *s.m.* passivism.

passività *s.f.* **1** passivity, passiveness **2** (*econ.*) liabilities (*pl.*): — *a lungo, medio, breve termine*, long-term, medium-term, short-term liabilities; — *correnti*, current liabilities; — *a vista*, sight liabilities; — *verso l'estero*, foreign liabilities.

passivo *agg.* **1** passive (*anche gramm.*): *ha spesso un atteggiamento troppo* —, he's often too passive; *resistenza passiva*, passive resistance; *ubbidienza passiva*, passive obedience; (*gramm.*) *voce passiva*, passive voice; (*gramm.*) *verbo* —, passive verb **2** (*comm.*) passive, debit (*attr.*), in the red (*pred.*), unprofitable: *bilancio* (*in*) —, debit balance; *società passiva*, company in the red; *investimento* —, unprofitable investment // (*fin.*): *obbligazione passiva*, passive bond; *operazione di credito passiva*, borrowing transaction ◆ *s.m.* **1** (*gramm.*) passive **2** (*comm.*) indebtedness, liabilities (*pl.*), deficit: — *di una società*, company's liabilities; — *prevedibile*, deficit to be expected; *il — supera l'attivo*, the liabilities exceed the assets; *accertare il* —, to ascertain liabilities; *registrare una voce al* —, to enter an item on the debit side // *in* —, passive (*o* in the red): *essere in* —, to be in the red // (*dir.*) — *del fallimento*, bankruptcy liabilities **3** (*sport*) points (scored) against (*pl.*), losses (*pl.*): *l'anno si è chiuso con un pesante — per la squadra*, the year ended with heavy losses for the team.

passo[1] *s.m.* **1** step; pace: *alcuni passi più avanti*, a few steps further; *fare un — avanti, indietro*, to take a step forward, backward (*anche fig.*); *il bambino mosse i primi passi*, the baby took his first steps; *fa solo pochi passi*, he can only walk a few steps; *ho udito alcuni passi in giardino*, I heard a few steps in the garden; *cambiare, perdere, rompere il* —, to change, to fall out of, to break step; *dirigere, volgere i propri passi verso...*, to turn one's steps towards...: *diresse, volse i propri passi verso casa*, he turned (his steps) homeward(s); *i pali sono stati piantati a dieci passi uno dall'altro*, the poles were planted ten paces apart; *si diresse a passi lenti verso la porta*, he walked at a slow pace towards the door // *fare un — falso*, to stumble, (*fig.*) to make a false move // *segnare il* —, to mark time (*anche fig.*) // *essere a un — dalla vittoria*, to be one step from victory // — —, very slowly // — *a* —, step by step // *un — di valzer*, a waltz step // *a due passi da casa*, within a stone's throw from home; *la mia casa è qui a due passi*, my house is only a short way away // *a grandi passi*, striding: *camminava a grandi passi verso la scuola*, he was striding to school; *l'inverno s'avvicina a grandi passi*, winter is coming on apace; *allontanarsi a grandi passi*, to stride away // *a ogni* —, at every moment // *andiamo a fare due, quattro passi*, let's go for a little walk // *è un — che devo fare*, it's something I must do // *il matrimonio è un grande* —, marriage is a big step // *non ha mosso un — per aiutarci*, he didn't lift a finger to help us // *non so decidermi a questo* —, I can't make up my mind about this // *questo è il primo — verso l'indipendenza*, this is the first step towards independence // *essere, non essere al — coi tempi*, to be abreast of, to be behind the times // *fare passi da gigante*, to make great strides // *fare il — secondo la gamba*, to cut one's coat according to one's cloth; *fare il — più lungo della gamba*, to bite off more than one can chew // *fare dei passi per ottenere qlco.*, to take steps to get sthg. // *farò dei passi per farmi riconoscere i miei diritti*, I'll take steps to have my rights recognized // *tornare sui propri passi*, to retrace one's steps (*anche fig.*) **2** (*andatura*) pace, step; (*modo di camminare*) walk, gait: *a — d'uomo, di lumaca*, at man's walking, snail's pace; *ha un — vacillante*, he walks with an uncertain gait; *lo riconosco sempre dal suo — pesante*, I always recognize him from his heavy tread; *affrettare il* —, to quicken one's pace (*o* to hurry up); *camminare di buon* —, to walk at a good (*o* brisk) pace; *rallentare il* —, to slacken one's pace (*o* to slow down); *tenere il —, stare al — di qlcu.*, to keep pace (*o* to keep up) with s.o. // (*mil.*) — *di carica*, double: *avanzare a — di carica*, to advance at the double // — *dell'oca, romano*, goosestep // —, *trotto, galoppo del cavallo*, pace, trot, gallop of a horse // *al —!*, in step! // *di questo — sarai presto in miseria*, at this rate you'll soon be ruined **3** (*di danza*) step **4** (*orma*) footprint; (*rumore*) footstep, footfall: *i suoi passi risaltavano nitidi nella neve*, his footprints stood out clearly in the snow; *udì dei passi sulle scale*, he heard footsteps (*o* footfalls) on the stairs **5** (*brano*) passage: *commentare un* —, to comment on a passage; *leggere un — della Bibbia*, to read a passage from the Bible **6** (*geogr.*) pass, (*amer.*) gap **7** (*mecc.*) (*di elica, di vite*) pitch **8** (*tess.*) shed **9** (*cinem.*) gauge: *pellicola a — normale, ridotto*, standard, reduced gauge film.

passo[2] *s.m.* **1** (*passaggio*) passage: *aprirsi il — attraverso qlco.*, to make one's way through sthg.; *dare, cedere il* —, to give way; *ostruire il* —, to block the passage; *permettere, proibire il — a qlcu.*, to allow, to forbid entry to s.o. // *uccelli di* —, migratory birds // (*dir.*) *diritto, servitù di* —, right of way (*o* footway *o* footpath) **2** (*valico*) pass: — *di montagna*, mountain pass **3** (*fig. letter.*) difficult situation; hard task.

passo[3] *agg.* (*appassito*) dried; withered // *uvetta passa*, raisins (*o* currants).

pasta *s.f.* **1** (*di pane o dolci, che si lavora con le mani*) dough; (*di dolce che va lavorato in un recipiente*) batter: — *frolla*, short pastry;

— *sfoglia*, puff pastry; *lavorare la* —, to knead the dough; *spianare la* —, to roll pastry // *una persona di — frolla*, (*fig.*) a spineless person; *avere le mani di — frolla*, (*fig.*) to be a butterfingers // *avere le mani in* —, (*fig.*) to have a finger in the pie **2** (*pasticcino*) cake; pastry: *comperare delle paste*, to buy some pastries **3** (*per minestre*) pasta: — *all'uovo*, (egg) noodles; — *fatta in casa*, homemade pasta; *oggi a mezzogiorno ho mangiato — asciutta*, today I had pasta for lunch // *buttare la* —, to start cooking the pasta **4** (*sostanza pastosa*) paste: — *d'acciughe*, anchovy paste; — *dentifricia*, toothpaste (*o* dental paste); — *di mandorle*, almond paste **5** (*tecn. cartaria*) pulp: — *di carta*, pulp; — *di legno*, wood pulp; — *di stracci*, rag pulp // *colla in* —, paste; *crema in* —, cream **6** (*fig.*) (*indole*) nature; (*fam.*) stuff: *un uomo di buona* —, a good -natured man // *mio padre era una — d'uomo*, my father was a good man // *sono fatti della stessa* —, they're made from the same mould (*o* of the same stuff).

pastafrolla *s.f.* short pastry.

pastaio *s.m.* **1** (*chi fabbrica pasta*) pasta maker **2** (*chi vende pasta*) pasta seller.

pastasciutta *s.f.* pasta.

pastasciuttaio *s.m.* person who eats a lot of pasta; (*fam. scherz.*) pasta-freak.

pastecca *s.f.* (*mar.*) snatch block.

pasteggiabile *agg.*: *vino* —, table wine.

pasteggiamento *s.m.* eating.

pasteggiare *v.intr.* to eat*; to drink*: — *a champagne*, to drink champagne with one's meals; *mi piace — con vino rosso*, I like to drink red wine with my meals ◆ *v.tr.* (*assaporare*) to savour.

pastella *s.f.* batter: *fare una — molto densa*, to make a thick batter.

pastellista *s.m.* e *f.* (*pitt.*) pastellist.

pastello *s.m.* (*pitt.*) pastel: *matita a* —, pastel; *una scatola di pastelli*, a box of pastels; *disegno, quadro a* —, pastel; *dipingere a* —, to draw in pastel ◆ *agg.* pastel: *colori* —, pastel colours; *tinte* —, pastel shades; *verde* —, pastel green.

pastetta *s.f.* **1** (*cuc.*) batter **2** (*fig.*) (*truffa nelle elezioni*) gerrymander; (*raggiro*) trick.

pasteurellosi *s.f.* (*vet.*) pasteurellosis.

pasticca *s.f.* tablet, pill; sweet: — *alla menta*, peppermint; — *per la tosse*, cough sweet; *devi prendere due pasticche dopo i pasti*, you must take two tablets after meals.

pasticcere → **pasticciere**.

pasticceria *s.f.* **1** (*negozio*) confectioner's (shop) **2** (*paste e dolciumi*) confectionery: — *da tè*, fancy cakes **3** (*l'arte, l'industria*) pastry-making confectionery.

pasticciare *v.tr.* **1** to mess up, to make* a mess of (sthg.); to bungle: *mi ha pasticciato il lavoro a maglia*, she has made a mess of my knitting; *cerca di — meno il tuo disegno*, try not to make a mess of your drawing **2** (*fare sgorbi*) to scribble on (sthg.): *non — il libro!*, don't scribble on your book! ◆ *v.intr.* to make* a mess; to mess around: *non sa far niente senza* —, he can't do anything without making a mess.

pasticciato *agg.* **1** messy: *un lavoro tutto* —, a messy piece of work **2** (*cuc.*) seasoned with butter, cheese and ragout.

pasticciere *s.m.* confectioner ◆ *agg.* confectionery (*attr.*) // *crema pasticciera*, custard.

pasticcino *s.m.* pastry; cake; tartlet; (*amer.*) cookie: *un — al cioccolato*, a chocolate cake (*o* pastry); *ho fatto una scorpacciata di pasticcini*, I've stuffed myself with pastries.

pasticcio *s.m.* **1** (*cuc.*) pie: — *di carne*, meat pie; — *di pollo*, chicken pie **2** (*lavoro mal fatto*) mess: *la tua traduzione è un vero* —, your translation is a (real) mess **3** (*intrico, imbroglio*) mess; (*situazione insidiosa*) scrape: *che* (*bel*) *—!*, what a (fine) mess!; *essere nei pasticci*, to be in trouble (*o* in a fix); *mettersi nei pasticci*, to get oneself into a scrape; *uscire dai pasticci*, to get out of a scrape; *ci siamo cacciati in un brutto* —, we're in real trouble (*o* in a fine mess); *sono finalmente riuscito a toglierla dai pasticci*, I've finally managed to get her out of trouble **4** (*mus.*) pasticcio, pastiche.

pasticciona *s.f.* **pasticcione** *s.m.* bungler, muddler; messer: *hai sporcato tutta la cucina: sei il solito —!*, you have dirtied the whole kitchen: you're a messer!

pastiera *s.f.* (*cuc.*) type of Neapolitan tart made with a sweet filling of cottage cheese.

pastificare *v.tr.* e *intr.* to make* pasta.

pastificio *s.m.* **1** (*stabilimento*) pasta factory **2** (*negozio*) pasta shop.

pastiglia *s.f.* **1** tablet, lozenge, pastille; sweet; (*pillola*) pill: — *contro la tosse*, cough sweet; — *di cioccolato*, chocolate drop; — *di menta*, peppermint **2** (*elettr.*) paste **3** (*mecc.*) (*di freni a disco*) pad.

pastigliare *v.tr.* (*non com.*) to tablet, to make* into lozenges, to make* into pastilles.

pastigliatrice *s.f.* tablet press.

pastina *s.f.* small pasta used in soup: — *in brodo*, soup with pasta.

pastinaca *s.f.* **1** (*bot.*) (*Pastinaca sativa*) parsnip **2** (*zool.*) — *comune*, (*Dasyatis pastinaca*) stingaree, fire-flair; stingray.

pasto *s.m.* meal; (*di animali*) feed: *un — abbondante*, a square (*o* hearty) meal; — *freddo*, cold meal; *un — frugale, leggero*, a frugal, light meal; *ora dei pasti*, mealtimes; *fare tre pasti al giorno*, to take (*o* to have) three meals a day; *fare un magro* —, to have a poor meal; *che cosa bevi ai pasti?*, what do you drink with your meals?; *dove prendi i pasti?*, where do you take your meals?; *vino da* —, table wine // *prima, dopo i pasti*, before, after meals: *da prendersi dopo i pasti*, to be taken after meals // *stare ai pasti*, to eat only at meals; (*di neonato*) to keep one's schedule // *mangiare tra i pasti, fuori* —, to eat between meals // *saltare il* —, to skip a meal // *dare in — al pubblico*, (*fig.*) to spread (*o* to broadcast).

pastocchia *s.f.* (*non com.*) (*fandonia*) tall story; (*inganno*) humbug; (*menzogna*) lie.

pastoia *s.f.* **1** hobble: *metter le pastoie a un cavallo*, to hobble a horse **2** (*pasturale di cavallo*) pastern **3** (*fig.*) (*impaccio, legame*) fetters (*pl.*): *liberarsi dalle pastoie*, to cast off one's fetters.

pastone *s.m.* **1** mash; (*per polli*) chicken feed **2** (*estens.*) (*cibo scotto*) mush, soggy mess: *sbrigatevi, altrimenti il risotto diventa un —!*, hurry up, otherwise the rice will go mushy! **3** (*fig.*) (*guazzabuglio*) hotchpotch.

pastora *s.f.* shepherdess, shepherd-girl.

pastorale[1] *agg.* **1** pastoral: *usanze pastorali*, pastoral customs // *dramma, poesia* —, pastoral drama, poetry **2** (*eccl.*) pastoral: *anello* —, bishop's ring; *visita* —, pastoral visit ◆ *s.m.* (*eccl.*) (*bastone*) crosier, pastoral staff ◆ *s.f.* (*eccl.*) (*lettera*) pastoral.

pastorale[2] *s.f.* (*dramma pastorale*) pastorale (*anche mus.*).

pastorale[3] *s.m.* (*zool.*) pastern.

pastore *s.m.* **1** shepherd (*anche fig.*) // (*relig.*) *il Buon Pastore*, the Good Shepherd **2** (*sacerdote*) priest; (*prete protestante*) pastor, minister; (*prete anglicano*) parson, clergyman* **3** (*zool.*): *cane* —, sheepdog; — *scozzese*, collie; — *tedesco*, Alsatian (*o* German shepherd).

pastorella *s.f.* **1** young shepherdess **2** (*lett.*) pastourelle; pastoral.

pastorelleria *s.f.* (*spreg.*) pseudo-pastoral writing.

pastorizia *s.f.* sheep farming, stock raising.

pastorizio *agg.* sheep-farming (*attr.*): *prodotti pastorizi*, sheep-farming products.

pastorizzare *v.tr.* to pasteurize.

pastorizzato *agg.* pasteurized: *latte* —, pasteurized milk.

pastorizzatore *s.m.* pasteurizer.

pastorizzazione *s.f.* pasteurization: *la — del latte*, the pasteurization of milk.

pastosità *s.f.* **1** (*morbidezza*) softness, doughiness **2** (*di colori, suoni*) mellowness **3** (*di vino*) mellowness.

pastoso *agg.* **1** (*morbido*) soft, doughy: *una miscela pastosa*, a doughy mixture **2** (*di colori, suoni*) mellow: *voce pastosa*, mellow voice **3** (*di vino*) mellow.

pastrano *s.m.* overcoat; (*militare*) greatcoat.

pastrocchio *s.m.* (*fam.*) hotchpotch, mess.

pastume *s.m.* (*non com.*) (*pastone per polli*) chicken feed, mash.

pastura *s.f.* **1** (*pascolo*) pasture; pasturage: *condurre le bestie alla* —, to drive the cattle to pasture; — *alpina*, alpage; *terreno da* —, grazing ground **2** (*estens.*) (*erba*) grass **3** (*cibo per pesci*) fish food, (*amer.*) chum.

pasturare *v.tr.* **1** (*letter.*) (*condurre al pascolo*) to pasture, to graze **2** (*gettare la pastura ai pesci*) to feed* the fish, (*amer.*) to chum.

pasturazione *s.f.* **1** (*il pascolo*) grazing, putting out to pasture **2** (*il gettare la pastura ai pesci*) fish feeding, (*amer.*) chumming.

patacca *s.f.* **1** (*moneta di nessun valore*) worthless coin: *non vale una* —, it is not worth a brass farthing **2** (*fig.*) (*cosa di nessun valore*) worthless object; piece of rubbish; (*oggetto falso*) fake **3** (*orologio di poco valore*) turnip **4** (*scherz.*) (*decorazione*) decoration; (*sl.*) gong **5** (*macchia*) stain, dirty mark, spot: *un abito pieno di patacche*, a suit covered with spots.

pataccaro *s.m.* (*region.*) seller of fake objects; (*fam.*) swindler.

pataccone *s.m.* (*spreg.*) **1** (*persona che suole macchiarsi*) sloppy person, messy person **2** (*vecchio orologio, cipollone*) turnip.

pataccoso *agg.* (*fam.*) stained.

patagio *s.m.* (*zool.*) patagium (*pl.* -gia).

patagone *s.m.* Patagonian.

patagonico *agg.* Patagonian.

patapum *inter.* (*voce onomatopeica riproducente il rumore di una cosa che cade*) crash, bang: *lo spinsero e —, finì per terra*, they pushed him and crash!, he ended up on the ground.

patarasso, **patarazzo** → **paterazzo**.

pataria *s.f.* (*st. relig.*) Pataria.

patarinico *agg.* Patarine.

patarinismo *s.m.* Patarinism.

patarino *s.m.* (*st. relig.*) Patarin(e).

patata *s.f.* (*bot.*) (*Solanum tuberosum*) potato*: *patate fritte*, fried potatoes (*o* chips *o amer.* French fries); (*croccanti*) crisps, (*o amer.* chips); *patate lesse*, boiled potatoes; *patate novelle*, new potatoes; *fecola di patate*, potato flour; *purè di patate*, mashed potatoes // — *americana*, (*Ipomoea batatas*) sweet potato (*o* batata *o* Spanish potato) // (*chim.*) *alcol di patate*, potato alcohol // *spirito di* —, (*umore scipito*) weak humour // — *bollente*, (*fig.*) hot potato: *passare ad altri la — bollente*, to hand (*o* to pass) on the hot potato // *non stare lì come un sacco di patate!*, don't stand gawping! // *naso a* —, button nose.

pataticoltore *s.m.* potato-grower.

pataticoltura *s.f.* potato-growing.

patatina *s.f.* **1** (*spec. pl.*) (*a bastoncino*) chips (*pl.*), (*amer.*) French fries (*pl.*); (*a fettine sottili*) crisps (*pl.*), (*amer.*) chips (*pl.*) **2** (*fig. fam.*) (*bambina*) plump little girl.

patatrac *inter.* (*voce onomatopeica riproducente il rumore di una cosa che cade*) crash; bang ◆ *s.m.* (*crollo finanziario*) bankruptcy, crash: — *finanziario*, financial crash.

patchouli → **paciulì**.

patchwork *s.m.* patchwork ◆ *agg.*: *una coperta* —, a patchwork blanket.

pâté *s.m.* (*fr.*) (*cuc.*) pâté: — *di fegato d'oca*, pâté de foie gras; — *di olive*, olive paste.

patella *s.f.* **1** (*anat.*) knee-cap, patella* **2** (*zool.*) limpet.

patellare *agg.* (*anat.*) patellar.

patema *s.m.* anxiety, worry, trouble: *avere dei patemi d'animo*, to be troubled (*o* upset).

patena *s.f.* (*eccl.*) paten.

patentato *agg.* **1** (*non com.*) (*brevettato*) patent, patented; (*abilitato*) licensed: *infermiera patentata*, licensed nurse **2** (*fig. scherz.*) (*insigne, matricolato*) downright, out-and-out: *ladro* —, out-and-out thief.

patente *agg.* **1** (*evidente*) evident, open, clear, patent: *ingiustizia* —, open (*o* patent) injustice **2** (*ant.*) (*aperto*) open, patent // (*lettera*) —, letters patent **3** (*bot.*) patent.

patente *s.f.* **1** licence, (*amer.*) license: — *di guida*, driving licence; *guida senza* —, driving without a licence; — *per la vendita di alcolici*, licence for the sale of spirits; *concessionario di* —, patentee; (*mar.*) — *di navigazione*, ship's passport; — *sanitaria*, bill of health **2** (*diploma*) diploma: — *di maestro*, teaching diploma // *dare a qlcu. la — di asino*, to call s.o. a complete ass.

patentemente *avv.* patently, evidently, openly, clearly.

patentino *s.m.* temporary licence: — *di guida*, temporary driving licence.

pater *s.m.* (*lat.*) paternoster; Lord's Prayer; Our Father.

patera[1] *s.f.* (*archeol.*) patera (*pl.* -ae).

patera[2] *s.f.* (*non com.*) (*attaccapanni*) clothes line.

paterazzo *s.m.* (*mar.*) backstay.

patereccio *s.m.* (*med.*) whitlow, felon.

paterino → **patarino**.

paternale *s.f.* lecture, talking-to: *fare una — a qlcu.*, to give s.o. a lecture (*o* to lecture s.o.): *l'insegnante fece una severa — ai ragazzi*, the teacher lectured the boys severely (*o* gave the boys a good lecture).

paternalismo *s.m.* paternalism.

paternalista *s.m.* e *f.* paternalistic person.

paternalistico *agg.* paternalistic.

paternamente *avv.* (*in modo paterno*) paternally, in a fatherly way: *mi ha trattato molto* —, he treated me in a fatherly way.

paternità *s.f.* paternity (*anche fig.*): *in questo certificato manca la* —, the father's name is missing in this certificate; (*dir.*) — *legale*, adoptive fatherhood; *test di* —, paternity test; (*dir.*) *presunzione di* —, presumption of paternity (*o* of legitimacy); *molti detti storici hanno una dubbia* —, many historical sayings are of doubtful paternity; *negare la — di un'opera*, to deny the paternity of a work; *la — dell'attentato non è stata ancora rivendicata*, the responsibility for the bombing has not yet been claimed // *Vostra Paternità*, Holy Father.

paterno *agg.* paternal; (*da padre*) fatherly, paternal: *amore* —, fatherly love; *casa paterna*, paternal home; *la mia nonna paterna*, my paternal grandmother; *un gesto* —, a fatherly gesture.

paternostro *s.m.* **1** Paternoster; Lord's Prayer; Our Father: *dire dieci paternostri*, to say ten Our Fathers **2** (*di rosario*) Paternoster (bead) **3** (*mar.*) parrel truck **4** (*arch.*) paternoster.

pateticità *s.f.* pathetic nature.

patetico *agg.* **1** (*commovente*) moving, pathetic: *discorso* —, moving speech; *musica patetica*, music filled with pathos; *scena patetica*, pathetic (*o* moving) scene **2** (*penoso*) pathetic: *si è comportato in modo veramente* —, he behaved really pathetically; *parlare con tono* —, to speak in a pathetic tone of voice **3** (*anat.*) *nervo* —, pathetic nerve ◆ *s.m.* **1** pathos: *quell'attore riesce bene nel* —, that actor is good at pathos // *cadere nel* —, to become sentimental (*o* mawkish) **2** (*persona svenevole*) sentimental person, mawkish person: *non fare il —, non ti sopporto*, don't get sentimental, I can't stand it.

pateticume *s.m.* (*spreg.*) mawkishness [U].

patetismo *s.m.* pathos.

pathos *s.m.* pathos.

patibile *agg.* (*non com.*) endurable, bearable.

patibolare *agg.* sinister: *faccia* —, sinister face; *sguardo* —, sinister (*o* baleful) gaze.

patibolo *s.m.* gallows, scaffold: *mandare qlcu. al* —, to send s.o. to the gallows; *camminava come se andasse al* —, he walked as if he were going to the scaffold.

patimento *s.m.* suffering [U], torment, pain: *il — del freddo, della fame*, the torment of cold, of hunger; *una vita di patimenti*, a life of suffering.

patina *s.f.* **1** (*ossidazione superficiale*) patina // — *del tempo*, (*fig.*) patina of time **2** (*med.*) fur.

patinare *v.tr.* to patinate.

patinato *agg.* patinated // *carta patinata*, art (*o* glossy) paper.

patinatura *s.f.* patination.

patino → **pattino**[2].

patinoso *agg.* **1** (*ricoperto di patina*) patinous **2** (*della lingua*) furred.

patio *s.m.* patio*.

patire *v.intr.* to suffer: *quella pianta ha patito per il gelo*, that plant has suffered from the frost; *la tua popolarità non potrà che patirne*, your popularity can only suffer from it; *dopo tutto quello che mi ha fatto — ha avuto il coraggio di ripresentarsi*, after all the suffering he caused me he dared to show up again // *finire di* —, to have done with suffering ◆ *v.tr.* **1** to suffer: *ha patito molti torti*, he has suffered many wrongs; — *un affronto*, to suffer an affront; — *il caldo, il freddo*, to suffer from the heat, the cold; — *la fame*, to starve; *far — la fame a qlcu.*, to starve s.o. (*o* to let s.o. go hungry); — *la sete*, to be dying of thirst; *far — la sete a qlcu.*, to let s.o. go thirsty; *ho patito le pene dell'inferno con questa traduzione*, I had a hell of a time with this translation **2** (*sopportare*) to bear*, to stand*: *non posso — di veder maltrattare i bambini*, I cannot bear to see (*o* seeing) children ill-treated.

patito *agg.* wan, sickly: *un volto* —, a wan face; *quel ragazzo ha l'aria patita*, that boy looks sickly ◆ *s.m.* (*appassionato*) fan: *è un — del jazz*, he is a jazz fan (*o* a jazz-lover); *è un — della letteratura americana*, he's crazy about American literature.

patofobia *s.f.* (*psic.*) pathophobia.

patofobo *agg.* e *s.m.* (*psic.*) (person) affected by pathophobia.

patogenesi *s.f.* (*med.*) pathogenesis, pathogeny.

patogenetico *agg.* (*med.*) pathogenetic.

patogenicità *s.f.* (*med.*) pathogenicity.

patogeno *agg.* (*med.*) pathogenic, pathogenous.

patologia *s.f.* pathology (*anche fig.*).

patologico *agg.* **1** pathologic(al): *anatomia patologica*, pathological anatomy **2** (*fig.*) pathologic(al), abnormal: *è di una timidezza patologica*, he's abnormally shy // *è un caso* —, (*scherz.*) he's a nutcase.

patologo *s.m.* pathologist.

patomorfosi *s.f.* (*med.*) pathomorphism.

patos → **pathos**.

patosi *s.f.* (*med.*) pathosis.

patre → **padre**.

patria *s.f.* **1** country, native country, homeland: *amor di* —, love of one's country (*o* native country); *in — e all'estero*, at home and abroad; *erano esuli dalla* —, they were exiles from home; *amare la* —, to love one's country; *tornare in* —, to return to one's native country; *tradire la* —, to betray one's country; *abbandonare la* —, to leave one's country; *combattere, morire per la* —, to fight, to die for one's country // — *d'elezione*, adoptive country // *la — celeste*, the heavenly home // *ai caduti per la* —, in memory of those who gave their lives for their country // *altare della* —, the tomb of the Unknown Soldier // *la madre* —, the mother country // *i senza* —, stateless people // *nessuno è profeta in* —, no one is a prophet in his own country 2 (*luogo nativo*) birthplace; (*fig.*) home, land: *la — dei leoni e delle palme*, the home of lions and palm trees; *l'Umbria, — di pittori e di santi*, Umbria, home (*o* land) of painters and saints; *Firenze è la — di Dante*, Dante's birthplace was Florence.

patriarca *s.m.* 1 patriarch (*anche fig.*) 2 (*eccl.*) patriarch.

patriarcale *agg.* 1 patriarchal: *una famiglia —*, a patriarchal family; *società —*, patriarchal society; *autorità —*, patriarchal authority; *aspetto —*, venerable appearance 2 (*eccl.*) patriarchal: *chiesa —*, patriarchal church.

patriarcato *s.m.* 1 patriarchy, patriarchism, patriarchalism 2 (*eccl.*) patriarchate.

patricida e *deriv.* → **parricida** e *deriv.*

patrigno *s.m.* stepfather.

patrilineare *agg.* (*etnologia*) patrilinear.

patrilineo *agg.* (*etnologia*) patrilineal.

patrilocale *agg.* (*etnologia*) patrilocal.

patrilocalità *s.f.* (*etnologia*) patrilocality.

patrimoniale *agg.* patrimonial // (*dir.*): *reato —*, crime against property; *danno —*, property damage; *asse —*, estate and property; *proprietà —*, (*immobili*) patrimonial estate; *beni patrimoniali*, (*mobili*) chattels // (*econ.*) *rendita —*, unearned income (*o* income from property and investments) // (*trib.*) *imposta —*, (*sui beni immobili*) property tax // (*fin.*) *stato —*, financial standing, (*di un'azienda*) financial statement (of a company).

patrimonio *s.m.* 1 (*dir.*) property, patrimony: *— immobiliare*, real estate (*o* property); *— mobiliare*, personal estate (*o* chattels); *— dello stato, pubblico*, public property; *— privato*, private property; *— di una istituzione, di una chiesa*, patrimony of an institution, of a church; *— di un'azienda, societario*, assets (*o* corporate assets); *possedere, ereditare un —*, to own, to inherit a patrimony; *reato contro il —*, crime against property; *— in possesso condizionato*, estate upon condition; *— in possesso assoluto*, estate in fee; *— giacente*, lying estate; *— fiduciario*, trust // (*st.*) *il — di San Pietro*, the Patrimony of St. Peter 2 (*somma rilevante*) fortune: *la casa mi è costata un —*, the house cost me a fortune (*o* the earth); *accumulare un —*, to make a fortune 3 (*fig.*) (*eredità*) heritage, legacy: *il — artistico di un paese*, the artistic legacy (*o* heritage) of a country; *la lingua è il — comune di una nazione*, the language is the common heritage of a nation; *il — faunistico di una regione*, the heritage of wildlife of a region // (*biol.*) *— cromosomico*, chromosomal inheritance.

patrio *agg.* 1 (*della patria*) native; of one's own country: *amor —*, love of one's country (*o* patriotism); *tornare ai patrii lidi*, to return to one's native shores 2 (*paterno*) paternal (*anche dir.*): *patria potestà*, paternal authority; *le patrie soglie*, the paternal roof.

patriota *s.m.* e *f.* 1 patriot 2 (*fam.*) (*compatriota*) fellow countryman*, compatriot.

patriottardo *agg.* e *s.m.* jingoist.

patriottico *agg.* patriotic: *canzoni patriottiche*, patriotic songs; *spirito —*, patriotic spirit.

patriottismo *s.m.* patriotism.

patripassianismo *s.m.* (*teol.*) Patripassianism.

patripassiano *s.m.* (*teol.*) Patripassian.

patristica *s.f.* (*teol.*) patristics ⓤ; patrology.

patristico *agg.* patristic.

patriziale *agg.* (*non com.*) patrician.

patriziato *s.m.* patriciate.

patrizio *agg.* patrician, noble: *famiglia patrizia*, patrician family; *essere di sangue —*, to be of noble blood (*o* blue-blooded) ◆ *s.m.* patrician.

patrizzare *v.intr.* (*non com.*) to take* after one's father.

patrocinante *agg.* 1 (*dir.*) defending, pleading: *avvocato —*, counsel for the defence (*o* pleader) 2 (*sponsorizzante*) sponsoring, patronizing ◆ *s.m.* e *f.* 1 (*dir.*) counsel for the defence, pleader 2 (*sponsorizzatore*) sponsor, patron, supporter.

patrocinare *v.tr.* 1 (*dir.*) to defend, to plead*: *— una causa*, to plead a case 2 (*sponsorizzare*) to sponsor, to patronize, to support: *patrocinò la tua candidatura*, he supported your candidature; *— un partito politico*, to support a political party; *— una manifestazione culturale*, to sponsor a cultural event.

patrocinatore *s.m.* 1 (*dir.*) defence counsel, defender: *— legale*, counsel (*o* barrister) 2 (*sponsorizzatore*) sponsor, patron, supporter // *farsi — di una giusta causa*, to become a supporter of a just cause.

patrocinio *s.m.* 1 (*dir.*) (*difesa*) defence, pleading, legal representation: *gratuito —*, legal aid; *concedere il gratuito —*, to grant legal aid; *beneficiario del gratuito —*, pauper 2 (*sponsorizzazione*) support, sponsorship, patronage: *la mostra ha il — del comune*, the exhibition is under the sponsorship of (*o* is sponsored by) the municipal authorities.

patrologia *s.f.* patrology.

patrologico *agg.* patrologic.

patrologo *s.m.* patrologist.

patron *s.m.* 1 (*organizzatore*) patron 2 (*cartamodello*) paper pattern.

patronale *agg.* patronal.

patronato *s.m.* 1 patronage 2 (*istituzione di carità*) charitable institution; (*di assistenza*) benevolent fund: *— scolastico*, students' benevolent fund; *— dei carcerati*, prisoners' aid society.

patronessa *s.f.* patroness.

patronimia *s.f.* patronymy.

patronimico *agg.* e *s.m.* patronymic.

patrono *s.m.* 1 (*dir.*) defence, counsel for the defence 2 (*sponsorizzatore*) sponsor, supporter, patron: *il — di un artista, di un'istituzione benefica*, the patron of an artist, of a charity // *il* (*santo*) *— di una città, una chiesa ecc.*, the patron saint of a town, a church etc.

patta[1] *s.f.* (*sport*) draw, tie: *il gioco finì pari e —*, the game ended in a draw; *essere pari e —*, to be quits.

patta[2] *s.f.* 1 (*di tasca*) flap 2 (*region.*) (*di pantaloni*) fly, flies (*pl.*) 3 (*region.*) (*presina*) potholder.

patta[3] *s.f.* (*mar.*) fluke.

pattare *v.tr.* o *intr.* (*non com.*) (*far pari e patta*) to draw*, to tie.

pattarino → **patarino**.

patteggiabile *agg.* open to discussion (*pred.*), open to negotiation (*pred.*).

patteggiamento *s.m.* 1 (*il patteggiare*) negotiation, bargaining 2 (*dir.*) (*tra accusa e difesa nel processo penale*) plea bargaining 3 (*comm.*) negotiation, bargaining, deal.

patteggiare *v.tr.* to negotiate: *— la pace*, to negotiate peace ◆ *v. intr.* 1 (*condurre trattative*) to negotiate, to bargain, to enter into negotiation (*anche dir.*): *— col nemico*, to negotiate with the enemy // (*comm.*) *— sul prezzo*, to negotiate (*o* to haggle over) a price 2 (*scendere a patti*) to come* to terms, to reach an agreement, to compromise: *— con la propria coscienza*, to compromise with one's conscience.

patteggiatore *s.m.* negotiator.

pattinaggio *s.m.* (ice) skating: *— a rotelle*, roller-skating; *pista di —*, skating-rink, (*di ghiaccio*) ice rink.

pattinare *v.intr.* to skate; (*di automobile*) to skid.

pattinatoio *s.m.* (*per pattini*) ice rink; (*per schettini*) roller-skating rink.

pattinatore *s.m.* **pattinatrice** *s.f.* skater.

pàttino[1] *s.m.* 1 (ice) skate: *— a rotelle*, roller skate 2 (*aer.*) skid: *— di coda*, tail skid 3 (*mecc.*) sliding block.

pattìno[2] *s.m.* (*mar.*) 'pattino' (twin-hulled boat).

pattizio *agg.* pactional (*anche dir.*).

patto *s.m.* 1 pact, agreement: *— di amicizia*, pact of friendship; *un — di non aggressione*, a non-aggression pact; *— di pace*, peace treaty; *facciamo un —*, let's make an agreement (*o* pact); *attenersi, stare ai patti*, to keep to the agreement; *violare i patti*, to break an agreement; *venire a un —*, to come to an agreement; *concludere un —*, to make (*o* to reach) an agreement // *il Patto Atlantico*, the Atlantic Pact 2 (*condizione*) term; condition: *accetto a questi patti*, on these terms I accept; *venire a patti con qlcu.*, to come to terms with s.o.; *il nemico venne a patti*, the enemy came to terms // *a — che*, on condition that (*o* provided that): *puoi rimanere a — che tu rimanga zitto*, you may remain provided (that) you keep silent // *patti chiari amicizia lunga*, (*prov.*) clear understandings breed long friendships 3 (*dir.*) (*accordo formale*) covenant, agreement: *— arbitrale*, arbitration agreement; *— collaterale*, collateral covenant; *— vincolante*, obligatory covenant; *— sociale*, social contract; *patti agrari*, agrarian contracts (*o* contracts between landowners and farmers).

pattuglia *s.f.* (*mil.*) patrol: *essere di —*, to be on patrol; *— di polizia*, police patrol.

pattugliamento *s.m.* patrolling.

pattugliante *agg.* patrol (*attr.*) ◆ *s.m.* member of a patrol; patroller.

pattugliare *v.intr.* to patrol.

pattugliatore *s.m.* patroller.

pattuire *v.tr.* to agree (up)on (sthg.), to fix; to stipulate, to negotiate: *— un prezzo*, to agree upon a price; *— la resa*, to agree on the surrender; *— le condizioni di pagamento*, to fix (*o* to settle) the terms of payment // (*dir.*) *— una garanzia*, to stipulate a guarantee.

pattuito *agg.* agreed (upon): *somma pattuita*, amount agreed upon (*o* agreed amount); *prezzo —*, fixed (*o* agreed) price; *stipendio —*, agreed salary (*o* salary agreed upon) ◆ *s.m.* agreement; terms agreed upon: *rispettare il —*, to keep to terms.

pattuizione *s.f.* (*comm.*) negotiation, dealing; (*patto*) pact, agreement, terms agreed upon.

pattume *s.m.* (*region.*) (*spazzatura*) rubbish [U], (*spec. amer.*) garbage [U], trash [U].

pattumiera *s.f.* dustbin; (*spec. amer.*) garbage can.

paturne, **paturnie** *s.f.pl.* low spirits, (*fam.*) dumps: *avere le* —, to be in the dumps.

paulonia *s.f.* (*bot.*) (*Paulownia tomentosa*) paulownia.

pauperismo *s.m.* pauperism, poverty.

pauperistico *agg.* of pauperism, of poverty: *un ideale* —, an ideal of poverty.

paura *s.f.* **1** fear, dread; (*spavento*) fright; scare: *un bambino pieno di* —, a fearful child; *un uomo senza* —, a fearless man; *aveva — della morte*, he was afraid of death; *è comune nei bambini la — del buio*, fear of the dark is common in children; *ebbi una gran* —, I had a terrible fright (*o* scare); *mi hai fatto* —, you scared me; *avere — di qlco.*, to be afraid of sthg. (*o* to fear sthg.); *non aver —!*, don't be afraid (*o* frightened)!; *niente —!, non fa male*, don't be frightened!, it won't hurt; *vincere la* —, to overcome (one's) fear // *che —!*, what a fright (*o* scare)! // *per — che...*, for fear that (*o* lest): *glielo dirò io per — che lo venga a sapere da altri*, I will tell him myself for fear that (*o* lest) he should hear about it from someone else; *per — di...*, for fear of...: *cambiò strada per — d'incontrarlo*, he took another road for fear of meeting him // *è brutto da far* —, he is frightfully (*o* fearfully) ugly // *è una strada che fa* —, it is a frightening road // *quando lo vidi era morto di* —, when I saw him he was (*o* he looked) frightened (*o* scared) to death // *avere una — indiavolata*, to be scared to death // *avere — della propria ombra*, to be afraid of one's own shadow // *morire di* —, (*fig.*) to be scared to death: *far morire qlcu. di* —, to scare (*o* to frighten) s.o. to death **2** (*preoccupazione*) fear, worry: *aveva — di arrivare in ritardo*, he was afraid (that) he might arrive late; *avevo — che tu avessi perduto il treno*, I was afraid (*o* I worried) that you had missed the train; *l'esame d'inglese mi fa* —, the English examination worries me; *ho — che non verrà*, I am afraid he won't come; *ho — di sì, di no*, I am afraid (*o* I fear) so, not.

paurosamente *avv.* **1** (*timidamente*) fearfully, timidly, timorously: *veniva avanti* —, he advanced fearfully (*o* timidly *o* timorously) **2** (*in modo da far paura*) frighteningly, terrifyingly **3** (*immensamente*) fearfully, dreadfully, frightfully: *il traffico è — aumentato*, the traffic has increased dreadfully.

pauroso *agg.* **1** (*che ha paura*) fearful, timorous: *è un bambino* —, he is a timorous child // — *come un coniglio*, as timid as a rabbit **2** (*che incute paura*) frightening, terrifying **3** (*fam.*) (*straordinario*) incredible, frightening: *ha una cultura paurosa*, his culture is incredible.

pausa *s.f.* **1** pause; (*nel lavoro*) interval, break: *durante una — della conversazione*, during a pause in the conversation; *facciamo una —!*, let's have a break!; *la — per il pranzo*, the lunch break // (*econ.*) — *salariale*, wage pause **2** (*mus.*) rest, pause **3** (*tel.*) timeout **4** (*ling.*) pause.

pavana *s.f.* (*danza*) pavan, pavane.

paventare *v.intr.* (*letter.*) (*spaventarsi*) **1** to fear, to be afraid **2** (*di bestie, adombrarsi*) to shy ◆ *v.tr.* (*letter.*) (*temere*) to fear, to be afraid of (sthg.).

pavesare *v.tr.* (*ornare di pavese*) to dress (with flags): — *le strade di bandiere*, to dress (*o* to deck) the streets with flags (*o* bunting); — *una nave*, to dress a ship (with flags).

pavesata *s.f.* (*mar.*) bunting.

pavese[1] *agg.* of Pavia; from Pavia ◆ *s.m.* e *f.* native of Pavia; inhabitant of Pavia.

pavese[2] *s.m.* **1** (*mar.*) bunting **2** (*st.*) (*scudo*) pavis, pavise.

pavidità *s.f.* fearfulness, cowardliness, timidity.

pavido *agg.* (*letter.*) fearful, timorous; spiritless; cowardly ◆ *s.m.* timorous person; coward.

pavimentale *agg.* floor (*attr.*), pavement (*attr.*).

pavimentare *v.tr.* **1** (*una strada*) to pave: — *a macadam*, to macadamize **2** (*una stanza*) to floor: — *con assi*, to plank.

pavimentatore *s.m.* (*edil.*) floor layer.

pavimentazione *s.f.* **1** (*edil.*) flooring: — *a mosaico*, mosaic flooring; — *in legno*, wood flooring; — *a piastrelle*, tile flooring **2** (*di strada*) paving.

pavimentista → **pavimentatore**.

pavimento *s.m.* floor: — *di legno*, wood floor; — *di mattonelle*, tiling (*o* tiled floor); — *di pietra*, stone floor; *lucidare il* —, to polish the floor; *il — della sala è di marmo*, the floor of the room is marble (*o* the room has got a marble floor) // (*geogr.*) — *abissale*, abyssal (*o* ocean) floor.

pavimentoso *agg.* (*biol.*) pavement (cell).

pavloviano *agg.* Pavlovian.

pavlovismo *s.m.* (*med.*) Pavlovian theory.

pavoncella *s.f.* (*zool.*) (*Vanellus vanellus*) lapwing, peewit; (*pop.*) plover // — *combattente*, (*Philomachus pugnax*) ruff.

pavone *s.m.* **1** (*zool.*) peafowl; (*maschio*) peacock; (*femmina*) peahen **2** — *di mare*, (*Alopias vulpinus*) thrasher (shark), thresher **3** (*fig.*) (*uomo vanitoso*) peacock; vain person.

pavoneggiarsi *v.intr.pron.* to strut about, to show* off, to pose: *si pavoneggiava nel suo nuovo vestito*, he was strutting about in his new suit.

pavonesco *agg.* (*letter.*) (*fig.*) peacock-like; of a peacock.

pavonessa *s.f.* (*zool.*) peahen.

pavonia *s.f.* (*zool.*) (*Vanessa io*) peacock -butterfly: — *maggiore*, (*Saturnia pavonia*) emperor butterfly.

pazientare *v.intr.* to have patience; to exercise patience: *devi — un po' e tutto si risolverà*, you'll have to be a bit patient and everything will sort itself out.

paziente *agg.* **1** patient; forbearing, long -suffering: *essere — con qlcu.*, to be patient (*o* to have patience) with s.o. **2** (*scrupoloso*) careful, scrupulous; (*fatto con pazienza*) painstaking, patient: *un — lavoro di ricerca*, a painstaking piece of research ◆ *s.m.* patient.

pazientemente *avv.* **1** patiently; forbearingly, long-sufferingly **2** (*scrupolosamente*) carefully; painstakingly.

pazienza *s.f.* **1** patience; forbearance, endurance: *devi avere — con lui*, you must be patient with him; *è un lavoro di* —, it is a job which requires a great deal of patience; *armarsi, munirsi di* —, to arm oneself with patience; *mettere alla prova la — di qlcu.*, to try s.o.'s patience; *perdere la* —, to lose one's patience; *far perdere la — a qlcu.*, to make s.o. lose his temper // *gioco di* —, game of patience // *se non puoi venire, —!*, if you cannot come, never mind! // *non è arrivato, e —! ma non ha neanche telefonato*, he hasn't arrived, ok! (*o* all right!) but he hasn't even phoned // *"Mi spiace, non ho tempo" "Pazienza"*, "I'm sorry I haven't got the time" "Never mind" // *santa —, stai un po' fermo!*, for heaven's sake, keep still! **2** (*eccl.*) (*cordone dei frati*) cordon; (*scapolare*) scapular **3** (*bot. pop.*) *erba* —, (*Rumex patientia*) patience dock **4** (*mar.*) belaying pin rack.

pazza *s.f.* **1** madwoman* **2** (*estens.*) (*stravagante*) eccentric woman; (*fam.*) nutcase: *quella — di tua sorella*, your nutty (*o* crazy) sister.

pazzamente *avv.* madly, insanely; (*senza controllo*) wildly: — *geloso*, insanely jealous; — *innamorato*, madly in love.

pazzerello, **pazzerellone** *agg.* **1** (*sconsiderato*) madcap (*attr.*), mad **2** (*estens.*) (*imprevedibile*) changeable, capricious ◆ *s.m.* crazy fool, madcap.

pazzesco *agg.* **1** mad, insane; (*stupido*) foolish: *idee pazzesche*, foolish ideas // *è —!*, that's absolutely mad! (*o* that's incredible!) **2** (*eccessivo*) mad, crazy, absurd: *un prezzo* —, a crazy price.

pazzia *s.f.* **1** madness, craziness, insanity, lunacy: *in un accesso di* —, in a fit of madness (*o* in a frenzy); *la — è una malattia mentale*, insanity is a mental disorder; *avere un ramo di* —, to be a little crazy **2** (*cosa insensata*) madness; (*azione pazza*) mad act, folly, foolish action; (*idea pazza*) folly, foolish idea: *è una — uscire a quest'ora*, it is sheer folly (*o* it is absolutely mad) to go out at this time; *ho commesso una* —, I have done something foolish; *sarebbe una — lasciarlo fare*, it would be madness to let him do it; *spero non farai la — di accettare*, I hope you won't be so foolish as to accept; *vuoi andare al Polo Nord, che —!*, you want to go the North Pole, what a crazy idea!; *fare delle pazzie*, to act like a fool (*o* to behave irrationally); *avrei fatto pazzie per lei*, I would have done everything for her.

pazzo *agg.* **1** mad, crazy, insane (*anche fig.*); lunatic; (*fam.*) nutty, looney; (*amer.*) screwy: *è un po'* —, he is a little crazy; *ero — di gioia, di dolore*, I was mad with joy, grief; *sei —?*, are you crazy? (*o* are you mad?); *diventar* —, to go mad (*o* to go out of one's mind); *far diventar — qlcu.*, to drive s.o. mad // — *da legare*, raving mad // *innamorato* —, madly in love // *andar — per qlco.*, to be crazy (*o* mad) about sthg.: *va — per la torta di mele*, he is crazy about apple pie **2** (*sconsiderato*, *stravagante*, *bizzarro*) mad, crazy; foolish: *che pazza idea!*, what a crazy idea!; *una condotta pazza*, crazy behaviour; *una decisione pazza*, a crazy decision **3** (*eccessivo*, *smoderato*) wild: *pazza risata*, wild laughter; *spese pazze*, wild extravagance ◆ *s.m.* madman*, lunatic: *ospedale per pazzi*, lunatic asylum (*o* mental hospital) // *ma è da pazzi uscire adesso*, it's madness to go out now // *cose da pazzi!*, madness! (*o* unbelievable!) // *come un* —, like a madman: *si mise a urlare come un* —, he started shouting like a madman.

pazzoide *agg.* crazy; (*fam.*) looney: *è un po'* —, he's a bit crazy ◆ *s.m.* e *f.* (*fam.*) nutcase, looney; crazy.

peacock *s.m.* (*min.*) peacock ore.

peana *s.m.* paean.

pebrina *s.f.* (*vet.*) pebrine.

pecan *s.m.* (*bot.*) (*Carya illinoensis*) pecan (*pianta e frutto*).

pecari *s.m.* (*zool.*) razor-back; (*scient.*) peccary.

pecca *s.f.* **1** (*difetto*) fault, blemish, flaw **2** (*di persona*) (*mancanza*) fault; (*errore*) mistake, error: *anche lui ha qualche* —, he has his faults too.

peccaminosità *s.f.* (*non com.*) sinfulness.

peccaminoso *agg.* sinful; culpable: *vita peccaminosa*, sinful life.

peccare *v.intr.* **1** (*commettere un peccato*) to sin: *hanno peccato contro Dio*, they have sinned against God; — *d'avarizia, di gola*, to commit the sin of avarice, of greed; — *mortalmente*, to commit mortal sin; — *di superbia*, to commit the sin (*o* to be guilty) of pride; — *contro uno dei comandamenti*, to break one of the Commandments; — *di ingratitudine, di leggerezza*, to be guilty of ingratitude, of levity; — *di presunzione*, to be overpresumptuous // — *di modestia*, to be too modest // — *per difetto*, to fall short of what is required; — *per eccesso*, to exceed what is required **2** (*essere manchevole, difettoso*) to be deficient; to lack (sthg.); to be faulty: *quella statua pecca nelle proporzioni*, that statue is out of proportion.

peccato *s.m.* sin: — *mortale, originale, veniale*, mortal (*o* deadly), original, venial sin; — *di gola*, sin of gluttony; — *di omissione*, sin of omission; *cadere nel* —, to lapse into sin; *commettere, confessare, espiare un* —, to commit, to confess, to expiate a sin; *rimettere i peccati*, to forgive sins; *vivere in* —, to live in sin // *peccati di gioventù*, wild oats // *brutto come il* —, as ugly as sin // *che* —*!*, what a pity! (*o* what a shame!); *è un* — *che...*, it is a pity that...; —*! Mi piaceva proprio!*, (what a) pity! I really liked it!; — *non sia venuto con noi*, (what a) pity he didn't come with us // *non ho né colpa né* —, I'm completely innocent // *i sette peccati capitali*, the seven deadly sins // *chi di voi è senza — scagli la prima pietra*, (*Bibbia*) let him that is without sin among you, cast the first stone.

peccatore *s.m.* **peccatrice** *s.f.* sinner: — *impenitente*, unrepentant sinner; — *incallito*, hardened (*o* inveterate) sinner ◆ *agg.* sinful.

peccatuccio *s.m.* peccadillo; slight fault.

pecchia *s.f.* (*zool.*) (*Apis mellifera*) honeybee.

pecchione *s.m.* (*zool.*) drone.

peccia *s.f.* (*pop.*) (*legno di abete rosso*) Norway spruce wood.

pece *s.f.* pitch: — *da calzolai*, cobbler's wax; — *greca*, colophony (*o* rosin); *coke di* —, pitch coke; *coprire di* —, to pitch // *nero come la* —, as black as pitch: *la notte era nera come la* —, the night was pitch-dark.

pecetta *s.f.* (*region.*) (*cerotto*) (sticking) plaster // *mettere una* —, (*fig.*) to patch up // *essere una* —, (*fig.*) to be a nuisance (*o* a bore).

pechblenda *s.f.* (*min.*) pitchblende.

pechinese *agg.* Pekinese, Pekingese; Peking (*attr.*), Beijing (*attr.*); of Peking, of Beijing; Peking's (*attr.*), Beijing's (*attr.*) ◆ *s.m.* e *f.* **1** native of Peking, native of Beijing; inhabitant of Peking, inhabitant of Beijing; Pekinese, Pekingese // *i pechinesi*, the Pekinese (*o* the Pekingese) **2** (*cane*) Pekinese, Pekingese; (*fam.*) Peke.

pecilogonia *s.f.* (*zool.*) poecilogony.

peciloterma → **eterotermo**.

pecioso *agg.* (*chim.*) pitchy.

pecora *s.f.* sheep*; (*femmina*) ewe: *un gregge di pecore*, a flock of sheep // *la — nera della famiglia*, the black sheep of the family // *contare le pecore*, (*fig.*) to count sheep // — *delle Montagne Rocciose*, bighorn sheep.

pecoraggine *s.f.* **1** (*remissività*) docility; (*viltà*) cowardliness **2** (*stupidità*) stupidity.

pecoraio *s.m.* **1** shepherd **2** (*fig.*) (*uomo rozzo*) boor, churl.

pecorame *s.m.* flock of sheep (*anche fig.*).

pecoraro → **pecoraio**.

pecoreccio *agg.* **1** (*antiq.*) sheep (*attr.*) **2** (*fig.*) (*volgare*) vulgar, coarse.

pecorella *s.f.* **1** lamb (*anche fig.*): — *smarrita*, lost sheep **2** *pl.* (*detto di nuvole*) fleecy clouds: *cielo a pecorelle*, mackerel sky.

pecoresco *agg.* (*non com.*) (*da pecora*) fearful, timid, sheep-like; (*vile*) cowardly.

pecorile *agg.* (*non com.*) **1** (*di pecora*) sheep (*attr.*) **2** (*fig.*) → pecoresco ◆ *s.m.* (*letter.*) (*ovile*) sheep fold, sheep pen.

pecorino *agg.* sheep (*attr.*) ◆ *s.m.* 'Pecorino' cheese (sheep's milk cheese).

pecorone *s.m.* **1** (*uomo stupido*) blockhead **2** (*chi si sottomette passivamente*) sheep*: *siete una massa di pecoroni*, you're a load of sheep.

pecorume *s.m.* (*spreg.*) **1** (*insieme di individui*) bunch of sheep; servile bunch **2** (*fig.*) (*servilismo*) servility; (*viltà*) cowardice.

pectato *s.m.* (*chim.*) pectate.

pectico *agg.* (*biochim.*) pectic: *acido* —, pectic acid.

pectina *s.f.* (*biochim.*) pectin.

pectizzazione *s.f.* (*chim.*) pectization.

peculato *s.m.* (*dir.*) peculation; misappropriation of public funds; embezzlement (of public property by an officer): *reo di, autore del* —, peculator; *commettere* —, to embezzle.

peculiare *agg.* peculiar, characteristic, distinctive: *qualità* —, characteristic quality.

peculiarità *s.f.* peculiarity, distinctiveness.

peculio *s.m.* **1** (*st. dir. romano*) peculium (*pl.* -ia) **2** (*estens.*) (*somma di denaro*) hoard, sum of money, (*fam.*) nest egg.

pecunia *s.f.* (*letter.*) money; (*fam.*) pile: *non gli manca la* —, he has made his pile.

pecuniario *agg.* pecuniary: *pena pecuniaria*, pecuniary penalty (*o* fine); *reato punito con pena pecuniaria*, pecuniary offence.

pedaggio *s.m.* toll: *esente da* —, toll-free; *ponte a* —, toll-bridge; *pagare il* —, to pay the toll; — *municipale*, toll through.

pedagna *s.f.* (*mar.*) stretcher.

pedagogia *s.f.* pedagogy, pedagogics [U]; education: — *classica, marxista*, classic, Marxist education; *laurea in* —, degree in Education; *educare i figli con una — severa, permissiva*, to bring up one's children in a hard, permissive way.

pedagogico *agg.* pedagogical, pedagogic.

pedagogismo *s.m.* excessive attention to pedagogic principles; pedantry.

pedagogista *s.m.* e *f.* pedagogist.

pedagogo *s.m.* **1** pedagogue **2** (*st. greca*) pedagogue, tutor.

pedalabile *agg.* (*ciclismo*) good for cycling on (*pred.*).

pedalare *v.intr.* to pedal; (*estens.*) to cycle: *ho pedalato per 3 ore ininterrottamente*, I pedalled for three hours without stopping // *pedala se non vuoi che mi arrabbi*, (*fam.*) (*togliti di torno*) scarper (*o* scram) or I'll get angry.

pedalata *s.f.* **1** way of pedalling: *ha la — sciolta, disuguale*, he has an easy, uneven way of pedalling **2** (*colpo sul pedale*) thrust on a pedal: *con poche pedalate lo superò*, with a few thrusts on the pedal he overtook him // *ho voglia di farmi una — in campagna*, I feel like going for a cycle ride in the country.

pedalatore *s.m.* (*ciclista*) cyclist.

pedale *s.m.* **1** pedal: *il corridore pigiava forte sui pedali*, the cyclist pushed hard down on his pedals // (*aut.*): — *del freno*, foot-brake pedal; — *dell'acceleratore*, accelerator pedal; — *della frizione*, clutch pedal; — *di avviamento*, kickstarter; *freno a* —, foot brake **2** (*di macchina per cucire*) treadle **3** (*mus.*) pedal: — *del piano, del forte*, (*di organo, pianoforte*) soft, loud pedal **4** (*bot.*) foot* **5** (*region.*) (*calzino da uomo*) sock.

pedaleggiare *v.intr.* to pedal.

pedaliera *s.f.* **1** (*aer.*) rudder bar, rudder pedals (*pl.*): — *direzionale*, (*di elicottero*) tail rotor (*o* control pedal) **2** (*mus.*) pedal keyboard.

pedalina *s.f.* (*tip.*) platen.

pedalino *s.m.* (*region.*) sock.

pedalò, **pedalone** *s.m.* (*imbarcazione*) pedalo (*pl.* -os).

pedana *s.f.* **1** footboard, platform: — *della cattedra*, dais (*o* platform) **2** (*sport*) (*salto in lungo*) springboard, takeoff board; (*lancio del disco, peso e martello*) circle; (*scherma*) piste **3** (*di veicolo*) footboard; running board; (*di motoveicolo*) foot rest **4** (*sartoria*) tuck.

pedante *agg.* pedantic: *un uomo noioso e* —, a boring and pedantic man; *un critico* —, a pedantic critic; *un impiegato* —, an overmeticulous clerk ◆ *s.m.* e *f.* **1** pedant: *non fare il* —*!*, don't be pedantic! **2** (*ant.*) (*maestro di scuola, pedagogo*) pedagogue.

pedanteggiare *v.intr.* to be pedantic.

pedanteria *s.f.* pedantry: *questa è un'insopportabile* —, this is an intolerable piece of pedantry.

pedantesco *agg.* pedantic.

pedantismo *s.m.* pedantry.

pedario *s.m.* (*st.*) pedaulus.

pedata *s.f.* **1** kick: *cacciare qlcu. a pedate*, to kick s.o. out; *prendere qlcu. a pedate*, to kick s.o. repeatedly (*o* to give s.o. a booting); *aprire la porta con una* —, to kick open the door // *dare una — a qlco.*, (*fig.*) (*disfarsene*) to get rid of sthg. **2** (*impronta*) footprint, footstep **3** (*di scalino*) tread.

pedecollinare *agg.* (*geogr.*) at the foot of a hill.

pedemontano *agg.* (*geogr.*) piedmont: *ghiacciaio* —, piedmont glacier; *zona pedemontana*, piedmont.

pedemonte *s.m.* (*geogr.*) piedmont.

pederasta *s.m.* p(a)ederast.

pederastia *s.f.* p(a)ederasty.

pedestre *agg.* **1** (*ant., letter.*) pedestrian: *milizia* —, infantry **2** (*fig.*) pedestrian, dull, uninspired: *imitazione* —, uninspired imitation; *stile* —, pedestrian style.

pediale *agg.* (*cristallografia*) pedial.

pediatra *s.m.* e *f.* p(a)ediatrician, p(a)ediatrist.

pediatria *s.f.* p(a)ediatrics Ⓤ.

pediatrico *agg.* p(a)ediatric; children's, child (*attr.*): *clinica pediatrica*, children's (*o* p(a)ediatric) hospital; *visita pediatrica*, p(a)ediatric examination.

pedicazione *s.f.* p(a)edicatio.

pedicellaria *s.f.* (*zool.*) pedicellaria (*pl.* -ae).

pedicellato *agg.* (*bot.*) pedicellate; (*zool.*) pedicellate, pediculate.

pedicello *s.m.* **1** (*bot.*, *zool.*) pedicle, pedicel **2** (*region.*) (*brufolo*) spot; pimple.

pediculosi *s.f.* (*med.*) pediculosis*.

pedicure *s.m.* e *f.* **1** chiropodist **2** (*mestiere del pedicure*) chiropody, pedicure: *fare il — a qlcu.*, to pedicure s.o.

pedidio *agg.* (*anat.*) pedal.

pedigree *s.m.* pedigree.

pediluvio *s.m.* footbath.

pedina *s.f.* (*alla dama*) piece; (*agli scacchi*) pawn (*anche fig.*): *mi hai mangiato una* —, you've taken one of my pieces (*o* pawns); *muovere una* —, to make a move (*anche fig.*); (*muovere persone influenti*) to set wheels in motion; *saper muovere le proprie pedine*, (*fig.*) to know how to pull wires (*o* strings); *essere una — nelle mani di qlcu.*, (*fig.*) to be a pawn in s.o.'s hands.

pedinamento *s.m.* shadowing; (*fam.*) tailing.

pedinare *v.tr.* to shadow; (*fam.*) to tail: *essere pedinato dalla polizia*, to be tailed by the police; — *qlcu.*, to dog s.o.'s footsteps // — *una ragazza*, (*seguirla, importunarla*) to follow a girl ◆ *v.intr.* (*di uccelli*) to hop; to run* and jump.

pedione *s.m.* (*cristallografia*) pedion.

pedipalpo *s.m.* (*di aracnide*) pedipalpus (*pl.* -pi).

pedissequo *agg.* slavish: *imitazione pedissequa*, slavish imitation; *traduzione pedissequa*, literal (*o* slavish) translation.

pedivella *s.f.* pedal crank.

pedo *s.m.* **1** shepherd's crook, shepherd's staff **2** (*eccl.*) papal crosier.

pedocentrismo *s.m.* (*pedagogia*) child -centred teaching.

pedofilia *s.f.* p(a)edophilia.

pedogamia *s.f.* (*biol.*) pedogamy.

pedogenesi[1] *s.f.* (*geol.*) pedogenesis.

pedogenesi[2] *s.f.* (*biol.*) pedogenesis.

pedologia[1] *s.f.* (*geol.*) pedology, soil science.

pedologia[2] *s.f.* (*psic.*) pedology.

pedonale *agg.* pedestrian (*attr.*); for pedestrians: *passaggio* —, pedestrian crossing; *isola, zona* —, pedestrian precinct; *circolazione* —, passage of pedestrians; *strisce pedonali*, zebra crossing; *sulle strisce ha la precedenza il traffico* —, on a zebra crossing foot -traffic has the right of way.

pedonalizzare *v.tr.* (*urbanistica*) to pedestrianize: — *il centro storico*, to turn the (historic) town centre into a pedestrian precinct.

pedonalizzazione *s.f.* (*urbanistica*) pedestrianization, conversion into a pedestrian precinct.

pedone *s.m.* **1** pedestrian: *strada, passaggio riservato ai pedoni*, walkway **2** (*agli scacchi, pedina*) pawn.

pedopsichiatria *s.f.* child psychiatry.

peduccio *s.m.* **1** (*zampetto*) (*di maiale*) trotter; (*di capra*) hoof; (*di lepre*) paw **2** (*arch.*) corbel.

pedula *s.f.* climbing shoe; walking shoe.

pedule *s.m.* stocking-sole.

peduncolare *agg.* (*bot.*, *zool.*) peduncular.

peduncolato *agg.* (*bot.*, *zool.*) pedunculate, peduncled.

peduncolo *s.m.* (*scient.*) peduncle, stalk: *fornito di* —, stalked; *senza* —, stalkless.

pegamoide® *s.f.* pegamoid®.

pegaseo *agg.* (*letter.*) of Pegasus, Pegasean.

peggio *agg.compar.invar.* (*peggiore*) worse: *oggi il tempo è — di ieri*, the weather today is worse than (it was) yesterday; *lui non è — di te*, he is no worse than you; *la seconda alternativa mi sembra — della prima*, I think the second alternative is worse than the first; *sarebbe — non avvertirlo*, it would be worse not to inform him // *quel che è* —..., what is worse (*o* more)... // *c'è di* —, there's something worse; *non c'è* (*niente*) *di — che...*, there's nothing worse than... // (*tanto*) — *per lui, per loro*, so much the worse for him, for them; (*fam.*) that's his, their bad luck (*o* that's his, their funeral) // Usato anche come pron.: *non è un bel film, ma ne ho visti di* (o *dei*) —, it isn't a good film, but I've seen worse ◆ *agg.superl.rel.* (*fam.*) (*il peggiore*) the worst: *è la — decisione che potesse prendere*, it's the worst decision he could have made ◆ *s.f.invar.*: *avere la* —, to have (*o* to get) the worst of it // *alla* —, (*nella peggiore delle ipotesi*) at (the) worst; if the worst comes to the worst: *alla — dormiremo in macchina*, at worst (*o* if the worst comes to the worst) we'll sleep in the car // *alla* (*meno*) —, (*in qualche modo*) anyhow (*o* somehow): *un lavoro fatto alla* (*meno*) —, a job dashed off anyhow; *campare alla* (*meno*) —, to get by somehow (*o* as best one can) ◆ *s.m.* (*la cosa peggiore*) the worst (thing): *era il — che mi potesse capitare*, it was the worst thing that could have happened to me; *il — deve ancora venire*, the worst is yet to come; *abbiamo temuto il* —, we feared the worst; *non bisogna pensare sempre al* —, one mustn't always think of the worst; *essere preparato al* —, to be prepared for the worst; *a me è toccato il* —, I got the worst of it // *il — è che...*, the worst thing (*o* part) is that...: *il — è che abbiamo perso l'aereo*, the worst thing (*o* part) is that we missed the plane.

peggio *avv.compar.* (*in modo peggiore*) worse: *io parlo male l'inglese, ma lui lo parla — di me*, I speak English badly, but he speaks it (even) worse than I do; *erano trattati — degli schiavi*, they were treated worse than slaves; *le cose sono andate molto — del previsto*, things went a lot worse than expected; *dopo la cura mi sentivo — di prima*, after the treatment I felt (even) worse than I did before; *non avresti potuto farlo* — (*di così*), you couldn't have done it any worse (than that) // *stare* —, (*essere in peggiori condizioni*) to be (*o* to feel) worse; (*essere meno adatto*) to suit less: *il malato sta — di ieri*, the patient is (*o* feels) worse than yesterday; *loro stanno — di noi*, they are worse off than we are; *il verde mi sta — del rosso*, green suits me less than red // — *che mai*, worse than ever // *di male in* —, from bad to worse; *la situazione economica del paese va di male in* —, the country's economy is going from bad to worse // *sempre* —, worse and worse // *o* —, — *ancora*, worse still, even worse // *tanto* —!, so much the worse! // — *di così si muore*, (*fam.*) things couldn't be worse // — *che* —, — *che andar di notte!*, worse than ever! // *cambiare in* —, to change for the worse ◆ *avv.superl.rel.* worst; (*tra due*) worse: *è la commedia — recitata che abbia mai visto*, it's the worst-performed play I've ever seen; *era il — vestito dei due*, he was the worse dressed of the two; *si considerano la categoria — pagata*, they consider themselves the worst-paid category (*o* they think they are the worst paid).

peggioramento *s.m.* worsening; (*di malattia*) aggravation: *il — di una situazione*, the worsening (*o* deterioration) of a situation; *il — del tempo*, the worsening weather (*o* deterioration in the weather).

peggiorare *v.tr.* to make* worse, to worsen: *ciò peggiorò la situazione*, this made the situation worse; *non ha fatto che — le cose*, he has only made matters worse ◆ *v.intr.* to get* worse, to deteriorate; to worsen: *il malato continua a* —, the patient is getting worse and worse; *le sue condizioni fisiche peggiorano*, her physical condition is deteriorating; *le cose vanno peggiorando*, things are getting worse; *il tempo è peggiorato*, the weather has got worse.

peggiorativo *agg.* **1** depreciatory; pejorative: *senso* —, pejorative sense **2** (*gramm.*) pejorative: *suffisso* —, pejorative suffix ◆ *s.m.* (*gramm.*) pejorative.

peggioratore *agg.* worsening, that makes worse ◆ *s.m.* worsener.

peggiore *agg.* **1** *comp.* worse: *giorni peggiori*, worse days; *le sue condizioni sono peggiori di ieri*, his condition is worse than yesterday; *abbiamo superato momenti molto peggiori di questo*, we have got over much worse moments than this; *non è — di suo fratello*, he is no worse than his brother; *il tempo non avrebbe potuto essere* —, the weather could not have been worse; *non potevi capitare in un momento* —, you couldn't have turned up at a worse moment; *diventar* —, to get worse (*o* to worsen); *rendere — qlco.*, to make sthg. worse (*o* to worsen sthg.) **2** *superl.rel.* the worst; (*tra due*) the worse: *è il — individuo che abbia mai incontrato*, he's the worst person I've ever met; *non lo augurerei al mio peggior nemico*, I wouldn't wish it on my worst enemy; *il suo difetto — è l'avarizia*, his worst fault is his meanness; *era la peggior cosa che potesse fare*, it was the worst thing he could have done; *lui non è certamente il — fra voi due*, he is by no means the worse of you two; *tra le due soluzioni ha scelto la* —, he chose the worse of the two solutions // *nella — delle ipotesi*, if the worst comes to the worst.

pegmatite *s.f.* (*geol.*) pegmatite.

pegno *s.m.* **1** (*dir.*) pawn; lien; security; guarantee; (*oggetto dato in garanzia*) pledge: *monte dei pegni*, pawnshop; *polizza di* —, pawnticket; *vendita dei pegni*, sale of unredeemed pledges; *contratto di* —, contract of pledge; *dare, mettere qlco. come* —, *in* —, to give sthg. in (*o* at) pawn (*o* to pawn sthg. *o* to pledge sthg.); *dare, prendere a prestito su* —, to loan, to borrow on pledge; *prestare denaro su* —, to lend money on pledge (*o* against security); *rinnovare un* —, to renew a pledge; *ritirare, ri-*

scattare un —, to redeem a pledge; *garantito da* —, pledged; *chi dà in* —, pledger; *chi riceve in* —, pawnee (*o* pledgee) **2** (*segno, attestato*) token, pledge: *in — di amicizia*, in token of friendship; *prendi questo anello come — del mio amore*, take this ring as a token of my love **3** (*nei giochi*) (*penitenza*) forfeit: *giocare a pegni*, to play forfeits.

peiote → **peyote**.

pelacchiare *v.tr.* (*non com.*) **1** (*spelacchiare*) to pluck **2** (*fig.*) (*derubare*) to rob, to fleece.

pelagianesimo *s.m.* (*st. relig.*) Pelagianism.

pelagiano *agg.* e *s.m.* (*st. relig.*) Pelagian.

pelagico *agg.* pelagic; (*di flora e fauna marina*) oceanic.

pelago *s.m.* (*letter.*) sea (*anche fig.*): *un — di guai*, a sea of troubles.

pelame *s.m.* hair; (*di cane, cavallo ecc.*) coat; (*di uccelli*) plumage.

pelanda → **pelatoio**.

pelandrone *s.m.* (*fam.*) lazy fellow, idler, lazybones.

pelandronite *s.f.* (*scherz.*) laziness.

pelapatate *s.m.* potato peeler.

pelare *v.tr.* **1** to unhair; (*spennare*) to pluck: *— un pollo*, to pluck a chicken // *il parrucchiere mi ha pelato*, the hairdresser has scalped me // *prendere una gatta da* —, to let oneself in for sthg.: *hai preso una bella gatta da —!*, you have really let yourself in for sthg. there! **2** (*spellare*) to skin; (*sbucciare*) to peel, to pare: *— patate, pomodori*, to peel potatoes, tomatoes // *è un freddo che ti pela*, (*fig. fam.*) it is a cold that pierces you to the bone; *questo vento pela*, this wind goes right through you **3** (*fig., fam.*) (*far pagare salato*) to fleece; to rip off: *in quel negozio ti pelano*, they fleece you in that shop. □ **pelarsi** *v.intr.pron.* to lose* one's hair; (*diventar calvo*) to become* bald, to go* bald.

pelargonico *agg.* (*chim.*) pelargonic: *acido* —, pelargonic acid.

pelargonio *s.m.* (*bot.*) stork's-bill, pelargonium.

pelasgico *agg.* Pelasgic, Pelasgian: *civiltà pelasgica*, Pelasgic civilization.

pelata[1] *s.f.* **1** (*atto del pelare*) peeling; scalping **2** (*fig. fam.*) (*il far pagare salato*) fleecing; rip-off: *in quel ristorante ci hanno dato una bella —!*, we got ripped off in that restaurant (*o* the meal at that restaurant was a real rip-off).

pelata[2] *s.f.* (*scherz.*) (*testa calva*) bald head; (*calvizie*) baldness, bald spot.

pelato *agg.* **1** bald; hairless // *zucca pelata*, (*scherz.*) baldpate (*o* baldy) // *albero* —, bare tree **2** (*privato della buccia*) peeled ◆ *s.m.* **1** (*persona calva*) baldpate, baldy **2** *pl.* peeled tomatoes.

pelatrice *s.f.* (*tecn.*) peeler.

pelatura *s.f.* **1** unhairing; (*lo spennare*) plucking **2** (*spellatura*) peeling, paring.

pelaverdure *s.m.* peeler.

pelea *s.m.* (*zool.*) (*Pelea capreolus*) reebok.

pellaccia *s.f.* **1** (*pelle dura*) hard skin, thick skin **2** (*persona resistente*) tough person (*o* nut *o* cookie); (*persona senza scrupoli*) rascal.

pellagra *s.f.* (*med.*) pellagra.

pellagroso *agg.* pellagrous ◆ *s.m.* (*med.*) pellagrin.

pellaio *s.m.* (*chi concia pelli*) tanner; (*chi vende pelli*) dealer in leather.

pellame *s.m.* **1** (*spec. pl.*) hides (*pl.*); skins (*pl.*) **2** (*spreg.*) flabby, wrinkled skin.

pelle *s.f.* **1** skin; (*carnagione*) complexion: *— chiara*, fair complexion (*o* skin); *— secca, sottile*, dry, thin skin; *malattia della* —, skin disease; *porto sempre la maglia di lana sulla* —, I always wear woollens next to my skin; *questo detersivo mi irrita la* —, this washing powder irritates my skin; *i serpenti cambiano la — ogni anno*, snakes slough their skins every year // *a fior di* —, skin-deep: *ha i nervi a fior di* —, his nerves are on the edge // *amici per la* —, bosom friends // *ci giocherei la* —, (*fam.*) I should stake my life on it // *avere la — d'oca*, to have gooseflesh (*o* goose pimples); *far venire la — d'oca a qlcu.*, to give s.o. the creeps (*o* to make s.o.'s flesh creep) // *avere la — dura*, (*fig.*) to be thick-skinned // *essere tutto — e ossa*, to be all skin and bones (*o* to be a bag of bones) // *fare la — a qlcu.*, to do s.o. in (*o* to kill s.o.) // *fare la — lustra*, (*ingrassare*) to put on weight // *non stare più nella — dalla gioia*, to be simply bursting (*o* to be beside oneself) with joy // *rimetterci la* —, to lose one's life; *per quella stupida scommessa ci ha rimesso la* —, he paid for that stupid bet with his life // *rischiare la* —, to risk one's life // *salvare la* —, to save one's skin // *temere per la propria* —, to fear for one's skin // *vendere cara la* —, to sell one's life dearly (*o* to die hard) // *non bisogna vendere la — dell'orso prima che sia morto*, (*prov.*) don't count your chickens before they are hatched **2** (*cuoio*) hide; skin; fell: *— conciata, greggia*, dressed hide, rawhide; *— di capretto*, kid; *— di cavallo*, horse-hide; *— di daino*, buckskin (*o* deerskin *o* doeskin); *— di vitello*, calfskin; *— di vacca*, cowhide; *— di foca*, sealskin; *— lucida*, (*per scarpe ecc.*) patent leather; *articoli in* —, leather articles; *guanti di* —, leather gloves; *rilegato in* —, leather-bound; *commerciare in pelli*, to deal in leather; *conciare pelli*, to tan hides **3** (*buccia*) peel; skin, rind: *la — di un'arancia*, orange peel; *la — di una banana*, banana-skin; *la — di una mela*, apple peel **4** (*del latte*) skin; (*del formaggio*) rind; (*di una salsiccia*) skin **5** (*tess.*) *— d'uovo*, muslin.

pellegrina *s.f.* (*mantelletta da donna*) pelerine; tippet.

pellegrinaggio *s.m.* pilgrimage: *in* —, on a pilgrimage; *fare un — a*, to go on a pilgrimage to.

pellegrinare *v.intr.* **1** (*non com.*) to go* on a pilgrimage, to pilgrimage **2** (*letter.*) (*vagabondare*) to wander, to roam.

pellegrino *agg.* (*raro, strano*) rare, strange; (*straniero*) foreign; (*ramingo*) vagrant ◆ *s.m.* **1** pilgrim; (*viaggiatore*) traveller: *le strade dei pellegrini*, pilgrims' ways **2** (*zool.*) *falco* —, peregrin(e) (falcon).

pellerossa *s.m.* e *f.* American Indian, Red Indian, (*spreg.*) redskin: *una tribù di pellerossa*, an American Indian tribe.

pellet *s.m.* (*tecn.*) pellet.

pelletteria *s.f.* **1** (*articoli in pelle*) leather goods (*pl.*) **2** (*negozio di articoli in pelle*) leather goods shop **3** (*lavorazione delle pelli*) leather working.

pellettiere *s.m.* leather goods dealer.

pellettizzare *v.tr.* (*tecn.*) to pelletize.

pellettizzazione *s.f.* (*tecn.*) pelletization.

pellicano *s.m.* (*zool.*) pelican.

pellicceria *s.f.* **1** (*negozio di pellicce*) furrier's (shop) **2** (*pellicce*) furs (*pl.*): *commerciante di* —, dealer in furs (*o* fur trader *o* furrier) **3** (*lavorazione*) fur dressing.

pelliccia *s.f.* **1** fur: *animali da* —, fur animals; *foderato, guarnito di* —, lined, trimmed with fur; *— di coniglio*, cony; *— di foca*, sealskin; *— di zibellino*, sable; *— di visone*, mink **2** (*indumento*) fur coat: *devo mettermi la —?*, shall I wear my fur coat?

pellicciaio *s.m.* furrier, dealer in furs.

pellicciame *s.m.* (*non com.*) furs (*pl.*).

pellicciotto *s.m.* fur jacket.

pellicola *s.f.* **1** (*sottile membrana*) film, pellicle, membrane **2** (*fot., cinem.*) film: *— a passo ridotto*, substandard film; *— fotografica*, photographic film; *— impressionata*, exposed film; *— non impressionata*, unexposed film; *— ininfiammabile*, safety film; *— invertibile*, reversible film; *— sonora*, sound motion picture; *rullo di* —, rollfilm; *scatola per — cinematografica*, can; *sviluppare una* —, to develop a film // *che — danno questa sera?*, what film is on this evening? **3** (*bot.*) scurf.

pellicolaggio *s.m.* (*fot.*) stripping.

pellicolare *agg.* pellicular, pelliculous, skin (*attr.*).

pellirossa → **pellerossa**.

pellucidità *s.f.* pellucidity, pellucidness.

pellucido *agg.* pellucid // (*biol.*) *zona pellucida*, pellucid zone // (*anat.*) *setto* —, septum pellucidum.

pelo *s.m.* **1** hair; (*ispido*) bristle: *il cuscino era ricoperto dei peli del gatto*, the cushion was covered with the cat's hairs; *aveva il mento ricoperto da peli ispidi*, his chin was covered with bristles // *un ragazzo di primo* —, a callow youth // *ci mancò un — che non glielo dicessi*, I was within a hair's breadth of telling him; *se l'è cavata per un* —, he escaped by the skin of his teeth (*o* he had a close shave); *per un — non cadevo*, I nearly fell; *ho perso il treno per un* —, I just missed the train (*o* I missed the train by a hair's breadth); *le due macchine si sono evitate per un* —, the two cars only just managed to avoid each other // *non gli torsi un* —, I didn't touch a hair of his head // *quel vestito è un — troppo largo*, that dress is a trifle too large // *avere il — sullo stomaco*, to be ruthless; *ci vuole del — sullo stomaco per fare quel che hai fatto*, you have to be ruthless to do what you've done // *cercare il — nell'uovo*, to split hairs // *fare il — e il contropelo a qlcu.*, (*fig.*) to tear into s.o. // *non avere peli sulla lingua*, to be very outspoken **2** (*pelame*) coat, hair [U]; (*pelliccia*) fur: *il — di un cane*, a dog's coat (*o* hair); *il — di un cavallo*, horse's coat; *— ruvido, liscio*, coarse, smooth (*o* sleek) coat; *un gatto dal — liscio e morbido*, a cat with soft, smooth fur; *cane dal — lungo*, long -haired (*o* shaggy) dog; *collo di* —, fur collar; *dal — raso*, short-haired; *il soffice — della volpe*, the soft coat of the fox // *cavalcare a* —, (*senza sella*) to ride bareback // *lisciare il — a qlcu.*, to soft-soap (*o* to flatter) s.o. // *il lupo perde il — ma non il vizio*, (*prov.*) the leopard cannot change its spots **3** (*di tessuto grezzo*) pile; (*lavorato*) nap **4** (*di piante, filamenti*) hair // (*bot.*): *— urticante*, sting (*o* stinging hair); *— radicale*, root-hair; *— ghiandolare*, glandular hair **5** *pl.* (*di spazzola*) bristles **6** *il — dell'acqua*, the surface of the water.

peloponnesiaco *agg.* Peloponnesian.

pelosella *s.f.* (*bot.*) (*Hieracium pilosella*) mouse-ear hawkweed.

pelosità *s.f.* hairiness; (*villosità*) shagginess.

peloso *agg.* hairy; (*villoso*) shaggy; (*bot.*, *zool.*) comose, crinite.

pelota *s.f.* (*sport*) pelota.

pelta *s.f.* (*st.*) pelta*.

peltasta *s.m.* (*st.*) peltast.

peltato *agg.* **1** (*st.*) armed with a pelta **2** (*bot.*) peltate.

peltro *s.m.* pewter.

peluche *s.f.* (*fr.*) plush, felt: *una foca di —*, a felt seal; *orso di —*, teddy bear.

peluria *s.f.* **1** down; (*di animale*) wool, undercoat: *coperto di —*, downy **2** (*bot.*) duvet: *ricoperto di —*, comose.

pelvi *s.f.* (*anat.*) pelvis*.

pelvico *agg.* (*anat.*) pelvic: *cinto —*, pelvic girdle.

pelvimetria *s.f.* (*med.*) pelvimetry.

pemfigo *s.m.* (*med.*) pemphigus.

pena *s.f.* **1** (*dir.*) (*punizione*) punishment; penalty; sanction; sentence: *— capitale*, capital punishment; *— di morte*, death penalty (*o* sentence); *chiedere la — di morte*, to invoke the death sentence (*o* penalty); *il massimo, minimo della —*, the maximum, minimum penalty (*o* of the penalty); *il codice stabilisce le pene*, punishments (*o* penalties) are laid down by law; *infliggere una —*, to inflict a punishment (*o* a penalty); *scontare una —*, to serve a sentence (*o* to undergo a term of punishment); *condonare una —*, to remit a penalty; *passibile di —*, subject to penalty; *fu condannato a una — pecuniaria*, he was fined (*o* sentenced to a fine) // *— del contrappasso*, punishment fitting the crime // *sotto — di*, under penalty (*o* pain) of (*o* on pain of): *gli proibirono di tornare in patria* (*sotto*) *— (del)la vita*, he was forbidden to return to his country under pain of death // *— eterna*, eternal punishment **2** (*patimento, dolore fisico*) pain, suffering; (*afflizione, angoscia*) pain, pang; sorrow; affliction; grief; suffering: *le pene d'amore, del rimorso*, the pains (*o* pangs) of love, of remorse; *nessuno può immaginarsi la mia —*, nobody can imagine my sorrow; *ha sopportato con pazienza le sue pene*, he bore his sufferings patiently; *che cosa ti dà —?*, what is worrying you?; *non darti — per me, me la caverò!*, don't worry about me, I'll manage; *sono in — per lui*, I am anxious (*o* worried) about him; *sto sempre in — quando ritardano la sera*, I always worry when they are late in the evening; *sentire, aver — per qlco., qlcu.*, to grieve at sthg., for s.o.; *mi fa —*, I feel sorry (*o* pity) for him // *la squadra oggi faceva —!*, it was painful to watch the team today (*o* the team was dreadful today) // *è un'anima in —*, he is a soul in torment; *vuoi stare fermo?, mi sembri un'anima in —*, will you keep still? you're like a bag full of cats // *soffrire le pene dell'inferno*, to suffer the torments (*o* pains) of hell **3** (*fatica, disturbo*) trouble: *non ne vale la —*, it isn't worth it; *non vale la — di andare*, it isn't worth going // *darsi la — di fare qlco.*, to take the trouble to do sthg.: *mi sono dato la — di informarlo, ma non mi ha neppure ringraziato*, I took the trouble to inform him and he never even thanked me.

penale *agg.* **1** criminal, penal: *processo —*, criminal trial; *avvocato —*, criminal lawyer; *azione, codice, diritto —*, criminal action, code, law; *cause penali*, criminal suits (*o* cases); *responsabilità —*, criminal liability (*o* responsibility); *intraprendere azione — contro qlcu.*, to bring criminal proceedings against s.o. // *certificato —*, police record **2** (*relativo alla pena*) penal: *colonia —*, penal colony ◆ *s.f.* penalty, fine; (*in un contratto*) penalty clause; forfeiture: *dovrà pagare la —*, he will have to pay the penalty; *— per inadempienza contrattuale*, forfeit for non-performance of a contract.

penalista *s.m.* e *f.* **1** (*avvocato*) criminal lawyer **2** (*criminalista*) penologist, criminalist.

penalistico *agg.* penological.

penalità *s.f.* **1** penalty, forfeiture, fine: *— per ritardo*, penalty for delay; *pagare una —*, to pay a penalty (*o* fine) **2** (*sport*) penalty.

penalizzare *v.tr.* **1** (*dir.*) to criminalize, to penalize, to impose a penalty on (s.o.) **2** (*fig.*) (*danneggiare*) to damage: *lo scandalo ha penalizzato la sua carriera*, the scandal damaged his career.

penalizzazione *s.f.* (*dir.*) penalization, criminalization.

penalmente *avv.* penally, criminally: *responsabile —*, criminally liable.

penalty *s.f.* (*sport*) penalty.

penare *v.intr.* **1** to suffer: *nessuno sa quanto ho penato*, nobody knows how much I have suffered; *ha finito di —*, his sufferings are over; *la lunga malattia l'ha fatto —*, the long illness caused him great suffering **2** (*faticare*) to have a lot of trouble; to find* it difficult: *abbiamo penato per trovare un lavoro*, we had a lot of trouble finding a job; *ho dovuto — per essere ricevuta dal direttore*, I found it very difficult getting to see the manager.

penati *s.m.pl.* (*relig. romana*) Penates, household gods.

penchant *s.m.* (*fr.*) (*inclinazione*) penchant, liking: *avere un — per qlcu., qlco.*, to have a liking for s.o., sthg.

pencolamento *s.m.* **1** leaning; swaying **2** (*fig.*) hesitation, wavering.

pencolare *v.intr.* **1** (*pendere*) to lean*; (*vacillare*) to sway, to totter, to wobble; (*essere poco saldo*) to be unsteady: *— da una parte*, to lean to one side; *pencolava sulla sedia e finì per cadere*, he wobbled on his chair and then fell off **2** (*esitare*) to hesitate, to waver: *— fra diverse opinioni*, to hesitate (*o* to waver) between different opinions.

pendaglio *s.m.* **1** (*ciondolo*) pendant **2** (*di spada*) frog **3** (*ornamento*) hanging **4** *— da forca*, (*spreg.*) gallows-bird.

pendant *s.m.* (*fr.*) **1** pendant, companion (piece), one of a matching pair: *questo quadro fa — all'altro*, this picture is the companion to the other one; *i due vasi fanno —*, the two vases are a matching pair **2** (*orecchino con pendaglio*) pendant-earring.

pendente *agg.* **1** hanging, pendent: *una lampada — dal soffitto*, a lamp hanging from the ceiling **2** (*inclinato*) leaning **3** (*dir. ecc.*) pending, pendent; outstanding: *una causa —*, a pending suit; *carichi pendenti*, pending prosecutions; *controversia —*, unsettled controversy; (*amm.*) *pratiche pendenti*, outstanding files; (*comm.*) *conto —*, outstanding account **4** (*dubbioso*) wavering, undecided ◆ *s.m.* **1** (*orecchino*) earring, pendant-earring **2** (*ciondolo*) pendant.

pendenza *s.f.* **1** slope, incline: *la — di una strada, una collina, un tetto*, the slope of a road, a hill, a roof; *— longitudinale*, (*di strada*) longitudinal slope; *— trasversale*, (*di strada*) crossfall; *una lieve, forte —*, a slight, steep slope; *attento, la strada è molto in —!*, be careful, the road is very steep! // (*stat.*) *— della curva di richiesta*, slope of the demand curve **2** (*grado d'inclinazione*) gradient, grade // (*ferr.*): *— limite*, limiting (*o* maximum) gradient; *— massima*, ruling gradient // (*aer.*) *— minima di volo librato*, minimum gliding angle **3** (*dir.*) pending suit; (*comm.*) outstanding account: *c'è una — di alcuni milioni di lire*, there is an outstanding debt of a few million lire; *definire una —*, to settle an outstanding account; *cercherò di sistemare tutte quelle pendenze*, I shall try to settle all those outstanding matters; *ci sono pendenze insolute*, there are some outstanding matters.

pendere *v.intr.* **1** to hang* (down): *un lampadario enorme pendeva dal soffitto*, an enormous chandelier was hanging from the ceiling; *grosse mele pendevano dagli alberi*, big apples hung on the trees; *ti pende la sottoveste*, your petticoat shows // *dimmi tutto, pendo dalle tue labbra*, tell me everything, I'm hanging on your every word **2** (*inclinare*) to lean*, to incline; to be inclined: *la Torre di Pisa pende da un lato*, the Tower of Pisa leans to one side; *raddrizza il quadro, pende tutto a destra!*, straighten the painting, it slants towards the right!; *la nave pende sensibilmente a tribordo*, the ship lists heavily (*o* has a bad list) to starboard // *la bilancia pende dalla mia parte*, (*fig.*) the scales are tipped in my favour **3** (*di superficie, avere forte pendenza*) to slope; to slant: *la strada pende molto*, the road is very steep **4** (*fig.*) (*propendere*) to be inclined, to lean*, to tend: *pende verso il socialismo*, he is inclined towards socialism; *pendo a credere che sia innocente*, I am inclined to believe that he is innocent **5** (*incombere*) to hang* (over sthg.), to overhang* (*anche fig.*): *una grande calamità pendeva sul paese*, a great calamity hung over the country; *rupe che pende minacciosa*, overhanging rock **6** (*dir.*) (*di causa, lite*) to be pending: *la causa pende tuttora*, the suit is still pending **7** (*essere indeciso*) to hesitate, to waver: *pendeva tra l'accettare e il rifiutare*, he wavered between accepting and refusing.

pendice *s.f.* (*letter.*) slope; declivity: *le pendici di una montagna*, the slopes of a mountain; *il rifugio è alle pendici del monte Rosa*, the shelter is on the slopes of Monte Rosa.

pendino *s.m.* **1** (*ferr.*) hanger, dropper **2** (*edil.*) hanging tie-rod **3** (*mecc.*) hanger.

pendio *s.m.* (*di montagna*) slope; (*in salita*) rise; (*in discesa*) declivity; slant: *salire un —*, to climb up a slope // *essere in —*, to be sloping (*o* to slope); *la strada è in —*, the road slopes.

pendola *s.f.* pendulum-clock.

pendolamento *s.m.* swinging; oscillation, pendulation.

pendolare[1] *v.intr.* **1** (*oscillare*) to swing*; to sway, to oscillate **2** (*estens.*) to travel backwards and forwards, to commute: *— da Milano a Como*, to commute between Milan and Como **3** (*mar.*) to patrol.

pendolare[2] *agg.* **1** pendular: *un movimento —*, a pendular movement **2** (*di viag-*

giatore) commuter (*attr.*); commuting ◆ *s.m.* e *f.* commuter: *treno di pendolari*, commuter train; *fare il* —, to commute.

pendolarismo *s.m.* **1** (*fig.*) (*comportamento oscillante*) wavering **2** (*di viaggiatori*) commuting: *il — è un serio problema sociale*, commuting is a serious social problem.

pendolarità *s.f.* (*condizione di chi è pendolare*) commuting.

pendolinista *s.m.* e *f.* diviner who uses a pendulum; pendulum dowser.

pendolino[1] *s.m.* (divining) pendulum.

pendolino[2] *s.m.* (*zool.*) (*Remir pendulinus*) penduline.

pendolo[1] *s.m.* **1** (*fis.*) pendulum*: *— semplice, composto*, simple, compound pendulum; *— a compensazione*, compensation pendulum; *— balistico*, ballistic pendulum; *moto del* —, pendulum motion; *oscillazione del* —, swing of the pendulum // (*astr.*) *— sismico*, pendulum seismograph **2** (*edil.*) (*archipendolo*) plumb-rule **3** (*orologio a pendolo*) pendulum-clock.

pendolo[2], **pendulo** *agg.* **1** (*letter.*) hanging; pendulous, pendent **2** (*anat.*) *velo* —, uvula palatina.

pene *s.m.* (*anat.*) penis*.

penelope *s.f.* (*zool.*) → **fischione**.

penepiano *s.m.* (*geol.*) peneplain.

penetrabile *agg.* penetrable: *una difesa facilmente* —, an easily penetrable defence; *un mistero difficilmente* —, an almost impenetrable mystery.

penetrabilità *s.f.* penetrability.

penetrale *s.m.* (*st.*) **1** (*spec. pl.*) penetrale, penetralia, sanctuary **2** (*fig. letter.*) (*parte più intima*) inner sanctum, innermost depths (*pl.*).

penetramento → **penetrazione**.

penetrante *agg.* **1** (*di freddo*) penetrating, piercing, biting; (*di suono*) penetrating, piercing; (*di odore*) pungent, powerful, pervasive; (*di sguardo*) searching, piercing, keen: *grido* —, shrill (*o* piercing) cry **2** (*di ferita*) deep **3** (*fig.*) (*acuto*) acute, perceptive; incisive: *un'analisi* —, a perceptive analysis; *parole penetranti*, incisive words; *mente* —, acute mind.

penetranza *s.f.* **1** (*fis.*) penetrative capacity **2** (*biol.*) penetrance.

penetrare *v.tr.* **1** to seep into (sthg.); to penetrate; to pierce: *un grido penetrò il silenzio*, a cry pierced the silence; *la lama gli penetrò il braccio*, the blade penetrated his arm; *l'acqua penetra la roccia*, the water seeps into the rock; *un odore che penetra l'aria*, a pungent smell that hangs in the air **2** (*arrivare a capire, a conoscere*) to penetrate, to get* to the heart of (sthg.): *— un mistero, la verità*, to penetrate (*o* to get to the heart of) a mystery, the truth; *— i più oscuri recessi di un'anima*, to penetrate the innermost recesses of a soul ◆ *v.intr.* **1** to penetrate (into sthg.); (*a fatica, con oggetto acuto*) to pierce (into sthg.); (*passare attraverso*) to pass (through sthg.); (*entrare*) to go* (into sthg.), to enter (sthg.); (*entrare furtivamente*) to steal* (into sthg.): *la luce penetrava dalla finestra*, the light filtered through the window; *una spina è penetrata nella pelle*, a thorn has pierced the skin; *i ladri penetrarono in casa dal balcone*, the thieves stole into the house from the balcony **2** (*di notizie, idee*) to penetrate (into sthg.); to filter (into sthg.); (*di freddo, di suono*) to pierce (into sthg.): *un freddo che penetra*, a piercing (*o* biting) cold; *le loro idee stanno lentamente penetrando nella nostra cultura*, their ideas are slowly filtering into our culture; *un rumore che penetra*, a piercing (*o* shrill) noise.

penetrativo *agg.* **1** penetrating, penetrative **2** (*fig.*) penetrating; incisive: *un'intelligenza penetrativa*, a penetrating intelligence.

penetratore *s.m.* (*tecn.*) indenter.

penetrazione *s.f.* **1** penetration: *la — dei mercati stranieri da parte dei prodotti nazionali*, the penetration of foreign markets by national products // (*pol.*) *— pacifica*, peaceful penetration **2** (*fig.*) penetration, insight: *un'analisi condotta con acuta* —, an analysis carried out with sharp insight.

penetrometro *s.m.* (*tecn.*) penetrometer.

penfigo → **pemfigo**.

penicillina *s.f.* penicillin.

penicillinico *agg.* penicillin (*attr.*).

penicillio *s.m.* (*biol.*) penicillium.

penicillo *s.m.* (*biol.*) penicillus (*pl.* -li).

peninsulare *agg.* peninsular.

penisola *s.f.* peninsula: *la — iberica*, the Iberian peninsula.

penitente *agg.* penitent, repentant: *è un peccatore* —, he is a repentant sinner ◆ *s.m.* e *f.* penitent.

penitenza *s.f.* **1** penance (*anche teol.*): *rinunciare a qlco. per* —, to give up sthg. as a penance; *fare qlco. per* —, to do sthg. as a penance; *sacramento della Penitenza*, Sacrament of Penance; *far* —, to do penance **2** (*pentimento*) penitence, repentance **3** (*castigo*) punishment **4** (*nei giochi*) forfeit: *hai perso, devi fare la* —, you've lost, you've got to pay the forfeit.

penitenziale *agg.* penitential: *salmi penitenziali*, penitential psalms // (*dir.*): *multa* —, penalty; *caparra* —, earnest money (subject to forfeiture in case of default).

penitenziario *agg.* penitentiary ◆ *s.m.* (state) prison, gaol, jail; (*amer.*) penitentiary.

penitenziere *s.m.* (*eccl.*) penitentiary: *— maggiore*, Grand Penitentiary.

penitenzieria *s.f.* (*eccl.*) penitentiary.

penna *s.f.* **1** (*di uccello*) feather: *il pavone ha delle belle penne*, the peacock has fine feathers (*o* fine plumage); *mettere le penne*, to feather; *pulirsi le penne*, to plume; *questi uccelli hanno appena messo le penne*, these birds are just fledged (*o* are fledglings) // *— maestra*, primary; *— copritrice*, tectrix; *— remigante*, pinion (*o* remex); *— terziaria*, tertial; *penne timoniere*, rudder // *cane da* —, gundog // *ci ha lasciato le penne*, (*fam.*) he kicked the bucket **2** (*usata come ornamento*) feather, plume: *penne di struzzo*, ostrich feathers; *cappello ornato di penne*, hat adorned with plumes // *— nera*, Alpino, Alpine soldier **3** (*per scrivere*) pen: *— a sfera*, ballpoint pen; *— d'oca*, quill (pen); *— stilografica*, fountain pen; *disegno a* —, pen-and-ink drawing; *tratto di* —, stroke of the pen; *passare a — un disegno*, to ink in a drawing // *lasciare nella* —, (*fig.*), to leave unwritten // *non saper tenere la — in mano*, not to know how to write // *amico di* —, penfriend // (*inform.*) *— ottica, luminosa, elettronica*, data pen **4** (*scrittore*) man of letters, writer: *è una delle migliori penne d'Italia*, he is one of the best writers in Italy **5** *pl.* (*ali*) wings: *spiegare le penne*, to spread one's wings **6** (*estremità del martello*) peen: *martellare a* —, to peen **7** (*parte della freccia*) feather (of arrow) **8** (*mus.*) (*plettro*) quill, plectrum* **9** *pl.* (*cuc.*) 'penne' (pen-shaped pasta) **10** (*mar.*) (*angolo di*) —, peak **11** (*cima di monte*) peak.

pennacchiera *s.f.* plume.

pennacchio *s.m.* **1** plume; bunch of feathers; (*mil.*) panache: *un cappellino rosso col* —, a little red hat with a plume; *un elmo ornato di un* —, a plumed helmet // *— di fumo*, (*di un camino*) plume of smoke, (*di una locomotiva*) trail of smoke **2** (*arch.*) pendentive **3** (*astr.*) *— coronale*, coronal plume.

pennacchiuto *agg.* (*scherz.*) (*ornato di pennacchi*) plumed.

pennaccino *s.m.* (*mar.*) dolphin striker, martingale.

pennarello *s.m.* felt-tip pen, marking pen.

pennata *s.f.* (*non com.*) **1** penful of ink **2** (*tratto di penna*) stroke of the pen.

pennato *agg.* **1** (*provvisto di penne*) feathered, plumed; (*a forma di penna*) feather -shaped **2** (*bot.*) pennate, pinnate, pinnated ◆ *s.m.* (*agr.*) billhook.

pennatula *s.f.* (*zool.*) sea pen, pennatula.

pennecchio *s.m.* flax on the distaff, wool on the distaff.

pennellare *v.tr.* **1** to paint: *— una porta di rosso*, to paint a door red **2** (*fig.*) (*descrivere*) to depict: *— un ambiente*, to depict a setting.

pennellata *s.f.* **1** brush-stroke; stroke of the brush: *— da maestro*, masterly brush-stroke; *dare l'ultima* —, to put the finishing touch **2** (*fig.*) (*elemento descrittivo*) telling phrase, telling stroke: *descrizione a vivaci pennellate*, vivid (*o* lively) description.

pennellatura *s.f.* **1** (*non com.*) brushwork Ⓤ **2** (*di ferita*) painting.

pennelleggiare *v.tr.* (*letter.*) to paint ◆ *v.intr.* to work with a brush.

pennellessa *s.f.* flat brush.

pennellificio *s.m.* brush factory.

pennello[1] *s.m.* **1** brush; (*da pittore*) paintbrush: *— di setole*, bristle brush; *— per la barba*, shaving brush // *arte del* —, painting // *fare qlco. a* —, to do sthg. perfectly; *stare a* —, to fit perfectly: *quell'abito ti va a* —, that dress fits you perfectly (*o* to a T); *un esempio che calza a* —, an example that fits perfectly **2** (*idraulica*) groin **3** (*fis.*) *— elettronico*, electron beam.

pennello[2] *s.m.* (*mar.*) (*bandiera da segnalazione*) pennant.

pennichella *s.f.* (*region.*) snooze, nap, doze: *farsi una — dopo pranzo*, to have a snooze after dinner.

penniforme *agg.* penniform.

pennino *s.m.* nib, pen-nib.

pennivendolo *s.m.* (*spreg.*) (*scrittore*) hack (writer).

pennoncello *s.m.* **1** (*stendardo*) pennoncel **2** (*pennacchio*) plume.

pennone *s.m.* **1** pennon, pennant **2** (*mar.*) yard; *— di contromezzana*, mizzen-topsail yard; *— di controvelaccio*, main-royal yard; *— di gabbia*, main-topsail yard: *— di maestra*, mainyard; *— di mezzana*, cross-jack yard; *— di trinchetto*, foreyard; *— di velaccio*, maintopgallant yard; *— maggiore*, lower yard.

pennoniere *s.m.* (*mar.*) yardman*.

pennuto *agg.* feathered, fledged ◆ *s.m.* (*uccello*) bird.

penny *s.m.* penny*: *costa 30 —*, it costs 30 pence (*o* 30 p).

penombra *s.f.* **1** gloom, semi-darkness, twilight: *la — del bosco*, the gloom in the wood; *la stanza era in —*, the room was in semi-darkness **2** (*astr.*) penumbra (*pl.* -ae, -as).

penosamente *avv.* **1** painfully: *una malattia — lunga*, a painfully long illness **2** (*con difficoltà*) with difficulty, laboriously: *avanzava — lungo la strada*, he walked with difficulty along the road.

penosità *s.f.* painfulness: *la — di una situazione*, the painfulness of a situation.

penoso *agg.* (*che procura pena*) painful; (*compassionevole*) distressing: *una penosa malattia*, a painful illness; *silenzio —*, painful silence; *una penosa situazione*, a painful (*o* distressing) situation; *fare una figura penosa*, to cut a sorry figure // *la squadra ha giocato in modo —*, the team played woefully (*o* pitifully).

pensabile *agg.* thinkable, imaginable: *non è — che tu vada da solo*, it's unthinkable for you to go alone // *la sua reazione è stata al di là del —*, his reaction was quite unimaginable.

pensamento *s.m.* (*il pensiero*) thought; (*il pensare*) (way of) thinking.

pensante *agg.* thinking: *l'uomo è un essere —*, man is a thinking being.

pensare *v.tr.* **1** to think*: *lo pensavo più intelligente*, I thought him a more intelligent man; *pensi che verrà?*, do you think he will come?; *penso sia meglio rimanere*, I think (that) it is better to stay; *non lo pensavo possibile*, I didn't think it possible; *hai pensato che regalo farle?*, have you thought of something to give her?; *penso di no*, I don't think so (*o* I think not); *penso di sì*, I think so; *cosa devo — di questo?*, what am I supposed to think about this?; *non so cosa — di te*, I don't know what to make of you; *e tu cosa ne pensi?* and what do you think?; *cosa* (*ne*) *pensi della sua elezione?*, what do you think about his election? // *pensa cos'hai combinato!*, just think what trouble you've caused! // *pensa che soddisfazione!*, just think what a satisfaction! // *chi* (*ti*) *pensi di essere!*, who do you think you are! // *e — che gli volevo bene!*, and just think I was in love with him! **2** (*proporsi*, *deliberare*) to think*, to decide: *penso di venire*, I think I'll come; *ho pensato di non venire*, I have decided not to come; *ho pensato che partirò con te*, I have made up my mind to leave with you; *non ho mai pensato di farlo*, I have never thought of doing it; *non ho mai pensato di licenziarmi*, I've never even dreamt of resigning; *penso di telefonargli*, I think I shall ring him up **3** (*immaginare*) to think*, to imagine: *non avrei mai pensato di incontrarlo di nuovo*, I never thought I'd meet him again; *non pensavo di urtare la sua suscettibilità*, I didn't think I would hurt his feelings; *deve avere 40 anni, penso*, he must be forty, I guess **4** (*tenere in mente*) to bear* in mind, to remember, to consider: *dobbiamo — che non è più giovane*, we must bear in mind (*o* consider) that he is no longer a young man **5** (*architettare*) to think* up, to invent: *— un mezzo, un espediente*, to think up a means, an expedient // *una ne fa e cento ne pensa*, he's always up to something // *ma le pensa di notte queste cose?*, (*fam.*) goodness knows where he gets these ideas! ◆ *v.intr.* **1** to think*; (*rivolgere il pensiero a*) to think* (of s.o., sthg., of doing): *l'uomo è un essere che pensa*, man is a thinking being; *è un caso che fa —*, it is a case that makes you think; *ho altro da —*, I have other things on my mind; *perché non pensi prima di parlare?*, why don't you think before you talk?; *ma non sai — con la tua testa?*, can't you think for yourself?; *a che stai pensando?*, what are you thinking of?; *ti penso sempre*, I always think of you; *pensi solo a, per te*, you only think of yourself; *pensa solo ai soldi*, he only thinks of money; *smetti di — al tuo lavoro*, stop thinking about your work; *ci penserò su*, I'll think it over; *dobbiamo — a un modo di dirglielo*, we must think of a way of telling him; *lasciami —*, let me think it over; *pensaci! poi fammi sapere*, think it over! then let me know; *dovevi pensarci prima*, you should have thought of it before // *dar da —*, to give cause for anxiety: *i suoi figli le danno da —*, her children give her cause for anxiety; *la sua salute mi dà da —*, his health worries me // *ha pensato bene di chiamare il medico*, he thought he had better call the doctor // *pensa e ripensa, mi sono ricordato il suo indirizzo*, after racking my brains I remembered his address // *ma ci pensi!, una vacanza al mare da soli*, just think! a holiday at the seaside by ourselves // *ma pensa! chi l'avrebbe detto!*, goodness! who would have thought it! // *non ci penso neanche!*, not on your life! // *lascio — a te, come sono rimasto!*, you can imagine how I felt! // *— tra sé e sé*, to think to oneself **2** (*badare*) to mind (sthg.); to take* care (of s.o., sthg.), to look after (s.o., sthg.): *non preoccuparti, penso io ai bambini*, don't worry, I'll take care of the children // *ci penso io*, I'll see to it (*o* I'll look after it); *vuoi — tu agli invitati?*, would you see to the guests? // *non ci —, era un po' nervoso!*, don't let it bother you, he was a bit upset! // *pensa alla salute!*, think of your health! // *pensa per te, ai fatti tuoi*, mind your own business **3** (*giudicare*) to think*, to consider: *chi pensa in un modo, chi in un altro*, some people see it one way, others see it differently; *tu sai come la penso*, you know what I think; *— bene di qlcu.*, to think well of s.o.; *— male di qlco., qlcu.*, to think ill of sthg., s.o.

pensata *s.f.* bright idea, brainwave: *ho fatto una bella —*, I had a bright idea (*o* I had a brainwave); *una delle sue pensate!*, one of his bright ideas (*o* brainwaves).

pensatoio *s.m.* (*scherz.*) quiet place to think.

pensatore *s.m.* thinker // *libero —*, freethinker.

pensierino *s.m.* **1** thought: *questa è la mia proposta, facci un —*, that's my proposal, think it over; *ho visto una pelliccia stupenda: ci farei un —*, I saw a wonderful fur coat and I'm tempted **2** (*a scuola*) sentence (composed as a writing exercise in primary school): *scrivere un — sulle vacanze*, to write a sentence about the holidays **3** (*piccolo dono*) little gift, little present: *ti ho portato un —*, I bought you a little something.

pensiero *s.m.* **1** thought: *— nobile, gentile*, noble, kind thought; *assorto nei suoi pensieri*, absorbed (*o* lost) in thought; *scacciare un cattivo —*, to banish an evil thought; *sei sempre nei miei pensieri*, you are always in my thoughts; *riandare con il — al passato*, to think back over the past; *volare sulle ali del —*, to be carried away by one's thoughts // *mi hai letto nel —*, you have read my mind; *la lettura del —*, thought reading // *al — di, che...*, at the thought of, that...: *al — di avere ospiti mia madre viene presa dal, si fa prendere dal panico*, at the thought of guests coming my mother gets into a flap; *sono contento al — che domani arrivi l'amica di Billy*, I'm glad to think Billy's friend is coming tomorrow **2** (*mente*) mind: *conservare sveglio e agile il —*, to preserve a quick and sharp mind **3** (*modo di pensare*) thought; way of thinking: *il — religioso dei Greci*, the religious thought of the Greeks; *secondo il — di Byron*, according to Byron's way of thinking; *rispettare il — di qlcu.*, to respect s.o.'s way of thinking (*o* ideas); *libertà di —*, freedom of thought **4** (*opinione*) attitude; opinion; mind: *non conosco il suo —*, I don't know his attitude (*o* opinion); *cambiar —*, (*antiq.*) to change one's mind; *dire il proprio —*, to speak one's mind **5** (*cura*, *attenzione*) thought, care: *è piena di pensieri per suo padre*, she is full of care for her father; *tutti i miei pensieri sono per lui*, all my thoughts are for him **6** (*ansia*, *preoccupazione*) trouble, worry: *la mia vita è piena di pensieri*, my life is full of troubles (*o* worries); *non darti — di farlo*, don't trouble to do it; *non darti — per questo*, don't worry about this; *quel ragazzo è un gran —*, that boy is a great worry; *la sua salute mi dà —*, his health worries me; *non darti — per me*, don't worry about me; *stare in — per qlcu., qlco.*, to be worried (*o* to be anxious) about s.o., sthg.; *è assillata dal — di ingrassare*, she's obsessed by the idea (*o* thought) she's getting fatter; *dai questo esame, così ti levi il —*, if you take this exam it will be over and done with; *per questo mese mi sono tolto il — dell'affitto*, I've paid the rent for this month so that's that; *vivere senza pensieri*, to live without a worry in the world **7** (*fam.*) (*dono*) gift, present: *gradisca questo piccolo —*, please accept this little present.

pensierosità *s.f.* pensiveness, thoughtfulness.

pensieroso *agg.* thoughtful; (*malinconico*, *meditabondo*) pensive: *è diventato taciturno e —*, he has grown silent and pensive.

pensile *agg.* hanging, suspended, pensile: *giardino —*, roof garden // (*mobile*) *—*, wall cupboard (*o* wall unit) // *i giardini pensili di Babilonia*, the hanging gardens of Babylon.

pensilina *s.f.* (*tettoia a sbalzo*) cantilever roof; marquee; (*tettoia con riparo su due lati*) shelter; (*per fermata autobus*) bus shelter.

pensionabile *agg.* pensionable, retirement (*attr.*): *età —*, pensionable (*o* retirement) age (*o* age of retirement).

pensionabilità *s.f.* (*non com.*) pensionability; (*amm.*) eligibility for a pension.

pensionamento *s.m.* retirement; (*per limiti d'età*) superannuation: *— anticipato, posticipato*, early (*o* beforehand), delayed retirement // *fondo di —*, pension (*o* retirement) fund.

pensionante *s.m.* e *f.* boarder, paying guest, lodger: *abbiamo avuto molti pensionanti nella scorsa estate*, we had many boarders (*o* paying guests) last summer.

pensionare *v.tr.* **1** (*assegnare una pensione a*) to pension, to give* a pension to (s.o.) **2** (*mettere in pensione*) to pension off, to retire; (*per limiti d'età*) to superannuate.
□ **pensionarsi** *v.rifl.* (*non com.*) to retire.

pensionario *agg.* (*amm.*) (*antiq.*) pensioned, retired (on a pension) ◆ *s.m.* **1** (*amm.*) (*antiq.*) pensioned person, retired person **2** (*pensionante*) boarder, lodger.

pensionatico *s.m.* (*dir.*) (*ant.*) agistment, grazing right.

pensionato *agg.* retired, pensioned; (*per limiti d'età*) superannuated: *insegnante* —, retired teacher; *si recò a far visita a un collega* —, he went to see a retired colleague ◆ *s.m.* **1** pensioner, retired person: — *dell'esercito, dello stato*, Army, State pensioner; — *statale*, retired civil servant; — *di guerra*, retired serviceman **2** (*albergo*) hostel: *il — universitario ospita duecento studenti*, the University hostel accommodates two hundred students; — *per studenti*, student hostel; — *per persone anziane*, old people's home.

pensione *s.f.* **1** (*amm.*) (*assegno vitalizio*) pension; (*per limiti d'età*) superannuation, annuity: — *di guerra*, war (*o* ex-serviceman's) pension; — *di vecchiaia*, old age pension; — *di invalidità*, disability pension; — *aziendale*, corporate pension; — *di anzianità*, retirement pension; — *di quiescenza*, retiring pension; — *di reversibilità, indiretta*, widow's (*o* joint *o* reversionary) pension; — *di lavoro*, occupational pension; — *integrativa*, supplementary pension; — *calcolata sugli ultimi stipendi*, graduate pension; — *indicizzata*, indexed pension; — *non contributiva, sociale*, non-contributory pension; *avente diritto a, che dà diritto a* —, pensionable; *concedere, assegnare una — a qlcu.*, to grant a pension to s.o. (*o* to pension s.o.); *godere di una* —, to enjoy (*o* to receive) a pension; *avere, ricevere una* —, to draw a pension; *riscuotere, ritirare la* —, to draw one's pension; *vivere di* —, to live on a pension // *andare, mettersi in* —, to retire (on a pension); *essere in* —, to be retired: *è in — dal 1955*, he has been retired since 1955 // *mandare, mettere in* —, to pension off: *fu messo in — dopo quarant'anni di servizio*, he was pensioned off after forty years' service; *mettere qlcu. in — col massimo dello stipendio*, to retire s.o. (*o* to pension s.o. off) on full pay // *maturare il diritto di* —, to accumulate pension rights **2** (*vitto e alloggio*) board and lodging: — *completa*, full board; *mezza* —, half board; *essere, vivere, stare a — presso una famiglia*, to board with a family; *tenere a* —, to take in boarders (*o* lodgers *o* paying guests); *mettere a — qlcu.*, to put s.o. to board **3** (*istituzione alberghiera*) guesthouse, boardinghouse: *villeggiare in una* —, to spend one's holiday in a guesthouse.

pensionistico *agg.* pension (*attr.*), retirement (*attr.*): *sistema* —, pension plan (*o* system *o* scheme); *contributi pensionistici*, pension contributions.

penso *s.m.* (*antiq.*) (*compito assegnato per punizione*) extra homework.

pensosità *s.f.* pensiveness, thoughtfulness.

pensoso *agg.* **1** thoughtful, pensive, absorbed in thought (*pred.*): *quel giorno era pensosa*, she was pensive that day **2** (*letter.*) (*sollecito*) thoughtful, considerate.

penta- *pref.* di origine greca che entra nella composizione di alcuni sostantivi e aggettivi con il significato di 'cinque'; ingl. penta-: *pentapoli*, pentapolis; *pentastico*, pentastich; (*chim.*) *pentavalente*, pentavalent.

pentachina *s.f.* (*chim.*) pentaquine.

pentacolo *s.m.* pentacle.

pentacordo *s.m.* (*mus.*) pentachord.

pentadattilo *agg.* (*zool.*) pentadactyl.

pentaedro *s.m.* (*mat.*) pentahedron.

pentaeritrite *s.f.* (*chim.*) pentaerythritol.

pentaeritritolo *s.m.* (*chim.*) pentaerythritol.

pentafillo *s.m.* (*bot.*) (*Potentilla reptans*) five-finger, cinquefoil.

pentagonale *agg.* (*mat.*) pentagonal.

pentagono *s.m.* **1** (*mat.*) pentagon **2** *Pentagono*, (*Ministero della Difesa negli* USA) Pentagon.

pentagramma *s.m.* (*mus.*) pentagram.

pentametro *s.m.* (*metrica*) pentameter.

pentano *s.m.* (*chim.*) pentane.

pentapartito *s.m.* (*pol.*) five-party coalition.

pentapodia *s.f.* (*metrica*) pentapody.

pentaprisma *s.m.* (*fot.*) pentaprism.

pentarca *s.m.* pentarch.

pentarchia *s.f.* pentarchy.

pentasillabo *agg.* pentasyllabic; five-syllable (*attr.*) ◆ *s.m.* pentasyllable; five-syllable word, five-syllable verse.

pentastilo *agg.* (*arch.*) pentastyle.

Pentateuco *s.m.* (*Bibbia*) Pentateuch.

pentathlon *s.m.* (*sport*) pentathlon.

pentatleta *s.m.* (*sport*) pentathlete.

pentatlo, pentatlon → **pentathlon**.

pentatlonista → **pentatleta**.

pentatomico *agg.* (*chim., fis.*) pentatomic.

pentatonico *agg.* (*mus.*) pentatonic; five-tone (*attr.*).

pentavalente *agg.* (*chim.*) pentavalent.

pentecostale *agg.* Pentecostal ◆ *s.m.pl.* (*st. relig.*) Pentecostalists.

pentecostalismo *s.m.* (*st.relig.*) Pentecostalism.

Pentecoste *s.f.* (*eccl.*) Pentecost, Whitsunday; (*degli ebrei*) Pentecost: *domenica di* —, Whitsunday.

pentimento *s.m.* **1** repentance; remorse; contrition; (*rincrescimento*) regret: *sincero, tardivo — dei propri peccati*, sincere, belated repentance for one's sins; *mostrare* —, to show remorse (*o* regret); *provare* —, to feel repentant **2** (*cambiamento di opinione*) change of mind; second thoughts (*pl.*) **3** (*pitt.*) pentimento; afterthought.

pentino *s.m.* (*chim.*) pentyne.

pentirsi *v.intr.pron.* **1** to repent (sthg., of sthg.); to regret (sthg., doing): — *dei propri peccati*, to repent (of) one's sins; *ben presto si pentì della sua generosità*, he soon regretted his generosity; *me ne pento amaramente*, I regret it bitterly; *'Pentitevi!', ripeteva il frate*, 'Repent!' repeated the friar; *mi pento di averglielo detto*, I regret telling him; *mi pento di ciò che ho fatto*, I regret what I did; *non ho niente di cui pentirmi*, I have nothing to repent of; *non te ne pentirai*, you will not regret it; *mi pento di non aver fatto il medico*, I regret not having become a doctor; *si pentì subito di quella scelta*, he regretted his choice immediately; *si pentì di aver parlato così aspramente*, he regretted speaking so rudely // *pensaci prima per non pentirti poi*, look before you leap // *ti farò pentire delle tue parole*, I will make you regret your words **2** (*cambiare proposito*) to change one's mind: *disse di no, ma poi si pentì*, he said no but then he changed his mind.

pentitismo *s.m.* tendency of terrorists, or criminals to turn State's evidence and dissociate themselves from their past (views).

pentito *agg.* repentant, penitent: *terrorista* —, repentant terrorist ◆ *s.m.* **1** penitent **2** (*giornalismo*) criminal who turns State's evidence; (*in* GB) Queen's, King's evidence.

pentlandite *s.f.* (*min.*) pentlandite.

pentodo *s.m.* (*fis.*) pentode.

pentola *s.f.* **1** saucepan, pot, pan: — *di terracotta*, earthenware pot; — *di acciaio*, steel saucepan; — *a pressione*, pressure cooker; *mettere una — sul fuoco*, to put a saucepan on to cook; *togliere la — dal fuoco*, to take the saucepan off the cooker; *cosa metti in — per questa sera?*, what are you going to cook, this evening?; *qualcosa bolle in* —, (*fig.*) something is brewing // *essere una — di fagioli*, (*fig.*) to be a grumbler // *il diavolo fa le pentole ma non i coperchi*, (*prov.*) the truth will out **2** (*contenuto di una pentola*) potful: *una — di patate*, a potful of potatoes.

pentolaio *s.m.* **1** (*chi vende pentole*) seller of earthenware articles **2** (*chi fabbrica pentole*) potter.

pentolame *s.m.* pots and pans (*pl.*).

pentolata *s.f.* (*non com.*) **1** potful **2** (*colpo*) blow with a pot.

pentolino *s.m.* small (sauce)pan: *il — del latte*, the milk pan.

pentosano *s.m.* (*chim.*) pentosan.

pentoside *s.m.* (*chim.*) pentoside.

pentosio, pentoso *s.m.* (*chim.*) pentose.

pentossido *s.m.* (*chim.*) pentoxide.

pentotal® *s.m.* (*chim.*) pentothal®.

pentrite *s.f.* (*chim.*) pentrite.

penultimo *agg.* penultimate, second-last: *la penultima sillaba*, the penultimate (*o* second -last) syllable ◆ *s.m.* penultimate, second-last, last but one: *era il — della fila*, he was the second-last (*o* the last but one) in the row.

penuria *s.f.* shortage, scarcity: — *d'acqua*, shortage (*o* scarcity) of water; — *di insegnanti*, shortage (*o* scarcity) of teachers; — *di alloggi*, housing shortage; — *di mezzi*, lack of means; — *di operai specializzati*, shortage (*o* scarcity) of skilled labour; — *di materie prime*, scarcity of raw materials; *far fronte alla — di risorse naturali*, to make up for the shortage of natural resources; *c'era gran — di notizie*, there was a great dearth of news // (*fin.*): — *di capitali*, shortage of capital; — *di fondi*, lack of funds; — *creditizia*, credit stringency.

penzolare *v.intr.* to dangle; to hang* (down): — *da un ramo*, to dangle from a branch.

penzolo *s.m.* **1** cluster; pendant **2** (*mar.*) pendant, pennant.

penzoloni *avv.* dangling; hanging; hanging down (*pred.*): *un cane con le orecchie* —, a dog with hanging ears; *seduto con le gambe* —, seated with his legs dangling; *stava là, con le braccia — e un sorriso stupido*, he was standing there, his arms hanging down and a foolish smile on his face.

peocio → **mitilo**.

peon *s.m.* (*bracciante dell'America Latina*) peon.

peonaggio *s.m.* (*lavoro forzato a risarcimento di debito*) peonage.

peone[1] *s.m.* (*metrica*) paeon.

peone[2] → **peon**.

peonia *s.f.* (*bot.*) (*Paeonia officinalis*) peony.

pepaiola *s.f.* **1** pepper pot, pepperbox **2** (*macinapepe*) pepper mill.

pepare *v.tr.* to pepper, to add pepper to (sthg.).

pepato *agg.* **1** peppery, peppered // *pan* —, gingerbread **2** (*fig.*) (*pungente*) sharp, biting: *parole pepate*, sharp words; *una risposta pepata*, a sharp answer **3** (*fam.*) (*esorbitante*) steep, exorbitant: *un prezzo* —, a steep (*o* an exorbitant) price.

pepe *s.m.* **1** (*bot.*) (*Piper nigrum*) pepper: — *del Perù, falso* —, (*Schinus molle*) pepper tree; — *della Giamaica*, (*Pimenta officinalis*) allspice (*o* pimento); — *di Caienna*, (*Capsicum fastigiatum*) Cayenne (*o* red) pepper; — *d'acqua, erba* —, (*Polygonum hydropiper*) smartweed; — *garofanato*, (*Eugenia caryophyllata*) clove **2** (*spezie*) pepper: — *bianco, nero, rosso, verde*, white, black, red, green pepper; — *in chicchi, macinato*, whole, ground pepper; *grano di* —, peppercorn; *condire con* —, to sprinkle with pepper // *barba, capelli, stoffa sale e* —, pepper-and-salt beard, hair, cloth // *una ragazza tutto* —, a spirited girl.

peperino[1] *s.m.* (*persona vivace*) (real) live wire: *quella ragazza è un* —, that girl's a real live wire.

peperino[2] *s.m.* (*geol.*) peperino.

peperita → **piperita**.

peperomia *s.f.* (*bot.*) peperomia.

peperonata *s.f.* peperonata (sweet peppers, onion and tomato stewed in a pan).

peperoncino *s.m.*: — *rosso*, chilli*.

peperone *s.m.* **1** (*bot.*) (*Capsicum annuum*) paprika **2** (*il frutto*) pepper; (*piccante*) chilli, chilly: *peperoni sott'aceto*, pickled peppers // *diventare rosso come un* —, to go as red as a beetroot **3** (*fig.*) (*scherz.*) (*grosso naso*) beak.

pepiera *s.f.* pepper pot.

pepita *s.f.* nugget.

peplo *s.m.* peplos, peplum.

peponide *s.f.* (*bot.*) amphisarca, pepo.

peppola *s.f.* (*zool.*) (*Fringilla montifringilla*) brambling.

pepsi *s.f.* (*med.*) digestion: — *gastrica*, gastric (*o* peptic) digestion.

pepsina *s.f.* (*biochim.*) pepsin.

peptico *agg.* (*med.*) peptic: *ulcera peptica*, peptic ulcer.

peptidasi *s.f.* (*biochim.*) peptidase.

peptide *s.m.* (*biochim.*) peptide.

peptizzare *v.tr.* e *intr.* (*chim.*) to peptize.

peptogeno *agg.* (*med.*) peptogenic, peptogenous.

peptone *s.m.* (*biochim.*) peptone.

peptonizzare *v.tr.* (*biochim.*) to peptonize.

per *prep.* **1** (*moto per luogo*) through; (*lungo*) along; up, down; (*sopra*) over; all over; (*senza direzione fissa*) about, (a)round: *il treno passa — Bologna*, the train passes through Bologna; *il corteo sfilerà — le vie principali della città*, the procession will pass through (*o* will go along) the main streets of the city; *si entra — la porta laterale*, you enter through the side door; *correre — i campi*, to run through the fields; *guardò — il buco della serratura*, he looked through the keyhole; *un pensiero le passò — la mente*, a thought passed through her mind; *siamo venuti — quel sentiero*, we came along that path; *scendere (giù) — la collina, salire (su) — la collina*, to go down the hill, to go up the hill; — *mare e — terra*, over land and sea; *andare — il mondo*, to go all over (*o* round) the world; *hanno girato — tutta la città senza trovare un albergo*, they went all over (*o* all round) the town without finding a hotel; *aveva dolori — tutto il corpo*, he had aches and pains all over his body (*o* he was aching all over) // *una retta passante — un punto*, a straight line passing through a point **2** (*moto a luogo, destinazione*) for; to: *parto domani — Roma*, I'm leaving for Rome tomorrow; *a che ora parte il primo aereo — Parigi?*, what time does the first plane for Paris take off?; *dovete prendere l'autostrada — Como*, you must take the motorway for Como; *a causa dello sciopero, i traghetti — le isole sono sospesi*, owing to the strike, ferry crossings to the islands are suspended // *va — i quaranta*, he's going on for forty **3** (*stato in luogo*) in, on; (all) over: — *la strada*, in the street; *era seduto — terra*, he was sitting on the ground; *c'erano vari oggetti sparsi — il pavimento*, there were various objects scattered (all) over the floor // *avere la testa — aria*, to have one's head in the clouds **4** (*estensione, misura*) for: *l'autostrada si snoda — oltre 200 chilometri*, the motorway runs for over 200 kilometres; *proseguimmo in auto — un'altra decina di chilometri*, we drove on for another ten miles or so; *camminarono — miglia e miglia senza incontrare anima viva*, they walked for miles and miles without meeting a soul **5** (*durante*) for (*spesso in ingl. non si traduce*); (*per un certo periodo di tempo o per una determinata occasione*) for; (*per un intero periodo di tempo*) (all) through; throughout; for; (*entro*) by: — *mezz'ora*, (for) half an hour; *ha vissuto — tre anni in America*, he lived three years in America (*o* he lived in America for three years); *abbiamo aspettato — ore*, we waited (for) hours; *il lavoro dev'essere pronto — domani*, the work must be ready for (*o* by) tomorrow; *darò una festa — il mio compleanno*, I'm having a party for my birthday; *la mostra è in programma — aprile*, the exhibition is planned for April; *ho un appuntamento col dentista — lunedì pomeriggio*, I have a dental appointment for Monday afternoon; *il libro uscirà — Natale*, the book will come out (in time) for Christmas; *sarò di ritorno — le cinque*, I'll be back by five o'clock; *i lavori di restauro saranno ultimati — la fine dell'anno*, restoration work will be completed by the end of the year **6** (*mezzo*) by; through: — *ferrovia*, by rail; — *posta*, by post; — *via aerea*, by air mail; *rispondere — lettera, — telegramma*, to reply by letter, by telegram; *spedire un pacco — corriere*, to send a parcel by carrier; *comunicare (con qlcu.) — telefono*, to communicate (with s.o.) by phone; *pagare — assegno*, to pay by cheque; *pagare — contanti*, to pay cash; — *vie legali*, through legal channels; *ottenere un posto — concorso*, to get a job through a competitive examination // *parlare — bocca d'altri*, to speak through someone else's mouth // — *mezzo di*, by, by means of, through [cfr. *mediante*] **7** (*modo*) by; in: *procedere — gradi*, to proceed by degrees; *chiamare qlcu. — nome*, to call s.o. by name; *tenere qlcu. — (la) mano*, to hold s.o. by the hand; *desidero che sia messo — iscritto*, I want it put in writing **8** (*causa*) for; owing to; because of; on account of; out of; through: *fu premiato — il suo coraggio*, he was rewarded for his courage; *ha lasciato il lavoro — motivi di salute*, he gave up his job owing to (*o* because of *o* on account of) ill health; *il progetto fallì — mancanza di fondi*, the scheme failed for lack of money; *non si vedeva — la nebbia*, you couldn't see a thing for the fog; *era esausto — la fatica*, he was exhausted through his efforts; *tutto è successo — causa tua*, it all happened because (*o* on account) of you; *pagherà — quello che ha fatto*, he will pay for what he has done; — *dispetto, ambizione, orgoglio*, out of spite, ambition, pride; — *paura*, through fear; *ho taciuto, — paura di offenderlo*, I kept quiet, for fear of offending him **9** (*colpa*) for: *è stato arrestato — furto*, he was arrested for theft; *fu processato — omicidio*, he was tried for murder **10** (*fine o scopo*) for: *la lotta — la sopravvivenza*, the struggle for survival; *una cura — l'artrite*, a cure for arthritis; *raccogliere fondi — i senzatetto*, to collect money for the homeless // *cibo — cani*, dog food // *musica — pianoforte*, piano music // *libri — ragazzi*, children's books // *macchina — scrivere*, typewriter // *casa di riposo — anziani*, old people's rest home // *istituto — la ricerca sul cancro*, cancer research institute • Come si vede dagli esempi, in questo significato sono spesso usate forme aggettivali **11** (*termine, vantaggio, interesse, inclinazione*) for, to: *fallo — me*, do it for me; *questi fiori sono — te*, these flowers are for you; *il fumo è nocivo — la salute*, smoking is bad for one's health; *l'ho fatto — il suo bene*, I did it for his own good; *mi dispiace — lui*, I'm sorry for him; *è un onore, un disonore — la sua famiglia*, he's a credit to, a disgrace to his family; *è stato come un padre — lui*, he was like a father to him; *morire — la patria*, to die for one's country; *votare — un candidato*, to vote for a candidate; *coltivare la passione — la musica*, to cultivate a passion for music; *nutrire simpatia — qlcu.*, to have a liking for s.o.; *la partita è terminata 3 a 2 — la squadra di casa*, the game ended 3 to 2 for the home team **12** (*limitazione*) for: *il Brasile detiene il primato mondiale — la produzione di caffè*, Brazil holds the world record for coffee production; *è superiore a tutti — capacità tecniche e organizzative*, he is unrivalled for technical and organizing ability; *è molto maturo — la sua età*, he's (very) mature for his age // — *me, quanto mi riguarda*, as for me, as far as I'm concerned // *se non fosse — me, te ecc.*, but for me, you etc. (*o* if it were not for me, you etc.) **13** (*prezzo o stima*) for: *ha venduto la casa — 100 milioni*, he sold his house for 100 million lire; *ho acquistato questo tavolo — pochissimo, — niente*, I bought this table for next to nothing; *sono stati rubati quadri — (il valore di) oltre un miliardo*, paintings worth (*o* for) over a billion lire have been stolen // *non lo farei — tutto l'oro del mondo*, I wouldn't do it for all the world (*o* for all the tea in China) **14** (*con valore distr.*) by; at; in; per: *procedere — due*, to go two by two; *dividere — classi*, to divide by class; *disporre — file*, to arrange in rows; *uno, due — volta*, one, two at a time; *l'ingresso è di 2000 lire — persona*, entrance costs 2000 lire per head // — *cento*, per cent: *pagare un interesse del dieci — cento*, to pay ten per cent interest // *giorno — giorno*, day by day **15** (*mat.*) by: *dividere 60 — 10*, to divide 60 by 10; *moltiplicare — tre*, to multiply by three; *4*

— *4 fa 16*, 4 multiplied by (*o* times) 4 is 16 **16** (*con funzione predicativa, con valore di come*) as; for: *avere qlcu. — amico, — socio*, to have s.o. as a friend, as a partner // *entrare — primo*, to enter first // *dare — scontato*, to take for granted // *tenere — certo*, to take as a certainty // *dare — morto*, to give up for dead **17** (*scambio, sostituzione*) for: *ti avevo preso — tuo fratello*, I'd taken you for your brother; *mi prendi — stupido?*, do you take me for a fool?; *ha parlato lui — tutti noi*, he spoke for all of us; — *il preside ha firmato il vicepreside*, the deputy (head) signed for the head // *capire una cosa — un'altra*, to misunderstand // *lasciare il certo — l'incerto*, to take a leap in the dark.

◆ FRASEOLOGIA: — *l'avvenire*, for the future (*o* from now on); — *amor di Dio*, — *amor mio*, for God's (*o* for goodness') sake, for my sake; — *l'appunto*, just so (*o* precisely); — *esempio*, for example; — *caso*, by chance; — *fortuna*, luckily; — *la maggior parte*, for the most part (*o* mostly); — *lo più*, generally; — *il momento*, for the time being; — *natura*, by nature; — *nulla!*, not at all!; — *tempo*, (*presto*) early, (*in tempo utile*) in (good) time, on time; *parola — parola*, word for word; — *parte di padre*, on one's father's side; — *amore o — forza*, whether you like it or not (*o* willy nilly); — *niente al mondo*, for love or money; *cambiare — il meglio*, to change for the better.

per *cong.* **1** (*con valore finale*) (in order) to (+ *inf.*); for (+ *ger.*): *andai da lui — avere un consiglio*, I went to him in order to get some advice (*o* I went to him for advice); *sono venuto — parlarti*, I've come to speak to you; *ce n'è voluta — convincerlo!*, it took a lot to convince him (*o* he took a lot of convincing); *un prodotto usato — impermeabilizzare i tessuti*, a product used for waterproofing material **2** (*con valore causale*) for (+ *ger.*): *fummo rimproverati — essere arrivati in ritardo*, we were told off for arriving late; *fu multato — aver superato i limiti di velocità*, he was fined for speeding **3** (con valore consecutivo) to: *è troppo bello — essere vero*, it's too good to be true; *sei abbastanza grande — capirlo da solo*, you're old enough to understand it by yourself **4** (*con valore concessivo*) — *poco che sia, è meglio di niente*, little as it is, it's better than nothing; — *costoso che fosse, era un gran bel l'appartamento*, although it was expensive, it was a beautiful flat; — *essere un ragazzo di 10 anni è molto maturo*, for a boy of 10 he's very mature **5** *stare — fare qlco., essere lì lì — fare qlco.*, (*con valore perifrastico*) to be about to do sthg. (*o* to be on the point of doing sthg. *o* to be just going to do sthg.): *stiamo — partire*, we're about to leave (*o* we're just going to leave *o* we're on the point of leaving); *ero lì lì — confessare tutto*, I was on the point of confessing everything; *lo spettacolo sta — cominciare*, the show is about to begin.

pera *s.f.* **1** pear: *pere cotte*, stewed pears // *non vale una — cotta*, it isn't worth a penny (*o* a rap *o* a damn) // *essere una — cotta*, (*rammollito*) to be flabby // *cascare come una — cotta*, (*innamorarsi*) to fall head over heels in love, (*addormentarsi di colpo*) to drop into a deep sleep, (*cadere facilmente in un inganno*) to fall for it // — *bergamotta*, bergamot; — *di terra*, (*Apios tuberosa*) groundnut **2** (*scherz.*) (*testa*) head, pate: *grattarsi la —*, to scratch one's head **3** (*interruttore elettrico a forma di pera*) pear-switch **4** (*strumento per praticare il clistere*) enema, rubber-syringe **5** (*sl.*) (*iniezione di eroina*) fix: *farsi una —*, to give oneself a fix.

peracido *s.m.* (*chim.*) peracid.

peraltro *avv.* moreover, what's more: — *ti avevo già avvertito*, what's more I had already warned you.

peramele *s.m.* (*zool.*) bandicoot.

perazina *s.f.* (*chim.*) perazine.

perbacco *inter.* (*di meraviglia*) goodness, gosh; (*di consenso*) of course, naturally: "*Posso venire con voi?*" "*— !*", "Can I come with you?" "Of course!".

perbene *agg.* respectable, decent; nice: *sono gente —*, they are respectable people ◆ *avv.* properly; well: *far le cose —*, to do things properly.

perbenismo *s.m.* (sham) respectability.

perbenista *s.m.* e *f.* respectable person.

perbenistico *agg.* respectable.

perborato *s.m.* (*chim.*) perborate.

perborico *agg.* (*chim.*) perboric: *acido —*, perboric acid.

perca *s.f.* (*zool.*): — *dorata*, (*Perca flavescens*) perch (*o* darter).

percalle *s.m.* (*tessuto*) percale.

percallina *s.f.* (*tessuto*) percaline.

percallo → **percalle**.

percarbonato *s.m.* (*chim.*) percarbonate.

percentile *s.m.* (*stat.*) percentile.

percento *s.m.* (*non com.*) e *avv.* per cent: *uno sconto del 5 —*, a 5 per cent discount.

percentuale *agg.* per cent (*attr.*), percentage (*attr.*); proportional: *l'incremento — della popolazione*, the proportional increase of the population; *in termini percentuali*, in percentage terms // (*banca*): *interessi percentuali*, per cent interest; *tasso —*, per cent rate ◆ *s.f.* **1** percentage; (*tasso, quota*) rate, proportion; (*provvigione*) commission: *se l'affare va in porto devi darmi una —*, if the deal comes off you must give me a percentage; *solo una piccola — di alunni è stata promossa*, only a small percentage of pupils passed; *la — delle nascite, delle morti*, the birth rate, the death rate; — *sul servizio*, service charge // (*comm.*): — *sul fatturato*, percentage on the proceeds of sales; — *sugli utili, sui profitti*, percentage of profits; — *di profitto netto*, net profit percentage **2** (*per diritto d'autore*) royalty.

percentualizzare *v.tr.* to calculate in percentages, to calculate the percentage of (sthg.).

percentualizzazione *s.f.* calculation in percentages.

percentualmente *avv.* in per cent, in percentage.

percepibile *agg.* **1** perceptible, discernable, noticeable **2** (*che si può riscuotere*) receivable, collectable, to be cashed: (*comm.*) *una somma — entro un dato termine*, a sum to be cashed by a fixed date; (*banca*) *interessi percepibili*, interest receivable.

percepibilità *s.f.* perceptibility.

percepire *v.tr.* **1** to perceive, to become* aware of (sthg.): — *un pericolo*, to perceive a danger **2** (*riscuotere*) to collect, to receive, to draw*, to cash: — *lo stipendio*, to collect (*o* draw) one's salary; — *il sussidio di disoccupazione*, to be on the dole; — *la pensione*, to receive a pension.

percettibile *agg.* perceptible: *c'è una differenza appena —*, there is a barely perceptible difference; *suoni percettibili*, audible sounds.

percettibilità *s.f.* perceptibility.

percettività *s.f.* perceptiveness.

percettivo *agg.* perceptive.

percetto *agg.* (*dir.*) (*percepito*) received: *frutti percetti*, interest received.

percettore *s.m.* receiver, drawer: — *di reddito di lavoro dipendente*, wage earner.

percezionalismo *s.m.* (*fil.*) perceptionism.

percezione *s.f.* **1** (*fil., psic.*) perception, percipience, percipiency: *la — della verità*, the perception of the truth **2** (*estens.*) (*intuizione*) perception, feeling, intuition.

percezionismo *s.m.* (*fil.*) perceptionism.

perché *avv.interr.* (*per quale motivo*) why; (*a quale scopo*) what for: "*Devo andare via subito*" "*Perché?*", "I must go at once" "Why?" (*o* "What for?"); — *l'hai fatto?*, why did you do it? (*o* what did you do it for?); — *non ci vai domani?*, why don't you go tomorrow?; — *non mi hai detto che partivi?*, why didn't you tell me you were leaving?; — *aspettare tanto?*, why wait so long?; — *non dirmelo prima?*, why wasn't I told before?; "*Non posso venire*" "*Perché?*", "I can't come" "Why not?"; *non so — non abbia risposto alla mia lettera*, I don't know why he didn't answer my letter // — *no?*, why not? // *chissà —*, I wonder why // *ecco —*, that's why // — *mai?*, why on earth?, whyever: *mi domando — mai abbia agito in quel modo*, I wonder why on earth he behaved like that (*o* whyever did he behave like that, I wonder) ◆ *cong.* **1** (*con valore esplicativo*) because, as: *non posso usare l'auto — ha una gomma a terra*, I can't use the car, because it's got a flat tyre; *copritevi — fa freddo*, wrap up well, because it's cold; *dovete salire a piedi — l'ascensore non funziona*, you'll have to walk up, as the lift isn't working; *non ho potuto parlargli — era occupato*, I wasn't able to talk to him, as he was busy; "*Perché sei così in ritardo?*" "*Perché c'era molto traffico*", "Why are you so late?" "Because there was a lot of traffic" // "*Perché vuoi proprio vedere quel film?*" "*Perché sì*", (*fam.*) "Why are you so keen to see that film?" "Because I am"; "*Perché non vuoi parlargli?*" "*Perché no*", (*fam.*) "Why won't you speak to him?" "Because I don't want to" **2** (*con valore finale*) so (that), in order that; so as (+ *inf.*): *te lo dico — ti sappia regolare*, I'm telling you so that you'll know what to do; *parlò a voce alta — tutti lo sentissero*, he spoke up so (that) everyone could hear him (*o* in order that everyone should hear him); *accettai il loro invito — non si offendessero*, I accepted their invitation so as not to offend them // *mi rivolsi a lui — mi aiutasse*, I turned to him for help **3** (*con valore consec., in correlazione con* troppo) for; to: *è troppo difficile — tu lo possa capire*, it's too hard for you to understand; *è troppo furbo — qualcuno possa imbrogliarlo*, he's too crafty (*o* clever) to be fooled (*o* for anyone to fool him) ◆ *pron.rel.* (*per cui*) why: *ecco la ragione — mi piace vivere in campagna*, that's why I like living in the country ◆ *s.m.invar.* **1** (*motivo*) (the reason) why: *è molto irritato ma non so il —*, he's very annoyed, but I don't know (the reason) why; *ecco il — della sua partenza* *improvvisa*, that's why he left so suddenly; *volete sapere il —?*, do you want to know why?; *l'ho fatto senza un* (*vero*) —, I did it without any particular reason; *a tutto c'è un —*, there's a reason for everything // *il — e il percome*, the why(s) and the wherefore(s) **2** (*interrogativo, dubbio*) question: *a certi — non esiste risposta*, there are some questions that can't be answered // *essere nell'età dei —*, to be at the questioning stage.

perciò *cong.* **1** (*per questo motivo*) so; therefore: *ho molto da fare, — mi fermerò in ufficio fino a tardi*, I've got a lot to do, so I'll stay on late at the office; *c'era molto traffico sulle strade, — siamo arrivati in ritardo*, there was a lot of traffic on the roads, so we arrived late; *si parte alle 7, — dovrete alzarvi presto domattina*, we leave at 7, so you'll have to get up early tomorrow morning; *A è uguale a B, B è uguale a C, — A è uguale a C*, A equals B, B equals C, therefore A equals C **2** (*ant.*) (*però*) however.

perciocché, **perciò che**, **per ciò che** *cong.* (*ant., letter.*) → **perché**.

perclorato *s.m.* (*chim.*) perchlorate.

perclorico *agg.* (*chim.*) perchloric: *acido —*, perchloric acid.

percloruro *s.m.* (*chim.*) perchloride: *tintura di —*, tincture of steel.

percolare *v.tr.* e *intr.* to percolate.

percolatore *s.m.* percolator.

percolazione *s.f.* (*chim.*) percolation.

percome *avv.* e *s.m.invar.* (*fam.*) **1** nella locuz. sost. *il perché e il —*, the why(s) and (the) wherefore(s): *ha voluto sapere il perché e il —*, he wanted to know the whys and the wherefores **2** nella locuz. avv. *perché e —*, exactly: *mi ha spiegato perché e — ha cambiato l'auto*, he explained to me exactly why he has changed his car.

percorrenza *s.f.* run, distance covered, way: *treni a lunga —*, long distance trains; *una — di tre ore*, a three-hour run.

percorrere *v.tr.* **1** to cover, to go* along (sthg.): *abbiamo percorso venti miglia*, we have covered twenty miles; *avevo già percorso un buon tratto di strada*, I had already gone a long way; *— una distanza*, to cover a distance; *— un itinerario*, to cover a route (*o* to follow an itinerary) **2** (*in lungo e in largo*) to travel; to scour: *abbiamo percorso tutti gli Stati Uniti*, we have travelled all over the United States; *la polizia percorse la città in cerca dei ladri*, the police scoured the town for the thieves; *— un luogo in automobile*, to drive through a place // (*inform.*): *— un listato*, to scan; *— un ciclo*, to go through a loop **3** (*attraversare*) to run* through (sthg.), to run* across (sthg.), to pass through (sthg.), to go* through (sthg.): *il fiume percorre una ridente campagna*, the river runs through lovely countryside; *la strada percorre la pianura*, the road runs across the plain.

percorribile *agg.* that can be travelled over, passable, practicable: *la strada è — in auto anche d'inverno*, the road is practicable by car even in winter.

percorribilità *s.f.* practicability: *la — delle strade di montagna è spesso compromessa in inverno*, the practicability of mountain roads is often compromised in winter.

percorso *s.m.* **1** run; (*distanza*) distance: *su un — di venti miglia*, in (a distance of) twenty miles; *il — tra Londra e Cambridge è breve*, it is a quick run (*o* a short distance) from London to Cambridge; *scelsero il — più breve*, they chose the shortest way **2** (*tragitto*) way, journey: *ci fermammo durante il —*, we stopped on the way; *durante il — ci accorgemmo di aver sbagliato strada*, on our way we suddenly realized we had taken the wrong turning **3** (*tracciato*) course, route: *il — di un fiume, delle stelle*, the course of a river, of the stars; *il — di un treno*, the route of a train; *la folla era radunata lungo il — della maratona*, the crowd had gathered along the marathon route // *— obbligato*, set course // (*mil.*) *— di guerra*, assault course **4** (*inform.*) path: *— di scheda*, card path; *— di nastro*, tape path; *— di un ciclo*, transversal; *— dei cavi*, cable through.

percossa *s.f.* blow, stroke.

percuotere *v.tr.* to strike*, to hit*; to beat*: *fu percosso con un bastone*, he was beaten with a stick; *lo percosse a morte*, he struck him dead; *lo percosse in faccia, sulla testa, sul naso*, he struck (*o* hit) him in the face, on the head, on the nose; *la folgore percosse la vecchia quercia*, lightning struck the old oak tree; *il granaio fu percosso da un fulmine*, the barn was struck by lightning // *— il petto*, to beat one's breast.

□ **percuotersi** *v.rifl.rec.* to hit* each other (one another).

percussione *s.f.* **1** percussion: *fucile a —*, percussion gun; (*mus.*) *strumenti a —*, percussion instruments **2** (*dir.*) *— dell'imposta*, tax impact **3** (*med.*) percussion.

percussionista *s.m.* e *f.* (*mus.*) percussionist.

percussore *s.m.* (*mil.*) striker: *ago del —*, percussion pin.

perdendosi *s.m.* (*mus.*) perdendosi, dying away.

perdente *agg.* losing: *la squadra — lasciò subito il campo*, the losing side (*o* the losers) left the field immediately ♦ *s.m.* e *f.* loser: *in amore siete vincenti o perdenti?*, are you winners or losers in love?

perdere *v.tr.* **1** to lose*: *ho perso le chiavi*, I lost my keys; *— il posto di lavoro*, to lose one's job; *ha perso i genitori da piccola*, she lost her parents when she was a child; *ha perso un braccio in guerra*, he lost one arm in the war; *gli alberi stanno perdendo le foglie*, the trees are losing their leaves; *ha perso una forte somma a poker*, he lost a large sum at poker; *la nostra squadra ha perso l'incontro per 3 a 2*, our team lost the game 3-2; *— la memoria, la voce*, to lose one's memory, one's voice; *— i capelli*, to lose one's hair; *— la ragione, la testa*, to lose one's reason, one's head; *— colore, profumo, sapore*, to lose (one's) colour, perfume, flavour; *— la strada*, to lose one's way; *— terreno*, to lose ground (*anche fig.*); *— la testa*, (*fig.*) to lose one's head // *— una causa*, to lose a lawsuit // *— un'abitudine*, to lose (*o* to get out of) a habit: *fare — un'abitudine a qlcu.*, to break s.o. of a habit // *— l'anno*, (*fam.*) to spend two years in the same class // *— la bussola, la tramontana*, to lose one's bearings // *— conoscenza*, to faint // *— colpi*, (*di motore*) to misfire; *non è più attivo come una volta, comincia a — colpi*, (*fig.*) he's not as active as he used to be, he's beginning to slow down // *— ogni speranza*, to lose all hope // *— le staffe*, to fly off the handle // *non aver più niente da —*, to have nothing (left) to lose // *chi perde ha sempre torto*, (*prov.*) the loser is always wrong // *— tempo a chi più sa più spiace*, (*prov.*) wasting time is torture to a wise man **2** (*mancare*) to miss: *— il treno, un'occasione*, to miss the train, an opportunity; *non ho perso una parola di quello che ha detto*, I didn't miss a word of what he said **3** (*sprecare*) to waste: *non — tempo in sciocchezze*, don't waste your time with trifles; *ho perso tutta la mattina in municipio*, I've wasted the whole morning at the town hall // *non perde tempo*, he doesn't let the grass grow under his feet **4** (*rovinare*) to ruin: *l'ha perso la sua avidità*, his greed ruined him **5** (*lasciar uscire*) to leak, to lose*: *quel tubo perde olio*, that pipe is leaking oil; *la ferita perde ancora sangue*, the wound is still bleeding ♦ *v.intr.* **1** to lose*: *ho perduto, ma vincerò la prossima volta*, I've lost, but I shall win next time; *non ci perderai affatto*, you won't lose (*o* won't be out of pocket) by it; *non posso accettare, a queste condizioni ci perdo*, I can't accept, on these conditions I lose (out); *ci perdi a non andare*, you will lose by not going **2** (*far uscire del liquido*) to leak: *questa barca, questo secchio perde*, this boat, this bucket leaks.

□ **perdersi** *v.intr.pron.* **1** (*smarrirsi*) to lose* oneself; to get* lost: *mi sono perduto nel bosco*, I got lost (*o* I lost my way) in the wood: *— in congetture*, to be lost in conjecture; *— nella folla*, to vanish (*o* to disappear) in the crowd; *— nei propri pensieri*, to be rapt (*o* lost) in thought // *è inutile spiegarmi queste cose, mi ci perdo*, it's no use explaining these things to me, I can't make head or tail of them // *— d'animo*, to lose heart // *— dietro a uno*, to throw oneself away on s.o. // *— in sciocchezze*, to waste one's time with trifles **2** (*svanire*) to fade (away): *la figura di un uomo che si perde nell'ombra*, the figure of a man melting into the darkness; *— nell'aria*, to fade away into the air // *il fiume si perde nel Garda*, the river flows into Lake Garda **3** (*sparire*) to disappear: *un'usanza che si perde*, a custom that is disappearing (*o* falling into disuse) **4** (*rovinarsi*) to be ruined: *se continui così ti perderai*, if you go on like that you'll be ruined **5** (*di un pacco, una lettera, andare smarrito*) to be mislaid ♦ *v.rifl.rec.*: *— di vista*, to lose sight of each other (one another).

perdiana *inter.* (*di meraviglia*) good gracious, gosh; (*di impazienza*) for goodness' sake: *e vieni qui, —!*, come here, for goodness' sake!

perdifiato, a *locuz.avv.*: *correre a —*, to run at breakneck speed.

perdigiorno *s.m.* e *f.* idler; loafer: *dove è quel —?*, where is that idler (*o* idle fellow)?

perdinci (*scherz.*) **perdindirindina** *inter.* good Lord!, my goodness!

perdio *inter.* for Heaven's sake.

perdita *s.f.* **1** loss (*anche estens.*): *la — di un libro*, the loss of a book; *— di memoria*, loss of memory; *— d'importanza*, loss of importance; *— di tempo*, loss of time; *quel guasto procurò una certa — di tempo*, that breakdown caused a certain loss of time; *la botta in testa gli causò una momentanea — di conoscenza*, the blow on his head caused a temporary loss of consciousness; *la sua squalifica è stata una grave — per la squadra*, his disqualification was a serious loss for the team; *non si è più ripresa dalla — del figlio*, she has never got over the loss of her son; *dopo la — di quei territori si arresero*, after the loss of those territories they surrendered; *infliggere gravi perdite al nemico*, to inflict heavy losses on the enemy; *subire perdite*, to suffer losses; *— al gioco*, gambling loss // *a — d'occhio*, as far as the eye can see **2** (*sciupio*) waste: *— di tempo*, waste of time; *cercare di insegnargli il tedesco è una — di tempo*, it is a waste of time trying to teach him German **3** (*falla, fuga*) leak; leakage; (*elettr.*) stray loss: *la — di sangue da una ferita*, the loss of blood from a wound; *c'è una — nella conduttura del gas*, there is a leak in the gas pipe; *questa barca ha una —*, this boat has a leak (*o* is leaking); *eliminare le perdite*, to stop leaks **4** (*econ.*) loss; (*calo*) reduction, wastage [U]; (*disavanzo*) deficit; (*confisca*) forfeiture: *— di capitale*, capital loss; *— di gestione, di servizio*, operating deficit (*o* loss); *— di valore*, depreciation; *— netta di esercizio*, loss (*o* net loss); *— secca*, dry loss; *le perdite di un'azienda*, the losses of a firm; *perdite e profitti*, loss and gain; *perdite su crediti*, losses on receivables; *l'azienda è in —*, the firm is in deficit; *la società è in — di 1000 sterline*, the company is £ 1000 to the bad; *lavorare in —*, to work at a loss; *chiudere in —*, to close with a loss; *vendere in —*, to sell at a loss; (*amm.*) *— contabile*, book loss; (*dir.*) *— di un diritto*, forfeiture of a right; (*banca*) *— di piazza*, bank charges on bills discounted out of town // (*fin.*): *— di cambio*, exchange loss; *— d'emissione*, issue loss // (*inform.*): *— di funzionalità*, degradation; *— di bit, di informazione*, dropout.

perditempo *s.m.* (*di cose*) waste of time; (*di persona*) timewaster: *le code sono un — insopportabile*, queueing is an unbearable waste of time; *sei un — incredibile*, you're an awful timewaster.

perdizione *s.f.* **1** (*rovina*) ruin, damnation: *andare in —*, to go to ruin; *la via della —*, the road to perdition; *condurre alla —*, to lead to perdition (*o* to lead astray) **2** (*relig.*) (*dannazione*) perdition, damnation: *la — dell'anima*, the perdition of the soul.

perdonabile *agg.* pardonable; (*scusabile*) excusable: *un ritardo del tutto —*, an excusable delay.

perdonare *v.tr.* **1** to forgive*, to pardon: *gli ho perdonato i suoi torti*, I have forgiven him his wrongs; *mi avete perdonato?*, am I forgiven?; *non perdonerò mai Giovanni*, I shall never forgive John; *ti perdono*, I forgive you; *— un peccato, un'offesa*, to forgive a sin, an offence; *come potrò perdonarlo per quello che mi ha fatto?*, how can I forgive him for what he has done to me?; *non gli ho mai perdonato quello sbaglio*, I've never forgiven him for that mistake; *bisogna perdonargli un po' di impazienza*, you must forgive (him for) his impatience // *Dio ci perdoni!*, God forgive us! **2** (*scusare*) to excuse, to pardon: *perdona il disturbo*, excuse me for troubling you (*o* excuse my troubling you); *perdoni l'audacia*, please, excuse my being so bold; *perdona se mi prendo questa libertà*, pardon (*o* excuse) the liberty I am taking; *perdonate se vi interrompo*, excuse my interrupting you; *mi perdoni, dove è la cattedrale?*, excuse me, where is the cathedral? **3** (*risparmiare*) to spare: *la morte non perdona nessuno*, death does not spare anybody ◆ *v.intr.* to forgive*: *devi — e dimenticare*, you must forgive and forget // *un male che non perdona*, an incurable disease.

perdonismo *s.m.* willingness to forgive.

perdono *s.m.* **1** forgiveness, pardon: *chiedo — a Dio dei miei peccati*, I beg God's forgiveness for my sins; *non mi darà mai il suo —*, he will never forgive me // *la miglior vendetta è il —*, (*prov.*) forgiveness is the best revenge **2** (*dir.*) (*indulto*) pardon // *— giudiziale*, pardon for juvenile criminal offenders **3** (*con valore esclamativo*) sorry: (*vi domando*) *—!*, I beg your pardon! (*o* pardon me!) **4** (*relig.*) (*indulgenza*) pardon, indulgence.

perduellione *s.f.* (*st. dir.*) perduellion.

perdurare *v.intr.* **1** (*continuare*) to last, to go* on, to continue: *se il bel tempo perdura, partiremo domani*, if the good weather lasts, we shall leave tomorrow **2** (*persistere*) to persist: *— nel far qlco. a proprio modo*, to persist in doing sthg. (in) one's own way; *perdura nella sua ostinazione*, he persists in his obstinacy.

perdurare *s.m.* protraction, prolungation, continuation, duration: *visto il — delle proteste, concessero alcune riforme*, on account of the long duration (*o* protraction) of the protests they introduced some reforms; *il — del maltempo sta ostacolando i soccorsi*, the continued bad weather is hindering rescue operations.

perdurevole *agg.* (*letter.*) durable, lasting.

perdutamente *avv.* desperately; hopelessly: *essere — innamorati*, to be hopelessly in love.

perduto *agg.* **1** (*smarrito, perso*) lost (*anche fig.*): *ritrovò il portafoglio —*, he found the wallet he had lost; *vagò per un'ora — nella nebbia*, he wandered around for an hour lost in the fog; *fu dato per —*, he was given up for lost; *pianse l'amico — in battaglia*, he mourned his friend lost in battle // *sono — senza di te*, I am lost without you **2** (*dissoluto*) fallen; lost: *una donna perduta*, a fallen woman; *anime perdute*, lost souls **3** (*sprecato*) wasted, lost: *fatica perduta*, wasted effort; *giornata perduta*, a wasted day (*o* a day lost); *devo recuperare le ore perdute a cercare quei documenti*, I must make up the time I wasted (*o* lost) looking for those documents.

peregrinare *v.intr.* (*letter.*) to wander, to roam: *Dante peregrinò di corte in corte*, Dante wandered from court to court.

peregrinazione *s.f.* (*letter.*) wandering, roaming.

peregrinità *s.f.* (*letter.*) rareness, rarity; singularity; (*estens.*) elegance, refinement.

peregrino *agg.* (*letter.*) **1** (*raro*) rare; uncommon; strange; singular; (*prezioso*) precious: *linguaggio —*, precious language; *qualità peregrine*, rare qualities **2** (*ant.*) (*pellegrino*) peregrine.

perennare *v.intr.* (*bot.*) to perennate ◆ *v.tr.* (*letter.*) to perpetuate.

perenne *agg.* **1** perennial, perpetual; (*eterno*) everlasting (*anche estens.*): *fama —*, everlasting fame; *quell'argomento è — fonte di dissidio*, that subject is an unending source of dispute; *vivono in — miseria*, they live in chronic poverty; *una — malinconia sembra opprimerlo*, he seems to be oppressed by a perpetual state of melancholy; *in — memoria di qlcu.*, in everlasting memory of s.o. // (*geogr.*): *sorgente —*, perennial spring; *nevi perenni*, eternal (*o* perpetual) snow; *limite delle nevi perenni*, snowline **2** (*bot.*) perennial: *pianta —*, perennial (plant).

perennemente *avv.* perennially, perpetually; (*per sempre*) for ever, everlastingly: *è — ubriaco*, he's perpetually drunk; *è — senza una lira*, he's perpetually broke; *mi ricorderò di te —!*, I'll remember you for ever.

perennità *s.f.* (*non com.*) perennity, perpetuity.

perento *agg.* (*dir.*) (*scaduto*) expired; lapsed; quashed; statute-barred: *contratto —*, lapsed contract.

perentorietà *s.f.* peremptoriness (*anche dir.*); finality, irrefutability: *— di una scadenza*, finality of a deadline.

perentorio *agg.* **1** peremptory (*anche dir.*); final, irrefutable: *termine —*, final date **2** peremptory; imperative: *un tono di voce —*, a peremptory tone; *mi ha dato l'ordine — di partire*, he gave me peremptory orders to leave.

perenzione *s.f.* (*dir.*) peremption; quashing; (*amm.*) (*decadenza per scadenza di termine*) expiry, expiration, lapse: *pratica caduta in —*, expired file.

perequare *v.tr.* (*ripartire equamente*) to equalize, to equate, to distribute equally; (*adeguare*) to adjust; (*mat., stat.*) to smooth: *— l'imposizione fiscale*, to equalize taxes; *— i dividendi*, to equalize dividends: *— le pensioni al costo della vita*, to adjust pensions to the cost of living; *— gli stipendi*, to equalize salaries.

perequativo *agg.* equalizing, (*stat.*) smoothing: *politica perequativa*, equalizing policy; *assegno —*, supplementary allowance.

perequazione *s.f.* (*il perequare*) equalization, standardization, equation; (*adeguamento*) fitting, adjustment; (*mat., stat.*) smoothing // (*econ.*): *— delle tariffe*, standardization of tariffs; *— salariale*, equalization of wages; *— dei prezzi ai costi*, fitting (*o* adjustment) of prices to costs; (*fin.*) *— dei cambi*, exchange equalization; (*trib.*) *— fiscale, tributaria*, tax equalization (*o* equalization of taxes).

pereto *s.m.* pear orchard, plantation of pear trees.

peretta *s.f.* **1** (*elettr.*) pear-push (*o* pear-switch) **2** (*attrezzo igienico-sanitario*) rubber syringe.

perfettamente *avv.* **1** perfectly: *conosce l'inglese —*, he knows English perfectly; *tutto è andato —*, everything went perfectly **2** (*completamente*) thoroughly, completely; (*assolutamente, proprio*) quite, perfectly: *comprendo —*, I quite understand; *hai — ragione*, you are quite (*o* absolutely) right.

perfettibile *agg.* perfectible.

perfettibilità *s.f.* perfectibility.

perfettivo *agg.* (*rar.*) perfective (*anche ling.*).

perfetto *agg.* **1** (*senza difetto*) perfect, faultless, flawless; excellent: *una dizione perfetta*, faultless diction; *un ragionamento —*, faultless reasoning; *in ordine —*, in perfect order; *nessuno è —*, nobody is perfect (*o* faultless); *è una moglie perfetta*, she is a perfect wife; *è —!*, that's fine!; *essere in perfette condizioni*, to be in perfect condition **2** (*totale, completo*) perfect, complete, thorough: *un — gentiluomo*, a perfect gentleman; *un — idiota*, a perfect (*o* complete) idiot; *un — mascalzone*, a thorough rascal; *un — stupido*, a perfect fool **3** (*mat., fis.*) perfect: *numero, quadrato —*, perfect number, square; *potenza perfetta*, perfect power; (*fis.*) *gas, fluido, cristallo —*, perfect gas, fluid, crystal **4** (*gramm.*) perfect: *tempo —*, perfect tense **5** (*zool.*) *insetto —*, imago ◆ *s.m.* (*gramm.*) perfect (tense) ◆ *inter.* perfect, good, right: *—!, possiamo andare!*, perfect!; we can go.

perfezionabile *agg.* perfectible: *il piano è —*, the plan could be improved.

perfezionabilità *s.f.* perfectibility.

perfezionamento *s.m.* **1** perfecting, perfectioning; (*miglioramento*) improving, improvement, betterment: *andò in Germania per il — della lingua*, he went to Germany to perfect his knowledge of the language; (*dir.*) *— di un contratto*, drawing up (*o* implementation) of a contract **2** (*compimento*) completion, accomplishment, perfection: *— dei lavori*, completion of works **3** (*specializzazione*) specialization: *corso di —*, specialization course; *studi di —*, specialization studies **4** (*inform.*) enhancement.

perfezionando *s.m.* student following a course of specialization.

perfezionare *v.tr.* to perfect, to make* perfect, to bring* to perfection; (*migliorare*) to improve: *non credo che verrà ulteriormente perfezionato*, I don't think it will be improved any further; *questo attrezzo deve essere ancora perfezionato*, this tool has still to be perfected; *devo — la pronuncia*, I must improve my pronunciation; *— un progetto*, to improve a project; *— un accordo*, to finalize an agreement // (*dir.*) *— un contratto*, to draw up (*o* to sign *o* to implement) a contract.

□ **perfezionarsi** *v.rifl.* o *intr.pron.* **1** to improve (oneself): *vorrei perfezionarmi in tedesco*, I should like to improve my German; *— in qlco.*, to perfect one's knowledge of sthg. **2** (*specializzarsi*) to specialize: *si è perfezionato in diritto commerciale*, he has specialized in commercial law.

perfezione *s.f.* perfection: *condurre a —*, to bring to perfection; *toccare la —*, to come near to perfection; *aspirare alla —*, to aspire to (*o* to strive for) perfection // *alla —*, to perfection: *ha eseguito quel lavoro alla —*, he carried out the work to perfection.

perfezionismo *s.m.* perfectionism: *il suo — è quasi una mania*, his perfectionism is almost a mania.

perfezionista *s.m.* e *f.* perfectionist.

perfezionistico *agg.* perfectionist (*attr.*).

perfidia *s.f.* perfidiousness, perfidy, treachery; wickedness: *non conosci la sua —*, you don't know how wicked he is; *questa è una —!*, this is wicked!; *avere la — di fare qlco.*, to have the wickedness to do sthg.; *disse delle perfidie irripetibili*, he uttered unrepeatable words of venom.

perfido *agg.* perfidious, treacherous; wicked, evil: *— nemico*, wicked enemy; *lingua perfida*, poisonous tongue // *tempo —*, nasty (*o* horrible) weather.

perfino *avv.* even: *— la madre l'ha riconosciuto colpevole*, even his mother admitted he was guilty; *parla tutte le lingue, — il cinese*, he can speak any language, even Chinese; *è stato dappertutto, — al polo Nord*, he's been everywhere, even to the North Pole.

perfogliato *agg.* (*bot.*) perfoliate.

perforabile *agg.* perforable, pierceable.

perforabilità *s.f.* perforability.

perforamento *s.m.* (*non com.*) **1** (*l'atto del perforare*) piercing, perforating, perforation **2** (*l'effetto*) perforation.

perforante *agg.* **1** perforating: (*med.*) *ulcera —*, perforating ulcer **2** (*mil.*) armour-piercing: *proiettile —*, armour-piercing shell.

perforare *v.tr.* to pierce; to perforate, to bore; to drill; to punch: *una pallottola gli ha perforato il cranio*, a bullet pierced his skull; *— un'asse*, to drill a plank; *— un biglietto*, to punch a ticket; *— il legno*, to bore (into) wood.

□ **perforarsi** *v.intr.pron.* to be pierced, to be bored, to be perforated.

perforato *agg.* **1** perforated: (*med.*) *ulcera perforata*, perforated ulcer **2** (*inform.*) perforated, punched; non-blank: *nastro —*, perforated (*o* punched) tape; *scheda perforata*, punch (*o* punched) card.

perforatore *agg.* perforating ◆ *s.m.* **1** (*chi perfora*) perforator **2** (*macchina*) punch (*anche inform.*): (*miner.*) *— pneumatico*, drifter (*o* hammer drill *o* jackhammer).

perforatrice *s.f.* **1** (*chi perfora*) perforator **2** (*macchina*) drill, punch // (*miner.*): *— pneumatica*, drifter (*o* hammer drill *o* jackhammer); *— pneumatica cingolata*, air-track drill.

perforatura, perforazione *s.f.* perforation; drilling; punch: (*cinem.*) *— di una pellicola*, perforation of a film // (*miner.*): *— a rotazione*, rotary drilling; *fango di —*, drilling mud; *la — di un pozzo*, the drilling of a well // (*inform.*): *— di nastro, di schede*, tape, card punch; *— dodici*, Y-punch; *— funzionale*, control hole.

performativo *agg.* (*ling.*) performatory.

perfosfato *s.m.* (*chim.*) superphosphate.

perfrigerare *v.tr.* **1** (*med.*) to refrigerate **2** (*tecn.*) to freeze*.

perfrigerazione *s.f.* **1** (*med.*) refrigeration **2** (*tecn.*) freezing.

perfusione *s.f.* (*med.*) perfusion.

perfuso *agg.* (*med.*) perfused.

pergamena *s.f.* parchment.

pergamenaceo *agg.* pergameneous.

pergamenato *agg.* parchment-like, pergameneous: *carta pergamenata*, parchment paper.

pergamo *s.m.* (*non com.*) pulpit.

pergiuro e *deriv.* → **spergiuro** e *deriv.*

pergola[1] *s.f.* pergola, bower, arbour.

pergola[2] *s.f.* (*arald.*) pairle, pall.

pergolato *s.m.* pergola, bower.

peri- *pref.* di origine greca usato nella terminologia scientifica; ingl. peri-; significa **1** intorno, esternamente: (*med.*) *periadenite*, periadenitis; (*med.*) *periarterite*, periarteritis **2** più vicino: (*astr.*) *perigeo*, perigee.

perianale *agg.* (*anat.*) perianal.

perianzio *s.m.* (*bot.*) perianth.

periartrite *s.f.* (*med.*) periarthritis.

periastro *s.m.* (*astr.*) periastron.

peribolo *s.m.* (*arch.*) peribolus, peribolos.

pericardico *agg.* (*anat.*) pericardial.

pericardio *s.m.* (*anat.*) pericardium*.

pericardite *s.f.* (*med.*) pericarditis.

pericarpo *s.m.* (*bot.*) pericarp, capsule, seed vessel.

periciclo *s.m.* (*bot.*) pericycle.

periclasio *s.m.* (*min.*) periclase, periclasite.

periclinale *agg.* **1** periclinal **2** (*astr.*) quaquaversal.

periclino *s.m.* (*min.*) pericline.

pericolante *agg.* shaky, tumbledown; (*malsicuro*) unsafe, dangerous: *casa, muro —*, tumbledown house, wall; *tetto —*, unsafe roof // *il loro matrimonio è —*, their marriage is breaking up; *azienda —*, firm in a precarious condition (*o* firm in financial difficulties); *situazione economica —*, shaky economic situation.

pericolare *v.intr.* (*non com.*) **1** (*minacciare di cadere*) to totter, to threaten to fall **2** (*essere in pericolo, correre pericolo*) to be in danger, to be at risk.

pericolo *s.m.* **1** danger, peril, risk, hazard: *i pericoli della strada*, the dangers of the street; *i pericoli del mare*, the dangers (*o* perils) of the sea; *— effettivo, imminente*, real, impending danger; *fuori —*, out of danger; *i medici l'hanno dichiarato fuori —*, the doctors declared him to be out of danger; *in — di morte*, in danger of death; *in — di vita*, in peril of one's life (*o* in danger of losing one's life); *segnale di —*, danger signal; *senza —*, safely; *cercò di evitare il —*, he tried to avoid the danger; *è un — per la navigazione*, it is a navigational hazard; *un grave — ci minaccia*, a serious danger threatens us; *l'ho salvato dal —*, I rescued him from danger; *la nostra libertà è in —*, our liberty is in jeopardy (*o* at risk); *riuscì a scongiurare il —*, he succeeded in warding off the danger; *si espose al — senza esitazione*, he risked his life unhesitatingly; *se ci vai lo fai a tuo rischio e —*, if you go it's at your own risk; *correre un —*, to be in danger (*o* to run the risk *o* to risk); *hai corso un grave — guidando con i freni rotti*, you ran a terrible risk driving with no brakes; *essere in — di cadere*, to be in danger of falling; *mettere in — la vita, gli interessi di qlcu.*, to endanger (*o* to jeopardize *o* to imperil) s.o.'s life, interests; *affrontare un —*, to brave a danger; *mio figlio si caccia sempre nei pericoli*, my son is always running into danger; *rendersi conto del —*, to realize the danger (*o fam.* to see the red light); *salvare una nave in —*, to rescue a ship in distress; *tenersi lontano dal —*, to keep out of danger // *— pubblico*, public menace (*o* public enemy): *quando guida è un — pubblico*, when he drives he's a public menace // *— frane, — valanghe*, (*sui cartelli*) danger landslides, avalanches **2** (*fam.*) (*probabilità*) fear, danger: *c'è anche il — che tu debba pagare due volte!*, there is even the danger you'll have to pay twice!; *non c'è —!*, no fear! (*o* not likely!): *non c'è — che venga*, there is no fear of his coming.

pericolosità *s.f.* danger; riskiness: (*dir.*) *— sociale*, social dangerousness.

pericoloso *agg.* dangerous, perilous; (*rischioso*) risky: *un — avversario*, a dangerous opponent; *un'amicizia pericolosa*, a dangerous friendship; *un delinquente —*, a dangerous criminal; *un fiume — da navigare*, a dangerous (*o* perilous) river to navigate; *una malattia pericolosa*, a dangerous illness; *nel punto più —*, at the most dangerous point; *zona pericolosa*, danger zone; *una curva pericolosa*, a dangerous bend; *guida pericolosa*, dangerous driving; (*sport*) *gioco —*, dangerous play // *è — sporgersi*, it is dangerous to lean out // *sei su un terreno —*, (*fig.*) you are on dangerous (*o* risky) ground.

pericondrio *s.m.* (*anat.*) perichondrium (*pl.* -ia).

pericondrite *s.f.* (*med.*) perichondritis.

pericope *s.f.* 1 extract, passage 2 (*liturgia*) pericope.

periderma *s.m.* (*bot.*) periderm.

perididimo *s.m.* (*anat.*) perididymis (*pl.* -des).

peridio *s.m.* (*bot.*) peridium.

peridotite *s.f.* (*geol.*) peridotite.

peridoto *s.m.* (*min.*) peridot.

peridrolo *s.m.* (*chim.*) perhydrol.

periegesi *s.f.* (*lett.*) periegesis.

perielio *s.m.* (*astr.*) perihelion.

periferia *s.f.* 1 (*di città*) suburbs (*pl.*); outskirts (*pl.*); periphery: *quartiere di* —, suburb; *abitare in* —, to live in the suburbs (*o* on the outskirts of the town) 2 (*zona esterna, marginale*) periphery (*anche mat., med.*): *far affluire il sangue alla* —, to cause the blood to flow to the skin.

periferica *s.f.* (*inform.*) peripheral, device: — *d'ingresso*, input device.

periferico *agg.* 1 (*di strada, quartiere*) suburban; peripheral: *una strada periferica*, a suburban street; *abita in un quartiere* —, he lives in a peripheral area 2 (*che si trova nella parte esterna*) peripheric(al) (*anche mat.*); peripheral: (*anat.*) *sistema nervoso* —, peripheral nervous system // *amministrazione periferica*, local authority // (*inform.*) *attrezzatura periferica*, device 3 (*fig.*) (*marginale*) peripheral, marginal.

perifrasare *v.tr.* to periphrase.

perifrasi *s.f.* periphrasis, circumlocution.

perifrastico *agg.* periphrastic(al): *coniugazione perifrastica*, periphrastic conjugation.

perigeo *s.m.* (*astr.*) perigee.

periglaciale *agg.* (*geol.*) periglacial: *clima* —, periglacial climate.

periglio *s.m.* (*poet.*) peril, danger.

periglioso *agg.* (*poet.*) perilous, dangerous.

perigonio *s.m.* (*bot.*) perigonium (*pl.* -ia).

perilinfa *s.f.* (*anat.*) perilymph.

perilunio *s.m.* (*astr.*) perilune, pericynthion.

perimetrale *agg.* perimetric(al); (*esterno*) outside, outer: *il muro* —, the outside wall; *recinto* —, perimeter fence.

perimetrico *agg.* (*non com.*) perimetric(al).

perimetro *s.m.* perimeter.

perimisio *s.m.* (*anat.*) perimysium (*pl.* -sia).

perinatale *agg.* perinatal: *mortalità* —, perinatal mortality.

perinatologia *s.f.* perinatal pediatrics.

perineale *agg.* (*anat.*) perineal.

perineo *s.m.* (*anat.*) perineum*.

perinervio *s.m.* (*anat.*) perineurium (*pl.* -ia).

perioca *s.f.* (*fil.*) summary.

periodare *s.m.* (literary) style, technique: — *facile*, fluent style; — *sciolto*, easy-flowing (*o* fluid) style; — *pesante*, turgid (*o* slow-moving) style.

periodare *v.intr.* to make* sentences, to form sentences.

periodicista *s.m.* e *f.* contributor (to a magazine); magazine journalist.

periodicità *s.f.* 1 periodicity; recurrence 2 (*lasso di tempo*) interval.

periodico *agg.* periodic(al); recurrent, recurring: *soffrire di periodici mal di testa*, to suffer from recurring headaches // (*chim.*): *acido* —, periodic acid; *sistema* —, periodic system; *tavola periodica*, periodic table // (*mat.*): *funzione periodica*, periodic function; *decimali periodici*, recurring (*o* repeating) decimals // (*fis.*) *moto* —, periodic motion // (*astr.*) *anno* —, anomalistic year // (*med.*) *febbre periodica*, recurrent fever // (*econ.*): *pagamenti periodici*, periodical payments; *spese periodiche*, recurring expenses.

periodico *s.m.* periodical; magazine; journal: *un nuovo — di sport*, a new sports magazine.

periodizzare *v.tr.* to divide (sthg.) into periods.

periodo *s.m.* 1 period; spell: *un — della nostra storia*, a period of our history; *un — di cattivo tempo*, a period (*o* spell) of bad weather; *un — di freddo, di siccità*, a cold, a dry spell; *il — di incubazione di una malattia*, the incubation period of a disease; — *di prova*, (*di macchine*) testing period; *ha passato un breve — in ospedale*, she spent a short period in hospital (*o* she was in hospital for a short spell); *durante un — della mia vita*, during a period of my life; *la malattia è nel — acuto*, the illness is in its acute stage (*o* period) // (*dir.*) — *utile*, (*ai fini della prescrizione*) limitation 2 (*econ., amm. ecc.*) period, run; (*corso*) trend; (*tempo*) time; (*termine*) term; (*ciclo*) cycle // (*econ.*): — *di massima attività, produzione*, peak period; — *di prova*, trial period; — *congiunturale*, economic trend; — *lungo*, long period; — *morto, di inattività*, slack (*o* down) period; — *di depressione*, trough; — *di prosperità*, upswing; — *di ripresa*, upturn // (*amm.*): — *contabile*, accounting period; — *di ferie annue*, annual leave; — *di assenza per malattia*, sick leave; — *di preavviso*, (*di impiegati*) period of notice; *il suo — di permanenza in carica è scaduto due settimane fa*, his term of office expired two weeks ago // (*comm.*): — *di apertura*, opening time; — *delle vendite*, selling season // (*assicurazioni*) — *di copertura assicurativa*, policy period // (*trib.*) — *d'imposta*, fiscal year (*o* tax period) 3 (*scient.*) period; (*elettr.*) cycle; (*mat.*) period, repetend; (*inform.*) time bucket: (*elettr.*) — *di interruzione*, outage; (*geol.*) — *interglaciale*, interglacial stage; (*astr.*) — *di rivoluzione*, orbital period; (*inform.*) — *di temporizzazione, di attesa*, time-out // (*fis.*): — *dimezzato, di dimezzamento* (*radioattivo*), half-life; — *naturale*, natural period; — *di un'onda*, wave period 4 (*gramm.*) sentence; period: — *complesso, composto*, complex, compound sentence; *la proposizione principale del* —, the main clause of the period.

periodontite *s.f.* (*med.*) periodontitis.

periodonto *s.m.* (*anat.*) periodontium (*pl.* -tia).

periodontosi *s.f.* (*med.*) periodontosis.

perioftalmo *s.m.* (*zool.*) mud-skipper.

periostio *s.m.* (*anat.*) periosteum*.

periostite *s.f.* (*med.*) periostitis.

peripatetica *s.f.* streetwalker, prostitute.

peripatetico *agg.* e *s.m.* (*st. fil.*) peripatetic.

peripatetismo *s.m.* (*st. fil.*) peripateticism.

peripezia *s.f.* 1 (*vicissitudine*) vicissitudes (*pl.*); ups and downs (*pl.*); (*avventura*) adventure: *dopo molte peripezie*, after many ups and downs (*o* vicissitudes); *ti racconterò tutte le mie peripezie*, I shall tell you all my adventures 2 (*teatr.*) peripet(e)ia.

periplo *s.m.* circumnavigation, periplus.

periptero *agg.* (*archeol.*) peripteral.

perire *v.intr.* to perish, to die (*anche fig.*): — *in un incidente stradale*, to die in a road accident; *perì tra le fiamme*, he perished in the flames; *fama che non perirà*, (*fig.*) undying fame (*o* fame that will never die).

periscopico *agg.* periscopic.

periscopio *s.m.* periscope: (*mar.*) — *di esplorazione*, search periscope; — *notturno*, night lens periscope.

perisperma *s.m.* (*bot.*) perisperm.

perispomeno *agg.* (*gramm. greca*) perispomenon.

perissodattilo *s.m.* (*zool.*) perissodactyl(e).

peristalsi *s.f.* (*med.*) peristalsis*.

peristaltico *agg.* (*med.*) peristaltic.

peristilio *s.m.* (*arch.*) peristyle.

peristoma *s.m.* (*zool.*) peristoma, peristome.

peritale *agg.* (*dir.*) expert (*attr.*); of expert(s): *prova* —, expert evidence; *accertamento* —, expert survey.

peritarsi *v.intr.pron.* (*letter.*) (*esitare*) to hesitate: *non mi perito di dire la verità*, I do not hesitate to tell the truth.

peritecio *s.m.* (*bot.*) perithecium*.

perito *agg.* expert, skilled, skilful ◆ *s.m.* 1 (*tecnico, artistico*) expert; (*tecnico-commerciale*) estimator; (*tecnico diplomato*) qualified technician: — *industriale*, engineer; — *agrario*, land surveyor; — *chimico*, qualified chemist; — *elettrotecnico*, expert in electrotechnics; — *aziendale*, business technical expert; — *contabile, commerciale*, qualified accountant; — *calligrafo*, handwriting expert; — *navale*, ship surveyor 2 (*dir.*) expert; assessor: — *nominato dal giudice*, expert appointed by the judge; — *stimatore*, valuer (*o* estimator); — *giudiziario*, assessor; — *assicurativo*, adjuster (*o* assessor).

peritoneale *agg.* (*anat.*) peritoneal: *dialisi* —, peritoneal dialysis.

peritoneo *s.m.* (*anat.*) peritoneum*.

peritonite *s.f.* (*med.*) peritonitis.

perittero → **periptero**.

perituro *agg.* (*letter.*) perishable; transitory: *gloria peritura*, transitory glory.

perizia *s.f.* 1 (*maestria*) skill, skilfulness, ability: *ha eseguito il lavoro con grande* —, he carried out the work very skilfully; *aveva una gran — nel pilotare*, he was a very skilful pilot 2 (*dir.*) expert testimony, expert report; expertise; (*valutazione*) appraisal, survey, examination; (*assicurativa e tributaria*) assessment: — *giudiziaria*, judicial examination; — *medico-legale*, medical examination; — *psichiatrica*, psychiatric examination; *fare una* —, to make a valuation; — *grafologica*, expert report on handwriting // (*assicurazioni*) — *dei danni*, assessment of damage (*o* damage appraisal).

periziale → **peritale**.

periziare *v.tr.* to estimate, to appraise, to assess: (*dir.*) — *i danni*, to estimate (*o* to assess) (the) damage; — *una proprietà*, to appraise a property; (*comm.*) *prezzo periziato*, estimated price.

perizoma *s.m.* loincloth.

perla *s.f.* 1 pearl: *perle coltivate*, culture pearls; *perle false*, imitation pearls; — *scara-*

mazza, seed-pearl; *filo di perle*, string of pearls; *pescatore di perle*, pearl-diver; *grigio* —, pearl grey // *gettar perle ai porci*, to cast pearls before swine **2** (*persona, cosa di gran pregio*) pearl, jewel: *è una — di marito*, he is a jewel of a husband; *è una — di ragazza*, she's a pearl; *Venezia è la — dell'Adriatico*, Venice is the pearl of the Adriatic **3** (*prodotto farmaceutico*) drop **4** (*errore grossolano*) howler, clanger **5** (*tip.*) pearl.

perlaceo *agg.* pearly: *con riflessi perlacei*, with a pearly sheen.

perlage *s.m.* (*enologia*) perlage.

perlagione *s.f.* (*letter.*) pearliness.

perlaquale *agg.* (*fam.*) (*ammodo*) respectable, decent: *non è un tipo troppo* —, he's not a very respectable chap ◆ *avv.* (*bene, soddisfacentemente*) well, decently: *gli affari non gli vanno troppo* —, his business isn't going very well.

perlato *agg.* **1** pearly, pearl (*attr.*): *bianco, grigio* —, pearl white, grey // *orzo* —, pearl-barley **2** (*non com.*) (*ornato di perle*) decorated with pearls **3** → perlé.

perlé *agg.* corded: *cotone* —, corded cotton.

perlifero *agg.* yielding pearls; pearl (*attr.*): *ostrica perlifera*, pearl-oyster.

perlina *s.f.* **1** (*piccola perla*) little pearl, seed pearl **2** (*di vetro*) glass bead; (*di plastica*) plastic bead: *un bracciale di perline*, a bracelet of glass pearls **3** (*di moneta*) pearl **4** (*tavola di legno*) matchboard.

perlinato *agg.* beaded: *schermo* —, beaded screen ◆ *s.m.* matchboarding.

perlinatura *s.f.* **1** (*rivestimento di legno*) matchboarding **2** (*di schermo*) beading.

perlinguale *agg.* perlingual: *medicazione* —, perlingual medication.

perlite *s.f.* **1** (*geol.*) perlite, pearlstone **2** (*metall.*) perlite.

perlomeno, **per lo meno** *avv.* (*almeno*) at least; (*a dir poco*) to say the least: *se non volevi venire, potevi — avvertirmi*, if you didn't want to come, you could at least have told me; *era piuttosto seccato, o — mi ha dato questa impressione*, he was rather irritated, or at least he gave me that impression; *ci saranno state — trecento persone*, there must have been three hundred people there, to say the least.

perlopiù, **per lo più** *avv.* **1** (*di solito*) usually: — *mi sveglio alle 7*, I usually wake up at 7 **2** (*per la maggior parte*) mainly, mostly: *c'era molta gente, — giovani*, there were a lot of people, mainly (*o* mostly) youngsters.

perlustrare *v.tr.* **1** (*mil.*) to reconnoitre; (*di polizia*) to search: *la polizia stava perlustrando la campagna*, the police were searching (*o* combing) the countryside **2** (*estens.*) (*ispezionare*) to search, to scour: — *il terreno*, to scour the ground.

perlustratore *s.m.* **1** (*non com.*) (*chi perlustra*) scout **2** (*di polizia*) patroller **3** *pl.* (*mil.*) reconnaissance (unit) (*sing.*) ◆ *agg.* (*che perlustra*) reconnaissance (*attr.*).

perlustrazione *s.f.* **1** (*mil.*) reconnaissance; (*di polizia*) patrol: *andare in* —, to go on a reconnaissance (*o* to go out scouting); *essere in* —, to be on a reconnaissance: *i carabinieri erano in* —, the carabinieri had mounted a search; *fare una* —, to make a reconnaissance **2** (*estens.*) (*ispezione, esplorazione*) searching, scouring.

permafrost, **permagelo** *s.m.* (*geol.*) permafrost.

permalosità *s.f.* touchiness; irritability.

permaloso *agg.* touchy; irritable: *è molto —, si offende per niente*, he's very touchy, he gets offended for nothing.

permanente *agg.* **1** permanent, lasting; standing; (*bot., zool.*) persistent: *mostra* —, permanent exhibition; *invalidità* —, permanent disability; *assemblea* —, permanent assembly; *esercito* —, standing army // *divieto di sosta* —, no parking // (*fin.*) *investimenti permanenti*, permanent investments // (*dir.*) *reato* —, continuing offence // (*fis.*) *magnete* —, permanent magnet **2** (*geogr.*) perennial: *corso d'acqua* —, perennial stream ◆ *s.f.* permanent wave (*abbr.* perm): *hai la — (ai capelli)?*, is that a perm?

permanenza *s.f.* **1** (*l'essere permanente*) permanence, permanency; (*persistenza*) persistence, continuance: *la — al potere di un partito*, the permanency in power of a party; *la — della febbre*, the persistence of fever; *la — della tensione tra i due paesi*, the persistence of tension between the two countries // *in* —, (*di continuo*) permanently; *il governo si riunì in* —, the government was in permanent session // — *in carica*, tenure of an office; *periodo di — in carica*, term of office **2** (*soggiorno prolungato*) stay, sojourn: *durante la mia — a Roma*, during my stay in Rome; *la mia — all'estero*, my stay abroad // *buona —!*, have a nice stay!

permanere *v.intr.* (*rimanere*) to remain; (*perdurare*) to persist: *la situazione permane critica*, the situation remains critical.

permanganato *s.m.* (*chim.*) permanganate: — *potassico*, potassium permanganate.

permanganico *agg.* (*chim.*) permanganic: *acido* —, permanganic acid.

permeabile *agg.* permeable, pervious.

permeabilità *s.f.* permeability, perviousness // (*fis.*): — *assoluta*, absolute permeability; — *magnetica*, permeability; — *magnetica del vuoto*, magnetic constant.

permeanza *s.f.* (*elettr.*) permeance.

permeare *v.tr.* to permeate (*anche fig.*); to permeate through (sthg.): *l'acqua aveva permeato il terreno*, the water had permeated (*o* seeped into) the soil; *queste dottrine stanno permeando il pensiero della nuova generazione*, these doctrines are permeating the thinking of the new generation.

permeasi *s.f.* (*biol.*) permease.

permeazione *s.f.* (*chim., fis., med.*) permeation.

permesso *agg.* permitted, allowed: *ingresso — ai soli spettatori adulti*, (entry restricted to) adults only // (*è*) — *?, posso entrare?*, may I come in?

permesso *s.m.* **1** permission, leave, permit, authorization: *col vostro* —, by your leave; *dammi il — di farlo*, give me permission (*o* leave) to do it; *ho il — di adoperare la sua macchina da scrivere*, I have permission to use (*o* I am allowed to use) his typewriter; *chi ti ha dato il — di frugare nella mia borsa?*, who gave you permission to (*o* who said you could) rummage in my bag?; *la prossima volta entra pure senza chiedere* —, next time, come in without knocking // *con —?*, may I? **2** (*licenza di astenersi temporaneamente dall'esercizio dei propri doveri*) leave (of absence): *impiegato, soldato in* —, employee, soldier on leave; — *di lavoro retribuito*, leave with pay; *avere una settimana di* —, to have a week's leave **3** (*licenza, autorizzazione*) licence; permit: — *d'esportazione, d'importazione, di caccia*, export, import, shooting licence (*o* permit); — *di soggiorno*, residence permit; — *di lavoro*, work permit; — *doganale*, customs permit; (*mar.*) — *di sbarco*, landing order; *rilasciare un* —, to grant a permit.

permettere *v.tr.* **1** (*consentire*) to allow, to let*, to permit; (*autorizzare*) to authorize: *gli permise di andare*, he let him go; *non era permesso portare i cani nel parco*, the public were not allowed to take their dogs into the park; *non mi è permesso di usarlo*, I am not allowed to use it; *qui la caccia non è permessa*, shooting is not allowed (*o* permitted) here; *la vendita di questo prodotto non è permessa*, the sale of this product is not allowed; *la polizia non ha permesso la manifestazione*, the police didn't authorize the demonstration; *crede che gli sia permesso tutto*, he thinks he can do anything he likes; *non ti permetto di usare questo tono*, I won't let you use this tone of voice // *permettete?*, may I?; *permettetemi di presentarvi mio fratello*, let me introduce my brother (*o* permit me to introduce my brother) to you; *permettimi di rilevare che...*, permit (*o* allow) me to point out that...; *se lei permette, l'accompagno*, if you don't mind, I'll go with you; *permette questo ballo?*, may I have this dance? // *Dio permettendo*, God willing; *tempo permettendo*, weather permitting // *i miei mezzi non me lo permettono*, I can't afford it // (*fin.*) — *la fluttuazione di una moneta*, to float a currency (*o* to let a currency float) **2** (*rendere possibile*) to enable, to allow: *il nostro denaro gli permetterà di restare in Francia altre due settimane*, our money will enable (*o* allow) him to stay in France for another two weeks; *la strada è abbastanza larga da — il sorpasso*, the street is large enough to allow overtaking; *questa lampada mi permette di leggere a lungo senza fatica*, this lamp enables me to read for a long time without getting tired **3** (*tollerare, sopportare*) to permit, to allow, to tolerate: *non permetto che ti tratti così*, I won't tolerate him treating you like this **4** (*prendersi la libertà*) to take* the liberty (of doing): *mi permetto di dirvi che avete torto*, I take the liberty of telling you that you are wrong; *non mi permetterei mai di correggerlo*, I would never take the liberty of correcting him; *scusi se mi permetto, ma vorrebbe essere più esplicito?*, excuse me (*o* I hope you don't mind my asking), but could you be more explicit? // *ma come ti permetti!*, how dare you! **5** (*permettersi, concedersi*) to allow oneself: *mi sono permessa una breve vacanza*, I have allowed myself a short holiday // *permettersi il lusso di*, to afford: *non posso permettermi il lusso dell'automobile*, I cannot afford a car.

permettività *s.f.* (*fis.*) permittivity.

permiano, **permico** *agg.* e *s.m.* (*geol.*) Permian.

permissibile *agg.* (*non com.*) permissible, allowable.

permissionario *s.m.* (*dir.*) licensee.

permissivismo *s.m.* permissiveness, permissivism.

permissivista *agg.* permissive ◆ *s.m.* e *f.* permissive person, permissivist.

permissività *s.f.* permissiveness.

permissivo *agg.* permissive: (*dir.*) *norma permissiva*, permissive norm.

permselettività *s.f.* (*chim.*) permselectivity.

permselettivo *agg.* (*chim.*) permselective.

permuta *s.f.* exchange, swap, permutation; (*baratto*) barter; (*scambio di beni*) trade-in: *fare una* —, to exchange (*o* to make an exchange); — *di beni immobili*, exchange of real property.

permutabile *agg.* exchangeable: *beni, valori permutabili*, exchangeable goods, valuables.

permutabilità *s.f.* exchangeability.

permutamento *s.m.* (*non com.*) (*il permutare*) exchanging; (*permuta*) exchange, barter.

permutante *s.m.* e *f.* (*dir.*) party to an exchange.

permutare *v.tr.* **1** to exchange, to swap; (*barattare*) to barter; (*scambiare beni*) to trade in: — *merci*, to swap goods; — *titoli*, to exchange securities; — *proprietà*, to exchange properties **2** (*mat.*) to permute.

permutatore *agg.* permuting ◆ *s.m.* (*tecn.*) permutator: — *telefonico*, telephone permutator.

permutazione *s.f.* **1** exchange, swap; (*baratto*) barter; (*scambio di beni*) trade-in **2** (*mat.*) permutation.

pernacchia *s.f.* **pernacchio** *s.m.* (*fam.*) raspberry, (*amer.*) Bronx cheer: *gli rispose con una* —, he answered her by blowing a raspberry.

pernice *s.f.* **1** (*zool.*) partridge: *una coppia di pernici*, a brace of partridges // — *bianca*, (*Lagopus mutus*) ptarmigan; — *bianca di Scozia*, (*Lagopus scoticus*) moor (*o* red) grouse, (*femmina*) moorhen // — *di mare*, (*Glareola pratincola*) pratincole **2** *occhio di* —, soft corn (between toes).

perniciosa *s.f.* (*med.*) malignant fever.

perniciosità *s.f.* (*non com.*) perniciousness.

pernicioso *agg.* pernicious, noxious, destructive: *effetti perniciosi*, destructive effects; *errore* —, damaging mistake; (*med.*) *anemia perniciosa*, pernicious (*o* malignant) anemia; *febbre perniciosa*, malignant fever.

perno *s.m.* **1** (*mecc.*) pin, pivot, gudgeon: — *a forcella*, forked pin; — *conico*, tapered pin; — *di accoppiamento*, coupling pin; — *di articolazione*, trunnion; — *di banco*, journal; — *di bloccaggio*, check pin; — *di cingolo*, track pin; — *di manovella*, crank pin; — *girevole*, pivot pin // (*inform.*) — *trascinatore*, pin **2** (*cardine*) hinge **3** (*fig.*) mainstay, (main) support: *il* — *della conversazione*, the main topic of the conversation; *il* — *della famiglia*, the mainstay of the family; *questa alleanza è il* — *di tutta la nostra politica*, our whole policy turns (*o* hinges) upon this alliance // *faremo* — *su di te per la prossima partita*, you will be the mainstay of the next match.

pernottamento *s.m.* overnight stay: *per il solo* — *ci hanno chiesto una cifra folle*, they wanted an amazing sum just for an overnight stay.

pernottare *v.intr.* to stay overnight, to spend* the night: *non so se potrò* — *qui*, I don't know whether I'll be able to stay here overnight; — *a Roma*, to stay overnight (*o* to spend the night) in Rome; *trovare da* — *in un hotel*, to find accommodation for the night in a hotel.

pernotto *s.m.* (*amm.*) (*pernottamento*) overnight stay // (*mar.*) *diritto di* —, authorized overnight stay.

pero *s.m.* (*bot.*) (*Pyrus communis*) pear(tree): *legno di* —, pear (wood) // — *delle Indie*, (*Psidium guaiava*) guava.

però *cong.* **1** (*con valore avversativo*) but, yet, however: *è strano,* — *è così*, it's strange but (*o* yet) true; *sembra onesto,* — *non mi fido di lui*, he seems honest, but (*o* yet) I don't trust him; *è una medicina disgustosa,* — *fa bene*, this medicine is disgusting, but it's good for you; *è una buona idea, temo* — *che non sia realizzabile*, It's a good idea. I fear, however, that it may be hard to put into practice **2** (*con valore concessivo*) nevertheless, though, however: *è una macchina vecchia,* — *funziona ancora bene*, It's an old car. It still runs well, though (*o* However, it still runs well); *sarà anche della buona musica,* — *a me non piace*, it may be good music; nevertheless, I don't like it **3** (*in frasi esclamative*) well: —, *niente male!*, (well,) not bad!; —, *non credevo che ce l'avrebbe fatta!*, well, I never thought he'd make it! **4** (*ant.*) (*con valore causale*) therefore.

perocché, **però che** *cong.* (*ant.*) **1** (*con valore causale*) → poiché **2** (*con valore concessivo*) → benché.

perone *s.m.* (*anat.*) fibula.

peroneo, **peroniero** *agg.* (*anat.*) peroneal.

peronismo *s.m.* peronism, peronismo.

peronista *agg.* e *s.m.* e *f.* peronist.

peronospora *s.f.* peronospora, downy mildew: — *della patata*, potato (late) blight; — *della vite*, grape downy mildew.

perorabile *agg.* (*dir.*) pleadable.

perorare *v.tr.* (*dir.*) to plead; to advocate; to defend: — *una causa*, to plead a cause ◆ *v.intr.* to perorate, to make* a peroration: — *per qlcu.*, *in difesa di qlcu.*, to plead for s.o.

perorazione *s.f.* **1** pleading, defence (*anche dir.*) **2** (*ret.*) peroration.

perossiacido *s.m.* (*chim.*) peroxy acid.

perossidare *v.tr.* (*chim.*) to peroxide.

perossidasi *s.f.* (*biochim.*) peroxidase.

perossidico *agg.* (*chim.*) peroxy.

perossido *s.m.* (*chim.*) peroxide: — *di manganese*, manganese peroxide; *numero di* —, peroxide number.

perossocarbonato *s.m.* (*chim.*) peroxycarbonate.

perpendicolare *agg.* e *s.f.* perpendicular: *retta* —, perpendicular line; *via Trieste è una* — *di via Manzoni*, via Trieste is set at right angles to via Manzoni; (*arch.*) *lunghezza tra le perpendicolari*, length between perpendiculars; *abbassare una* —, to drop (*o* to draw) a perpendicular.

perpendicolarità *s.f.* perpendicularity.

perpendicolarmente *avv.* perpendicularly.

perpendicolo *s.m.* (*filo a piombo*) plumb line // *a* —, perpendicularly.

perpetrare *v.tr.* (*letter.*) to commit, to perpetrate: — *un delitto*, to commit (*o* to perpetrate) a crime.

perpetrazione *s.f.* perpetration.

perpetua *s.f.* (*fam.*) **1** priest's housekeeper **2** (*estens.*) (*domestica*) elderly talkative housekeeper.

perpetuabile *agg.* perpetuable.

perpetuare *v.tr.* to perpetuate; to immortalize: — *un'istituzione*, to perpetuate an institution; — *una stirpe*, to perpetuate a race.

□ **perpetuarsi** *v.intr.pron.* to endure, to last, to continue.

perpetuazione *s.f.* perpetuation, continuation: *la* — *della specie*, the perpetuation of the species.

perpetuità *s.f.* (*non com.*) perpetuity.

perpetuo *agg.* **1** perpetual, endless, everlasting: *a perpetua memoria del fatto fu eretto un monumento*, a monument was raised in everlasting memory of the event // *in* —, perpetually // *moto* —, perpetual motion // *nevi perpetue*, perpetual snow // (*mecc.*) *vite perpetua*, endless screw **2** (*ininterrotto*) perpetual, continuous: *un* — *rimbrottare*, a perpetual nagging **3** (*a vita*) perpetual, permanent: *rendita perpetua*, perpetuity (*o* perpetual annuity); *carcere* —, life imprisonment; *socio* —, life member.

perplessità *s.f.* perplexity; doubt; hesitation: *avere qualche* —, to be somewhat puzzled (*o* perplexed); *senza* —, unhesitatingly (*o* without any hesitation).

perplesso *agg.* perplexed; puzzled: *era* — *sulla via da seguire*, he was puzzled about how to act; *rendere* — *qlcu.*, to puzzle (*o* to perplex) s.o.; *la tua proposta mi lascia* —, your proposal perplexes me (*o* I have doubts about your proposal).

perquisire *v.tr.* to search, to rummage: — *un'abitazione*, to search a dwelling (*o* a domicile); — *una nave*, to rummage a ship; — *una persona*, to frisk a person (*o* to bodysearch a person).

perquisizione *s.f.* (*dir.*) perquisition, (thorough) search, searching: — *domiciliare*, searching of a domicile (*o* house search); — *doganale*, rummaging; *mandato di* —, search warrant; — *senza mandato*, search without a warrant; — *personale*, search of a person (*o* body search *o* frisk); — *arbitraria*, unreasonable (*o* illegal) search; *diritto di* —, right of perquisition.

persale *s.m.* (*chim.*) persalt.

perscrutare *v.tr.* (*letter.*) to scrutinize, to examine, to investigate.

persea *s.f.* (*bot.*) persea.

persecutivo *agg.* (*psic.*) persecutional: *tendenze persecutive*, persecutional tendencies.

persecutore *s.m.* **persecutrice** *s.f.* persecutor.

persecutorio *agg.* persecutive, persecutory: *intento* —, persecutive intention.

persecuzione *s.f.* **1** persecution: *la* — *degli Ebrei*, the persecution of the Jews; *soffrire le persecuzioni*, to suffer persecution // *mania di* —, persecution mania **2** (*fam.*) (*molestia continua*) pestering; (*di creditori*) dunning // *quell'uomo è una vera* —*!*, that man is a (real) pest!

perseguente *agg.* (*dir.*) prosecuting.

perseguibile *agg.* **1** feasible, that can be carried out: *è un progetto difficilmente* —, it's a plan that will be difficult to carry out **2** (*dir.*) liable to prosecution, indictable, punishable: *reato* — *a norma di legge*, legal offence (*o* crime punishable by law).

perseguimento *s.m.* (*non com.*) pursuit: *il — di un fine*, the pursuit of an aim.

perseguire *v.tr.* **1** to follow; to pursue: — *uno scopo*, to pursue one's aim (*o* object) **2** (*letter.*) (*perseguitare*) to persecute; to pursue (*anche fig.*): — *i buoni*, to persecute the good **3** (*dir.*) to prosecute; to indict; to institute legal proceedings (against); (*citare in giudizio*) to sue; (*punire*) to punish: *i trasgressori saranno perseguiti a termine di legge*, trespassers will be prosecuted.

perseguitare *v.tr.* to persecute; to pursue (*anche fig.*); to hound; (*di fantasmi, spiriti ecc.*) to haunt: *furono crudelmente perseguitati*, they were cruelly persecuted; — *il nemico*, to pursue the enemy; *essere perseguitato dai propri creditori*, to be hounded by one's creditors; *quel sogno mi perseguita*, that dream haunts me; *il rimorso lo perseguita*, remorse pursues him; — *una donna*, (*molestarla*) to press one's attentions on a woman // *la sfortuna mi perseguita*, I am dogged by bad luck.

perseguitato *agg.* persecuted, pursued; hounded; (*da fantasmi, spiriti ecc.*) haunted: — *dai sensi di colpa*, pursued (*o* haunted) by guilt; *ma come riesci a vivere — dai creditori?*, how can you live hounded by creditors? ◆ *s.m.* victim of persecution, persecuted person, pursued person: — *politico*, victim of political persecution.

perseidi *s.f.pl.* (*astr.*) Perseids.

perseverante *agg.* persevering.

perseveranza *s.f.* perseverance, persistence: — *nei propositi*, perseverance in one's aims (*o* objects); *la sua — fu ricompensata*, his perseverance (*o* tenacity) was rewarded; — *nel bene*, perseverance in good works.

perseverare *v.intr.* to persevere; to persist: — *nelle proprie opinioni*, to persist in one's opinions.

persiana *s.f.* shutter: — *avvolgibile*, roller shutter; — *scorrevole*, sliding shutter; (*tecn.*) *feritoie a* —, louver.

persiano *agg.* Persian: *tappeto* —, Persian carpet // *gatto* —, Persian cat ◆ *s.m.* **1** Persian **2** (*pelliccia*) Persian lamb **3** (*gatto*) Persian (cat).

persicaria *s.f.* (*bot.*) (*Polygonum hydropiper*) smartweed.

persichino *agg.* (*ant.*) peach-coloured ◆ *s.m.* (*marmo*) peach-coloured marble from Versilia.

persico[1] *agg.* Persian: *Golfo Persico*, Persian Gulf.

persico[2] *agg.*: *pesce* —, perch ◆ *s.m.* (*zool.*) (*Perca fluviatilis*) perch, bass: — *sole*, (*Leponis gibbosus*) sunfish.

persino → **perfino**.

persistente *agg.* **1** persistent; never-ending: *dolore* —, persistent pain; *odore* —, lingering (*o* persistent) smell; *pioggia* —, persistent (*o* never-ending) rain **2** (*bot., zool.*) persistent.

persistenza *s.f.* persistence.

persistere *v.intr.* to persist: *egli persiste in una vita viziosa*, he persists in leading a life of vice; *la febbre persiste*, the fever persists; *io persisto ancora nel credere che sia un buon ragazzo*, I still persist in believing that he is a good boy; — *nella propria opinione*, to persist in one's opinion; — *nel rifiuto*, to persist in one's refusal; — *nell'errore*, to persist in the error.

perso *agg.* **1** lost: *sembra* —, he looks (*o* seems) lost; *è tutto tempo —!*, it's all a waste of time! // *ubriaco* —, stoned // *innamorato* —, head over heels in love // *fare qlco. a tempo* —, to do sthg. in one's spare time // *dare qlcu., qlco. per* —, to give s.o., sthg. up for lost // — *per — voglio provare a fare un ultimo tentativo*, having nothing to lose I want to make one last attempt **2** (*sfuggito*) missed, lost: *un'occasione persa*, a missed (*o* lost) opportunity [cfr. *perduto*].

persolfato *s.m.* (*chim.*) persulphate.

persolforico *agg.* (*chim.*) persulphuric: *acido* —, persulphuric acid.

persona *s.f.* **1** (*essere umano*) person: *è una brava* —, he is a nice person; *sono venute molte persone*, many people have come; *c'erano una ventina di persone*, there were twenty people or so; *le persone della famiglia*, the members of the family; *c'è una — che ti aspetta*, there is someone waiting for you; *non c'è — che non lo sappia*, there isn't anybody who does not know it (*o* everybody knows it); *non c'è — al mondo che la pensa come lui*, there is no one else in the world who has the same opinion as he; *il valore della — umana*, the value of human life // *due sterline per* —, two pounds a head (*o* per head) // *trattare per interposta* —, to deal (*o* to negotiate) through a third person // *in, di* —, in person (*o* personally): *lo conosco di* —, I know him personally; *venne lui in, di* —, he came personally; *pagare di — per qlco.*, to pay for sthg. personally; *è l'avarizia in* —, he is the personification of avarice (*o* avarice personified); *è la gentilezza in* —, he is kindness itself; *è lui in* —, it's the very man (*o* the man himself) // — *di servizio*, servant // (*teol.*) *le tre persone della Trinità*, the three persons of the Trinity • Come risulta dagli esempi il pl. di *person* in questa accezione è *people* **2** (*corpo*) body; (*figura*) figure: *tua sorella ha una bella* —, your sister is a fine figure of a woman; *quell'abito non è adatto alla tua* —, that dress doesn't suit your figure; *avere cura della propria* —, to look after one's personal appearance; *ha delle macchie rosse su tutta la* —, he has red spots all over his body **3** (*dir.*) person: — *fisica*, natural person; — *giuridica*, juridical (*o* legal *o* artificial) person; *la — del re è sacra ed inviolabile*, the king's person is sacred and inviolable // (*econ.*) *società di persone*, partnership **4** (*gramm.*) person: *terza — singolare maschile*, third person singular masculine; *scrivere in prima, in terza* —, to write in the first, in the third person // *parlare in prima* —, (*fig.*) to speak for oneself **5** (*teatr.*) character, person: *le persone del dramma*, dramatis personae (*o* the characters in the play).

personaggio *s.m.* **1** (important) personage, personality; (*fam.*) VIP, big shot, bigwig: *è diventato un — importante*, he has become an important man; *un — della cultura*, a personality in the cultural life **2** (*di commedia, romanzo ecc.*) character, person: *personaggi e interpreti*, characters and cast; *il — di Otello*, the character of Othello; *è un — da romanzo*, he is like a character out of a novel; *interpreterà il — di Amleto*, he will play (the role of) Hamlet; *i personaggi di un dramma*, dramatis personae **3** (*fam.*) (*tipo strano*) character, odd fellow; queer guy: *è un — caratteristico della zona*, he's one of the local characters; *uno strano — si aggirava nei dintorni*, a strange type (*o* weird guy) was hanging around.

personal (computer) *s.m.* personal computer, home computer.

personale *agg.* personal; private: *affare* —, private matter; *documenti personali*, private documents; *effetti personali*, personal belongings; *favore* —, personal favour; *interesse, libertà, lettera* —, personal interest, liberty, letter; *opinione, questione* —, personal opinion, matter; *biglietto, tessera strettamente* —, non-transferable ticket, card; (*dir.*) *responsabilità* —, personal liability; (*banca*) *conto* —, personal account; (*gramm.*) *pronome* —, personal pronoun ◆ *s.m.* **1** staff, personnel, employees (*pl.*): *il — di una ditta*, the staff of a firm; *direttore del* —, personnel manager; *ufficio del* —, personnel department; — *direttivo*, executive personnel; — *impiegatizio*, clerical staff; — *di vendita*, sales force; — *tecnico*, technical staff; — *esterno, operante fuori sede*, field staff (*o* personnel); — *di ufficio*, office staff (*o* personnel); — *specializzato*, skilled workers; — *docente*, teaching staff; — *di ruolo*, permanent staff; — *alberghiero*, hotel staff; — *di bordo*, (*di aerei, navi*) crew; — *di terra*, ground crew; *ufficio, sportello con presenza di* —, manned office, counter **2** (*corporatura, figura*) figure: *ha un bel* —, she has a good figure **3** (*sfera privata dell'individuo*) privacy, personal affairs (*pl.*): *ho cambiato argomento perché la discussione stava entrando troppo nel* —, I changed the subject because the discussion was becoming too personal (*o* too close to home).

personalismo *s.m.* (*fil.*) personalism.

personalista *s.m.* e *f.* (*fil.*) personalist.

personalistico *agg.* personalistic.

personalità *s.f.* **1** personality: *ha una forte, debole* —, he has got a strong, weak personality; *manca di* —, he lacks personality // (*psic.*): *sdoppiamento della* —, split personality; *culto della* —, personality cult **2** (*persona importante*) personage, important person, personality; (*fam.*) VIP, big shot, bigwig: *stai diventando una* —, you are becoming a bigwig (*o* quite an important person); *tutte le — cittadine erano presenti*, all the people of consequence in the town were present; *è una — della cultura, della politica*, he's a leading personality in the cultural, political field **3** (*dir.*): — *giuridica*, legal status; *acquistare — giuridica*, to acquire legal status; *diritti della* —, rights of personal status.

personalizzare *v.tr.* **1** (*considerare come personale*) to personalize **2** (*adattare*) to personalize, to customize: — *un articolo di cancelleria*, to personalize a stationery article; — *una macchina*, to customize a car.

personalizzato *agg.* personalized: *prodotto* —, (*fabbricato su ordinazione*) custom-made product.

personalizzazione *s.f.* personalization.

personalmente *avv.* personally: — *non credo tu abbia ragione*, personally I don't think you are right; *andai da lui* —, I went to him personally; *lo conosco* —, I know him personally; *se n'è occupato* —, he looked after the matter personally (*o* himself).

personato *agg.* (*bot.*) (*di corolla*) personate.

personificare *v.tr.* **1** to personify: *il dramma medievale personificava i vizi e le virtù*, medieval drama personified vices and virtues **2** (*teatr.*) to play: *egli personificava Jago nell'"Otello'*, he took the part of (*o* played) Iago in 'Othello'.

personificato *agg.* personified: *è la generosità personificata*, he is generosity itself.

personificazione *s.f.* personification: *è la — dell'ignoranza*, he is ignorance personified.

perspicace *agg.* perspicacious, sagacious, shrewd: *un commento —*, a shrewd comment; *un consigliere —*, a sagacious counsellor; *mente —*, perspicacious (*o* shrewd) mind.

perspicacia *s.f.* perspicacity, sagacity; shrewdness: *sono rimasto colpito dalla sua —*, I was struck by his perspicacity; *è un uomo di grande —*, he's a very sagacious person.

perspicuità *s.f.* perspicuity, perspicuousness.

perspicuo *agg.* perspicuous, clear: *una risposta perspicua*, a clear answer.

perspirazione *s.f.* (*med.*) perspiration.

persuadere *v.tr.* **1** to persuade, to talk (s.o. into doing sthg.); (*fam.*) to get* (s.o. to do sthg); (*convincere*) to convince: *persuadi tuo fratello a venire!*, persuade your brother to come!; *cercherò di persuaderlo*, I shall try to talk him into it; *ebbi difficoltà a persuaderla*, I had difficulty in persuading her (*o* in talking her into it); *finii per persuaderli a farlo*, I finally got them to do it (*o* I talked them into doing it); *l'ho persuasa a perdonarti*, I have persuaded her to forgive you; *lo persuasi che non doveva farlo*, I convinced him that he shouldn't do it; *ha persuaso la giuria della sua innocenza*, he convinced the jury of his innocence **2** (*ottenere approvazione*) to convince, to win* over (s.o., sthg.): *la sua opera ha persuaso i critici*, his work has won over the critics.

□ **persuadersi** *v.rifl.* to persuade oneself, to convince oneself: *non posso persuadermi a credere che ho torto*, I cannot bring myself to believe I am wrong; *non ne sono persuasi*, they are not convinced of it; *si è persuasa che questo metodo è giusto*, she has convinced herself that this method is right.

persuasibile *agg.* **1** persuadable **2** (*credibile*) credible, convincing.

persuasione *s.f.* persuasion; (*convinzione*) conviction: *potere di —*, power of persuasion; *un uomo di facile —*, a man easily persuaded; *ho la — che sia matto*, I am convinced that he is mad; *fare opera di —*, to persuade // *— occulta*, hidden persuasion.

persuasiva *s.f.* persuasiveness.

persuasivo *agg.* **1** persuasive, convincing: *discorso, ragionamento —*, persuasive talk, reasoning **2** (*che incontra approvazione*) convincing: *un'interpretazione persuasiva*, a convincing performance.

persuaso *agg.* persuaded; (*convinto*) convinced; (*sicuro*) sure: *non sono — di ciò che dite*, I am not convinced by what you say; *ero — di aver lasciato il mio portafogli nel cassetto*, I was sure I had left my wallet in the drawer.

persuasore *s.m.* persuader // *persuasori occulti*, hidden persuaders.

pertanto *cong.* **1** therefore, so; (*conseguentemente*) consequently: *nessuna decisione è stata presa, sarebbe — opportuno ridiscutere la faccenda*, no decision has yet been reached, therefore it would be desirable to discuss the matter further; *sono molto indeciso e gradirei — conoscere la tua opinione*, I'm very undecided so I'd appreciate your opinion **2** (*tuttavia*) *non —*, nevertheless (*o* however).

perthite → **pertite**.

pertica *s.f.* **1** perch **2** (*fig. fam.*) (*persona alta e magra*) beanpole.

perticare *v.tr.* **1** (*misurare a pertiche*) to measure in perches **2** (*non com.*) (*colpire con una pertica*) to beat* with a rod; (*bastonare*) to thrash.

perticone *s.m.* (*fig. fam.*) (*persona alta e magra*) beanpole, lamppost.

pertinace *agg.* tenacious, persistent, pertinacious; (*ostinato*) stubborn, obstinate: *— sostenitore di una causa*, tenacious supporter of a cause.

pertinacia *s.f.* tenacity, persistency, pertinacity, pertinaciousness; (*ostinazione*) stubbornness, obstinacy: *difende con — i suoi principi*, he defends his principles with tenacity.

pertinente *agg.* pertinent, relevant; pertaining: *una domanda —*, a pertinent question; *doveri pertinenti al suo ufficio*, duties pertaining to his office; *funzioni pertinenti a una carica*, duties pertaining to an office // (*econ.*) *— al bilancio*, budgetary // (*dir.*) *prova —*, pertinent evidence.

pertinenza *s.f.* **1** pertinence, relevance, relevancy (*anche dir.*); (*competenza*) competence: *la — delle sue osservazioni*, the pertinence of his remarks; *ciò non è di mia —*, that is outside my competence; *questo è di — della direzione*, this pertains to the management **2** (*dir.*) (*bene pertinente*) appurtenance, accessory; fixture: *pertinenze agricole, commerciali*, agricultural, trade fixtures.

pertite *s.f.* (*geol.*) perthite.

pertosse *s.f.* (*med.*) whooping cough, pertussis.

pertugio *s.m.* hole, perforation; narrow opening.

perturbamento *s.m.* → **perturbazione**.

perturbare *v.tr.* **1** to upset*, to disturb, to perturb; (*sconvolgere*) to derange: *— l'animo*, to perturb (*o* to disturb) the mind; *la tragedia perturbò la sua mente*, the tragedy deranged his mind; *— l'ordine*, to disturb the peace **2** (*astr.*) to perturb.

□ **perturbarsi** *v.intr.pron.* to become* upset, to get* upset; (*di condizioni atmosferiche*) to get* worse, to worsen: *verso sera il tempo si perturbò*, towards evening the weather got worse.

perturbativo *agg.* upsetting, disturbing.

perturbato *agg.* upset, disturbed, (*sconvolto*) deranged: (*econ.*) *mercato —*, unsettled market.

perturbatore *agg.* disturbing ◆ *s.m.*, **perturbatrice** *s.f.* disturber, upsetter: *— della quiete pubblica*, disturber of the peace.

perturbazione *s.f.* **1** perturbation, disturbance, unrest, upset: *— sociale*, social unrest; *— dell'equilibrio economico*, economic disequilibrium; *— valutaria*, currency unrest **2** (*fis., astr.*) perturbation: *— magnetica*, magnetic disturbance **3** (*meteor.*) perturbation, disturbance: *— meteorologica*, atmospheric disturbance **4** (*inform.*) interference.

perugino *agg.* Perugian; of Perugia, from Perugia ◆ *s.m.* inhabitant of Perugia; native of Perugia.

perula *s.f.* (*bot.*) perule.

peruviano *agg.* e *s.m.* Peruvian.

pervadere *v.tr.* to pervade, to permeate (*anche fig.*): *un profumo intenso pervase la stanza*, a strong perfume pervaded the room; *un sincero sentimento religioso pervade il libro*, a sincere religious feeling pervades the book.

pervaso *agg.* pervaded (with sthg.): *il suo animo era — di profonda serenità*, his soul was pervaded with a feeling of deep peace.

pervenire *v.intr.* to arrive (at a place), to attain (to sthg.), to reach (s.o., sthg.); to come* (to s.o., sthg.): *il vostro assegno non ci è ancora pervenuto*, your cheque has not yet reached us; *la tenuta gli perverrà intera perché è figlio unico*, the whole estate will come to him, because he is the only son; *— al potere*, to attain (*o* to come) to power.

perversione *s.f.* perversion, degeneration: *— del gusto, del senso morale*, perversion of taste, of moral sense; *— sessuale*, sexual perversion.

perversità *s.f.* perversity, perverseness, wickedness.

perverso *agg.* **1** perverse; wicked: *animo —*, perverse mind; *gente perversa*, wicked people **2** (*degenerato*) perverted: *gusti perversi*, perverted tastes.

pervertimento *s.m.* perversion.

pervertire *v.tr.* **1** to pervert; (*corrompere*) to corrupt, to lead* astray **2** (*ant.*) (*cambiare*) to change.

□ **pervertirsi** *v.intr.pron.* to become* perverted, to become* corrupt: *i gusti si stanno pervertendo*, people's tastes are becoming corrupt.

pervertito *agg.* perverted ◆ *s.m.* pervert.

pervertitore *agg.* perverting, corrupting ◆ *s.m.* perverter, corrupter.

pervicace *agg.* (*caparbio*) obstinate, stubborn, wilful, headstrong.

pervicacia *s.f.* obstinacy, stubbornness.

pervietà *s.f.* (*anat.*) permeability, being pervious, being permeable.

pervinca *s.f.* (*bot.*) (*Vinca minor*) periwinkle, sengreen ◆ *s.m.* (*colore*) periwinkle blue.

pervio *agg.* **1** (*letter.*) open, accessible **2** (*anat.*) pervious.

pesa *s.f.* **1** (*pesatura*) weighing **2** (*pesa pubblica*) weighhouse; public weighbridge **3** (*pesatrice*) weighing machine.

pesabambini *s.f.* baby scales (*pl.*).

pesabile *agg.* weighable.

pesafiltri *s.m.* (*chim.*) weighing bottle.

pesage *s.m.* (*luogo in cui si pesano i fantini*) weighing-in room, weighing-in enclosure.

pesalettere *s.m.* letter-balance, letter scales (*pl.*).

pesamento *s.m.* (*non com.*) (*il pesare*) weighing.

pesante *agg.* **1** heavy: *questo pacco è molto —*, this parcel is very heavy; *prendi la coperta —!*, get the heavy (*o* warm) blanket! // *cibo —*, heavy (*o* indigestible) food; *carico —*, heavy load // *olio —*, heavy oil // *trasporto —*, heavy transport // *ha una corporatura —*, he is heavily built // *ho la testa —*, I've got a bit of a headache // *avere il sonno —*, to be a heavy sleeper // *da qualche giorno c'è un'atmosfera — in ufficio*, (*fig.*) there's been a heavy (*o* oppressive) atmosphere in the office for some days // (*fin.*) *lira, franco —*, hard lira, franc // *stile —*, heavy-going (*o* pompous) style **2** (*noioso*) heavy, boring, dull: *libro, scrittore —*, heavy (*o* dull) book, writer; *questo* *libro è — da leggere*, this book is heavy reading (*o* going); *"Ma lo sai che sei proprio —?"*, "Do you know you're really boring?" **3** (*che agisce con forza eccessiva, duro*) hard, rough, heavy: *un colpo —*, a heavy blow; (*sport*) *gioco —*, rough play **4** (*grave*) serious, grave: *pesanti accuse*, heavy accusations; *una — crisi economica*, a serious economic crisis **5** (*faticoso*) tiring, weary: *ho avuto una giornata —*, I've had a tiring day; *fa un lavoro —*, he's got a tiring job // (*sport*) *terreno —*, heavy pitch **6** (*sgradevole*) dirty; heavy, strong: *battuta —*, dirty remark (*o* remark in bad taste); *parole pesanti*, strong words // *avere l'alito —*, to have bad breath.

pesantemente *avv.* **1** heavily: *cadere —*, to fall heavily; *vestirsi —*, to dress warmly; *è intervenuto — nella conversazione*, he barged into the conversation **2** (*noiosamente*) boringly.

pesantezza *s.f.* heaviness, weight (*anche fig.*): *la — di un carico*, the weight of a load // *ho sempre una — di stomaco dopo mangiato*, I always feel bloated after eating.

pesapersone *s.f.* scales (*pl.*).

pesare *v.tr.* to weigh, (*fig.*) to weigh (up): *— un pacco*, to weigh a parcel; *— un bambino*, to weigh a baby; *— le merci*, to weigh goods; *ho pesato i pro e i contro di questa decisione*, I have weighed (up) the pros and cons of this decision; *— una persona*, (*fig.*) to weigh up a person // *— le parole*, to weigh one's words: *pesate le vostre parole!*, think before you speak! ◆ *v.intr.* **1** to weigh: *questo pacco pesa poco meno di mezzo chilo*, this parcel weighs just under half a kilogram; *quanto pesi?*, how much do you weigh?; *come pesa questa valigia!*, gosh, this case is heavy! **2** (*gravare*) to rest, to weigh; (*fig.*) to weigh on: *il ponte pesa su 10 pilastri*, the bridge rests on 10 pillars; *il carico pesa tutto sulla destra*, the load has all its weight on the right; *le responsabilità della famiglia pesano tutte su di lui*, all the responsibility for the family weighs on his shoulders; *il silenzio pesava sull'assemblea*, a heavy silence hung over the meeting; *le cipolle mi pesano sullo stomaco*, I can't digest onions **3** (*fig.*) (*essere gravoso, spiacevole*) to be a burden; to bother, to trouble: *non ti pesa alzarti ogni giorno alle sei?*, don't you find it a burden getting up at six o'clock every day?; *quel che mi pesa è che dovrò andarci di nuovo*, what bothers me is that I shall have to go there again; *mi è pesato rinunciare a quella vacanza*, it was a real sacrifice to give up that holiday **4** (*aver peso, importanza*) to count, to be important. □ **pesarsi** *v.rifl.* to weigh oneself.

pesarese *agg.* of Pesaro, from Pesaro ◆ *s.m.* e *f.* inhabitant of Pesaro, native of Pesaro.

pesata *s.f.* **1** (*il pesare*) weighing **2** (*quantità pesata*) weigh, amount weighed.

pesato *agg.* (*accorto*) well-considered: *parole pesate*, well-considered words.

pesatore *s.m.* (*non com.*) weigher.

pesatrice *s.f.* **1** weigher **2** (*macchina*) weighing machine.

pesatura *s.f.* **1** (*il pesare*) weighing: (*comm.*) *— delle merci*, weighing of goods **2** (*sport*) weigh-in.

pesca[1] *s.f.* **1** (*il pescare*) fishing; (*industria*) fishery, fishing industry: *— a cianciolo*, seining; *— a strascico*, trawling; *— con l'amo, con la lenza*, angling; *— d'alto mare*, deep-sea fishing; *— dei tonni, del salmone*, tunny, salmon fishing; *— delle perle*, pearl fishing; *— subacquea*, underwater fishing; *barca, rete da —*, fishing boat, fishing net; *andare a —*, to go fishing; *diritto di —*, fishing rights; *vivere di —*, to live by fishing // *buona —!*, good fishing! **2** (*ciò che si è pescato*) catch, haul: *— abbondante*, good catch; *fare buona —*, to have a good haul **3** (*lotteria*) lottery, raffle; (*a sorteggio*) draw: *— di beneficenza*, lucky dip.

pesca[2] *s.f.* (*bot.*) peach: *— duracina*, clingstone peach; *color —*, peach colour.

pescaggio *s.m.* **1** (*mar.*) draught, draft: *— a carico*, load draught; *— a poppa*, aft draught; *— a prora*, forward draught; *— medio*, mean draught; *marca di —*, draught mark **2** (*idraulica*) suction lift, height of suction **3** (*miner.*) fishing.

pescagione *s.f.* **1** (*non com.*) (*pesca*) fishing **2** (*mar.*) (*pescaggio*) draught, draft.

pescaia *s.f.* (*chiusa, sbarramento*) weir.

pescanoce *s.f.* (*bot.*) nectarine.

pescare *v.tr.* **1** to fish for (sthg.); (*prendere*) to fish, to catch*; (*recuperare*) to fish out: *ho pescato una grossa trota*, I have caught (*o* fished) a big trout; *— perle*, to dive for pearls; *— trote*, to fish for trout; *— con la lenza*, to angle; *— con lo strascico*, to trawl; *domani andrò a —*, tomorrow I shall go fishing; *pescò dal fiume un vecchio cappello*, he fished an old hat out of the river // *— nel torbido*, to fish in troubled waters **2** (*fig.*) (*trovare*) to get* hold of, to come* across: *"Dove hai pescato quell'orologio?"*, "Where did you get hold of that watch?" **3** (*fig.*) (*cogliere sul fatto*) to catch* red-handed: *i ladri furono pescati mentre svaligiavano una gioielleria*, the thieves were caught red-handed while robbing a jeweller's **4** (*carte*) to draw*, to pick out: *ha pescato l'asso di cuori*, he has drawn the ace of hearts ◆ *v.intr.* (*mar.*) to draw*: *la barca pesca un metro*, the boat draws about three feet.

pescarese *agg.* of Pescara, from Pescara ◆ *s.m.* e *f.* inhabitant of Pescara; native of Pescara.

pescata *s.f.* catch, haul, draught.

pescato *agg.* fished, caught ◆ *s.m.* (*quantità di pesce pescato*) catch.

pescatore *s.m.* **1** fisherman*; fisher; (*con la lenza*) angler: *— di coralli, di perle*, coral diver, pearl diver; *— di fiume*, river angler; *— di frodo*, poacher; *un villaggio di pescatori*, a fishing village **2** (*zool.*) *martin —*, (*Alcedo hispida*) kingfisher **3** (*tecn.*) fishing tool.

pescatrice *s.f.* → **lofio**.

pesce *s.m.* **1** fish*: *— d'acqua dolce*, freshwater fish; *— di mare*, saltwater fish; *— di scoglio*, rock fish; *pesci rossi*, goldfish; *ha pescato un grosso —, molti pesci*, he has caught a big fish, a lot of fish; *quanti pesci hai pescato?*, how many fish have you caught?; *questo mare abbonda di pesci*, this sea abounds in fish // *— affumicato*, smoked fish; *— da taglio*, fish sold by the slice; *— fresco*, fresh fish; *— fritto*, fried fish; *— lesso*, boiled fish; *— secco*, dried fish; *— surgelato*, frozen fish; *— azzurro*, anchovy, sardine ecc.; *mangiar —*, to eat fish // *avere una faccia da — lesso*, (*fig.*) to have a totally insignificant face // *pesci grossi*, (*persone potenti*) bigwigs; *pesci piccoli*, (*fig.*) small fry // *sano come un —*, as fit as a fiddle (*o* as sound as a bell) // *non sapere che pesci pigliare*, to be at one's wits' end (*o* not to know which way to turn) // *essere, sentirsi come un — fuor d'acqua*, to feel like a fish out of water // *prendere qlcu. a pesci in faccia*, to treat s.o. like dirt // *buttarsi a — su qlco.*, to jump at sthg., (*su cibo*) to throw oneself on sthg. // *chi dorme non piglia pesci*, (*prov.*) the early bird catches the worm **2** (*zool. pop.*) *— ago*, (*Syngnathus acus*) needle fish (*o* pipe fish); *— angelo*, (*Heniochus acuminatus*) angel fish (*o* monkfish); *— azzurro*, (*Pomatomus saltator*) bluefish; *— balestra*, (*Balistes capriscus*) leather-jacket; *— barometro*, (*Cobitis barbatula*) loach; *— bufalo*, buffalo-fish; *— cappone*, (*Trigla hirundo*) swallow-fish (*o* gurnard); *— chirurgo*, (*Acanthurus chirurgus*) surgeon-fish; *— chitarra*, (*Rhinobatos cemiculus*) fiddler (*o* guitar) fish; *— cinghiale*, (*Capros aper*) drumfish (*o* tambour); *— combattente*, (*Betta splendens*) fighting fish; *— elefante*, (*Callorhynchus callorhynchus*) elephant fish; *— gatto*, (*Ameirurus nebulosus*) hornpout (*o* bullhead *o* rabbit fish *o* catfish); *— lanterna*, lantern fish; *— luna*, (*Lampris regius*) opah (*o* moonfish); *— luna*, (*Mola mola*) sunfish (*o* moonfish); *— lupo*, (*Anarhichas lupus*) swine-fish; *— martello*, (*Sphyrna zygaena*) hammerhead (shark) (*o* hammer-fish); *— palla*, globe-fish; *— pappagallo*, parrot-fish (*o* scarus); *— persico*, (*Perca fluviatilis*) perch; *— pilota*, (*Naucrates ductor*), pilot-fish (*o* rudder-fish); *— porco*, (*Oxynotus centrina*) centrina shark; *— quattrocchi*, foureyes; *— ragno*, (*Trachinus draco*) weever; *— rana*, (*Lophius piscatorius*) frog fish (*o* angler); *— rosso*, (*Carassius auratus*) crucian; *— sampietro, San Pietro*, (*Zeus faber*) (John) dory; *— sega*, (*Pristis pristis*) saw-fish; *— sergente*, (*Rachycentron camadus*) sergeant fish; *— spada*, (*Xiphias gladius*) swordfish; *— spatola*, (*Polyodon spathula*) duckbill; *— tamburo*, (*Capros aper*) drumfish (*o* tambour); *— tigre*, (*Serrasalmus piraya*) piranha; *— trombetta*, (*Macrorhamphosus scolopax*) sea-snipe; *— volante*, flying-fish; *— volpe*, (*Alopias vulpinus*) thrasher (shark) (*o* sea fox) **3** (*astr.*) *Pesci*, Pisces **4** (*tip.*) flag **5** (*volg. pop.*) (*pene*) cock, prick.

pescecane *s.m.* **1** shark; dogfish **2** (*fig.*) profiteer, shark.

peschereccio *agg.* fishing ◆ *s.m.* fishing boat: *— con rete alla deriva*, drifter; *— con rete a strascico*, trawler.

pescheria *s.f.* **1** fish shop **2** (*mercato del pesce*) fish market.

pescheto *s.m.* peach orchard.

peschicoltore *s.m.* peach grower.

peschicoltura *s.f.* peach growing.

peschiera *s.f.* fish pond; fish tank.

pesciaiola *s.f.* **1** (*recipiente*) fish kettle **2** (*pescivendola*) fishmonger, fishwife* **3** (*zool. pop.*) (*Mergus albellus*) smew.

pesciaiolo *s.m.* fishmonger.

pescicoltura e *deriv.* → **piscicoltura** e *deriv.*

pesciera *s.f.* **1** fish kettle **2** (*vaso per i pesci rossi*) goldfish bowl.

pesciolino *s.m.* (*zool.*) **1** tiddler; (*d'acqua dolce*) minnow // *— d'argento*, (*Megalops atlanticus*) tarpon, (*pop.*) silverfish **2** *— d'argento*, (*insetto*) (*Lepisma saccharina*) silverfish, fish moth.

pescivendola *s.f.* fishmonger, fishwife*.

pescivendolo *s.m.* fishmonger.

pesco *s.m.* (*bot.*) (*Prunus persica*) peach(tree) // *fiore di* —, peach blossom.

pesconoce → **nocepesco**.

pescosità *s.f.* abundance of fish.

pescoso *agg.* abounding in fish, full of fish.

peseta *s.f.* (*moneta spagnola*) peseta.

pesiera *s.f.* **1** (*serie dei pesi*) set of weights **2** (*cassetta dei pesi*) box of weights.

pesista *s.m.* e *f.* (*sport*) **1** (*chi pratica il sollevamento pesi*) weight lifter **2** (*lanciatore del peso*) shot putter.

pesistica *s.f.* (*sollevamento pesi*) weight lifting.

pesistico *agg.* weight-lifting (*attr.*).

peso[1] *s.m.* **1** weight: *il — dei passeggeri ha fatto affondare la barca*, the weight of the passengers made the boat sink; *aveva un — di 10 chili*, it weighed 10 kilos; *il mio — è di 70 chili*, my weight is 70 kilos; *aumentare, diminuire di* —, to put on, to lose weight; *questo pilastro sostiene il — di tutto l'edificio*, this pillar bears the weight of the whole building; *piegarsi sotto il — di qlco.*, to give way under the weight of sthg.; *aggiungere qlco. per fare il* —, to throw sthg. in as a makeweight; *comprare, vendere a* —, to buy, to sell by weight; *rubare sul* —, to fiddle the weight (*o* to give short weight); *dare un buon* —, to give full weight; *passare il* —, to be overweight; — *lordo, netto*, gross, net weight; *assenza di* —, weightlessness // (*fis.*): — *atomico, molecolare*, atomic, molecular weight; — *specifico*, specific weight // (*comm.*): — *alla consegna*, delivery (*o* delivered) weight; — *allo sbarco*, landed weight; — *eccessivo, eccedenza di* —, overweight; — *abbondante*, full weight; — *giusto*, exact weight; — *scarso, mancante*, short weight; — *utile*, live weight; — *morto*, (*portata lorda*) dead weight; — *a pieno carico*, all-up weight; — *a vuoto*, (*di un contenitore*) tare weight; *unità di* —, unity of weight // *la sollevò di — e la portò via*, he lifted her up bodily and carried her away // *alzare qlcu. di* —, (*fig.*) to give s.o. a good telling-off // *prendere qlco. di* —, (*fig.*) to copy sthg. (word for word) // *vendere qlco. a — d'oro*, to sell sthg. for its weight in gold **2** (*cosa che pesa*) weight: *sollevare un* —, to lift a weight // *mi sento un — sullo stomaco*, sthg. is lying on my stomach **3** (*di bilancia*) weight: *i pesi di una bilancia*, the weights of a balance; *usa pesi falsi*, he uses false weights // *pesi e misure*, weights and measures // *usare due pesi e due misure*, (*fig.*) to be biased in one's (*o* to use different criteria of) judgment **4** (*importanza*) weight, importance: *qlco. di grande, di nessun* —, sthg. of great, of no weight (*o* importance); *questo non ha alcun — per me*, this carries no weight with me (*o* is of no importance to me); *dar il giusto — a qlco.*, to give the right weight to sthg. (*o* to attach the right importance to sthg.); *non dare — a quello che dicono!*, don't attach any importance to what they say! **5** (*onere*) weight, load, burden: *il — delle tasse è diventato insopportabile*, the burden of taxation has become unbearable; *non ha più quel — sulla coscienza*, he no longer has that load on his conscience; *togliersi un — dallo stomaco*, to take a weight off one's mind; *il — degli anni*, the weight of years; (*dir.*) *il — delle prove*, the weight of evidence; (*stat.*) *aggiornare i pesi dei prezzi all'indice del costo della vita*, to adjust prices to the cost-of-living index // *essere di — per qlcu.*, to be a burden for s.o. **6** (*boxe, atletica pesante ecc.*) weight: — *gallo*, bantamweight; — *leggero*, lightweight; — *massimo*, heavyweight; — *medio*, middleweight; — *medio leggero*, welterweight; — *medio massimo*, light heavyweight; — *mosca*, flyweight; — *piuma*, featherweight; *lancio del* —, shot put; *sollevamento pesi*, weight lifting **7** (*recinto del peso negli ippodromi*) weighin room **8** (*fin.*) (*unità monetaria di diversi paesi dell'America Latina*) peso.

peso[2] *agg.* (*region.*) (*pesante*) heavy; (*noioso*) boring.

pessario *s.m.* (*med.*) pessary.

pessimismo *s.m.* pessimism.

pessimista *s.m.* e *f.* pessimist ◆ *agg.* pessimistic.

pessimistico *agg.* pessimistic.

pessimo *agg.superl.rel.* **1** (*di persona*) very bad; (*fam.*) hopeless, rotten: *un — attore*, a very bad (*o* a hopeless *o* a rotten) actor; *è stato un — educatore*, he was a very bad (*o* a hopeless *o* a rotten) teacher; *sono una pessima cuoca*, I'm a rotten cook **2** (*di cosa*) horrible, foul, very bad, nasty, awful, terrible, vile: *un — acquisto*, a very bad purchase; *il tempo è stato* —, the weather was horrible (*o* awful); *quella carne ha un — odore*, that meat smells vile; *ha un — carattere*, he has an awful (*o* a nasty *o* a terrible) temper; *è di — umore*, he's in a foul mood; *parla un — inglese*, his English is awful (*o* he speaks terrible English); *la casa era in — stato*, the house was in a very bad (*o* a terrible) condition; *ottenere pessimi voti*, to get very bad marks // *abbiamo avuto un — trattamento*, we were treated very badly // *ha fatto una pessima figura*, he made a (very) bad impression // *è stata una battuta di — gusto*, it was a joke in (very) bad taste.

pesta *s.f.* **1** (*orma*) footprint, footstep; (*traccia*) track; (*di animali*) trail, track: *sulle peste di qlcu.*, on the track of s.o.; *seguire le peste di qlcu.*, (*fig.*) to follow in s.o.'s footsteps **2** *pl.* (*difficoltà*) difficulty: *lasciare qlcu. nelle peste*, to leave s.o. in the lurch (*o* in difficulties); *trovarsi nelle peste*, to find oneself in difficulties.

pestaggio *s.m.* beating (up), (*fam.*) going -over; (*rissa*) brawl, scuffle: *subire un* —, to get a beating up (*o fam.* a going-over).

pestare *v.tr.* **1** (*battere con un attrezzo*) to pound, to crush: — *qlco. in un mortaio*, to pound sthg. in a mortar; — *la carne*, to pound meat; — *l'aglio*, to crush garlic; — *il pepe*, to grind pepper; *gli ho pestato il mignolo col martello*, I have smashed his little finger with the hammer // — *l'acqua nel mortaio*, (*fig.*) to beat the air **2** (*calpestare*) to tread* on (sthg.), to trample on (sthg.): *non — l'erba*, do not tread on the grass; — *i piedi, i calli a qlcu.*, to tread on s.o.'s toes (*anche fig.*); — *l'uva*, to tread the grapes **3** (*picchiare*) to beat*, to hit*; to thrash: *quando è ubriaco pesta sua moglie*, when he is drunk he beats his wife; *ho pestato la testa contro lo spigolo del tavolo*, I hit my head against the edge of the table; — *sodo qlcu.*, to give s.o. a beating (*o* a hiding) **4** (*battere*) to strike*: — *i piedi*, to stamp one's feet; — *un pugno sul tavolo*, to strike the table with one's fist (*o* to bang one's fist on the table).

pestata *s.f.* **1** (*lo schiacciare*) pounding, crushing **2** (*il calpestare*) treading, trampling: *mi hai dato una — di piedi*, you have trodden on my toes.

peste *s.f.* **1** plague, pestilence; (*st.*) Black Death: — *bubbonica*, bubonic plague; *la — si diffuse e infuriò in Europa nel quattordicesimo secolo*, the Black Death spread and raged over Europe in the 14th century // (*vet.*): — *bovina*, cattle plague; — *suina, aviaria*, swine, fowl plague; — *equina*, African horse sickness // — *lo colga!*, a plague on him! // *dire — e corna di qlcu.*, to run s.o. down (*o* to speak ill of s.o.) **2** (*calamità*) plague, calamity, scourge: *quel bambino è una vera* —, that child is a real pest **3** (*fetore*) stench, stink **4** (*bot. pop.*) — *delle acque*, (*Elodea canadensis*) ditch-moss.

pestello *s.m.* pestle: *usare il* —, to pestle.

pesticciare *v.tr.* (*non com.*) (*calpestare*) to stamp on (sthg.), to tread* on (sthg.).

pesticida *s.m.* (*chim.*) pesticide.

pestifero *agg.* **1** (*che diffonde la peste*) pestiferous, pestilential, pestilent **2** (*fig.*) (*fetido, puzzolente*) stinking, evil-smelling: *miasmi pestiferi*, evil-smelling (*o* pestilential) miasmas **3** (*fig.*) (*di sapore*) (*disgustoso*) disgusting, revolting **4** (*fig.*) (*pernicioso*) noxious, pernicious, pestilential, pestiferous: *idee pestifere*, pernicious ideas **5** (*fig.*) (*fastidioso, molesto*) obnoxious, pestiferous, pestilent: *un bambino* —, an obnoxious child.

pestilente *agg.* **1** → pestifero **2** (*fig.*) (*maldicente*) slanderous: *lingua* —, slanderous tongue.

pestilenza *s.f.* **1** plague, pestilence **2** (*calamità*) plague, scourge, calamity **3** (*fetore*) stench, stink.

pestilenziale *agg.* → **pestifero** 1, 2, 4.

pesto *agg.* pounded, crushed, beaten // *buio* —, pitch dark // *avere gli occhi pesti*, to have bags (*o* shadows) under one's eyes; *fare un occhio — a qlcu.*, to give s.o. a black eye // *avere le ossa peste*, to have aching bones ◆ *s.m.* **1** (*tecn. cartaria*) pulp **2** (*cuc.*) (*insieme di ingredienti tritati o pestati*) chopped mixture; ground mixture **3** (*cuc.*) 'pesto' (sauce made of oil, basil, garlic, pine seeds and cheese, characteristic of Genoese cooking).

pestone *s.m.* **1** (*tecn.*) rammer: — *calcaterra a mano*, hand rammer; — *pneumatico*, pneumatic rammer **2** (*fam.*) crushing, stamping: *dare un — (sui piedi) a qlcu.*, to tread on s.o.'s foot (*o* toes).

petalo *s.m.* petal.

petardo *s.m.* **1** (*pirotecnica*) firecracker, cracker **2** (*ferr.*) detonator.

petauro *s.m.* (*zool.*) petaurist.

petecchia *s.f.* (*med.*) petechia*.

petecchiale *agg.* (*med.*) petechial: *tifo* —, epidemic typhus.

petit-gris *s.m.* (*fr.*) grey-squirrel fur.

petitorio *agg.* (*dir.*) petitory: *giudizio* —, petitory suit; *azione petitoria*, petitory action.

petizione *s.f.* petition (*anche dir.*): — *di diritto*, petition of right; — *parlamentare*, petition to Parliament; *fare una* —, to make a petition; *presentare una — a qlcu.*, to petition s.o.

peto *s.m.* fart, wind.

petra e *deriv.* → **pietra** e *deriv.*

petrarcheggiare *v.intr.* to imitate Petrarch, to write* in the manner of Petrarch.

petrarchesco *agg.* (*lett.*) Petrarch(i)an; of Petrarch.

petrarchismo *s.m.* (*lett.*) Petrarchism.

petrarchista *s.m.* e *f.* **1** (*lett.*) (*chi imita il Petrarca*) Petrarchist **2** (*studioso del Petrarca*) expert on Petrarch ◆ *agg.* **1** → **petrarchesco 2** (*lett.*) of Petrarchism.

petrello *s.m.* (*zool.*) petrel.

petriera *s.f.* stone pit, quarry.

petro- *pref.* di origine greca usato nella terminologia scientifica; ingl. petro-; può indicare **1** relazione con 'pietra, roccia': *petrologia*, petrology **2** provenienza, derivazione dal petrolio: *petro(l)chimica*, petrochemistry; *petro(l)dollari*, petrodollar.

petrochimica[1] e *deriv.* → **petrolchimica** e *deriv.*

petrochimica[2] *s.f.* (*geol.*) petrochemistry.

petrochimico *agg.* (*geol.*) petrochemical.

petrodollari *s.m.pl.* (*fin.*) petrodollars.

petrogenesi *s.f.* (*geol.*) petrogenesis.

petroglifo *s.m.* (*archeol.*) petroglyph.

petrografia *s.f.* (*geol.*) petrography, petrology, lithology.

petrografico *agg.* (*geol.*) petrographic(al), lithologic(al).

petrografo *s.m.* petrographer, lithologist.

petrolato *s.m.* (*chim.*) petrolatum, petroleum jelly.

petrolchimica *s.f.* (*chim.*) petrochemistry.

petrolchimico *agg.* (*chim.*) petrochemical: *industria petrolchimica*, petrochemical industry; *prodotti petrolchimici*, petrochemicals ◆ *s.m.* (*stabilimento petrolchimico*) petrochemical plant: *il — di Marghera*, Marghera petrochemical plant.

petroldollari → **petrodollari**.

petroliera *s.f.* (*mar.*) tanker, oil tanker.

petroliere *s.m.* **1** (*chi lavora nell'industria petrolifera*) oilman*, oilworker, oil-industry worker; (*proprietario di giacimenti petroliferi, industriale del petrolio*) oilman*; (*magnate del petrolio*) oil magnate, (*amer.*) oil baron **2** (*st.*) (*incendiario politico*) petroleur; (*rivoluzionario*) revolutionary.

petroliero *agg.* oil (*attr.*): *nave petroliera*, oil tanker.

petrolifero *agg.* oil (*attr.*); petroliferous: *pozzo —*, oil well; *campo, bacino, giacimento —*, oilfield; *sabbia petrolifera*, oil sand; *industria petrolifera*, oil industry; *società petrolifera*, oil company.

petrolio *s.m.* oil, petroleum, mineral oil, rock-oil; (*amer.*) kerosene, coal-oil: *— greggio*, coal oil (*o* crude petroleum); *— greggio leggero*, light crude oil; *— illuminante, raffinato*, kerosene; *lampada a —*, kerosene lamp; *raffinazione del —*, oil refining; *raffineria di —*, oil refinery; *trovare il —*, to strike oil.

petrologia *s.f.* petrology, petrography.

petrologico *agg.* (*geol.*) petrologic(al).

petrologo *s.m.* (*geol.*) petrologist.

petroniano *agg.* (*letter.*) Bolognese; of Bologna; from Bologna ◆ *s.m.* (*letter.*) inhabitant of Bologna; native of Bologna.

petroso *agg.* **1** (*letter.*) stony, rocky **2** (*anat.*) petrous; petrosal: *rocca petrosa*, petrosa.

petrotettonica *s.f.* structural petrology.

pettazzurro *s.m.* (*zool.*) (*Luscinia svecica*) nightingale.

pettegola *s.f.* **1** gossip, scandalmonger, tattler **2** (*zool.*) (*Tringa totanus*) gossip, redshank.

pettegolare *v.intr.* to gossip, to tattle.

pettegolezzo *s.m.* gossip [U], tittle-tattle [U]: *non mi piacciono i pettegolezzi*, I don't like gossip; *penso che sia solo un —*, I think it's mere gossip; *fare pettegolezzi*, to gossip.

pettegolio *s.m.* **1** (*pettegolare continuo*) gossip(ing) **2** (*chiacchiericcio*) chatter, prattle.

pettegolo *agg.* gossipy, gossiping ◆ *s.m.* gossip, gossiper, tattler.

pettiera *s.f.* (*pettorale del cavallo*) breast harness.

pettinare *v.tr.* **1** to comb: *— un bambino*, to comb a child's hair **2** (*tess.*) to comb, to tease; (*lino, canapa*) to hackle **3** (*strigliare*) to curry: *— un cavallo*, to curry a horse **4** (*fig. fam.*) (*conciar male, pestare*) to beat* up **5** (*fig. fam.*) (*sgridare*) to tell* off, to scold, to chide*; (*criticare severamente*) to censure, to criticize: *ci penserà suo padre a pettinarlo per benino*, his father will give him what-for (*o* a good dressing-down).

□ **pettinarsi** *v.rifl.* to comb one's hair; to do* one's hair.

pettinata *s.f.* **1** combing: *darsi una —*, to comb one's hair **2** (*fig. fam.*) (*sgridata*) telling -off, dressing-down.

pettinato *agg.* **1** combed: *come sei mal pettinata!*, what an awful hairstyle you have!; *essere ben —*, to have tidy hair **2** (*tess.*) combed: *lana pettinata*, combed wool **3** (*di stile, limato*) smooth ◆ *s.m.* (*tess.*) (*filato*) combed yarn, (*tessuto*) worsted [U].

pettinatoio *s.m.* (*mantellina per pettinarsi*) peignoir.

pettinatore *s.m.* (*tess.*) comber.

pettinatrice *s.f.* **1** hairdresser **2** (*tess.*) comber, combing machine.

pettinatura *s.f.* **1** (*acconciatura*) hairstyle, hairdo, coiffure: *cambiare —*, to change one's hairstyle; *quella — ti sta bene*, that hairdo suits you **2** (*tess.*) combing; (*di lino, canapa*) hackling: *— a secco*, dry combing; *— in olio*, oil combing; *cascami di —*, combing waste.

pettine *s.m.* **1** comb: *— fitto*, fine-tooth(ed) comb; *— rado*, wide-tooth(ed) comb; *denti di un —*, teeth of a comb; *darsi un colpo di —*, (*fam.*) to run a comb through one's hair **2** (*tess.*) comb; (*per lino, canapa*) hackle: *— di telaio*, reed; *— spazzatore*, stripping comb **3** (*elettr., mecc.*) comb: *— del combinatore*, contact piece; *— per filettature*, chaser **4** (*striglia*) curry comb **5** (*zool.*) pecten*, scallop **6** (*bot. pop.*) *— di Venere*, (*Scandix pecten-Veneris*) Venus's comb, lady's comb **7** (*mus.*) plectrum.

pettinella *s.f.* **1** fine-tooth comb **2** (*attrezzo per modellare la creta*) toothed spatula.

pettineo *agg.* (*anat.*) pectineal.

pettinino *s.m.* **1** (*da tasca*) (pocket) comb **2** (*per capelli*) comb.

pettino *s.m.* **1** (*pettorina di grembiule*) bib **2** (*sparato*) shirtfront; (*davantino*) dickey.

pettirosso *s.m.* (*zool.*) (*Erithacus rubecola*) robin, redbreast.

petto *s.m.* **1** chest; breast: *a — nudo*, bare -chested; *circonferenza di —*, chest measurement; (*mus.*) *do di —*, high C from the chest; (*mus.*) *voce, nota di —*, voice, note from the chest; *malato di —*, consumptive; *malattie di —*, chest complaints; *battersi il —*, to beat one's chest; (*fig.*) to beat one's breast; *incrociare le braccia sul —*, to fold one's arms across one's chest // *— a —*, face to face // *fino al —*, chest-high: *immerso nell'acqua fino al —*, up to one's armpits (*o* chest) in water // *prendere, affrontare qlcu., qlco. di —*, to face up to s.o., sthg. **2** (*di donna*) breast: *aveva un bambino al —*, she was nursing a baby (*o* she had a child at her breast); *si stringeva al — della madre*, he clung to his mother's breast // *essere forte di —*, to have an ample bosom **3** (*cuore, animo*) heart: *mi sono liberato il — da un grosso peso*, I got a load off my chest; *prendersi a — qlco.*, to have sthg. at heart **4** (*cuc.*) breast; brisket: *— di pollo*, breast of chicken **5** (*di abito*) breast; (*di camicia*) front: *giacca a doppio —, a un —*, double-breasted, single-breasted coat.

pettorale *agg.* pectoral; breast (*attr.*): (*eccl.*) *croce —*, pectoral cross; (*anat.*) *muscolo —*, pectoral (*o* breast) muscle ◆ *s.m.* **1** (*di cavallo*) breast-strap, breast harness **2** (*di corazza*) breastplate **3** (*eccl.*) pectoral.

pettorina *s.f.* bib, vest.

pettoruto *agg.* **1** broad-chested, full -chested: *un bel tacchino —*, a fine, full -breasted turkey **2** (*fig.*) (*tronfio*) puffed up, strutting, haughty: *camminava —*, he was strutting along.

petulante *agg.* **1** (*fastidioso, importuno*) pestering, insistent, importunate **2** (*noioso, molesto, di atto o parola*) annoying, tiresome, nagging.

petulanza *s.f.* insistence; tiresomeness: *la tua — mi dà sui nervi*, your tiresomeness gets on my nerves.

petunia *s.f.* (*bot.*) petunia.

peyote, **peyoti** *s.m.* peyote, peyotl.

pezza *s.f.* **1** (*toppa*) patch: *una — nei calzoni, nel lenzuolo*, a patch in a pair of trousers, in a sheet; *metterci una —*, to patch sthg. up (*anche fig.*); *cucire una — sui pantaloni*, to stitch a patch on (*o* to patch) a pair of trousers; *una giacca con le pezze ai gomiti*, a jacket with patches on the elbows // *una bambola di —*, a rag doll // *essere una — da piedi*, to be a nobody // *trattare qlcu. come una — da piedi*, (*fig.*) to treat s.o. like dirt **2** (*panno intero*) roll, bolt; piece: *una — di cotone*, a roll of cotton cloth; *tessuti in —*, piece-goods; *questa stoffa sembrava molto migliore in —*, as a roll of cloth this material looked much better; *vendere a pezze*, to sell by the piece **3** (*moneta*) piece: *— d'argento*, piece of silver **4** (*sul mantello di animali*) speckle, spot, patch **5** (*tempo*) *gran, lunga —*, a long time (*o* while) **6** (*amm.*) (*documento giustificativo*) voucher: *— d'appoggio*, voucher; *— giustificativa contabile*, bookkeeping voucher; (*comm.*) *— giustificativa di cassa*, cash voucher.

pezzato *agg.* spotted, speckled; (*di cavallo*) dappled, pied: *un cane —*, a spotted dog.

pezzatura[1] *s.f.* speckling; (*di cavallo*) dappling.

pezzatura[2] *s.f.* (*grandezza di un pezzo*) size: *piccola, media, grande —*, small, medium, large size; *carbone di piccola —*, small-size coal.

pezzente *s.m.* e *f.* (*straccione*) tramp; (*ragazzino*) ragamuffin; (*mendicante*) beggar: *andare vestito come un —*, to go around in rags (*o* dressed like a tramp) // *prestami qualche soldo, non fare il —*, lend me some money, don't be so mean (*o* stingy).

pezzenteria *s.f.* (*non com.*) **1** (*l'essere pezzente*) beggary, beggarliness **2** (*folla di pezzenti*) crowd of beggars **3** (*azione da pezzente*) mean thing to do; mean action.

pezzo *s.m.* **1** piece, bit; (*parte*) part: *un — di pane*, a piece (*o* bit) of bread; *da quella finestra si vede un — di mare*, you can see a bit of the sea from that window; *facemmo insieme un bel — di strada*, we went a good way together; *abito in quella strada, un bel — dopo il distributore*, I live down that road, quite a way after the petrol pump; *il primo — di autostrada è a due corsie*, the first stretch of motorway is two -lane; *lesse un — del suo discorso*, he read part of his speech; *un — di terreno*, a plot; *un — di sapone*, a bar (*o* cake) of soap; *un — di carne*, a piece (*o* bit) of meat: *un — vicino all'osso*, a cut near the bone; *un — di carta*, a piece of paper: *i trattati sono solo pezzi di carta*, treaties are just pieces of paper // *a, in pezzi*, in, to pieces; (*in mille pezzi*) in smithereens: *questo vecchio edificio cade a pezzi*, this old building is falling to pieces; *il vaso cadde e andò in pezzi*, the vase fell and broke to pieces; *è andato in mille pezzi*, it was smashed into smithereens // *essere in, a pezzi*, to be in pieces: *i suoi nervi erano a pezzi*, his nerves were in shreds; *alla fine della giornata sono a pezzi*, I am whacked at the end of the day; *fare a pezzi qlco.*, to break (*o* to pull) to pieces; (*squartare, dilaniare*) to tear to pieces: *la bambina ha fatto a pezzi la sua bambola nuova*, the child has broken (*o* torn) her new doll to pieces // *— per —*, bit by bit: *smontare qlco. — per —*, to dismantle sthg. bit by bit // *a pezzi e bocconi*, (*a piccole parti*) piecemeal: *l'ho scritto a pezzi e bocconi*, I wrote it piecemeal **2** (*esemplare, elemento singolo di un complesso*) piece: *i più bei pezzi della sua collezione*, the finest pieces in his collection; *un servizio da tè di venti pezzi*, a tea service of twenty pieces; *ha ammobiliato la sua casa con dei bellissimi pezzi dell'800*, she has furnished her home with some very fine nineteenth-century pieces; *un — d'antiquariato*, an antique; *un — da collezionista*, a collector's piece; *un — da museo*, a museum piece: *la tua macchina da scrivere è un — da museo*, your typewriter is a museum piece; *quell'insegnante è proprio un — da museo*, that teacher is a real old fogey; *li vende a mille lire il —*, he sells them at a thousand lire each (*o* a piece) // *un — grosso*, a bigwig (*o* a big shot *o* a big noise); (*famoso*) VIP; (*nell'esercito*) brass hat (*o* top brass): *un — grosso dell'industria*, a bigwig (*o* a big shot) in industry // *un bel — di donna, di uomo*, a fine figure of a woman, man // *che — di stupido!*, what an ass! (*o* what a fool!) // *tutto d'un —*, all of a (*o* one) piece: *uomo tutto d'un —*, (*fig.*) man of sterling character **3** (*moneta*) coin, piece; (*banconota*) note: *un — da cinquecento lire*, a five hundred lire coin; *un — da diecimila lire*, a ten thousand lire note **4** (*mecc.*) piece, part: *— di ricambio*, spare part; *— fucinato*, forging; *— fuso*, casting; *— grezzo*, blank; *— in lavorazione*, workpiece; *— lavorato*, machined part (*o* piece); *— stampato a caldo*, drop forging; *— stampato a freddo*, cold stamping; *centrare il — da lavorare*, to centre a piece of work **5** (*mil.*) piece, gun: *— da campagna*, fieldpiece; *— di artiglieria*, piece of ordnance (*o* artillery); *una batteria di sei pezzi*, a six-piece battery; *caricare il —*, to load the gun **6** (*musica*) piece: *suonava un — di Rossini*, he was playing a piece by Rossini // *— forte*, strong point: *i drammi di Shakespeare sono il suo — forte*, Shakespeare's tragedies are his strong point; *la toccata e fuga in re minore è il suo — forte*, the toccata and fugue in D minor is his pièce de résistance **7** (*articolo di giornale*) newspaper article: *ho letto il tuo — sulla droga*, I've read your piece on drugs **8** (*di tempo*) quite a long time, quite a while: *non lo vedo da un —*, I haven't seen him for quite a long time; *lo aspettai per un bel — e poi me ne andai*, I waited for him quite a while, then I went away; *ci metteremo un* (*bel*) *— a finire questo lavoro*, it will take us quite a (long) time to finish this job.

pezzuola *s.f.* (*region.*) **1** (*piccola pezza*) cloth **2** (*fazzoletto*) handkerchief*.

pfui *inter.* (*per esprimere disgusto*) ugh!

phlox → **flox**.

pHmetro *s.m.* (*chim.*) pH-meter.

phon → **fon**[2].

phylum *s.m.* (*bot., zool.*) phylum*.

physique du rôle *s.m.* (*fr.*) physique: *non ha il — per fare il dongiovanni*, as a lady -killer he doesn't look the part (*o* he doesn't have what it takes to be a lady-killer).

pi *s.m.* o *f.* **1** letter P **2** (*nell'alfabeto greco*) pi.

piaccametro *s.m.* (*chim.*) pH-meter.

piaccicoso *agg.* (*non com.*) sticky; (*di fango*) muddy.

piacente *agg.* pleasant and attractive: *una donna —*, a pleasant and attractive (*o* a charming) woman; *un viso —*, a pleasant face.

piacentino *agg.* of Piacenza, from Piacenza ◆ *s.m.* inhabitant of Piacenza; native of Piacenza.

piacere *s.m.* **1** pleasure, delight: *il — della lettura*, the pleasure of reading; *i piaceri della tavola*, the pleasures of the table; *i piaceri dello spirito*, the pleasures of the spirit; *è un — stare a chiacchierare con te*, it's pleasant (*o* a pleasure) to talk to you; *amante, avido di piaceri*, pleasure-loving, pleasure-seeking; *avrò sempre — di vederti*, I shall always be delighted (*o* pleased) to see you; *è per me un grande — poterti aiutare*, I am delighted to be able to help you; *mi fa sempre molto — ricevere sue notizie*, it always gives me a lot of pleasure (*o* I'm always very happy) to hear from him; *la tua lettera mi ha dato, fatto un grande —*, I was very pleased to get your letter; *sembra provar — nel dar fastidio alla gente*, he seems to take pleasure (*o* delight) in annoying people; *ti rivedo con —*, I'm delighted to see you again; *che — rivederti dopo tanto tempo!*, what a pleasure to meet (you) again after so long! // *—!*, (*nelle presentazioni*) how do you do?; *— di conoscerla*, pleased to meet you // *con —!*, with pleasure! // *piove che è un —*, it is raining cats and dogs; *studia, lavora che è un —*, she studies, works like mad; *la tua auto va che è un —*, it's a treat the way your car goes // *avere il — di...*, to have the pleasure of...: *ho avuto il — di dirgli che...*, I had the pleasure of informing him that...; *posso avere il — di accompagnarla a casa?*, may I have the pleasure of taking you home? **2** (*svago, divertimento*) pleasure, amusement: *piaceri leciti, illeciti*, lawful, unlawful pleasures; *non è un — uscire con questa pioggia*, it is no pleasure going out in this rain; *alternare le occupazioni coi piaceri*, to alternate business with pleasure; *darsi ai piaceri*, to give oneself up to pleasure // *viaggio, gita di —*, pleasure trip **3** (*favore*) favour, kindness: *domandare, chiedere un — a qlcu.*, to ask a favour of s.o.; *negare, rifiutare un — a qlcu.*, to refuse s.o. a favour; *fare un — a qlcu.*, to do s.o. a favour (*o* kindness): *puoi farmi un —?*, can you do me a favour?; *puoi farmi il — di venire subito?*, will you be so kind as to come at once?; *te lo chiedo per —: non arrabbiarti con lui!*, I wish you wouldn't get angry with him! // *per —*, (if you) please: *passami l'acqua, per —*, pass me the water, please // *fammi il —!*, (*iron.*) do me a favour, will you! (*o* go on!): *fammi il — di tacere!*, (*iron.*) do me the favour of not talking! **4** (*volontà*) will // *a —*, at will (*o* at pleasure): *pane a —*, as much bread as you like; *fa' pure a tuo —*, go ahead, as you like.

piacere *v.intr.* to like (s.o., sthg.); to be fond of (s.o., sthg.); to please (s.o.): *gli piace viaggiare*, he likes travelling; *mi piace andare a scuola*, I like going to school; *"Ti piace la letteratura russa?" "Sì, mi piace"*, "Do you like Russian literature?" "Yes, I do"; *mi piace il francese*, I like French; *ti piace il jazz?*, do you like (*o* are you fond of) jazz?; *mi piace che tutto sia in ordine*, I like everything to be in order; *mi piace molto la poesia*, I am very fond of poetry (*o* I like poetry very much); *grattami la schiena, mi piace*, scratch my back, I like it; *mi piace ballare*, I like dancing; *la sera mi piace sedermi alla scrivania e leggere*, I like to sit at my desk in the evening and read; *mi piace questo paese, questa casa, questo libro*, I like (*o* I am fond of) this country, this house, this book; *ti è piaciuto il film?*, did you like (*o* enjoy) the film?; *mi piacerebbe andare a teatro*, I would like to go to the theatre; *gli piacerebbe che andassimo da lui*, he would like us to go to his house; *mi sarebbe piaciuto vederlo*, I should have liked to see him; *come mi piacerebbe essere al mare!*, I wish I were at the seaside!; *non mi piace affatto*, I don't like it at all; *non mi piacciono i presuntuosi*, I don't like conceited people; *non mi piace che tu gli parli*, I don't like you to speak to him; *un piatto che piace molto*, a popular dish; *quella ragazza piace a tutti*, everybody likes that girl; *è una persona che piace*, he is a very likeable person; *lo spettacolo piace, avrà sicuramente successo*, everyone likes the show, it's sure to be a success; *sono sicura di piacergli*, I'm sure he likes me; *ti piace il nostro progetto per le vacanze?*, do you like our plan for the holidays?; *ti piacerebbe un po' di vacanza?*, would you like (*o* care) to have a little holiday? // *a Dio piacendo, piaccia a Dio*, please God (*o* God willing): *piaccia a Dio che non venga una guerra!*, please God there won't be a war! // *come pare e piace*, as one pleases: *faccio come mi pare e piace*, I do as I please // *sarà una grande opera d'arte, ma non riesco a farmela —*, it may be a great work of art but I can't bring myself to like it // *quel cantante mi piace da morire, da impazzire*, I'm really crazy about (*o* I really love *o* I'm really fond of) that singer // *piaccia o non piaccia*, whether one likes it or not: *bisogna lavorare piaccia o non piaccia*, you must work whether you like it or not.

piacevole *agg.* **1** pleasant, agreeable, nice: *una — passeggiata, serata*, a pleasant (*o* nice) walk, evening; *un gusto —*, an agreeable taste **2** (*di persona*) pleasant, agreeable, nice, amiable: *un — compagno*, a pleasant (*o* an agreeable) companion; *è un uomo — nella conversazione*, he is a pleasant conversationalist.

piacevolezza *s.f.* **1** pleasantness, agreeableness; (*grazia*) gracefulness, charm // *non l'hai certo colmato di piacevolezze!*, (*iron.*) you certainly weren't charming with him! **2** (*battuta scherzosa*) joke, pleasantry.

piacevolmente *avv.* pleasantly, agreeably: *ne fui — sorpreso*, I was agreeably (*o* pleasantly) surprised; *chiacchierare —*, to chat pleasantly.

piacimento *s.m.* pleasure; liking: *a —*, as much as one likes; *fa' a tuo —*, do as you like; *non è di suo —*, it is not to his liking; *potete prenderne a vostro —*, you can take as much as you want.

piaciucchiare *v.intr.* to like a little, to like a bit: *ammetto che un po' mi piaciucchia*, I admit that I quite like him.

piaga *s.f.* **1** sore: *il suo corpo era pieno di piaghe*, his body was covered with sores // *mettere il dito sulla —*, (*fig.*) to bring up a sore point // *riaprire vecchie piaghe*, (*fig.*) to reopen old wounds **2** (*calamità*) evil, plague, scourge, curse: *— sociale*, social evil; *la siccità è la — del paese*, drought is the curse of the country; *la — della disoccupazione*, the scourge of unemployment // *le dieci piaghe d'Egitto*, the ten plagues of Egypt **3** (*persona molesta*) pest, pain, nuisance: *che —!*, what a pain! // *cammina e non fare la —!*, get going and don't be such a pain in the neck!

piagare *v.tr.* to wound, to hurt*; to produce a sore in (*o* on) (sthg., s.o.).

piagato *agg.* covered in sores: *avere il corpo —*, to have one's body covered in sores.

piaggeria *s.f.* (*letter.*) (*adulazione*) flattery, adulation.

piaggiare *v.tr.* (*letter.*) (*adulare*) to flatter, to fawn upon (s.o.).

piaggiatore *s.m.* (*letter.*) (*adulatore*) flatterer.

piagnisteo *s.m.* whine, whimper, moan; whining [U], whimpering [U], moaning [U]: *non sopporto più i tuoi piagnistei*, I can't stand your whining any longer.

piagnone *s.m.* (*fam.*) moaner, grumbler; whiner; (*di bambino*) crybaby.

piagnucolamento *s.m.* moaning, whimpering, whining, wailing.

piagnucolare *v.intr.* to whine, to whimper; to wail: *ha piagnucolato un po', quando l'ho messo a letto*, he whimpered a little when I put him to bed ◆ *v.tr.* (*non com.*) (*dire con tono lamentoso*) to whimper, to whine; to blubber.

piagnucolio *s.m.* whimpering, whining, wailing.

piagnucolona *s.f.* **piagnucolone** *s.m.* moaner; whiner; (*di bambino*) crybaby.

piagnucoloso *agg.* whiny, whining, whimpering; weepy, tearful: *voce piagnucolosa*, whining voice.

piagoso *agg.* (*non com.*) covered in sores, covered with sores.

pialla *s.f.* **1** (*a mano*) jointer plane **2** (*macchina utensile*) planing machine, planer: *— a filo*, single-cylinder planer; *— a spessore*, thicknessing machine (*o* double-cylinder planer); *— universale*, universal plane.

piallaccio *s.m.* (sheet of) veneer.

piallare *v.tr.* to plane: *— a misura*, to shoot; *— a spessore*, to thickness.

piallata *s.f.* **1** planing **2** (*colpo di pialla*) stroke with a plane.

piallatore *agg.* planer (*attr.*) ◆ *s.m.* planer.

piallatrice *s.f.* → **pialla** 2.

piallatura *s.f.* **1** planing **2** (*trucioli*) shavings (*pl.*).

pialletto *s.m.* **1** (*per falegname*) jack plane: *— sgrossatore*, scrub plane; *— finitore*, smooth(ing) plane; *— per interni*, bullnosed plane; *— multiuso*, combination plane **2** (*per muratore*) float.

piallone *s.m.* (*tecn.*) jointer plane.

pia madre *s.f.* (*anat.*) pia mater.

piana *s.f.* **1** (*pianura*) plain, flat: *— abissale*, deep-sea plain; *— di sale*, salt flat **2** (*spianata*) level ground **3** (*mat.*) (*curva*) plane.

pianale *s.m.* **1** (*terreno pianeggiante*) level ground **2** (*ferr.*) flatcar.

pianare *v.tr.* (*non com.*) (*livellare*) to level, to make* level; to flatten.

pianatoio *s.m.* smoothing chisel.

pianeggiante *agg.* level, flat: *strada, terreno —*, level road, ground.

pianeggiare *v.tr.* (*non com.*) to level, to make* level ◆ *v.intr.* to be level, to be flat.

pianella *s.f.* **1** (*pantofola*) slipper **2** (*edil.*) flat tile **3** (*bot. pop.*) *— della Madonna*, (*Cypripedium calceolus*) lady-slipper, lady's slipper, (*scient.*) cypripedium.

pianerottolo *s.m.* **1** landing **2** (*alpinismo*) ledge, sheft.

pianeta[1] *s.m.* **1** (*astr.*) planet **2** (*non com.*) (*foglietto della fortuna*) horoscope **3** (*fig.*) (*mondo a sé*) world: *il — donna*, the world of women; *il — carceri*, the world of prison.

pianeta[2] *s.f.* (*eccl.*) chasuble, planet.

pianetino *s.m.* (*astr.*) asteroid, minor planet.

pianezza *s.f.* (*non com.*) **1** (*l'essere piano*) flatness, levelness **2** (*facilità*) easiness, clearness **3** (*semplicità*) simplicity.

piangente *agg.* crying, weeping; (*estens.*) (*triste*) sad, tearful: *una voce —*, a tearful voice // *salice —*, weeping willow.

piangere *v.intr.* **1** to cry, to weep*: *pianse dal dolore*, he wept with pain; *lasciai — il bambino finché si addormentò*, I let the child cry itself to sleep; *scoppiò a —*, he burst into tears; *le bruciavano gli occhi a forza di —*, she made her eyes sore with crying; *mi piangono gli occhi per il freddo, il fumo*, my eyes are watering with the cold, the smoke; *— a calde lacrime*, to weep one's heart out; *— amaramente, a dirotto*, to cry bitterly, copiously; *— di dispetto, di rabbia*, to weep with vexation, rage; *— di gioia*, to weep for joy // *— come un vitello*, to weep bitter tears // *far — qlcu.*, to make s.o. cry (*o* weep); *non farlo —, dagli il giocattolo*, don't make him cry, give him the toy; *le cipolle mi fanno —*, onions make my eyes water; *è un film che fa —*, it's a weepy (film); *era vestito (così male) da far —*, (*fig.*) it would make you weep to see how badly he was dressed // *è inutile — sul latte versato*, it's no use crying over spilt milk **2** (*soffrire*) to suffer: *mi piange il cuore a rinunciarvi*, it breaks my heart to give it up; *mi piangeva il cuore a sentire la sua triste storia*, it made my heart bleed to hear his sad story // *beati quelli che piangono*, (*Bibbia*) blessed are they that mourn **3** (*non com.*) (*gocciolare*) (*di pianta*) to bleed*; (*di grotte, rubinetti*) to drip: *la vite, tagliata di recente, piangeva*, the newly-cut vine, was oozing sap (*o* bleeding) ◆ *v.tr.* **1** to weep*, to cry: *— tutte le proprie lacrime*, to have a good cry (*o* to weep one's eyes out) // *— lacrime amare*, to weep bitter tears // *— lacrime di coccodrillo*, to cry when it's too late (*o* after the event) **2** (*per un lutto*) to mourn; (*lamentare, deplorare*) to lament, to bewail; to weep*, to grieve for, over (sthg.), to sorrow for (sthg.): *piansero la perdita del figlio*, they grieved over the loss of their son; *— i danni patiti*, to grieve over wrongs suffered; *— la morte di qlcu.*, to mourn s.o.'s death; *— i propri peccati, errori*, to repent (of) one's sins, mistakes; *— il proprio destino*, to bewail one's fate // *— miseria*, to poormouth (*o* to complain about being poor); *più guadagna e più piange miseria*, the more he earns the more he complains that he's poor // *chi è causa del suo mal, pianga se stesso*, (*prov.*) as you have made your bed so must you lie on it **3** (*letter.*) (*rimpiangere*) to weep* for (sthg.), to weep* over (sthg.), to mourn for (sthg.): *— la giovinezza perduta*, to mourn for one's lost youth.

piangiucchiare → **piagnucolare**.

pianificabile *agg.* that can be planned, projectable: *lo sviluppo economico è difficilmente —*, it is difficult to plan economic development.

pianificabilità *s.f.* capacity of being planned.

pianificare *v.tr.* **1** to plan: *— la produzione*, to plan the production **2** (*inform.*) to schedule.

pianificato *agg.* planned: (*econ.*) *economia pianificata*, planned economy; *industria pianificata*, planned industry.

pianificatore *s.m.* planner ◆ *agg.* planning: *programma —*, planning programme.

pianificazione *s.f.* **1** planning: *la — di un lavoro*, the planning of a work; *— agricola*, agricultural planning // *— familiare*, family planning; *— demografica*, population planning; *— urbanistica*, town planning; *— statale*, state planning // (*econ.*): *— centralizzata*, central planning; *— economica*, economic planning; *— indicativa*, indicative planning; *— industriale*, industrial planning; *— degli investimenti*, investment planning; *— di impresa*, corporate planning; *— produttiva*, production planning **2** (*inform.*) scheduling.

pianismo[1] *s.m.* (*econ.*) tendency towards economic planning.

pianismo[2] *s.m.* (*mus.*) pianism.

pianista *s.m.* e *f.* pianist.

pianistico *agg.* piano (*attr.*): *un concerto —*, a piano concert.

piano[1] *agg.* **1** flat, level, even: *paese —*, flat country; *strada piana*, level road; *superficie piana*, level (*o* even) surface; *terreno —*, level ground // *mettere in —*, to lay flat // *corsa piana*, flat race; *correre i 400 metri piani*, to run the 400 metres flat race **2** (*liscio*) smooth: *pietra piana*, smooth stone **3** (*chiaro, intelligibile*) clear, plain: *scrittura piana*, clear handwriting **4** (*semplice*) simple: *parole umili e piane*, simple and humble words // *messa piana*, low mass **5** (*mat.*) plane: *geometria piana*, plane geometry; *curva piana*, plane curve **6** (*gramm.*) paroxytone **7** (*mus.*) piano.

piano[2] *avv.* **1** (*sommessamente*) softly, quietly: *puoi suonare un po' più —, per favore?*, could you play more quietly please?; *fa' —, altrimenti lo svegli*, don't make a noise or you'll wake him up; *parla così — che non lo sento*, he speaks in such a low voice (*o* so low) that I can't hear him **2** (*mus.*) piano **3** (*lentamente*) slowly, slow: *va' —*, go slowly; *camminare —*, to walk slowly; *la nebbia si diradò pian —*, the fog gradually dispersed; *sto cominciando pian — a capire*, I'm just beginning to understand; *pian — ci riuscirò*, little by little I shall succeed in it // *chi va — va sano e va lontano*, (*prov.*) slow and steady wins the race **4** (*con cautela*) gently, carefully: *fa' —, ché lo strappi*, be careful or you'll tear it; *sollevalo — perché si rompe facilmente*, lift it up gently because it breaks easily; *— con le spese!*, go easy on spending!; *vacci — con quel vino: è forte*, go easy with that wine, it's very strong.

piano[3] *s.m.* **1** (*terreno pianeggiante*) plain; flat land, level land: *dopo qualche chilometro di —, comincia la salita*, after some miles on the level, the ground begins to rise; *scendere dalla montagna al —*, to go down the mountain to the plain **2** (*superficie piana*) plane (*anche fis.*); surface; top: *il — della tavola*, the top of the table; *— di lavoro*, work top (*o* work surface); *— di marmo*, marble top; *il — della seggiola*, the seat of the chair // *— cottura*, hob // *— stradale*, road surface // (*fis.*): *— orizzontale, inclinato*, horizontal, inclined plane; *— principale*, principal plane; *— di simmetria*, plane of symmetry; *— equatoriale*, equatorial plane; *— di polarizzazione*, plane of polarization // (*aer.*): *— alare*, wing plane; *piani di coda*, tail unit // (*mar.*) *— di galleggiamento*, water plane // (*mecc.*) *— di riscontro*, surface plate // (*ferr.*) *— di caricamento*, loading platform // (*geol.*): *— stratigrafico*, stage; *— di stratificazione*, bedding plane; *— di faglia*, fault plane **3** (*di casa*) floor, storey; (*di nave, autobus*) deck: *il — superiore di un edificio*, the top storey (*o* floor) of a building; *— terreno, — terra*, ground floor (*o amer.* first floor); *primo —*, first floor (*o amer.* second floor); *abito al terzo —*, I live on the third floor; *a due piani*, two-storied; *autobus a due piani*, double-decker; *una casa di quindici piani*, a fifteen-storied building (*o* a building of fifteen storeys) // *una torta a tre piani*, a three-tier(ed) cake **4** (*livello*) plane, level: *siamo sullo stesso —*, we are on the same plane (*o* level); *mettere due cose sullo stesso —*, to put two things on the same level // *un artista di primo —*, an artist of the first rank (*o* a first-rate artist); *una persona di primo —*, a prominent person (*o* a person in the limelight *o* in the public eye) // *un particolare di secondo —*, a detail of secondary importance // *passare in secondo —*, to be overshadowed (*o* superseded) **5** (*arte, fot., cinem.*) *primo —*, (*arte*) foreground, (*fot., cinem.*) close-up **6** (*inform.*) desk; scheme.

piano[4] *s.m.* **1** plan; scheme, project, programme: *— di studi*, plan (*o* programme) of studies; *— di lavoro*, schedule (*o* work programme); *— d'azione*, policy; *— operativo*, operations plan; *fare piani*, to plan (*o* to make plans); *avere dei piani per il futuro*, to have plans for the future; *rovinare, far saltare i piani a qlcu.*, to wreck s.o.'s plans; *la polizia è riuscita a sventare il — dei rapinatori*, the police managed to foil the robbers' plan // (*amm.*): *— dei conti*, chart of accounts (*o* account classification); *— regolatore*, town-planning scheme (*o spec. amer.* zoning regulations); *— di pensionamento*, pension scheme; *— di prepensionamento*, job release scheme (*o* project) // (*econ.*): *— economico*, economic plan; *— quinquennale dell'agricoltura*, five-year agricultural plan; *— di investimento*, investment plan; *— di riparto degli utili*, profit appropriation account; *— di pubblicità*, advertising plan; *— delle vendite*, sales plan; *— di sviluppo*, development plan; *— di sviluppo delle vendite*, sales promotion plan; *— di compartecipazione agli utili*, profit-sharing scheme; *— di finanziamento*, credit scheme; *— di pagamento rateale*, time-payment plan; *— verde*, Agricultural Development Scheme; *— per la Ricostruzione Economica, — Marshall*, Marshall Plan // (*assicurazioni*) *— assicurativo*, insurance scheme **2** (*planimetria*) plan: *il — di una casa*, the plan of a house.

piano[5] → **pianoforte**.

piano-concavo *agg.* (*di lente*) plano-concave.

piano-convesso *agg.* (*di lente*) plano-convex.

pianoforte *s.m.* piano*, pianoforte: *— a coda*, grand piano; *— a mezza coda*, baby-grand; *— verticale*, upright (*o* cabinet) piano; *concerto per — e orchestra*, concerto for piano and orchestra; *prendere lezioni di —*, to have piano lessons.

pianola *s.f.* (*mus.*) pianola.

piano-parallelo *agg.* plane-parallel // (*mecc.*) *blocchetto —*, gage block.

pianoro *s.m.* plateau*, tableland.

pianoterra → **pianterreno**.

pianta *s.f.* **1** plant; (*albero*) tree: *— da appartamento*, house plant; *— acquatica*, water-plant (*o* hydrophyte); *— aromatica*, aromatic (plant); *— coltivata*, crop; *— da fiore*, flowering plant; *— da frutto*, fruit-bearing plant; *— da semina*, seed-plant; *— da siepe*, quickset; *— del sottobosco*, groundling; *— depauperante*, peeler; *— erbacea*, herb; *— grassa*, succulent plant; *— indigena*, native; *— leguminosa*, pulse; *— nana*, stunt; *— officinale*, officinal plant; *— oleosa*, oil-plant; *— ornamentale*, indoor (*o* ornamental) plant; *— perenne*, perennial; *— rampicante*, creeper (*o* climber *o* trailer *o* vine); *— selvatica*, wilding; *— sempreverde*, evergreen; *— spinosa*, thorn; *— spontanea*, volunteer; *— stentata*, scrub; *— tropicale*, tropical plant; *— volubile*, winder // (*ecol.*): *— megaterma*, megatherm; *— mesoterma*, mesotherm; *— microterma*, microtherm // (*paleont.*) *— fossile*, phytolite **2** (*del piede, di scarpa*) sole: *scarpe a — larga*, broad-soled shoes // *di sana —*, (*completamente*) entirely (*o* completely); (*daccapo*) anew (*o* afresh *o* from scratch): *era una cosa inventata di sana —*, it was a thing completely invented; *ricominciare di sana —*, to start afresh (*o* from scratch) **3** (*disegno di edificio, podere ecc.*) plan; (*carta topografica*) map; (*amer.*) plot: *la — di un appartamento*, the plan of a flat; *la — di una città*, the map of a town; *fare la — di qlco.*, to plot sthg. **4** (*amm.*) (*organico*): *in — stabile*, on the permanent staff; *impiegato in — stabile*, regular employee (*o* clerk on the permanent staff); *essere in — stabile*, to be on the permanent staff // *ormai vive in — stabile a casa mia*, he's become a fixture in my house (*o* he has settled down in my flat) // *vivo in — stabile a Milano*, I've settled down in Milan.

piantabile *agg.* (*non com.*) plantable, that can be planted: *un terreno — a frutta*, a land that can be planted with fruit trees.

piantaggine *s.f.* (*bot.*) (*Plantago major*) plantain.

piantagione *s.f.* plantation, planting: *— di cotone*, cotton plantation.

piantagrane *s.m.* e *f.* troublemaker; (*persona cavillosa*) fault-finder: *sei il solito —!*, you're making trouble as usual!; *non lo voglio in riunione, è un tale —!*, I don't want him at the meeting, he's always finding fault with everything!

piantamento *s.m.* (*non com.*) planting.

piantana *s.f.* **1** (*sostegno verticale*) upright; (*edil.*) scaffold pale **2** (*lampada a stelo*) floor lamp.

piantare *v.tr.* **1** to plant; (*in vaso*) to pot: *ho piantato un ciliegio*, I've planted a cherry tree; *— fiori*, to plant flowers; *— un campo ad ulivi*, to plant a field with olive-trees // *andare a — cavoli*, (*scherz.*) (*ritirarsi a vita privata*) to retire **2** (*conficcare*) to thrust, to drive*, to ram; (*innalzare*) to plant, to put* up: *— un chiodo in un muro*, to drive a nail into a wall; *— un palo per terra*, to drive (*o* to put up) a stake into the ground; *devono ancora — i pali della luce*, they still have to put up the lamp post; *— una bandiera*, to plant a flag; *gli piantò un coltello nella schiena*, he stuck (*o* thrust) a knife in his back; *— una pallottola in corpo a qlcu.*, to shoot s.o. (*o* to put a bullet in s.o.); *— una tenda*, to pitch (*o* to put up) a tent // *— le tende*, (*stabilirsi in un luogo*) to take up one's residence (*o* to settle down); *ormai ha piantato le tende nel mio ufficio*, (*fig.*) he's become a fixture (*o* he's taken up residence in my office) **3** (*porre, collocare*) to place, to put*, to plant, to set*: *il nemico ha piantato una batteria su un'altura vicina*, the enemy has planted a battery on a height nearby // *— gli occhi addosso a qlcu.*, to eye s.o. // *— una grana*, (*fam.*) to make trouble **4** (*fondare*) to set* up: *— casa*, to set up (a) house **5** (*abbandonare*) to leave*, to quit, to abandon, to dump; to give* (s.o.) the slip: *ho piantato lì tutto e sono uscito di corsa*, (*fam.*) I dropped everything and dashed out; *ha piantato la moglie per una ragazza*, he's dumped (*o* left) his wife for a girl; *la fidanzata lo ha piantato*, his fiancée has jilted him; *— a mezzo un lavoro*, to leave a job unfinished // *— in asso*, to leave in the lurch; (*un innamorato*) to jilt; *la guida ci piantò in asso il secondo giorno*, the guide left us in the lurch the second day // *— baracca e burattini*, to give up everything: *quando la conobbe piantò baracca e burattini e se ne andò*, when he knew her he gave up everything // *piantarla*, to stop: *piantala!*, stop it!; *piantala di farmi sciocche domande!*, stop asking me silly questions!; *se non la pianti di urlare, ti lascio qui*, (*fam.*) if you don't stop yelling I'll leave you here; *piantatela una buona volta!*, (*di litigare*) pack it in! **6** (*aer.*) to stop, to fail.

□ **piantarsi** *v.intr.pron.* **1** (*conficcarsi*) to stick* in, to get* stuck in: *mi si è piantata una spina nel piede*, a thorn has got stuck in my foot // *ho mangiato un panino che mi si è piantato sullo stomaco*, (*fig.*) I've eaten a sandwich and I haven't digested it **2** (*fissarsi in un luogo*) to plant oneself, to place oneself: *mi si è piantato davanti*, he planted (*o* placed) himself in front of me; *viene alle 9 e si pianta qui sino a mezzanotte*, he comes at nine and doesn't budge till midnight (*o* he parks himself here till midnight) ◆ *v.rifl.rec.* to leave* each other, to part: *dopo un ennesimo bisticcio si sono piantati*, they parted (*o* left each other) after yet another quarrel.

piantata *s.f.* **1** (*azione del piantare*) planting **2** (*fila di piante*) row (of plants): *una — di pini*, a row of pines.

piantato *agg.* **1** (*coltivato*) planted: *— a gelsi*, planted with mulberry trees **2** (*conficcato*) embedded: *un palo — nel terreno*, a stake embedded (*o* driven) into the ground // *se ne stava — in mezzo alla sala*, (*fig.*) (*fermo, impettito*) he planted himself in the middle of the room **3** (*robusto*) sturdy: *persona ben piantata*, sturdy person.

piantatoio *s.m.* (*agr.*) dibble.

piantatore *s.m.* (*non com.*) planter.

piantatrice *s.f.* (*agr.*) planting machine, planter.

piantatura → **piantamento**.

pianterreno *s.m.* ground floor; (*amer.*) first floor: *a —*, on the ground floor.

piantina *s.f.* (*da trapiantare*) bedder: *— di semenzaio*, seedling.

pianto *s.m.* **1** (*il piangere*) weeping, crying **2** (*lacrime*) tears (*pl.*): *occhi pieni di —*, eyes full of tears; *il mio — non lo ha intenerito*, my tears have not softened him; *scoppiare in —*, to burst into tears **3** (*sofferenza*) suffering; (*dolore*) grief; pain: *avere il — nel cuore*, to be grief-stricken // (*fam. scherz.*) *quel vestito è un —*, that dress is a mess **4** (*di pianta*) bleeding.

piantonamento *s.m.* guarding.

piantonare *v.tr.* **1** (*agr.*) to transplant **2** to guard, to stand* guard over (s.o.); to keep* under guard: *— un prigioniero*, to stand guard over a prisoner.

piantone *s.m.* **1** (*agr.*) cutting; (*germoglio*) shoot **2** (*mil.*) orderly; guard: *stare di —*, to be on guard; *mettere di —*, to put on guard **3** (*mecc.*) *— dello sterzo*, steering column.

pianura *s.f.* plain; flat country: *una città di —*, a town on the plain; *in —*, on the plain // (*geogr.*) *— costiera*, coastal plain // *le Grandi Pianure* (*a ovest del Mississippi*), the Great Plains.

pianuzza *s.f.* (*zool.*) (*Pleuronectes platessa*) plaice, dab.

piassava *s.f.* (*fibra vegetale*) pias(s)ava, pias(s)aba.

piastra *s.f.* **1** (*mecc.*) plate: *— ad angolo*, angle plate; *— di acciaio, di ferro*, steel, iron plate; *— di fissaggio*, anchor plate; *— orientabile*, swivel plate // (*ferr.*) *— d'appoggio, di fissaggio*, tie plate // (*elettr.*) *— corazzata*, ironclad plate **2** (*edil.*) slab: *— d'appoggio*, bearing slab; *— di calcestruzzo*, concrete slab; *— di cemento armato*, reinforced concrete slab **3** (*di un'armatura*) plate **4** (*moneta*) piaster, piastre.

piastrella *s.f.* tile: *le piastrelle di una cucina, di un bagno*, the tiles of a kitchen, of a bathroom; *pavimento a piastrelle*, tiled floor.

piastrellaio *s.m.* **1** (*fabbricante*) tile maker **2** (*posatore*) tiler.

piastrellamento *s.m.* (*aer.*) bounce.

piastrellare *v.tr.* (*rivestire con piastrelle*) to tile ◆ *v.intr.* (*aer.*) to bounce.

piastrellato *agg.* tiled: *un bagno —*, a tiled bathroom.

piastrellista *s.m.* e *f.* **1** (*fabbricante*) tile maker **2** (*posatore*) tiler.

piastriccio *s.m.* **1** (*fam.*) (*miscuglio*) medley, mess, hotchpotch **2** (*fig.*) (*imbroglio*) tangle.

piastrina *s.f.* **1** (*mecc.*) plaque; plate; (*tess.*) sinker: *— di arresto*, stop plate; *— filettata*, plate nut; (*elettr.*) *— di collegamento*, connecting link; (*tess.*) *— di divisione*, dividing sinker **2** (*mil.*) badge **3** (*biol.*) platelet.

piastrone *s.m.* **1** (*tecn.*) plate; slab: (*ferr.*) *— dello scambio*, switch plate; (*edil.*) *— di appoggio*, bearing slab **2** (*scherma*) plastron, leather breastplate, fencing jacket **3** (*di tartaruga*) plastron.

piatire *v.intr.* **1** (*letter.*) (*litigare*) to quarrel, to argue **2** (*fam.*) (*chiedere con insistenza un favore*) to beg favours.

piato *s.m.* (*letter.*) (*litigio*) quarrel, dispute.

piatta *s.f.* (*non com.*) **1** (*chiatta*) pontoon, barge, lighter **2** (*piastra*) plate.

piattabanda *s.f.* (*arch.*) flat arch, platband.

piattaforma *s.f.* **1** (*tecn.*) platform; (*amer.*) stull: *— del tram*, tram platform; *— di caricamento*, loading platform; *— di lancio*, (*di missili*) launching pad; launch platform; *— girevole*, revolving platform; (*ferr.*) turntable; *— stradale*, roadway // (*inform.*) *— IBM, Mac*, IBM, Mac platform **2** (*geol.*) platform, shelf*: *— continentale*, continental shelf; *— costiera*, shore platform; *— di ghiaccio*, ice shelf; *— sottomarina*, ledge // (*miner.*) *— di trivellazione*, drilling platform **3** (*nuoto*) diving-board **4** (*fig.*) (*base programmatica*) platform, package, groundwork: *la — di un programma politico*, political platform; *— sindacale*, union platform (*o amer.* shopping list); *— rivendicativa*, draft package of requests; *— elettorale*, election platform; *elaborare una — politica*, to draw up a platform.

piattaia *s.f.* plate rack.

piattello *s.m.* **1** (*di bilancia*) pan **2** (*sport*) *tiro al —*, clay pigeon shooting.

piatteria *s.f.* (*non com.*) (*negozio di piatti*) shop that sells chinaware; (*assortimento*) chinaware.

piattezza *s.f.* flatness (*anche fig.*); (*fig.*) triteness: *la — di un racconto*, the triteness of a story.

piattina *s.f.* **1** (*metall., elettr.*) metal strap: (*elettr.*) *— di massa*, ground strap **2** (*carrello usato in miniera*) bogie.

piattino *s.m.* **1** (*di una tazza*) saucer **2** (*estens.*) (*manicaretto*) delicacy, dainty, titbit.

piatto *agg.* **1** flat: *barca piatta*, flat boat; *pesce —*, whiff (*o* flat fish); *piede —*, flat foot; *naso —*, flat nose; *tetto —*, flat roof; *il paesaggio era — e monotono*, the countryside was flat and uninteresting // (*metall.*) *barra piatta*, flat bar **2** (*scialbo*) flat, dull; prosaic: *conduce una vita piatta*, she leads a dull life; *un'esecuzione piatta*, a dull performance; *mente piatta*, dull mind; *stile —*, flat (*o* trite) style; *traduzione piatta*, prosaic translation.

piatto *s.m.* **1** (*stoviglia*) plate: *— da frutta*, dessert plate; *— d'argento*, silver plate; *— fondo*, soup plate; *— piano*, plate; *— grande, da portata*, dish; *asciugare i piatti*, to dry the dishes; *cambiare i piatti a ogni portata*, to change plates at every course; *lavare i piatti*, to wash up (*o* to wash the dishes); *stasera lavo io i piatti!*, I'll do the washing-up this evening! **2** (*vivanda*) dish: *— caldo, freddo*, hot, cold dish; *— di carne*, meat dish; *ti ho preparato un buon —*, I have prepared a good dish for you; *questo è un — tipico di Milano*, it's a typical Milanese dish // *— del giorno*, the dish of the day **3** (*portata*) course: *il — forte*, the main course // *il — forte della collezione è un Picasso* (*fig.*), the highlight of the collection is a Picasso **4** (*parte piatta della lama*) flat: *colpire di —*, to strike with the flat of one's sword **5** (*pl.*) (*mus.*) cymbals **6** (*alle carte*) kitty: *il — piange*, (*fig. scherz.*) the kitty is short **7** (*inform.*) platter **8** (*metall.*) flat: *— a spigoli arrotondati*, round-edged flat; *— a spigoli vivi*, sharp-edged flat **9** (*tecn.*) *— del giradischi*, turntable; *— della bilancia*, scale pan; *— di lavaggio*, (*dei cercatori d'oro*) batea; *— magnetico*, (*di gru, elettromagnete*) lifting magnet.

piattola *s.f.* **1** (*zool.*) (*Phthirus pubis*) crab (louse) **2** (*region.*) (*scarafaggio*) cockroach, blackbeetle **3** (*fig.*) (*persona noiosa*) bore: *levati di torno quella —!*, get rid of that pain in the neck!

piattonare *v.tr.* (*non com.*) to strike* with the flat of the sword.

piattonata *s.f.* blow with the flat of the sword.

piazza *s.f.* **1** square: *— S. Marco*, St. Mark's Square; *— del mercato*, marketplace (*o* marketsquare); *vettura di —*, hackney carriage (*o* cab); (*autopubblica*) taxi(cab) // *tumulto di —*, riot // (*mil.*) *— d'armi*, parade (*o* drill) ground: *la sua camera è una — d'armi*, (*fig.*) his room is enormous (*o* huge) // *fare — pulita di qlco.*, to make a clean sweep of sthg.: *ho fatto — pulita della torta*, I finished off the cake // *gli studenti sono scesi di nuovo in —*, the students are demonstrating again // *mettere qlco. in —*, to make sthg. public (*o* to spread sthg. about): *mettere i propri affari in —*, to wash one's dirty linen in public **2** (*gente*) crowd; mob, rabble: *il cantante ha scatenato la —*, the singer aroused the crowd's enthusiasm; *temo le reazioni della —*, I'm afraid of the reaction of the crowd // *modi da —*, rough manners **3** (*comm.*) market, marketplace // (*fin.*): *— finanziaria*, offshore market (*o* financial centre); *— d'affari*, place of business // (*banca*): *— bancaria*, banking centre; *— di pagamento*, place of payment (*o* performance); *assegno su —*, town cheque; *assegno fuori —*, out-of-town cheque; *effetti su —*, local bills // (*econ.*): *— stabile*, settled market; *andamento della —*, market trend // (*comm.*): *condizioni della —*, local terms; *vendere sulla — di Torino*, to sell on the Turin market; *visitare clienti fuori —*, to visit distant customers; *quel che fa la —, prezzi della —*, prices quoted on the market; *fare la —*, (*contattare i clienti*) to canvass (an area) // *sei tu che mi hai rovinato la —!*, (*fig.*) you are the one who put a spoke in my wheel! **4** (*radura*) clearing **5** (*scherz.*) (*calvizie incipiente*) bald patch: *andare in —*, to go bald; *è un po' in —*, he's going bald **6** (*posto*) place: *letto a una —, a una — e mezza*, single bed, small double bed; *letto a due piazze*, double bed // (*sport*) *occupare le piazze d'onore*, to get second and third place.

piazzaforte *s.f.* **1** (*fortezza*) fort, stronghold **2** (*città fortificata*) fortified town, fortress: *— marittima*, fortified harbour **3** (*fig.*) (*baluardo*) stronghold.

piazzai(u)olo *agg.* (*spreg.*) rough, vulgar: *modi piazzaioli*, rough (*o* uncouth) manners ◆ *s.m.* (*spreg.*) lout, cad.

piazzale *s.m.* large square: *il — davanti alla stazione*, the large square in front of the station.

piazzamento *s.m.* placing (*anche sport*): *ottenere un buon —*, to get a good placing.

piazzare *v.tr.* **1** (*collocare*) to place; to set*; to put*; (*fam.*) to plonk: *ha piazzato l'auto davanti al cancello*, he has parked the car in front of the gate; *mi ha piazzato un libro sotto gli occhi*, she plonked a book before my eyes // (*boxe*) *— un colpo vincente*, to strike a winning blow; (*edil.*) *— i montanti*, to stanchion; (*mecc.*) *— un utensile*, to set a tool **2** (*comm.*) to sell*, to market, to place: *— un ordine presso una ditta*, to place an order with a firm; *non riuscirono a — la loro merce*, they couldn't place (*o* sell) their goods // (*banca*): *— un assegno*, to domicile a cheque; *— un prestito*, to place a loan.

□ **piazzarsi** *v.rifl.* **1** (*mettersi comodamente*) to settle oneself; (*fam.*) to plonk oneself: *si è piazzato tutta la sera davanti alla televisione*, he plonked himself in front of the TV all evening **2** (*sport*) to come* (in), to be placed: *il mio cavallo non si è piazzato*, my horse wasn't placed; *— al secondo posto*, to come second.

piazzata *s.f.* (*litigio, scenata*) row, set-to, dustup: *è entrato nel mio ufficio e ha fatto una —*, he came into my office and kicked up a hell of a row (*o* flew off the handle); *se lo trovo al bar faccio una —*, I'll kick up a fuss (*o* some fur will fly) if I meet him at the pub.

piazzato *agg.* **1** placed (*anche sport*): *un cavallo vincente e due piazzati*, a winning horse and two placed ones (*o* a winner and two places) // *essere — bene, male*, to be well, badly placed // *è un avvocato ben —*, he's a well-established lawyer // *ben —*, (*robusto*) broad-shouldered **2** *calcio —*, (*rugby*) place kick ◆ *s.m.* (*ippica*) (*cavallo piazzato*) placed horse.

piazzatore *s.m.* (*rugby*) place kicker.

piazzista *s.m.* commercial traveller, travelling salesman*, town traveller, canvasser, tout: *fare il —*, to canvass (*o* to tout).

piazz(u)ola *s.f.* **1** (*di strada*) lay-by **2** (*mil.*) (*per mortaio*) pit; (*per cannone*) emplacement **3** (*aer.*) pad: *— di atterraggio e decollo elicotteri*, helipad; *— di fortuna* (*per elicotteri*), helispot.

pica *s.f.* **1** (*zool.*) (*Pica pica*) magpie **2** (*med.*) pica.

picacismo *s.m.* → **pica** 2.

picador *s.m.* (*sp.*) picador.

picaresco *agg.* (*lett.*) picaresque.

picaro *s.m.* picaroon, rogue.

picca[1] *s.f.* **1** pike **2** (*soldato armato di picca*) pikeman* **3** *pl.* (*alle carte*) spades: *asso di picche*, ace of spades // *contare come il due di picche*, to count for little or nothing; *essere il fante di picche*, to be a self-important fool // *rispondere picche*, to refuse flatly: *gli ho chiesto l'aumento e mi ha risposto picche*, I asked him for a rise, and he turned me down flatly.

picca[2] *s.f.* (*puntiglio*) spite: *fare qlco. per —*, to do sthg. out of spite.

piccante *agg.* **1** spicy, hot; piquant: *salsa —*, spicy (*o* hot) sauce; *ha un sapore —*, it tastes hot; *questo formaggio è un po' troppo —*, this cheese is a bit too strong **2** (*fig.*) (*mordace, pungente*) cutting, biting, pungent: *parole piccanti*, cutting words; *satira —*, biting satire **3** (*fig.*) (*licenzioso*) spicy, bawdy, risqué: *storiella —*, spicy (*o* bawdy) story; *nel film c'era qualche scena —*, there were a few spicy scenes in the film.

piccardo *agg.* Picard, of Picardy ◆ *s.m.* Picard.

piccarsi *v.rifl.* **1** to claim; to pride oneself: *si piccava di sapere bene l'inglese*, he claimed to know English well; *si picca di essere intelligente*, he prides himself on being intelligent **2** (*impermalirsi*) to take* offence (at sthg.).

piccata *s.f.* (*cuc.*) veal dish.

piccato[1] *agg.* resentful, piqued: *mi rispose in tono —*, he answered me in a resentful tone of voice.

piccato[2], **picchè** *s.m.* (*tessuto*) piqué.

picchettaggio meno com. **picchettamento** *s.m.* (*di scioperanti*) picketing: *— di massa*, mass picketing.

picchettare *v.tr.* **1** (*segnare con picchetti*) to stake out; to mark out; to peg out: *— una linea ferroviaria*, to stake out a railway-line **2** (*mil.*) to picket, to piquet **3** (*durante uno sciopero*) to picket: *— una fabbrica*, to picket a factory **4** (*mus.*) to bow in a spiccato way.

picchettato *agg.* staked out; marked out; pegged ◆ *s.m.* (*mus.*) arco saltando, saltato.

picchettatore *s.m.* **1** (*operaio che pianta picchetti*) staker **2** (*scioperante*) picket, picketer.

picchettatura, **picchettazione** *s.f.* staking out, marking out.

picchetto[1] *s.m.* **1** (*paletto di tenda*) tent peg **2** (*per demarcazione di via ecc.*) stake, peg **3** (*mil.*) picket: *— d'onore*, guard of honour; *ufficiale di —*, orderly officer; *essere di —*, to be on picket **4** (*di scioperanti*) picket: *— volante*, flying picket; *cordone di scioperanti di —*, picket line; *fare il —*, to picket.

picchetto[2] *s.m.* (*gioco d'azzardo con le carte*) piquet.

picchiamento *s.m.* **1** (*il percuotere*) beating, hitting; thrashing **2** (*il battere*) striking **3** (*il bussare*) knocking.

picchiapetto *s.m.* e *f.* (*non com.*) (*bigotto*) bigot ◆ *s.m.* (*antiq.*) (*gioiello pendente sul petto*) pendant.

picchiare *v.tr.* (*percuotere*) to hit*, to strike*, to beat*; (*bastonare*) to thrash, to cudgel; (*percuotere con i pugni*) to bang, to thump: *— un bambino*, to beat a child; *ho picchiato la testa contro la porta*, I struck (*o* banged) my head against the door; *picchiò il pugno sul tavolo*, he banged his fist on the table // *— qlcu. di santa ragione*, to give s.o. a good thrashing ◆ *v.intr.* **1** (*battere*) to strike*; (*battere leggermente*) to tap: *picchiava con le dita contro il vetro della finestra*, he was tapping on the windowpane; *la pioggia picchia ai vetri*, the rain beats (*o* lashes) against the panes; *— col martello*, to hammer // *picchia il sole oggi!*, the sun is beating down today! **2** (*bussare*) to knock; (*bussare leggermente*) to tap: *— alla porta*, to knock at the door // *— a tutti gli usci*, to knock on every door **3** (*insistere*) to insist: *a forza di — ottenne ciò che volle*, by dint of persistence he obtained what he wanted **4** (*aer.*) to pitch *— in testa*, (*di motore*) to ping.

□ **picchiarsi** *v.rifl.rec.* to fight*; to come* to blows: *due uomini si picchiavano per la strada*, two men were fighting in the street; *non sapevo che si fossero picchiati*, I didn't know they had come to blows.

picchiata *s.f.* **1** (*il picchiare*) beating; thrashing; (*colpo*) blow, knocking **2** (*aer.*) dive, nose dive: *— a spirale*, corkscrew dive; *— verticale*, vertical dive; *aeroplano da —*, dive bomber; *scendere in —*, to dive.

picchiatello *agg.* crazy, nutty: *è un po' —*, he's a bit crazy (*o* nutty) ◆ *s.m.* crazy fool.

picchiato *agg.* (*pazzerello*) crazy; nutty: *è un ragazzo un po' — (nel cervello)*, he's a bit crazy (*o* nutty).

picchiatore *s.m.* **1** beater; (*per motivi politici*) political thug **2** (*boxe*) hard hitter, slugger.

picchiere *s.m.* (*st.*) pikeman*.

picchierellare *v.tr.* e *intr.* to tap, to drum: *— con le dita sul tavolo*, to drum one's fingers on the table.

picchiettare *v.intr.* to patter: *il rumore della pioggia che picchietta sul vetro*, the sound of the rain pattering on the window ◆ *v.tr.* (*punteggiare, chiazzare*) to stipple, to spot, to dot, to speckle.

picchiettato *agg.* stippled, spotted, speckled: *un uccello — di nero*, a black-spotted bird: *un volto — di lentiggini*, a freckled face.

picchiettatura *s.f.* (*non com.*) **1** (*atto del picchiettare*) stippling, spotting, speckling **2** (*insieme di macchioline*) spots (*pl.*), speckles (*pl.*).

picchiettio *s.m.* tapping, pattering, drumming: *il — del becco di un passerotto contro il vetro*, the tapping of a sparrow's beak on the window.

picchio[1] *s.m.* (*non com.*) **1** (*alla porta*) knock **2** (*colpo, percossa*) blow // *di —*, all of a sudden // *avere un —*, (*fig.*) (*subire un rovescio finanziario*) to suffer a financial blow (*o* setback).

picchio[2] *s.m.* (*zool.*) woodpecker: *— muratore*, (*Sitia europaea*) nuthatch; *— verde*, (*Picus viridis*) green woodpecker (*o* rain-bird).

picchio[3] *s.m.* (*non com.*) (*il picchiare*) striking; (*alla porta*) knocking, tapping.

picchiotto *s.m.* (*battiporta*) doorknocker.

piccineria *s.f.* **1** (*meschinità*) meanness, pettiness; (*grettezza di mente*) small-mindedness **2** (*azione meschina*) mean trick, petty action: *è una delle sue solite piccinerie*, it is one of his usual mean tricks.

piccino *agg.* **1** small; little, tiny; wee: *abitavano in una casa piccina piccina*, they lived in a tiny little house; *adora i bambini piccini*, she loves little babies; *era ancora — per la sua età*, he was still tiny for his age // *farsi — —*, to cower **2** (*meschino*) mean, petty: *è un uomo di mente piccina*, he is a small-minded man ◆ *s.m.* child*; little one, toddler, tiny tot: *è un programma per i più piccini*, it's a programme for toddlers (*o* for the very young); *c'erano tutti, grandi e piccini*, they were all there, grown-ups and children.

picciolato *agg.* (*bot.*) petiolate: *foglia picciolata*, petiolate leaf.

pìcciolo[1] *agg.* (*ant. letter.*) (*piccolo*) small, little ◆ *s.m.* (*antica moneta*) 'picciolo' (ancient Florentine coin) // *non vale un —*, (*fig.*) he isn't worth a brass farthing.

picciòlo[2] *s.m.* (*bot.*) stalk; (*di foglia*) petiole; (*di frutto*) peduncle: *di —*, petiolar; *senza —*, stalkless.

piccionaia *s.f.* **1** dovecote, pigeon-house, pigeon loft **2** (*estens.*) (*soffitta*) garret, attic **3** (*scherz.*) (*loggione*) gallery; (*fam.*) gods (*pl.*): *la — applaudì a lungo*, there was prolonged applause from the gods.

piccioncino *s.m.* **1** young pigeon **2** (*fig. fam.*) (*persona innamorata*) love bird: *guarda* *quei due piccioncini!*, look at those two love birds!

piccione *s.m.* **1** (*zool.*) pigeon, dove: — *femmina*, hen pigeon; — *maschio*, cock pigeon; — *implume*, squab; — *cappuccino*, jacobin; — *con la coda a ventaglio*, fantail; — *da richiamo*, stoolpigeon; — *dal becco corto*, turbit; — *dal gozzo*, pouter; — *domestico*, runt; — *trombettiere*, trumpeter; — *viaggiatore*, carrier (*o* homing) pigeon // — *selvatico*, (*Columba livia*) rock dove // (*sport*) *tiro al* —, pigeon-shooting // *prendere due piccioni con una fava*, (*fig.*) to kill two birds with one stone // *tubare come due piccioni*, (*fig.*) to bill and coo **2** (*persona inesperta*) pigeon.

picciotto *s.m.* **1** (*dial.*) youngster // (*st.*) *i picciotti che combatterono con Garibaldi*, the Sicilian contingent who fought with Garibaldi **2** (*nella gerarchia mafiosa*) lower level mafioso; person at the bottom of the mafia hierarchy.

picciuolo → **picciòlo**[2].

picco *s.m.* **1** peak, mountaintop: *i picchi più alti delle Alpi*, the highest peaks in the Alps // *a* —, vertically (*o* perpendicularly): *la scogliera scende a — sul mare*, it is a sheer drop from the cliff to the sea; *mandarono a — due navi*, they sank two ships **2** (*fig.*) (*valore massimo*) peak, top, crest // (*fis.*) *valore di* —, peak value **3** (*mar.*) gaff: — *di maestra*, main-trysail gaff; — *di mezzana*, spanker gaff; — *di trinchetto*, fore spanker gaff.

piccolezza *s.f.* **1** smallness; littleness: *la — di questa stanza*, the small size (*o* dimensions) of this room **2** (*meschinità*) meanness, pettiness; (*limitatezza di mente*) narrow-mindedness: *la — della sua mentalità*, his narrow-mindedness **3** (*azione meschina*) mean trick, petty action: *è una delle sue solite piccolezze*, it is one of his usual mean tricks **4** (*inezia*) trifle: *è una — per te, ma per me è molto importante*, it is a trifle for you, but for me it is a very important matter; *non perdere il tempo in queste piccolezze*, don't waste your time on those trifles.

piccolo *agg.* **1** little; (*di dimensioni ridotte*) small; (*piccolissimo*) tiny: *una piccola casa*, a small house; *mi ha dato un — aiuto*, he gave me a little help; *daremo una piccola festa*, we'll give a little (*o* small) party; *ha trovato un — lavoro*, he has found a little job; *una famiglia piccola*, a small family; *un — numero di persone*, a small number of people; *un — lago*, a small lake; *piccola somma*, small sum; *passami il cacciavite* —, pass me the small screwdriver; *adoro il tuo — gattino rosso*, I adore your little ginger kitten; *abbiamo trascorso l'estate in una piccola isola del sud*, we spent the summer on a little island in the south; *libro, volume di formato* —, book, volume of small format; *un piatto più* —, a smaller plate; *è una piccola stanza*, it is a small room; *ha le mani molto piccole*, she has tiny hands; *il maglione blu è troppo — per me*, the blue sweater is too small for me; *non ho avuto neanche una piccola soddisfazione in quel lavoro*, I didn't have even a tiny bit of satisfaction in that job; *le medicine vanno prese a piccole dosi*, medicines are to be taken in small doses // — *borghese*, petty bourgeois (*o* lower middle-class person); *piccola borghesia*, petty bourgeoisie (*o* lower middle class) // *ore piccole*, small hours: *fare le ore piccole*, to stay up till the small hours // *farsi* —, to cower; (*fig.*) to belittle oneself: *il bimbo si fece — per evitare lo schiaffo*, the child cowered before the blow // (*econ.*): *piccola impresa*, small business (*o* firm); — *possidente*, small landowner; *piccole spese*, petty (*o* incidental *o* out-of-pocket) expenses; — *reddito, capitale*, small income, capital; — *commerciante*, small tradesman; — *speculatore*, punter; *piccola industria*, small-scale industry; *piccola pubblicità*, classified advertisements (*o* want ads) // (*banca*) — *credito*, personal loan // (*dir.*) — *fallimento*, small bankruptcy • Come si nota dagli esempi, *little* traduce spesso i vezzeggiativi e i diminutivi italiani **2** (*di statura*) short: *un uomo* —, a short man **3** (*giovane*) young, small; little: *il figlio più* —, the youngest son; *è troppo — per capire*, he's too young (*o* small) to understand; *ha un bambino* —, she has a little baby **4** (*secondario, lieve*) slight, trifling, small, petty: — *difetto*, slight fault; — *errore*, trifling error; — *inconveniente*, a slight snag (*o* drawback); *piccola indisposizione*, slight indisposition; *le piccole noie della vita*, the petty troubles of life; *piccole preoccupazioni*, small worries; *è solo una piccola cosa*, it is only a petty thing (*o* a trifle); *un — dettaglio*, a minor detail **5** (*meschino*) mean, petty; (*limitato*) narrow: *mente piccola*, narrow (*o* small) mind: *una persona dalla mente piccola*, a narrow-minded person **6** (*breve*) short, brief: — *discorso*, short speech; *una piccola distanza*, a short distance; *piccoli passi*, short steps: *il bambino camminava a piccoli passi*, the child was taking short steps; *una piccola vacanza*, a short (*o* brief) holiday **7** (*leggero*) light: *un — colpo sulla spalla*, a light touch (*o* tap) on the shoulder ♦ *s.m.* **1** (small) child, little one; (*fam.*) kid: *il — si addormentò*, the baby (*o* little one) fell asleep; *ha tre figli: il — ha solo tre mesi*, he has three children: the youngest is only three months old; *i più piccoli si sedettero davanti*, the smaller ones sat in front; *libri per i piccoli*, books for kids // *da* —, as a child: *da — era biondo*, as a child he was blond; *fin da — ha amato la musica*, he has loved music since he was little **2** *in* —, small: *nel proprio* —, in one's small way; *la casa, nel suo —, è perfetta per noi*, the house, small as it is, is perfect for us; *l'azienda, nel suo —, ha raddoppiato il fatturato*, the company, small as it is, has doubled its turnover; *nel nostro — cerchiamo di fare qualcosa*, in our own little way, we try to do something; *è una copia in — del Colosseo*, it's a miniature model of the Colosseum **3** (*di cane*) pup, puppy; (*di gatto*) kitten; (*di grosso mammifero*) calf*; (*di volatile*) chick; (*di ogni animale*) joey: *i cani e i loro piccoli*, dogs and their young; *i piccoli del leone, della tigre*, the lion, tiger cubs.

picconare *v.tr.* (*rar.*) to pickaxe ♦ *v.intr.* to strike* with a pickaxe.

picconata *s.f.* blow with a pickaxe.

picconatore *s.m.* **1** pickaxe worker **2** (*fig.*) wrecker, saboteur.

picconatrice *s.f.* hammer pick.

piccone *s.m.* pickaxe, pick: (*miner.*) — *pneumatico*, pneumatic pick.

picconiere *s.m.* pickman*.

piccoso *agg.* **1** (*irritabile*) peevish, irritable, querulous **2** (*permaloso*) touchy **3** (*ostinato*) obstinate, stubborn.

piccozza *s.f.* axe: — *da ghiaccio*, ice axe.

piccozzo → **picozzo**.

picea *s.f.* (*bot.*) spruce.

piceo *agg.* (*letter.*) **1** pitch (*attr.*), piceous, pitchy, pitch-like **2** (*nero come la pece*) pitch -black.

picnic *s.m.* picnic.

picnidio *s.m.* (*bot.*) pycnidium (*pl.* -ia).

picnometro *s.m.* (*chim.*) pychnometer.

picnosi *s.f.* (*biol.*) pycnosis, pyknosis.

picnotico *agg.* (*biol.*) pycnotic, pyknotic.

pico- *pref.* della terminologia scientifica usato per moltiplicare una unità di misura per 10^{-12}; ingl. pico-: *picosecondo*, picosecond; *picocurie*, picocurie.

picofarad *s.m.* (*elettr.*) picofarad.

picolina *s.f.* (*chim.*) picoline.

picozzo *s.m.* (*zool.*) central incisor.

picrato *s.m.* (*chim.*) picrate.

picrico *agg.* (*chim.*) picric: *acido* —, picric acid.

picrite *s.f.* (*min.*) picrite.

picrotossina *s.f.* (*chim.*) picrotoxin.

pidocchieria *s.f.* **1** stinginess, niggardliness, meanness **2** (*azione gretta*) mean action.

pidocchio *s.m.* **1** louse*; (*scient.*) pediculus*: — *delle piante*, plant louse// — *rifatto*, (*persona arricchita*) upstart **2** (*zool.*) — *di mare*, sea louse **3** (*bot.*) *erba da pidocchi*, (*Delphinium staphysagria*) stavesacre.

pidocchiosa *s.f.* **1** lousy woman **2** (*donna spilorcia*) stingy woman, miserly woman, mean woman.

pidocchioso *agg.* **1** lousy; lice-ridden, pediculous, pedicular **2** (*spilorcio*) stingy, miserly, mean, tight ♦ *s.m.* **1** lousy man **2** (*uomo spilorcio*) stingy man, miserly man, mean man.

piè *s.m.* **1** (*poet.*) foot* // *il — veloce Achille*, (the) swift-foot(ed) Achilles // (*inform.*) — *di pagina*, footer // *a — di pagina*, at the foot (*o* bottom) of a page // *ad ogni — sospinto*, at every moment (*o* turn) // *rimanere a — fermo*, to keep steady // *saltare a — pari*, (*anche fig.*) to take a standing jump **2** (*mar.*): — *d'albero*, foot of mast (*o* mast heel); — *di pollo*, wall knot; — *di pollo per sartia*, shroud knot; — *di ruota*, forefoot **3** (*bot. pop.*): — *d'asino*, (*Tussilago farfara*) coltsfoot; — *di gallo*, (*Potentilla anserina*) goose-grass; — *di gatto*, (*Antennaria dioica*) cat's-foot; — *di lepre*, (*Trifolium arvense*) rabbit foot clover; — *d'oca*, (*Chenopodium urbicum*) goosefoot.

piedarm, **pied'arm** *s.m.* e *inter.* (*mil.*) parade rest.

pied-à-terre (*fr.*) **piedatterra** *s.m.* pied -à-terre.

pied-de-poule *s.m.* (*fr.*) hound's tooth check.

piede *s.m.* **1** foot*; (*zampa*) paw, foot*, hoof*: *il — di un uomo*, a man's foot; — *destro, sinistro*, right, left foot; *coi, dai piedi piatti*, flat-footed (*o* with flat feet); — *biforcuto*, cloven hoof; *un dito del* —, a toe; *pianta del* —, sole of the foot; *salto a piedi pari*, standing jump; *la neve gelata scricchiolava sotto i piedi*, the hard snow crunched underfoot; *quella ragazza ha il — piccolo*, that girl has a small foot; *avere mal di piedi*, to have sore feet; *camminare a piedi nudi*, to walk barefoot; *camminare in punta di piedi*, to walk on tiptoe; *gettarsi ai piedi di qlcu.*, to throw oneself at s.o.'s feet; *mettere — a terra*, (*da cavallo*) to dismount; (*da veicolo*) to get off (*o* to alight); (*da nave*) to go ashore (*o* to land); *pestare i piedi*, to stamp one's feet; *pestare i piedi a* *qlcu.*, to tread on s.o.'s toes (*anche fig.*); *pestare qlco. sotto i piedi*, to stamp sthg. down; *schiacciare qlco. con un —*, to stamp sthg. flat; *arrampicarsi con le mani e coi piedi*, to clamber (up); (*fig.*) (*darsi da fare con ogni mezzo*) to leave no stone unturned // *a piedi*, on foot: *corsa a piedi*, footrace; *soldato a piedi*, foot soldier; *sei andato a piedi o in automobile?*, did you go on foot or by car?; *ho fatto cinque miglia a piedi*, I walked five miles; *siamo andati a piedi fino alla chiesa*, we walked as far as the church // *a — libero*, free; (*dir.*) out (*o* released) on bail // *dalla testa ai piedi*, from head to foot: *è bagnato dalla testa ai piedi*, he's wet from head to foot // *in piedi*: *cercheremo di rimetterlo in piedi*, (*fig.*) we shall try to put him on his feet (*o* legs) again; *devi alzarti in piedi quando entra l'insegnante*, you must stand up when your teacher comes in; *ho trovato solo posti in piedi*, (*a teatro ecc.*) I could find only standing tickets; *questa mattina alle 5 ero già in piedi*, this morning at 5 I was already up; *mio figlio non sa ancora stare in piedi*, my son can't stand yet; *è così ubriaco che non si regge in piedi*, he is so drunk that he can't stand up; *questo ragionamento non sta in piedi*, this reasoning will not hold water; *sono in piedi di nuovo dopo una settimana di influenza*, I am on my feet again after a week of flu; *sta mettendo in piedi una bella azienda*, he is setting up (*o* starting) a good business; *cadere in piedi*, (*fig.*) to fall on one's feet **2** (*mar.*) — *di pollo*, wall-knot **3** — *di porco*, (*leva per scassinare*) jemmy **4** (*parte inferiore*) foot*; (*base*) foot*; base: *il — di una calza*, the foot of a stocking; *il — di una colonna*, the foot (*o* base) of a column; — *di un tavolo, di una sedia*, the foot of a table, of a chair; *il — di un albero*, the foot of a tree // *ai piedi di*, at the foot of: *il paese giace ai piedi della montagna*, the village lies at the foot of the mountain; *il gatto si accuccia sempre ai piedi del mio letto*, the cat always curls up at the foot of my bed **5** (*misura di lunghezza* = 30,48 cm) foot*: — *cubico*, cubic foot; — *quadrato*, square foot; *la mia camera è lunga 20 piedi*, my room is 20 feet long; *è alto 5 piedi*, he's 5 feet (tall) **6** (*metrica*) foot*: *è un verso di dieci piedi*, it is a ten-foot line **7** (*tip.*) foot*.

◆ FRASEOLOGIA: *mettere un — davanti all'altro*, (*fig.*) to do something step by step // *mettere un — in fallo*, to take a false step (*anche fig.*) // *non ci ho mai messo —!*, I have never set foot there!; *non metterò più — in casa sua*, I will never set foot in his house again // *non farti mettere sotto i piedi da quell'uomo*, don't let that man walk all over you // *sul — di pace, di guerra*, on a peace, war footing; *sul — di parità*, on an equal footing // *su due piedi*, at once: *non posso darti una risposta così su due piedi*, I can't give you a reply just like that on the spot (*o* without warning) // *aveva le ali ai piedi*, he was fleet-footed // *aveva dieci schiavi ai suoi piedi*, he had ten slaves at his feet // *gli mancò la terra sotto i piedi*, (*fig.*) he felt lost // *levati dai piedi!*, get out of the way! // *mi è sempre fra i piedi*, he is always in my way (*o* under my feet) // *partire col — sbagliato*, to start off on the wrong foot // *tenere i piedi per terra*, to keep one's feet on the ground // *andare coi piedi di piombo*, to feel one's way (*o* to proceed very cautiously) // *avere un — nella tomba*, to have one foot in the grave // *darsi la zappa sui piedi*, to cut one's own throat // *fare qlco. coi piedi*, to do sthg. in slapdash fashion; *ragionare con i piedi*, to talk through one's hat // *prendere —*, (*aver successo*) to get a footing; (*guadagnare terreno*) to gain ground // *puntare i piedi*, (*fig.*) to put one's foot down (*o* to dig in one's heels) // *rimanere a piedi* to have to go on foot; (*restare in asso*) to be left in the lurch // *tenere il — in due staffe, scarpe*, to run with the hare and hunt with the hounds (*o* to serve two masters).

piedestallo → **piedistallo**.

piedino *s.m.* **1** (*di lampada elettrica*) stem **2** (*di macchina per cucire*) pressure foot, pressure shoe **3** *fare —*, (*fam.*) to play footsie.

piedipiatti *s.m.* (*spreg.*) cop, copper, flatfoot.

piedistallo *s.m.* pedestal: *il — di una colonna*, the pedestal of a column // *mettere qlcu. sul —*, (*fig.*) to set s.o. on a pedestal.

piedritto *s.m.* (*arch.*) pier.

piega *s.f.* **1** fold; (*il segno della piega*) crease, wrinkle: *una — della pelle*, a fold of the skin; *lo nascondevo in una — del pastrano*, I was hiding it in a fold of my coat; *questa stoffa non prende la —*, this material does not crease // *quando gli dissi che lo avevano licenziato non fece una —*, when I told him he had been sacked, he did not turn a hair // *questo vestito non ti fa una —*, this dress fits you perfectly; *il tuo ragionamento non fa una —*, your reasoning is faultless (*o* perfect) **2** (*fatta ad arte*) pleat; (*dei calzoni*) crease: *le pieghe di un vestito, una camicia ecc.*, the pleats of a dress, a shirt etc.; *gonna a pieghe*, pleated skirt **3** *messa in —*, (*di capelli*) set **4** (*fig.*) (*andamento*) turn: *le cose stavano prendendo una brutta —*, things were taking a bad turn; *quel ragazzo sta prendendo una brutta —*, that boy is going off the rails (*o* is getting into bad ways) **5** (*fig.*) (*parte intima*) depths (*pl.*): *scrutare nelle pieghe dell'anima*, to delve into the dephts of someone's soul **6** (*geol.*) fold: — *anticlinale*, anticline.

piegabaffi *s.m.* moustache curler.

piegabile *agg.* folding.

piegaciglia *s.m.* eyelash curler.

piegaferro → **mordiglione**.

piegamento *s.m.* **1** folding; (*flessione*) bending, flexing // — *sulle gambe*, knee bend // — *sulle braccia*, press-up **2** (*geol.*) folding.

piegare *v.tr.* **1** to fold (up); (*flettere*) to bend*: — *un giornale, una tovaglia, un lenzuolo, un vestito ecc.*, to fold a newspaper, a tablecloth, a sheet, a dress etc.; — *una sedia*, to fold up a chair; — *un ferro, una verga*, to bend a piece of iron, a rod; — *un braccio*, to bend an arm; — *le ginocchia*, to bend one's knees; — *il capo*, to bend one's head; (*in segno di saluto*) to bow one's head; (*fig.*) (*sottomettersi*) to submit **2** (*domare, sottomettere*) to bend*; to subdue: *piegherò la sua volontà!*, I'll bend her will!; — *l'avversario*, to subdue one's opponent ◆ *v.intr.* **1** (*inclinare*) to heel over: *la nave piegò su un fianco*, the ship heeled over **2** (*volgere*) to bend*; (*voltare*) to turn: *la strada piega a destra*, the road bends to the left; *il fiume piega verso il lago*, the river bends towards the lake; *piega a destra, a sinistra*, turn to the right, to the left.

□ **piegarsi** *v.rifl.* o *intr.pron.* **1** (*flettersi*) to bend*: *piegati in avanti*, bend forward; *il ramo si piegò senza spezzarsi*, the branch bent without breaking; *si piegò sulle ginocchia*, he bent his knees; *il vecchio si piegò sotto il carico*, the old man bent under the heavy load **2** (*cedere*) to yield, to give* in; (*sottomettersi*) to submit: *non vuol —*, he does not want to submit // *mi spezzo ma non mi piego*, I bend but I won't break.

piegata *s.f.* **1** folding: *dare una —*, to fold (up): *da' una — alla tovaglia*, fold (up) the tablecloth **2** (*ippica*) turn, bend.

piegatondino *s.m.* (*edil.*) **1** rod bender **2** → **mordiglione**.

piegatore *agg.* (*non com.*) folding ◆ *s.m.* (*tecn.*) folder.

piegatrice *s.f.* **1** (*mecc.*) bender, bending machine; — *a pressa*, bending press; — *a rulli*, bending rolls; — *idraulica*, hydraulic bending machine; — *per lamiere*, plate bending machine: — *per tubi*, tube bending machine **2** (*tess.*) folding machine.

piegatura *s.f.* **1** folding (*anche tecn.*); (*curvatura*) bending: *la — dei fogli*, the folding of the sheets; *resistenza alla —*, folding-endurance; (*edil.*) — *del ferro*, bars bending; (*tecn.*) *prova di — a freddo*, cold-bending test **2** (*di braccio, gamba*) bend.

pieghettare *v.tr.* to pleat.

pieghettato *agg.* **1** (*di tessuto*) pleated **2** (*bot.*) plicate, gyrose.

pieghettatore *agg.* (*tess.*) pleating: *macchina pieghettatrice*, pleating machine ◆ *s.m.* (*tess.*) pleater.

pieghettatura *s.f.* **1** pleating, kilting: — *a doppio cannone*, box pleating; — *a soleil*, accordion pleating **2** (*pieghe*) pleats (*pl.*).

pieghevole *agg.* **1** (*flessibile*) pliable, pliant, supple, flexible: *un ramoscello —*, a supple (*o* pliable) twing **2** (*atto a essere piegato*) folding: *ombrello, porta, sedia —*, folding umbrella, door, chair; *seggiolino —*, folding seat **3** (*non com.*) (*arrendevole*) pliable, pliant, yielding, submissive: *indole —*, submissive nature **4** (*versatile*) versatile, supple: *ingegno —*, supple mind ◆ *s.m.* (*depliant*) leaflet, brochure.

pieghevolezza *s.f.* **1** pliability, suppleness, flexibility **2** (*arrendevolezza*) submissiveness.

pieghevolmente *avv.* **1** pliably, flexibly **2** (*arrendevolmente*) submissively.

piego *s.m.* (*non com.*) **1** (*involto di carte*) bundle; packet of papers: *ricevere un —*, to receive a packet of papers **2** (*busta*) envelope, cover.

pielite *s.f.* (*med.*) pyelitis.

pielografia *s.f.* (*med.*) pyelography.

pielogramma *s.m.* (*med.*) pyelogram.

pielonefrite *s.f.* (*med.*) pyelonephritis.

piemia *s.f.* (*med.*) pyaemia, pyemia.

piemontese *agg.* Piedmontese, of Piedmont ◆ *s.m.* e *f.* Piedmontese // *i piemontesi*, the Piedmontese.

piena *s.f.* **1** flood, spate: *fiume in —*, river in flood (*o* in spate) **2** (*alluvione*) flood, inundation: *le piene del Nilo*, the floods of the Nile; *i danni della —*, flood damage **3** (*folla, ressa*) crowd: *c'era una — al cinema!*, there was such a crowd at the cinema! // *far — ogni sera*, to have a full house every evening **4** (*fig.*) (*punto di massima intensità*) peak, climax.

pienamente *avv.* fully; completely; entirely; quite: *hai — ragione*, you are quite right; *sono — d'accordo con te*, I fully agree with you.

pienezza *s.f.* **1** fullness: *la — della luna*, the fullness of the moon; *la — del tono in un pia-*

noforte, the fullness of tone of a piano **2** (*massimo grado*) height, peak: *nella — della sua gloria*, at the height of his glory; *nella — delle sue forze*, at the height of his powers.

pieno *agg.* **1** full (of sthg.) (*anche fig.*); filled (with sthg.) (*anche fig.*): *— fino all'orlo*, full to the brim; *un bicchiere — d'acqua*, a glass full of water; *una bottiglia mezza piena*, a half-full bottle; *un bicchiere —*, a full glass; *una casa piena di gente*, a house full of people; *compito — di errori*, exercise full of mistakes; *— di bontà, buon senso*, full of kindness, good sense; *— di gioia, ammirazione, entusiasmo*, full of (*o* filled with) joy, admiration, enthusiasm; *— di idee*, full of ideas; *— di sole, luce*, full of sun(light), light; *impresa piena di pericoli*, enterprise fraught with danger; *sguardo — di tristezza*, glance full of sadness; *aveva gli occhi pieni di lacrime*, his eyes were full of tears; *non parlare con la bocca piena*, don't speak with your mouth full; *la stanza era piena di fumo*, the room was full of (*o* filled with) smoke; *la valigia è già piena*, the suitcase is already full; *essere — di debiti*, to be deep in debt; *essere — di guai*, to have more than one's share of troubles (*o* to have a load of trouble); *essere — di lavoro*, to be up to one's eyes in work; *essere — di speranze*, to be full of hope // *— come un uovo*, chock-full // *— zeppo*, full up: *il treno era — zeppo*, the train was overcrowded; *non ne voglio più, sono —*, I won't have any more, I'm full // *— di ogni ben di Dio*, blessed with everything // *— di sé*, full of himself // *a piene mani*, abundantly // *a piene vele*, with all sails set (*o* under full sail) // *a piena velocità*, at full speed // *a piena voce*, aloud // *in —*, (*completamente*) completely (*o* entirely *o* fully *o* quite); (*esattamente*) exactly; (*nel mezzo*) in the middle: *ha ragione in —*, he is quite right; *la sua osservazione lo colse, colpì in —*, his remark went home // *in — giorno*, in full (*o* broad) daylight; *in — inverno*, in the dephts of winter; *in piena notte*, at dead of night // *in piena stagione*, at the height of the season // *in — viso*, right (*o* full) in the face // *nel — vigore delle forze*, at the height of one's powers // *pagine piene*, (*fitte*) closely-written pages // *suono, colore —*, full (*o* rich) sound, colour; *una voce piena*, a full voice // *ho le tasche piene di questo lavoro*, I am fed up with this work; *ne ho piene le tasche!*, I am fed up with it! // *arrivare a piena maturità*, to come to full maturity // *respirare a pieni polmoni*, to breathe deeply **2** (*paffuto, in carne*) full, plump, chubby: *gote piene*, full (*o* plump) cheeks; *un viso —*, a chubby face **3** (*abbondante*) rich: *un'annata piena*, a rich crop **4** (*non cavo*) solid: *mattone —*, solid brick ◆ *s.m.* **1** (*colmo*) height; (*mezzo*) middle: *nel — della notte*, at dead of night; *nel — della stagione*, at the height of the season; *nel — dell'estate*, at the height of summer; *nel — dell'inverno*, in the depths of winter // *nel — della gioventù*, in the flower of one's youth **2** (*ressa, folla*) crowd: *c'era un gran — di gente*, there was a large crowd **3** (*carico completo*) (*di nave*) full cargo; (*di carro ecc.*) full load // *fare il — (di benzina)*, to fill up **4** (*mus.*) *— d'orchestra*, full orchestra.

pienone *s.m.* (*a teatro ecc.*) full house; sell -out.

pienotto *agg.* (*grassoccio*) plump, chubby.

pierrot *s.m.* (*teatr.*) pierrot.

pietà *s.f.* **1** pity, mercy, compassion: *avere — di qlcu.*, to have mercy on s.o.: *abbi — di me*, have mercy on me; *non ha — per nessuno*, he has no pity on anyone; *l'ho fatto per —*, I did it out of pity; *lo trattarono senza —*, they treated him mercilessly (*o* pitilessly); *mi muove a —*, he moves me to pity; *fare —*, to arouse pity; *è ridotto in uno stato da far —*, he's reduced to a pitiable state; *invocare —*, to cry for mercy; *sentire — per qlcu.*, to feel pity for s.o. // *che —!*, what a sorry sight! // *per —!*, for pity's sake! (*o* for mercy's sake!): *per —, non farlo!*, don't do it, for pity's sake! // *canta che fa —*, he is a wretched singer **2** (*devozione*) piety, devotion: *— filiale*, filial piety; *libri di —*, devotional books **3** (*pitt., scult.*) Pietà.

pietanza *s.f.* **1** (*portata*) (main) course: *la — era arrosto di vitello con patate fritte*, the main course was roast veal and chips **2** (*piatto*) dish: *una — di pesce*, a dish of fish; *questa è una — squisita*, this is a delicious dish.

pietismo *s.m.* (*st. relig.*) pietism.

pietista *s.m.* e *f.* (*st. relig.*) pietist.

pietistico *agg.* **1** pietistic(al) **2** (*spreg.*) (*bigotto*) bigot.

pietosamente *avv.* **1** (*con misericordia*) pitifully, mercifully **2** (*in modo che muove a pietà*) pitifully, piteously.

pietoso *agg.* **1** (*misericordioso*) pitiful, merciful, compassionate **2** (*che desta compassione*) pitiful, piteous, pitiable: *in uno stato —*, in a pitiful state **3** (*miserevole*) wretched: *avere un aspetto —*, to look wretched; *fare una figura pietosa*, to cut a sorry figure **4** (*fam.*) (*brutto, mal fatto*) awful, dreadful: *il film era —*, the film was awful **5** (*letter.*) (*pio*) pious.

pietra *s.f.* stone: *— angolare*, corner stone (*anche fig.*); *— artificiale, sintetica*, artificial, synthetic stone; (*arch.*) *— bugnata*, ashlar work; *— calcarea*, limestone; *— chilometrica*, milestone; *— confinaria*, boundary stone; *— da affilare*, whetstone; *— da costruzione*, structural stone; (*min.*) *— da gesso*, gypsum; *— da lastrico*, flagstone; *— da mulino*, millstone; *— da taglio*, freestone; *— del focolare*, hearth-stone; (*arch.*) *— di chiave*, keystone; *— di paragone*, touchstone (*anche fig.*); *— filosofale*, philosopher's stone; *— focaia*, flint (*o* firestone); (*chim.*) *— infernale*, silver nitrate; *— lavorata*, dressed stone; *— litografica*, lithographic stone; (*min.*) *— lunare*, moonstone; *— miliare*, milestone (*anche fig.*); (*min.*) *— perla*, perlite; *— per molare*, grindstone; *— pomice*, pumice stone; (*min.*) *— refrattaria*, fire stone; *una — preziosa*, a precious stone; *— dura, semipreziosa*, semiprecious stone; *un anello con tre pietre*, a ring set with three stones; *scagliare pietre contro, a qlcu.*, to throw stones at s.o.; *un mucchio di pietre*, a heap of stones; *pavimento di —*, stone floor; *— tombale, sepolcrale*, tombstone (*o* gravestone); *cava di —*, stone quarry (*o* stone pit); *lastra di —*, flag; *lavorazione della —*, stone dressing; *taglio della —*, stone cutting // *— dello scandalo*, (*chi ha dato scandalo*) (chief) culprit; (*chi è di cattivo esempio*) bad example // *età della —*, Stone Age // (*med.*) *male della —*, gravel stone // *avere un cuore di —*, to have a heart of stone // *essere duro, freddo come una —*, to be as hard, as cold as a stone // *mettere una — su qlco.*, to let bygones be bygones: *cambiò città e mise una — sul suo passato*, he moved to a new town and forgot his past // *non lasciare — su —*, not to leave a stone standing // *posare la prima —*, to lay the foundation stone.

pietraia *s.f.* **1** (*terreno pietroso*) stony ground **2** (*mucchio di pietre*) heap of stones **3** (*cava di pietre*) stone quarry, stone pit.

pietrame *s.m.* heap of stones.

pietrata *s.f.* (*region.*) blow with a stone.

pietrificare *v.tr.* **1** to petrify (*anche geol.*); to turn to stone **2** (*fig.*) (*far restare attonito*) to petrify, to stun, to paralyze.

□ **pietrificarsi** *v.intr.pron.* to become* petrified, to turn to stone; to petrify (*anche geol.*).

pietrificato *agg.* **1** petrified **2** (*fig.*) petrified, stupefied, stunned.

pietrificazione *s.f.* petrification, petrifaction.

pietrina *s.f.* (*per accendini*) flint.

pietrisco *s.m.* crushed stone; metalling.

Pietro *no.pr.m.* Peter: *il successore di S. —*, St. Peter's successor // *"Mi presti la tua penna?" "Sì, ma si chiama —!"*, "Would you lend me your pen?" "Yes, but make sure you give it back".

pietrosità *s.f.* stoniness (*anche fig.*).

pietroso *agg.* (*di pietra*) stone (*attr.*), made of stone, stony (*anche fig.*).

pievania *s.f.* (*eccl.*) **1** (*ufficio di pievano*) rectorate, rectorship **2** (*casa del pievano*) rectory, parish priest's house.

pievano *s.m.* (*eccl.*) parish priest.

pieve *s.f.* (*eccl.*) **1** (*parrocchia*) parish **2** (*chiesa parrocchiale*) parish church.

pieviale → **piviale**.

piezochimica *s.f.* (*chim.*) piezochemistry.

piezoelettricità *s.f.* (*fis.*) piezoelectricity.

piezoelettrico *agg.* (*fis.*) piezoelectric: *effetto —*, piezoelectric effect; *trasduttore —*, piezoelectric transducer.

piezomagnetico *agg.* (*fis.*) piezomagnetic.

piezometria *s.f.* (*fis.*) piezometry.

piezometrico *agg.* (*fis.*) piezometric // (*geol.*) *livello —*, ground water level (*o* water table *o* water level) // (*idraulica*) *pozzo —*, piezometric well.

piezometro *s.m.* (*fis.*) piezometer.

pifferaio *s.m.* fifer, piper.

pifferare *v.intr.* (*non com.*) to fife, to pipe.

piffero *s.m.* **1** fife, pipe **2** (*pifferaio*) fifer, piper: *fare come i pifferi di montagna* (*che andarono per suonare e furono suonati*), to go for wool and come home shorn.

pigiama *s.m.* pyjamas (*pl.*) // *— palazzo*, pyjama suit.

pigiamento *s.m.* (*non com.*) pressing; (*schiacciamento*) crushing.

pigia pigia *s.m.* awful crush: *c'era un — generale ai cancelli dello stadio*, there was an awful crush at the entrance to the ground.

pigiare *v.tr.* **1** to press; (*schiacciare*) to crush: *— un pulsante*, to press a button; *in quell'autobus eravamo pigiati come sardine*, we were packed into that bus like sardines; *— qlco. in una valigia*, to crush (*o* to cram) sthg. into a suitcase; *— l'uva*, to press grapes; (*coi piedi*) to tread grapes **2** (*fig.*) (*insistere*) to be pushy ◆ *v.intr.* to push: *non pigiate, davanti non c'è più posto*, don't push, there is no more room in front; *smettila di —!*, stop pushing!

pigiata *s.f.* pressing; crushing.

pigiatore *s.m.* (*chi pigia l'uva*) wine-presser.

pigiatrice *s.f.* (*macchina per pigiare l'uva*) wine-press.

pigiatura *s.f.* **1** pressing; crushing **2** (*dell'uva*) wine-pressing.

pigidio *s.m.* (*zool.*) pygidium (*pl.* -ia).

pigionante non com. **pigionale** *s.m.* e *f.* tenant, lodger, (*amer.*) roomer.

pigione *s.f.* rent: *devo ancora pagarti la — di due mesi*, I still owe you two months' rent; *sto a — presso la signora Smith*, I lodge with Mrs Smith; *tengo a — due studenti*, I let rooms to two students; *prendere a — una stanza*, to rent a room.

pigliamosche *s.m.* (*bot.*) (*Dionaea muscipula*) flytrap, dionaea.

piglia piglia *s.m.* free for all.

pigliare → **prendere**.

piglio[1] *s.m.* (*non com.*) (*atto del prendere*) holding, catching; (*presa*) hold, catch.

piglio[2] *s.m.* way, manner: *sa sempre affrontare le cose con — risoluto*, he's always able to face up to things in a determined way; *irruppe nella stanza con — minaccioso*, he burst into the room with a menacing air; *le andò incontro con — severo*, he came towards her with a scowl (*o* severe look); *ha una voce dal — brioso*, she has a cheerful tone of voice.

pigmentale *agg.* (*biol.*) pigmentary, pigmental // (*cellula*) —, pigment cell.

pigmentare *v.tr.* **pigmentarsi** *v.intr. pron.* to pigment.

pigmentazione *s.f.* pigmentation.

pigmentifero *agg.* (*biol.*) pigmentary, pigmental.

pigmento *s.m.* pigment.

pigmeo *s.m.* **1** pigmy, pygmy **2** (*estens.*) (*persona piccola*) dwarf*: *al tuo confronto mi sento un —*, compared with you I feel like a dwarf.

pigna *s.f.* **1** (*bot.*) cone, pinecone; (*di abete*) fircone; (*scient.*) strobile **2** (*arch.*) crown, vertex.

pignatta *s.f.* pot, pan.

pignolaggine → **pignoleria**.

pignoleggiare *v.intr.* to be fussy, to be pedantic.

pignoleria *s.f.* fastidiousness, fussiness: *questa è una vera —*, this is being really fastidious (*o* fussy); *la tua — eccessiva rallenta il lavoro*, your excessive fussiness slows down the work.

pignolo *s.m.* **1** (*persona pedante*) fastidious person, fussy person, over-meticulous person, pedantic person; (*fam.*) fusspot: *sei proprio un —!*, what a fastidious person you are! (*o fam.* what a fusspot you are!) **2** (*bot.*) → **pinolo** ◆ *agg.* fussy, over-meticulous, pedantic: *un professore molto —*, an excessively (*o* over-)meticulous teacher.

pignone *s.m.* **1** (*argine*) embankment **2** (*mecc.*) pinion (gear): *— a lanterna*, lantern pinion; *— conico*, bevel pinion // (*aut.*) *— satellite*, (*di differenziale*) planetary pinion.

pignorabilità *s.f.* (*dir.*) distrainability, liability to distraint.

pignoramento *s.m.* (*dir.*) distraint, attachment, seizure, garnishment; (*di beni ipotecati*) foreclosure: *il — dei mobili*, the attachment of furniture; *— dei beni*, distraint of goods; *ordine di —*, foreclosure order.

pignorante *agg.* (*dir.*) distraining, attaching ◆ *s.m.* e *f.* (*dir.*) garnisher; distrainer.

pignorare *v.tr.* (*dir.*) **1** to distrain, to attach, to seize, to garnish; (*beni ipotecati*) to foreclose on (sthg.): *— i beni di qlcu. per mancato pagamento dell'affitto*, to distrain (on) s.o.'s goods for rent; *— una proprietà ipotecata*, to foreclose on a mortgaged property **2** (*non com.*) (*dare in pegno*) to pawn: *— l'orologio*, to pawn one's watch.

pignoratario *s.m.* (*dir.*) distrainee.

pignoratizio *agg.* (*dir.*) secured by pledge: *creditore —*, pledgee (*o* pawnee *o* secured creditor); *debitore —*, pawner (*o* pledger); *credito —*, secured credit.

pigolamento *s.m.* (*di pulcini*) peeping, peep; (*di uccelli*) chirp(ing), cheep(ing), chirruping, twittering.

pigolare *v.intr.* **1** (*di pulcini*) to peep; (*di uccelli*) to chirp, to cheep, to chirrup, to twitter: *i pulcini seguivano la chioccia pigolando*, the chicks went peeping after the hen **2** (*fig.*) (*lamentarsi*) to grizzle, to whimper.

pigolio *s.m.* (*di pulcini*) peeping, peep; (*di uccelli*) chirruping, chirping, twittering: *il — dei pulcini*, the peeping of chicks; *dai nuovi nidi giungeva un — sommesso*, a subdued chirruping came from the new nests.

pigramente *avv.* **1** lazily: *si abbandonò — su una poltrona*, she slumped into an armchair **2** (*lentamente*) sluggishly: *l'acqua scorreva —*, the water was flowing sluggishly.

pi greco *s.m.* (*mat.*) pi.

pigrizia *s.f.* **1** laziness, indolence, sloth **2** (*lentezza*) sluggishness.

pigro *agg.* **1** lazy, indolent, slothful, sluggish: *una persona pigra*, a lazy person; *è — nello studio*, he is a lazy student **2** (*lento*) sluggish: *il — movimento delle acque*, the sluggish movement of the waters // *intestino —*, sluggish bowels **3** (*ottuso*) dull: *intelletto —*, dull mind **4** (*che impigrisce*) torpid: *il — inverno*, the torpid winter ◆ *s.m.* lazy person: *detesto i pigri*, I hate lazy people.

pila[1] *s.f.* **1** battery; (*elettr.*) pile: *le pile del registratore sono scariche*, the batteries of the recorder are flat; *— termoelettrica*, thermopile (*o* thermoelectric pile); *— voltaica, di Volta*, voltaic pile; *elemento di —*, voltaic cell; *— a secco*, dry pile // (*fis. nucleare*) *— atomica*, atomic pile **2** (*insieme di oggetti sovrapposti*) pile; heap: *una — di libri*, a pile of books; *una — di piatti*, a pile of dishes; *una — di legna*, a stack of wood (*o* woodpile) **3** (*pilastro di ponte*) pier.

pila[2] *s.f.* (*acquasantiera*) stoup, holy-water basin.

pilaf *s.m.* (*cuc.*) pilaf(f), pilau, pilaw.

pilare *v.tr.* (*agr.*) to husk: *— il riso*, to husk rice.

pilastrata *s.f.* (*non com.*) (*serie di pilastri*) row of pillars, pilastrade.

pilastro *s.m.* **1** (*arch.*) pillar, post: *falso —*, false pillar **2** (*miner.*) — (*abbandonato*), rib, pillar // (*geol.*) *— tettonico*, horst **3** (*fig.*) pillar, mainstay: *è il — della squadra*, he is the mainstay of the team.

pilateggiare *v.intr.* (*non com.*) (*non assumersi una responsabilità*) to wash one's hands (of sthg.), to shirk responsibility.

pilatismo *s.m.* (*non com.*) (*rifiuto di assumersi responsabilità*) refusal to accept responsibility, declining of responsibility.

pilatura *s.f.* (*agr.*) husking.

pileato *agg.* (*st.*) pileate(d).

pileo *s.m.* **1** (*st.*) pileus* **2** (*zool.*) pileum*, pileus* **3** (*bot.*) pileus*.

pileoriza *s.f.* (*bot.*) pileorhizea.

pileria *s.f.* huskery.

piliere *s.m.* (*arch.*) pilaster.

pilifero *agg.* piliferous: (*anat.*) *bulbo —*, hair bulb; (*zool.*) *manto —*, body hair; (*bot.*) *zona pilifera*, piliferous zone.

pillare *v.tr.* to ram, to tamp.

pillo *s.m.* rammer, tamper.

pillola *s.f.* **1** pill: *— amara*, bitter pill (*anche fig.*); *— per dormire*, sleeping pill // *indorare la —*, to sugar (*o* to coat) the pill // *ingoiare la —*, to swallow the (bitter) pill (*anche fig.*) **2** (*med.*) (*anticoncezionale*) pill: *prendere la —*, to be on the pill; *— del giorno dopo*, morning-after pill **3** (*fig.*) (*piccola dose*) small dose: *prendere la scienza in pillole*, to take knowledge (*o* to study) in small doses.

pillolare *agg.* (*med.*) pillular.

pillottare *v.tr.* (*cuc.*) to baste.

pillotto *s.m.* basting ladle, basting spoon.

pilo *s.m.* (*st.*) pilum*.

pilocarpina *s.f.* (*chim.*) pilocarpine.

pilone *s.m.* **1** pillar **2** (*di ponte*) pier **3** (*di linea elettrica, di funivia*) pylon **4** (*aer.*): *— d'ormeggio*, (*di dirigibili*), mooring mast **5** (*rugby*) prop.

pilorico *agg.* (*anat.*) pyloric.

piloriza → **pileoriza**.

piloro *s.m.* (*anat.*) pylorus*.

pilosella *s.f.* (*bot.*) (*Hieracium pilosella*) mouse-ear hawkweed.

pilota *s.m.* pilot: *— automatico*, automatic pilot (*o* autopilot); *secondo —*, second pilot (*o* copilot); *— di linea*, airline pilot; *— istruttore*, flying instructor; *— collaudatore*, test pilot // (*mar.*): *— del porto*, dock pilot; *— di altura*, sea pilot ◆ *agg.* pilot (*attr.*): *battello —*, pilot boat; *impianto —*, pilot plant; *progetto, programma —*, pilot scheme; *fabbrica —*, pilot factory; *indagine —*, pilot survey // (*zool.*) *pesce —*, (*Naucrates ductor*) pilot-fish (*o* rudder-fish).

pilotabile *agg.* that can be piloted: *un aereo — da terra*, an aeroplane that can be piloted from land.

pilotaggio *s.m.* (*aer., mar.*) pilotage, piloting: *cabina di —*, flight deck (*o* cockpit).

pilotare *v.tr.* **1** (*nave, aereo*) to pilot; (*automezzo*) to drive* **2** (*fig.*) to pilot, to guide: *ha pilotato l'azienda fuori dalla crisi*, he piloted the firm through the crisis // *— un'elezione*, to rig an election.

pilotato *agg.* piloted // (*med.*) *parto —*, induced labour (*o* induction of labour).

pilotina *s.f.* (*mar.*) pilot boat.

pilotto e *deriv.* → **pillotto** e *deriv.*

piluccare *v.tr.* e *intr.* to pick (at), to nibble: *— un grappolo d'uva*, to pick at a bunch of grapes; *— un biscotto*, to nibble a biscuit; *smetti di —*, stop picking (*o* nibbling) at the food.

piluccone *s.m.* (*scherz.*) nibbler.

pimarico *agg.* (*chim.*) pimaric: *acido* —, pimaric acid.

pimento *s.m.* **1** (*bot.*) (*Pimenta officinalis*) allspice, pimento **2** (*cuc.*) pimento, Jamaica pepper, red pepper, allspice.

pimpante *agg.* (*fam.*) **1** (*vistoso*) showy; gaudy: *un abito* —, a showy dress **2** (*vivace*) sprightly, lively: *l'ho vista tutta* —, she was looking very sprightly; *con un'aria* —, with a jaunty air.

pimpinella *s.f.* (*bot.*) — *minore*, (*Poterium sanguisorba*) burnet, pimpinella.

pina → **pigna**.

pinacoidale *agg.* (*cristallografia*) pinacoidal.

pinacoide *agg.* (*cristallografia*) pinacoid.

pinacolo *s.m.* (*chim.*) pinacolo.

pinacone *s.m.* (*chim.*) pinacone.

pinacoteca *s.f.* picture-gallery.

pinastro *s.m.* (*bot.*) (*Pinus pinaster*) cluster -pine, pinaster.

pince *s.f.* (*fr.*) dart.

pinco *s.m.* (*fam.*) (*sciocco*) fool, twit // *Pinco Pallino*, just anybody; (*amer.*) Joe Blow.

pindarico *agg.* Pindaric // *volo* —, (*fig.*) Pindaric flight.

pineale *agg.* (*anat.*) pineal: *glandola*, *corpo* —, pineal gland.

pinella[1] *s.f.* (*bot.*) → **pigna**, **pinolo**.

pinella[2] *s.f.* (*canasta*) deuce.

pinene *s.m.* (*chim.*) pinene.

pineta *s.f.* **pineto** *s.m.* pinewood, pine forest, pine grove, pinetum*, pine plantation.

pingere → **dipingere**.

ping-pong *s.m.* (*sport*) table tennis, ping -pong.

pingue *agg.* (*letter.*) **1** fat, corpulent: *diventare* —, to put on fat **2** (*fertile*) fertile, rich: *pingui pascoli*, rich pastures **3** (*grosso*) large, big, rich: *una — eredità*, a rich heritage; *un — guadagno*, a large profit.

pinguedine *s.f.* fatness, corpulence, obesity.

pinguicola *s.f.* (*bot.*) (*Pinguicula vulgaris*) butterwort.

pinguino *s.m.* (*zool.*) penguin: — *reale*, (*Aptenodytes patagonica*) king penguin.

pinite *s.f.* (*min.*) pinite.

pinna *s.f.* **1** (*di pesce*) fin, pinna*, paddle; (*di mammiferi acquatici*) flipper: — *caudale*, tail (fin), (*di balena*) fan // *dotato*, *fornito di pinne*, finned (*o* finny *o* pinnate *o* pinnated) **2** (*zool.*) (*mollusco*) pinna* **3** (*anat.*) — *nasale*, pinna* **4** *pl.* (*per il nuoto*) flippers **5** (*aer.*, *aut.*, *mar.*) fin.

pinnacolo[1] *s.m.* (*arch.*, *geogr.*) pinnacle.

pinnacolo[2] *s.m.* (*gioco di carte*) pinocle, pinochle.

pinnato *agg.* (*zool.*) pinnate // (*sport*) *nuoto* —, swimming with flippers.

pinneggiare *v.intr.* (*non com.*) (*nuotare con le pinne*) to swim* with flippers.

pinniforme *agg.* (*zool.*) fin-shaped, finny.

pinnipede *agg.* e *s.m.* (*zool.*) pinniped.

pinnula *s.f.* (*zool.*) pinnule.

pino *s.m.* **1** (*bot.*) pine, pinetree: — *nano*, scrub pine; *legno di* —, pine wood; *ago di* —, pine needle; *coperto di pini*, pine-clad // — *a ombrello*, parasol (*o* umbrella) pine // — *domestico*, (*Pinus pinea*) stone-pine // — *marittimo*, (*Pinus pinaster*) cluster-pine (*o* pinaster) // — *rosso americano*, (*Pinus taeda*) pitchpine // — *silvestre*, (*Pinus sylvestris*) Scotch pine (*o* Scotch fir) // — *delle Alpi*, *montano*, (*Pinus mugo*) mountain pine **2** (*geol.*) — *vulcanico*, pino.

pinolo *s.m.* (*bot.*) pine-kernel, pine-seed.

pinoso *agg.* (*letter.*) pine-clad, pine-covered.

pinta *s.f.* pint (*misura di capacità = 0,568 l in Gran Bretagna, = 0,473 l negli Stati Uniti*).

pinza *s.f.* **1** (*spec. pl.*) pliers (*pl.*): *pinze a becchi piatti*, flat nose pliers; — *a becchi tondi*, roundnose pliers; *pinze convergenti*, closing pliers; *pinze da meccanico*, mechanic's pliers **2** (*da minatore*) cap crimper; (*da tornio*) collet; (*di freno a disco*) caliper; (*per saldatura*) gun; (*di macchina da stampa*) gripper **3** (*med.*) forceps*: — *da denti*, (dental) forceps; — *da dissezione*, dissecting forceps; — *tiralingua*, tongue forceps // — *depilatoria*, cilia forceps (*o* depilatory forceps) **4** (*zool.*) (*chela*) nipper; pincer.

pinzare *v.tr.* **1** (*region.*) (*pungere di insetto*) to sting* **2** (*non com.*) (*afferrare con le pinze*) to seize with pliers, to seize with tweezers **3** (*unire con punti metallici*) to staple (together): — *due fogli*, to staple two sheets together.

pinzata *s.f.* **1** (*region.*) (*puntura di insetto*) sting **2** (*con punti metallici*) stapling: *dare una — ai fogli*, to staple some sheets of paper.

pinzatrice *s.f.* stapler.

pinzatura *s.f.* **1** (*puntura di insetto*) sting **2** (*con punti metallici*) stapling.

pinzetta *s.f.* tweezers (*pl.*): — *per le sopracciglia*, eyebrow tweezers.

pinzillacchera *s.f.* (*scherz.*) (*cosa da nulla*) trifle, bagatelle.

pinzimonio *s.m.* (*cuc.*) 'pinzimonio' (sauce of oil, vinegar, salt and pepper in which raw vegetables are dipped).

pinzochera *s.f.* **pinzochero** *s.m.* (*non com.*) (*bigotto*) bigot; devotee.

pio[1] *agg.* **1** pious, devout, godly, religious: *un uomo* —, a pious (*o* religious) man; *vita pia*, pious (*o* godly) life // *luoghi pii*, holy places **2** (*misericordioso*) compassionate, merciful, sympathetic, tender hearted: *un'anima pia*, a compassionate soul **3** (*benefico*) charitable: *un — istituto*, a charitable institution; *opera pia*, charitable organization, (*buona azione*) good action **4** (*anat.*) *pia madre*, pia mater **5** *un — desiderio*, (*scherz.*) a forlorn hope.

pio[2] → **pio pio**.

piocele *s.m.* (*med.*) pyocele.

piodermite *s.f.* (*med.*) pyoderma, pyodermatitis.

piogeno *agg.* (*med.*) pyogenic ◆ *s.m.* (*med.*) pyogen.

pioggerella *s.f.* drizzle.

pioggia *s.f.* **1** rain: *le piogge di primavera*, spring rains; *una — a dirotto*, a downpour; — *fine*, drizzle; — *scrosciante*, driving (*o* pelting) rain; *goccia di* —, raindrop; *scroscio di* —, shower (of rain); *stagione delle piogge*, rainy season; *mago della* —, rainmaker; — *acida*, acid rain; *piogge equatoriali*, equinoctial rains; *stimolazione artificiale della* —, rainmaking (*o* seeding of clouds); *la — ha danneggiato i miei fiori*, the rain has spoilt my flowers; *questo vento porterà la* —, this wind will bring rain; *essere inzuppato di* —, to be drenched with rain; *essere sorpreso dalla* —, to be caught in the rain; *uscire*, *passeggiare sotto la* —, to go out, to walk in the rain // *far la — e il bel tempo*, (*fam.*) to lay down the law **2** (*estens.*, *fig.*) shower: *una — di fuoco*, *di scintille*, a shower of fire, of sparks; *una — di fiori sul palcoscenico*, a shower of flowers onto the stage; *una — di auguri*, *di insulti*, a shower of good wishes, of insults // (*econ.*) *aumenti*, *finanziamenti a* —, indiscriminate (*o* irregular) increases, financing.

piolo *s.m.* peg, pin; (*di scala*) rung: *il — dell'attaccapanni*, the peg of the coat rack // *scala a pioli*, ladder // *star dritto come un* —, to stand as straight as a ramrod // *ingranaggio a pioli*, pin gear.

piombaggine *s.f.* **1** (*min.*) plumbago **2** (*bot.*) (*Plumbago europaea*) plumbago.

piombare[1] *v.intr.* **1** to hurtle, to plunge: *il lampadario piombò a terra e si ruppe*, the chandelier hurtled (*o* crashed) to the floor and broke // — *nella miseria*, *nella disperazione*, to be plunged into poverty, into despair **2** (*buttarsi all'improvviso*) to swoop (upon s.o., sthg.), to spring* (upon s.o., sthg.), to pounce (upon s.o., sthg.): *l'aquila piombò sulla preda*, the eagle pounced (*o* swooped) upon the prey; *piombarono sul nemico*, they swooped (*o* fell) upon the enemy; *mi piombò addosso con un mucchio di domande*, he swooped down on me with a volley of questions; *le navi nemiche piombarono su di noi*, the enemy ships bore down upon us **3** (*giungere all'improvviso*) to rush, to charge: *piombò nella mia camera*, he charged (*o* burst *o* rushed) into my room; *mi piombarono in casa tre ospiti per colazione*; three guests showed up for lunch ◆ *v.tr.* (*far cadere*) to plunge: *la disgrazia l'ha piombato nella miseria*, the accident plunged him into poverty.

piombare[2] *v.tr.* **1** to plumb, to seal with lead seal: — *un pacco*, to seal a parcel with a lead seal **2** (*rivestire di piombo*) to cover with lead, to sheathe with lead; (*un dente*) to fill **3** (*controllare con filo a piombo*) to plumb.

piombato *agg.* **1** (*ricoperto di piombo*) leaded, lead-covered, covered with lead: *mazza piombata*, lead-covered mace **2** (*sigillato con piombino*) sealed with lead: *baule* —, trunk sealed with a lead seal (*o* trunk with a lead seal).

piombatura *s.f.* **1** (lead) sealing, leading: *la — di un pacco*, *di una lettera*, the lead sealing of a parcel, of a letter **2** (*di dente*) stopping, filling.

piombico *agg.* (*chim.*) plumbic.

piombifero *agg.* plumbiferous.

piombinare *v.tr.* **1** (*mar.*) to sound **2** (*stasare col piombino*) to unstop with a plumb.

piombino *s.m.* **1** (*edil.*) plumb, plumb-bob, plummet **2** (*sigillo di piombo*) lead seal **3** (*per reti da pesca*) sinker, plummet, plumb, lead **4** (*strumento*) plummet: — *ottico*, optical plummet.

piombo *s.m.* **1** (*chim.*) lead: — *tetraetile*, lead tetraethyl; *acetato di* —, lead acetate; *arseniato di* —, lead arsenate; (*metall.*) *bronzo al* —, leaded bronze; — *antimoniale*, hard lead; (*mar.*) — *per scandaglio*, sounding lead; *questo pacco sembra* —, *pesa come il* —, this parcel is as heavy as lead // *a*, *in* —, perpendicularly:

filo a —, plumb line; *il sole era a — sulle nostre teste*, the sun was beating straight down on our heads; *non essere a* —, to be out of plumb // *un cielo di* —, a leaden sky // *cadere in un sonno di* —, to fall into a heavy sleep // *cadere di* —, (*fig.*) to fall flat **2** (*sigillo*) (leaden) seal; (*delle reti*) lead, weight: *chiudere un vagone col* —, to seal a rail wagon **3** (*letter.*) (*palle di fucile*) lead, bullets (*pl.*); (*pallini da caccia*) shot: *cadere sotto il — del nemico*, to fall under the enemy fire; *lo riempirono di* —, they filled him full of lead // *anni di* —, the years of terrorism **4** *pl.* (*laminette di vetrate*) (window-)leads.

pione *s.m.* (*fis.*) pion.

pionefrosi *s.f.* (*med.*) pyonephrosis.

pioniere *s.m.* pioneer (*anche fig.*): *un — della scienza*, a pioneer of science.

pionierismo *s.m.* pioneering.

pionieristico *agg.* pioneering: *uno spirito, un tentativo* —, a pioneering spirit, attempt.

pio pio *inter.* e *s.m.* cheep-cheep.

pioppaia *s.f.* **pioppeto** *s.m.* poplar grove.

pioppicoltore *s.m.* poplar grower.

pioppicoltura *s.f.* poplar growing.

pioppo *s.m.* (*bot.*) poplar (tree): — *bianco*, (*Populus alba*) white (*o* silver) poplar (*o* abele); — *nero americano*, (*Populus deltoides*) cotton-wood; — *tremolo*, *alpino*, (*Populus tremula*) aspen (*o* trembling poplar) // *dormire come un* —, (*fam.*) to sleep like a log.

piorrea *s.f.* (*med.*) pyorrh(o)ea.

piorroico *agg.* (*med.*) pyorrh(o)eal, pyorrh(o)eic.

piota *s.f.* **1** (*letter.*) (*pianta del piede*) sole (of the foot) **2** (*zolla di terra*) sod, (piece of) turf.

piotare *v.tr.* to sod, to turf, to sward.

piovanello *s.m.* (*zool.*) sandpiper // — *maggiore*, (*Calidris canutus*) knot-grass (*o* redbreast); — *pancianera*, (*Erolia alpina*) dunlin (*o* stint *o* ox-bird); — *tridattilo*, (*Calidris alba*) sanderling.

piovano[1] e *deriv.* → **pievano** e *deriv.*

piovano[2] *agg.* rain (*attr.*): *acqua piovana*, rainwater.

piovasco *s.m.* (*scroscio di pioggia*) squall.

piovere *v.intr.* **1** *impers.* to rain: *piove in casa*, the rain comes in; *ha smesso di* —, it has stopped raining; *oggi vuol* —, it looks like rain today; *piove forte*, it is raining hard; *sta per* —, it is going to rain; — *a catinelle*, *a dirotto*, to pour down (*o* to come down in buckets) // *tanto tuonò che piovve*, (*fig.*) things came to a head // *non ci piove*, (*fig.*) it's dead sure // *piove sul bagnato*, (*fig.*) it never rains but it pours **2** (*cadere a mo' di pioggia*) to rain, to pour (in): *gli piovvero inviti da ogni parte*, invitations poured in on him from all sides; *la luce pioveva nella stanza dalla finestra*, the light poured into the room through the window; *piovevano fiori, sassi, pallottole*, it rained flowers, stones, bullets; *piovevano lettere, telegrammi, benedizioni da tutte le parti*, letters, telegrams, blessings poured in from all sides; *mi è piovuto in ufficio il direttore*, the manager suddenly turned up in my office; *mi è piovuto in casa un ospite*, a guest has dropped in unexpectedly at my house // — *dal cielo*, (*fig.*) to appear out of the blue: *mi è piovuto dal cielo un aumento*, a wage rise appeared out of the blue // *mi sono piovuti addosso molti guai*, all sorts of problems suddenly poured in on top of me ◆ *v.tr.* (*far cadere*) (*letter.*) to rain, to pour, to shower.

piovigginare *v.intr.impers.* to drizzle, to mist.

piovigginoso *agg.* drizzly, rainy: *una giornata piovigginosa*, a drizzly day.

piovosità *s.f.* (*meteor.*) rainfall: — *annuale*, annual rainfall.

piovoso *agg.* rainy, wet: *giorno*, *tempo*, *paese* —, rainy day, weather, country; *vento* —, rainy wind ◆ *s.m.* (*st. francese*) Pluviôse.

piovra *s.f.* **1** (*zool.*) octopus*, giant squid **2** (*fig.*) parasite; bloodsucker, leech **3** (*fam.*) (*mafia*) mafia.

pipa[1] *s.f.* **1** pipe: — *di gesso*, clay pipe; — *di radica*, briar pipe; *la cannuccia della* —, the stem of the pipe; *accendere la* —, to light one's pipe; *caricare la* —, to fill one's pipe; *fumare la* —, to smoke a pipe **2** (*quantità di tabacco contenuta in una pipa*) pipe(ful) **3** (*mecc.*) lug **4** (*scherz.*) (*naso*) pecker, beak **5** (*ling.*) (*segno diacritico*) hook **6** (*volg.*) (*masturbazione maschile*) wanking, jerking off **7** (*persona incapace*) wanker, jerk, dope; (*cosa inutile*) crap, shit.

pipa[2] *s.f.* (*zool.*) (*Pipa americana*) Surinam toad, pipa.

pipare *v.intr.* (*non com.*) to smoke a pipe.

pipata *s.f.* **1** (*quantità di tabacco contenuta in una pipa*) pipe(ful) **2** (*boccata*) draw (on a pipe), puff (on a pipe), pull (on a pipe): *dare una* —, to draw on a pipe // *una buona — dopo cena*, a good smoke after dinner.

pipatore *s.m.* (*scherz.*) pipe-smoker.

piperazina *s.f.* (*chim.*) piperazine.

piperico *agg.* (*chim.*) piperic: *acido* —, piperic acid.

piperidina *s.f.* (*chim.*) piperidine.

piperina *s.f.* (*chim.*) piperine.

piperino → **peperino**[2].

piperita *agg.f.* *menta* —, (*Mentha piperita*) peppermint.

piperno *s.m.* (*geol.*) 'piperno' (kind of lava used for paving).

piperonalio *s.m.* (*chim.*) piperonal.

pipetta *s.f.* (*chim.*) pipet(te): — *contagocce*, stactometer.

pipì *s.f.* (*fam.*) pee, wee, wee-wee, piddle: *fare* —, to pee (*o* to wee *o* to piddle); *mi scappa la* —, I have to do a wee.

pipistrello *s.m.* **1** (*zool.*) bat **2** (*sorta di pastrano*) cloak, cape.

pipita *s.f.* **1** (*di dito*) agnail, hang nail **2** (*vet.*) pip.

pipra *s.f.* (*zool.*) manakin.

piqué *s.m.* (*fr.*) piqué.

pira *s.f.* (*letter.*) pyre, funeral pile.

piracanta *s.f.* (*bot.*) pyracantha.

piralide *s.f.* (*zool.*) (*Pyralis farinalis*) meal-moth, pyralid(id).

piramidale *agg.* **1** pyramidal, pyramidic: (*mat.*) *superficie* —, pyramidal surface // (*anat.*): *cellule piramidali*, pyramidal cells; *osso* —, pyramidal bone **2** (*non com.*) (*enorme*) huge, enormous: *errore* —, huge mistake (*o* blunder) **3** (*fig.*) pyramidal, pyramid-like: (*econ.*) *organizzazione* —, pyramidal organization.

piramide *s.f.* (*arch.*, *mat.*) pyramid: *le piramidi d'Egitto*, the pyramids of Egypt; — *retta*, *regolare*, right, regular pyramid; — *tronca*, truncated pyramid; *a* (*forma di*) —, pyramidically (*avv.*), pyramid-shaped (*o* pyramid-like) (*agg.*): *albero a* —, pyramid (tree) // (*econ.*) *struttura a* —, vertical structure // (*stat.*) — *delle età*, population pyramid // *una — umana*, a human pyramid // (*anat.*) *le piramidi del Malpighi*, Malpighian pyramids.

piramidone *s.m.* (*chim.*) Pyramidon®.

pirandelliano *agg.* Pirandellian, of Pirandello: *il teatro* —, Pirandellian drama // *una situazione pirandelliana*, (*fig.*) a Pirandello-like situation.

pirandellismo *s.m.* Pirandellian drama.

pirandino *s.m.* (*min.*) rhodolite.

piranha *s.m.* (*zool.*) (*Serrasalmus piraya*) piranha.

pirano *s.m.* (*chim.*) pyran.

pirargirite *s.f.* (*min.*) pyrargyrite.

pirata *s.m.* **1** pirate: *fare il* —, to be a pirate (*o* to pirate) // — *della strada*, road hog (*o* hit-and-run driver) // — *dell'aria*, skyjacker (*o* hijacker) **2** (*affarista disonesto*) pirate, swindler, cheat ◆ *agg.* pirate (*attr.*): *bastimento*, *nave* —, pirate (ship) // *trasmissione* —, pirate broadcast; *radio* —, pirate radio (*o* station); *edizione* —, pirate edition; *video cassette* —, pirated video-tapes.

pirateggiare *v.intr.* **1** to be a pirate, to commit piracy **2** (*fig.*) (*rubare*) to steal*, to pirate, to cheat.

pirateria *s.f.* (*ladrocinio*) piracy, theft, robbery; (*imbroglio*) swindle, trick: *è una — vendere a questi prezzi*, selling at these prices is robbery // — *aerea*, skyjacking (*o* hijacking).

piratesco *agg.* piratical.

piratico *agg.* (*letter.*) piratical.

pirazolo *s.m.* (*chim.*) pyrazole.

pirazolone *s.m.* (*chim.*) pyrazolone.

pireliometro *s.m.* pyrheliometer.

pirenaico *agg.* Pyrenean: *catena pirenaica*, Pyrenean chain.

pirene *s.m.* (*chim.*) pyrene.

piressia *s.f.* (*med.*) pyrexia.

piretico *agg.* (*med.*) pyretic.

piretrina *s.f.* (*chim.*) pyrethrin.

piretro *s.m.* (*bot.*) (*Chrysanthemum cinerariae-folium*) pyrethrum: *polvere di* —, pyrethrum powder.

pirico *agg.* pyric, fire-producing: *polvere pirica*, gunpowder // *spettacolo* —, firework display.

piridina *s.f.* (*chim.*) pyridine.

piridossina, **piridoxina** *s.f.* (*chim.*) pyridoxine.

piriforme *agg.* pyriform.

pirilio *s.m.* (*chim.*) pyrylium.

pirimidina *s.f.* (*biochim.*) pyrimidine.

pirite *s.f.* (*min.*) pyrite(s): — *arsenicale*, arsenopyrite (*o* mispickel); — *di ferro*, iron pyrites; — *di rame*, copper pyrites; — *magnetica*, magnetic pyrites.

piritico *agg.* pyritic.

pirla *s.m.* (*region.*) **1** (*volg.*) (*pene*) prick **2** (*fam.*) (*sciocco*) berk, prat: *fare una figura da* —, to make a berk of oneself.

pirocatechina *s.f.* (*chim.*) pyrocatechin, catechol.

pirocatecolo *s.m.* (*chim.*) catechol, pyrocatechol.

piroclastico *agg.* (*geol.*) pyroclastic: *materiali piroclastici*, ejecta.

piroconducibilità *s.f.* (*fis.*) pyroconductivity.

pirocorvetta *s.f.* (*mar.*) steam corvette.

piroelettricità *s.f.* (*fis.*) pyroelectricity.

piroelettrico *agg.* (*fis.*) pyroelectric.

piroeliometro → **pireliometro**.

piroetta *s.f.* **1** pirouette **2** (*estens.*) somersault; cartwheel: *i ragazzi facevano salti e piroette sull'erba*, the children were turning somersaults on the grass **3** (*fig.*) (*voltafaccia*) change of heart; about-turn, about-face.

piroettare *v.intr.* to pirouette (*anche estens.*).

pirofanite *s.f.* (*min.*) pyrophanite.

pirofila *s.f.* pyrex® dish; oven-proof dish.

pirofillite *s.f.* (*min.*) pyrophyllite.

pirofilo *agg.* fire-resistive, fire-resisting.

pirofobia *s.f.* (*psic.*) pyrophobia.

piroforico *agg.* (*chim.*) pyrophoric: *lega piroforica*, pyrophoric alloy.

pirofosfato *s.m.* (*chim.*) pyrophosphate.

pirofosforico *agg.* (*chim.*) pyrophosphoric: *acido* —, pyrophosphoric acid.

piroga *s.f.* pirogue, piragua.

pirogallico *agg.* (*chim.*) pyrogallic: *acido* —, pyrogallic acid.

pirogallolo *s.m.* (*chim.*) pyrogallol.

pirogenazione *s.f.* (*chim.*) pyrogenation.

pirogeno[1] *agg.* (*chim.*) pyrogenic, pyrogenous.

pirogeno[2] *agg.* (*med.*) pyrogenic ◆ *s.m.* (*med.*) pyrogen.

pirografare *v.tr.* to pyrograph.

pirografia *s.f.* **1** (*procedimento*) pyrography, pyrogravure **2** (*risultato*) pyrograph.

pirografico *agg.* pyrographic.

pirografista *s.m.* e *f.* pyrographer.

pirografo *s.m.* hot instrument.

piroincisione → **pirografia**.

pirolegnoso *agg.* (*chim.*) pyroligneous: *acido* —, pyroligneous acid.

piroletta *s.f.* **1** → piroetta **2** (*bot.*) — *soldanina*, (*Pyrola minor*) wood lily.

pirolisi *s.f.* (*chim.*) pyrolysis.

pirolitico *agg.* (*chim.*) pyrolytic.

pirolizzare *v.tr.* (*chim.*) to pyrolyze.

pirolizzatore *s.m.* (*chim.*) pyrolyzer.

pirolusite *s.f.* (*min.*) pyrolusite.

piromagnetico *agg.* (*fis.*) pyromagnetic, thermomagnetic.

piromagnetismo *s.m.* (*fis.*) pyromagnetism, thermomagnetism.

piromane *s.m.* e *f.* (*psic.*) pyromaniac.

piromania *s.f.* (*psic.*) pyromania.

piromanzia *s.f.* pyromancy.

pirometallurgia *s.f.* pyrometallurgy.

pirometallurgico *agg.* pyrometallurgical.

pirometria *s.f.* (*fis.*) pyrometry.

pirometrico *agg.* (*fis.*) pyrometric.

pirometrista *s.m.* pyrometrist.

pirometro *s.m.* pyrometer: — *a radiazione*, radiation pyrometer; — *a resistenza*, resistance pyrometer; — *elettrico*, electric pyrometer; — *ottico*, optical pyrometer; — *termoelettrico*, thermoelectric pyrometer.

piromorfite *s.f.* (*min.*) pyromorphite.

piromucico *agg.* (*chim.*) pyromucic: *acido* —, pyromuccic acid.

pirone[1] *s.m.* (*mus.*) peg.

pirone[2] *s.m.* (*chim.*) pyrone.

pironina *s.f.* (*chim.*) pyronine.

piro-piro *s.m.* (*zool.*) sandpiper.

piroplasma *s.m.* (*zool.*) piroplasma, babesia.

piroplasmosi *s.f.* (*vet.*) babesiasis*, babesiosis*.

piropo *s.m.* (*min.*) pyrope.

piroscafo *s.m.* steamer, steamboat; steamship: — *da carico*, freighter (*o* cargo ship *o* cargo boat); — *con ruote a pale*, paddle steamer.

piroscindere *v.tr.* (*chim.*) to crack.

piroscissione *s.f.* (*chim.*) cracking: *sottoporre a* —, to crack.

pirosfera *s.f.* (*geol.*) pyrosphere.

pirosi *s.f.* (*med.*) pyrosis; (*fam.*) heartburn.

pirosolfato *s.m.* (*chim.*) pyrosulphate.

pirosolfito *s.m.* (*chim.*) pyrosulphite.

pirosolforico *agg.* (*chim.*) pyrosulphuric: *acido* —, pyrosulphuric acid.

pirossenite *s.f.* (*geol.*) pyroxenite.

pirosseno *s.m.* (*min.*) pyroxene.

pirossenoide *s.m.* (*min.*) pyroxenoid.

pirossilina *s.f.* (*chim.*) pyroxyline.

pirotecnica, **pirotecnia** *s.f.* pyrotechnics [U], pyrotechny.

pirotecnico *agg.* **1** pyrotechnic(al); firework (*attr.*): *spettacolo* —, firework (*o* pyrotechnic) display (*o* fireworks) **2** (*fig.*) brilliant, spectacular: *lo spettacolo terminò con un finale* —, the show ended with a brilliant finale ◆ *s.m.* pyrotechnist, maker of fireworks.

pirrolico *agg.* (*chim.*) pyrrolic.

pirrolidone *s.m.* (*chim.*) pyrrolidone.

pirrolo *s.m.* (*chim.*) pyrrole.

pirronismo *s.m.* (*fil.*) Pyrrhonism.

pirronista *s.m.* e *f.* **1** (*fil.*) Pyrrhonist **2** (*estens.*) (*scettico*) Pyrrhonist, sceptic.

pirronistico *agg.* (*fil.*) Pyrrhonist (*attr.*).

pirrotina *s.f.* (*min.*) pyrrhotine.

pirrotite *s.f.* (*min.*) pyrrhotite.

piruvato *s.m.* (*chim.*) pyruvate.

piruvico *agg.* (*chim.*) pyruvic: *acido* —, pyruvic acid.

pisanite *s.f.* (*min.*) pisanite.

pisano *agg.* Pisan, of Pisa, from Pisa ◆ *s.m.* inhabitant of Pisa, native of Pisa.

piscatorio *agg.* (*letter.*) piscatory // (*eccl.*) *anello* —, piscatory ring.

piscia *s.f.* (*volg.*) piss; (*di animali*) stale.

pisciare *v.intr.* (*volg.*) to piss; (*di animali*) to stale: *pisciarsi sotto dalla paura*, (*fig.*) to piss oneself with fear; *pisciarsi addosso dal gran ridere*, (*fig.*) to piss oneself laughing ◆ *v.tr.* to piss: — *sangue*, (*fig.*) to sweat blood.

pisciarella *s.f.* (*fam.*) need to urinate frequently.

pisciasangue → **piroplasmosi**.

pisciata *s.f.* (*volg.*) piss.

pisciatoio *s.m.* (*fam.*) (public) urinal.

piscicoltore *s.m.* pisciculturist.

piscicoltura *s.f.* pisciculture, fish-breeding.

pisciforme *agg.* (*non com.*) pisciform.

piscina *s.f.* **1** swimming pool; (*nei bagni romani*) piscina*: — *coperta*, *scoperta*, *olimpionica*, indoor, outdoor, Olympic swimming pool **2** (*peschiera*) fishpond.

piscio *s.m.* (*fam. volg.*) piss, urine.

piscione *s.m.* **1** (*volg.*) Mr Piss, pisser **2** (*scherz.*) (*di bimbo*) wet pants (*pl.*).

piscivoro *agg.* piscivorous.

pisello *s.m.* **1** (*bot.*) (*Pisum sativum*) pea: *piselli freschi*, green peas; *fiore di* —, pea blossom; *guscio di* —, pea pod (*o* husk); *minestra*, *passato di piselli*, pea soup // (*bot.*) — *odoroso*, (*Lathyrus odoratus*) sweet pea // *verde* —, pea-green **2** (*fam.*) (*pene*) willy.

pisiforme *s.m.* (*anat.*): *osso* —, pisiform bone.

pisolare *v.intr.* (*fam.*) to (take* a) nap, to snooze, to doze.

pisolite *s.f.* (*geol.*) pisolith.

pisolitico *agg.* (*geol.*) pisolitic: *roccia pisolitica*, *calcare* —, pisolite.

pisolo *s.m.* nap, snooze, doze; (*fam.*) forty winks (*pl.*): *fare un pisolino*, to take a nap.

pispigliare e *deriv.* → **bisbigliare** e *deriv.*

pispola *s.f.* **1** (*zool.*) (*Anthus pratensis*) meadow pipit **2** (*verso dell'uccellatore*) birdcall.

pispolare *v.intr.* to make* a birdcall.

pispolone → **prispolone**.

pisside *s.f.* **1** (*eccl.*) pyx, ciborium (*pl.* -ia) **2** (*bot.*) pyxis*.

pissi pissi *s.m.* whisper: *si sentiva un continuo* —, a continual whispering was heard.

pista *s.f.* **1** (*orma*) footprint, footstep; (*traccia*) track; (*di animale*) trail, track, scent, fuse; spoor: *il cane seguiva la — della lepre*, the dog was following the scent of the hare; *essere sulle piste di qlcu.*, to be on s.o.'s track; *non perdere le piste di qlcu.*, to keep track of s.o.; *seguire la — di qlcu.*, to follow s.o.'s track; *la polizia sta battendo una nuova* —, the police are following a new track; *seguire una falsa* —, to follow a false track **2** (*percorso battuto*) track: *una — nel deserto*, *nella giungla*, a track in the desert, in the jungle **3** (*sport*) track, racetrack, running track, racecourse: — *per corse di automobili*, motor racing track; — *ciclabile*, cycle -lane; *giro di* —, round; *una — di collaudo*, a test track; *uscire di* —, to go off the track // — *da sci*, ski run // — *di pattinaggio*, skating rink // — *!*, (*per avere libera la strada*) make way! (*o* gangway!) // — *da ballo*, dance floor; *tutti in —, si balla!*, everyone on the floor please, let's dance! // — *del circo*, circus ring **4** (*aer.*) runway, strip, airstrip: — *di atterraggio*, landing strip; — *di decollo*, runway; — *di rullaggio*, taxiway **5** (*mecc.*) race, track: — *esterna*, (*di cuscinetto a sfere*) outer race (*o* cup) **6** (*inform.*) track; tape channel: — *di nastro*, tape track; — *di nastro magnetico*, channel; — *di sincronizzazione*, clock track; — *di scorrimento scheda*, card bed; — *di trascinamento scheda*, card track; — *di lettura*, reading track **7** (*cinem.*) — *sonora*, sound track.

pistacchio *s.m.* (*bot.*) (*Pistacia vera*) pistachio*: // *un gelato al* —, pistachio ice cream; *verde* —, pistachio (-green).

pistard *s.m.* (*sport*) (*ciclismo*) track cyclist.

pistatrice *s.f.* (*cinem.*) sound recorder.

pistillifero *agg.* (*bot.*) pistilliferous, pistillate.

pistillo *s.m.* (*bot.*) pistil.

pistola *s.f.* **1** (*arma da fuoco*) pistol, handgun: *estrasse la — e sparò*, he took out his pistol and fired; *puntare una — alla tempia di qlcu.*, to hold a pistol to s.o.'s temples; *a tiro di —*, within pistol shot; *colpo di —*, pistol shot; *— a tamburo*, revolver; *— automatica*, automatic pistol; *— mitragliatrice*, light submachine gun **2** (*tecn.*) gun: *— per lavaggio*, washing gun; *— a spruzzo*, spray gun; *— per ingrassaggio*, grease gun // *impugnatura a —*, pistol grip ◆ *s.m.* (*region.*) (*imbecille*) jerk, berk.

pistolero *s.m.* gunman*, (*fam.*) gunslinger.

pistolettata *s.f.* pistol shot.

pistolino *s.m.* (*fam.*) (*pene*) willy.

pistolotto *s.m.* **1** (*discorso enfatico*) emphatic speech; rhetoric **2** (*teatr.*) (*chiusa declamatoria di discorso*) peroration // *— finale*, final peroration.

pistone *s.m.* (*mecc.*) **1** (*di motore alternativo, di pompa alternativa*) piston: *— a testa convessa*, domed piston; *— cavo*, trunk piston; *corsa del —*, piston stroke; *motore a pistoni*, piston engine; *testa del —*, piston head **2** (*di macchina idraulica*) ram: *— idraulico*, hydraulic ram // (*min.*) *— valvolato*, swab **3** (*di pompa idraulica*) plunger **4** (*di strumenti a fiato*) piston.

Pitagora *no.pr.m.* (*st. fil.*) Pythagoras // (*mat.*) *teorema di —*, Pythagorean theorem.

pitagoricismo → **pitagorismo**.

pitagorico *agg.* e *s.m.* Pythagorean: *dottrina, filosofia pitagorica*, Pythagorean doctrine, philosophy // (*mat.*): *numero —*, Pythagorean number; *tavola pitagorica*, multiplication table.

pitagorismo *s.m.* (*fil.*) Pythagorism, Pythagoreanism.

pitale *s.m.* (*fam.*) (chamber) pot.

pitch-pine *s.m.* **1** (*bot.*) (*Pinus taeda*) pitchpine **2** (*legno*) pitchpine.

pitecantropo *s.m.* (*paleont.*) pithecanthropus*.

pitico *agg.* Pythian: *Apollo Pitico*, Apollo Pythius // *giochi pitici*, Pythian games.

pitiriasi *s.f.* (*med.*) pityriasis*.

pitoccare *v.intr.* **1** (*mendicare*) to plead poverty **2** (*fig.*) (*chiedere insistentemente*) to ask insistently, to solicit.

pitoccheria *s.f.* **1** shabby action, mean trick **2** (*spilorceria*) stinginess, meanness.

pitocco *s.m.* **1** (*antiq.*) (*mendicante*) beggar, bum **2** (*spilorcio*) stingy person, mean person, skinflint, miser.

pitometro *s.m.* (*fis.*) pitometer.

pitone *s.m.* **1** (*zool.*) python // *— tappeto*, (*Phython spilotes*) carpet-snake // *una borsa di —*, a snakeskin bag **2** (*mecc.*) (*spina conica*) taper pin.

pitonessa *s.f.* **1** (*st. greca*) pythoness **2** (*fig.*) (*chiromante*) soothsayer, fortune-teller.

pitonico *agg.* (*letter.*) **1** (*della pizia*) pythonic **2** (*profetico*) prophetic.

pitosforo → **pittosporo**.

pittare *v.tr.* (*region.*) to paint.

pittima[1] *s.f.* (*zool.*) godwit.

pittima[2] *s.f.* (*persona noiosa*) bore: *non fare la —!*, don't be such a pain in the neck!

pittografia *s.f.* picture-writing, pictography.

pittografico *agg.* pictographic.

pittogramma *s.m.* pictogram.

pittore *s.m.* **1** painter: *— di paesaggi*, landscape painter, landscapist; *— di ritratti*, portrait painter (*o* portraitist) **2** (*fig.*) (*di scrittore*) portrayer: *fu un fedele — dei costumi della sua epoca*, he was a faithful portrayer of (*o* he faithfully portrayed) the manners of his time.

pittoresco *agg.* picturesque: *un paesaggio —*, a picturesque landscape; *stile —*, picturesque style.

pittoricismo *s.m.* picturesqueness.

pittoricità *s.f.* (*letter.*) pictorial quality, expressivity.

pittorico *agg.* pictorial: *arte pittorica*, pictorial art.

pittosporo *s.m.* (*bot.*) (*Pittosporum tobira*) butterbush.

pittrice *s.f.* painter.

pittura *s.f.* **1** (*l'arte del dipingere*) painting: *studiare —*, to study painting **2** (*dipinto*) picture, painting: *— ad acquerello*, watercolour; *— a olio*, oil painting; *— murale*, mural; *— su tela*, painting on canvas; *esposizione di —*, exhibition of paintings **3** (*fig.*) (*descrizione*) picture, description: *questo libro è una fedele — di quei tempi*, this book is a faithful picture of those times **4** (*region.*) (*vernice*) paint: *— fresca*, wet paint: *dare una mano di —*, to give (sthg.) a coat of paint.

pitturare *v.tr.* e *intr.* to paint: *— di rosso*, to paint in red.

□ **pitturarsi** *v.rifl.* (*fam.*) (*imbellettarsi*) to make* up: *si pittura troppo le labbra*, she wears too much lipstick.

pitturato *agg.* painted; (*imbellettato*) made-up.

pituitario *agg.* (*anat.*) pituitary: *fossa pituitaria*, pituitary fossa; *ghiandola pituitaria*, pituitary gland (*o* hypophysis) // *membrana pituitaria*, pituitary membrane.

più *agg.compar.invar.* **1** more: *occorre — pane oggi*, we need more bread today; *il sabato c'è — gente in giro*, there are more people around on Saturdays; *loro hanno — problemi di noi*, they have more problems than we have; *ci sono — stranieri quest'anno*, there are more foreigners this year; *all'andata abbiamo impiegato — tempo che al ritorno*, it took us longer going than coming back // *porta — amici che puoi*, bring as many friends as you can // *avere — sonno che fame*, to be more tired than hungry // *la — parte*, the most part // *di —*, (*in maggior numero*) more: *oggi le auto sono molte di — di una volta*, there are many more cars now than there used to be // *meno parole e — fatti!*, stop talking and get on with it! // *a — (+ s.)*, multi-: (*econ.*) *a — stadi*, (*multifase*) multistage; *a — prodotti*, (*a produzione diversificata*) multi-product **2** (*parecchi, parecchie*) several: *te l'ho detto — volte*, I've told you several times; *mi fermerò — giorni*, I'll stay several days ◆ *s.m.* **1** (*con valore di compar.*) more: *— di così non posso fare*, I can't do more than this; *ha bevuto — del solito*, he drank more than usual; *ci vorranno non — di tre giorni per ottenere l'autorizzazione*, it won't take more than three days to get permission **2** (*con valore di superl.*) (the) most: *il — è fatto*, most of it is done; *il — è incominciare*, the most important thing is to get started // *il — è che...*, and what is more... (*o* and moreover...) // *vorrei ricavare il — possibile da quella vendita*, I'd like to get as much as possible out of the sale // *parlare del — e del meno*, to talk about nothing in particular **3** (*mat.*) plus: *il segno del —*, the plus sign **4** (*la maggioranza*) the majority: *i — approvarono la proposta*, the majority approved of the proposal; *seguire il parere dei —*, to follow the majority // *passare nel numero dei —*, to pass away.

◆ FRASEOLOGIA: *— di una volta*, more than once // *al —, tutt'al —*, at the most // *né — né meno*, neither more nor less: *è né — né meno che la verità*, it's neither more nor less than the truth (*o* it's the absolute truth) // *per lo —*, (*per la maggior parte*) mostly (*o* for the most part); (*di solito*) usually: *per lo — la domenica sto in casa*, I usually stay at home on Sundays; *erano per lo — asiatici*, they were mostly Asians // *per di —*, besides, moreover; furthermore; what's more: *non mi aiuta e per di — mi impedisce di lavorare*, he doesn't help me and, what's more, he stops me working // *tanto — che*, all the more so because: *ti conviene accettare, tanto — che il lavoro ti piace*, you had better accept, all the more so because you like the work // *e che dire di —?*, what more (*o* what else) can I say? // *ha — di vent'anni*, he's over twenty // *per non dir di —*, to say the least.

più *avv.compar.* **1** (*in maggior quantità o grado*) more; (*in frasi negative*) no more; (*in presenza di altra negazione*) any more: *dovresti dormire di —*, you should sleep more; *questo mese abbiamo speso di —*, we've spent more this month; *abbiamo solo due posti liberi, non di —*, we only have two seats free, no more; *tacque e non disse di —*, he said no more; *"Vuoi ancora un po' di tè?" "No, grazie, non ne voglio —"*, "Will you have some more tea?" "No, thanks, I don't want any more" // *niente (di) —*, nothing more (*o* nothing else) // *un po' di —*, some more // *— o meno*, more or less // *chi — chi meno*, more or less (*o* some more some less): *chi — chi meno, tutti lo hanno criticato*, everyone more or less criticized him **2** (*nel compar. di maggioranza*) more (*con agg. e avv. polisillabi in inglese, nella maggior parte dei casi; nella comparazione tra due agg., siano essi polisillabi o monosillabi*); ...er (*aggiunto come suffisso alla forma positiva di agg. e avv. monosillabi in ingl. o con bisillabi uscenti in* y, er, ow, le): *— lungo*, longer; *— facile*, easier; *— difficile*, more difficult (*o* harder); *— tardi*, later; *— lontano*, *— oltre*, further (*o* farther) on; *— presto*, more quickly (*o* faster); *— stretto*, narrower; *è — alto e — grosso di me*, he's taller and bigger than I am (*o* than me); *è — furbo che intelligente*, he's more crafty than intelligent; *sono stati — gentili di quanto pensassi*, they were kinder than I expected; *Londra è — grande di Parigi*, London is bigger than Paris; *non potresti trattarlo — gentilmente?*, couldn't you treat him more kindly? (*o* couldn't you be nicer to him?); *il viaggio è stato molto — lungo del previsto*, the journey was much longer than expected; *io lavoro molto — di lui*, I work much harder than he does; *ha dieci anni — della moglie*, he is ten years older than his wife; *entrambi i progetti sono validi, ma questo mi piace di —*, both schemes are good, but I like this one better //

due volte — grande di..., twice as big as...: *mi occorre una casa due volte — grande di questa*, I need a house twice as big as this // *un risultato — che soddisfacente*, a most satisfactory result; *si è comportato in modo — che corretto*, he behaved most correctly // *— che mai*, more than ever // *sempre —*, more and more; ...er and ...er: *sempre — interessante*, more and more interesting; *sempre — ricco*, richer and richer **3** (*correl.*) (*quanto*) — ..., (*tanto*) —..., the more..., the more...; the ... er, the ...er; (*quanto*) —..., (*tanto*) *meno*..., the more..., the less...; the ...er, the less...: *— lo guardo, — mi piace*, the more I look at it, the more I like it; *— lo si sgrida, meno si ottiene*, the more you shout (*o* scold), the less you get out of him; *— lo vedo, meno mi piace*, the more I see of him, the less I like him; *— si studia, — s'impara*, the more you study, the more you learn; *— difficile è l'avversario, — interessante sarà l'incontro*, the harder the opponent, the more interesting the match **4** (*nel superl. rel.*) the most; (*tra due*) the more (*usati con agg. e avv. polisillabi in ingl., nella maggior parte dei casi*) the ...est, (*tra due*) the ...er (*uniti come suffissi alla forma positiva di agg. e avv. monosillabi*): *il giorno — lungo*, the longest day; *la via — facile*, the easiest way; *è la — bella, la — carina*, she is the most beautiful (*o* the best-looking), the nicest (*o* the prettiest); *è l'uomo — generoso che conosca*, he is the most generous man I know; *la città — grande del mondo*, the biggest city in the world; *l'attore — famoso del momento*, the most famous actor of the moment; *è il — intelligente dei due fratelli*, he's the cleverer of the (two) brothers; *il — agguerrito dei due avversari*, the tougher of the (two) opponents; *tra tutti i televisori ha scelto quello — costoso*, out of all the television sets he chose the most expensive one // *cercherò di tornare il — presto possibile*, I'll try to get back as soon as possible // *ciò che — importa*, the most important thing (*o* what is most important) **5** (*in frasi negative, per indicare che un'azione o un fatto è cessato o cesserà, con valore di* non più) no longer, not any longer, not any more; (*letter.*) no more: *era una donna non — giovane*, she was no longer young; *non voglio vederlo* (*mai*) —, I don't want to see him any more (*o* I never want to see him again); *non c'è — tempo per riflettere*, there's no more time to think about it; *non abitano — qui, si sono trasferiti*, they don't live here any longer (*o* any more), they've moved; *non frequenta — l'università*, he doesn't go to university any more; *vedi di non farlo —*, see you don't do it again // *non è —*, he has passed away // *mai —!*, never again! // *non ne posso —*, (*sono sfinito*) I'm exhausted; (*sono al limite della sopportazione*) I'm at the end of my tether (*o* I can't take any more *o* I can't stand it any more) // *a — non posso*, all out: *correre a — non posso*, to run all out **6** (*mat.*) plus: *due — due fa quattro*, two plus two is four (*o* two and two are four); *il termometro segna — 18*, the thermometer reads plus 18 // *ho speso mille lire in —*, I spent a thousand lire more // *eravamo* (*in*) *— di cento*, there were more than (*o* over) a hundred of us // *uno — uno meno*, one more one less // *giorno — giorno meno*, one day more or less ◆ *prep.* (*oltre a*) plus: *eravamo in cinque — il cane*, there were five of us plus the dog; *dobbiamo pagare due milioni — le spese*, we'll have to pay two million lire, plus expenses.

piuccheperfetto *s.m.* (*gramm.*) past perfect, pluperfect.

piuma *s.f.* **1** feather; plume; (*piumaggio*) plumage: *cuscino, materasso di piume*, feather pillow, mattress; *uccelli dalle piume colorate*, birds with coloured plumage // (*zool.*): *piccola —*, plumelet (*o* plumule); *coperto di piume*, downy (*o* plumose) // *leggero come una —*, as light as a feather; *essere una —*, to be as light as a feather **2** (*per ornamento*) feather; plume: *un cappello con la —*, a hat with a feather; *indossava un cappello con le piume*, she was wearing a plumed hat.

piumaccio *s.m.* **1** feather pillow **2** (*mar.*) collision mat **3** (*arch.*) bolster **4** (*tampone*) polishing pad.

piumaggio *s.m.* feathering; plumage.

piumato *agg.* feathered; plumed: *cappello —*, plumed hat.

piumetta *s.f.* (*bot.*) plumule.

piumino *s.m.* **1** (*di cigni, oche ecc.*) down: *una trapunta di — d'oca*, an eiderdown **2** (*cuscino di piuma*) feather pillow; (*coperta imbottita di piume*) quilt; eiderdown **3** (*giubbotto imbottito di piume*) padded jacket **4** (*per la cipria*) powder puff **5** (*per spolverare*) feather duster **6** (*bot.*) (*Lagurus ovatus*) hare's tail **7** (*proiettile*) dart.

piumone *s.m.* **1** (*giaccone*) padded waterproof jacket, padded anorak **2** (*coperta*) (*di piume*) quilt; eiderdown; (*di altro materiale*) duvet, quilt.

piumosità *s.f.* featheriness, plumosity.

piumoso *agg.* feathery; downy; (*bot., zool.*) plumose, plumy.

piuolo → **piolo**.

piuria *s.f.* (*med.*) pyuria.

piuttosto *avv.* **1** (*preferibilmente*) rather, sooner: *non ho fame, vorrei — qualcosa da bere*, I'm not hungry, I'd rather (*o* sooner) have something to drink // *— che*, (*più che*) rather (*o* sooner *o* more likely) than: *sembrava — deluso che seccato*, he looked more disappointed than annoyed (*o* he looked disappointed, rather than annoyed); *preferirei viaggiare di giorno — che di notte*, I'd rather travel by day than by night **2** (*o meglio, meglio ancora*) rather, better (still): *andiamo fuori stasera, o — vediamoci tutti a casa mia*, let's go out tonight, or better still, let's all meet at my place; *aveva un'espressione assente, o — un po' svagata*, he had a vacant, or rather, an absent-minded look **3** (*alquanto*) rather, somewhat, quite: *sono — stanco*, I'm rather tired; *è — esperto in materia*, he's quite an expert on the subject; *sono esercizi — difficili*, they are quite difficult exercises; *mi sembra — strano*, it sounds rather (*o* quite *o* somewhat) strange to me; *quel ristorante è — caro*, that restaurant's quite dear (*o* rather expensive); *fa — freddo qui dentro*, it's rather cold in here; *siete — in ritardo*, you're rather late **4** (*invece*) instead: *non parliamo di me, dimmi — come stai tu*, don't let's talk about me, tell me how you are, instead; *non state lì impalati, fate qualcosa —!*, don't just stand there, do something (instead)!

piuttosto che, di *cong.* rather than, sooner than: *preferirebbe morire — che rivelare un segreto*, he'd die rather than give away a secret; *farei qualsiasi lavoro — di stare senza far niente*, I'd do any kind of job rather than hang around doing nothing; *ho preferito pagare in contanti — che dargli un assegno*, I preferred to pay cash rather than give him a cheque; *— che al mare sarei andato volentieri in montagna*, I'd sooner have gone to the mountains than to the sea.

piva *s.f.* **1** (*mus.*) bagpipe // *tornare con le pive nel sacco*, (*fig.*) to return empty-handed **2** *aver la —*, (*fig. fam.*) (*essere di cattivo umore*) to have a long face.

pivello *s.m.* (*fam.*) youngster; greenhorn: *sei ancora un pivello!*, you're still wet behind the ears!

piviale *s.m.* (*eccl.*) cope, pluvial.

piviere *s.m.* (*zool.*) plover, shore bird: *— americano*, stone-snipe; *— dei coccodrilli*, trochilus* // *— dorato*, (*Pluvialis apricaria*) golden plover // *— tortolino*, (*Charadrius morinellus*) dotterel (*o* dottrel).

pivieressa *s.f.* (*zool.*) (*Squatarola squatarola*) black-bellied plover.

pivot *s.m.* (*sport*) pivot: *giocare da —*, to play pivot.

pivotante *agg.* (*mecc.*) pivot (*attr.*).

pixel *s.m.* (*inform.*) pixel.

pizia *s.f.* (*st. greca*) Pythia, priestess of Apollo.

pizio *agg.* (*letter.*) Pythian: *giochi pizi*, Pythian games.

pizza *s.f.* **1** (*cuc.*) pizza: *— marinara*, seafood pizza **2** (*cinem.*) (*contenitore*) film can, (*pellicola*) reel of film **3** (*fig.*) (*persona noiosa*) bore, boring person: *sei una — terribile*, you're an awful bore.

pizzaiolo *s.m.* pizza chef.

pizzardone *s.m.* (*fam.*) bobby, copper, cop.

pizzeria *s.f.* pizzeria, pizza-restaurant.

pizzicagnolo *s.m.* (*region.*) (*salumiere*) delicatessen shopkeeper.

pizzicamento *s.m.* (*non com.*) pinching.

pizzicare *v.tr.* **1** to pinch, to nip: *gli pizzicò una guancia*, she pinched his cheek; *smetti di pizzicarmi*, stop pinching me **2** (*pungere*) (*di insetti*) to bite*; to sting*: *fui pizzicato da una zanzara*, I was bitten by a mosquito; *lo pizzicò un'ape*, he was stung by a bee **3** (*di sostanza acre*) to burn*: *questa salsa pizzica la lingua*, this sauce burns your tongue **4** (*fig.*) (*pungere con parole*) to tease, to needle **5** (*fig.*) (*cogliere di sorpresa*) to catch*: *— un ladro*, to catch a thief; *farsi —*, to get caught (*o fam.* to get nicked) **6** (*mus.*) to pluck: *— le corde di un'arpa*, to pluck the strings of a harp ◆ *v.intr.* **1** (*prudere*) to itch; (*pungere*) to tingle; (*causare pizzicore*) to tickle: *le guance mi pizzicavano per il freddo*, my cheeks were tingling with the cold; *mi sento tutto —*, I feel itchy all over; *il pepe pizzica quando entra nel naso*, pepper tickles when it gets into the nose; *questa puntura pizzica*, this bite (*o* sting) itches // *mi pizzicano le mani*, (*fig.*) my hands are itching (to hit s.o.) **2** (*pungere*) (*di insetti*) to bite*; to sting*: *le api pizzicano*, bees sting; *le zanzare pizzicano*, mosquitoes bite **3** (*di sostanza acre*) to burn*: *una salsa che pizzica*, a sauce that burns.

□ **pizzicarsi** *v.rifl.rec.* **1** to pinch each other **2** (*fig.*) (*punzecchiarsi*) to tease each other; to needle each other; to provoke each other: *stanno sempre a — con battute ironiche*, they are always needling (*o* provoking) each other with sarcastic remarks.

pizzicata → **pizzico**.

pizzicheria *s.f.* (*region.*) (*salumeria*) delicatessen.

pizzichino *agg.* (*fam.*) **1** (*piccante*) spicy, hot; pungent **2** (*frizzante*) fizzy.

pizzico *s.m.* **1** (*pizzicotto*) pinch, nip: *dare un — a qlcu. sulla guancia*, to give s.o. a pinch on the cheek **2** (*estens.*) pinch: *un — di sale*, a pinch of salt; *un — di tabacco*, a pinch of snuff **3** (*fig.*) (*tantino*) little, bit: *mangiare un — di formaggio*, to eat a little piece of cheese; *un — d'orgoglio*, a little (*o* a bit of) pride **4** (*puntura d'insetto*) bite; sting: *i pizzichi delle zanzare*, mosquito bites.

pizzicore *s.m.* **1** (*prurito*) itch; (*bruciore*) smart **2** (*fig. scherz.*) (*desiderio*, *voglia*) itch, sudden urge.

pizzicottare *v.tr.* (*fam.*) to pinch, to nip.

pizzicotto *s.m.* pinch, nip: *dare un — a qlcu.*, to give s.o. a pinch.

pizzo *s.m.* **1** (*estremità*) point, edge: *sedeva in — alla sedia*, she was sitting on the edge of the chair; *cappello a tre pizzi*, three-cornered hat **2** (*picco di montagna*) peak **3** (*barba*) pointed beard; (*pappafico*) Van Dyck, goatee; (*alla Napoleone*) imperial **4** (*merletto*) lace (*solo sing.*): *abito di —*, lace dress; *orlato, bordato di —*, trimmed with lace (*o* lace-bordered); *questi pizzi sono fatti a mano*, this lace is handmade **5** (*gergo*) (*somma estorta da un'organizzazione mafiosa*) protection money.

pizzocchera *s.f.* (*non com.*) (*bigotta*) bigot; devotee.

pizzocchero *s.m.* **1** (*non com.*) (*bigotto*) bigot; devotee **2** *pl.* (*cuc.*) 'pizzoccheri' (type of pasta made with buckwheat flour).

pizzuto *agg.* (*region.*) (*aguzzo*) sharp, pointed.

placabile *agg.* appeasable, placable.

placabilità *s.f.* (*non com.*) placability, appeasibility.

placamento *s.m.* (*non com.*) placating, appeasement.

placare *v.tr.* **1** (*tranquillizzare*) to appease, to placate, to calm (down): *cercherò di placarlo*, I shall try to appease him **2** (*mitigare*, *temperare*) to soothe, to lessen, to alleviate: *niente può — il mio dolore*, nothing can lessen (*o* lighten) my sorrow; *— il mal di denti di qlcu.*, to ease (*o* to soothe) s.o.'s toothache // *— la fame di qlcu.*, to satisfy s.o.'s hunger; *— la sete di qlcu.*, to quench s.o.'s thirst.

□ **placarsi** *v.rifl.* o *intr.pron.* to subside, to calm down, to die down: *si placò solo al ritorno del figlio*, he calmed down only after the return of his son; *la sua rabbia si placò quando lo vide*, her anger died down when she saw him; *il mare si placò*, the sea calmed down; *verso mezzanotte il temporale si placò*, the storm died down towards midnight.

placca *s.f.* **1** (*mecc.*, *elettr.*) plate: *— deviatrice*, deflecting plate **2** (*distintivo di riconoscimento*) badge; (*targhetta*) plate, name-plate **3** (*alpinismo*) wall **4** (*med.*) patch, plaque // *— batterica*, (*dei denti*) dental plaque **5** (*geol.*) plate: *tettonica a placche*, plate tectonics.

placcaggio *s.m.* (*rugby*) tackle; tackling.

placcare *v.tr.* **1** (*tecn.*) to plate: *— d'argento, d'oro*, to plate with silver, gold; *— elettroliticamente*, to electroplate; *— elettroliticamente con argento, con oro*, to silver-plate, to gold-plate; *— con legno*, to plate with wood (*o* to veneer) // (*conceria*) *— una pelle*, to plate a hide **2** (*rugby*) to tackle.

placcato *agg.* **1** plated: *— d'argento*, plated with silver; (*elettroliticamente*) silver-plated; *— oro*, gold-plated // *pelle placcata*, plated leather **2** (*rugby*) tackled: *il giocatore — era ancora a terra*, the player who had been tackled was still on the ground.

placcatura *s.f.* plating: *— elettrolitica*, electroplating; *bagno di — al cianuro*, cyanide plating bath.

placebo *s.m.* (*med.*) placebo* // *effetto —*, placebo effect.

placenta *s.f.* **1** (*anat.*) placenta*, afterbirth: *— previa*, placenta previa **2** (*bot.*) placenta*.

placentale *agg.* placental.

placentare *agg.* (*anat.*, *bot.*) placental, placentary.

placentato *agg.* placentate ◆ *s.m.* (*zool.*) placental.

placentazione *s.f.* (*anat.*, *bot.*) placentation.

placentografia *s.f.* (*med.*) placentography.

placet *s.m.* (*dir.*) placet; (*estens.*) (*approvazione*, *consenso*) approval, consent.

placidezza, **placidità** *s.f.* placidity, calm, peacefulness.

placido *agg.* placid, calm, peaceful, quiet; *temperamento —*, placid (*o* calm) temperament; *un uomo —*, a calm (*o* placid *o* quiet) man; *aspetto —*, calm appearance; *mare —*, calm (*o* smooth) sea; *acque placide*, placid waters; *sonno —*, peaceful (*o* calm) sleep.

placito *s.m.* (*decreto*) decree; (*st.*) placitum (*pl.* -ta).

placoide *agg.* (*zool.*) placoid.

plafonatura *s.f.* (*edil.*) ceiling.

plafond *s.m.*(*fr.*) **1** ceiling **2** (*comm.*) ceiling, limit // (*banca*): *— di credito*, line of credit (*o* credit line *o* credit limit *o* credit ceiling); *raggiungere il — del credito*, to reach the highest line of credit.

plafone *s.m.* (*soffitto*) ceiling.

plafoniera *s.f.* overhead light; ceiling light fixture.

plaga *s.f.* (*letter.*) (*regione*) region, expanse.

plagale *agg.* (*mus.*) plagal.

plagiare *v.tr.* **1** (*contraffare*) to plagiarize **2** (*dir.*) to bring* under undue subjection; to subjugate morally; (*estens.*) to exert undue influence over (s.o.).

plagiario *s.m.* plagiarist.

plagiato *agg.* **1** (*contraffatto*) plagiarized **2** (*dir.*) morally subjugated; (*estens.*) easily influenced ◆ *s.m.* (*dir.*) person morally subjugated; (*estens.*) person who is unduly influenced.

plagiatore → **plagiario**.

plagio *s.m.* **1** plagiarism **2** (*dir.*) moral subjugation; (*estens.*) undue influence.

plagioclasio *s.m.* (*min.*) plagioclase.

plaid *s.m.* rug, blanket: *un — scozzese*, a tartan rug.

planamento *s.m.* (*aer.*) gliding.

planare[1] *agg.* (*fis.*, *mat.*) planar: *diodo —*, planar diode.

planare[2] *v.intr.* **1** (*aer.*) to glide (down) **2** (*mar.*) to plane.

planaria *s.f.* (*zool.*) planaria.

planata *s.f.* (*aer.*) glide, gliding: *angolo di —*, gliding angle.

plancia *s.f.* **1** (*mar.*) (*ponte di comando*) bridge: *essere sulla —*, to be on the bridge; *montare sulla —*, to go on to the bridge **2** (*passerella*) gangplank, gangway.

planctologia *s.f.* (*biol.*) planktology, planktonology.

plancton *s.m.* (*biol.*) plankton.

planctonico *agg.* (*biol.*) planktonic.

planctovoro *agg.* (*biol.*) planktivorous.

planetario *agg.* **1** planetary: *sistema —*, planetary system; (*mecc.*) *rotismo —*, planetary gearing (*o* sun-and-planet motion) **2** (*della terra*) world; (*mondiale*) worldwide: *popolazione planetaria*, world population; *fenomeno di dimensioni planetarie*, phenomenon of worldwide dimensions ◆ *s.m.* **1** (*edificio*) planetarium* **2** (*proiettore*) planetarium* // *— (meccanico)*, orrery.

planetoide *s.m.* (*astr.*) planetoid, asteroid, minor planet.

planetologia *s.f.* (*astr.*) planetology.

planetologo *s.m.* (*astr.*) planetologist.

planimetria *s.f.* **1** planimetry **2** (*pianta planimetrica*) plan.

planimetrico *agg.* planimetric.

planimetro *s.m.* (*mecc.*, *mat.*) planimeter.

planisfero *s.m.* (*astr.*) planisphere.

planografia *s.f.* **1** (*med.*) → **stratigrafia** **2** (*tip.*) (*procedimento*) planography; (*risultato*) planograph.

plantageneto *agg.* (*st.*) Plantagenet.

plantare *agg.* (*anat.*) plantar ◆ *s.m.* (*suoletta ortopedica*) arch support.

plantigrado *agg.* e *s.m.* (*zool.*) plantigrade.

plantula *s.f.* (*bot.*) seedling.

planula *s.f.* (*zool.*) planule.

plaquette *s.f.* (*fr.*) (*opuscolo*) brochure, pamphlet.

plasma *s.m.* **1** (*biol.*) plasma: *— sanguigno*, blood plasma **2** (*min.*) (*quarzo verde*) plasma **3** (*fis.*) plasma: *oscillazioni del —*, plasma oscillations.

plasmabile *agg.* **1** malleable, mouldable, pliable: *la creta è —*, clay is malleable **2** (*fig.*) malleable, pliable: *un carattere —*, a malleable (*o* pliable) character.

plasmabilità *s.f.* malleability, pliability (*anche fig.*).

plasmacellula *s.f.* (*biol.*) plasma cell.

plasmaferesi *s.f.* (*med.*) plasmapheresis*.

plasmalemma *s.f.* (*biol.*) plasmalemma, plasma membrane.

plasmare *v.tr.* **1** to mould, to shape, to model: *— la cera*, to mould wax; *— una statuetta di creta*, to mould (*o* to model) a statue in clay **2** (*fig.*) to mould, to shape: *— il carattere di qlcu.*, to mould (*o* to shape) s.o.'s character.

plasmasfera *s.f.* (*geol.*) plasmasphere.

plasmatico *agg.* (*biol.*) plasmatic, plasmic.

plasmato *agg.* moulded, shaped (*anche fig.*).

plasmatore *agg.* moulding, shaping (*anche fig.*).

plasmidio *s.m.* (*biol.*) plasmid.

plasmina *s.f.* (*biochim.*) plasmin.

plasmocito *s.m.* (*biol.*) plasmocyte.

plasmodio *s.m.* (*biol.*) plasmodium*.

plastica *s.f.* **1** (*l'arte del modellare*) plastic art; art of modelling **2** (*med.*) plastic surgery, plastics (*pl.*): *farsi fare una — al naso*, to undergo plastic surgery on the nose **3** (*materia*) plastic (material): *una tovaglia di —*, a plastic tablecloth; *questi bicchieri sono di —*, these glasses are plastic (*o* made of plastic).

plasticare *v.tr.* (*plastificare*) to cover with plastic, to coat with plastic.

plasticismo *s.m.* (*arte*) plasticism.

plasticità *s.f.* **1** (*modellabilità*) plasticity (*anche fis.*), malleability, pliability (*anche fig.*): *la — della creta*, the plasticity of clay **2** (*arte*) plasticity, sculptural quality.

plastico *agg.* plastic: *argilla plastica*, plastic clay; *arte plastica*, plastic art; *sigillante —*, plastic cement; *rendere —*, to plasticize // (*med.*): *chirurgia plastica*, plastic surgery; *chirurgo —*, plastic surgeon // *un quadro —*, a plastic painting // *atteggiamento —*, statuesque attitude // (*fis.*) *deformazione plastica*, plastic deformation (*o* plastic flow) // (*chim.*) *le materie plastiche*, plastics ◆ *s.m.* **1** plastic model **2** (*carta topografica*) relief map **3** (*esplosivo*) plastic: *bomba al —*, plastic bomb.

plastidio *s.m.* (*bot.*) plastid.

plastificante *agg.* (*chim.*) plasticizing: *sostanza —*, plasticizing substance ◆ *s.m.* (*chim.*) plasticizer.

plastificare *v.tr.* to plasticize.

plastificazione *s.f.* plasticization.

plastilina® *s.f.* plasticine®.

plastisol *s.m.* (*chim. fis.*) plastisol.

plastomero *s.m.* (*chim.*) plastomer.

plastometro *s.m.* plastometer.

plastron *s.m.* (*di camicia*) shirt front.

platanaria *s.f.* (*bot.*) (*Acer platanoides*) Norway maple.

plataneto *s.m.* (*bot.*) plane-tree wood.

platano *s.m.* (*bot.*) (*Platanus orientalis*) plane (tree), platan // *— americano*, (*Platanus occidentalis*) buttonwood (*o* sycamore).

platea *s.f.* **1** (*teatr.*) stalls (*pl.*); pit: *poltrona di —*, seat in the stalls; *poltroncina di —*, pit stall; *la — era gremita*, the stalls were crowded **2** (*estens.*) audience: *gli applausi della —*, the applause of the audience // *trova sempre una — disposta ad ascoltarlo*, (*fig.*) he always finds an audience ready to listen to him **3** (*mar.*) (*di banchina*) floor **4** (*edil.*) concrete bed **5** (*geogr.*) (*montagna sottomarina piatta*) tablemount.

plateale *agg.* **1** (*pubblico*) public; (*estens.*) (*ostentato*) blatant, glaring, evident, obvious: *offesa —*, blatant offence **2** (*fig.*) (*triviale*) vulgar, low.

platealità *s.f.* **1** (*l'essere pubblico*) publicness; (*estens.*) (*evidenza*) blatancy, obviousness **2** (*trivialità*) vulgarity.

plateatico *s.m.* (*ant.*) (*trib.*) stallage.

plateau *s.m.* (*fr.*) **1** (*geogr.*) plateau* **2** (*vassoio*) tray.

platelminta *s.m.* (*zool.*) platyhelminth, flatworm.

plateresco *agg.* (*arch.*) plateresque, plateresco.

platessa *s.f.* plaice.

platina[1] *s.f.* **1** (*tip.*) (*piano mobile*) platen; (*macchina da stampa*) platen press **2** (*tess.*) sinker: *— oscillante*, rocking sinker **3** (*di orologio*) plate.

platina[2] *s.f.* (*metall.*) platina.

platinare *v.tr.* **1** to platinize, to platinum -plate **2** (*capelli*) to dye platinum (blond).

platinato *agg.* **1** platinized, platinum -plated: *bracciale d'oro —*, bracelet in platinum -plated gold **2** (*di capelli*) platinum coloured, platinum blond.

platinatura *s.f.* platinizing, platinum plating.

platinico *agg.* platinum (*attr.*), platinic, platinous: *cloruro —*, platinic chloride; *sali platinici*, platinum salts.

platinifero *agg.* (*min.*) platinous, platiniferous.

platiniridio *s.m.* (*min.*) platiniridium.

platinite *s.f.* (*min.*) platynite.

platino *s.m.* (*chim.*) platinum: *combinare con il —*, to platinize; *di —*, platinous; *nero di —*, platinum black; *simile al —*, platinoid.

platinoide *agg.* (*metall.*) platinoid: *lega —*, platinoid ◆ *s.m.* (*chim.*) platinum metal, platinoid.

platinoso *agg.* (*chim.*) platinous.

platirrina *s.f.* (*zool.*) platyrrhine.

platonico *agg.* Platonic: *amore —*, Platonic love; *desiderio —*, unrealizable desire ◆ *s.m.* (*seguace*) Platonist.

platonismo *s.m.* (*fil.*) Platonism.

plaudente *agg.* (*letter.*) applauding.

plaudere *v.intr.* (*letter.*) to applaud.

plaudire *v.intr.* (*letter.*) to applaud; (*fig.*) to approve.

plausibile *agg.* **1** plausible; acceptable, convincing, credible: *una ragione —*, a plausible reason; *prove poco plausibili*, unconvincing proof; *dammi una spiegazione più — dell'accaduto*, give me a more acceptable explanation of what happened **2** (*letter.*) (*degno di lode*) praiseworthy.

plausibilità *s.f.* plausibility; acceptability, credibility.

plausibilmente *avv.* plausibly; acceptably.

plauso *s.m.* **1** (*letter.*) (*applauso*) applause **2** (*estens.*) (*approvazione*) approbation, approval: *ottenere il — della maggioranza*, to gain the approval of the majority.

plebaglia *s.f.* (*spreg.*) mob, rabble, riffraff.

plebano *agg.* (*non com.*) (*eccl.*) rural.

plebe *s.f.* **1** mob, rabble: *aizzare la —*, to rouse the mob **2** (*st. romana*) plebs*.

plebeismo *s.m.* **1** (*ling.*) (*voce di origine popolare*) vernacular expression **2** (*letter.*) (*volgarità*) vulgarism.

plebeo *agg.* **1** plebeian: *di origine plebea*, of plebeian extraction **2** (*spreg.*) plebeian, vulgar, coarse: *modi plebei*, vulgar manners ◆ *s.m.* **1** plebeian: *le lotte tra patrizi e plebei*, the struggles between patricians and plebeians **2** (*spreg.*) (*popolano*) pleb.

plebiscitario *agg.* **1** plebiscitary **2** (*fig.*) (*unanime*) unanimous: *consenso —*, unanimous agreement.

plebiscito *s.m.* **1** plebiscite **2** (*fig.*) (*consenso unanime*) unanimity.

pleiade *s.f.* **1** (*lett. greca*) Pleiad; (*lett. francese*) Pléiade, Pleiad **2** (*eletta schiera*) Pleiad.

pleistocene *s.m.* (*geol.*) Pleistocene.

pleistocenico *agg.* (*geol.*) Pleistocene.

plenario *agg.* **1** plenary, fully attended: *assemblea plenaria*, plenum (*o* plenary assembly) // (*eccl.*) *indulgenza plenaria*, plenary indulgence **2** (*non soggetto a vincoli*) unconditional: *amnistia plenaria*, unconditional amnesty.

plenilunare *agg.* (*letter.*) plenilunar.

plenilunio *s.m.* (*astr.*) full moon, plenilune.

plenipotenziario *agg.* e *s.m.* plenipotentiary: *ministro —*, minister plenipotentiary.

plenum *s.m.* (*riunione plenaria*) plenum.

pleocroismo *s.m.* (*cristallografia*) pleochroism.

pleomorfico *agg.* (*biol.*) pleomorphic.

pleomorfismo *s.m.* (*biol.*) pleomorphism.

pleonasmo *s.m.* (*ret.*) pleonasm.

pleonastico *agg.* **1** (*ret.*) pleonastic: *espressione pleonastica*, pleonastic expression **2** (*estens.*) (*superfluo*) superfluous, unnecessary: *un chiarimento —*, an unnecessary clarification.

pleopodio *s.m.* (*zool.*) swimmeret.

pleroma[1] *s.m.* (*fil.*) pleroma.

pleroma[2] *s.m.* (*bot.*) plerome.

plesiosauro *s.m.* (*paleont.*) plesiosaur(us).

plessimetro *s.m.* **1** (*med.*) pleximeter **2** (*mus.*) metronome.

plesso *s.m.* **1** (*anat.*) plexus: *— cardiaco*, cardiac plexus **2** (*amm.*) (*complesso*) complex, structure, unit: *— scolastico*, school complex.

pletora *s.f.* **1** (*med.*) plethora, repletion **2** (*sovrabbondanza*) overabundance, redundancy, surplus: (*amm.*) *la — dei dipendenti pubblici*, the surplus of civil servants; (*comm.*) *— di merci sul mercato*, glut of goods on the market.

pletorico *agg.* **1** (*med.*) plethoric **2** (*sovrabbondante*) overabundant, excessive, superabundant, (*form.*) plethoric: (*amm.*) *burocrazia pletorica*, top-heavy bureaucracy.

plettro *s.m.* (*mus.*) plectrum*.

pleura *s.f.* (*anat.*) pleura*.

pleurale, **pleurico** *agg.* (*anat.*) pleural.

pleurite *s.f.* (*med.*) pleurisy.

pleuritico *agg.* (*med.*) pleuritic.

pleuston *s.m.* (*bot.*) pleuston.

plica *s.f.* (*anat.*) plica*: *— cutanea*, plica // (*med.*) *— polonica*, trichoma.

plicativo, **plicato** *agg.* (*scient.*) plicate.

plico *s.m.* **1** (*involto di carte*) sheaf of papers: *prese tutti i documenti e ne formò un —*, he took all the documents and made a sheaf of them **2** (*busta contenente carte*) cover; (*sigillata*) sealed envelope // (*comm.*): *in — separato, a parte*, under separate cover; *nello stesso —*, under the same cover.

pliniano *agg.* Plinian: (*geol.*) *eruzione pliniana*, Plinian eruption.

plinto *s.m.* **1** (*arch.*) plinth **2** (*ginnastica*) vaulting box.

pliocene *s.m.* (*geol.*) Pliocene.

pliocenico *agg.* (*geol.*) Pliocene.

plissé *agg.* (*fr.*) pleated ◆ *s.m.* (*fr.*) plissé.

plissettare *v.tr.* to pleat.

plissettato *agg.* pleated: *una gonna plissettata*, a pleated skirt.

plissettatrice *s.f.* pleating machine.

plissettatura *s.f.* (*il plissettare*) pleating; (*le pieghe*) pleats (*pl.*).

plistocene → **pleistocene**.

ploidia *s.f.* (*genetica*) ploidy.

plombiemia *s.f.* (*med.*) plumbism.

plotone *s.m.* **1** (*mil.*) platoon; squad: — *d'esecuzione*, firing squad **2** (*ciclismo*) group: *il — di testa*, leading group.

plugo *s.m.* (*pesca*) (artificial) minnow.

plumbeo *agg.* (*letter.*) **1** leaden: *cielo* —, leaden sky **2** (*fig.*) (*opprimente*) oppressive, heavy, dull: *atmosfera plumbea*, oppressive atmosphere.

plum-cake *s.m.* (*cuc.*) plum cake.

plurale *agg.* e *s.m.* (*gramm.*) plural: *sostantivo* —, plural noun; *al* —, in the plural.

pluralis maiestatis *s.m.* (*lat.*) the royal we.

pluralismo *s.m.* (*fil.*, *pol.*) pluralism.

pluralista *s.m.* e *f.* (*fil.*, *pol.*) pluralist ◆ *agg.* (*fil.*, *pol.*) pluralist, pluralistic: *società* —, pluralistic society.

pluralistico *agg.* pluralist, pluralistic.

pluralità *s.f.* **1** plurality; variety: — *di uffici*, plurality of offices; — *di opinioni*, *di concetti*, variety of opinions, of concepts **2** (*non com.*) (*maggioranza*) majority: — *di voti*, majority of votes **3** (*gramm.*) plurality.

pluralizzare *v.tr.* to pluralize, to make* plural.

pluri- *pref.* di origine latina che indica pluralità; ingl. multi-, pluri-, poly-: *pluridimensionale*, multidimensional; (*bot.*) *pluriassiale*, pluriaxial.

pluriaggravato *agg.* (*dir.*) *omicidio* —, murder having more than one aggravating circumstance.

pluriarticolato *agg.* multiarticulate(d).

pluriatomico *agg.* (*fis.*) polyatomic.

pluricellulare *agg.* (*biol.*) multicellular, pluricellular.

pluriclasse *s.f.* (*nella scuola elementare*) class made up of different age groups.

pluricoltura → **policoltura**.

pluridecennale *agg.* decades-long, lasting several decades.

pluridecorato *agg.* much decorated, heavily decorated ◆ *s.m.* much decorated person, heavily decorated person.

pluridirezionale *agg.* multidirectional.

pluriennale *agg.* pluriennial; long-term (*attr.*); multi-year (*attr.*): *cercasi persona con esperienza* —, very experienced person required; (*econ.*) *bilancio* —, long-term budget; *contratto* —, long term contract.

plurietnico *agg.* multi-ethnic.

plurifase *agg.* (*scient.*) multiphase.

plurigemellare, **plurigemino** *agg.* (*med.*) *parto* —, multiple birth.

plurilaterale *agg.* plurilateral, many-sided, multilateral // (*econ.*): *contrattazione* —, multilateral negotiations; *accordo* —, multilateral agreement.

plurilateralità *s.f.* plurilaterality, multilaterality.

plurilingue *agg.* multilingual: *territorio* —, multilingual area; *interprete* —, multilingual interpreter.

plurilinguismo *s.m.* multilingualism.

plurilinguistico *agg.* multilinguistic.

plurimandatario *agg.* (*comm.*) multifirm (*attr.*): *agente* —, multifirm agent ◆ *s.m.* (*comm.*) multifirm representative, multifirm salesman*.

plurimiliardario *agg.* e *s.m.* multimillionaire.

plurimilionario *agg.* e *s.m.* multimillionaire.

plurimillenario *agg.* multimillenial.

plurimo *agg.* multiple, plural.

plurimotore *agg.* (*aer.*) multi-engined ◆ *s.m.* multi-engined plane.

plurinazionale *agg.* multinational // (*econ.*): *associazione* —, multinational association; *organismo* —, multinational organization.

plurinominale *agg.* multi-member (*attr.*), plurinominal: *collegio* —, multimember constituency.

plurinucleato → **polinucleato.**

pluriomicida *s.m.* e *f.* multiple homicide.

pluripara *agg.* multiparous ◆ *s.f.* multipara (*pl.* -ae, -as), pluripara (*pl.* -ae).

pluripartitico *agg.* multiparty, multiple party (*attr.*).

pluripartitismo *s.m.* multiple party system.

pluriplano *agg.* e *s.m.* multiplane.

pluriposto *s.m.* multiseater ◆ *agg.* multiseater (*attr.*).

plurireattore *agg.* e *s.m.* (*aer.*) multijet.

plurisecolare *agg.* centuries-old: *tradizione* —, centuries-old tradition.

plurisillabo → **polisillabo**.

pluristadio *agg.* multistage (*attr.*).

pluristilistico *agg.* containing varying styles.

pluriuso *agg.* multipurpose: *coltello* —, multipurpose knife.

plurivalente *agg.* (*chim.*) multivalent, plurivalent.

pluslavoro *s.m.* (*econ.*) surplus labour.

plusvalenza *s.f.* (*econ.*) (*incremento di valore*) appreciation, unearned increment; (*fin.*) (*utile da capitale*) capital gain(s): *tassazione delle plusvalenze*, capital gain taxation.

plusvalore *s.m.* (*econ.*) surplus, surplus value: — *dell'attivo*, appreciation of assets; (*Borsa*) — *azionario*, share premium.

pluteo *s.m.* (*arch.*) pluteus (*pl.* -ei).

plutocrate *s.m.* plutocrat.

plutocratico *agg.* plutocratic(al).

plutocrazia *s.f.* plutocracy.

plutodemocrazia *s.f.* plutodemocracy.

plutone *s.m.* (*geol.*) pluton.

Plutone *no.pr.m.* (*astr.*) Pluto.

plutoniano, **plutonico** *agg.* **1** (*astr.*) Plutonian, Plutonic **2** (*geol.*) plutonic, plutonian.

plutonio *s.m.* (*chim.*) plutonium.

plutonismo[1] *s.m.* (*geol.*) plutonism.

plutonismo[2] *s.m.* (*med.*) plutonism.

pluviale *agg.* rain (*attr.*); pluvial: *acqua* —, rainwater; *foresta* —, rain forest; *regime* —, pluvial regimen.

pluviografo *s.m.* (*meteor.*) pluviograph, hyetograph; rainfall recorder.

pluviometria *s.f.* (*meteor.*) pluviometry.

pluviometrico *agg.* (*meteor.*) pluviometric(al).

pluviometro *s.m.* (*meteor.*) rain gauge, pluviometer, ombrometer, udometer.

pluvioscopio *s.m.* (*meteor.*) pluvioscope, ombroscope.

pneuma *s.m.* (*fil.*, *teol.*, *mus.*) pneuma.

pneumatica *s.f.* (*fis.*) pneumatics [U].

pneumatico *agg.* **1** pneumatic, air (*attr.*): *macchina pneumatica*, air pump; *martello* —, pneumatic hammer; *posta pneumatica*, pneumatic dispatch; *scalpello* —, pneumatic rock-drill; *scavatrice pneumatica*, pneumatic digger; *trapano* —, pneumatic drill **2** (*fil.*, *teol.*) pneumatic; spiritual ◆ *s.m.* tyre; (*amer.*) tire; — *a bassa pressione*, low-pressure tyre; *pneumatici accoppiati*, coupled tyres; — *ad alta pressione*, high-pressure tyre; — *a terra*, flat tyre; — *rigato*, ribbed tyre; — *senza camera d'aria*, tubeless tyre; — *da neve*, snow-tyre.

pneumatoforo *s.m.* (*bot.*, *zool.*) pneumatophore.

pneumatologia *s.f.* (*teol.*) pneumatology.

pneumatorace *s.m.* (*med.*) pneumothorax*.

pneumectomia *s.f.* (*med.*) pneumonectomy.

pneumococco *s.m.* (*biol.*) pneumococcus*.

pneumogastrico *agg.* e *s.m.* (*anat.*) pneumogastric: (*nervo*) —, pneumogastric (nerve).

pneumografia *s.f.* (*med.*) pneumography.

pneumografo *s.m.* (*med.*) pneumograph.

pneumologia *s.f.* pneumology.

pneumonectomia *s.f.* (*med.*) pneumonectomy.

pneumotorace *s.m.* (*med.*) pneumothorax*.

po' troncamento di → **poco**.

poa *s.f.* (*bot.*) meadow-grass.

poana → **poiana**.

pochade *s.f.* (*fr.*) (*teatr.*) farce, light comedy.

pochette *s.f.* (*fr.*) pochette, clutch bag.

pochezza *s.f.* **1** (*scarsità*) scarcity, lack: — *di mezzi*, scarcity (*o* lack) of means **2** (*fig.*) meanness, narrowness: — *di mente*, narrowness of mind; *la — di un gesto*, the meanness of an action.

pochino *agg.indef.* not much, only a little; *pl.* not many, only a few: *il pane è* —, there isn't much (*o* there's only a little) bread; *i suoi meriti sono pochini*, he hasn't got many good points (*o* he hasn't got much to recommend him); *gli studenti sono pochini in questo corso*, there aren't many students in this course ◆ *pron.indef.* **1** only a little, not much; *pl.* not many, only a few: *"Hai del pane?" "Ne ho —"*, "Have you got any bread?" "Only a little" (*o* "Not much"); *"Hai molti libri?" "Ne ho pochini"*, "Have you got many books?" "No, not many (*o* only a few)" **2** *un* —, (*piccolissima quantità*) a little, a bit; *"Vuoi dello zucchero?" "Solo un —"*, "Do you want some sugar?" "Just a little (*o* a bit)"; *con un — di fortuna*, with a little bit of luck; *dammi un — di tempo*, give me a bit of time // *spostati un* —, move up (*o* over) a bit // *parlane un — con tuo padre*, talk it over with your father // Usato anche come avv.: *sto un — meglio*, I'm a bit better; *puoi aspettare un —?*, can you wait a bit?; *vieni un — prima*, *dopo*, come a bit earlier, later.

pochino *avv.* very little: *guadagna* —, he earns very little.

pochissimo *agg.indef.superl.* **1** very little: *ha pochissima pazienza con noi*, he's got very little patience with us // *c'è pochissima differenza*, there's very little difference **2** (*in espressioni di tempo*) very short, very little: — *tempo dopo*, a very short time later (*o* very shortly after); — *tempo fa*, a very short time ago; *ci è stato per — tempo*, he was there (*o* here) for very little time; *ho — tempo per studiare*, I've got very little time to study // Anche in espressioni ellittiche: *è uscito da* —, he's only just gone out; *fra* —, very shortly (*o* in a very short time); *manca — a Natale*, it's no time to Christmas (*o fam.* Christmas is almost on top of us) ◆ *pron.indef.* **1** very little; *"Hai del tempo libero?" "Ne ho —"*, "Do you get any spare time?" "Very little" **2** *pl.* very few; (*pochissime persone*) very few (people): *un tempo avevo molti amici, ora ne ho pochissimi*, I used to have a lot of friends once, but I've got very few now; *la sua opera è apprezzata da pochissimi*, his work is appreciated by very few people; *eravamo in pochissimi*, there were very few of us ◆ *avv.* very little, *si applica — allo studio*, he studies very little // *ci sente* —, he's very hard of hearing.

pocket *agg.* pocket-size, pocket (*attr.*) ◆ *s.m.* (*libro*) paperback.

pocket-book *s.m.* paperback.

poco *agg.indef.* **1** (*con riferimento alla quantità*) little, not much: *bevo — vino*, I don't drink much wine; *c'è poca luce qui*, there isn't much light here; *ci è rimasto — pane*, we haven't got much bread left; *ha poca pazienza con i bambini*, he hasn't got much (*o* he has little) patience with children; *quello che guadagna è troppo — per coprire le spese*, he doesn't earn enough to cover his expenses **2** (*con riferimento all'intensità*) little, not much: *ha dato poca importanza alla cosa*, he gave little importance to the matter; *il lavoro mi dà poca soddisfazione*, my work doesn't give me much satisfaction; *accettare con — entusiasmo un invito*, to accept an invitation without much enthusiasm; *prestai poca attenzione alle sue parole*, I didn't pay much attention to what he said // *ci è voluto non — coraggio*, it took a lot of courage // *avere poca stima di qlcu.*, to have a low opinion (*o* not to think much) of s.o. // *c'è — sole*, it isn't very sunny; *c'era poca nebbia*, it wasn't very foggy // *ho poca memoria*, I've got a poor memory; *l'iniziativa ha avuto — successo*, it wasn't a very successful initiative (*o* the initiative didn't meet with much success) **3** (*con riferimento alla durata*) little, short: *mi assenterò per — tempo*, I'll be away for a short time; *in — tempo ha fatto molti progressi*, he made a lot of progress in a very short time; — *tempo prima, dopo*, a short time before, after; *è accaduto — tempo fa*, it happened a short time ago (*o* not long ago) // Usato anche in espressioni ellittiche: — *fa, poc'anzi*, a short time ago; *di lì a* —, shortly after (*o* after a while *o* a little later); *fra* —, very soon (*o* in a little while); *a fra* —, see you soon; *è — che l'ho visto*, I saw him a short time ago (*o* it isn't long since I last saw him); *manca — a Natale*, it isn't long to Christmas; *mi manca — per finire*, I haven't got much more to do (*o* I've nearly finished); *ci fermeremo solo per* —, we'll only stay for a short time (*o* we shan't stay long) // *da* —, (*poco fa*) a short time ago, (*riferito al pass.*) a short time before, (*tempo continuato*) for a short time: *è uscito da* —, he's (only) just gone out; *quando telefonai, erano da — partiti*, when I phoned, they had not long left (*o* they had only just left) **4** (*con riferimento all'estensione nello spazio*): *c'è poca distanza dall'albergo alla spiaggia*, it isn't far from the hotel to the beach; *avevamo fatto poca strada quando cominciò a piovere*, we hadn't gone far when it began to rain **5** (*scarso, esiguo*) scant, little: *sono quadri di — valore*, they are paintings of little (*o* scant) value; *trattare qlcu. con — riguardo*, to treat s.o. with scant (*o* little) respect // *con poca spesa*, for a small outlay (*o* without spending much) // *a — prezzo*, at (*o* for) a low price, cheap // *è poca cosa*, it's nothing (*o* it's a drop in the ocean) **6** *pl.* few, not many; (*alcuni*) a few: *ho fatto pochi errori nella prova di matematica*, I didn't make many mistakes in the maths test; *fra pochi minuti*, in a few minutes; *c'erano poche persone in giro*, there weren't many people about (*o* there were few people about); *inviterò i miei genitori e pochi amici*, I'll invite my parents and a few friends // *mi sono rimasti solo pochi spiccioli*, I haven't got much money left // *molto pochi*, very few; *troppo pochi*, too few.

poco *pron.indef.* **1** (very) little, not much: *"Hai del formaggio?" "Sì, ma ne ho —"*, "Have you got any cheese?" "Yes, but not much"; *ieri avevo del tempo libero, ma oggi ne ho molto* —, I had some spare time yesterday, but I've got very little (*o* but I haven't got much) today; (*ne*) *capisco — di matematica*, I understand very little about mathematics; *resta ben — da fare*, there's (very) little (*o* there isn't much) left to be done; *abbiamo speso — in quell'albergo*, we didn't spend much (*o* we spent very little) at that hotel; *un milione mi pare* (*troppo*) —, a million seems too little to me; *ci vuole — per capire che è tutta una truffa*, it doesn't take much to understand it's all a swindle // *c'è — da fare, da dire*, there's little (*o* nothing) to be done, to be said; *c'è — da ridere, da scherzare*, there's little (*o* nothing) to laugh about, to joke about // *dire che ha torto è* —, it's not enough to say he's wrong // *a dir* —, to say the least: *saranno state a dir — centomila persone*, there must have been a hundred thousand people there, to say the least // *e ti pare —?*, do you think that's nothing? // *il che non è* —, which is something // *per — che sia, è sempre qualcosa*, however little it is, it's still something // *non te la prendere per così* —, don't let such a little (*o* small) thing upset you // *ci voleva così — a farmi una telefonata*, it wouldn't have hurt you to give me a ring; *ci vuole così — ad accontentarlo*, it takes so little to please him (*o* to make him happy) // *una cosa da* —, a mere trifle; *una moneta da* —, a small coin; *è un uomo da* —, he's not up to much // *per* —, (*a buon mercato*) cheap: *l'ho comprato per* —, I got it cheap // *per — non*, (*quasi*) nearly: *per — non cadevo in acqua*, I (very) nearly fell in the water; *ci mancò — che non fosse squalificato*, he was (very) nearly disqualified **2** *pl.* (very) few, not many; (*poche persone*) few people; (*alcuni*) a few; (*alcune persone*) a few people: *"Hai molti amici?" "No, ne ho* (*assai*) *pochi"*, "Have you many friends?" "No, very few"; *pochi di noi, di loro ecc.*, few of us, them etc.; *era conosciuto da pochi*, not many people knew him (*o* he was little known); *siamo rimasti in pochi*, there were few of us left; *c'eravamo noi due e pochi altri*, there were the two of us and a few others **3** *un poco, un po'*, a little, some; (*con s. pl.*) a few, some: *un — di pane*, a little (*o* some) bread; *c'erano un bel po' di persone*, there were quite a few people there; *un altro* —, some (*o* a little) more; *costa un — di più*, it costs (*o* is) a little more // *che po' po' di mascalzone!*, what a scoundrel!; *che po' po' di sfacciataggine!*, what cheek!; *con quel po' po' di soldi che ha!*, with all the money he has! // In espressioni di tempo: *un po'* (*di tempo*), a short time; *un bel po'* (*di tempo*), quite a while (*o* quite a long time); *un altro po'* (*di tempo*), a little (*o* a bit) longer; *un po'* (*di tempo*) *prima, dopo, fa*, a short time before, later, ago // *da un po'* (*di tempo*), some time ago, (*riferito al pass.*) some time before, (*tempo continuato*), for some time: *è da un po' che non lo vedo*, I haven't seen him for some time; *lo spettacolo era già finito da un po'*, the show had finished some time before ◆ *s.m.* **1** little: *mi contento del* —, it takes little to please me (*o* I'm easily satisfied); *il — che ho è tuo*, the (*o* what) little I have is yours; *farò quel — che posso*, I'll do what (*o* the) little I can // *il — è meglio del niente*, (*prov.*) half a loaf is better than no bread **2** (*anche f.*) *un, una — di buono*, (*fam.*) a bad lot; *sono dei — di buono*, they're no good (*o* they're a bad lot).

poco *avv.* **1** (*con agg. e avv. di grado positivo e con p. pres. e talvolta pp. usato come agg.*) not very: — *intelligente*, not very bright; — *entusiasmante*, not very exciting; — *conosciuto*, not very well-known; — *costoso*, unexpensive; — *letto*, little read; *sto — bene*, I'm not very well; *una zona — abitata*, a sparsely populated area; *un prodotto — richiesto*, a product in small demand **2** (*con agg. e avv. compar.*) not much; little; (*di tempo*) not long: *è — più alto di me*, he's not much taller than me; *è — più che un ragazzo*, he's little more than a boy; *era — più che ventenne*, he was little more than twenty; *si sposarono — più tardi*, they got married not long after **3** (*con verbi*) little: *il suo aiuto fu — apprezzato*, his help was little appreciated; *studia molto* —, he studies very little; *ci vede* —, he can't see very well; *il primato fu superato di* —, the record was only just beaten // *me ne importa* —, I don't care much; — *importa se...*, it doesn't matter if... // *per — che si rifletta...*, you only have to think a bit... // — *o nulla*, little or nothing // *né punto né* —, not at all // *a — a* —, little by little (*o* gradually) // *press'a* — → pressappoco **4** *un poco, un po'*, a bit: *è un po' strano*, it's a bit (*o* rather) strange // *fa un po' ridere*, (*fam.*) it makes you laugh // *s'è parlato un po' di questo e un po' di quello*, we spoke about this and that // *un po' per..., un po' per...*, what with... and: *un po' per il rumore, un po' per il caldo si sentiva frastornato*, what with the noise and the heat, he felt quite dizzy // *senti un po'*, look!; *vediamo un po'*, let's see; *ma guarda un po'!*, just look what's happened!; *guarda un po' che cosa hai combinato!*, now look what you've done!; *dimmi un po' tu se non ho ragione*, tell me if I'm not right (*o* if I'm wrong).

podagra *s.f.* (*med.*) podagra, gout.

podagrico *agg.* podagric, podagral, podagrous.

podagroso *agg.* podagrous, gouty ◆ *s.m.* a sufferer from gout.

podalico *agg.* (*riferito ai piedi*) podalic; (*riferito alle natiche*) breech (*attr.*): *presentazione podalica*, (*del feto*) (*coi piedi*) foot (*o* footing) presentation, (*con le natiche*) breech presentation; *parto —*, podalic, breech delivery.

podargo *s.m.* (*zool.*) (*Podargus strigoides*) frogmouth.

poderale *agg.* farm (*attr.*), estate (*attr.*): *conduzione —*, farming; *conduzione — in affitto*, tenant farming.

podere *s.m.* farm; holding: *— modello*, model farm.

poderoso *agg.* powerful, mighty (*anche fig.*): *intelletto —*, powerful intellect; *voce poderosa*, powerful voice; *braccia poderose*, powerful (*o* brawny) arms; *un pugno —*, a mighty punch.

podestà¹ → **potestà**¹.

podestà² *s.m.* (*st.*) podestà.

podestariato *s.m.* (*st.*) office, authority of a podestà.

podestarile *agg.* (*st.*) of a podestà.

podesteria *s.f.* (*st.*) **1** (*ufficio*) office of a podestà **2** (*giurisdizione*) jurisdiction of a podestà **3** (*residenza*) residence of a podestà.

podiatra *s.m.* e *f.* (*antiq.*) (*medico*) podiatrist.

podiatria *s.f.* (*med.*) podiatry.

podice *s.m.* **1** (*anat.*) breech **2** (*zool.*) vent.

podilimbo *s.m.* (*zool.*) (*Podylimbus podiceps*) ducker, dabchick.

podio *s.m.* **1** (*arch.*, *archeol.*) podium* // (*sport*) *il vincitore salì sul —*, the winner stepped on to the podium **2** (*di direttore d'orchestra, oratore ecc.*) rostrum*, platform **3** (*per autorità, a una cerimonia o altro*) dais, platform.

podismo *s.m.* (*sport*) running, racing; (*marcia*) walking // *gara di —*, track event.

podista *s.m.* e *f.* **1** (*sport*) track athlete, runner, walker **2** (*estens.*, *scherz.*) (*chi ama far passeggiate*) great walker.

podistico *agg.* foot (*attr.*): *gara podistica*, (foot)race (*o* track event).

podocarpo *s.m.* (*bot.*) podocarpus.

podofillina *s.f.* podophyllin.

podofillo *s.m.* (*bot.*) (*Podophyllum peltatum*) May-apple.

podoflemmatite *s.f.* (*vet.*) founder.

podologia *s.f.* podology.

podologo *s.m.* (*med.*) podiatrist.

poema *s.m.* **1** (long) poem: *— didascalico, epico, eroicomico, narrativo*, didactic, epic, mock-heroic, narrative poem **2** (*mus.*) poem: *— sinfonico*, symphonic poem (*o* tone poem) **3** (*scherz.*) (*scritto molto lungo*) book, tome: *questo non è un articolo, è un —!*, this isn't an article, it's a book! **4** (*scherz.*) (*cosa mirabile*) dream, marvel, wonder: *quel vino è un —*, that wine is a dream.

poemetto *s.m.* (short) poem.

poesia *s.f.* **1** poetry: *— didascalica, drammatica, epica, lirica, satirica*, didactic, dramatic, epic, lyric, satiric poetry; *— popolare*, popular poetry; *questo romanzo ha molte pagine di vera —*, this novel has many pages of real poetry **2** (*componimento poetico*) poem, piece of poetry: *le poesie di Keats*, Keat's poems (*o* poetry); *lesse una —*, he read a poem (*o* a piece of poetry) **3** (*qualità poetica*) poetry, poeticality: *la — di un dipinto di Botticelli*, the poeticality (*o* visual poetry) of a painting by Botticelli; *la — dei film di René Clair*, the poetry of René Clair's films; *sono bei versi, ma senza —*, they are good verses but they are not poetry; *la — dell'amore*, the poetry of love; *la — della natura*, the poetry of nature **4** (*fig.*) (*illusione*) daydream, fantasy, illusion: *questi progetti sono pura —*, these plans are pure fantasy.

poeta *s.m.* **1** poet: *i poeti classici*, the classical poets; *— di corte*, court-poet; *— laureato*, poet laureate // *— si nasce, non si diventa*, poets are born, not made // *una sensibilità da —*, a poetic sensibility **2** (*chi fa castelli in aria*) dreamer.

poetare *v.intr.* to write* poetry, to write* verse ◆ *v.tr.* (*ant.*) to versify, to put* into poetry.

poetastro *s.m.* (*spreg.*) poetaster.

poeteggiare *v.intr.* (*spreg.*) to write* poetry; (*versificare*) to dabble in verse; (*fare il poeta*) to play the poet.

poetessa *s.f.* poetess.

poetica *s.f.* poetics [U], art of poetry: *la — dei surrealisti*, Surrealist poetics.

poeticità *s.f.* poeticalness, poetic quality.

poeticizzare *v.tr.* to poeticize, to make* poetic.

poetico *agg.* **1** (*di poesia*) poetic(al); (*di poeta*) poet's (*attr.*), of the poet: *genio —*, poetic genius; *licenza poetica*, poetic licence; *talento, linguaggio —*, poetic talent, language; *vena, ispirazione, forma poetica*, poetic vein, inspiration, form // *l'arte poetica*, the art of poetry // *un tramonto —*, an awe-inspiring sunset **2** (*sensibile, delicato*) poetic, sensitive: *un amore —*, a poetic love ◆ *s.m.* poetic (quality): *non c'è nulla di — in questo scritto*, there isn't anything poetic in this piece of writing.

poetizzare → **poetare**.

poffarbacco *inter.* (*antiq.* o *scherz.*) by Jove!, good Heavens!

poggia *s.f.* (*mar.*) **1** (*corda*) vang **2** (*parte sottovento*) lee, lee-side: *—!*, up with the helm!; *andate da orza a —!*, go from windward to leeward!; *andare, stare a —*, to sail before the wind.

poggiacapo → **appoggiacapo**.

poggiaferro → **appoggiaferro**.

poggiamano → **appoggiamano**.

poggiapiedi *s.m.* footrest.

poggiare¹ *v.intr.* **1** (*mar.*) (*rifugiarsi in un porto*) to take* shelter **2** (*allontanare la prora dalla direzione del vento*) to bear* up **3** (*spostarsi*) to move: *poggiate a destra*, move to the right.

poggiare² *v.intr.* (*fondarsi*) to rest, to be based: *questo muro poggia su uno strato di roccia*, this wall rests on a layer of rock; *le tue supposizioni poggiano su false ipotesi*, your suppositions are based on false hypotheses ◆ *v.tr.* (*letter.*) (*appoggiare*) to rest, to lean*; (*posare*) to put*, to place: *— il piede a terra*, to rest one's foot on the ground.

□ **poggiarsi** *v.rifl.* (*letter.*) **1** to lean*, to rest **2** (*fig.*) to rely (on), to base oneself (on).

poggiatesta *s.m.* headrest.

poggio *s.m.* hillock, knoll, hummock.

poggiolo, **poggiuolo** *s.m.* (*region.*) balcony.

poh *inter.* pooh!, ugh!

poi *avv.* **1** (*successivamente, in seguito*) then; (*dopo*) after(wards); (*più tardi*) later (on): *finisco di scrivere questa lettera, — me ne vado a casa*, I'll finish writing this letter, then I'm going home; *scrivete prima il cognome, — il nome*, write your surname first, then your first name; *leggete attentamente il brano, — esponetelo con le vostre parole*, read the passage carefully, then explain it in your own words; *si alzò di scatto, — uscì sbattendo la porta*, he jumped up suddenly, then went out slamming the door; *spendendo tutto adesso, non avremo più niente —*, if we spend everything now, we'll have nothing left later (on); *voi andate avanti, io verrò —*, you go (on) ahead and I'll follow after(wards) (*o* later); *ci vediamo —, a —*, see you later // *prima o —*, sooner or later // *e —?*, what then? (*o* and after that?) // *da allora in —*, from then on (*o* ever since then *o letter.* thenceforth); *d'ora in —*, from now on(wards) (*o letter.* henceforth); *da domani in —*, from tomorrow onwards (*o* as from tomorrow) **2** (*inoltre*) besides, and then; (*in secondo luogo*) secondly: *non sarebbe onesto, e — non ne vedo la necessità*, it wouldn't be honest, and then I don't see any need for it (*o* It wouldn't be honest. Besides, I don't see any need for it); *questo materiale non è adatto, prima di tutto perché è costoso e — perché non è resistente*, this material is unsuitable, firstly because it's expensive and secondly because it isn't resistant **3** (*con valore avversativo*) but: *io la penso così, tu — fa' come ti pare*, that's what I think, but you do as you please; *questo è quello che dicono, non so — se sia vero*, that's what they say, but I don't know if it's true **4** (*con valore conclusivo*) then, finally, eventually, in the end; after all: *partirete — domani?*, are you leaving tomorrow, then?; *hai — deciso che cosa farai?*, have you decided what you're going to do, then?; *avevi — ritrovato le chiavi?*, did you find your keys in the end (*o* eventually)?; *sei riuscito — a vedere la partita?*, did you finally get to see the match?; *non è — così difficile*, it isn't so hard after all **5** (*con uso rafforzativo o enfatico*): *ah, questa — non la sapevo*, well I must say I didn't know that; *questo — no!*, oh no! I'm sorry; *questo — non lo dimenticherò*, I'm certainly not going to forget this; *questa — non gliela perdono*, I'm not going to forgive him for this; *perché — te la prendi così?*, why are you getting so worked up (*o* so upset) about it, anyway?; *che cosa ho fatto — di male?*, what harm did I do, anyway?; *io — che colpa ne ho?*, what fault is it of mine, anyway?; *io — non c'entro*, anyway, it's nothing to do with me; *quanto — ai suoi meriti...*, as for his good points...; *e — si lamentano!*, and then they have the courage to complain!; *sarà — vero?*, do you think it's really true?; *no e — no!*, no and no again!; *ne ha prese tante e — tante...*, he got such a thrashing (*o* a hiding)... ◆ *s.m.* future: *non pensiamo al —*, let's not think of the future // *il senno di* (*o del*) *—*, hindsight // *il giorno del —*, (*scherz.*) never.

poiana *s.f.* (*zool.*) (*Buteo buteo*) buzzard.

poiché letter. **poi che** *cong.* **1** (*con valore causale*) as, since; for: *— le cose stanno così...*, as (*o* since) that's how things are (*o* how it is)...; *— tu non hai il coraggio di farlo, glielo* *dirò io*, as (*o* since) you haven't got the heart to do it, I'll tell him; — *era tardi, la seduta fu aggiornata all'indomani*, as (*o* since) it was late, the session was adjourned till the next day; *l'imputato fu assolto — il fatto non costituiva reato*, the accused was acquitted, for (*o* as *o* since) the deed did not constitute a crime **2** (*letter.*) (*con valore temporale*) after, when: — *ebbe udito quella notizia, scoppiò in lacrime*, when she heard the news, she burst into tears; — *ebbero ascoltato il parere del giudice, i giurati si ritirarono per deliberare*, when (*o* after) they had heard the judge's summing up, the jury retired to discuss their verdict.

poichilocito *s.m.* (*med.*) poikilocyte.

poichilocitosi *s.f.* (*med.*) poikilocytosis, poikilocythemia.

poiesi *s.f.* (*fil.*) poiesis.

poietico *agg.* (*fil.*) poietic, creative.

poinsettia, **poinsezia** *s.f.* (*bot.*) (*Euphorbia pulcherrima*) poinsettia, Christmas flower.

pointer *s.m.* (*cane*) pointer.

pointillisme *s.m.* (*pitt.*) (*fr.*) pointillism.

pois *s.m.* (*pallino*) (polka) dot: *una gonna a* —, a polka-dot skirt.

poise *s.m.* (*fis.*) poise (*unità di misura*).

poker *s.m.* (*gioco a carte*) poker.

pokerino *s.m.* (*fam.*) (*poker*) low stakes poker; friendly game of poker.

pokerista *s.m.* e *f.* poker player.

polacca[1] *s.f.* **1** (*musica, danza*) polonaise **2** (*indumento*) polonaise **3** (*nativa, abitante della Polonia*) Pole **4** (*stivaletto*) half-boot.

polacca[2] *s.f.* (*mar.*) polacre.

polacco *agg.* Polish ◆ *s.m.* **1** Pole **2** (*lingua*) Polish.

polare *agg.* polar: *circolo* —, polar circle; *clima* —, frigid climate; *oggi c'è un freddo* —, it's freezing cold today // (*astr.*): *distanza* —, codeclination; *proiezione* —, polar projection; *calotta* —, polar cap; *schiacciamento* —, polar flattening (*o* oblateness); *stella* —, Polaris (*o* polestar *o* pole star *o* loadstar *o* lodestar *o* North Star) // (*mat.*): *asse* —, polar axis; *coordinate polari*, polar coordinates // (*chim.*) *molecola* —, polar molecule.

polarimetria *s.f.* (*fis.*) polarimetry.

polarimetrico *agg.* (*fis.*) polarimetric.

polarimetro *s.m.* (*fis.*) polarimeter.

polariscopio *s.m.* (*fis.*) polariscope.

polarità *s.f.* **1** polarity: — *positiva, negativa*, positive, negative polarity // (*elettr.*) *spina a — prèdeterminata*, polarity cap **2** (*fig.*) (*opposizione*) polarity, oppositeness.

polarizzabile *agg.* (*fis.*) polarizable.

polarizzabilità *s.f.* (*fis.*) polarizability.

polarizzare *v.tr.* **1** (*fis.*) to polarize **2** (*fig.*) to focus, to attract, to draw*: — *il proprio interesse su qlco.*, to focus one's attention on sthg.; — *su di sé l'attenzione del pubblico*, to make oneself the focus of public attention (*o* to draw the public's attention).

□ **polarizzarsi** *v.intr.pron.* to center on sthg.

polarizzato *agg.* (*fis.*) polarized: *luce polarizzata*, polarized light; *onda linearmente polarizzata*, plane-polarized wave.

polarizzatore *agg.* polarizing ◆ *s.m.* (*fis.*) polarizer.

polarizzazione *s.f.* **1** (*fis.*) polarization: — *dielettrica*, (electric) polarization; — *ellittica*, elliptical polarization; — *di griglia*, grid-bias; *piano di* —, plane of polarization; *togliere la* —, to depolarize **2** (*fig.*) focusing, attraction, polarization: *la — dell'attenzione fu immediata*, the focusing of attention was immediate.

polarmente *avv.* **1** (*fis.*) polarly **2** (*fig.*) (*diametralmente*) diametrically.

polarografia *s.f.* (*chim.*) polarography.

polarografo *s.m.* (*chim.*) Polarograph®.

polaroid® meno com. **polaroide** *agg.* e *s.f.* polaroid®.

polca *s.f.* (*musica, danza*) polka: *ballare la* —, to dance a polka.

polder *s.m.* (*geogr.*) polder.

polemarco *s.m.* (*st.*) polemarch.

polemica *s.f.* **1** polemic; controversy, dispute: *il suo articolo suscitò aspre polemiche*, his article aroused bitter controversy; *essere in — con qlcu.*, to be at loggerheads with s.o.; *sono in — con loro per una sciocchezza*, I am in dispute with them over a trifle **2** (*spreg.*) (*discussione inutile*) argument: *smettila di fare polemiche*, stop being so argumentative; *lo dici solo per amore di* —, you are only saying that for the sake of argument.

polemicità *s.f.* argumentativeness; polemic tone; polemic character: *la sua — mi dà fastidio*, his argumentativeness gets on my nerves.

polemico *agg.* **1** polemic(al); controversial: *argomento, spirito* —, polemic subject, spirit **2** (*spreg.*) (*che ha da ridire*) polemic(al), argumentative: *non sopporto il suo tono sempre così* —, I can't stand his incessantly polemical tone; *un'osservazione soltanto polemica*, a purely polemical remark.

polemista *s.m.* e *f.* **1** (*autore*) polemicist, controversialist **2** (*estens.*) (*persona polemica*) argumentative person, contentious person.

polemizzare *v.intr.* to polemize, to polemicize (*anche spreg.*).

polemologia *s.f.* war studies (*pl.*).

polena *s.f.* (*mar.*) figurehead.

polenta *s.f.* **1** (*cuc.*) 'polenta' (thick maize porridge served with meat, cheese etc.): — *con le quaglie*, 'polenta' with quails // — *dolce*, 'polenta' made with chestnut flour // — *d'orzo*, 'polenta' made with barley flour **2** (*estens. spreg.*) (*minestra appiccicosa*) mush **3** (*fig. fam.*) (*persona lenta*) slowcoach, tortoise.

polentaio *s.m.* (*non com.*) seller of 'polenta'.

polentina *s.f.* (*cataplasma*) poultice.

polentone *s.m.* (*fam.*) **1** (*persona lenta*) slowcoach **2** (*scherz.*) (*epiteto dato agli italiani del settentrione*) northerner, North Italian.

polfer *s.f.* railway police.

poli- *pref.* di origine greca che significa 'molto' e indica molteplicità; ingl. poly-: *poliarchico*, polyarchic; *policentrico*, polycentric; *policristallo*, polycrystal; (*etnologia, zool.*) *poliginia*, polygeny; *polisillabico*, polysyllabic.

poliacrilato *s.m.* (*chim.*) polyacrylate.

poliacrilico *agg.* (*chim.*) polyacrylic: *acido* —, polyacrylic acid.

poliadico *agg.* polyadic.

polialcol *s.m.* (*chim.*) polyhydric alcohol.

polialite *s.f.* (*min.*) polyhalite.

poliambulatorio *s.m.* outpatients clinic; (*in un ospedale*) outpatients department.

poliammide *s.f.* (*chim.*) polyamide.

poliammidico *agg.* (*chim.*) polyamide (*attr.*): *resine poliammidiche*, polyamide resins.

poliandria *s.f.* polyandry (*anche bot.*).

poliandro *agg.* (*bot.*) polyandrous ◆ *s.m.* (*archeol.*) polyandrium, polyandrion.

poliarchia *s.f.* (*pol.*) polyarchy.

poliartrite *s.f.* (*med.*) polyarthritis.

poliatomico *agg.* (*fis.*) polyatomic.

polibasico *agg.* (*chim.*) polybasic.

polibasite *s.f.* (*min.*) polybasite.

polibutadiene *s.m.* (*chim.*) polybutadiene.

policarpico *agg.* (*bot.*) polycarpous.

policentrismo *s.m.* (*pol., econ.*) polycentrism.

policiclico *agg.* (*chim.*) polycyclic.

policistico *agg.* (*med.*) polycistic.

policitemia *s.f.* (*med.*) polycythemia.

policlinico *s.m.* polyclinic, general hospital.

policoltura *s.f.* (*agr.*) diversified agriculture.

policorale *agg.* (*mus.*) polychoral.

policristallino *agg.* (*cristallografia*) polycrystalline.

policroismo → **pleocroismo**.

policromatico *agg.* polychromatic: (*fis.*) *radiazione policromatica*, polychromatic radiation.

policromia *s.f.* polychromy.

policromo *agg.* polychrome, polychromatic.

polidattilia *s.f.* **polidattilismo** *s.m.* (*med.*) polydactylism, polydactyly.

polidattilo *agg.* e *s.m.* polydactyl.

poliedrale *agg.* (*mat.*) polyhedral: *angolo* —, polyhedral angle.

poliedricità *s.f.* polyhedric nature, many-sidedness (*anche fig.*): — *di interessi*, many-sidedness of interests.

poliedrico *agg.* **1** (*mat.*) polyhedric; (*del poliedro*) polyhedral: *forma poliedrica*, polyhedric form **2** (*fig.*) (*eclettico*) versatile; many-sided: *intelligenza poliedrica*, versatile intelligence.

poliedro *s.m.* (*mat.*) polyhedron*.

polielettrolita, **polielettrolito** *s.m.* (*chim.*) polyelectrolyte.

poliembrionia *s.f.* (*biol.*) polyembryony.

poliene *s.m.* (*chim.*) polyene.

poliennale *agg.* **1** lasting many years (*pred.*), lasting a number of years (*pred.*); (*form.*) pluriannual: *amicizia* —, friendship lasting many years; *contratto* —, long-term contract **2** (*di buono del tesoro*) long-term.

poliestere *s.m.* (*chim.*) polyester: *resina* —, polyester resin.

poliestesia *s.f.* (*med.*) polyesthesia.

polietilene *s.m.* (*chim.*) polyethylene.

polietilenico *agg.* (*chim.*) polyethylene (*attr.*): *glicol* —, polyethylene glycol.

polifagia *s.f.* (*biol., med.*) polyphagia, polyphagy.

polifago *agg.* (*biol., med.*) polyphagous ◆ *s.m.* (*biol., med.*) polyphage.

polifase *agg.* (*fis.*) polyphase: *sistema* —, polyphase system.

polifenile *s.m.* (*chim.*) polyphenyl.

polifenolo *s.m.* (*chim.*) polyphenol.

polifonia *s.f.* (*mus.*) polyphony.

polifonico *agg.* (*mus.*) polyphonic.

polifonismo *s.m.* (*mus.*) polyphony.

polifonista *s.m.* e *f.* polyphonist.

polifosfato *s.m.* (*chim.*) polyphosphate.

polifunzionale *agg.* (*chim.*) polyfunctional: *acidi polifunzionali*, polyfunctional acids.

poligala *s.f.* (*bot.*) (*Polygala senega*) polygala, milkwort, snakeroot.

poligamia *s.f.* polygamy (*anche biol.*).

poligamo *agg.* polygamous (*anche biol.*) ◆ *s.m.* polygamist.

poligene *s.m.* (*biol.*) polygene.

poligenesi *s.f.* polygenesis.

poligenetico *agg.* polygenetic.

poligenico *agg.* (*biol.*) polygenic.

poligenismo *s.m.* polygenism.

poliglobulia *s.f.* (*med.*) polycythemia, polyglobulia.

poliglotta *s.m.* e *f.* polyglot ◆ *agg.* polyglot, multilingual: *dizionario* —, polyglot dictionary.

poliglottismo *s.m.* polyglotism, multilingualism.

poliglotto → **poliglotta**.

poligonale *agg.* e *s.f.* (*mat.*) polygonal: *figura, curva* —, polygonal figure, curve; — *chiusa*, closed polygonal // (*geol.*) *suolo* —, polygonal ground.

poligono *s.m.* **1** (*mat.*) polygon // (*fis.*) — *dei vettori*, polygon of vectors **2** (*mil.*) firing ground; rifle range.

poligrafare *v.tr.* to hectograph.

poligrafia *s.f.* **1** (*procedimento*) hectographing **2** (*copia*) hectographic copy.

poligrafico *agg.* hectographic ◆ *s.m.* printer, print worker: *i poligrafici*, print workers; *sindacato dei poligrafici*, print workers' union; *unione nazionale dei poligrafici*, National Graphical Association.

poligrafo *s.m.* **1** (*apparecchio*) hectograph **2** (*scrittore*) polygraph; (*tip.*) polygraph.

poliinsaturo *agg.* (*chim.*) polyunsaturated.

polimastia *s.f.* (*med.*) polymastia, polymasty.

polimaterico *agg.* (*di opera d'arte*) made with different materials ◆ *s.m.* work (of art) made using different materials.

polimaterismo *s.m.* (*di opera d'arte*) the use of different materials in the same work of art.

polimerasi *s.f.* (*biochim.*) polymerase.

polimeria *s.f.* (*chim., biol.*) polymerism.

polimerico *agg.* (*chim., biol.*) polymeric.

polimerismo *s.m.* (*chim.*) polymerism.

polimerizzare *v.tr.* **polimerizzarsi** *v.intr.pron.* (*chim.*) to polymerize.

polimerizzazione *s.f.* (*chim.*) polymerization.

polimero *agg.* (*chim.*) polymeric ◆ *s.m.* (*chim.*) polymer.

polimetria *s.f.* (*metrica*) polymetry.

polimetro *agg.* polymetric ◆ *s.m.* polymetric poem.

polimorfia *s.f.* → **polimorfismo**.

polimorfico *agg.* polymorphic; polymorphous.

polimorfismo *s.m.* (*scient.*) polymorphism.

polimorfo *agg.* (*min.*) polymorphous.

polinesiano *agg.* e *s.m.* Polynesian.

polinevrite *s.f.* (*med.*) polyneuritis.

polinomiale *agg.* (*mat.*) polynomial: *equazione* —, polynomial equation.

polinomio *s.m.* (*mat.*) polynomial, multinomial.

polinucleato *agg.* (*biol.*) polynuclear.

polio *s.f.* (*med.*) (*fam.*) polio.

poliolefina *s.f.* (*chim.*) polyolefin.

poliolo *s.m.* (*chim.*) **1** polyol **2** polyhydric alcohol.

poliomielite *s.f.* (*med.*) poliomyelitis, (*fam.*) polio.

poliomielitico *agg.* (*med.*) poliomyelitic.

poliorama → **cosmorama**.

poliossietilene *s.m.* (*chim.*) polyoxyethylene.

poliossimetilene *s.m.* (*chim.*) polyoxymethylene.

poliovirus *s.m.* (*med.*) poliovirus.

polipeptide *s.m.* (*biochim.*) polypeptide.

polipeptidico *agg.* (*biochim.*) polypeptide (*attr.*).

polipetalo *agg.* (*bot.*) polypetalous.

polipnea *s.f.* (*med.*) polypn(o)ea.

polipo *s.m.* **1** (*zool.*) polyp **2** (*med.*) polypus*, polyp **3** (*polpo*) octopus*.

polipodio *s.m.* (*bot.*) (*Polypodium vulgare*) polypody, common polypody.

polipoide *agg.* (*zool.*) polypoid.

polipolio *s.m.* (*econ.*) polypoly.

poliporo *s.m.* (*bot.*) bracket fungus*.

poliposi *s.f.* (*med.*) polyposis.

polipropilene *s.m.* (*chim.*) polypropylene.

poliprotico *agg.* (*chim.*) polybasic.

polipsonio *s.m.* (*econ.*) polypsony.

poliptoto *s.m.* (*ret.*) polyptoton.

polire *v.tr.* (*letter.*) **1** (*lucidare*) to polish; to buff; (*metalli*) to burnish **2** (*versi, stile ecc.*) to polish (up).

poliritmia *s.f.* (*mus.*) polyrhythm.

poliritmico *agg.* (*mus.*) polyrhythmic.

polis *s.f.* polis (*pl.* -eis), Greek city-state.

polisaccaride *s.m.* (*chim.*) polysaccharide.

poliscafo *s.m.* (*mar.*) multi-hull boat.

polisemantico → **polisemico**.

polisemia *s.f.* (*ling.*) polysemy.

polisemico *agg.* (*ling.*) polysemous.

polisenso *agg.* having several meanings ◆ *s.m.* **1** (*molteplicità di significati*) polysemant, word with many meanings **2** (*enigmistica*) puzzle (based on homonyms).

polisillabico *agg.* polysyllabic(al).

polisillabo *agg.* polysyllabic(al) ◆ *s.m.* polysyllable.

polisillogismo *s.m.* (*fil.*) polysyllogism.

polisindetico *agg.* (*gramm.*) polysyndetonic.

polisindeto *s.m.* (*gramm.*) polysyndeton.

polisolfuro *s.m.* (*chim.*) polysulphide.

polispasto *s.m.* (*mecc.*) polyspast.

polispermia *s.f.* (*biol.*) polyspermia, polyspermy.

polisporo *s.m.* (*bot.*) (*Chenopodium polyspermum*) allseed.

polisportiva *s.f.* sports club.

polisportivo *agg.* sports (*attr.*): *campo* —, sports ground.

polista *s.m.* e *f.* (*sport*) polo player.

polistadio → **pluristadio**.

polistilo *agg.* (*arch.*) polystyle, polystylar.

polistirene *s.m.* (*chim.*) polystyrene.

polistirenico, polistirolico *agg.* (*chim.*) polystyrene (*attr.*): *resine polistireniche*, polystyrene resins.

polistirolo → **polistirene**.

politeama *s.m.* theatre.

politecnico *agg.* e *s.m.* polytechnic.

politeismo *s.m.* polytheism.

politeista *s.m.* e *f.* polytheist.

politeistico *agg.* polytheistic(al).

politematico *agg.* (*mus.*) polythematic, based on different themes.

politene *s.m.* (*chim.*) polythene.

politezza *s.f.* (*letter.*) **1** (*l'essere levigato*) polish **2** (*fig.*) (*eleganza*) polish, refinement.

politica *s.f.* **1** politics [U]: — *estera, interna*, foreign, domestic politics; *la — è il suo argomento preferito*, politics is his favourite subject; *darsi alla* —, to go into (*o* to enter) politics; *fare della* —, to take part in politics; *intendersi di* —, to know a lot about politics; *parlare di* —, to talk politics; *ritirarsi dalla* —, to retire from political life // — *da caffè*, café (*o* armchair) politics **2** (*linea di condotta*) policy: — *accorta*, wise policy; — *stolta*, foolish policy; *questa è buona, cattiva* —, this is good, bad policy; *la sua — come capo dell'azienda dovrebbe essere diversa*, his policy as head of the firm should be different // (*econ.*): — *agraria*, agricultural policy; — *aziendale*, company (*o* corporate) policy; — *congiunturale*, short-term economic policy; — *dei prezzi*, pricing policy; — *dei redditi*, incomes policy; — *del rischio calcolato*, brinkmanship; — *di bilancio*, budgeting (*o* budgetary policy); — *di stabilizzazione*, stabilization policy; — *di vendita*, sales policy; — *energetica*, energy policy; *la — economica del governo*, the government's economic policy; — *industriale*, industrial policy; — *liberistica*, laissez-faire policy; — *monetaria*, monetary policy; — *monetaria restrittiva*, tight money policy; — *occupazionale*, employment policy; — *salariale*, wages policy; — *sindacale*, union policy **3** (*diplomazia*) diplomacy; (*astuzia, gioco*) astuteness, shrewdness; game: *ci vorrà un po' di* —, a little diplomacy will be needed; *conosco la sua* —, I know his (little) game.

politicamente *avv.* **1** politically **2** (*fig.*) (*con astuzia*) diplomatically; shrewdly.

politicante *s.m.* e *f.* (*spreg.*) (petty) politician; political intriguer.

politicastro *s.m.* (*spreg.*) political intriguer; political hack, politico*.

politichese *s.m.* (*spreg.*) (*linguaggio dei politici*) political jargon.

politicismo *s.m.* (*tendenza a privilegiare i fini politici*) giving priority to political goals.

politicità *s.f.* political character, politicalness.

politicizzare *v.tr.* **1** (*dare carattere politico a*) to politicize, to make* (sthg.) political: — *una commemorazione*, to turn a commemoration into a political event (*o* to politicize a commemoration) **2** (*sensibilizzare alla politica*) to politicize: — *le masse contadine, i di-*

soccupati, to politicize the rural masses, the unemployed.

□ **politicizzarsi** *v.rifl.* to become* politicized, to become* politically aware ◆ *v.intr.pron.* to become* political, to become* politicized.

politicizzato *agg.* politicized: *uno sciopero* —, a politicized strike; *un lavoratore, uno studente* —, a politicized worker, student.

politicizzazione *s.f.* politicization.

politico *agg.* 1 political: — *-economico*, politico-economical; — *-sociale*, politico -social; *crisi politica*, political crisis; *diritti politici*, political rights; *economia, geografia, storia politica*, political economy, geography, history; *elezioni politiche*, political elections; *giornale* —, political paper; *nemico* —, political enemy; *opinioni, teorie politiche*, political views, theories; *partito* —, political party; *ragioni politiche*, political reasons; *scienze politiche*, political science; *sciopero* —, political strike; *scritti politici*, political writings; *uomo* —, politician: *fu il più grande uomo — del suo tempo*, he was the greatest politician of his time; *è il corrispondente — di un giornale locale*, he is the political correspondent of a local paper; *prigioniero* —, political prisoner; *delitto, reato* —, political crime // (*econ.*) *prezzo* —, controlled (*o* government-established) price 2 (*fig.*) (*diplomatico*) diplomatic, tactful: *una risposta politica*, a diplomatic reply 3 (*rar.*) (*civile*) social: *l'uomo è un animale* —, man is a social animal ◆ *s.m.* 1 politician: *un — accorto*, a shrewd politician; *il linguaggio dei politici*, the language of politicians 2 (*fig.*) (*persona astuta*) diplomat; shrewd operator.

politicone *s.m.* (*spreg.*) (*intrigante*) schemer, intriguer, shrewd operator.

politipo *s.m.* (*tip.*) polytype.

polito *agg.* polished (*anche fig.*): *metallo* —, polished metal; *stile* —, polished style.

politologia *s.f.* political studies.

politologico *agg.* political, relating to political studies.

politologo *s.m.* political expert.

politonale *agg.* (*mus.*) polytonal.

politonalità *s.f.* 1 (*mus.*) polytonality 2 (*fig.*) (*varietà di toni in un'opera letteraria ecc.*) variety of tones.

politopico *agg.* (*biol.*) polytopic: *specie politopiche*, polytopic species.

politopo *s.m.* (*mat.*) polytope.

polittico *s.m.* (*arte*) polyptych.

poliuretano *s.m.* (*chim.*) polyurethane.

poliuria *s.f.* (*med.*) polyuria.

poliurico *agg.* (*med.*) polyuric.

polivalente *agg.* 1 (*chim.*) polyvalent 2 (*estens.*) multi-purpose (*attr.*), multiple, multiple use (*attr.*): *applicazioni polivalenti*, multiple applications; *vaccino* —, polyvalent (*o* multivalent) vaccine.

polivalenza *s.f.* 1 (*chim.*) polyvalency, polyvalence 2 (*estens.*) versatility (*anche inform.*).

polivinilcloruro *s.m.* (*chim.*) polyvinyl chloride.

polivinile *s.m.* (*chim.*) polyvinyl: *cloruro di* —, polyvinyl chloride.

polivinilico *agg.* (*chim.*) polyvinyl (*attr.*): *resina polivinilica*, polyvinyl resin.

polizia *s.f.* police: *corpo di* —, police force; — *giudiziaria*, Criminal Investigation Department (*abbr.* CID); — *sanitaria*, sanitary inspectors; — *segreta*, secret police; — *stradale*, traffic police, (*sulle autostrade*) motorway police (*o amer.* highway police); *agente, funzionario di* —, police officer; *agente di — femminile*, policewoman; — *scientifica*, scientific police; — *ferroviaria*, railway police; — *tributaria*, revenue police; *provvedimenti di* —, police measures; *auto della* —, police car; *ispettore di* —, police inspector; *commissariato, ufficio, posto di* —, police station; *ha la — alle calcagna*, the police are after him; *chiamare la* —, to call the police; *mettere qlcu. nelle mani della* —, to turn s.o. in (*o fam.* to shop s.o.) // *stato di* —, police state.

poliziesco *agg.* 1 police (*attr.*): *indagine poliziesca*, police investigation // *stato* —, police state 2 (*romanzo, film ecc.*) detective: *film* —, detective film (*o* mystery film *o* thriller); *romanzo* —, detective story.

poliziotto *s.m.* policeman*, police officer, (police) constable; (*sl.*) cop: — *privato*, private detective (*o* private eye *o* private investigator) // *donna* —, policewoman // *cane* —, police dog.

polizoico *agg.* (*zool.*) polyzoic.

polizza *s.f.* 1 (*ricevuta*) bill; receipt: — *di carico* (*di navi*), bill of lading; — *di carico aereo*, airway bill (of lading); — *di carico collettiva*, general bill of lading; — *di carico diretta*, through bill of lading; — *di carico per l'estero*, export bill of lading; — *di carico sporca o con riserva*, unclean bill of lading; — *di carico pulita, netta*, clean bill of lading; — *di deposito*, deposit receipt (*o* warrant); — *di noleggio*, freight note; — *di deposito*, deposit receipt 2 (*assicurativa*) policy // (*assicurazione*): — *contro il furto, gli incendi*, theft, fire policy; — *generale*, master policy; — *automobilistica contro tutti i rischi*, comprehensive motor policy; — *di rendita*, annuity policy; — *di responsabilità civile*, public liability policy; — *di responsabilità contro terzi*, third party liability policy; — *mista*, mixed policy; — *multirischi*, multi-risk policy; — *scaduta*, lapsed policy; — *scudo, casco*, blanket (*o* block) policy; — *sulla vita*, life insurance policy (*o* life assurance policy); — *su merci viaggianti*, goods in transit policy; *scadenza della* —, expiration of the policy; *annullare la* —, to void the policy; *redigere una* —, to draw up a policy; *cedere la* —, to sign over the policy; *portatore, titolare di* —, policy-holder (*o* policy owner) // (*mar.*): — *aperta, d'abbonamento*, open policy; — *a tempo*, time policy; — *a viaggio*, voyage policy; — *di assicurazione marittima*, marine insurance policy; — *per viaggio di andata e ritorno*, round policy 3 (*lotto*) lottery ticket.

polizzario *s.m.* (*assicurazioni*) (*registro di polizze*) policy register.

polizzino *s.m.* 1 (*mar.*) (*polizza di carico per piccole spedizioni*) parcel receipt, parcel ticket 2 (*assicurazioni*) (*accordo preliminare*) slip 3 (*banca*) (*fede di credito*) certificate of credit 4 (*Borsa*) (*fissato bollato*) contract note.

polka *s.f.* (*mus.*) polka.

polla *s.f.* (*geogr.*) pool.

pollaio *s.m.* 1 poultry pen, hen house, (hen) roost; (*stia*) hen-coop 2 (*pollame*) poultry 3 (*fig. fam.*) (*luogo sporco*) pigsty: *mi sembra di essere in un* —, this place looks like a pigsty 4 (*fig. fam.*) (*gran chiasso*) bedlam.

pollaiolo *s.m.* poulterer, poultry dealer.

pollame *s.m.* poultry, fowl: *l'industria del* —, the poultry industry; *il prezzo del* —, the prices of poultry.

pollanca *s.f.* (*region.*) 1 (*tacchina giovane*) young turkey 2 (*pollastra*) pullet, young hen.

pollastra *s.f.* 1 pullet 2 (*fig. scherz.*) (*ragazza*) chick.

pollastro *s.m.* 1 chicken, cockerel 2 (*fig. scherz.*) (*sempliciotto*) sucker, mug, simpleton, booby.

polleria *s.f.* poulterer's (shop), poultry shop.

pollice *s.m.* 1 thumb, pollex* // *avere il — verde*, (*fig.*) to have green fingers 2 inch (*misura di lunghezza* = 2,54 cm): — *cubico*, cubic inch (*misura di volume* = 16,38 cm^3); — *quadrato*, square inch (*misura di superficie* = 6,45 cm^2) // (*tv*) *schermo di 12 pollici*, 12-inch screen // *non muoverti di un* —, (*estens.*) don't move an inch.

pollicoltore *s.m.* poultry farmer, chicken farmer.

pollicoltura *s.f.* poultry farming, chicken farming.

pollina *s.f.* (*agr.*) fowl-manure, chicken -dung.

polline *s.m.* (*bot.*) pollen, (flower-)dust, farina // *trasportatore di* —, pollinator // *determinazione della quantità di — nell'atmosfera*, pollen count.

pollinico *agg.* (*bot.*) pollinic; pollen (*attr.*).

pollinifero *agg.* (*bot.*) polliniferous.

pollino *agg.* fowl (*attr.*) // *occhio* —, (*fam.*) soft corn between toes.

pollinosi *s.f.* (*med.*) pollinosis.

pollivendola *s.f.* **pollivendolo** *s.m.* poulterer, poultry dealer.

pollo *s.m.* 1 chicken; fowl: — *d'allevamento*, battery chicken; — *novello*, spring chicken; *allevamento di polli*, poultry farm (*o* poultry farming *o* chicken farming *o* poultry breeding); — *arrosto*, roast chicken; — *lesso*, boiled chicken; — *ripieno*, stuffed chicken; *brodo di* —, chicken broth // (*vet.*) *malattia dei polli*, fowl-pest // *è una cosa che farebbe ridere i polli*, it would make a horse laugh // *conosco i miei polli*, (*fig. fam.*) I know what they can get up to (*o* what they are like) 2 (*zool.*) — *sultano*, (*Porphyrio porphyrio*) Sultan; — *d'India*, turkey.

pollone *s.m.* (*bot.*) 1 (*germoglio*) bud, sprout 2 (*ramo giovane*) shoot, sucker, rootsucker, tiller, scion: — *principale*, leader; — *per innesto*, slip.

polluto *agg.* (*letter.*) (*contaminato*) polluted, contaminated.

polluzione *s.f.* 1 (*fisiologia*) pollution: — *notturna*, wet dream (*o* involuntary ejaculation) 2 (*non com.*) (*inquinamento*) pollution, defilement: — *atmosferica*, atmospheric (*o* air) pollution.

polmonare *agg.* (*anat.*) pulmonary, pulmonic: *arco* —, pulmonary arch; *arteria, vena* —, pulmonary artery, vein; *stenosi* —, pulmonary stenosis.

polmonaria *s.f.* (*bot.*) (*Pulmonaria officinalis*) lungwort.

polmonato *s.m.* (*zool.*) pulmonate.

polmone *s.m.* 1 lung: — *destro, sinistro*, right, left lung: *deve avere buoni polmoni*, he must have good lungs (*anche fig.*); *respirare a pieni polmoni*, to take deep breaths; *gridare a pieni polmoni*, to shout at the top of one's voice // *il parco centrale è il — della città*, (*fig.*) the central park functions as the lungs of the city // (*med.*) — *d'acciaio*, iron lung // (*mar.*) — *idropneumatico*, hydropneumatic lung **2** (*centro propulsore*) driving force, heart: *il turismo è il — dell'economia italiana*, tourism is the heart (*o* the driving force) of the Italian economy.

polmonite *s.f.* (*med.*) pneumonia.

polmonitico *agg.* (*med.*) pneumonic.

polo[1] *s.m.* **1** pole: (*astr.*) — *celeste*, celestial pole; — *del freddo*, cold pole; (*geofisica*) — (*geo*)*magnetico*, (geo)magnetic pole // *Polo Nord*, *Polo Sud*, North Pole, South Pole // *una spedizione al —*, an expedition to the pole // *da un — all'altro*, from pole to pole // (*fis.*): — *di calamita*, *magnetico*, magnetic pole: — *negativo*, *positivo*, negative, positive pole; *poli opposti*, opposite poles; *noi due siamo ai poli opposti*, (*fig.*) we are poles apart // (*elettr.*) *superficie —*, polar face **2** (*centro di attrazione*) magnet, attraction: *la riviera è un — d'attrazione per i turisti*, the riviera is a magnet for tourists // (*econ.*): — *di sviluppo*, growth pole (*o* pole of development); — *di sviluppo industriale*, industrial pole of development.

polo[2] *s.m.* (*sport*) polo ◆ *s.f.* (*abbigl.*) button -neck sweater.

polonio *s.m.* (*chim.*) polonium.

polpa *s.f.* **1** (*di frutta*) pulp; flesh: — *di albicocca*, apricot pulp; — *di mele*, apple pulp (*o* pomace) **2** (*carne*) lean meat: — *di manzo*, *di vitello*, lean beef, veal **3** (*anat.*) — *dentale*, *dentaria*, dental pulp **4** (*polpaccio*) calf* **5** (*fig.*) (*sostanza*, *succo*) kernel.

polpaccio *s.m.* calf*: *ho un crampo al — destro*, I have a cramp in my right calf.

polpacciuto *agg.* (*non com.*) **1** (*carnoso*) fleshy **2** (*coi polpacci grossi*) having thick calves.

polpastrello *s.m.* fingertip, finger's end.

polpetta *s.f.* **1** (*cuc.*) rissole: — *di carne*, meatball; — *di pesce*, fishcake // *far polpette di qlcu.*, (*fig. scherz.*) to beat s.o. to a jelly (*o* to a pulp) **2** (*fig. scherz.*) (*tedioso*) boring **3** *pl.* (*ant.*) (*calze*) stockings (to wear with knee breeches).

polpettone *s.m.* **1** (*cuc.*) meat roll, meat loaf **2** (*fig. scherz.*) mishmash, jumble: *quel film è un —*, that film's a mishmash.

polpo *s.m.* (*zool.*) octopus*.

polposo *agg.* pulpy, pulpous: *frutta polposa*, pulpy fruit.

polputo *agg.* fleshy, plump: *gambe polpute*, fleshy legs.

polsino *s.m.* cuff: *polsini inamidati*, starched cuffs.

polso *s.m.* **1** (*anat.*) wrist: — *sottile*, *tozzo*, thin, thick wrist; *la legò ai polsi*, he tied her wrists; *mi prese per i polsi*, he caught me by the wrists; *mettere le manette ai polsi a qlcu.*, to handcuff s.o. **2** (*pulsazione*) pulse: — *irregolare*, *frequente*, irregular, quick (*o* rapid) pulse; — *febbrile*, febrile pulse; *il malato ha il — debole*, the patient's pulse is weak (*o* low); *sentire*, *tastare il — a qlcu.*, to feel (*o* to take) s.o.'s pulse; (*fig.*) to sound s.o.'s intentions **3** (*polsino*) cuff: *i polsi della camicia*, the shirt-cuffs; *un cappotto coi polsi di pelliccia*, an overcoat with fur cuffs **4** (*fig.*) energy, vigour, firmness: *un uomo di —*, an energetic (*o* a determined) man; *ha molto — coi suoi figli*, he is very firm with his children; *essere di —*, to have backbone; *essere privo di —*, to be slack (*o* to lack backbone); *governare con — fermo*, to govern with a firm hand.

polstrada *s.f.* traffic police; (*in autostrada*) motorway police; (*amer.*) highway patrol.

poltiglia *s.f.* **1** mush, swill: *questa minestra è una —*, this soup is swill; *ridurre qlco.*, *qlcu. in —*, to reduce sthg., s.o. to pulp **2** (*fanghiglia*) mud, mire; (*di neve sciolta*) slush; (*di ghiaccio galleggiante*) sludge, slush.

poltrire *v.intr.* **1** to laze in bed: *mi piace — sotto le coperte*, I like lazing in bed **2** (*oziare*) to laze, to loaf, to idle.

poltrona *s.f.* **1** easy chair, armchair: *un divano e due poltrone*, a divan and two armchairs; — *letto*, chair-bed (*o* put-me-up chair) // *un eroe della —*, (*iron.*) one of the chairborne brigade // *starsene in —*, (*oziare*) to be idle **2** (*teatr.*) stall: *una — di seconda fila*, a second row stall **3** (*donna pigra*) sluggard, slattern **4** (*fig.*) (*posto di potere*) job, position: *ambire alla — di presidente*, to aspire to the job of president; *non vuole lasciare la —*, he doesn't want to give up his position.

poltronaggine *s.f.* laziness, idleness, sloth.

poltroncina *s.f.* (*teatr.*) pit-stall.

poltrone *s.m.* **1** (*persona pigra*) idler, loafer, slacker; (*fam.*) lazybones: *alzati, —!*, get up lazybones!; *non fare il —*, don't be so lazy **2** (*zool.*) → bradipo.

poltroneggiare *v.intr.* (*non com.*) to idle; to loaf, to slack.

poltroneria *s.f.* idleness, laziness, indolence.

poltronesco *agg.* (*non com.*) lazy, idle, indolent.

poltronissima *s.f.* (*teatr.*) (orchestra) stall.

poltronite *s.f.* (*scherz.*) laziness.

polveratrice *s.f.* (*agr.*) duster.

polvere *s.f.* **1** dust: — *di carbone*, coal dust; *una nuvola di —*, a cloud of dust; *tempesta di —*, dust storm; *strada*, *stanza piena di —*, dusty street, room; *libri pieni di —*, books covered with dust; *l'automobile sollevò molta —*, the car raised a lot of dust; *c'è un dito di — sulla scrivania*, the desk is thick in dust; *levar*, *togliere*, *fare la —*, to dust; *gettar — negli occhi a qlcu.*, (*anche fig.*) to throw dust in s.o.'s eyes // *mangiare la —*, (*respirarla*) to breathe in dust, (*fig.*) (*umiliarsi*) to eat humble pie; *far mangiare la — a qlcu.*, (*fig.*) (*superarlo*) to make s.o. bite the dust // *mordere la —*, (*fig.*) to bite the dust // *scuotere la — di dosso a qlcu.*, (*fig. iron.*) (*bastonarlo*) to thrash s.o.; *scuotersi di dosso la —*, (*fig.*) (*liberarsi di fastidi, persone*) to shake off troubles, people **2** (*sostanza polverulenta*) powder: — *dentifricia*, tooth powder; — *di smeriglio*, emery powder; — *di talco*, talcum powder; — *d'oro*, gold powder // (*chim.*): — *da sbianca*, bleaching powder; — *di Seidlitz*, Seidlitz powder // — *da sparo*, *pirica*, (*esplosivo*) gunpowder; — *senza fumo*, smokeless powder // *in —*, powdered (*o* in powder form); *caffè in —*, ground coffee; *latte*, *cacao*, *zucchero in —*, powdered milk, cocoa, sugar; *sapone in —*, soap powder; *medicina in —*, medicine in powder; *ridurre in —*, to pulverize, (*fig.*) to crush (*o* to pulverize) // *innescare le polveri*, to prime powder // *tenere asciutte le polveri*, (*anche fig.*) to keep one's powder dry; *avere le polveri bagnate*, to have one's powder wet, (*fig.*) (*non poter sfruttare le proprie capacità*) to be stymied (*o* thwarted) // *dar fuoco alle polveri*, (*fig.*) (*provocare una rivolta*) to spark off a rebellion.

polveriera *s.f.* **1** (*mil.*) (*deposito*) powder magazine **2** → polverificio **3** (*fig.*) powder keg: *il paese è ormai una —*, the country is now a powder keg.

polverificio *s.m.* powder factory.

polverina *s.f.* **1** dust, fine powder **2** (*med.*) powder.

polverino *s.m.* **1** (*polvere d'innesco*) priming **2** (*sabbia per asciugare l'inchiostro*) sand.

polverio *s.m.* dust cloud.

polverizzabile *agg.* pulverizable.

polverizzamento → **polverizzazione**.

polverizzare *v.tr.* **1** to pulverize (*anche fig.*); (*fig.*) to smash, to crush: — *il sale*, to pulverize salt; *mi guardò come se mi volesse —*, he looked at me as if he wanted to smash (*o* to crush *o* to pulverize) me; *ha polverizzato il record precedente*, he smashed the standing record **2** → nebulizzare.

□ **polverizzarsi** *v.intr.pron.* **1** to pulverize, to be reduced to powder **2** (*fig.*) (*sparire*) to melt away, to vanish: *il mio guadagno si è polverizzato*, my profit has melted away.

polverizzato *agg.* pulverized (*anche fig.*); powdered; (*fig.*) smashed, crushed: *carbone —*, powdered coal; *zucchero —*, powdered sugar; *un avversario —*, a crushed opponent; *un record —*, a smashed record.

polverizzatore *s.m.* **1** (*macinatore*) pulverizer **2** (*nebulizzatore*) atomizer; (*ugello spruzzatore*) spray nozzle **3** (*erogatore di polvere*) duster.

polverizzazione *s.f.* **1** (*riduzione in polvere*) pulverization **2** (*nebulizzazione*) spraying, atomizing: — *del combustibile*, spraying (*o* atomizing) of the fuel.

polverone *s.m.* **1** dust cloud **2** (*fig.*) uproar, outcry; fuss: *la sua dichiarazione sollevò un gran —*, his statement created an immense uproar (*o* outcry).

polveroso *agg.* **1** dusty: *strada polverosa*, dusty road **2** (*simile a polvere*) powdery: *una neve polverosa*, powdery snow.

polverulento *agg.* pulverulent.

polverume *s.m.* (*spreg.*) **1** (thick) dust: *che — su questa scrivania!*, what a lot of dust there is on this desk! **2** (*insieme di cose vecchie e impolverate*) junk [U], lumber [U], clutter [U].

polviscolo → **pulviscolo**.

pomata *s.f.* **1** (*medicamento*) salve; ointment **2** (*per i capelli*) pomade, pomatum.

pomatomo *s.m.* (*zool.*) (*Pomatomus saltator*) bluefish.

pomellato *agg.* (*zool.*) dapple(d): *un cavallo grigio —*, a dapple-grey (horse).

pomellatura *s.f.* dappling.

pomello *s.m.* **1** (*della guancia*) cheek, cheekbone: *aveva i pomelli rossi per il freddo*, her cheeks were red with the cold **2** (*di maniglia, leva ecc.*) knob, pommel: *il — del cassetto*, the knob of the drawer; *il — del bastone da passeggio*, the knob (*o* pommel) of the walking stick.

pomelo *s.m.* (*bot.*) pomelo*.

pomerano *agg.* e *s.m.* Pomeranian.

pomeridiano *agg.* **1** afternoon (*attr.*): *lezione pomeridiana*, afternoon lesson; *il sonnellino* —, afternoon nap (*o* siesta); *il tè* —, afternoon tea **2** (*di ore*) p.m. (post meridiem): *il treno parte alle 3 pomeridiane*, the train leaves at 3 p.m. (*o* at 3 in the afternoon).

pomeriggio *s.m.* afternoon: *nel, di* —, in the afternoon; *primo, tardo* —, early, late afternoon; *ore del* —, afternoon hours; *le teletrasmissioni del* —, the afternoon TV programmes; *lo vidi giovedì* —, I saw him on Thursday afternoon; *oggi — alle tre*, at 3 this afternoon; *vieni un — qualsiasi*, come on any afternoon; *il dottore riceve al — dalle 3 alle 6*, the doctor sees patients between 3 and 6 o'clock in the afternoon.

pomero *s.m.* (*zool.*) (*cane della Pomerania*) Pomeranian (dog), spitz (dog).

pometo *s.m.* (*non com.*) (*frutteto*) orchard.

pomice *s.f.* (*geol.*) (*pietra*) —, pumice (stone).

pomiciare *v.tr.* **1** (*spianare, levigare, lucidare con pomice*) to pumice **2** (*carteggiare*) to sandpaper ◆ *v.intr.* (*fam.*) (*scambiarsi effusioni intime*) to pet, to snog, to neck.

pomiciata *s.f.* (*fam.*) petting, snogging, necking.

pomiciatura *s.f.* **1** (*trattamento con pomice*) pumicing **2** (*carteggiatura*) sandpapering.

pomicione *s.m.* (*fam.*) petter, snogger.

pomicioso *agg.* (*geol.*) pumiceous.

pomidoro e *deriv.* → **pomodoro** e *deriv.*

pomifero *agg.* (*letter.*) fruit-bearing, pomiferous.

pomo *s.m.* **1** (*bot.*) pome; (*mela*) apple // (*anat.*) — *d'Adamo*, Adam's apple // *il — della discordia*, (*mit.*) the apple of discord (*anche fig.*); (*fig.*) the bone of contention **2** (*fig.*) (*pomello di maniglia, leva, bastone ecc.*) knob; (*di spada*) pommel: *un letto con i pomi d'ottone*, a bed with brass knobs.

pomodoro *s.m.* **1** (*bot.*) (*Solanum lycopersicum*) tomato*: *salsa di* —, tomato sauce; *spaghetti al* —, spaghetti with tomato sauce; *insalata di pomodori*, tomato salad // *era rosso come un* —, (*fig.*) he was as red as a beetroot **2** (*zool.*) — *di mare*, (*Actinia equina*) sea anemone.

pomogranato *s.m.* → **melagrana**, **melograno**.

pomolo *s.m.* (*region.*) (*pomello, maniglia*) knob: *il — del cassetto, del bastone*, the knob of the drawer, of the walking stick.

pomologia *s.f.* pomology.

pomologico *agg.* pomological.

pomoso *agg.* (*letter.*) fruitful.

pompa[1] *s.f.* **1** (*fasto, magnificenza*) pomp: *celebrare le nozze con grande* —, to celebrate the wedding with great pomp // *in — magna*, (*iron.*) in full regalia (*o* trim): *si mise in — magna per andare a teatro*, she dressed up in full trim to go to the theatre **2** (*ostentazione*) display, ostentation; show (*anche zool.*): *far — di sé*, to show off.

pompa[2] *s.f.* (*mecc.*) pump: — *a doppio effetto*, double-acting pump; — *a mano*, hand pump; — *antincendio*, fire pump; — *aspirante*, suction pump; — *aspirante e premente*, lift and force pump; — *a stantuffo*, piston pump; — *a vuoto*, vacuum pump; — *da bicicletta*, bicycle pump; — *dell'acqua*, water pump; — *dell'olio*, oil pump; — *di alimentazione*, feed pump; — *idraulica*, hydraulic pump; — *per pneumatici*, tyre pump; — *premente*, force pump // — *della benzina*, petrol pump // (*fis.*) — *di calore*, heat pump.

pompaggio *s.m.* pumping.

pompare *v.tr.* **1** to pump: — *acqua da un pozzo*, to pump water from a well; — *aria in un pneumatico*, to pump up (*o* to inflate) air into a tyre; — *le ruote di una bicicletta*, to pump up the wheels of a bicycle **2** (*fig.*) (*assorbire*) to drain away, to soak up **3** (*fam.*) (*esagerare, gonfiare*) to blow* up, to inflate: *la stampa ha pompato la notizia*, the press blew up (*o* inflated) the story.

pompata *s.f.* **1** pumping: *dare una — ai pneumatici*, to pump up the tyres **2** (*quantità tratta con la pompa*) pumpful.

pompeano → **pompeiano**[2].

pompeggiare *v.intr.* (*non com.*) (*far sfoggio*) to show off (sthg.), to flaunt (sthg.).
□ **pompeggiarsi** *v.intr.pron.* (*pavoneggiarsi*) to show off.

pompeiana *s.f.* (*non com.*) (*vasca da bagno dove si sta seduti*) hipbath.

pompeiano[1] *agg.* e *s.m.* (*di Pompei*) Pompeian.

pompeiano[2] *s.m.* (*st.*) (*partigiano di Pompeo*) follower of Pompey ◆ *agg.* (*di Pompeo*) of Pompey, Pompey's (*attr.*).

pompelmo *s.m.* (*bot.*) (*Citrus paradisi*) grapefruit, pomelo*: *spremuta di* —, grapefruit juice.

pompiere *s.m.* fireman*: *il corpo dei pompieri*, the fire brigade; *chiamate i pompieri!*, call the fire brigade!

pompino *s.m.* (*volg.*) blowjob.

pompista *s.m.* e *f.* (*addetto a un distributore*) petrol pump attendant.

pompon *s.m.* (*fr.*) pompom: *un berretto col* —, a cap with a pompom.

pomposità *s.f.* pomposity, pompousness: — *di stile*, pompous style.

pomposo *agg.* **1** pompous: *titolo* —, pompous title; *che discorso —!*, what a pompous speech! **2** (*imponente, solenne*) stately: *cerimonia pomposa*, stately ceremony.

ponce → **punch**[1].

poncho, **poncio** *s.m.* poncho.

ponderabile *agg.* worthy of attention: *due alternative ponderabili*, two alternatives worthy of attention.

ponderabilità *s.f.* ponderability.

ponderale *agg.* (*scient.*) ponderal, weight (*attr.*): *accrescimento, calo* —, weight increase, loss.

ponderare *v.tr.* to weigh (up), to ponder, to consider, to think* over (sthg.): — *una situazione*, to weigh (up) a situation; — *i pro e i contro di qlco.*, to weigh (up) the pros and cons of sthg. ◆ *v.intr.* (*riflettere*) to reflect, to ponder: *devi — bene prima di agire*, you must reflect carefully before acting.

ponderatamente *avv.* after careful reflection; after careful meditation.

ponderatezza *s.f.* circumspection; deliberation: *un uomo di gran* —, a man of great circumspection.

ponderato *agg.* considered; (*circospetto*) circumspect: *risposta ponderata*, considered answer; *uomo* —, circumspect man // (*stat.*) *media ponderata*, weighed average.

ponderazione *s.f.* **1** (*il ponderare*) pondering; (*riflessione*) reflection, deliberation, consideration: *agire con* —, to act after due reflection; *la faccenda richiede molta* —, the question calls for reflection (*o* deliberation) **2** (*stat.*) (*attribuzione di peso e valore*) weighting.

ponderosità *s.f.* (*non com.*) ponderousness.

ponderoso *agg.* **1** (*pesante*) ponderous, heavy: *un carico* —, a ponderous load **2** (*fig.*) (*gravoso*) weighty, onerous, burdensome: *un incarico* —, a weighty task.

pondo *s.m.* (*letter.*) weight, burden, load (*anche fig.*).

ponente *s.m.* **1** west: *a — di*, to the west of; *vento che viene da* —, westerly wind; *dirigersi verso, a* —, to go west; *viaggiare verso* —, to travel west **2** (*vento*) west wind.

ponentino *s.m.* (*venticello laziale*) light west wind, westerly breeze ◆ *agg.* (*non com.*) (*di ponente*) western, west: *riviera ponentina*, Ligurian (*o* Italian) riviera (West of Genoa).

pongo® *s.m.* pongo.

ponsò *agg.* e *s.m.* (*non com.*) (*rosso vivo*) poppy-red, flaming red.

pontato *agg.* (*mar.*) decked.

ponte *s.m.* **1** bridge: *il — sopra il fiume*, the bridge over (*o* across) the river; — *della ferrovia*, railway bridge; — *di barche*, bridge of boats (*o* pontoon bridge); — *di pietra*, stone bridge; — *girevole*, swing bridge; — *levatoio*, drawbridge; — *mobile*, movable bridge; — *sospeso*, suspension bridge; — *stradale*, road bridge; *gettare un* —, to build a bridge; *gettare un — su un fiume*, to bridge a river // — *aereo*, air lift; — *radio*, radio link: *le zone sono collegate con un — radio*, the areas are connected by a radio link // *il Ponte dei Sospiri*, the Bridge of Sighs // (*geol.*) — *continentale*, land bridge // *fare il* —, (*a ginnastica*) to make a bridge // *ho fatto da — tra le due aziende*, (*fig.*) I acted as a go-between for the two companies // *bruciarsi i ponti alle spalle*, to burn one's boats // *fare i ponti d'oro a qlcu.*, to make s.o. a very advantageous offer // *tagliare, rompere i ponti con qlcu.*, to break with s.o. // *legge* —, temporary law **2** (*impalcatura per muratori*) scaffold: — *volante*, hanging scaffold **3** (*mar.*) deck: — *a torri*, turret deck; — *delle lance, imbarcazioni*, boat deck; — *di batteria*, second deck; — *di comando*, (fore)bridge; — *di coperta*, main deck; — *di fortuna*, jury bridge; — *di manovra*, awning deck; — *di passeggiata*, promenade deck; — *di poppa*, aft deck; — *di stiva*, lower deck; — *superiore*, upper deck; — *di volo*, (*di portaerei*) flight deck; *a tre, quattro ponti*, three-decker, four-decker; *sul* —, on deck: *montare sul* —, to come (*o* to go) on deck; *sgombrare i ponti per entrare in azione* (*di guerra*), to clear the decks for action **4** (*elettr.*) bridge: *ad alta frequenza*, high frequency bridge; — *degli isolatori*, insulator framework; — *di scanalatura*, slot bridge; — *di Wheatstone*, Wheatstone bridge **5** *testa di* —, (*mil.*) bridgehead **6** (*odontoiatria*) bridge // (*anat.*) — *di Varolio*, pons* (Varoli) **7** (*fig.*) (*periodo di vacanza*) long weekend: *un — di tre giorni*, a long weekend (*o* three day holiday); *fare il — di Natale*, to have a long Christmas holiday **8** (*biliardo*) rest **9** *gioco del* —, (*carte*) bridge

10 (*ant.*) live axle **11** — *a bilico, pesa a* —, weighbridge.

pontefice *s.m.* **1** (*eccl.*) pontiff: *il Sommo Pontefice*, sovereign pontiff (*o* the bishop of Rome *o* the Pope) **2** (*st. romana*) pontifex*: — *massimo*, Pontifex Maximus.

ponteggiatore *s.m.* (*edil.*) scaffolder.

ponteggio *s.m.* (*edil.*) scaffold.

ponticello *s.m.* **1** (*mus.*) (*di strumento a corde*) bridge **2** (*di spada*) sword-guard **3** (*degli occhiali*) bridge **4** (*elettr.*) jumper **5** (*ferr.*) engine-tender, fall plate.

pontico *agg.* (*letter.*) (*del Ponto*) Pontine.

pontiere *s.m.* (*mil.*) pontonier, pontoneer.

pontificale *agg.* pontifical: *messa* —, pontifical mass; *paramenti*, *abiti pontificali*, pontificals; *dignità* —, papal (*o* pontifical) office; *un tono* —, (*fig.*) a pontifical tone ◆ *s.m.* **1** (*funzione solenne*) pontifical Mass **2** (*libro di preghiere*) pontifical.

pontificare *v.intr.* to pontificate (*anche fig.*), to officiate as a pontiff.

pontificato *s.m.* papacy, pontificate: *essere elevato al* —, to be raised to the papacy; *succedere nel* —, to succeed to the papacy; *assumere il* —, to be elected pope.

pontificio *agg.* papal: *benedizione pontificia*, papal benediction; *bolla pontificia*, papal bull; *corona*, *tiara*, *croce pontificia*, papal crown, tiara, cross; *l'esercito* —, the papal army // (*st.*) *Stato Pontificio*, Papal States.

pontile *s.m.* **1** wharf; landing stage: — *da sbarco*, landing wharf; — *di carico*, *di scarico*, loading, unloading wharf **2** (*arch.*) gallery.

pontino *agg.* Pontine: *paludi pontine*, Pontine Marshes.

pontista → **ponteggiatore**.

ponto *s.m.* (*letter.*) sea // *il Ponto Eusino*, the Euxine Sea.

pontone *s.m.* pontoon: — *a gru*, crane pontoon.

pony *s.m.* (*zool.*) pony.

ponzamento *s.m.* (*non com.*) (*fig. scherz.*) (*il meditare*) racking one's brains.

ponzare *v.intr.* (*fig. scherz.*) (*meditare*) to rack one's brains.

pool *s.m.* **1** (*econ.*) (*cartello*) cartel, pool; (*fondo comune*) common fund: *il* — *dell'oro*, the gold pool; *il* — *del dollaro*, the dollar pool **2** (*gruppo di persone*) pool, team **3** (*biol.*) — *genetico*, gene pool.

pop *agg.* **1** (*popolare*, *di massa*) pop (*attr.*) **2** (*della pop-art*) pop-art (*attr.*); (*della pop-music*) pop (*attr.*).

pop-art *s.f.* (*movimento artistico*) pop art.

pop-corn *s.m.* popcorn.

pope *s.m.* (*eccl.*) pope.

popelin *s.m.* **popelina** *s.f.* **popeline** *s.f.* o *m.* (*tessuto*) poplin.

poplite *s.m.* (*anat.*) popliteus*.

popliteo *agg.* (*anat.*) popliteal: *muscolo* —, popliteus.

pop-music *s.f.* (*mus.*) pop music.

popò *s.f.* (*nel linguaggio infantile*) (*le feci*) poo, jobbies (*pl.*): *fare* —, to do a poo (*o* jobbies) ◆ *s.m.* (*nel linguaggio infantile*) (*il sedere*) bottom.

popolamento *s.m.* peopling, population: *favorire il* — *di una regione*, to favour the peopling of a district.

popolana *s.f.* woman of the people.

popolano *agg.* of the (common) people; common: *abitudini popolane*, customs of the common people; *di origine popolana*, of low birth; *modo di fare* —, common manners ◆ *s.m.* man of the people // *i popolani*, the common people (*o* populace).

popolare[1] *agg.* **1** popular: *favore* —, popular favour; *governo*, *voto* —, popular government, vote; *repubblica* —, people's republic; *sovranità* —, popular sovereignty; *giudice* —, juryman (*o* jurywoman); *rivolta* —, popular rising; *rivendicazioni popolari*, people's claims; (*pol.*) *fronte* —, popular front **2** (*noto tra il popolo*) popular: *il nuovo sindaco non è molto* — *fra i cittadini*, the new mayor is not very popular among the citizens; *questa canzone diventerà presto molto* —, this song will soon become very popular; *rendere* —, to popularize **3** (*tradizionale del popolo*) folk (*attr.*): *canto* —, folk song; *danza*, *aria* —, folk dance, tune; *poesia*, *arte* —, folk poetry, folk-art; *un vecchio racconto* —, an old folktale **4** (*per il popolo*) popular, people's (*attr.*): *casa* —, council house; *prezzi popolari*, popular (*o* reduced) prices; *quartiere* —, working-class neighbourhood.

popolare[2] *v.tr.* to populate, to fill* with people; to people (*anche fig.*): — *un paese*, to populate (*o* to people) a country; *molte fantasie popolavano la sua immaginazione*, fantasies peopled his imagination; *credevano che il castello fosse popolato da fantasmi*, they thought the castle was haunted.

□ **popolarsi** *v.intr.pron.* to become* populated; to fill* up with people: *a settembre le città si popolano di nuovo*, in September the cities fill up with people again.

popolareggiante *agg.* popular.

popolaresco *agg.* popular: *scrive in modo* —, he writes in a popular language.

popolarismo *s.m.* popularism.

popolarità *s.f.* popularity: *un personaggio che gode di una certa* —, a figure that enjoys a degree of popularity.

popolarizzare *v.tr.* (*non com.*) to popularize.

popolarmente *avv.* popularly.

popolato *agg.* peopled (with s.o., sthg.); populated (with s.o., sthg.); (*affollato*) crowded (with s.o., sthg.): *questo è un quartiere molto* —, this is a densely populated neighbourhood.

popolazione *s.f.* **1** population; people (*pl.*): *la* — *è di 200.000 abitanti*, the population is 200,000; *la* — *qui è piena di iniziativa*, the people here are full of initiative; — *fluttuante*, floating population; — *attiva*, working population; — *stazionaria*, stationary population; *censimento della* —, census (of population); *la* — *scolastica*, school population; *la* — *di colore*, the coloured population // (*astr.*) — *stellare*, star population // (*zool.*) — *ittica*, fishing population // (*fis. nucleare*) *inversione di* —, population inversion **2** (*popolo*, *nazione*) people: *la* — *germanica*, the German people; *popolazioni nordiche*, Nordic peoples.

popolazionismo e *deriv.* → **populazionismo** e *deriv.*

popolino *s.m.* (*spreg.*) common people (*pl.*): *il* — *credulone*, the credulous masses.

popolo *s.m.* **1** people (*pl.*); (*plebe*) (common) people (*pl.*); lower classes (*pl.*): *una donna del* —, a woman of the people; *figlio del* —, son of the people; *il malcontento del* —, popular unrest; *i pregiudizi del* —, popular prejudices; *sobillatori del* —, agitators; *venir su dal* —, to come of humble origin // — *grasso*, wealthy bourgeoisie; — *minuto*, working classes **2** (*st.*) popular republic, popular government: *il* — *di Firenze*, the popular republic of Florence // *Capitano del* —, Captain of the People **3** (*folla*, *gente*) crowd; people (*pl.*); *piazza gremita di* —, square packed with people; *c'era gran moltitudine di* —, there were a lot of people (*o* there was a great crowd of people); *annunciare al* — *convenuto*, to announce to the assembled crowd **4** (*nazione*) nation, people; (*razza*) people: — *barbaro*, barbaric people; *i popoli cristiani*, Christian peoples; — *incivile*, uncivilized nation; *popoli nordici*, *meridionali*, northern, southern peoples; *il* — *romano*, the Roman people; *i popoli sovrani*, self-governing peoples **5** (*insieme dei fedeli*) the faithful; (*insieme dei parrocchiani*) the parish.

popoloso *agg.* populous, thickly-populated, densely-populated: *una città popolosa*, a densely -populated city.

popone → **melone**.

poppa[1] *s.f.* (*mar.*) stern, poop; (*di un siluro*) after body: — *sottile*, pink stern; *a* —, abaft (*o* aft *o* astern); *cabina di* —, after cabin; *cassero di* —, poop deck; *da* — *a prua*, fore and aft; *quadro di* —, upper stern; *vento in* —, aft (*o* stern) wind: *avere il*, *navigare col vento in* —, to sail before the wind (*anche fig.*).

poppa[2] *s.f.* (*anat.*) breast; (*di animale*) dug, (*di animale da latte*) udder.

poppante *agg.* sucking, unweaned ◆ *s.m.* e *f.* suckling: *non ti intromettere, sei ancora un* —*!*, don't interfere, you're still wet behind the ears!

poppare *v.tr.* e *intr.* to suck // *popparsi una bottiglia di vino*, (*scherz.*) to swig a bottle of wine.

poppata *s.f.* **1** (*atto del poppare*) suck: *l'ora della* —, (baby's) feeding time; *dare la* — *a un bambino*, to give a baby its feed; *il bambino fa una* — *ogni 5 ore*, the baby has its feed every 5 hours **2** (*quantità di latte poppato*) amount of milk taken by a baby at one feed: *una* — *di cento grammi*, a feed of one hundred grams.

poppatoio *s.m.* (feeding) bottle.

poppavia, a *locuz.avv.* (*mar.*, *aer.*) *a* —, astern.

poppetta *s.f.* (*mar.*) cockpit.

poppiere *s.m.* (*rematore di poppa*) stroke; strokesman (*pl.* -men).

poppiero *agg.* (*mar.*) aft(er) (*attr.*); stern (*attr.*).

popputo *agg.* big-breasted.

populazionismo *s.m.* (*pol.*) policy favouring population increase.

populazionista *s.m.* e *f.* (*pol.*) demographer, populationist.

populazionistico *agg.* (*pol.*) favouring population increase.

populismo *s.m.* **1** (*pol.*) Populism **2** (*st. russa*) People's Movement, Narodnik Movement.

populista *agg.* e *s.m.* e *f.* (*pol.*) populist.

populistico *agg.* (*pop.*) populistic.

porca *s.f.* (*agr.*) ridge, balk.

porcacchia → **porcellana**[2].

porcaccione *s.m.* (*non com.*) swine.

porcaio *s.m.* **1** (*guardiano di porci*) swineherd **2** (*luogo sporco*) pigsty, piggery **3** (*fig.*) real sewer.

porcaro *s.m.* swineherd.

porcata *s.f.* (*volg.*) dirty tricks (*pl.*); obscenity: *quante porcate in queste elezioni!*, all the skulduggery in these elections!; *il suo ultimo libro è una —*, his latest book is crap; *chi vuoi che mangi questa —?*, who do you think is going to eat this pigswill?

porcellana[1] *s.f.* **1** china, porcelain: *articoli di —*, china(ware) (*o* porcelain); *fatto di —*, made of china; *tazza di —*, china cup **2** (*oggetti di porcellana*) china [U]; porcelain: *una — di valore*, a valuable piece of porcelain (*o* china); *nel salotto vi erano delle porcellane di valore*, in the sitting room there was some valuable china (*o* there were some valuable pieces of china); *queste porcellane furono comperate in Inghilterra*, this china was bought in England **3** (*zool.*) cowrie, cowry.

porcellana[2] *s.f.* (*bot.*) (*Portulaca oleracea*) purslane.

porcellanare *v.tr.* to porcelainize.

porcellanato *agg.* porcelain (*attr.*); glazed: *pentole porcellanate*, glazed pots.

porcellino *s.m.* **1** piglet, pigling, little pig; gruntling; (*da latte*) sucking pig: *una scrofa con dieci porcellini*, a sow with ten piglets // *— d'India*, (*Cavia cobaya*) guinea pig (*o* cavy) **2** (*detto a un bambino*) dirty child, messy little thing; (dirty) little piggy.

porcello *s.m.* **1** pig, hogling **2** (*zool.*) *— acquatico* → **capibara** **3** (*fig. fam.*) dirty pig: *guarda che cucina, sei il solito —!*, look at the kitchen, what a dirty pig you are!

porcellone *s.m.* (*persona sporca, di mal costume*) pig; dirty fellow.

porcheria *s.f.* **1** (*roba sporca*) dirt, filth **2** (*azione disonesta*) swindle, dirty trick: *gli hanno combinato una bella —*, they played a dirty trick on him **3** (*detto indecente*) obscene word, filthy word; (*atto indecente*) obscenity, obscene act, filthy act: *dire delle porcherie*, to talk filth **4** (*lavoro malfatto*) disgraceful piece of work **5** (*cibo cattivo*) disgusting stuff; revolting stuff: *la minestra era una vera —*, the soup was really disgusting; *smettila di mangiare tutte quelle porcherie!*, stop eating all that rubbish! **6** (*opera d'arte senza valore*) rubbish, trash: *che — quel film*, what rubbish that film was!

porchetta *s.f.* (*cuc.*) whole roasted pig.

porchettaio *s.m.* pork dealer.

porciglione *s.m.* (*zool.*) (*Rallus aquaticus*) water-rail.

porcile *s.m.* pigsty, sty, piggery, (*amer.*) pigpen (*anche fig.*): *la tua stanza è un —!*, your room is like a pigsty!

porcino *agg.* porcine; pig (*attr.*); piggish, porky: *carne porcina*, pork // *dagli occhi porcini*, pig-eyed, with piggy eyes ◆ *s.m.* (*bot.*) boletus, pore mushroom: *— bianco*, (*Boletus edulis*) polish mushroom (*o* cepe).

porco *s.m.* **1** pig, hog; swine (*pl. invar.*); *— domestico* (*Sus scropha domesticus*) pig: *— selvatico*, wild boar; *branco di porci*, herd of swine; *guardiano di porci*, swineherd // *mangiare come un —*, to eat like a pig (*o* to gorge) // *sei ingrassato come un —*, you've got as fat as a pig // *quel — me la pagherà!*, I'll make that dirty pig pay! **2** (*cuc.*) pork: *arrosto di —*, roast pork; *carne di —*, pork; *costoletta di —*, pork chop **3** (*zool.*) *— marino*, (*Phocaena phocaena*) porpoise // *— mondo !*, bloody hell! // *porca l'oca!*, ye Gods!; *porca miseria!*, oh hell! // *fa sempre i suoi porci comodi!*, he always does what he bloody well likes!

porcocervo *s.m.* (*zool.*) (*Babyrousa babyrussa*) pig-deer, (*scient.*) babiroussa, babirussa.

porcospino *s.m.* **1** (*zool.*) hedgehog **2** (*fig.*) (*persona chiusa, scontrosa*) stroppy fellow **3** (*mar.*) hedgehog, porcupine.

porcume *s.m.* filth; rubbish; (*di luogo*) filthy dive, lousy dive.

porfido *s.m.* (*geol.*) porphyry.

porfina *s.f.* (*biochim.*) porphin.

porfiria *s.f.* (*med.*) porphyria.

porfirico *agg.* (*geol.*) porphyritic.

porfirina *s.f.* (*biochim.*) porphirin.

porfirite *s.f.* (*geol.*) porphyrite.

porfirizzare *v.tr.* (*chim.*) to levigate.

porfirizzazione *s.f.* (*chim.*) levigation.

porfiroide *agg.* (*geol.*) porphyritic ◆ *s.m.* (*geol.*) porphyroid.

porgere *v.tr.* **1** (*dare*) to give*, to pass, to hand; (*offrire*) to offer: *porgimi quelle carte, per favore*, give me those papers, please; *porgimi quel libro, per favore*, pass (*o* hand) me that book, please; *porga i miei saluti a sua moglie*, give my regards to your wife; *— il braccio*, to offer one's arm; *— doni, preghiere*, to offer gifts, prayers // *— aiuto*, to help // *— ascolto, orecchio a qlcu.*, to listen (to s.o.) (*o* to lend an ear to s.o.) // *— la guancia*, to offer one's cheek **2** (*pronunciare, esporre*) to deliver, to present: *porgeva ogni argomento con un certo garbo*, he put forward his arguments neatly.
□ **porgersi** *v.rifl.* (*letter.*) (*presentarsi*) to offer: *quando si porgerà l'occasione*, when (the) opportunity offers (*o* arises).

poricida *agg.* (*bot.*) poricide.

porifero *s.m.* (*zool.*) porifer, poriferan.

porno *agg.* porno, porn: *film, rivista —*, porn(o) film, magazine ◆ *s.m.* (*pornografia*) porn.

pornofilm *s.m.* porno film.

pornografia *s.f.* pornography.

pornografico *agg.* pornographic: *stampa pornografica*, pornographic magazines; *materiale —*, pornography.

pornografo *s.m.* pornographer.

pornorivista *s.f.* porn magazine, porno magazine.

pornoshop *s.m.* porn shop, sex shop.

pornostampa *s.f.* porno(graphic) magazines (*pl.*).

pornostar *s.f.* pornostar.

poro *s.m.* pore: *pori dilatati*, enlarged pores // *schizzare rabbia da tutti i pori*, (*fig.*) to be fuming (*o* to be wild with rage) // *sprizzare felicità, salute da tutti i pori*, (*fig.*) to burst with happiness, health // *i pori del legno, del marmo*, wood, marble pores.

poromerico *agg.* e *s.m.* (*chim.*) poromeric.

porosimetro *s.m.* (*tecn.*) porosimeter.

porosità *s.f.* porosity, porousness.

poroso *agg.* porous: *pelle porosa*, porous skin; *rocce porose*, porous rocks.

porpora *s.f.* **1** purple: *rosso —*, purple red // *diventare, farsi di —*, to become purple **2** (*veste, autorità regia, cardinalizia*) purple // *essere elevato alla —*, to be raised to the dignity of cardinal **3** (*med.*) purpura **4** (*biochim.*) *— retinica*, retinal (*o* visual) purple.

porporato *agg.* (*rar.*) clothed in purple ◆ *s.m.* (*cardinale*) cardinal.

porporeggiare *v.intr.* (*letter.*) to be almost purple, to be purplish.

porporina *s.f.* (*chim.*) purpurin.

porporino *agg.* purple: *labbra porporine*, purple lips.

porre *v.tr.* **1** to put*; (*collocare, disporre*) to place, to set*; (*posare, deporre*) to lay* (down), to put* (down): *pose il libro sul tavolo*, he put the book on the table; *pose il quadro sul cavalletto*, he set the picture on the easel; *fu posto al comando di un gruppo di soldati*, he was placed in command of a group of soldiers; *mi ha posto in una situazione imbarazzante*, he has placed (*o* put) me in an embarrassing situation; *poniamo la questione nei giusti termini*, let's state the matter as it really is; *mi pose una mano sulla testa*, he laid his hand on my head; *le pose le mani sui fianchi*, he placed his hands on her hips; *pose la valigia sulla sedia*, he laid (*o* put) his suitcase on the chair; *— le fondamenta di una casa*, to lay the foundations of a house // *— una domanda, un quesito*, to ask (*o* to put) a question // *— le basi di, per qlco.*, to lay the bases of, for sthg. // *— a effetto*, to put into effect // *— da parte*, to set apart (*o* to lay aside *o* to set aside) // *— fiducia, speranza in qlcu.*, to place one's trust, one's hopes in s.o. // *— fine a* (*qlco.*), to put an end to (sthg.); *poniamo fine a questa inutile discussione*, let's put an end to this pointless argument (*o* quarrel); *— freno a qlco.*, to curb sthg. // *— in evidenza, in rilievo*, to emphasize (*o* to stress); (*far notare*) to point out // *senza por tempo in mezzo*, without delay // *— una lapide in memoria*, to erect a memorial; *i familiari dolenti posero*, (*su lapide ecc.*) erected by the family **2** (*sottoporre*) to submit: *— all'approvazione un progetto di legge*, to submit a bill for approval **3** (*supporre*) to suppose: *poni che egli non venga*, suppose he does not come; *poniamo il caso che...*, let us suppose that... // (*mat.*) *ponendo che 'a' sia il doppio di 'b'...*, let 'a' be twice 'b'... **4** (*imporre, assegnare*) to put*, to give*; to set*: *— una scadenza*, to set a deadline; *— condizioni*, to lay down conditions; *— leggi*, to give laws; *— un nome a qlcu.*, to give a name to s.o. // (*trib.*) *— una tassa su qlco.*, to levy a tax on sthg. **5** (*non com.*) (*piantare*) to plant: *— un terreno a olivi*, to plant a field with olives.
□ **porsi** *v.rifl.* **1** to put* oneself; (*collocarsi, disporsi*) to place oneself, to set* oneself: *— a sedere*, to sit down **2** (*accingersi*) to set* to (sthg., doing), to set* about (sthg., doing), to get* down to (sthg, doing); *— al lavoro*, to set to work • Per un'ulteriore esemplificazione si rimanda alle voci 'mettere' e 'collocare'.

porro *s.m.* **1** (*bot.*) (*Allium porrum*) leek, scallion // *erba da porri*, (*pop.*) (*Chelidonium majus*) celandine **2** (*med.*) wart.

porroso *agg.* (*non com.*) (*med.*) warty.

porta *s.f.* **1** door: *— secondaria, di servizio*, back door; *— principale*, front door; *— laterale*, side door; *apri la —, (a tuo padre)* open the door (for your father); *chi ha lasciato la —*

aperta?, who left the door open?; *per favore vai ad aprire alla —, hanno bussato*, there was a knock at the door, will you open it please?; *chiudere la — a chiave*, to lock the door; *chiudere, sbattere la — (in faccia a qlcu.)*, to slam the door (in s.o.'s face); *andammo da loro ieri, ma trovammo la — chiusa*, yesterday we went to see them, but found nobody at home; *era venuto a trovarmi ma mio padre l'ha lasciato sulla —*, he had come to see me but my father left him standing in the doorway (*o* at the door); *mettere qlcu. alla —*, to throw s.o. out; *vieni quando vuoi: per te la — è sempre aperta*, come whenever you like, for you the house is always open; *quella è la —!*, get out of here!; *accompagnare qlcu. alla —*, to see s.o. to the door; *andare, mendicare di — in —*, to go, to beg from door to door // *a porte chiuse*, behind closed doors, (*dir.*) in camera: *il processo fu tenuto a porte chiuse*, the case was heard in camera // *il denaro apre tutte le porte*, money opens all doors // *per lui sono aperte le porte dell'alta società*, the doors of high society are open to him // *prendere la —*, to make for the door // *sfondare una — aperta*, to preach to the converted; *guarda che stai sfondando una — aperta*, look! you can save your breath // *abitare — a —*, to live next door to; *il signore della — accanto*, the man who lives next door // *il vecchio direttore è uscito dalla — ed è rientrato dalla finestra*, the old manager left only to come back through the back door; *butti i dubbi fuori dalla — e loro rientrano dalla finestra*, you shrug your doubts off and they begin to creep back // (*comm.*) *— a —*, door to door: *servizio — a —*, door to door service; *venditore, vendita — a —*, door to door salesman, sale // (*mar.*) *porte stagne*, watertight doors // *— a vetri*, glass door; *— di soccorso*, emergency exit; *— blindata*, reinforced door; *— scorrevole, a soffietto*, sliding, folding door; *— di sicurezza*, escape door; *— finta*, blind (*o* false) door; *— girevole*, revolving door **2** (*di città, di mura ecc.*) gate: *le porte di una città, di un tempio, di un castello*, the gates of a town, of a temple, of a castle // *le porte dell'inferno*, the gates of Hell; *la Porta Pinciana*, the Pincian Gate // *fuori (di) —*, on the edge of town: *vive fuori —*, he lives just outside the town // *il nemico era alle porte*, the enemy were at the gates; *siamo alle porte dell'inverno*, winter is approaching (*o* drawing close *o* just round the corner); *gli esami sono alle porte*, the exams are round the corner **3** (*di un mobile*) door **4** (*geogr.*) (*passo*) pass: *le porte d'Italia*, the passes of Italy **5** (*fis. nucleare*) gate **6** (*tel., inform.*) *— (elettronica)*, gate; *— seriale, parallela*, serial, parallel port **7** (*anat.*) (*vena*) *—*, portal vein **8** (*calcio*) goal: *tirare in —*, to shoot; *in — ci sarà Albertosi*, Albertosi will be the goalkeeper (*o* goalie) **9** (*di treno, automobile*) door: *un'auto a quattro porte*, a four-door car.

portabagagli *s.m.* **1** (*facchino*) porter **2** (*di auto*) (*bagagliaio*) boot, (*amer.*) trunk; (*sul tetto*) roof rack ◆ *agg.* luggage (*attr.*); (*amer.*) baggage (*attr.*): *carrello —*, luggage trolley.

portabandiera *s.m.* e *f.* **1** standard-bearer **2** (*principale esponente*) spokesman*, leader, standard-bearer.

portabastoni *s.m.* **1** (*rastrelliera*) stick-rack, stick-stand **2** (*non com.*) (*golf*) caddie.

portabiancheria *s.m.* laundry basket, linen basket; (*amer.*) hamper.

portabile *agg.* **1** portable, transportable: *carico —*, transportable cargo (*o* load) // (*inform.*) *programma —*, portable program **2** (*abbigl.*) that can be worn: *una giacca — in ogni occasione*, a jacket that can be worn on any occasion.

portabiti → **attaccapanni**, **appendiabiti**.

portabombe *s.m.* (*aer.*) bomb bay.

portaborracce *s.m.* e *f.* cyclist who supplies the team captain with water.

portaborse *s.m.* e *f.* flunkey; (*galoppino*) errand boy; (*amer.*) gofer.

portabottiglie *s.m.* bottle rack // *cesto —*, bottle basket crate.

portaburro *s.m.* butter dish.

portacappelli *s.m.* hatbox.

portacaratteri *agg.* type-bearing.

portacarta *s.m.* (*accessorio da bagno*) toilet-paper holder.

portacarte *s.m.* paper holder, paper rack; briefcase.

portacassette *s.m.* cassette holder.

portacatino *s.m.* washstand.

portacenere *s.m.* ashtray.

portachiatte *s.f.* (*mar.*) barge carrier.

portachiavi *s.m.* key ring; (*custodia*) key case.

portacipria *s.m.* (powder) compact.

portacontainers *s.m.* o *f.* (*nave*) container ship; (*vagone ferroviario*) container wagon (*o* truck); (*autocarro*) container lorry.

portacravatte *s.m.* tie rack.

portadischi *s.m.* record-rack, record-stand // *piatto —*, turntable // *mobile —*, record-rack.

portadocumenti *s.m.* briefcase; folder; document holder.

portaelicotteri *s.f.* (*mar.*) (*nave*) —, helicopter carrier.

portaerei *agg.* e *s.f.* (*mar.*) (*nave*) —, aircraft carrier; *— di scorta*, escort carrier.

portaferiti *s.m.* (*barelliere*) stretcher-bearer, stretcher man.

portafiammiferi *s.m.* matchbox, match holder.

portafilo, **portafili** *s.m.* (*tess.*) thread carrier.

portafinestra *s.f.* French window, French door.

portafiori *s.m.* flower holder; (*vaso*) (flower-)vase.

portafogli → **portafoglio** 1 e 2.

portafoglio *s.m.* **1** wallet, (*amer.*) pocketbook, billfold // *alleggerire qlcu. del —*, to relieve s.o. of his wallet // *metter mano al —*, to put one's hand in one's pocket **2** (*portadocumenti*) briefcase **3** (*pol.*) portfolio; (*carica ministeriale*) portfolio: *ministro senza —*, minister without portfolio; *gli daranno il — degli interni*, he will be appointed Home Secretary; *il — degli esteri*, the Ministry of Foreign Affairs (*o* Foreign Affairs Portfolio) **4** (*banca*) portfolio, holding: *— cambiario*, bill holding (*o* bill portfolio *o* bills in hand); *— titoli*, securities portfolio (*o* holding); *— estero*, foreign bills; *— clienti*, customers portfolio; *— ordini*, outstanding orders // (*Borsa*): *— azionario*, share portfolio; *— azioni proprie*, (*amer.*) required stock.

portafortuna *s.m.* lucky charm; (*mascotte*) mascot: *il — della squadra è un cagnolino*, the team has a little dog as a mascot; *te lo regalo come —*, I'll give it to you as a lucky mascot; *è il mio —*, it's my lucky charm // *ciondoli —*, lucky charms.

portafotografie *s.m.* photograph holder.

portafrutta *s.m.* fruit dish, fruit bowl.

portafusibili *s.m.* (*elettr.*) fuse carrier.

portaghiaccio *s.m.* ice bucket.

portagioie, **portagioielli** *s.m.* jewel case, jewel box.

portagiornali *s.m.* newspaper holder.

portagomitoli *s.m.* wool holder.

portaimmondizie *s.m.* dustbin, rubbish bin, (*amer.*) garbage can ◆ *agg.* rubbish (*attr.*).

portaincenso *s.m.* incense boat.

portainnesto *s.m.* (*agr.*) rootstock.

portainsegna → **portabandiera**.

portalampada *s.m.* lamp holder, lamp socket, bulb socket: *— a baionetta*, bayonet lamp socket; *— micromignon*, miniature lamp holder; *— normale passo Edison*, medium lamp holder with Edison screw.

portale[1] *agg.* (*anat.*) portal: *sistema —*, portal system.

portale[2] *s.m.* **1** (*arch., tecn.*) portal **2** (*vano di porta*) doorway.

portalettere *s.m.* postman*.

portamatita *s.m.* pencil holder.

portamatite *s.m.* pencil box, pencil case.

portamento *s.m.* **1** bearing, carriage; (*andatura*) gait, walk: *un — aggraziato*, a graceful carriage; *— goffo*, awkward gait (*o* carriage); *nobile —*, noble (*o* lofty) bearing; *ha un bel —*, she bears herself well **2** *— della voce*, (*mus.*) portamento.

portamina, **portamine** *s.m.* propelling pencil.

portamissili *agg.* armed with missiles: (*nave*) —, ship armed with missiles.

portamonete *s.m.* purse.

portamorso *s.m.* cheek strap.

portampolle *s.m.* cruet-stand, cruets (*pl.*).

portamunizioni *s.m.* ammunition carrier.

portamusica *s.m.* (*non com.*) **1** (*leggio*) music stand **2** (*mobiletto*) music cabinet.

portante *agg.* **1** carrying **2** (*tecn.*) load-bearing, supporting: *fune —*, carrying cable; *muro —*, bearing wall; *ruota —*, bearing wheel; *tegola —*, load-bearing tile // (*aut.*) *carrozzeria —*, monocoque body **3** (*aer.*): *superficie —*, lifting surface; *piano —*, aerofoil **4** (*fig.*) fundamental: *il concetto — di una teoria*, the fundamental concept of a theory ◆ *s.m.* (*ambio*) amble ◆ *s.f.* (*tel.*) carrier: *demodulazione della —*, carrier demodulation; *— audio*, sound carrier.

portantina *s.f.* **1** (*sedia per trasportare persone*) sedan(chair) **2** (*lettiga*) stretcher, litter.

portantino *s.m.* **1** (*chi trasporta una portantina*) sedan-bearer **2** (*in ospedale*) hospital orderly; (*barelliere*) stretcher-bearer.

portanza *s.f.* **1** (*portata*) carrying capacity **2** (*aer.*) lift: *— aerodinamica*, aerodynamic lift; *— statica*, static lift; *— totale*, total lift; *perdita di —*, lift loss.

portaobiettivi *s.m.* lens holder.

portaoggetti *s.m.* holder; (*mensola*) shelf; (*vassoio*) tray ◆ *agg.*: *ripiano* —, shelf; *vetrinetta* —, display cabinet // *vetrino* —, slide // (*aut.*) *vano* —, glove compartment.

portaombrelli *s.m.* umbrella stand ◆ *agg.* umbrella (*attr.*).

portaordini *s.m.* messenger.

portapacchi *s.m.* **1** (*fattorino*) messenger, delivery man **2** (*di bicicletta, motorino ecc.*) (parcel) rack, carrier; (*di altri veicoli*) luggage rack.

portapenne *s.m.* **1** (*da scrivania*) penholder **2** (*astuccio*) pen-case ◆ *agg.* pen (*attr.*).

portapezzo *s.m.* (*mecc.*) faceplate.

portapiatti *s.m.* **1** plate rack **2** (*vassoio per portare i piatti in tavola*) tray ◆ *agg.* plate (*attr.*): *rastrelliera* —, plate rack.

portapillole *s.m.* pillbox.

portapipe *s.m.* pipe rack.

portaposate *s.m.* cutlery tray.

portapranzi → **portavivande**.

portapunta *s.m.* (*mecc.*) drill chuck.

portare *v.tr.* **1** (*verso chi parla, ascolta*) to bring*; (*andare a prendere*) to fetch: *portami un bicchier d'acqua*, bring me a glass of water; *portami i libri che ho lasciato sul tavolo*, fetch me the books I left on the table; *questo vento porterà pioggia*, this wind will bring rain; *spero mi porterai buone notizie*, I hope you'll bring me good news; *ti porto una tazza di tè?*, shall I bring you a cup of tea?; — *dentro, fuori, su, giù*, to bring in, out, up, down // *devo — in tavola?*, shall I serve the dinner? **2** (*lontano da chi parla*; *accompagnare*) to take*: *mi porti al cinema questa sera?*, will you take me to the pictures tonight?; *porta questa lettera a mio fratello, alla posta*, take this letter to my brother, to the post; *porta questo vassoio in camera sua*, take this tray to his room; *il suo cappello fu portato via dal vento*, his hat blew off; *ti porterò a casa in automobile*, I'll drive you home; *ti porterò a passeggio*, I'll take you for a walk; — *dentro, fuori, su, giù*, to take in, out, up, down // — *via*, (*togliere*) to take away; (*rubare*) to steal; (*far morire*) to carry off: *mi fai il piacere di — via la tua roba?*, will you please take your stuff away?; *in autobus mi hanno portato via il portafoglio*, they stole my wallet on the bus; *una polmonite l'ha portato via in pochi giorni*, he was carried off by pneumonia within a few days; *è un lavoro che porta via molto tempo*, it's a job that takes a long time // *che il diavolo ti porti!*, go to the devil! **3** (*portare con fatica, sostenere*; *portare d'abitudine*) to carry: *porta di sopra questo baule*, carry this trunk upstairs; *non porto mai l'ombrello*, I never carry an umbrella; *i poliziotti in Inghilterra non portano armi*, the police in Britain don't carry guns; *porta sempre molto denaro contante con sé*, he always carries a lot of cash on him; — *qlcu. in trionfo*, to carry s.o. in triumph; — *una valigia sulle spalle*, to carry a suitcase on one's shoulders // *ognuno ha la propria croce da* —, everyone has his own cross to bear; — *qlcu. in palmo di mano*, to hold s.o. in great esteem (*o* to have a high opinion of s.o.) // *quell'uomo porta bene i suoi anni*, that man doesn't look his age // — *vasi a Samo, acqua al mare*, to carry coals to Newcastle **4** — *avanti*, to maintain, to carry out: *ha sempre portato avanti una linea politica coraggiosa*, he always carried out (*o* maintained) a courageous policy; *portò avanti per tutta la vita un discorso di culturizzazione delle masse*, throughout his life he carried out the task of promoting mass education; *ha sempre portato avanti le sue battaglie in prima persona*, he has always fought his own battles; (*dir.*) — *avanti un'azione legale*, to maintain a legal action; — *fra le braccia qlcu.*, to carry s.o. in one's arms **5** (*portare con sé*) to bring*, to take*: *hai portato il costume da bagno?*, did you bring your bathing costume?; *porta con te un po' di dollari*, take some dollars with you; *porta con te tuo fratello*, take your brother with you **6** (*condurre*) to lead*: *questa strada porta all'albergo*, this road leads to the hotel; *il benessere sociale portò a questa situazione*, social affluence led to this situation // — *un piano a compimento*, to carry out a plan // — *qlcu. a conoscenza di qlco.*, to bring sthg. to s.o.'s knowledge // *tutte le strade portano a Roma*, (*prov.*) all roads lead to Rome **7** (*indurre*) to induce: *tutto porta a credere alla sua innocenza*, everything induces (*o* leads) one to believe in his innocence // — *qlcu. alla disperazione*, to drive s.o. to despair **8** (*guidare, condurre*) to drive*; to pilot: *non sa — l'auto*, he can't drive (a car); — *la nave in porto*, to pilot the ship into port **9** (*indossare, avere*) to wear*, to have on, to be dressed in (sthg.): *portava un paio di scarpe bianche*, she was wearing a pair of white shoes; — *i capelli lunghi, corti*, to wear one's hair long, short (*o* to have long, short hair); — *un fiore all'occhiello*, to wear a flower in one's button hole; — *occhiali, gioielli*, to wear glasses, jewels; — *un soprabito, un cappello*, to wear an overcoat, a hat; — *il lutto*, to wear mourning **10** (*nutrire*) to nourish, to bear*: — *odio*, to nourish feelings of hatred; — *rancore verso qlcu.*, to bear s.o. a grudge; — *speranze*, to nourish hopes // — *rispetto a qlcu.*, to have respect for s.o. **11** (*causare*) to cause, to bring forth: *questo cattivo tempo porterà molte malattie*, this bad weather will cause a lot of illness; *la sua assenza mi ha portato molto danno*, his absence has done me a lot of harm; — *fortuna*, to bring luck **12** (*produrre*) to bear*, to bring* forth, to yield, to produce: *il melo non porterà nessun frutto quest'anno*, the apple tree will not bear any fruit this year **13** (*avere*) to bear*, to have*: *questa lettera porta una data sbagliata*, this letter is wrongly dated; *questo documento porta una firma falsa*, this document bears a false signature; *il suo libro porta uno strano titolo*, his book has a strange title **14** (*sopportare*) to bear*, to endure: *porta la sua pena con molto coraggio*, he bears his pain very bravely **15** (*addurre*) to bring forward, to put forward: — *prove, buone ragioni, un esempio*, to bring (*o* to put) forward proofs, good reasons, an example; *portò delle scuse ridicole*, he made some absurd excuses **16** (*mat.*) (*riportare*) to carry: *scrivo 5 e porto 3*, I put down 5 and carry 3 **17** (*di cannone ecc.*) (*aver una portata di*) to have a range of (sthg.) **18** (*sostenere, appoggiare*) to support.

□ **portarsi** *v.rifl.* o *intr.pron.* **1** (*spostarsi*) to move: *dovresti portarti a destra*, you should move to the right **2** (*andare*) to go*; (*venire*) to come*: *cercherò di portarmi a Roma al più presto*, I'll try to come, to go to Rome as soon as possible; *dovresti portarti in città verso mezzogiorno*, you should be in town around noon **3** (*comportarsi*) to behave*: — *bene, male*, to behave well, badly **4** (*stare di salute*): — *bene, male*, to be in good, bad health (for one's age).

portarifiuti → **portaimmondizie**.

portarinfuse *s.f.* (*mar.*) bulk carrier.

portaritratti *s.m.* photograph frame.

portariviste *s.m.* magazine stand, magazine rack.

portarocchetto *s.m.* (*tess.*) reel stick.

portarossetto *s.m.* lipstick holder ◆ *agg.* lipstick (*attr.*): *astuccio* —, lipstick case.

portasapone *s.m.* (*supporto*) soap dish; (*contenitore*) soap holder, soap container; (*per sapone liquido*) liquid soap container ◆ *agg.* soap (*attr.*): *scatoletta* —, soap holder.

portascalmo *s.m.* (*mar.*) thole board.

portasci *s.m.* ski rack ◆ *agg.* ski (*attr.*): *custodia* —, ski bag.

portasciugamano, **portasciugamani** *s.m.* towel rack, towel stand.

portasigarette *s.m.* cigarette case: *un — d'argento*, a silver cigarette case ◆ *agg.* cigarette (*attr.*).

portasigari *s.m.* cigar case ◆ *agg.* cigar (*attr.*).

portaspazzolini *s.m.* toothbrush holder.

portaspazzolino *s.m.* toothbrush case.

portaspilli *s.m.* **1** (*scatola*) pin box **2** (*puntaspilli*) pincushion.

portastanghe *s.m.* shaft strap.

portastecchini, **portastuzzicadenti** *s.m.* toothpick holder.

portata *s.f.* **1** (*di pranzo*) course: *un pranzo di cinque portate*, a five-course dinner **2** (*raggio d'azione*) range: *la — di un cannocchiale*, the range of a telescope: *la — luminosa di un segnale*, the light range of a signal; *la — di un fucile, un cannone*, the range of a rifle, a gun; *fucile a lunga* —, long-range rifle; *bersaglio fuori* —, target out of range // *a — di mano*, to hand (*o* within reach): *te lo prendo subito, ce l'ho a — di mano*, I'll fetch it for you at once, I have it to hand (*o* handy); *tutti i negozi sono a — di mano*, all the shops are within reach // *a — d'orecchio, di voce*, within hearing (*o* call) // *la casa era ormai fuori dalla — della mia vista*, the house was by now out of sight **3** (*capacità di carico*) capacity; (*di nave*) tonnage: *la — di un vagone*, the capacity of a wagon; *la — di una nave*, the tonnage of a ship; — *lorda*, deadweight tonnage; — *massima*, maximum capacity (*abbr.* max. cap.) **4** (*di corso d'acqua*) flow, discharge; (*di pompa*) delivery capacity; *misuratore di* —, flowmeter; — *idraulica*, hydraulic discharge **5** (*fig.*) (*capacità*) capacity; reach; (*livello*) level: *il suo discorso è alla — di tutti*, his speech is within everyone's reach; *un oratore deve mettersi alla — dei suoi ascoltatori*, a speaker must adapt himself to his audience; *questo problema va al di là della mia* —, this problem is beyond me // *il prezzo è alla — di tutti*, the price is within everybody's reach; *è una bella pelliccia, ma non è alla mia* —, it's a lovely fur coat but it's beyond my reach **6** (*fig.*) (*importanza, valore*) importance, significance: *non si rende conto della — della questione*, he does not realize the significance of the matter; *danni di una — incalcolabile*, damage of inestimable extent **7** (*inform.*) (*capacità di elaboratore*) range // (*tel.*) — *di linea*, capacity.

portatessere, **portatessera** *s.m.* card holder; ticket holder.

portatile *agg.* portable: *una macchina da scrivere, un telefono* —, a portable typewriter, telephone // *armi portatili*, small arms // (*inform.*) *computer* —, portable computer.

portato *agg.* **1** brought; taken; carried, borne **2** (*predisposto, inclinato*) given, inclined, disposed: *non sono molto — per la matematica*, I'm not very mathematically inclined; *è molto — per le lingue straniere*, he has a flair for foreign languages; *non ci sono* —, I have no talent for it; *sono — a credere che...*, I am disposed to believe that...; *essere — a dimenticare*, to be apt to forget; *è — a drammatizzare*, he's inclined (*o* prone) to dramatize; *essere — alla collera*, to be prone to anger **3** (*già usato*) (well-)worn: *un cappotto* —, a well-worn coat ♦ *s.m.* (*risultato, effetto, conseguenza*) result, effect.

portatore *s.m.* **portatrice** *s.f.* **1** (*chi porta*) bearer: — *di fiaccola*, torch-bearer; — *di lettiga*, stretcher-bearer // — *di sventura*, jinx **2** (*comm.*) bearer; (*possessore*) holder // (*banca*): *al* —, to bearer; *titoli al* —, bearer bonds; — *di una cambiale*, holder (*o* possessor) of a bill // (*Borsa*) — *di azioni*, shareholder **3** (*fis.*) carrier: — *maggioritario*, majority carrier **4** (*med.*) (*di infezione, anomalia*) carrier: — *sano*, healthy carrier; — *asintomatico*, asymptomatic carrier // — *di handicap*, handicapped person; *i portatori di handicap*, the handicapped.

portatovagliolo *s.m.* napkin rug, serviette ring; (*a forma di busta*) serviette holder.

portauova *s.m.* (*scatola*) egg box; (*in frigorifero*) egg holder.

portauovo *s.m.* eggcup.

portautensili *s.m.* (*mecc.*) tool post // (*testa*) —, toolhead // (*cassetta*) —, toolbox.

portavalori *s.m.* security guard, escort for valuables ♦ *agg.* security (*attr.*): *furgone* —, security van; *cassetta* —, safe-deposit box.

portavasi *s.m.* flowerpot holder.

portavivande *agg.* e *s.m.* (*contenitore*) —, covered dish // *carrello* —, food trolley.

portavoce *s.m.* mouthpiece; spokesman*, spokesperson: — *di governo*, government spokesman; *essere il — di qlcu.*, to be the spokesman for s.o. ♦ *s.f.* spokeswoman*, spokesperson: *la — ufficiale della squadra*, the official spokeswoman for the team.

porte-enfant *s.m.* (*fr.*) bunting.

portelleria *s.f.* (*mar.*) portholes (*pl.*).

portellino *s.m.* (*mar.*) porthole.

portello *s.m.* **1** door **2** (*aer., mar.*) port, hatch: — *di emergenza*, escape hatch; — *di carico*, raft port.

portellone *s.m.* port, door: (*aut.*) — *posteriore*, hatchback (*o* rear door).

portento *s.m.* **1** miracle, wonder, marvel, prodigy: *i portenti della natura, della scienza*, the wonders (*o* the marvels) of nature, of science; *fare, operare portenti*, to work wonders (*o* miracles); *un chirurgo che fa portenti*, a surgeon who works wonders **2** (*estens.*) (*persona*) prodigy, wonder, marvel: *essere un* —, to be a prodigy: *è un — di sapienza*, he is a miracle (*o* prodigy) of learning; *questo bambino è un —!*, this child is a prodigy!

portentoso *agg.* prodigious, miraculous; wonderful, marvellous: *medicina portentosa*, miraculous medicine; *ha una memoria portentosa*, he has a prodigious (*o* wonderful *o* marvellous) memory ♦ *s.m.* miracle, wonder, marvel, prodigy: *impresa che ha del* —, a prodigious feat.

portfolio *s.m.* **1** (*raccolta di materiale pubblicitario*) portfolio **2** (*estens.*) (*inserto di giornale*) insert, supplement.

porticato *s.m.* arcade, colonnade, open gallery // *il — del Bernini*, Bernini's colonnade ♦ *agg.* porticoed: *strada porticata*, porticoed street.

portico *s.m.* **1** (*loggia*) porch, portico; (*porticato*) arcade, colonnade, open gallery: *c'è un piccolo — davanti all'ingresso della nostra casa*, there is a small porch at the entrance to our house; *gente a passeggio sotto i portici*, people walking under the arcades: *la piazza è circondata da portici*, the square is surrounded by arcades **2** (*nelle case rurali*) shed: *il — serve per riparo di carri e attrezzi*, the shed is used for carts and tools.

portiera *s.f.* **1** (*portinaia*) porter, concierge, doorkeeper **2** (*di automobile*) door: *assicurati che la — sia ben chiusa*, make sure the door is shut **3** (*tenda su una porta*) door-curtain.

portierato *s.m.* (*incarico di portiere*) porter's job: *spese di* —, porter's fees; *contratto di* —, porter's contract.

portiere *s.m.* **1** porter, concierge, doorkeeper: *chiedi al — a che piano abita il signor X*, ask the concierge which floor Mr X lives on; *non dimenticare di dare una mancia al — prima di lasciare l'albergo*, before leaving the hotel don't forget to tip the porter **2** (*sport*) goalkeeper, (*fam.*) goalie.

portinaia *s.f.* **portinaio** *s.m.* porter, concierge, doorkeeper.

portineria *s.f.* porter's lodge, porter's desk: *è vietato sostare in* —, it is forbidden to loiter in the porter's lodge; *in questa casa non c'è* —, there is no porter in this house.

portland *agg.* portland: *cemento* —, portland cement ♦ *s.m.* portland cement: — *bianco*, white portland cement.

porto[1] *s.m.* **1** port; harbour, (*amer.*) harbor; *un — naturale*, a natural harbour; *un — artificiale*, an artificial harbour; *un — sicuro*, a safe harbour; *il — di Napoli, di Londra*, the port of Naples, of London; — *di mare*, seaport; — *fluviale*, river port; — *militare*, naval port; — *merci*, freight port; — *di partenza, di armamento*, home port; — *di entrata*, port of entry; — *d'immatricolazione*, port of registry; — *di carico, d'imbarco*, port of loading, of shipment; — *di scarico*, port of discharge; — *di sbarco*, landing port; — *di scalo*, port of call; *fare scalo a un* —, to call at a port; *entrare in* —, to come into port (*o* to enter harbour) // *capitaneria di* —, harbour master's office; *capitano di* —, harbour master // *diritti di* —, harbour (*o* port) dues // — *canale*, gat // — *franco*, free port // *giungere in* —, (*fig.*) to reach one's goal; *il loro progetto è andato in* —, their project has been fulfilled (*o* carried out); *condurre in — un affare*, to bring a deal to a successful conclusion (*o* to conclude a deal); *voglio condurre in — tutti i miei piani*, I want to realize (*o* to accomplish) all my plans // *la loro casa è un — di mare*, (*fig.*) their house is like a hotel **2** (*fig.*) (*rifugio, asilo*) haven, harbour, port: *un — di pace*, a haven of rest.

porto[2] *s.m.* **1** (*trasporto, costo del trasporto*) carriage, freight, freightage: — *assegnato*, carriage forward; — *affrancato*, carriage paid; — *compreso*, carriage included; *il — di queste merci sarà molto alto*, the carriage on these goods will be very high **2** (*licenza, permesso*) licence: — *d'armi*, firearm certificate; *licenza di — d'armi*, licence to carry weapons; — *abusivo d'armi*, unlawful carrying of weapons **3** (*affrancatura di lettere, pacchi*) postage: — *pagato*, postage paid; — *pagato in franchigia*, post paid (*o* post free).

porto[3] *s.m.* (*vino*) port.

portoghese *agg.* Portuguese ♦ *s.m.* e *f.* **1** Portuguese (*pl. invar.*) **2** (*fam.*) (*spettatore, viaggiatore abusivo*) gatecrasher ♦ *s.m.* (*lingua*) (the) Portuguese (language).

portolano *s.m.* (*mar.*) pilot's book, portolano (*pl.* -nos, -ni).

portolato *s.m.* (*mar.*) tender.

portombrelli → **portaombrelli**.

portone *s.m.* main door, main gate.

portoricano *agg.* e *s.m.* Puerto Rican.

portuale *agg.* harbour (*attr.*), port (*attr.*): *lavori portuali*, harbour works; *città* —, seaport; *consorzio* —, harbour board // (*dir.*) *regolamenti portuali*, port regulations; *tasse portuali*, port charges (*o* dues) ♦ *s.m.* docker, dock worker, (*amer.*) longshoreman*: *sindacato dei portuali*, dockers' union; *sciopero dei portuali*, dockers' strike.

portuario *agg.* harbour (*attr.*), port (*attr.*): *norme portuarie*, harbour regulations.

portulaca *s.f.* (*bot.*) (*Portulaca grandiflora*) portulaca.

portuoso *agg.* **1** (*ricco di porti*) having many harbours **2** (*che offre possibilità di scalo*) affording harbourage.

porzione *s.f.* **1** part, share, portion: *in porzioni uguali*, in equal parts; *la — di eredità che toccherà agli eredi*, the part (*o* share) of the inheritance that will go to the heirs; *ho avuto la mia — di dolori*, I have had my share of worries **2** (*di cibo*) helping, portion: *gradiresti un'altra — di budino?*, would you like another helping of pudding?; *ordinò due porzioni di verdura*, he ordered two portions (*o* helpings) of vegetables; *si fece portare un'altra — di carne*, he had a second helping of meat; *si è mangiato una — abbondante di torta*, he ate up a sizeable portion (*o* helping) of cake.

posa *s.f.* **1** (*il porre*) laying, placing, setting: *la — della prima pietra*, the laying of the foundation stone; *la — di un cavo, di una mina*, the laying of a cable, of a mine; *la — in opera di tubazioni*, pipe-laying **2** (*il posare per un ritratto*) sitting: *fare un ritratto in tre pose*, to paint a portrait in three sittings; *mettersi in* —, to sit; *si misero in — per la foto*, they posed for the photo // *teatro di* —, studio **3** (*posizione*) posture, position, attitude: *una — sguaiata*, a slovenly posture; *una — solenne*, a solemn attitude **4** (*fig.*) (*atteggiamento non spontaneo*) pose: *il suo amore per la campagna è solo una* —, his love for the country is only a pose; *non assumere quella — da superuomo*, stop pretending to be (*o* posing as) a superman **5** (*fot.*) exposure: *quante pose puoi fare?*, how many exposures can you take? **6** (*posatura, deposito*) sediment; dregs (*pl.*), lees (*pl.*): *la — del vino*, wine dregs **7** (*letter.*) (*pausa*) pause, stop; (*riposo*) rest; (*mus.*) pause: *senza* —, incessantly (*o* ceaselessly); *non avere, trovare* —, to have, to find no rest.

posacavi *agg.* e *s.f.* (*mar.*) (*nave*) —, cable ship.

posacenere *s.m.* ashtray.

posaferro → **appoggiaferro**.

posamine *s.f.* (*mar.*) minelayer ◆ *agg.*: *nave* —, minelayer.

posamolle *s.m.* tongs stand.

posapiano *s.m.* e *f.* (*scherz.*) (*persona lenta*) slowcoach.

posare *v.tr.* to put* (down), to lay* (down); (*appoggiare*) to rest; (*collocare*) to place: — *a terra la valigia*, to put the suitcase on the floor; *posò il martello per terra*, he laid the hammer on the floor; — *un vassoio sul tavolo*, to lay a tray on the table; *non devi — il gomito sul tavolo*, you must not rest your elbow on the table; *non so dove — queste carte*, I do not know where to put these papers; — *un libro su uno scaffale*, to place a book on a shelf; *posa il cappello ed entra*, put your hat down and come in; *posa quella pistola*, drop that gun (*o* put that gun down); *mi posò la mano sulla spalla*, he laid his hand on my shoulder; *posso — i piedi sul cuscino?*, may I rest my feet on the cushion?; — *un cavo, una mina*, to lay a cable, a mine // — *gli occhi su qlco.*, to lay one's eyes on sthg. // — *le armi*, (*fig.*) (*cessare le ostilità*) to lay down one's arms ◆ *v.intr.* **1** (*aver fondamento*) to rest, to stand*; (*fig.*) to be based: *la colonna, la statua posa su un piedistallo*, the column, the statue rests (*o* stands) on a pedestal; *il tetto posa su quattro colonne*, the roof rests on four pillars; *il tuo ragionamento non posa su dati di fatto*, your reasoning is not based on facts **2** (*per fotografie, ritratti ecc.*) to pose, to sit*: *devo — per alcune foto*, I must pose for some photos; *quell'artista voleva che posassi per lui*, that artist wanted me to pose for him **3** (*fig.*) (*prendere un atteggiamento non spontaneo*) to pose: *gli piace — a vittima*, he likes to pose as a victim; *non — a intellettuale!*, do not pretend to be a highbrow **4** (*di liquido, far posatura*) to stand*, to settle: *bisogna lasciar — il vino prima di travasarlo*, we must let the wine stand before decanting it **5** (*letter.*) (*fermarsi*) to stay, to stop; (*riposare*) to rest: *non ha dove* —, he has nowhere to stay.

□ **posarsi** *v.rifl.* o *intr.pron.* **1** (*di cosa, animale che cali dall'alto*) to alight*, to settle; (*appollaiarsi*) to perch, to sit*; (*aer.*) to land, to alight*: *la neve si posa sulle vette dei monti*, the snow settles on the peaks of the mountains; *la polvere si posa dovunque*, dust settles on everything; *il passero si posò sul ramo*, the sparrow perched on the branch; *l'uccello si posò sul tetto*, the bird alighted on the roof; *l'elicottero si posò su una radura*, the helicopter landed in a clearing **2** (*letter.*) (*ristare*) to stay, to rest: *i suoi occhi si posarono sul ritratto di suo padre*, his eyes rested on his father's portrait.

posareti *agg.* e *s.f.* (*mar.*) (*nave*) —, netlayer.

posata[1] *s.f.* **1** (*coltello*) knife; (*forchetta*) fork; (*cucchiaio*) spoon; *posate da insalata*, salad servers **2** *pl.* (*posateria*) cutlery: *cambiare le posate*, to change the cutlery; *posate d'argento*, silver cutlery service **3** (*estens.*) (*coperto*) cover: *aggiungi una* —, lay one cover more.

posata[2] *s.f.* (*non com.*) **1** stop; (*mil.*) halt **2** (*posatura, deposito*) sediment; dregs (*pl.*), lees (*pl.*).

posateria *s.f.* cutlery.

posatezza *s.f.* composure, sedateness, staidness; (*calma*) calm, quietness.

posato *agg.* composed, sedate, staid; (*calmo*) calm, quiet: *una persona posata*, a sedate person; *mi fece un discorso molto* —, he spoke to me in a very composed manner.

posatoio *s.m.* (*di uccelli, polli ecc.*) perch, roost.

posatore *s.m.* **1** (*operaio*) layer **2** (*fig.*) (*chi ostenta atteggiamenti studiati*) poseur, affected person: *che —!*, doesn't he put it on?! ◆ **posatrice** *s.f.* poseur, affected person.

posatubi *agg.* (*tecn.*) pipe-laying: *macchina* —, pipe-laying machine (*o* pipelayer).

posatura *s.f.* sediment; dregs (*pl.*), lees (*pl.*).

posbellico → **postbellico**.

poscia *avv.* (*ant. letter.*) → **poi**.

posciadesco, **posciadistico** *agg.* farcical.

poscritto *s.m.* postscript (*abbr.* P.S.).

posdatare e *deriv.* → **postdatare** e *deriv.*

posdomani *avv.* (*region.*) the day after tomorrow.

positiva *agg.* e *s.f.* (*fot.*) positive.

positivamente *avv.* positively.

positivismo *s.m.* (*st. fil.*) positivism.

positivista *s.m.* e *f.* (*st. fil.*) positivist.

positivistico *agg.* positivist: *scuola positivistica*, positivist school.

positività *s.f.* positivity, positiveness // *la — di un esame clinico*, the positive result of a medical test.

positivo *agg.* **1** positive // (*gramm.*): *aggettivo* —, positive adjective; *grado* —, positive degree // (*mat.*): *numero* —, positive number; *segno* —, positive sign // (*elettr.*) *polo* —, positive pole **2** (*favorevole*) positive: *atteggiamento* —, positive attitude; *un giudizio* —, a positive judgment; *gli aspetti positivi e negativi di una situazione*, positive and negative aspects of a situation; *lo considero un fatto* —, I consider it a favourable event // *mi ha dato una risposta positiva*, he said yes **3** (*effettivo, reale*) positive, real, actual; (*certo, sicuro*) definite, certain, sure: *conoscenza positiva*, definite knowledge; *fatto* —, real (*o* actual) fact; *informazioni, notizie positive*, certain (*o* sure *o* definite) information, news; *è — che...*, it is certain that...; *non ho prove positive*, I have no positive proofs; *dare un ordine* —, to give a positive (*o* definite) order **4** (*opposto a naturale*): *filosofia positiva*, positive philosophy; *leggi positive*, positive laws; *diritto* —, positive law; *scienze positive*, positive sciences // *religione positiva*, positive religion **5** (*pratico*) practical, matter-of-fact, prosaic: *una persona positiva*, a matter-of-fact (*o* practical) person **6** (*med.*) positive ◆ *s.m.* reality, the positive, the real // *di* —, for certain: *lo so di* —, I know it for certain.

positone, **positrone** *s.m.* (*fis. nucleare*) positron, positon.

positronio *s.m.* (*fis. nucleare*) positronium.

positura *s.f.* (*letter.*) **1** (*posa*) posture **2** (*posizione*) position.

posizionale *agg.* positional.

posizionamento *s.m.* **1** (*tecn.*) positioning **2** (*inform.*) set, indexing.

posizionare *v.tr.* **1** (*tecn.*) to position **2** (*inform.*) to set*.

posizionatore *s.m.* (*tecn.*) positioner.

posizione *s.f.* **1** position: — *verticale*, vertical position; *la — di un oggetto, di un quadro*, the position of an object, of a picture; *la — di questa villa è meravigliosa*, this villa is beautifully sited; *la — della testa, del corpo*, the position of the head, of the body // (*astr.*): — *apparente*, aspect (*o* apparent position); — *astrometrica*, astrometric position; *astronomia di* —, astrometry **2** (*modo di stare*) position: *era seduto in una — molto scomoda*, he was sitting in a very uncomfortable position; *mettersi in — comoda*, to make oneself comfortable **3** (*atteggiamento*) position, attitude: *la mia — di fronte a un problema non è mai pessimista*, my attitude to a problem is never pessimistic; *assumere una — ben definita riguardo a una questione*, to adopt (*o* to take up) a definite position regarding a matter; *mantenere le proprie posizioni*, to maintain one's position // *prendere* —, (*in una contesa*) to take sides **4** (*condizione, situazione*) position, standing, status: *sono in una — imbarazzante*, I am in an embarrassing position (*o* situation); *si trova ancora in una — molto delicata*, he is still in a very delicate situation; *un uomo nella sua — dovrebbe comportarsi diversamente*, a man in his position (*o* of his standing) should behave differently; *voglio definire la mia — al più presto*, I want to define my position as soon as possible; — *finanziaria*, financial standing (*o* position); — *sociale*, social status // (*comm.*): — *concorrenziale*, competitive position; *faremo l'inventario per vedere qual è la nostra* —, we are going to take stock to see how we stand; (*amm.*) — *contabile*, accounting position // (*banca*): — *creditizia*, credit rating; — *di cambio pareggiata*, square exchange position // (*Borsa*): — *al ribasso*, bear position; — *al rialzo*, bull position; — *allo scoperto*, short (*o* naked) position; — *lunga, attiva, netta*, long (*o* overbuy) position; *in — lunga*, going long; *in — corta*, going short; — *di vendita* (*allo scoperto*), short position; — *scoperta*, uncovered position **5** (*posto*) position: *ha una bellissima — in banca*, he has a very good position in a bank // *farsi una* —, to acquire a position; *per l'età che ha si è fatto un'ottima* —, considering his age he has reached a very good position **6** (*in una classifica*) position: *essere nelle prime posizioni*, to be near the top position; *essere nelle ultime posizioni*, to be near the bottom; *avere una buona — in graduatoria*, to be well -placed in a list **7** (*gramm., mil., mus.*) position; (*mil.*): *attaccare una* —, to attack a position; — *strategica*, strategic position **8** (*inform.*) location, position: — *di memoria*, storage location; — *iniziale*, leading position; — *di perforazione*, code position; — *riservata in memoria*, dedicated core location.

posliminio → **postliminio**.

posludio → **postludio**.

posolino *s.m.* (*sottocoda, nei finimenti del cavallo*) crupper.

posologia *s.f.* (*med.*) **1** posology **2** (*nella indicazione dei medicinali*) dosage.

posponimento *s.m.* → **posposizione**.

posporre *v.tr.* **1** to place (sthg.) after, to put* (sthg.) after (*anche fig.*): — *il cognome al nome*, to place the surname after the first name; — *gli interessi personali alla famiglia*, to put one's personal interests after one's family **2** (*posticipare*) to postpone, to put* off, to defer: *dovette — il suo viaggio in America per malattia*, he was obliged to postpone (*o* to defer) his trip to America because of ill-health.

pospositivo *agg.* (*gramm.*) postpositive.

posposizione *s.f.* postponement: *la — di una data*, the postponement of a date.

posposto *agg.* postponed: *un impegno —*, a postponed (*o* deferred) engagement; *interessi personali posposti alla carriera*, personal interests that come after one's career.

possa *s.f.* (*letter.*) power, strength, vigour, might // *a tutta —*, with all one's might.

possedere *v.tr.* **1** (*avere in possesso*) to possess, to own, to be in possession of (sthg.); to hold*: *— case, ricchezze, una tenuta*, to own (*o* to possess) houses, wealth, an estate; *possediamo già alcuni dati riguardanti la produzione di quest'anno*, we are already in possession of data regarding this year's production; *dovette vendere tutto ciò che possedeva*, he was obliged to sell all he possessed; *le potenze europee possedevano la maggior parte dell'Africa*, the European powers possessed (*o* owned) most of Africa; *— azioni di una società*, to hold shares in a company // *— una donna*, to possess a woman **2** (*fig.*) (*avere doti, qualità*) to possess, to have; to be gifted with (sthg.): *i diamanti possiedono una straordinaria durezza*, diamonds have the quality of being unusually hard; *possiede un grande talento musicale*, he is gifted with (*o* possesses) a great musical talent; *non possiede nessuna buona qualità*, he has (*o* possesses) no good qualities **3** (*dominare*) to possess: *essere posseduto da una passione, da uno spirito maligno*, to be possessed by a passion, by an evil spirit; *si lascia — dall'ira*, he lets his anger get the better of him **4** (*conoscere a fondo*) to know* (sthg.) well, to have a good knowledge of (sthg.): *— una lingua*, to have a good knowledge of a language (*o* to have a language at one's fingertips).

possedimento *s.m.* (*il possedere, la cosa posseduta*) possession, holding; (*proprietà immobiliare*) property, estate: *tutti i miei possedimenti sono in banca*, all my possessions are in the bank; *ha vasti possedimenti nel Sud*, he has a large estate in the South; *ho un piccolo — in campagna*, I have a small property in the country; (*Borsa*) *possedimenti azionari*, shareholdings // (*pol.*): *— coloniale*, colony; *i possedimenti europei in Asia*, the European possessions in Asia.

posseditore → **possessore**.

posseduto *agg.* **1** owned: *beni posseduti dallo stato*, State-owned properties **2** (*indemoniato*) possessed: *— dal demonio*, possessed by the devil ◆ *s.m.* demoniac, person possessed.

possente *agg.* powerful: *un esercito —*, a powerful army; *ha una voce — ma sgraziata*, he has a powerful but unpleasant voice.

possessione *s.f.* (*non com.*) **1** (*proprietà terriera*) estate, property **2** (*il possedere*) possession; ownership: *— demoniaca*, possession by the devil // (*psic.*) *delirio di —*, demoniacal possession.

possessivo *agg.* possessive (*anche gramm.*): *un amore —*, a possessive love; *ha un carattere —*, he has a possessive nature // (*gramm.*) *genitivo —*, possessive case; *pronome, aggettivo —*, possessive pronoun, adjective.

possesso *s.m.* **1** possession (*anche dir.*); ownership: *appena posso prendere — di quel denaro faccio un viaggio a Parigi*, as soon as I am in possession (*o fam.* can get hold) of that money, I will take a trip to Paris; *come sei venuto in — di questo libro?*, how did you come by this book?; *il libro è in suo —*, the book is in his possession; *quell'uomo è in — di importanti informazioni*, that man is in possession of important information; *entrare in — di un'eredità*, to come (*o* to enter) into possession of an inheritance; *venire in — di una grande proprietà*, to come into possession of a large estate; *prendere — di qlco.*, to take (*o* to get) possession of sthg. (*o fam.* to get hold of sthg.); *prendere — di una carica, di un ufficio*, to take (*o* to come into) office; *prendere — della direzione*, to take over the management; *rientrare, ritornare in — di qlco.*, to regain possession of sthg.; *— di una carica*, tenure of office; *— legittimo*, lawful possession; *assunzione di —*, assumption of ownership // (*comm.*): *in* (*nostro*) *—*, to hand; *siamo in — della Vs. lettera*, we are in receipt of your letter (*o* your letter to hand) // *presa di —*, taking possession // *era nel pieno — delle sue facoltà mentali*, he was in full possession of his mental faculties **2** (*proprietà immobiliare*) estate; property: *avere vasti possessi*, to have large estates **3** (*di lingua, disciplina*) mastery: *avere il perfetto — di una tecnica*, to have complete mastery of a technique **4** (*partecipazione azionaria*) holding, shareholding.

possessore *s.m.* possessor; (*proprietario*) owner; (*detentore*) holder: *— di una casa*, house owner // (*dir.*): *— di buonafede*, good faith possessor (*o* bona fide holder); *— di malafede*, bad faith possessor (*o* mala fide holder) // (*banca*): *— di una cambiale*, bearer of a bill; *— in buona fede di un titolo di credito*, holder in due course // (*fin.*) *— di azioni, di titoli*, shareholder (*o* stockholder).

possessorio *agg.* (*dir.*) possessory: *azione possessoria*, possessory action; *giudizio —*, possessory judgment.

possibile *agg.* **1** possible: *è — farlo*, it is possible to do it; *è ancora — che venga*, he may still come (*o* it is still possible that he will come); *non credo mi sarà — essere qui*, I do not think it will be possible for me to be here (*o* I don't think I'll be able to be here); *questo non mi è —*, I can't possibly do it; *la polizia sta cercando ogni indizio — e immaginabile*, the police are looking for any evidence whatsoever; *fallo il meglio —*, do it as well as you can; *sarò qui il più presto —*, I'll be here as soon as possible; *il più, il meno —*, as much, as little as possible; *ma — che tu faccia sempre tardi?*, is it possible (*o* can it be possible) that you are always late?; *— che tu non mi voglia aiutare?*, is it possible that you don't want to help me?; *questa è una soluzione —*, this is a possible solution; *ritengo che una vittoria sia — anche se non probabile*, I think a victory is possible though not probable; *questo è possibilissimo, ma non ci credo*, this is very possible but I don't believe it; *"Credi sia stato Paolo?" "È —"*, "Do you think it was Paul?" "It's possible"; *"— ?"*, "can it be possible?; *"Sei ancora qui! Ma non è —!"*, "You are still here! It can't be true!" **2** (*fam.*) (*passabile*) reasonable, tolerable: *una cena —*, a reasonable dinner ◆ *s.m.* possible: *fare tutto il —*, to do everything possible (*o* to do one's best *o* to do all one can); *si farà tutto nei limiti del —*, whatsoever is possible shall be done.

possibilismo *s.m.* possibilism.

possibilista *s.m.* e *f.* possibilist ◆ *agg.* possibilist (*attr.*).

possibilistico *agg.* possibilist (*attr.*).

possibilità *s.f.* **1** possibility; (*occasione*) chance, scope, opportunity; (*probabilità*) likelihood; (*potere*) power: *avere la — di fare qlco.*, to be able to do sthg.; *questo va al di là delle sue —*, this is beyond him; *dare a qlcu. la — di fare qlco.*, to enable s.o. to do sthg. (*o* to give s.o. the opportunity to do sthg.); *essere nella — di fare qlco.*, to be in a position to do sthg.; *non vedo la — di salvarlo*, there doesn't appear to be any chance of saving him; *ci sono buone — di trovare un lavoro*, there's a good chance of our finding work; *avrai presto la — di incontrarlo*, you'll soon have the chance to meet him; *la — di un insuccesso*, the possibility of a failure; *— favorevole*, favourable odds; *ci sono molte — in questo campo*, this field offers wide scope (*o* many opportunities); *questa società offre una notevole — di iniziativa*, there is considerable scope for initiative in this company; *non c'è nessuna — che venga*, there is no chance (*o* likelihood) of his coming **2** (*spec. pl.*) (*finanziarie*) means (*pl.*), resources (*pl.*): *sarebbe una spesa al di là delle nostre —*, it would be an expense beyond our means // (*econ.*): *le nostre — sono limitate*, our means are limited; *il progetto rientra nelle nostre — finanziarie*, the project is within our own resources.

possibilmente *avv.* if possible; *cerca di non arrivare tardi, —*, try to be on time, if possible.

possidente *agg.* property-owning; (*di terre*) land-owning ◆ *s.m.* e *f.* property owner; (*di terre*) landowner: *grande, piccolo, ricco —*, large, small, rich landowner.

possidenza *s.f.* **1** property; (*tenuta*) estate **2** (*ceto dei proprietari*) property-owning class.

post- *pref.* di origine latina che esprime posteriorità; ingl. post- **1** nel tempo: *postdatare*, to postdate; *postglaciale*, post-glacial; *postridentino*, post-tridentine **2** nello spazio: *postdentale*, postdental; (*ling.*) *postonico*, post -tonic.

posta *s.f.* **1** post, mail: *— aerea*, air mail; *— espressa*, express mail; *— raccomandata*, registered mail; *— elettronica*, e-mail; *fermo —*, poste restante; *spese di —*, postage (*o* postal charges); *— in arrivo, partenza*, inward, outward mail; *a giro di —*, by return of post; *per —*, by post (*o* mail); *spedire per —*, to post (*o* to mail); *la — non viene distribuita la domenica*, there is no post on Sundays; *ho ricevuto molta — oggi*, I received a lot of mail (*o* letters) today; *non c'è — per voi*, there are no letters (*o* there is no post) for you; *spero di essere in tempo per la — del mattino*, I hope to be in time for the morning post; *tutta la — su questo treno fu rubata*, all the mail on this train was stolen // (*sulle riviste*) *la — dei lettori*, reader's letters **2** (*ufficio postale*) post(office): *— centrale*, (*ufficio centrale delle poste*) General Post Office (*abbr.* GPO); *direttore delle poste*, postmaster; *impiegato delle poste*, post office clerk; *devo andare alla —*, I must go to the post(office) // *Poste e Telegrafi*, postal and telegraph services **3** (*al gioco, in una scommessa*) bet; stake, stakes (*pl.*) (*anche fig.*): *la — è di 10.000 lire*, the stake is 10,000 liras; *raddoppiare la —*, to double the stake(s); *la — in gioco è troppo alta, non possiamo fallire*, the stakes are too high, we can't afford to fail **4** (*posto determinato, assegnato*) (*di cacciatore*) stand; (*nascosto*) hide; (*di sentinella*) post: *ordinare le poste*, (*disporre le sentinelle*) to post the sentries; *stare alla —*, (*di nave*) to be at anchor; (*fig.*) to lie in wait; *fare la — a qlcu.*, (*fig.*) to waylay s.o.; *mettersi alla — di qlcu.*, (*fig.*) to watch (*o* to be on the look out) for s.o.; *se vuoi parlare al direttore ti conviene fargli la — davanti all'ufficio*, (*fig.*) if you want to speak to the manager you should lie in wait for him outside his office **5** (*corriera postale*) post, mail coach; (*stazione di posta*) post(-stage), stage: *cavalli di —*, post-horses // *correre le poste*, (*viaggiare in fretta*) to go posthaste **6** (*posto assegnato a ciascun animale nella stalla*) stall **7** (*region.*) (*decina di rosario*) decade **8** (*amm.*) (*registrazione contabile*) entry, item: *— attiva*, credit item; *— contabile*, (account) item; *— di bilancio*, balance-sheet item; *— di contropartita, rettificativa*, offsetting item; *— passiva*, debit item **9** (*ant. letter.*) will: *a bella —*, on purpose.

postagiro *s.m.* (*amm.*) giro, postal transfer.

postale *agg.* postal; post (*attr.*); mail (*attr.*): *cartolina —*, (prepaid) postcard; *casella —*, post office box; *cassetta —*, letterbox (*o* post -box); *furgone* , mail van; *impiegato —*, post office clerk; *pacco —*, parcel: *spedire per pacco —*, to send by parcel post; *regolamento —*, postal regulations; *servizio —*, postal (*o amer.* mail) service; *spese postali*, postage (*o* postal charges); *tariffa —*, postage (*o* postal rate); *buono —*, postal savings certificate (*o* bond); *vaglia —*, postal order (*o* money order); *timbro —*, postmark; *succursale —*, branch post office; *unione —*, post union; (*dir.*) *frode —*, mail fraud ◆ *s.m.* (*mar.*) mail boat, packet boat, mail steamer; (*ferr.*) mail train; (*aeroplano*) mail plane; (*furgone*) mail van.

postappello *s.m.* extra exam session.

postare *v.tr.* (*non com.*) (*mil.*) to station, to post, to place: *i cannoni furono postati sulla cima della collina*, the guns were posted on the top of the hill; *postò i suoi soldati ai piedi del monte*, he posted his soldiers at the foot of the mountain.

□ **postarsi** *v.rifl.* (*non com.*) to station oneself, to post oneself.

postatomico *agg.* post atomic.

postazione *s.f.* **1** (*mil.*) post, position: *dalla nostra — si vedeva la vallata*, you could see the valley from our position; *— di cannone*, gun pit **2** (*tv*) (*estens.*) commentary position: *lasciammo la nostra — e raggiungemmo gli atleti in pista*, we left our commentary position and we joined the athletes on the track.

postbellico *agg.* postwar (*attr.*): *periodo —*, postwar period.

postbruciatore *s.m.* (*mecc.*) afterburner.

postcombustore *s.m.* (*mecc.*) afterburner.

postcommotivo *agg.* (*med.*) postcommotion (*attr.*).

postcommunio *s.m.* (*eccl.*) post-communion.

postconciliare *agg.* post-conciliar.

postcongressuale *agg.* postcongress (*attr.*), postassembly (*attr.*).

postconsonantico *agg.* (*ling.*) post-consonantal.

postdatare *v.tr.* to postdate, to date forward: *— una lettera*, to postdate a letter; (*banca*) *— un assegno*, to postdate a cheque // *il manoscritto venne erroneamente postdatato*, the manuscript was erroneously assigned a later date.

postdatato *agg.* postdated, dated forward: (*banca*) *assegno —*, postdated cheque.

postdatazione *s.f.* (*il postdatare*) postdating; forward dating.

postdentale *agg.* e *s.f.* (*ling.*) postdental.

postdibattimentale *agg.* (*dir.*) post-trial (*attr.*): *istanza —*, post-trial motion.

postdibattimento *s.m.* (*dir.*) post-trial proceedings (*pl.*), post-trial phase.

postdiluviale *agg.* (*geol.*) Holocene (*attr.*), Recent ◆ *s.m.* (*geol.*) Holocene, the Recent.

postdiluviano *agg.* postdiluvian.

posteggiare[1] *v.tr.* (*non com.*) (*fare la posta*) to lie* in wait for (sthg., s.o.), to watch for (s.o.): *— un animale*, to lie in wait for an animal.

posteggiare[2] *v.tr.* (*parcheggiare*) to park: *— l'auto in via Manzoni*, to park the car in Via Manzoni; *non so dove —*, I don't know where to park.

posteggiatore *s.m.* **1** (*sorvegliante di parcheggio*) car park attendant: *— autorizzato*, licensed (*o* authorized) car park attendant; *— abusivo*, unlicensed car park attendant **2** (*region.*) (*venditore*) stallholder **3** (*region.*) (*suonatore girovago*) strolling musician.

posteggio *s.m.* **1** (*parcheggio*) car park, parking place, parking space; (*amer.*) parking lot: *— pubblico, privato*, public, private car park; *ho lasciato l'auto al —*, I've left the car at (*o* in) the car park; *non si riesce mai a trovare un —*, you can't ever find a place to park; *— di autopubbliche*, taxi(cab) rank (*o* stand) **2** (*per venditori di piazza*) pitch.

postelegrafico *agg.* post and telegraph (*attr.*): *servizi postelegrafici*, post and telegraph services ◆ *s.m.* post office employee.

postelegrafonico *agg.* postal, telegraph and telephone (*attr.*) ◆ *s.m.* post-office employee.

poster *s.m.* poster: *un — di Charlie Chaplin*, a Charlie Chaplin poster.

postergare *v.tr.* **1** (*letter.*) (*trascurare*) to neglect; to throw* (sthg.) to the winds: *— il dovere*, to neglect one's duty; *— la ragione*, to throw reason to the winds **2** (*dir.*) (*posporre*) to postpone: *— un'ipoteca*, to postpone a mortgage **3** (*amm.*) (*contrassegnare un documento*) to endorse; (*posporre*) to defer, to postpone: *azioni postergate*, deferred shares.

postergazione *s.f.* (*dir.*) postponement, deferment.

posteria *s.f.* (*region.*) (*negozio di generi alimentari*) grocer's, grocery store.

posteriore *agg.* **1** (*nello spazio*) rear; back; (*di corpo umano*) posterior: *le file posteriori di una colonna militare*, the rear ranks of a military column; *le gambe posteriori di un cavallo, di una seggiola*, the hind legs of a horse, the rear legs of a chair; *la porta —*, (*di una casa*) the back door; *le ruote posteriori di un'automobile*, the rear wheels of a car **2** (*nel tempo*) later, subsequent, following: *gli anni posteriori furono terribili*, the following years were terrible; *i secoli posteriori*, the later (*o* following) centuries; *quelli furono avvenimenti posteriori*,those were subsequent events; (*dir.*) *leggi posteriori*, succeeding laws **3** (*ling.*) back: *vocale —*, back vowel ◆ *s.m.* **1** (*scherz.*) (*sedere*) posterior, behind **2** (*di animale, uccello*) rump.

posteriorità *s.f.* posteriority.

posteriormente *avv.* **1** (*nella parte posteriore, dietro*) in the back, at the back **2** (*dopo, in seguito*) subsequently, posteriorly; (*più tardi*) later; (*dopo*) after, afterwards.

posterità *s.f.* **1** posterity: *tramandare alla —*, to hand down to posterity **2** (*dir.*) (*discendenza familiare*) issue.

posterla → **postierla**.

postero *agg.* (*letter.*) that follows, that comes afterwards ◆ *s.m.* (*spec. pl.*) posterity [U]; descendants (*pl.*): *questo sarà giudicato dai nostri posteri*, this will be judged by posterity; *trasmettere qlco. ai posteri*, to hand down sthg. to posterity.

postfazione *s.f.* (*commento a un libro*) afterword.

postferiale *agg.* after the holidays (*attr.*).

postglaciale *agg.* (*geol.*) post-glacial.

posticcio *agg.* **1** false, artificial (*anche estens.*): *denti, capelli posticci*, false teeth, hair // *un finale —*, a tacked-on ending **2** (*non com.*) (*provvisorio*) temporary ◆ *s.m.* (*ciuffo di capelli finti*) toupee, wig.

posticino *s.m.* spot: *un bel —*, a nice little spot.

posticipare *v.tr.* to postpone, to defer; *il pagamento è stato posticipato di una settimana*, payment has been deferred a week; *— una riunione*, to postpone a meeting; *— le vacanze*, to postpone one's holidays; (*dir.*) *— un'udienza*, to postpone a hearing.

posticipatamente *avv.* **1** (*con ritardo*) with delay, after the proper time **2** (*alla fine del tempo fissato, del lavoro compiuto ecc.*) when due: *il canone si paga —*, the rent is not payable in advance.

posticipato *agg.* (*ritardato*) delayed, deferred, postponed: *pagamento —*, deferred payment; *stipendio —*, deferred salary; *affitto —*, deferred rent; (*econ.*) *rendita vitalizia posticipata*, deferred annuity.

posticipazione *s.f.* postponement, deferment; (*ritardo*) delay: *— di un programma*, postponement of a programme; (*comm.*) *ottenere una — del pagamento*, to obtain a delay in payment; *— di una scadenza*, extension of a deadline.

postico *agg.* (*arch.*) postic(al) ◆ *s.m.* (*arch.*) posticum (*pl.* -ca).

postierla *s.f.* (*st.*) postern.

postiglione *s.m.* postil(l)ion.

postilla *s.f.* **1** note, gloss; marginal note; side-note; postil; (*a piè di pagina*) footnote: *le postille del Leopardi ai suoi libri*, Leopardi's marginal notes in his books **2** (*fig.*) (*precisazione*) specification; comment: *a questo punto vorrei fare una —*, at this stage I would like to make a specification.

postillare *v.tr.* to annotate, to gloss.

postillatore *s.m.* **postillatrice** *s.f.* annotator.

postillatura *s.f.* (*non com.*) **1** (*il postillare*) annotating, glossing **2** (*postille*) notes (*pl.*), glosses (*pl.*); (*insieme di postille*) glossing.

postimpressionismo *s.m.* (*pitt.*) Post -Impressionism.

postindustriale *agg.* postindustrial.

postinfartuale *agg.* (*med.*) postinfarction (*attr.*): *decorso —*, postinfarction progression.

postino *s.m.* postman*.

postite *s.f.* (*med.*) posthitis (*pl.* -ides).

postlaurea *agg.* postgraduate (*attr.*): *corso* —, postgraduate course.

postliminio *s.m.* (*st. dir.*) postliminium (*pl.* -ia, -ies), postliminy.

postludio *s.m.* (*mus.*) postlude.

postmaturo *agg.* (*med.*) postmature.

postmilitare *agg.* after military service (*pred.*).

postmodernismo *s.m.* post-modernism.

postmoderno *agg.* e *s.m.* postmodern.

posto[1] *s.m.* **1** (*luogo, località*) place; spot: — *di villeggiatura*, resort; *abita in un bel* —, she lives in a nice place; *conosco io un bel — per un picnic*, I know a nice spot (*o* place) for a picnic; *non ero mai stato in questo — prima*, I've never been to (*o* in) this place before; *conosco io un — dove fare colazione*, I know a place where we can have lunch // *in nessun* —, nowhere // — *di lavoro*, workplace (*o* place of business) // *la gente, la lingua del* —, the local people, language // (*comm.*) *acquistare sul* —, to buy on the spot **2** (*collocazione di persona o cosa*) place: *mettilo al suo* —, put it in its place; *vai al tuo* —, go to your place; *questo non è il suo* — (*giusto*), this is not its right place **3** (*spazio*) room; space: *c'è tanto — in questa casa*, there is a lot of room (*o* space) in this house; *fagli* —, make room for him; *nella mia auto c'è — per altre due persone*, in my car there is room for two more people; *non c'è più — nell'armadio*, there is no more room in the wardrobe; *questi libri occupano troppo* —, these books take up too much room (*o* space) **4** (*posto a sedere*) seat: — *d'angolo*, corner seat; — *di guida*, driver's seat; — *riservato*, reserved seat; *automobile a quattro posti*, four -seater (car); *ho prenotato due posti per la commedia di domani sera*, I have booked two seats for tomorrow evening's play; *prendere* —, to take a seat (*o* to sit down); *non ci sono più posti liberi*, all the seats are taken // *posti-letto*, (*in ospedale ecc.*) beds **5** (*lavoro*) job, work; (*carica*) position: *ha un — di responsabilità*, he's got a responsible job (*o* position); *ha un buon — in uno studio di avvocato*, he's got a good job in a law firm; *cerca un — di segretaria*, she is looking for a job as a secretary; — (*di lavoro*) *vacante*, vacancy (*o* job vacancy *o* unfilled vacancy); *coprire un — vacante*, to fill a vacancy; *concorso a dieci posti vacanti*, competition for ten vacant posts **6** (*adibito a un particolare servizio o funzione*) post; station: — *di polizia*, police station; — *di pronto soccorso*, first-aid post (*o* centre); — *di controllo*, checkpoint; — *di blocco* (*stradale*), roadblock; — *di rifornimento* (*per auto*), filling station; — *di guardia*, sentry post; — *telefonico pubblico*, public telephone; (*inform.*) — *di lavoro*, workstation; (*mar.*) — *di ancoraggio*, berth **7** (*inform.*) (*in memoria*) space.
◆ FRASEOLOGIA: *a* —, (*in ordine*) tidy, straight, in order: *hai messo a — la tua stanza?*, have you tidied (up) your room?; *metti a — quei libri*, tidy (up) those books; *è tutto a* —, everything is straight (*o* settled *o* all right); *mettersi a — i vestiti, i capelli*, to tidy (up) one's clothes, one's hair; *avere la coscienza a* —, to have a clear conscience; *metterò io le cose a* —, I'll settle things; *lo metterò a — io!*, I settle him!; *questa sciarpa non sta a* —, this scarf won't stay in place; *tenere la lingua a* —, to hold one's tongue // *al — di*, instead of: *verrò al — di mio fratello*, I'll come instead of my brother; *se fossi al tuo* —, if I were you (*o* in your place) // *chi prenderà il tuo —?*, who will take your place? // *mettiti al mio* — ..., put yourself in my place (*o* shoes)... // *fuori* —, out of place; in the wrong place; *è fuori —, per questo non lo trovavo*, it's in the wrong place, that's why I couldn't find it; *metti sempre le cose fuori* —, you are always putting things in the wrong place; *non ha mai un capello fuori* —, he's always perfectly groomed // *sul* —, on the spot: *addestramento sul* —, on-the-job (*o* in-house) training; *controllo eseguito sul* —, on the spot control; *è bene studiare le lingue sul* —, it's best to study languages where they are spoken.

posto[2] *agg.* placed, situated: *la casa è posta ai piedi della montagna*, the house is (situated) at the foot of the mountain // — *ciò, andrò avanti a parlarvi degli aspetti storici*, having established this, I'll go on to speak about the historical aspects.

posto che *cong.* **1** (*ammesso che*) supposing that, assuming that; granting that: — *che tu abbia ragione*..., supposing that (*o* assuming that *o* granting that) you are right... **2** (*dal momento che*) seeing (*o* given) that, since: — *che non esiste altra alternativa*..., seeing (*o* given *o* since) there is no (other) alternative...

postoperatorio *agg.* (*med.*) post-operative.

post partum *locuz.avv.* e *agg.* (*lat.*) (*med.*) post(-)partum.

postprandiale *agg.* postprandial (*anche med.*).

postraumatico *agg.* (*med.*) postraumatic.

postremo *agg.* (*letter.*) last.

postribolo *s.m.* (*letter.*) brothel.

post scriptum *s.m.* (*lat.*) (*comm.*) postscript (*abbr.* PS).

postulante *agg.* **1** (*che chiede insistentemente*) petitioning, pleading **2** (*eccl.*) postulating ◆ *s.m.* e *f.* **1** petitioner, solicitor **2** (*eccl.*) postulant.

postulare *v.tr.* **1** (*domandare con insistenza*) to solicit, to petition for (sthg.): *postulavano benefici ecclesiastici*, they petitioned for benefices **2** (*eccl.*) to postulate: — *qlcu. alla carica di vescovo*, to postulate s.o. to a bishopric **3** (*fil., mat.*) to postulate: — *un principio*, to postulate a principle **4** (*implicare*) to assume.

postulato[1] *s.m.* postulate.

postulato[2] *s.m.* (*eccl.*) postulancy.

postulatore *s.m.* **postulatrice** *s.f.* **1** (*non com.*) petitioner **2** (*eccl.*) postulator.

postumo *agg.* **1** posthumous: *opera postuma*, posthumous work; *fama postuma*, posthumous fame **2** (*estens.*) (*tardivo*) tardy, belated ◆ *s.m.* (*spec. pl.*) **1** (*med.*) (*di malattia*) aftereffect, consequence **2** (*estens.*) (*conseguenza*) aftereffect, aftermath: *i postumi di una crisi politica*, the aftereffects (*o* aftermath) of a political crisis.

postuniversitario *agg.* postgraduate (*attr.*), post-degree (*attr.*): *un corso* —, a postgraduate (*o* post-degree) course.

postura *s.f.* **1** (*non com.*) (*posizione*) position **2** (*scient.*) posture.

posturale *agg.* (*scient.*) postural: (*med.*) *esercizi posturali*, postural exercises.

postutto, al *locuz.avv.* (*non com.*) after all.

postvendita *agg.* (*comm.*) after-sales (*attr.*): *servizio alla clientela* —, after-sales service.

postvocalico *agg.* (*ling.*) post-vocalic.

postvulcanico *agg.* (*geol.*) postvolcanic.

potabile *agg.* drinkable, drinking (*attr.*), potable: *acqua* —, *non* —, drinking, not drinking water.

potabilità *s.f.* drinkableness, potability: *la — dell'acqua*, the drinkableness of water.

potabilizzare *v.tr.* to make* drinkable; to purify.

potabilizzazione *s.f.* purifying.

potage, **potaggio** *s.m.* (*passato di verdura*) vegetable soup, potage.

potaiolo → **potatoio**.

potamologia *s.f.* (*geogr.*) potamology, fluviology.

potare *v.tr.* **1** (*agr.*) to prune; to lop; (*una siepe*) to trim, to cut* back **2** (*fig.*) to cut* down, to reduce: — *il testo di un articolo*, to cut down the text of an article.

potarite *s.f.* (*min.*) potarite.

potassa *s.f.* (*chim.*) potash: — *caustica*, caustic potash.

potassico *agg.* (*chim.*) potassic.

potassio *s.m.* (*chim.*) potassium: *carbonato di* —, potassium carbonate; *cianuro di* —, potassium cyanide; *clorato di* —, potassium chlorate; *cloruro di* —, potassium chloride; *idrato di* —, potassium hydroxide; *nitrato di* —, potassium nitrate (*o* saltpetre); *permanganato di* —, potassium permanganate; *silicato di* —, potassium silicate.

potatoio *s.m.* pruning bill, pruning hook; pruning knife; (*a forbice*) pruning shears.

potatore *s.m.* (*agr.*) pruner; lopper; (*di siepi ecc.*) trimmer.

potatura *s.f.* (*agr.*) pruning; lop(ping), trimming; recision.

potentato *s.m.* (*letter.*) **1** (*Stato, Potenza*) state, power; potentate **2** (*principe sovrano*) potentate, ruler, sovereign.

potente *agg.* **1** powerful, mighty; (*influente*) influential: *un'armata* —, a powerful (*o* mighty) army; *l'organizzazione criminale era molto — in città*, the criminal organization was very powerful in the city; *un uomo, nemico* —, a powerful man, enemy; *una macchina* —, a powerful car; *si sentì una — esplosione*, a powerful explosion was heard; *una voce* —, a powerful voice **2** (*efficace*) potent, powerful; effective: *una medicina — contro il raffreddore*, medicine which is effective against colds; *un rimedio, veleno* —, a potent remedy, poison ◆ *s.m.* powerful figure, potentate: *i potenti dell'industria*, the captains of (*o* powerful figures in) industry // *schierarsi contro i potenti*, to stand up against the powers that be.

potentilla *s.f.* (*bot.*) (*Potentilla reptans*) cinquefoil, five-finger.

potentino *agg.* of Potenza, from Potenza ◆ *s.m.* inhabitant of Potenza, native of Potenza.

potenza *s.f.* **1** power, might; (*forza*) strength: *la — di Dio, del re*, the power (*o* might) of God, of the King; *la — del denaro, della pubblicità*, the power of money, of advertising; *la — di un esercito, di un paese*, the strength of an army, of a country; *la — di un microscopio*, the power of a microscope; *una bomba di grande* —, a powerful bomb; *la Spagna era allora all'apogeo della sua* —, Spain was then at the height of its power; *la — economica di una nazione*, the economic power (*o* strength) of a nation; *la — militare della nazione nemica*, the military power (*o* strength) of the enemy country; — *finanziaria*, financial (*o* capital) power; *l'azienda nel settore tessile è una* —, the company is a powerful force (*o* a power) in the field of textiles // *in* —, (*agg.*) potential; (*avv.*) potentially: *un pericolo in* —, a potential danger; *in — siamo più forti di loro*, potentially we are stronger than they are **2** (*efficacia*) potency; *la — di un argomento*, the potency of an argument; *la — di un veleno*, the potency of a poison; *la — del suo discorso mi colpì*, I was struck by the force of his speech **3** (*Stato*) power: *le Potenze alleate*, the allied powers: *le grandi Potenze europee*, the great powers of Europe **4** (*mat.*) power: *la — di un numero*, the power of a number; *elevare un numero all'ennesima* —, to raise a number to the nth power; *serie di potenze*, power series; *insieme di* —, power set **5** (*fis.*, *tecn.*) power, rating; capacity; (*mecc.*) horsepower // (*mecc.*): — *al freno*, brake horsepower; — *all'asse*, shaft horsepower // (*aer.*): — *a regime*, power rating; — *di combattimento*, combat rating; — *di crociera*, cruising power; — *di decollo*, takeoff power; — *di spinta*, thrust power; — *nominale*, rated output // (*aut.*) — *fiscale*, tax rating // (*elettr.*): — *attiva*, *reattiva*, *apparente*, active, reactive, apparent power; — *nominale*, *di targa*, rated output; *fattore di* —, power factor; *amplificatore*, *reattore*, *transistor di* —, power amplifier, reactor, transistor // (*rad.*) — *acustica*, acoustic power **6** (*inform.*) power: — *di elaborazione*, capacity; — *di calcolo*, problem solving power **7** (*geol.*) (*di uno strato*) thickness.

potenziale *agg.* potential: *un cliente* —, a potential (*o* prospective) customer; *risparmiatore* —, potential investor; *capitale* —, potential stock; *le ricchezze potenziali di un paese*, the potential riches of a country; (*gramm.*) *modo* —, potential mood // (*fis.*): *energia* —, potential energy; *funzione* —, potential function ♦ *s.m.* **1** (*fis.*, *elettr.*) potential, voltage: — *elettrico*, electric potential; — *magnetico*, magnetic potential; *barriera di* —, potential barrier; *buca di* —, potential well; *caduta di* —, potential (*o* voltage) drop; *curva del* —, potential curve; *differenza di* —, potential difference; *gradiente di* —, potential gradient; — *di scarica*, breakdown voltage **2** (*fig.*) potential: *quel ragazzo ha un grande* —, that boy has great potential // (*econ*): — *di mercato*, market potential; — *di vendita*, sales potential; — *produttivo*, production potential (*o* productive potentiality); — *inutilizzato*, idle capacity.

potenzialità *s.f.* potentiality, potential, capacity (*anche estens.*): *la — energetica di una centrale*, the energy-producing capacity of a power station; *un ragazzo che deve sviluppare la sua* —, a boy who has to develop his potential; — *finanziaria*, financial potential.

potenzialmente *avv.* potentially.

potenziamento *s.m.* **1** (*rafforzamento*) strengthening; (*incremento*) development; expansion: *il — del commercio*, the expansion of trade; *il — dell'agricoltura*, the development of agriculture; *il — della rete di vendita*, the expansion (*o* development) of the sales network **2** (*med.*) → sinergismo.

potenziare *v.tr.* to strengthen, to boost, to make* powerful; (*incrementare*) to develop; to expand: — *l'industria*, *il commercio*, to develop (*o* to strengthen) industry; — *la produzione*, to boost (*o* to step up) production.

potenziato *agg.* (*rafforzato*) strengthened, boosted; (*incrementato*) developed; expanded: *la squadra, potenziata dal nuovo attaccante, è molto forte*, the team is very strong, now that it has been strengthened by the new forward.

potenziometro *s.m.* (*elettr.*) potentiometer.

potere *v.servile* **1** (*possibilità materiale o dipendente dalla capacità del sogg.*) can (*indic. e cong.pres.*); could (*indic. e cong.pass.*, *cond.*); to be* able: *puoi venire quando vuoi*, you can come when you like; *può frequentare qualsiasi tipo di scuola*, he can attend any kind of school; *posso camminare per ore senza stancarmi*, I can walk for hours without getting tired; *non possiamo andare avanti così*, we can't go on like this; *non sempre si può fare ciò che si vuole*, you can't always do what you like; *come puoi pensare una cosa simile?*, how can (*o* could) you think such a thing?; *che cosa posso fare per te?*, what can I do for you?; *non poteva fare di più*, he couldn't do any more; *faremo quello che potremo*, we'll do what we can; *non potrà giocare perché si è infortunato*, he can't play (*o* he won't be able to play) because he's been injured; *stanotte non ho potuto dormire*, I couldn't (*o* I wasn't able to) sleep last night; *a quel punto, non potevano fare più nulla*, at that point there was no more they could do (*o* they couldn't do anything else); *non potè dire altro*, he couldn't say anything else; *come hai potuto farmi un torto simile?*, how could you do this to me?; *non può aver detto questo*, he can't have said that; *potrebbe tornare più tardi?*, could you come back later?; *potresti farmi un favore?*, could you do me a favour?; *ti aiuterei se potessi*, I would help you if I could; *se l'avessi saputo prima, avrei potuto aiutarti*, if I'd known it before, I could have helped you; *potevi almeno telefonarmi*, you could at least have phoned me; *in quella situazione che altro potevo fare?*, what else could I have done in that situation?; *potendo, lascerei la città e andrei a vivere in campagna*, I'd leave the city and go and live in the country, if I could (*o* if I could, I'd leave...); *non avendo potuto parlargli, gli lasciai un messaggio*, not having been able (*o* having been unable) to speak to him, I left him a message; *prometto di fare tutto ciò che posso*, I promise I'll do all I can (*o* I'll do my best); *vorrei poterti aiutare*, I wish I could help you **2** (*possibilità dipendente dalla volontà altrui*) may (*indic. e cong. pres.*), might (*indic.pass. nel discorso indiretto e cond.*) (*entrambe le forme sono spesso sostituite nell'uso corrente da* can, could, to be* able); to be* allowed, to be* permitted: *posso fumare?*, may I smoke (*o* is it all right if I smoke?); *non si può fumare nei locali pubblici*, smoking is not allowed (*o* permitted) in public places; *se posso esprimere un parere...*, if I may express an opinion...; *posso farle una domanda?*, may (*o* can) I ask you a question?; *"Possiamo entrare?" "No, è vietato l'ingresso al pubblico"*, "May (*o* Can) we come (*o* go) in?" "No, members of the public are not allowed to enter (*o* are not admitted *o form.* may not enter)"; *potete pagare in contanti o in assegno*, you can (*o* may) pay cash or by cheque; *gli interessati possono presentare domanda di trasferimento*, those concerned (*o* interested) may request a transfer; *non puoi vedere quel film, è vietato ai minori*, you can't see (*o* you aren't allowed to see) that film, it's an X certificate; *non ci si può comportare così!*, you can't (*o* you mustn't) behave like that!; *chiese se poteva vederlo*, he asked if he could (*o form.* might *o* might be permitted to) see him; *disse che potevamo usare la sua macchina fotografica*, he said we could (*o form.* might) use his camera; *non abbiamo potuto passare dal centro perché era chiuso al traffico*, we couldn't (*o* we were unable to *o* not allowed to) go through the centre, because it was closed to traffic; *nessuno potrà assentarsi senza autorizzazione*, no one can leave without permission; *i certificati si possono ritirare solo in orario d'ufficio*, certificates can (*o* may) only be collected during office hours; *non puoi dire questo!*, you can't (*o* you mustn't) say that!; *non può che essere un errore*, it must be a mistake; *non può non rendersi conto che...*, he must realise that...; *non posso fare a meno di ammettere che...*, I must (*o* have to) admit that... • Come si nota dagli esempi, in questo significato l'uso di *may*, *might* è più formale di *can*, *could*; in espressioni negative con valore enfatico viene spesso usato *must* **3** (*per esprimere eventualità*) may, might; can, could; (*probabilità*) to be* likely; to be* possible: *posso, potrei sbagliarmi*, I may, could (*o* might) be wrong; *potresti aver ragione*, you may (*o* could) be right; *potrebbe arrivare domani, ma ne dubito*, he might (*o* could) arrive tomorrow, but I doubt it; *tutti possono sbagliare*, anyone can make a mistake; *potrei non giungere in tempo*, I might not arrive in time; *potrebbe esserci un errore*, there might (*o* could) be a mistake; *può essere utile sapere che...*, it may help to know that...; *può, potrebbe piovere*, it may, might (*o* could) rain (*o* it's likely to rain); *potevano essere circa le 3*, it could (*o* might) have been about 3 o'clock; *potrà sembrarti buffo, ma io la ritengo una cosa seria*, you may (*o* might) think it's funny, but I think it's serious; *"Che cosa può essergli successo?" "Potrebbe aver perso il treno"*, "What can have happened to him?" "He may (*o* might) have missed the train"; *cosa pensi che possa accadere?*, what do you think is likely to (*o* might *o* could) happen?; *chi potrebbe essere a quest'ora?*, who could it be at this hour?; *non è escluso che possa ancora vincere*, he may (*o* might *o* could) still win // *può essere*, *può darsi*, maybe: *"Mi sembri di cattivo umore, oggi" "Può essere"*, "You look as if you're in a bad mood today" "Maybe"; *"Ti vedrò stasera?" "Può darsi"*, "Shall I see you this evening?" "Maybe" // *può darsi che*, may (*costr. pers.*); maybe: *può darsi che ti abbia scritto*, maybe he has (*o* he may have) written to you; *potrebbe darsi che avesse perso l'indirizzo*, maybe he had (*o* he may have) lost the address; *poteva darsi che non avesse capito*, maybe he hadn't understood (*o* he may not have understood) **4** (*al cong.*, *per esprimere augurio o forte desiderio*) may, might; could: (*che*) *possiate essere felici!*, may you be happy!; *possa egli vivere cent'anni!*, may he live a hundred years!; *potessimo stare un po' tranquilli!*, if only we might have a bit of peace!; (*magari*) *potessi aiutarlo!*, if only I could help him! **5** (*al cond.*, *per esprimere consiglio o esortazione*) might, could: *potresti almeno rispondere quando ti parlo!*, you could (*o* might) at least answer when I speak to you!; *avrebbe potuto per lo meno ringraziare!*, he might (*o* could) at least have said thank you; *potrebbero essere più gentili!*, they might (*o* could) be more polite!; *non era una prova facile, ma avresti potuto almeno tentare!*, it wasn't an easy

test, but you could (*o* might) at least have tried! ◆ *v.tr.* (*avere potere, forza, influenza*) to have an influence, to have an effect (on): *l'esempio di un padre può molto sui figli*, a father's example has a great influence on his children; *le mie parole hanno potuto assai poco*, my words had little effect // *è uno che può*, (*che ha denaro*) he is a man of means; (*che ha potere*) he's got a lot of pull.
◆ FRASEOLOGIA: *a più non posso*, all out: *stava lavorando a più non posso*, he was working all out // *non ne posso più*, (*sono sfinito*) I'm exhausted, (*sono al limite della sopportazione*) I'm at the end of my tether (*o* I can't take any more); *non ne posso più di quell'uomo*, I can't put up with that man any longer (*o* I've had enough of that man) // *volere è* —, where there's a will there's a way // *si salvi chi può*, every man for himself // *non posso fare a meno di pensare che...*, I can't help thinking that... // *non posso fare a meno di lui*, I can't do without him; (*mi è indispensabile nel lavoro*) I can't spare him // *non posso farci niente*, I can't help it (*o* I can't do anything about it) // *non possiamo permetterci quel viaggio*, we can't afford that trip // *portane più che puoi*, bring as much (*o* as many) as you can; *vieni più in fretta che puoi*, come as fast as you can; *vieni più presto che puoi*, come as soon as you can.

potere *s.m.* **1** power (*anche fig.*): — *assoluto*, absolute power: *avere — assoluto su un popolo*, to hold complete sway over a people; — *esecutivo, legislativo*, executive, legislative power; — *centrale, periferico*, central, local authority; *la divisione del — in uno stato democratico*, the division of power in a democratic state; *conflitto di — tra l'autorità giudiziaria e quella politica*, power struggle between the courts and the political authorities; *i poteri governativi*, governmental powers; *il — temporale del Papa*, the temporal power of the Pope; *abuso di* —, abuse of power; *sete di* —, thirst for power; *non ho il — di decidere su questo punto*, I have no power to decide on this point; *ho il — di scegliere ciò che voglio*, I have the power to choose what I want; *non ho — su di loro*, I have no power over them; *avere poteri magici*, to have magic powers // *al* —, in power: *i militari sono al* —, the military are in power; *rimanere al* —, to remain in power; *si impadronì del — con un colpo di stato*, he came into power through a coup d'état; *la sua ascesa al — fu rapida*, his rise to power was rapid; *salì al — nel 1731*, he rose to power in 1731; *perse il — nel 1930*, he lost power in 1930 // *in mio, tuo* —, in my, your power: *cadde in suo* —, he fell into his power (*o* into his hands); *la città è caduta in — del nemico*, the city fell into enemy hands; — *decisionale*, decision-making power // — *operaio*, workers' power // *Quarto Potere*, (*la stampa*) Fourth Estate // *Quinto Potere*, (*la radio e la televisione*) the broadcasting media (*o* the networks) // (*econ.*): — *contrattuale*, bargaining power; — *di spesa*, spending power; — *d'acquisto*, purchasing (*o* buying) power; — *monopolistico*, monopoly power; — *economico*, economic power; — *di contrarre debiti*, borrowing power // (*fin.*): — *finanziario*, financial power; — *liberatorio*, (*della moneta*) debt-paying power **2** (*spec. pl.*) (*potestà, diritti*) powers: *i poteri di un ministro*, the powers of a minister: *dare, conferire a qlcu. il — di fare qlco.*, to give s.o. the authority (*o* the power) to do sthg.; *vorrei definire i miei poteri*, I should like to define my powers // *pieni poteri*, full powers; *ambasciatore con pieni poteri*, (ambassador) plenipotentiary; *agire con, avere pieni poteri*, to act, to be invested with full powers; *nell'azienda gode di pieni poteri*, he has full control over the company; *dare, conferire pieni poteri*, to grant full powers: *dare, conferire pieni poteri a qlcu. di fare qlco.*, to empower s.o. to do sthg. **3** (*possibilità*) power, possibility; (*capacità*) power, capacity: *non ha il — di agire in altro modo*, he isn't able to act in any other way **4** (*fis.*) power: — *assorbente, dispersivo*, absorbent, dispersive power; — *calorifico*, heating power; — *emissivo*, emittance; — *rotatorio*, rotatory power **5** (*influenza*) influence, sway: *ha un grande — su di me*, he has great influence over me; *le tue parole non hanno — su di me*, what you say has no effect on me (*o form.* your words have no power over me).

potestà[1] *s.f.* (*potere*) power: — *di vita e di morte*, power of life and death; — *legale*, legal power; — *tributaria*, taxing power: *non ho la — di farlo*, I don't have the power (*o* authority) to do it; *essere in — di qlcu.*, to be in s.o.'s power (*o* in s.o.'s hands) // (*teol.*): — *angeliche*, Angelic Powers; *la Divina Potestà*, the Almighty // (*dir.*): — *parentale, dei genitori*, parental authority; — *di giudicare*, jurisdiction; *patria* —, (*antiq.*) paternal authority (*o* patria potestas).

potestà[2] → **podestà**[2].

potestativo *agg.* (*dir.*) potestative: *condizione potestativa*, potestative condition; *diritto* —, potestative right.

poto *s.m.* (*bot.*) → **potus**.

pot-pourri *s.m.* **1** (*non com.*) (*pietanza di carni e verdure*) stew **2** (*estens.*) (*accozzaglia*) pot-pourri, jumble, mixture **3** (*fig.*) mixture, assortment: *lo spettacolo è un — di canzoni e scenette celebri*, the show is an assortment of well-known songs and sketches.

potus *s.m.* (*bot.*) pothos.

pouf *s.m.* (*sgabello imbottito*) pouf, pouffe.

poujadismo *s.m.* (*st. fr.*) Poujadism.

poujadista *agg.* e *s.m.* e *f.* (*st. fr.*) Poujadist.

poule *s.f.* **1** (*somma puntata al gioco*) stake, bet, pool **2** (*al biliardo*) pool **3** (*gara a eliminazione*) preliminary round; heat.

poundiano *agg.* of Pound, Pound's.

pourparler *s.m.* pourparler, preliminary discussion.

povera *s.f.* **1** poor woman **2** (*mendicante*) beggar.

poveraccio *s.m.* poor thing, poor devil: — *!, che sfortuna!*, the poor thing, how unlucky!

poveramente *avv.* poorly, wretchedly, in poverty: *morì — com'era vissuto*, he died in poverty, as he had lived; *guadagnare* —, to earn very little.

poverello *s.m.* poor man // *il — di Assisi*, (*S. Francesco*) Saint Francis of Assisi ◆ *agg.* poor, needy.

poveretto *agg.* poor, needy ◆ *s.m.* poor man; poor thing: *cerchiamo di aiutare quel* —, let's try to help that poor man.

poverino *agg.* poor, needy ◆ *s.m.* poor thing.

povero *agg.* **1** (*bisognoso*) needy, poor, poverty-stricken: *un uomo* —, a poor man; *la sua famiglia è molto povera*, his family is very poor; *il paese più — dell'America latina*, the poorest country in Latin America **2** (*che desta compassione*) poor, unfortunate, wretched: *il — bambino*, the poor child; *il — giovane si uccise*, the unfortunate young man killed himself // — *diavolo!*, poor devil! // — *me!*, poor me!, woe is me! // — *te se lo fai*, you'll be sorry if you do it // *sei un — illuso!*, you're just a poor fool! // *e tu, — ingenuo, non lo sapevi!*, and you, you poor innocent creature, didn't know! **3** (*scarso*) poor, scanty: *un — raccolto*, a scanty (*o* poor) crop (*o* harvest); *un — reddito*, a poor income; *fiume — di acque*, shallow river; *un dizionario — di esempi*, a dictionary without many examples; *un ragazzo — di fantasia*, a boy lacking in imagination; *il nostro paese è — di pascoli*, our country is poor in pasture-land **4** (*sterile*) poor, barren, sterile: *spirito — di idee*, mind barren of ideas; *terreno* —, barren (*o* sterile) land **5** (*umile*) humble, poor: *la mia povera opinione è che...*, my humble opinion is that... **6** (*semplice, disadorno*) plain, bare: *in parole povere*, in plain words; *uno stile* —, a plain style // *detto in parole povere, vuole un aumento*, in plain English, he wants a rise // *arte povera*, poor art // *cucina povera*, plain (*o* simple) cooking **7** (*modesto*) modest, poor: *un dono* —, a modest gift **8** (*fam.*) (*defunto*) late: *la mia povera mamma*, my late mother; *ricordare i poveri morti*, to remember the dead ◆ *s.m.* poor man, pauper; (*mendicante*) beggar: *i poveri*, the poor (*o* the needy *o* poor people *o* the have-nots); *fare la carità ai poveri*, to give charity to the poor // *poveri di spirito*, (*di intelligenza limitata*) dullwitted people // *beati i poveri in spirito*, (*Bibbia*) blessed are the poor in spirit.

povertà *s.f.* **1** poverty; (*indigenza*) indigence: *la — di un paese*, the poverty of a country; *vivere in* —, to live in poverty; *cadere in* —, to fall on hard times // — *evangelica*, evangelic poverty // *voto di* —, vow of poverty // (*econ.*): — *assoluta*, absolute poverty; *limite di* —, poverty line **2** (*scarsità*) shortage, scarcity, poverty; (*mancanza*) lack: — *di coraggio*, lack of courage; — *di idee, immaginazione*, poverty (*o* lack) of ideas, imagination; — *di mezzi*, lack of means **3** (*cattiva qualità*) poorness: *la — di un terreno*, the poorness of a soil.

poveruomo *s.m.* **1** (*che desta compassione*) poor creature, poor fellow, poor devil: *Poveruomo! È finito proprio male!*, Poor devil! It ended up badly for him! **2** (*spreg.*) nobody, nonentity: *Cosa t'aspetti da lui? È un —!*, What do you expect from him? He's just a nonentity.

powellite *s.f.* (*min.*) powellite.

pozione *s.f.* potion: *una — soporifera*, a sleeping potion.

poziore *agg.* (*dir.*) preferred; prior: *titolo, diritto* —, paramount title.

pozza *s.f.* **1** (*pozzanghera*) puddle **2** (*liquido versato*) pool: *una — di sangue*, a pool of blood **3** (*di fiume*) pool.

pozzanghera *s.f.* puddle.

pozzetta *s.f.* (*delle gote, del mento*) dimple.

pozzetto *s.m.* **1** (*miner.*) (*di comunicazione fra due livelli*) winze; (*di prospezione*) pit **2** (*mar.*) cockpit // — *dell'elica*, propeller aperture **3** (*edil.*) well, sump: — *di raccolta degli scarichi*, drain well; — *intercettatore*, (*sifone*) air trap.

pozzo *s.m.* **1** well: *attingere acqua da un —*, to draw water from a well; *— artesiano*, artesian well; *— profondo*, deep well; *carrucola del —*, well-pulley; *secchia del —*, wellbucket; *i pozzi sono asciutti*, the wells are dry; *il — si è esaurito*, the well has dried up; *scavare un —*, to sink a well; *è un — di scienza*, (*fig.*) he is a mine of learning; *mangia molto, è un — senza fondo*, (*fig.*) he eats so much, he's like a bottomless pit; *guadagnare un — di soldi*, (*fig.*) to earn piles of money; *mostrare a qlcu. la luna nel —*, (*fig.*) to hoodwink s.o. // *— nero*, cesspool // *— di S. Patrizio*, (*pesca di beneficenza*) lucky dip; *la sua borsa è un — di S. Patrizio*, his purse is like the widow's cruse **2** (*tecn. delle perforazioni*) well: *— petrolifero*, oil well; *— a eruzione spontanea*, gusher; *— eruttivo*, flowing well; *perforare un —*, to drill a well **3** (*miner.*) shaft; pit: *— di aerazione, ventilazione*, ventilation shaft (*o* airshaft); *— di ventilazione discendente, ascendente*, downcast, upcast shaft; *— di colmata*, flushing shaft; *— di drenaggio*, drainage shaft; *— di estrazione*, hoisting shaft; *— inclinato*, incline (*o* incline shaft *o* sloping shaft); *— verticale*, vertical shaft; *bocca di —*, pithead **4** (*fis.*) sink: *— di calore*, heat sink **5** (*speleologia*) *— carsico*, pothole (*o* pot) **6** (*mar.*): *— caldo*, hot well; *— dell'elica*, propeller aperture; *— delle catene*, chain locker **7** (*dell'ascensore*) shaft.

pozzolana *s.f.* (*geol.*) pozz(u)olan(a).

pozzolanico *agg.* (*chim.*) pozz(u)olanic.

pracrito *s.m.* (*dialetto indiano*) Prakrit.

praghese *agg.* of Prague, from Prague ◆ *s.m.* e *f.* inhabitant of Prague, native of Prague.

pragmatica *s.f.* (*fil.*) pragmatics [U].

pragmatico *agg.* pragmatic: *un atteggiamento —*, a pragmatic attitude.

pragmatismo *s.m.* (*fil.*) pragmatism.

pragmatista *s.m.* e *f.* (*fil.*) pragmatist.

pragmatistico *agg.* pragmatist(ic).

praho *s.m.* (*mar.*) proa, prau.

pralina *s.f.* praline.

pralinare *v.tr.* to coat with sugar or chocolate: *mandorle pralinate*, sugar-coated almonds.

prammatica *s.f.* (*regola, costumanza*) custom, use: *risposta di —*, regulation answer; *è di — visitare i musei di questa città*, it is customary to visit the museums of this town; *il discorso inaugurale è di —*, it is customary to have an inaugural speech.

prammatico *agg.* pragmatic // *prammatica sanzione*, (*st.*) Pragmatic Sanction.

prammatismo e *deriv.* → **pragmatismo** e *deriv.*

pranoterapeuta *s.m.* e *f.* spirit healer.

pranoterapeutico *agg.* spirit-healing (*attr.*).

pranoterapia *s.f.* spirit healing.

pranoterapista → **pranoterapeuta**.

pranzare *v.intr.* (*consumare il pasto principale*) to dine, to have dinner; (*consumare il pasto di mezzogiorno*) to lunch, to have lunch: *ieri a mezzogiorno ho pranzato con Mr Kyd*, yesterday I had lunch with Mr Kyd; *pranzi fuori questa sera?*, are you dining out this evening?; *a che ora si pranza?*, what time are we eating?

pranzetto *s.m.* meal: *ti ho preparato un bel —*, I've prepared a delicious meal for you.

pranzo *s.m.* (*il pasto principale della giornata*) dinner; (*il pasto di mezzogiorno*) lunch, luncheon: *un — abbondante*, a large dinner; *un — a base di pesce*, a meal with a fish menu; *— di nozze*, wedding reception (*o* breakfast); *— di gala*, gala dinner; *— diplomatico*, diplomatic dinner; *— ufficiale*, formal dinner; *dopo —*, after lunch; *invito a —*, invitation to dinner; *sala da —*, dining room; *tavolo da —*, dining table; *il — è servito*, dinner is ready (*o* served); *il — era molto buono*, the dinner was very good; *avremo ospiti a —*, we'll have guests to dinner; *è ora di —*, it is dinner time; *qui il — è alle 20*, dinner is at 8 p. m. here; *dare un — in onore di qlcu.*, to give a dinner (party) in honour of s.o.; *invitare qlcu. a —*, to invite (*o* to ask) s.o. to dinner.

praseodimio *s.m.* (*chim.*) praseodymium.

prasinite *s.f.* (*geol.*) prasinite.

prasio meno com. **prasma** *s.m.* (*min.*) prase.

prassi *s.f.* praxis; (*estens.*) usual procedure, general rule: *qual è la — in questi casi?*, what is the general rule in these cases?; *seguire la —*, to follow the usual procedure.

prataiola → **pratolina**.

prataiolo *agg.* of the meadows, of the fields; field (*attr.*) // *gallina prataiola*, meadow chicken ◆ *s.m.* (*fungo*) (*Psalliota campestris*) field mushroom, white mushroom, champignon.

pratellina → **pratolina**.

pratense *agg.* of the meadows, of the fields; field (*attr.*).

prateria *s.f.* grassland, meadowland, meadow; (*spec. amer.*) prairie; bent; (*del Sud Africa*) veld(t): *cavalcava nella sterminata —*, he was riding through the interminable prairies.

pratica *s.f.* **1** practice: *in — le cose sono molto differenti*, in practice things are quite different; *mettere in — qlco.*, to put sthg. into practice: *è un'ottima occasione per mettere in — quello che abbiamo imparato*, it is an excellent occasion for putting into practice what we have learnt; *mettere in — i consigli di qlcu.*, to take s.o.'s advice (*o* to act on s.o.'s advice) // *in — il lavoro è finito*, practically speaking the job is finished // *ha parlato per due ore, ma in — non ha detto niente di utile*, he spoke for two hours but actually (*o* in actual fact) he said nothing useful // *val di più la — della grammatica*, (*prov.*) practice is better than theory **2** (*esperienza, conoscenza*) practice, experience; training: *ha molta — del suo mestiere*, he has great experience in his job; *ho molta — di bambini*, I have a lot of experience with children; *far —*, to practise; *far — presso un avvocato*, to be articled to a lawyer; *non ha — del mondo*, he has no practical knowledge of the world; *non hai abbastanza — per questo lavoro*, you haven't enough experience for this job; *non ho — della lingua, di questi attrezzi*, I am not familiar with the language, with these tools; *le lingue si imparano soprattutto con molta —*, languages are learnt above all with a lot of practice; *non ho — in questo campo*, I have no experience in this field; *ogni giorno scrivo a macchina per un'ora per prender —*, every day I practise typing for an hour; *parlo per —*, I speak from experience; *si è fatto una gran — di queste cose*, he has gained a wide experience of these things; *— degli affari*, business experience; *sta facendo — presso un fabbro*, he is serving his apprenticeship with a blacksmith; *perdere la —*, to lose the knack // (*dir.*): *— legale*, pupillage in chambers (*o* legal training); *certificato di — legale*, practising certificate // (*amm.*) *— contabile*, accounting practice // (*econ.*): *— industriale sleale*, unfair labour practice; *pratiche commerciali restrittive*, (*della concorrenza*) restrictive trade practices **3** (*usanza, abitudine*) practice, custom, usage: *questa è la — qui*, this is the custom here **4** (*affare, faccenda*) matter, affair; business: *non voglio aver niente a che fare con questa —*, I don't want to have anything to do with this matter // *— illecita*, illegal activity **5** *pl.* (*complesso di atti, formule ecc.*) practices: *pratiche magiche, superstiziose*, magic, superstitious practices; *pratiche religiose*, religious observances **6** *pl.* (*trattative*) negotiations: *le pratiche per la vendita andarono per le lunghe*, the negotiations for the sale dragged on **7** (*incartamento, documento*) file, dossier; (*documento*) paper: *non trovo la — di tuo fratello*, I can't find your brother's file (*o* dossier); *archiviare una —*, to pigeonhole (*o* to shelve) a file; *sbrigare una —*, to deal with a case; *espletare una —*, to complete the paperwork; *le pratiche sono in corso*, steps are being taken; *sta facendo le pratiche per avere indietro quel denaro*, he is taking the necessary steps to get that money back; *sto facendo le pratiche per il passaporto*, I am getting the papers ready for my passport; *le pratiche per la patente*, the papers to get a driving licence // (*amm.*) *pratiche del personale*, personnel records **8** (*mar.*) pratique: *aver libera —*, to be out of quarantine; *dar libera — a una nave*, to grant pratique.

praticabile *agg.* **1** (*valicabile*) practicable; (*fattibile*) feasible: *strada, guado —*, practicable road, ford; *il windsurf è — in estate*, windsurf is feasible in summer **2** (*inform.*) workable ◆ *s.m.* (*cinem., teatr.*) practicable.

praticabilità *s.f.* **1** practicability, practicableness **2** (*inform.*) workability.

praticaccia *s.f.* practical knowledge: *ormai ha una certa — del lavoro*, at this stage he has some practical experience in the job.

praticamente *avv.* **1** practically (speaking), to all practical purposes: *abbiamo — detto le stesse cose*, we have said practically the same things (*o* practically speaking, we have said the same things); *— è finita*, to all practical purposes, it's finished **2** (*in modo pratico*) practically, in a practical way, in a practical fashion, prosaically: *affrontare un problema —*, to face a problem in a practical way (*o* prosaically).

praticantato *s.m.* training; practice; apprenticeship: *— notarile*, apprenticeship in a notary's office.

praticante *agg.* **1** practising: *dentista —*, practising dentist; *— avvocato*, junior barrister (*o* articled clerk) **2** (*osservante*) practising, observant: *cattolico —*, practising Catholic; *anglicano —*, communicant member of the Church of England ◆ *s.m.* e *f.* **1** (*apprendista*) apprentice, trainee: *— contabile*, junior accountant (*o* trainee bookkeeper); *— revisore*, junior auditor; *fare il — presso un notaio*, to be an apprentice in a notary's office **2** → praticone.

praticare *v.tr.* **1** to practise; to put* into practice: *devi — ciò che ti hanno insegnato*, you must practise what you have been told; *una tribù che pratica la poligamia*, a tribe that practises polygamy; *— una virtù*, to practise a virtue; — *un metodo*, to employ a method **2** (*esercitare*) to practise; to follow: — *la professione dell'avvocato*, to practise law; — *un mestiere*, to follow a trade; — *l'usura*, to practise usury **3** (*frequentare*) to frequent; to associate with (s.o.): *gli piace — gli intellettuali*, he likes to associate with intellectuals; *non pratica l'alta società*, he does not move in high society; *da ragazzo praticavo questi luoghi*, as a boy I used to frequent these places; *è un sentiero poco praticato*, it's a little-used path; — *i campi da golf*, to haunt the golf courses // — *il mercato nero*, to deal on the black market **4** (*fare*) to make*: — *un'apertura, un foro*, to make an opening, a hole; — *un taglio*, to make a hole; — *prezzi bassi*, to have low prices; — *prezzi proibitivi*, to price oneself out of the market; — *uno sconto*, to give a discount (*o* to reduce a price); (*fin.*) — *il leasing immobiliare*, to lease back ◆ *v.intr.* **1** (*esercitare una professione*) to practise: *è un medico, ma non pratica*, he is a doctor, but he does not practise **2** (*vedersi abitualmente*) to associate (with s.o.): *non mi piacciono le persone con cui pratica*, I don't like the people he associates with.

praticismo *s.m.* empiricism.

praticistico *agg.* empiricist.

praticità *s.f.* practicalness, practicality, functional capacity: *negli abiti cerco la* —, I look for practicality in clothes.

pratico *agg.* **1** practical (*anche fig.*): *arti pratiche*, practical arts; *conoscenza pratica di una lingua*, working knowledge of a language; *consiglio* —, practical advice (*o* proposal); *dimostrazione pratica*, practical demonstration; *medicina pratica*, practical medicine; *scienze pratiche*, practical sciences; *metodo, sistema* —, practical method, system; *nella vita pratica*, in real life; *i problemi pratici della vita*, the practical problems of life; *prova pratica*, practical exam; *all'atto — non funziona*, in practice it doesn't work **2** (*comodo, funzionale*) practical; convenient, handy: *abiti pratici*, practical clothes; *è una borsa molto pratica, piena di tasche*, it's a very handy bag, with lots of pockets; *ci vuole qlco. di più* —, I want something more practical; *questo apriscatole è molto* —, this tin opener is very handy **3** (*concreto, positivo*) practical: *una mente pratica*, a practical mind; *uomo* —, practical man // *senso* —, common sense; *è un uomo che manca di senso* —, he's an impractical man (*o* he's not a practical man) **4** (*esperto*) experienced, skilled; familiar (with); *un idraulico* —, a skilled plumber; *è molto — del suo lavoro*, he knows his job very well; *non sono — di farfalle*, I know nothing about butterflies; *sono molto — di queste cose*, I am very familiar with these things; *sono — di questi luoghi*, I am familiar with these places; *vogliono infermiere pratiche*, they want experienced nurses.

praticoltura *s.f.* grassland farming, grassland management.

praticona *s.f.* (*fam.*) (backstreet) abortionist.

praticone *s.m.* (*spreg.*) old hand.

pratile *s.m.* (*st. francese*) Prairial.

pratito, **prativo** *agg.* meadowy, grass (*attr.*): *terreno* —, grassland; *zona prativa*, pasture; *erba prativa*, meadow grass.

prato *s.m.* meadow; grass [U]; (*all'inglese*) lawn; (*artificiale*) grass-plat: *un — fiorito*, a flowery meadow; *giocare su un* —, to play on the lawn; *non camminare sul* —, don't walk on the grass (*o* lawn); *davanti alla villetta vi era un* —, in front of the house there was a lawn; *terra a* —, land under grass.

pratolina *s.f.* (*bot.*) (*Bellis perennis*) daisy.

pratolino → **prataiolo**.

pratoso *agg.* meadowy: *zona, regione pratosa*, meadow land.

pravità *s.f.* (*letter.*) depravity, wickedness, perversity.

pre- *pref.* di origine latina; è usato per indicare **1** anteriorità nel tempo o nello spazio; ingl. pre-, fore-; above; *prealpino*, Pre-Alpine; *preappenninico*, Subapennine; *preannunciare*, preannounce; *predestinato*, predestined; (*med.*) *preagonico*, preagonal; *preanestesia*, pre-anaesthesia; (*geol.*) *precambriano*, Precambrian; *preavvisare*, to forewarn; *precitato*, above-mentioned **2** supremazia; ingl. pre-: *predilezione*, predilection.

preaccennare *v.tr.* to mention beforehand.

preaccennato *agg.* aforesaid (*attr.*), mentioned beforehand (*pred.*), fore-mentioned (*attr.*), above-mentioned (*attr.*).

preaccensione *s.f.* (*mecc.*) preignition.

preadamita *s.m.* pre-adamite.

preadamitico *agg.* pre-adamitic(al), pre-adamic // *idee preadamitiche*, (*fig. scherz.*) prehistoric ideas.

preadolescente *agg.* e *s.m.* e *f.* preadolescent.

preadolescenza *s.f.* preadolescence.

preallarme *s.m.* alert; warning: *essere in stato di* —, to have been alerted; *l'esercito è in stato di* —, the armed forces have been alerted.

preambolo *s.m.* **1** preface, preamble; *dimmi senza tanti preamboli*, tell me straight out (*o* come to the point) **2** (*dir.*) (*di atto*) recitals.

preamplificatore *s.m.* (*elettr.*) preamplifier.

preannunciare, **preannunziare** *v.tr.* **1** to announce, to tell* in advance, to (fore)warn: *ti preannuncio che verrà qui*, let me tell you in advance that he will come here; *hanno preannunciato pioggia per domani*, they forecast rain for tomorrow **2** (*essere il segno di*) to announce, to herald; (*presagire*) to foreshadow, to forebode, to portend: *i fiori preannunciano la primavera*, flowers announce (*o* herald) the arrival of spring; *credono che le eclissi preannuncino delle disgrazie*, they believe that eclipses portend evils; *questo cielo nero preannuncia tempesta*, the black sky forbodes a storm // *la giornata si preannuncia difficile*, it looks as if it's going to be a hard day.

preannuncio, **preannunzio** *s.m.* announcement; (fore)warning; (*presagio*) foreshadowing, portent.

preatletica *s.f.* (*sport*) preparatory exercise; warming-up exercise.

preatletico *agg.* (*sport*) preparatory.

preatletismo *s.m.* (*sport*) preparatory exercises; warming-up exercises.

preavvertimento *s.m.* (previous) notice; prior warning; (*premonizione*) premonition, forewarning.

preavvertire, **preavvisare** *v.tr.* to inform in advance, to tell* in advance; to (fore)warn: *preavvisò, ci preavvertì che non sarebbe venuto in ufficio*, he told (*o* informed *o* warned) us in advance that he wouldn't come to the office; *vieni senza preavvertirci*, just drop in and see us.

preavviso *s.m.* notice, (fore)warning (*anche dir.*): *questi sintomi sono il — di una grave malattia*, these symptoms are the warning of a serious disease; (*comm.*) — *di pagamento*, notice of payment; (*dir.*) — *di fallimento*, bankruptcy notice; (*banca*) — *di prelievo*, withdrawal notice // (*amm.*): *dare a qlcu. il — di una settimana*, to give s.o. a week's notice; *ricevere il* —, to be given notice; *dietro* —, upon notice; *senza* —, without notice; *indennità sostitutiva del* —, allowance for want of notice.

prebarba *agg.* pre-shave (*attr.*) ◆ *s.m.* pre-shave cream, pre-shave lotion.

prebellico *agg.* prewar (*attr.*).

prebenda *s.f.* **1** (*eccl.*) prebend **2** (*estens.*) (*profitto*) profit.

prebendario *s.m.* (*eccl.*) prebendary.

precambriano, **precambrico** *agg.* e *s.m.* (*geol.*) Precambrian.

precampionato *s.m.* prechampionship: *una partita di* —, a prechampionship match.

precanceroso *agg.* (*med.*) precancerous.

precariato *s.m.* (*amm.*) (*condizione di precario*) temporary employment; (*l'insieme dei precari*) temporary employees, employees not on the regular staff: *il — scolastico*, teachers on a short-term contract, (*la condizione*) teachers' temporary employment.

precarietà *s.f.* precariousness: *la — di una situazione, di un lavoro*, the precariousness of a situation, of a job.

precario[1] *agg.* **1** precarious: *salute precaria*, poor health; *mezzi precari*, precarious means of existence; *situazione economica precaria*, precarious economic situation // (*dir.*) *possesso a titolo* —, precarious possession **2** (*temporaneo*) temporary: *impiego* —, temporary employment; *docente* —, teacher on a short-term contract ◆ *s.m.* temporary employee; (*insegnante*) teacher on a short-term contract.

precario[2] *s.m.* (*dir.*) precarium (*pl.* -ia).

precarista *s.m.* (*dir.*) bailee in a precarium.

precauzionale *agg.* precautionary: *prendere misure precauzionali*, to take precautionary measures.

precauzione *s.f.* **1** precaution: *prendere precauzioni contro gli incidenti*, to take precautions against accidents; *prendere precauzioni igieniche, sanitarie*, to take health, sanitary precautions **2** (*prudenza, cautela*) care, caution: *procedere con* —, to proceed with caution.

prece *s.f.* (*letter.*) prayer.

precedente *agg.* preceding, previous, prior, former, foregoing: *le affermazioni, citazioni precedenti*, the foregoing statements, quotations; *durante un incontro* —, during a previous meeting; *il giorno* —, the previous day (*o* the day before); *il mio — principale*, my former employer; *nelle pagine, lettere, lezioni precedenti*, in the preceding pages, letters, lessons; *non viene per un impegno* —, he isn't coming because of a prior engagement; *saldo del conto* —, balance of former account; *annullare una — ordinazione*, to cancel a previous order; (*dir.*) — *condanna penale*, previous (*o* past) conviction ◆ *s.m.* **1** precedent: *un fatto senza precedenti*, an unprecedented occurrence; *questo avvenimento non ha precedenti nella storia della città*, this event has no precedent in the history of the town // (*dir.*): *citare un — a so-*

stegno di un'azione, to cite a precedent in support of an action; — *vincolante*, binding precedent (*o* leading case); *precedenti giurisprudenziali*, judicial precedents // *costituire un* —, to become (*o* to constitute) a precedent; *creare un* —, to set (*o* to create) a precedent **2** *pl.* (*condotta precedente*) record (*sing.*): *buoni, cattivi precedenti*, good, bad record; *vorrei sapere i precedenti di quell'uomo*, I should like to know that man's record // *quella società ha ottimi precedenti nel commercio estero*, that company has a very good track record in foreign trade.

precedentemente *avv.* previously; formerly, in former times; (*prima*) before: *articoli citati* —, articles cited above (*o* previously); *lo conoscevo già* —, I already knew him before.

precedenza *s.f.* precedence; (*priorità*) priority; (*di traffico*) right of way: *avere la — su...*, to have precedence (*o* priority) over...: *il treno passeggeri ha la — sul merci*, a passenger train has precedence (*o* right of way) over goods trains; *i problemi sociali avranno la — sugli altri*, social issues will take precedence over the others; *questa pratica ha la — assoluta*, this case has top priority; *il tram ha la — assoluta*, a tram always has right of way; *segnale di* —, give-way sign; *dare la — a*, to give priority to; (*di traffico*) to give way to: *dare la — alle automobili provenienti da destra*, to give way to cars coming from the right // *sarà data la — ai bambini*, priority will be given to children // *in* —, previously (*o* formerly).

precedere *v.tr.* to precede; to come* before, to come* ahead; to go* before, to go* ahead: *nella lista il mio nome era preceduto da molti candidati*, in the list my name was preceded by many candidates; *il cantante era preceduto dai fotografi*, the singer was preceded by photographers; *il film fu preceduto da un documentario*, the film was preceded by a documentary; *mi hai preceduto nella risposta*, you answered before me; *il prete precedeva la processione*, the priest was at the head of the procession; *la calma che precede la tempesta*, the calm before the storm; *i mesi che precedettero il mio matrimonio*, the months previous to (*o* before) my marriage; *precedimi, io arrivo fra breve*, go ahead, I'm just coming; *ti precederò di qualche settimana*, I'll precede you by a few weeks ◆ *v.intr.* to come* first, to precede: *precede una lunga lista di nomi*, first comes a long list of names.

preceltico *agg.* pre-Celt, pre-Celtic.

precessione *s.f.* (*scient.*) precession: (*fis.*) *moto di* —, precessional motion; (*astr.*) — *degli equinozi*, precession of the equinoxes.

precettare *v.tr.* **1** (*imporre*) to bind* over: — *qlcu. a mantenere la pace*, to bind s.o. over to keep the peace **2** (*dir.*) to summon; to garnish; to order to resume work: *il prefetto ha precettato gli scioperanti*, the prefect has ordered the strikers to resume work **3** (*mil.*) to call up, to mobilize; (*amer.*) to draft.

precettatore *s.m.* (*dir.*) summoner; garnisher.

precettazione *s.f.* **1** (*dir.*) summoning, summons; garnishment; labour injunction, order to resume work **2** (*mil.*) call-up, mobilization; (*amer.*) draft.

precettista *s.m. e f.* **1** (*non com.*) preceptist, dogmatist; (*scrittore di precetti*) author of literary precepts **2** (*spreg.*) (*chi insegna in modo arido*) rote teacher.

precettistica *s.f.* **1** (body of) precepts **2** (*spreg.*) (*l'insegnare con precetti*) teaching by precepts.

precettistico *agg.* (*non com.*) preceptive; dogmatic.

precettivo *agg.* (*non com.*) preceptive: (*dir.*) *norma precettiva*, preceptive provision.

precetto *s.m.* **1** (*regola, norma*) rule: *i precetti della buona educazione*, the rules of good manners **2** (*ordine*) order, command, precept: *dare un* —, to give a precept **3** (*relig.*) precept: *i precetti della Chiesa*, the precepts of the Church; *osservare il — pasquale*, to fulfil one's Easter duties // *festa di* —, holy-day of obligation **4** (*dir.*) precept: *atto di* —, injunction to pay; — *di legge*, precept of law **5** (*mil.*) order to rejoin one's regiment, call-up notice; (*amer.*) draft notice.

precettore *s.m.* **1** (*letter.*) (*insegnante*) teacher; preceptor **2** (*istitutore*) tutor.

precidere *v.tr.* (*letter.*) **1** to cut* off, to remove; to break* off **2** (*fig.*) (*impedire*) to obstruct, to block; to prevent.

precipitabile *agg.* (*chim.*) precipitable.

precipitabilità *s.f.* (*chim.*) precipitability.

precipitante *s.m.* (*chim.*) precipitant.

precipitare *v.tr.* **1** to precipitate, to throw* (headlong), to throw* (down), to fling*, to hurl: *lo precipitarono dalla rupe*, they threw him headlong (*o* down) from the cliff **2** (*affrettare troppo, fare in gran fretta*) to precipitate, to hasten, to hurry: *non precipitiamo*, let's not be overhasty; *non — le tue decisioni*, do not rush into a decision (*o* do not make rash decisions) // *pensaci bene, non — (le cose)*, think it over, don't rush it (*o* don't be overhasty) **3** (*chim.*) to precipitate ◆ *v.intr.* **1** to fall* (*anche fig.*); (*di aereo*) to crash: *l'aeroplano precipitò su una montagna*, the plane crashed on a mountain; *precipitò nel burrone*, he fell into the ravine; *i prezzi stanno precipitando*, prices are plummeting // — *in rovina*, to fall into ruin **2** (*fig.*) (*evolvere negativamente*) to come* to a head: *gli eventi precipitano*, events are coming to a head // *la situazione sta precipitando*, the situation is coming to a head **3** (*chim.*) to precipitate: — *da una soluzione*, to salt out from a solution.

□ **precipitarsi** *v.rifl.* **1** to throw* oneself, to fling* oneself, to hurl oneself: — *contro il nemico*, to throw oneself against the enemy **2** (*affrettarsi*) to rush, to dash: *si precipitò nel salone*, he rushed into the hall; *si precipitò verso la porta*, he dashed to the door.

precipitativo *agg.* (*chim.*) precipitative.

precipitato *agg.* (*affrettato, avventato*) precipitate, hasty; rash: *una decisione troppo precipitata*, an overhasty decision; *un giudizio* —, a rash (*o* inconsiderate) judgment; *una partenza precipitata*, a hasty (*o* abrupt) departure ◆ *s.m.* (*chim.*) precipitate: — *bianco*, white precipitate; — *fioccoso*, flaky precipitate.

precipitatore *agg.* (*chim.*) precipitative ◆ *s.m.* (*chim.*) precipitator.

precipitazione *s.f.* **1** headlong fall, precipitation **2** (*fretta eccessiva, avventatezza*) precipitation, precipitancy, haste: *agire con* —, to act with precipitation; *agire senza* —, to act deliberately; *fare qlco. con* —, to do sthg. with haste **3** (*chim.*) precipitation **4** (*meteor.*) precipitation; rainfall // — *radioattiva*, fallout.

precipite *agg.* (*letter.*) **1** headlong **2** (*ripido, scosceso*) pre cipitous, steep.

precipitevole → **precipitoso**.

precipitevolissimevolmente *avv.* (*scherz.*) very hurriedly; in a rush: *chi troppo in alto sale, cade sovente* —, (*prov.*) the higher you climb the harder you fall.

precipitosamente *avv.* **1** (*impetuosamente*) headlong; rashly: *fuggire* —, to run headlong **2** (*frettolosamente*) hastily, precipitately; *decidere* —, to decide hastily (*o* precipitately); *ritornare* —, to hasten back.

precipitoso *agg.* **1** (*impetuoso*) headlong: *una fuga precipitosa*, a headlong flight **2** (*frettoloso, affrettato*) hasty, precipitate; rash: *un giudizio* —, a rash judgement; *una decisione precipitosa*, a hasty decision; *ritorno* —, hasty return; *avanzare a passi precipitosi*, to hasten forward; *essere troppo — nel fare qlco.*, to be overhasty in doing sthg. **3** (*scosceso*) precipitous, steep: *discesa precipitosa*, precipitous descent.

precipizio *s.m.* **1** precipice; cliff: *spaventoso* —, fearful precipice // *a* —, (*a picco*) perpendicularly, (*precipitosamente*) headlong; *il masso cadde a — in mare*, the boulder fell straight into the sea; *una roccia che scende a — sul mare*, a sheer cliff; *correre a* —, to run headlong **2** (*fig.*) (*rovina*) ruin; precipice: *sull'orlo del* —, on the edge (*o* brink) of the precipice; *andare a* —, to be on the road to ruin.

precipuo *agg.* principal, main, chief: *la ragione precipua*, the main reason; *lo scopo* —, the principal (*o* chief) aim.

precisabile *agg.* that can be specified: *una data non ancora* —, a date still to be fixed.

precisamente *avv.* **1** precisely: *questa è — la verità*, this is precisely the truth **2** (*esattamente*) exactly: *"È questo il libro che volevi?" "Precisamente"*, "Is this the book you wanted?" "Yes, the very one"; *è nato in Toscana, e — a Livorno*, he was born in Livorno, in Tuscany **3** (*accuratamente*) with precision, accurately.

precisare *v.tr.* to specify; to state precisely; to tell* exactly: *ce n'erano dieci o dodici, non posso* —, there were ten or twelve, I can't say exactly; *non posso ancora precisarti la data*, I can't fix a date yet; *posso precisarti i nomi*, I can tell you the names exactly; *precisa l'indirizzo*, give the exact address; — *i dettagli*, to give full details; *ci tengo a — che...*, I'd like to make it clear that...

precisazione *s.f.* specification, precise statement: *è necessaria qualche* —, more precise information is necessary.

precisione *s.f.* **1** precision; accuracy: — *del tiro*, accuracy of fire; — *nei calcoli*, precision in calculations; *bilancia di* —, precision balance; *strumento di* —, precision instrument; *tornio di* —, precision lathe; *esprimersi con* —, to speak unambiguously; *rispondere con* —, to answer accurately (*o* correctly); *lavora con* —, he does his work precisely (*o* accurately) **2** (*chiarezza*) clarity; (*esattezza*) preciseness, exactness: — *di contorni*, sharpness of outline; — *di pensiero*, clarity of thought; — *di stile*, preciseness of style **3** (*mat.*) (*di numero approssimato*) accuracy // (*stat.*) *modulo di* —, accuracy.

preciso *agg.* 1 (*accurato*) careful, painstaking: *è uno scolaro molto* —, he is a pupil who works well; *è sempre molto — nel suo lavoro*, he is always very careful in his work; *voglio una traduzione precisa*, I want an exact (*o* accurate) translation 2 (*esatto*) exact, precise, accurate: *definizione precisa*, precise (*o* exact) definition; *l'orologio è —!*, the clock is accurate (*o* keeps good time)!; *ricordo queste precise parole*, I remember these exact (*o* precise) words 3 (*definito*) definite, exact: *senza una ragione precisa*, for no definite reason; *non ha idee precise*, he has no definite ideas; *rispondere a dei bisogni precisi*, to answer definite needs 4 (*identico*) identical: *questi due vestiti sono precisi*, these two dresses are identical 5 (*di ore, in punto*) sharp.

precitato *agg.* (*non com.*) above-mentioned, aforesaid.

preclarità *s.f.* (*letter.*) prominence, illustriousness, eminence.

preclaro *agg.* (*letter.*) prominent, illustrious, noble.

precludere *v.tr.* 1 to preclude, to bar: *gli fu preclusa la carriera militare*, he was barred from a military career; *questo preclude tutte le possibilità di successo*, this precludes all chance of success; *col suo comportamento si precluse ogni possibilità d'intesa con lei*, his behaviour precluded (*o* denied) him any chance of an understanding with her 2 (*dir.*) to estop; to bar.

preclusione *s.f.* exception; preclusion; (*dir.*) estoppel: *tutti possono partecipare, senza alcuna* —, everyone can take part without exception.

preclusivo *agg.* (*dir.*) preclusive.

precoce *agg.* 1 precocious: *bimbo, ingegno* —, precocious child, talent; *frutto, pianta, inverno* —, early (*o* forward) fruit, plant, winter; *questo bambino è — per la sua età*, this child is advanced for his age 2 (*prematuro*) premature: *vecchiaia* —, premature old age; *qualsiasi previsione sarebbe* —, any prediction would be premature.

precocemente *avv.* 1 precociously 2 (*prematuramente*) prematurely; too early.

precocità *s.f.* precociousness, precocity; (*di pianta, frutto, stagione*) forwardness, earliness: — *d'ingegno*, precocious genius.

precognitivo *agg.* precognitive.

precognito *agg.* (*letter.*) foreknown.

precognizione *s.f.* precognition, foreknowledge.

precolombiano *agg.* pre-Columbian.

precompressione *s.f.* (*tecn.*) prestress.

precomprimere *v.tr.* (*tecn.*) to prestress.

preconcetto *agg.* preconceived: *idee preconcette*, preconceived ideas; *un'antipatia preconcetta*, a preconceived dislike ◆ *s.m.* preconception; prejudice: *combattere i preconcetti*, to fight against prejudice.

preconciliare *agg.* preconciliar: *liturgia* —, preconciliar liturgy.

preconcordatario *agg.* pre-Concordat (*attr.*).

preconfezionamento *s.m.* prepacking, prepackage.

preconfezionare *v.tr.* to prepack.

precongressuale *agg.* pre-congress (*attr.*): *incontri precongressuali*, pre-congress meetings.

preconizzare *v.tr.* 1 (*letter.*) to foretell*, to predict 2 (*eccl.*) to preconize.

preconizzazione *s.f.* 1 (*letter.*) foretelling, prediction 2 (*eccl.*) preconization.

preconoscenza *s.f.* precognition, foreknowledge.

preconoscere *v.tr.* (*letter.*) to foreknow*, to know* beforehand.

preconscio *s.m.* (*psic.*) preconscious.

precontrattuale *agg.* (*dir.*) precontractual: *responsabilità* —, precontractual liability.

precordiale *agg.* (*anat.*) precordial.

precordio *s.m.* (*anat.*) precordium*.

precorrere *v.tr.* to forerun*; to precede; to anticipate: *precorre i tempi*, he is ahead of his time (*o* acts in advance of his time); *il pensiero precorre l'azione*, thought precedes action; — *gli eventi*, to anticipate events; — *un desiderio*, to anticipate a wish.

precorritore *agg.* (*letter.*) forerunning; anticipating ◆ *s.m.*, **precorritrice** *s.f.* (*letter.*) forerunner, precursor.

precostituire *v.tr.* to establish in advance; to pre-establish; to preconstitute.

precostituito *agg.* established in advance; pre-established; preconstituted // *maggioranza precostituita*, preconstituted majority.

precotto *agg.* precooked ◆ *s.m.* precooked food.

precottura *s.f.* precooking.

precursore *agg.* precursory: *sintomi precursori*, precursory symptoms // *segni precursori*, harbingers ◆ *s.m.* forerunner, precursor: *i precursori del Cristianesimo*, the forerunners (*o* precursors) of Christianity.

preda *s.f.* 1 prey (*anche fig.*); (*animale cacciato*) prey, quarry: *animale, uccello da* —, animal, bird of prey; *i cani incalzavano la* —, the hounds were after the prey (*o* quarry); — *di caccia*, game // *cadere in — a...*, to fall a prey to... (*anche fig.*): *la città cadde in — al nemico*, the town fell a prey to the enemy; *cadere in — alle tentazioni*, to fall a prey to temptations // *essere in — a...*, to be a prey to...: *la casa era in — alle fiamme*, the house was engulfed in flames (*o* was ravaged by fire); *era in — alla disperazione, al rimorso*, he was a prey to despair, remorse; *essere in — al dolore*, to be grief-stricken; *in — alla follia si lanciò dal ponte*, in a fit of madness she threw herself from the bridge 2 (*bottino, spoliazione*) booty, plunder: — *di guerra*, booty of war; *diritto di* —, right to plunder; *i rapinatori abbandonarono la* —, the robbers abandoned their booty; *dare in* —, to give over to plunder.

predare *v.tr.* 1 to plunder, to pillage: — *un paese*, to plunder a country 2 (*pirateggiare*) to prey upon (sthg.): *i pirati predavano i mari*, pirates used to prey upon the seas.

predatore *agg.* predacious, predatory: *uccelli predatori*, birds of prey ◆ *s.m.*, **predatrice** *s.f.* plunderer, pillager, looter; predator (*anche zool.*).

predatorio *agg.* predatory.

predazione *s.f.* (*biol.*) predation.

predecessore *s.m.* 1 predecessor, forerunner: *il — dell'attuale ministro*, the present minister's predecessor 2 *pl.* (*antenati*) ancestors, forefathers.

predella *s.f.* 1 (*di altare*) altar step, predella 2 (*di cattedra*) platform 3 (*di un trono*) dais.

predellino *s.m.* (*di una vettura*) footboard, carriage step, (*di auto*) running board.

predestinare *v.tr.* (*letter.*) to predestine, to preordain, to destine; (*teol.*) to predestinate: *era predestinato al successo*, he had been marked out for success; *era predestinato che ci rincontrassimo*, we were destined to meet again.

predestinato *agg.* predestined, destined; (*teol.*) predestine(d): — *a un grande avvenire*, destined to a great future; *pover'uomo, si vede che era —!*, poor man, it is clear that was his destiny!; — *al paradiso*, predestined to paradise.

predestinazione *s.f.* 1 (*teol.*) predestination 2 (*destino prestabilito*) destiny, fate.

predestinazionismo *s.m.* (*teol.*) predestinarianism, predestinationism.

predeterminare *v.tr.* to predetermine, to preordain.

predeterminazione *s.f.* predetermination.

predetto *agg.* 1 above-mentioned, aforesaid: *per la ragione predetta*, for the aforesaid reason 2 (*presagito*) foretold (*pred.*): *morì nel giorno* —, he died on the day foretold.

prediale *agg.* (*dir.*) pr(a)edial: *imposta* —, land tax; *servitù* —, easement ◆ *s.f.* (*dir.*) land tax.

predibattimento *s.m.* (*dir.*) pre-trial.

predica *s.f.* 1 sermon: *l'argomento di una* —, the subject of a sermon; *quel prete fa delle belle prediche*, that priest preaches very well (*o* gives good sermons); *andare alla* —, to go to hear a sermon // *senti da che pulpito viene la —!*, (*iron.*) who are you to talk? (*o* look who's talking!) 2 (*fam.*) (*ramanzina*) telling-off, talking-to, lecture: *quel ragazzaccio ha bisogno di una* —, that naughty boy needs a good talking-to // *fare una — a qlcu.*, to give s.o. a telling-off: *non farmi la —!*, don't lecture me!

predicamento *s.m.* (*fil.*) predicament (*gener. pl.*).

predicare *v.tr.* e *intr.* 1 to preach, to proclaim: — *il Vangelo, la guerra, la pace*, to preach (*o* to proclaim) the Gospel, war, peace // *oggi predica padre Paolo*, Father Paul is going to preach today // *un tempo si predicava spesso in piazza*, once they often used to preach in public // — *al deserto, al vento*, to waste one's words // — *bene e razzolare male*, not to practise what one preaches 2 (*fam.*) to preach, to lecture: *è tanto che glielo predico*, I have told him so many times; *mi predica sempre di essere ordinato*, he's always lecturing me for being untidy // *non fa che —, sono stufa di lui*, he does nothing but preach, I am sick and tired of him // *smetti di —!*, stop sermonizing! 3 (*fil., log.*) to predicate.

predicativo *agg.* (*log., gramm.*) predicative, predicate (*attr.*): *complemento* —, predicate complement; *verbo* —, predicate verb.

predicato *agg.* preached ◆ *s.m.* 1 (*log., gramm.*) predicate: — *verbale, nominale*, verbal, nominal predicate 2 *essere in — per*, to be considered for: *è in — per una carica importante*, he is being considered for an important appointment.

predicatore *s.m.* preacher: *è un cattivo* —, he is a poor preacher; *Padre T. è un celebre* —, Father T. is a famous preacher; *un — della* *pace*, an advocate of peace // *smetti di fare il —!*, (*fam.*) stop sermonizing!

predicatorio *agg.* predicatory; (*sentenzioso*) preachifying, sermonizing: *mi parlò in tono —*, he spoke to me in a preachifying (*o* sermonizing) tone.

predicazione *s.f.* **1** preaching: *la — del Vangelo*, the preaching of the Gospel; *la — degli apostoli*, the preaching of the apostles **2** (*log.*) predication.

predicozzo *s.m.* (*scherz.*) lecture, talking-to: *fare un — a qlcu.*, to give s.o. a lecture (*o* a talking-to).

prediffuso *agg.* (*inform.*) *chip —, circuito integrato —*, semicustom chip.

predigerire *v.tr.* to predigest (*anche med.*).

predigerito *agg.* predigested.

predigestione *s.f.* predigestion; *sottoporre a — un alimento*, to predigest a food.

prediletto *agg.* favourite; (*il più caro*) dearest: *i gialli sono la sua lettura prediletta*, thrillers are his favourite reading; *il mio sport — è il tennis*, my favourite sport is tennis; *questo è il mio amico —*, this is my dearest friend ◆ *s.m.* pet, darling, favourite: *il — della mamma*, mother's pet (*o* darling); *era il — dell'insegnante*, he was the teacher's pet.

predilezione *s.f.* **1** predilection, partiality, fondness: *è a tutti nota la sua — per il jazz*, his partiality for jazz is known to everybody; *ha una — per questo genere di lettura*, he has a fondness for this kind of reading-matter **2** (*oggetto prediletto*) favourite.

prediligere *v.tr.* to prefer, to have a predilection for (s.o., sthg.); to like better (*fra due*); to like best (*fra molti*); (*aver più caro*) to hold* dearer (*fra due*); to hold* dearest (*fra molti*): *predilige l'architettura moderna*, he prefers (*o* has a predilection for) modern architecture; *l'amico che prediligo*, the friend I hold dearest; *mi interessano tanto la prosa che la poesia, ma prediligo quest'ultima*, I am interested both in prose and in poetry, but I prefer the latter.

predire *v.tr.* **1** (*profetizzare*) to foretell*, to forecast, to predict, to prophesy: *— il futuro*, to foretell the future: *— il futuro a qlcu.*, to predict s.o.'s future; *— il tempo*, to forecast the weather; *— una disgrazia*, to predict a misfortune; *si è avverato tutto ciò che hai predetto*, everything you prophesied has come true **2** (*preannunziare*) to portend, to forebode: *questo vento predice pioggia*, this wind forebodes rain; *il volo di taluni uccelli prediceva sciagure*, the flight of some birds portended misfortunes.

predisporre *v.tr.* **1** to predispose; (*indurre*) to induce: *predisponilo in mio favore*, predispose him in my favour; *la vita isolata l'ha predisposto alla meditazione*, his solitary life has predisposed him to meditation; *un'alimentazione carente di ferro predispone l'organismo all'anemia*, a diet lacking in iron predisposes the organism to anaemia **2** (*provvedere in anticipo*) to prearrange, to arrange beforehand; (*progettare*) to plan: *— tutto per una spedizione*, to arrange everything for an expedition **3** (*inform.*) to preset*, to prepare.

□ **predisporsi** *v.rifl.* to prepare oneself.

predisposizione *s.f.* **1** (*med.*) predisposition, proneness: *— all'artrite*, proneness to arthritis **2** (*inclinazione*) bent; tendency: *avere — alla musica*, to have a bent for music **3** (*preparazione*) preparation, arrangement; *la — di misure di sicurezza*, the arrangement of security measures **4** (*inform.*) presetting.

predisposto *agg.* **1** predisposed (*anche med.*); *— in mio favore*, predisposed in my favour **2** (*preparato*) arranged, prepared; preset.

predittivo *agg.* (*ling.*) predictive.

predizione *s.f.* prediction, prophecy.

prednisolone *s.m.* (*chim.*) prednisolone.

prednisone *s.m.* (*chim.*) prednisone.

predominante *agg.* predominant, predominating, prevalent, prevailing: *abitudine, opinione —*, prevalent (*o* prevailing) habit, opinion; *un colore —*, a predominant colour; *malattia — nel paese*, disease (that is) prevalent in the country; *in questa zona i sempreverdi sono la vegetazione —*, evergreens are the predominant form of vegetation in this area.

predominanza *s.f.* (*non com.*) predominance, prevalence.

predominare *v.intr.* to predominate, to prevail: *in lui predomina l'orgoglio*, pride is the predominant feature of his character; *in questa stanza predomina il rosso*, red predominates in this room; *l'atleta più giovane ha predominato su tutti gli altri*, the youngest athlete predominated over all the others // *al nord predominano i biondi*, there is a prevalence of blond people in the North ◆ *v.tr.* (*non com.*) (*sopraffare*) to overcome*, to overwhelm.

predominio *s.m.* predominance, prevalence; (*superiorità*) preeminence, superiority; (*preponderanza*) preponderance; (*supremazia*) supremacy: *il — della ragione sull'istinto*, the predominance of reason over instinct; *il — della Chiesa in Italia nel secolo diciassettesimo*, the supremacy of the Church in Italy in the seventeenth century; *soggetto al — straniero*, subject to foreign supremacy.

predone *s.m.* marauder, plunderer; (*ladrone*) robber.

preellenico *agg.* pre-Hellenic: *civiltà preellenica*, pre-Hellenic civilization.

preesame *s.m.* preliminary exam.

preesistente *agg.* preexistent: *condizioni preesistenti alla guerra*, conditions existing before the war.

preesistenza *s.f.* preexistence.

preesistere *v.intr.* to preexist.

prefabbricare *v.tr.* **1** to prefabricate **2** (*fig.*) to fabricate: *avevano prefabbricato le prove*, they had fabricated the evidence.

prefabbricato *agg.* **1** prefabricated: *casa prefabbricata*, prefabricated house **2** (*fig.*) fabricated: *documento —*, fabricated evidence ◆ *s.m.* prefabricated construction, prefabricated building.

prefabbricazione *s.f.* **1** prefabrication **2** (*fig.*) fabrication.

prefatore *s.m.* prefacer, author of a preface.

prefazio *s.m.* (*eccl.*) preface.

prefazionare *v.tr.* (*non com.*) to preface, to write* a preface to (sthg.).

prefazione *s.f.* preface, introduction, foreword.

preferenza *s.f.* preference: *non ho preferenze*, I have no preferences; *avere — per qlcu., qlco.*, to prefer s.o., sthg.; *dare la — a qlco., qlcu.*, to give sthg, s.o. preference; *avere, fare delle preferenze verso qlcu.*, to favour (*o* to show favouritism towards) s.o.; *quell'attore gode le preferenze del pubblico*, that actor is well liked by the public // (*voto di*) —, preferential vote // (*econ.*): *— comunitaria*, community preference; *— temporale*, time preference; *— tariffaria*, tariff preference; *— del consumatore*, consumer preference; (*amm.*) *titolo di —*, preferential qualification // *a — di*, rather than (*o* in preference to): *io prenderei questo a — dell'altro*, I would prefer to take this one rather than the other // *di —*, preferably (*o* mostly *o* generally): *di — vado al mare*, I prefer going to the seaside.

preferenziale *agg.* preferential, preference (*attr.*) // (*econ.*): *tariffa —*, preferential tariff (*o* duty); *titolo, azione —*, preference stock, share; *trattamento —*, preferential treatment; *voto —*, preferential vote; (*dir.*) *pagamento —*, preferential (*o* preference) payment.

preferibile *agg* preferable: *sarebbe — parlargli*, it would be better to speak to him.

preferibilmente *avv.* preferably, in preference: *vorrei andare a Parigi, — in aereo*, I'd like to go to Paris, preferably by air.

preferire *v.tr.* **1** to prefer; to like better, to like more (*fra due*); to like best, to like most (*fra molti*): *ecco ciò che preferisco*, here is what I like most; *mio fratello preferisce il sidro al vino*, my brother prefers cider to wine (*o* likes cider better than wine); *preferisce stare a casa piuttosto che venire con te*, she prefers to stay at home rather than come with you; *preferisco il caldo*, I prefer hot weather; *preferirei che andaste a casa più tardi*, I'd rather you went home later; *preferiremmo andare piuttosto che restare*, we would rather go than stay // (*dir.*) *— un creditore*, to prefer a creditor **2** (*giudicare opportuno*) to choose*, to like: *fate come preferite*, do as you like (*o* choose); *venite a trovarci quando preferite*, come to see us (*o* call in) whenever you like.

preferito *agg.* favourite: *il mio sport — è il calcio*, my favourite sport is football ◆ *s.m.*, **preferita** *s.f.* favourite, pet, darling: *sei il — in famiglia*, you're the family favourite.

prefestivo *agg.* before a holiday, pre -holiday: *giorno —*, the day before a holiday; *messa prefestiva*, pre-festive Mass.

prefettizia *s.f.* frock coat.

prefettizio *agg.* prefectorial; prefect's (*attr.*).

prefetto *s.m.* (*st., amm., eccl.*) prefect: *un'ordinanza del —*, an ordinance by the prefect; *— di disciplina*, (*nei collegi cattolici*) prefect; *— di polizia*, prefect of police; *il — di Roma*, the prefect of Rome; *— degli studi*, master responsible for discipline.

prefettura *s.f.* (*st., amm., eccl.*) prefecture, prefect's office.

prefica *s.f.* **1** hired female mourner **2** (*fig. scherz.*) (*persona piagnucolosa*) whimperer, whiner.

prefiggere *v.tr.* **1** (*fissare*) to fix, to prefix; (*prestabilire*) to pre-establish: *— una data, un termine*, to fix a date, a term // *mi prefiggo di farlo*, I am determined (*o* resolved) to do it // *si prefisse grandi cose ma non riuscì in nessuna*, he intended great things but he was successful in none // *prefiggersi uno scopo*, to propose an aim to oneself **2** (*premettere*) to place before (sthg.), to put* before (sthg.), to come* before (sthg.): *preposizione che si prefigge a un verbo*, preposition that is placed (*o* comes) before a verb.

prefiggimento *s.m.* (*letter.*) **1** (*il fissare*) fixing; (*il prestabilire*) pre-establishing **2** (*proposito*) proposal, determination, resolve.

prefigurare *v.tr.* to prefigure, to prerepresent.

prefigurativo *agg.* prefigurative, prerepresentative.

prefigurato *agg.* prefigured.

prefigurazione *s.f.* prefiguration.

prefinanziamento *s.m.* (*fin.*) pre-financing.

prefinanziare *v.tr.* (*fin.*) to pre-finance.

prefioritura *s.f.* (*bot.*) aestivation.

prefissale *agg.* (*ling.*) prefixal.

prefissare[1] *v.tr.* (*stabilire in precedenza*) to arrange in advance, to fix in advance, to prearrange: *ci conviene — la data*, we should fix the date in advance.

prefissare[2] *v.tr.* (*ling.*) to prefix.

prefissato[1] *agg.* (*stabilito in precedenza*) prearranged.

prefissato[2] *agg.* (*ling.*) prefixed ◆ *s.m.* (*ling.*) prefixed word.

prefisso[1] *agg.* (*prestabilito*) (pre)-established, (pre)arranged; appointed, fixed: *la meta prefissa*, the appointed goal; *all'ora prefissa*, at the appointed time (*o* at the time arranged); *riunirsi nel giorno —*, to meet on the appointed day.

prefisso[2] *s.m.* **1** (*gramm.*) prefix **2** (*tel.*) code (number).

prefissoide *s.m.* (*gramm.*) prefix.

preflorazione *s.f.* (*bot.*) prefloration.

prefogliazione *s.f.* (*bot.*) prefoliation, vernation.

preforma *s.f.* (*tecn.*) preform.

preformare *v.tr.* to preform, to form before hand, to form in advance.

preformatrice *s.f.* (*tecn.*) preforming machine.

preformatura *s.f.* (*tecn.*) preforming.

preformazione *s.f.* preformation.

prefrontale *agg.* (*anat.*) prefrontal: *il lobo —*, the prefrontal lobe.

pregare *v.tr.* **1** to pray: *andò in chiesa a —*, he went to church to pray; *— Dio*, to pray (to) God // *prega il Signore che io non ti veda*, pray God I won't see you **2** (*domandare*) to ask, to beg*; (*richiedere*) to request: *pregalo di venir dentro*, ask him (to come) in; *mi pregò di aspettarlo*, he asked me to wait for him; *mi pregò di non lasciarlo*, he begged me not to leave him; *ti prego di comportarti bene*, please, behave well; *siete pregati di essere puntuali*, you are requested to be punctual; *siete pregati di andarvene subito*, you are requested to leave at once; *ti prego di venire al più presto*, please, come as soon as possible // *si prega di non fumare*, no smoking, please // *lo fece senza farsi —*, he did it without waiting to be asked twice; *si fa sempre — per venire*, it takes a lot of persuading to get him to come; *vieni, non farti —*, come in, don't wait to be asked (*o* don't stand on ceremony).

pregenitale *agg.* (*psic.*) pregenital.

pregevole *agg.* valuable: *quadro —*, valuable picture; *un lavoro —*, an excellent piece of work.

pregevolezza *s.f.* value, valuableness; excellence.

preghiera *s.f.* **1** prayer: *preghiere del mattino, della sera*, morning, evening prayers; *— di ringraziamento*, prayer of thanksgiving; *in —*, in prayer; *libro di preghiere*, prayer book; *dire le preghiere*, to say one's prayers; *raccogliersi in —*, to collect one's thoughts in prayer **2** (*domanda, richiesta*) request, entreaty: *— di aiuto*, request for help; *rivolgere una — a qlcu.*, to make a request to s.o.; *soddisfare le preghiere di qlcu.*, to satisfy s.o.'s requests; *dietro, su — di qlcu.*, at s.o.'s request; *rimanere sordo alle preghiere di qlcu.*, to remain deaf to s.o.'s entreaties (*o* to turn a deaf ear to s.o.'s entreaties); *con — di risposta*, r.s.v.p. (*répondez s'il vous plaît*).

pregiabile *agg.* (*letter.*) valuable, worthy.

pregiabilità *s.f.* (*letter.*) valuableness, value; excellence.

pregiare *v.tr.* (*letter.*) (*stimare, apprezzare*) to esteem, to appreciate, to value.

□ **pregiarsi** *v.rifl.* to be honoured: *mi pregio della sua amicizia*, I have the honour of his friendship (*o* I consider it an honour to be his friend) // *ci pregiamo comunicarle*, we are pleased (*o* we beg) to inform you // *ci pregiamo inviarvi distinti saluti*, we (beg to) remain yours faithfully.

pregiato *agg.* **1** (*stimato*) esteemed: *in risposta alla Vs pregiata del 5 corrente*, in reply to your letter of the 5th of this month; *Preg.ma Ditta*, Dear Sirs; *Preg.mo Sig. Rossi*, Dear Mr Rossi **2** (*prezioso*) precious; (*di valore*) valuable: *vini pregiati*, vintage wines; *l'argento è meno — dell'oro*, silver is less valuable than gold; *metalli pregiati*, precious metals; (*fin.*) *valuta pregiata*, valuable currency.

pregio *s.m.* **1** (*stima, considerazione*) esteem, regard: *ho in gran — le tue opinioni*, I set a high value on your opinion (*o* I hold your opinion in high esteem); *essere in gran — presso qlcu.*, to be held in high esteem by s.o. **2** (*valore*) value, worth: *di —*, valuable; *di nessun —*, of no value; *porcellane di —*, valuable china; *statua di grande, poco —*, statue of great, little value **3** (*merito*) merit; (*buona qualità*) good quality: *l'inestimabile — della sincerità*, the rare merit of sincerity; *conosco i tuoi pregi*, I know your merits; *ha il — di essere breve*, it has the merit of being brief.

pregiudicante → **pregiudizievole**.

pregiudicare *v.tr.* (*compromettere*) to prejudice; to jeopardize, to be prejudicial to (s.o., sthg.), to compromise; to undermine; (*danneggiare*) to damage, to harm: *questo pregiudicherà la sua fede in altre cose*, this will undermine his faith in other things; *questo pregiudicherà la tua reputazione*, this will compromise (*o* undermine *o* damage) your reputation; *la sua partenza pregiudicò moltissimo i miei programmi*, his departure was most prejudicial to my plans; *la sua posizione fu pregiudicata moltissimo da tutti i pettegolezzi sul suo passato*, his position was compromised very much by all the gossip about his past; *il fumo pregiudica la tua salute*, smoking harms (*o* is harmful for) your health.

pregiudicato *agg.* (*votato all'insuccesso*) bound to fail, doomed: *è un progetto —*, it is a project bound to fail ◆ *s.m.* (*dir.*) previous offender.

pregiudiziale *agg.* **1** (*rar.*) (*che pregiudica*) prejudicial **2** (*dir.*) (*che precede il giudizio*) prejudicial, preliminary: *questione —*, preliminary question ◆ *s.f.* (*dir.*) prejudicial question, preliminary question.

pregiudizievole *agg.* prejudicial, detrimental.

pregiudizio *s.m.* **1** prejudice, bias; (*credenza superstiziosa*) superstition: *ha un — contro l'arte moderna*, he has a prejudice (*o* a bias) against modern art; *avere dei pregiudizi nei confronti di qlcu.*, to be prejudiced against s.o.; *giudicare senza pregiudizi*, to judge in an unbiased manner; *essere pieno di pregiudizi*, to be full of prejudice **2** (*danno*) prejudice, damage, detriment: *lavora moltissimo con — della sua salute*, he works very hard to the detriment of his health; *essere di — a*, to be detrimental (*o* prejudicial) to.

preglaciale *agg.* (*geol.*) preglacial.

pregnano *s.m.* (*biochim.*) pregnane.

pregnante *agg.* **1** (*denso di significato*) pregnant, weighty: *parola —*, weighty word; *risposta —*, pregnant answer **2** (*letter.*) (*gravida*) pregnant.

pregnanza *s.f.* **1** (*l'essere denso di significato*) significance, meaningfulness, pregnancy **2** (*rar.*) (*gravidanza*) pregnancy.

pregno *agg.* **1** (*gravido, di animale*) pregnant **2** (*fig.*) (*pieno*) full; (*ricco*) rich (in sthg.); (*saturo*) saturated (with sthg.); (*impregnato*) impregnated (with sthg.): *aria pregna di umidità*, air saturated with moisture; *libro — di concetti*, book full of ideas; *una frase pregna di odio*, a phrase impregnated (*o* charged) with hatred; *un avvenimento — di conseguenze*, an event fraught with consequences.

prego *inter.* (*risposta a* grazie) that's all right!, don't mention it!, not at all!; (*amer.*) you're welcome!; (*cedendo il passo*) after you!: *—, si accomodi!*, please, sit down!; *—?*, (*può ripetere?*), sorry (*o* I beg your pardon), what did you say? // *"Partiremo alle tre di notte" "Prego!?"*, (*iron.*) "We'll leave at three in the morning" "Of course!?".

pregresso *agg.* previous, past, back: (*econ.*) *reddito —*, previous income; (*amm.*) *servizio — di un dirigente*, previous working years (*o* previous career) of an executive; *malattie pregresse*, previous (*o* past) illnesses.

pregustamento *s.m.* (*non com.*) foretaste, anticipation.

pregustare *v.tr.* to foretaste, to anticipate, to look forward to (sthg., doing): *— il piacere di fare qlco.*, to anticipate the pleasure of doing sthg.; *— la vendetta*, to look forward to vengeance; *— il piacere di un buon pranzo*, to look forward to a good meal.

pregustatore *s.m.* **1** (*non com.*) foretaster **2** (*st. romana*) taster.

pregustazione *s.f.* foretaste, anticipation.

preindicato *agg.* (*non com.*) above mentioned, aforesaid, aforementioned.

preindustriale *agg.* pre-industrial: *società, civiltà —*, pre-industrial society, civilization.

preistoria *s.f.* **1** prehistory: *gli uomini della —*, prehistoric men **2** (*estens.*) early history, ancient history; beginnings (*pl.*): *il treno a vapore è ormai —*, the steam train is now ancient history.

preistorico *agg.* **1** prehistoric **2** (*scherz.*) (*vecchissimo*) ancient, antediluvian: *un cappello —*, an ancient hat.

prelatesco *agg.* (*spreg. o scherz.*) (*da prete*) prelatish, prelate-like.

prelatizio *agg.* prelatic(al), prelate's: *abito* —, prelate's gown; *dignità prelatizia*, prelatic(al) (*o* solemn) dignity.

prelato *s.m.* (*eccl.*) prelate: — *maggiore*, major prelate; — *minore*, minor prelate.

prelatura *s.f.* (*eccl.*) **1** (*carica*) prelacy, prelature, prelateship **2** (*territorio*) prelacy, prelature.

prelavaggio *s.m.* (*di lavatrici ecc.*) prewash (cycle).

prelazione *s.f.* (*dir.*) pre-emption: *acquistare per diritto di* —, to pre-empt; *diritto di* —, pre-emption right; *clausola di* —, pre-emption clause; *relativo alla* —, pre-emptive.

prelegato *s.m.* (*dir.*) preferential legacy.

prelevamento *s.m.* **1** (*banca*) drawing, withdrawal; (*somma prelevata*) withdrawal, sum withdrawn: *fare un — di 200.000 lire in banca*, to draw (*o* to withdraw) 200,000 lire from the bank; *prelevamenti su un conto corrente*, drawings on a current account; — *di fondi*, drawing (*o* withdrawal) of funds **2** (*comm.*) (*ritiro di merci*) collection of goods.

prelevare *v.tr.* **1** to draw* // (*med.*) — *il sangue*, to take a blood sample **2** (*comm.*) to draw*, to withdraw*, to take*; (*di merci*) to collect: (*comm.*) — *un campione*, to take a sample; — *la merce in dogana*, to collect the goods from customs // (*banca*): — *denaro da una banca, da un conto*, to withdraw (*o* to draw) money from a bank, from (*o* out of) a current account; — *allo scopertò sul conto corrente*, overdraw one's account **3** (*trib.*) (*imporre*) to levy: — *un'imposta su qlco.*, to levy a tax on sthg. **4** (*di persona*) to take*: *lo prelevarono come ostaggio*, they took him as a hostage // *questa sera passo a prelevarti per andare al cinema*, (*scherz.*) this evening I'll pick you up and we'll go to the cinema.

prelibatezza *s.f.* choiceness, deliciousness, excellence.

prelibato *agg.* excellent; delicious; choice (*attr.*): *nella loro cantina hanno dei vini prelibati*, they have choice wines in their cellar.

prelievo *s.m.* **1** (*banca*) drawing, withdrawal; (*somma prelevata*) withdrawal; sum withdrawn: — *su conto corrente*, drawing on a current account; *fare un — in banca*, to draw (*o* to withdraw) money from a bank; — *di fondi*, drawing of funds // (*comm.*): — *di campioni*, drawing of samples; *prelievi di cassa*, cash drawings // (*trib.*) — *fiscale*, charging (*o* tax burden) // (*fin.*) *diritti speciali di* —, (*presso il Fondo Monetario Internazionale*) special drawing rights **2** (*med.*) sample: *fare un — di sangue*, to take a sample of blood // — *di un organo*, removal of an organ.

preliminare *agg.* preliminary: *un'introduzione* —, a preliminary introduction; *daremo anzitutto alcune notizie preliminari*, first of all we shall give some preliminary news // (*dir.*) *udienza* —, preliminary hearing; *questioni preliminari*, preliminary questions (*o* issues); *contratto* —, preliminary agreement (*o* contract) ♦ *s.m.* (*spec. pl.*) preliminary: *i preliminari della pace*, the preliminaries to peace; *abbreviamo i preliminari*, let's cut the preliminaries // (*comm.*) — *di vendita*, promise to sell.

prelodato *agg.* (*letter.*) above-mentioned.

prelogico *agg.* (*psic.*) prelogic(al).

preludere *v.intr.* **1** (*premettere*) to introduce (sthg.): *preluderà all'argomento con poche parole*, he will introduce the subject with a few words **2** (*preannunziare*) to prelude (sthg.); to foreshadow (sthg.): *il cielo prelude alla tempesta*, the sky forebodes a storm; *segni che preludono alla guerra*, signs which foreshadow war.

preludiare *v.intr.* (*mus.*) to prelude.

preludio *s.m.* **1** (*mus.*) prelude (*anche fig.*): *mi piace molto il — di quell'opera*, I love the prelude to that opera; *la rottura delle trattative fu il — della guerra*, the breakdown of negotiations was the prelude to the war **2** (*estens.*) (*introduzione*) introductory speech, opening speech; preamble.

prémaman *agg.* (*fr.*) maternity (*attr.*) ♦ *s.m.* (*abito da gestante*) maternity dress.

prematrimoniale *agg.* premarital, pre-marriage: *visita medica* —, pre-marriage medical examination; *rapporti prematrimoniali*, premarital sex.

prematuramente *avv.* prematurely: *morì* —, he died before his time.

prematurità *s.f.* prematurity, prematureness.

prematuro *agg.* premature, untimely, early: *morte prematura*, untimely death; *parto* —, premature birth; *neonato, bambino* —, premature infant; *era — farlo*, it was too early to do it; *non prendere una decisione prematura*, don't make a hasty decision; *è — pensare dove andremo in vacanza*, it's too soon (*o* early) to think about where we'll go for our holidays ♦ *s.m.* premature infant.

premeditare *v.tr.* to premeditate; to plan: *avevano premeditato una fuga*, they had planned an escape; *sembra che il delitto sia stato premeditato*, the crime seems to have been premeditated.

premeditato *agg.* premeditated; (*dir.*) with malice aforethought; *assassinio* —, premeditated (*o* wilful) murder.

premeditazione *s.f.* premeditation; (*dir.*) malice aforethought: *con* —, with premeditation; *fu un delitto senza* —, it was an unpremeditated crime.

premente *agg.* **1** (*non com.*) (*urgente*) pressing, urgent **2** (*mecc.*) *pompa* —, force pump.

premenzionato *agg.* above-mentioned, aforesaid.

premere *v.tr.* **1** to press: *premi il grilletto!*, press the trigger!; — *un bottone*, to press a button; *si premeva la mano sul fianco*, he pressed his hand to his side **2** (*spingere*) to press; (*incalzare*) to bear* down on (s.o.): *la folla lo premeva da ogni lato*, the crowd pressed in upon him from all sides; *i nostri soldati premevano il nemico*, our soldiers bore down on the enemy ♦ *v.intr.* **1** (*pesare, gravare*) to press: *se il coperchio della scatola preme sui fiori, li schiaccia*, if the lid of the box presses down on the flowers, it will crush them // *le truppe nemiche premevano ai confini*, the enemy troops were mustering on the borders // *la scarpa sinistra mi preme sull'alluce*, my (*o* the) left shoe is pinching my toe **2** (*insistere*) to press (sthg.), to insist (on sthg.): *premeva sempre sullo stesso punto*, he always pressed (*o* insisted on) the same point **3** (*esercitare pressione morale*) to press (s.o.), to urge (s.o.): *premono su di lui perché faccia testamento*, they are urging him to make his will; *premeva per essere ricevuto al più presto*, he was pressing to be received as soon as possible **4** (*importare, stare a cuore*) to matter, to interest, to be of interest: *è il tuo avvenire che mi preme*, it is your future that matters to me; *mi preme che lo sappia subito*, I want him to know it at once; *mi preme sapere se è arrivato bene*, I am anxious to know whether he has arrived safely; *la sua reputazione non gli preme affatto*, he isn't at all concerned about his reputation // *mi preme averlo oggi stesso*, I'm very anxious to have it today.

premessa *s.f.* **1** preamble, introduction; preliminary remarks (*pl.*): *dopo alcune premesse arrivò al dunque*, after a short preamble (*o* some preliminary remarks) he came to the point; *farò una breve* —, I shall give a brief introduction; *entrò in argomento senza tante premesse*, without any beating about the bush he tackled the question; *mancano le premesse per...*, we lack the bases for...; *l'incontro fra i due capi di stato ha creato le premesse per una collaborazione economica fra i due paesi*, the meeting between the two heads of state paved the way towards economic collaboration between the two countries **2** (*fil.*) premise, premiss: — *maggiore, minore*, major, minor premise **3** *pl.* (*dir.*) premises; (*preambolo*) recitals **4** (*gramm.*) → protasi.

premestruale *agg.* premenstrual: *sindrome* —, premenstrual syndrome.

premettere *v.tr.* **1** to state, to declare beforehand: *avevo premesso che non ne sapevo assolutamente niente*, I had stated in advance that I knew nothing at all about it; *bisogna che premetta...*, I must state beforehand...; — *alcune considerazioni di carattere generale*, to make some preliminary remarks (*o* observations) of a general nature // *ciò premesso*, that being stated // *premesso che*, (*considerato che*) granted that; (*dir.*) whereas // *premesso che egli abbia torto*, granted that he is wrong **2** (*mettere prima*) to put* before, to place before: *di solito in inglese l'aggettivo va premesso al nome*, in English an adjective is generally placed before the noun.

premiabile *agg.* (*non com.*) deserving a prize.

premiando *s.m.* prize winner.

premiare *v.tr.* **1** to give* a prize to (s.o., sthg.); to award a prize to (s.o., sthg.): *fu premiato per il terzo anno consecutivo*, he won (*o* carried off) the prize for the third year running; — *un film, un libro*, to award a prize to a film, a book; *non è certo da* —, it certainly does not deserve a prize **2** (*ricompensare*) to reward, to repay, to recompense: *voglio — la sua sincerità*, I want to reward his truthfulness; — *la diligenza di qlcu.*, to reward s.o.'s diligence; — *qlcu. per la sua gentilezza*, to recompense (*o* to repay) s.o. for his kindness.

premiato *agg.* **1** given a prize, awarded a prize // *la premiata ditta 'Rossi e C.'*, the award-winning firm of Rossi and Co. **2** (*ricompensato*) rewarded ♦ *s.m.* prizewinner.

premiazione *s.f.* prizegiving, awarding of prizes: *durante l'intervallo avrà luogo la* —, the prizegiving will take place during the interval.

premier *s.m.* (*primo ministro*) premier, prime minister, PM: *la visita del — spagnolo a Bonn*, the Spanish premier's visit to Bonn.

première *s.f.* (*fr.*) **1** (*prima rappresentazione*) first performance, première, first night **2** (*di sartoria*) forewoman*.

preminente *agg.* pre-eminent, leading, prominent: *occupare una posizione* —, to have a leading (*o* pre-eminent) position.

preminenza *s.f.* pre-eminence, leadership, superiority, excellence: *se vuole conservare la* —..., if he wishes to maintain his pre-eminence (*o* leadership)...; *la sua — in materia fu riconosciuta*, his pre-eminence in the field was recognized.

premio *s.m.* **1** prize, award: *il — di 5 milioni è stato assegnato a...*, the first prize of five million lire was awarded to...; *il primo — è un orologio*, the first prize is a watch; — *di consolazione*, consolation prize; — *in denaro*, cash prize; *distribuzione dei premi*, prizegiving; *estrazione dei premi*, draw (*o* drawing of prizes); *ricevette un libro in* —, he received a book as a prize; *concedere, dare un* —, to award a prize; *vincere un — a una mostra*, to win (*o* to carry off) a prize at an exhibition; *ricevette in — un'auto*, he won a car; *concorso a premi*, prize contest // *Premio Nobel*, Nobel Prize // (*sport*) *gran* —, gran prix **2** (*ricompensa*) reward, recompense, premium: — *per buona condotta*, reward for good conduct; *ogni fatica merita un* —, every effort deserves recognition; *non ti meriti certo un* —, you certainly don't deserve a prize // — *partita*, match bonus **3** (*comm.*) (*somma data in premio*) prize, award; (*econ., amm.*) bonus, bounty, allowance, premium: *vendita a* —, premium sale; — *all'esportazione*, bounty on exportation; — *di produttività, produzione*, production bonus; — *di rimborso*, redemption premium // (*amm.*): — *di anzianità*, long service bonus; — *di merito*, merit award (*o* bonus); — (*gratifica*) *di fine anno*, year-end bonus; — *di operosità*, efficiency bonus; — *di buonuscita*, severance pay (*o* golden handshake) // (*fin.*): — *del dollaro*, dollar premium; *far* —, to be above par; *il dollaro fa — sulla lira*, the dollar is above par to the lira // (*Borsa*): — *di riscatto anticipato*, call premium; — *di emissione*, accumulation (premium); — *per consegnare*, put (premium); — *a termine*, forward premium; *contratto borsistico a doppio* —, spread // (*mar.*) — *di acceleramento* (*del carico*), dispatch money **4** (*assicurazioni*) (insurance) premium: — *sulla vita*, life premium.

premista *s.m.* e *f.* (*Borsa*) stag; (*chi stipula un contratto a premi*) giver.

premistoffa *s.m.* pressor.

premistoppa *s.m.* (*tecn.*) **1** (*dispositivo*) stuffing box **2** (*anello*) (packing) gland.

premito *s.m.* (*med.*) tenesmus, contraction.

premitura *s.f.* pressing: — *dell'uva*, (grape) pressing.

premolare *agg.* e *s.m.* (*anat.*) premolar.

premonire *v.tr.* (*letter.*) to forewarn, to warn, to premonish.

premonitore, **premonitorio** *agg.* premonitory, (fore) warning; *un sogno* —, a premonitory dream; *le sue dimissioni furono un segnale — di crisi politica*, his resignation was a premonition of political crisis.

premonizione *s.f.* premonition, forewarning: *va soggetto a fenomeni di* —, he has premonitions.

premorienza *s.f.* (*dir.*) predecease.

premorire *v.intr.* to predecease (s.o.), to die* before (s.o.).

premorte → **premorienza**.

premunire *v.tr.* **1** to fortify (beforehand); to forearm: *la fortezza era stata premunita contro gli attacchi*, the fortress had been fortified in advance against attacks **2** (*fig.*) (*cautelare*) to protect, to forewarn, to preserve: *bisogna — gli anziani contro l'influenza*, we must protect the old against influenza.

□ **premunirsi** *v.rifl.* to secure oneself, to protect oneself: — *contro il freddo*, to protect oneself against the cold; *dobbiamo premunirci in caso manchi l'acqua*, we must take precautions in case the water goes off; — *di una rivoltella*, to arm oneself with a revolver.

premunizione *s.f.* **1** (*non com.*) fortification, protection, precaution **2** (*med.*) premunition.

premura *s.f.* **1** (*fretta*) hurry, haste, urgency: *digli di finire il lavoro e fagli* —, tell him to hurry up and finish the job; *ho — di andarmene*, I am in a hurry to get away; *ho molta* —, I am in a great hurry; *non c'è* —, there is no hurry; *non mi piace che mi si faccia* —, I don't like being hurried; *far — a qlcu.*, to hurry s.o.; *fare qlco. di* —, to do sthg. in haste **2** (*cura, sollecitudine*) care: *sarà mia — fartelo sapere al più presto*, I shall take care to let you know as soon as possible; *non si è mai dato — di venirmi a trovare*, he has never troubled to come and see me **3** (*gentilezza*) kindness; thoughtfulness; (*attenzione*) attention: *è pieno di premure per me*, he is very attentive to me; *ti ringrazio per tutta la tua* —, thank you for all your kindness; *le tue premure mi hanno veramente commosso*, your thoughtfulness really touched me.

premurare *v.tr.* (*non com.*) to urge, to hurry.

□ **premurarsi** *v.intr.pron.* to take* care: *si premurò di avvisarlo*, he took care to tell him.

premurosamente *avv.* **1** (*con cura, sollecitudine*) attentively, with care, solicitously **2** (*gentilmente*) kindly, thoughtfully.

premurosità *s.f.* attentiveness, thoughtfulness: *mancanza di* —, lack of thoughtfulness; *ha dimostrato grande — nei miei confronti*, he treated me very thoughtfully.

premuroso *agg.* (*sollecito*) thoughtful, attentive, solicitous: *è sempre — con me*, he's always very attentive to me; *non si può dire che sia un figlio* —, you couldn't say he is a very thoughtful son.

prenatale *agg.* antenatal; (*amer.*) prenatal: *assistenza* —, prenatal care.

prendere *v.tr.* **1** to take*; (*acchiappare*) to catch*; (*afferrare*) to seize: *il gatto ha preso un topo*, the cat has caught a mouse; *hanno preso il ladro*, they have caught the thief; *non si lasciò* —, he did his best not to get caught; *ho preso due pesci, una lepre*, I've caught two fish, a hare; *le prese la mano*, he took her hand; *lo prese per il braccio e lo spinse fuori*, he seized him by the arm and pushed him out; *prendi questa lettera*, take this letter; *prendilo se vuoi*, take it if you want it; *se non lo vuoi me lo prendo io*, if you don't want it I'll take it; *prendo lezioni d'inglese*, I take English lessons; *prese la palla che gli gettai*, he caught the ball I threw him; *questa mattina non ero in tempo per — il treno delle nove*, this morning I was not in time to catch the nine o'clock train; *prenderò un taxi*, I'll take a taxi; *questo esempio è preso dalla Bibbia*, this example is taken from the Bible; — *un cavallo per le briglie*, to take (hold of) a horse by the bridle; — *qlcu. fra le braccia*, to take s.o. in one's arms; — *una fortezza*, to take (*o* to capture) a fortress; — *una laurea*, to take a degree; — *una medicina*, to take a medicine; — *un premio*, to take (*o* to win) a prize // — *su*, to pick up: *prendi su quelle carte*, (*da terra*) pick up those papers; (*prendile con te*) take those papers with you // *andare a* —, to fetch: *devo andarti a — un bicchiere d'acqua?*, shall I fetch you a glass of water?; *puoi andare a — mio figlio a scuola?*, can you fetch my son from school?; *verrò a prenderti nel pomeriggio*, I'll call for you in the afternoon // *fu presa dalla collera*, she was seized with anger; *fu preso dalla paura*, he was seized with fright; *fu preso da malore*, he was taken ill // *fui preso in trappola*, I was caught in a trap // *lo presi per un inglese*, I took him for an Englishman // *non — freddo*, don't take cold // *non ha preso cibo da due giorni*, he hasn't eaten for two days // *prendi questa strada*, take this road // — *dei pensionanti*, to take in boarders // *prenditi un po' di riposo*, take a rest **2** (*assumere*) (*personale*) to hire, to employ, to engage; (*comando, direzione ecc.*) to assume, to take* over: *dovremo — una segretaria*, we'll have to hire (*o* to employ) a secretary; *hanno preso un cameriere filippino*, they've hired a Philippino waiter; *prenderemo un avventizio per tre mesi*, we'll employ a temporary worker for three months; — *la direzione di una ditta*, to take over the management of a firm; — *il comando*, to take over (*o* to assume) command // — *servizio*, to begin working // *non me ne prendo la responsabilità*, I won't take responsibility for it **3** (*guadagnare*) to earn, to get*; (*far pagare*) to charge: *prende un ottimo stipendio*, he earns (*o* gets) an excellent wage; *nella nuova ditta prende di più*, in his new firm he earns more; *quanto prendi a lezione?*, how much do you charge for a lesson? **4** (*richiede*) to take*, to require: *è un lavoro che prende molto tempo*, this kind of work takes (*o* requires) a lot of time **5** (*cogliere, sorprendere*) to catch*, to take*: *lo presi mentre frugava nella mia scrivania*, I caught him while he was (*o* in the act of) rummaging in my desk; — *il nemico di sorpresa*, to take the enemy by surprise **6** (*occupare*) to take* up: *questa poltrona prende troppo posto*, this armchair takes up too much room **7** (*comprare*) to buy*; (*affittare*) to rent: *ha preso una casa al mare per l'estate*, he has rented a house at the seaside for the summer; *voglio prendermi un cappotto nuovo*, I want to buy a new coat // *prenderò un'auto a nolo*, I'll hire a car **8** (*colpire*) to catch*, to get*; to hit*: *lo presi sulla testa*, I caught him on the head; *prese la lepre al primo colpo*, he hit (*o* got) the hare first shot **9** (*malattie*) to catch*, to get*: *si è preso di nuovo l'influenza*, he caught the flu again; *non vorrei prendermi un raffreddore*, I wouldn't like to get (*o* catch) a cold **10** — *a*, (*incominciare a*) to start (doing): *dopo la morte del figlio egli prese a bere*, after his son's death he took to drinking; *quando prende a parlare nessuno riesce a fermarlo*, when he starts talking nobody can stop him ◆ *v.intr.* **1** to take*; (*voltare*) to turn: — *a sinistra, a destra*, to turn (to the) left, (to the) right; *prendi* (*per*) *questa strada*, take this road; *prendi per i campi*, strike out across the fields **2** (*attecchire*) to take* root: *questi fiori non prendono*, these flowers don't take root **3** (*rapprendersi, far presa*) to set*: *il cemento non ha preso*, the cement has not set.

◆ FRASEOLOGIA: *che ti prende?*, what's the matter with you? (*o* what's up?); *non prendertela!*, don't take on so!; *non prendertela con me*, don't be angry with me (*o* don't lay the blame on me); *se la prende comoda*, he takes it easy; *se la prende troppo per l'avvenire di suo fratello*, he is too concerned about his brother's future; *se la prese a cuore*, he took it to heart; *se l'è presa, se l'è presa in mala parte*, he has taken it amiss (*o* he has taken offence at it); *non so come prenderlo, è sempre così nervoso*, I don't know how to handle him, he is always so irritable; *— qlcu. con le buone, con le cattive*, to treat s.o. with kindness, harshly; *— in simpatia, in antipatia qlcu.*, to take a liking, a dislike to s.o. // *per chi mi prendi?*, who do you take me for? // *prendi tempo, non c'è fretta*, take your time, there's no hurry // *— interesse a qlco.*, to take an interest in sthg. // *— marito, moglie*, to get married // *— o lasciare*, take it or leave it // *presi tanta pioggia*, I got soaking wet (*o* I got soaked to the skin) // *— l'abitudine di...*, to get into the habit of... // *— le cose come vengono*, to take things as they come // *— una cosa per un'altra*, to mistake one thing for another // *— un terno al lotto*, to have a stroke of luck // *— il toro per le corna*, to take the bull by the horns // *prenderle*, to be beaten; (*di bambini*) to be smacked (*o* spanked): *il bambino le prese da suo padre*, the child was smacked by his father // *essere preso d'amore per...*, to fall in love with... • Per frasi come: *— atto*, *— forma*, *— il largo*, *— piede ecc.* → atto, forma, largo, piede *ecc.*

prendibile *agg.* that may be taken, takeable; catchable.

prendisole *s.m.* **1** (*abbigl.*) sun dress **2** (*mar.*) sun deck.

prenditore *s.m.* **1** (*comm.*) (*di merci*) buyer; (*beneficiario di cambiali, titoli*) payee (of bills, stocks); (*azionario*) shareholder **2** (*sport*) catcher.

prenome *s.m.* **1** (*st. romana*) prænomen **2** (*non com.*) (*nome di battesimo*) first name, given name.

prenominato *agg.* (*letter.*) aforesaid, above-mentioned.

prenotare *v.tr.* to book, to make* a reservation, to reserve: *— una camera, un posto a teatro*, to book a room, a seat at the theatre // (*Borsa*) *— azioni di una nuova emissione*, to subscribe for shares in a new issue.

□ **prenotarsi** *v.rifl.* to book (sthg.), to make* a reservation: *mi sono prenotato per il prossimo viaggio in Messico*, I made a reservation for the next trip to Mexico.

prenotato *agg.* **1** (*riservato*) booked, reserved: *posti prenotati*, booked seats; *non —*, unbooked **2** (*in possesso di prenotazione*) person who has booked: *chi non è — non potrà giocare a tennis oggi*, the people who haven't booked (a court) won't be able to play tennis today.

prenotazione *s.f.* booking, reservation: *fare una —*, to book (*o* to make a booking); *disdire, annullare una —*, to cancel a booking; *ritirare le prenotazioni*, to pick up the reservations // (*mar.*) *— di carico*, berth note.

prensile *agg.* prehensile: *coda —*, prehensile tail.

prensione *s.f.* prehension: *organi di —*, (*di animali*) prehensile organs.

prenunziare *v.tr.* (*rar.*) to foretell*.

prenunzio *s.m.* (*letter.*) **1** (*preannuncio*) prediction, foretelling **2** (*preannunciatore*) foreteller.

preoccupante *agg.* worrying; worrisome: *le sue condizioni di salute sono preoccupanti*, his state of health is worrying; *le previsioni economiche sono preoccupanti*, the economic forecasts are worrying.

preoccupare *v.tr.* to worry, to make* anxious, to trouble: *c'è qualcosa che la preoccupa*, there's something worrying her (*o* she has something on her mind); *che cosa lo preoccupa?*, what is worrying him?; *quel che mi preoccupa è che...*, what troubles me is that...; *la sua salute mi preoccupa*, his health worries me; *il suo lavoro lo preoccupa molto*, his work worries him a great deal.

□ **preoccuparsi** *v.intr.pron.* **1** to be worried (about s.o., sthg.); to be anxious (about s.o., sthg.); to worry (about s.o., sthg.): *si preoccupa per la salute di suo figlio*, he is worried (*o* he worries) about his son's health; *non preoccuparti*, don't worry; *smetti di preoccuparti di queste piccole cose*, stop worrying about these little things **2** (*occuparsi*) to make* sure, to take* the trouble: *mi preoccuperò io di avvisarlo*, I'll make sure to tell him; *non si è neppure preoccupato di farmelo sapere*, he hasn't even taken the trouble to let me know.

preoccupato *agg.* worried (about s.o., sthg.), anxious (about s.o., sthg.), troubled (by sthg.): *sono — per queste notizie*, I am troubled by this news; *sono molto — per lui*, I am very worried about him; *era — di arrivare in ritardo*, he was worried about being late.

preoccupazione *s.f.* worry, care; concern: *la — di un esame*, the worry of an examination; *le preoccupazioni della vita quotidiana*, all the cares of everyday life; *la mia sola — è stata d'assicurarmi che stesse bene*, my only concern has been to check that he was OK; *una vita piena di preoccupazioni*, a life full of worries; *quel ragazzo è una vera — per me*, that boy is a real worry to me.

preolimpico *agg.* (pre-)Olympic (*attr.*): *gara —*, Olympic trial.

preolimpionico *agg.* (pre-)Olympic (*attr.*).

preominide *s.m.* (*antropologia*) prehominid.

preordinamento *s.m.* prearrangement; preordainment.

preordinare *v.tr.* to prearrange, to arrange beforehand, to predispose: *le fasi della cerimonia sono state accuratamente preordinate*, the stages of the ceremony have been carefully prearranged; *sarebbe opportuno cercare di — gli interventi*, it would be advisable to try to arrange speeches beforehand.

preordinato *agg.* **1** prearranged, preordained: *un piano —*, a prearranged plan **2** (*mat.*) preordered.

preordinazione *s.f.* prearrangement.

prepagato *agg.* prepaid: *nolo —*, prepaid freight.

preparare *v.tr.* **1** to prepare, to get* ready: *— una lezione, una medicina*, to prepare a lesson, a medicine; *— qlcu. a una cattiva notizia*, to prepare s.o. for a piece of bad news; *— la tavola*, to lay (*o* to set) the table; *— la cena*, to get dinner ready; *— le valige*, to pack one's suitcases; *— un esame*, to prepare (for) an exam; *— qlcu. all'esame di guida*, to prepare s.o. for the driving test // *quel bambino sta preparando una birichinata*, that child is planning a piece of mischief // *— la strada*, (*fig.*) to pave the way **2** (*addestrare*) to coach, to train: *— un atleta*, to coach (*o* to train) an athlete **3** (*riservare*) to hold*: *chissà cosa ci prepara il futuro*, who knows what the future holds (*o* has in store) for us.

□ **prepararsi** *v.rifl.* to get* ready, to prepare (oneself): *preparati se vuoi uscire*, get ready if you want to go out; *— a un esame*, to prepare (for) an exam; *— al peggio*, to prepare oneself for the worst ◆ *v.intr.pron.* (*essere imminente*) to be in store, to be brewing: *si preparano tempi duri*, there are hard times in store; *si sta preparando un temporale*, a storm is brewing.

preparativo *s.m.* (*spec. pl.*) preparation: *i preparativi di guerra*, preparations for war; *i preparativi per la partenza*, preparations for leaving ◆ *agg.* (*non com.*) preparatory.

preparato *agg.* **1** prepared; (*pronto*) ready; (*predisposto*) arranged, drafted: *— a un esame*, prepared for an exam; *la tavola è preparata*, the table is laid; *essere — a tutto*, to be ready for anything // (*dir.*) *schema di contratto —*, drafted contract **2** (*dotato di preparazione*) qualified, trained; (*esperto*) accomplished: *è un professionista molto —*, he's an extremely well -qualified professional man ◆ *s.m.* preparation: *preparati chimici*, chemicals (*o* chemical compounds *o* chemical preparations) // (*med.*) *— microscopico*, (*di tessuto organico*) specimen.

preparatore *s.m.* **1** (*sport*) coach, trainer **2** (*tecn.*) preparer.

preparatorio *agg.* preparatory, preliminary, introductory: *lavori preparatori*, preliminary works.

preparazione *s.f.* **1** preparation: *questo piatto richiede una lunga —*, this dish takes a long time to prepare; *la tua — per questo esame non è sufficiente*, you are not sufficiently prepared for this exam **2** (*addestramento*) training: *— atletica*, athletic training; *— professionale*, vocational training **3** (*nozioni, esperienza*) qualification: *non ha la necessaria — per svolgere questo lavoro*, he hasn't got the necessary qualifications for this job **4** (*tecn.*) dressing, setting, preparation; (*mecc.*) *— della macchina*, machine setting // (*miner.*): *— dei minerali*, ore dressing (*o* mineral processing); *— per via umida*, wet dressing **5** (*inform.*) editing **6** (*preparato*) preparation: (*chim.*) *— farmaceutica*, pharmaceutical preparation.

prepensionamento *s.m.* early retirement.

preponderante *agg.* preponderant, prevailing, predominant: *forza —*, preponderant strength; *motivo —*, predominant motif; *opinione —*, prevailing opinion; *partito —*, predominant party.

preponderanza *s.f.* preponderance, predominance; (*maggioranza*) majority; (*superiorità*) superiority: *— dei voti*, majority of votes; *— delle forze*, superiority of strength; *la — dell'opposizione ha costretto il governo a dimettersi*, the opposition's majority forced the government to resign; *elettorato in — nero*, electorate with a black majority.

preponderare *v.intr.* (*non com.*) to preponderate, to prevail, to predominate: *una ragione prepondero sopra tutte le altre*, one reason preponderated over all the others.

preporre *v.tr.* **1** (*mettere davanti*) to put* before, to place before (*anche fig.*): — *il nome al cognome*, to put one's first name before one's surname; *ha sempre preposto il dovere all'interesse personale*, he has always put duty before his personal interests **2** (*mettere a capo*) to put* in charge of (sthg.), to put* at the head of (sthg.): — *qlcu. all'amministrazione di una ditta*, to put s.o. in charge of the management of a firm; *lo preposero al comando dell'esercito*, he was appointed head of the army.

prepositivo *agg.* (*gramm.*) prepositional: *locuzione prepositiva*, prepositional phrase.

prepositura *s.f.* **1** (*ufficio di preposto*) provostry **2** (*residenza del preposto*) provost's residence.

prepositurale *agg.* (*eccl.*) provost (*attr.*), provostal: *chiesa* —, provostal church.

preposizionale *agg.* (*gramm.*) prepositional.

preposizionare *v.tr.* (*inform.*) to preset*.

preposizione *s.f.* (*gramm.*) preposition.

prepossente *agg.* (*letter.*) extremely powerful.

preposto *s.m.* **1** (*eccl.*) provost **2** (*estens.*) (*chi dirige un'attività*) person in charge.

prepotente *agg.* **1** overbearing, pressing: *desiderio, bisogno* —, pressing desire, need **2** (*arrogante*) domineering, overbearing, tyrannical: *non sopporto le persone prepotenti*, I can't stand domineering people ◆ *s.m.* bully; domineering person, overbearing person: *non fare il —!*, don't be such a bully!

prepotentemente *avv.* **1** overbearingly **2** (*arrogantemente*) domineeringly.

prepotenza *s.f.* **1** (*l'essere prepotente*) overbearingness, arrogance, bullying // *di* —, by force: *se l'è preso di* —, he took it by force **2** (*azione da prepotente*) bullying, arrogant behaviour, overbearing action: *non sopporto le sue prepotenze*, I can't stand his bullying.

prepotere *s.m.* (*strapotere*) excessive power.

preprocessuale *agg.* (*dir.*) pre-trial (*attr.*).

prepubere, **prepuberale** *agg.* prepubertal, prepuberal.

prepubertà *s.f.* prepuberty.

prepuziale *agg.* (*anat.*) preputial.

prepuzio *s.m.* (*anat.*) prepuce.

preraffaellismo *s.m.* (*lett.*, *pitt.*) Pre-Raphaelitism.

preraffaellita *agg.* e *s.m.* (*lett.*, *pitt.*) Pre-Raphaelite.

preraffreddamento *s.m.* (*tecn.*) precooling.

preraffreddare *v.tr.* (*tecn.*) to precool.

preregistrare *v.tr.* (*inform.*) to prestore.

prerinascimentale *agg.* pre-Renaissance (*attr.*).

preriscaldamento *s.m.* (*tecn.*) preheating.

preriscaldare *v.tr.* (*tecn.*) to preheat.

preriscaldatore *s.m.* (*tecn.*) preheater: — *d'aria*, air preheater; — *di alimentazione*, (*di caldaia*) feed heater.

prerogativa *s.f.* **1** prerogative; privilege (*anche dir.*): *arrogarsi una* —, to assume (*o* to arrogate to oneself) a prerogative; *è una — dei deputati*, it's a privilege of members of Parliament **2** (*proprietà speciale*) (special) quality, (*di cosa*) property; feature: *la calamita ha la — di attrarre il ferro*, a magnet has the property of attracting iron; *il basso costo è la — principale di quel prodotto*, the main feature of that product is its low cost.

preromanico *agg.* pre-Romanesque.

preromano *agg.* pre-Roman.

preromanticismo *s.m.* pre-Romanticism.

preromantico *agg.* e *s.m.* pre-Romantic.

preromanzo *agg.* (*ling.*) pre-Romance.

presa *s.f.* **1** (*il prendere*) taking; catching; seizing: — *di posizione*, position (*o* stand); *il ministro ha assunto una — di posizione contraria alla caccia*, the minister has taken a stand against hunting; — *di possesso di una carica*, taking over an office; — *di possesso di una casa*, taking possession of a house // *ci fu una — di contatto tra le due delegazioni*, contact was made between the two delegations // (*inform.*) — *di contatto*, handshaking // (*comm.*): — *a domicilio*, collection from residence; — *e consegna*, collection and delivery // (*Borsa*) — *di beneficio*, profit taking // — *in giro*, leg-pull (*o* joke) // *non ho — su di lui*, I have no hold over him // *è alle prese con la giustizia*, he's up against the law; *venire alle prese con qlcu., qlco.*, to come to grips with s.o., sthg.; *è tutta la mattina che sono alle prese con la nuova lavatrice*, I've been struggling with the new washing machine all morning // *far* —, (*di ancora*) to hold, to bite, (*di cemento*) to set; — *lenta, rapida*, (*di cemento*) slow, quick setting; *non so se questa pianta farà* —, I don't know if this plant will take (root); *questo argomento non fa — sul pubblico*, this subject has no grip (*o* hold) over the public; *il terreno è scivoloso e le ruote non fanno* —, the ground is slippery and the wheels can't get a grip on it **2** (*espugnazione, cattura*) seizure, capture: *la — di una città*, the capture (*o* taking) of a town; *la — di una fortezza*, the seizure of a fortress; *la — della Bastiglia*, the storming of the Bastille **3** (*stretta*) grasp, hold, grip; (*nella lotta*) hold: *ha una — forte*, he has a firm grip (*o* grasp); *abbandonare la* —, to let go one's hold, (*fig.*) to give in; *allentare la* —, to release one's hold **4** (*cinem.*) take, shot: *macchina da* —, camera; *ripetere la* —, to retake // (*tv*) *in* (—) *diretta*, live **5** (*bottino di caccia*) bag, kill **6** (*pizzico*) pinch: *una — di sale, tabacco*, a pinch of salt, tobacco **7** (*a carte*) trick **8** (*tecn.*): — *d'acqua*, water plug; — *d'aria*, air intake // (*mecc.*): — *continua*, constant mesh; — *di forza*, power takeoff; — *di moto*, drive; — *diretta*, direct drive **9** (*elettr.*) socket, tap, plug: — (*di corrente*) *a muro*, wall socket; — (*di corrente*) *esterna*, surface socket; — (*di corrente*) *a incasso*; flush socket // *asta di* —, trolley pole // (*tel.*) — *di chiamata*, calling jack **10** (*sporgenza, impugnatura*) grip **11** (*mar.*) (*palo d'ormeggio*) bitt.

presagibile *agg.* (*non com.*) foreseeable.

presagio *s.m.* omen, presage; (*presentimento*) presentiment; (*di calamità*) portent: — *di male*, presage of evil; *terribili presagi*, dire portents; *uccello di sinistro* —, bird of ill omen; *è di buon, cattivo* —, it is of good, ill omen; *il tuo — si è avverato*, your presentiment has become a reality; *considerare qlco. un buon* —, to take sthg. as a good omen; *avere un cattivo* —, to have a presentiment of misfortune.

presagire *v.tr.* **1** (*prevedere*) to foresee*, to foretell*, to predict; (*in base a ragionamento*) to forecast, to prognosticate: *avevo presagito quel che sarebbe accaduto*, I had foreseen what would happen; *gli aveva presagito un grande successo*, she had predicted great success for him; — *il futuro*, to foretell the future **2** (*essere presagio di*) to forebode, to presage: *quelle nuvole scure presagiscono una tempesta*, those dark clouds presage a storm.

presago *agg.* (*letter.*) (*che presagisce*) foreboding: *essere — di*, (*prevedere*) to have a presentiment of; (*essere presagio di*) to presage (*o* to forebode): *la madre era presaga della morte del figlio*, the mother had a presentiment of her son's death.

presalario *s.m.* scholarship.

presame *s.m.* (*caglio*) rennet.

presbiopia *s.f.* presbyopia; longsightedness.

presbite *agg.* presbyopic; longsighted ◆ *s.m.* e *f.* presbyope, presbyte; longsighted person.

presbiterale *agg.* (*eccl.*) presbyterial.

presbiterato *s.m.* (*eccl.*) presbyterate; priesthood.

presbiteriale *agg.* presbyterial; priestly.

presbiterianesimo, **presbiterianismo** *s.m.* (*st. relig.*) Presbyterianism.

presbiteriano *agg.* e *s.m.* (*st. relig.*) Presbyterian.

presbiterio *s.m.* presbytery.

presbitero *s.m.* presbyter.

presbitismo *s.m.* → **presbiopia**.

prescegliere *v.tr.* to choose*, to select: *è stato prescelto fra molti concorrenti*, he was selected from many competitors.

prescelto *agg.* chosen, selected ◆ *s.m.* chosen person.

presciente *agg.* prescient.

prescienza *s.f.* prescience; (*estens.*) foresight, foreknowledge.

prescindere *v.intr.* to leave* (sthg.) out of consideration, to set* aside: *a — da ciò*, apart from this (*o* leaving this out of consideration).

prescolare, **prescolastico** *agg.* pre-school (*attr.*): *età* —, pre-school age.

prescrittibile *agg.* (*dir.*) prescriptible; subject to limitation.

prescrittibilità *s.f.* (*dir.*) prescriptibility.

prescritto *agg.* **1** prescribed; (*stabilito*) established, fixed; (*obbligatorio*) compulsory: *libri di testo prescritti*, prescribed textbooks; *è — l'uso delle cinture di sicurezza*, wearing seat belts is compulsory; *medicine prescritte*, prescribed medicines; *il modulo* —, the prescribed form; (*dir.*) *formalità prescritte dalla legge*, formalities prescribed by the law **2** (*dir.*) (*soggetto a prescrizione*) statute barred; prescribed ◆ *s.m.* (*dir.*) prescript, ordinance.

prescrivere *v.tr.* **1** to prescribe, to order: *il medico mi ha prescritto assoluto riposo*, the doctor prescribed absolute rest for me; *il medico mi ha prescritto una medicina*, the doctor has prescribed a medicine for me **2** (*dir.*) to prescribe.

□ **prescriversi** *v.intr.pron.* (*andare in prescrizione*) to be barred (by the statute of limitation); to prescribe.

prescrivibile *agg.* prescriptible: *farmaco* —, medicine available on prescription.

prescrizionale *agg.* (*dir.*) prescription (*attr.*): *termine* —, prescription term.

prescrizione *s.f.* **1** precept, ordinance, regulation; enjoinment: *le prescrizioni della Chiesa*, the precepts of the Church; *prescrizioni legali*, official instructions (*o* regulations); *contrario alle prescrizioni*, contrary to regulations **2** (*med.*) prescription; recipe: *è una — del mio medico*, it is a prescription from my doctor; *il medico mi darà delle prescrizioni*, the doctor will prescribe for me **3** (*dir.*) prescription; limitation; debarment: *decorrenza della —*, running of limitation; *cadere in —*, to prescribe; *caduto in —*, invalidated by prescription; *— acquisitiva*, acquisitive (*o* positive) prescription; *— estintiva*, extinctive (*o* negative) prescription.

presegnalare *v.tr.* to warn in advance, to forewarn.

presegnalazione *s.f.* **presegnale** *s.m.* advance warning.

preselettore *s.m.* preselector.

preselezionare *v.tr.* to preselect.

preselezione *s.f.* preselection.

presella *s.f.* **1** (*tecn.*) (*cianfrino*) caulking iron, caulker **2** (*tecn.*) (*attrezzo da fucinatore*) fuller **3** (*agr.*) plot (of land).

presellare *v.tr.* (*tecn.*) to caulk.

presellatura *s.f.* (*tecn.*) caulking.

presenile *agg.* presenile.

presentabile *agg.* presentable: *vestito così non sei —*, you are not presentable dressed like that.

presentabilità *s.f.* presentability.

presentare *v.tr.* **1** to present; (*proporre*) to propose; (*inoltrare*) to send* in: *— una cambiale, un assegno al pagamento*, to present a bill, a cheque for payment; *— i conti*, to render accounts; *— una domanda, un documento*, to send in an application, a document; *— un progetto di legge*, to bring in (*o* to introduce) a bill; *— un'istanza*, to lodge a petition (*o* to petition); *— qlcu. come candidato*, to present (*o* to propose) s.o. as a candidate; *— un reclamo*, to put in a claim **2** (*mostrare*) to present, to show; (*esibire*) to produce: *la luna ci presenta sempre la stessa faccia*, the moon always shows us the same face; *mi presentò la lettera*, he showed me the letter; *questo caso presenta delle difficoltà*, this case presents some difficulties; (*dir.*) *— una prova*, to produce (*o* to introduce *o* to exhibit) a piece of evidence // *— un saldo a favore di qlcu.*, to show a balance in s.o.'s favour; *— un debito, una perdita*, to be in the red // (*mil.*) *— le armi*, to present arms: *presentat'arm!*, present arms! **3** (*offrire*) to present, to offer: *le presentò un mazzo di fiori*, he offered her a bunch of flowers (*o* he presented her with a bunch of flowers); *— vantaggi*, to offer advantages // *— i propri omaggi*, to pay one's respects; *— i propri complimenti, le proprie scuse*, to present one's compliments, apologies **4** (*far conoscere*) to introduce, to present: *mi hai già presentato quel signore*, you have already introduced that gentleman to me; *presentami il tuo amico*, introduce me to your friend; *essere presentato a corte*, to be presented at court **5** (*uno spettacolo*) to present: *— un programma radiofonico*, to present a radio programme.

□ **presentarsi** *v.rifl.* **1** to present oneself: *non ti vergogni a presentarti in queste condizioni?*, aren't you ashamed to present yourself looking like that?; *si presentò al giudice, al suo principale*, he presented himself to the judge, to his boss; *— a un esame*, to sit for (*o* to present oneself for) an examination; *a cena si sono presentati in cinque*, five people appeared for dinner; *— come candidato per qlco.*, to stand for (*o* to offer oneself as a candidate for) sthg.; (*amer.*) to run for sthg.: *quest'anno egli si presenterà come candidato alla presidenza*, this year he will run for the presidency; *— davanti al tribunale*, to appear in court (*o* to come before the court); *si presenterà al concorso di poesia*, he's going to enter the poetry competition // *quella ragazza si presenta molto bene*, that girl looks very nice **2** (*farsi conoscere*) to introduce oneself: *si presentò allo zio del suo amico*, he introduced himself to his friend's uncle ◆ *v.intr.pron.* **1** (*offrirsi*) to arise*; (*capitare*) to occur, to turn up: *è la prima occasione che si presenta*, it is the first opportunity that has turned up; *questa possibilità non mi si era mai presentata alla mente*, this possibility had never occurred to me before; *spero che un caso simile non si presenterà mai qui*, I hope that such a case will never arise here **2** (*sembrare, apparire*) to seem, to appear: *il problema non si presenta difficile*, the problem doesn't seem to be difficult; *la torta si presenta bene, speriamo che sia anche buona*, the cake looks lovely, lets's hope that it tastes good too.

presentat'arm *s.m.* (*mil.*) present arms: *ordinare il —*, to give the order to present arms.

presentatore *s.m.* **1** presenter, Master of Ceremonies **2** (*rad.*, *tv*) presenter, compère.

presentatrice *s.f.* (*rad.*, *tv*) presenter, compère.

presentazione *s.f.* **1** presentation: *la — di un programma radiofonico*, the presentation of a radio programme; *la — di un piatto contribuisce al buon esito di un pranzo*, the way in which the food is presented contributes to the success of a meal; *il testo era preceduto da alcune pagine di —*, the text was preceded by a few pages of introduction (*o* introductory pages); *un discorso di —*, a presentation speech // (*comm.*): *— di un nuovo prodotto*, presentation of a new product; *— di un prodotto*, packaging of a product // (*Borsa*) *— di nuovi titoli*, introduction of new stocks // (*banca*): *— di titoli di credito*, presentation (*o* presentment) of instruments of credit; *— per l'accettazione*, presentation for acceptance // (*amm.*): *contro — di documenti*, on production of documents (*o* against documents); *— di documenti*, submission of documents; *— di reclami*, lodgement of complaints; *su, contro —*, on presentation; *— della denuncia dei redditi*, filing of one's tax return // *la Presentazione di Maria Vergine*, the Presentation of the Blessed Virgin Mary **2** (*di una persona a un'altra*) introduction, (*a corte*) presentation: *una lettera di —*, a letter of introduction; *dovresti fare le presentazioni*, you should do the introducing **3** (*med.*) presentation: *— cefalica, podale*, cephalic, footling presentation.

presente[1] *agg.* **1** present: *— mio padre*, in the presence of my father; *tutti i miei amici erano presenti al mio matrimonio*, all my friends were present at my wedding; *non ero — alla festa*, I wasn't present at the party // *—!*, here! **2** (*nella mente*) present; clear: *è sempre — alla mia mente*, I always keep it in my mind // *aver —*, to remember (*o* to recollect *o* to know): *non ho — se egli ci fosse o no*, I can't remember whether he was there or not; *hai — via Dante?*, do you know via Dante? // *tieni — che non saremo gli unici!*, bear in mind (*o* remember) that we won't be the only ones! // *mi fece — che era già domenica*, he reminded me (*o* pointed out to me) that it was already Sunday // *mio nonno è ancora molto —*, my grandfather is still very clear-minded **3** (*attuale*) present, current: *la — generazione*, the present generation; *il — mese*, the current month; *al momento — la linea è interrotta*, the line is interrupted at the moment // (*gramm.*) *il tempo —*, the present tense **4** (*questo*) this: *il — libro*, this book; *la — settimana*, this week // (*comm.*): *nella — (lettera)*, herein; *con la — (lettera)*, hereby (*o* herewith) ◆ *s.m.* **1** present, present time: *il — e il futuro*, the present and the future; *non vive nel —*, he does not live in the present // *al —*, at present **2** (*gramm.*) present, present tense **3** *pl.* those present: *fra i presenti non vi fu nessuno che lo seguì*, among those present there was nobody who followed him; *tutti i presenti furono premiati*, all those who were present were given a prize; *tutti i presenti sono invitati*, all the present company are invited // *i presenti esclusi*, present company excluded (*o* excepted).

presente[2] *s.m.* (*dono, regalo*) present, gift: *mi ha fatto un grazioso —*, he has given me a nice present (*o* gift).

presentimento *s.m.* foreboding, presentiment, premonition: *ho un brutto —*, I've got an unpleasant sense of foreboding.

presentire *v.tr.* to have a foreboding of (sthg.); to have a presentiment of (sthg.); to have a premonition of (sthg.); to foresee*: *avevo presentito ciò che sarebbe accaduto*, I had foreseen what would happen.

presenza *s.f.* **1** presence: *nessuno si era accorto della sua —*, nobody had noticed his presence; *la sua — ci salvò dal pericolo*, his presence saved us from danger; *si segnala la — di banchi di nebbia*, have been reported banks of fog; *in — dello zinco, l'acido solforico sviluppa idrogeno*, in the presence of zinc, sulphuric acid gives off hydrogen; *non dire parolacce in sua —*, don't use bad language in his presence; *in — di testimoni*, in the presence (*o* in front) of witnesses; *la cerimonia si è svolta alla — del presidente*, the ceremony took place in the presence of the president; *fu condotto alla — del re*, he was taken into the presence of the king // *— d'animo, di spirito*, presence of mind // *di —*, (*non com.*) (*di persona*) in person (*o* personally) // *fare atto di —*, to put in (*o* to make) an appearance **2** (*aspetto fisico*) presence, appearance: *una ragazza di bella —*, a good-looking girl // *non aver —*, to lack physical presence **3** (*a scuola, in ufficio*) attendance: *la — è obbligatoria alla mia scuola*, attendance is compulsory at my school; *in questa settimana ha solo due presenze*, this week his record shows only two attendances; *libro delle presenze*, attendance book (*o* register) **4** (*spirito, fantasma*) ghost: *in quella casa si segnalano presenze*, there have been reports of ghosts in that house.

presenzialismo *s.m.* showing one's face everywhere; always putting in an appearance: *i politici peccano spesso di —*, politicians are often guilty of showing their faces everywhere.

presenzialista *agg.* always putting in an appearance, showing one's face everywhere ◆ *s.m.* e *f.* person who is always putting in an appearance everywhere.

presenzialità *s.f.* (*non com.*) being present.

presenziare *v.tr.* to attend, to be present at (sthg.): — *un'adunanza*, to attend a meeting ◆ *v.intr.* to be present: — *a un esame*, to be present at an examination.

presepe, presepio *s.m.* (Christmas) crib.

preservamento → **preservazione**.

preservare *v.tr.* **1** to preserve, to keep*; (*proteggere*) to protect: *Dio ti preservi da questi mali!*, may God preserve (*o* keep) you from these evils!; *la canfora preserva i vestiti dalle tarme*, camphor protects clothes from moths **2** (*inform.*) to save.

preservativo *agg.* (*non com.*) (*atto a proteggere*) preservative, protective: *un provvedimento* —, a protective measure ◆ *s.m.* condom, (*fam.*) French letter, rubber.

preservatore *s.m.* **preservatrice** *s.f.* (*non com.*) preserver.

preservazione *s.f.* preservation: *in buono stato di* —, in a good state of preservation.

preside *s.m.* headmaster, principal, head // — *di facoltà*, dean ◆ *s.f.* headmistress, principal, head.

presidentato *s.m.* presidency, presidentship; (*di assemblea, società*) chairmanship.

presidente *s.m.* **1** (*di assemblea*) chairman*; (*di una associazione, di società sportive*) president: — *del consiglio di amministrazione*, chairman of the board of directors; — *onorario*, honorary president; *il vice* — *del comitato*, the vice-chairman of the committee; *il* — *chiuse l'assemblea*, the chairman closed the meeting // *il* — *del tribunale*, the chief judge; *il* — *della corte suprema*, (*amer.*) the chief justice **2** (*pol.*) president; (*al Parlamento inglese e americano*) speaker: *il* — *di una repubblica*, the president of a republic; — *del Senato*, President; *il Presidente del Consiglio*, the Premier (*o* the Prime Minister).

presidentessa *s.f.* **1** (*di assemblea ecc.*) chairwoman* **2** (*pol.*) president **3** (*moglie di presidente*) president's wife, (*amer.*) First Lady.

presidenza *s.f.* **1** presidency; (*di governo*) premiership: *durante la* — *di Truman*, during Truman's presidency **2** (*di una assemblea*) chair; chairmanship: *assumere la* —, to take the chair // *essere alla* —, to be in the chair: *alla riunione il sig. B. era alla* —, at the meeting Mr B. took the chair (*o* was the chairman) **3** (*di società*) management; (*consiglio di amministrazione*) board of directors **4** (*di scuola*) headmastership, headship; (*studio del preside*) head-master's study.

presidenziale *agg.* presidential, president's: *carica, ufficio* —, presidential (*o* president's) office.

presidenzialismo *s.m.* presidential system.

presidiale *agg.* (*non com.*) (*di presidio*) garrison (*attr.*).

presidiare *v.tr.* **1** (*mil.*) to garrison; (*estens.*) (*controllare, sorvegliare*) to guard, to protect; to defend: — *una fortezza, una città*, to garrison a fortress, a city; *l'ambasciata è presidiata dalla polizia*, the embassy is guarded by the police (*o* is under police guard); — *una fabbrica*, (*picchettare*) to picket a factory **2** (*fig.*) (*salvaguardare*) to protect, to defend: — *la pace*, to safeguard peace.

presidiario *agg.* (*non com.*) (*di presidio*) presidiary, garrison (*attr.*).

presidiato *agg.* garrison (*attr.*); garrisoned: *città presidiata*, garrison town; *una fabbrica presidiata*, (*picchettata*) a picketed factory.

presidio *s.m.* **1** (*mil.*) garrison: *comandante del* —, garrison commander; *milizie di* —, garrison troops **2** (*fig.*) (*salvaguardia*) defence, protection: *un provvedimento a* — *della salute pubblica*, a regulation in defence of public health **3** (*ausilio, sostegno*) aid: *presidi didattici*, teaching aids // — *ortopedico*, (*protesi*) prothesis.

presidium *s.m.* (*pol.*) (*in* URSS) pr(a)esidium*.

presiedere *v.tr.* e *intr.* **1** (*essere a capo di, dirigere*) to preside over (sthg.); to be (at) the head of (sthg.); to act as a chairman of (sthg.); to take* the chair in (sthg.), to chair: — (*a*) *un'assemblea*, to preside over (*o* to chair *o* to take the chair in) a meeting; — *un consiglio di amministrazione*, to chair a board of directors; — *una scuola*, to be the headmaster of a school; — *una giuria*, to act as chairman of the jury; — (*a*) *una sessione parlamentare*, to preside over a session of Parliament; — (*a*) *una commissione*, to chair (*o* to take the chair in) a commission; *il capo della polizia presiede all'inchiesta*, the chief of police is at the head of the inquiry; *la polizia locale presiede alle operazioni di salvataggio*, the local police are in charge of rescue operations **2** (*fig.*) (*avere un ruolo preminente*) to govern: *il cervello presiede* (*al*)*le funzioni motorie*, the brain governs all motor functions.

presina *s.f.* pot holder.

presistole *s.f.* (*med.*) presystole.

preso *agg.* **1** caught (*pred.*); occupied; taken (*pred.*): *la medicina presa in dosi abbondanti gli ha fatto davvero male*, the medicine taken in large doses did him a lot of harm; *le città prese furono rase al suolo*, the occupied towns were razed to the ground; *l'uccello* — *in trappola si dibatteva per liberarsi*, the bird caught in the trap struggled to free itself // — *d'amore, dalla passione*, overwhelmed by love, passion (*o* consumed with love, passion) // — *dalla follia si barricò nella stanza*, overcome with madness he barricaded himself in the room // — *dall'entusiasmo invitò tutti a casa sua*, seized with enthusiasm he invited everybody to his home **2** (*impegnato*) busy: *sono stata molto presa in settimana*, I was very busy during the week // *è una persona troppo presa dal lavoro*, he is a person too caught up in his work **3** (*occupato, di posto ecc.*) taken (*pred.*), occupied: *sui posti presi c'erano due cappotti*, on the occupied seats (*o* on the seats occupied *o* on the seats taken) there were two overcoats.

presocratico *agg.* e *s.m.* pre-Socratic.

pressa *s.f.* **1** (*non com.*) (*il pressare, l'essere pressato*) pressing **2** (*tecn.*) press: — *a banco inclinabile*, inclinable press; — *a bilanciere*, fly press; — *a braccio*, horning press; — *a frizione*, friction press; — *a mano*, hand press; — *a vapore*, steam press; — *a vite*, screw press; — *enologica*, wine press; — *idraulica*, hydraulic press; — *multipla*, multiple press; — *per olio*, oil press; — *verticale*, standing press **3** (*ant.*, *letter.*) (*folla*) crowd, throng: *far* — *intorno a qlco., qlcu.*, to crowd round sthg., s.o. **4** (*region.*) (*fretta*) hurry, haste: *di* —, in a hurry.

pressafieno *s.m.* (*agr.*) hay press.

pressaforaggi(o) *s.m.* (*agr.*) forage press.

pressainsilatrice *s.f.* (*agr.*) silage cutter.

pressante *agg.* pressing, urgent.

pressapaglia *s.m.* (*agr.*) straw press.

pressappochismo *s.m.* carelessness, inaccuracy: *peccare di* —, to be guilty of carelessness; *un lavoro fatto con* —, a carelessly done (*o fam.* a slapdash) job.

pressappochista *s.m.* e *f.* careless person, (*fam.*) slapdash person.

pressappoco, press'a poco *avv.* about, more or less, approximately, roughly: *saranno* — *tre chilometri da qui all'albergo*, it must be approximately (*o* about) three kilometres from here to the hotel; *c'erano* — *un centinaio di persone*, there were about (*o* more or less) a hundred people; *hanno* — *la stessa età*, they are roughly (*o* more or less) the same age; *le due firme sono* — *uguali*, the two signatures are more or less identical; *cambiano le parole, ma l'idea è* — *la stessa*, the words are different, but the idea is more or less the same // *a un* —, (*fam.*) (*in qualche modo*) slapdash: *fa sempre le cose a un* —, everything he does is slapdash.

pressare *v.tr.* **1** to press: — *la paglia in balle*, to press straw into bales; *essere pressato dalla folla*, (*estens.*) to be crushed (*o* pressed) by the crowd // (*mecc.*) — *a freddo, a caldo*, to cold-press, to hot-press **2** (*fig.*) to press, to urge: *un lavoro che ci pressa*, a pressing job; *lo pressava con continue richieste*, he pressed him with continual requests.

pressato *agg.* **1** pressed: *paglia pressata*, pressed straw; *lo vidi in piazza,* — *fra la folla*, (*estens.*) I saw him in the square, crushed (*o* pressed) by the crowd **2** (*fig.*) pressurized: *mi sentivo* — *dal lavoro, dalle sue continue richieste*, I felt pressurized by work, by his continual requests.

pressatore *s.m.* presser.

pressatura *s.f.* (*tecn.*) pressing.

pressi *s.m.pl.* (*vicinanze*) neighbourhood (*sing.*); (*dintorni*) surroundings; (*sobborghi*) suburbs, outskirts, environs: *abito nei* — *di Milano*, I live on the outskirts of Milan.

pressing *s.m.* (*sport*) pressure: *fare* — *sulla squadra avversaria*, to press (*o* to pressure) the opposing team.

pressione *s.f.* **1** (*fis., tecn.*) pressure: — *critica*, critical pressure; — *cinetica, idrostatica*, kinetic, hydrostatic pressure; — *osmotica*, osmotic pressure; — *relativa, assoluta*, relative, absolute pressure; (*med.*) — *sanguigna, arteriosa*, blood pressure // (*meteor.*): — *atmosferica, barometrica*, atmospheric, barometric pressure; — *del vento*, wind pressure (*o* wind load); *alta, bassa* —, high, low pressure // (*aut.*): — *dei pneumatici*, tyre pressure; — *dell'olio*, oil pressure // (*mecc.*): — *di aspirazione*, suction pressure; — *della caldaia*, boiler pressure // *pentola a* —, pressure cooker; *chiudere a* —, to pressure seal; *sotto* —, under pressure // *mantenere la* —, (*in una caldaia*) to keep up steam; *mettere in* —, (*una caldaia*) to raise steam **2** (*spinta, forza*) pressure: *fare* — *col dito*, to press with one's finger; *la* — *esercitata da una molla*, the pressure exerted by a spring **3** (*fig.*) (*insistenza, sollecitazione*) pressure: *sotto la* — *degli esami*, under exam pressure; *pressioni economiche*, economic pressures; *subire pressioni politiche*, to be under political pressures; *fare — su qlcu.*, to put pressure on s.o.; *esercitare, fare —*, (*su forze politiche*) to lobby; *gruppo di —*, pressure (*o* lobby) group // (*econ.*) *— al ribasso*, downward pressure // (*fin.*) *— sul mercato monetario*, pressure in the money market // (*trib.*) *— fiscale, tributaria*, tax burden (*o* pressure of taxation).

presso *avv.* (*letter.*) nearby, near, close at hand, closely; *abitano qui —*, they live nearby; *lì — c'è un fiume*, there is a river nearby; *stare, farsi più —*, to come closer (*o* nearer) // *da —, dappresso*, (*da vicino*) closely (*anche fig.*): *esaminare da — qlco.*, to examine sthg. closely; *sorvegliare qlcu. da —*, to watch s.o. closely; *gli inseguitori lo incalzavano da —*, his pursuers were following him closely (*o* were hot on his heels *o* were closing in on him) // *a un di —*, (*approssimativamente*) about (*o* approximately): *c'erano a un di — cinquanta persone*, there were about fifty people ◆ *prep.* **1** (*vicino a, nei pressi di*) near, not far from, in the vicinity of: *una casa — il fiume*, a house near (*o* not far from) the river; *hanno una villa a Bereguardo, — Pavia*, they have a country house at Bereguardo, in the vicinity of Pavia (*o* near *o* not far from Pavia); *il fatto è accaduto in una piccola località — Firenze*, the event took place in a small place near Florence; *pernottammo in un albergo — la stazione*, we spent the night in a hotel near (*o* not far from *o* in the vicinity of) the station **2** (*accanto a, a fianco di*) beside, by, next to: *rimase a lungo in piedi — la finestra*, he stood for a long time by the window; *il cane era accucciato in un angolo — il divano*, the dog was curled up in a corner by the settee; *venne a sedersi — di me*, he came and sat down beside (*o* by *o* next to) me **3** (*da, in; a casa di, nell'ufficio di*) with, in, at; (*alle dipendenze di*) for, with; (*come indicazione di recapito*) care of (*abbr.* c/o): *abita — i genitori*, he lives with his parents; *mi fermai — alcuni parenti*, I stayed with some relatives; *i profughi furono alloggiati — gli alberghi della città*, the refugees were lodged in hotels in the city; *è ricoverato — una casa di cura*, he is in a nursing home; *lavora — una banca*, he works at a bank; *studia — un collegio*, he's at a boarding school; *i biglietti sono in vendita — la biglietteria*, tickets are on sale at the box office; *è impiegato — una ditta svizzera*, he works for (*o* with) a Swiss firm; *Egregio Signor Mario Rossi — Giovanni Bianchi, — Hotel Excelsior*, Mr Mario Rossi, care of (*o* c/o) Giovanni Bianchi, care of (*o* c/o) Hotel Excelsior // *fare pratica — un commercialista*, to be articled to an accountant // *Ambasciatore — la Santa Sede*, Ambassador to the Holy See **4** (*fra, nell'ambito di*) among, with: *gode di grande popolarità — i giovani*, he is very popular with young people; *il libro ha ottenuto molto successo — i critici*, the book was a great success with the critics; *furono svolte indagini — gli amici e i parenti della vittima*, investigations were carried out among the victim's friends and relatives; *— gli antichi era molto diffuso il sacrificio umano*, human sacrifice was widespread among ancient peoples; *— i cattolici l'infallibilità del papa è dogma di fede*, papal infallibility is a dogma with Catholics **5** *— a* (*ant. letter.*) (*verso, con valore temporale*) *— al tramonto*, towards sunset // *essere — a fare qlco.*, (*essere sul punto di*) to be about to do (*o* to be on the point of doing) sthg.: *essere — a morire*, to be about to die (*o* to be on the point of death) ◆ *agg.* (*ant.*) (*vicino*) near ◆ *s.m.pl.* → **pressi**.

pressoché, **presso che** *avv.* almost, nearly, practically, just about, all but, close on: *il lavoro è — terminato*, the work is almost (*o* practically *o* just about *o* all but) finished; *la sala era — piena*, the room was practically full; *i dimostranti saranno stati — un centinaio*, there must have been about (*o* close on *o* nearly) a hundred demonstrators; *la cura ha avuto effetti — nulli*, the treatment had practically no effect.

pressocolata → **pressofusione**.

pressoflessione *s.f.* (*mecc.*) combined compressive and bending stress.

pressofonditore *s.m.* pressure die-caster.

pressofusione *s.f.* (*metall.*) pressure die-casting.

pressoiniezione *s.f.* (*tecn.*) pressure injection moulding.

pressoio *s.m.* (*tecn.*) presser.

pressore *agg.* pressure (*attr.*): *rullo —*, pressure roller.

pressorio *agg.* (*med.*) pressure (*attr.*).

pressostato *s.m.* (*tecn.*) manostat.

pressura *s.f.* (*ant., letter.*) **1** (*pressione*) pressure **2** (*oppressione*) oppression.

pressurizzare *v.tr.* (*tecn.*) to pressurize.

pressurizzato *agg.* pressurized: (*aer.*) *cabina pressurizzata*, pressurized cabin; (*fis.*) *reattore ad acqua pressurizzata*, pressurized -water reactor.

pressurizzazione *s.f.* (*tecn.*) pressurization.

prestabilire *v.tr.* to pre-establish, to prearrange, to fix (in advance): *era tutto prestabilito*, everything was prearranged (*o* pre-established); *— una serie di regole base*, to fix a series of ground rules (in advance).

prestabilito *agg.* pre-established, prearranged, fixed (in advance): *giorno —*, prearranged day; *pagare la somma prestabilita*, to pay the amount fixed in advance (*o* to pay the fixed amount); *regole prestabilite*, pre -established rules.

prestanome *s.m.* e *f.* dummy, man of straw; (*dir.*) nominee.

prestante *agg.* **1** good-looking: *è un uomo —*, he is a good-looking man **2** (*letter.*) (*che eccelle*) excellent, excelling.

prestantino *s.m.* (*mar.*) (*di poppa*) sternson; (*di prora*) stemson.

prestanza *s.f.* **1** (*bell'aspetto*) fine appearance, good looks (*pl.*) **2** (*letter.*) (*eccellenza*) excellence, superiority // *le Prestanze Vostre*, (*titolo d'onore*) Your Honour.

prestare *v.tr.* **1** (*dare in prestito*) to lend*; (*spec. denaro*) to loan: *— denaro, un libro a qlcu.*, to lend money, a book to s.o. (*o* to lend s.o. money, a book); *— denaro a interesse*, to lend (*o* to loan) money on (*o* at) interest; *— denaro senza interesse*, to lend (*o* to loan) money free of interest; *— denaro a usura*, to lend (*o* to loan) money on usury // *farsi — qlco. da qlcu.*, to borrow sthg. from s.o. **2** (*dare*) to give*, to lend*: *— aiuto, man forte, una mano a qlcu.*, to lend s.o. a (helping) hand; *— attenzione*, to pay attention; *— giuramento*, to swear (*o* to take an oath); *— fede a qlcu.*, to believe s.o.; *— obbedienza a qlcu.*, to obey s.o.; *— omaggio a qlcu.*, to pay homage to s.o.; *— orecchio, ascolto a qlco., qlcu.*, to lend an ear (*o* to listen) to sthg., s.o.; *— delle cure a qlcu.*, to give treatment to s.o. (*o* to give s.o. treatment); *— la propria opera*, to give one's services; *— servizio*, to work (*o* to be employed) // (*dir.*) *— garanzia*, to give security // *— il fianco alle critiche*, (*fig.*) to lay oneself open to criticism.

□ **prestarsi** *v.rifl.* **1** (*prodigarsi, adoperarsi*) to put* oneself out, to help (s.o.): *chiediglielo pure, il professore si presta volentieri per i suoi alunni*, don't hesitate to ask him, the professor is happy to put himself out for (*o* to help) his students; *è sempre pronto a — quando c'è bisogno*, he is always ready to help in case of need **2** (*essere disponibile*) to lend* oneself, to favour (sthg.); (*acconsentire*) to consent (to sthg.): *si presta sempre a iniziative del genere*, he always lends himself to (*o* favours) such initiatives; *non si presterebbe mai a un inganno*, he would never lend himself to (*o* he would never countenance) deception; *non credo che si presterà a fare una cosa del genere*, I don't think he will consent to do such a thing ◆ *v.intr.pron.* (*essere adatto*) to be fit (for sthg., for doing), to lend* oneself: *questo palcoscenico non si presta per grandi spettacoli*, this stage is not fit (*o* suitable) for big shows; *questo attore non si presta a ruoli comici*, this actor isn't suited (*o* doesn't lend himself) to comic roles; *l'alluminio si presta a molti usi*, aluminium lends itself to many uses; *questa stoffa non si presta per fare tende*, this material isn't suitable for making curtains (*o* doesn't make good curtains) // *questa frase si presta facilmente a un malinteso*, this sentence lays itself open to misinterpretation.

prestatore *s.m.* lender, loaner: *— di denaro*, money lender; *— su pegno*, pawnbroker // (*dir.*) *— di lavoro, d'opera*, workman (*o* employee); *— d'opera manuale*, labourer // (*fin.*) *— di ultima istanza*, lender of last resort.

prestavoce *s.m.* e *f.* (*non com.*) (*doppiatore*) dubber.

prestazione *s.f.* **1** (*il prestare la propria opera*) performance, service: *— personale*, personal service; *— straordinaria*, extra service; *prestazioni ordinarie*, ordinary (*o* normal) services; *prestazioni professionali*, professional services; *le prestazioni di un avvocato*, the services of a lawyer // (*amm.*): *prestazioni previdenziali*, social security benefits; *— (previdenziale) supplementare*, extra benefit // (*dir.*): *— d'opera*, work done; *— parziale*, instalment **2** (*rendimento di motore, di atleta*) performance // (*comm.*) *— del prodotto*, product performance **3** (*inform.*) performance.

prestezza *s.f.* (*non com.*) **1** quickness; (*sollecitudine*) promptness **2** (*di mente pronta*) alertness.

prestidigitatore *s.m.* conjurer, conjuror.

prestidigitazione *s.f.* prestidigitation, sleight of hand, legerdemain.

prestigiatore *s.m.* conjurer, conjuror.

prestigio *s.m.* **1** (*influenza, autorità*) prestige: *il — di una nazione, di una scuola, di un insegnante*, the prestige of a nation, of a school, of a teacher; *godere di un certo —*, to have a certain prestige **2** (*fascino*) glamour, magic: *il — della divisa*, the glamour of the uniform **3** (*prestidigitazione*) prestidigitation, sleight of hand: *giochi di —*, conjuring tricks.

prestigioso *agg.* (*che ha prestigio*) prestigious, impressive; (*affascinante*) glamorous; *un nome* —, a prestigious name; *un risultato* —, an impressive result.

prestinaio *s.m.* (*region.*) baker.

prestissimo *s.m.* (*mus.*) prestissimo.

prestito *s.m.* **1** loan: *mi chiese un — di due milioni*, he asked me for a loan of two million lire; *prendere in* —, to borrow; *dare in* —, to lend; *ho preso il dizionario in — per una settimana*, I borrowed the dictionary for a week; *gli ho chiesto l'auto in — per un giorno*, I asked him to lend me the car for a day; *in* —, on loan: *lo smoking non è mio, l'ho avuto in* —, it's not my dinner jacket, I borrowed it (*o* it's on loan); *ridammi il disco, era un — non un regalo*, give me back the record, it was a loan not a present // — *libri*, book loans **2** (*banca*) loan, advance; (*il dare a prestito*) lending; (*il prendere a prestito*) borrowing: *concedere, fare un* —, to loan; *rimborsare un* —, to pay back (*o* to redeem) a loan; — *agevolato*, soft loan; — *a interesse*, loan at interest; — *allo scoperto*, loan on overdraft (*o* unsecured loan); — *a vista*, demand loan; — *a lunga, breve, media scadenza*, long-term, short-term; medium-term loan; — *a tempo, a termine*, time loan; — *a scadenza*, loan at notice; — *bancario urgente*, accommodation; — *a tasso d'interesse variabile*, rollover loan; — *cambiario, su pagherò*, loan against a promissory note; — *compensativo*, bridging (*o* compensatory) loan; — *convertibile*, convertible loan; — *irredimibile, perpetuo*, perpetual loan; — *personale*, personal loan; — *rateizzato*, instalment loan; — *senza interessi, gratuito*, interest-free loan; — *su titoli*, advance on securities; — *transitorio*, bridging advance; — *vincolato*, tied loan; *sottoscrivere un* —, to subscribe a loan // (*econ.*): — *dello stato*, government loan; — *pubblico*, public (*o* civil) loan; — *di guerra*, war loan; — *immobiliare*, real estate loan; *a titolo di* —, as a loan; *non a* —, ungeared; *estinzione di un* —, redemption (*o* sinking) of a loan // (*dir.*): — *garantito*, secured loan; — *con garanzia immobiliare*, home loan; — *ipotecario*, mortgage loan; — *non garantito*, unsecured loan; — *su pegno*, pawn loan **3** (*ling.*) loanword.

presto *avv.* **1** (*fra poco, entro breve tempo*) soon; before long: — *sarà qui*, he'll be here soon (*o* he'll be here before long); *ti scriverò* —, I'll write (to you) soon; *tornate —!*, come (*o* be) back soon!; — *riprenderanno i lavori*, work will soon be resumed; *si sposeranno* —, they are getting married soon; — *sarà Natale*, it will soon be Christmas; — *sarà di nuovo a casa*, he will soon be back home again; — *farà buio*, it will be dark soon; *ti auguro di guarire* —, get well soon; *lo sapremo molto* —, we'll soon know; *disse che sarebbe venuto — a trovarci*, he said he would come and see us soon; *se continua così, finirà — all'ospedale*, if he goes on like this, he'll end up in hospital before long // *ci vediamo —, arrivederci —, a* —, see you soon // — *o tardi*, sooner or later: — *o tardi la verità viene a galla*, truth will out sooner or later; — *o tardi capirà di aver sbagliato*, sooner or later he'll realise he was wrong // *ben* —, very soon: *ben — la notizia fu sulla bocca di tutti*, the news was very soon on everyone's lips; *si accorse ben — di essere stato ingannato*, he very soon realised he had been deceived // *al più* —, (*prima possibile*) as soon as possible (*o* as soon as one can); (*comm.*) at your earliest convenience; (*non prima*) at the earliest: *cercherò di venire al più* —, I'll try and come as soon as possible (*o* as soon as I can); *Vi preghiamo di volerci spedire la merce al più* —, please send the goods at your earliest convenience; *otterrà il diploma fra un anno al più* —, he'll get his diploma in a year at the earliest **2** (*di buon'ora*) early: *al mattino* —, early in the morning; *partiremo domattina* —, we'll leave early in the morning; *mi alzo molto — di solito*, I usually get up very early **3** (*per tempo, in anticipo*) early; soon: *occorre prenotare —, i posti sono limitati*, as seats are limited, you should book early; *siete arrivati troppo —, l'ufficio è ancora chiuso*, you have arrived too early (*o* too soon), the office is still closed; *è ancora — per andare alla stazione*, it's too early (*o* too soon) to go to the station **4** (*in fretta, rapidamente*) quick(ly); (*facilmente*) easily, soon: *"Posso andare?" "Sì, ma fa' —!"*, "Can I go?" "Yes, but be quick!"; *siamo in ritardo, non potete fare più —?*, we're late, can't you be any quicker?; *hai fatto — ad arrivare*, you got here quickly; *cercherò di fare più — che posso*, I'll try and be as quick as I can; *verrò — al dunque*, I'll come quickly to the point; *si fa — a farlo*, it's soon (*o* easily) done // *si fa — a dire, vorrei vedere te al mio posto!*, it's easy (*o* it's all very well) for you to talk, but I'd like to see you in my shoes! // *è — detto*, it's easier said than done // — *e bene raro avviene*, (*prov.*) more haste less speed ◆ *inter.*: *—!*, quick!, hurry up!; *aiutatemi, —!*, quick, help me!; *andiamocene, —!*, hurry up, let's go!; —, *non c'è tempo da perdere!*, quick, there's no time to lose!; —, *chiamate un medico!*, quick, call a doctor! ◆ *s.m.* (*mus.*) presto ◆ *agg.* (*ant.*) **1** (*veloce, lesto*) swift **2** (*fig.*) (*pronto*) ready, prepared.

presule *s.m.* (*eccl.*) prelate; (*vescovo*) bishop.

presumere *v.tr.* **1** to presume; (*immaginare*) to imagine; (*congetturare*) to conjecture; (*supporre*) to think*: *presume di potermi far fare ciò che vuole*, he thinks he can make me do what he likes; *presumo che abbia ragione*, I presume he is right; *presumo che sarà in ritardo*, I expect he will be late; *ti conosco bene e posso — ciò che mi dirai*, I know you well and I can imagine what you will tell me **2** (*confidare, credere*) to claim, to think*: *non puoi — di farcela da solo*, you can't expect to succeed (*o* manage it) on your own; *presume di sapere ogni cosa*, he claims to know everything; *presume troppo di sé*, he is overconfident.

presumibile *agg.* presumable; (*probabile*) probable, likely: *è — che verranno tutti*, it's probable that they'll all come // *danno* —, expected damage.

presumibilità *s.f.* (*non com.*) presumability; (*probabilità*) probability, likelihood.

presuntivo *agg.* **1** presumptive (*anche dir.*): *prova presuntiva*, presumptive (*o* circumstantial) evidence; *erede* —, presumptive heir // (*trib.*) *imposta presuntiva*, presumptive tax **2** (*preventivato*) estimated; anticipated: (*econ.*) *bilancio* —, budget; *spesa presuntiva*, estimated expenditure ◆ *s.m.* (*preventivo*) estimate: (*econ.*) — *di spesa*, estimate of expenditure.

presunto *agg.* **1** presumed; (*supposto*) supposed // (*dir.*): *il — colpevole*, the alleged (*o* supposed) culprit; — *omicida*, alleged murderer; *l'imputato è — innocente*, the defendant is presumed innocent; *erede* —, heir presumptive; *morte presunta*, presumed (*o* presumptive) death **2** (*valutato*) estimated; (*previsto*) anticipated: *i danni presunti ammontano a cento milioni*, the estimated damage amounts to one hundred million lire // (*econ.*): *spesa presunta*, estimated expenditure; *valore* —, estimated value; *prezzo, profitto* —, anticipated price, profit.

presuntuosaggine, **presuntuosità** *s.f.* presumptuousness, presumption, conceit.

presuntuoso *agg.* conceited; presumptuous; self-opinionated; self-important: *è un giovane* —, he is a conceited young man; *un comportamento* —, a conceited behaviour; *un discorso* —, a boastful speech ◆ *s.m.* presumptuous person, conceited person; (*fam.*) conceited ass: *ma che —! Dice a tutti cosa fare*, what an interfering busybody! He's telling everyone what to do.

presunzione *s.f.* **1** (*boria*) presumptuousness, conceit; gall: *perdonate la mia* —, forgive my presumptuousness; *peccare di* —, to be presumptuous (*o* to be conceited *o fam.* to be cocky); *non sopporto la sua* —, I can't stand his conceit **2** (*supposizione*) presumption, assumption: *era una semplice* —, it was a mere presumption **3** (*dir.*) presumption; intendment: — *legale*, presumption of law; — *di innocenza*, presumption of innocence; — *relativa, rovesciabile*, rebuttable presumption.

presuola *s.f.* (*bot.*) (*caglio*) rennet.

presupporre *v.tr.* **1** to presuppose; to suggest: *la sua condotta lascia — un carattere molto deciso*, his behaviour suggests a very decisive character; *il lancio del prodotto presuppone che sia stata fatta una ricerca di mercato*, the launching of the product presupposes that market research has been carried out **2** (*supporre*) to suppose, to assume: *presupponevo che fosse all'estero*, I assumed he was abroad; *tutto è avvenuto come avevo presupposto*, everything happened as I had supposed (*o* I had thought it would).

presupposizione *s.f.* **1** presupposition **2** (*supposizione*) supposition, assumption.

presupposto *s.m.* **1** (*premessa*) assumption, supposition: *la tesi si basa su di un certo* —, the thesis is based on a particular assumption **2** (*condizione necessaria*) presupposition, requirement: *mancano i presupposti per ottenere la vittoria*, the conditions necessary to achieve victory are lacking.

pretaglia *s.f.* (*spreg.*) bunch of priests, priestly rabble.

prêt-à-porter *agg.* (*fr.*) ready-to-wear; ready-made ◆ *s.m.* ready-to-wear fashion.

prete *s.m.* **1** priest: — *cattolico, buddhista*, Catholic, Buddhist priest; — *protestante*, clergyman (*o* minister *o* vicar); *chiamare il* —, to call the priest; *farsi* —, to take orders (*o* to become a priest); *morire senza* —, to die without the last rites // — *operaio*, worker priest // *scherzo da* —, (*fam.*) dirty trick (*o* practical joke) // *boccone del* —, (*scherz.*) the parson's nose **2** (*fam.*) (*telaio per scaldaletto*) wooden frame for bed-warmer.

pretella *s.f.* (*metall.*) stone mould.

pretendente *s.m.* e *f.* **1** pretender; claimant: — *al trono*, pretender to the throne **2** (*corteggiatore*) suitor, wooer, admirer: *ha molti pretendenti*, she has many admirers.

pretendere *v.tr.* **1** (*sostenere*) to claim, to profess; to pretend: *pretende di essere un genti-*

luomo, he professes to be a gentleman; *pretende di essere un grande artista*, he claims (*o* professes) to be a great artist; *perché pretendi di apparire diverso da quel che sei?*, why do you pretend to be different from the way you really are?; *pretende di essere il padrone*, he claims to be (*o* he maintains he is) the owner; *pretendeva di aver ragione*, he claimed that he was right; *pretende di sapere tutto*, he claims to know everything **2** (*esigere*) to expect; to claim, to lay* a claim to (sthg.); to require, to demand, to want: *ma che cosa pretendi?*, what do you expect?; *pretese ciò che gli spettava*, he claimed what was due to him; — *il risarcimento dei danni*, to claim damages; — *una parte di eredità*, to claim (*o* to lay claim to) a part of the inheritance; *pretende prezzi esagerati*, he asks exorbitant prices; *pretendeva che andassi da lui a mezzanotte*, he expected me to go to his house at midnight; *pretendo che mi dica la verità*, I want him to tell me the truth; *pretendo sincerità dai miei figli*, I expect honesty from my children; — *il pagamento*, to require payment; *pretese che lo pagassi subito*, he demanded that I should pay him at once; *questo è — molto*, that's asking a lot; — *troppo*, to expect too much; — *l'impossibile*, to expect the impossible; *pretende di dare ordini a tutti*, he wants to order everybody about; *non puoi — di fare i tuoi comodi a casa mia*, you can't expect to do exactly as you please in my house; *pretende molto dai suoi allievi*, he demands a lot of his pupils; *pretendo solo di essere ascoltato*, all I want is to be listened to **3** (*ritenersi capace*, *presumere*) to think* oneself capable (of doing): *pretende di farlo presto e bene*, he thinks he will be able to do it quickly and well; *pretendeva d'imparare il latino in pochi mesi*, he thought himself capable of learning Latin in a few months; *pretende di discutere su argomenti scientifici*, he thinks he can talk about scientific topics ◆ *v.intr.* (*aspirare*) to pretend: — *alla mano di una fanciulla*, to pretend to a young lady's hand; — *a un trono*, to pretend to a throne.

pretensione *s.f.* **1** (*pretesa*) pretension, claim, pretence: *accampare molte pretensioni*, to lay many claims **2** (*presunzione*) presumption, presumptuousness; conceit: *uomo di molta* —, pretentious man // *senza pretensioni*, modestly **3** (*estens.*) (*ostentazione*) ostentation, showing off **4** (*edil.*) prestress, pretension.

pretensiosità, **pretenziosità** *s.f.* pretentiousness; conceit.

pretensioso, **pretenzioso** *agg.* pretentious; (*arrogante*) arrogant; (*affettato*) affected; (*presuntuoso*) conceited; *un giovane* —, a conceited young man; *un discorso* —, a pretentious (*o* bombastic) speech; *un arredamento* —, pretentious furnishings.

preterintenzionale *agg.* (*dir.*) unintentional: *delitto* —, (*reato*) unintentional (*o* reckless) crime; *omicidio* —, manslaughter (*o* reckless homicide); *lesione* —, unintentional personal injury.

preterintenzionalità *s.f.* (*dir.*) unintentionality, recklessness.

preterintenzione *s.f.* (*dir.*) recklessness.

preterire *v.tr.* (*letter.*) (*omettere*) to omit.

preterito *agg.* (*letter.*) (*trascorso*) preterit(e), past ◆ *s.m.* **1** (*gramm.*) preterit(e) (tense), past (tense) **2** (*fam. scherz.*) (*sedere*) backside, behind, bottom.

preterizione *s.f.* (*ret.*) preterition.

pretermettere *v.tr.* (*letter.*) to pretermit, to omit.

pretermine *agg.* (*med.*): (*parto*) —, premature (birth).

pretermissione *s.f.* (*letter.*) pretermission, omission.

preternaturale *agg.* **1** supernatural, preternatural: *fenomeni preternaturali*, supernatural phenomena **2** (*med.*) preternatural, artificial: *ano* —, artificial (*o* preternatural) anus.

pretesa *s.f.* **1** (*presunzione*) pretension, claim: *aveva la — di essere il miglior scrittore del suo paese*, he claimed to be the best writer in his country; *non ha la — di essere bella*, she lays no claim to good looks; *non ho la — di esserti superiore*, I don't pretend (*o* claim) to be better than you; *non ho la — di vincere*, I don't expect to win (*o* I am not claiming I'll win); *questi mobili non hanno alcuna — di bellezza o di stile, ma sono molto pratici*, this furniture has no pretensions to beauty or style, but is very practical; *ridevo della sua — di essere un grande poeta*, I used to laugh at his pretension of being a great poet; *aveva la — di insegnarmi la matematica*, he had the nerve to think he could teach me maths // *senza pretese*, unpretentious: *un discorso*, *una casa senza pretese*, an unpretentious speech, house **2** (*richiesta*) claim, pretension, demand: *avanza pretese irragionevoli*, he makes unreasonable claims; *è di poche pretese e si accontenta di quello che ha*, he makes no demands and is content with what he has; *ha molte pretese*, he is very demanding; *sono costretto ad accettare le sue ingiuste pretese*, I am forced to accept his unjust demands; *le sue pretese non possono essere soddisfatte*, his demands cannot be satisfied; *avanzare pretese su qlco.*, to claim rights over sthg. // (*econ.*): — *eccessiva*, excessive demand; *pretese dei consumatori*, consumers' requirements **3** (*dir.*) claim; right: *recedere da una* —, to withdraw a claim.

pretesco *agg.* (*spreg.*) priestly, priest-like; sanctimonious: *ipocrisia pretesca*, sanctimonious hypocrisy.

preteso *agg.* **1** (*chiesto*) claimed **2** (*supposto*, *ritenuto*) supposed, alleged (*anche estens.*): *un — errore*, an alleged mistake; *pretesa nobiltà*, self-styled nobility.

pretesta *s.f.* (*toga*) praetexta (*pl.* -tae).

pretestato *agg.* (*letter.*) wearing a praetexta.

pretesto *s.m.* **1** excuse, pretext: *un — futile*, *ridicolo*, a pointless, ridiculous excuse; *se ne andò con un* —, he made an excuse and left; *il mal di denti è solo un — per non venire*, his toothache is just an excuse for not coming; *devo trovare un — plausibile per non andarci*, I must find a plausible excuse for not going; *col — che doveva studiare*, under (*o* on *o* upon) the pretext that he had to study (*o* of studying); *col — di vedermi*, on the pretext of seeing me **2** (*estens.*) (*occasione*) opportunity, occasion: *l'incontro sarà un buon — per parlargli*, the meeting will be a good opportunity to talk to him; *stai attento a non offrirgli pretesti per prendersela con te*, take care not to give him any opportunity to pick on you.

pretestuosità *s.f.* self-serving character, self-serving nature: *la — delle sue scuse mi irritava*, the flimsiness of his excuses irritated me.

pretestuoso *agg.* used as a pretext (*pred.*); self-serving: *ragioni pretestuose*, reasons which are really pretexts (*o* which are used as pretexts).

pretino *agg.* priest-like, priestly ◆ *s.m.* **1** young priest **2** (*chierichetto*) altar boy.

pretonico *agg.* (*ling.*) pretonic.

pretore *s.m.* **1** magistrate; (*giudice*) lower court judge; (*dir. antiq.*) police magistrate // — *d'assalto*, campaigning magistrate **2** (*st. romana*) praetor.

pretoriano *s.m.* **1** (*st. romana*) praetorian **2** (*fig.*) janissary.

pretorile *agg.* (*dir.*) of a magistrate; of a lower court judge: *competenza* —, magistrate's competence.

pretorio *agg.* **1** (*del pretore*) magisterial, magistrate's police (*pred.*) **2** (*del municipio*) municipal: *albo* —, municipal notice board **3** (*st. romana*) praetorial; (*dei pretoriani*) pretorian: *editto* —, (*del pretore*) praetorial edict ◆ *s.m.* **1** (*st. romana*) praetorium **2** (*corpo dei pretoriani*) Praetorian Guard.

prettamente *avv.* typically; exquisitely; purely, genuinely: *era una questione — politica*, it was a purely political question.

pretto *agg.* (*non com.*) pure; real; genuine: *in — inglese*, in pure English.

pretura *s.f.* **1** (*dir.*) magistrate's court **2** (*l'edificio*) magistrate's courthouse **3** (*st. romana*) praetorship.

preumanista *s.m.* e *f.* pre-humanist.

preunitario *agg.* preunification (*attr.*); before the union of Italy (*pred.*).

prevalente *agg.* prevalent, prevailing, predominant: *una moda* —, a prevalent (*o* prevailing) fashion; *una moda — nel nostro paese*, a fashion prevailing in our country; *i capelli biondi sono una caratteristica — tra le popolazioni nordiche*, blonde hair is a predominant trait among Nordic peoples // (*dir.*) *clausola* —, paramount clause.

prevalentemente *avv.* prevalently, prevailingly, predominantly: *è un paese in cui si parla — tedesco*, it is a country in which the predominant language is German.

prevalenza *s.f.* **1** prevalence; preponderance; priority; (*supremazia*) supremacy: *avere la — su qlcu.*, *qlco.*, to prevail over s.o., sthg.; *sono motivi che hanno l'assoluta — su tutti gli altri*, they are reasons which have absolute priority over all others; *daremo — alle richieste più urgenti*, we'll give priority to the most urgent requests; *c'è una netta — di italiani in quella zona*, there is a marked preponderance of Italians in that area; *c'erano un sacco di iscritti, in — polacchi*, there were a lot of members, for the most part Poles **2** (*idraulica*) head.

prevalere *v.intr.* **1** to prevail (against s.o., sthg.; over s.o., sthg.): *all'ultimo congresso prevalse la linea dura*, the hard line prevailed at the last congress; *alla fine fu il buon senso a* —, in the end common sense prevailed **2** (*essere in numero superiore*) to outnumber, to be in the majority: *ci sono ancora alcuni decessi, ma prevale il numero delle guarigioni*, there are still some deaths, but they are outnumbered by recoveries.

□ **prevalersi** *v.intr.pron.* (*non com.*) to avail oneself, to take* advantage: *si prevalse della sua autorità per avere ciò che voleva*, he availed himself of his authority to get what he wanted.

prevaricamento *s.m.* (*non com.*) abuse; abuse of power; abuse of office; (*trasgressione*) transgression.

prevaricare *v.intr.* (*abusare*) to abuse; to abuse one's office; to abuse one's power; (*uscir dai limiti*) to go beyond the limits, to transgress.

prevaricatore *s.m.* **prevaricatrice** *s.f.* abuser; (*trasgressore*) transgressor.

prevaricazione *s.f.* abuse; abuse of power; abuse of office; (*trasgressione*) transgression.

prevedere *v.tr.* **1** to foresee*; (*di tempo atmosferico*) to forecast; (*aspettarsi*) to expect, to anticipate: *avevo previsto ciò che sarebbe avvenuto*, I had foreseen what would happen; *per domani si prevede bel tempo*, fine weather is forecast for tomorrow; *i contadini prevedono un buon raccolto*, the farmers expect a rich harvest; *non posso prevederne le conseguenze*, I cannot foresee the consequences; *prevedo che sarà qui presto*, I expect he will be here soon; *potevi prevederlo*, you could have foreseen it; *prevediamo l'arrivo di molti turisti*, we anticipate (*o* expect) the arrival of many tourists; *prevedendo il peggio decise di andarsene*, fearing the worst he decided to go away; *"Non si è presentato nessuno" "Era da —"*, "Nobody showed up" "We should have known" // (*econ.*): *— forti perdite*, to expect heavy losses; *— i fabbisogni finanziari*, to anticipate financial requirements **2** (*dir.*) (*di legge, contratto ecc.*) to provide for (sthg.): *nel modo previsto dalla legge*, in the manner provided for by law; *il contratto prevede che l'inquilino paghi anticipatamente*, the contract provides that the tenant shall pay in advance; *la legge ha previsto questo caso*, the law has provided for this case **3** (*inform.*) to schedule.

prevedibile *agg.* foreseeable; predictable: *una conclusione —*, a predictable conclusion; *tutto ciò era —*, all this was to be expected (*o* was predictable).

prevedibilità *s.f.* predictability.

preveggente *agg.* (*letter.*) foreseeing; (*previdente*) provident.

preveggenza *s.f.* (*letter.*) foresight.

prevelare *agg.* e *s.m.* e *f.* (*ling.*) prevelar.

prevendita *s.f.* advance sale: *la — dei biglietti è già cominciata*, the advance sale of tickets has already started.

prevenire *v.tr.* **1** (*precedere*) to precede, to arrive before; (*anticipare*) to forestall, to anticipate: *— una domanda*, to anticipate a request; *— un'obiezione*, to forestall an objection; *quando arrivò si accorse di essere stato prevenuto*, when he arrived, he realized that someone had got there before him; *stavo per telefonarti, ma mi hai prevenuto*, I was going to call you, but you beat me to it **2** (*prendere misure cautelative*) to prevent, to forestall, to ward off, to avert: *— una guerra, un pericolo*, to prevent a war, a danger; *— una malattia*, to prevent an illness; *— il contagio*, to take preventative measures against infection; *— la commissione di un reato*, to prevent the committing of a crime **3** (*avvertire prima*) to inform, to (fore)warn, to notify: *vi prevengo che non potrete entrare*, I warn you that you won't be able to go in; *avreste dovuto prevenirmi*, you ought to have warned me (*o* you ought to have let me know); *non ho fatto in tempo a prevenirlo*, I was not in time to (fore)warn him; *— le autorità*, to give notice to (*o* to notify) the authorities **4** (*influenzare negativamente*) to prejudice: *lo avevano prevenuto contro di noi*, he has been prejudiced against us.

preventivabile *agg.* (*prevedibile*) predictable, foreseeable (*anche econ.*): *spese preventivabili*, foreseeable (*o* predictable) expenditure; *somma — (in bilancio)*, sum that can be budgeted.

preventivamente *avv.* **1** beforehand, in advance **2** (*in modo preventivo*) preventively.

preventivare *v.tr.* **1** (*econ.*) to budget, to make* an estimate, to estimate: *— il costo di produzione*, to estimate the cost of production; *spese preventivate*, budgeted (*o* estimated) expenditure **2** (*estens.*) (*prevedere*) to foresee*, to predict: *non avevo preventivato tutte queste difficoltà*, I hadn't foreseen all these difficulties.

preventivato *agg.* (*comm.*) estimated: *costo —*, estimated cost; *regolare le entrate in base alle spese preventivate*, to raise income to meet the estimated expenditure ◆ *s.m.* (*rar.*) estimate: *il — della spesa*, the estimate of (*o* for) expenditure.

preventivista *s.m.* e *f.* estimator.

preventivo *agg.* **1** preventive, preventative; previous, precautionary; prophylactic: *misure preventive*, preventive (*o* precautionary) measures; *giustizia preventiva*, preventive justice; *carcerazione preventiva*, preventive detention; *medicina preventiva*, preventive (medicine); *cure preventive*, preventive (*o* prophylactic) cures **2** (*econ.*) estimated: *costo —*, estimated cost; *calcolo — delle spese*, estimate of expenditure; *fattura preventiva*, (*simulata*) proforma invoice.

preventivo *s.m.* estimate, budget: *fare un —*, to estimate (*o* to make an estimate); *voglio prima farmi fare un —*, first of all I want to have an estimate made; *mettere in —*, to budget for; (*fig.*) to allow for; *dobbiamo mettere in — alcuni giorni di cattivo tempo*, (*fig.*) we must allow for a few days of bad weather // (*econ.*): *— di cassa*, cash budget; *— di entrata*, estimate of revenue; *— di spesa*, estimate of expenditure; *— delle vendite*, sales budget.

preventorio *s.m.* preventorium (*pl.* -iums, -ia), preventive sanatorium*.

prevenuto *agg.* **1** (*che ha preconcetti*) prejudiced, biased: *mi sembrava un po' — nei nostri confronti*, he seemed a bit biased against us **2** (*non com.*) (*preavvisato*) forewarned ◆ *s.m.* (*dir.*) the accused.

prevenzione *s.f.* **1** (*il prevenire*) prevention, preventing; (*delle malattie infettive*) prophylaxis*; (*misura preventiva*) preventive measure, precautionary measure (*anche dir.*): *— infortuni*, accident prevention // (*dir.*) *— generale*, deterrence **2** (*pregiudizio*) bias, prejudice: *giudizio senza —*, unprejudiced (*o* unbiased) judgement; *non ho prevenzioni nei suoi riguardi*, I have no prejudice against him; *parlare senza prevenzioni*, to speak without prejudice.

prevenzionistico *agg.* preventive, preventative, precautionary.

preverbio, **preverbo** *s.m.* (*gramm.*) preverb.

previamente *avv.* previously, beforehand.

previdente *agg.* provident, farseeing, farsighted: *amministrazione —*, provident administration; *uomo —*, farsighted man; *questa volta sono stato —, ho portato tutto*, this time I thought ahead, I brought everything.

previdenza *s.f.* **1** providence, foresight: *uomo di grande —*, very farsighted man; *la sua — lo ha reso ricco*, he has got rich by showing foresight **2** (*amm.*) (*assicurazione sociale*) social security; (*beneficio*) allowance, benefit: *— sociale*, social security (*o* national insurance); *fondo di —*, provident fund (*o* national insurance fund); *— integrativa*, supplementary allowance (*o* benefit); *assegno della — sociale*, social security benefit.

previdenziale *agg.* (*assicurazione*) social security (*attr.*), welfare (*attr.*): *riforma —*, social security reform; *assistenza —*, social security; *istituto —*, social security institution.

previo *agg.* by, against, upon, subject to; *— appuntamento*, by (previous) appointment; *previa autorizzazione*, by authority received; *— avviso*, upon notice (*o* subject to prior notice); *— accordo*, subject to agreement; *— consenso delle parti interessate*, subject to agreement of the interested parties; *— esame*, subject to examination; *— pagamento*, against payment.

previsionale *agg.* anticipatory.

previsione *s.f.* **1** forecast, prevision, prediction; expectation; anticipation: *previsioni del raccolto*, forecast for the harvest; *previsioni del tempo, meteorologiche*, weather forecast; *ciò è contro le mie previsioni*, that goes against my predictions; *non posso fare nessuna —*, I cannot make any forecast; *il suo successo ha superato ogni —*, his success has gone beyond all expectations; *le tue previsioni erano tutte sbagliate*, your forecasts were all wrong // *in — di*, in anticipation of // (*dir.*) *— legale*, legal provision; *salvo — contraria*, unless otherwise provided **2** (*econ., comm.*) anticipation, forecast, forecasting, estimate; (*prospettiva*) outlook: *bilancio di —*, budget; *— delle vendite*, forecast of sales; *previsioni congiunturali*, business outlook; *previsioni di mercato*, market forecast; *— della domanda*, anticipation of demand; *— delle spese, delle entrate*, estimate of expenditure, of revenue; *— budgetaria*, budget forecasting; *fare previsioni*, to plan.

previsto *agg.* **1** foreseen, forecast; expected: *avvenimento —*, foreseen event; *era — che le cose finissero così*, it was to be expected that things would end up like this **2** (*comm.*) estimated: *entrata prevista*, estimated income; *la spesa prevista è di due milioni di lire*, estimated expenditure is two million lire **3** (*dir.*) (*di legge, contratto ecc.*) provided (for): *caso —*, case provided for; *come è — nel contratto*, as provided in the contract ◆ *s.m.* what is expected: *le trattative durarono più a lungo del —*, the negotiations lasted longer than expected; *tutto si è svolto secondo il —*, everything happened as expected; *è tornato prima del —*, he came back earlier than expected // *prima, dopo del —*, earlier, later than expected.

prevocalico *agg.* (*ling.*) prevocalic.

prevosto *s.m.* (*eccl.*) parish priest; (*st.*) provost.

preziario *agg.* (*non com.*) price (*attr.*): (*comm.*) *tabella preziaria*, price list ◆ *s.m.* (*comm.*) price list.

preziosismo *s.m.* euphuism, preciosity (*anche lett.*); (*estens.*) (*estrema raffinatezza*) affectation, artificiality.

preziosità *s.f.* 1 preciousness: *la — di un gioiello*, the preciousness of a jewel 2 (*ricercatezza*) preciosity, affectation, artificiality: *— di stile*, preciosity of style.

prezioso *agg.* 1 precious, valuable; (*costoso*) costly: *un oggetto —*, a valuable object; *merci preziose*, costly goods; *metalli preziosi*, precious metals; *pietra preziosa*, precious stone; *un quadro —*, a precious (*o* valuable) painting 2 (*fig.*) precious; (highly) valued; invaluable: *amico —*, valued friend; *il dono — della vita*, the precious gift of life; *un uomo, cittadino —*, a (highly) valued man, citizen; *la libertà è preziosa*, freedom is precious; *perdere del tempo —*, to waste precious time; *il suo aiuto, consiglio mi fu —*, his help, advice was invaluable to me // *il Preziosissimo Sangue*, (*di Gesù*) the Precious Blood (of Jesus Christ) 3 (*ricercato*) precious, affected: *uno stile, linguaggio —*, a precious (*o* affected) style, language 4 *farsi, rendersi —*, to keep to oneself ◆ *s.m.* jewel; (*pl.*) jewellery [U], valuables: *commerciare in preziosi*, to deal in jewellery; *depositare i preziosi in una cassaforte*, to deposit one's valuables in a safe; *furto di preziosi*, theft of valuables // (*fig. fam.*) *non fare il —!*, don't play hard to get!

prezzare *v.tr.* 1 (*ant., letter.*) (*valutare*) to appraise, to value; (*avere in stima*) to value, to appreciate 2 (*applicare il prezzo*) to price, (*con cartellini*) to put* on price tags, (*con etichette adesive*) to put* on price labels.

prezzario *s.m.* (*comm.*) price list.

prezzatrice *s.f.* pricing machine.

prezzatura *s.f.* (*comm.*) pricing.

prezzemolo *s.m.* (*bot.*) (*Petroselinum crispum*) parsley // *essere come il —*, to show up everywhere.

prezzo *s.m.* 1 price; (*cifra*) figure; (*costo*) cost; (*tariffa*) rate, fare: *il — di un vestito*, the price of a dress; *il — di un biglietto aereo*, the air fare (*o* the price of an air ticket); *scusi, mi può dire il — di questo libro?*, excuse me, can you tell me the price of this book?; *te lo cederò a un — equo*, I'll let you have it at a fair price; *fissare il —*, to fix (*o* to set) the price; *trattare il —*, to negotiate the price; *il — è da convenirsi*, the price is to be agreed upon; *i prezzi cedono*, prices are falling (*o* dropping); *i prezzi precipitano*, prices are plummeting; *i prezzi si sono stabilizzati*, prices have stabilized; *i prezzi sono in rialzo*, prices are on the rise; *calcolare i prezzi al minimo*, to cut prices close; *fare il — di qlco.*, to value sthg.; *praticare, fare prezzi alti, bassi*, to charge high, low prices; *tirare sul —*, to bargain (*o* to haggle) over the price; *esporre i prezzi*, to display prices (*o* to have prices on display) // *a caro, poco —*, at a high, low price; *a metà —*, at half price // *pagare a caro — qlco.*, (*anche fig.*) to pay dear (*o* dearly *o* high) for sthg.: *ha pagato il successo a caro —*, (*fig.*) he paid a high price for his success; *venderemo la pelle a caro —*, (*fig.*) we'll sell our lives dearly // *senza —*, (*non prezzato*) unpriced, (*fig.*) (*impagabile*) priceless: *quell'oggetto non ha, è senza —*, that object is priceless // *— del riscatto*, redemption price // *— del silenzio*, hush-money // *a — di grandi sacrifici*, at the cost of great sacrifices // *a qualunque —*, at any cost // (*comm.*): *— a pronti, per contanti*, cash (*o* spot) price; *— al consumo*, consumer price; *— al rivenditore*, trade price; *— di acquisto*, purchase price; *— di copertina*, published price; *— di costo*, cost price; *— di offerta, di fornitura*, offer price, supply price; *— di aggiudicazione*, knockdown price; *— di rivendita*, resale price; *— del giorno*, current (*o* market *o* ruling) price; *— di vendita*, selling price; *— massimo*, top (*o* ceiling) price; *— minimo*, lowest (*o* floor *o* knockdown) price; *— offerto*, (*nelle aste*) bid price; *— propaganda, di lancio*, incentive price (*o* introductory offer); *— sorvegliato*, controlled price; *— stabile*, steady price; *— fisso*, fixed price; *— unitario*, unit price; *— ultimo*, bottom price; *— stracciato*, rock-bottom price // (*econ.*): *— amministrato*, administered price; *prezzi controllati*, controlled (*o* regulated) prices; *— di compensazione*, making-up price; *— di entrata*, (*nella* CEE) threshold price; *— di domanda*, asking (*o* demand) price; *— di preventivo, di stima*, estimated price; *— imposto*, specified (*o* forced) price; *— indicizzato*, indexed (*o* escalation) price; *prezzi d'intervento*, (*nella* CEE) intervention (*o* trigger) prices // (*fin.*): *— alla scadenza*, redemption price; *— di emissione*, issue price (*o* price of issue); *— di sottoscrizione*, subscription price // (*Borsa*): *— del riporto*, contango (*o* making-up) price; *— denaro di domanda*, bid price; *— di dopoborsa*, street price; *— lettera*, ask price (*o* offer price); *alzare i prezzi*, to bull the market // (*mar.*): *— sdoganato*, price ex dock; *— del nolo*, freight charge 2 (*valore*) value, worth: *oggetto di poco, di gran —*, object of little, great value; *— d'affezione*, sentimental value; *dare un alto — a qlco.*, to set a high value (up)on sthg. 3 *pl.* (*condizioni*) terms; charges: *quali sono i vostri prezzi per vitto e alloggio?*, what are your terms for board and lodging?; *i vostri prezzi sono troppo alti*, your charges are too high 4 (*non com.*) (*stima, considerazione*) esteem, consideration: *tenere qlcu. in gran —*, to hold s.o. in great esteem.

prezzolare *v.tr.* (*assoldare*) to hire; (*a scopo malvagio*) to bribe: *— un sicario*, to hire a hitman; *— la stampa*, to bribe the press.

prezzolato *agg.* hired; (*mercenario*) mercenary: *sicari prezzolati*, hired assassins; *stampa prezzolata*, mercenary press.

pria (*poet.*) → **prima**.

priapeo *agg.* priapean ◆ *s.m.* 1 (*lett.*) scurrilous poem; poem in honour of Priapus 2 (*metrica*) priapean (poem).

priapismo *s.m.* (*med.*) priapism.

priapulide *agg.* e *s.m.* (*zool.*) priapulid.

prigione *s.f.* 1 prison, jail, gaol: *andare in —*, to go to prison (*o* to jail); *evadere dalla —*, to break out of prison (*o* to escape from prison); *mandare qlcu. in —*, to send s.o. to prison; *mettere qlcu. in —*, to put s.o. into prison // *questa casa è una —*, this house is like a prison 2 (*pena*) imprisonment, incarceration; confinement: *cinque anni di —*, five years' imprisonment; *condannare alla —*, to sentence to prison 3 (*mil.*) detention 4 (*di giochi*) jail, prison.

prigionia *s.f.* imprisonment, captivity, detention: *ha scontato tre anni di —*, he served three years' imprisonment // *la — del peccato*, (*fig. letter.*) the enslavement of sin.

prigioniero *agg.* imprisoned: *essere — del nemico*, to be a prisoner of the enemy; *essere — di una banda di sequestratori*, to be held captive by a gang of kidnappers; *rimase — nell'ascensore*, (*estens.*) he was trapped in the lift; *un canarino — in gabbia*, (*estens.*) a canary imprisoned in a cage; *vivere — dei propri pregiudizi*, (*fig.*) to be a prisoner of one's own prejudices ◆ *s.m.* prisoner, captive: *— di guerra*, prisoner of war; *fare, esser fatto —*, to take, to be taken prisoner; *lo scambio dei prigionieri*, the exchange of prisoners; *dichiararsi — politico*, to declare oneself a political prisoner.

prillare *v.intr.* (*region.*) to twirl, to whirl (round); to spin (round).

prima *avv.* 1 (*precedentemente nel tempo*) before: *un anno, un mese —*, a year, a month before; *alcuni giorni —*, a few days before; *l'avevo visto un attimo —*, I had seen him a moment before; *molto —*, long before; *poco —*, shortly before; *avresti dovuto pensarci —*, you should have thought of it before; *ne so meno di —*, I know less than I did before; *ne so quanto —*, I know just as much as I did before (*o* I'm as wise as before); *tutto è rimasto come —*, everything stayed the same as before; *sta peggio di —*, he is worse than he was before; *siamo al punto di —*, we're back where we were before (*o* where we started from) // *da —*, before: *lo conoscevo da —*, I knew him from before 2 (*in anticipo*) beforehand; in advance: *se decidi di venire, avvertimi —*, if you decide to come, let me know beforehand (*o* in advance); *l'appuntamento era stato fissato due mesi —*, the appointment had been fixed two months beforehand 3 (*più presto, in anticipo*) earlier, sooner; quicker: *cercherò di venire qualche giorno —*, I'll try and come a few days earlier; *dovresti andare a letto —*, you should go to bed earlier; *non puoi venire —?*, can't you come earlier (*o* sooner)?; *se prendi il rapido, arriverai molto —*, if you take the express, you'll get there much sooner (*o* much quicker); *non potremmo vederci un po' —?*, couldn't we meet a bit earlier (*o* sooner)?; *"Sei già di ritorno?" "Sì, ho fatto — del previsto"*, "Back already?" "Yes, I was quicker than I expected" // *— o poi*, sooner or later // *quanto —*, (*presto*) soon (*o* presently *o* before long); (*il più presto possibile*) as soon as possible 4 (*un tempo, una volta*) once; formerly: *— il collegio era un monastero*, the college was formerly (*o* once) a convent; *— c'era un parco qui*, there was a park here once (*o* formerly) (*o* there used to be a park here); *— vivevo a Roma*, I used to live in Rome (once); *— la casa apparteneva ai miei nonni*, the house used to belong to my grandparents (*o* belonged to my grandparents once); *— questa zona era deserta, oggi ospita un villaggio turistico*, this area used to be (*o* was once) deserted, today it has a tourist village; *— le malattie incurabili erano molte di più di oggi*, there used to be many more incurable illnesses than there are today; *non è più quello di —*, he's not the man he was (*o* he used to be); *ora siamo più amici di —*, we're better friends than we were before (*o* we're better friends than ever) • Come si nota dagli esempi, in alcuni casi l'avv. *prima* non viene tradotto in quanto l'anteriorità dell'azione è espressa dalla forma verbale *used to* 5 (*per prima cosa, per primo*) first; (*in un primo tempo*) at first; (*in primo luogo*) firstly, first of all: *— mangiamo qualcosa, poi andiamo al cinema*, let's get something to eat first, then go to the cinema; *— inserire la spina, poi premere il pulsante*, first plug it in, then press the button; *— lo studio, poi il divertimento*, study first, then enjoy yourself; *chi viene —?*, who's first?; *chi è*

— nella fila?, who's first in line?; *entra — tu, io ti seguo*, you enter first, I'll follow; *non ci vado, — perché sono stanco, poi perché non ho tempo*, I'm not going, firstly (*o* first of all) because I'm tired and then because I haven't got time; *— pensavo che scherzasse, poi mi accorsi che faceva sul serio*, I thought he was joking at first, then I realized he was serious **6** (*precedentemente nello spazio*) first, before: *— c'è una farmacia, poi c'è l'ufficio postale*, first there's a chemist's, then there's the post office; *non entreremo in città, ci fermeremo —*, we'll stop before we get to the town; *sono sceso alla fermata — e ho fatto l'ultimo pezzo di strada a piedi*, I got off at the stop before and walked the rest of the way.

prima *s.f.* **1** (*nell'ordinamento scolastico*) first class, first year: *frequentare la — elementare*, to be in the first class of primary school **2** (*ferr.*) first-class: *viaggiare in —*, to travel first-class **3** (*teatr.*) first night; (*cinem.*) 'première': *assistere alla — dell' 'Otello'*, to attend the first night of 'Othello' **4** (*scherma*) basic position, initial position; (*ginnastica*) basic position // (*calcio*): *punizione di —*, direct free kick; *giocare* (*la palla*) *di —*, to play the ball first time **5** (*eccl.*) prime **6** (*comm.*) *— di cambio*, first of exchange **7** (*mil.*) *aiutante maggiore in —*, regimental adjutant.

prima di *prep.* (*in espressioni di tempo*) before; ahead of: *— delle 7*, before 7 (o'clock); *— di Cristo*, before Christ (*abbr.* BC); *— della guerra*, before the war; *— di sera, dell'alba*, before evening, dawn; *sarò di ritorno — di Natale*, I'll be back before Christmas; *c'erano altri — di me*, there were others before (*o* ahead of) me; *finirono il lavoro — del tempo*, they finished the work ahead of time // *— d'ora, d'oggi*, before now: *non se n'era mai sentito parlare — d'ora*, it had never been heard of before (now) // *— di tutto*, first of all.

prima di, che *cong.* **1** before: *— di partire, ti telefonerò*, I'll call you before I leave; *pensaci bene — di decidere*, think it over carefully before you decide (*o* before deciding): *— che arrivasse la polizia i ladri si erano dileguati*, the thieves got away before the police arrived; *ciò accadde — che io nascessi*, that happened before I was born; *l'avevo incontrato — che si sposasse*, I met him before he got married; *sarà bene correre ai ripari, — che sia troppo tardi*, we'd better do something (about it) before it's too late; *verrò — che posso, che potrò*, I'll come as soon as I can **2** (*piuttosto che*) rather than, sooner than: *morirebbe — che, di rivelare un segreto*, he would die rather (*o* sooner) than give away a secret.

primamente *avv.* (*letter.*) **1** (*principalmente*) principally, chiefly; for the most part **2** (*prima di tutto*) in the first place, first of all.

primaquine *s.f.* (*chim.*) primaquine.

primariamente *avv.* primarily, chiefly; for the most part.

primariato *s.m.* (*incarico*) position of head physician.

primario *agg.* **1** primary, principal: *le primarie autorità*, the principal authorities; *una questione di primaria importanza*, a matter of primary importance // *scuola primaria*, primary school // *medico —*, head physician // (*dir.*) *delinquente —*, first offender // (*elettr.*) *avvolgimento —*, primary coil // (*chim.*): *alcol —*, primary alcohol; *ammoniaca primaria*, primary amine // (*geol.*): *era primaria*, primary age (*o* Primary); *rocce primarie*, primary rocks **2** (*econ.*) leading, principal, primary, prime, major: *industria primaria*, leading industry; *attività primaria*, principal activity; *investimento, tasso —*, prime investment, rate ◆ *s.m.* **1** head physician **2** (*elettr.*) primary (coil) **3** (*econ.*) primary sector.

primate[1] *s.m.* (*eccl.*) primate.

primate[2] *s.m.* (*zool.*) primate.

primaticcio *agg.* (*di frutto, ortaggio*) early.

primatista *s.m.* e *f.* (*sport*) record holder: *— mondiale di salto in alto*, holder of the world highjump record; *fu — mondiale dei 100 e 200 metri*, he held the world record in the 100 and 200 metres.

primato *s.m.* **1** primacy, pre-eminence; (*supremazia*) supremacy, leadership: *— letterario, commerciale*, literary, commercial supremacy; *avere, tenere il —*, to hold supremacy; *il Brasile ha il — nella produzione del caffè*, Brazil is the world's leading producer of coffee // (*eccl.*) *— papale*, papal supremacy **2** (*sport*) record: *battere il —*, to break (*o* to beat) the record; *a tempo di —*, in record time; *conquistare un —*, to break a record; *stabilire un nuovo — mondiale*, to set a new world record.

primatologia *s.f.* (*zool.*) primatology.

primatologo *s.m.* primatologist.

primavera *s.f.* **1** spring: *aria di —*, spring air; *l'arrivo della —*, the arrival of (the) spring; *equinozio di —*, vernal (*o* spring) equinox; *in —*, in spring (*o* in springtime); *nei primi giorni della —*, in early spring; *in quella regione si gode di un'eterna —*, it's always springtime in that region // *quell'uomo deve avere molte primavere sulle spalle*, that man must have seen many winters // *una rondine non fa —*, (*prov.*) one swallow does not make a summer **2** (*bot.*) → **primula**.

primaverile *agg.* spring (*attr.*); vernal; springlike: *aspetto —*, springlike aspect; *brezze, piogge primaverili*, spring breezes, rains; *erba —*, spring grass; *fiori primaverili*, spring (*o* vernal) flowers; *vestiti primaverili*, spring clothes.

primazia *s.f.* (*eccl.*) primacy.

primaziale *agg.* (*eccl.*) primatial.

primeggiare *v.intr.* to excel; to take the lead, to stand out: *l'Italia ha sempre primeggiato nell'arte*, Italy has always taken the lead in art; *— in latino, al tennis*, to excel in Latin, at tennis; *primeggia per il suo coraggio*, she stands out for her daring.

prime rate *s.m.* (*banca*) (*tasso primario*) prime rate, base rate.

primevo *agg.* (*letter.*) primeval.

primicerio *s.m.* (*st.*) primicerius.

primiera *s.f.* (*gioco di carte*) primero.

primieramente *avv.* (*poet.*) **1** (*ant.*) (*per la prima volta*) for the first time **2** (*anteriormente*) formerly; (*precedentemente*) previously **3** (*in primo luogo*) primarily, firstly **4** (*soprattutto*) above all.

primiero *agg.* (*poet.*) **1** (*primo*) first **2** (*anteriore*) former; (*precedente*) previous: *primiera usanza*, old custom ◆ *s.m.* (*prima parte di una sciarada*) firstpart.

primigenio *agg.* (*letter.*) primitive, primogenial: *ordine —*, primitive order; *forze, istinti primigeni*, primitive instincts.

primipara *s.f.* primipara*.

primitivismo *s.m.* primitivism.

primitività *s.f.* primitiveness.

primitivo *agg.* **1** (*preistorico*) primitive; (*primordiale*) primordial, primeval: *cultura, arte primitiva*, primitive culture, art; *età, religioni primitive*, primitive ages, religions; *popoli primitivi*, primitive peoples; *uomo —*, primitive man **2** (*grezzo, non evoluto*) crude, primitive: *ha modi primitivi*, he has uncouth manners; *vivere in modo —*, to live in a primitive fashion (*o* primitively); *un metodo — di coltivazione*, a crude (*o* primitive) method of cultivation; *un attrezzo —*, a primitive tool **3** (*precedente*) original, previous: *sono tornata all'idea primitiva*, I have come back to the original idea **4** (*zool.*) rudimentary **5** (*mat.*) (*di una funzione*) primitive **6** (*mecc.*) pitch (*attr.*): *cerchio, diametro —*, pitch circle, diameter; *linea primitiva*, pitch line ◆ *s.m.* **1** (*spec. pl.*) primitive (*anche pitt.*) **2** (*persona rozza*) uncouth person.

primizia *s.f.* **1** (*bot.*) firstling: *le ciliegie ad aprile sono una —*, April cherries are the first of the season **2** (*relig.*) offering of firstlings **3** (*notizia recentissima*) hot news: *le sue dimissioni sono una — per noi*, his resignation is news to us.

primo *agg.num.ord.* **1** first: *il — mese dell'anno, giorno della settimana*, the first month of the year, day of the week; *è il suo — figlio*, he's her first son; *il suo — libro è stato un successo*, his first book was a success; *è sul — scaffale a destra*, it's on the first shelf on the right; *è sul — scaffale in alto, in basso*, it's on the top, the bottom shelf // *Atto I, Scena II*, Act one, Scene two // *Carlo —, Elisabetta prima, re Enrico —*, Charles the First, Elizabeth the First, King Henry the First // *di prima mano*, firsthand // *di prim'ordine*, first-class (*o* first -rate): *un mascalzone di prim'ordine*, a first -class scoundrel // *un diamante, una perla di prim'acqua, di prima purezza*, a diamond, a pearl of the first water // *in — luogo*, in the first place (*o* first of all) // *in un — tempo*, at first // *per prima cosa*, first thing: *fallo per prima cosa domani*, do it first thing tomorrow; *per prima cosa gli ho chiesto...*, first I asked him... // *sulle prime*, at first // *è la prima e l'ultima volta che ti do retta*, this is the first and last time I'll pay attention to you **2** (*principale, più importante*) chief, principal, main; (*migliore*) best: *i primi cittadini del paese*, the leading (*o* first) citizens of the country; *appartiene a una delle prime famiglie della città*, he belongs to one of the most prominent families in town; *è uno dei primi ristoranti*, it's one of the best restaurants; *ecco la ragione prima per cui non vengo*, that's the main (*o* chief *o* principal) reason why I don't come // (*teatr.*): *prima donna*, leading lady; (*d'opera*) prima donna; *prima parte*, lead; leading rôle (*anche fig.*) // *— violino, violoncello*, first violin (*o* leader), first cello // *Primo Ministro*, Prime Minister (*o* Premier) **3** (*iniziale; più lontano nel tempo*) early, first: *i primi Cristiani*, the early Christians; *i primi giorni della rivoluzione*, the early days of the revolution; *la prima infanzia, giovinezza*, early childhood, youth; *le prime leggende*, the earliest (*o* first) legends; *le prime ore del mattino*, the early hours of the morning; *la prima parte dell'anno, del secolo*, the early part of the year, of the century; *fin dalla sua prima infanzia*, from a very early age; *nei primi mesi dell'anno*, in the early months of the year; *i nostri primi poeti*, our early poets; *uno dei primi Vittoriani*, an early Victorian // *di — mattino, pomeriggio*, early in the morning, in the afternoon **4** (*prossimo*) next: *glielo porterò la prima volta che andrò da lui*, I'll take it to him the next time I go to his house; *ho perso il treno delle dieci; prenderò il — treno in partenza*, I have missed the ten o'clock train; I'll get the next one.

primo *s.m.* **1** (*primo di una graduatoria o serie*) first: *chi è arrivato (per) —?*, who arrived first?; *chi è il —?*, who is first?; *ti riceverò per — domani*, I'll see you first tomorrow // *— venuto*, just anybody: *non si deve accordare fiducia al — venuto*, you can't trust just anybody (*o* strangers); *non sono il — venuto*, I'm not just anybody (*o* a stranger) // *il — che capita*, (just) anyone; *lo venderò al — che capita*, I'll sell it to the first person who comes along **2** (*il primo citato, nominato*) (*tra due*) the former; (*tra molti*) the first: *Piero e Giovanni sono amici; il — è avvocato, il secondo dottore*, Peter and John are friends; the former is a lawyer, the latter is a doctor; *"Preferisci Virgilio, Orazio o Lucrezio?" "Preferisco il —"*, "Do you prefer Virgil, Horace or Lucretius?" "I prefer the first" **3** (*più importante; migliore*) the best; the top: *è dei primi*, he is one of the best; *essere il — della classe*, to be top of the form **4** (*il primo giorno*) the first; *pl.* first days: *il — di febbraio, di marzo*, 1st February, 1st March; *ci rivedremo ai primi di dicembre*, we'll meet again at the beginning of December; *il pagamento va effettuato entro i primi di aprile*, payment is due within the first days of April // *ai primi dell'Ottocento*, in the early nineteenth century **5** (*primo piatto*) first course: *prendo solo un —*, I'll just have a first course; *come primi oggi abbiamo...*, the first course today includes... **6** (*minuto primo*) minute: *2 ore, 20 primi e 10 secondi*, two hours, twenty minutes and ten seconds.

primo *avv.* first: *quell'appartamento non mi piace, — perché è troppo grande e poi perché è rumoroso*, I don't like that flat, first because it's too big and then because it's noisy.

primogenita *s.f.* firstborn.

primogenito *agg.* eldest; firstborn ◆ *s.m.* firstborn.

primogenitore *s.m.* primogenitor.

primogenitrice *s.f.* primogenitrix.

primogenitura *s.f.* primogeniture: (*st.*) *diritto di —*, right of primogeniture // *rivendicare la — di una scoperta*, (*fig.*) to lay first claim to a discovery.

primola → **primula**.

primordiale *agg.* **1** primordial, primeval: *l'aspetto — della Terra*, the primeval aspect of the earth **2** (*estens.*) early, embryonic: *stadio di sviluppo —*, early stage of development; *istinto —*, primitive instinct; *il progetto è ancora in una fase —*, the project is still at an embryonic stage.

primordio *s.m.* **1** beginning, origin: *i primordi della civiltà*, the dawn of civilization; *i primordi della letteratura italiana*, the beginnings of Italian literature **2** (*bot.*) primordium (*pl.* -ia).

primula *s.f.* (*bot.*) primula: *— odorosa*, (*Primula veris*) primrose (*o* cowslip); *— maggiore*, (*Primula elatior*) five-finger (*o* polyanthus *o* oxlip) // *— rossa*, (*Anagallis arvensis phoenicea*) scarlet pimpernel // *il direttore è una — rossa*, (*fig.*) the manager always does the disappearing act.

primulacea *s.f.* (*bot.*) primulacea.

princesse *s.f.* (*fr.*) (*abito intero da donna*) princess (dress), princess(e).

principale *agg.* principal, main, chief: *la città —*, the principal town; *i fiumi principali d'Italia*, the chief rivers of Italy; *i miei interessi principali*, my chief interests; *le opere principali di un autore*, the main works of an author; *il punto — di un argomento*, the main point of an argument; *lo scopo —*, the main (*o* chief) object; *il motivo —*, the main reason; *la sede — di una banca*, the head office of a bank; *passammo dall'ingresso —*, we went in through the main entrance; *la strada — di una città*, the main street of a town // *socio —*, senior partner // (*gramm.*) *proposizione —*, principal (*o* main) clause // (*ferr.*) *linea —*, main line // (*teatr.*) *parte —*, leading role // (*mat.*) (*valore*) —, principal (value) // (*comm.*) *prodotti principali*, staples (*o* staple commodities) ◆ *s.m.* (*datore di lavoro*) employer; (*capo d'azienda*) principal; (*direttore*) manager; (*padrone*) master, (*fam.*) boss.

principalmente *avv.* principally, mainly, chiefly: *cambio lavoro — per ragioni economiche*, I'm changing my job chiefly for economic reasons.

principato *s.m.* **1** (*territorio retto da un principe*) principality: *il — di Monaco*, the Principality of Monaco **2** (*ufficio, dignità, giurisdizione di un principe*) princedom, principality: *aspirare al —*, to aspire to the principality **3** (*supremazia*) supremacy **4** *pl.* (*gerarchia angelica*) principalities.

principe *s.m.* prince (*anche fig.*): *— consorte*, Prince Consort; *— del sangue*, prince of the blood; *il Principe di Galles*, the Prince of Wales; *il Principe Edoardo*, Prince Edward; *— ereditario*, Crown Prince; *un — reale*, a royal prince; *il — reale*, the Prince Royal; *vivere da —*, to live like a prince; *il — dei poeti, dei romanzieri, dei bugiardi*, the prince of poets, of novelists, of liars // *— degli apostoli*, Prince of the Apostles // *— della Chiesa*, Prince of the Church // *— delle tenebre*, (*il demonio*) the prince of darkness // *un — del foro*, (*avvocato*) a prince among lawyers // *— azzurro*, prince charming ◆ *agg.* (*letter.*) **1** (*primo*) original, first **2** (*principale*) main, principal: *l'argomento — che verrà trattato*, the main topic to be discussed.

principesco *agg.* princely: *aspetto —*, princely countenance; *modi principeschi*, princely (*o* noble) ways; *un ricevimento —*, a magnificent reception.

principessa *s.f.* princess: *la Principessa Clara*, Princessa Clara; *la — reale*, the Princess Royal.

principessina *s.f.* **1** (*giovane principessa*) young princess **2** (*figlia di un principe*) prince's daughter.

principiante *agg.* inexpert, inexperienced: *un giocatore —*, an inexperienced player ◆ *s.m.* e *f.* beginner, novice, amateur: *un lavoro da principianti*, a job for beginners.

principiare *v.tr.* e *intr.* (*non com.*) to begin*, to start, to commence: *principiò a cantare*, he began to sing; *— una discussione*, to start an argument; *— un lavoro*, to begin a job // *a — da*, beginning (*o* starting) (with): *a — da oggi*, (as) from today; *tutti i cittadini, a — dal sindaco, protestarono*, all the citizens, beginning with the mayor, protested.

principiatore *s.m.* (*letter.*) (*iniziatore*) initiator, originator, beginner.

principino *s.m.* **1** (*giovane principe*) young prince **2** (*figlio di un principe*) prince's son.

principio *s.m.* **1** beginning: *il — dell'anno*, the beginning of the year; *al — dell'anno, del mese*, at the beginning of (*o* early in) the year, the month; *al — del libro, della strada*, at the beginning of the book, of the road; *proprio dal —*, from the very beginning (*o* right from the start); *incomincia dal —*, start from the beginning // *dal — alla fine*, from beginning to end **2** (*legge, sistema, norma*) principle: *— di uguaglianza*, principle of equality; *principi morali, religiosi*, moral, religious principles; *un uomo che non ha principi*, a man of no principles; *un uomo di sani principi*, a man of sound principles; *seguire un — di condotta*, to follow a line of conduct // *una questione di —*, a matter of principle // *per —*, on principle: *non ho accettato per —*, I have not accepted on principle; *fare qlco. per —*, to do sthg. on principle // *partire dal — che...*, to start from the principle that...: *parte dal — che ha sempre ragione lui*, he starts from the principle that he is always right // (*fis.*): *il — di Archimede*, the principle of Archimedes; *— di minima azione*, least action principle // (*mat.*) *il — della continuità*, the principle of continuity // (*econ.*): *— del beneficio*, benefit principle; *— di reciprocità*, reciprocity principle; *— dei costi comparati*, principle of comparative costs // (*amm.*): *— del titolo valido*, entitlement principle; *— della competenza*, accrual basis; *— di cassa*, cash basis // (*trib.*) *— del sacrificio uguale*, equal sacrifice tax theory **3** *pl.* (*elementi, rudimenti*) principles, rudiments: *gli mancano persino i principi della matematica, grammatica*, he lacks even the rudiments of mathematics, grammar; *principi fondamentali di geometria*, first principles of geometry **4** (*origine, causa*) origin, cause, principle: *Dio, — dell'universo*, God, the prime cause of the universe; *quell'amicizia fu il — della sua rovina*, that friendship was the cause of his ruin // (*fil.*) *il — del bene, del male*, the principle of good, of evil **5** (*biochim.*) principle: *— attivo*, active principle.

princisbecco *s.m.* (*metall.*) pinchbeck: *ornamento di —*, pinchbeck ornament // *restare di —*, (*fig. rar.*) to be taken aback.

priora *s.f.* (*eccl.*) prioress.

priorale *agg.* (*non com.*) prioral, of a prior; of a prioress.

priorato *s.m.* priorship, priorate.

priore *s.m.* (*eccl.*) prior.

prioria *s.f.* (*eccl.*) **1** (*chiesa*) priory **2** (*ufficio di priore*) priorship, priorate.

priorità *s.f.* **1** (*diritto di precedere*) priority: *diritto di —*, right of priority (*o* priority right); *legge della —*, law of priority; *avere la —*, to have priority; *la — di una decisione*, the priority of a decision // (*econ.*) *ordine di —*, order of precedence **2** (*anteriorità*) antecedence, pre-existence: *la — di una scoperta rispetto a un'altra*, one discovery's antecedence over another.

prioritario *agg.* **1** priority (*attr.*): *un obiettivo —*, a (top) priority objective // (*Borsa*) *azioni prioritarie*, preference shares **2** (*inform.*) overridable.

prisco *agg.* (*ant., poet.*) ancient, old.

prisma *s.m.* **1** (*mat., fis.*) prism: — *a riflessione, di rinvio*, reflecting prism; — *deflettore*, deflecting prism; — *raddrizzatore*, erecting (*o* rectifying) prism **2** (*mecc.*) block: — *di controllo*, block square; — *di supporto*, v-block.

prismatico *agg.* **1** (*mat., fis.*) prismatic(al): *superficie prismatica*, prismatic surface; *colori prismatici*, prismatic colours; *cristalli prismatici*, prismatic crystals **2** (*mecc.*) *cassetta prismatica*, box angle-plate.

prismoide *s.m.* (*mat.*) prismoid.

prispolone *s.m.* (*zool.*) (*Anthus trivialis*) tree pipit.

pristino *agg.* (*letter.*) pristine, former; original // *rimettere qlco. in* —, to restore sthg. to its former state.

pritaneo *s.m.* (*st. greca*) prytaneum.

pritano *s.m.* (*st. greca*) prytanis.

privacy *s.f.* (*intimità*) privacy: *difendere la propria* —, to protect (*o* to safeguard) one's privacy; *violare la — di qlcu.*, to intrude on (*o* to invade) s.o.'s privacy.

privare *v.tr.* to deprive; to bereave (*gener. fig.*); (*non concedere*) to deny: *fui privato dell'unica speranza che avevo*, I was bereft (*o* bereaved) of the only hope I had; *la guerra lo privò dei suoi due figli*, the war bereaved him of his two sons; *lo privarono di tutte le sue ricchezze*, they deprived (*o* stripped) him of all his possessions; *nessuno può privarmi di questa gioia*, nobody can deprive me of this joy; *perché vuoi privarci della tua compagnia?*, why do you want to deprive us of (*o* to deny us) your company?; — *dell'onore*, to deprive of honour; — *qlcu. di un diritto*, to deprive s.o. of a right.

□ **privarsi** *v.rifl.* to deprive oneself; (*negarsi*) to deny oneself (sthg.), to give* up (sthg.): *dovetti privarmi anche di questa soddisfazione*, I had to deny myself (*o* give up) even this satisfaction; *si privò di tutto ciò che aveva*, he gave up everything he had.

privatamente *avv.* privately, in private: *prendere lezioni di inglese* —, to take English lessons privately (*o* to take private English lessons); *ricevere — qlcu.*, to see (*o* to receive) s.o. privately.

privatezza *s.f.* privacy; private nature.

privatista *s.m.* e *f.* **1** external student, private student; (*agli esami*) external candidate: *una sessione per i privatisti*, a session for external candidates **2** (*studioso di diritto privato*) expert in private law.

privatistico *agg.* **1** privatistic **2** (*del diritto privato*) concerning private law.

privativa *s.f.* **1** (*tabaccheria*) tobacconist's (shop); (*monopolio*) monopoly: *generi di* —, (State) monopolies **2** (*esclusiva*) sole-right, patent, patent-right.

privativo *agg.* privative: *alfa privativa*, alpha privative.

privatizzare *v.tr.* to privatize, to denationalize: — *un'industria statale*, to privatize a government -owned industry.

privatizzazione *s.f.* privatization, denationalization: *la — degli ospedali pubblici*, the privatization of the state-run hospitals.

privato *agg.* **1** private; (*personale*) personal: *affare, interesse* —, private business, interest; *una faccenda privata*, a personal matter; *non leggere la corrispondenza privata*, don't read personal (*o* private) correspondence; *scuola, banca, automobile privata*, private school, bank, car; *diritto* —, private law; *insegnante* —, private teacher; *vita, proprietà, segretaria privata*, private life, property, secretary; *il traffico — non può entrare in centro*, private traffic is not allowed in the centre // *televisione, radio privata*, private television, radio **2** (*privo*) deprived; bereft, bereaved (*gener. fig.*): — *di ogni speranza*, bereft of all hope ◆ *s.m.* **1** private citizen, private person, private individual: *una azienda gestita da privati*, a privately run firm; *un grossista che vende a privati*, a wholesaler selling to private customers **2** (*intimità*) privacy: *essere geloso del* —, to be jealous of one's privacy // *in* —, in private: *parlare con qlcu. in* —, to speak to s.o. in private.

privazione *s.f.* **1** (*azione del privare*) deprivation; (*perdita*) loss: — *della libertà*, deprivation (*o* loss) of liberty; — *dell'ufficio*, loss of office; — *dei diritti civili*, loss of civil rights // (*inform.*) — *di risorse*, starvation **2** (*disagio*) privation, hardship: *vita di* —, life of hardship; *soffrire, subire severe privazioni*, to suffer, to undergo severe privations **3** (*sacrificio*) sacrifice.

privilegiare *v.tr.* **1** to favour, to privilege, to grant a privilege to (s.o.): — *una classe sociale*, to favour a social class **2** (*preferire*) to favour: — *la famiglia alla carriera*, to place one's family before one's career; *non voglio — nessuno*, I don't want to favour anybody.

privilegiato *agg.* **1** privileged: *le classi privilegiate*, the privileged classes; *condizioni privilegiate*, privileged conditions; *essere in una posizione privilegiata*, to be in a privileged position // (*eccl.*) *altare* —, privileged altar **2** (*comm.*) preferential, preferred, privileged: *credito* —, preferential (*o* privileged) credit; *titolo* —, preference stock // (*amm.*) *pensione privilegiata* (*d'invalidità*), disability (*o* disablement) pension ◆ *s.m.* priviliged person: *solo pochi privilegiati sono potuti entrare*, only a few privileged people (*o* only the priviliged few) could go in; *essere un — della sorte*, to be favoured by fortune.

privilegio *s.m.* **1** privilege; (*prerogativa*) prerogative: *i privilegi della nobiltà*, the privileges of the nobility; *è un — della vecchiaia*, that is a privilege (*o* a prerogative) of old age; *concedere, godere un* —, to grant, to enjoy a privilege; *violare i privilegi di qlcu.*, to infringe s.o.'s privileges // (*inform.*) — *d'accesso*, access privilege **2** (*onore*) honour; (*pregio*) distinction: *ebbe il — di parlargli di persona*, he had the honour of speaking to him in person; *il — di questo libro è la chiarezza*, the distinction (*o* the distinctive quality) of this book is clarity **3** (*dir.*) lien; charge; franchise: — *contro l'autoincriminazione*, privilege against self-incrimination; — *del venditore*, seller's (*o* vendor's) lien; — *dell'armatore*, shipowner's lien; — *della banca*, banker's lien // (*dir. eccl.*) — *del foro*, privilege (*o* benefit) of clergy.

privo *agg.* devoid, destitute; (*mancante*) lacking (in sthg.), wanting (in sthg.); — *di buon senso, di orgoglio, di malignità*, devoid of common sense, of pride, of malice; — *di energia*, wanting in energy; — *di entusiasmo*, lacking in (*o* without) enthusiasm; — *di interesse, di ogni probabilità*, devoid of interest, of all probability; — *di scrupoli*, without scruples; — *di mezzi*, lacking in (*o* without) means; — *di lavoro*, jobless; — *di denaro*, without money; *una frase priva di senso*, a sentence that is devoid of (*o* has no) meaning; *sono — di sue notizie da due mesi*, I haven't heard from him for two months.

pro[1] *prep.* (*per, a favore di*) on behalf of; for the benefit of; for: *raccolta di fondi — alluvionati*, collection on behalf of (*o* for the benefit of *o* for) flood victims; *esprimere un parere — o contro una proposta*, to express an opinion for or against a proposal // — *bono pacis*, for the sake of peace; — *domo mea*, to my own advantage.

pro[2] *s.m.* (*giovamento, utilità*) advantage; profit; benefit; use: *a mio* —, to my advantage; *non mi viene nessun — da questo affare*, this deal does not bring me any profit (*o* I don't get anything out of this deal) // *il — e il contro*, the pros and cons: *valutare il — e il contro*, to weigh up the pros and cons // *a che —?*, what's the use of it? (*o fam.* what for?); *a che — lavorare tanto?*, what is the use of working so hard? // *buon — gli faccia!*, much good may it do him!

proava *s.f.* great grandmother.

proavo *s.m.* **1** great grandfather **2** *pl.* ancestors, forefathers.

probabile *agg.* **1** probable, likely: *molto* —, very probable; *poco* —, improbable (*o* unlikely): *è assai poco* —, it is most unlikely; *"Verrai allora?" "È poco —"*, "Will you come then?" "Most likely I won't"; *"Arriverà in ritardo" "Niente di più —!"*, "He'll arrive late" "More than likely!"; *la — origine di tutte queste complicazioni è che...*, the probable origin of all these complications is that...; *è — che ci sia un temporale*, it is likely that there will be a storm (*o* there is likely to be a storm); *è — che egli parta per l'Inghilterra*, it is probable that he will leave (*o* he is likely to leave) for England; *è — che piova*, it is will probably rain (*o* it looks like rain); *è — che sia vero*, it is likely to be true; *è più che* —, it is more than likely (*o fam.* you bet) **2** (*verosimile*) probable, likely: *una scusa poco* —, an unlikely story ◆ *s.m.* what is probable: *il — si può sempre dimostrare*, what is probable can always be demonstrated.

probabilismo *s.m.* (*fil., teol.*) probabilism.

probabilista *s.m.* e *f.* (*fil., teol.*) probabilist.

probabilistico *agg.* **1** (*relativo al probabilismo*) probabilistic **2** (*mat.*) probabilistic.

probabilità *s.f.* **1** probability, likelihood; chance: *ammettere la — di una tesi*, to allow the probability of a thesis; *al di là di ogni* —, beyond the bounds of probability; *con ogni, tutta* —, in all probability (*o* likelihood); *le — sono poche, ma egli spera ugualmente*, he hasn't got much chance, but he is still hoping; *c'è (la) — che parta per l'America*, he is likely to leave for America; *c'è una — su mille*, there is one chance in a thousand; *che — ci sono?*, what are the odds? (*o* the chances?); *ha una buona — di vincere*, he has a good chance of winning; *non c'è — che guarisca, che venga*, there is no likelihood of his recovery, of his coming; *non ha nessuna — di riuscire*, he has no chance of success **2** (*mat., fis.*) probability: *teoria delle* —, probability theory; *calcolo delle* —, calculus of probability // (*stat.*) — *di vita*, life expectancy.

probabilmente *avv.* probably, likely: *molto —*, very probably (*o* most probably *o* very likely); *— verrà in ritardo*, he will probably come late (*o* he is likely to come late); *— hai ragione tu*, you're probably right.

probante, **probativo**, **probatorio** *agg.* probative, probatory // (*dir.*) *documento probante, probatorio*, supporting document (*o* muniment).

probità *s.f.* probity, uprightness; integrity.

problema *s.m.* problem: *un — matematico*, a mathematical problem; *i problemi sociali, politici*, social, political problems; *la droga è un — sociale*, drugs are a social problem; *risolvere un —*, to solve a problem; *— economico*, economic problem; *problemi di bilancio*, budget questions // *il — è che...*, the problem is that... // *alle 3 va bene, non c'è —*, three o'clock is ok, (it's) no problem // *non farti problemi, non fartene un —*, don't worry about it // *questo ragazzo è un —*, this boy is a problem // (*mat.*) *— dei quattro colori*, four colours problem // (*inform*): *— esemplificativo*, sample problem; *capacità di risolvere i problemi*, solving power.

problematica *s.f.* problems (*pl.*): *la — sociale*, social problems.

problematicismo *s.m.* (*fil.*) problematicism.

problematicità *s.f.* problematic nature; complexity: *la — della situazione economica*, the complexity of the economic situation; *la — di un'opera*, the problematic nature (*o* complexity) of a work.

problematico *agg.* **1** (*difficile, complicato*) problematic, difficult, complicated: *una situazione problematica*, a problematic (*o* an awkward) situation; *trattare con lui è abbastanza —*, dealing with him is rather difficult (*o* complicated) **2** (*che individua problemi*) problematic, perplexing: *un autore —*, a problematic (*o* perplexing) author // (*fil.*) *giudizio —*, problematic judgement **3** (*incerto, dubbio*) uncertain, doubtful, problematic: *un guadagno —*, an uncertain gain; *l'intesa resta ancora problematica*, the agreement is still doubtful **4** (*rar.*) (*del problema*) of the problem.

problematismo → **problematicismo**.

problematizzare *v.tr.* **1** (*rendere problematico*) to turn (sthg.) into a problem, to make* a problem of (sthg.): *riesce a — la più piccola cosa*, he can turn the smallest thing into a problem **2** (*esaminare*) to examine.

probo *agg.* (*letter.*) upright.

proboscidato *s.m.* (*zool.*) proboscidean ◆ *agg.* (*zool.*) proboscidean, proboscidian.

proboscide *s.f.* **1** trunk; (*di insetti*) proboscis* **2** (*scherz.*) (*naso grosso*) big nose, proboscis.

proboviro *s.m.* arbiter, arbitrator.

procaccevole *agg.* (*letter.*) industrious.

procaccia *s.m.* e *f.* **1** (*postino*) postman* **2** (*corriere*) messenger; courier.

procacciamento *s.m.* (*non com.*) procurement, obtaining.

procacciante *agg.* **1** (*ant.*) (*industrioso*) industrious, hardworking **2** (*non com.*) (*trafficone*) profiteering, sharp.

procacciare *v.tr.* to procure, to get*: *ti procaccerò un lavoro appena possibile*, I shall procure a job for you (*o* I shall get you a job) as soon as possible; *come si procaccia da vivere?*, how does he make a living?; *procacciarsi dei guai*, to look for trouble.

procacciatore *s.m.* agent, broker, (*amer.*) solicitor; (*fornitore*) provider, supplier: (*econ.*) *— d'affari*, business agent (*o* broker).

procace *agg.* **1** (*letter.*) (*sfacciato*) forward, bold, saucy **2** (*provocante*) provocative, exciting: *una donna dalle forme procaci*, a very shapely (*o* curvaceous) woman.

procacia, **procacità** *s.f.* **1** (*sfacciataggine*) insolence, impudence, procacity **2** (*l'essere provocante*) provocativeness.

procaina *s.f.* (*chim.*) procaine.

pro capite *locuz.avv.* (*lat.*) per head: *pagare —*, to pay per head ◆ *agg.* per capita (*attr.*): (*econ.*) *indennità, reddito —*, per capita allowance, income.

procariote *s.m.* (*biol.*) prokaryote, procaryote.

procavia *s.f.* (*zool.*) hyrax*, rock rabbit.

procedere *v.intr.* **1** to proceed, to advance, to go* on, to continue advancing: *le automobili procedevano lentamente*, cars procedeed slowly; *procedete!*, go on (*o* proceed)!; *procedevano in silenzio*, they went on in silence; *dopo una breve pausa l'oratore procedette*, after a short pause the orator went on; *il lavoro non procede*, the work isn't proceeding (*o* going on); *i lavori di restauro procedono lentamente*, the restoration work is proceeding slowly; *come procedono gli affari?*, how's business going?; *i miei studi procedono bene*, my studies are going well // *prima di — oltre*, before we proceed any further; *procedi oltre, questo non m'interessa*, go on, this does not interest me // *— cautamente*, to proceed cautiously // *— con ordine*, to proceed in an orderly manner // *— di buon passo*, to walk briskly **2** (*agire, comportarsi*) to act, to behave; (*trattare*) to deal*: *dovresti — con più tatto con quell'uomo*, you should deal more tactfully with that man; *non mi piace il tuo modo di —*, I don't like the way you behave **3** (*dir.*) to proceed: *— contro qlcu.*, to proceed against s.o.; *— per vie legali contro qlcu.*, to take legal action against s.o. // *— a un'inchiesta*, to institute an inquiry // *— a un'esecuzione forzata*, to levy execution // *non luogo a —*, nonsuit (*o* no case): *sentenza di non luogo a —*, nonsuit judgement **4** (*non com.*) (*derivare, aver origine*) to proceed, to originate: *tutti i suoi guai procedono dalla sua avventatezza*, all his troubles proceed from (*o* are due to) his rashness // *il Figlio procede dal Padre*, the Son proceeds from the Father **5** (*accingersi*) to start, to proceed: *decisero di — alla perforazione del pozzo*, they decided to start the drilling of the well; *procediamo alla votazione*, let's proceed to the voting.

procedere *s.m.* **1** (*il progredire*) process, passing, progress: *lamentarsi per il lento — dei lavori*, to complain about the slow progress of the work; *il — del tempo*, the passing of time; *col — del tempo*, as time passes **2** (*condotta, comportamento*) conduct, behaviour, way of dealing: *non approvo il suo — verso quell'uomo*, I do not approve of his behaviour towards that man.

procedibile *agg.* (*dir.*) prosecutable.

procedimento *s.m.* **1** (*il procedere, il corso*) progress, course: *il — storico dei fatti*, the historical process of events **2** (*metodo*) process; procedure; proceeding; method: *il — per risolvere un problema matematico*, the process (*o* procedure) to solve a mathematical problem; *— di fabbricazione*, manufacturing process // (*chim.*): *— chimico*, chemical process; *— di un'analisi chimica*, procedure of a chemical analysis // (*aer.*) *— di avvicinamento*, approach procedure // (*tip.*): *— a matrice incavata*, intaglio process; *— a matrice piana*, planographic process; *— a matrice rilevata*, relief process **3** (*dir.*) proceedings (*pl.*): *iniziare il — contro qlcu.*, to initiate proceedings against s.o.; *— sommario*, summary proceedings; *— penale*, prosecution; *riunione dei procedimenti*, joinder; *separazione dei procedimenti*, severance; *— fallimentare*, bankruptcy proceedings; *— amministrativo*, administrative proceedings; *— disciplinare*, disciplinary procedure.

procedura *s.f.* **1** (*dir.*) procedure: *— legale, civile*, legal, civil procedure; *codice di — penale*, code of criminal procedure; *errore, vizio di —*, error of procedure; *ordine, regole di —*, order, rules of procedure; *— di fallimento*, bankruptcy proceedings // (*amm.*): *procedure burocratiche*, bureaucratic procedures; *— contabile*, accounting procedure; *procedure d'ufficio*, office procedures; *procedure doganali*, customs procedures; *procedure operative*, operating procedures **2** (*inform.*) procedure; action: *— di abbandono*, aborting procedure; *— di caricamento*, bootstrap routine; *— di riserva*, back up procedure; *— di rilevazione di controllo*, checkpoint procedure.

procedurale *agg.* (*dir.*) procedural, of procedure: *regole procedurali*, rules of procedure; *incidente —*, procedural objection.

procedurista *s.m.* e *f.* expert in procedure.

procella *s.f.* (*letter.*) **1** storm, tempest **2** (*fig.*) (*sciagura*) disaster, catastrophe.

procellaria *s.f.* (*zool.*) (*Hydrobates pelagicus*) (stormy)petrel, (*pop.*) Mother Carey's chicken // *— gigante*, (*Macronectes giganteus*) giant petrel (*o* stinker) // *— artica*, (*Fulmarus glacialis*) fulmar.

procelloso *agg.* (*letter.*) stormy, tempestuous (*anche fig.*).

processabile *agg.* (*dir.*) indictable, liable to prosecution.

processare *v.tr.* to try: *— qlcu. per assassinio, furto*, to try s.o. for murder, theft // *far —*, to bring to trial (*o* to prosecute): *far — qlcu. per un delitto*, to bring s.o. to trial for a felony; *far — qlcu. per una leggera infrazione*, to prosecute s.o. for a misdemeanour.

processionale *agg.* processional: *canti processionali*, processional chants.

processionaria *s.f.* (*zool.*): *— delle querce*, (*Thaumetopoea processionea*) procession(ary) moth; (*la larva*) procession caterpillar.

processione *s.f.* **1** procession: *— religiosa*, religious procession; *andare, camminare in —*, to go, to walk in procession; *formare una —*, to form a procession **2** (*estens.*) long line, column: *una lunga — di auto*, a long line of cars; *una — di formiche*, a column of ants; *una — di visite*, a continual succession of visitors **3** (*teol.*) procession, emanation: *la — dello Spirito Santo*, the procession of the Holy Ghost.

processo *s.m.* **1** (*dir.*) action, trial, proceedings (*pl.*): *— civile*, lawsuit (*o* civil proceedings); *— penale*, criminal trial; *andò sotto — l'anno scorso*, he was tried last year; *ero presente al suo —*, I was present at his trial; *essere sotto — per qlco.*, to be on trial for sthg.; *intentare un — a qlcu.*, to bring an action (*o* to institute proceedings) against s.o.: *intentò — di divorzio contro suo marito*, she instituted divorce proceedings against her husband; *met-*

tere qlcu. sotto —, to bring s.o. to trial; *perdere un* —, to lose a suit (*o* an action); *vincere il* —, to win one's case; — *verbale*, minutes (*o* procès-verbal) // *non facciamo(gli) il — alle intenzioni!*, let's not question his motives! **2** (*corso*) course; (*fase*) process: — *storico*, the course of history (*o* historical process); — *di maturazione*, process of maturation; (*di prodotto alimentare*) maturing process; — *di invecchiamento*, ageing process; *il — di una malattia*, the course of an illness; — *di sviluppo*, process of growth; — *infiammatorio*, inflammatory process; *in — di formazione, di lavorazione, di costruzione*, in process of formation, of manufacture, of construction **3** (*metodo*) process: — *produttivo, industriale*, production, industrial process; — *di lavorazione*, manufacturing process; — *di sviluppo*, growth process // (*chim.*): — *chimico*, chemical process; — *delle camere di piombo*, chamber process; — *di isomerizzazione*, isoforming (*o* isomerization) // (*metall.*): — *di laminazione*, rolling process; — LD, LD process; — *Martin*, Martin process; — *Martin-Siemens*, open-hearth process; — *Thomas*, Thomas process // (*inform.*) — *discontinuo*, batch process **4** (*anat.*) process: *processi ciliari*, ciliary process.

processore *s.m.* (*inform.*) processor: — *di servizio*, unit record processor; — *per la trasmissione dati*, data communication processor.

processuale *agg.* (*dir.*) of a trial; trial (*attr.*): *spese processuali*, (legal) costs // *diritto* —, law of procedure.

procidenza *s.f.* (*med.*) procidentia.

procinto *s.m.*: *essere in — di*, to be about to (*o* to be on the point of); *ero in — di partire*, I was about to leave (*o* I was on the point of leaving).

procione *s.m.* (*zool.*) (*Procyon lotor*) raccoon, coon, (*scient.*) procyon.

proclama *s.m.* proclamation.

proclamare *v.tr.* **1** to proclaim; (*promulgare*) to promulgate: *fu proclamato re*, he was proclaimed king; — *un decreto, una legge*, to promulgate a decree, a law // — *uno sciopero*, to call (out) a strike **2** (*dichiarare*) to proclaim, to state, to declare: *proclamava continuamente la sua innocenza*, she constantly proclaimed her innocence; — *la legge marziale*, to declare martial law; — *il vincitore*, to declare the winner // (*fin.*) — *un dividendo*, to declare a dividend.

□ **proclamarsi** *v.rifl.* **1** to proclaim oneself: *Napoleone si proclamò imperatore*, Napoleon proclaimed himself emperor **2** (*dichiararsi*) to declare oneself: *si proclamò innocente*, he declared his innocence.

proclamatore *agg.* (*non com.*) proclaiming ◆ *s.m.*, **proclamatrice** *s.f.* proclaimer; (*sostenitore, sostenitrice*) preacher.

proclamazione *s.f.* proclamation; (*dichiarazione*) declaration, announcement: *la — di un re*, the proclamation of a king; *la — del vincitore*, the announcement of the winner; *la — dei risultati elettorali*, the declaration (*o* the announcement) of the election results // *la — di uno sciopero*, a strike call (*o* the announcement of a strike) // (*fin.*) — *dei dividendi*, declaration of dividends.

proclisi *s.f.* (*ling.*) proclisis (*pl.* -ses).

proclitico *agg.* (*ling.*) proclitic.

proclive *agg.* (*letter.*) inclined, prone: *è — all'indulgenza, all'ozio*, he is inclined to be indulgent, lazy.

proclività *s.f.* (*letter.*) tendency, inclination, proclivity.

procombente *agg.* (*bot.*) procumbent, prostrate.

procombere *v.intr.* (*letter.*) **1** (*cadere in avanti*) to fall* forward, to fall* on one's face **2** (*cadere in guerra*) to fall* in battle.

proconsolare *agg.* (*st. romana*) proconsular.

proconsolato *s.m.* (*st. romana*) proconsulate, proconsulship.

proconsole *s.m.* (*st. romana*) proconsul.

procrastinabile *agg.* (*letter.*) that can be postponed.

procrastinamento *s.m.* (*letter.*) procrastination.

procrastinare *v.tr.* (*letter.*) to put* off, to defer; to postpone, to adjourn: *l'adunanza fu procrastinata al giorno successivo*, the meeting was postponed to the following day ◆ *v.intr.* (*letter.*) (*indugiare*) to procrastinate.

procrastinatore *agg.* (*letter.*) procrastinatory, procrastinating ◆ *s.m.*, **procrastinatrice** *s.f.* (*letter.*) procrastinator.

procrastinazione *s.f.* (*letter.*) procrastination.

procreabile *agg.* (*non com.*) generable, that can be procreated.

procreamento *s.m.* (*non com.*) procreation.

procreare *v.tr.* to procreate, to generate, to beget*: — *figli*, to beget children; *incapacità a* —, inability to procreate (*o* barrenness).

procreatore *agg.* procreant, procreating, generating ◆ *s.m.*, **procreatrice** *s.f.* procreator, begetter.

procreazione *s.f.* procreation, begetting.

proctologia *s.f.* (*med.*) proctology.

procura *s.f.* (*dir.*) **1** power of attorney; proxy: — *generale*, full power of attorney; *avere la — di qlcu.*, to stand proxy for s.o. (*o* to have power of attorney for s.o.); *dare la — a qlcu.*, to accord (*o* to grant) power of attorney to s.o. (*o* to confer powers of attorney (up)on s.o.) // *per* —, by proxy (*o* per procurationem) (*abbr.* p.p.): *firmare per* —, to sign per procurationem; *sposarsi, votare per* —, to marry, to vote by proxy **2** (*documento di procura*) letter of attorney, procuratory **3** (*ufficio, sede del procuratore*) Director of Public Prosecution's office; Public Prosecutor's office; (*amer.*) State (*o* District) Attorney's office.

procurare *v.tr.* **1** to procure, to obtain, to get*; (*causare*) to cause: *ci ha procurato i biglietti*, he has obtained the tickets for us; *mi ha procurato delle preziose informazioni*, he has got some valuable information for me; — *un impiego a qlcu.*, to get s.o. a job; *non so come sia riuscito a procurarsi dei costumi teatrali*, I don't know how he succeeded in getting hold of stage costumes; *si procura sempre delle noie*, he always gets into trouble; *ciò mi procurò molti guai*, this caused me a lot of trouble; *nella rissa si è procurato una brutta ferita*, he got (*o* he picked up) a nasty wound in the fight; *procurarsi capitali, fondi, denaro*, to raise capital, funds, money; *procurarsi il necessario per vivere*, to earn one's living // *procurarsi un raffreddore*, to catch a cold **2** (*fare in modo che*) to try; to manage: *procura di farlo bene, di non farti male*, try to do it well, not to get hurt; *procura di saperlo al più presto*, try to find out as soon as possible; *procurerò di venire prima di sera*, I shall manage to come before evening.

procuratore *s.m.* **1** (*dir.*) (*persona munita di procura*) proxy; attorney: *agire come, da* —, to stand proxy (*o* to have power of attorney); *il — di una società*, the legal representative of a company // — *generale*, (*nel diritto privato*) general proxy **2** (*dir.*) — (*legale*), attorney, attorney-at-law; (*in Inghilterra*) solicitor **3** (*dir.*) (*pubblico ministero*): — (*del Re*), (*in Inghilterra*) Public Prosecutor, (*in Scozia*) Procurator Fiscal; — (*della Repubblica*), (*negli Stati Uniti*) State (*o* District) Attorney, (*nel sistema federale degli Stati Uniti*) United States Attorney // — *generale* (*del Re*), (*in Inghilterra*) Director of Public Prosecution; (*in Scozia*) Lord Advocate; — *generale* (*della Repubblica*), (*negli Stati Uniti*) Attorney General **4** (*banca*) bank officer **5** (*Borsa*) stock exchange agent **6** (*eccl.*) procurator **7** (*sport*) manager, agent: *il — di un pugile, di un calciatore*, a boxer's, footballer's agent (*o* manager) **8** (*st. romana*) Procurator **9** (*st. veneziana*) *Procuratore di San Marco*, Procurator of San Marco.

procuratorio *agg.* (*dir.*) relating to an attorney.

proda *s.f.* **1** (*letter.*) (*sponda*) shore; (*di fiume*) bank **2** (*letter.*) (*margine*) edge, border **3** (*ant., letter.*) (*prua*) prow.

prode[1] *agg.* brave, valiant: *il — Achille*, the bold Achilles ◆ *s.m.* (*uomo valoroso*) brave man, valiant man.

prode[2] → **pro**[2].

prodese *s.m.* (*mar.*) bow fast.

prodezza *s.f.* **1** (*valore*) prowess, bravery **2** (*atto di coraggio*) feat, exploit: *compiere delle prodezze*, to perform feats (*o* great exploits) // *ammirare le prodezze di un atleta*, to admire the feats of an athlete // *che bella —!*, (*iron.*) a fine feat indeed!

prodiere *s.m.* (*mar.*) bowman*.

prodiero *agg.* **1** (*mar.*) forward; bow (*attr.*) **2** (*di nave*) (*che funge da guida*) leading.

prodigalità *s.f.* prodigality, lavishness, generosity, liberality; (*di denaro*) extravagance: *la sua — è persino eccessiva*, his generosity is excessive at times; *elargire consigli con* —, to hand out advice lavishly (*o* to be lavish with one's advice); *fu rovinato dalla sua* —, (*nello spendere*) he was ruined by his extravagance; *è famoso per le sue* —, he is well-known for his extravagance.

prodigare *v.tr.* to lavish, to be prodigal of (sthg.); (*denaro*) to be extravagant with (sthg.): — *tutti i propri averi*, (*essere molto generoso*) to be lavish with one's money; (*sperperare*) to be very extravagant with one's money (*o* to throw one's money around); — *lodi, affetto*, to lavish (*o* to be prodigal of) praise, affection; — *cure e attenzioni a qlcu.*, to lavish care and attention on s.o.; *ha prodigato tutto se stesso per aiutarci*, he did all he could (*o* his utmost) to help us.

□ **prodigarsi** *v.rifl.* to do* all one can, to do* one's utmost: *egli si prodigò per tutti loro*, he did all he could for them all; — *nella ricerca dei dispersi*, to do all one can to find the missing // — *in sorrisi e gentilezze verso qlcu.*, to lavish smiles and attention on s.o.

prodigio *s.m.* **1** prodigy; (*meraviglia*) marvel, wonder; (*miracolo*) miracle: *osservare i prodigi della natura*, to observe the wonders of nature; *i prodigi della scienza*, the prodigies of science; *il nuovo modello è un — della tecnica*, the new model is a prodigy of technology; *è un*

— *di sapienza*, he is a prodigy of learning; *sei un — di memoria*, you have a marvellous (*o* a prodigious) memory // *fare prodigi*, to work wonders (*o* miracles); *quel chirurgo fa prodigi*, that surgeon works miracles (*o* wonders) // *bambino* —, infant prodigy **2** (*presagio*) omen, presage: *interpretare i prodigi*, to interpret omens.

prodigiosità *s.f.* prodigiousness; (*l'essere meraviglioso*) marvellous quality; (*l'essere miracoloso*) miraculous quality: *la — di un evento*, the prodigiousness of an event.

prodigioso *agg.* prodigious; (*meraviglioso*) marvellous, wonderful; (*miracoloso*) miraculous: *un fenomeno* —, a prodigious phenomenon; *memoria, cultura prodigiosa*, prodigious culture, memory; *un medicinale* —, a miraculous medicine // *un atleta* —, an amazing (*o* a marvellous) athlete.

prodigo *agg.* prodigal, lavish; (*di denaro*) (very) extravagant: *è facile essere — con il denaro degli altri*, it is easy to be extravagant with someone else's money; *essere — di lodi, cure*, to be prodigal (*o* lavish) with praise, care; *essere — di consigli verso qlcu.*, to be lavish with one's advice to s.o. (*o* to lavish one's advice on s.o.); *fu — di sorrisi per i fotografi*, he lavished smiles (*o* he lavishly bestowed smiles) on the photographers // *il figliuol* —, the prodigal son ◆ *s.m.* prodigal, spendthrift.

proditorio *agg.* treacherous.

prodomo → **pronao**.

prodotto *agg.* **1** produced: *articolo — in serie*, mass produced article // — *in Italia, Gran Bretagna*, made in Italy, Great Britain **2** (*esibito*) exhibited, produced: — *in giudizio, in tribunale*, produced in court ◆ *s.m.* **1** product; (*articolo*) item, article: *prodotti agricoli*, agricultural produce (*o* products), (*destinati al mercato*) cash crops; *prodotti industriali*, industrial products; *prodotti del sottosuolo*, mineral products; *prodotti di banco*, shelf items; *prodotti alimentari*, foodstuffs; *prodotti dell'artigianato*, handicraft; *prodotti tessili*, textiles; *prodotti di bellezza*, cosmetics; *prodotti farmaceutici*, pharmaceuticals (*o* pharmaceutical products); *prodotti di base, fondamentali*, primary (*o* staple) commodities; — *derivato, secondario*, by-product; *prodotti di seconda scelta*, seconds; — *di scarto*, waste product; — *ecologico*, eco-friendly product; — *grezzo*, unmanufactured product; — *semilavorato*, semi-finished (*o* half-finished) product; — *lavorato*, manufactured product; *prodotti finiti*, finished goods (*o* final products); — *finale*, end-product; *prodotti imitativi*, imitations (*o fam. amer.* me-too products); — *congiunto*, coproduct; — *esportato*, export; *gamma di prodotti*, product range; *prodotti etici*, ethical goods // (*econ.*): — *nazionale, estero*, home, foreign product; — *nazionale lordo* (abbr. PNL), gross national product (*abbr.* GNP); — *interno lordo* (abbr. PIL), gross domestic product (*abbr.* GDP); — *lordo*, gross output; — *netto*, net product // (*geol.*) — *per acro*, (*riferito a un campo petrolifero*) acre-yield **2** (*fig.*) (*risultato, frutto*) fruit, result, product; produce ⓤ: *il — delle mie fatiche*, the fruits of my labour; *questo è il — della tua pigrizia*, this is the result of your laziness; *un — dell'ingegno*, a work of the intellect; *un — dell'immaginazione*, a work of the imagination; *quest'opera è il — di un anno di ricerche*, this work is the fruit (*o* product) of a year of research **3** (*mat.*) product: — *interno*, inner product.

prodromo *s.m.* **1** warning sign, warning signal, premonitory sign: *i prodromi di una guerra*, the premonitory signs of war **2** (*med.*) prodrome, symptom.

producente *agg.* (*che ha effetti positivi*) productive; (*utile, vantaggioso*) fruitful: *una tattica* —, a productive strategy; *un altro tentativo può essere* —, another attempt may be fruitful.

producibile *agg.* producible, that can be produced.

producibilità *s.f.* producibility.

produrre *v.tr.* **1** (*generare, fruttare*) to produce; to yield; to bear*; to raise: (*di miniera*) to produce, to yield: *quest'albero non produce frutti*, this tree doesn't bear (*o* yield) any fruit; *questo terreno produce grano*, this land yields (*o* produces) corn; *un terreno che produce poco*, a piece of land that yields very little; *la Spagna produce razze pregiate di ovini*, Spain raises top breeds of sheep; *questa miniera produce molto carbone*, this mine produces (*o* yields) a lot of coal; — *calore*, to generate heat; *l'acqua bollendo produce vapore*, boiling water produces steam // *le ghiandole endocrine producono ormoni*, endocrinal glands produce (*o* secrete) hormones // *il XVI secolo ha prodotto grandi artisti*, (*fig.*) the 16th century produced a number of great artists // (*fin.*): — *un interesse*, to bear interest; — *utili*, to yield profits **2** (*fabbricare*) to produce, to make*, to manufacture, to turn out: *questa fabbrica produce articoli di porcellana*, this factory produces (*o* makes *o* manufactures) chinaware; *questa macchina può — centinaia di fogli di carta al minuto*, this machine can turn out hundreds of sheets of paper a minute; — *centinaia di automobili al giorno*, to produce (*o* to turn out) hundreds of cars a day // (*econ.*): — *in eccesso*, to overproduce; — *in quantità insufficiente*, to underproduce; — *in serie*, to mass-produce; — *industrialmente*, to manufacture **3** (*di scrittore, artista, produttore cinematografico ecc.*) to produce: *produce un romanzo all'anno*, he produces (*o* brings out) a novel every year; *questo scrittore ha prodotto poco negli ultimi anni*, this writer has produced very little in the last few years; — *una commedia, un film*, to produce a play, a film **4** (*causare, originare*) to cause, to give* rise to (sthg.), to produce: *l'esplosione fu prodotta dalla temperatura troppo alta*, the explosion was caused by the excessive temperature; *la pioggia produsse gravi danni*, the rain caused great damage; *alcuni cibi producono danni all'organismo*, some foodstuffs have (*o* produce) harmful effects on one's organism; *cadendo si è prodotto una ferita alla testa*, he fell and cut his head; *la sua condotta produsse molti guai*, his behaviour gave rise to a lot of trouble; — *l'effetto contrario*, to produce the opposite effect; — *un'emozione*, to cause (*o* to give rise to) excitement (*o* an emotion); — *un'impressione favorevole*, to produce (*o* to create) a favourable impression **5** (*esibire*) to show, to exhibit, to produce: — *il biglietto*, to show one's ticket; — *documenti*, to produce (*o* to exhibit) documents // (*dir.*): — *una prova*, to introduce a piece of evidence; — *un testimonio*, to produce (*o* to call *o* to bring forward) a witness.

□ **prodursi** *v.rifl.* (*esibirsi*) to appear: *si è prodotto in una delle sue migliori interpretazioni di Amleto*, he appeared in one of his best interpretations of Hamlet; *egli si produsse nella parte di Amleto*, he played Hamlet; — *sulla scena*, to appear on the stage ◆ *v.intr.pron.* (*accadere*) to happen, to occur, to come* about: *i mutamenti che si sono prodotti negli ultimi anni*, the changes that have come about in the last few years.

produttivistico *agg.* production (*attr.*), productional: *politica produttivistica*, production policy.

produttività *s.f.* productiveness, productivity, output: — *del lavoro*, productivity of labour; — *del capitale*, productivity of capital stock; *la — è nettamente calata*, productivity has dropped; *la — in fabbrica è in aumento*, output at the factory is increasing; *migliorare la* —, to increase productivity // (*econ.*): — *media*, average productivity; — *marginale*, marginal productivity.

produttivo *agg.* **1** productive; fruitful: *capacità produttiva della terra*, productive power of the soil; *vigna produttiva*, productive (*o* fruitful) vineyard **2** (*comm.*) (*che dà guadagno*) productive, production (*attr.*); (*che dà utili*) yielding, bearing: *il reparto — di una ditta*, the production sector of a firm; *ciclo* —, production cycle; *fattori produttivi*, productive factors; *investimento* —, profit-bearing investment; — *d'interesse*, interest-bearing; — *di reddito*, revenue-bearing; *azioni produttive di un dividendo*, shares yielding dividends (*o* dividend -yielding shares) // (*trib.*) *imposta fortemente produttiva*, highly productive tax.

produttore *agg.* **1** productive, producing: *paesi produttori*, productive (*o* producing) countries; *un paese — di petrolio*, oil-producing country // (*cinem.*) *casa produttrice*, producing company **2** (*che fabbrica*) manufacturing: *le industrie produttrici sono state denunciate*, the manufacturing industries have been taken to law ◆ *s.m.*, **produttrice** *s.f.* **1** producer: *dal — al consumatore*, from the producer to the consumer; *i produttori brasiliani di caffè*, the Brazilian coffee producers **2** (*fabbricante*) manufacturer; maker **3** (*cinem.*) producer **4** (*di azienda*) (*agente che procura clienti, contratti*) agent, representative, salesman*.

produttoria *s.f.* (*mat.*) product.

produzione *s.f.* **1** production; (*fabbricazione*) manufacturing: *la — del formaggio, della seta*, the production of cheese, of silk; *un terreno adatto alla — del grano*, a piece of land suitable for the production of corn; — *nazionale, estera*, home, foreign production (*o* manufacture); *articolo di — italiana*, Italian -made (*o* Italian-manufactured) article; *articolo di — straniera*, article of foreign manufacture; *merci di nostra* —, goods of our own production; *spese di* —, production expenses (*o* expenses of production); *tecnica di* —, manufacturing technique; *aumentare la* —, to increase (*o* to boost) production; *diminuire la* —, to cut (*o* to slow) down (*o* to reduce) production; *paralizzare la* —, to cripple production; *occuparsi dei problemi della* —, to deal with production problems // (*econ.*): — *eccessiva*, overproduction; — *efficiente*, streamlined production; — *in serie, di massa*, mass- (*o* standardized) production; — *in grande serie*, volume manufacturing; — *su larga scala*, large-scale production; — *in partecipazione*, joint production; — *indiretta*, indirect (*o* round-about) production; — *su commessa*, job production; *direttore di* —, production manager // (*fin.*) — *dei redditi*, income yield 2 (*quantità prodotta in un dato tempo da macchine, industrie ecc.*) production, output: — *oraria per lavoratore*, man-hour output; *la — annua di una fabbrica, di una miniera*, the annual output of a factory, of a mine; *la — di quest'anno dell'industria vinicola*, this year's output in the wine industry; *la — giornaliera di una macchina*, the daily output of a machine // — *globale*, aggregate output // *capacità di* —, production capacity 3 (*estens.*) (*opera prodotta dall'ingegno*) production: — *artistica, letteraria*, artistic, literary production; *la — teatrale di Pirandello*, Pirandello's theatrical production 4 (*cinem.*) production: *una nuova — di Walt Disney*, a new production by Walt Disney; *il film è una — italo-tedesca*, the film is an Italo-German production 5 (*esibizione*) exhibition, production: (*amm.*) — *di documenti*, exhibition (*o* production) of documents; (*dir.*) — *di un testimonio*, production (*o* calling) of a witness.

proemiale *agg.* (*lett.*) proemial, prefatory.

proemiare *v.intr.* (*non com.*) to compose a proem.

proemio *s.m.* (*lett.*) proem, preface, introduction // *senza* —, (*preamboli*) without preamble.

proenzima *s.m.* (*biochim.*) zymogen, proenzyme.

prof *s.m.* e *f.* (*fam.*) (*nel gergo studentesco, professore*) teacher.

profanamento → **profanazione**.

profanare *v.tr.* 1 to profane, to desecrate; (*violare*) to violate: — *un altare, una chiesa*, to profane (*o* to desecrate) an altar, a church; — *una tomba*, to violate a grave 2 (*fare uso indegno di*) to profane; to misuse, to debase: — *la memoria di qlcu.*, to profane s.o.'s memory; — *il nome di Dio*, to take the name of God in vain.

profanato *agg.* 1 profaned, desecrated; (*violato*) violated 2 (*usato indegnamente*) profaned, debased.

profanatore *agg.* profaning, desecrating; (*che viola*) violating ◆ *s.m.*, **profanatrice** *s.f.* profaner, desecrator; (*che viola*) violator.

profanazione *s.f.* profanation, desecration; (*violazione*) violation: *la — di un tempio*, the profanation of a temple.

profanità *s.f.* 1 profanity, profaneness 2 (*detto profano*) profanity.

profano *agg.* 1 (*non sacro, mondano*) profane; secular: *autore* —, profane author; *letteratura, storia, musica profana*, profane (*o* secular) literature, history, music 2 (*irriverente*) profane, irreverent: *linguaggio* —, profane language; *parole profane*, profane (*o* irreverent) words 3 (*inesperto*) ignorant (of sthg.): *essere — in un'arte, in una scienza*, to be ignorant of an art, of a science ◆ *s.m.* 1 (*cosa non sacra, mondana*): *non confondere il sacro col —!*, do not confound things sacred and profane! 2 (*persona inesperta*) layman*, outsider: *in fatto di medicina, filosofia sono solo un* —, as regards medicine, philosophy I am only a layman; *sono un — in pittura*, I am only a layman (*o* I'm no judge) so far as painting is concerned // *i profani*, the laity.

profase *s.f.* (*biol.*) prophase.

proferibile *agg.* utterable; mentionable: *parole non proferibili*, unmentionable words.

proferimento *s.m.* (*non com.*) utterance.

proferire *v.tr.* 1 to utter: *non proferì sillaba*, he did not utter (*o* speak) a word; *proferì alcune parole, poi uscì*, he uttered a few words, then he went out 2 (*pronunciare*) to pronounce: *non può — bene certe lettere*, he has difficulty in pronouncing some letters 3 (*pronunciare solennemente*) to pronounce: (*dir.*) — *una sentenza*, to pronounce a judgment.

proferta → **profferta**.

professante *agg.* professing, practising: *cattolico* —, practising Catholic.

professare *v.tr.* 1 to profess; to declare: *professa grande ammirazione per Rossini*, he professes great admiration for Rossini; — *il proprio amore a qlcu.*, to declare (*o* to profess) one's love to s.o.; — *una religione, una dottrina politica*, to profess a religion, a political belief // — (*i voti religiosi*), to profess 2 (*esercitare*) to practise: — *l'avvocatura, la medicina*, to practise law, medicine // *è medico, ma non professa*, he is a doctor, but he doesn't practise.

□ **professarsi** *v.rifl.* to profess oneself: *si professava nostro amico*, he professed himself our friend; — *democratico*, to profess oneself a democrat; — *innocente*, to profess one's innocence.

professatamente *avv.* professedly.

professionale *agg.* professional, vocational; (*derivante da una professione*) occupational: *attività* —, professional activity; *competenza, preparazione* —, professional competence, training; *addestramento* —, vocational training; *prestazione* —, professional service; *reddito* —, professional income // *albo* —, register (*o* roll) // *segreto* —, professional secrecy // *malattia* —, occupational (*o* industrial) disease // *rischio* —, occupational hazard // *scuole professionali*, vocational schools // *cinepresa, microscopio* —, cinecamera, microscope used by professionals.

professionalità *s.f.* professionalism: *manca totalmente di* —, he lacks any professionalism.

professionalizzare *v.tr.* to professionalize, to make* professional; to give* (s.o.) professional training: — *un'attività*, to professionalize an activity; — *un lavoratore*, to give professional training to a worker.

□ **professionalizzarsi** *v.rifl.* to become* professional: *è un settore in cui è meglio* —, it's a sector in which it is better to acquire professional training.

professionalizzazione *s.f.* professionalization.

professione *s.f.* 1 profession; (*occupazione*) occupation, job: *la — dell'avvocato, del medico, dell'insegnante*, the profession of a lawyer, of a doctor, of a teacher; *che — esercita tuo fratello?*, what is your brother by profession? (*o* what is your brother's profession?); *svolgere la — di ingegnere*, to be an engineer by profession; *esercitare una* —, to practise a profession; *scegliere una* —, to take up (*o* to choose) a profession // *libera* —, free profession // *di* —, by profession: *è cantante, pittore di* —, he is a singer, a painter by profession (*o* he is a professional singer, painter); *è un bugiardo, un imbroglione di* —, (*iron.*) he's a professional liar, cheat // *la — più antica del mondo*, the oldest profession in the world 2 (*dichiarazione*) profession: — *di fede, di amicizia*, profession of faith, of friendship // — *religiosa*, religious profession.

professionismo *s.m.* 1 professionalism, professional competence: *ha dato prova di* —, he gave a demonstration of professional competence 2 (*sport*) professionalism: *passare al* —, to turn professional.

professionista *s.m.* e *f.* 1 professional man; (*donna*) professional woman: *libero* —, professional man 2 (*sport*) professional: *i professionisti del calcio*, professional footballers 3 (*estens.*) (*persona esperta*) professional: *i ladri si sono dimostrati dei professionisti*, they appear to have been professional thieves ◆ *agg.* professional: *ragioniere* —, professional accountant.

professionistico *agg.* 1 professional: *associazione professionistica*, professional association 2 (*sport*) professional: *un torneo* —, a professional tournament.

professo *agg.* e *s.m.* (*eccl.*) professed: *monaca professa*, professed nun // *i professi*, the professed.

professorale *agg.* 1 professorial: *esperienza* —, teaching experience 2 (*iron.*) pedantic, donnish, professorial: *tono* —, professorial tone.

professorato *s.m.* (*non com.*) professorship.

professore *s.m.* 1 teacher; (school-)master; (*titolare di cattedra universitaria*) professor: — *di diritto, di medicina*, professor of law, of medicine; — *di disegno, matematica*, drawing, maths teacher (*o* master); — *di danza*, dancing teacher; — *incaricato*, (*universitario*) lecturer (*o amer.* assistant professor); — *ordinario*, (*universitario*) professor // *il Professor Brown*, (*ordinario di università*) Professor Brown; (*insegnante*) Mr Brown // *ne sa quanto un* —, (*scherz.*) he is a walking encyclopedia // *non fare il* —, don't be pedantic 2 (*mus.*) instrumentalist: *è un — d'orchestra del Covent Garden*, he is a member of the Covent Garden orchestra.

professoressa *s.f.* 1 teacher; (*titolare di cattedra universitaria*) (lady) professor: — *incaricata*, (*universitaria*) lecturer; *è — di piano*, she teaches the piano 2 (*iron.*) (*donna saccente*) bluestocking.

professorino *s.m.* young inexperienced teacher.

professorone *s.m.* (*iron.*) egghead, high brow: *non sopporto tutti quei professoroni che frequenta*, I can't stand all those eggheads he goes around with.

profeta *s.m.* 1 prophet: *il — Isaia*, the prophet Isaiah; *i profeti minori*, the minor prophets // *il Profeta*, (*Maometto*) the Prophet 2 (*chi prevede il futuro*) prophesier, prophet: *fare il* —, to be a prophet (*o* to foretell the future); *sei stato un vero — in questo*, you really had second sight in this // *non vorrei essere cattivo* —, I don't wish to be a Cassandra // *nessuno è — in patria*, (*prov.*) no man is prophet in his own country.

profetare *v.tr.* to prophesy, to predict, to foretell*: *profetò la sua futura grandezza*, she prophesied his future greatness ◆ *v.intr.* to prophesy, to predict.

profetessa *s.f.* prophetess.

profetico *agg.* prophetic(al): *i libri profetici della Bibbia*, the prophetic books of the Bible; *fare un sogno* —, to have a prophetic dream.

profetismo *s.m.* prophetism: *il — ebraico*, Hebrew prophetism.

profetizzare *v.tr.* to prophesy, to predict, to forecast*, to foretell*: — *un evento*, to predict (*o* to prophesy) an event; — *la rovina di qlcu.*, to predict (*o* to forecast) s.o.'s downfall ♦ *v.intr.* to prophesy, to predict.

profettizio *agg.* (*dir.*) profectitious.

profezia *s.f.* prophecy: *le profezie si sono avverate*, the prophecies were fulfilled; *ella ha il dono della* —, she has the gift of prophecy; *crede alle profezie degli indovini*, she believes in the prophecies of clairvoyants.

profferire *v.tr.* (*letter.*) to proffer, to offer: — *cibo, aiuto, consigli*, to offer food, help, advice.

□ **profferirsi** *v.rifl.* to offer oneself.

profferta *s.f.* (*letter.*) offer: *accettò le mie profferte d'aiuto*, he accepted my offer of help.

proficuità *s.f.* (*non com.*) profitableness.

proficuo *agg.* profitable, profit-bearing, fruitful: *attività proficua*, profitable activity; *affare* —, profit-bearing deal; *speculazione proficua*, profitable speculation.

profilamento *s.m.* (*non com.*) outlining, profiling.

profilare *v.tr.* **1** (*ritrarre in profilo*) to draw* in profile, to represent in profile, to profile; (*delineare*) to delineate **2** (*fig.*) to outline, to profile: — *un personaggio*, to outline a character **3** (*orlare, filettare*) to edge, to border, to trim: — *un abito di velluto*, to trim (*o* to border) a dress with velvet **4** (*mecc.*) to profile.

□ **profilarsi** *v.intr.pron.* **1** to be outlined, to stand* out (in profile): *le montagne si profilavano nell'azzurro del cielo*, the mountains stood out (*o* were outlined) against the blue sky; — *all'orizzonte*, to be outlined against the horizon: *il castello si profila all'orizzonte*, the castle is outlined against the horizon **2** (*fig.*) to loom, to be imminent: *si profila una nuova crisi di governo*, another government crisis is looming (*o* is imminent).

profilassi *s.f.* (*med.*) prophylaxis.

profilato *agg.* **1** (*delineato in contorno*) outlined, clear-cut **2** (*orlato*) edged, bordered, trimmed: — *d'oro*, edged with gold; *un abito* — *di velluto*, a dress trimmed with velvet ♦ *s.m.* (*metall.*) section bar, draw piece: — *a bulbo*, bulb iron; — *a L*, angle iron (*o* angle); — *a doppio T*, H bar (*o* I bar); — *a T*, T bar; — *a U*, channel; — *di acciaio*, steel section; — *leggero*, light section bar; — *normale*, standard section bar; — *per costruzioni navali*, shipbuilding section bar; — *speciale*, shape.

profilatoio *s.m.* profiling chisel.

profilatrice *s.f.* forming machine: — *a rulli*, roll forming machine.

profilattico *agg.* (*med.*) prophylactic: *misura profilattica*, prophylactic (measure) ♦ *s.m.* (*preservativo*) prophylactic, condom.

profilatura *s.f.* **1** (*orlatura per abito*) edging, bordering, trimming **2** (*mecc.*) profiling, forming: — *al tornio*, profile turning.

profilite *s.f.* (*min.*) prophylite.

profillo *s.m.* (*bot.*) prophyll, prophyllum (*pl.* -la).

profilo *s.m.* **1** (*linea di contorno*) outline, contour: *il* — *di una catena di montagne*, the outline of a mountain range **2** (*volto visto di fianco*) profile: *un* — *delicato*, a delicate profile; *ha un bel* —, she has a beautiful profile // *di* —, in profile; *vista di* — *sembra bella*, seen in profile she seems beautiful; *rappresentare, disegnare di* —, to represent, to draw in profile **3** (*disegno, dipinto*) profile (drawing): *eseguire il* — *di qlcu.*, to draw (*o* to paint) s.o.'s profile **4** (*fig.*) (*breve studio critico-biografico*) monograph; sketch; (*descrizione nei tratti essenziali*) profile: *ha pubblicato un bel* — *del Leopardi*, he published an excellent monograph on Leopardi; *scrivere il* — *di ogni alunno*, to draw a profile of each student // *sotto il* — *di*, from the point of view of: *sotto il* — *giuridico*, from the legal point of view; *sotto un certo* — *non hai tutti i torti*, from a certain point of view you're not wrong // (*comm.*) — *delle vendite*, sales pattern **5** (*sartoria*) trimming, edging **6** (*geol.*) profile **7** (*arch.*) profile, section **8** (*tecn.*) profile, contour, section // (*aer.*): — *alare*, wing profile; *resistenza di* —, profile drag // (*mecc.*): — *dell'eccentrico*, cam contour; — *longitudinale*, longitudinal section; *dente con* — *a evolvente*, involute tooth.

profittare *v.intr.* **1** (*trar profitto*) to profit (from, by s.o., sthg.), to take* advantage, to avail oneself; (*abusare*) to take* (undue) advantage: *dovresti* — *di questa liquidazione*, you should take advantage of this sale; — *dell'amicizia*, to take (undue) advantage of friendship; — *dei consigli di qlcu.*, to profit by s.o's advice; — *di un'occasione*, to avail oneself of (*o* to seize) an opportunity **2** (*progredire*) to progress, to make progress: — *negli studi*, to make progress in one's studies **3** (*bot.*) (*allignare*) to thrive*.

profittatore *s.m.* **profittatrice** *s.f.* profiteer; (*sfruttatore*) exploiter, shark: — *di guerra*, war profiteer ♦ *agg.* profiteering, exploiting.

profittevole *agg.* (*letter.*) profitable, fruitful.

profitto *s.m.* **1** profit, advantage, benefit: *sa trarre* — *da ogni circostanza*, he knows how to take advantage of any circumstance; *ha frequentato con* — *un corso di dizione*, he has profited from a course in elocution; *mettere a* — *qlco.*, to turn sthg. to account (*o* profit): *metti a* — *la tua conoscenza dell'inglese*, make good use of your English; *studiare con* —, to study with profit; *trarre* — *da qlcu., qlco.*, to profit by (*o* from) s.o., sthg.: *è un'esperienza da cui puoi trarre* —, it's an experience that you can profit from (*o* by) **2** (*econ.*) profit, gain; (*utile*) yield, earnings (*pl.*), return; (*ricavato, provento*) proceeds (*pl.*): *ha ricavato un buon* — *da quell'affare*, he made a good profit on (*o* out of) that transaction; *trarre* — *da un'attività economica*, to thrive on an economic activity; *vendere con* —, to sell at a profit; — *aleatorio*, contingent profit; — *aziendale*, corporate profit; *profitti e perdite*, profit and loss; *profitti illeciti*, illegal profits (*o* earnings); *profitti di gestione*, operating profits; *profitti di guerra*, war profits; — *lordo, netto*, gross, net profit; — *marginale*, marginal profit; *sovra* —, excess (*o* surplus) profit // (*fin.*) — *sul capitale, sugli investimenti*, return on capital, on investments // *che dà profitti*, profit-making.

profluvio *s.m.* **1** overflow **2** (*med.*) discharge **3** (*grande abbondanza*) flood, flow, spate, superabundance: *un* — *di lacrime, di parole*, a flood of tears, of words.

profondamente *avv.* deeply, deep, profoundly: — *addormentato*, sound (*o* fast) asleep; — *commosso*, deeply moved (*o* touched); — *grato*, deeply (*o* profoundly) grateful; *sono* — *interessato a quella nuova scoperta*, I am deeply interested in that new discovery; *dormire* —, to sleep soundly (*o* like a log); *odiare qlcu.* —, to hate s.o. intensely; *piantare un palo* — *nel terreno*, to drive a pole deep into the ground.

profondare *v.tr.* (*ant., letter.*) **1** (*rendere profondo*) to deepen: — *un canale, un fosso*, to deepen a canal, a ditch **2** (*affondare*) to sink*: — *una nave*, to sink a ship ♦ *v.intr.* (*rar.*) to sink*: *il legno non profonda nell'acqua*, wood does not sink in water.

□ **profondarsi** *v.rifl.* o *intr.pron.* (*letter.*) (*immergersi*) to become absorbed, to become* immersed: *si profondò nei suoi pensieri*, he became absorbed in his thoughts.

profondere *v.tr.* to lavish (on sthg.); (*denaro, scialacquarlo*) to squander, to waste: *profuse la sua ricchezza nell'attività politica*, he lavished all his wealth on politics; — *lodi, parole*, to lavish praise, words; *ha profuso tutte le sue energie in quel lavoro*, he lavished all his energy on that job.

□ **profondersi** *v.intr.pron.* to be lavish (with, in sthg.), to be prodigal (of sthg.): *si profondeva sempre in lodi*, he was always lavish with (*o* in his) praise; *quando lo seppe si profuse in ringraziamenti*, when he found out he thanked everybody profusely; *si è profuso in scuse*, he apologized profusely.

profondimetro *s.m.* (*mecc.*) depth gauge.

profondità *s.f.* depth, deepness; profundity: *la* — *del mare*, the depth of the sea; *la* — *del suo sapere*, the depth (*o* profundity) of his knowledge; *la* — *del suo sentimento*, the deepness (*o* depth) of his feeling; *la* — *di un fiume, pozzo*, the depth of a river, well; *scesero a una* — *di 100 metri*, they descended to a depth of 100 metres; *la* — *di un suono, colore*, the deepness of a sound, colour; *nella* — *della notte*, in the depth(s) of night; *questo stagno ha una* — *di dieci piedi*, this pond is ten feet deep // *in* —, deeply: *il proiettile si è conficcato in* —, the bullet has penetrated deeply // (*mar.*): *bomba di* —, depth bomb; *carico di* —, depth charge // (*sport*) *passaggio in* —, deep pass // (*fot.*) — *di campo*, depth of field // (*oceanografia*) *misura, misurazione di* —, sounding.

profondo *agg.* **1** profound, deep: *un lago, fiume, mare* —, a deep lake, river, sea; *qui l'acqua è profonda un metro*, the water is a metre deep here; *non è molto* —, *si tocca*, it's not very deep, you can touch the bottom; *quant'è profonda qui l'acqua?*, how deep is the water here?; *profonda conoscenza, malinconia*, profound (*o* deep) knowledge, melancholy; — *dolore, interesse, pensiero, mistero*, deep (*o* profound) sorrow, interest, thought, mystery; — *pensatore*, deep (*o* profound) thinker; *colore* —, deep (*o* dark) colour; *silenzio* —, deep (*o* profound) silence; *un sospiro, suono* —, a deep sigh, sound; *un uomo di profonda cultura*, a man of profound (*o* deep) learning; *voce profonda*, deep (*o* low) voice; *cadde in un sonno* —, he fell into a deep (*o* profound) sleep // *ferita profonda*, deep wound // *un viaggio nel* — *sud*, a trip to the deep south // (*astr.*) *spazio* —, deep space **2** (*che ha profonde radici*) deep-rooted: *una profonda antipatia*, a deep-rooted dislike; *un sentimento, amore* —, a deep-rooted feeling, love.

profondo *s.m.* depth: *nel* — *della notte*, at dead of night; *nel* — *del mio cuore*, at the bottom of my heart; *un mostro che veniva dal* — *del mare*, a monster which came from the depths of the sea // *psicologia del* —, depth psychology.

pro forma *agg.* e *avv.* (*lat.*) pro-forma; (*superficiale, formale*) perfunctory: *esame* —, perfunctory examination; (*comm.*) *fattura* —, pro-forma invoice ◆ *s.m.* formality: *l'esame è solo un* —, the exam is only a formality.

profugo *agg.* e *s.m.* refugee: — *politico*, political refugee; *popolazione profuga*, refugee population.

profumare *v.tr.* to perfume; to scent; to spray scent on (s.o., sthg.): *profumò la lettera prima di spedirla*, she put scent on the letter before sending it; — *una stanza, l'aria*, to scent a room, the air ◆ *v.intr.* to smell*, to be fragrant: *come profumano questi fiori!*, how sweet these flowers smell (*o* how fragrant these flowers are)!; *la terrazza profumava di rose*, the terrace was fragrant with roses.

□ **profumarsi** *v.rifl.* to put* on scent; to spray scent on oneself: *si profumò e uscì*, she put on some scent and went out.

profumatamente *avv.* 1 (*generosamente*) generously, liberally, handsomely: *fu pagato* —, he was handsomely paid 2 (*ad alto prezzo*) dearly, at a high price: *l'ho pagato* —, I have paid dearly for it.

profumato *agg.* 1 fragrant, sweet-smelling; (*impregnato di profumo*) scented, perfumed: *fazzoletto* —, scented handkerchief; *fiori profumati*, sweet-smelling (*o* fragrant) flowers; *sali profumati*, smelling salts 2 (*caro, costoso*) dear, expensive: *prezzi profumati*, dear prices.

profumeria *s.f.* 1 (*negozio del profumiere*) perfumery, perfume shop 2 (*l'arte del profumiere*) perfumery; (*insieme di profumi*) perfumes (*pl.*), scents (*pl.*).

profumiera *s.f.* 1 (*vaso*) perfume bottle 2 (*chi vende profumi*) perfume seller.

profumiere *s.m.* perfumer.

profumiero *agg.* perfume (*attr.*): *industria profumiera*, perfume industry.

profumista *s.m.* e *f.* perfumer, perfume maker.

profumo *s.m.* perfume; scent; (*fragranza*) fragrance, sweet smell (*anche fig.*): *il — di un fiore*, the scent of a flower; *che buon — manda questo arrosto!*, how good this roast meat smells!; *che buon — manda questo fiore!*, how sweet this flower smells!; *mettiti il* —, put on some perfume (*o* scent); *che — usi?*, what perfume do you use?; *fabbrica profumi*, he makes perfumes; *scritti che hanno un — di antichità*, (*fig.*) writings with and odour of antiquity; *senza* —, scentless (*o* odourless).

profusamente *avv.* 1 profusely, abundantly 2 (*diffusamente*) at (great) length; (*dettagliatamente*) in detail: *trattò — di questo argomento*, he spoke at length on this subject.

profusione *s.f.* profusion, over-abundance: *una — di doni, lodi, ringraziamenti*, a profusion of gifts, praise, thanks; *una — di parole*, a torrent of words; *c'erano fiori a* —, there were flowers in profusion (*o* in plenty); *dare, comperare, ordinare, spendere a* —, to give, to buy, to order, to spend lavishly; *distribuiva mance a* —, he handed out tips lavishly.

profuso *agg.* profuse, lavished, spent (*anche fig.*): *un'enorme somma profusa in beneficenza*, an enormous sum spent on charity; *lodi profuse*, extravagant (*o* profuse) praises; *le energie profuse in quel lavoro sono enormi*, the energies spent (*o* lavished) on that work are immense.

progenie *s.f.* (*letter.*) 1 (*stirpe*) progeny, issue, descendants (*pl.*), (*di pesci, molluschi ecc.*) spawn // *la — di Adamo*, the human race 2 (*spreg.*) (*genia*) tribe, pack, gang.

progenitore *s.m.* 1 ancestor, progenitor: *i nostri progenitori*, our ancestors 2 (*zool.*) sire (*spec. di stallone*).

progenitrice *s.f.* ancestress, progenitress.

progesterone *s.m.* (*biochim.*) progesterone.

progestina *s.f.* (*biochim.*) progestin.

progestinico *agg.* (*biochim.*) progestinal, progestogenic.

progettare *v.tr.* 1 to plan: *sto progettando di partire per la Spagna*, I am planning to leave for Spain; — *una gita*, to plan a trip; — *una fuga*, to plan an escape 2 (*tecn.*) (*fare un progetto di massima*) to design; (*fare un progetto esecutivo*) to plan: — *una casa*, to plan a house; — *un complesso industriale*, to plan an industrial complex.

progettatore *s.m.* designer, planner // *la società progettatrice della diga è francese*, the company which designed the dam is French.

progettazione *s.f.* design [U], designing: *un concorso per la — di un ospedale*, a competition for the design of a hospital; — *di impianti*, design of manufacturing plants; *la nuova autostrada è in (fase di)* —, the new motorway is in the planning stage // (*inform.*): — *automatizzata*, computer-aided design; — *mediante elaboratore*, computer-aided (*o* computer -assisted) design (*abbr.* CAD); — *e produzione supportata dall'elaboratore*, computer-assisted design and manufacturing (*abbr.* CAD/CAM) // (*econ.*) — *industriale*, industrial planning.

progettista *s.m.* e *f.* planner; designer.

progettistica *s.f.* design, designing, planning.

progettistico *agg.* planning, design (*attr.*).

progetto *s.m.* plan; project; design: *il — di una casa, una strada, un ponte*, the plan of a house, a road, a bridge; *il — governativo di mantenere l'attuale tariffa*, the government's plan to maintain the present tariff; *dimmi i tuoi progetti*, tell me your plans; *è in — la costruzione di una nuova scuola*, the construction of the new school is being planned; *far progetti*, to make plans (*o* to plan) // — *di legge*, bill // (*econ.*): — *di bilancio*, draft budget; — *di contratto*, draft contract; — *industriale*, industrial design; — *di spesa in conto capitale*, capital expenditure project; — *di finanziamento*, financial scheme.

progettuale *agg.* project, planning, design (*attr.*): *fase* —, planning stage.

proglottide *s.f.* (*zool.*) proglottis*.

prognatismo *s.m.* (*anat.*) prognathism.

prognato *agg.* (*anat.*) prognathous.

prognosi *s.f.* (*med.*) prognosis*: *il ferito è ancora in — riservata*, the injured man is still on the danger list // *sciogliere la — di qlcu.*, to take s.o. off the danger list.

prognosticare → **pronosticare**.

prognostico *agg.* (*med.*) prognostic.

programma *s.m.* 1 (*piano, progetto*) plan, programme; (*amer.*) program; schedule; scheme: — *di lavoro*, work programme; — *di ricerca*, research programme; (*pol.*) — *elettorale*, electoral programme (*o* election platform); (*amm.*) — *di pensionamento*, pension scheme; — *di addestramento*, training programme; — *di produzione*, production schedule; — *di spesa*, disbursement plan; — *di vendite*, sales programme; — *di sviluppo*, development programme; — *operativo*, operating programme (*o* strategy); *che — hai per domani?*, what are your plans for tomorrow?; *secondo il — dovremmo essere già a Roma*, according to the programme we should already be in Rome; *mettere in* —, to schedule; *faremo una fermata fuori* —, we'll make an unscheduled stop // *non ho in — di partire domani*, I don't plan to leave tomorrow 2 (*a scuola*) syllabus, programme: *riusciremo a finire il — di storia*, we will succeed in completing the history syllabus; *il — di latino è molto difficile*, the Latin syllabus is very hard; *svolgere un* —, to carry out a programme 3 (*di spettacolo, manifestazione*) programme, schedule: *il — della mostra cinematografica è molto interessante*, the film festival programme is very interesting; *il — delle corse*, race-card // *i programmi della sera*, the evening's programmes // *fuori* —, unscheduled: *un cartone animato fuori* —, an unscheduled cartoon 4 (*inform.*) program; routine: — *applicativo*, application routine (*o* problem program); — *ad alta priorità*, foreground program; — *automatico*, automatic routine; — *compilatore*, — *traduttore*, processor; — *di assemblaggio*, assembler; — *di chiamata del compilatore*, — *guida*, prompter; — *di canale*, channel program; — *di comando*, — *gestione*, software driver; — *di diagnosi*, diagnostic program; — *di messa a punto*, debugging package; — *di redazione*, report writer; — *di scrittura*, writer; — *di traduzione*, compiler; — *di utilità*, utility program (*o* facility); — *di valutazione prestazioni*, benchmark program; — *elaborativo*, processing program; — *in binario*, binary; — *in corso di esecuzione*, program in operation; — *non prioritario, secondario*, background program; — *per la gestione*, manager; — *supervisore*, supervisor; — *tabulatore*, electronic spreadsheet; *programmi (applicativi)*, application software; *programmi di gestione commerciale*, (IBM) business application; *programmi pronti per l'uso*, package.

programmabile *agg.* programmable.

programmare *v.tr.* 1 to plan, to programme, (*amer.*) to program; to schedule: — *un viaggio*, to plan a trip; (*econ.*) — *la produzione*, to plan production; (*econ.*) — *un piano di investimenti*, to plan investments // *all'Odeon programmano 'Guerre Stellari'*, at the Odeon they are showing 'Star Wars' 2 (*inform.*) to schedule; to program; to code.

programmatico *agg.* programmatic, of a programme.

programmato *agg.* planned, programmed; scheduled: *è un viaggio — da tempo*, it's a journey planned some time ago // *economia programmata*, planned economy.

programmatore *s.m.* 1 planner 2 (*inform.*) programmer 3 (*elettr.*) timer.

programmazione *s.f.* 1 programming, planning, scheduling: *la — del lavoro è compito nostro*, the planning of the work is our job; *un film di futura* —, a scheduled film; *il film è in — all'Odeon*, the film is showning at the Odeon 2 (*econ.*) planning, scheduling: — *lineare*, (*nella ricerca operativa*) linear programming; — *economica*, economic planning; — *produttiva*, production planning; — *dei pro-*

fitti, profit planning; — *delle vendite*, sales planning; — *del lavoro*, work planning **3** (*inform.*) programming; coding: — *eseguita, realizzata dal programmatore*, hand coding; — *in linguaggio macchina*, absolute programming (*o* coding); — *lineare*, linear programming; — *tandem*, (IBM) dual programming.

programmista *s.m.* e *f.* **1** programmer, planner **2** (*annunciatore*) (programme) announcer.

progredire *v.intr.* **1** to advance: *i soldati progredivano lentamente verso le posizioni nemiche*, the soldiers were slowly advancing towards the enemy positions **2** (*fig.*) to get* on, to progress; (*far progressi*) to make* progress: *il lavoro non progredisce*, the work is not progressing; *il mio libro progredisce lentamente*, my book is making slow progress **3** (*fig.*) (*migliorare*) to improve, to progress, to make* progress: *nell'ultimo anno ha progredito molto*, he has made a lot of progress in the last year.

progredito *agg.* **1** advanced: *studi progrediti*, advanced studies; *un livello tecnologico* —, an advanced level of technology **2** (*civile*) civilized: *nazioni progredite*, civilized countries.

progressione *s.f.* progression: — *aritmetica, geometrica*, arithmetic, geometric progression; (*mus.*) — *ascendente*, ascending progression; *la difficoltà degli esercizi è in* —, the exercises get progressively more difficult; (*trib.*) — *dell'imposta*, tax scale.

progressismo *s.m.* progressivism.

progressista *agg.* progressive: *idee progressiste*, progressive ideas; *partito, politica* —, progressive party, policy ◆ *s.m.* e *f.* (*pol.*) progressive, progressivist.

progressistico *agg.* (*non com.*) progressive.

progressività *s.f.* progressiveness, progressivity: (*trib.*) *la — dell'imposizione fiscale*, the progressive rate of taxation.

progressivo *agg.* progressive: *ordine, sviluppo, aumento* —, progressive order, development, increase; (*mat.*) *numero* —, progressive number; (*fis.*) *onda progressiva*, progressive (*o* travelling) wave; (*tip.*) *prove progressive* (*per la stampa a colori*), progressive proofs // (*med.*): *malattia progressiva*, progressive disease; *paralisi muscolare progressiva*, progressive muscular atrophy (*o* progressive paralysis) // (*trib.*): *imposta progressiva*, progressive tax; *imposta progressiva sul reddito*, graduated income tax.

progresso *s.m.* progress [U], advance; (*perfezionamento*) improvement: *il — della civiltà, della scienza*, the progress (*o* advance) of civilization, of science; *il — dei lavori*, the progress of work; (*comm.*) — *nelle vendite*, increase in sales; *il — di una malattia*, the progress of a disease; *non si è registrato alcun* —, no progress (*o* headway) has been made; *credere nel* —, to believe in progress; *non puoi arrestare il* —, you can't stop progress; *un paese sulla via del* —, a developing country; *fare progressi in qlco.*, to make progress (*o* headway) in sthg. (*o* to improve in sthg.): *ha fatto notevoli progressi in tedesco*, he has made a great deal of progress in German.

proibire *v.tr.* **1** to forbid*; to prohibit: *gli fu proibito di parlare*, he was forbidden (*o* he was not allowed) to speak; *gli proibirono di fumare*, he was forbidden to smoke; *la legge proibisce l'importazione e la vendita di questi articoli*, the law prohibits the import and sale of these articles; *il medico mi ha proibito il vino*, the doctor has told me I mustn't drink wine; *mi si proibisce di vederlo*, I am not allowed to see him; *ti proibisco di uscire*, I forbid you to go out **2** (*impedire*) to prevent, to hinder: *i venti ci proibiscono di navigare*, the winds are preventing us from sailing; — *la libertà dei movimenti*, to prevent freedom of movement.

proibitivo *agg.* prohibitive: *prezzi proibitivi*, prohibitive prices; *le condizioni proibitive del tempo*, the terrible weather // (*trib.*) *dazio* —, prohibitive duty.

proibito *agg.* **1** forbidden: — *dalla legge*, forbidden by law (*o* outlawed); *armi proibite*, forbidden weapons; *frutto* —, forbidden fruit; *libri proibiti*, books on the Index (*o* forbidden books); *una manifestazione proibita*, a banned demonstration // — *fumare*, no smoking; *è — entrare*, you mustn't go in, (*su porta, cartello ecc.*) no entry (*o* no admittance); *è — disturbarlo mentre è in riunione*, it's not permitted to disturb him during a meeting // *sogni proibiti*, impossible dreams // (*boxe*) *colpo* —, illegal (*o* low) blow **2** (*econ.*) prohibited: *merci, importazioni, esportazioni proibite*, prohibited goods, imports, exports.

proibitorio *agg.* (*non com.*) prohibitory.

proibizione *s.f.* prohibition: — *legale*, legal prohibition.

proibizionismo *s.m.* prohibitionism.

proibizionista *agg.* e *s.m.* e *f.* prohibitionist: *movimento* —, prohibitionist movement; *stato* —, (*amer.*) dry state.

proibizionistico *agg.* prohibitionist (*attr.*), (*amer.*) dry: *regime* —, prohibitionist system.

proiettare *v.tr.* **1** to project, to cast*, to throw*: *ogni corpo proietta un'ombra*, every solid body casts (*o* projects) a shadow; *il sole proietta i suoi raggi sulla terra*, the sun projects (*o* casts) its beams on the earth // *nell'incidente fu proiettato fuori dall'auto*, in the accident he was thrown out of the car // — *le proprie aspirazioni sui figli*, (*fig.*) to project one's ambitions onto one's children **2** (*cinem.*) to show*, to screen: *il fim sarà proiettato la settimana ventura*, the film will be shown next week; — *diapositive sul muro*, to project slides on the wall **3** (*mat.*) to project: — *una figura*, to project a figure.

□ **proiettarsi** *v.intr.pron.* to be projected, to be cast: *un'ombra si proiettava sul muro*, a shadow fell (*o* was cast) on the wall ◆ *v.rifl.* to throw* oneself.

proiettile *s.m.* bullet; projectile; shell; shot: *il — lo colpì al petto*, the bullet struck him in the chest; *la pietra lo colpì come un* —, the stone struck him like a bullet; — *a mitraglia*, canister (shot); — *a razzo*, rocket missile; — *atomico*, atomic shell; — *illuminante*, star shell; — *incendiario*, incendiary shell; — *inesploso*, dud; — *perforante*, armour-piercing shell; — *pieno*, solid shell; — *tracciante*, tracer bullet (*o* shell).

proiettività *s.f.* (*mat.*) projectivity.

proiettivo *agg.* projective, projectional: (*mat.*) *piano, spazio* —, projective plane, space; (*psic.*) *atteggiamento* —, projective attitude.

proietto *s.m.* **1** (*mil.*) projectile **2** *pl.* (*geol.*) ejecta: *proietti vulcanici*, volcanic ejecta.

proiettore *s.m.* **1** (*fis.*, *elettr.*) projector, searchlight, floodlight, spot(light): — *a fascio stretto, puntiforme*, baby spot; — *a raggi infrarossi*, infrared searchlight; — *ellissoidale*, ellipsoidal floodlight (*o* spotlight); — *sonar*, sonar projector; — *sonoro, acustico*, sound projector **2** (*aut.*) *proiettori abbaglianti*, high-beams; *proiettori anabbaglianti*, dipped headlights; *proiettori fendinebbia*, fog lights; — *di retromarcia*, backup light **3** (*cinem.*) — *cinematografico*, motion-picture projector **4** (*fot.*) — *per diapositive*, slide projector.

proiezione *s.f.* **1** projection: *la — di un'ombra*, the projection of a shadow; — *azimutale, cartografica*, azimuthal, map projection; — *cilindrica, conica*, cylindrical, conical projection; *la — di una figura su un piano*, the projection of a figure on a plane; — *gnomonica*, gnomonic projection; — *polare, policonica*, polar (map), polyconic (map) projection; — *ortogonale*, orthogonal projection; — *prospettica*, perspective projection // (*fis.*) *forza di* —, projectile force **2** (*fot., cinem., tv*) projection: *sala di* —, projection room **3** (*spettacolo cinematografico*) showing: *la — del film è stata rimandata*, the showing of the film has been postponed // *conferenza con proiezioni* (*di film*), lecture and film show; *le nostre lezioni di geografia sono illustrate da proiezioni* (*di diapositive*), our geography lessons are illustrated by slides **4** (*stat.*) projection: — *demografica*, population projection; *alcune proiezioni sui risultati elettorali*, some projections of the election results **5** (*med., psic.*) projection.

proiezionista *s.m.* (*operatore cinematografico*) operator.

prolabio *s.m.* (*anat.*) prolabium.

prolammina *s.f.* (*biochim.*) prolamin(e).

prolassato *agg.* (*med.*) prolapsed.

prolasso *s.m.* (*med.*) prolapse, prolapsus (*pl.* -pses): — *dell'utero*, prolapse of the uterus.

prolattina *s.f.* (*biochim.*) prolactin, luteotropic hormone.

prole *s.f.* children; issue (*anche dir.*); offspring, progeny: *una coppia senza* —, a childless couple; *essere sposato senza* —, to be married without children; *ha una — numerosa*, he has a large family; (*scherz.*) *come sta la tua —?*, how are your children?

prolegato *s.m.* (*st. eccl.*) prolegate, prolegatus.

prolegomeni *s.m.pl.* (*lett.*) prolegomena.

prolepsi, **prolessi** *s.f.* (*ret.*) prolepsis*.

proletariato *s.m.* proletariat(e); (*condizione e classe*) proletarianism: — *industriale*, industrial proletariat; *il* —, the workers (*o* the working class).

proletario *agg.* proletarian, proletary: *lotta proletaria*, proletarian (*o* working class) struggle; *classe proletaria*, working class ◆ *s.m.* proletarian.

proletarizzare *v.tr.* (*non com.*) to proletarianize.

□ **proletarizzarsi** *v.intr.pron.* to become* proletarianized.

proletarizzazione *s.f.* proletarianization: *la — dei contadini*, the proletarianization of the peasants.

prolettico *agg.* (*ret.*) proleptic.

proliferare *v.intr.* to proliferate, to multiply (*anche fig.*): *le iniziative di aiuto proliferano*, initiatives of help are proliferating; *in questa zona proliferano i fast food*, fast food restaurants are springing up everywhere in this area.

proliferazione *s.f.* proliferation (*anche biol.*); springing up: *la — di associazioni sportive*, the proliferation (*o* springing up) of sports clubs // *trattato per la non — di armi nucleari*, anti-nuclear weapon proliferation treaty.

prolifero *agg.* prolific.

prolificare *v.intr.* **1** to procreate, to proliferate **2** (*espandersi*) to proliferate, to spring* up: *le nuove industrie petrolifere hanno prolificato in pochi anni*, new oil industries have proliferated in a few years.

prolificazione *s.f.* prolification; proliferation (*anche fig.*).

prolificità *s.f.* prolificness, prolificacy, prolificity (*anche fig.*).

prolifico *agg.* prolific (*anche fig.*); (*letter.*) fecund: *animale —*, prolific animal; *autore —*, (*fig.*) prolific author.

prolina *s.f.* (*biochim.*) proline.

prolissità *s.f.* verboseness, longwindedness, prolixity, prolixness.

prolisso *agg.* verbose, prolix: *un romanzo —*, a verbose novel; *un discorso, un oratore —*, a longwinded speech, speaker.

pro loco *agg.* e *s.f.* (*lat.*) municipal tourist board.

prologo *s.m.* prologue: *il — dei 'Canterbury Tales'*, the Prologue to the 'Canterbury Tales'; *non leggerò il —*, I won't read the prologue // *questo non è che il — delle nostre avventure*, this is only the beginning of our adventures.

proludere *v.intr.* (*letter.*) **1** (*fare una prolusione*) to give* an opening lecture; to give* an opening address **2** (*iniziare a parlare, a narrare*) to begin* (sthg.), to open (sthg.): *— a una storia*, to begin a story.

prolunga *s.f.* **1** extension (*anche mecc., elettr.*): *la — di una scala*, the extension of a ladder; *— di un tavolo*, the leaf of a table **2** (*mil.*) waggon **3** (*grosso canapo*) prolonge.

prolungabile *agg.* **1** extendable, prolongable **2** (*prorogabile*) prolongable; (*differibile*) delayable, deferrable.

prolungabilità *s.f.* possibility of prolonging, possibility of extending: *la — della linea metropolitana*, the possibility of extending the underground line.

prolungamento *s.m.* **1** prolongation, extension, lengthening; (*continuazione*) continuation: *il — di una linea, di un segmento*, the prolongation of a line, of a segment; *— di una linea ferroviaria*, extension of a railway line; *questa strada è il — della strada principale*, this road is the continuation of the main street **2** (*fig.*) extension; (*dilazione*) delay: *— delle vacanze*, extension of the holidays; *— del permesso di soggiorno*, extension of one's residence permit; *— della scadenza*, extension of the due date.

prolungare *v.tr.* **1** to prolong, to extend; (*allungare*) to lengthen; (*protrarre*) to protract: *— una linea ferroviaria, un muro, uno steccato*, to extend a railway line, a wall, a fence; *— un soggiorno di due settimane*, to protract a stay for two weeks; *— una vacanza*, to extend (*o* to prolong) a holiday; *— una visita*, to prolong (*o* to extend) a visit; *— l'orario di apertura di un negozio*, to extend the opening hours of a shop; *— la validità di una polizza*, to extend the currency of a policy; *— una seduta*, to protract a meeting **2** (*differire*) to postpone, to delay, to defer: *— la scadenza di un contratto*, to postpone (*o* to defer) the expiry of a contract.

□ **prolungarsi** *v.intr.pron.* **1** (*continuare*) to continue, to extend: *il sentiero si prolunga fino al mare*, the path continues to the sea; *la riunione si è prolungata per tre ore*, the meeting went on (*o* continued) for three hours **2** (*dilungarsi*) to dwell* (on sthg.): *non prolungarti in chiacchiere*, do not waste your time chatting; *— su un argomento*, to dwell on a subject.

prolungato *agg.* prolonged, extended: *un percorso — di tre chilometri*, a route three kilometres longer; *i prolungati applausi del pubblico*, the prolonged applause of the public.

prolungazione → **prolungamento**.

prolusione *s.f.* opening address, opening lecture; (*all'università*) inaugural lecture.

promanare *v.tr.* (*letter.*) to send* forth ◆ *v.intr.* (*letter.*) to issue, to sally forth.

promemoria *s.m.* memorandum*, note, memo.

promessa[1] *s.f.* promise: *— di matrimonio*, promise of marriage; *promesse vane*, empty promises; *belle, grandi promesse*, fair, great promises; *si arrese sotto — di aver salva la vita*, he surrendered on the promise that his life would be spared; *essere impegnato da una —*, to be bound by one's promise; *fare una —*, to make a promise; *mancare alla —*, to break one's promise; *mantenere una —*, to keep a promise // (*dir. comm.*): *— di vendita*, agreement to sell; *— unilaterale*, one-sided promise; *— al pubblico*, promise to the public // *— di marinaio*, dicer's oath // *quel ragazzo è una —*, he is a boy of promise // *ogni — è debito*, (*prov.*) promise is debt.

promessa[2] *s.f.* (*letter.*) (*fidanzata*) fiancée.

promesso *agg.* promised: *un regalo — da tempo*, a long-promised present // *la Terra Promessa*, (*Bibbia*) the Promised Land // *i 'Promessi Sposi'*, 'The Betrothed' ◆ *s.m.* (*letter.*) (*fidanzato*) fiancé.

prometeico letter. **prometeo**[1] *agg.* Promethean.

prometeo[2] → **promezio**.

promettente *agg.* promising: *uno scrittore —*, a promising writer (*o* a writer of promise); *tempo —*, promising weather; *il raccolto sembra —*, the harvest looks promising; *l'inizio della partita era —*, at the start the match looked promising.

promettere *v.tr.* to promise: *mi promise un bel regalo*, he promised me a beautiful present; *mi promisero di tornare subito*, they promised me they would come back at once; *ha promesso di aiutarmi, che mi aiuterà*, he promised to help me, that he would help me; *— in moglie*, to promise in marriage // *il cielo promette una tempesta*, a storm seems to be threatening // *— mari e monti*, to promise heaven and earth (*o* great things) ◆ *v.intr.* to promise: *questo pittore promette bene*, this is a promising painter (*o* this is a painter of promise); *le vigne promettono*, the vines look promising.

□ **promettersi** *v.rifl.*: *— in sposa a*, to betroth oneself to.

promezio *s.m.* (*chim.*) promethium.

prominente *agg.* **1** prominent; jutting: *naso —*, prominent nose; *roccia —*, jutting rock; *zigomi prominenti*, prominent cheek-bones **2** (*fig.*) (*importante*) prominent: *una figura — della cultura*, a prominent figure in the world of culture.

prominenza *s.f.* prominence: *una parete rocciosa senza prominenze*, a rock face without ledges (*o* a sheer rock face).

promiscuità *s.f.* haphazard intermingling; promiscuity, promiscuousness: *— sessuale*, promiscuity.

promiscuo *agg.* **1** mixed, promiscuous: *pubblico —*, mixed crowd; *scuola promiscua*, mixed (*o* coeducational) school; *coltura promiscua*, mixed farming; *merci promiscue*, mixed goods // *matrimonio —*, mixed marriage **2** (*sessualmente*) promiscuous **3** (*gramm.*) common: *genere —*, common gender.

promissario *s.m.* (*dir.*) promisee.

promissivo *agg.* (*non com.*) promissive, promissory.

promissorio *agg.* (*non com.*) promissory: (*dir.*) *giuramento —*, promissory oath.

promittente *s.m.* e *f.* (*dir.*) promisor, promissor, promiser.

promontorio *s.m.* **1** (*geogr.*) promontory, headland, head: *Monaco sorge su un — roccioso*, Monaco stands on a rocky promontory **2** (*meteor.*) (*di alta pressione*) ridge **3** (*anat.*) promontory: *— del timpano*, tympanic promontory; *— dell'osso sacro*, pelvic promontory.

promosso *agg.* **1** successful: *studenti, candidati promossi*, successful students, candidates **2** (*sostenuto*) promoted: *iniziativa promossa da un'impresa commerciale*, initiative promoted by a business enterprise ◆ *s.m.* successful student, successful candidate: *elenco dei promossi e dei bocciati*, pass list.

promotore *agg.* promoting, organizing: *comitato —*, promoting (*o* organizing) committee; *un agente — delle vendite*, a sales promotion agent ◆ *s.m.* **1** promoter, organizer; (*sponsorizzatore*) sponsor: *farsi — di qlco.*, to sponsor (*o* to promote) sthg. **2** (*chim.*) promoter: *— catalitico*, catalytic promoter.

promozionale *agg.* promotional: *campagna, vendita —*, promotional campaign, sale; *un viaggio con fine —*, a trip for promotional purposes // (*econ.*) *budget —*, promotional budget.

promozione *s.f.* promotion: *non credo che avrà la — perché ha studiato troppo poco*, I do not think he will pass because he has studied too little; *ottenere una —*, to get a promotion; *ottenere la — a capitano, a dirigente*, to be promoted (to the rank of) captain, executive; *— per anzianità*, promotion by seniority // (*sport*) *giocare per la — in A*, to play for promotion to the First Division // (*comm.*): *— delle vendite*, sales promotion; *— commerciale* (*alla radio, tv*) plug.

promulgamento *s.m.* (*non com.*) promulgation, publication.

promulgare *v.tr.* to promulgate (*anche dir.*); to publish: *— una legge*, to enact (*o* to promulgate) a law; *— un decreto, una teoria*, to promulgate a decree, a theory.

promulgativo *agg.* (*non com.*) promulgating.

promulgatore *s.m.* **promulgatrice** *s.f.* promulgator ◆ *agg.* promulgating.

promulgazione *s.f.* promulgation, publication; (*dir.*) enactment.

promuovere *v.tr.* **1** (*favorire*) to promote; (*incoraggiare*) to encourage: *— la cultura*, to promote learning; — *un'industria*, to encourage an industry; — *lo sviluppo di un paese arretrato*, to promote the growth of a backward country; — *una ricerca di mercato*, to promote a market research; — *la vendita di un prodotto*, to promote a product; — *dischi, libri*, to hype (*o* puff) records, books // (*dir.*): — *un progetto di legge*, to promote a bill; — *un'azione legale contro qlcu.*, to sue s.o. (*o* to file a lawsuit against s.o.); — *l'azione penale*, to start the prosecution; — *un'azione per diffamazione*, to libel **2** (*far avanzare di grado*) to promote: *fu promosso ufficiale*, he was promoted officer: — *qlcu. capitano*, to promote s.o. captain **3** (*a scuola*) to pass: *non fu promosso*, he did not pass; *il professore non lo promosse*, the teacher did not pass him; — *uno studente*, to pass a student **4** (*non com.*) (*provocare*) to induce, to cause, to provoke: — *la traspirazione*, to cause perspiration.

pronao *s.m.* (*arch.*) pronaos*.

pronatore *agg.* e *s.m.* (*anat.*) pronator.

pronazione *s.f.* (*med.*) pronation.

pronefro *s.m.* (*biol.*) pronephros*.

pronipote *s.m.* **1** (*di bisnonno*) great grandson, great grandchild; (*di prozio*) grandnephew // *i pronipoti*, (*maschi e femmine*) great grandchildren **2** *pl.* (*discendenti*) descendants ◆ *s.f.* (*di bisnonno*) great granddaughter, great grandchild; (*di prozio*) grandniece.

prono *agg.* (*letter.*) **1** prone; (*prostrato*) prostrate: — *a terra*, prone on the ground **2** (*incline*) prone, inclined: — *al vizio*, prone (*o* inclined) to vice **3** (*sottomesso*) submissive, servile.

pronome *s.m.* (*gramm.*) pronoun: — *dimostrativo, personale*, demonstrative, personal pronoun.

pronominale *agg.* (*gramm.*) pronominal: *particella* —, pronominal particle.

pronosticamento *s.m.* (*non com.*) prognostication.

pronosticare *v.tr.* **1** to prognosticate, to forecast*, to foretell*: — *il futuro*, to foretell the future; — *il tempo*, to forecast the weather; — *la vittoria della propria squadra*, to forecast (*o* to prognosticate) the victory of one's own team; — *un forte aumento delle vendite*, to forecast a big increase in sales **2** (*far prevedere*) to portend, to presage, to prognosticate: *queste nuvole pronosticano tempesta*, these clouds portend a storm; *questi strani fenomeni pronosticano sciagure*, these strange phenomena presage (*o* portend *o* herald) calamities.

pronosticazione *s.f.* (*non com.*) foretelling, prognostication.

pronostico *s.m.* forecast, prediction, prognostic: *i pronostici dell'astrologo per il nuovo anno*, the astrologer's forecasts for the new year; *i pronostici sulle squadre vincenti*, the forecasts about the winning teams; *i suoi pronostici si avverano sempre, prima o poi*, his predictions (*o* forecasts) always come true, sooner or later; *fare un* —, to make a forecast; *quell'atleta gode del favore dei pronostici*, the forecasts are favourable for that athlete.

prontamente *avv.* readily, quickly; (*subito*) at once, immediately; (*senza indugio*) promptly, without delay: *accorse — al richiamo*, he answered the appeal at once; *afferrava — il significato di ogni vocabolo*, he caught the meaning of every word immediately; *la fattura ancora scoperta deve essere pagata* —, the outstanding invoice must be promptly settled; *i vostri ordini saranno — eseguiti*, your orders will be promptly executed; *rispondere, ubbidire* —, to reply, to obey at once.

prontezza *s.f.* readiness, quickness: — *di mente*, readiness of mind; — *di movimento*, quickness of movement; — *di spirito*, quickness of wit; *la sua — nel rispondere meravigliava tutti*, his readiness (*o* quickness) in answering surprised everybody; *con* —, promptly: *esaudire una richiesta con* —, to grant a request promptly (*o* without delay).

pronto *agg.* **1** ready, prepared: *la colazione è pronta*, lunch is ready; *l'automobile è pronta*, the car is ready; *la merce è pronta per la spedizione*, the goods are ready for shipment; *non sono ancora* —, I am not ready yet; *sei — per incominciare?*, are you ready to begin?; *non era — per l'esame*, he wasn't ready for the exam; *sarei — a giurarlo*, I could swear to it; *sono — a fare ciò che vuoi*, I am ready to do what you want; — *all'azione*, ready for action; — *ad ogni evenienza*, ready (*o* prepared) for every eventuality; *i fanatici sono pronti a tutto, anche a morire*, fanatics are ready to do anything, even to die; *siate pronti alle cinque precise*, be ready at five o'clock sharp; *tutto era — per il matrimonio*, everything was ready for the wedding; *tener — qlco.*, to keep sthg. ready: *tieni — un ombrello*, keep an umbrella ready; *tenersi* —, to be prepared (*o* ready): *tienti — a partire da un momento all'altro*, be prepared (*o* ready) to leave at a moment's notice // —*!*, (*al telefono*) hello! // *pronti?, via!*, (*alla partenza*) ready?, go! // — *soccorso*, first aid **2** (*lesto, rapido*) prompt, quick, ready: — *nelle risposte*, ready in one's answers, *intelligenza pronta*, quick intelligence; *movimenti pronti*, quick movements; *un ragazzo* —, a quick (*o* alert) boy; *risposta pronta*, prompt answer; (*sollecita*) early answer; *ha sempre la battuta pronta*, he always has a ready answer **3** (*comm.*) ready, prompt, spot: *pronta consegna*, prompt (*o* ready *o* spot) delivery // *a pronti*, (*in contanti*) prompt (*o* by cash *o* prompt cash): *pagamento a pronti*, cash (*o* spot) payment // (*mar.*) — *imbarco*, prompt shipment **4** (*incline*) inclined, ready: *è sempre — alla critica*, he's always inclined to criticize; *bisognerebbe sempre essere pronti al perdono*, we should always be ready to forgive.

prontuario *s.m.* handbook, reference book; (*inform.*) calculator: *un — di pronto soccorso*, a first-aid manual; (*trib.*) — *fiscale*, tax table; (*amm.*) — *dei calcoli*, ready reckoner; (*banca*) — *degli interessi*, interest table.

pronuba *s.f.* (*st. romana*) pronuba, matron of honour.

pronubo *s.m.* **1** (*st. romana*) paranymph, man who assists the bridegroom **2** (*estens. letter.*) (*mediatore*) matchmaker **3** (*biol.*) (*insetto*) —, yucca moth.

pronucleo *s.m.* (*biol.*) pronucleus.

pronuncia *s.f.* **1** pronunciation: *ha un difetto di* —, his pronunciation is defective; *dizionario di* —, pronouncing dictionary; *si sente dalla — che è straniero*, you can tell he's foreign by his pronunciation **2** (*dir.*) (*sentenza*) judg(e)ment; verdict.

pronunciabile *agg.* pronounceable: *un suono difficilmente* —, a sound that is difficult to pronounce.

pronunciabilità *s.f.* pronounceableness.

pronunciamento[1] *s.m.* (*rar.*) pronunciation.

pronunciamento[2] *s.m.* (*st.*) pronunciamento.

pronunciare *v.tr.* **1** to pronounce; (*proferire*) to utter: — *bene una parola*, to pronounce a word well; — *male*, to mispronounce (*o* to pronounce badly); *cerca di — le parole staccandole bene*, try to pronounce each word distinctly; *egli non pronuncia correttamente l'inglese*, he does not pronounce English correctly; *non bisogna mai — il suo nome*, you must never mention him (*o* utter his name); *non pronunciò neppure una parola*, he did not utter a single word; *sentii — il mio nome*, I heard my name (mentioned) // (*dir.*): — *una sentenza*, to deliver a judgment; — *una sentenza di morte*, to pronounce (*o* to pass) a sentence of death // (*eccl.*) — *i voti*, to pronounce one's vows **2** (*dire*) to say*; (*recitare*) to deliver: *pronunciò una grande verità*, he exposed a great truth; — *un discorso*, to deliver a speech.

□ **pronunciarsi** *v.intr.pron.* to pronounce; (*dare la propria opinione*) to declare one's opinion, to give* one's opinion: *nessuno si volle pronunciare*, nobody wanted to give his opinion; *si pronunciò in suo favore*, he declared himself in his favour; — *contro un progetto*, to declare oneself against a plan; *la corte non si è ancora pronunciata*, the court has not yet pronounced a decision // *"Cosa ne pensi?" "Preferisco non pronunciarmi"*, "What do you think about it?" "I'd rather keep my opinion to myself".

pronunciato *agg.* **1** pronounced, uttered: *un suono — male*, a wrongly-pronounced sound **2** (*rilevato*) pronounced, marked, decided; (*forte, spiccato*) strong: *un — accento straniero*, a strong (*o* marked) foreign accent; *una pronunciata caratteristica*, a strong feature; *una pronunciata differenza*, a marked difference; *una pronunciata tendenza*, a pronounced tendency // *un mento* —, a protruding chin ◆ *s.m.* **1** (*dir.*) (*sentenza*) judg(e)ment, sentence **2** (*non com.*) (*affermazione*) proposition.

pronunzia e *deriv.* → **pronuncia** e *deriv.*

propagabile *agg.* propagable.

propagabilità *s.f.* propagability.

propagamento *s.m.* propagation.

propaganda *s.f.* **1** propaganda: *la — del partito socialista*, the Socialist Party propaganda; *cercherò di farti* —, I shall try to publicize you; *far — a un'idea, un principio*, to disseminate (*o* to propagandize) an idea, a principle // *è tutta, solo* —, (*fam.*) it's all, only propaganda **2** (*comm.*) *propaganda*, advertising, publicity: — *commerciale*, advertising; *spese di* —, advertising expenses; *quella ditta fa molta — all'estero*, that firm advertises widely abroad.

propagandare *v.tr.* **1** to propagandize, to disseminate, to propagate: — *un'idea, una teoria*, to propagandize an idea, a theory **2** (*comm.*) to advertise, to promote: — *i propri articoli*, to push one's wares.

propagandista *s.m.* e *f.* **1** propagandist **2** (*comm.*) salesman*, sales representative, publicizer; (*piazzista*) tout: — *di una casa farmaceutica*, representative of a pharmaceutical company.

propagandistico *agg.* propagandistic; (*comm.*) advertising, promotional, promotion (*attr.*): (*pol.*) *stampa propagandistica*, propaganda press; *fare una campagna propagandistica*, to run an advertising campaign; *vendita propagandistica*, promotion sale.

propagare *v.tr.* **propagarsi** *v.intr.pron.* to spread*, to propagate: *le mosche propagano malattie*, flies spread diseases; — *luce, calore*, to propagate light, heat; — *notizie*, to propagate (*o* to spread) news; *le erbacce si propagarono per tutto il campo*, the weeds spread all over the field; *la luce si propaga in linea retta*, light is propagated (*o* light travels) in straight lines; *la malattia si propagò in fretta*, the disease spread quickly: *i pettegolezzi si propagano facilmente*, gossip spreads easily.

propagatore *agg.* propagating ◆ *s.m.* propagator.

propagazione *s.f.* propagation: — *della fede*, propagation of the faith; *evitare il rischio di — della malattia*, to avoid the risk of propagation of the disease // (*fis.*): — *di onde*, wave motion; — *di un suono*, propagation of a sound.

propagginamento *s.m.* (*agr.*) layering.

propagginare *v.tr.* **1** (*agr.*) to layer, to propagate **2** (*st.*) (*seppellire col capo all'ingiù*) to bury head downwards.

propagginazione *s.f.* **1** (*agr.*) layering, propagation **2** (*st.*) (*seppellimento col capo all'ingiù*) burying head downwards.

propaggine *s.f.* **1** (*agr.*) layer: *la vite si riproduce per —*, the vine is reproduced by layers **2** (*ramificazione*) ramification: *le propaggini di un nervo*, the ramifications of a nerve **3** (*letter.*) (*discendente*) descendant; offspring (*invar. al pl.*); (*discendenza*) descent.

propalare *v.tr.* (*letter.*) to spread*: (*divulgare*) to divulge: — *notizie*, to spread news; — *un segreto*, to divulge a secret.

□ **propalarsi** *v.intr.pron.* to spread*, to become* public knowledge.

propalazione *s.f.* (*letter.*) spreading, divulgation.

propanale *s.m.* (*chim.*) propanal.

propano *s.m.* (*chim.*) propane.

propanolo *s.m.* (*chim.*) propanol.

propanone *s.m.* (*chim.*) propanone.

propantriolo *s.m.* (*chim.*) propane-triol, glycerol.

propargile *s.m.* (*chim.*) propargyl.

proparossitonia *s.f.* (*gramm., ling.*) proparoxytony.

proparossitonico *agg.* (*ling.*) proparoxytonic.

proparossitono *agg.* (*gramm.*) proparoxytone.

propedeutica *s.f.* propaedeutics [U].

propedeutico *agg.* preparatory; (*non com.*) propaedeutic(al): *un corso —*, a preparatory (*o* introductory) course.

propellente *agg.* propellent, propellant, propelling: *miscela —*, propellent mixture ◆ *s.m.* (*chim.*) propellant, propellent: *il — di un missile*, the propellant of a missile; — *solido*, solid propellant.

propellere *v.tr.* to propel.

propendere *v.intr.* to incline, to lean*, to be inclined, to be disposed, to tend: *propende sempre verso l'indulgenza*, he is always inclined to be indulgent; *propendo a credere che...*, I am inclined to believe that...; *propende verso il comunismo, verso destra*, he leans towards Communism, to the right; *riguardo alla sua proposta propendo per il no, per il sì*, as regards his proposal, I am rather against it, I have nothing against it; *propendo per il nuovo candidato*, I favour the new candidate.

propene *s.m.* (*chim.*) propene.

propensione *s.f.* **1** propensity, propension; predisposition, bent; (*tendenza*) tendency, (*inclinazione*) inclination: *sembra avere una grande — allo studio*, he appears to have a great inclination (*o* propensity) towards study; *dimostra — per le lingue*, he shows a bent for languages // (*econ.*): — *al consumo*, propensity to consume (*o* consumption propensity); — *agli investimenti*, propension to invest; — *al risparmio*, propensity to save; — *all'importazione*, propensity to import **2** (*simpatia*) attraction, liking.

propenso *agg.* inclined, disposed, propense; (*favorevole*) favourable; (*pronto*) ready: *sono — a crederlo*, I am inclined (*o* I incline) to believe it; *siamo propensi ad aiutarli*, we are ready to help them; *mostrarsi — verso qlcu.*, to be well-disposed towards s.o.; *è sempre — a contraddirmi*, he is always ready to contradict me.

properispomeno *agg.* (*gramm.*) properispomenon.

propile *s.m.* (*chim.*) propyl.

propilene *s.m.* (*chim.*) propylene: *ossido di —*, propylene oxide.

propilenico *agg.* (*chim.*) propylene (*attr.*): *glicol —*, propylene glycol.

propileo *s.m.* (*arch.*) propylaeum*.

propilico *agg.* (*chim.*) propylic.

propina *s.f.* (*amm.*) (*indennità*) allowance, benefit: — *d'esame*, examiner's fee.

propinare *v.tr.* to give*; (*somministrare*) to administer; (*cibo*) to dish up: — *il veleno*, to administer poison; *ci ha propinato una cena terribile*, he dished us up an awful dinner // *ci hanno propinato un film noiosissimo*, they made us sit through a very boring film // — *un mucchio di fandonie*, (*fig.*) to come out with a heap of tall stories.

propinquità *s.f.* (*letter.*) **1** (*vicinanza*) propinquity, nearness **2** (*parentela*) propinquity; (*affinità*) affinity.

propinquo *agg.* (*letter.*) **1** (*vicino*) near, neighbouring **2** (*congiunto*) related ◆ *s.m.* (*letter.*) (*congiunto*) relation, relative, kinsman*.

propionato *s.m.* (*chim.*) propionate.

propionico *agg.* (*chim.*) propionic: *acido —*, propionic acid.

propiziare *v.tr.* to propitiate; (*placare*) to appease: — *gli dei*, to propitiate the gods; *tentò di propiziarselo in ogni modo*, she tried in every way to gain his favour.

propiziativo → **propiziatorio**.

propiziatore *agg.* propitiatory: *un santo —*, a propitiatory saint ◆ *s.m.*, **propiziatrice** *s.f.* propitiator.

propiziatorio *agg.* propitiatory: *un rito —*, a propitiatory rite.

propiziazione *s.f.* propitiation.

propizio *agg.* **1** propitious, gracious: *Dio è — agli umili*, God is gracious to the humble; *la fortuna mi fu propizia*, luck was kind to me; *rendersi propizi gli dei*, to propitiate the gods **2** (*opportuno*) propitious, favourable; (*adatto*) right: *occasione propizia*, right (*o* propitious) occasion; *venti propizi*, favourable winds; *aspetto il momento —*, I am waiting for the right moment; *le circostanze erano propizie ai nostri piani*, circumstances were propitious (*o* favourable) to our plans.

propoli *s.f.* o *m.* propolis, bee-glue.

proponente *agg.* proposing, propounding; (*comm.*) promoting ◆ *s.m.* e *f.* proposer, proponent, propounder; (*comm.*) promoter, sponsor: — *di un disegno di legge*, promoter of a bill.

proponibile *agg.* proposable: *il tuo progetto non è —*, your plan is not a feasible proposition.

proponibilità *s.f.* (*non com.*) possibility of being proposed.

proponimento *s.m.* purpose, resolution, resolve: *faccio sempre buoni proponimenti ma non li mantengo mai*, I always make good resolutions but I never carry them out (*o fam.* I never stick to them) // *far — di*, to resolve to: *fece — di non farlo più*, he resolved never to do it again.

proponitore *s.m.* (*non com.*) proposer, proponent.

proporre *v.tr.* **1** (*sottoporre a esame*) to propose; (*suggerire*) to suggest: — *a qlcu. un affare, condizioni favorevoli*, to propose a deal, favourable terms to s.o.; *voglio — un mio libro all'editore*, I want to submit one of my books to the publisher; — *una serie di domande all'insegnante*, to put a series of questions to the teacher; *l'insegnante mi ha proposto un argomento che non mi piace*, the teacher has suggested a subject (to me) that I do not like; *lo proporrò come preside*, I shall propose him for headmaster; *proporrò la mia candidatura alle prossime elezioni*, I'm going to put myself forward as a candidate at the next elections; *propongo che egli sia licenziato*, I propose (*o* suggest) that he should be dismissed; *propongo un brindisi all'anno nuovo*, I propose a toast to the New Year; *propose di andare a teatro*, he suggested (*o* proposed) going to the theatre; *proporrei di aspettare*, I would suggest waiting; — *a esempio*, to point out (*o* to hold up *o* to set up) as an example; *"Cosa fai stasera?" "Tu cosa proponi?"*, "What are you doing this evening?" "What do you suggest?"; *che vino proponi con questo piatto?*, which wine would you suggest with this dish? // — *un progetto di legge*, to bring in (*o* to introduce) a bill **2** (*decidere, fissare*) to decide; to set*: *mi sono proposto di tacere*, I resolved (*o* decided) to remain silent; *si è proposta di dare tutti gli esami entro l'anno*, she intends to sit for all her exams by the end of the year // *proporsi un obiettivo*, to set oneself an objective (*o* aim) **3** (*offrire*) to offer, to tender: — *un premio*, to offer a prize; — *un prezzo*, to tender a price.

proporzionabile *agg.* (*non com.*) proportionable, that can be proportioned.

proporzionale *agg.* proportional, proportionate: — *a*, proportional (*o* proportionate) to; *lo stipendio è — all'anzianità*, salaries are proportional to length of service; (*mat.*) *grandezze direttamente proporzionali*, proportional dimensions; *grandezze inversamente proporzionali*, inversely proportional dimensions; (*pol.*) *rappresentanza* —, proportional representation; *imposta* —, proportional tax; *aumento — dei prezzi*, proportional increase in prices; *distribuzione — degli utili*, rateable distribution of profits; (*assicurazioni*) *tariffa* —, pro rata rate ◆ *s.m.* (*mat.*) proportional: *terzo, quarto* —, third, fourth proportional.

proporzionalismo *s.m.* proportional representation.

proporzionalità *s.f.* proportionality.

proporzionalmente *avv.* proportionally, in proportion: — *a quanto ho fatto avrei dovuto guadagnare di più*, in proportion (*o* accordance) to what I have done I should have earned more; *egli sarà ricompensato* —, he will be paid proportionally.

proporzionare *v.tr.* to proportion; to make* proportionate: — *le spese ai guadagni*, to proportion one's expenditure to one's income.

proporzionato *agg.* **1** proportioned: *un edificio, un corpo ben* —, a well-proportioned building, body **2** (*conforme, adeguato*) proportionate: *la punizione era proporzionata alla colpa*, the punishment was in proportion to the offence; *la ricompensa non è proporzionata allo sforzo*, the reward is not proportionate to the effort; *un tenore di vita — al proprio reddito*, a standard of living proportionate to one's income **3** (*adatto*) fit (for sthg.), suitable (for sthg.).

proporzione *s.f.* **1** proportion; (*rapporto*) ratio: *le proporzioni di quella statua sono perfette*, the proportions of that statue are perfect; *non c'è — tra la chiesetta e l'enorme campanile*, the little church is out of proportion with the enormous bell tower; *non hai il senso delle proporzioni*, (*fig.*), you have no sense of proportion; *la — fra le nascite e le morti*, the ratio between births and deaths; *non c'è — tra il lavoro che fa e lo stipendio che prende*, there is no relation between the work he does and his salary // *in* —, in proportion (*o* proportionate) (to): *i cittadini sono tassati in — al reddito*, citizens are taxed in proportion to their income; *le spese non sono in — alle entrate*, expenditure is out of proportion to income // (*mat.*): — *antecedente*, antecedent; — *armonica*, harmonic ratio; — *conseguente*, consequent; — *diretta, inversa*, direct, inverse ratio; *estremi, medi di una* —, extremes, means of a proportion; *termini della* —, terms of a proportion **2** (*chim.*) proportion: *legge delle proporzioni costanti, multiple*, law of constant, multiple proportions **3** (*dimensione*) proportion, dimension, size: *una sala di vaste proporzioni*, a hall of vast proportions (*o* a large hall); *un'industria di notevoli proporzioni*, an industry of considerable size.

propositivo *agg.* of a proposal, about a proposal, containing a proposal.

proposito *s.m.* **1** (*proponimento*) purpose; (*intenzione*) intention; (*disegno*) plan; (*scopo*) purpose, aim, object: *onestà, fermezza di* —, honesty, firmness of purpose; *ho fatto il — di non uscire per qualche giorno*, I have decided not to go out for a few days; *i miei propositi sono sempre buoni, ma non riesco mai a portarli a termine*, my intentions are always good, but I never succeed in carrying them out; *non so che — abbia*, I do not know what his intentions (*o* plans) are; *cambiare* —, to change one's mind; *essere debole, fermo di* —, to be weak, firm of purpose; *il mio — era di diffondere la notizia*, my aim (*o* object) was to spread the news; *l'ha fatto col — di essere espulso*, he did it with the intention of being expelled; *questo non serve al mio* —, this does not answer my purpose // *di* —, on purpose (*o* intentionally); (*seriamente*) seriously (*o* in earnest): *mettersi a studiare di* —, to begin studying seriously (*o* in earnest); *ogni tanto la provoca di* —, occasionally he provokes her deliberately; *non l'ha fatto di* —, he didn't do it on purpose // *uomo, donna di* —, strong-willed man, woman **2** (*tema, assunto*) subject: *mi dispiace non posso dirti nulla in* —, sorry but I can't tell you anything on the subject // *a* —, relevant; at the right moment: *ciò che disse era molto a* —, what he said was very much to the purpose (*o* to the point *o* relevant); *parlò a* —, he spoke to the point; *arrivare proprio a* —, to arrive in the nick of time (*o* just in time *o* at the right moment); *l'aumento di stipendio capita a* —, the pay rise comes at the right moment; *fare qlco. a* —, to do sthg. at the right moment (*o* time) // *a —, dove è andato tuo fratello?*, by the way, where has your brother gone? // *a — di*, with regard to (*o* on the subject of *o* apropos of); *a — di calcio, chi ha vinto ieri sera?*, speaking of football, who won yesterday evening?; *a questo — potrei dirti un mucchio di cose*, I could tell you a lot of things on this subject; *a questo — vorrei dirti che...*, concerning this (*o* in this connection) I should like to tell you that...; *sai qualcosa a — del tuo trasferimento?*, do you know anything about your transfer? // *fuori* —, (*di osservazione ecc.*) out of place.

proposizionale *agg.* (*ling.*) propositional, declarative.

proposizione *s.f.* **1** (*concetto, pensiero*) concept, idea **2** (*gramm.*) clause: — *principale, subordinata*, main (*o* principal), subordinate clause; — *semplice, composta, interrogativa, esclamativa*, simple, compound, interrogative, exclamatory sentence **3** (*ret., mat.*) proposition **4** (*ant.*) (*proposta*) proposition, proposal: — *di eleggere un arbitro*, proposal for the election of an arbitrator.

proposta *s.f.* proposal; suggestion; (*offerta*) offer, tender: *la sua — è allettante*, his proposal is attractive; *fare, accettare una* —, to make, to accept a proposal; *fece la — di partire tutti in treno*, he made the suggestion that we should all leave by train // — *di pace*, peace proposal(s); — *di impiego*, offer of employment; *proposte salariali*, wage proposals; — *di contratto*, contract proposal; — *di matrimonio*, proposal (of marriage); *fare una — di matrimonio a una signorina*, to propose to a young lady // *fare delle proposte* (*a una ragazza*), to make advances (to a girl) // — *di legge*, (parliamentary) bill.

proposto *agg.* proposed ◆ *s.m.* **1** (*ant.*) (*eccl.*) provost, rector, parish priest **2** (*st.*) provost (first magistrate of a mediaeval town).

propretore *s.m.* (*st. romana*) propraetor.

propriamente *avv.* **1** (*con proprietà*) properly: *si esprime sempre* —, he always expresses himself properly (*o* correctly) **2** (*realmente*) really, actually, in fact; (*esattamente*) exactly, precisely; literally: *le cose non sono andate — così*, actually it did not happen quite like that **3** (*in senso proprio*) in the true sense, in the strict sense, in the proper sense: *il proletario — detto non è necessariamente il lavoratore salariato*, a proletarian in the true (*o* strict *o* proper) sense of the word is not necessarily a wage-earner.

proprietà *s.f.* **1** property, ownership, possession: — *pubblica, privata*, public, private property; — *esclusiva*, freehold property (*o* absolute ownership); — *assoluta*, fee simple; — *apparente*, ostensive ownership; — *in affitto*, leasehold; — *industriale*, (*su marchi, brevetti, diritti*) industrial property (*o* patent rights); — *edilizia*, real estate (*o* property); — *in usufrutto*, life estate; — *sociale*, social ownership; — *soggetta a imposta*, taxable property; — *in un paese di non residenza*, absentee ownership; *trasferimento di* —, transfer of property; *nuda* —, bare (*o* residuary right of) ownership; *la fattoria è di — di mio padre*, the farm belongs to my father; *questa casa è di mia* —, this house is my property; *di — dello stato*, state -owned; *immobile di — mista*, jointly-owned property; *diritto di* —, right of ownership // — *letteraria*, copyright **2** (*possedimento*) property, estate, land, holding: *ho comprato una — in campagna*, I have bought a property in the country; *la sua — era in una stupenda posizione*, his estate was in a wonderful position; — *terriera*, landed property; *piccola* —, small holding (*o* property) **3** (*caratteristica*) property, characteristic: — *chimiche, fisiche*, chemical, physical properties; *le — del ferro, dell'oro*, the properties of iron, gold; *conoscere le — curative delle erbe*, to know the curative properties of herbs **4** (*correttezza, decoro*) propriety, correctness: — *di linguaggio*, propriety of language; *veste con molta* —, she dresses very properly; *parla con* —, he speaks very correctly **5** (*i proprietari*) owners (*pl.*): *il direttore del giornale è nominato dalla* —, the editor of the newspaper is appointed by the owners.

proprietaria *s.f.* owner, proprietress: *è la — della casa*, she is the owner of the house; — *di immobili, locatrice*, landlady.

proprietario *agg.* proprietary: *la società proprietaria dell'edificio*, the company that owns the building; *diritti proprietari*, proprietary rights ◆ *s.m.* owner, proprietor; (*padrone*) master; (*possidente*) man of property: *chi è il — di questo libro?*, who is the owner of this book?; *il — di una casa*, the owner of a house (*o* householder); — *di un albergo*, hotel proprietor; *legittimo* —, lawful owner; — *terriero*, landowner: *piccolo — terriero*, small holder; — *di immobile, locatore*, landlord (*o* estate owner); — *di immobili in un paese di non residenza*, absentee landlord; — *direttore*, owner-manager; — *di una fabbrica*, industrialist (*o* factory owner); — *di navi*, shipowner; (*dir.*) — *fiduciario*, trustee.

proprio *agg.poss.* one's (own); of one's own; (*di lui*) his (own); (*di lei*) her (own); (*di cosa o animale*) its (own); (*di loro*) their (own): *amare la propria famiglia*, to love one's family; *seguire i propri istinti*, to follow one's instincts; *morire per il — paese*, to die for one's country; *badare ai fatti propri*, to mind one's own business; *ognuno ha il — modo di pensare*, everyone has his (*o* their) own way of thinking; *ciascuno tornerà a casa con i propri mezzi*, everyone will find his (*o* their) own way home; *in casa propria uno può fare quello che vuole*, one can do as one likes in one's own home (*o* you can do as you like in your own home); *rimettete ogni cosa al — posto*, put everything back in its place; *ciascuno* (*di noi*) *ama i propri figli*, we all love our (own) children; *tutti hanno guardato al — interesse*, they all looked after their own interests; *è il sogno di tutti avere una casa propria*, it's everyone's dream to own his (*o* their) own house (*o* to have a house of his *o* their own) // *per conto* —, on one's own: *si è messo per conto* —, he set up on his own; *vogliono starsene per conto* —, they want to be on their own // *di — pugno*, *di propria mano*, in one's own hand(writing) // *fare di testa propria*, to do as one pleases // *fare del — meglio*, to do one's best // *amor* —, self-esteem (*o* self-respect) // Con uso rafforzativo o enfatico: *l'ho visto con i miei propri occhi*, I saw it with my own eyes; *l'ha preparato con le sue proprie mani*, she prepared it with her own hands; *ha una teoria sua propria*, he has a theory of his own // *Sue proprie mani* (abbr. SPM), (*sulle buste*) personal ◆ *pron.poss.* one's own; (*di lui*) his (own); (*di lei*) hers, her own; (*di cosa o animale*) its own; (*di loro*) theirs, their own: *anteporre il bene altrui al* —, to put other people's interests before one's own; *poiché ero senza macchina, mi disse di usare la propria*, as I hadn't got my car, he offered me his (own); *noi ci teniamo le nostre idee; loro si tengano le proprie*, we've got our ideas, so let them have theirs (*o* their own) • Come si nota dagli esempi l'agg. e pron. *proprio* concorda con il possessore a cui si riferisce.

proprio *agg.* **1** (*caratteristico*) typical, characteristic; peculiar (to s.o., sthg.): *con quell'arroganza che gli è propria*, with his typical (*o* characteristic) arrogance; *la ragione è propria dell'uomo*, reason is peculiar to man **2** (*adatto, appropriato, opportuno*) appropriate (to s.o., sthg., to do), fit (for s.o., sthg., to do), fitting (s.o., sthg.), suitable, right (for s.o., sthg., to do); suited (*pred.*): *divertimento — alla vecchiaia*, pastime suitable for old age; *la primavera è la stagione propria alle passeggiate in campagna*, spring is the right season for country walks; *trovare la definizione propria ad un fenomeno*, to find the suitable definition for a phenomenon; *ha usato uno stile — all'argomento*, he used a style suitable (*o* appropriate) to the subject; *questo vestito è — all'occasione*, this dress is well-suited to the occasion **3** (*letterale*) exact, literal: *il senso — di una parola*, the exact (*o* literal) sense of a word // *vero e* —, real (*o* proper *o* pure): *questo è un vero e — furto*, it's pure theft; *è sfortuna vera e propria*, it's pure bad luck; *aveva una casa vera e propria tutta per sé*, he had a proper (*o* real) house all to himself **4** (*mat.*, *gramm.*) proper: *frazione propria*, proper fraction; *sottoinsieme* —, proper subset; (*gramm.*) *nome* —, proper noun // (*fis.*) *frequenza propria*, natural frequency // (*astr.*) *moto* —, proper motion **5** (*antiq.*) (*decente, conveniente*) correct, decent; seemly: *ha maniere molto proprie*, he has very correct manners ◆ *s.m.* **1** one's own: *dare a ciascuno il* —, to give to each his due; *rimetterci del* —, to lose one's own money; *vivere del* —, to have independent means // *in* —: *ha una ditta in* —, he has a business of his own; *commerciare, lavorare in* —, to trade, to work on one's own (account); *mettersi in* —, to set up business on one's own **2** (*rar.*) (*qualità caratteristica*) characteristic **3** *pl.* (*parenti, famiglia*) relatives, family (*sing.*): *trascorrere il Natale con i propri*, to spend Christmas with one's family; *aver cura dei propri*, to take care of one's own people (*o* family).

proprio *avv.* **1** (*veramente, davvero*) really, very; quite: *questo vino è — buono*, this wine is really (*o* very) good; *sei — egoista*, you're really (*o* very) selfish; *è — strano*, it's really (*o* very) strange; *è stato — bravo*, he was really (*o* very) good; *è un lavoro fatto — bene*, it's a really well done piece of work (*o* the work is really *o* very well done); *questa volta hai — studiato*, you really studied this time; *è stata — una bella serata*, it was a really lovely evening; *è — un bel ragazzo*, he's a really good-looking boy; *era — impossibile andare d'accordo con lui*, it was quite (*o* absolutely) impossible to get on with him; *mi sento — male*, I feel really awful; *hai — ragione*, you're quite (*o* absolutely) right; *dovete — andare?*, do you really have to go?; *sei — tu?*, is it really you?; *era — necessario?*, was it really necessary?; *siete — sicuri che abbia detto la verità?*, are you quite sure he was telling the truth? // *è — vero che non ci si può fidare di nessuno*, it's a fact that you can't trust anyone **2** (*in frasi negative, nel significato di* affatto) at all: *non ho — sonno*, I'm not tired at all; *non ne sapevano — nulla*, they knew nothing at all; *non avevo — voglia di uscire*, I didn't want to go out at all // *non ha — un minimo di buon senso*, he hasn't the least bit of common sense **3** (*con uso rafforzativo o enfatico*): *sarebbe — bella che fosse tutto uno scherzo!*, what if it was all a joke?; *abbiamo — fatto un bell'affare!*, we made a fine deal!; *è stato — un cretino!*, he was a real (*o* a right) idiot!; *ci siamo messi — in un bel pasticcio!*, we got ourselves into a right (old) mess!; *se non puoi — farne a meno, telefonagli*, phone him, if you must (*o* if you really have to); *"Era — lui?" "Proprio lui, in persona!"*, "Was it really him?" "The man himself!"; *"Non dirmi che l'hai incontrato" "Proprio!"*, "Don't tell me you (actually) met him" "I did" (*o* "That's what I said!"); *"Vuoi andarci davvero?" "Sì, —!"*, "Do you really want to go?" "Yes, I do" **4** (*esattamente*) just, exactly, right: *— adesso*, just (*o* right) now; *— allora*, just then; *— in quel momento*, right at that moment; *è andata — così*, that is exactly what happened; *non è andata — come avrei voluto, ma...*, it didn't go exactly as I would have liked, but...; *lavora — nell'ufficio di fronte al mio*, he works in the office right opposite to mine; *il proiettile lo colpì — in piena fronte*, the bullet hit him right in the forehead; *è — quello che volevo dirti*, that's exactly what I wanted to tell you; *è — come immaginavo*, it's exactly as I imagined; *hai scelto — il momento meno adatto*, you chose exactly the wrong moment; *ci siamo visti — ieri*, we saw each other only (*o* just) yesterday.

propriocettore *s.m.* (*anat.*) proprioceptor.

propugnacolo *s.m.* (*letter.*) bulwark, bastion (*anche fig.*).

propugnare *v.tr.* to champion, to support, to defend; to fight* for (sthg.); to advocate: — *una causa*, to champion (*o* to support) a cause; — *una dottrina politica*, to support (*o* to champion) a political doctrine; — *un ideale religioso*, to fight for a religious ideal.

propugnatore *s.m.* (*non com.*) supporter, champion, defender, advocate.

propugnazione *s.f.* (*letter. non com.*) support, defence.

propulsare *v.tr.* **1** (*letter.*) (*respingere*) to repel, to repulse **2** (*tecn.*) to propel.

propulsione *s.f.* **1** propulsion: — *ad accumulatori*, storage battery propulsion; — *a getto*, jet propulsion; — *a razzo*, rocket propulsion; — *nucleare*, nuclear propulsion; — *turbo elettrica*, turbo-electric propulsion; *veicolo a — autonoma*, self-propelled vehicle **2** (*fig.*) (*impulso*) boost.

propulsivo *agg.* propulsive, propulsory.

propulsore *agg.* propelling, propellant ◆ *s.m.* propulsor, propeller.

propulsorio *agg.* propulsive, propellent, propelling.

prora *s.f.* (*mar.*) prow, bow, head: — *a bulbo*, bulbous bow; — *diritta*, straight stem; — *rigonfia*, bluff bow; *a* —, at the bow; *albero di* —, foremast; *ancora di* —, bower, anchor; *castello di* —, forecastle; *da — a poppa*, fore and aft; *onda di* —, bow wave; *vento di* —, head wind; *dirigere la — al largo*, to stand out (*o* off); *mettere la — in direzione opposta al vento*, to bear up.

proravia, a *locuz.avv.* (*mar.*) before.

proroga *s.f.* **1** (*rinvio*) adjournment; postponement **2** (*dilazione*) extension, respite, delay: — *della scadenza*, extension of the due date; *concedere una — di cinque giorni*, to grant a five days' respite; *gli fu concesso un mese di — per il pagamento*, he was given a month's grace to make the payment; *chiedere una — di pagamento*, to ask for an extension of payment **3** (*banca*) (*anticipazione su titoli*) prolongation.

prorogabile *agg.* **1** (*rinviabile*) adjournable, postponable, deferable: *scadenza non* —, deadline **2** (*prolungabile*) extendable, liable to extension, delayable: *contratto* —, contract liable to extension.

prorogabilità *s.f.* extendibility, liability to deferment.

prorogare *v.tr.* **1** (*rinviare*) to postpone, to put* off, to delay, to defer: — *una partenza*, to postpone (*o* delay) a departure; *l'assemblea è prorogata fino al prossimo mese*, the meeting is postponed (*o* adjourned) until next month; *il processo è stato prorogato alla settimana prossima*, the trial has been postponed until next week **2** (*differire la scadenza di*) to extend, to prolong: — *il pagamento di una cambiale*, to prolong a bill; — *i termini di un contratto*, to extend the terms of a contract; — *il termine di consegna*, to extend the delivery date; — *un pagamento*, to extend (*o* to delay) a payment; — *una licenza*, to extend leave.

prorogazione → **proroga**.

prorompente *agg.* bursting out; gushing, irrepressible, uncontainable (*anche fig.*): *acque prorompenti*; gushing waters; *vi fu un applauso* —, there was a burst of applause; *entusiasmo* —, irrepressible enthusiasm; *gioia* —, uncontainable joy.

prorompere *v.intr.* (*letter.*) to burst* (out), (*di liquidi*) to gush out (*anche fig.*); to break* (out) (*anche fig.*): *il fiume proruppe dagli argini*, the river burst its banks; *il fuoco prorompeva da tutte le parti*, fire was breaking out all over; *il pubblico proruppe in lunghi applausi*, the audience burst into long applause; *proruppe in aspre parole*, he burst into abuse; *proruppe in una risata*, he burst out laughing; — *in bestemmie*, to burst out swearing; *la vidi — in pianto*, I saw her burst into tears; *"Non ascoltarlo!", proruppe sua madre*, "Don't listen to him!", his mother burst out.

prorompimento *s.m.* (*non com.*) bursting (out), outburst, breaking (out).

prosa *s.f.* **1** prose: *è una — limpida e piacevole*, it's clear and pleasant prose; *è una — troppo ampollosa per il mio gusto*, the prose is too bombastic for my liking; *una — che sembra poesia*, prose that reads like poetry; *uno scrittore di —*, a prose writer; *scrivere in —*, to write in prose; *una versione in —*, a prose translation **2** (*opera in prosa*) prose work, prose composition; (*brano*) prose passage, piece of prose: *conosci le prose di Donne?*, do you know Donne's prose works?; *sto leggendo una bella — di Leopardi*, I am reading a fine prose passage (*o* piece of prose) by Leopardi **3** (*teatr.*) drama, (straight) theatre: *preferisco la — all'opera*, I prefer the theatre to the opera; *il teatro di — moderno spesso evita il monologo*, in modern drama monologue is often avoided; *attore di —*, theatre actor; *stagione di —*, theatre season; *compagnia di —*, drama company **4** (*fig.*) (*materialità, volgarità*) ordinariness, prosaicness: *accettare la — della vita quotidiana*, to accept the ordinariness of everyday life.

prosaicamente *avv.* prosaically, in a prosaic manner, mundanely.

prosaicismo *s.m.* **prosaicità** *s.f.* prosaicism; (*fig.*) prosaicness, mundaneness.

prosaico *agg.* **1** prosaic; prose (*attr.*): *componimento —*, prose work **2** (*materiale, volgare*) prosaic; mundane, dull: *un discorso —*, a prosaic speech; *che vita prosaica!*, what a dull life!; *come sei —!*, how mundane (*o* dull) you are!; *ha uno stile —*, he has a prosaic style; *scusa se parliamo di cose prosaiche*, excuse us for talking about mundane matters.

prosapia *s.f.* (*letter.*) (*stirpe*) stock, lineage.

prosasticità *s.f.* prosiness.

prosastico *agg.* **1** prose (*attr.*): *uso —*, prose usage **2** (*discorsivo, simile a prosa*) conversational, prose-like: *versi prosastici*, prose -like verse.

prosatore *s.m.* **prosatrice** *s.f.* prose writer.

proscenio *s.m.* (*teatr.*) proscenium*; stage: *palco di —*, stage-box; *l'autore apparve sul —*, the author appeared on (the) stage; *presentarsi al —*, to take a curtain call.

proscimmia *s.f.* (*zool.*) (Madagascan) lemur.

prosciogliere *v.tr.* **1** to free, to set* free, to absolve, to release: *— da un obbligo*, to release from an obligation; *— qlcu. da un voto, una promessa, un giuramento ecc.*, to free (*o* to absolve) s.o. from a vow, a promise, an oath etc. **2** (*dir.*) to acquit, to absolve, to release: *— un imputato*, to acquit a defendant.

proscioglimento *s.m.* **1** absolution, release **2** (*dir.*) acquittal.

prosciolto *agg.* **1** absolved, released **2** (*dir.*) acquitted.

prosciugamento *s.m.* **1** drying up; (*artificiale*) draining; (*bonifica*) reclamation: *— delle paludi*, draining (*o* reclamation) of the marshes **2** (*fig.*) (*esaurimento*) drain, outflow: (*fin.*) *— di capitali, riserve*, drain (*o* outflow) of capital, of reserves **3** (*med.*) drainage.

prosciugare *v.tr.* **1** to dry up; (*artificialmente*) to drain; (*bonificare*) to reclaim: *queste paludi saranno presto prosciugate*, these swamps will soon be drained; *stanno progettando di — tutta questa regione*, they are planning to reclaim all this area; *il vento prosciuga il terreno*, the wind dries up the ground **2** (*fig.*) (*esaurire*) to exhaust, to go* through: *ha prosciugato tutti i suoi risparmi*, he's gone through all his savings ◆ *v.intr.* → prosciugarsi.

□ **prosciugarsi** *v.intr.pron.* to dry up: *i torrenti si prosciugarono durante la calda estate*, the streams dried up during the hot summer.

prosciutto *s.m.* ham: *— cotto*, cooked ham; *— crudo*, Parma ham (*o* prosciutto); *— affumicato*, smoked ham // *avere gli occhi, gli orecchi foderati di —*, (*fig., fam.*) to be blind, deaf to reality.

proscritto *agg.* proscribed, outlawed; (*estens.*) exiled, banished ◆ *s.m.* exile, outlaw.

proscrittore *s.m.* (*non com.*) proscriber, banisher.

proscrivere *v.tr.* **1** to proscribe, to outlaw; (*estens.*) to exile: *— i ribelli*, to exile the rebels **2** (*vietare*) to prohibit; to abolish: *— l'uso di qlco.*, to prohibit the use of sthg.

proscrizione *s.f.* **1** proscription; (*estens.*) exile, banishment **2** (*abolizione*) abolition, prohibition.

prosecco *s.m.* 'prosecco' (kind of white wine from the Veneto region).

prosecutore *s.m.* (*non com.*) continuer.

prosecuzione *s.f.* continuation, prosecution.

prosegretario *s.m.* **1** → vicesegretario **2** (*eccl.*) pro-secretary.

proseguimento *s.m.* continuation: *il — del viaggio*, the continuation of the journey // *buon —!*, all the best to you!; *buon — di serata*, I hope you'll enjoy the rest of your evening.

proseguire *v.tr.* to continue, to keep* up, to carry on, to pursue: *decise di — il suo lavoro*, he decided to continue his work; *non poté — gli studi*, he could not continue (*o* pursue) his studies; *proseguì le sue ricerche*, he carried on his research; *— il cammino*, to go on one's way; *— la lettura*, to go on reading (*o* to read on) ◆ *v.intr.* to go* on, to continue, to pursue: *proseguo per Milano*, I'm going on to Milan; *— a parlare*, to continue speaking; *non lo lasciarono — e dovette smettere di parlare*, they did not let him go on and he was obliged to stop talking // *far — una lettera a un nuovo indirizzo*, to forward a letter to a new address.

proseguo → **prosieguo**.

proselite → **proselito**.

proselitismo *s.m.* proselytism.

proselito *s.m.* proselyte: *far proseliti*, to proselytize (*o* to make converts).

prosenchima *s.m.* (*bot.*) prosenchyma.

prosenchimatico *agg.* (*bot.*) prosenchymatous.

prosettore *s.m.* (*anatomista*) prosector.

prosieguo *s.m.* (*dir.*) course.

prosillogismo *s.m.* (*fil.*) prosyllogism.

prosindaco *s.m.* (*amm.*) deputy mayor; acting mayor.

prosit *inter.* (*lat.*) cheers!, (to) your health!

prosodia *s.f.* prosody.

prosodiaco[1] → **prosodico**.

prosodiaco[2] *s.m.* (*metrica*) prosodiac.

prosodico *agg.* prosodic(al), prosodiacal, prosodial.

prosodio *s.m.* prosodion (*pl.* -ia).

prosodista *s.m.* e *f.* (*non com.*) prosodist.

prosopografia *s.f.* prosopography.

prosopopea *s.f.* **1** (*ret.*) prosopopoeia **2** (*gravità affettata*) presumption; haughtiness: *ha molta —*, he is very haughty.

prosopopeico *agg.* (*ret.*) prosopopoeic(al).

prosperare *v.intr.* to prosper, to thrive, to flourish (*anche bot.*), to do* well, to boom: *economicamente questo paese prospera*, economically this country is doing well; *i miei affari prosperano*, my business is prospering (*o* is thriving); *in questa regione prospera l'industria alimentare*, the food industry is flourishing in this region; *questi alberi prosperano in terreno umido*, these trees thrive in damp ground.

prosperità *s.f.* prosperity, prosperousness; boom, affluence: *la — di una famiglia, un paese, un'industria*, the prosperity of a family, a country, an industry; *periodo di —*, period of prosperity: *periodo di — economica*, period of economic boom.

prospero *agg.* **1** prosperous, thriving, flourishing: *azienda prospera*, flourishing firm; *un paese —*, a prosperous country; *condizioni economiche prospere*, prosperous economic conditions; *salute prospera*, very good health; *un secolo —*, a prosperous century **2** (*favorevole*) happy, lucky, fortunate: *un — avvenimento*, a happy (*o* lucky) event; *un vento —*, a fair wind.

prosperosità *s.f.* prosperity.

prosperoso *agg.* **1** prosperous, thriving: *commercio —*, prosperous (*o* flourishing) business **2** (*florido, in salute*) healthy // *una ragazza prosperosa*, a buxom girl.

prospettare *v.tr.* **1** to show, to point out; to propose: *mi ha prospettato tutti i lati della faccenda*, he pointed out all aspects of the question to me; *mi prospettò un affare*, he proposed a business deal to me; *— un'ipotesi*, to formulate a hypothesis **2** (*rar.*) (*guardare*) to look (out) on to (sthg.): *la casa prospetta il mare*, the house looks (out) on to the sea ◆ *v.intr.* to overlook: *il palazzo prospetta sulla via principale*, the building overlooks the main street.

□ **prospettarsi** *v.intr.pron.* to appear, to promise to be, to be in sight: *la partita si prospetta difficile*, the match promises to be difficult; *non si prospettava alcuna via d'uscita*, there was no way out (*o* solution) in sight.

prospettazione *s.f.* (*non com.*) presentation, pointing out.

prospetticamente *avv.* in perspective, perspectively.

prospettico *agg.* perspective, in perspective: *errore —*, mistake in perspective, (*fig.*) (*nella valutazione*) faulty assessment (*o* mistaken forecast).

prospettiva *s.f.* **1** perspective (*anche mat.*): *— aerea*, aerial perspective; *— rapida*, isometric projection; *disegno in —*, drawing in perspective; *i principi della —*, the principles of perspective; *quadro senza —*, picture out of perspective **2** (*possibilità futura*) prospect, view; outlook; (*possibilità*) opening: *a quel tempo avevo molto poco in —*, at that time I had very little in prospect (*o* view); *ha prospettive di successo*, he has prospects of success; *in quanto alla sua carriera ha delle belle prospettive*, as regards his career he has good prospects; *non è una bella —*, it is a dreary outlook; *non vi era alcuna — d'accordo*, there was no prospect of agreement; *questo apre nuove prospettive*, this opens up new prospects; *vendette tutto ciò che aveva con la — di lasciare il paese*, he sold everything he had with a view to leaving the country; *portò anche gli sci con la — di fermarsi più a lungo*, he even brought his skis expecting to stay longer; *essere senza prospettive*, to have no prospects; *vi sono buone prospettive di lavoro in questa azienda*, there are good openings (for work) in this firm; — *economica sfavorevole*, unfavourable economic outlook (*o* prospect) **3** (*valutazione*) view, judgement: *un grave errore di* —, a serious mistake in judgement.

prospettivamente *avv.* in perspective, perspectively.

prospettività *s.f.* (*mat.*) perspectivity.

prospettivo *agg.* (*non com.*) perspective: (*geometria*) *prospettiva*, perspective.

prospetto *s.m.* **1** view; landscape; prospect: *un — di monti*, a mountain view // (*dir.*) *servitù di* —, easement of outlook **2** (*fronte*) front, façade: *la chiesa ha un — magnifico*, the church has a magnificent façade; *figura di* —, front figure; *palco di* —, front box; *visto di* —, seen from the front; *se lo guardi di* —..., if you look at it from the front... **3** (*tabella*) table; statement; schedule; prospectus*; (*sommario*) summary // (*amm.*): — *informativo*, prospectus; — *delle spese, delle entrate*, return (*o* statement) of expenses, of income; — *di bilancio*, balance sheet; — *dei costi*, cost sheet; — *dell'attivo e del passivo*, statement of assets and liabilities; — *finanziario*, financial statement **4** (*inform.*) report.

prospettore *s.m.* (*miner.*) prospector.

prospezione *s.f.* **1** (*miner.*) prospecting: *fare prospezioni*, to prospect; *pozzetto di* —, pit **2** (*oceanografia*) — *oceanografica*, oceanographic survey.

prospiciente *agg.* facing, looking on to (sthg.); opposite: *villa — il bosco*, villa looking on to the wood; — *la strada*, facing the street.

prossemica *s.f.* proxemics [U].

prosseneta *s.m.* **1** (*letter.*) mediator, go-between, intermediary **2** (*spreg.*) (*ruffiano*) pimp.

prossenetico *s.m.* (*letter.*) brokerage, brokage.

prossenetismo *s.m.* (*letter.*) mediation, intermediation; procuring.

prosseno *s.m.* (*st. greca*) proxenus, proxenos (*pl.* -ni).

prossimale *agg.* (*anat.*) proximal.

prossimamente *avv.* **1** (very) soon, in a short time, in the near future, before long: *si sposeranno* —, they will get married soon **2** (*nelle programmazioni cinematografiche*) coming shortly: — *sullo schermo*, coming soon to your cinema.

prossimità *s.f.* closeness (*anche mat.*); nearness, proximity: *la — della partenza non gli permise di accettare il mio invito*, the closeness (*o* imminence) of his departure prevented him from accepting my invitation; *uno dei vantaggi di questo albergo è la sua — al mare*, one of the hotel's advantages is its closeness (*o* nearness) to the sea // *in — di*, in proximity to (*o* near): *in — della stazione*, near (*o* in proximity to) the station; *in — delle montagne*, near the mountains; *siamo in — delle vacanze*, the holidays are near (*o* approaching *o* coming up); *in — della visita del presidente il centro sarà chiuso al traffico*, shortly before the president's visit the centre will be closed to traffic.

prossimo *agg.superl.* **1** (*molto vicino*) near, close; (*solo predicativi*) at hand, near at hand, close at hand: *la scuola è prossima alla stazione*, the school is close to the station; *il lavoro è — alla fine*, (the) work is near to completion; *Natale è ormai* —, Christmas is coming (*o* is near at hand *o* close at hand); *in un — futuro*, in the near future // *accadde in un'epoca assai prossima alla nostra*, it happened in the recent past (*o* not long ago) // *essere — alla fine*, (*fig.*) to be near one's end // *essere — ai vent'anni, alla quarantina*, to be nearly twenty, to be approaching forty // *essere — a fare qlco.*, to be on the point of doing (*o* about to do) sthg.: *erano ormai prossimi a partire*, they were on the point of leaving; *ero — a rinunciare*, I was on the point of giving up **2** (*seguente nel tempo o nello spazio*) next: *l'anno, il mese* —, next year, month; *lunedì, martedì* —, next Monday, Tuesday; *nei prossimi mesi*, in the next few months; *proseguite fino al — semaforo*, go on to the next traffic lights; *quando parte il — treno?*, when does the next train leave?; *alla prossima occasione*, at the next opportunity; *il 15 ottobre* —, on 15th October next **3** (*gramm.*): *passato* —, present perfect; *trapassato* —, past perfect ◆ *s.m.* neighbour; fellowmen (*pl.*): *il nostro* —, our neighbour; *avere rispetto per il* —, to respect one's neighbour; *parlare male del* —, to speak ill of one's neighbour (*o* one's fellowmen) // *ama il — tuo come te stesso*, love your neighbour as yourself.

prostaglandina *s.f.* (*biochim.*) prostaglandin.

prostata *s.f.* (*anat.*) prostate (gland).

prostatectomia *s.f.* (*med.*) prostatectomy.

prostatico *agg.* (*anat.*) prostate, prostatic: (*med.*) *ipertrofia prostatica*, prostatic hypertrophy.

prostatismo *s.m.* (*med.*) prostatism.

prosternare *v.tr.* (*letter.*) to prostrate, to throw* down, to lay*.

□ **prosternarsi** *v.rifl.* to prostrate (oneself); to bow down.

prosternazione *s.f.* (*non com.*) prostration.

prostetico *agg.* (*chim.*) prosthetic: *gruppo* —, prosthetic group.

prostilo *s.m.* (*arch.*) prostyle.

prostituire *v.tr.* to prostitute: — *il proprio corpo*, to prostitute oneself (*o* to sell one's body); — *il proprio ingegno, i propri ideali*, to prostitute one's talent, one's ideals; *prostituì la propria figlia*, she made her daughter prostitute herself.

□ **prostituirsi** *v.rifl.* to be a prostitute, to prostitute oneself, to sell* oneself (*anche fig.*).

prostituta *s.f.* prostitute.

prostituto *s.m.* (*non com.*) male prostitute.

prostituzione *s.f.* prostitution: *darsi alla* —, to take to prostitution (*o* the streets).

prostramento *s.m.* (*non com.*) prostration.

prostrare *v.tr.* **1** (*letter.*) to prostrate; to knock down **2** (*fiaccare*) to prostrate, to exhaust; to wear* out, to debilitate; to overwhelm: *era prostrato dal dolore*, he was overwhelmed by grief; *la lunga malattia lo ha prostrato*, his long illness has debilitated him; *la sconfitta elettorale l'ha prostrato*, his defeat in the elections has prostrated him.

□ **prostrarsi** *v.rifl.* **1** to prostrate oneself; to bow down: *si prostrò davanti all'idolo*, he prostrated himself (*o* he bowed down) before the idol; — *ai piedi di qlcu.*, to prostrate oneself at s.o.'s feet **2** (*agr.*) (*di grano*) to layer.

prostrato *agg.* **1** (*inchinato a terra*) prostrate **2** (*fig.*) (*abbattuto*) prostrate (with sthg.), overwhelmed; exhausted, worn out: — *dalle preoccupazioni, dal dolore*, prostrate with worries, with grief.

prostrazione *s.f.* **1** (*spossatezza fisica*) prostration, exhaustion **2** (*depressione psichica*) depression, dejection: *essere in preda a una grave* —, to be suffering from serious depression.

prosuocera *s.f.* (*non com.*) parent-in-law's mother, grandmother-in-law.

prosuocero *s.m.* (*non com.*) parent-in-law's father, grandfather-in-law.

protagonismo *s.m.* desire to be the centre of attention; desire to be in the limelight: *sei malato di* —, you always want to be the centre of attention (*o* in the limelight).

protagonista *s.m.* e *f.* **1** protagonist: *è stato uno dei protagonisti della rivoluzione culturale*, he was one of the chief protagonists of (*o* he played a leading role in) the cultural revolution; *ci raccontò un episodio di cui era stato* —, he recounted an episode (to us) in which he had played a leading role **2** (*attore*) protagonist, main character, leading actor, hero*; (*attrice*) protagonist, main character, leading actress, heroine: *essere il — principale di un film*, to be the leading actor of a film; *il produttore le offrì la parte da* —, the producer offered her the lead role // (*nelle candidature agli Oscar*): *migliore attore* —, best actor; *migliore attore non* —, best supporting actor **3** (*anat.*) (*muscolo*) —, protagonist.

protallo *s.m.* (*bot.*) prothallium*.

protammina *s.f.* (*biochim.*) protamine.

protasi *s.f.* (*gramm.*) protasis*.

protattinio → **protoattinio**.

proteasi *s.f.* (*biochim.*) protease.

proteggere *v.tr.* **1** to protect, to defend, to shield (from, against s.o., sthg.); (*riparare*) to shelter: *devi — la ferita dall'aria*, you must protect your wound from the air; *questi occhiali ti proteggeranno gli occhi dal vento*, these goggles will protect your eyes from the wind; *una volta le mura proteggevano la città dal nemico*, once the walls protected the town against the enemy; — *dal freddo, dalla pioggia*, to shelter from the cold, the rain; *un cappotto che ti protegge dal freddo*, a coat that protects you from the cold; *proteggi le mani con dei guanti*, protect your hands with gloves **2** (*tutelare, custodire*) to watch over (s.o., sthg.), to guard: — *i propri figli*, to protect one's children; *la polizia proteggerà i testimoni*, the police will protect (*o* guard) the witnesses // *che Dio ti protegga!*, may God protect you! **3** (*favorire*) to favour; (*patrocinare*) to patronize; (*incoraggiare*) to protect, to encourage: *la fortuna protegge gli audaci*, fortune favours the brave; — *le arti, i giovani artisti*, to patronize the arts, young artists; — *il commercio, un'industria*, to protect (*o* to encourage *o* to foster) trade, an industry; (*econ.*) — *un'industria con barriere tariffarie*, to protect an industry by imposing tariff barriers // *fa carriera perché qualcuno lo protegge*, he gets ahead because someone protects him.

□ **proteggersi** *v.rifl.* to protect oneself: *costruì un riparo per — dal vento*, he built a shelter to protect himself from the wind.

proteggitore *s.m.* (*letter.*) protector.

proteico *agg.* (*biochim.*) proteinaceous, proteinous, proteinic; protein (*attr.*): *sintesi proteica*, protein synthesis; *alimenti ad alto contenuto —*, food with a very high protein content.

proteide *s.m.* (*zool.*) (*anfibio*) mud puppy.

proteiforme *agg.* protean; proteiform: *ingegno, natura —*, protean genius, nature.

proteina *s.f.* (*biochim.*) protein.

proteinasi *s.f.* (*biochim.*) proteinase.

proteinico → **proteico**.

proteinoide *s.m.* (*biochim.*) proteinoid.

proteinoterapia *s.f.* (*med.*) protein therapy.

protele crestato *s.m.* (*zool.*) (*Proteles cristatus*) aardwolf.

pro tempore *agg.* (*lat.*) temporary, provisional: *presidente —*, temporary (*o* acting) president ◆ *avv.* temporarily: *essere designato —*, to be appointed temporarily.

protendere *v.tr.* to stretch (out), to hold* out: *— le braccia*, to stretch out one's arms; *— lo sguardo*, to gaze forth: *— lo sguardo nel vuoto*, to gaze into space.

□ **protendersi** *v.rifl.* o *intr.pron.* to stretch out; (*in avanti*) to lean* forward, to reach out: *si protese verso di lei con le braccia aperte*, he reached out towards her with his arms wide open; *una lunga penisola che si protende nel mare*, a long peninsula that stretches out into the sea.

proteo *s.m.* (*zool.*) (*Proteus anguineus*) olm, (*scient.*) proteus.

proteolisi *s.f.* (*biochim.*) proteolysis.

proteolitico *agg.* (*biochim.*) proteolytic.

proteosio *s.m.* (*biochim.*) proteose.

proteranto *agg.* (*bot.*) proteranthous.

proteranzia *s.f.* (*bot.*) proteranthy.

proteroginia *s.f.* (*biol.*) proterogyny, protogyny.

proterozoico *agg.* e *s.m.* (*geol.*) Proterozoic.

protervia *s.f.* insolence; arrogance; haughtiness.

protervo *agg.* **1** insolent; arrogant, haughty **2** (*ant.*) (*ardito*) bold, daring.

protesi *s.f.* **1** (*med.*) prosthesis*: *— dentaria*, dental prosthesis; *— acustica*, hearing aid **2** (*gramm.*) (*prostesi*) prosthesis.

protesista *s.m.* e *f.* prosthetist.

proteso *agg.* outstretched: *con le braccia protese*, with outstretched arms; *è — a raggiungere il suo scopo*, (*fig.*) he is intent on reaching his goal.

protesta *s.f.* **1** protest: *una — formale*, a formal protest; *uno sciopero di —*, a protest strike; *ci furono molte proteste contro quella legge*, there were many protests against that law; *fare una —*, to make a protest (*o* to protest); *la sua — fu accolta*, his protest was accepted; *in segno di — rifiutò il premio*, as a gesture of protest he refused the prize; *per — abbandonò l'aula*, as a protest he walked out of the room; *elevò una fiera — contro...*, he raised an energetic protest against... **2** (*non com.*) (*dichiarazione*) protestation: *— di amore*, protestation of love.

protestante *agg.* **1** protestant **2** (*st. relig.*) Protestant: *pastore —*, (Protestant) minister (*o* parson) ◆ *s.m.* e *f.* (*st. relig.*) Protestant.

protestantesimo *s.m.* (*st. relig.*) Protestantism.

protestare *v.intr.* to protest: *— contro qlco., qlcu.*, to protest against sthg., s.o.; *protestai, quando fu ingiustamente punito*, when he was unjustly punished I protested; *tutti protestarono contro le nuove misure*, everybody protested against the new measures; *la folla è di nuovo scesa in piazza per —*, the crowd has returned to the streets to protest ◆ *v.tr.* **1** to protest, to profess: *protestava la sua innocenza*, he protested his innocence (*o* that he was innocent); *— amicizia per qlcu.*, to profess friendship for s.o.; *— la propria lealtà, devozione*, to protest one's loyalty, devotion **2** (*comm.*) to protest: *— una cambiale*, to protest (*o* to dishonour) a bill; (*con protesto preliminare*) to note a bill; *— un assegno*, to dishonour a cheque // *— una partita di merce*, (*rifiutare*) to reject a consignment of goods.

□ **protestarsi** *v.rifl.* to protest (oneself): *si protestava innocente*, he protested that he was innocent; (*dir.*) *— innocente*, (*nel processo*) to plead not guilty.

protestatario *agg.* protesting: *atteggiamento —*, protesting attitude (*o* attitude of protest).

protestatore *s.m.* **protestatrice** *s.f.* (*dir.*) protester, protestor.

protestazione *s.f.* (*non com.*) protestation.

protesto *s.m.* (*dir. comm.*) protest; (*preliminare*) noting: *— per mancata accettazione*, protest for non-acceptance; *— per mancato pagamento*, protest for non-payment; *— cambiario*, protest (*o* dishonour) of a bill; *presentare un —*, to enter a protest; *atto di —*, certificate of protest; *avviso di —*, notice of protest; *levare — a carico di una persona*, to serve a protest on a person // *in, sotto —*, under protest: *cambiale in —*, bill under protest; *mandare una cambiale in —*, to dishonour (*o* to protest) a bill.

protetta *s.f.* favourite, protégée: *è la sua —*, she is his favourite.

protettivo *agg.* protective: *è molto protettiva verso i figli*, she is very protective towards her children // (*econ.*): *misure protettive*, protective measures; *tariffa protettiva*, protective tariff; *dazio —*, protective duty.

protetto *agg.* **1** protected; (*riparato*) sheltered: *luogo —*, sheltered place; *— da sguardi indiscreti*, shielded (*o* protected) from indiscreet glances // *animali protetti*, protected animals // (*econ.*) *industria protetta*, protected industry **2** (*custodito*) guarded **3** (*favorito*) favoured; (*patrocinato*) patronized ◆ *s.m.* protégé, favourite: *il — del re*, the king's favourite; *era un — di Madame de Staël*, he was one of Madame de Staël's protégés.

protettorato *s.m.* (*pol.*) (*territorio*) protectorate; (*carica*) protectorship: *un — inglese*, an English protectorate.

protettore *agg.* protecting, protective: *truppe protettrici*, protective troops // *santo —*, patron saint ◆ *s.m.* **1** protector **2** (*mecenate, patrono*) patron: *— dei malati*, patron of the sick; *— delle arti*, patron of the arts **3** (*magnaccia*) pimp.

protettrice *s.f.* protectress; (*patrona*) patroness // *Protettrice degli afflitti*, (*la Madonna*) Protectress of the afflicted.

protezione *s.f.* **1** protection: *la — dei deboli*, the protection of the weak; *— dell'ambiente*, environmental protection; *— della natura*, protection of nature; *questi Stati sono sotto la — britannica*, these States are under British protection; *il ragazzo era sotto la mia —*, the boy was under my protection; *intorno al campo fu messa una rete di —*, a protective barrier was placed around the field; *a — dell'affresco fu messa una lastra di vetro*, a glass shield was put into place to protect the fresco; *presero alcune misure di —*, they took a number of protective measures; *misure di — antiaerea*, air-raid precautions // *società per la — degli animali*, society for the protection of animals // (*econ.*) *— degli interessi del consumatore*, consumer protection // (*assicurazioni*) *— antinfortunistica*, accident coverage **2** (*mecenatismo, patronato*) patronage, support; backing: *chiedere la — di qlcu.*, to solicit s.o.'s patronage (*o* support); *guardare qlcu. con aria di —*, to look patronizingly at s.o.; *prendere qlcu. sotto la propria —*, to take s.o. under one's patronage // *con le protezioni che ha, farà carriera*, with the support he has got from people in high places, he'll get ahead **3** (*inform.*) *— dei dati*, data security, data integrity **4** (*bot., zool.*) (*corazza*) armour, shield.

protezionismo *s.m.* (*econ.*) protectionism, protection: *— industriale*, industrial protection; *— valutario*, protectionism of a currency.

protezionista *s.m.* e *f.* (*econ.*) protectionist ◆ *agg.* protectionist (*attr.*): *politica —*, protectionist policy.

protezionistico *agg.* protectionist (*attr.*), protective: *regime —*, protectionist system.

protide *s.m.* (*biochim.*) protide.

proto *s.m.* (*tip.*) printer's foreman*, overseer.

proto- *pref.* di origine greca che entra nella composizione di sostantivi e aggettivi; ingl. proto-; significa **1** primo, anteriore (nello spazio e nel tempo); primitivo: (*geol.*) *protogino*, protogine; *protostoria*, protohistory; (*ling.*) *protolingua*, protolanguage **2** nella vecchia terminologia chimica indica i composti in cui un elemento compare nella valenza più bassa: *protossido*, protoxide.

protoantropo *s.m.* Protoanthropus (*Homo erectus*).

protoattinio *s.m.* (*chim.*) protactinium.

protocanonico *agg.* (*eccl.*) protocanonical.

protocollare *agg.* **1** protocol (*attr.*), protocolar: *cerimonia —*, protocol ceremony **2** (*amm.*) protocol (*attr.*), procedural: *atti protocollari*, protocol deeds; *uso —*, use according to protocol.

protocollare *v.tr.* (*amm.*) to file, to register, to record: *il contratto è stato protocollato*, the contract has been recorded; *— un atto, un documento*, to record a deed, a document.

protocollista *s.m.* e *f.* (*amm.*) registrar, recorder, keeper of records.

protocollo *s.m.* **1** (*prima stesura di trattato*) protocol: *firmare il —*, to sign the protocol // (*med.*) *— terapeutico*, therapeutic protocol **2** (*registro, indice*) record, register, file: *— lettere in arrivo*, letters received book; *— lettere in partenza*, letters dispatched book; *numero di —*, reference number; *essere a —*, to be on record (*o* on file); *mettere a* —, to record (*o* to file) // *formato* —, foolscap (size): *foglio di carta (formato)* —, foolscap (sheet) **3** (*ufficio*) record office, registry **4** (*insieme di norme*) protocol, ceremonial, political etiquette: *avere la precedenza secondo il* —, to have precedence according to the protocol; *seguire, rispettare il* —, to follow, to respect protocol // (*inform.*) — *da utente a utente*, end-to-end control (*o* protocol); — *di Internet*, Internet protocol (IP).

protomartire *s.m.* protomartyr.

protomateria *s.f.* protomatter.

protomorfo *agg.* protomorphic.

protone *s.m.* (*fis. nucleare*) proton.

protonema *s.m.* (*bot.*) protonema*.

protonico *agg.* (*fis. nucleare*) protonic.

protonio *s.m.* (*fis. nucleare*) protonium.

protonotariato *s.m.* (*st. eccl.*) prothonotaryship.

protonotario *s.m.* (*st. eccl.*) prothonotary: — *apostolico*, Prothonotary Apostolical.

protoplasma *s.m.* (*biol.*) protoplasm.

protoplasmatico *agg.* (*biol.*) protoplasmatic, protoplasmic.

protoplastico *agg.* (*zool.*) protoplastic.

protoplasto *s.m.* (*zool.*) protoplast.

protorace *s.m.* (*zool.*) prothorax*.

protoromantico *agg.* e *s.m.* early Romantic.

protosincrotrone *s.m.* (*fis. nucleare*) proton-synchrotron.

protospatario *s.m.* (*st. bizantina*) protospatharius.

protossido *s.m.* (*chim.*) protoxide.

protostella *s.f.* (*astr.*) protostar.

protostorico *agg.* protohistoric.

prototipo *s.m.* prototype: *il — di una macchina*, the prototype of a machine // *è il — dello stupido*, he is a perfect idiot; *è il — dello svizzero*, he is a typical Swiss.

protovangelo *s.m.* protevangelium.

protozoario *agg.* (*zool.*) protozoan, protozoal, protozoic.

protozoico *agg.* (*geol.*) protozoic.

protozoo *s.m.* (*zool.*) protozoan, protozoon*.

protrarre *v.tr.* **1** to prolong, to extend, to draw* out: — *una discussione, una visita*, to prolong a discussion, a visit **2** (*differire*) to put off, to postpone, to defer: *ha protratto la partenza*, he has put off his departure.
□ **protrarsi** *v.intr.pron.* to continue, to go* on, to last: *la situazione di tensione si protrae da tempo*, the tense situation has lasted for quite some time.

protrattile *agg.* (*zool.*) protractile, protrusile.

protrazione *s.f.* **1** protraction, extension, prolongation: — *dell'orario di apertura*, extension of opening hours **2** (*differimento*) putting off, deferment.

protrombina *s.f.* (*biochim.*) prothrombin.

protrudere *v.tr.* to protrude ◆ *v.intr.* to protrude, to bulge.

protrusione *s.f.* (*med.*) protrusion.

protuberante *agg.* protuberant, bulging.

protuberanza *s.f.* **1** protuberance, bulge, protrusion: (*anat.*) — *ossea*, apophysis **2** (*astr.*) prominence: — *solare attiva*, active prominence **3** (*bot., zool.*) umbo*.

protutela *s.f.* (*dir.*) protutorship.

protutore *s.m.* (*dir.*) deputy-guardian; protutor.

proustiano *agg.* Proustian.

proustite *s.f.* (*min.*) proustite.

prova *s.f.* **1** (*dimostrazione*) proof; (*elemento, mezzo di prova*) evidence [U]: *ne abbiamo le prove*, we have evidence of it; *diede — di essere un vero amico*, he proved to be a real friend; *è una — della sua innocenza*, this is a proof of (*o* this proves) his innocence; *voglio la — di quanto hai detto*, I want proof of what you said // *dare — di*, to give proof of: *ha dato — di eccellente preparazione*, he showed excellent preparation // (*dir.*): — *diretta*, direct evidence; — *indiziaria, indiretta*, circumstantial (*o* indirect) evidence; — *a carico, a discarico*, evidence for the prosecution, for the defence; — *per sentito dire, de auditu*, hearsay evidence; — *illecita*, illegally obtained evidence; — *reale*, tangible evidence; — *non rilevante*, irrelevant evidence; *regole di* —, rules of evidence; *il valore (probante) della* —, the weight of evidence; — *in contrario*, evidence to the contrary; *la — riguarda...*, the evidence relates to... // *fino a — contraria*, until one has proof to the contrary **2** (*controllo, esperimento*) test; trial; (*di dipendente*) probation: *superare una* —, to pass a test; *mettere qlcu. alla* —, to put s.o. to the test (*o* to test s.o.); *sembra buono ma bisogna vederlo alla* —, it looks good on paper but we'll need to see it tested // *assumere qlcu. in* —, to take s.o. on for a trial period; *il periodo di — è di tre mesi*, the trial period is three months; *il nuovo impiegato è ancora in* —, the new clerk is still on probation // (*comm.*): — *del prodotto*, product test; — *di vendita*, sales test // (*econ.*): — *di mercato*, market test; — *su zona*, area test; — *di produzione*, production test **3** (*tecn.*) test, trial: — *a fatica*, fatigue test; — *all'urto*, shock (*o* impact) test; — *a trazione*, tensile test; — *conclusiva*, crucial test; — *di affidabilità*, reliability test; — *di collaudo*, acceptance test; — *di durata*, endurance (*o* life) test; — *di durezza*, hardness test; — *di elasticità*, elasticity test; — *di laboratorio*, laboratory test; — *di pressione*, pressure test; — *di sicurezza*, safety test; *apparecchiatura di* —, test set; *banco di* —, testing bench; *mettere una macchina in* —, to test a machine // (*mecc.*): — *al banco*, bench test; — *al freno*, brake test // (*elettr.*): — *ad alta tensione*, high -voltage test; — *di isolamento*, insulation test; — *di rigidità dielettrica*, electric strength test // (*chim.*) — *alla fiamma*, flame test // (*tess.*) — *dei filati*, yarn testing // (*mar.*): — *agli ormeggi*, quay trial; — *a tutta forza*, full-power trial // (*aer.*): — *a terra*, ground test; — *di volo*, flight trial; *volo di* —, trial flight // (*aut.*): — *di consumo*, fuel consumption test; — *di velocità*, speed test; — *su strada*, road test; *targa di* —, temporary plate // (*mil.*) — *di tiro*, range trial // (*sport*) — *di durata*, long-distance trial // (*inform.*): — *del programma*, programme checkout; — *automatica*, self-test **4** *a — di*, proof (*attr.*): *a — di bomba*, bombproof; *a — di cannone*, shellproof; *a — di ruggine*, rustproof; *a — di umidità*, wetproof **5** (*scolastica*) test, examination: — *orale*, oral test (*o* examination); — *scritta*, written test (*o* examination); *sostenere una* —, to take (*o* to do *o* to sit for) an examination **6** (*fig.*) trial, ordeal: *fu una dura* —, it was a severe trial (*o* ordeal); *la sua vita fu piena di prove*, his life was full of trials **7** (*tentativo*) try: *farò una* —, I shall try; *prima di cambiarlo facciamo un'ultima* —, before changing it let's have another try **8** (*risultato, riuscita*) result: *dare una buona* —, to give good results **9** (*di abito, durante la confezione*) fitting: *ho fatto tre prove per questo abito*, I've had three fittings for this dress; *mettere in — un abito*, to make a dress ready for a fitting **10** (*teatr., mus.*) rehearsal: — *generale*, dress rehearsal, (*mus.*) final rehearsal; *ogni giorno facciamo tre ore di* —, every day we rehearse for three hours **11** (*tip.*) proof: *foglio di* —, (*di stampa*) specimen page; *prima* —, foul (*o* flat) proof; *seconda* —, revise; *terza* —, second revise; — *in colonna*, galley proof; *correggere una* —, to correct a proof; *tirare una* —, to pull a proof **12** (*mat.*) proof: *fa' la — di questa addizione*, check this sum; — *del nove*, casting out nines: *fare la — del nove*, to cast out nines **13** (*sportiva*) trials (*pl.*): *la — dei 100 metri*, the 100 metres trials; *le prove del Gran Premio inizieranno alle 13*, the Grand Prix trials will begin at 1 p.m.

provabile *agg.* provable, demonstrable: *la sua dichiarazione è* —, his statement can be proved.

provabilità *s.f.* provableness, demonstrability.

provante *agg.* probative, evidential: *valore* —, probative value.

provapile *s.m.* (*elettr.*) battery tester, battery meter.

provare *v.tr.* **1** (*dimostrare*) to prove, to show, to demonstrate: *come si può — che Dio esiste?*, how can one prove that God exists?; *le ultime scoperte provano le affermazioni del professore*, the latest discoveries provide proof of the professor's statements; *non possiamo — la sua colpa*, we cannot prove his guilt; *quell'avvenimento provò che aveva ragione*, the event showed that he was right (*o* proved him right); *questo prova che l'ha fatto apposta*, this shows that he has done it on purpose; *questo non è ancora stato provato*, this remains to be proved; *si provò la falsità della sua relazione*, his report proved false // *che tu abbia ragione è ancora da* —, it still hasn't been proved that you are right **2** (*sperimentare*) to experience; (*tentare*) to try: *mio padre nella vita aveva provato tutto*, my father had experienced everything in his life; *ha provato l'ebbrezza del volo*, he experienced the elation of flying; *ho provato anch'io cosa vuol dire avere forti emicranie*, I've also suffered from severe headaches; *proverete come è faticoso lavorare*, you'll see how hard it is to work; *ha provato che cosa significa essere povero*, he's known what it is to be poor // *fa' — a me ora*, let me try (*o* let me have a try) now; *non l'ho mai fatto, ma proverò*, I have never done it, but I'll have a try (*o* a go); — *non costa niente*, it doesn't cost anything to try; *proverò ad alzarmi alle sei*, I shall try to get up at six; *provò a chiedere*, he tried to ask; *prova a indovinare quanto l'ho pagato*, try to (*o* and) guess how much I paid for it; *se hai il singhiozzo prova a trattenere il fiato*, if you've got hiccups try holding your breath; *dato che ti sembra tanto facile provaci tu*, since it looks so easy to you, you try it; — *una nuova medicina*, to try a new medicine // *stai attento, non ci — neanche!*, be careful, don't even try it!; *"Se continui ti do uno schiaffo" "Provaci!"*, "If you carry on I'll hit you" "Just try it!"; *prova solo a fiatare che ti butto fuori*, if you so much as attempt to open your mouth I'll throw you out; *provati e vedrai!*, you just try!; *provati a farlo!*, try to do it! // — *per credere*, try and see **3** (*mettere alla prova*) to test, to try, to put* (s.o.) to the test: *fu duramente provato dalle avversità*, he was severely tried by hardships; *prima di assumerla voglio — le sue capacità*, before taking you on, I want to test your abilities; *quell'uomo fu duramente provato dalla vita*, that man was sorely tried by life; *questo lavoro di precisione proverà la tua pazienza*, this kind of precise work will test (*o* try) your patience; *il suo coraggio fu duramente provato*, his courage was severely tried (*o* tested) **4** (*sentire*) to feel*: *ormai non provo più nulla per lei*, now I don't feel anything for her anymore; — *avversione per, verso qlcu.*, to feel an aversion to s.o.; *non ho mai provato una simile emozione, gioia*, I have never felt such an emotion, such joy; *provai un dolore alla schiena*, I felt a pain in my back; *provai una gran delusione*, I felt deeply disappointed; *provò pietà per lui*, he felt pity for him **5** (*abbigl.*) to try on; (*abito in confezione*) to have a fitting: *devo andare dalla sarta a* —, I have to go to the dressmaker's for a fitting; —, *provarsi un cappello, un paio di scarpe, un vestito*, to try on a hat, a pair of shoes, a dress // *vorrei — la tua automobile*, I should like to try your car **6** (*collaudare, controllare*) to test: *le nostre macchine vengono tutte provate prima di essere messe in vendita*, our machines are all tested before being put on sale **7** (*assaggiare*) to taste: *prova questo liquore e dimmi cosa ne pensi*, taste this liqueur and tell me what you think; *non ho ancora provato la cucina cinese*, I haven't tasted Chinese food yet **8** (*saggiare*) to try, to test: — *la purezza di un metallo*, to test a metal for impurity; (*teatr.*) to rehearse: *gli attori stanno provando*, the actors are rehearsing; — *una commedia*, to rehearse a play.

□ **provarsi** *v.intr.pron.* (*misurarsi*) to test oneself, to compete against s.o.: — *con un avversario più forte*, to compete against a stronger opponent.

provato *agg.* **1** (*sottoposto a dura prova*) tried; (*affaticato*) exhausted, worn out: *un uomo — dalla vita, dalle sventure*, a man tried by life, by misfortune; *un corridore — dalla fatica*, a runner worn out by exertion **2** (*sicuro*) tried, tested, proved, proven: *persona di provata fiducia*, person of proven reliability.

provatransistori *s.m.* (*elettr.*) transistor tester.

provavalvole *s.m.* (*elettr.*) tube tester.

proveniente *agg.* **1** coming: *merci provenienti dalla Francia*, goods coming from France **2** (*causato*) caused (by sthg.); proceeding (from sthg.): *malattia — dall'abuso di alcol*, illness caused by the abuse of alcohol.

provenienza *s.f.* origin, provenance; (*fonte*) source: *di dubbia* —, of doubtful origin (*o* source); *una notizia di sicura* —, a piece of news from a reliable source; *luogo di* —, place of origin; *quale è la — di queste merci?*, where do these goods come from?

provenire *v.intr.* **1** to come*: *proveniamo dalla stessa città*, we come from the same town; *merce che proviene dalla Sicilia*, goods which come from Sicily **2** (*fig.*) (*avere origine*) to originate (from sthg.), to be caused (by sthg.), to be brought about (by sthg.), to arise* (from sthg.): *tutti i guai gli provengono dalla pigrizia*, all his troubles are caused by his laziness; *molti termini scientifici provengono dal greco*, many scientific terms are of Greek origin.

provento *s.m.* proceeds (*pl.*), return, earning; (*reddito*) income: *proventi straordinari*, additional income; *proventi del lavoro*, earnings from work; *proventi dell'industria*, income deriving from industry; *proventi delle vendite*, proceeds of sales; *proventi delle esportazioni*, export receipts; *proventi di una proprietà*, income from a property.

proventriglio *s.m.* (*zool.*) proventriculus (*pl.* -li).

provenzale *agg.* e *s.m.* e *f.* Provençal.

provenzaleggiante *agg.* in the Provençal style; of Provençal inspiration: *poesia* —, poetry of Provençal inspiration.

provenzalismo *s.m.* (*ling.*) Provençal idiom.

proverbiale *agg.* **1** (*di proverbio*) proverb (*attr.*), proverbial: *detto* —, proverb (*o* proverbial expression) **2** (*fig.*) (*noto a tutti*) famous, notorious: *la sua avarizia è* —, his stinginess is proverbial (*o* he is notorious for his stinginess).

proverbio *s.m.* proverb; (*adagio*) adage, saying: *per, in* —, proverbially; *come dice il* —, as the saying goes; *passare in* —, to be proverbial (*o* a byword): *la sua pigrizia è passata in* —, his laziness was proverbial // *i proverbi sono la saggezza dei popoli*, proverbs are the wisdom of the people // *libro dei Proverbi, i Proverbi*, (*Bibbia*) (Book of) Proverbs.

proverbioso *agg.* (*non com.*) full of proverbs; (*sentenzioso*) sententious, aphoristic: *linguaggio* —, sententious language.

provetta *s.f.* **1** (*chim.*) test tube: — *graduata*, graduated measuring tube // *un figlio concepito in* —, a test-tube baby **2** (*mecc.*) (*barretta per prove*) test bar.

provetto *agg.* **1** (*esperto, abile*) experienced, expert, skilled, skilful: *un operaio* —, a skilled workman; *un — sciatore*, an experienced skier **2** (*letter.*) (*maturo*) mature: *persona d'età provetta*, person of mature years.

providenza → **provvidenza**.

provincia *s.f.* **1** province: *vita di* —, provincial (*o* country) life; *venire dalla* —, to come from the provinces; *vivere in* —, to live in the provinces **2** (*ogni circoscrizione amministrativa*) province, district; (*ente*) provincial administration, local government of the province: *la — di Milano*, the province of Milan; *essere impiegato alla* —, to be employed in the provincial administration; *andare alla* —, to go to the office of the provincial administration (*o* to the provincial government office) **3** (*paese, regione*) district, region, area: *viaggiare in lontane province*, to travel through remote districts **4** (*eccl., st. romana*) province: *l'impero romano era diviso in province*, the Roman Empire was divided into provinces.

provinciale *agg.* provincial: *abitudini, gusti provinciali*, provincial customs, tastes; *ragazza* —, provincial (*o* small-town) girl; *strade provinciali*, provincial roads; *questa è una strada* —, this is a main road // *consiglio* —, provincial council // (*eccl.*) *padre* —, provincial ◆ *s.m.* e *f.* provincial, small-towner ◆ *s.f.* (*strada*) provincial road.

provincialismo *s.m.* provincialism (*anche spreg.*): *il — di certi scrittori*, the provincialism of certain writers; *questa prosa è piena di provincialismi*, this piece of prose is full of provincialisms.

provincialità *s.f.* provinciality, provincialism: — *di gusti, di modi*, provincial tastes, manners.

provincializzare *v.tr.* to provincialize.
□ **provincializzarsi** *v.intr.pron.* (*spreg.*) to become* provincialized.

provincializzazione *s.f.* provincialization (*anche spreg.*).

provino *s.m.* **1** (*campione*) sample **2** (*tecn.*) test piece, specimen **3** (*teatr.*) try-out, audition **4** (*cinem.*) (*prova di un attore*) film-test, screen test, trial; (*sequenze di film proiettate a scopo reclamistico*) trailer: *fare un — a qlcu.*, to give s.o. a screen test.

provitamina *s.f.* (*biochim.*) provitamin.

provocabile *agg.* (*non com.*) provocable.

provocante *agg.* provocative: *parole provocanti*, provocative words; *uno sguardo, un vestito* —, a provocative glance, dress.

provocare *v.tr.* **1** to provoke, to cause, to give* rise to (sthg.): *il terremoto provocò gravi danni*, the earthquake caused serious damage; *è il fumo che ti provoca quella tosse*, it's smoking that gives you that cough; *le sue dichiarazioni provocarono molte lamentele*, his declarations gave rise to many complaints; — *il riso*, to provoke laughter; — *una rissa*, to provoke a riot **2** (*istigare; sfidare*) to provoke: *mi provocò e io lo schiaffeggiai*, he provoked me and I hit him; *continuarono a provocarlo finché reagì*, they kept provoking him until he retaliated; — *la collera di qlcu.*, to excite s.o.'s anger // *una ragazza che si diverte a — gli uomini*, a girl who enjoys being provocative with men.

provocativo *agg.* (*letter.*) provocative.

provocatore *agg.* **1** provocative: (*dir.*) (*agente*) —, agent provocateur (*o* feigned accomplice) **2** (*irritante*) provoking ◆ *s.m.*, **provocatrice** *s.f.* provoker.

provocatorio *agg.* provocative: *mi parlò in tono* —, he spoke to me in a provocative tone.

provocazione *s.f.* provocation: *lei mi provocò e io risposi alla* —, she provoked me and I retaliated; *raccogliere una* —, to accept a challenge.

provola *s.f.* 'provola' (type of cheese made from buffalo's milk).

provolone *s.m.* 'provolone' (type of Southern Italian cheese).

provvedere *v.tr.* **1** to provide, to supply, to furnish: — *i terremotati di viveri e medicinali*, to provide earthquake victims with food and medicines; — *uno stadio di tribune coperte*, to provide a stadium with covered stands **2** (*preparare*) to get* ready, to prepare: — *tutto per la partenza*, to prepare everything for the departure; *provvedi che tutto sia pronto per le sei*, get everything ready (*o* arrange for everything to be ready) by six ◆ *v.intr.* **1** to provide (for sthg.); to see* (to sthg.), to see* (about sthg.); to arrange (for sthg.): *a ciò provvederà lui*, he will see to it; — *a un pagamento*, to see to a payment; — *al mantenimento della propria famiglia*, to sustain (*o* to support) one's family; *provvede all'educazione dei figli*, he provides for his children's education; *le autorità provvederanno al servizio di sicurezza*, the authorities will provide (*o* see to) security arrangements; *provvederemo al più presto a riparare il danno*, we'll arrange for the damage to be repaired as soon as possible; *non c'è più benzina: vedi di* —, there is no more petrol: make sure you see to it (*o* remember to get some); (*comm.*) — *alle necessità dei consumatori*, to attend to consumers' needs; *ho provveduto a tutto per la tua partenza*, I have arranged everything for your departure; *non ho ancora provveduto al mio passaporto*, I have not seen (*o* done anything) about my passport yet; *provvederò anche a questo*, I shall arrange for this as well; *devi — che venga anche lui*, you must get him to come too; *dovresti — di arrivare molto presto*, you should arrange to arrive very early; *provvederò affinché abbia tutto ciò che gli occorre*, I shall see to it that he has everything he needs; *provvederò subito personalmente*, I shall see to it myself immediately // *Dio vede, Dio provvede*, (*prov.*) God sees our needs and provides for them **2** (*prendere cura*) to take* care (of s.o., sthg.): *chi provvederà ai miei figli?*, who will take care of my children? **3** (*prendere un provvedimento*) to take* a decision: *qui bisogna — subito*, a quick decision must be taken. □ **provvedersi** *v.rifl.* to provide oneself: *si era provvisto di una rivoltella*, he had provided (*o* armed) himself with a revolver; — *di abiti, cibo ecc.*, to provide oneself with clothes, food etc.

provvedimento *s.m.* **1** (*rimedio, disposizione*) measure, provision, action: — *legislativo*, legislative measure; *provvedimenti amministrativi*, administrative provisions; *provvedimenti finanziari*, financial measures; — *disciplinare*, disciplinary action; (*dir.*) — *cautelare*, interim injunction; *prendere (severi) provvedimenti contro qlcu.*, to take (severe) measures (*o* action) against s.o. **2** (*precauzione*) precaution: *provvedimenti igienici, sanitari*, hygienic, sanitary precautions; *si raccomanda di prendere provvedimenti per evitare il contagio*, it's advisable to take precautions to avoid contagion **3** (*atto del provvedere*) provision.

provveditorato *s.m.* (*amm.*) superintendency: — *agli studi*, local education superintendency (*o* office); — *ai lavori pubblici*, public works superintendency (*o* office).

provveditore *s.m.* **1** (*soprintendente*) superintendent // — *agli studi*, local director of education // — *ai lavori pubblici*, superintendent of public works **2** (*mil.*) (*chi provvede agli approvvigionamenti*) quarter-master general // (*mar.*) — *navale*, ship chandler.

provveduto *agg.* **1** provided (with sthg.), supplied (with sthg.): *partì ben — di denaro*, he left well provided with money **2** (*non com.*) (*accorto*) wary // *un pubblico* —, an informed audience.

provvidenza *s.f.* **1** (*provvedimento*) provision, measure; (*sussidio*) benefit, allowance: *provvidenze in favore dei senzatetto*, provisions for the homeless; (*amm.*) *provvidenze della sicurezza sociale*, social security benefits **2** (*Provvidenza*) Providence: *la Provvidenza ci aiuterà*, Providence will help us; *è un dono della Provvidenza*, it's a gift of Providence; *le vie della Provvidenza sono infinite*, the ways of Providence are infinite // *quella eredità è stata una — per noi*, that inheritance was providential for us.

provvidenziale *agg.* (*della Provvidenza*) providential; opportune (*anche estens.*): *aiuto* —, providential (*o* heaven-sent) help; *uomo* —, man sent by Providence; *il — arrivo dei poliziotti lo salvò*, he was saved by the providential (*o* timely) arrival of the police; *il suo arrivo fu* —, he arrived at a very opportune moment.

provvidenzialità *s.f.* opportuneness, timeliness: *la — del loro aiuto*, the opportuneness of their help.

provvido *agg.* (*letter.*) provident.

provvigione *s.f.* (*comm.*) commission; (*compenso, corrispettivo*) consideration: *conto provvigioni*, commission account; *vendita a* —, sale on commission; *ricevere una — del 4%*, to receive a 4 per cent commission; *lavorare su* —, to work on commission; — *sulle vendite*, sales commission; *addebitare una* —, to charge a commission; (*econ.*) — *di intermediazione*, brokerage; (*banca*) — *di banca*, bank commission (*o* charges); — *di conto*, commission on current account; (*econ.*) — *star del credere*, del credere commission; (*mar.*) — *di noleggio*, brokerage.

provvisionale *agg.* provisional: *ingiunzione* —, provisional injunction; *clausola* —, provisional clause ◆ *s.f.* (*dir.*) (*sentenza interlocutoria*) interim award; (*anticipo della liquidazione imposto dal giudice*) interim payment, interim compensation.

provvisoriamente *avv.* provisionally, temporarily: *l'ufficio è stato — spostato al quarto piano*, the office has been temporarily moved to the 4th floor.

provvisorietà *s.f.* temporariness: *la — della sua posizione*, the provisional nature of his position.

provvisorio *agg.* temporary, provisional: *condizioni provvisorie*, temporary conditions; *governo, accomodamento* —, provisional government, arrangement; *in via provvisoria*, temporarily (*o* provisionally); *misure provvisorie*, temporary (*o* provisional) measures; *nomina provvisoria*, temporary appointment; *ponte* —, temporary bridge; *ho un lavoro* —, I have a temporary job; *stipularono un accordo* —, they laid down a provisional agreement; (*dir.*) *contratto* —, provisional contract // (*fin.*) *dividendo* —, interim dividend.

provvista *s.f.* **1** supply, stock, provision: *le provviste sono abbondanti*, the provisions are abundant; *provviste alimentari*, food supplies; *provviste militari, navali*, military, naval stores (*o* supplies); (*mar.*) *provviste di bordo*, ship's stores; *andrò al supermercato perché le nostre provviste sono finite*, I shall go to the supermarket because our provisions are finished; *dobbiamo fare — di vino*, we must buy (*o* get in) some wine; *ho una buona — di farina*, I have a good supply of flour (*o* I am well supplied with flour); *abbiamo finito la — di acqua*, we have run out of water; *far* —, to take (*o* to lay) in provisions; *fare provviste di merce*, to take in (*o* to lay in) provisions (*o* stocks) of goods; *mettere da parte provviste per l'inverno*, to lay in stores for the winter **2** (*fig.*) store; fund: *ha una buona — di coraggio*, he has a good store of courage **3** (*dir.*) (*relativa a una cambiale*) provision **4** (*fondo, capitale*) fund, capital: — *di banca*, bank fund // (*fin.*) — *in valuta estera*, foreign borrowings.

provvisto *agg.* supplied (with sthg.), provided (with sthg.): *la cucina è ben provvista di elettrodomestici*, the kitchen is well supplied with household appliances; *una casa provvista di entrata di servizio*, a house with a service entrance; *quel negozio è ben — di articoli di pelle*, that shop is well supplied with leather goods (*o* that shop has a large supply of leather goods); *uno stadio — di 80.000 posti a sedere*, a stadium that seats 80,000 people; *il teatro sarà — di dieci uscite di sicurezza*, the theatre will be provided with ten emergency doors.

prozia *s.f.* great-aunt.

prozio[1] *s.m.* great-uncle.

prozio[2] *s.m.* (*chim.*) protium.

prua *s.f.* (*mar.*) stem; prow, bow(s).

prude *agg.* (*fr.*) prudish.

prudente *agg.* **1** (*accorto*) prudent; (*cauto*) cautious, careful: *un'azione, una risposta, una persona* —, a prudent action, answer, person; *sii — nel guidare l'automobile*, be careful when you drive; *un — sciatore*, a cautious skier; *una — dichiarazione*, a cautious statement **2** (*pauroso*) fearful, timorous **3** (*saggio*) wise, prudent: *non è — partire adesso*, it's not wise to leave now; *è più — parlarne prima con lui*, it would be wiser to speak to him first.

prudenza *s.f.* **1** (*cautela*) caution, care, prudence: *agire con* —, to use caution; *guida con —!*, drive carefully!; *—!*, be careful! (*o* caution!); *per — si tenne alla larga dall'appartamento*, out of caution he kept away from the apartment // *la — non è mai troppa!*, you can't be too careful! **2** (*precauzione*) precaution: *per — prenderò l'ombrello*, I shall take an umbrella as a precaution **3** (*teol.*) prudence.

prudenziale *agg.* **1** prudential: *per ragioni prudenziali*, for prudential reasons **2** (*di cautela*) precautionary: *misure prudenziali*, precautionary measures.

prudere *v.intr.* to itch, to be itchy: *mi prude la schiena*, my back is itchy; *mi prudeva dappertutto*, I was itching all over; *non grattarti dove ti prude*, do not scratch yourself where you itch // *mi prude la lingua dalla voglia di dirgli...*, I am itching (*o* I can't wait) to tell him... // *mi prudevano le mani dalla voglia di dargli uno schiaffo*, I was itching to box his ears.

pruderie *s.f.* (*fr.*) prudery, primness, priggishness.

prudore *s.m.* (*non com.*) (*prurito*) itch, irritation.

prueggiare *v.intr.* (*mar.*) to luff.

prueggio *s.m.* (*mar.*) luffing.

prugna *s.f.* (*bot.*) plum: — *selvatica*, damson; — *nera*, mussel plum; — *regina Claudia*, greengage (*o* gage); — *secca*, prune; — *secca pelata*, prunella; *prugne cotte*, stewed prunes; *color* —, plum-coloured.

prugno *s.m.* (*bot.*) (*Prunus domestica*) plum (tree).

prugnola *s.f.* (*bot.*) sloe, wild plum.

prugnolo[1] *s.m.* (*bot.*) (*Clitopilus prunulus*) (*fungo*) mousseron.

prugnolo[2] *s.m.* (*bot.*) (*Prunus spinosa*) blackthorn, sloe // — *da siepe*, (*Prunus domestica insititia*) bullace (*o* damson).

pruina *s.f.* **1** (*poet.*) (*brina*) (hoar) frost **2** (*bot.*) bloom.

pruinoso *agg.* **1** (*poet.*) (*brinato*) frosty **2** (*bot.*) (*coperto di pruina*) pruinose, glaucous.

prunaio *s.m.* thorn thicket // *trovarsi in un* —, (*fig.*) to be in a fix (*o* in a mess).

prunella[1] *s.f.* **1** (*bot.*) (*pianta*) prunella **2** (*liquore*) prunelle.

prunella[2] *s.f.* (*tessuto*) prunella.

pruneto → **prunaio**.

pruno *s.m.* **1** → prugnolo[2] **2** (*spina*) thorn, prickle **3** → prugno.

prurigine *s.f.* **1** (*letter.*) itch, irritation **2** (*med.*) prurigo **3** (*fig.*) sudden urge, itch, craving.

pruriginoso *agg.* **1** (*med.*) pruriginous, pruritic, itching, itchy **2** (*fig.*) (*stuzzicante*) appetizing, tempting; (*eccitante*) titillating, exciting.

prurigo *s.f.* (*med.*) prurigo.

prurito *s.m.* **1** itch; irritation: *ho — al braccio*, my arm itches (*o* my arm is itchy); *l'ortica provoca —*, nettles cause itching **2** (*fig.*) (*voglia improvvisa*) sudden urge, itch, craving: *pruriti erotici*, sexual urges.

prussianesimo *s.m.* Prussianism.

prussiano *agg.* e *s.m.* Prussian // *avere una mentalità prussiana*, to have an inflexible (*o* Prussian) mentality.

prussiato *s.m.* (*chim.*) prussiate.

prussico *agg.* (*chim.*) prussic: *acido —*, prussic acid.

psammitico *agg.* (*geol.*) psammitic.

psammofilo *agg.* (*biol.*) psammophilous: *organismo —*, psammophile.

psammofita *s.f.* (*bot.*) psammophyte.

psammoma *s.m.* (*med.*) psammoma (*pl.* -mata, -as).

psammoterapia *s.f.* (*med.*) psammotherapy.

psefitico *agg.* (*geol.*) psephitic.

psefologia *s.f.* psephology.

pseudo- *pref.* di origine greca usato con il valore di 'falso', 'fittizio'; ingl. pseud(o)-: *pseudogravidanza*, pseudopregnancy; (*chim.*) *pseudoionone*, pseudoionone; (*med.*) *pseudoestesia*, pseudaesthesia.

pseudoacacia → **robinia**.

pseudoacido *s.m.* (*chim.*) pseudo acid.

pseudoallume *s.m.* (*chim.*) pseudoalum.

pseudoartrosi *s.f.* (*med.*) pseudarthrosis, pseudoarthrosis.

pseudocarpo *s.m.* (*bot.*) pseudocarp, accessory fruit.

pseudocasuale *agg.* (*stat.*) pseudorandom: *numero —*, pseudorandom number.

pseudoletterato *s.m.* (*spreg.*) pseudoscholar.

pseudomorfismo → **pseudomorfosi**.

pseudomorfo *agg.* (*min.*) pseudomorphous, pseudomorphic: *cristallo —*, pseudomorph.

pseudomorfosi *s.f.* (*min.*) pseudomorphism.

pseudonimo *s.m.* pseudonym, alias; (*di uno scrittore*) pen name: *scrivere sotto uno —*, to use a pen name (*o* to write under a pseudonym).

pseudopodio *s.m.* (*biol.*) pseudopod, pseudopodium*.

pseudoprofeta *s.m.* (*spreg.*) false prophet.

pseudosale *s.m.* (*chim.*) pseudosalt.

pseudoscopio *s.m.* (*fis.*) pseudoscope.

pseudoscorpione *s.m.* (*zool.*) false scorpion, book scorpion.

psi *s.m.* o *f.* (*ventitreesima lettera dell'alfabeto greco*) psi.

psicagogia *s.f.* **1** (*psic.*) psychagogy **2** (*negromanzia*) necromancy.

psicagogico *agg.* psychagogic.

psicagogo *s.m.* psychagogue.

psicanalisi e *deriv.* → **psicoanalisi** e *deriv.*

psicastenia e *deriv.* → **psicoastenia** e *deriv.*

psiche[1] *s.f.* **1** (*anima*) psyche **2** (*zool.*) psyche.

psiche[2] *s.f.* (*specchio*) psyche.

psichedelico *agg.* psychedelic: *farmaci psichedelici*, psychedelic drugs // *luci psichedeliche*, psychedelic lights.

psichiatra *s.m.* e *f.* psychiatrist.

psichiatria *s.f.* psychiatry.

psichiatrico *agg.* psychiatric: *ospedale —*, mental hospital; *perizia —*, psychiatric examination.

psichiatrizzare *v.tr.* to give* psychiatric treatment.

psichiatrizzazione *s.f.* psychiatric treatment.

psichico *agg.* **1** psychic(al): *forza psichica*, psychic force; *stato —*, psychic condition **2** (*mentale*) mental: *malattia psichica*, mental illness.

psichismo *s.m.* psychicism.

psico- *pref.* di origine greca usato nella terminologia scientifica per indicare relazione con la 'psiche'; ingl. psycho-: *psicobiologia*, psychobiology; *psicologia*, psychobiology; *psicochimica*, psychochemistry; *psicochirurgia*, psychosurgery.

psicoanalettico *agg.* e *s.m.* (*med.*) psychotonic.

psicoanalisi *s.f.* psychoanalysis.

psicoanalista *s.m.* e *f.* psychoanalyst.

psicoanalitico *agg.* psychoanalytic, psychoanalytical.

psicoanalizzare *v.tr.* to psychoanalize, to psychoanalyse.

psicoastenia *s.f.* (*med.*) psychasthenia.

psicoattivo *agg.* (*med.*) psychoactive, psychotropic.

psicodiagnostica *s.f.* psychodiagnostics [U].

psicodidattica *s.f.* teaching methodology that involves the use of psychology.

psicodinamica *s.f.* psychodynamics [U].

psicodislettico *agg.* (*med.*) psychotogenic ◆ *s.m.* (*med.*) psychotogen.

psicodramma *s.m.* psychodrama.

psicofisica *s.f.* psychophysics [U].

psicofisico *agg.* psychophysical.

psicofisiologia *s.f.* psychophysiology.

psicofisiologico *agg.* psychophysiological.

psicogenesi *s.f.* psychogenesis.

psicogenetico *agg.* psychogenetic.

psicogeno *agg.* (*med.*) psychogenic.

psicografia *s.f.* psychography.

psicografo *s.m.* (*psic.*) psychograph.

psicogramma *s.m.* psychogram.

psicolabile *agg.* e *s.m.* e *f.* (person) psychically unstable.

psicolettico *agg.* psycholeptic ◆ *s.m.* (*med.*) tranquillizer.

psicolinguista *s.m.* e *f.* psycholinguist.

psicolinguistica *s.f.* psycholinguistics [U].

psicologa *s.f.* **psicologo** *s.m.* psychologist.

psicologia *s.f.* psychology: *— analitica, del profondo*, analytical psychology; *— dell'età evolutiva*, developmental psychology; *— infantile*, child psychology; *usare un po' di — per convincere qlcu.*, to use a bit of psychology to convince s.o.

psicologicamente *avv.* psychologically.

psicologico *agg.* psychologic, psychological: *indagine psicologica*, psychological survey // *romanzo —*, psychological novel // *guerra psicologica*, psychological warfare.

psicologismo *s.m.* psychologism.

psicologista *s.m.* e *f.* psychologist.

psicomanzia *s.f.* psychomancy.

psicometria *s.f.* (*psic.*) psychometry, psychometrics [U].

psicometrico *agg.* psychometric.

psicomimetico *agg.* e *s.m.* (*med.*) psychotomimetic.

psicomotorio *agg.* (*med.*) psychomotor.

psicomotricista *s.m.* e *f.* (*med.*) psychomotion therapist, psychomotility therapist.

psicomotricità *s.f.* (*med.*) psychomotion, psychomotility.

psiconevrosi, **psiconeurosi** *s.f.* (*med.*) psychoneurosis.

psiconevrotico, **psiconeurotico** *agg.* e *s.m.* (*med.*) psychoneurotic.

psicopatia *s.f.* (*med.*) psychopathy.

psicopatico *agg.* (*med.*) psychopathic ◆ *s.m.* (*med.*) psychopath.

psicopatologia *s.f.* psychopathology.

psicopatologico *agg.* psychopathologic(al).

psicopatologo *s.m.* psychopathologist.

psicopedagogia *s.f.* educational psychology.

psicopedagogico *agg.* of educational psychology; relating to educational psychology.

psicopedagogista *s.m.* e *f.* educational psychologist.

psicoprofilattico *agg.* (*med.*) psychoprophylactic.

psicosensoriale *agg.* psychosensory.

psicosessuale *agg.* (*med.*) psychosexual: *sviluppo —*, psychosexual development.

psicosi *s.f.* **1** (*med.*) psychosis*: *— maniaco-depressiva*, maniac-depressive psychosis **2** (*estens.*) fever: *la — dell'esame*, exam fever.

psicosico → **psicotico**.

psicosociale *agg.* psychosocial.

psicosomatica *s.f.* psychosomatics [U].

psicosomatico *agg.* psychosomatic: *medicina psicosomatica*, psychosomatic medicine.

psicostasia *s.f.* psychostasia.

psicotecnica *s.f.* psychotechnics [U].

psicotecnico *agg.* psychotechnic(al) ◆ *s.m.* psychotechnician.

psicoterapeuta *s.m.* e *f.* psychotherapist.

psicoterapeutico *agg.* (*med.*) psychotherapeutic.

psicoterapia *s.f.* psychotherapy.

psicoterapico *agg.* (*med.*) psychotherapeutic.

psicoterapista *s.m.* e *f.* (*med.*) psychotherapist.

psicotico *agg.* e *s.m.* psychotic.

psicotizzante *agg.* hallucinogenic ◆ *s.m.* hallucinogen.

psicotonico *agg.* (*med.*) antidepressant ◆ *s.m.* (*med.*) antidepressant, (psychic) energizer.

psicotossico *agg.* (*di sostanza, farmaco*) psychotoxic.

psicotropo → **psicoattivo**.

psicrofilo *agg.* (*biol.*) psychrophile: *organismo* —, psychrophile.

psicrometro *s.m.* (*meteor.*) psychrometer.

psilla *s.f.* (*zool.*) psyllid.

psillio *s.m.* (*bot.*) (*Plantago psyllium*) flea -wort.

psilomelano *s.m.* (*chim.*) psilomelane.

psilosi *s.f.* **1** (*ling.*) psilosis (*pl.* -ses) **2** (*med.*) → alopecia.

psilotico *agg.* (*ling.*) psilotic.

psittacismo *s.m.* psittacism.

psittacosi *s.f.* (*med., vet.*) psittacosis*.

psittacula *s.f.* (*zool.*) lovebird.

psoriasi *s.f.* (*med.*) psoriasis*.

ptarmica *s.f.* (*bot.*) (*Achillea ptarmica*) sneezewort.

pteride *s.f.* (*bot.*) pteris.

pteridofita *s.f.* (*bot.*) pteridophyte.

pterigio *s.m.* (*med.*) pterygium (*pl.* -iums, -ia).

pterigoideo *agg.* (*anat.*) pterygoid: *apofisi pterigoidea*, pterygoid process.

pterilosi *s.f.* (*zool.*) pterylosis (*pl.* -ses).

pterodattilo *s.m.* (*paleont.*) pterodactyl.

pteroico *agg.* (*chim.*) pteroic: *acido* —, pteroic acid.

pteropo *s.m.* (*zool.*) flying fox.

pteropodo *s.m.* (*zool.*) pteropod.

pterosauro *s.m.* (*paleont.*) pterosaur.

ptialina *s.f.* (*biochim.*) ptyalin.

ptialismo *s.m.* (*med.*) ptyalism.

ptilosi *s.f.* (*med.*) ptilosis (*pl.* -ses).

ptomaina *s.f.* (*biochim.*) ptomaine.

ptosi *s.f.* (*med.*) ptosis*.

puah *inter.* ugh: —*, che schifo!*, ugh, how revolting!

pubblicabile *agg.* publishable, fit for publication.

pubblicamente *avv.* publicly, in public: *ringraziare* —, to thank publicly; *dichiarare qlco.* —, to state sthg. publicly (*o* in public); *una figura* — *conosciuta*, a well-know figure.

pubblicano *s.m.* (*st.*) publican.

pubblicare *v.tr.* **1** to publish, to bring* out: *il libro sarà pubblicato il mese venturo*, the book will be published next month; — *un giornale, una rivista*, to publish a newspaper, a magazine // *appena pubblicato*, just out (*o* just published) // — *annunci sul giornale*, to advertise // — *mediante affissi*, to post **2** (*leggi, decreti ecc.*) to issue; to promulgate: — *un decreto, un bollettino*, to issue a decree, a bulletin; — *sulla gazzetta ufficiale*, to gazette.

pubblicazione *s.f.* **1** publication: *la* — *di un libro*, the publication of a book; *il libro è in corso di* —, the book is in course of publication; *mi mandò alcune sue pubblicazioni*, he sent me a few of his publications; *il catalogo delle ultime pubblicazioni*, the catalogue of the latest publications **2** (*dir.*) (*di leggi, decreti ecc.*) issue; publication: *la* — *di un decreto*, the issuing (*o* promulgation) of a decree **3** *pl.* (*di matrimonio*) banns: *fare le pubblicazioni*, to publish (*o* to put up) the banns.

pubblicismo *s.m.* (*non com.*) media.

pubblicista *s.m.* e *f.* **1** (*dir.*) publicist **2** (*giornalista*) freelance journalist.

pubblicistica *s.f.* **1** journalism writing on current affairs **2** (*pubblicazioni*) current affairs press; news magazines.

pubblicistico *agg.* of freelance journalism; of current affairs journalism.

pubblicità *s.f.* **1** publicity: *odio la* — *e cerco di evitarla*, I hate publicity and try to avoid it; *dare* — *a un'iniziativa*, to publicize an initiative // *cercherò di fare* — *al tuo libro*, I shall try to make your book known // *sta' zitto, non far* —*!*, keep quiet about it, don't publicize it! (*o* don't broadcast it!) **2** (*propaganda commerciale*) advertising: — *informativa*, informative advertising; — *luminosa*, luminous signs; — *per corrispondenza*, mailing (*o* mail advertising); — *sensazionalistica*, hype; — *subliminale*, subliminal advertising; — *radio-televisiva*, commercials (*o* radio and television advertising); — *a mezzo affissione*, poster advertising; — *sulla stampa*, newspaper advertising; *piccola* —, small advertisements (*o fam.* small ads); *agente di* —, advertising agent; (*al servisio di una personalità*) publicity agent; *agenzia di* —, advertising agency; *esperto in* —, advertising expert, (*amer.*) adman; *direttore della* —, advertising manager; *spese di* —, advertising costs (*o* expenses); *ufficio di* —, advertising office; *fare* — *a un prodotto*, to advertize a product; *fare* — *a un film*, to publicize a film; *ottenere molta* —, to get a lot of publicity // *farsi* —, to publicize oneself // *la* — *è l'anima del commercio*, advertising is the very soul of trade // *essere condizionati dalla* —, to be conditioned by advertising.

pubblicitario *agg.* advertising: *annuncio* —, advertisement (*o* ad); (*televisivo*) TV advertisement (*o* ad); *volantino* —, advertising leaflet; *cartellone* —, (advertising) poster (*o* placard); *spazio, tempo* —, spot; *agente, ufficio* —, advertising agent, office; *disegnatore* —, commercial (*o* hype) artist; *campagna pubblicitaria*, advertising campaign; *una trovata pubblicitaria*, a publicity stunt; *distribuire campioni a scopo* —, to distribute samples for publicity ◆ *s.m.* advertising agent, media man*, adman*.

pubblicizzare *v.tr.* to advertise, to publicize, to plug: — *un nuovo prodotto*, to advertise (*o* to give a plug to) a new product; — *un disco*, to give a record a plug; — *un film*, to publicize a film.

pubblicizzazione *s.f.* publicizing; promotion: *la* — *di un prodotto*, the promotion of a product.

pubblico *agg.* **1** public; (*statale*) state (*attr.*); (*civile*) civil: *opinione, salute, vita pubblica*, public opinion, health, life; *servizi pubblici*, public services; *lavori pubblici*, public works; *istruzione pubblica*, state education; *scuola pubblica*, state (*o* maintained) school; *biblioteca pubblica*, public library; *giardini pubblici*, public gardens; *forza pubblica*, police force (*o* civil police); *nemico* —, public enemy; — *funzionario*, civil servant; — *ufficiale*, public officer (*o* civil servant); — *notaio*, notary public; — *banditore*, (public) auctioneer; — *registro*, registry; *spese pubbliche*, public expenses: *a spese pubbliche*, at public expense; *bilancio* —, national budget; *debito* —, national (*o* public) debt; *amministrazione pubblica*, public authority (*o* civil service); *questione d'interesse* —, public matter, (*d'importanza nazionale*) matter of national importance; *pubbliche relazioni*, public relations; *lavorare per il bene* —, to work for the common good // *atto* —, deed under seal; *diritto* —, public law **2** (*noto a tutti, fatto davanti a tutti*) public: *le conferenze sono pubbliche*, the lectures are public; *fare una pubblica confessione, protesta*, to make a public confession, protest; *tenere una pubblica riunione*, to hold (*o* to have) an open (*o* public) meeting; *bisogna fare qualcosa prima che la notizia diventi di* — *dominio*, something must be done before the news becomes public // *rendere* —, to make public (*o* to broadcast) ◆ *s.m.* **1** public: *il* — *dei lettori*, the reading public; *i gusti del* —, the tastes of the public; *l'opinione del* —, public opinion; *un giardino aperto al* —, a garden open to the public; *il* — *non è ammesso*, the public is (*o* are) not admitted; *il* — *è pregato di...*, the public is (*o* are) requested to... // *in* —, in public: *mettere in* —, to make public (*o* to broadcast *o* to reveal *o* to disclose) **2** (*di teatro, concerto, conferenza ecc.*) audience: *il* — *ha applaudito gli attori*, the audience applauded the actors; *parlare a un* — *numeroso*, to speak to a large audience; *al concerto c'è stata una grande affluenza di* —, the concert was very well attended // *indagine sul* —, audience research // — *prigioniero*, (*di messaggi pubblicitari*) captive audience **3** (*sfera pubblica*) public life: *separare il* — *dal privato*, to separate public life from private life.

pube *s.m.* (*anat.*) pubis*.

puberale *agg.* puberal, pubertal.

pubere *agg.* pubertal ◆ *s.m.* pubescent boy ◆ *s.f.* pubescent girl.

pubertà *s.f.* puberty.

pubescente *agg.* (*anat., bot.*) pubescent.

pubescenza *s.f.* (*anat., bot.*) pubescence.

pubico *agg.* (*anat.*) pubic.

publicano → **pubblicano**.

puddellaggio *s.m.* (*metall.*) puddling.

puddellare *v.tr.* (*metall.*) to puddle.

puddellatura, **puddellazione** *s.f.* (*metall.*) puddling.

puddinga *s.f.* (*geol.*) pudding-stone.

pudellare e *deriv.* → **puddellare** e *deriv.*

pudende *s.f.pl.* (*letter.*) pudenda; genitalia.

pudendo *agg.* pudendal, pudic.

pudibondo *agg.* modest, demure; (*con affettazione*) prudish, prim: *una ragazza pudibonda*, a demure (*o* modest) girl; *un sorriso* —, a demure smile; *non essere così* —, don't be so prudish (*o* prim).

pudicizia *s.f.* modesty, demureness; (*affettata*) prudery, primness.

pudico *agg.* (*modesto*) modest, demure: *sorriso* —, demure smile.

pudore *s.m.* modesty, decency; (*ritegno*) reserve: *offesa, oltraggio al* —, offence against decency (*o* indecent behaviour); *il* — *le impe-*

diva di parlare, her modesty prevented her from speaking // *senza* —, shameless (*agg.*); shamelessly (*avv.*): *gli ha sempre mentito senza* —, she always lied shamelessly to him.

puericultore *s.m.* pediatrician.

puericultura *s.f.* puericulture; child-welfare.

puerile *agg.* **1** child's (*attr.*): *giochi puerili*, children's games; *voce* —, child's voice **2** (*spreg.*) (*immaturo*) puerile, childish: *discorsi puerili*, puerile speeches.

puerilità *s.f.* (*spreg.*) childishness; puerility; immaturity: *la — della sua domanda*, the childishness of his question; *le sue — mi danno ai nervi*, his childish behaviour gets on my nerves.

puerizia *s.f.* (*letter.*) childhood.

puerpera *s.f.* puerpera*.

puerperale *agg.* (*med.*) puerperal: *febbre* —, puerperal fever.

puerperio *s.m.* puerperium*.

puf → **pouf**.

puff *inter.* (*di tonfo*) plop; (*di locomotiva*) puff.

puffino *s.m.* (*zool.*) (*Fratercula arctica*) puffin, shearwater.

puggiero *agg.* (*mar.*) leewardly.

pugiadismo e *deriv.* → **poujadismo** e *deriv.*

pugilato *s.m.* (*sport*) boxing, pugilism: *guanti da* —, boxing gloves; *incontro di* —, boxing match; *fare del* —, to box.

pugile *s.m.* (*sport*) boxer, pugilist: *un — suonato*, a punch-drunk boxer.

pugilistico *agg.* boxing (*attr.*); pugilistic: *incontro* —, boxing match.

puglia *s.f.* **1** (*gettone*) counter **2** (*l'insieme dei gettoni*) pool.

pugliese *agg.* e *s.m.* e *f.* Apulian.

pugna *s.f.* (*letter.*) fight, battle.

pugnace *agg.* (*letter.*) pugnacious, bellicose.

pugnalare *v.tr.* to stab: — *qlcu. alle spalle*, to stab s.o. in the back.

pugnalata *s.f.* **1** stab: *fu colpito con una* —, he was stabbed; — *alle spalle*, (*anche fig.*) stab in the back **2** (*fig.*) blow, shock: *questa notizia è stata per me una vera* —, this news was a great blow to me.

pugnalatore *s.m.* (*non com.*) stabber, knifer.

pugnale *s.m.* dagger: *colpo di* —, stab.

pugnare *v.intr.* (*letter.*) to fight (*anche fig.*).

pugno *s.m.* **1** (*mano chiusa*) fist: *allargare, aprire il* —, to open one's fist; *serrare, stringere il* —, to clench one's fist; *mostrare i pugni a qlcu.*, to shake one's fist at s.o. (*o* to threaten s.o. with one's fist); *battere i pugni sul tavolo*, to thump the table; *avanzarono con la spada in* —, they advanced with their swords in their hands // *avevano la vittoria in* —, (*fig.*) they had victory (*o* victory was) within their grasp // *tenere qlcu.* (*stretto*) *in* —, (*fig.*) to hold (*o* to have) s.o. in the palm of one's hand (*o* to have s.o. in one's power) // (*pol.*): — *chiuso*, clenched fist; *saluto a — chiuso*, clenched fist salute; *salutare qlcu. col — chiuso*, to give s.o. the clenched fist salute // — *di ferro*, (*tirapugni*) knuckle duster; *avere il — di ferro*, (*fig.*) (*essere severo, rigido*) to have a firm (*o* an iron) hand; *governare col — di ferro*, (*fig.*) to rule with an iron hand; *usare il — di ferro*, to crack (*o* to clamp) down // *di proprio* —, in one's own handwriting; *lo scrisse di suo* —, he wrote it himself; *questa lettera è scritta di suo* —, this letter is in his own hand(writing); *correzioni di — dell'autore*, corrections made by the author himself **2** (*colpo*) punch, blow: *sferrare un — a qlcu.*, to punch s.o. (*o* to land s.o. a punch); *abbiamo litigato e ci siamo anche presi a pugni*, we quarrelled and even came to blows (*o* hit each other); *gli assestò un — alla mascella*, he gave him a punch (*o* one) on the jaw; *mi diede un — sul naso*, he punched (*o* he struck) me on the nose; *mi tirò un — in un occhio*, he landed me one (*o* punched me) in the eye // *il tuo vestito è un — in un occhio*, (*fig.*) your dress is an eyesore // *fare a pugni*, to fight; (*fig.*) to clash; (*contrastare*) to contradict: *i due bambini cominciarono a fare a pugni per avere i dolci*, the two children started to fight for the sweets; *fare a pugni per una donna*, to come to blows over a woman; *dovemmo fare a pugni per passare*, we had to fight our way through; *abbiamo fatto a pugni per avere il biglietto*, we had to fight to get the ticket; *il colore della tua sciarpa fa a pugni col tuo vestito*, (*fig.*) the colour of your scarf clashes with that of your dress; *i miei piani fanno a pugni coi suoi*, my plans clash with his; *questi due principi fanno a pugni*, these two principles clash (*o* contradict each other) // *avere il — proibito*, (*avere un pugno potente*; *essere fortissimo*) to have an iron fist **3** (*manciata*) fistful; handful (*anche fig.*); (*piccola quantità*) bit: *un — di farina*, a handful of flour; *mangiare un — di riso*, to eat a small portion (*o* a little bit) of rice; *un — di dollari*, a fistful of dollars; *un — di soldati*, a handful of soldiers // *rimanere con un — di mosche*, (*fig.*) to remain empty-handed.

puh *inter.* ugh!

pula *s.f.* chaff, husk, hull.

pulce *s.f.* flea: — *d'acqua*, (*Daphnia pulex*) water-flea; — *di mare*, (*Talitrus locusta*) sand -hopper (*o* beach-flea); — *penetrante*, (*Tunga penetrans*) chigoe (*o* jigger *o amer.* chigger) // *sei noioso come una* —, you're a pest // *mettere una — nell'orecchio a qlcu.*, (*fig.*) to arouse s.o.'s suspicions (*o* doubts) // *il gioco della — è il mio preferito*, tiddlywinks is my favourite game // *mercato delle pulci*, flea market // *una stoffa color* —, a puce fabric.

pulciaio *s.m.* (*non com.*) (*luogo pieno di pulci*) fleapit; (*luogo sporco*) pigsty.

Pulcinella *no.pr.m.* (*st. teatr.*) Punch, Punchinello: *teatrino di* —, Punch and Judy show; *si maschererò da* —, he dressed up as Punch // *il segreto di* —, (*fig.*) open secret.

pulcinella *s.m.* **1** (*burattino, buffone*) buffoon; (*spreg.*) fool // *fare il* —, to break one's promise **2** (*zool.*) — *di mare*, (*Fratercula arctica*) shearwater, puffin, sea parrot.

pulcinellesco *agg.* (*non com.*) Punch-like, of Punch, of Punchinello; (*buffonesco*) buffoonish, clownish.

pulcino *s.m.* **1** chick, chicken: — *di tacchino*, (turkey) chick // *sembra un — nella stoppa*, (*fig.*) he seems to be a bit out of his depth // *bagnato come un* —, (*fig.*) soaked to the skin; *essere un — bagnato*, (*fig.*) (*essere timido, impacciato*) to be a timid little thing **2** (*estens. fam.*) (*bambino piccolo*) little child* **3** (*calcio*) junior.

pulcioso *agg.* flea-ridden: *animale* —, flea-ridden animal.

puledra *s.f.* filly (*anche fig.*).

puledro *s.m.* **1** colt, foal **2** (*fig.*) (*persona giovane e piena di vita*) colt, buck.

puleggia *s.f.* (*mecc.*) pulley: — *a diametro variabile*, expanding pulley; — *a fascia piana*, band pulley; — *a gradini*, stepped (cone) pulley; — *fissa*, fast (*o* fixed) pulley; — *folle*, idle pulley; — *scanalata*, sheave.

pulica *s.f.* seed, boil.

pulicaria *s.f.* (*bot.*) **1** (*Erigeron pulicaria*) flea-bane **2** (*Plantago psyllium*) psyllium.

pulimentare *v.tr.* to polish.

pulimentatore *s.m.* polisher.

pulire *v.tr.* **1** to clean; (*lavare*) to wash; (*spazzolare*) to brush: *devo far — questo abito*, I must get this dress cleaned; — *le scarpe*, to polish (*o* to brush) one's shoes; — *ben bene il pavimento*, to scrub the floor; — *la casa*, to clean (up) the house; — *un secchio, un lavandino, i vetri delle finestre*, to clean a bucket, a sink, the windows; *pulirsi le mani, la faccia, i piedi*, to wash one's hands, face, feet; *pulirsi i denti*, to clean (*o* to brush) one's teeth; *pulirsi le unghie*, to clean one's nails; *pulirsi il naso*, to blow (*o* to wipe) one's nose; *pulirsi la bocca*, (*col tovagliolo*) to wipe one's mouth // — *il piatto*, (*fig.*) (*mangiarsi tutto*) to eat up everything // *i ladri gli pulirono le tasche*, (*fig.*) the thieves cleaned him out **2** (*levigare, lucidare, pulire*) to polish (*anche fig.*): *devo far — questo tavolo*, I must get this table polished; — *l'argento, un pavimento di legno*, to polish the silver, a parquet floor // — *uno scritto*, (*fig.*) to polish a piece of writing **3** (*mondare*) to clean: *pulisci il riso prima di cuocerlo*, clean the rice before cooking it; — *il pesce*, to clean (*o* to gut) fish; — *un'aiuola dalle erbacce*, to weed a flowerbed **4** (*inform.*) (*dei dati superflui, p.e. un archivio*) to tidy.

pulisciorecchi *s.m.* cotton bud.

pulita *s.f.* clean: *dare una — a qlco.*, to clean sthg. (*o* to give sthg. a clean).

pulitezza *s.f.* **1** cleanness (*anche fig.*); (*ordine*) neatness **2** (*politezza*) polish (*anche fig.*) **3** (*fig.*) (*di stile*) neatness.

pulito *agg.* **1** clean; (*ordinato*) neat, tidy: *lenzuola, mani pulite*, clean sheets, hands; *una persona pulita*, a tidy person; *tenere pulita la casa*, to keep the house clean; *il gatto è un animale* —, the cat is a clean animal // *energia pulita*, (*non inquinante*) clean energy // *la polizia ha fatto piazza pulita dei delinquenti del quartiere*, the police cleared the district of criminals (*o* cleared the criminals out of the district); *non ci sono più spacciatori in quella zona, la polizia ha fatto piazza pulita*, (*fig.*) there are no more pushers in that area, the police have made a clean sweep; *i ladri fecero piazza pulita nel suo appartamento*, the thieves cleaned out his apartment; *i ladri fecero piazza pulita di tutto ciò che trovarono*, the thieves cleaned up everything they found; *i ragazzi hanno fatto piazza pulita di tutti i biscotti che c'erano in casa*, (*fig.*) the children cleaned up all the biscuits in the house // *farla pulita*, (*fig.*) (*farla franca*) to get off scot-free // *finire completamente* —, (*fig. scherz.*) (*rimanere senza soldi*) to be left (*o* to end up) without a penny; *lasciar qlcu.* —, (*fig. scherz.*) (*lasciarlo senza soldi*) to clean s.o. out **2** (*fig.*) (*immune da colpe*) clear, clean; (*onesto*) honest: *una persona pulita*, an honest person; *una faccia pulita*, an honest face; *una vita pulita*, a clean (*o* an honest) life;

un affare poco —, shady business; *ho la coscienza pulita*, my conscience is clear (*o* clean) // *non c'entro nulla in questa faccenda, ho le mani pulite*, (*fig.*) I've nothing to do with this business, my hands are clean // *una barzelletta pulita, poco pulita*, a clean, a dirty joke **3** (*non com.*) (*levigato, pulito*) polished (*anche fig.*): *uno stile* —, a polished style // *una scrittura pulita*, (*ordinata*) neat handwriting // *un parlare* —, (*forbito*) an articulate way of speaking ◆ *s.m.* **1** (*luogo pulito*) clean part: *non camminare sul* —, don't walk on the clean part // *un detersivo che garantisce il — più bianco*, a washing powder that guarantees the whitest wash **2** (*non com.*) (*bella copia*) fair copy: *consegnare il* —, to hand in the fair copy.

pulito *avv.* (*in modo pulito*) cleanly, neatly; (*senza volgarità*) properly: *parlare* —, to be well-spoken.

pulitore *agg.* cleaning, cleansing ◆ *s.m.* cleaner.

pulitrice *s.f.* (*mecc.*) **1** (*lucidatrice*) polishing machine, buffing machine, buffer **2** (*smerigliatrice da legno*) sandpapering machine.

pulitura *s.f.* **1** cleaning; (*lucidatura*) polishing // *dare l'ultima — a un lavoro*, (*fig.*) (*gli ultimi ritocchi*) to give the finishing touches to a job **2** (*inform.*) (*dei dati superflui, p.e. di un archivio*) tidying.

pulivetri *s.m.* e *f.* window cleaner.

pulizia *s.f.* **1** (*il pulire*) cleaning: — *urbana*, city cleaning // *non ho ancora fatto — in soffitta*, I still haven't cleaned (*o* cleared) out the attic; *ho fatto una bella — di tutta quell'anticaglia*, I have cleaned out all that old stuff; *appena eletto fece — fra le file dell'opposizione*, (*fig.*) as soon as he was elected he cleared out many of the opposition // *fare le pulizie*, to do the cleaning; *uomo delle pulizie*, cleaner; *donna delle pulizie*, cleaner (*o* cleaning woman) **2** (*l'esser pulito*) cleanliness, cleanness: *ha la mania della* —, he has a mania for cleanliness; *in casa sua c'è una gran* —, his house is very clean; *un uomo di grande — morale*, (*fig.*) a man of high moral principles **3** (*non com.*) (*politezza*) polish (*anche fig.*).

pullman *s.m.* **1** coach: *un viaggio in* —, a coach trip **2** (*ferr.*) Pullman (car).

pullover *s.m.* pullover.

pullulamento *s.m.* (*non com.*) swarming, pullulation.

pullulante *agg.* (*gremito*) swarming (with s.o., sthg.), teeming (with s.o., sthg.): *la città era — di spie*, the town was swarming with spies; *acque pullulanti di pesci*, waters swarming with fish.

pullulare *v.intr.* **1** to spring* up (*anche fig.*): *oggigiorno le case pullulano per tutta la città*, nowadays houses are springing up all over the city; *una città in cui pullulano le nuove attività culturali*, a town where new cultural activities are springing up **2** (*essere gremito*) to swarm (with s.o., sthg.), to teem (with s.o., sthg.): *la sala pullulava di gente*, the hall was swarming with people; *la spiaggia pullulava di gitanti*, the beach was teeming with trippers; *fiumi che pullulano di pesci*, rivers teeming with fish.

pullulazione *s.f.* (*bot.*) pullulation.

pulmino *s.m.* minibus.

pulone *s.m.* (*pula del riso*) chaff.

pulpare *agg.* (*anat., med.*) pulpal.

pulper *s.m.* (*tecn. cartaria*) pulper.

pulpite *s.f.* (*med.*) pulpitis (*pl.* -tides).

pulpito *s.m.* pulpit // *da che — viene la predica!*, look who's talking! // *quando sale sul — diventa insopportabile*, (*fig.*) when he starts preaching he becomes intolerable.

pulsante *agg.* pulsating, beating; (*palpitante*) throbbing: *sangue — nelle vene*, blood pulsating in one's veins; *gli corse incontro con il cuore — di gioia*, she ran towards him with her heart bursting with joy; *città — di vita*, city vibrant with life // (*elettr.*) *corrente* —, pulsating current ◆ *s.m.* (push) button, plunger: *il — del cronografo*, the button of the stopwatch; *il — del campanello*, the bell-push; *un interruttore a* —, a push button; *premete il — se sapete la risposta*, push the button (*o* press the key) if you know the answer // (*fot.*) — *di scatto*, shutter release // (*inform.*): — *di servizio*, action switch; — *con dispositivo di sicurezza*, keylock switch.

pulsantiera *s.f.* (*elettr.*) push-button panel.

pulsar *s.f.* (*astr.*) pulsar.

pulsare *v.intr.* to pulsate, to beat*; (*palpitare*) to throb: *mi sentivo — le vene*, I could feel my veins throbbing; *il suo cuore pulsa ancora*, his heart is still beating; *le pulsava il cuore dall'emozione*, her heart was bursting with emotion; *la vita pulsa in quella città*, that town throbs with life.

pulsatile *agg.* pulsatory; pulsatile: *vene pulsatili*, pulsatory veins.

pulsatilla *s.f.* (*bot.*) (*Anemone pulsatilla*) pasqueflower.

pulsazione *s.f.* **1** pulsation, pulse, beat, beating; (*palpito*) throb, throbbing: *pulsazioni cardiache*, pulsations (*o* heartbeats); *controllare le pulsazioni*, to check the pulse; *avere 60 pulsazioni al minuto*, to have a pulse of 60 beats per minute **2** (*mus.*) vibration.

pulsionale *agg.* (*psic.*) drive (*attr.*).

pulsione *s.f.* (*psic.*) drive: — *sessuale*, sexual instinct; — *dell'io*, ego instinct.

pulsogetto → **pulsoreattore**.

pulsometro *s.m.* (*fis.*) pulsometer.

pulsoreattore *s.m.* (*aer.*) pulse-jet engine.

pulverulento → **polverulento**.

pulvinare *s.m.* (*st. romana*) pulvinar; (*estens.*) (*letto degli imperatori romani*) Emperor's bed (*o* couch); (*palco per l'imperatore*) Emperor's stand.

pulvinato *agg.* (*bot.*) (*di gambo*) pulvinate(d).

pulvino *s.m.* (*arch.*) pulvino, dosseret.

pulviscolare *agg.* dust (*attr.*): *particella* —, dust particle.

pulviscolo *s.m.* dust: — *atmosferico*, atmospheric dust (*o* motes).

pulzella *s.f.* maid // *la Pulzella d'Orléans*, the Maid of Orléans.

pum *inter.* (*rumore di esplosione*) bang!; (*tonfo in acqua*) splash; (*tonfo a terra*) thud.

puma *s.m.* (*zool.*) (*Felis concolor*) puma, cougar*, catamount; mountain lion; (*amer.*) panther.

pummelo *s.m.* (*bot.*) (*Citrus maxima*) shaddock (*varietà di pompelmo*).

punch[1] *s.m.* (*bevanda*) punch.

punch[2] *s.m.* (*boxe*) punch.

punching ball *s.m.* punchball.

punctum dolens *s.m.* (*lat.*) crucial point.

pungente *agg.* **1** prickly, thorny; stinging (*attr.*): *un arbusto* —, a prickly shrub; *le ortiche sono pungenti*, nettles sting; *una barba* —, a prickly beard **2** (*fig.*) biting; pungent; sharp: *freddo, vento* —, biting cold, wind; *gusto* —, sharp taste; *odore* —, pungent smell; *critica* —, pungent (*o* biting) criticism; *una lingua* —, a sharp tongue; *parole pungenti*, biting words.

pungere *v.tr.* **1** to prick; to sting*: *il freddo mi pungeva la faccia*, the cold stung my face; *fui punto da una zanzara*, I was stung by a mosquito; *le ortiche, le vespe pungono*, nettles, wasps sting; *le rose pungono*, roses prick; *cogliendo una rosa si punse la mano*, he pricked his hand picking a rose // *una lana che punge*, wool that prickles **2** (*fig.*) (*ferire, offendere*) to prick, to sting*; to wound: *fu punto dal rimorso*, he was stung (*o* pricked) with remorse; *mi pungeva la coscienza*, my conscience pricked me; *il tuo sarcasmo lo punse*, your sarcasm stung him // — *sul vivo*, to cut s.o. to the quick **3** (*fig.*) (*stuzzicare*) to tease, to provoke: *si divertiva a pungerla, ma lei taceva*, he delighted in provoking her, but she remained silent **4** (*letter.*) (*spronare*) to spur **5** (*letter.*) (*stimolare*): *mi punge la curiosità*, I am itching with curiosity; *mi punge il desiderio di vederlo*, I am itching to see him.

□ **pungersi** *v.rifl.* to prick oneself: *si punse cogliendo una rosa*, he pricked himself picking a rose; *attento a non pungerti con lo spillo*, be careful not to prick yourself with the pin.

pungiglione *s.m.* sting.

pungitopo *s.m.* (*bot.*) (*Ruscus aculeatus*) butcher's broom; (*scient.*) ruscus.

pungolare *v.tr.* **1** to goad: — *i buoi*, to goad the oxen **2** (*fig.*) (*stimolare*) to goad, to prod; to spur on: *se non lo pungoli non studia mai*, if you don't prod him he'll never study.

pungolo *s.m.* **1** goad: *un — per spingere il bestiame*, a goad for driving cattle **2** (*fig.*) (*stimolo*) prick; (*incitamento*) spur: *il — della coscienza*, the prick of conscience; *il — dell'ambizione*, the spur of ambition.

punibile *agg.* punishable, liable to punishment: *reato — con...*, crime punishable by...

punibilità *s.f.* punishability, liability to punishment.

puniceo *agg.* (*letter.*) (*di color rosso scuro*) dark red.

punico *agg.* Punic: *le guerre puniche*, the Punic wars ◆ *s.m.* (*lingua*) the Punic (language).

punire *v.tr.* **1** to punish (*anche dir.*): *il bambino fu severamente punito*, the child was severely punished; *i malfattori sono puniti dalla legge*, wrongdoers are punished by the law **2** (*estens.*) (*danneggiare*) to penalize, to damage: *una tassa che punisce i commercianti*, a tax that penalizes shopkeepers.

punitivo *agg.* punitive: (*mil.*) *spedizione punitiva*, punitive expedition; *legge punitiva*, punitive law; (*dir.*) *danni punitivi*, punitive damage.

punitore *agg.* punishing, punitive: *giustizia punitrice*, punitive justice ◆ *s.m.*, **punitrice** *s.f.* punisher.

punizione *s.f.* **1** punishment: — *corporale*, corporal punishment; *la — di un delitto*, the punishment of a crime; — *grave, esemplare*, severe, exemplary punishment; — *lieve*, light punishment; *in — delle sue colpe*, as a punishment for his wrongdoings; *andare senza —*, to go unpunished; *infliggere una — a qlcu.*, to inflict a punishment on s.o. **2** (*calcio*) free kick: *battere una —*, to take a free kick; (*rugby*) penalty.

punk *s.m.* e *agg.* punk.

punta[1] *s.f.* **1** (*parte appuntita*) point; (*estremità*) tip, end: *— del naso*, tip of the nose; *— del dito*, fingertip; *la — di un ago, un coltello, uno spillo*, the point of a needle, knife, pin; *la — di una forchetta*, the prong of a fork; *la — di un bastone*, the end (*o* point) of a stick; *con la — all'insù*, point upwards; *ha la — troppo aguzza*, it is too pointed; *fare la — a una matita*, to sharpen a pencil // *a —*, pointed: *cappello a tre punte*, three-cornered hat; *il mago aveva un cappello a —*, the magician had a pointed hat; *scarpe a —*, pointed shoes; *stella a cinque punte*, five-pointed star; *una matita a — grossa, fine*, a pencil with a thick, fine tip // *parlare in — di forchetta*, to speak affectedly // *prendere qlcu. di —*, to face up to s.o. // *mettersi di — a far qlco.*, to throw oneself into sthg. // *camminare in — di piedi*, to walk on tiptoe (*o* on the tips of one's toes); *danzare sulle punte*, (*danza classica*) to dance on points // *avere qlco. sulla — delle dita*, to have sthg. at one's fingertips; *avere qlco. sulla — della lingua*, to have sthg. on the tip of one's tongue **2** (*tecn.*) (*da trapano*) drill; (*per perforazioni*) bit; (*di macchina utensile, per lavorazione tra le punte*) centre: (*elettr.*) *— da registrazione*, recording stylus; *— di diamante*, diamond point; *— per compassi*, compass-point **3** (*massima intensità*) peak, height: *la temperatura ha raggiunto una — di 38 gradi ieri*, the temperature reached a maximum (*o* peak) of 38 degrees yesterday; *l'inquinamento ha raggiunto punte preoccupanti*, pollution has reached worrying levels // *ora di —*, rush hour: *il traffico dell'ora di —*, the rush-hour traffic **4** (*cima, sommità*) (*di albero, campanile ecc.*) top; (*di monte*) peak **5** (*geogr.*) (*promontorio*) headland, cape, promontory, foreland; (*con nomi propri geografici*) point, cape **6** (*mil.*) front rank, spearhead, vanguard: *— (d'avanguardia)*, point // *è il nostro uomo di —*, he's our leader **7** (*un po'*) pinch; touch, trace: *una — di sale*, a pinch of salt; *una — di zucchero, cannella*, (just) a bit of sugar, of cinnamon; *c'era una — d'invidia nelle sue parole*, there was a touch (*o* a trace) of envy in his words; *una — di ironia non guasterebbe*, a touch of irony wouldn't be amiss; *questa salsa ha una — di acido*, this sauce is (just) a bit sour **8** (*rar.*) (*dolore, fitta*) sharp pain, twinge: *ho una — nello stomaco*, I have a sharp pain (*o* twinge) in my stomach **9** (*calcio*) attacker **10** (*di ciclo economico*) peak **11** (*poet.*) (*ferita*) wound.

punta[2] *s.f.* (*ferma del cane*) set: *cane da —*, pointer.

puntale *s.m.* **1** metal point **2** (*di bastone, ombrello ecc.*) ferrule **3** (*mecc.*) push rod **4** (*mar.*) (*colonna tra ponte e ponte*) pillar, stanchion; (*altezza tra chiglia e coperta*) depth: *— di stiva*, depth of hold.

puntamento *s.m.* (*mil.*) aim, aiming, sighting; (*di cannoni*) laying, pointing: *— a distanza*, remote control; *— diretto*, direct laying; *— indiretto*, indirect laying.

puntapiedi *s.m.* (*mar.*) stretcher.

puntare[1] *v.tr.* **1** (*dirigere, volgere*) to point; to direct (*anche fig.*); (*volgere e prendere la mira*) to point, to aim, to sight, to level: *puntò il bastone verso di me*, he pointed the stick at me; *— l'attenzione su qlco., qlcu.*, to direct one's attention to sthg., s.o.; *— un cannocchiale*, (*dirigerlo*) to point (*o* to train) a pair of field glasses, (*metterlo a fuoco*) to focus a pair of field glasses; *— il dito verso qlcu.*, to point at (*o* to) s.o.; *puntò la torcia verso l'alto*, he directed (*o* pointed) the torch upwards; *— i propri sforzi su qlco.*, to concentrate one's efforts on sthg. (*o* to direct one's efforts towards sthg. *o* to aim at sthg.); *puntò il fucile contro la tigre*, he aimed (*o* levelled) his gun at the tiger; *devi — con cura prima di sparare*, you must take careful aim (*o* aim carefully) before shooting // *egli puntò alla lepre e sparò*, he aimed at the hare and fired; *mi puntò gli occhi addosso*, he fixed his eyes on me // *— un orologio*, to set a clock **2** (*spingere, appoggiare con forza*) to push, to thrust*, to plant: *puntò il remo alla riva per allontanare la barca*, he pushed the boat away from the bank (*o* he thrust away from the bank) with the oar; *puntò l'asta della bandiera in terra*, he planted the flagstaff in the ground; *— i gomiti sulla tavola*, to put one's elbows on the table **3** (*scommettere*) to bet*, to wager, to put*, to stake: *ho puntato cinquantamila lire su quel cavallo*, I have bet (*o* put) fifty thousand lire on that horse // *hanno puntato tutto sulla campagna pubblicitaria*, (*fig.*) they've staked everything on the advertising campaign **4** (*fam.*) (*appuntare*) to fix: *puntò l'orlo con quattro spilli*, he fixed the hem with four pins; *ha puntato il messaggio alla bacheca*, he pinned the message to the board **5** (*mecc.*) (*saldare a punti*) to spot-weld ◆ *v.intr.* **1** (*dirigersi*) to head; (*spingersi*) to press: *puntammo verso la città*, we pressed on towards the city; *puntavamo a nord*, we were heading north; *puntavano diritti su Londra*, they were heading straight for London **2** (*aspirare a qualcosa*) to aspire, to aim: *punta alla carica di primo ministro*, he aspires (*o* aims) to be prime minister; *è uno che punta in alto*, he aims high.

puntare[2] *v.tr.* **1** (*di cane da caccia*) to set*, to point: *— una lepre*, to point a hare; *il cane puntò, poi si lanciò sulla preda*, the dog pointed (*o* set) and then dashed on the prey **2** (*estens.*) (*guardare fissamente*) to stare at (s.o., sthg.); to eye (s.o., sthg.): *— una ragazza*, to stare at a girl **3** (*segnare con un punto*) to dot: *puntare le abbreviazioni*, to put a dot after the abbreviations.

puntasecca *s.f.* drypoint.

puntaspilli *s.m.* pincushion.

puntata[1] *s.f.* **1** (*colpo*) thrust; stab **2** (*al gioco*) stake, bet, wager: *fare una — su un cavallo*, to place a bet on a horse; *raddoppiare una —*, to double a bet **3** (*incursione*) raid **4** (*breve visita*) flying visit: *feci una — a Roma*, I paid a flying visit to Rome **5** (*mil.*) *— offensiva*, reconnaissance in force **6** (*sport*) (*attacco veloce*) quick break.

puntata[2] *s.f.* **1** (*di uno scritto pubblicato periodicamente*) instalment: *pubblicato a puntate*, issued in instalments **2** (*alla radio, televisione*) episode, instalment: *non ho visto l'ultima — di 'Dallas'*, I didn't see the last episode (*o* instalment) of 'Dallas'; *sceneggiato a puntate*, serial story.

puntato *agg.* (*segnato con un punto*) dotted: (*mus.*) *nota puntata*, dotted note; *lettera puntata*, letter followed by a fullstop ◆ *s.m.* (*med.*) centesis (*pl.* -ses).

puntatore *s.m.* **1** (*mil.*) layer, pointer; (*mar.*) gunlayer, trainer **2** (*al gioco*) better, punter **3** (*bocce*) leader **4** (*inform.*) pointer.

puntatrice *s.f.* (*mecc.*) (*saldatrice a punti*) spot welder.

puntazione *s.f.* (*ling.*) punctuation.

puntazza *s.f.* (*edil.*) pile shoe.

punteggiamento *s.m.* (*non com.*) **1** (*il punteggiare*) dotting **2** (*punti*) dots (*pl.*).

punteggiare *v.tr.* **1** (*mettere i segni di interpunzione a*) to punctuate **2** (*pitt.*) to stipple, to dot: *— un dipinto*, to stipple a painting **3** (*forare*) to make* holes in (sthg.), to perforate **4** (*costellare*) to punctuate; to dot.

punteggiato *agg.* **1** (*provvisto di segni di interpunzione*) punctuated **2** (*sparso di puntini*) dotted: *— di rosso*, dotted with red; *linea punteggiata*, dotted line **3** (*bot.*, *zool.*) (*macchiettato*) punctate(d) **4** (*costellato*) punctuated; dotted: *racconto — di molte esclamazioni*, story punctuated with exclamations.

punteggiatura *s.f.* **1** (*interpunzione*) punctuation: *segni di —*, punctuation marks **2** (*macchiettatura*) dotting; (*bot.*, *zool.*) punctation.

punteggio *s.m.* **1** (*non com.*) (*pitt.*) dotting **2** (*sport*) score: *la squadra totalizzò un buon —*, the team made a good score; *la partita finì col — di 4 a 0*, the match finished with the score(line) 4-0; *raggiungere il — massimo*, to get the top score // *a — pieno*, with full marks.

puntellamento *s.m.* propping; shoring.

puntellare *v.tr.* **1** to prop (up); to buttress; to shore (up), to support: *— un muro*, to shore up (*o* to buttress) a wall **2** (*fig.*) (*sostenere*) to back (up): *questa azienda è puntellata dalla banca*, this firm is backed by the bank; *devi — la tua tesi con argomenti più validi*, you must support your opinion with more valid arguments.

□ **puntellarsi** *v.rifl.* to prop oneself up: *si puntellava con un bastone*, he propped himself up with a stick.

puntellatura *s.f.* propping, buttressing, shoring; (*effetto del puntellare*) support: (*edil.*) *— di sostegno*, crib.

puntello *s.m.* **1** prop, buttress, shore, support, stay: *mettere dei puntelli a una parete*, to prop up a wall; (*mar.*) *— di bacino*, bilge block; *— metallico allungabile*, pack prop **2** (*miner.*) prop; (*amer.*) stull **3** (*fig.*) (*appoggio, sostegno*) prop, support, mainstay: *il tuo ragionamento manca di qualche —*, your argument isn't always well supported; *è il — della famiglia*, he's the mainstay of the family.

punteria *s.f.* **1** (*mecc.*) tappet: *asta della —*, tappet rod **2** (*mil.*) laying (a gun).

punteruolo *s.m.* **1** drift, (prick) punch **2** (*zool.*) weevil: *— delle noci*, (*Balaninus nucum*) nut-weevil.

puntiforme *agg.* punctiform, like a dot.

puntiglio *s.m.* **1** pique; (*ostinazione*) obstinacy, stubbornness: *per —*, out of pique (*o* out of spite *o* in a fit of pique): *per — non si fece più vedere da noi*, out of pique he did not come to see us any more; *non si tratta che di un —*, it is nothing but obstinacy **2** (*impegno, determinatezza*) determination, tenacity; (*meticolosità*) meticulousness: *studiare con —*, to study with determination; *mettersi di — a lavorare*, to set to work with a will.

puntigliosità *s.f.* **1** obstinacy, stubbornness **2** (*meticolosità*) meticulousness.

puntiglioso *agg.* **1** (*ostinato*) obstinate, stubborn: *carattere* —, obstinate character **2** (*determinato*) determined; (*meticoloso*) meticulous: *essere* — *nello studio*, to study with meticulousness ◆ *s.m.* obstinate person: *fare il* —, to be obstinate (*o fam.* pigheaded).

puntina *s.f.* **1** (*da grammofono*) (gramophone) needle, (gramophone) stylus **2** (*da disegno*) drawing pin **3** (*mecc.*) point: — *di candela*, spark plug point; — *platinata*, platinum point.

puntinato *agg.* (*disegno*) dotted.

puntinismo e *deriv.* → **divisionismo** e *deriv.*

puntino *s.m.* dot, speck: *l'uomo non era che un — all'orizzonte*, the man was only a dot (*o* speck) on the horizon; *puntini di sospensione*, dots // *a* —, precisely: *cotto a* —, done to a turn; *fare qlco. a* —, to do sthg. properly // *mettere i puntini sugli i*, (*fig.*) to dot one's i's (and cross one's t's).

punto *s.m.* **1** (*geometrico*) point: — *cuspidale*, cusp (*o* cuspidal point); — *di intersezione*, intersection point; — *di tangenza*, point of tangency; — *di biforcazione*, bifurcation; — *di incontro*, contact; — *isolato*, acnode; — *medio*, (*di un segmento*) midpoint; — *limite*, limit -point; — *di flesso*, inflexion point; — *materiale*, mass point // *punti cardinali*, cardinal points // — *morto*, (*mil.*) dead angle, (*mecc.*) dead point; (*fig.*) deadlock: *i negoziati sono a un — morto*, negotiations have reached a deadlock (*o* are deadlocked) **2** (*segno grafico*) full stop: *metti il* —, put the full stop; — *e a capo*, full stop and new paragraph; — *interrogativo*, *esclamativo*, question mark, exclamation mark; — *e virgola*, semicolon; *due punti*, colon // *per me tuo fratello è ancora un — interrogativo*, your brother is still an enigma to me **3** (*macchiolina*) dot, speck: *la nave era un — all'orizzonte*, the ship was like a dot (*o* speck) on the horizon **4** (*luogo determinato, posto*) point; spot: — *di ritrovo*, meeting point; — *di arrivo*, point (*o* place) of arrival; — *di partenza*, starting point (*o* point of departure); *è il — più bello della valle*, it's the nicest spot in the valley // (*comm.*) — *di vendita, di consegna*, point of sale, of delivery // (*inform.*): — *di implementazione*, location; — *di ingresso*, entry point; — *di interruzione*, breakpoint; — *di salto*, branchpoint; — *di riferimento*, benchmark; — *di riversamento, di ripresa*, (IBM) *di controllo*, checkpoint; — *macchina*, index point // (*aer.*): — *a terra*, ground position; — *di non ritorno*, equitime point; (*fig.*) point of no return; — *di riferimento al suolo*, pinpoint // (*edil.*) — *d'appoggio*, point of support // (*fot.*) — *di presa*, camera station **5** (*passo, argomento*) passage; point; (*dettaglio*) detail: *è un — che si presta a più interpretazioni*, it's a passage that is open to various interpretations; *su questo — non sono d'accordo*, I don't agree on this point; *veniamo al* —, let's come to the point; *non trascurare questo* —, don't overlook this detail; *qui sta il* —, this is the point // — *per* —, (*nei dettagli*) point by point (*o* in detail) **6** (*momento, istante*) moment, point: *sei arrivato al — giusto*, you arrived at the right moment (*o* point); *a un certo — se ne è andato via*, at a certain point he left; *essere sul — di andarsene*, to be about to go (*o* to be on the point of going) // *in — di morte*, at the point of death; *arrivò alle 3 in* —, he arrived at three o'clock sharp **7** (*livello, grado*) point: — *di cottura*, cooking point; — *di ebollizione*, boiling point; (*mecc.*) — *di rottura*, breaking point; — *critico*, critical point; *ho superato il — di sopportazione*, I've come to the end of my tether // (*econ.*): — *di pareggio*, breakeven (point); — *di saturazione*, saturation point // (*chim., fis.*): — *di accensione*, fire (*o* ignition) point; — *di anilina*, aniline point; — *di carica zero*, zero point of charge; — *di condensazione*, dew point; — *di equilibrio*, balance point; — *di fusione*, melting point; — *di intorbidimento*, cloud point; — *di saturazione*, saturation point; — *di viraggio*, — *finale*, end point; *energia del — zero*, zero point energy **8** (*di colore*) shade: *è un bel — di verde*, it's a nice shade of green **9** (*unità di elemento di valutazione*) point: *la lira ha guadagnato tre punti*, the lira has gained three points; *l'asso vale 10 punti*, the ace is worth ten points (*o* scores ten); *la squadra ha 30 punti in classifica*, the team has 30 points on the table; *come stiamo a punti?*, what is the score? // — *di contingenza*, point of the cost-of-living allowance // (*fin.*) — *dell'oro*, bullion (*o* specie) point // *dà dei punti a tutti*, he's streets ahead of everyone else // *vincere ai punti*, to win on points // *la sua buona volontà è un — in suo favore*, his goodwill is a point in his favour **10** (*mus.*) dot **11** (*al cucito e nella maglia*) stitch; — *a coste*, rib-stitch; — *a croce*, cross-stitch; — *a giorno*, hem-stitch; — *catenella*, chain-stitch; — *dritto, a legaccio*, plain-stitch; — *indietro*, back-stitch; — *nascosto*, blind-stitch; — *rammendo*, darning-stitch; — *rovescio*, back-stitch (*o* purl); — *smerlo*, buttonhole stitch; — *raso*, satin stitch; *crescere, calare un* —, to add, to slip a stitch; *lasciar cadere un* —, to drop a stitch; *mettere su i punti*, to cast on stitches // *devo dare un — al mio vestito*, I must stitch up my dress // *non sa dare neanche un* —, she cannot sew a stitch // *un — in tempo ne salva cento*, (*prov.*) a stitch in time saves nine **12** (*med.*) (*di sutura*) stitch: *il chirurgo mi diede tre punti*, I had three stitches **13** (*tip.*) point **14** — *nero*, (*comedone*) comedo* **15** — *metallico*, staple.

◆ FRASEOLOGIA: *di tutto* —, fully: *lo trovai vestito di tutto* —, I found him fully dressed; *a che — è il tuo lavoro?*, how far have you got with your work?; *a che — siamo?*, where are we? (*o* where have we got to?); *l'affare è a questo* —, the business has got to this point; *al — in cui stanno le cose...*, as matters stand...; *le cose sono a buon* —, things are going well; *le cose sono al — di prima*, things stand as before; *sono a buon* —, I have made good progress // *a tal — che...*, to the point that... // *fino a un certo* —, to a certain extent // — *dolente*, (*fig.*) sore spot (*o* point).

punto *agg.* (*region.*): *non...* —, not... any (*o* no); *non ho punta voglia di uscire con te*, I have no wish (*o* I haven't any wish) to go out with you ◆ *pron.* (*region.*): *non...* —, not... any (*o* none); *"Hai dei libri?" "Non ne ho punti"*, "Have you got any books?" "Not a one" (*o* "None at all") ◆ *avv. non...* —, not... at all (*o* not at all): *non l'ho visto* —, I haven't seen him at all; *non sono — soddisfatto di lui*, I am not at all satisfied with him // *né — né poco*, nothing at all; *poco o* —, little or nothing (at all).

puntone *s.m.* **1** (*edil.*) strut; (*di capriata in legno*) principal rafter, strut: — *d'angolo*, hip rafter; *falso* —, (common) rafter **2** (*mil.*) (*formazione di battaglia a cuneo*) arrowhead formation; (*saliente*) salient.

puntuale *agg.* **1** punctual, on time (*pred.*): — *a consegnare, nei pagamenti*, punctual in delivery, in payments (*o* prompt in delivering, in paying); *il treno era* —, the train was on time; *cerca di essere —!*, try to be punctual!; *non sei mai —!*, you are never on time (*o* punctual)! **2** (*di cosa fatta con precisione*) precise, exact; careful: *lavoro* —, a careful piece of work; *un'analisi* —, an accurate analysis.

puntualità *s.f.* **1** punctuality: — *abituale*, usual punctuality; — *nei pagamenti*, punctuality in payments; *richiedere* —, to expect punctuality **2** (*precisione*) precision, exactness, accuracy.

puntualizzare *v.tr.* to make* (sthg.) clear; to define precisely, to review in detail: *vorrei — alcune cose*, I would like to make a few things quite clear // *ha la mania di* —, he is obsessed with details.

puntualizzazione *s.f.* clarification; precise definition: *è necessaria qualche* —, further clarification is needed.

puntualmente *avv.* **1** (*con puntualità*) punctually: *arrivare, pagare* —, to arrive, to pay punctually (*o* on time) // *sei — in ritardo*, (*iron.*) you are unfailingly late **2** (*non com.*) (*punto per punto*) in detail: *rispose — a tutte le accuse*, he responded in detail to all the accusations.

puntura *s.f.* **1** (*di insetto*) sting; bite; (*di spina, ago ecc.*) prick: — *di vespa, di ape*, bee-sting, wasp-sting; — *velenosa*, poisonous sting **2** (*iniezione*) injection, puncture; (*fam.*) jab, shot: *fare una — a qlcu.*, to give s.o. an injection: — *lombare*, lumbar puncture **3** (*dolore acuto*) shooting pain, sharp pain, stab of pain: *sentì una — in una spalla*, he felt a shooting pain in one shoulder.

puntuto *agg.* pointed: *un bastone* —, a pointed stick.

punzecchiamento *s.m.* **1** (*di insetti*) stinging; biting; (*di spina, ago ecc.*) pricking **2** (*fig.*) (*molestamento*) teasing, taunting.

punzecchiare *v.tr.* **1** (*di insetti*) to sting*; to bite*; *fui punzecchiato da una zanzara*, I was bitten by a mosquito; *una vespa, un'ape lo punzecchiò*, a wasp, a bee stung him **2** (*estens.*) (*toccare ripetutamente*) to poke, to prod, to jab: *continuava a punzecchiarmi con una matita*, he kept prodding me with his pencil **3** (*fig.*) (*molestare*) to tease; to taunt, (*fam.*) to get* at (s.o.): *smettila di punzecchiarlo*, stop teasing him.

□ **punzecchiarsi** *v.rifl.rec.* to tease each other (*o* one another), to get* at each other (*o* one another).

punzecchiatura *s.f.* **1** (*di insetti*) stinging; biting; (*di spina, ago ecc.*) pricking: *la — di una zanzara, di una pulce*, the biting of a mosquito, of a flea **2** (*traccia di puntura*) sting; bite; (*di spina, ago ecc.*) prick: *mi sono svegliato con molte punzecchiature di zanzare*, I woke up with a lot of mosquito bites **3** (*fig.*) (*molestamento*) teasing, taunting.

punzonare *v.tr.* (*mecc.*) to punch; (*imprimere un marchio*) to stamp.

punzonatore *s.m.* puncher.

punzonatrice *s.f.* (*mecc.*) punching machine, punching press: — *a mano*, hand metal punch; — *per occhielli*, eyelet punch.

punzonatura *s.f.* (*mecc.*) punching; (*fucinatura*) piercing: — *cava*, trepanning.

punzone *s.m.* 1 (*mecc.*) drift, (prick) punch, drift pin; (*di fucinatrice*) header, heading tool: — *per forare*, piercing punch; — *per tranciare*, blanking punch; — *per incassare chiodi*, nail punch 2 (*oreficeria*) pusher: — *autocentrante*, self-centring pusher.

punzonista *s.m.* (*incisore di punzoni*) punch-cutter, puncher.

pupa[1] *s.f.* 1 (*bambola*) doll 2 (*fam.*) (*bambina*) little girl; (*molto piccola*) baby 3 (*ragazza*) doll.

pupa[2] *s.f.* (*zool.*) pupa*, chrysalid*, chrysalis*, nymph: *trasformazione in* —, pupation; *diventare* —, to pupate.

pupario *s.m.* (*scient.*) puparium (*pl.* -ia); (*bozzolo*) cocoon.

pupattola *s.f.* doll (*anche fig.*).

pupazzetto *s.m.* (*figurina umana disegnata*) childish drawing of a human figure; (*ritagliata*) cutout of a human figure.

pupazzo *s.m.* 1 puppet 2 (*fig. spreg.*) (*persona debole*) puppet, pawn, yes-man.

pupilla[1] *s.f.* (*anat.*) pupil // *essere la — degli occhi di qlcu.*, (*fig.*) to be the apple of s.o.'s eye // *cosa vedono le mie pupille?!*, I can't believe my eyes!

pupilla[2] *s.f.* (*dir.*) female ward, female pupil.

pupillare[1] *agg.* (*anat.*) pupil(l)ar(y).

pupillare[2] *agg.* (*dir.*) pupil(l)ary.

pupillo *s.m.* 1 (*dir.*) ward, pupil 2 (*estens.*) (*favorito*) favourite, pet: *è il — dell'allenatore*, he's the trainer's favourite.

pupinizzare *v.tr.* (*tel.*) to pupinize.

pupinizzazione *s.f.* (*tel.*) coil loading.

pupo *s.m.* 1 puppet // *teatro dei pupi*, (Sicilian) puppet theatre 2 (*fam.*) (*bambino*) baby.

puramente *avv.* 1 purely; (*semplicemente*) merely, simply: *vivere* —, to live purely (*o* simply); *ogni riferimento è — casuale*, any reference is purely coincidental 2 (*solamente*) only, just: — *per motivi politici*, just for political reasons.

purché *cong.* 1 provided (that), as long as: *fa come vuoi, — (tu) ti decida*, do as you like, provided (*o* as long as) you make up your mind; *vi permetto di andare — non facciate tardi*, you can go as long as you don't come back late 2 (*con valore desiderativo*) if only: — *sia vero!*, if only it were true!

purchessia *agg.indef.invar.* (*antiq.*) any, any... whatever; of any kind (*pred.*): *dammi un giornale* —, give me any newspaper (whatever); *scegliete una soluzione —, e non se ne parli più*, choose any solution you like, and there's an end to it.

pure *avv.* 1 (*anche*) also; (*in fine di frase*) too, as well; (*perfino*) even: *la casa ha — il giardino*, the house has a garden too (*o* as well); *aspettami, vengo — io*, wait for me, I'm coming too (*o* as well); *ci saremo tutti e spero ci sarai — tu*, we'll all be there and I hope you'll come too; *lui — si è sbagliato*, he was wrong as well; *ho invitato — lei e la sorella*, I've invited her and her sister too; *c'erano un divano di pelle e due poltrone, — di pelle*, there was a leather settee and two armchairs, also of leather; *sapevano che era un compito difficile, come — sapevano che...*, they knew it was a difficult task and also that...; *conosce bene il francese, l'inglese e — il russo*, he knows French and English well, and Russian too; *tra gli ospiti d'onore c'era — il sindaco*, the mayor was also among the guests of honour; *ne ha sofferto molto e si è — ammalato*, it hurt him greatly and even made him ill; *si è venduto tutto, — i mobili di casa*, he sold everything, even the furniture // *Robert è inglese, e la moglie* —, Robert is English, so is his wife; *lui lavora, e lei* —, he works, so does she; *"Loro sono sempre puntuali" "Noi —"*, "They are always punctual" "So are we"; *"Noi partiamo domani" "Pure loro"*, "We're leaving tomorrow" "So are they"; *"Mi è piaciuto molto quel film" "Pure a me"*, "I liked that film very much" "So did I" // *quando —, se —, ammesso — che*, even if: *se — me l'avessero detto, che cosa avrei potuto fare?*, even if they had told me, what could I have done? 2 (*con valore concessivo*): *vieni, entra* —, please come in; *andate* —, you may go; *fate — con comodo*, take your time; *parlate — liberamente*, you can speak freely; *sedete* —, please be seated; *telefona — quando vuoi*, you can call me whenever you like 3 (*con valore enfatico o intensivo*): *credi — che è un mascalzone*, believe me, he's a real scoundrel; *bisognerà — che tu prenda una decisione*, you'll have to make up your mind; *bisogna pur campare!*, you've got to live! 4 (*letter.*) (*proprio, davvero*): *è pur vero che non ci si può fidare di nessuno*, it's a fact that you can't trust anyone 5 (*ant.*) (*soltanto*) only, just.

pure *cong.* 1 (*sebbene*) even though; (*anche se*) even if: *pur non essendo un cattivo pianista, non ha successo*, even though he isn't a bad pianist, he isn't successful; *pur volendo, non riuscirei a farlo*, I couldn't do it even if I wanted to; *pur non conoscendo l'inglese, se l'è cavata benissimo in Inghilterra*, even though he didn't know any English, he got on fine in England; *fosse — d'oro, non lo vorrei*, I wouldn't like it even if it were gold // *sia* —, (*anche se, per quanto*) however: *avrebbe bisogno di un aiuto, sia — modesto*, he needs help, however little it is; *a quel punto dovetti, sia pur a malincuore, congedarmi da loro*, at that point I was obliged, however unwillingly, to leave them 2 (*tuttavia, eppure*) but, yet: *sarà anche vero, — stento a crederlo*, it may even be true, but I doubt it; *è giovane, — ha molto buon senso*, he's young but he's got plenty of common sense; *non ha una bella situazione, — non si lamenta mai*, he isn't in a good situation at all, but he never complains; *non ha neanche telefonato, — sapeva che lo stavamo aspettando*, he didn't even telephone, yet he knew we were waiting for him 3 *pur di* (*con valore finale*) (in order) to; (just) to: *darei qualunque cosa pur di vederlo sistemato*, I'd give anything (just) to see him settled.

purè *s.m.* meno com. **purea** *s.f.* (*cuc.*) mash, puree; — *di patate*, mashed potatoes; *fare un — di verdura*, to mash (*o* to puree) vegetables.

purezza *s.f.* purity, pureness: *la — dell'aria*, the pureness of the air; — *del cielo*, clearness of the sky; — *di propositi*, purity of purpose; — *di stile, linguaggio*, purity of style, of language // (*chim.*) *grado di* —, degree of pureness.

purga *s.f.* 1 laxative, purgative: *prendere la* —, to take a laxative 2 (*fig.*) (*pol.*) (*epurazione*) purge.

purgante *agg.* 1 laxative, purgative 2 (*teol.*) expiating: *anime purganti*, souls in purgatory ◆ *s.m.* laxative.

purgare *v.tr.* 1 (*somministrare una purga*) to give* a laxative to (s.o.) 2 (*purificare*) to purge; to purify, to cleanse, to clear: *purga la tua mente dai cattivi pensieri*, clear your mind of evil thoughts; — *l'anima, la mente dal male, dal peccato*, to purge one's soul, mind of evil, sin; — *l'aria, il sangue dalle impurità*, to purify the air, the blood; — *il linguaggio dai barbarismi*, to purge the language of barbarisms 3 (*eccl.*) (*espiare*) to expiate, to atone for (sthg.) 4 (*scritti*) to expurgate, to censor: — *un libro*, to expurgate a book.

□ **purgarsi** *v.rifl.* 1 (*prendere la purga*) to take* a laxative 2 (*purificarsi*) to purge oneself, to cleanse oneself, to clear oneself, to purify oneself: — *di un'accusa*, to clear oneself of a charge.

purgata *s.f.* (*non com.*) purging; purge.

purgatezza *s.f.* (*letter.*) (*di stile, linguaggio*) purity.

purgativo *agg.* laxative, purgative: *pastiglie purgative*, laxative tablets.

purgato *agg.* 1 (*depurato*) purged, cleansed 2 (*castigato, puro*) pure, correct: *stile* —, pure style 3 (*di libro*) expurgated, censored.

purgatore *agg.* (*rar.*) purging ◆ *s.m.* purger, cleaner.

purgatorio *agg.* (*rar.*) purgatorial // (*dir. eccl.*) *giuramento* —, canonical purgation (*o* purgatorial oath) ◆ *s.m.* purgatory: *le anime del* —, the souls in purgatory // *per quella poveretta la vita è un* —, life is hell for that poor woman.

purgatura *s.f.* 1 (*il purgare*) purging, clean(s)ing, purifying 2 (*impurità*) impurities (*pl.*).

purgazione *s.f.* 1 (*rar.*) (*purificazione*) purgation, purification 2 (*dir.*) (*di ipoteche, debiti*) redemption.

purificare *v.tr.* to purify, to cleanse, to purge (*anche fig.*): — *l'anima, il cuore, la mente dal peccato*, to purge one's soul, heart, mind of sin; — *l'aria di una stanza*, to purify the air of a room; — *il sangue, un liquido*, to purify the blood, a liquid.

□ **purificarsi** *v.rifl.* o *intr.pron.* to purify oneself (of sthg.), to become* pure, to be purified.

purificativo *agg.* purifying, purificatory.

purificato *agg.* purified, cleansed, purged (*anche fig.*).

purificatoio *s.m.* (*eccl.*) purificator.

purificatore *agg.* purificatory, purifying: *rito* —, rite of purification.

purificatorio *agg.* purifying, of purification.

purificazione *s.f.* purification // *la Purificazione*, the Purification of the Blessed Virgin Mary (*o* Candlemas).

purina *s.f.* (*biochim.*) purine.

purinico *agg.* (*biochim.*) purine (*attr.*): *base purinica*, purine base.

purismo *s.m.* purism.

purista *s.m.* e *f.* purist.

puristico *agg.* purist(ic): *tendenze puristiche*, purist tendencies.

purità *s.f.* (*letter.*) purity, pureness: — *d'animo*, purity of mind.

puritanesimo, **puritanismo** *s.m.* (*st. relig.*) Puritanism (*anche fig.*).

puritano *agg.* **1** (*st. relig.*) Puritan **2** (*estens.*) puritanical, puritan: *ma come sei —!*, how puritanical (*o* what a puritan) you are! ◆ *s.m.* (*st. relig.*) Puritan (*anche estens.*).

puro *agg.* **1** pure: *lana, seta pura*, pure wool, silk; *alcol, oro —*, pure alcohol, gold; *acqua, aria pura*, pure water, air // *cielo —*, clear sky // *vino, cognac —*, neat wine, brandy // *razza pura*, pure breed // *linguaggio, stile —*, pure language, style // *scienza, arte, matematica pura*, pure science, art, mathematics **2** (*casto*) chaste, pure: *una ragazza pura*, a chaste girl; *anima pura*, pure soul **3** (*mero, semplice*) mere, sheer, pure: *il — necessario*, what is strictly necessary; *pura pazzia*, sheer (*o* mere) madness; *la pura verità*, the plain truth; *per — caso*, by mere (*o* pure) chance; *per pura curiosità*, for sheer (*o* mere) curiosity **4** (*fil.*) pure // *ragion pura*, pure reason ◆ *s.m.* pure person.

puromicina *s.f.* (*chim.*) puromycin.

purosangue *agg.* e *s.m.* e *f.* thoroughbred, purebred: *cavallo — inglese*, thoroughbred // *è un romano —*, he's a trueborn Roman.

purpureo *agg.* (*letter.*) (*rosso vivo*) deep red; (*porpora*) purple: *manto —*, purple mantle.

purpurico *agg.* (*chim.*) purpuric: *acido —*, purpuric acid.

purpurina *s.f.* (*chim.*) purpurin.

purpurite *s.f.* (*min.*) purpurite.

purtroppo *avv.* unfortunately; (*fam.*) worse luck: *— è già andato via*, unfortunately he has already gone; *"Hai vinto?" "No —"*, "Did you win?" "No, worse luck".

purtuttavia → **tuttavia**.

purulento *agg.* purulent.

purulenza *s.f.* purulence, purulency.

pus *s.m.* (*med.*) pus.

pusillanime *agg.* pusillanimous, cowardly; faint-hearted: *il suo comportamento — mi ha disgustato*, his cowardly behaviour revolted me ◆ *s.m.* e *f.* coward, pusillanimous person.

pusillanimità *s.f.* pusillanimity, cowardice; faint-heartedness.

pusillanimo → **pusillanime**.

pusillità *s.f.* (*non com.*) **1** (*meschinità*) mean-spiritedness **2** (*pusillanimità*) pusillanimity, cowardliness.

pusillo *agg.* (*letter.*) **1** little, tiny **2** (*umile, povero*) humble; poor.

pustola *s.f.* (*med.*) pustule; pimple.

pustoloso *agg.* (*med.*) pustulous, pustular; pimply.

puszta *s.f.* (*geogr.*) puszta.

put *s.m.* (*fin.*) (*contratto a premio*) put.

putacaso *locuz.avv.* suppose, supposing: *— non venisse*, supposing he did not come; *— che lo incontri, che fai?*, suppose you meet him, what will you do?

putativo *agg.* putative: *padre —*, putative father.

puteale *s.m.* (*archeol.*) puteal.

putido *agg.* (*letter.*) stinking, rank, foul.

putiferio *s.m.* **1** row; (*fam.*) rumpus: *sollevare un —*, to kick up a row // *è successo un —*, all hell broke loose **2** (*confusione*) mess, confusion.

putire *v.intr.* (*rar.*) to stink*.

putredine *s.f.* (*letter.*) **1** putrefaction, rot(ting), rottenness **2** (*cosa putrefatta*) rot, putrefaction **3** (*fig.*) (*grave corruzione morale*) rot.

putrefare *v.intr.* **putrefarsi** *v.intr.pron.* to go* bad; to putrefy, to rot, to decompose: *il pesce (si) putrefà facilmente*, fish goes bad easily; *i cadaveri abbandonati si putrefacevano*, the abandoned bodies were putrefying ◆ *v.tr.* to putrefy.

putrefattivo *agg.* putrefactive.

putrefatto *agg.* **1** putrefied, rotten, putrid, decayed **2** (*fig.*) rotten; corrupt: *una società putrefatta*, a corrupt society.

putrefazione *s.f.* **1** putrefaction, rot, decomposition: *in stato di avanzata —*, in an advanced state of decomposition **2** (*fig.*) putrefaction; decay: *una società in —*, a society in decay.

putrella *s.f.* (*edil.*) I beam.

putrescente *agg.* putrescent, decaying, rotting: *carne —*, rotting meat.

putrescenza *s.f.* (*rar.*) putrescence, decay.

putrescibile *agg.* (*non com.*) putrescible.

putrescina *s.f.* (*biochim.*) putrescine.

putridità *s.f.* (*non com.*) putridity, putridness, rottenness.

putrido *agg.* **1** rotten (*anche fig.*); putrid: *acqua putrida*, putrid (*o* tainted) water; *un ambiente —*, a corrupt circle **2** (*biochim.*) *fermentazione putrida*, putrefactive fermentation ◆ *s.m.* corruption: *vi è del — in questo paese*, something is rotten in this country.

putridume *s.m.* rot; filth (*anche fig.*).

puttana *s.f.* whore; prostitute; (*fam.*) tart // *figlio di —*, son of a bitch // *fare la —*, to be a whore // *andare a puttane*, to go whoring; (*fig.*) to go down the drain: *il nostro progetto è andato a puttane*, our plan is up shit creek.

puttanata *s.f.* **1** (*stupidaggine*) crap [U], rubbish [U]: *non dire puttanate!*, don't talk crap (*o* rubbish)!; *hai fatto una vera —*, you did something really stupid **2** (*azione scorretta*) mean trick, dirty trick.

puttanella *s.f.* little slut.

puttanesco *agg.* whoreish, sluttish, tarty // (*cuc.*) *spaghetti alla puttanesca*, spaghetti served with tomato sauce, anchovies, olives and capers.

puttaniere *s.m.* whoremonger; lecher.

putter *s.m.* (*golf*) putter.

putto *s.m.* (*pitt., scult.*) putto (*pl.* -ti).

puzza *s.f.* stench, stink, reek, bad smell: *che —!*; what a stench! // *avere la — sotto il naso*, (*fig. fam.*) to be snobbish.

puzzare *v.intr.* **1** to stink*, to reek, to smell bad, to have a bad smell: *puzza di acido, marcio*, it smells sour, rotten; *questa carne puzza*, this meat stinks; *— di vino, aglio, naftalina*, to smell of wine, garlic, naphtaline; *puzzi di sudore*, you reek of sweat; *ti puzzano i piedi*, your feet stink; *la stanza puzza di chiuso*, the room has a stale smell // *mi puzza*, (*fig.*) it's a bit fishy // *è una storia che puzza di losco*, (*fig.*) it's a very fishy story // *la faccenda comincia a —*, the business is beginning to smell (fishy) **2** (*fig.*) (*dare fastidio*) not to like, not to interest: *ti puzza il denaro?*, do you turn up your nose at money?

puzzle *s.m.* **1** jigsaw puzzle, jigsaw **2** (*fig.*) puzzle.

puzzo *s.m.* stink, stench, reek, bad smell: *che —!*, what a horrible smell (*o* stench)!; *c'è — di pesce marcio*, there is a stench (*o* reek) of rotten fish; *— di chiuso*, stale smell // *c'è — di imbroglio*, (*fig.*) it smells fishy.

puzzola *s.f.* (*zool.*) **1** (*Mustela putorius*) polecat, fitch: *— europea*, (*Putorius foetidus*) polecat, foumart **2** (*pop.*) → **moffetta**.

puzzolente *agg.* stinking, bad-smelling; (*fam.*) smelly: *una stanza —*, a smelly room; *un sigaro —*, a foul-smelling cigar.

puzzonata *s.f.* (*fam.*) rotten trick, lousy trick.

puzzone *s.m.* (*fam.*) **1** stinking fellow; smelly person **2** (*fig. scherz.*) (*persona spregevole*) skunk.

pycnite *s.f.* (*min.*) pycnite.

pyrex® *s.m.* pirex®: *vetro —*, pyrex glass.

Qq

q *s.f. o m.* (*diciassettesima lettera dell'alfabeto*) q (*pl.* qs, q's) // (*tel.*) — *come Quarto*, q for Queenie (*o amer.* q for Queen).

qu *s.m. o f.* letter q.

qua *avv.* **1** (*in questo luogo*) here: *siediti* —, sit here; *mettetelo* —, put it here; *vieni* —, come here; *guardate* —!, look here!; *l'ho posato* — *sul tavolo*, I put it (down) here on the table; *rimanete* — *da noi per qualche giorno*, stay here with us for a few days; *da* — *si vede meglio*, you can see better from here // — *dentro*, in here; — *fuori*, out here // — *sopra, sotto*, up, down here // — *intorno*, round here // *fin* —, up to here (*o* this far) // *da* — *a là*, from here to there // (*in*) — *e* (*in*) *là*, here and there: *correre* (*in*) — *e* (*in*) *là*, to run here and there; *oggetti sparsi un po'* — *un po' là*, articles scattered here and there // *di* —, (*da questo luogo*) from here; (*da queste parti*) by here, round here; hereabouts; this way; (*in questa direzione*) this way; (*da questo lato*) on this side; (*in questa stanza*) in here, over here: *il corteo partirà di* —, the procession will start from here; *non passate mai di* —?, don't you ever pass by here (*o* this way)?; *siete di* —?, do you come from round here (*o* from hereabouts)?; *per andare a Firenze si passa di* —, you go this way for Florence; *di* — *mettiamo i giocattoli, di là i libri*, let's put the toys over here and the books over there; *puoi venire di* — *un momento?*, can you come in (*o* over) here a moment? // *al di* — *di, di* — *da*, on this side of...: *al di* — *delle Alpi*, on this side of the Alps; *di* — *dal fiume*, on this side of the river // *più in* —, (*nello spazio*) closer: *spostati, fatti più in* —, come closer // *il mondo di* —, this world // *essere più di là che di* —, (*fig.*) to be more dead than alive **2** (*in espressioni di tempo*): *da un anno in* —, for the past year; *da un po' di tempo in* —, lately; *da quando in* —?, when on earth? **3** (*con uso rafforzativo o enfatico*): *eccomi* —, here I am; *ecco* —, here you are; *da', dammi* —, give it to me; *dammi quella sedia e prendi questa* —, give me that chair and take this one; *guarda* — *che disastro!*, just look what a mess!; — *la mano!*, let's shake hands.

quacchera, quacquera *s.f.* (*st. relig.*) Quakeress.

quaccherismo, quacquerismo *s.m.* (*st. relig.*) Quakerism.

quacchero, quacquero *s.m.* **1** (*st. relig.*) Quaker **2** (*fig.*) (*moralista*) puritan, moralist ◆ *agg.* Quaker (*attr.*).

quacquaraquà *s.m.* (*sl.*) wind bag.

quad *s.m.* (*fis.*) quad.

quadernario *agg.* (*non com.*) quaternary ◆ *s.m.* (*strofa di quattro versi*) quatrain.

quaderno *s.m.* **1** exercise book, copybook: — *a righe, a quadretti*, ruled, squared exercise book; — *ad anelli*, ring binder (*o* loose-leaf exercise book); *scrivete sul* — *di italiano*, write in your Italian exercise book; (*amm.*) — *di cassa*, cash-book **2** (*legatoria*) quire.

quadra *s.f.* (*mar.*) (*vela quadra*) square sail.

quadrabile *agg.* **1** quadrable; squarable **2** (*amm.*) that can be balanced (*pred.*): *conti non quadrabili*, accounts that cannot be balanced.

quadragenario *agg.* e *s.m.* quadragenarian.

quadragesima *s.f.* (*eccl.*) (*quaresima*) Quadragesima: *domenica di* —, Quadragesima Sunday.

quadragesimale *agg.* quadragesimal.

quadragesimo *agg.num.* e *ord.* fortieth.

quadrangolare *agg.* quadrangular: *superficie* —, quadrangular surface // (*sport*) *torneo* —, four-way tournament.

quadrangolo *agg.* quadrangular ◆ *s.m.* (*mat.*) quadrangle.

quadrantale *agg.* quadrantal.

quadrante *s.m.* **1** (*scient.*) quadrant; (*della bussola*) quarter // (*fis.*) *elettrometro a quadranti*, quadrant electrometer **2** (*di orologio*) dial; clock-face **3** — (*solare*) sundial **4** (*inform.*) dial.

quadrare *v.tr.* **1** (*mat.*) to square; to quadrate: — *il cerchio*, to square the circle **2** (*fig.*) (*formare*) to shape: *lo studio dell'aritmetica quadra la mente del bambino*, the study of arithmetics shapes the mind of a child **3** (*amm.*) to balance, to square: *far* — *i conti*, to balance (*o* to square) accounts ◆ *v.intr.* **1** (*amm.*) to balance, to square, to agree: *i conti non quadrano*, the accounts don't balance (*o* agree); *le uscite devono* — *con le entrate*, expenses must balance receipts; *il bilancio deve* —, the balance sheet must square **2** (*essere pertinente*) to suit, to fit: *questo esempio non quadra*, this example doesn't fit (*o* go) **3** (*piacere, garbare*) to like: *il suo modo di comportarsi non mi quadra*, I do not like the way he behaves.

quadratico *agg.* (*mat.*) quadratic: *equazione quadratica*, quadratic equation.

quadratino *s.m.* **1** (*piccolo quadrato*) small square **2** (*mar. mil.*) gunroom **3** (*tip.*) half-em quad.

quadrato *agg.* **1** square: *un tavolo* —, a square table; *un pezzo di carta* —, a square piece of paper; *avere le spalle quadrate*, (*fig.*) to have broad shoulders // *metro* —, square metre; *due miglia quadrate*, two square miles // *radice quadrata*, square root **2** (*fig.*) (*assennato, equilibrato*) sensible, well-balanced, sound; *un uomo* —, a sensible man; *un carattere* —, a sound character; *mente quadrata*, well-balanced mind; *dalla mente quadrata*, level-headed **3** (*anat.*) *osso* —, quadrate (bone).

quadrato *s.m.* **1** (*mat.*) square: *un* — *ha quattro lati*, a square has four sides; *il* — *di un numero*, the square of a number; *elevare un numero al* —, to square a number; *x al* —, x to the square; *metodo dei minimi quadrati*, least square method // — *magico*, magic square // — *latino*, Latin square **2** (*oggetto, superficie di forma quadrata*) square: *un* — *di stoffa*, a square of cloth; *un* — *di terra*, a plot of land **3** (*pannolino per bambini*) nappy, napkin; (*amer.*) diaper; (*traversa per culla*) underblanket, undersheet **4** (*mil.*) square // *far* — *intorno a qlcu.*, to form a square around s.o.; (*fig.*) to close ranks around s.o.; *i soldati fecero* — *intorno alla bandiera*, the soldiers formed a square around the flag; *gli studenti hanno fatto* — *intorno al professore per difenderlo dalle critiche dei colleghi*, (*fig.*) the students closed ranks around their teacher to defend him from the criticisms of his colleagues **5** (*mar. mil.*): — *ufficiali*, wardroom; — *dei subalterni*, gunroom **6** (*boxe*) ring **7** (*tip.*) quad: — *da due*, two-em quad.

quadratone *s.m.* (*tip.*) em quad.

quadratura *s.f.* **1** squaring: *la* — *di un foglio*, the squaring of a sheet; *le quadrature di un soffitto*, the squares of a ceiling // — *mentale*, (*fig.*) level-headedness **2** (*mat.*) squaring, quadrature: *formula di* —, quadrature formula; *la* — *del cerchio*, the squaring (*o* quadrature) of the circle // *trovare la* — *del cerchio*, (*fig.*) to square the circle // (*elettr.*): *in* —, in quadrature; *componente in* —, wattless component **3** (*astr., geogr.*) quadrature: *marea delle quadrature*, neap tide (*o* neaps) **4** (*arte*) trompe d'oeil **5** (*amm.*) balancing: — *giornaliera dei conti*, daily balancing of accounts.

quadrellatura *s.f.* grid.

quadrello *pl.f.* **quadrella** *nel sign. 8*; *pl.m.* **quadrelli** *negli altri significati*, *s.m.* **1** (*mattonella quadrata*) square tile, quarrel **2** (*ago da imballatore*) packing-needle **3** (*pezzetto di stoffa che si cuce fra le dita dei guanti*) insert, gusset **4** (*righello di sezione quadrata*) square ruler **5** (*tipo di lima*) square file **6** (*lombo di agnello, vitello o maiale*) loin **7** (*pugnale*) dagger, poniard **8** (*ant., letter.*) (*freccia, dardo*) quarrel.

quadreria *s.f.* (*pinacoteca*) picture gallery; (*collezione di quadri*) collection of painting.

quadrettare *v.tr.* to divide into squares; (*tessuti*) to chequer.

quadrettato *agg.* squared; (*di tessuti*) checked, chequered.

quadrettatura *s.f.* (*il quadrettare*) division into squares; (*insieme di quadretti in cui è divisa una superficie quadrettata*) squares, checks; checkerwork.

quadretto *s.m.* **1** small square, small check: *un — di stoffa*, a small square of cloth; *un — di cioccolato*, a small piece of chocolate // *tessuto a quadretti*, check(ed) material // *carta a quadretti*, squared paper **2** (*piccolo dipinto*) small picture **3** (*fig.*) (*scenetta*) (charming) scene: *un — di vita familiare*, a domestic scene.

quadr(i)- *pref.* di origine latina che significa 'di quattro, costituito di quattro, avente quattro'; ingl. quadri-; quadru-; quadra-: *quadriforme*, quadriform; *quadrilingue*, quadrilingual; *quadripartito*, quadripartite; *quadrupede*, quadruped; *quadrifonico*, quadraphonic.

quadrica *s.f.* (*mat.*) quadric: *— a centro*, central quadric.

quadricipite *s.m.* (*anat.*) quadriceps.

quadrico *agg.* (*mat.*) quadric: *superficie quadrica*, quadric surface.

quadricromia *s.f.* (*tip.*) four-colour process.

quadridimensionale *agg.* four-dimensional // (*mat.*) *spazio —*, four-dimensional space.

quadridimensionalità *s.f.* four-dimensional quality, four-dimensionality.

quadriennale *agg.* **1** (*che dura 4 anni*) quadrennial, four-year (*attr.*): *corso —*, four-year course **2** (*che ha luogo ogni 4 anni*) quadrennial, four-yearly: *celebrazioni quadriennali*, four-yearly celebrations ◆ *s.f.* (*esposizione d'arte*) quadrennial exhibition.

quadriennalità *s.f.* **1** (*durata quadriennale*) four-year period **2** (*periodicità quadriennale*) four-yearly recurrence.

quadriennio *s.m.* quadrennium*, four-year period: *un — di attività professionale*, four years' professional activity.

quadrifoglio *s.m.* **1** four-leaved clover: *— acquatico*, (*Marsilia quadrifolia*) pepper-wort **2** (*raccordo stradale*) cloverleaf **3** (*arch.*) quatrefoil: *finestra a —*, quatrefoil window.

quadrifonia *s.f.* quadraphonics [U].

quadrifora *agg.* (*arch.*) four-lights ◆ *s.f.* four-lights window.

quadriga *s.f.* (*st.*) quadriga*; (*estens.*) team of four horses.

quadrigemino *agg.* **1** quadrigeminal, quadrigeminous: *parto —*, delivery of quadruplets **2** (*anat.*): *lamina quadrigemina*, lamina quadrigemina; *corpi quadrigemini*, quadrigemina (*o* quadrigeminal) bodies.

quadrigetto → **quadrireattore**.

quadriglia *s.f.* (*musica e danza*) quadrille.

quadrilatero *agg.* four-sided, quadrilateral ◆ *s.m.* (*mat., mil.*) quadrilateral.

quadrilione *s.m.* quadrillion; (*amer.*) quintillion.

quadrilobo *agg.* quatre-foiled ◆ *s.m.* quatrefoil.

quadrilustre *agg.* (*letter.*) twenty years old (*pred.*); twenty-year-old (*attr.*).

quadrimestrale *agg.* **1** (*di un quadrimestre*) four-month (*attr.*); of four months (*pred.*): *periodo —*, four-month period **2** (*che dura un quadrimestre*) four-monthly: *canone —*, four-monthly rental; *abbonamento —*, four-monthly subscription.

quadrimestre *s.m.* **1** period of four months **2** (*somma che si paga ogni quattro mesi*) four-monthly payment: *pagare il — dell'affitto*, to pay the four-monthly rental.

quadrimotore *s.m.* (*aer.*) four-engined aircraft* ◆ *agg.* four-engined.

quadrinomiale *agg.* (*mat.*) quadrinomial.

quadrinomio *s.m.* (*mat.*) quadrinomial.

quadripartire *v.tr.* to divide into four parts.

quadripartitico *agg.* four-party (*attr.*): *coalizione quadripartitica*, four-party coalition.

quadripartito *agg.* **1** divided into four parts **2** (*che unisce quattro parti*) quadripartite: (*pol.*) *un trattato —*, a quadripartite treaty ◆ *s.m.* four-party coalition government.

quadripartizione *s.f.* division into four parts.

quadriplano *agg.* quadruplane (*attr.*) ◆ *s.m.* quadruplane.

quadriplegia *s.f.* (*med.*) quadriplegia.

quadriplegico *agg.* e *s.m.* (*med.*) quadriplegic.

quadripolare *agg.* (*elettr.*) quadrupole (*attr.*).

quadripolo *s.m.* (*elettr.*) quadrupole.

quadrireattore *agg.* e *s.m.* (*aer.*) four-jet (aircraft).

quadrireme *s.f.* (*st. mar.*) quadrireme.

quadrirotore *agg.* (*aer.*) four-rotor (*attr.*).

quadrisillabico *agg.* four-syllable(d), quadrisyllabic, tetrasyllabic.

quadrisillabo *agg.* four-syllable(d), quadrisyllabic, tetrasyllabic ◆ *s.m.* quadrisyllable, tetrasyllable.

quadrista *s.m.* e *f.* control panel operator.

quadrittongo *s.m.* (*ling.*) double diphthong.

quadrivettore *s.m.* (*mat., fis.*) four-vector.

quadrivio *s.m.* **1** crossroads (*pl.*) **2** (*nella scuola medievale*) quadrivium*.

quadro[1] *agg.* square; quadrate: *piastrelle quadre*, square tiles; *vela quadra*, square sail; *metro —*, square meter; *parentesi quadre*, square brackets // *spalle quadre*, (*robuste*) square shoulders // *testa quadra*, (*fig.*) sensible person, (*spreg.*) blockhead.

quadro[2] *s.m.* **1** picture, painting: *— a olio*, oil painting; *i quadri di Van Gogh*, Van Gogh's pictures; *quadri murali*, mural paintings (*o* murals); *galleria di quadri*, picture gallery; *ha molti bei quadri*, he has many fine pictures // *quadri viventi*, tableaux vivants **2** (*fig.*) (*vista, spettacolo*) sight; scene: *che — commovente!*, what a moving sight!; *un — di spaventosa miseria*, a scene of frightening poverty **3** (*fig.*) (*descrizione*) picture; description, outline: *mi fece un — completo della situazione*, he gave me a complete picture (*o* the run down) of the situation; *questo è il — della situazione*, that is the picture (of the situation), (*fam.*) that's about the size of it; *questo libro è un bellissimo — della vita del secolo scorso*, this book is a wonderful description of life in the last century; *mi faccia un — politico dei primi vent'anni del secolo*, give me an outline of politics in the first twenty years of the century **4** (*figura quadrata*) square; *a quadri*, check(ed) (*o* chequered): *vorrei un disegno a quadri*, I should like a check (pattern) // *— svedese*, wall bars **5** (*tabella*) table, schedule: *— riassuntivo*, summary; *— sinottico*, synoptic table // (*comm.*) *— delle attività fisse*, fixed-asset schedule // (*cartografia*) *— d'unione*: index map **6** (*teatr., cinem.*) scene: *—!*, (*esclamazione di protesta*) focus! **7** (*gener. pl.*) cadre; upper echelons (*pl.*): *i quadri dell'esercito*, the upper echelons of the army; *il — del reggimento*, the regimental cadre; *quadri direttivi*, (*anche pol.*) executive cadres // *quadri di un'azienda*, management (*o* managerial staff): *quadri intermedi*, middle management; *quadri direttivi*, managerial staff **8** (*elettr.*) board, panel; (*tv*) frame; (*elettr.*) *— di comando, di controllo*, switchboard; (*aut.*) *— degli strumenti*, instrument panel // (*inform.*): *— di comando*, console; *— delle connessioni*, problem board **9** *pl.* (*carte*) diamonds **10** (*mar.*) *— di poppa*, upper stern.

quadruccio *s.m.* (*cinem.*) film-gate.

quadrumane *agg.* (*zool.*) quadrumanous ◆ *s.m.* (*zool.*) quadrumane.

quadrunvirato, **quadrumvirato** *s.m.* quadrumvirate, quadrivirate.

quadrunviro, **quadrumviro** *s.m.* quadrumvir (*pl.* quadrumviri).

quadrupede *agg.* e *s.m.* (*zool.*) quadruped.

quadruplicare *v.tr.* to quadruple; to quadruplicate; to multiply by four.
□ **quadruplicarsi** *v.intr.pron.* to quadruple, to become* four times as great: *i profitti si sono quadruplicati*, profits have quadrupled.

quadruplicazione *s.f.* quadruplication.

quadruplice *agg.* fourfold, quadruple: *testo in — copia*, text in four copies // *la Quadruplice Alleanza*, (*st.*) the Quadruple Alliance.

quadruplicità *s.f.* quadruplicity.

quadruplo *agg.* quadruple, four times as large, fourfold: *misura quadrupla*, quadruple (*o* fourfold) measure; *una somma quadrupla rispetto alla precedente*, an amount four times as large as the previous one ◆ *s.m.* quadruple; (*quattro volte tanto*) four times as much; four times as large: *egli guadagna il — di me*, he earns four times as much as I do; *questo cappello costa il — del tuo*, this hat costs four times as much as yours.

quagga *s.m.* (*zool.*) (*Equus quagga*) quagga.

quaggiù *avv.* **1** (*in basso, in fondo*) down here: *c'è un bellissimo prato —*, there is a beautiful lawn down here; *scendi un attimo — in cantina*, come down (here) to the cellar a moment; *da — la vista è migliore*, the view is better from down here // *— (nel sud) l'inverno non esiste*, down here in the south winter is non-existent **2** (*sulla terra, nel mondo*) in this life, in this world; on earth: *le cose di —*, things of this life (*o* this world); *la vita di —*, life on earth.

quaglia *s.f.* (*ornit.*) quail*: *— della Virginia*, (*Colinus virginianus*) bob-white; *— squamata*, (*Callipepla squamata*) scale partridge (*o* scaled quail).

quagliare *v.intr.* to curdle.

quagliere *s.m.* (*richiamo per le quaglie*) quail call, quail pipe.

quaglio → **caglio**.

quagliodromo *s.m.* place where dogs are trained to hunt quail.

quai *s.m.* **1** (*banchina lungo un fiume*) embankment **2** (*ferr.*) (*marciapiede*) platform **3** (*mar.*) (*banchina di scarico*) quay, wharf.

qualche *agg.indef.* **1** (*alcuni, alcune, un certo numero di*) a few; some (*di solito in frasi affermative o in frasi interr. da cui si attenda risposta affermativa*); any (*in frasi interr.*): — *anno fa*, some (*o* a few) years ago; *fra — minuto*, in a few minutes; *sono qui da — ora*, I've been here for a few hours; *si fermerà con noi — giorno*, he's staying with us for a few days; *mi diede — consiglio*, he gave me some advice; *sono in attesa di — buona notizia*, I'm expecting some good news; *ho — motivo per crederlo*, I have some reason to think so; *avrei — dubbio in proposito*, I have some doubts on that score; *porta — amico*, bring some (*o* a few) friends; *deve avere — soldo da parte*, he must have some money put away; *costerà — milione*, it will cost a few million; *la città era a — chilometro di distanza*, the town was a few miles away; *c'è — lettera per me?*, are there any letters for me?; *vuoi — libro da leggere?*, do you want some books to read?; *avete — problema?*, have you got any problems?; *può darmi — informazione?*, can you give me some information?; *hai — parente all'estero?*; have you got any relatives abroad? // — *mio amico*, some friends of mine (*o* some of my friends) // — *cosa* → qualcosa // — *volta*, sometimes **2** (*un certo, una certa; una certa quantità*) some, a certain amount of: *c'è ancora — speranza di salvarlo*, there's still some hope of saving him; *ho avuto — difficoltà a trovare la strada*, I had some difficulty finding the way; *è un'opera che presenta — interesse storico*, it's a work with some historical interest; *c'è voluto — tempo per imparare il nuovo lavoro*, it took some time to learn the new job; *da — tempo non si fa più vedere*, he hasn't turned up for some time // *accettò non senza — esitazione*, he accepted but not without some hesitation; *una donna non priva di (un) — fascino*, a woman not without a certain charm **3** (*quale che sia, uno o l'altro*) (*in frasi affermative o interr. che sollecitano risposta affermativa*) some (or other); (*in frasi interr.*) any: *trova sempre — scusa*, he always finds some excuse or other; — *volta si farà male sul serio*, sometime or other he's going to get seriously hurt; *venite a trovarci — giorno*, come and see us some day or other // *in — luogo, da — parte*, somewhere (or other); anywhere: *dev'esserci una bottiglia di whisky da — parte*, there must be a bottle of whisky somewhere; *non trovo gli occhiali, li hai visti da — parte?*, I can't find my glasses, have you seen them anywhere?; *non ci siamo già visti in — posto?*, haven't we met before somewhere? // *in — modo*, somehow or other: *in — modo me la caverò*, I'll get by somehow or other; *un lavoro fatto in — modo*, a slapdash piece of work // *ci deve pur essere (un) — rimedio*, there must be some solution **4** (*riferito a una determinata persona o cosa*) some: — *amico deve averlo informato*, some friend must have told him; *si tratta di — scherzo di cattivo gusto*, it must be some joke in bad taste; *l'esplosione era da attribuirsi a — guasto al sistema di controllo*, the explosion was due to some fault in the control system; — *giorno lo verrà a sapere*, he'll get to know some day **5** — *altro*, (*differente*) some other; any other; (*in aggiunta, in più*) some more; any more: *devo averlo visto in — altro posto*, I must have seen him in some other place (*o* somewhere else); *venite — altro giorno*, come some other day; *c'era — altra persona con te?*, was there any other person (*o* anyone else) with you?; *avete — altra domanda da fare?*, have you any other questions?; *le interessa — altro articolo?*, are you interested in any other item (*o* in anything else)?; *prendete — altro cioccolatino?*, would you like some more chocolates?; *vorrei sentire — altro parere*, I'd like to hear some other opinions; *hai trovato — altro errore nella lettera?*, have you found any other (*o* any more) mistakes in the letter? // Usato anche con valore di *pron.*: *questi fogli non bastano, portamene — altro*, there aren't enough sheets of paper here, bring me some more; *è una storiella molto divertente, ne sai — altra?*, it's a very funny story, do you know any others (*o* any more)? ◆ *avv.* (*ant., region.*) (*circa*): *siamo quasi arrivati, mancherà — paio di chilometri*, we're nearly there, it can only be another couple of miles or so.

qualcheduno → **qualcuno**.

qualcosa *pron.indef.* **1** (*in frasi affermative o interr. da cui si attenda risposta affermativa*) something (*anche con partitivo*): *dimmi —*, tell me something; *avrei — da chiederti*, I've got something to ask you; *c'è — che non va in questa faccenda*, there's something fishy (*o* something not quite right) in all this; *vorrei — da mangiare*, I'd like something to eat; *prendete — da bere?*, will you have something to drink?; *può darmi — per il mal di testa?*, can you give me something for a headache?; *posso fare — per te?*, can I do something (*o* anything) for you? // — *mi dice che*, something tells me that... // *è già —!*, that's something: *è già — che abbia ammesso di aver sbagliato*, it's something that he admitted he was wrong; *non è moltissimo, ma è già —*, it isn't a great deal, but it's something // *il premio era di due milioni e —*, the prize was two million lire and something // *abbiamo speso — come duecento milioni*, we spent something like two hundred million lire // — *meno, più (di)*, something less, more (than): *abbiamo pagato — meno di ventimila lire*, we paid something less than twenty thousand lire // *qualcos'altro, — d'altro*, something else: *questo pesce non è fresco, mi porti qualcos'altro*, this fish isn't fresh, please bring me something else // — *di nuovo, di strano*, something new, strange; *c'era — di losco nel suo aspetto*, there was something suspicious about him; *avrei — di meglio da fare*, I have something better to do; *prendiamo — di caldo*, let's have something hot; *doveva essere — d'importante*, it must have been something important // *ho già sentito — del genere*, I've already heard something of the kind // *fa lo sceneggiatore o — di simile*, he's a scriptwriter or something (similar) **2** (*in frasi negative o dubitative*) anything: *avete — per me?*, have you anything for me?; *avete — da dire?*, have you anything to say?; *c'è — di bello alla* TV?, is there anything good on TV?; *non hai — da leggere?*, haven't you got anything to read?; *c'è — che non va?*, is there anything wrong?; *è successo — di grave?*, has anything serious happened?; *desidera qualcos'altro?*, do you want anything else?; *non c'è — di meglio da vedere?*, isn't there anything better to see? ◆ *s.m.* **1** (*anche f.*) (*persona di una certa importanza*): *è convinto di essere —, si crede —*, he thinks he's somebody; *è — nel mondo dell'alta finanza*, he's somebody in the world of high finance **2** (*cosa indefinibile*): *c'è un — che mi sfugge nel suo comportamento*, there's something I can't quite make out in his behaviour // *gli manca quel —...*, he hasn't got it...

qualcuno *pron.indef.* **1** (*in frasi affermative o interr. da cui si attenda risposta affermativa*) (*riferito solo a persona*) someone, somebody; (*riferito a persone o cose*) some (*anche con partitivo*): *sta arrivando —*, someone (*o* somebody) is coming; — *ti chiama*, someone (*o* somebody) is calling you; *ci dev'essere — in casa*, someone (*o* somebody) must be at home; *chiediamo a — dov'è la stazione*, let's ask someone (*o* somebody) where the station is; *c'era — che voleva chiamare la polizia*, someone (*o* somebody) wanted to call the police; *ho letto — dei suoi romanzi*, I've read some of his novels; — *di noi si è rifiutato di andare*, some of us refused to go; *perché non inviti — dei tuoi amici?*, why don't you invite some of your friends?; *non ho libri da leggere, puoi prestarmene —?*, I haven't any books to read. Can you lend me some?; *se ti occorrono delle matite, ne troverai qualcuna sul mio tavolo*, if you need any pencils, you'll find some on my desk **2** (*in frasi interr. e dubitative*) (*riferito solo a persona*) anyone, anybody; (*riferito a persone o cose*) any (*anche con partitivo*): *c'è — in casa?*, is there anyone (*o* anybody) at home?; *c'è — che vorrebbe andare al mio posto?*, would anyone (*o* anybody) like to go in my place (*o* instead of me)?; *se telefona —, avvertimi*, let me know if anyone (*o* anybody) phones; *hai visto — che conosciamo?*, did you see anyone (*o* anybody) we know?; *non so se — sarà disposto a farlo*, I don't know if anyone (*o* anybody) will agree to do it; *conoscete — che sappia fare questo lavoro?*, do you know anyone (*o* anybody) who can do this work?; — *di voi l'ha visto?*, have any of you seen him?; *vuoi comprare — di questi quadri?*, do you want to buy any of these paintings? **3** (*con riferimento a una determinata persona*) someone, somebody; (*con partitivo, riferito a persone o cose*) one (*con partitivo*): *c'è — che ti aspetta*, there's someone (*o* somebody) waiting for you; — *deve aver spifferato tutto*, someone (*o* somebody) must have spilled the beans; — *di mia conoscenza*, someone (*o* somebody) I know; *deve averne combinato qualcuna delle sue*, he must have been up to one of his tricks; *chiedi a — di loro*, ask one of them **4** (*alcuni, alcune*) (*riferito solo a persona*) some (people); any (people); a few (people); (*riferito a persone o cose*) some, any (*anche con partitivo*) a few: — *sostiene che l'inflazione è destinata a salire ancora*, some (people) think that inflation is going to rise again; — *si dimostrò favorevole, — contrario*, some were in favour and some against; — *gridava, — chiedeva aiuto*, some were shouting and some were crying for help; *solo — è riuscito a salvarsi*, only a few managed to escape; *di tutti quei quadri, solo — aveva un certo valore*, out of all those paintings only a few were of any value **5** *qualcun altro* (*qualche persona o cosa diversa*) some other, any other; (*un'altra persona*) somebody else, anybody else;

(*qualche persona o cosa in più*) some more, any more: *da domani ci sarà qualcun altro al mio posto*, from tomorrow there will be somebody (*o* someone) else in my place (*o* instead of me); *questi dolci sono squisiti, posso averne qualcun altro?*, these cakes are delicious, can I have some more?; *chieda a qualcun altro, io non sono di qui*, ask someone (*o* somebody) else, I'm a stranger round here; *c'è qualcun altro che vuole iscriversi?*, does anyone (*o* anybody) else want to sign up?; *non c'è qualcun altro che possa occuparsi della cosa?*, can't anyone (*o* anybody) else see to the matter?; *questi modelli non mi piacciono, ne avete qualcun altro?*, I don't like these models, have you got any others? ◆ *s.m.* (*usato anche al f.*) (*persona importante*) somebody: *si crede —, crede di essere —*, he thinks he's somebody; *di questo passo, diventerà —*, at this rate he'll become somebody; *è — nel mondo della lirica*, he's somebody in the operatic world ◆ *agg.indef.* ant. per *qualche*.

quale *agg.interr.* **1** (*riferito a un numero limitato di cose o persone*) which: *— libro vuoi, questo o quello?*, which book do you want, this one or that one?; *— cravatta mi devo mettere?*, which tie shall I wear?; *a — medico ti sei rivolto?*, which doctor did you go to?; *in — ospedale è ricoverato?*, which hospital is he in?; *non sapeva — strada prendere*, he didn't know which road to take; *quali fiumi degli Stati Uniti sfociano nell'Oceano Atlantico?*, which US rivers flow into the Atlantic Ocean? **2** (*riferito a un numero indeterminato di cose o persone*) what: *quali film preferisci?*, what (kind of) films do you like best?; *quali persone frequenta?*, what kind of people does he go around with?; *quali novità ci sono?*, what news is there?; *— tipo di musica ascolti di solito?*, what kind of music do you usually listen to?; *non so — motivo l'abbia spinto a dimettersi*, I don't know what made him resign; *non puoi immaginare in quali condizioni lo trovai*, you can't imagine what condition I found him in // *provavo un non so — senso di disagio*, I felt vaguely uneasy ◆ *agg.escl.*: *— sorpresa!*, what a surprise!; *— sciocchezza!*, how silly!; *— onore!*, what an honour!; *— gioia provai nel rivederla!*, how happy I was to see her again!; *— errore hai commesso!*, what a mistake you've made!; *quali tristi ricordi suscitò nella mente!*, what sad memories it brought back! ◆ *agg.rel.* **1** (*con valore di* come, *per lo più in corr. con* tale) as: *il risultato non fu — ci si aspettava*, the result was not the same as expected; *il castello, (tale) — lo vedete ora, fu costruito due secoli fa*, the castle as you see it now was built two centuries ago; *alcune città quali Firenze e Venezia sono ricche di tesori d'arte*, some cities, such as Florence and Venice, are rich in art treasures // *quest'ombrello è tale — il mio*, this umbrella is just like mine; *te lo restituirò tale e —*, I'll give it back to you exactly as it is; *il luogo era tale e — me l'avevi descritto*, the place was just as you had described it to me // *è tale e — suo fratello*, he's just like his brother; *è suo padre tale e —*, he's the spitting image of his father // *— il padre, tale il figlio*, like father, like son **2** (*letter.*) (*nelle similitudini*) like: *sfrecciavano nel cielo quali rondini*, they soared into the sky like swallows **3** (*letter.*) (*con valore di pron., per riprendere un discorso iniziato precedentemente*): *il — padre Cristoforo...*, he, Father Christopher...; *dette le quali cose, uscì*, having said this, he went out // *la qual cosa*, which: *egli stesso mi diede la notizia, la qual cosa mi fece immensamente piacere*, he gave me the news himself, which pleased me greatly ◆ *agg.indef.* **1** (*qualunque*) whatever: *— (che) sia stata l'importanza storica di questi scritti...*, whatever historical importance these writings may have had...; *quali (che) siano i suoi difetti, è un uomo onesto*, whatever his faults may be, he is an honest man **2** (*letter.*) (*corr.*) *quale... quale*, (*uno... un altro*) some... some **3** (*con uso pleonastico*): *c'era una certa qual amarezza nelle sue parole*, there was something bitter in his words.

quale *pron.interr.* **1** (*riferito a numero limitato di persone o cose*) which: *— di questi quadri preferisci?*, which of these paintings do you like best?; *— dei due è tuo fratello?*, which of the two is your brother?; *— tra queste è la chiave del box?*, which of these is the garage key?; *"Vorrei comprare un disco" "Quale?"*, "I'd like to buy a record" "Which one?"; *deve abitare in una di queste case, ma non so precisamente —*, he must live in one of these houses, but I don't know which one exactly; *qual è la meglio riuscita tra queste foto?*, which is the best of these photos?; *quali sono i maggiori porti della Gran Bretagna?*, which are the major ports in Great Britain?; *comprerò una di queste auto, ma non ho ancora deciso —*, I'm going to buy one of these cars, but I haven't decided which yet; *sono così somiglianti che non si riesce a distinguere qual è l'uno e qual è l'altro*, they are so alike that you can't tell which is which (*o* you can't tell one from the other); *non saprei per — dei due votare*, I wouldn't know which of the two to vote for **2** (*riferito a un numero indeterminato di persone o cose*) what: *qual è il tuo nome?*, what is your name?; *qual è la capitale della Norvegia?*, what is the capital of Norway?; *quali sono i tuoi hobby?*, what are your hobbies?; *non so quali siano i prezzi degli appartamenti*, I don't know what flat prices are like; *ignoro — sia stata la causa della loro separazione*, I don't know what made them split up; *non mi hai ancora detto quali sono i tuoi progetti*, you haven't told me what your plans are yet; *non immaginava quali sarebbero state le conseguenze del suo gesto*, he never imagined what the consequences of his act would be ◆ *pron.rel.* **1** (*riferito a persona*) (*sogg.*) who, that; (*compl. ogg. e ind.*) who, (*form.*) whom; that; (*poss.*) whose [cfr. *che*[1], *cui*]: *c'era un signore il — gentilmente mi indicò la strada*, there was a man who kindly showed me the way; *coloro i quali ne facciano richiesta, riceveranno una copia della rivista*, those who request it will receive a copy of the magazine; *ecco la star della — tutto il mondo parla*, here is the star (who) everyone is talking about; *è un uomo del — tutti apprezzano l'onestà*, he's a man whose honesty is admired by everyone; *sono persone sulle quali si può contare*, they are people (who) you can rely on **2** (*riferito a cose o animali*) (*sogg. e compl.*) which, that; (*poss.*) of which; whose [cfr. *che*[1], *cui*]: *il mondo nel — viviamo*, the world in which we live (*o* the world we live in); *questa è la casa della — ti parlavo*, this is the house I was telling you about; *erano gli anni nei quali andavano di moda i capelli lunghi*, they were the years in which (*o* when) long hair was in fashion; *la volpe è un animale del — è proverbiale l'astuzia*, the fox is an animal whose cunning is proverbial **3** *per la —*, (*fam.*): *è una persona non tanto per la —*, he's not up to much ◆ *pron.indef.* **1** (*letter.*) *quale... quale, quali... quali*, some... some: *fra i testimoni quali confermarono, quali negarono il fatto*, some of the witnesses confirmed the fact and some of them denied it **2** (*ant., letter.*) (*chiunque*) whoever **3** *quale che sia*, (*qualsiasi*) whichever, whatever: *— che sia il tuo parere in proposito...*, whatever your opinion on the matter may be... ◆ *avv.* (*come, in qualità di*) as: *con la presente delego il Signor X, — rappresentante della nostra società*, I hereby delegate Mr X to act as representative for our company.

qualifica *s.f.* **1** qualification; (*posizione contrattuale*) status: *— di idoneità all'insegnamento*, teaching qualification; *con la sua — di dottore in legge...*, with his degree in law (*o* legal qualification)...; *— professionale*, professional qualification; *— di impiegato, operaio*, employee, worker status; *— di dottore*, title of doctor; *non so se ha le qualifiche necessarie per occupare quel posto*, I don't know if he has the necessary qualifications for that post; *è stato assunto con la — di...*, he was taken on as a...; *senza avere una — è impossibile trovare lavoro*, it's impossible to get a job without a qualification (*o* without letters after your name) **2** (*valutazione di merito*) appraisal, grade: *— di ottimo, valente, scarso*, excellent, good, low grade **3** (*titolo*) title: *si merita la — di miglior giocatore di bridge dell'anno*, he deserves the title of best bridge-player of the year.

qualificabile *agg.* qualifiable.

qualificante *agg.* qualifying; (*che dà prestigio*) prestigious: *un lavoro —*, a prestigious job; *ha un'esperienza di lavoro —*, he has got relevant work experience.

qualificare *v.tr.* **1** to qualify; (*contraddistinguere*) to mark (out): *l'aggettivo qualifica il nome*, the adjective qualifies the noun; *un'opera che lo qualifica tra i grandi scrittori contemporanei*, a work that marks him out as one of the great contemporary writers **2** (*definire*) to call; to describe: *— qlcu. come un ciarlatano*, to call s.o. a quack; *è un personaggio strano, non saprei come qualificarlo*, he's a strange person, I don't know how to describe him (*o* what to make of him) **3** (*professionalmente*) to qualify, to train: *occorre — la manodopera*, it is essential to train the labour force // (*amm.*) *è stato qualificato come impiegato di concetto*, he was qualified as junior executive **4** (*sport*) to qualify.

□ **qualificarsi** *v.rifl.* **1** (*presentarsi*) to present o.s., to introduce s.o.: *si è qualificato come giornalista*, he introduced himself as a journalist **2** (*meritarsi una qualifica*) to qualify: *si è qualificato idoneo a quel posto*, he qualified for that post **3** (*sport*) to qualify: *— per le finali*, to qualify for the finals.

qualificativo *agg.* qualifying, qualificative: (*gramm.*) *aggettivo —*, qualifying adjective.

qualificato *agg.* **1** (*abilitato*) qualified; (*abile*) skilled: *medico —*, qualified doctor; *operai qualificati*, skilled workers; *personale altamente —*, highly qualified staff; *essere — per un lavoro*, to be qualified for a job **2** (*dir.*) (*aggravato*) aggravated: *furto —*, aggravated theft.

qualificatore *agg.* (*non com.*) qualificatory, qualifying ◆ *s.m.* (*non com.*) **1** qualifier **2** (*eccl.*) qualificator.

qualificazione *s.f.* **1** qualification: *corso di — professionale*, training course **2** (*sport*) qualifying game.

qualità *s.f.* **1** quality; (*proprietà*) property: *articolo di buona —*, (good-)quality article; *articolo di cattiva —*, poor-quality article; *— media*, middling (*o* average) quality; *— inferiore alla media*, substandard quality; *— tipo*, standard grade; *merce di prima, seconda —*, first-rate, second-rate goods; *prodotti di seconda —*, seconds (*o* second-class products); *una — dei diamanti è la durezza*, one of the properties (*o* qualities) of diamonds is hardness // *la — della vita*, the quality of life // *controllo di —*, quality control **2** (*dote*) quality: *ha delle — che la rendono simpatica*, she has endearing qualities; *non ha le — richieste per il posto*, he hasn't got the necessary qualities for the post **3** (*sorta, specie*) kind, sort: *— di tè*, leaf grades (of tea); *gente di ogni —*, all kinds of people; *vini di diverse —*, different sorts of wine **4** (*ufficio, carica*) capacity: *nella sua — di medico*, as a doctor; *serviva in — di maggiordomo*, he served as a butler; *agire in — di tutore*, to act in one's capacity as guardian.

qualitativo *agg.* qualitative, quality (*attr.*): (*stat.*) *intervista qualitativa*, qualitative interview; (*chim.*) *analisi qualitativa*, qualitative analysis ◆ *s.m.* (*comm.*) quality, grade: *il — di una merce*, the quality of an article.

qualmente *avv.* (*ant.*) (*in che modo*) how // *mi riferì come — la cosa fosse andata in fumo*, (*fam.*) he told me how it had all come to nothing.

qualora *cong.* **1** (*se mai*) if: *— piova, piovesse, la partita sarà rinviata*, if it rains, if it should rain, the match will be postponed; *— non potessi venire, avvertimi*, if you can't come, let me know // *— sorgano, sorgessero contestazioni, deciderà l'autorità competente*, in case of dispute, the appropriate authority will decide **2** (*ant. letter.*) (*allorché*) when (ever).

qualsiasi letter. **qualsisia**, **qualsivoglia** → **qualunque**.

qualunque *agg.indef.* **1** any: *a — prezzo*, at any price; *a — costo*, at any cost; *venite un giorno — della prossima settimana*, come any day next week; *telefonami a — ora, in — momento*, phone me at any time; *la partita si giocherà con — tempo*, the match will be played in any weather; *farebbe — sacrificio per i figli*, he would make any sacrifice for his children; *sa affrontare — difficoltà*, he can cope with any difficulty; *prendimi — giornale, un giornale —*, get me any newspaper // *— cosa*, anything // *— persona*, anybody, anyone // *in — modo*, anyhow // *uno —*, anyone: *uno — di noi*, any of us; *uno — dei due fratelli*, either of the two brothers (*o* either brother) // *— altro*, any other: *accetterei — altro incarico tranne questo*, I would accept any other job except this **2** (*con valore limitativo o spreg.*) ordinary, common: *un uomo —*, an ordinary man; *non gli si può offrire un impiego —*, you can't (just) offer him any job; *era una casa —, come ce ne sono tante*, it was an ordinary, run-of-the-mill kind of house; *era un impiegato —*, he was a common clerk // *l'uomo —*, the man in the street ◆ *agg.rel.indef.* (*quale che sia*) whatever; (*riferito a numero limitato*) whichever: *— sia la ragione del suo comportamento, non posso che disapprovarlo*, whatever the reason may be for his behaviour, I can't help but disapprove of it; *da — parte si voltasse, non vedeva che sabbia*, whichever way he turned, all he saw was sand // *— cosa*, whatever: *— cosa accada, non mi muoverò di qui*, whatever happens, I won't move from here; *— cosa dica, non credetegli*, whatever he says, don't believe him // *— persona*, whoever: *— persona telefonasse, dille che sono occupato*, whoever calls, tell them I'm busy // Usato talvolta anche al *pl.*: *— siano le sue proposte, non accettarle*, don't accept his proposals, whatever they are ◆ *pron.rel.indef.* (*ant.*) → chiunque.

qualunquismo *s.m.* **1** (*st.*) 'qualunquismo' (after-war populist political movement) **2** (*estens.*) indifference and mistrust towards politics and the political system.

quando *avv.* **1** when: *— l'hai visto l'ultima volta?*, when did you see him last?; *— verrai?*, when will you come?; *quand'è il concerto?*, when is the concert?; *— partite?*, when are you leaving?; *— la smetterai di preoccuparti per tutto?*, when will you stop worrying about everything?; *non so — ci rivedremo*, I don't know when we'll meet again; *dimmi — ti posso telefonare*, tell me when I can phone you; *ti hanno detto — sarebbero arrivati?*, did they tell you when they would arrive?; *fammi sapere — passerai da Milano*, let me know when you're coming to Milan // *a —?*, when?: *a — le nozze?*, when will the wedding be? (*o* when is the wedding?); *a — la laurea?*, when will you take your degree? // *da —?*, since when?; (*da quanto tempo*) how long?: *"È a letto ammalato" "Da —?"*, "He's ill in bed" "Since when?"; *da — non lo vedi?*, how long is it since you last saw him?; *da — abita qui?*, how long has he been living here?; *da — lo conosci?*, how long have you known him?; *da — ti sei messo a dare ordini qui?*, since when have you been giving orders round here? // *di — è questo giornale?*, what is the date of this newspaper?; *sai di — è quel palazzo?*, do you know when that building dates from? // *fino a —?*, how long? (*o* till when?): *fino a — starai qui?*, how long (*o* till when) will you be here? // *per —?*, (by) when?: *per quand'è la riunione?*, when is the meeting?; *per — dev'essere finito il lavoro?*, when must the work be finished by? // *— mai?*, when on earth, when ever: *— mai ti ho chiesto una cosa simile?*, when on earth (*o* whenever) did I ask you such a thing?; *— mai siete venuti a trovarmi?*, when did you ever come to see me? **2** *quando... quando*, sometimes... sometimes: *— viaggio in treno, — in aereo*, sometimes I travel by train, sometimes by air; *era sempre in ritardo, — per un motivo, — per un altro*, he was always late, sometimes for one reason, sometimes for another // *— sì, — no*, (*non sempre*) at times // *di — in —, a — a —*, from time to time (*o* now and then *o* occasionally).

quando *cong.* **1** (*nel momento, nel tempo in cui*) when: *— sono insieme non fanno che chiacchierare*, when they are together all they do is gossip; *— arrivai, era già partito*, when I arrived, he had already left; *quand'era ragazzo giocava nella squadra di calcio della scuola*, when he was a boy, he used to play in the school football team; *— egli ebbe finito di parlare, si levò un caloroso applauso*, when he finished speaking, there was a warm round of applause; *gliene parlerò — lo vedrò*, I'll mention it to him when I see him; *verrò — avrò finito di scrivere questa lettera*, I'll come when I have finished writing this letter; *— sarà grande vuol fare il pilota*, he wants to be a pilot when he grows up; *tutto era rimasto come — era bambino*, everything was the same as when he was a child // *da —*, since: *da — è in Italia, ha sempre lavorato con la stessa ditta*, since he's been in Italy he has always worked for the same firm; *da — lo conosco, non ha avuto che guai*, ever since I've known him, he's always been surrounded by trouble; *molte cose sono accadute da — sei partito*, a great deal has happened since you left // *di —*, of the time when: *sono ricordi di — eravamo in Inghilterra*, they are reminders of the time when we were in England // *per —*, by the time, (by) when: *per — ritorno dovete essere pronti*, you must be ready by the time I get back // *fino a —*, till (*o* until), (*fintantoché*) as long as: *rimase in Italia fino a — ebbe terminato gli studi*, he stayed in Italy till (*o* until) he had finished his studies; *potete stare qui fino a — vorrete*, you can stay here as long as you like; *non mi muoverò di qui fino a — non avrò ottenuto una spiegazione*, I'm not moving till I get an explanation // *quand'ecco*, when (suddenly): *stavo per uscire, quand'ecco squillare il telefono*, I was just about to go out when the phone suddenly rang // *— che sia, — che fosse*, any time // *— meno te l'aspetti*, when you least expect it **2** (*ogni volta che*) whenever: *venite — volete*, come whever you like; *si rivolgono sempre a lui — c'è qualche problema da risolvere*, they always turn to him whenever there is a problem to solve; *— parli così, non sei obiettivo*, whenever you talk like that you're not being objective; *— lo incontravo, aveva sempre qualcosa da raccontarmi*, whenever I met him, he always had something to tell me **3** (*mentre*) while: *— studia, ascolta sempre musica*, he always listens to music while he's studying; *— era ammalato, era la moglie ad occuparsi del negozio*, while he was ill, his wife looked after the shop **4** (*con valore causale*) since, when: *è sciocco insistere, — sai benissimo di avere torto*, you're silly to keep on, since (*o* when) you know very well you're wrong; *— ti dico che è così, mi devi credere*, you must believe me when I say that's how it is **5** (*con valore condiz.*) if: *quand'è così...*, if that is the case (*o* if that's so)...; *— dovessi vederlo, portagli i miei saluti*, if you happen to see him, give him my regards; *— non ci fossero altri motivi, fallo per me*, do it for my sake, if for nothing else; *è inutile avere la casa in montagna, — poi non ci si va mai*, it's useless having a house in the mountains if you never go there; *— ne abbia fatto richiesta, il candidato può sostenere l'esame in altra sede*, candidates may take the exam at a different venue if they apply to do so // *quand'anche*, even if, even though: *quand'anche fosse così, non potrei farci nulla*, even if that were the case, I couldn't do anything about it **6** (*con valore avversativo*) when: *perché va a piedi — potrebbe benissimo andare in macchina?*, why does he walk when he could easily go by car?; *non ha detto una parola, — (invece) avrebbe dovuto parlare*, he said nothing, when he should actually have spoken; *come può pretendere d'insegnare l'inglese, — non lo sa nemmeno parlare?*, how can he expect to teach English, when he can't even speak it? **7** (*con valore rel.*) when: *ricordo quel giorno — ci siamo incontrati*, I remember the day when we met.

quando *s.m.* when: *voleva sapere il come e il —*, he wanted to know the how and when (*o* the ins and outs).

quantametro *s.m.* (*fis.*) quantimeter.

quantasoma → **quantosoma**.

quantico *agg.* (*fis.*) quantic, quantum (*attr.*) // *numero —*, quantum number; *salto —*, quantum jump (*o* leap).

quantificabile *agg.* quantifiable.

quantificare *v.tr.* to quantify: *— i costi*, to quantify costs; *— un danno*, to quantify (*o* to assess) damage.

quantificatore *s.m.* (*log.*, *mat.*, *gramm.*) quantifier: *— esistenziale, universale*, existential, universal quantifier.

quantificazione *s.f.* quantification.

quantile *s.m.* (*stat.*) quantile.

quantistico *agg.* (*fis.*) quantic, quantum (*attr.*) // *discontinuità quantistica*, quantum discontinuity; *elettrodinamica, meccanica, statistica quantistica*, quantum electrodynamics, mechanics, statistics; *teoria quantistica*, quantum theory.

quantità *s.f.* **1** quantity: *il concetto di —*, the idea of quantity; *per me la qualità è più importante della —*, for me quality is more important than quantity **2** (*quantitativo*) quantity, amount; (*gran quantità, abbondanza*) abundance: *— necessaria*, required amount; *— trascurabile*, negligible quantity (*o* amount); *piccola, gran —*, small, large quantity (*o* amount): *in gran —*, in large quantities; (*in abbondanza*) in abundance; *consumare pane in gran —*, to consume bread in large quantities; *in piccole —*, in small quantities; *la — di lavoro che una macchina può fare*, the amount of work that a machine is capable of // *una* (*grande*) *— di*, (*con s. al sing.*) a large quantity (*o* amount) of; a great (*o* a good) deal of; a lot of; lots of; (*con s. al pl.*) a great (*o* a good) many; a lot of; lots of: *beveva una grande — di birra*, he drank a great quantity of beer; *c'è una — di gente che...*, there are a lot of people who... (*o* there are a great many people who...); *ha una — di lettere da scrivere*, he has a lot of letters to write; *ho una — di amici*, I have got a great many friends; *disporre di una certa — di denaro*, to have a certain amount of money at one's disposal; *vendiamo una — di questi libri*, we sell a great many of these books // (*econ.*): *— di moneta*, quantity (*o* stock) of money; *— prodotta*, output // (*comm.*): *— vendibile*, saleage; *— eccessiva di merce sul mercato*, glut of goods on the market **3** (*mat.*, *fis.*) quantity: *— di elettricità*, quantity of electricity; *— di luce*, quantity of light; *— di moto*, momentum; *— di moto angolare*, angular momentum; *— di materia*, amount of substance **4** (*ling.*) quantity: *la — di una vocale*, the quantity of a vowel **5** (*inform.*) *— di informazioni*, bulk of information.

quantitativamente *avv.* quantitatively.

quantitativo *agg.* **1** quantitative, quantity (*attr.*): *dati quantitativi*, quantitative data // (*chim.*) *analisi quantitativa*, quantitative analysis // (*econ.*): *teoria quantitativa della moneta*, quantity theory of money; *controllo monetario —*, quantitative monetary control // (*stat.*) *intervista quantitativa*, quantitative interview **2** (*gramm.*): *aggettivo —*, adjective of quantity; *avverbio —*, adverb of degree ◆ *s.m.* quantity, amount: *— disponibile*, available amount (*o* amount available); *— occorrente*, amount wanted (*o* needed); *ne abbiamo ancora un piccolo — in magazzino*, we still have a small quantity in stock (*o* on hand); *comperare, vendere in quantitativi*, to buy, to sell in large quantities (*o* in quantity *o* in bulk); *la polizia ha sequestrato un enorme — di eroina*, the police have seized a huge quantity of heroin.

quantizzare *v.tr.* to quantize (*anche fis.*).

quantizzato *agg.* (*fis.*) quantized.

quantizzazione *s.f.* quantization (*anche fis.*).

quanto[1] *agg.interr.* **1** how much; *pl.* how many: *— zucchero metti nel caffè?*, how much sugar do you put in your coffee?; *— denaro vi occorre?*, how much money do you need?; *quanti dischi hai?*, how many records have you got?; *quante lezioni comprende il corso?*, how many lessons does the course consist of?; *quanti giorni starai via?*, how many days will you be away?; *sai quanti spettatori c'erano allo stadio?*, do you know how many spectators there were at the ground?; *non so quante settimane durerà la mostra*, I don't know how many weeks (*o* how long) the exhibition will last; *dimmi — pane devo comprare*, tell me how much bread I am to get // *quanti anni hai?*, how old are you? **2** *— tempo*, how long: *— tempo ci vuole per arrivare alla stazione?*, how long does it take to get to the station?; *non so — tempo mi fermerò qui*, I don't know how long I'll stay here // In espressioni ellittiche: *— è che non lo vedi?*, how long is it since you saw him?; *da — mi aspetti?*, how long have you been waiting for me?; *— dovrai lavorare ancora?*, how much longer have you got to work?; *di — sono in ritardo?*, how late am I?; *fra — saremo a Roma?*, how long before we get to Rome?; *ogni — passa l'autobus?*, how often (*o* how frequently) does the bus run? **3** (*in espressioni ellittiche non di tempo*): *— costa?*, how much is it?; *— ha di febbre?*, what's his temperature?; *quanti ne abbiamo oggi?*, what's the date today?; *— c'è da qui alla stazione?*, how far is it to the station?; *non so — valga questo anello*, I don't know how much this ring is worth ◆ *agg.escl.* what (a lot of); how: *— gasolio abbiamo consumato quest'anno!*, what a lot of oil we've used this year!; *— tempo ci hai messo!*, what a long time you've been!; *— freddo abbiamo patito!*, how cold it was!; *— interesse ha suscitato!*, what a lot of interest it roused!; *quanti giorni sono passati!*, how long it's been!; *quante me ne ha dette!*, how he insulted me! // In espressioni ellittiche: *— tempo sprecato!*, what a lot of time wasted!; *quante parole inutili!*, what a load of rubbish!; *quanti complimenti!*, what a lot of fuss! ◆ *agg.rel.* (*tutto quello che*) as... as...: *lo puoi tenere — tempo vuoi*, you can keep it as long as you like; *prendi pure — denaro ti occorre*, take as much money as you need.

quanto[1] *avv.* **1** *interr.* (*con un agg.*) how; (*con un v.*) how much: *— è largo?*, how wide is it?; *— è lontana la chiesa?*, how far is the church?; *— bevi di solito?*, how much do you usually drink?; *— sei alto?*, how tall are you?; *gli chiesi — si fosse divertito*, I asked him how much he had enjoyed himself; *non so — l'abbia apprezzato*, I don't know how much he appreciated it; *chiedono molto per quella casa, ma non ti so dire —*, they are asking a great deal for that house, but I can't tell you how much // *si è pentito e Dio sa —!*, God only knows how much he regretted it! **2** *escl.* (*con un agg.*) how; (*con un v.*) how (much): *— è bello!*, how beautiful it is!; *— sono felice di rivederti!*, how happy I am to see you again!; *— mi piace!*, how I love it!; *chissà — desiderava di ritornare!*, goodness knows how much he longed to return!; *non sai — ti ho pensato!*, you don't know how much I thought about you!; *hanno riso, e —!*, how they laughed! **3** (*in corr. con* tanto) as: *è* (*tanto*) *studioso — intelligente*, he is as studious as he is intelligent; *è* (*tanto*) *affabile — lui*, she is as friendly as he is; *ho lavorato* (*tanto*) *— lui*, I worked as hard as he did (*o* as him); *non è* (*tanto*) *facile — tu credi*, it isn't as (*o* so) easy as you think; *è* (*tanto*) *curioso — una scimmia*, he's as curious as a cat // *— più... tanto più, meno* → più, meno *avv.* // *tanto... —*, (*sia... sia*) both... and: *tanto io — mio fratello*, both my brother and I; *si è venduto tanto la casa — l'automobile*, he sold both his house and his car // *non tanto per... — per*, not so much for... but (*o* as) for: *non è stato tanto per negligenza — per ingenuità*, it wasn't so much for negligence as for naïvety **4** (*in frasi comparative o per rafforzare un superl.*): *è stimato più di — meriti*, he's more admired than he deserves; *sono arrivato prima di — pensassi*, I arrived sooner than I expected; *si doveva intervenire — più rapidamente possibile*, it was necessary to intervene as quickly (*o* as fast) as possible // *— mai*, extremely, very much indeed: *mi sono divertito — mai*, I enjoyed myself very much indeed (*o fam.* I had a whale of a time); *è una persona — mai garbata*, he's an extremely courteous person // *— prima* → prima // *— meno* → meno *avv.* // *quant'è vero Dio!*, as God's my judge!; *quant'è vero che mi chiamo...*, as sure as my name is...

◆ FRASEOLOGIA: *— a*, as for; (*circa*) as to: *— a te*, as for you; *— agli altri, non ne so nulla*, I don't know anything as to the others; *— a fermarmi una settimana, dovrò pensarci su*, as to staying a week, I'll have to think about it // *in —* (*che*), (*poiché*) since (*o* as); (*per il fatto che*) because: *in — minorenne, non ha diritto di voto*, since (*o* as) he is under age, he can't vote; *non ti ho telefonato in — (che) credevo che non fossi in casa*, I didn't phone you, as I thought you weren't in // *in —*, (*in qualità di*) as: *solo lui, in — medico, fu autorizzato a vedere il paziente*, only he, as a doctor, was allowed to see the patient // *per —* (*con agg. e avv.*) however; (*con verbi*) although: *per — indaffarato sia...*, however busy you are...; *per — camminassi in fretta, non riuscii a raggiungerli*, although I walked fast I was unable to catch up with them; *per —, è pur sempre un affare*, it's still a bargain, however // *tanto —, tanto o —*, (*pressappoco*) more or less: *"Sarà costato qualche milione" "Sì, tanto —"*, "It must have cost a few million" "Yes, more or less" // *oggi non gli si può parlare, da — è nervoso*, (*fam.*) you can't say a word to him today as he is so uptight.

quanto[1] *pron.interr.* how much; *pl.* how many: *— ne vuoi?*, how much do you want (of it)?; *quanti ne hai presi?*, how many did you get (of them)?; *quanti hanno accettato?*, how many have they accepted?; *quanti di voi sono d'accordo?*, how many of you agree?; *non so quanti aderirono alla proposta*, I don't know how many agreed to the proposal // *— c'è di* *vero in quello che dice?*, how much truth is there in what he says? ◆ *pron.escl.* what a lot (of): — *ne hai consumato!*, what a lot you've used!; *che bei fiori, e quanti!*, what a lot of lovely flowers!; *quanti sono intervenuti alla cerimonia!*, what a lot of people came to the ceremony! ◆ *pron.rel.* **1** (*ciò che*) what; (*tutto ciò che*) all (that): *ho — mi occorre*, I have what (*o* all) I need; *ha fatto — ha potuto*, he did what he could; — *ho è a tua disposizione*, what (*o* all) I have is at your disposal; *non credere a — ti dicono*, don't believe what they tell you; *c'è molto di vero in — afferma*, there's a lot of truth in what he says; *non dire a nessuno — ti ho confidato*, don't tell anyone what I let you in on; *lo deduco da — mi avete detto voi*, I guess it from what you told me // — *di meglio, di peggio*, the best, the worst: *è — di meglio si possa trovare sul mercato in fatto di computer*, it's the best computer you can find on the market // *in risposta a — sopra*, in reply to the above // — *basta*, (*con riferimento a dosaggio*) sufficient... (to) // *per — io ne sappia*, as far as I know // *per — si sforzi, non riesce a rendersi simpatica*, however hard she tries, she isn't very likable // *a — dicono...*, according to what they say... // *questo è —*, that's all (*o* that's it) **2** *pl.* (*tutti coloro che*) all those (who), whoever (*con costr. sing.*): *quanti desiderano iscriversi, possono farne richiesta*, all those wishing to register can apply to do so; *era sempre pronto a dare un consiglio a quanti glielo chiedevano*, he was always ready to give advice to whoever asked him for any **3** (*in correlazione con* tanto) as: *ha speso* (*tanto*) — *ha guadagnato*, he spent as much as he earned; *"Quanti moduli occorrono?" "Tanti quanti sono i candidati"*, "How many forms are needed?" "As many as there are candidates" **4** (*in correlazione con* tanto) as: *possiede tanto denaro — tu non immagini*, he has as much money as you could ever imagine; *non ho tanta pazienza quanta ne ha lei*, I haven't got as much patience as she has; *c'erano tanti posti quanti erano gli invitati*, there were as many seats as there were guests; *ha tante preoccupazioni quante ne abbiamo noi*, he has as many worries as we have; *non ho tanti amici quanti ne hai tu*, I haven't as many friends as you have // *sono partiti tutti quanti*, everyone has left; *ha perso tutto —*, he lost everything; *si è sporcato tutto —*, he got all dirty **5** (*in frasi comparative*) than: *abbiamo ottenuto più, meno di — pensassimo*, we got more, less than we expected.

quanto[2] *s.m.* **1** (*quantità*) quantity: *fissare un —*, to fix a quantity **2** (*fis.*) quantum*: *teoria dei quanti*, quantum theory; — *d'azione*, quantum of action.

quantomeccanica *s.f.* (*fis.*) quantum mechanics.

quantomeno *avv.* at least, to say the least: *dovevi — chiamarlo*, you should at least have called him.

quantosoma *s.m.* (*bot.*) quantosoma.

quantum *s.m.* → **quanto**[2].

quantunque *cong.* **1** (*benché*) (al)though: — *avesse torto, pretendeva di aver ragione*, although he was wrong, he claimed to be right // Con uso ellittico: — *giovane, è molto preparato*, although he is so young, he is very well prepared; — *a malincuore, dovetti andarmene*, I had to go away, although I didn't want to **2** (*anche se*) even if: *continua pure le tue ricerche,— credo che siano proprio inutili*, go on looking, even if I think it's useless.

quaquaraquà → **quacquaraquà**.

quaranta *agg.num.card.* e *s.m.* forty: *ha già passato i —*, he's already over forty; *eravamo in —*, there were forty of us // *gli anni —*, the forties.

quarantamila *agg.num.card.* e *s.m.* forty thousand.

quarantena *s.f.* quarantine: *essere in —*, to be in quarantine; *tenere in —*, to keep in quarantine; *mettere in —*, to quarantine.

quarantennale *agg.* **1** (*che dura quarant'anni*) forty-year (*attr.*), of forty years (*pred.*): *un periodo —*, a period of forty years **2** (*che ricorre ogni quarant'anni*) forty-year (*attr.*), that happens every forty years (*pred.*): *celebrazione —*, forty-year celebration ◆ *s.m.* fortieth anniversary: *il — della fondazione*, the fortieth anniversary of the foundation.

quarantenne *agg.* forty years old (*pred.*); forty-year-old (*attr.*) ◆ *s.m.* forty-year-old man ◆ *s.f.* forty-year-old woman.

quarantennio *s.m.* period of forty years.

quarantesimo *agg.num.ord.* e *s.m.* fortieth.

quarantina *s.f.* about forty, some forty: *una — di bambini*, about forty children; *una — di minuti*, some forty minutes; *è sulla —*, he is about forty (years old); *ha passato la —*, he is in his forties.

quarantore *s.f.pl.* forty hours' adoration.

quarantottesco *agg.* (*del 1848*) of eighteen forty-eight.

quarantottesimo *s.m.* (*tip.*) fortyeightmo (*abbr.* 48mo): *in —*, fortyeightmo.

quarantotto *agg.num.card.* forty-eight // *mandar qlco. a carte —*, to mess sthg. up; *mandare qlcu. a carte —*, to send s.o. to hell; *l'azienda è finita a carte —*, the company went to the dogs ◆ *s.m.* **1** (*numero*) forty-eight **2** (*fam.*) (*baraonda*) chaos, bedlam, mess: *è successo un —*, it was bedlam (*o* all hell broke loose); *che —!*, what a mess! // (*st.*) *il —*, the revolutionary year of 1848.

quaresima *s.f.* (*eccl.*) Lent: *la prima domenica di —*, the first Sunday in Lent; *fare, osservare la —*, to keep Lent (*o* to fast during Lent); *rompere la —*, to break the Lenten fast (*o* to give up fasting during Lent) // *lungo come la —*, (*fam.*) as slow as a snail.

quaresimale *agg.* Lent (*attr.*); Lenten: *digiuno —*, Lenten fast ◆ *s.m.* (*eccl.*) Lent sermon.

quaresimalista *s.m.* (*eccl.*) Lent preacher.

quark *s.m.* (*fis.*) quark.

quarta *s.f.* **1** (*classe*) fourth class, fourth year: *essere in —*, to be in the fourth class **2** (*aut.*) fourth (gear) // *partire in —*, to dash off (*o* to be off like a shot); *partì in — a descrivermi le sue avventure*, (*fig.*) he plunged into the description of his adventures **3** (*astr.*) quarter **4** (*mar.*) point **5** (*scherma*) quart, quarte, carte **6** (*mus.*) fourth **7** (*dir. romano*) quarta.

quartabuono *s.m.* (*falegnameria*) mitre (square): *giunto a —*, mitre joint.

quartana *s.f.* (*med.*) quartan (fever).

quartazione *s.f.* (*metall.*) quartation.

quartettista *s.m.* e *f.* (*mus.*) **1** (*compositore*) composer of quartets **2** (*membro di un quartetto*) member of a quartet.

quartetto *s.m.* **1** (*mus.*) quartet: — *d'archi*, string quartet **2** (*di persone*) foursome: *sono un bel —*, they make a good foursome.

quartico *agg.* (*mat.*) (*di quarto grado*) quartic.

quartiere *s.m.* **1** (*di una città*) quarter; neighbourhood, area: — *italiano*, Italian quarter; — *Latino*, Latin Quarter (in Paris); *viviamo in un bel —*, we live in a nice neighbourhood (*o* in a good area); *un vecchio — di Milano*, an old part of Milan; — *residenziale*, residential area; *quartieri alti*, (*fig.*) exclusive neighbourhoods; *quartieri bassi*, (*fig.*) slums **2** (*mil.*) quarters (*pl.*), (*caserma*) barracks (*pl.*): — *d'inverno*, winter quarters: *ritirarsi nei quartieri d'inverno*, to go into winter quarters; *quartier generale*, headquarters: *gran quartier generale*, General Headquarters // *lotta senza —*, fight without quarter // *dar —*, to give s.o. quarter; *domandare —*, to ask for quarter (*o* to cry quarter) **3** (*arald.*) quarter; quartering: *scudo a quartieri*, quartered shield **4** (*mar.*) body: — *di poppa, di prua*, afterbody, forebody; — *di centro*, middle body **5** (*di scarpe*) quarter.

quartiermastro *s.m.* (*mil.*) quartermaster.

quartina *s.f.* **1** (*poesia*) quatrain **2** (*di francobolli*) block of four stamps **3** (*di carta da lettere*) large size of writing paper **4** (*mus.*) quadruplet.

quartino *s.m.* **1** quarter of a litre; about half a pint **2** (*mus.*) small clarinet.

quarto *agg.num.ord.* fourth: *il — giorno del mese*, the fourth day of the month; *la quarta parte*, the fourth part; *arrivò —*, he arrived fourth; *abitare al — piano*, to live on the fourth floor; (*mat.*) *elevare alla quarta potenza*, to raise to the power of four // *Pio Quarto*, Pius the Fourth // *il — stato*, (*proletariato*) the fourth estate // (*fis.*) *quarta dimensione*, fourth dimension // (*Borsa*) — *mercato*, fourth market ◆ *s.m.* **1** quarter, fourth: *un — di pollo*, a quarter of a chicken; *un — della popolazione*, a fourth (*o* a quarter) of the population; *un — di secolo*, a quarter of a century; *il primo — di luna*, the first quarter of the moon; *ho letto un — di questo libro*, I have read a quarter of this book; *lo posso avere per un — del suo prezzo*, I can buy it for a quarter of its price; *ne voglio solo un —*, I only want a quarter (*o* a fourth) of it; *dividere qlco. in quarti*, to divide sthg. into quarters (*o* to quarter sthg.) // (*sport*) *quarti di finale*, quarter finals // *fare il —*, (*a carte, a tennis*) to make a fourth // *tre quarti*, three-quarters, three-fourths: *i tre quarti del globo*, three-quarters of the globe; *a tre quarti*, three-quarters (*o* three-fourths): *bottiglia a tre quarti vuota, piena*, bottle three -quarters empty, full; (*giacca*) *tre quarti*, three -quarter coat // (*mat.*) — *proporzionale* (*dopo a, b e c*), fourth proportional (with respect to a, b and c) **2** (*nelle determinazioni di tempo*) quarter: *un — d'ora*, a quarter of an hour: *ho passato un brutto — d'ora*, (*fig.*) I went through a bad quarter of an hour; *tre quarti d'ora*, three quarters of an hour: *lo aspetto da tre quarti d'ora*, I have been waiting for him for three quarters of an hour; *questo orologio batte le mezze ore ma non i quarti*, this clock strikes the half-hours but not the quarters; (*sono*) *le due e un —*, (it is) a quarter past two; (*sono*) *le cinque e tre quarti*, (it is) a quarter to six; (*sono*) *le nove meno un —*, (it is) a quarter to nine **3** (*tip.*) quarto: *edizione in —*, quarto edition **4** (*arald.*) quarter **5** (*mar.*) watch: *essere di —*, to be on watch.

quartogenito *agg.* fourth born ◆ *s.m.* fourth child.

quartultimo *agg.* e *s.m.* fourth from the end, fourth from last: *arrivò* —, he arrived (*o* came) fourth from last.

quarzifero *agg.* (*geol.*) quartz, quartziferous, quartzitic, quartzose: *porfido* —, quartz porphyry; *diorite quarzifera*, quartz diorite; *sabbia quarzifera*, quartz sand.

quarzite *s.f.* (*geol.*) quartzite.

quarzo *s.m.* **1** (*min.*) quartz: *vetro di* —, — *fuso*, quartz glass **2** (*elettr.*) — *piezoelettrico, cristallo di* —, quartz (crystal); *orologio al* —, quartz clock (*o* watch); *lampada al* —, quartz lamp; *oscillatore al* —, quartz-crystal oscillator.

quarzoso *agg.* (*geol.*) quartzitic, quartzose, quartzous.

quasar *s.f.* (*astr.*) quasar.

quasi *avv.* **1** (*circa*) almost; nearly; (*con significato negativo*) hardly: *il pranzo è — pronto*, lunch is almost (*o* nearly) ready; *la lezione era — finita*, the lesson was almost (*o* nearly) over; *la sala era — piena*, the room was nearly (*o* almost) full; *siamo — arrivati*, we're nearly there; *"Hai finito?" "Quasi"*, "Have you finished?" "Nearly" (*o* "Almost"); *è — un'ora che ti aspetto*, I've been waiting for you for nearly (*o* almost) an hour; *sono — le tre*, it's nearly (*o* almost) three o'clock; — *sempre*, almost always; — *mai*, hardly ever; *sono venuti — tutti*, almost (*o* nearly) all of them came; *non c'era — nessuno alla conferenza*, there was hardly anyone at the talk; *non mi è rimasto — niente*, I've hardly anything left // *"È — in miseria" "Senza —"*, "He's almost penniless" "Forget the almost!" // *erano cinquanta o* —, there were nearly fifty of them **2** (*forse*) perhaps: — *potremmo avviarci verso casa*, perhaps we'd better be getting home; *sarebbe — meglio che non fosse venuto*, perhaps it would have been better if he hadn't come // (*quasi*) — *verrei anch'io*, I might just come myself **3** (*per poco non*) (very) nearly: (*quasi*) — *cadevo dalle scale*, I very nearly fell down the stairs; (*quasi*) — *si metteva a piangere*, she very nearly burst into tears **4** (*in alcuni agg. o nomi composti, con valore di* semi-) quasi: — *contratto*, (*dir.*) quasi contract; — *ufficiale*, quasi official.

quasi (che) *cong.* as if: *era molto in ansia, — (che) prevedesse ciò che stava per accadere*, he was very anxious, (almost) as if he anticipated what was about to happen; *rispose in tono seccato — (che) avesse ragione lui*, he answered angrily, as if he was (in the) right.

quassazione *s.f.* (*chim.*) crushing, grinding.

quassia *s.f.* (*bot.*) (*Quassia amara*) quassia.

quassina *s.f.* (*chim.*) quassin.

quassio *s.m.* → **quassia**.

quassù *avv.* up here: *salite* —, come up here; *da — si gode una splendida vista*, from up here the view is splendid // — (*al nord*) *gli inverni sono rigidi*, here in the north the winters are very harsh.

quaterna *s.f.* set of four numbers; (*vincita*) set of four winning numbers: *far —, vincere una* —, to win with a set of four numbers.

quaternario *agg.* **1** (*geol.*) Quaternary: *il periodo* —, the Quaternary period **2** (*di quattro sillabe*) of four syllables; (*di quattro versi*) of four lines: *strofa quaternaria*, stanza of four lines (*o* quatrain); *verso* —, line of four syllables **3** (*econ.*) quaternary: *occupazione quaternaria*, quaternary employment **4** (*chim.*) quaternary: *base ammonica quaternaria*, quaternary ammonium base ◆ *s.m.* **1** (*geol.*) Quaternary **2** (*verso di quattro sillabe*) line of four syllables **3** (*econ.*) quaternary industry.

quaternione *s.m.* (*mat.*) quaternion.

quatto *agg.* squatting, crouching; (*per la paura*) cowering; (*silenzioso*) silent: *se ne stava — dietro un cespuglio*, he was crouching behind a bush // — —, very quietly: *svignarsela, andarsene* — —, to slip away on the quiet.

quattordicenne *agg.* fourteen years old (*pred.*); fourteen-year-old (*attr.*) ◆ *s.m.* fourteen -year-old (boy) ◆ *s.f.* fourteen-year-old girl.

quattordicesima *s.f.* (*amm.*) summer bonus, holiday bonus.

quattordicesimo *agg.num.ord.* e *s.m.* fourteenth.

quattordici *agg.num.card.* e *s.m.* fourteen // *sono le* —, it is two o'clock (in the afternoon).

quattrinella *s.f.* (*bot.*) (*Lysimachia nummularia*) moneywort.

quattrino *s.m.* farthing, penny; *pl.* money Ⓤ: *non ho il becco di un* —, I haven't got a penny (*o* a farthing); *non vale un* —, it isn't worth a (brass) farthing; *sono senza un* —, I am penniless; *pagare fino all'ultimo* —, to pay to the last penny (*o* farthing); *stai buttando via tempo e quattrini*, you are wasting time and money; *essere a corto di quattrini*, to be short of cash; *essere pieno di quattrini*, to be rolling in money; *fare quattrini*, to make money: *ha fatto un sacco di quattrini*, he has made a mint of money; *star bene a quattrini*, to be well off; *star male a quattrini*, to be hard up.

quattrinoso *agg.* (*fam.*) loaded, rolling in money.

quattro *agg.num.card.* e *s.m.* four: *alle* —, at four (o'clock); *è a pagina* —, it's on page four; *l'articolo — dello statuto*, article four of the statute; *un servizio da tè per* —, a tea service for four; *mettetevi in fila per* —, line up in fours; *ho preso 4 in matematica*, I got four out of ten in maths // *animali a — zampe*, four -legged animals // *a — remi*, four-oared: *barca a — remi*, four-oar; *a — ruote*, four-wheeled: *carrozza a — ruote*, four-wheeler; *tiro a* —, four-in-hand // *in — e quattr'otto*, in less than no time (*o* in the twinkling of an eye) // *gliene dirò* —, I'll give him a piece of my mind // *fare — chiacchiere*, to have a chat (*o* a natter) // *fare il diavolo a* —, (*far gran fracasso*) to kick up a shindy (*o* to make a hullabaloo), (*sforzarsi per ottenere*) to leave no stone unturned // *fare — passi*, to take a stroll (*o* to have a short walk): *andare a fare — passi*, to go for a stroll (*o* a short walk) // *fare — salti*, to dance: *siamo andati a fare — salti per concludere la serata*, we went dancing to finish off the evening // *sono rimaste — cose da spostare*, there are just a couple of things left to be moved // *farsi in* —, to do one's utmost // *non dire — finché non l'hai nel sacco*, (*prov.*) don't count your chickens before they're hatched.

quattrocchi *s.m.* **1** (*scherz.*) four-eyes **2** (*zool.*) (*Bucephala clangula*) garrot.

quattrocchi, a *locuz.avv.* privately, in confidence.

quattrocentesco *agg.* 15th century (*attr.*); (*arte, lett. italiana*) Quattrocento (*attr.*).

quattrocentesimo *agg.num.ord.* e *s.m.* four hundredth.

quattrocentino *agg.*: *edizione quattrocentina*, incunabulum*, craddle book, fifteener.

quattrocentista *s.m.* e *f.* **1** fifteenth century writer, fifteenth century artist; (*italiano*) quattrocentist **2** (*studioso del Quattrocento*) expert on the Quattrocento; expert on the fifteenth century **3** (*sport*) four-hundred -metres runner.

quattrocentistico *agg.* fifteenth-century (*attr.*), of the fifteenth century.

quattrocento *agg.num.card.* four hundred ◆ *s.m.* **1** four hundred **2** *il Quattrocento*, (*quindicesimo secolo*) the fifteenth century; (*arte, lett. italiana*) Quattrocento.

quattromila *agg.num.card.* e *s.m.* four thousand.

quechua *s.m.* Quechua ◆ *agg.* Quechuan.

quegli, **quelli** *pron.pers.dimostr.m.sing. sogg.* (*letter.*) he.

quei *pron.dimostr.m.sing.* (*letter.*) *sogg.* he; *compl.* him.

quello *agg.dimostr.* **1** that; *pl.* those: *quel ragazzo, quella ragazza*, that boy, that girl; *quei ragazzi, quelle ragazze*, those boys, those girls; *con quell'abito non potevo certo andare a teatro*, I certainly couldn't go to the theatre in that dress; *dammi quei giornali* (*là*), give me those papers (there); *chi ha mandato quei bellissimi fiori?*, who sent those beautiful flowers?; *che cosa fa tutta quella gente?*, what are all those people doing?; *vedete quella casa laggiù?*, can you see that house down there?; *quella sera rincasai molto tardi*, that evening I got home very late; *ha telefonato quel tuo amico*, that friend of yours phoned; *ho conosciuto quel simpaticone di tuo fratello*, I met that nice brother of yours // *avevi poi letto quel tal libro?*, did you read that book, then? // *in — stesso giorno*, on that very day; *in — stesso istante*, at that very moment // *in quel mentre*, (*nel frattempo*) meanwhile (*o* in the meantime) // *ehi, quell'uomo!*, hey there! // Con uso enfatico: *ho preso uno di quegli spaventi, uno spavento di quelli!*, I got such a fright!; *ha detto tante di quelle sciocchezze!*, he talked such rubbish! **2** (*in espressioni ellittiche*): *ne ho sentite di quelle!*, the things I've heard! // *in quel di...*, (*nel territorio di*) in; (*nelle vicinanze di*) in the neighbourhood of (*o* near); *che novità ci sono in quel di Genova?*, what's the latest (news) in Genoa?; *abita in un paesino in quel di Pavia*, he lives in a small village near Pavia **3** (*in funzione di art. det.*) the: *mi basta quel poco che ho*, I'm satisfied with the little I have; *non tornò più in quella casa dove aveva passato l'infanzia*, he never came back to the house where he had spent his childhood; *non era più — stesso uomo che avevo conosciuto tanti anni prima*, he was no longer the same man I had known all those years before ◆ *pron.dimostr.* **1** that (one): *pl.* those: *"Chi è —?" "È il nuovo direttore"*, "Who's that?" "He's the new manager"; *quelle sono le mie amiche*, those are my friends; *che cos'è —?*, what's that?; *non è — il giornale che volevo*, that's not the paper I wanted; *dammi questa valigia e prendi quella*, give me this suitcase and take that one; *qual è la tua penna, questa o quella?*, which is your pen, this one or that one?; *non mi piacciono questi pantaloni, preferisco quelli*, I don't like these trousers, I prefer those // Con uso enfatico: *è sempre —*, he's always the same!; *buono —!*, (*iron.*) he's a fine one!; — (*sì che*) *è vino!*, that's what you call wine; — (*sì che*) *sapeva parlare!*, ah, there was a man who knew how to speak!; *gran giorno fu —!*, that was a great day! **2** (*seguito da un agg. qualificativo, da un'espressione attributiva o da una frase relativa*) the one; (*riferito a persona*) the person; *pl.* the ones: *"Qual è il tuo cappotto?" "Quello verde"*, "Which is your coat?" "The green one"; *— a destra è il preside*, the one on the right is the headmaster; *quella con gli occhiali è la mia insegnante di matematica*, the one with the glasses is my maths teacher; *preferisco i vini italiani a quelli francesi*, I prefer Italian wines to French ones; *portate il libro di storia e — di geografia*, bring your history books and your geography ones as well; *questo è proprio — che cercavo*, this is just the one I was looking for; *scegliete quelli che vi sembrano migliori*, choose the ones that look best // *non è più — di una volta*, he is no longer the man he was // *— del latte*, the milkman; *è venuto — dell'assicurazione*, the insurance man came; *quelli del piano di sotto*, the people downstairs **3** (*in presenza di un caso poss., in inglese non si traduce*): *non è la mia casa, è quella di mio fratello*, it isn't my house, it's my brother's; *non usare la mia auto, usa quella di Giorgio*, don't use my car, take George's **4** (*come antecedente di pron. rel.*) (*con valore di* colui) the man, the one; (*colei*) the woman, the one; *pl.* those, the people; (*con valore di* chiunque) whoever, anyone: *— che ha rotto il vetro, dovrà pagarlo*, the person who (*o* whoever) broke the glass will have to pay for it; *quelli che desiderano parlare, parlino pure*, those who want to speak can do so; *quella con cui hai parlato è la direttrice*, the woman (*o* the one) you spoke to is the headmistress **5** (*con valore di pron. pers.*) (*egli*) he; (*ella*) she; (*essi, esse*) they: *io parlavo, ma — non mi ascoltava*, I was speaking but he wasn't listening to me; *e quelli risposero...*, and they answered... **6** (*con valore di ciò*) that: *— dimostra che hai torto*, that proves you're wrong; *in — non eravamo d'accordo*, we didn't agree about that; *per — ho rifiutato*, that's why I refused **7** *— che*, (*ciò che*) what; *tutto — che*, everything (*o* all) that: *— che ha detto è falso*, what he said isn't true; *è tutto — che volevo dirti*, that's all I wanted to tell you; *dimmi tutto — che sai*, tell me everything you know // *per quel che ne so io*, for all I know **8** *quello... questo* (*per indicare la prima e la seconda di cose o persone già menzionate*) the former... the latter: *Anna e Sara sono entrambe laureate in lettere; quella è giornalista, questa è insegnante*, Anne and Sarah both have arts degrees; the former is a journalist and the latter a teacher **9** *questo... quello* (*l'uno... l'altro*) one... one (*o* one... the other); (*alcuni... altri*) some... some (*o* some... others) **10** (*in frasi comparative, nel significato di* quanto): *è più tardi di — che pensassi*, it's later than I thought.

quenselite *s.f.* (*min.*) quenselite.

quercetina *s.f.* (*biochim.*) quercetin.

querceto *s.m.* oak plantation; oak wood; oak grove.

quercia *s.f.* oak (tree); *legno di —*, oak wood (*o* oak timber); *corteccia di —*, oak bark // *essere* (*forte come*) *una —*, to be as solid as a rock // (*scient.*): *— da sughero*, (*Quercus suber*) cork-oak (*o* cork-tree); *— americana*, (*Quercus coccinea*) scarlet oak; *— bianca*, (*Quercus alba*) white oak; *— rossa*, (*Quercus rubra*) red (*o* black) oak.

quercino *agg.* (*non com.*) (*di quercia*) oaken, oak (*attr.*).

querciola *s.f.* oakling.

querciolo *s.m.* (*quercia giovane*) young oaktree; oak sapling.

quercite *s.f.* (*chim.*) quercitol.

quercitolo *s.m.* (*chim.*) quercitol.

quercitrone *s.m.* (*bot.*) (*Quercus tinctoria*) quercitron oak.

querciuola → **querciola**.

querciuolo → **querciolo**.

querela *s.f.* **1** (*dir.*) action, lawsuit: *sporger — contro qlcu.*, to bring an action (*o* to proceed) against s.o.; *— per diffamazione*, action for libel; *ritiro di una —*, withdrawl of an action **2** (*letter.*) (*lamentela*) complaint.

querelabile *agg.* (*dir.*) subject to an action (at law), amenable to a complaint.

querelante *agg.* complaining ◆ *s.m.* e *f.* (*dir.*) plaintiff, complainant; prosecutor.

querelare *v.tr.* (*dir.*) to bring* an action against (s.o.), to proceed against (s.o.), to take* legal proceedings against (s.o.), to prosecute, to sue (at law).

querelato *agg.* (*dir.*) accused ◆ *s.m.* (*dir.*) defendant.

querelle *s.f.* (*fr.*) (*polemica culturale, politica ecc.*) controversy, contention.

querimonia *s.f.* (*letter.*) (*lamentela, reclamo*) complaint.

querimonioso *agg.* (*letter.*) querulous, peevish.

querulo *agg.* (*letter.*) querulous; complaining; peevish.

quesito[1] *s.m.* **1** question, query: *un facile —*, an easy question; *porre un —*, to put a question; *risolvere un —*, to resolve a question **2** (*problema*) problem **3** (*amm.*) (*istanza*) petition.

quesito[2] *agg.* (*dir.*) acquired: *diritti quesiti*, acquired rights.

questi *pron.pers.dimostr.m.sing.sogg.* (*letter.*) (*egli*) he; this man; (*quest'ultimo*) the latter.

questionabile *agg.* (*non com.*) questionable; debatable, moot.

questionare *v.intr.* to argue (about sthg.); to quarrel (over, about sthg.): *invece di — su tutto, perché non proponi qualcosa?*, instead of arguing about everything, why don't you suggest something? // *— di politica*, to argue about politics.

questionario *s.m.* questionnaire; set of questions: *rispose solo a cinque domande del —*, he only answered five of the set of questions; *rispondere a un —*, to reply to a questionnaire; *riempire un —*, to fill up a questionnaire.

questione *s.f.* **1** (*discussione, controversia*) question, issue (*anche dir.*); (*argomento, faccenda*) question, matter; (*punto dibattuto*) question, point (*anche dir.*): *questioni economiche, politiche*, economic, political questions (*o* matters); *questioni di denaro*, money matters; *la — è che...*, the point is that...; *è una — molto difficile da decidere*, it is a very difficult question (*o* matter) to decide; *non farne una —!*, don't make an issue of it!; *per me è — di sentimento*, for me it is a question of sentiment; *credimi, è solo — di tempo*, believe me, it's only a question (*o* matter) of time; *qui sta la —*, this is the point; *esaminare, trattare una —*, to examine, to deal with a question (*o* matter); *approfondire una —*, to go into a matter; *sollevare, risolvere una —*, to raise, to settle an issue (*o* a question) // (*dir.*): *— di diritto, di fatto*, issue of law, of fact; *— di giurisdizione*, issue of jurisdiction; *— pregiudiziale*, preliminary question // *in —*, in question (*o* at issue): *il libro, l'uomo in —*, the book, the man in question; *il punto in —*, the point at issue (*o* in question); *non chiamarmi in —*, don't drag me into the argument // *il nocciolo della —*, the kernel of the problem // *i termini della —*, the terms of the question // *— d'onore*, question of honour // *è — di vita o di morte*, it is a matter of life and death // *questa è una — di lana caprina*, this is a pointless question // (*amm.*): *questioni in sospeso*, outstanding matters; *— di competenza*, question of jurisdiction **2** (*pol.*) (*problema*) problem, question: *la — orientale*, the Eastern problem (*o* question); *la — meridionale*, the problem (*o* question) of the South of Italy **3** (*quesito*) question: *porre una —*, to put (*o* to pose) a question **4** (*dubbio*) doubt, question: *mettere in — che...*, to dispute that...: *i giornali mettono in — la solidità dell'alleanza*, the papers are casting doubt upon (*o* questioning) the strength of the alliance **5** (*lite*) quarrel; dispute: *ho avuto una — con lui*, I have had a quarrel with him **6** (*dir.*) (*azione legale*) action at law; lawsuit: *— pendente*, pending suit.

questo *agg.dimostr.* **1** this; *pl.* these: *— ragazzo*, this boy; *queste ragazze*, these girls; *è nuova questa macchina?*, is this car new?; *questi fiori sono per lei*, these flowers are for you; *passate da questa parte*, come this way; *questa storia deve finire*, this business has got to end; *— mio amico*, this friend of mine; *dove mettiamo quest'altro quadro?*, where shall we put this other picture? // *in, a — modo*, this way, so // *l'ho visto con questi occhi*, I saw it with my own eyes // *quest'ultimo* → ultimo **2** (*riferito a tempo passato*) last; this: *le vicende di questi venti anni*, the events of the last twenty years; *questa notte ha nevicato*, it snowed last night (*o* in the night); *l'ho visto questa mattina*, I saw him this morning **3** (*riferito a tempo presente o futuro*) this: *non l'ho ancora visto questa mattina*, I haven't seen him this morning yet; *ha telefonato già due volte questa settimana*, he's already phoned twice this week; *ci vediamo uno di questi giorni*, we'll see each other one of these days; *vanno in montagna — fine settimana*, they are going to the mountains this weekend; *dove passerete le ferie quest'estate?*, where are you going for your holidays this summer? **4** (*in espressioni ellittiche*): *questa è bella!*, that's a good one!; *questa non me l'aspettavo!*, I didn't expect this!; *sentite questa!*, listen to this! ◆ *pron.dimostr.* **1** this (one); *pl.* these: *— è il mio ufficio*, this is my office; *il mio posto è — (qui)*, this is my place; *questa dev'essere la loro casa*, this must be their house; *le pratiche non sono in quel cassetto, sono in — (qui)*, the papers aren't in that drawer, they're in this one; *queste sono le persone di cui ti avevo parlato*, these are the people I told you about; *sono questi i tuoi amici?*, are these you friends?; *potrei vedere* *qualche altra cravatta? Non mi piace nessuna di queste*, Could I see some other ties? I don't like any of these; *"Quale abito scegli?" "Scelgo —"*, "Which dress are you going to have?" "I'll have this one" // *lo va dicendo a — e a quello*, she goes around telling everybody **2** (*con valore di* egli) he; (*ella*) she; (*essi, esse*) they: *l'hanno richiamato più volte, ma — non vuole sentir ragioni*, he's been reprimanded several times, but he won't listen to reason; *allora mi sono rivolto ai vigili, e questi hanno provveduto*, so I went to the police and they dealt with it **3** (*con valore di* ciò) that, this: *ti ha detto proprio —?*, is that (exactly) what he said to you?; *— è quanto mi ha riferito*, that's what he told me; *in — non siamo d'accordo*, we don't see eye to eye on this; *tutto — è sbagliato*, this is all wrong; *per — ho rifiutato*, that's why I refused; *lo rielessero, e — fu un errore*, they re-elected him. This was a mistake // *— e altro*, all this, and more // *— mai e poi mai!*, not on your life! // *o — poi!*, go on! // *parlare di — e di quello*, to talk about this and that (*o* about this, that and the other) // *— è quanto!*, that's all! // *e con — ti saluto*, and with that I leave you // *guadagna tre milioni al mese, ma, con tutto —, i soldi gli bastano*, he earns three million lire a month, but he never has enough money even so // *ho fatto un errore, e con —?, e per —?*, I've made a mistake. So what? **4** *quello... —*, (*per indicare il primo e il secondo di cose o persone già menzionate*) the former... the latter: *John e Charles sono amici; quello è inglese, — è americano*, John and Charles are friends; the former is English, the latter (is) American; *sono due famose cattedrali; quella è gotica, questa è romanica*, they are two famous cathedrals; the former is Gothic, the latter (is) Romanesque.

questore *s.m.* **1** (*st. romana*) quaestor **2** (*capo di una questura*) head of police administration.

questua *s.f.* begging; (*in chiesa*) collection: *proibita la —*, no begging; *fare la —*, to collect alms.

questuante *agg.* begging: *frate —*, begging friar ◆ *s.m.* e *f.* beggar.

questuare *v.intr.* to beg; to go* begging; to seek* alms, to collect alms ◆ *v.tr.* (*fig.*) to beg: *— favori*, to beg favours.

questura *s.f.* **1** (*st. romana*) quaestorship **2** (*ufficio di pubblica sicurezza*) police headquarters (*pl.*).

questurino *s.m.* policeman*; (*fam.*) cop, copper.

quetare → **quietare**.

quetzal *s.m.* **1** (*zool.*) (*Pharomachrus mocino*) quetzal **2** (*unità monetaria del Guatemala*) quetzal.

qui *avv.* **1** (*in questo luogo*) here [cfr. *qua*]: *— non c'è nessuno*, there's no one here; *fa molto caldo —*, it's hot here; *erano — un attimo fa*, they were here a moment ago; *sarà — a momenti*, he'll be here any moment; *portalo —*, bring it here; *guardate —*, look here; *fermati, vieni —*, stop, come here; *resta — dove sei*, stay here where you are; *abito — da anni*, I've lived here for years; *l'ho trovato proprio —*, I found it right here; *ho male —*, it hurts here; *vieni — in salotto*, come here to the sitting room; *mettetelo — nell'angolo*, put it here in the corner; *da — alla stazione ci sono dieci minuti di strada*, it takes ten minutes to get from here to the station; *non ti sento da —*, I can't hear you from here; *sono andati su di —*, they went up here; *esci subito di —!*, get out of here at once! // *— dentro, fuori*, in, out here // *— dirimpetto*, right opposite // *— sotto, sopra*, down, up here // *— vicino*, near here // *fin —*, up to here, up to this point; so far (*anche fig.*): *siamo venuti fin — a piedi*, we walked up to here (*o* up to this point); *e fin — non posso dargli torto*, I can't blame him up to this point; *e fin — tutto bene*, so far so good // *di —*, (*da questo luogo*) from here; (*da queste parti*) by here; round here; hereabouts; (*in questa direzione*) this way; (*da questo lato*) on this side // *è gente di —*, they're locals; *non è di —*, he's a stranger here **2** (*in espressioni di tempo*): *di — in avanti*, from now on (*letter.* henceforth); *di — a un anno*, a year from now (*letter.* hence); *di — a otto giorni*, a week today; *fin — ho taciuto, ma ora è venuto il momento di parlare*, I have kept silent so far (*o* up to now), but the time has come for me to speak **3** (*fig.*) (*a questo punto, in questo caso*): *— le cose si mettono male*, things are starting to look bad; *— comincia il bello*, here's the funny part; *— hai torto*, you're wrong in this case; *— ci vuole una radiografia*, what's needed now is an X-ray; *è stata una ragazzata, e tutto finisce —*, it was just an escapade, and there's an end to it; *ma non finisce —*, but that isn't the end of it; *è tutto — il problema?*, is that all it is? // *di — deriva che...*, hence it follows that... **4** (*con uso rafforzativo o enfatico*): *eccomi, eccolo —*, here I am, here he is; *date —*, give it here; *prendi —*, take this; *senti un po' —*, just listen here; *chi è questo tipo —?*, who's this fellow?; *quel cacciavite non va bene, prendi questo —*, that screwdriver is no use, take this one; *ecco — che bel guaio hai combinato!*, just look what a mess you've caused!; *ma guarda — che cosa doveva capitare!*, just look what's happened!; *— ti voglio!*, now you are asking!; *è — che hai torto!*, that's where you're wrong! **5** (*comm., spec. nel linguaggio burocratico*) herewith: *— accluso*, we herewith enclose (*o* please find enclosed).

quid *s.m.* (*lat.*) something: *c'è un — che non capisco*, there is something I do not understand; *gli manca quel — di fascino*, he lacks a certain charm.

quidam *s.m.* (*non com.*) (*lat.*) quidam, a certain person.

quiddità *s.f.* (*fil.*) quiddity.

quidditativo *agg.* (*fil.*) quidditative.

quiescente *agg.* **1** quiescent (*anche bot.*) // *vulcano —*, dormant volcano **2** (*fig.*) (*acquiescente*) submissive, acquiescent.

quiescenza *s.f.* **1** quiescence, quiescency (*anche bot.*): (*dir.*) *— di un diritto*, quiescence of a right **2** (*amm.*) (*collocamento a riposo*) retirement: *trattamento di —*, (retirement) pension.

quietanza *s.f.* receipt, acquittance, quittance, discharge; (*per atto pubblico*) release: *— per nolo*, freight release; *— a saldo*, receipt in full; *rilasciare una —*, to give quittance; *— definitiva*, final discharge // *per —*, paid (*o* received) (in full).

quietanzare *v.tr.* to receipt; to give* a receipt for (sthg.); (*accusare ricevuta di qlco.*) to acknowledge receipt of (sthg.) // (*comm.*) *— una fattura, una polizza di carico*, to receipt an invoice, a bill of lading.

quietanzatrice *s.f.* receipting machine.

quietare *v.tr.* to quiet; (*calmare*) to calm; (*alleviare*) to soothe, to appease // *— l'appetito*, to appease one's hunger.

□ **quietarsi** *v.intr.pron.* to quiet(en) down; to calm down, to abate: *finita la tempesta, il mare si quietò*, after the storm, the sea calmed down; *la bufera si quietò*, the storm abated.

quiete *s.f.* **1** quiet, quietness; (*calma*) calm; (*tranquillità*) stillness; (*fig.*) tranquillity; (*pace*) peace; (*silenzio*) silence: *la — che precede la tempesta*, the calm before the storm; *la — dei boschi*, the stillness of the woods; *la — della notte*, the still (*o* silence) of the night; *la — del mare*, the calm of the sea; *in tempi di —*, in times of tranquillity (*o* peace); *dopo tanto rumore, un po' di — distende i nervi*, after so much noise, silence relaxes the nerves; *il paese godette molti anni di — dopo la guerra*, the country enjoyed many years of tranquillity (*o* peace) after the war; *vuole solo la —*, he only wants peace and quiet; *turbare la — pubblica*, to disturb the peace **2** (*contrapposta a moto*) rest; immobility: *passare dallo stato di — a quello di moto*, to pass from a state of rest to a state of motion **3** (*riposo*) rest: *ha bisogno di un po' di —*, he needs (some) rest; *abbiamo lavorato tutto il giorno senza un attimo di —*, we have been working all day without a moment's rest.

quietismo *s.m.* **1** (*st. relig.*) quietism **2** (*estens.*) (*apatia, indifferenza*) apathy, indifference.

quietista *s.m.* e *f.* (*st. relig.*) quietist.

quietistico *agg.* quietist: *movimento —*, quietist movement.

quieto *agg.* quiet; (*calmo*) calm; (*tranquillo*) still; (*fig.*) tranquil; (*pacifico*) peaceful; pacific; (*silenzioso*) silent: *cavallo —*, quiet horse; *una mente quieta*, a tranquil mind; *una natura quieta*, a peaceful nature; *notte quieta*, quiet (*o* still) night; *una strada quieta*, a quiet road; *fu una settimana molto quieta*, it was a very quiet week; *lo tenne — con delle promesse*, she fobbed him off with (false) promises; *non può restare —*, he can't keep still (*o* he is a fidget); *sta' —!*, (*taci!*) be (*o* keep) quiet!, (*non muoverti!*) keep still! (*o* don't move!); *dormire —*, to sleep in peace; *è un paese —, non capita mai niente*, it's a quiet village where nothing ever happens // *essere amante del — vivere*, to be fond of a quiet life.

quinario *agg.* **1** (*composto di cinque elementi*) quinary; made of five parts (*pred.*) **2** (*di cinque sillabe*) of five syllables, pentasyllabic, five syllabled, five-syllable (*attr.*) ◆ *s.m.* (*verso di cinque sillabe*) pentasyllable, line of five syllables.

quinci *avv.* (*ant., letter.*) **1** (*da qui*) from here; hence // *— e quindi*, on this side and that **2** (*in seguito*) hence: *— innanzi*, henceforth.

quinconce, **quincunce** *s.f.* (*agr.*) quincunx: *a —*, quincuncial.

quindecenvirato, **quindecemvirato** *s.m.* (*st. romana*) quindecemvirate.

quindecenviro, **quindecemviro** *s.m.* (*st. romana*) quindecemvir (*pl.* -viri).

quindi *avv.* **1** (*in seguito*) then, afterwards: *prima rifletti, — agisci*, think first, then act (*o* act afterwards) **2** (*ant., letter.*) (*da quel luogo*) hence, from there **3** (*ant., letter.*) (*da allora*) hence: *— innanzi*, henceforth ◆ *cong.* (*perciò*) so, therefore: *sono molto stanco, — rimango a casa*, I'm very tired, so I'm staying at home; *non ci rimane molto tempo, — occorre prendere una decisione*, there is not much time left, therefore we shall have to make a decision; *c'era lo sciopero dei treni, — dovetti rimandare la partenza*, there was a rail strike, so (*o* therefore) I had to postpone my departure.

quindicennale *agg.* **1** (*che dura quindici anni*) fifteen-year (*attr.*), of fifteen years (*pred.*): (*fin.*) *mutuo —*, fifteen-year loan **2** (*che avviene ogni quindici anni*) fifteen-year (*attr.*), that occurs every fifteen years (*pred.*).

quindicenne *agg.* fifteen years old (*pred.*); fifteen-year-old (*attr.*) ◆ *s.m.* fifteen-year-old boy ◆ *s.f.* fifteen-year-old girl.

quindicennio *s.m.* period of fifteen years.

quindicesimo *agg.num.ord.* e *s.m.* fifteenth.

quindici *agg.num.card.* e *s.m.* fifteen: *il — di gennaio*, the fifteenth of January: *verrò il — di gennaio*, I'll come on the fifteenth of January; *— giorni fa*, a fortnight ago (*o* two weeks ago); *fra — giorni*, in a fortnight; *oggi a —*, a fortnight today; *una vacanza di — giorni*, a fortnight's holiday; *mi pagano ogni — giorni*, I am paid fortnightly.

quindicina *s.f.* **1** about fifteen; some fifteen: *una — di giorni fa*, about a fortnight ago; *fra una — di giorni*, in about a fortnight; *c'era una — di persone*, there were about fifteen people; *ci vorrà una — di giorni*, it will take about a fortnight (*o* two weeks) **2** (*paga di quindici giorni*) fortnightly pay: *riscuotere la —*, to draw one's fortnightly pay.

quindicinale *agg.* **1** (*che dura quindici giorni*) fortnight's (*attr.*); two weeks' (*attr.*): *ferie quindicinali*, a fortnight's holiday **2** (*che ricorre ogni quindici giorni*) fortnightly: *rivista —*, fortnightly magazine; *turno —*, fortnightly shift ◆ *s.m.* (*rivista quindicinale*) fortnightly magazine.

quinquagenaria *s.f.* (*letter.*) woman of fifty, fifty-year-old woman, quinquagenarian.

quinquagenario *agg.* (*letter.*) fifty years old (*pred.*); fifty-year-old (*attr.*); quinquagenarian ◆ *s.m.* man of fifty, fifty-year-old man, quinquagenarian.

quinquagesima *s.f.* (*eccl.*) Quinquagesima (Sunday).

quinquagesimo *agg.num.ord.* e *s.m.* (*letter.*) fiftieth.

quinquennale *agg.* **1** (*che dura cinque anni*) quinquennial; five-year (*attr.*), of five years (*pred.*): *piano —*, five-year plan **2** (*che ricorre ogni cinque anni*) five-year (*attr.*), that occurs every five years (*pred.*); five-yearly (*attr.*); quinquennial.

quinquennalità *s.f.* **1** (*periodo di cinque anni*) five-year period **2** (*non com.*) (*pagamento a scadenza quinquennale*) five-yearly payment.

quinquennio *s.m.* five-year period; quinquennium*.

quinquereme *s.f.* (*st. mar.*) quinquereme.

quinta *s.f.* **1** (*teatr.*) wing // *dietro le quinte*, (*fig.*) behind the scenes; *operare tra le quinte*, (*fig.*) to work behind the scenes **2** (*mus.*) fifth **3** (*scherma*) quinte **4** (*scuola*) fifth class; fifth year **5** (*aut.*) fifth gear.

quintale *s.m.* quintal (*unità di misura di peso* = 220.46 lb.).

quintana[1] *s.f.* (*bersaglio girevole e l'esercizio del colpirlo*) quintain.

quintana[2] *s.f.* (*med.*) quintan (fever).

quinterno *s.m.* five sheets (*pl.*); (*rar.*) quinternion.

quintessenza *s.f.* quintessence (*anche fig.*).

quintessenziale *agg.* (*non com.*) quintessential.

quintessenziare *v.tr.* to quintessentialize; to extract the quintessence of (sthg.).

quintetto *s.m.* fivesome; (*mus.*) quintet(te): *— vocale*, vocal quintet // (*basket*) *— base*, starting lineup.

quintilione *s.m.* quintillion; (*amer.*) nonillion.

quintino *s.m.* fifth of a litre.

quinto *agg.num.ord.* fifth: *la quinta parte*, the fifth part; *il mio appartamento è al — piano*, my flat is on the fifth floor // (*pol.*) *quinta colonna*, fifth column // *Enrico Quinto*, Henry the Fifth ◆ *s.m.* fifth: *un — del raccolto*, one fifth of the crop; *abbiamo mangiato un — della torta*, we have eaten a fifth of the cake; *tu sarai il —*, you'll be the fifth; *dividere qlco. in quinti*, to divide sthg. into fifths.

quintodecimo *agg.num.ord.* (*letter.*) fifteenth.

quintogenito *agg.* fifth-born ◆ *s.m.* fifth child.

quintultimo *agg.* e *s.m.* fifth from the end: *la squadra è quintultima in classifica*, the team is fifth from the bottom.

quintuplicare *v.tr.* to quintuple, to multiply by five; to increase fivefold: (*econ.*) *— una rendita*, to increase an income fivefold.

□ **quintuplicarsi** *v.intr.pron.* to quintuple.

quintuplice *agg.* fivefold; quintuple.

quintuplo *agg.* fivefold, quintuple ◆ *s.m.* quintuple; five times as much.

quiproquo *s.m.* (*equivoco, malinteso*) quid pro quo; misunderstanding: *c'è stato un —*, there has been a misunderstanding.

Quiriti *s.m.pl.* (*st. romana*) Quirites.

quisquilia *s.f.* trifle, minor detail: *non perdetevi in quisquilie*, don't get lost in minor details.

quivi → **ivi**.

quiz *s.m.* quiz*; (*domanda*) question: *un gioco a —*, a quiz game; *un — televisivo*, a TV quiz; *— dell'esame di guida*, multiple-choice section of the driving test.

quondam *avv.* (*lat.*) (*una volta*) formerly; one time ◆ *agg.* (*lat.*) **1** (*defunto*) late: *il — Signor Rossi*, the late Mr Rossi **2** (*di persona che un tempo aveva una carica*) quondam, former: *il — presidente*, the former (*o* quondam) president.

quorum *s.m.* (*lat.*) quorum; legal number: *raggiungere il —*, to form a quorum; *il — degli azionisti*, quorum of shareholders.

quota *s.f.* **1** (*somma da pagare o da riscuotere*) share, amount; (*aliquota*) quota; (*contributo*) contribution, dues (*pl.*); (*rata*) instalment: *ho già versato la mia —*, I've already paid my share; *versare la propria —*, to pay one's share; *— d'abbonamento*, subscription fee (*o* dues); *— sociale*, subscription dues; *— di iscrizione*, entrance fee, (*a un club*) membership fee; *quote annuali*, annual dues; *quote sindacali*, union dues (*o* subscriptions); *— d'immigrazione*, immigration quota; *— mensile*, monthly instalment // (*econ.*): *— di partecipazione*, shareholding (*o* participating share); *— di ammortamento*, depreciation allowance (*o* amortization quota *o* writing down allowance); *— di esportazione, importazione*, export, import quota; *— di spese generali*, overhead rate; *— di utile distribuito*, payout ratio; *— capitale*, capital share (*o* stock) // *— di mercato*, market share: *perdere, guadagnare una — (di mercato)*, to lose, to gain a market share // (*trib.*): *— di reddito imponibile*, taxable income; *— di reddito in esenzione da imposta*, tax-free allowance // (*fin.*) *— oro*, gold tranche // (*Borsa*) *— azionaria*, share **2** (*aer.*) altitude, height: *— di volo*, flight altitude; *ad alta —*, at high altitude: *volare ad alta, bassa —*, to fly high, low; *perdita di —*, loss of altitude; *perdere —*, to lose height; *la musica punk sta perdendo —*, (*fig.*) punk music is going out of fashion; *prendere —*, to climb (*o* to gain) height: *il suo nuovo show sta prendendo —*, (*fig.*) his new show is beginning to catch on **3** (*mar.*) depth: *— periscopica*, periscope-depth **4** (*topografia*) elevation, altitude: *— zero*, sea-level; *in —*, upper-level; *un rifugio a 3000 metri di —*, a refuge at 3000 metres above sea level; *superati i 2000 metri di —, la vegetazione è scarsa*, over 2000 metres above sea level, vegetation is scarce **5** (*totocalcio*) (*somma spettante al vincitore*) payoff, payout // *le quote del totalizzatore*, the odds of the totalizator **6** (*nel disegno tecnico*) dimension **7** (*idraulica*) head.

quotare *v.tr.* **1** (*Borsa*) to quote, to list: *— titoli in Borsa*, to quote (*o* to list) securities on the Stock Exchange **2** (*stabilire, assegnare una quota da pagare*) to put* down: *i soci furono quotati per 10.000 lire*, members were put down for ten thousand lire each **3** (*valutare*) to value, to assess, to rate: *— un dipinto*, to value a painting.

□ **quotarsi** *v.rifl.* to subscribe, to put* oneself down for: *ci quotammo tutti per 50.000 lire*, we all subscribed (*o* put ourselves down for) 50,000 lire.

quotato *agg.* **1** (*Borsa*) quoted, listed: *prezzo — sul mercato*, price quoted on the market; *titoli quotati in Borsa*, listed (*o* quoted) securities; *azioni non quotate in Borsa*, unquoted (*o* unlisted) shares **2** (*valutato, stimato*) esteemed, appreciated, valued; popular, well-liked: *una persona molto quotata*, a highly esteemed person; *è molto — da noi*, he is very popular with us; *come scultore è molto —*, he is highly rated as a sculptor; *è molto — fra i suoi colleghi*, he is well-liked among his colleagues **3** (*topografia*) *punto —*, spot height (*o* spot elevation) **4** (*nel disegno tecnico*) dimensioned.

quotatura *s.f.* (*nel disegno tecnico*) dimensioning.

quotazione *s.f.* **1** (*Borsa*) quotation, listing: *— di apertura*, opening quotation; *— di chiusura*, closing quotation; *— ufficiale*, official quotation; *— al dopoborsa*, price afterhours; *quotazioni azionarie*, share prices; *— ex cedola*, ex dividend price; *le quotazioni caddero bruscamente*, shares dipped sharply; *ammissione alla —*, listing (of shares) on the Stock Exchange; *— dei titoli*, stock rate (*o* quotation of stocks) // (*econ.*): *— di mercato*, market quotation; *— informativa*, info quote // (*fin.*): *— dei cambi*, quotation of exchange rates; *— incerto per certo*, price quotation system; *— ufficiale di oro, valuta, titoli*, fixing of gold, currencies, stocks // (*comm.*) *quotazioni fob*, f.o.b. pricing **2** (*prezzo*) quotation price; (*valutazione*) evaluation, rating: *la — di un quadro*, the value of a picture **3** (*tasso di cambio della moneta*) rate of exchange, exchange rate **4** (*fig.*) reputation: *le sue quotazioni come pittore sono in ribasso*, his reputation as a painter is diminishing.

quotidianamente *avv.* daily, every day.

quotidianità *s.f.* **1** (*l'essere quotidiano, abituale*) daily nature, everyday nature **2** (*la realtà di tutti i giorni*) everyday reality, everyday life.

quotidiano *agg.* daily, everyday; quotidian: *la vita quotidiana*, everyday life // *dacci oggi il nostro pane —*, give us this day our daily bread ◆ *s.m.* daily (paper): *ci sono molti quotidiani in Inghilterra*, there are many dailies in England.

quotista *s.m.* e *f.* partner of a joint-stock company.

quotizzare *v.tr.* to lot (out), to apportion, to divide into lots, to divide into shares; (*assegnare una quota*) to assign a share to (s.o.): *— un terreno*, to divide a piece of land into lots.

quotizzazione *s.f.* division into lots, division into quotas, division into shares.

quoto *s.m.* (*mat.*) quotient.

quoziente *s.m.* **1** (*mat.*) quotient **2** quotient, ratio; (*tasso*) rate // (*econ.*): *— di liquidità*, current ratio; *— di riserva*, reserve ratio; *quozienti finanziari*, financial ratios; *— della produttività*, productivity rate // (*med.*) *— respiratorio*, respiratory coefficient (*o* quotient) // (*psic.*) *— d'intelligenza*, intelligence quotient (*abbr.* IQ).

qwerty *agg. solo nella locuz.*: *tastiera —*, qwerty keyboard • Dalle prime sei lettere della 2ª riga nella tastiera standard inglese.

qzerty *agg. solo nella locuz.*: *tastiera —*, qzerty keyboard • Dalle prime sei lettere della 2ª riga nella tastiera italiana.

Rr

r *s.f.* o *m.* (*diciottesima lettera dell'alfabeto*) r (*pl.* rs, r's) // (*tel.*) — *come Roma*, r for Robert (*o amer.* r for Roger).

ra- → **ri-**.

rabarbaro *s.m.* **1** (*bot.*) (*Rheum officinalis*) rhubarb **2** (*liquore*) rhubarb cordial.

rabazza *s.f.* (*mar.*) heel.

rabbellire → **riabbellire**.

rabberciamento *s.m.* patching (up); botching.

rabberciare *v.tr.* to patch (up); to botch: — *un lavoro*, to botch a piece of work; — *un vestito*, to patch (up) a dress; — *un articolo di giornale*, to patch up (*o* together) a newspaper article.

rabberciato *agg.* patched (up); botched (up).

rabberciatura *s.f.* patching (up); botch (up).

rabbi *s.m.* (*rabbino*) rabbi.

rabbia *s.f.* **1** (*vet.*, *med.*) (*idrofobia*) rabies, hydrophobia **2** (*ira*) rage, anger, fury: *parole piene di* —, words full of anger; *in un momento di* —, in a fit of rage; *pieno di* —, filled with anger; *questo mi fa* —, this makes me angry; *mi fa una* — *vederlo così testardo!*, it makes me furious (*o* it maddens me) to see him so stubborn!; *essere preso dalla* —, to fly into a rage (*o* a fury); *schiumare di* —, to foam with rage; *che* —, *lo spettacolo è già iniziato!*, how maddening, the show has already started! **3** (*accanimento*) frenzy.

rabbico *agg.* (*med.*) rabic.

rabbinato *s.m.* rabbinate.

rabbinico *agg.* rabbinical.

rabbinismo *s.m.* rabbinism.

rabbino *s.m.* rabbi // *il Gran Rabbino*, the Chief Rabbi.

rabbiosamente *avv.* furiously, angrily; madly.

rabbioso *agg.* **1** (*med.*, *vet.*) (*idrofobo*) rabid, hydrophobic: *un cane* —, a rabid dog **2** (*irato*) furious, angry: *se ne stava* — *in disparte*, he stayed there angrily on his own; *uno sguardo* —, a furious (*o* angry) look **3** (*accanito*, *violento*) violent; furious: *amore*, *odio* —, violent love, hatred; *è riuscito a vincere con uno scatto* —, with a furious sprint he managed to win; *un vento* —, a furious wind // *ho una fame rabbiosa*, I am starving (*o* I am ravenous).

rabboccare *v.tr.* to fill up, to fill to the brim: — *una bottiglia di vino*, to fill up a bottle of wine.

rabboccatura *s.f.* **rabbocco** *s.m.* filling up, filling to the brim.

rabbonacciare *v.tr.* (*non com.*) **1** to calm **2** to pacify.

□ **rabbonacciarsi** *v.intr.pron.* **1** to calm down, to quiet(en) down **2** (*di persona*) (*calmarsi*) to cool down, to calm down; to relax.

rabbonire *v.tr.* to calm down, to pacify, to quiet down: *lo rabbonì con la persuasione*, he persuaded him to calm (*o* quiet) down.

□ **rabbonirsi** *v.intr.pron.* to calm down, to quiet down: *era molto arrabbiato ma poi si rabbonì*, he was very angry but then he calmed down.

rabbrividire *v.intr.* (*di paura ecc.*) to shudder, to quake; (*per il freddo*) to shiver: *rabbrividì all'orribile vista*, he shuddered at the horrible sight; *rabbrividii a quel pensiero*, I shuddered at the thought of it; *il freddo intenso mi fece* —, the intense cold made me shiver; *è un film che mi fa* —, it's a film that makes me shiver.

rabbuffare *v.tr.* **1** (*arruffare*) to ruffle; to dishevel, to tousle: *l'uccello rabbuffò le piume*, the bird ruffled (up) its feathers **2** (*rimproverare*) to reprimand, to scold; to tell* off: — *qlcu. severamente*, to reprimand s.o. severely.

□ **rabbuffarsi** *v.intr.pron.* (*minacciare tempesta*) to grow* stormy; (*del mare*) to grow* rough.

rabbuffata *s.f.* → **rabbuffo**.

rabbuffato *agg.* **1** (*di capelli, penne ecc.*) ruffled; tousled, dishevel(l)ed **2** (*che minaccia tempesta*) stormy, rough **3** (*corrucciato*) dark; glowering: *viso* —, dark face.

rabbuffo *s.m.* (*rimprovero*) reprimand, rebuke, (*fam.*) telling-off: *fare un* — *a qlcu.*, to give a rebuke to (*o* to reprimand) s.o.

rabbuiarsi *v.intr.pron.* **1** (*di tempo*) to darken, to become* overcast; (*annottare*) to get* dark, to grow* dark: *il cielo si rabbuiò*, the sky darkened; *si sta rabbuiando*, it is getting dark **2** (*fig.*) (*incupirsi, di viso*) to darken; (*corrucciarsi, di persona*) to grow* sullen, to grow* gloomy: *si è rabbuiato appena ha sentito la notizia*, he became gloomy when he heard the news.

rabdomante *s.m.* e *f.* **1** (water) diviner, dowser: *bacchetta del* —, dowsing rod (*o* divining rod) **2** → radioestesista.

rabdomantico *agg.* (water) divining, dowsing.

rabdomanzia *s.f.* **1** (water) divining, dowsing: *praticare la* —, to dowse **2** → radioestesia.

rabescare e *deriv.* → **arabescare** e *deriv.*

rabido *agg.* (*poet.*) (*irato*) rabid, furious.

raccapezzare *v.tr.* **1** (*raccogliere*) to gather, to scrape together, to get* together, to collect: *vedrò di* — *i denari per il viaggio*, I'll try to get together the money for the journey **2** (*fig.*) (*comprendere*) to understand*; to grasp; (*trovare*) to find* out: *non ci raccapezzo nulla*, I don't understand anything.

□ **raccapezzarsi** *v.intr.pron.* to make* sthg. out, to figure sthg. out: *a questo punto non mi raccapezzai più*, at this point I was at a loss; *quanto a questa faccenda non mi ci raccapezzo*, as to this matter I can't make it out (*o* I can't make head or tail of it); *in questo disordine non mi ci raccapezzo più*, in this confusion I can't sort myself out.

raccapigliarsi *v.rifl.rec.* (*non com.*) (*litigare*) to scuffle again; to quarrel again.

raccapricciante *agg.* horrifying, appalling; (*terrificante*) blood-curdling, terrifying: *un racconto* —, a horrifying tale; *uno spettacolo* —, a terrifying spectacle; *si udì un urlo* —, a terrifying (*o* bloodcurdling) scream was heard.

raccapricciare *v.intr.* to be horrified, to be appalled: *uno spettacolo che fa* —, a horrifying (*o* appalling) sight ◆ *v.tr.* (*ant.*) to horrify, to appal; (*atterrire*) to terrify.

raccapriccio *s.m.* horror; (*terrore*) dread, terror: *un brivido di* —, a shudder; *scena che desta* —, horrifying scene; *un urlo di* —, a terrified scream; *provare* — *a un racconto, a uno spettacolo*, to shudder (*o* to be horrified) at a tale, a sight.

raccare *v.intr.* (*gergo*) (*mar.*) (*vomitare*) to vomit (because of seasickness).

raccartocciare, **raccartocciarsi** → **accartocciare**, **accartocciarsi**.

raccattacenere *s.m.* (*di stufa*) ashpan.

raccattacicche *s.m.* picker-up of cigarette butts.

raccattafieno *s.m.* hayfork.

raccattapalle *s.m.* ball-boy ◆ *s.f.* ball-girl.

raccattare *v.tr.* **1** to pick up: — *il bastone*, to pick up one's stick **2** (*raccogliere, mettere insieme*) to collect: — *modi di dire*, to collect idiomatic expressions; — *firme, voti*, to collect signatures, votes; *sono riuscita a* — *un po' di notizie qua e là*, I managed to pick up a bit of news around the place.

raccattaticcio *s.m.* (*region.*) bits and pieces (*pl.*).

raccattato *agg.* **1** picked up **2** (*raccolto*) collected.

raccattatore *s.m.* **raccattatrice** *s.f.* (*non com.*) collector, picker-up, gatherer.

raccattatura *s.f.* **1** (*il prendere su*) picking up; (*cose prese su*) pickings (*pl.*), gleanings (*pl.*) **2** (*il mettere insieme*) collecting; (*cose messe insieme*) things collected (*pl.*), collection.

raccendere → **riaccendere**.

raccerchiare *v.tr.* **1** (*riaccerchiare*) to surround again **2** (*ricerchiare*) to hoop again.

raccertare *v.tr.* to confirm.
□ **raccertarsi** *v.rifl.* o *intr.pron.* to make* sure.

racchetare *v.tr.* (*letter.*) to calm, to placate; (*dolore, rimorso*) to soothe.

racchetta *s.f.* racket, racquet: — *da neve*, snowshoe; — *da ping-pong*, table tennis bat; — *da tennis*, tennis racket // *racchette degli sci*, ski sticks (*o* ski poles) // *essere una brava* —, (*tennista*) to be a good tennis player **2** (*aut.*) (*del tergicristallo*) windscreen wiper.

racchettare *v.intr.* to pole.

racchettone *s.m.* (*da tennis*) maxi racket, jumbo racket.

racchio[1] *s.m.* (*region.*) (*racimolo*) small bunch of grapes.

racchio[2] *agg.* (*fam.*) ugly ◆ *s.m.* (*fam.*) ugly person.

racchiocciolarsi *v.rifl.* (*rar.*) to curl up.

racchiudere *v.tr.* to contain, to hold*, to include; (*implicare*) to imply: *è un libro che racchiude idee nuove*, it is a book that contains new ideas; *la sua domanda racchiude già la risposta*, his question already implies the answer; *i gioielli erano racchiusi nello scrigno*, the jewels were kept in the casket.

racciabattare *v.tr.* (*non com.*) (*accomodare alla meglio*) to patch up, to mend*.

raccogliere *v.tr.* **1** to pick up; (*fiori, cotone ecc.*) to pick: *raccogli quel fazzoletto, quel pezzo di carta*, pick up that handkerchief, that piece of paper; — *cotone*, to pick cotton; *il treno si ferma per — i passeggeri*, the train stops to pick up passengers; — *i feriti, i naufraghi*, to pick up the wounded, the shipwrecked men; — *un punto*, (*a maglia*) to pick up a stitch; (*elettr.*) — *impulsi*, to pick up impulses // — *l'allusione*, to take the hint **2** (*radunare, mettere insieme*) to gather, to get* together; to assemble, to collect: *devi — tutti gli studenti in questa sala*, you must assemble all the students in this hall; *raccolse una ventina di uomini*, he got together about twenty men (*o* he collected about twenty men); *hanno raccolto le sue lettere in un volume*, they have collected his letters in one volume; *ogni settimana raccolgo alcuni amici a casa mia*, every week I get a few friends together at my house; *raccolse le sue carte e se ne andò*, he gathered (up) his papers and went away; — *i capelli in una crocchia*, to gather (up) one's hair into a knot; — *informazioni, notizie su qlco.*, to gather information, news about sthg.; *il fiume che raccoglie le acque da molti affluenti*, the river that receives the waters of many tributaries; — *legna*, to gather wood; — *le offerte in chiesa*, to collect offerings in church; *stanno raccogliendo fondi per la Croce Rossa*, they are raising (*o* collecting) funds for the Red Cross // (*econ.*): — *sottoscrizioni*, to take up contributions; — *capitali*, to borrow (*o* to raise) capital // — *le idee, le proprie energie*, to collect (*o* to gather) one's ideas, one's energies // — *lodi*, to gain (*o* to win) praise **3** (*collezionare*) to collect, to make* a collection of (sthg.): — *francobolli, monete*, to collect stamps, coins **4** (*ottenere*) to receive: *la proposta raccolse molti voti*, the proposal received many votes // *raccolse molta simpatia*, he was well liked by everybody // — *un'eredità*, to receive an inheritance; — *l'eredità di qlcu.*, to inherit from s.o. **5** (*avere come raccolto*) to reap, to harvest: *spero di — più dell'anno scorso*, I hope to reap a bigger crop than last year // — *il frutto del proprio lavoro*, to reap the harvest of one's work // *si raccoglie quel che si semina*, (*prov.*) as ye sow, so shall ye reap **6** (*accogliere, dar rifugio a*) to take* in, to shelter: *istituto che raccoglie l'infanzia abbandonata*, institute which takes in abandoned children **7** (*accettare*) to accept: — *un invito, una richiesta*, to accept an invitation, a request // *non — un insulto*, to ignore an insult; *il suo capo continuava a provocarlo ma lui non raccoglieva*, his boss continued to tease (*o* to provoke) him but he paid no attention **8** (*ripiegare*): — *le ali*, (*di uccello*) to fold its wings; — *le vele*, to furl the sails **9** (*tirare a sé*) — *le reti*, to draw (*o* to pull) in the nets.
□ **raccogliersi** *v.intr.pron.* **1** (*radunarsi*) to gather, to assemble: *si raccolsero tutti intorno a lui*, they all gathered around him **2** (*ammassarsi, di nuvole ecc.*) to gather ◆ *v.rifl.* **1** (*di membra*) to gather oneself: — *prima di tuffarsi*, to gather oneself before diving **2** (*concentrarsi*) to collect one's thoughts, to concentrate, to be engrossed: — *in preghiera, in meditazione*, to be engrossed (*o* concentrated) in prayer, in meditation; *si raccolse in silenzio riflettendo sulla situazione*, he collected his thoughts in silence reflecting on the situation.

raccoglimento *s.m.* **1** (*meditazione*) meditation **2** (*concentrazione*) concentration, attention: *ascoltare con il massimo* —, to listen with the greatest attention; *pregare con grande* —, to pray with great concentration; *un minuto di* —, a minute's silence.

raccogliticcio *agg.* collected at random, taken at random; haphazard; (*fig.*) bitty, patchy: *truppe raccogliticce*, troops recruited at random; *cultura raccogliticcia*, patchy education; *una squadra raccogliticcia*, a scratch side ◆ *s.m.* (*non com.*) ragbag, hotchpotch: *un — di gente della peggior specie*, a ragbag of people of the worst type.

raccoglitore *agg.* collecting // (*etnologia*) *popolo* —, gatherers (*pl.*) ◆ *s.m.* **1** picker; gatherer: — *di cotone*, cotton picker **2** (*collezionista*) collector **3** (*cartella per documenti ecc.*) file, folder, file-holder: — *ad anelli*, ring binder; — *di mastro*, transfer ledger.

raccoglitrice *s.f.* **1** picker; gatherer **2** (*collezionista*) collector **3** (*macchina per la raccolta automatica di prodotti agricoli*) picker.

raccolta *s.f.* **1** (*il raccogliere frutti della terra, grano ecc.*) harvesting; (*uva*) grape harvesting, vintaging; (*cotone ecc.*) picking **2** (*raccolto*) harvest, crop; (*dell'uva*) grape harvest, vintage; (*di frutta*) crop: *la — del grano quest'anno è stata buona*, the wheat harvest has been good this year; *fare la — del grano, del fieno*, to harvest the wheat, the hay; — *scarsa*, poor crop **3** (*epoca del raccolto*) harvest time **4** (*collezione*) collection: *una bella — di francobolli*, a fine stamp collection; *fa la — di monete antiche*, he collects old coins; *pubblicare una — di poesie*, to publish a collection of poems // (*comm.*) — *di bollini*, gift stamp collection // (*dir.*) — *di leggi*, body of law (*o* code) **5** (*il raccogliere, il racimolare*) collection, raising: — *di denaro*, collection (*o* raising) of money; — *di capitali, fondi*, fund -raising // (*banca*) — *bancaria*, bank deposits // (*inform.*): — *dati*, (IBM) data collection (*o* logging data acquisition); — *di dati*, information gathering **6** (*adunanza*) gathering: *chiamare a — le truppe*, to assemble the troops; *suonare a — per la ritirata*, to sound the retreat // *chiamare a — le proprie energie, idee*, to collect one's energies, ideas.

raccolto *agg.* **1** (*colto*) picked: *fiori raccolti*, picked flowers **2** (*adunato*) collected, gathered; (*tenuto insieme*) gathered together, gathered up: *gente raccolta in piazza*, people gathered in the square; *capelli raccolti a coda di cavallo*, hair gathered up into a ponytail **3** (*fig.*) (*pensoso*) absorbed, engrossed: *era — nella sua lettura*, he was engrossed in his reading; *era tutto — nei suoi pensieri*, he was deeply absorbed in his thoughts; *sedeva — in un banco della chiesa*, he was silent and meditative sitting in a church pew **4** (*intimo*) cosy, snug: *stanza raccolta*, cosy little room **5** (*rannicchiato*) curled up, crouching: *col corpo* —, with one's body curled up; *con le gambe raccolte*, with one's knees drawn up ◆ *s.m.* crop, harvest (*anche fig.*): *il — del grano*, the wheat harvest; *il — di mele di quest'anno*, this year's crop of apples; *un buon* —, a good harvest (*anche fig.*); *epoca del* —, harvest time; *produrre un* —, to crop; *fare il — di qlco.*, to harvest sthg.

raccomandabile *agg.* recommendable, commendable; (*di persona*) reliable, trustworthy: *questo albergo è* —, this hotel is recommendable (*o* can be recommended); *è una persona poco* —, he is a disreputable person (*o fam.* shady character).

raccomandare *v.tr.* **1** to recommend: *ti raccomanderò presso il direttore*, I shall put in a good word for you with the manager; *hai un buon insegnante da raccomandarmi?*, can you recommend a good teacher to me?; *posso — questo prodotto*, I can recommend this product; *è un ottimo albergo, te lo raccomando!*, it's a very good hotel, I can recommend it to you **2** (*affidare*) to recommend, to commit, to entrust: *ti raccomando questo bambino*, I'm entrusting this child to your care // — *l'anima a Dio*, to recommend (*o* to commit) one's soul to God **3** (*esortare*) to urge, to exhort: *mi raccomandò che tutto fosse fatto bene*, he urged me to do everything properly; — *il silenzio, la disciplina*, to demand silence, discipline; — *la prudenza*, to urge caution; — *a qlcu. di non fare qlco.*, to tell (*o* to warn) s.o. not to do sthg. **4** (*lettere, pacchi ecc.*) to register: — *una lettera*, to register a letter **5** (*assicurare legando*) to fasten: — *a un albero*, to fasten to a tree.
□ **raccomandarsi** *v.rifl.* to implore (s.o.), to beg (s.o.): *si raccomandò a me perché gli trovassi un posto*, he begged me to find him a job; *si raccomandò tanto perché non lo dicessimo a nessuno*, he implored us not to tell anybody about it; *vieni presto, mi raccomando*, please come soon; *mi raccomando, copriti quando esci*, don't forget to (*o* be sure to) cover yourself when you go out; *mi raccomando, non dirlo a nessuno!*, don't forget, don't tell anyone! // —

alle gambe, to run away // — *da sé*, to need no recommendation: *quel prodotto si raccomanda da sé*, that product needs no recommendation.

raccomandata *s.f.* registered letter: *fare una* —, to register a letter; *spedire un pacco per* —, to send a parcel by registered post (*o* mail).

raccomandatario *s.m.* **1** person to whom one is recommended **2** (*mar.*) ship's agent, ship's husband.

raccomandatizia *agg.* e *s.f.* (*lettera*) —, letter of recommendation.

raccomandato *agg.* **1** recommended: *persona raccomandata*, recommended person **2** (*di lettere, pacchi ecc.*) registered: *lettera raccomandata*, registered letter; *pacco* —, registered parcel ◆ *s.m.* recommended person: *un — di ferro*, a person with connections (in high places) (*o* with pull).

raccomandatorio *agg.* (*non com.*) of recommendation, recommendatory.

raccomandazione *s.f.* **1** recommendation: *lettera di* —, letter of introduction; *ottenere qlco. a forza di raccomandazioni*, to get sthg. by pulling strings // — *dell'anima*, committing of the soul **2** (*di lettere, pacchi ecc.*) registration: *tassa di* —, registration fee **3** (*esortazione*) exhortation; (*ammonizione*) warning; (*consiglio*) advice, recommendation: *la mamma gli fece mille raccomandazioni*, his mother gave him lots of advice **4** (*mar.*) address commission.

raccomodamento *s.m.* repairing, mending; (*fig.*) putting right.

raccomodare *v.tr.* **1** to repair, to mend: — *un orologio*, to repair a watch; — *un paio di scarpe*, to repair (*o* to mend) a pair of shoes; — *un vestito*, to mend a dress **2** (*mettere in ordine*) to arrange, to put* in order: *raccomodò i fiori nel vaso*, she arranged the flowers in the vase; — *la cravatta a qlcu.*, to straighten s.o.'s tie **3** (*porre riparo a*) to put* right: — *un guaio*, to put a problem right (*o* to smooth over a problem).

racconciare *v.tr.* (*non com.*) (*raccomodare*) to mend, to repair; (*fig.*) to set* right.
□ **racconciarsi** *v.intr.pron.* (*del tempo, rasserenarsi*) to clear up.

racconsolare *v.tr.* (*letter.*) to console, to comfort.

raccontabile *agg.* fit to be told.

raccontafavole *s.m.* e *f.* (*non com.*) (*chi racconta frottole*) fibber, storyteller.

raccontare *v.tr.* to tell*, to relate, to recount, to narrate: *raccontami una storia*, tell me a story; *raccontano che...*, people say (*o* it is said) that...; *si racconta che egli sia molto ricco*, they say (that) he is very rich (*o* he is said to be very rich); *la storia non racconta di lui*, history does not mention him; *a raccontarla non ci crederebbe nessuno*, I know it sounds incredible // *a me la racconti?*, who are you trying to kid! (*o* you're kidding!) // *che cosa mi racconti!*, I can't believe it! // *cosa mi racconta di nuovo?*, what's new? // *tu sì che la sai — bene!*, (*iron.*) you really know how to spin a yarn! // *ringrazia Dio che questa la puoi* —, thank God you lived to tell the tale // *raccontarne delle belle sul conto di qlcu.*, to tell juicy gossip about s.o. // *va' a raccontarla altrove*, go and tell that to the marines (*o* get away with you) // — *per filo e per segno*, to narrate in detail.

racconto *s.m.* **1** story, tale; (*novella*) short story: — *di avventure*, tale of adventure; — *di fate*, fairy tale; — *poliziesco*, detective story; *libro di racconti*, story book; *lasciami terminare il* —, let me finish the story; *a metà del — scoppiò a piangere*, half way through the story she burst into tears **2** (*resoconto*) account, relation; (*relazione*) report; (*narrazione*) narration, narrative: *il — delle sue avventure*, the account of his adventures; *mi fece un — dettagliato di quel che era accaduto*, he gave me a detailed report of what had happened.

raccorciamento *s.m.* shortening.

raccorciare *v.tr.* to shorten, to make* shorter: — *le maniche*, to shorten the sleeves; — *i tempi di lavoro*, to shorten working hours.
□ **raccorciarsi** *v.intr.pron.* to grow* shorter: *ora le giornate si raccorciano*, the days are growing shorter (*o* drawing in) now.

raccordare[1] *v.tr.* **1** to join, to connect; to link (up): — *due tubazioni*, to connect two pipes by a union; — *due strade*, to link (up) two roads **2** (*mecc.*) (*dare una curvatura di raccordo a*) to radius **3** (*ferr.*) (*collegare mediante raccordo ferroviario*) to connect by siding.

raccordare[2] *v.tr.* (*racchetta da tennis*) to string*.

raccordatura *s.f.* (*di racchetta da tennis*) stringing; (*corde*) strings (*pl.*).

raccorderia *s.f.* (*mecc.*) pipe (fittings).

raccordo *s.m.* **1** connection, link: — *stradale*, link road (*o* connecting road); — *anulare*, ring road **2** (*mecc.*) union, connecter, connector, connection: — *concavo di due superfici*, fillet; — *convesso*, radius; — *filettato, a vite*, nipple; — *per tubazioni*, pipe fitting; — *con diramazione*, branch; — *di fognatura*, house sewer; — *per manichetta antincendio*, fire hose connection **3** (*ferr.*) siding, sidetrack, spur track: — *privato*, private siding (*o* sidetrack); *tronco di* —, feeder line.

raccostamento *s.m.* **1** (*avvicinamento*) approaching **2** (*confronto*) comparison.

raccostare *v.tr.* **1** (*accostare*) to bring* near, to approach, to push close **2** (*confrontare*) to compare **3** (*non com.*) (*riaccostare*) to bring* near again.
□ **raccostarsi** *v.intr.pron.* **1** (*avvicinarsi*) to approach **2** (*non com.*) (*riaccostarsi*) to return (to sthg.).

raccozzare *v.tr.* (*mettere insieme*) to throw* together; to scrape together.
□ **raccozzarsi** *v.intr.pron.* (*rar.*) to get* together, to meet*.

racemasi *s.f.* (*biochim.*) racemase.

racemato *agg.* (*chim.*) racemic ◆ *s.m.* (*chim.*) racemate.

racemico *agg.* (*chim.*) racemic: *acido* —, racemic acid.

racemifero *agg.* (*bot.*) racemiferous, racemose.

racemizzare *v.tr.* (*chim.*) to racemize.

racemizzazione *s.f.* (*chim.*) racemization.

racemo *s.m.* **1** (*bot.*) raceme: *che porta racemi*, racemose; *che produce racemi*, racemiferous **2** (*chim.*) racemic compound.

racemoso *agg.* (*bot.*) racemose // (*anat.*) *ghiandola racemosa*, racemose gland.

racer *s.m.* (*motoscafo da competizione*) racing boat, racer.

rachialgia *s.f.* (*med.*) rachialgia, rachiodynia.

rachicentesi *s.f.* (*med.*) rachiocentesis.

rachide *s.f.* (*anat., bot., zool.*) rachis*.

rachideo, rachidiano *agg.* (*anat.*) rachidian, spinal.

rachischisi *s.f.* (*med.*) rachischisis*.

rachitico *agg.* **1** rachitic, (*fam.*) suffering from rickets: *bimbo* —, rachitic child (*o* child suffering from rickets) **2** (*stentato*) stunted: *una pianta rachitica*, a stunted plant; *un cane* —, a stunted dog ◆ *s.m.* (*med.*) person who suffers from rickets.

rachitismo *s.m.* meno com. **rachitide** *s.f.* (*med.*) rachitis, rickets; (*di pianta, animale*) dwarf disease.

racimolare *v.tr.* **1** to scrape together, to scrape up, to gather, to collect; to pick (up); to glean: — *una piccola somma*, to scrape up a small sum; — *notizie*, to glean news **2** (*non com.*) (*agr.*) to glean.

racimolatura *s.f.* **1** (*il racimolare*) scraping together, gathering; picking (up); gleaning (*anche fig.*) **2** (*ciò che si è racimolato*) scrapings (*pl.*); gleanings (*pl.*) (*anche fig.*) **3** (*agr.*) (*il raccogliere racimoli*) gleaning; (*i racimoli raccolti*) the gleanings (*pl.*) of a vineyard.

racimolo *s.m.* small bunch of grapes.

racket *s.m.* racket: *il — delle case da gioco*, the casino racket; *far parte di un* —, to racketeer; *appartenente a un* —, racketeer.

racquetare *v.tr.* (*letter.*) to calm down, to quieten down; to appease, to pacify.
□ **racquetarsi** *v.intr.pron.* to calm down.

racquistare e *deriv.* → **riacquistare** e *deriv.*

rad *s.m.* (*fis.*) rad (*unità di misura della radiazione ionizzante*).

rada *s.f.* (*mar.*) roadstead, road(s).

radar *s.m.* radar: — *a impulsi*, pulse radar; — *a onde persistenti*, continuous-wave radar; — *altimetrico*, height-finding radar; — *di puntamento*, ranging radar; — *di controllo per aeroporti*, airfield control radar; — *per intercettazione aerei*, aircraft interception radar; — *per la direzione del tiro*, fire-control radar; — *portuale*, harbour control radar; — *Rebecca-Eureka*, Rebecca-Eureka system; — *telemetrico*, distance-measuring radar; — *terrestre*, land-based radar ◆ *agg.* radar (*attr.*) *contatto* —, radar contact // *uomini* —, (*fam.*) air (traffic) controllers.

radarabile → **radarriflettente**.

radaraltimetro *s.m.* radar altimeter.

radarassistenza *s.f.* radar assistance.

radarastronomia *s.f.* radar astronomy.

radarfaro *s.m.* transponder: — *direzionale*, radar beacon.

radargeodesia *s.f.* radar geodesy.

radarista *s.m.* e *f.* radar operator.

radaristica *s.f.* radar technology.

radarlocalizzazione *s.f.* radar detection.

radarmeteorologia *s.f.* radar meteorology.

radarnavigazione *s.f.* navigation by radar.

radarriflettente *agg.* radar-reflective.

radarsonda *s.f.* radarsonde.

radarspoletta *s.f.* radar fuse.

radartecnica *s.f.* radar engineering.

radarterapia *s.f.* (*med.*) radar therapy.

radartopografia *s.f.* radar surveying.

radartopografico *agg.* radar topographical.

radazza → **redazza**.

raddensamento *s.m.* thickening, condensation.

raddensare *v.tr.* to thicken, to condense. □ **raddensarsi** *v.intr.pron.* to thicken, to become* thicker, to condense: *le nuvole incominciarono a* —, the clouds began to thicken; *vapore che si raddensa*, vapour that condenses.

raddensatore *agg.* thickening, condensing ◆ *s.m.*, **raddensatrice** *s.f.* thickener.

raddirizzare e *deriv.* → **raddrizzare** e *deriv.*

raddobbare *v.tr.* (*mar.*) to refit, to repair.

raddobbo *s.m.* repair, refit, repair: *bacino di* —, dry dock.

raddolcimento *s.m.* **1** sweetening **2** (*fig.*) softening: *il — della sua voce di fronte alle lacrime del bimbo*, the softening of his voice when faced with the tears of the child **3** (*ling.*) palatalization **4** (*tecn.*) softening: — *dell'acqua*, water softening.

raddolcire *v.tr.* **1** to sweeten: — *una bibita*, to sweeten a drink **2** (*fig.*) to soften; to soothe: *lo raddolcì con un sorriso*, she softened (*o* pacified *o* mollified) him with a smile; *il successo gli ha raddolcito il carattere*, success has softened his character; *la tua presenza ha raddolcito la sua ira*, your presence has soothed his anger; — *un colore, un contrasto*, to tone down (*o* to soften) a colour, a contrast; — *un dolore*, to soothe (*o* to allay) a pain; — *la fatica di qlcu.*, to lighten s.o.'s toil; — *il tono della voce*, to soften one's voice **3** (*tecn.*) to soften. □ **raddolcirsi** *v.intr.pron.* to soften; (*di carattere*) to mellow; (*di tempo*) to let* up; to become* milder, to grow* milder: *con gli anni il suo carattere si è raddolcito*, his character has mellowed over the years; *dopo dieci giorni di mare grosso il tempo si raddolcì*, after ten days of high seas the weather let up (*o* grew milder).

raddoppiamento *s.m.* **1** (re)doubling: (*ferr.*) *il — di una linea*, the doubling of a line (*o* the laying of a second track) **2** (*ling.*) reduplication.

raddoppiare *v.tr.* to (re)double: — *il proprio guadagno*, to double one's earnings; — *gli sforzi*, to redouble one's effort; — *la paga a qlcu.*, to double s.o.'s wages; *la linea ferroviaria verrà raddoppiata entro la fine dell'anno*, a second track will be laid before the end of the year ◆ *v.intr.* **1** to redouble **2** (*di cavallo*) to redoppe **3** (*nel biliardo*) to double.

raddoppiato *agg.* **1** (re)doubled: *tariffa raddoppiata*, doubled fare **2** (*estens.*) (*accresciuto*) renewed: *prese a scavare con raddoppiata energia*, he started digging with much more (*o* renewed) energy.

raddoppiatura *s.f.* (*non com.*) (re)doubling.

raddoppio *s.m.* **1** (re)doubling: (*ferr.*) *binario di* —, switch line **2** (*al biliardo*) double **3** (*equitazione*) redoppe **4** (*calcio*) second goal: *il — della nostra squadra*, the second goal for our team; *essere l'autore del* —, to be the scorer of the second goal.

raddrizzabile *agg.* that can be straightened (*pred.*).

raddrizzamento *s.m.* **1** straightening **2** (*fig.*) (*correzione*) correction; rectification **3** (*elettr.*) rectification.

raddrizzare *v.tr.* **1** to straighten, to make* straight: *raddrizza quel quadro*, put that picture straight; — *una barra, una linea*, to straighten a bar, a line; *raddrizza la schiena, o diventi gobbo*, straighten up or you'll get a hump // — *le gambe ai cani*, (*fig.*) to attempt the impossible **2** (*fig.*) (*correggere*) to correct; to redress; to right; (*accomodare*) to settle, to fix: — *i torti*, to right wrongs; *non sarà facile — la questione*, it won't be easy to settle the matter // — *le ossa a qlcu.*, (*iron.*) to settle s.o. **3** (*elettr.*) to rectify.
□ **raddrizzarsi** *v.intr.pron.* **1** to straighten oneself; (*mettersi eretto*) to draw* oneself up: *si raddrizzò a fatica*, he straightened himself up with difficulty **2** (*rimettersi sulla buona strada*) to straighten oneself out, to turn over a new leaf: *il ragazzo si raddrizzò quando cominciò a lavorare*, the boy straightened himself out when he started work.

raddrizzatore *s.m.* (*elettr.*) rectifier.

raddrizzatrice *s.f.* (*mecc.*) straightener.

raddrizzatura *s.f.* straightening.

radente *agg.* **1** shaving **2** (*che passa rasente*) grazing, skimming: (*mil.*) *tiro* —, grazing fire; (*aer.*) *volo* —, hedgehopping (*o* grazing flight *o* skimming flight) // (*fis.*) *attrito* —, sliding friction.

radenza *s.f.* grazing movement.

radere *v.tr.* **1** to shave: — *la barba, i baffi*, to shave off one's beard, one's moustache; *farsi* —, to have a shave; *si è rasato i capelli a zero*, he has shaved his hair off **2** (*abbattere*) to raze: *la città fu rasa al suolo dalle bombe*, the city was razed (to the ground) by the bombs **3** (*fig.*) (*sfiorare*) to graze, to skim: *l'aeroplano rase il suolo*, the plane grazed (*o* skimmed) the ground; *un canale rade le mura*, a canal flows past the walls; *i proiettili radevano la nostra casa*, the bullets grazed our house; — *la superficie dell'acqua*, to skim the surface of the water **4** (*non com.*) (*cancellare*) to erase.
□ **radersi** *v.rifl.* to shave (oneself): *mi rado tutte le mattine*, I shave every morning; *ti radi da solo o vai dal barbiere?*, do you shave yourself or do you go to the barber's?; *mi rado con le lamette*, I shave with a safety razor.

radezza *s.f.* (*l'essere rado*) thinness; (*scarsità*) scantiness.

radiale[1] *agg.* (*di raggio*) radial: *asse* —, radial axle; (*mecc.*) *turbina* —, radial flow turbine; (*fis.*) *velocità* —, radial velocity ◆ *s.f.* **1** (*linea radiale*) radial (line) **2** (*linea tranviaria*) tramline running from the inner to the outer city ◆ *s.m.* (*pneumatico*) radial tyre.

radiale[2] *agg.* (*anat.*) radial: *nervo* —, radial nerve.

radiante[1] *agg.* **1** radiant: *calore, energia, flusso, intensità* —, radiant heat, energy, flux, intensity // (*med.*) *terapia* —, radiant therapy **2** (*letter.*) radiant, beaming (*anche fig.*): *occhi radianti*, radiant (*o* glowing) eyes ◆ *s.m.* (*astr.*) radiant: *punto* —, radiant.

radiante[2] *s.m.* (*mat.*) radian.

radiantistico *agg.* (*radioamatoriale*) of radio amateurs, of radio hams; radio amateurs (*attr.*): *associazione radiantistica*, a radio amateurs association.

radianza *s.f.* (*fis.*) radiance, radiancy.

radiare[1] *v.intr.* to radiate, to beam.

radiare[2] *v.tr.* (*espellere*) to expel; (*un nome*) to strike* off: *fu radiato dalla scuola*, he was expelled from school; *lo radiarono dall'università*, he was sent down (*o* he was expelled from university); *il suo nome fu radiato dalla lista*, his name was struck off the list; — *un medico dall'albo professionale*, to strike a doctor off the medical register; — *dall'albo degli avvocati*, to disbar // (*dir.*) — *un'ipoteca*, to extinguish a mortgage // (*mar.*) — *una nave*, to withdraw a ship (from the Register of Shipping).

radiativo *agg.* (*fis.*) radiative: *collisione radiativa*, radiative collision.

radiato[1] *agg.* radiate (*anche bot.*).

radiato[2] *agg.* (*espulso*) expelled; (*cancellato*) struck off (*pred.*): — *da un'università*, sent down; — *dall'albo degli avvocati*, disbarred; — *dall'albo professionale dei medici*, struck off the medical register ◆ *s.m.* a person who has been expelled.

radiatore *s.m.* (*fis., tecn.*) radiator: — *ad alette*, finned radiator; — *a nido d'ape*, honeycomb radiator; — *a pannelli*, panel radiator; *tappo del* —, radiator cap.

radiatorista *s.m.* radiator mechanic.

radiazione[1] *s.f.* (*fis.*) radiation: — *cosmica*, cosmic radiation; — *elettromagnetica, dura, molle, ionizzante, ultravioletta, infrarossa*, electromagnetic, hard, soft, ionizing, ultraviolet, infra-red radiation; — *di fondo*, microwave background radiation; *danno di* —, radiation damage; *pressione di* —, radiation pressure // (*med.*) — *omogenea, eterogenea*, homogeneous, heterogeneous radiation; *malattia da radiazioni*, radiation sickness.

radiazione[2] *s.f.* (*espulsione*) expulsion; (*cancellazione*) striking off // (*dir.*) — *di un'ipoteca*, extinction of a mortgage // (*mar.*) — *di una nave*, withdrawing of a ship.

radica *s.f.* **1** (*legno*) briar-root, brier-root: *pipa di* —, brier (pipe) **2** (*fam.*) (*radice*) root.

radicale *agg.* **1** (*bot.*) radical: *assorbimento* —, radical absorption; *apparato* —, radical apparatus **2** (*mat.*) radical: *segno, numero* —, radical sign, number **3** (*fig.*) radical, drastic, extreme: *una differenza* —, a radical difference; (*pol.*) *il partito* —, the radical party ◆ *s.m.* **1** (*aderente al partito radicale*) Radical **2** (*mat., chim.*) radical: — *acido*, acid radical **3** (*ling.*) root: *il — di una parola*, the root of a word ◆ *s.f.* Radical.

radicaleggiante *agg.* with radical sympathies; favouring radicalism; tending towards radicalism (*pred.*).

radicaleggiare *v.intr.* to favour radicalism; to have radical sympathies.

radicalismo *s.m.* (*pol.*) radicalism (*anche estens.*).

radicalizzare *v.tr.* to radicalize: — *la lotta politica*, to radicalize the political struggle.
□ **radicalizzarsi** *v.intr.pron.* (*diventare intransigente*) to become* radicalized; to be radicalized: *le posizioni si sono ormai radicalizzate*, the positions have now become radicalized.

radicalizzazione *s.f.* radicalization: *la — di un conflitto*, the radicalization of a conflict.

radicalmente *avv.* **1** radically **2** (*completamente*) radically, completely, fundamentally: *sono due lingue — diverse*, they are two completely different languages.

radicamento *s.m.* (*non com.*) (*il radicarsi*) taking root, striking root; (*l'essere radicato*) rootedness.

radicando *s.m.* (*mat.*) radicand.

radicare *v.intr.* to root, to strike* root, to take* root, to radicate (*anche fig.*): *simili idee non radicano qui*, such ideas do not take root here.

□ **radicarsi** *v.intr.pron.* to root, to strike* root, to take* root: *quel dubbio si radicava nel suo cervello ogni giorno di più*, that doubt took root more strongly in his brain day by day; *si è troppo radicato nelle sue abitudini*, he is too set in his habits.

radicato *agg.* deep-rooted, deeply-rooted, deep-seated, ingrained (*anche fig.*): *idee radicate*, deep-rooted ideas; *abitudini radicate*, ingrained habits; *una radicata antipatia*, a deep-rooted dislike.

radicazione *s.f.* **1** rooting, radication **2** (*il mettere radici*), taking root.

radicchio *s.m.* (*bot.*) chicory: — *bianco*, wild chicory.

radice *s.f.* **1** (*bot.*) root: *la — di una pianta*, the root of a plant; — *puntuta*, snag: — *aerea*, aerial root; — *a fittone*, tap root; — *fascicolata*, fasciculate (*o* fasciate) root; *senza radici*, rootless; *mettere radici*, to root // *mettere le radici in un luogo*, (*fig.*) to put down roots in a place **2** (*estens.*) root; foot: *le radici del monte*, the foot of the mountain **3** (*fig.*) (*causa*) root: *la — di tutti i mali*, the root of all evil; *andare alla — delle cose*, to get to the root of things **4** (*poet.*) (*progenitore*) progenitor, forbear **5** (*anat.*) root, radix*: *la — del dente*, *della lingua*, *dell'unghia*, the root of the tooth, of the tongue, of the nail; *radici nervose*, spinal roots **6** (*geol.*) (*di falda di ricoprimento*) root **7** (*ling.*) root: — *di una parola*, the root of a word **8** (*mat.*) root, solution; zero (of an equation): *la — di un numero*, the root of a number; — *quadrata*, *cubica*, square, cube root; *segno di —*, radical sign; *estrazione di —*, extraction of root **9** (*bot.*) — *colubrina*, (*Aristolochia serpentaria*) snakeroot.

radichetta *s.f.* (*bot.*) radicle.

radicicolo *agg.* (*biol.*) radicicolous: *fungo*, *batterio —*, radicicolous mushroom, bacterium.

radiciforme *agg.* (*bot.*) radiciform.

radicolare *agg.* (*med.*) radicular.

radicolite *s.f.* (*med.*) radiculitis.

radicula *s.f.* (*anat.*) radicle.

radiestesia e *deriv.* → **radioestesia** e *deriv.*

radifero *agg.* radiferous.

radio[1] *s.m.* (*anat.*) radius*.

radio[2] *s.m.* (*chim.*) radium.

radio[3] *s.f.* (*rad.*) **1** radio; (*apparecchio*) radio(set), set: — *a galena*, crystal set; — *a transistor*, transistor radio; — *a valvole*, valve set; — *portatile*, portable radio; — *ricevente*, radio receiver (*o* radio receiving set); *trasmittente*, radio transmitter (*o* radio transmitting set); — *ricetrasmittente*, transceiver; — *ricetrasmittente portatile*, walkie-talkie; *c'è qualcosa alla —?*, is there anything on the radio?; *ho comprato una nuova —*, I have bought a new radio (set); *ascoltare qlco. alla —*, to listen to sthg. on the radio (*o* to listen in to sthg.); *cantare*, *parlare per —*, to sing, to talk on the radio; *mandare un messaggio per —*, to send a message by radio; *trasmettere per —*, to broadcast; *via —*, by (*o* via) radio **2** (*sede*) radio: *è impiegato in una — locale*, he works with a local radio ◆ *agg.* radio (*attr.*): *giornale —*, radio news; *ponte —*, radio link; *impianto —*, radio equipment.

radio-[1] *pref.* di origine lat. della terminologia scientifica e tecnica che indica relazione con 'energia raggiante' o 'radiazioni'; ingl. radio-: *radiocardiografia*, radiocardiography; *radiochimica*, radiochemistry; *radiocronologia*, radiochronology.

radio-[2] *pref.* di origine lat. della terminologia scientifica e tecnica che indica relazione con 'radioonde' o con 'apparecchi radioriceventi o radiotrasmittenti'; ingl. radio-: *radioclimatologia*, radioclimatology; *radioeco*, radio echo; *radiofrequenza*, radio frequency.

radioabbonato *s.m.* (radio) licence holder.

radioaltimetro *s.m.* (*aer.*) radio altimeter.

radioamatore *s.m.* radio amateur, (*fam.*) radio ham.

radioamatoriale *agg.* radio amateur (*attr.*); (*fam.*) radio ham (*attr.*).

radioascoltatore *s.m.* (radio) listener.

radioascolto *s.m.* **1** (*ascolto di una radiotrasmissione*) listening-in **2** (*periodo di ascolto*) radio watching.

radioassistenza *s.f.* assistance via radio.

radioassistere *v.tr.* to assist via radio.

radioastronomia *s.f.* (*astr.*) radio astronomy.

radioastronomico *agg.* radio astronomic.

radioastronomo *s.m.* radio astronomer.

radioattività *s.f.* (*fis.*) radioactivity: — *artificiale*, induced radioactivity; — *naturale*, natural radioactivity.

radioattivo *agg.* (*chim.*, *fis. nucleare*) radioactive: *elemento —*, radioactive element (*o* radioelement); *decadimento —*, radioactive decay; *periodo —*, half-life (*o* disintegration period); *pioggia*, *precipitazione*, *ricaduta radioattiva*, fallout; *serie*, *famiglia radioattiva*, radioactive series; *tracciante —*, radioactive tracer // (*geofisica*) *carotaggio —*, radioactive logging.

radioaudizione *s.f.* listening; listening-in.

radiobiologia *s.f.* radiobiology.

radiobussola *s.f.* (*mar.*, *aer.*) radio compass.

radiocarbonico *agg.* (*chim.*) radiocarbon (*attr.*): *analisi radiocarboniche*, (radio)carbon dating.

radiocarbonio *s.m.* (*chim.*) radiocarbon, carbon-14.

radiocentro *s.m.* radio transmitting station, broadcasting station.

radiocobalto *s.m.* (*chim.*) radiocobalt.

radiocollare *s.m.* electronic tag.

radiocollegamento *s.m.* radio link(up).

radiocollegare *v.tr.* **radiocollegarsi** *v.rifl.rec.* to link up by radio.

radiocomandare *v.tr.* to radio-control.

radiocomando *s.m.* radio control.

radiocommedia *s.f.* radio play.

radiocontaminazione *s.f.* radioactive contamination.

radioconversazione *s.f.* radio discussion, radio talk.

radiocorona *s.f.* (*astr.*) radio corona.

radiocronaca *s.f.* radio commentary: — *di un incontro sportivo*, radio commentary of a sports event.

radiocronista *s.m.* e *f.* radio commentator: — *sportivo*, sports commentator.

radiodermite *s.f.* (*med.*) radiodermatitis.

radiodiagnostica *s.f.* (*med.*) radiodiagnosis.

radiodiagnostico *agg.* (*med.*) radiodiagnostic.

radiodiffondere *v.tr.* to broadcast*, to transmit via radio.

radiodiffusione *s.f.* broadcasting; broadcast, transmission via radio.

radiodilettante → **radioamatore**.

radiodisturbo *s.m.* radio noise, radio interference; static.

radiodramma *s.m.* radio play, radio drama.

radioecologia *s.f.* radioecology.

radioelemento *s.m.* (*chim.*) radioelement.

radioelettrico *agg.* radioelectric: *segnale —*, radioelectric signal.

radioemanazione *s.f.* (*chim.*) radium emanation, radon.

radioemissione *s.f.* **1** (*emissione di radiazioni*) radiation **2** (*radiazione a radiofrequenza*) radio emission; radio transmission.

radioestesia *s.f.* dowsing, divining.

radioestesico *agg.* dowsing (*attr.*), divining (*attr.*).

radioestesista *s.m.* e *f.* dowser, diviner.

radiofaro *s.m.* (*aer.*, *mar.*) (radio) beacon: — *a impulsi*, radar beacon; — *di preavviso*, warming radio beacon; — *esterno di segnalazione*, outer marker beacon; — *interno di segnalazione*, inner marker beacon; — *marittimo*, marine radio beacon; — *onnidirezionale*, omnidirectional (*o* omnibearing) beacon; — *rotante*, rotating beacon; — *verticale* (*di segnalazione*) *a ventaglio*, fan marker beacon.

radioflusso *s.m.* radio-power output.

radiofonia *s.f.* radiophony, radio transmission.

radiofonico *agg.* radio (*attr.*); radiophonic: *apparecchio —*, radio, radio set; *stazione*, *trasmissione radiofonica*, radio station, radio transmission.

radiofonista *s.m.* (*mil.*) radio operator.

radiofonobar *s.m.* radiogram with built-in bar.

radiofonografo → **radiogrammofono**.

radiofoto *s.f.* radiophotograph.

radiofotografia *s.f.* **1** (*fotoradiogramma*) radiophotograph **2** (*trasmissione di fotografie per radio*) radiophotography.

radiofurgone *s.m.* mobile radio unit; radio van.

radiogalassia *s.f.* (*astr.*) radio galaxy.

radiogenetica *s.f.* radiogenetics [U].

radiogeno *agg.* radiogenic.

radiogeologia *s.f.* radiogeology.

radiogoniometria *s.f.* radiogoniometry.

radiogoniometrico *agg.* radiogoniometric.

radiogoniometro *s.m.* radiogoniometer, (radio) direction finder.

radiografare *v.tr.* **1** to radiograph, to X-ray **2** (*fig.*) to analyse in depth, to examine in detail: — *una situazione*, *un conflitto*, to analyse a situation, a conflict in depth.

radiografia *s.f.* **1** radiography **2** (*immagine*) radiograph, X-ray photograph;

radiogram: *fare una — dello stomaco, del torace*, to take an X-ray of the stomach, of the chest **3** (*fig.*) analysis in depth, examination in detail: *fare la — di un fenomeno*, to make an in-depth analysis of a phenomenon.

radiografico *agg.* radiographic(al).

radiogramma *s.m.* **1** radiogram, radiotelegram **2** (*pellicola radiografica*) radiograph.

radiogrammofono *s.m.* radio-gramophone, radiogram.

radioguida *s.f.* radio control.

radioguidare *v.tr.* to radio-control.

radiointerferometro *s.m.* radio interferometer.

radiointervista *s.f.* radio interview.

radioisotopo *s.m.* (*chim.*, *fis.*) radioisotope.

radiolare *agg.* (*geol.*) radiolarian: *fango a radiolari*, radiolarian ooze.

radiolarite *s.f.* (*geol.*) radiolarite.

radiolina *s.f.* portable radio; pocket radio.

radiolocalizzare *v.tr.* to locate by radar.

radiolocalizzatore *s.m.* radar; (*antiq.*) radiolocator.

radiolocalizzazione *s.f.* radiolocation.

radiologia *s.f.* **1** (*fis.*) radiology **2** (*med.*) (*radioterapia*) X-ray treatment.

radiologico *agg.* radiologic(al): *laboratorio, esame —*, radiological laboratory, examination.

radiologo *s.m.* radiologist.

radioluminescenza *s.f.* radioluminescence.

radiomessaggio *s.m.* radio message.

radiometallografia *s.f.* radiometallography.

radiometeorografo *s.m.* radiometeorograph.

radiometeorologia *s.f.* radio meteorology.

radiometria *s.f.* (*fis.*) radiometry.

radiometro *s.m.* radiometer.

radiomicrofono *s.m.* radio microphone.

radiomicrometro *s.m.* (*fis.*) radiomicrometer.

radiomisura *s.f.* **1** (*misura di grandezze radioelettriche*) radio-electric measurement **2** (*mil.*) (*azione di disturbo e difesa*) electronic countermeasure.

radiomobile *s.f.* radio car.

radiomontaggio *s.m.* radio montage.

radiomontatore *s.m.* radio mechanic.

radionavigazione *s.f.* radio navigation.

radionuclide *s.m.* (*fis.*) radionuclide.

radioonda *s.f.* radio wave: *radioonde a bassa frequenza, ad alta frequenza*, low -frequency, high-frequency radio waves.

radioopaco → **radiopaco**.

radioorizzonte *s.m.* (*rad.*) radio horizon.

radiooscillatore *s.m.* radio oscillator.

radiopaco *agg.* radiopaque.

radiopilota *s.m.* radio-controlled autopilot.

radiopropagazione *s.f.* radio wave propagation.

radioprotettore *agg.* radiation protective.

radioprotezione *s.f.* radiation protection; radiation safety.

radioregistratore *s.m.* radio recorder.

radioricevente *agg.* radio receiving.

radioricevitore *s.m.* radio receiver, radio receiving set.

radioricezione *s.f.* radio reception.

radioriflettente *agg.* radio-reflecting.

radiorilevamento *s.m.* radio bearing.

radioriparatore *s.m.* radio (set) repairer.

radioripetitore *s.m.* radio repeater.

radioscandaglio *s.m.* radio sounding.

radioscintillazione *s.f.* radio scintillation.

radioscopia *s.f.* radioscopy.

radioscopico *agg.* radioscopic(al): *esame —*, X-ray examination.

radioscrivente → **radiotelescrivente**.

radiosegnalatore *s.m.* (*mar.*) radio signaller.

radiosegnale *s.m.* radio signal.

radiosensibile *agg.* (*med.*) radiosensitive.

radiosensibilità *s.f.* (*med.*) radiosensitivity.

radiosentiero *s.m.* (*aer.*) radio range track: *— di discesa*, glide path.

radiosità *s.f.* radiance, brightness (*anche fig.*): *la — del mattino*, the brightness of the morning; *la — di un sorriso*, (*fig.*) the brightness (*o* radiance) of a smile.

radioso *agg.* radiant, beaming, bright, shining: *giornata radiosa*, bright day; *occhi radiosi*, shining (*o* bright) eyes; *viso —*, radiant face; *sorriso —*, beaming smile; *un — avvenire*, a bright future.

radiosonda *s.f.* **1** (*meteor.*) radiosonde **2** (*veicolo spaziale*) radio probe.

radiosondaggio *s.m.* radio sounding.

radiosorgente *s.f.* (*astr.*) radio source: *— discreta*, radio star.

radiospettrografo *s.m.* radio spectrograph.

radiospia *s.f.* bug.

radiospoletta *s.f.* radio fuse.

radiostazione *s.f.* radio station.

radiostella *s.f.* (*astr.*) radio star, radio source.

radiostellare *agg.* radio-star (*attr.*).

radiostereofonia *s.f.* radio stereophony.

radiostereofonico *agg.* radio stereophonic.

radiosveglia *s.f.* radio alarm, alarm-radio.

radiotaxi *s.m.* radiotaxi.

radiotecnica *s.f.* radio engineering.

radiotecnico *agg.* of radio engineering; radio engineering (*attr.*) ◆ *s.m.* radio engineer, radio technician.

radiotelecomandare *v.tr.* to radio-control.

radiotelecomando *s.m.* radio control.

radiotelefonia *s.f.* radiotelephony.

radiotelefonico *agg.* radiotelephonic.

radiotelefono *s.m.* radio telephone.

radiotelefotografia *s.f.* radiophototelegraphy.

radiotelegrafare *v.tr.* to radiotelegraph, to wire.

radiotelegrafia *s.f.* radiotelegraphy, wireless telegraphy.

radiotelegraficamente *avv.* by radiotelegraph, by wireless.

radiotelegrafico *agg.* radiotelegraphic: *stazione radiotelegrafica*, radiotelegraph station.

radiotelegrafista *s.m.* e *f.* radiotelegraphist.

radiotelegrafo *s.m.* radiotelegraph.

radiotelegramma *s.m.* radiotelegram.

radiotelemetria *s.f.* radio range-finding.

radiotelemetro *s.m.* radio telemeter, radio range-finder.

radiotelescopio *s.m.* (*astr.*) radio telescope.

radiotelescrivente *s.f.* radioteleprinter, radioteletypewriter.

radiotelevisione *s.f.* **1** (*sistema di trasmissione*) radiovision **2** (*ente radiotelevisivo*) (radio and television) broadcasting company: *la — italiana*, Italian (radio and television) broadcasting company.

radiotelevisivo *agg.* broadcasting; broadcast: *ente —*, broadcasting company; *una tramissione radiotelevisiva*, a programme broadcast on radio and television.

radioterapeutico → **radioterapico**.

radioterapia *s.f.* (*med.*) radiotherapy, radiotherapeutics [U], radium-therapy.

radioterapico *agg.* (*med.*) radiotherapeutic.

radioterapista *s.m.* e *f.* (*med.*) radiotherapist.

radiotrasmettere *v.tr.* to broadcast*; (*messaggi per radio*) to radio: *il concerto sarà radiotrasmesso domani*, the concert will be broadcast tomorrow; *— un messaggio d'aiuto*, to radio a distress signal.

radiotrasmettitore *s.m.* radio transmitter.

radiotrasmissione *s.f.* broadcasting; (*ciò che si trasmette*) radio broadcast: *— alla frequenza comune*, common-channel broadcasting; *— delle immagini*, photoradio.

radiotrasmittente *agg.* broadcasting ◆ *s.f.* (*stazione*) broadcasting station; (*apparecchio*) radio transmitter.

radiotrasparente *agg.* (*med.*) radiotransparent.

radioulnare *agg.* (*anat.*) radioulnar.

radioutente *s.m.* e *f.* radio listener.

radiovento *s.m.* (*meteor.*) rawinsonde.

radium → **radio**[2].

radiumterapia *s.f.* (*med.*) radiotherapy, radium-therapy.

rado[1] *agg.* **1** thin, sparse: *barba rada*, sparse beard; *capigliatura rada*, thin hair; *case rade*, scattered houses; *foresta rada*, thin (*o* thinly -planted) forest; *nebbia rada*, thin (*o* light) fog; *tessuto —*, thin material **2** (*non frequente*) infrequent, rare; occasional: *rade apparizioni*, infrequent (*o* occasional) appearances // *di —*, rarely (*o* seldom); *non di —*, often; *lo vedo di —*, I rarely see him ◆ *avv.* (*poet.*) (*raramente*) rarely, seldom.

rado[2] → **radon**.

radome, **radomo** *s.m.* (*aer.*) radome.

radon *s.m.* (*chim.*) radon.

radula *s.f.* (*zool.*) radula (*pl.* -ae).

radunabile *agg.* that can be assembled, that can be collected.

radunamento → **raduno**.

radunanza *s.f.* (*non com.*) **1** (*accumulo di cose*) pile, heap **2** (*adunanza*) assembly, gathering.

radunare *v.tr.* **1** to assemble, to gather, to collect: *raduna i tuoi libri e mettili qui*, gather your books and put them here; *gli studenti furono radunati nella sala*, the students were assembled (*o* collected) in the hall; — *gente, amici*, to gather people, friends; *radunò il gregge*, he gathered the flock; — *i soldati*, to muster (*o* gather) the soldiers **2** (*estens.*) (*accumulare*) to amass, to accumulate, to heap up: *aveva radunato un bel gruzzolo*, he had amassed a pile of money.

□ **radunarsi** *v.intr.pron.* to assemble, to gather, to collect: *una gran folla si radunò intorno a lui*, a large crowd gathered (*o* assembled *o* collected) round him; — *in crocchi*, to gather in small groups; (*dir.*) — *sediziosamente*, to rout.

radunata *s.f.* **1** (*il radunare*) assembling, gathering, collecting **2** (*raduno*) assembly, gathering, collection: *una — di gente sulla piazza*, a gathering of people in the square; (*dir.*) — *sediziosa*, rout.

radunatore *s.m.* (*non com.*) gatherer, assembler.

radunista *s.m.* e *f.* (*non com.*) (*chi partecipa a un raduno*) member of a meeting, member of an assembly; (*sport*) participant in a rally.

raduno *s.m.* gathering, meeting; (*sportivo*) sports meeting, rally: *il — nazionale degli alpini*, the national gathering of the Alpini; *il — motociclistico annuale*, the annual motorbike meeting (*o* rally) // (*ecol.*) — *stocastico*, assemblage.

radura *s.f.* glade, clearing.

rafano *s.m.* (*bot.*) radish: — *tedesco*, horseradish.

rafe *s.m.* (*bot.*, *anat.*) raphe.

raffa → **riffa**[2].

raffaellesco *agg.* **1** (*di Raffaello*) Raphael's (*attr.*), by Raphael (*pred.*) **2** (*alla maniera di Raffaello*) Raphaelesque, in the style of Raphael: *profilo* —, fine (*o* delicate) profile; *stile* —, Raphaelesque style.

raffazzonamento *s.m.* patching (up), throwing together; (*raffazzonatura*) patched-up job, botch: *il documentario è un — di immagini*, the documentary is a hodge-podge of images.

raffazzonare *v.tr.* (*mettere insieme frettolosamente*) to patch (up), to throw* together; (*eseguire male*) to botch; to do* (sthg.) any old how: *il discorso era stato raffazzonato in pochi minuti*, the speech had been thrown together (*o* patched up) in a few minutes; *raffazzonò il lavoro pur di uscire alle sei*, he scrambled through his work (*o* he did his work any old how), just to get away at six; — *un vestito*, to throw together a dress.

raffazzonatore *s.m.* botcher; (*di scrittore*) hack.

raffazzonatura *s.f.* patching (up); (*la cosa raffazzonata*) patched-up job, botched(-up); (*di lavoro scritto*) piece of hackwork: *il libro è una* —, the book is a patched-up job (*o* is a piece of hackwork).

rafferma *s.f.* **1** (*conferma in un incarico*) confirmation **2** (*rinnovo*) renewal: — *di un contratto*, renewal of a contract **3** (*mil.*) re-enlistment.

raffermare *v.tr.* **1** (*amm.*) (*trattenere in servizio*) to confirm; to re-engage: — *un impiegato*, to confirm an employee; — *qlcu. in una carica*, to re-engage s.o. in an office **2** (*rinnovare*) to renew: — *un contratto*, to renew a contract.

□ **raffermarsi** *v.intr.pron.* (*region.*) (*indurirsi*) to go* hard, to harden ◆ *v.rifl.* (*mil.*) to re-enlist.

raffermo *agg.* stale: *pane* —, stale bread; *biscotti raffermi*, stale biscuits.

raffia → **rafia**.

raffica *s.f.* **1** squall; gust: — *di neve*, squall of snow; *il vento soffiava a raffiche*, the wind blew in gusts **2** (*di armi da fuoco*) burst, volley: *una — di mitra*, a burst of machine-gun fire **3** (*fig.*) hail; volley; spate: *una — di colpi*, a hail of blows; *una — di insulti*, a volley of abuse; *mi ha accolto con una — di domande*, he greeted me with a barrage of questions; *scioperi a* —, a spate of strikes.

raffievolire → **affievolire**.

raffigurabile *agg.* **1** (*rappresentabile*) representable **2** (*immaginabile*) imaginable, conceivable.

raffiguramento *s.m.* → **raffigurazione**.

raffigurare *v.tr.* **1** (*rappresentare*) to portray, to depict, to represent, to show*: *nella Cappella Sistina è raffigurato il Giudizio Universale*, the Last Judgement is portrayed in the Sistine Chapel; *il quadro lo raffigura all'età di 18 anni*, the painting depicts him at the age of 18 **2** (*immaginare*) to imagine: *mi ero raffigurato una realtà del tutto diversa*, I had imagined a completely different situation **3** (*simboleggiare*) to symbolize, to stand for (sthg.), to represent: *il leone raffigura Venezia*, the lion is the symbol of Venice **4** (*non com.*) (*riconoscere*) to recognize.

raffigurazione *s.f.* depiction, portrayal, representation: *è una splendida — della battaglia*, it's a marvellous depiction of the battle.

raffilare *v.tr.* **1** (*affilare*) to sharpen, to whet **2** (*rifilare*) to trim, to pare, to clip; (*un libro*) to shave.

raffilatoio *s.m.* **1** (*tip.*) paper cutting machine, cutter **2** (*fot.*) trimmer.

raffilatrice → **rifilatrice**.

raffilatura *s.f.* **1** (*affilatura*) sharpening, whetting **2** → rifilatura.

raffinamento *s.m.* refinement (*anche fig.*): — *dei metalli*, refinement of metals; — *del gusto*, refinement of taste.

raffinare *v.tr.* **1** to refine (*anche fig.*); to purify: — *la benzina*, to refine petrol; — *l'oro*, to purify gold; — *il sale*, to refine salt; *vivere in mezzo alle cose belle raffina il gusto*, living among beautiful things refines one's taste **2** (*non com.*) (*assottigliare*) to thin, to pare down: — *un bastone*, to thin down a stick.

□ **raffinarsi** *v.intr.pron.* to refine, to become* refined (*anche fig.*); to purify: *l'oro si raffina con la fusione*, gold is purified by melting; *si è molto raffinato nel parlare*, he has refined his way of speaking considerably; *i suoi modi si sono raffinati*, his manners have become more refined (*o* polished).

raffinatamente *avv.* in a refined way, refinedly.

raffinatezza *s.f.* refinement (*anche fig.*): *la — dell'arte*, the refinement of art; *è persona di grande* —, he is a very refined person; *sono raffinatezze che non capisco*, these are refinements I don't understand; *raffinatezze stilistiche*, stylistic refinements; *questo cibo è una vera* —, this food is really exquisite.

raffinato *agg.* refined (*anche fig.*): *arte raffinata*, refined art; *zucchero* —, refined sugar; *ha un'educazione raffinata*, he has refined manners; *una donna molto raffinata*, a very refined woman; *un pranzo molto* —, an exquisite lunch ◆ *s.m.* refined person.

raffinatore *agg.* refining ◆ *s.m.* refiner.

raffinatura, **raffinazione** *s.f.* refining, refinement: — *del petrolio*, petroleum refining (*o* refinement); — *dello zucchero*, refining of sugar.

raffineria *s.f.* refinery: — *di petrolio*, oil (*o* petroleum) refinery; — *di zucchero*, sugar refinery.

raffinosio *s.m.* (*chim.*) raffinose.

raffio *s.m.* gaff; grapnel, grappling iron.

raffittire *v.tr.* (*non com.*) **1** to thicken, to make* thicker **2** (*rendere più frequente*) to make* more frequent.

□ **raffittirsi** *v.intr.pron.* to thicken.

rafforzamento *s.m.* **1** (*rinforzamento*) reinforcement **2** (*fig.*) (*rinvigorimento*) strengthening: *noto un — del suo carattere dopo quell'esperienza*, I notice a strengthening of his character after that experience.

rafforzare *v.tr.* **1** (*rinforzare*) to reinforce, to strengthen: — *le fondamenta*, to reinforce the foundations; — *un ponte*, to reinforce a bridge; *con un po' di sport ti rafforzerai la muscolatura*, a bit of sport will strengthen your muscles **2** (*fig.*) (*rinvigorire*) to strengthen: *l'esperienza negativa ha rafforzato il suo carattere*, the negative experience strengthened his character; *la tua risposta ha rafforzato la mia decisione*, your answer has strengthened my decision **3** (*mil.*) to fortify, to reinforce, to strengthen.

□ **rafforzarsi** *v.intr.pron.* to grow* stronger, to get stronger, to increase in strength (*anche fig.*): *il partito di sinistra si è recentemente rafforzato*, the left-wing party has grown stronger recently.

rafforzativo *agg.* **1** reinforcing, strengthening **2** (*gramm.*) intensifying.

rafforzato *agg.* reinforced, strengthened (*anche fig.*): *un muro — da pali di sostegno*, a wall reinforced by props.

raffratellare *v.tr.* to bring* together, to reconcile.

□ **raffratellarsi** *v.rifl.rec.* to come* together again, to be reconciled.

raffreddamento *s.m.* **1** cooling: *un improvviso — del clima*, a sudden cooling of the climate // — *ad acqua*, water cooling; — *ad aria*, air cooling; — *a termosifone*, thermosiphon cooling; — *a velo liquido*, film cooling // (*fis.*) *curva di* —, cooling curve // (*econ.*) — *dell'inflazione*, the slowing down (*o* slackening *o* dampening) of inflation **2** (*fig.*) (*di sentimenti*) coolness: *c'è un certo — fra di noi*, there is a certain coolness between us.

raffreddare *v.tr.* to make* cold; to cool (*anche fig.*): *la nevicata ha raffreddato l'aria*, the snowfall has made the air cold; — *un ferro rovente nell'acqua*, to cool a hot iron in water; *lascia — la gelatina in frigorifero*, allow the jelly to cool in the fridge; — *una bibita con cubetti di ghiaccio*, to cool a drink with ice cubes; *la distanza non ha raffreddato la loro amicizia*, distance has not cooled their friendship; *questo raffredderà il tuo entusiasmo, spero*, this, I hope, will cool down (*o* damp) your enthusiasm.

□ **raffreddarsi** *v.intr.pron.* **1** to get* cold,

to become* cold; to cool, to grow* cool: *lascia che il tè si raffreddi un po'*, let your tea cool (down) a little; *questa stanza si raffredda subito*, this room soon gets quite cold **2** (*fig.*) to die down, to wane: *i suoi entusiasmi si raffreddano facilmente*, his enthusiasm soon dies down; *la sua passione per lei si è raffreddata*, his passion for her has cooled **3** (*prendere un raffreddore*) to catch* (a) cold*, to get* a cold: *se esci senza ombrello con questo tempo, ti raffredderai*, you will catch a cold if you go out without an umbrella in this weather; *mi sono raffreddato con tutta l'acqua che ho preso*, I caught a cold by getting soaked in the rain.

raffreddato *agg.* **1** cooled: *aria raffreddata*, cooled air **2** (*che ha il raffreddore*): *è molto, un po'* —, he has a nasty, a slight cold.

raffreddatore *agg.* (*non com.*) cooling ◆ *s.m.* **1** (*non com.*) cooler: — *dell'olio*, oil cooler **2** (*metall.*) chill, chiller: — *inglobato*, internal chill **3** (*elettr.*) heat sink.

raffreddatura *s.f.* (*non com.*) **1** (*il raffreddare*) cooling, chilling **2** (*raffreddore*) cold; (*leggera influenza*) chill.

raffreddore *s.m.* cold: — *di testa*, head cold; *avere il* —, to have a cold; *aveva un forte* —, he had a bad cold; *prendere il* —, to catch a cold.

raffrenabile *agg.* (*non com.*) restrainable.

raffrenamento *s.m.* (*non com.*) controlling, restraining.

raffrenare *v.tr.* (*non com.*) to restrain, to check, to curb, to control (*anche fig.*): *non sa — l'ira*, he cannot restrain (*o* control) his temper; — *la lingua*, to check (*o* to curb) one's tongue.

□ **raffrenarsi** *v.rifl.* (*non com.*) to restrain oneself, to control oneself (*anche fig.*).

raffrescare *v.intr.* to get* cool, to grow* cool; (*diventare più fresco*) to get* cooler.

raffrontabile *agg.* comparable: *due testi raffrontabili*, two comparable texts.

raffrontamento *s.m.* (*non com.*) comparison.

raffrontare *v.tr.* to compare, (*collazionare*) to collate: — *due testi*, to compare two texts; — *due testimonianze*, to compare two pieces of evidence.

raffronto *s.m.* comparison; (*collazione*) collation: *fare, istituire un* —, to make a comparison; *mettere a — due traduzioni*, to compare two translations.

rafia *s.f.* **1** (*bot.*) (*Raphia ruffia*) raffia **2** (*fibra*) raffia: *oggetti in* —, raffia goods.

raficero *s.m.* (*zool.*): — *campestre*, (*Raphicerus campestris*) steenbok, stone-buck.

rafide, **rafidio** *s.m.* (*chim.*) raphide.

ragade *s.f.* (*med.*) rhagas*.

ragana *s.f.* (*zool.*) (*Trachinus draco*) weever.

raganella *s.f.* **1** (*zool.*) (*Hyla arborea*) tree-frog, tree-toad **2** (*strumento di legno*) rattle, clapper.

ragazza *s.f.* **1** girl: *una bella* —, a good -looking girl; *questo è il mio cognome da* —, this is my maiden name **2** (*figlia*) daughter, girl **3** (*innamorata*) girlfriend, sweetheart: *avere, farsi la* —, to have, to get a girlfriend.

ragazzaglia *s.f.* (*spreg.*) (noisy) crowd (of boys), gang (of boys); mob (of kids).

ragazzata *s.f.* childish trick, boyish trick, boyish prank: *è solo una* —, it's just a boy's prank.

ragazzo *s.m.* **1** boy; (*giovane*) youth; (*fam.*) (*bambino*) kid; (*giovane*) lad: *un — di diciotto anni*, a youth of eighteen; *un — di dieci anni*, a boy of ten; *è un bravo* —, he is a good boy; *nonostante i suoi trent'anni è ancora un* —, he's still a boy, though he's thirty // *da* —, when (*o* as) a boy: *lo conosco fin da* —, I have known him since he was a boy **2** (*figlio*) son, boy, kid: *questo è il mio* —, this is my boy **3** (*innamorato*) boyfriend, sweetheart **4** (*garzone, fattorino*) boy, errand boy, shop boy; (*di ufficio*) office boy: — *delle consegne*, delivery boy; *il — del droghiere*, the grocer's boy; *il — dell'ascensore*, the lift boy (*o amer.* the elevator boy) **5** (*fam.*) (*persona*) fellow, chap, boy; (*amer.*) guy: *che simpatico —!*, what a nice fellow!; *forza ragazzi!*, come on boys!

ragazzone *s.m.* big boy, overgrown boy: *quell'uomo è un vero* —, that man is just a great big boy.

ragazzume → **ragazzaglia**.

raggelare *v.tr.* to freeze* (*anche fig.*), to chill: *il suo arrivo ha raggelato l'atmosfera della festa*, his arrival put a damper on the party ◆ *v.intr.* → raggelarsi.

□ **raggelarsi** *v.intr.pron.* to freeze* (*anche fig.*): *a quella notizia gli si raggelò il sangue*, the news made his blood freeze (*o* curdle).

raggera → **raggiera**.

raggiamento *s.m.* (*rar.*) radiating; shining.

raggiante *agg.* **1** radiant (with sthg.): *sole* —, radiant sun // (*fis.*) *calore* —, radiant heat **2** (*fig.*) radiant (with sthg.); beaming (with sthg.): *il suo volto era — di felicità*, his face was radiant with happiness.

raggiare *v.intr.* **1** (*letter.*) to radiate (with sthg.) (*anche fig.*); (*brillare*) to shine* (with sthg.): *il sole raggiava nel cielo*, the sun was shining in the sky **2** (*fig.*) to beam (with sthg.): *raggiava di gioia*, he was beaming with joy **3** (*fis.*) (*irradiarsi*) to radiate ◆ *v.tr.* (*letter.*) to radiate: *il suo volto raggiava gioia*, his face radiated joy; — *luce e calore*, to radiate light and heat.

raggiato *agg.* radiate, rayed, radial; radiated: *mollusco* —, rayed (*o* radiate) mollusc.

raggiera *s.f.* halo; rays (*pl.*): *la — dell'ostensorio*, the rays of the monstrance // *a* —, radially: *le strade partono a — dalla piazza*, the roads radiate off from the square.

raggio *s.m.* **1** ray, beam: — *di sole*, sunbeam (*o* ray of sunlight); — *di luna*, moonbeam (*o* ray of moonlight); — *luminoso*, ray of light; *un debole — di luce*, a faint gleam of light; *fascio di raggi*, pencil (*o* beam) of light; *non abbiamo visto un — di sole in dieci giorni!*, we haven't seen a ray of sunshine in ten days! **2** (*fig.*) ray, gleam: *un — di speranza*, a ray (*o* gleam) of hope **3** (*fis.*) ray: — *alfa*, alpha ray; — *catodico*, cathode ray; — *cosmico*, cosmic ray; — *infrarosso*, infra-red ray; — *positivo*, positive (*o* canal) ray; — *ultravioletto*, ultraviolet ray // — *X*, X-ray: *astronomia a raggi X*, X-ray astronomy; *cristallografia a raggi X*, X-ray cristallography; *diffrazione dei raggi X*, X-ray diffraction; *microscopio a raggi X*, X-ray microscopy; *spettro a raggi X*, X-ray spectrum; *tubo a raggi X*, X-ray tube **4** (*mat.*) radius*: — *di un cerchio*, radius of a circle; — *del cerchio inscritto*, inradius // (*mecc.*): — *del cerchio primitivo*, pitch circle radius; — *del cono primitivo*, cone distance; — *di curvatura*, radius of curvature **5** (*distanza, portata*) radius*; range: *armi a corto, a lungo* —, short-range, long-range weapons; *entro un — di cinque miglia*, within a radius (*o* a range) of five miles // *un ampio — d'azione*, a wide range of action // *ad ampio, vasto* —, large scale: *la campagna elettorale sarà un'operazione a vasto* —, the election campaign will be a large scale operation **6** (*di ruota*) spoke **7** (*anat.*, *bot.*) — *midollare*, medullary ray **8** (*zool.*) ray: *a raggi*, rayed.

raggiramento *s.m.* (*non com.*) trick, cheat, swindle.

raggirare *v.tr.* to trick, to cheat, to swindle; to deceive: *si lascia — da tutti*, he lets everyone cheat him; *l'hanno raggirato molto abilmente*, he was cheated very cleverly.

□ **raggirarsi** *v.intr.pron.* **1** to wander about, to go* about; to hang* about **2** (*trattare*) to handle (sthg.), to deal* (with sthg.): *la discussione si raggirava su questo problema*, the discussion turned on this problem.

raggiratore *s.m.* **raggiratrice** *s.f.* trickster, cheat, swindler; (*fam.*) conman* (*m.*).

raggiro *s.m.* trick, cheat, swindle; (*fam.*) con: *ottenere qlco. con un* —, to obtain sthg. by a trick; *essere vittima di un* —, to be cheated (*o fam.* to be taken in *o* to be bamboozled).

raggiungere *v.tr.* **1** to reach; to get* to (s.o., sthg.); to arrive at (a place): *raggiunse la cima della montagna*, he reached (*o* got to) the top of the mountain; *la somma raggiunge i due milioni di lire*, the sum amounts to two million lire; *i prezzi hanno raggiunto il livello minimo*, prices have touched bottom; *le vendite hanno raggiunto il massimo in questo periodo*, sales have peaked in this period // (*dir.*) — *un verdetto*, to reach a verdict **2** (*riunirsi a qlcu.*) to join; to catch* up: *va' avanti, ti raggiungo subito*, go ahead, I'll soon catch up with you; *li raggiungerò appena mi scriveranno*, I shall join them as soon as they write to me **3** (*colpire*) to hit*: *fu raggiunto da una pallottola*, a bullet hit him; — *il bersaglio*, to hit the target **4** (*fig.*) (*conseguire*) to attain, to achieve: — *buoni risultati*, to achieve good results; — *il proprio scopo*, to achieve (*o* to attain) one's aim.

raggiungibile *agg.* **1** reachable: *il villaggio è — solo via mare*, the village can only be reached by sea **2** (*fig.*) attainable, reachable: *una meta facilmente* —, an easily attainable goal.

raggiungimento *s.m.* **1** reaching **2** (*conseguimento*) attainment, achievement.

raggiuntare *v.tr.* to join (together).

raggiustamento *s.m.* **1** repairing, mending **2** (*riconciliazione*) reconciliation.

raggiustare *v.tr.* **1** to repair, to mend (again), to put* right **2** (*fig.*) (*conciliare*) to settle, to reconcile: — *un dissidio*, to settle a disagreement.

□ **raggiustarsi** *v.rifl.rec.* (*riconciliarsi*) to become* reconciled.

raggomitolamento *s.m.* (*non com.*) (*il raggomitolare*) winding, balling; (*il raggomitolarsi*) curling up.

raggomitolare *v.tr.* to roll up, to make* into a ball, to wind* into a ball: — *la lana*, to wind wool.

□ **raggomitolarsi** *v.rifl.* to curl up, to roll oneself up: — *in una poltrona*, to curl oneself up in an armchair.

raggranchiare, **raggranchire** *v.tr.* to numb, to stiffen: *il freddo le aveva raggranchito le mani*, the cold had numbed her hands. □ **raggranchiarsi**, **raggranchirsi** *v.intr. pron.* to become* numb, to become* stiff.

raggranellare *v.tr.* to scrape together, to scrape up: — *un po' di soldi*, to scrape together some money.

raggrinzamento, **raggrinzimento** *s.m.* wrinkling (up), creasing.

raggrinzare, **raggrinzire** *v.tr.* to wrinkle (up), to shrivel (up); to crease: *il caldo ha raggrinzito le foglie di queste piante*, the heat has shrivelled (up) the leaves of these plants; — *la fronte*, to frown (*o* to furrow one's brow) ◆ *v.intr.* → raggrinzarsi, raggrinzirsi. □ **raggrinzarsi**, **raggrinzirsi** *v.intr.pron.* to become* wrinkled, to wrinkle, to shrivel: *le foglie si raggrinziscono al sole*, leaves shrivel in the sun; *il volto gli si è tutto raggrinzito*, his face has become all wrinkled; *la pelle si raggrinzisce invecchiando*, your skin gets more wrinkled as you get older.

raggrinzato, **raggrinzito** *agg.* wrinkled, wrinkly, shrivelled; creased: *una foglia raggrinzita*, a shrivelled leaf; *la sua faccia è tutta raggrinzita*, his face is all wrinkled.

raggrumare *v.tr.* **raggrumarsi** *v.intr. pron.* to clot; to coagulate, to curdle: *per terra c'erano tracce di sangue raggrumato*, there were traces of coagulated blood on the ground.

raggrumolare *v.tr.* (*non com.*) to lump together.
□ **raggrumolarsi** *v.intr.pron.* to go* lumpy, to form lumps; to coagulate, to curdle: *il latte si è raggrumolato*, the milk has curdled; *la salsa si è raggrumolata*, the sauce has gone lumpy.

raggruppamento *s.m.* **1** (*il raggruppare*) grouping // (*inform.*) — (*delle informazioni*), batching **2** (*gruppo*) group, assemblage: *un — di persone*, a group of people // (*mil.*) — *tattico*, tactical group.

raggruppare *v.tr.* **1** to group (together), to assemble: — *i ragazzi in base all'età*, to group the children (together) according to age; *la folla era raggruppata sotto il palco*, the crowd was gathered (*o* assembled) at the foot of the stage **2** (*inform.*) to pool.
□ **raggrupparsi** *v.intr.pron.* to group, to assemble, to collect, to gather, to cluster: *molta gente si raggruppò intorno a lui*, many people assembled (*o* gathered *o* collected) round him.

raggruppato *agg.* **1** grouped, bunched **2** (*sport*) (*di tuffo*): *posizione raggruppata*, tuck position.

raggruzzolare *v.tr.* to scrape together: *ha raggruzzolato una discreta sommetta*, he has scraped together a tidy sum.

ragguagliabile *agg.* (*non com.*) comparable.

ragguagliamento *s.m.* (*non com.*) **1** (*pareggiamento*) equalization; levelling **2** (*paragone*) comparison **3** (*rapporto*) report.

ragguagliare *v.tr.* **1** (*non com.*) (*pareggiare*) to equalize; to place on the same level; to level; to balance **2** (*paragonare*) to compare **3** (*informare*) to inform, to give* full details: *mi ha ragguagliato sull'accaduto*, he has given me full details about what happened.

ragguaglio *s.m.* **1** (*paragone*) comparison // *tavole di* —, conversion tables **2** (*informazione*) information; details (*pl.*); (*relazione*) report: *mi ha dato qualche — sulle sue dimissioni*, he gave me some details about his resignation.

ragguardevole *agg.* **1** considerable, substantial, respectable: *un reddito* —, a respectable income; *una somma* —, a substantial sum; *una quantità* —, a considerable quantity **2** (*importante*) notable, distinguished: *un personaggio* —, a distinguished personage.

ragguardevolezza *s.f.* (*non com.*) importance.

ragia *s.f.* resin: *acqua* (*di*) —, oil of turpentine.

ragià *s.m.* rajah.

ragionamento *s.m.* reasoning, thinking; argument; line of reasoning: *un — confuso*, a confused line of argument; *il tuo — è giusto*, your reasoning is correct; *seguire un* —, to follow a line of reasoning; *persuadere col* —, to persuade by argument; *il tuo — non mi convince*, your thinking doesn't convince me; *non fare troppi ragionamenti*, don't give it too much thought; // *bel —!*, (*iron.*) clever (reasoning)! // (*dir.*) — *giuridico*, legal reasoning.

ragionare *v.intr.* **1** to reason (about, upon sthg.), to think* (rationally), to think* (clearly); (*fam.*) to use one's head: *non sa* —, he can't think rationally; — *su un argomento*, to think (clearly) about a subject; *ci ho ragionato sopra e ho deciso di no*, I've thought about it and I've decided not to // *vuole sposarlo e non c'è modo di farla* —, she wants to marry him and there is no way to get her to see sense // *ma ragiona!, non puoi partire adesso!*, be reasonable! (*o* use your head!), you can't leave now! **2** (*discutere*) to argue (about sthg.): *ragionarono a lungo su questa faccenda ma non arrivarono a nessuna decisione*, they argued about this matter for a long time but they did not come to any decision **3** (*parlare*) to talk over, to discuss (sthg.): *ne ragionerò con lui*, I shall talk it over with him; — *del più e del meno*, to talk about this and that.

ragionatamente *avv.* (*col ragionamento*) by reasoning; on reflection: *ha — deciso di venire*, on reflection he decided to come.

ragionativo *agg.* (*letter.*) rational: *facoltà ragionativa*, rational faculty; *un metodo* —, a rational method.

ragionato *agg.* reasoned; logical, rational: *una decisione ben ragionata*, a well-reasoned (*o* well thought-out) decision; *è stata una scelta ragionata*, it was a reasoned (*o* considered) choice // *bibliografia ragionata*, annotated bibliography; *catalogo* —, catalogue raisonné.

ragionatore *s.m.* **ragionatrice** *s.f.* reasoner, thinker: *un sottile* —, a subtle thinker.

ragione *s.f.* **1** reason: *l'età della* —, the age of discretion: *avere l'età della* —, to reach the age of discretion; *avere, riacquistare l'uso della* —, to have, to regain the use of one's reason; *agire contro* —, to act irrationally; *ricondurre qlcu. alla* —, to make s.o. see sense; *ascoltare la voce della* —, to listen to the voice of reason; *perdere il lume, l'uso della* —, to go out of one's mind (*o* to lose one's wits) // (*fil.*) — *pura, pratica*, pure, practical reason **2** (*causa, motivo*) reason, motive: *che — può avere avuto per fare ciò?*, what motive can he have had for doing that?; *dimmi la — per la quale l'hai fatto*, tell me your reason for doing it; *ho qualche — di temerlo*, I have (good) reason to fear him; *non c'è — di pensarlo*, there is no reason to think so (*o* there are no grounds for thinking so); *non è una* (*buona*) —, that is no reason (*o* excuse); *non so la — di tutto ciò*, I do not know the reason for all that; *chiedere la — di un'azione*, to ask the reason for an action; *non lo voglio vedere per nessuna* —, I don't want to see him for any reason (*o* on no account do I want to see him) // — *di essere*, reason for existence (*o* raison d'être *o* justification): *il suo sospetto non aveva più — d'essere*, her suspicion was no longer justified (*o* she no longer had any reason to be suspicious) // — *di più*, all the more reason: *è una — di più per licenziarlo*, that's another reason for dismissing him // — *per cui*, that's why: — *per cui sarebbe meglio parlargli*, that's why it would be better to speak to him // *ragioni di famiglia*, family reasons // *assente per ragioni di salute*, absent on the ground of ill health (*o* for reasons of ill health) // *la foto non può essere pubblicata per ragioni di spazio*, the photo can't be published because of lack of space // *dare, rendere — di qlco.*, to give reasons for sthg. // *non so rendermi — di ciò che ho fatto*, I cannot explain why I did it; *non so rendermi — di tutto ciò*, I cannot understand the reason for all that // *farsi una — di qlco.*, (*rassegnarsi*) to resign oneself (*o* to accept the inevitable) // (*fil.*) — *ultima delle cose*, the first cause of things **3** (*argomentazione, prova*) reason, justification: *addurre le proprie ragioni*, to put forward one's reasons; *intendere, sentir* —, to listen to reason: *ho cercato di convincerlo ma non vuole sentir* —, I've tried to convince him but he won't listen to reason // *a ragion veduta*, after due consideration; (*deliberatamente*) deliberately // *rendere di pubblica* —, to make public knowledge **4** (*diritto, legittimità*) right; reason: — *e torto*, right and wrong; *a — o a torto*, rightly or wrongly; *a — si preoccupa di ciò*, he has good reason to worry about it; *ciò mi darà* —, this will prove (*o* show) I am right; *è dalla parte della* —, he is in the right; *non voleva darmi* —, he did not want to admit I was right; *avere* —, to be right: *ho — da vendere*, I am absolutely right; *ha — di sgridarlo*, he is right to tell him off (*o* he has every reason to tell him off); *ha mille ragioni per non venire alla festa*, he has all the reasons in the world for not coming to the party; *far valere le proprie ragioni*, to assert one's rights // *a* —, with good reason // *a maggior* —, even more so // *aver — di qlcu., qlco.*, to get the better of s.o., sthg. // *darle di santa — a qlcu.*, to give s.o. a good beating (*o* hiding *o fam.* to tan s.o.'s hide); *prenderle di santa* —, to get a good beating // *farsi — da sé*, to take the law into one's hands // *rendere — a qlcu.*, to do justice to s.o. // *ricorrere a chi di* —, to apply to the proper (*o* right) person // *la — di Stato*, reason of State **5** (*tasso*) rate; (*rapporto, proporzione*) ratio, proportion: — *diretta, inversa*, direct, inverse ratio; — *geometrica*, geometric ratio; *in — del 10%*, at the rate of 10%; *in — di tanto ognuno*, at the rate of so much a head; *distribuire gli utili in — del capitale versato*, to distribute profits in proportion to the capital paid in **6** (*dir. comm.*): — *sociale*, style, corporate name, company title, trade name; *la — sociale di una ditta*, the style (*o* name) of a firm // — *di scambio*, terms of trade.

ragioneria *s.f.* **1** (*disciplina*) accounting, accountancy; (*contabilità*) bookkeeping // (*amm.*) — *generale dello stato*, general accounts office **2** (*scuola*) commercial school.

ragionevole *agg.* **1** reasonable; (*dotato di ragione*) rational: *un essere* —, a rational being; *la sua è una proposta* —, his proposal is reasonable; *ho un — sospetto*, I've a fair suspicion; *partire alle dieci sarebbe più* —, leaving at ten would be more reasonable **2** (*di buon senso*) sensible: *un ragazzo* —, a sensible boy **3** (*giusto, conforme a misura*) reasonable, fair, just: *una pretesa* —, a reasonable claim; *prezzo* —, reasonable (*o* fair) price.

ragionevolezza *s.f.* reasonableness.

ragionevolmente *avv.* reasonably: *lo si può — supporre*, it can be reasonably supposed.

ragioniere *s.m.* accountant; (*contabile*) bookkeeper: — *abilitato, iscritto all'albo*, certified (*o* chartered) accountant, (*amer.*) certified public accountant // (*amm.*): — *capo*, (*di azienda*) chief accountant, (*dello stato*) Paymaster General; — *Generale dello Stato*, Accountant and Comptroller General.

ragionieristico *agg.* **1** accounting, account (*attr.*) **2** (*estens.*) (*pignolo*) fussy // *mentalità ragionieristica*, bookkeeper's outlook.

raglan *s.m.* raglan: *maniche alla* —, raglan sleeves.

ragliare *v.intr.* **1** to bray **2** (*fig.*) to caterwaul, to bray: *tu non canti, ragli!*, you don't sing, you caterwaul.

raglio *s.m.* meno com. **ragliata** *s.f.* **1** bray, braying **2** (*fig.*) caterwauling, braying.

ragna *s.f.* **1** (*rete per catturare uccelli*) bird net; (*agguato*) snare **2** (*letter.*) (*ragnatela*) cobweb **3** (*region.*) (*parte logora di una stoffa*) threadbare patch, frayed place **4** (*bava del baco da seta*) silk filament.

ragnatela *s.f.* meno com. **ragnatelo** *s.m.* **1** cobweb, spider's web: *stanza piena di ragnatele*, room full of cobwebs; *fare la* —, to weave // *usa l'auto solo qualche volta; ormai ha le ragnatele*, (*fam.*) he only uses the car occasionally; it's just gathering dust // *è sottile come una* —, (*fig.*) it's as thin as gossamer **2** (*fig.*) (*intreccio di inganni*) web of intrigue.

ragno *s.m.* spider; *tela di* —, cobweb (*o* spider's web); — *filatore*, spinner; — *tessitore*, retiary // — *crociato*, (*Araneus diadema*) diadem (*o* cross) spider // *non cavare un — dal buco*, (*fam.*) to get nowhere // *uomo* —, acrobat.

ragù *s.m.* (*cuc.*) meat sauce.

raid *s.m.* **1** (*sport*) race **2** (*mil.*) raid.

raion → **rayon**.

raja, **rajah** *s.m.* rajah.

ralenti *s.m.* (*fr.*) (*cinem., tv*) slow motion: *sequenza al* —, sequence in slow motion (*o* slow-motion sequence) // *lavora al* —, (*fig.*) he works slowly.

ralinga *s.f.* (*mar.*) boltrope.

ralingare *v.tr.* (*mar.*) to rope.

ralla *s.f.* (*mecc.*) fifth wheel.

rallegramento *s.m.* **1** (*il rallegrarsi*) rejoicing **2** (*gioia*) joy **3** *pl.* congratulations: *molti rallegramenti*, many congratulations; *ti faccio i miei rallegramenti per esserci riuscito*, I congratulate you on your success.

rallegrare *v.tr.* to cheer (up), to make* glad, to gladden: *questa notizia mi rallegra proprio*, this news makes me very glad (*o* happy); *la sua presenza mi rallegra sempre*, his presence always cheers me up; *il caminetto acceso rallegra la stanza*, a fire burning in the grate brightens (up) a room // *il rosso è un colore che rallegra*, red is a cheerful colour.

□ **rallegrarsi** *v.intr.pron.* **1** to rejoice (at sthg.), to be glad (about sthg.); to cheer up: *si rallegrò subito quando glielo dissi*, he cheered up at once when I told him; *mi rallegrai a quelle buone notizie*, I rejoiced at the good news; *mi rallegro di sapere che sta meglio*, I am glad to hear that he is better **2** (*congratularsi*) to congratulate: — *con qlcu. per qlco.*, to congratulate s.o. on sthg.; *mi rallegro con te per il tuo brillante successo*, I congratulate you on your brilliant success.

rallentamento *s.m.* **1** (*di velocità*) slowing down: *i lavori in corso causano continui rallentamenti del traffico*, the roadworks are continually slowing down the traffic; *il — delle operazioni di soccorso è stato fatale*, the slowing down in the rescue operations was fatal // (*fis.*) *potere di* —, stopping power **2** (*diminuzione*) slowdown, slowing down, slackening: *c'è un — della produzione*, there is a slowdown in production; — *della produttività*, productivity slowdown // (*econ.*): — *dell'attività economica*, slackening (*o* decline) in economic activity; — *di lavoro* (*per motivi sindacali*), go-slow.

rallentando *s.m.* (*mus.*) rallentando.

rallentare *v.tr.* (*diminuire*) to slow down, to slacken, to lessen (*anche fig.*): — *il passo*, to slacken one's pace; — *la produzione*, to slow down production; — *il ritmo del lavoro*, to slacken the work rate; *l'auto rallentò la corsa*, the car slowed down; (*mus.*) — *il tempo*, to slacken the tempo ◆ *v.intr.* **1** (*di velocità*) to slow down, to slacken speed: *devi — in una zona abitata*, you must slow down (*o* slacken speed) in a built-up area; — *in curva*, to slow down at a bend; *rallenta, è rosso!*, slow down, it's red! **2** (*ridurre*) to die* down, to slacken; to grow* less; to become* fewer (*solo con sogg. al pl.*): *la produzione ha rallentato in questi ultimi anni*, production has slackened (*o* eased off) in the last few years; *gli affari rallentano in questo periodo*, business slows down at this time of year.

□ **rallentarsi** *v.intr.pron.* to slacken, to get* slack: *le vendite si rallentano sempre in questa stagione*, sales always slacken at this time of year // (*econ.*) *la richiesta d'azioni si è rallentata recentemente*, demand for shares has eased off lately.

rallentatore *s.m.* **1** (*mecc.*) decelerator **2** (*cinem.*) slow motion: *film proiettato al* —, film shown in slow motion // *lavorare al* —, (*fig.*) to work very slowly (*o* to crawl) **3** (*fot.*) restrainer.

rallista *s.m.* e *f.* participant in a rally.

rallo *s.m.* (*zool.*) rail // — *acquatico*, runner.

rally *s.m.* **1** (*gara*) rally: *il — di Montecarlo*, the Montecarlo rally **2** (*auto da rally*) rally car.

rama *s.f.* (*region.*) branch; (*molto piccola*) twig.

ramadan *s.m.* (*relig. maomettana*) Ramadan.

ramages *s.m.pl.* (*fr.*) (*disegno floreale*) floral pattern (*sing.*): *un tessuto a* —, fabric with a floral pattern.

ramaglia *s.f.* brush, brushwood.

ramaio *s.m.* copper smith.

ramaiolo *s.m.* ladle.

ramanzina *s.f.* telling-off, dressing-down, scolding: *fare una — a qlcu.*, to give s.o. a good telling-off; *prendersi una* —, to be scolded (*o* to be ticked off).

ramare *v.tr.* **1** (*metall.*) to copper, to copper plate **2** (*agr.*) to copper, to spray with copper sulphate **3** (*tess.*) to finish.

ramarro *s.m.* (*zool.*) green lizard.

ramato *agg.* **1** (*metall.*) copper plated **2** (*color rame*) copper (*attr.*); copper-coloured; coppery: *capelli ramati*, coppery hair **3** (*che contiene rame*) coppery ◆ *s.m.* copper sulphate.

ramatura *s.f.* copper plating, coppering.

ramazza *s.f.* (*scopa*) broom // (*fam. mil.*) *essere di* —, to be on fatigue duty.

ramazzare *v.tr.* to sweep*: — *il cortile*, to sweep the courtyard.

rambismo *s.m.* Rambo mentality.

rambo *s.m.* Rambo (*pl.* -os).

rame *s.m.* **1** (*chim., metall.*) copper; — *fuso*, casting copper; — *greggio, nero*, blister (*o* black) copper; — *in barre*, wirebar copper; *filo di* —, copper wire; *monete di* —, copper coins; *solfato di* —, copper sulphate; *utensile di* —, copper utensil; *ricoprire di* —, to copper (*o* to copper plate) // (*min.*) — *paonazzo*, peacock ore **2** *pl.* (*oggetti di rame*) copper [U].

rameico *agg.* (*chim.*) cupric.

ramengo *s.m.* (*region.*): *va' a —!*, (*al diavolo*) go to hell!; *gli affari vanno a* —, (*in malora, in rovina*) business is going to pot (*o* to the dogs).

rameoso *agg.* (*chim.*) cuprous.

rameuse *s.f.* (*fr.*) (*tess.*) finisher.

ramia *s.f.* **ramiè** *s.m.* **1** (*bot.*) (*Boehmeria nivea*) ramie **2** (*tess.*) ramie.

ramifero[1] *agg.* (*miner.*) copper-bearing (*attr.*), rich in copper: *filone* —, copper-bearing vein (*o* lode).

ramifero[2] *agg.* (*ricco di rami*) branchy.

ramificare *v.intr.* to branch: *dopo la potatura l'albero ha ramificato*, the tree branched out after pruning.

□ **ramificarsi** *v.intr.pron.* to branch out, to ramify: *la pianta si è molto ramificata*, the tree has branched out; *alla foce il Po si ramifica*, at the mouth of the Po the river branches out.

ramificato *agg.* branched, branching; (*zool.*) antlered.

ramificazione *s.f.* **1** ramification (*anche fig.*): *le ramificazioni di un fiume, di una società*, the ramifications of a river, of a society // (*anat.*) (*dei bronchi, di arterie ecc.*) branch // (*zool.*) — *delle corna*, (*di cervo, daino ecc.*) antler (*o* tine *o* prong) **2** (*inform.*) drop.

ramina *s.f.* **1** (*scaglia di rame*) copper flake **2** (*paglietta*) steel wool.

ramingo *agg.* roving, wandering: *andarsene — per il mondo*, to go wandering round the world.

ramino[1] *s.m.* (*region.*) **1** (*pentolino di rame*) copper pot **2** (*tipo di ramaiolo bucherellato*) skimmer.

ramino[2] *s.m.* (*gioco di carte*) rummy.

rammagliare *v.tr.* to mend a run, to mend a ladder.

rammagliatura *s.f.* mending (of a ladder).

rammaricare *v.tr.* (*affliggere*) to afflict.

□ **rammaricarsi** *v.intr.pron.* to regret

(sthg.), to be sorry (about sthg.): *mi rammarico di non poterlo vedere*, I regret not being able (*o* I am sorry not to be able) to see him; *si è rammaricato molto di non aver partecipato alla festa*, he was very sorry he had not been to the party; *ormai è inutile* —, it's no use being sorry (*o* complaining) now.

rammarico *s.m.* regret, sorrow: *devo esprimere il mio — per quanto è accaduto*, I must express my regret for what happened; *penso a quel che ho fatto con molto* —, I think with sorrow of what I have done.

rammassare *v.tr.* (*non com.*) (*ammassare*) to amass, to pile up.

rammendare *v.tr.* to darn, to mend: — *un calzino*, to darn a sock.

rammendatore *s.m.* **rammendatrice** *s.f.* darner, mender.

rammendo *s.m.* meno com. **rammendatura** *s.f.* **1** (*atto del rammendare*) darning, mending: *cotone da* —, darning cotton **2** (*effetto del rammendare*) darn, mend: *il — si nota molto*, the darn (*o* mend) is very noticeable; *fare un — perfetto*, to do a perfect darn.

rammentare *v.tr.* to remember, to recall, to recollect; (*richiamare alla memoria*) to remind (s.o. of sthg.): *non rammento questo libro*, I cannot remember this book; *non rammento il vostro nome*, I don't recollect (*o* recall *o* remember) your name; *non rammento dove ho messo gli occhiali*, I don't remember where I put my glasses; *rammento di averlo conosciuto in aereo*, I remember that I met him on a plane; *rammentami che devo andar via alle cinque*, remind me that I have to go at five; *mi rammenta suo padre*, he reminds me of his father; *qui tutto mi rammenta la mia gioventù*, everything here reminds me of my youth.

□ **rammentarsi** *v.intr.pron.* to remember, to recall, to recollect: *cercherò di rammentarmi ciò che ho visto*, I shall try to recollect (*o* remember) what I saw; *non mi rammento se lui c'era o no*, I cannot remember whether he was there or not; *non mi rammento il titolo*, I cannot recall (*o* remember) the title; *per quel che mi rammento*, as far as I can recollect.

rammentatore *s.m.* **1** reminder **2** (*teatr.*) (*suggeritore*) prompter.

rammodernare → **rimodernare**.

rammollimento *s.m.* **1** softening (*anche fig.*), (*fig.*) relaxing **2** (*med.*) malacia // — *cerebrale*, encephalomalacia.

rammollire *v.tr.* to soften (*anche fig.*), to make* soft (*anche fig.*): — *la cera*, to soften wax; *è rammollito dalla vita comoda*, (*fig.*) easy living has made him soft ◆ *v.intr.* → rammollirsi.

□ **rammollirsi** *v.intr.pron.* to soften (*anche fig.*), to go* soft (*anche fig.*): *la cera si rammollisce al sole*, wax softens in the sun; *gli si è rammollito il cervello*, (*fig.*) he has gone a bit soft in the head.

rammollito *agg.* soft (*anche fig.*); softened (*anche fig.*): *un vecchio* —, an old man in his dotage; *non è così — come sembra*, he isn't as soft as he looks ◆ *s.m.* weakling, weed, drip: *un gruppo di rammolliti*, a group of weaklings (*o* drips); *sei diventato un vero* —, you've become a real weakling (*o* weed).

rammorbidire *v.tr.* to soften, to make* soft(er): — *il cuoio*, to soften leather; — *il carattere di una persona*, to mellow s.o.'s character ◆ *v.intr.* → rammorbidirsi.

□ **rammorbidirsi** *v.intr.pron.* to soften; to mellow (*spec. fig.*): *il suo stile si è rammorbidito*, his style has mellowed.

ramno *s.m.* (*bot.*) rhamnus.

ramnosio *s.m.* (*chim.*) rhamnose.

ramo *s.m.* **1** branch (*anche fig.*): *i rami di un albero*, the branches of a tree; *un — carico di frutti*, a branch laden with fruit; — *d'ulivo*, olive branch; — *biforcuto*, fork; *rami potati*, brash; — *secco*, dead wood (*anche fig.*); *un — di una famiglia, di una scienza*, (*fig.*) a branch of a family, of a science // *avere un — di pazzia*, to have a touch of insanity; (*scherz.*) to be a bit dotty // *la Camera e il Senato sono i due rami del Parlamento italiano*, the Chamber of Deputies and the Senate are the two branches of the Italian Parliament **2** (*settore di un'attività*) branch, line, field, area: — *d'affari*, line (*o* branch) of business; *questo non è il mio* —, this is not my line; — *industriale*, line of industrial activity; *un'azienda di primaria importanza nel — dell'abbigliamento*, a leading firm in the clothing business; *il — dell'elettronica*, the electronics field **3** (*di fiume, lago ecc.*) branch; arm: — *di un fiume, di una catena di montagne, di una strada*, a branch of a river, of a mountain range, of a road; *il — di un lago*, the arm of a lake **4** (*delle corna*) antler: *i rami delle corna di un cervo*, the antlers of a stag **5** (*mat.*) branch: — *di una curva*, branch of a curve **6** (*anat.*) ramus (*pl.* -mi); branch.

ramolaccio *s.m.* (*bot.*): — *selvatico*, (*Raphanus raphanistrum*) wild radish.

ramoscello *s.m.* twig; (*con foglie*) sprig, spray: — *di rosmarino*, sprig of rosemary; — *d'olivo*, olive branch.

ramosità *s.f.* branchiness.

ramoso *agg.* **1** branched, branchy, ramose, ramous **2** (*di cervo*) beamy.

rampa *s.f.* **1** (*di scale*) flight **2** (*estens.*) (*ripida salita*) steep slope, ramp: — *di lancio*, launching pad; — *di carico*, loading ramp **3** (*arald.*) paw.

rampante *agg.* **1** (*arald.*) rampant: *leone* —, lion rampant **2** (*che rampa*) climbing **3** (*fig.*) (*che mira al successo*) go-getting: *un giovane — nel mondo della finanza*, a young go-getter in the world of finance ◆ *s.m.* (*rampa di scala*) flight.

rampantismo *s.m.* pushiness, go-getting.

rampata *s.f.* (*non com.*) **1** (*ripida salita*) steep slope **2** (*colpo di zampa*) blow with a paw.

rampicante *agg.* climbing; (*di pianta*) creeping, rambling: (*pianta*) —, creeper (*o* climber *o* trailer *o* vine); *uccello* —, climbing bird (*o* climber).

rampicare *v.intr.* (*non com.*) (*arrampicarsi*) to climb; (*di pianta*) to creep*.

rampicatore *agg.* (*non com.*) climbing ◆ *s.m.* climber.

rampichino *s.m.* **1** (*zool.*) (*Certhia brachydactyla*) spider-catcher, tree-creeper **2** (*bot.*) (*Convolvulus sepium*) hedge bind weed.

rampinare *v.tr.* (*mar.*) to grapple.

rampinata *s.f.* blow with a grapnel.

rampino *s.m.* **1** hook // *attaccarsi a tutti i rampini*, (*fig. non com.*) to hang on tooth and nail **2** (*unghia di felino*) claw **3** (*mar.*) grapnel.

rampista *s.m.* e *f.* (*aer.*) ramp attendant.

rampogna *s.f.* (*letter.*) reprimand, rebuke, reproach: *aspre rampogne*, bitter reproaches.

rampognare *v.tr.* (*letter.*) to reprimand, to rebuke, to reproach.

rampollare *v.intr.* (*letter.*) **1** (*di acqua*) to gush out, to spring* forth **2** (*di pianta*) to bud, to sprout, to shoot* (up) **3** (*fig.*) (*discendere*) to descend (from s.o.); (*sorgere*) to rise*: *i pensieri rampollavano nella sua mente*, thoughts surged up in (*o* rose to) his mind.

rampollo *s.m.* **1** (*discendente*) offspring, scion **2** (*scherz.*) (*figlio*) son: *questo è il mio* —, this is my son and heir **3** (*letter.*) (*di pianta*) (off)shoot, bud, sprout **4** (*non com.*) (*polla*) spring.

ramponare *v.tr.* to harpoon.

rampone *s.m.* **1** (*mar.*) harpoon **2** (*da alpinista*) crampon, creeper **3** (*per arrampicarsi su pali, tronchi*) climbing iron, crampon.

ramponiere *s.m.* (*mar.*) harpooner.

rana *s.f.* **1** frog: *il gracidio delle rane*, the croaking of the frogs // — *toro*, (*Rana catesbeiana*) bullfrog // *gonfio come una* —, (*fig.*) puffed up, conceited // (*mar.*, *mil.*) *uomo* —, frogman* **2** (*zool.*) — *pescatrice*, (*Lophius piscatorius*) angler fish (*o* frog fish *o* monkfish) **3** (*nuoto*) breaststroke: *nuotare a* —, to swim the breaststroke.

rancho *s.m.* (*sp.*) ranch.

rancia *s.f.* (*mar.*) mess list.

rancico *s.m.* (*region.*) sour taste, rancid taste ◆ *agg.* (*region.*) rancid, sour.

rancidezza *s.f.* rancidness, rancidity; (*fig.*) mustiness, staleness.

rancidire *v.intr.* to become* rancid.

rancidità → **rancidezza**.

rancido *agg.* **1** rancid, rank: *burro* —, rancid butter **2** (*fig.*) (*antiquato*, *sorpassato*) musty, stale: *stile* —, musty style ◆ *s.m.* rancid taste, rancid smell: *questo burro sta prendendo il* —, this butter is getting rancid; *sapere di* —, to have a rancid taste.

rancidume *s.m.* **1** rancidity; rancid food; rancid smell, rancid taste **2** (*fig.*) stale stuff, out-of-date stuff, old-fashioned stuff.

ranciere *s.m.* (*mil.*) messman.

rancio *s.m.* **1** (*mil.*) mess, ration (*gener. pl.*): *ora del* —, mess time; *il — è stato scarso oggi*, the rations were poor today; *distribuire il* —, to serve out mess (*o* to distribute the rations) **2** (*mar.*) mess list.

rancore *s.m.* grudge, rancour; *nutrire, serbare — contro, verso qlcu.*, to bear s.o. a grudge (*o* malice *o* ill will): *non gli porto* —, I bear him no grudge; *soddisfare un — personale*, to gratify a private grudge; *senza* —, without malice (*o* without ill feeling); *ci sono dei vecchi rancori tra di loro*, there is bad blood between them.

rancoroso *agg.* rancorous, vindictive, spiteful.

rand *s.m.* (*unità monetaria sudafricana*) rand.

randa *s.f.* **1** (*mar.*) mainsail **2** (*compasso a verga*) beam compass **3** (*ant.*) (*margine, estremità*) edge, extremity // *a — a* —, on the outer edge.

randagio *agg.* stray, wandering: *cane* —, stray dog.

randagismo *s.m.* straying.

randeggiare *v.intr.* (*mar.*) to coast, to hug the coast.

randellare *v.intr.* to club, to cudgel, to bludgeon: *l'hanno randellato per bene*, they clubbed him savagely.

randellata *s.f.* blow with a club: *dopo averlo preso a randellate l'hanno lasciato andare*, after they had clubbed him they let him go.

randello *s.m.* club, cudgel, truncheon.

randomizzare *v.tr.* (*stat.*) to randomize.

randomizzazione *s.f.* (*stat.*) randomization.

randonnée *s.f.* (*fr.*) (*sport*) long-distance race.

ranella *s.f.* **1** (*mecc.*) washer **2** (*zool.*) murex (*pl.* -xes, -ices).

ranetta → **renetta**.

ranfia → **granfia**.

ranforinco *s.m.* (*zool.*) (*Rhamphomicron microrhynchum*) thornbill.

ranfoteca *s.f.* (*zool.*) rhamphotheca.

range *s.m.* (*fis.*) range.

ranger *s.m.* explorer; forest ranger; (*mil.*) (*soldato addestrato per incursioni*) ranger, commando.

ranghinatore *s.m.* (*agr.*) side-delivery rake.

ranghinatura *s.f.* (*agr.*) raking and tossing hay.

rango *s.m.* **1** rank, standing, status, position: *di alto —*, of high rank (*o* standing *o* degree); *una donna di alto —*, a woman of high social standing; *avere il — di colonnello*, to hold the rank of colonel; *decadere dal proprio —*, to come down in the world; *occupare un — superiore, inferiore a qlcu.*, to rank above, below s.o.; *occupare un alto — sociale*, to be of high social standing // *uno scrittore di —*, a highly rated writer **2** (*mil.*) (*schiera, fila*) rank, line, file: *formare i ranghi*, to fall in(to) line; *mettere i soldati in due ranghi*, to draw up the men in two ranks; *rientrare nei ranghi*, to fall back into line (*anche fig.*), (*ritornare a un posto di minore rilievo*) to return to the ranks; *rompere i ranghi*, to break rank(s); *serrare i ranghi*, to close ranks; *uscire dai ranghi*, (*fig.*) to fall out of line (*anche fig.*), to disobey orders **3** (*novero*) rank: *essere nel — di coloro che contano*, to be one of the people who count **4** (*mat.*) rank: *— di una matrice*, rank of a matrix **5** (*mar.*) rate: *vascello di secondo —*, vessel of second rate.

ranista *s.m.* e *f.* (*sport*) breaststroke swimmer.

rannaiola *s.f.* (*non com.*) (*colatoio per il ranno*) lye strainer.

rannata *s.f.* (*non com.*) **1** (*lavatura nel ranno*) lye washing **2** (*il ranno dopo la lavatura*) lye dregs (*pl.*).

rannerire *v.tr.* (*non com.*) to darken, to blacken ◆ *v.intr.* → rannerirsi.

□ **rannerirsi** *v.intr.pron.* (*non com.*) to darken, to grow* darker, to grow* blacker.

rannicchiare *v.tr.* to curl up, to draw* in: *— le gambe*, to curl up one's legs.

□ **rannicchiarsi** *v.rifl.* to crouch, to squat down; to huddle; to cuddle (up): *— dietro la porta*, to crouch behind the door; *— in un angolo*, to squat down in a corner; *— sotto le coperte*, to cuddle up under the blankets.

rannidarsi *v.intr.pron.* **1** to nest, to make* one's nest **2** (*rifugiarsi, nascondersi*) to hide* oneself away.

ranno *s.m.* lye // *buttar via il — e il sapone*, to waste time and effort.

rannobilire *v.tr.* (*letter.*) to ennoble, to make* noble.

rannodare *v.tr.* **1** to retie **2** (*fig.*) (*riprendere, riallacciare*) to renew: *— un'amicizia*, to renew a friendship.

rannoso *agg.* (*non com.*) lye (*attr.*).

rannuvolamento *s.m.* clouding over; (*fig.*) darkening: *il — del cielo*, the clouding over of the sky; *il — del volto*, the darkening of s.o.'s face.

rannuvolare *v.tr.* **1** to cover with clouds **2** (*non com.*) (*turbare*) to disturb.

□ **rannuvolarsi** *v.intr.pron.* **1** to become* cloudy, to get* cloudy, to cloud over, to become* overcast: *il cielo si rannuvola*, the sky is clouding over (*o* is getting cloudy) **2** (*fig.*) (*oscurarsi in volto*) to darken: *a quelle parole si rannuvolò*, when he heard that his face darkened.

rannuvolato *agg.* **1** cloudy, overcast, clouded over: *cielo —*, cloudy (*o* overcast) sky **2** (*fig.*) (*accigliato*) gloomy, downcast: *volto —*, gloomy face.

ranocchia → **ranocchio**.

ranocchiaia *s.f.* **1** place full of frogs **2** (*luogo paludoso*) swamp, marsh.

ranocchiesco *agg.* (*scherz.*) frog (*attr.*).

ranocchio *s.m.* **1** frog **2** (*scherz.*) (*bambino*) brat **3** (*persona sgraziata*) ugly runt.

rantolare *v.intr.* **1** to gasp for breath, to wheeze **2** (*in punto di morte*) to have the death rattle.

rantolio *s.m.* gasping, wheezing.

rantolo *s.m.* **1** gasp, wheeze **2** (*med.*) deathrattle.

rantoloso *agg.* wheezing, gasping: *vecchio —*, wheezing old man.

ranula *s.f.* (*med.*) ranula.

ranuncolino *s.m.* (*bot.*): *— muschiato*, (*Adoxa moschatellina*) moschatel.

ranuncolo *s.m.* (*bot.*) buttercup, ranunculus*: *— bulboso, dei fossi*, (*Ranunculus bulbosus*) kingcup; *— comune, dei prati*, (*Ranunculus acer*) crowfoot (*o* bachelor's button); *— europeo*, (*Ranunculus auricomus*) goldilocks.

rapa *s.f.* **1** (*bot.*) (*Brassica rapa*) turnip // *cime di —*, turnip tops (*o* turnip greens) // *valere una —*, (*fig.*) to be worthless // *voler cavar sangue da una —*, (*fam.*) to try to get blood out of a stone **2** (*fam.*) (*testa, cervello*) head, brain: *che cosa hai nella —?*, what have you got in that thick head of yours? **3** (*fam.*) *testa di —*, dunce, blockhead: *sei proprio una — in matematica*, you really are a dunce at mathematics.

rapace *agg.* **1** (*di animali*) predaceous, predacious, predatory: *uccello —*, bird of prey (*o* predator) **2** (*avido*) rapacious, greedy, grasping: *uomo —*, greedy (*o* rapacious) man; *mani rapaci*, grasping hands // *sguardo —*, greedy eyes.

rapacità *s.f.* **1** rapacity, rapaciousness, greed, predaciousness; (*di uccelli*) predacity **2** (*avidità*) rapacity, greed, graspingness.

rapaiola *s.f.* (*zool.*) (*Pieris rapae*) rape butterfly.

rapanello → **ravanello**.

rapare *v.tr.* to crop, to shave: *il barbiere mi ha rapato*, the barber has cropped (*o* shaved) my hair.

□ **raparsi** *v.rifl.* to have one's hair cropped, to have one's hair shaved.

rapata *s.f.* cropping: *che — che ti hanno fatto!*, you've really been cropped (*o* shorn)!

rapato *agg.* cropped, shorn, shaved.

rapatura *s.f.* cropping, shaving.

rapé *agg.* e *s.m.* (*tabacco da fiuto*) rappee.

raperonzolo *s.m.* (*bot.*) (*Campanula rapunculus*) rampion.

rapida *s.f.* rapids (*pl.*), rapid.

rapidità meno com. **rapidezza** *s.f.* swiftness, rapidity, quickness, speed: *la — della corrente*, the swiftness (*o* rapidity) of the stream; *con la — del fulmine*, with the speed of lightning; *camminare con grande —*, to walk very quickly; *— di intuizione*, swiftness of intuition.

rapido *agg.* swift, rapid, quick, speedy, fast: *rapida lettura*, quick (*o* speedy) reading; *— movimento*, swift movement; *— sguardo*, swift (*o* quick) glance; *— sviluppo*, rapid growth; *al delitto seguì una rapida vendetta*, the murder was followed by swift (*o* speedy) vengeance; *fare un — calcolo*, to make a rapid (*o* swift) calculation; *dare una rapida scorsa al giornale*, to give a quick look at the newspaper; *riso di rapida cottura*, quick cooking rice // (*econ.*): *— deterioramento*, accelerated depreciation; *— aumento dei prezzi*, speedy increase in prices; *inflazione, prezzi in — aumento*, runaway inflation, prices ◆ *s.m.* (*ferr.*) express (train): *il — delle 8.15*, the 8,15 express.

rapimento *s.m.* **1** kidnapping, abduction (*anche dir.*): *— a scopo di estorsione*, kidnapping for ransom; *non sono ancora stati scoperti gli autori del — del bambino*, the kidnappers of the child have not been discovered yet **2** (*fig.*) (*estasi*) rapture, ecstasy: *ascoltare una musica con —*, to listen to music with ecstasy.

rapina *s.f.* **1** (*dir.*) robbery; (*saccheggio*) plunder: *la — è più grave del furto*, robbery is more serious than theft; *commettere una —*, to commit a robbery; *— in banca*, bank robbery // *— a mano armata*, armed robbery // *vivere di —*, to live by robbing **2** (*estens.*) (*ruberia*) theft, robbery: *questi prezzi sono una —!*, these prices are theft (*o* daylight robbery) // *gol di —*, opportunist goal // (*miner.*) *coltivazione di —*, robbing **3** (*non com.*) (*cose rapite*) stolen goods (*pl.*); (*bottino*) plunder.

rapinare *v.tr.* to rob; (*saccheggiare*) to plunder: *fu rapinato mentre rincasava a tarda notte*, he was robbed on his way back home late at night; *gli rapinarono due milioni*, they robbed him of two million lire.

rapinatore *s.m.* robber; (*saccheggiatore*) plunderer; *rapinatori di banca*, bank robbers.

rapire *v.tr.* **1** to kidnap; to abduct; (*rubare*) to steal*, to carry off: *il tesoro era stato rapito*, the treasure had been stolen (*o* carried off); *— un bambino, una persona*, to kidnap a child, a person // *rapito alla morte*, snatched from the jaws of death; *rapito dalla morte*, snatched away by death **2** (*fig.*) (*estasiare*) to ravish, to enrapture, to enchant: *fummo rapiti dalla sua splendida voce*, we were ravished by her beautiful voice.

rapito *agg.* **1** (*di persona*) kidnapped; abducted; (*rubato*) stolen; *il bimbo — è stato* *ritrovato*, the kidnapped child has been found; *i gioielli rapiti furono nascosti in una cantina*, the stolen jewels were hidden in a cellar **2** (*fig.*) (*estasiato*) ravished, enraptured, enchanted: *sguardo —*, ravished expression; *la guardava —*, he watched her enraptured.

rapitore *s.m.* **rapitrice** *s.f.* kidnapper; abductor.

rapitore *agg.* (*letter.*) driving: *forza rapitrice delle acque*, driving force of the waters.

raponzolo → **raperonzolo**.

rappa *s.f.* **1** (*ciocca di pianticella*) tuft **2** (*vet.*) (*dei cavalli*) grease.

rappaciare, **rappaciarsi** → **rappacificare**, **rappacificarsi**.

rappacificamento *s.m.* (*non com.*) reconciliation.

rappacificare *v.tr.* **1** to reconcile, to pacify: *— due amici*, to reconcile (*o* to make peace) between two friends **2** (*calmare*) to pacify, to calm.

□ **rappacificarsi** *v.rifl.rec.* o *rifl.* to make* peace (with each other), to become* reconciled (with each other); to make* (it) up (with each other); to make* friends again (with each other): *dopo lunghe contese i due popoli si rappacificarono*, after a long conflict the two peoples became reconciled (*o* made peace) (with each other); *vi siete rappacificati?*, have you made it up (with each other)?; *ti sei rappacificato con tua moglie?*, have you made it up with your wife?

rappacificazione *s.f.* reconciliation.

rappattumare *v.tr.* to patch things up.

□ **rappattumarsi** *v.rifl.* o *rifl.rec.* to patch things up (with one another, each other).

rappezzamento *s.m.* patching (up), mending: *— fatto alla meglio*, botching.

rappezzare *v.tr.* **1** to patch (up), to mend*: *per favore, rappezzami questa gonna*, please, patch this skirt for me; *— una camera d'aria*, to patch an inner tube **2** (*fig.*) (*mettere insieme*) to put together: *ha frugato nella biblioteca per — questo articolo*, he has searched through the library to put together this article.

rappezzatura *s.f.* **1** patching (up) **2** (*parte rappezzata*) patch.

rappezzo *s.m.* (*il rappezzare*) patching (up); (*parte rappezzata*) patch (*anche fig.*): *il suo vestito è pieno di rappezzi*, her dress is full of patches; *fare un — a qlco.*, to put a patch on sthg., (*fig.*, *rimediare*) to patch up sthg.

rappiccicare → **riappiccicare.**

rappigliare *v.intr.* **rappigliarsi** *v.intr.pron.* (*non com.*) (*rapprendere*) to set*, to thicken; (*coagulare*) to coagulate, to congeal; (*di latte*) to curdle.

rapportabile *agg.* (*confrontabile*) comparable: *un fenomeno, un prezzo — a un altro*, a phenomenon, a price comparable to another.

rapportare *v.tr.* **1** (*non com.*) (*riferire*) to refer, to report, to relate; (*pettegolezzi, chiacchiere*) to spread*: *non fidarti delle persone che rapportano pettegolezzi maligni*, don't trust people who spread malicious gossip **2** (*mettere in relazione*) to relate: *— i salari al costo della vita*, to relate wages to the cost of living **3** (*riprodurre in scala*) to reproduce, to scale.

□ **rapportarsi** *v.intr.pron.* to refer, to relate to: *dati che si rapportano alla situazione economica*, data which refer (*o* relate) to the economic situation.

rapportatore *s.m.* **1** (*non com.*) reporter, relater; (*di pettegolezzi ecc.*) spreader **2** (*goniometro*) protractor.

rapporto *s.m.* **1** (*relazione scritta o orale*) report; statement; account: *il — ufficiale di un comitato al Parlamento*, the official report of a committee to Parliament; *stendere, fare un —*, to draw up, to make a report; *fece un lungo e dettagliato — sulle sue ricerche*, he made a long and detailed report on his research; *— di polizia*, police report; *il — mensile di una banca*, the monthly statement of a bank; *— sulle vendite*, sales report; *fare — ai superiori*, to report to one's superiors; *ho fatto — su di lui al suo direttore*, I reported him to his manager // *andare a — da qlcu.*, to report to s.o.: *andò a — dal comandante*, he reported to his commanding officer // *chiamare qlcu. a —*, to summon s.o., (*mil.*) to tell s.o. to report // *mettersi a — con qlcu.*, to ask for a hearing from s.o. **2** (*relazione, connessione*) relation, relationship; connection: *rapporti sociali*, social relations; *rapporti di amicizia*, friendly relations; *rapporti fra padre e figli*, father-child relationship; *rapporti d'affari*, business relations (*o* dealings); *rapporti commerciali tra paesi diversi*, commercial (*o* trade) relations between different countries; *— di lavoro*, employer -employee relationship; *rapporti tra direzione e maestranze*, industrial (*o* labour) relations; (*amm.*) *indennità di fine —*, severance pay; *i rapporti fra loro sono piuttosto tesi*, their relations are rather strained; *non c'è alcun — tra queste due cose*, there is no connection (*o* relation) between these two things; *le tue parole non hanno alcun — con questo problema*, what you say has no relation (*o* connection) with (*o* bears no relation to) this problem; *avere rapporti con qlcu.*, to have relations with s.o.: *ho avuto solo rapporti d'affari con lui*, I have had only business relations with him; *l'Italia non ha mai avuto nessun — con quel paese*, Italy has never had any relations with that country; *essere in buoni rapporti con qlcu.*, to be on good terms with s.o.; *mettere qlcu. in — con qlcu.*, to put s.o. in touch with s.o.; *mettersi in — con qlcu.*, to get in touch with s.o.; *mettersi in — d'affari con qlcu.*, to enter into a business relationship with s.o.; *rompere i rapporti*, to sever (*o* to break off) relations; *rompere i rapporti con una ditta*, to break off connections with a firm // *vedere, mettere un fatto in — con un altro*, to relate one fact to another // *in — a*, in relation to (*o* in connection with *o* with reference to); *cosa mi sai dire in — alla questione dello scandalo?*, what can you tell me about (*o* as regards) the scandal? // *sotto questo —*, in this respect; *sotto tutti i rapporti*, in every respect (*o* from all points of view) // *— di causalità*, relation of cause and effect, (*come problema giuridico*) causation **3** *— (sessuale)*, (sexual) intercourse, sex; *avere rapporti (sessuali)*, to have (sexual) intercourse (*o* sex) **4** (*mat., mecc. ecc.*) ratio*: *calcolare il — tra gli abitanti e la superficie*, to calculate the ratio between inhabitants and area; *uomini e donne sono in — di uno a tre*, the ratio of men to women is one to three; *— incrementale*, ratio of increment; (*aer.*) *— di contrazione*, contraction ratio; (*aer.*) *— di funzionamento*, slip function; *— di lavoro*, work ratio; (*chim.*) *— di riflusso*, reflux ratio; (*elettr.*) *— di trasformazione*, ratio of transformation; (*mecc.*) *— di trasmissione*, gear ratio; (*mecc.*) *— totale di trasmissione*, overall gear ratio; (*fot.*) *— tra il diametro e la lunghezza focale*, aperture ratio // (*econ.*): *— di mercato, di scambio*, market ratio; *— di indebitamento*, leverage (*o* gearing ratio); *— di cassa*, cash ratio; *— di liquidità*, liquidity (*o* current) ratio; *— capitale-prodotto*, capital-output ratio; *— tra utili e dividendi*, divident cover (*o* payout ratio); *— utile-fatturato*, profit-to-turnover ratio; *— vendite-capitale*, (*amer.*) equity turnover // (*fin.*) *rapporti di cambio*, exchange rates // (*geol.*) *— di età*, age ratio **5** (*confronto*) comparison: *non c'è — fra la sua competenza e la mia*, there's no comparison between his competence and mine; *in — al, con il primo, il suo secondo libro è sicuramente migliore*, compared with his first book, the second is definitely better **6** (*inform.*) report: *— di intervento*, call report; *— di segnalazione anomalie*, exception report.

rapprendere *v.intr.* **rapprendersi** *v.intr.pron.* (*coagulare, coagularsi*) to congeal, to coagulate, to clot; (*addensare, addensarsi*) to thicken; (*rassodare, rassodarsi*) to set*; (*di latte*) to curdle: *il sangue (si) rapprende presto*, blood congeals (*o* coagulates *o* clots) quickly; *questa gelatina si rapprende in fretta*, this jelly sets quickly; *questa crema non si rapprende*, this custard isn't thickening.

rappresaglia *s.f.* retaliation; reprisal (*spec. mil.*): *atto di —*, act of retaliation; *— militare*, military reprisal (*o* retaliation); *per —*, in (*o* by way of) reprisal: *incendiare un villaggio per —*, to burn a village in reprisal; *fare rappresaglie contro qlcu.*, to retaliate against s.o.

rappresentabile *agg.* performable, playable: *questa commedia non è —*, this play is not performable.

rappresentante *s.m.* e *f.* **1** representative, rep; delegate; (*comm.*) agent: *— diplomatico*, diplomatic representative (*o* delegate); *i nostri rappresentanti in parlamento*, our parliamentary representatives; *— sindacale*, shop steward (*o* union representative); *— sindacale aziendale*, (*amer.*) business agent // (*comm.*): *— esclusivo*, sole agent; *— di commercio, di vendita*, sales representative (*o* business agent); *— estero*, foreign agent **2** (*esponente*) representative: *i rappresentanti del romanticismo*, the representatives of Romanticism.

rappresentanza *s.f.* **1** representation (*anche pol.*); (*deputazione*) deputation, delegation: *— legale*, legal representation; (*pol.*) *— proporzionale*, proportional representation; *agire in — di qlcu.*, to act on behalf of s.o. // *sposarsi per —*, to marry by proxy // *macchina di —*, official car // *spese di —*, entertainment expenses; *indennità per le spese di —*, entertainment allowance **2** (*gruppo rappresentativo*) *— diplomatica*, diplomatic delegation; *— sindacale*, bargaining agency (*o* unit) **3** (*comm.*) agency: *— esclusiva*, sole agency; *contratto di —*, agency contract; *— (estera)*, representative foreign branch (*o* office); *ha la — di una grande ditta*, he is agent for a big firm.

rappresentare *v.tr.* **1** (*raffigurare*) to represent; to depict, to portray: *la giustizia è rappresentata come una dea con in mano una bilancia*, Justice is represented as a goddess holding a pair of scales; *questo quadro rappresenta un paesaggio marino*, this picture represents a seascape; *il romanzo rappresenta la realtà del '700 inglese*, the novel portrays the reality of 17th century England; *i segni fonetici rappresentano i suoni*, phonetic symbols represent sounds // *rappresentarsi qlco.*, (*immaginarsi*) to picture to oneself (*o* to imagine) sthg.: *si rappresentava nella fantasia i particolari della scena*, he saw in his mind's eye (*o* he pictured to himself) the details of the scene **2** (*simboleggiare*) to symbolize, to represent, to stand* for: — *un ideale, una civiltà*, to symbolize (*o* to represent) an ideal, a civilization; *il leone rappresenta la forza*, the lion symbolizes strenght; *in questo dramma il padre rappresenta la malvagità, il figlio la bontà*, in this drama the father represents (*o* symbolizes) wickedness, the son represents goodness **3** (*essere il rappresentante di*) to represent; to act for (s.o., sthg.); (*comm.*) to be agent for (s.o., sthg.), to act as an agent for (s.o., sthg.): *il partito repubblicano era rappresentato da cinque uomini*, the Republican Party was represented by five men; *rappresento mio fratello*, I am acting for my brother; — *qlcu. in giudizio*, to appear for s.o. (in court); — *una ditta, una società*, to be agent for a firm, for a company; *il sindaco si è fatto — dall'assessore anziano*, the mayor had the senior councillor deputize for him **4** (*teatr.*) to perform, to stage; to act, to give*; (*fam.*) to put* on: — *una commedia*, to perform (*o fam.* to put on) a play // — *una parte molto importante*, to play (*o* to act) a very important part (*anche fig.*) **5** (*cinem.*) to show (a film) **6** (*significare*) to mean*; (*essere*) to be: *le sue opinioni non rappresentano niente per me*, his opinions do not mean anything to me; *lo sport rappresenta tutto per lui*, sport means (*o* is) everything to him; *la disoccupazione rappresenta il problema più grave*, unemployment is the most serious problem; *la scoperta rappresenta un grande passo avanti per la scienza*, the discovery is a breakthrough for science.

rappresentativa *s.f.* **1** (*sport*) selected team, representative team **2** (*delegazione*) delegation: — *parlamentare*, parliamentary delegation.

rappresentatività *s.f.* representativeness.

rappresentativo *agg.* **1** representative: *sistema politico* —, representative political system // *squadra rappresentativa*, selected team // (*fin.*) *moneta rappresentativa*, representative money **2** (*simbolico*) representative, symbolic: *uno scrittore — di un'epoca*, a writer who symbolizes an age.

rappresentazione *s.f.* **1** representation; portrayal; (*descrizione*) description: *ci diede una vivida — di quello che aveva sofferto*, he gave us a vivid description of his sufferings (*o* of what he had suffered); *questa è una — di un paesaggio russo*, this is a representation of a Russian landscape **2** (*teatr.*) performance: *la — di una commedia*, the performance of a play; *prima* —, first night (*o* première *o* first performance); *prima — assoluta*, world première // *sacre rappresentazioni*, mysteries **3** (*dir.*) representation: *ereditare per diritto di* —, to inherit by right of representation **4** (*inform.*) picture, representation: — *analogica*, analog representation; — *visiva*, display **5** (*psic.*) image.

rapsodia *s.f.* rhapsody.

rapsodico *agg.* **1** rhapsodic **2** (*fig.*) (*frammentario*) fragmentary, disconnected: *narrazione rapsodica*, fragmentary narration.

rapsodista *s.m.* e *f.* rhapsodist.

rapsodo *s.m.* rhapsode, rhapsodist; (*estens.*) (*cantastorie*) ballad singer.

raptatorio *agg.* (*zool.*) raptorial.

raptus *s.m.* (*psic.*) raptus.

rara avis *s.f.* (*lat.*) rare bird, rara avis.

raramente *avv.* seldom, rarely, hardly ever: *esco — la sera*, I seldom (*o* rarely *o* hardly ever) go out in the evening; *ci vediamo molto* —, we seldom (*o* rarely *o* hardly ever) see each other; — *lo avevo visto così contrariato*, seldom had I seen him so annoyed; *solo — si concede un po' di riposo*, he hardly ever takes a break // *questa zona è assai — colpita dal terremoto*, only on very rare occasions has this area been hit by earthquakes // *capita — di incontrare una persona così sincera*, it is rare to meet such a sincere person • Come si nota dagli esempi, all'inizio di frase queste forme avverbiali richiedono l'inversione tra verbo e soggetto.

rarefare *v.tr.* **1** to rarefy: — *un gas*, to rarefy a gas **2** (*non com.*) (*rendere meno frequente*) to make* less frequent.

□ **rarefarsi** *v.intr.pron.* **1** to rarefy; to become* rarefied: *a questa altezza l'aria si rarefà*, at this altitude the air becomes rarefied **2** (*non com.*) (*diventare meno frequente*) to become* scarce; (*meno intenso*) to become* less dense, to thin out: *nelle ore serali il traffico tende a* —, in the evening the traffic become less dense (*o* thins out).

rarefattibile *agg.* rarefiable.

rarefattivo *agg.* rarefactive.

rarefatto *agg.* **1** rarefied (*anche fis.*): *aria rarefatta*, rarefied air **2** (*fig.*) (*sottile*) subtle, refined: *un umorismo* —, a subtle sense of humour.

rarefazione *s.f.* (*stato*) rarefaction; (*il rarefare*) rarefying // (*fin.*) — *del credito*, credit squeeze (*o* crunch).

rarificare *v.tr.* (*non com.*) to rarefy.

rarità *s.f.* **1** rareness, rarity: *i diamanti sono molto costosi per la loro* —, diamonds are very expensive on account of their rarity **2** (*cosa rara e pregevole*) rarity, curiosity: *questo libro è una* —, this book is a rarity; *un vero amico è una* —, a real friend is a rare thing **3** (*scarsezza*) scarceness, scarcity **4** (*rar.*) (*di tessuti, radezza*) thinness.

raro *agg.* **1** rare; scarce; (*non comune*) uncommon, extraordinary, exceptional: *libro, francobollo* —, rare book, stamp; *metalli rari*, rare (*o* precious) metals; *il buon senso è una delle cose più rare*, common sense is one of the rarest things; *era lodato per le sue rare virtù*, he was praised for his rare (*o* uncommon) virtues; *un uomo di intelligenza rara*, a man of exceptional intelligence; *un caso più unico che* —, an exceptional case // — *come le mosche bianche*, very rare // *una bestia rara*, (*fig.*) a queer fish: *i compagni lo consideravano una bestia rara*, his schoolmates looked upon him as a queer fish **2** (*infrequente*) rare; unusual: *le sue rare visite*, his rare visits; *è — che lo si veda*, it is unusual (*o* a rare thing) to see him; *è — incontrare persone come lui*, one rarely meets (*o* it it's unusual to meet) people like him // *rare volte*, rarely (*o* seldom): *rare volte ho visto qualcosa di simile*, I have seldom seen such a thing **3** (*rado*) thin; scanty // (*med.*) *polso* —, pulsus rarus (*o* plateau pulse) **4** (*chim.*): *terre rare*, rare earths; *gas* —, inert (*o* noble *o* rare) gas.

ras *s.m.* **1** ras **2** (*fig. spreg.*) boss.

rasare *v.tr.* **1** (*capelli, barba*) to shave; (*il pelo di un cane*) to trim: *il barbiere mi ha rasato*, the barber shaved me (*o* gave me a shave); *gli hanno rasato i capelli*, (*a zero*) his head has been shaved, (*a spazzola*) he's been cropped **2** (*pareggiare*) to smooth; to trim; (*l'erba*) to mow*: — *un prato*, to mow a lawn; — *una siepe*, to clip (*o* to trim) a hedge.

□ **rasarsi** *v.rifl.* (*radersi*) to shave.

rasatello *s.m.* (*tessuto*) sateen.

rasato *agg.* **1** (*sbarbato*) shaved, shaven: *un mento ben* —, a clean-shaven chin **2** (*liscio, pareggiato*) smooth; (*di siepe*) clipped, trimmed; (*di erba*) mown **3** (*simile a raso*) satin (*attr.*): *carta rasata*, satin-paper; *tessuto* —, (*di seta*) satin, (*di lana*) clear-finished material // *maglia rasata*, stocking stitch ◆ *s.m.* (*tessuto*) sateen.

rasatore *s.m.* (*tess.*) shearer.

rasatrice *s.f.* (*tess.*) shearing machine.

rasatura *s.f.* **1** (*di barba, capelli*) shaving; shave **2** (*lisciatura*) smoothing; (*di siepe*) clipping, trimming; (*di prato*) mowing **3** (*tess.*) shearing.

raschiabile *agg.* that can be scraped.

raschiamento *s.m.* **1** scraping **2** (*med.*) curettage, curettement.

raschiaolio *s.m.* (*mecc.*) scraper ring.

raschiare *v.tr.* to scrape, to scratch; (*cancellare*) to erase, to scratch out: *devi — la vernice*, you must scrape away (*o* off) the paint; *raschiò l'intonaco dalla parete*, he scraped the plaster off the wall; *l'iscrizione fu raschiata via*, the inscription was scratched out // *raschiarsi la gola*, to clear one's throat **2** (*med.*) to curette.

raschiata *s.f.* scraping, scrape.

raschiatoio *s.m.* scraper; (*metall.*) rabble.

raschiatore *agg.* scraping ◆ *s.m.*, **raschiatrice** *s.f.* scraper.

raschiatura *s.f.* **1** (*il raschiare*) scraping, scratching; (*la traccia che resta*) scrape mark, score **2** (*materia tolta raschiando*) scraping: — *di limone*, grated lemon peel.

raschiettare *v.tr.* (*mecc.*) to scrape.

raschiettatura *s.f.* (*mecc.*) scraping.

raschietto *s.m.* **1** scraper; (*per cancellare*) eraser, erasing knife **2** (*lamina di ferro usata per pulirsi le scarpe*) foot scraper.

raschio[1] *s.m.* (*irritazione alla gola*) irritation (in the throat), (*fam.*) tickle, frog; (*il raschiarsi la gola*) clearing one's throat.

raschio[2] *s.m.* scraping; (*il rumore*) scraping noise.

rasciugare *v.tr.* (*non com.*) (*asciugare*) to dry; (*prosciugare*) to dry up.

□ **rasciugarsi** *v.intr.pron.* to dry oneself.

rasentare *v.tr.* **1** to graze, to skim, to miss (s.o., sthg.) by a hair's breadth, to brush past (s.o., sthg.), to skim past (s.o., sthg.), to shave: *l'autobus rasentò il muro*, the bus grazed the wall; *l'automobile ci rasentò mentre attraversavamo la strada*, the car only just missed us while we were crossing the street; *il proiettile mi rasentò la testa*, the bullet skimmed past my head; *l'uccello rasentò la superficie del lago*, the bird skimmed over the surface of the lake **2** (*fig.*) to border on (sthg.): *ciò che ha detto rasenta l'idiozia*, what he said borders on the ridiculous; *rasenta la quarantina*, he is bordering on (*o* coming up to) forty; *— la pazzia*, to border on insanity // *questa azione rasenta il codice penale*, this action just misses being illegal (*o* is just inside the law) // *— la galera*, to escape prison by a hair's breadth.

rasente (a) *prep.* close to, very near: *camminare — al muro*, to walk very close to (*o* hugging) the wall; *la macchina gli passò —*, the car passed very close (*o* very near) to him // *la palla passò — al palo*, the ball skimmed past the post // *il proiettile gli passò —*, the bullet whizzed past his ear // *volare — terra*, to skim along (*o* to graze) the ground.

rasiera *s.f.* (*falegnameria*) scraper.

raso *agg.* smooth; (*di barba*) shaven; (*di capelli*) close-cropped: *cane a pelo —*, short-haired dog // *bicchiere —*, glass full to the brim; *un cucchiaino — di zucchero*, a level teaspoonful of sugar // *campagna rasa*, bare country // *la mia mente è tabula rasa*, my mind is a blank // *far tabula rasa*, (*fig.*) to make a clean sweep // *— al suolo*, razed to the ground // *l'aereo volava — terra*, the plane flew close to the ground // *un ragionamento — terra*, (*fig.*) a pedestrian argument.

raso *s.m.* (*tess.*) **1** (*armatura*) satin weave **2** (*tessuto*) satin: *— operato*, figured satin; *un abito di —*, a satin dress.

rasoiata *s.f.* razor slash, razor cut.

rasoio *s.m.* razor: *affilare il —*, to sharpen the razor; *tagliare come un —*, to be razor-sharp; *— a mano libera*, cutthroat razor; *— elettrico*, electric razor; *— di sicurezza*, safety razor; *il filo del —*, the razor's edge (*anche fig.*); *avere la lingua tagliente come un —*, (*fig.*) to have a razor-sharp tongue.

rasoterra *s.m.* (*sport*) low shot.

raspa[1] *s.f.* rasp.

raspa[2] *s.f.* (*danza*) raspa.

raspamento *s.m.* rasping.

raspare *v.tr.* **1** (*lavorare con la raspa*) to rasp, to scrape: *— una superficie*, to rasp (*o* to scrape) a surface **2** (*irritare*) to rasp, to irritate **3** (*grattare con le unghie*) to scratch: *il cane raspava la porta*, the dog was scratching at the door **4** (*di cavallo*) to paw: *— il terreno*, to paw the ground **5** (*fam.*) (*rubare*) to pinch ◆ *v.intr.* **1** (*raschiare, grattare*) to rasp, to scratch: *i polli raspavano nel cortile*, the chickens were scratching about in the courtyard **2** (*frugare*) to rummage, to poke around: *ti ho visto — nel cassetto*, I saw you rummaging in the drawer.

raspatoio *s.m.* (*agr.*) rake.

raspatura *s.f.* **1** rasping **2** (*ciò che si toglie raspando*) raspings (*pl.*); filings (*pl.*).

raspino[1] *s.m.* (*tecn.*) riffle rasp, riffler.

raspino[2] *s.m.* (*region.*) (*irritazione*) tickle: *ho un fastidioso — alla gola*, I've got an irritating tickle in my throat.

raspio *s.m.* rasping, rasping noise; scratching.

raspo *s.m.* **1** (*graspo*) grape stalk **2** (*vet.*) mange.

raspollare *v.tr.* to glean (grapes).

rasposo *agg.* (*ruvido*) rough: *legno —*, rough wood.

rassegna *s.f.* **1** (*mil.*) (*rivista*) review; (*ispezione*) inspection; (*adunanza*) parade, assembly, muster: *il primo ministro fu presente alla — militare tenuta per l'anniversario della Liberazione*, the Prime Minister was present at the military review held on the anniversary of the Liberation; *alle 7 tutti devono presentarsi alla —*, all ranks will parade (*o* assemble *o* muster *o* go on parade) at 7 a.m.; *passare in —*, to inspect: *il generale passò in — la guardia d'onore*, the general inspected the guard of honour // *passare in — tutti i mobili di casa*, to inspect all the furniture in the house **2** (*resoconto, ampio esame*) review, survey; (*periodico, rivista*) review: *— teatrale*, theatrical review; *fare una — dei libri più recenti*, to review the latest books // (*econ.*): *— economica del paese*, survey of the national economy; *— del mercato*, market review; *— industriale*, industrial review; (*amm.*) *— del personale*, staff survey (*o* inspection) **3** (*mostra*) show, exhibition.

rassegnare *v.tr.* **1** (*antiq.*) (*mil.*) to review; to inspect; to muster: *— i coscritti*, to inspect the recruits **2** (*consegnare, presentare*) to hand in; (*rinunciare*) to resign, to give* up: *— una carica, un mandato*, to resign an office, a commission; *— le proprie dimissioni*, to hand in (*o* to send in *o* to tender) one's resignation; *ha rassegnato le dimissioni dal comitato*, he resigned from the committee.

□ **rassegnarsi** *v.intr.pron.* to resign oneself, to accept: *è un gran dolore, ma bisogna —*, it is a great sorrow, but one must accept it (*o* resign oneself to it); *mi rassegno alla vostra volontà*, I resign myself to your will; *mi sono rassegnato a lavorare con lui*, I have resigned myself to working with him.

rassegnato *agg.* resigned: *era — a ripetere l'esame*, he was resigned to taking the exam again.

rassegnazione *s.f.* resignation: *ci vuole —*, you must be resigned; *accettare qlco. con —*, to accept sthg. with resignation.

rasserenamento *s.m.* **1** clearing up **2** (*fig.*) (*il ritornare lieti*) cheering up.

rasserenante *agg.* (*che infonde serenità*) cheering, comforting: *parole rasserenanti*, comforting words.

rasserenare *v.tr.* **1** to clear (up), to brighten up: *il vento ha rasserenato il cielo*, the wind has cleared (up) the sky **2** (*fig.*) (*far tornare lieto*) to cheer up: *quella notizia lo rasserenò*, that piece of news cheered him up.

□ **rasserenarsi** *v.intr.pron.* **1** to clear (up), to brighten up: *il cielo (si) rasserenò verso sera*, the sky cleared (up) towards evening; *partimmo che il tempo si era rasserenato*, when we left, the weather had brightened up (*o* cleared up) **2** (*fig.*) to cheer up, to brighten up: *si è rasserenato dopo l'arrivo di suo figlio*, he cheered up after his son's arrival.

rasserenato *agg.* **1** clear, bright: *guardavo il cielo —*, I was looking at the sky, which had cleared up **2** (*fig.*) more cheerful: *quando mi guardò era —*, when he looked at me he was more cheerful (*o* in better spirits).

rasserenatore *agg.* (*non com.*) **1** clearing, brightening **2** (*fig.*) (*che conforta*) consoling, comforting: *dimmi una parola rasserenatrice*, tell me something comforting.

rassestare *v.tr.* to put* in order, to arrange.

rassettamento → **rassettatura**.

rassettare *v.tr.* **1** to arrange, to tidy (up); to put* in order: *rassetta la tua camera, prima di uscire*, tidy (up) your room before going out **2** (*riparare*) to mend, to repair **3** (*fig.*) (*sistemare*) to readjust, to settle.

□ **rassettarsi** *v.rifl.* to tidy oneself, to make* oneself tidy: *rassettati un po' prima di venire a pranzo*, tidy yourself up a little before coming to dinner.

rassettatura *s.f.* region. **rassetto** *s.m.* **1** (*il rassettare*) tidying (up), arranging, putting in order **2** (*ordine*) tidiness, order, arrangement.

rassicurante *agg.* reassuring; (*incoraggiante*) encouraging: *mi bastò la sua parola —*, his reassuring words were enough to help me.

rassicurare *v.tr.* **1** to reassure; (*incoraggiare*) to encourage: *cercai di rassicurarlo*, I tried to reassure him; *lo rassicurai nel miglior modo possibile*, I reassured him as well as I could; *su questo punto vi posso tranquillamente —*, I can certainly reassure you on this point **2** → riassicurare.

□ **rassicurarsi** *v.intr.pron.* **1** to be reassured, to recover confidence: *alle mie parole si rassicurò*, my words reassured him; *sembrò —*, he appeared reassured **2** (*non com.*) (*assicurarsi*) to make* sure: *devi rassicurarti che la porta sia ben chiusa*, you must make sure the door is properly locked.

rassicurato *agg.* reassured: *se ne andò via tutto —*, he went away completely reassured.

rassicurazione *s.f.* assurance, reassurance: *nonostante le mie rassicurazioni*, in spite of my assurances.

rassodamento *s.m.* **1** hardening, stiffening **2** (*fig.*) strengthening, consolidation: *il — della nostra alleanza*, the consolidation of our alliance.

rassodante *agg.* hardening, stiffening: *crema —*, toning (up) cream.

rassodare *v.tr.* **1** to harden, to firm up; to tone up; (*terreno*) to firm: *la ginnastica rassoda i muscoli*, gymnastics hardens the muscles; *— la pelle*, to tone up the skin **2** (*non com.*) (*far diventare sodo di nuovo*) to harden again **3** (*fig.*) to strengthen, to consolidate: *la sua visita rassodò i nostri legami di amicizia*, his visit strengthened the ties of our friendship ◆ *v.intr.* → rassodarsi.

□ **rassodarsi** *v.intr.pron.* **1** to harden, to set*: *il fango si rassodava al sole*, the mud was hardening in the sun; *questo cemento si rassoda molto velocemente*, this cement hardens (*o* sets) very quickly **2** (*fig.*) to become* strong(er), to become* firmer; to be consolidated: *la loro amicizia si è rassodata*, their friendship has become stronger.

rassomigliante *agg.* like (s.o., sthg.), similar; alike (*pred.*): *quei due fratelli sono molto rassomiglianti*, those two brothers are very much alike (*o* very similar); *è molto — a sua madre*, she is very like her mother; *un ritratto poco —*, a portrait which is a poor likeness.

rassomiglianza *s.f.* likeness, resemblance, similarity: *non vedo nessuna — fra questi due*, I cannot see any likeness (*o* similarity) between these two.

rassomigliare *v.intr.* to be like (s.o., sthg.), to resemble (s.o., sthg.); to be similar; (*solo nell'aspetto*) to look like (s.o., sthg.): *rassomiglia moltissimo a suo fratello*, he is very much like (*o* he looks very much like) his brother ◆ *v.tr.* (*non com.*) (*paragonare*) to compare: *lo* *rassomigliò a un demonio*, she compared him to a devil.

□ **rassomigliarsi** *v.rifl.rec.* to be similar, to be alike; to resemble each other (*o* one another): *i due cugini si rassomigliano molto*, the two cousins are very similar (*o* are very much alike *o* look very much alike) // *si rassomigliano come due gocce d'acqua*, they are as like as two peas.

rassottigliare, **rassottigliarsi** → **assottigliare**, **assottigliarsi**.

rastrellamento *s.m.* **1** (*econ.*, *Borsa*) raking: — *di azioni*, buying up of shares **2** (*fig. mil.*) mopping up; (*di polizia*) combing, rounding up: *fu arrestato in un — di polizia*, he was arrested in a police roundup **3** (*di fondo di mare, fiume, lago*) dragging.

rastrellare *v.tr.* **1** to rake: — *il fieno*, to rake the hay **2** (*mil.*) to mop up; (*di polizia*) to comb, to search: *la polizia ha rastrellato la città*, the police have combed the city; — *un quartiere*, to search (*o* to comb) a district; — *un paese occupato*, to mop up an occupied country **3** (*fondo di mare, fiume, lago*) to drag **4** (*econ.*, *Borsa*) to rake up; to buy* up: — *denaro*, to rake up money; — *le azioni di una società per acquistarne il controllo*, to buy up the shares of a company to obtain the control of it.

rastrellata *s.f.* **1** (*il rastrellare*) raking **2** (*quantità rastrellata*) rakeful **3** (*colpo dato con un rastrello*) blow with a rake.

rastrellatura *s.f.* raking.

rastrelliera *s.f.* **1** rack: — *per piatti*, plate rack; — *per fucili*, rifle rack; — *per fucili da caccia*, shotgun rack **2** (*greppia*) rack, crib.

rastrello *s.m.* **1** rake **2** (*estens.*) (*di roulette*) croupier's rake **3** (*mar.*) gantline.

rastremare *v.tr.* **rastremarsi** *v.intr.pron.* to taper.

rastremato *agg.* tapered: *colonna rastremata*, tapered column.

rastremazione *s.f.* tapering.

rastro *s.m.* **1** (*agr.*) cultivator **2** (*mus.*) music pen.

rasura *s.f.* (*non com.*) **1** (*il radere*) scraping **2** (*su manoscritto, raschiatura per cancellare*) erasure.

rata *s.f.* instalment: — *annuale*, *semestrale*, *trimestrale*, *mensile*, yearly, half-yearly, quarterly, monthly instalment; *a rate*, by instalments; *vendita a rate*, hire purchase (*o* sale on instalments); *vendere a rate*, to sell on an instalment basis; *comprare a rate*, to buy on instalments (*o fam.* on the never-never); *l'ho comprato a rate*, I bought it on hire purchase; *pagare a rate*, to pay by instalments (*o fam.* on the never-never); *pagamento a rate*, payment by instalments; *pagare in rate semestrali*, to pay in half-yearly (*o* six-monthly) instalments; *potrete pagarlo in rate mensili di : 150.000*, you can pay for it in monthly instalments of one hundred and fifty thousand liras // (*dir.*): *le rate di un mutuo*, the instalments of a loan (*o* of a mortgage); — *di rendita vitalizia*, annuity unit // (*econ.*): — *di un prestito*, tranche of a loan; *pro* —, in proportion // (*comm.*) — *di nolo*, freight rate // (*mar.*) — *di caricazione*, *di discarico*, minimum loading, unloading amount.

ratafià *s.m.* (*liquore*) ratafia, ratafee: — *di ciliegie*, cherry-brandy.

rateale *agg.* by instalments; instalment (*attr.*): *scadenza* —, instalment maturity; *vendita* —, instalment sale (*o* hire purchase); *pagamento* —, instalment (*o* deferred) payment.

ratealista *s.m.* instalment-plan salesman* ◆ *s.f.* instalment-plan saleswoman*.

ratealmente *avv.* by instalments, on hire purchase, (*fam.*) on the never-never: *acquistare qlco.* —, to buy sthg. by instalments.

rateare → **rateizzare**.

rateazione *s.f.* division into instalments, instalment.

rateizzare *v.tr.* to divide into instalments, to graduate: — *un pagamento*, to arrange a payment by instalments; — *il pagamento di un debito in tre anni*, to spread the payment of a debt over three years; *acquisto rateizzato*, hire purchase (*o* purchase by instalments).

rateizzazione *s.f.* meno com. **rateizzo** *s.m.* division into instalments: *la — di un pagamento*, the division of a payment into instalments.

ratele *s.m.* (*zool.*) (*Mellivora capensis*) ratel.

rateo *s.m.* **1** (*rateizzazione*) division into instalments **2** (*econ.*) (*di bilancio*) accrual: — *attivo*, accrued income; *ratei passivi*, accrued liabilities (*o* charges); *ratei e risconti*, accruals and payables (*o* adjustment accounts); — *d'interessi*, accrued interest.

ratiera *s.f.* (*tess.*) dobby: *telaio a* —, dobby loom.

ratifica *s.f.* (*dir.*) ratification, confirmation, approval: — *di una sentenza*, confirmation of a sentence; — *di una nomina*, confirmation of an appointment; — *di un contratto*, ratification of a contract.

ratificare *v.tr.* **1** (*dir.*) to ratify, to confirm, to approve: — *un trattato*, to ratify a treaty; — *un accordo*, *un contratto*, to ratify an agreement, a contract; — *una promozione*, to sanction a promotion; — *una nomina*, to confirm an appointment **2** (*confermare*) to confirm.

ratificatore *agg.* (*dir.*) ratifying, confirming ◆ *s.m.*, **ratificatrice** *s.f.* (*dir.*) ratifier, confirmer, approver.

ratificazione *s.f.* (*dir.*) ratification, confirmation.

ratina *s.f.* (*tess.*) frieze.

ratinare *v.tr.* (*tess.*) to frieze.

ratinatrice *s.f.* (*tess.*) friezing machine.

ratinatura *s.f.* (*tess.*) friezing.

ratio *s.f.* reason: *qual è la — del loro comportamento?*, what is the reason for their behaviour?

ratizzare e *deriv.* → **rateizzare** e *deriv.*

rat musqué *s.m.* (*fr.*) muskrat, musquash.

rato *agg.* (*dir.*) ratified, confirmed, sanctioned: *matrimonio — e non consumato*, marriage celebrated and not consummated.

ratta *s.f.* (*arch.*) tapering end (of a column): — *di sopra*, *di sotto*, upper, lower tapering end (of a column).

rattemperare *v.tr.* (*letter.*) to temper, to mitigate, to moderate.

□ **rattemperarsi** *v.intr.pron.* (*letter.*) to restrain oneself.

rattezza *s.f.* (*letter.*) (*rapidità*) speed, rapidity, quickness.

ratticida *s.m.* rat poison.

rattiepidire, **rattiepidirsi** → **intiepidire**, **intiepidirsi**.

rattina → **ratina**.

rattizzare *v.tr.* to poke; to rake up, to stir (up) (*anche fig.*): — *il fuoco*, to poke (*o* to stir) the fire; *non — quella vecchia faccenda*, don't rake up that old business.

ratto[1] *s.m.* **1** (*rapimento*) abduction; kidnapping; rape: *il — delle Sabine*, the rape of the Sabines // (*dir.*): — *a fine di matrimonio*, abduction with intent to marry (the victim); — *a fine di libidine*, abduction for a lewd purpose **2** (*ant.*) (*furto*, *rapina*) theft, robbery.

ratto[2] *s.m.* (*zool.*) (*Rattus rattus*) rat // — *-canguro*, kangaroo-rat.

ratto[3] *agg.* (*letter.*) (*rapido*, *veloce*) quick, swift ◆ *avv.* (*rapidamente*, *velocemente*) quickly, swiftly.

rattoppamento *s.m.* patching, mending.

rattoppare *v.tr.* **1** to patch (up) (*anche fig.*), to mend: — *un vestito*, to patch up (*o* to mend) a dress; — *un paio di scarpe*, to mend a pair of shoes; — *un muro*, to patch up a wall; *in qualche modo hanno rattoppato la situazione*, (*fig.*) they've patched up the situation somehow **2** (*correggere*) to touch up: — *versi*, to touch up verses.

rattoppato *agg.* patched (up): *un maglione con i gomiti rattoppati*, a sweater patched at the elbows; *una litigata rattoppata in qualche modo*, (*fig.*) a patched-up quarrel.

rattoppatore *s.m.* patcher, mender.

rattoppo *s.m.* meno com. **rattoppatura** *s.f.* (*il rattoppare*) patching up, mending; (*toppa*) patch: *un paio di pantaloni pieni di rattoppi*, a pair of trousers covered in patches; *fare un — a una gonna*, to put a patch on a skirt.

rattrappimento *s.m.* (*contrazione*) contraction (of muscles); (*intorpidimento*) numbing: *il — di un braccio*, the numbing of the arm.

rattrappire *v.tr.* to numb, to make* numb: *il freddo mi aveva rattrappito le mani*, the cold had made my hands numb.

□ **rattrappirsi** *v.intr.pron.* **1** (*intorpidire*) to become* numb, to numb: *mi si sono rattrappite le mani dal freddo*, my hands numbed (*o* became numb) with cold **2** (*contrarre*) to contract.

rattrappito *agg.* **1** (*intorpidito*) numbed, numb: *ho le mani rattrappite dal freddo*, my hands are numb with cold **2** (*contratto*) contracted; bent: *un vecchietto* —, a bent old man.

rattristamento *s.m.* (*non com.*) **1** (*il rattristarsi*) saddening **2** (*tristezza*) sadness.

rattristante *agg.* sad: *è — sapere che se n'è andato*, it's sad to hear that he's gone.

rattristare *v.tr.* to sadden; to grieve, to make* sad: *la tua partenza mi ha rattristato*, I was saddened by your departure (*o* your departure made me sad).

□ **rattristarsi** *v.intr.pron.* **1** (*divenire triste*) to become* sad **2** (*essere triste, spiacente*) to sorrow, to be sad; to be sorry; to grieve: *cerca di non rattristarti così!*, try not to be so sad!; *al ricordo della disgrazia si rattristò di colpo*, he suddenly became sad when he remembered the accident.

rattristato *agg.* saddened, sad: *sono profondamente — dalla notizia*, I am greatly saddened by the news; *avere un'espressione rattristata*, to have a sad expression.

rattristire *v.tr.* to depress; to sadden: *è*

la nebbia che mi rattrista, it's the fog that depresses me.
□ **rattristirsi** *v.intr.pron.* to become* depressed; to become sad.

raucedine *s.f.* hoarseness, raucousness: *avere la —*, to have a hoarse voice.

rauco *agg.* hoarse, raucous: *ho la voce rauca*, my voice is hoarse; *suono —*, hoarse sound.

rauwolfia *s.f.* (*bot.*) rauwolfia.

ravagliare *v.tr.* (*agr.*) to trench-plough.

ravagliatore *s.m.* (*agr.*) trench-plough.

ravanare *v.intr.* (*region.*) (*frugare*) to rummage.

ravanello *s.m.* (*bot.*) (*Raphanus sativus*) radish.

ravennate *agg.* of Ravenna, from Ravenna ◆ *s.m.* e *f.* inhabitant of Ravenna, native of Ravenna.

ravioli *s.m.pl.* (*cuc.*) ravioli Ⓤ.

ravizzone *s.m.* (*bot.*) (*Brassica napus oleifera*) rape; cole, kale: *olio di —*, rape oil; *seme di —*, cole seed.

ravvalorare *v.tr.* **1** to increase; to add value to (s.o., sthg.) **2** (*rafforzare*) to strengthen.

ravvedersi *v.intr.pron.* to reform, to mend one's ways: *spero che si ravveda*, I hope he will mend his ways; *dopo tanti sbagli si è ravveduto*, after making a lot of mistakes he has mended his ways.

ravvedimento *s.m.* reformation; amendment // (*dir.*) *— operoso*, renunciation of criminal purpose (by taking steps to prevent the commission of the crime).

ravveduto *agg.* (*non com.*) reformed, repentant.

ravvenamento *s.m.* (*geol.*) artificial recharge.

ravvenare *v.tr.* (*geol.*) to recharge artificially.

ravviare *v.tr.* **1** (*mettere in ordine*) to tidy (up), to put* in order: *— una stanza*, to tidy up a room; *si ravviò i capelli*, she tidied her hair; *— gli abiti*, to adjust (*o* to straighten) one's dress **2** (*di fuoco, rattizzarlo*) to poke **3** (*ant., letter.*) (*mettere sulla buona via*) to put* on the right path.
□ **ravviarsi** *v.rifl.* to tidy oneself.

ravviata *s.f.* tidying (up): *darsi una — ai capelli*, to tidy (*o* to comb) one's hair.

ravvicinamento *s.m.* **1** approach(ing), coming closer **2** (*riconciliazione*) reconciliation: *c'è stato un — tra i due partiti*, there has been a rapprochement between the two parties **3** (*confronto*) comparison.

ravvicinare *v.tr.* **1** to bring* (s.o., sthg.) closer: *— il tavolo alla parete*, to bring the table closer to the wall **2** (*riconciliare*) to reconcile **3** (*non com.*) (*confrontare*) to compare.
□ **ravvicinarsi** *v.rifl.* o *intr.pron.* **1** to draw* closer: *con il trasferimento si è ravvicinato a Milano*, the transfer has brought him nearer to Milan **2** (*riconciliarsi*) to become* reconciled (with s.o.), to make* (it) up (with s.o.): *erano nemici ma ora si stanno ravvicinando*, they were enemies but now they are becoming reconciled.

ravvigorire → **rinvigorire**.

ravviluppamento *s.m.* **1** (*il ravviluppare*) wrapping **2** (*insieme di cose ravviluppate*) tangle, entanglement.

ravviluppare *v.tr.* to wrap (up): *lo ravviluppò in una coperta*, she wrapped him in a blanket.
□ **ravvilupparsi** *v.rifl.* o *intr.pron.* to wrap oneself (up).

ravvisabile *agg.* recognizable.

ravvisare *v.tr.* to recognize: *in questo quadro si ravvisa la mano del maestro*, in this picture we can recognize the hand of the master; *lo ravvisai subito*, I recognized him at once.

ravvivamento *s.m.* **1** reanimation; (*ritorno in uso, risveglio*) revival **2** (*animazione*) animation.

ravvivare *v.tr.* **1** to revive (*anche fig.*): *l'acqua ravviva i fiori*, water revives flowers; *ravviva il fuoco*, make up the fire; *— vecchie abitudini*, to revive (*o* to renew) old customs **2** (*animare*) to animate, to enliven; (*rallegrare*) to brighten (up): *la gioia ravvivava il suo viso*, his face lit up with joy; *la stanza era ravvivata da molti mazzi di fiori*, the room was brightened up by many bunches of flowers; *il suo arrivo ravvivò la festa*, his arrival brightened up the party **3** (*mecc.*) *— una mola*, to dress a grinding wheel.
□ **ravvivarsi** *v.intr.pron.* **1** to revive: *le rose si ravvivarono subito nell'acqua*, the roses revived at once in the water **2** (*animarsi*) to become* animated; (*rallegrarsi*) to brighten up: *lo spettacolo si ravvivò verso la fine*, the show livened up towards the end.

ravvivato *agg.* **1** revived, revivified **2** (*animato*) animated, enlivened; (*rallegrato*) brightened **3** (*mecc.*) dressed.

ravvivatore *s.m.* (*mecc.*) dresser ◆ *agg.* (*mecc.*) dressing: *rullo —*, dressing roll.

ravvivatura *s.f.* (*mecc.*) dressing.

ravvolgere *v.tr.* to wrap (up): *— i bicchieri nella carta*, to wrap glasses in paper.
□ **ravvolgersi** *v.rifl.* to wrap oneself (up).

ravvolgimento *s.m.* meno com. **ravvolgitura** *s.f.* **1** (*il ravvolgere*) wrapping up, winding up, enveloping **2** (*non com.*) (*tortuosità*) tortuousness.

ravvoltolare *v.tr.* to wrap (up).
□ **ravvoltolarsi** *v.rifl.* **1** (*avvolgersi*) to wrap oneself (up) **2** (*rotolarsi*) to wallow, to roll.

rayon *s.m.* rayon.

raz *s.m.* (*fr.*) tidal bore.

raziale → **razziale**.

raziocinante *agg.* reasoning: *facoltà —*, reasoning faculty (*o* faculty of reason); *l'uomo è un essere —*, man is a rational being.

raziocinare *v.intr.* (*non com.*) to reason.

raziocinativo *agg.* (*non com.*) ratiocinative.

raziocinatore *agg.* (*non com.*) reasoning ◆ *s.m.* (*non com.*) reasoner, reasoning person.

raziocinio *s.m.* **1** (*ragione*) reason **2** (*non com.*) (*ragionamento*) reasoning, ratiocination **3** (*buon senso, criterio*) common sense: *senza —*, without common sense; *avere molto, poco —*, to have a lot of, not much common sense.

razionabile *agg.* rationable: *viveri razionabili*, rationable foods.

razionale[1] *agg.* **1** rational: *un essere —*, a rational being; *architettura —*, functional architecture; *meccanica —*, pure mechanics **2** (*mat.*) rational: *numero, funzione —*, rational number, function.

razionale[2] *s.m.* (*eccl.*) rational.

razionalismo *s.m.* rationalism; (*di architettura*) functionalism.

razionalista *s.m.* e *f.* rationalist // *architettura —*, functionalist architecture.

razionalistico *agg.* rationalist (*attr.*).

razionalità *s.f.* rationality: *la — dell'uomo*, the rationality of man; *la — di un sistema*, the rationality of a system.

razionalizzare *v.tr.* to rationalize: *— un sistema di produzione*, to rationalize a production system; *— l'organizzazione del lavoro*, to rationalize the work organization; *— un'emozione*, to rationalize an emotion.

razionalizzazione *s.f.* rationalization: *— della produzione*, rationalization of production; *— del lavoro, dell'agricoltura*, rationalization of labour, of farming.

razionalmente *avv.* rationally.

razionamento *s.m.* rationing: *— dell'acqua*, water rationing; *— alimentare*, food rationing; *sistema di —*, (*tesseramento*) coupon system // (*fin.*): *— del credito*, credit rationing (*o* squeeze); *— valutario*, rationing of foreign exchange.

razionare *v.tr.* to ration; (*suddividere*) to apportion: *— la benzina*, to ration petrol; *— il denaro*, to apportion money.

razione *s.f.* ration, allowance; (*porzione*) portion, share: *— di pane, di burro*, bread, butter ration; *doppia —*, double ration; *— di sigarette*, ration (*o* allowance) of cigarettes; *mettere a —*, to put s.o. on short allowance (*o* rations); *prendersi una bella — di legnate*, to get a good hiding.

razza[1] *s.f.* **1** race, breed: *— canina, bovina, ovina*, breed of dogs, of cattle, of sheep; *migliorare, incrociare le razze*, to improve the breeds, to crossbreed // *di — pura*, purebred; (*di bestiame, di cani ecc.*) pedigree; (*di cavallo*) thoroughbred: *un cavallo di — (pura)*, a thoroughbred (horse) // *di — incrociata*, crossbred; (*di cane*) mongrel: *animale di — mista*, crossbred animal **2** (*antropologia*) race: *la — umana*, the human race; *la — semitica*, the Semitic race; *la — bianca, gialla*, the white, yellow race // *odio di —*, race-hatred // *far — a sé*, (*fig.*) to be a race apart // *attore di —*, (*fig.*) first-class (*o* first-rate) actor **3** (*estens.*) (*famiglia*) family; (*stirpe*) race; (*discendenza*) descent, stock: *una persona di — onesta*, a person of honest stock; *di nobile —*, of noble descent; *è eccentrico come tutto il resto della sua —*, he's eccentric like all the rest of his family; *sono una — di ladri*, (*spreg.*) they're a bunch of thieves **4** (*genere, sorta*) kind, sort: *gente di tutte le razze*, all kinds of people; *che — di lavoro è?*, what kind of work is it? // *con che — di gente tratti?*, what kind of people do you deal with?; *che — di cretino!*, what an idiot!

razza[2] *s.f.* (*di ruota*) spoke.

razza[3] *s.f.* (*zool.*) ray, skate // *— chiodata*, (*Raja clavata*) thornback // *— cornuta*, (*Manta birostris*) devil fish.

razzamaglia → **razzumaglia**.

razzatura *s.f.* (*med.*) red stria*.

razzente *agg.* (*non com.*) (*di vino*) (*frizzante*) sharp, pungent.

razzia *s.f.* (*incursione a scopo di preda*) raid, foray: *razzie compiute dalle tribù nomadi*, raids carried out by nomadic tribes; *fare —*, to sack (*o* to plunder); *i turisti hanno fatto — di* *souvenir*, the tourists have been snapping up souvenirs.

razziale *agg.* racial: *discriminazione, segregazione* —, racial discrimination, segregation; *persecuzione, pregiudizio* —, racial persecution, prejudice.

razziare *v.tr.* to sack, to plunder; (*bestiame*) to rustle.

razziatore *s.m.* sacker, raider, plunderer: *una tribù razziatrice*, a plundering tribe.

razziera *s.f.* (*mil.*) launcher.

razzismo *s.m.* racism, racialism: *accusare qlcu. di* —, to accuse s.o. of racism.

razzista *s.m.* e *f.* racist, racialist ◆ *agg.* racist: *uno stato* —, a racist state.

razzistico *agg.* racist, racialist: *ideologia razzistica*, racist ideology.

razzo *s.m.* **1** (*pirotecnia*) rocket, skyrocket: — *di segnalazione*, signal rocket (*o* star shell *o* flare) // *è passato come un* —, (*fig.*) he flashed past (*o* by) // *è partito a, come un — appena è salito in auto*, (*fig.*) he was off like a shot as soon as he got into the car // *hai già finito? Ma sei un —!*, have you already finished? You are as quick as lightning! **2** (*aer.*) rocket: — *multistadio*, multistage rocket; — *vettore*, carrier rocket // *bomba a* —, rocket bomb; *motore a* —, rocket engine; *propulsione a* —, rocket propulsion // (*meteor.*) — *sonda*, sounding rocket.

razzolamento *s.m.* → **razzolatura**.

razzolare *v.intr.* **1** to scratch (about): *le galline razzolavano nel cortile*, the hens were scratching about in the yard // *predicare bene e — male*, not to practise what one preaches **2** (*estens. fam.*) (*rovistare*) to rummage: *razzolava tra i documenti*, he rummaged among the papers.

razzolatura *s.f.* scratching around.

razzumaglia *s.f.* (*spreg.*) (*marmaglia*) rabble, mob, riffraff.

re[1] *s.m.* **1** king, monarch: *il — di Francia*, the king of France; — *assoluto, costituzionale*, absolute, constitutional monarch; *il — degli animali*, the king of beasts; *il — dei cuochi*, the king of cooks; *Eolo è il — dei venti*, Aeolus is the ruler of the winds; (*a carte*) *il — di fiori, di cuori*, the king of clubs, of hearts; *giurare fedeltà al proprio* —, to swear fidelity to one's king // (*scacchi*) *scacco al* —, check // *fare una vita da* —, (*di uomo*) to live like a king; (*di donna*) to live like a queen // *i Re Magi*, the Magi (*o* the Three Kings) // *il Re Sole*, (*st.*) the Sun-King (*o* le Roi-Soleil) // *Cristo Re*, Christ the King **2** (*magnate*) baron, magnate, king, tycoon: — *del petrolio*, oil baron; *il — dell'acciaio*, the steel king **3** (*zool.*) — *di quaglie*, (*Crex crex*) corncrake, land rail.

re[2] *s.m.* (*mus.*) D, re.

re- → **ri-**.

readsorbimento *s.m.* (*chim.*) readsorption.

reagentario *s.m.* **1** (*assortimento di reagenti*) reagents (*pl.*) **2** (*il mobile*) reagents cupboard.

reagente *agg.* reacting, reactive ◆ *s.m.* (*chim.*) reagent, reactant.

reagire *v.intr.* to react (*anche chim., fis.*): *sopportarono tutto ciò senza* —, they bore all this without reacting (*o* resisting); — *alle passioni*, to fight against one's passions; — *violentemente a un'accusa*, to react violently against an accusation; *cerca di non* —, try to control yourself; *il suo organismo per ora reagisce bene*, his organism is reacting well for the moment; *non lasciarti andare, devi cercare di* —, don't let yourself go, you've got to try and snap (*o* shake yourself) out of it.

reale[1] *agg.* **1** real; (*vero*) true; (*concreto*) material, substantial; (*effettivo*) effective, actual: *fatti reali*, real facts; *esperienza* —, real experience; *danno, vantaggio* —, material damage, advantage // (*econ.*): *reddito* —, real income; *salario* —, real wages; *imposta* —, real property tax; *investimento* —, real investment; (*fin.*) *valore — del dollaro*, real (*o* effective) value of the dollar **2** (*dir.*) real: *azione* —, real action; *diritti reali*, real rights; *garanzia* —, real guarantee **3** (*mat.*) real: *numero, asse, variabile* —, real number, axis, variable ◆ *s.m.* the real; (*realtà*) reality: *non sa affrontare il* —, he can't face reality.

reale[2] *agg.* royal: *famiglia* —, royal family; *un principe* —, a royal prince; *sangue* —, royal blood // *sua altezza — il re del Belgio*, his Royal Highness the King of Belgium // *i reali*, the royal family.

reale[3] *s.m.* (*ant.*) (*moneta d'oro spagnola*) real.

realgar *s.m.* (*min.*) realgar.

realismo *s.m.* **1** (*fil., lett., arte*) realism: *il — della narrativa francese*, the realism of French narrative **2** (*fedeltà all'originale*) realism, fidelity: *riprodotto con sorprendente* —, reproduced with startling realism **3** (*concretezza*) realism, sense of reality: *mancare di* —, to lack realism (*o* to be unrealistic); *affrontare una situazione con* —, to face up to a situation with realism.

realista[1] *s.m.* e *f.* e *agg.* **1** (*fil., lett., arte*) realist **2** prosaic (person), matter-of-fact (person).

realista[2] *s.m.* e *f.* e *agg.* (*persona monarchica*) royalist // *essere più — del re*, (*fig.*) to be more Catholic than the Pope.

realistico *agg.* **1** realistic; realist (*attr.*): *una descrizione molto realistica*, a very realistic description **2** (*fondato sui fatti*) realistic; (*pratico*) practical: *è una ipotesi realistica*, it's a realistic hypothesis; *cerca di essere più — nei tuoi progetti*, try to be more realistic (*o* practical) in your plans.

realizzabile *agg.* **1** (*che si può realizzare*) feasible: *un progetto* —, a feasible project **2** (*econ.*) realizable, convertible into cash, encashable: *attività realizzabili*, realizable assets; *titoli realizzabili*, encashable stocks.

realizzabilità *s.f.* **1** feasibility **2** (*comm.*) convertibility, realizability.

realizzare *v.tr.* **1** to carry out; (*sogno, ambizione*) to fulfil, to achieve, to realize; (*conseguire*) to achieve, to accomplish: — *un'idea, un progetto*, to carry out an idea, a plan **2** (*econ.*) (*convertire in moneta*) to convert into cash, to realize; (*comm.*) (*ricavare*) to realize, to encash, to earn, to make*: — *azioni*, to realize (*o* to sell out) shares; — *beni immobili*, to realize real property; — *i propri investimenti*, to liquidate one's investments; — *una discreta somma*, to make a fairly good sum; — *dei forti guadagni*, to realize (*o* to make) large profits; — *un profitto netto di dieci milioni all'anno*, to net ten million lire a year **3** (*sport*) to score: — *un gol*, to score a goal; — *su calcio di punizione*, to score from a free kick **4** (*capire bene*) to realize **5** (*inform.*) to implement.

□ **realizzarsi** *v.intr.pron.* to come* true; to come* off, to be realized; to be fulfilled: *i miei progetti si sono realizzati*, my plans have come off ◆ *v.rifl.* to fulfil oneself: *si realizza nel lavoro*, she fulfils herself in her job.

realizzato *agg.* **1** carried out; fulfilled; (*conseguito*) achieved, accomplished **2** (*econ.*) realized, encashed, converted into cash: *ammortamento* —, realized depreciation; *utile* —, realized profit.

realizzatore *s.m.* **1** realizer, accomplisher: *chi è il — del progetto?*, who carried out the plan? **2** (*sport*) scorer: *il — del gol decisivo*, the scorer of the decisive goal.

realizzazione *s.f.* **1** carrying out; (*conseguimento*) achievement; fulfilment, (*di sé*) self -fulfilment: *un progetto di difficile* —, a project that will be difficult to carry out (*o* an unfeasible project); *la — delle sue speranze*, the fulfilment (*o* the realization) of his hopes; *la — del nostro scopo*, the achievement of our aim **2** (*econ.*) (*conversione in denaro*) realization, conversion into cash; (*comm.*) (*incasso*) encashment, conversion, realization: — *di titoli*, conversion of securities into cash; — *di forti guadagni*, realization of large profits; — *di crediti*, encashment of credits **3** (*teatr.*) production; (*messa in scena*) staging **4** (*inform.*) implementation.

realizzo *s.m.* (*econ.*) (*conversione in denaro*) realization, conversion into cash; (*comm.*) (*ricavo*) return, proceeds, receipts: — *di una proprietà*, realization of a property; *valore di* —, break-up value; — *dei profitti*, profit taking; *vendita a prezzi di* —, sale at cost (*o* clearance *o* bargain) price; *di facile* —, easily cashable (*o* cashed); *il — del contante*, the recovery of cash.

realmente[1] *avv.* really; (*veramente*) truly: *sono fatti — accaduti*, they are events that really happened (*o* they are real events).

realmente[2] *avv.* (*ant.*) (*regalmente*) royally, in a regal fashion.

realpolitik *s.f.* (*pol.*) realpolitik.

realtà *s.f.* reality; (*situazione*) situation, set-up; (*mondo*) world: *attenersi alla* —, to stick to realities (*o* to face facts); *cerca di affrontare la* —, try to face up to reality (*o* the facts); *bisogna guardare in faccia la* —, you've got to face (the) facts; *la — è molto più amara*, the facts are much more bitter; *il sogno è diventato* —, the dream came true (*o* became a reality); *la dittatura era ormai una — con cui il paese doveva fare i conti*, dictatorship had become a reality which the country had to come to terms with; *essere vicino alla* —, to be near the mark; *essere lontano dalla* —, to be wide of the mark; *non ha agganci con la* —, he is out of touch with reality // (*inform.*) — *virtuale*, virtual reality // *in* —, in fact (*o* really *o* actually *o* as a matter of fact): *in — si tratta di una copia*, in fact it's a copy; *sembra ricco: in — è pieno di debiti*, he seems to be wealthy but actually he has lots of debts; *la — urbana degli anni novanta*, the urban situation (*o* set up) in the nineties; *la — della situazione politica attuale*, the current political situation; *un attento osservatore della — giovanile*, a careful observer of the world of the young.

reame *s.m.* (*letter.*) kingdom // *Specchio, specchio delle mie brame, chi è la più bella del —?*, Mirror, mirror on the wall, who is the fairest of them all?

reato *s.m.* crime, offence, (*amer.*) offense; (*contravvenzione*) misdemeanour, violation, petty offence: *commettere un* —, to commit a crime; *incolpare qlcu. di un* —, to charge s.o. with a crime; — *politico*, political crime; — *comune*, non political crime; — *economico*, economic crime (*o* white collars crime); — *di minima entità*, trivial (*o* petty) offence (*o* violation); *elementi costitutivi del* —, ingredients of crime; *corpo del* —, material evidence (*o* corpus delicti); — *di diffamazione*, libel (*o* slander); — *contro l'ambiente*, environmental crime; — *fallimentare*, bankruptcy offence; *il fatto non costituisce* —, the fact does not amount to a crime // *sono in ritardo, ma non sarà un reato!*, (*scherz.*) I am late, but it is not a crime!

reattanza *s.f.* reactance.

reattività *s.f.* **1** (*chim.*, *fis. nucleare*) reactivity, reactiveness: (*chim.*) *non* —, stability **2** (*econ.*) responsiveness, sensitivity: — *della domanda*, sensitivity of demand.

reattivo *agg.* (*chim.*, *fis.*) reactive: *carta reattiva*, test paper // (*Borsa*) *mercato* —, sensitive market ◆ *s.m.* (*chim.*) reagent, reactant.

reattore *s.m.* **1** (*fis. nucleare*) reactor: — *a catena*, chain reactor; — *nucleare*, nuclear reactor; — *ad acqua bollente*, boiling water reactor (*abbr.* BWR); — *autofertilizzante a neutroni veloci*, fast breeder reactor (*abbr.* FBR); — *moderato a grafite*, graphite-moderated reactor; — *raffreddato a gàs*, gas-cooled reactor; *nocciolo del* —, reactor core **2** (*chim.*) reactor: — *a tino*, batch reactor; — *catalitico*, catalytic reactor; — *polifase*, multiphase reactor **3** (*elettr.*) reactor, choke coil **4** (*motore a reazione*) jet engine (*o* reaction engine); (*aeroplano a reazione*) jet (plane).

reazionario *agg.* e *s.m.* reactionary.

reazionarismo *s.m.* reactionaryism, reactionism.

reazione *s.f.* **1** reaction: *la sua* — *fu violenta quanto inaspettata*, his reaction was as violent as it was unexpected // (*calcio*) *fallo di* —, retaliation **2** (*fis. nucleare*) reaction: — *a catena*, chain reaction; — *di fusione termonucleare controllata*, controlled thermonuclear reaction **3** (*chim.*) reaction: — *acida*, acid reaction; — *basica*, alkaline reaction; *capacità di* —, reagency; *sottoporre a* —, to treat **4** (*mecc.*, *aer.*) reaction (*attr.*), jet (*attr.*): *aeroplano a* —, jet (plane); *motore a* —, jet (*o* reaction) engine; *propulsione a* —, reaction (*o* jet) propulsion **5** (*elettr.*, *rad.*) feedback: — *acustica*, acoustic feedback; — *positiva*, positive feedback **6** (*med.*) reaction: — *allergica*, allergic reaction; — *cutanea*, cutireaction // (*psic.*) *tempo di* —, reaction time **7** (*inform.*) (HONEYWELL) feedback.

rebbio *s.m.* prong.

reboante → **roboante**.

rebus *s.m.* **1** (*gioco enigmistico*) rebus: *sai risolvere questo* —?, can you do (*o* solve) this rebus? **2** (*estens.*) puzzle, conundrum; enigma, mystery: *questo caso è un* —, this case is a puzzle; *quell'uomo è un* —, he is an enigma.

rebussistico *agg.* (*non com.*) **1** of a rebus (*pred.*), relating to a rebus (*pred.*) **2** (*estens. scherz.*) puzzling, mysterious.

recalcitrare e *deriv.* → **ricalcitrare** e *deriv.*

recapitare *v.tr.* to deliver: — *una lettera, un pacco*, to deliver a letter, a parcel.

recapito *s.m.* (*indirizzo*) address; (*consegna*) delivery; (*sede non abituale*) office: *vi lascio il mio* —, I'll leave you my address; — *a domicilio*, home delivery; *provvedere al* — *della merce*, to arrange for the goods to be delivered; *lettera senza* —, unaddressed letter; — *provvisorio*, accommodation address; *in caso di mancato* — *restituire al mittente*, if undelivered please return to sender // (*comm.*) *pronto* —, prompt (*o* spot) delivery.

recare *v.tr.* **1** to bring*; to carry; to bear* (*anche fig.*); (*contenere*) to contain: *il giornale recava delle cattive notizie*, the newspaper contained (*o* gave) bad news; *il suo viso reca i segni della sofferenza*, his face bears the signs of his suffering; *la tavoletta recava un'iscrizione latina*, the tablet bore a Latin inscription; — *un'ambasciata*, to bring (*o* to carry) a message; — *a termine*, to finish (off) **2** (*cagionare, arrecare*) to bring* about, to cause: — *conforto*, to bring comfort; *ciò mi recò molto danno*, this did me a lot of harm; *ciò mi recò una quantità di noie*, this caused me a lot of trouble; *non voglio recarti noia, disturbo*, I don't want to give you any trouble (*o* to trouble you); — *dolore*, to give (*o* to bring *o* to cause) sorrow; — *gioia a qlcu.*, to make s.o. happy; — *piacere a qlcu.*, to give s.o. pleasure **3** (*letter.*) (*attribuire*) to attribute, to ascribe: *gli fu recato a lode l'aver ristabilito la pace tra le due nazioni*, he was credited with reestablishing peace between the two countries.

□ **recarsi** *v.intr.pron.* to go*: — *dal dottore*, to go to the doctor's; *mi recai alla stazione*, I went to the station.

recchione *s.m.* (*region.*) poof, poofter; queer.

recedere *v.intr.* **1** (*desistere*) to withdraw* (sthg); to draw* back; to retreat; to go* back on; (*rinunziare*) to give up (sthg.): — *dalle proprie offerte, promesse*, to withdraw (*o* go back on) one's offers, promises; — *da una posizione*, to withdraw (*o* to back out of) a position; — *da una protesta*, to give up a claim **2** (*dir.*) to withdraw*, to recede; to back down (on sthg.): — *da un contratto*, to withdraw from a contract; (*Borsa*) — *da un contratto a premio*, to abandon an option contract.

recensione *s.f.* **1** review; (*fam.*) write-up: — *di un libro*, review of a book; *copia in* —, review copy; *fare la* — *di un libro*, to review a book: *avere recensioni favorevoli, negative*, to have good, bad reviews **2** (*filologia*) recension, critical revision.

recensire *v.tr.* **1** to review, to write a review of (sthg.) **2** (*ling.*) to recense, to make* a recension of (sthg.).

recensito *agg.* reviewed: *un libro ben* —, a well-reviewed book.

recensore *s.m.* **1** reviewer, critic **2** (*filologia*) editor, recensionist, writer of recensions.

recente *agg.* recent; late; (*nuovo*) new: *avvenimenti, notizie recenti*, recent events, news; *di data* —, of recent date; *in anni recenti*, in recent years; *un provvedimento* —, a new measure; *una scoperta, un'invenzione* —, a recent (*o* a new) discovery, invention // *di* —, recently: *l'ho visto di* —, I've seen him recently; *un libro pubblicato di* —, a recently published book.

recentemente *avv.* recently, lately; newly: *l'hai visto* —?, have you seen him recently (*o* lately)?; — *è uscito un suo nuovo romanzo*, a new novel of his came out recently; *la legge* — *approvata*, the newly (*o* recently) approved law.

recentissime *s.f.pl.* (*gergo giornalistico*) stop press (*sing.*); latest news.

recepire *v.tr.* (*accogliere*) to receive; to acknowledge: *il governo ha recepito le istanze popolari*, the government has acknowledged the people's demands.

reception *s.f.* reception (desk): *chiedi alla* —, ask at reception (*o* at the reception desk).

receptionist *s.m.* e *f.* receptionist.

recessione *s.f.* **1** recession; withdrawal, retreat: (*astr.*) — *delle galassie*, recession of the galaxies **2** (*econ.*) recession, slump, deflation; (*tendenza al ribasso*) downturn, downswing: — *economica*, economic slump.

recessività *s.f.* (*biol.*) recessiveness.

recessivo *agg.* **1** (*biol.*) recessive: *caratteri recessivi*, recessive traits; *carattere, gene* —, recessive **2** (*econ.*) recessionary: *fase recessiva*, downswing; *tendenza recessiva*, downtrend.

recesso *s.m.* **1** (*letter.*) recess (*anche fig.*): *i recessi di una montagna*, the recesses of a mountain; *gli intimi recessi del cuore*, the inmost recesses of the heart **2** (*il recedere*) receding, withdrawing, recession **3** (*dir.*) renunciation; (*ritiro*) withdrawal: — *da un contratto*, withdrawal from a contract **4** (*anat.*) recess: — *duodenale*, duodenal recess.

recettore *agg.* receiving, receptive ◆ *s.m.* receptor (*anche anat.*, *chim.*); receiver.

recezione → **ricezione**.

recidere *v.tr.* to cut* (off); to break* off; (*med.*) to excise, to exsect: — *un ramo da un albero*, to cut off a branch from a tree; — *la testa di un animale*, to cut off an animal's head.

□ **recidersi** *v.intr.pron.* (*non com.*) to rip, to split; (*di pelle*) to chap, to crack: *si recise le vene* (*dei polsi*), he slashed his wrists.

recidiva *s.f.* **1** (*dir.*) recidivism; relapse (into crime) **2** (*med.*) relapse.

recidivante *agg.* (*med.*) (*di processo*) relapsing, recurring, recidivous.

recidivare *v.intr.* to relapse (*anche med.*).

recidività *s.f.* **1** (*dir.*) recidivism **2** (*med.*) relapse, recidivism.

recidivo *agg.* **1** (*dir.*) recidivous: *Sempre tardi! Sei proprio* —!, (*estens.*) Always late! You never learn! **2** (*med.*) (*di malattia*) relapsing, recurring, recidivous; (*di persona*) relapsed, recidivous ◆ *s.m.* **1** (*dir.*) recidivist; habitual criminal, old offender **2** (*med.*) relapser, recidivist.

recingere *v.tr.* to surround, to put* around, to enclose: — *un giardino con un muro*, to surround a garden with a wall (*o* to fence in a garden).

recintare *v.tr.* to fence in; to enclose, to surround: — *il giardino*, to fence in the garden; *la villa è recintata da un muro molto alto*, the house is surrounded by a very high wall.

recinto *s.m.* **1** (*spazio chiuso*) enclosure; (*per animali*) corral, pen; (*per cavalli da corsa*) paddock; (*per pecore, al chiuso*) sheep cote: *rinchiudere in un* —, to pen; (*Borsa*) — *delle grida*, floor (*o* pit); (*di Borsa merci o estera*) ring **2** (*box per bambini*) playpen **3** (*recinzione*) fence, barrier: *saltò il* — *ed entrò in giardino*, he jumped the fence and went into the garden.

recinzione *s.f.* **1** (*recingere*) fencing,

surrounding: *fare la — di un campo*, to fence in (*o* to enclose) a field **2** (*recinto*) fencing, fence: *il campo da gioco è protetto da un'alta —*, the pitch is protected by a high fence.

recipe *s.m.* (*antiq. scherz.*) (*med.*) prescription; *per —*, by prescription.

recipiente *s.m.* container, vessel, receptacle: *un — di vetro*, a glass container; *— per generi alimentari*, food container // (*chim.*): *— graduato*, graduate; *— per raccolta gas*, receiver // (*tecn.*): *— di fusione*, melter; *— metallico*, kettle // (*arch.*) *— per acqua lustrale*, piscina.

reciprocamente *avv.* reciprocally, mutually: *ci aiutiamo —*, we help each other (*o* one another); *si odiano —*, they hate each other (*o* their hatred is mutual); *si trovavano — stimolanti*, they found each other mutually stimulating.

reciprocanza *s.f.* (*non com.*) reciprocity, reciprocality.

reciprocare *v.tr.* (*contraccambiare*) to reciprocate (*anche comm.*).

reciprocazione *s.f.* **1** reciprocation **2** (*avvicendamento*) alternation.

reciprocità *s.f.* reciprocity, reciprocality: *— di aiuti*, mutual aid; *politica di —*, policy of reciprocity // (*comm.*) *condizioni di —*, mutual terms // (*mat.*): *legge di —*, reciprocity law; *— quadratica*, quadratic reciprocity.

reciproco *agg.* **1** reciprocal, mutual: *amore —*, mutual love; *obblighi, vantaggi reciproci*, reciprocal (*o* mutual) obligations, benefits; *assistenza reciproca*, reciprocal aid; (*dir.*) *testamenti reciproci*, mutual wills; (*comm.*) *accordo commerciale —*, reciprocal trade agreement; (*comm.*, *fin.*) *operazioni reciproche*, mutual dealings **2** (*mat.*) reciprocal, inverse: *numero —*, reciprocal; *in ragione reciproca*, in inverse ratio **3** (*gramm.*) reciprocal: *verbi, pronomi riflessivi, reciproci*, reciprocal verbs, pronouns.

recisamente *avv.* resolutely, firmly, decidedly: *una risposta — negativa*, a firm no (*o* a decidedly negative answer).

recisione *s.f.* **1** (*il recidere*) cutting off, chopping off **2** (*med.*) excision, exsection **3** (*fig.*) (*risolutezza*) firmness, resolution: *rifiutare con —*, to refuse firmly.

reciso *agg.* **1** cut (off); (*med.*) excised: *fiori recisi*, cut flowers **2** (*fig.*) (*risoluto*) resolute, firm, determined: *una risposta recisa*, a firm answer.

recita *s.f.* **1** (*rappresentazione teatrale*) play, performance: *— all'aperto*, outdoor performance; *— di beneficenza*, charity performance; *la — di Natale*, Nativity play **2** (*il recitare*) recitation: *la — di una poesia*, the recitation of a poem.

recital *s.m.* (*manifestazione musicale*) recital.

recitare *v.tr.* **1** (*ripetere ad alta voce*) to recite, to repeat aloud, to say* aloud: *recitò un sonetto*, he recited a sonnet; *— una lezione*, to repeat a lesson; *— le preghiere*, to say one's prayers **2** (*teatr.*) to act, to perform, to play: *recitano tutti bene in questa commedia*, they all act well in this play; *— una parte*, to play a part; *— la parte di Re Lear*, to play (*o* to act) King Lear; *non sa proprio —*, he just can't act **3** (*fig.*) (*fingere*) to act, to play: *i suoi modi non erano spontanei, ha recitato tutto il tempo*, his manners were not spontaneous, he acted all the time; *non — la parte dell'ingenuo con me*, don't play the innocent with me // *smettila di —!*, stop acting (*o* pretending *o* putting it on)! // *— la commedia*, to play a part **4** (*di legge, norma*) (*affermare*) to state: *l'articolo 3 recita...*, the article 3 states...

recitativo *agg.* (*mus.*) recitative ◆ *s.m.* (*mus.*) recitative; recitativo (*pl.* -i).

recitazione *s.f.* **1** (*il recitare*) recitation: *— di una poesia*, recitation of a poem **2** (*teatr.*) acting; (*dizione*) delivery: *una — enfatica*, an over-emphatic delivery; *scuola, insegnante di —*, drama school, teacher; *la — era buona, ma la messa in scena era mediocre*, the acting was good but the staging was poor.

reclamabile *agg.* (*dir.*) subject to claim.

reclamare *v.tr.* **1** to claim; to demand: *— un diritto, i propri diritti*, to claim a right, one's rights; *— giustizia*, to ask for justice; *— il pagamento di un debito*, to demand the payment of a debt; *— il risarcimento dei danni*, to claim damages; *— la restituzione di una somma*, to claim back a sum; *i cittadini reclamano l'intervento del governo*, the citizens are demanding action from the government **2** (*estens.*) (*aver bisogno*) to need, to require: *i vigneti reclamano un po' di pioggia*, the vines need a bit of water ◆ *v.intr.* to complain; to protest: *reclamerò presso la direzione*, I will complain to the manager; *— presso qlcu.*, to complain (*o* to make complaint) to s.o.; *fu il solo a —*, he was the only one to complain (*o* to protest).

réclame *s.f.* (*fr.*) **1** (*pubblicità*) advertising, publicity: *— efficace, azzeccata*, convincing, successful advertising; *fare della — a un prodotto*, to advertise a product // *è tutta —*, it's all publicity **2** (*avviso pubblicitario*) advertisement (*o fam.* ad): *ci sono ben quattro pagine di —*, there are a good four pages of advertising // *— luminosa*, luminous sign.

reclamista *s.m.* e *f.* (*antiq.*) advertiser.

reclamistico *agg.* advertising: *campagna reclamistica di un prodotto*, advertising campaign for a product; *lo spazio — su un giornale*, the advertising space of a newspaper.

reclamizzare *v.tr.* to advertise, to publicise; (*fam.*) to plug (*spec. radio, tv*): *— un nuovo prodotto*, to advertise a new product; *— un libro in televisione*, to plug a book on TV.

reclamo *s.m.* claim, complaint: *fare —*, to complain; *inoltrare, respingere un —*, to make (*o* to lodge), to reject a complaint; *— per danni*, claim for damages // *ufficio reclami*, complaints department; *libro, cassetta dei reclami*, complaints book, box.

reclinabile *agg.* reclining; tiltable: *i sedili anteriori sono reclinabili*, the front seats are reclining.

reclinare *v.tr.* to bow, to recline, to bend*: *— il capo*, to bow (*o* to bend) one's head; *— il sedile*, to recline the seat.

reclinato *agg.* **1** bowed, reclined, bent: *parlò col capo —*, he spoke with his head bent (*o* bowed); *il sedile è troppo —, posso alzarlo?*, the seat is too low, can I raise it? **2** (*bot.*) decumbent, reclinate.

reclino *agg.* (*letter.*) bowed, inclined, bent.

recludere *v.tr.* to seclude; (*dir.*) to imprison, to put* in prison.

reclusa *s.f.* (*suora di clausura*) enclosed nun // *Usciamo! Mi sembra di essere una —!*, Let's get out! I feel shut in.

reclusione *s.f.* **1** (*l'essere rinchiuso*) seclusion: *per lui lavorare in ufficio sarebbe una —*, he would feel imprisoned (*o* confined) working in an office **2** (*dir.*) imprisonment, confinement: *cinque anni di —*, five years' imprisonment (*o* confinement); *— a vita*, life imprisonment; *fu condannato alla —*, he was given a prison sentence.

recluso *agg.* secluded ◆ *s.m.* (*prigioniero*) prisoner; (*dir.*) convict // *la settimana prima di ogni esame faccio vita da —*, the week before each exam I live like a hermit.

reclusorio *s.m.* (*non com.*) prison, gaol, jail; (*amer.*) penitentiary.

recluta *s.f.* **1** (*mil.*) recruit **2** (*estens.*) novice; newcomer: *è una — della squadra*, he is a newcomer to the team.

reclutamento *s.m.* **1** (*mil.*) recruitment, enlistment: *il — dei volontari*, the recruitment of volunteers **2** (*estens.*) (*assunzione*) recruitment, hiring: *— del personale*, employee recruitment; *— di nuovi collaboratori*, hiring of new assistants.

reclutare *v.tr.* **1** (*mil.*) to recruit, to enlist **2** (*estens.*) (*ingaggiare*) to recruit, to hire, to engage; to take*on: *— personale ben qualificato*, to recruit well-qualified staff; *— manodopera stagionale*, to hire seasonal labour; *la squadra ha reclutato un calciatore straniero*, the (football) team has taken on a foreign player // *il nuovo partito potrebbe — molti giovani*, the new party could appeal to many young people.

reclutatore *s.m.* (*mil.*) recruiter.

recondito *agg.* hidden, concealed; (*profondo*) innermost, inmost: *luogo —*, hidden (*o* concealed) place; *pensieri reconditi*, innermost thoughts; *scopo, significato —*, hidden purpose, meaning; *sarà finito in qualche angolo —*, it must have ended up in some hidden corner.

reconditorio *s.m.* (*eccl.*) reliquary.

record *s.m.* **1** record: *— mondiale, europeo*, world, European record; *— di velocità*, speed record; *battere un —*, to break (*o* to beat) a record; *stabilire un —*, to set up a record // *a tempo di —*, in record time: *finiremo il dizionario a tempo di —*, we're going to finish the dictionary in record time **2** (*inform.*) record: *— corrispondente*, matching ◆ *agg.* record (*attr.*), unprecedented: *aumento — dei prezzi*, unprecedented price increase; *incasso —*, record takings.

recordista *s.m.* e *f.* (*cinem.*) recordist.

recordman *s.m.* (*sport*) record holder.

recotto *s.m.* (*cascame di seta*) silk waste.

recriminare *v.intr.* **1** (*lamentarsi*) to complain: *allo stato delle cose è inutile —*, as things stand it is no use complaining **2** (*non com.*) (*ritorcere un'accusa*) to recriminate; to retort an accusation.

recriminatorio *agg.* recriminating: *tono —*, recriminating tone.

recriminazione *s.f.* **1** (*lamentela*) complaint: *non perder tempo in inutili recriminazioni!*, don't waste your time in useless complaints! **2** (*non com.*) (*controaccusa*) recrimination.

recrudescenza *s.f.* fresh outbreak, recurrence; return: *— di febbre*, recrudescence of fever; *una — di influenza*, a fresh outbreak of influenza; *c'è stata una — di cattivo tempo*, there has been a return of bad weather; *recentemente c'è stata una — di violenza*, recently there has been a fresh outbreak of violence.

recto *s.m.* face; (*di foglio*) recto; (*di moneta, medaglia*) obverse: *sul — della cambiale*, on the face of the bill.

recuperare e *deriv.* → **ricuperare** e *deriv.*

recusare e *deriv.* → **ricusare** e *deriv.*

redan *s.m.* (*mar.*) step.

redancia *s.f.* (*tecn.*) thimble.

redarguibile *agg.* (*non com.*) reproachable, censurable; (*biasimevole*) blameworthy.

redarguire *v.tr.* to blame; (*rimproverare*) to scold, to reproach: — *aspramente*, to scold severely; *è già stato redarguito dall'arbitro*, he has already been reprimanded by the referee.

redarre → **redigere**.

redatto *agg.* drawn up, compiled, written; (*da parte del redattore di un giornale*) edited, subedited.

redattore *s.m.* **redattrice** *s.f.* **1** (*compilatore*) compiler, drafter, writer: — *di un documento, di una relazione*, drafter of a document, of a report **2** (*nei giornali*) subeditor, copyreader, member of the editorial staff; (*di casa editrice*) editor: *sono — di questo giornale*, I am on (*o* I belong to) the editorial staff of this newspaper // — *capo*, editor in chief; — *economico*, economic editor; — *sportivo*, sports editor.

redazionale *agg.* editorial: *ufficio* —, editorial office.

redazionalmente *avv.* by the editorial staff; from an editorial point of view: *l'opera è — terminata*, the editing (of the work) has been finished; *la rubrica è curata* —, the column is written by the editorial staff.

redazione *s.f.* **1** drafting; (*il compilare*) compiling: *la — di un documento*, the drafting of a document **2** (*di giornale, opera letteraria ecc.*) editing: *la — di un giornale richiede molto lavoro*, the editing of a newspaper requires a great deal of work **3** (*insieme dei redattori*) editorial staff: *sciopero della* —, strike of the editorial staff **4** (*ufficio di redazione*) editorial office **5** (*variante*) version, draft: *la prima — dell'opera*, the first draft of the work.

redazza *s.f.* (*mar.*) swab.

redditiere *s.m.* rentier, beneficiary of an income.

redditività *s.f.* (*econ.*) profitability, return; earning capacity, earning power, earning performance: — *annua*, annual return; — *aziendale*, company profitability; — *degli investimenti*, investment profitability; — *del capitale investito*, return on investment; — *del capitale proprio*, return on equity; — *delle vendite*, return on sales; *calcolo della* —, measurement of profitability; *indice, quoziente della* —, profitability index, ratio.

redditizio meno com. **redditivo** *agg.* profitable, paying, remunerative, profit-bearing: *un affare* —, a profitable (*o* profit-bearing) deal; *non* —, unprofitable; *investimento* —, profitable investment.

reddito *s.m.* (*econ.*) income, revenue, yield; (*utile*) profit, return: — *annuo*, yearly income; *redditi commerciali, industriali*, commercial, industrial profits; — *complessivo*, aggregate income; — *da locazione*, rental income; — *di capitale*, unearned income; — *di lavoro*, earned income; — *da lavoro dipendente*, income from employment; — *da lavoro autonomo*, income from self-employment; — *di esercizio*, operating income; *redditi diversi*, miscellaneous income; — *esente da tasse*, non imponibile, non-taxable income; — *familiare*, family income; — *fondiario*, income from land and buildings; — *figurativo*, notional income; — *immobiliare*, income from real estate; *redditi occasionali*, perquisites; — *patrimoniale*, estate income; — *personale*, personal income; — *presunto*, estimated income; — *pro capite*, per capita income; — *pubblico*, public revenue; — *reale*, real income; — *in natura*, income in kind; — *soggetto a ritenuta alla fonte, tassato alla fonte*, income taxed at source; — *al lordo di imposta*, income before taxation; — *soggetto a tassazione separata*, income subject to separate taxation; *a basso, alto* —, low-income, high -income; *categoria a — fisso*, fixed-income bracket (*o* class); *imposta sui redditi professionali*, tax on professional earnings; *scaglione di* —, income bracket (*o* class); *l'andamento del — in Italia negli anni 80*, income trends in Italy in the eighties; *vivere del proprio* —, to live on one's income; *spendere più del proprio* —, to exceed one's income; *colpire qualsiasi forma di* —, to seize upon any source of revenue // (*fin.*): — *da capitale*, capital gain(s) (*o* return on capital); — *da investimento, mobiliare*, return on investment (*o* income from investment); — *su azioni*, yield on securities; — *da obbligazioni*, bond yield; *titoli di* —, income stock.

redditometro *s.m.* (*econ.*) income assessment system, income assessment method.

reddituale *agg.* (*econ.*) income (*attr.*).

redento *agg.* redeemed: — *dal vizio*, redeemed from vice; *l'umanità redenta*, mankind redeemed.

redentore *agg.* redeeming ◆ *s.m.* redeemer // *il Redentore*, the Redeemer.

redentorista *s.m.* (*eccl.*) Redemptorist.

redenzione *s.f.* **1** redemption: — *del genere umano*, redemption of mankind; *senza* —, past redemption **2** (*liberazione*) liberation, deliverance: *la — dei popoli oppressi*, the deliverance of oppressed peoples **3** (*econ.*) redemption, paying off: *la — di un debito*, the paying off of a debt; — *di un prestito*, redemption of a loan; — *di un'ipoteca*, redemption of a mortgage.

redibitorio *agg.* (*dir.*) redhibitory: *azione redibitoria*, redhibitory action (*o* redhibition); *vizio* —, redhibitory defect.

redigere *v.tr.* **1** (*compilare, scrivere*) to draw* up, to draft, to compile, to write*: — *un articolo*, to write an article; — *un programma*, to draw up a programme; — *un verbale*, to draw up a report (*o* the minutes); — *una sentenza*, to write a decision; — *un documento davanti a un notaio*, to draw up a document before a notary // (*comm.*) — *un bilancio*, to strike a balance **2** (*curare in qualità di redattore*) to edit: — *una rivista*, to edit a magazine.

redimere *v.tr.* **1** to redeem; to ransom: *Cristo ci ha redenti dal peccato originale*, Christ has redeemed us from original sin // *ormai ho perso la speranza di redimerti!*, by now I've lost all hope of getting you back on the straight and narrow! **2** (*non com.*) (*estinguere*) to redeem, to pay* off: — *un debito*, to pay off of a debt; (*dir.*) — *un'ipoteca*, to redeem a mortgage.

□ **redimersi** *v.rifl.* to redeem oneself: — *dalle proprie colpe*, to make up for one's faults.

redimibile *agg.* **1** redeemable: *prestito* —, redeemable loan; *titoli redimibili*, redeemable stocks; *azioni privilegiate redimibili*, redeemable preference shares **2** (*di peccato*) atonable.

redimibilità *s.f.* redeemability, redeemableness: (*fin.*) — *di un'obbligazione*, redeemability of a debenture.

redimire *v.tr.* (*letter.*) to crown; to wreathe.

redimito *agg.* (*letter.*) crowned; wreathed.

redine *s.f.* (*spec. pl.*) rein (*anche fig.*): *le redini di un cavallo*, the reins of a horse; *abbandonare le redini*, to drop the reins; *tenere le redini*, to hold the reins; *tirare le redini*, to draw rein (*o* to rein in) // *lasciare le redini sul collo*, to give free rein.

redingote *s.f.* (*fr.*) **1** frock coat **2** (*femminile*) redingote: *abito a* —, coat-dress.

redistribuire e *deriv.* → **ridistribuire** e *deriv.*

redivivo *agg.* (*tornato in vita*) restored to life, brought back to life // *guarda chi c'è! quel — di Paolo*, (*scherz.*) look who's here! it's Paolo back in the land of the living.

redolente *agg.* (*letter.*) fragrant, scented, redolent.

redox *agg.* (*chim.*) redox, oxidation-reduction (*attr.*): *sistema* —, oxidation-reduction system.

reduce *agg.* back, returned: *è — da un lungo viaggio*, he has just returned from a long journey; *è — da molte battaglie*, he has been through many a battle; *sono — da un incontro col capo*, I've just been through a meeting with the boss ◆ *s.m.* **1** veteran: *i reduci del Vietnam*, Vietnam veterans **2** (*chi è sopravvissuto a una brutta esperienza*) survivor.

reduplicare *v.tr.* (*letter.*) to (re)double, to duplicate; to repeat.

reduplicativo *agg.* reduplicative.

reduplicazione *s.f.* **1** (*letter.*) (*raddoppio*) reduplication **2** (*biol.*) replication.

reduttasi *s.f.* (*biochim.*) reductase.

refe *s.m.* (*tess.*) twist; (*estens.*) (*filo*) thread, yarn.

referendario *s.m.* (*dir., eccl.*) referendary ◆ *agg.* (*di referendum*) referendary: *voto* —, referendary vote.

referendum *s.m.* **1** referendum*: *indire un* —, to hold a referendum; — *istituzionale*, plebiscite; *i risultati del* —, the results of the referendum **2** (*indagine statistica*) opinion survey, poll.

referente *agg.* referring, reporting ◆ *s.m.* **1** (*ling.*) referent **2** (*estens.*) (*punto di riferimento*) point of reference.

referenza *s.f.* **1** reference, testimonial: *una cameriera con buone referenze*, a maid with good references; *ogni domanda deve essere accompagnata da referenze*, every application must be accompanied by testimonials; *avere buone referenze*, to have good references; *referenze bancarie*, banker's (*o* bank) references; *referenze commerciali*, trade references; *dare, presentare referenze*, to give, to produce references **2** (*ling.*) reference.

referenziale *agg.* (*ling.*) referential: *funzione* —, referential function.

referenziare *v.tr.* to supply references, to provide with testimonials, to provide with references.

referenziato *agg.* (supplied) with references, (supplied) with testimonials: *presentare domande referenziate*, to make applications with references; *è molto ben* —, he has excellent references; *cercasi segretaria referenziata*, wanted secretary with first-class testimonials.

referto *s.m.* report: — *medico*, medical report; — *radiologico*, X-ray report.

refettorio *s.m.* refectory, dining hall.

refezione *s.f.* meal: — *scolastica*, school-meal.

reflazionare *v.tr.* (*econ.*) to reflate.

reflazione *s.f.* (*econ.*) reflation.

reflazionistico *agg.* (*econ.*) reflationary: *bilancio* —, reflationary budget; *periodo* —, reflationary period.

reflex *s.m.* o *f.* (*fot.*) reflex camera ◆ *agg.* reflex (*attr.*): *macchina fotografica* —, reflex camera.

refluo *agg.* (*scient.*) flowing back, refluent // (*med.*) *sangue* —, refluent blood.

reflusso *s.m.* (*med.*) reflux.

refolo *s.m.* gust (of wind).

reforming *s.m.* (*chim.*) reforming: *benzina di* — reformed petrol; *gas di* —, reformed gas.

refrain *s.m.* (*fr.*) (*mus.*) refrain.

refrattariamente *avv.* (*chim.*, *min.*, *med.*) refractorily.

refrattarietà *s.f.* (*chim.*, *min.*, *med.*) refractoriness.

refrattario *agg.* **1** (*tecn.*, *chim.*, *min.*) refractory; (*resistente ad alte temperature*) fireproof: *materiale* —, refractory material; *mattone* —, firebrick (*o* refractory brick); *terra, argilla refrattaria*, fireclay **2** (*restio*) refractory; (*insensibile*) insensitive, unresponsive: *un malato — alle cure*, a patient who is unresponsive to treatment; *un ragazzo — alla disciplina*, a refractory boy // *essere — alle lingue*, to have no inclination for languages ◆ *s.m.* refractory.

refrattometro → **rifrattometro**.

refrigeramento → **refrigerazione**.

refrigerante *agg.* **1** cooling, refrigerating, refrigerant: *cella* —, refrigerating room (*o* refrigerator); *miscela* —, freezing mixture **2** (*rinfrescante*) refreshing: *bevanda* —, refreshing drink ◆ *s.m.* (*chim.*, *fis.*, *tecn.*) coolant, cooler, refrigerant.

refrigerare *v.tr.* **1** to refrigerate **2** (*letter.*) (*rinfrescare*) to cool, to refresh.

□ **refrigerarsi** *v.rifl.* to refresh oneself.

refrigerativo *agg.* **1** refrigerative, refrigerating **2** (*rar.*) (*rinfrescante*) cooling, refreshing.

refrigeratore *agg.* refrigeratory ◆ *s.m.* refrigerator; cooler.

refrigerazione *s.f.* refrigeration; cooling: — *dell'aria*, air refrigeration.

refrigerio *s.m.* **1** refreshment; coolness; relief: *nel — della sera*, in the coolness of the evening **2** (*fig.*) (*sollievo*) relief; (*conforto*) comfort.

refugium peccatorum *s.m.* (*lat.*) (*scherz.*) **1** (*riferito a persona*) soft touch **2** (*estens.*) (*sistemazione sicura*) meal ticket: *l'impiego statale è un* —, working for the state is a meal ticket for life.

refurtiva *s.f.* stolen goods (*pl.*), stolen property.

refuso *s.m.* (*tip.*) misprint, printing error, typographical error.

refutare → **confutare**.

reg *s.m.* (*deserto ciottoloso*) reg.

regalabile *agg.* suitable as a present.

regalare *v.tr.* **1** to present, to make* a present of (sthg.), to give*: *regalò un anello a sua sorella*, he gave his sister a ring (*o* he gave a ring to his sister); — *un mazzo di fiori a qlcu.*, to present s.o. with a bunch of flowers (*o* to give s.o. a bunch of flowers *o* to present a bunch of flowers to s.o.); *cosa mi regali a Natale?*, what are you giving me for Christmas? // *ci siamo regalati una bella vacanza*, we treated ourselves to a nice holiday **2** (*vendere a buon prezzo*) to sell* cheap; (*fam.*) to give* away: *dopo Natale le merci si regalano*, after Christmas goods are given away.

regalato *agg.* **1** presented, given **2** (*venduto a buon prezzo*) cheap; (*fam.*) given away: *a questo prezzo la stoffa è regalata*, at this price the material is given away (*o* is going for a song).

regale *agg.* regal, kingly, royal: *abiti regali*, regal clothes; *autorità* —, regal (*o* royal) authority; *corona* —, royal crown; *dignità* —, regal dignity; *portamento* —, kingly (*o* regal) bearing; *accoglienza* —, royal welcome ◆ *s.m.* (*mus.*) (*organo*) regal.

regalia *s.f.* **1** (*mancia*) gratuity, tip: — *natalizia*, Christmas box **2** (*diritto regio*) royalty **3** (*dono in natura del colono al proprietario*) gift in kind by a tenant farmer to his landlord.

regalismo *s.m.* (*st.*) regalism.

regalista *s.m.* e *f.* (*st.*) regalist.

regalità *s.f.* **1** (*l'essere regale*) regalness, majesty, kingliness: *la — del suo portamento*, the regalness of his bearing **2** (*stato, condizione di re*) royalty, kingship, sovereignty.

regalo *s.m.* **1** present, gift: — *di nozze*, wedding present; — *natalizio*, Christmas present; *in* —, as a present; *fare un — a qlcu.*, to give s.o. a present **2** (*fig.*) (*favore*) great favour: *mi fai un — se accetti la mia proposta*, you will do me a great favour if you accept my proposal **3** (*prezzo conveniente*) giveaway: *a questo prezzo la moto è un* —, at this price the motorbike is a giveaway ◆ *agg.* **1** gift (*attr.*): *confezione, pacco* —, gift wrapping, packet **2** (*che costa molto poco*) giveaway (*attr.*), dirt cheap (*attr.*): *prezzo* —, giveaway (*o* rock -bottom) price.

regata *s.f.* regatta: — *velica*, sailing regatta; — *di panfili*, yachting regatta.

regatante *s.m.* e *f.* (*non com.*) competitor in a regatta.

rege *s.m.* (*ant.*, *letter.*) king.

regesto *s.m.* **1** (*st.*) (*registro*) register **2** (*riassunto di documento storico*) document summary.

reggente *s.m.* e *f.* regent; ruler: *il — di Spagna*, the regent of Spain ◆ *agg.* **1** ruling, governing; (*di potere reale*) regent: *principe* —, prince regent **2** (*gramm.*) governing: *verbo, proposizione* —, governing verb, clause.

reggenza *s.f.* **1** regency **2** (*gramm.*) government, regimen: *la — di un verbo*, the government of a verb.

reggere *v.tr.* **1** (*sostenere, sorreggere*) to bear*, to support, to carry, to hold*: *l'arco è retto da due pilastri*, the arch is supported by two pillars; *quattro pilastri reggono il tetto*, four pillars hold up (*o* support) the roof; *questa mensola non può — tanti libri*, this shelf won't hold so many books; *quella corda non lo reggerà*, that rope will not hold him; *questa carriola non regge più di così*, this wheelbarrow cannot carry more than that; *le gambe non mi reggono più*, my legs cannot carry me any longer; *lo reggeva per il braccio*, she was holding him up by the arm; — *un bimbo fra le braccia*, to hold a child in one's arms; *reggimi il bastone, il cappello*, hold my stick, my hat; — *un peso*, to bear a weight // *il partito al potere è retto dalla stampa*, the party in power is sustained (*o* supported) by the press // — *il moccolo, la candela*, (*fig.*, *fam.*) to play gooseberry **2** (*fig.*) (*sopportare*) to stand*: *si è licenziato perché non reggeva il ritmo di lavoro*, he gave up the job because he couldn't stand the pace of the work (*o* couldn't keep pace with the work); *quando fa così non lo reggo proprio*, I really can't stand (*o* bear) him when he acts like that; — *la prova*, to stand the test; — *la spesa*, to stand the expense // *non reggo bene il vino*, I can't take much wine **3** (*governare*) to rule (over): — *un impero*, to rule over an empire; — *un paese*, to rule a country // — *il governo*, to hold government **4** (*dirigere*) to manage; to run*: — *un'azienda*, to manage (*o* to run) a firm; — *una scuola*, to run a school **5** (*gramm.*) to govern, to take*: *preposizione che regge l'accusativo*, preposition which governs (*o* takes) the accusative; *un verbo che regge l'infinito*, a verb which must be followed by (*o* which takes *o* which governs) the infinitive ◆ *v.intr.* **1** (*resistere*) to hold* (out): *il nemico non reggerà a lungo*, the enemy will not hold out long; *questa corda, questo ramo non regge*, this rope, this branch will break; *questo edificio reggerà almeno cent'anni*, this building will stand a hundred years at least // *sono stanco, non reggo più*, I'm tired, I cannot hold out any longer // *non mi regge il cuore a vederlo così afflitto*, my heart breaks (*o* it breaks my heart) to see him so sad; *non mi regge il cuore di farlo*; I have not the heart to do it **2** (*fig.*) (*sopportare*) to stand* (sthg.), to stand* up to (sthg.), to bear*: *quella ditta non ha retto alla concorrenza*, that firm did not stand up to competition; *il suo ultimo libro non regge al confronto con i precedenti*, his latest book doesn't bear comparison with his earlier works; — *al caldo, al freddo*, to stand (*o* to bear) the heat, the cold; — *alle fatiche*, to stand up to hard work; — *alla prova*, to stand the test; — *alle lusinghe*, to resist flattery // *non regge allo scherzo*, he can't take a joke **3** (*fig.*) (*essere plausibile*) to stand* up, to hold* water: *questa teoria non regge*, this theory does not stand; *le sue opinioni non reggono*, his opinions do not hold water; *le vostre accuse non reggono*, there are no grounds for your accusations **4** (*durare*) to last, to hold* (out): *questo bel tempo non reggerà molto a lungo*, this fine weather will not hold out (*o* last) long; *la situazione non resse a lungo*, the situation did not last long **5** (*avere il dominio, il potere*) to be in power, to hold* power, to hold* sway: *in quel paese reggono i monarchici*, the monarchists are in power (*o* hold sway) in that country.

□ **reggersi** *v.rifl.* o *intr.pron.* **1** (*sostenersi*) to stand*, to hold* on to (sthg.) (*anche fig.*): — *agli appositi sostegni*, to hold on to the handgrips provided; *si regge in piedi, sulle gambe a fatica*, he can hardly stand; *ero così stanco che non mi reggevo più*, I was so tired that I could not hold out any longer // — *a galla*, to float // *con tante spese la ditta stenta a* —, with so much expense the firm can hardly keep going // *erano tanto ubriachi che dovevano — l'un l'altro*, they were so drunk that they had to hold each other up **2** (*governarsi*) to be ruled: *quel paese si regge a repubblica*, that country is a republic.

reggetta *s.f.* strap.

reggettatrice *s.f.* (*mecc.*) strapping machine.

reggia *s.f.* (royal) palace (*anche fig.*): *la — di Versailles*, the Palace of Versailles; *la sua casa sembra una —*, her house is like a palace.

reggiano *agg.* of Reggio Emilia, from Reggio Emilia ◆ *s.m.* **1** inhabitant of Reggio Emilia; native of Reggio Emilia **2** (*formaggio grana*) Parmesan (cheese).

reggibile *agg.* governable, controllable.

reggibraca *s.m.* hip strap.

reggicalze *s.m.* suspender belt.

reggicoda *s.m.* (*tirapiedi*) lackey, stooge.

reggilibro *s.m.* bookend.

reggilume *s.m.* lamp fixture: *— a braccio*, wall fixture.

reggimentale *agg.* regimental.

reggimento *s.m.* **1** (*mil.*) regiment: *— di fanteria*, infantry regiment **2** (*fam.*) (*folla*) crowd, horde, large number: *un — di visitatori*, a crowd (*o* a horde) of visitors **3** (*ant.*) (*governo*) government: *— dispotico*, despotic government.

reggino *agg.* of Reggio Calabria, from Reggio Calabria ◆ *s.m.* inhabitant of Reggio Calabria; native of Reggio Calabria.

reggipancia *s.m.* (*fam.*) (*busto*) corset.

reggipenne *s.m.* pen rack; (*con calamaio*) inkstand.

reggipetto *s.m.* **1** bra, brassière **2** (*finimento per cavallo*) breast-band.

reggipiccozza *s.m.* gliding ring strap.

reggiseno *s.m.* bra, brassière.

reggispinta *agg.* (*mecc.*) thrust (*attr.*): *cuscinetto —*, thrust bearing ◆ *s.m.* (*mecc.*) thrust bearing, thrust block.

reggistanga *s.f.* shaft holder.

reggitesta *s.m.* headrest.

reggitore *s.m.* (*letter.*) **1** ruler, governor **2** (*amministratore*) manager, director.

regia *s.f.* **1** (*cinem.*, *teatr.*, *tv*) direction: *— di...*, directed by...; *la — di questo film è ottima*, the direction of this film is excellent; *curare la — di uno spettacolo*, to direct a show **2** (*estens.*) (*di manifestazioni, attività ecc.*) organization: *la cerimonia si svolse con una — perfetta*, the cerimony took place with perfect organization **3** (*sport*) organization (of the team): *la — della squadra è affidata al capitano*, the captain organizes the team's play **4** (*rar.*) (*monopolio*) monopoly: *la — di stato dei sali e tabacchi*, state monopoly of salt and tobacco.

regicida *agg.* regicidal ◆ *s.m.* e *f.* regicide.

regicidio *s.m.* regicide.

regimare *v.tr.* (*mecc.*) to put in a steady state.

regimazione *s.f.* (*mecc.*) putting in a steady state.

regime *s.m.* **1** regime, system of government; (*governo*) government; (*spreg.*) (*dittatura*) dictatorship: *il — attuale*, the present regime; *il nuovo, il vecchio — politico*, the new, the old political regime; *un paese a — democratico*, a country with a democratic form of government; *la caduta del — militare*, the fall of the military regime (*o* government) **2** (*econ.*) (*sistema*) system, regulation: *— collettivistico*, collectivist system; *— di mercato*, market system; *— a monocultura*, single-crop economy; *— dei prezzi*, price system; *— degli scambi*, system of trade; *— monopolistico*, monopoly system // (*fin.*): *— (monetario) aureo, argenteo*, gold, silver standard; *— dei cambi fissi*, fixed exchange system; *— dei cambi fluttuanti*, floating exchange system // (*trib.*) *— fiscale, tributario*, tax regulations **3** (*regole di igiene*) regimen; (*dieta*) diet: *un rigido — alimentare*, a strict diet; *— vegetariano*, vegetarian diet; *essere a —*, to be on a diet // *mettere qlcu. a —*, (*fig.*) (*farlo rigare dritto*) to make s.o. toe the line **4** (*geogr.*) (*di corso d'acqua*) regime // *— climatico*, regime; *a — torrentizio*, intermittent **5** (*tecn.*) (*funzionamento*) running; (*condizione*) condition; (*velocità*) speed: *— continuo, intermittente*, continuum, intermittent running; *— transitorio*, transient condition; *basso —*, low speed; *pieno —*, maximum speed; *gli impianti funzionano a pieno —*, the plants are working at full capacity.

regina *s.f.* **1** queen: *— madre*, queen mother; *— consorte*, queen consort; *— vedova*, queen -dowager; *la — Vittoria*, Queen Victoria; *Elisabetta, — d'Inghilterra*, Elizabeth, Queen of England // *da —*, queenly (*o* queenlike) // *la Regina dei Cieli*, the Queen of Heaven **2** (*fig.*) (*donna che primeggia*) queen, mistress, lady; (*cosa che primeggia*) queen: *la — della festa*, the belle of the ball; *la rosa è la — dei fiori*, the rose is the queen of flowers // *Venezia, la — dell'Adriatico*, Venice, the queen of the Adriatic **3** (*a carte, a scacchi*) queen: *— di picche, di cuori*, queen of spades, of hearts; *andare a, chiedere —*, to go to queen **4** (*zool.*) (*di api, termiti ecc.*) queen **5** (*bot. pop.*) *— dei prati*, (*Spiraea ulmaria*) queen-of-the-meadows (*o* goat's beard *o* meadow sweet).

reginetta *s.f.* queen: *— di bellezza*, beauty queen.

regio *agg.* **1** royal: *decreto —*, royal decree; *la Regia Marina*, the Royal Navy; *Università Regia*, Royal University **2** (*chim.*) *acqua regia*, aqua regia ◆ *s.m.pl.* (*soldati del re*) King's troops.

regionale *agg.* regional: *piatto —*, regional dish; *campionati regionali*, regional championships; *voce, locuzione —*, regional (*o* local) term, expression // (*amm.*): *consiglio —*, regional council; *autonomia —*, regional autonomy (*o* regional self-government); *analisi economica —*, regional economic analysis.

regionalismo *s.m.* **1** regionalism, localism **2** (*pol.*, *amm.*) regionalism **3** (*ling.*) regional (*o* local) term.

regionalista *agg.* e *s.m.* e *f.* regionalist: *deputato —*, regionalist member of Parliament; *scrittore —*, regionalist writer.

regionalistico *agg.* regionalist, regionalistic: *tendenze politiche regionalistiche*, regionalist political tendencies (*o* leanings); *spirito —*, regionalistic spirit.

regionalizzare *v.tr.* (*amm.*) to regionalize.

regionalizzazione *s.f.* (*amm.*) regionalization: *— dei prezzi*, price zoning.

regione *s.f.* **1** region; area, zone; district: *le regioni artiche, tropicali*, the Arctic, tropical regions; *la — dei laghi*, the lake district; *una — montuosa*, a mountainous area (*o* district); *una — industriale, agricola*, an industrial, agricultural area (*o* zone) // (*astr.*) *— attiva*, (*della superficie solare*) active region // (*ecol.*) *— faunistica antiboreale*, antiboreal faunal region // (*geol.*) *— mineraria*, ore district **2** (*divisione amministrativa*) district; region, department (*anche dir.*): *la Toscana è una delle più belle regioni d'Italia*, Tuscany is one of the most beautiful regions in Italy; *— a statuto ordinario, speciale*, district (*o* region) with ordinary, special autonomy; *il presidente della —*, the president of the region **3** (*anat.*) region: *la — lombare*, the lumbar region **4** (*fig.*) province, realm: *nelle regioni dell'arte*, in the province (*o* realms) of art; *le più intime regioni dell'animo*, the innermost recesses of the soul.

regista *s.m.* e *f.* **1** (*cinem.*, *teatr.*, *tv*) director **2** (*estens.*) (*organizzatore*) organizer; (*coordinatore*) coordinator **3** (*sport*) playmaker.

registico *agg.* (*cinem.*, *teatr.*, *tv*) (*di regista*) of a director, director's; (*di regia*) of direction, directing: *attività, capacità registica*, directing career, ability.

registrabile *agg.* recordable, registrable // (*amm.*) *scritture registrabili*, recordable entries (*o* items).

registrare *v.tr.* **1** (*annotare*) to record; to enter; to book; to tally; (*scrivere in un pubblico registro*) to register; (*protocollare*) to file: *— una domanda, una petizione*, to file an application, a petition; *— un fatto, una nascita, una morte*, to register an event, a birth, a death; *— un contratto, un atto, un testamento*, to register a contract, an act, a will; *— una società commerciale*, to incorporate a company; *— un veicolo*, to register a vehicle; *— una fattura*, to enter an invoice; *— un ordine*, to book an order; *— una somma nel libro contabile*, to enter a sum in the account book; *— una scrittura contabile*, to record an entry; *— l'avvenuto pagamento di un debito*, to enter the satisfaction of a debt; *— un credito di 10 milioni*, to tally a credit of ten million lire // *far —*, to register (*o* to check); *far — il proprio bagaglio*, to check in **2** (*rilevare*) to register, to record; to report (*anche fig.*): *questo risultato deve essere registrato*, this result needs to be recorded; *il termometro registrava una temperatura assai bassa*, the thermometer registered a very low temperature; *il sismografo ha registrato alcune scosse sismiche*, the seismograph recorded some earth tremors; *questa parola non è registrata in nessun vocabolario*, this word isn't given in any dictionary; *negli ultimi anni si è registrato un calo demografico*, recent years have seen a fall in the birth rate; *un film che ha registrato un buon successo*, a film that was a big success // (*comm.*) *— una perdita*, to report a loss (*o* to lose money) // (*fin.*): *le quotazioni hanno fatto — un leggero rialzo*, quotations have edged up; *il prezzo dell'oro ha fatto — un notevole aumento*, there has been a remarkable increase in the price of gold; *il bilancio registra un passivo*, the balance sheet shows a loss **3** (*raccogliere suoni o immagini*) to record: *Toscanini registrò questo pezzo a New York*, Toscanini recorded this piece in New York; *mi registri la nona di Beethoven, per favore?*, could you record Beethoven's Ninth for me, please?; *ieri sera ho registrato il film alla TV*, last night I recorded the film on TV; *non far rumore, sto registrando*, don't make any noise, I'm recording **4** (*mus.*) to tune: *— uno strumento musicale*, to tune an instrument // *— un organo*, (*accordarne i registri*) to tune an organ **5** (*inform.*)

to store, to read* in **6** (*mecc.*) (*mettere a punto*) to adjust: (*aut.*) — *le punterie*, to adjust the tappets // — *un orologio*, to set a watch **7** (*tip.*) to register.

registrata *s.f.* (*differita*) recording, recorded programme.

registrato *agg.* **1** (*annotato*) recorded; entered; booked; (*messo a registro*) registered: *non* —, unbooked (*o* unrecorded); (*dir.*) *società registrata*, incorporated company **2** (*rilevato*) registered, recorded: *la scossa registrata la notte scorsa è stata la più violenta*, the earth tremor registered (*o* recorded) last night was the most violent **3** (*di suoni, immagini*) recorded: *le immagini registrate non erano molto chiare*, the recorded images weren't very clear; *concerto — dal vivo*, concert recorded live **4** (*mecc.*) (*messo a punto*) adjusted, set: *una macchina ben registrata*, a well-adjusted (*o* well-set) machine.

registratore *agg.* (*detto di strumenti di misura*) recording: *pluviometro* —, recording rain gauge; *apparecchio* —, recording equipment ◆ *s.m.* **1** register; (*apparecchio per registrare suoni, immagini*) recorder: — *a nastro*, tape recorder; — *magnetico*, magnetic recorder; — *magnetico a filo*, magnetic wire recorder; — *di videocassette*, videocassette recorder (*abbr.* VCR); — *portatile*, portable recorder; (*comm.*) — *di cassa*, cash register (*o* cash till *o* till); (*aer.*) — *di quota*, recording altimeter (*o* altitude recorder) **2** (*non cóm.*) (*cartella per lettere, fatture ecc.*) file **3** (*non com.*) (*chi registra*) registrar.

registratura *s.f.* **1** (*non com.*) registration; (*di suoni, immagini*) recording **2** (*mus.*) registers (*pl.*).

registrazione *s.f.* **1** (*amm.*) (*annotazione*) record, entry, item; (*dir.*) registration: — *a credito, a debito*, credit, debit entry; — *a giornale*, journal entry; — *a mastro*, posting; — *di una fattura*, entry of an invoice; *registrazioni di magazzino*, stock (*o* stores) records; *registrazioni di cassa*, cash records; — *dei costi*, cost records; — *doppia*, (*partita doppia*) double entry; — *composta*, compound entry; — *in rosso*, red ink entry; *nuova* —, re-entry; *registrazioni contabili*, book entries (*o* accounting records); — *delle spese*, record of expenses; (*dir.*) — *di un marchio di fabbrica*, registration of a trademark; *certificato di — di una ditta*, certificate of incorporation of a firm; *tassa di* —, registration fee (*o* duty); *spese di* —, registration charges; *fare — conforme*, to enter in conformity; *presentare un atto per la* —, to submit a deed for registration; *cancellare una* —, to cancel an entry **2** (*rilevamento*) registration, recording: *la — di un movimento tellurico*, the registration (*o* recording) of an earth tremor **3** (*di suoni, immagini*) recording: — *automatica dei suoni*, automatic recording of sounds; — *su disco*, disk recording; — *su nastro*, taping-recording; — *fonografica*, phonographic recording; — *televisiva*, TV recording; *cabina di — sonora*, monitor room; *centrale di* —, recording room; *studio di* —, recording studio; *un guasto ha interrotto la — del disco*, a fault interrupted the recording of the record **4** (*rad., tv*) (*programma registrato*) recorded programme: *trasmettere la — di una partita*, to broadcast the recording of a match **5** (*mus.*) setting **6** (*inform.*) record, recording: — *cronologia*, logging; — *di archivio sequenziale*, batch record; — *di consegna*, logging record; — *di fine*, trailer record; — *di movimenti*, detail record; — *iniziale*, header record; — *su giornale*, journalization (*o* journalling *o* journalizing); — *e lettura in continuo*, streaming **7** (*mecc.*) (*messa a punto*) adjustment, setting: (*aut.*) — *delle punterie*, (valve) tappet adjustment.

registro *s.m.* **1** register; book; record: — *di classe*, (class-)register; — *della parrocchia*, parish register; (*mar., aer.*) — *di bordo*, log(book); — *genealogico*, (*di cavalli*) studbook // (*amm.*): — *dei verbali*, minute book; — *di stato civile*, (*libro*) register of births, marriages and deaths; — *delle ipoteche*, register of charges; *essere a* —, to be on record; *mettere a* —, to enter (*o* to book); — *contabile*, account book // (*comm.*): — *di magazzino*, warehouse book; — *degli acquisti e delle spese*, bought journal // (*banca*): — *degli effetti attivi*, bills receivable book; — *degli effetti passivi*, bills payable book // (*econ.*) — *delle società*, register of companies // (*Borsa*): — *degli azionisti*, shareholders' register; — *cessioni*, transfer book (*o* register) // (*mar.*) *Registro* (*di classificazione*) *dei Lloyd's*, Lloyd's Register **2** (*ufficio del*) —, (*ufficio governativo*) registry (office), registrar's office; (*dir.*) *tassa, imposta di* —, registration (fee) // — *dello stato civile*, registry office // — *immobiliare*, property (*o* land) register (*o* land registry); *certificato dei registri immobiliari*, land certificate // *Pubblico Registro Aeronautico*, Air Registration Board // (*mar.*) (*Pubblico*) *Registro Navale*, Register of Shipping **3** (*inform.*) register; journal: — *accumulatore*, accumulating register; — *di indice*, index register; — *interno*, hardware register; — *traslatore*, shift register **4** (*mus.*) register, range: — *alto*, upper (*o* high) register; — *medio*, middle register; — *basso*, lower (*o* low) register; — *di soprano*, soprano range // — *di organo*, stop (*o* register) **5** (*ling.*) register: *l'uso di una gran varietà di registri*, the use of a variety of registers // *cambiar* —, to change register; (*fig.*) (*cambiare tono*) to change one's tune; (*cambiar vita*) to turn over a new leaf; *dopo le mie parole, cambiò* —, he changed his tune after my words **6** (*mecc.*) (*di orologio*) regulator; — *di regolazione dell'aria*, air register // (*ferr.*) — *del freno*, brake adjuster **7** (*tip.*) register: *crocette di* —, register marks; *fuori* —, out of register; *in* —, in register.

regnante *agg.* **1** reigning, ruling **2** (*prevalente*) prevailing, dominant: *opinioni regnanti*, prevailing opinions ◆ *s.m.* sovereign.

regnare *v.intr.* **1** (*essere re*) to reign (over sthg.); (*estens.*) (*dominare*) to rule (over sthg.), to dominate (over sthg.): *la regina Vittoria regnò in Inghilterra per sessantaquattro anni*, Queen Victoria reigned over England for sixty-four years; *gli Arabi regnarono a lungo sul bacino mediterraneo*, for a long time the Arabs dominated the Mediterranean **2** (*fig.*) to reign; (*comandare*) to rule: *nella stanza regnava un silenzio assoluto*, absolute silence reigned in the room; *fra loro regna un'armonia perfetta*, perfect harmony reigns between them; *in quel paese non potrà mai — la pace*, peace will never reign in that country; *in casa mia regna costantemente il disordine*, my house is always in a mess; *in casa vorrebbe* —, he would like to rule over the whole household.

regnicolo *agg.* native of a kingdom, born in a kingdom; living in a kingdom ◆ *s.m.* native of a kingdom; inhabitant of a kingdom.

regno *s.m.* **1** reign: *durante il — di Enrico* VIII, during (*o* in) the reign of Henry VIII; *fu un — glorioso*, it was a glorious reign // *venga il Tuo Regno*, thy Kingdom come **2** (*paese retto a monarchia*) kingdom: *il Regno Unito*, the United Kingdom // *il Regno dei Cieli*, the Kingdom of Heaven // *il — di Satana, del maligno*, (*l'inferno*) hell (*o* the realm of Satan) **3** (*fig.*) kingdom; (*letter.*) realm: *il — animale, vegetale, minerale*, the animal, plant, mineral kingdom; *quando si trova coi suoi amici, è nel suo* —, when he is with his friends, he is in his element; *la sua camera è il — del caos!*, chaos reigns in his room!; *il — della poesia*, the realm of poetry; *il — del male*, the reign of evil; *il — delle tenebre*, the realm of darkness **4** (*autorità e dignità di re*) throne, kingship: *aspirare, giungere, rinunciare al* —, to aspire to, to come to, to renounce the throne.

regola *s.f.* **1** rule (*anche dir.*); (*norma*) law: *regole di grammatica*, rules of grammar; *una — fissa*, a set rule; *le regole di un gioco*, rules (*o* laws) of a game; *devi stare alle regole del gioco*, (*fig.*) you must play by the rules; *le regole dell'etichetta*, the rules of etiquette; (*mar.*) *le regole della navigazione*, the rules of navigation; *secondo la* —, according to the rule; *un'eccezione alla* —, an exception to the rule; *l'eccezione conferma la* —, the exception proves the rule; *conformarsi a una* —, to conform to a rule; *applicare una* —, to apply a rule // *per tua* —, for your guidance (*o fam.* information); *per tua norma e — ricordati che chi paga sono io*, for your information remember (*o* let me tell you once and for all) that I'm paying // *di* —, as a rule (*o* usually): *di — arriva nel pomeriggio*, he arrives in the afternoon as a rule // *in* —, in order; *in piena* —, in perfect order; *avere le carte in* —, to have one's papers in order; *ha tutte le carte in —, le sue carte sono in* —, all his papers are in order; *avere il passaporto in* —, to have one's passport in order; *se la polizia ci chiede i documenti, siamo, non siamo in* —, if the police ask us for our papers, we're, we're not all in order; *essere in — con i pagamenti*, to be up-to-date with one's payments; *essere in — con la legge*, to be in conformity to the law; *io sono in — con la mia coscienza*, (*fig.*) my conscience is clear; *fare le cose in* —, to do things properly; *mettere in — i propri affari*, to put one's affairs in order; *mettere un lavoratore in* —, to give a worker a regular contract; *tenere qlco. in* —, to keep sthg. in order // *lavoro eseguito a — d'arte*, job properly done (*o* well-done job) // (*mat.*): *la — del tre*, the rule of three; — *catenaria*, catenary; — *di composizione*, chain rule // (*comm.*): *regole del commercio*, laws of trade; *cambiale in* —, regular bill // (*banca*) *regole bancarie*, banking laws **2** (*misura, moderazione*) moderation: *dovresti avere più — nel mangiare e nel bere*, you should eat and drink in more moderation; *bere senza* —, to drink without moderation **3** (*eccl.*) rule; (*ordine*) order: *la — francescana*, the rule of St. Francis; (*ordine*) the Franciscan order **4** (*consuetudine, usanza*) custom, habit: *è di —, è buona — che le donne abbiano la precedenza*, the custom is that women go first **5** *pl.* (*fam.*) (*mestruazioni*) periods.

regolabile *agg.* adjustable, regulatable: *sedile* —, adjustable chair; *il volume è* —, you can regulate the volume.

regolamentare *agg.* regulation (*attr.*), prescribed: *misura, peso* —, regulation (*o* prescribed) size, weight; *velocità* —, regulation speed; *questo tipo di scarpe da calcio non è —*, this type of football boot is against the regulations; *indossava la divisa —*, he wore regulation uniform; *procedura —*, regulatory (*o* prescribed) procedure // *potere, potestà —*, power to enact regulations.

regolamentare *v.tr.* to control by regulation(s); to regulate: *— i prezzi, le tariffe*, to regulate (*o* to control) prices, rates; *— le vendite*, to regulate sales // *prezzo regolamentato*, regulated price.

regolamentazione *s.f.* regulation; (*complesso di norme*) regulations (*pl.*), set of rules: *la — del traffico in centro*, the regulation of traffic in the centre; *— dei prezzi*, regulation of prices; *— dei canoni d'affitto*, rent regulation; *— del diritto di sciopero*, regulation of the right to strike // (*fin.*) *— dei cambi*, exchange regulation.

regolamento *s.m.* **1** (*dir., amm.*) rule, regulation; (*complesso di norme*) regulations (*pl.*), rules (*pl.*), set of rules: *— stradale*, rule of the road; *il — scolastico*, school regulations; *— di polizia*, police regulation; *— municipale*, city regulations (*o* ordinance); *regolamenti comunali*, municipal bylaws; *— del personale*, staff regulations; *— aziendale*, company regulations; *— di condominio*, condominial rules; *— edilizio*, building code; *— ferroviario*, railway regulations; *a norma di —*, according to the regulations; *lo vieta il —*, the rule forbids (*o* the rules forbid) it; *applicare il —*, to apply the rule(s); *attenersi al —*, to comply with the rules; *contravvenire al —*, to break (*o* to infringe) the rules // *— di esecuzione*, rules for the enforcement of the law // (*dir. comm.*) *— interno di una società*, articles of association // (*trib.*): *regolamenti fiscali*, tax regulations; *regolamenti doganali*, customs regulations **2** (*comm.*) (*pagamento di un conto*) settlement, payment, balance: *— di un conto*, balance of an account; *— di un debito*, settlement of a debt; *— cambiario*, payment of bills // (*assicurazioni*) *— di un danno*, assessment of damage // *un — di conti fra due bande rivali*, (*fig.*) a showdown (*o* a settling of scores) between two rival gangs **3** (*regolazione*) control, regulation: *il — di un corso d'acqua*, the control of a river.

regolare *agg.* **1** (*conforme alla regola*) regular; normal, standard (*attr.*); permissable, allowable: *la seduta ha avuto uno svolgimento —*, it was a normal meeting (*o* the meeting went off normally); *questo documento non è —*, this document is not regular; *sottoscrivere un contratto —*, to sign a formal contract; *l'intervento del giocatore sull'avversario è stato ritenuto —*, the player's tackle on his opponent was judged fair (*o* within the rules); *il gol è —*, the goal has been given (*o* allowed); *il peso — di un pacco è di 3 kg*, the standard weight of a parcel is 3 kilos // *unione —*, legal marriage // (*gramm.*) *verbo —*, regular verb // (*dir.*) *con — processo*, by due process of law **2** (*senza irregolarità, uniforme*) uniform, even, smooth, regular: *superficie —*, smooth surface; *fondo stradale —*, even road surface; *profilo —*, regular profile; *lineamenti regolari*, regular features // (*mat.*) *poligono, poliedro —*, regular polygon, polyhedron **3** (*normale*) regular, normal: *statura, corporatura, peso —*, normal height, build, weight; *polso —*, regular (*o* normal) pulse; *scuole regolari*, normal (*o* regular) schools; *servizio —*, normal service **4** (*costante*) steady, regular: *procedeva con passo —*, he went on at a steady pace (*o* he walked steadily); *è — nello studio*, he studies regularly (*o* steadily); (*econ.*) *aumento — dei prezzi*, steady rise in prices **5** (*periodico*) regular: *si vedono a intervalli regolari*, they see each other at regular intervals (*o* regularly) // (*comm.*) *si effettuano consegne regolari il martedì*, normal (*o* regular) deliveries are made on Tuesdays **6** (*comm.*) (*puntuale*) punctual, regular: *essere — nei pagamenti*, to be punctual in (*o* with) payments (*o* to pay punctually *o* to pay regularly) **7** (*mil.*) regular, standing: *soldato —*, regular soldier; *esercito —*, regular (*o* standing) army // *la sua divisa non è —*, he is not wearing a regulation uniform **8** (*eccl.*) regular: *clero —*, regular clergy; *membro del clero —*, member of the regular clergy.

regolare *v.tr.* **1** (*disciplinare*) to regulate: *— il traffico*, to regulate the traffic; *l'accordo regolerà il trattamento dei prigionieri di guerra*, the agreement will regulate the treatment of prisoners of war; *— la propria condotta*, to regulate one's conduct; *— gli scambi commerciali*, to regulate trade; *— la concorrenza*, to regulate competition **2** (*ridurre, moderare*) to reduce, to limit; (*controllare*) to control: *— i consumi*, to reduce consumption; *— le proprie spese*, to control one's expenses **3** (*pareggiare*) to trim: *il parrucchiere mi ha regolato i capelli*, the hairdresser trimmed my hair; *— una siepe*, to trim a hedge **4** (*con dispositivi, impianti ecc.*) to adjust, to regulate, to set*: *— il volume della radio*, to adjust the volume on the radio; *— la temperatura, la velocità*, to regulate (*o* to adjust) the temperature, the speed; *— un orologio*, to set a watch; *— la sveglia sulle 7*, to set the alarm clock for 7; *— il cannocchiale*, to focus the telescope; *il dispositivo regola automaticamente la messa a fuoco*, this control automatically regulates the focus; *— il corso delle acque*, to check (*o* to control) the flow of water **5** (*pagare*) to pay*, to settle: *— i propri conti*, to settle (*o* to straighten) one's accounts; *— i conti*, (*fig.*) to have a showdown (*o* to settle a score) with s.o.; *— un debito*, to settle a debt; *— una fattura*, to pay an invoice **6** (*fig.*) (*sistemare, definire*) to settle: *— una questione*, to settle a matter // (*dir.*) *— con legge*, to regulate by law // (*sport*) *— l'avversario*, (*batterlo senza sforzo*) to beat one's opponent (easily).

□ **regolarsi** *v.rifl.* **1** (*comportarsi in modo adeguato*) to act: *non so come regolarmi in questa situazione*, I don't know what to do (*o* how to act *o* what line to take) in this situation; *adesso che sai la verità, regolati di conseguenza*, now that you know the truth, act accordingly; *adesso che sai come stanno le cose, regolati tu*, now that you know how things are, do as you think fit; *chiedi il preventivo così puoi regolarti*, ask for the estimate, that way you'll know what to do **2** (*moderarsi, controllarsi*) to watch oneself, to control oneself: *devi regolarti nel mangiare, nello spendere*, you must watch your eating habits, your spending.

regolarista *s.m.* e *f.* (*motociclismo*) participant in a reliability trial; (*estens.*) (*atleta molto regolare*) consistent athlete.

regolarità *s.f.* **1** regularity; (*di movimento, ritmo ecc.*) evenness: *la — di un battito cardiaco*, the regularity of a heartbeat; *la — del fondo stradale*, the evenness of the road surface; (*dir.*) *— di un atto*, regularity of a deed; *garantire la — di svolgimento di un processo*, to guarantee the normal procedure of a trial; *tutto procede con —*, everything is going in a regular (*o* in an orderly) manner // *è un grande atleta, ma manca di —*, he's a great athlete, but he is inconsistent; (*motociclismo*) *gara di —*, reliability trial // (*Borsa*) *— delle quotazioni*, steadiness of stock exchange quotations **2** (*comm.*) (*puntualità*) punctuality, regularity: *— nel pagare i propri debiti*, punctuality in paying one's debts; *— nei pagamenti*, regularity (*o* punctuality) in payments.

regolarizzare *v.tr.* **1** to regularize: *— la propria posizione*, to regularize one's position // *dopo la nascita del loro bambino decisero di — la loro unione*, after the birth of their child they decided to make their relationship official // (*econ.*) *— i mercati*, to regularize markets **2** (*comm.*) (*pagare*) to pay*, to settle: *— i conti*, to settle accounts; *— un pagamento*, to pay up (*o* to settle up).

regolarizzazione *s.f.* **1** regularization **2** (*comm.*) (*pagamento*) settlement: *— dei debiti*, settlement of debts.

regolarmente *avv.* **1** regularly: *le cose procedono —*, things are going regularly; *veniva — a trovarci*, he came to see us regularly; *si è — presentato al lavoro*, he turned up for work as usual // *arriva — in ritardo*, he regularly arrives late **2** (*debitamente*) regularly, properly, duly: *ministri — designati*, duly (*o* regularly) appointed ministers; *un rappresentante — autorizzato*, a duly (*o* regularly) authorized representative **3** (*comm.*) (*puntualmente*) punctually, regularly: *pagare —*, to pay regularly; *pagare — le rate di un mutuo*, to pay the instalments of a loan punctually.

regolata *s.f.* **1** (*il regolare alla meglio*) correction, adjustment: *dare una — alla sveglia*, to put the alarm clock right **2** (*fam.*) (*il controllare il proprio comportamento*) check: *dovresti darti una —*, you should change your ways; *datti una — nel bere*, keep a check on your drinking.

regolatezza *s.f.* (*sobrietà*) sobriety, moderation: *— nel mangiare, nel bere*, moderation in eating, drinking.

regolato *agg.* **1** (*conforme alle regole, disciplinato*) regulated; (*controllato*) controlled; (*pianificato*) planned: *un incrocio — da semaforo*, an intersection regulated by traffic lights; *ben —*, well-organized; *economia regolata*, planned economy **2** (*con dispositivi, impianti ecc.*) adjusted, regulated, set: *la sveglia è regolata per le 7*, the alarm clock is set for 7 **3** (*costante, regolare*), regular, steady; (*moderato*) moderate; well-regulated; orderly: *in modo —*, in an orderly fashion; *vita regolata*, steady (*o* regular) life; *è molto — nel bere*, he's very moderate in his drinking.

regolatore *agg.* regulating: *principio —*, regulating principle; *ente —*, regulating authority; (*dir.*) *legge regolatrice del contratto*, proper law of the contract // *piano —*, town-planning scheme (*o spec. amer.* zoning regulations) ◆ *s.m.* **1** (*chi regola*) regulator **2** (*trib.*) *— fiscale*, tax regulator **3** (*mecc.*) governor: *— automatico*, automatic governor; *— centrifugo*, centrifugal governor; *— dei punti*, (*di macchina da cucire*) stitch adjustment; *— del tempo*, (*di un orologio*) regulator; *— di giri*, (*di un motore*) speed governor // (*idraulica*) *— di livello*, level control; *— di pressione*, pressure regulator **4** (*elettr.*) regulator: *— a induzione*, induction regulator; *— della tensione*, voltage regulator // (*rad.*): *— di amplifi-*

cazione, gain control; — *di volume*, volume control // (*inform.*) — *automatico*, automatic controller.

regolazione *s.f.* **1** regulation, control: — *del traffico*, traffic control // (*econ.*): — *delle tariffe*, rate regulation; — *dell'attività economica*, regulation of business **2** (*mecc.*) adjustment: — *dei giri*, (*di un motore*) governing; — *di precisione*, micrometer adjustment; *vite di* —, adjusting screw **3** (*elettr.*, *rad.*) regulation; adjustment: — *a zero*, zero adjustment; — *della tensione*, voltage regulation // (*tv*) — *automatica del colore*, automatic colour adjustment.

regolizia → **liquirizia**.

regolo[1] *s.m.* **1** (*riga*) ruler, rule, straightedge: — *calcolatore*, slide rule **2** (*falegnameria*) list.

regolo[2] *s.m.* (*zool.*) golden-crested wren.

regredire *v.intr.* **1** (*retrocedere*) to go* backwards **2** (*fig.*) to regress: *il paese è regredito negli ultimi 20 anni*, the country has regressed in the last 20 years; — *negli studi*, *nel lavoro*, to backslide in one's studies, work **3** (*biol.*) (*di pianta o animale*) to revert.

regressione *s.f.* **1** regression, regress; (*econ.*) recession: *il paese attraversa una fase di — economica*, the country is going through a period of economic recession **2** (*geol.*) recession: — *marina*, regression **3** (*med.*, *psic.*) regression; (*atavismo*) reversion.

regressivo *agg.* **1** regressive, backward (*attr.*): *fase regressiva*, regressive phase // (*econ.*) *offerta regressiva*, regressive supply // (*trib.*) *imposta regressiva*, regressive tax **2** (*ling.*) regressive.

regresso *s.m.* **1** regress, regression; (*econ.*) recession, setback; (*calo*) drop, decline, decrease: *il — di una malattia*, the regression of an illness; *ultimamente ho notato un — nel tuo rendimento*, I have noticed that your performance has fallen off latterly; — *nelle esportazioni*, a drop in exports; — *nella produzione*, setback in production; *il — delle vendite è stato sensibile*, sales have fallen off considerably; *l'economia mostra segni di* —, the economy shows signs of recession; *l'economia è in* —, the economy is going through a recession // *in* —, declining (*o* in decline) **2** (*dir.*) (*ricorso*) recourse: *azione di* —, action for recovery (*o* of recourse); *senza* —, without recourse **3** (*mar.*) slip: — *apparente*, apparent slip; — *dell'elica*, screw slip; — *negativo*, negative slip **4** (*ferr.*) switchback **5** (*biol.*) throwback.

regurgitare e *deriv.* → **rigurgitare** e *deriv.*

Reich *s.m.* (*st.*) Reich.

reidratare *v.tr.* to rehydrate.

reidratazione *s.f.* rehydration.

reietto *agg.* rejected: *era — da tutti*, he was rejected (*o* spurned) by everybody // *moglie reietta*, repudiated wife ◆ *s.m.* outcast, castaway: *i reietti della società*, society's outcasts.

reiezione *s.f.* rejection.

reificare *v.tr.* to reify.

reificazione *s.f.* reification.

reimbarcare *v.tr.* to re-embark.

□ **reimbarcarsi** *v.rifl.* **1** to re-embark: *ci reimbarcheremo alle sei*, we shall re-embark at six **2** (*mar.*) (*riprendere servizio a bordo*) to reship, to re-embark.

reimbarco *s.m.* **1** re-embarkation **2** (*mar.*) reshipment, re-embarkation.

reimpaginare *v.tr.* (*tip.*) to make* up again, to re-page.

reimpaginatura, **reimpaginazione** *s.f.* (*tip.*) making up again, re-pagination, re-paging.

reimpiegare *v.tr.* **1** to re-employ: *il personale in eccedenza sarà reimpiegato in un altro reparto*, surplus staff will be re-employed in another department **2** (*fin.*) to reinvest: — *un capitale*, to reinvest capital.

reimpiego *s.m.* **1** re-employment **2** (*fin.*) reinvestment: — *di capitali*, reinvestment of capital.

reimportare *v.tr.* (*econ.*) to reimport: *merci reimportate*, reimport (*o* reimported) goods.

reimportazione *s.f.* (*econ.*) reimportation, reimport.

reimpostare *v.tr.* to redefine, to reformulate: — *un problema*, to redefine a problem.

reimpostazione *s.f.* redefinition, reformulation: *discutere la — dell'accordo*, to discuss the redefined terms of the agreement.

reimpressione *s.f.* (*tip.*) reprinting.

reina (*poet.*) → **regina**.

reincarico *s.m.* reappointment: *ha avuto il — per formare il governo*, he has been reappointed to form a new government.

reincarnare *v.tr.* to reincarnate: *reincarna la figura del padre*, he is exactly like his father.

□ **reincarnarsi** *v.intr.pron.* to be reincarnated: *riteneva che il suo spirito si sarebbe reincarnato dopo la morte*, he believed that his spirit would be reincarnated after death.

reincarnazione *s.f.* reincarnation.

reincorporare *v.tr.* to reincorporate.

reinfezione *s.f.* (*med.*) reinfection.

reingaggiare *v.tr.* to re-engage, to reappoint; to renew s.o.'s contract: *è stato reingaggiato dalla Juventus*, his contract with Juventus has been renewed.

reingaggio *s.m.* **1** re-engagement, re-employment; renewal of contract: *il suo — è sicuro*, his contract will certainly be renewed **2** (*somma pagata*) re-engagement bonus.

reingresso *s.m.* re-entry, return: *il suo — sulla scena politica è atteso da tutti*, everyone expects his return to the political scene.

reinnestare *v.tr.* (*agr.*) to top graft.

reinnesto *s.m.* (*agr.*) top grafting; new grafting.

reinserimento *s.m.* reintegration; reinstatement, readjustment: *incoraggiare il — degli ex drogati nella vita sociale*, to encourage the reintegration of former drug addicts into social life.

reinserire *v.tr.* to reinsert, to reinstate; to reintegrate: — *un handicappato nella vita sociale*, to reintegrate a handicapped person into society.

□ **reinserirsi** *v.rifl.* to reinstate oneself, to reintegrate oneself; to be restored: — *nel mondo del lavoro*, to get back into the working world.

reintegra *s.f.* → **reintegro**.

reintegrabile *agg.* restorable, reinstatable; (*indennizzabile*) indemnifiable; (*recuperabile*) recoverable (*anche econ.*).

reintegrabilità *s.f.* restorability, reintegrability.

reintegramento *s.m.* → **reintegrazione**.

reintegrare *v.tr.* **1** to reintegrate, to reinstate, to restore: — *le proprie forze*, to recover one's strength (*o* to get one's strength back); — *le scorte*, to restock (*o* to replenish the stores); — *il proprio patrimonio*, to restore one's fortune; *fu reintegrato nella sua carica*, he was reinstated in (*o* restored to) his office. **2** (*risarcire*) to indemnify, to compensate: *essere reintegrato dei danni*, to be indemnified (*o* compensated) for the damage.

□ **reintegrarsi** *v.rifl.* o *intr.pron.* to reintegrate oneself, to reinstate oneself; to get* back (into sthg.): — *nell'ambiente di lavoro*, to reinstate oneself in one's working environment.

reintegrativo *agg.* reintegrative, rehabilitating.

reintegratore *agg.* restoring, reintegrating; indemnifying ◆ *s.m.* restorer, reintegrator, reinstator; indemnifier.

reintegrazione *s.f.* **1** reinstatement, restoration, reintegration; (*restituzione*) restoration; (*recupero*) recovery: — *in una carica*, reinstatement in an office; — *delle scorte*, replenishment of stocks; — *di capitali*, refund of capital // (*dir.*): *azione di — nel possesso*, possessory action (*o* action to be restored to possession); *azione di — di una proprietà*, action for recovery of a property **2** (*risarcimento*) indemnification, refund, compensation.

reintegro *s.m.* (*dir.*) (*recupero*) recovery: — *di beni*, recovery of assets.

reintrodurre *v.tr.* to reintroduce, to restore: — *un'abitudine*, to restore a custom.

□ **reintrodursi** *v.rifl.* o *intr.pron.* to come* back, to re-enter: *è una moda che si è reintrodotta negli ultimi anni*, it's a fashion that has come back in the last few years.

reinventare *v.tr.* to reinvent.

reinvestimento *s.m.* (*fin.*) reinvestment, ploughback: — *di capitali*, reinvestment of capital.

reinvestire *v.tr.* **1** (*fin.*) to reinvest, to plough back: — *i propri profitti*, to plough back one's profits; — *denaro in titoli*, to reinvest money in securities; *utili reinvestiti*, ploughed-back profits **2** (*non com.*) (*in una carica*) to reinvest (s.o.) with an office **3** (*investire di nuovo*) to knock down again: *il pedone è stato reinvestito da un'altra auto*, the pedestrian was knocked down again by another car.

reità *s.f.* (*colpevolezza*) guiltiness; (*colpa*) guilt.

reiterabile *agg.* repeatable.

reiterare *v.tr.* (*letter.*) to reiterate, to repeat.

reiterazione *s.f.* (*letter.*) reiteration, repetition.

relais → **relè**.

relapso *agg.* relapsed ◆ *s.m.* relapser, backslider.

relativa *s.f.* (*gramm.*) relative clause.

relativamente *avv.* **1** comparatively, relatively; (*abbastanza*) quite, fairly: *è — a buon mercato*, it is comparatively cheap **2** — *a*, with regard to (*o* as regards): — *a quella questione*, as regards that matter.

relativismo *s.m.* (*fil.*) relativism.

relativista *s.m.* e *f.* (*fil.*) relativist.

relativistico *agg.* **1** (*fil.*) relativistic **2**

(*fis.*) relativistic: *massa, meccanica, velocità relativistica*, relativistic mass, mechanics, speed.

relatività *s.f.* relativity, relativeness: *la — delle cose*, the relativity of things // (*fis.*) *teoria della —*, theory of relativity.

relativizzare *v.tr.* (*non com.*) to see* (sthg.) with a sense of proportion.

relativizzazione *s.f.* (*non com.*) relativization.

relativo *agg.* **1** relative, related; (*proporzionale*) proportional: *il rendimento è — alla propria capacità di concentrazione*, one's performance is proportional to one's ability to concentrate; *tutto è — a questo mondo*, everything is relative in this world // (*mat.*) *numero, errore —*, relative number, error // (*fis.*) *densità, velocità relativa*, relative density, velocity **2** (*non totale*) relative, comparative: *periodo di riposo —*, period of comparative (*o* relative) rest; *lo disse con relativa gentilezza*, he said so with relative kindness; *gode di un — benessere*, he's relatively (*o* fairly) well-off; *il problema economico ha un'importanza relativa*, the economic problem is of relative importance **3** (*attinente*) relevant, pertinent: *con le relative prove*, with the relevant (*o* relative) proofs; *risposta relativa alla domanda*, answer pertinent (*o* relevant) to the question; *quanto dici non è — al nostro problema*, what you are saying is not relevant to our problem; *domanda con relativi documenti*, application with relevant documents; *denaro — alle spese di gestione*, money related to operating costs **4** (*rispettivo*) respective: *questa è la nota dei libri e dei relativi autori*, this is the list of the books and of their respective authors; *i ministri erano accompagnati dalle relative consorti*, the ministers were accompanied by their respective wives **5** (*gramm.*) relative: *pronome —*, relative pronoun; *proposizione relativa*, relative clause **6** (*mus.*) relative.

relatore *s.m.* **relatrice** *s.f.* **1** (*di congresso, conferenza*) speaker; (*se unico*) lecturer **2** (*di tesi universitaria*) supervisor **3** (*di una proposta di legge*) proposer of a bill ◆ *agg.* reporting.

relax *s.m.* relaxation: *ho bisogno di un po' di —*, I need a spot of relaxation.

relazionale *agg.* (*fil.*) relational.

relazionalità *s.f.* (*fil.*) relational nature.

relazionare *v.tr.* **1** to report, to give* a report: *mi ha relazionato sugli ultimi sviluppi*, he gave me a report on the latest developments **2** (*non com.*) (*mettere in relazione*) to relate: *— due fatti*, to relate two facts.

relazione *s.f.* **1** (*resoconto*) account, report, statement: *devi portare una — scritta sul viaggio*, you must bring a written account of the trip; *fare una — dettagliata su qlco.*, to make a detailed report on sthg. // *— annuale di bilancio*, annual report; *— dei sindaci, dei revisori dei conti*, auditor's report; *— finanziaria*, financial (*o* statutory) report; *— di cassa*, cash report; *— sulle vendite*, sales report; *— sull'economia*, economic survey **2** (*legame, nesso*) relation, connection, relationship, tie: *— d'affari*, business connection (*o* relations): *avere, essere in — d'affari con qlcu.*, to have business relations (*o* dealings) with s.o.; *entrare in relazioni d'affari con qlcu.*, to establish business relations with s.o. (*o* to enter into business relations with s.o.); *relazioni pubbliche*, public relations; *relazioni sindacali*, labour relations; *relazioni tra datori di lavoro e dipendenti*, employer-employee relations (*o* labour -management relations); *relazioni d'amicizia*, friendly relations; *relazioni diplomatiche cordiali, tese*, cordial, strained diplomatic relations; *rompere, riallacciare le relazioni diplomatiche con qlcu.*, to break off, to resume diplomatic relations with s.o.; *approfondire le relazioni fra due paesi*, to strengthen ties between two countries; *— fra causa ed effetto*, relation (*o* connection) between cause and effect; *questi fatti secondo me sono in stretta — tra di loro*, according to me these facts are closely related with one another; *non vedo alcuna — fra queste due idee*, I cannot see any connection between these two ideas; *avere — con qlco.*, to be connected with sthg.; *stringere — con qlcu.*, to enter into relations with s.o. // *in — a...*, in relation to...: *in — a quanto ho detto ieri*, in relation to (*o* regarding) what I said yesterday // *essere in buone relazioni con qlcu.*, to be on good terms with s.o. **3** (*contatto*) touch: *mettere qlcu. in — con qlcu.*, to put s.o. in touch with s.o.; *mettersi in — con qlcu.*, to get into touch with s.o. **4** (*conoscenza*) acquaintance: *ha molte, poche, potenti relazioni*, he has many, few, powerful acquaintances **5** (*relazione amorosa*) (love) affair: *ha una — con un'altra donna*, he's having an affair with another woman **6** (*mat.*) relation: *— di equivalenza, d'ordine*, equivalence, order relation.

relazionismo *s.m.* (*fil.*) relationism.

relazionista *s.m.* e *f.* (*fil.*) relationist.

relè *s.m.* (*elettr.*) relay: *— a bobina mobile*, moving-coil relay; *— temporizzato*, time-delay relay; *— a induzione*, induction relay; *— di binario*, track relay; *— di massima corrente*, overcurrent (*o* overload) relay; *— telegrafico*, telegraphic relay; *— termico*, thermal cutout (*o* temperature relay).

relegare *v.tr.* to banish, to exile, to relegate: *fu relegato in un paesino di montagna*, he was banished to a little village in the mountains; *ci hanno relegato in un ufficio all'ultimo piano*, they've relegated (*o* banished) us to an office on the top floor; *— qlco. in soffitta*, to relegate (*o* to consign) sthg. to the attic.

relegato *agg.* exiled, banished ◆ *s.m.* exile, banished person.

relegazione *s.f.* banishment, relegation.

religione *s.f.* **1** religion: *la — cattolica*, the Catholic religion; *— di Stato*, established religion; *la — maomettana*, Islam (*o* the Muslim religion); *— monoteistica, politeistica*, monotheistic, polytheistic religion; *— naturale, rivelata*, natural, revealed religion; *i dogmi della —*, religious dogmas; *pratiche di —*, religious practices; *senza —*, unreligious (*o* irreligious); *morì senza i conforti della —*, he died without the comfort of religion; *abbracciare una —*, to embrace a religion; *abiurare una —*, to abjure a religion // (*st.*) *le guerre di —*, the wars of religion // *il culto della bellezza è la sua —*, love of beauty is a religion with him // *non c'è più —!*, (*scherz.*) I don't know what the world's coming to! **2** (*culto*) worship, cult: *la — della famiglia*, the cult of the family **3** (*devozione, rispetto*) religious care: *raccogliere i ricordi di famiglia con —*, to collect family souvenirs religiously **4** (*ordine monastico*) religious order: *entrare in, nella —*, to enter a religious order (*o* to take the vows).

religiosa *s.f.* (*eccl.*) religious; (*monaca*) nun.

religiosamente *avv.* **1** religiously **2** (*scrupolosamente*) religiously, scrupulously: *custodire — un segreto*, to guard a secret religiously (*o* jealously).

religiosità *s.f.* **1** religiousness, piety: *una persona di profonda —*, a deeply religious (*o* pious) person **2** (*scrupolo*) scrupulousness: *osservava con — le istruzioni*, he followed the instructions scrupulously.

religioso *agg.* **1** religious: *abito —*, religious habit; *matrimonio —*, church wedding; *ordini religiosi*, religious orders; *soggetti, libri religiosi*, religious subjects, books; *festa religiosa*, religious holiday; *è molto —*, he is a very religious (*o* pious *o* devout) person **2** (*devoto, rispettoso*) religious, scrupulous // *— silenzio*, reverent silence: *lo ascoltavano in — silenzio*, they listened to him in reverent silence; *un — attaccamento al dovere*, a devout (*o* pious) attachment to duty ◆ *s.m.* religious; (*monaco*) monk; (*frate*) friar.

reliquario → **reliquiario**.

reliquia *s.f.* relic: *le reliquie del passato*, the relics of the past; *conservare qlco. come una —*, (*fig.*) to keep sthg. as a relic (*o* to treasure sthg.).

reliquiario *s.m.* reliquary, shrine.

relitto *s.m.* **1** wreckage [U], (*di nave*) wreck; flotsam and jetsam (*pl.*): *vidi dei relitti galleggianti sul mare*, I saw some flotsam and jetsam floating on the sea // *un — della società*, an outcast of society **2** (*geol.*) relict ◆ *agg.* (*geol.*) relict: *lago —*, relict lake.

rem *s.m.* (*fis.*) (*unità di misura di radiazione ionizzante*) rem • Acronimo di r(oentgen) e(quivalent) m(an).

REM *agg.* REM: *fase —*, REM phase • Da *Rapid Eye Movement.*

rema *s.m.* (*ling.*) rema.

remainder *s.m.* (*giacenza di libri invenduti*) remainder (*spec. pl.*).

remare *v.intr.* to row.

remata *s.f.* **1** row: *farò una —*, I shall have (*o* I shall go for) a row **2** (*colpo di remo*) stroke (of an oar): *un'energica —*, an energetic stroke; *con poche remate arrivai a riva*, I reached the shore with a few strokes.

rematore *s.m.* rower, oarsman*: *un buon —*, a good oarsman (*o* oar).

rematrice *s.f.* rower, oarswoman*.

remico *agg.* rowing, row (*attr.*): *navigazione remica*, rowing.

remigante *agg.* rowing ◆ *s.f.* (*zool.*) remex*: *— secondaria*, secondary.

reminiscenza *s.f.* **1** reminiscence, recollection, memory: *ho qualche vaga — di latino*, I've got a vague recollection of Latin; *la teoria platonica della —*, the Platonic doctrine of reminiscence **2** (*fig.*) echo*: *un brano musicale con qualche — mozartiana*, a piece of music with echoes of Mozart.

remisier *s.m.* (*fr.*) (*Borsa*) half-commission man, intermediate broker.

remissibile *agg.* pardonable, remissible: *peccato —*, remissible sin.

remissione *s.f.* **1** remission: *— dei peccati*, remission (*o* forgiveness) of sins; *— di un'azione legale*, remission (*o* abatement *o* abandonment) of an action; *— di un debito*, remission (*o* remitting) of a debt; *— di una rivendicazione*, remission of a claim; *— della febbre*, remission (*o* subsidence) of fever // *senza —*, unremittingly

2 (*fig.*) (*scampo*) escape, way out: *è una malattia senza* —, it's an illness you can't recover from 3 (*remissività*) submissiveness, meekness: — *d'animo*, weakness; *la sua — alla volontà del padre è totale*, his submission with his father's will is total.

remissività *s.f.* submissiveness.

remissivo *agg.* submissive, yielding, docile, weak: *un carattere molto* —, a very docile character.

remittente *agg.* (*med.*) remittent: *febbre* —, remittent fever.

remittenza *s.f.* (*med.*) remission.

remo *s.m.* oar: — *a pala larga*, paddle; — *corto*, scull; *una barca a remi*, a rowing boat; *barca a due remi*, pair oar; *barca a quattro remi*, four oar; *colpo di* —, stroke; *pala di* —, oar blade; *fornire di remi*, to supply (*o* to furnish) with oars; *procedere a forza di remi*, to row // *tirare i remi in barca*, (*fig.*) to give up (*o* to back down *o* to step down).

remolino region. **remolo** *s.m.* (*vortice di vento*) eddy, whirlwind; (*vortice d'acqua*) eddy, whirlpool.

remora *s.f.* 1 (*indugio*) delay: *le remore della burocrazia*, red tape; *è partito senza remore*, he left without delay 2 (*difficoltà*) impediment, obstacle: *ha incontrato molte remore da parte della sua famiglia*, his family placed a lot of obstacles in his way 3 (*esitazione*) qualm: *non ha avuto remore*, he had no qualms 4 (*mar.*) eddy water 5 (*zool.*) remora.

remoto *agg.* 1 remote, distant: *un — antenato*, a remote ancestor; *una remota somiglianza*, a distant resemblance (*o* likeness); *età remote*, remote ages 2 (*appartato*, *solitario*) secluded: *una valle remota*, a secluded valley; *un luogo — e solitario*, a remote and lonely place; *in qualche angolo — della mente la ricordava*, some recollection of her stirred in a far corner of his mind 3 (*gramm.*): *passato* —, simple past; *trapassato* —, past perfect.

removibile, **remozione** → **rimovibile**, **rimozione**.

remunerare e *deriv.* → **rimunerare** e *deriv.*

rena *s.f.* (*sabbia*) sand; (*arenile*) sands (*pl.*).

renaiolo *s.m.* (*non com.*) worker in a sandpit.

renale *agg.* (*anat.*) renal // (*med.*): *colica* —, renal colic; *blocco* —, renal failure.

renano *agg.* Rhine (*attr.*); Rhenish: *bacino* —, Rhine basin; *vini renani*, Rhine wines.

renard *s.m.* (*fr.*) fox skin.

renardite *s.f.* (*min.*) renardite.

renare *v.tr.* (*non com.*) to sand.

renatura *s.f.* (*non com.*) sanding.

rendere *v.tr.* 1 to give* back, to return; to restore: *glielo resi ieri*, I gave it back to him yesterday; *ho reso il cappello che avevo preso per sbaglio*, I have given back the hat I took by mistake; *non mi ha ancora reso il libro*, he has not yet returned the book to me; *rendimi i soldi che ti ho prestato*, give me back the money I lent you; — *la libertà a qlcu.*, to set s.o. free (*o* to restore s.o. to liberty); — *la vista ai ciechi*, to make the blind see // — *l'anima a Dio*, to breathe one's last (*o* to give up the ghost) // (*comm.*): *a* —, returnable (*o* non-disposable); *vuoto a* —, returnable container (*o* empties to be returned) 2 (*contraccambiare*) to render, to return, to repay: *all'occasione ti renderò il servizio*, when the opportunity arises I'll repay your kindness; — *il saluto a qlcu.*, to return s.o.'s greeting; — *una visita*, to return a visit // *a buon* —, my turn next time // *Dio te ne renda merito*, God bless you for it; *Dio te ne renderà merito*, God will reward you for it // *quello che è fatto è reso*, tit for tat // — *bene per male*, to render good for evil 3 (*produrre*) to return; to produce; (*fruttare*) to yield, to bear*, to pay*: *il burro rende più della margarina*, butter goes farther (*o* further) than margarine; *il lavoro non mi rende*, my work is not very remunerative; *quell'affare non rese molto*, that business did not pay very well (*o* was not very profitable); *quell'investimento non ha reso profitti*, that investment has returned no profit; *un'attività che rende*, a profitable activity; *questo impiegato non rende*, this employee is not efficient (*o* gets very little done); *questo terreno non rende*, this land produces nothing; (*fin.*) *questi titoli rendono il 10% di interesse*, these securities yield (*o* bear) 10% interest 4 (*dare*, *offrire*) to render, to give*, to pay: — *un servizio*, to render a service; *con tutti i servizi che ti ho reso...*, with all the favours I have done you...; — *le estreme onoranze a qlcu.*, to pay the last honours to s.o.; — *giustizia a qlcu.*, to do s.o. justice (*o* to give s.o. his due); — *lode*, to praise (*o* to give praise); — *omaggio a qlcu.*, to pay homage to s.o.; — *gli onori militari*, to present arms; — *testimonianza*, to bear witness // — *le armi*, to surrender (*o* to lay down one's arms), (*fig.*) to acknowledge oneself beaten // — *conto di qlco.*, to give account of (*o* to account for) sthg.: *devo — conto, ragione di tutto ciò che spendo*, I must account (*o* give reasons) for all that I spend // — *grazie*, to give (*o* to render) thanks 5 (*far diventare*) to render, to make*: *lo ha reso padre di un bellissimo bambino*, she made him the father of a lovely baby boy; *l'amore rende felici*, love makes one happy; *ciò rese inutili i nostri sforzi*, this made our efforts useless; *l'incremento dell'industria rese necessaria la costruzione di nuove fabbriche*, the development of industry made the construction of new factories necessary; *la notizia la rese felice*, the news made her happy; — *di pubblica ragione*, to make public (*o* known) // (*inform.*): — *attivo*, to activate; — *inutilizzabile*, to disable // (*fis. nucleare*) — *radioattivo*, to activate 6 (*esprimere*, *riprodurre*) to render, to reproduce, to express: *gli attori resero tutti i personaggi molto bene*, the actors rendered all the characters very well; *il pittore ha reso bene i tuoi lineamenti*, the painter has portrayed (*o* reproduced *o* rendered) your features very well; *questo romanzo rende molto vividamente i problemi del nostro tempo*, this novel is a vivid picture of the problems of our times; — *un'immagine*, to represent (*o* to reproduce) an image; — *pensieri*, *sentimenti*, to express (*o* to convey) thoughts, feelings; *hai reso perfettamente l'idea*, you have made yourself perfectly clear (*o* you have conveyed the idea perfectly); *rendo l'idea?*, do you see what I mean? 7 (*tradurre*) to render, to translate: *è molto difficile — la poesia in una lingua straniera*, it is very difficult to render poetry in a foreign language. □ **rendersi** *v.rifl.* 1 to make* oneself; to become*: *non bisogna — schiavi delle abitudini*, one must not become a slave to one's habits; *se lo fai ti renderai odioso a tutti*, if you do it you'll make yourself hateful to everybody; — *ridicolo*, to make oneself ridiculous // — *conto*, to realize: *mi resi conto che studiavo da dieci ore*, I realized I had been studying ten hours; *non si rende conto di quanto sia sciocco*, he does not realize how silly he is; *non so rendermi conto di come l'ho fatto*, I cannot explain how I have done it 2 (*letter.*) (*arrendersi*) to surrender; to give* in, to yield 3 (*rar.*) (*recarsi*) to go; to proceed.

rendez-vous *s.m.* (*fr.*) (*appuntamento*) rendezvous*, appointment, date // — *spaziale*, rendezvous in space.

rendibile *agg.* (*non com.*) (*che si può rendere*) returnable.

rendiconto *s.m.* statement, return, account, report; (*verbale*) minutes (*pl.*): *rendiconti mensili*, monthly statements; — *annuale*, annual report; *rendiconti finali*, final accounts; — *delle entrate e delle uscite*, receipts and payments account (*o* statement) // (*fin.*) — *finanziario*, financial statement (*o* report) // (*banca*) — *bancario*, bank statement // (*comm.*): — *di cassa*, cash statement; — *delle spese*, statement of expenses // (*econ.*): — *economico*, profit and loss account; — *societario*, company report.

rendimento *s.m.* 1 (*produzione*) yield, production; (*resa*) output: *il — di una fabbrica*, the production (*o* output) of a factory; — *all'ora*, output per hour; *il — di una fattoria, di un'azienda*, the yield of a farm, of a firm 2 (*resa*, *efficienza*) efficiency (*anche fis.*, *tecn.*), performance: *il — di un motore*, the efficiency of an engine; *motore*, *benzina ad alto* —, high-efficiency engine, petrol; *ottenere da una macchina il massimo del* —, to get optimum efficiency from a machine; *il — di un atleta*, an athlete's performance; *il — di un dipendente*, the efficiency of an employee; — *operativo*, operating performance; — *del lavoro*, working performance // (*econ.*) — *massimo di un impianto*, peak efficiency of a plant 3 (*reddito*, *resa finanziaria*) yield, return // (*fin.*): — *base*, basic yield; *rendimenti di scala*, returns to scale; — *alla scadenza*, yield to maturity (*o* redemption yield); — *azionario*, equity (*o* dividend) yield; — *del capitale*, capital gain(s) (*o* yield); — *immediato*, running yield; — *reale*, true yield; — *delle attività*, return on assets 4 (*non com.*) rendering: — *di conti*, rendering of account // — *di grazie*, thanksgiving.

rendita *s.f.* 1 (*spec. privata*) income, unearned income; (*pubblica*) revenue; (*da affitto*) rent; (*da capitali*) yield, return, gain, surplus; (*proventi*, *introiti*) incomings (*pl.*): — *fissa*, fixed income; — *fondiaria*, land rent; — *dello stato*, State revenues; *vivere di* —, to live on a private income // (*fin.*): — *obbligazionaria*, bond yield; — *da capitale*, return on capital (*o* capital yield); *certificato*, *cartella di* —, irredeemable bond (*o* stock) // — *del consumatore*, consumer's surplus; — *del produttore*, producer's surplus 2 (*dir.*) annuity: — *perpetua*, perpetual annuity; — *vitalizia*, life annuity; — *differita*, deferred annuity; — *frazionata*, apportionable annuity; — *vitalizia reversibile*, reversionary annuity.

rene *s.m.* (*anat.*) kidney: — *mobile*, floating (*o* movable) kidney // — *artificiale*, artificial kidney (*o* hemodialyzer).

renella[1] *s.f.* (*med.*) gravel.

renella[2] *s.f.* → **asaro**.

renetta *s.f.* (*mela*) rennet.

reni *s.f.pl.* (*regione lombare*) loins; back (*sing.*); *avere mal di* —, to have a pain in one's back; *mi sento le — rotte*, (*fig.*) I feel exhausted (*o* I feel fagged out).

reniccio *s.m.* (*non com.*) sand patch.

reniforme *agg.* reniform, kidney-shaped: *foglia* —, reniform leaf.

renina *s.f.* (*biochim.*) renin.

renio *s.m.* (*chim.*) rhenium.

renitente *agg.* unwilling, reluctant // *soldato — alla leva*, absentee (*o sl. amer.* draft-dodger); *essere — alla leva*, to dodge the draft ♦ *s.m.* person who fails to report for military service (o *sl. amer.* draft-dodger).

renitenza *s.f.* unwillingness, reluctance // (*mil.*) — *alla leva*, failure to report for military service (*o sl. amer.* draft-dodging).

renna *s.f.* **1** (*zool.*) (*Rangifer tarandus*) reindeer*: *un branco di renne*, a herd of reindeer; *femmina di* —, doe reindeer; *maschio di* —, buck reindeer; *le renne di Babbo Natale*, Father Christmas's reindeer **2** (*pelle conciata*) buckskin: *una giacca di* —, a buckskin jacket.

rennina *s.f.* (*biochim.*) rennin.

renografia *s.f.* (*med.*) renography.

renosità *s.f.* (*non com.*) sandiness.

renoso *agg.* sandy: *terreno* —, sandy soil.

rentier *s.m.* (*fr.*) (*fin.*) rentier.

rentrée *s.f.* (*fr.*) return, reappearance, comeback: *festeggiare la — di qlcu. nel mondo dello spettacolo*, to celebrate s.o.'s return to the stage.

reo *agg.* **1** (*colpevole*) guilty: — *di furto*, guilty of theft **2** (*letter.*) (*malvagio*) wicked, evil: *un pensiero* —, an evil (*o* wicked) thought; *un uomo* —, a wicked man **3** (*letter.*) (*infelice*) sad, unhappy ♦ *s.m.* (*dir.*) offender, criminal, culprit: — *confesso*, self-confessed criminal; — *presunto*, the accused (*o* the defendant).

reoencefalografia *s.f.* (*med.*) rheoencephalography.

reoencefalogramma *s.m.* (*med.*) rheoencephalogram.

reofase *s.f.* (*med.*) rheobase.

reoforo *s.m.* (*elettr.*) rheophore.

reografia *s.f.* (*med.*) rheography.

reografo *s.m.* (*elettr.*) rheograph.

reologia *s.f.* (*fis.*) rheology.

reometria *s.f.* (*elettr.*) rheometry.

reometro *s.m.* (*elettr.*) rheometer.

reomorfosi *s.f.* (*biol.*) rheomorphosis.

reoscopio *s.m.* (*elettr.*) rheoscope.

reostatico *agg.* (*elettr.*) rheostatic.

reostato *s.m.* (*elettr.*) rheostat: — *di avviamento*, starting rheostat; — *di campo*, field rheostat; — *regolatore di velocità*, speed regulating rheostat.

reostrizione *s.f.* (*fis.*) pinch effect.

reotomo *s.m.* (*antiq.*) (*elettr.*) rheotome.

reotropismo *s.m.* **1** (*bot.*) rheotropism **2** (*zool.*) rheotaxis.

rep *s.m.* (*fis.*) rep (*unità di misura della dose di radiazioni corpuscolari assorbita*).

reparto *s.m.* **1** department, division; (*di ospedale*) ward: — *maternità*, maternity ward; — *neonati*, hospital nursery; *il — calzature*, the shoe department; — *vendite*, sales department; — *servizi* (*di una azienda*), service department (of a firm); — *acquisti*, purchasing division; — *esportazione*, export department; — *imballaggio e spedizione*, packing and despatch (*o* shipping) department; — *lavorazione*, manufacturing department; — *pubblicità*, advertising department; — *contabilità*, accounting department // (*inform.*) — EDP, *meccanografico*, punch card shop (*o* punch card department) **2** (*mil.*) party, detachment: *un — d'artiglieria*, an artillery detachment **3** (*sport*) part (of a team): *il — difensivo*, the defence.

repêchage *s.m.* (*fr.*) **1** (*non com.*) (*recupero*) retrieval, recovery **2** (*sport*) repechage.

repellente *agg.* repellent, repulsive (*anche fig.*): *forza* —, repulsive force; *un sapore* —, a repulsive taste; *aveva un aspetto* —, he had a repulsive (*o* hideous) appearance.

repellenza *s.f.* **1** (*scient.*) repellence, repellency **2** (*fig.*) repulsiveness, hideousness.

repellere *v.tr.* (*letter.*) to repel, to repulse, to drive* back ♦ *v.intr.* (*non com.*) (*ripugnare*) to disgust, to revolt, to be repugnant (to).

repentaglio *s.m.* risk, danger: *mettere a — la vita, la carriera, la reputazione*, to risk one's life, one's career, one's reputation.

repente *agg.* (*letter.*) sudden: *ira* —, sudden rage // *di* —, suddenly (*o* all of a sudden) ♦ *avv.* suddenly, all of a sudden.

repentinità *s.f.* suddenness: *la — di un movimento*, the suddenness of a movement.

repentino *agg.* sudden: *un — cambiamento d'idea*, a sudden change of mind; *è stato un movimento* —, it was a sudden (*o* rapid) movement.

reperibile *agg.* to be found (*pred.*), traceable; available: *non è — da nessuna parte*, it is not to be found anywhere; *non so se è* —, I do not know whether he can be found anywhere; *un medico deve essere — a qualsiasi ora*, a doctor must be available (*o* contactable) at any time; *un testo difficilmente* —, a text which is difficult to find.

reperibilità *s.f.* traceableness; availability, availableness: (*econ.*) — *di fondi*, availability of funds.

reperimento *s.m.* finding, tracing: *il — del corpo del reato*, the finding of the corpus delicti // (*inform.*) — *dell'informazione*, information retrieval.

reperire *v.tr.* to find*, to trace, to track down; to procure: — *i fondi per una campagna elettorale*, to find (*o* to raise) funds for an election campaign; *non saprei dove reperirla*, I wouldn't know where to track her down.

repertare *v.tr.* (*dir.*) **1** (*trovare*) to find* **2** (*produrre come reperto*) to produce, to exhibit.

reperto *agg.* found ♦ *s.m.* **1** find, finding: *un — archeologico*, an archeological find **2** (*med.*) report: *il — dei dottori*, the doctors' (*o* medical) report **3** (*dir.*) evidence; (*corpo del reato*) exhibit.

repertoriare *v.tr.* (*includere in un repertorio*) to list, to index, to include in a catalogue, to put* in a catalogue.

repertorio *s.m.* **1** (*elenco*) inventory, catalogue, list: *un — bibliografico*, a bibliography; *inserire una voce, un titolo in un* —, to index an item, a book **2** (*teatr.*) repertoire, repertory: *avere un vasto* —, to have a vast repertoire; *un — di barzellette*, a repertoire of jokes // (*tv, cinem.*) *immagini di* —, film library (*o* stock) footage (*o amer.* filetape) **3** (*fig.*) repertoire, bag of tricks: *il pugile ha sfoderato tutti i colpi del suo* —, the boxer pulled out all his punches.

replay *s.m.* (*tv*) replay, action replay.

repleto *agg.* (*poet.*) (*ricolmo*) replete, full.

replezione *s.f.* (*med.*) repletion.

replica *s.f.* **1** (*risposta*) answer, reply // (*amm.*) *in — alla Vs. del 21 dicembre*, in reply to your letter of 21st December **2** (*obiezione*) objection: *bisognò ascoltarlo senza fare alcuna* —, we had to listen to him without raising any objection **3** (*copia, facsimile*) replica, copy **4** (*di lavoro teatrale*) performance: *la commedia ha avuto venti repliche*, the play had twenty performances; *questa è la novantesima — della commedia*, this is the ninetieth performance of the play; *la commedia ebbe molte repliche*, the play had a long run **5** (*ripetizione*) repetition **6** (*dir.*) repleader; (*del convenuto*) rebutter; rejoinder.

replicabile *agg.* (*non com.*) **1** answerable **2** (*obiettabile*) objectionable **3** (*ripetibile*) repeatable.

replicante *agg.* answering, replying; objecting ♦ *s.m.* e *f.* (*androide*) android.

replicare *v.tr.* **1** to reply, to answer, to retort: *gli replicai che non potevo farlo*, I replied that I couldn't do it **2** (*obiettare*) to object: *ha sempre qlco. da* —, he's always got an objection; *obbedire senza* —, to obey without question **3** (*ripetere*) to repeat: *la commedia fu replicata quindici volte*, the play had a run of fifteen nights; — *un esercizio*, to repeat an exercise; — *una richiesta*, to repeat a request.

replicativo *agg.* (*non com.*) repetitive.

replicato *agg.* repeated: *sforzi replicati*, repeated efforts.

replicazione *s.f.* **1** (*ret.*) repetition **2** (*biol.*) replication.

replicone *s.m.* (*biol.*) replicon.

replo *s.m.* (*bot.*) replum (*pl.* repla).

reportage *s.m.* (*fr.*) story, (news) report: *un — di guerra*, war report; — *fotografico*, picture story.

reporter *s.m.* reporter: *un — televisivo*, a television reporter.

repositorio *s.m.* repository.

reprensibile → **riprensibile**.

reprensione → **riprensione**.

repressione *s.f.* **1** repression: *la rivolta fu seguita da un periodo di sanguinosa* —, the revolt was followed by a period of bloody repression // (*biochim.*) — *di un enzima*, enzyme repression **2** (*psic.*) suppression.

repressivo *agg.* repressive: *legge repressiva*, repressive law; *misure repressive*, repressive measures.

represso *agg.* repressed; (*psic.*) suppressed: *emozioni represse*, suppressed emotions; *istinti repressi*, repressed instincts; *rabbia repressa*, repressed rage.

repressore *agg.* repressive ♦ *s.m.* represser, repressor (*anche biochim.*).

reprimenda *s.f.* (*non com.*) reprimand; rebuke.

reprimere *v.tr.* **1** to repress, to check, to restrain (*anche fig.*): — *una sommossa*, to repress (*o* to put down) a riot; — *un'emozione, un desiderio*, to repress an emotion, a desire; — *uno sbadiglio*, to repress a yawn; — *la propria ira*, to repress (*o* to restrain *o* to check) one's anger **2** (*psic.*) to suppress.
□ **reprimersi** *v.rifl.* to restrain oneself.

reprimibile *agg.* repressible: *un impulso difficilmente* —, an almost irrepressible impulse.

reprobo *agg.* e *s.m.* (*letter.*) reprobate.

reprocessing *s.m.* (*tecn. nucleare*) (nuclear fuel) reprocessing.

reps *s.m.* (*tessuto a coste*) reps.

reptante *agg.* (*zool.*) reptant, procumbent.

reptatorio *agg.* (*zool.*) reptatorial, reptatory.

reptazione *s.f.* (*zool.*) reptation.

repubblica *s.f.* **1** republic: — *democratica, oligarchica, parlamentare*, democratic, oligarchic, parliamentary republic; — *federale*, federal republic; *il paese sceglierà fra monarchia e* —, the country will choose between a monarchy and a republic // *la — delle lettere*, (*letter.*) the republic of letters // *la Repubblica Italiana, Francese*, the Italian, French Republic // *la Repubblica Romana*, (*st.*) the Roman Republic **2** (*fig. fam.*) (*confusione*) mess.

repubblicanesimo *s.m.* republicanism.

repubblicano *agg.* republican: *governo* —, republican government; *partito* —, republican party ◆ *s.m.* republican.

repubblichino *agg.* (*spreg.*) fascist of the Republic of Salò ◆ *s.m.* (*spreg.*) supporter of the fascist Republic of Salò.

repudiare → **ripudiare**.

repugnare e *deriv.* → **ripugnare** e *deriv.*

repulisti *s.m.*: *fare un* — (*di qlco.*), (*scherz.*) to make a clean sweep (of sthg.).

repulsa → **ripulsa**.

repulsione *s.f.* **1** → ripulsione **2** (*fis.*) repulsion.

repulsivo *agg.* **1** → ripulsivo **2** (*chim.*) repulsive.

repulsore → **respingente**.

reputare *v.tr.* **1** to consider, to judge, to deem; (*pensare, ritenere*) to think*, to believe: *è reputato un bravo tenore*, he is considered (*o* reputed) (to be) a good tenor; *lo reputavo necessario*, I judged (*o* deemed) it necessary; *la reputo un po' matta*, I consider her (to be) a bit crazy; *queste sono le misure reputate necessarie*, these are the measures considered necessary; *reputai che sarebbe stato meglio andarci*, I thought it better to go there; *reputo che non lo sappia*, I believe he does not know **2** (*stimare*) to have a high opinion of (s.o., sthg.), to deem: *non reputo molto quell'uomo*, I do not have a high opinion of (*o* I do not think much of) that man.

□ **reputarsi** *v.rifl.* to consider oneself: *si reputa molto intelligente*, he considers himself very intelligent // *si reputi licenziato*, consider yourself dismissed.

reputato *agg.* esteemed, well thought of: *quello scrittore è molto* —, that writer is highly esteemed.

reputazione *s.f.* reputation; *ha la — di essere molto avaro*, he has the reputation of being very stingy; *gode* (*di*) *un'ottima* —, he has (*o* enjoys) a high (*o* good) reputation; *ha una cattiva* —, he has a bad reputation (*o* he is notorious) // *difendere la propria* —, to protect one's reputation // *rovinarsi la* —, to ruin one's reputation (*o* good name).

requie *s.f.* (*riposo*) rest, calm; (*pace*) peace: *questo bambino non mi dà mai* —, this child never lets me rest; *trovai un po' di — in casa sua*, I found some peace at his house // *senza* —, unceasingly.

requiem *s.m.* o *f.* (*lat.*) **1** eternal rest // (*Messa di*) —, Requiem (Mass) **2** (*preghiera*) prayer for the dead: *dire un — per qlcu.*, to say a prayer for s.o.

requirente *agg.* (*dir.*) inquiring, examining, investigating: *organo* —, inquiring organ; *magistratura* —, inquiring magistracy.

requisire *v.tr.* to requisition, to commandeer: — *alloggi, veicoli*, to requisition billets, vehicles; *ho requisito il letto, è molto comodo*, I've commandeered the bed, it's very comfortable // *cercherò di requisirlo almeno per mezz'ora*, (*fig. scherz.*) I'll try to commandeer him for at least half an hour.

requisito *s.m.* requisite, requirement, qualification; prerequisite (*anche dir.*): — *essenziale è la conoscenza dell'inglese*, knowledge of English is an essential requirement; *avere tutti i requisiti necessari per un posto, per un concorso*, to have all the necessary qualifications for a post, for a competitive examination; *avere i requisiti richiesti*, to have the requisites // (*inform.*) *requisiti della macchina*, hardware requirements.

requisitoria *s.f.* **1** (*dir.*) (public prosecutor's) bill of indictment; (*arringa finale*) prosecutor's closing arguments **2** (*estens.*) (*rimprovero*) reproach, (*fam.*) lecture: *mi ha fatto una lunga* —, he gave me a long lecture.

requisizione *s.f.* requisition.

resa *s.f.* **1** (*mil.*) (*capitolazione*) surrender: — *incondizionata*, unconditional surrender; — *a discrezione*, surrender at discretion; *la — di una città, del nemico*, the surrender of a town, of the enemy; *intimare la* —, to summon to surrender // *costringere un avversario alla* —, to force an opponent to give up (*o* to yield) **2** (*rendimento*) yield, return, profit; (*produzione*) yield, output, power: *la — del carbone è maggiore di quella della legna*, coal has a higher heating power than wood; *ottenere da una macchina il massimo della* —, to get the maximum output from a machine; *la — della coltura intensiva*, the yield of intensive farming; — *di un impianto*, output of a plant; (*fin.*) — *degli investimenti*, yield on investment **3** (*restituzione*) return, restitution; (*merce resa al produttore*) returns (*pl.*), returned goods (*pl.*): *la — dei vuoti di bottiglia*, the return of empty bottles // (*comm.*): — *di merce invenduta*, return of unsold goods; *termine di* —, delivery period; (*econ.*) — *di un prestito*, refund (*o* repayment) of a loan // (*amm.*) — *dei conti*, rendering (*o* reckoning) of accounts // *prima o poi ci sarà la — dei conti*, (*fig.*) sooner or later there will be a day of reckoning.

rescindere *v.tr.* (*dir.*) to rescind, to annul, to cancel: — *un contratto*, to rescind (*o* to cancel) a contract.

rescindibile *agg.* (*dir.*) rescindable.

rescindibilità *s.f.* (*dir.*) rescindability.

rescissione *s.f.* (*dir.*) rescission, annulment, avoidance, termination: — *di un contratto*, rescission of a contract; — *di un contratto di affitto*, termination of a lease.

rescissorio *agg.* (*dir.*) rescissory: *azione rescissoria*, rescissory action.

rescritto *s.m.* (*st., dir., eccl.*) rescript.

resecare *v.tr.* **1** to cut* off: — *un ramo da un albero*, to cut off (*o* lop) a branch from a tree **2** (*med.*) to resect.

reseda *s.f.* (*bot.*) reseda: — *odorata*, (*Reseda odorata*) mignonette.

reserpina *s.f.* (*chim.*) reserpine.

resettare *v.tr.* (*inform.*) to reset*.

resezione *s.f.* (*med.*) resection.

residence *s.m.* residential hotel.

residente *agg.* **1** resident, residing: *popolazione* —, resident population; *gli italiani residenti all'estero*, Italians resident abroad; *sono — a Milano*, I'm resident in Milan; *ditta — in Milano*, firm registered in Milan **2** (*ministro*) —, (minister) resident ◆ *s.m.* e *f.* resident, inhabitant: *non* —, non-resident.

residenza *s.f.* **1** (*dimora abituale*) residence: *avere la — a Milano*, to have residence in Milan; *fissare la propria — in un piccolo comune*, to take up residence in a small town; *cambiare* —, to change one's address; — *abituale*, permanent address; *certificato di* —, certificate of domicile **2** (*soggiorno*) stay **3** (*sede fissa, principale*) head office, headquarters, seat: *Roma è la — del governo italiano*, Rome is the seat of the Italian government **4** (*edificio*) building, residence; *una lussuosa* —, a luxury building; *la — estiva del conte*, the summer residence of the count; *la — del prefetto*, the residence of the prefect.

residenziale *agg.* residential: *quartiere* —, residential neighbourhood.

residuale *agg.* residual, remaining, leftover: (*comm.*) *debito* —, residual debt.

residuare *v.intr.* to be left.

residuato *agg.* residual, leftover (*attr.*), remaining, surplus (*attr.*): *materiale* —, residual material ◆ *s.m.* remainder, remnant, surplus: — *di guerra*, war surplus // (*econ.*) *i residuati di una lavorazione*, the remnants of processing.

residuo *agg.* residual, remaining, leftover (*attr.*), surplus (*attr.*) // (*econ.*): *reddito* —, residual income; *somma residua*, residual amount; *utili residui*, surplus funds // (*chim.*) *in via residua*, residually ◆ *s.m.* **1** remainder, remnant, rest, surplus: *residui di scarto*, tailings (*o* scraps); *residui radioattivi*, radioactive waste // (*comm.*): — *di cassa*, cash surplus; *residui di merce in magazzino*, leftover stock (*o* remainder of the stock) // (*fin.*): *residui attivi*, revenue arrears (*o* residual assets); *residui passivi*, expenditure arrears (*o* residual liabilities) // (*amm.*) — *non speso*, unexpended balance // (*chim.*): — *catramoso*, tarry residue; — *di calcinazione*, calx; *residui di combustione*, residual combustion products; *residui di raffinazione*, foot // (*mecc.*) *residui di molatura*, swarf **2** (*estens.*) remnant, remains (*pl.*); (*fig.*) vestige, glimmer: *i residui di un incendio*, the remains of a fire; *un — di speranza*, a glimmer of hope.

resilienza *s.f.* (*fis.*) resilience, resiliency.

resina *s.f.* resin, rosin: — *di pino*, galipot; *resine al silicone*, silicon resins; *resine da colata*, casting resins; — *sintetica*, synthetic resin; *resine stratificanti*, laminating resins; *resine termoplastiche*, thermoplastic resins; *colla di* —, resin size; *olio di* —, rosin oil.

resinaceo *agg.* resinaceous.

resinare *v.tr.* **1** (*trattare con resina*) to resin **2** (*impregnare di resina*) to resinate.

resinato[1] *agg.* **1** (*trattato con resina*) resined

2 (*impregnato di resina*) resinated: *vino —*, resinated wine.

resinato[2] *s.m.* (*chim.*) resinate.

resinico *agg.* (*chim.*) resinic: *acido —*, resinic acid.

resinifero *agg.* resiniferous, resin (*attr.*): *canale —*, resin canal (*o* resin duct).

resinificare *v.tr.* e *intr.* **resinificarsi** *v.intr.pron.* to resinify.

resinificazione *s.f.* resinification.

resinoide *agg.* e *s.m.* (*chim.*) resinoid.

resinolo *s.m.* (*chim.*) resinol.

resinoso *agg.* **1** resinous, guttiferous: *albero —*, resinous tree **2** (*chim.*) resinous, rosiny.

resipiscente *agg.* (*letter.*) resipiscent.

resipiscenza *s.f.* (*letter.*) resipiscence.

resipola → **erisipela**.

resistente *agg.* **1** resistant; proof (against sthg.): *— all'acqua*, waterproof; *materiale — al fuoco*, fireproof material; *non è — alla fatica*, he cannot endure fatigue **2** (*forte*) strong, tough, resistant; (*di colori*) fast: *ha un fisico —*, he's tough; *un uomo —*, a strong man; *metallo —*, tough metal; *una stoffa —*, a strong material.

resistenza *s.f.* **1** resistance (*anche fig.*): *i soldati opposero un'eroica —*, the soldiers put up heroic resistance; *vincere la — del nemico*, to wear down the enemy's resistance; *offrire scarsa —*, to offer weak resistance; *ho vinto la sua — e l'ho convinto a venire*, I overcame his resistance and I persuaded him to come; *le sue proposte hanno incontrato —*, his proposals met with resistance // *— attiva, passiva*, active, passive resistance // (*dir.*): *— alle autorità*, resistance to authority; *— a un pubblico ufficiale*, obstruction of an officer of the law // *la Resistenza*, (*movimento partigiano*) the Resistance (Movement) **2** (*capacità di tollerare*) (*di persone*) endurance [U], stamina [U]; (*di cose*) durability: *ha una grande — fisica*, he has fantastic stamina; *la — di un ponte*, the durability of a bridge // *gara di —*, endurance race **3** (*fis., tecn.*) resistance; strength; (*aer.*) drag: *— al calore*, heat resistance; *— al fuoco*, fire resistance; *— all'abrasione*, abrasion resistance; *— alla trazione*, tensile strength // (*aer.*): *— aerodinamica*, aerodynamic drag; *— di profilo*, profile drag **4** (*elettr.*) resistance; (*resistore*) resistor; (*elemento riscaldatore*) heating element: *— di contatto*, contact resistance; *— di terra*, earth resistance; *— di dispersione*, leakage resistance; *— ohmica*, ohmic resistance // (*rad.*): *— anodica*, plate resistance; *— dinamica*, dynamic resistance.

resistere *v.intr.* **1** to withstand* (s.o., sthg.); (*non cedere*) to resist (s.o., sthg.), to stand up to; (*tener duro*) to hold* out (against s.o., sthg.), to go* on: *— a un assedio*, to withstand a siege; *— a un attacco*, to hold out against an attack; *il nemico resistette per venti giorni*, the enemy held out for twenty days; *fortunatamente il guardrail ha resistito all'urto*, luckily the guardrail stood up to the collision; *— alle tentazioni*, to resist temptation; *non so — al desiderio di una tazza di caffè*, I cannot resist a cup of coffee; *è difficile — al suo fascino*, it's difficult to resist his charm; *non resisto! Adesso gli telefono*, I can't hold out anymore! I'll phone him; *sono stanco morto, non resisto più*, I am dead tired, I cannot go on (*o* hold out) any longer **2** (*sopportare, tollerare*) to endure (sthg.), to stand* (sthg.): *— al dolore*, to endure (*o* to stand) pain; *questa pianta non resisterà a questo clima*, this plant won't stand up to (*o* withstand) this climate // *non resisto più di un quarto d'ora al sole*, I can't stand (*o* take) more than a quarter of an hour in the sun **3** (*non subire danno da*) to be proof (against sthg.), to be resistant (against sthg.); to stand (up to); (*di colori*) to be fast: *— al calore*, to be heat resistant; *questa sostanza resiste al fuoco, agli acidi*, this substance is fireproof, acid-proof; *non sono colori che resistono all'acqua calda*, these colours are not fast in hot water (*o* cannot stand hot water); *la cattedrale ha resistito nei secoli*, the cathedral has stood up well over the centuries.

resistività *s.f.* (*fis.*): *— elettrica*, resistivity.

resistore *s.m.* (*elettr.*) resistor.

resite *s.f.* (*chim.*) resite.

resitolo *s.m.* (*chim.*) resitol.

reso *s.m.* (*zool.*) (*Macaca mulatta*) rhesus (monkey).

reso *agg.* **1** returned, given back // (*mar.*) *— a bordo*, delivered on board // (*comm.*): *— vagone*, delivered on rail; *— sdoganato*, delivered duty paid **2** (*divenuto*) rendered, made: *una città resa famosa dalle sue opere d'arte*, a town made famous by its works of art ◆ *s.m.* return: (*comm.*) *resi su acquisti, su vendite*, purchase, sales returns.

resocontista *s.m.* e *f.* reporter.

resoconto *s.m.* **1** (*relazione*) report, account: *mi ha fatto il — del suo viaggio*, he gave me an account of his trip **2** (*amm.*) (*rendiconto*) statement, account, return: *— delle entrate e delle uscite*, receipts and payments account (*o* statement); *— delle spese*, statement (*o* return) of expenses; *— analitico delle spese*, breakdown of expenses.

resolo *s.m.* (*chim.*) resol(e).

resorcina *s.f.* (*chim.*) resorcin.

resorcinolo *s.m.* (*chim.*) resorcinol.

respingente *s.m.* (*ferr.*) buffer; (*amer.*) bumper.

respingere *v.tr.* **1** (*spingere indietro*) to repel, to drive* back, to repulse: *— il nemico, un assalto*, to repel (*o* to drive back) the enemy, an assault; *— l'attacco*, to repel (*o* to ward off) the attack; (*sport*) *il portiere ha respinto il pallone con i pugni*, the goalkeeper fisted the ball away **2** (*rimandare*) to return, to send* back: *— una lettera, un pacco al mittente*, to return (*o* to send back) a letter, a parcel to the sender **3** (*rifiutare*) to reject, to refuse, to decline: *— un'offerta*, to reject (*o* to refuse) an offer; (*comm.*) to turn down an offer; *— un'offerta di soccorso*, to reject an offer of help; *hanno respinto i nostri aiuti*, they refused our assistence; *— una richiesta*, to refuse a request; *— una proposta, un reclamo, una domanda*, to reject (*o* to refuse) a proposal, a claim, an application; (*dir.*) *— un appello*, to reject an appeal **4** (*bocciare*) to fail: *— un candidato a un esame*, to fail a candidate in an examination.

respingimento *s.m.* (*rifiuto*) rejection, refusal, turning down.

respinta *s.f.* (*sport*) clearance, parry: *— della difesa*, clearance by the defence; *il portiere ha fatto una — a pugni chiusi*, the goalkeeper fisted the ball away (*o* parried with his fists).

respinto *agg.* **1** (*scacciato*) repelled, driven back **2** (*reso*) returned: *una lettera respinta al mittente*, a letter returned to sender **3** (*rifiutato*) rejected, refused: *un innamorato —*, a rejected lover **4** (*bocciato*) failed: *essere — a un esame*, to fail an exam ◆ *s.m.* (*bocciato*) failed student: *i respinti in latino*, those who failed in Latin.

respirabile *agg.* breathable, respirable: *aria —*, breathable air.

respirabilità *s.f.* breathableness, respirability, respirableness.

respirare *v.tr.* e *intr.* to breathe (*anche fig.*), (*form.*) to respire; (*prendere fiato*) to get* one's breath (back): *tutti gli esseri viventi respirano*, all living beings breathe (*o* respire); *— a pieni polmoni*, to breathe deeply; *— aria pura*, to breathe pure air; *— con la bocca*, to breathe through one's mouth; *— con le branchie*, to breathe through gills; *— ossigeno*, to inhale oxygen; *qui dentro non si respira, apriamo la finestra*, it's very stuffy in here, let's open the window; *lasciami —, poi ti racconto tutto*, let me get my breath back then I shall tell you everything; *ora che ho finito il mio lavoro posso finalmente —*, now that I have finished my work I can have time to breathe at last; *se n'è andato: finalmente si respira*, he has gone at long last, we can breathe again; *qui c'è meno gente e si respira un po'*, it's not so crowded here, there's some breathing space // *vorrei — aria nuova, sono stufo di — la stessa aria*, (*fig.*) I'd like a change (of air).

respirativo → **respiratorio**.

respiratore *s.m.* **1** (*med.*) respirator, pulmotor **2** (*per la respirazione subacquea*) (*boccaglio*) snorkel; (*autorespiratore*) aqualung.

respiratorio *agg.* respiratory: *apparato —*, respiratory system; *vie respiratorie*, respiratory tract.

respirazione *s.f.* respiration, breathing: *— artificiale*, artificial respiration; *— cutanea*, porous respiration; *— vegetale*, plant respiration; *ha la — molto difficile*, he has great difficulty in breathing; *— bocca a bocca*, mouth-to-mouth resuscitation (*o fam.* kiss of life): *gli praticarono la — bocca a bocca*, they gave him mouth-to-mouth resuscitation (*o fam.* the kiss of life).

respiro *s.m.* **1** breath; (*sospiro*) sigh; (*il respirare*) breathing: *udivo il suo —*, I could hear him breathing; *il suo — era affannoso*, he was breathing with difficulty; *ha fatto, tirato un — profondo*, he gave (*o* heaved) a deep sigh; *qui dentro mi manca il —*, I can't breathe in here; *tirare un profondo — di sollievo*, to heave a deep sigh of relief; *trattenere il —*, to hold one's breath; *tratteneva il — per la paura*, he was afraid to breathe // *fino all'ultimo —*, to the very last; *dare l'ultimo —*, to breathe one's last // *un'opera di largo —*, an extensive work **2** (*fig.*) (*requie*) respite, rest; breath: *dammi un po' di —, poi vengo*, let me get (*o* recover) my breath, then I'll come; *non ho avuto un momento di —*, I haven't had a moment's rest (*o* respite).

responsabile *agg.* **1** responsible, liable, answerable, accountable; in charge of: *non è — delle sue azioni*, he is not responsible (*o* accountable) for his actions; *mi considero — verso di lui*, I consider myself answerable (*o* responsible) to him; *i ministri sono responsabili di fronte al parlamento*, ministers are responsible to Parliament; *tu sei — di ciò che è* *accaduto*, you are responsible for what has happened; *non sono — delle tue pazzie*, I'm not answerable for your lunacy; *chi è — dei trasporti?*, who is responsible for (*o* in charge of) transport?; *ritenere qlcu. — di qlco.*, to hold s.o. responsible (*o* answerable) for sthg.: *essere — dei danni*, to be liable for damages; *essere — della direzione di una ditta*, to be in charge of the management of a firm // (*dir.*) *civilmente, penalmente* —, civilly, criminally liable; *parte* —, party at fault // *dichiararsi — per qlcu.*, to answer (*o* to vouch *o* to stand surety) for s.o. // *direttore — di una rivista*, editor of a magazine **2** (*conscio delle proprie responsabilità, affidabile*) responsible, reliable, conscientious, trustworthy: *è molto — nel suo lavoro*, he is very reliable (*o* dependable) in his work; *un ragazzino molto* —, a very responsible child **3** (*colpevole*) guilty, responsible: *rendersi — di un reato*, to be guilty of (*o* responsible for) a crime ◆ *s.m.* person in charge, person responsible: *chi sono i maggiori responsabili dell'accaduto?*, who are the people chiefly responsible for what happened?; *chi è il — di questo ufficio?*, who is in charge of this office? // (*amm.*) *— di un settore*, (*caporeparto*) superintendent; *— di funzione*, functional foreman // (*comm.*) *— della pubblicità di un prodotto*, account manager.

responsabilità *s.f.* responsibility; (*dir.*) liability: *grave* —, heavy responsibility; *è una bella — prendere questa decisione*, taking this decision is a serious responsibility; *un posto di* —, a responsible position; *sotto la mia* —, on my own responsibility; *mi assumo la* —, I take the responsibility upon myself; *assumersi piena — per le conseguenze*, to take (*o* assume *o* accept) full responsibility for the consequences; *non mi prendo la — di farlo*, I will not take the responsibility of doing it; *attribuire la — di qlco. a qlcu.*, to hold s.o. responsible for sthg.; *stabilire le eventuali — del disastro*, to establish the possible responsibility for the disaster; *declinare ogni* —, to decline all responsibility for sthg.; *dividere la — con altri*, to share the responsibility with others // (*amm.*): *— direttive*, managerial responsibilities; *avere la — di un ufficio, di un reparto*, to be in charge of an office, of a department; *— ufficiale*, official responsibility // (*dir.*): *— civile*, civil liability; *— penale*, criminal liability (*o* responsibility); *esonero dalla* —, exemption from liability; *— oggettiva*, strict (*o* no-fault) liability; *— personale*, personal responsibility; *— per fatto altrui*, vicarious liability; *— in solido*, joint and several liability; *— individuale*, several liability // (*dir. comm.*): *— limitata, illimitata*, limited, unlimited liability; *società a — limitata*, limited (liability) company // (*assicurazioni*): *— civile auto* (abbr. *RCA*), third party liability (insurance); *— non coperta dall'assicurazione*, excess liability.

responsabilizzare *v.tr.* (*dare responsabilità*) to invest s.o. with responsibility; to make* s.o. aware of his, her ecc. responsibilities; (*rendere responsabile*) to make* responsible: *le industrie chimiche devono essere responsabilizzate sul problema ecologico*, chemicals companies should be made aware of their responsibilities as regards the environment.

□ **responsabilizzarsi** *v.rifl.* to become* responsible; to assume one's responsibilities; *è ora che ti responsabilizzi*, it's time you assumed your responsibilities.

responsabilizzazione *s.f.* (*il responsabilizzare*) making responsible; (*l'essere responsabilizzato*) responsibleness.

responsabilmente *avv.* responsibly: *agire* —, to act responsibly (*o* with a sense of responsibility).

responsione *s.f.* (*ant.*) (*tributo*) tribute, tax.

responsivo *agg.* (*letter.*) in reply.

responso *s.m.* response; (*risposta*) answer, reply; verdict (*anche dir.*); *il — dell'oracolo*, the response of the oracle; *il — del giudice di gara è stato sfavorevole*, the (competition) judge's response was unfavourable; *attendere il — della giuria*, to wait for (*o* to await) the verdict of the jury; *il — dei medici*, the verdict of the doctors; *il — dei periti*, the opinion of the experts // *finalmente si è deciso a dare il suo —!*, (*iron.*) at last he has made up his mind to give us his reply!

responsoriale *agg.* antiphonal, responsorial: *salmo* —, antiphonal (*o* responsorial) psalm ◆ *s.m.* responsorial.

responsorio *s.m.* (*eccl.*) responsory, response, antiphon.

ressa *s.f.* crowd, throng: *c'era gran — in piazza*, there was a large crowd in the square; *c'è una — incredibile nei negozi*, the shops are incredibly crowded (*o* crowds are thronging the shops); *far — intorno a qlco., a qlcu.*, to crowd (*o* to throng) round sthg., s.o.

resta[1] *s.f.* **1** (*bot.*) arista, awn, beard **2** (*region.*) (*lisca di pesce*) fishbone.

resta[2] *s.f.* (*treccia di agli o di cipolle*) string (of garlic or onions).

resta[3] *s.f.* (*st.*) (*di armatura*) rest: *con la lancia in* —, with lance in rest; *il cavaliere mise la lancia in* —, the knight laid (*o* set) his lance in rest // *partire lancia in* —, (*fig.*) to go (at) full tilt.

restabue *s.m.* (*bot. pop.*) (*Ononis repens*) restharrow.

restante *agg.* remaining, leftover (*pred.*): *con la stoffa — ha fatto un* gilet, with the leftover cloth she made a waistcoat; *il — periodo di tempo lo trascorrerò al mare*, I will spend the rest of the time at the seaside; *il — denaro andrà in beneficenza*, the money that is left will go to charity ◆ *s.m.* rest, remainder: *il — verrà messo in magazzino*, what is left (*o* the rest) will be put in the storehouse.

restare → **rimanere**.

restaurabile *agg.* restorable; (*riparabile*) repairable.

restaurare *v.tr.* to restore (*anche pol.*): *— la monarchia, l'ordine in un paese*, to restore the monarchy, order in a country; *— un vecchio edificio, un quadro*, to restore an old building, a picture; *abbiamo restaurato la facciata del palazzo*, we have restored the façade of the building // *— una vecchia abitudine*, to resume an old habit.

restaurativo *agg.* (*non com.*) restoring, restoration (*attr.*): *un intervento* —, restoration work.

restauratore *s.m.* **restauratrice** *s.f.* restorer: *— di quadri*, picture restorer ◆ *agg.* restoring // *politica restauratrice della democrazia*, policy aimed at a return of democracy.

restaurazione *s.f.* restoration: *la — della monarchia*, the restoration of the monarchy; *la — di una vecchia chiesa, un monumento*, the restoration of an old church, a monument // *il periodo della Restaurazione*, the Restoration (period).

restauro *s.m.* restoration; (*riparazione*) repair: *il — di un quadro*, the restoration of a picture; *chiuso per restauri*, closed for repairs; *i lavori di — del duomo sono cominciati la settimana scorsa*, restoration work on the cathedral started last week; *in* —, under repair.

restio *agg.* **1** (*di persone*) unwilling (*pred.*), loath, reluctant, averse: *è — a ogni genere di disciplina*, he is averse to every kind of discipline; *essere — a fare qlco.*, to be unwilling (*o* loath *o* reluctant) to do sthg.; *era — all'idea di partire*, he was reluctant to leave; *è — ai cambiamenti*, he fights shy of novelties **2** (*di bestie da soma*) jibbing (at sthg.), restive.

restituibile *agg.* returnable, repayable.

restituire *v.tr.* **1** to return, to give* back, to restore: *devo — questo libro alla biblioteca*, I must return this book to the library; *— una somma di denaro*, to repay (*o* to return) a sum of money; *— un prestito*, to pay back (*o* to refund) a loan; *il restauro ha restituito al dipinto il colore originario*, the restoration work restored the picture to its original colour // *— qlcu. alla vita*, to give s.o. a new lease of life // *— agli antichi splendori*, to restore the ancient splendour // (*comm.*): *da* —, returnable (*o* non-disposable); *merci restituite*, (*resi*) returns **2** (*contraccambiare*) to return; to repay*: *mi restituì la visita*, he returned my visit.

restitutore *agg.* restoring ◆ *s.m.* **1** restorer **2** (*apparecchio per la preparazione di carte geografiche*) plotter.

restitutorio *agg.* (*dir.*) restitutory.

restituzione *s.f.* **1** restitution, return: *la — dei vuoti*, the return of empty bottles; *la — di un favore*, the return (*o* restitution) of a favour; *in caso di mancata — del libro entro la fine del mese...*, if the book isn't returned by the end of the month...; (*dir.*) *— in natura*, restitution in kind; (*dir.*) *— dei beni rubati*, restitution of stolen goods; (*comm.*) *— di un prestito*, repayment (*o* refund) of a loan; (*assicurazioni*) *— di un premio*, return of premium **2** (*letter.*) (*reintegrazione*) restoration, reinstatement.

resto *s.m.* **1** rest, remainder; (*saldo*) balance: *il — della compagnia*, the rest of the group; *il — della vita*, the rest (*o* remainder) of one's life; *il — di loro rimase a casa*, the rest of them stayed at home; *ne prese due ed io presi il* —, he took two and I took the rest; *io l'ho fatto fin qui, Paolo farà il* —, I have done it up to here, Paul will do the rest; *oggi saranno esaminati venti studenti, il — può tornare domani*, twenty students will be examined today, the remainder can come tomorrow; *per favore, pensate voi a tutto il* —, will you see to everything else, please?; *questo è l'inizio della mia storia, domani ti racconterò il* —, this is the beginning of my story, tomorrow I'll tell you the rest // *del* —, (*inoltre*) moreover (*o* besides); (*per altro*) on the other hand; *è troppo tardi, e del — sono stanco*, it is too late; besides, I am tired; *del — non ne ero al corrente*, besides, I knew nothing about it // *in quanto al* —, (as) for the rest // *per il — è un bravo ragazzo*, apart from that, he's a good boy // (*comm.*) *pagare il — a rate*, to pay the balance in instalments; *— di cassa*, balance in (*o* on) hand **2** (*mat.*) remainder: *il — di questa divisione è cinque*, the remainder of this division is five; *classe dei resti*, residue class **3** (*di una somma di denaro*) change: *eccovi il* —, here is your change; *devo darvi un — di 250 lire*, I must give you 250 lire change; *non ho da darle il* —, I have no change to give you; *tenga il* —, keep the change; *lasciare il — di mancia*, to leave the change as a tip **4** *pl.* (*avanzi*) remains; (*ruderi*) ruins: *i resti di un teatro greco*, the ruins (*o* remains) of a Greek theatre: *i resti di una casa, di una vecchia città*, the remains of a house, an old town // *resti mortali*, remains: *i resti delle vittime della sciagura aerea*, the bodies of the victims of the air crash // (*comm.*) *resti di magazzino*, remainder of the stock (*o* leftover stock) **5** *pl.* (*di cibo*) leftovers; remains: *per pranzo abbiamo avuto i resti della sera prima*, we had the previous evening's leftovers for lunch.

restringere *v.tr.* **1** to narrow; (*contrarre*) to contract: *abbiamo ristretto il locale di quasi due metri*, we've made the room smaller by two metres; *la strada è stata ristretta prima del ponte*, the road has been narrowed before the bridge; *una crema per — i pori*, an astringent cream; (*fot.*) — *il campo*, to narrow the field **2** (*vestiti ecc.*) to take* in, to tighten; *bisogna* (*far*) — *questo vestito*, this dress must be taken in; *il sarto restringerà la gonna sui fianchi*, the tailor will take in the skirt at the hips **3** (*fig.*) (*limitare*) to limit; to restrict; (*diminuire*) to lessen, to reduce; to condense: *ho ristretto la mia indagine agli aspetti sociali del problema*, I have restricted (*o* limited) my survey to the social aspects of the problem; — *una lunga relazione in qualche paragrafo*, to condense a long report into a few paragraphs; *ho dovuto — il numero degli invitati*, I had to reduce the number of guests; *la nuova tassa restringe enormemente la possibilità di esportare*, the new tax restricts export opportunities considerably // *far — il sugo*, to reduce the sauce // (*econ.*): — *le spese*, to limit (*o* to cut down) expenses; — *il disavanzo*, to reduce the deficit; — *gli investimenti*, to retrench investments; — *il commercio*, to restrain trade; — *i controlli sulle importazioni*, to tighten controls on importation; (*banca*) — *il credito*, to squeeze credit.

□ **restringersi** *v.intr.pron.* o *rifl.* **1** to narrow, to get* narrower; (*contrarsi*) to contract: *più avanti la strada si restringe*, the road gets narrower (*o* narrows) farther on // — *nelle spalle*, to shrug **2** (*farsi stretti*) to move up, to close up: *restringetevi, sta venendo altra gente*, move up, there are other people coming **3** (*di tessuti*) to shrink*: *questo tessuto non si restringe*, this material does not shrink **4** (*fig.*) (*limitarsi*) to limit oneself; to restrain oneself: — *a parlare solo di un argomento*, to limit oneself to speaking of one subject only; *la sua cerchia di amicizie si è ristretta a due o tre persone*, his circle of friends has fallen to two or three now; *le possibilità di trovare superstiti si restringono col passare dei giorni*, the likelihood of finding survivors fades as the days go by; *ormai il numero dei possibili candidati si è ristretto a pochi nomi*, now the number of possible candidates has come down to just a few names; — *nelle spese*, to cut down (*o* to limit) one's expenses.

restringimento *s.m.* **1** narrowing; (*contrazione*) contracting: *il — di una conduttura*, the narrowing of a tube; — *della pupilla*, contraction of the pupil **2** (*di vestito*) taking in; tightening; (*di tessuto*) shrinking, shrinkage **3** (*limitazione*) limitation; restriction; (*diminuzione*) lessening, reduction **4** (*med.*) stricture: — *cicatriziale*, anastomotic stricture.

restringitivo → **restrittivo**.

restrittivo *agg.* restrictive: *misure restrittive*, restrictive measure; (*dir.*) *interpretazione restrittiva*, (*della legge*) strict construction.

restrizione *s.f.* restriction: *restrizioni alla libertà di stampa*, restriction of the freedom of the press; *consentire a qlco. senza restrizioni*, to consent to sthg. unreservedly // — *mentale*, mental reservation // (*econ.*): — *della spesa pubblica*, curtailment of public expenditure; — *degli scambi*, restraint of trade; — *delle importazioni*, restriction of imports; *restrizioni commerciali*, trade restrictions // (*fin.*): — *creditizia*, credit squeeze (*o* restriction); — *valutaria*, rationing of credit (*o* exchange restriction) // (*biol.*) *enzima di* —, restriction enzyme.

resupino *agg.* (*letter.*) supine, on one's back.

resurrezione *s.f.* resurrection (*anche estens.*): *la — di Cristo*, the resurrection of Christ; *la — di una tendenza, di un mito*, (*estens.*) the resurrection (*o* revival) of a tendency, a myth // *la — della carne*, the resurrection of the body.

resuscitare → **risuscitare**.

retablo *s.m.* (*sp.*) retable.

retaggio *s.m.* (*letter.*) (*eredità spirituale*) heritage, legacy: *il — politico della resistenza*, the political heritage (*o* legacy) of the resistance; — *culturale*, cultural heritage.

retare *v.tr.* (*non com.*) to reticulate.

retata *s.f.* **1** netful; catch, haul: *una buona — di pesci*, a good catch (*o* haul) of fish **2** (*fig.*) (*della polizia*) roundup; (*spec. amer.*) drag-net: *hanno fatto una — vicino al parco*, they did a roundup near the park.

rete *s.f.* **1** net: — *per capelli*, hairnet; — *per farfalle*, butterfly net; — *da pesca*, fishing net; — *portabagagli*, (*su treni ecc.*) luggage rack; — *a deriva*, drift net; — *a strascico*, trawl; — *paravesti*, (*della bicicletta*) dress-guard; — *del letto*, (sprung) bed base; — *metallica*, wire netting; — *parasiluri*, (anti)torpedo net; *gettare, tirare la* —, to cast, to haul in the net; *pescare con le reti*, to net; *prendere uccelli, pesci nella* —, to net birds, fish **2** (*fig.*) (*sistema articolato*) network, system: — *dei paralleli e dei meridiani*, grid of parallels and meridians; — *di binari*, rail network; — *di fognatura*, drainage system; — *di tubazioni*, pipe network (*o* piping *o* piping system); — *elettrica*, electric system; — *ferroviaria*, railway system (*o* network); — *stradale*, road network; — *telefonica, telegrafica*, telephone, telegraph system; *una — di spie, di spacciatori*, a spy, drug's network // (*comm.*): — *di distribuzione*, distribution system; — *di vendita*, sales (*o* dealer) network // (*inform.*): — *a valore aggiunto*, value-added network (*abbr.* VAN); — *di audiomessaggeria*, voice mail; — *di elaboratori*, computer network // (*tel.*): — *di trasmissione* (*dati*), (data) communication network; — *logica*, logic network; — *analogica*, analog network; — *a derivazione multipla*, multipoint network; — *di commutazione a pacchetti*, packet switching network; — *in cavo*, cable network // (*geogr.*) — *idrografica*, drainage system // (*elettr.*) — *di distribuzione*, grid (system) // (*rad.*) — *di antenne*, aerial array // (*tv*) *le reti nazionali, estere, private*, the national, foreign, private networks **3** (*fig.*) (*inganno*) net, snare, trap: *cadere nella* —, to fall into the net (*o* trap); *prendere nella* —, to catch in the net; *rimanere nella propria* —, to be caught in one's own trap; *tendere una* —, to lay a snare **4** (*tennis*) tennis-net; *gettare la palla in* —, to net the ball; *scendere a* —, to come up to the net **5** (*calcio*) (*rete*) net; (*porta, punto*) goal: *fare, segnare una* —, to score a goal; *tirare in* —, to shoot; *vincere per tre reti a una*, to win by three goals to one // *Rete!*, Goal! **6** (*borsa per la spesa*) string bag **7** (*anat.*) rete*.

retenzione → **ritenzione**.

reticella *s.f.* **1** (*per capelli*) hairnet **2** (*ferr.*) — *portabagagli*, luggage rack **3** (*per becco a gas*) wire gauze **4** — *Auer, a incandescenza*, (*per lampada a benzina*) (incandescent) mantle.

reticente *agg.* reticent: *un testimone* —, a reticent witness; *mostrarsi — sui propri progetti*, to be reticent (*o* close *o* not to be forthcoming) about one's plans; *risposta* —, reticent (*o* non committal) reply.

reticenza *s.f.* reticence; reserve: *rispondere con* —, to reply with reticence; *parlare senza reticenze*, to speak without reserve (*o* frankly).

reticolamento *s.m.* (*non com.*) reticulating.

reticolare *agg.* reticular, grid (*attr.*) // (*anat.*) *sostanza* —, reticular substance.

reticolare *v.tr.* (*non com.*) to reticulate.

reticolato *agg.* reticulate; reticular ◆ *s.m.* **1** (*rete metallica*) wire-netting, mesh-fence: *circondare il giardino con un* —, to enclose the garden with a mesh-fence **2** (*mil.*) (*di filo spinato*) barbed-wire fence **3** (*arch.*) reticulated work **4** (*disegno a forma di rete*) network; grid **5** (*cartografia*) grid, graticule.

reticolatura *s.f.* (*fot.*) reticulation.

reticolazione *s.f.* (*chim.*) reticulation.

reticolo *s.m.* **1** (*disegno a forma di rete*) network; grid **2** (*fis.*) reticule, grating, lattice: — *a gradinata*, echelon grating; — *cubico a facce centrate*, face-centred cubic lattice **3** (*cartografia*) grid, graticule **4** (*biol., zool.*) reticulum* **5** (*mat.*) lattice: — *completo*, complete lattice **6** (*inform.*) (IBM) network.

reticolosi *s.f.* (*med.*) reticulosis (*pl.* -ses).

retiforme *agg.* (*non com.*) retiform.

retìna[1] *s.f.* (*per capelli*) hairnet.

rètina[2] *s.f.* (*anat.*) retina*.

retinale *s.m.* (*biochim.*) retinal.

retinare *v.tr.* **1** (*tecn.*) to wire **2** (*fot., tip.*) to screen (by a halftone screen).

retinatura *s.f.* **1** (*tecn.*) wiring **2** (*fot., tip.*) halftone screening.

retinene *s.m.* (*biochim.*) retinene.

retinico *agg.* (*anat.*) retinal.

retinite *s.f.* (*med.*) retinitis.

retino *s.m.* **1** (*piccola rete*) net: — *da farfalle*, butterfly net **2** (*fot., tip.*) halftone screen: — *a contatto*, contact screen.

retinoide *s.m.* (*biochim.*) retinoid.

retinolo *s.m.* (*biochim.*) retinol.

retore *s.m.* rhetorician.

retorica *s.f.* rhetoric: *la — del patriottismo*, the rhetoric of patriotism; *studiare* —, to study rhetoric; *un discorso pieno di* —, a speech laden with rhetoric.

retorico *agg.* rhetorical: *domanda retorica*, rhetorical question; *stile* —, rhetorical style // *figura retorica*, figure of speech.

retoricume *s.m.* (*spreg.*) pure rhetoric.

retoromanzo *agg.* (*ling.*) Rhaeto-Romanic ◆ *s.m.* (*ling.*) Rhaeto-Romance.

retrarre *v.tr.* to retract.

retrattazione → **ritrattazione**.

retrattile *agg.* retractile, retractable: *artigli retrattili*, retractile claws // (*aer.*) *carrello* —, retractable landing gear.

retrattilità *s.f.* retractility.

retrazione *s.f.* retraction; (*di tessuto subcutaneo*) dimpling: — *dell'utero*, uterine retraction.

retribuire *v.tr.* to pay*, to compensate, to remunerate; (*ricompensare*) to reward, to recompense: *fummo ben retribuiti per il nostro lavoro*, we were well paid for our work; — *adeguatamente il personale*, to pay one's staff adequately; — *inadeguatamente*, to underpay.

retribuito *agg.* paid, salaried, remunerated; (*ricompensato*) rewarded, recompensed: *posto ben* —, remunerative job (*o* job that pays well); *professione ben retribuita, mal retribuita*, well-paid, badly-paid profession; *funzionario ben* —, high-salaried official; *lavoratori retribuiti a ore*, hourly-paid workers; *non* —, unpaid.

retributivo *agg.* retributive, pay (*attr.*), wage (*attr.*): *aumento* —, retributive increase // (*econ.*) *livello* —, wage level.

retribuzione *s.f.* **1** compensation, pay, salary, wages (*pl.*), remuneration: — *a giornata*, day rate pay; — *a cottimo*, piece rate (*o* piecework pay); *sistema di* — *a cottimo*, contract wage system; — *a rendimento*, efficiency pay (*o* wages); — *a premio*, incentive (*o* premium); — *eccessiva*, overpayment; — *netta*, (*fam.*) take-home pay **2** (*fig.*) (*premio*) reward **3** (*dir.*) (*finalità della pena*) retribution.

retrivo *agg.* (*reazionario*) reactionary, out-of-date; conservative: *idee retrive*, reactionary ideas ◆ *s.m.* reactionary.

retro *avv.* (*poet.*) behind ◆ *s.m.* back: *sul* — *della casa*, at the back of the house; *il* — *della medaglia*, the reverse (side) of the coin // *vedi* —, (*di pagina*) please turn over (*abbr.* PTO).

retro- *pref.* di origine latina che significa 'dietro; all'indietro'; ingl. retro-: *retroattivo*, retroactive; *retroversione*, retroversion.

retroagire *v.intr.* **1** (*dir.*) to retroact **2** (*eseguire retroattivamente*) to make* modifications at a later date.

retroanalisi *s.f.* (*inform.*) reverse engineering.

retroattività *s.f.* retroactivity (*anche dir.*); retrospective effect: — *della legge*, retroactivity of the law.

retroattivo *agg.* retroactive, retrospective: *legge retroattiva*, retroactive law.

retroazione *s.f.* (*operazione eseguita retroattivamente*) retroactivity, feedback [U] (*anche inform.*).

retrobottega *s.m.* o *f.* back-shop, back of the shop // *i* — *dei partiti politici*, (*fig. spreg.*) the backstage activities of the political parties.

retrocamera *s.f.* back room.

retrocarica *s.f.* breech loading: *arma da fuoco a* —, breech-loader (*o* breech-loading firearm).

retrocedere *v.tr.* **1** (*mil.*) to degrade, to reduce in rank, to reduce to a lower rank: *fu retrocesso per insubordinazione*, he was degraded for insubordination **2** (*dir.*) to recede, to withdraw* **3** (*comm.*) (*bonificare*) to remit; (*rendere partecipe agli utili*) to give* a share in profits to (s.o.): — *una spesa, un debito*, to remit a charge, a debt **4** (*degradare, far retrocedere*) to demote ◆ *v.intr.* to retreat, to withdraw*, to fall* back, to recede (*anche fig.*): *il nemico fu costretto a* —, the enemy was forced to retreat; *pensaci su bene, perché non ti sarà possibile* —, think it over well because you will not be able to withdraw; — *da una decisione*, to go back on a decision; — *da una posizione, un contratto*, to withdraw from a position, a contract; *i prezzi di mercato retrocedono*, market prices are receding.

retrocessione *s.f.* **1** retrocession (*anche med.*) **2** (*degradazione, abbassamento di grado*) demotion **3** (*dir.*) withdrawal: — *di beni immobili*, reconveyance **4** (*Borsa*) (*ripartizione di una commissione*) give-up; (*banca*) (*trasferimento di commissioni incassate*) retrocession **5** (*sport*) relegation.

retrocesso *agg.* degraded, demoted, reduced in rank.

retrocucina *s.f.* o *m.* scullery, back kitchen.

retrodatare *v.tr.* (*amm.*) to backdate, to date back, to antedate: — *un documento, una nomina, un contratto*, to backdate a document, a nomination, a contract; — *una fattura*, to antedate an invoice.

retrodatato *agg.* backdated, antedated.

retrodatazione *s.f.* backdating, antedating.

retrodonazione *s.f.* (*chim.*) back donation: *legame di* —, back donation bond.

retroescavatore *s.m.* (*miner.*) backhoe.

retroflessione *s.f.* **1** retroflexion, retroflection: — *uterina*, uterine retroflexion **2** (*geol.*) backfolding.

retroflesso *agg.* retroflexed, retroflected.

retroformazione *s.f.* (*ling.*) back formation.

retrofrontespizio *s.m.* verso of the title page.

retrogradare *v.intr.* (*astr.*) to retrograde.

retrogradazione *s.f.* (*astr.*) retrogradation, retrograde motion.

retrogrado *agg.* **1** retrograde: (*astr.*) *moto* —, retrograde motion; *ordine* —, retrograde order // (*med.*) *amnesia retrograda*, retrograde amnesia **2** (*antiquato*) retrograde; out-of-date; (*reazionario*) reactionary: *idee, tendenze retrograde*, out-of-date ideas, tendencies; *persona retrograda*, out-of-date person; *politica retrograda*, retrograde (*o* reactionary) policy ◆ *s.m.* retrograde; out-of-date person; (*reazionario*) reactionary person.

retroguardia *s.f.* **1** rearguard: *stare nella* —, to be in the rearguard; (*fig.*) to hang back **2** (*sport*) (*difesa*) defence: *sorprendere la* —, to surprise the defence.

retrogusto *s.m.* aftertaste: *un vino dal* — *dolce*, a wine with a sweet aftertaste.

retromarcia *s.f.* **1** (*movimento all'indietro*) reverse (motion), backing: *andare in* —, to go in reverse (*o* to reverse) // *ha fatto* — *ed è venuto con noi*, (*fig.*) he did an about-face and came with us **2** (*mecc.*) reverse gear: *innestare la* —, to go into reverse.

retromutazione *s.f.* (*biol.*) backmutation.

retrorazzo *s.m.* (*aer.*) retro-rocket.

retrorso *agg.* (*bot.*) retrorse.

retrosapore → **retrogusto**.

retroscena *s.f.* (*teatr.*) back of the stage ◆ *s.m.* (*fig.*) underhand work, (backstage) intrigue: *non conoscevo tutto questo* —, I did not know about all this underhand work (*o* intrigue); *i* — *della politica*, the backstage political intrigues.

retroscritto *agg.* written on the back.

retrospettiva *s.f.* retrospective: *una* — *su Chaplin*, a retrospective of Chaplin.

retrospettivo *agg.* retrospective: *un'indagine retrospettiva*, a retrospective inquiry.

retrostante *agg.* at the back, lying behind: *camera* —, room at the back (*o* back-room); *il giardino* — *la casa*, the garden behind the house.

retrostanza *s.f.* back room.

retroterra *s.m.* **1** hinterland; (*geol.*) backlands (*pl.*): *il* — *di Genova*, the Genoese hinterland **2** (*fig.*) background: *il* — *storico di un movimento politico*, the historical background of a political movement.

retrotreno *s.m.* (*aut.*) rear axle.

retrovendere *v.tr.* (*dir.*) to resell* to the seller.

retrovendita *s.f.* (*dir.*) sale and/or return: *contratto di* —, contract of sale and return.

retroversione *s.f.* **1** retroversion (*anche med.*) **2** (*versione nella lingua originale di passo tradotto in altra lingua*) back version, retranslation.

retrovia *s.f.* (*mil.*) zone behind the front lines; backline: *nelle retrovie*, behind the lines.

retrovisivo *agg.* rear-view (*attr.*): *specchietto* —, rear-view mirror.

retrovisore *s.m.* rear-view mirror: *guardava l'ambulanza nel* —, he watched the ambulance in the rear-view mirror ◆ *agg.* → retrovisivo.

retta[1] *s.f.* (*di pensioni, collegi*) charge, boarding charge: — *alta, bassa*, high, low charge; *stare a mezza* —, to stay at half board; *pagare la* —, to pay the charge (*o* for board and lodging).

retta[2] *s.f.* (*mat.*) straight line: *rette parallele*, parallel lines; — *orientata*, directed line; — *all'infinito*, line at infinity; *tracciare una* — *da A a B*, to draw a line from A to B.

retta[3] *s.f.*: *dar* — *a qlcu.*, to pay attention to s.o. (*o* to listen to s.o.); *mi vuoi dar* — *un attimo?!*, will you listen to me for a moment?!; *dammi* —, *prenota subito*, listen to me, book immediately; *se dai* — *a tutti non combini niente!*, if you pay attention to everyone you'll never achieve anything!

rettale *agg.* (*anat.*) rectal.

rettamente *avv.* **1** (*onestamente*) honestly **2** (*correttamente*) correctly; (*giustamente*) rightly.

rettangolare *agg.* rectangular.

rettangolo *s.m.* (*mat.*) rectangle: *triangolo* —, right-angled triangle // — *di gioco*, (*sport*) pitch; (*tennis*) court ◆ *agg.* right-angled (*attr.*).

rettifica *s.f.* **1** correction; adjustment, amendment: *la* — *di un errore*, the correction (*o* rectification) of a mistake; *il giornale ha apportato qualche* — *all'articolo*, the newspaper has made some corrections to the article // (*amm.*): — *di un documento*, amendment of a document; *rettifiche di storno*, deferring adjustments; — *di fine anno*, year-end adjustment; — *di revisione*, audit adjustment; — *di un conto*, correction of an account // (*Borsa*) — *dei corsi*, correction of prices // (*inform.*) — *di carattere*, character adjustment **2** (*chim.*) rectification: *colonna di —*, rectifying column **3** (*mecc.*) grinding: *— a secco*, dry grinding; *— senza centri*, centerless grinding.

rettificabile *agg.* rectifiable.

rettificare *v.tr.* **1** to correct, to adjust, to amend; (*form.*) to rectify (*anche mat.*): *— una inesattezza*, to correct an inaccuracy; *il ministro ha rettificato la sua dichiarazione*, the minister has corrected his statement; *— il corso di un fiume*, to rectify the course of a river; *— una data*, to correct a date; *— un conto*, to amend an account; *— una cifra, una fattura, un errore*, to rectify a figure, an invoice, a mistake; (*mil.*) *— il tiro*, (*la gittata*) to adjust the range, (*la direzione*) to adjust the direction **2** (*chim.*) to rectify **3** (*mecc.*) to grind*; to reface: *— un cuscinetto, una valvola*, to reface a bearing, a valve.

rettificato *agg.* **1** corrected, amended; (*form.*) rectified: *un documento —*, a rectified (*o* amended) document **2** (*chim.*) rectified: *benzina rettificata*, rectified petrol.

rettificatore *agg.* rectifying ◆ *s.m.* rectifier.

rettificatrice *s.f.* (*mecc.*) grinder, grinding machine: *— frontale*, face grinder; *— senza centri*, centerless grinding machine; *— universale*, universal grinding machine.

rettificatura → **rettifica** 3.

rettificazione *s.f.* **1** correction; adjustment, amendment; (*form.*) rectification // (*mat.*) *— dell'arco*, arc rectification **2** (*chim.*) rectification **3** (*rad.*) rectification, rectifying: *— integrale*, full-wave rectification.

rettifilo *s.m.* (*rettilineo*) straight stretch.

rettilario *s.m.* reptile house.

rettile *s.m.* (*zool.*) reptile; (*scient.*) reptilian: *di, simile a —*, reptilian; *a forma di —*, reptiliform.

rettilineo *agg.* **1** rectilinear, rectilineal; straight: *una pista rettilinea*, a straight track; (*fis.*) *propagazione rettilinea*, rectilinear propagation **2** (*fig.*) (*onesto*) upright; (*corretto*) correct: *condotta rettilinea*, upright behaviour ◆ *s.m.* straight stretch; (*sport*) straight: *un — di 10 km*, a straight stretch 10 km long; *accelerare sul —*, to accelerate on the straight; *— d'arrivo*, final straight.

rettitudine *s.f.* rectitude, uprightness, honesty, righteousness: *— di propositi*, rectitude (*o* righteousness) of purpose; *giudicare con —*, to judge with honesty.

retto *agg.* **1** straight: *linea retta*, straight line // *la retta via*, (*fig.*) the straight and narrow path **2** (*fig.*) (*leale, onesto*) honest, upright, straight: *condotta retta*, straight (*o* upright) conduct; *è un uomo —*, he is an honest (*o* upright) man **3** (*giusto, corretto*) right, correct: *la retta pronuncia, interpretazione*, the right (*o* correct) pronunciation, interpretation **4** (*mat.*) right: *angolo, triangolo —*, right angle, triangle // *una curva ad angolo —*, a right-angled bend ◆ *s.m.* **1** (*il giusto, l'onesto*) right **2** (*anat.*) rectum* **3** (*di pagina*) recto.

rettocele *s.m.* (*med.*) rectocele.

rettorale *agg.* (*burocrazia*) rectorial.

rettorato *s.m.* **1** (*eccl.*) rectorship, rectorate **2** (*di università*) chancellorship, rectorship.

rettore *s.m.* **1** (*eccl.*) rector **2** (*di università*) chancellor, rector // *Magnifico Rettore*, Chancellor.

rettoría *s.f.* (*eccl.*) rectorate, rectorship.

rettoscopia *s.f.* (*med.*) rectoscopy.

rettoscopio *s.m.* (*med.*) rectoscope.

reuma *s.m.* (*med.*) rheumatism.

reumatest *s.m.* (*med.*) rheumatic test.

reumatico *agg.* rheumatic: *dolori reumatici*, rheumatic pains (*o fam.* rheumatics); *febbre reumatica*, rheumatic fever.

reumatismo *s.m.* (*med.*) rheumatism; *pl.* (*fam.*) rheumatics (*pl.*): *— articolare*, articular rheumatism; *— muscolare*, muscular rheumatism.

reumatizzato *agg.* rheumatic, (*fam.*) rheumaticky; afflicted with rheumatism (*pred.*).

reumatoide *agg.* (*med.*) rheumatoid.

reumatologia *s.f.* (*med.*) rheumatology.

reumatologo *s.m.* (*med.*) rheumatologist.

revanscismo *s.m.* (*pol.*) revanchist policy.

revanscista *s.m.* e *f.* revanchist.

revanscistico *agg.* revanchist: *atteggiamento —*, revanchist attitude.

reverendo *agg.* (*eccl.*) Reverend (*abbr.* Rev.): *il — padre*, the reverend father; *il molto — Vescovo di...*, the Right Rev. the Bishop of... ◆ *s.m.* reverend, priest.

reverente e *deriv.* → **riverente** e *deriv.*

reverenziale *agg.* reverential: *timore —*, awe; *ha una specie di timore — per lui*, she is in awe of him.

revers *s.m.* (*fr.*) lapel, revers*: *portava una spilla sul — della giacca*, she was wearing a brooch on the lapel of her jacket.

reversale *s.f.* (*amm.*) voucher, ticket: *— di incasso*, collection voucher; *— ferroviaria*, consignment receipt (*o* note).

reversibile *agg.* reversible; (*dir.*) reversionary, reversional: *un processo —*, a reversible process; *una giacca —*, a reversible jacket; (*fin.*) *obbligazioni reversibili*, reversible (*o* negotiable) bonds; (*dir.*) *beni reversibili*, reversionary goods; *pensione —*, reversionary pension (*o* annuity) // (*fis.*) *variazione —*, reversible change.

reversibilità *s.f.* reversibility; reversion: *— dei pagamenti*, reversibility of payments; (*aut.*) *— dello sterzo*, castor action; (*dir.*) *— dei beni*, reversion of property.

reversina *s.f.* turndown.

reversione *s.f.* (*dir., biol.*) reversion.

revisionare *v.tr.* **1** (*controllare*) to revise, to check, to review; to go over; (*comm.*) to audit: *i correttori stanno revisionando le bozze*, the proofreaders are checking the proofs; *— un articolo*, to revise an article; *— una pratica*, to review a file; *— un preventivo*, to revise an estimate; *— i conti*, to audit accounts; *— un bilancio*, to review a balance sheet **2** (*mecc.*) to overhaul; to service: *— un motore*, to overhaul an engine.

revisione *s.f.* **1** revision, review; (*amm.*) audit, auditing: *un'accurata — di un articolo*, a careful revision of an article; *i sindacati chiedono la — dell'accordo*, the unions are calling for a revision of the agreement; *il partito dovrà procedere alla — delle proprie posizioni*, the party will have to undertake a re-examination of its policies // (*amm.*): *— contabile, dei conti*, audit (*o* auditing of accounts); *— di un bilancio*, audit of a balance sheet; *— delle imposte*, review of taxation; *— dei prezzi*, price revision (*o* adjustment); *— di un budget*, budget revision; *programma di — contabile*, auditing programme; *società di — contabile*, auditing company // (*dir.*) *— di un contratto*, revision of a contract **2** (*dir.*) review: *— di un processo*, rehearing of a case (*o* review of a trial) **3** (*mecc.*) overhaul, overhauling; (*manutenzione ordinaria*) service, servicing: *— generale*, general (*o* complete) overhaul; *la — dell'impianto elettrico*, the overhauling of the electrical system; *la — di un'auto*, the servicing of a car; *— valvole*, valve overhauling; *manuale di istruzione per la —*, overhaul (*o* service) manual (*o* handbook).

revisionismo *s.m.* (*pol.*) revisionism.

revisionista *s.m.* e *f.* revisionist.

revisionistico *agg.* revisionist.

revisore *s.m.* **1** reviser // *— di bozze*, proofreader **2** (*contabile*) auditor: *— interno*, internal auditor; *— esterno*, external auditor; *— Generale dei Conti*, Auditor General; *relazione del —*, auditor's report.

revival *s.m.* revival: *il— degli anni '60*, the 60's revival.

revivalismo *s.m.* revivalism.

revivalista *s.m.* e *f.* revivalist.

revivalistico *agg.* revivalist (*attr.*).

reviviscente *agg.* reviviscent; (*fig.*) revivifying.

reviviscenza *s.f.* **1** (*biol.*) reviviscence, revivification **2** (*fig.*) revival; restoration: *la — di una tradizione*, the revival of a tradition **3** (*teol.*) restoration.

revoca *s.f.* revocation, repeal; annulment; (*ritrattazione*) retraction // (*amm.*): *— di una nomina*, annulment of an appointment; *— di un provvedimento*, revocation of a measure; *— di una legge*, repeal of a law; (*banca*) *— di un ordine di pagamento*, countermand of payment.

revocabile *agg.* revocable; repealable; annullable // (*dir.*) *diritto —*, precarious right.

revocabilità *s.f.* revocability, revocableness, repealability: *— di un provvedimento*, revocability of a measure.

revocamento *s.m.* → **revoca**.

revocare *v.tr.* **1** (*annullare*) to revoke, to annul, to withdraw*; to repeal; (*con controrordine*) to countermand: *— un ordine*, to revoke (*o* to withdraw *o* to countermand) an order; *— una legge*, to repeal a law; *— uno sciopero*, to call off a strike; (*comm.*) *— un pagamento*, to annul (*o* to countermand) a payment **2** (*rimuovere da una carica*) to remove: *— un funzionario dal suo incarico*, to remove an officer from his position.

revocativo *agg.* (*form.*) revoking, revocatory: *provvedimento —*, revocatory measure.

revocatore *s.m.* revoker.

revocatore, revocatorio *agg.* revoking, revocatory: *provvedimento —*, revocatory provision; (*dir.*) *azione revocatoria*, revocatory action (*o* action for revocation).

revocazione *s.f.* revocation, repeal; annulment.

revolver *s.m.* **1** (*rivoltella*) revolver **2** (*mecc.*) *tornio a —*, turret lathe (*o* capstan lathe).

revolverare *v.tr.* (*non com.*) to shoot* with a revolver.

revolverata *s.f.* revolver shot: *lo prese a revolverate*, she fired a revolver at him.

revulsione *s.f.* (*med.*) revulsion.

revulsivo *agg.* e *s.m.* (*med.*) revulsive, revulsant.

reziario *s.m.* (*st. romana*) retiarius*.

Rh *s.m.* (*biol.*) Rhesus: *fattore* —, Rhesus factor; — *positivo*, *negativo*, Rhesus positive, negative.

rhabdofane *s.m.* (*chim.*) rhabdophane.

rho *s.m.* o *f.* (*diciassettesima lettera dell'alfabeto greco*) rho.

rhodesiano *agg.* e *s.m.* Rhodesian.

rhum → **rum**.

ri- *pref.* di origine latina che, premesso generalmente a verbi o sostantivi, indica 'ripetizione' o 'duplicazione'; ingl. re-: *riattraversare*, to recross; *ricontare*, to recount; *rappacificare*, to reconcile; *raddoppiare*, to redouble; *riedizione*, re-edition; *reincarnazione*, reincarnation.

ria *s.f.* (*geogr.*) ria: *costa a rias*, ria coast.

riabbaiare *v.intr.* to bark again; to bark back.

riabbandonare *v.tr.* to abandon again, to forsake* again.

riabbassare *v.tr.* to lower again.
□ **riabbassarsi** *v.rifl.* to bend* down again, to stoop again: *mi riabbassai per raccoglierle il guanto*, I bent down again to pick up her glove ◆ *v.intr.pron.* to lower again; to descend again, to go* down again, to come* down again; (*di temperatura*) to drop again: *il pianale si sta riabbassando*, the platform is going down again; *la temperatura si è riabbassata*, the temperature has dropped again; *l'aereo si riabbassò improvvisamente*, suddenly the airplane lost height again.

riabbattere *v.tr.* to beat* down again; to knock down again; (*demolire*) to demolish again.
□ **riabbattersi** *v.intr.pron.* **1** (*fig.*) (*avvilirsi di nuovo*) to get* disheartened again **2** (*investire di nuovo*) to strike* again.

riabbellire *v.tr.* to embellish, to beautify; (*abbellire di nuovo*) to embellish again, to beautify again, to make* beautiful again.
□ **riabbellirsi** *v.intr.pron.* to grow* beautiful again.

riabbonare *v.tr.* to renew a subscription for (s.o.).
□ **riabbonarsi** *v.rifl.* to subscribe again, to take* out a new subscription, to renew one's subscription: — *a una rivista*, *a un giornale*, to subscribe again to a magazine, to a paper; *se vi riabbonerete, avrete una radio in omaggio*, if you renew your subscription you will get a free radio.

riabbottonare *v.tr.* to button (up) again.
□ **riabbottonarsi** *v.rifl.* to button oneself up again.

riabbracciare *v.tr.* **1** (*abbracciare di nuovo*) to embrace again, to hug again **2** (*estens.*) (*rivedere*, *rincontrare*) to see* again, to meet* again: *non vedo l'ora di riabbracciarla*, I can't wait to see her again.

riabilitante *agg.* rehabilitative, rehabilitating: *terapia* —, rehabilitative treatment.

riabilitare *v.tr.* **1** (*abilitare di nuovo*) to re-qualify, to retrain **2** (*un malato*, *un organo*) to rehabilitate **3** (*dir.*) (*reintegrare nella condizione precedente*) to reinstate, to restore: — *qlcu. nei propri diritti*, to reinstate s.o. to his rights; — *un condannato*, to rehabilitate an offender; — *un fallito*, to discharge a bankrupt **4** (*fig.*) (*rimettere in buona fama*) to rehabilitate: *gli storici hanno riabilitato Riccardo III*, historians have rehabilitated Richard III.
□ **riabilitarsi** *v.rifl.* (*fig.*) to rehabilitate oneself; to recover one's reputation, to restore one's good name: *grazie a quel gesto riuscì a* —, thanks to that gesture he managed to restore his good name.

riabilitativo *agg.* rehabilitative: *un esercizio* —, a rehabilitative exercise.

riabilitato *agg.* **1** rehabilitated (*anche fig.*); recovered: *il suo ginocchio è ormai del tutto* —, his knee has now completely recovered **2** (*dir.*) reinstated ◆ *s.m.* **1** rehabilitated person **2** (*dir.*) reinstated person.

riabilitazione *s.f.* **1** rehabilitation (*anche fig.*): *esercizi di* —, rehabilitation exercises; *la — di un personaggio storico*, (*fig.*) the rehabilitation of a historical figure **2** (*dir.*) (*reintegrazione*) reinstatement: — *dei condannati*, rehabilitation of offenders; — *di un fallito*, discharge of a bankrupt.

riabitare *v.tr.* e *intr.* to reinhabit.

riabituare *v.tr.* to reaccustom.
□ **riabituarsi** *v.rifl.* to reaccustom oneself, to get* used to (sthg.) again: — *ad andare in bicicletta*, to get used to cycling again.

riaccadere *v.intr.* to happen again, to reoccur.

riaccampare *v.tr.* **riaccamparsi** *v.rifl.* to camp again.

riaccaparrare *v.tr.* **1** to hoard again; to corner again; (*econ.*) to pay* up again **2** (*fig.*) to gain again, to win* again.

riaccendere *v.tr.* **1** to relight*, to light* again: *si riaccese la sigaretta*, he lit up his cigarette again **2** (*motore*) to restart, to switch on again; (*luce*) to switch on again; (*gas*) to turn on again **3** (*banca*, *econ.*, *dir.*): — *un conto*, to reopen an account; — *un'ipoteca*, to raise (*o* to take out) a mortgage again.
□ **riaccendersi** *v.intr.pron.* (*illuminarsi di nuovo*) to brighten again, to be rekindled (*anche fig.*); (*prender fuoco di nuovo*) to catch* fire again: *il loro amore si riaccese*, their love was rekindled.

riaccennare *v.tr.* e *intr.* to mention again, to bring* (sthg.) up again, to allude to (sthg.) again: — *a una vecchia questione*, to allude to an old question again.

riaccensione *s.f.* **1** relighting, rekindling **2** (*di motore*) restarting, switching on again; (*di luce*) switching on again; (*di gas*) turning on again **3** (*banca*, *econ.*, *dir.*) — *di un conto*, reopening of an account; — *di un mutuo*, new raising of a loan; — *di un'ipoteca*, new raising of a mortgage.

riaccettare *v.tr.* to accept again, to reaccept.

riacchiappare, **riacciuffare** *v.tr.* to catch* again, to recapture: *la polizia riuscì a riacchiapparlo*, *a riacciuffarlo*, the police managed to recapture him.

riacclimatare *v.tr.* to reacclimatize.
□ **riacclimatarsi** *v.rifl.* to reacclimatize (oneself), to get* used to (sthg.) again: *devo riacclimatarmi al lavoro*, I have to get used to working again.

riaccogliere *v.tr.* to welcome back; to take* in again; to readmit.

riaccomodare *v.tr.* **1** to repair (again), to mend (again), to readjust: *si potrà riaccomodarlo?*, can it be mended? **2** (*fig.*) (*sistemare*) to settle (again): — *una faccenda*, to settle a matter again.
□ **riaccomodarsi** *v.rifl.* to sit* down again, to take* a seat again ◆ *v.rifl.rec.* (*venire di nuovo ad un accordo*) to come* to an agreement again; (*riappacificarsi dopo un litigio*) to make* (it) up again, to make* friends again.

riaccompagnare *v.tr.* to reaccompany; to take* back, to go* back with: *chi ti riaccompagnerà a casa?*, who will take you back home?

riaccorciare → **raccorciare**.

riaccordare *v.tr.* (*mus.*) to retune: — *una chitarra*, to retune a guitar.
□ **riaccordarsi** *v.rifl.* o *rifl.rec.* (*mettersi d'accordo di nuovo*) to come* to an agreement again, to become* reconciled, to make* (it) up again: *i partiti si sono riaccordati per formare il governo*, the parties came to a new agreement in order to form a government.

riaccordatura *s.f.* (*mus.*) retuning.

riaccostare *v.tr.* **1** (*rimettere vicino*) to draw* near again, to draw* close again, to draw* (sthg.) up again **2** (*porte*, *finestre*) to set* ajar again, to leave* ajar again, to half-close again: *riaccostò la porta*, he half-closed the door again.
□ **riaccostarsi** *v.rifl.* o *intr.pron.* **1** to go* near again, to draw* near again; to approach again: *riaccostati alla finestra*, go near the window again; *la barca si riaccostò alla riva*, the boat approached (*o* drew near) the bank again **2** (*fig.*) (*riconciliarsi*) to become* reconciled, to make* (it) up again: *si è riaccostato ai vecchi amici*, he has made up (*o* he has become reconciled) with his old friends; — *alla fede*, to return to one's faith.

riaccreditare *v.tr.* **1** (*banca*) to credit again **2** (*avvalorare*) to confirm again.

riaccredito *s.m.* (*banca*) new crediting, new credit.

riaccusare *v.tr.* to accuse again, to reaccuse; (*dir.*) to recharge.

riacquistabile *agg.* (*che si può ricomperare*) that can be repurchased; (*recuperabile*) recoverable.

riacquistare *v.tr.* **1** to repurchase, to buy* back: — *una proprietà venduta*, to repurchase (*o* to buy back) a sold property **2** (*fig.*) (*ricuperare*, *riprendere*) to recover, to reacquire; to win* back; to regain (*anche dir.*): — *coraggio*, to recover one's courage; — *la libertà*, *la salute*, to recover (*o* to regain) one's freedom, one's health; — *le forze*, to get one's strength back; — *l'affetto di qlcu.*, to win back s.o.'s affection.

riacquisto *s.m.* **1** (*il ricomperare*) repurchase, buying back // (*Borsa*): *accordo di* —, repurchase agreement; *facoltà di* —, option of repurchase **2** (*il ricuperare*) recovery, reacquisition, regaining // (*dir.*) — *del possesso*, repossession.

riacutizzare *v.tr.* to reheighten (*anche fig.*), to make* acute again: *l'incidente ha riacutizzato la tensione nella zona*, the incident has reheightened tension in the area.
□ **riacutizzarsi** *v.intr.pron.* to become* acute again, to grow* acute again (*anche fig.*): *la malattia si è riacutizzata*, the illness has grown acute again.

riacutizzazione *s.f.* **1** reheightening (*anche fig.*), becoming acute again, growing acute again: *la — della crisi politica*, the reheightening of the political crisis **2** (*med.*) new acute phase (of illness).

riadagiare *v.tr.* to lay* gently again, to place gently again, to replace carefully.
□ **riadagiarsi** *v.rifl.* **1** to lie* down again, to settle oneself comfortably again: *si riadagiò sul divano*, he settled himself comfortably again on the sofa **2** (*fig.*) (*riabbandonarsi*) to subside again, to sink* again, to sink* back: *si riadagiò nell'ozio*, he sank back into (a state of) idleness.

riadattamento *s.m.* readaptation, readjustment: *un periodo di — al lavoro*, a period of readaptation to work.

riadattare *v.tr.* to readapt, to readjust: — *un abito*, to alter a suit.
□ **riadattarsi** *v.rifl.* to readapt (oneself), to readjust (oneself): — *al nuovo ambiente*, to readapt to the new environment.

riaddormentare *v.tr.* to send* to sleep again, to put* to sleep again: *è difficile riaddormentarlo*, it's difficult to put him back to sleep.
□ **riaddormentarsi** *v.intr.pron.* to fall* asleep again: *si riaddormentò subito*, he fell asleep again immediately.

riadeguamento *s.m.* (*econ.*) readjustment; (*assicurazioni*) reinstatement: *clausola di —*, reinstatement clause.

riadeguare *v.tr.* (*econ.*) to readjust; (*assicurazioni*) to reinstate.

riadoperare *v.tr.* to re-use, to use again.
□ **riadoperarsi** *v.rifl.* to busy oneself again, to exert oneself again, to do* one's best again.

riadsorbimento *s.m.* (*chim.*) readsorption.

riaffacciare *v.tr.* to present again; (*fig.*) (*ripresentare*) to put* forward again: — *una proposta*, to put forward a proposal again.
□ **riaffacciarsi** *v.rifl.* o *intr.pron.* **1** to come* forward again, to reappear, to come* out again: *si riaffacciò alla finestra*, he reappeared at the window **2** (*fig.*) (*ripresentarsi*) to return, to crop up again, to occur again: *quell'idea mi si riaffacciò alla mente*, that idea occurred to me again; *si riaffacciò il problema della casa*, the housing problem cropped up again.

riaffermare *v.tr.* **1** to reaffirm, to affirm again: *ha riaffermato il proprio rifiuto*, he has reaffirmed his refusal **2** (*confermare*) to confirm.
□ **riaffermarsi** *v.rifl.* to reaffirm oneself: *si è riaffermato come miglior attore dell'anno*, he has reaffirmed himself as the best actor of the year.

riaffermazione *s.f.* reaffirmation.

riafferrare *v.tr.* to grasp again, to grab again, to seize again.
□ **riafferrarsi** *v.rifl.* to catch* hold of (s.o., sthg.) again, to seize (s.o., sthg.) again.

riaffiorare *v.intr.* to re-emerge, to reappear, to resurface: *un ricordo che riaffiora*, a memory that resurfaces.

riaffittare *v.tr.* **1** (*ridare in affitto*) to relet*, to re-lease, to let* again, to rent again; (*riprendere in affitto*) to rent again **2** (*subaffittare*) to sublet*, to sublease.

riaffogliare *v.tr.* (*fin.*) to renew the coupon sheet of a stock.

riaffratellare *v.tr.* to get* (s.o.) to fraternize again; to reconcile.
□ **riaffratellarsi** *v.rifl.rec.* to make* friends again, to fraternize again; to be reconciled.

riaffrontare *v.tr.* **1** to face again, to confront again // — *battaglia*, to engage in battle again **2** (*trattare di nuovo*) to deal* with (s.o., sthg.) again: *dovremo — con lui il problema degli stipendi*, we'll have to deal with the wage problem with him again **3** (*riconfrontare*) to compare again.
□ **riaffrontarsi** *v.rifl.rec.* to face each other (*o* one another) again: *le squadre si riaffronteranno per il girone di ritorno*, the teams will face each other again in the return games.

riagganciare *v.tr.* **1** to hook again, to refasten; (*di telefono*) to hang* up **2** (*ferr.*) to couple (again).
□ **riagganciarsi** *v.rifl.* o *intr.pron.* to refasten; (*fig.*) to link up with (sthg.), to refer to (sthg.): *mi riaggancio a quanto abbiamo detto ieri*, I refer to what we said yesterday.

riaggiogare *v.tr.* **1** to yoke again **2** (*sottomettere di nuovo*) to subjugate again, to subdue again.

riaggiustare *v.tr.* **1** to remend, to repair again: *pensi di riuscire a riaggiustarlo?*, do you think that you will be able to repair it again? **2** (*econ.*) to readjust, to adjust again: — *un bilancio*, to readjust a balance sheet; (*amm.*) — *i conti*, to settle accounts.

riaggravare *v.tr.* to aggravate again, to make* worse again.
□ **riaggravarsi** *v.intr.pron.* to become* worse again, to worsen again, to deteriorate again: *le sue condizioni di salute si sono riaggravate*, his health has deteriorated again.

riagguantare *v.tr.* to seize again, to catch* again.

riallacciare *v.tr.* **1** to refasten, to reconnect, to tie (up) again: *riallacciati le scarpe*, tie up your shoes again; — *due cavi*, to reconnect two wires **2** (*riprendere*) to renew, to resume: — *una corrispondenza*, to resume a correspondence; *abbiamo riallacciato i rapporti*, we have resumed relations.
□ **riallacciarsi** *v.rifl.* o *intr.pron.* to refer back to (sthg.): *mi riallaccio a quanto ha detto Paolo*, I refer back to what Paolo said.

riallineamento *s.m.* (*econ.*) realignment, readjustment: — *dei salari*, wage realignment; — *dei prezzi*, price readjustment.

rialloggiare *v.tr.* to put* (s.o.) up again ◆ *v.intr.* to stay again.

rialto *s.m.* **1** rise, height: *la villa era su un —*, the house stood on a rise **2** (*arch.*) flight of steps (in front of a house, church) // *il Ponte di Rialto*, the Rialto (Bridge).

rialzare *v.tr.* **1** to raise (again), to lift (up) (again); to pick up: — *un ferito da terra*, to lift a wounded man from the ground; — *una bicicletta*, to pick up a bicycle; — *gli occhi*, to raise one's eyes (again); — *la testa*, to look up (*o* to hold up one's head) again **2** (*rendere più alto*) to make* higher, to raise: — *una casa di un piano*, to make a building one floor higher (*o* to add a floor to a building) **3** (*econ.*) (*fare aumentare*) to increase, to raise, to advance: — *i prezzi*, to increase (*o* to raise) prices; — *i salari*, to raise wages ◆ *v.intr.* to rise*, to grow*, to go* up: *il barometro rialza*, the barometer is going up; *l'oro tende a —*, the price of gold is going up.
□ **rialzarsi** *v.rifl.* o *intr.pron.* **1** (*sollevarsi*) to pick oneself up, to rise*, to get* up: *si rialzò da terra*, he picked himself up off the ground (*o* he got up again); *dopo che fece bancarotta, impiegò due anni a —*, after he went bankrupt he took two years to get on his feet again **2** (*aumentare, crescere*) to go* up: *la temperatura si è rialzata*, the temperature has gone up.

rialzato *agg.* raised, elevated: *piano —*, mezzanine.

rialzista *s.m.* e *f.* (*Borsa*) bull ◆ *agg.* (*Borsa*) (*tendente al rialzo*) bullish.

rialzo *s.m.* **1** (*aumento*) rise, increase, advance, upsurge // (*econ.*): *i prezzi sono in —*, prices are on the rise; — *improvviso della domanda*, upsurge in demand; — *dei prezzi dei generi alimentari*, rise in the prices of foodstuffs; — *massimo*, all-time high (*o* peak level) // (*Borsa*): *mercato tendente al —*, bullish market; *un — dei titoli in Borsa*, a rise of listed securities; *le azioni sono in —*, shares are going up (*o* advancing); *provocare un — nel mercato azionario*, to bull the market; *provocare un — fittizio*, to rig the market **2** (*di terreno*) rise, elevation, prominence **3** *pl.* (*delle scarpe*) supports.

riamare *v.tr.* **1** (*amare di nuovo*) to love again **2** (*ricambiare l'amore di*) to love in return, to return s.o.'s love, to reciprocate s.o.'s love: *egli era riamato*, his love was returned.

riammalare *v.intr.* **riammalarsi** *v.intr. pron.* to fall* ill again.

riammettere *v.tr.* to admit again, to readmit, to let* in again: *è stato riammesso a scuola*, he has been readmitted as a pupil at school.

riammissione *s.f.* readmission.

riammobiliare *v.tr.* to refurnish.

riammogliare *v.tr.* to give* in marriage again.
□ **riammogliarsi** *v.intr.pron.* to remarry, to marry again.

riammonire *v.tr.* to warn again, to admonish again.

riandare *v.intr.* to go* again; to go* back, to return: *riandiamo in campagna*, let's go back to the country // — *con la memoria al passato*, to recall the past ◆ *v.tr.* **1** (*ricordare*) to recall, to go* over (sthg.) **2** (*letter.*) (*ripercorrere*) to retrace.

rianimare *v.tr.* **1** to revive, to reanimate: — *la speranza di qlcu.*, to reawaken (*o* to rekindle) s.o.'s hope **2** (*rallegrare*) to cheer up, to enliven: *un po' di whisky rianimò la compagnia*, some whisky enlivened the company; *il suo arrivo la rianimò*, his arrival cheered her up; — *un'assemblea*, to put fresh life into a meeting.
□ **rianimarsi** *v.intr.pron.* **1** (*riacquistare allegria*) to cheer up; (*riprendere vita*) to come* to life again **2** (*riprendere coraggio*) to take* heart again: *parlando con gli amici si rianimò*, talking with his friends he took heart again.

rianimazione *s.f.* **1** reviving, reanimation; (*fig.*) encouragement; cheering up **2** (*med.*) resuscitation: *il ferito è ancora in sala —*, the wounded man is still in intensive care.

riannessione *s.f.* reannexation.

riannettere *v.tr.* to reannex, to annex again.

riannodare *v.tr.* **1** to knot again, to tie* again **2** (*riallacciare*) to renew: — *un'amicizia*, to renew a friendship.
□ **riannodarsi** *v.intr.pron.* to reforge, to renew.

riannuvolare *v.intr.* **riannuvolarsi** *v.intr.pron.* **1** to become* cloudy again, to cloud over again, to become* overcast again **2** (*turbarsi, oscurarsi di nuovo*) to grow* gloomy again.

riapertura *s.f.* reopening: — *pomeridiana dei negozi*, afternoon reopening of shops; *la — dei negoziati per la pace*, the reopening of peace negotiations; — *dei corsi*, beginning of term.

riappacificare → **rappacificare**.

riappaltare *v.tr.* **1** to contract again, to farm out again **2** (*subappaltare*) to subcontract.

riappaltatore *agg.* e *s.m.* subcontractor.

riappalto *s.m.* subcontract.

riapparecchiare *v.tr.* to prepare again, to get* ready again: — *la tavola*, to lay the table again.

riapparire *v.intr.* to reappear, to appear again: *è riapparso in pubblico dopo una lunga assenza*, he's reappeared in public after a long absence.

riapparizione *s.f.* reappearance.

riappendere *v.tr.* to hang* again, to hang* back: *riappendi il quadro al muro*, hang the picture back up on the wall.

riappianare *v.tr.* (*amm.*) to balance: — *il bilancio, i conti*, to balance the budget, the accounts.

riappiccicare *v.tr.* **1** to join again, to attach again **2** (*con colla*) to stick* again; to glue again.

□ **riappiccicarsi** *v.rifl.* o *intr.pron.* to adhere again, to stick* again.

riappisolarsi *v.intr.pron.* to doze off again, to nod* off again, to have another nap: *si riappisolò davanti alla televisione*, he nodded off in front of the TV again.

riapplaudire *v.tr.* e *intr.* to applaud again.

riapplicare *v.tr.* to put on again: — *un'etichetta*, to put a label on again.

□ **riapplicarsi** *v.rifl.* to apply oneself again, to work hard again.

riappoggiare *v.tr.* **1** to lean* again, to rest again **2** (*favorire, sostenere di nuovo*) to back again, to support again.

□ **riappoggiarsi** *v.rifl.* to lean* again.

riappropriarsi *v.intr.pron.* to regain possession (of sthg.), to reappropriate: — *di una somma di denaro*, to reappropriate a sum of money ◆ *v.tr.* to repossess, to regain possession of (sthg.): — *di un podere*, to repossess (*o* to regain possession of) a farm.

riappropriazione *s.f.* repossession, reappropriation.

riaprire *v.tr.* to reopen, to open again: — *le indagini*, to reopen an investigation; *la strada sarà riaperta al traffico dopo Natale*, the road will be reopened to traffic after Christmas; — *bottega*, to reopen shop (*o* to open up shop again) // — *gli occhi*, (*rinvenire*) to come to (*o* round); — *una vecchia ferita*, (*fig.*) to reopen an old wound ◆ *v.intr.* (*riprendere l'attività*) to reopen: *le scuole riapriranno lunedì*, school will reopen on Monday.

□ **riaprirsi** *v.intr.pron.* to reopen, to open again, to begin* again: *le trattative si sono riaperte ieri*, negotiations were opened (*o* began) again yesterday.

riardere *v.tr.* **1** to burn* again **2** (*disseccare*) to dry up, to parch; (*bruciare*) to burn* ◆ *v.intr.* to burn* again, to flare up again (*anche fig.*): *l'incendio riarse con maggior violenza*, the fire flared up again more violently; — *d'ira*, to flare up again.

riarginare *v.tr.* **1** to embank again, to dyke again **2** (*porre freno di nuovo a*) to stem* again.

riarmamento *s.m.* (*mil.*) rearmament.

riarmare *v.tr.* **1** (*mil.*) to rearm **2** (*rimettere in efficienza*) to re-equip, to refit, to equip again: — *una fabbrica*, to re-equip a factory; — *una nave*, to refit a ship **3** (*edil.*) to renew the falsework of (sthg.) **4** (*arma da fuoco*) to recock.

□ **riarmarsi** *v.rifl.* to rearm: *la nazione si riarmò in breve tempo*, the country rearmed in a short space of time.

riarmatura *s.f.* (*edil.*) renewing of the falsework.

riarmo *s.m.* rearmament, rearming: *il — di una nazione*, the rearming of a country // *corsa al —*, the arms race.

riarrangiamento *s.m.* (*chim.*) rearrangement.

riarso *agg.* dry, parched, arid, burnt: *gola riarsa*, parched throat; *terreno —*, dry (*o* parched) ground; *una pianura riarsa dal sole*, a plain parched (*o* burnt) by the sun.

riascoltare *v.tr.* to listen again to (s.o., sthg.).

riassaporare *v.tr.* to savour again, to relish again, to enjoy again (*anche fig.*): — *la libertà*, to enjoy freedom again.

riassegnare *v.tr.* to give* back, (*premio*) to award again: *gli è stato riassegnato l'incarico*, he's been given the job back.

riassestamento *s.m.* **1** readjustment, rearrangement **2** (*econ.*) readjustment, reorganization.

riassestare *v.tr.* **1** to rearrange, to put* back in order; to sort out again **2** (*econ.*) to readjust, to reorganize: — *la bilancia dei pagamenti*, to readjust the balance of payments; — *un'azienda*, to put a firm on its feet again; — *i conti*, to put the accounts in order.

□ **riassestarsi** *v.rifl.* to get* oneself sorted out again, to get* oneself settled again: *ho bisogno di qualche giorno per riassestarmi*, I need a couple of days to get myself sorted out again.

riassettare *v.tr.* to put* in order again, to tidy up again: — *una camera*, to tidy up a room again.

□ **riassettarsi** *v.rifl.* to make* oneself tidy again, to tidy oneself again.

riassetto *s.m.* readjustment, rearrangement; (*riorganizzazione*) reorganization: (*amm.*) — *delle carriere*, career reorganization; (*econ.*) — *economico*, economic readjustment (*o* realignment).

riassicurare *v.tr.* **1** (*rinnovare l'assicurazione*) to renew one's insurance, to insure again **2** (*assicurare con un contratto di riassicurazione*) to reinsure, to reassure.

□ **riassicurarsi** *v.rifl.* **1** (*assicurarsi di nuovo*) to renew one's insurance **2** (*assicurarsi con un contratto di riassicurazione*) to reinsure oneself, to reassure oneself.

riassicuratore *agg.* (*assicurazioni*) reinsurance (*attr.*): *società riassicuratrice*, reinsurance company ◆ *s.m.* reinsurer.

riassicurazione *s.f.* (*assicurazioni*) reinsurance, reassurance: *contratto di —*, reinsurance contract; (*mar.*) — *in abbonamento*, treaty reinsurance.

riassociare *v.tr.* to associate again; to take* into partnership again.

□ **riassociarsi** *v.rifl.* **1** to reassociate **2** (*iscriversi nuovamente*) to re-enrol, to join again.

riassoggettare *v.tr.* to subdue again, to resubjugate.

□ **riassoggettarsi** *v.rifl.* to submit oneself again, to subject oneself again.

riassorbibile *agg.* reabsorbable.

riassorbimento *s.m.* reabsorption: (*amm.*) — *della manodopera qualificata*, reabsorption of skilled labour.

riassorbire *v.tr.* to reabsorb; (*assorbire*) to absorb: *l'industria riassorbirà i disoccupati dell'agricoltura*, industry will reabsorb the unemployed farm workers; *il terreno ha riassorbito la pioggia*, the ground has absorbed the rain.

□ **riassorbirsi** *v.intr.pron.* to be reabsorbed.

riassumere *v.tr.* **1** (*impiegare di nuovo*) to re-engage, to re-employ, to take* on again: *tutti gli operai furono riassunti*, all the workers were taken on again **2** (*riprendere*) to reassume, to assume again: (*amm.*) — *una carica*, to reassume an office; — *la direzione di un'impresa*, to assume the direction of a business again **3** (*riepilogare*) to sum up, to summarize, to recapitulate: — *un libro*, to summarize a book; — *brevemente*, to sum up briefly; *cercherò di riassumerti il suo discorso*, I'll try to sum up his speech for you.

riassumibile *agg.* summarizable, that may be summed up: *tutto il discorso è — in poche righe*, the whole speech may be summed up in a few lines.

riassuntivo *agg.* recapitulatory, summarizing: *capitolo —*, summarizing chapter; *cenni riassuntivi*, summary.

riassunto *agg.* re-engaged ◆ *s.m.* resumé, summary, summing up, recapitulation, précis // (*inform.*) — *analitico*, abstract.

riassunzione *s.f.* **1** (*reimpiego*) re -engagement, re-employment: — *di impiegati licenziati*, re-engagement of dismissed employees **2** (*di una carica*) reassumption, taking on again (of an office) **3** (*dir.*) (*ripresa delle trattative*) resumption of negotiations.

riattaccare *v.tr.* **1** to reattach; (*con gomma, colla*) to stick* again: *il francobollo si è staccato, riattaccalo*, the stamp has come off, stick it on again; *riattaccami questo bottone, per favore*, sew this button on for me, please **2** (*i cavalli ad una carrozza*) to harness (the horses to a carriage) again **3** (*fam.*) (*riprendere*) to resume, to start again: — *a lavorare*, to resume work (*o* to begin to work again); — *a suonare, a piangere*, to start playing, crying (*o* to play, to cry) again; — *il discorso*, to resume the conversation; *non — con queste lamentele*, don't start complaining again **4** (*fam.*) (*telefono*) to hang* up, to replace (the receiver): *ha riattaccato senza rispondere*, he hung up without answering.

□ **riattaccarsi** *v.rifl.* o *intr.pron.* **1** to stick* again, to adhere again **2** (*riaffezionarsi*) to become* attached again: — *alla vita*, to recover one's zest for life.

riattamento *s.m.* (*non com.*) refit, repair, rearrangement.

riattare *v.tr.* to refit, to renovate, to put* (sthg.) back into use: — *un abito*, to renovate a dress; — *una strada*, to put a road back into use.

riattivare *v.tr.* **1** to reopen, to reactivate, to bring* into use again, to put* in service again: — *una rete ferroviaria*, to reopen a railway line; — *la circolazione del sangue*, to stimulate the circulation of the blood; (*banca*) — *un conto inattivo*, to reopen a dead account **2** (*fis., chim.*) to reactivate.

riattivazione *s.f.* reopening, putting back into service, reactivation.

riattizzare *v.tr.* **1** (*il fuoco*) to rekindle, to poke again **2** (*fig.*) to rekindle, to stir up again.

riattraversare *v.tr.* to recross, to cross again.

riavere *v.tr.* **1** to have again: *oggi ha riavuto la febbre*, he has had a high temperature again today; *riebbe voglia di mangiare*, he felt like eating again **2** (*ricuperare*) to get* back, to get* again, to recover: *ho riavuto il mio denaro*, I've got my money back; *potè — il figlio*, he could have his son back again; — *la vista, l'udito*, to recover one's sight, hearing; — *il proprio impiego*, to recover one's job **3** (*ridare vitalità*) to revive: *la rugiada fece — i fiori*, the dew revived the flowers; *far — qlcu.*, to revive s.o.

□ **riaversi** *v.intr.pron.* to recover, to get* over (sthg.) (*anche fig.*); (*tornare in sé*) to recover one's senses: — *da una malattia*, to recover from (*o* to get over) an illness; *mi sono appena riavuto da una brutta notizia*, I have just got over some bad news // — *da un dissesto finanziario*, to recover from bankruptcy.

riavvertire *v.tr.* **1** (*avvertire di nuovo*) to warn again **2** (*sentire di nuovo*) to feel* again.

riavvicinamento *s.m.* **1** reapproaching, renewed approach **2** (*riconciliazione*) reconciliation: *tentare il — con qlcu.*, to attempt a reconciliation with s.o.

riavvicinare *v.tr.* **1** to move (sthg.) near: *riavvicina la sedia al tavolo*, move (*o* draw) the chair near the table **2** (*riconciliare*) to reconcile, to bring* together.

□ **riavvicinarsi** *v.rifl.* to approach again, to get* close again: *si è riavvicinato ai vecchi compagni*, he got close to his old friends again ◆ *v.rifl.rec.* (*riconciliarsi*) to become* reconciled, to make* (it) up: *si riavvicinarono dopo molti mesi*, they were reconciled after many months.

riavvolgere *v.tr.* **1** (*riaggomitolare*) to re-wind* **2** (*riavviluppare*) to re-wrap.

ribadimento *s.m.* (*non com.*) **1** (*mecc.*) clinching, riveting **2** (*fig.*) confirmation; reaffirmation.

ribadire *v.tr.* **1** to clinch, to rivet: *martello per —*, riveting hammer **2** (*fig.*) (*confermare*) to confirm, to reaffirm, to repeat: — *un'accusa*, to confirm an accusation; — *un argomento*, to insist on a point; *il ministro ha ribadito la propria posizione*, the minister has reaffirmed his position; *ti ribadisco che non voglio*, I repeat I don't want to // — *qlco. nella mente a qlcu.*, to drive sthg. into s.o.'s head.

ribaditoio *s.m.* (*mecc.*) clinching iron.

ribaditrice *s.f.* (*mecc.*) clinching machine, riveter, riveting machine: — *ad aria compressa*, pneumatic riveter; — *a ginocchiera*, toggle riveter; — *a serraggio pneumatico*, pneumatic squeeze riveting machine; — *elettrica*, electric riveting machine; — *idraulica*, hydraulic riveting machine.

ribaditura *s.f.* clinching, riveting: — *a caldo, a freddo*, hot, cold riveting; — *a macchina*, power riveting.

ribalderia *s.f.* **1** wickedness, villainy, rascality: *la sua — è ben nota*, he's a notorious villain (*o* rogue) **2** (*azione da ribaldo*) rascally action, rascally trick, wicked deed, rascality: *le sue ribalderie erano famose*, his wicked deeds were notorious **3** (*fig., rar.*) (*opera, lavoro mal fatto*) very bad work, trash.

ribaldo *s.m.* (*furfante*) rascal, scoundrel, rogue.

ribalenare *v.intr.* to flash again: *gli ribalenò il sospetto*, the suspicion flashed through his mind again.

ribalta *s.f.* **1** (*teatr.*) (*fila di luci*) footlights (*pl.*); (*parte anteriore del palcoscenico*) front of the stage; (*fig.*) limelight, forefront: *venire alla —*, to take a curtain call, (*fig.*) to come into the limelight (*o* to the forefront) // *tornare alla —*, to make a comeback, (*fig.*) to come up again: *il problema del traffico è tornato alla —*, the traffic problem has come up again // *luci della —*, (*fig.*) (*notorietà*) limelight **2** (*asse, sportello mobile*) flap: *a —*, folding; *letto a —*, folding bed; *scrivania a —*, bureau; *tavolo con piano a —*, drop-leaf (*o* butterfly) table **3** (*di una botola*) trapdoor.

ribaltabile *agg.* folding; (*aut.*) reclining: *sedile —*, (*di cinema ecc.*) tip-up chair, (*di auto*) reclining seat; *tavolo con piano —*, tip-top table; *cassone —*, dump body ◆ *s.m.* (*autocarro*) dumper truck.

ribaltamento *s.m.* upsetting, capsizing, overturning.

ribaltare *v.tr.* **1** to overturn, to capsize, to knock over: *attento a non — il tavolo*, be careful not to knock the table over; — *il sedile di un'auto*, to fold down (*o* to lower) the car seat **2** (*fig.*) to reverse: *la squadra nel finale ha ribaltato il risultato*, the team reversed the result in the final // — *la domanda*, to turn the question round.

□ **ribaltarsi** *v.intr.pron.* **1** to overturn, to capsize: *la barca si è ribaltata*, the boat capsized; *l'auto è uscita di strada e si è ribaltata*, the car left the road and overturned (*o* turned over) **2** (*fig.*) to swing*: *la situazione si è ribaltata in suo favore*, the situation swung in his favour.

ribaltatura *s.f.* → **ribaltamento**.

ribaltina *s.f.* **1** bureau **2** (*di libro*) flap.

ribaltone *s.m.* (*fam.*) **1** somersault **2** (*fig.*) (*dissesto*) setback, reverse // (*cambio di alleanze politiche*) sudden change in party alliances.

ribassamento *s.m.* lowering, decrease, reduction; drop.

ribassare *v.tr.* to lower, to reduce, to abate, to cut*: — *l'affitto*, to lower the rent; — *i prezzi*, to reduce (*o* to cut *o* to abate) prices; — *le tariffe*, to cut rates; *le arance sono state ribassate a mille lire al chilo*, oranges have been marked down to one thousand lire a kilo ◆ *v.intr.* to fall*, to drop, to go* down, to decline: *i prezzi sono ribassati*, prices have fallen (*o* dropped) // (*fin.*): *le quotazioni ribassano*, stock prices are falling; *l'oro tende a —*, the price of gold is going down.

ribassato *agg.* reduced: *prezzo —*, reduced price // (*arch.*) *arco —*, depressed arch.

ribassista *s.m.* e *f.* (*Borsa*) bear: — *coperto*, covered (*o* protected) bear ◆ *agg.* (*tendente al ribasso*) bearish.

ribasso *s.m.* decrease, fall, drop, reduction, downturn abatement; (*sconto, abbuono*) allowance, discount: — *dei prezzi*, fall (*o* drop) in prices; *un — di due sterline su alcuni articoli*, a markdown of £ 2 on some articles; *fare un —*, to give a discount // *essere in —*, to be on the fall (*o* on the decline): *i prezzi sono in —*, prices are on the fall (*o* on the decline); *le sue idee sono ormai in —*, (*fig.*) his ideas are on the way out (*o* on the decline) now // (*mar.*) — *dei noli*, freight rebate // (*Borsa*): — *dei titoli in Borsa*, decline in stocks; *le azioni chimiche sono in —*, chemical shares are falling; *mercato tendente al —*, bearish market; *provocare un — nel mercato azionario*, to bear the market; *giocare al —*, to bear.

ribattere *v.tr.* **1** to beat* again, to strike* again; (*con martello*) to hammer again: — *un materasso*, to remake a mattress; — *una costura*, to fell a seam // (*mus.*) — *una nota*, to repeat a note **2** (*ribadire*) to clinch, to rivet: — *un chiodo*, to clinch a nail **3** (*confutare*) to refute, to disprove: — *gli argomenti di un avversario*, to refute one's opponent's arguments **4** (*riscrivere a macchina*) to retype: — *una lettera*, to retype a letter **5** (*respingere*) to return, to hit* back: — *la palla*, to return the ball ◆ *v.intr.* **1** to beat* again **2** (*insistere*) to insist, to harp (on sthg.) // *batti e ribatti, l'ho convinto*, repeating it again and again, I convinced him **3** (*replicare*) to retort; to answer back: *ascoltò senza —*, she listened without answering back.

□ **ribattersi** *v.rifl.* o *rifl.rec.* to fight* again.

ribattezzare *v.tr.* to rebaptize, to rename: *ribattezzarono molte vie*, they renamed many streets.

ribattimento *s.m.* (*non com.*) **1** beating again, renewed beating **2** (*ribadimento*) clinching, riveting **3** (*confutazione*) refutation, confutation.

ribattino *s.m.* (*mecc.*) rivet: — *a testa svasata*, countersunk rivet; — *a testa tonda*, button -head rivet.

ribattitura *s.f.* **1** (*il ribattere*) riveting; clinching: *la — di un chiodo*, (*per lamiere*) the riveting of a rivet, (*per legno*) the clinching of a nail **2** (*punto*) felling.

ribattuta *s.f.* (*sport*) return.

ribeca *s.f.* (*mus.*) rebeck.

ribellare *v.tr.* (*rar.*) to incite to revolt, to cause to rebel; (*sollevare*) to rouse.

□ **ribellarsi** *v.intr.pron.* **1** (*insorgere*) to rebel (against s.o., sthg.), to rise* (against s.o., sthg.), to revolt (against s.o., sthg.): *indussero i sudditi a — al re*, they induced the subjects to rise (*o* to revolt) against their king **2** (*estens.*) (*opporsi*) to rebel (against s.o., sthg.), to revolt (against s.o., sthg.): — *alle prepotenze di qlcu.*, to rebel against s.o.'s bullying; — *a un'accusa, a un ordine*, to rebel against an accusation, an order; — *al proprio destino*, to rebel against one's fate.

ribelle *agg.* **1** rebellious, rebel (*attr.*): *esercito —*, rebel army // *gli angeli ribelli*, the rebellious angels **2** (*indocile*) rebellious, unruly, intractable: *temperamento —*, rebellious character; *era — ad ogni disciplina*, he was unamenable to discipline; *è — a ogni forma di autorità*, he rebels against every kind of authority **3** (*fig.*) (*ostinato*) persistent; unruly:

febbre, malattia —, persistent fever, disease; *riccioli ribelli*, unruly locks ◆ *s.m.* e *f.* rebel.

ribellione *s.f.* rebellion: *atto di* —, rebellious act; *è in aperta — contro i genitori*, he's in full rebellion against his parents; *in stato di* —, in a state of rebellion; *reprimere una* —, to quell a rebellion.

ribere *v.tr.* to drink* again.

ribes *s.m.* (*bot.*) currant, ribes, goosberry: — *nero*, (*Ribes nigrum*) blackcurrant; — *rosso*, (*Ribes rubrum*) redcurrant.

riboccare *v.intr.* (*non com.*) to overflow (with sthg.), to be overflowing (with sthg.): *il suo cuore riboccava di gioia e di gratitudine*, his heart overflowed with joy and gratitude; *la piazza ribocca di gente*, the square is overflowing with people.

riboflavina *s.f.* (*biochim.*) riboflavin.

ribollimento *s.m.* **1** reboiling, boiling again; boiling **2** (*fig.*) (*agitazione*) agitation, ferment, turmoil **3** (*chim.*) bubbling.

ribollío *s.m.* continuous boiling.

ribollire *v.intr.* **1** to boil again, to reboil; to boil, to seethe: *il mare ribolliva*, the sea was boiling **2** (*fermentare*) to ferment: *il vino ribolle*, the wine is fermenting **3** (*fig.*) to seethe, to boil, to bubble: *si sentiva il sangue — nelle vene*, he was seething; — *di rabbia, di sdegno*, to boil (over) (*o* to seethe) with rage; *cento pensieri gli ribollivano nel cervello*, many thoughts seethed in his mind ◆ *v.tr.* to boil again.

ribollitura *s.f.* **1** (*il ribollire*) reboiling **2** (*cosa ribollita*) reboiled thing, reboiled food.

ribonucleasi *s.f.* (*biochim.*) ribonuclease.

ribonucleico *agg.* (*biochim.*) ribonucleic: *acido* —, ribonucleic acid.

riboside *s.m.* (*biochim.*) riboside.

ribosio *s.m.* (*chim.*) ribose.

ribosoma *s.m.* (*biol.*) ribosome.

ribotta *s.f.* (*non com.*) party; (*bisboccia*) spree; (*fam.*) binge: *fare* —, to go on a spree.

ribrezzo *s.m.* (*intensa ripugnanza*) disgust, loathing: *fare* —, to disgust (*o* to make sick); *sentire — di qlco.*, to be disgusted (*o* to feel sick) at sthg.; *ho — dei topi*, I loathe rats (*o* rats make me sick).

ribuscare *v.tr.* (*fam.*) (*riprendersi*) to get* again, to catch* again: — *una sgridata*, to get another good telling off // *attento che le ribuschi*, (*fam.*) watch out or you'll get beaten up again.

ribussare *v.tr.* to knock again.

ributtante *agg.* disgusting, repugnant, repulsive: *uno spettacolo* —, a disgusting spectacle.

ributtare *v.tr.* **1** (*gettare di nuovo*) to throw* again: *io lo raccolsi e il bambino lo ributtò in terra*, I picked it up, and the child threw it to the ground again **2** (*respingere con forza*) to repel, to repulse, to drive* back; to rebut (*anche fig.*): — *il nemico*, to repulse the enemy; *ributtò l'accusa*, he rebutted the charge **3** (*vomitare*) to vomit; (*fam.*) to throw* up // *il mare ributtò il corpo del naufrago sulla spiaggia*, the drowned body was thrown up (*o* washed up) on to the beach (by the sea) ◆ *v.intr.* (*agr.*) (*germogliare di nuovo*) to bud again.

□ **ributtarsi** *v.rifl.* **1** to throw* oneself down, to throw* oneself: *si ributtò sul letto*, he threw himself down on the bed; *si ributtò nell'acqua*, he threw himself back into the water **2** (*fig.*) — *giù*, to get* downhearted (*o* to lose* heart again).

ricacciare *v.tr.* **1** (*mandare via di nuovo*) to throw* out again; (*fam.*) to send* packing again; (*riesiliare*) to banish again, to expel again: *il padre lo ricacciò di casa*, his father threw him out again (*o* sent him packing again); *tornò in patria dopo molti anni, ma fu ricacciato*, he returned to his country after many years but he was banished again **2** (*spingere indietro*) to drive* back, to push back; to force back: *fu ricacciato in fondo alla fila*, he was pushed back to the end of the queue; *lo ricacciò al suo posto*, he pushed him back to his place; *il nemico fu ricacciato al di là del fiume*, the enemy were driven back across the river // — *un urlo in gola*, (*fig.*) to smother (*o* to stifle) a cry // *gli ricaccerò in gola tutti i suoi insulti*, (*fig.*) I'll make him swallow all his insults **3** (*rimettere*) to stick* again, to thrust* again: *ricacciò i documenti in borsa*, he stuck the papers in his bag again **4** (*fam.*) (*cacciare fuori di nuovo*) to fork out again: *dovrà — tutti i quattrini che ha intascato*, he'll have to fork out all the money he pocketed.

□ **ricacciarsi** *v.rifl.* to plunge again (*anche fig.*): *si ricacciò tra la folla*, he plunged into the crowd again; *ti sei ricacciato nei guai!*, you've got yourself into trouble again!

ricadere *v.intr.* **1** (*cadere di nuovo*) to fall* (down) again; (*cadere giù*) to fall* back (*anche fig.*): *fece uno sforzo per sollevarsi, ma ricadde sul cuscino*, she made an effort to raise herself, but fell back on to the pillow; *il territorio è ricaduto in potere del nemico*, the territory has fallen into the enemy's hands again; — *nella povertà*, to become poor again; — *ammalato*, to fall ill again; — *in errore*, to relapse into error; — *in uno stato di depressione*, to fall back into a state of depression **2** (*scendere*) to fall* down, to hang* (down): *i capelli le ricadevano sulla fronte*, her hair fell down (*o* hung) over her forehead **3** (*tornare a terra*) to fall*, to drop: *la palla ricadde dall'altro lato della rete*, the ball fell on the other side of the net **4** (*fig.*) (*gravare*) to fall*, to rest: *la responsabilità della famiglia ricade su di me*, the responsibility for the family falls on me; *tutte le colpe ricadono su di lui*, all the blame falls on him **5** (*dir.*) to pass (to s.o., sthg.); to go* (to s.o., sthg.); *le terre che possedeva ricaddero sui cugini di parte materna*, the land he owned passed (*o* went) to his cousins on his mother's side.

ricaduta *s.f.* **1** relapse (*anche fig.*): *una — potrebbe essergli fatale*, a relapse might be fatal to him; *avere una* —, to relapse (*o* to have a relapse) **2** (*fig.*) (*conseguenza indiretta*) spin -off: *le ricerche spaziali hanno una — sul settore tecnologico*, space research provides a spin-off for technology **3** (*fis.*) fallout: — *radioattiva*, radioactive fallout.

ricalare *v.tr.* (*fare scendere di nuovo*) to lower again, to drop again: *ricalarono il secchio nel pozzo*, they lowered the bucket into the well again ◆ *v.intr.* (*scendere di nuovo*) to come* down again, to descend again: *i lupi ricalarono a valle*, the wolves came down into the valley again.

ricalcabile *agg.* (*di disegno*) traceable.

ricalcamento *s.m.* **1** (*non com.*) (*il ricalcare*) tracing **2** (*tecn.*) upsetting.

ricalcare *v.tr.* **1** to push down, to pull down; to press harder: *si ricalcò il cappello sugli occhi*, he pulled his hat down over his eyes; — *le scene*, to return to the stage (*o fam.* to tread the boards again) // — *le orme di qlcu.*, to follow s.o.'s footprints; (*fig.*) to follow in s.o.'s footsteps **2** (*fig.*) (*seguire fedelmente*) to follow faithfully, to follow closely: *ricalca lo stile del padre*, he follows his father's style faithfully **3** (*un disegno*) to trace **4** (*mecc.*) to upset*, to head: — *a freddo*, to cold-head.

ricalcatoio *s.m.* (*metall.*) rammer.

ricalcatura *s.f.* **1** (*di disegno*) tracing **2** (*mecc.*) upsetting, heading.

ricalcificare *v.tr.* **ricalcificarsi** *v.intr. pron.* to recalcify, to calcify again.

ricalcificazione *s.f.* recalcification.

ricalcitramento *s.m.* (*non com.*) (*il ricalcitrare*) kicking out; (*fig.*) stubborn resistance.

ricalcitrante *agg.* **1** kicking **2** (*fig.*) (*restio*) reluctant: *era — all'idea di partire*, he was reluctant to leave.

ricalcitrare *v.intr.* **1** (*di animale*) to kick (out) **2** (*fig.*) (*far resistenza*) to resist (stubbornly); to kick (out against); to be recalcitrant: — *alla volontà di qlcu.*, to resist s.o.'s will stubbornly.

ricalco *s.m.* tracing: *carta da* —, tracing paper; (*amm.*) *contabilità a* —, manifold paper bookkeeping.

ricamare *v.tr.* **1** to embroider: — *a mano, a macchina*, to embroider by hand, by machine; — *le cifre su un fazzoletto*, to embroider the initials on a handkerchief; — *in bianco*, to embroider household linen **2** (*fig.*) (*curare minuziosamente*) to embellish, to embroider: — *una frase*, to embroider // *non stare a —, raccontami i fatti!*, don't elaborate the story, give me the facts!

ricamato *agg.* embroidered: *una tovaglia ricamata*, an embroidered tablecloth.

ricamatore *s.m.* **ricamatrice** *s.f.* embroiderer; (*fig.*) weaver: — *di versi*, weaver of verses.

ricamatura *s.f.* **1** (*ricamo*) embroidery **2** (*il ricamare*) embroidering.

ricambiare *v.tr.* **1** (*cambiare di nuovo*) to change again; (*sostituire*) to change, to replace: *devo — le candele dell'auto*, I have to replace the spark plugs of the car **2** (*contraccambiare*) to return, to reciprocate, to repay*: *non so come — il suo favore*, I don't know how to return (*o* to repay) his favour; *vi ringrazio degli auguri che ricambio cordialmente*, I thank you for your good wishes which I heartily reciprocate; — *una visita, un regalo*, to return a visit, a present ◆ *v.intr.* to change again: *il tempo sta ricambiando*, the weather is changing again.

□ **ricambiarsi** *v.rifl.* (*cambiarsi nuovamente d'abito*) to change (one's clothes) again: *dovrò ricambiarmi*, I'll have to change again ◆ *v.rifl. rec.* (*scambiarsi*) to exchange: *si ricambiarono gli auguri*, they exchanged good wishes.

ricambio *s.m.* **1** (*il ricambiare*) replacement; (*pezzo di ricambio*) substitute, spare part: *accendilo e il — dell'aria sarà immediato*, switch it on and the change of air will be immediate // *di* —, spare: *non ho abiti di* —, I have no spare clothes **2** (*scambio*) exchange; (*avvicendamento*) turnover: — *di cortesie*, exchange of courtesies; — *sociale*, social mobility; (*econ.*) — *del lavoro, del personale*, labour, staff turnover **3** (*biol.*) metabolism: *malattie del —*, metabolism disorders.

ricambista *s.m.* e *f.* spare parts dealer.

ricamo *s.m.* **1** embroidery: *cotone da —*, embroidery thread; *ricami in seta*, silk embroidery **2** (*fig.*) (*lavoro artistico*) lacework, tracery: *quella facciata è un — di marmo*, that façade is a lacework of marble **3** *pl.* (*particolari per lo più inventati*) embroidery [U] frills, embellishment [U]: *riferire una notizia con molti ricami*, to embellish a piece of news.

ricanalizzare *v.tr.* to recanalize (*anche med.*).

ricanalizzazione *s.f.* recanalization (*anche med.*).

ricancellare *v.tr.* to cross out again, to erase again.

ricandidare *v.tr.* to present as a candidate again, to put* forward as a candidate again.
□ **ricandidarsi** *v.rifl.* to present oneself as a candidate again.

ricantare *v.tr.* **1** to sing* again **2** (*fam.*) (*ripetere*) to repeat // *— su tutti i toni*, to repeat over and over again.

ricapitalizzare *v.tr.* (*econ.*) to recapitalize, to refinance.

ricapitalizzazione *s.f.* (*econ.*) recapitalization.

ricapitare[1] e *deriv.* → **recapitare** e *deriv.*

ricapitare[2] *v.intr.* **1** to happen to come again; (*fam.*) to turn up again: *se ricapiti a Milano, telefonami*, if you turn up in Milan again give me a ring **2** (*accadere di nuovo*) to happen again.

ricapitolare *v.tr.* to sum up, to recapitulate; to summarize // *ricapitolando*, (*detto alla fine di un discorso*) in short (*o* to sum up).

ricapitolazione *s.f.* recapitulation, summing-up, summary.

ricarica *s.f.* reloading; (*di batteria*) recharging; (*di orologio*) rewinding: *la — di un fucile*, the reloading of a rifle; *orologio a — automatica*, self-winding watch.

ricaricamento *s.m.* **1** reloading **2** (*elettr.*) recharging **3** (*di orologio*) rewinding.

ricaricare *v.tr.* **1** to reload: *— un autocarro, una nave*, to reload a lorry, a ship; *— un fucile*, to reload a rifle; *ha ricaricato la pipa*, he refilled his pipe // *— una molla*, to reload a spring **2** (*batteria*) to recharge **3** (*orologio*) to rewind*, to wind* up again **4** (*comm.*) (*addebitare*) to mark out.
□ **ricaricarsi** *v.rifl.* o *intr.pron.* **1** to burden oneself again: *mi sono ricaricato di lavoro*, I've burdened myself with work again **2** (*fig.*) to buck up: *si è ricaricato con quel successo*, that success bucked him up.

ricarico *s.m.* **1** (*il ricaricare*) reloading **2** (*comm.*) (*addebito*) markon, markup: *— dei prezzi*, markup of prices.

ricascare *v.intr.* to fall* again: *— sul tappeto*, to fall onto the carpet again; *è ricascato in quell'errore*, (*fig.*) he has made the same mistake again // *dopo la cura di disintossicazione ci è ricascato*, he is back on it again after (disintoxication) treatment // *è sempre il solito scherzo, ci sei ricascato!*, it's the same old trick, you've fallen for it again!

ricattare *v.tr.* to blackmail.

ricattato *agg.* e *s.m.* blackmailed (person).

ricattatore *s.m.* **ricattatrice** *s.f.* blackmailer.

ricattatorio *agg.* blackmail (*attr.*): *ha ricevuto una lettera ricattatoria*, he received a blackmail demand.

ricatto *s.m.* blackmail [U]: *fare un —*, to blackmail; *cedere a un —*, to give in to blackmail; *è un —!*, it's blackmail!; *fu vittima di un —, subì un —*, he was blackmailed; *— morale*, moral blackmail.

ricavabile *agg.* obtainable.

ricavare *v.tr.* **1** (*trarre, dedurre*) to deduce, to draw*, to come* to: *— una regola*, to deduce (*o* to arrive at) a rule; *— una conclusione*, to come to (*o* to draw) a conclusion **2** (*ottenere*) to obtain, to make*, to get*: *questo vestito è stato ricavato da uno scampolo*, this dress has been made out of a remnant; *— due camere da un salone*, to make two rooms out of a large hall **3** (*estrarre*) to extract: *questa essenza si ricava da un fiore esotico*, this essence is extracted from an exotic flower; *da quest'albero si ricava la gomma*, rubber is extracted from this tree **4** (*guadagnare*) to gain, to earn, to make*; (*fatturare*) to turn over // (*comm.*): *— un grande utile da una vendita*, to make a large profit from a sale; *— una forte somma di denaro*, to gain (*o* to earn) a large sum of money; *— migliaia di sterline*, to turn over thousands of pounds; *— poco da una vendita*, to make little on a sale **5** (*non com.*) (*cavare di nuovo*) to draw* again.

ricavato *agg.* **1** (*tratto*) drawn **2** (*ottenuto*) obtained **3** (*estratto*) extracted **4** (*guadagnato*) gained, earned ◆ *s.m.* proceeds (*pl.*); receipts (*pl.*): *il — della vendita*, the proceeds of the sale: *il — sarà devoluto a opere di beneficenza*, the proceeds will be donated to charity.

ricavo *s.m.* **1** proceeds (*pl.*), receipts (*pl.*), revenue, return: *— delle vendite*, sale proceeds; *— lordo, netto*, gross, net proceeds; *dare un buon —*, to yield a good return; *— marginale*, marginal revenue; *— medio*, average revenue // *— da imposta*, tax receipts **2** (*fig.*) (*utilità, provento*) profit.

riccamente *avv.* richly, magnificently; luxuriously; lavishly.

ricchezza *s.f.* **1** wealth [U]; riches (*pl.*): *— nazionale*, national wealth; *esibizione di —*, display of wealth; *tutte le mie ricchezze sono investite all'estero*, all my wealth is (*o* all my riches are) invested abroad; *essere avido di —*, to be greedy for wealth; *un uomo di eccezionale —*, an exceptionally wealthy man; *accumulare ricchezze*, to accumulate wealth; *— sociale*, national capital // *una grande — interiore*, a great inner richness **2** (*abbondanza*) abundance; richness, wealth; *— di idee, parole, esempi*, wealth of ideas, words, examples; *questo paese ha — d'acqua*, this country has plenty (*o* an abundance) of water; *la — del sottosuolo*, the richness (*o* wealth) of the subsoil; *— di materie prime*, wealth of raw materials; *le ricchezze minerarie del Sudafrica*, the mineral resources of South Africa **3** (*patrimonio*) patrimony, treasure: *le ricchezze artistiche dell'Italia*, the artistic treasures of Italy.

ricciaia *s.f.* (*di ricci vuoti*) heap of chestnut husks; (*di ricci con castagne*) heap of chestnuts in the husk.

ricciarello *s.m.* 'ricciarello' (Siennese almond cake).

riccio[1] *agg.* curly: *c'era un bambino con i capelli ricci ricci*, there was a little boy with very curly hair; *era un vecchio signore con una barba lunga e riccia*, it was an old gentleman with a long, curly beard ◆ *s.m.* **1** curl; lock: *quando era bambina aveva molti ricci*, as a child, she had a lot of curls; *si faceva i ricci*, she curled her hair; *vorrei avere i ricci come i tuoi*, I wish my hair was as curly as yours // *ricci di burro*, butter-curls **2** (*mecc.*) burr **3** (*di tessuto*) terry **4** (*di violino*) scrall **5** (*bot.*) *— di dama* → martagone.

riccio[2] *s.m.* **1** (*zool.*) hedgehog, urchin // *— del Madagascar*, (*Tenrec caudatus*) tenrec (*o* tanrec) // *chiudersi come un —*, to shut up like a clam **2** (*zool.*) *— di mare*, echinus, sea urchin, sea chestnut **3** (*bot.*) chestnut husk: *c'erano mucchi di castagne ancora nei loro ricci*, there were heaps of chestnuts still in their husks.

ricciolina *s.f.* **1** (*bot.*) curly endive **2** (*ragazza ricciuta*) curly-headed girl.

ricciolino *s.m.* (*fam.*) (*bimbo riccio*) curly-headed child ◆ *agg.* curly-headed.

ricciolo *s.m.* **1** curl; lock: *ha dei bei riccioli biondi*, he has beautiful fair curls **2** (*mecc.*) burr.

riccioluto, **ricciuto** *agg.* curly: *un bambino tutto —*, a curly-headed child; *testa riccioluta*, curly head.

ricco *agg.* **1** (*che ha molti soldi, beni*) rich, wealthy: *viene da una famiglia molto ricca*, he comes from a very rich family; *è — dalla nascita*, he comes from a wealthy family; *una persona ricca*, a wealthy person: *una ricca ereditiera*, a wealthy heiress; *essere —*, to be rich (*o* wealthy); *è diventato — col commercio di diamanti*, he made his money trading in diamonds // *un paese —*, a rich (*o* wealthy) country // *la ricca borghesia*, the wealthy middle class // *è — sfondato*, he is rolling in money (*o* he has pots of money) **2** (*grande, di valore*) valuable, precious: *un — dono*, a valuable gift; *una ricca eredità*, a large (*o* rich) inheritance **3** (*sontuoso, sfarzoso*) sumptuous: *ricche vesti*, sumptuous clothes; *dare una ricca festa*, to give a lavish party // *un — pranzo*, a sumptuous meal // *una ricca dormita*, a long (*o* good) sleep **4** (*abbondante*) rich (in sthg.), abounding (in sthg.), full, lavish: *— di fantasia*, rich in (*o* full of) imagination; *— di idee, di esempi*, full of ideas, of examples; *— di risorse naturali*, rich in natural resources; *una parete ricca di ornamenti*, a richly (*o* lavishly) decorated wall; *terra ricca di minerali*, land rich in minerals; *la frutta è ricca di vitamine*, fruit is rich in vitamins // *una gonna ricca*, a full skirt // *vegetazione ricca*, lush (*o* luxuriant) vegetation // *una ricca mancia*, a generous (*o* lavish *o* handsome) tip ◆ *s.m.* rich person, wealthy person: *i ricchi*, the rich; *i ricchi e i poveri*, the rich and the poor.

riccometro *s.m.* wealth assessment index.

riccone *s.m.* nabob, moneybags (*pl.*): *quella villa sarà la casa di qualche —*, that villa must belong to some moneybags (*o* nabob); *è un —*, he has loads of money.

ricerca *s.f.* **1** search; quest: *la — della merce rubata fu inutile*, the search for the stolen goods was fruitless // *alla — di*, in search of: *corsi alla — di un dottore*, I ran to find a doctor; *è sempre alla — dell'interesse personale*, he always has an eye to his own interest; *siamo* *alla — di qlco.*, we are in search of sthg. (*o fam.* we are on the lookout for sthg.); *sono alla — di un libro che gli possa interessare*, I'm on the lookout for a book that might interest him; *partire alla — di un tesoro*, to set off in quest (*o* in search) of treasure; *andare alla — di un impiego*, to seek employment **2** (*il perseguire*) pursuit: *la — della felicità*, the pursuit of happiness; *la — del sapere*, the pursuit of knowledge; *la — della verità*, the search after truth // *alla — di*, in pursuit of: *è venuto in Italia alla — delle sue origini*, he came to Italy in pursuit of his origins **3** (*a carattere scientifico*) research: *ricerche nucleari*, nuclear research(es); *ricerche scientifiche, storiche*, scientific, historical research(es); *laboratorio di ricerche*, research laboratory; *lavoro di —*, research work; *dedicò tutta la sua vita alla — scientifica*, he devoted all his life to scientific research; *fece lunghe ricerche sulle cause di questo male*, he carried out lengthy research into the causes of this disease; *le sue ricerche non sono state fruttuose*, his researches have not been successful; *proseguire le ricerche sul cancro*, to continue research on cancer; (*a scuola*) *la classe sta facendo una — sul razzismo*, the class are doing a project on racism // (*econ.*): *— e sviluppo*, research and development; *— di mercato*, market research; *— di base*, basic research; *— pubblicitaria, promozionale*, advertising, promotional research; *— a tavolino*, desk research; *— di marketing*, marketing research; *— motivazionale*, motivational research **4** (*indagine*) investigation, inquiry: *con ulteriori ricerche scoprì che...*, on further investigation he discovered that...; *fare delle ricerche su qlco.*, to make inquiries about sthg.; *interrompere le ricerche sul caso di omicidio*, to interrupt the investigations into the murder case **5** (*richiesta*) demand: *c'è molta — di questo articolo*, there is great demand for this article **6** (*inform.*) research; retrieval: *— operativa*, operating logic; *— di guasto*, trouble hunting; *— e correzione del guasto*, trouble shooting; *— e correzione degli errori*, (IBM) debugging; *— di informazioni*, computer -assisted retrieval (*abbr.* CAR).

ricercare *v.tr.* **1** (*cercare di nuovo*) to look for (s.o., sthg.) again **2** (*cercare con cura*) to seek*, to seek* for (s.o., sthg.), to search for (s.o., sthg.), to hunt (for sthg.): *cerca e ricerca l'ho trovato*, after hunting high and low I found it; *il ladro fu ricercato per tutta la città*, they combed the whole city for the man; *quell'uomo è ricercato dalla polizia*, that man is wanted by the police; *— l'autore di un delitto*, to search for (*o* to make a search for) the criminal (*o* to hunt the criminal) // *devi — dentro di te la serenità*, you must find your serenity within yourself // *— le parole*, to choose one's words carefully **3** (*perseguire*) to pursue, to seek* after (sthg.): *— la felicità, i piaceri mondani*, to pursue (*o* to seek after) happiness, worldly pleasures **4** (*investigare, studiare*) to investigate, to inquire into (sthg.): *— le cause di un incidente*, to investigate the causes of an accident; *— l'origine della specie umana*, to inquire into (*o* to investigate) the origins of the human species; *— la verità dei fatti*, to investigate the truth of facts **5** (*richiedere*) to want; to require; to demand: *ricerchiamo maggiore pazienza da parte vostra*, we want (*o* demand) more patience on your part; *se nessuno ricerca il mio aiuto, me ne andrò a casa*, if nobody wants my help I'm going home.

ricercatamente *avv.* **1** (*con raffinatezza*) refinedly: *veste molto —*, he dresses with great refinement (*o* very tastefully) **2** (*con affettazione*) affectedly: *parla —*, he speaks affectedly.

ricercatezza *s.f.* **1** (*raffinatezza*) refinement: *è un ambiente di una certa —*, it is a place of a certain refinement; *non ha nessuna — nel vestire*, her clothes lack taste; *non mi piace l'eccessiva — del suo stile*, I do not like the preciosity of his style **2** (*parola, modo affettato*) affectation: *vorrei che la smettesse con le sue ricercatezze*, I wish he would drop his affectations.

ricercato *agg.* **1** (*dir.*) wanted: *— dalla polizia*, wanted by the police **2** (*richiesto*) sought -after; (*comm.*) in great demand: *è un chirurgo —*, he is a much sought-after surgeon (*o* he is in great demand as a surgeon); *è un testo molto —*, there is great demand for this text; *questo non è un articolo —*, there is no demand for this article // (*comm.*) *non —*, at a discount **3** (*raffinato*) refined: *è ricercata nel vestire*, she dresses tastefully **4** (*affettato*) affected: *modi ricercati*, affected manners ◆ *s.m.* (*dir.*) wanted man.

ricercatore *s.m.* **ricercatrice** *s.f.* **1** seeker, searcher: *i ricercatori sono sulle tracce dei dispersi*, the search party are on the trail of the missing men; *è — di antichità*, he is always looking for antiques; *— della verità*, searcher after truth **2** (*chi fa ricerche scientifiche*) researcher, research worker: *un gruppo di ricercatori sul cancro*, a group of cancer research workers **3** (*apparecchio*) *— di mine*, mine detector.

ricetrasmettitore *agg.* (*rad.*) transreceiving: *apparecchio —*, transreceiving set ◆ *s.m.* (*rad.*) transceiver.

ricetrasmittente *agg.* (*rad.*) transreceiving ◆ *s.f.* (*rad.*) transceiver.

ricetta *s.f.* **1** (*med.*) prescription: *dietro presentazione di — medica*, by prescription only **2** (*cuc.*) recipe: *mi ha dato una buona — per la torta di mele*, she gave me a good recipe for (making) an apple tart; *un libro di ricette*, a recipe book **3** (*fig.*) formula*: *nel suo sistema di vita aveva trovato la — della felicità*, in her way of life she had found the formula for happiness (*o* the key to happiness); *praticare uno sport può essere una buona — contro la noia*, practising a sport can be a good remedy for boredom **4** (*miner.*) station.

ricettacolo *s.m.* **1** receptacle; repository: *i materassi possono essere un — di microbi*, mattresses can be a breeding-ground for germs; *quella cassettiera ottocentesca è un — per la polvere*, that eighteenth-century chest of drawers collects a lot of dust // *i bar vicino al porto sono spesso ricettacoli di malviventi*, the bars near the port are often the haunts of crooks **2** (*bot.*) receptacle.

ricettare *v.tr.* **1** (*dir.*) (*custodire roba rubata*) to receive stolen goods; (*sl.*) to fence // *merce ricettata*, received stolen goods **2** (*ant., letter.*) (*ospitare*) to shelter, to harbour: *— un fuggiasco*, to shelter a fugitive.

ricettario *s.m.* **1** (*med.*) prescription book, book of prescriptions **2** (*cuc.*) recipe book, book of recipes.

ricettatore *s.m.* **ricettatrice** *s.f.* receiver (of stolen goods), dealer (in stolen goods); (*sl.*) fence.

ricettazione *s.f.* (*dir.*) receiving of stolen goods, dealing in stolen goods; (*sl.*) fencing: *è accusato di —*, he is accused of receiving stolen goods.

ricettività *s.f.* **1** receptivity, receptiveness; (*turistica*) accommodation; (*di paese, località*) accommodation facilities (*pl.*): *la — della città è limitata*, the town has accommodation facilities for a limited number of visitors; *il paese ha una — alberghiera di 300 posti*, the village offers hotel accommodation for 300 people; *la — dello stadio è di 100.000 posti a sedere*, the stadium seats 100,000 people; *la — della classe è molto buona*, the class is very receptive **2** (*tel.*) receptivity.

ricettivo *agg.* receptive, (*di centro turistico*) accommodation (*attr.*): *le strutture ricettive della città sono scarse*, the town does not have many (accommodation) facilities for tourists.

ricetto *s.m.* (*letter.*) (*rifugio*) shelter: *dar —*, to give shelter.

ricettore *s.m.* (*anat.*) → **recettore**.

ricevente *agg.* receiving: *ufficio —*, receiving office; (*tel.*) *apparecchio —*, receiving set, receiver ◆ *s.m.* e *f.* **1** receiver; (*comm.*) consignee: *firma del —*, signature of the receiver; *spese a carico del —*, at consignee's expense **2** (*di organi, di sangue*) recipient **3** (*ling.*) receiver.

ricevere *v.tr.* **1** to receive, to get*: *ho ricevuto la tua lettera stamane*, I received your letter this morning; *ricevette la merce giusto in tempo*, he received the goods just in time; *— un regalo, un favore, una notizia, visite*, to receive a present, a favour, a piece of news, visitors; *ho ricevuto una telefonata anonima*, I got (*o* received) an anonymous phone call; *— un'offesa*, to receive an insult; *— un calcio*, to get a kick; *il mare riceve acqua dai fiumi*, the sea gets water from the rivers; *questa stanza non riceve abbastanza luce*, this room does not get enough light // *— il battesimo*, to be baptized **2** (*trarre*) to get*, to draw*: *ho ricevuto conforto dalle sue parole*, I drew comfort from his words **3** (*accettare*) to accept, to take*; (*ammettere*) to admit: *non ricevono prenotazioni*, they don't take (*o* accept) bookings; *non ricevo ordini da te*, I don't take orders from you; *le sue idee non saranno ben ricevute nel nostro paese*, his ideas will not be well received in our country; *— uno come novizio*, to admit s.o. as a novice; *essere ricevuti in un club*, to be admitted to a club **4** (*prendere, avere*) to take*, to have, to get*: *ricevo 50.000 lire al giorno*, I get 50,000 lire a day; *— in cambio*, to take (*o* to receive) in exchange; *— in prestito*, to borrow **5** (*contenere, accogliere*) to admit, to take*: *il porto di Genova riceve grandi imbarcazioni*, the port of Genoa admits big ships; *questa sala può — cento persone*, this hall can hold (*o* take) a hundred people **6** (*dare il benvenuto a, accogliere*) to receive, to welcome; (*andare incontro*) to meet*: *andremo alla stazione a riceverli*, we shall go to the station to welcome (*o* to meet) them; *mi ricevettero a braccia aperte*, they welcomed me with open arms; *mi ricevette sulla porta*, he met me at the door; *mi ricevette in pigiama*, he received me in his pyjamas **7** (*ammettere nel proprio domicilio, studio ecc.*) to receive; to be at home (to visitors): *il dottore riceve dalle 14 alle 16 pomeridiane*, the doctor receives patients from 2 to 4 p.m.; *vi riceverà subito*, he'll receive you immediately **8** (*dare udienza*) to grant audience to (s.o): *il ministro non riceve*, the minister does not grant audience **9** (*tel.*) to receive.

ricevibile *agg.* (*non com.*) receivable.

ricevimento *s.m.* **1** (*atto del ricevere*) receiving; receipt; (*accoglienza*) reception: *al — della merce*, on receipt of the goods; *al — di queste notizie*, on receiving this news; *il — di un capo di stato*, the reception of a head of state; *orario di — di un ufficio*, office (*o* business) hours; (*amm.*) *avviso di —*, return receipt; *accusare — di qlco.*, to acknowledge receipt of sthg. **2** (*ammissione*) admission: *— di un nuovo socio*, admission of a new member **3** (*trattenimento, festa*) reception; party: *— di nozze*, wedding reception; *— d'affari*, business reception; *sala di —*, reception room; *andare a un —*, to go to a party; *dare un —*, to hold a reception (*o* to give a party).

ricevitore *s.m.* **1** (*destinatario*) receiver; (*di imposte*) tax collector, tax raiser: *— del lotto*, collector of the State lottery; *— del totocalcio*, football pools collector; (*amm.*) *— del Registro*, Registrar **2** (*tecn.*) receiver: *— acustico*, sounder; *— d'echi*, echo receiver; *— Morse*, Morse receiver; *— telefonico*, (telephone) receiver // (*rad.*) *— a galena*, crystal set // (*inform.*) *— di carta*, wire tray **3** (*baseball*) receiver.

ricevitoria *s.f.* (receiving) office: *— del totocalcio*, football pools office; (*amm.*) *— del Registro*, Registry office; (*trib.*) *— delle imposte*, tax office.

ricevuta *s.f.* **1** (*comm.*) receipt; (*quietanza*) quittance, acquittance: *raccomandata con — di ritorno*, registered letter with return receipt; *— di versamento*, receipt for payment; *rilasciare una —*, to give (*o* to make out) a receipt; *manca la —*, the receipt is missing; *— fiscale*, receipt for fiscal purposes (*o* receipted bill); *— a saldo*, receipt in full; *— di deposito*, deposit receipt (*o* slip); *— di pagamento di dogana*, (customs) docket; *— di cassa*, cash voucher; *— di consegna*, delivery receipt; *— di spedizione*, forwarding receipt; *accusare — di qlco.*, to acknowledge receipt of sthg. **2** (*riconoscimento di debito*) I owe you (*abbr.* IOU).

ricevuto *agg.* received: *non sono soddisfatto del trattamento —*, I'm not satisfied with the treatment received; (*comm.*) *— a saldo*, received in full // (*rad., tel.*) *—, passo e chiudo*, Roger, over and out.

ricezione *s.f.* **1** (*rad.*) reception: *— a cardioide*, heart (*o* cardioid) reception; *— a eterodina*, beat (*o* heterodyne) reception; *— differenziale*, diversity reception; *disturbare la —*, to blanket **2** (*assimilazione*) reception: *l'opera ha avuto una buona — presso il pubblico*, the work was well received by the public **3** (*non com.*) (*comm.*) receipt: *— di merci*, receipt of goods **4** (*sport*) fielding.

richiamabile *agg.* recallable, liable to recall.

richiamare *v.tr.* **1** (*chiamare di nuovo*) to call again: *chiamai e richiamai, ma nessuno rispose*, I called and called, but no one answered; *vuoi — più tardi?*, would you call again later?; *ha telefonato alle 8, richiamerà domani*, he phoned at 8, he'll call back (*o* again) tomorrow // *— alle armi*, to recall for military service // *— qlcu. in carica*, to recall s.o. to office **2** (*chiamare indietro, far tornare*) to call back, to recall: *gli affari lo richiamarono a Roma*, he was called back to Rome on business; *richiamalo, ho dimenticato di dirgli qlco.*, call him back, I have forgotten to tell him sthg.; *— il cane*, to call off one's dog; *— un generale, un ambasciatore*, to recall a general, an ambassador // *— all'ordine*, to call to order // *— qlcu. al dovere*, to recall s.o. to his duty // *— in vita*, to restore (*o* to bring back) to life // *— qlcu. alla realtà*, to bring s.o. back to reality // *— qlco. alla mente di qlcu.*, to remind s.o. of sthg.: *questa scena mi richiama alla mente qlco.*, this scene reminds me of sthg.; *questo mi richiama alla mente la mia ultima visita*, this reminds me of (*o* brings to my mind) my last visit here // (*banca*) *— una cambiale* (*ritirarla prima della scadenza*), to retire (*o* to rebate) a bill **3** (*ritirare*) to withdraw*: *— le truppe dalle posizioni occupate*, to withdraw the troops from the positions occupied **4** (*attirare*) to attract; to draw*: *vestiva sempre di rosso per — l'attenzione*, she always dressed in red to attract people's attention; *la sua ultima commedia richiamò molti spettatori*, his last play drew large audiences; *basta il suo nome a — il pubblico*, his name is enough to draw the public; *voglio — la tua attenzione su questo fatto*, I want to call (*o* to draw) your attention to this fact (*o* I want to point out this fact to you) **5** (*rimproverare*) to rebuke, to reprimand **6** (*citare*) to quote: *mi si conceda di — Dante*, I would like to take the liberty of quoting Dante **7** (*rar.*) (*dir.*) (*chiamare in giudizio*) to summon.

□ **richiamarsi** *v.intr.pron.* **1** (*riferirsi*) to refer: *— a un documento, a un'autorità*, to refer to a document, an authority **2** (*appellarsi*) to appeal: *— alla giustizia*, to appeal to the law.

richiamata *s.f.* **1** (*non com.*) (*richiamo*) call, recall **2** (*aer.*) pullout.

richiamato *s.m.* soldier recalled to arms, recalled serviceman*.

richiamo *s.m.* **1** recall, call: *— alle armi*, recall to arms; *— all'ordine*, call to order; *— di dati*, data retrieval **2** (*med.*) *— (di vaccinazione)*, booster **3** (*appello*) call; cry: *non ho sentito il tuo —*, I didn't hear your call; *ho sentito un — disperato*, I heard a despairing cry; *mi fece un gesto di —*, he beckoned to me **4** (*attrazione*) attraction, call, appeal: *le insegne luminose sono un — per i clienti*, the lights are an attraction for customers; *il — della foresta, del mare*, the call of the wild, of the sea **5** (*riferimento*) reference: (*amm.*) *fare — alle norme vigenti*, to refer to the regulations in force // (*tip.*) *segno di —*, cross-reference mark **6** (*geomorfologia*) (river) capture.

richiedente *agg.* applying, petitioning, requesting ◆ *s.m.* e *f.* **1** (*amm.*) applicant, petitioner; (*dir.*) plaintiff: *— di un prestito*, applicant for a loan; *firma del —*, applicant's signature **2** (*tel.*) caller.

richiedere *v.tr.* **1** (*domandare di nuovo*) to ask for (sthg.) again; (*domandare in restituzione*) to ask for (sthg.) back: *richiese il suo libro*, he asked for his book back; *gliel'ho chiesto e richiesto, ma non vuole rispondermi*, I've asked him again and again, but he won't give me an answer **2** (*domandare*) to ask; (*con insistenza*) to request, to demand (*anche comm.*): *gli richiese aiuto*, he asked him for help (*o* his help); *ho già richiesto il materiale necessario alla direzione*, I've already asked the management for the necessary material; *questo articolo è molto richiesto*, this article is in great demand; *— un aumento di stipendio*, to ask for a wage rise; *— a qlcu. nome e indirizzo*, to ask s.o. his name and address; *— un favore a qlcu.*, to ask s.o. a favour (*o* to ask a favour of s.o.) **3** (*amm.*) (*fare domanda*) to apply for, to request: *— il passaporto*, to apply for passport; *— un certificato*, to request a certificate **4** (*esigere*) to demand; (*necessitare*) to require, to call for, to need: *richiede ciò che gli devi*, he demands what you owe him; *richiesero che egli pagasse tutto*, they demanded (*o* claimed) that he (should) pay for everything; *tu richiedi troppo*, you are asking too much; *questo lavoro richiede una lunga preparazione*, this work calls for (*o* needs *o* requires) long preparation; *preparare tutto richiederà tre settimane*, you'll need three weeks to get everything ready; *si richiede la conoscenza del tedesco*, you need to know German (*o* knowledge of German is required).

richiesta *s.f.* **1** request, demand, call; (*pretesa*) claim; (*esigenza*) requirement: *— di manodopera*, demand for labour; *— di aumenti salariali*, wage claim; *— di fondi*, call for funds; *— di informazioni*, inquiry; *fare una —*, to make a request; *inoltrare una —*, to present a request; *accettare, accogliere una —*, to accept (*o* to grant) a request (*o* demand); *le richieste dei cittadini non furono accolte*, the citizens' demands were not granted; *c'è una grande — di calzature italiane all'estero*, Italian shoes are in great demand abroad; *c'è una gran — di ingegneri*, there is a great demand for engineers; *soddisfare le richieste di qlcu.*, to satisfy s.o.'s demands; *soddisfare le richieste dei consumatori*, to meet the consumers' requirements // *a, su —*, by (*o* on) request; on demand (*o* on call) (*anche fin.*); *programma a —*, request programme; *a generale —*, by popular demand; *fermata a —*, request stop; *campioni disponibili a —*, samples available on request; *esibire i biglietti a — del personale*, tickets to be shown on demand; (*fin.*) *cambiale pagabile a —*, bill payable on demand; (*fin.*) *prestito restituibile a —*, loan repayable on call // (*comm.*): *dietro Vs —*, at your request; *come da —*, as requested // (*assicurazioni*) *— di risarcimento*, (damage) claim **2** (*domanda scritta*) application: *dietro — scritta*, on written application; *presentare una — in carta bollata*, to submit an application on stamped paper **3** (*dir.*) motion, petition **4** (*inform.*) request, demand: *— di servizio*, facility request.

richiesto *agg.* **1** requested; demanded: *un prodotto assai —*, a product in great demand; *un medico molto —*, a doctor much in demand **2** (*necessario*) required, necessary: *titoli di studio richiesti*, necessary qualifications; *documenti richiesti*, required documents.

richiudere *v.tr.* to close again, to shut* again, to reclose: *— la porta*, to shut the door again.

□ **richiudersi** *v.rifl.* o *intr.pron.* **1** (*di porte, finestre ecc.*) to close again, to shut* again **2** (*di ferita*) to heal (up) **3** (*fig.*) to retreat, to close oneself up: *si richiuse in se stesso dopo la morte della moglie*, he retreated into himself after his wife's death.

riciclabile *agg.* recyclable: *rifiuti riciclabili*, recyclable waste.

riciclabilità *s.f.* recyclability.

riciclaggio *s.m.* recycling: *il — della carta straccia*, the recycling of waste paper; *il — della manodopera in eccedenza*, the recycling of redundant labour; *— dei petrodollari*, recycling of petrodollars; *— del denaro sporco*, recycling (*o* laundering) of black money.

riciclare *v.tr.* to recycle: *— il vetro*, to

recycle glass; — *denaro sporco*, to recycle (*o* to launder) black money.

□ **riciclarsi** *v.rifl.* (*fig. fam.*) to recycle oneself.

riciclato *agg.* recycled // *i riciclati della politica*, (*fig.*) recycled politicians.

riciclo *s.m.* **1** (*non com.*) recycling **2** (*inform.*) (IBM) feedback.

ricina *s.f.* (*chim.*) ricin.

ricinina *s.f.* (*chim.*) ricinine.

ricino *s.m.* (*bot.*) (*Ricinus communis*) castor-oil plant, ricinus // *olio di* —, castor oil.

ricinoleico *agg.* (*chim.*) ricinoleic: *acido* —, ricinoleic acid.

ricinoleina *s.f.* (*chim.*) ricinolein.

ricircolare *v.intr.* to circulate again: *da domani si può — in centro*, the centre is open to traffic again as from tomorrow.

rickettsia *s.f.* (*biol.*) rickettsia*.

rickettsiosi *s.f.* (*med.*) rickettsiosis.

riclassificare *v.tr.* to reclassify.

riclassificazione *s.f.* reclassification.

ricognitivo *agg.* **1** reconnaissance (*attr.*), reconnoitring: *una spedizione ricognitiva*, a reconnaissance party **2** (*dir.*) of acknowledgment.

ricognitore *s.m.* **1** reconnoitrer **2** (*aer.*) (air) scout, reconnaissance aircraft.

ricognizione *s.f.* **1** (*mil.*) reconnaissance: — *tattica*, tactical reconnaissance; — *terrestre*, land reconnaissance; *aereo da* —, reconnaissance aircraft; *essere in* —, to be on reconnaissance; *fare una* —, to reconnoitre (*o* carry out a reconnaissance *o* to be engaged in reconnaissance); *mandare in* —, to send out on reconnaissance **2** (*non com.*) (*riconoscimento*) recognition **3** (*dir.*) (*di un debito*) acknowledgement: *atto di* —, ascertainment.

ricollegare *v.tr.* **1** (*legare di nuovo*) to link again, to reconnect; (*riunire*) to reunite: — *una linea elettrica*, to reconnect an electrical line **2** (*connettere*) to connect: *non riesco a — queste due idee*, I cannot connect these two ideas.

□ **ricollegarsi** *v.rifl.* o *intr.pron.* **1** (*tel.*) to link up (with s.o., sthg.): *più tardi ci ricollegheremo con New York*, we'll link up again with New York later **2** (*riferirsi*) to refer; (*avere legami con*) to be related to; to be linked up (with sthg.), to be connected (with sthg.): *mi ricollego a quanto detto prima*, I refer to what was said previously; *il delitto si ricollega agli altri*, the crime is related to the others ◆ *v.rifl.rec.* (*avere legami vicendevoli*) to be linked, to be connected: *i due fatti si ricollegano*, the two facts can be linked.

ricollocamento *s.m.* replacement, replacing; (*di lavoratori*) reinstatement; (*in una carica*) reappointment: (*fin.*) — *di titoli*, replacement of securities // (*amm.*) — *di lavoratori licenziati*, reinstatement (*o amer.* outplacement) of dismissed workers.

ricollocare *v.tr.* **1** to replace, to put* back; (*in un posto di lavoro*) to reinstate; (*in una carica*) to reappoint: — *un libro sullo scaffale*, to put back a book on a shelf; (*amm.*) — *impiegati licenziati*, to reinstate (*o amer.* to outplace) dismissed employees **2** (*reinvestire*) to reinvest: (*fin.*) — *azioni*, to reinvest shares.

ricolmare *v.tr.* **1** to fill to the brim, to fill up **2** (*fig.*) to overwhelm (s.o. with sthg.), to heap (sthg. on s.o.): — *qlcu. di gentilezze*, to overwhelm s.o. with kindness (*o* to heap kindness on s.o.).

ricolmatura *s.f.* (*non com.*) filling up.

ricolmo *agg.* **1** full; (*colmo fino all'orlo*) full to the brim, filled to the brim, brimful: *bicchiere* —, full glass **2** (*fig.*) overwhelmed (with sthg.); overflowing (with sthg.); loaded (with sthg.); — *di tristezza*, overwhelmed (*o* weighed down) with sadness; — *di gioia*, overflowing with (*o* brimful of) joy; *partì — di benedizioni*, he went away loaded (*o* laden) with blessings.

ricolorare, **ricolorire** *v.tr.* to colour again; (*ripitturare*) to repaint; to give* another coat of paint to (sthg.).

□ **ricolorarsi**, **ricolorirsi** *v.intr.pron.* to colour again; to put* on colour again; to colour up.

ricoltivare *v.tr.* to recultivate, to cultivate again (*anche fig.*); (*prodotto*) to grow* again; (*terreno*) to farm again; to till again.

ricomandare *v.tr.* to command again.

ricombattere *v.tr.* to fight* again, to struggle again, to battle again.

ricombinante *agg.* e *s.m.* (*biol.*) recombinant: *tecnica — del* DNA, recombinant DNA technology.

ricombinare *v.tr.* **1** to rearrange, to arrange again; (*rimettere insieme*) to put* together again, to recombine **2** (*progettare di nuovo*) to replan.

□ **ricombinarsi** *v.rifl.rec.* to recombine.

ricombinazione *s.f.* **1** (*il ricombinare*) rearranging; recombining **2** (*fis.*, *biol.*) recombination: *processo di* —, recombination process; — *genetica*, genetic recombination.

ricominciare *v.tr.* e *intr.* to begin* again, to start again, to recommence: *dopo una breve pausa, ricominciò*, after a short pause he began (*o* started) again; — *a leggere*, to begin (*o* to start) to read (*o* reading) again; *purtroppo ha ricominciato a fumare*, unfortunately he has started smoking again; *la partita ricominciò tra l'entusiasmo generale*, the match started again amid general enthusiasm; *ricomincia la pioggia*, the rain is back again; *dopo un lungo periodo di malattia ha ricominciato a giocare a tennis*, after a long period of illness he took up tennis again; — *daccapo*, to get back to the beginning (*o* to begin all over again).

ricommettere *v.tr.* **1** to commit again: — *un errore*, to make a mistake again **2** (*ricongiungere*) to join again, to put* together again: — *i pezzi di un vaso rotto*, to join (*o* to put) together the fragments of a broken vase.

ricommettitura *s.f.* (*il ricongiungere*) joining: *la — di un osso*, the knitting of a bone.

ricomparire *v.intr.* to reappear, to show* up again: *dopo molti anni la malattia è ricomparsa*, after many years the illness reappeared; *è ricomparso il sole*, the sun has come out again; *finalmente sei ricomparso!*, at last you've shown up again!

ricomparsa *s.f.* reappearance: *la — della febbre*, the reappearance of the fever; *la sua — in paese stupì tutti*, his reappearance in the village astounded everybody.

ricompensa *s.f.* reward, recompense, return, remuneration: *come — farai un bel viaggio*, as a reward you will go on a nice trip; — *in denaro*, money consideration; *una — adeguata*, an adequate remuneration // *bella — per tutto quello che ho fatto per voi!*, (*iron.*) this is a fine reward for everything I've done for you!; *per tutta —, mi ha sbattuto fuori casa*, (*iron.*) in return she threw me out of the house // *in* —, as a reward (*o* in return *o* in recompense): *in — dei vostri servizi*, as a reward (*o* in return) for your services.

ricompensabile *agg.* rewardable.

ricompensare *v.tr.* to reward, to remunerate, to repay*: *le sue sofferenze saranno ricompensate*, his sufferings will be rewarded; — *qlcu. per i suoi servizi*, to reward (*o* to recompense) s.o. for his services; *essere ben ricompensato per le proprie responsabilità*, to be well remunerated for one's responsibilities; *come potremo mai ricompensarvi di tanta gentilezza?*, how can we ever repay you for so much kindness?

ricomperare e *deriv.* → **ricomprare** e *deriv.*

ricompilare *v.tr.* (*redigere di nuovo*) to compile again, to recompile; (*documenti*) to draw* up again; (*assegni*) to make* out again; (*moduli*) to fill in again.

ricomporre *v.tr.* **1** (*opera letteraria, musicale*) to rewrite*: — *una sinfonia, una poesia*, to rewrite a symphony, a poem **2** (*rimettere insieme*) to reassemble; (*tip.*) to reset*, to recompose: (*tip.*) — *una linea*, to reset a line; — *una macchina*, to reassemble a machine; *scomporre e — un puzzle*, to break up and redo a jigsaw puzzle **3** (*ricostruire*) to reconstruct: — *una sequenza di eventi*, to reconstruct a sequence of events; — *le fasi del processo*, to reconstruct the stages of a process // — *il viso*, to recompose one's features.

□ **ricomporsi** *v.rifl.* to recover oneself, to recover one's composure.

ricomposizione *s.f.* **1** (*di opera letteraria, musicale*) rewriting **2** (*il rimettere insieme*) reassembling, reassembly; (*tip.*) resetting, recomposition: — *di un mosaico*, reassembling of a mosaic.

ricompra *s.f.* (*riacquisto*) buying back, repurchase.

ricomprabile *agg.* repurchasable.

ricomprare *v.tr.* **1** to repurchase, to buy* again; (*la stessa cosa che si era venduta*) to buy* back: *ho perso il mio ombrello, ne voglio — un altro*, I lost my umbrella, I want to buy myself another one; *ho ricomprato il quadro che avevo venduto tre anni fa*, I have bought back the painting I sold three years ago **2** (*ant.*) (*riscattare*) to ransom; (*redimere*) to redeem: *Cristo ha ricomprato il genere umano dalla dannazione e dal peccato*, Christ redeemed mankind from damnation and sin; — *un prigioniero*, to ransom a prisoner.

ricomunicare *v.tr.* **1** to communicate again, to inform again, to notify again, to give* notice again: *vi ricomunico le norme del concorso*, I'll inform you once again of the rules of the competition **2** (*ant.*) (*assolvere da scomunica*) to absolve from excommunication ◆ *v.intr.* (*riprendere a comunicare*) to communicate again, to talk (to s.o.) again.

□ **ricomunicarsi** *v.intr.pron.* (*relig.*) to take* communion again.

riconcentrare *v.tr.* to concentrate again, to reconcentrate.

□ **riconcentrarsi** *v.rifl.* to concentrate again.

riconciliabile *agg.* reconcilable.

riconciliabilità *s.f.* reconcilability.

riconciliamento *s.m.* (*non com.*) reconciliation, reconcilement.

riconciliare *v.tr.* **1** to reconcile: — *due persone*, to reconcile two people // (*amm.*) — *i conti*, to reconcile accounts **2** (*far riacquistare*) to regain, to win* back: *la sua generosità gli riconciliò la simpatia di tutti*, he regained his popularity with his generosity.

□ **riconciliarsi** *v.rifl.* to be reconciled (to s.o.), to make* peace, to make* (it) up (with s.o.): *si è riconciliato con sua madre*, he is now reconciled with his mother; *mi sono riconciliato con il mio destino*, I am reconciled to my fate; — *con se stesso*, to make peace with oneself // — *con Dio*, to make one's peace with God ◆ *v.rifl.rec.* to become* reconciled, to be reconciled, to make* (it) up, to make* friends again: *litigammo aspramente ma ci siamo riconciliati*, we had a big quarrel but we have made friends again (*o* we have made it up); *i due coniugi si sono riconciliati*, the married couple have made it up.

riconciliatore *s.m.* **riconciliatrice** *s.f.* reconciler, peacemaker: *fare da — tra due litiganti*, to act as reconciler for two litigants (*o* as peacemaker for two people quarrelling).

riconciliazione *s.f.* **1** reconciliation (*anche dir.*); reconcilement: *ho dovuto fare opera di — tra i miei due fratelli*, I had to intervene to reconcile my two brothers // (*banca*) — *bancaria*, bank reconciliation **2** (*relig.*) reconsecration: — *di una chiesa, di un cimitero*, reconsecration of a church, of a cemetery.

ricondannare *v.tr.* to condemn again; (*dir.*) to sentence again.

ricondizionare *v.tr.* (*psic.*) to recondition.

riconducibile *agg.* referable, ascribable: *un effetto — a una causa precisa*, an effect referable to a specific cause.

ricondurre *v.tr.* **1** to take* back; to bring* back; to lead* back; to lead* again: *la nuova compagnia lo ricondusse su una cattiva strada*, his new friends led him astray again; *lo ricondusse a vedere lo spettacolo*, he took him to see the show again; *riconducilo da me*, bring him back to my house; — *a casa*, to take back home; — *la pace tra i popoli*, to bring back peace among the nations **2** (*instaurare di nuovo*) to restore, to re-establish: — *la disciplina in classe*, to restore order in the class **3** (*fig.*) (*attribuire*) to retrace, to trace (back): — *dei fenomeni alla loro causa*, to trace phenomena back to their origins **4** (*ant.*) (*riconfermare in una carica*) to confirm in an office.

□ **ricondursi** *v.intr.pron.* (*antiq.*) to go* back again.

riconduzione *s.f.* **1** taking back; bringing back; leading back **2** (*dir.*) renewal.

riconferma *s.f.* **1** reconfirmation; confirmation: — *di una prenotazione*, reconfirmation of a booking; *a — di quanto ho detto, do le dimissioni*, in confirmation of what I said I am resigning **2** (*di impiego*) reappointment; (*ricollocamento*) reinstatement: — *di una carica*, reappointment to an office.

riconfermabile *agg.* reconfirmable, confirmable: *impiegato — in un ufficio*, employee whose appointment is reconfirmable.

riconfermare *v.tr.* **1** to (re)confirm: *ti riconfermerò l'ora del mio arrivo*, I'll confirm my arrival time with you; *non posso che riconfermarlo: è un'ottima cuoca*, I can only reaffirm that she is a very good cook **2** (*confermare in carica*) to confirm, to reappoint, to renominate: — *qlcu. in un impiego*, to confirm s.o. in a job (*o* to reappoint s.o. to a job); — *un giocatore*, to sign up a footballer again.

□ **riconfermarsi** *v.rifl.* o *intr.pron.* (*dimostrarsi di nuovo*) to be confirmed again.

riconfortare *v.tr.* to comfort, to console, to cheer up: *le sue parole mi riconfortarono*, his words cheered me up.

□ **riconfortarsi** *v.rifl.* to take* comfort, to cheer up.

ricongelare *v.tr.* to freeze* again, to refreeze*.

ricongiungere *v.tr.* to rejoin; to reunite; to join together again: — *le parti staccate*, to join the detached sections together again.

□ **ricongiungersi** *v.rifl.* o *rifl.rec.* to join again (s.o., sthg.), to rejoin (s.o., sthg.), to be reunited (with s.o., sthg.): — *alla famiglia*, to rejoin one's family (*o* to be reunited with one's family) // *si sono ricongiunti in cielo*, they were reunited in heaven.

ricongiungimento *s.m.* rejoining, reuniting; (*incontro*) meeting, reunion: *il — di due spedizioni*, the meeting of two expeditions.

ricongiunzione *s.f.* rejoining, joining again: *la — di due strade*, the rejoining of two roads.

riconnettere *v.tr.* to reconnect, to connect again; (*ricollegare*) to link up.

□ **riconnettersi** *v.intr.pron.* to be connected: *questo fatto si riconnette al precedente*, this fact is connected (*o* related) to the previous one.

riconoscente *agg.* grateful, thankful: *te ne sarò sempre —*, I'll be eternally grateful to you.

riconoscenza *s.f.* gratitude, thankfulness: *infinita —*, everlasting gratitude; *debito di —*, debt of gratitude.

riconoscere *v.tr.* **1** to recognize: *era cambiato tanto che non lo riconobbi*, he had changed so much that I did not recognize him; — *un pezzo musicale dalle prime battute*, to identify a piece of music from the first notes; — *qlcu.* (*d*)*al passo*, (*d*)*alla voce*, to recognize (*o* to know) s.o. by his walk, by his voice **2** (*ammettere apertamente, ufficialmente, come legittimo*) to recognize, to acknowledge: *la legge non riconobbe i suoi diritti*, the law did not recognize his claims; *non la riconobbe come moglie*, he did not recognize her as his wife; — *l'indipendenza di un paese*, to recognize the independence of a country; — *qlcu. come capo*, to acknowledge s.o. as one's leader; — *un'opera come propria*, to acknowledge a work as one's own; — *un figlio*, to acknowledge a child; — *un figlio naturale*, to affiliate (*o* to recognize) an illegitimate child (*o* to legitimize a child) **3** (*ammettere*) to acknowledge, to admit, to own: *non volle — il suo errore*, he did not want to acknowledge (*o* to admit) his mistake; *riconosco che hai ragione*, I admit you are right; *riconosco che tutto questo è vero*, I acknowledge (*o* admit) that all this is true; *riconosco di essermi sbagliato*, I own (*o* admit *o* confess) that I was mistaken; *devi — che sei stato accolto molto bene*, you must admit that you have been warmly welcomed; — *i meriti di un avversario*, to acknowledge an opponent's merits; — *la propria colpa, colpevolezza*, to acknowledge (*o* to admit) one's guilt, (*dir.*) to plead guilty **4** (*comprendere, discernere*) to recognize, to know*, to see*: *riconobbe subito il pericolo*, he recognized the danger immediately; *riconobbi in lui un talento eccezionale per la musica*, I recognized (*o* saw) that he had an exceptional talent for music **5** (*considerare*) to recognize, to appreciate: *i suoi servigi non furono riconosciuti*, his services were not recognized **6** (*identificare*) to identify: *occorre un documento per farsi —*, a document is necessary to identify oneself (*o* to make oneself known); *i parenti hanno dovuto — il cadavere*, the next of kin had to identify the body // *farsi — per quello che si è*, (*fig.*) to show oneself up for what one is **7** (*mil.*) to reconnoitre **8** (*comm.*) (*computare a favore della controparte*) to acknowledge: — *un debito, le spese di trasporto*, to acknowledge a debt, the transport charges **9** (*banca*) (*accreditare*) to credit: — *in conto una somma*, to credit an amount.

□ **riconoscersi** *v.rifl.* to recognize oneself, to acknowledge oneself: *si riconobbe colpevole*, he acknowledged that he was guilty: — *vinto*, to own oneself beaten (*o* to acknowledge defeat); — *in errore*, to admit one is in the wrong (*o* one is mistaken) ◆ *v.rifl.rec.* to recognize each other (*o* one another).

riconoscibile *agg.* recognizable.

riconoscibilità *s.f.* recognizability.

riconoscimento *s.m.* **1** (*identificazione*) recognition; identification: *il — delle salme*, the identification of the bodies; *segno di —*, identification mark; *tessera di —*, identification card // (*inform.*): — *di forme, di configurazione*, pattern recognition; — *ottico di caratteri*, optical character recognition (*abbr.* OCR); — *vocale*, voice recognition **2** (*riconoscimento formale, ufficiale*) acknowledg(e)ment, recognition: — *di un figlio naturale*, acknowledgement of an illegitimate child; — *di uno stato straniero*, recognition of a foreign state; (*comm.*) — *di un debito*, acknowledg(e)ment of a debt (*o* I owe you, *abbr.* IOU); (*comm.*) — *di una richiesta*, acknowledg(e)ment of a claim **3** (*ammissione*) admission, avowal: *il — di un errore*, the admission (*o* avowal) of an error; (*dir.*) — *di colpevolezza*, guilty plea **4** (*compenso*) recognition: *un regalo in — di un servizio*, a present in recognition of a service; *il film ha ottenuto molti riconoscimenti dalla critica*, the film received rave reviews.

riconoscitivo *agg.* (*non com.*) identifying, identification (*attr.*).

riconosciuto *agg.* **1** recognized **2** (*ammesso*) acknowledged, admitted // *feste riconosciute*, public and religious holidays.

riconquista *s.f.* reconquest; recapture, regaining (*anche fig.*): *la — di un territorio*, the reconquest of a territory; *la — della libertà*, the regaining of freedom.

riconquistare *v.tr.* to reconquer; to recapture, to win* back, to regain (*anche fig.*): — *un paese*, to reconquer a country; *con questo gesto ho riconquistato la sua fiducia*, I've won back his trust with this action.

riconsacrare *v.tr.* to reconsecrate.

riconsacrazione *s.f.* reconsecration.

riconsegna *s.f.* redelivery, reconsignment.

riconsegnare *v.tr.* to redeliver, to reconsign; (*restituire*) to return, to hand back: — *un portafoglio al proprietario*, to return a wallet to its owner.

riconsiderare *v.tr.* to reconsider.

riconsigliare *v.tr.* to advise again.

riconsolare *v.tr.* to comfort again, to console again.
□ **riconsolarsi** *v.rifl.* to be comforted again.

ricontare *v.tr.* to recount, to count over.

ricontattare *v.tr.* to contact again, to get* into touch (with s.o.) again.

ricontrarre *v.tr.* to contract again, to take* out again, to incur again: (*econ.*) — *obblighi finanziari*, to contract liabilities again.

ricontrattare *v.tr.* to recontract, to renegotiate: — *un patto*, to renegotiate an agreement.

riconvalidare *v.tr.* to make* valid again; to validate again.

riconvenire *v.tr.* (*dir.*) to bring* a countercharge against (s.o.), to bring* a counterclaim against (s.o.).

riconvenzionale *agg.* (*dir.*) counterclaim (*attr.*) ◆ *s.f.* (*dir.*) counterclaim.

riconvenzione *s.f.* (*dir.*) counterclaim.

riconversione *s.f.* **1** reconversion **2** (*econ.*) reconversion, changeover: — *industriale*, industrial reorganization; (*fin.*) — *valutaria*, reconversion of currencies.

riconvertire *v.tr.* **1** to reconvert: — *il vapore in acqua*, to reconvert steam into water **2** (*econ.*) to reconvert, to change over, to change back: — *un sistema produttivo*, to change over a production system; — *un prestito*, to refund a loan; (*fin.*) — *obbligazioni in liquidi*, to reconvert bonds into cash.
□ **riconvertirsi** *v.rifl.* o *intr.pron.* to be reconverted, to be converted again.

riconvocare *v.tr.* to reconvene, to resummon, to call again: — *un'assemblea*, to reconvene a meeting.

riconvocazione *s.f.* reconvocation, second call: (*Borsa*) — *degli azionisti*, second call of a shareholders' meeting.

ricoperto *agg.* covered (with sthg.): — *di argento*, silver-plated; — *di carta*, paper-covered; — *di pelle*, leather-covered; *una torta ricoperta di cioccolato*, a chocolate-coated cake (*o* a cake iced with chocolate) // *dente* —, capped tooth; *sedia ricoperta*, upholstered chair.

ricopertura *s.f.* **1** covering, cover; (*di metallo*) plating; (*di mobili*) cover: *la — di una poltrona*, the cover of an armchair **2** (*econ.*, *assicurazione*) (*copertura*) cover, coverage, covering; (*fin.*) backing, hedging.

ricopiare *v.tr.* **1** to copy; (*copiare di nuovo*) to recopy, to copy again; (*copiare in bella copia*) to make* a fair copy of (sthg.): *per castigo devi — tutto l'esercizio dieci volte*, as punishment you must copy the whole exercise ten times **2** (*non com.*) (*dipingere*) to paint: — *dal vero*, to paint from nature.

ricopiatura *s.f.* (*il ricopiare*) copying, recopying.

ricopribile *agg.* coverable.

ricoprimento *s.m.* **1** (*il ricoprire*) recovering **2** (*materiale che ricopre*) covering **3** (*mat.*) covering.

ricoprire *v.tr.* **1** to cover; (*coprire di nuovo*) to re-cover, to cover again: *l'edera ricopre tutto il muro*, the wall is all covered with ivy; *la neve ricopriva la cima delle montagne*, the snow covered the tops of the mountains; — *un divano di cretonne*, to cover a sofa with cretonne; *poi ricoprite la torta di cioccolato fuso*, then coat the cake with melted chocolate; — *di fiori*, to cover with flowers; — *un libro con carta a fiori*, to cover a book with floral paper **2** (*nascondere*) to hide*, to conceal: — *le proprie cattive intenzioni*, to conceal one's evil intentions **3** (*fig.*) (*colmare*) to load: — *qlcu. di regali, onori*, to load s.o. with gifts, honours; — *qlcu. di attenzioni*, to lavish attention on s.o. **4** (*tecn.*) to coat: — *di piombo*, to coat with lead; — *galvanicamente*, to electroplate **5** (*fig.*) (*occupare*) to hold*, to fill, to occupy // (*amm.*): — *una carica, una cattedra*, to hold (*o* to fill) an office, a teaching post; — *un posto importante al Ministero delle Finanze*, to occupy an important position in the Ministry of Finance.
□ **ricoprirsi** *v.rifl.* o *intr.pron.* to cover oneself (with sthg.) (*anche fig.*): *la magnolia si è ricoperta di fiori*, the magnolia is covered with flowers again; — *di vergogna*, to cover oneself with shame.

ricordabile *agg.* (*memorabile*) memorable; worth remembering, easy to remember.

ricordanza *s.f.* (*ant.*, *letter.*) remembrance; recollection, memory; *una lieta, una vaga* —, a pleasant, a vague recollection (*o* memory).

ricordare *v.tr.* **1** to remember, to recall: *non ricordo che egli abbia parlato così*, I do not remember him saying that; *non ricordo il suo nome*, I cannot remember (*o* recall) his name; *non ricordo più cosa dovevo dirti*, I can't remember what I had to tell you any more; *se non ricordo male, se ben ricordo l'appuntamento era alle otto*, if my memory serves me well the appointment was at eight o'clock; *per quanto ricordo*, as far as I remember; *ricordo bene che me l'avete detto*, I remember clearly you told me about it; *ricordo d'averlo visto*, I remember seeing it; *ricordo di averlo già incontrato*, I remember meeting him before (*o* that I have already met him); *ricordo molto bene ciò che accadde*, I remember what happened very well; *cercherò di — quel che mi disse*, I shall try to recollect what he told me; *non riesco a — il titolo di quel libro*, I cannot recall the title of that book **2** (*chiamare alla memoria altrui*) to remind: *questo mi ricorda che...*, this reminds me that...; *ricordami che devo dargli due libri*, remind me that I must give him two books; *ricordami di comperare dei fiori*, remind me to buy some flowers; *si ricorda ai passeggeri che...*, passengers are reminded that...; *ti ricorderò questo impegno*, I shall remind you of this engagement; *mi fu ricordata la mia promessa*, I was reminded of my promise; *tutto qui mi ricorda la mia giovinezza*, everything here reminds me of my youth; *il suo stile ricorda Pope*, his style is reminiscent of Pope's; *il suo carattere mi ricorda quello del nonno*, his personality reminds me of his grandfather; *questa lapide ricorda le vittime della strage*, this stone commemorates the victims of the massacre // *ricordami a tuo fratello*, remember me to your brother **3** (*menzionare*) to mention, to refer to (sthg.): *anche Platone ricorda questo*, Plato, too, mentions (*o* refers to) this; *non l'avresti dovuto — a casa loro*, you should not have referred to it at their house; *ricordiamo come esempio*, let us mention as an example.
□ **ricordarsi** *v.intr.pron.* to remember (s.o., sthg.): *il bambino non si ricorda più di suo padre*, the child does not remember his father any longer; *mi ricordo che era molto pigro*, I remember he was very lazy; *mi ricordo che John disse che...*, I remember John saying that...; *ricordati di comperare il latte*, remember to buy the milk; *ti ricordi dove hai messo quel libro?*, do you remember where you put that book?; *si ricordò di imbucare la lettera*, he remembered to post the letter; *cerca di ricordarti come l'hai fatto*, try to recall how you did it; *non mi ricordo*, I do not remember; *ricordati di me*, remember me; *dopo tanti anni si ricordava ancora di me*, after all those years he still remembered me; *a Natale ci ricordiamo sempre degli amici*, at Christmas we always remember our friends // *me ne ricorderò per un pezzo!*, I shan't forget it in a hurry!

ricordevole *agg.* (*letter.*) **1** (*memore*) mindful **2** (*memorabile*) memorable.

ricordino *s.m.* **1** (*regalino*) souvenir, memento, keepsake **2** (*immaginetta sacra*) holy picture; memorial card.

ricordo *s.m.* **1** memory; recollection, remembrance: *ho un bellissimo — della vacanza*, I've got very happy memories of the holiday; *i miei primi ricordi risalgono a quando avevo tre anni*, my earliest recollections go back to when I was three; *ne ho un — vago, confuso*, I have a vague, confused recollection of it; *ho un vago — di dove abita*, I've got a vague recollection of where he lives; *non avevo alcun — di tutto questo*, I had no recollection (*o* remembrance) of all that; *questo luogo risveglia tristi ricordi*, this place brings back sad memories; *serbare un piacevole — di qlcu., qlco.*, to have a pleasant recollection of s.o., sthg.: *serbo di lui un — dolcissimo*, his memory is dear to me; *conservare un — preciso di qlco.*, to retain (*o* to have) a clear memory of sthg. // *vive dei ricordi del passato*, he lives on his memories of the past // *i treni a vapore ormai sono solo un* —, steam trains are just a memory now // *questo monumento fu costruito a — dei nostri soldati*, this monument was built as a memorial to our soldiers **2** (*oggetto ricordo*) souvenir, memento*, keepsake: — *di famiglia*, heirloom; *facciamo una foto — tutti insieme!*, let's take a photograph of all of us together to keep as a souvenir!; *ho comperato un — di Roma*, I have bought a souvenir of Rome; *lo tengo come — di mio padre*, I am keeping it as a memento of my father; *il gioiello è un — della zia Maria*, the jewel is a memento of my aunt Maria; *tenetelo per* —, keep it as a memento (*o* keepsake); *vi ho portato un piccolo* —, I have brought you a small gift // *il fanale rotto è un — dell'incidente*, (*iron.*) the broken headlight is a souvenir of the accident // *per — di*, in remembrance of (*o* in memory of) **3** (*testimonianza*) record: *non abbiamo nessun — di quell'antica civiltà*, we have no record of that ancient civilization **4** *pl.* (*memorie*) reminiscences; (*lett.*) memoirs: *'I miei ricordi' di D'Azeglio*, D'Azeglio's 'Memoirs'; *lasciò ai nipoti un libro di ricordi*, he left his grandchildren a book of reminiscences.

ricoricare *v.tr.* to lay* down again.
□ **ricoricarsi** *v.rifl.* **1** to lie* down again; (*ritornare a letto*) to go* to bed again: *si ricoricò sul divano*, he lay down on the sofa again **2** (*tramontare ancora*) to set* again.

ricorreggere *v.tr.* to correct again, to recorrect.

ricorrente *agg.* **1** (*che si ripete*) recurrent, recurring: *una lamentela — nel suo discorso era la mancanza di denaro*, a recurring complaint in his speech was the lack of money; *atti di teppismo sempre più ricorrenti*, acts of hooliganism that occur more and more frequently; *febbre —*, recurrent fever; *feste ricorrenti*, recurring feasts; (*mat.*) *serie —*, recurrent (*o* recurring) series; (*mus.*) *motivo —*, recurring theme; (*econ.*) *spese ricorrenti*, recurrent expenses **2** (*anat.*) recurrent ◆ *s.m.* e *f.* (*dir.*) petitioner; claimant, plaintiff.

ricorrenza *s.f.* **1** (*ritorno periodico*) recurrence **2** (*anniversario*) anniversary; (*festa*) festivity, holiday; (*occasione*) occasion; (*giorno*) day: *celebrare una —*, to celebrate an anniversary; *domani per me è una — particolare*, tomorrow is a special day for me.

ricorrere *v.intr.* **1** (*correre di nuovo*) to run* again; (*correre indietro*) to run* back, to hurry back // *— col pensiero al passato*, to think about the past **2** (*rivolgersi a qlcu.*) to go* to s.o., to turn to s.o.; (*fare uso di qlco.*) to resort, to have recourse; (*fare appello*) to appeal: *se hai bisogno di qualcosa ricorri a me*, if you need something come (*o* turn) to me; *— alla forza*, to resort to force; *non hanno esitato a — all'uso della forza*, they didn't hesitate to resort to force; *se sarà necessario ricorreremo alla polizia*, we'll turn to the police if it's necessary; *— all'aiuto di qlcu.*, to turn (*o* to go) to s.o. for help; *ricorse anche alle lacrime per commuoverla*, he even resorted to tears in order to sway her; *— a uno stratagemma*, to resort to a stratagem; *— alle vie legali*, to have recourse to legal proceedings; *— alla legge*, to resort to the law; *— alla giustizia*, to go to court; *— a un prestito*, to take out a loan; *— al risparmio*, to draw on one's savings **3** (*dir.*) to apply; (*appellarsi, a magistrato superiore*) to appeal: *— all'autorità*, to apply to the authorities; *— al Ministero*, to apply to the Ministry; *— contro una sentenza*, to appeal against a sentence; *— in appello*, to appeal (*o* to make an appeal); *— in cassazione*, to appeal to the Supreme Court (*o, in Italia*, to the Court of Cassation) **4** (*ripetersi*) to recur: *questi elementi ricorrono nella letteratura di quel periodo*, these elements are often (to be) found (*o* often recur) in the literature of the period // (*mat.*) *— periodicamente*, to recur periodically **5** (*accadere*) to occur, to happen; (*di date*) to fall*: *oggi ricorre il terzo anniversario del nostro matrimonio*, today is our third wedding anniversary.

ricorrezione *s.f.* recorrection, new correction.

ricorsività *s.f.* (*log., ling.*) recursivity: (*log.*) *teoria della —*, theory of recursivity.

ricorsivo *agg.* (*log., ling.*) recursive // (*log.*) *insieme —*, recursive set; *funzione ricorsiva*, recursive function.

ricorso *s.m.* **1** resort, recourse: *fare — a un amico*, to turn to a friend; *fare — alla violenza*, to turn to violence (*o* to have recourse to violence); *fare — a un medico*, to go to a doctor **2** (*dir.*) petition; (*reclamo*) claim; (*a magistrato superiore*) appeal: *— in appello*, appeal: *fare — in appello*, to appeal (*o* to make an appeal); *su — di qlcu.*, on a petition by s.o. (*o* at s.o.'s petition); *fare un —*, to make a petition; *fare — contro una sentenza*, to appeal (*o* to make an appeal) against a sentence; *presentare un — a qlcu.*, to file (*o* to lodge) a petition with s.o.; *accogliere un —*, to uphold an appeal; (*trib.*) *— per restituzione di imposta*, claim for refund of taxes; (*amm.*) *fare — gerarchico*, to go through official channels **3** (*ritorno periodico*) recurrence, return: *il — delle stagioni*, the recurrence of the seasons.

ricostituente *agg.* (*med.*) reconstituent; tonic (*attr.*): *cura —*, tonic cure ◆ *s.m.* (*med.*) tonic, reconstituent.

ricostituire *v.tr.* **1** to reconstitute; (*ristabilire*) to re-establish, to set* up again; (*la salute*) to restore: (*econ.*) *— un fondo*, to refund; *— un patrimonio*, to build up personal property again; (*comm.*) *— le scorte*, to restock // *una cura per — l'organismo*, treatment to build up the body **2** (*formare di nuovo*) to re-form, to form again: *— un governo*, to re-form a government; *— una società*, to re-establish a company.

□ **ricostituirsi** *v.intr.pron.* **1** to be reconstituted; (*ristabilirsi in salute*) to recover (one's health) **2** (*formarsi di nuovo*) to re-form, to form again; *l'esercito si ricostituì in poco tempo*, the army re-formed in a short time.

ricostituito *agg.* reconstituted: *latte —*, reconstituted milk.

ricostituzione *s.f.* reconstitution; reconstruction; re-formation; (*ristabilimento*) re-establishment: *vietare la — di un partito*, not to allow the re-formation of a party // (*comm.*) *— delle scorte*, restocking.

ricostruire *v.tr.* **1** to rebuild*, to reconstruct (*anche fig.*), to redevelop: *— una casa*, to rebuild (*o* to reconstruct) a house; *hanno ricostruito la città dopo il terremoto*, the city was rebuilt after the earthquake; *andò in America per ricostruirsi una vita*, he went to America to build (*o* to make) a new life for himself; (*econ.*) *— l'economia di un paese*, to rebuild a country's economy **2** (*ricreare, riprodurre*) to reconstruct: *— i fatti, un delitto*, to reconstruct the facts, a crime; *— un testo*, to restore a text.

ricostruttivo *agg.* reconstructive: *tecnica ricostruttiva*, reconstructive technique; (*med.*) *intervento —*, reconstructive operation.

ricostruttore *agg.* reconstructive ◆ *s.m.*, **ricostruttrice** *s.f.* rebuilder, reconstructor.

ricostruzione *s.f.* **1** rebuilding, reconstruction; redevelopment: *— di una casa*, rebuilding of a house; *la — di una città*, the reconstruction (*o* rebuilding) of a city; *— di un'area urbana*, redevelopment of an urban area; *— economica*, economic reconstruction; *politica di —*, redevelopment policy // *la — storica di un romanzo*, the reconstruction (*o* recreation) of the historical period in a novel **2** (*non originale*) reconstruction: *l'edificio è una — del 1800*, the building is a reconstruction of an 18th century structure.

ricotta *s.f.* 'ricotta' (kind of cottage cheese).

ricottaio *s.m.* (*chi vende ricotta*) seller of 'ricotta'.

ricotto *agg.* **1** re-cooked, cooked again **2** (*metall.*) annealed: *— completamente*, soft annealed; *rame —*, soft copper.

ricottura *s.f.* **1** re-cooking **2** (*metall.*) annealing: *— a bassa temperatura*, subcritical annealing; *— completa*, full annealing; *— in bianco*, bright annealing; *— intermedia*, process annealing; *cassetta di —*, annealing box; *forno di —*, annealing furnace.

ricoverare *v.tr.* to take* in, into (sthg.); to give* shelter to (s.o.): *il vecchio fu ricoverato* (*in una casa di riposo*), the old man was taken to a rest home; *— in un ospedale*, to send to hospital (*o* to hospitalize), (*accettare in ospedale*) to admit (to hospital); *lo fecero — in manicomio*, they sent him to an asylum; *— qlcu. d'urgenza* (*in ospedale*), to rush s.o. to hospital.

□ **ricoverarsi** *v.rifl.* o *intr.pron.* **1** (*rifugiarsi*) to take* shelter: *— in una capanna*, to take shelter (*o* to shelter) in a hut **2** (*entrare in una clinica*) to go* to a clinic.

ricoverato *s.m.* **1** (*in un istituto di carità*) inmate **2** (*in un ospedale*) patient: *tutti i ricoverati di questo padiglione sono gravi*, all the patients in this department are seriously ill.

ricovero *s.m.* **1** admission (to hospital), hospitalization: *provvedere al — di qlcu. in una clinica*, to arrange for s.o.'s admission to a clinic; *— d'urgenza*, emergency admission (*o* hospitalization) **2** (*rifugio*) shelter, refuge: *cercar —*, to seek refuge; *dare — a qlcu.*, to give shelter to s.o. // *— antiaereo*, air raid shelter **3** (*orfanotrofio*) orphanage; (*ospizio per poveri*) poor people's home; (*ospizio per vecchi*) old people's home.

ricreare *v.tr.* **1** (*creare di nuovo*) to recreate: *cerca di — l'atmosfera serena che c'era una volta*, try to recreate the calm atmosphere there once was; *— un'ambiente per girare un film*, to recreate a setting to make a film; *— un partito*, to rebuild a party **2** (*rinvigorire*) to restore, to revive; (*rasserenare*) to cheer: *— le forze*, to restore s.o.'s strength; *un film che ricrea lo spirito*, a film that cheers one up.

□ **ricrearsi** *v.rifl.* to relax, to enjoy oneself, to find* recreation (in sthg.): *— ascoltando la musica*, to relax by listening to music.

ricreativo *agg.* recreational, recreative; (*divertente*) amusing; (*piacevole*) pleasant: *attività ricreative*, recreational activities; *lettura ricreativa*, light reading // *circolo —*, recreation centre.

ricreatore *agg.* (*letter.*) reviving; refreshing: *un silenzio —*, a refreshing silence ◆ *s.m.* (*letter.*) restorer, refresher, reviver.

ricreatorio *agg.* (*non com.*) recreative, recreational ◆ *s.m.* recreation centre; (*per giovani*) youth club.

ricreazione *s.f.* **1** (*non com.*) (*il ricreare*) re-creation, reconstruction: *la — di un ambiente storico*, the re-creation of a historical setting **2** (*riposo*) break; (*a scuola*) recreation, recess, playtime: *dopo una breve — riprese a lavorare*, after a short break he resumed work **3** (*svago*) diversion, recreation: *egli considera la lettura come una —*, he considers reading a diversion; *per me lo sport è un momento di —*, for me sport is recreation.

ricredersi *v.intr.pron.* to change one's mind: *lo credevo buono ma mi sono ricreduto*, I thought he was good but I have changed my mind; *ho dovuto ricredermi sul tuo conto*, I've had to change my mind about you.

ricrescere *v.intr.* **1** to grow* again: *farsi — la barba, i baffi*, to let one's beard, moustache grow again **2** (*aumentare*) (*di prezzi*) to rise* (again).

ricrescita *s.f.* new growth, fresh growth; (*di prezzi*) new increase: *— delle erbe*, fresh growth of grass: *un prodotto che aiuta la — dei capelli*, a product which encourages hair growth.

rictus *s.m.* (*med.*) rictus.

ricucire *v.tr.* **1** to resew*, to sew* (sthg.) (up) again, to restitch: *— un bottone*, to sew a button back; *— uno strappo*, to mend a tear **2** (*med.*) to sew* up: *— una ferita*, to sew up a wound **3** (*fig.*) (*mettere insieme*) (*discorsi, scritti ecc.*) to put* together **4** (*fig.*) (*ricomporre*) to re-establish: *— i rapporti in famiglia*, to re-establish family relationships; *— il dia-*

logo tra Est e Ovest, to re-establish the dialogue between East and West.

ricucitura *s.f.* **1** sewing up; resewing **2** (*i punti*) seam.

ricuocere *v.tr.* **1** to recook, to cook again: — *al forno*, to bake again **2** (*metall.*) to anneal.

ricupera *s.f.* (*amm.*) (*il ricuperare*) recovering, recovery.

ricuperabile *agg.* recoverable, retrievable; that can be made up; (*redimibile*) redeemable: *ritardo* —, delay that can be made up; *credito* —, recoverable (*o* collectable) credit // *malato* —, (*guaribile*) a patient who is likely to recover.

ricuperabilità *s.f.* recoverableness; retrievability: *la — di un credito*, the recoverableness of a credit; *la — di un relitto in fondo al mare*, the likelihood of salvaging a wreck from the bottom of the sea.

ricuperamento *s.m.* (*non com.*) recovering; recovery; retrieval; (*da naufragio, incendio ecc.*) salvaging.

ricuperare *v.tr.* **1** to recover; to get* back; to collect, to retrieve, to recoup; (*trib.*) (*mediante gettito fiscale*) to claw back: — *la refurtiva*, to recover the loot; *abbiamo ricuperato ciò che avevamo perduto*, we have recovered what we had lost; — *il proprio denaro*, to get one's money back (*o* to recover one's money *o* to recoup one's money); — *la salute*, to recover one's health; — *la vista*, to recover one's sight; — *la libertà*, to regain one's freedom // (*comm.*): — *un debito, un credito*, to recover (*o* to collect) a debt, a credit; — *le spese*, to recover expenses; — *le perdite*, to retrieve one's losses // (*sport*) — *una partita*, to play a postponed (*o* rescheduled) match **2** (*ritrovare*) to recover; (*in mare, incendi ecc.*) to salvage: *le salme sono state ricuperate dopo tre ore di ricerche*, the bodies were recovered after a three-hour search; — *un carico da un naufragio*, to salvage a cargo from a wreck **3** (*fig.*) (*riabilitare*) to rehabilitate: — *i tossicodipendenti, gli ex-detenuti*, to rehabilitate drug addicts, ex-prisoners **4** (*riutilizzare, riciclare*) to recycle: — *il vetro, la carta*, to recycle glass, paper **5** (*rimontare, riguadagnare*) to make* up for (sthg.): *il treno ha ricuperato il ritardo*, the train has made up for the delay; — *il tempo perduto*, to make up for lost time // *la sinistra ha ricuperato alle ultime elezioni*, the left made up ground in the last election // (*Borsa*) *il mercato dei titoli ha ricuperato* (*terreno*), the stock market rallied (*o* recuperated).

ricuperatore *s.m.* **1** recuperator; (*di sottoprodotto*) reclaimer; (*di una nave affondata*) salvage expert **2** (*tecn., mil.*) recuperator: — *a molla*, spring recuperator; — *di calore*, recuperator (*o* regenerator).

ricupero *s.m.* **1** recovery; retrieval, collection; (*ammortamento*) payback; (*trib.*) (*di gettito fiscale*) clawback: — *del bottino*, recovery of the loot; — *dei danni*, recovery of damages; *il — delle proprie ricchezze*, retrieval of one's fortunes; *il — delle forze*, the recovery of one's forces // (*comm.*) — *di un credito*, recovery (*o* collection) of a credit // (*Borsa*) — *improvviso*, (*di titoli*) spurt // (*dir.*) *diritto di* —, right of recovery **2** (*ritrovamento*) recovery; (*salvataggio*) rescue, saving; (*mar.*) salvage: *il — di una cosa perduta*, the recovery of sthg. lost; *il — dei cadaveri*, the recovery of the bodies; *operazioni di* —, rescue operations; (*in un naufragio*) salvage operations; *il — del carico*, the salvage of the cargo **3** (*fig.*) (*riabilitazione*) rehabilitation: *il — dei tossicodipendenti*, the rehabilitation of drug addicts **4** (*riutilizzo*) reutilization; salvage; (*rivalorizzazione*) reclamation; (*riciclaggio*) recycling: *il — del verde nei centri urbani*, the reclaiming of open space in urban areas; *il — del vetro, della carta*, the recycling of glass, of paper // *materiale di* —, salvage; *valore di* —, salvage value **5** (*rimonta, riduzione di uno svantaggio*) making up; recovery: — *del ritardo*, making up for the delay; *il — di un partito alle elezioni*, the recovery of a party in the elections // *avere capacità di* —, to be able to make a comeback // (*sport*): *partita di* —, rescheduled match; *minuti di* —, extra time // *lezione di* —, lesson to make up **6** (*cosa ricuperata*) thing recovered; (*mar.*) salvage **7** (*inform.*) recovery; (*ricerca*) retrieval.

ricurvare *v.tr.* **1** (*curvare*) to bend*, to curve **2** (*curvare di nuovo*) to bend* again.
□ **ricurvarsi** *v.rifl.* (*curvarsi di nuovo*) to bend* down again, to stoop again ♦ *v.intr.pron.* (*incurvarsi*) to bend* again, to curve again.

ricurvo *agg.* (*molto curvo*) bent, curved; (*bot.*) (*ritorto*) crooked, reflexed; (*di corna*) crumpled: — *sotto un fardello*, bent under a burden; *bastone* —, crook; *ramo* —, crooked branch; *spalle ricurve*, round shoulders; *un vecchio* —, a bent old man.

ricusa *s.f.* **1** (*letter.*) refusal; denial **2** (*dir.*) objection, challenge: — *dei giurati*, objection to the jury.

ricusabile *agg.* refusable (*anche dir.*); refutable.

ricusare *v.tr.* **1** to refuse; to reject; to deny: — *un favore a qlcu.*, to refuse (*o* to deny) s.o. a favour; — *una proposta*, to refuse (*o* reject) a proposal **2** (*dir.*) to object to (s.o., sthg.); to challenge: — *un giudice*, to object to a judge; — *un testimonio*, to object to a witness; — *un testamento*, to repudiate a will ♦ *v.intr.* (*mar.*) to slacken: *il vento ricusa*, the wind is slackening.
□ **ricusarsi** *v.intr.pron.* to refuse.

ricusazione *s.f.* (*dir.*) objection; challenge: — *di un giudice*, objection to a judge; — *immotivata*, (*di giurati*) peremptory challenge.

ridacchiare *v.intr.* to giggle, to titter; (*malignamente*) to snigger: *le ragazze ridacchiarono alle sue parole*, the girls giggled at his words; *ridacchiarono alle sue spalle*, they sniggered behind his back.

ridanciano *agg.* **1** (*che ride*) jolly, jocular, merry **2** (*che fa ridere*) funny, amusing, comic: *storiella ridanciana*, funny story.

ridare *v.tr.* **1** (*dare di nuovo*) to give* again: *bisogna ridargli la medicina*, you must give him the medicine again // — *le carte*, to deal again // — *coraggio, fiducia*, to restore courage, confidence // (*fin.*): — *corso legale a una moneta*, to remonetize a currency; — *valore monetario all'argento*, to remonetize silver // *dagli e ridagli*, try and try again; *dagli e ridagli ci ha convinto ad accompagnarlo*, he kept on until he convinced us to go with him **2** (*restituire*) to give* back, to return: *ridammi il mio denaro*, give me my money back; *ti ha ridato il libro che gli hai prestato?*, did he give you back (*o* did he return) the book you lent him?; *ridammi il mio denaro*, give me back my money ♦ *v.intr.* (*fam.*) — *fuori*, to reappear, to come* out again, to break* out again: *gli ha ridato fuori l'eczema*, his eczema has reappeared.

ridarella *s.f.* (*fam.*) giggle: *mi è venuta la* —, I got the giggles.

ridarello *agg.* cheerful, happy, jolly: *un bambino* —, a cheerful child.

ridda *s.f.* **1** (*ballo in tondo*) round dance **2** (*confusione*) (*di cose*) turmoil, tumult, confusion; (*di persone*) mob: *una — di emozioni*, an emotional tumult (*o* a turmoil of emotions); *dovrai cacciarti in quella* —, you'll have to plunge into that mob; *una — di ipotesi da esaminare*, a mass of theories to be examined.

ridente *agg.* **1** laughing, smiling: *occhi ridenti*, smiling eyes **2** (*piacevole*) pleasant: *vita* —, pleasant life **3** (*amer.*) charming, delightful: *luogo* —, charming place.

ridere *v.intr.* to laugh (at s.o., sthg.): *scoppiare a* —, to burst out laughing; *mi fa sempre* —, he always makes me laugh; *non c'è da* —, it is no laughing matter; *non ci vedo niente da* —, I cannot see anything to laugh at in it; *è una cosa da* —, this will make you laugh, (*è un'inezia*) it's nothing; *non ho voglia di* —, I'm in no mood for laughing; *non mi piace che si rida di me*, I do not like being laughed at; *non mi piace il suo modo di — dei mali altrui*, I do not like the way he laughs at other people's misfortunes; *rise fino alle lacrime*, she laughed till she cried; *ti farai — dietro da tutti*, you will become a laughing stock; *tutti ridono alle sue spalle*, everybody laughs at him behind his back; *tutti ridono di lui*, everybody laughs at him; — *forzatamente*, to give a forced laugh; — *sommessamente, tra sé*, to chuckle; — *nervosamente*, to giggle (*o* to titter); — *di cuore, di gusto*, to laugh heartily; *rideva in cuor suo*, he smiled (*o* chuckled) to himself // *ridendo e scherzando si è fatta l'una*, laughing and joking we haven't noticed the time, it's one o'clock already // *c'era da morire dal* —, it was terribly funny! (*o* you would have died laughing!) // *lo disse solo per* —, (*per scherzo*) he only said it for fun (*o* as a joke) // *ma non farmi —!*, (*non dire sciocchezze*) don't make me laugh! (*o* don't talk nonsense!) // *quando la vede gli ridono gli occhi di gioia*, when he sees her his eyes light up with joy; *la speranza rideva nei suoi occhi*, hope was shining in her eyes // — *a crepapelle, piegarsi in due dal* —, to split one's sides with laughter (*o* to roar with laughter); — *come un matto, di gusto*, to laugh one's head off // — *in faccia a qlcu.*, to laugh in s.o.'s face // — *per non piangere*, to laugh bravely // — *sotto i baffi*, to laugh up one's sleeve // *far — i sassi, i polli*, to make a cat laugh // *prendere qlco. in* —, to laugh sthg. off // *è un manager da* —, as a manager he's a joke // *ride bene chi ride ultimo*, (*prov.*) he who laughs last laughs longest.
□ **ridersi** *v.intr.pron.* **1** (*beffarsi*) to laugh (at s.o., sthg.), to make* fun (of s.o., sthg.); *egli se la rideva di noi*, he was laughing at (*o* making fun of *o* mocking) us **2** (*infischiarsene*) not to care (about s.o., sthg.): *se la ride delle critiche*, he doesn't care about criticism.

ridere *s.m.* laughing, laughter: *ho sentito un gran* —, I heard a lot of laughing; *non ne potevo più dal gran* —, my sides were aching with laughter; *sono morto, crepato dal* —, I nearly died laughing.

ridestare *v.tr.* **1** (*destare di nuovo*) to wake* (up) again: *ci destò alle due e poi ci ridestò alle cinque*, he woke us up at two o'clock and then he woke us up again at five **2** (*poet.*) (*destare*) to awaken **3** (*ravvivare*) to revive, to

bring* back, to reawaken: — *sentimenti, ricordi*, to bring back (*o* to reawaken) feelings, memories; — *la gelosia*, to stir up jealousy.
□ **ridestarsi** *v.intr.pron.* **1** (*destarsi di nuovo*) to wake* (up) again, to awake* again: *mi riaddormentai e non mi ridestai fino all'alba*, I fell asleep and I did not wake up again until daybreak **2** (*poet.*) (*destarsi*) to awake:* *la natura si ridesta al sorgere del sole*, nature awakes at daybreak **3** (*ravvivarsi*) to revive, to reawaken; (*riaccendersi*) to be roused (again): *l'amore si ridestò in lei*, love reawakened in her; *sospetti che si ridestano*, suspicions that are rearoused; *la sua collera si ridestò*, his anger was roused again.

ridettare *v.tr.* to dictate again.

ridetto *agg.* repeated: *queste sono cose dette e ridette*, these things have been repeated over and over again.

ridevole *agg.* (*non com.*) **1** (*che fa ridere*) funny; laughable, risible; ridiculous, absurd **2** (*di scherno, derisione*) contemptuous: *motto* —, contemptuous words.

ridicolaggine *s.f.* **1** (*cosa ridicola*) nonsense [U]; ridiculous thing (to do, to say): *quei pregiudizi sono ridicolaggini*, those prejudices are nonsense **2** (*l'essere ridicolo*) absurdity, ridiculousness: *la — di un discorso*, the absurdity of a speech.

ridicolezza *s.f.* **1** (*cosa ridicola*) nonsense [U]; ridiculous thing (to do, to say) **2** (*l'essere ridicolo*) ridiculousness, absurdity.

ridicolizzare *v.tr.* to ridicule: — *ogni cosa*, to ridicule everything; — *un avversario*, to ridicule an opponent.

ridicolmente *avv.* ridiculously, absurdly: *era — orgoglioso del suo piccolo successo*, he was ridiculously proud of his petty success.

ridicolo *agg.* **1** ridiculous, absurd: *ha un aspetto* —, he looks ridiculous; *non essere —!*, don't be absurd (*o* ridiculous)!; *sei tanto — quando parli così*, you are so ridiculous when you talk like that; *la tua gelosia esasperata ti rende* —, your wild jealousy is making you look ridiculous; *le sue pretese sono ridicole*, his claims are absurd; *un prezzo* —, (*esagerato*) an unreasonable (*o* exorbitant) price; *veste in modo* —, she dresses absurdly **2** (*meschino*) paltry: *uno stipendio* —, a paltry salary ♦ *s.m.* **1** ridicule: *il — è un'arma potente*, ridicule is a potent weapon; *non avere il senso del* —, not to have a sense of the ridiculous // *cadere nel* —, to fall into ridicule // *gettare il — su qlcu., qlco.*, to make a laughing-stock of s.o., sthg. // *mettere in — qlcu., qlco.*, to ridicule s.o., sthg. (*o* to make fun of s.o., sthg. *o* to hold s.o., sthg. up to ridicule) **2** (*ridicolaggine*) ridiculousness: *non ne vedo il* —, I can't see the ridiculous side of it; *non sentiva il — della situazione*, he did not see the ridiculousness of the situation; *il — è che crede di averci convinti tutti*, the ridiculous thing is that he thinks he has convinced us all.

ridimensionamento *s.m.* **1** (*riorganizzazione*) reorganization; streamlining; (*riduzione*) reduction, retrenchment: *il — di un progetto di lavoro*, the reorganization of a work project; (*amm.*) *il — dell'apparato burocratico*, the streamlining of the bureaucratic machinery; (*econ.*) — *della spesa pubblica*, retrenchment in public expenditure **2** (*fig.*) re-evaluation: *il — del significato di un evento*, the re-evaluation of the significance of an event.

ridimensionare *v.tr.* **1** (*riorganizzare*) to reorganize; to streamline; (*ridurre*) to reduce, to retrench, to rescale: — *un'industria, un'azienda*, to reorganize an industry, a firm; (*econ.*) — *un processo produttivo*, to streamline a production process; (*econ.*) — *il personale*, to reduce (*o* to cut down on) personnel // (*fin.*) — *un bilancio*, to rescale a budget **2** (*fig.*) to re-evaluate, to reconsider, to put* into proportion, to put* into perspective: — *uno scrittore*, to re-evaluate a writer; — *la portata di un avvenimento*, to put the significance of an event into perspective.
□ **ridimensionarsi** *v.intr.pron.* to be re-evaluated, to be reconsidered; (*ridursi*) to be scaled down: *le sue pretese si sono ridimensionate*, his demands have scaled down; *era un grande presuntuoso, ma dopo tre anni di prigione si è ridimensionato*, he used to be very arrogant but three years in prison brought him down a peg or two.

ridiminuire *v.tr.* to diminish again.

ridipingere *v.tr.* to repaint, to paint again.

ridire *v.tr.* **1** (*dire di nuovo*) to say* again; to tell* again: *dobbiamo dirglielo e ridirglielo*, we have to tell him over and over again **2** (*riferire*) to repeat; (*raccontare*) to tell*, to express: *ridice tutto al maestro*, he repeats everything to the teacher; — *un segreto*, to tell a secret **3** (*obiettare*) to object to (s.o., sthg.); to find* fault with (s.o., sthg.); to find* a blemish in (sthg.): *ha sempre da — su ciò che faccio*, he always finds fault with what I do; *non trovò niente da* —, he found nothing to object to; *trova da — sul mio vestito*, he objects to my dress.

ridiscendere *v.tr.* e *intr.* to come* down again, to go* down again, to redescend: — *il fiume*, to go down the river again.

ridisegnare *v.tr.* to draw* again, to redraw.

ridisporre *v.tr.* to rearrange, to arrange again: — *i mobili*, to rearrange the furniture.

ridissoluzione *s.f.* (*chim.*) redissolution.

ridistaccare *v.tr.* to detach again; to separate again.
□ **ridistaccarsi** *v.rifl.* o *intr.pron.* to be detached again; to get* separated again.

ridistanziare *v.tr.* to outdistance again.

ridistendere *v.tr.* to spread* out again.
□ **ridistendersi** *v.rifl.* o *intr.pron.* to lie* down again.

ridistribuire *v.tr.* to redistribute, to reallocate (*anche econ.*); (*amm.*) (*riassegnare*) to reassign: — *gli incarichi*, to reassign functions.

ridistribuzione *s.f.* redistribution, reallocation (*anche econ.*); (*amm.*) (*riassetto*) redeployment: — *del reddito*, redistribution of income; — *dei lavoratori*, redeployment of workers.

ridistruggere *v.tr.* to destroy again.

ridivenire, ridiventare *v.intr.* to become* again, to grow* again, to turn again: *il tempo ridiventa freddo*, the weather is turning (*o* becoming) cold again; — *giovane*, to grow (*o* to become) young again; *dopo il suo arrivo ridiventò serio*, after her arrival he became serious again.

ridomandare *v.tr.* **1** to ask again, to inquire again: *quante volte mi ridomanderai le stesse cose?*, how many times are you going to ask me over and over the same things? **2** (*chiedere in restituzione*) to ask back: — *i soldi prestati*, to ask for the lent money back.

ridonare *v.tr.* to give* again; to give* back; to restore: *la sua lettera mi ha ridonato fiducia*, his letter has restored my faith.

ridondante *agg.* **1** abounding (in sthg.), crammed full (of sthg.): *un discorso — di citazioni*, a speech crammed full of quotations **2** (*ampolloso*) pompous, bombastic: *stile* —, pompous style.

ridondanza *s.f.* redundance, redundancy, superabundance.

ridondare *v.intr.* **1** (*sovrabbondare*) to abound (in, with sthg.); to superabound (in, with sthg.), to overflow* (with sthg.): *il suo stile ridonda di citazioni*, his style is overloaded with quotations **2** (*mar.*) (*di vento*) to become* favourable **3** (*letter.*) (*tornare, risultare*) to redound: *ciò che fece ridonda a suo onore*, what he did redounds to his credit.

ridossare *v.tr.* **ridossarsi** *v.rifl.* (*mar.*) to shelter.

ridosso *s.m.* (*luogo riparato*) shelter, sheltered place // *a* —, close to (*o* very near *o* close at hand): *la casa era a — della scogliera*, the house was close to the cliffs; *la città ha a — le montagne*, the city has the mountains at its back; *non stare così a — del muro*, don't stay so close to the wall; *siamo ormai a — dell'inverno*, winter is close at hand.

ridotare *v.tr.* to refurnish; (*fornire di una nuova rendita*) to re-endow; (*riequipaggiare*) to re-equip.

ridotta *s.f.* (*mil.*) redoubt.

ridotto *agg.* reduced, cut: *prezzo* —, reduced (*o* cut) price: *biglietti a prezzo* —, cut price tickets; *tariffa ridotta*, cheap fare; *prezzo molto* —, knockdown price; *in proporzioni ridotte*, on a small(er) scale; — *al minimo*, reduced to the minimum; (*mat.*) *frazione ridotta ai minimi termini*, a fraction reduced to its lowest terms // — *in cattive condizioni, male*, in a bad state (*o* in bad shape): *è — piuttosto male, dopo quell'incidente*, he's in rather a bad way after the accident // *ma guarda come sei —!*, (*in disordine*) look at the state you are in! // *edizione ridotta*, abridged edition // (*fis.*) *massa ridotta*, reduced mass // (*aut.*) *marcia ridotta*, reduced gear ♦ *s.m.* (*teatr.*) foyer, lounge.

riducente *agg.* reducing: *crema* —, (*dimagrante*) reducing cream // (*chim.*) *agente* —, reducing agent ♦ *s.m.* (*chim.*) reducer.

riducibile *agg.* reducible: *prezzi non ulteriormente riducibili*, closest prices // (*mat.*) *polinomio* —, reducible polynomial.

riducibilità *s.f.* reducibility (*anche mat.*); reducibleness.

ridurre *v.tr.* **1** to reduce, to cut* (down); to curtail; to shorten: — *il personale*, to cut (down) (*o* to reduce) the staff; — *il prezzo di un articolo*, to reduce (*o* to lower *o* to bring down) the price of an article; — *le spese, lo stipendio*, to reduce expenses, wages; — *una vacanza*, to curtail (*o* to cut short) a holiday; — *la velocità*, to reduce speed; (*econ.*) — *il capitale*, to reduce capital; — *il tasso di sconto*, to reduce the discount rate; *stiamo cercando di — i tempi*, we are trying to shorten (*o* cut) the time // — *un'opera letteraria*, to abridge a literary work // (*mar.*) — *la velatura*, to shorten (*o* to take in) sail **2** (*convertire*) to convert, to reduce, to change; (*far diventare*) to turn into:

ogni volta che vengono gli amici mi riducono la casa un porcile, every time my friends come they turn the house into a pigsty; *l'hotel Cavour è stato ridotto in appartamenti l'anno scorso*, last year the Hotel Cavour was converted into flats // *prima riduci quei dati in metri*, first convert those data into metres; — *in pezzi*, to break into pieces; — *in polvere*, to turn to dust, to pulverize; — *qlco. in briciole*, to crumble sthg. up **3** (*adattare*) to adapt: (*cinem.*) — *per lo schermo*, to adapt for the screen; — *un testo per le scuole*, to adapt (*o* to simplify) a text for schools **4** (*chim.*) to reduce: — *lo stato di ossidazione di un atomo*, to reduce the oxidation state of an atom; — *nitrogruppi ad aminogruppi*, to reduce nitro groups to amino groups; (*metall.*) — *un minerale di rame a rame metallico*, to reduce a copper ore to metallic ore **5** to reduce: (*mat.*) — *una frazione ai minimi termini*, to reduce a fraction to its lowest terms **6** (*indurre, portare a*) to drive*, to reduce; to bring*: — *alla disperazione*, to drive to despair; — *in miseria, al silenzio*, to reduce to poverty, to silence; — *qlcu. all'obbedienza*, to force s.o. to obedience; — *in rovina, in fin di vita*, to bring to ruin, to the brink of death; *fu ridotto a rubare, a mendicare*, he was reduced (*o* driven) to steal, to beg; *lo ridurranno alla pazzia, pazzo*, they'll drive him mad // *la malattia l'ha ridotto male*, the illness has left him in a sorry state (*o* in a bad way); *nell'incidente ha ridotto a, in pezzi l'auto*, he made a wreck of his car in the accident **7** (*un abito ecc.*) to take* in (a dress) **8** (*frattura ecc.*) to set*; to reduce: — *una frattura*, to set a broken bone **9** (*rar.*) (*ricondurre*) to bring* back, to take* back: — *il gregge all'ovile*, to bring back the sheep to the fold // — *qlcu. alla ragione*, to make s.o. see reason.

□ **ridursi** *v.intr.pron.* **1** to reduce oneself, to come* (down): *non volevo ridurmi a questo*, I didn't want to come to this; *si ridusse a vendere i suoi mobili*, he was reduced (*o* driven) to selling his furniture; *le spese si riducono a poco*, the expenses come (down) to very little; *si riduce sempre all'ultimo a fare le valigie*, he always leaves it to the last minute to pack; — *allo stretto necessario*, to confine oneself to what is strictly necessary **2** (*diminuire*) to diminish, to decrease; (*econ.*) (*calcolare*) to go* down, to drop: *le possibilità di successo si sono ridotte*, the possibilities of success have diminished (*o* decreased); *i prezzi si sono ridotti*, prices have gone down **3** (*diventare*) to be reduced, to become*: *si è ridotto a pelle e ossa*, he was reduced to (*o* became) skin and bone (*o* to a skeleton) **4** (*restringersi*) to shrink*: *la camicia si è ridotta lavandola*, the shirt shrank with washing **5** (*ritirarsi*) to retire: *si ridusse a vita privata*, he retired into private life.

riduttasi *s.f.* (*biochim.*) reductase.

riduttivo *agg.* **1** that limits: *un provvedimento — dei costi*, a regulation that limits costs **2** (*estens.*) (*sminuente*) restrictive; limited: *un giudizio —*, a restrictive judgement; *un'interpretazione riduttiva*, a limited interpretation.

riduttore *agg.* reducing: (*chim.*) *agente —*, reducing agent ◆ *s.m.* **1** reducer: *il — di un romanzo*, the abridger of a novel **2** (*mecc.*) reducer; reduction gear, reduction unit: — *di pressione, di velocità*, pressure, speed reducer **3** (*fot.*) adapter **4** (*chim.*) reducer; (*apparecchiatura per reazioni di riduzione*) reductor.

riduzione *s.f.* **1** reduction, cut, cutback: — *dei prezzi*, cut (*o* reduction) in prices; — *graduale dei prezzi*, shading in prices; — *delle scorte*, stock reduction; — *di pena*, reduction of sentence // (*econ.*): — *delle spese*, retrenchment of expenses; — *dei salari*, cut in wages (*o* wage cut); — *del capitale sociale*, reduction (*o* writing down) of capital stock; — *delle tariffe*, tariff reduction // (*trib.*): — *d'imposta*, tax abatement (*o* relief *o* cut); *ottenere una — sulle tasse*, to be granted a rebate on taxes // (*assicurazioni*) — *del premio a chi non provoca sinistri*, no claims bonus // (*banca*): — *creditizia*, credit rationing (*o* squeeze); — *del tasso di sconto, di interesse*, reduction in the discount rate, in the interest rate // (*inform.*) — *dell'entità di un archivio*, file compression **2** (*sconto*) discount, rebate, markdown; *una — di 5 sterline*, a markdown of 5 pounds; *fare una —*, to give (*o* to grant) a discount; *ottenere una — sul prezzo*, to obtain (*o* to be granted) a discount **3** (*adattamento*) adaptation; (*di opera letteraria*) abridgement: *la — televisiva di un romanzo*, the television adaptation of a novel **4** (*mus.*) arrangement **5** (*chim., mecc.*) reduction **6** (*med.*) reduction **7** (*astr.*) reduction.

rieccitare *v.tr.* to excite again, to stir again; to stimulate again.

□ **rieccitarsi** *v.rifl.* o *intr.pron.* to get* excited again.

riecco *inter.* here (s.o., sthg.) is again, here is (s.o., sthg.) again; here is (s.o., sthg.) back; *rieccola qui*, here she is (*o* comes) again; *e — la pioggia!*, here's the rain again; *rieccoci a Natale*, here we are at Christmas again.

riecheggiare *v.intr.* to (re-)echo, to resound (*anche fig.*): *il tuono riecheggiò nelle valli*, the thunder resounded in the valley; *nel romanzo riecheggiano motivi romantici*, romantic themes echo throughout the novel ◆ *v.tr.* to (re-)echo (*anche fig.*): *la villa riecheggia lo stile del Palladio*, the villa echoes (*o* suggests) the Palladian style.

riedificabile *agg.* rebuildable.

riedificare *v.tr.* to rebuild*, to reconstruct.

riedificatore *s.m.* rebuilder, reconstructor.

riedificazione *s.f.* rebuilding; reconstruction.

riedito *agg.* republished, reissued; reprinted.

riedizione *s.f.* **1** new edition, reissue **2** (*teatr.*) revival; (*rifacimento*) remake; (*cinem.*) re-release: *una — dell'Enrico IV*, a revival of Henry IV **3** (*fig.*) (*ripresentazione, riproposta*) revival, return.

rieducabile *agg.* reformable; that can be rehabilitated.

rieducare *v.tr.* to reform; to re-educate, to rehabilitate (*anche med.*).

rieducazione *s.f.* re-education, rehabilitation (*anche med.*).

rielaborare *v.tr.* to revise; to modify; to work out again: — *un testo*, to revise a text.

rielaborazione *s.f.* revision, modification; (*rifacimento*) working out again, reworking: *la — di un testo*, the revision of a text.

rieleggere *v.tr.* to re-elect: *il presidente è stato rieletto all'unanimità*, the president was re-elected by a unanimous decision (*o* unanimously).

rieleggibile *agg.* eligible for re-election.

rieleggibilità *s.f.* eligibility for re-election.

rieletto *agg.* re-elected ◆ *s.m.* re-elected person.

rielezione *s.f.* re-election.

riemergere *v.intr.* to resurface, to emerge again (*anche fig.*): *il sommozzatore è riemerso dopo 20 minuti*, the frogman resurfaced after 20 minutes; *è riemerso il suo losco passato*, his squalid past resurfaced.

riemersione *s.f.* resurfacing, re-emergence.

riemettere *v.tr.* to re-issue, to draw* again: (*banca*) — *una tratta scaduta*, to re-issue an overdue draft.

riemigrare *v.intr.* to re-emigrate, to emigrate again.

riempibile *agg.* refillable.

riempibottiglie *s.f.* bottler.

riempimento *s.m.* filling (up); refilling; stuffing // (*edil.*) *materiale di —*, fill(ing) // (*inform.*) — *di una zona*, (*di applicazioni grafiche*) area fill.

riempire *v.tr.* **1** to fill (up) (*anche fig.*); to stuff: — *i bicchieri*, to fill the glasses; (*nei brindisi*) to charge the glasses; — *uno scaffale di libri*, to fill a shelf with books; — *una stanza di mobili*, to fill (*o* to crowd) a room with furniture; — *la vasca di acqua calda*, to fill the bath with hot water; *mi ha riempito le tasche di caramelle*, he filled (*o* stuffed) my pockets with sweets; *la folla riempiva lo stadio*, the crowd filled the stadium; *il suo arrivo mi riempì di gioia*, his arrival filled me with joy; *ti ha riempito la testa di sciocchezze*, he has stuffed your head with nonsense // — *la pancia*, to eat one's fill // — *un pollo prima di cucinarlo*, to stuff a chicken before cooking it // — *i vuoti*, (*bottiglie ecc.*) to refill the empties // *lo riempirono di botte*, they really beat him up (*o* they gave him a real beating up) **2** (*compilare*) to fill in; (*assegni*) to make* out: — *un modulo, un vaglia*, to fill in a form, a money order.

□ **riempirsi** *v.rifl.* o *intr.pron.* **1** to fill (up) (with sthg.), to be filled (with sthg.): *la piazza si riempì presto di gente*, the square (was) soon filled with people; *la stanza si riempì di fumo*, the room filled with smoke **2** (*fam.*) (*rimpinzarsi*) to stuff oneself (with sthg.), to cram oneself (with sthg.): *mi sono riempito di maccheroni*, I have stuffed myself with macaroni.

riempita *s.f.* (*fam.*) filling (up).

riempitivo *agg.* filling ◆ *s.m.* **1** (*cosa che riempie*) filling; filler **2** (*fig.*) stop-gap, fill-in: *la visita al museo è stata un —*, the visit to the museum was to fill in time // *fare da —*, to make up numbers: *buona parte degli invitati facevano da —*, a good part of the guests were there to make up the numbers.

riempitore *s.m.* filler.

riempitrice *s.f.* (*mecc.*) filler.

riempitura *s.f.* **1** (*il riempire*) filling (up, in); stuffing **2** (*ciò che serve a riempire*) filling, filler.

rientrabile *agg.* **1** (*fot.*) collapsible: *obiettivo —*, collapsible lens **2** (*aer.*) retractable: *ruote rientrabili*, retractable wheels.

rientramento *s.m.* **1** (*non com.*) (*il rientrare*) return, re-entry **2** (*rientranza*) recess; (*di costa*) indentation, embayment.

rientrante *agg.* **1** re-entering; receding; indented; hollow, sunken: *superficie —*, concave surface; *guance rientranti*, hollow cheeks; *torace —*, hollow chest **2** (*geogr.*) (*di costa, riva*) embayed ◆ *s.m.* (*mil.*) re-entering angle; re-entrant.

rientranza *s.f.* recess, indentation; (*di costa*) indentation, embayment.

rientrare *v.intr.* **1** (*entrare di nuovo*) to re-enter (sthg.); to enter (sthg.) again; (*tornare*) to return (to sthg.); to go* back; to come* back: *è ora di — (a casa)*, it is time to return (*o* to go) home; *rientrò a sera tarda*, he returned late in the evening; *ho promesso di — per le dieci*, I've promised to be back by ten; *rientrarono in albergo dopo la passeggiata*, they went back to the hotel after their walk; *è ancora in ferie e rientrerà domani*, he's still on holiday and will be back tomorrow; *è rientrato in servizio dopo la malattia*, he returned to work after his illness; (*mil.*) *— alla base*, to return to base; (*mar.*) *— in porto*, to return to port // *— in gioco*, to return to the game // *— in lizza*, to return to the fray // *— in possesso di qlco.*, to recover sthg. // *— in sé*, to return to one's senses // *— nelle grazie di qlcu.*, to regain s.o.'s favour // (*teatr.*) *rientra Macbeth*, re-enter Macbeth **2** (*far parte*) to form part (of sthg.), to be part (of sthg.), to be included (in sthg.), to come* into (sthg.); to fall* within (sthg.), to come* within (sthg.): *— nella graduatoria dei vincitori*, to be included in the list of winners; *la questione non rientra nella nostra competenza*, the matter doesn't fall within our province; *questo non rientra nei miei doveri*, this isn't (*o* doesn't form) part of my duties; *questo non rientra nel nostro programma*, this doesn't form part of (*o* come into *o* is not included in) our programme; *questo rientra in un'altra questione*, that doesn't come into the question (*o* that is quite a different matter) **3** (*essere annullato*) to be withdrawn, to be called off: *lo sciopero è rientrato*, the strike has been called off; *la proposta è rientrata*, the proposal has been withdrawn **4** (*presentare una rientranza*) to have a recess: *qui il muro rientra*, there is a recess in the wall here **5** (*restringersi*) to shrink **6** (*recuperare denaro speso*) to recover one's money: *sono rientrato nelle spese*, I have recovered my expenses.

rientrato *agg.* **1** (*fallito*) failed; unfulfilled, that has come to nothing: *un progetto —*, a plan which came to nothing **2** (*fot.*) collapsed: *obiettivo —*, collapsed lens.

rientro *s.m.* **1** return; (*a casa, in patria*) coming home, homecoming; going home: *il — dalle ferie*, the return after the holidays; *al suo — in ufficio trovò tutto cambiato*, on his return to the office he found that everything had changed **2** (*rientranza*) recess: *un — nel muro*, a recess in the wall **3** (*di stoffa*) shrinkage **4** (*astronautica*) re-entry: *modulo di —*, re-entry module.

riepilogamento *s.m.* (*non com.*) recapitulation, summary, summing-up.

riepilogare *v.tr.* to recapitulate, to summarize, to sum up; (*fam.*) to recap: *adesso riepiloghiamo*, let us now recapitulate (*o* sum up *o fam.* recap); *— il discorso, i fatti*, to summarize the speech, the facts; *riepilogando, penso che...*, to sum up, I think that...

riepilogativo *agg.* summary (*attr.*), roundup (*attr.*), recapitulary: *una lezione riepilogativa*, a roundup (*o* revision) lesson.

riepilogo *s.m.* recapitulation, summary, summing-up, roundup; (*fam.*) recap: *un — dei fatti*, a summary of the facts.

riequilibrare *v.tr.* to re-balance, re-equilibrate; to redress (*anche econ.*): *— i piatti della bilancia*, to re-balance (*o* to adjust) the scales: *— i conti con l'estero*, to redress the foreign debt; *— la bilancia dei pagamenti*, to redress the balance of payments.

□ **riequilibrarsi** *v.rifl.* o *rifl.rec.* to reach an equilibrium; (*ritornare alla stabilità*) to return to normality: *le forze in campo si sono riequilibrate*, the forces at play have reached equilibrium; *passata la paura, la situazione si è riequilibrata*, once the fear had passed, the situation returned to normality.

riequilibrio *s.m.* re-balancing; redressing, readjustment (*anche econ.*): *il — della bilancia dei pagamenti*, the redressing of the balance of payments; *il — dei conti*, the readjustment of accounts.

riesame *s.m.* re-examination, review: *dopo un attento — dei fatti*, after careful re-examination of the facts; (*dir.*) *— di un processo*, review of a case.

riesaminare *v.tr.* to re-examine, to examine again; to review, to check again: *dovremmo — le prove*, we should re-examine the proofs (*o* look at the proofs again); *— un processo*, to review a trial (*o* to rehear a case); *— i conti*, to check the accounts again; *— il bilancio*, to review the balance sheet.

rieseguire *v.tr.* to execute again; to do* again; to carry out again; to perform again (*anche teatr.*); *— un lavoro*, to do a job again.

riesercitare *v.tr.* to exercise, to re-exercise, to excercise again; to train, to train again: *— un arto paralizzato*, to exercise a paralysed limb.

□ **riesercitarsi** *v.rifl.* **1** to train (oneself) again, to go into training again; to practise (sthg., doing) again: *— nel nuoto*, to start practising swimming again **2** (*una professione*) to practise again, to carry on again.

riesplodere *v.tr.* to fire again ◆ *v.intr.* to explode again, to re-explode; (*fig.*) to break* out again: *la protesta è riesplosa con violenza*, the protest broke out again with violence.

riesporre *v.tr.* **1** (*rimettere fuori*) to put* out again, to set* out again; (*in bacheca ecc.*) to put* up again, to stick* up again; (*rimettere in mostra*) to show* again; to exhibit again **2** (*rispiegare*) to re-expound, to expound again: *— una dottrina*, to expound a doctrine again.

□ **riesporsi** *v.rifl.* to re-expose oneself, to expose oneself again.

riesportare *v.tr.* (*comm.*) to re-export.

riesportazione *s.f.* (*comm.*) re-exportation, re-export.

riesposizione *s.f.* **1** re-exposure; (*di merci ecc.*) new display; (*nuova mostra*) re-exhibition **2** (*nuova spiegazione*) re-exposition.

riespugnare *v.tr.* to reconquer, to recapture.

riessere *v.intr.* to be again: *spero di — con voi domani*, I hope to be with you again tomorrow // *ci risiamo con le sue lamentele!*, there he goes again with his grumbling!

riestendere *v.tr.* to extend again; to expand again; to enlarge again.

□ **riestendersi** *v.intr.pron.* to extend again, to spread* again, to reach again.

riestrarre *v.tr.* to extract again; to draw* out again.

riesumare *v.tr.* **1** to exhume, to disinter: *— una salma*, to exhume (*o* to disinter) a body **2** (*fig.*) (*riportare alla luce*) to unearth, to bring* to light; to revive: *— un vecchio manoscritto*, to bring to light an old manuscript; *— uno scandalo*, to unearth a scandal.

riesumazione *s.f.* **1** exhumation, disinterment **2** (*fig.*) unearthing, bringing to light; revival.

rievocare *v.tr.* **1** to recall, to evoke (again); (*spiriti*) to conjure up (again): *— il passato*, to recall the past; *— lo spirito dei morti*, to conjure up the spirits of the dead **2** (*commemorare*) to commemorate: *rievocò la figura dello scomparso*, he commemorated the deceased.

rievocativo *agg.* evocative, evocatory.

rievocazione *s.f.* **1** evoking, recalling, conjuring-up; (*di spiriti*) conjuring **2** (*commemorazione*) commemoration.

rifabbricare *v.tr.* to rebuild*, to reconstruct: *hanno rifabbricato la città esattamente come prima*, the city was rebuilt just as it had been before.

rifacimento *s.m.* **1** remaking **2** (*ricostruzione*) reconstruction, rebuilding: *il — interno di una chiesa*, the reconstruction of the interior of a church **3** (*di film*) remake; (*di opera letteraria*) rewriting; (*adattamento*) adaptation: *il — di un film*, the remake of a film; *il — teatrale de 'I Promessi Sposi'*, the stage adaptation of 'I Promessi Sposi'.

rifacitura *s.f.* (*non com.*) remaking.

rifalciare *v.tr.* to mow* again.

rifallire *v.intr.* to fail again (*anche fig.*); to go* bankrupt again (*anche dir.*).

rifare *v.tr.* **1** to do* again, to redo*; to make* again, to remake*: *bello quel passo di danza, rifallo!*, that dance step is fine, do it again!; *è tutto da —*, the whole thing must be redone (*o* done again); *non ho ancora rifatto il mio letto*, I have not yet made my bed // *— un esame*, to take an exam(ination) again **2** (*ricostruire*) to rebuild*: *l'antica chiesa fu rifatta nel* XVIII *secolo*, the ancient church was rebuilt in the 18th century **3** (*rieleggere*) to re-elect: *— qlcu. presidente*, to re-elect s.o. president (*o* chairman) **4** (*ripercorrere*) to retrace: *ha dovuto — la strada fino al semaforo*, he had to retrace his steps as far as the traffic-lights **5** (*riparare*) to repair: *devo far — questo divano*, I must have this sofa repaired **6** (*imitare*) to imitate, to ape: *— i gesti, le mosse di qlcu.*, to ape (*o* to imitate) s.o.'s gestures, movements **7** (*imitare fraudolentemente*) to forge: *— la firma di qlcu.*, to forge s.o.'s signature **8** (*indennizzare*) to indemnify, to reimburse: *— qlcu. di un danno*, to indemnify s.o. for damages; *ti rifarò delle spese*, I'll refund (*o* reimburse) you.

□ **rifarsi** *v.rifl.* o *intr.pron.* **1** to make* up (for); to make* good (sthg.): *voleva — del denaro perduto*, he wanted to make up for (*o* he wanted to recover) the money he had lost; *— del tempo perduto*, to make up for lost time; *dopo che fece bancarotta ci mise tre anni a —*, after he went bankrupt he took three years to get on his feet again; *ho continuato a giocare perché speravo di rifarmi*, I went on playing, because I was hoping to make good my losses; *non so neppure se mi rifarò delle spese*, I don't even know if I'll recoup (*o* cover *o* clear) my expenses **2** (*ritornare, ridiventare*) to become* again: *il tempo si è rifatto bello*, the weather has become fine again // *dopo una settimana si è rifatto vivo*, after a week he showed (*o* turned) up again **3** (*vendicarsi*) to get* even (with s.o.); to revenge oneself: *egli voleva — su di loro dei torti ricevuti*, he wanted to get even with them (*o* to revenge himself on them) for the wrongs he had received **4** (*risalire*) to go* back to (sthg.); (*attingere*) to draw* on (sthg.): *per ritrovarne le tracce dobbiamo rifarci a epoche preistoriche*, to find traces of it we have to go back to prehistoric times; — *all'esperienza passata*, to draw on previous experience **5** (*richiamare*) to follow: *qui l'autore si rifà a un metodo classico*, here the author is following a classical method.

rifasamento *s.m.* (*elettr.*) power factor correction.

rifasare *v.tr.* (*elettr.*) to correct the power factor.

rifasatore *s.m.* (*elettr.*) power factor corrector.

rifasciare *v.tr.* to bandage again, to bind* up again; (*neonato*) to swaddle again: *gli rifasciò il braccio*, she bandaged his arm again.

rifascio, a *locuz.avv.* (*non com.*) (*alla rinfusa*) in confusion, pell-mell; (*in abbondanza*) in profusion // *andare a* —, (*in rovina*) to go to rack and ruin.

rifattibile *agg.* (*non com.*) **1** remakeable **2** (*ricostruibile*) rebuildable.

rifatto *agg.* (re)made; (re)done: *ho visto che il mio letto è* —, I see my bed has been (re)made; *la mia stanza non è rifatta*, my room has not been done // *villano* —, upstart (*o* parvenu).

rifattura → **rifacitura**.

rifecondare *v.tr.* (*biol.*) to fertilize again.

riferibile *agg.* **1** (*relativo*) concerning, related: *fatti riferibili allo stesso problema*, facts concerning (*o* related to) the same problem **2** (*raccontabile*) repeatable, fit to be repeated: *un commento non* —, an unrepeatable remark; *è una storiella che non è* —, it is a story which is unrepeatable.

riferimento *s.m.* **1** reference: *segno di* —, reference mark; *la sua versione dei fatti è un punto di — per valutare le altre*, his version of the facts is a point of reference for evaluating the others; *hanno tenuto come — la stella polare*, they took the North Star as a reference; *ha fatto — a qualcosa che non ho ben capito*, he referred to something which was not quite clear to me (*o* which I didn't quite understand); *nelle sue lettere ci sono molti riferimenti a persone interessanti*, there are many references to interesting people in his letters; *non c'è nessun — ai precedenti accordi*, there is no reference to (*o* mention of) the previous agreements // (*comm.*): *con — a*, re (*o* with reference to); *in — alla Vs. del...*, referring to (*o* with reference to) your letter of... // (*mat., fis.*): *sistema di* —, reference frame; *ellissoide di* —, ellipsoid of reference **2** (*aer.*) datum*.

riferire *v.tr.* **1** to report, to tell*, to relate, to refer: *devi — tutto ciò che vedi*, you must report everything you see; *non avresti dovuto riferirgli queste cose*, you should not have told him these things; *non gli si può dir nulla, che lo va subito a* —, you can't tell him anything without his reporting it straight away; *riferiscimi le sue precise parole*, tell me his precise words; *mi hanno riferito un pettegolezzo sul suo conto*, they have passed on some gossip to me about him; — *l'accaduto*, to report what happened **2** (*collegare*) to relate, to link, to connect: *la stampa riferisce le sue dimissioni al recente scandalo*, the press links (*o* relates) his resignation to the recent scandal (*o* the press connects his resignation with the recent scandal); — *un effetto alla causa*, to link cause and effect ◆ *v.intr.* (*informare*) to report, to inform: *la commissione riferì al ministro*, the commission reported to the minister; *riferirò a chi di dovere*, I'll report to the person responsible.

□ **riferirsi** *v.intr.pron.* **1** (*concernere*) to refer (to s.o., sthg.), to concern (s.o., sthg.); to apply (to s.o., sthg.), to be related (to s.o., sthg.): *questi regolamenti si riferiscono solo ai nuovi membri*, these regulations apply to new members only; *i dati si riferiscono all'anno scorso*, the data refer to last year **2** (*alludere*) to refer (to s.o., sthg.), to make* reference (to s.o., sthg.), to allude (to s.o., sthg.): *a chi si riferisce quell'allusione?*, who does that allusion refer to?; *mi riferisco a quello che ho detto ieri*, I refer to what I said yesterday; *la mia osservazione si riferisce direttamente a...*, my remark is directed at... **3** (*rimettersi*) to appeal, to have recourse: — *al giudizio di un arbitro*, to appeal to the judgement of an umpire.

rifermare *v.tr.* to close again, to fasten again: *riferma l'uscio, per favore*, will you please close (*o* fasten) the door again?

□ **rifermarsi** *v.intr.pron.* to stop again.

rifermentare *v.intr.* to referment.

rifermentazione *s.f.* refermentation.

riferrare *v.tr.* (*un cavallo*) to reshoe.

riffa[1] *s.f.* (*lotteria*) raffle.

riffa[2] *s.f.* (*region.*) violence // *di — o di raffa*, by hook or by crook.

riffoso *agg.* (*region.*) (*violento*) violent, rough.

rifiancare → **rinfiancare**.

rifiatare *v.intr.* **1** (*respirare*) to breathe (*anche fig.*): *il lavoro non mi lascia il tempo di* —, (*fig.*) the job doesn't leave me time to breathe **2** (*dire parola*) to utter a word: *non ha neanche rifiatato*, he didn't even utter a word.

rificcare *v.tr.* **1** (*ficcare di nuovo*) to thrust* again; to drive* in again **2** (*mettersi di nuovo*) to put* back: *si rificcò il cappello in testa e se ne andò*, he put his hat back on his head and off he went **3** (*fam.*) (*rimettere via*) to put* away again; to stuff back: *rificcò tutto nel cassetto*, he stuffed everything back into the drawer.

□ **rificcarsi** *v.rifl.* to get* oneself (into sthg.) again; to thrust* oneself (into sthg.) again: *si rificcò a letto*, he got back into bed.

rifilare *v.tr.* **1** (*filare di nuovo*) to spin again **2** (*tagliare a filo*) to trim: — *l'orlo di un vestito*, to trim a dress; — *le pagine di un libro*, to trim the pages of a book; — *una lamiera*, to trim a metal sheet **3** (*fam.*) (*riferire*) to report, to repeat, (*dire*) to come* out (with): *rifilò a sua madre tutto quel che avevamo detto*, he repeated everything we said to his mother; *mi ha rifilato un mucchio di scuse fasulle*, he came out with a pack of phony excuses **4** (*dare*) to give*: *gli rifilò due ceffoni*, he gave him a couple of slaps; — *un calcio*, to give a kick; — *un colpo*, to deal (*o* to strike) a blow **5** (*appioppare*) to palm off: *mi ha rifilato il lavoro più noioso*, he has palmed me off with the most boring job.

rifilatore *s.m.* (*mecc.*) (*operaio*) trimmer; (*attrezzo*) trimming die.

rifilatrice *s.f.* (*mecc.*) trimmer.

rifilatura *s.f.* (*mecc.*) trimming.

rifinanziamento *s.m.* (*fin.*) refinancing, refunding: *è stato richiesto un — di due miliardi*, a two billion lire refinancing has been applied for; — *di un fondo*, replenishment of a fund.

rifinanziare *v.tr.* (*fin.*) to refinance, to refund.

rifinire *v.tr.* **1** (*finire di nuovo*) to finish again **2** (*perfezionare*) to finish (off), to give* the finishing touch to (sthg.): — *un mobile*, to give the finishing touches to a piece of furniture; — *un romanzo*, to give the finishing touches to a novel **3** (*region.*) (*ridurre in cattivo stato*) to finish (s.o.) off.

rifinitezza *s.f.* finish.

rifinito *agg.* **1** (*finito con cura*) well-finished: *un vestito, lavoro ben* —, a well-finished dress, piece of work **2** (*region.*) (*esausto*) finished off; worn out; exhausted.

rifinitore *s.m.* **rifinitrice** *s.f.* finisher.

rifinitura *s.f.* **1** finishing touch; final touches (*pl.*): *dare l'ultima* —, to give the finishing touch **2** (*elemento decorativo*) trimming, fitting: *un mobile con rifiniture in argento*, a piece of furniture with silver fittings.

rifinizione *s.f.* (*tess.*) finishing, dressing.

rifiorente *agg.* flourishing again: *rose rifiorenti*, reflowering (*o* remontant) roses.

rifiorimento *s.m.* (*rar.*) **1** reflourishing; reflowering **2** (*econ.*) revival, booming: — *del commercio estero*, revival of foreign trade.

rifiorire *v.intr.* **1** (*bot.*) to blossom again, to bloom again, to flower again; to reflourish: *questi fiori rifioriranno fra due mesi*, these flowers will blossom again in two months' time **2** (*fig.*) (*tornare in ottime condizioni*) to flourish again; to thrive* again; (*di salute*) to recover: *rifiorirono le arti*, the fine arts flourished again; *la sua azienda sta rifiorendo*, his business is flourishing (*o* thriving) again **3** (*riaffiorare, di macchie o muffa*) to reappear: *la muffa sta rifiorendo sul muro*, mould is reappearing on the wall.

rifiorito *agg.* **1** blooming again, in blossom again: *le siepi rifiorite dopo l'inverno*, the hedges in blossom again after the winter **2** (*tornato in ottime condizioni*) flourishing again, blooming again **3** (*ristabilito in salute*) recovered.

rifioritura *s.f.* **1** reflorescence; new blossom **2** (*fig.*) revival: *la — dell'artigianato*, the revival of handicrafts **3** (*abbellimento*) embellishment, flourish: *un discorso pieno di rifioriture*, a speech full of embellishments **4** (*ret., mus.*) flourish **5** (*ricomparsa di una macchia*) reappearance of a stain.

rifischiare *v.intr.* to whistle again, to whistle back ◆ *v.tr.* (*fam.*) (*riferire*) to report; to sneak.

rifiutabile *agg.* refusable: *un invito non* —, an invitation that cannot be refused.

rifiutare *v.tr.* **1** to refuse; (*respingere*) to reject, to turn down; (*declinare*) to decline: — *un invito*, to decline an invitation; — *un'offerta*, to refuse (*o* to turn down *o* to reject) an offer; — *una proposta*, to refuse (*o* to reject) a proposal; — *un regalo, un lavoro*, to refuse a present, a job; — *il successo*, to reject success; — *un assegno*, to reject a cheque // (*comm.*) — *di pagare un effetto*, to dishonour a bill **2** (*non concedere*) to refuse, to deny; to withhold*: *non puoi rifiutargli la libertà*, you cannot deny him his freedom; *perché gli rifiuti il tuo consenso?*, why do you withhold your consent from him?; — *l'aiuto, un favore a* *qlcu.*, to deny s.o. help, a favour; — *obbedienza a qlcu.*, to refuse obedience to s.o. **3** (*non riconoscere come proprio*) to disown: *rifiutò tutte le sue poesie giovanili*, he disowned all his youthful poems **4** (*ippica*) to refuse: — *un ostacolo*, to refuse a jump.

□ **rifiutarsi** *v.intr.pron.* to refuse: *si rifiutò di partire a quell'ora*, he refused to leave at that time; *ti ha chiesto un favore, non puoi rifiutarti*, he has asked you a favour, you can't refuse.

rifiutato *agg.* refused, rejected; (*sconfessato*) unacknowledged: *un invito subito* —, an invitation immediately refused (*o* rejected); *scritti rifiutati*, unacknowledged writings.

rifiuto *s.m.* **1** refusal, rejection: *al suo — di arrendersi sparò*, on his refusing to surrender, he fired; *oppose un* —, he refused; *ricevere un* —, to be given a refusal; *il suo — mi sorprende*, his refusal surprises me; *un senso di* —, a feeling of repugnance; *il — della propria famiglia*, the rejection of one's family // (*comm.*): — *di merci*, refusal of goods; — *di un'offerta*, turn down of an offer; — *di pagamento*, refusal of payment **2** (*cosa rifiutata*) refuse; *pl.* waste [U], rubbish [U]: *bidone dei rifiuti*, litterbin; *raccolta dei rifiuti*, refuse (*o* rubbish) collection; *raccolta differenziata dei rifiuti*, recyclable-waste collection; *rifiuti industriali*, waste products; *smaltimento*, *riconversione di rifiuti*, disposal, reconversion of waste material; *materiale, merce di* —, waste material, goods; *i rifiuti della società*, (*fig.*) the dregs of society **3** *pl.* (*inform.*) (*informazioni parassite*) garbage [U] **4** (*ippica*) refusal.

riflessione *s.f.* **1** (*fis.*) reflection, reflexion: — *di immagine, di luce, di suono*, reflection of image, of light, of sound; — *multipla*, spread reflection; — *speculare*, specular reflection; — *totale*, total reflection; *indice di* —, reflectance; *angolo di* —, angle of reflection; *prisma a* —, reflecting prism; *telescopio a* —, reflecting telescope (*o* reflector) // (*radar*): — *del terreno*, background return; — *spuria*, spurious (*o* parasitic) reflection **2** (*meditazione*) reflection, meditation; (*considerazione*) consideration, deliberation: *dopo lunga* —, after long deliberation; *dopo matura* —, on thinking it over (*o* everything considered *o* after lengthy deliberation) **3** (*osservazione*) reflection, remark: *intelligenti riflessioni sulla storia*, intelligent reflections upon history; *fece alcune utili riflessioni*, he made a few useful remarks.

riflessivamente *avv.* thoughtfully, pensively.

riflessività *s.f.* (*mat.*) reflectivity, reflexive law.

riflessivo *agg.* **1** thoughtful, reflective: *ha una mente molto riflessiva*, he has a very thoughtful cast of mind **2** (*gramm.*) reflexive: *verbo, pronome* —, reflexive verb, pronoun **3** (*mat.*) reflexive: *proprietà riflessiva*, reflexive law; *relazione riflessiva*, reflexive relation.

riflesso[1] *s.m.* **1** reflection: — *del ghiaccio*, iceblink; *il — dell'acqua*, the reflection of the water; *i riflessi della luce, del calore*, the reflections of light, of heat; *il — della luna sul lago*, the reflection of the moon in the lake **2** (*fig.*) influence, reflection, effect, consequence: *i riflessi positivi di un avvenimento*, the positive effects (*o* consequences) of an event; *spero che l'accaduto non provochi riflessi negativi*, I hope that what has happened will not have negative repercussions; *le leggi dovrebbero essere un — della volontà del popolo*, laws should be a reflection of the people's will // *di* —, as a consequence: *il marito è molto noto e di — lo è anche lei*, her husband is very famous and as a consequence so is she; *l'azienda è in crisi e di — ci sono stati licenziamenti*, the firm is going through a crisis and consequently there have been some lay-offs // *per* —, indirectly: *sapere qlco. per* —, to hear of sthg. indirectly (*o* in a roundabout way) **3** (*sfumatura di colore*) tint, hue: *i suoi capelli hanno riflessi dorati*, her hair has golden tints **4** (*med.*) reflex: — *condizionato, innato*, conditioned, inborn reflex; *alzarmi quando entra è quasi un — condizionato*, (*fig.*) it's almost a conditioned reflex for me to get up when she comes in; — *del ginocchio*, knee-jerk; *il dottore mi provò i riflessi*, the doctor tested my reflexes; *ha riflessi pronti*, he has quick reflexes.

riflesso[2] *agg.* **1** reflex, reflected: *calore* —, reflected heat; *luce riflessa*, reflected light: *brillare di luce riflessa*, (*fig.*) to bask in s.o.'s reflected glory **2** (*med.*) reflex: *azione riflessa, movimento* —, reflex action, movement **3** (*bot.*) reflexed.

riflessografia *s.f.* (*fot.*) reflexography.

riflessologia *s.f.* (*med.*) reflexology.

riflessoterapia *s.f.* (*med.*) reflexotherapy.

riflettanza *s.f.* (*fis.*) reflectance, reflectivity.

riflettente *agg.* reflecting, reflective: (*fis.*) *potere* —, reflecting power.

riflettere *v.tr.* **1** to reflect: *lo specchio riflette le immagini*, a mirror reflects images; — *la luce, il calore*, to reflect light, heat **2** (*fig.*) (*rispecchiare*) to reflect, to mirror: *le sue opere riflettono la sua epoca*, his works mirror his times; *la protesta degli studenti riflette il bisogno di una riforma scolastica*, the student protest reflects the need for educational reform; *il suo tono di voce rifletteva il suo stato d'animo*, his tone of voice reflected his state of mind ◆ *v.intr.* to think* (sthg.) over, to reflect, to ponder (sthg.; on, upon sthg.), to consider (sthg.), to weigh (sthg.): *devo — prima di prendere questa decisione*, I must think it over before making up my mind; *dopo aver molto riflettuto*, after much thought; *non ho mai riflettuto su questa faccenda*, I have never reflected upon (*o* thought about) this matter; *riflettete bene!*, think it over!; *senza* —, thoughtlessly (*o* without thinking it over): *senza — accettò il nuovo lavoro*, he accepted the new job without thinking it over.

□ **riflettersi** *v.rifl.* **1** to be reflected: *gli alberi si riflettono nel lago*, the trees are reflected (*o* are mirrored) in the lake; *le luci si riflettono nell'acqua*, the lights are reflected in the water **2** (*ripercuotersi*) to be reflected; to have repercussions; (*influire*) to affect: *la crisi politica si rifletterà anche sul piano economico*, the political crisis will have repercussions on the economic plan; *nel libro si riflettono le sue esperienze in Africa*, the book reflects his experiences in Africa; *l'aumento delle importazioni si rifletterà sulla bilancia dei pagamenti*, the rise in imports will affect the balance of payments.

riflettività → **riflettanza**.

riflettometro *s.m.* (*fis.*) reflectometer.

riflettore *s.m.* **1** (*di luce o altre radiazioni*) reflector // (*radar*) — *angolare*, corner reflector; — *a spina di pesce*, fishbone reflector; — *parabolico*, parabolic reflector // (*tv*) *il — di un'antenna*, the reflector of an antenna // (*fis. nucleare*) — *nucleare*, nuclear reflector **2** (*proiettore di luce*) searchlight: — *lenticolare*, spotlight (*o* spot); — *per palcoscenico*, stage floodlight; *raggio di* —, searchlight beam; *essere illuminato dai riflettori*, to be floodlit.

riflettorizzare *v.tr.* to reflectorize: — *la segnaletica stradale*, to reflectorize road signs.

riflettorizzazione *s.f.* reflectorization.

rifluire *v.intr.* **1** (*fluire indietro*) to flow back; (*della marea*) to ebb: *il sangue rifluisce al cuore*, the blood flows back to the heart // *la folla rifluiva dallo stadio*, the crowd streamed out of the stadium **2** (*fluire di nuovo*) to flow again, to reflow; (*scorrere di nuovo*) to circulate: *dopo un periodo di assenza i prodotti stranieri incominciano a — sul mercato*, after a lull foreign goods are beginning to flow onto the market again; *l'acqua rifluì nelle condutture*, the water flowed back into the pipes; *il traffico cominciò a — normalmente*, the traffic began to circulate normally again.

riflusso *s.m.* **1** (*il rifluire*) reflux, reflow: *il — del sangue*, the reflux of blood; *il flusso e — degli emigranti*, the inflow and outflow of emigrants **2** (*di acque*) ebb, reflux, refluence; (*risacca*) backwash: *flusso e — del mare*, ebb and flow (*o* flux and reflux) of the tides; *corrente di* —, (*della marea*) ebb current **3** (*fig.*) (*calo*) decrease, drop: *le vendite hanno fatto registrare un* —, sales have dropped **4** (*fig.*) (*ritorno a posizioni precedenti*) reaction, return: *un periodo di — culturale*, a period of cultural reaction; *si assiste a un — verso la moda degli anni Sessanta*, there has been a return to the fashion of the sixties.

rifocillamento *s.m.* refreshment.

rifocillare *v.tr.* to give* refreshment to (s.o.), to feed*.

□ **rifocillarsi** *v.rifl.* to take* refreshment: *vorrei rifocillarmi lo stomaco*, I would like to take some refreshment (*o* have sthg. to eat).

rifondare *v.tr.* to refound: — *una città, un partito*, to refound a city, a party.

rifondazione *s.f.* refounding, refoundation.

rifondere *v.tr.* **1** (*fondere di nuovo*) to remelt, to melt again **2** (*ricomporre*) to recast*, to revise: — *un testo*, to recast (*o* to revise) a text **3** (*rimborsare*) to refund, to reimburse, to indemnify: — *le spese a qlcu.*, to refund s.o.'s expenses; — *i danni a qlcu.*, to indemnify s.o. for damages.

rifondita *s.f.* remelting.

riforbire *v.tr.* (*non com.*) to refurbish.

riforestazione *s.f.* → **rimboschimento**.

riforma *s.f.* **1** reform; reformation; (*di legge*) amendment: *la — del calendario, di una legge*, the reform of the calendar, of a law; — *monetaria*, monetary reform; — *fiscale*, taxation reform; — *delle tariffe doganali*, tariff reform; *proporre riforme radicali*, to propose sweeping reforms // (*st. relig.*) *la Riforma*, the Reformation **2** (*mil.*) rejection (from military service).

riformabile *agg.* **1** reformable **2** (*mil.*) rejectable (from military service).

riformare *v.tr.* **1** (*formare di nuovo*) to re-form: — *un partito politico*, to re-form a political party **2** (*sottoporre a riforma*) to reform, to amend: — *una legge*, to reform (*o* to amend) a law; — *un ordine religioso*, to reform a religious order; — *la scuola*, to introduce educational reforms; — *un regola-*

mento, to reform a rule; — *un contratto*, to amend a contract **3** (*mil.*) to reject.
□ **riformarsi** *v.intr.pron.* to re-form.

riformativo *agg.* reformative, reformatory.

riformato *agg.* **1** reformed, amended: *chiesa riformata*, reformed church **2** (*mil.*) rejected **3** (*chim.*) reformed: *benzina riformata*, reformed petrol ◆ *s.m.* **1** (*mil.*) reject **2** (*appartenente a chiesa riformata*) member of the reformed church.

riformatore *s.m.* reformer, amender ◆ *agg.* reforming, reformatory: *un provvedimento* —, a reformatory measure.

riformatorio *s.m.* approved school; (*spec. amer.*) reformatory.

riformazione *s.f.* reformation.

riformismo *s.m.* reformism.

riformista *s.m.* e *f.* reformist // *socialismo* —, reformist socialism.

riformistico *agg.* reformist (*attr.*): *politica riformistica*, reformist policy.

rifornimento *s.m.* **1** (*il rifornire*) supplying (with sthg.), providing (with sthg.); replenishment, restocking; (*aer.*, *aut.*, *mar.*) refuelling: — *in volo*, *in navigazione*, refuelling in flight, at sea; (*aut.*) *stazione*, *posto di* —, filling station, (*amer.*) gas station; *fare — di benzina*, to fill up the tank; *fare — di acqua*, to take on water (*o* to water) **2** (*scorta*) supply; stock, store: *i rifornimenti non sono ancora arrivati*, the supplies have not yet arrived; *ha un buon — di medicinali*, he has a large supply (*o* stock) of medicines; — *di cibo*, food supply; *inviare*, *ricevere rifornimenti*, to send, to receive supplies of goods; *esaurire i rifornimenti*, to run out of provisions (*o* to deplete the stores).

rifornire *v.tr.* to supply, to provide; to stock, to replenish: *l'ho rifornito di tutto ciò di cui può aver bisogno*, I have supplied him with everything he may need; — *le truppe di armi e di viveri*, to supply (*o* to provide) the troops with arms and victuals; — *un negozio di merci*, to stock a shop with goods; — *il guardaroba*, to restock one's wardrobe; — *un aereo di carburante*, to refuel an aircraft; — *in misura insufficiente*, to understock.
□ **rifornirsi** *v.rifl.* to stock up (on sthg.), to take* in (sthg.), to take* on (sthg.): *mi sono rifornito di sigari*, I have stocked up on cigars; (*mar.*) — *di acqua*, to take on water; — *di benzina*, to fill up (*o* to take on) petrol; *la nave si sta rifornendo di viveri*, the ship is taking in (*o* on) provisions (*o* is victualling); — *di combustibile*, to stock up on fuel.

rifornitore *s.m.* **1** (*chi rifornisce*) supplier, provider, purveyor **2** (*ferr.*) water-crane ◆ *agg.* supplying.

rifornitura *s.f.* → **rifornimento**.

rifosso *s.m.* secondary moat.

rifrangente *agg.* (*fis.*) refracting, refractive.

rifrangenza *s.f.* (*fis.*) refraction.

rifrangere *v.tr.* (*fis.*) to refract: *l'acqua rifrange la luce*, water refracts light.
□ **rifrangersi** *v.intr.pron.* **1** (*fis.*) to be refracted: *la luce si rifrangeva sull'acqua*, the light was refracted by the water **2** (*infrangersi*) to break*: *le onde si rifrangevano sulla scogliera*, the waves broke against the cliff.

rifrangibile *agg.* (*fis.*) refrangible.

rifrangibilità *s.f.* (*fis.*) refrangibility.

rifrangimento *s.m.* → **rifrazione**.

rifratto *agg.* (*fis.*) refracted.

rifrattometro *s.m.* (*fis.*) refractometer.

rifrattore *agg.* refracting ◆ *s.m.* (*astr.*) refractor.

rifrazione *s.f.* (*fis.*) refraction: — *atmosferica*, atmospheric refraction; *angolo di* —, angle of refraction (*o* refracting angle); *indice di* —, index of refraction (*o* refractive index); *potere di* —, refractivity; *relativo alla* —, refractive (*o* refractional) // *telescopio a* —, refractor (*o* refracting telescope) // (*geol.*) — *sismica*, seismic refraction.

rifreddare *v.tr.* to cool again.
□ **rifreddarsi** *v.intr.pron.* to become* cold again.

rifrequentare *v.tr.* (*persone*) to associate (with s.o.) again; (*luoghi*) to frequent, to patronize again: *si mise a — il bar*, he began to patronize the bar again.

rifrigerare e *deriv.* → **refrigerare** e *deriv.*

rifriggere *v.tr.* **1** to refry, to fry again **2** (*ripetere*) to harp on (sthg.), to keep* on repeating; *tu friggi e rifriggi sempre le stesse cose*, you keep on repeating (*o* you keep harping on) the same things.

rifritto *agg.* **1** refried, fried again **2** (*fig.*) (*trito*) stale, trite: *idee fritte e rifritte*, stale ideas; *mi dice sempre le stesse storie fritte e rifritte*, he is always harping on the same stories ◆ *s.m.* smell of stale fried fat: *sa di* —, it tastes of stale fat; *un discorso che sa di* —, (*fig.*) a rehashed speech.

rifrittume *s.m.* **rifrittura** *s.f.* **1** (*cibo rifritto*) refried food **2** (*fig.*) (*spreg.*) rehash.

rifrugare *v.tr.* e *intr.* to search through (sthg.) again, to rummage again: *rifrugò nella borsa per cercare le chiavi*, she rummaged in her bag again for the keys.

rifuggire *v.intr.* **1** (*fuggire di nuovo*) to escape again, to flee* again: *il prigioniero è rifuggito*, the prisoner has escaped again **2** (*non com.*) (*rifugiarsi fuggendo*) to escape: *erano rifuggiti tutti sulle montagne*, they had all escaped to the mountains **3** (*disdegnare*) to shun (s.o., sthg.), to shrink* (from s.o., sthg.), to avoid (s.o., sthg.): *rifugge dal parlar di sé*, he shrinks from talking about himself; *rifugge dal pettegolezzo di qualsiasi genere*, she shuns gossip in any form; *rifugge da ogni compromesso*, he shrinks from (*o* avoids) compromise ◆ *v.tr.* (*non com.*) (*scansare*) to shun, to avoid, to shrink* from (s.o., sthg.): *rifugge la fatica*, she avoids fatigue; *rifugge la gente*, she shuns people's company; *rifuggiva ogni responsabilità*, he avoided (*o* shrank from) every responsibility; *rifugge la vita mondana*, he shuns society life.

rifugiarsi *v.intr.pron.* **1** to shelter, to take* shelter, to take* cover, to take* refuge: — *all'estero*, to take refuge abroad; *corremmo a rifugiarci nella capanna*, we rushed to take shelter in the hut; *si rifugiarono come meglio poterono*, they sheltered as well as they could; *si rifugiò in solaio per paura di prenderle*, he hid in the attic because he was afraid of getting a thrashing **2** (*cercare conforto*) to take* refuge, to seek* refuge, to seek* comfort: *si rifugiò nella religione*, he sought comfort in religion; — *nella lettura*, to seek refuge in reading.

rifugiato *s.m.* refugee: *rifugiati politici*, political refugees.

rifugio *s.m.* **1** shelter, refuge; (*nascondiglio*) hideout; (*di animali*) hold, haunt: — *antiaereo*, air-raid shelter; — *antiatomico*, A-shelter; — *sotterraneo*, dug-out; *un — alpino a 3000 metri*, an alpine refuge at 3000 m; *cercò un — per ripararsi dalla pioggia*, he looked for (a) shelter from the rain; *non trovò un — sicuro*, he could not find a safe refuge; *dare — a qlcu.*, to shelter s.o. (*o* to give shelter to s.o.); *il cassetto della scrivania è il — di tutte le cianfrusaglie*, the desk drawer is a repository for all the odds and ends **2** (*fig.*) refuge, shelter; (*conforto*) comfort: *il — della fede*, the comfort of faith; *la famiglia è il suo* —, the family is his refuge; *trovare — nella lettura*, to find refuge in reading.

rifulgere *v.intr.* to shine* brightly (with sthg.), to glow (with sthg.): *il sole rifulgeva*, the sun was shining brightly; *il suo viso rifulgeva di felicità*, his face was glowing with happiness.

rifusibile *agg.* (*non com.*) remeltable.

rifusione *s.f.* **1** (*nuova fusione*) remelting **2** (*rimborso*) repayment, reimbursement: — *dei danni*, indemnification.

rifuso *agg.* **1** (*fuso di nuovo*) remelted **2** (*rimborsato*) refunded, reimbursed.

riga *s.f.* **1** line: *tracciare una — su un foglio*, to draw a line on a sheet of paper; *le righe di una pagina*, the lines of a page; — *diritta*, straight line; *fare una — a maglia*, to knit a row // *scrivimi due righe*, drop me a line; *un articolo di venti righe*, an article of twenty lines; *leggendo il discorso ha saltato una* —, as he read the speech he skipped a line // *leggere fra le righe*, (*fig.*) to read between the lines // (*inform.*) — *di programmazione*, coding line // (*fis.*) — *spettrale*, spectral line **2** (*regolo*) rule(r): — *a T*, T square; — *da disegno*, drawing rule; — *d'acciaio*, steel rule; (*metall.*) — *per modellisti*, contraction (*o* shrink) rule **3** (*fila*) row: *su una* —, in a row; (*mil.*) *mettersi in* —, to line up: *i soldati si misero in* —, the soldiers lined up; *rompere le righe*, to disperse (*o* to break the ranks), (*mil.*) to dismiss // *mettersi in — con qlcu.*, (*fig.*) to get into line with s.o. // *mettersi in — con i tempi*, (*fig.*) to get up to date // *rimettere in — qlcu.*, (*fig.*) to put s.o. on the right path (*o* to make s.o. behave properly) // *stare in* —, (*fig.*) to toe the line (*o* to behave properly) **4** (*striscia*) stripe: *calze*, *pantaloni a righe*, striped socks, trousers; *una stoffa a righe rosse*, a cloth with red stripes; *tessuto a righe*, striped material **5** (*scriminatura*) parting: — *in mezzo*, central parting; *farsi la — a sinistra*, to part one's hair on the left; *era pettinato con la — da una parte*, he wore his hair parted at the side (*o* he had a side parting) **6** (*mus.*) stave, staff* **7** (*mat.*) row: *vettore* —, row vector.

rigabello *s.m.* (*mus.*) regal.

rigaggio *s.m.* (*tip.*) linage, lineage: *un — non inferiore alle cinquanta per pagina*, a linage not below fifty for every page.

rigaglia *s.f.* **1** *pl.* (*cuc.*) giblets: *rigaglie di pollo*, chicken giblets **2** (*cascame di seta*) floss silk.

rigagnolo *s.m.* **1** rivulet, brook; (*geogr.*) rill **2** (*canaletto di scolo*) gutter.

rigame *s.m.* (*arch.*) flute.

rigare *v.tr.* **1** (*tracciare una linea*) to rule; (*incidere*) to scratch: — *un foglio di carta*, to rule a sheet of paper; *qualcuno mi ha rigato la macchina*, someone has scratched my car **2** (*solcare*) to furrow: *le lacrime le rigavano il viso*, tears furrowed her face **3** (*la canna di un'arma da fuoco*) to rifle ◆ *v.intr.*: — *diritto*, to toe the line (*o* to behave oneself); *cerca di — diritto adesso*, to try to toe the line now.

rigatino *s.m.* (*tessuto*) striped cloth.

rigato *agg.* **1** ruled; (*graffiata*) scratched: *carta rigata*, ruled paper // (*mat.*) *superficie rigata*, ruled surface **2** (*a strisce*) striped: *portava un abito —*, she wore a striped dress **3** (*fig.*) (*solcato*) furrowed: *— di pianto*, furrowed by tears **4** (*di canna di arma da fuoco*) rifled **5** (*arch.*) fluted **6** (*mar.*) *vento —*, strong wind.

rigatoni *s.m.pl.* (*cuc.*) 'rigatoni' (type of large macaroni).

rigatrice *s.f.* ruling machine.

rigatteria *s.f.* **1** second-hand dealer's (shop) **2** (*fig.*) (*ciarpame*) rubbish, trash.

rigattiere *s.m.* second-hand dealer.

rigatura *s.f.* **1** (*su un foglio di carta*) ruling: *la — di un foglio*, the ruling of a sheet of paper **2** (*di canna di arma da fuoco*) rifling: *— a passo costante*, uniform-twist rifling; *— a passo variabile*, variable-twist rifling.

rigelo *s.m.* (*geogr.*) regelation.

rigenerabile *agg.* regenerable.

rigenerare *v.tr.* **1** to regenerate (*anche biol.*) **2** (*fig.*) to regenerate; to revitalize, to reinvigorate: *la vacanza mi ha rigenerato*, the holiday has revitalized me; *un farmaco che rigenera le forze*, a reinvigorating medicine; *la grazia di Dio lo ha rigenerato*, God's grace has regenerated him **3** (*riparare*) to repair; (*uno pneumatico*) to retreat: *— un ammortizzatore*, to repair a shock absorber **4** (*chim.*) to regenerate; to reclaim: *— la cellulosa*, to regenerate cellulose; *— la gomma*, to reclaim rubber.

□ **rigenerarsi** *v.intr.pron.* **1** (*biol.*) to regenerate **2** (*fig.*) (*rinnovarsi spiritualmente*) to renew oneself spiritually.

rigenerativo *agg.* regenerative.

rigeneratore *agg.* regenerating, regenerative (*anche fig.*) ♦ *s.m.* **1** (*chi rigenera*) regenerator **2** (*chim.*) regenerant **3** (*scambiatore di calore*) regenerator, heat exchanger.

rigenerazione *s.f.* **1** regeneration (*anche fig.*): *la — morale di un popolo*, the moral regeneration of a people **2** (*biol.*) (*di tessuti, organi*) regeneration: *la — delle ossa*, regeneration of the bones **3** (*tecn.*) (*di pneumatici*) retreading; (*della gomma*) reclaiming; (*ricupero di calore*) regeneration.

rigermogliare *v.intr.* (*non com.*) **1** to resprout; to bud again **2** (*fig.*) (*rinascere*) to spring* up again; to be born again.

rigettare *v.tr.* **1** to throw* again; to throw* back: *— una palla*, to throw back (*o* to return) a ball; *— un pesce nell'acqua*, to throw (*o* to cast) a fish back into the water **2** (*respingere*) to reject; to repel: *relitti rigettati dal mare*, wreckage thrown (*o* cast) up by the sea; *— il nemico oltre il fiume*, to drive the enemy back across the river **3** (*fig.*) (*respingere*) to reject, to refuse, to turn down, to dismiss: *— un'idea*, to dismiss an idea; *— un'offerta*, to reject an offer; (*amm.*) *— una domanda*, to reject an application; (*dir.*) *— un appello*, to rebut an appeal **4** (*vomitare*) to vomit; to throw* up **5** (*biol., med.*) to reject ♦ *v.intr.* (*rigermogliare*) to shoot* (up) again, to resprout, to put* out fresh shoots; to bud again.

□ **rigettarsi** *v.rifl.* (*gettarsi di nuovo*) to throw* oneself back (into sthg.): *si rigettò a mare*, he threw himself back into the sea; *si rigettarono nella mischia*, they threw themselves back into the fray.

rigetto *s.m.* **1** (*rifiuto*) rejection, refusal; (*dir.*) rebuttal, rebutment: *— di una proposta*, rejection (*o* refusal) of a proposal **2** (*fig.*) (*rifiuto totale*) rejection // *ebbe una crisi di — e rifiutò di continuare l'università*, he went through a period of crisis and refused to continue university **3** (*geol.*) (*di faglia*) throw: *— orizzontale*, heave; *— stratigrafico*, stratigraphic throw **4** (*biol., med.*) rejection.

righello *s.m.* ruler: *— graduato*, scale.

righettare *v.tr.* to stripe; to rule.

righettato *agg.* striped; ruled.

righino *s.m.* **1** (*righello*) ruler **2** (*mar.*) rub rail **3** (*tip.*) break line.

rigidamente *avv.* **1** rigidly, stiffly **2** (*fig.*) (*severamente*) strictly, sternly, severely; rigorously, rigidly.

rigidezza *s.f.* **1** (*rigidità*) stiffness; rigidity **2** (*fig.*) (*rigorosità, severità*) strictness, severity; rigour: *la — della legge*, the rigour (*o* severity) of the law; *la — dei suoi principi*, the rigour of his principles **3** (*di clima*) harshness, rigours (*pl.*).

rigidismo *s.m.* (*eccessivo rigore*) rigourism.

rigidità *s.f.* **1** stiffness; rigidity (*anche fis.*): *— cadaverica*, rigor mortis; *— muscolare*, stiffness of the muscles **2** (*di clima*) harshness, rigours (*pl.*) **3** (*fig.*) (*severità*) severity, strictness **4** (*elettr.*) (electrical) strength: *— dielettrica*, insulating strength **5** (*econ.*) rigidity, inflexibility, inelasticity: *— della domanda, dell'offerta*, inelasticity of demand, of supply; *— dei prezzi*, price rigidity.

rigido *agg.* **1** rigid, stiff: *cartone, collo —*, stiff card-board, collar; *non essere così — nei movimenti!*, don't be so stiff in your movements!; *ho le mani rigide dal freddo*, my hands are stiff with cold (*o* are frozen stiff); (*fis.*) *corpo —*, rigid body; (*mat.*) *movimento —*, rigid motion **2** (*freddissimo*) rigorous, harsh, severe: *clima —*, rigorous climate; *inverno —*, harsh (*o* severe) winter **3** (*fig.*) (*rigoroso, severo*) strict, severe, stern; rigorous, rigid: *rigida disciplina*, rigid discipline; *il mio insegnante è molto —*, my teacher is very strict **4** (*econ.*) inelastic, inflexible, rigid: *domanda rigida*, inelastic demand; *prezzi rigidi*, rigid (*o* flat) prices.

rigirare *v.tr.* **1** to turn round; to turn again: *— la chiave*, to turn the key again; *— qlco. tra le mani*, to turn sthg. over in one's hands // (*cinem.*) *— la scena di un film*, to reshoot the scene of a film **2** (*circondare*) to surround; (*andare intorno a*) to go* round: *un muro rigira tutta la città*, a wall surrounds the whole town **3** (*fig.*) (*far sembrare come non è*) to twist; to distort: *rigirò le mie parole in modo che io sembrassi in torto*, he twisted my words so that I seemed to be wrong; *è abile a — le cose, a — la frittata*, he is clever at twisting everything around to suit himself **4** (*fig.*) (*qualcuno*) (*fargli fare quello che si vuole*) to twist (s.o.) round one's little finger; (*abbindolarlo*) to trick, to dupe, to take* in: *sua moglie lo rigira come vuole*, his wife twists him round her little finger; *lo hanno rigirato ben bene*, they really took him in **5** (*banca*) to re-endorse: *— un assegno, una cambiale*, to re-endorse a cheque, a bill ♦ *v.intr.* (*andare in giro*) to go* around, to walk around: *— per le strade*, to walk around the streets.

□ **rigirarsi** *v.rifl.* to turn round (again): *si rigirò per salutarla*, he turned round to say goodbye to her; *mi sono rigirato tutta la notte nel letto senza riuscire a dormire*, I tossed and turned in bed all night without managing to get to sleep; *non c'è spazio per — qui*, there isn't room to swing a cat here.

rigirata *s.f.* **1** (*non com.*) turn, turning **2** (*fam.*) (*sgridata*) telling off.

rigiro *s.m.* **1** turn, twist; (*andirivieni*) turning round; winding: *dopo giri e rigiri, si arrivò*, after a lot of twisting and turning we got there **2** (*fig.*) (*raggiro*) trick; dodge **3** (*fig.*) (*discorso poco chiaro*) waffle, waffling: *parla chiaro senza tanti rigiri* (*di parole*), say what you mean without beating about the bush.

rigo *s.m.* **1** line: *scrivere un —*, to drop a line **2** (*mus.*) stave, staff*.

rigoglio *s.m.* **1** (*di vegetazione*) luxuriance, bloom (*anche fig.*): *in pieno —*, in full bloom; *nel — della giovinezza*, in the bloom (*o* prime) of youth **2** (*non com.*) (*gorgoglio*) bubbling.

rigogliosità *s.f.* (*non com.*) luxuriance.

rigoglioso *agg.* luxuriant; thriving; blooming, flourishing (*anche fig.*): *industrie rigogliose*, flourishing industries; *crescere —*, to be thriving (*o* flourishing *o* blooming).

rigogolo *s.m.* (*zool.*) (*Oriolus oriolus*) golden oriole.

rigonfiamento *s.m.* **1** (*atto*) blowing up again, reinflating; (*effetto*) reinflation **2** (*parte rigonfia*) bulge, swelling.

rigonfiare *v.tr.* to blow* up again, to swell* again; to reinflate; (*pneumatici*) to pump up ♦ *v.intr.* (*diventare gonfio*) to swell* (up): *il riso nell'acqua rigonfia*, rice swells up in water.

□ **rigonfiarsi** *v.intr.pron.* **1** (*gonfiarsi*) to swell* **2** (*gonfiarsi di nuovo*) to swell* again: *le si rigonfiò la caviglia*, her ankle swelled up again; *le vele si rigonfiarono*, the sails swelled out again.

rigonfiatura *s.f.* → **rigonfiamento**.

rigonfio *agg.* inflated (with sthg.), swollen (with sthg.), puffed up (with sthg.) (*anche fig.*): *— d'orgoglio*, puffed up (*o* swollen) with pride ♦ *s.m.* (*parte gonfia*) swelling.

rigore *s.m.* **1** (*freddo intenso*) rigours (*pl.*); severity, harshness: *— dell'inverno*, rigours of winter; *il — del tempo, del clima*, the severity of the weather, of the climate **2** (*austerità, rigorosità*) uprightness: *una persona di grande — morale*, an extremely upright person **3** (*severità*) rigour, strictness, severity: *— della disciplina*, strictness of discipline; *applicherà la legge in tutto il suo —*, he will apply the full rigour of the law; *a — di legge*, according to the law; *punire, trattare col massimo —*, to punish, to treat with the utmost severity // *di —*, compulsory (*o* required *o* de rigueur); *è di — l'abito da sera*, evening dress is required (*o* is de rigueur) // (*mil.*): *arresto di —*, close arrest; *cella di —*, solitary confinement cell **4** (*sport*): *area di —*, penalty area; *calcio di —*, penalty **5** (*precisione*) rigour, exactitude, exactness: *trattava il suo argomento col massimo —*, he handled his subject with the utmost exactitude // *a —*, strictly speaking // *a — di logica*, logically speaking // *a — di termini*, in the strict sense.

rigorismo *s.m.* **1** (*eccessivo rigore*) rigo(u)rism, strictness, severity **2** (*fil.*) rigo(u)rism.

rigorista *s.m.* e *f.* **1** rigo(u)rist (*anche fil.*) **2** (*sport*) penalty taker, penalty kicker.

rigoristico *agg.* rigo(u)ristic.

rigorosamente *avv.* 1 (*severamente*) rigorously, severely, strictly: *applica — il regolamento*, he applies the rules strictly 2 (*precisamente*) strictly, exactly: *— parlando*, strictly speaking.

rigorosità *s.f.* (*austerità*) uprightness; scrupulousness; (*severità*) rigorousness, rigour, strictness, harshness, severity: *la — di un provvedimento*, the strictness of a measure.

rigoroso *agg.* 1 (*severo*) rigorous, severe, strict, stern: *disciplina rigorosa*, strict discipline; *insegnante —*, strict (*o* severe) teacher 2 (*preciso*) strict, exact, precise, painstaking: *ragionamento —*, strict reasoning; *è molto — nelle sue affermazioni*, he is very precise in his statements.

rigovernare *v.tr.* 1 (*stoviglie*) to clear up, to wash up: *hai finito di — in cucina?*, have you finished clearing up in the kitchen?; *— i piatti*, to do the dishes 2 (*accudire animali*) to look after (sthg.), to take* care of (sthg.).

rigovernata *s.f.* (*non com.*) clearing-up, washing-up.

rigovernatura *s.f.* (*di stoviglie*) clearing-up, washing-up: *acqua di —*, dishwater.

riguadagnare *v.tr.* 1 (*guadagnare di nuovo*) to earn again 2 (*fig.*) (*ricuperare*) to win* back, to regain, to recover: *— il favore, la fiducia di qlcu.*, to win back s.o.'s favour, confidence; *— il tempo perduto*, to make up for lost time; *— terreno*, to regain ground; *— la fiducia dei consumatori*, to win back the consumers' trust; (*calcio*) *— la palla*, to win the ball back 3 (*raggiungere di nuovo*) to regain, to reach again, to get* back to: *— la riva*, to regain the shore.

riguardare *v.tr.* 1 to look at (s.o., sthg.) (again); (*con attenzione*) to examine: *ho riguardato il tuo lavoro e mi pare sia soddisfacente*, I have examined your work and it seems to be satisfactory; *non ho trovato nessun errore, comunque lo riguarderò*, I haven't found any mistakes, however I shall look at it again; *— un conto*, to examine (*o* to check) an account 2 (*non com.*) (*considerare*) to regard, to consider; to look on (s.o., sthg.) 3 (*concernere*) to regard, to concern: *questo non ti riguarda*, this does not concern you (*o* this is no concern of yours); *sono problemi che non ti riguardano*, these problems are no concern of yours; *il caso riguarda ormai la magistratura*, the case is now a matter for the courts; *per quanto riguarda questa faccenda*, as regards this matter (*o* as far as this matter is concerned); *per quel che mi riguarda*, as far as I am concerned (*o* as for me) 4 (*custodire, aver cura di*) to take* care of, to look after: *è una pianta delicata, riguardala dalle correnti*, it's a delicate plant, keep it out of draughts.

□ **riguardarsi** *v.rifl.* (*proteggere la propria salute*) to take* care of oneself, to look after oneself; to protect oneself (against sthg.); to keep* away (from sthg.), to be careful (of sthg.): *deve — dal freddo*, he must protect himself against the cold; *si riguarda molto*, he takes great care of himself; *riguardati*, look after yourself (*o* take care of yourself); *riguardati dalle correnti d'aria*, keep away from draughts.

riguardata *s.f.* glance, quick look: *dare una — alla pagina*, to have a look at the page.

riguardato *agg.* wary, careful: *stare —*, to take care of oneself; *si tiene — nel bere*, he's careful about what he drinks; *tienilo — dopo il morbillo*, take good care of him after he gets over the measles.

riguardevole *agg.* 1 (*considerevole*) considerable: *somma —*, considerable sum 2 (*importante*) important, notable: *una persona —*, an important person.

riguardo *s.m.* 1 (*cura, attenzione*) care: *abbi — di non fare troppo rumore*, be careful (*o* take care) not to make too much noise; *ha tutti i riguardi per se stesso*, he takes great care of himself; *non ha alcun — per la sua salute*, he does not take any care of his health; *maneggiare con —*, to handle with care // *senza —*, careless (*agg.*), carelessly (*avv.*); *spendere senza —*, to spend money carelessly 2 (*rispetto, considerazione*) regard, consideration, respect: *devi aver — della sua età*, you must have respect for his age; *ha molto — delle cose altrui*, he is very careful with other people's things; *lo farò per — a suo padre*, I shall do it out of respect for his father; *mi mancò di —*, he was disrespectful (*o* rude) to me; *non ha avuto alcun — per i miei sentimenti*, he had no regard (*o* consideration) for my feelings; *per — alla sua età non glielo abbiamo detto*, out of consideration for his age we have not told him; *una persona di —*, a distinguished person // *non aver — di prendere ciò che ti occorre*, don't hesitate to take what you need // *parlare senza riguardi*, (*francamente*) to speak openly (*o* frankly); (*senza rispetto*) to speak disrespectfully 3 (*relazione, attinenza*) regard, respect: *— a me*, as far as I am concerned (*o* as for me); *— a questo*, with regard to this; *— a questo problema*, as regards (*o* in regard to *o* with respect to) this problem; *— a questo problema non ho ancora le idee chiare*, as far as this problem is concerned I still haven't got any clear ideas; (*comm.*) *— alla vostra ultima lettera*, re your last letter; *a questo —*, in this connection (*o* in this regard); *sotto ogni —*, in every respect; *sotto questo —*, in this respect; *voglio precise informazioni al —*, I want precise information on this matter // *non posso dire niente nei suoi riguardi*, I can't say anything with regard to him.

riguardoso *agg.* 1 (*rispettoso*) respectful (to s.o.); considerate, thoughtful: *— dei diritti altrui*, respectful of other people's rights; *essere — con una signora*, to be respectful to a lady 2 (*ant.*) (*cauto*) careful.

riguastare *v.tr.* to spoil again, to damage again.

□ **riguastarsi** *v.intr.pron.* to be spoiled again, to be damaged again; to break* down again: *si è riguastata la televisione*, the television has broken down again.

rigurgitare *v.intr.* 1 (*di acque*) to gush out, to flow out, to pour out; to gush back, to flow back, to pour back; (*straripare, traboccare*) to overflow 2 (*di stomaco*) to regurgitate; (*negli infanti*) to break* wind; (*fam.*) to burp 3 (*fig.*) (*brulicare*) to swarm (with s.o.), to teem (with s.o.), to overflow (with s.o.); to be crowded (with s.o.), to be packed (with s.o.), to be crammed (with s.o.): *le strade rigurgitano di gente*, the streets are swarming (*o* are crowded) with people; *i treni rigurgitavano di gente*, the trains were packed with people 4 (*fig.*) (*abbondare*) to abound (in sthg.); to be crammed (with sthg.): *negozi che rigurgitano di merce*, shops chock-full of goods (*o* crammed with goods); *la sua casa rigurgita di libri*, his house is full to overflowing with books (*o* is full of books) ◆ *v.tr.* to bring* up: *il bambino ha rigurgitato un po' di latte*, the baby brought up a little milk.

rigurgito *s.m.* 1 (*di acque*) flowing, pouring, gushing back; (*straripamento, traboccamento*) overflow, overflowing 2 (*di stomaco*) regurgitation; (*negli infanti*) breaking wind; (*fam.*) burping 3 (*travaso*) extravasation: *— di sangue*, extravasation of blood 4 (*gorgo d'acqua*) eddy, whirlpool 5 (*fig.*) (*impulso violento*) fit, attack, outburst: *un — di rabbia*, a fit of rage 6 (*fig.*) (*improvviso ritorno di qlco. di negativo*) (sudden) revival, re-emergence: *un — di razzismo*, a re-emergence of racism.

rigustare *v.tr.* 1 to taste again 2 (*fig.*) (*godere di nuovo*) to enjoy again, to relive: *nel rivedere le foto mi sono rigustata la vacanza*, seeing the photos again I was able to relive the happy moments of the holiday.

rilanciare *v.tr.* 1 to throw* again, to fling* again; to throw* (sthg.) back, to fling* (sthg.) back: *devi — la palla*, you have to throw the ball back 2 (*fig.*) to relaunch, to reintroduce, to present again: *— un'idea*, to present an idea again; *— una moda*, to relaunch a fashion 3 (*a un'asta*) to raise, to make* a higher bid: *— l'offerta*, to raise the bidding 4 (*a poker*) to raise: *rilancio diecimila lire*, I'll raise you ten thousand liras.

□ **rilanciarsi** *v.rifl.* to throw* oneself again (into sthg.); to be thrown again (into sthg.).

rilancio *s.m.* 1 throwing again; flinging again; throwing back, flinging back: *— della palla*, throwing back the ball 2 (*fig.*) relaunching, reintroduction: *— di una proposta*, reintroduction of a proposal; *— pubblicitario*, new advertising campaign 3 (*a un'asta*) raising, higher bid 4 (*a poker*) bid, bidding: *fare un —*, to raise the bidding.

rilasciamento *s.m.* 1 (*di tessuto muscolare*) relaxation 2 (*fig.*) relaxing, loosening: *un — della morale*, a loosening of morals.

rilasciare *v.tr.* 1 (*lasciare di nuovo*) to leave* again 2 (*mettere in libertà*) to release, to set* free, to discharge: *— un paziente*, to discharge a patient; *— un prigioniero*, to release (*o* to discharge) a prisoner (*o* to set a prisoner free); *solo quattro ostaggi sono stati rilasciati*, only four hostages were released 3 (*cedere, concedere, dare*) to grant, to give*; to issue: *non rilascio interviste a nessuno*, I don't give interviews to anyone; *— una dichiarazione*, to issue a statement; *— un certificato, un passaporto*, to issue a certificate, a passport; *— un permesso*, to grant permission; *— una ricevuta*, to give (*o* to issue) a receipt 4 (*allentare*) to relax, to slacken, to loosen; *— i muscoli*, to relax the muscles 5 (*inform.*) (*un tasto*) to release.

□ **rilasciarsi** *v.intr.pron.* 1 (*allentarsi*) to relax, to slacken, to become* loose: *questa corda si rilascia*, this rope is getting slack (*o* loose) 2 (*di tessuto muscolare*) to relax ◆ *v.rifl.* (*rilassarsi*) to relax: *solo in campagna riesce a —*, he only manages to relax in the country ◆ *v.rifl.rec.* to leave* each other again, to part again: *si erano rimessi insieme, ma poi si sono rilasciati*, first they made it up, but then they left each other again.

rilascio *s.m.* 1 release, discharge; dismissal // (*dir.*) *— forzato*, forced release 2 (*concessione, cessione*) granting; issue, issuing: *— di* *un certificato*, issue of a certificate // (*mar.*) *porto di* —, port of distress **3** (*inform.*) (*di testo*) release.

rilassamento *s.m.* **1** relaxation, slackening, loosening (*anche fig.*): — *di una corda*, slackening of a rope; — *della disciplina*, relaxation (*o* slackening) of discipline // (*fis.*): *oscillazioni di* —, relaxation oscillations; *tempo di* —, relaxation time **2** (*di muscoli, nervi*) relaxation: (*med.*) *prova di* —, relaxation test.

rilassante *agg.* relaxing: *è molto* — *vivere in campagna*, it is very relaxing to live in the country; *che atmosfera* —*!*, what a relaxing atmosphere!

rilassare *v.tr.* (*allentare*) to slacken, to loosen (*anche fig.*); (*distendere*) to relax (*anche fig.*): *questa musica rilassa* (*i nervi*), this music soothes the nerves; — *le corde di un violino*, to slacken (*o* to loosen) the strings of a violin; — *i muscoli*, to relax one's muscles; — *la disciplina*, to relax discipline; — *i propri sforzi*, to slacken one's efforts.

□ **rilassarsi** *v.rifl.* (*distendere i nervi*) to relax, to unwind*: *vado a rilassarmi sul divano*, I am going to relax on the sofa; *hai bisogno di rilassarti un po'*, you need to relax a bit ◆ *v.intr.pron.* **1** (*fig.*) (*allentarsi*) to slacken; to become* loose; to relax: *la morale si è rilassata*, morals have become loose; *la sua severità si è rilassata*, he is much less severe **2** (*med.*) (*di tessuto muscolare*) to relax: *i muscoli si rilassano con i massaggi*, muscles relax with massage.

rilassatamente *avv.* in a relaxed way.

rilassatezza *s.f.* laxity, looseness (*anche fig.*); relaxation, loosening (*anche fig.*): *la* — *della morale*, laxity (*o* looseness) of morals (*o* moral laxity).

rilassato *agg.* **1** relaxed (*anche fig.*): *muscoli rilassati*, relaxed muscles; *dopo un bagno caldo mi sento molto* —, after a hot bath I feel very relaxed **2** (*allentato*) loose, slack **3** (*fig.*) (*di costumi*) loose, lax: *disciplina rilassata*, lax discipline.

rilastricare *v.tr.* to repave.

rilavare *v.tr.* to wash again, to rewash: *l'ho lavato e rilavato, ma la macchia non va via*, I've washed it over and over again, but the stain won't go away.

rilavorare *v.tr.* to work again; to rework.

rilegare *v.tr.* **1** to retie, to tie again; to bind* again: *rilegalo con dello spago più forte*, tie it up again with some stronger string **2** (*libri*) to bind*: — *un libro in pelle*, to bind a book in leather.

rilegato *agg.* bound: *un libro* — *in pelle*, a book bound in leather (*o* a leather-bound book); *un libro* — *in pergamena*, a book bound in vellum.

rilegatore *s.m.* **rilegatrice** *s.f.* bookbinder.

rilegatura *s.f.* (*di libri*) binding, bookbinding: — *in pelle*, leather-binding.

rileggere *v.tr.* **1** to read* again, to reread*: *dovresti* — *questo libro*, you should read this book again; *ho letto e riletto questo passaggio*, I have read this passage over and over again; *non mi stanco mai di* — *le sue lettere*, I never get tired of reading his letters over and over again **2** (*inform.*) (*un nastro*) to replay.

rilento, a *locuz.avv.* **1** slowly: *andare a* —, to go slow(ly) **2** (*fig.*) (*con cautela*) carefully, warily: *devi andare a* — *nel giudicare il prossimo*, you should be very careful about judging other people.

rilettura *s.f.* rereading, second reading.

rilevabile *agg.* noticeable, detectable: *sono caratteristiche appena rilevabili*, these characteristics are hardly noticeable.

rilevamento *s.m.* **1** (*topografia*) survey, surveying; (*cartografia, geol.*) mapping: — *delle altitudini*, survey of heights; — *geofisico*, geophysical prospecting; — *sotterraneo*, underground survey; — *a distanza*, remote sensing // *stazione di* —, (*dell'inquinamento atmosferico*) air pollution testing station **2** (*raccolta sistematica di informazioni*) survey: — *statistico*, statistical survey **3** (*mar.*) bearing; observation: — *a incrocio*, cross bearing; — *alla bussola*, compass bearing; — *astronomico*, astronomical observation; — *idrofonico*, hydrophone bearing; — *polare*, relative (*o* polar) bearing **4** (*non com.*) (*sporgenza*) prominence, projection **5** (*mil.*) (*cambio*) relieving, changing: — *di una sentinella*, relieving of a sentry **6** (*inform.*) takeover **7** (*econ.*) (*assunzione di gestione*) takeover; (*acquisto*) buyout: — *di una ditta*, takeover of a firm.

rilevante *agg.* **1** (*non com.*) (*che ha rilievo*) prominent **2** (*fig.*) (*importante*) important; (*considerevole*) considerable, notable: *quanto mi dici non mi sembra affatto* —, what you are saying doesn't seem to me to be at all important; *i danni sono stati rilevanti*, the damage was considerable; *un* — *numero di uomini*, a large number of men // (*dir.*) *prova* —, relevant evidence.

rilevanza *s.f.* **1** (*ampiezza*) size, largeness **2** (*fig.*) (*importanza*) importance, significance **3** (*dir.*) relevance, relevancy.

rilevare *v.tr.* **1** (*levare di nuovo*) to take* off again, to take* away again **2** (*letter.*) (*rialzare*) to raise (*anche fig.*): *lo rilevò da terra*, she raised him from the ground; *quelle parole rilevarono le sue speranze*, those words raised his hopes **3** (*notare*) to notice; (*mettere in evidenza*) to point out; (*esaminare*) to survey: *non l'avevo rilevato*, I had not noticed it; *dovresti* — *questi aspetti del problema*, you should point out these aspects of the problem; *volevo farti* — *alcuni errori*, I wanted to point out a few mistakes to you; *gli feci* — *che avrebbe potuto telefonare*, I pointed out that he could have telephoned; — *la situazione internazionale*, to survey the international situation **4** (*venire a sapere*) to find*, to see*, to learn*: *ho rilevato quella notizia dal giornale*, I learnt that piece of news from the newspaper **5** (*ricavare*) to take*; (*fig.*) to obtain: — *il calco, la maschera di un cadavere*, to take a death mask; — *un'impronta digitale*, to take a fingerprint; *ha rilevato un magro frutto dalle sue fatiche*, (*fig.*) he obtained (*o* he got) a poor reward for his effort **6** (*topografia*) to survey; (*cartografia, geol.*) to map: — *un tratto di terra*, to survey a tract of land **7** (*econ., comm.*) (*subentrare a qlcu. in qlco.*) to take* over; (*comprare*) to buy*: — *una ditta, un negozio, un debito*, to take over a firm, a shop, a debt; — *la quota di un socio*, to buy out a partner **8** (*sostituire*) to relieve: *andrò a rilevarlo dopo la lezione*, I shall go and relieve him (*o* take his place) after the lesson; — *una sentinella*, to relieve a sentry **9** (*andare a prendere per accompagnare*) to call for s.o.; to collect, to pick up: *verrò a rilevarti alle otto*, I shall call for you at eight o'clock **10** (*mar.*) to take* a bearing of (sthg.) **11** (*inform.*) to sense ◆ *v.intr.* **1** (*sporgere*) to stand* out, to show* up **2** (*fig.*) (*avere importanza*) to be important, to count, to matter: *poco rileva che venga o no*, it doesn't matter whether he comes.

rilevatario *s.m.* **1** (*econ., comm.*) purchaser, successor **2** (*dir.*) (*cessionario*) transferee.

rilevato *agg.* (*in rilievo*) in relief; (*sporgente*) prominent, projecting, protruding; (*rialzato*) raised ◆ *s.m.* **1** (*rialzo del terreno*) rise, height, prominence **2** (*econ., comm.*) vendor, previous owner.

rilevatore *s.m.* **1** (*chi esegue rilevamenti*) surveyor **2** (*mar., topografia*) (*strumento*) circumferentor; (*inform.*) detector.

rilevatura *s.f.* (*non com.*) (*sporgenza*) projection, protuberance.

rilevazione *s.f.* **1** (*il rilevare*) surveying; gathering; (*raccolta sistematica d'informazioni*) survey: — *statistica*, statistical survey (*o* gathering of statistical data) // (*amm.*): *rilevazioni contabili*, accounting data; — *delle scorte*, inventory count **2** (*inform.*) sensing: — *grafica dell'esecuzione*, tracing.

rilievo *s.m.* **1** relief (*anche geogr.*): *un bel* — *di marmo*, a beautiful marble relief; *profilo in* —, profile in relief; *mise le figure in* —, he brought the figures into relief; *l'ombreggiatura dà* — *al dipinto*, the shading gives relief to the drawing; *lavorare di* —, to make reliefs // (*geogr.*) *carta in* —, relief map; *forma del* —, landform; *il* — *appenninico*, the Appennine range **2** (*fig.*) (*importanza*) importance, stress, emphasis: *cosa di* —, important thing (*o* matter); *mettere in* —, *dare* — *a*, to point out (*o* to emphasize *o* to stress): *l'autore ha dato particolare* — *a questo problema*, the author has given special emphasis (*o* importance) to this problem; *non avrei messo così in* — *queste cose*, I should not have emphasized these things so much; *vorrei mettere in* — *questi particolari*, I should like to point out these details; *occupare una posizione di* —, to hold a prominent position (*o* to be a public figure) **3** (*osservazione*) remark, comment, criticism: *fare un* —, to make a remark; *muovere dei rilievi a qlcu.*, to criticize s.o. **4** (*rilevazione*) survey (*anche topografia*); (*cartografia, geol.*) mapping: — (*topografico*), survey; *prendere rilievi di un tratto di terra*, to survey a tract of land; *rilievi statistici*, statistical data (*o* findings) **5** (*econ.*) (*assunzione di gestione*) takeover: — *di un'azienda*, takeover of a firm.

rilievografia *s.f.* (*tip.*) relief printing, typographical printing, letterpress.

rilievografico *agg.* (*tip.*) relief printing (*attr.*), typographical printing (*attr.*), letterpress (*attr.*): *procedimento* —, letterpress process; *stampa rilievografica*, relief printing.

rilimare *v.tr.* **1** to file again **2** (*fig.*) (*rifinire*) to polish, to perfect, to touch up.

rille *s.m.* (*astr.*) (*solco lunare*) rille, rill.

rilocabile *agg.* (*inform.*) relocatable: *indirizzo* —, relocatable address.

rilocare *v.tr.* (*inform.*) to relocate.

rilocazione *s.f.* (*inform.*) relocation.

riloga *s.f.* traverse rod.

rilucente *agg.* bright, shining; glittering, twinkling, sparkling: *occhi rilucenti*, shining (*o* sparkling) eyes; *stelle rilucenti*, shining (*o* twinkling) stars.

rilucere *v.intr.* (*essere luminoso*) to shine*, to gleam, to be bright; (*risplendere*) to glitter; to glisten.

riluttante *agg.* reluctant, unwilling, disinclined: *sono — ad ammetterlo*, I'm reluctant (*o* loath) to admit it; *si sono mostrati riluttanti alla mia proposta*, they were all averse to (*o* they all disliked) my suggestion.

riluttanza *s.f.* **1** reluctance, unwillingness, disinclination: *lo fece con —*, he did it with reluctance (*o* reluctantly); *ha accettato con —*, he accepted unwillingly; *non mostrò alcuna — ad andarci*, he showed no reluctance to go there **2** (*fis.*) reluctance.

riluttare *v.intr.* to be reluctant, to be unwilling.

riluttività *s.f.* (*fis.*) reluctivity.

rima[1] *s.f.* **1** (*metrica*) rhyme: *rime alternate*, alternate rhymes; *— leonina*, double rhyme; *— piana, tronca*, feminine, masculine rhyme; *ottava —*, ottava rima; *terza —*, *— incatenata*, terza rima; *— baciata*, rhyming (*o* rhymed) couplet: *essere a — baciata*, to rhyme in couplets; *una poesia in —*, rhyming verse (*o* poetry); *poesia a rime obbligate*, poem with set rhymes; *far —*, to rhyme; *mettere in —*, to put into rhyme (*o* verse); *scrivere in —*, to write in rhyme // *rispondere per le rime*, to give a sharp answer (*o fam.* to give tit for tat) **2** *pl.* (*estens.*) (*versi*) rhymed verses, rhymes; (*poesia, componimenti poetici*) poetry (*sing.*), verse (*sing.*).

rima[2] *s.f.* **1** (*anat.*) rima (*pl.* -ae): *— boccale*, rima oris; *— palpebrale*, rima palpebrarum **2** (*non com.*) (*fessura*) fissure, crack, crevice **3** (*mar.*) (*falla*) leak.

rimalmezzo *s.f.* (*rima interna*) internal rhyme, middle rhyme.

rimandare *v.tr.* **1** (*mandare di nuovo*) to send* again: *se lo perdi te lo rimandiamo*, if you lose it, we'll send it to you again **2** (*restituire*) to return; to send* back: *rimandò tutti i regali che aveva ricevuto*, she sent back all the presents she had received; *— una lettera al mittente*, to return a letter to the sender **3** (*far tornare*) to send* back: *fu rimandato al paese d'origine*, he was sent back to his native village; *l'ho rimandato a comprare il giornale*, I have sent him back to buy a paper; *la maestra l'ha rimandato a casa perché non si sentiva bene*, the teacher sent him home because he didn't feel well // *— da Erode a Pilato*, to send from pillar to post **4** (*posporre*) to postpone, to defer, to put* off; to adjourn; (*procrastinare*) to delay, to protract: *la lezione è stata rimandata di una settimana*, the lesson has been postponed for a week; *— un dibattito*, to put off (*o* to postpone) a debate; *abbiamo rimandato la partenza per il maltempo*, we delayed (*o* put off) our departure because of the bad weather; *— un pagamento*, to delay a payment // *non — a domani ciò che potresti fare oggi*, (*prov.*) don't put off till tomorrow what you can do today **5** (*mandare ad altra prova d'esame*) to make* (s.o.) repeat (an exam): *fu rimandato a settembre in tre materie*, he had to repeat three subjects in September; *mi hanno rimandato in francese*, they made me sit my French exam again **6** (*fare riferimento*) to refer: *— a un libro, una pagina ecc.*, to refer to a book, to a page etc.

rimandato *agg.* having to repeat an exam: *non erano tanti gli studenti rimandati*, there weren't many students who had to repeat their exams ◆ *s.m.* pupil who has to repeat exams.

rimando *s.m.* **1** sending back; return // *di —*, in ritort **2** (*non com.*) (*differimento*) postponement, putting off; adjournment: *— di un dibattito*, postponement of a debate **3** (*calcio*) goal-kick **4** (*segno di richiamo*) cross -reference: *in questo dizionario ci sono molti rimandi*, in this dictionary there are many cross -references.

rimaneggiamento *s.m.* **1** (*rielaborazione*) readaptation, rewriting: *— di una commedia*, readaptation of a play **2** (*riordinamento*) rearrangement; (re)adjustment; reorganization, reshuffle: *— delle tasse*, tax adjustment; *— del gabinetto*, cabinet reshuffle **3** (*geol.*) reworking.

rimaneggiare *v.tr* **1** (*rielaborare*) to (re)adapt, to revise, to rewrite*: *— un testo teatrale*, to adapt a drama **2** (*riordinare*) to rearrange, to reorganize; to reshuffle: *— il gabinetto*, to reshuffle the cabinet **3** (*tip.*) to reset*.

rimaneggiato *agg.* **1** (*rielaborato*) rewritten, readapted **2** (*riordinato*) rearranged, remodelled; reorganized: *giocare in formazione rimaneggiata*, to play with a reorganized team **3** (*geol.*) reworked, remanié.

rimanente *agg.* remaining, leftover, residual: *gli scolari rimanenti*, the remaining pupils; *nelle ore rimanenti penso che andrò a fare compere*, in the time remaining I think I'll go and do some shopping; *accantonare il denaro —*, to set aside the money leftover ◆ *s.m.* **1** (*ciò che rimane*) remnant, remainder; (*saldo*) balance; (*di stoffe*) remnant; (*di cibi*) leftovers (*pl.*): *col — della lana ti farò un golf*, with the leftover wool I'll make you a pullover; *il — della merce*, the remainder of the goods; *pagare il —*, to pay the balance // *del —*, (*ant.*) (*del resto, comunque*) however; (*inoltre*) moreover **2** *pl.* (*persone*) (all) the others, the rest: *venti persone entrarono e i rimanenti rimasero fuori*, twenty people came in and the rest stayed outside.

rimanenza *s.f.* rest, remainder, remnant; (*giacenze*) oddments (*pl.*): *— di merci*, unsold (*o* leftover) stock; *vendere le rimanenze a buon mercato*, to sell the remnants cheap (*o* to sell off the remnants).

rimanere *v.intr.* **1** to remain, to stay: *ho premura, non posso —*, I am in a hurry, I cannot stay; *rimarrò solo alcuni giorni in Germania*, I shall remain (*o* stay *o* stop) in Germany only a few days; *sono rimasto (lì) a guardare*, I stayed there looking; *rimase a casa a curare il bambino*, she stayed (*o* remained) at home to look after the child; *rimasero dentro perché fuori faceva freddo*, they stayed in because it was cold outside; *— fuori di casa*, to be left outside; *— via, assente, fuori casa*, to stay (*o* to be) away; *sono rimasto a lavorare fino a tardi*, I stayed on to work until late; *rimasi alzato, in piedi fino a mezzanotte*, I stayed up till midnight; *siamo rimasti in piedi tutto il viaggio*, we stayed standing for the whole journey; *— al buio, senz'acqua*, to be left in the dark, with no water; *l'ufficio rimarrà chiuso tutto agosto*, the office will be closed for August; *— a cena*, to stay to dinner; *— a letto*, to stay in (*o* to keep to one's) bed // *dov'ero rimasto?*, where did I leave off (*o* where was I)? // *mi è rimasto qualcosa fra i denti*, something is caught between my teeth // *— indietro*, to remain behind (*o* to get behind *o* to fall behind): *tutti se ne andarono e io rimasi indietro*, everybody left and I remained behind; *non voglio — indietro col lavoro*, I do not want to get behind with my work; *se vengo con te, il mio lavoro rimane indietro*, if I come with you, I shall fall behind in my work; *questo ragazzo rimarrà indietro rispetto ai suoi compagni*, this boy is bound to fall behind (*o* cannot keep pace with) the rest of the class; *— indietro col pagamento dell'affitto*, to fall behind with the rent **2** (*avanzare*) to remain, to be left (over): *dopo il terremoto, rimase ben poco della città*, after the earthquake very little remained of the city; *mi è rimasta un po' di sabbia nei capelli*, some sand is left in my hair; *mi rimangono solo tre giorni di vacanza*, I have only three days left of my holiday; *non gli è rimasto molto da vivere*, he hasn't got long to live; *mi rimanevano solo pochi soldi*, I had very little money left; *non gli rimase nulla*, he had nothing left; *ci è rimasta poca strada da fare*, there isn't much far to go now; *rimane ben poco da fare, da dire*, very little remains to be done, to be said; *se si sottrae 8 da 10 rimane 2*, if you subtract 8 from 10, 2 remains **3** (*durare*) to remain, to last: *il pericolo rimane*, the danger persists (*o* is still there); *qualche macchia è rimasta anche dopo il lavaggio*, there were still some stains left even after it had been washed; *mi è rimasto addosso l'odore di pesce*, I smell of fish; *— in carica*, to stay in (*o* to hold) office **4** (*essere situato*) to be located, to be situated: *dove rimane la chiesa?*, where is the church located (*o* situated)? **5** (*mantenersi*) to remain, to keep*, to stay: *rimanete insieme*, keep together; *rimani calmo*, keep (*o* stay) calm; *rimase un buon amico*, he remained a good friend; *— fedele, onesto*, to remain faithful, honest **6** (*spettare*): *ciò rimane a te*, (*è affar tuo*) this is your (own) business; *rimane a te la decisione*, it is up to you to decide.

◆ FRASEOLOGIA: *rimanga fra noi*, don't breathe a word of it; *— a bocca aperta*, to gape (*o* to stand gaping); *— meravigliato*, to be astounded (*o* astonished); *— di stucco*, to be taken aback; *— con un palmo di naso*, to feel done (*o* disappointed) // *— male, deluso*, to be disappointed (*o* upset); *— contento, soddisfatto (di qlco.)*, to like (sthg.), to be satisfied (with sthg.) // *— in asso*, to be left in the lurch // *— all'asciutto, al verde*, to have no money left // *— in dubbio*, to be in doubt // *— d'accordo (con qlcu.)*, to agree (with s.o.) // *— ferito, ucciso*, to be wounded, killed // *— orfano*, to be left on orphan; *— vedovo*, to become a widower // (*banca*) *— inattivo*, (*di conto*) to lie dormant // (*comm.*): *rimaniamo in attesa di una vostra cortese risposta*, we look forward to hearing from you; *— sprovvisti di merci*, to run out of stock // (*dir.*) *— in vigore*, to remain in force // *rimanerci*, (*essere sorpreso*) to be amazed (*o* surprised); (*fam.*) (*rimanere incinta*) to get pregnant; (*fam.*) (*morire*) to cop it: *ha avuto un incidente stradale e ci è rimasto*, he copped it in a car accident.

rimangiare *v.tr.* **1** (*mangiare di nuovo*) to eat* again **2** (*non mantenere*) to retract, to take* back; (*fam.*) to go* back on (sthg.): *dovette — quel che aveva detto*, he had to eat his words; *rimangiarsi la parola*, to take back one's word; *non ti — sempre quello che prometti!*, don't always go back on your promises!

rimante *agg.* rhyming ◆ *s.m.* **1** (*parola in rima*) rhyme **2** (*ant.*) (*poeta*) rhymist.

rimarcabile → **rimarchevole**.

rimarcare[1] *v.tr.* (*non com.*) (*marcare di nuovo*) to mark again.

rimarcare[2] *v.tr.* (*notare, rilevare*) to notice, to remark, to observe: *non c'è nulla da — al riguardo*, there is nothing of note to say on the matter.

rimarchevole *agg.* remarkable, noteworthy, outstanding.

rimarco *s.m.* (*non com.*) (*osservazione, appunto*) remark, note, comment; criticism.

rimare *v.tr.* to versify, to put* into rhyme, to rhyme: — *un sonetto*, to rhyme a sonnet ◆ *v.intr.* to rhyme: *queste parole non rimano*, these words do not rhyme.

rimarginare *v.tr.* to heal (*anche fig.*): *il tempo rimargina un grande dolore*, time heals deep sorrow ◆ *v.intr.* → rimarginarsi.

□ **rimarginarsi** *v.intr.pron.* **1** (*di ferita*) to heal (up) **2** (*fig.*) (*mitigarsi*) to heal, to mend.

rimario *s.m.* rhyming dictionary; book of rhymes.

rimaritare *v.tr.* **1** (*maritare di nuovo*) to remarry, to marry again **2** (*fig. poet.*) (*riconciliare*) to reunite, to reconcile.

□ **rimaritarsi** *v.rifl.* to remarry, to marry again, to get* married again.

rimasticare *v.tr.* **1** to chew again **2** (*fig.*) (*ripensare insistentemente a*) to chew (over sthg.), to brood (over sthg.), to ruminate (on, over sthg.): — *un'offesa*, to brood over an insult **3** (*fig.*) (*ripetere meccanicamente*) to repeat mechanically, to regurgitate: — *una lezione imparata a memoria*, to repeat mechanically a lesson learnt by heart.

rimasto *agg.* left, leftover: — *al verde, all'asciutto*, broke; — *fuori*, (*escluso, omesso*) left out (*o* omitted); *un attore — senza lavoro*, an actor out of work; *un'espressione rimasta celebre*, an expression which has become famous; *coi pochi soldi rimasti non arriveremo alla fine del mese*, with the little cash we have left we won't make it to the end of the month // *i rimasti*, those left behind: *s'allontanò tra lo stupore dei rimasti*, he went off to the amazement of those left behind.

rimasuglio *s.m.* **1** remainder, residue; remains (*pl.*); (*di cibi*) leftovers (*pl.*), scraps (*pl.*): *i rimasugli di un pranzo*, the remains (*o* leftovers) of a dinner; *un — di vino in fondo al fiasco*, a little bit of wine left at the bottom of the bottle **2** (*fig.*) vestige, last bit: *un — di onestà*, a vestige of honesty.

rimato *agg.* rhymed, rhyming, in rhyme: *parole rimate*, rhymed words; *prosa rimata*, rhyming prose.

rimatore *s.m.* rhymer, poet; (*spreg.*) rhymester.

rimbacuccare *v.tr.* to muffle up (again), to wrap up (again).

□ **rimbacuccarsi** *v.rifl.* to muffle oneself up, to wrap oneself up.

rimbaldanzire *v.tr.* (*rendere baldanzoso*) to embolden, to make* bold ◆ *v.intr.* → rimbaldanzirsi.

□ **rimbaldanzirsi** *v.intr.pron.* to become* bold again, to become* self-confident, to regain one's self-assurance.

rimballare *v.tr.* to repack, to repackage, to pack again.

rimbalzare *v.intr.* **1** to rebound, to bounce back, to bounce (off); (*di proiettile*) to ricochet: *la palla rimbalzò contro il muro*, the ball bounced off the wall; *la palla rimbalzò verso di lui*, the ball bounced back to him; *questa palla non rimbalza bene*, this ball does not bounce well; *le pallottole rimbalzarono*, the bullets ricocheted **2** (*estens.*) (*di onde sonore*) to echo, to reverberate; (*di raggi*) to reflect, to be reflected: *il suono rimbalzava sulle pareti*, the sound echoed off the walls **3** (*fig.*) to spread*, to be passed on: *la notizia rimbalzò di bocca in bocca*, the news spread quickly (by word of mouth).

rimbalzello *s.m.* ducks and drakes: *giocare a —*, to play ducks and drakes.

rimbalzino *s.m.* pitch-and-toss (game of bouncing coins against a wall).

rimbalzo *s.m.* **1** rebound(ing), bounce, bouncing, bouncing back // *di —*, on the rebound; (*fig.*) indirectly: *colpire la palla di —*, to hit (*o* to kick) the ball on the rebound; *la vicenda, di —, interessa anche noi*, indirectly the matter affects us too **2** (*pallacanestro*) rebound.

rimbambimento *s.m.* dizziness, wooziness; (*riferito a persone anziane*) dotage: *vive in uno stato di —*, he lives in a state of dotage.

rimbambire *v.tr.* (*stordire*) to stun, to daze: *mi hai rimbambito con questa musica ad alto volume*, you have driven me mad with that loud music ◆ *v.intr.* → rimbambirsi.

□ **rimbambirsi** *v.intr.pron.* (*spreg.*) to reach one's dotage; to become* stupid, to go* silly: — *con l'età*, to grow senile.

rimbambito *agg.* in one's dotage (*pred.*); (*stupido*) stupid: *da quando si è fidanzato è completamente —*, he's completely taken leave of his senses since becoming engaged ◆ *s.m.* dotard.

rimbarcare e *deriv.* → **reimbarcare** e *deriv.*

rimbastire *v.tr.* **1** to baste again, to tack again **2** (*fig.*) to redraft, to plan again: — *un discorso*, to redraft a speech.

rimbeccare *v.tr.* (*ribattere prontamente*) to retort to (s.o., sthg.); to answer back: *non posso aprire bocca che mi rimbecca*, I only have to say a word and he answers back.

□ **rimbeccarsi** *v.rifl.rec.* (*discutere vivamente*) to squabble: *quei due non fanno che —*, those two are always squabbling.

rimbecillire *v.tr.* (*confondere, stordire*) to confuse, to bewilder, to make* dizzy: *tutte le sue chiacchiere mi hanno rimbecillito*, all his chattering has made me dizzy ◆ *v.intr.* → rimbecillirsi.

□ **rimbecillirsi** *v.intr.pron.* (*rincretinire*) to become* stupid, to grow* stupid.

rimbecillito *agg.* stupid; bewildered, confused ◆ *s.m.* imbecile.

rimbiancare *v.tr.* to whiten again, to whitewash again.

rimboccamento *s.m.* (*non com.*) tucking up; turning up; (*di lenzuola*) turning down.

rimboccare *v.tr.* **1** to tuck (up); to turn up; (*lenzuola*) to turn down: — *le coperte*, to tuck in the blankets; *si rimboccò i calzoni*, he turned up his trousers; *rimboccarsi le maniche*, to tuck up (*o* to roll up) one's sleeves **2** (*fare un orlo*) to turn up.

rimboccatura *s.f.* **rimbocco** *s.m.* (*non com.*) **1** (*il rimboccare*) tucking up; turning up; (*di lenzuolo*) turning down **2** (*parte rimboccata*) tuck; turn-up; (*orlo*) hem.

rimbombante *agg.* **1** thundering, booming, roaring: *voce —*, thundering voice **2** (*fig.*) bombastic, highflown: *discorso —*, bombastic speech.

rimbombare *v.intr.* to rumble, to thunder, to roar; to resound: *i cannoni rimbombavano*, the cannon roared; *il tavolato rimbombava sotto i loro passi*, the footbridge resounded with their footsteps; *le loro voci rimbombavano nella sala*, their voces echoed in the room.

rimbombo *s.m.* rumble, boom, roar, thunder: *il — del tuono*, the rumble of the thunder; *il — del cannone*, the roar (*o* boom) of the cannon.

rimborsabile *agg.* reimbursable, refundable, repayable; (*redimibile*) redeemable: (*comm.*) *deposito —*, refundable deposit // (*fin.*): *obbligazioni rimborsabili*, redeemable bonds; — *per sorteggio*, callable by lot; *obbligazioni non rimborsabili*, unredeemable bonds.

rimborsabilità *s.f.* repayability, refundability; (*fin.*) (*redimibilità*) redeemability.

rimborsamento → **rimborso**.

rimborsare *v.tr.* to reimburse, to refund, to repay*, to pay* back; (*redimere*) to redeem: — *il prezzo del biglietto*, to refund (the price of) the ticket; — *a qlcu. le spese di viaggio*, to repay (*o* to refund) s.o.'s travelling expenses // (*econ.*): — *un prestito*, to pay back a loan; *farsi — le spese dal datore di lavoro*, to recoup one's expenses from the employer // (*fin.*): — *un'obbligazione*, to redeem a bond; — *un debito*, to redeem a debt.

rimborso *s.m.* repayment, reimbursement, refund; recoupment; (*di obbligazioni*) redemption: — *delle spese*, (refund of) expenses (*o* expense allowance); — *di un prestito*, redemption of a loan // (*fin.*) — *obbligatorio di obbligazioni*, mandatory redemption of bonds // (*mar.*) — *del nolo*, freight rebate // (*trib.*) — *di imposte*, tax remission (*o* refund).

rimboscamento → **rimboschimento**.

rimboscare *v.tr.* to reafforest; (*spec. amer.*) to reforest.

□ **rimboscarsi** *v.intr.pron.* (*letter.*) to take* to the woods, to take* to the forest.

rimboschimento *s.m.* reafforestation; (*spec. amer.*) reforestation.

rimboschire → **rimboscare**.

rimbrogliare *v.tr.* to cheat again.

rimbrottare *v.tr.* to scold, to reproach, to rebuke; (*fam.*) to give* (s.o.) a lecture.

rimbrotto *s.m.* reproach, rebuke; (*fam.*) lecture.

rimediabile *agg.* remediable: *un danno —*, harm that can be put right.

rimediare *v.tr.* **1** (*accomodare*) to remedy, to put* right: *un errore che si rimedia facilmente*, a mistake that can easily be put right **2** (*fam.*) (*racimolare*) to scrape up, to scrape together; (*guadagnare*) to earn: *spero di — un po' di denaro*, I hope to scrape some money together; *riesce sempre a — un invito a cena*, he can always scrape up a dinner invitation // — *un ceffone*, to get a smack // — *una giacca da un vecchio cappotto*, to get a jacket out of an old coat ◆ *v.intr.* **1** to remedy (sthg.); to put* (sthg.) right; to cure (sthg.); to make* up for (sthg.): *dobbiamo — a quello che abbiamo fatto*, we must make up for what we have done; *questi sono mali a cui non si rimedia*, these are evils which cannot be cured; — *a un inconveniente*, to remedy a defect (*o* to put a defect right) **2** (*provvedere*) to take* steps (to do sthg.); to do* (sthg.) about (sthg.): *oggi non c'è nulla da mangiare: come si rimedia?*, we have not got anything to eat today: what shall we do about it?

rimedicare *v.tr.* to dress again.
□ **rimedicarsi** *v.rifl.* to dress oneself again.

rimedio *s.m.* remedy (*anche estens.*); cure: *il riposo è il miglior* —, rest is the best cure; *non c'è — per questa malattia*, there is no cure for this disease; *questo è un buon — per il mal di testa*, this is a good remedy for headache; *ho trovato un — a questo inconveniente*, I have found a remedy for this defect; *non c'è —!*, there is no way-out!; (*dir.*) — *giuridico*, remedy (*o* redress) // *a estremi mali, estremi rimedi*, (*prov.*) desperate ills demand desperate remedies.

rimeditare *v.tr.* to reconsider, to think* over again; to ponder, to meditate again.

rimeggiare *v.intr.* (*non com.*) to write* poems.

rimembranza *s.f.* (*letter.*) remembrance; memory: *una dolce* —, a sweet memory // *parco delle rimembranze*, memorial park (*o* garden).

rimembrare *v.tr.* **rimembrarsi** *v.intr. pron.* (*letter.*) to remember.

rimenare *v.tr.* **1** (*letter.*) (*ricondurre*) to take* back; to bring* back; to lead* back **2** (*non com.*) (*mescolare*) to stir; (*agitare*) to shake*.

rimenata *s.f.* **1** (*non com.*) stir: *dare una — alla minestra*, to give the soup a stir **2** (*fam.*) (*rimprovero*) scolding.

rimenio *s.m.* (*non com.*) (*il mescolare*) stirring; (*l'agitare*) shaking.

rimeria *s.f.* (*non com.*) doggerel.

rimeritabile *agg.* (*non com.*) rewardable.

rimeritare *v.tr.* (*letter.*) to reward, to recompense.

rimescolamento *s.m.* **1** mixing up; stirring up; (*fig.*) reshuffle **2** (*di carte*) shuffle; shuffling **3** (*confusione*) confusion **4** (*turbamento, emozione*) shock; bewilderment.

rimescolanza *s.f.* (*non com.*) mixture; combination.

rimescolare *v.tr.* **1** (*mescolare*) to mix up; to stir; (*mescolare di nuovo*) to remix, to mix up again; to restir, to stir again: — *la minestra*, to stir the soup **2** (*carte*) to shuffle; (*mescolare di nuovo*) to reshuffle **3** (*frugare, rovistare*) to rummage among (sthg.): *ho rimescolato questi vecchi documenti, ma non ho trovato niente*, I have rummaged among these old documents but I have not found anything **4** (*fig.*) (*turbare, agitare*) to trouble: *certe ingiustizie rimescolano il sangue*, some injustices make your blood boil; *quella vista mi ha fatto — il sangue*, the sight made my blood curdle; *sentirsi — per lo spavento*, to feel one's blood run cold **5** (*fig.*) (*rivangare*) to revive, to rake up: — *il passato*, to revive the past.
□ **rimescolarsi** *v.intr.pron.* (*agitarsi*) to seethe; (*turbarsi*) to be upset; to be shocked.

rimescolata *s.f.* **1** mixing; stir: *dare una — alla minestra*, to give the soup a stir **2** (*di carte*) shuffle; shuffling: *dare una — alle carte*, to shuffle the cards.

rimescolio *s.m.* **1** stirring, mixing **2** (*confusione*) confusion, bustle **3** (*turbamento, emozione*) shock; bewilderment: *a quella orribile vista mi sono sentito uno strano* —, my blood curdled (*o* ran cold) at the horrible sight.

rimessa *s.f.* **1** (*il rimettere*) replacing; (*la cosa rimessa*) replacement: (*med.*) *la — a posto di un osso*, the setting of a bone **2** (*sport*) restart: — *della palla*, (*tennis ecc.*) return; — *in gioco laterale, dal fondo*, (*calcio*) throw-in, goal kick; — *a due*, (*basket*) jump ball **3** (*per automobili*) garage; (*per autobus*) bus depot, garage; (*per tram*) tram depot; (*per aeroplani*) hangar: *dietro la casa c'è una — per automobili*, there is a garage behind the house **4** (*riserva*) store, reserve: *quest'anno abbiamo una buona — di grano*, this year we have a good reserve of corn **5** (*comm.*) (*invio di denaro*) remittance; (*trasferimento*) transfer; (*invio di merce*) consignment, shipment: — *telegrafica*, telegraphic transfer; — *di fondi*, remittance (*o* transfer) of funds; *vi abbiamo fatto una — di un milione*, we remitted the sum of one million lire to you **6** (*comm.*) (*perdita*) loss: *avere una forte* —, to suffer a heavy loss // *vendere a* —, to sell at a loss **7** (*germoglio*) sprout, shoot; (*il rimettere germogli*) sprouting: *le rose si potano perché facciano una migliore* —, roses are pruned so that they will put out more shoots.

rimessaggio *s.m.* (*di imbarcazioni*) laying up; (*di roulotte ecc.*) garaging.

rimessione *s.f.* (*dir.*) remission.

rimesso *agg.* **1** replaced, put back // *dente* —, false tooth // *orlo* —, false hem **2** (*ristabilito*) fit again, well again: *mi sento completamente* —, I feel completely fit again **3** (*perdonato*) forgiven, remitted: *peccato* —, forgiven sin **4** (*ant.*) (*umile*) meek ◆ *s.m.* **1** (*intarsio*) inlay **2** (*ripiegatura d'orlo*) hem.

rimestamento *s.m.* (*il rimestare*) stirring well; (*fig.*) (*il rivangare*) raking up.

rimestare *v.tr.* **1** to stir; (*mestare di nuovo*) to restir, to stir again: — *la minestra*, to stir the soup **2** (*fig.*) to rake up, to stir up; to raise again: *perché vuoi — questi vecchi rancori?*, why do you want to rake up (*o* to stir up) these old grudges?

rimestatore *agg.* stirring up ◆ *s.m.* troublemaker.

rimestatura *s.f.* → **rimestamento**.

rimestio *s.m.* (constant) stirring.

rimettaggio *s.m.* (*tess.*) drawing-in.

rimettere *v.tr.* **1** to replace, to put* back (again); (*addosso*) to put* on again: — *un libro al suo posto*, to replace a book; *devo — questi fiori sul tavolo?*, shall I put these flowers back on the table?; *rimettersi il cappello*, to put one's hat on again; — *in uso*, to bring into use again; — *in funzione*, to put back in working order; (*aut.*) — *in marcia*, to restart; — *in ordine*, to put back in order; — *a posto*, to put back in its place; — *a posto un osso*, to set a bone; — *la spada nel fodero*, to sheathe one's sword; — *sul trono*, to restore to the throne // — *in discussione*, to bring up for discussion again // (*sport*) — *in gioco*, (*calcio*) to throw in; (*tennis*) to return; (*fig.*) to risk // — *a nuovo*, to do up // — *mano a qlco.*, to take up sthg. again // — *l'orologio*, to put the clock right; *rimettiamo gli orologi!*, synchronize watches! // — *piede*, to set foot again: *non rimetterò mai più piede in questa casa*, I shall never set foot in this house again // — *in piedi qlcu.*, (*guarirlo*) to put s.o. back on his feet; — *in piedi, in sesto un'azienda*, (*risanarla*) to put a firm back on its feet (*o* to turn a firm round); *vogliono — in piedi la vecchia rivista*, they want to revive the old review **2** (*affidare*) to refer; to leave*; to submit: *dovreste — questa faccenda a un esperto*, you should refer (*o* submit) this matter to an expert; *rimettiamo a te la decisione*, we will leave the decision to you; — *un affare al giudizio di qlcu.*, to refer a matter to s.o.'s judgement; — *un prigioniero alla giustizia*, to hand a prisoner over to justice; — *la propria sorte nelle mani di qlcu.*, to put one's fate in s.o.'s hands // — *l'anima a Dio*, to commit one's soul to God **3** (*perdonare*) to remit; to forgive*: — *un peccato*, to remit a sin; — *debiti*, to remit debts (*o* to release from debts); — *un'offesa*, to pardon an offence // *rimetti a noi i nostri debiti come noi li rimettiamo ai nostri debitori*, forgive us our trespasses, as we forgive them that trespass against us **4** (*mandare*) to remit; (*consegnare*) to consign, to deliver, to hand over; (*spedire*) to ship, to despatch: — *un assegno*, to remit a cheque; *prego rimetterci la somma al più presto*, please remit us the amount as soon as possible; — *un dispaccio a qlcu.*, to hand (*o* to deliver) a message to s.o.; — *documenti a qlcu.*, to lodge documents with s.o.; *la citazione fu rimessa stamane*, the summons was delivered this morning **5** (*vomitare*) to bring* up, to vomit, to throw* up: *rimise tutto ciò che aveva mangiato*, he brought up all that he had eaten; *mi viene da* —, I feel sick **6** (*rimetterci*) to lose*; to ruin: *in questo affare ci ho rimesso molto denaro*, I have lost a lot of money in this business; *se non ci guadagna, almeno non ci rimette*, if he doesn't gain anything, at least he won't lose anything; *cosa ci rimetti a rispondermi?*, what have you got to lose by answering me?; *ci si rimette il fiato a parlare con lui*, it is a waste of breath talking to him; *ci ho rimesso un paio di scarpe*, I ruined a new pair of shoes; *ci rimetterai la salute*, you will ruin your health; *rimetterci di decoro, reputazione*, to lose one's face, reputation // *rimetterci le penne*, (*fam.*) to get one's fingers burnt **7** (*rimandare*) to put* off, to postpone, to defer: *l'incontro è stato rimesso a un altro giorno*, the meeting has been put off to another day; *non si può — ciò a più tardi?*, can't we leave that till later?; — *un affare al domani*, to put off (*o* to defer) a matter till tomorrow; — *una causa di una settimana*, to postpone (*o* to remand) a case for a week.
□ **rimettersi** *v.rifl.* o *intr.pron.* **1** (*mettersi di nuovo*): *mi sono rimesso in una situazione difficile*, I have put myself in a difficult situation again; *si rimise a lavorare*, he started working (*o* set to work) again (*o* he resumed work); — *a sedere*, to sit down again; — *in viaggio*, to set out (*o* off *o* forth) again // *si sono rimessi insieme*, they've got back together again **2** (*rasserenarsi*) *il tempo si sta rimettendo*, it is clearing up (*o* the weather is improving) **3** (*ristabilirsi*) to recover: *non si è ancora rimesso*, he has not recovered (yet); — *da un colpo, da uno spavento*, to recover from a shock, from a fright; — *in forze, in salute*, to recover one's strength, one's health // — *in sesto*, to recover one's position (*o* to get on one's feet again) **4** (*affidarsi*) to rely (on): *mi rimetto alla tua discrezione*, I rely on your discretion; *mi rimetto*

a te per la decisione, I leave it to you to decide; — *alla clemenza della corte*, to throw oneself on the mercy of the court.

rimettina *s.f.* (*tess.*) drawer-in.

rimettitore *s.m.* **1** replacer **2** (*tess.*) drawer-in.

rimirare *v.tr.* to gaze at (s.o., sthg.); to stare at (s.o., sthg.): *rimiravano stupiti le vetrine illuminate*, they stared at the lighted windows; *rimirava la sua opera con visibile soddisfazione*, he was gazing at his work with evident satisfaction ◆ *v.intr.* (*riprendere la mira*) to aim again.

□ **rimirarsi** *v.rifl.* to contemplate oneself; to admire oneself, to look at oneself with complacence: *indossò l'abito nuovo e si rimirò a lungo allo specchio*, she put on her new dress and admired herself in the mirror for a long time.

rimisurare *v.tr.* to remeasure, to measure again.

rimmel® *s.m.* mascara: *mettersi, darsi il* —, to put on (*o* to apply) mascara.

rimminchionire *v.intr.* (*volg.*) to become* stupid.

rimodellare *v.tr.* to remodel, to reshape.

rimodernamento *s.m.* modernization, modernizing; remodelling; (*rinnovamento*) renovation; updating.

rimodernare *v.tr.* to modernize; to remodel; (*rinnovare*) to renovate, to renew; (*aggiornare*) to update: — *un abito, un cappello*, to remodel a dress, a hat (*o* to give a dress, a hat a new look); — *un appartamento, una casa*, to modernize a flat, a house; — *un'azienda, i macchinari*, to renew a company, the machinery; — *il sistema di lavorazione*, to update the working process; — *le proprie idee*, (*fig.*) to update one's ideas.

□ **rimodernarsi** *v.intr.pron.* to become* up-to-date, to bring* oneself up-to-date.

rimodernatore *s.m.* **rimodernatrice** *s.f.* modernizer.

rimodernatura *s.f.* modernization, modernizing; remodelling: — *di un abito*, remodelling of a dress.

rimonta *s.f.* **1** (*sport*) comeback, recovery **2** (*mil.*) remount **3** (*di scarpe*) vamping **4** (*miner.*) slant.

rimontaggio *s.m.* **1** reassembly **2** (*enologia*) repassing of must over the grape dregs.

rimontare *v.intr.* **1** (*risalire*) to remount: — *a cavallo, in sella*, to remount; — *in automobile, in carrozza*, to get into a car, a coach again **2** (*fig.*) to go* back, to date back: *queste tradizioni rimontano al Medioevo*, these traditions date (*o* go) back to the Middle Ages **3** (*recuperare uno svantaggio*) to move up, to catch* up: *stanno rimontando nella classifica*, they are moving up the table ◆ *v.tr.* **1** (*risalire*) to go* up: — *la corrente*, to sail upstream; (*in mare*) to stem (the current); — *un fiume*, to go up a river **2** (*ricomporre*) to reassemble: — *una macchina*, to reassemble a machine **3** (*sport*) (*recuperare uno svantaggio*) to recover, to pull back; (*una distanza*) to make* up: — *due goal*, to pull back two goals.

rimontatura *s.f.* (*di una macchina*) reassembling.

rimorchiare *v.tr.* **1** to tow: — *un'automobile*, to tow a car; — *una barca*, to tow a boat; — *una nave*, to tow a ship // — *qlcu.*, (*fam.*) (*trascinare con sé*) to drag s.o. along: *cerca di — anche lui*, try to drag him along (*o* get him to come) too; *lasciarsi* —, (*fam.*) to get oneself taken along (*o* dragged along) **2** (*fam.*) (*fare un approccio a*) to pick up: — *una ragazza*, to pick up a girl.

rimorchiatore *agg.* towing: *cavo* —, towing rope ◆ *s.m.* **1** (*mar.*) tugboat, tug, towboat **2** (*aer.*) tug.

rimorchio *s.m.* **1** (*azione*) tow, towing; towage: *cavo, corda da* —, towrope (*o* towline); *gancio di* —, tow hook; *andare a* —, to be towed; *avere, prendere a* —, to have, to take in tow; *servizio di* —, towage service; (*mar.*) *entrare in porto a* —, to be towed into port **2** (*veicolo*) trailer: — *per autocarro*, lorry (*o* truck) trailer; *autocarro con* —, lorry with trailer (*o* truck-trailer) // (*ferr.*) — *con guida*, trailer with driving place.

rimordere *v.tr.* **1** (*mordere di nuovo*) to bite* again; (*mordere chi ha morso*) to bite* back **2** (*fig.*) to prick: *gli rimorde la coscienza*, his conscience is pricking him.

rimordimento *s.m.* (*letter.*) (*rimorso*) remorse.

rimorso *s.m.* remorse; regret: — *di coscienza*, remorse (*o* pang of conscience); *ho — di quel che ho fatto*, I feel remorse for (*o* I regret) what I have done; *lo ha fatto senza alcun* —, he did it without remorse.

rimosso *agg.* **1** removed: *un magistrato — dal suo ufficio*, a magistrate removed from his office; *un ostacolo per sempre* —, an obstacle removed for ever **2** (*psic.*) repressed ◆ *s.m.* (*psic.*) repressed experience, repressed content.

rimostranza *s.f.* remonstrance, protest, expostulation, complaint: *fare le proprie rimostranze*, to remonstrate (*o* to protest *o* to complain *o* to expostulate); *gli feci le mie rimostranze per il modo in cui mi avevano trattato*, I remonstrated with him about (*o* I complained to him about) the way I had been treated.

rimostrare *v.tr.* to show* again ◆ *v.intr.* to remonstrate, to protest, to expostulate, to complain: — *presso qlcu. per qlco.*, to remonstrate (*o* to expostulate) with s.o. about sthg. (*o* to protest to s.o. about sthg.).

rimovibile *agg.* removable; (*licenziabile*) dismissible.

rimozione *s.f.* **1** removal: — *di un oggetto, di un dubbio*, removal of an object, of a doubt; — *di un veicolo in sosta vietata*, removal of an illegally parked car // *zona a — forzata*, towaway zone **2** (*destituzione*) dismissal, demotion, removal, discharge (*anche dir.*): — *da un impiego*, dismissal (*o* discharge) from a position; — *da un grado*, removal from a rank **3** (*psic.*) repression: — *primaria, originaria*, primal repression.

rimpacchettare *v.tr.* to repackage.

rimpadronirsi *v.intr.pron.* to take* possession again; to seize (sthg.) again.

rimpaginare e *deriv.* → **reimpaginare** e *deriv.*

rimpagliare *v.tr.* to re-cover with straw; (*imbottire di nuovo di paglia*) to re-stuff with straw.

rimpagliatore *s.m.* **rimpagliatrice** *s.f.* person who covers (sthg.) with straw; chairseat mender.

rimpagliatura *s.f.* (*copertura*) new straw covering; (*imbottitura*) new straw stuffing.

rimpallo *s.m.* (*calcio*) rebound; (*al biliardo*) counterblow: *dopo un — il pallone è finito in rete*, the ball rebounded off the post and went into the goal.

rimpanare *v.tr.* (*mecc.*) to re-thread.

rimpantanarsi *v.intr.pron.* **1** to get* muddy again; to get* bogged down again, to get* stuck again: *dopo qualche chilometro l'auto si rimpantanò*, after a few kilometers the car got bogged down again **2** (*fig.*) to get* mixed up again, to get* entangled again; to get* bogged down again: *si è rimpantanato con quei mascalzoni*, he has got mixed up with those rascals again; *si è rimpantanato nei debiti*, he's got bogged down in debt again.

rimparare *v.tr.* to re-learn*, to learn* again.

rimpastare *v.tr.* **1** to knead again; to mix again **2** (*rimaneggiare*) to rearrange; to reorganize, to reshuffle (*anche pol.*): — *il governo*, to reshuffle the Cabinet **3** (*fam.*) (*un libro, un articolo ecc.*) to rehash.

rimpasto *s.m.* **1** kneading again; mixing again **2** (*rimaneggiamento*) rearrangement; reorganization, reshuffle (*anche pol.*): — *ministeriale, del governo*, Cabinet reshuffle **3** (*fam.*) (*di libro, articolo ecc.*) rehashing.

rimpatriare *v.tr.* to repatriate, to send* back to s.o.'s country: — *i prigionieri di guerra*, to repatriate prisoners-of-war ◆ *v.intr.* to repatriate, to return to one's homeland.

rimpatriata *s.f.* (*fam.*) get-together: *abbiamo organizzato una — con gli ex-colleghi*, we've arranged a get-together with our old colleagues.

rimpatrio *s.m.* repatriation: *dopo tre anni ottenne il* —, after waiting three years, he was repatriated.

rimpetto *avv.* (*rar.*) → dirimpetto.

rimpiangere *v.tr.* (*provare disappunto*) to regret: *rimpiango di non esserci andato*, I wish I had gone there (*o* I regret not going there); — *un'occasione perduta*, to regret a lost opportunity.

rimpianto *agg.* regretted, mourned ◆ *s.m.* regret: *non ho alcun — per quel che ho fatto*, I have no regrets for what I have done; *se ne andò senza nessun* —, he left with no regrets.

rimpiattare *v.tr.* to hide*, to conceal.

□ **rimpiattarsi** *v.rifl.* to hide* (oneself), to conceal oneself.

rimpiattino *s.m.* (*nascondino*) hide-and-seek: *giocare a* —, to play hide-and-seek.

rimpiazzare *v.tr.* to replace: *un nuovo edificio rimpiazzerà quello demolito*, a new building will replace the one that has been demolished; — *qlcu. sul lavoro*, to take over s.o.'s job.

rimpiazzo *s.m.* replacement; substitute: *bisognerà trovare un — se se ne va*, a replacement (*o* substitute) must be found if he leaves.

rimpicciolimento *s.m.* lessening; decrease.

rimpicciolire *v.tr.* (*non com.*) to make* smaller, to lessen, to decrease ◆ *v.intr.* → rimpicciolirsi.

□ **rimpicciolirsi** *v.intr.pron.* to become* smaller, to lessen, to decrease.

rimpiegare e *deriv.* → **reimpiegare** e *deriv.*

rimpinguare *v.tr.* **1** to fatten (up) **2** (*arricchire*) to enrich; to boost: — *le proprie finanze*, to boost one's finances; — *le casse dello stato*, to fill the coffers of the state.
□ **rimpinguarsi** *v.rifl.* **1** to fatten, to grow* fat **2** (*arricchirsi*) to grow* rich.

rimpinzamento *s.m.* stuffing, cramming.

rimpinzare *v.tr.* to fill, to stuff, to cram: *non — quel bambino di dolci*, don't stuff that child full of cakes.
□ **rimpinzarsi** *v.rifl.* to stuff oneself: *si è rimpinzato di pane*, he has stuffed himself with bread.

rimpolpare *v.tr.* **1** (*ingrassare*) to fatten (up), to make* fat **2** (*arricchire*) to enrich, to make* rich.
□ **rimpolparsi** *v.intr.pron.* **1** to get* fat, to put* on weight **2** (*arricchirsi*) to become* rich.

rimpossessarsi *v.intr.pron.* to retake* possession, to regain a hold.

rimproverare *v.tr.* **1** to reproach, to upbraid; to reprove, to rebuke; (*ufficialmente*) to reprimand; (*sgridare*) to scold, to tell *off, to chide*: *essere rimproverato per qlco.*, to be rebuked for sthg.; *il maestro lo rimproverò perché non aveva fatto il compito*, the teacher reproved (*o* scolded) him for not having done his homework; *mia madre mi rimproverò perché avevo fatto tardi*, my mother told me off (*o* reproached me) for coming home late; *l'ufficiale fu rimproverato in pubblico*, the officer was reprimanded in public **2** (*biasimare, riprovare*) to blame, to reproach: *gli si rimproverò la sua cattiva condotta*, he was much blamed (*o* criticized) for his bad behaviour; *non mi si può — di studiare poco*, you can't accuse me of not studying enough **3** (*rinfacciare*) to grudge: *gli rimprovera anche quei quattro soldi che gli dà*, he grudges him even the few pence he gives him; — *un beneficio fatto a qlcu.*, to grudge s.o. a service rendered.

rimprovero *s.m.* reproach; reproof, rebuke; (*ufficiale*) reprimand; (*sgridata*) scolding: *un amaro* —, a bitter reproach; *un aspro* —, a sharp rebuke (*o* reprimand); *uno sguardo di* —, a look of reproach; *ricevette un bel — da sua madre*, he got a frightful scolding from his mother (*o fam.* he got a frightful telling-off from his mother); *muovere un — a qlcu.*, to reproach (*o* to scold *o* to rebuke *o* to reprove) s.o.

rimuginare *v.tr.* e *intr.* **1** (*frugare*) to rummage; to rummage through **2** (*agitare nella mente*) to brood over (sthg.), to turn over in one's mind: *che cosa stai rimuginando?*, what are you turning over in your mind?; — *il passato*, to brood over the past; *non stare a rimuginarci sopra, lascia perdere!*, don't keep turning it over in your mind, forget it!

rimuneramento *s.m.* → **rimunerazione**.

rimunerare *v.tr.* to remunerate; (*fig.*) to reward, to recompense: — *qlcu. in denaro*, to pay s.o.; *questo lavoro non viene rimunerato adeguatamente*, this work is not adequately remunerated; — *qlcu. per qlco.*, to recompense (*o* to reward) s.o. for sthg. ◆ *v.intr.* (*rendere*) to pay*, to be profitable: *una professione che rimunera bene*, a profitable profession (*o* a profession that pays well).

rimuneratività *s.f.* remunerativeness.

rimunerativo *agg.* remunerative, profitable, profit-bearing, money-making: *non* —, profitless (*o* unprofitable).

rimunerato *agg.* remunerated; rewarded, recompensed: *un lavoro ben* —, a well-paid (*o* well-remunerated) job.

rimuneratore *s.m.* remunerator; rewarder, recompenser ◆ *agg.* remunerative, rewarding: *un'attività rimuneratrice*, a remunerative activity.

rimuneratorio *agg.* remunerative, rewarding, profitable.

rimunerazione *s.f.* (*ricompensa*) reward, recompense, remuneration; (*paga*) remuneration, payment, pay, emolument: — *di un lavoro*, remuneration for a job; *ricevere una — adeguata*, to get adequate pay.

rimuovere *v.tr.* **1** to remove (*anche fig.*): — *le macerie*, to remove the debris; — *una pietra*, to remove a stone; — *una causa, un dubbio, un timore*, to remove a cause, a doubt, a fear; (*dir.*) — *i sigilli*, to break the seals **2** (*destituire*) to dismiss, to remove, to discharge, to demote: — *un impiegato da un incarico*, to dismiss (*o* to remove) an employee from his office **3** (*distogliere*) to deter; (*dissuadere*) to dissuade: *cercherò di rimuoverlo dal suo proposito*, I shall try to dissuade him from his purpose.
□ **rimuoversi** *v.intr.pron.* to move, to budge: *non riesce a — dalle sue convinzioni*, he is unable to budge from his convictions.

rimutare *v.tr.* e *intr.* **1** to change again **2** (*cambiare opinione*) to change one's mind.

rinalgia *s.f.* (*med.*) rhinalgia.

rinarrare *v.tr.* to retell*, to tell* again, to narrate again.

rinascenza *s.f.* (*letter.*) rebirth, revival.

rinascere *v.intr.* to revive (*anche fig.*); (*rigermogliare*) to spring* up again; (*nascere di nuovo*) to be born again: *quest'erba rinascerà in primavera*, this grass will grow again in the spring; *se rinasco voglio essere un uccello*, if I'm born again I want to be a bird; *rinacquero le arti*, there was a revival of the arts; *questa è una tradizione che non può* —, this is a tradition which cannot be revived; *quando lo vidi mi rinacque la speranza*, when I saw him my hope revived; *sentiva che lentamente gli rinascevano le forze*, he felt his strength slowly returning; *questo fatto fece — in lui vecchi rancori*, this occurrence revived old grudges in him // *mi sento* —, (*mi sento un altro uomo*) I feel a new man; *da quando si è licenziato è rinato*, he's been a new man since he gave up his job.

rinascimentale *agg.* Renaissance (*attr.*).

rinascimento *s.m.* Renaissance, Renascence: *il — italiano, francese*, the Italian, French Renaissance ◆ *agg.* Renaissance (*attr.*): *architettura, mobili* —, Renaissance architecture, furniture.

rinascita *s.f.* **1** rebirth **2** (*fig.*) revival; (*ripresa*) recovery: *la — celtica*, the Celtic revival (*o* renaissance); *la — delle lettere, della cultura, di vecchi costumi*, the revival of letters, of learning, of old customs; *la — dell'economia del Mezzogiorno*, the economic recovery of Southern Italy.

rincagnarsi *v.intr.pron.* (*non com.*) to frown, to scowl.

rincagnato *agg.* pug (*attr.*): *viso, naso* —, pug-face, pug-nose.

rincalcare *v.tr.* to press down; to pull down, to push down.

rincalzamento *s.m.* → **rincalzatura**.

rincalzare *v.tr.* **1** (*agr.*) to earth up, to hill up, to ridge: — *una pianta*, to earth up a plant **2** (*rimboccare*) to tuck in: — *il letto, le coperte*, to tuck in the bed-sheets **3** (*assicurare l'equilibrio di*) to prop up: — *un mobile*, to prop up a piece of furniture; — *un palo con sassi*, to prop a stake with stones.

rincalzata *s.f.* **1** (*agr.*) single earthing up **2** (*rimboccata*) tucking in **3** (*di mobile ecc.*) propping up.

rincalzatore *s.m.* (*agr.*) ridging plow, ridger.

rincalzatura *s.f.* (*agr.*) earthing up, ridging.

rincalzo *s.m.* **1** (*agr.*) earthing up **2** (*rinforzo*) wedge, reinforcement, support, help: *porre un — sotto il tavolo*, to place a wedge under the table // *a* —, in support: *a — di ciò che ti ho già detto*, in support of what I have already told you // *di* —: *truppe di* —, supporting troops (*o* reinforcements) **3** (*sport*) reserve: *l'allenatore farà giocare i rincalzi*, the coach will play the reserves today.

rincamminarsi *v.intr.pron.* to start walking again: — *verso casa*, to start walking back home.

rincanalare *v.tr.* to recanalize.

rincantucciare *v.tr.* to put* in a corner; to drive* into a corner.
□ **rincantucciarsi** *v.rifl.* to hide* (oneself) in a corner, to creep* into a corner.

rincappare *v.intr.* (*in un errore*) to fall* (into sthg.) again; (*in una persona*) to bump (into s.o.) again: *non vorrei — nello stesso errore*, I don't want to fall into the same mistake again.

rincarare *v.tr.* to raise, to raise the price of, to put* up: *hanno rincarato lo zucchero*, they have raised the price of sugar; — *i prezzi*, to raise prices; — *l'affitto*, to put up the rent // — *la dose*, to lay it on thicker: *rincarò la dose raccontando cose non vere*, he laid it on thicker with a few lies ◆ *v.intr.* to become* more expensive, to go* up, to rise*, to increase, to jump: *i generi alimentari stanno rincarando*, foodstuffs are getting more expensive; *i prezzi rincarano*, price are rising; *la vita rincara*, the cost of living is going up; *la benzina rincarerà di 200 lire al litro*, petrol is going up by 200 liras a litre; *i prezzi sono rincarati del 10%*, prices have jumped 10 percent.

rincarcerare *v.tr.* to reimprison.

rincarnare e *deriv.* → **reincarnare** e *deriv.*

rincaro *s.m.* rise, increase, rise in prices: — *dei generi alimentari*, increase in the price of foodstuffs; *un — del 20% sulle sigarette*, a markup of 20 percent on cigarettes.

rincasare *v.intr.* to get* back home; to go* back home; to come* back home; to return home: *mio padre rincasò alle otto*, my father came back home at 8 o'clock; *la sorella di Mary rincasa sempre tardi*, Mary's sister always gets home late.

rinchiodare *v.tr.* to nail down (sthg.) again.

rinchiudere *v.tr.* to shut* in, to shut* up: *fu*

rinchiuso in una stanza, he was shut (up) in a room.

□ **rinchiudersi** *v.rifl.* to shut* oneself up; (*fig.*) to retire into one's shell: *si è rinchiuso in camera a studiare*, he has shut himself up in his room to study; *si rinchiuse in se stesso e non volle parlare a nessuno*, he retired into his shell and did not want to speak to anybody.

rinchiuso *agg.* shut in, shut up: *vive rinchiusa in casa*, she lives shut up in the house ◆ *s.m.* enclosure, enclosed place: *il — delle pecore*, the sheep fold // *saper di —*, to have a musty smell.

rincitrullire *v.tr.* to make* silly; to make* stupid; to drive* silly ◆ *v.intr.* → rincitrullirsi.

□ **rincitrullirsi** *v.intr.pron.* to grow* silly; to grow* stupid.

rinciuchire *v.intr.* to become* more ignorant; to become* sillier.

rincivilimento *s.m.* civilizing.

rincivilire *v.tr.* to civilize; (*raffinare*) to refine ◆ *v.intr.* → rincivilirsi.

□ **rincivilirsi** *v.intr.pron.* to become* (more) civilized; (*raffinarsi*) to become* (more) refined.

rincoforo *s.m.* (*zool.*) snout beetle.

rincoglionire *v.tr.* (*volg.*) to knock out: *una giornata in città mi ha rincoglionito*, a day in the city has knocked me out ◆ *v.intr.* → rincoglionirsi.

□ **rincoglionirsi** *v.intr.pron.* to grow* stupid, (*fam.*) to go* daft.

rincollo *s.m.* (*di acque*) obstruction.

rincolpare *v.tr.* to accuse again.

rincontrare *v.tr.* to meet* again: *ci rincontrammo dopo molti anni*, we met again after many years.

rincope nero *s.m.* (*zool.*) (*Rynchops nigra*) scissors-bill, shearwater.

rincoraggiare *v.tr.* to encourage (again).

□ **rincoraggiarsi** *v.intr.pron.* to take* courage.

rincorare e *deriv.* → **rincuorare** e *deriv.*

rincorporare *v.tr.* to incorporate again.

rincorrere *v.tr.* to run* after (s.o., sthg.); (*inseguire*) to chase, to pursue: *— un ladro*, to run after a thief; *il gatto sta rincorrendo un topo*, the cat is chasing a mouse // *rincorre da tempo l'idea di emigrare in America*, for some time he has been giving a lot of thought to the idea of emigrating to America.

□ **rincorrersi** *v.rifl.rec.* to run* after each other (*o* one another); (*inseguirsi*) to chase each other (*o* one another): *si rincorrevano per il giardino*, they chased each other round the garden.

rincorsa *s.f.* run-up: *prendere la —*, to take a run-up; *saltare senza —*, to do a standing jump // (*econ.*): *— dei prezzi*, leap-frogging in prices; *— dei salari*, wage-price spiral.

rincrescere *v.intr.* **1** to be sorry (for, about s.o., sthg.), to regret (s.o., sthg.): *me ne rincresce*, I regret it; *mi rincresce di non poterlo fare*, I am sorry I can't do it (*o* I regret not being able to do it); *mi rincresce molto del suo insuccesso*, I deeply regret (*o* I am very sorry about) his failure; *questo avvenimento è una cosa che rincresce*, this is a regrettable event **2** (*dispiacere*) to mind (*costr. pers.*): *ti rincrescerebbe aprire la finestra?*, would you mind opening the window?; *se non ti rincresce, rimandiamo tutto a domani*, if you don't mind, I'd rather put everything off till tomorrow.

rincrescimento *s.m.* regret: *con mio —*, to my regret; *con molto —*, with much regret; *mostrare, provare —*, to show, to feel regret.

rincrescioso *agg.* regrettable; (*spiacevole*) disagreeable, unpleasant.

rincresciuto *agg.* regretful, sorry.

rincrespare *v.tr.* (*capelli*) to curl again; (*acqua*) to ripple again.

□ **rincresparsi** *v.intr.pron.* (*capelli*) to curl again; (*acqua*) to ripple again.

rincretinire *v.tr.* to send* crazy.

□ **rincretinirsi** *v.intr.pron.* to go* out of one's mind.

rincretinito *agg.* stupefied; dopey.

rincrudimento *s.m.* aggravation, worsening: *il — di una malattia*, the aggravation (*o* worsening) of an illness; *ci fu un — del freddo*, it got colder (*o* the weather became colder).

rincrudire *v.tr.* to aggravate; (*esacerbare*) to embitter: *il dolore lo ha rincrudito*, sorrow has embittered him ◆ *v.intr.* → rincrudirsi.

□ **rincrudirsi** *v.intr.pron.* to get* worse, to worsen: *il tempo (si) è rincrudito*, the weather has got worse.

rinculare *v.intr.* **1** to recoil, to draw* back, to move back **2** (*di arma da fuoco*) to recoil.

rinculata *s.f.* **1** drawing back, withdrawal, recoiling **2** (*di arma da fuoco*) recoiling.

rinculo *s.m.* (*tecn.*) recoil: *il — di un cannone*, the recoil of a gun; *cannone senza —*, recoilless gun; *scappamento a —*, (*in orologeria*) recoil escapement.

rincuoramento *s.m.* (*non com.*) encouragement.

rincuorare *v.tr.* to encourage; to comfort; to cheer up.

□ **rincuorarsi** *v.rifl.* to pluck up courage; to cheer up.

rincupire *v.tr.* to darken, to make* dark ◆ *v.intr.* → rincupirsi.

□ **rincupirsi** *v.intr.pron.* to darken; (*fig.*) to scowl: *si rincupì in volto*, his face darkened (*o* he scowled).

rincurvare, **rincurvire** *v.tr.* (*non com.*) to bend* (over).

□ **rincurvarsi**, **rincurvirsi** *v.intr.pron.* (*non com.*) to be bent, to be doubled up: *si rincurvì sotto il peso*, he bent (*o* doubled up) under the weight.

rindebitare *v.tr.* **rindebitarsi** *v.intr.pron.* to get* into debt again, to run* into debt again.

rindurire *v.tr.* to harden again ◆ *v.intr.* → rindurirsi.

□ **rindurirsi** *v.intr.pron.* to harden; (*indurirsi di più*) to grow* harder.

rinegoziabile *agg.* renegotiable.

rinegoziabilità *s.f.* renegotiability.

rinegoziare *v.tr.* to renegotiate, to negotiate anew.

rinegoziazione *s.f.* renegotiation.

rinencefalo *s.m.* (*anat.*) rhinencephalon (*pl.* -la).

rinfacciamento *s.m.* reproach.

rinfacciare *v.tr.* to throw* (sthg.) in s.o.'s face, to fling* (sthg.) in s.o.'s face: *sa che sono stato sgarbato e me lo rinfaccia sempre*, he knows that I have been rude and he always throws it in my face.

rinfagottare *v.tr.* **1** (*fare un fagotto*) to bundle up, to make* up into a bundle **2** (*avvolgere come un fagotto*) to wrap up: *faceva molto freddo ed eravamo tutti rinfagottati*, it was very cold and we were all wrapped up // *è sempre rinfagottata in vestiti ridicoli*, she always wears ridiculous dresses.

□ **rinfagottarsi** *v.rifl.* to dress badly.

rinfarciare, **rinfarcire** *v.tr.* **1** to stuff again, to fill again **2** (*riempire molto*) to cram, to stuff, to fill (*anche fig.*): *— un discorso di citazioni*, to stuff a speech full of quotations.

rinfervorare *v.tr.* to enliven, to animate: *— la discussione*, to animate the discussion.

□ **rinfervorarsi** *v.intr.pron.* to liven up (again), to become* animated (again).

rinfiammare *v.tr.* to rekindle (*anche fig.*).

rinfiancare *v.tr.* to prop; to support (*anche fig.*): *rinfiancò l'accusa con nuove prove*, he supported (*o* backed up) the accusation with new evidence.

rinfianco *s.m.* **1** prop; support (*anche fig.*) **2** (*edil.*) buttress.

rinfierire *v.intr.* **1** (*infierire di nuovo*) to rage again **2** (*riacutizzarsi*) to become* stronger.

rinfilare *v.tr.* to rethread.

rinfittire *v.tr.* **1** to thicken, to make* thicker; to thicken again **2** (*rendere più frequenti*) to make* more frequent: *il medico ha rinfittito le visite*, the doctor has made his visits more frequent ◆ *v.intr.* → rinfittirsi.

□ **rinfittirsi** *v.intr.pron.* **1** to thicken; to become* thicker **2** (*di lana*) to shrink*.

rinfocolamento *s.m.* **1** poking **2** (*fig.*) rekindling; reviving.

rinfocolare *v.tr.* **1** (*riattizzare*) to poke **2** (*fig.*) (*riaccendere, fomentare*) to rekindle, to kindle again, to excite again, to stir up again; to revive: *il film ha rinfocolato l'interesse per la Cina*, the film has revived interest in China again; *— un vecchio rancore*, to stir up an old grudge.

□ **rinfocolarsi** *v.intr.pron.* to be rekindled, to revive: *la sua passione si è rinfocolata*, his passion has revived.

rinfoderare *v.tr.* **1** to sheathe: *— la spada*, to sheathe one's sword **2** (*fig.*) to repress: *— una risposta pungente*, to repress a cutting reply.

rinfornare *v.tr.* to put* back in the oven.

rinforzamento *s.m.* strengthening, reinforcement.

rinforzando *s.m.* (*mus.*) rinforzando.

rinforzare *v.tr.* **1** to strengthen, to make* stronger: *— i muscoli*, to strengthen (*o* to build up) the muscles; *— la voce*, to strengthen the voice; *questa medicina ti rinforzerà*, this medicine will make you stronger // (*chim.*) *— la concentrazione di una soluzione*, to strengthen a solution **2** (*mil.*) to reinforce: *— le truppe*, to reinforce the troops **3** (*accrescere la stabilità di*) to reinforce, to strengthen: *— un muro*, to reinforce a wall; (*mar.*) *— le vele, gli alberi*, to strengthen the sails, the masts **4** (*fot.*) to intensify **5** (*mecc.*) to stiffen **6** (*fig.*) (*ribadire, avvalorare*) to support, to back: *— i propri argomenti, le proprie ragioni*, to support one's arguments, reasons ◆ *v.intr.* (*di vento*) to grow* stronger, to stiffen.

□ **rinforzarsi** *v.intr.pron.* to become* stronger; to make* oneself stronger, to build* oneself up.

rinforzato *agg.* **1** strengthened **2** (*mil., edil.*) reinforced **3** (*mar.*) strengthened **4** (*mecc.*) stiffened **5** (*fig.*) strengthened, supported, backed.

rinforzo *s.m.* **1** strengthening, reinforcement // (*mil.*) *rinforzi, truppe di* —, reinforcements: *sono stati mandati rinforzi al fronte*, reinforcements have been sent to the front **2** (*edil.*) reinforcement **3** (*fot.*) intensification **4** (*mecc.*) stiffener **5** (*per calzature*) support **6** (*fig.*) (*aiuto, sostegno*) help, support.

rinfrancare *v.tr.* (*incoraggiare*) to encourage, to hearten; to reassure: *la loro buona accoglienza lo rinfrancò*, their welcome encouraged (*o* heartened) him; *parole che rinfrancano*, encouraging words.

□ **rinfrancarsi** *v.intr.pron.* (*riprendere coraggio*) to pluck up courage, to take* heart (again); to be reassured.

rinfrancato *agg.* reassured.

rinfrangere, **rinfrangersi** → **infrangere**, **infrangersi**.

rinfrescante *agg.* cooling, refreshing: *bibita* —, refreshing drink ◆ *s.m.* (*fam.*) mild laxative.

rinfrescare *v.tr.* **1** to cool, to make* cooler: *il temporale ha rinfrescato l'aria*, the storm has cooled the air; — *il vino*, to cool the wine **2** (*mettere a nuovo*) to do* up: *questa primavera voglio — il soggiorno*, this spring I want to do up the living-room // *far — un abito*, to renovate a dress // — *la memoria a qlcu.*, to refresh someone's memory // *voglio — il mio francese*, I want to brush up my French ◆ *v.intr.* **1** to cool: *alla sera l'aria rinfresca*, in the evening the air cools **2** (*di vento*) to freshen.

□ **rinfrescarsi** *v.rifl.* to refreshen up, to cool down: *vorrei rinfrescarmi con qualche bevanda, con una bella doccia*, I should like to cool down with a drink, with a nice shower.

rinfrescata *s.f.* **1** (*diminuzione di temperatura*) cooling: *starò in campagna fino alle prime rinfrescate*, I shall stay in the country till the weather gets cooler; *dopo il temporale ci fu una* —, after the storm the air became cooler // *darsi una* —, to freshen up: *mi darò solo una — alle mani*, I shall just wash my hands // *dare una — alle pareti*, to repaint the walls // *voglio dare una — al mio francese*, I want to brush up my French **2** (*mar.*) (*di vento*) freshening.

rinfresco *s.m.* **1** (*ricevimento*) reception, party: *dare un* —, to give a reception; *invitare per un* —, to invite to a party **2** *pl.* (*cibi e bevande*) refreshments: *furono serviti molti rinfreschi*, a lot of refreshments were served

rinfusa, alla *locuz.avv.* in confusion; (*fam.*) higgledy-piggledy; (*di merci*) in bulk: *gettare gli abiti alla* —, to throw one's clothes higgledy-piggledy; *parlare alla* —, to talk confusedly.

rinfuse *s.f.pl.* (*mar.*) bulk goods: *naviglio per il trasporto di* —, bulk carriers.

rinfuso *agg.* (*miner.*) run-of-mine ◆ *s.m.* (*miner.*) crude ore.

ring *s.m.* **1** (*boxe*) ring **2** (*d'ippodromo*) ring **3** (*econ.*) (*accordo tra imprese*) ring, pool, combine **4** (*tess.*) ring.

ringabbiare *v.tr.* **1** to cage again **2** (*fig.*) (*imprigionare di nuovo*) to imprison again.

ringaggiare e *deriv.* → **reingaggiare** e *deriv.*

ringagliardimento *s.m.* strengthening.

ringagliardire *v.tr.* to reinvigorate, to strengthen ◆ *v.intr.* → ringagliardirsi.

□ **ringagliardirsi** *v.intr.pron.* to become* more vigorous.

ringalluzzire *v.tr.* to make* cocky; to make* jaunty: *il successo lo ha ringalluzzito*, success has made him cocky ◆ *v.intr.* → ringalluzzirsi.

□ **ringalluzzirsi** *v.intr.pron.* to become* cocky, to get* cocky; to become* jaunty, to get* perky.

ringalluzzito *agg.* cocky, jaunty, perky: *è tutto — per i molti complimenti ricevuti*, he's very jaunty because of all the compliments he received.

ringentilire *v.tr.* to refine, to make* more refined: *l'arte ringentilisce l'animo*, art refines the soul.

□ **ringentilirsi** *v.intr.pron.* to become* (more) refined.

ringhiare *v.intr.* to growl, to snarl: *il grosso cane ringhiò appena ci vide*, the enormous dog growled as soon as he saw us; *quando si arrabbia non parla, ringhia*, when he gets angry he doesn't talk, he snarls.

ringhiera *s.f.* railing, balustrade; (*della scala*) banister: *afferrarsi alla* —, to hold on to the banister.

ringhio *s.m.* growl, snarl (*anche fig.*).

ringhiosamente *avv.* with a growl, with a snarl.

ringhioso *agg.* snarling; (*fig.*) (*che brontola*) snappish: *un vecchio* —, a snappish old man.

ringiovanimento *s.m.* rejuvenation (*anche geol.*).

ringiovanire *v.tr.* **1** to make* young (again); to rejuvenate: *la gioia lo ha ringiovanito*, joy has made him young again; *la cura lo ha ringiovanito*, the treatment has rejuvenated him // (*agr.*) — *un prato*, to regenerate a meadow **2** (*far sembrare più giovane*) to make* (s.o.) look younger: *il colore di questo abito ti ringiovanisce*, the colour of this dress makes you look younger ◆ *v.intr.* **1** to grow* young again **2** (*sembrare più giovane*) to look younger: *più diventa vecchia più ringiovanisce*, the older she gets, the younger she looks **3** (*riacquistare vigore*) to recover one's vigour **4** (*di albero*) to put* out new leaves.

ringiovanito *agg.* rejuvenated, young again: *sembrare* —, to seem rejuvenated; *sentirsi* —, to feel young again; *si sente — in mezzo ai suoi nipoti*, he feels young again amidst his grandchildren.

ringoiare *v.tr.* **1** to swallow again **2** (*ritrattare*) to withdraw*, to retract: *ringoiò tutte le sue ingiurie*, he withdrew all his insults.

ringolfare *v.tr.* (*aut.*) to flood again.

□ **ringolfarsi** *v.intr.pron.* **1** (*di motore*) to flood again: *il motore si è ringolfato*, the engine has flooded again **2** (*fig.*) (*impelagarsi di nuovo*) to get* entangled again, to become* involved again.

ringranare *v.tr.* (*mecc.*) to engage again ◆ *v.intr.* **1** (*mecc.*) to mesh again **2** (*fig.*) (*ricominciare, riprendere la propria attività*) to get* going again: *dopo le vacanze non riesco a* —, I can't seem to get going again after the holidays.

ringraziamento *s.m.* **1** thanks (*pl.*): *lettera di* —, letter of thanks (*o fam.* thankyou letter); *i miei migliori ringraziamenti a tutti voi*, my warmest thanks to all of you; *moltissimi ringraziamenti per quello che hai fatto*, very many thanks for what you have done; *è questo il — per tutto ciò che ho fatto per voi?*, (*iron.*) is this all the thanks I get after all I've done for you?; *esprimere il proprio* —, to express one's thanks; *fare i propri ringraziamenti a qlcu.*, to thank s.o. **2** (*eccl.*) thanksgiving.

ringraziare *v.tr.* to thank; to show* gratitude to (s.o.): *non so veramente come ringraziarti*, I really don't know how to thank you; *devi — solo te stesso*, you have only yourself to thank; — *di cuore, sentitamente*, to thank heartily, sincerely; — *qlcu. per qlco.*, to thank s.o. for sthg.; *lo ringrazierò a voce*, I'll thank him in person; *lo ringrazierò per iscritto*, I'll write and thank him; *ti ringrazio, ma non fumo*, no thanks, I don't smoke; *e ringrazia che hanno revocato lo sciopero!*, be grateful they've called off the strike! // *chi devo — per il disordine sulla mia scrivania?*, (*iron.*) who do I have to thank for the mess on my desk? // *sia ringraziato il cielo!*, thank heavens!

ringrossare *v.tr.* (*ingrossare*) to swell*; (*ingrossare di nuovo*) to swell* again ◆ *v.intr.* → ringrossarsi.

□ **ringrossarsi** *v.intr.pron.* to grow* bigger (again).

ringrullire *v.tr.* e *intr.* (*region.*) to grow* stupid, to become* silly.

ringuainare *v.tr.* to sheathe (again): — *la spada*, to sheathe one's sword (again).

rinite *s.f.* (*med.*) rhinitis.

rinnalzare *v.tr.* to raise (again), to lift (again).

□ **rinnalzarsi** *v.rifl.* to rise* again; (*fig.*) to rise*, to go* up.

rinnamorare *v.tr.* to make* fall in love again.

□ **rinnamorarsi** *v.intr.pron.* to fall* in love again.

rinnegamento *s.m.* (*non com.*) disowning, repudiation, recantation; disavowal; (*di fede*) denial, abjuration.

rinnegare *v.tr.* to disown, to repudiate, to recant; to disavow; to deny: — *gli amici, la propria famiglia*, to disown one's friends, one's family; — *la propria religione*, to repudiate one's religion; *Pietro rinnegò Cristo tre volte*, Peter denied Christ three times; — *il proprio partito*, to repudiate one's party.

rinnegato *agg.* renegade: *cristiano* —, renegade Christian ◆ *s.m.* renegade.

rinnestare e *deriv.* → **reinnestare** e *deriv.*

rinnovabile *agg.* renewable (*anche dir.*): *contratto* —, renewable contract; (*banca*) *cambiale non* —, non renewable (*o* unrenewable) bill.

rinnovabilità *s.f.* renewability.

rinnovamento *s.m.* renewal, renovation: — *urbanistico*, (city) redevelopment; *il — di una società*, the renewal of a society.

rinnovare *v.tr.* **1** to renew (*anche dir.*); to repeat: — *un assalto*, to renew an attack; — *una cambiale, un contratto*, to renew a bill, a contract; — *una conoscenza*, to renew an acquaintance; — *una richiesta*, to renew (*o* to repeat) a request; — *i ringraziamenti a*, to thank again: *voglio rinnovarti i miei ringraziamenti*, I want to thank you again; — *le scuse*, to apologize again; — *gli sforzi*, to renew one's efforts // — *un passaporto*, to extend a passport // (*econ.*) — *un'azienda*, to reorganize a firm **2** (*cambiare*) to renew, to change: — *l'aria in una stanza*, to change the air in a room (*o* to air a room); — *la casa*, to redecorate (*o* to do up) one's house; — *il guardaroba*, to renew one's wardrobe.

□ **rinnovarsi** *v.intr.pron.* **1** (*ripetersi*) to happen again, to be repeated: *spero che ciò non si rinnovi*, I hope this will not happen again **2** (*diventare nuovo*) to be renewed, to be restored (*anche fig.*).

rinnovativo *agg.* renewing, renovating.

rinnovatore *s.m.* **rinnovatrice** *s.f.* renewer ◆ *agg.* renewing.

rinnovazione *s.f.* (*non com.*) renewal (*anche dir.*); renovation: (*dir.*) — *del processo*, new trial.

rinnovellare *v.tr.* (*letter.*) to renew; (*ripetere*) to repeat.

□ **rinnovellarsi** *v.intr.pron.* (*letter.*) to be renewed.

rinnovo *s.m.* renewal (*anche dir.*), extension: — *dell'atto di citazione*, renewal of the writ of summons; — *di un passaporto*, extension of a passport; — *di un contratto*, *di una cambiale*, renewal of a contract, of a bill; *avviso di* —, renewal notice // (*econ.*): *rinnovi contrattuali*, wage settlements; — *delle attrezzature*, equipment replacement // (*comm.*) — *delle scorte*, inventory (*o* stock) turnover.

rinoceronte *s.m.* rhinoceros*, rhino: — *africano*, (*Diceros bicornis*) African rhinoceros; — *indiano*, (*Rhinoceros unicornis*) Indian rhinoceros.

rinofaringeo *agg.* (*anat.*) rhinopharyngeal.

rinofaringite *s.f.* (*med.*) rhinopharyngitis.

rinologia *s.f.* (*med.*) rhinology.

rinomanza *s.f.* (*letter.*) repute, renown, fame: *un professore di una certa* —, a professor of some repute.

rinomato *agg.* renowned, famous: *un poeta* —, a famous poet; *una città rinomata per i suoi vini*, a city that is famous (*o* renowned) for its wines.

rinominare *v.tr.* **1** to name again **2** (*designare di nuovo*) to reappoint **3** (*rieleggere*) to reelect.

rinoplastica *s.f.* (*med.*) rhinoplasty.

rinorrea *s.f.* (*med.*) rhinorrhea.

rinoscopia *s.f.* (*med.*) rhinoscopy.

rinoscopio *s.m.* (*med.*) rhinoscope.

rinovirus *s.m.* (*biol.*) rhinovirus.

rinquadrare *v.tr.* **1** to reframe **2** (*mil.*) to regroup.

rinsaccamento *s.m.* (*non com.*) repacking, sacking again.

rinsaccare *v.tr.* **1** (*non com.*) to repack, to pack again, to put* into a sack again **2** (*battere un sacco contro il terreno*) to shake* down.

□ **rinsaccarsi** *v.intr.pron.* **1** (*affondare la testa nelle spalle*) to shrug (one's shoulders) **2** (*accartocciarsi a fisarmonica*) to crumple, to concertina.

rinsaldamento *s.m.* **1** (*l'inamidare di nuovo*) starching again **2** (*fig.*) (*consolidamento*) strengthening, consolidating.

rinsaldare *v.tr.* **1** (*inamidare di nuovo*) to starch again **2** (*fig.*) (*consolidare*) to strengthen, to consolidate: — *un'amicizia*, to strengthen a friendship; *in questi ultimi anni ha rinsaldato la sua posizione in quella ditta*, in recent years he has consolidated his position in that firm; *la sua risposta rinsaldò la mia opinione*, his answer strengthened my opinion.

□ **rinsaldarsi** *v.intr.pron.* to become* stronger, to be strengthened: *si è rinsaldato nelle sue opinioni*, he has been strengthened in his opinion.

rinsanguamento *s.m.* transfusion of new blood.

rinsanguare *v.tr.* **1** to supply with new blood, to transfuse new blood into (s.o.) **2** (*fig.*) (*ridare vigore a*) to give* new strength to (s.o., sthg.), to give* new life to (s.o., sthg.), to boost; (*scorte*) to replenish: — *i propri risparmi*, to boost one's savings; — *le casse dello stato*, to fill the State coffers.

□ **rinsanguarsi** *v.intr.pron.* **1** to recover, to become* stronger **2** (*fig.*) (*rifornirsi di denaro*) to re-establish one's financial condition.

rinsanire *v.intr.* **1** to recover (one's health) **2** (*rinsavire*) to become* sane again, to recover one's wits.

rinsavire *v.intr.* to recover one's wits, to come* to one's senses, to become* sane again.

rinsecchire *v.intr.* **rinsecchirsi** *v.intr.pron.* to dry (up).

rinsozzarsi, **rinsudiciarsi** *v.rifl.* to get* filthy again, to get* dirty again.

rintanarsi *v.intr.pron.* **1** (*rientrare nella tana*) to go* back to one's den: *l'orso si è rintanato*, the bear has gone back to his den **2** (*fig.*) (*rifugiarsi*) to shut* oneself up, to hole up; (*nascondersi*) to hide* oneself: *dov'è andato a —?*, where has he gone and hidden himself?; *esci con noi, non rintanarti sempre in casa*, come out with us, don't hide yourself away at home.

rintasare *v.tr.* to clog again, to block again, to choke up again ◆ *v.intr.* → rintasarsi.

□ **rintasarsi** *v.intr.pron.* to become* clogged again, to become* blocked again, to become* chocked again.

rintascare *v.tr.* to put* in one's pocket again, to pocket again.

rintavolare *v.tr.* (*incominciare di nuovo*) to start again, to restart: — *una discussione*, to restart an argument.

rintegrare e *deriv.* → **reintegrare** e *deriv.*

rintelaiatura *s.f.* remounting, reframing.

rintelatura *s.f.* relining.

rinterramento *s.m.* filling up (with earth).

rinterrare *v.tr.* **1** (*interrare di nuovo*) to cover with earth: — *le radici di una pianta*, to cover the roots of a plant with earth **2** (*riempire di terra*) to fill up (with earth).

□ **rinterrarsi** *v.intr.pron.* to fill up (with earth).

rinterro *s.m.* filling up (with earth).

rinterrogare *v.tr.* to reinterrogate, to interrogate again: — *un testimone*, to re-examine a witness.

rinterzare *v.tr.* (*letter.*) (*triplicare*) to triple, to treble; (*dividere in tre parti*) to divide into three parts, to divide by three.

rintoccare *v.intr.* **1** (*di orologio*) to strike*; (*di campana*) to toll **2** (*risonare*) to echo.

rintocco *s.m.* (*di orologio*) stroke; (*di campana*) toll, tolling: *i rintocchi di una campana*, the tolling of a bell; — *funebre*, knell.

rintonacare *v.tr.* to plaster again, to replaster.

rintonacatura *s.f.* new plastering, replastering.

rintonaco *s.m.* replaster, new plaster.

rintontire *v.tr.* to stupefy (again): *quel colpo in testa l'ha rintontito*, that blow on the head has stupefied him.

□ **rintontirsi** *v.intr.pron.* to be stupefied (again).

rintontito *agg.* stunned, dazed ◆ *s.m.* dazed person.

rintoppo *s.m.* (*non com.*) (*ostacolo*) obstacle, stumbling block.

rintracciabile *agg.* traceable; (*trovabile*) findable: *in questi giorni non è* —, he has been untraceable for the last few days.

rintracciare *v.tr.* **1** to trace; to track: — *le cause di un fatto*, *le origini di una famiglia*, to trace the causes of a fact, the origins of a family; — *un ladro*, to trace a thief; — *una lepre*, to track a hare **2** (*trovare*) to find* (out): *ho rintracciato quel libro*, I have found that book; *l'influsso di questo filosofo si rintraccia nelle opere dei suoi contemporanei*, the influence of this philosopher is to be found in the works of his contemporaries; *non hanno ancora rintracciato chi ne è responsabile*, they have not yet found out who is responsible (for it).

rintrecciare *v.tr.* to intertwine.

rintristire *v.intr.* **rintristirsi** *v.intr.pron.* to languish again, to become* melancholy.

rintrodurre *v.tr.* to reintroduce.

rintronamento *s.m.* (*rimbombo*) boom; booming.

rintronare *v.tr.* **1** (*assordire*) to deafen; (*stordire*) to stun: *la sua voce mi rintronò gli orecchi*, his voice almost deafened me **2** (*scuotere*) to shake* ◆ *v.intr.* to boom; to resound: *i cannoni rintronavano nella notte*, the guns were booming in the night.

rintronato *agg.* (*fam.*) (*stordito*) stunned, dazed, bewildered: *sono ancora — dal viaggio*, I am still dazed from the journey.

rintuzzamento *s.m.* (*non com.*) **1** blunting **2** (*repressione*) repressing, repression; abating **3** (*il ribattere*) retorting.

rintuzzare *v.tr.* **1** (*spuntare*) to blunt **2** (*reprimere*) to repress **3** (*ribattere*) to retort, to fling* back: — *un'accusa*, to retort (*o* to fling back) an accusation.

rinuncia *s.f.* **1** renunciation (of sthg.), giving up: — *all'eredità*, rejection of an inheritance; (*amm.*) *lettera di* —, letter of renunciation **2** (*dir.*) release, waiver, renunciation; quitclaim: — *a un diritto*, waiver of a right **3** (*sacrificio*) sacrifice: *una vita di rinunce*, a life of sacrifice; *fare delle rinunce*, to make sacrifices.

rinunciabile *agg.* releasable (*anche dir.*).

rinunciare *v.intr.* **1** to renounce (sthg.), to give* up (sthg.), to forgo* (sthg.); (*abbando-*

nare) to abandon (sthg.), to relinquish (sthg.): *ho dovuto — a partire*, I had to abandon (*o* to give up) the idea of leaving; *ha rinunciato all'idea di fare carriera in banca*, he has given up the idea of making a career in banking; *come si fa a — al piacere di una bella dormita?!*, how can you forgo the pleasure of a good sleep?!; *— ai divertimenti*, to give up amusements; *— al trono*, to renounce the throne; *— all'eredità*, to renounce one's claim to the inheritance; *— a un'opzione*, to abandon an option; *— a un impiego*, to give up a job **2** (*dir.*) to release (sthg.); to waive (sthg.); to recede (sthg.); to renounce (sthg.): *— a un diritto*, to waive (*o* to release) a right.

rinunciatario *agg.* renunciatory, remissive: *carattere —*, remissive character ◆ *s.m.* (*dir.*) releasee, renouncer.

rinunziare e *deriv.* → **rinunciare** e *deriv.*

rinvasare *v.tr.* (*agr.*) to repot.

rinvasatura *s.f.* (*agr.*) repotting.

rinvenibile *agg.* recoverable, retraceable.

rinvenimento[1] *s.m.* (*scoperta*) discovery, recovery: *il — di un tesoro*, the discovery of a treasure; *rinvenimenti archeologici*, archeological findings.

rinvenimento[2] *s.m.* **1** (*il ricuperare i sensi*) recovery of consciousness, return of consciousness **2** (*tecn.*) refreshment **3** (*metall.*) tempering.

rinvenire[1] *v.tr.* (*trovare*) to find*; (*scoprire*) to discover, to find* out: *— un libro raro*, to find a rare book; *— le vestigia di un'antica civiltà*, to discover the traces of an ancient civilization; *— il corpo del reato*, to discover the weapon.

rinvenire[2] *v.intr.* **1** (*ricuperare i sensi*) to recover one's senses, to come* to: *svenne, ma rinvenne dopo pochi minuti*, she fainted but she came to after a few minutes **2** (*riprendere morbidezza*) to soften; to become* flexible again; (*riprendere freschezza*) to revive: *i fiori rinvengono se messi nell'acqua*, flowers revive when placed in water; *questo cuoio rinviene ungendolo*, this leather becomes flexible again on being greased; *l'uva passa rinviene rapidamente nell'acqua tiepida*, raisins soften quickly in lukewarm water **3** (*metall.*) to temper.

rinvenitore *s.m.* (*metall.*) temperer.

rinvenuto *agg.* (*metall.*) tempered: *acciaio —*, tempered steel.

rinverdimento *s.m.* **1** becoming green again **2** (*conceria*) soakage.

rinverdire *v.tr.* **1** to make* green again **2** (*fig. letter.*) (*ravvivare*) to reawaken, to rekindle: *— le speranze di qlcu.*, to reawaken s.o.'s hopes **3** (*conceria*) to soak ◆ *v.intr.* **1** (*tornare verde*) to grow* green again, to turn green again **2** (*fig. letter.*) (*ravvivarsi*) to revive, to take* on new life.

rinvestire e *deriv.* → **reinvestire** e *deriv.*

rinviabile *agg.* returnable.

rinviare *v.tr.* **1** to put* off, to postpone, to defer, to adjourn: *ho rinviato il mio arrivo*, I have put off (*o* deffered *o* postponed) my arrival; *— l'inizio di una gara*, to put back the start of a match; *l'incontro fu rinviato di una settimana*, the meeting was adjourned for a week; *la lezione fu rinviata alla settimana seguente*, the lesson was put off until the following week; *— ad altra data*, to defer (sthg.) to a later date; (*dir.*) *— una causa*, to adjourn a case; *— un pagamento*, to delay a payment **2** (*mandare indietro*) to return, to send* back: (*sport*) *— la palla*, to return the ball **3** (*rimandare*) (*di un'opera*) to refer back: *la citazione rinvia al primo capitolo*, the quotation refers back to the first chapter **4** (*inform.*) (*al programma principale*) to link back.

rinvigorimento *s.m.* strengthening, reinvigoration.

rinvigorire *v.tr.* to reinvigorate; to instil new life into (s.o., sthg.): *esercizio che rinvigorisce il corpo*, exercise that reinvigorates the body; *— i soldati*, to instil new life into the soldiers ◆ *v.intr.* → rinvigorirsi.

□ **rinvigorirsi** *v.intr.pron.* to become* reinvigorated; to regain strength; (*fig.*) to revive: *le nostre speranze si rinvigorirono*, our hopes revived.

rinvio *s.m.* **1** postponement, deferment, adjournment: *il — di una partenza*, the postponement of a departure; (*dir.*) *il — di una causa*, the adjournment of a case; (*amm.*) *— di una seduta*, adjournment of a meeting; (*comm.*) *chiedere un — del pagamento*, to ask for a delay in payment // (*dir.*) *— a giudizio*, (*atto d'accusa*) indictment // (*mecc.*) *albero di —*, countershaft // (*sport*) *calcio, tiro di —*, goal-kick // *voce di —*, (*di dizionario*) cross -reference mark **2** (*restituzione*) returning, return, sending back: *— di merce avariata*, return of damaged goods **3** (*inform.*) (*a una sequenza, di un sottoprogramma*) jump: *— automatico di chiamata*, call forwarding; *— del trattamento* (*di un sottoprogramma*) *alla sequenza principale*, return.

rinvitare[1] *v.tr.* (*invitare di nuovo*) to re-invite, to invite again.

rinvitare[2] *v.tr.* (*avvitare di nuovo*) to screw (up) again.

rinvoltare *v.tr.* to rewrap, to wrap up again.

□ **rinvoltarsi** *v.rifl.* to wrap oneself up (again).

rinvoltolare *v.tr.* to wrap round and round.

□ **rinvoltolarsi** *v.rifl.* to roll about, to wallow.

rinzaffare *v.tr.* (*edil.*) to render.

rinzaffatura *s.f.* **rinzaffo** *s.m.* (*edil.*) render(ing).

rinzeppare *v.tr.* to cram, to stuff.

□ **rinzepparsi** *v.rifl.* to cram (oneself), to stuff (oneself).

rio[1] *s.m.* **1** (*poet.*) rivulet; brook, stream **2** (*a Venezia*) canal.

rio[2] *agg.* (*malvagio*) wicked, bad, evil.

rioccupazione *s.f.* reoccupation.

riolite *s.f.* (*geol.*) rhyolite.

rionale *agg.* local: *mercato —*, local market; *festa —*, local festival.

rione *s.m.* ward; district, quarter; neighbourhood: *ufficio postale del —*, local post office; *un — molto popoloso*, a densely-populated neighbourhood; *un — periferico*, a suburban district.

rioperare *v.tr.* (*med.*) to reoperate: *— qlcu.*, to operate on s.o. again.

riordinamento *s.m.* **1** (*nuovo assetto*) rearrangement, readjustment: *— dell'archivio, di una biblioteca*, rearrangement of the archives, of a library; *il — di un ufficio*, the rearrangement of an office; *— dei conti*, readjustment of accounts **2** (*riorganizzazione*) reorganization: *— dell'esercito*, reorganization of the army; *— di un'azienda*, reorganization of a firm.

riordinare *v.tr.* **1** (*rimettere in ordine*) to (re)arrange, to put* in order again; (*rassettare*) to tidy (up), to retidy: *devo — le mie carte sulla scrivania*, I must tidy up my papers on the desk; *riordina almeno la tua stanza*, tidy up your room at least; *si riordinò i capelli e uscì*, she tidied her hair and went out; *dovresti — un po' le idee*, you should try to organize your ideas a little **2** (*riorganizzare*) to reorganize: *riordinò le finanze mediante un sistema rigidissimo di tassazione*, he reorganized the finances by a very strict system of taxation; *riordinò la scuola con principi moderni*, he reorganized the school on modern principles **3** (*comm.*) (*fare una nuova ordinazione*) to reorder, to order again.

riordinatore *s.m.* **riordinatrice** *s.f.* **1** rearranger **2** (*chi riorganizza*) reorganizer.

riordinazione *s.f.* **1** (*comm.*) (*nuova ordinazione*) new order **2** (*non com.*) (*nuovo assetto*) rearrangement **3** (*riorganizzazione*) reorganization.

riordino *s.m.* (*amm.*) reorganization, rearrangement: *— amministrativo*, administrative reorganization.

riorganizzare *v.tr.* **1** to reorganize; to restructure: *riorganizzò l'esercito*, he reorganized the army; *— un'azienda*, to reorganize a firm; *— le finanze dello stato*, to restructure the State finances **2** (*inform.*) to repackage.

□ **riorganizzarsi** *v.rifl.* to reorganize oneself: *il partito si sta riorganizzando*, the party is getting reorganized.

riorganizzatore *s.m.* **riorganizzatrice** *s.f.* reorganizer.

riorganizzazione *s.f.* reorganization, rearrangement, readjustment; (*aziendale*) shake-up: (*amm.*) *— dei conti*, readjustment of accounts.

riosservare *v.tr.* to reobserve, to observe again.

riottosità *s.f.* (*letter.*) **1** (*l'essere litigioso*) quarrelsomeness **2** (*l'essere indocile*) unruliness, intractability.

riottoso *agg.* (*letter.*) **1** (*litigioso*) quarrelsome **2** (*indocile*) turbulent; unruly, intractable.

riotturare *v.tr.* to stop again; (*denti*) to refill.

□ **riotturarsi** *v.intr.pron.* to get* blocked again: *il condotto si è riotturato*, the pipe has got blocked again.

ripa *s.f.* (*letter.*) **1** (*riva*) bank // *uccelli di —*, riparian birds **2** (*luogo scosceso*) escarpment.

ripacificare *v.tr.* to reconcile, to pacify again.

□ **ripacificarsi** *v.rifl.* o *rifl.rec.* to become* reconciled.

ripagare *v.tr.* **1** (*pagare di nuovo*) to pay* again: *ho perso la ricevuta e ho dovuto —*, I lost my receipt and had to pay again **2** (*ricompensare*) to repay*, to reward; to requite: *ha ripagato le mie gentilezze con l'ingratitudine*, he has repaid my kindness with ingratitude; *come potrò ripagarlo?*, how can I repay him?; *questo riconoscimento ripaga il mio impegno*, this recognition repays my efforts // *— qlcu. con la stessa moneta*, to pay s.o. back in the same coin **3** (*risarcire*) to pay*, to indemnify, to refund: *— i danni*, to pay damages; —

a qlcu. le perdite, to indemnify s.o. for losses; *l'hai rotto tu, e tu lo ripagherai*, you broke it and you'll have to replace it.

riparabile *agg.* **1** repairable: *il guasto sarà — in qualche settimana*, it will take a few weeks to repair the defect **2** (*inform.*) (*di errore*) recoverable.

riparabilità *s.f.* repairability.

riparametrare *v.tr.* (*amm.*) to parametrize again, to apply new parameters to (sthg.), to fix new parameters (for sthg.): *— i livelli retributivi*, to fix new parameters for wage levels.

riparametrazione *s.f.* (*amm.*) fixing of new parameters.

riparare[1] *v.tr.* **1** (*proteggere*) to protect, to shelter; to shield, to screen: *— dal freddo, dal sole, dalla pioggia, dal vento*, to protect (*o* to shelter) from the cold, from the sun, from the rain, from the wind; *un maglione che ripara dal freddo*, a sweater that protects (one) from the cold; *le tende riparano la stanza dalla luce*, the curtains protect the room from the light; *quegli alberi riparano la casa dal vento*, those trees shield (*o* screen) the house from the wind; *questi occhiali riparano gli occhi dal riverbero della neve*, these goggles shield your eyes from the glare of the snow; *i motociclisti indossano i caschi per ripararsi la testa*, motorcyclists wear crash helmets to protect their heads **2** (*aggiustare*) to repair, to mend; (*mecc.*) to repair, to fix; (*mar.*) to refit: *l'automobile deve essere riparata*, the car needs to be repaired; *— un muro, un guasto*, to repair a wall, a breakdown; *— una scarpa*, to repair (*o* to mend) a shoe; *— un vestito*, to mend a dress // *far — una sveglia*, to have (*o* to get) an alarm clock mended **3** (*porre rimedio a, rimediare*) to redress, to rectify, to make* amends for (sthg.); (*risarcire*) to indemnify, to compensate, to pay*: *— un'ingiustizia*, to redress a grievance (*o* to rectify an injustice); *— un'offesa*, to make amends for an insult; *— un torto*, to right (*o* to redress) a wrong; *— un danno*, (*risarcirlo*) to pay (*o* to indemnify for) damages // *— un esame*, to repeat (*o* to resit) an examination ◆ *v.intr.* (*porre rimedio*) to remedy (sthg.), to make* up (for sthg.); to redress (sthg.): *— un inconveniente*, to remedy (*o* to put right) a defect; *— a una perdita*, to make up for a loss // *— a un danno*, (*risarcirlo*) to pay (*o* to indemnify for) damages // *se hai sbagliato dovrai —*, if you've made a mistake you'll have to rectify (*o* to correct) it.
□ **ripararsi** *v.rifl.* (*difendersi*) to protect oneself: *porto il cappotto per ripararmi dal freddo*, I wear an overcoat to protect myself from the cold; *— dalla pioggia*, to shelter from the rain; *alzò le braccia per — dai colpi*, he raised his arms to protect (*o* to shield) himself from the blows.

riparare[2] *v.intr.* (*rifugiarsi*) to take* shelter, to take* refuge; to take* cover; to repair (to a place): *ripararono in una caverna*, they took shelter (*o* cover) in a cave; *ripararono in Francia*, they repaired to France.

riparata *s.f.* (*riparazione affrettata*) quick repair.

riparato *agg.* sheltered; protected: *un angolo ben — dal vento*, a corner sheltered from the wind.

riparatore *agg.* repairing, restoring; reparative: *un gesto —*, a reparative gesture // *matrimonio —*, shotgun wedding.

riparazione *s.f.* **1** repairing; repair, reparation; mending, fixing; (*mecc.*) repair, fixing; (*mar.*) refit: *la — del tetto è stata una grossa spesa*, repairing the roof was a big expense; *fare delle riparazioni*, to do some repairs; *questo vestito ha bisogno di qualche —*, this dress needs some repairing (*o* needs to be repaired) // *in —*, under repair; *una casa in —*, a house under repair; *strada in —*, road up; **2** (*fig.*) reparation, atonement; amends (*pl.*), redress: *riparazioni di guerra*, war reparations; *in — di un torto*, in reparation of (*o* in atonement for *o* as amends for) a wrong; *a titolo di —*, by way of amends; *esigere una —*, to demand reparation // (*dir.*): *— legale*, redress (*o* remedy); *— di un errore giudiziario*, indemnification for miscarriage of justice // *esame di —*, exam to be repeated at the autumn session.

riparella *s.f.* (*mecc.*) washer.

ripario *agg.* riparian: *uccello —*, riparian (*o* riparious) bird.

riparlare *v.intr.* to speak* again; (*discutere*) to talk over again, to discuss again, to rediscuss: *riparlammo di quella questione, ma non riuscii a convincerlo*, we talked that matter over again, but I did not manage to persuade him; *si sente — del problema dell'ambiente*, the environmental problem is coming up for discussion again // *la questione è chiusa e che non se ne riparli più*, the matter is closed and that's that // *ne riparleremo*, we'll talk about it again; (*per lasciar cadere il discorso*) let's drop the subject; *ne riparleremo più tardi*, we'll come back to that later.
□ **riparlarsi** *v.rifl.rec.* to be on speaking terms again.

riparo *s.m.* **1** shelter, cover, refuge; (*di bestiame*) shed: *eravamo finalmente al — dalla pioggia torrenziale*, we were at last sheltered from the torrential rain; *qui siamo al — da occhi indiscreti*, here we are safe from prying eyes; *stai al —, piove a dirotto*, stay under cover, it's pouring; *trovammo — in una grotta*, we took shelter in a cave; *non poterono trovare un — sicuro*, they could not find a safe shelter (*o* refuge); *si misero al — sotto una pianta*, they took shelter under a tree; *dovresti mettere questa pianta al — dal vento*, you should put this plant out of the wind **2** (*schermo*) protection, defence: *farsi —*, to protect (*o* to shield) oneself **3** (*rimedio*) remedy, cure: *bisognerà correre ai ripari*, we shall have to do something about it // *senza —*, irreparably (*o* irretrievably) **4** (*mecc.*) guard: *— contro gli spruzzi di olio*, oil splash guard; *— della cinghia*, belt safety guard: *— di protezione del mandrino*, chuck guard.

ripartibile *agg.* (*divisibile*) divisible; (*distribuibile*) distributable: *una proprietà — in tre parti*, an estate divisible into three parts; (*dir.*) *un bene non —*, an indivisible property.

ripartimentale *agg.* (*amm.*) departmental: *direzione —*, departmental head office.

ripartimento *s.m.* **1** (*amm.*) (*sezione*) department, division, section **2** (*non com.*) (*scompartimento*) compartment.

ripartire[1] *v.tr.* (*dividere*) to divide, to split* (up); to parcel out; (*distribuire*) to share (out), to apportion; to allocate: *— il lavoro*, to share the work; *il suo latifondo fu ripartito in tante fattorie*, his large estate was parcelled out into many farms; (*dir.*) *— una proprietà terriera*, to parcel out an estate; *il suo patrimonio fu ripartito fra gli eredi*, his estate was divided (*o* split up) among his heirs; *il denaro fu ripartito fra di noi*, the money was divided (*o* shared) among us // (*econ.*): *— le spese generali*, to apportion the overheads; *— proporzionalmente*, to prorate; *ripartirsi i profitti*, to share the profits; *ripartirsi il mercato*, to share the market.

ripartire[2] *v.intr.* (*partire di nuovo*) to leave* again, to start again, to set* out again; (*mecc.*) (*riavviarsi*) to start again: *ripartì dopo poche ore*, he set out again after a few hours; (*mecc.*): *far —*, to restart; *far — una macchina*, to get a car to start (again).

ripartitore *s.m.* **1** (*non com.*) (*chi ripartisce*) divider **2** (*nelle poste*) (*smistatore*) mail sorter **3** (*tel.*) distribution frame.

ripartizione *s.f.* **1** (*divisione*) division; (*distribuzione*) distribution, allotment, apportionment; allocation; sharing out: *— di una somma*, division (*o* splitting up) of a sum; *una — disuguale della ricchezza*, an unequal distribution of wealth; *opportuna — delle spese*, proper allocation of expenses // (*econ.*): *— dei costi, delle risorse*, allocation of costs, of resources; *— del lavoro*, allocation of work; *— degli utili*, profit sharing // (*trib.*) *— di imposte*, tax sharing // (*amm.*) *— degli incarichi*, distribution of tasks // (*dir.*) *ripartizioni di terreno*, allotments of land **2** (*reparto*) division, sector, department.

riparto *s.m.* **1** (*ripartizione*) distribution; allocation: (*econ.*) *— degli utili*, allocation (*o* distribution) of profits **2** (*Borsa*) (*di sottoscrizione azionaria*) allotment (of shares).

ripassare *v.tr.* **1** (*attraversare di nuovo*) to cross again, to go* over again, to recross: *— un fiume*, to cross a river again **2** (*far passare di nuovo*) (*attraverso un filtro ecc.*) to strain again, to re-strain; (*al setaccio*) to sieve again; (*in padella*) to sauté **3** (*passare sopra nuovamente*) to go* over again: *— i contorni di un disegno*, to go over the lines of a drawing again; *— qlco. con la vernice*, to give sthg. a fresh coat of paint // *— un vestito con il ferro da stiro*, to iron (*o* to press) a suit **4** (*dare di nuovo*) to pass again, to hand again; (*restituire*) to give* back, to hand back: *puoi ripassarmi quel libro?*, can you pass (*o* hand) me that book again?; *mi ripassi la penna, quando hai finito?*, will you give (*o* hand) me back the pen when you have finished? **5** (*rivedere*) to revise, to brush up; (*rileggere*) to read* over again, to look over again; to have a look at (sthg.), to go* through (sthg.) again; *ho ripassato il suo lavoro e non ho trovato errori*, I have gone through his work and have not found any mistakes; *vorrei — questo libro per trovare quel nome*, I should like to go through this book to find that name; *— i conti*, to review the accounts; *— una lezione*, to revise a lesson **6** (*mecc.*) (*rifinire*) to true; (*revisionare*) to check, to overhaul: *— al trapano*, to redrill; *— un cuscinetto*, to reface a bearing; *— una macchina, un motore*, to overhaul a car, an engine (*o* a motor); *— le sedi delle valvole*, to regrind the valve seats **7** (*inform.*) (*un nastro*) to replay ◆ *v.intr.* to pass again (through a place); to come* again; to call (in) again (on s.o.), to drop in (on s.o.): *ripasserò da Milano la settimana ventura*, I shall be passing through Milan again next week; *ripasserò da te domani*, I'll call on you again tomorrow; *ripasserò di qui fra poco*, I'll be back here before long; *il dottore non c'è, può — domani?*, the doctor isn't here, could you come back tomorrow?; *passare e — davanti a una vetrina*, to walk backwards and forwards in front of a shop window; *se ti capita di —, vieni a trovarmi*, if you're passing by any other time, do drop in.

ripassata *s.f.* **1** (*rilettura, riguardata*) another look: *dare una — a una lezione*, to look (*o* to read) over a lesson again (*o* to go through a lesson again) **2** (*rinfrescata, ripulita*) clean(ing): *dare una — a una stanza*, to clean a room; *dare una — a un vestito*, (*stirarlo*) to iron a dress, (*rassettarlo*) to spruce up a dress **3** (*con vernice ecc.*) fresh coat, another coat: *questa porta ha bisogno di una — di vernice*, this door needs a fresh coat of paint **4** (*mecc.*) overhaul(ing), check(ing): *dare una — a un motore*, to overhaul an engine **5** (*fam.*) (*sgridata*) scolding, talking-to: *gli ho dato una buona —*, I gave him a good scolding (*o* talking-to).

ripassatura *s.f.* (*mecc.*) overhaul(ing).

ripasso *s.m.* **1** (*ritorno*) return **2** (*revisione*) revision: *esercizi di —*, version exercises; *stiamo facendo il — del programma di inglese*, we are going through our English programme again.

ripensamento *s.m.* **1** reflection, thought: *decidere dopo un lungo —*, to decide after a lot of (*o* much) thought **2** (*mutamento di opinione*) second thoughts (*pl.*), change of mind: *ha avuto un — e non è venuto*, he had second thoughts (*o* he changed his mind) and didn't come; *non hai mai avuto un — per aver lasciato il tuo paese?*, haven't you ever had any second thoughts (*o* regrets) about leaving the country?

ripensare *v.intr.* **1** to think* of (sthg.) again; to think* (sthg.) over, to ponder over (sthg.): *ci ripenserò*, I shall think it over; *lascia che ci ripensi*, let me think it over; *non ci ho mai ripensato*, I have never thought of it again; *ora che ci ripenso...*, now that I think of it... // *pensa e ripensa, mi sono ricordato di ogni dettaglio*, I racked my brains and then I remembered every detail **2** (*tornare col pensiero*) to recall: *— alla giovinezza*, to recall one's youth **3** (*cambiar parere*) to change one's mind; to have second thoughts: *ci ho ripensato, non lo voglio più*, I have changed my mind, I don't want it any more; *il giorno prima di sposarsi ci hanno ripensato*, the day before the wedding they had second thoughts ◆ *v.tr.* (*letter.*) to recall, to recollect; to evoke.

ripense *agg.* (*letter.*) riverside (*attr.*).

ripercorrere *v.tr.* to run* through (sthg.) again; to go* along (sthg.) again, to travel over (sthg.) again; to follow: *hanno ripercorso lo stesso itinerario*, they followed (*o* went along) the same route again; *— una via*, to take the same road again // *— col pensiero, con la mente*, to think back to (*o* over): *ha ripercorso con la mente gli ultimi giorni di libertà*, he thought back over his last days of freedom (*o* his last days of freedom ran through his mind).

ripercuotere *v.tr.* to strike* again, to beat* again.

□ **ripercuotersi** *v.intr.pron.* **1** to reverberate, to re-echo: *il suono si ripercuoteva nella caverna*, the sound reverberated (*o* re-echoed) in the cave **2** (*fig.*) to affect (s.o., sthg.), to have repercussions (on s.o., sthg.): *lo scandalo si è ripercosso sul partito*, the scandal had repercussions on the party; *la crescita del dollaro si ripercuote sul costo dei prodotti petroliferi*, the rise of the dollar affects the cost of oil products.

ripercussione *s.f.* **1** repercussion (*anche fig.*): *i recenti avvenimenti politici avranno ripercussioni anche nel campo degli affari*, the recent political events will have repercussions in the field of business too; *oggi studieremo le ripercussioni del fumo sulla salute*, today we'll study the repercussions of smoking on one's health **2** (*di luce*) reflection; (*di onde sonore*) reverberation.

ripercussivo *agg.* (*non com.*) repercussive.

ripescaggio *s.m.* repêchage: *ha partecipato alla gara in seguito a un —*, he took part in the competition thanks to a repêchage.

ripescare *v.tr.* **1** (*pescare una seconda volta*) to catch* again; (*recuperare dall'acqua*) to fish up; to fish out: *questa trota era sfuggita, ma poi la ripescai*, this trout had got away, but then I caught it again; *— una pistola nel fiume*, to fish a gun out of the river **2** (*ritrovare*) to find* again, to get* hold of (s.o., sthg.); (*trovare*) to find*: *non so dove andare a ripescarlo*, I do not know where to find him again; *ripescai quella lettera tra vecchi libri*, I found (*o* came across) that letter again among some old books; *— una notizia in archivio*, to find a piece of information in a file // *— un progetto*, to revive a project.

ripetente *agg.* repeating (a course) ◆ *s.m. e f.*: *in questa classe ci sono tre ripetenti*, in this class there are three students repeating the year; *mio fratello è (un) —*, my brother is repeating a year at school.

ripetere *v.tr.* **1** (*rifare*) to repeat: *— un esperimento, un errore, un esame*, to repeat an experiment, a mistake, an examination; *— una classe a scuola, un anno di scuola*, to repeat a school year; *la squadra vorrebbe — il successo dell'anno prima*, the team would like to repeat the success of the previous year // *Paganini non ripete!*, (*scherz.*) once is enough **2** (*ridire*) to repeat, to say* again: *— una domanda*, to repeat a question; *ascoltalo bene perché non ripete mai quello che ha detto*, listen to him carefully because he never repeats what he has said; *glielo ho ripetuto tante volte*, I have told him over and over again; *Puoi — ? Non ho capito*, Can you repeat (*o* say it again)? I didn't understand; *— una poesia*, to repeat (*o* to practise reciting) a poem; (*tel.*) *— un segnale*, to repeat a signal // *non me lo farò — due volte*, I shall not need to be told twice; *— qlco. parola per parola*, to repeat sthg. word for word; *— a memoria*, to repeat from memory // *far — la lezione a qlcu.*, to hear s.o.'s lesson **3** (*derivare da*) to spring* from (sthg.), to be derived from (sthg.): *la mitologia romana ripete quella greca*, Roman mythology was derived from that of the Greeks **4** (*dir.*) (*rivendicare*) to claim back, to reclaim: *— l'indebito*, to claim back undue payment; *— i danni*, to claim back damages.

□ **ripetersi** *v.rifl.* to repeat oneself: *cerca di non ripeterti*, try not to repeat yourself; *la storia si ripete*, history repeats itself ◆ *v.intr.pron.* (*avvenire più volte*) to recur: *gli episodi di violenza si ripetono sempre più frequentemente*, episodes of violence recur with increasing frequency; *se si ripeteranno incidenti simili, bisognerà provvedere*, if similar incidents recur, steps will have to be taken.

ripetibile *agg.* **1** repeatable: *un'esperienza non —*, an unrepeatable experience **2** (*dir.*) claimable: *danno —*, claimable damage.

ripetibilità *s.f.* repeatability.

ripetitività *s.f.* repetitiveness.

ripetitivo *agg.* repetitive: *un lavoro molto —*, a very repetitive job.

ripetitore *s.m.* **1** repeater: (*tel.*) *— d'impulsi*, impulse repeater; (*ferr.*) *— di segnali*, signal repeater **2** (*insegnante*) coach, private tutor; (*fam.*) crammer ◆ *agg.* repeating: *bobina ripetitrice*, repeating coil; *stazione ripetitrice*, repeater.

ripetizione *s.f.* **1** (*rifacimento*) repetition, repeat: *— di un esperimento, di un fatto*, repetition of an experiment, of an occurrence; *è una pura — di quanto è già stato fatto*, it is a mere repetition of what has already been done; *il giudice ha ordinato la — della gara*, the judge has ordered the repetition of the race **2** (*ripasso*) revision: *una — generale della materia alla fine di un trimestre*, a general revision of the subject at the end of a term **3** (*lezione privata*) private lesson: *prendere, andare a — da qlcu.*, to take private lessons from s.o. (*o* to get coaching from s.o.); *dare ripetizioni a qlcu.*, to coach s.o. (*o* to give private lessons to s.o.) **4** (*frase, parola ripetuta*) repetition; (*ret.*) anaphora: *un tema pieno di ripetizioni*, an essay full of repetition **5** (*mecc.*): *fucile a —*, repeating rifle (*o* repeater); *orologio a —*, repeating watch (*o* repeater) **6** (*dir.*) claiming back, claim: *— dell'indebito*, claim for the return of undue payment.

ripetutamente *avv.* repeatedly, again and again, over and over again: *gliel'ho detto —*, I have told him over and over again; *ha — parlato di te*, he has spoken about you repeatedly.

ripetuto *agg.* repeated; (*estens.*) (*numeroso*) numerous: *un — invito alla calma*, a repeated request to stay calm; *subire assalti ripetuti*, to undergo repeated attacks; *fare ripetute domande*, to ask numerous questions.

ripianamento *s.m.* (*fin.*) settlement: *il — del deficit pubblico*, the settlement of public deficit.

ripianare *v.tr.* **1** (*non com.*) (*rendere piano*) to level **2** (*econ.*) to balance, to make* good: *— un ammanco*, to make up a shortage; *— un deficit*, to make good a deficit; *— il bilancio*, to balance the budget; *— un debito*, to pay off a debt.

ripiano *s.m.* **1** (*scaffale*) shelf*: *una libreria a tre ripiani*, a bookcase with three shelves **2** (*terreno pianeggiante*) level ground, terrace **3** (*non com.*) (*pianerottolo*) landing.

ripiantare *v.tr.* to replant, to plant again.

ripicca *s.f.* spite; little vendetta: *è una — stupida*, it's a silly little vendetta; *per —, gli ho detto di no*, I said no to him out of spite.

ripicchiare *v.tr.* to beat* again, to hit* again, to strike* again // *— alla porta*, to knock at the door again.

□ **ripicchiarsi** *v.rifl.rec.* to hit* each other again.

ripicco *s.m.* → **ripicca**.

ripicolo *agg.* (*ecol.*) amnicolous.

ripidezza meno com. **ripidità** *s.f.* steepness.

ripido *agg.* steep: *discesa, strada ripida*, steep descent, road.

ripidolite *s.f.* (*min.*) ripidolite.

ripiegamento *s.m.* 1 folding (*anche geol.*); bending; refolding; (*piega*) fold 2 (*mil.*) retreat, withdrawal: — *di forze*, withdrawal of forces 3 (*fig.*) falling back; giving in: *fui costretto a un — su una soluzione diversa*, I was forced to fall back on a different solution.

ripiegare *v.tr.* 1 to bend* (again) 2 (*piegare*) to fold (up): — *un giornale, un foglio*, to fold up a newspaper, a sheet of paper; *ripiegò il maglione e lo mise nell'armadio*, he folded up the sweater and put it in the wardrobe; — *un lenzuolo, la tovaglia*, to fold back a sheet, the tablecloth 3 (*abbassare*) to lower, to furl ◆ *v.intr.* 1 (*dirigersi*) to turn, to bend*: *la strada ripiega verso la montagna*, the road bends towards the mountain 2 (*mil.*) (*ritirarsi*) to withdraw*, to give* ground, to retreat, to fall* back: *le nostre truppe furono costrette a* —, our troops were forced to give ground 3 (*fig.*) to fall* back (on sthg.), to make* do (with sthg.): *ripiegheremo su un'altra proposta*, we will fall back on another proposal; *abbiamo ripiegato su un altro albergo*, we made do with another hotel.

□ **ripiegarsi** *v.intr.pron.* to bend*, to fold: *i rami si ripiegavano sotto il peso dei frutti*, the branches were bending under the weight of the fruit ◆ *v.rifl.* (*fig.*) (*non com.*) (*rifugiarsi*) to withdraw*, to retreat: — *in se stesso*, to retreat into oneself.

ripiegata *s.f.* folding (up); fold.

ripiegatura *s.f.* 1 (*il ripiegare*) folding (up); bending 2 (*piega*) fold 3 (*curva*) turn, bend.

ripiego *s.m.* (*espediente*) expedient, makeshift (solution), stopgap; (*rimedio*) remedy: *abito di* —, makeshift dress; *soluzione di* —, makeshift solution (*o* stopgap); *un meschino* —, a poor expedient; *ricorrere a un* —, to resort to an expedient; *vivere di ripieghi*, to live on one's wits.

ripiena *s.f.* (*miner.*) fill.

ripieno *agg.* 1 full; replete (with sthg.): *una bottiglia ripiena d'acqua*, a bottle full of water; *una stanza ripiena di gente*, a room crowded with people 2 (*riempito, farcito*) stuffed (with sthg.), filled (with sthg.): — *di segatura*, stuffed with sawdust; *pollo* —, stuffed chicken; *peperoni ripieni*, stuffed peppers; *torta ripiena di panna montata*, cake filled with whipped cream 3 (*pervaso*) full; overflowing (with sthg.): — *di contentezza*, overflowing with happiness ◆ *s.m.* filling, stuffing (*anche cuc.*): — *di rigaglie*, stuffing of giblets; *ingredienti per il* —, ingredients for the stuffing.

ripigliare → **riprendere**.

ripiglino *s.m.* (*gioco infantile*) cat's cradle.

ripiombare *v.intr.* (*cadere di nuovo*) to fall* (down) again (*anche fig.*); to crash down again: *il quadro è ripiombato a terra*, the picture crashed to the floor again; — *sul nemico*, to fall on the enemy once more; *dopo un periodo relativamente sereno è ripiombato nella depressione*, after a period of relative serenity he plunged back into depression ◆ *v.tr.* 1 (*ricoprire di piombo*) to recover with lead, to reseal with lead 2 (*far cadere di nuovo*) to plunge back: *la morte di suo padre lo ripiombò nella disperazione*, his father's death plunged him back into despair.

ripiovere *v.intr.impers.* to rain again: *e ripiove!*, it's raining again! ◆ *v.intr.* (*cadere dall'alto*) to fall* (down) again.

ripopolamento *s.m.* repopulation, repeopling, repopulating; (*di animali*) restocking; (*di piante*) replanting: *il — di una riserva di caccia*, the restocking of a game reserve; *incentivare il — delle campagne*, to encourage the repopulation of the countryside.

ripopolare *v.tr.* to repopulate, to repeople; (*con animali*) to restock; (*con piante*) to replant: — *una riserva di caccia*, to restock a game reserve.

□ **ripopolarsi** *v.intr.pron.* to be repopulated; (*fig.*) to come* back to life: *in settembre la città si ripopola*, in September the city comes back to life.

ripopolazione *s.f.* → **ripopolamento**.

riporre *v.tr.* 1 to put* back; to replace; (*mettere via*) to put* away: — *le camicie nei cassetti*, to put the shirts back into the drawers; *ho preso il libro ma l'ho riposto subito*, I took the book but I put it back at once; *quando avrai finito di giocare riponi i tuoi giocattoli*, put your toys away when you have finished playing; — *un abito per l'inverno*, to put a dress away for the winter; — *la spada nel fodero*, to sheathe one's sword 2 (*fig.*) (*collocare*) to place, to put*: — *la fiducia, le proprie speranze in qlcu.*, to place confidence, one's hopes in s.o. 3 (*riproporre*) to put* again, to set* again, to lay* down again: — *la propria candidatura*, to stand as a candidate again.

□ **riporsi** *v.rifl.* 1 (*riprendere*) to resume (sthg.), to start again: — *a lavorare*, to resume work (*o* to start working again *o* to set to work again) 2 (*nascondersi*) to hide* (oneself): — *in agguato*, to lie in wait.

riportabile *agg.* (*non com.*) returnable; (*Borsa*) continuable, contangoable: *titoli riportabili*, continuable stocks.

riportante *s.m.* (*Borsa*) taker in, contango broker.

riportare *v.tr.* 1 to bring* again; to take* again; (*portare indietro*) to bring* back; to take* back, to carry back: *riporterò il libro appena l'ho letto*, I shall bring back the book as soon as I have read it; *simpatico quel tuo amico, riportalo qui qualche volta*, that friend of yours is nice, bring him here again sometimes; *riporta la macchina dal meccanico perché non ha finito il lavoro*, take the car back to the mechanic because he hasn't finished the job; *lo riportarono a casa tutto malconcio*, they took (*o* carried) him home in a terrible state; *dai suoi viaggi riportò molte cose*, he brought back a great many things from his travels; *il suo arrivo ha riportato l'ordine nella classe*, his arrival restored order in the class; *sono riusciti a — la situazione alla normalità*, they have managed to bring the situation back to normal; *visitare quei luoghi lo riportò all'infanzia*, visiting those places took him back to his childhood 2 (*riferire*) to report, to relate; (*citare*) to quote: *devi — tutto ciò che vedi*, you must report everything (that) you see; *ha riportato i minimi dettagli*, he reported every detail; *questo scrittore riporta spesso passi di autori greci*, this writer often quotes passages from Greek authors; *tutti i giornali riportarono la notizia*, all the papers carried the news; — *l'opinione di una persona autorevole*, to quote the opinion of an authority 3 (*ricevere, conseguire*) to get*, to receive; to carry off; (*subire*) to suffer: — *una buona impressione*, to get a good impression; — *un danno*, to suffer damage; — *gravi ferite*, to suffer serious injury (*o* to be seriously injured); — *una leggera ferita*, to be slightly wounded (*o* injured); — *un premio*, to get (*o* to receive *o* to carry off) a prize; — *la vittoria*, to carry off the victory; *riportarono una grave sconfitta*, they suffered a serious defeat; *il film ha riportato un grande successo*, the film was very successful 4 (*mat.*) to carry; (*amm.*) to carry forward: *scrivo 9 e riporto 3*, I write 9 and carry 3; — *una somma alla pagina seguente*, to carry the total forward to the next page; — *nei libri contabili*, to post in the account books 5 (*Borsa*) to carry over, to continue, to contango: — *i titoli*, to contango stocks 6 (*riprodurre*) to reproduce, to copy; to transfer: *riportate il disegno in scala minore*, reproduce the design on a smaller scale.

□ **riportarsi** *v.intr.pron.* 1 (*tornare*) to take* oneself back; to go* back (*anche fig.*); (*fig.*) to think* back: *dovete riportarvi al quinto secolo*, you must go back to the fifth century; *cerca di riportarti con la memoria al momento in cui è avvenuto l'incidente*, try to think back to the moment when the incident happened 2 (*riferirsi*) to refer: *mi riporto a cose che sapete già*, I refer to things you already know; — *alle teorie già esposte*, to refer to the above-mentioned theories.

riportato *s.m.* (*Borsa*) giver-on, payer of contango.

riportatore *s.m.* (*Borsa*) taker-in, contango broker.

riporto *s.m.* 1 bringing back; taking back // *cane da* —, retriever (*o* gundog) // (*edil.*) *materiale di* —, filling material (*o* backfilling) // (*miner., geogr.*) *terreno da* —, made land (*o* landfill) 2 (*mat.*) amount carried 3 (*amm.*) (*il riportare a nuovo*) carrying forward; (*somma riportata*) balance carried forward, amount brought forward: — *a nuovo*, forwarding (*o* balance carried forward *o* amount brought forward); — *in esercizi precedenti*, carry back; *fare un — di un totale*, to carry forward (*o* over) an amount 4 (*Borsa*) contango*, continuation, making up, carry over: *contratto di* —, carry over (*o* contango) transaction; — *alla pari*, contango at par; *prezzo del* —, carry over rate; *tasso di* —, contango rate // (*fin.*): — *in cambi, valutario*, foreign exchange swap; — *in oro contro valuta*, gold -currency swap 5 (*inform.*) — *circolare*, end -around carry 6 (*ornamento*) appliqué (work).

riposante *agg.* 1 restful: *una vita* —, a restful life 2 (*calmante*) soothing; relaxing 3 (*piacevole*) pleasant, agreeable.

riposare[1] *v.tr.* (*ricollocare*) to replace; to place back, to put* back; to put* down again: *riposò il pacco a terra*, he put the parcel on the ground again.

□ **riposarsi** *v.rifl.* to place oneself again; (*di uccelli*) to perch again, to alight again: *il passerotto si riposò sul balcone*, the sparrow perched on the balcony again.

riposare[2] *v.tr.* to rest; to give* a rest to (sthg.); to be restful to (sthg.): *cessò di cantare per — la voce*, he stopped singing to rest his voice; *questa luce riposa gli occhi*, this light is restful to the eyes; — *la mente*, to give one's mind a rest ◆ *v.intr.* 1 to rest, to have a rest, to take* a rest; (*dormire*) to sleep*: *hai riposato bene?*, have you had a nice rest?; *voglio — un poco*, I want to rest a little (*o* to have a little rest) // — *sugli allori*, to rest on one's laurels **2** (*essere sepolto*) to rest, to lie* (buried): *riposa in questo cimitero*, he lies (buried) in this graveyard **3** (*poggiare, reggersi*) to rest, to stand*, to be based, to be supported (by sthg.), to be built (*anche fig.*): *le fondamenta riposano sulla roccia*, the foundations rest (*o* are built) upon rock; *un ragionamento che riposa su solide basi*, an argument based on solid grounds **4** (*agr.*) (*di terreno*) to rest, to lie* fallow: *lasciare — la terra*, to let a piece of ground lie fallow **5** (*di liquido*) to settle, to stand* // (*cuc.*) *fate — l'impasto per un'ora*, leave the mixture to stand for an hour.

□ **riposarsi** *v.rifl.* to rest, to have a rest, to take* a rest; (*sdraiarsi*) to lie* down: *perché non ti riposi?*, why don't you take a rest?; *quando mi sento stanco, mi riposo per dieci minuti*, when I feel tired I lie down for ten minutes; *vorrei riposarmi prima di riprendere a lavorare*, I should like to rest before starting work again.

riposata *s.f.* (*non com.*) **1** (*riposo*) rest **2** (*pausa*) pause.

riposato *agg.* **1** rested; (*ristorato*) refreshed; (*fresco*) fresh: *mente riposata*, fresh mind; *mi è parso — e tranquillo*, he seemed rested and calm to me **2** (*tranquillo*) quiet, calm; (*indisturbato*) undisturbed.

riposino *s.m.* short rest; short sleep, nap; (*fam.*) forty winks (*pl.*): *ho fatto un — di mezz'ora*, I had a nap for half an hour.

riposo *s.m.* **1** rest, repose: *in —*, at rest: *stare in —*, to be at rest (*o* to rest); *il — è necessario*, rest is necessary; *abbiamo avuto due giorni di —*, we have had two days of rest; *mi sono preso un po' di —*, I have taken a little rest; *oggi è un giorno di —*, today is a day of rest // *di tutto —*, relaxing, restful: *una vacanza di tutto —*, a relaxing (*o* restful) holiday // (*mil.*) *—!*, stand at ease! // (*teatr.*) *stasera —*, no performance tonight // (*amm.*): *a —*, retired; *mettere a —*, (*per malattia*) to put on the sick list, (*per raggiunti limiti di età*) to superannuate (*o* to pension off); *mettersi a —*, to retire; *— compensativo*, compensation time // (*geol.*) *angolo di —*, angle of repose **2** (*estens.*) (*sonno*) sleep: *buon —!*, sleep well! **3** (*tranquillità, calma*) tranquillity, peace, quiet: *la vista della campagna dà —*, the sight of the countryside is restful; *una settimana di assoluto —*, a week of complete peace and quiet **4** (*agr.*) (*di terreno*) (lying) fallow: *terra in —*, fallow land; *stare in —*, to lie fallow **5** (*mus.*) pause, hold **6** (*fis.*) rest: *massa di —*, rest mass; *energia di —*, rest energy.

ripossedere *v.tr.* to own again, to re-own, to repossess.

ripostiglio *s.m.* cupboard; closet, storeroom, lumber-room.

riposto *agg.* hidden; secluded; (*segreto*) secret: *intenzioni riposte*, secret intentions; *pensieri riposti*, secret thoughts ◆ *s.m.* (*region.*) (*ripostiglio*) pantry, larder.

riprecipitare *v.tr.* **1** to throw* down again **2** (*chim.*) to re-precipitate ◆ *v.intr.* **1** to relapse, to fall* again: *è riprecipitato in un drammatico silenzio*, he relapsed into dramatic silence **2** (*chim.*) to re-precipitate.

□ **riprecipitarsi** *v.rifl.* o *intr.pron.* **1** to throw* oneself down again **2** (*ridirigersi precipitosamente*) to rush again.

riprecipitazione *s.f.* **1** (*metall.*) precipitation of a new substance **2** (*chim.*) re-precipitation.

riprendere *v.tr.* **1** (*prendere di nuovo*) to take* again; to retake*; (*riacchiappare*) to catch* (again): *devo — la medicina?*, shall I take my medicine again?; *ha ripreso l'abitudine di fumare*, he has taken up smoking again; *temo di aver ripreso il raffreddore*, I am afraid I have caught a cold again (*o* I have caught another cold); *lanciava la palla in aria e la riprendeva*, he threw the ball up into the air and caught it; *— il proprio posto*, to sit down in one's place again; (*fig.*) to take one's seat again; *verrò a — il bambino dopo il lavoro*, I'll come to pick up the child after work; *— le armi*, to take up arms again; *— il cammino*, to take to the road again; *riprese il cammino verso casa*, he set out for home again // *lo ha ripreso la febbre*, he has (had) another bout of fever; *lo riprese la malinconia*, he fell back in a state of gloom // *— moglie, marito*, to remarry // *— coraggio*, to take courage again // *— sonno*, to get back to sleep // *— un punto*, (*nel lavoro a maglia*) to pick up a stitch // *— quota*, (*aer.*) to regain height **2** (*riassumere*) to resume; (*personale*) to re-engage, to re-employ, to hire again: *ripresi la segretaria che avevo licenziato*, I re-engaged (*o* took on again) the secretary I had dismissed; *— il comando della nave*, to resume command of the ship **3** (*ricominciare*) to start again, to begin* again, to resume: *ha ripreso a piovere*, it has started raining again; *— a scrivere, a lavorare*, to begin writing, working again; *— il lavoro, la lettura*, to resume work, reading **4** (*ricatturare, riconquistare*) to retake*, to recapture: *riprendemmo il prigioniero fuggito*, we recaptured the escaped prisoner; *— una fortezza, una città*, to retake (*o* to recapture) a fortress, a town // (*sport*): *— il gruppo di testa*, to catch up again with the leaders; *— il primo posto in classifica*, to regain the top position in the table **5** (*prendere indietro*) to take* back, to get* back; (*ricuperare*) to recover: *la casa editrice riprese le copie invendute del libro*, the publishing house took back the unsold copies of the book; *quando posso — i miei libri?*, when can I take (*o* get) back my books?; *sono andata a — l'ombrello che avevo dimenticato*, I went to collect the umbrella I had left behind; *— forza*, to recover strength; *— conoscenza, i sensi*, to recover consciousness, to come to one's senses again; *— fiato*, to get one's breath back // *la malavita sta riprendendo piede nella zona*, the underworld is recovering ground in the area **6** (*riutilizzare*) to draw* on; (*derivare*) to take*: *questo compositore ha ripreso alcune danze popolari*, this composer has drawn on popular dance tunes; *alcuni versi sono ripresi da Shakespeare*, some verses are taken from Shakespeare **7** (*ripetere*) to take* up: *il tema iniziale viene ripreso nella seconda parte*, the opening theme is taken up in the second part **8** (*rimproverare*) to tell* off, to reprimand, to reprove, to find* fault with (s.o.): *la maestra l'ha ripreso perché parlava troppo*, the teacher told him off because he talked too much; *mi riprende sempre*, he always finds fault with me; *— severamente qlcu.*, to reprimand s.o. sharply **9** (*sartoria*) to take* in: *questo vestito deve essere ripreso in vita*, this dress must be taken in at the waist **10** (*teatr.*) to revive: *questa commedia è stata ripresa dopo venti anni*, this play has been revived after twenty years **11** (*cinem.*) to shoot*: *— una scena*, to shoot a scene; *l'hanno ripreso mentre sbadigliava*, they caught him (on film) while he was yawning ◆ *v.intr.* **1** (*ricominciare*) to start again, to begin* again; (*a parlare*) to go* on: *aveva smesso di fumare, ma poi ha ripreso*, he had given up smoking but then he started again; *riprendiamo da dove eravamo rimasti*, let's begin again from where we were; *si riprende fra dieci minuti*, we'll start again in ten minutes; *le trasmissioni riprenderanno appena possibile*, normal service will be resumed as soon as possible; *"Dimmi", riprese, "quando sei arrivato?"*, "Tell me", he went on, "when did you arrive?" // *la vita riprende*, things are looking up again **2** (*rinvigorire*) to recover; to revive: *i fiori riprendono nell'acqua*, flowers revive in water; *il vecchio riprende lentamente*, the old man is slowly recovering.

□ **riprendersi** *v.intr.pron.* **1** (*da malattia*) to recover, to get* over, to rally; (*da turbamento*) to collect oneself: *dopo la malattia si riprese lentamente*, after his illness he recovered slowly; *datemi il tempo di riprendermi*, give me time to collect myself; *dopo la morte di suo padre, non si è più ripreso*, after his father's death he was no longer his former self // *dopo aver fatto bancarotta, non si riprese più*, after he went bankrupt he never got on his legs again; *il mercato azionario non si è ripreso dal crollo*, the stock market has not recovered from the crash **2** (*correggersi*) to correct oneself: *fece un errore madornale, ma si riprese subito*, he made a huge mistake but he corrected himself at once.

riprensione *s.f.* (*letter.*) reprehension, reproof, rebuke // (*dir.*) *— giudiziale*, (judicial) reprimand (*o* admonition).

riprensivo *agg.* (*letter.*) reprehensive; corrective: *misure riprensive*, corrective measures.

ripresa *s.f.* **1** (*il riprendere*) restarting, recommencement, renewal; resumption: *— dell'attività*, renewal of activity: *la — del lavoro, di un processo*, the resumption of work, of a trial; *la — delle lezioni scolastiche*, the recommencement of lessons; *— della produzione*, resumption of production; *— delle ostilità*, renewal of hostilities // *a diverse riprese*, at different times; *a due riprese*, on two occasions; *a più riprese*, on several occasions (*o* many times *o* again and again): *ho cercato a più riprese di spiegargli il tutto ma senza successo*, I have tried on several occasions to explain everything to him but to no avail *la criminalità è in —*, crime is increasing **2** (*rinascita*) revival: *— di antiche tradizioni*, revival of old traditions **3** (*da malattia, emozioni*) recovery: *la sua — fu molto lenta*, his recovery was very slow; *ha una grossa capacità di —*, he has great powers of recovery **4** (*econ.*) (*recupero*) revival, recovery, upturn, upswing; (*balzo*) spurt: *— economica*, economic recovery (*o* business upswing); *— degli affari*, business recovery // (*Borsa*) *vi è stata un'improvvisa — delle azioni chimiche*, chemicals put on a spurt **5** (*teatr.*) revival: *la — di quella commedia ebbe molto successo*, the revival of that play was very successful **6** (*cinem.*) shot, take; filming, shooting: *— al rallentatore*, slow-motion shot; *— di un interno*, interior shooting; *— inclinata*, angle shot (*o* view); *— muta*, mute shot; *trucchi di —*, shooting tricks **7** (*aut.*) pick-up: *la mia automobile ha una buona —*, my car has good pick-up **8** (*registrazione*) recording: *sistema di — ottica e sonora sulla stessa pellicola*, single recording system **9** (*sport*) (*pugilato, lotta*) round; (*scherma*) bout; (*calcio, pallacanestro ecc.*) second half (of game) **10** (*mus.*) repeat **11** (*metrica*) refrain, ritornello **12** (*sartoria*) dart, trick.

ripresentare *v.tr.* to present again, to represent, to introduce again; (*domanda*) to submit again, to send* in again: — *una proposta di legge*, to introduce (*o* to bring in) a bill again; (*dir.*) — *un'istanza*, to re-present a motion.

□ **ripresentarsi** *v.rifl.* to present oneself again: — *come candidato*, to stand as a candidate again; *quando si ripresenterà l'occasione*, when the opportunity arises again.

ripretendere *v.tr.* (*pretendere di riavere*) to reclaim, to want (sthg.) back, to expect (sthg.) back.

ripristinare *v.tr.* **1** to restore, to reinstate; (*rimettere in vigore*) to re-establish: — *una linea ferroviaria*, to open up a railway line again; — *una legge*, to bring a law into force again; — *la pace, l'ordine in un paese*, to re-establish (*o* to restore) peace, order in a country; — *una vecchia usanza*, to re-establish an old custom; — *l'ora legale*, to reintroduce summer time; (*dir.*) — *una clausola*, to reinstate a clause **2** (*inform.*) to reset*, to restore.

ripristinato *agg.* restored: (*rimesso in vigore*) re-established.

ripristino *s.m.* **1** restoration; (*il rimettere in vigore*) re-establishment: *il — dell'ordine*, the restoration of order; *il — di una linea ferroviaria*, the reopening of a railway line; *il — di un edificio*, the restoration of a building; *il — di una legge*, the reintroduction of a law; (*econ.*) *piano di* —, rehabilitation plan **2** (*inform.*) resetting, recovery.

riprivatizzare *v.tr.* to reprivatize, to denationalize.

riproducibile *agg.* reproducible, reproduceable, repeatable: *stampa* —, reproducible print // (*dir.*) *beni riproducibili*, reproducible goods.

riproducibilità *s.f.* reproducibility, repeatability.

riprodurre *v.tr.* **1** to reproduce; (*animali, piante*) to breed*: — *un disegno*, to reproduce a drawing; — *a colori, in bianco e nero*, to reproduce in colour, in black and white; — *un suono, un'immagine*, to reproduce a sound, an image **2** (*stampare*) to print, to publish; (*copiare*) to copy: *il comunicato è stato riprodotto sui giornali*, the announcement was printed in the newspapers.

□ **riprodursi** *v.rifl.* o *intr.pron.* **1** to reproduce: *certe piante si riproducono per gemmazione*, some plants reproduce by gemmation **2** (*formarsi di nuovo*) to form again: *sul vaso si è riprodotta la muffa*, mould has formed again on the pot **3** (*fig.*) (*ripetersi*) to happen again, to occur again; *sono avvenimenti che non devono* —, these events must not occur again.

riproduttività *s.f.* reproductivity, reproductiveness.

riproduttivo *agg.* reproductive; seminal.

riproduttore *agg.* reproducing, reproductive: (*biol.*) *organo* —, reproductive organ; *animale* —, breed animal ◆ *s.m.* **1** reproducer **2** (*elettr., tel., cinem.*) reproducer; player: — *di dischi fonografici*, record player; — *di pellicole cinematografiche*, film reproducer **3** (*animale*) breed animal.

riproduttrice *s.f.* (*inform.*) reproducer.

riproduzione *s.f.* **1** reproduction, copy; (*pubblicazione*) reprint: *questa è la — di un quadro famoso*, this is a reproduction of a famous painting; — *vietata*, all rights reserved; — *di parti di documento*, extract from a document // (*dir.*) *diritto di* —, copyright **2** (*biol.*) breeding; propagation: — *agamica, sessuata*, asexual, sexual reproduction; — *vegetativa*, vegetative propagation; — *per innesto*, grafting; — *per gemme*, gemmation // *animale, pianta da* —, breeder **3** (*inform.*) copy.

riprografia *s.f.* reprography.

riprografico *agg.* reprographic.

ripromettersi *v.intr.pron.* **1** (*prefiggersi*) to propose, to intend, to resolve: *mi ripromettevo di farlo al più presto*, I proposed (*o* I intended) to do (*o* doing) it as soon as possible **2** (*sperare*) to hope; (*aspettarsi*) to expect: *mi riprometto un grande successo*, I expect great success.

riproponibile *agg.* reproposable: *prezzo* —, reproposable price.

riproporre *v.tr.* to repropose, to offer again, to pose again: — *un problema accantonato*, to repropose a problem that had been shelved; — *un'offerta*, to repropose an offer.

□ **riproporsi** *v.rifl.* o *intr.pron.* to propose oneself again, to run* for sthg. again: — *come candidato*, to run for a post again, (*in politica*) to stand* for re-election; *è un problema che si ripropone ogni anno*, it's a problem that crops up (*o* keeps coming up) every year.

riprova *s.f.* (*nuova prova*) (fresh) proof; new evidence; (*conferma*) confirmation; double check: *a — di ciò che dissi*, in confirmation of (*o* confirming) what I said.

riprovamento → **riprovazione**.

riprovare[1] *v.tr.* **1** (*provare, tentare di nuovo*) to try again, to attempt again: *ti conviene — il vestito*, you should try the dress on again; *se ci riprovi mi senti!*, if you try that again you'll hear all about it!; *non sono riuscito, ma riproverò*, I have not succeeded but I shall try again **2** (*sentire, sperimentare di nuovo*) to feel* again, to experience again, to re-experience: *ho riprovato quel dolore alla spalla*, I felt that pain in my shoulder again ◆ *v.intr.* → riprovarsi.

□ **riprovarsi** *v.intr.pron.* to try again.

riprovare[2] *v.tr.* **1** (*letter.*) (*disapprovare*) to reprehend, to censure: *i suoi modi sono riprovati da tutti*, his manners are criticized by everybody **2** (*non com.*) (*respingere agli esami*) to fail.

riprovazione *s.f.* **1** criticism, reprobation; disapproval, censure: *incontrare la — generale*, to meet with general disapproval **2** (*bocciatura scolastica*) failing.

riprovevole *agg.* **1** reprehensible, blameworthy, censurable **2** (*vergognoso*) shameful **3** (*spregevole*) despicable, contemptible: *condotta* —, despicable conduct.

ripuario *agg.* (*non com.*) riparian; riverside (*attr.*).

ripubblicare *v.tr.* to republish, to reissue.

ripubblicazione *s.f.* republication, reissue.

ripudiabilità *s.f.* repudiability.

ripudiare *v.tr.* **1** to repudiate, to disown; (*respingere*) to reject: — *un figlio*, to disown a son; — *la moglie*, to repudiate one's wife; — *un contratto, un debito*, to repudiate a contract, a debt; — *i propri scritti*, to disown one's writings; — *una fede*, to repudiate one's faith; — *ogni compromesso*, to reject all compromise **2** (*dir.*) to renounce, to relinquish: — *una eredità*, to renounce an inheritance.

ripudiatore *s.m.* **ripudiatrice** *s.f.* (*non com.*) repudiator.

ripudio *s.m.* repudiation; (*dir.*) disclaimer: — *dei debiti esteri*, repudiation of foreign debts.

ripugnante *agg.* **1** (*disgustoso*) disgusting, repugnant, repulsive; horrible: *un sapore* —, a disgusting taste; *un viso* —, a repulsive face; *ho assistito all'omicidio, è stato* —, I saw the murder, it was horrible **2** (*non com.*) (*contrario*) incompatible, opposed, repugnant; *le sue proposte sono ripugnanti ai miei principi morali*, his proposals are incompatible with my moral principles.

ripugnanza *s.f.* **1** repugnance; disgust; repulsion: *sento — per questo modo di pensare*, this way of thinking is repugnant to me; *ho — a farlo*, I am loath to do it; *non so superare la mia — per gli scarafaggi*, I cannot overcome my aversion to cockroaches **2** (*riluttanza*) reluctance **3** (*non com.*) (*opposizione*) opposition, repugnance.

ripugnare *v.intr.* **1** (*disgustare*) to disgust, to revolt, to repel; (*suscitare avversione*) to dislike: *questo odore mi ripugna*, this smell disgusts me; *le sue idee mi ripugnano*, his ideas revolt (*o* repel) me; *mi ripugna l'idea di aiutare un uomo disonesto*, I loathe (*o* I detest) the idea of helping a dishonest man **2** (*non com.*) (*essere contrario*) to be opposed, to be repugnant, to be contrary: *ciò che dice ripugna ai miei principi*, what he says is opposed (*o* contrary) to my principles; *ciò ripugna alla logica*, this is contrary to logic.

ripulire *v.tr.* **1** (*pulire di nuovo*) to clean again **2** (*pulire*) to clean (up); (*mettere in ordine*) to tidy (up): — *la casa*, to clean the house; — *un campo dalle erbacce*, to weed a field (*o* to clear a field of weeds); — *un paio di scarpe*, to clean a pair of shoes; — *una stanza*, to clean up (*o* to tidy up) a room **3** (*dirozzare, perfezionare*) to polish (up), to put* the finishing touches to (sthg.): — *il proprio stile, le proprie maniere*, to polish (up) one's style, one's manners **4** (*svuotare di ogni bene*) to ransack: *il ladro gli ripulì la casa*, the thief ransacked (*o* cleaned out) his house of everything; *gli hanno ripulito le tasche*, (*fam.*) they took him to the cleaners **5** (*vincere al gioco*) to clean out: — *qlcu. al gioco*, to clean s.o. out **6** (*mangiare tutto*) to eat* up: *ripulì tutto ciò che c'era sulla tavola*, he ate up everything on the table.

□ **ripulirsi** *v.rifl.* **1** to clean oneself up, to make* oneself tidy; (*vestirsi più accuratamente*) to spruce oneself up: *devo ripulirmi prima di mangiare*, I must clean myself up before eating **2** (*dirozzarsi*) to polish (up) one's manners, to become* more refined.

ripulisti → **repulisti**.

ripulita *s.f.* (*il ripulire*) clean, cleaning: *dare una — a qlco.*, to give sthg. a clean; *darsi una* —, to tidy oneself up // *ha fatto una — di quello che era in tavola*, he ate up everything on the table // *ha fatto una — di tutti i giornali vecchi*, he cleared out all the old newspapers.

ripulito *agg.* **1** clean **2** (*in ordine*) tidy; in order (*pred.*).

ripulitura *s.f.* **1** cleaning **2** (*rifinitura di opera d'arte ecc.*) finishing touch **3** (*ciò che si toglie nel ripulire*) refuse, dirt.

ripullulare *v.intr.* to spring* up again; (*fig.*) to swarm again, to throng again: *le strade ripullulavano di turisti*, the streets were thronged with tourists again.

ripulsa *s.f.* (*letter.*) (*rifiuto*) refusal, rejection.

ripulsione *s.f.* **1** repulsion, repugnance, aversion: *sentire — per qlcu.*, to feel repugnance for s.o. **2** (*fis.*) repulsion.

ripulsivo *agg.* **1** repulsive, repellent; (*disgustoso*) disgusting, loathsome **2** (*fis.*) repulsive.

ripuntare *v.tr.* **1** (*volgere di nuovo verso un bersaglio*) to aim again: *— il fucile*, to aim the rifle again **2** (*riscommettere*) to bet* again: *— su un cavallo*, to beg again on a horse.

ripuntatore *s.m.* (*agr.*) subsoiler, subsoil plough.

ripuntatura *s.f.* (*agr.*) subsoiling.

riquadramento *s.m.* → **riquadratura**.

riquadrare *v.tr.* **1** (*squadrare*) to square **2** (*una stanza*) to paint the friezes and baseboards of (a room) // *— il cervello, la testa a qlcu.*, (*fig.*) to get some sense into s.o. ◆ *v.intr.* (*non com.*) **1** to measure **2** (*fig.*) (*tornare giusto*) to fit*, to be right.

riquadrato *s.m.* (*tip.*) box.

riquadratore *s.m.* (*decoratore*) frieze decorator.

riquadratura *s.f.* **1** squaring **2** (*di una stanza*) painting of friezes and baseboards **3** (*tip.*) boxing.

riquadro *s.m.* **1** square; (*su parete, soffitto*) panel **2** (*cornice*) border **3** (*tip.*) box.

riqualificare *v.tr.* **1** (*qualificare di nuovo*) to requalify; (*riaddestrare*) to retrain: *— la manodopera*, to retrain labour **2** (*promuovere*) to upgrade, to advance: *— un impiegato*, to upgrade an employee.
□ **riqualificarsi** *v.rifl.* to retrain.

riqualificazione *s.f.* requalification; (*riaddestramento*) retraining; (*promozione*) upgrading, advancement: *— del lavoro*, labour retraining; *— professionale*, professional retraining (*o* requalification).

risacca *s.f.* backwash, undertow.

risaia *s.f.* rice-field, (rice) paddy, paddyfield.

risaiolo *s.m.* rice-weeder.

risaldamento *s.m.* (*non com.*) resoldering.

risaldare *v.tr.* to resolder.

risaldatura *s.f.* resoldering; (*la parte risaldata*) soldering.

risalire *v.tr.* **1** to go* up again, to go* back up, to climb (up) again, to re-ascend: *— la collina, la montagna*, to climb (up) the hill, the mountain again; *— le scale*, to go back up the stairs **2** (*nuotare, navigare contro corrente*) to go* up; (*di pesce*) to run* up: *la barca risalì il fiume*, the boat went up the river; *— la corrente*, to go upstream; (*fig.*) to fight one's way back; *il ragazzo risalì la corrente a nuoto*, the boy swam upstream // *— la china*, (*fig.*) to get back on top ◆ *v.intr.* **1** to go* up again, to go* back up, to climb (up) again, to re-ascend: *risali da lui, per piacere*, please, go up to his room again; *risali subito nella tua camera*, go upstairs to your room at once // *— sul trono*, to re-ascend the throne **2** (*fig.*) (*aumentare*) to go* up again, to go* back up, to rise* again: *le nostre azioni sono risalite*, our shares have gone up again; *i prezzi risalgono*, prices are rising (*o* going up) again; *la temperatura risale*, the temperature is rising (*o* going up) again **3** (*andare indietro nel tempo*) to go* back, to date back: *dovete — al Medioevo per trovare le origini di questa leggenda*, you have to go back to the Middle Ages to find the origins of this legend; *le origini della sua famiglia risalgono al XIII secolo*, the origins of his family date back to the thirteenth century; *la sua antipatia per le ciliegie risale a un'indigestione*, his dislike for cherries goes back to an attack of indigestion; *— col pensiero a dieci anni fa*, to think back to ten years ago **4** (*essere avvenuto prima*) to date back, to go* back: *la sua morte risale a dieci giorni fa*, he died ten days ago.

risalita *s.f.* (*il risalire*) reclimbing; going back up // *mezzi, impianti di —*, ski-lifts, chair-lifts etc.

risaltare *v.tr.* to jump again, to leap* again: *— una siepe*, to jump over a hedge again; *— un muro*, to leap a wall again ◆ *v.intr.* **1** (*sporgere*) to stick* out; (*arch.*) to jut out **2** (*spiccare*) to stand* out, to show* up, to catch* the eye: *il grigio scuro non risalta sul blu*, dark grey does not stand out against blue; *questo colore risalta poco*, this colour does not show up very clearly // *far —*, to show up (*o* to enhance): *il blu fa — la sua bella carnagione*, blue shows up her lovely complexion **3** (*di persona*) to stand* out: *risaltava per la sua intelligenza*, he stood out for his intelligence.

risalto *s.m.* **1** prominence; relief; (*enfasi*) emphasis*: *è un ruolo che non mette in — le sue qualità*, it's a role that doesn't bring out his qualities; *dar — a qlco.*, to give prominence to sthg. (*o* to make sthg. stand out *o* to make sthg. conspicuous), (*dare enfasi*) to lay emphasis on (*o* to emphasize) sthg.: *nel suo discorso diede particolare — a questa idea*, in his speech he put special emphasis on this idea; *non è dato — sufficiente al ruolo del figlio*, the son's role is not given enough emphasis (*o* prominence); *la stampa ha dato un grande — alla notizia*, the press featured the news prominently **2** (*arch.*) relief **3** (*mecc.*) projection, projecting part **4** (*alpinismo*) overhang.

risanabile *agg.* **1** curable: *la posizione finanziaria dell'azienda non è —*, the financial position of the firm is beyond recovery **2** (*bonificabile*) reclaimable.

risanabilità *s.f.* curability; reclaimability.

risanamento *s.m.* **1** curing, cure; (*guarigione*) recovery **2** (*di costumi ecc.*) reformation **3** (*bonifica*) reclamation: *— di quartieri popolari*, slum clearance **4** (*comm.*) recovery, balancing: *— dei conti*, balancing of accounts; *— economico, monetario*, economic, monetary recovery // (*econ.*): *— di bilancio*, balancing; *— di un'industria*, reorganization of an industry.

risanare *v.tr.* **1** to cure, to heal, to restore, to health: *il soggiorno in campagna lo ha risanato*, his stay in the country has cured him (*o* restored him to health) **2** (*bonificare*) to reclaim: *— un terreno paludoso*, to reclaim a marsh; *— un quartiere popolare*, to clear a slum **3** (*comm.*) (*equilibrare*) to balance, to put* right; (*riorganizzare*) to reorganize: *— un'impresa*, to put a company on its feet again; *— le finanze dello stato*, to reorganize the State finances; *— un deficit*, to make up a deficit; *— i conti*, to balance the accounts.
□ **risanarsi** *v.intr.pron.* (*guarire*) to heal: *la ferita non si risana*, the wound isn't healing.

risanguinare *v.intr.* to bleed* again.

risapere *v.tr.* to know*; to hear* about, to get* to know: *non vorrei che si risapesse in tutto il paese*, I wouldn't like everyone in the village to get to know about it.

risaputo *agg.* well-known: *la sua passione per l'automobilismo è risaputa*, his passion for cars is common knowledge (*o* well-known).

risarcibile *agg.* refundable, repayable, reimbursable, indemnifiable.

risarcimento *s.m.* **1** (*dir., comm.*) compensation [U], indemnity, refund, reparation; damages (*pl.*): *— dei danni*, compensation for damages; (*dir.*) *— nominale dei danni*, nominal damages; *domanda di —*, claim for damages; *infortunio rimasto senza —*, an accident which has not been compensated; *aggiudicare il — dei danni*, to award damages; *avere diritto al — dei danni*, to be entitled to an indemnity (*o* to damages); *domandare il — dei danni*, to claim damages; *essere obbligato al —*, to be bound to pay an indemnity; (*dir.*) *— del danno morale*, solatium; (*dir.*) *— in forma specifica*, specific redress; *ottenere un —*, (*per danni*) to recover damages; *— per inadempimento contrattuale*, damages for breach of contract; *— del danni di guerra*, reparations (for war damages); *— delle spese*, refund of expenses **2** (*riparazione*) repair.

risarcire *v.tr.* **1** (*dir., comm.*) to repay*, to refund, to indemnify, to compensate; *ho diritto a essere risarcito della perdita subita*, I am entitled to be indemnified for (*o* to recoup) the loss suffered; *— qlcu. dei danni*, to pay compensation for damages **2** (*non com.*) (*riparare*) to restore, to repair.

risarella *s.f.* (*fam.*) uncontrollable laughter, giggles (*pl.*): *ha la —*, he's got the giggles.

risata *s.f.* laughter [U], laugh: *una — fragorosa*, a guffaw (*o* a horselaugh); *una — grassa*, a hearty laugh; *una — omerica*, a homeric laughter; *una — beffarda*, a sneer; *fare una bella —*, to have a good laugh; *provocare una — generale*, to raise a general laugh; *scoppiare in una —*, to burst out laughing (*o* to break into a laugh) // *ci siamo fatti quattro risate*, we had a good laugh.

riscaldamento *s.m.* **1** heating: *— ad acqua calda*, hot-water heating; *— a pannelli radianti*, panel heating (*o* radiant heating); *— a vapore*, steam heating; *impianto di —*, heating system: *impianto di — a termosifone*, hot water heating system; *— centrale, autonomo*, central, independent heating; *spese di —*, heating expenses **2** (*alterazione febbrile*) feverishness, rise in temperature **3** (*sport*) warming up: *esercizi di —*, warming-up exercises.

riscaldare *v.tr.* **1** to warm, to heat: *la casa è riscaldata per mezzo di termosifoni*, the house is heated by radiators; *mise le mani sulla stufa per riscaldarle*, he put his hands on the stove to warm them; *il sole ha riscaldato l'aria*, the sun has warmed the air; *— in anticipo*, to preheat **2** (*scaldare di nuovo*) to heat up, to reheat: *— il latte*, to warm up milk **3** (*eccitare*) to fire, to stir up, to excite: *l'indignazione l'a-*

veva riscaldato, indignation had stirred him up; *quel libro aveva riscaldato la sua immaginazione*, that book had excited (*o* fired) his imagination; — *i sentimenti di qlcu.*, to stir (*o* to excite) s.o.'s feelings ◆ *v.intr.* to give* heat; to heat up.

□ **riscaldarsi** *v.rifl.* **1** to warm oneself, to warm up, to get* warm: *lascia che mi riscaldi vicino al fuoco*, let me get warm at the fire; *fa troppo freddo, non riesco a riscaldarmi*, it's too cold, I can't get warm; *vorrei fare un po' di moto per riscaldarmi*, I should like to take some exercise to warm up **2** (*zool.*) (*essere in calore*) to rut; to be on heat **3** (*fig.*) (*infervorarsi*) to warm up, to get* excited; *si riscaldava man mano che parlava*, he warmed up as he went on speaking; *non c'è ragione di — tanto*, there is no reason to get so excited; — *nella discussione*, to get excited in a discussion ◆ *v.intr.pron.* to get* warm, to get* warmer; to become* hot, to become* hotter: *è una casa troppo grande, non riesce a —*, it's such a big house, that it never gets warm (*o fam.* never heats up) // (*fis.*) — *per attrito*, to run hot.

riscaldata *s.f.* warming up: *da' una — a questo latte*, warm up this milk.

riscaldato *agg.* **1** heated, warm: *casa riscaldata*, heated house **2** (*eccitato*) excited; (*arrabbiato*) angry **3** (*di cibo*) warmed up, reheated: *minestra riscaldata*, warmed up (*o* reheated) soup; *una tazza di caffè —*, a cup of reheated coffee.

riscaldatore *s.m.* heater: — *a getto di vapore*, steam-jet blower; — *a raggi infrarossi*, infrared heater; — *a resistenza*, resistance heater.

riscaldo *s.m.* (*fam.*, *med.*) **1** (*arrossamento*) inflammation, irritation **2** (*eruzione cutanea*) skin rash.

riscattabile *agg.* redeemable, ransomable: *appartamento —*, redeemable flat; (*fin.*) — *anticipatamente* (*di prestiti, obbligazioni*), callable; *titoli riscattabili*, redeemable stocks; (*amm.*) *periodo — ai fini della pensione*, previous service redeemable for pension purposes.

riscattare *v.tr.* **1** to redeem (*anche dir.*); to ransom: — *da ipoteca*, to redeem from mortgage; — *un oggetto impegnato, un pegno*, to redeem a pawned object, a pledge; — *un prigioniero, uno schiavo*, to ransom a prisoner, a slave; — *una polizza di assicurazione*, to surrender an insurance policy; — *un appartamento*, to redeem a flat; — *un'ipoteca*, to redeem a mortgage; *non riscattato*, unredeemed; — *i gioielli perduti al gioco*, to repurchase the jewels lost gambling; (*fin.*) — *un'obbligazione*, to redeem a bond; (*amm.*) — *un periodo di lavoro per fini pensionistici*, to redeem a service for pension purposes **2** (*fig.*) (*redimere*) to redeem; (*liberare*) to free, to set* free: — *un popolo dalla tirannide*, to free a people from tyranny.

□ **riscattarsi** *v.rifl.* (*redimersi*) to redeem oneself.

riscattatore *s.m.* (*non com.*) (*liberatore*) liberator.

riscatto *s.m.* **1** (*il riscattare*) redemption, liberation: *il — dei prigionieri*, the liberation of the prisoners; *un popolo che lotta per il proprio —*, a people fighting for liberation **2** (*il prezzo richiesto*) ransom (*anche dir.*): *chiedere, pagare un —*, to ask for, to pay a ransom **3** (*dir.*, *econ.*) redemption; (*assicurazioni*) surrender: — *di un pegno*, redemption of a pledge; — *di un'ipoteca*, redemption of a mortgage; — *di una polizza assicurativa*, surrender of an insurance policy; *case a —*, redeemable houses; (*fin.*) — *di un'obbligazione*, redemption of a bond; *patto di —*, redemption agreement: *vendita con patto di —*, sale with right of redemption.

riscendere *v.tr.* e *intr.* to get* down again, to descend again.

rischiaramento *s.m.* **1** illumination, brightening, lighting up **2** (*fig.*) lighting up, brightening.

rischiarare *v.tr.* **1** to illuminate, to light* (up): *il sole rischiarava la pianura*, the sun illuminated (*o* lighted) the plain; *la stanza era rischiarata da una lampada*, the room was illuminated (*o* lit) by an oil lamp **2** (*fig.*) (*illuminare*) to light* up, to brighten (up); (*la mente*) to enlighten; (*render chiaro*) to clear (up), to clarify: *la gioia gli rischiarava il viso*, joy lit up (*o* brightened) her face; *quel tappeto chiaro rischiara la stanza*, that pale-coloured rug brightens (up) the room; — *un colore*, to lighten a colour; — *la mente di qlcu.*, to enlighten s.o.'s mind; — *i propri pensieri*, to clarify (*o* to order) one's thoughts // — *la voce*, to clear one's voice ◆ *v.intr.* → rischiararsi.

□ **rischiararsi** *v.intr.pron.* **1** (*illuminarsi*) to light *up; to brighten (up): *al vederla il suo viso si rischiarò*, when he saw her his face brightened **2** (*acquistare chiarezza, limpidezza*) to get* clearer (*anche fig.*); (*di cielo*) to clear up: *si sta rischiarando*, it is clearing up; *la situazione non si rischiara*, the situation is not getting clearer.

rischiare *v.tr.* to risk, to expose to risk, to venture: — *la propria vita, salute*, to risk (*o* to venture) one's life, health; — *denaro*, to risk one's money; — *le proprie fortune in un'impresa*, to risk one's fortune in an enterprise; — *una fortuna al gioco*, to risk (*o* stake) a fortune at cards; — *il proprio capitale*, to venture one's capital ◆ *v.intr.* to risk, to run* the risk: *rischiò di essere licenziato*, he ran the risk of being dismissed; *ho rischiato di uscire di strada*, I nearly went off the road; *in questo modo si rischia di non finire in tempo*, if things go on like this there's a danger that we won't finish in time; *rischi di perdere il treno!*, you risk missing the train!; — *di perdere il proprio denaro*, to run the risk of losing one's money // *rischia di piovere da un momento all'altro*, it looks as if it might rain any minute.

rischiarire → **rischiarare**.

rischio *s.m.* risk, hazard, danger, peril: *il — di non fare in tempo è ogni giorno più alto*, the danger of not getting it done in time, increases every day; *una manovra ad alto —*, an extremely risky operation (*o* manoeuvre); *un — per la salute*, health hazard; *a — di perdere la vita*, at the risk of losing one's life; *aumento del —*, increase of risk; *non c'è — di sbagliare*, there is no risk (*o* danger) of making a mistake; *voglio proporlo anche a — di ricevere un rifiuto*, I want to propose this even at the risk of meeting with a refusal; *correre un —*, to run (*o* to take) a risk: *correre il — di perdere del denaro*, to run the risk of losing some money; *ma ti rendi conto del — che hai corso?*, but are you aware of the risk that you ran?; *non voglio correre rischi*, I don't want to take any risks; *guida come un pazzo perché ama il —*, he drives like a maniac because he likes taking risks; *mettere a — qlco.*, to risk (*o* to venture) sthg.; *mettere a — qlcu.*, to expose s.o. to a risk; *ci andrò a mio — e pericolo*, I will go there at my own risk // (*comm.*): *a — del destinatario*, at the consignee's risk; — *del vettore*, carrier's risk; *per conto e — di qlcu.*, for s.o.'s account and risk // (*econ.*): — *paese*, country risk; — *di mercato*, market risk; — *professionale*, occupational hazard // (*fin.*): — *di reinvestimento*, reinvestment risk; — *di portafoglio*, portfolio risk // (*dir.*) — *di insolvenza*, risk of default // (*assicurazioni*): — *assicurabile*, insurable risk; — *non assicurabile*, uninsurable risk; — *contro terzi*, third-party risk; *valutazione del —*, risk assessment; *assicurare una proprietà contro tutti i rischi*, to insure a property against all risks // (*mar.*) — *di carico*, loading risk // (*med.*) *categoria ad alto —*, high-risk category.

rischiosità *s.f.* riskiness, risky nature: *la — di un'impresa*, the riskiness of an undertaking.

rischioso *agg.* risky; (*pericoloso*) dangerous; (*audace*) audacious, daring, hazardous: *affare —*, risky venture; *un'operazione finanziaria molto rischiosa*, a highly risky financial venture; *è troppo — passare per di qua*, it's too dangerous to go this way.

risciacquare *v.tr.* to rinse: — *i bicchieri*, to rinse the glasses; *risciacquarsi le mani*, to rinse one's hands.

risciacquata *s.f.* **1** rinse, rinsing: *dare una — a qlco.*, to give sthg. a rinse (*o* to rinse sthg.) **2** (*fig.*) (*sgridata*) scolding, rebuke; (*fam.*) lecture, telling-off, talking-to.

risciacquatura *s.f.* **1** (*il risciacquare*) rinsing **2** (*l'acqua in cui sono risciacquati i piatti*) dishwater, washing-up water.

risciacquo *s.m.* **1** rinse, rinsing **2** (*med.*) (*collutorio*) mouthwash.

risciò *s.m.* rickshaw.

riscontare *v.tr.* (*banca*) to rediscount, to discount again.

risconto *s.m.* **1** (*banca*) rediscount: — *bancario*, bank rediscount; — *di portafoglio*, portfolio rediscount; *spese di —*, rediscount charges **2** (*amm.*) deferment, deferral: *risconti attivi*, deferred charges (*o* deferred expenses *o* accrued costs); *risconti passivi*, deferred income (*o* deferred credit *o* accrued income).

riscontrabile *agg.* **1** (*che può essere controllato*) that may be checked; verifiable, checkable: (*amm.*) *documenti riscontrabili*, verifiable documents **2** (*che può essere trovato*) that may be found: *un errore facilmente —*, a mistake which can easily be found **3** (*confrontabile*) comparable.

riscontrare *v.tr.* **1** (*controllare*) to check, to verify: — *una citazione*, to check a quotation; (*amm.*) — *i conti*, to check (*o* to audit) the accounts **2** (*trovare*) to find*, to discover; to notice: — *un errore*, to find a mistake; — *un deficit di cinquanta milioni*, to tally a deficit of fifty million lire; *abbiamo riscontrato che la sala non ha uscite di sicurezza*, we have discovered that the hall has no emergency exits // — *una lettera*, to answer a letter **3** (*confrontare*) to compare, to collate: — *una cosa con un'altra*, to compare one thing with another; — *una copia con l'originale*, to compare a copy with the original; — *due edizioni di un libro*, to collate two editions of a book ◆ *v.intr.* (*corrispondere*) to agree, to match, to correspond, to tally: *le due dichiarazioni non* *riscontrano*, the two statements do not agree (*o* tally).

riscontrata *s.f.* check, control: (*amm.*) *dare una — ai conti*, to check the accounts.

riscontratore *s.m.* (*non com.*) checker, examiner, verifier.

riscontro *s.m.* **1** (*controllo*) check, checking, examination, inspection: *il — dei conti*, the checking (*o* audit) of accounts; *fare il — di qlco.*, to check sthg. // (*mar.*) *foglio di —*, (*di colli caricati*) tally sheet **2** (*confronto*) comparison, collation: *ho fatto il — di questa traduzione con l'originale*, I have compared this translation with the original; *queste cose non hanno — nella storia*, these things are without precedent in history; *il suo coraggio non ha —*, nobody can match him for courage; *mettere a —*, to compare; (*amm.*) *fare il — di due documenti*, to compare (*o* to collate) two documents **3** (*conferma*) confirmation: *l'ipotesi ha trovato — nell'esperimento*, the hypothesis was confirmed by the results of the experiment **4** (*oggetto corrispondente*) counterpart, match, companion (piece), pendant: *questo quadro fa — all'altro*, this picture makes a pendant to the other one **5** (*comm.*) (*risposta*) reply: *in — alla vostra lettera*, in reply to your letter **6** (*banca*) (*ufficio di controllo*) audit department **7** (*non com.*) (*corrente d'aria*) draught.

riscoperta *s.f.* rediscovery: *la — di valori tradizionali*, the rediscovery of traditional values.

riscoprire *v.tr.* to rediscover: *— il gusto per l'avventura*, to rediscover the taste for adventure.

riscossa *s.f.* **1** (*riconquista*) recovery, reconquest: *andare, muovere alla —*, to counterattack **2** (*riscatto*) redemption, liberation: *chiamare il popolo alla —*, to rouse the people to revolt // *alla —!*, charge (*o* forward on the foe)!

riscossione *s.f.* collection: *— dello stipendio*, drawing (*o* collection) of one's salary; (*trib.*) *— delle imposte*, collection (*o* raising) of taxes; (*econ.*) *— di un credito*, collection of a credit.

riscossone *s.m.* (*non com.*) **1** (*scossa violenta*) (hard) shake: *dare un — a qlcu.*, to give s.o. a shake **2** (*sobbalzo*) start, jump, jerk, jolt: *si svegliò con un —*, he woke with a start.

riscotibile *agg.* collectable, cashable: (*banca*) *assegno —*, cashable cheque; *non —*, uncollectable (*o* uncashable).

riscotitore *s.m.* **riscotitrice** *s.f.* collector.

riscrittura *s.f.* rewriting; (*rifacimento*) reworking, rehash.

riscrivere *v.tr.* **1** to rewrite*, to write* again **2** (*scrivere in risposta*) to write* back, to reply.

riscuotere *v.tr.* **1** (*ricevere in pagamento*) to collect, to draw*, to cash: *— una somma*, to collect (*o* to cash) a sum of money; *cercherò di — quel denaro*, I shall try to collect that money; *non ho ancora riscosso*, I have not received my money yet; *vorrei — i soldi che mi dovete*, I should like to collect the money you owe me; *— un assegno*, to cash a cheque; *— denaro da una banca*, to draw money from a bank; *— lo stipendio, la pensione*, to draw one's salary, one's pension; *— il canone d'affitto*, to collect the rent; (*trib.*) *— le tasse*, to collect (*o* to raise) taxes **2** (*conseguire*) to earn; to win*, to gain: *riscuote molte simpatie*, he is well liked by everybody; *— approvazioni, lodi*, to win (*o* to earn) approbation, praise; *— la stima generale*, to enjoy general esteem **3** (*scuotere*) to shake; to rouse (*anche fig.*): *non sono riuscito a riscuoterlo dalla sua pigrizia*, I have not been able to rouse him from (*o* to shake him out of) his laziness **4** (*ant.*) (*riscattare*) to redeem; to ransom; (*liberare*) to free: *— un pegno al Monte di Pietà*, to redeem a pledge at the pawnbroker's.

□ **riscuotersi** *v.intr.pron.* **1** (*trasalire*) to start, to jump: *a quel grido mi riscossi*, I started at that cry **2** (*riprendere i sensi*) to recover consciousness; to come* to, to come* round: *— dal torpore*, to shake off one's torpor **3** (*liberarsi*) to free oneself.

riscuotibile e *deriv.* → **riscotibile** e *deriv.*

risecchito *agg.* dried up; dry; (*di piante*) withered: *pelle risecchita*, dry skin; *un ramo —*, a dead branch; *pane —*, stale bread.

risedere *v.intr.* **risedersi** *v.intr.pron.* to sit* down again: *si alzò e si risedette*, he stood up and sat down again.

risegnare *v.tr.* to re-mark.

risemina *s.f.* (*agr.*) reseeding; resawing.

riseminare *v.tr.* **1** (*agr.*) to reseed, to resow* **2** (*fig.*) to sow*, to spread*.

risentimento *s.m.* **1** resentment; grudge: *con —*, resentfully; *il — del popolo verso il governo*, the people's resentment against the government; *nutriva un profondo — verso di me*, he harboured a deep grudge against me; *non ho del — verso di lui*, I bear him no grudge **2** (*conseguenza di una malattia*) aftereffects (*pl.*), consequence: *il — di una malattia*, the aftereffects of an illness.

risentire *v.tr.* **1** (*udire di nuovo*) to hear* again; (*sentire di nuovo*) to feel* again: *vorrei — quella sinfonia*, I should like to hear that symphony again; *ho risentito per ore la stessa canzone*, I kept hearing the same song again for hours; *non ho mai più risentito quel dolore*, I have never felt that pain again **2** (*sentire, provare*) to feel*, to experience; (*subire*) to suffer: *risente le conseguenze della lunga malattia*, he is feeling the aftereffects of his long illness; *risento ora gli effetti di quella medicina*, I can feel the effects of that medicine now ♦ *v.intr.* to show* traces; (*di persona, portar le conseguenze*) to feel* the effect: *benché sia passato attraverso molte difficoltà, il suo carattere non ne ha risentito*, although he has suffered many hardships, his character does not show any trace of it; *risente della sua severa educazione*, he feels the effects of his strict upbringing; *l'agricoltura ha risentito pesantemente della lunga siccità*, agriculture has been severely affected by the long drought; *risentirò a lungo di questo brutto periodo*, I will suffer for a long time from the effects of this trying period; *le opere di questo scrittore risentono delle sue umili origini*, the works of this writer show traces of (*o* are influenced by) his humble origins; *l'azienda risente della mancanza di un buon direttore finanziario*, the company is suffering from the lack of a good financial manager.

□ **risentirsi** *v.intr.pron.* to resent (sthg.), to take* offence (at sthg.): *potrebbe risentirsene*, he might take offence at it (*o* he might take it amiss); *si risentì delle mie parole*, he resented my words (*o* he took offence at my words) // (*tel.*) *a risentirci!*, good bye!

risentito *agg.* **1** (*sdegnato*) resentful; angry: *parole risentite*, resentful words; *sguardo —*, angry look; *me lo disse molto —*, he told me so very angrily; *mi è parso piuttosto —*, he seemed to be quite irritated **2** (*sentito di nuovo*) heard again: *musica sentita e risentita*, music heard over and over again **3** (*gagliardo*) vigorous.

riseppellimento *s.m.* reburial, reinterment.

riseppellire *v.tr.* **1** to rebury, to bury again, to reinter **2** (*nascondere di nuovo*) to hide* again.

riserbare *v.tr.* **1** to keep* again **2** (*riservare*) to reserve, to save.

riserbato e *deriv.* → **riservato** e *deriv.*

riserbo *s.m.* **1** reserve; (*discrezione*) discretion; (*ritegno*) self-restraint: *apprezzo il suo —*, I appreciate his discretion; *si comportò con molto —*, he behaved with great discretion; (*con ritegno*) he behaved with great self-restraint; *le autorità mantengono il massimo — sulla questione*, the authorities are maintaining the utmost reserve on the matter **2** (*inform.*) privacy.

riserrare *v.tr.* (*letter.*) to close, to shut*; to shut* again, to close again.

□ **riserrarsi** *v.rifl.* (*letter.*) (*rinchiudersi*) to shut* oneself (in), to close oneself (in), to withdraw*.

riserva *s.f.* **1** (*scorta*) reserve (*anche fig.*); supply, stock: *— di farina*, stock of flour; *merci in —*, goods in stock; *le nostre riserve di grano si stanno esaurendo*, our wheat supplies are running out; *avere in —*, to have in reserve (*anche fig.*); *ho una buona — di argomenti, energia*, I have a good store of arguments, energy // (*aut.*): *la — di benzina*, emergency (*o* reserve) supply of petrol; *l'auto è in —*, the car is (very) low on petrol; *con la — faccio ancora 25 km*, I'll be able to do another 25 km with the emergency supply // (*ind. miner.*): *— mineraria*, ore reserve; *riserve a vista, misurate*, developed reserves // (*inform.*): *di —*, backup: *elaboratore di —*, backup computer; *attrezzatura di —*, backup facilities // (*econ.*): *riserve generali*, general reserves; *riserve sociali*, corporate reserves; *— occulta*, hidden (*o* secret) reserve; *— straordinaria*, extraordinary (*o* surplus) reserve; *— di ammortamento*, depreciation reserve; *— statutaria*, statutory reserve; *riserve ufficiali*, official reserves (*o* reserve assets); *prezzo di —*, reservation price // (*fin.*): *— monetaria, aurea*, monetary, gold reserve; *— metallica*, metallic reserve; *riserve valutarie*, exchange reserves; *fondo di —*, reserve fund // (*banca*): *— bancaria*, bank reserve; *— obbligatoria*, legal bank reserve (*o* required reserve); *riserve facoltative, libere*, optional (*o* free) reserves // (*assicurazioni*): *— matematica*, mean (*o* actuarial) reserve; *— sinistri*, reserve against unsettled claims **2** (*restrizione*) reserve, reservation: *con le debite riserve*, with due reservation; *senza riserve*, without reserve (*o* reservation); *su di lui ho qualche —*, I have some reservations about him; *accetto con qualche —*, I accept with some reservations; *fare qualche —*, to make some reservations (*o* conditions) // (*dir.*) *— di legge*, saving clause, (*nel diritto penale*) prohibition of common law crimes (*o* legislature's exclusive power to create crimes); *pagamento con —*, payment under protest; *vendita con —*

di gradimento, sale on approval (*o* on trial) // *con — di tutti i diritti*, all rights reserved // *— mentale*, mental reservation **3** (*mil.*, *sport*) reserve: (*mil.*) *truppe di* —, reserves (*o* supporting troops); (*mil.*) *chiamare la* —, to call up reserves **4** (*terreno riservato*) reserve; (*di caccia, pesca*) (game) reserve, (game) preserve: (*ecol.*) *— naturale*, nature (*o* wildlife) reserve (*o* wild park); *— di fauna protetta*, (wildlife) sanctuary; *ha una vasta* —, he has a large game preserve; *cacciare in* —, to shoot over a preserve // *le riserve indiane del Nord-America*, the Indian reservations of North America **5** (*tecn.*) reserve; (*sostanza applicata alle parti da riservare*) resist: *un medaglione d'oro smaltato con un fiore inciso in* —, a gold enamelled medallion with a flower engraved in reserve; *un tessuto tinto a strisce con le riserve ricamate*, a stripe dyed fabric with embroidered reserves.

riservare *v.tr.* **1** to reserve, to keep*, to save: *riserva le tue energie per più tardi*, save (*o* keep) your energy for later on; *ti ho riservato una grande sorpresa*, I have saved a big surprise for you; *si è riservato il diritto di andarci quando vuole*, he has reserved the right to go there when he wishes; *ti ho riservato un pezzo di torta*, I have kept a piece of cake for you; *tutta la mia attenzione è riservata a quel lavoro*, all my attention is saved for that job; *la giornata gli aveva riservato un ultimo imprevisto*, the day still had one surprise in store for him **2** (*prenotare*) to book: *ho riservato due stanze in questo albergo*, I have reserved (*o* booked) two rooms at this hotel **3** (*differire*) to put* off, to reserve: *riservo questa decisione a domani*, I will put off this decision to tomorrow (*o* I will reserve this decision for tomorrow); *mi riservo di decidere dopo averlo incontrato*, I will put off deciding (*o* I will reserve my decision) until I have met him.

riservatezza *s.f.* **1** (*segretezza*) confidential nature, private nature; privacy (*anche inform.*): *diritto alla* —, right to privacy **2** (*di persona*) (*carattere riservato*) reserve, reservedness; prudence, discretion // *— di stile*, restrained style.

riservato *agg.* **1** reserved, booked: *posto, tavolo* —, reserved seat, table; *sala riservata*, reserved room; *il concorso è — ai laureati in matematica*, only mathematics graduates may sit the exam // *caccia riservata*, game preserve (reserve) // (*dir.*) *diritto* —, exclusive right **2** (*chiuso*, *circospetto*) reserved, restrained: *carattere* —, reserved character; *persona riservata*, reserved person; *è molto — nel parlare*, he is very discreet **3** (*segreto*) private, confidential: *lettera riservata*, private (*o* confidential) letter; *una notizia riservata*, confidential information.

riservista *s.m.* **1** (*mil.*) reservist, member of the reserves **2** (*amm.*) applicant for a limited number of positions in a public competition.

riservo → **riserbo**.

risguardo *s.m.* (*di libro*) flyleaf*.

risibile *agg.* (*non com.*) ridiculous, laughable, ludicrous.

risibilità *s.f.* ridiculousness, laughableness, ludicrousness.

risicare *v.tr.* to risk, to venture // *chi non risica non rosica*, (*prov.*) nothing ventured, nothing gained.

risicato *agg.* (*minimo*) small, tiny.

risicolo *agg.* rice- (*attr.*), rice-growing (*attr.*), of rice-growing.

risicoltore *s.m.* rice-grower.

risicoltura *s.f.* (*agr.*) rice-growing.

risiedere *v.intr.* **1** (*avere sede*) to reside: *risiede a Roma*, he resides (*o* lives) in Rome **2** (*fig.*) (*stare*) to reside, to consist in, to be based on (sthg.), to lie*: *ogni potere risiede nell'imperatore*, all power resides in the emperor; *il fondamento dell'economia capitalistica risiede nella libertà degli scambi*, a capitalist economy is based on free trade.

risiero *agg.* rice (*attr.*), rice-growing (*attr.*).

risificio *s.m.* rice mill.

risina[1] *s.f.* (*scarto nella lavorazione del riso*) rice bran.

risina[2] *s.f.* (*scivolo per tronchi d'albero*) timber slide.

risipola *s.f.* (*med.*) erysipelas.

risma *s.f.* **1** (*pacco di fogli di carta*) ream **2** (*spreg.*) (*qualità*) kind, sort, quality: *sono tutti della stessa* —, they are all of a kind; *alla festa c'era gente di ogni* —, there were people of all kinds at the party.

riso[1] *pl.f.* **risa**, *s.m.* **1** laugh, laughter [U]: *un — amaro, aperto*, a bitter, hearty laugh; *— beffardo*, sneer; *un — sardonico, sprezzante*, a sardonic, scornful laugh; *è oggetto di — fra i suoi compagni di scuola*, he is the laughingstock of his schoolfellows; *frenare il* —, to check one's laughter; *uno scoppio di risa*, a burst of laughter; *strappò le risa dell'auditorio*, he drew a laugh from the audience; *esser preso da un accesso di — irrefrenabile*, to be overcome with laughter // *sbellicarsi dalle risa*, to split one's sides with laughter // *il — abbonda sulle labbra degli stolti*, (*prov.*) laughter abounds in the mouths of fools // *il — fa buon sangue*, (*prov.*) laugh and grow fat **2** (*letter.*) (*sorriso*, *gioia*) smile.

riso[2] *s.m.* (*bot.*) (*Oryza sativa*) rice: *— brillato*, husked rice; *— soffiato*, puffed rice; (*cuc.*) *— al latte*, rice-milk; *— al burro*, rice with butter; *acqua di* —, rice water; *budino di* —, rice pudding; *farina di* —, rice flour; *minestra di* —, rice soup // *carta di* —, rice paper.

risolare e *deriv.* → **risuolare** e *deriv.*

risolino *s.m.* little laugh, giggle: *un — amaro, isterico*, a bitter, hysterical little laugh.

risollevare *v.tr.* **1** to lift up again; (*fig.*) to raise again: *— un peso*, to lift a weight again; *— una questione*, to raise a question again **2** (*fig.*) (*incrementare*) to better, to improve; (*togliere da una condizione negativa*) to free: *— l'industria*, to better industry; *— una famiglia dalla miseria*, to free a family from poverty **3** (*fig.*) (*confortare*) to cheer: *la notizia mi ha risollevato lo spirito*, the news has cheered me up.

□ **risollevarsi** *v.rifl.* **1** to get *up: *— da terra*, to get up from the ground **2** (*fig.*) (*riprendersi*) to recover one's spirits, to cheer up: *dopo quella disgrazia non si è più risollevato*, he hasn't recovered his spirits after the accident.

risolto *agg.* solved, resolved: *un problema* —, a problem (re)solved // *la sua bronchite è ormai risolta*, he has got over his bronchitis.

risolubile *agg.* **1** solvable, resolvable **2** (*dir.*) → risolvibile **3** (*mat.*) solvable: *gruppo* —, solvable group.

risolubilità *s.f.* (*mat.*) solvability.

risolutezza *s.f.* resolutive, resoluteness: *con* —, resolutely (*o* with resolution).

risolutivo *agg.* **1** resolutive: (*dir.*) *condizione risolutiva*, resolutive condition; (*dir.*) *clausola risolutiva*, rescinding (*o* resolutive) clause; (*mat.*) *formula risolutiva*, solution formula; (*med.*) *rimedio* —, resolutive remedy **2** (*decisivo*) crucial, decisive: *il suo arrivo è stato l'evento* —, his arrival was the crucial event.

risoluto *agg.* **1** (*deciso*) resolved, resolute, determined: *uomo* —, resolute man; *carattere* —, resolute character; *sono — a sapere tutto*, I am determined (*o* resolved) to know everything **2** (*ant.*) (*disciolto*) melted.

risolutore *s.m.* solver // *è stato il — della partita*, he was the key player in the match.

risoluzione *s.f.* **1** resolution; decision: *una coraggiosa* —, a courageous resolution; *prendere una* —, to take a decision (*o* to make up one's mind); *la — del problema razziale è ancora lontana*, we are still a long way from solving (*o* from finding a solution to) the racial problem // *una — dell'*ONU, a UN resolution **2** (*mat.*) solution: *la — di un problema*, the solution of a problem **3** (*dir.*) dissolution; cancellation; resolution; rescission: *la — di un contratto*, the cancellation of a contract; *— extragiudiziale di un contratto*, extrajudicial avoidance; *la — di una società*, the dissolution of a company **4** (*med.*) (*di una crisi*) resolution **5** (*fis., chim.*) resolution **6** (*mus.*) resolution **7** (*inform.*) resolution.

risolvente *agg.* **1** solving // (*mat.*) *insieme* —, solution set // (*fis.*) *potere* —, resolving power **2** (*med.*) (*di intervento, farmaco*) resolvent ◆ *s.m.* (*med.*) (*farmaco*) resolvent.

risolvere *v.tr.* **1** to solve, to work out; to resolve: (*mat.*) *— un problema, un'equazione*, to solve a problem, an equation; *— un indovinello*, to solve (*o* to work out) a riddle; *non è un problema facile da* —, it's not an easy problem to solve; *il commissario ha risolto il caso*, the inspector solved the case; *— un dubbio, una difficoltà*, to resolve a doubt, a difficulty **2** (*definire, comporre*) to settle, to resolve: *— una questione*, to settle a question; *— una lite familiare*, to settle a family dispute; *— una vertenza*, to resolve a dispute **3** (*decidere*) to resolve, to decide: *risolse di farlo lui stesso*, he resolved (*o* decided) that he would do it (*o* to do it) himself; *risolsi di partire*, I resolved (*o* I decided) to leave **4** (*dir.*) (*rescindere*) to rescind, to annul, to cancel: *— un contratto*, to rescind (*o* to annul) a contract; *— un rapporto di lavoro*, to terminate an employment **5** (*dissipare*) to disperse: *— la nebbia, il fumo*, to disperse the fog, the smoke **6** (*chim.*) to resolve, to break* down, to reduce: *— un composto nei suoi elementi*, to break a compound down into (*o* to reduce a compound to) its elements **7** (*med.*) to resolve: *— un ascesso*, to resolve an abscess.

□ **risolversi** *v.intr.pron.* **1** (*decidersi*) to decide; to make* up one's mind: *non so risolvermi*, I cannot make up my mind; *si risolse a farlo*, he resolved to do it **2** (*tramutarsi*) to change into (sthg.), to turn into (sthg.): *la nebbia si risolse in pioggia*, the fog turned into rain; *fortunatamente l'uragano si risolse in un violento temporale*, fortunately the hurricane turned into a violent storm; *tutto si risolse in bene, in male*, everything turned out well, badly; *tutto si risolse in nulla*, it all came to nothing (*o* fizzled out) **3** (*di malattia*) to clear up: *non è niente di* *grave, si risolverà in pochi giorni*, it's nothing serious, it will clear up in a few days.

risolvibile *agg.* **1** solvable, soluble, resolvable **2** (*dir.*) annullable, rescindable: *contratto* —, rescindable contract.

risolvibilità *s.f.* solvability, solubility, resolvability.

risonante *agg.* resonant (*anche fis.*); resounding: *note risonanti*, resonant notes; *voce* —, resonant (*o* resounding) voice // (*fis.*): *cavità* —, resonant cavity; *circuito* —, resonant circuit.

risonanza *s.f.* **1** resonance; sonority; (*eco*) echo* (*anche fig.*): *in questa stanza c'è una forte* —, this room has a strong echo; *la sua teoria ebbe molta* —, his theory spread far and wide **2** (*fis.*) resonance: *curva di* —, resonance curve; *frequenza di* —, resonant frequency; — *paramagnetica elettronica*, electron spin resonance (*o* electron paramagnetic resonance); — *magnetica nucleare*, nuclear magnetic resonance // *rivelatore di* —, resonance detector.

risonare → **risuonare**.

risonatore *s.m.* (*fis.*) resonator.

risone *s.m.* (*bot.*) brown rice, rough rice.

risorgente *s.f.* (*geol.*) resurgence.

risorgere *v.intr.* **1** to rise* again; (*ravvivarsi*) to revive: *la città risorse dalle ceneri*, the town rose (again) from its ashes; *le nostre speranze risorsero*, our hopes revived; — *a nuova vita*, to take (on) a new lease of life **2** (*risuscitare*) to rise* again (from the dead) **3** (*fig.*) (*rifiorire*) to revive, to flourish again: *le arti risorsero*, the arts revived; *l'industria è risorta*, industry has revived (*o* is flourishing again) // *far* —, to revive, to resurrect.

risorgimentale *agg.* (*st. italiana*) Risorgimento (*attr.*).

risorgimentista *agg.* (*st. italiana*) Risorgimento (*attr.*) ◆ *s.m.* e *f.* (*studioso di storia del Risorgimento*) scholar of the Risorgimento.

risorgimento *s.m.* revival, rebirth: *il* — *delle arti, della cultura*, the revival of the arts, of learning // (*st. italiana*) *il Risorgimento*, the Risorgimento.

risorgiva *s.f.* (*geol.*) resurgence.

risorsa *s.f.* **1** resource (*anche fig.*): *risorse naturali, minerarie*, natural, mineral resources; *risorse energetiche, petrolifere*, energy, oil resources; *risorse economiche*, economic resources; *risorse finanziarie*, assets (*o* means *o* financial resources); (*dir.*) *risorse rinnovabili*, renewable resources // *risorse umane*, human resources // *un uomo dalle grandi risorse*, (*fig.*) a very resourceful man **2** (*inform.*) resource; facility.

risorto *agg.* **1** risen again; (*ravvivato*) revived **2** (*risuscitato*) resurrected // *Cristo* —, the risen Christ **3** (*fig.*) (*rifiorito*) revived.

risospingere *v.tr.* (*sospingere di nuovo*) to push again, to drive* again; (*respingere*) to push back, to drive* back.

risotto *s.m.* (*cuc.*) 'risotto' (an Italian rice dish); — *coi funghi, alla milanese*, mushroom, Milanese risotto.

risparmiare *v.tr.* **1** to save (up); to economize, to lay aside: — *tempo, fiato, energia*, to save one's time, breath, energy; *risparmiati il fiato, ho detto di no*, save your breath, I said no; *risparmia le forze per domani*, save your strength for tomorrow; *la lavatrice mi fa* — *moltissimo tempo*, the washing machine saves me a lot of time; — *denaro*, to save money; *vorrei* — *qualcosa, ma spendo sempre tutto*, I'd like to save something but I always spend everything; *quest'anno non ho certo risparmiato*, this year I certainly haven't saved; *comprando all'ingrosso si risparmia notevolmente*, you save a lot of money if you buy wholesale; — *per la vecchiaia*, to save for one's old age; — *su qlco.*, to economize on sthg.; — *risorse*, to husband resources **2** (*evitare*) to save; to spare: *risparmia questo dispiacere a tua madre*, spare your mother this sorrow; — *l'imbarazzo a qlcu.*, to spare s.o.'s embarassment; *per me puoi risparmiarti di venire*, as far as I am concerned you need not come; *puoi risparmiarti di farlo*, you need not do it (*o* you can save yourself the trouble of doing it); *ti prego, risparmiami i particolari*, please, spare me the details **3** (*avere riguardo di*) to spare: *la morte non risparmia nessuno*, death spares nobody; *la sua ironia non risparmia nessuno*, his irony spares no one // *che il Signore risparmi la vita dei nostri figli*, may the Lord spare our children's lives **4** (*non affaticare*) to spare, not to tire: — *un cavallo*, to spare a horse.

□ **risparmiarsi** *v.rifl.* to spare oneself: *non si risparmia*, he doesn't spare himself.

risparmiatore *agg.* thrifty ◆ *s.m.*, **risparmiatrice** *s.f.* saver; (*persona economa*) thrifty person; (*econ.*) investor; (*chi deposita denaro in banca*) depositor: *piccolo* —, small saver.

risparmio *s.m.* **1** (*il risparmiare*) saving; conservation: — *energetico*, energy conservation (*o* saving); *lo faccio per* — *di tempo*, I do it to save time; *la meccanizzazione consente un gran* — *di tempo*, a lot of time is saved through mechanization // (*econ.*): — *delle famiglie*, personal saving; — *forzato*, forced (*o* involuntary) saving; — *forzoso*, compulsory saving; — *a breve, a lungo termine*, short-term, long-term saving; — *negativo*, dissaving **2** (*denaro risparmiato*) savings (*pl.*): — *bancario*, bank savings; — *postale*, postal savings; *vivere dei propri risparmi*, to live on one's savings; *attingere ai propri risparmi*, to draw on one's savings // (*fin.*): — *d'impresa*, business (*o* corporate) savings; — *investito*, invested savings; *buono di* —, savings bond; *fondo di* —, savings fund.

rispecchiare *v.tr.* **1** to reflect: *la superficie dell'acqua rispecchia le case sulla riva*, the surface of the water reflects the houses on the shore **2** (*fig.*) to reflect, to mirror: *le sue azioni rispecchiano i suoi sentimenti*, his actions reflect his feelings; *la casa rispecchia i suoi gusti*, the house reflects his taste.

□ **rispecchiarsi** *v.rifl.* to be reflected (*anche fig.*): *gli alberi si rispecchiano nell'acqua*, the trees are reflected in the water.

rispedire *v.tr.* **1** (*spedire di nuovo*) to send* again; (*comm.*) (*spec. per mare*) to ship again; (*per terra*) to reforward; (*far proseguire ad altro indirizzo*) to forward, to send* on **2** (*spedire indietro*) to send* back; (*comm.*) (*spec. per mare*) to ship back: *lo rispedirono in collegio*, they sent him back to boarding school.

rispedizione *s.f.* sending back; (*spec. per mare*) reshipping; (*per terra*) reforwarding.

rispettabile *agg.* **1** respectable: *una persona* —, a respectable person // *il* — *pubblico è pregato di...*, members of the public are kindly requested to... **2** (*considerevole*) considerable age: *un'età* —, a considerable age; *un reddito* —, a considerable income.

rispettabilità *s.f.* respectability.

rispettare *v.tr.* **1** to respect; (*onorare*) to honour: — *i genitori*, to respect one's parents; — *la vecchiaia*, to respect old age; — *i gusti, i desideri, i diritti di qlcu.*, to respect s.o.'s tastes, wishes, rights; *devi* — *le opinioni altrui*, you must respect other people's opinions; — *l'ambiente naturale*, to respect the natural environment // *farsi* —, to make oneself respected (*o* to command respect); *è un uomo che sa farsi* —, he is a man who makes himself respected (*o* who commands respect) // *che si rispetti*, self-respecting: *in ogni hotel che si rispetti la reception è aperta la notte*, in every self-respecting hotel the reception is open during the night; *in un'azienda che si rispetti la pianificazione è fondamentale*, planning is fundamental in any self-respecting company **2** (*osservare*) to respect, to observe, to comply with (sthg.): *non ha rispettato questa clausola del contratto*, he has not complied with (*o* respected) this clause of the contract; *non ha rispettato la legge*, he has broken the law; — *i segnali stradali*, to respect (*o* to observe) the traffic signals; *non ha rispettato lo stop*, he didn't observe the stop-sign; — *una promessa*, to keep a promise; *ho rispettato tutti gli impegni*, I have met all my commitments; — *la tradizione*, to be respectful of tradition // *far* — *la legge*, to enforce the law.

rispettato *agg.* respected; (*osservato scrupolosamente*) observed: *un uomo molto* —, a highly respected man; *una legge molto rispettata*, a widely observed law.

rispettivamente *avv.* respectively: *sono* — *suo padre, suo cugino e suo fratello*, they are her father, her cousin and her brother respectively // — *a*, considering; (*in confronto a*) in comparison with.

rispettivo *agg.* respective: *vennero entrambi con le rispettive consorti*, they both came with their respective spouses; *due scatole coi rispettivi coperchi*, two boxes with their respective lids.

rispetto *s.m.* **1** respect: *il* — *di un luogo, della natura*, respect for a place, for nature; *il* — *della legge*, the observance of the law; *il* — *del contratto, delle regole*, the keeping of the contract, of the rules; *il* — *di se stesso*, self -respect; *è una persona che incute, ispira* —, he is a person who commands respect; *la salutò col dovuto* —, he greeted her with all due respect (*o* reverence); *quell'insegnante è tenuto in gran* —, that teacher is held in great respect (*o* is much respected); *avere* — *per qlcu., qlco.*, to have respect for s.o., sthg.; *fare qlco. per* — *a qlcu.*, to do sthg. out of respect for s.o.; *mancare di* — *a qlcu.*, to be lacking in respect towards (*o* to be disrespectful to) s.o.; *parlare con* —, to speak respectfully; *portare* — *a qlcu.*, to respect s.o.; *trattare qlcu. con* —, to treat s.o. with respect (*o* deference): *è trattato con gran* — *da tutti*, he is looked up to by everybody (*o* everybody treats him with respect); *col massimo* —, with the utmost respect // *di tutto* —, respected: *un avvocato di tutto* —, a respected lawyer // — *umano*, respect for public opinion: *non ha alcun* — *umano*, he has no respect for public opinion (*o* he doesn't care what people think) // *con* — *parlando*, if you'll excuse my saying so // *i miei rispetti*, my respects (*o* regards): *presentate i miei rispetti a vostra madre*, please remember me to your mother // *la morte non porta — a nessuno*, (*prov.*) death is no respecter of persons **2** (*aspetto, relazione*) respect: *sotto molti, tutti i rispetti*, in many, in all respects // *— a*, (*in relazione a*) as regards (*o* as to); (*in confronto*) in comparison with (*o* compared with): *— a quella faccenda non so che dirti*, as regards (*o* as to) that matter, I do not know what to tell you; *— al tuo compenso, ne discuteremo in un secondo tempo*, we shall talk about your remuneration on another occasion; *è molto poco — a quel che mi aspettavo*, it is very little in comparison (*o* compared) with what I expected; *il mese di gennaio è stato più freddo — all'anno scorso*, January this year has been colder than last year // *nei rispetti di qlcu.*, towards s.o.: *nei suoi rispetti mi sono sempre comportato bene*, I have always behaved well towards him **3** (*mar.*) spare part: *ancora, vela di —*, spare anchor, sail.

rispettoso *agg.* respectful: *— verso qlcu.*, respectful to s.o.; *a rispettosa distanza*, at a respectful distance; *— dei diritti altrui*, respectful of other people's rights.

rispiegare *v.tr.* **1** to re-explain, to explain again: *rispiegherò purché facciate silenzio*, I'll explain again as long as you keep quiet **2** (*distendere di nuovo*) to unfold again.

risplendente *agg.* bright, shining; sparkling; (*luccicante*) glittering; resplendent: *sole —*, bright sun; *stelle risplendenti*, glittering (*o* bright) stars; *occhi risplendenti*, shining (*o* bright) eyes; *viso —*, bright face.

risplendere *v.intr.* to shine*; (*scintillare*) to sparkle; (*luccicare*) to glitter: *risplende il sole*, the sun is shining; *le stelle risplendevano*, the stars were glittering; *i suoi gioielli risplendevano nel buio*, her jewels were glittering in the darkness; *la piazza risplendeva di luci*, the square was glittering with light; *il suo viso risplendeva di gioia*, his face was shining with joy; *— di bellezza*, to shine with beauty // *il suo nome risplenderà nei secoli*, his name will be famous through the centuries.

rispolverare *v.tr.* **1** to dust (again) **2** (*fig.*) (*rinfrescare*) to brush up: *— le proprie conoscenze d'inglese*, to brush up one's knowledge of English.

rispondente *agg.* in keeping (with sthg.); answering (sthg., to sthg.); in harmony (with sthg.); (*in conformità*) in conformity (with sthg.): *non è — ai miei bisogni*, this does not answer (to) my needs; *un prodotto — ai bisogni del mercato*, a product that meets market requirements; *la casa non è — alle nostre esigenze*, the house does not meet our requirements (*o* does not answer our needs).

rispondenza *s.f.* correspondence; (*accordo*) agreement; (*armonia*) harmony: *non c'è alcuna — fra i suoi ideali e la sua condotta*, there is no correspondence between his ideals and his conduct.

rispondere *v.intr.* **1** to answer (s.o., sthg.), to reply: *ti ho chiesto una cosa, rispondimi*, I asked you something, answer me; *non ho ancora risposto alla sua lettera*, I have not answered (*o* replied to) his letter yet; *— di sì, di no*, to answer yes, no; *— per iscritto*, to answer (*o* to reply) in writing; *— a voce*, to give a verbal answer; *— al telefono*, to answer the phone; *"(Suona il) telefono!" "Rispondo io"*, "Telephone!" "I'll get it (*o* I'll answer)"; *— a una domanda*, to answer (*o* to reply to) a question; *— a un invito*, to reply to (*o* to answer) an invitation; *— al saluto di qlcu.*, to return (*o* to acknowledge) s.o.'s greeting; *— con un cenno del capo*, to nod (*o* to reply with a nod); *— con una risata*, to answer with a laugh // *— a mezza bocca*, to answer reluctantly // *— a tono*, to reply to the point // *— per le rime*, to answer back // *— all'appello*, to answer the roll; (*fig.*) to answer the call // (*dir.*) *— in giudizio*, to answer in court // (*mil.*) *— al fuoco del nemico*, to answer the enemy's fire // *un'eco rispose dalla grotta*, an echo came back from the cave **2** (*ribattere*) to answer back: *quando lo rimprovero risponde sempre*, when I scold him he always answers back **3** (*assumersi la responsabilità*) to be responsible (for); to answer (for): *non rispondo delle sue azioni*, I am not responsible for his actions; *ne risponderai personalmente*, you will answer for it personally; *ritornerà, ne rispondo io*, he will come back, I assure you (*o* you take my word for it); (*comm.*) *la ditta non risponde di eventuali danni provocati alla merce*, the firm cannot be held responsible for accidental damage to the goods **4** (*corrispondere*) to answer (sthg.), to meet* (sthg.); to correspond: *ciò risponde al mio scopo*, this answers my purpose; *questo non risponde ai miei bisogni*, this does not meet my needs; *questo quadro non risponde alla descrizione in catalogo*, this picture does not correspond to the description in the catalogue; *non rispondeva alle mie speranze*, he did not live up to my hopes; *parole che non rispondono al pensiero*, words that do not correspond with one's thoughts; *— all'attesa di qlcu.*, to come up to (*o* to satisfy *o* to be equal to) s.o.'s expectations; *questo arnese non risponde all'uso*, this tool is not suitable for the work // *— al nome di*, to answer to the name of **5** (*obbedire*) to respond: *i nervi rispondono a stimoli*, nerves respond to stimuli; *questo cavallo, questo motore non risponde*, this horse, this engine won't respond **6** (*guardare*) to look out (on): *queste finestre rispondono nel cortile*, these windows look out on the courtyard **7** (*a carte*) to follow suit **8** (*fam.*) (*riflettersi*): *ho un dolore alla spalla che risponde al gomito*, I have a pain in my shoulder that I can also feel in my elbow ◆ *v.tr.* **1** to answer: *rispose che non poteva venire*, he answered he couldn't come; *non rispose verbo*, he did not answer a word; *— poche parole*, to say a few words in reply; *— poche righe*, to write a few words in reply **2** (*a carte*) to reply: *ho chiamato fiori e ha risposto quadri*, I called clubs and he replied diamonds // *— picche*, to refuse flatly.

risponditore *s.m.* **1** (*tel.*) responder **2** (*radar*) responder, transponder.

risponsione → **responsione**.

risposare *v.tr.* **risposarsi** *v.rifl.* to remarry, to marry again: *si risposerà per la quarta volta*, she is getting married again for the fourth time.

risposta *s.f.* **1** answer, reply: *— secca*, terse (*o* sharp) answer; *è stata data una — alla sua lettera?*, has his letter been answered?; *non ho mai avuto — alla mia lettera*, I haven't had an answer (*o* a reply) to my letter; *mi mandò due righe di —*, he dropped me a line in reply; *è una domanda senza —*, it is an unanswerable question; *per tutta — scoppiò in lacrime*, her only answer was to burst into tears; *la miglior — è ignorarlo*, the best thing to do is to ignore him; *il suo appello restò senza —*, there was no response to his appeal; *dare una — a qlcu.*, to give s.o. an answer; *lasciare una lettera senza —*, to leave a letter unanswered; *trovare una — a tutto*, to find an answer for everything; *la — a un problema*, the answer to a problem // *— pagata*, (*di lettera con affrancatura*) answer prepaid (*o* reply paid) // *in — a*, in reply to: *in — alla sua lettera sono spiacente di comunicarle che...*, in reply to your letter I'm sorry to say that...; (*comm.*) *in — alla vostra del 24 settembre*, in reply to your letter of 24th September // *in attesa di una sollecita —*, looking forward to receiving a prompt reply // (*Borsa*) *— premi*, option settlement // (*dir.*) *comparsa di —*, statement of defence **2** (*scherma*) riposte: *botta e —*, thrust and counterthrust **3** (*responso*) response **4** (*med.*) (*reazione a terapia*) response **5** (*elettr.*) *— in frequenza*, frequency response.

rispuntare *v.intr.* **1** (*spuntare di nuovo*) to grow* again; (*di astri*) to rise* again: *l'erba sta rispuntando*, the grass is growing again **2** (*di rami, germogli*) to sprout again **3** (*fig.*) (*ricomparire*) to turn up again, to show* up again, to reappear again: *starà via un po' e poi rispunterà a casa nostra*, he will stay away for a while then he'll turn up at our house again.

rissa *s.f.* brawl, punch-up; scuffle; riot (*anche dir.*): *ieri sera al bar è scoppiata una —*, a brawl broke out in the bar last night.

rissante *s.m.* e *f.* brawler.

rissare *v.intr.* to brawl; to riot.

rissosità *s.f.* quarrelsomeness.

rissoso *agg.* quarrelsome.

ristabilimento *s.m.* **1** re-establishment; restoration **2** (*recupero della salute*) recovery.

ristabilire *v.tr.* to re-establish; to restore: *le cure e il riposo contribuiscono a — la salute*, treatment and rest can restore one's health; *— la monarchia*, to restore the monarchy; *— l'ordine, la pace*, to restore order, peace.

□ **ristabilirsi** *v.intr.pron.* **1** (*stabilirsi di nuovo*) to resettle, to settle again **2** (*rimettersi*) to recover, to get* well again, to be restored to health: *— in salute*, to recover (one's health); *spero di ristabilirmi per il fine settimana*, I hope to be well again by the weekend // *il tempo si è ristabilito*, the weather has cleared up.

ristabilito *agg.* restored to health (*pred.*): *si presentò alla conferenza stampa completamente —*, he came to the press conference fully restored to health.

ristagnamento → **ristagno**.

ristagnare[1] *v.intr.* **1** to stagnate, to be stagnant: *le acque ristagnarono nella valle*, the waters stagnated in the valley; *in questo punto il fiume ristagna*, the river becomes stagnant at this point **2** (*languire*) to be at a standstill; (*econ.*) to be slack, to be stagnant: *le attività ristagnano*, business is stagnant (*o* slack); *il mercato ristagna*, the market is flat (*o* at a standstill).

□ **ristagnarsi** *v.intr.pron.* to stop circulating.

ristagnare[2] *v.tr.* **1** (*ricoprire di nuovo di stagno*) to coat with tin again; (*per immersione*) to tin again, to re-tin; (*elettroliticamente*) to tin-plate again **2** (*saldare di nuovo*) to resolder, to solder again.

ristagnatura *s.f.* new coating with tin; re-tinning; new tin-plating.

ristagno *s.m.* **1** (*di sangue*) staunching **2**

(*di acque*) stagnation **3** (*econ.*) slackness, slack, stagnation: — *degli affari*, slackness of business; — *del mercato*, market stagnation; — *nella produzione*, stagnant production // (*comm.*) — *nelle vendite*, sales stagnation (*o* slump in sales).

ristampa *s.f.* reprint; reprinting: *sesta* —, sixth reprint; *questo libro è in* —, this book is being reprinted.

ristampabile *agg.* reprintable.

ristampare *v.tr.* to reprint.

ristoppare *v.tr.* (*mar.*) to caulk again.

ristorante *s.m.* restaurant; (*di stazione*) refreshment room, buffet.

ristorare *v.tr.* **1** to refresh, to restore (*anche fig.*): *un po' di riposo, di cibo ti ristorerà*, some rest, food will refresh you; *quella tazza di tè mi ha ristorato*, that cup of tea has refreshed me (*o* set me up again); — *le proprie forze*, to restore one's strength; *musica che ristora lo spirito*, (*fig.*) music that restores the spirit **2** (*letter.*) (*compensare*) to compensate: — *di ogni danno*, to compensate for any loss. □ **ristorarsi** *v.rifl.* to refresh oneself; to revive; to rest: *ci fermammo per ristorarci*, we stopped and had a meal; *si ristorarono in una locanda prima di ripartire*, they rested at an inn before setting out again.

ristorativo *agg.* (*non com.*) restorative, refreshing ◆ *s.m.* (*non com.*) refreshment.

ristoratore *agg.* restorative, refreshing: *pioggia ristoratrice*, refreshing rain; *sonno* —, refreshing sleep ◆ *s.m.* (*gestore di ristorante*) restaurateur.

ristorazione *s.f.* **1** restoration **2** refreshment, feeding: — *collettiva*, public catering.

ristornare *v.intr.* **1** (*region.*) (*rimbalzare*) to rebound **2** (*amm.*) (*trasferire*) to transfer, to reverse; (*richiamare*) to draw* back: — *una scrittura contabile*, to reverse an entry; (*trib.*) — *tasse*, to draw back taxes.

ristorno *s.m.* **1** (*region.*) (*rimbalzo*) rebound // *di* —, on the rebound **2** (*amm.*) (*rettifica*) reverse; (*rimborso*) drawback, refund; (*trasferimento*) transfer: — *di una voce contabile*, reverse of an entry; (*trib.*) — *d'imposta*, tax refund (*o* drawback).

ristoro *s.m.* **1** relief, solace: *la cura portò* —, the treatment brought relief; *trovar — in qlco.*, to find solace in sthg. **2** (*bevanda, cibo*) refreshment // *luogo di* —, refreshment-room.

ristrettamente *avv.* **1** narrowly, restrictedly **2** (*poveramente*) in straightened circumstances; poorly.

ristrettezza *s.f.* **1** narrowness **2** (*meschinità*) meanness: — *di idee*, narrow-mindedness **3** (*insufficienza*) lack, shortage, scarcity: — *di mezzi*, lack of means // *in ristrettezze finanziarie*, in straightened circumstances (*o* in financial straits).

ristretto *agg.* **1** narrow: *passaggio* —, narrow passage **2** (*gretto, meschino*) narrow, mean: *idee ristrette*, narrow ideas; *mente ristretta*, narrow mind: *persona dalla mente ristretta*, narrow-minded (*o* mean) person **3** (*limitato*) narrow, limited, restricted; (*scarso*) scanty, poor: *un — campo d'azione*, a restricted (*o* limited *o* narrow) range of action; *un — cerchio di conoscenze*, a narrow circle of acquaintances; *mezzi ristretti*, scanty (*o* poor) means; *nel senso più* —, in the narrowest sense; *la mia conoscenza dell'inglese è molto ristretta*, my knowledge of English is very limited (*o* poor) **4** (*condensato*) condensed: *idea ristretta in poche parole*, idea condensed into a few words // *brodo* —, consommé; *caffè* —, strong coffee **5** (*comm.*) narrow, limited; (*ridotto*) reduced: (*Borsa*) *mercato* —, narrow (*o* thin) market.

ristringersi → **restringersi** 2, 3.

ristringimento → **restringimento**.

ristrutturare *v.tr.* **1** to reorganize, to restructure: — *una società, un'azienda*, to restructure (*o* to reorganize) a company, a business **2** (*edil.*) to renovate.

ristrutturazione *s.f.* **1** reorganization, restructuring, rearrangement // (*econ.*): — *delle forze di lavoro*, redeployment of labour; — *totale di un'azienda*, company shake-up (*o* shakeout); — *dei crediti*, rescheduling of credit **2** (*edil.*) renovation.

ristuccatura *s.f.* (*edil.*) replastering: *queste pareti hanno bisogno di diverse ristuccature*, these walls need to be replastered in several places.

ristucchevole *agg.* (*non com.*) (*che annoia*) cloying; tiring, wearying.

ristudiare *v.tr.* to study again, to re-examine: *dovremo — il piano*, we must re-examine the plan.

risucchiare *v.tr.* **1** to suck again **2** (*attirare in un risucchio*) to suck, to swallow up, to engulf: *la barca fu risucchiata da un gorgo*, the boat was sucked into a whirlpool.

risucchio *s.m.* **1** (*vortice*) eddy; whirlpool // (*geogr.*) *corrente di* —, rip current **2** (*metall.*) pipe; shrinkage.

risulta *s.f.* (*tecn.*) *solo nella locuz.*: *materiali di* —, debris [U], wreckage [U].

risultante *agg.* resulting, consequent, resultant ◆ *s.f.* **1** (*fis., mat.*) resultant **2** (*amm.*) outturn, outcome: — *di bilancio*, budget out-turn **3** (*fig.*) results (*pl.*), outcome: *la — di una serie di esperimenti*, the results of a series of experiments.

risultanza *s.f.* result, issue; outcome: *secondo le risultanze del processo*, according to the outcome of the trial // (*amm.*) *risultanze contabili*, accounting results.

risultare *v.intr.* **1** to result; to come* out; (*rivelarsi*) to prove, to turn out; (*derivare come conclusione*) to follow, to ensue; (*avere origine*) to spring*; (*apparire*) to appear: *risultò che la causa dell'esplosione era diversa*, it turned out that the cause of the explosion was different; *risultò che la moneta era falsa*, the coin proved (*o* turned out) to be false; *i nostri sforzi sono risultati inutili*, our efforts proved a waste of time; *ciò risulterà dall'inchiesta*, this will come out in the enquiry; *dall'autopsia risultò che era stato avvelenato*, it emerged from the autopsy that he had been poisoned // *dalle sue parole risulta che...*, from his words it appears that... // *ne risulta che...*, consequently (*o* it follows that)...: *non so immaginare che cosa ne risulterà*, I cannot imagine what the outcome will be // *risulta chiaro che...*, it is clear (*o* evident) that...: *dalle analisi risulta chiaro che è affetto da* AIDS, it's clear from the tests that he's suffering from AIDS **2** (*essere noto*): *mi risulta che sia un buon lavoratore*, I am told he is a good worker; *non mi risulta che siano partiti*, as far as I know they haven't left; *per quanto mi risulta sei arrivato tardi*, as far as I know you came back late // *non mi risulta*, not as far as I know: *"È arrivata la lettera?" "Non mi risulta"*, "Has the letter come?" "I don't think so"; *"La pratica è nel tuo cassetto?" "Non mi risulta"*, "Is the application in your drawer?" "I can't find it (*o* it isn't here)" // (*comm.*) *ci risulta che non avete ancora ricevuto il nostro catalogo*, we understand you have not yet received our catalogue.

risultato *s.m.* **1** result, outcome: *ha ottenuto un ottimo — nell'ultimo esame*, he got a good result (*o* mark) in the last exam; *il — di un'indagine*, the outcome of an enquiry; *risultati di una elezione*, results of an election (*o* election results); (*mat.*) — *di un'operazione aritmetica*, result of an arithmetical operation; (*sport*) — *di parità*, draw (*o* tie); *l'esperimento ha dato ottimi risultati*, the experiment has given (*o* yielded) excellent results; *questo fu il — della sua pigrizia*, this was the result (*o* outcome) of his laziness; *ho cercato di avvicinarlo ma con scarsi risultati*, I have tried to approach him but with little result // (*econ.*): *risultati operativi*, operating results; *risultati definitivi*, ultimate results; — *di gestione*, management performance (*o* operating results); *risultati di mercato*, market performance **2** (*inform.*) (*di elaborazione*) output.

risuolare *v.tr.* to resole.

risuolatura *s.f.* resoling.

risuonare *v.intr.* **1** to resound, to echo; to ring* (out): *nel silenzio risuonò uno sparo*, a shot echoed in the silence; *la sala risuonava di applausi*, the hall echoed with applause; *le sue parole risuonano ancora nei miei orecchi*, his words are still ringing in my ears; *la sua fama risuona per tutto il mondo*, his fame resounds all over the world **2** (*fis.*) (*entrare in risonanza*) to resonate ◆ *v.tr.* (*il campanello*) to ring* again; (*strumento, testo musicale*) to play again: *devo — questo pezzo di Mozart?*, shall I play this piece of Mozart again?; *se nessuno apre la porta, risuona il campanello*, if nobody opens the door, ring the bell again.

risurrezione → **resurrezione**.

risuscitamento *s.m.* (*non com.*) **1** resuscitation **2** (*fig.*) revival.

risuscitare *v.tr.* **1** to resuscitate, to revive: — *i morti*, to raise the dead **2** (*fig.*) to revive: — *una vecchia tradizione*, to revive an old tradition; *questo cognac mi ha risuscitato*, this brandy has put new life into me; — *dall'oblio*, to rescue from oblivion ◆ *v.intr.* **1** to rise* again, to resuscitate, to revive, to come* to life again: *Cristo risuscitò da morte*, Christ rose again from the dead **2** (*fam.*) (*riaversi*) to revive: *la cura l'ha fatto* —, the treatment revived him.

risuscitato *agg.* resuscitated, revived: *sembra un morto —!*, he seems to have risen from the dead! // *mi sento* —, I feel a new man (*o* I feel another person).

risvegliare *v.tr.* **1** to awake*, to awaken, to wake* (up), to rouse: *fui risvegliato dal rumore di un'automobile*, I was woken (*o* roused) by the noise of a car **2** (*fig.*) to awake*, to awaken, to rouse, to revive: *vorrei — il suo interesse su questo soggetto*, I should like to awake his interest in this subject; — *la memoria*, to revive the memory; — *ricordi*, to stir up (*o* to rouse) memories; — *vecchie passioni*, to stir up (*o* to rouse *o* to wake) old passions. □ **risvegliarsi** *v.intr.pron.* **1** to wake* (up), to rouse (up): *mi risvegliai da un sonno agitato*, I woke out of (*o* from) a troubled sleep; *quando si risvegliò era troppo tardi*, when he woke up it was too late // *la natura si risveglia in primavera*, nature wakes (*o* comes to life) in spring **2** (*fig.*) to revive, to be (a)roused: *i miei antichi dubbi si risvegliarono*, my old doubts were roused; *la sua gelosia si risvegliò*, his jealousy was aroused afresh; *il suo coraggio si risvegliò*, his courage revived.

risveglio *s.m.* **1** (re)awakening: *al mio — trovai che...*, when I woke up (*o* on awaking) I found that... **2** (*fig.*) revival; recovery: *— della cultura*, revival of learning; *il — delle coscienze*, the reawakening of consciences; *— del commercio*, revival of trade; *— economico*, economic recovery.

risvolta *s.f.* (*non com.*) **1** (*nuova svolta*) another turn **2** → risvolto 1.

risvoltare *v.tr.* (*svolgere di nuovo*) to unwrap again ◆ *v.intr.* (*mutare di nuovo direzione*) to turn again.

risvolto *s.m.* **1** (*della giacca*) lapel; (*delle maniche*) cuff; (*della tasca*) flap; (*dei pantaloni*) turn-up, (*amer.*) cuff **2** (*di libro*) jacket flap **3** (*di una questione*) implication; (*conseguenza*) consequence: *la questione ha avuto dei risvolti molto delicati*, the matter has had very delicate consequences; *l'indagine rivelò risvolti inquietanti*, the inquiry revealed disturbing implications.

ritagliare *v.tr.* **1** (*tagliare di nuovo*) to cut* again **2** to cut* out; to cut* (off): *— un annuncio pubblicitario, un articolo da un giornale*, to clip (*o* to cut out) an advertisement, an article from a newspaper; *— una figura*, to cut out a picture // *si è ritagliato uno spazio tutto suo all'interno dell'istituto*, he carved out a niche (*o* a space) for himself in the institute.

ritaglio *s.m.* **1** (*taglio di stoffa*) length; (*scampolo*) remnant // *vendere a —*, (*al minuto*) to sell retail (*o* to retail) **2** (*pl.*) (*avanzi di stoffa*) oddments, remnants, cuttings **3** (*di giornale*) (newspaper) clipping, cutting **4** (*pezzetto*) scrap: *ritagli di carta, di carne*, scraps of paper, of meat // *ritagli di tempo*, odd moments; *lo farò appena avrò un — di tempo*, I shall do it as soon as I have some spare time (*o* a moment to spare).

ritardabile *agg.* delayable.

ritardando *s.m.* (*mus.*) ritardando.

ritardante *agg.* (*chim.*) retardant; restraining: *agente —*, retardant agent ◆ *s.m.* (*chim.*) retardant, retarder; restrainer.

ritardare *v.tr.* to delay, to hold* up; to retard; (*differire*) to postpone; to put* off, to defer: *la nostra partenza fu ritardata dall'inatteso arrivo di due ospiti*, our departure was delayed (*o* held up) by the unexpected arrival of two guests; *ritarderemo la partenza di qualche giorno*, we'll put back (*o* postpone) our departure for a couple of days; *— il movimento di una ruota*, to retard the motion of a wheel; *— il progresso*, to retard progress; *devo — il mio arrivo*, I must defer (*o* put off) my arrival; *lo shock subìto ha ritardato il suo sviluppo mentale*, the shock he suffered has retarded his mental development; (*comm.*) *— il pagamento*, to delay payment; (*amm.*) *— l'inizio di una riunione*, to postpone the beginning of a meeting ◆ *v.intr.* to delay, to be late: *non so perché ritardi tanto*, I do not know why he is so late; *— a pagare*, to be late in payment; *perché hai ritardato tanto a pagare?*, why have you waited so long before paying? // *il mio orologio ritarda*, my watch is slow.

ritardatario *s.m.* latecomer; (*nel pagare*) defaulter: *sei il solito —*, you're late as usual; *i ritardatari non sono ammessi in sala*, latecomers are not allowed to enter the hall.

ritardato *agg.* **1** delayed, late; (*rallentato*) lagging: *un appuntamento —*, a delayed appointment; (*comm.*) *pagamento —*, delayed payment; (*econ.*): *vendite ritardate*, lagging sales; *indicatore economico —*, lagging economic indicator **2** (*psic.*) retarded: *persona ritardata*, retardate (*o* mentally retarded person) ◆ *s.m.* (*psic.*) retardate, (*amer.*) retardee.

ritardo *s.m.* **1** delay; lag, time lag: *ci fu un — di un mese nel completamento del lavoro*, there was a time lag of one month in the completion of work; *un — di due ore*, a delay of two hours; *senza ulteriore —*, without further delay; *l'aeroplano aveva mezz'ora di —*, the plane was half an hour late; *questo orologio ha un — di dieci minuti*, this watch is ten minutes slow; *riguadagnare il —*, to make up (for lost) time // *in —*, late: *sono in —?*, am I late?; *il treno è in —*, the train is late; *devi perdere l'abitudine di arrivare in —*, you must get out of the habit of arriving late // (*comm.*): *essere in — coi pagamenti*, to be late in (*o* behindhand with) one's payments; *— nella consegna*, delay in delivery (*o* overdue delivery) // (*med.*) *preparato —*, slow releasing drug **2** (*mus.*) retardation **3** (*psic.*) *— mentale*, mental retardation (*o* deficiency) **4** (*fis.*) lag: *corrente di —*, lagging current **5** (*inform.*) lead time **6** (*miccia a*) —, safety fuse.

ritassare *v.tr.* to tax again, to retax.

ritassazione *s.f.* new taxation, re-taxation.

ritegno *s.m.* **1** (*riserbo*) reserve; restraint; (*riluttanza*) reluctance: *senza —*, without reserve (*o* unreservedly); *cominciò a insultarla senza —*, he began to insult her without restraint; *il suo — si avvicina alla freddezza*, his reserve is close to coldness; *ha — a parlare della sua famiglia*, he is reluctant to speak (*o* he shrinks from speaking) of his family; *mostrò — a farlo*, he showed reluctance to do it; *non aver — a domandarmi quello che ti occorre*, do not hesitate to ask me for what you need **2** (*difesa, freno*) stop, check // (*mecc.*): *asta di —*, check rod; *valvola di —*, check valve (*o* non return valve) **3** (*non com.*) (*argine*) dam, damming.

ritemprare *v.tr.* **1** to strengthen, to fortify, to restore: *la campagna mi ha ritemprato le forze*, the country has restored my strength; *— il coraggio*, to fortify one's courage; *— lo spirito*, to strengthen one's spirit **2** (*metall.*) to harden again, to quench again.

□ **ritemprarsi** *v.rifl.* to get* stronger, to acquire new strength, to recover one's health.

ritenere *v.tr.* **1** to hold*, to detain, to stop, to retain, to keep* (*anche fig.*): *non può — il cibo*, he cannot keep his food down; *— le lacrime*, to keep back (*o* to hold back *o* to check) one's tears; *— il nemico*, to hold the enemy back; *— qlcu. prigioniero*, to keep s.o. prisoner // (*med.*) *— le urine*, to retain urine **2** (*fig.*) (*ricordare*) to remember: *non so — quello che leggo*, I cannot remember what I read; *— qlco. a memoria*, to remember sthg. by heart **3** (*credere*) to think*, to hold*, to believe; (*considerare*) to consider, to regard: *se ritieni di aver sbagliato, scusati*, if you think you've made a mistake, apologise; *ritengo sia un bene per voi andare a casa*, I think you'd better go home; *ho ritenuto di far bene*, I believed I was doing right; *ho ritenuto necessario dirglielo*, I deemed it necessary to tell him; *non lo ritengo possibile*, I do not think it possible; *non lo ritengo un uomo onesto*, I do not consider him an honest man; *tutti lo ritengono una vittima*, everybody regards him (as) a victim; (*dir.*) *il tribunale ritenne che...*, the court held that... **4** (*econ.*) to withold*, to hold* back, to keep* back: *— il denaro*, to hold back money; (*amm.*) *le rate del mutuo saranno ritenute dallo stipendio*, the instalments of the loan will be withheld from the salary.

□ **ritenersi** *v.rifl.* to consider oneself: *si ritiene intelligente*, he considers himself intelligent.

ritentare *v.tr.* **1** to try again, to retry; *— un atterraggio*, to make another attempt to land; *ho tentato e ritentato di convincerlo a sposarmi, ma senza successo*, I've tried and tried (*o* I've tried again and again) to persuade him to marry me, but without success; *hai perso, ma ritenta*, you've lost, but try again (*o fam.* have another go) **2** (*sottoporre a nuova tentazione*) to tempt again.

ritentiva *s.f.* (*non com.*) (*facoltà di ritenere*) retentiveness.

ritentività *s.f.* retentiveness.

ritentivo *agg.* (*non com.*) retentive ◆ *s.m.* (*med.*) retentive bandage.

ritenuta *s.f.* **1** (*trib.*) deduction: *ritenute fiscali*, withholding taxes (*o* deductions from taxes); *— d'acconto*, (advance) withholding tax (*o* tax deduction); *ritenute previdenziali*, social security deductions; *— alla fonte*, deduction at source (*o* withholding tax); *— alla fonte sul reddito*, pay as you earn (*abbr.* PAYE), (*amer.*) pay as you go **2** (*mar.*) restraint.

ritenutezza *s.f.* (*non com.*) reservedness, reserve.

ritenuto *agg.* (*letter.*) (*riservato*) reserved; (*prudente*) cautious.

ritenzione *s.f.* **1** (*med.*) retention: *— di liquidi*, water retention; *— urinaria*, retention of urine; *cisti da —*, retention cyst **2** (*il trattenere*) retention; (*trib.*) withholding; (*somma trattenuta*) deduction // (*dir.*) *diritto di —*, right of retention.

ritingere *v.tr.* **1** (*tingere di nuovo*) to dye again; to re-dye* **2** (*tingere con un altro colore*) to dye a different colour: *voglio — la borsetta*, I want to dye my handbag a different colour.

ritintura *s.f.* dyeing again, re-dyeing.

ritirare *v.tr.* **1** (*tirare di nuovo*) to throw* again **2** (*tirare indietro*) to withdraw*, to take* back, to retract (*anche fig.*): *ritirò velocemente la mano e non fu colpito*, he withdrew his hand very quickly and so he was not hurt; *— i panni stesi*, to take in the washing; *ritiro ciò che ho detto*, I take back what I said; *— la candidatura*, to withdraw one's candidature (*o* to stand down); *— un'offerta, una promessa, un'affermazione*, to withdraw (*o* to take back *o* retract) an offer, a promise, a statement; *— la parola data*, to take back one's word; *— una querela, un'accusa*, to withdraw an action, an accusation **3** (*richiamare, togliere dalla circolazione*) to withdraw*; to call in: *— le truppe*, to withdraw the troops; *— qlco. dalla circolazione*, to withdraw sthg. from circulation; *hanno dovuto — tutti i giocattoli pericolosi*, they had to withdraw all the dangerous toys // (*comm.*) — *un prodotto dalla vendita*, to withdraw (*o* to call in) a product from the market // (*fin.*) — *una moneta*, to call in a currency // (*banca*) — *una cambiale*, to retire (*o* to take up) a bill **4** (*farsi consegnare*) to collect, to pick up; (*riscuotere*) to draw*, to withdraw*: *puoi passare a — la mia roba in lavanderia?*, could you call in to the cleaner's and pick up my things?; *stava copiando e allora gli ritirai il foglio*, he was cribbing and so I took in his paper; *passerà poi qlcu. a — i biglietti*, somebody will come later to collect the tickets; — *della merce, un pacco*, to collect (*o* to pick up) goods, a parcel; — *denaro da una banca*, to draw money from (*o* to take money out of) a bank; — *il proprio salario*, to draw one's salary; — *un vaglia*, to cash a money order **5** (*sparare di nuovo*) to shoot* again, to fire again **6** (*tip.*) (*ristampare*) to reprint.

□ **ritirarsi** *v.rifl.* (*tornare indietro, appartarsi*) to retreat; to retire, to withdraw* (*anche fig.*): *le truppe si ritirarono*, the troops retreated (*o* retired); *si ritirò subito dopo cena perché aveva molto sonno*, he retired immediately after supper because he was very sleepy; — *da un impiego, dagli affari, dalla politica*, to retire from a job, from business, from politics; — *da un esame*, to withdraw from an examination; *molti ciclisti si ritirano a metà gara*, many cyclists drop out (*o* withdraw) halfway through the race; *ora che ho promesso non posso ritirarmi*, now that I have promised I cannot drop out (*o* go back on my word); — *in campagna*, to retire to the country; — *in buon ordine*, to retire in good order; — *a vita privata*, to retire to private life; — *in se stesso*, to retreat into oneself // *la Corte si ritira*, the Court is adjourned ◆ *v.intr.pron.* **1** (*di acque*) to fall*, to subside; (*di mare*) to recede; (*di marea*) to ebb: *a tre giorni dall'inondazione le acque si ritirarono*, after three days the floodwaters began to subside; *il mare si ritira in questo punto*, the sea is receding at this point; *la marea incominciò a —*, the tide began to ebb (*o* to go out) **2** (*di stoffa, restringersi*) to shrink*: *questa stoffa non si ritira*, this cloth does not shrink.

ritirata *s.f.* **1** retreat, withdrawal (*anche fig.*): *una prudente —*, a prudent retreat (*anche fig.*); *battere in —*, to beat a retreat (*anche fig.*); *proteggere una —*, to cover a retreat; *suonare la —*, to sound the retreat; *tagliare la — al nemico*, to cut off (*o* to intercept) the enemy's retreat; — *strategica*, strategic retreat (*anche fig.*) **2** (*in caserma*) tattoo: *suonare la —*, to beat (*o* to sound) the tattoo **3** (*latrina*) lavatory, toilet.

ritirato *agg.* **1** (*appartato*) retired; secluded: — *dal mondo*, retired from the world; *fare vita ritirata*, to lead a secluded (*o* cloistered) life **2** (*ristretto*) shrunk(en): *indumento —*, shrunken garment **3** (*preso in consegna*) withdrawn, retired, collected: *posta, merce non ritirata*, uncollected mail, goods.

ritiro *s.m.* **1** (*il ritirare*) withdrawal: — *di truppe, di un ragazzo da scuola, di qlco. dalla circolazione*, withdrawal of troops, of a boy from school, of sthg. from circulation; — *di una cambiale*, withdrawal (*o* retirement) of a bill // — *della patente*, suspension (*o* revocation) of the driving license **2** (*il farsi dare*) collection: — *di merci*, collection of goods; — *dello stipendio*, collection of one's salary **3** (*luogo appartato*) retreat: *un — in cima a una montagna*, a retreat at the top of a mountain // (*sport*) *i giocatori andranno in — per due giorni*, the players will go to a training camp for two days **4** (*il ritirarsi*) retirement, retreat; seclusion; (*dagli affari*) retirement, retiring: — *dalla vita pubblica*, retirement from public life; *un ufficiale in —*, a retired officer // — *spirituale*, (spiritual) retreat: *fare un —*, to go on retreat **5** (*tecn.*) shrinkage.

ritmare *v.tr.* to mark: — *il tempo*, to mark (*o* to beat) time.

ritmato *agg.* measured; rhythmic(al); cadenced: *passo —*, measured step.

ritmica *s.f.* (*mus.*, *metrica*) rhythmics [U], rhythmic.

ritmicamente *avv.* rhythmically.

ritmicità *s.f.* rhythmicity.

ritmico *agg.* (*che segue un ritmo*) rhythmic(al); measured; cadenced: *movimento —*, rhythmical movement; *ginnastica ritmica*, rhythmic dancing; *prosa ritmica*, rhythmical prose; *accento —*, cadenced accent; *l'andamento — di una facciata*, the rhythmical line of a façade.

ritmico-melodico → **ritmomelodico**.

ritmo *s.m.* **1** (*mus.*, *metrica*) rhythm: *ballare un — sudamericano*, to dance to a South American rhythm; *il — narrativo di un romanzo*, the narrative rhythm of a novel; *il — delle stagioni*, the rhythm of the seasons; *il — cardiaco*, the cardiac rhythm **2** (*tasso*) rate, pace: *il — delle nascite*, the birth rate; *lavora a un — sostenuto*, he works at a fast rate; — *di lavoro*, work pace; *aumentare i ritmi di produzione*, to increase the rate of production // (*econ.*): — *dell'inflazione*, inflation rate; — *di espansione*, expansion rate; — *di sviluppo*, pace of development **3** (*inform.*) clock time; clock cycle; rate.

ritmologia *s.f.* (*mus.*) rhythmics [U].

ritmomelodico *agg.* rythmic-melodic.

rito *s.m.* **1** rite: *il — ambrosiano, anglicano, romano*, the Ambrosian, Anglican, Roman rite; *riti nuziali, funebri*, nuptial, burial rites // *il — del tè*, the ritual of five o'clock tea **2** (*fam.*) (*usanza*) custom, usage: *è di — che la sposa lanci il bouquet alle amiche*, it is the custom for the bride to throw her bouquet to her friends; *dopo le presentazioni di — si accomodarono*, after the usual introductions they sat down **3** (*dir.*) (*procedura*) proceeding: — *civile, penale*, civil, criminal proceeding; — *sommario*, summary proceeding.

ritoccare *v.tr.* **1** to retouch, to touch up: — *un quadro, uno scritto*, to retouch (*o* to touch up) a picture, a piece of writing; *dovresti ritoccarti il colore delle labbra*, you should touch up the colour of your lips **2** (*comm.*) to readjust, to revise: — *i prezzi*, to readjust prices; — *le tariffe*, to revise tariffs **3** (*fot.*) to retouch.

ritoccata *s.f.* touching up: *devo dare qualche — a questo quadro prima di venderlo*, I must touch up this picture before selling it.

ritoccato *agg.* **1** retouched, touched up: *una parte ritoccata*, a retouched part; *un colore —*, a touched-up colour **2** (*comm.*) readjusted, revised.

ritoccatore *s.m.* **ritoccatrice** *s.f.* (*fot.*) retoucher.

ritoccatura *s.f.* retouching, touching up: *in questo disegno ci sono alcune ritoccature*, this drawing has been touched up.

ritocco *s.m.* **1** additional touch, final touch, fresh touch; (*variazione*) slight alteration, slight change: *con qualche —, questo ritratto sarà molto bello*, with some additional touches this portrait will be beautiful; *devo apportare qualche — a questa composizione*, I must touch up this composition **2** (*comm.*) adjustment, revision: — *dei prezzi*, adjustment (*o* revision) of prices **3** (*pitt.*, *fot.*) retouching.

ritogliere *v.tr.* **1** to take* off again, to take* away again: *lo tolse, lo rimise e lo ritolse*, he took it off, put it back and took it off again; *si ritolse il cappello*, he took off his hat again **2** (*riappropriarsi di*) to take* back: *mi ritolse ciò che mi aveva dato*, he took back what he had given me.

ritorcere *v.tr.* **1** (*torcere di nuovo*) to twist again, to retwist; (*con forza*) to wring* (out) again **2** (*tess.*) to twist, to twine: — *filo, cotone*, to twist thread, cotton **3** (*fig.*) (*rilanciare*) to fling* back, to hurl back: — *un'accusa*, to hurl back an accusation.

□ **ritorcersi** *v.intr.pron.* **1** to become* twisted, to get* twisted: *la corda si è tutta ritorta*, the rope has got all twisted **2** (*fig.*) to backfire, to boomerang: *sollevò uno scandalo che gli si ritorse contro*, he caused a scandal that backfired (*o* boomeranged) on him; *non capisci che le tue affermazioni si ritorcono su di te?*, don't you understand that what you are saying will backfire on you?

ritorcibile *agg.* (*non com.*) twistable.

ritorcimento *s.m.* (*non com.*) **1** (*il ritorcere*) twisting (again); (*con forza*) wringing out (again) **2** (*fig.*) (*ritorsione*) retaliation.

ritorcitoio *s.m.* (*tess.*) twister, doubling frame.

ritorcitura *s.f.* (*tess.*) twisting, doubling.

ritornare *v.intr.* **1** to return; (*andare indietro*) to go* back; (*venire indietro*) to come* back: *l'ho incontrato ritornando dalla chiesa*, I met him on my way back (*o* on my way home) from church; *chissà quando ritornerà*, goodness knows when he'll be back; *a che ora ritorni dal lavoro?*, what time do you get back from work?; — *a casa*, to return (*o* to go back *o* to come back) home; *mi fece segno di —*, he waved me back; *non ritornerò mai più in quel paese*, I shall never go back (*o* return) to that country again; *ritorna presto*, come back soon; *ritorneremo su questo argomento*, we shall come back to this subject; *si ritorna a parlare del caso Bianchi*, the Bianchi case is in the news again; — *a una vecchia abitudine*, to return to an old habit (*o* to fall into an old habit again) // — *in sé*, to come to one's senses (*o* to come to *o* to come round); (*rinsavire*) to come to one's senses **2** (*ricorrere*) to recur: *questa situazione non ritorna spesso nella storia del nostro paese*, this situation does not often recur in the history of our country; *è un'immagine che ritorna nella sua poesia*, it is a recurring image in his poetry **3** (*ridiventare*) to become* again: *dopo una bella lavata la camicia ritornò come nuova*, after a good washing the shirt became (*o* was) like new again; *il cielo è ritornato sereno*, the sky has cleared again ◆ *v.tr.* **1** (*restituire*) to return, to give* back; (*rispedire*) to send* back; (*ripagare*) to pay* back: — *il denaro prestato*, to give back (*o* to return) the money lent; — *un prestito*, to pay back a loan **2** (*ant.*) (*far ritornare*) to bring* back, to restore: *lo ritornò in vita*, he brought him back (*o* he restored him) to life.

ritornello *s.m.* refrain: *canticchiava il — di una canzone popolare*, he was humming the refrain of a popular song // *ripetere sempre lo stesso —*, (*fig.*) to be always harping on the same string.

ritorno *s.m.* **1** return; (*a intervalli più o meno regolari*) recurrence: *il — della primavera*, the return of spring; *al mio —*, on my return; *dopo il suo — dall'Inghilterra*, after his return from England; *biglietto di andata e —*, return ticket; *viaggio di —*, return journey, (*per mare*) return voyage; *la via del —*, the way back; *mettersi sulla via del —*, to start back; *— a casa*, homecoming (*o* return home); *il — della febbre è un grave sintomo*, the return (*o* recurrence) of a temperature is a serious symptom; *ci fermeremo qui al —*, we shall stop here on our way back (*o* when coming back); *farò — appena possibile*, I shall come (*o* go) back as soon as I can; *il suo — è previsto per le 10*, he should be back by 10 o'clock; *come farai per il —?*, how will you get back?; *la commedia segna il suo — sulla scena*, the play marks his return to the stage; *essere di —*, to be back // *dare, avere di —*, to give, to get back // (*geol.*) *— d'acqua*, (*sotterranea*) backflooding // (*sport*) *partita di —*, return match // *egli di — rispose: "La settimana prossima"*, "Next week", he replied // (*comm.*): *— di un prestito*, repayment of a loan; *merci di —*, returns (*o* returned goods); *vuoti di —*, empties; *carico di —*, homeward cargo; *spese di —*, return charges; (*mar.*) *nolo di —*, homeward freight; (*banca*) *conto di —*, redraft account; (*fin.*) *— ai cambi fissi*, return to fixed exchange-rate parities **2** (*mecc.*) (*di molla*) recovery; (*di pistone*) reversal; (*di pezzo metallico dopo piegatura*) spring back: *— di fiamma*, backfire **3** (*tv*) flyback; (*rad.*) return, echo **4** (*inform.*) return; (*ricerca di dati all'indietro*) backtracking; (*di informazione*) feedback.

ritorsione *s.f.* **1** (*di accusa ecc.*) retortion; retort **2** (*comm.*) retaliation, reprisal: *fare ritorsioni*, to take reprisals; *— doganale*, countervailing duty.

ritorta *s.f.* (*ramoscello flessibile*) withe, withy.

ritorto *agg.* twisted: *filo —*, twisted thread; *rami ritorti*, twisted branches ◆ *s.m.* (*tess.*) twisted thread.

ritradurre *v.tr.* **1** (*tradurre di nuovo*) to translate again, to retranslate **2** (*riportare nella lingua originale*) to retranslate, to translate back; to do* a retroversion.

ritrarre *v.tr.* **1** to withdraw*, to draw* back; (*zool.*) (*organo ecc.*) to draw* in: *— la mano, il piede*, to withdraw (*o* to draw back) one's hand, foot; *i gatti possono — gli unghioli*, cats can draw in (*o* retract) their claws; *le lumache possono — le corna*, snails can draw in their horns **2** (*distogliere*) to divert; to turn away, to turn aside: *ritrasse lo sguardo da quell'orribile vista*, he turned his eyes away from the horrible sight; *— uno da un'impresa*, to divert s.o. from an enterprise **3** (*non com.*) (*ricavare*) to get*, to derive, to obtain: *ho ritratto un buon profitto da quell'impresa*, I made a good profit on that deal; *— vantaggio, beneficio da qlco.*, to derive advantage, benefit from sthg. **4** (*rappresentare, riprodurre*) to represent, to reproduce, to portray, to depict: *non è facile — su una tela il suo sorriso*, it is not easy to reproduce his smile on canvas; *questo quadro ritrae una veduta marina*, this painting depicts a seascape; *volle farsi — a cavallo*, he wanted to be portrayed on horseback; *accettò di farsi —*, he agreed to have his portrait done ◆ *v.intr.* (*non com.*) (*somigliare*) to take* after (s.o.): *ritrae da suo padre*, he takes after his father.

□ **ritrarsi** *v.rifl.* **1** to withdraw*, to draw* back: *la chiocciola si ritrasse nel suo guscio*, the snail withdrew into its shell; *si ritrasse più in fretta che poté*, he withdrew as quickly as he could; *si ritrasse dal fuoco*, he drew back from fire **2** (*liberarsi, sottrarsi*) to withdraw*, to get* out (of sthg.): *ora che hai promesso non puoi più ritrarti*, now that you have promised you can't get out of it **3** (*rappresentarsi*) to portray oneself: *si ritrasse in abiti orientali*, he portrayed (*o* painted) himself in oriental dress.

ritrasmettere *v.tr.* to broadcast* again; to transmit again; to relay again: *— una partita di calcio*, to broadcast a football match again; *immagini trasmesse e ritrasmesse da tutte le reti*, pictures that have been shown over and over again by all networks.

ritrasmissione *s.f.* rebroadcast, rebroadcasting, retransmission.

ritrattabile *agg.* retractable, that can be withdrawn: *un'accusa difficilmente —*, an accusation that cannot be easily withdrawn.

ritrattamento *s.m.* (*tecn.*) re-treatment; (*di combustibile nucleare*) reprocessing.

ritrattare *v.tr.* **1** (*trattare di nuovo*) to treat again, to deal* with (sthg.) again: *— un argomento*, to deal with a subject again **2** (*tecn.*) to re-treat; (*combustibile nucleare*) to reprocess **3** (*ritirare*) to retract, to withdraw*, to take* back: *— un'accusa*, to withdraw (*o* to take back) an accusation; *— un'affermazione*, to retract (*o* to withdraw) a statement; *— le proprie parole*, to retract (*o* to withdraw *o* to take back) one's words.

□ **ritrattarsi** *v.rifl.* to retract, to take* back (sthg.): *egli lo disse, ma subito si ritrattò*, he said it, but took back his words at once.

ritrattazione *s.f.* **1** (*nuova trattazione*) new treatment; rehandling **2** (*il ritirare*) retraction, withdrawal: *— delle proprie opinioni*, the retraction of one's opinions; *— di un'accusa*, withdrawal of an accusation; *— di un'affermazione*, retraction of a statement.

ritrattista *s.m.* e *f.* portrait painter, portraitist: *questo pittore è un eccellente —*, this painter is an excellent portraitist.

ritrattistica *s.f.* portraiture; portrait painting: *una mostra sulla — rinascimentale*, an exhibition on Renaissance portrait painting.

ritrattistico *agg.* portrait painting (*attr.*), of portraiture (*pred.*): *tecnica ritrattistica*, portrait painting technique.

ritratto *agg.* **1** (*tratto indietro*) drawn back, withdrawn: *un gatto con le unghie ritratte*, a cat with its claws drawn in **2** (*rappresentato, raffigurato*) portrayed, depicted, drawn: *il volto — nel quadro è di una donna sconosciuta*, the face portrayed in the picture is that of an unknown woman; *personaggio fedelmente —*, faithfully-portrayed character.

ritratto *s.m.* **1** portrait: *— a olio*, portrait in oils; *— in miniatura*, miniature; *— somigliante*, faithful (*o* lifelike) portrait; *il pittore gli ha fatto un bel —*, the painter painted a good portrait of him; *lo scrittore ne fece il fedele — nel suo romanzo*, the writer drew a faithful portrait of her character in his novel; *farsi fare il —*, to have one's portrait painted **2** (*fedelissima immagine*) picture, image: *è il — di sua madre*, she is the very image of her mother; *pare il — della salute*, he looks the picture of health; *quest'uomo è il — dell'avarizia*, this man is the personification of avarice.

ritrazione *s.f.* retraction.

ritrito *agg.* (*ripetuto*) stale, hackneyed: *è una storia ritrita*, it is an old story // *trito e —*, stale (*o* hackneyed): *un argomento trito e —*, a rehashed subject.

ritrosia meno com. **ritrosaggine** *s.f.* **1** (*riluttanza*) reluctance, unwillingness; (*avversione*) aversion: *la sua — a mostrarsi in pubblico era nota a tutti*, his reluctance to be seen (*o* aversion to being seen) in public was well known **2** (*timidezza*) shyness, bashfulness: *la sua — gli ha impedito di farsi degli amici*, his shyness (*o* bashfulness) has prevented him from making friends.

ritroso *agg.* **1** (*riluttante*) reluctant, unwilling; averse: *è — ad accettare i nostri consigli*, he is reluctant to accept our advice **2** (*timido*) shy, bashful: *è — per natura*, he is naturally shy // *non fare la ritrosa!*, don't be coy! **3** (*che torna indietro*) backward, retreating: *movimento —*, backward movement; *onde ritrose*, retreating waves // *a —*, backwards, (*contro*) against: *a — della corrente*, against the current; *camminare a —*, to go backwards; *andare a — nel tempo*, to go back in time.

ritrovamento *s.m.* **1** finding (again): *il — di un portafoglio*, the finding of a lost wallet **2** (*invenzione*) invention; (*scoperta*) discovery: *il — di un reperto archeologico*, the discovery of an archeological relic; *il — di un cadavere*, the discovery of a corpse // *il — della Santa Croce*, the finding of the True Cross.

ritrovare *v.tr.* **1** to find* (again): *non farti — qui un'altra volta!*, don't let me find you here again!; *la chiave è stata ritrovata*, the key has been found; *devo averlo lasciato sulla panchina, ma spero di ritrovarlo*, I must have left it on the bench but I hope to find it again; *ha ritrovato la sua strada*, he has found his way again **2** (*scoprire*) to find*, to discover: *un cadavere è stato ritrovato stamattina nel parco*, a corpse was discovered (*o* found) this morning in the park **3** (*ricuperare*) to recover, to get* back: *il tempo perduto non si ritrova più*, lost time can never be made up; *— il coraggio, la parola*, to recover (*o* to get back) one's courage, one's power of speech; *ha ritrovato la serenità perduta*, he's recovered his lost serenity; *ho ritrovato la memoria*, I've got my memory back **4** (*incontrare di nuovo*) to meet* again; (*far visita a*) to visit, to call (up)on (s.o.): *lo ritrovai a un congresso*, I met him again at a congress; *ritrovo tutti i giorni le stesse persone*, I meet the same people every day **5** (*riconoscere*) to recognize: *è difficile — il suo stile in quel romanzo*, his style is hardly recognizable in that novel; *non lo ritrovo in questa fotografia*, I can't recognize him in this photo.

□ **ritrovarsi** *v.intr.pron.* to find* oneself: *ci ritrovammo ben presto in cima alla montagna*, we soon found ourselves at the top of the mountain; *si ritrovarono allo stesso punto*, they found themselves once again in the same position; *e così mi ritrovai a dover cercar lavoro*, so I found myself having to look for a job; *si ritrovò in un mare di guai*, he found himself in a load of trouble; *...con la moglie che si ritrova!*, ... with the wife he's ended up with! ◆ *v.rifl.* **1** (*incontrarsi di nuovo*) to meet* again: *ci ritroveremo quest'estate al mare*, we'll meet again at the seaside this summer; *al sabato ci ritroviamo sempre allo stesso bar*, on Saturdays we always meet in the same bar **2** (*raccapezzarsi*) to see* one's way, to make* (sthg.) out; (*trovarsi a proprio agio*) to feel* at ease: *accompagnami a casa, da queste parti non mi ritrovo*, take me home, I don't know my way around here; *non mi ritrovo con tutta questa gente*, I don't feel at ease among all these people.

ritrovato *s.m.* **1** (*invenzione*) invention; (*scoperta*) discovery; (*prodotto*) product: *un ottimo — per far crescere i capelli*, a wonderful product for making one's hair grow **2** (*espediente*) expedient; device, contrivance; (*fam.*) gadget.

ritrovo *s.m.* **1** meeting place; (*di criminali*) haunt **2** (*riunione*) reunion, gathering: *il — degli Alpini*, the gathering of the Alpini.

ritto *agg.* **1** upright, erect; (*diritto*) straight: *a coda ritta*, with tail erect; *capelli ritti per lo spavento*, hair standing on end with fright; *mettere un palo —*, to set a pole upright; *stare —*, to stand upright (*o* erect *o* up straight) // *— come un fuso*, as straight as a post **2** (*ant.*) (*destro*) right ◆ *s.m.* **1** (*puntello*) upright, support; (*miner.*) pit-prop **2** (*dell'alzo di arma da fuoco*) leaf sight.

rituale *agg.* **1** ritual **2** (*conforme alle consuetudini*) customary, usual: *ricevettero i rituali telegrammi di congratulazioni*, they received the usual telegrams of congratulation ◆ *s.m.* **1** (*eccl.*) ritual, ceremonial **2** (*cerimoniale, galateo*) ceremonial.

ritualismo *s.m.* ritualism.

ritualista *s.m.* e *f.* ritualist.

ritualistico *agg.* ritualistic.

ritualità *s.f.* rituality.

ritualizzare *v.tr.* to ritualize, to make* a ritual of (sthg.).

ritualizzazione *s.f.* ritualization.

riunione *s.f.* **1** (*il riunire*) reuniting, putting together, joining together: *la — di due parti staccate*, the joining together of two detached parts **2** (*il riunirsi*) meeting, gathering, reunion; (*fam.*) get-together: *— di famiglia*, family reunion; *— di vecchi compagni di scuola*, college reunion; *una — di professori*, a teachers' meeting; *— mondana*, social gathering; *— d'affari*, business meeting; *— del consiglio di amministrazione*, directors' meeting; *— di atletica leggera, di corse*, athletic meeting, race meeting; *prendere parte a una —*, to attend a meeting; *convocare, tenere una —*, to call, to hold a meeting.

riunire *v.tr.* **1** to reunite: *— i pezzi di qlco.*, to put together the pieces of sthg. **2** (*radunare*) to gather; to assemble; to collect (together): *riunisci i tuoi libri sul tavolo*, collect (*o* get) your books together on the table; *— alcuni amici*, to gather a few friends together; *— una assemblea*, to convene an assembly **3** (*unire*) to join together; to combine: *questa soluzione riunisce molti vantaggi*, this solution combines (*o* unites) a number of advantages **4** (*riconciliare*) to reconcile, to bring* together again: *il dolore ci ha riuniti*, grief has brought us together again.

□ **riunirsi** *v.rifl.* **1** to reunite, to come* together again: *dopo una lunga separazione si riunirono*, after a long separation they reunited again **2** (*radunarsi*) to unite; to gather, to meet*: *ci riunivamo in un bar di via Veneto ogni settimana*, we used to meet every week in a bar on the Via Veneto; *domani si riunisce il Parlamento*, Parliament will meet tomorrow; *— intorno al fuoco*, to gather round the fire // *— in consorzio*, to pool; *— in sindacato*, (*formare un cartello*) to syndicate **3** (*essere presenti insieme*) to combine, to be combined: *molte buone qualità si riunivano in lui*, many good qualities were combined in him.

riunito *agg.* **1** reunited; (*associato*) affiliated, associated: *una famiglia riunita per Natale*, a family reunited for Christmas; *cooperative riunite*, associated cooperatives **2** (*radunato*) gathered **3** (*messo insieme*) joined, combined ◆ *s.m.* (*apparecchiatura dentistica*) dental drill unit.

riunitore *s.m.* (*tess.*) lapper.

riunitrice *s.f.* (*tess.*) lapping machine.

riuscire *v.intr.* **1** to succeed (in doing); to manage; (*essere capace*) to be able: *non riuscii a saperlo*, I did not manage to find it out; *non riuscii a vederlo*, I was not able to see him; *non riesco a capire perché*, I can't understand why; *non sono mai riuscito a farlo venire*, I have never been able (*o* I have never managed) to get him to come; *riuscii a dominare la mia collera*, I managed to master my anger; *riuscì a finire il lavoro*, he succeeded in finishing his work **2** (*avere buon esito*) to succeed (in sthg., in doing), to be successful (in sthg., in doing); to manage (sthg.); to turn out well: *come avvocato non riuscì*, he wasn't successful (*o* he did not succeed) as a lawyer; *tutti i miei piani riuscirono*, all my plans succeeded; *i nostri piani non riuscirono*, our plans failed (*o* were unsuccessful); *il pranzo, l'esperimento riuscì bene*, the dinner, the experiment was a success; *penso di riuscirci*, I think I can manage it; *ho tentato di telefonarti tutto ieri senza riuscirci*, I tried to phone you all day yesterday without succeeding; *non le riesce proprio di stare zitta*, she can't keep quiet; *questo dolce è riuscito molto bene*, this cake has turned out very well; *— negli affari*, to succeed in business // (*non*) *— bene in fotografia*, (not) to come out very well in photographs **3** (*avere attitudine, capacità*) to be good at (sthg., doing); to be clever at (sthg., doing): *riesce bene in matematica, in disegno*, he is good (*o* clever) at mathematics, at drawing; *— negli studi*, to do well at school **4** (*apparire, risultare*) to be; (*dimostrarsi*) to prove: *ciò mi riesce nuovo*, this is new to me; *riesce simpatico a tutti*, everybody likes him; *riuscì un completo fallimento*, it was a complete failure; *messo alla prova, egli riuscì il più bravo*, when put to the test he proved to be the cleverest; *il lavoro non mi riusciva gradito*, I didn't like my work very much; *tutto gli riusciva intollerabile*, everything was unbearable to him; *mi riesce difficile crederti*, it's difficult for me to believe you; *ti riuscirà più facile dopo una settimana*, you'll find it easier after a week **5** (*giungere*) to come* (to a place), to arrive (at, in a place); (*sboccare*) to lead* (to a place): *per quella strada si riesce sulla piazza*, if you go down that street you come to the square; *il sentiero riesce sulla strada*, the path leads to the main road **6** (*uscire di nuovo*) to go* out again: *tornò a casa, ma riuscì subito*, he came home but went out again at once.

riuscita *s.f.* (*risultato*) result, outcome; (*successo*) success: *la — di ciò dipende solo da te*, the success of this depends entirely on you; *cattiva —*, lack of success: *l'esperimento ha fatto una cattiva —*, the experiment was a failure (*o* was unsuccessful); *qualunque sia la — dell'impresa*, whatever the outcome of the undertaking may be; *questo prodotto ha fatto una pessima, una buona —*, this product was a complete failure, a success.

riuscito *agg.* successful: *un abito, un dolce ben —*, a well-made dress, cake; *un'impresa riuscita*, a successful undertaking; *mal —*, unsuccessful; *una festa veramente riuscita*, a really successful party.

riutilizzare *v.tr.* to use again, to reutilize, to reuse: *— la carta*, to recycle paper.

riutilizzazione *s.f.* **riutilizzo** *s.m.* reuse, reutilization.

riva *s.f.* **1** (*di mare, lago*) shore: *sulla — del mare*, on the seashore; *città sulla — del mare*, seaside town; *toccare la —*, to set foot on shore **2** (*di fiume, canale*) bank.

rivaccinare *v.tr.* to revaccinate.

rivaccinazione *s.f.* revaccination.

rivale *agg.* rival (*attr.*): *le potenze rivali*, the rival powers ◆ *s.m.* e *f.* rival, competitor: *rivali in amore*, rivals in love; *rivali in commercio*, business rivals.

rivaleggiare *v.intr.* to rival (s.o.), to vie, to compete: *— con qlcu. in amore*, to be s.o.'s rival in love.

rivalersi *v.intr.pron.* **1** to make* good one's losses, to make* up for one's losses; (*ritorcere*) to retaliate: *credo che non potrò rivalermi con nessuno della perdita di denaro che ho subito*, I don't think I shall be able to recover my money at all; *non ha il diritto di — su di me*, he has no right to make good his losses at my expense; *— di un danno, di una perdita su qlcu.*, to make up for a damage, a loss at s.o.'s expense; *— su un commerciante disonesto*, to retaliate against a dishonest trader **2** (*valersi di nuovo*) to make* use again; to avail oneself again.

rivalità *s.f.* rivalry: *tra i due paesi esiste un'antica —*, the two countries are ancient rivals.

rivalorizzare *v.tr.* to increase the value of (sthg., s.o.).

□ **rivalorizzarsi** *v.rifl.* o *intr.pron.* to increase in value.

rivalorizzazione *s.f.* increasing of the value.

rivalsa *s.f.* **1** (*rivincita*) revenge: *prendersi la — su qlcu.*, to take one's revenge on s.o. **2** (*risarcimento*) compensation, reimbursement; (*recupero*) recovery: (*trib.*) *— d'imposta*, recovery of tax; (*banca*) *— cambiaria*, redraft **3** (*dir.*) (*regresso, azione di rivalsa*) recourse: *con, senza —*, with, without recourse.

rivalutare *v.tr.* to reassess; to revalue, to reappraise: *— uno scrittore*, to revalue a writer // (*fin.*): *— la moneta*, to revalue currency; *— il capitale*, to appreciate capital // (*econ.*): *— un patrimonio*, to right up an asset; *— gli stipendi*, to raise salaries.

rivalutativo *agg.* revaluation (*attr.*).

rivalutazione *s.f.* reassessment; revaluation, appreciation, re-appraisal: *— della situazione*, re-appraisal of the situation // (*fin.*): *— di una moneta*, currency appreciation; *la — della lira rispetto al dollaro*, the revaluation of the lira against the dollar // (*econ.*): *— delle attività*, revaluation (*o* right up) of assets; — *degli stipendi*, rise in salaries; — *delle scorte*, inventory revaluation.

rivangare *v.tr.* to dig* up again (*anche fig.*): — *un campo*, to dig up a field again; *non — il passato*, let bygones be bygones (*o* don't dig up the past).

rivedere *v.tr.* **1** (*vedere, incontrare di nuovo*) to see* again; to meet* again: *lo rividi dopo una settimana*, I saw him again after a week; *non l'ho mai più rivisto*, I have never met him again; *un film che rivedo volentieri*, a film I enjoy seeing again // *chi non muore si rivede*, (*prov.*) those who do not die come back **2** (*un luogo, ritornarci*) to return, to come* back, to go* back: — *la patria*, to come back to one's country **3** (*correggere*) to correct, to revise; (*verificare*) to check: — *le bozze*, to proofread (*o* to proofcorrect); — *l'edizione di un libro, una traduzione*, to revise the edition of a book, a translation; *ho rivisto il mio giudizio su di lui*, I've altered my opinion about him; — *i conti*, to check the accounts; — *i prezzi, le tariffe*, to revise prices, tariffs **4** (*ripassare*) to look over again: — *la lezione*, to look over one's lesson again // *far — il motore di un'auto*, to have the car engine overhauled.

□ **rivedersi** *v.rifl.rec.* to see* each other (one another) again; to meet* again: *speriamo di rivederci presto*, I hope to see you again soon // *ci rivedremo!*, (*di minaccia*) I haven't finished with you yet!

rivedibile *agg.* **1** revisable **2** (*mil.*) temporarily unfit.

rivedibilità *s.f.* temporary unfitness.

riveduta *s.f.* look, glance: *ho dato una — alla sua tesi*, I've had a look (*o* glance) at his thesis.

riveduto *agg.* revised; (*corretto*) corrected; (*verificato*) checked: *bozze rivedute*, corrected proofs; *edizione riveduta*, revised edition; *un testo attentamente —*, a carefully revised text.

rivelabile *agg.* revealable.

rivelare *v.tr.* **1** to reveal, to disclose: — *le proprie intenzioni*, to reveal (*o* to disclose) one's intentions; — *un segreto*, to reveal (*o* to disclose) a secret; *le rivelò il nome dell'amante*, he revealed (*o* disclosed) the name of his lover to her **2** (*dar prova di, mostrare*) to reveal, to show*, to display: *rivelò tutta la sua intelligenza in questo lavoro*, he displayed all his intelligence in this work; *il lavoro rivelò le sue qualità*, the work revealed his qualities; *è una frase che rivela quanto sia ignorante*, it's a sentence that reveals (*o* shows) his ignorance **3** (*fis.*) to detect: — *un campo magnetico*, to detect a magnetic field **4** (*teol.*) to reveal: — *il dogma della Trinità*, to reveal the dogma of the Trinity.

□ **rivelarsi** *v.rifl.* to reveal oneself, to show* oneself: *si rivelò un vero amico*, he showed (*o* revealed) himself to be a real friend; *si è rivelato una persona in gamba*, he showed himself (*o* he turned out) to be a capable person.

rivelato *agg.* revealed; (*teol.*) *religioni rivelate*, revealed religions.

rivelatore *agg.* revealing: *sguardo —*, revealing (*o* telltale) glance ♦ *s.m.* **1** revealer **2** (*rad.*) (*rettificatore*) detector; (*coesore*) coherer: — *a campo frenante*, retarding field detector (*o* reverse-field detector); — *a cristallo*, crystal detector; — *a eterodina*, heterodyne detector // (*fis.*) — *di particelle, di radiazioni*, particle, radiation detector **3** (*chim., fot.*) developer.

rivelazione *s.f.* **1** revelation: *è una vera — per me*, it is a real revelation to me **2** (*teol.*) revelation: *la divina —*, divine revelation **3** (*fis., rad.*) detection.

rivendere *v.tr.* **1** to resell*, to sell* again: *se ti dispiace di avermelo venduto, te lo rivendo*, if you are sorry you sold it to me, I'll sell it back to you **2** (*vendere al dettaglio*) to retail, to sell* retail **3** (*fig. fam.*) to outdo*: *in chiacchiere rivende tutti*, he can outdo everyone at talking.

rivendibile *agg.* resalable, resaleable.

rivendicare *v.tr.* **1** to claim: — *il diritto di fare qlco.*, to claim the right to do sthg.; — *la libertà perduta*, to claim lost freedom; — *la priorità*, to claim priority; — *qlco. a qlcu.*, to claim sthg. from s.o. // (*dir.*): — *un'eredità*, to lay claim to an inheritance; — *un diritto*, to claim a right // (*amm.*) — *aumenti salariali*, to claim (*o* to demand) higher wages **2** (*attribuirsi un'azione*) to claim responsibility for (sthg.): — *un rapimento*, to claim responsibility for a kidnapping.

rivendicativo *agg.* concerning a claim.

rivendicatore *agg.* claiming ♦ *s.m.* claimant, claimer.

rivendicazione *s.f.* claim, demand: *rivendicazioni sindacali*, union demands; *rivendicazioni salariali*, wage (*o* pay) claims; *rivendicazioni salariali a catena*, leap-frogging pay demands.

rivendita *s.f.* **1** (*il rivendere*) resale: — *di un'azienda*, resale of a firm; *prezzo di —*, resale price **2** (*negozio*) shop, (*amer.*) store: — *di generi alimentari*, food shop; — *al dettaglio*, retail outlet; — *di tabacchi*, tobacconist's (shop); — *di generi di monopolio*, monopoly goods store.

rivenditore *s.m.* **1** (*chi rivende*) reseller; (*negoziante*) shopkeeper, tradesman*; (*al dettaglio*) retailer **2** (*rigattiere*) second-hand dealer: — *ambulante*, pedlar (*o* hawker *o* street-vendor).

rivendugliolo *s.m.* (*spreg.*) small retailer, small shopkeeper, cheapjack.

rivenire *v.intr.* to come* again, to return, to come* back.

riverberamento *s.m.* (*fis.*) (*di suono*) reverberation; (*di luce, calore*) reflection.

riverberare *v.tr.* (*fis.*) (*di suono*) to reverberate; (*di luce, calore*) to reverberate, to reflect ♦ *v.intr.* → riverberarsi.

□ **riverberarsi** *v.intr.pron.* (*di suono*) to be re-echoed (*anche fig.*); (*di luce, calore*) to be reflected (*anche fig.*): *la sua popolarità si riverbera sull'intera famiglia*, his popularity is reflected on the whole family.

riverberatoio *s.m.* reverberator.

riverberazione *s.f.* (*fis.*) (*di suono*) reverberation, echo*; (*di luce, calore*) reverberation, reflection.

riverbero *s.m.* (*fis.*) (*di suono*) reverberation; echo*; (*di luce, calore*) reverberation, reflection; (*bagliore*) glare; (*meteor.*) blink: — *della luce, del calore*, reflection of light, of heat; (*metall.*) *forno a —*, reverberatory furnace; *lume a —*, reverberator; *proteggiti gli occhi dal —*, protect your eyes from the glare // *di —*, indirectly: *colpire di —*, to hit indirectly.

riverente *agg.* reverent; (*rispettoso*) respectful: *gli parlò in tono —*, he talked to him with respect.

riverenza *s.f.* **1** reverence; (*rispetto*) respect: — *verso Dio*, reverence before God; *la — che si deve ai vecchi*, the respect due to old people; *trattare qlcu. con —*, to treat s.o. with reverence **2** (*inchino*) bow; (*fatto da donna*) curtsey: *fare una —*, to drop a curtsey (*o* to bow).

riverenziale → **reverenziale**.

riverire *v.tr.* **1** (*venerare*) to revere; to venerate; (*rispettare*) to respect; (*onorare*) to honour: — *i propri genitori*, to respect one's parents **2** (*ossequiare*) to pay* one's respects to (s.o.): *riverite per me vostro padre*, give my respects to your father // *la riverisco!*, (*form.*) my respects!

riverito *agg.* revered; venerated; (*stimato*) esteemed; (*rispettato*) respected, honoured: — *da tutti*, respected by all; *Riverito Signore*, (*iniziando una lettera*) Dear Sir; *la vostra riverita lettera*, your esteemed letter; *in casa sua è — come un signore!*, he's as spoiled as a lord at home! // —, *signor padrone!*, my regards, sir // *ho i miei riveriti dubbi*, (*iron.*) I have grave doubts.

riverniciare *v.tr.* to repaint; (*con lacca*) to revarnish.

riverniciata *s.f.* quick repainting; quick revarnishing.

riverniciatura *s.f.* repainting; (*con lacca*) revarnishing.

riversamento *s.m.* (out)pouring.

riversare *v.tr.* **1** to pour (again), to pour out (again): *riversami da bere*, pour me out another glass; *riversò il vino nella bottiglia*, he poured the wine back into the bottle **2** (*versare*) to pour: *questo fiume riversa le sue acque nel mare*, this river flows into the sea **3** (*fig.*) (*far ricadere*) to pour, to heap, to lavish: *ha riversato tutta la sua attenzione sui figli*, he lavished all his attention on his children; — *la colpa su qlcu.*, to heap the blame on s.o.

□ **riversarsi** *v.intr.pron.* **1** to flow: *le acque di questo fiume si riversano nel lago*, the waters of this river flow into the lake **2** (*fig.*) to pour (out): *tutti si riversarono nella grande sala*, everybody poured (*o* rushed) into the big hall; *la folla si è riversata nelle strade a festeggiare*, the crowd poured out into the streets to celebrate.

riversato *agg.* **1** (*rovesciato*) upset, overturned **2** (*fig.*) lavished, heaped.

riversibile → **reversibile**.

riversione → **reversione**.

riverso *agg.* (*rovesciato all'indietro*) backwards, reversed; (*supino*) on one's back: *cadere —*, to fall on one's back.

rivestimentista *s.m.* (*edil.*) decorator; (*pannellista*) paneller.

rivestimento *s.m.* **1** (*tecn.*) covering, coating; (*interno*) lining; (*miner.*) casing: *il — di un muro*, the facing of a wall; — *a pannelli*, panelling; — *ceramico*, ceramic coating; — *di pelle*, leather covering: *con un — di pelle*, leather-covered; — (*interno*) *di una carrozzeria*, upholstering; *la scatola ha un — di velluto*, the box has a velvet lining **2** (*zool.*) (*di pelo, scaglie*) vestiture.

rivestire *v.tr.* **1** (*vestire di nuovo*) to dress again **2** (*provvedere di vestiti*) to provide with clothes: *ha bisogno di essere completamente ri-*

vestito, his wardrobe needs to be completely renewed **3** (*ricoprire*) to cover; (*foderare*) to line: — *con carta i cassetti*, to line the drawers with paper; — *di pelle, di legno*, to line (*o* to cover) with leather, wood; — *con mattonelle*, to tile; — *con pannelli*, to panel **4** (*un pozzo petrolifero*) to tube, to case **5** (*fig.*) to hold*: — *una carica, un grado*, to hold a position, a rank; *rivestiva la carica di sindaco*, he held office of mayor **6** (*fig.*) (*mascherare*) to hide*, to cloak, to mask: — *l'egoismo di falsa generosità*, to cloak one's selfishness with apparent generosity **7** (*indossare*) to wear*, to have on: — *un'armatura*, to wear a suit of armour // *la questione riveste molta importanza*, the question is very important.
□ **rivestirsi** *v.rifl.* to dress (oneself) again: *mi rivesto e arrivo*, I'll dress again and I'll be with you; *la natura si riveste di fiori*, nature clothes (*o* bedecks) herself with flowers // — *da capo a piedi*, to change into a (completely) different outfit.

rivestito *agg.* **1** dressed (in sthg.): — *a festa*, in one's Sunday clothes // *villano* —, upstart (*o* parvenu) **2** (*ricoperto*) covered (with sthg.); (*foderato*) lined (with sthg.): — *di seta*, lined with silk; *una parete rivestita di marmo*, a marble covered wall.

rivestitura *s.f.* → **rivestimento**.

rivettare *v.tr.* to rivet.

rivettatrice *s.f.* (*mecc.*) riveting machine, riveter.

rivetto *s.m.* (*mecc.*) rivet: — *a testa svasata*, countersunk rivet; — *filettato*, screw (*o* stud) rivet; — *spaccato*, split rivet; — *tubolare*, tubular rivet.

riviera *s.f.* **1** coast // *la Riviera italiana*, the Italian Riviera **2** (*ippica*) water jump.

rivierasco *agg.* coast (*attr.*), coastal: *vegetazione rivierasca*, coastal vegetation.

rivincere *v.tr.* **1** to win* again **2** (*ricuperare vincendo*) to win* back: *ho rivinto tutto il mio denaro*, I won all my money back.

rivincita *s.f.* **1** (*sport*) return match; (*al gioco*) return game: *dare, volere la* —, to give, to want a chance of revenge **2** (*fig.*) (*rivalsa*) revenge: *prendersi la* —, to take one's revenge.

rivisitare *v.tr.* to revisit, to visit again; (*fig.*) to re-examine: *ho rivisitato con la mente il mio passato*, I went over my past.

rivisitazione *s.f.* revisiting; (*fig.*) re-examination.

rivista *s.f.* **1** (*mil.*) review, inspection; (*parata*) parade: — *alle armi*, arms inspection; *passare in* — *le truppe*, to review the troops // *passare in* — *il proprio passato*, to go over one's past; *abbiamo passato in* — *tutte le possibilità*, we reviewed (*o* went over) all the possibilities **2** (*periodico*) review; (*rotocalco*) magazine: — *di moda*, fashion magazine; — *letteraria, scientifica*, literary, scientific review; — *trimestrale*, quarterly (review); *giornali e riviste*, newspapers and magazines **3** (*teatr.*) revue: — *di varietà*, variety show **4** (*non com.*) (*revisione*) revising, revision.

rivisto → **riveduto**.

rivitalizzare *v.tr.* to revitalize, to revive.
□ **rivitalizzarsi** *v.intr.pron.* to be revitalized.

rivitalizzazione *s.f.* revitalization.

rivivere *v.tr.* to live again, to relive: *non vorrei* — *quell'esperienza*, I wouldn't like to live (*o* to go) through that experience again; *se io potessi* — *la mia vita*, if I could live my life over again ◆ *v.intr.* **1** to live again: *i fiori rivivono al fresco*, flowers revive in the cool **2** (*ritornare in vita*) to come* to life again: *mi sento* —, (*mi sento un altro uomo*) I feel (like) a new man; *rivisse la cultura, rivissero le antiche tradizioni*, there was a revival of learning, of the old traditions // *far* — *qlcu.*, to bring s.o. to life again **3** (*sopravvivere*) to live on: *nel figlio rivivono le qualità del padre*, the father's qualities live on in his son.

rivivificare *v.tr.* to revivify, to revive; (*fig.*) to revitalize, to give* new life to (s.o., sthg.).
□ **rivivificarsi** *v.intr.pron.* to be revived; (*fig.*) to get* new life, to be revitalized.

riviviscenza → **reviviscenza**.

rivo *s.m.* (*letter.*) brook; stream (*anche fig.*): *un* — *di sangue, di lacrime, di lava*, a stream of blood, tears, lava.

rivolere *v.tr.* **1** to want again **2** (*volere indietro*) to want back.

rivolgere *v.tr.* **1** to turn, to direct: — *gli occhi al cielo*, to turn one's eyes to heaven; — *lo sguardo verso qlcu.*, to turn (*o* to direct) one's gaze towards s.o. (*o* to give s.o. a look); — *i propri pensieri a qlco.*, to think about sthg.; — *la propria attenzione a qlcu.*, to turn one's attention to s.o.; — *i propri passi verso casa*, to make for home **2** (*indirizzare*) to address: *a chi sono rivolte queste parole?*, who are these words addressed to?; *mi rivolse la parola in inglese*, he addressed (*o* talked to) me in English; *non mi ha neppure rivolto la parola*, he has not even spoken to me; — *una preghiera a qlcu.*, to address a prayer to s.o. **3** (*non com.*) (*capovolgere*) to turn upside down **4** (*distogliere*) to turn away; (*dissuadere*) to dissuade: *a quella scena rivolsi lo sguardo altrove*, I turned my eyes away from the sight.
□ **rivolgersi** *v.rifl.* **1** to turn; (*parlando*) to address (s.o.): *mi rivolgo solo a coloro che vogliono ascoltarmi*, I am only addressing (*o* talking to) those who want to listen to me; *"Va bene", disse rivolgendosi verso di me*, "All right", he said turning towards me; *sii più cortese quando ti rivolgi a lui*, please be more polite when you speak to him **2** (*ricorrere*) to apply, to refer; (*per conforto*) to turn: *rivolgiti a lui per qualsiasi cosa ti occorra*, apply to him for anything you may need; *si rivolse alla madre perché la confortasse*, she turned to her mother for comfort // — *alla religione*, to turn to religion // *per ulteriori informazioni* — *a...*, for further information apply to...; — *a un ufficio*, to apply to an office; (*banca*) — *al traente*, to refer to (the) drawer **3** (*girarsi*) to turn.

rivolgimento *s.m.* **1** upheaval; (*fig.*) upheaval, disturbance: *i rivolgimenti della crosta terrestre*, the upheavals of the earth's crust; — *politico*, political disturbance; — *sociale*, social upheaval **2** (*rivoluzione*) revolution; (*cambiamento*) change: — *nelle arti*, change in the arts **3** (*med.*) (*del feto*) version: — *spontaneo*, spontaneous version.

rivolo *s.m.* **1** (*geogr.*) rivulet **2** (*ruscello*) trickle (*anche fig.*): *un* — *di sangue*, a trickle of blood.

rivolta *s.f.* **1** revolt, rebellion: *sedare, reprimere una* —, to put down a rebellion **2** (*mar., mil.*) mutiny **3** (*letter.*) (*giro*) turn **4** (*non com.*) (*risvolto, di guanto ecc.*) turn-up.

rivoltamento *s.m.* (*non com.*) turn, turning.

rivoltante *agg.* revolting, disgusting.

rivoltare *v.tr.* **1** to turn (over) again: *voltò e rivoltò le pagine*, he turned the pages over and over again **2** (*rovesciare*) to turn (over); (*con l'interno all'esterno*) to turn inside out; (*capovolgere*) to turn upside down: *rivolta quel bicchiere*, turn that glass upside down; — *il materasso*, to turn the mattress; — *un vestito*, to turn a dress: *far* — *un vestito*, to have a dress turned **3** (*mescolare*) to mix, to toss: — *l'insalata*, to toss a salad **4** (*fig.*) (*sconvolgere*) to upset*; (*ripugnare*) to disgust (s.o.), to nauseate (s.o.): *questo odore mi rivolta lo stomaco*, this smell upsets my stomach.
□ **rivoltarsi** *v.rifl.* (*dall'altra parte*) to turn round; (*rigirarsi*) to turn over: *si è rivoltato nel letto per tutta la notte*, he tossed about in his bed the whole night long ◆ *v.intr.pron.* (*ribellarsi*) to revolt, to rebel*: *egli si rivoltò contro di me come una vipera*, he turned on me like a viper; *il mio senso dell'onore si rivolta a una simile proposta*, my sense of honour revolts at (*o* against) such a proposal; *si rivoltarono contro il loro re*, they revolted (*o* rebelled) against their king.

rivoltato *agg.* turned; turned out; (turned) inside out: *abito* —, turned dress; *con le tasche rivoltate*, with his pockets inside out.

rivoltella *s.f.* revolver: — *a sei colpi*, six-chambered revolver (*o* six-shooter); — *automatica*, automatic revolver.

rivoltellata *s.f.* revolver shot.

rivolto *agg.* turned; (*girato*) turned round: — *indietro*, turned backwards ◆ *s.m.* (*mus.*) inversion.

rivoltolamento *s.m.* (*non com.*) turning over; rolling over.

rivoltolare *v.tr.* **1** to turn (over); to roll (over): *rivoltolava delle carte fra le mani*, he was turning some papers in his hands **2** (*mettere sottosopra*) to turn upside down: — *la biancheria nel cassetto*, to turn the linen in the drawer upside down.
□ **rivoltolarsi** *v.rifl.* to roll over; to roll about; to toss and turn; to wallow: — *nel letto*, to toss and turn in one's bed; — *nel fango*, to wallow in the mud.

rivoltolio *s.m.* rolling about, continual turning over.

rivoltoso *agg.* rebellious ◆ *s.m.* rebel.

rivoluzionamento *s.m.* revolutionizing.

rivoluzionare *v.tr.* **1** to revolutionize: *un'idea che rivoluzionerà la produzione delle auto*, an idea that will revolutionize car production **2** (*fig.*) (*mettere sottosopra*) to upset*, to turn upside down: *rivoluzionò tutta la casa alla ricerca del portafoglio*, he turned everything upside down looking for his wallet.

rivoluzionario *agg.* revolutionary: *teorie rivoluzionarie*, revolutionary theories; *tribunale* —, revolutionary court ◆ *s.m.* revolutionary.

rivoluzionarismo *s.m.* revolutionism.

rivoluzione *s.f.* **1** revolution: *la* — *francese, russa*, the French, Russian revolution; *allo scoppio della* —, on the outbreak of the revolution; *le sue idee portarono una completa* — *nelle scienze naturali*, his ideas brought about a complete revolution in the natural sciences; — *industriale, tecnologica, agricola*, industrial, technological, agricultural revolution; — *verde*, green revolution **2** (*scient.*) revolution: *la* — *di una ruota*, the revolution of a wheel // (*astr.*): *la* — *della Luna intorno alla Terra*, the revolution of the Moon round the Earth; *periodo di* —, orbital period // (*mat.*) *solido di* —, solid of revolution **3** (*confusione*) mess: *che* —*!*, what a mess!

rivulsione e *deriv.* → **revulsione** e *deriv.*

rizatono → **rizoatono**.

rizina → **rizoide**.

rizoatono *agg.* (*ling.*) not having the accent on the radical syllable.

rizofago *s.m.* (*zool.*) root-eater.

rizoide *s.m.* (*bot.*) rhizoid.

rizoma *s.m.* (*bot.*) rhizome, rootstock.

rizomatoso *agg.* (*bot.*) rhizomatous.

rizotonico *agg.* (*ling.*) having the accent on the radical syllable.

rizza *s.f.* (*mar.*) lashing.

rizzare[1] *v.tr.* **1** to raise, to erect: — *la bandiera, una vela*, to hoist the flag, a sail; — *le orecchie*, to prick up one's ears (*anche fig.*) (*o fig.* to strain one's ears); — *la testa*, to raise one's head // *è una storia che fa — i capelli*, it is a story which makes one's hair stand on end // — *la cresta*, to grow proud (*o* insolent); (*darsi delle arie*) to put on airs **2** (*erigere*) to erect, to raise; (*costruire*) to build*: — *un monumento*, to raise (*o* to erect) a monument; — *un muro*, to build a wall.

□ **rizzarsi** *v.rifl.* to stand* up: *gli ordinai di* —, I ordered him to stand straight ◆ *v.intr.pron.* (*di peli, capelli*) to bristle: *al cane si rizzò il pelo quando lo vide*, the dog bristled when it saw him; *a quelle parole mi si rizzarono i capelli*, those words made my hair stand on end.

rizzare[2] *v.tr.* (*mar.*) to lash, to frap.

rizzatura *s.f.* (*mar.*) gripes (*pl.*).

RNA *s.m.* (*biochim.*) (*Acido Ribonucleico*) RNA (ribonucleic acid): — *messaggero*, RNA messenger; — *di trasferimento*, RNA transfer.

ro → **rho**.

roano *agg.* e *s.m.* (*cavallo*) roan.

roast beef *s.m.* (*cuc.*) roast beef.

roba *s.f.* **1** stuff [U]; things (*pl.*): — *di casa*, household articles (*o* stuff); *che cos'è questa* —*?*, what is this stuff? (*o* what is this?); *ho della* — *da farti vedere*, I have something (*o* some stuff) to show you; *presta la sua* — *a tutti*, he lends his things to everyone; — *di valore*, valuables; *ho portato della* — *da mangiare*, I have brought some food; *ho solo* — *vecchia da vendere*, I only have old stuff (*o* things) to sell; *non mi piace questo genere di* —, I do not like this sort of thing (*o* stuff); *questa è* — *nostra*, this belongs to us (*o* this is ours *o* this is our stuff); *la vostra* — *non è ancora arrivata*, your stuff has not arrived yet; *ha lasciato la sua* — *al nipote*, he's left his possessions to his grandson // — *da matti, da chiodi!*, it's incredible (*o* it's sheer madness *o* it's crazy)! // *bella* —*!*, (*iron.*) that's nice, isn't it? // *che* —*!*, what rubbish! // *non desiderare la* — *d'altri*, (*Bibbia*) thou shalt not covet thy neighbour's goods **2** (*tessuto*) cloth, material; (*indumenti*) clothes (*pl.*): *questo abito è fatto di* — *a buon mercato*, this dress is made of cheap stuff (*o* material) **3** (*merce*) goods (*pl.*) **4** (*sl.*) (*droga*) stuff, dope.

robaccia *s.f.* rubbish, trash, junk [U]: *cos'è questa* —*?*, what's this rubbish?; *non leggere quella* —, don't read that trash; *quel negozio vende* —, that shop only sells junk.

robbia *s.f.* (*bot.*) (*Rubia tinctorum*) madder.

roberziana *s.f.* (*bot.*) (*Geranium robertianum*) cranesbill.

robetta *s.f.* (*fam.*) shoddy stuff [U]: *in quel negozio trovi solo* —, you only find shoddy stuff in that shop; *non andare a vedere quel film, è una* — *da niente*, don't go to see that film, it's really not up to much.

robiglia *s.f.* → **rubiglio**.

robinia *s.f.* (*bot.*) robinia; (*Robinia pseudoacacia*) locust, false acacia // — *del Giappone*, (*Sophora japonica*) pagoda-tree.

robiola *s.f.* 'robiola' (kind of Italian soft cheese).

robivecchi *s.m.* rag-and-bone man*; (*rigattiere*) second-hand dealer.

roboante *agg.* **1** (*letter.*) (*rimbombante*) thundering **2** (*fig. spreg.*) (*altisonante*) pompous.

robot *s.m.* robot (*anche fig.*): — *industriale*, industrial robot.

robotica *s.f.* robotics [U].

robotico *agg.* robotic, robot (*attr.*): *tecnologia robotica*, robot technology.

robotizzare *v.tr.* to robotize: — *un'industria, la produzione*, to robotize an industry, production.

□ **robotizzarsi** *v.intr.pron.* **1** to be robotized **2** (*fig.*) (*diventare come un robot*) to become* a robot, to become* robot-like.

robotizzazione *s.f.* robotization.

robustezza *s.f.* **1** robustness, strength, sturdiness: — *di membra*, sturdiness of limb; *la* — *di una struttura*, the sturdiness of a structure **2** (*fig.*) (*vigore*) vigour, strength, firmness.

robusto *agg.* **1** robust, strong; hardy, sturdy: *un giovane* —, a robust (*o* sturdy) young man; *braccia robuste*, strong arms; *piante robuste*, hardy plants; *un colpo* —, a strong blow **2** (*vigoroso*) vigorous; (*saldo*) firm, staunch, steadfast: *una mente robusta*, a strong mind; *stile* —, vigorous style; *discorso* —, firm speech.

rocaggine *s.f.* hoarseness, raucousness.

rocambolesco *agg.* (*audace*) daring, bold; (*strabiliante*) extraordinary, fantastic: *fuga, evasione rocambolesca*, daring escape; *un'avventura rocambolesca*, an extraordinary adventure.

rocca[1] *s.f.* **1** (*fortezza*) stronghold (*anche fig.*); fortress, fort: *assalire la* —, to assail (*o* to attack) the fortress **2** (*geogr.*) (*rupe*) rock **3** (*min.*) *cristallo di* —, rock crystal.

rocca[2] *s.f.* (*per filare a mano*) distaff.

roccaforte *s.f.* stronghold (*anche fig.*); fortress, fort.

roccatrice *s.f.* (*tess.*) spooler.

roccatura *s.f.* (*tess.*) spooling.

rocchettaro → **rockettaro**.

rocchettiera → **roccatrice**.

rocchetto[1] *s.m.* **1** reel; spool; bobbin: — *di filo*, reel of thread **2** (*elettr.*) coil: — *d'induzione*, induction coil; — *di Ruhmkorff*, Ruhmkorff spark coil // (*aut.*) — *d'accensione*, ignition coil **3** (*cinem.*) spool: — *a denti*, claw; — *avvolgitore*, takeup spool; — *svolgitore*, delivery spool **4** (*mecc.*): — *dentato*, sprocket wheel; — *dentato conduttore*, driving sprocket **5** (*fot.*) roll.

rocchetto[2] *s.m.* (*eccl.*) rochet.

rocchio *s.m.* (*di tronco d'albero*) log; (*di colonna*) drum.

roccia *s.f.* **1** rock; (*picco montano*) crag; (*scogliera*) cliff: *una città costruita sulla* —, a town built on rock; *stare al sole sulle rocce*, to lie on the rocks in the sun; *tuffarsi da una* —, to dive from a rock // *fare della* —, to rock-climb: *non ho ancora fatto della* — *quest'anno*, I haven't done any rock-climbing yet this year // *scarpe da* —, climbing boots **2** (*geol.*) rock; (*spec. contenente minerali*) ground: — *eruttiva*, igneous (*o* eruptive) rock; — *vulcanica*, volcanic rock; — *madre*, parent rock, (*spec. del petrolio*) source rock; — *incessante*, country (*o* host *o* wall) rock **3** (*fig.*) (*persona forte fisicamente e moralmente*) tower of strength, rock.

rocciatore *s.m.* rock-climber.

roccioso *agg.* **1** rocky: *terreno* —, rocky ground (*o* terrain) **2** (*fig.*) (*saldo*) firm, steadfast, sturdy.

rocco *s.m.* **1** (*bastone pastorale*) crosier **2** (*ant.*) (*a scacchi*) castle, rook.

roccolo *s.m.* **1** (*region.*) nets with decoy for attracting birds **2** (*fig. fam.*) (*tranello*) trap, trick.

rochezza *s.f.* (*non com.*) hoarseness, raucousness.

rock *s.m.* (*mus.*) rock: — *acrobatico*, jive dancing // *un famoso cantante* —, a famous rock singer.

rockabilly *s.m.*,(*mus.*) rockabilly.

rock and roll *s.m.* (*mus.*) rock and roll.

rockettaro *s.m.* (*mus.*) rocker.

rock jazz *s.m.* (*mus.*) jazz-rock.

rock-star *s.f.* (*cantante, musicista rock*) rock star.

roco *agg.* hoarse, raucous: *voce roca*, hoarse voice.

rococò *agg.* e *s.m.* rococo: *mobili* —, rococo furniture; *stile* —, rococo (style).

rodaggio *s.m.* **1** (*aut.*) running in: *in* —, running in; *un'automobile in* —, a car being run in **2** (*fig.*) (*periodo di adattamento*) trial stage, period of adjustment, setting in: *il progetto è nella fase di* —, the plan is in the trial stage.

rodammina *s.f.* (*chim.*) rhodamine.

rodanato *s.m.* (*chim.*) rhodanate.

rodanina *s.f.* (*chim.*) rhodanine.

rodare *v.tr.* **1** to run* in: — *una macchina, un motore*, to run in a car, an engine **2** (*fig.*) (*mettere alla prova*) to try out; (*adattare*) to adjust, to adapt.

rodenticida *s.m.* (*chim.*) rodenticidal.

rodeo[1] *s.m.* rodeo*.

rodeo[2] *s.m.* (*zool.*) (*Rhodeus amarus*) bitterling.

rodere *v.tr.* **1** to gnaw: *i topi hanno roso un pezzo di questo libro*, the mice have gnawed away a piece of this book; — *un osso*, to gnaw a bone // *un osso duro da* —, a hard nut to crack // — *il freno*, to chafe under restraint (*o* to champ at the bit) **2** (*scherz.*) (*mangiare*) to eat* **3** (*corrodere*) to corrode, to eat* into (sthg.), to bite* into (sthg.): *gli acidi rodono i metalli*, acids eat into metals; *questa sbarra è stata rosa dalla ruggine*, this bar has been corroded by rust; *il mare rode la scogliera*, the sea is eroding the cliffs **4** (*fig.*) (*tormentare*) to gnaw at (sthg.); to eat* into (sthg.): *la gelosia le rodeva l'anima*, she was consumed with jealousy; *cosa ti rode tanto?*, what's eating you?

□ **rodersi** *v.rifl.* to worry, to be worried; to wear* oneself out, to be consumed, to pine (away): *si rode per niente*, he is wearing himself out for nothing; *se fossi in te non mi roderei tanto*, if I were you I shouldn't worry so much (*o* I shouldn't be so worried); *non ti rodere il fegato!*, don't eat your heart out!; — *d'invidia, di gelosia*, to be consumed with envy, jealousy; — *di rabbia*, to chafe (*o* to be consumed) with rage.

rodiare *v.tr.* (*metall.*) to rhodium-plate.

rodiatura *s.f.* (*metall.*) rhodium-plating.

rodibile *agg.* (*non com.*) gnawable.

rodico *agg.* (*chim.*) rhodic.

rodiggio *s.m.* (*ferr.*) wheel arrangement.

rodimento *s.m.* **1** (*il rodere*) gnawing **2** (*erosione*) erosion **3** (*fig.*) (*cruccio*) anxiety, worry: *non voleva mostrare il suo* —, he did not want to show his anxiety.

rodio[1] *s.m.* (*chim.*) rhodium.

rodio[2] *agg.* (*dell'antica Rodi*) of Rhodes, Rhodian.

rodite *s.f.* (*min.*) rhodite.

roditore *s.m.* (*zool.*) rodent.

roditrice *s.f.* (*mecc.*) nibbler.

rodocrosite *s.f.* (*min.*) rhodochrosite.

rododendro *s.m.* (*bot.*) rhododendron*.

rodolite *s.f.* (*min.*) rhodolite.

rodomontata *s.f.* (*scherz.*) rodomontade.

rodomonte *s.m.* (*scherz.*) rodomont; braggart.

rodomontesco *agg.* boastful, bragging.

rodonite *s.f.* (*min.*) rhodonite.

rodoxantina *s.f.* (*biochim.*) rhodoxanthin.

roentgen → **röntgen**.

rogante *s.m.* (*dir.*) drafter.

rogare *v.tr.* (*dir.*) to draw* up: — *un atto*, to draw up a deed.

rogatore *s.m.* (*dir.*) drafter.

rogatoria *s.f.* (*dir.*) request; rogatory letter: *per* —, by request.

rogatorio *agg.* (*dir.*) rogatory: *commissioni rogatorie*, rogatory letters.

rogazione *s.f.* **1** (*st. romana*) rogation **2** *pl.* (*eccl.*) rogations.

roggia *s.f.* (*region.*) irrigation ditch.

rogitare *v.intr.* (*dir.*) to draw* up a (notarial) deed.

rogito *s.m.* (*dir.*) (notarial) deed; instrument: *stendere un* —, to draw up a deed.

rogna *s.f.* **1** (*med.*) (*scabbia*) scabies; (*vet.*) scab, mange; (*delle piante*) scab **2** (*fig.*) (*briga fastidiosa*) nuisance; trouble [U]: *non voglio darti delle rogne*, I do not want to give you any trouble; *questo lavoro è una vera* —, this work is a real nuisance; *cercar rogne*, to be looking for trouble.

rognone *s.m.* (*cuc.*) kidney.

rognoso *agg.* **1** (*med.*) scabby; (*zool.*) scabbed, scabious, mangy; (*di piante*) scabious **2** (*fig.*) (*fastidioso*) troublesome, annoying: *un lavoro* —, a troublesome (*o* a difficult) job; *non fare il* —, don't be so annoying (*o* such a nuisance).

rogo *s.m.* **1** (*supplizio del fuoco*) stake: *condannare, mandare al* —, to condemn, to send to the stake **2** (*pira*) funeral pyre **3** (*incendio*) blaze, fire: *molti perirono nel — della discoteca*, many people perished in the discotheque blaze (*o* fire) **4** (*falò*) (bon)fire.

rollare[1] *v.tr.* (*mar.*) (*arrotolare*) to roll (up): — *le tende*, to roll up the curtains.

rollare[2] *v.intr.* (*mar.*) to roll.

rollata *s.f.* (*mar.*) rolling.

rollatura → **rullatura**.

rollè *agg.* e *s.m.* (*region.*) (*cuc.*) collar, roll.

rollino *s.m.* **1** (*mecc.*) roller, roll: — *tenditore*, tension roller; *chiave a* —, adjustable spanner, monkey wrench **2** (*fot.*) (film) roll.

rollio *s.m.* (*mar., aer., aut.*) roll, rolling: *il — della nave*, the roll(ing) of the ship.

rollometro *s.m.* (*mar.*) oscillometer.

rom *s.m* e *f.* e *agg.* gipsy.

Roma *no.pr.f.* (*geogr.*) Rome // — *non fu fatta in un giorno*, Rome was not built in a day // *tutte le strade conducono a* —, all roads lead to Rome.

romagnolo *agg.* of Romagna, from Romagna ◆ *s.m.*, **romagnola** *s.f.* inhabitant of Romagna, native of Romagna.

romaico *agg.* e *s.m.* Romaic.

romanamente *avv.* in the Roman way, after the Roman fashion; like a Roman.

romancio *agg.* e *s.m.* Romans(c)h.

romando *agg.* French-speaking (*attr.*), of French Switzerland: *Svizzera romanda*, French -speaking Switzerland ◆ *s.m.* (*lingua romanda*) Swiss-French.

romanesco *agg.* of (modern) Rome, (modern) Roman: *dialetto* —, Roman dialect ◆ *s.m.* Roman dialect.

romanico *agg.* (*arch.*) Romanesque: *una cattedrale romanica*, a Romanesque cathedral; *arte romanica*, Romanesque art.

romanismo *s.m.* (*ling.*) Roman expression, idiom of the Roman dialect.

romanista *s.m.* e *f.* **1** (*dotto nel diritto romano*) Romanist **2** (*dotto nelle lingue romanze*) Romanist, specialist in the Romance languages **3** (*tifoso*) supporter of Roma football club.

romanistica *s.f.* **1** (*studio del diritto romano*) study of Roman law **2** (*studio delle lingue romanze*) Romance philology.

romanità *s.f.* **1** Roman spirit; Roman influence; Roman traditions (*pl.*) **2** (*mondo romano*) Roman world: *il cristianesimo si diffuse in tutta la* —, Christianity spread throughout the entire Roman world.

romanizzare *v.tr.* to Romanize, to make* Roman.

□ **romanizzarsi** *v.rifl.* to become* Roman, to adopt Roman ways.

romanizzazione *s.f.* Romanization.

romano[1] *agg.* **1** Roman: *la Chiesa romana*, the Roman (Catholic) Church; *l'impero* —, the Roman Empire; *numeri romani*, Roman numerals // (*tip.*) *carattere* —, Roman type // *pagare alla romana*, to pay one's own share **2** (*romanzo*) Romanic; Romance (*attr.*): *lingue romane*, Romance (*o* Romanic) languages **3** (*arch.*) (*romanico*) Romanesque: *stile* —, Romanesque style ◆ *s.m.*, **romana** *s.f.* Roman.

romano[2] *s.m.* (*peso scorrevole di stadera*) poise.

romano-germanico *agg.* (*st.*) Germano -Romanic.

romanticheria *s.f.* sentimentality, mawkishness.

romanticismo *s.m.* (*lett., mus.*) Romanticism.

romantico *agg.* romantic: *ideali romantici*, romantic ideals; *una canzone romantica*, a romantic song; *è inguaribilmente romantica*, she is incurably romantic // *età romantica*, Romantic Age ◆ *s.m.* romantic: *è un incorreggibile* —, he's an incorrigible romantic; *non fare il* —, don't be so romantic.

romanticume *s.m.* (*spreg.*) romantic nonsense.

romantizzare *v.tr.* to romanticize.

romanza *s.f.* **1** (*poesia*) romance **2** (*mus.*) romance; (*di melodramma*) aria.

romanzare *v.tr.* to romanticize: — *la realtà*, to romanticize reality.

romanzato *agg.* romanticized: *storia romanzata*, romanticized history.

romanzesco *agg.* **1** of a novel, novel (*attr.*): *uno scrittore* —, a novelist **2** (*che concerne i romanzi medievali*) romance (*attr.*), romantic, heroic **3** (*fig.*) fantastic; extraordinary, fabulous.

romanzetto *s.m.* **1** (*breve romanzo*) short novel, novelette **2** (*storia fantastica*) romance: *ne ha fatto tutto un* —, he has made a romance of it all **3** (*relazione amorosa*) love affair, romance.

romanziere *s.m.* novelist.

romanzo[1] *agg.* Romance: *lingue romanze*, Romance languages.

romanzo[2] *s.m.* **1** novel: — *a fumetti*, novel in cartoon form; — *a puntate*, serial; — *a tesi*, novel with a message; — *di cappa e spada*, cloak-and-dagger novel; — *fiume*, saga (*o* roman-fleuve); — *giallo, poliziesco*, detective novel (*o* thriller); — *picaresco*, picaresque novel; — *psicologico*, psychological novel; *Walter Scott scrisse romanzi storici*, Walter Scott wrote historical novels **2** (*componimento medievale*) romance: *i romanzi cavallereschi del Medioevo*, the romances of the Middle Ages; *i romanzi della Tavola Rotonda*, the romances of the Round Table (*o* the Arthurian cycle) **3** (*novellistica*) fiction, novel: *il — americano è molto letto*, American fiction (*o* the American novel) is widely read **4** (*fig.*) (*storia incredibile*) fiction, story, fantasy, romance: *la sua vita fu tutta un* —, his whole life was a fantasy // *il — d'amore di due giovani*, the romance between two young lovers.

rombante *agg.* roaring; rumbling; (*tonante*) thundering.

rombare *v.intr.* to roar; to rumble; (*tuonare*) to thunder: *il motore dell'auto rombava*, the car engine roared; *il tuono rombava minacciosamente*, the thunder rumbled threateningly.

rombico *agg.* (*mat.*) rhombic.

rombo[1] *s.m.* **1** (*mat.*) rhombus*, rhomb: *a forma di* —, rhomboidal **2** (*la trentaduesima parte della rosa dei venti*) point, rhumb: (*mar.*) *dare il* —, to give the course.

rombo[2] *s.m.* (*zool.*) rhombus*: — *liscio*, (*Rhombus laevis*) brill; — *gigante*, (*Rhombus maximus*) turbot*.

rombo[3] *s.m.* roar; rumble; (*tuono*) thunder: *il — dei cannoni*, the thunder of the guns; — *dell'elica*, propeller noise; *il — del motore*, the roar of the engine; *il — del vento*, the roar of the wind.

romboclasio *s.m.* (*min.*) rhomboclase.

romboedrico *agg.* (*min.*) rhombohedral.

romboedro *s.m.* (*mat.*) rhombohedron*.

romboidale *agg.* rhomboidal.

romboide *agg.* rhomboid: (*anat.*) (*muscolo*) —, rhomboid muscle ◆ *s.m.* (*mat.*) rhomboid.

romeite *s.f.* (*min.*) romeite.

romeno *agg.* e *s.m.* Rumanian.

romeo *s.m.* (*st.*) (*pellegrino*) pilgrim (going to Rome).

romice *s.f.* (*bot.*) (*Rumex patientia*) dock, patience dock.

romitaggio *s.m.* (*antiq.*) **1** hermitage **2** (*casa solitaria*) isolated house, retreat.

romito *agg.* (*letter.*) lonely, solitary: *un luogo* —, a solitary place ◆ *s.m.* (*ant.*) (*eremita*) hermit: *una vita da* —, a solitary life.

romitorio *s.m.* hermitage.

rompere *v.tr.* **1** to break*; to burst*; (*mandare in frantumi*) to smash: — *un piatto, un bicchiere*, to break a plate, a glass; *accidenti, ho rotto il vetro della finestra!*, damn it! I've broken (*o* smashed) the window; — *in due, in tre*, to break in two (*o* half), in three; — *in due un ramo, un bastone*, to break (*o* to snap) a branch, a stick in two; *il fiume ha rotto gli argini*, the river has broken (*o* burst) its banks; *rompersi un braccio, una gamba*, to break one's arm, one's leg; *rompersi il collo, l'osso del collo*, to break one's neck // (*mil.*): — *le righe*, to break ranks: *rompete le righe!*, dismiss!; — *le linee nemiche*, to break the enemy's lines // — *la faccia, il muso a qlcu.*, to smash s.o.'s face in // — *le scatole a qlcu.*, (*fam.*) to drive s.o. crazy (*o* to get on s.o.'s nerves *o* to get s.o.'s goat); *mi hai rotto* (*le scatole*), *vattene!*, you've driven me crazy, clear off! // *non romperti la testa in quell'indovinello*, don't rack your brains over that riddle // *mi rompi i timpani con quella musica!*, you're bursting my eardrums with that music! // (*dir.*) — *i sigilli*, to break the seals // *chi rompe paga e i cocci sono suoi*, (*prov.*) he who makes a mistake must pay for it and take the consequences **2** (*interrompere*) to break*: — *il digiuno*, to break one's fast; — *il silenzio*, to break the silence; — *un'amicizia*, to break up (*o* off) a friendship; — *una relazione con qlcu.*, to break with s.o.; — *un fidanzamento*, to break off an engagement; — *le trattative*, to break off negotiations **3** (*violare*) to break*, to violate: — *una promessa*, to break a promise; — *un giuramento*, to break an oath // (*dir.*) — *un accordo, un contratto*, to break (*o* to pull off) an agreement, a contract **4** (*ant. letter.*) (*sconfiggere*) to disrupt, to scatter ◆ *v.intr.* **1** (*interrompere i rapporti*) to break* up: *ha rotto con il fidanzato*, she has broken up with her boyfriend **2** (*naufragare*) to break* (up): *la nave ruppe sugli scogli*, the ship broke up on the rocks **3** (*prorompere*) to burst*: — *in pianto*, to burst into tears **4** (*fam.*) (*seccare*) to bother: *non* —*!*, don't bother (me)!; *quanto rompi!*, don't be such a pain in the neck! **5** (*straripare*) to break*, to burst* its banks.

□ **rompersi** *v.intr.pron.* **1** to break*: *questa porcellana non si rompe facilmente*, this china doesn't break easily // *mi si è rotto l'orologio*, my watch is broken **2** (*di vena, vescica*) to rupture, to burst*: *gli si ruppe una vena*, he burst a vein **3** (*fam.*) (*seccarsi*) to be fed up (with): *mi sono rotto di te e delle tue storie*, I'm fed up with you and your stories.

rompi *s.m.* e *f.* (*fam.*) pest, pain in the neck: *sua sorella è una vera* —, his sister is a real pain in the neck.

rompiballe → **rompipalle**.

rompibile *agg.* breakable.

rompicapo *s.m.* **1** worry, trouble; problem, headache: *ho sempre qualche — con lui*, I always have problems with him **2** (*indovinello*) puzzle, riddle.

rompicoglioni → **rompipalle**.

rompicollo *s.m.* **1** (*persona scapestrata*) daredevil, madcap **2** (*luogo pericoloso*) dangerous place // *a* —, headlong (*o* at breakneck speed): *scesero le scale correndo a* —, they ran headlong down the stairs.

rompifiamma *s.m.* (*mil.*) flame trap.

rompighiaccio *s.m.* **1** (*mar.*) ice breaker **2** (*per alpinisti*) ice axe **3** (*punteruolo*) ice pick.

rompimento *s.m.* **1** breaking; break **2** (*fam.*) (*noia*) bore; (*rompiscatole*) pain.

rompipalle *s.m.* e *f.* (*volg.*) pain, pain in the arse, (*amer.*) pain in the ass, ball breaker: *sei un vero* —, you are a real pain in the arse.

rompiscatole *s.m.* e *f.* (*fam.*) nuisance, bore; (*fam.*) pest, pain in the neck ◆ *agg.* exasperating, irritating: *un atteggiamento* —, an exasperating attitude.

rompitore *s.m.* **rompitrice** *s.f.* (*non com.*) breaker.

rompitura *s.f.* breaking (up): *la — dei rottami*, the breaking up of scrap material // — *di scatole*, (*fig.*) pain in the neck.

rompitutto *s.m.* e *f.* (*fam.*) clumsy person; (*chi lascia cadere ogni cosa*) butterfingers.

ronca → **roncola**.

roncare *v.tr.* (*agr.*) to prune; (*sarchiare*) to weed.

roncatura *s.f.* (*agr.*) pruning; (*sarchiatura*) weeding.

ronchetto → **roncolo**.

roncinato *agg.* (*bot.*) runcinate.

ronco *s.m.* (*zool.*) (*Echinorhinus brucus*) bramble shark.

roncola *s.f.* billhook.

roncolo *s.m.* pruning knife*.

ronda *s.f.* (*mil.*) rounds (*pl.*); (*pattuglia*) patrol: *passa la* —, the patrol is doing the rounds; *essere di* —, to be on patrol; *fare la* —, to do (*o* to make) the rounds (*o* to be on patrol); (*di poliziotto*) to be on one's beat // *fare la — a una ragazza*, to hang round a girl.

rondella *s.f.* (*mecc.*) washer, flat washer.

rondello *s.m.* (*mus.*) rondo*; rondeau*; rondel.

rondine *s.f.* (*zool.*) **1** swallow // *una — non fa primavera*, (*prov.*) one swallow does not make a summer // *giacca a coda di* —, swallow-tailed coat // (*tecn.*) *incastro a coda di* —, dovetail joint **2** — *di mare*, (*Sterna hirundo*) common tern, sea swallow, shear-tail, scray **3** — *riparia*, (*Riparia riparia*) sand-martin.

rondò *s.m.* (*mus.*) rondo*, rondeau*; rondel.

rondone *s.m.* (*zool.*) (*Apus apus*) swift.

ronfamento *s.m.* (*non com.*) **1** snoring **2** (*di gatto*) purring.

ronfare meno com. **ronfiare** *v.intr.* **1** (*fam.*) to snore **2** (*estens.*) (*di gatto*) to purr.

ron ron *inter.*: *fare* —, (*di gatto*) to purr, (*di persona*) (*russare*) to snore.

röntgen *s.m.* (*fis.*) roentgen (*unità di misura della radiazione X*).

ronzamento *s.m.* (*non com.*) buzzing, humming, droning.

ronzare *v.intr.* **1** to buzz, to hum, to drone; (*d'ali*) to whirr: *le api, le vespe ronzano*, bees, wasps buzz (*o* hum); *le sue parole mi ronzavano in testa*, his words were humming in my ears // *cosa ti ronza per il capo?*, what is going through your mind? // *mi ronzano gli orecchi*, my ears are buzzing **2** (*girare*) to hang* round, to hang* around: *ronza sempre intorno a mia sorella*, he is always hanging round my sister; *credo di sapere perché ronza sempre attorno al direttore*, I think I know why he is always hanging round the manager.

ronzinante *s.m.* (*non com.*) (*ronzino*) nag, hack, broken-down horse.

ronzino *s.m.* nag, hack, broken-down horse.

ronzio *s.m.* buzzing, humming; drone, (*d'ali*) whirr: *il — di un calabrone*, the humming of a homet; *il — del traffico arrivava sino là*, the drone of the traffic could be heard even there; — *alle orecchie*, buzzing in the ears; (*med.*) tinnitus.

ropalico *agg.* (*metrica*) ropalic, rhopalic.

rorido *agg.* (*letter.*) (*rugiadoso*) dewy; (*bagnato*) wet; (*umido*) moist, damp.

rosa *agg.* e *s.m.* pink: *il — antico*, rose; *un abito* —, a pink dress; *il — è un bellissimo colore*, pink is a very nice colour // *vedere la vita in* —, to look at life through rose-tinted (*o* rose-coloured) glasses // *il mistero si è tinto di* —, the mystery has been tinged with romance // *letteratura* —, love stories (*o* romances) // *cronaca* —, society news.

rosa *s.f.* **1** (*bot.*) rose: *mi ha mandato un mazzo di rose*, he sent me a bunch of roses; *bocciolo di* —, rose-bud; *petalo di* —, rose-petal; *foglia di* —, rose-leaf; *cespuglio, pianta di rose*, rose-bush; — *rampicante*, rambler (rose) // — *borraccina*, — *muscosa*, (*Rosa centifolia muscosa*) moss-rose; — *canina*, — *di macchia*, (*Rosa canina*) eglantine (*o* bramblerose *o* dog-rose *o* brier rose); — *centifoglia*, cabbage-rose; — *damascena*, damask-rose; — *del Giappone*, (*Camelia japonica*) camellia; — *muschiata*, (*Rosa moschata*) musk rose; — *tea*, tea-rose // — *di Natale*, (*Helleborus niger*) Christmas rose // *acqua di rose*, rosewater // *all'acqua di rose*, (*fig.*) superficial, shallow; watered-down; mild: *una punizione all'acqua di rose*, (*fam.*) a mild punishment // *non sono tutte rose*, (*fig.*) it is not all roses // *fresco come una* —, (*fig.*) as fresh as a daisy // *se son rose fioriranno*, the proof of the pudding is in the eating // *essere su un letto di rose*, to be on a bed of roses // *non c'è — senza spine*, (*prov.*) no rose without a thorn **2** (*mil.*) — *di tiro*, dispersion patter **3** — *della bussola*, compass rose **4** — *dei venti*, compass card, windrose **5** (*fig.*) (*cerchia, gruppo di persone*) group; list, set: *la — dei favoriti*; the group of favourites; *la — dei candidati*, the group (*o* list) of candidates; — *dei nomi*, list of names; (*nelle elezioni*) shortlist.

rosaceo *agg.* rosaceous; rosy; pinkish: (*pianta*) *rosacea*, rosacean (plant) // (*med.*) *acne rosacea*, (acne) rosacea.

rosaio *s.m.* rose bed, bed of roses, rose-garden; (*cespuglio*) rose-bush.

rosanilina *s.f.* (*chim.*) rosaniline.

rosario *s.m.* **1** (*eccl.*) rosary: *dire il* —, to say the rosary **2** (*fig.*) (*sequela*) series*, succession: *un — di insulti*, a series of insults.

rosasite *s.f.* (*min.*) rosasite.

rosatello *s.m.* (*vino*) rosé.

rosato *agg.* **1** (*di colore rosa*) pink, rosy, rose-coloured: *labbra rosate*, rosy lips **2** (*che contiene essenza di rose*) rose (*attr.*): *miele* —, rose-hip syrup **3** (*fig.*) (*roseo*) rosy: *sogni rosati*, rosy dreams ◆ *s.m.* (*vino*) —, rosé (wine).

rosbif *s.m.* (*cuc.*) roast beef.

rosé *agg.* rosé // (*vino*) —, rosé (wine).

roselite *s.f.* (*min.*) roselite.

rosella *s.f.* (*zool.*) (*Platycercus elegans*) rosella.

roseo *agg.* rose-coloured; rosy (*anche fig.*): *guance rosee*, rosy cheeks; *speranze, prospettive rosee*, rosy hopes, prospects: *le prospettive sono tutt'altro che rosee*, the prospects are not very rosy; *non è tutto — come pensi tu*, it's not all as rosy as you think; *veder tutto* —, to see everything through rose-coloured (*o* rose-tinted) spectacles.

roseola *s.f.* (*med.*) roseola, rose-rash.

roseto *s.m.* rose-garden, rose bed, bed of roses; (*cespuglio*) rose-bush.

rosetta *s.f.* **1** (*ornamento a forma di rosa*) rosette; (*coccarda*) rosette, cockade **2** (*taglio di diamante*) rose: *diamante tagliato a* —, rose diamond, rose-cut diamond **3** (*mecc.*) washer **4** (*tipo di pane*) rose-shaped roll **5** (*bot.*) rosette.

rosicante *agg.* e *s.m.* (*zool.*) rodent.

rosicare *v.tr.* to nibble; (*rodere*) to gnaw // *chi non risica non rosica*, (*prov.*) nothing ventured nothing gained.

rosicatura *s.f.* (*non com.*) nibbling; gnawing.

rosicchiamento *s.m.* nibbling; gnawing.

rosicchiare *v.tr.* to nibble; (*rodere*) to gnaw: *i topi hanno rosicchiato un pezzetto di formaggio*, the mice have gnawed off a bit of cheese; *— un osso*, to gnaw (at) a bone; *— un pezzo di pane*, to nibble a piece of bread; *non ti — le unghie!*, don't bite your nails! // *la squadra riuscì pian piano a — punti alla capolista*, little by little the team managed to nibble away at the points advantage of the leader team.

rosicoltore *s.m.* rose-grower.

rosmarino *s.m.* (*bot.*) (*Rosmarinus officinalis*) rosemary.

rosolaccio *s.m.* (*bot.*) (*Papaver rhoeas*) corn poppy.

rosolare *v.tr.* (*cuc.*) to brown: *— la carne, le cipolle*, to brown the meat, the onions.
□ **rosolarsi** *v.intr.pron.* **1** (*cuc.*) to get* brown **2** (*fig.*) (*al sole*) to bask (in the sun).

rosolatura *s.f.* (*cuc.*) browning.

rosolia *s.f.* (*med.*) German measles (*pl.*); (*scient.*) rubella.

rosolio *s.m.* rosolio.

rosone *s.m.* (*arch.*) rose window; (*ornamento*) rosette: *— da soffitto*, ceiling rose.

rospo *s.m.* **1** (*zool.*) toad: *— marino*, (*Bufo marinus*) frog fish; *— calamita*, (*Bufo calamita*) natterjack; *— ostetrico*, (*Alytes obstetricans*) midwife toad (*o* nurse frog) // *ingoiare un* —, to swallow a bitter pill // *avanti, sputa il —!*, come on, spit it out! **2** (*fig.*) (*persona poco socievole*) unsociable person; (*persona ripugnante*) hideous person, loathsome person, (*fam.*) creep.

rossastro, **rosseggiante** *agg.* reddish, ruddy: *un bagliore rossastro*, a reddish glare.

rosseggiare *v.intr.* (*letter.*) **1** to be reddish **2** (*diventare rosso*) to redden, to turn red.

rossetta *s.f.* (*zool.*) flying fox.

rossetto *s.m.* **1** (*per le labbra*) lipstick: *mettersi, darsi il* —, to put on some lipstick; *non si dà mai il* —, she never wears lipstick; *si mette troppo* —, she uses (*o* puts on) too much lipstick **2** (*per le guance*) rouge.

rossezza *s.f.* (*non com.*) redness.

rossiccio meno com. **rossigno** *agg.* reddish, pale red: *capelli rossicci*, reddish hair.

rossiniano *agg.* of Rossini ◆ *s.m.* follower of Rossini.

rossino *agg.*: *mal* —, (*vet.*) swine erysipelas, diamond skin disease, (*med.*) erysipeloid.

rosso *agg.* red: *un abito* —, a red dress; *beve solo vino* —, he only drinks red wine; *un tappeto — mattone*, a brick-red carpet; *capelli rossi*, red hair; *capelli — Tiziano*, Titian-red hair; *una donna dai capelli rossi*, a redhead (*o* a red-haired woman); *— di rabbia*, red with anger; *diventar* —, (*per eccitazione, rabbia*) to go red in the face (*o* to flush), (*per vergogna, imbarazzo*) to blush (*o* to flush) // *— come un gambero, un peperone*, as red as a beetroot // *l'Armata Rossa*, the Red Army; *la bandiera rossa*, the Red Flag; *idee rosse*, (*fam.*) (*di sinistra*) red (*o* bolshy) ideas // *le Camicie Rosse*, the Red Shirts // *la Croce Rossa*, the Red Cross // *un locale a luci rosse*, a porno cinema // *linea rossa, telefono* —, hot line; *— di sera, bel tempo si spera*, (*prov.*) red sky at night, shepherd's delight // (*metall.*) *calor* —, red heat ◆ *s.m.* **1** red: *— chiaro, scuro*, light, dark red; *— ciliegia*, cherry red (*o* cerise); *— corallo*, coral red; *— sangue*, blood red (*o* sanguine); *— di Venezia*, Venetian red; *ho dipinto le pareti di* —, I have painted the walls red; *vestire di* —, to dress in red // (*chim.*) *— inglese*, English red // *non puoi passare col* —, you can't go through the red light // *puntare sul* —, (*alla roulette*) to bet on the red // *vedere* —, to see red: *solo a sentirlo nominare vedo* —, just hearing his name makes me see red **2** (*comm.*) (*riferito a un debito*) red, debit side: *essere in* —, to be in the red; to be overdrawn; *andare in* —, to run in the red; *conto in* —, overdrawn account **3** (*persona di capelli rossi*) redhead, red-haired person **4** (*pol.*) red: *ci sono molti rossi in questo paese*, there are a lot of Reds in this country **5** (*di uovo*) yolk (of egg).

rossola *s.f.* (*bot.*) russula.

rossore *s.m.* **1** flush; (*per vergogna, imbarazzo*) blush, flush: *un — di gioia, di eccitazione*, a flush of joy, of excitement; *quella vista le fece salire il — alle guance*, that sight made her blush **2** (*med.*) redness: *il — delle guance era una reazione allergica*, the redness of her cheeks was due to an allergy.

rosta *s.f.* (*arch.*) fan window.

rosticceria *s.f.* rotisserie.

rosticciere *s.m.* owner of a rotisserie.

rosticcio *s.m.* (*metall.*) dross.

rostrale *agg.* rostral.

rostrato *agg.* **1** (*zool.*) billed; beaked; rostrate(d) **2** (*archeol.*) rostrate(d); (*rostrale*) rostral: *colonna rostrata*, rostral column.

rostriforme *agg.* rostriform.

rostro *s.m.* **1** (*zool.*) bill; beak; rostrum* **2** *pl.* (*st. romana*) rostra **3** (*edil.*) cutwater **4** (*aut.*) guard: *i rostri del paraurti*, the bumper guards.

rota *s.f.* **1** (*letter.*) (*ruota*) wheel **2** (*dir. eccl.*) *Sacra Rota*, the (Sacred) Rota.

rotabile *agg.* carriageable; carriage (*attr.*): *strada* —, road suitable for vehicles, carriageway; (*ferr.*) *materiale* —, rolling stock ◆ *s.f.* carriageway.

rotacismo *s.m.* (*fon.*) rhotacism, rotacism.

rotacizzare *v.tr.* (*fon.*) to change by rhotacism.

rotacizzazione *s.f.* (*fon.*) rhotacism.

rotaia *s.f.* **1** (*ferr.*) rail: *— a cremagliera*, rack rail; *— a gola*, grooved rail; *— per gru*, crane rail; *— tranviaria*, tram rail; *terza* —, third (*o* contact) rail; *essere fuori dalle rotaie*, to be off the rails (*anche fig.*); *uscir dalle rotaie*, to leave (*o* to go off) the rails (*anche fig.*) **2** (*solco lasciato da ruote*) wheel-track; rut.

rotale *agg.* (*dir.*) (*della Sacra Rota*) rotal; of the (Sacred) Rota: *causa* —, suit pending at the (Sacred) Rota tribunal; *sentenza* —, judgment of the (Sacred) Rota tribunal.

rotametro *s.m.* (*fis.*) rotameter.

rotante *agg.* rotating, rotary, revolving; (*fis.*) spinning.

rotare → **ruotare**.

rotariano *agg.* Rotarian, of the Rotary Club ◆ *s.m.* Rotarian, member of the Rotary Club.

rotativa *s.f.* (*tip.*) rotary machine, rotary press.

rotativista *s.m.* (*tip.*) rotary minder.

rotativo *agg.* rotative, rotary, rotating, rotational // (*agr.*) *sistema agrario* —, rotation system // (*banca*) *credito* —, revolving credit.

rotato *agg.* (*fon.*) rolled.

rotatoria *s.f.* roundabout: *segnale di* —, compulsory roundabout signal.

rotatorio *agg.* rotating, rotatory, rotary, rotative: *moto, movimento* —, rotating motion, movement; (*anat.*) *muscolo* —, rotator.

rotazionale *agg.* (*fis.*) rotational: *campo* —, rotational field; *moto* —, rotational motion.

rotazione *s.f.* **1** rotation: *in senso antiorario*, anticlockwise rotation; *— in senso orario*, clockwise rotation; *direzione di* —, direction of rotation // (*mat.*): *— degli assi coordinati*, rotation of coordinate axis; *— del sistema di coordinate*, rotation of coordinate system; *simmetria di* —, rotation symmetry; *solido di* —, rotation solid (*o* round solid) // (*fis.*): *— del piano di polarizzazione*, rotation of plane of polarization; *la — di un corpo sul proprio asse*, the rotation of a body on its axis **2** (*astr.*) (*dei corpi celesti*) rotation: *la — della Terra produce il giorno e la notte*, the rotation of the Earth produces night and day **3** (*agr.*) rotation: *— dei raccolti*, rotation of crops; *fare la — delle colture*, to rotate crops **4** (*amm.*) turnover: *— del personale*, personnel turnover; *indice di — del personale*, staff turnover index; *— della manodopera*, labour turnover; *— degli incarichi*, rotation in office (*o* of offices); *— delle mansioni*, job rotation // (*comm.*) *— delle* *scorte*, inventory (*o* stock) turnover // (*econ.*) *turni a* —, roboting shifts **5** (*ginnastica*) rotation: — *delle braccia*, *della testa*, rotation of the arms, of the head **6** (*fon.*) shifting; — *consonantica*, consonant shifting.

roteamento *s.m.* (*non com.*) rotating, whirling; (*di uccelli*) wheeling; (*di occhi*) rolling.

roteare *v.tr.* to swing*; to rotate, to whirl; (*gli occhi*) to roll: *roteava le braccia*, he was swinging his arms ◆ *v.intr.* to wheel: *un falco roteava nell'aria*, a hawk was wheeling in the air.

roteazione *s.f.* rotation, whirling, rolling.

rotella *s.f.* **1** small wheel; (*orientabile*) castor; (*di bicicletta*) trainer wheel: *pattini a rotelle*, roller skates // *avere una — fuori posto*, to have a screw loose **2** (*anat.*) → rotula **3** (*st.*) (*scudo rotondo*) round shield.

rotenone *s.m.* (*chim.*) rotenone.

rotifero *s.m.* (*zool.*) rotifer.

rotino *s.m.* small wheel: (*aer.*) — *di coda*, tail wheel.

rotismo *s.m.* (*mecc.*) wheelwork, gearing: *il — di un orologio*, the wheelwork of a watch; — *a ingranaggi cilindrici*, spur gearing; — *epicicloidale*, epicyclic train; *rotismi moltiplicatori*, step-up wheels.

rotocalco *s.m.* **1** (*tip.*) rotogravure **2** (*rivista*) (illustrated) magazine.

rotocalcografia *s.f.* (*tip.*) rotogravure process.

rotocalcografico *agg.* (*tip.*) rotogravure (*attr.*): *riproduzione rotocalcografica*, rotogravure reproduction.

rotocompressore *s.m.* (*mar.*) rotary compressor.

rotodina *s.f.* (*aer.*) rotodyne.

rotoidale *agg.* (*mecc.*) turning: *coppia* (*cinematica*) —, turning pair.

rotolamento *s.m.* rolling.

rotolare *v.tr.* **1** to roll: — *una botte*, *un sasso*, to roll a barrel, a stone **2** (*arrotolare*) to roll up: — *un pezzo di carta*, to roll up a piece of paper ◆ *v.intr.* to roll: *la palla rotolava giù per la discesa*, the ball was rolling down the slope; *sono rotolato giù dalle scale*, I tumbled down the stairs.

□ **rotolarsi** *v.rifl.* to roll, to wallow: — *nel fango*, to wallow in the mud; — *sull'erba*, to roll on the grass.

rotolio *s.m.* rolling.

rotolo *s.m.* **1** roll: *un — di carta*, *di monete*, *di tela*, a roll of paper, of coins, of cloth; — *di corda*, coil of rope; *un — di banconote*, a wad of banknotes // *andare a rotoli*, to go to rack and ruin (*o fam.* to go to the dogs); *mandare a rotoli*, to ruin **2** (*fot.*) roll (of film), cartridge **3** (*libro antico*) scroll.

rotolone *s.m.* tumble, fall: *fare un — per le scale*, to tumble (*o* fall) down the stairs.

rotoloni *avv.* *cadde*, *venne giù — dalle scale*, he tumbled down the stairs // *mandare* (*a*) —, (*fig.*) to ruin.

rotonda *s.f.* **1** (*edificio rotondo*) rotunda **2** (*piattaforma*) round terrace.

rotondare → **arrotondare**.

rotondeggiante *agg.* roundish.

rotondeggiare *v.intr.* (*non com.*) to have a roundish shape.

rotondetto *agg.* roundish: *un viso* —, a roundish face.

rotondità *s.f.* **1** roundness; rotundity: *la — della Terra*, the roundness of the Earth; *la — di una frase*, (*fig.*) the rotundity of a sentence **2** *pl.* (*scherz.*) (*formosità*) curves.

rotondo *agg.* **1** round, circular: *una finestra rotonda*, a round window; *piatto* —, round plate; *la palla è rotonda*, the ball is round; *forbici a punte rotonde*, scissors with rounded ends; *a forma rotonda*, round-shaped // *la Tavola Rotonda*, the Round Table **2** (*grassoccio*) plump, round, rotund: *una figura piuttosto rotonda*, a rather plump figure; *guance rotonde*, plump (*o* round) cheeks **3** (*ampio*, *sonoro*) sonorous, full(-toned); deep: *stile* —, sonorous style; *voce rotonda*, full(-toned) voice.

rotore *s.m.* **1** (*elettr.*) rotor: — *ad anelli*, slip-ring rotor **2** (*aer.*) rotor: — *anticoppia*, auxiliary rotor; — *di coda*, tail rotor **3** (*fis.*, *mat.*) rotor.

rotta[1] *s.f.* **1** (*rottura di argine*) breach; break: *a — di collo*, (*precipitosamente*) headlong; (*di cosa che va male*) to rack and ruin: *andare a — di collo*, (*precipitosamente*) to go at breakneck speed (*o* headlong); (*andar male*) to go to rack and ruin // *essere in — con qlcu.*, to be on bad terms with s.o. **2** (*grave sconfitta*) rout, retreat: *il nemico era in* —, the enemy was in (full) retreat; *mettere in* —, to put to rout.

rotta[2] *s.f.* (*mar.*, *aer.*) route, course: — *bussola*, compass course; — *lossodromica*, loxodromic course (*o* rhumb-line); — *magnetica*, magnetic course; *linea di* —, rhumb line; *fate — verso nord*, steer north(-wards); *la nave fa — verso Napoli*, the ship is bound for Naples; *la nave fa — verso sud*, the ship's course is due south; *la nave non era sulla sua* —, the ship was off course; *cambiare* —, to change one's course; *tenere una* —, to hold a course; — *commerciale*, trade route.

rottamaggio *s.m.* (*raccolta di rottami*) scrapping; (*commercio di rottami*) junk trade.

rottamaio *s.m.* scrap dealer.

rottamare *v.tr.* to scrap; to break* up for scrap.

rottamazione *s.f.* → **rottamaggio**.

rottame *s.m.* scrap [U]; wreck (*anche fig.*): *rottami di ferro*, scrap iron; *rottami di naufragio*, wreckage (*o* wreck); *la tua auto è un* —, *dovresti cambiarla*, your car is a wreck, you should get another one; *è un — umano*, he is a wreck // — *commerciabile*, junk.

rotto *agg.* **1** broken: *finestra*, *scarpa rotta*, broken window, shoe; *gamba rotta*, broken leg; *un piatto* —, a broken dish // *con voce rotta*, in a broken voice; *voce rotta dai singhiozzi*, voice broken by (*o* with) sobs **2** (*fig.*) (*indebolito*) aching, tired: *ho le gambe*, *le ossa rotte dalla fatica*, my legs, my bones are aching with tiredness; *sentirsi tutto* —, to be aching all over **3** (*sciolto*) broken; broken off (*pred.*): *un fidanzamento* —, a broken engagement; *un voto* —, a broken vow **4** (*stracciato*) torn, ripped: *un vestito* —, a torn dress **5** (*avvezzo*) accustomed, used, hardened: — *alla fatica*, accustomed to hard work ◆ *s.m.* **1** break, fracture // *per il — della cuffia*, by the skin of one's teeth: *salvarsi per il — della cuffia*, to escape by the skin of one's teeth **2** *pl.*: *l'ho pagato un milione e rotti*, I paid just over a milion lire for it (*o* I paid a milion lire odd for it).

rottura *s.f.* **1** (*atto*) breaking; (*parte rotta*) break: *la — di un vaso*, the breaking of a vase; *saldare la — del tubo*, to solder the break in the pipe // *che — di scatole!*, (*fig. fam.*) (*riferito a persona*) what a pain in the neck!, (*riferito a cosa*) what a nuisance! **2** (*fig.*) (*scioglimento*, *cessazione*) break; breaking off, breakdown; rupture: *la — di un fidanzamento*, the breaking off of an engagement; *ci fu una — nella loro amicizia*, there was a break in their friendship; — *diplomatica*, breakdown in diplomatic relations // (*dir.*) — *di un accordo*, *di un contratto*, breach of an agreement, of a contract **3** (*frattura*) break, fracture: — *di un braccio*, arm fracture.

rotula *s.f.* **1** (*anat.*) kneecap, knee-pan, patella*, rotula **2** (*di quadrupede*) stifle-bone.

roulette *s.f.* (*fr.*) roulette // — *russa*, Russian roulette.

roulotte *s.f.* (*fr.*) caravan, (*amer.*) trailer.

roulottista *s.m.* e *f.* caravanner.

routinario *agg.* routine (*attr.*).

routine *s.f.* (*fr.*) routine: *lavoro di* —, routine work; *la — del lavoro d'ufficio*, the office routine.

routiniero *agg.* usual, routine (*attr.*): *rendere* —, to routinize ◆ *s.m.* a person who follows a routine.

rovello *s.m.* (*letter.*) nagging thought.

rovente *agg.* red-hot; fiery, scorching (*anche fig.*): *ferro* —, red-hot iron; *discorso* —, fiery speech.

rovere *s.m.* (*bot.*) (*Quercus sessiliflora*) durmast.

rovescia *s.f.* (*non com.*) (*risvolto di manica*) cuff; (*risvolto di giacca*) lapel.

rovesciamento *s.m.* **1** upsetting, overturning; reversal: — *della situazione*, the reversal of the situation // (*oceanografia*) *termometro a* —, reversing thermometer **2** (*di governo ecc.*) overthrowing.

rovesciare *v.tr.* **1** to knock over (sthg.), to upset*, to overturn; (*capovolgere*) to turn upside down: *attenzione a non — il vaso*, mind you don't knock over the vase; *rovescia una carta*, turn over a card; *rovescia quel bicchiere*, (*capovolgilo*) turn the glass upside down; — *una barca*, to capsize (*o* to upset) a boat // — *una situazione*, to reverse a situation // (*dir.*) — *una presunzione*, to rebut a presumption **2** (*gettare*) to hurl, to throw*: *la forza dell'esplosione mi rovesciò a terra*, the force of the explosion threw me to the ground; — *insulti addosso a qlcu.*, to hurl insults at s.o. // *rovesciò il capo indietro e rise*, he threw back his head and laughed **3** (*rivoltare*) to turn inside out: — *una manica*, *un paio di guanti*, to turn a sleeve, a pair of gloves inside out; — *le tasche*, to turn out one's pockets **4** (*versare*) (*intenzionalmente*) to pour; (*accidentalmente*) to spill*: *cerca di non — il latte*, *il vino sulla tovaglia*, try not to spill milk, wine on the tablecloth; *rovesciaci su dell'acqua bollente*, pour some hot water on it **5** (*fig.*) (*abbattere*) to overthrow*: — *un governo*, to overthrow a government **6** (*vuotare*) to empty: *le fece — la borsetta sul tavolo*, he made her empty her bag on the table.

□ **rovesciarsi** *v.intr.pron.* **1** to overturn, to be overturned; (*capovolgersi*) to capsize: *la barca si rovesciò*, the boat capsized (*o* overturned); *l'automobile si rovesciò dopo lo scontro*, the car overturned after the collision **2** (*buttarsi*) to throw* oneself (on sthg.); (*cadere*) to fall* down **3** (*versarsi*) to spill*: *il vino si rovesciò sulla tovaglia*, wine spilt on the tablecloth **4** (*riversarsi*) to pour: *la folla si rovesciò nello stadio*, the crowd poured into the stadium; *una pioggia violenta si rovesciò su di noi*, heavy rain poured down on us; *un violento temporale si rovesciò su di noi*, a violent storm burst over us.

rovesciata *s.f.* (*calcio*) overhead kick, (*fam.*) bicycle kick.

rovescio *agg.* (*capovolto*) upside down; (*con l'interno all'esterno*) inside out: *il tavolino giaceva — sul pavimento*, the table lay upside down on the floor // *a —, alla rovescia*, (*capovolto*) upside down; (*con l'interno all'esterno*) inside out; (*col davanti dietro*) back to front (*o* the wrong way round), (*fig.*) wrongly; badly: *quel quadro è appeso alla rovescia*, that picture is hanging upside down; *ti sei messo il pullover a —*, you have put your pullover on inside out; you have put your pullover on back to front; *tutto va alla rovescia*, everything is going badly; *capire qlco. alla rovescia*, to misunderstand sthg. // (*lavoro a maglia*) *punto —*, purl stitch ◆ *s.m.* **1** reverse, reverse side, other side, back: *il — della medaglia*, the reverse (*o* the other side) of the medal (*anche fig.*); *il — di una busta, di un foglio*, the back of an envelope, of a sheet of paper; *il — di una stoffa*, the reverse side of a cloth // *ogni cosa ha il suo —*, there are two sides to everything **2** (*opposto*) opposite: *egli è proprio il mio —*, he is just the opposite of me; *fa sempre il — di quello che gli dico*, he always does the opposite of what I tell him **3** (*di pioggia ecc.*) heavy shower; (*fig.*) rain, hail: *un — di pioggia*, a heavy shower (of rain); *un — di sassi*, a volley of stones; *un — di critiche*, a hail of criticism; *un — d'ingiurie*, a rain of insults **4** (*tennis*) backhand: *è stato un bel —*, that was a good backhand (stroke); *ha un buon —*, he has a good backhand; *tirare di —*, to play a backhand (stroke); *tirare sul — di qlcu.*, to play on s.o.'s backhand; *è debole, forte di —*, he has a weak, strong backhand **5** (*dissesto, grave danno*) setback, reverse, comedown; (*andamento negativo*) reversal: *— finanziario*, financial reverse (*o* setback); *ebbe molti rovesci di fortuna*, he suffered many setbacks.

rovescione *s.m.* **1** (*manrovescio*) backhander **2** (*di pioggia ecc.*) downpour, cloudburst.

rovescione, rovescioni *avv.* on one's back.

roveto *s.m.* bramble bush, thorn bush, (thorn) thicket.

rovina *s.f.* **1** (*il rovinare, caduta*) collapse, fall: *il terremoto provocò la — del vecchio edificio*, the earthquake caused the old building to collapse **2** (*spec. pl.*) (*rudere*) ruin: *le rovine di un tempio, di una città*, the ruins of a temple, of a town; *andare, cadere in —*, to go to ruin; *la città era tutta una —*, the town was completely in ruins **3** (*fig.*) ruin, downfall: *il bere fu la sua —*, drink was his downfall (*o* ruin); *la sua — fu causata dal gioco*, his downfall was caused by gambling; *tu sarai la mia —*, you will be my ruin (*o* the ruin of me); *andare, cadere in —*, to go to rack and ruin; *mandare in —*, to ruin; *il paese sta andando in —*, (*fam.*) the country is going to the dogs.

rovinare *v.tr.* **1** to ruin; (*guastare, danneggiare*) to spoil*: *il bere lo ha rovinato*, drinking has ruined him; *la grandine ha rovinato i fiori*, the hail ruined the flowers; *il leggere troppo rovina gli occhi*, too much reading ruins the eyes; *il cattivo tempo ha rovinato le mie vacanze*, the bad weather has spoiled my holidays; *ha rovinato tutti i miei piani*, he has spoilt (*o* upset) all my plans; *il fumo rovina la salute*, smoking spoils one's health; *— il mercato*, to spoil the market // *grazie, ma non voglio rovinarmi l'appetito*, thank you, but I don't want to spoil my appetite **2** (*abbattere, demolire*) to demolish, to pull down: *— una fortezza*, to demolish a fortress ◆ *v.intr.* to crash; to fall* with a crash; to collapse: *la casa rovinò al suolo*, the house collapsed; *il masso rovinò giù dal monte*, the boulder crashed down the mountainside.

□ **rovinarsi** *v.rifl.* o *intr.pron.* to ruin oneself, to be ruined: *si rovinò col bere*, he ruined himself drinking; *si è rovinato speculando in borsa*, he ruined himself speculating on the stock exchange.

rovinato *agg.* ruined: *quell'uomo è —*, that man is ruined (*o* done for); *la sua salute è rovinata*, his health is ruined.

rovinio *s.m.* **1** downfall **2** (*rumore*) crash, crashing.

rovinismo *s.m.* (*pitt.*) painting of ruins; (*lett.*) description of ruins.

rovinista *s.m.* (*pitt.*) painter of ruins.

rovinologia *s.f.* study of the damage caused by man to the environment.

rovinoso *agg.* **1** (*disastroso*) ruinous, disastrous: *ha fatto degli investimenti rovinosi*, he made some ruinous (*o* disastrous) investments; *una speculazione rovinosa*, a ruinous speculation; *spese rovinose*, ruinous expenses; *i suoi cambiamenti si sono rivelati rovinosi*, his changes proved ruinous **2** (*violento, furioso*) violent, furious: *un temporale —*, a violent storm.

rovistare *v.tr.* e *intr.* to ransack (sthg.); to search (sthg.), to rummage in (sthg.): *— in un cassetto*, to ransack a drawer; *— nella propria memoria*, to search one's memory.

rovistio *s.m.* **1** (*l'azione di rovistare*) searching, rummaging **2** (*il rumore*) rummaging.

rovo *s.m.* (*bot.*) blackberry bush, brier, thorn; (*scient.*) (*Rubus fruticosus*) bramble // *— camemoro*, (*Rubus chamaemorus*) cloudberry.

rozzezza *s.f.* roughness, coarseness (*anche fig.*); (*goffaggine*) clumsiness.

rozzo *agg.* **1** rough, coarse: *lavorazione rozza*, rude (*o* rough) workmanship; *pietre rozze*, rough stones; *stoffa rozza*, rough material **2** (*fig.*) (*grossolano*) rough, coarse, uncouth; (*impacciato, goffo*) clumsy; (*rude*) rude: *linguaggio —*, coarse language; *avere dei modi rozzi*, to have coarse (*o* rough) manners; *stile —*, rough style; *uomo —*, rough (*o* uncouth) man; *rozza semplicità*, rude simplicity.

ruandese *agg.* e *s.m.* Rwandan.

ruba *s.f. nelle locuz.*: *andare a —*, to sell like hot cakes; *mettere a —*, (*saccheggiare*) to pillage.

rubacchiare *v.tr.* to pilfer.

rubacuori *agg.* fetching, bewitching ◆ *s.m.* e *f.* heartbreaker; (*di uomo*) lady-killer.

rubamazzo *s.m.* (*gioco di carte*) snap.

rubare *v.tr.* **1** to steal*: *mi hanno rubato il portafoglio*, I have had my wallet stolen; *fu sorpreso a —*, he was caught stealing; *— a piene mani*, to steal blind; *— lo stipendio*, (*non lavorare abbastanza*) to skive // *— qlco. con gli occhi*, to eye sthg. longingly // *— sul peso*, to give short measure // *— sul prezzo*, to overcharge **2** (*fig.*) (*sottrarre, portar via*) to steal*: *— un'idea*, to steal an idea; *ha rubato il fidanzato alla cugina*, she stole her cousin's boyfriend; *mi hai rubato la parola*, you've taken the words out of my mouth; *— un bacio, un segreto*, to steal a kiss, a secret; *— il cuore, il mestiere a qlcu*, to steal s.o.'s heart, s.o.'s job; *— ore al sonno per studiare*, to sacrifice one's sleep in order to study; *— il sonno a qlcu.*, to deprive s.o. of sleep; *— il tempo a qlcu.*, to take up s.o.'s time; *posso rubarti un minuto?*, can I have a minute of your time?; *il nuovo edificio delle poste ci ruba la vista del fiume*, the new post-office building blocks our view of the river.

rubato *agg.* stolen: *merce rubata*, stolen goods.

rubber *s.m.* (*bridge*) rubber.

rubellite *s.f.* (*min.*) rubellite.

ruberia *s.f.* theft, stealing, robbery: *questa è una —*, this is a theft (*o* this is stealing); *commettere ruberie*, to steal; *vivere di ruberie*, to live by stealing.

rubicondo *agg.* ruddy, rubicund: *guance rubiconde*, ruddy cheeks.

rubidio *s.m.* (*chim.*) rubidium.

rubiglio *s.m.* (*bot.*) (*Pisum arvense*) field pea.

rubinetteria *s.f.* taps and fittings (*pl.*).

rubinetto *s.m.* tap; cock; (*amer.*) faucet: *— del gas*, gastap (*o* cock); *— dell'acqua*, water tap; *— di arresto*, stopcock; *— di decompressione*, compression relief tap; *— di scarico*, drain cock; *aprire un —*, to turn a tap on; *chiudere un —*, to turn a tap off.

rubino *s.m.* (*min.*) ruby: *— stellato*, star ruby.

rubizzo *agg.* (*florido, sano*) sprightly, vigorous, hale.

rublo *s.m.* (*unità monetaria dell'ex Unione Sovietica*) rouble.

rubrica *s.f.* **1** (*in un periodico*) survey; (*in un giornale*) column: *— letteraria*, literary survey; *— teatrale*, theatre column; *— settimanale*, weekly column; *è il responsabile della — sportiva*, he's responsible for the sports page **2** (*indice alfabetico*) index*; (*libretto, quaderno con indice alfabetico*) index book; (*per indirizzi*) address book: *— telefonica*, list of telephone numbers **3** (*st. eccl.*) rubric.

rubricare *v.tr.* (*annotare in una rubrica*) to index, to enter; (*registrare*) to record; (*suddividere in paragrafi*) to paragraph, to rubricate: *— un pagamento*, to enter a payment in the account book.

rubricazione *s.f.* (*registrazione in un libro*) entry, recording; (*suddivisione in paragrafi*) paragraphing, rubrication.

rubricista *s.m.* e *f.* (*chi cura una rubrica di giornale ecc.*) columnist ◆ *s.m.* (*eccl.*) rubricist, rubrician.

rubro *agg.* (*letter.*) red.

ruca, ruchetta, rucola *s.f.* (*bot.*) (*Eruca sativa*) rocket.

rude *agg.* **1** (*rozzo*) rough; (*brusco, aspro*) harsh, rough; (*severo*) severe, harsh: *carattere —*, rough character; *educazione —*, severe (*o* harsh) upbringing; *modi rudi*, rough (*o* unpolished *o* unrefined) manners; *parole rudi*, rough (*o* harsh) words; *punizioni rudi*, harsh punishments; *risposta —*, rough answer; *sistemi rudi*, rough methods; *uomo —*, rough man **2** (*duro*) hard: *un — colpo*, a hard blow; *lavoro* —, hard work.

rudentato *agg.* (*arch.*) cabled.

rudente *s.f.* o *m.* (*arch.*) cabling, rudenture.

rudere meno com. **rudero** *s.m.* **1** ruin: *i ruderi di un tempio*, the ruins of a temple **2** (*fig.*) ruin, wreck: *quell'uomo è un* —, that man is a wreck.

rudezza *s.f.* (*rozzezza*) roughness; (*asprezza*) harshness: *la — dei modi*, roughness of manners.

rudimentale *agg.* **1** rudimentary, rough: *disegno* —, rough drawing; *tecnica* —, rudimentary technique; *letto* —, makeshift bed **2** (*biol.*) rudimentary: *organo* —, rudimentary organ.

rudimentazione *s.f.* (*biol.*) rudimentation.

rudimento *s.m.* **1** (*spec. pl.*) rudiment: *i rudimenti della matematica*, the rudiments (*o* first elements *o* first principles) of mathematics **2** (*biol.*) (*abbozzo di un organo*) rudiment.

rudista *s.f.* (*paleont.*) rudistid.

ruffiana *s.f.* **1** procuress **2** (*adulatrice*) creep, bootlicker.

ruffianare → **arruffianare**.

ruffianata *s.f.* toading [U].

ruffianeggiare *v.intr.* to procure; (*estens.*) to suck up, to pander.

ruffianeria *s.f.* toading [U].

ruffianesco *agg.* pandering (*anche estens.*); (*fam.*) creeping, bootlicking.

ruffiano *s.m.* **1** procurer, pander; (*estens.*) go-between **2** (*chi ricorre all'adulazione*) creep, bootlicker.

rufola *s.f.* (*zool. pop.*) mole-cricket, fen-cricket.

ruga *s.f.* wrinkle: *un volto segnato da rughe*, a face furrowed with wrinkles (*o* a wrinkled face).

rugare *v.tr.* (*dial. volg.*) (*infastidire*) to bog: *mi ruga doverlo rifare*, it is a real drag to have (*o* it bogs me having) to do it again.

rugata *s.f.* (*dial. volg.*) drag.

rugbista *s.m.* e *f.* rugby player.

rugby *s.m.* (*sport*) rugby.

ruggente *agg.* roaring // *gli anni ruggenti*, the roaring twenties.

ruggine *s.f.* **1** rust: *prendere, fare la* —, to get rusty (*o* to rust) **2** (*delle piante*) blight, rust; (*delle graminacee*) mildew; (*del frumento*) bunt: *coprirsi di* —, (*delle graminacee*) to mildew; *essere affetto da* —, to rust **3** (*rancore*) grudge, ill-feeling, bad blood: *c'è una vecchia — fra di loro*, there is bad blood (*o* an old grudge) between them; *avere della — contro qlcu.*, to have a grudge against (*o* an axe to grind with) s.o. **4** (*bot. pop.*) *erba* — → cedracca ◆ *agg.* rust (*attr.*): *color* —, rust-coloured // *mela* —, russet.

rugginoso *agg.* rusty: *ferro* —, rusty iron.

ruggire *v.intr.* to roar (*anche fig.*): *si sentivano i leoni — in lontananza*, you could hear the lions roaring in the distance; *il vento ruggiva lungo il canalone*, the wind roared (*o* howled) down the canyon.

ruggito *s.m.* roar, roaring [U] (*anche fig.*): *all'improvviso si udì un forte* —, suddenly a load roar was heard; *il — delle onde*, the roaring of the waves.

rugiada *s.f.* **1** dew: *coperto, umido di* —, dewy; *bagnato di* —, wet with dew; *goccia di* —, dewdrop // (*meteor., fis.*) *temperatura, punto di* —, dew-point **2** (*bot.*) — *del sole* → drosera.

rugiadoso *agg.* dewy.

rugosità *s.f.* **1** (*di viso*) wrinkledness **2** (*scabrosità*) roughness; (*di terreno*) ruggedness.

rugoso *agg.* **1** wrinkled, lined, furrowed: *viso* —, wrinkled (*o* lined) face **2** (*scabro*) rough; (*di terreno*) rugged **3** (*di foglie*) rugose.

rullaggio *s.m.* (*aer.*) taxiing.

rullamento *s.m.* (*non com.*) rolling.

rullare *v.intr.* **1** to roll: *i tamburi rullavano*, the drums rolled **2** (*mar.*) to roll: *la nave rullava nella tempesta*, the ship was rolling in the storm **3** (*aer.*) to taxi ◆ *v.tr.* (*spianare con un rullo*) to roll: — *una strada*, to roll a road.

rullata *s.f.* (*aer.*) taxiing.

rullatrice *s.f.* (*mecc.*) rolling machine.

rullatura *s.f.* (*tecn.*) rolling.

rullino → **rollino**.

rullio *s.m.* **1** roll, rolling: *il — di un tamburo*, the roll of a drum **2** (*mar.*) (*rollio*) roll, rolling.

rullo *s.m.* **1** (*di tamburo*) roll **2** (*tecn.*) roller, roll; (*per fare scivolare carichi pesanti*) dolly; (*di macchina da stampa*) roller; (*di macchina da scrivere*) platen: — *cilindrico, conico*, straight, conical roller; (*edil.*) — *compressore*, (road) roller // (*mecc.*): — *filettatore*, thread roller; — *portacingolo*, track roller; — *spianatore*, straightening roll; *catena a rulli*, roller chain; *cuscinetto a rulli*, roller bearing // (*tess.*) — *di trazione*, drawing roller // (*fot., cinem.*): — *dentato*, sprocket; — *di guida*, guide roller; — *di pellicola*, roll of film; — *pressore, tensore*, pressure, tension roller **3** (*mus.*) (*rotolo di carta con perforazioni*) piano roll **4** (*inform.*) roll: — *di nastro magnetico*, (*prima della divisione*) web; — *di alimentazione*, (IBM) feedroll **5** (*veicolo*) — *compressore*, steamroller.

rulottista → **roulottista**.

rum *s.m.* rum.

rumba *s.f.* (*danza, musica*) rumba.

rumeno *agg.* e *s.m.* Rumenian, Romanian.

ruminante *agg.* e *s.m.* (*zool.*) ruminant.

ruminare *v.tr.* e *intr.* **1** (*fig.*) to ruminate **2** (*fig.*) to ruminate (about sthg.), to ruminate (on sthg.), to chew the cud; to ponder: *che cosa rumini?*, what are you pondering (over)?; *la lasciai a ruminarci sopra*, I left him chewing the cud.

ruminazione *s.f.* rumination (*anche fig.*); pondering.

rumine *s.m.* (*zool.*) rumen*.

rumore *s.m.* **1** noise; sound: — *assordante, forte, sordo*, deafening, loud, dull noise; *i rumori della strada*, the sound of traffic; — *metallico*, clang (*o* metallic noise); *il — era insopportabile*, the noise was unbearable (*o fam.* enough to wake the dead); *un gran — si levò nella sala*, a great uproar arose in the hall; *fare* —, to make a noise: *gli studenti facevano un terribile* —, the students were making a terrible din // *fare molto* —, (*fig.*) to make quite a stir (*o* to arouse great interest): *il libro fece molto* —, the book caused quite a stir; *la sua avventura fece molto* —, his adventure was much talked about **2** (*non com.*) (*notizia vaga*) rumour, talk: *correvano rumori di guerra*, there was a rumour that war would break out **3** (*elettr., tel., inform.*) noise: — *casuale*, random noise; — *di fondo*, background noise.

rumoreggiamento *s.m.* **1** rumbling; noise **2** (*tumulto*) uproar.

rumoreggiare *v.intr.* **1** to rumble; to make* a noise: *il tuono rumoreggiava*, the thunder was rumbling **2** (*fig.*) (*tumultuare*) to make* a noise; to be in an uproar: *la folla rumoreggiava*, the crowd was in an uproar.

rumorio *s.m.* dull noise, faint noise; low rumbling.

rumorista *s.m.* e *f.* sound-effects man.

rumorosamente *avv.* noisily; loudly: *cadde a terra* —, it fell on the ground noisily.

rumorosità *s.f.* noisiness, noise: *causa la — dei lavori stradali...*, because of the noise resulting from road works...

rumoroso *agg.* noisy; (*forte*) loud: *musica rumorosa*, noisy (*o* loud) music; *persona, casa rumorosa*, noisy person, house; *quartiere* —, noisy neighbourhood; *voce, risata rumorosa*, loud voice, laugh.

runa *s.f.* (*ling.*) rune.

runico *agg.* (*ling.*) runic: *caratteri runici*, runic characters.

ruolino *s.m.* roster // (*mil.*) — *di marcia*, marching list; (*fig.*) (*programma, calendario di lavoro*) timetable, schedule.

ruolizzato *agg.* **1** (*sociologia*) integrated **2** (*amm.*) (*immesso in ruolo*) appointed to the permanent staff; regular; (*di docente universitario*) tenured.

ruolizzazione *s.f.* (*amm.*) appointment to the permanent staff; (*di docente universitario*) granting of tenure, granting of a tenured position.

ruolo *s.m.* **1** (*amm.*) (*elenco*) list, roll (*anche dir.*), roster; (*organico*) staff, personnel: *ruoli dell'equipaggio*, muster-roll; *i ruoli del Ministero*, the list of Ministry employees; *i ruoli del personale docente*, the list of state teachers; — *di promozione*, (*di personale*) promotion roster (of staff); — *paga*, payroll; *essere iscritto nei ruoli di un'azienda*, to be on a company's payroll // *personale di —, fuori* —, permanent, temporary staff; *impiegato di* —, permanent (*o* regular) employee; *assumere qlcu. in* —, to put s.o. on the permanent staff; *professore di* —, permanent (*o* regular) state teacher; (*universitario*) lecturer with tenure // (*dir.*): *la causa fu rinviata a nuovo* —, the case was held over; *mettere, iscrivere a — una causa*, to enter a case for trial; *iscrizione di una causa a* —, entry of a case for trial // (*trib.*) — *delle imposte, dei contribuenti*, list of taxpayers (*o* tax roll *o* taxpayers' roll) **2** (*teatr.*) (*parte*) role, part: *ha recitato nel — di Adelchi*, he played the role of Adelchi; *avere il — principale*, to play the leading role **3** (*funzione*) role; (*sport*) position: *il — delle donne nella società moderna*, the role of women in modern society; *atteggiarmi a intellettuale non è il mio* —, playing the intellectual is not my style; *le importazioni di petrolio giocano un — di primo piano*, oil imports play a major part (*o* leading role); *giocherà nel — di ala sinistra*, he'll play (in the) left wing (position).

ruota *s.f.* **1** wheel: *ruote anteriori, posteriori*, front, rear wheels; — *a raggi*, spoked wheel; — *da vasaio*, potter's wheel // (*mecc.*): — *dentata*, cogwheel (*o* toothed wheel); — *di frizione*, friction wheel; — *di ingranaggio*, gear wheel // (*aut.*): — *di scorta*, spare wheel; — *motrice*, driving wheel; *un giro di* —, a turn of the wheel; *veicolo a due, quattro ruote*, two-wheeled, four-wheeled vehicle; *le ruote affondavano nel terreno*, the weels sank in the ground; *le ruote girano a vuoto*, the wheels are idling // (*mar.*): — *a pale*, paddle wheel; — *del timone*, steering wheel; — *di prua*, stempost // (*inform.*) — *di stampa*, character wheel // — *libera*, free wheel; *andare a — libera*, (*in bicicletta, senza pedalare*) to freewheel; *parlare a — libera*, (*fig.*) to speak freely // *la — della fortuna*, the wheel of fortune // *il pavone fa la —*, the peacock spreads its tail; *fare la —*, (*fig.*) to strut (*o* to show off) // *gonna a —*, flared skirt; *mantello a —*, circular cape // *essere l'ultima — del carro*, (*fig. fam.*) to count for nothing // *mettere i bastoni fra le ruote a qlcu.*, (*fig.*) to put a spoke in s.o.'s wheel (*o* to thwart s.o.) // *ungere le ruote*, (*fig.*) to grease the wheels // *la vita è una —*, (*fig.*) life is all ups and downs **2** (*cilindro ruotante per l'estrazione del lotto*) lottery drum; *un numero sulla — di Napoli*, a lottery number drawn in Naples **3** (*nei conventi di clausura*) revolving door **4** (*supplizio*) wheel: *fu messo al supplizio della —*, he was broken on the wheel.

ruotare *v.intr.* **1** to rotate (*anche mat.*); (*astr.*) to revolve; (*roteare*) to wheel: *un cilindro che ruota intorno al proprio asse*, a cylinder which rotates on its own axis; *la Terra ruota intorno al Sole*, the Earth revolves round the Sun **2** (*volare in circolo*) to circle (round sthg.), to wheel (about sthg.): *il falco ruotava sopra la preda*, the hawk circled (round) above its prey ◆ *v.tr.* to rotate, to revolve; (*gli occhi*) to roll: — *gli occhi*, to roll one's eyes; — *la testa*, to roll one's head; — *i pollici*, to twiddle one's thumbs // *far —*, to wheel.

rupe *s.f.* cliff, rock.

rupestre *agg.* rocky; rock (*attr.*): *un paesaggio —*, a rocky landscape; *piante rupestri*, rock plants; *pino —*, rock pine.

rúpia[1] *s.f.* (*med.*) rupia.

rupía[2] *s.f.* (*moneta d'argento dell'India*) rupee.

rupicola *s.f.* (*zool.*) (*Rupicola rupicola*) rock-bird: — (*peruviana*), (*Rupicola peruviana*) rupicola.

rurale *agg.* rural; country (*attr.*): *economia —*, rural economy; *popolazione —*, rural population; *scuola —*, country school; *zona —*, rural district.

ruscelletto *s.m.* brooklet, streamlet; rivulet, rill.

ruscello *s.m.* brook, stream, rivulet.

rusco *s.m.* (*bot.*) (*Ruscus aculeatus*) butcher's broom; (*scient.*) ruscus.

ruspa *s.f.* scraper, grader; bulldozer.

ruspante *agg.* (*di pollo*) free-range, farmyard; (*estens.*) (*genuino*) genuine, real.

ruspare *v.intr.* **1** to scrape; to move earth with a scraper **2** (*razzolare*) to scratch about ◆ *v.tr.* to scrape.

ruspista *s.m.* scraper operator.

russare *v.intr.* to snore.

russo *agg.* e *s.m.* Russian.

russofilia *s.f.* Russophilism.

russofobia *s.f.* Russophobia.

rusticaggine *s.f.* (*non com.*) roughness.

rusticamente *avv.* rustically, roughly in country-style: *una casa arredata —*, a house furnished in country-style.

rusticano *agg.* rustic, country (*attr.*), rural // *duello —*, rustic duel.

rustichezza *s.f.* roughness, rudeness, country way: *ci accolse con la sua cordiale —*, he welcomed us cordially in his rough country way.

rusticità *s.f.* **1** rusticity, rustic nature: *una casetta elegante nella sua —*, a simple house full of rustic charm **2** (*fig.*) (*rozzezza*) roughness, rusticity: — *di modi*, roughness of manner.

rustico *agg.* **1** country (*attr.*); rustic, rural: *casetta rustica*, country cottage; *danze rustiche*, country dances; *gente rustica*, country folk; *mobili di stile —*, furniture in farmhouse style; *scene, tradizioni rustiche*, rural scenes, customs // *vita rustica*, country life // *cenetta rustica*, simple country meal // (*arch.*) *facciata rustica*, rustic façade // *alla rustica*, simply **2** (*fig.*) (*rozzo*) rustic, rough, unrefined, uncouth: *modi rustici*, rustic (*o* rough) manners **3** (*fig.*) (*scontroso*) rough, surly; unsociable: *ha un carattere —*, he's got a rough character ◆ *s.m.* **1** peasant, rustic **2** (*casa di contadini*) cottage: *ha un — in collina*, he's got a cottage in the hills.

ruta *s.f.* (*bot.*) (*Ruta graveolens*) rue, herb-of-grace, herb-of-repentance: — *muraria*, (*Asplenium rutamuraria*) wall-rue; — *selvatica*, (*Hypericum androsaemum*) tutsan.

rutabaga *s.f.* (*bot. pop.*) (*Brassica campestris*) bird-rape.

rutenico *agg.* (*chim.*) ruthenic.

rutenio *s.m.* (*chim.*) ruthenium.

ruteno *agg.* e *s.m.* Ruthenian, Ruthene.

rutenoso *agg.* (*chim.*) ruthenious.

rutilante *agg.* (*letter.*) shining, glowing, (*rar.*) rutilant.

rutilo *s.m.* (*min.*) rutile.

rutina *s.f.* (*chim.*) rutin.

rutinario → **routinario**.

rutiniero → **routiniero**.

ruttare *v.intr.* to belch, to burp ◆ *v.tr.* (*letter.*) (*eruttare*) to spew out.

rutto *s.m.* belch, burp.

ruttore *s.m.* (*elettr.*) trembler.

ruvidezza, **ruvidità** *s.f.* **1** roughness, coarseness **2** (*fig.*) (*scontrosità, scortesia*) roughness, coarseness; rudeness.

ruvido *agg.* **1** rough, coarse: *mani ruvide*, rough hands; *stoffa ruvida*, rough (*o* coarse) cloth **2** (*fig.*) (*brusco, scontroso*) rough, coarse; rude: *modi ruvidi*, rude (*o* rough *o* coarse) manners; *uomo —*, rough man.

ruzzare *v.intr.* to romp.

ruzzolare *v.intr.* **1** (*cadere rotolando*) to tumble down: — *giù per le scale*, to tumble down the stairs **2** (*rotolare*) to roll: *le palline ruzzolano sul pavimento*, the marbles are rolling (about) on the floor ◆ *v.tr.* (*far rotolare*) to roll: — *un sasso*, to roll a stone.

ruzzolata *s.f.* tumble, heavy fall.

ruzzolone *s.m.* tumble, heavy fall: *fare un brutto —*, to have a nasty tumble // *fare un —*, (*fig.*) (*subire un rovescio economico*) to come a cropper.

ruzzoloni, a *locuz.avv.*: *cadere, venire giù* (*a*) —, to tumble down.

Ss

s *s.f.* o *m.* (*diciannovesima lettera dell'alfabeto*) s (*pl.* ss, s's) // (*tel.*) — *come Savona*, s for Sugar // *a forma di S*, S (*o* S-shaped): *curva a S*, S-bend; *un divano a (forma di) S*, an S-sofa.

sabatico → **sabbatico**.

sabato *s.m.* Saturday: *verrà* —, he is coming on Saturday // — *grasso*, Saturday before Lent.

sabaudo *agg.* Savoy (*attr.*), of Savoy, of the House of Savoy: *la monarchia sabauda*, the Savoy monarchy.

sabba *s.m.* (witches') sabbath, sabbat.

sabbatico *agg.* sabbatical: *anno* —, (*Bibbia*) sabbatical (year); (*nell'organizzazione universitaria anglosassone*) sabbatical (*o* sabbatical leave *o* sabbatical year); *godere di un anno* —, to be on sabbatical leave; *prendersi un anno* —, to take a sabbatical.

sabbia *s.f.* **1** sand; (*grossolana*) grit: *un grano di* —, a grain of sand; *banco di* —, sandbank; *cava di* —, sandpit; *deserto di* —, areg; *tempesta di* —, sandstorm; *sabbie mobili*, quicksand; — *petrolifera*, oil sand; *i bambini giocavano sulla* —, the children were playing on the sand; *costruire sulla* —, (*fig.*) to build on sand; *scrivere sulla* —, to write on the sand **2** (*med.*) urinary sand.

sabbiare *v.tr.* **1** (*non com.*) to sand, to cover with sand **2** (*tecn.*) to sandblast.

sabbiatore *s.m.* (*tecn.*) sandblaster.

sabbiatrice *s.f.* (*tecn.*) sandblasting machine, sandblast.

sabbiatura *s.f.* **1** (*metodo terapeutico*) (hot) sand bath; saburration **2** (*tecn.*) sandblast.

sabbiera *s.f.* (*ferr.*) sandbox.

sabbione *s.m.* **1** sandy soil, sandy land **2** (*sabbia grossolana*) coarse sand.

sabbioso *agg.* sandy.

sabeismo *s.m.* (*st. relig.*) Sabianism; star-worship.

sabellianismo *s.m.* (*relig.*) Sabellianism.

sabelliano *agg.* (*st. relig.*) Sabellian.

sabellico *agg.* (*st. romana*) Sabellian.

sabeo *agg.* e *s.m.* Sab(a)ean.

sabina[1] *s.f.* (*bot.*) (*Juniperus sabina*) savin, savine.

sabina[2] *s.f.* Sabine (woman) // (*st.*) *il ratto delle Sabine*, the rape of the Sabine women.

sabino *agg.* e *s.m.* Sabine.

sabotaggio *s.m.* sabotage: *atto di* —, act of sabotage; — *industriale*, industrial sabotage // — *parlamentare*, parliamentary obstructionism (*o* stonewalling *o amer.* filibustering).

sabotare *v.tr.* to sabotage: — *un impianto industriale*, to sabotage an industrial plant; — *l'opera del governo*, to sabotage the government's work.

sabotatore *s.m.* **sabotatrice** *s.f.* saboteur.

saburrale *agg.* (*med.*) saburral.

sacca *s.f.* **1** bag; (*zaino*) knapsack, haversack: — *da viaggio*, travelling bag; (*di un soldato, marinaio*) kit bag // *sacche di resistenza*, (*fig.*) pockets of resistance // (*aer.*) — *d'aria*, airpocket // (*bot.*) — *pollinica*, pollen-sac **2** (*region.*) (*tasca*) pocket **3** (*insenatura di mare*) sea-inlet, bay.

saccarasi *s.f.* (*biochim.*) saccharase, invertase.

saccarato *s.m.* (*chim.*) saccharate.

saccarico *agg.* (*chim.*) saccharic: *acido* —, saccharic acid.

saccaride *s.m.* (*chim.*) saccharide.

saccarifero *agg.* sacchariferous.

saccarificare *v.tr.* (*chim.*) to saccharify.

saccarificazione *s.f.* (*chim.*) saccharification.

saccarimetria *s.f.* (*chim.*) saccharimetry.

saccarimetro *s.m.* (*chim.*) (*polarimetro*) saccharimeter; (*densimetro*) saccharometer.

saccarina *s.f.* (*chim.*) saccharin(e).

saccarinato *agg.* (*chim.*) saccharinated.

saccaroide *agg.* (*geol.*) saccharoid(al): *calcare* —, sugar (*o* saccharoidal) limestone.

saccarometria e *deriv.* → **saccarimetria** e *deriv.*

saccaromicete *s.m.* (*biol.*) saccharomycete.

saccarosio *s.m.* (*chim.*) saccharose.

saccatura *s.f.* (*meteor.*) trough.

saccente *agg.* (*presuntuoso*) conceited, arrogant ◆ *s.m.* e *f.* know-all, smart aleck, wiseacre; (*form.*) sciolist: *fare il* —, to air one's knowledge.

saccenteria *s.f.* (*presunzione*) conceit, presumption.

saccheggiamento *s.m.* **1** (*il saccheggiare*) sacking, pillaging, plundering, looting **2** (*saccheggio*) sack, pillage.

saccheggiare *v.tr.* to sack, to ransack, to plunder, to loot; (*estens.*) (*rapinare*) to rob, to raid: — *una città*, to sack a town; — *una banca*, to rob a bank; — *un negozio*, to loot a shop; *avevano fame e mi hanno saccheggiato il frigorifero*, they were hungry so they raided my fridge // — *un autore*, to plagiarize an author.

saccheggiatore *s.m.* **saccheggiatrice** *s.f.* **1** plunderer, looter, ransacker; robber **2** (*chi plagia*) plagiarizer.

saccheggio *s.m.* (*il saccheggiare*) sack, sacking, ransacking, plunder, plundering; (*rapina*) robbery, looting.

sacchettatrice *s.f.* (*mecc.*) bagger, bagging machine.

sacchetto *s.m.* bag: *un* — *di plastica*, a plastic bag; *un* — *di caramelle*, a bag of sweets // (*mil.*) — *a terra*, sandbag.

sacchificio *s.m.* sack factory.

sacciforme *agg.* (*scient.*) saccular.

sacco[1] *s.m.* **1** sack, bag: *un* — *di patate*, a sack of potatoes; *un* — *di tela*, a cloth bag; — *da montagna*, (*zaino*) rucksack; — *postale*, mailbag // *abito a* —, loose (*o* sack) dress // *colazione al* —, packed lunch; (*picnic*) picnic (lunch) // *credo non sia tutta farina del suo* —, I think s.o. else had a hand in it (*o* I don't think it's all his own work) // *agire con la testa nel* —, to act recklessly (*o* thoughtlessly *o* rashly) // *essere un* — *d'ossa*, to be a bag of bones // *essere colto con le mani nel* —, to be caught red-handed // *mettere qlcu. nel* —, to take s.o. in (*o* to cheat s.o. *o* to trick s.o. *o* to swindle s.o.) // *tenere il* — *a qlcu.*; to be s.o.'s accomplice // *vuotare il* —, (*confessare*) to spill the beans, (*sfogarsi*) to speak out (*o* to speak one's mind) // *fare il* — *nel letto a qlcu.*, to make s.o. an apple-pie bed // *non dir quattro finché non lo hai nel* —, (*prov.*) don't count your chickens before they are hatched **2** — *a pelo*, sleeping bag **3** (*tela da sacchi*) sacking, sackcloth // *vestire il* — *della penitenza*, to wear sackcloth and ashes **4** (*grande quantità*) a lot, a great deal, heaps (*pl.*), lots (*pl.*), loads (*pl.*): *un* — *di preoccupazioni, lavoro*, a lot of worries, work; *un* — *di bugie*, a pack of lies; *gli hanno dato un* — *di botte*, they beat him up; *ha un* — *di soldi*, he has pots (*o* loads) of money; *fare un* — *di soldi*, to make a lot of money (*o* a packet) **5** (*scient.*) sac: (*anat.*) — *lacrimale*, lachrymal sac; (*biol.*) — *vitellino*, yolk (*o* vitelline) sac // (*bot.*): — *embrionale*, embryo-sac; — *pollinico*, pollen-sac // (*zool.*) — *ovigero*, egg-sac.

sacco[2] *s.m.* (*letter.*) (*saccheggio*) sack, pillage, plunder: *mettere a* — *una città*, to sack a town.

saccoccia *s.f.* (*region.*) pocket.

saccopelista *s.m.* e *f.* traveller who sleeps in a sleeping bag (in the open).

sacculo *s.m.* (*anat.*) saccule.

sacello *s.m.* sacellum (*pl.* -a); votive chapel: — *mortuario*, mortuary chapel.

sacerdotale *agg.* sacerdotal, priestly, priestlike.

sacerdote *s.m.* priest // *un — delle arti*, (*fig.*) a devotee of the arts.

sacerdotessa *s.f.* priestess.

sacerdozio *s.m.* priesthood; ministry: *assumere il* —, to enter the Church (*o* to go into the Church).

sacrale[1] *agg.* sacred, holy.

sacrale[2] *agg.* (*anat.*) sacral: *nervi sacrali*, sacral nerves.

sacralgia *s.f.* (*med.*) sacralgia.

sacralità *s.f.* sacredness.

sacralizzare *v.tr.* to make* sacred, to sacralize; (*consacrare*) to consecrate.

sacralizzazione[1] *s.f.* making sacred; (*consacrazione*) consecration.

sacralizzazione[2] *s.f.* (*med.*) sacralization.

sacramentale *agg.* **1** sacramental: *atti, riti sacramentali*, sacramental acts, rites **2** (*fig.*, *scherz.*) (*rituale*) ritual, sacramental ◆ *s.m.* (*relig.*) sacramental.

sacramentare *v.tr.* (*relig.*) to administer the sacraments to (s.o.) ◆ *v.intr.* (*fam.*) (*bestemmiare*) to swear*; to blaspheme; to curse. □ **sacramentarsi** *v.rifl.* (*relig.*) to receive the sacraments.

sacramentario *s.m.* **1** (*eccl.*, *st.*) sacramentary **2** (*st. relig.*) Sacramentarian.

sacramento *s.m.* **1** (*teol.*) sacrament: *il Santissimo Sacramento*, the Holy (*o* Blessed) Sacrament; *i sette sacramenti*, the seven sacraments; *accostarsi ai sacramenti*; to go to confession and take Holy Communion; *dare, prendere i sacramenti*, to administer, to receive the sacraments **2** (*ant.*, *letter.*) (*giuramento*) oath **3** (*bestemmia*) swearword, oath, curse.

sacrare *v.tr.* (*letter.*) (*consacrare*) to consecrate; to dedicate ◆ *v.intr.* (*fam.*) (*bestemmiare*) to swear*; to curse. □ **sacrarsi** *v.rifl.* (*letter.*) (*consacrarsi*) to devote oneself, to devote one's life.

sacrario *s.m.* **1** (*st. romana*, *eccl.*) shrine; sanctuary, sacrarium* **2** (*estens.*) memorial (building), memorial (chapel): — *dei caduti*, memorial to the war dead **3** (*fig.*) (*intimità*) intimacy, bosom.

sacrestia e *deriv.* → **sagrestia** e *deriv.*

sacrificabile *agg.* expendable.

sacrificale *agg.* sacrificial.

sacrificare *v.tr.* **1** to sacrifice (*anche estens.*): — *vittime agli dei*, to sacrifice victims to the gods; — *la propria vita alla patria, alla causa della giustizia*, to sacrifice (*o* to lay down) one's life for one's country, in the cause of justice; *ha sacrificato le sue ambizioni per i figli*, he has sacrificed his own ambitions for the sake of his children **2** (*sprecare*) to waste, to squander, to misuse: — *un ingegno in un lavoro ripetitivo*, to waste s.o.'s talents in a repetitive job ◆ *v.intr.* **1** to offer sacrifices, to make* offerings **2** (*estens.*) (*fare atto di devozione*) to pay* homage. □ **sacrificarsi** *v.rifl.* **1** to sacrifice oneself, to sacrifice one's life: *le madri si sacrificano per i figli*, mothers sacrifice themselves for their children **2** (*accontentarsi*) to make* do (with sthg.), to put* up (with sthg.): — *in due locali*, to make do with two rooms.

sacrificato *agg.* **1** sacrificed (*anche estens.*): *vita sacrificata*, life of sacrifice **2** (*non valorizzato*) wasted, badly-used.

sacrificatore *s.m.* sacrificer ◆ *agg.* sacrificing.

sacrificio *s.m.* sacrifice (*anche estens.*): *il — della Messa*, the sacrifice of the Mass; *fu ucciso un bue in* —, an ox was killed as a sacrifice; *fare un — agli dei*, to make a sacrifice (*o* an offering) to the gods; *offrire in* —, to offer in sacrifice; *ha fatto molti sacrifici per i suoi figli*, he has made many sacrifices for his children // — *di sé*, self sacrifice // (*trib.*) *principio dell'uguaglianza del* —, equality of sacrifice.

sacrifico *agg.* sacrificing.

sacrifizio → **sacrificio**.

sacrilegio *s.m.* sacrilege (*anche fig.*).

sacrilego *agg.* **1** sacrilegious: *atti sacrileghi*, sacrilegious acts **2** (*colpevole di sacrilegio*) evil, wicked: *persona sacrilega*, wicked person; *è una lingua sacrilega*, he has an evil tongue.

sacripante *s.m.* (*scherz.*) **1** (*uomo robusto, valoroso*) lion, hero* **2** (*spreg.*) (*smargiasso*) braggart, boaster **3** (*furbo*) rogue, rascal.

sacrista *s.m.* sacristan; sexton.

sacristia → **sagrestia**.

sacro[1] *agg.* **1** sacred, holy: *il — nome di Gesù*, the sacred name of Jesus; *le Sacre Scritture*, the Holy Scriptures; *luogo* —, holy (*o* sacred) place; *musica sacra*, sacred music; *ordini sacri*, holy orders; *storia sacra e profana*, sacred and profane history; *vestimenti sacri*, sacred vestments; *nell'antico Egitto il bue era un animale* —, in ancient Egypt the ox was a sacred animal // *la Sacra Famiglia*, the Holy Family // *Sacra Maestà*, His Sacred Majesty // *il Sacro Romano Impero*, the Holy Roman Empire **2** (*consacrato*) consecrated, dedicated **3** (*estens.*) (*inviolabile*) sacred, sacrosanct, inviolable: *i sacri diritti di un paese*, the inviolable rights of a country; *il ricordo di lui è — per me*, I hold his memory sacred (*o* sacrosanct); *considerare sacra una promessa*, to hold a promise sacred; *per me il sonnò è* —, (*scherz.*) for me sleeping is sacrosanct ◆ *s.m.*: *il — e il profano*, the sacred and the profane.

sacro[2] *agg.* e *s.m.* (*anat.*) (*osso*) —, sacrum*.

sacrosanto *agg.* **1** sacrosanct, sacred; inviolable: *un diritto* —, a sacred right **2** (*indiscutibile*) absolute, indisputable: *questa è la sacrosanta verità*, this is the absolute (*o* indisputable) truth **3** (*meritato*) well-deserved, appropriate, right, proper: *una punizione sacrosanta*, a well-deserved punishment.

sadduceo *agg.* (*st. ebraica*) Sadducean ◆ *s.m.* (*st. ebraica*) Sadducee.

sadico *agg.* sadistic ◆ *s.m.* sadist.

sadismo *s.m.* sadism.

sadomaso *agg.* sadomasochistic ◆ *s.m.* e *f.* sadomasochist.

sadomasochismo *s.m.* sadomasochism.

sadomasochista *agg.* sadomasochistic ◆ *s.m.* e *f.* sadomasochist.

sadomasochistico *agg.* sadomasochistic.

saduceo → **sadduceo**.

saetta *s.f.* **1** (*letter.*) arrow **2** (*fulmine*) thunderbolt; (*lampo*) flash (of lightning) // *correre come una* —, (*fig.*) to run like lightning **3** (*sport*) (*tiro violento*) lightning shot **4** (*bot.*) *erba* —, (*Sagittaria sagittifolia*) arrowhead **5** (*mecc.*) bit.

saettamento *s.m.* (*letter.*) shooting (*anche fig.*).

saettare *v.tr.* **1** (*letter.*) (*lanciare saette a*) to shoot* arrows at (s.o., sthg.) **2** (*fig.*) to shoot*, to dart, to fire: *mi saettò uno sguardo di rimprovero*, he darted a look of reproof at me.

saettiforme → **sagittato**.

saettone *s.m.* **1** (*zool.*) coluber **2** (*arch.*) strut.

safari *s.m.* safari: — *fotografico*, photo safari; *zoo* —, safari park.

safarista *s.m.* e *f.* safari participant.

safena *s.f.* (*anat.*) saphena.

safeno *agg.* (*anat.*) saphenous: *nervo* —, saphenous nerve; *vena safena*, saphenous vein (*o* saphena).

saffica *s.f.* **1** (*metrica*) Sapphic (verse) **2** (*poesia*) Sapphic ode.

saffico *agg.* **1** (*metrica*) Sapphic: *strofa saffica*, Sapphic strophe; *verso* —, Sapphic verse **2** (*lesbico*) lesbian, sapphic ◆ *s.m.* (*metrica*) sapphic line.

saffirina *s.f.* (*min.*) sapphirine.

saffismo *s.m.* lesbianism, sapphism.

safflorite *s.f.* (*min.*) safflorite.

safranale *s.m.* (*chim.*) safranal.

safranina *s.f.* (*chim.*) safranin(e).

safrolo *s.m.* (*chim.*) safrole.

saga *s.f.* saga (*anche estens.*).

sagace *agg.* shrewd, astute; sagacious: *un — investigatore*, a shrewd investigator; *una mossa* —, an astute move.

sagacia meno com. **sagacità** *s.f.* shrewdness, astuteness; sagacity.

sagapeno *s.m.* (*bot.*) (*Ferula persica*) sagapenum.

saggezza *s.f.* wisdom.

saggiamente *avv.* wisely, judiciously: *si è comportato* —, he behaved wisely; *ci hanno consigliato molto* —, they gave us very sound advice.

saggiare *v.tr.* **1** (*analizzare*) to assay; to test: — *oro, argento*, to assay gold, silver; — *una soluzione chimica*, to test a chemical solution **2** (*fig.*) (*mettere alla prova*) to test, to try (out), to put* (sthg., s.o.) to the test: — *le proprie forze*, to try out one's strength; — *l'avversario*, to put the opponent to the test; — *la generosità di un amico*, to test a friend's generosity.

saggiatore *s.m.* **1** assayer; tester **2** (*bilancia per saggiare l'oro*) assay balance; scales (*pl.*) for gold.

saggiatura *s.f.* **1** (*il saggiare*) assaying; testing **2** (*segno*) hallmark.

saggina *s.f.* (*bot.*) (*Sorghum vulgare*) broomcorn, Indian millet, sorgho, sorghum.

sagginella *s.f.* (*bot.*) (*Sorghum halepense*) Johnson grass.

saggio[1] *agg.* wise; (*prudente*) prudent; (*di buon senso*) sensible: *una saggia decisione*, a wise decision; *saggi consigli*, sensible advice; *un uomo* —, a wise man; *questo fu molto — da parte tua*, that was very sensible of you ◆ *s.m.* wise man, sage: *ti sei comportato da* —, you behaved wisely // *i Sette Saggi*, the Seven Sages (*o* the Seven Wise Men).

saggio[2] *s.m.* **1** (*prova*) test; trial; (*di metalli preziosi*) assay: *fare il — dell'oro*, to assay gold // (*comm.*) *fare il — di un nuovo prodotto*, to test a new product // (*chim.*) *tubo da —*, test tube **2** (*campione*) sample, specimen: *un — di vino*, a sample of wine // *copia di —*, specimen (*o* presentation *o* complimentary) copy // (*inform.*) *— di programmazione*, sample coding **3** (*dimostrazione*) proof, evidence; example: *questo è un — delle mie capacità*, this is an example of what I'm capable of doing // *— ginnico, musicale*, gym(-nastic) display, school concert **4** (*scritto*) essay: *— critico*, critical essay; *un — su Dante*, an essay on Dante **5** (*econ.*) (*tasso*) rate: *— base*, base rate; *— di interesse*, interest rate; *— di sconto*, discount rate; *— di sconto bancario*, bank rate; *— ufficiale di sconto*, rediscount (*o* official discount) rate; *— di rendimento interno*, internal rate of return; *— salariale*, wage rate // (*fin.*) *— di cambio*, exchange rate.

saggista *s.m.* e *f.* essayist.

saggistica *s.f.* **1** (*l'attività del saggista*) essay writing **2** (*genere letterario*) non-fiction; (*saggi*) literary essays (*pl.*): *romanzi e —*, fiction and non-fiction; *la — francese*, French literary essays.

saggistico *agg.* essay (*attr.*); non-fiction (*attr.*).

sagittale *agg.* **1** (*rar.*) arrow-shaped; arrow (*attr.*) **2** (*anat.*) sagittal: *sutura —*, sagittal suture.

sagittaria *s.f.* (*bot.*) (*Sagittaria sagittifolia*) arrowhead.

sagittario *s.m.* archer; bowman* // (*astr.*) *Sagittario*, Sagittarius.

sagittato *agg.* (*di foglia*) sagittate(d).

saglia → **saia**.

sagola *s.f.* (*mar.*) line.

sagoma *s.f.* **1** (*forma*) shape, form, outline, profile: *la — di un edificio*, the outline of a building **2** (*tecn.*) form, template, gauge: *— per battilastra*, hammering form; (*mecc.*) *— campione*, master template; (*ferr.*) *— limite*, clearance gauge; *— (limite) di carico*, loading gauge **3** (*bersaglio*) target, silhouette **4** (*fam. scherz.*) (*tipo curioso*) character: *quell'uomo è una bella —!*, that man is quite a character!

sagomare *v.tr.* to mould, to shape, to model.

sagomato *agg.* shaped, moulded, formed, modelled: *ben —*, finely shaped: *raccordo — a U*, a U-shaped joint ◆ *s.m.* (*cartellone pubblicitario*) cut-out silhouette advertisement.

sagomatore *s.m.* profiler.

sagomatrice *s.f.* (*mecc.*) profiling machine.

sagomatura *s.f.* **1** (*il sagomare*) shaping, forming, outlining **2** (*sagoma*) outline, shape, profile.

sagra *s.f.* festival, feast: *— del villaggio*, village festival; *la — delle castagne*, the chestnut festival.

sagrato *s.m.* **1** parvis, church courtyard **2** (*ant.*) (*cimitero presso la chiesa*) churchyard, graveyard.

sagrestana *s.f.* **1** (*monaca*) nun responsible for the sacristy **2** (*fam.*) (*moglie del sagrestano*) sacristan's wife*.

sagrestano *s.m.* sacristan, sexton.

sagrestia *s.f.* **1** sacristy, vestry // *c'è odore di —!*, it smacks of the church! **2** (*di banca*) vault.

sagrista → **sacrista**.

sagù *s.m.* (*bot.*) sago: *palma da —*, (*Metroxylon sagu*) sago (palm).

sahariana *s.f.* (*giacca*) safari jacket, bush jacket.

sahariano *agg.* Saharan, Sahara (*attr.*).

saia *s.f.* (*tessuto*) twill.

saiga *s.f.* (*zool.*) (*Saiga tatarica*) saiga.

saintpaulia *s.f.* (*bot.*) (*Saintpaulia jonantha*) African violet, saintpaulia.

saio *s.m.* **1** (*di soldato romano*) sagum (*pl.* -ga) **2** (*veste medievale da uomo*) tunic; (*cotta d'armi*) coat of mail **3** (*tonaca monacale*) habit // *vestire il —*, (*fig.*) (*diventare frate*) to become a monk, (*diventare monaca*) to take the veil.

saktismo *s.m.* (*st. relig.*) Saktism, Shaktism.

sala[1] *s.f.* hall; room; (*salotto*) living room, lounge, drawing room; (*di ospedale*) ward: *— da pranzo*, dining room; *— da ballo*, dance hall (*o* ballroom); *— da biliardo*, billiard room; *— da gioco*, card room; *— giochi*, amusement arcade; *— dei banchetti*, banqueting-hall (*o* banqueting-room); *— di lettura*, reading room; *— da tè*, tea room; *— d'attesa, d'aspetto*, waiting room; *— riunioni*, conference (*o* assembly) room; *— (per) concerti*, concert hall; *— cinematografica*, cinema hall; *in questo cinema, teatro c'è sempre la — piena*, at this cinema, theatre there is always a full house; *la — applaudì fragorosamente*, the audience applauded thunderously; *tutte le sale del castello erano piene di gente*, all the halls of the castle were full of people // *— anatomica*, dissecting room; *— operatoria*, operating theatre; *— parto*, delivery room // *— macchine*, engine room; *— caldaie*, (*di nave*) stokehold; (*di edificio*) boiler room // *— nautica*, chartroom // (*comm.*): *— di esposizione*, showroom; *— di vendita*, salesroom; *— d'aste*, auction room // (*Borsa*) *— delle contrattazioni*, floor (*o* pit *o* ring) // (*mil.*) *— rapporto*, orderly room.

sala[2] *s.f.* (*mecc.*) axle: (*ferr.*) *— montata*, wheel set; *— sterzante*, steering axle.

sala[3] *s.f.* (*bot.*) (*Typha latifolia*) reed-mace, cat's-tail.

salace *agg.* **1** (*lascivo*) salacious, lewd, risqué: *storielle salaci*, risqué jokes **2** (*pungente*) biting, sharp: *una battuta —*, a biting remark.

salacità *s.f.* **1** (*l'essere lascivo*) salacity, salaciousness, lewdness **2** (*l'essere pungente*) bitingness, sharpness.

salamandra *s.f.* (*zool.*) salamander: *— acquaiola*, (*Triturus cristatus*) swift (*o* eft).

salame *s.m.* **1** (*cuc.*) salami [U]: *— piccante*, spicy (*o* hot) salami **2** (*fam. fig.*) silly goose, dolt, blockhead: *muoviti, non stare lì come un —*, come on silly, don't just stand there; *—, guarda dove metti i piedi!*, look where you're going, you silly goose!

salamelecco *s.m.* salaam; bowing and scraping (*pl.*): *fare mille salamelecchi*, to bow and scrape (*o* to be overceremonious); *non sopporto tutti questi inutili salamelecchi*, I can't stand all this ceremony (*o* ridiculous formality).

salamino *s.m.* **1** little salami [U] **2** (*tip.*) half stick.

salamoia *s.f.* pickle, brine: *aringhe in —*, pickled herrings; *cipolline in —*, onion pickles; *verdure in —*, pickles (*o* pickled vegetables); *mettere in —*, to pickle.

salamoiare *v.tr.* (*rar.*) to pickle.

salangana *s.f.* (*zool.*) salangane.

salare *v.tr.* to salt, to put* salt in (sthg.), (*per conservare*) to corn: *non — troppo la minestra*, don't put too much salt in the soup // *— la scuola*, (*fig. region.*) (*marinarla*) to play truant (*o amer.* to play hooky).

salariale *agg.* (*econ.*) of wages; wage (*attr.*); pay (*attr.*): *controversia —*, wage dispute; *contrattazioni salariali*, pay negotiations (*o* talks); *accordo —*, pay settlement; *aumento —*, wage rise (*o* increase); *rivendicazioni salariali*, wage claims; *differenziale —*, differential pay; *tregua —*, wage truce (*o* pause).

salarialismo *s.m.* (*econ.*) wage-increase policy.

salariare *v.tr.* (*econ.*) to pay* wages; (*estens.*) (*assumere*) to hire, to take* on (s.o.).

salariato *agg.* (*di persona*) wage-earning, paid; (*estens.*) hired; (*di attività*) paid: *lavoratore —*, wage-earning worker; *lavoro —*, paid work; *non —*, unwaged ◆ *s.m.* wage-earner; (*estens.*) (*operaio*) workman*; (*impiegato*) office-worker: *— a cottimo*, pieceworker (*o* job worker).

salario *s.m.* wages (*pl.*), wage, pay, hire: *avere un buon —*, to earn a good wage (*o* to be well paid) // *— a cottimo*, piece wage (*o* efficiency pay); *— a giornata*, daily (*o* day) wage; *salari arretrati*, arrears of wages; *— base*, base (*o* basic) wage; *— netto*, net wage (*o* take-home pay); *— lordo*, gross wage; *— reale*, real wages; *— garantito*, guaranteed pay; *— da fame*, starvation wage; *— indicizzato*, index-linked wage; *— orario*, hourly wages; *— nominale*, nominal wage; *— monetario*, money wage; *— minimo*, minimum wage; *contenimento dei salari*, wage control.

salassare *v.tr.* **1** (*med.*) to bleed* **2** (*fig. scherz.*) to bleed*, to fleece; (*fam.*) to rip (s.o.) off: *in quell'albergo ti salassano*, they fleece you at that hotel; *in quel ristorante ti salassano*, they charge extortionate prices in that restaurant (*o* that restaurant is a real rip-off). □ **salassarsi** *v.intr.pron.* (*fig. scherz.*) to spend* a lot of money, to spend* all one's savings: *per comprare l'auto nuova si è salassato*, he spent all his savings on his new car.

salassata *s.f.* (*fig. scherz.*) heavy expense, swindle, (*fam.*) rip-off: *che — ieri al ristorante!*, that restaurant was a real rip-off yesterday!

salasso *s.m.* **1** (*med.*) bleeding; bloodletting **2** (*fig. scherz.*) heavy expense, drain, swindle, (*fam.*) rip-off: *è stato un vero — per i miei risparmi*, the expense was a real drain on my savings; *il conto è stato un —*, they really stung us with that bill (*o* that bill was a real rip-off).

salata *s.f.* salting: *da' una — alla minestra*, put some salt in the soup.

salatino *s.m.* savoury (biscuit); cracker: *— al formaggio*, cheese cracker.

salato *agg.* **1** salt, salty: *questa minestra è troppo salata*, this soup is too salty // *il Gran Lago Salato*, Great Salt Lake **2** (*conservato nel sale*) salt, salted, corned: *carne salata*, salt meat; *mandorle salate*, salted almonds; *manzo*

—, corned beef; *pesce* —, salt fish **3** (*fig.*) (*costoso*) expensive, high, stiff: *conto* —, high bill; *prezzi salati*, stiff prices; *pagar* —, to pay through the nose **4** (*fig.*) (*salace*) keen, biting; (*piccante*) risqué, earthy: *un epigramma* —, a biting epigram; *uno scherzo* —, a risqué joke **5** (*severo*) stiff, severe ◆ *s.m.* **1** (*cibo salato*) savoury food: *preferire il — al dolce*, to prefer savoury food to sweet food **2** salt pork; (*affettato*) sliced ham; sliced salami.

salatura *s.f.* salting.

salbanda *s.f.* (*geol.*) salband, selvage.

salciaiola *s.f.* (*zool.*) (*Locustella luscinioides*) Savi's warbler.

salda *s.f.* **1** (*tess.*) sizing **2** (*chim.*) starch water.

saldabile *agg.* **1** (*metall.*) weldable; solderable **2** (*comm.*) payable, that can be settled.

saldabilità *s.f.* **1** (*metall.*) weldability; solderability **2** (*comm.*) payability.

saldaconti → **saldaconto**.

saldacontista *s.m.* e *f.* (*amm.*) bookkeeper.

saldaconto *s.m.* (*amm.*) account book, ledger.

saldamente *avv.* firmly; solidly; tightly; steadily (*anche fig.*): *reggetevi — agli appositi sostegni*, hold on tightly to the handholds provided.

saldamento *s.m.* **1** (*metall.*) welding; soldering **2** (*comm.*) settlement in full.

saldare *v.tr.* **1** (*metall.*) to weld; (*brasare*) to solder, to braze: — *all'arco elettrico*, to arc -weld; — *a punti*, to spot-weld; — *a scintillio*, to flash-weld; — *ad argento*, to silver-solder; — *a ottone*, to braze, to hard-solder; — *a stagno*, to solder, to soft-solder **2** (*fig.*) (*collegare*) to link up with (sthg.), to fit in with (sthg.), to dovetail into (sthg.), to tie up with (sthg.): *il terzo atto della commedia non è ben saldato con il resto*, the third act of the play does not link up well with (*o* does not fit in well with *o* does not dovetail well into) the rest of the play **3** (*comm.*) to pay* (off), to settle, to square up, to quit, to balance, to liquidate: — *un conto, una fattura*, to pay (*o* to settle) a bill, an invoice; — *il conto del sarto*, to pay the tailor's bill (*o* to settle up with the tailor *o* to square up with the tailor); — *i conti*, to settle (*o* to balance) one's accounts; — *un debito*, to settle (*o* to quit *o* to discharge) a debt; — *i creditori*, to settle with creditors **4** (*ossa, fratture ecc.*) to join.

□ **saldarsi** *v.intr.pron.* **1** (*metall.*) to weld; to solder **2** (*di ferite*) to heal; (*di ossa*) to knit **3** (*fig.*) (*collegarsi*) to tie up, to link, to fit: *questi fatti non si saldano bene tra di loro*, these facts don't tie up (*o* don't link up) very well; *le loro due versioni non si saldano bene*, their two versions don't tie up very well (*o* don't fit very well together).

saldato *agg.* **1** (*metall.*) weld, welded; soldered **2** (*comm.*) settled, paid: *non* —, unsettled (*o* unpaid).

saldatoio *s.m.* soldering iron, soldering copper: — *elettrico*, electric soldering iron; — *rapido* (*a pistola*), soldering gun.

saldatore *s.m.* **1** (*operaio*) welder; solderer **2** (*attrezzo*) → saldatoio.

saldatrice *s.f.* (*metall.*) welder: — *ad arco*, arc welder; — *elettrica*, electric welder.

saldatura *s.f.* **1** (*metall.*) welding; (*brasatura*) soldering, brazing: — *ad arco*, arc welding; — *ad arco con elettrodo metallico*, metal-arc welding; — *ad argento*, silver soldering; — *a fuoco*, forge welding; — *alla termite*, thermit welding; — *a ottone*, brazing (*o* hard soldering); — *a punti*, spot welding; — *a scintillio*, flash welding; — *a stagno*, (soft) soldering; — *autogena*, autogenous welding; — *elettrica*, electric welding; — *ossiacetilenica*, oxy-acetylene welding; — *ossidrica*, oxyhydrogen welding; *fondente per* —, welding flux; *lega per* —, solder **2** (*fig.*) (*collegamento*) connection, linking; link: *la — degli episodi di un romanzo*, the connection between (*o* linking of) episodes in a novel; *il medioevo costituisce la — fra antichità e tempo moderno*, the Middle Ages are the link between antiquity and modern times.

saldezza *s.f.* firmness; steadiness; strength (*anche fig.*): *la — di una struttura*, the firmness (*o* steadiness) of a structure; — *di mente*, strength of mind; — *di principi*, strength (*o* firmness) of principle.

saldo *agg.* **1** firm, solid, steady: *un muro* —, a solid wall; *lo sgabello mi sembra poco* —, the stool seems a bit shaky (*o* rickety); *una presa salda*, a firm grip; *tenersi* —, to stand firm **2** (*forte*) strong: *avere le braccia salde*, to have strong arms **3** (*fig.*) firm, steadfast, staunch: *una salda amicizia*, a staunch (*o* strong) friendship; *essere — nei propri principi*, to be resolute (*o* firm) in (*o* to stick to) one's principles: *portare salde argomentazioni in favore di qlcu., qlco.*, to put forward solid arguments in favour of s.o., sthg.

saldo *s.m.* **1** (*pareggiamento*) balance; (*importo residuo*) settlement, payment, balance, quittance // (*comm.*): — *di un conto*, settlement of an account; — *di cassa*, cash balance; *a — di*, in (full) settlement of; *versare una somma a* —, to pay in a sum in settlement // (*econ.*): — *attivo, a credito*, credit balance; — *passivo, a debito*, debit (*o* loss) balance; — *attivo della bilancia commerciale*, trade surplus; — *attivo con l'estero*, balance of payments surplus; — *di chiusura*, ending (*o* closing) balance; — *negativo*, balance deficit // (*banca*): — *scoperto*, outstanding balance; *l'estratto conto presenta un — di...*, the statement of account shows a balance of...; *il — del conto è di £ 10*, the balance of the account stands at £ 10 // (*stat.*) — *globale*, overall balance **2** (*ultima parte*) balance, rest: (*comm.*) *spedire il — della merce per ferrovia*, to forward the balance (*o* rest) of the goods by rail **3** (*estens.*) sale; (*rimanenze*) leftover stock: *saldi di fine stagione*, end-of -season sales; *aspetto i saldi per fare i miei acquisti*, I'm waiting for the sales before I buy anything; — *per liquidazione*, closeout (*o* closing out) sale; *prezzi di* —, bargain prices.

saldobrasatura *s.f.* (*metall.*) braze welding.

sale *s.m.* **1** salt: *sali* (*aromatici*), smelling salts; *sali da bagno*, bath salts; — *da cucina*, kitchen salt; — *da tavola, fine*, table salt; — *grosso*, coarse salt; — *inglese, amaro*, Epsom salts; *un pizzico, un pugno di* —, a pinch, a fistful of salt; *essere giusto di* —, to be salty enough; *è giusto di — lo stufato?*, is the stew salty enough?; *la minestra è dolce di* —, there isn't enough salt in the soup; *sapere di* —, to taste salty; *sotto* —, salted; *acciughe sotto* —, salted anchovies; *senza* —, without salt, (*fig.*) insipid; *è scritto senza* —, it's an insipid piece of writing // *restare di* —, to be dumbfounded (*o* flabbergasted) // (*chim.*): — *basico*, basic salt; — *di Glauber*, Glauber's salt; — *di Rochelle*, Rochelle salt **2** (*buon senso*) common sense, mother-wit: *è un uomo che ha — in zucca*, he's got plenty of common sense // *prendere qlco. con un grano di* —, to take sthg. with a pinch of salt **3** (*arguzia*) piquancy, wit: — *attico*, Attic wit (*o* Attic salt) **4** (*geogr.*) *piana di* —, salt flat.

salernitano *agg.* of Salerno, from Salerno ◆ *s.m.* inhabitant of Salerno, native of Salerno.

salesiano *agg.* e *s.m.* Salesian.

salesite *s.f.* (*chim.*) salesite.

salgemma *s.m.* (*min.*) rock salt.

salicaria *s.f.* (*bot.*) (*Lythrum salicaria*) purple loosestrife.

salice *s.m.* (*bot.*) (*Salix caprea*) willow(tree), sallow; (*legno*) willow: — *piangente*, (*Salix babylonica*) weeping willow; — *americano*, (*Salix discolor*) pussy willow; — *da ceste*, (*Salix triandra*) almond willow.

saliceto *s.m.* willow grove.

salicilammide *s.f.* (*chim.*) salicylamide.

salicilato *s.m.* (*chim.*) salicylate.

salicile *s.m.* (*chim.*) salicyl.

salicilico *agg.* (*chim.*) salicylic: *acido* —, salicylic acid.

salicilismo *s.m.* (*med.*) salicylism.

salicina *s.f.* (*chim.*) salicin.

salico *agg.* Salic: (*st.*) *legge salica*, Salic law.

salicornia *s.f.* (*bot.*) (*Salicornia europea*) glasswort, salt-wort, samphire.

saliente *agg.* **1** (*importante*) important, main; salient; noteworthy, outstanding: *i fatti più salienti*, the most important facts; *le date salienti di un periodo storico*, the main dates of historical period; *punti, caratteristiche salienti*, salient points, characteristics **2** (*sporgente*) projecting; prominent, salient **3** (*scient., letter.*) (*crescente*) rising; growing: *la marea* —, the rising tide ◆ *s.m.* (*arch., mil.*) salient.

saliera *s.f.* saltcellar.

salifero *agg.* salt (*attr.*), salt-bearing, saliferous: *industria salifera*, salt industry.

salificabile *agg.* (*chim.*) salifiable.

salificare *v.tr.* (*chim.*) to salify.

salificazione *s.f.* (*chim.*) salification.

saligno *agg.* (*rar.*) (*che sa di sale*) salty, saltish, saline.

salimetro *s.m.* (*chim.*) salimeter.

salina *s.f.* **1** (*stabilimento*) saltworks (*pl.*); (*deposito naturale*) salt pan, salt pit, salina, saline **2** (*di salgemma*) salt mine.

salinatura *s.f.* salt extraction, salt mining.

salinità *s.f.* salinity, saltiness.

salino *agg.* saline; salty, salt (*attr.*): *soluzione salina*, saline solution; *sorgente salina*, salt spring; (*geol.*) *duomo* —, *cupola salina*, salt dome ◆ *s.m.* (*region.*) **1** (*saliera*) saltcellar **2** → salsedine.

salinometro *s.m.* (*chim.*) salinometer.

salire *v.intr.* **1** to rise*; to climb (sthg.); to go* up (sthg.); to come* up (sthg.); to mount (sthg.); to ascend (sthg.): *l'aeroplano saliva lentamente*, the plane was climbing slowly; *il calore, il fumo sale*, heat, smoke rises; *le lacrime le salirono agli occhi*, tears rose to her eyes (*o* tears welled up in her eyes); *non salii perché l'ascensore era rotto*, I did not go up because the lift wasn't working; *devo — a prendere l'ombrello*, I'll have to go up and get an umbrella; *salgo un attimo da mia zia*, I must pop up (*o* nip up) to my aunt's for a moment; *non salì perché non voleva vedermi*, he did not come up because he did not want to see me; *non — su quel ramo perché potrebbe rompersi*, don't get on that branch because it might break; *il pallone salì diritto e poi scoppiò*, the balloon went (*o* rose) straight up, then burst; *salì a cavallo e scomparve nel bosco*, he mounted his horse and disappeared into the wood; *la strada sale*, the road rises (*o* climbs *o* goes uphill); *salì a piedi sino all'ottavo piano*, he walked up to the eighth floor; *salì in ascensore sino all'ottavo piano*, he took the lift up to the eighth floor; *— in tutta fretta*, to rush up // *— su un albero*, to climb a tree; *— su un monte*, to climb (*o* to go up) a mountain; *— su una scala*, to climb (up) (*o* to mount) a ladder; *— su una sedia*, to climb (*o* to get) on a chair // *— al trono*, to ascend the throne // *— in cielo*, to go to heaven **2** (*su mezzi di trasporto*) to get* on; to get* in: *— su un tram, un treno, una bicicletta*, to get on a tram, a train, a bike; *— in macchina*, to get into a car; *— a bordo di una nave*, to go on board a ship // *far — qlcu. nella propria automobile*, to let s.o. get into one's car **3** (*fig.*) (*crescere*) to rise*, to increase; to climb; to go* up; to mount: *il fiume è salito di un metro*, the river has risen a metre; *la temperatura sale*, the temperature is rising; *la marea sta salendo*, the tide is coming in (*o* rising) // *— socialmente*, to rise socially // *— nella considerazione generale*, to go up (*o* rise) in people's estimation // (*comm.*): *i prezzi salgono*, prices are rising (*o* increasing); *la benzina è salita ancora*, (the price of) petrol has gone up again // (*econ.*): *il volume delle esportazioni è salito nettamente quest'anno*, the volume of exports has climbed sharply this year; *— automaticamente*, (*di prezzi, tariffe*) to escalate; *— rapidamente*, to jump (*o* to soar *o* to shoot up); *— vertiginosamente*, to rocket; *far — gli affitti*, (*amer.*) to hike rents; *far — i prezzi*, to raise (*o* to force up) prices; *far — i prezzi in un'asta*, to puff (*o* to increase) prices **4** (*amm.*) (*salire di grado*) to be promoted ◆ *v.tr.* to climb; to go* up, to ascend; to come* up; to mount: *— un monte*, to climb (*o* to go up) a mountain; *— le scale*, to go up the stairs.

saliscendi *s.m.* **1** (*congegno di chiusura*) latch **2** (*continue salite e discese*) ups and downs (*pl.*): *il sentiero era tutto un —*, the path was all ups and downs // *i — della fortuna*, the ups and downs of fortune.

salita *s.f.* **1** slope, ascent: *una ripida —*, a steep slope; *fare una —*, to climb (a slope) (*o* to go uphill); *arrivare in cima alla —*, to get to the top of the climb (*o* ascent) // *in —*, uphill; (*che aumenta*) rising; *un sentiero in —*, an uphill path **2** (*il salire*) ascent, climb(ing), going up: *la — della montagna fu molto dura*, the ascent of the mountain was very difficult; *— alla fune, alla pertica*, rope, pole climbing **3** (*aer.*) climb: *— in candela*, zooming **4** (*aumento*) rise, increase: *un'improvvisa — dei prezzi*, a jump (*o* a sudden rise) in prices // (*Borsa*): *— nelle quotazioni*, bullish trend; *i titoli sono in —*, stocks are on the upgrade **5** (*ferr.*) gradient, slope.

salite *s.f.* (*min.*) salite.

saliva *s.f.* saliva, spit, spittle.

salivare[1] *agg.* salivary: (*anat.*) *ghiandole salivari*, salivary glands.

salivare[2] *v.intr.* (*non com.*) to salivate.

salivatorio *agg.* salivatory, salivary.

salivazione *s.f.* (*med.*) salivation.

salma *s.f.* corpse, body; (*resti mortali*) remains (*pl.*).

salmarino *s.m.* sea salt.

salmastro *agg.* brackish; salty, saltish: *acque salmastre*, brackish water ◆ *s.m.* salty taste.

salmeggiare *v.intr.* (*non com.*) to sing* psalms.

salmeria *s.f.* (*spec. pl.*) (*mil.*) baggage train; (*con muli*) mule train.

salmerino *s.m.* (*zool.*) (*Salvelinus alpinus*) char.

salmerista *s.m.* (*mil.*) baggage-man.

salmì *s.m.* (*cuc.*) salmi: *lepre in —*, jugged hare.

salmista *s.m.* **1** psalmist **2** (*ant.*) (*salterio*) psalter.

salmistrare *v.tr.* (*cuc.*) to corn: *lingua salmistrata*, corned tongue.

salmo *s.m.* psalm: *il libro dei salmi*, the Book of Psalms.

salmodia *s.f.* psalmody.

salmodiale *agg.* psalmodic, psalmic.

salmodiare *v.intr.* to sing* psalms.

salmodico *agg.* psalmodic.

salmonato *agg.* salmon (*attr.*): *trota salmonata*, salmon trout.

salmone *s.m.* (*zool.*) (*Salmo salar*) salmon*: *piccolo —*, samlet; *— affumicato*, smoked salmon // *— rosso*, (*Onchorhynchus nerka*) red salmon (*o* sockeye) ◆ *agg.* (*di colore*) salmon(-coloured): *camicia color —*, salmon (-coloured) shirt.

salmonella *s.f.* (*biol.*) salmonella*.

salmonellosi *s.f.* (*med., vet.*) salmonellosis.

salmonide *s.m.* (*zool.*) salmonoid.

salnitro *s.m.* (*chim.*) saltpetre.

salnitroso *agg.* (*chim.*) saltpetrous, saltpetre (*attr.*).

salolo *s.m.* (*chim.*) salol.

salomonico *agg.* **1** Solomonic, of Solomon, Solomon's **2** (*fig.*) (*imparziale*) Solomonic, impartial.

salone *s.m.* **1** (*ampio locale*) hall; large hall; reception room // (*ferr.*) *vettura —*, Pullman car **2** (*sala da esposizione*) showroom: *Salone dell'Automobile*, Motor Show, (*esposizione*) car showroom; *— della moda*, fashion showroom **3** (*region.*) (*negozio di barbiere o parrucchiere*) hairdresser's (shop), hairdressing salon // *— di bellezza*, beauty salon.

salopette *s.f.* (*fr.*) dungarees (*pl.*); overalls (*pl.*).

salottiero *agg.* drawing-room (*attr.*): *modi salottieri*, drawing-room manners; *pettegolezzi salottieri*, drawing-room gossip.

salottino *s.m.* parlour; sitting room.

salotto *s.m.* **1** drawing room; (*stanza di soggiorno*) living room; (*salottino*) parlour: *andiamo a prendere il caffè in —*, let's take coffee in the drawing room // *conversazione da —*, drawing-room conversation **2** (*mobilio*) living-room suite, living-room furniture **3** (*riunione intellettuale*) salon: *— letterario*, literary salon; *la marchesa tiene — tutti i lunedì*, the Marchioness holds a salon every Monday.

salpa *s.f.* (*zool.*) salpa.

salpa ancore *s.m.* (*mar.*) anchor winch.

salpare *v.intr.* **1** (*levare l'ancora*) to weigh anchor **2** (*partire*) to (set*) sail; to set* out: *la nave salperà domani*, the ship will sail tomorrow // *è salpato per altri lidi*, (*scherz.*) he has left for foreign lands ◆ *v.tr.* (*far risalire dal fondo del mare*) to draw* up; (*l'ancora*) to weigh: *— una rete*, to draw up a net; *— l'ancora*, to weigh anchor.

salpinge *s.f.* (*anat.*) salpinx*.

salpingectomia *s.f.* (*med.*) salpingectomy.

salpingite *s.f.* (*med.*) salpingitis.

salsa[1] *s.f.* sauce: *— di pomodoro*, tomato sauce; *— piccante*, hot (*o* piquant) sauce // *in tutte le salse*, (*fig.*) in all kinds of ways: *abbiamo mangiato sempre pasta, cucinata in tutte le salse*, we always ate pasta cooked in all kinds of ways.

salsa[2] *s.f.* (*geol.*) mud volcano*.

salsapariglia *s.f.* (*bot.*) (*Smilax aristolochiaefolia*) smilax, sarsaparilla.

salsedine *s.f.* **1** (*il sapere di sale*) saltiness; (*il contenere sale*) saltness; (*salinità*) salinity **2** (*deposito salino*) salt.

salsefica *s.f.* (*bot.*) (*Tragopogon porrifolius*) salsify.

salsiccia *s.f.* sausage // *fare salsicce di qlcu.*, (*fig. scherz.*) to make mincemeat of s.o.

salsiccione, **salsicciotto** *s.m.* large sausage // *essere, sembrare un —*, (*fig.*) to look like a large sausage.

salsiera *s.f.* sauce boat, gravy boat.

salso *agg.* salt (*attr.*); salty: *acqua salsa*, saltwater ◆ *s.m.* (*salsedine*) saltiness.

salsoiodico *agg.* containing sodium chloride and iodide.

saltabecca *s.f.* (*zool., pop.*) grasshopper.

saltabeccare *v.intr.* (*procedere a salti*) to hop, to jump; to skip.

saltafosso *s.m.* (*region.*) (*trabocchetto*) trick, trap.

saltamartino *s.m.* **1** (*giocattolo*) jumping toy **2** (*zool. pop.*) (*grillo*) cricket; (*cavalletta*) grasshopper **3** (*fig.*) (*bambino vivace*) imp.

saltare *v.intr.* **1** to jump, to spring*, to leap*: *il cane mi saltò addosso*, the dog jumped up at me; *— giù, su, di qua e di là*, to jump down, up, about; *— in piedi*, to jump (*o* to leap) to one's feet; *— su un piede solo*, to hop; *— a cavallo*, to vault onto one's horse; *— al collo di qlcu.*, to fling one's arms round s.o.'s neck (*o* to hug s.o.); *— fuori dal letto*, to spring (*o* to jump) out of bed; *saltò in auto*, he jumped in the car; *— dalla finestra*, to jump (*o* leap) out of the window // (*sport*) *— in alto, in lungo*, to do the high, the long jump; *— con l'asta*, to pole-vault // *che cosa ti è saltato in mente?*, (*cosa stai facendo?*) what on earth got into you?; *non mi è neanche saltato in mente*, it has never crossed my mind // *è un colore che salta agli occhi*, it is a colour that catches one's eye // *mi saltò addosso con un mucchio d'insulti*, he heaped insults on me // *saltò su a dire che...*, he interrupted, saying that...; *saltò su con delle sciocche osservazioni*, he broke in with some silly remarks // *è saltato fuori a dire* *che non aveva il passaporto*, he came out with the fact that he didn't have a passport // *e così è saltato fuori il suo nome*, and so his name came up // — *di gioia*, to jump for joy // — *di palo in frasca*, (*da un argomento all'altro*) to jump from one subject to another // *far — un bambino sulle ginocchia*, to dandle a child on one's knee **2** (*esplodere*) to explode; to blow* up; (*schizzar via*) to shoot* out; to pop out, to pop off; (*rompersi*) to break*: *il radiatore saltò in aria*, the radiator exploded; *sono saltate le valvole*, the fuses have blown; *tutte le case saltarono in aria*, all the houses were blown up; *è saltata la corrente*, the electricity has gone; *il bottone è saltato*, the button has come off; *è saltata una molla*, a spring has broken // *far — il banco*, (*al gioco*) to break the bank // *far — qlcu.*, (*licenziarlo*) to give s.o. the sack // *far — il governo*, to overthrow (*o* to topple) the government // *far — una serratura*, to break a lock // *far — il tappo di una bottiglia*, to pop the cork of a bottle // *farsi — le cervella*, to blow one's brains out ◆ *v.tr.* **1** to jump, to leap*, to jump over (sthg.), to leap* over (sthg.); to skip (*anche fig.*): *saltò due metri*, he jumped two metres; *il cavallo saltò l'ostacolo*, the horse jumped the obstacle; — *un muro, uno steccato*, to jump (over) a wall, a fence; — *la corda*, to skip; — *delle pagine, un capitolo*, to skip some pages, a chapter // — *una classe*, to skip a class // — *una difficoltà*, to get round a difficulty // — *un giro di danza*, to sit out a dance // — *il pasto*, to skip (*o* to miss) a meal **2** (*inform.*) to jump; (*omettere*) to skip.

saltarello e *deriv.* → **salterello** e *deriv.*

saltarupi *s.m.* (*zool.*) (*Oreotragus oreotragus*) klipspringer.

saltato *agg.* (*omesso*) skipped, omitted: *due righe saltate*, two lines omitted.

saltatore *agg.* jumping, leaping ◆ *s.m.*, **saltatrice** *s.f.* jumper (*anche sport*).

saltellamento *s.m.* hopping, jumping; skipping.

saltellare *v.intr.* to hop; to skip; to trip.

saltello *s.m.* hop; skip // *a saltelli*, hopping.

saltellone, **saltelloni** *avv.* leaping, jumping, by leaps: *camminare a saltelloni*, to skip (*o* to hop *o* to jump) along.

salterellare *v.intr.* to hop about, to jump about; to skip about.

salterello *s.m.* **1** (*saltello*) hop, jump; skip **2** (*danza*) salterello **3** (*fuoco artificiale*) cracker.

salterio *s.m.* **1** (*antico strumento musicale*) psaltery **2** (*strumento musicale moderno*) zither **3** (*libro dei salmi*) psalter, Book of Psalms.

saltimbanco *s.m.* **1** acrobat, tumbler **2** (*ciarlatano*) charlatan, mountebank, fraud.

saltimbocca *s.m.* (*cuc.*) 'saltimbocca' (sauted slices of veal with ham and sage).

saltimpalo *s.m.* (*zool.*) (*Saxicola rubetra*) whinchat, stonechat.

salto *s.m.* **1** jump, leap, spring, bound: *spiccare, fare un* —, to jump (*o* to take a jump) // (*sport*): — *con l'asta*, pole vault; — *in alto, in lungo*, high, long jump; — *mortale*, somersault: *fare un — mortale*, to turn a somersault // *ho fatto i salti mortali per essere puntuale*, (*fig.*) I nearly killed myself to get here on time // *c'è un bel — dalla finestra alla strada*, it's quite a drop from the window to the street // *a salti*, by fits and starts // *farò un — a Milano*, I shall pop over to Milan // *fare un — da un amico*, to drop in on a friend // *fare quattro salti*, (*danzare*) to have a dance // *sarò lì in un* —, I'll be there in the twinkling of an eye // (*cuc.*) *al* —, sauté // (*fis.*) — *quantico*, quantum leap **2** (*fig.*) jump, rise, increase, leap: — *di qualità*, qualitative leap; *i prezzi hanno fatto un — il mese scorso*, there was a rise (*o* a jump) in prices last month; *un — di temperatura*, a rise in temperature // *un — nel buio*, a leap in the dark // *da impiegato a dirigente è un bel* —, from employee to manager is quite a step up the ladder **3** (*fig.*) (*omissione*) gap, omission: *ci deve essere un — di due righe*, there must be a gap of two lines **4** (*inform.*) jump; (*diramazione*) branch; (*omissione*) skip.

saltuariamente *avv.* occasionally, now and then; irregularly, desultorily: *ci vediamo* —, we see each other every now and then.

saltuarietà *s.f.* irregularity, discontinuity.

saltuario *agg.* desultory, irregular; occasional: *visite saltuarie*, irregular (*o* occasional) visits; *lavoro* —, irregular work.

saluberrimo *agg.* (*superl. di salubre*) very healthy.

salubre *agg.* healthy, salubrious; wholesome: *aria* —, wholesome air; *clima* —, healthy climate.

salubrità *s.f.* healthiness; wholesomeness.

salumaio → **salumiere**.

salume *s.m.* (*spec. pl.*) various kinds of cold meats and salami.

salumeria *s.f.* **1** delicatessen products (*pl.*) **2** (*negozio*) delicatessen.

salumiere *s.m.* delicatessen seller; delicatessen owner.

salumificio *s.m.* factory producing cold meats and salami.

salutare[1] *v.tr.* **1** (*quando ci si incontra*) to greet; to say* hallo to (s.o.); (*quando ci si lascia*) to say* goodbye to (s.o.): *lo salutò sorridendo*, she greeted him smiling; *vieni a salutarmi prima di partire*, come and say goodbye to me before leaving; *lo salutai, ma fece finta di non sentire*, I said hallo to him, but he pretended not to hear; *mi salutò con un cenno del capo*, he gave me a nod (*o* he nodded at me); *mi salutò con la mano*, he waved to me (*o* he gave me a wave); *il suo ingresso fu salutato da un lungo applauso*, his appearance was greeted with prolonged applause; *la squadra vincitrice salutò la folla*, the winning team saluted the crowd; — *l'arrivo dei liberatori*, to hail the arrival of the liberators // *salutami tua madre*, say hallo to your mother (*o form.* my regards to your mother *o* remember me to your mother) // *passar via senza — qlcu.*, to cut s.o. // (*comm.*) *distintamente salutiamo*, Yours faithfully (*o* Yours truly) // *ti saluto cordialmente, Giovanni*, (*in fine di lettera*) kind regards, Yours John **2** (*mil.*) to salute: — *la bandiera*, to salute the flag **3** (*con inchino*) to bow (to s.o.) **4** (*dare il benvenuto a*) to welcome **5** (*fare visita a*) to call (in) (on s.o.): *una di queste sere verrò a salutarti*, one of these evenings I'll call (in) on you.

□ **salutarsi** *v.rifl.rec.* to greet each other (one another); (*quando ci si lascia*) to say* goodbye to each other (one another): *ci siamo salutati e poi separati*, we said goodbye and parted; — *con una stretta di mano*, to shake hands // *ormai non ci salutiamo neanche più*, now we're no longer on speaking terms.

salutare[2] *agg.* **1** healthy; wholesome: *un lavoro* —, a healthy job **2** (*fig.*) beneficial, salutary: *un effetto* —, a beneficial (*o* salutary) effect.

salute *s.f.* **1** health: — *fisica, mentale*, physical, mental health; — *cagionevole*, poor health; — *cattiva*, bad health; — *di ferro*, perfect health; *cura la tua* —, take care of your health; *è delicato di* —, his health is delicate; *questo ti fa bene alla* —, this is good for your health; *un po' di aria buona è tutta* —, a breath of fresh air does you good; *assente per motivi di* —, absent because of illness; *godere ottima* —, to be in perfect health // *scoppiare di —, sprizzare — da tutti i pori*, to be bursting with (good) health // *quando c'è la — c'è tutto*, health is everything // *pensa alla —!*, think of your health! // — *!*, (*a chi starnutisce*) bless you! // *alla tua —!*, good health! (*o* cheerio!); *bere alla — di qlcu.*, to drink (to) s.o.'s health // *casa di* —, (*antiq.*) nursing-home **2** (*salvezza, sicurezza*) safety: *la — della patria*, the safety of one's country; *la — pubblica*, public welfare (*o* public well-being) // (*dir.*) *offesa alla — pubblica*, public nuisance (*o* offence against the public health).

salutista *s.m.* e *f.* **1** hygienist **2** (*membro dell'Esercito della Salvezza*) member of the Salvation Army, Salvationist.

salutistico *agg.* health (*attr.*), concerning health.

saluto *s.m.* **1** greeting; salute; salutation: *cenno di* —, nod: *fare un cenno di — a qlcu.*, to give s.o. a nod; *si levò il cappello in segno di* —, he took off his hat in greeting; *scambiare un* —, to exchange a greeting; *togliere il — a qlcu.*, to cut s.o.; *ricambiare, rendere il* —, to return s.o.'s greeting; *non rispondere al — di qlcu.*, not to return s.o.'s greeting (*o* to snub s.o.) // *vorrei mandare un — ai miei amici a casa*, I'd like to say hallo to my friends at home // *distinti, cordiali saluti*, (*in fine di lettera*) Yours faithfully (*o* Yours truly) // *porta i miei saluti a tua madre*, give my regards to your mother // *tanti saluti!*, (*fam.*) that's that; *be', allora fa' come vuoi e tanti saluti*, well, do as you like and that's that **2** (*mil.*) salute **3** (*con un inchino*) bow: *fare un profondo — a qlcu.*, to give s.o. a low bow.

salva *s.f.* salvo*; volley (*anche fig.*): *il re fu salutato con una* —, the king was saluted with a salvo; *una — di applausi*, a volley (*o* round) of applause; *una — di insulti*, a volley of insults; *una — di pallottole*, a volley of bullets // *colpo a —, a salve*, blank (shot), (*saluto*) salvo (*o* salute): *sparare a —, a salve*, to fire blanks, (*per salutare*) to fire salvoes.

salvabile *agg.* saveable // *salvare il* —, to salvage whatever possible.

salvacondotto *s.m.* safe-conduct.

salvadanaio *s.m.* moneybox: *rompere, aprire il* —, to break open, to open the moneybox.

salvadoregno *agg.* e *s.m.* Salvador(i)an.

salvagente *s.m.* **1** (*mar.*) life preserver; (*ciambella*) life buoy; (*giubbotto*) life jacket, (*amer.*) life vest; (*cintura*) life belt: *nuota sempre col* —, he always swims with (*o* wearing) a life belt **2** (*per il traffico stradale*) (traffic) island; safety island.

salvagocce *s.m.* drip-catcher // *tappo* —, drip-saving top.

salvaguardare *v.tr.* **1** to safeguard, to guard, to protect: — *i propri interessi*, *la propria reputazione*, to safeguard one's interests, one's reputation; — *i diritti delle minoranze*, to safeguard minority rights **2** (*inform.*) to save.

salvaguardia *s.f.* safeguard, protection: *la — dell'ambiente naturale*, the protection of the natural environment; *azione sindacale a — degli interessi dei lavoratori*, industrial action for the protection of (*o* to defend) the workers' interests; *sotto la — della legge*, under protection of the law.

salvamento *s.m.* (*non com.*) **1** (*il salvare*) saving, rescuing **2** (*salvezza, sicurezza*) safety; (*salvataggio*) rescue: *trarre, portare a* —, to rescue (*o* to bring to safety).

salvamotore *s.m.* (*elettr.*) overload cutout.

salvapunte *s.m.* **1** (*di matita*) pencil-cap, pencil-top **2** (*di scarpa*) toe plate.

salvare *v.tr.* **1** to save (*anche fig.*): — *l'anima*, to save one's soul; — *le apparenze*, to save (*o* to keep up) appearances; — *la faccia*, to save one's face; — *la pelle*, to save one's skin; — *una situazione*, to save a situation; — *la vita a qlcu.*, to save s.o.'s life; *la vernice salva il metallo dalla ruggine*, paint save metal from rust // *Dio salvi il re!*, God save the king! **2** (*trarre in salvo*) to rescue, to save: *tutti i passeggeri furono salvati*, all the passengers were rescued (*o* saved); — *qlcu. da un pericolo incombente*, to rescue s.o. from an impending danger; *andare a — qlcu.*, to go to s.o.'s rescue // — *una società dal fallimento*, to rescue a company from bankruptcy; — *un'azienda in difficoltà*, to bail out a firm **3** (*mettere in serbo*) to save, to lay* aside, to put* aside: *ho salvato un pezzo di torta per te*, I have saved a piece of cake for you **4** (*inform.*) to save.

□ **salvarsi** *v.rifl.* **1** to save oneself; to survive: *nessuno si salvò dall'incendio*, no one survived the fire; *sono tutti bocciati, non se ne salva neanche uno*, everyone has failed without exception; *in quella famiglia di matti si salva il padre*, the only sane person in that crazy family is the father // — *per miracolo, in extremis, per un pelo*, to save oneself by a miracle, at the eleventh hour, by the skin of one's teeth // (*sport*) — *in corner*, to make a save giving away a corner, (*fig.*) to save oneself by the skin of one's teeth // *si salvi chi può*, every man for himself **2** (*evitare*) to be spared: *nessuno si salva dalle sue calunnie*, his slanderous remarks spare no one.

salvaschermo *s.m.* (*inform.*) screensaver.

salvastrella *s.f.* (*bot.*) (*Poterium sanguisorba*) burnet.

salvatacco *s.m.* heel-tap.

salvataggio *s.m.* **1** rescue: *il maltempo ostacolava le operazioni di* —, rescue operations were hindered by bad weather; *tentare il — di qlcu.*, to try to rescue s.o.; *correre al — di qlcu.*, to go to s.o.'s rescue // — *industriale*, industrial rescue **2** (*mar.*) salvage, salvaging, salving: *ciambella di* —, life buoy; *cintura di* —, life belt; *giubbotto di* —, life jacket, (*amer.*) life vest; *scialuppa di* —, life boat; *zattera di* —, life raft **3** (*sport*) save: *un — del portiere*, a save by the goalkeeper.

salvatore *agg.* (*letter.*) saving, redeeming; rescuing ◆ *s.m.* rescuer, saver; (*in senso spirituale*) saviour, redeemer // *il Salvatore*, the Saviour.

salvatrice *s.f.* saver, rescuer.

salvazione *s.f.* (*teol.*) salvation.

salve *inter.* (*fam.*) hello; (*letter.*) hail: — *amici!*, hello everybody!

salveregina *s.f.* (*preghiera*) Salve Regina.

salvezza *s.f.* **1** salvation: — *dell'anima*, salvation of the soul; — *spirituale*, spiritual salvation; *la pioggia è stata la nostra* —, the rain was our salvation; *trovare la propria — in qlco.*, to find one's salvation in sthg. // (*sport*) *lottare per la* —, (*per non retrocedere*) to fight to avoid relegation // (*mar.*) *àncora di* —, sheet anchor, (*fig.*) last hope // *Esercito della Salvezza*, Salvation Army **2** (*sicurezza*) safety: *la — della patria*, the safety of one's country **3** (*scampo*) escape: *non c'è via di* —, there is no escape (*o* way out).

salvia *s.f.* (*bot.*) (*Salvia officinalis*) sage.

salvietta *s.f.* **1** (*tovagliolo*) (table) napkin, serviette **2** (*region.*) (*asciugamano*) towel.

salvifico *agg.* (*letter.*) saving, redeeming.

salvinia *s.f.* (*bot.*) (*Salvinia rotundifolia*) floating moss, salvinia.

salvo *agg.* **1** safe, unhurt, unscathed: *la sua vita è salva*, his life is safe; *l'incendio è domato e la casa è salva*, the fire is under control and the house is safe; *il tuo onore è* —, your honour is safe // *arrivare sano e* —, to arrive safe and sound (*o* safely) // *la paziente è ormai salva*, the patient is out of danger now // *dammi tutti i soldi se vuoi aver salva la vita*, give me all your money if you want to save your life **2** (*al sicuro*) secure: — *da pericoli*, secure from danger // *essere in* —, to be in a safe place (*o* to be safe); *mettere qlco. in* —, to put sthg. in a safe place; (*da parte*) to put sthg. aside (*o* by); *mettere qlcu. in* —, to bring s.o. to safety; *i soccorritori misero tutti i bambini in* —, the rescue workers brought all the children to safety; *mettersi in* —, to reach safety.

salvo *prep.* **1** (*tranne, eccetto*) except (for), except(ing), but, save, barring: *sono stati tutti promossi — due*, they all passed except (*o* but) two; — *lui, erano tutti presenti*, everyone was there except for (*o* but) him; *l'ufficio è aperto tutti i giorni — il lunedì*, the office is open every day except Monday; (*o* except for Monday the office is open every day); *ha telefonato a tutti — che a me*, he phoned everyone except me; *sono stati dappertutto, — che al Polo Sud*, they have been everywhere but the South Pole; *tutti — il portiere hanno giocato male*, everyone except (*o* but) the goalkeeper played badly; *l'incendio aveva devastato tutto il paese — la chiesa*, the fire had destroyed the whole village excepting (*o* with the exception of) the church; *non c'erano più alberi, — qualche vecchio olivo*, there was no vegetation left excepting (*o* barring) a few olive trees // (*comm.*): — *incasso*, subject to collection; — *benestare*, — *vista e verifica*, subject to approval; — *venduto*, subject to prior sale **2** (*a parte, oltre a*) apart from; except for: — *qualche improprietà grammaticale, il tema è ben svolto*, apart from the odd grammar mistake, the essay is well written; *tutto è andato bene, — qualche piccolo contrattempo*, everything went well except for a couple of hitches.

salvo che, **salvo se** *cong.* except that; (*a meno che*) unless: *arriverò domani col treno, — che* (*non*) *ci sia sciopero*, I'll arrive by train tomorrow, unless there is a strike; *dovete rinnovare la polizza di assicurazione, — se l'avete disdetta in tempo utile*, you will have to renew your insurance policy unless you cancel it with sufficient notice; *vi spediremo l'assegno, — che non vogliate ritirarlo personalmente in cassa*, we shall send you the cheque unless you prefer to collect it in person; *è una bellissima casa, — che è un po' fuori mano*, it's a lovely house, except that it's a bit out of the way.

samara *s.f.* (*bot.*) samara.

samario *s.m.* (*chim.*) samarium.

samaritano *agg.* e *s.m.* Samaritan: *il buon* —, the good Samaritan.

samba *s.f.* o *m.* (*musica, danza*) samba: *ballare la* —, to samba.

sambar *s.m.* (*zool.*) (*Cervus unicolor*) sambur.

sambuco[1] *s.m.* (*bot.*) (*Sambucus nigra*) elder: — *selvatico*, (*Sambucus ebulus*) danewort (*o* dwarf elder) // *bacca di* —, elderberry // *vino di* —, elderberry wine.

sambuco[2] *s.m.* (*mar.*) dhow.

sammarinese *agg.* of the Republic of San Marino, from the Republic of San Marino ◆ *s.m.* e *f.* inhabitant of the Republic of San Marino, native of the Republic of San Marino.

samoano *agg.* e *s.m.* Samoan.

samoiedo *agg.* e *s.m.* Samoyed(e).

samovar *s.m.* samovar.

sampietro *s.m.* (*zool.*) (*Zeus faber*) (John) dory.

samurai *s.m.* Samurai (*pl. invar.*).

san *agg.* Saint (*abbr.* St.).

sanabile *agg.* **1** curable, healable; (*rimediabile*) remediable: *male* —, remediable ill (*o* harm); *una ferita* —, a wound that will heal; *un conflitto* —, a conflict that can be healed **2** (*dir.*) amendable; retrievable.

sanabilità *s.f.* curability; remediableness.

sanare *v.tr.* **1** (*ferita aperta*) to heal (*anche fig.*); (*da malattie ecc.*) to cure (*anche fig.*): *il tempo sana tutti i dolori*, time heals all (sorrows); — *una ferita*, to heal a wound; — *un dissidio*, to heal a disagreement; — *terre paludose*, to reclaim marshy land **2** (*correggere*) to rectify, to put* right; (*dir.*) to amend, to correct, to ratify: — *un errore*, to correct an error **3** (*econ.*) to balance, to put* right, to make* up, to make* good: — *un bilancio*, to put a balance right; — *un deficit*, to make up a deficit; — *un'azienda*, to put a firm on its feet.

sanativo *agg.* healing, curative, sanative.

sanatoria *s.f.* **1** amnesty, pardon: (*trib.*) — *fiscale*, fiscal amnesty **2** (*dir.*) indemnity, deed of indemnity, act of indemnity.

sanatoriale *agg.* (*med.*) (*di sanatorio*) sanatorium (*attr.*).

sanatorio *agg.* (*dir.*) indemnifying: *provvedimento* —, act of amendment (*o* deed of indemnity) ◆ *s.m.* sanatorium*.

sanban *s.m.* (*mar.*) sampan.

sanbernardo *s.m.* (*cane*) St. Bernard (dog).

sancire *v.tr.* to sanction; (*ratificare*) to ratify (*anche dir.*); to confirm: *la costituzione sancisce il diritto al lavoro*, the constitution sanctions the right to work; — *una legge, un trattato*, to ratify a law, a treaty; — *un'alleanza*, to ratify an alliance.

sancito *agg.* sanctioned; (*ratificato*) ratified

(*anche dir.*); confirmed: — *dall'uso*, sanctioned by custom; *un principio — dalla legge*, a principle sanctioned by law.

sancta sanctorum *s.m.* (*lat.*) **1** (*nel tempio di Salomone a Gerusalemme*) Holy of Holies **2** (*tabernacolo*) tabernacle **3** (*fig. scherz.*) sanctum (sanctorum), den.

sanctus *s.m.* (*lat.*) (*eccl.*) Sanctus: *suonare il —*, to ring the Sanctus bell.

sanculotto *s.m.* (*st. francese*) sansculotte.

sandalo[1] *s.m.* (*bot.*) **1** (*albero*) sandalwood (tree), sandal **2** (*legno*) sandalwood, sandal.

sandalo[2] *s.m.* (*calzatura*) sandal.

sandalo[3] *s.m.* (*mar.*) punt.

sandinista *agg.* e *s.m.* e *f.* Sandinista.

sandolino *s.m.* (*mar.*) scull; johnboat.

sandracca *s.f.* (*chim.*) sandarac.

sandwich *s.m.* sandwich // *uomo —*, sandwich man.

sanfedismo *s.m.* **1** (*st.*) Sanfedismo **2** (*estens.*) reactionism.

sanfedista *s.m.* e *f.* **1** (*st.*) Sanfedista **2** (*estens.*) reactionary.

sanforizzare *v.tr.* (*tess.*) to sanforize.

sanforizzazione *s.f.* (*tess.*) sanforization.

sangallo *s.m.* (*tipo di ricamo*) broderie anglaise; (*il tessuto*) broderie anglaise material // *pizzo —*, broderie anglaise.

sangue *s.m.* **1** blood: *— arterioso, venoso*, arterial, venous blood; *prelievo di —*, blood sample; *esame del —*, blood test; *avvelenamento del —*, blood poisoning; *donatore di —*, blood donor; *temperatura del —*, blood heat; *trasfusione di —*, (blood) transfusion; *macchiato di —*, blood-stained; *occhi iniettati di —*, bloodshot eyes; *perdere — dal naso*, to bleed at (*o* from) the nose; *animale a — caldo, a — freddo*, warm-blooded, cold-blooded animal; *sacrificio di —*, blood-sacrifice; *spargimento di —*, bloodshed; *vittoria senza spargimento di —*, bloodless victory; *delitto di —*, crime of violence; *un fatto di —*, an episode involving bloodshed; *lotta all'ultimo —*, fight to the death; *soffocare una rivolta nel —*, to crush a rebellion with bloodshed; *cavar — a qlcu.*, to bleed s.o. (*anche fig.*); *picchiare qlcu. a —*, to beat (s.o.) up badly; *versare —*, to shed blood: *versare il proprio — per la patria*, to shed one's blood for one's country **2** (*famiglia, stirpe, origine*) blood; family, stock; origin, extraction: *— blu*, blue blood; *— reale*, blood royal; *principe del —*, prince of the blood; *un uomo di — plebeo*, a man of humble origin (*o* extraction); *la voce del —*, the call of blood (*o* of kinship); *è di — nobile*, he comes of a noble family (*o* of noble stock); *è — del mio —*, he is my own flesh and blood; *sono uniti da vincoli di —*, there is a blood tie between them // *il — non è acqua*, (*prov.*) blood is thicker than water // *buon — non mente*, (*prov.*) blood will tell out **3** (*bot. pop.*) *— di drago*, (*Dracaena draco*) dragon's blood (*o* dragon-tree).

◆ FRASEOLOGIA: *— freddo*, (*fig.*) coolness (*o* self-possession *o* composure *o* courage); *a — freddo*, in cold blood; *calma e — freddo!*, calm and self-control! // *al —*, (*di carne*) underdone // *assetato di —*, bloodthirsty // *il — gli montò al viso*, the blood rushed to his face (*o* he flushed up); *il — gli andò alla testa nel sentire quelle parole*, the blood rose when he heard those words // *il tuo racconto mi fa agghiacciare, gelare il —*, your story makes my blood curdle (*o* run cold); *una vista che agghiaccia, gela il —*, a blood-curdling sight // *me lo sentivo nel sangue*, I had a presentiment (*o* foreboding) of it // *mi ribolle il —*, my blood is up; *mi sento ribollire il — nelle vene*, I feel my blood boil // *c'è, corre cattivo — fra loro*, there is bad blood between them; *farsi cattivo —, guastarsi il — per qlco.*, to worry (*o* to fret and fume) over (*o* about) sthg.; *non farti cattivo — per me*, don't bother your head about me; *è inutile farsi cattivo —, non cambierà mai*, it's no use fretting, he'll never change // *non ha — nelle vene*, he is rather spineless // *avere la musica nel —*, to have music in one's blood // *avere il — caldo*, to be hot-blooded // *cavar — da una rapa*, to get blood out of a stone // *sudare, sputare —*, to sweat, to spit blood // *sporcarsi le mani di —*, to have s.o.'s blood on one's hands (*o* to be responsible for s.o.'s death) // *pagare col —*, to pay with one's life // *succhiare il — a qlcu.*, to suck s.o.'s blood.

sanguemisto *s.m.* half-breed, half-caste.

sanguigna *s.f.* **1** (*pitt.*) sanguine **2** (*min.*) bloodstone.

sanguigno *agg.* **1** (*anat.*) sanguineous; blood (*attr.*): *plasma, vaso —*, blood plasma, vessel; *gruppo —*, blood group (*o* blood type) // (*med.*) *espettorato —*, sanguineous (*o* blood) expectoration **2** (*fig.*) (*di temperamento*) sanguine, full-blooded **3** (*di colore*) blood red // (*min.*) *diaspro —*, bloodstone.

sanguinaccio *s.m.* blood sausage; (*se già cotto*) black pudding, blood pudding.

sanguinamento *s.m.* bleeding.

sanguinante *agg.* bleeding (*anche fig.*): *era ferito e —*, he was wounded and bleeding; *con l'animo —*, with bleeding soul.

sanguinare *v.intr.* to bleed* (*anche fig.*): *mi sanguina il naso*, my nose is bleeding; *la ferita continua a —*, the wound is still bleeding // *il mio cuore sanguina per te*, my heart bleeds for you.

sanguinaria *s.f.* (*bot.*) (*Sanguinaria canadensis*) bloodroot, sanguinaria.

sanguinario *agg.* sanguinary, bloody; (*crudele*) bloodthirsty: *temperamento —*, sanguinary disposition; *un dittatore —*, a bloodthirsty dictator ◆ *s.m.* bloodthirsty person.

sanguinella *s.f.* (*bot.*) (*Digitaria sanguinalis*) crab-grass.

sanguinello *s.m.* (*bot.*) (*Cornus sanguinea*) cornel, dogwood.

sanguineo *agg.* (*poet.*) **1** (*insanguinato*) bloody **2** (*di color sangue*) blood red **3** (*pletorico*) sanguine, sanguineous.

sanguinerola *s.f.* (*zool.*) (*Phoxinus phoxinus*) minnow.

sanguinolento *agg.* **1** (*sanguinante*) bleeding **2** (*grondante sangue*) dripping with blood; (*di carne*) very underdone **3** (*insanguinato*) bloody, bloodstained.

sanguinoso *agg.* **1** (*insanguinato*) bloodstained **2** (*cruento*) bloody, sanguinary: *battaglia sanguinosa*, bloody battle **3** (*fig.*) (*mortale*) mortal: *ingiuria sanguinosa*, mortal (*o* deadly) insult.

sanguisuga *s.f.* **1** (*zool.*) leech, bloodsucker **2** (*fig. fam.*) bloodsucker, leech.

sanicola *s.f.* (*bot.*) (*Sanicula europaea*) sanicle, sanicula.

sanidino *s.m.* (*min.*) sanidine.

sanificare *v.tr.* **1** (*ind. alimentare*) to sanify **2** (*terreni paludosi*) to reclaim.

sanificazione *s.f.* (*ind. alimentare*) sanification.

sanità *s.f.* **1** (*l'essere sano*) soundness, healthiness; (*salubrità*) wholesomeness: *— di corpo e di mente*, soundness of body and mind; *la — di una dottrina*, the soundness of a doctrine; *la — dell'aria di montagna*, the wholesomeness of the mountain air; *certificato di —*, health certificate // *— mentale*, sanity **2** (*ente sanitario*) health board // *— marittima*, port medical office // *ufficio di —*, health office.

sanitario *agg.* sanitary, medical, health (*attr.*): *cordone —*, sanitary cordon; (*mil.*) *corpo —*, Medical Corps; *educazione sanitaria*, health education; *misure, leggi sanitarie*, sanitary measures, regulations; *ottime condizioni sanitarie*, excellent sanitary conditions; *servizi sanitari*, medical (*o* health) services; *ufficio —*, health department; *ufficiale —*, health (*o* medical) officer; *ispettore —*, sanitary inspector; *certificato —*, health certificate; *prodotti sanitari*, medical products; *unità sanitaria locale*, local health unit ◆ *s.m.* **1** physician, doctor: *i sanitari di un ospedale*, the medical staff of a hospital **2** (*spec. pl.*) (*impianti sanitari*) bathroom suite, sanitary fixtures (*pl.*).

sanitizzante *s.m.* sanitizer.

sanitizzare *v.tr.* to sanitize.

sanitizzazione *s.f.* (*ind. alimentare*) sanitization.

sannita *agg.* e *s.m.* e *f.* Samnite.

sannitico *agg.* Samnite.

sano *agg.* **1** (*esente da malattia, difetto*) sound; (*che denota buona salute*) healthy, wholesome: *un aspetto —*, a healthy (*o* wholesome) appearance; *un bambino —*, a healthy child; *carnagione sana*, healthy complexion; *sana costituzione*, sound constitution; *essere — di corpo*, to be sound in wind and limb // *— come un pesce*, as fit as a fiddle (*o* as sound as a bell) // *— di mente*, sane (*o* of sound mind *o* sound of mind), (*dir.*) of sound disposing mind // *— e salvo*, safe and sound // *chi va piano va — e va lontano*, (*prov.*) slow and steady wins the race **2** (*salubre*) healthy, healthful, wholesome: *aria sana*, healthy (*o* healthful) air; *cibo —*, wholesome (*o* healthful) food; *clima —*, healthy (*o* wholesome) climate **3** (*saggio, giusto*) sound: *sani consigli*, sound (*o* wholesome) advice; *sane dottrine*, sound doctrines; *sana morale*, sound morals; *sana politica*, sound policy; *sani principi*, sound principles **4** (*non corrotto*) healthy: *affetti sani*, healthy affections; *la borghesia era ancora sana*, the middle class was still healthy; *un'azienda sana*, a healthy company **5** (*intero, intatto*) intact: *non c'è un piatto — in tutta la casa*, there isn't a dish intact in the whole house.

sansa *s.f.* olive residues (*pl.*).

sanscritista *s.m.* e *f.* Sanskritist, Sanskrit scholar.

sanscrito *agg.* e *s.m.* Sanskrit.

sansevieria *s.f.* (*bot.*) sansevieria, sanseviera.

sansimonismo *s.m.* Saint-Simonianism.

sansimonista *agg.* e *s.m.* e *f.* Saint-Simonian.

sansone *s.m.* (*uomo fortissimo*) Samson.

santabarbara *s.f.* **1** (*mar.*) (ammunition) magazine **2** (*fig.*) dynamite: *la situazione politica è una* —, the political situation is dynamite (*o* is in danger of exploding).

santalolo *s.m.* (*chim.*) santalol.

santamente *avv.* holily, saintly; (*piamente*) piously; (*devotamente*) devoutly: *morire* —, to die a saintly death.

santarellina, **santerellina** *s.f.* (*iron.*) goody-goody; little saint: *non è la — che vuol farci credere*, she's not the little saint she pretends to be.

santiddio *inter.* good Lord!

santificante *agg.* sanctifying: (*teol.*) *grazia* —, sanctifying grace.

santificare *v.tr.* **1** (*canonizzare*) to canonize **2** (*consacrare*) to sanctify, to consecrate // *sia santificato il Tuo Nome*, hallowed be Thy Name // — *le feste*, to keep (*o* to observe) holy days.

santificativo *agg.* (*rar.*) sanctifying.

santificazione *s.f.* sanctification // — *delle feste*, observance (*o* keeping) of holy days.

santimonia *s.f.* **1** (*ant.*) sanctity, saintliness **2** (*iron.*) sanctimony, sanctimoniousness.

santino *s.m.* (*immaginetta sacra*) small holy picture.

santippe *s.f.* (*moglie bisbetica*) shrew, Xant(h)ippe.

santissimo *agg.* most holy, most sacred // *il Santissimo* (*Sacramento*), the Blessed (*o* Holy) Sacrament // *il — padre*, the Holy Father.

santità *s.f.* holiness; (*di persona*) saintliness; (*di legge, voto ecc.*) sanctity: *vivere in* —, to live in holiness // *Sua Santità*, His Holiness.

santo *agg.* **1** holy: *santa comunione*, Holy Communion; *santa croce*, Holy Cross; *santa messa*, Holy Mass; *acqua santa*, holy water; *anno* —, Holy (*o* Jubilee) Year; *giovedì* —, (*per i cattolici*) Holy (Week) Thursday, (*per i cristiani non cattolici*) Maundy Thursday (*o* Thursday before Easter *o* Thursday in Holy Week); *venerdì* —, Good Friday; *sabato* —, Holy Saturday; *settimana santa*, Holy Week; *olio* —, holy oil; *guerra santa*, holy war // *Spirito Santo*, Holy Spirit (*o* Holy Ghost) // *la città santa*, the Holy City; *la terra santa*, the Holy Land // *il — padre*, the Holy Father // *la Santa Sede*, the Holy See // *il Sant'Uffizio*, the Holy Office // *la Santa Alleanza*, (*st.*) the Holy Alliance // *in santa pace*, (*fam.*) in peace and quiet; *vorrei starmene a casa in santa pace*, I want to stay at home in peace and quiet // *tutti i santi giorni*, (*fam.*) every single (*o* blessed) day // *tutto il — giorno*, (*fam.*) all day long (*o* the whole blessed day) // *gliele diede di santa ragione*, (*fam.*) he thrashed him soundly // *fammi il — piacere di tacere*, (*fam.*) for goodness' sake, shut up! // *"Andiamo a casa" "Parole sante!"*, (*fam.*) "Let's go home" "Right you are!" // *oh — cielo!*, (*fam.*) oh heavens! **2** (*seguito da nome proprio*) Saint (*abbr.* St.): *Santo Stefano*, Saint Stephen; *Santa Teresa*, Saint Teresa **3** (*pio*) pious, godly; (*da santo*) saintly: *santi pensieri*, pious thoughts; *vita santa*, saintly life ◆ *s.m.* saint: — *patrono*, patron saint; *giorno di tutti i Santi*, All Saints' Day; *che — è oggi?*, what saint's day is it today?; *festeggiare il proprio* —, to keep one's saint's day (*o* name day) // *il Santo dei Santi*, the Holy of Holies (*o* Sanctum Sanctorum) // *tuo padre è un — a sopportarti*, your father must be a saint to put up with you // *pazienza da santi*, saintly patience; *avere la pazienza di un* —, to have the patience of a saint; *questo basterebbe a fare perdere la pazienza a un* —, this would try the patience of a saint // *a dispetto dei santi*, at any cost // *qualche — ci aiuterà*, (*fig.*) God will provide // *avere un — dalla propria* (*parte*), *avere qualche — in paradiso*, (*fig.*) (*essere molto fortunato*) to have a guardian angel, (*essere molto raccomandato*) to have protection in high places // *non saper più a che — votarsi*, (*fig.*) to be at one's wits' end // *raccomandarsi a tutti i santi*, (*fig.*) to knock at every door // *non c'è santi, dobbiamo partire subito*, (*fam.*) there are no two ways about it, we must leave immediately // *non è uno stinco di* —, (*fam.*) he's no saint // *passata la festa, gabbato lo* —, (*prov.*) once on shore we pray no more (*o* the river is passed and God forgotten) // *scherza coi fanti e lascia stare i santi*, (*prov.*) don't mix the sacred with the profane.

santocchio *s.m.* (*non com.*) bigot.

santola *s.f.* (*region.*) godmother.

santolina *s.f.* (*bot.*) (*Santolina chamaecyparissus*) lavender cotton.

santolo *s.m.* (*region.*) godfather.

santone *s.m.* **1** (*in alcuni paesi orientali*) holy man, hermit; marabout **2** (*capo carismatico di una comunità*) guru **3** (*fig.*) (*mago*) wizard.

santonica *s.f.* (*bot.*) (*Artemisia pauciflora*) santonica.

santonina *s.f.* (*chim.*) santonin.

santorale *s.m.* (*eccl.*) sanctorale.

santoreggia *s.f.* (*bot.*) (*Satureja hortensis*) savory.

santuario *s.m.* sanctuary; shrine (*anche fig.*): *il — di Loreto*, the shrine of Loreto // *i santuari del potere*, the seats of power.

sanzionare *v.tr.* **1** to ratify; to sanction; to approve: — *una legge*, to ratify a law **2** (*non com.*) (*colpire con sanzioni*) to apply sanctions to (s.o., sthg.).

sanzione *s.f.* **1** sanction (*anche dir.*): — *penale*, penalty; *passibile di* —, indictable; *sanzioni amministrative*, administrative sanctions; — *disciplinare*, disciplinary measure; *sanzioni economiche*, economic sanctions; — *economica*, (*embargo*) embargo; *sanzioni contro un paese*, sanctions against a country **2** (*ratifica, approvazione*) ratification; sanction; approval: — *di un trattato*, ratification of a treaty // *la Prammatica Sanzione*, (*st.*) the Pragmatic Sanction.

sanzionista *agg.* (*di stato che applica sanzioni*) applying sanctions (*pred.*).

saperda *s.f.* (*zool.*) (*Saperda vestita*) linden borer, saperda.

sapere *v.tr.* **1** to know*: *sa sempre la lezione molto bene*, she always knows her lesson very well; *sa tre lingue straniere*, he knows three foreign languages; — *a mente, a memoria*, to know by heart; — *qlco. per filo e per segno*, to know sthg. thoroughly; *so per esperienza come vanno queste cose*, I know by experience how these things go // *sa il fatto suo*, he knows his job // *chi sa il gioco non lo insegni*, (*prov.*) he who knows the rules does well to keep them to himself **2** (*essere a conoscenza di*) to know*; (*venire a conoscenza di*) to hear*, to learn*; to get* to know: *sai che...?*, do you know that...?; *lo so*, I know; *non lo so*, I don't know; *non so niente di tutto questo*, I know nothing about all this; *vorrei saperne di più*, I wish I knew (*o* I'd like to know) more; *so benissimo che sei lì*, I know perfectly well you're there; *sai bene, meglio di me*, you know perfectly well; *sapevo che sarebbe venuto*, I knew he would come; *venire a* —, to get (*o* to come) to know; *come hai saputo queste notizie?*, how did you get this information?; *presto o tardi si sa tutto*, everything comes out sooner or later; *speriamo che non si sappia in giro*, let's hope the whole world doesn't know about it; *non ho saputo più nulla di lui*, I haven't heard any more about him; *questo è quanto ho saputo*, that is what I heard // *far — qlco. a qlcu.*, to let s.o. know sthg.; (*per iscritto*) to drop s.o. a line about sthg.; (*a voce*) to send s.o. word about sthg. // — *vita, morte e miracoli di qlcu.*, to know everything about s.o. // *che ne so io?*, *come faccio a saperlo?*, how should I know?; *come fai a saperlo?*, how do you know? // *si può — cosa vuoi?*, may I know what you want? // *non si sa mai*, you never know (*o* you never can tell) // *buono a sapersi*, that's worth knowing // *non voglio più saperne* (*di lui, di ciò*), I don't want to have anything more to do with him, with it // *sappi, sappiate che...*, you have to understand that... // *devi — che ieri...*, listen, yesterday... // *se* (*tu*) *sapessi, se sapeste!*, if you only knew // (*a*) *saperlo*, (*ad*) *averlo saputo!*, if only I'd known! // *che io sappia, per quel che ne so io, per quanto mi è dato* —, as far as I know // *per chi non lo sapesse*, for those who don't know // *sa com'è*, you know how it is // *Dio sa quando tornerà*, God knows when he'll come back; *Dio solo* (*lo*) *sa dove è andato a finire*, God only knows where it's finished up // *egli vende vestiti, cappelli, scarpe e che so io*, he sells clothes, hats, shoes and what not // *è morto di non so quale malattia*, he died of some disease or other // *in gennaio, si sa, fa freddo*, everybody knows that it is cold in January **3** (*aver chiaro in mente*) to know*: *so io cosa devo fare*, I know what I must do; *non so che fare, che dire*, I don't know what to do, what to say; *non sai quello che dici*, you don't know what you're saying; *non so che farci, come fare*, I don't know what to do about it; *sa di avere ragione*, he knows he's right; *non sapevo di dover tornare*, I didn't know I had to come back; *sa quel che vuole*, he knows what he wants // *ecco, lo sapevo*, there, I knew it // *un certo non so che*, a certain je ne sais quoi **4** (*essere capace, essere in grado di*) can; (*nei tempi mancanti*) to be able; to know* how: *sa far tutto*, he can do anything; *non sa fare niente*, he can't do anything; *sa parlare inglese e francese*, he can speak English and French; *non so guidare la macchina*, I can't drive a car; *"Sai sciare?" "Sì", "No"*, "Can you ski?" "Yes, I can", "No, I can't"; *pensi che sappia cavarsela?*, do you think he'll be able to manage?; *non me l'hanno saputo dire*, they weren't able to tell me; *saprebbe indicarmi un buon ristorante nella zona?*, could you tell me where there is a good restaurant around here?; *rivolgiti a lui, saprà certamente consigliarti*, ask him, he'll definitely be able to advise you; *non sapendo nuotare, rischiò di annegare*, not being able (*o* being unable) to swim, he was in danger of drowning; *non ho simpatia per quella gente, non saprei dire perché*, I don't like those people but I couldn't say why; *sai come si apre questa porta?*, do you know how this door opens?; *è uno che sa farsi rispettare*, he knows how to command respect; *non so fare questo esercizio*, I don't know how to do this exercise; *non saprò mai usare il computer*, I'll never know (*o* learn) how to use a computer (*o* I'll never be able to use a computer) // *con la gente ci sa fare*, he knows how to handle people; *con lui bisogna saperci fare*, you have to know how to handle him ◆ *v.intr.* **1** to know*, to be educated: *è un uomo che sa*, he is an educated (*o* a cultivated) man; *sa di greco e di latino*, he's well-versed in Greek and Latin **2** (*essere a conoscenza*) to know*, to be aware; (*venire a conoscenza*) to hear*, to learn*: *so dei suoi meriti*, I know (*o* I'm aware) of his merits; *non sapevo di questi intrighi*, I wasn't aware of these intrigues; *ho saputo di un malinteso fra voi due*, I've heard of a misunderstanding between you **3** (*aver sapore*) to taste; (*aver odore*) to smell*: *questa minestra sa di aglio*, this soup tastes of garlic; *questa carne sa di bruciato*, this meat tastes burnt; *la stanza sapeva di fumo*, the room smelt of smoke // *una ragazza che non sa di niente*, an insipid girl **4** (*pensare, supporre*) to think*: *mi sa che hai ragione tu*, I think you're right; *mi sa che è rimasto a letto*, I bet he's stayed in bed.

sapere *s.m.* **1** (*scibile*) knowledge: *il — umano*, human knowledge **2** (*cultura*) learning, erudition, scholarship: *un uomo di gran —*, a man of great learning.

sapidità *s.f.* flavour, savouriness (*anche fig.*) tastiness.

sapido *agg.* **1** tasty, savoury **2** (*fig.*) (*arguto*) keen, pungent; (*spiritoso*) witty.

sapiente *agg.* **1** (*saggio*) wise **2** (*colto*) learned, erudite **3** (*abile*) skilful, able, masterly: *un — amministratore*, an able (*o* an expert) administrator; *una — risposta*, a masterly reply; *le sapienti mani di un chirurgo*, the skilled (*o* skilful) hands of a surgeon ◆ *s.m.* **1** (*uomo saggio*) wise man, sage **2** (*uomo colto*) scholar, learned man ◆ *s.f.* **1** (*donna saggia*) wise woman **2** (*donna colta*) scholar, learned woman.

sapientemente *avv.* **1** (*saggiamente*) wisely, sagely **2** (*abilmente*) ably, skilfully.

sapientone *s.m.* (*iron.*) know-it-all, know -all, wiseacre.

sapienza *s.f.* **1** (*saggezza*) wisdom; understanding // *libro della —*, (*Bibbia*) Book of Wisdom **2** (*cultura*) learning, erudition, scholarship **3** (*sapere*) knowledge.

sapindo *s.m.* (*bot.*) (*Sapindus saponaria*) sapindus.

saponaceo *agg.* soapy, saponaceous.

saponaria *s.f.* (*bot.*) (*Saponaria officinalis*) soapwort.

saponario *agg.*: *radice saponaria*, soap root.

saponata *s.f.* lather; soapsuds (*pl.*), soapy water.

sapone *s.m.* soap: *pezzo di —*, bar of soap; *— da barba*, shaving soap; (*in bastoncino*) shaving stick; *— da bucato, da bagno*, washing soap, bath soap; *— dei vetrai*, glassmakers' soap; *— di Marsiglia*, Marseilles soap; *— liquido, tenero*, liquid, soft soap; *bolla di —*, soap bubble // *una bellezza acqua e —*, a fresh and natural beauty // *dare del — a qlcu.*, (*fig.*) to soft-soap s.o.

saponeria *s.f.* soap works (*pl.*).

saponetta *s.f.* **1** bar of soap, cake of soap: *una — alla lavanda*, a bar of lavender soap **2** (*orologio*) hunter.

saponiera *s.f.* soap dish.

saponiere *s.m.* soap manufacturer.

saponiero *agg.* soap (*attr.*).

saponificabile *agg.* (*chim.*) saponifiable.

saponificare *v.tr.* e *intr.* (*chim.*) to saponify.

saponificatore *agg.* (*chim.*) saponifying ◆ *s.m.* (*chim.*) saponifier.

saponificazione *s.f.* (*chim.*) saponification.

saponificio *s.m.* soap works*; soap factory: *il — è nella zona industriale*, the soap works is on the industrial estate.

saponina *s.f.* (*chim.*) saponin.

saponite *s.f.* (*min.*) saponite.

saponoso *agg.* soapy.

sapore *s.m.* **1** taste, flavour: *gustare un —*, to taste a flavour; *"Che — ha?" "È simile alla cipolla"*, "What does it taste like?" "It tastes of onion"; *un po' di rosmarino dà —*, a bit of rosemary adds taste; *questa carne non ha —*, this meat has no taste **2** (*fig.*) spice, taste; flavour, relish: *il rischio dà — ad ogni impresa*, risk gives spice (*o* relish) to any enterprise; *parole di — amaro*, words with a bitter taste // *un film di — romantico*, a romantic film **3** *pl.* (*non com.*) (*erbe aromatiche*) (aromatic*) herbs.

saporire *v.tr.* to flavour; to season.

saporitamente *avv.* with relish, with gusto: *condito —*, highly seasoned // *dormire —*, to sleep soundly // *pagare qlco. —*, to pay the earth (*o* through the nose) for sthg.; *si fa pagare —*, he charges very high prices.

saporito *agg.* **1** tasty, savoury: *un piatto molto —*, a very tasty dish; *frutta molto saporita*, very tasty fruit **2** (*salato*) salty: *la minestra era un po' saporita*, the soup was a little too salty **3** (*arguto*) witty; (*piccante*) racy: *aneddoto —*, racy anecdote; *osservazioni saporite*, witty remarks; *risposta saporita*, tart (*o* sharp) answer **4** (*costoso*) expensive, dear: *conto —*, excessive bill **5** (*di sonno, profondo*) sound.

saporosità *s.f.* tastiness, savouriness.

saporoso *agg.* (*non com.*) tasty, savoury.

sapota, sapotiglia *s.f.* (*bot.*) (*Achras sapota*) sapodilla.

saprobio *agg.* (*biol.*) saprobic ◆ *s.m.* saprobe, saprobiont.

saproemia *s.f.* (*med.*) sapremia.

saprofago *agg.* (*biol.*) saprophagous.

saprofilo *agg.* (*biol.*) saprophilous.

saprofita → **saprofito**.

saprofitico *agg.* (*biol.*) saprophytic.

saprofitismo *s.m.* (*biol.*) saprophytism.

saprofito *s.m.* (*biol.*) saprophyte.

saprogeno *agg.* (*biol.*) saprogen.

sapropel *s.m.* **sapropelite** *s.f.* (*geol.*) sapropelite, sapropel.

saprozoo *s.m.* (*biol.*) saprozoon (*pl.* -zoa).

saputamente *avv.* **1** knowingly; (*con consapevolezza*) consciously **2** (*in modo saccente*) with a show of knowledge.

saputello *s.m.* know-it-all, wiseacre: *fare il —*, to show off one's knowledge ◆ *agg.* know -it-all.

saputo *agg.* **1** (*colto*) learned: *un uomo —*, a learned man **2** (*noto*) well-known: *una cosa saputa e risaputa*, a well-known thing **3** (*spreg.*) (*saccente*) know-it-all ◆ *s.m.* know-it -all, wiseacre.

sarabanda *s.f.* **1** (*musica, danza*) saraband **2** (*fig.*) (*chiasso, confusione*) bedlam, racket, hullaballoo: *i bambini, lasciati soli, hanno fatto una vera —*, children, left on their own, made a real hullaballoo.

saracco *s.m.* (*tecn.*) ripsaw: *— a costola*, backsaw.

saraceno *agg.* Saracen, Saracenic: *l'esercito —*, Saracen army ◆ *s.m.* Saracen.

saracinesca *s.f.* **1** (*di negozio, locale a pianoterra*) (rolling) shutter: *abbassare, alzare la —*, to lower, to raise the shutter **2** (*chiusa*) sluice gate **3** (*di castello, fortezza ecc.*) portcullis.

saracino *agg.* Saracen(ic) ◆ *s.m.* **1** Saracen **2** (*fantoccio della quintana*) quintain.

sarago *s.m.* (*zool.*) (*Diplodus sargus*) sargo.

sarcasmo *s.m.* sarcasm, sarcastic remark: *fare del —*, to be sarcastic (*o* to make sarcastic remarks); *non risparmia a nessuno i suoi sarcasmi*, he doesn't spare anybody with his sarcastic remarks.

sarcastico *agg.* sarcastic.

sarchiare *v.tr.* to hoe, to weed, to spud.

sarchiatore *s.m.* hoer, weeder.

sarchiatrice *s.f.* (*agr.*) weeder, weeding machine.

sarchiatura *s.f.* weeding.

sarchiellare *v.tr.* to weed.

sarchiello, sarchio *s.m.* weeder, spud.

sarco- *pref.* di origine greca della terminologia scientifica con significato di 'carne, muscolo'; ingl. sarco-: (*anat.*) *sarcolemma*, sarcolemma; (*med.*) *sarcomatosi*, sarcomatosis.

sarcode *s.m.* (*bot.*) (*Sarcodes sanguinea*) snow-plant, sarcode.

sarcofaga *s.f.* (*zool.*) (*Sarcophaga carnaria*) flesh-fly.

sarcofago *s.m.* sarcophagus*.

sarcofillo *s.m.* (*bot.*) sarcophyllum.

sarcofilo *s.m.* (*zool.*) (*Sarcophilus harrisii*) Tasmanian devilvil, sarcophilus.

sarcoide *s.m.* (*med.*) sarcoid.

sarcoma *s.m.* (*med.*) sarcoma*.

sarcomatoso *agg.* (*med.*) sarcomatous.

sarcomicina *s.f.* (*chim.*) sarcomycin.

sarcoplasma *s.m.* (*anat.*) sarcoplasm.

sarcopside *s.m.* (*min.*) sarcopside.

sarcoptide *s.m.* (*zool.*) sarcoptid.

sarcosina *s.f.* (*chim.*) sarcosine.

sarda[1] *s.f.* (*zool.*) (*Sardina pilchardus*) sardine*; pilchard.

sarda[2] *s.f.* (*min.*) sard.

sardana *s.f.* (*danza*) sardana.

sardanapalesco *agg.* sardanapalian.

sardegnolo *agg.* (*spreg.*) Sardinian.

sardella, sardina *s.f.* (*zool.*) (*Sardinella*

aurita) sardelle // *pigiati come sardine*, (*fig.*) packed like sardines.

sardo *agg.* e *s.m.* Sardinian.

sardonia, **sardonica**[1] *s.f.* (*bot.*) (*Ranunculus sceleratus*) blister buttercup.

sardonica[2] *s.f.* **sardonice**, **sardonico**[1] *s.m.* (*min.*) sardonyx.

sardonico[2] *agg.* sardonic.

sargasso *s.m.* (*bot.*) (*Sargassum baccife-rum*) sargasso*, gulfweed // (*geogr.*) *Mar dei Sargassi*, Sargasso Sea.

sargo → **sarago**.

sari *s.m.* (*indumento indiano*) sari.

sariga *s.f.* (*zool.*) didelphis.

sarissa *s.f.* (*st. mil.*) sarissa (*pl.* -ae).

sarkinite *s.f.* (*min.*) sarkinite.

sarmatico *agg.* Sarmatian.

sarmento *s.m.* (*bot.*) **1** runner; sarmentum (*pl.* -ta) **2** (*di vite*) vine-shoot; vine-branch.

sarmentoso *agg.* (*bot.*) sarmentous, sarmentose.

sarracenia *s.f.* (*bot.*) sarracenia.

sarta *s.f.* dressmaker, seamstress: *lavorare da* —, to work as a dressmaker.

sartia *s.f.* (*mar.*) shroud.

sartiame *s.m.* **1** (*mar.*) rigging; shrouds (*pl.*) **2** (*aer.*) rigging.

sartiare *v.tr.* (*mar.*) to pay* out.

sarto *s.m.* tailor: — *da donna*, ladies' tailor (*o* dressmaker).

sartoria *s.f.* **1** (*da uomo*) tailor's; (*da donna*) dressmaker's **2** (*casa di moda*) fashion-house, couture-house // *abito di* —, model dress **3** (*arte, lavoro del sarto*) (*da uomo*) tailoring; (*da donna*) dressmaking, couture.

sartorio *s.m.* (*anat.*) (*muscolo*) sartorius.

sartotecnica *s.f.* (*da uomo*) tailoring; (*da donna*) dressmaking.

sasanide *agg.* (*st.*) Sassanid.

sassaia *s.f.* **1** (*argine di sassi*) stone barrier **2** (*luogo sassoso*) stony place.

sassai(u)ola *s.f.* **1** (*pioggia di sassi*) hail of stones, volley of stones **2** (*battaglia a sassate*) stone-fight.

sassanide → **sasanide**.

sassarese *agg.* of Sassari, from Sassari ◆ *s.m.* e *f.* inhabitant of Sassari; native of Sassari.

sassata *s.f.* blow with a stone: *prendere a sassate qlcu.*, to pelt s.o. with stones; *tirare sassate a qlcu.*, to throw stones at s.o.

sassello *s.m.* (*zool.*) (*Turdus iliacus*) red wing.

sassicolo *agg.* (*biol.*) saxicolous, saxatile.

sassifraga *s.f.* (*bot.*) (*Saxifraga cotyledon*) saxifrage, stone-break; — *odorosa*, (*Saxifraga umbrosa*) London pride.

sasso *s.m.* **1** (*pietra, roccia*) stone, rock; (*sassolino*) pebble: *la strada è piena di sassi*, the road is full of stones; *una casa di* —, a house of stone; *duro come un* —, as hard as stone; *tirare un — a qlcu.*, to throw a stone at s.o. // *fare pietà ai sassi*, (*fig.*) to move a heart of stone // *avere un cuore di* —, (*fig.*) to have a heart of stone // *rimanere di* —, (*fig.*) to be dumbfounded (*o* astounded); *la sua affermazione mi lasciò di* —, his statement left me dumbfounded // *tirare il — e nascondere la mano*, (*fig.*) to attack from under cover **2** (*poet.*) (*pietra sepolcrale*) tombstone.

sassofonista *s.m.* e *f.* saxophonist.

sassofono *s.m.* (*mus.*) saxophone.

sassofrasso *s.m.* (*bot.*) (*Sassafras officinale*) sassafras: — *orientale*, (*Sassafras albidum*) virgin-tree.

sassolino *s.m.* (*piccolo sasso*) pebble.

sassolite *s.f.* (*min.*) sassolite.

sassone *agg.* e *s.m.* e *f.* Saxon // *genitivo* —, possessive case.

sassoso *agg.* stony; full of stones (*pred.*), stone-covered (*pred.*): *terreno* —, stony field.

Satana *s.m.* Satan, the Devil // *vade retro* —*!*, don't tempt me!

satanasso *s.m.* **1** (*fam.*) (*demonio*) devil **2** (*persona prepotente*) bully; (*persona violenta*) fiend: *gridare come un* —, to yell like a fiend.

satanico *agg.* satanic, diabolical, devilish: *un piano, un ghigno* —, a diabolic plot, sneer // *scuola satanica*, (*st. lett.*) Satanic school.

satanismo *s.m.* satanism.

satanista *s.m.* e *f.* satanist.

satellitare *agg.* satellite (*attr.*): TV, *telefono* —, satellite TV, telephone.

satellite *agg.* satellite (*attr.*); satellic: *stato* —, satellite country; *città* —, satellite town ◆ *s.m.* **1** (*astr.*) satellite: — *artificiale*, artificial satellite // *via* —, by satellite **2** (*fig.*) (*centro urbano collegato*) satellite town **3** (*inform.*) peripheral **4** (*mecc.*) planet wheel.

satellitismo *s.m.* satellitism.

satelloide *s.m.* (*aer.*) satelloid.

satem *agg.* (*ling.*): *lingue* —, satem languages.

satin *s.m.* (*tessuto*) satin.

satinare *v.tr.* (*tecn.*) to satinize; to glaze.

satinato *agg.* satinized, satin (*attr.*); glazed: *carta, pelle satinata*, glazed paper, leather; *oro* —, satinized gold.

satinatrice *s.f.* (*tecn.*) glazer, glazing machine.

satinatura *s.f.* satinizing; glazing.

satira *s.f.* satire: *le satire di Ariosto*, the satires of Ariosto; — *personale*, lampoon; — *politica*, political satire; *fare la — di qlco.*, to satirize sthg.

satireggiare *v.tr.* to satirize: — *la propria epoca*, to satirize one's own times ◆ *v.intr.* to be satirical.

satiresco *agg.* satyric(al): *dramma* —, satyric drama.

satiriasi *s.f.* (*med.*) satyriasis (*pl.* -ses).

satirico *agg.* satiric(al): *poesia satirica*, satirical poetry; *stile, scrittore* —, satirical style, writer ◆ *s.m.* **1** (*scrittore satirico*) satirist **2** (*genere satirico*) satire.

satirione *s.m.* (*bot.*) (*Phallus impudicus*) stink horn.

satirizzare → **satireggiare**.

satiro *s.m.* **1** (*mit.*) Satyr **2** (*uomo lascivo*) satyr.

sativo *agg.* (*letter.*) (*coltivabile*) cultivable.

satollare *v.tr.* to satiate, to satisfy, to fill up. □ **satollarsi** *v.rifl.* to eat* one's fill, to shiff oneself.

satollo *agg.* full (up), satiated, sated.

satrapessa *s.f.* (*st.*) satrapess.

satrapia *s.f.* (*st.*) satrapy.

satrapo *s.m.* **1** (*st.*) satrap **2** (*fig.*) (*persona che abusa di potere*) despot; (*persona autoritaria*) moghul.

saturabile *agg.* saturable.

saturabilità *s.f.* saturability.

saturante *agg.* (*chim., fis.*) saturating, saturant ◆ *s.m.* (*chim., fis.*) saturant.

saturare *v.tr.* **1** to saturate: — *l'atmosfera*, to saturate the atmosphere; — *un liquido di sale*, to saturate a liquid with salt **2** (*fig.*) (*riempire al massimo*) to fill, to cram; (*econ.*) to glut, to overstock, to overfill: — *il mercato di un prodotto*, to glut (*o* to overstock) the market with a product; — *la mente di date storiche*, to fill (*o* to cram) one's mind with historical dates.

□ **saturarsi** *v.rifl.* to stuff oneself, to glut oneself: — *di medicine*, to stuff oneself with medicine ◆ *v.intr.pron.* to become* saturated: *l'aria si è saturata di umidità*, the air has become saturated with humidity.

saturatore *s.m.* (*chim.*) saturator.

saturazione *s.f.* saturation (*anche fig.*): (*chim., fis.*) — *magnetica*, magnetic saturation; *corrente di* —, saturation current; *pressione di — del vapore*, saturation vapour pressure; *punto di* —, saturation point; *temperatura di* —, saturation temperature; *tensione di* —, saturation voltage; (*econ.*) — *del mercato*, saturation of the market (*o* market saturation) // *non ne posso più, sono giunto alla* —, (*fig.*) I can't take any more, I've got to saturation point (*o* I've had as much as I can take).

saturnale *agg.* (*st.*) Saturnalian ◆ *s.m.pl.* (*st.*) Saturnalia.

saturnia *s.f.* (*zool.*) saturnia.

saturniano *agg.* e *s.m.* Saturnian.

saturnino *agg.* **1** (*di Saturno*) of Saturn, Saturn's, Saturnian **2** (*ant.*) (*malinconico*) saturnine, gloomy **3** (*med.*) saturnine.

saturnio *agg.* Saturnian ◆ *s.m.* (*metrica*) Saturnian verse.

saturnismo *s.m.* (*med.*) lead poisoning, saturnism.

Saturno *no.pr.m.* (*astr.*) Saturn: *gli anelli di* —, Saturn's rings.

saturo *agg.* **1** (*chim., fis.*) saturated: *soluzione satura*, saturated solution; *vapore* —, saturated vapour // (*chim.*): *composto* —, saturated compound (*o* saturate); *idrocarburo* —, saturated hydrocarbon // (*min.*) *minerale* —, saturated mineral // (*meteor.*) *aria satura*, saturated air // (*elettr.*) *diodo* —, saturated diode **2** (*fig.*) (*riempito al massimo*) full, filled with; (*econ.*) overstocked, overfilled: *il mercato è — di questa merce*, there is a glut of these goods on the market (*o* the market is overstocked with these goods); *la stanza è satura di gas*, the room is full of gas; *uno scritto — di rabbia*, a piece of writing filled with (*o* full of) rage; — *di invidia*, full of envy.

saudita *agg.* Saudi ◆ *s.m.* e *f.* Saudi Arabian.

sauna *s.f.* sauna.

sauro[1] *agg.* sorrel ◆ *s.m.* sorrel (horse).

sauro[2] *agg.* e *s.m.* (*zool.*) saurian.

sauté *agg.* (*fr.*) (*cuc.*) sauté, sautéed.

savana *s.f.* (*geogr.*) savanna(h).

savviezza *s.f.* (*non com.*) wisdom, (good) sense.

savio *agg.* **1** (*sano di mente*) sane, in one's senses **2** (*saggio*) wise, sage; (*di buon senso*) sensible: *savi consigli*, wise advice; *savia decisione*, wise (*o* sensible) decision; *sii* —, be sensible ◆ *s.m.* wise man, sage // *i Sette Savi*, the Seven Sages.

savoiardo *agg.* Savoyard ◆ *s.m.* **1** Savoyard **2** (*biscotto*) Savoy (biscuit).

savoir-faire *s.m.* (*fr.*) savoir-faire: *mostrare, possedere* —, to display, to possess savoir-faire.

savonarola *s.f.* (*sedia*) savonarola chair.

savonese *agg.* of Savona, from Savona ◆ *s.m.* e *f.* inhabitant of Savona; native of Savona.

sax *s.m.* (*mus.*) sax.

saxofono e *deriv.* → **sassofono** e *deriv.*

saziabile *agg.* (*non com.*) satiable.

saziabilità *s.f.* (*non com.*) satiability.

saziamento *s.m.* (*non com.*) satiety; repletion.

saziare *v.tr.* **1** to satisfy (*anche fig.*), to sate, to glut; to satiate: — *il proprio appetito*, to satisfy (*o* to sate *o* to glut) one's appetite; — *la sete di qlcu.*, to satisfy (*o* to quench) s.o.'s thirst; — *la curiosità, l'ambizione, il desiderio di vendetta*, (*fig.*) to satisfy (*o* to gratify) one's curiosity, one's ambition, one's desire for revenge **2** (*riempire*) to fill: *questo è un cibo che sazia*, this food is very filling **3** (*fig.*) (*annoiare*) to tire, to weary.

□ **saziarsi** *v.rifl.* **1** to satisfy one's appetite, to gratify one's appetite; to become* satiated, to get* full **2** (*fig.*) (*stancarsi*) to get* tired, to grow* tired: *non mi sazio mai di leggere*, I never get tired of reading; *non si sazia mai di guardarla*, he never gets tired of looking at her.

sazietà *s.f.* satiety, surfeit; repletion: *bere a* —, to drink one's fill; *mangiare a* —, to eat one's fill (*o* to eat to repletion) // *ne ho a* —, (*fig.*) I have (had) more than enough of it; *avere denaro a* —, to have more than enough money.

sazievole *agg.* (*letter.*) (*che sazia*) **1** filling **2** (*fig.*) (*noioso*) boring, tiresome; (*stucchevole*) cloying.

sazio *agg.* **1** replete; (*fam.*) full (up): *non posso mangiare nient'altro, sono* —, I cannot eat anything else, I am full (up) **2** (*fig.*) (*saturo*) satiate(d) (with sthg.), sated (with sthg.): — *di lodi*, sated with praises **3** (*fig.*) (*stanco*) tired, sick; (*fam.*) fed up (with sthg.): — *di queste lamentele*, tired of these complaints.

sbaccellare *v.tr.* to shell: — *i piselli*, to shell peas.

sbaciucchiare *v.tr.* to smother with kisses.

□ **sbaciucchiarsi** *v.rifl.rec.* to smother each other with kisses.

sbadataggine *s.f.* (*noncuranza*) carelessness, heedlessness; (*sconsideratezza*) thoughtlessness; (*inavvertenza*) inadvertence; (*distrazione*) absent-mindedness: *per* —, through carelessness (*o* heedlessness), through thoughtlessness, through inadvertence, through absent-mindedness: *fare un errore per* —, to make a mistake through carelessness (*o* through absent-mindedness); *commettere una* —, to blunder through carelessness (*o* to make a careless blunder).

sbadatamente *avv.* (*trascuratamente*) carelessly, heedlessly; (*sconsideratamente*) thoughtlessly; (*inavvertitamente*) inadvertently; (*distrattamente*) absent-mindedly.

sbadato *agg.* (*noncurante*) careless, heedless; (*sconsiderato*) thoughtless; (*distratto*) absent-minded, scatterbrained, forgetful: *sei proprio* —, *hai messo la maglia al rovescio*, you are really absent-minded, you've put your sweater on inside out; *che* —, *ho dimenticato i soldi a casa*, how careless of me (*o* what a scatterbrain I am), I have left the money at home; *risposta sbadata*, thoughtless answer ◆ *s.m.* scatterbrain.

sbadigliamento *s.m.* (*non com.*) yawning.

sbadigliare *v.intr.* to yawn: *non hai fatto che* — *al cinema*, you just yawned your head off during the film.

sbadiglierella *s.f.* (*fam.*) fit of yawning.

sbadiglio *s.m.* yawn; (*lo sbadigliare*) yawning: *un gran* —, a big yawn; *uno* — *di noia*, a bored yawn; *lo* — *è contagioso*, yawning is catching.

sbadire *v.tr.* (*mecc.*) to unrivet.

sbafare *v.tr.* (*fam.*) **1** (*mangiare avidamente*) to polish off (sthg.): *chi si è sbafato tutta la torta?*, who has polished off the cake? **2** (*scroccare*) to scrounge, to cadge, to sponge on (s.o.): — *un pranzo*, to scrounge a dinner.

sbafata *s.f.* (*fam.*) nosh-up, blow-out, feast: *che* — *di cioccolatini!*, what a feast of chocolates!

sbafatore *s.m.* **sbafatrice** *s.f.* scrounger, cadger, sponger.

sbaffare *v.tr.* to smudge: — *un libro di inchiostro*, to smudge a book with ink.

□ **sbaffarsi** *v.rifl.* to get* smudged, to get* smeared: *si sbaffò di inchiostro*, she got smudged with ink; *si sbaffò di olio*, he got smeared with ink; *si era sbaffata la faccia di farina*, her face was streaked with flour.

sbaffo *s.m.* smudge: *il tuo quaderno è pieno di sbaffi*, your copybook is full of smudges (*o* is badly smudged).

sbafo *s.m.* scrounging, cadging // *vivere a* —, to scrounge a living.

sbagliare *v.tr.* to mistake*, to make* a mistake in (sthg.), to go* wrong in (sthg.), to do* wrong: — *l'ora*, to mistake the time; — *la strada*, to take the wrong way; — *treno*, to take the wrong train; — *la mira*, to miss one's aim; (*tel.*) — *numero*, to get the wrong number; — *un calcolo*, to miscalculate; *ho sbagliato i miei conti, devo chiedere un prestito*, I went wrong in my calculations, I'll have to ask for a loan; *hai sbagliato i tuoi conti se credi d'imbrogliarmi*, (*fig.*) you've got it wrong if you think you can trick me // *ho sbagliato tutto*, I've got it all wrong; *ho sbagliato tutto nella mia vita*, I've made a mess of my life // *sbagliarla*, (*fam.*) to be wrong: *la sbagli se credi di convincermi*, you are wrong if you think you can convince me ◆ *v.intr.* to make* a mistake, to be mistaken, to be wrong, to go* wrong; to err: *la casa è la terza a destra, non puoi* —, the house is the third on the right, you can't miss it; *chiunque può* —, everybody can make mistakes; *hai sbagliato nel riportare i numeri*, you have made a mistake in carrying (*o* you were wrong to carry) the numbers forward; *secondo me sbagli a non partire con noi*, I think you are wrong not to leave with us; *sbagli a sgridarlo sempre*, it's a mistake to scold him all the time; *mi potrei* —, *ma credo che sia questo*, I may be wrong, but I think it is this; (*ti*) *sbagli, non è così*, you are mistaken, it isn't so; *guardi che si sbaglia, io non la conosco*, look, there must be some mistake, I don't know you; *ti sbagli troppo spesso*, you make too many mistakes; *ho sbagliato, chiedo scusa*, I was wrong, I'm sorry; *riconoscere di aver sbagliato*, to acknowledge one's mistake(s) // *sbaglia anche il prete all'altare*, to err is human // — *di grosso*, to make a blunder (*o* to blunder) // *mi hai fatto* —, you made me make a mistake // *sbagliando si impara*, (*prov.*) you learn from your mistakes.

□ **sbagliarsi** *v.intr.pron.* → **sbagliare** *v.intr.*

sbagliato *agg.* wrong, mistaken; (*erroneo*) erroneous, incorrect: *calcolo* —, wrong calculation; *idee, opinioni sbagliate*, wrong ideas, opinions; *interpretazione sbagliata*, wrong interpretation (*o* misinterpretation); *pronuncia sbagliata*, wrong pronunciation (*o* mispronunciation); *nozioni sbagliate*, mistaken notions; *osservazione sbagliata*, erroneous observation; *l'uso* — *di una parola*, the wrong (*o* incorrect) use of a word; *il suo compito era tutto* —, his homework was all wrong; *comporre un numero telefonico* —, to dial the wrong number; *interpretare una parola in senso* —, to misinterpret a word; *è la persona sbagliata per te*, he's the wrong person for you.

sbaglio *s.m.* mistake, error; (*passo falso*) slip; (*sproposito*) blunder: *gli sbagli della giovinezza*, the errors of youth; *lo* — *fu suo*, it was his fault; *vi sono alcuni sbagli nel tuo dettato*, there are a few mistakes in your dictation; *fare uno* —, to make a mistake (*o* an error *o* a slip *o* a blunder); *riconoscere i propri sbagli*, to acknowledge one's mistakes; *che* — *non averci pensato prima!*, what a mistake not to have thought of that! // *per* —, by mistake: *per* — *prese il mio ombrello*, he took my umbrella by mistake // *c'è stato uno* — *di persona*, it was a case of mistaken identity.

sbalestramento *s.m.* **1** (*spostamento*) shift, shifting **2** (*turbamento, smarrimento*) confusion, bewilderment.

sbalestrare *v.tr.* **1** (*scaraventare*) to hurl, to throw*: *nell'incidente è stato sbalestrato fuori dall'auto*, in the accident he was hurled (*o* thrown) out of the car **2** (*fig.*) (*spostare*) to shift: *per anni è stato sbalestrato da una città all'altra*, for years he's been shifted from one city to another **3** (*turbare, alterare*) to unhinge, to throw* into confusion, to upset*: *la notizia lo sbalestrò*, the news threw him into confusion; *quel conto ha sbalestrato le mie finanze*, that bill has upset my budget.

sbalestrato *agg.* **1** (*scaraventato, sbalzato lontano*) hurled, flung **2** (*dissestato*) unsettled, troubled: *viene da una famiglia sbalestrata*, he comes from a troubled family background **3** (*smarrito*) bewildered: *nel nuovo ambiente si sente* —, he feels bewildered in his new environment ◆ *s.m.* (*persona non ben equilibrata*) confused person, unsettled person, unbalanced person.

sballare *v.tr.* **1** to unpack, to unwrap, to uncrate: — *la merce*, to unpack the goods **2** (*fig. fam.*) (*millantare*) to brag, to boast, to talk big: *sballarle grosse*, to tell tall stories **3** (*mecc.*) to put* out of order ◆ *v.intr.* **1** (*fam.*) (*sbagliare per eccesso*) to be out, to miscalculate: — *nelle previsioni*, to be out in one's forecast **2** (*fig. fam.*) to be scatty, to be scatterbrained: *stamane sballa più del solito*, this morning he's scattier than usual.

sballato *agg.* **1** unpacked, unwrapped, uncrated **2** (*mecc.*) out of order **3** (*fig. fam.*) (*privo di buon senso*) crazy, nutty, crackbrained; wild, rash; (*squilibrato*) unbalanced: *un'idea sballata*, a crackbrained idea; *un affare* —, a wild deal; *mente sballata*, unbalanced mind ◆ *s.m.* nutcase: *una compagnia di sballati*, a group of nutcases.

sballatura *s.f.* unpacking.

sballo *s.m.* **1** (*sballatura*) unpacking **2** (*fam.*) (*effetto allucinatorio*) buzz, high; (*fig.*) (*situazione eccitante*) gas: *che —!*, what a gas!

sballottamento *s.m.* jolting, tossing.

sballottare *v.tr.* to jolt (about), to toss (about); to jostle (about), to push (about): *il piccolo aeroplano era sballottato dal forte vento*, the tiny plane was tossed (about) by the strong wind; *l'automobile ci ha sballottati per tutta la strada*, the car jolted us (about) all the way; *la barca era sballottata dalle onde*, the boat was tossed by the waves; *essere sballottato dalla folla*, to be pushed (*o* jostled) about in the crowd // *non mi piace essere sballottato da un ufficio all'altro*, I don't like to be shifted from office to office.

sballottio *s.m.* jolting (about); jostling (about): *con questo — non riesco a leggere*, I can't read with all this jolting about.

sballottolare e *deriv.* → **sballottare** e *deriv.*

sbalordimento *s.m.* amazement, astonishment; (*confusione*) bewilderment.

sbalordire *v.tr.* **1** to amaze, to astonish, to astound; to dumbfound: *la notizia delle sue dimissioni mi ha sbalordito*, the news of his resignation astounded me; *il suo nuovo libro ha sbalordito i critici*, his new book amazed (*o* astounded) the critics **2** (*non com.*) (*tramortire*) to stun, to flabbergast ◆ *v.intr.* → **sbalordirsi**.

□ **sbalordirsi** *v.intr.pron.* to be amazed (at s.o., sthg.), to be astonished (at s.o., sthg.), to be dumbfounded: *non mi sbalordisco più di niente*, I'm not astonished at anything any more.

sbalorditaggine *s.f.* (*non com.*) stupidity, silliness.

sbalorditivo *agg.* amazing, astonishing; dumbfounding: *una memoria sbalorditiva*, an amazing memory; *prezzi sbalorditivi*, fantastic (*o* shocking) prices.

sbalordito *agg.* **1** amazed, astonished; dumbfounded: *è rimasto — dalla notizia del suo matrimonio*, he was amazed at the news of her wedding; *mi guardava con aria sbalordita*, he was looking at me with a bewildered air **2** (*non com.*) (*tramortito*) stunned.

sbalzare *v.tr.* **1** to throw*, to toss, to fling*: *il cavallo lo sbalzò di sella*, the horse tossed him from the saddle; *fu sbalzato da cavallo*, he was thrown from his horse; — (*fuori*) *da qlco.*, to throw (*o* to toss *o* to fling) out of sthg.: *fu sbalzato dall'automobile*, he was thrown out of the car **2** (*rimuovere*) to dismiss: — *qlcu. dal suo ufficio*, to dismiss s.o. (from his position) (*o fam.* to give s.o. the sack) // — *un governo*, to overthrow a government **3** (*tecn.*) to emboss ◆ *v.intr.* (*balzare*) to spring*, to jump, to leap*; to bounce: — *dal letto*, to bounce out of bed; *i prezzi sono sbalzati alle stelle*, prices have rocketed (up).

sbalzato *agg.* (*tecn.*) embossed, repoussé.

sbalzatore *s.m.* **sbalzatrice** *s.f.* (*tecn.*) embosser.

sbalzelloni → **balzelloni**.

sbalzo *s.m.* **1** jerk, jolt, bump; bounce // *a sbalzi*, by fits and starts (*o* in spurts) **2** (*cambiamento improvviso*) sudden change, jump: *sbalzi di temperatura*, sudden changes of temperature **3** (*sporgenza*) overhang, jetty, jutty // *trave a* —, cantilever; *arco a* —, cantilever arch **4** (*rilievo*) repoussage: *lavoro a* —, embossed work, repoussé (work).

sbancamento *s.m.* (*edil.*) earth moving; excavation.

sbancare[1] *v.tr.* to bankrupt; (*fam.*) to leave* broke: *mi sbancò*, (*al gioco*) he left me broke (*o fam.* cleaned me out).

□ **sbancarsi** *v.intr.pron.* to go* broke, to leave* oneself without any money, to go* bankrupt: *mi sono sbancato per comprarti un regalo!*, I left myself without any money to buy you a present!

sbancare[2] *v.tr.* to move earth (from sthg.); to excavate; (*miner.*) to strip.

sbandamento[1] *s.m.* **1** (*aut.*) slide, sliding, veer, veering; (*mar.*) list, listing; heeling (over); (*aer.*) banking: *lo — di un'auto*, the veering (*o* sliding) of a car **2** (*fig.*) leaning; deviation; disorientation: *lo — delle coscienze*, the disorientation of people's consciences.

sbandamento[2] *s.m.* **1** (*mil.*) dispersal; disbanding **2** (*fig.*) (*disgregazione*) breaking up, break up: *lo — di una famiglia*, the break up of a family **3** (*fig.*) (*confusione*) confusion, disorder: *dopo una fase di — si è ripreso*, after going through a period of confusion he has pulled himself together.

sbandare *v.intr.* **1** (*mar.*) to heel (over), to list; (*aer.*) to bank; (*aut.*) to veer, to slide*: *la nave sbanda a destra, a sinistra*, the ship lists (*o* has a list) to starboard, to port; — *in curva, sul ghiaccio*, to go into a slide (*o* veer) on the bend, on the ice **2** (*fig.*) (*tendere*) to lean*, to tend: *liberalismo che sbanda verso il conservatorismo*, liberalism which is leaning (*o* tending) towards conservatism.

□ **sbandarsi** *v.intr.pron.* to disperse; to disband, to scatter; (*disgregarsi*) to break* up: *la folla si sbandò per le strade*, the crowd dispersed in the streets; *le truppe si sbandarono*, the troops disbanded; *dopo la morte del padre la famiglia si sbandò*, after the father's death the family broke up.

sbandata *s.f.* **1** (*di auto*) slide, sliding, veer, veering; (*mar.*) list, heel; (*aer.*) banking: *c'era troppo ghiaccio e l'automobile ha fatto una* —, there was a lot of ice and the car went out of control **2** (*fig.*) (*inclinazione*) tendency, leaning: — *politica*, political leaning // *si è presa una terribile — per il suo professore*, she had a terrible crush on her teacher.

sbandato *agg.* **1** dispersed, broken up, scattered, disbanded **2** (*fig.*) (*da spostato*) disorientated; disorderly: *condurre una vita sbandata*, to lead a disorderly life ◆ *s.m.* **1** straggler, stray **2** (*fig.*) drifter; misfit; dropout: *per molti anni è stato uno* —, he was a drifter for many years.

sbandieramento *s.m.* **1** flag-waving [U] **2** (*ostentazione*) display; (*spreg.*) parade; showing-off, flaunting: *lo — di un'opinione, di una virtù*, the display of an opinion, of a virtue.

sbandierare *v.tr.* **1** (*bandiera*) to wave **2** (*fig.*) (*ostentare*) to display; (*spreg.*) to show off, to parade, to flaunt: *sbandierava il suo coraggio*, he displayed his courage; — *il proprio successo*, to flaunt one's success.

sbandierata *s.f.* flag-waving [U].

sbandieratore *s.m.* flag-waver, flag-waving performer.

sbando *s.m.* (*caos*) chaos, disorder: *lo — degli uffici pubblici*, the chaos in government offices // *allo* —, running wild, adrift: *fin da piccolo è stato lasciato allo* —, ever since he was a small child he has been left to run wild.

sbandometro *s.m.* **1** (*aer.*) bank indicator **2** (*ferr.*) equilibristat.

sbaraccare *v.tr.* to clear (away): — *un accampamento*, to clear a camp // *sbaracca le tue cose e vattene*, (*fam.*) pack up your things and clear out ◆ *v.intr.* to pack up: *sta per piovere, è meglio* —, it's going to rain, we'd better pack up.

sbaragliare *v.tr.* to rout, to put* to rout, to scatter; (*fig. fam.*) to trounce, to thrash: — *la squadra avversaria*, to rout the opposing team; *ti ho sbaragliato a carte*, (*fam.*) I trounced you at cards.

sbaraglio *s.m.* **1** (*sconfitta*) rout; defeat **2** (*rischio*) risk; (*pericolo*) danger, jeopardy: *si buttò allo* —, he risked everything; *mandare le truppe allo* —, to send one's troops to certain defeat; *ha buttato, mandato i propri figli allo* —, he has put his own children in danger.

sbarazzare *v.tr.* to clear (up); to rid*: *vorrei poterti — di queste noie*, I wish I could clear up these problems for you; — *una stanza*, to clear up (*o* to tidy up) a room; — *la tavola*, to clear the table.

□ **sbarazzarsi** *v.rifl.* to rid* oneself, to get* rid: *vorrei sbarazzarmi di questa merce*, I should like to get rid of these goods; — *di un debito*, to clear a debt; — *di qlcu.*, to get rid of s.o.

sbarazzina *s.f.* little scamp.

sbarazzinata *s.f.* (*non com.*) prank, trick.

sbarazzino *agg.* saucy, perky: *tua sorella ha un'aria sbarazzina*, your sister has a saucy way with her // *alla sbarazzina*, rakishly (*o* jauntily): *portare il cappello alla sbarazzina*, to wear one's hat at a rakish angle ◆ *s.m.* little rascal, rogue, scamp.

sbarbare *v.tr.* **1** (*radere*) to shave // *farsi* —, to get a shave **2** (*mecc.*) to shave **3** (*sradicare*) to uproot, to root out (*anche fig.*): — *una brutta abitudine*, to break a bad habit.

□ **sbarbarsi** *v.rifl.* (*radersi*) to shave (oneself), to have a shave.

sbarbatello *s.m.* (*iron.*) raw youth, young pup.

sbarbato *agg.* **1** (*rasato*) shaven, shaved: *si presentò tutto — e pulito*, he turned up clean and freshly shaven **2** (*non com.*) (*imberbe*) beardless **3** (*sradicato*) uprooted.

sbarbatrice *s.f.* (*mecc.*) shaving machine: — *per ingranaggi*, gear shaving machine.

sbarbatura *s.f.* (*mecc.*) shaving: — *bombata*, crown (*o* elliptoid) shaving; — *cilindrica*, rotary shaving; — *diagonale*, diagonal shaving; — *normale*, conventional (*o* crossed axes) shaving; — *trasversale*, underpass shaving.

sbarcare *v.tr.* **1** (*da nave*) to disembark, to put* ashore, (*da aereo*) to land; (*da autobus ecc.*) to put* down; (*merci*) to unload, to discharge: *l'autobus ci sbarca sotto casa*, (*fam.*) the bus puts us down right at our door; — *tutto il carico*, to unload the full cargo **2** (*fig.*) (*trascorrere alla meglio*) to get* through, to survive: — *l'inverno*, to get through the winter // — *il lunario*, to make both ends meet (*o* to get by) ◆ *v.intr.* **1** to land, to disembark; to get* off; (*temporaneamente*) to go* ashore: *sbarcai a Genova*, I landed at Genoa **2** (*cessare di far parte di un equipaggio*) to be discharged, to be paid off.

sbarcatoio *s.m.* landing-stage.

sbarco *s.m.* **1** (*mar., aer.*) (*di passeggeri*) landing, disembarkation; (*di merci*) discharge, unloading: *lo — dei Padri Pellegrini in America*, the landing of the Pilgrim Fathers in America; *lo — del carico richiese tre ore*, the unloading (*o* discharge) of the cargo took three hours; *non c'era nessuno ad aspettarmi allo —*, there was nobody waiting for me when I landed // (*mar. mil.*): *reparto da —*, landing party; *mezzo da —*, landing craft; *truppe da —*, landing force **2** (*cessazione del contratto di imbarco*) discharge.

sbardare *v.tr.* to outspan.

sbarra *s.f.* **1** bar: *una — da un lato all'altro della strada*, a bar (*o* barrier) across the road; *una — di ferro*, an iron bar; *le sbarre di una prigione*, the bars of a prison; — *spaziatrice*, (*di macchina da scrivere*) space bar; — *di passaggio a livello*, gate arm // *dietro le sbarre*, behind bars **2** (*del timone*) tiller, helm **3** (*ginnastica*) bar **4** (*mus.*) bar-line **5** (*dir.*) bar: *venire, presentarsi alla —*, to appear at the bar **6** (*arald.*) bar **7** (*ortografia*) crossbar: *la — di una t*, the crossbar of a t.

sbarramento *s.m.* **1** blockage, obstruction; barricade, blockade **2** (*di acque*) barrage; dam; weir **3** (*mil.*) barrage, defence; (*di porto*) boom: — *antiaereo*, antiaircraft barrage; *tiro di —*, barrage fire **4** (*lo sbarrare*) barring (up), stopping; (*di porto*) blocking; (*di valle*) damming; (*di via*) closing **5** (*in miniera, per ventilazione*) brattice; stopping.

sbarrare *v.tr.* **1** to bar; to block (up), to obstruct; to barricade; (*acque*) to dam: *ci sbarrarono la strada e perciò dovemmo tornare indietro*, they barred the way and therefore we were obliged to come back; — *porte e finestre*, to bar doors and windows; — *una strada*, to block (up) a road; — *l'entrata*, to block the entrance; *sbarrarono l'entrata del parco*, they closed the entrance to the park; — *la porta*, to bolt the door; — *la strada a qlcu.*, to obstruct s.o.'s path (*anche fig.*) **2** (*spalancare*) to open wide: — *gli occhi*, to open one's eyes wide **3** (*segnare con barre*) to put* a cross in, over (sthg.): — *la casella desiderata*, to put a cross in the appropriate box // — *un assegno*, to cross a cheque.

sbarrato *agg.* **1** (*di strada*) blocked // *strada sbarrata*, (*nei cartelli*) road blocked (*o* no thoroughfare) **2** (*di porta, finestra*) barred; bolted **3** (*di occhi*) wide open **4** (*di assegno*) crossed.

sbarratura *s.f.* **1** (*non com.*) (*il chiudere mediante sbarre*) barring, bolting **2** (*banca*) crossing: — *generale*, general crossing; — *speciale*, special crossing.

sbarretta *s.f.* (*tip.*) bar; (*obliqua*) slash.

sbarrista *s.m.* e *f.* (*sport*) horizontal bar expert, horizontal bar specialist.

sbassare *v.tr.* (*abbassare*) to lower.
□ **sbassarsi** *v.intr.pron.* (*diminuire di altezza*) to become* lower, to be reduced, to diminish.

sbastire *v.tr.* (*togliere l'imbastitura*) to take* the basting out of (sthg.), to take* the tacking out of (sthg.).

sbatacchiamento *s.m.* **1** (*atto*) banging, slamming **2** (*effetto*) bang, slam.

sbatacchiare *v.tr.* **1** to bang, to slam **2** (*sbattere con forza ripetutamente*) to rattle, to bang to and fro: *il vento sbatacchiava le imposte*, the wind was rattling the shutters (*o* was banging the shutters to and fro); — *le ali*, to flap its wings ◆ *v.intr.* to bang, to slam: *c'è una finestra che sbatacchia*, there is a window banging.

sbatacchiata *s.f.* bang, slam.

sbattere *v.tr.* **1** (*battere violentemente contro*) to knock, to bang; to beat*: — *qlco. contro un muro*, to knock (*o* to bang) sthg. against a wall; — *il naso contro il muro*, to bang (*o* to bump) one's nose against the wall // *non so dove — la testa*, I don't know which way to turn (*o* I am at my wits' end) // — *la testa contro il muro*, (*fig.*) to beat one's head against a brick wall **2** (*chiudere violentemente*) to slam; to bang: *uscì sbattendo la porta*, he went out slamming the door; — *la porta in faccia a qlcu.*, to slam the door in s.o.'s face (*anche fig.*) **3** (*scagliare*) to hurl, to fling*: *sbatté le carte sul tavolo*, he flung the cards on the table // — *via un paio di scarpe*, to throw away a pair of shoes // *l'hanno sbattuto in un paesino di campagna*, they have shunted him to a country village // *se non taci ti sbatto fuori dalla stanza*, if you don't shut up, I'll throw you out of the room // — *in prigione*, to fling into prison // — *via denaro, tempo*, to waste money, time // — *una notizia in prima pagina*, to splash a story across the front page // — *qlco. in faccia a qlcu.*, (*fig.*) to hurl sthg. in s.o.'s face **4** (*agitare, scuotere*) to shake*; to toss: *il vento sbatteva i rami*, the wind was shaking (*o* tossing) the branches // *l'uccello sbatteva le ali*, the bird flapped its wings; — *il contenuto di una bottiglia*, to shake the contents of a bottle; — *un tappeto, una coperta fuori dalla finestra*, to shake a carpet, a blanket out of the window // — *la panna*, to whip cream; — *le uova*, to beat eggs **5** (*fig. fam.*) (*far apparire pallido*) to make* (s.o.) look pale, to take* away s.o.'s colour: *il verde ti sbatte*, green makes you look pale **6** (*volg.*) (*possedere sessualmente*) to fuck, to bang ◆ *v.intr.* **1** (*di porte, finestre*) to bang, to slam: *c'è una porta che sbatte*, there is a door banging **2** (*di vele, di ali*) to flap **3** (*mecc.*) (*di valvola*) to clatter, to chatter, to rattle **3** (*volg.*) *sbattersene*, not to give a fuck.
□ **sbattersi** *v.rifl.* (*fam.*) (*agitarsi*) to rush around.

sbattezzarsi *v.rifl.* **1** to abjure Christianity // *si sbattezzerebbe pur di riuscire!*, (*scherz.*) he would sell his own grandmother to get on! **2** (*cambiare nome*) to change one's name **3** (*scherz.*) (*farsi in quattro*) to bend* over backwards.

sbattimento *s.m.* **1** (*di porte, finestre*) banging, slamming **2** (*scuotimento*) shaking, tossing; (*di panna*) whipping; (*di uova*) beating **3** (*mar.*) (*di vela al vento*) flapping **4** (*mecc.*) (*di cinghia*) flapping; (*di valvola*) clattering, chattering, rattling **5** (*aer.*) (*di pala di rotore*) flapping; (*vibrazione aeroelastica*) flutter **6** (*aut.*) (*lubrificazione*) (wheel) clearance.

sbattitore *s.m.* **sbattitrice** *s.f.* (*mecc.*) beater.

sbattitura *s.f.* beating.

sbattiuova *s.m.* whisk, egg beater.

sbattuta *s.f.* shake, shaking; beating.

sbattuto *agg.* **1** (*frullato*) beaten, whisked: *uovo —*, beaten egg **2** (*stanco*) tired (out); (*abbattuto*) depressed, low, downcast: *viso —*, tired face.

sbavamento *s.m.* dribbling, slobbering.

sbavare *v.intr.* **1** to dribble; to slaver, to slobber; (*fig. fam.*) to drool over: *sbavava per quella macchina da molto tempo*, he had been drooling over that car for a long time **2** (*tip.*) to smudge, to blur **3** (*di colore*) to run*; (*di penna*) to smudge ◆ *v.tr.* **1** to dribble over **2** (*mecc.*) to burr, to deburr.
□ **sbavarsi** *v.rifl.* to dribble all down (oneself); to slobber all down (oneself).

sbavato *agg.* **1** covered with dribble; covered with slobber **2** (*mecc.*) burred, deburred **3** (*di pittura ecc.*) blurred.

sbavatrice *s.f.* (*mecc.*) burring machine.

sbavatura *s.f.* **1** (*bava*) dribble; slobber, slaver **2** (*di lumaca*) slime **3** (*tip.*) blur, smudge **4** (*di carta*) uncut edge **5** (*mecc.*) (*bava*) burr; (*eliminazione della bava*) burring, deburring **6** (*di rossetto*) smear **7** (*fig.*) (*dispersione, lungaggine*) long-winded passage: *questo romanzo ha troppe sbavature*, this novel has too many long-winded passages **8** (*imperfezione*) imperfection, slight defect.

sbavone *s.m.* (*fam.*) slobberer; dribbler.

sbeccare *v.tr.* to break* the spout of (sthg.), to chip the spout of (sthg.); to break* the rim of (sthg.), to chip the rim of (sthg.).

sbeccucciare *v.tr.* (*non com.*) to chip.

sbeccucciato *agg.* chipped.

sbeffeggiamento *s.m.* mocking, jeering, mockery.

sbeffeggiare *v.tr.* to mock, to jeer at (s.o.).

sbeffeggiatore *s.m.* mocker, jeerer.

sbellicarsi *v.intr.pron.*: — *dalle risa*, to split one's sides (with laughter) (*o* to roar with laughter).

sbendare *v.tr.* to unbandage, to remove the bandages from (s.o., sthg.).

sberla *s.f.* slap, cuff.

sberleffo *s.m.* grimace; (*di scherno*) sneer: *fare sberleffi*, to make grimaces; *fare uno — a qlcu.*, to make a face at s.o.

sberrettarsi *v.intr.pron.* to take* off one's cap, to raise one's cap.

sberrettata *s.f.* (*non com.*) raising one's cap.

sbevacchiare *v.intr.* to tipple, to booze.

sbevazzamento *s.m.* (*non com.*) tippling, toping, boozing.

sbevazzare *v.intr.* to tipple, to booze: *ha passato la sera all'osteria a — con gli amici*, he spent the evening in the tavern boozing with his friends.

sbiadire *v.tr.* to fade: *il sole ha sbiadito le tende*, the sun has faded the curtains ◆ *v.intr.* → sbiadirsi.

□ **sbiadirsi** *v.intr.pron.* **1** to fade, to grow* pale: *colori che non (si) sbiadiscono*, fast colours; *questo colore (si) sbiadisce facilmente*, this colour fades easily **2** (*fig.*) to fade, to become* dim: *il ricordo di lei (si) sbiadiva col tempo*, his memory of her faded with time.

sbiadito *agg.* **1** (*scolorito*) faded: *una foto sbiadita*, a faded photo **2** (*pallido*) pale **3** (*fig.*) dull, uninteresting, colourless: *un racconto —*, a dull story; *stile —*, colourless (*o* flat) style.

sbianca *s.f.* (*tecn.*) bleaching.

sbiancamento *s.m.* **1** whitening **2** (*tecn.*) bleaching; (*fot.*) whitening.

sbiancante *agg.* (*chim.*) bleaching: *polvere —*, bleaching powder ◆ *s.m.* (*chim.*) bleach.

sbiancare *v.tr.* to whiten; to bleach: *— a calce*, to whitewash; *— una tela al sole*, to bleach linen in the sun // *— il riso*, to polish rice ◆ *v.intr.* → sbiancarsi.

□ **sbiancarsi** *v.intr.pron.* **1** to turn white **2** (*impallidire*) to go* pale, to grow* pale: *è sbiancato in viso quando l'ha vista*, he went pale when he saw her **3** (*sbiadire*) to fade.

sbiancatore *s.m.* whitener; bleacher.

sbianchimento *s.m.* **1** whitening **2** (*tecn.*) bleaching; (*fot.*) whitening.

sbianchire *v.tr.* **1** to whiten, to make* white **2** (*cuc.*) (*sbollentare*) to blanch.

□ **sbianchirsi** *v.intr.pron.* to become* white, to whiten.

sbicchierare *v.intr.* (*bere in compagnia*) to have a drink together.

sbicchierata *s.f.* drink, drink together, drink in company.

sbieco *agg.* (*inclinato*) sloping, slanting; aslant (*pred.*), at an angle (*pred.*); (*obliquo*) oblique: *un muro —*, a wall at an angle; *appendere qlco. di —*, to hang sthg. askew (*o* awry); *tagliare una stoffa di —*, to cut a cloth on the bias // *guardare qlcu. di —*, (*fig.*) to look askance at s.o. ◆ *s.m.* (*orlo, bordo per guarnire un abito*) border; trimming.

sbiellare *v.intr.* **1** (*aut.*) to stop working, to break* down: *il motore ha sbiellato*, the engine has stopped working; *ho sbiellato a un chilometro da casa*, I broke down one kilometre from home **2** (*fig. scherz.*) (*perdere il controllo*) to lose* control.

sbigottimento *s.m.* **1** dismay **2** (*stupore*) bewilderment; (*meraviglia*) astonishment, amazement: *il suo discorso suscitò lo — generale*, his words created general bewilderment.

sbigottire *v.tr.* **1** (*turbare*) to dismay: *la notizia sbigottì tutti*, everybody was dismayed by the news **2** (*rendere attonito*) to bewilder; to stun; (*per meraviglia*) to astonish, to amaze, to dumbfound, to flabbergast ◆ *v.intr.* → sbigottirsi.

□ **sbigottirsi** *v.intr.pron.* **1** (*turbarsi*) to be dismayed **2** (*rimanere attonito*) to be bewildered; to be stunned; to be astounded; (*per meraviglia*) to be astonished, to be amazed, to be dumbfounded.

sbigottito *agg.* **1** (*turbato*) dismayed, aghast **2** (*attonito*) bewildered; stunned; (*meravigliato*) astonished: *uno sguardo —*, an astonished look; *sono rimasto — quando l'ho visto entrare*, I was stunned when I saw him come in.

sbilanciamento *s.m.* **1** loss of balance; unbalancing (*anche fig.*) **2** (*fig.*) (*dissesto*) upsetting.

sbilanciare *v.tr.* **1** to unbalance, to throw* (sthg.) off balance; to put* out of balance; to unsettle: *il carico sbilancia l'automobile*, the weight unbalances the car **2** (*fig.*) (*dissestare*) to upset*; to disrupt: *l'acquisto di una nuova automobile ha sbilanciato l'economia familiare*, buying a new car has upset the family finances.

□ **sbilanciarsi** *v.intr.pron.* to lose* one's balance // *non si sbilancia mai troppo*, (*nello spendere*) he is never lavish in spending his money, (*nel parlare*) he always weighs his words // *preferisco non sbilanciarmi nel dare giudizi*, (*fig.*) I prefer not to risk passing judgement.

sbilancio *s.m.* (*non com.*) **1** (*squilibrio*) lack of balance **2** (*sproporzione*) disproportion, lack of proportion **3** (*econ.*) (*eccesso*) excess; (*deficit*) deficit: *— delle spese*, excess of expenditure.

sbilenco *agg.* **1** crooked; (*di traverso*) awry (*pred.*) **2** (*fig.*) (*sconclusionato*) that doesn't make sense; incoherent; disjointed.

sbirciare *v.tr.* **1** (*guardare di nascosto*) to peep; to glance at (s.o., sthg.); to cast* a sidelong glance at (s.o., sthg.): *sbirciò attraverso le imposte*, he peeped through the shutters; *ho sbirciato sul suo tavolo per vedere la lettera*, I glanced at his table to see the letter **2** (*guardare attentamente*) to eye: *lo sbirciò con molta attenzione*, he eyed him very carefully.

sbirciata *s.f.* (sidelong) glance; peep: *dare una — a qlco.*, to glance at sthg.

sbirraglia *s.f.* (*spreg.*) **1** police; (*sl.*) cops (*pl.*) **2** (*ant.*) narks (*pl.*).

sbirresco *agg.* **1** (*spreg.*) cop (*attr.*) **2** (*estens.*) (*brutale*) brutal; bullying.

sbirro *s.m.* **1** (*ant.*) nark **2** (*spreg.*) (*poliziotto*) cop; (*guardia carceraria*) screw **3** (*mar.*) selvagee ◆ *agg.* (*fam.*) (*furbo*) crafty, sly.

sbittare *v.tr.* (*mar.*) to unbitt.

sbizzarrirsi *v.intr.pron.* to do* what one feels like: *ha un sacco di abiti e può — come crede*, she has loads of clothes and she can dress any way she wants.

sbloccaggio *s.m.* unblocking, unlocking.

sbloccare *v.tr.* **1** (*liberare da un blocco*) to unblock; to open up; to free: *— una strada*, to open up a road; *dobbiamo — la situazione*, (*fig.*) we need to unblock the situation // (*med.*) *— l'intestino*, to loosen the bowels **2** (*econ.*) to decontrol, to unfreeze*: *— gli affitti*, to decontrol rents; *— un credito*, to unfreeze a credit **3** (*mil.*) to raise the blockade of (sthg.) **4** (*mecc.*) to unlock, to loosen, to release **5** (*ferr.*) to clear **6** (*fis.*) to trigger **7** (*inform.*) to reset*; (*tastiera*) to unlock; to take* off hold ◆ *v.intr.* (*biliardo*) to bounce.

□ **sbloccarsi** *v.rifl.* o *intr.pron.* **1** to unblock itself; to reopen, to restart: *la linea telefonica si è sbloccata*, the telephone line has been reopened; *la trattativa non si sbloccherà facilmente*, (*fig.*) it will not be easy for the negotiations to start up again **2** (*estens.*) (*superare un blocco psicologico*) to overcome*; to get* over: *era molto timido, ma è riuscito a —*, he was very shy but he has managed to get over it.

sbloccato *agg.* **1** unblocked **2** (*mecc.*) unlocked **3** (*econ.*) decontrolled, unfrozen: *affitto —*, decontrolled rent; *prezzi sbloccati*, unfrozen prices.

sblocco *s.m.* **1** unblocking, opening, freeing **2** (*mil.*) raising the blockade **3** (*mecc.*) unlocking, releasing **4** (*ferr.*) clearing **5** (*econ.*) decontrol, unpegging, unfreezing: *— degli affitti*, decontrol (*o* unpegging) of rents; *— dei prezzi*, unfreezing of prices.

sbobba *s.f.* (*fam.*) slop, swill (*anche estens.*): *cos'è questa —?*, what is this slop?

sbobinare *v.tr.* to transcribe (from a recording).

sboccamento → **sbocco**.

sboccare *v.intr.* **1** (*di corso d'acqua*) to flow into: *quel fiume sbocca nel mare*, that river flows into the sea **2** (*di strada*) to lead* (to a place); to come* out (at a place), to emerge (in), to finish up (in), to end up (in): *dove sbocca questa strada?*, where does this road come out?; *va' avanti diritto e sboccherai in una piazza*, go straight on and you will come to a square; *la strada sbocca sulla circonvallazione*, the street leads onto the ring road; *il passaggio segreto sboccava in aperta campagna*, the secret passage emerged in the open countryside // *la folla sboccò nel parco*, the crowd finished up in the park **3** (*fig.*) (*risolversi*) to lead* to: *le loro proteste sono sboccate in una rivolta*, their protests led to a revolt **4** (*ant.*) (*traboccare*) to overflow, to spill* over ◆ *v.tr.* **1** (*togliere liquido da*) to pour off liquid from (sthg.) **2** (*non com.*) (*piatti, tazze ecc.*) to chip: *ho sboccato questo vaso per sbaglio*, I have accidentally chipped this vase.

sboccataggine *s.f.* coarseness (of language), vulgarity.

sboccato *agg.* **1** (*sbeccato*) chipped **2** (*triviale*) coarse: *linguaggio —*, coarse language; *persona sboccata*, foul-mouthed person.

sbocciare *v.intr.* **1** to open; to blossom, to bloom, to bud, to blow*: *far —*, to bring out; *queste rose sbocceranno domani*, these roses will open tomorrow **2** (*fig.*) (*cominciare a manifestarsi*) to begin*; to blossom, to bloom: *la loro amicizia sbocciò l'anno scorso*, their friendship blossomed last year; *sta sbocciando una speranza di pace*, some hope of peace is dawning.

sboccio *s.m.* blooming, blossoming, expansion: *lo — dei fiori*, the blossoming of flowers; *in pieno —*, in full bloom.

sbocco *s.m.* **1** outlet; (*uscita*) exit; way out (*anche fig.*): *allo — della valle c'è la diga*, the dam is at the outlet of the valley; *una nazione con uno — sul mare*, a country with a coastal outlet; *strada senza —*, dead end; *purtroppo la situazione non ha vie di —*, unfortunately there's no way out of the situation **2** (*di fiume*) mouth **3** (*econ.*) outlet, opening: *sbocchi di mercato*, market outlet; *— commerciale*, commercial outlet; *nuovi sbocchi alla produzione*, new outlets for production (*o* new markets): *il prodotto italiano cerca nuovi sbocchi*, new markets are being sought for Italian products // (*comm.*) *— di vendita*, sales outlet; *— di vendita al dettaglio*, retail outlet.

sbocconcellare *v.tr.* **1** to nibble: *— un pezzo di pane*, to nibble (at) a piece of bread **2** (*spezzettare*) to cut* into small pieces, to divide into small parts **3** (*sbeccare*) to chip.

sbocconcellato *agg.* **1** (*di pane ecc.*) half-eaten **2** (*sbeccato*) chipped.

sbocconcellatura *s.f.* **1** (*di pane ecc.*) nibble **2** (*sbeccatura*) chip.

sboffo *s.m.* (*di abito*) puff: *manica con lo* —, puff sleeve.

sbollare *v.tr.* to unseal.

sbollentare *v.tr.* (*scottare cibi*) to blanch.

sbollire *v.intr.* **1** (*cessare di bollire*) to stop boiling; to go* off the boil: *lasciala sbollire prima di servirla*, let it go off the boil before you serve it **2** (*fig.*) (*calmarsi*) to cool down: *la sua ira è sbollita*, his anger has cooled (*o* simmered down).

sbolognare *v.tr.* (*fam.*) **1** (*liberarsi di*) to get* rid of: *mi ha sbolognato in due minuti*, he got rid of me in two minutes **2** (*rifilare*) to palm off: — *qlco. a qlcu.*, to palm off sthg. on s.o.: *le ha sbolognato la giacca verde*, he palmed the green jacket off on her.

sbordare *v.tr.* (*non com.*) (*togliere il bordo*) to take* off the edge, to remove the border ◆ *v.intr.* **1** (*traboccare*) to overflow: *il fiume sbordava dagli argini*, the river overflowed its banks **2** (*sporgere da un bordo*) to extend beyond the edge.

sbordatura *s.f.* **1** (*parte che sporge*) extension beyond the edge **2** (*di acqua*) overflow.

sbornia *s.f.* **1** drunkenness: *ho preso una bella* —, I got really drunk **2** (*fig.*) (*infatuazione*) infatuation.

sborniare *v.tr.* (*non com.*) to make* drunk.
□ **sborniarsi** *v.rifl.* to get* drunk.

sbornione *s.m.* (*fam.*) drunkard.

sborsamento *s.m.* disbursement, paying out.

sborsare *v.tr.* to pay* (out), to spend*, to disburse, to shell out: *senza — niente*, without spending a penny; — *una cifra da capogiro per qlco.*, to pay out (*o* to shell out) an exorbitant sum for sthg.

sborso *s.m.* (*non com.*) **1** (*lo sborsare*) disbursement, payment **2** (*somma sborsata*) outlay.

sbottare *v.intr.* to burst* out: — *in pianto, in riso*, to burst out crying, laughing; *non ce l'ha fatta più ed è sbottato in una risata*, he couldn't control himself any longer and burst out laughing.

sbottata *s.f.* **sbotto** *s.m.* outburst: *alla sua sbottata tutti tacquero*, everyone went quiet at his outburst; *uno sbotto di risa*, an outburst of laughter.

sbottonare *v.tr.* to unbutton: — *una federa*, to unbutton a pillowcase; *si sbottonò la camicia*, he unbuttoned his shirt.
□ **sbottonarsi** *v.rifl.* **1** to undo* one's buttons: *fa caldo, sbottonati un po'*, it's hot, you ought to undo a few buttons **2** (*fig. fam.*) (*confidarsi*) to disclose one's feelings (to s.o.); to open one's heart (to s.o.); to open up: *non si sbottona con nessuno*, he never discloses his feelings (*o* he never opens his heart) to anyone.

sbottonatura *s.f.* **1** unbuttoning **2** (*agr.*) disbudding.

sbovo *s.m.* (*mar.*) windlass.

sbozzare *v.tr.* **1** (*sgrossare*) to rough-hew: — *un blocco di marmo, una statua*, to rough -hew a block of marble, a statue **2** (*abbozzare*) to sketch: — *un disegno*, to sketch a drawing (*o* to make a sketch) **3** (*fig.*) (*delineare concisamente*) to sketch out, to outline: — *un progetto*, to outline a plan.

sbozzatore *s.m.* **sbozzatrice** *s.f.* rough-hewer.

sbozzatura *s.f.* **1** (*sgrossamento*) rough -hewing, roughcast **2** (*abbozzo*) sketch; (*fig.*) outline.

sbozzimare *v.tr.* (*tess.*) to desize.

sbozzimatrice *s.f.* (*tess.*) desizing machine.

sbozzino *s.m.* (*pialletto*) scrub plane.

sbozzo *s.m.* rough sketch, draft.

sbozzolare *v.tr.* (*di bachi da seta*) (*levare i bozzoli dalle frasche*) to take* (the cocoons) from the branches ◆ *v.intr.* (*uscire dal bozzolo*) to come* out of the cocoon.

sbozzolatura *s.f.* **1** (*raccolta di bozzoli*) gathering of cocoons **2** coming out of the cocoon.

sbracare *v.tr.* **1** (*non com.*) to take* off s.o.'s trousers; (*sl.*) to debag **2** (*liberare dall'imbracatura*) to unsling*.
□ **sbracarsi** *v.rifl.* (*fam.*) **1** (*togliersi calzoni, indumenti*) to take* off one's trousers; to take* off one's clothes, to get* undressed **2** (*fig.*) (*lasciarsi andare*) to let* oneself go, to let* one's hair down.

sbracato *agg.* (*fam.*) **1** (*senza calzoni*) trouserless **2** (*estens.*) (*con gli abiti in disordine*) with (one's) clothes in disorder, dressed in a slovenly way // *era lì — a vedere la tele*, he was lolling in front of the telly.

sbracciarsi *v.rifl.* o *intr.pron.* **1** (*rimboccarsi le maniche*) to roll up one's sleeves, to turn up one's sleeves **2** (*agitare le braccia*) to wave one's arms (about): *mi sono sbracciata, ma non mi ha visto*, I waved my arms but he didn't see me **3** (*fig.*) (*darsi da fare*) to strive*, to struggle, to make* efforts.

sbracciato *agg.* with bare arms: *un abito* —, a sleeveless dress.

sbraccio[1] *s.m.* (*sport*) throwing action.

sbraccio[2] *s.m.* (*tecn.*) straddle: *lo — della gru*, the straddle of the crane.

sbraciare *v.tr.* to stir, to poke: — *il fuoco*, to poke (*o* to stir) the fire.

sbragare *v.tr.* (*region.*) (*rompere*) to tear*; to rip.
□ **sbragarsi** *v.rifl.* o *intr.pron.* (*region.*) (*rompersi*) to fall* apart, to fall* to pieces // — *dalle risate*, to split one's sides laughing (*o* to laugh one's head off).

sbraitamento *s.m.* (*non com.*) shouting, bawling.

sbraitare *v.intr.* to shout, to bawl: *chi sbraita in questo modo?*, who's shouting like that?

sbramare *v.tr.* (*agr.*) to hull.

sbramino *s.m.* (*agr.*) huller.

sbranamento *s.m.* tearing to pieces.

sbranare *v.tr.* to tear* to pieces (*anche fig.*): *l'agnello fu sbranato dal lupo*, the lamb was torn to pieces and devoured by the wolf // *pareva volesse sbranarmi!*, (*fig.*) he looked as though he wanted to tear me limb from limb.
□ **sbranarsi** *v.rifl.rec.* to tear* each other to pieces (*anche fig.*): *si sono sbranati a vicenda e non hanno risolto niente*, they have torn each other to pieces but they haven't solved anything.

sbrancamento *s.m.* separation from the flock.

sbrancare *v.tr.* **1** (*togliere dal branco*) to take* from the flock, to separate **2** (*disperdere*) to disperse, to scatter.
□ **sbrancarsi** *v.intr.pron.* **1** (*di animali*) to stray from the flock **2** (*di persone*) to disperse, to scatter.

sbrandellare *v.tr.* (*non com.*) to tear* (in)to shreds.

sbrattare *v.tr.* (*non com.*) **1** (*pulire*) to clean: — *il ripostiglio*, to clean (out) the storeroom **2** (*sgombrare*) to clear.

sbratto *s.m.* (*non com.*) (*pulitura*) cleaning // *stanza di* —, boxroom.

sbreccare *v.tr.* to chip: — *una tazza*, to chip the edge of a cup.

sbrecciare *v.tr.* (*non com.*) to breach, to make* a breach: — *le mura di una città*, to make a breach in the walls of a city.

sbrego *s.m.* (*region.*) (*taglio, strappo*) slit, slash: *farsi uno — nella gonna*, to make a slit in the skirt.

sbrendolare *v.intr.* (*region.*) (*essere a brandelli*) to hang* (down) in rags; (*pendere giù*) to dangle.

sbrendolo *s.m.* (*region.*) (*brandello*) tatter, shred, rag.

sbriciolamento *s.m.* crumbling.

sbriciolare *v.tr.* to crumble: — *pane*, to crumble bread; *la bomba ha sbriciolato la casa*, the bomb blew the house to smithereens // *attento, non — dappertutto!*, be careful, don't drop crumbs all over the place (*o* everywhere).
□ **sbriciolarsi** *v.intr.pron.* to crumble: *una torta che si sbriciola facilmente*, a cake that crumbles easily.

sbriciolatura *s.f.* **1** (*briciole*) crumbs (*pl.*) **2** (*lo sbriciolare*) crumbling.

sbrigare *v.tr.* to finish off, to dispatch, to see* to (sthg.); to get* through (sthg.); (*sl.*) to knock off: *in pochi minuti sbrigò ogni cosa*, in a few minutes he dealt with (*o* fixed) everything; *sbrigo un paio di faccende e poi esco*, I'll do a couple of jobs and then I'll go out; — *affari*, to dispatch business; — *un lavoro*, to finish off a piece of work; — *una gran quantità di lavoro*, to get through a great deal of work // — *una questione*, (*risolverla*) to settle a matter // — *la corrispondenza*, to clear the correspondence // — *un cliente*, (*servirlo*) to attend to a customer // *sbrigatela tu, io non ho tempo!*, you see to it, I haven't time // (*amm.*): — *una pratica*, to deal with a case (*o* to settle a matter); — *le pratiche doganali*, to effect customs clearance.
□ **sbrigarsi** *v.rifl.* to hurry up, to be quick: *sbrigati, è ora di andare*, hurry up (*o* be quick), it is time to go; *sbrighiamoci a finire!*, let's hurry up and finish! // — *di qlcu.*, to get rid of s.o.

sbrigativamente *avv.* hastily, quickly, hurriedly: *liquidare qlcu.* —, to get rid of someone hastily (*o* brusquely).

sbrigatività *s.f.* hastiness; speed.

sbrigativo *agg.* quick, speedy; (*affrettato*) hasty: *il modo più* —, the quickest way; *una persona sbrigativa*, a person who deals with things quickly; *risposta sbrigativa*, hasty answer; *un giudizio* —, a hasty judgement.

sbrigliamento *s.m.* (*non com.*) unbridling.

sbrigliare *v.tr.* **1** to unbridle **2** (*fig.*) (*sfrenare*) to unbridle, to let* loose, to loosen: — *la fantasia*, to give free rein to one's imagination **3** (*med.*) to debride.

□ **sbrigliarsi** *v.rifl.* **1** to free oneself of the bridle **2** (*fig.*) (*sfrenarsi*) to throw* off all restraint.

sbrigliata *s.f.* **1** tug at the bridle **2** (*fig.*) (*rimprovero*) rebuke.

sbrigliatezza *s.f.* unruliness.

sbrigliato *agg.* **1** (*di cavallo*) unbridled **2** (*fig.*) (*sfrenato*) unbridled, unrestrained, unchecked: *fantasia sbrigliata*, unbridled imagination **3** (*indisciplinato*) unruly.

sbrinamento *s.m.* defrosting: — *automatico*, automatic defrosting; — *elettrico*, electric defrosting.

sbrinare *v.tr.* to defrost: — *il frigorifero*, to defrost the refrigerator; (*aut.*) — *il lunotto posteriore*, to defrost the rear window.

sbrinatore *s.m.* defroster.

sbrinatura *s.f.* → **sbrinamento**.

sbrindellare *v.tr.* to tear* to pieces ◆ *v.intr.* to hang* (down) in rags; (*pendere giù*) to dangle.

sbrindellato *agg.* tattered, ragged; in shreds (*pred.*): *un cappotto* —, a ragged (*o* tattered) coat.

sbrindello *s.m.* (*fam.*) tatter, shred, rag.

sbrindellone *s.m.* **1** (*straccione*) ragamuffin **2** (*persona vestita sciattamente*) slovenly person.

sbroccare *v.tr.* **1** (*tess.*) to cleanse **2** (*agr.*) to reprune.

sbrocco *s.m.* **1** (*tess.*) floss silk **2** (*agr.*) stump.

sbrodolamento *s.m.* soiling; staining.

sbrodolare *v.tr.* to soil: *ho sbrodolato il vestito di latte*, I have spilt milk on my dress // *attento che ti sbrodoli!*, be careful! You're going to spill it all over yourself // — *un lungo discorso*, (*fig.*) to make a prolix speech.

□ **sbrodolarsi** *v.rifl.* to spill* sthg. on one's clothes.

sbrodolato *agg.* **1** soiled, dirty: *una camicia sbrodolata*, a shirt soiled with food **2** (*fig.*) (*prolisso*) longwinded: *un discorso* —, a longwinded speech.

sbrodolatura *s.f.* **1** (*macchia*) stain: *la tovaglia era piena di sbrodolature*, the tablecloth was covered in stains (*o* was all stained) **2** (*discorso senza senso*) rigmarole.

sbrodolona *s.f.* **sbrodolone** *s.m.* **1** messy eater: *mettiti il tovagliolo, —!*, use your napkin, you messy pup! **2** (*chi parla confusamente*) babler, gabbler.

sbroglia *s.f.* (*tess.*) shoddy.

sbrogliamento *s.m.* (*non com.*) disentanglement; extrication.

sbrogliare *v.tr.* **1** to disentangle, to unravel: — *una matassa*, to disentangle a skein **2** (*fig.*) to disentangle, to unravel, to extricate: — *qlcu. da una difficoltà*, to extricate s.o. from a difficulty (*o* to help someone to get out of a difficulty) **3** (*mar.*) to unfurl: — *le vele*, to unfurl sails **4** (*sgombrare*) to clear: — *la tavola*, to clear the table.

□ **sbrogliarsi** *v.rifl.* to extricate oneself, to get* oneself out of (sthg.): *mi sono sbrogliato senza il suo aiuto*, I managed without his help // *questa volta dovrà sbrogliarsela da solo*, this time he'll have to get out of it by himself.

sbronza *s.f.* drunkenness: *prendersi una* —, to get drunk.

sbronzarsi *v.rifl.* (*fam.*) to get* drunk.

sbronzo *agg.* (*fam.*) drunk (*pred.*).

sbruffare *v.tr.* **1** (*spruzzare*) to besprinkle **2** (*corrompere*) to bribe ◆ *v.intr.* (*fare lo sbruffone*) to bluff, to brag.

sbruffata *s.f.* **1** (*spruzzata*) sprinkling **2** (*smargiassata*) bluff.

sbruffo *s.m.* **1** (*spruzzo*) sprinkle **2** (*denaro dato per ottenere qlco. illegalmente*) bribe.

sbruffonata *s.f.* bragging, boasting: *è stata una delle sue solite sbruffonate*, he was boasting as usual.

sbruffone *s.m.* braggart, boaster.

sbucare *v.intr.* **1** to come* out (of a place): *la lepre sbucò dal suo nascondiglio*, the hare came out of its hiding place; *il treno è sbucato dalla galleria*, the train came out of (*o* emerged from) the tunnel; *la strada sbucava sulla piazza principale*, the road came out in the main square **2** (*fig.*) to spring*: *da dove sei sbucato?*, where have you sprung (*o* come) from?

sbucciapatate *s.m.* potato peeler.

sbucciare *v.tr.* **1** to peel: — *un'arancia*, to peel an orange; — *una mela, una pera, una patata*, to peel an apple, a pear, a potato **2** (*sgranare*) to shell: — *piselli, fagioli*, to shell peas, beans **3** (*togliere la loppa a*) to husk **4** (*estens.*) (*produrre un'escoriazione*) to graze: *sbucciarsi un ginocchio*, to graze a knee.

□ **sbucciarsi** *v.intr.pron.* (*cambiare la pelle*) to slough one's skin, to cast* one's skin: *i serpenti si sbucciano*, snakes slough their skins.

sbucciatore *agg.* peeling ◆ *s.m.* peeler.

sbucciatura *s.f.* **1** (*lo sbucciare*) peeling; (*lo sgusciare*) shelling **2** (*le pelli tolte di mele, pere ecc.*) peelings (*pl.*); (*i gusci di piselli ecc.*) pods (*pl.*): — *di patate*, potato peelings **3** (*scalfittura*) scratch, graze: *s'è fatto solo una — sul ginocchio*, he's only grazed his knee.

sbudellamento *s.m.* **1** disembowelling **2** (*di polli*) drawing **3** (*di pesci*) gutting **4** (*l'uccidere con pugnalata*) stabbing (to death).

sbudellare *v.tr.* **1** to disembowel **2** (*polli*) to draw* **3** (*pesci*) to gut **4** (*uccidere con pugnalata*) to stab (to death).

sbuffante *agg.* **1** puffing; (*ansimante*) panting **2** (*a sbuffo*) puff (*attr.*), puffed.

sbuffare *v.intr.* **1** (*ansimare*) to pant, to puff: *sbuffava per il caldo*, he was panting with the heat **2** (*per ira, noia*) to snort; to fume; to grumble: *e non — quando ti chiedo un favore!*, and don't grumble when I ask you a favour! **3** (*detto di vento*) to blow* **4** (*gettare sbuffi di fumo*) to puff away: *la locomotiva sbuffava*, the engine was puffing away; *il vapore sbuffava dalla pentola*, the steam was puffing out of the pot.

sbuffata *s.f.* (*per ira, noia*) snort; *mi rispose con una* —, he answered me with a snort.

sbuffo *s.m.* **1** puff; (*di vento*) gust: *uno — di fumo*, a puff of smoke **2** (*per ira, noia*) snort **3** (*rigonfiamento*) puff: *maniche a* —, puff(ed) sleeves.

sbugiardare *v.tr.* to give* the lie to, to show up.

sbullettare *v.tr.* to untack; (*schiodare*) to unnail.

□ **sbullettarsi** *v.intr.pron.* **1** to be untacked; (*schiodarsi*) to be unnailed **2** (*edil.*) to blister.

sbullonamento *s.m.* → **sbullonatura**.

sbullonare *v.tr.* to unbolt.

sbullonatura *s.f.* unbolting.

sburocratizzare *v.tr.* (*amm.*) to debureaucratize, to free from bureaucracy, to streamline.

sburocratizzazione *s.f.* (*amm.*) debureaucratizing, streamlining.

sburrare *v.tr.* (*scremare*) to skim.

sbuzzare → **sbudellare**.

scabbia *s.f.* **1** (*med.*) scabies, itch, psora **2** (*vet.*) scab; (*spec. del cavallo*) farcy; (*delle pecore*) mange.

scabbiosa → **scabiosa**.

scabbioso *agg.* scabby, scabbed.

scabino *s.m.* (*st.*) echevin.

scabiosa *s.f.* (*bot.*) scabious, scabiosa.

scabrezza *s.f.* roughness, ruggedness (*anche fig.*).

scabro *agg.* rough, rugged (*anche fig.*): *strada scabra*, rough (*o* bumpy) road; *superficie scabra*, rough (*o* rugged *o* uneven) surface; *stile* —, rough (*o* rugged) style.

scabrosità *s.f.* **1** roughness, ruggedness **2** (*tecn.*) roughness **3** (*fig.*) difficulty: *limare le* —, to eliminate the difficulties.

scabroso *agg.* **1** rough, rugged: *pietra scabrosa*, rough stone **2** (*fig.*) offensive, scabrous, delicate, awkward: *argomento* —, scabrous (*o* delicate) subject; *domanda scabrosa*, delicate (*o* awkward) question; *hanno tagliato le scene scabrose del film*, they cut the offensive scenes of the film.

scacchiera *s.f.* (*per gli scacchi*) chessboard; (*per la dama*) draught board // *disporre a* —, to arrange in echelon formation.

scacchiere *s.m.* **1** (*mil.*) (*zona*) zone **2** (*st.*) *Scacchiere*, Exchequer: *Cancelliere dello Scacchiere*, Chancellor of the Exchequer; *Corte dello Scacchiere*, Court of Exchequer **3** → scacchiera.

scacchismo *s.m.* chess.

scacchista *s.m.* e *f.* chess-player.

scacchistico *agg.* chess (*attr.*): *un torneo* —, a chess tournament.

scaccia *s.m.* (*nella caccia*) (*battitore*) beater.

scacciacani *s.m.* o *f.* blank pistol, dummy pistol.

scacciafumo *s.m.* (*mil.*) air blast.

scacciamosche *s.m.* flywhisk.

scacciapensieri *s.m.* **1** (*strumento musicale*) Jew's harp **2** (*fig. non com.*) (*passatempo*) distraction, pastime: *questo libro è un buon* —, this book helps to pass the time away.

scacciare *v.tr.* to drive* away; to drive* out, to chase away; to get rid* of; to dispel; (*espellere*) to expel: — *il nemico dalla città*, to drive the enemy out of the town; — *un ragazzo da scuola*, to expel a boy from school; *fu scacciato da casa*, he was turned (*o* driven) out of the house; — *le mosche*, to drive away the flies; *il lavoro scaccia la noia*, work gets rid of (*o* dispels) boredom; *il vento scacciò tutte le nuvole*, the wind drove away all the clouds; —

dubbi, timori, preoccupazioni, to dispel (*o* to drive away) doubts, fears, worries; *cercò di — il ricordo*, he tried to get rid of the memory.

scaccino *s.m.* sacristan, sexton.

scacco *s.m.* **1** (*quadratino di scacchiera*) square **2** *pl.* (*disegno su tessuti ecc.*) check (*sing.*): *disegno a scacchi*, check pattern // *vedere il sole a scacchi*, (*fig.*) to be behind bars **3** *pl.* (*gioco*) chess [U]: *il gioco degli scacchi*, the game of chess; *pezzi degli scacchi*, chessmen (*o* chesspieces); *fare una partita a scacchi*, to play (*o* to have) a game of chess; *giocare a scacchi*, to play chess // *— matto*, checkmate; *dare — a qlcu.*, to check s.o. (*o* to frustrate s.o.'s plans); *dare — matto*, to checkmate (*anche fig.*); *dare lo — matto in tre mosse*, to checkmate the king in three moves; *tenere qlcu. in —*, (*fig.*) to hold (*o* to keep) s.o. in check **4** (*sconfitta*) loss; (*insuccesso*) check, setback: *subire uno —*, to suffer a loss; (*un insuccesso*) to suffer a setback.

scaccogramma *s.m.* chess diagram.

scaccomatto *s.m.* checkmate (*anche fig.*).

scadente *agg.* **1** poor, shoddy; of inferior quality; *cibo —*, poor food; *merce —*, goods of inferior quality; *stoffa —*, poor-quality cloth; *la squadra ha dato una prestazione —*, the team gave a poor performance **2** (*comm.*) (*che scade*) falling due.

scadenza *s.f.* (*ultima data utile*) deadline, due date, time limit; (*termine*) expiration, expiry; (*di effetti*) maturity: *data di —*, due (*o* expiry) date; *controlla la — di quel latte*, check the expiry date of that milk; *programma a lunga —*, long-term programme; *lo farò a breve —*, I'll do it in a short time // (*comm.*): *a —*, on term; *acquisto a —*, purchase on term (*o* time bargain); *— di pagamento*, time of payment // (*banca*): *alla —*, on maturity; *a breve, lunga —*, at short, long maturity; *cambiale a breve, lunga —*, short-dated, long-dated bill; *— a giorno fisso*, maturity on a fixed day; *— a vista*, maturity at sight; *data di — di una cambiale*, maturity date of a bill; *cambiale in —*, mature bill (*o* bill falling due); *scadenze tecniche*, fixed dates // (*dir.*) *— di un contratto*, expiry of a contract.

scadenzare *v.tr.* (*amm.*) (*porre una scadenza*) to set* a time limit, to fix an expiry date.

scadenzario *s.m.* (*amm.*) due register, bill book, tickler; (*di scadenze varie*) memorandum book: (*banca*) *— degli effetti attivi*, collection tickler.

scadere *v.intr.* **1** to expire, to fall* due, to be due, to mature; (*di polizza*) to lapse: *il contratto scade oggi*, the contract expires today; *il termine è scaduto il...*, the term expired on...; *l'affitto scade domani*, the rent is due tomorrow; *questa cambiale scade fra un mese*, this bill will fall due (*o* will mature) in a month's time; *il suo permesso di soggiorno scadrà domani*, his residence permit expires tomorrow; *la sua carica scadrà alla fine del mese*, his term of office will expire at the end of the month **2** (*peggiorare*) to fall* off; (*diminuire*) to go* down, to decrease: *la qualità della vostra merce è scaduta in questi ultimi anni*, the quality of your goods has fallen off these last few years; *— di valore*, to decrease in value; *lo spettacolo sta scadendo di qualità*, the show is deteriorating in quality // *mi è molto scaduto*, he has sunk very much in my estimation.

scadimento *s.m.* decline, decadence, falling off: *— culturale*, cultural decline.

scaduto *agg.* expired, due, overdue; (*di polizza*) lapsed: *abbonamento —*, expired subscription; *cambiale scaduta*, bill due (*o* overdue bill); *interessi scaduti*, interest due; *ho il passaporto —*, my passport has expired; *attento, questo latte è —*, be careful, the expiry date on this milk has passed; *non —*, undue.

scafandro *s.m.* diving suit.

scaffale *s.m.* shelf*; (*per libri*) bookcase; (*di magazzino*) stand: *— a rastrelliera*, rack.

scafista *s.m.* (*mar.*) hull maintenance man.

scafo *s.m.* (*mar.*) hull: *— ad ala portante*, hydrofoil hull; *— esterno*, (*di sottomarino*) outer casing; *— resistente alla pressione*, pressure hull; *— saldato*, welded hull.

scafoide *s.m.* (*anat.*) scaphoid.

scafopodo *s.m.* (*zool.*) scaphopod.

scagionare *v.tr.* to free (s.o.) from blame, to exonerate; to exculpate; (*scusare*) to excuse; (*giustificare*) to justify: *— un accusato*, to exculpate an accused person // *ritieniti del tutto scagionato*, consider yourself free from blame.

□ **scagionarsi** *v.rifl.* to exculpate oneself; (*scusarsi*) to excuse oneself; (*giustificarsi*) to justify oneself.

scaglia *s.f.* **1** (*zool.*) scale; (*di serpe*) slough: *senza scaglie*, scaleless **2** flake; chip; scale; sliver: *le scaglie di un'armatura*, the scales of armour; *— di ferro*, scale of iron (*o* force scale); *— di legno*, chip (*o* splinter *o* sliver) of wood; *— di pietra, diamante*, chip of stone, of diamond; *— di formaggio*, sliver of cheese // *le scaglie della forfora*, flakes of dandruff // *sapone in scaglie*, soap flakes.

scagliare[1] *v.tr.* to fling*, to hurl; to throw*; to cast*: *— bombe*, to throw bombs; (*sganciarle*) to drop bombs; *— sassi contro qlcu.*, to fling (*o* to throw) stones at s.o.; *— insulti, minacce a qlcu.*, to hurl insults, threats at s.o.

□ **scagliarsi** *v.rifl.* to hurl oneself, to throw* oneself, to rush; to assail (s.o., sthg.): *si scagliò contro di me con un mucchio di insulti*, he assailed me with a string of insults; *si scagliò verso il nemico*, he hurled himself at (*o* against) the enemy.

scagliare[2] *v.tr.* **1** (*non com.*) (*togliere scaglie a*) to scale; to splinter; to flake **2** (*scheggiare*) to splinter.

□ **scagliarsi** *v.intr.pron.* (*rompersi in schegge*) to splinter.

scaglionamento *s.m.* **1** staggering, spreading, spacing out: *— delle ferie*, staggering of holidays **2** (*mil.*) echelonment.

scaglionare *v.tr.* **1** to stagger, to space out, to spread*: *— i pagamenti in molti mesi*, to spread payments over several months; *— gli orari di lavoro*, to stagger working hours; *— le ferie dei dipendenti*, to stagger employees' holidays **2** (*mil.*) to echelon.

scaglione *s.m.* **1** (*gruppo, lotto*) group, batch, lot: *a scaglioni*, in groups; *il primo — della merce è stato consegnato*, the first batch of goods has been delivered **2** (*econ.*) (*fascia*) bracket, class: *— di età*, age bracket; *— d'imposta*, tax bracket; *— di reddito*, income bracket (*o* class) **3** (*mil.*) echelon **4** (*ampio gradino*) large step.

scaglioso *agg.* scaly, scaled, squamose.

scagnozzo *s.m.* **1** (*tirapiedi*) henchman*; lackey; hanger-on: *gira sempre accompagnato dai suoi scagnozzi*, (*fam.*) he always goes around surrounded by his gang **2** (*non com.*) (*persona incapace*) bungler, botcher.

scala *s.f.* **1** (*fissa*) staircase, stairway; stairs (*pl.*); (*trasportabile*) ladder: *— a chiocciola*, spiral (*o* winding *o* corkscrew) staircase; *— a due rampe*, staircase with two flights; *— a pioli*, rung ladder; *— da pompieri*, fireman's ladder; *— di corda*, rope ladder; *— di servizio*, backstairs; *— di sicurezza*, fire escape; *— esterna*, perron; *— mobile*, escalator; *— pieghevole*, folding ladder; *— porta*, extension ladder; *— portatile a libretto*, stepladder; *una rampa di scale*, a flight of stairs; *la tromba delle scale*, the stairwell; *questa casa ha due scale*, this house has two staircases; *salire su una —* (*trasportabile*), to mount (*o* to climb) a ladder; *ruzzolare dalle scale*, to fall downstairs; *salire le scale*, to go upstairs (*o* to climb the stairs); *scendere le scale*, to go downstairs; *salire, scendere le scale di corsa*, to run upstairs, downstairs (*o* to run up, down the stairs); (*mar.*) *— di comando, di fuori banda*, accommodation ladder // *la vita è fatta a scale, chi le scende e chi le sale*, (*prov.*) some you win, some you lose **2** (*scala graduata*) scale: *— decimale, logaritmica*, decimal, logarithmic scale; *— dei venti*, wind scale; *— delle temperature*, temperature scale: *— Celsius, centigrada*, Celsius, centigrade scale; *— telemetrica*, (*di cannoni*) range scale; *— ticonica*, diagonal scale; *— 1:1, 1:2, 1:4*, full-, half-, quarter-scale; *— grafica*, graphic scale; *disegno in —*, scale drawing; *questa carta è alla — dell'uno a mille*, this map is drawn to a scale of one to a thousand; *esercitarsi a fare le scale al pianoforte*, to practise scales on the piano; (*inform.*) *— graduata*, dial; (*rad.*) *— parlante*, tuning dial **3** (*gradazione, proporzione*) scale, range; (*livello*) level: *— ridotta*, reduced scale; *grande, piccola —*, large, small scale; *su — nazionale*, nationwide (*o* nationally *o* at national level); *su — industriale*, industrially **4** (*econ.*) scale, ladder, range: *— mobile*, escalator (*o* sliding scale *o* wage indexation scale); *— dei salari, retributiva*, wage scale; *— di preferenze*, scale of preferences; *— dei costi*, cost ladder; *la — dei prezzi*, the range of prices **5** (*al poker*) straight: *— reale*, straight flush.

scalando *s.m.* (*Borsa*) split order.

scalandrone *s.m.* (*mar.*) gangway; gangplank.

scalare[1] *agg.* **1** graduated, scaled, proportional: (*banca*) *interesse —*, scaled interest; (*trib.*) *imposte scalari*, graduated (*o* progressive) taxes **2** (*mat.*) scalar: *prodotto —*, scalar product ◆ *s.m.* **1** (*banca*) new balance after every entry, balance down of an account **2** (*mat., fis.*) scalar.

scalare[2] *v.tr.* **1** to climb (up), to scale; (*st. mil.*) to escalade: *— una montagna*, to climb a mountain; *— un muro*, to scale a wall **2** (*disporre a scala*) to layer: *— i capelli*, to layer hair **3** (*estens.*) (*detrarre*) to scale down, to grade down, to take* off, to knock off, to reduce: *— ventimila lire dal conto*, to take 20 thousand lire off the bill; *— un debito*, to scale down a debt (*o* to pay off a debt by instalments) **4** (*a maglia*) to decrease, to cast* off.

scalata *s.f.* climb; climbing, scaling; (*st. mil.*) escalade: *la — del Monte Bianco*, the climbing of Mont Blanc; *dare la — a*, to climb (*o* to scale); *dare la — al potere*, to climb to power // (*Borsa*) *— in Borsa*, raid.

scalatore *s.m.* **scalatrice** *s.f.* **1** climber; (*rocciatore*) rock-climber **2** (*Borsa*) raider.

scalcagnato *agg.* **1** (*di scarpa*) down-at-heel **2** (*estens.*) (*sciatto*) down-at-heel, shabby, seedy.

scalciare *v.intr.* e *tr.* to kick (out), to lash out.

scalciata *s.f.* kick; kicking out, lashing out.

scalcinato *agg.* **1** (*privato d'intonaco*) unplastered **2** (*malandato*) down-at-heel, shabby, seedy.

scalcinatura *s.f.* removal of plaster; (*parte scalcinata*) the bare part, the unplastered part.

scalco *s.m.* **1** (*st.*) (*chi trincia vivande*) carver **2** (*non com.*) (*lo scalcare*) carving: *coltello da* —, carving-knife.

scaldaacqua *s.m.* water heater, geyser, boiler.

scaldabagno *s.m.* geyser, water heater, boiler.

scaldabanchi *s.m.* e *f.* (*scherz.*) lazybones.

scaldacqua → **scaldaacqua**.

scaldaletto *s.m.* warming pan, bed warmer.

scaldamani, **scaldamano** *s.m.* hand warmer.

scaldamuscoli *s.m.* leg warmer.

scaldapanche → **scaldabanchi**.

scaldapiatti *s.m.* dish-warmer, plate-warmer.

scaldapiedi *s.m.* foot-warmer.

scaldare *v.tr.* **1** to heat; (*moderatamente*) to warm: — *l'aria di una stanza*, to warm the air of a room; — *dell'acqua*, to heat some water; — *la minestra*, to heat (*o* warm up) the soup; —, *scaldarsi le mani vicino al fuoco*, to warm one's hands at the fire; — *il motore*, to warm the engine up // — *i banchi*, (*scherz.*) to be a lazybones // (*sport*) — *i muscoli*, (*fare esercizi di riscaldamento*) to warm up **2** (*fig.*) to excite, to work up; to warm: *una questione che scalda gli animi*, a question that gets people worked up; *una notizia che scalda il cuore*, news that warms the heart ♦ *v.intr.* **1** (*emanare calore*) to give* out heat, to warm: *quella stufa non scalda bene*, the stove doesn't give out much heat **2** (*surriscaldarsi*) to overheat, to get* too hot: *il motore scalda troppo*, the motor overheats.

□ **scaldarsi** *v.rifl.* to warm oneself: — *al fuoco*, to warm oneself by the fire; — *al sole*, to bask in the sunshine ♦ *v.intr.pron.* **1** to heat (up); to get* warm, to warm (up) (*anche fig.*): *l'acqua si sta scaldando*, the water is heating; *l'aria si è scaldata verso mezzogiorno*, the air warmed up towards midday; *la discussione si è scaldata alla fine della riunione*, (*fig.*) the discussion became heated at the end of the meeting **2** (*eccitarsi*) to get* excited; (*arrabbiarsi*) to get* angry: — *per niente*, to get excited over nothing.

scaldaseggiole *s.m.* e *f.* (*persona oziosa*) lazybones.

scaldata *s.f.* warming (up): *dare una* — *alla minestra*, to warm up the soup.

scaldavivande *s.m.* food warmer.

scaldico *agg.* skaldic, scaldic.

scaldino *s.m.* (*per le mani*) hand warmer; (*per il letto*) warming pan, bed warmer.

scalea *s.f.* (*arch.*) flight of steps; flight of stairs; staircase.

scalena *s.f.* (*arch.*) two-winged staircase.

scaleno *agg.* **1** (*mat.*) scalene: *triangolo* —, scalene triangle **2** (*anat.*) *muscolo* —, scalene muscle (*o* scalenus).

scalenoedro *s.m.* (*mat.*) scalenohedron.

scaleo *s.m.* (*scala a libretto*) stepladder, step stool; (*panchetto con gradini usato in biblioteca*) library steps (*pl.*).

scaletta *s.f.* **1** (*elenco schematico*) list (of items); (*elenco degli argomenti*) memorandum of points, list of points: *la* — *di una lezione*, the list of points for a lesson **2** (*tabella, prospetto*) schedule: (*banca*) — *dei tassi*, schedule of rates **3** (*cinem.*) treatment.

scalettare *v.tr.* (*una rubrica, un registro*) to provide with a thumb index.

scalfare *v.tr.* (*sartoria*) to make* a sleeve hole; (*allargare uno scalfo*) to enlarge a sleeve hole.

scalfire *v.tr.* **1** to scratch: — *il vetro*, to cut glass; *il chiodo mi ha solo scalfito la pelle*, the nail has only scratched the skin **2** (*fig.*) to touch, to affect, to tarnish: *la sua reputazione non è mai stata scalfita*, his reputation has never been tarnished.

scalfittura *s.f.* scratch.

scalfo *s.m.* (*di manica*) sleeve hole.

scaligero *agg.* **1** (*relativo ai Della Scala*) Della Scala (*attr.*), of the Della Scala family **2** (*estens.*) Veronese, of Verona **3** (*del teatro alla Scala di Milano*) of La Scala.

scalinare *v.intr.* (*alpinismo*) to cut* steps in (sthg.), to cut* footholds in (sthg.).

scalinata *s.f.* (*esterna*) flight of steps; steps (*pl.*); (*interna*) staircase; stairs (*pl.*).

scalinatura *s.f.* (*alpinismo*) steps (*pl.*), footholds (*pl.*).

scalino *s.m.* **1** step (*anche fig.*); (*di scala a pioli*) rung **2** (*alpinismo*) step, foothold.

scalmana *s.f.* **1** (*fam.*) (*malessere provocato da un'infreddatura*) chill; (*vampa di calore*) hot flush **2** (*fig.*) (*infatuazione*) crush.

scalmanarsi *v.intr.pron.* **1** (*agitarsi eccessivamente*) to get* excited, to get* worked up, to get* all hot and bothered: *non scalmanarti per così poco*, don't get excited about such a trifle **2** (*darsi da fare*) to bustle (about sthg.) **3** (*nel parlare*) to bluster.

scalmanata *s.f.* (*non com.*) rush.

scalmanato *agg.* **1** (*sudato e trafelato*) hot and bothered, in a sweat **2** (*agitato, turbolento*) hotheaded, violent ♦ *s.m.* hothead.

scalmanatura *s.f.* **1** (*lo scalmanarsi*) rush **2** → scalmana.

scalmiera *s.f.* **scalmiere** *s.m.* (*mar.*) rowlock, oarlock.

scalmo *s.m.* (*mar.*) **1** rowlock, oarlock **2** (*costola*) futtock, timber: — *di cubia*, hawse timber; *primo, secondo* —, first, second futtock.

scalo *s.m.* **1** (*aer., mar.*) (*luogo, fermata per carico e scarico*) call: *porto di* —, port of call; *volo senza* —, non-stop flight; — *intermedio*, (*aer.*) intermediate stop, (*mar.*) intermediate call; *fare* — *a*, (*aer.*) to make a stop over at, (*mar.*) to call at **2** (*ferr.*) — *merci*, goods yard; (*amer.*) freight yard **3** (*mar.*) (*impalcatura di sostegno per navi*): — *di alaggio*, slip (*o* slipway); — *di costruzione*, building-slips (*o* stocks); *una nave allo* —, a ship on the stocks **4** (*estens.*) (*porto*) port; (*aeroporto*) airport; (*stazione ferroviaria*) railway station.

scaloccio *s.m.* (*mar.*) stepped tiers (*pl.*).

scalogna[1] *s.f.* → **scalogno**.

scalogna[2] *s.f.* (*fam.*) (*sfortuna*) bad luck, ill luck.

scalognato *agg.* (*fam.*) (*sfortunato*) unlucky.

scalogno *s.m.* (*bot.*) (*Allium ascalonicum*) scallion, shal(l)ot; eschalon.

scalone *s.m.* great staircase.

scalopo *s.m.* (*zool.*) scalopus.

scaloppa, **scaloppina** *s.f.* (*cuc.*) escalope, (veal) cutlet.

scalpare *v.tr.* to scalp (*anche med.*).

scalpellare *v.tr.* **1** to chisel; to chip **2** (*cancellare, distruggere con scalpello*) to chisel off **3** (*med.*) to scalpel.

scalpellatore *s.m.* **scalpellatrice** *s.f.* chiseller; (*scalpellino*) stone-cutter, stone-dresser.

scalpellatura *s.f.* chiselling; (*di pietre*) stone dressing.

scalpellinare → **scalpellare**.

scalpellino *s.m.* stone-cutter, stone-dresser.

scalpello *s.m.* **1** chisel; (*miner.*) bit; (*med.*) scalpel: — *a caldo*, *a freddo*, hot, cold chisel: — *ad alette*, wing bit; — *da calafato*, chinsing iron; — *da falegname*, woodwork chisel; — *da fonderia*, flogging chisel; — *da marmista*, double-facet cape chisel; — *da muratore*, stone chisel; — *da sbozzo*, boaster; — *da tornitore*, turning chisel **2** (*fig.*) (*scultore*) sculptor // *l'arte dello* —, (*la scultura*) sculpture.

scalpicciare *v.intr.* to shuffle; to shuffle along; to drag one's feet.

scalpiccio *s.m.* (*di persona*) shuffling.

scalpitamento *s.m.* (*non com.*) (*di cavallo*) pawing (the ground).

scalpitante *agg.* **1** (*di cavallo*) pawing (the ground) **2** (*fig.*) (*di persona*) chafing at the bit.

scalpitare *v.intr.* **1** (*di cavallo*) to paw (the ground) **2** (*fig.*) (*di persona*) to champ, to chafe at the bit: *scalpita d'impazienza*, he's chafing at the bit with impatience.

scalpitio meno com. **scalpito** *s.m.* (*di cavallo*) pawing (the ground).

scalpo *s.m.* scalp (*anche med.*).

scalpore *s.m.* fuss; noise; (*risonanza*) stir, sensation: *fare molto* —, to make (*o* to kick up) a great fuss (about sthg.); *una notizia che desterà molto sicuramente* —, a piece of news that will cause a sensation.

scaltrezza *s.f.* shrewdness; (*spreg.*) cunning, slyness, artfulness, craftiness.

scaltrire *v.tr.* to sharpen s.o.'s wits // — *lo stile*, to refine one's style.

□ **scaltrirsi** *v.rifl.* **1** to become* sharp, to become* cunning; to become* crafty **2** (*diventare esperto*) to become* expert, to become* skilled.

scaltrito *agg.* **1** shrewd, sharp; (*spreg.*) cunning, sly, artful, crafty **2** (*esperto*) expert, skilled.

scaltro *agg.* shrewd, sharp; (*spreg.*) cunning, sly, artful, crafty.

scalzacane, **scalzacani** *s.m.* (*spreg.*) **1** down-and-out; tramp **2** (*incompetente*) incompetent bungler, incompetent person: *il mio dentista è uno* —, my dentist is an incompetent bungler.

scalzamento *s.m.* (*lo smuovere alla base*) undermining (*anche fig.*).

scalzapelli *s.m.* (*per unghie*) orange stick.

scalzare *v.tr.* **1** (*togliere calze e scarpe a*) to take* (s.o.'s) shoes and socks off **2** (*agr.*) to hoe; to bare the roots of (a tree) **3** (*smuovere alla base*) to undermine (*anche fig.*); (*amm.*) to oust: *l'acqua del fiume sta scalzando le mura*, the river is undermining the walls; — *l'autorità di qlcu.*, to undermine s.o.'s authority; — *qlcu. dal suo ufficio*, to oust s.o. from office; — *un funzionario*, to oust an official.
□ **scalzarsi** *v.rifl.* **1** to take* one's shoes and socks off **2** (*fig.*) (*non com.*) to enter a religious order (especially the Franciscan order).

scalzo *agg.* barefoot, barefooted: *essere, camminare* —, to be, to walk barefoot (*o* barefooted).

scambiabile *agg.* **1** exchangeable: *un oggetto — con un altro*, an object can be exchanged with another **2** (*intercambiabile*) interchangeable: *due pezzi scambiabili*, two interchangeable parts **3** (*confondibile*) that can be mistaken, that can be confused: *due cappotti neri facilmente scambiabili*, two black coats that can easily be confused.

scambiabilità *s.f.* **1** exchangeability **2** interchangeability **3** likelihood of being mistaken.

scambiare *v.tr.* **1** (*dare in cambio*) to exchange, to swap; (*barattare*) to barter: *scambiò l'orologio con due anelli*, he exchanged the watch for two rings; — *i prigionieri*, to swap prisoners; — *merci*, to exchange (*o* to swap) goods; — *un prodotto con un altro*, to exchange one product for another // — *due parole con qlcu.*, to chat to s.o. // (*fin.*) — *titoli*, to swap securities **2** (*cambiare una banconota*) to change: — *centomila lire*, to change a 100,000 lire banknote; *avrebbe da —, per favore?*, have you got change, please? **3** (*confondere*) to mistake*: — *una persona, una cosa per un'altra*, to mistake one person, one thing for another.
□ **scambiarsi** *v.rifl.rec.* to exchange; (*fam.*) to swap: *ci scambiamo dei francobolli*, we swap postage stamps; *ci siamo scambiati delle lettere*, we have exchanged letters; — *delle confidenze, delle informazioni*, to exchange confidences, information; — *una visita*, to return a visit; — *un bacio*, to kiss each other (*o* to give each other a kiss).

scambiatore *s.m.* exchanger: (*fis., tecn.*) — *di calore*, heat exchanger; (*chim., fis.*) — *di ioni*, ion exchanger.

scambievole *agg.* reciprocal, mutual.

scambievolezza *s.f.* reciprocity, mutuality.

scambio *s.m.* **1** exchange, swap: — *di favori, di lettere, di prigionieri*, exchange of favours, of letters, of prisoners; *in — di qlco.*, in exchange for sthg.; *c'era stato uno — di colpi*, there had been an exchange of blows (*o* blows had been exchanged); *fare uno —*, to make an exchange: *avevano fatto uno — di cappelli*, they had exchanged (*o* swapped) hats // — *di persona*, case of mistaken identity **2** (*comm.*) exchange, truck, swap; (*baratto*) barter: — *di merci*, exchange (*o* swap) of goods; *valore di —*, exchangeable value // (*fin.*): — *di debiti o crediti espressi in due valute*, currency swap; — *di titoli*, switch of stocks; — *di valuta*, interchange of currency // (*Borsa*) — *di azioni*, share exchange **3** (*compravendita*) dealing, trade // (*Borsa*): *scambi in apertura*, early dealings; *in Borsa si sono registrati scambi sostenuti*, stock exchange bargains have been lively // (*econ.*): *scambi con l'estero*, foreign trade; *scambi internazionali*, international trade; *scambi visibili, invisibili*, visible, invisible trade // *libero —*, free trade **4** (*ferr.*) points (*pl.*): (*amer.*) switch: — *doppio*, two-way frog; (*amer.*) three-throw (*o* double) switch: — *automatico*, self-acting turnout; — *normale*, standard points **5** (*chim., fis.*) exchange: (*chim.*) — *di base*, exchange of base; (*fis.*) — *di calore*, heat exchange (*o* heat transfer) **6** — *aereo*, (*di filobus*) aerial frog (*o* trolley frog) **7** (*inform.*) exchange, swap; (*trasferimento*) transfer; (IBM) shift; (*pl.*) communications: — *di segnali di collegamento*, handshaking **8** (*tennis*) exchange; (*calcio*) one-two.

scambista *s.m.* **1** (*ferr.*) shunter; pointsman* (*m.*); (*amer.*) switchman* (*m.*) **2** (*Borsa*) (*chi opera nel mercato dei cambi*) stockbroker // (*econ.*) *libero —*, free-trader.

scamiciarsi *v.rifl.* to take* one's jacket off.

scamiciato *agg.* shirt-sleeved (*attr.*); in one's shirtsleeves (*pred.*); (*estens.*) (*scomposto*) slovenly; in disarray (*pred.*) ◆ *s.m.* **1** (*sovversivo*) revolutionary; *teorie da —*, subversive political ideas **2** (*abito da donna*) pinafore dress.

scamorza *s.f.* **1** 'scamorza' (kind of cheese from Abruzzo or Campania) **2** (*fig. scherz.*) (*persona di scarse capacità*) bungler; (*persona debole fisicamente*) weakling.

scamosceria *s.f.* oil tanning.

scamosciare *v.tr.* to chamois.

scamosciato *agg.* oil-tanned; chamois (*attr.*); suède (*attr.*): *guanti scamosciati*, suède gloves; *pelle scamosciata*, chamois leather; *scarpe scamosciate*, suède shoes.

scamosciatore *s.m.* oil tanner; chamois -leather worker.

scamosciatura *s.f.* oil tanning.

scamozza → **scamorza**.

scamozzare *v.tr.* (*agr.*) to lop (off), to pollard, to prune.

scamozzatura *s.f.* lopping, pollarding.

scampagnata *s.f.* (day) trip into the country, outing: *fare una —*, to go on a (day) trip into the country.

scampanamento *s.m.* **1** chiming; pealing; ringing **2** (*mecc.*) — *del pistone*, piston slap.

scampanare *v.intr.* **1** (*di campane*) to chime; to peal **2** (*di gonna, pantaloni ecc.*) to flare, to flute **3** (*mecc.*) (*di pistone*) to slap **4** (*metall.*) to rap ◆ *v.tr.* (*una gonna, pantaloni ecc.*) to flare.

scampanata *s.f.* chime; chiming; peal(ing); ringing.

scampanato *agg.* (*di gonna, pantaloni ecc.*) flared: *pantaloni scampanati*, flared trousers (*o* flares).

scampanatura *s.f.* **1** (*svasatura di gonna*) flaring **2** (*metall.*) rapping.

scampanellare *v.intr.* to ring* long and loudly.

scampanellata *s.f.* long loud ring.

scampanellio *s.m.* long loud ring(ing).

scampanio *s.m.* pealing (of bells).

scampare *v.tr.* **1** (*salvare*) to save, to rescue, to deliver: *lo scampai dalla rovina*, I saved him from ruin; — *qlcu. dalla morte*, to save s.o. from death // *Dio ci scampi!*, God forbid! **2** (*evitare*) to avoid; to escape: — *un pericolo*, to escape a danger; — *la prigione*, to avoid prison // *l'hai scampata bella*, you've had a narrow escape (*o* a narrow squeak *o* a close shave) // *l'ho scampata per miracolo*, I had a miraculous escape (*o* I survived by miracle) ◆ *v.intr.* **1** (*sfuggire a un rischio*) to escape (sthg.); to survive (sthg.), to come* through (sthg.): — *alla punizione*, to escape punishment; — *alla morte*, to escape death; — *a un terremoto*, to come through (*o* to survive) an earthquake; *è scampato per miracolo all'attentato*, he miraculously survived the assassination attempt **2** (*rifugiarsi*) to take* refuge, to flee*: — *all'estero*, to take refuge abroad.

scampato *agg.* **1** (*salvo, sfuggito a un rischio*) saved, rescued, surviving: *i passeggeri scampati al disastro*, the survivors of the disaster **2** (*evitato*) avoided; escaped // *ringraziamo Dio per lo — pericolo*, let us thank God for saving us from the danger ◆ *s.m.* survivor: *gli scampati al naufragio*, the survivors of the shipwreck.

scampo[1] *s.m.* escape, safety: *dobbiamo trovare uno —*, we must find a way of escape; *non c'è (via di) —*, there is no escape (*o* there is no way out); *cercare, trovare — nella fuga*, to seek, to find safety in flight // *senza —*, hopeless.

scampo[2] *s.m.* (*zool.*) (*Nephrops norvegicus*) Norway lobster, (*pop.*) prawn.

scampolo *s.m.* **1** remnant, oddment: (*comm.*) *vendita di scampoli*, remnant sale **2** (*fig.*) (*avanzo, rimasuglio*) leftover // — *di tempo*, spare moment // *uno — d'uomo*, (*spreg.*) a worm.

scanalare *v.tr.* **1** to groove, to channel **2** (*arch.*) to flute, to channel: — *una colonna*, to flute a column **3** (*mecc.*) to groove, to spline: — *un'albero*, to spline a shaft ◆ *v.intr.* (*non com.*) to overflow: *le acque scanalano*, the waters are overflowing.

scanalato *agg.* **1** grooved, channelled **2** (*arch.*) fluted, channelled: *una colonna scanalata*, a fluted column **3** (*mecc.*) grooved, splined: *albero —*, splined shaft.

scanalatrice *s.f.* (*mecc.*) grooving machine, groover.

scanalatura *s.f.* **1** groove; grooving, channelling: *infilare il vetro nella — della finestra*, to fit the pane into the groove of the window **2** (*arch.*) flute; fluting: *le scanalature di una colonna*, the flutes of a column **3** (*mecc.*) spline; groove: — *per chiavetta*, keyway; — *per guarnizione*, packing groove; — *per lubrificazione*, oil groove **4** (*inform.*) slot.

scandagliare *v.tr.* **1** to sound, to plumb, to fathom: — *un canale*, to sound a channel; — *il fondo di un lago*, to sound the lake bottom **2** (*fig.*) to sound, to fathom: — *i sentimenti di qlcu.*, to sound s.o.'s feelings.

scandagliatore *s.m.* leadsman*, sounder.

scandaglio *s.m.* (*mar.*) **1** sounding lead, sounding line, plummet, sounding rod: — *acustico*, echo sounder (*o* sonic depth finder); — *di profondità*, bathometer; — *meccanico*, sounding machine; — *ultrasonoro*, supersonic sounding set; *gettare lo —*, to heave the lead **2** (*lo scandagliare*) sounding: *fare gli scandagli*, to take soundings **3** (*fig.*) (*indagine preven-*

tiva) sounding, test: *fare uno — della situazione*, to suss out (*o* to sound) the situation.

scandalismo *s.m.* scandalmongering.

scandalista *s.m.* e *f.* scandalmonger.

scandalistico *agg.* scandalmongering.

scandalizzare *v.tr.* to scandalize, to shock. □ **scandalizzarsi** *v.intr.pron.* to be scandalized, to be shocked.

scandalo *s.m.* scandal, outrage: *libro che fa —*, book that causes a scandal; *quel libro è un vero —*, that book is an outrage; *evitare uno —*, to avoid a public scandal; *dar —*, to scandalize; *fare uno —*, to create a scandal; *sollevare uno —*, to give rise to a scandal; *soffocare uno —*, to hush up a scandal // *pietra dello —*, (*di persona*) cause of the scandal // *gridare allo —*, to make a scandal out of (sthg.).

scandaloso *agg.* scandalous, outrageous, shocking; disgusting, shameful, disgraceful: *notizia scandalosa*, shocking news; *uno spettacolo —*, an outrageous show // *è — che non abbia ancora pagato i suoi debiti*, it is disgraceful that he has not yet paid his debts // *era di una ricchezza scandalosa*, (*scherz.*) he was scandalously rich.

scandinavo *agg.* e *s.m.* Scandinavian.

scandio *s.m.* (*chim.*) scandium.

scandire *v.tr.* **1** (*versi*) to scan: *— un verso*, to scan a line **2** (*estens.*) (*parole, sillabe*) to articulate, to pronounce: *parlava scandendo bene le parole*, he articulated (*o* pronounced) his words clearly **3** (*mus.*) to stress; to beat*: *— il tempo*, to beat time **4** (*tv*) to scan.

scannamento *s.m.* (*non com.*) **1** (*sgozzamento*) throat-cutting **2** (*estens.*) (*carneficina*) slaughter, butchery.

scannare[1] *v.tr.* **1** to cut* s.o.'s throat, to slit* s.o.'s throat; (*un maiale*) to stick // *è inutile scannarci così, lasciamo perdere*, forget it, it's no use scratching each other's eyes out **2** (*estens.*) (*uccidere crudelmente*) to butcher, to slaughter **3** (*fig.*) (*far pagare eccessivamente*) to fleece, to skin, (*fam.*) to sting*, to rip off; (*rovinare*) to ruin: *abbiamo mangiato bene, ma ci hanno scannato*, we ate well, but they stung us for it.

scannare[2] *v.tr.* (*tess.*) to unwind*, to unroll.

scannatoio *s.m.* slaughterhouse, abattoir.

scannatore *agg.* (*non com.*) **1** (*che scanna animali*) slaughtering, throat-cutting **2** (*estens.*) (*che uccide crudelmente*) bloodthirsty ◆ *s.m.* (*non com.*) **1** (*chi scanna animali*) slaughterer, throat-cutter **2** (*estens.*) (*assassino*) cut-throat, butcher **3** (*fig.*) (*strozzino*) robber.

scannatura *s.f.* (*di animali*) slaughtering, throat-cutting.

scannellare *v.tr.* **1** (*scanalare*) to groove, to channel **2** (*arch.*) to flute, to channel **3** (*tess.*) (*svolgere dal cannello*) to unwind*, to unroll.

scannellato *agg.* **1** (*scanalato*) grooved, channelled **2** (*arch.*) fluted, channelled **3** (*tess.*) unwound, unrolled ◆ *s.m.* (*scanalatura*) groove; grooving, channelling.

scannellatura *s.f.* **1** (*scanalatura*) groove; grooving, channelling **2** (*arch.*) flute; fluting **3** (*tess.*) unwinding, unrolling.

scanno *s.m.* **1** seat; (*di coro*) stall **2** (*region.*) (*panca*) bench; (*sgabello*) stool **3** (*region.*) (*banco di sabbia*) sandbank.

scansabrighe *s.m.* e *f.* shirker, person who likes a quiet life.

scansafatiche *s.m.* e *f.* lazybones, lazy-boots, loafer, slacker.

scansamento *s.m.* avoidance; shunning; escaping (sthg., from sthg.).

scansare *v.tr.* **1** (*spostare*) to move aside; to shift **2** (*evitare*) to avoid; to shun; to escape (sthg., from sthg.): *tutti lo scansano*, everybody shuns him; *— un pericolo, un ostacolo*, to avoid a danger, an obstacle // *— un colpo*, to ward off a blow.

□ **scansarsi** *v.rifl.* to step aside, to sidestep: *scansati, arriva un'auto!*, get out of the way, there's a car coming!

scansia *s.f.* shelves (*pl.*); (*per libri*) bookcase.

scansione *s.f.* **1** (*di versi*) scansion **2** (*mus.*) stressing **3** (*di parole, sillabe*) articulation; spelling **4** (*elettr., inform.*) scanning: *linea di —*, scanning line; *microscopio elettronico a —*, scanning (electron) microscope.

scansioscintigrafia *s.f.* (*med.*) scanning.

scanso *s.m.* avoidance // *a — di*, (in order) to avoid: *a — di equivoci*, to avoid any misunderstanding(s).

scantinato *s.m.* basement.

scantonamento *s.m.* (*non com.*) **1** (*lo smussare gli spigoli*) rounding (off) (of corners); trimming (of corners) **2** (*l'evitare*) avoiding; shirking; (*fam.*) dodging.

scantonare *v.intr.* (*voltare l'angolo*) to turn the corner; (*svignarsela*) to slip away: *scantonò per non incontrarlo*, he turned the corner (*o* he disappeared round the corner) to avoid meeting him // *se c'è un lavoro da fare, lui scantona!*, if there's a job to be done he dodges it! ◆ *v.tr.* (*non com.*) (*levare gli spigoli a*) to round off; to remove corners from (sthg.).

scanzonato *agg.* free and easy, easygoing; unconventional.

scapaccione *s.m.* slap, smack: *dare uno — a qlcu.*, to give s.o. a slap; *ti prenderei a scapaccioni*, I could box your ears.

scapataggine *s.f.* **1** recklessness, heedlessness **2** (*atto sventato*) reckless action.

scapato *agg.* reckless, heedless ◆ *s.m.* reckless man.

scapecchiare *v.tr.* (*tess.*) to hackle.

scapestrataggine *s.f.* **1** (*avventatezza*) recklessness, rashness; (*sfrenatezza*) dissoluteness, loose living; wildness **2** (*azione da scapestrato*) reckless action, rash action; wild action.

scapestrato *agg.* (*avventato*) reckless, rash, madcap (*attr.*); (*dissoluto*) dissolute, loose; wild: *una vita scapestrata*, a dissolute life; *è —, ma simpatico*, he's a madcap, but he's nice ◆ *s.m.* dissolute person, debauched person; reprobate, scapegrace.

scapezzamento *s.m.* (*agr.*) pollarding, lopping.

scapezzare *v.tr.* (*agr.*) to pollard, to lop.

scapicollarsi *v.intr.pron.* to run* helter-skelter, to rush: *— giù dalle scale*, to run helter-skelter down the stairs.

scapicollo, a *locuz. avv.* helter-skelter: *scendere a — dalle scale*, to run helter-skelter down the stairs.

scapigliare *v.tr.* to dishevel, to tousle: *— qlcu.*, to ruffle s.o.'s hair.

□ **scapigliarsi** *v.rifl.* o *intr.pron.* **1** to become* dishevelled, to get* dishevelled **2** (*fig.*) (*vivere dissolutamente*) to lead* a dissolute life, to lead* a loose life.

scapigliato *agg.* **1** dishevelled, ruffled: *capelli scapigliati*, ruffled (*o* tousled) hair **2** (*fig.*) disorderly, unruly, irregular, loose; (*di persona*) unconventional, free and easy: *vita scapigliata*, dissolute (*o* loose) life ◆ *s.m.* 'Scapigliato' (member of the Italian Scapigliatura); Bohemian.

scapigliatura *s.f.* loose living; unconventionality, Bohemianism // *Scapigliatura*, 'Scapigliatura' (late 19th Century Milanese cultural movement).

scapitare *v.intr.* to lose* (sthg.); to suffer loss: *in questo affare ci scapito*, I lose out on this deal.

scapito *s.m.* **1** damage, loss: *vendere a —*, to sell at a loss **2** (*fig.*) detriment: *lavora troppo, a — della salute*, he works too hard to the detriment of his health; *questo andrà a — della mia reputazione*, this will damage my reputation.

scapitozzare *v.tr.* (*agr.*) to pollard.

scapo *s.m.* **1** (*arch.*) scape, scapus (*pl.* -i) **2** (*bot.*) scape.

scapocchiare *v.tr.* to break* the head off (sthg.): *— un chiodo*, to break (*o* knock) the head off a nail.

scapola *s.f.* (*anat.*) shoulder blade, scapula*.

scapolaggine *s.f.* (*scherz.*) confirmed bachelorhood.

scapolare[1] *agg.* (*anat.*) scapular: *regione —*, scapular region.

scapolare[2] *s.m.* (*eccl.*) scapular.

scapolare[3] *v.intr.* (*fam.*) (*scampare*) to escape: *— da un pericolo*, to have a narrow escape from danger ◆ *v.tr.* **1** (*fam.*) (*evitare una situazione difficile*) to escape: *l'hai scapolata bella*, you have escaped by the skin of your teeth **2** (*mar.*) to double, to weather.

scapolite *s.f.* (*min.*) scapolite.

scapolo *agg.* single, unmarried ◆ *s.m.* bachelor: *uno — impenitente*, a confirmed bachelor.

scapolone *s.m.* (*scherz.*) confirmed bachelor.

scapolo-omerale *agg.* (*anat.*) scapulohumeral.

scappamento *s.m.* **1** (*di gas, vapore*) escape **2** (*di motori*) exhaust: *tubo, valvola di —*, exhaust pipe, valve **3** (*ferr.*) blast pipe **4** (*di orologio*) escapement: *— a cilindro, ad ancora*, cylinder, anchor escapement.

scappare *v.intr.* **1** to escape, to run* away, to flee*: *scappa!*, run away!; *il ladro è scappato dalla finestra*, the thief got away through the window; *i nemici scapparono*, the enemy fled; *— di casa*, to run away from home; *— di prigione*, to escape from prison // *a scappa e fuggi*, (*in gran fretta*) in a tearing hurry // *il lavoro deve essere terminato e di qui non si scappa*, the work must be finished and there is no getting away from it // *mi scappa spesso la pazienza*, I often lose my patience (*o* temper) // *— a gambe levate*, to take to one's heels // *far — qlcu.*, to help s.o. to escape **2** (*andare di fretta*) to rush: *ho molta fretta, devo —*, I am in a great hurry, I must rush; *è tardi, devo — in* *ufficio*, it's late, I must rush (*o* be getting along) to the office **3** (*sfuggire*): *mi lasciai — una bella occasione*, I missed a good opportunity; *è un ottimo lavoro, non lasciartelo —*, it's an excellent job, don't let it slip through your fingers; *la penna mi è scappata di mano*, the pen slipped from my fingers // *scrivilo, altrimenti ti scappa di mente*, write it down, otherwise you will forget it **4** (*non potersi trattenere*): *mi scappò da ridere*, I could not help laughing // *gli scappa la pipì!*, he wants to have a wee! **5** (*dire inopportunamente*): *gli scappò una parola*, a word escaped him; *mi scappò detto che l'avevo*, I let it slip that I had it.

scappata *s.f.* **1** (*fuga*) escape, flight **2** (*breve visita*) call; short visit, flying visit: *fare una — da qlcu.*, to pay s.o. a short visit (*o fam.* to drop in on s.o. *o* to pop in to see s.o.); *fare una — in un luogo*, to go somewhere for a short visit; *devo fare una — a casa*, I have to dash (*o* to pop) home (for a moment) **3** (*atto di leggerezza*) escapade; prank: *in gioventù fece le sue scappate*, he sowed his wild oats in his youth **4** (*ippica*) flying start.

scappatella *s.f.* escapade; (*relazione*) casual affair: *ha sempre chiuso un occhio sulle sue scappatelle*, she has always turned a blind eye to his casual affairs.

scappatoia *s.f.* loophole, way out; expedient: *cercare delle scappatoie*, to look for a way out; *trovare una —*, to find a loophole (*o* a way out) // (*trib.*) *— fiscale*, tax loophole.

scappellare *v.tr.* **1** to take* off: *— un fungo*, to take the top off a mushroom // *— il falcone*, (*per la caccia*) to take the hod off (*o* to unhood) the hawk **2** (*mar.*) to unrig, to strip (mast, yard).

□ **scappellarsi** *v.rifl.* (*levarsi il cappello*) to take* off one's hat; (*per salutare*) to raise one's hat.

scappellata *s.f.* raising of one's hat.

scappellottare *v.tr.* (*fam.*) to slap, to smack.

scappellotto *s.m.* slap, smack: *dare uno — a qlcu.*, to give s.o. a slap (*o* smack s.o. *o* to box s.o.'s ears); *prendere a scappellotti qlcu.*, to slap (*o* to smack) s.o.

scappottare[1] *v.intr.* (*nei giochi a carte*) to avoid a capot.

scappottare[2] *v.tr.* (*aut.*) to fold back the hood of (a car).

scappucciare *v.tr.* (*togliere il cappuccio*) to take* off s.o.'s hood; (*il falcone*) to unhood.

scapricciare *v.tr.*: *— qlcu.*, to cure s.o. of his whims.

□ **scapricciarsi** *v.rifl.* to satisfy one's whims, to indulge in one's whims.

scarabattola[1] *s.f.* **scarabattolo** *s.m.* (*cristalliera*) glass cabinet.

scarabattola[2] *s.f.* (*spec. pl.*) (*fam.*) odds and ends (*pl.*).

scarabeide *s.m.* (*zool.*) scarabaeoid.

scarabeo[1] *s.m.* **1** (*zool.*) beetle: *— sacro*, (*Scarabaeus sacer*) scarab (beetle) (*o* scarabaeus) **2** (*gioiello, amuleto a forma di scarabeo*) scarab.

scarabeo[2] ® *s.m.* (*gioco*) scrabble®.

scarabocchiare *v.tr.* to scribble, to scrawl; to doodle: *— una firma*, to scribble (*o* to scrawl) a signature // *mentre parlava scarabocchiava su un foglio*, while he was speaking he was doodling on a sheet of paper.

scarabocchiatura *s.f.* scribbling, scrawling; doodling.

scarabocchio *s.m.* **1** scribble, scrawl: *la tua firma è uno —*, your signature is a scrawl; *un foglio pieno di scarabocchi*, a sheet scribbled all over **2** (*macchia d'inchiostro*) blot **3** (*fig.*) daub: *questi non sono quadri, sono scarabocchi infantili*, these are not pictures, but childish daubs.

scaracchiare *v.intr.* (*fam.*) (*sputare scatarrando*) to spit*.

scaracchio *s.m.* (*fam.*) (*sputo catarroso*) spit.

scarafaggio *s.m.* (*zool.*) (*Blatta orientalis*) cockroach, blackbeetle.

scaramantico *agg.* warding off ill-luck; propitiatory: *un gesto —*, a gesture warding off ill-luck.

scaramanzia *s.f.* superstitious practice: *facciamo scaramanzie perché non venga!*, touch wood he won't come!; *portati un ferro di cavallo per —*, take a horseshoe with you for luck; *non voglio parlarne per —*, I feel it would be unlucky even to talk about it.

scaramazza *agg.* e *s.f.* (*perla*) seed-pearl.

scaramuccia *s.f.* skirmish, clash, brush (*anche fig.*): *una — con la polizia*, a clash (*o* brush) with the police; *— letteraria*, literary skirmish.

scaraventare *v.tr.* **1** to hurl, to fling*: *scaraventò il libro giù dalla finestra*, he hurled the book out of the window; *la scaraventò per terra*, he flung her to the ground **2** (*fig.*) (*trasferire*) to pack (s.o.) off: *lo hanno scaraventato a Trapani*, they've packed him off to Trapani.

□ **scaraventarsi** *v.rifl.* to hurl oneself, to dash: *— nella mischia*, to hurl oneself into the fray; *si scaraventò contro la barriera*, he hurled himself against the barrier; *si scaraventò giù per le scale*, he dashed down the stairs.

scarcassato *agg.* (*fam.*) delapidated, ramshackle: *un'auto scarcassata*, a delapidated old car.

scarceramento *s.m.* release (from prison).

scarcerare *v.tr.* to release (from prison), to set* free: *— un detenuto*, to release a prisoner.

scarcerazione *s.f.* release (from prison): *— su cauzione*, release on bail.

scardaccione *s.m.* (*bot.*) (*Scolymus hispanicus*) scolymus.

scardare *v.tr.* (*castagne*) to husk, to shuck.

scardassare *v.tr.* (*tess.*) to card.

scardassatore *s.m.* **scardassatrice** *s.f.* (*tess.*) carder.

scardassatura *s.f.* (*tess.*) carding.

scardassiere → **scardassatore**.

scardasso *s.m.* (*tess.*) card.

scardinamento *s.m.* unhinging.

scardinare *v.tr.* **1** to unhinge: *— una porta*, to take a door off its hinges **2** (*fig.*) (*sconquassare*) to break* up; (*demolire*) to demolish: *— una famiglia*, to break up a family; *— le accuse*, to invalidate the charges.

□ **scardinarsi** *v.intr.pron.* **1** to come* off its hinges: *la porta si è scardinata*, the door has come off its hinges **2** (*fig.*) (*sconquassarsi*) to break* up.

scardola *s.f.* (*zool.*) (*Scardinius erythrophthalmus*) rudd.

scarica *s.f.* **1** discharge; (*di armi da fuoco*) discharge, firing; (*di proiettili, frecce ecc.*) volley, shower: *una — di artiglieria, di fucileria*, a salvo of artillery, a volley of rifle fire; *— di frecce*, discharge (*o* volley *o* shower) of arrows; *— di un gas*, gas discharge; *— di insulti*, flood (*o* hail *o* stream) of insults; *una — di proiettili, di sassi*, a volley of bullets, of stones; *una — di pugni*, a hail of blows **2** (*elettr.*) discharge, flashover; (*tra elettrodi*) jump spark: *— elettrica*, electrical discharge; *— a bagliore*, glow discharge; *— a fiocco*, brush discharge; *— di accumulatore*, discharge of battery; *— oscillante*, oscillatory discharge **3** (*rad.*) (*disturbo nella ricezione*) atmospheric disturbance: *— a scatto*, impulse flashover **4** (*evacuazione intestinale*) bowel movement.

scaricabarili *s.m.*: *fare a —*, to shift the blame (*o fam.* to pass the buck).

scaricamento *s.m.* unloading, discharging, discharge: (*ferr.*) *piano di —*, unloading platform.

scaricare *v.tr.* **1** (*liberare del carico*) to unload, to discharge, to unlade*: (*deporre*) to discharge, to set* down, to let* off: *— una nave*, to unload (*o* to discharge) a ship; *— merci sulla banchina*, to wharf goods; *— le casse davanti al magazzino*, to unload the crates in front of the warehouse; *sono appena arrivato, devo ancora — la macchina*, I've just arrived, I still have to take everything out of the car; *la nave cominciò subito a —*, the ship started unloading at once; *— passeggeri*, to let off passengers; *mi ha scaricato davanti al cinema*, he dumped me in front of the cinema // *— il fucile*, to fire (*o* to discharge) a gun, (*toglierne la carica*) to unload a gun // *— la tensione*, to unwind (*o* to let off steam) // *— la fidanzata*, (*fam.*) to ditch one's fiancée **2** (*riversare*) to discharge, to empty, to drain: *questi tubi scaricano l'acqua in un serbatoio*, these pipes discharge the water into a tank // *— ingiurie su qlcu.*, to heap insults on s.o. // *— le proprie responsabilità su qlcu.*, to offload one's responsibilities onto s.o. // *— la colpa addosso a qlcu.*, to pin the blame on s.o. // *— l'ira su qlcu.*, to work off one's anger on s.o. **3** (*tecn.*) *— una molla*, to release a spring; *— l'olio*, to drain the oil (off); *— il vapore*, to let (*o* to blow) off steam; *— una batteria*, to run a battery down **4** (*evacuare*) to evacuate, to empty, to discharge **5** (*inform.*) (*dischi*) to unload; (*archivi, file ecc.*) to download **6** (*amm.*) (*registrare un'uscita*) to write* down, to cancel: *— la merce dal registro di carico*, to write down (*o* to cancel) goods from the stock book **7** (*detrarre*) to deduct: *— le spese*, to deduct expenses; *— l'IVA*, to deduct VAT.

□ **scaricarsi** *v.rifl.* **1** to relieve oneself; to free oneself (from sthg.): *— di un peso*, to relieve oneself of a burden (*anche fig.*); *— di una responsabilità*, to free oneself of a responsibility; *— la coscienza di qlco.*, to unburden one's conscience of sthg. **2** (*fam.*) (*evacuare l'intestino*) to relieve oneself **3** (*rilassarsi*) to unwind* ♦ *v.intr.pron.* **1** (*perdere la carica*) to run* down: *il mio orologio si è scaricato*, my watch has run down; *la batteria si è scaricata*, the battery has gone flat (*o* has run down) **2** (*sfociare*) to discharge, to flow: *il Nilo si scarica nel Mediterraneo*, the Nile flows into the Mediterranean.

scaricatoio *s.m.* **1** (*scalo*) wharf; (*spiazzo adibito allo scarico*) unloading area **2** (*tubo di scarico*) wastepipe, drainpipe.

scaricatore *s.m.* **1** unloader: — *di porto*, docker, stevedore, (*amer.*) longshoreman* **2** (*tubo di scarico*) wastepipe, drainpipe **3** (*elettr.*) discharger, arrester ◆ *agg.* drainage (*attr.*): *un canale* —, a drainage channel.

scaricatura *s.f.* (*non com.*) unloading, discharge.

scarico *agg.* **1** unloaded, discharged: *un carretto* —, an unloaded cart; *una nave scarica*, an unloaded (*o* a discharged) ship **2** (*di arma da fuoco*) unloaded, empty; (*di orologio, batteria ecc.*) run-down, flat: *una batteria scarica*, a flat battery; *un fucile* —, an unloaded gun; *l'orologio è* —, the clock has run down **3** (*leggero*) light; (*sbiadito*) faded: *colore* —, faded colour; *vino* —, light wine **4** (*limpido, sereno*) clear, unclouded; (*fig.*) untroubled, unburdened, free: *cielo* —, clear (*o* unclouded) sky; *mente scarica di pensieri*, mind free of troubles ◆ *s.m.* **1** unloading, discharging: *lo* — *della merce, di una nave*, the unloading of the goods, of a ship; (*mar.*) — *in mare*, jettison; (*aer.*) — *rapido*, jettison; (*miner.*) *punto di* —, tip, tipple // *a* — *di qualsiasi responsabilità*, to avoid any responsibility **2** (*di rifiuti*) dumping, tipping: — *di rottami*, scrap dumping; *scarichi industriali*, industrial waste; *acqua di* —, waste water // *luogo di* —, dumping place (*o* dump) // *divieto di* —, no dumping **3** (*amm.*) (*registrazione di un'uscita*) cancellation: — *di merci dal registro di carico*, cancellation of goods from the stock book; *registro di carico e* —, stock book; *numero di* —, (*somma*) paying out number; (*materiale*) going out number **4** (*mecc.*) (*di motore*) exhaust: *collettore di* —, exhaust manifold; *cono di* —, exhaust cone; *resistenza allo* —, exhaust back pressure; *tubo di* —, exhaust pipe **5** (*edil.*): — *d'acqua* (*piovana*), drain; — *di terra*, earth dump; — *in fogna*, sink; *tubo di* —, wastepipe (*o* drainpipe) **6** (*giustificazione*) defence: *a suo* — *dobbiamo dire che non sapeva nulla*, in his defence we must say that he did not know anything // (*dir.*) *testimone di* —, witness for the defence.

scaride *s.m.* (*zool.*) (*Scarisoma cretense*) scarus, scaroid, parrot-fish.

scarificare *v.tr.* (*med., agr.*) to scarify.

scarificatore *s.m.* **1** (*med.*) scarifier, scarificator **2** (*agr.*) scarifier.

scarificatura *s.f.* (*agr.*) scarification.

scarificazione *s.f.* (*med.*) scarification.

scarlattina *s.f.* (*med.*) scarlet fever, scarlatina.

scarlatto *agg.* e *s.m.* scarlet.

scarmigliare *v.tr.* to tousle, to ruffle: — *i capelli*, to ruffle one's hair.

□ **scarmigliarsi** *v.rifl.* o *intr.pron.* (*di capelli*) to get* ruffled, to get* dishevelled.

scarmigliato *agg.* ruffled, dishevelled: *capelli scarmigliati*, ruffled hair.

scarnificare *v.tr.* to take* flesh off (s.o., sthg.); to strip the flesh off (s.o., sthg.): — *un osso*, to take the flesh off a bone; — *un'unghia incarnata*, to remove an ingrowing nail.

scarnificazione *s.f.* stripping of flesh.

scarnire *v.tr.* **1** to strip the flesh off (s.o., sthg.) **2** (*fig.*) (*rendere scarno*) to pare down.

scarnito *agg.* **1** thin, lean, skinny: *un volto* —, a lean face **2** (*fig.*) (*scarno, essenziale*) pared down.

scarnitura → **scarnificazione**.

scarno *agg.* **1** (*molto magro*) lean, skinny, bony **2** (*fig.*) (*insufficiente*) meagre, inadequate: *la documentazione su questo argomento è scarna*, the literature on this subject is meagre **3** (*fig.*) (*spoglio*) bare, spare: *uno stile* —, a bare style.

scaro → **scaride**.

scarogna e *deriv.* → **scalogna**² e *deriv.*

scarola *s.f.* (*bot.*) (*Lactuca scariola*) prickly lettuce.

scarpa *s.f.* **1** shoe: *scarpe basse*, flat shoes; *scarpe a punta*, pointed shoes; *scarpe a punta quadra*, square-toed shoes; *scarpe col tacco basso*, low-heeled shoes; *scarpe col tacco*, high -heeled shoes; *scarpe con la para*, rubber-soled shoes; *scarpe con stringhe*, lace-up shoes; *scarpe da ballo*, dancing shoes; *scarpe da sera*, evening shoes; *scarpe da tennis*, tennis shoes (*o* trainers); *scarpe da calciatore*, football boots; *scarpe di tela*, canvas shoes; *un paio di scarpe*, a pair of shoes; *suolatura di* —, shoe soling (*o* sole laying); *mettersi, togliersi le scarpe*, to put on, to take off one's shoes // *avere il cervello sotto la suola delle scarpe*, to be dimwitted (*o* not to be all there) // *non gli rassomiglia neanche nella suola delle scarpe*, he could not be more different from him // *fare le scarpe a qlcu.*, to double-cross s.o. // *morire con le scarpe ai piedi*, (*di morte violenta*) to die with one's boots on, (*di morte improvvisa*) to die suddenly **2** (*fig. fam.*) (*persona inetta*) dead loss, washout, dud: *a tennis sei una* —!, you're a dead loss at tennis! **3** (*pendio di muro, di terrapieno*) scarp: — *del terreno*, slope; *muro di* —, scarp wall // *a* —, (*in pendio*) sloping **4** (*di ruota*) skid **5** (*tecn.*) *a* —, (*a sdrucciolo*) mitre (*attr.*) **6** (*mar.*) — *dell'ancora*, anchor fluke chock.

scarpaio region. **scarparo** *s.m.* **1** (*venditore ambulante di scarpe e pianelle*) shoe pedlar **2** (*non com.*) (*calzolaio*) shoemaker.

scarpata¹ *s.f.* (*pendio*) scarp, slope, escarpment: — *continentale*, continental slope.

scarpata² *s.f.* (*colpo dato con la scarpa*) blow with a shoe.

scarpetta *s.f.* **1** light shoe; (*da bambino*) children's shoe; *scarpette da ballo*, dancing shoes; *scarpette da ginnastica*, gym shoes **2** (*fig. fam.*) *fare la* —, to clean one's plate with a piece of bread **3** (*bot. pop.*) — *di Venere*, (*Cypripedium calceolus*) lady-slipper.

scarpiera *s.f.* **1** (*armadietto*) shoe rack **2** (*borsa*) shoe bag.

scarpinare *v.intr.* to tramp, to trek.

scarpinata *s.f.* long walk, tramp, trek.

scarpino *s.m.* pump.

scarpone *s.m.* boot; (*per alpinismo*) climbing boot; (*da sci*) ski boot.

scarriolante *s.m.* worker who uses a wheelbarrow.

scarriolare *v.tr.* to carry in a wheelbarrow.

scarrocciare *v.intr.* (*mar.*) to make* leeway.

scarroccio *s.m.* (*mar.*) leeway.

scarrozzare *v.tr.* to drive* about (in a carriage); to take* for a drive (in a carriage): *si è fatto* — *dal nipote per la città*, he got his nephew to drive him around the city ◆ *v.intr.* to drive* about (in a carriage); to go* for a drive (in a carriage).

scarrozzata *s.f.* drive (in a carriage): *fare una* —, to go for a drive.

scarrucolamento *s.m.* (*non com.*) running (of a rope) over a pulley; slipping (of a rope) off a pulley.

scarrucolare *v.tr.* **1** (*far uscire dalla carrucola*) to disentangle (the rope) from the pulley **2** (*lasciar cadere*) to release suddenly ◆ *v.intr.* (*scorrere nella carrucola*) to turn* over the pulley; (*uscire dalla carrucola*) to slip off the pulley.

scarrucolio *s.m.* **1** running of a pulley **2** (*rumore*) sound of a running pulley.

scarsamente *avv.* scarcely, barely; (*insufficientemente*) insufficiently: *è* — *sufficiente*, it is scarcely sufficient.

scarseggiare *v.intr.* to be lacking (in sthg.); to be short; to be scarce, to run* out: *le provviste scarseggiano*, supplies are running out; — *di denaro*, to be short of money; *scarseggiava l'acqua*, water was lacking (*o* scarce); *scarseggia di buon senso*, he is lacking in common sense.

scarsella *s.f.* **1** (*ant.*) purse; (money-)bag **2** (*fam.*) (*tasca*) pocket.

scarsezza, **scarsità** *s.f.* scarceness, scarcity, shortage; (*mancanza*) lack: — *di acqua*, scarcity (*o* shortage) of water; — *di ingegno*, lack of intelligence // (*econ.*): — *di denaro*, stringency (*o* shortage) of money; — *di manodopera*, labour shortage; — *di personale*, lack of personnel; — *di materie prime*, scarcity of raw materials; — *di fondi*, lack of funds; — *di liquidità*, lack of liquidity // (*fin.*) — *di dollari*, (*sul mercato valutario*) dollar gap.

scarso *agg.* scarce, scanty; poor; (*insufficiente*) short; (*mancante*) lacking (in sthg.): — *di intelletto*, lacking in wit; *misura scarsa*, short measure; *peso* —, short weight; *provvista scarsa*, poor (*o* scanty) supply; *raccolto* —, poor crop; *reddito* —, poor income; *vista scarsa*, poor sight; *è* — *in matematica*, he is poor at mathematics; *qui i buoni alberghi sono scarsi*, here good hotels are scarce; *il cibo è* —, food is scarce // *quattro chili scarsi*, just under four kilos // (*econ.*): *scarse risorse*, meagre resources; *mercato* —, stringent market; *scarsi profitti*, lean profits; *essere* — *a quattrini*, to be short of money; *un anno* — *per gli affari*, a lean year for business; *mezzi scarsi*, scanty means // (*fin.*) — *credito*, tight (*o* close) credit.

scartabellare *v.tr.* to look through (sthg.); (*velocemente*) to skim through (sthg.).

scartafaccio *s.m.* notebook; scribbling pad.

scartamento *s.m.* (*ferr.*) gauge: — *normale, ridotto, variabile*, standard, narrow, variable gauge: *ferrovia a* — *ridotto*, narrow-gauge railway // *in questa città i servizi pubblici funzionano a* — *ridotto*, (*fig.*) in this town the public services are rather hit and miss.

scartare¹ *v.tr.* **1** to unwrap; to unpack: *scarta quei libri*, unwrap those books **2** (*rifiutare scegliendo*) to reject; to discard, to throw* away: *le copie difettose vennero scartate*, the defective copies were rejected; — *un'ipotesi*, to discard a hypothesis; — *una proposta*, to reject a proposal; — *un soprabito vecchio, un paio di scarpe*, to discard an old overcoat, a pair of shoes; *del maiale non si scarta niente*, no part of the pig is thrown away // — *una carta*, (*al gioco*) to discard // (*mil.*) — *qlcu. alla leva*, to reject s.o. for military service.

scartare[2] *v.intr.* (*deviare bruscamente a lato*) to swerve: *il cavallo, l'automobile scartò a destra*, the horse, the car swerved to the right ◆ *v.tr.* (*nel calcio*) to swerve round, to go* round: — *il portiere*, to swerve round the goalkeeper.

scartata[1] *s.f.* (*non com.*) (*lo scartare*) rejection; discarding.

scartata[2] *s.f.* (*brusca deviazione laterale*) swerve.

scartato *agg.* discarded, cast off, rejected: *abiti scartati*, cast-off (*o* discarded) clothes ◆ *s.m.* (*mil.*) reject.

scartavetrare *v.tr.* to glass-paper, to sandpaper.

scartavetrata *s.f.* glass-papering, sandpapering.

scartellamento *s.m.* (*econ.*) decartelization, breaking of cartel agreements.

scartellare *v.intr.* (*econ.*) to decartelize, to break* cartel agreements.

scartinare *v.tr.* (*tip.*) to slip-sheet.

scartino *s.m.* (*tip.*) slip sheet.

scarto[1] *s.m.* **1** (*lo scartare*) discarding; (*la cosa scartata*) discard, reject, waste, scrap: — *di produzione*, (production) reject; *articoli di* —, discarded (*o* rejected) articles; *roba di* —, refuse (*o* waste matter); *scarti di magazzino*, unsold stock; *riciclare gli scarti*, to recycle scrap // (*mil.*) — *di leva*, rejected conscript **2** (*alle carte, lo scartare e la carta scartata*) discard **3** (*inform.*) reject: *cartella di* —, reject pocket.

scarto[2] *s.m.* **1** (*brusca deviazione laterale*) swerve **2** (*di cavallo*) shy: *fare uno* —, to shy **3** (*differenza*) disparity; difference: *hanno vinto con uno — di due punti*, they won by two points **4** (*sport*) dribble; dribbling **5** (*econ.*) (*margine, differenza*) spread, margin, gap, lag: — *frazionato*, split spread; — *temporale*, time lag; — *inflazionistico*, inflationary gap // (*fin.*) — *di rendimento*, yield gap // (*Borsa*): — *tra il prezzo di acquisto e di vendita di titoli*, spread; — *di garanzia*, safety margin **6** (*stat.*) deviation: — *medio, della media*, mean deviation; — *quadratico medio*, standard deviation (*o* mean square deviation).

scartocciamento *s.m.* → **scartocciatura**.

scartocciare *v.tr.* **1** to unwrap; to unpack; to unfold **2** — *granoturco*, to strip maize.

scartocciatura *s.f.* (*di granoturco*) stripping.

scartoccio *s.m.* (*region.*) **1** (paper) bag **2** (*per lumi a petrolio*) lamp-chimney **3** (*arch.*) cartouche.

scartoffia *s.f.* (*spec. pl.*) (*spreg.*) heap of papers, papers (*pl.*); (*pratica d'ufficio*) paperwork [U]: *ho molte scartoffie da esaminare*, I have a lot of paperwork to do; *lascia le tue scartoffie e vieni a prendere un po' d'aria*, tear yourself away from your desk and come and get some fresh air; *devi compilare un sacco di scartoffie per ottenere quel permesso*, you have to go through a load of paperwork to get the authorization.

scartometro *s.m.* deviation meter.

scassa *s.f.* (*mar.*) step.

scassare *v.tr.* **1** (*agr.*) (*dissodare*) to break* up; to plough up **2** (*fam.*) (*rompere, sfondare*) to smash, to break*, to wreck: *ha scassato la bicicletta*, he has wrecked his bicycle // *smettila di* — (*le scatole*), (*fam.*) stop getting up my nose.

□ **scassarsi** *v.intr.pron.* (*fam.*) to break*: *l'orologio si è scassato*, the clock has broken.

scassato *agg.* **1** (*dissodato*) broken up, ploughed up **2** (*fam.*) (*rotto*) smashed, wrecked; rickety.

scassinamento *s.m.* breaking open.

scassinare *v.tr.* to force open; to pick the lock of (sthg.); to break* open: — *una porta*, to force a door open; — *una cassaforte*, to break open (*o fam.* to crack) a safe.

scassinatore *s.m.* thief*; (*di casa*) housebreaker, burglar; (*di banca*) bank robber; (*di negozio*) shopbreaker; (*di cassaforte*) safebreaker.

scassinatura *s.f.* breaking open.

scasso *s.m.* **1** (*di serratura*) lock-picking; (*di casa*) housebreaking // *furto con* —, (*in casa*) housebreaking (*o* burglary); (*in banca*) bankrobbery; (*in negozio*) shopbreaking **2** (*agr.*) (*dissodamento*) trenching.

scatafascio → **catafascio, a**.

scatarrare *v.intr.* (*fam.*) to hawk and spit.

scatenamento *s.m.* **1** unchaining **2** (*fig.*) (*furia prorompente*) bursting (forth), outburst; outbreak.

scatenare *v.tr.* **1** (*non com.*) (*togliere la catena a*) to unchain; to let* loose **2** (*aizzare*) to stir up: — *la folla contro qlcu.*, to stir up the mob against s.o. **3** (*suscitare*) to rouse, to set* off: — *l'ilarità generale*, to set everyone laughing; — *l'indignazione, l'odio di qlcu.*, to rouse (*o* to provoke) s.o.'s indignation, hatred; *la fame scatenò una violenta ribellione*, starvation set off (*o* sparked) a violent revolt.

□ **scatenarsi** *v.intr.pron.* **1** (*prorompere, scoppiare*) to break* out; to burst* out: *si scatenò una rivolta, un grande incendio*, a revolt, a great fire broke out; *si scatenò un temporale*, a storm broke; *a quella risposta la sua rabbia si scatenò*, his anger burst out at that answer // *si scatenò contro di me*, he raged at me **2** (*darsi alla pazza gioia*) to go* wild: *si scatenarono in una folle danza*, they went wild in a frenzied dance **3** (*fam.*) (*eccitarsi*) to get* excited: *quando parla di jazz, si scatena*, when he speaks about jazz he really gets excited **4** (*sfrenarsi*) to run* wild: *senza ragione, le passioni si scatenano*, without reason, passions run wild.

scatenato *agg.* **1** (*non com.*) (*senza catena*) unchained; chainless **2** (*sfrenato*) unrestrained, wild, uncontrollable: *furia scatenata*, uncontrollable fury; *da piccolo era* —, as a child he was completely wild // *è un pazzo* —, (*fig. scherz.*) he's totally crazy.

scatofagia *s.f.* (*med.*) scatophagy.

scatola *s.f.* **1** box*; (*di latta*) tin; can; (*di cartone*) carton: *una — di biscotti, di cioccolatini*, a box of biscuits, of chocolates; *una — di carne, di piselli*, a tin of meat, of peas; *una — di fiammiferi*, a box of matches; *una — di spilli*, a box of pins; *mangiò un'intera — di cioccolatini*, he ate a whole box of chocolates; *spedire la merce in* —, to send goods in boxes (*o* cartons) // *la — armonica*, sound box // (*anat.*) *la — cranica*, the skull // *in* —, tinned (*o* canned): *carne, minestra, frutta in* —, tinned meat, soup, fruit // *comprare a — chiusa*, to buy sthg. without seeing it first // *rompere le scatole a qlcu.*, (*fam.*) to get up s.o.'s nose; *levati dalle scatole!*, (*fam.*) get off my back!; *ne ho piene le scatole*, (*fam.*) I'm fed up to the back teeth **2** (*mecc.*) box; case; housing: — *a muro*, wall box // (*aer.*) — *nera*, black box // (*aut.*) — *del differenziale*, differential (gear) carrier // (*elettr.*): — *di connessione*, junction box; — *di derivazione*, connector block // (*cinem.*) — *per film*, film case.

scatolame *s.m.* **1** tins (*pl.*); cans (*pl.*) **2** (*cibi in scatola*) tinned food; canned food.

scatolare *agg.* box (*attr.*): *struttura* —, box structure.

scatolato *agg.* **1** (*a scatola*) box (*attr.*): *trave scatolata*, box girder **2** (*in scatola*) tinned, canned: *cibi scatolati*, tinned food ◆ *s.m.* tinned food, canned food: *la vendita degli scatolati*, the sale of tinned (*o* canned) food.

scatoletta *s.f.* small tin, small can.

scatolificio *s.m.* box factory.

scatolo *s.m.* (*chim.*) skatole.

scatologia *s.f.* scatology.

scatologico *agg.* scatological.

scattante *agg.* quick, quick off the mark (*pred.*).

scattare *v.intr.* **1** to be released; to go* off: *premendo il grilletto, il percussore scatta*, when the trigger is pressed the firing-pin is released; *la trappola non scattò*, the trap did not work // — *a vuoto*, (*di arma da fuoco*) to misfire **2** (*estens.*) (*balzare*) to spring*, to leap*: *al segnale i corridori scattarono*, at the starting -signal the runners sprang forward // — *come una molla*, to spring up // — *in piedi*, to spring to one's feet // (*mil.*) — *sull'attenti*, to spring (*o* to leap) to attention **3** (*fig.*) (*adirarsi*) to lose* one's temper, to fly* into a rage: *scatta ad ogni minima contrarietà*, he flies into a rage at the slightest thing **4** (*aumentare*) to go* up, to jump, to increase, to rise*: (*econ.*) *la scala mobile è scattata di due punti*, the sliding scale allowance went up by (*o* jumped) two points **5** (*avere inizio*) to start, to begin*: *l'operazione della polizia è scattata all'alba*, the police operation began at dawn // (*assicurazioni*) *l'aumento dei premi assicurativi scatterà il primo gennaio*, the rise in insurance premiums will become effective on lst January ◆ *v.tr.* (*fot.*) to take*, to snap: — *una fotografia*, to take a photo.

scattista *s.m.* e *f.* sprinter.

scatto *s.m.* **1** (*di meccanismo*) click: *lo — della serratura lo fece sobbalzare*, the click of the lock made him start **2** (*pezzo meccanico*) release, catch, trigger: — *automatico*, automatic release; *lo — del percussore nel fucile*, the release of the firing-pin in a rifle; *serratura a* —, deadlatch; *coltello a* —, flick knife **3** (*fig.*) (*balzo*) spring, burst: *fu in piedi con uno* —, he sprang to his feet; *vinse con uno — finale*, he won with a final burst // *a scatti*, in jerks: *camminare a scatti*, to walk jerkily; *parlare a scatti*, to talk in bursts // *di* —, suddenly: *si alzò di* —, he sprang up **4** (*moto d'ira*) burst, fit (of temper), outburst (of rage); (*impulso*) impulse:— *di generosità*, generous impulse; *ebbe uno — d'ira*, he had an outburst of rage; *non tollero i tuoi scatti*, I cannot put up with your fits of temper **5** (*fig.*) (*mutamento di livello*) increase, rise // (*econ.*): — *automatico dello stipendio*, automatic salary rise; — *della contingenza*, rise in the cost-of-living allowance (*o* cost-of-living increase); — *di un punto della contingenza*, one-point cost-of-living increase; — *della scala mobile*, sliding-scale increase // (*amm.*) — *di anzianità*, seniority increase **6** (*unità tariffaria del telefono*) unit: *una telefonata di venti scatti*, a twenty-unit telephone call.

scaturigine *s.f.* (*letter.*) **1** (*sorgente*) spring **2** (*fig.*) (*origine*) source.

scaturire *v.intr.* **1** to spring*, to spout, to gush, to pour: *l'acqua scaturisce dal suolo*, water springs from the earth; *le lacrime scaturirono dai suoi occhi*, tears gushed from her eyes; *il petrolio scaturiva in gran quantità*, the oil gushed out in great quantities; *il sangue scaturiva dalla ferita*, blood poured from the wound **2** (*aver origine, derivare*) to originate; to result; to derive; to spring*, to arise*: *il fuoco scaturì da sotto il pavimento*, the fire originated under the floor; *tutti i miei problemi scaturirono da un malinteso*, all my troubles sprang from a misunderstanding; *dall'inchiesta non sono scaturiti nuovi elementi*, no new leads have arisen from the enquiry.

scavabuche *s.m.* hole digger.

scavafossi *s.f.* ditcher, ditching machine.

scavalcamento *s.m.* unhorsing; climbing; overtaking.

scavalcare *v.tr.* **1** (*gettare da cavallo*) to unhorse, to dismount: — *un cavaliere*, to unhorse (*o* to dismount) a rider **2** (*passare sopra a*) to step over (sthg.); (*arrampicandosi*) to climb over (sthg.); (*saltando*) to jump over (sthg.): — *un muro*, to climb over a wall (*o* to scale a wall); — *un ruscello*, to step over a stream; — *uno steccato*, to climb (*o* to jump) over a fence **3** (*fig.*) (*soppiantare*) to supplant, to oust: *fu scavalcato dal suo rivale*, he was supplanted by his rival; — *qlcu. in un posto*, to oust s.o. from his post **4** (*passare avanti a, sorpassare*) to get* ahead (of s.o.), to overtake*; to pass: *studiò molto e scavalcò tutti in latino*, he studied hard and got ahead of everybody in Latin ◆ *v.intr.* (*letter.*) (*scendere da cavallo*) to dismount, to alight* (from one's horse), to get* off one's horse.

scavare *v.tr.* **1** to dig; to excavate; (*in una miniera*) to mine: *scavarono un grosso buco nel terreno per le fondamenta*, they excavated a big hole in the ground for the foundations; *è difficile — il terreno quando è gelato*, it is difficult to dig the ground when it is frozen; *questo buco fu scavato dall'acqua*, this hole was hollowed out by the water; — *un fosso*, to dig a ditch (*o* to ditch); — *un pozzo*, to sink a well; — *una trincea*, to dig a trench; — *con la draga*, to dredge // *si scavò la fossa con le sue mani*, (*fig.*) he cut his own throat **2** (*di cose sepolte, riportarle alla luce*) to excavate, to unearth: — *antiche rovine*, to excavate ancient ruins; — *una città sepolta*, to excavate a buried city; — *un tesoro*, to dig up treasure // *a furia di — è venuta fuori la verità*, (*fig.*) by dint of lots of digging the truth came out; — *nel passato di qlcu.*, (*fig.*) to dig into s.o.'s past **3** (*fig.*) (*escogitare*) to dig up, to come* by: *scava strani argomenti, strane teorie*, he digs up strange ideas, strange theories **4** (*fare lo scollo ad abito ecc.*) to widen, to enlarge: — *il collo di un vestito*, to enlarge the collar of a dress; — *le maniche*, to widen the sleeves.

scavato *agg.* **1** dug-out, excavated: *quel canale è poco* —, that canal is not very deep **2** (*incavato*) hollow: *guance scavate*, hollow cheeks.

scavatore *agg.* **1** digging **2** (*zool.*) fossorial ◆ *s.m.* digger.

scavatrice *s.f.* (*mecc.*) excavator, digger: — *a cucchiaia*, power shovel; — *per fossi*, ditching machine; — *pneumatica*, pneumatic digger.

scavatura *s.f.* **1** (*lo scavare*) digging; excavation; (*terra scavata*) earth dug up **2** (*scollo*) hole: — *del collo, della manica*, neckhole, armhole.

scavezzacollo *s.m.* **1** (*non com.*) (*caduta rovinosa*) headlong fall // *a* —, at breakneck speed; (*fig.*) rashly, recklessly: *andare a* —, to go at breakneck speed; *correre a* —, to run at full speed **2** (*fig.*) (*persona scapestrata*) daredevil, reckless fellow.

scavezzare[1] *v.tr.* (*tagliare i rami a*) to pollard; (*estens.*) to break*: *si è scavezzato una gamba*, he broke a leg.

scavezzare[2] *v.tr.* (*levare la cavezza a*) to unbridle.

scavezzatura *s.f.* pollarding.

scavino *s.m.* (*arnese da cucina*) corer.

scavo *s.m.* **1** (*lo scavare*) digging out, excavating; excavation; dig: *sezione di* —, working-face; *iniziare uno* —, to break ground **2** (*spec. pl.*) (*archeol.*) excavation: *scavi archeologici*, archaelogical excavations; *gli scavi di Pompei*, the excavations of Pompei **3** (*pl.*) (*miner.*) workings **4** (*incavatura*) hole: *lo — del collo, della manica*, the neck hole, the arm hole.

scazzarsi *v.intr.pron.* (*volg.*) **1** (*adirarsi*) to get* pissed off (with s.o.) **2** (*perdere l'entusiasmo*) to lose* interest.

scazzo *s.m.* (*volg.*) (*litigio*) dustup, row.

scazzottare *v.tr.* (*fam.*) to punch, to beat*. □ **scazzottarsi** *v.rifl.rec.* (*fam.*) to have a punch up, to punch each other (one another).

scazzottata, **scazzottatura** *s.f.* (*fam.*) (*rissa*) brawl, punch up; (*scarica di cazzotti*) hail of blows.

scegliere *v.tr.* **1** to choose*, to pick, to select; (*fare una scelta*) to make* a choice of (sthg.): *non ho ancora scelto le migliori composizioni*, I haven't yet selected the best compositions; *non so quale libro* —, I don't know which book to choose; *quale sceglieresti fra questi?*, which of these would you choose (*o* pick)? // *non c'è da* —, there is no choice // — *una carriera*, to choose a career // — *il minore dei due mali*, to choose the lesser of (the) two evils **2** (*selezionare*) to pick out, to sort out: *fu scelto come il migliore studente*, he was picked out as the best student; *scegli i libri inglesi e mettili tutti qui*, sort out the English books and put them all here; *scegli le pesche più grosse e portale qui*, pick out the biggest peaches and bring them here // (*sport*) — *il campo*, to toss for ends **3** (*optare*) to choose*, to prefer: *ha scelto di stare a casa e non uscire con noi*, he preferred (*o* chose) to stay home and not come out with us ◆ *v.intr.* to choose*: *è difficile* —, it's hard to choose; *non c'è sempre la possibilità di* —, you don't always have the chance to choose.

sceglitore *s.m.* **sceglitrice** *s.f.* picker, selector; (*di prodotti industriali*) sorter.

sceiccato *s.m.* **1** (*titolo, grado*) title of sheik(h), rank of sheik(h) **2** (*territorio*) sheik(h)dom.

sceicco *s.m.* sheik(h).

scelleraggine, **scelleratággine**, **scelleratezza** *s.f.* **1** wickedness, evil **2** (*atto scellerato*) misdeed, crime: *compiere una* —, to commit a misdeed.

scellerato *agg.* wicked, evil: *uomo, pensiero* —, evil (*o* wicked) man, thought ◆ *s.m.* scoundrel, wicked person.

scellino *s.m.* (*moneta inglese*) shilling; (*moneta austriaca*) schilling.

sceloporo *s.m.* (*zool.*) (*rettile*) swift.

scelta *s.f.* **1** choice, choosing: *non ho possibilità di* —, I have no choice; *in quel negozio c'è molta* —, there's a lot of choice in that shop; *fare una* —, to make a choice; *fare la propria* —, to take one's choice; *un libro omaggio a* —, choose a free book // *la — della lana, del caffè*, the sorting of wool, of coffee // (*comm.*): *merce di prima* —, choice (*o* top -quality *o* first-rate) goods; *di seconda* —, second rate (*o* second-best) // (*econ.*): — *pubblica*, public choice; — *sociale*, social choice // (*fin.*) *scelte di portafoglio*, portfolio behaviour // (*amm.*) *promozione a* —, promotion by merit // (*log.*) *assioma di* —, choice axiom **2** (*selezione*) selection, choice: *una — di poesie*, a selection of poems; *una buona — di colori*, a good choice of colours **3** (*fil.*) choice.

sceltezza *s.f.* (*letter.*) choiceness; (*raffinatezza*) elegance.

scelto *agg.* **1** chosen, selected, (hand-) picked: *il candidato — non era il migliore*, the chosen candidate was not the best; *poesie scelte*, selected poems **2** (*di qualità superiore*) choice (*attr.*), select (*attr.*), first-rate (*attr.*), top quality: *frutta scelta*, choice fruit; *merce scelta*, first-rate (*o* top quality) goods; *rivolgersi ad un pubblico* —, to address a chosen few **3** (*ben addestrato*) specially trained; crack: *soldato* —, specially-trained soldier; *tiratore* —, crackshot; *truppe scelte*, crack troops; *ufficiali scelti*, hand -picked officers.

scemamento *s.m.* (*rar.*) diminution, falling, reduction, abatement.

scemare *v.intr.* to diminish, to lessen, to decrease, to go* down, to fall*, to wane: *il dolore scemava*, the pain was diminishing; *la sua gloria sta scemando*, his glory is waning; *le mie forze stanno scemando*, my energy is waning ◆ *v.tr.* (*non com.*) to reduce, to lower, to diminish: (*comm.*) — *il prezzo di vendita di un prodotto*, to reduce the sale price of a product.

scemata *s.f.* (*fam.*) something stupid; nonsense, twaddle: *fare, dire scemate*, to do, to say something stupid; *non dire scemate!*, don't talk twaddle (*o* nonsense); *quel programma è una* —, that programme is nonsense (*o* twaddle).

scemenza *s.f.* **1** stupidity, silliness **2** (*detto da scemo*) twaddle, nonsense: *non dire scemenze*, don't talk nonsense.

scemo *agg.* **1** stupid, silly; dumb; half -witted: *ma sei —?*, are you stupid?; *che libro —!*, what a stupid book! **2** (*non com.*) (*non pieno*) not full; half-empty **3** (*mancante*) lacking (in sthg.) ◆ *s.m.* idiot, fool, half-wit: *non fare lo —!*, don't play the fool!

scempiaggine *s.f.* **1** stupidity, foolishness **2** (*sciocchezza*) twaddle, nonsense.

scempiamento *s.m.* (*sdoppiamento*) halving, becoming single.

scempiare[1] *v.tr.* (*sdoppiare*) to halve, to make* single.
□ **scempiarsi** *v.intr.pron.* to become* single.

scempiare[2] *v.tr.* (*non com.*) (*fare scempio di*) to slaughter; (*rovinare*) to ruin.

scempiato *agg.* **1** (*sdoppiato*) made single, halved **2** (*stupido*) stupid, foolish, dumb.

scempietà → **scempiaggine**.

scempio[1] *agg.* **1** stupid, foolish, silly **2** (*non doppio*) single: *filo* —, single thread.

scempio[2] *s.m.* **1** (*letter.*) (*sterminio*) havoc; (*strage*) slaughter **2** (*distruzione*) ruin, destruction: *queste costruzioni sono uno — del paesaggio*, these buildings ruin the landscape; *fare — di*, to ruin (*o* to damage).

scemunito → **scimunito**.

scena *s.f.* **1** scene: *la — del fantasma nell'Amleto'*, the ghost scene in 'Hamlet'; *la — del primo atto è a Roma*, in the first act the action takes place in Rome (*o* the scene is laid in Rome); *il primo atto è diviso in quattro scene*, the first act is divided into four scenes // *— muta*, dumb show (*o* mime): *fece — muta all'esame*, he didn't utter a single word in the exam // *a — aperta*, in the middle of the scene // *colpo di* —, dramatic moment; (*fig.*) unexpected event // *chi è di —?*, whose turn is it? **2** (*scenario*) scenery, scene: *ha dipinto le scene per la commedia*, he has painted the scenery for the play; *cambiare le scene*, to change the scenes; *cambiamento di* —, scene change; *dietro le scene*, behind the scenes (*anche fig.*) **3** (*palcoscenico*) stage; *direttore di* —, stage-director; *entrare in* —, to come on stage (*anche fig.*); (*fig.*) to interfere: *non voglio entrare in* —, I don't want to interfere // *essere in* —, to be on stage; (*fig.*) to be the centre of attention // *avere* —, to have (stage) presence // *messa in* —, staging; (*fig.*) showing off: *è solo una messa in* —, it is merely showing off // *andare in* —, to be performed (*o* to be staged) // *calcare le scene*, to be an actor (*o* to tread the boards) // *mettere in — una commedia*, to stage (*o* to put on) a play // *ritirarsi, scomparire dalle scene, uscire di* —, to leave the stage (*anche fig.*) **4** (*fig.*) (*teatro*) theatre, stage: *una commedia nuova per le scene francesi*, a new play for the French stage // *darsi alle scene*, to go on the stage **5** (*vista, spettacolo di vita*) scene; view: *scene della vita militare*, scenes of military life; *scene di dolore*, scenes of grief; *il quadro rappresenta una — di caccia*, the painting depicts a hunting scene; *la — politica*, the political scene; (*il mondo politico*) the political world; *uscire dalla — politica*, to leave the political scene; *che bella —!*, what a lovely view! // *fare* —, to make an impression (*o* to cause a sensation) // *— del delitto*, scene of the crime **6** (*litigio*) scene, row: *fare una* —, to make a scene; *smettetela di fare scene*, stop making such a scene (*o* fuss) **7** (*finzione*) act, put-on: *è tutta* —, it's all an act // *per far* —, to make an impression (*o* to draw attention to oneself).

scenario *s.m.* **1** (*teatr.*) scenery [U] (*anche fig.*), set: *lo — è grandioso*, the scenery is imposing **2** (*ambiente*) background, backdrop: *il delitto si è consumato su uno — di miseria*, the crime took place against a background of poverty **3** (*canovaccio di commedia, pellicola ecc.*) script, screenplay, scenario* **4** (*gergo giornalistico*) scenario*: *dopo le elezioni si possono delineare due possibili scenari*, after the election there are two possible scenarios.

scenata *s.f.* scene, row: *fare una* —, to make a scene (*o fam.* to kick up a row); *ho assistito a una brutta* —, I was present at a nasty scene.

scendere *v.intr.* **1** to get* down, to go* down, to come* down; (*form.*) to descend: *scendi da quella scala*, get down off that ladder; *non è ancora sceso*, he is not down yet; *aspettami, scendo subito*, wait for me, I'll be down in a minute (*o* in a tick); *scendo un momento dal cartolaio*, I am just going down (*o* nipping out) to the stationer's for a moment; *perché non scendi al bar stasera?*, why don't you come along to the pub this evening?; *scesi al fiume*, I went down to the river; *i fiumi scendono verso il mare*, rivers flow down to the sea; *— da un monte*, to come down a mountain; *— a valle*, to go downhill; (*venire a valle*) to come downhill; *— da un albero*, to climb down a tree; *— in cantina*, to go down to the cellar; *— in fretta, con rumore*, to hurry (*o* to hasten) down, to clatter down; *un angelo scese dal cielo*, an angel descended from Heaven; *i barbari scesero in Italia*, the barbarians descended on Italy; *d'estate scendo in Sicilia dai miei parenti*, in the summer I go down to Sicily to stay with my relatives; *— in città*, to go into town; *— dal letto*, to get out of bed (*o* to get up) // *scende la neve*, snow is falling // *fallo —!*, (*mandalo giù*) send him down!; (*chiamalo giù*) call him down! // *le sue parole mi scesero al cuore*, his words touched my heart // *— nei minimi particolari*, to enter into the smallest (*o* minutest) details **2** (*da un veicolo*) to get* off (sthg.); to get* out (of): *devo — alla prossima stazione*, I must get off at the next station; *in genere scendo qui*, this is where I usually get off; *— da un'automobile*, to get out of a car; *— dal tram*, to get off a tram; *— da un treno*, to get off (*o* to get out of) a train; *— da cavallo*, to dismount from (*o* to get off) a horse; *— a terra*, (*sbarcare*) to disembark // *— ad un albergo*, to put up at an hotel: *a che albergo sei sceso?*, what hotel are you staying (*o* have you put up) at? **3** (*declinare*) to slope down (wards), to run* down, to descend: *la montagna scende verso il mare*, the mountain slopes down towards the sea; *la scogliera scendeva a picco sul mare*, the cliff fell sheer (*o* fell in a sheer drop) to the sea; *il sentiero scende ripidamente*, the path descends steeply; *la strada scende verso la valle*, the road runs down to the valley **4** (*abbassarsi, calare*) to fall*, to drop; (*diminuire*) to decrease, to go* down: *il barometro era sceso*, the barometer had fallen (*o* dropped); *non puoi — col prezzo?*, couldn't you bring your price down a little?; *i prezzi scendono*, prices are falling; *scende la notte*, night is falling; *il silenzio scese sul villaggio*, silence fell on the village; *la temperatura è scesa molto in questi ultimi giorni*, the temperature has fallen a lot in the last few days **5** (*fig.*) (*abbassarsi, piegarsi*) to stoop, to lower oneself: *non scendo a trattare con gente simile*, I wouldn't stoop (*o* lower myself) to dealing with people like that; *— a patti con qlcu.*, to come to terms with s.o.; *non pensavo potesse — così in basso*, I didn't think he could stoop so low; *il livello della discussione è sceso parecchio*, the level of the discussion has considerably declined **6** (*cadere, pendere*) to fall*; to come* down, to hang* down: *la barba gli scendeva sul petto*, his beard came down to his chest; *i capelli le scendevano sulle spalle*, her hair fell to her shoulders; *il vestito mi scendeva fino alle caviglie*, my dress came down to my ankles **7** (*di astri*) to sink*, to go* down: *la luna sta scendendo*, the moon is going down; *il sole scendeva a occidente*, the sun was sinking in the west **8** (*ant., letter.*) (*discendere, nascere*) to descend, to be descended; to come* (of); (*di fiume*) to rise: *il Po scende dalle Alpi*, the Po rises in the Alps ◆ *v.tr.* **1** to go* down, to come* down; (*form.*) to descend: *— un colle*, to go down a hill; *— le scale*, (*andare giù*) to go downstairs; (*venire giù*) to come downstairs; *— correndo le scale*, to run down the stairs (*o* downstairs) **2** (*dial.*) (*far scendere*) to take* down, to bring* down, to carry down: *scendi il bagaglio*, bring (*o* carry *o* take) down the luggage.

scendibagno *s.m.* bath mat.

scendiletto *s.m.* (*tappetino*) bedside carpet.

sceneggiare *v.tr.* **1** (*teatr.*) to arrange into scenes **2** (*ridurre a forma drammatica*) to dramatize, to adapt; (*scrivere il copione di*) to script: *— un romanzo*, to dramatize a novel.

sceneggiata *s.f.* **1** (*teatr.*) 'sceneggiata', Neapolitan melodrama **2** (*estens.*) performance, act, show: *non gli credere, è tutta una* —, don't believe him, he's just putting on an act.

sceneggiato *agg.* dramatized, adapted; scripted ◆ *s.m.* (*tv*) serial: *uno — in quattro puntate*, a serial in four episodes.

sceneggiatore *s.m.* **sceneggiatrice** *s.f.* (*cinem.*) scriptwriter; scenarist; (*teatr.*) dramatist.

sceneggiatura *s.f.* **1** (*suddivisione in scene*) dramatization, adaptation **2** (*copione*) script; (*cinem.*) film-script, screenplay (*anche tv*); scenario*.

scenetta *s.f.* **1** (*azione scenica*) sketch **2** (*estens.*) scene.

scenicamente *avv.* scenically.

scenico *agg.* scenic(al), stage (*attr.*): *effetti scenici*, stage effects.

scenografia *s.f.* **1** set designing; stage designing; scene painting; (*teatr. ant.*) scenography **2** (*ambiente scenico*) set, setting.

scenografico *agg.* **1** set (*attr.*), stage (*attr.*); scenographic(al) **2** (*fig.*) (*spettacolare*) spectacular; showy: *un tramonto* —, a spectacular sunset.

scenografo *s.m.* set designer; (*teatr.*) stage designer, scene painter, scenographer.

scenotecnica *s.f.* staging, stagecraft.

scenotecnico *agg.* staging (*attr.*) ◆ *s.m.* (*teatr.*) stage hand.

scentrare *v.tr.* **1** to put* out of centre **2** (*region.*) (*danneggiare*) to smash up: *ho scentrato la macchina*, I've smashed up the car.
□ **scentrarsi** *v.intr.pron.* **1** to go* out of centre **2** (*region.*) (*scontrarsi*) to collide with; to crash into.

scentrato *agg.* **1** (*tecn.*) eccentric, out of centre **2** (*fig.*) (*scriteriato*) scatter-brained; odd: *è un tipo simpatico, ma mi sembra un po'* —, he's a nice person but he seems a bit scatter-brained to me.

scentratura *s.f.* (*tecn.*) eccentricity.

scepsi *s.f.* (*fil.*) scepsis, skepsis.

sceratrice *s.f.* (*apicoltura*) wax extractor.

scerbare *v.tr.* (*agr.*) to weed.

scerbatura *s.f.* (*agr.*) weeding.

sceriffo[1] *s.m.* sheriff.

sceriffo[2] *s.m.* (*discendente di Maometto*) sharif, shereef, sherif.

scernere *v.tr.* (*ant.*, *letter.*) (*discernere*) to discern, to distinguish.

scervellarsi *v.intr.pron.* to rack one's brains: *mi scervellai tutto il giorno su quel problema*, I racked my brains all day over that problem; *si è scervellato per cercare di ricordare il suo nome*, he racked his brains trying to remember her name.

scervellato *agg.* half-witted, brainless, hare-brained ◆ *s.m.* half-wit, featherbrain.

scespiriano *agg.* Shakespearean: *le tragedie scespiriane*, Shakespearean tragedies.

scetticismo *s.m.* scepticism; (*amer.*) skepticism.

scettico *agg.* sceptical; (*amer.*) skeptical; (*fil.*) sceptic(al): *filosofo* —, sceptic(al) philosopher; *persona scettica*, sceptical person; (*fil.*) *principi scettici*, sceptic(al) principles; *sorriso* —, sceptical smile; *essere — su un risultato*, to be sceptical about a result ◆ *s.m.* sceptic; (*amer.*) skeptic: *è uno* —, he is a sceptic.

scettro *s.m.* **1** sceptre: — *regale*, regal sceptre; *deporre lo* —, to lay down the crown (*o* to abdicate); *tenere lo* —, to hold the sceptre; *usurpare lo* —, to usurp the throne **2** (*fig.*) sceptre, throne; crown: *un pugile che detiene lo — dei pesi massimi*, a boxer who holds the heavyweight crown (*o* title).

sceveramento *s.m.* (*letter.*) discernment, distinction.

sceverare *v.tr.* (*letter.*) to discern, to distinguish, to separate: — *il bene dal male*, to distinguish good from evil.

scevro *agg.* (*letter.*) free (from sthg.): — *da imperfezioni*, free from faults; *ipotesi non scevra di fondamento*, a hypothesis not without foundation.

scheda *s.f.* **1** card; file; (*modulo*) form; (*tabella*) schedule, chart: *le schede di un catalogo, di un archivio*, the cards of a catalogue, of a file; — *telefonica*, telephone card; — *di valutazione*, (*a scuola*) report card; — *segnaletica*, police record (*o* file); — *personale*, personal file; — *presenze*, attendance card; (*amm.*) *partitario a schede*, card ledger // (*econ.*): — *di mercato*, market schedule; — *di controllo di qualità, della produzione*, quality, production control card // (*inform.*): — *perforata*, punched (*o* tab *o* unit record) card; — *dati, meccanografica*, data card; — *matrice*, master card; — *madre*, motherboard **2** (*elettorale*) vote, voting paper, ballot (paper): *il computo delle schede*, count; — *bianca*, *nulla*, blank, void voting paper **3** (*di giornale*) inset.

schedare *v.tr.* **1** to card index; to register, to catalogue, to record, to keep* a file on (s.o.): — *i libri di una biblioteca*, to (card) index the books of a library; — *le entrate*, *le uscite*, to record income, expenditure; (*trib.*) *il fisco scheda i contribuenti*, revenue authorities keep a file on taxpayers **2** (*della polizia*) to put* down in the police records; to book.

schedario *s.m.* **1** card index, card file, file; catalogue: — *alfabetico*, index cards; — *dei clienti*, customers file; *consultare lo — di una biblioteca*, to look up the catalogue of a library; — *della polizia*, police records // (*inform.*): — *di lavoro*, batch file **2** (*mobile*) filing cabinet.

schedarista *s.m.* e *f.* (*amm.*) card index keeper, file clerk, filing clerk.

schedaristico *agg.* (*amm.*) filing, indexing, card index (*attr.*): *sistema* —, filing system.

schedato *agg.* **1** filed, indexed, catalogued, registered **2** (*dalla polizia*) booked (*pred.*); with a police record (*pred.*) ◆ *s.m.* (*dalla polizia*) person with a police record.

schedatore *s.m.* **schedatrice** *s.f.* (*amm.*) filing clerk, filer, cataloguer, indexer, card compiler: *lo — di una biblioteca*, the cataloguer in a library.

schedatura *s.f.* **1** filing, card indexing, cataloguing: *fare la — dei libri di una biblioteca*, to (card) index the books of a library **2** (*da parte della polizia*) booking.

schedina *s.f.* (*fam.*) (*del totocalcio ecc.*) (pools) coupon: *giocare la* —, to bet on the pools.

schedulare *v.tr.* (*inform.*) to schedule.

schedulazione *s.f.* (*inform.*) scheduling: — *sequenziale*, sequential scheduling.

scheelite *s.f.* (*min.*) scheelite.

scheggia *s.f.* splinter, chip, sliver: *una — di legno, metallo, vetro*, a splinter of wood, metal, glass.

scheggiare *v.tr.* to chip; to splinter: *bada a non — il tavolo*, be careful not to chip the table; *il sasso scheggiò il vetro della finestra*, the stone splintered the windowpane.

□ **scheggiarsi** *v.intr.pron.* to splinter, to chip: *è un legno che non si scheggia facilmente*, it is a wood that does not chip easily; *in quell'incidente si scheggiò due denti*, he had two teeth broken in the accident.

scheggiato *agg.* chipped; splintered: *mobile, vaso* —, chipped piece of furniture, vase; *vetro* —, splintered glass // *dente* —, broken tooth.

scheggiatura *s.f.* **1** splintering, chipping **2** (*parte scheggiata*) chipped part.

scheletogeno → **scheletrogeno**.

scheletrico *agg.* **1** (*anat.*) skeletal: *sistema* —, skeletal system **2** (*estens.*) (*molto magro*) skeletal, skeleton-like: *gambe scheletriche*, skeletal legs **3** (*fig.*) (*ridotto all'essenziale*) skeleton (*attr.*), essential: *riassunto* —, skeleton outline; *prosa scheletrica*, bare (*o* essential) prose.

scheletrire *v.tr.* to reduce to a skeleton.

□ **scheletrirsi** *v.intr.pron.* to become* like a skeleton.

scheletrito *agg.* **1** reduced to a skeleton; skeletal: *una mano scheletrita*, a skeletal hand // *alberi scheletriti*, bare trees **2** (*troppo conciso*) skeletal: *uno stile* —, a skeletal style.

scheletro *s.m.* **1** skeleton: *trovarono uno — ben conservato*, a well-preserved skeleton was found // *è uno* —, she is a living skeleton (*o* she is skin and bones); *è ridotta a uno* —, she is reduced to a skeleton; *quel vecchio pare uno* —, that old man is only skin and bones // *tenere uno — nell'armadio*, (*fig.*) to have a skeleton in the cupboard **2** (*intelaiatura, ossatura*) skeleton, frame, framework: *lo — di quell'edificio è antico*, the frame of that building is very old; *si trattava dello — di una nave romana*, it was the skeleton of a Roman ship **3** (*schema*) skeleton, outline; *lo — di una poesia*, the outline of a poem.

scheletrogeno *agg.* (*biol.*) scheletogenous.

schema *s.m.* **1** scheme; pattern; plan; (*traccia, piano*) outline, scheme; draft: *lo — generale di un libro*, the general outline of a book; *uno — di lavoro*, a scheme of work; *non hanno accettato il suo* —, his plan was not accepted; — *metrico*, metrical pattern; — *di contratto*, draft contract // (*econ.*): — *retributivo*, pay formula; — *di produzione*, production schedule; — *di bilancio*, balance sheet layout **2** (*modello astratto*) pattern, mould, model: *schemi mentali*, patterns of thought; *un autore che esce dagli schemi del classicismo*, a writer that departs from the mould of classicism // *essere fuori dagli schemi*, to be outside the norms **3** (*tecn.*) diagram: (*elettr.*) — *di avvolgimento*, winding diagram; — *di connessione*, wiring diagram; — *di montaggio*, circuit diagram **4** (*inform.*) diagram, circuit; schema*: — *a blocchi*, flow diagram, (*dei dati*) data flowchart; — *di flusso*, programming flowchart; — *funzionale*, block diagram.

schematico *agg.* schematic: *diagramma, progetto* —, schematic diagram, plan.

schematismo *s.m.* schematism.

schematizzare *v.tr.* to schematize.

schematizzazione *s.f.* schematization.

scherano *s.m.* (*letter.*) cutthroat.

scherma *s.f.* **1** fencing: *gara di* —, fencing match; *maestro di* —, fencing master; *sala di* —, fencing room; *gioca di* —, he fences; *tira bene di* —, he fences well **2** (*boxe*) weaving.

schermaggio *s.m.* (*tecn.*) screening, shielding.

schermaglia *s.f.* **1** skirmish **2** (*fig.*) (*discussione polemica*) controversy, polemic.

schermante *agg.* screening: (*fis.*) *effetto* —, screening effect.

schermare *v.tr.* **1** (*munire di schermo*) to screen **2** (*elettr., rad.*) to shield.

schermato *agg.* **1** (*munito di schermo*) screened **2** (*elettr., rad.*) shielded: *non* —, shieldless.

schermatura *s.f.* (*elettr., rad.*) shielding, screening.

schermidore *s.m.* (*non com.*) fencer.

schermire *v.intr.* (*ant.*) (*tirare di scherma*) to fence ◆ *v.tr.* (*proteggere*) to shield, to protect, to defend: *schermirsi il petto*, to shield one's chest.

□ **schermirsi** *v.rifl.* **1** (*proteggersi, difendersi*) to shield oneself, to protect oneself: — *da un attacco*, to shield (*o* to protect) oneself from an attack; — *da un colpo*, to shield oneself against (*o* to parry *o* to fend off *o* to ward off) a blow **2** (*sottrarsi, eludere*) to evade: — *da un complimento*, to play down (*o* to evade) a compliment; — *da un invito*, to get out of (*o* to evade) an invitation; *sulle prime si schermì, poi finì con l'accettare*, at first she hedged a bit, but in the end she accepted.

schermistico *agg.* fencing.

schermitore *s.m.* **schermitrice** *s.f.* fencer.

schermo *s.m.* **1** protection, defence: *la luce era così forte che dovevo farmi — agli occhi*, the light was so bright that I had to shield my eyes // *farsi — dell'autorità di qlcu.*, (*fig.*) to hide oneself behind s.o.'s authority; *ti sei fatto — della mia autorità*, you have screened yourself behind my authority **2** (*cinem., tv*) screen: — *argentato*, silver screen; — *di tela*, cloth screen; — *panoramico*, wide screen; — *paraluce*, dowser; — *televisivo*, television screen (*o* telescreen); — *trasparente*, translucent screen; *proiettare sullo* —, to screen // *l'arte dello* —, cinema; *artisti dello* —, film stars // *commedia per lo* —, screen play; *adattare per lo* —, to adapt for the screen // *prossimamente su questi schermi*, coming soon to this cinema **3** (*inform.*) screen: — *di visualizzazione*, display screen; — *piatto*, flat display; — *di protezione*, screen shield **4** (*fot.*) filter: — *giallo*, yellow filter **5** (*elettr.*, *rad.*) shield, screen: — *magnetico*, magnetic shielding (*o* screen); *griglia di* —, screening grid // — *radar*, radarscope **6** (*mecc.*) baffle.

schermografare *v.tr.* to X-ray.

schermografia *s.f.* (*med.*) X-rays (*pl.*): *fare la* — *a qlcu.*, to X-ray s.o.

schermografico *agg.* (*med.*) X-ray (*attr.*): *esame* —, X-ray examination.

schernevole *agg.* **1** (*letter.*) sneering, mocking, scornful: *parole schernevoli*, mocking words **2** (*sprezzante*) scornful, contemptuous **3** (*ant.*) (*degno di scherno*) contemptible.

schernire *v.tr.* to sneer at (s.o., sthg.), to scoff at (s.o., sthg.), to jeer at (s.o., sthg.), to laugh at (s.o., sthg.), to mock at (s.o., sthg.), to deride: — *la religione*, to sneer (*o* to scoff) at religion.

schernito *agg.* derided.

schernitore *agg.* sneering, mocking, scoffing ◆ *s.m.*, **schernitrice** *s.f.* sneerer, mocker, scoffer.

scherno *s.m.* **1** sneer(ing), scorn(ing), mockery, derision: *parole di* —, sneering words; *sorriso, espressione di* —, sneer; *farsi* — *di qlcu.*, to mock (*o* to sneer at) s.o.; *essere oggetto di* —, to be a laughingstock (*o* an object of scorn) **2** (*oggetto di scherno*) laughingstock, butt: *era lo* — *della città*, he was the laughingstock of the town.

scherzare *v.intr.* **1** to joke (at, about s.o., sthg.): *gli piace* — *su tutto*, he likes to make a joke of everything; *non ha fatto che* — *tutto il pomeriggio*, he has done nothing but joke all the afternoon; *scherzi o dici sul serio?*, are you joking or are you serious?; *stai scherzando?!*, are you joking?! **2** (*prendere, considerare con leggerezza*) to trifle (with s.o., sthg.), to joke (about s.o., sthg.), to make* light of (s.o., sthg.): *non bisogna* — *su queste cose*, one must not joke about these things; *non* — *con questa malattia*, do not make light of this illness; *non si scherza coi sentimenti altrui*, one must not trifle with the feelings of others // *c'è poco da* —, it is no joke // *con lui non si scherza*, he is not a man to be trifled with // *non* — *col fuoco*, do not play with fire // — *con l'amore*, to trifle with love // — *con la morte*, to gamble (*o fam.* to dice) with death **3** (*giocare*) to play: *il gatto scherzava col gomitolo*, the cat was playing with the ball ◆ *v.tr.* (*region.*) (*prendere in giro*) to make* fun of (s.o.), to laugh at (s.o.): *i compagni lo scherzano sempre*, his schoolmates are always making fun of him.

scherzevole → **scherzoso**.

scherzo *s.m.* **1** joke, jest; (*tiro*) trick: *uno* — *di cattivo gusto*, a bad joke; *era solo uno* —, it was only a joke; *non sa stare allo* —, he cannot take a joke; *fare un brutto* — *a qlcu.*, to play a nasty trick on s.o.; *fare scherzi*, to fool around (*o* to joke); *fare uno* — *a qlcu.*, to play a joke on s.o.; *spingere lo* — *troppo oltre*, to carry the joke too far; *volgere qlco. in* —, to laugh a thing off // (*fam.*) — *da prete*, stupid joke // *scherzi a parte*, joking aside // *gli scherzi della fortuna*, the tricks of fortune // *la stanchezza gioca brutti scherzi*, tiredness does funny things to you // — *di natura*, (*fig.*) freak of nature // *per* —, for fun (*o* for a joke); *fare, dire qlco. per* —, to do, to say sthg. for a joke (*o* in jest) // *a carnevale ogni* — *vale*, (*prov.*) at Carnival anything goes **2** (*cosa da nulla*) child's play, (*fam.*) cinch: *è stato uno* — *risolvere il problema*, solving the problem was child's play (*o* a cinch); *non è proprio uno* — *affrontare questa situazione*, dealing with this situation isn't exactly child's play **3** *pl.* (*effetti*) effects, works: *scherzi d'acqua*, waterworks; *scherzi di colori*, colour effects; *scherzi di immagini*, imagery; (*teatr.*) *scherzi di luce*, lighting effects // *questi sono gli scherzi del vino*, (*fig.*) these are the effects of wine **4** (*mus.*) scherzo (*pl.* -os).

scherzoso *agg.* playful, joking, laughing; humorous, light-hearted: *in tono* —, in a laughing tone.

schettinaggio *s.m.* roller-skating.

schettinare *v.intr.* to roller-skate.

schettinatore *s.m.* **schettinatrice** *s.f.* roller-skater.

schettino *s.m.* roller skate.

schiacciamento *s.m.* **1** crushing, squashing; flattening // (*astr.*) — *polare*, oblateness (*o* polar flattening) **2** (*di pneumatico*) deflection: — *normale*, normal deflection; — *totale*, maximum deflection.

schiaccianoci *s.m.* nutcracker; a pair of nutcrackers: *hai uno* —*?*, have you got a nutcracker (*o* a pair of nutcrackers)?

schiacciante *agg.* overwhelming: *la* — *superiorità degli avversari*, the enemy's overwhelming superiority; *una vittoria* —, an overwhelming victory; *prova* —, incontestable evidence (*o* decisive proof *o* overwhelming proof).

schiacciapatate *s.m.* potato masher.

schiacciare *v.tr.* **1** to crush; to squash; (*premere*) to press; (*calpestare*) to tread* on (sthg.): *hai schiacciato il mio cappello, la frutta, i fiori*, you have squashed my hat, the fruit, the flowers; — *una noce*, to crack a nut; — *un ragno*, to crush (*o* to tread on) a spider; — *un pulsante*, to press (*o* to push) a button; — *l'acceleratore*, to press on the accelerator; *mi hai schiacciato un piede*, you trod on my foot; *il gatto fu schiacciato da un tram*, the cat was run over by a tram; *la folla mi schiacciava*, I was being crushed by the crowd; *molta gente morì schiacciata tra la folla*, many people were crushed to death in the crowd // — *un sonnellino*, to have a nap (*o* to snatch forty winks) // (*sport*) — *la palla*, to smash **2** (*sminuzzare*) to mash: — *le patate*, to mash potatoes **3** (*fig.*) (*sopraffare*) to crush, to overwhelm: *era schiacciato sotto il peso delle responsabilità*, he was overwhelmed by the weight of his responsibilities; *fu schiacciato da una serie di sventure*, he was crushed by a series of misfortunes; — *un avversario*, to crush (*o* to overwhelm) an adversary; — *con argomenti, prove*, to overwhelm with arguments, proofs.

□ **schiacciarsi** *v.intr.pron.* to get* squashed; to get* crushed: *le pesche si sono tutte schiacciate*, the peaches are all squashed; — *un dito*, to crush one's finger.

schiacciasassi *s.m.* road roller.

schiacciata *s.f.* **1** squeezing, squeeze **2** (*focaccia*) kind of flat bread **3** (*sport*) smash.

schiacciato *agg.* **1** squashed; flattened **2** (*piatto*) flat: *naso* —, flattened (*o* squashed) nose // (*arch.*) *arco* —, flattened arch.

schiacciatore *s.m.* (*sport*) smasher.

schiacciatura *s.f.* (*lo schiacciare*) crushing; squashing; cracking; (*l'appiattire*) flattening; (*ammaccatura*) dent.

schiaffare *v.tr.* (*fam.*) to throw*, to chuck: *ho schiaffato tutti i libri in un angolo*, I threw all the books into a corner; *lo schiaffò fuori dalla porta*, she chucked him out of the house; — *qlcu. in prigione*, to fling s.o. in jail (*o* to throw s.o. into prison).

□ **schiaffarsi** *v.intr.pron.* (*fam.*) to fling* oneself, to throw* oneself: — *a letto*, to throw (*o* to fling) oneself onto the bed; *appena a casa mi schiaffo in poltrona a leggere*, as soon as I get home I'm going to flop (down) into (*o* to curl up in) an armchair and read.

schiaffeggiare *v.tr.* to slap, to smack; to cuff.

schiaffeggiatore *s.m.* slapper.

schiaffo *s.m.* **1** slap, smack; box on the ear: *dare uno* — *a qlcu.*, to slap (*o* to smack) s.o.; *prendere a schiaffi qlcu.*, to slap s.o.'s face (*o* to box s.o.'s ears) // *avere una faccia da schiaffi*, to look cheeky **2** (*fig.*) (*affronto*) affront, insult, slap in the face: *la promozione del suo più giovane collega fu uno* — *per lui*, his younger colleague being promoted was a slap in the face for him // — *morale*, humiliation (*o* slap in the face).

schiamazzare *v.intr.* **1** to make* a din; to kick up a row **2** (*di anatre*) to quack; (*di galline*) to squawk; (*di oche*) to cackle, to gaggle.

schiamazzatore *s.m.* **schiamazzatrice** *s.f.* rowdy.

schiamazzo *s.m.* din, row, racket: *che* —*!*, what a din (*o* noise)!; *fu accusato di schiamazzi notturni*, he was accused of creating a disturbance at night; *fare* —, to make (*o* to create) a din (*o fam.* to kick up a row).

schiantamento *s.m.* smash; breaking, crashing.

schiantare *v.tr.* to break* (*anche fig.*): *il vento ha schiantato diversi rami*, the wind has broken (off) several branches; *quella notizia gli schiantò il cuore*, that piece of news broke his heart.

□ **schiantarsi** *v.intr.pron.* to break* (*anche fig.*); to snap; (*abbattersi*) to crash: *l'albero si schiantò al suolo*, the tree crashed to the ground; *la fune si schiantò*, the rope snapped (*o* broke); — *contro qlco.*, to crash into sthg.; — *dal ridere*, to split one's sides laughing; *a quella vista mi si schiantò il cuore*, that sight broke my heart.

schianto *s.m.* **1** crash: *lo* — *di un albero*, the crash of a falling tree (*o* the crashing down of a tree) // *di* —, suddenly (*o* all of a sudden) **2** (*fig.*) (*dolore*) pang: *uno* — *al cuore*, a pang in one's heart **3** (*fig. fam.*) (*cosa o persona molto bella*) knockout: *è uno* — *di ragazza*, that girl's a knockout (*o* she's a smashing girl); *quella moto è un vero* —, that's a fantastic motorbike.

schiappa *s.f.* **1** (*fig. fam.*) (*persona inesperta*) duffer; dunce; (*fam.*) washout, dead loss: *una — in latino*, a duffer (*o fam.* a washout) at Latin; *è una — a tennis*, at tennis he is a washout (*o* a dead loss *o* he's hopeless at tennis) **2** (*non com.*) (*scheggia*) splinter.

schiarimento *s.m.* **1** clearing up; brightening up **2** (*fig.*) (*spiegazione*) explanation: *mi diede ampi schiarimenti*, he gave me a full explanation.

schiarire *v.tr.* **1** to make* clear, to clear; (*capelli*) to bleach; (*ravvivare, rendere brillante*) to brighten (up): *vorrei — questa stanza con una tappezzeria più vivace*, I would like to brighten up this room with gayer wallpaper; *farsi — i capelli*, to have one's hair bleached; *si è schiarita i capelli*, she has bleached her hair **2** (*fig.*) (*delucidare, chiarire*) to make* clear, to clear (up), to clarify: *questo libro ti schiarirà le idee*, this book will clarify your ideas **3** (*sbiadire*) to fade: *il sole schiarisce i colori*, the sun fades (*o* bleaches) colours ◆ *v.intr.* **1** (*rasserenarsi*) to clear (up): *il tempo schiarisce*, the weather is clearing up **2** (*far giorno*) to break*: *in estate schiarisce presto*, in summer it gets light early **3** (*sbiadire*) to fade: *il blu schiarisce facilmente*, blue fades easily.

□ **schiarirsi** *v.intr.pron.* (*diventar chiaro*) to clear (up), to grow* clear; to grow* light(er); (*sbiadirsi*) to fade; (*diventar vivo, brillante*) to brighten (up), to light* up: *il cielo rannuvolato si schiarì verso sera*, the cloudy sky cleared towards evening; *le si sono schiariti i capelli*, her hair has grown fairer; *il suo volto si schiarì quando mi vide*, his face brightened up (*o* lit up) when he saw me; *— la voce, la gola*, to clear one's voice, one's throat.

schiarita *s.f.* **1** clearing up, brightening up: *ci fu una — verso le sei*, the sky cleared a little towards six o'clock **2** (*fig.*) (*miglioramento*) improvement: *abbiamo notato una — nei rapporti fra le due nazioni*, we have noticed an improvement in the relations between the two nations.

schiaritura *s.f.* lightening, brightening; (*di capelli*) bleaching.

schiatta *s.f.* **1** stock, family: *di nobile —*, of noble stock **2** (*razza*) race **3** (*discendenti*) descendants (*pl.*); offspring, issue.

schiattare *v.intr.* (*fam.*) **1** (*spec. fig.*) to burst*: *— di rabbia*, to be beside oneself (*o* to be bursting) with rage; *— d'invidia*, to be dying with envy **2** (*morire*) to kick the bucket.

schiava *s.f.* slave woman, slave girl.

schiavardare *v.tr.* to unbolt.

schiavismo *s.m.* **1** slavery, slave system **2** (*estens.*) (*tendenza a trattare gli altri come schiavi*) slave driving.

schiavista *s.m.* e *f.* **1** (*sostenitore della schiavitù*) anti-abolitionist **2** (*mercante di schiavi*) slave trader **3** (*estens.*) (*chi tende a trattare gli altri come schiavi*) taskmaster, slave driver ◆ *agg.* slave (*attr.*), anti-abolitionist (*attr.*): *stati schiavisti*, (*st. amer.*) slave states.

schiavistico *agg.* of slavery; slave (*attr.*); anti-abolitionist: *atteggiamento —*, (*fig.*) tyrannical behaviour.

schiavitù *s.f.* slavery (*anche fig.*): *abolizione della —*, abolition of slavery; *la — fu praticata in tutte le parti del mondo*, slavery was carried on in all parts of the world; *ridurre in —*, to enslave (*o* to subjugate); *affrancarsi, liberarsi dalla —*, to free oneself from slavery (*o* bondage); *la — di un vizio*, the subjection to a vice; *la — del gioco, della droga*, gambling, drug addiction; *odio la — dei lavori di casa*, I hate the slavery of housework.

schiavizzare *v.tr.* (*rendere schiavo*) to enslave, to reduce to slavery; (*trattare come schiavi*) to subjugate.

schiavizzazione *s.f.* enslavement; subjugation.

schiavo *agg.* slave (*attr.*) (*anche fig.*); enslaved, subjugated: *— del lavoro, del bere, del fumo*, a slave to his job, to drink, to tobacco; *un paese —*, a subjugated country; *una popolazione schiava*, an enslaved population; *è diventata schiava dei suoi bambini*, she has become a slave to her children; *essere — delle passioni*, to be a slave to one's passions ◆ *s.m.* slave: *commercio, tratta degli schiavi*, slave trade; *mercante di schiavi*, slave trader; *mercato di schiavi*, slave market; *non voglio essere lo — di nessuno*, I don't want to be a slave to anybody // *un bracciale alla schiava*, slave bracelet; *sandali alla schiava*, lace-up sandals.

schiavone *agg.* e *s.m.* (*st.*) Slavonian.

schidionare *v.tr.* (*cuc.*) to spit*, to put* (sthg.) on a spit, to put* (sthg.) on a skewer.

schidionata *s.f.* (*cuc.*) spitful, skewerful.

schidione *s.m.* (*cuc.*) (*spiedo*) spit, skewer.

schiena *s.f.* **1** back: *dietro la —*, behind one's back; *avere mal di —*, to have backache; *essere disteso sulla —*, to be lying on one's back; *appoggiò la — alla parete*, he leaned against the wall; *portare qlco. sulla —*, to carry sthg. on one's back; *colpire, pugnalare qlcu. alla —*, to stab s.o. in the back (*anche fig.*); *curvare la —*, to bend one's back, (*fig.*) to bow one's neck; *rompere la — a qlcu.*, to break s.o.'s back; *rompersi la —*, to break one's back (*anche fig.*); *non ti rompi certo la — per il troppo lavoro!*, you don't overwork (*o* strain) yourself!; *vedere qlcu. di —*, to have a backview of s.o.; *l'ho visto solo di —, non lo riconoscerei*, I only saw him from behind, I wouldn't recognize him; *voltare la — a qlcu.*, to turn one's back on s.o. // *trasporto a — di mulo, d'asino*, transport by mule, by donkey; *strada a — di mulo, d'asino*, cambered road; *ponte a — di mulo, d'asino*, humpbacked bridge // *lavoro di —*, backbreaking work // *avere molti anni sulla —*, to have many years on one's shoulders (*o* to be a person of many summers) **2** (*di monte*) ridge, crest.

schienale *s.m.* **1** back: *sedia dall'alto —*, high-backed chair; *appoggiarsi allo — di una sedia*, to lean against the back of one's chair **2** *pl.* (*midollo spinale di bue macellato*) spinal marrow **3** (*mar.*) backboard.

schienata *s.f.* blow with one's back: *picchiare una — a terra*, to fall on one's back.

schiera *s.f.* **1** (*mil.*) formation: *una — di soldati*, a formation of soldiers; *la — dei nemici*, the enemy forces; *in —*, in formation; *mettersi in —*, to fall in; *procedere a schiere*, to proceed in formation **2** (*gruppo di persone*) group; (*masnada, compagnia*) band: *una — di malviventi*, a band of rogues; *la — degli scioperanti avanzava lentamente*, the group of strikers proceeded slowly; *una — di fotografi lo aspettava all'uscita*, a crowd of photographers were waiting for him at the door // *la — dei giornalisti*, (*la categoria*) the press // *i turisti arrivavano a schiere*, the tourists arrived in hordes (*o* in cohorts) // *villette a —*, terraced.

schieramento *s.m.* **1** (*mil.*) (*il disporre a schiere*) marshalling arrayment **2** (*mil.*) (*disposizione a schiere*) array: *— di battaglia*, battle array **3** (*sport*) formation, line-up: *lo — di una squadra in campo*, the formation of a team on the field **4** (*fig.*) (*insieme di persone o di forze*) line-up; alliance: *lo — dei partiti democratici*, the alliance of the democratic parties.

schierare *v.tr.* **1** (*mil.*) to marshal, to draw* up, to array: *— truppe*, to marshal (*o* to draw up) troops; *passare in rassegna le truppe schierate*, to inspect the troops that were lined up (*o* marshalled) **2** (*disporre in un certo ordine*) to line up (*anche sport*): *— le statuine sulla mensola del camino*, to line up the statues on the mantelpiece; (*sport*) *— i giocatori in campo*, to line the players up on the field.

□ **schierarsi** *v.rifl.* **1** to draw* up (*anche mil.*), to line up (*anche sport*): *si schierarono lungo la strada*, they lined up along the road; *le truppe si schierarono in ordine di combattimento*, the troops drew up in battle order; (*sport*) *i giocatori si schierarono in campo*, the players lined up on the field **2** (*fig.*) (*parteggiare*) to side (with s.o.), to take* sides (with s.o.): *si schierò dalla nostra parte*, he sided with us; *— contro la pena di morte*, to side against the death penalty.

schiettamente *avv.* **1** (*lealmente*) frankly, openly, sincerely **2** (*semplicemente*) simply.

schiettezza *s.f.* **1** (*genuinità*) naturalness **2** (*fig.*) (*purezza*) purity: *— di lingua*, purity of language **3** (*lealtà*) frankness, openness, sincerity, straightforwardness: *parlare con —*, to speak with frankness (*o* frankly).

schietto *agg.* **1** (*genuino*) pure, unadulterated, genuine: *acqua schietta*, pure water; *oro —*, pure gold; *vino —*, undiluted (*o* neat) wine; *pesche schiette*, (*non guaste*) sound peaches // *lingua schietta*, pure language **2** (*leale, franco*) frank, open, sincere, straightforward: *una persona schietta*, a frank person; *fui molto — con lui*, I was very frank (*o* open) with him; *parole schiette*, frank (*o* sincere) words // *a dirla schietta*, to speak frankly (*o* to tell the truth) **3** (*arch.*) (*non lavorato*) plain, blank: *pannello —*, plain panel ◆ *avv.* frankly, openly: *parlare —*, to speak frankly.

schifare *v.tr.* **1** (*provare schifo per*) to loathe; (*disprezzare*) to scorn: *schifa la carne di maiale*, he loathes pork (*o* pork disgusts him); *— una persona*, to loathe a person; *— le ricchezze*, to scorn wealth **2** (*fare schifo a, disgustare*) to disgust: *è un mondo corrotto che mi ha schifato*, such a corrupt world disgusts me.

□ **schifarsi** *v.intr.pron.* to feel* disgust (at sthg., at doing sthg.), to be disgusted (by sthg.): *se non ti schifi, puoi bere dal mio bicchiere*, if it doesn't disgust you (*o* if you're not disgusted) you can drink from my glass; *mi sono schifato di questa situazione*, I'm disgusted by this set-up.

schifato *agg.* (*disgustato*) disgusted: *sono — dalla tua ipocrisia*, I'm disgusted by your hypocrisy; *guardava nel piatto con aria schifata*, he looked at the plate with a disgusted air.

schifezza *s.f.* **1** (*l'essere schifoso*) loathsomeness // *Che —! È tutto così sporco!*, How disgusting! It's all so dirty! **2** (*cosa *schifosa*) disgusting thing: *questo libro è una —*, this book is dreadful (*o* awful); *la nostra vacanza è stata una vera —*, our holiday was really awful (*o* dreadful).

schifiltosità *s.f.* squeamishness; finickiness; fussiness, fastidiousness.

schifiltoso *agg.* squeamish; finicky; fussy, fastidious, hard to please: *essere — nel mangiare*, to be fussy (*o* finicky) about eating; *fare lo —*, to be a fusspot; *— come sei, figurati se ti invito in campeggio!*, you're so finicky that I wouldn't dream of asking you to come camping with me.

schifio *s.m.*: *finire a —*, (*scherz.*) to come to a sticky (*o* a bad) end.

schifo[1] *agg.* (*region.*) (*schifoso*) loathsome, disgusting ◆ *s.m.* disgust: *quel luogo era uno —*, that place was disgusting; *sentire — per qlco.*, to be disgusted by (*o* with) sthg. // *questo odore mi fa —*, this smell disgusts me (*o* makes me sick); *questa minestra fa —*, this soup is disgusting; *lavati le mani, fanno —*, wash your hands, they're filthy; *la nostra squadra ha fatto —*, our team was dreadful; *è un film che fa —*, it's a disgusting film; *le sue parole facevano —*, his words were disgusting; *è un mondo corrotto che mi fa —*, it's a corrupt world that makes me sick; *avere a — qlco.*, to loathe (*o* to detest *o* to hate) sthg.

schifo[2] *s.m.* (*mar.*) skiff.

schifosaggine, **schifosità** *s.f.* **1** (*l'essere schifoso*) loathsomeness **2** (*cosa schifosa*) disgusting thing, revolting thing; (*azione schifosa*) disgusting thing to do.

schifoso *agg.* **1** disgusting, revolting, loathsome: *un insetto —*, a revolting insect; *un uomo —*, a horrible man **2** (*lurido*) filthy: *vive in una casa schifosa*, he lives in a filthy (*o* dirty) house **3** (*pessimo*) dreadful, awful, appalling: *un tempo —*, appalling weather; *un film —*, a dreadful film; *una situazione schifosa*, a lousy set-up **4** (*fam.*) (*esagerato*) terrible, awful: *ha una fortuna schifosa*, he is terribly (*o* awfully) lucky.

schiniere *s.m.* greave.

schino *s.m.* (*bot.*) schinus.

schioccare *v.tr.* (*la frusta*) to crack; (*le dita*) to snap, to click; (*le labbra*) to smack: *— a qlcu. un bacio sulla fronte*, to smack (*o* to plant) a kiss on s.o.'s forehead; *— le dita*, to snap (*o* to click) one's fingers; *— la lingua*, to click (*o* cluck) one's tongue ◆ *v.intr.* (*di frusta*) to crack; (*di dita*) to snap; (*di labbra*) to smack.

schioccata *s.f.* (*di frusta*) cracking; (*di labbra*) smack(ing); (*di dita*) snapping, clicking; (*di lingua*) clicking, clucking.

schiocco *s.m.* (*di frusta*) crack; (*di labbra*) smack; (*di dita*) snap, click; (*di lingua*) click, cluck: *un bacio con lo —*, a smacking kiss; *uno — con le dita*, a click (*o* snap) of the fingers; *uno — con la lingua*, a click of the tongue.

schiodare *v.tr.* to unnail, to unrivet, to take* the nails out of (sthg.): *— il coperchio di una cassa*, to take the nails out of the top of a crate.

schiodatura *s.f.* unnailing, unriveting.

schioppettare → **scoppiettare**.

schioppettata *s.f.* shot; gunshot, rifle shot: *fu colpito da una — alla schiena*, he was hit (by a shot) in the back; *tirare, udire una —*, to fire, to hear a shot // *essere a una — da qlco.*, to be a stone's throw from sthg.

schioppo *s.m.* **1** (*st.*) flintlock, musket **2** (*fucile*) rifle, gun; (*da caccia*) shotgun // *essere a un tiro di — da qlco.*, to be a stone's throw from sthg.

schiribizzo → **ghiribizzo**.

schisi *s.f.* (*med.*) cleft, fissure: *— del palato*, cleft palate.

schisto e *deriv.* → **scisto** e *deriv.*

schistosoma *s.m.* (*biol.*) schistosoma.

schistosomiasi *s.f.* (*med.*) schistosomiasis*.

schitarrare *v.intr.* (*spreg.*) to strum a guitar.

schiudere *v.tr.* to open (*anche fig.*), to open a little, to half-open; (*bot.*) to unfold: *schiuse gli occhi*, he opened his eyes; *— il cuore alla speranza*, to open one's heart to hope.

□ **schiudersi** *v.intr.pron.* **1** to open (*anche fig.*); (*bot.*) to effloresce; (*di semi ecc.*) to dehisce, to unfold; (*di fiori*) to expand: *i fiori incominciano a —*, the flowers are beginning to open; *la porta si schiuse*, the door opened; *le sue labbra si schiusero a un dolce sorriso*, her lips parted in a tender smile; *per lui si schiude una brillante carriera*, a brilliant career is opening up for him **2** (*di uova*) to hatch.

schiuma *s.f.* **1** foam, froth; (*di detersivo*) lather: *— da lattice*, latex foam; *la — della birra*, the froth (*o* head) of the beer; *la — del mare*, the foam of the sea (*o* sea foam); *un sapone che fa molta —*, a soap which makes a lot of lather (*o* suds) **2** (*parte di scarto di liquido*) scum: *togliere la — al brodo*, to skim the broth **3** (*di insetti*) spit, spittle; (*di cavallo*) lather: *coperto di —*, (*di cavallo*) lathery // *avere la — alla bocca*, (*fig.*) to foam at the mouth; *me lo disse con la — alla bocca*, he was seething (*o* fuming) with anger when he told me **4** (*feccia*) scum: *la — della società*, the scum of society **5** (*min.*) *— di mare*, meerschaum, sepiolite.

schiumaiola *s.f.* skimmer, strainer.

schiumare *v.tr.* to skim: *— il brodo*, to skim the broth ◆ *v.intr.* **1** to froth, to foam; (*di cavallo*) to lather // *schiumava di rabbia*, he was seething (*o* beside himself) with rage **2** (*di sapone*) to produce a good lather, to give* a good lather: *un sapone che schiuma*, a lathery soap.

schiumarola → **schiumaiola**.

schiumogeno *agg.* (*chim.*) frothing; foaming, foam (*attr.*): *sostanza schiumogena*, foaming substance ◆ *s.m.* **1** (*chim.*) frother; foaming agent **2** (*estintore a schiuma*) foam extinguisher.

schiumosità *s.f.* foaminess.

schiumoso *agg.* **1** frothy, foamy **2** (*di sapone*) lathery.

schiusa *s.f.* opening; (*di pulcini ecc.*) hatching.

schiuso *agg.* (*letter.*) open; (*di porta*) ajar (*pred.*), (slightly) open.

schivabile *agg.* avoidable.

schivare *v.tr.* to avoid; (*scansare*) to dodge: *— un pericolo, una persona*, to avoid a danger, a person; *cercò inutilmente di — i giornalisti*, he tried in vain to avoid the press; *— un colpo*, to dodge a blow; *cerca di — ogni lavoro*, he tries to dodge work.

schivata *s.f.* dodging.

schivo *agg.* (*riluttante*) averse (to sthg.); unwilling, reluctant; (*ritroso*, *timido*) shy; bashful: *essere — di lodi*, to be averse to praise; *— di onori*, shy of honours; *una ragazza schiva*, a shy girl.

schizocarpo *s.m.* (*bot.*) schizocarp.

schizofasia *s.f.* (*psic.*) schizophasia.

schizofita *s.f.* (*bot.*) schizophyte.

schizofrenia *s.f.* (*psic.*) schizophrenia.

schizofrenico *agg.* **1** (*psic.*) schizophrenic **2** (*fig.*) frenetic, frenzied; unbearable: *un ritmo —*, a frenetic pace ◆ *s.m.* (*psic.*) schizophrenic, schizophrene.

schizogenesi *s.f.* (*biol.*) schizogenesis.

schizogonia *s.f.* (*biol.*) schizogony.

schizoide *agg.* e *s.m.* e *f.* (*psic.*) schizoid: *personalità —*, schizoid personality.

schizoidia *s.f.* (*psic.*) schizoidism.

schizomaniaco *agg.* (*psic.*) schizoidmanic, schizomanic.

schizomicete *s.m.* (*biol.*) schizomycete.

schizotimia *s.f.* (*psic.*) schizothymia.

schizzare *v.tr.* **1** to splash, to (be)spatter; (*spruzzar fuori, buttar fuori*) to squirt (out), to spurt (out); to shoot* (out); to throw* off, to send* out, to emit: *l'automobile mi schizzò di fango*, the car splashed (*o* spattered) me with mud; *mi sono schizzato la camicia di sugo*, I've spattered my skirt with sauce; *certi animali possono — veleno*, certain animals can shoot out poison // *i suoi occhi schizzavano fuoco*, his eyes flashed fire // *i suoi occhi schizzavano odio*, his eyes were flashing with hate **2** (*abbozzare*) to sketch: *— un ritratto*, to sketch a portrait ◆ *v.intr.* **1** to spurt; to squirt: *l'acqua schizzò dal terreno*, the water spurted from the ground; *il vino schizzò dalla bottiglia*, the wine spurted from the bottle **2** (*estens.*) to dart, to jump, to spring*: *schizzò fuori dalla porta*, he darted out of the door; *la lepre schizzò fuori dal cespuglio*, the hare sprang (*o* darted) out from the bush; *schizzò in piedi*, he jumped (*o* leapt) to his feet; *— via*, to dash off (*o* to rush off) // *con gli occhi che gli schizzavano dall'orbita*, with his eyes popping out of his head.

□ **schizzarsi** *v.rifl.* o *intr.pron.* (*sporcarsi con schizzi di liquido*) to splash oneself: *attenzione a non schizzarti con quel sugo*, be careful not to splash sauce on you; *la camicia si è schizzata di vernice*, the shirt got splashed with paint.

schizzata *s.f.* splashing; (*di liquido spruzzato da un'apertura*) squirting, spurting: *una giacca con una — di vernice*, a jacket with a splash of paint on it.

schizzettare *v.tr.* to sprinkle, to spray; to spatter.

schizzetto *s.m.* **1** (*pompetta a siringa*) spray, syringe **2** (*giocattolo*) water pistol.

schizzinoso *agg.* fussy; fastidious; (*difficile da accontentare*) hard to please: *un bambino —*, a fussy child ◆ *s.m.* fussy person; fastidious person: *mia sorella è una schizzinosa*, my sister is a fussy girl; *non fare lo —!*, don't be so fastidious!

schizzo *s.m.* **1** splash; stain, spot: *— di acqua sporca*, splash of dirty water; *c'è uno — di fango sul tuo vestito*, there's a splash of mud on your dress // *caffè con —*, (*corretto*) coffee laced with spirits; (*con latte*) coffee with a dash of milk **2** (*di liquido spruzzato da un'apertura*) spurt, squirt **3** (*pitt.*) sketch: *fare lo — di un paesaggio*, to sketch a landscape **4** (*schema*) draft: *lo — di un discorso*, the draft of a speech // *fare lo — di una situazione*, to outline a situation.

schnauzer *s.m.* (*cane*) schnauzer.

Schnörchel *s.m.* snorkel.

schola cantorum *s.f.* (*lat.*) **1** (*scuola corale, coro*) choir school **2** (*spazio in chiesa occupato dai cantori*) choir stalls (*pl.*).

schönite *s.f.* (*min.*) picromerite.

schooner *s.m.* (*mar.*) schooner.

sci *s.m.* (*sport*) skiing; (*attrezzo*) ski: *amo lo —*, I love skiing; *— nautico*, water skiing; *— di fondo*, cross-country skiing; *gare di —*, ski competition; *un nuovo paio di —*, a new pair of skis; *una tuta da —*, a ski suit.

scia *s.f.* **1** (*mar.*) wake: *la — di una nave*, the wake of a ship; *navigare nella — di un'altra nave*, to sail in the wake of another ship **2** (*fig.*) (*traccia*) trail, track, wake, footsteps (*pl.*): *una — di fumo*, a trail of smoke; *una — luminosa*, a trail of light; *lasciare una — di profumo*, to leave a trail of perfume; *la — lasciata da un aeroplano*, the (vapour *o* condensation) trail of an aeroplane; *seguire la — di un animale*, to follow the track (*o* trail) of an animal; *seguire la — di qlcu.*, to follow in s.o.'s footsteps (*o* in the wake of s.o.); *una serie di scioperi sorti sulla — della protesta popolare*, (*fig.*) a series of strikes coming in the wake of the popular protest **3** (*di una meteora*) train; (*di cometa*) tail.

scià *s.m.* shah.

sciabecco *s.m.* (*mar.*) xebec.

sciabica *s.f.* **1** (*mar.*) trawl **2** (*zool.*) sweep-net.

sciabicare *v.tr.* e *intr.* to trawl.

sciabile *agg.* skiable, fit for skiing, suitable for skiing: *solo alcune piste sono sciabili*, only a few slopes are skiable.

sciabilità *s.f.* suitability for skiing on: *la — è garantita dagli impianti di neve artificiale*, artificial snow equipment provides guaranteed skiing conditions.

sciabola *s.f.* sabre.

sciabolare *v.tr.* to strike* with a sabre, to slash ◆ *v.intr.* (*tirare sciabolate*) to wield.

sciabolata *s.f.* **1** sabre-cut, slash: *tirare una —*, to slash with a sabre; (*fig.*) to flay **2** (*calcio*) long ball.

sciabolatore *s.m.* sabreur, sabre fencer.

sciabordare *v.tr.* to stir (up); to shake* (up); to swash: *— qlco. nell'acqua*, to swash something around in the water ◆ *v.intr.* (*di onde, frangersi contro qualcosa*) to wash, to lap.

sciabordio *s.m.* washing, lapping; swash(ing), splash(ing).

sciacallaggio *s.m.* looting: *la polizia ha circondato il quartiere per evitare episodi di —*, the police have closed off the area to stop looting.

sciacallo *s.m.* **1** (*zool.*) (*Canis aureus*) jackal **2** (*fig.*) (*profittatore*) profiteer, shark; looter.

sciacquabudella *s.m.* (*scherz.*) **1** (*vino leggero*) weak wine **2** (*brodaglia*) watery soup, dishwater.

sciacquadita *s.m.* finger bowl.

sciacquamento *s.m.* rinsing.

sciacquare *v.tr.* to rinse (out): *— una bottiglia*, to rinse out a bottle; *— i panni*, to rinse the washing; *sciacquarsi bene i capelli*, to rinse one's hair well; *— la bocca*, to rinse (out) one's mouth // *— la bocca sul conto di qlcu.*, (*parlarne male*) to speak ill of s.o.

□ **sciacquarsi** *v.rifl.* to rinse oneself: *si sciacquò e uscì dalla doccia*, he rinsed off the soap and got out of the shower.

sciacquata *s.f.* rinse: *dare una — a qlco.*, to give sthg. a rinse; *mi sono dato una — in fretta prima di uscire*, I had a quick wash before going out.

sciacquatura *s.f.* **1** (*lo sciacquare*) rinsing **2** (*l'acqua in cui si è sciacquato qlco.*) rinsing -water; (*di piatti*) dishwater (*anche fig.*): *questa minestra è — di piatti*, this soup is like dishwater.

sciacquio *s.m.* **1** rinsing **2** (*sciabordio*) washing, lapping; splashing.

sciacquo *s.m.* **1** gargling; rinse, rinsing: *fare degli sciacqui*, to gargle **2** (*lavanda medicamentosa per la bocca*) mouthwash; gargle.

sciacquone *s.m.* flusher: *tira lo —!*, flush the toilet (*o* pull the chain)!

sciafilo *agg.* (*biol.*) sciophilous.

sciafita *s.f.* (*bot.*) sciophyte.

sciagura *s.f.* **1** (*disastro*) disaster: *sopportare una serie di sciagure*, to have a series of disasters; *una grave — aerea, ferroviaria*, a terrible plane, train crash; *recarsi sul luogo della —*, to go to the scene of the disaster **2** (*non com.*) (*sfortuna*) bad luck, misfortune.

sciagurataggine *s.f.* **1** (*malvagità*) wickedness **2** (*azione malvagia*) wicked action.

sciaguratamente *avv.* **1** (*sfortunatamente*) unluckily, unfortunately **2** (*in modo malvagio*) wickedly.

sciaguratezza → **sciagurataggine**.

sciagurato *agg.* **1** (*sfortunato*) unlucky, unfortunate; (*miserando*) wretched **2** (*malvagio*) wicked; (*sconsiderato*) reckless ◆ *s.m.* **1** (*persona sventurata*) wretch **2** (*persona malvagia*) scoundrel, rogue.

scialacquamento *s.m.* squandering; dissipation.

scialacquare *v.tr.* to squander; to dissipate, to waste: *— un patrimonio*, to squander (*o* to waste) a fortune.

scialacquatore *s.m.* **scialacquatrice** *s.f.* squanderer, spendthrift.

scialacquio *s.m.* squandering, dissipation; (*spreco*) constant waste.

scialacquone *s.m.* (*fam.*) squanderer, spendthrift.

scialagogo *agg.* e *s.m.* (*med.*) sialagogue.

scialamento *s.m.* (*non com.*) squandering.

scialappa *s.f.* (*bot.*) (*Ipomoea purga*) jalap.

scialare *v.intr.* **1** to squander money, to throw* money away: *— in divertimenti, vestiti*, to squander money on entertainment, clothes // *non c'è molto da —*, we haven't got money to burn **2** (*godersela*) to have the time of one's life ◆ *v.tr.* (*rar.*) to squander.

scialatore *s.m.* (*non com.*) squanderer, spendthrift.

scialbare *v.tr.* (*edil.*) **1** (*intonacare*) to plaster **2** (*imbiancare*) to whitewash.

scialbatura *s.f.* (*edil.*) **1** (*l'intonacare*) plastering **2** (*l'imbiancare*) whitewashing.

scialbo *agg.* **1** pale, wan; (*fioco, sbiadito*) faint, dim: *luce scialba*, faint light; *viso —*, pale (*o* wan) face; *uno — sole invernale*, a pale (*o* weak) winter sun **2** (*fig.*) colourless, flat, dull: *una persona scialba*, a dull person; *un romanzo —*, an insignificant novel.

scialbore *s.m.* (*non com.*) paleness; (*fig.*) flatness, dullness.

scialitico *agg.*: *lampada scialitica*, scialytic lamp.

sciallato *agg.* shawl (*attr.*): *un collo —*, a shawl collar.

scialle *s.m.* shawl // *— da viaggio*, travelling rug (*o* plaid) // *collo a —*, shawl collar.

scialo *s.m.* **1** lavishness; (*spreco*) waste, dissipation, squandering: *far — del proprio denaro*, to waste one's money **2** (*sfoggio*) display, show; (*lusso*) luxury: *far — di sorrisi*, to be all smiles (*o* to lavish smiles).

scialoadenite *s.f.* (*med.*) sialoadenitis.

scialolitiasi *s.f.* (*med.*) sialolithiasis.

scialone *s.m.* spendthrift, squanderer.

scialorrea *s.f.* (*med.*) sialorrhea.

sci-alpinismo *s.m.* (*sport*) ski touring.

scialuppa *s.f.* (*mar.*) tender: *— di salvataggio*, lifeboat.

sciamanesimo → **sciamanismo**.

sciamanico *agg.* shamanist(ic).

sciamanismo *s.m.* shamanism.

sciamannare *v.tr.* (*region.*) (*mettere in disordine, sciupare*) to spoil*, to untidy, to disarrange; (*sgualcire*) to crumple.

sciamannato *agg.* slovenly // *alla sciamannata*, slovenly ◆ *s.m.* slovenly person.

sciamano *s.m.* **1** shaman **2** (*fig.*) wizard.

sciamare *v.intr.* to swarm (*anche fig.*).

sciamatura *s.f.* swarming.

sciame *s.m.* **1** swarm, cluster; (*fig.*) swarm, crowd: *uno — di gente*, a swarm of people // *a sciami*, in swarms **2** (*fis.*) shower: *— cosmico*, cosmic-ray shower.

sciamito *s.m.* samite.

sciampagnino *s.m.* (*fam.*) cheap champagne.

sciampista *s.m.* e *f.* shampooer.

sciampo *s.m.* shampoo.

sciancare *v.tr.* (*non com.*) to lame, to cripple.

□ **sciancarsi** *v.intr.pron.* to become* lame; to become* crippled.

sciancato *agg.* **1** lame, limping **2** (*estens.*) (*traballante*) lop-sided, wobbly: *sedia sciancata*, lop-sided (*o* wobbly) chair ◆ *s.m.* cripple.

sciancrare *v.tr.* (*region.*) to fit at the waist.

sciancrato *agg.* (*region.*) fitted at the waist.

sciancratura *s.f.* (*region.*) fitting at the waist.

sciangai *s.m.* pick-up-sticks.

sciantosa *s.f.* (*region.*) chanteuse, cabaret singer.

sciapido → **sciapo**.

sciapito → **scipito**.

sciapo *agg.* (*region.*) insipid; tasteless.

sciarada *s.f.* charade.

sciare[1] *v.intr.* (*mar.*) (*frenare con i remi*) to hold* water; (*frenare con un remo per virare*) to back water.

sciare[2] *v.intr.* (*sport*) to ski: *— sull'acqua*, to water-ski.

sciarpa *s.f.* **1** scarf* **2** (*distintivo di grado e dignità*) sash **3** (*fasciatura*) sling.

sciarrano *s.m.* (*zool.*) sea perch, serran.

sciata *s.f.* (*fam.*) ski, skiing: *ho voglia di farmi una —*, I want to go skiing.

sciatalgia, **sciatica** *s.f.* (*med.*) sciatica.

sciatico *agg.* (*anat.*) sciatic: *nervo —*, sciatic nerve.

sciatore *s.m.* **sciatrice** *s.f.* (*sport*) skier.

sciatorio *agg.* ski (*attr.*), skiing (*attr.*).

sciattamente *avv.* in a slovenly way; untidily, carelessly; (*fam.*) sloppily: *la donna vestiva piuttosto —*, the woman was rather slovenly in her dress.

sciatteria, **sciattezza** *s.f.* slovenliness, untidiness; (*fam.*) sloppiness.

sciatto *agg.* **1** slovenly, untidy; (*fam.*) sloppy: *è carina ma alquanto sciatta*, she is pretty but rather slovenly **2** (*di artista, stile ecc.*) slovenly, careless; clumsy: *l'argomento del racconto è interessante, ma lo stile è —*, to subject of the story is interesting, but the style is rather careless.

sciattona *s.f.* slattern.

sciattone *s.m.* sloven, slovenly fellow; (*fam.*) slob.

scibile *s.m.* knowledge: *lo — umano*, human knowledge; *un ramo dello —*, a branch of knowledge.

sciccheria *s.f.* (*fam.*) chic, smartness, elegance: *quell'abito è una vera —*, that dress is really chic.

sciccoso *agg.* (*scherz.*) smart, chic.

sciente *agg.* **1** (*letter.*) (*conscio*) aware (*pred.*); conscious **2** (*ant.*) (*dotto*) learned.

scientemente *avv.* (*consapevolmente*) consciously; knowingly; (*apposta*) on purpose.

scientificamente *avv.* scientifically.

scientificità *s.f.* scientific nature.

scientifico *agg.* scientific.

scientifismo *s.m.* scientism.

scientismo *s.m.* (*fil.*) scientism.

scientista *s.m.* e *f.* (*fil.*) follower of scientism.

scientistico *agg.* (*fil.*) scientistic.

scienza *s.f.* **1** science: *il progresso della —*, scientific progress; *i principi generali della —*, the general principles of science; *— pura, esatta*, pure, exact science; *scienze politiche, sociali*, political, social science; *scienze economiche*, economics (*o* economic science); *— del diritto*, jurisprudence; *scienze naturali*, natural science; *— delle costruzioni*, construction theory; *— delle finanze*, public finance; *scienze occulte*, occult arts // *uomo di —*, man of science // *la — di far quattrini*, the art of making money // *avere la — infusa*, to be a know-it-all **2** (*conoscenza*) knowledge **3** (*relig.*) (*dono dello Spirito Santo*) science.

scienziato *s.m.* scientist, man of science.

scifo *s.m.* (*archeol.*, *bot.*) scyphus*.

scifozoo *agg.* e *s.m.* (*zool.*) scyphozoan.

sciistico *agg.* skiing; ski (*attr.*): *gare sciistiche*, skiing competitions; *una località sciistica invernale*, a winter ski resort.

sciita *s.m.* e *f.* Shiite.

scilinguagnolo *s.m.* (*parlantina*) tongue, glibness of (tongue): *ha lo — sciolto*, she has a glib tongue (*o fam.* she has the gift of the gab); *aver perso lo —*, to have lost one's tongue.

scilla *s.f.* (*bot.*) scilla: *— marittima*, (*Urginea maritima*) squill.

Scilla *no.pr.f.* (*mit. geogr.*) Scylla: *— e Cariddi*, Scylla and Charybdis // *si sentiva tra — e Cariddi*, he felt he was between the devil and the deep blue sea.

scimitarra *s.f.* scimitar.

scimmia *s.f.* **1** (*zool.*) monkey: *— antropomorfa*, ape; *— ragno*, spider monkey; *— urlatrice*, howler **2** (*fig.*) (*imitatore*) mimic, aper, ape: *far la — a qlcu.*, to ape (*o* to mimic *o* to imitate) s.o. **3** (*fig.*) (*persona brutta*) monster **4** (*sl.*) *avere la — sulla spalla*, (*essere un tossicodipendente*) to have a monkey on one's back.

scimmiesco *agg.* (*spec. spreg.*) monkeyish; apish: *quella persona ha gesti scimmieschi*, he's got the manners of an ape.

scimmione *s.m.* (*fam.*) great big monkey.

scimmiottare *v.tr.* to ape: *— usanze straniere*, to ape foreign manners; *il bambino scimmiottava l'insegnante*, the child was aping the teacher.

scimmiottata, **scimmiottatura** *s.f.* imitation, aping: *è una vergognosa —*, it is a shameful imitation.

scimmiotto *s.m.* **1** young monkey // *fare lo —*, (*fig.*) to ape (*o* to imitate) **2** (*fig. fam.*) (*bimbo*) little monkey.

scimpanzè *s.m.* (*zool.*) (*Pan troglodytes*) chimpanzee.

scimunitaggine *s.f.* **1** silliness, foolishness **2** (*azione da scimunito*) foolish action, silly action.

scimunito *agg.* silly, foolish, stupid ◆ *s.m.* fool, idiot; (*fam.*) dummy.

scinauta *s.m.* e *f.* (*sport*) water skier.

scinco *s.m.* (*zool.*) skink.

scindere *v.tr.* **1** (*dividere, separare*) to divide, to separate (*anche fig.*): *— le questioni*, to deal with each matter separately **2** (*chim.*) to resolve **3** (*fis. nucleare*) to fission.
□ **scindersi** *v.intr.pron.* to split*, to break* up: *il partito si è scisso in due*, the party has split in two.

scindibile *agg.* **1** separable **2** (*chim.*) resolvable **3** (*fis. nucleare*) fissionable, fissile.

scintigrafia *s.f.* (*med.*) scintigraphy.

scintigramma *s.m.* (*med.*) scintigram.

scintilla *s.f.* **1** spark; (*elettr.*) *— d'accensione*, ignition spark; *— elettrica*, electric spark; *mandare scintille*, to sparkle: *i suoi occhi mandavano scintille*, his eyes were sparkling // (*fis. nucleare*) *camera a —*, spark chamber; *rivelatore a —*, spark counter **2** (*fig.*) (*illuminazione delle facoltà intellettive*) flash, spark: *una — d'ingegno*, a spark of genius **3** (*fig.*) (*causa*) spark: *la — che fece scoppiare la guerra*, the spark that caused the war to break out.

scintillamento *s.m.* sparkling, twinkling; (*scintilla*) spark: (*elettr.*) *dispositivo per togliere lo —*, spark-arrester.

scintillante *agg.* sparkling, shining (*anche fig.*): *occhi scintillanti*, shining eyes; *idee scintillanti*, scintillating ideas.

scintillare *v.intr.* **1** (*mandare scintille*) to spark, to emit sparks **2** (*risplendere*) to shine*, to gleam, to sparkle, to twinkle (*anche fig.*): *le stelle scintillavano*, the stars were twinkling; *i suoi occhi scintillavano di gioia*, his eyes sparkled with joy.

scintillatore *s.m.* (*fis.*) scintillator.

scintillazione *s.f.* (*astr.*) scintillation, twinkling // (*fis.*) *rivelatore a —*, scintillation counter.

scintillio *s.m.* sparkling, twinkling; flashing.

scintillografia → **scintigrafia**.

scintillogramma → **scintigramma**.

scintillometro *s.m.* (*astr.*) scintillometer, scintillation counter.

scintoismo *s.m.* (*st. relig.*) Shintoism.

scintoista *s.m.* e *f.* (*st. relig.*) Shintoist.

scintoistico *agg.* Shintoist; Shinto (*attr.*).

sciò *inter.* shoo.

scioccante *agg.* (*impressionante*) shocking.

scioccare *v.tr.* to shock: *non vorrei avervi scioccato con i miei discorsi*, I hope my speech didn't shock you; *la notizia l'ha scioccato*, the news shocked him.

scioccato *agg.* shocked; in shock (*pred.*): *rimasero tutti scioccati dal suo comportamento*, they were all shocked by his behaviour.

sciocchería *s.f.* (*non com.*) **1** (*atto da sciocco*) folly, piece of stupidity, foolish thing, silly action **2** (*cosa da poco*) trifle, bagatelle.

sciocchezza *s.f.* **1** foolishness, silliness, stupidity **2** (*azione, parola sciocca*) folly, foolish thing, silly action; nonsense [U]: *questa è una —*, this is nonsense; *commettere, fare una —*, to do something silly; *per me ha fatto una —*, I think it was very silly of him to do that; *dire sciocchezze*, to talk nonsense; *sciocchezze!*, rubbish! **3** (*cosa da poco*) trifle, bagatelle: *è una —, ma spero vorrai gradirla ugualmente*, it is only a trifle, but I hope you will like it; *l'ho pagato una —*, I hardly paid anything for it.

sciocco *agg.* **1** silly, stupid **2** (*region.*) (*di cibo*) insipid, tasteless ◆ *s.m.* fool, dolt: *non è uno —*, he is no fool // *dare dello — a qlcu.*, to call s.o. a fool.

scioglibile *agg.* **1** (*non com.*) that can be untied **2** (*annullabile*) dissoluble, dissolvable.

sciogliere *v.tr.* **1** to melt; (*la neve*) to thaw; (*dissolvere*) to dissolve: *il calore ha sciolto la neve, il burro*, the heat has melted the snow, the butter; *— lo zucchero nell'acqua*, to dissolve sugar in water **2** (*disfare, slegare*) to untie, to loosen, to loose, to undo*: *— i lacci*, to undo (*o* untie) laces; *— un nodo*, to untie (*o* to undo) a knot **3** (*liberare*) to release (*anche fig.*): *sciolsero i prigionieri*, they released the prisoners; *— un cane dalla catena*, to unleash a dog; *— le vele*, to unfurl the sails; *— i capelli*, to let one's hair down; *— qlcu. da un voto, da un obbligo*, to release s.o. from a vow, an obligation; *— qlcu. da una promessa*, to release s.o. from a promise; *tutto quel vino gli ha sciolto la lingua*, all that wine has loosened his tongue **4** (*risolvere*) to solve, to resolve: *— un dubbio*, to resolve a doubt; *— un problema*, to solve a problem **5** (*annullare*) to dissolve, to break* up, to cancel, to annul, to wind* up, to close: *— un'assemblea*, to close (*o* to wind up) a meeting; *— il Parlamento*, to dissolve Parliament; *— un contratto*, to annul (*o* to dissolve) a contract; *— una società*, to dissolve (*o* to break up) a partnership; *— una società per azioni*, to wind up a company **6** (*rendere

agile) to loosen (up): — *i muscoli*, to limber up; *qualche esercizio per — i muscoli*, some exercises to loosen one's muscles **7** (*non com.*) (*adempiere*) to fulfil: — *una promessa*, to fulfil a promise; — *un voto*, to fulfil a vow **8** (*letter.*) (*levare, innalzare*) to raise: — *un inno, un canto*, to raise a hymn, a song.
□ **sciogliersi** *v.rifl.* **1** (*slegarsi*) to loosen; to come* untied: *il nodo si sciolse*, the knot came untied **2** (*liberarsi*) to free oneself, to release oneself (*anche fig.*): — *da una promessa*, to get out of a promise **3** (*aver termine*) to be dissolved; (*di adunanza*) to break* up: *l'adunanza si sciolse*, the meeting broke up; *la società si sciolse*, the partnership was dissolved ◆ *v.intr.pron.* (*liquefarsi*) to melt; (*di neve*) to thaw; (*dissolversi*) to dissolve: *il gelato si sciolse*, the ice cream melted; *la neve si sta sciogliendo*, the snow is thawing; *questa carne si scioglie in bocca*, this meat melts in your mouth // — *in lacrime*, (*fig.*) to dissolve into tears // *si scioglie ogni volta che la vede*, (*fig. fam.*) he gets warm inside every time he sees her.

scioglilingua *s.m.* tongue twister.

scioglimento *s.m.* **1** (*il porre fine*) dissolution; winding up; (*di adunanza*) breaking -up: — *di un matrimonio*, dissolution of a marriage; — *di un accordo*, cancellation of an agreement // — *anticipato delle camere*, early dissolution of Parliament **2** (*di dramma, racconto ecc.*) dénouement, unravelling **3** (*risoluzione*) resolution, solution: — *di un dubbio*, resolution of a doubt **4** (*fusione*) melting.

sciografia *s.f.* skiagraphy.

sciolina *s.f.* ski wax.

sciolinare *v.tr.* to wax, to apply wax to (sthg.).

sciolinatura *s.f.* waxing, application of ski wax.

sciolta *s.f.* (*fam.*) diarrhoea, looseness of the bowels.

scioltamente *avv.* **1** (*agilmente*) nimbly **2** (*disinvoltamente*) easily, freely **3** (*fluentemente*) fluently.

scioltezza *s.f.* **1** nimbleness, agility: — *di movimenti*, nimbleness (*o* agility) of movement **2** (*disinvoltura, spigliatezza*) ease, smoothness; (*nel parlare*) fluency: — *di modi*, ease of manner; *la sua — nel parlare l'inglese*, his fluency in speaking English; *parlare con* —, to speak fluently.

sciolto *agg.* **1** melted: *burro, gelato* —, melted butter, ice cream **2** (*slegato*) loose, untied, unfastened: *capelli, fogli sciolti*, loose hair, sheets // *a briglia sciolta*, with a loose rein; (*fig.*) at full speed (*o* headlong) **3** (*agile*) nimble, agile: *dita sciolte*, nimble fingers **4** (*disinvolto*) easy: *modi sciolti*, easy manner **5** (*fig.*) (*libero*) free: — *da obblighi*, free from obligations **6** (*non confezionato*) loose: *questi biscotti si vendono sciolti*, these biscuits are sold loose; *comperare olio* —, to buy oil by the litre **7** (*chiuso, annullato*) closed, dissolved, broken up, wound up: *la seduta è sciolta*, the meeting is closed; **8** *verso* —, (*metrica*) blank verse **9** (*geol.*) (*di materiali detritici*) incoherent, loose.

scioperaggine *s.f.* (*non com.*) laziness, idleness.

scioperante *agg.* striking, on strike (*pred.*) ◆ *s.m.* e *f.* striker: *una manifestazione di scioperanti*, a strikers' demonstration.

scioperare *v.intr.* to strike; to go* on strike; to be on strike; (*fam.*) to walk out: — *per ottenere una riduzione dell'orario di lavoro*, to strike for shorter working hours; — *per ottenere aumenti salariali*, to strike for higher wages.

scioperataggine, **scioperatezza** *s.f.* laziness, idleness; (*dissolutezza*) dissoluteness.

scioperato *agg.* lazy, idle; (*dissoluto*) dissolute ◆ *s.m.* idler, lazy fellow, loafer; (*dissoluto*) dissolute person.

sciopero *s.m.* strike, walkout: — *a oltranza*, all-out strike; — *a singhiozzo*, on-off strike; — *a scacchiera*, staggered strike; — *bianco*, work to rule (*o* go-slow); — *della fame*, hunger strike; — *dei mezzi pubblici*, transport strike; — *generale*, general strike; — *lampo, senza preavviso*, lightning strike; — *nazionale*, nationwide strike; — *selvaggio*, wildcat strike; *entrare in* —, to go on strike; *essere in* —, to be on strike; *indire uno* —, to call a strike; *diritto di* —, right to strike.

sciorinamento *s.m.* **1** (*di panni*) hanging out (to dry) **2** (*esposizione*) display **3** (*fig.*) (*ostentazione*) display, showing off.

sciorinare *v.tr.* **1** to air; (*appendere*) to hang* out (to dry): — *il bucato*, to hang out the washing **2** (*esporre*) to display, to spread* out: — *della merce*, to display (*o* to spread out) goods **3** (*fig.*) (*ostentare, far pompa di*) to display, to show* off, to make* a display of (sthg.): *sciorinò in fretta tutto quel che sapeva*, he rattled off all he knew; — *la propria cultura*, to make a display of (*o* to show off) one's learning // — *consigli*, to pour out advice // — *bugie*, to tell one lie after another.

sciorlite *s.f.* (*min.*) schorl(ite).

sciorlo *s.m.* (*min.*) schorl(ite).

sciott *s.m.* (*geogr.*) shott.

sciovia *s.f.* ski lift.

sciovinismo *s.m.* chauvinism.

sciovinista *s.m.* e *f.* chauvinist.

sciovinistico *agg.* chauvinist(ic).

scipitaggine *s.f.* **1** insipidness; dullness **2** (*atto*) silly behaviour; (*detto*) foolish talk.

scipitezza *s.f.* insipidity.

scipito *agg.* **1** insipid, tasteless **2** (*fig.*) (*insulso*) insipid, dull, flat.

scippare *v.tr.* to snatch, to bag-snatch: — *qlcu.*, to snatch s.o.'s bag.

scippatore *s.m.* bag-snatcher.

scippo *s.m.* bag-snatching.

sciroccale *agg.* sirocco (*attr.*).

sciroccata *s.f.* sirocco gale; sirocco storm.

scirocco *s.m.* (*meteor.*) sirocco*.

sciroppare *v.tr.* to syrup: — *le pesche*, to syrup peaches // *sciropparsi qlcu., qlco.*, (*sopportare*) to put* up with (s.o., sthg.): *mi sono sciroppato mia suocera tutta la sera*, I put up with my mother-in-law for the whole evening.

sciroppato *agg.* in syrup (*pred.*): *pesche sciroppate*, peaches in syrup.

sciroppo *s.m.* syrup; (*spec. amer.*) sirup: — *contro la tosse*, cough mixture (*o* syrup).

sciropposità *s.f.* syrupiness.

sciropposo *agg.* **1** syrupy: *liquore* —, syrupy liqueur **2** (*fig.*) (*melenso*) syrupy, sugary; (*fam.*) sloppy: *un racconto* —, a sugary story.

scirpo *s.m.* (*bot.*) (*Scirpus palustris*) bulrush.

scirro *s.m.* (*med.*) scirrhus.

scisma *s.m.* **1** schism **2** (*estens.*) split: *lo — del socialismo italiano*, the split within Italian socialism.

scismatico *agg.* schismatic(al) ◆ *s.m.* schismatic.

scissile *agg.* fissile, scissile.

scissione *s.f.* **1** scission, division, split (*anche fig.*): *la — di un partito*, party split; *operare una* —, to bring about a split // (*biol.*) *riproduzione per* —, reproduction by fission // (*psic.*) — *dell'Io*, splitting of the Ego **2** (*chim.*) resolution **3** (*fis. nucleare*) fission: — *nucleare*, nuclear fission.

scissionismo *s.m.* secessionism; tendency to split up.

scissionista *s.m.* e *f.* secessionist.

scissionistico *agg.* secessionist (*attr.*).

scissiparità *s.f.* (*biol.*) scissiparity, fissiparity.

scissiparo *agg.* (*zool.*) fissiparous.

scisso *agg.* divided, split: *forze scisse*, divided forces.

scissura *s.f.* **1** (*non com.*) cleft, split, fissure **2** (*fig.*) (*dissenso*) split, rift, disagreement: *una — in famiglia*, a family rift; *in seno al partito si determinarono deplorevoli scissure*, there were regrettable differences of opinion within the party **3** (*anat.*) scissure.

scisto *s.m.* (*geol.*) schist: — *bituminoso*, oil shale.

scistosità *s.f.* (*geol.*) schistosity.

scistoso *agg.* shaly, schistose.

scitico *agg.* Scythian.

sciuntare → **shuntare**.

sciupacchiare *v.tr.* (*fam.*) to spoil*, to damage (a little).

sciupare *v.tr.* **1** (*danneggiare*) to damage, to harm; (*rovinare*) to spoil*, to ruin: *la pioggia mi ha sciupato le scarpe*, the rain has spoilt my shoes; *non sciuparti la salute*, don't ruin your health; *queste notizie ci hanno sciupato la serata*, the news has spoilt our evening **2** (*sprecare*) to waste, to squander: — *tempo, denaro*, to waste time, money; — *un patrimonio*, to squander a fortune; *non — tanto gas, tanta acqua!*, don't waste so much gas, so much water!; — *le forze*, to waste one's strength.
□ **sciuparsi** *v.intr.pron.* **1** to spoil*, to get* spoilt, to get* damaged, to be spoilt: *si sciupa a lasciarlo al sole*, it gets spoilt if you leave it in the sun **2** (*di salute*) to get* run down, to wear* oneself out: *ti sei un po' sciupato in questi giorni*, you look a bit worn out (*o* run down) these days // *si è sciupato a scrivermi due righe!*, (*fam. iron.*) he has really strained himself dropping me a line!

sciupato *agg.* **1** spoilt; damaged; worn-out: *un libro* —, a damaged book; *abiti sciupati*, worn-out clothes; *mani sciupate dal lavoro*, hands worn-out through work **2** (*sprecato*) wasted: *tempo, denaro* —, wasted time, money **3** (*di salute*) run down, worn-out: *è piuttosto* —, he is (*o* looks) rather run down (*o* worn out).

sciupio meno com. **sciupo** *s.m.* waste; wastage, squandering: — *di tempo*, waste of time; — *di denaro*, squandering (*o* waste) of money; *che — di carta!*, what a waste of paper!; *qui si fa un grande — di energia*, there is a great wastage of energy here.

sciupone *agg.* wasteful; (*di denaro*)

spendthrift (*attr.*) ◆ *s.m.* waster, squanderer; (*di denaro*) spendthrift: *spendi sempre troppo! Sei il solito —!*, you always spend too much! You're the same old spendthrift!

sciuride *s.m.* (*zool.*) ground-squirrel.

sciuscià *s.m.* shoeshine boy.

scivolamento *s.m.* slipping, sliding.

scivolare *v.intr.* **1** to slide*; (*con armonia, dolcezza*) to glide: *in inverno ai bambini piace — sul ghiaccio*, in winter children like to slide on the ice; *il carrello scivola su rotaie*, the trolley runs on rails: *scivolò giù dal pendio*, he slid down the slope; *la nave scivolava verso il porto*, the ship was gliding towards port // *— fuori da una stanza*, to slip out of a room // *far — qlco. nella mano, nella tasca di qlcu.*, to slip sthg. into s.o.'s hand, pocket **2** (*involontariamente*) to slip: *il coltello mi scivolò dalle dita*, the knife slipped out of my fingers; *scivolò su una buccia di banana e cadde*, he slipped on a banana-skin and fell; *la sua giacca era scivolata giù dalla seggiola*, his coat had slipped off the chair // *l'esame sembrava andare bene, ma è scivolato sull'ultima domanda*, the exam seemed to be going well but he slipped up on the last question **3** (*fig.*) to drift: *il discorso scivolò sulla politica*, the conversation drifted onto politics **4** (*mecc.*) to slide* **5** (*aut.*) to skid **6** (*aer.*) — *d'ala*, to (side)slip; — *di coda*, to tail-slide.

scivolata *s.f.* **1** slide*, sliding **2** (*involontaria*) slip: *una — su una buccia di banana può essere molto pericolosa*, a slip on a banana skin can be very dangerous; *fece una — sulla neve e si ruppe un braccio*, he slipped on the snow and broke his arm // (*aer.*): *— d'ala*, sideslip; *— di coda*, tail slide.

scivolato *agg.* **1** (*di abito*) flowing, loose **2** (*mus.*) glided: *note scivolate*, glided notes.

scivolo *s.m.* **1** slide; chute: *— per bambini*, children's slide **2** (*tecn.*) chute; (*piano inclinato*) skid; (*condotto inclinato*) shoot **3** (*aer., mar.*) slipway.

scivolone *s.m.* **1** slip; fall: *ho fatto un brutto —*, I had a nasty fall **2** (*fig.*) (*errore*) slip-up.

scivolosità *s.f.* slipperiness.

scivoloso *agg.* slippery (*anche fig.*): *terreno —*, slippery ground; *le anguille sono scivolose*, eels are slippery; *una persona scivolosa*, a slippery person.

sclarea *s.f.* (*bot.*) (*Salvia sclarea*) clary.

sclera *s.f.* (*anat.*) sclera.

sclerale *agg.* (*anat.*) scleral.

sclereide *s.f.* (*bot.*) sclereid.

sclerenchima *s.m.* (*bot., zool.*) sclerenchyma*.

sclerenchimatico *agg.* (*bot.*) sclerenchymatous.

sclerite *s.f.* (*med.*) sclerotitis, scleritis.

sclero- *pref.* di origine greca usato nella terminologia scientifica; ingl. sclero-; può significare **1** durezza; indurimento: *scleroma*, scleroma; *sclerotico*, sclerotic; *sclerogeno*, sclerogenous **2** rapporto, relazione con la sclera: *scleroplastica*, scleroplasty; *scleroftalmia*, sclerophtalmia; *sclerite*, scleritis.

sclerodermia *s.f.* (*med.*) sclerodermia.

sclerofillo *agg.* (*bot.*) sclerophyllous.

scleroma *s.m.* (*med.*) scleroma*.

sclerometria *s.f.* (*tecn.*) sclerometrics [U].

sclerometro *s.m.* (*tecn.*) sclerometer.

scleroproteina *s.f.* (*biochim.*) scleroprotein.

sclerosante *agg.* (*med.*) sclerosing.

sclerosare *v.tr.* (*med.*) to sclerose.

sclerosi *s.f.* **1** (*med.*) sclerosis*: *— multipla, a placche*, multiple sclerosis **2** (*fig.*) sluggishness: *la — dell'apparato burocratico*, the sluggishness of bureaucratic machinery.

scleroso *agg.* (*bot.*) sclerous.

sclerotica *s.f.* (*anat.*) sclerotic(a).

sclerotico *agg.* (*med.*) sclerotic.

sclerotizzare *v.tr.* **sclerotizzarsi** *v.intr. pron.* to sclerose.

sclerotomia *s.f.* (*med.*) sclerotomy.

sclerozio *s.m.* (*bot.*) sclerotium*.

scocca *s.f.* (*aut.*) bodywork: *— portante*, monocoque (bodywork).

scoccare *v.tr.* **1** to shoot*: *— una freccia*, to shoot an arrow **2** (*fig.*) (*rivolgere*) to shoot*, to cast*: *— un'occhiata severa a qlcu.*, to shoot (*o* to cast) s.o. a stern look; *— un bacio a qlcu.*, to blow s.o. a kiss **3** (*le ore*) to strike*: *l'orologio scoccò le tre*, the clock struck three ◆ *v.intr.* **1** (*scattare*) to be released: *la molla è scoccata*, the spring has been released **2** (*di ore*) to strike*: *sono appena scoccate le tre*, it has just struck three // *è scoccata l'ora della verità*, (*fig.*) the moment of truth has come; *è scoccata la tua ora*, (*fig.*) your hour has come **3** (*balenare*) to flash, to go* off: *scoccò una scintilla*, a spark went off.

scocciante *agg.* (*fam.*) annoying, irritating: *una persona —*, an annoying person; *è davvero — doversi alzare presto*, it's really irritating having to get up early.

scocciare[1] *v.tr.* (*fam.*) (*dare noia a*) to pester, to bother, to annoy, to irritate: *mi scoccia dover partire subito*, it annoys me to have to leave straight away; *non mi —, devo lavorare*, don't pester me, I have to work.

□ **scocciarsi** *v.intr.pron.* (*fam.*) (*annoiarsi*) to be annoyed, to get* annoyed; to be fed up, to get* fed up: *mi sono scocciato di aspettarlo, me ne vado*, I'm fed up waiting for him, I'm going.

scocciare[2] *v.tr.* (*mar.*) to unhook.

scocciato *agg.* (*fam.*) annoyed, fed up, bothered: *ha un'aria scocciata*, he looks fed up; *sono — perché ho perso il libro*, I'm annoyed because I've lost my book.

scocciatore *s.m.* **scocciatrice** *s.f.* (*fam.*) pest, pain, bore, nuisance: *sei un vero scocciatore, lasciami in pace!*, you're a real pest, leave me alone!

scocciatura *s.f.* (*fam.*) bother, nuisance; bore, pain: *è una bella — prendere il treno ogni mattina*, it's a real nuisance taking the train every morning; *che — la cena di ieri sera!*, what a bore the dinner was yesterday evening!

scocco *s.m.* **1** (*di arco*) shooting off; (*di bacio*) smack **2** (*delle ore*) stroke; striking: *allo — delle due*, on the stroke of two **3** (*mar.*) *gancio a —*, slip hook.

scodare *v.tr.* to dock.

scodato *agg.* **1** (*con la coda mozzata*) docked, dock-tailed **2** (*senza coda*) tailless.

scodella *s.f.* **1** bowl: *una — di ceramica*, a ceramic bowl **2** (*piatto per minestra*) soup bowl **3** (*contenuto di una scodella*) bowl, bowlful: *mi sono mangiato due scodelle di minestra*, I ate two bowls (*o* bowlfuls) of soup.

scodellare *v.tr.* **1** to dish up, to serve: *— la minestra*, to serve the soup **2** (*fig. fam.*) (*tirar fuori*) to dish up, to pour out, to produce: *scodellò tutto quel che sapeva*, he poured out everything he knew; *— bugie*, to dish up a pack of lies; *la moglie gli scodella un figlio all'anno*, his wife produces a child every year for him.

scodellata *s.f.* bowlful, plateful; dishful; helping (of food).

scodellato *agg.* served up // *vuole la pappa scodellata*, (*fig.*) he wants to have everything served up on a plate.

scodellino *s.m.* **1** (*mecc.*) cup **2** (*di armi da fuoco antiche*) pan.

scodinzolamento *s.m.* **1** (*di cane*) (tail-)wagging **2** (*di veicolo*) swinging.

scodinzolare *v.intr.* **1** to wag its tail **2** (*fig. scherz.*) (*fare moine*) to lick up (to s.o.): *guarda come scodinzola intorno al direttore*, look how he's licking up to the boss.

scodinzolio *s.m.* tail-wagging.

scodinzolo *s.m.* (*sci*) ziz-zagging.

scoglia *s.f.* (*zool.*) slough, skin.

scogliera *s.f.* cliff, rocks (*pl.*); (*a fior d'acqua*) reef: *— madreporica, corallina*, coral reef; *— sommersa*, submerged reef; *le bianche scogliere di Dover*, the white cliffs of Dover.

scoglio *s.m.* **1** rock; (*a fior d'acqua*) reef: *tuffarsi da uno —*, to dive from a rock // (*geol.*) *— tettonico*, allochton(e) (*o* klippe) **2** (*fig.*) (*difficoltà, ostacolo*) difficulty, obstacle, stumbling block: *la matematica è uno — per lui*, mathematics is a stumbling block for him; *urtare contro uno —*, to run up against a difficulty.

scoglionarsi *v.intr.pron.* (*volg.*) to be pissed off, to get* pissed off.

scoglionato *agg.* (*volg.*) pissed off: *lascialo stare, oggi è —*, leave him alone, he's really pissed off today.

scoglionatura *s.f.* (*volg.*) pain in the arse, (*amer.*) pain in the ass.

scoglioso *agg.* rocky: *costa scogliosa*, rocky (*o* cragged) coast.

scoiare e *deriv.* → **scuoiare** e *deriv.*

scoiattolo *s.m.* (*zool.*) squirrel // *si arrampica come uno —*, he can climb like a monkey.

scolabottiglie *s.m.* bottle drainer.

scolabrodo → **colabrodo**.

scolamento *s.m.* (*non com.*) draining; dripping; (*con un colabrodo*) straining.

scolapasta *s.m.* (*pasta*) colander.

scolapiatti *s.m.* plate rack, draining rack.

scolaposate *s.m.* cutlery drainer.

scolara *s.f.* pupil, schoolgirl.

scolare *v.tr.* to drain (dry); to leave* (sthg.), to drain; (*in un colabrodo*) to strain: *— una bottiglia, un bricco*, to drain a bottle dry, a jug dry; *— legumi*, to strain vegetables; *— spaghetti*, to strain spaghetti // *si è scolato una bottiglia di vino in mezz'ora*, he drained a bottle of wine in half an hour ◆ *v.intr.* to drip, to drain: *dove devo mettere i piatti a —?*, where shall I put the dishes to drain?

scolaresca *s.f.* student-body; pupils (*pl.*): (*di scuole elementari, medie*) school-children (*pl.*).

scolaresco *agg.* (*non com.*) schoolboy (*attr.*).

scolaretto *s.m.* schoolboy // *comportarsi come uno —*, to behave like a schoolboy.

scolarità *s.f.* school attendance: *indice di —*, rate of school attendance; *aumento*, *diminuzione della —*, increase, decrease in school attendance.

scolarizzare *v.intr.* to educate.

scolarizzazione *s.f.* education, schooling.

scolaro *s.m.* schoolchild*, pupil, schoolboy: *una classe di venti scolari*, a class of twenty pupils.

scolastica *s.f.* (*st. fil.*) scholasticism, scholastic philosophy.

scolasticismo *s.m.* (*st. fil.*) scholasticism.

scolasticità *s.f.* scholasticism.

scolastico *agg.* **1** school (*attr.*); educational, scholastic: *anno —*, school year; *libri*, *problemi scolastici*, school books, problems; *obbligo —*, compulsory schooling; *sistema —*, school (*o* education) system; *riforma scolastica*, educational reform; *ispettore —*, school inspector **2** (*spreg.*) (*libresco*, *ristretto*) scholastic; formal, narrow: *cultura scolastica*, formal learning; *mente scolastica*, narrow (*o* scholastic) mind **3** (*fil.*) scholastic ◆ *s.m.* **1** schoolman* **2** (*st. fil.*) scholastic.

scolasticume *s.m.* (*spreg.*) pedantry; dogmatism.

scolatoio *s.m.* **1** (*canale*, *tubo di scolo*) drain **2** (*luogo dove si mettono le cose a scolare*) draining board.

scolatura *s.f.* draining, dripping; (*liquido scolato*) drippings (*pl.*), drainings (*pl.*).

scolecite *s.f.* (*min.*) scolecite.

scoliaste *s.m.* scholiast.

scolice *s.m.* (*zool.*) scolex*.

scolina *s.f.* sluice.

scolio[1] *s.m.* dripping, draining.

scolio[2] *s.m.* (*chiosa*) scholium*, marginal note.

scoliosi *s.f.* (*med.*) scoliosis.

scoliotico *agg.* (*med.*) scoliotic.

scolito *s.m.* (*zool.*) scolytus.

scollacciato *agg.* **1** (*di abito*) low-necked; (*riferito a persone*) wearing a low-necked dress: *donne molto scollacciate*, women in very low-necked dresses **2** (*immorale*) immoral; (*licenzioso*) licentious; (*sboccato*) coarse, bawdy: *discorso —*, bawdy talk; *modi scollacciati*, coarse manners.

scollamento *s.m.* **1** (*lo scollare*) unsticking; (*fig.*) coming apart **2** (*geol.*) décollement **3** (*med.*) décollement.

scollare[1] *v.tr.* (*staccare*) to unglue, to unstick*.
□ **scollarsi** *v.intr.pron.* to become* unglued, to get* unstuck: *l'etichetta si è scollata*, the label has come unstuck // *cerca di scollarti dal televisore!*, (*fam.*) try to tear yourself away from the television!

scollare[2] *v.tr.* (*abito*) to cut* away the neck of (a dress): *— una camicetta*, to cut away the neck of a blouse; *— a punta*, *in tondo*, to cut a V-shaped, a round neck-opening.
□ **scollarsi** *v.rifl.* to put* on a low-necked dress.

scollato[1] *agg.* unglued, unstuck.

scollato[2] *agg.* **1** (*di abito*) low-necked: *un abito —*, a low-necked dress // *scarpa scollata*, court shoe **2** (*di persona*) wearing a low-necked dress.

scollatura[1] *s.f.* (*lo staccarsi*) ungluing, unsticking.

scollatura[2] *s.f.* (*scollo*) neckline, neck-opening, neck: *abito con — sul dorso*, dress cut low at the back: *— a punta*, *rotonda*, *quadrata*, V-, round-, square-neck.

scollegare *v.tr.* to disconnect.

scollettatrice *s.f.* (*agr.*) beet topper.

scollettatura *s.f.* (*agr.*) beet topping.

scollo *s.m.* neckline, neck-opening, neck: *— a V*, V-neck.

scolmare *v.tr.* to fill: *— un canale*, to fill a channel.

scolmatore *agg.* filling: *canale —*, filling channel ◆ *s.m.* fillway, floodway.

scolmatura *s.f.* filling.

scolo *s.m.* **1** (*lo scolare*) draining, drainage **2** (*liquido scolato*) drainage // (*dir.*) *servitù di —*, right of drainage (*o* eavesdrop) **3** (*volg.*) (*blenorragia*) clap.

scolopendra *s.f.* (*zool.*) scolopendra.

scolopendrio *s.m.* (*bot.*) (*Scolopendrium vulgare*) scolopendrium.

scolopio *s.m.* (*relig.*) Piarist.

scoloramento *s.m.* discolouration, fading.

scolorare *v.tr.* to discolour ◆ *v.intr.* → scolorarsi.
□ **scolorarsi** *v.intr.pron.* to fade; (*impallidire*) to grow* pale, to turn pale.

scolorimento *s.m.* discolouration, fading; (*di pianta*) etiolation.

scolorire *v.tr.* to discolour; to bleach: *il sole ha scolorito la stoffa*, the sun has bleached the material ◆ *v.intr.* → scolorirsi.
□ **scolorirsi** *v.intr.pron.* to lose* colour; to fade; (*impallidire*) to grow* pale; to lose* ones' colour; (*di pianta*) to etiolate: *questa stoffa si è molto scolorita*, this material has faded very much.

scolorito *agg.* (*sbiadito*) faded; (*sbiancato*) bleached; (*senza colore*) colourless; (*pallido*) pale: *abito d'un rosso —*, dress of a faded (*o* washed out) red; *faccia scolorita*, pale (*o* colourless) face; *un ricordo —*, a dim (*o* faint) memory.

scolpare *v.tr.* to exculpate; (*giustificare*) to justify: *— qlcu. da un'accusa*, to exculpate s.o. from an accusation.
□ **scolparsi** *v.rifl.* **1** to exculpate oneself; (*giustificarsi*) to justify oneself **2** (*scusarsi*) to apologize.

scolpire *v.tr.* **1** to sculpture, to sculpt; (*intagliare*) to carve, to cut*, to engrave: *la statua era scolpita nella roccia*, the statue was carved (*o* cut) out of (*o* in) the rock; *— il proprio nome su legno*, to carve (*o* to engrave *o* to cut) one's name in wood; *— una statua nella pietra*, to carve (*o* sculpt) a statue out of (*o* in) stone **2** (*imprimere*) to engrave; to impress: *le sue parole sono scolpite nella mia memoria*, his words are engraved on (*o* stamped in) my memory **3** (*non com.*) (*parole*, *frasi*) to emphazise, to stress.

scolpito *agg.* **1** sculptured, sculpted; (*intagliato*) carved, cut, engraved **2** (*impresso*) engraved; impressed **3** (*non com.*) (*di parole*, *frasi*) emphasized, stressed.

scombaciare *v.tr.* to disjoin, to separate.

scombiccherare *v.tr.* (*fam.*) to scribble.

scombinare *v.tr.* **1** (*mettere in disordine*) to upset*; to mess up; to mix up: *non metterti il berretto che ti scombini i capelli*, don't put a beret on or you'll get your hair in a mess; *il vento ha scombinato tutti i fogli*, the wind has blown the papers all over the place **2** (*mandare a monte*) to upset*, to mess up: *la sua malattia ha scombinato i nostri piani*, his illness upset our plans.

scombinato *agg.* (*fam.*) screwy; peculiar; mixed up: *fare una vita scombinata*, to lead a mixed up life ◆ *s.m.* (*fam.*) crackpot, crank.

scombro *s.m.* (*Scomber scombrus*) mackerel, scomber, (*pop.*) shiner: *— bastardo*, (*Trachurus trachurus*) scad.

scombussolamento *s.m.* upset; upsetting.

scombussolare *v.tr.* to upset*, to unsettle: *il cambiamento del fuso orario mi ha scombussolato*, the change of the time zone has unsettled me; *quelle notizie lo hanno scombussolato*, that news has upset him; *hai scombussolato i nostri piani*, you have upset our plans.

scombussolio *s.m.* upsetting.

scommessa *s.f.* **1** bet, wager: *una — di due milioni*, a two-million lira bet; *vincere*, *perdere una —*, to win, to lose a bet; *fare una —*, to make a bet (*o* to bet *o* to lay a wager); *il mondo delle scommesse clandestine*, the world of illegal (*o* underground) betting (*o* gambling); *contratto di —*, wagering contract; *fare una — con se stesso*, to bet oneself; *l'ho fatto per —*, (*fig.*) I did it for a joke; *si regge in piedi per —*, (*fig.*) it's a miracle he's standing up; *una — con la morte*, (*fig.*) a wager with death **2** (*il denaro*, *la cosa scommessa*) stake, bet: *la — è di mille lire*, the stake is a thousand lire; *non hai pagato la —*, you haven't paid the bet (*o* the stake) **3** (*impresa difficile*, *rischiosa*) risk, risky business; *sposarsi è una bella —*, marriage is a big risk; *è stata una — ma ce l'abbiamo fatta*, it was a risky business but we made it.

scommesso[1] *agg.* (*disunito*) disjointed.

scommesso[2] *agg.* bet, betted; staked; wagered: *la somma scommessa*, the stake (*o* the bet *o* the sum staked).

scommettere[1] *v.tr.* (*disunire*) to disjoin.

scommettere[2] *v.tr.* to bet*, to wager, to stake: *— diecimila lire*, to bet (*o* to stake) ten thousand lire; *scommetto quello che vuoi che ha ragione*, (I) bet you anything he's right; *scommettiamo un gelato?!*, let's bet an ice cream! // *— su un cavallo*, to bet (*o* to gamble) on a horse // *— forte*, to bet heavily (*o* to plunge) // *scommetto che non lo sai!*, (I) bet you don't know! // *Non mi credi? Scommettiamo!*, Don't you believe me? Then, let's bet on it.

scommettitore *agg.* betting ◆ *s.m.* bettor, better, wagerer; (*giocatore d'azzardo*) gambler.

scommettitura *s.f.* (*non com.*) disjoining.

scomodamente *avv.* uncomfortably: *abbiamo viaggiato molto —*, we had a very uncomfortable journey.

scomodare *v.tr.* to trouble, to bother, to disturb, to inconvenience: *non voglio scomodarti*, I do not want to trouble (*o* to disturb) you; *mi dispiace scomodarla, ma questo è il mio posto*, I'm sorry to disturb you but this is my place; *non c'è bisogno di — il capo per una questione di così poca importanza*, there's no need to trouble the boss for such a trivial

matter // *non c'è bisogno di — Einstein per fare questo calcolo*, it doesn't take an Einstein to do this calculation ◆ *v.intr.* (*provocare disagio*) to be inconvenient: *se le scomoda pagare subito può aspettare*, if it's inconvenient for you to pay immediately you can wait.
□ **scomodarsi** *v.rifl.* to trouble (oneself): *non scomodarti, grazie*, don't trouble, thanks; *non si scomoda mai a telefonarci*, he never troubles (himself) to ring us up; *perché ti sei scomodato a venire?*, why did you trouble to come? (*o* why have you taken the trouble to come?); *grazie per il regalo, ma non dovevi scomodarti*, thank you for the present but you shouldn't have bothered.

scomodità *s.f.* lack of cómfort; (*disagio*) inconvenience: *abitare così lontano è una grande —*, living so far away is a great inconvenience (*o* very inconvenient).

scomodo *agg.* **1** uncomfortable; (*disagevole*) inconvenient: *casa scomoda*, inconvenient house; *sedia scomoda*, uncomfortable chair; *questo letto è molto —*, this bed is very uncomfortable; *sono in una posizione scomoda*, I'm in an uncomfortable position; *un orario —*, an inconvenient (*o* an akward) timetable; *mi resta — passarti a prendere*, it's inconvenient for me to call for you; *se non ti è — portalo qui*, if it's not inconvenient (for you) bring it here; *è — arrivare in una città sconosciuta di domenica*, it's inconvenient to arrive in an unknown city on Sunday; *è — essere così lontano dalla città*, it's inconvenient to be so far from (the) town **2** (*fig.*) (*difficile*) difficult; (*imbarazzante*) awkward: *un avversario —*, a difficult opponent ◆ *s.m.* trouble, bother, disturb: *non vorrei che ciò ti fosse di —*, I hope that this isn't inconvenient for you.

scompaginamento *s.m.* **1** (*lo sconvolgere*) upsetting (*anche fig.*), disarranging **2** (*disordine*) upset, disorder, confusion.

scompaginare *v.tr.* **1** (*sconvolgere*) to upset*(*anche fig.*), to disarrange: *— un progetto*, to upset a plan; *quella notizia lo ha completamente scompaginato*, (*fig.*) the news completely flustered (*o* upset) him **2** (*disordinare*) to throw* into disorder, to upset* **3** (*tip.*) to distribute.
□ **scompaginarsi** *v.intr.pron.* (*fig.*) (*turbarsi*) to upset* oneself, to be upset, to be worried: *non si scompaginarono affatto*, they were not in the least disturbed (*o* upset).

scompaginato *agg.* upset (*anche fig.*), disarranged; disordered, confused, in confusion: *esercito —*, army in confusion // *libro —*, book with its pages out of order.

scompaginatura, **scompaginazione** *s.f.* (*tip.*) distribution.

scompagnamento *s.m.* (*lo spaiare*) breaking up (of a pair), splitting (of a pair).

scompagnare *v.tr.* (*spaiare*) to break* up (a pair), to split* (a pair).

scompagnato *agg.* odd, not matching: *una scarpa scompagnata*, an odd shoe.

scomparire *v.intr.* **1** to disappear: *scomparve fra la folla*, he disappeared among the crowd **2** (*non spiccare*) not to stand* out: *quel quadro scompare in quella posizione*, that picture does not stand out in that position **3** (*sfigurare*) to be nothing, to cut* a poor figure: *di fronte a lui io scompaio*, I'm nothing compared to him.

scomparsa *s.f.* **1** disappearance: *la — di un documento*, the disappearence of a document // *letto a —*, foldaway (*o* murphy) bed, (*nella parete*) wall bed; *scrittoio a —*, foldaway desk **2** (*morte*) death.

scomparso *agg.* missing; lost, vanished: *persona scomparsa*, missing person // *una specie di rettili scomparsa*, an extinct species of reptile ◆ *s.m.* **1** (*dir.*) missing person **2** (*defunto*) dead person.

scompartimento *s.m.* **1** (*compartimento*) compartment, section; partition: *un baule a tre scompartimenti*, a trunk with three compartments; (*ferr.*) *— di prima classe*, first -class compartment; (*mar.*) *— stagno*, watertight compartment **2** (*non com.*) (*lo scompartire*) sharing, division: *lo — delle terre fra i conquistatori*, the division of the land among the conquerors.

scomparto *s.m.* **1** compartment, section; partition: *un armadio a quattro scomparti*, a cupboard with four sections (*o* compartments); *in basso c'è uno — per le scarpe*, at the bottom there's a shoe-compartment **2** (*inform.*) *— di alimentazione schede*, magazine.

scompensare *v.tr.* **1** (*squilibrare*) to unbalance, to put* out of balance: *— il carico di una nave*, to unbalance the cargo of a ship **2** (*med.*) (*provocare uno scompenso a*) to decompensate.

scompensato *agg.* **1** unbalanced **2** (*med.*) suffering from (*o* afflicted by) decompensation ◆ *s.m.* (*med.*) a person afflicted by (*o* suffering from) decompensation.

scompenso *s.m.* **1** (*mecc.*) lack of balance **2** (*med.*) decompensation: *— cardiaco*, (cardiac) decompensation.

scompigliamento *s.m.* **1** (*lo sconvolgere*) upsetting (*anche fig.*) **2** (*il mettere in disordine*) disarranging, throwing into disorder **3** (*l'arruffare*) ruffling **4** (*scompiglio*) confusion, disorder, mess; (*trambusto*) bustle.

scompigliare *v.tr.* **1** (*sconvolgere*) to upset* (*anche fig.*): *il suo arrivo ha scompigliato i miei piani*, his arrival has upset my plans **2** (*mettere in disordine*) to disarrange, to throw* into disorder **3** (*arruffare*) to ruffle; (*fig.*) (*confondere*) to confuse: *— i capelli a qlcu.*, to ruffle s.o.'s hair; *— le idee a qlcu.*, to confuse s.o.'s ideas.
□ **scompigliarsi** *v.intr.pron.* to become* ruffled; (*fig.*) to become* confused: *ti si scompiglieranno i capelli al vento*, your hair will get ruffled in the wind; *gli si scompigliarono le idee*, his ideas became confused.

scompigliato *agg.* ruffled, dishevelled; (*fig.*) confused: *capelli scompigliati*, ruffled hair.

scompiglio *s.m.* (*confusione*) confusion, disorder, mess; (*trambusto*) bustle: *che —!*, what a mess!; *tutto il quartiere è in gran —*, the whole neighbourhood is in a bustle; *mettere qlco. in —*, to throw sthg. into confusion; *portare lo — in casa*, to throw the house into confusion.

scompisciarsi *v.rifl.* (*pisciarsi addosso*) to wet* oneself, to wet* one's pants // *— dalle risate*, (*fam. fig.*) to wet one's pants (*o* to piss oneself) laughing.

scompleto *agg.* incomplete.

scomponibile *agg.* decomposable, resolvable, dismountable // *mobili scomponibili*, modular furniture.

scomponibilità *s.f.* decomposability, possibility of being dismounted.

scomporre *v.tr.* **1** (*disfare*) to take* to pieces: *— una macchina*, to take a machine to pieces (*o* to take down *o* to dismantle a machine) **2** (*decomporre*) to decompose, to resolve (*anche mat.*, *chim.*): to break* down: *— in fattori*, to factor (*o* to break up into factors); *— una parola*, to split up (*o* to syllabize) a word; *— qlco. nei suoi elementi*, to decompose (*o* to resolve) sthg. into its elements **3** (*disordinare*) to disarrange, to discompose, to upset*; (*arruffare*) to ruffle: *— i capelli a qlcu.*, to ruffle s.o.'s hair **4** (*alterare*) to distort; (*fig.*) (*turbare*) to upset*: *— i lineamenti del volto*, to distort the features; *— la mente*, to upset the mind: *la notizia non lo scompose*, the (piece of) news didn't upset him **5** (*tip.*) to distribute.
□ **scomporsi** *v.intr.pron.* (*turbarsi*) to get* upset; (*agitarsi*) to get* agitated: *qualsiasi cosa succeda, non si scompone mai*, whatever happens he never gets upset.

scomposizione *s.f.* **1** decomposition, resolution: (*tv*) *— dell'immagine*, image scanning; (*fis.*) *— di una forza nelle sue componenti*, resolution of a force into its components; *— di una parola*, splitting-up (*o* syllabification) of a word **2** (*mat.*) factorization, decomposition: *— di un numero in fattori primi*, prime factorization **3** (*tip.*) distribution.

scompostamente *avv.* in an unseemly manner.

scompostezza *s.f.* unseemliness.

scomposto *agg.* **1** (*smontato*) dismantled **2** (*decomposto*) decomposed, resolved; (*mat.*) factored **3** (*disordinato*) disordered, upset; (*arruffato*) ruffled **4** (*fig.*) (*sguaiato*) unseemly **5** (*fig.*) (*agitato, turbato*) upset, agitated, troubled.

scomputabile *agg.* (*comm.*) deductable, deductible, discountable.

scomputare *v.tr.* (*comm.*) to deduct, to discount: *— dal totale la caparra*, to deduct the deposit from the total amount.

scomputo *s.m.* (*comm.*) deduction, discount.

scomunica *s.f.* **1** (*eccl.*) excommunication: *— maggiore, minore*, greater, lesser excommunication; *dare, lanciare la —*, to excommunicate **2** (*estens.*) (*condanna intransigente*) repudiation.

scomunicare *v.tr.* **1** (*eccl.*) to excommunicate **2** (*estens.*) (*sconfessare pubblicamente*) to repudiate.

scomunicato *agg.* **1** (*eccl.*) excommunicate(d) **2** (*estens.*) (*sacrilego*) evil, wicked **3** (*fig.*) (*losco, turpe*) disreputable ◆ *s.m.* excommunicate.

sconcatenare *v.tr.* **1** to disconnect, to disjoin **2** (*fig.*) (*disgregare*) to disjoint.

sconcertamento *s.m.* (*non com.*) bewilderment, perturbation.

sconcertante *agg.* disconcerting, bewildering, baffling: *una domanda —*, a baffling question.

sconcertare *v.tr.* **1** (*disorientare, lasciare perplesso*) to disconcert, to bewilder, to baffle: *queste notizie mi hanno sconcertato*, this news has bewildered (*o* disconcerted) me **2** (*disturbare*) to upset*: *— i piani a qlcu.*, to upset s.o.'s plans.
□ **sconcertarsi** *v.intr.pron.* (*rimanere disorientato, perplesso*) to be disconcerted; to be bewildered; (*confondersi*) to get* confused.

sconcertato *agg.* disconcerted, bewildered, baffled.

sconcerto *s.m.* (*perturbamento*) bewilderment, perturbation, discomposure: *alle sue parole seguì uno — generale*, his words were followed by general bewilderment.

sconcezza *s.f.* indecency, obscenity: *dire sconcezze*, to utter obscenities // *questo quadro è una —*, (*fam.*) this picture is a disgusting piece of work.

sconciatura *s.f.* (*non com.*) (*lavoro mal fatto*) botch, bungle.

sconcio *agg.* indecent, obscene, disgusting; (*scurrile*) bawdy, smutty: *atti sconci*, obscenities; *canzone sconcia*, bawdy song; *un libro —*, a smutty book ◆ *s.m.* disgrace: *è uno — che deve essere eliminato*, it is a disgrace and it ought to be stopped.

sconclusionatezza *s.f.* inconclusiveness, vagueness; ineffectiveness.

sconclusionato *agg.* inconclusive, rambling, inconsequent, disconnected: *parole sconclusionate*, rambling words; *un discorso —*, a rambling speech; *una persona sconclusionata*, an inconsequent person.

sconcordante *agg.* discordant (with sthg.), conflicting (with sthg., s.o.), clashing.

sconcordanza *s.f.* discordance, disagreement.

sconcordare *v.intr.* to conflict, to clash, to disagree.

sconcorde *agg.* (*letter.*) discordant, disagreeing.

sconcordia *s.f.* (*letter.*) discord, disagreement.

scondito *agg.* plain; (*di insalata*) undressed: *riso —*, plain rice.

scondizionato *agg.* (*di pacco postale*) damaged.

sconfacente *agg.* **1** (*sconveniente*) unbecoming, unseemly **2** (*inopportuno*) inopportune, unsuitable.

sconfessare *v.tr.* to disavow, to disown, to repudiate: *— una dottrina*, to disavow a doctrine; *il partito ha sconfessato alcuni membri*, the party has disowned some of its members; *— la propria fede*, to repudiate (*o* to abjure) one's faith; (*dir.*) *— un testimone*, to impeach a witness.

sconfessione *s.f.* disavowal, disowning, repudiation.

sconficcare *v.tr.* to remove, to extract, to pull out; (*schiodare*) to unnail.

sconfiggere *v.tr.* **1** to defeat (*anche fig.*): *— il nemico in battaglia*, to defeat the enemy in battle; *— un avversario alle elezioni*, to defeat an opponent in the elections **2** (*eliminare, debellare*) to eliminate: *— la disoccupazione*, to eliminate (*o* to get rid of) unemployment; *— la corruzione*, to stamp out corruption.

sconfinamento *s.m.* **1** (*in paese straniero*) crossing (of) the frontier; (*in proprietà privata*) trespass(ing) **2** (*fig.*) (*l'oltrepassare i limiti*) exceeding (of) the limits, digressing, straying **3** (*inform.*) (*superamento di capacità*) overflow **4** (*econ.*) excess, overrun: *— della spesa nel bilancio dello stato*, excess (*o* overrun) of public expenditure.

sconfinare *v.intr.* **1** (*in paese straniero*) to cross the frontier; (*in proprietà privata*) to trespass: *— nelle terre di qlcu.*, to trespass on s.o.'s land **2** (*fig.*) (*uscire dai limiti*) to digress (from sthg.); to stray (from sthg.); to get* off: *— da un argomento*, to digress from an argument **3** (*econ.*) to exceed a limit, to overrun* a limit.

sconfinatezza *s.f.* boundlessness, infiniteness; (*fig.*) immensity.

sconfinato *agg.* boundless, unlimited (*anche fig.*): *l'oceano —*, the boundless ocean; *potere —*, unlimited power; *cultura sconfinata*, boundless knowledge; *una landa sconfinata*, an endless moor.

sconfitta *s.f.* **1** defeat (*anche fig.*); (*disfatta*) rout: *subire una —*, to suffer a defeat: *la nostra squadra di calcio ha subìto una sola —*, our football team has suffered only one defeat; *infliggere una —*, to inflict a defeat **2** (*fig.*) (*eliminazione*) elimination: *la — della tubercolosi, dell'analfabetismo*, the eradication (*o* elimination) of tuberculosis, of illiteracy.

sconfitto[1] *agg.* **1** defeated, beaten (*anche fig.*): *dichiararsi —*, to acknowledge (*o* to admit) defeat **2** (*eliminato*) eliminated ◆ *s.m.* loser.

sconfitto[2] *agg.* (*non com.*) (*sconficcato*) pulled out; extracted, removed.

sconfortamento *s.m.* (*rar.*) **1** (*lo sconfortare*) discouraging, disheartening, depressing **2** (*sconforto*) discouragement, depression, dejection.

sconfortante *agg.* discouraging, disheartening, depressing: *un risultato —*, a discouraging result.

sconfortare *v.tr.* to discourage, to dishearten, to depress.

□ **sconfortarsi** *v.intr.pron.* to get* discouraged, to lose* heart, to get* depressed.

sconfortato *agg.* discouraged, disheartened, depressed, downhearted.

sconforto *s.m.* (*scoraggiamento*) discouragement, depression, dejection: *in un momento di —*, in a fit of depression; *è in uno stato di grande —*, he is totally dejected; *fu preso dallo —*, he became (*o* got) depressed.

scongelamento *s.m.* **1** (*di cibo*) thawing out **2** (*di prezzi*) unfreezing.

scongelare *v.tr.* **1** (*cibi*) to thaw out, to defrost: *— la carne, il pesce*, to thaw out meat, fish **2** (*econ.*) to unfreeze, to unpeg: *— crediti, beni*, to unfreeze credits, assets; *— prezzi, salari*, to unpeg prices, wages.

scongiurare *v.tr.* **1** (*letter.*) (*esorcizzare*) to exorcise **2** (*supplicare*) to beseech, to implore, to entreat: *mi scongiurò di stare zitto*, he entreated (*o* implored) me to keep silent; *vieni con me, ti scongiuro*, come with me, I beseech you **3** (*evitare*) to avert, to avoid: *— un pericolo*, to avert a danger.

scongiuro *s.m.* **1** (*esorcismo*) exorcism: *fare scongiuri per allontanare gli spiriti cattivi*, to exorcise evil spirits // *fare gli scongiuri*, (*scherz.*) to touch wood **2** (*formula di esorcismo*) exorcism, spell, incantation: *il mago ripeté lo — tre volte*, the magician repeated the incantation three times **3** (*rar.*) (*supplica*) entreaty.

sconnessamente *avv.* **1** disconnectedly, disjointedly **2** (*fig.*) incoherently: *parlare —*, to speak incoherently.

sconnessione *s.f.* disconnectedness, disjointedness; incoherence.

sconnesso *agg.* **1** disconnected, separated **2** (*fig.*) rambling, incoherent, disjointed: *azioni sconnesse*, incoherent actions; *parole sconnesse*, rambling words; *un ragionamento —*, an illogical (*o* incoherent) line of reasoning.

sconnessura *s.f.* **1** disconnection, disjointure, disconnectedness **2** (*il punto in cui una cosa è sconnessa*) separation, gap.

sconnettere *v.tr.* (*disunire*) to disconnect, to break* up, to break* off, to separate ◆ *v.intr.* (*non connettere*) to wander, to talk nonsense: *la sua mente sconnette*, his mind is wandering.

□ **sconnettersi** *v.intr.pron.* (*disunirsi*) to separate, to come* apart.

sconoscente *agg.* (*non com.*) (*ingrato*) ungrateful, thankless.

sconoscere *v.tr.* (*non com.*) (*non voler riconoscere*) to refuse to acknowledge, to disown.

sconoscimento *s.m.* (*non com.*) disowning, refusal to acknowledge.

sconosciuto *agg.* **1** unknown: *paesi sconosciuti*, unknown countries; *uno scrittore —*, an unknown writer **2** (*misconosciuto*) unappreciated, neglected **3** (*non identificato*) unknown, unidentified: *un virus —*, an unknown virus ◆ *s.m.* stranger; (*dir.*) person unknown; *non parlare con gli sconosciuti*, don't speak to strangers // *un illustre —*, (*iron.*) a complete unknown.

sconquassamento → **sconquasso**.

sconquassare *v.tr.* **1** (*fracassare*) to shatter, to smash; (*rompere*) to break* (to pieces) **2** (*fig.*) (*sconvolgere*) to upset.

□ **sconquassarsi** *v.intr.pron.* to smash; to break* (up); to be ruined.

sconquassato *agg.* **1** (*sgangherato*) ramshackle, rickety, tumbledown; (*rovinato*) ruined; shattered: *tavolo —*, rickety table **2** (*fig.*) (*scombussolato*) upset, shaken.

sconquasso *s.m.* **1** violent shaking; shattering, smashing; damage **2** (*confusione*) confusion, mess, disorder.

sconsacrare *v.tr.* to deconsecrate.

sconsacrazione *s.f.* deconsecration.

sconsideratezza *s.f.* thoughtlessness, rashness, inconsiderateness.

sconsiderato *agg.* thoughtless, inconsiderate; rash: *un ragazzo —*, a thoughtless boy; *un gesto —*, a rash gesture ◆ *s.m.* thoughtless person; rash person.

sconsigliabile *agg.* unadvisable, not advisable.

sconsigliare *v.tr.* to advise (s.o.) against (sthg., doing), not to advise: *mi sconsigliò di fare quel viaggio*, he advised me against (making) that trip (*o* not to make that trip); *mi hanno sconsigliato quell'albergo*, I was advised (*o* told) not to go to that hotel.

sconsigliato *agg.* (*non com.*) heedless, thoughtless; rash.

sconsolante *agg.* discouraging, depressing, disheartening: *ci diede una notizia —*, he gave us a discouraging piece of news.

sconsolare *v.tr.* to discourage, to dishearten, to depress.

□ **sconsolarsi** *v.intr.pron.* to become* discouraged, to lose* heart, to become* depressed.

sconsolatezza *s.f.* (*non com.*) disconsolateness, depression, dejection.

sconsolato *agg.* disconsolate, depressed, dejected: *aveva un'espressione sconsolata*, he had a disconsolate expression.

scontabile *agg.* (*banca*) discountable; (*comm.*) (*deducibile*) deductible: *cambiali* *scontabili*, bills for discount (*o* discountable bills); *spese scontabili*, deductible expenses.

scontabilità *s.f.* (*banca*) possibility of being discounted; (*comm.*) (*deducibilità*) deductibility.

scontante *agg.* (*banca*) discounting ◆ *s.m.* (*banca*) discounter.

scontare *v.tr.* **1** (*banca*) to discount: — *cambiali in banca*, to discount bills; *la banca ha rifiutato di — la cambiale*, the bank has refused to accept the bill for discount; *far — una cambiale*, to have a bill discounted; — *cambiali di comodo*, to kite bills; — *una cambiale a un tasso più alto*, (*amer.*) to shave a bill **2** (*comm.*) (*dedurre*) to deduct: — *una somma dal totale*, to deduct an amount from the total **3** (*fare uno sconto*) to reduce, to knock off: — *di due sterline il prezzo di un articolo*, to knock two pounds off the price of an article **4** (*estinguere*) to pay* off: (*comm.*) — *un debito*, to pay off a debt **5** (*dir.*) (*espiare*) to atone for (sthg.), to pay* for (sthg.); to serve: *deve ancora — tre anni di carcere*, he still has three years to serve in prison; *la sconterai!*, you'll pay for it!; *si sconta tutto, prima o poi*, everything has to be paid for sooner or later; — *i propri peccati*, to atone (*o* pay) for one's sins **6** (*prevedere, dare per certo*) to expect, to foresee*, to take* for granted.

scontatario *s.m.* (*banca*) discount broker, discounter.

scontato *agg.* **1** (*banca*) discounted: *flusso monetario* —, discounted cash flow **2** (*ribassato*) reduced: *prezzi scontati*, reduced prices **3** (*pagato*) paid off, settled: *debito* —, paid off (*o* settled) debt **4** (*espiato*) paid for, atoned for **5** (*previsto*) foreseen, expected: *il suo insuccesso era* —, his failure was expected // *dare per* —, to take for granted (*o* to count on): *non dare per — di riavere i soldi che ti deve*, don't count on getting the money he owes you.

scontentare *v.tr.* to displease, to dissatisfy: *mi hai scontentato*, you have displeased me; *non avresti dovuto scontentarlo*, you should not have displeased him.

scontentezza *s.f.* discontent, displeasure, dissatisfaction.

scontento *agg.* discontented, dissatisfied, displeased: *rimanere* —, to be (*o* to feel) discontented ◆ *s.m.* discontent, dissatisfaction, displeasure: *la crisi economica ha provocato uno — generale*, the economic crisis caused widespread discontent.

scontista *s.m.* e *f.* → **scontatario**.

sconto *s.m.* **1** (*banca*) discount, discounting: — *cambiario*, discounting of bills; — *di banca*, bank discount; *tasso di* —, discount rate; *tasso ufficiale di* —, official discount rate; — *di una cambiale*, discount of a bill; — *di crediti*, discounting of credits; *banca di* —, discount bank; *presentare una cambiale allo* —, to present a bill for discount **2** (*deduzione di un importo*) deduction: — *di contributi*, deduction of contributions **3** (*estinzione*) payment, settlement: *vi invio questa somma a — del mio debito*, I send you this amount in payment of my debt **4** (*diminuzione di un importo*) discount, allowance, rebate, reduction: — *di cassa, per pagamento in contanti*, cash (*o* settlement) discount; — *ai rivenditori*, trade discount; — *sui campioni*, sample discount; — *commerciale*, trade allowance; — *sulle vendite*, discount on sales; *dare, concedere a qlcu. uno — su qlco.*, to give, to grant a discount to s.o. on sthg.; *fare, accordare uno — del 5%*, to make, to allow a 5 per cent discount; *acquistare con uno* —, to buy at a discount // (*assicurazioni*) — *per mancanza di sinistri*, no-claim bonus.

scontornare *v.tr.* to block out.

scontrare *v.tr.* (*non com.*) to meet*; (*imbattersi in*) to run* into (s.o., sthg.): *scontrò un amico per le scale*, he met a friend on the stairs // (*mar.*) — *il timone*, to meet her.

□ **scontrarsi** *v.intr.pron.* **1** to clash: *l'esercito si scontrò con le pattuglie nemiche*, the army clashed with enemy patrols; — *con qlcu. su un problema*, to clash with s.o. over a problem **2** (*urtare violentemente*) to collide, to crash (into sthg.); to run* (into s.o., sthg.): *l'autocarro si scontrò con un treno*, the lorry collided with a train; *nell'oscurità mi scontrai con lui*, I ran into him in the darkness **3** (*non com.*) (*incontrarsi*) to meet*, to encounter; to run* (into s.o.) ◆ *v.rifl.rec.* **1** to clash: *i due eserciti si scontrarono vicino alla città*, the two armies clashed near the town **2** (*urtarsi violentemente*) to collide, to collide with each other (*o* one another); to crash into each other (*o* one another); to run*into each other (*o* one another): *le due automobili si scontrarono*, the two cars collided (with each other); *nell'oscurità ci scontrammo*, we bumped into each other in the darkness; *i nostri pareri si scontrano su un punto essenziale*, (*fig.*) we have conflicting opinions about one fundamental point **3** (*incontrarsi*) to meet*, to run* into each other (*o* one another).

scontrino *s.m.* ticket, coupon, voucher, slip: — *bagagli*, luggage ticket; — *di cassa*, cash voucher (*o* slip); — *di consegna*, delivery note.

scontro *s.m.* **1** encounter, engagement; battle, fight: *un sanguinoso* —, a bloody clash; *lo — fra i due eserciti avvenne vicino al fiume*, the two armies clashed near the river; *uno — a fuoco tra malviventi e polizia*, a gunfight (*o* shoot-out) between gangsters and the police **2** (*di veicoli*) collision, crash: — *ferroviario, automobilistico*, rail, car crash; *in quello — tre persone persero la vita*, three people were killed in that collision **3** (*contrasto*) clash; (*diverbio*) dispute: *uno — di opinioni*, a clash of opinion **4** (*spec. pl.*) (*di chiave*) ward **5** (*mar.*) pawl.

scontrosaggine, **scontrosità** *s.f.* **1** surliness, sullenness, bad temper, peevishness **2** (*atto scontroso*) surly behaviour, rudeness.

scontroso *agg.* bad-tempered, surly, sullen, peevish; cantankerous: *è una ragazza scontrosa*, she is a bad-tempered (*o* peevish) girl; *avere un carattere* —, to be a surly type ◆ *s.m.* bad-tempered person: *non fare lo* —, don't be so bad-tempered (*o* peevish).

sconveniente meno com. **sconvenevole** *agg.* **1** (*non com.*) (*non vantaggioso*) unprofitable: *affare* —, unprofitable business; *prezzo* —, unattractive (*o* disadvantageous) price **2** (*disdicevole*) improper, unbecoming, unseemly; unsuitable: *condotta* —, unseemly behaviour; *una risposta* —, a discourteous answer; *le sue parole furono sconvenienti*, his words were unsuitable to the occasion.

sconvenienza *s.f.* **1** (*non com.*) (*mancanza di vantaggio*) unprofitableness **2** (*mancanza di correttezza*) impropriety; unbecomingness, unseemliness; unsuitableness **3** (*atto scorretto*) discourtesy, breach of good manners: *è una — interrompere qlcu. che sta parlando*, it is a breach of good manners to interrupt s.o. who is speaking.

sconvenire *v.intr.* (*letter.*) (*essere disdicevole*) not to become*, no to be proper, not to befit (s.o., sthg.): *questo comportamento sconviene a un magistrato*, this behaviour does not befit a magistrate.

sconvolgente *agg.* upsetting, disturbing: *un'esperienza* —, a disturbing experience.

sconvolgere *v.tr.* to upset*, to shake*, to disturb, to throw* into confusion: *lo scandalo ha sconvolto l'opinione pubblica*, the scandal shook (*o* shocked) public opinion; *la notizia lo sconvolse profondamente*, the news disturbed (*o* shook) him deeply; *l'economia fu sconvolta dalla crisi*, the economy was thrown into confusion (*o* was upset) by the crisis; *la guerra sconvolse il paese*, the war devastated the country; *la nebbia sconvolse i piani del nemico*, the fog upset the enemy's plans; *qualcosa gli ha sconvolto lo stomaco*, something has upset his stomach; — *le idee a qlcu.*, to upset (*o* to shake *o* to unsettle) s.o.'s ideas; — *l'ordine delle cose*, to upset the order of things.

□ **sconvolgersi** *v.intr.pron.* to be upset, to be disturbed.

sconvolgimento *s.m.* **1** (*lo sconvolgere*) upsetting; (*devastazione*) devastation: *gli sconvolgimenti provocati dalla guerra*, the devastation caused by the war // — *tellurico*, earthquake **2** (*profonda agitazione*) upheaval; confusion, disorder: *le riforme hanno causato profondi sconvolgimenti*, the reforms have caused great upheavals.

sconvolto *agg.* upset, shocked; unsettled, disturbed; deranged: — *da una brutta notizia*, shocked by bad news; *è sconvolta per la partenza di suo fratello*, she is upset about her brother's going away; *il suo viso era* —, he looked very upset (*o* shocked); *era — dal dolore*, he was overcome with grief; *un paese — dalla guerra*, a village devastated by the war; *mente sconvolta*, deranged mind.

scoop *s.m.* scoop: *fare uno* —, to get a scoop.

scoordinamento *s.m.* lack of coordination.

scoordinato *agg.* uncoordinated.

scoordinazione *s.f.* lack of coordination.

scooter *s.m.* (motor)scooter.

scooterista *s.m.* e *f.* scooter rider.

scopa[1] *s.f.* (*bot.*) broom: — *marina*, (*Tamarix gallica*) heath.

scopa[2] *s.f.* broom; (*di saggina*) besom // *magro come una* —, as thin as a rake.

scopa[3] *s.f.* (*gioco a carte*) 'scopa' (Italian card game).

scopaio *s.m.* broom maker; broom seller.

scopamare *s.m.* (*mar.*) lower studding sail.

scopare *v.tr.* **1** to sweep*: — *una stanza*, to sweep out a room **2** (*fam.*) (*portare via*) to nick; to remove **3** (*volg.*) to fuck, to screw.

scopata *s.f.* **1** sweep: *dare una — a una stanza*, to give a room a sweep **2** (*colpo dato con la scopa*) blow with a broom **3** (*volg.*) fuck.

scopato *agg.* swept, clean: *una stanza ben scopata*, a well swept room.

scopatore *s.m.* 1 sweeper 2 (*volg.*) sexual athlete.

scopatura *s.f.* 1 sweeping 2 (*spazzatura*) sweepings (*pl.*); rubbish, dirt.

scopazzo *s.m.* (*bot.*) witches' broom disease.

scoperchiare *v.tr.* to take* off the lid of (sthg.), to uncover: — *una casa*, to take the roof off a house: — *una pentola*, to take off the lid of a pot.

□ **scoperchiarsi** *v.intr.pron.* to be uncovered: *la casa si è scoperchiata per il fortissimo vento*, the house lost its roof due to the strong wind.

scoperchiatura *s.f.* uncovering.

scoperta *s.f.* 1 discovery: *la — dell'America*, the discovery of America; *la — di un poeta*, the discovery of a poet; *viaggio di —*, voyage of discovery; *lo scienziato parlò delle sue recenti scoperte*, the scientist spoke of his recent discoveries // *bella —!*, brilliant!; *che —!*, aren't you clever! 2 (*mil.*) reconnaissance, reconnoitring: *andare alla —*, to scout (*o* to reconnoitre).

scoperto *agg.* 1 uncovered: *pentola scoperta*, pot with no lid on; *ha dormito —*, (*senza coperte*) he slept without the bedclothes on // *giocare a carte scoperte*, (*fig.*) to put one's cards on the table 2 (*non vestito*) bare: *braccia scoperte*, bare arms; *non uscire così —, è freddo*, put some more clothes on, it's cold; *i banditi erano a viso —*, the bandits were not wearing masks // *a capo —*, bareheaded // *a fronte scoperta*, (*fig.*) openly 3 (*aperto*) open: *automobile, barca scoperta*, open car, boat 4 (*non protetto*) uncovered, unsheltered, exposed: *luogo —*, unsheltered place; *il fianco dell'esercito era —*, the flank of the army was uncovered 5 (*banca*) overdrawn, uncovered, unsecured, short: *assegno —*, bouncer (*o* uncovered cheque *o* overdrawn cheque *o* rubber cheque); *avere un conto —*, to be overdrawn // *massimo —*, maximum overdraft 6 (*comm.*) (*non pagato*) overdue, outstanding: *debito —*, outstanding debt; *fattura scoperta*, overdue invoice ◆ *s.m.* 1 outdoor place: *dormire, essere allo —*, to sleep, to be outdoors; *agire allo —*, to act openly 2 (*banca*) overdraft: *— bancario*, bank overdraft; *— di conto corrente*, current account overdraft; *— per mancanza di fondi*, (*su assegno*) no funds (*o* no effects); *credito, debito allo —*, unsecured credit, debt; *emissione allo —*, uncovered issue; *commissione di massimo —*, maximum overdraft charge // (*Borsa*): *allo —*, short; *vendita allo —*, short sale; *acquisto allo —*, bull purchase; *vendere, comprare allo —*, to sell, to buy short; *essere allo —*, to be short; *andare in —*, to overdraw.

scopettone *s.m.* 1 (*spazzolone*) broom 2 *pl.* (*basette*) side whiskers.

scopia *s.f.* (*med.*) → **radioscopia**.

scopiazzare *v.tr.* to copy (badly): *ha scopiazzato il suo saggio da altri testi*, he put his essay together by copying bits from other texts.

scopiazzatore *s.m.* copycat.

scopiazzatura *s.f.* (bad) copying; (*opera scopiazzata*) poor copy.

scopinare *v.tr.* (*tess.*) to brush.

scopinatrice *s.f.* (*tess.*) brushing machine.

scopino *s.m.* (*region.*) (*spazzino*) street-sweeper, street-cleaner.

scopo *s.m.* 1 reason, purpose, aim, object: *lo studio è l'unico — della sua vita*, studying is his only purpose in life; *qual è lo — della tua telefonata?*, what's the reason for your call?; *lo — delle mie ricerche*, the object (*o* aim) of my research; *non ha nessuno — nella vita*, he has no aim in life; *conseguire uno —*, to reach an aim; *fallire lo —*, to fail in one's purpose; *prefiggersi uno —*, to give oneself an aim; (*dir.*) *— illecito*, illegal purpose // *a — di*, for the sake of (*o* in order to): *a — di lucro*, for (the sake of) money; *a — di estorsione*, for ransom // *a che —?*, why? (*o* what for? *o* for what purpose?): *a che — lo fai?*, what do you do it for? // *allo — di*, in order to: *allo — di fare qlco.*, in order to do (*o* with a view to doing) sthg. // *senza —*, (*agg.*) aimless, (*avv.*) aimlessly: *un'esistenza senza —*, an aimless existence; *lotta senza —*, he struggles aimlessly 2 (*ant.*) (*centro del bersaglio*) bull // *falso —*, aiming point.

scopofilia *s.f.* (*psic.*) scopophilia.

scopofilo *s.m.* scopophilic, scopophiliac.

scopolammina *s.f.* (*chim.*) scopolamine.

scopolina *s.f.* (*chim.*) scopoline.

scopone *s.m.* (*gioco a carte*) kind of card game.

scoppiamento *s.m.* (*spaiamento*) uncoupling, separation.

scoppiare[1] *v.intr.* 1 to burst* (*anche fig.*), to explode: *il pallone era così gonfio che scoppiò*, the balloon was so full that it burst; *scoppiò una bomba nella piazza*, a bomb exploded in the square // *— dal caldo*, to be boiling; *— dalla rabbia, dalla gioia*, to be bursting with anger, with joy; *— dall'invidia*, to be dying of envy; *— dal ridere*, to split one's sides laughing; *— in lacrime*, to burst into tears; *— in una risata*, to burst into laughter; *— di salute*, to be bursting with health; *Milano sta scoppiando per il traffico*, Milan is bursting with traffic // *sentirsi — il cuore*, to feel one's heart break: *a quelle parole mi sentii — il cuore*, at those words I felt my heart break // *se mangio ancora qualcosa scoppio*, if I eat anything else I'll burst // *devo parlargli, altrimenti scoppio*, I'll go mad if I don't talk to him // *il corridore scoppiò a metà salita*, the runner collapsed halfway 2 (*manifestarsi con violenza*) to break* out: *scoppiò la rivoluzione, la guerra, l'epidemia*, the revolution, the war, the epidemic broke out; *sta per — un temporale*, a storm is about to break.

scoppiare[2] *v.intr.* (*spaiare*) to uncouple, to separate.

scoppiettamento *s.m.* (*non com.*) crackling.

scoppiettante *agg.* crackling: *fuoco —*, crackling fire // *risata —*, rippling laughter.

scoppiettare *v.intr.* 1 to crackle: *la legna secca scoppietta*, dry wood crackles; *il motore scoppiettò e poi si spense*, the engine backfired and stalled 2 (*fig.*) (*risonare*) to ring* (out); (*di risa*) to ripple.

scoppiettio *s.m.* crackling.

scoppio *s.m.* 1 burst, explosion, outburst, outbreak (*anche fig.*): *— all'urto*, (*di proiettile*) contact burst; *— a terra, in aria*, (*di proiettile*) graze, air burst; *uno — di applausi*, a burst of applause; *lo — di un fulmine*, the crash of thunder; *uno — di rabbia*, a fit (*o* outburst) of anger; *uno — di risa*, a burst (*o* outburst) of laughter; *uno — di pianto*, a tearful outburst; *velocità di —*, (*di proiettile*) bursting velocity; *dopo lo — vidi una grande nube di fumo*, after the explosion I saw a large cloud of smoke // *a — ritardato*, delayed action; (*fig.*) after a pause: *bomba a — ritardato*, delayed-action bomb // *di —*, suddenly // (*aut.*) *motore a —*, internal-combustion engine (*o* piston engine) 2 (*estens.*) (*rumore*) bang, crash, boom 3 (*di guerra, rivoluzione*) outbreak: *allo — della guerra mi trovavo in Germania*, at the outbreak of the war I was in Germany; *lo — di un'epidemia*, the outbreak of an epidemic.

scoppola *s.f.* 1 (*region.*) (*ceffone*) rabbit-punch: *lo prese a scoppole*, he beat him about the head 2 (*region.*) (*perdita di denaro*) loss: *ieri ho perso cento sterline a poker, è stata una bella —*, yesterday I lost one hundred pounds at poker, that was a real loss (*o* blow) 3 (*di aereo*) jolt.

scoprimento *s.m.* 1 revealing 2 (*di monumento ecc.*) unveiling 3 (*non com.*) (*scoperta*) discovery.

scoprire *v.tr.* 1 (*venire a conoscere*) to discover, to find* (out): *non riuscì mai a — chi fosse realmente*, she could never find out who he really was; *non riuscì mai a scoprirne la causa*, he never managed to discover the cause of it; *se scopre che ci siamo visti, sono guai!*, if he finds out that we've met, we are in for it!; *non devono scoprirlo*, they mustn't find out about it; *— il colpevole*, to discover the culprit; *— una congiura*, to discover a plot; *— un delitto*, to bring a crime to light; *— un errore*, to detect an error; *— una legge matematica*, to discover a mathematical law; *— terre ignote*, to discover unknown lands; *— la verità*, to find (out) the truth; *ho scoperto in lui un vero amico*, I've found a real friend in him; *dice di aver scoperto un nuovo scrittore*, he says he has discovered a new writer // *hai scoperto l'America!*, aren't you clever! // *— gli altarini*, to find s.o. out (*o* to find the skeleton in s.o.'s closet) 2 (*avvistare, scorgere*) to sight, to descry, to discern, to spot: *li scoprii dalla cima della collina*, I spotted them from the hilltop; *scoprimmo un ladro fra gli alberi*, we spotted a thief among the trees; *— il nemico*, to sight the enemy 3 (*lasciare indifeso*) to reveal, to leave* open // (*mil.*) *— il fianco*, to expose one's flank 4 (*togliere la copertura a*) to uncover, to bare; to unveil: *— il viso*, to unveil one's face; *scoprirsi il capo*, to bare one's head; *non — il bambino mentre dorme*, don't uncover the child while he is sleeping; *— una ferita*, to uncover (*o* to bare) a wound; *— una scatola, una pentola*, to uncover (*o* to take the lid off) a box, a pot; *— un monumento*, to unveil a monument 5 (*palesare, mostrare*) to reveal, to disclose, to show*: *scoprì i denti*, he showed (*o* bared) his teeth; *— le proprie carte*, (*anche fig.*) to lay one's cards on the table; *— le proprie intenzioni*, to reveal (*o* to disclose) one's intentions; *— i propri sentimenti*, to show one's feelings.

□ **scoprirsi** *v.rifl.* 1 to throw* off one's clothes: *la scorsa notte il bambino si è tutto scoperto*, last night the child threw off all his bedclothes 2 (*togliersi il cappello*) to take* off one's hat, to bare one's head 3 (*rivelarsi*) to prove (oneself), to show* oneself: *si scoprì un vero amico*, he proved (himself to be) a real friend; *mi sono scoperta una perfetta segretaria*, I've discovered I'm a perfect secretary 4 (*esporsi*) to leave* oneself open: *il pugile si scoprì e fu colpito*, the boxer dropped his guard and got hit.

scopritore *agg.* discovering ◆ *s.m.*, **scopritrice** *s.f.* discoverer: *è uno — di nuovi talenti*, he is a talent scout; *Fleming fu lo — della penicillina*, Fleming was the discoverer of penicillin.

scoraggiamento *s.m.* discouragement.

scoraggiante *agg.* disheartening, discouraging.

scoraggiare *v.tr.* **1** to discourage, to dishearten, to deject: *quelle parole lo scoraggiarono*, those words discouraged him **2** (*frenare*) to discourage, to depress: *la crisi economica scoraggia gli investimenti*, the economic crisis discourages investment; *— l'attività economica*, to depress business activity.
□ **scoraggiarsi** *v.intr.pron.* to be discouraged, to be disheartened, to get* discouraged, to get* disheartened: *è un ragazzo che si scoraggia facilmente*, that boys gets (*o* is) discouraged easily; *non scoraggiarti per questo*, don't be discouraged by this.

scoraggiato *agg.* discouraged, disheartened, down-hearted: *mi sento così —!*, I feel so discouraged!

scoramento *s.m.* downheartedness, discouragement, dejection: *non farti prendere dallo —*, don't get downhearted.

scorazzare e *deriv.* → **scorrazzare** e *deriv.*

scorbellato *agg.* (*fam.*) (*di persona*) (*bizzarro*) eccentric, cranky.

scorbutico *agg.* **1** (*med.*) scorbutic **2** (*bisbetico*) ill-tempered, cantankerous, crabby, peevish ◆ *s.m.* **1** (*med.*) sufferer from scurvy **2** (*persona scontrosa*) cantankerous person: *non fare lo —!*, stop being so cantankerous!

scorbuto *s.m.* (*med.*) scurvy, scorbutus.

scorciamento *s.m.* (*non com.*) shortening.

scorciare *v.tr.* **1** to shorten: *— un componimento, un vestito*, to shorten a composition, a dress // *— la strada*, to take a short cut **2** (*pitt.*) to foreshorten.
□ **scorciarsi** *v.intr.pron.* to shorten, to grow* shorter; (*di abito*) to get* smaller, to shrink*: *le giornate si scorciano*, the days are growing shorter; *mi si è scorciato il vestito*, my dress has shrunk.

scorciatoia *s.f.* short cut (*anche fig.*): *prendere una —*, to take a short cut (*o* to go the shortest way).

scorciatura *s.f.* (*non com.*) (*lo scorciare*) shortening.

scorcio *s.m.* **1** (*pitt.*) foreshortening // *di —*, foreshortened: *la chiesa è di — in questo quadro*, in this painting the church is foreshortened; *rappresentare qlco. di —*, to foreshorten sthg.; *vedere qlcu. di —*, to catch a glimpse of s.o. **2** (*spazio limitato di visuale*) glimpse, (partial) view: *dalla finestra vedevo uno — delle Alpi*, from the window I had a view of the Alps; (*l'ultima parte di un periodo di tempo*) end, close: *lo — del giorno*, the close of day; *in questo breve — di tempo*, in this short period of time; *sullo — del secolo*, towards the end of the century.

scordare[1] *v.tr.* **scordarsi** *v.rifl.* to forget*: (*mi*) *scordai che era domenica*, I forgot that it was Sunday; (*mi*) *scordai di dirtelo*, I forgot to tell you; *non scordarlo, non scordartene*, don't forget it.

scordare[2] *v.tr.* (*far perdere l'accordatura a*) to untune, to put* out of tune.
□ **scordarsi** *v.intr.pron.* to get* out of tune: *il piano s'è scordato*, the piano has gone (*o* got) out of tune.

scordato[1] *agg.* (*dimenticato*) forgotten.

scordato[2] *agg.* (*senza accordatura*) out of tune.

scordatura *s.f.* going out of tune, being out of tune.

scordeo, **scordio** *s.m.* (*bot.*) (*Teucrium scordium*) water germander.

scoreggia *s.f.* (*fam.*) fart.

scoreggiare *v.intr.* (*fam.*) to fart.

scorfano *s.m.* **1** (*zool.*) scorpion-fish, rock fish **2** (*persona brutta*) *che —!*, what a fright!

scorgere *v.tr.* **1** to perceive, to make* out, to discern, to see*, to notice: *a un tratto scorse un uomo che s'avvicinava sempre più*, all of a sudden he saw a man who was getting nearer and nearer; *nella nebbia non si scorgeva nulla*, nothing could be made out (*o* discerned) in the fog; *puoi scorgerlo di qui*, you can see it (*o* make it out) from here; *scorgevamo una luce rossa in lontananza*, we could perceive (*o* make out) a red light in the distance // *senza farsi —*, unperceived (*o* unnoticed): *se ne andò senza farsi —*, he stole away unnoticed; *non voglio farmi — da lui*, I don't want to attract his attention **2** (*accorgersi di*) to notice; to realize: *— le intenzioni di qlcu.*, to realize what s.o.'s intentions are; *— un pericolo*, to see a danger **3** (*letter.*) (*accompagnare*) to take*; (*guidare*) to guide, to lead* (*anche fig.*).

scorgimento *s.m.* (*ant.*) perceiving, noticing.

scoria *s.f.* **1** (*metall.*) dross [U], slag [U], scoria*: *— del metallo fuso*, scum; *— di colata*, tapping slag; *— di fucinatura*, clinker; *— fusa galleggiante*, floss; *— galleggiante*, floating slag // (*fis.*) *scorie radioattive*, radioactive waste; *smaltimento delle scorie radioattive*, radioactive waste disposal: *impianto di smaltimento delle scorie*, waste disposal plant **2** *pl.* (*fig.*) scum (*sing.*), dross (*sing.*): *le scorie della società*, the scum of society **3** *pl.* (*geol.*) *scorie vulcaniche*, scoriae.

scorificante *s.m.* (*metall.*) scorifier.

scorificare *v.tr.* (*metall.*) to scorify.

scorificazione *s.f.* (*metall.*) scorification.

scornare *v.tr.* **1** (*rompere un corno*) to horn, to dishorn; (*colpire con un corno*) to butt **2** (*fig.*) (*umiliare*) to humiliate; (*beffare*) to mock, to hold* up to ridicule, to ridicule: *fu scornato dai suoi stessi compagni*, he was mocked (*o* ridiculed) by his own companions.
□ **scornarsi** *v.intr.pron.* **1** to break* one's horns **2** (*fig.*) (*fallire*) to come* a cropper; to make* a fool of oneself: *c'è il rischio di —, ma è un'impresa che mi attira*, there's the risk of coming a cropper but it's a venture that appeals to me.

scornato *agg.* **1** (*con le corna rotte*) with broken horns **2** (*umiliato*) humiliated; (*beffato*) ridiculed, held up to ridicule: *se ne tornò a casa proprio —*, he went back home throughly humiliated; *non vorrei rimanere —*, I would not like to be made a laughing-stock.

scornatura *s.f.* (*fallimento*) humiliation.

scorniciare *v.tr.* **1** to unframe, to remove the frame from (sthg.) **2** (*modellare a forma di cornice*) to make* into a frame.

scorniciatrice *s.f.* (*mecc.*) moulding machine.

scorniciatura *s.f.* removing the frame, unframing.

scorno *s.m.* humiliation, ridicule; (*vergogna*) shame, disgrace, ignominy.

scoronare *v.tr.* **1** (*un dente*) to remove the crown from (a tooth) **2** (*tagliare a corona*) to cut* in the shape of a crown, to trim in the shape of a crown **3** (*tecn. vetraria*) to uncap.

scorpacciata *s.f.* big feed, blow-out: *feci una — di spaghetti*, I stuffed myself with spaghetti; *in vacanza mi sono fatto una — di film*, (*fig.*) I really went to town on films during the holidays.

scorpena *s.f.* (*zool.*) scorpion-fish, rock fish: *— californiana*, (*Scorpaena guttata*) sculpin; *— rossa*, (*Scorpaena scrofa*) hog-fish.

scorpioide *agg.* (*bot.*) scorpioid.

scorpione *s.m.* **1** (*zool.*) (*Buthus europaeus*) scorpion: *— d'acqua*, water scorpion // (*astr.*) *Scorpione*, Scorpio, Scorpius // *è uno —*, (*persona brutta*) he is as ugly as sin // *è cattivo come uno —*, he is a nasty piece of work **2** (*st. mil.*) scorpion.

scorpionide *agg.* e *s.m.* (*zool.*) scorpionid.

scorporamento *s.m.* breaking up, parcelling out.

scorporare *v.tr.* (*fin.*) to break* up, to separate, to parcel out: *— il proprio capitale*, to break up one's capital; *— i dividendi, gli interessi dal capitale*, to strip dividends, interest from capital; (*dir.*) *— una proprietà*, to parcel out a property.

scorporo *s.m.* breakup, parcelling out, separation: (*dir.*) *— di una proprietà*, parcelling out of an estate; (*fin.*) *— dei dividendi dal capitale*, dividend-stripping.

scorrazzamento *s.m.* (*non com.*) running about, roving.

scorrazzare *v.intr.* **1** to run* about, to rove (about): *i bambini scorrazzavano in giardino*, the children were running around in the garden; *ho scorrazzato per tutta la città con Paolo*, I've been all around town with Paolo **2** (*vagare per predare*) to roam, to rove **3** (*fig.*) (*accennare*) to dabble, to touch on ◆ *v.tr.* **1** (*non com.*) (*percorrere*) to travel around, to roam **2** (*portare in giro*) to take* around: *mi ha scorrazzato in moto tutto il giorno*, he took me around on his motorbike all day.

scorrazzata *s.f.* running about; (*breve gita*) trip.

scorredare *v.tr.* (*non com.*) to strip // *un'auto scorredata di accessori*, a car without accessories.

scorreggia e *deriv.* → **scoreggia** e *deriv.*

scorrere *v.intr.* **1** to run*; (*scivolare*) to glide, to slide*; (*di ruota*) to run* along: *la fune scorre nella carrucola*, the rope slides (*o* runs) easily over the pulley; *la ruota scorre su una rotaia*, the wheel runs along a rail **2** (*fluire*) to flow, to run*; (*con forza*) to stream, to pour: *il fiume scorre verso il lago*, the river flows (*o* runs) towards the lake; *lascia — l'acqua*, leave the water running; *la strada scorre lungo la costa*, the road runs along the coast; *vidi — del sangue dalla ferita*, I saw blood pouring from the wound; *fare — l'acqua nel lavandino*, to run the water into the sink // *il traffico non scorre nelle ore di punta*, traffic doesn't flow in the rush hours **3** (*di tempo*) to fly*, to roll by, to pass: *man mano che gli anni scorrono*, as the years roll by (*o* pass); *nell'attesa le ore scor-*

rono lente, the hours pass slowly while you are waiting **4** (*di stile*) to flow; (*di ragionamento*) to hang* together: *questa frase non scorre*, this sentence does not flow **5** (*di rasoio*) to shave smoothly; (*di penna*) to write* smoothly ◆ *v.tr.* **1** (*non com.*) (*far oggetto di scorrerie*) to scour, to raid, to overrun*: *i barbari scorrevano le nostre terre*, the barbarians overran our lands **2** (*fig.*) (*leggere frettolosamente*) to glance over (sthg.), to look through (sthg.): — *un libro*, to look through a book; *voglio — il giornale*, I want to glance through the newspaper **3** (*inform.*) to browse; to scroll: — *una pagina*, to page through.

scorreria *s.f.* raid, incursion: *fare scorrerie in una regione*, to raid (*o* to overrun) a country.

scorrettamente *avv.* **1** incorrectly, wrongly **2** (*da maleducato*) rudely **3** (*disonestamente*) dishonestly.

scorrettezza *s.f.* **1** (*l'essere scorretto*) incorrectness; (*errore*) mistake: *devi evitare scorrettezze di questo genere*, you must avoid mistakes of this kind; *una traduzione piena di scorrettezze grammaticali*, a translation full of grammatical mistakes **2** (*mancanza di educazione*) breach of manners, rudeness: *è una — non rispondere alle lettere*, it is bad manners not to reply to letters **3** (*atto, parola sconveniente*) impropriety **4** (*sport*) foul; (*gioco scorretto*) dirty play: *fischiare una* —, to whistle for a foul; *giocare con* —, to play dirtily (*o fam.* dirty).

scorretto *agg.* **1** incorrect: *questa frase è scorretta*, this sentence is incorrect **2** (*maleducato*) impolite, rude; improper: *comportamento* —, rude behaviour; *è — che tu risponda in quel modo a tuo padre*, it is rude of you to answer your father like that; (*sport*) *gioco* —, foul (*o* dirty) play **3** (*inform.*) invalid.

scorrevole *agg.* **1** fluent; flowing: *linguaggio* —, fluent language; *stile* —, fluent style **2** (*movibile su scanalatura*) sliding: *porta* —, sliding door **3** (*fluido*) fluid, thin: *traffico* —, smooth flowing traffic ◆ *s.m.* (*cursore*) slider.

scorrevolezza *s.f.* **1** fluency; flow: *la — di uno stile*, the fluency of a style; *la — del traffico*, the flow of the traffic **2** (*aut.*) smoothness.

scorrevolmente *avv.* fluently; flowingly; smoothly: *parla l'inglese* —, he speaks English fluently.

scorribanda *s.f.* **1** raid, incursion: *fare scorribande in un luogo*, to raid a place // *fare una — per la città*, (*scherz.*) to make a trip round the city **2** (*fig.*) (*rapida digressione*) digression.

scorrimento *s.m.* **1** (*lo scorrere*) flowing, running; (*lo scivolare*) sliding, slipping: *lo — delle acque*, the flowing of the water; *traffico a — veloce*, fast flowing traffic **2** (*mecc.*) sliding, slide; slip, slipping **3** (*elettr.*) slip **4** (*fis.*) slip; creep: — *plastico*, creep; — *dinamico*, dynamic creep // (*geol.*): — *di piega*, flexural slip; — *di strato*, bedding thrust; — *in superficie*, surface creep **5** (*metall.*) — *viscoso*, creep **6** (*inform.*) shift, browsing: — *dell'immagine*, scroll.

scorsa *s.f.* glance, quick look: *dare una — a un libro*, to glance (*o* to look) through a book; *dai una — a questa traduzione*, have a glance through this translation.

scorso *agg.* **1** last; past: *l'anno* —, last year; *durante l'anno* —, during the past year **2** (*comm.*) ult. (*abbr. di* ultimo): *la mia lettera del 19 giugno* —, my letter of 19th June ult. (*o* last) ◆ *s.m.* (*sbaglio involontario*) slip: — *di lingua, di penna*, slip of the tongue, of the pen.

scorsoio *agg.* running: *nodo* —, running knot (*o* slipknot).

scorta *s.f.* **1** escort, guide: *mi fece da — fino a casa*, he escorted (*o* saw) me home; *essere di — ai prigionieri*, to escort the prisoners **2** (*guardia armata*) convoy, escort: *nave di* —, convoy ship; *sotto la — di quindici armati*, with an escort of fifteen armed men; *viaggia senza* —, he is travelling unescorted **3** (*provvista*) supply, store, provision: *una buona — di zucchero*, a good supply of sugar; — *di materie prime*, stock of raw material; — *di argento*, hoards of silver; *fare una — di carbone*, to get in a stock of coal; *ho fatto una — di dolci per i prossimi due mesi*, I have built up a supply of sweets for the next two months; *le scorte stanno diminuendo*, our supplies (*o* provisions) are running short // *di* —, spare: *ruota, chiave di* —, spare tyre, key; *non hai una sigaretta di —?*, haven't you got a cigarette to spare? // (*comm.*): *scorte di magazzino*, stock-in-trade; *formare, costituire delle scorte*, to stockpile; *esaurire le scorte*, to deplete the (*o* to run out of) stock; *reintegrare le scorte*, to replenish the stocks // (*econ.*): — *disponibile*, visible supply (*o* free stock); — *di sicurezza, di elasticità*, safety inventory (*o* stock); — *tampone, cuscinetto*, buffer stock; *scorte vive, morte*, live, dead stock; *variazione delle scorte*, inventory adjustment // (*fin.*): — *monetaria*, reserve cash (*o* cash reserve); *scorte auree, di divise estere*, gold, foreign currency reserves **4** (*inform.*) inventory; stock: — *esistente*, actual stock; — *massima*, (IBM) maximum balance.

scortare *v.tr.* **1** to escort: — *un detenuto*, to escort a prisoner **2** (*mar.*) to convoy, to escort.

scortecciamento *s.m.* (*non com.*) **1** (*di albero*) barking, decortication **2** (*di tappezzeria, intonaco ecc.*) peeling, stripping.

scortecciare *v.tr.* **1** (*un albero*) to bark, to decorticate **2** (*l'intonaco, la tappezzeria ecc.*) to peel, to strip, to scrape // (*pitt.*) — *un affresco*, to peel (off) a fresco // — *il pane*, to take the crust off bread.

□ **scortecciarsi** *v.intr.pron.* **1** (*di albero*) to shed* (its) bark **2** (*scrostarsi*) to peel off.

scortecciatoio *s.m.* bark spud, barking iron.

scortecciatrice *s.f.* (*mecc.*) barker; bark mill.

scortecciatura *s.f.* **1** (*di albero*) barking **2** (*di tappezzeria, intonaco ecc.*) peeling, stripping.

scortese *agg.* rude, impolite, discourteous: — *verso qlcu.*, rude to s.o.; *è molto* —, he is very impolite; *è — da parte tua*, it is rude of you; *una risposta* —, a rude reply.

scortesia *s.f.* **1** rudeness, impoliteness, discourteousness **2** (*azione scortese*) rude act, impolite act, discourtesy: *mi ha detto delle scortesie*, he said some rude things to me; *mi ha fatto una* —, he behaved rudely towards me; *è stata una vera — non invitarlo*, it was really impolite not to invite him.

scorticamento *s.m.* **1** skinning, flaying; (*di albero*) barking **2** (*lacerazione della pelle*) grazing **3** (*fig.*) (*il cavar denari*) fleecing.

scorticare *v.tr.* **1** to skin, to flay; (*un albero*) to bark: — *un coniglio*, to skin a rabbit **2** (*estens.*) (*produrre una lacerazione*) to graze: *scorticarsi un piede contro un sasso*, to graze a foot against a stone **3** (*estorcere denaro*) to rip off, to fleece: *in quel negozio ti scorticano*, they rip you off (*o* they fleece you) in that shop **4** (*fig. fam.*) (*sottoporre a critiche spietate*) to skin alive; (*torchiare*) to grill, to put* through the mill: *all'esame mi hanno scorticato*, they grilled me in the examination.

□ **scorticarsi** *v.intr.pron.* to graze.

scorticatoio *s.m.* **1** (*coltello per scorticare*) flaying knife* **2** (*luogo dove si scortica*) knacker's yard.

scorticatura *s.f.* **1** (*lo scorticare*) skinning; (*di albero*) barking **2** (*escoriazione*) graze, abrasion.

scortichino *s.m.* **1** (*coltello per scorticare*) flaying knife* **2** (*chi scortica*) flayer.

scorza *s.f.* **1** (*corteccia*) bark; (*buccia*) rind, skin, peel; (*crosta*) crust: — *del pane*, bread crust; — *di limone*, lemon rind **2** (*fig.*) (*pelle*) skin: *avere la — dura*, to have a thick skin **3** (*fig.*) (*apparenza*) (outward) appearance, surface: *non badare alla —, in fondo è buono*, don't be put off by his appearance, underneath it he's very nice.

scorzonera *s.f.* (*bot.*) (*Scorzonera hispanica*) oyster-plant, black salsify, scorzonera.

scorzoso *agg.* (*non com.*) **1** thick-skinned **2** (*di albero*) with a thick bark.

scoscendersi *v.intr.pron.* (*letter.*) (*scendere a picco*) to fall* steeply: (*franare*) to collapse, to crash down, to sink* down.

scoscendimento *s.m.* **1** (*frana*) landslide; (*geol.*) slump **2** (*luogo scosceso*) steep fall, sheer drop.

scosceso *agg.* **1** (*ripido*) steep: *pendio* —, steep slope **2** (*pieno di dirupi*) rugged, craggy.

scosciare *v.tr.* (*staccare le cosce di un pollo ecc.*) to cut* off the leg of: — *un pollo*, to cut off the legs of a chicken.

scoscio *s.m.* **1** (*spaccata*) splits **2** (*cavallo di calzoni*) crotch.

scossa *s.f.* **1** shock, shake: *dà una — all'albero*, give the tree a shake; *dai una — a quel barattolo per sentire se è pieno*, shake that tin to see if it's full; — *elettrica*, electric shock: *prendere la* —, to get a shock **2** (*di terremoto*) (earth) tremor: — *preliminare*, foreshock; — *secondaria*, aftershock; — *tellurica*, tremor (*o* seism) **3** (*fis., mecc.*) bump, shock **4** (*strattone*) jerk, jolt: *la carrozza procedeva a scosse*, the coach was moving jerkingly (*o* in jerks); *il treno si fermò con una serie di scosse*, the train stopped with a series of jerks (*o* jolts) **5** (*fig.*) (*trauma*) shock; (*danno*) blow: *la sua morte fu per me una grave* —, her death was a great shock to me; *la crisi petrolifera è stata una brutta — per la ditta*, the oil crisis dealt a serious blow to the company.

scossalina *s.f.* (*edil.*) flashing: — *di colmo*, ridge cap.

scosso *agg.* **1** shaken **2** (*sconvolto*) upset: *una mente scossa dalla paura*, a mind upset by fear; *è rimasto molto — alla notizia*, he was very upset by the news **3** (*danneggiato, rovinato*) shattered; (*econ.*) upset, shaky: *i suoi nervi erano scossi*, his nerves were shattered; *il mercato è ancora* —, the market is still upset; *finanze scosse*, shaky finances **4** (*region.*) (*di cavallo, senza cavaliere*) riderless: *cavallo* —, riderless horse.

scossone *s.m.* **1** shake: *diede uno — alla pianta*, he gave the tree a shake; *dagli qualche — altrimenti non si sveglia*, give him a shake, otherwise he won't wake up // *la novità ha dato uno — alla sua vita*, (*fig.*) the change has shaken up his life **2** (*strattone*) jerk, jolt: *l'automobile procedeva a scossoni*, the car was jerking along; *la carrozza partì con una serie di scossoni*, the coach set off with a series of jerks (*o* jolts).

scostamento *s.m.* **1** (*lo scostare*) shifting, removal **2** (*stat.*) (*deviazione, scarto*) variance, deviation: — *medio*, standard deviation // (*econ.*): — *dalle previsioni di bilancio*, budget variance; — *dai programmi*, deviation from plans // (*amm.*) — *contabile*, accounting variance.

scostante *agg.* unfriendly, unsociable; off-putting, disagreeable: *persona* —, unfriendly person; *modi scostanti*, off-putting behaviour (*o* manners).

scostare *v.tr.* to shift, to move away, to remove; to put *aside: *ho scostato il tavolo*, I have shifted the table; *scosta quella seggiola dalla porta*, remove that chair from the door.

□ **scostarsi** *v.rifl.* **1** to move (away), to stand* aside, to shift (out of the way): *si scostò dal muro*, he moved away from the wall; *scostati, per piacere*, stand aside, please; *puoi scostarti un po', così vedo anch'io?*, can you move out of the way a bit so that I can see too? **2** (*fig.*) (*staccarsi, allontanarsi*) to leave* (sthg.), to stray (from sthg.); to turn off (sthg.): — *da un argomento*, to stray (*o* to wander) from a subject; — *da una strada*, to turn off (a road).

scostumatezza *s.f.* **1** immorality, dissoluteness, licentiousness **2** (*atto da scostumato*) scandal; disgrace **3** (*region.*) (*maleducazione*) bad manners (*pl.*).

scostumato *agg.* **1** immoral, dissolute, licentious: *donna scostumata*, loose woman (*o* hussy) **2** (*region.*) (*maleducato*) rude, bad-mannered ◆ *s.m.* lecher, rake.

scotano *s.m.* (*Rhus cotinus*) smoke tree.

scotch *s.m.* **1** (*whisky scozzese*) whisky, scotch **2** ® (*nastro autoadesivo*) sellotape, sticky tape.

scotennamento *s.m.* → **scotennatura**.

scotennare *v.tr.* to flay, to skin; (*il capo*) to scalp: — *un maiale*, to flay a pig.

scotennatoio *s.m.* flaying knife*, skinning knife*.

scotennatore *s.m.* flayer, skinner; (*chi fa lo scalpo*) scalper.

scotennatura *s.f.* flaying, skinning; (*scalpo*) scalping.

scoticare *v.tr.* (*agr.*) to plough with a skim coulter.

scoticatore *s.m.* (*agr.*) skim coulter, jointer.

scotimento *s.m.* **1** shaking **2** (*a strattoni*) jerking, jolting.

scotismo *s.m.* (*fil.*) Scotism.

scotitoio *s.m.* shaker.

scoto *agg.* Scotic ◆ *s.m.* Scot.

scotofobia *s.f.* (*psic.*) scotophobia.

scotola *s.f.* (*tess.*) scutcher, scutch.

scotolare *v.tr.* (*tess.*) to scutch.

scotolatura *s.f.* (*tess.*) scutching.

scotoma *s.m.* (*med.*) scotoma*.

scotomatico *agg.* (*med.*) scotomatous.

scotta[1] *s.f.* (*siero del latte*) whey.

scotta[2] *s.f.* (*mar.*) sheet: — *di coltellaccio*, deck sheet; — *di randa*, mainsheet.

scottadito *s.m.*, *nella locuz.*: *a* —, served hot from the grill.

scottamento *s.m.* burning; scalding; scorching.

scottante *agg.* **1** burning; scorching; (*di liquido*) scalding: *sole* —, burning sun **2** (*fig.*) burning, pressing; (*irritante*) stinging, galling: *un'offesa* —, a galling offence; *una questione* —, a burning question.

scottare *v.tr.* **1** to burn*; (*superficialmente*) to scorch; (*con un liquido*) to scald: *l'acqua bollente gli scottò una mano*, boiling water scalded his hand; *il sole gli ha scottato il viso*, the sun has burnt his face **2** (*cuc.*) (*cuocere parzialmente*) to half-cook; to scald; (*rosolare*) to brown; (*sbianchire, sbollentare*) to blanch, to parboil: — *la frutta prima di metterla nei vasi*, to scald fruit before putting it into jars **3** (*fig.*) (*colpire, offendere, addolorare*) to hurt*; to sting*: *parole che scottano*, stinging words; *quelle critiche lo hanno scottato*, those criticisms have stung (*o* hurt) him ◆ *v.intr.* **1** to be hot; to be burning; to be scorching: *la minestra scotta*, the soup is hot (*o* burning); *gli scotta la fronte*, his forehead is burning // *denaro che scotta*, hot money; *merce che scotta*, hot goods // *la terra gli scotta sotto i piedi*, (*fig.*) he is itching to be off **2** (*interessare vivamente*) to be a burning issue: *un problema che scotta*, a problem which is a burning issue.

□ **scottarsi** *v.rifl.* o *intr.pron.* **1** to burn* oneself; (*superficialmente*) to scorch oneself; (*con un liquido*) to scald oneself: — *con l'olio bollente*, to burn oneself with boiling oil; *sono stato troppo al sole e mi sono scottato*, I stayed too long in the sun and I got badly sunburnt **2** (*fig.*) (*soffrire per un'esperienza negativa*) to get* one's fingers burnt: *mi sono già scottato troppe volte*, I've already got my fingers burnt too often.

scottata *s.f.* half-cooking; (*in acqua bollente*) scalding; parboiling: *dare una — alla carne*, to half-cook meat; *dare una — alla verdura*, to scald vegetables.

scottato *agg.* **1** burnt; (*superficialmente*) scorched; (*da liquido*) scalded: — *dal sole*, sunburnt **2** (*cotto per breve tempo*) lightly cooked, half-cooked; (*in acqua bollente*) scalded; parboiled: *una bistecca appena scottata*, a lightly cooked steak; *pomodori scottati*, scalded tomatoes **3** (*fig.*) (*colpito*) hurt, embittered; (*fam.*) stung, burnt: *ci rimase — una volta e non tentò la seconda*, he got stung once and did not try again.

scottatrice *s.f.* (*ind. alimentare*) scalder.

scottatura *s.f.* **1** burn; (*da liquido*) scald: *era pieno di scottature*, he was full of burns; *si è fatto una — a una mano*, he has burnt his hand; *una crema per le scottature*, a burn cream, (*da sole*) a sunburn cream **2** (*lo scottare*) burning; scalding, scorching **3** (*il far cuocere per pochi minuti*) half-cooking; (*in acqua bollente*) scalding **4** (*esperienza negativa*) disillusionment, disappointment; (*fam.*) turn-off.

scotto[1] *agg.* (*troppo cotto*) overcooked, overdone: *riso* —, overcooked rice; *pasta scotta*, overcooked pasta.

scotto[2] *s.m.* (*ant.*) (*conto*) reckoning; price; scot // *ne pagherai lo* —, (*fig.*) you will pay for it (*o* you will pay the consequences).

scotto[3] → **scoto**.

scout *s.m.* e *f.* e *agg.* scout.

scoutismo *s.m.* scouting.

scoutistico *agg.* scout (*attr.*).

scovare *v.tr.* **1** (*far uscire dal covo*) to flush (out); to put* up: — *una volpe*, to flush out a fox; — *un criminale*, to flush out a criminal **2** (*riuscire a trovare*) to discover; to find* (out): *ho scovato un nuovo nascondiglio*, I have discovered (*o* found) a new hiding-place; *lo scovai in una pensioncina*, I found him in a small boarding-house // — *informazioni*, to unearth information.

scovolino *s.m.* cleaning brush.

scovolo *s.m.* (*mil.*) swab.

scozia *s.f.* (*arch.*) scotia.

scozzare *v.tr.* to shuffle: — *le carte*, to shuffle the cards.

scozzata *s.f.* shuffle.

scozzese *agg.* Scottish, Scots; Scotch: *stoffa* —, tartan (*o* plaid); *gonna con disegno* —, tartan (*o* plaid) skirt • *Scottish* e *Scots* sono le due forme più comuni per l'aggettivo; si tenga presente però che 'Scots' si usa generalmente solo per le persone: *a Scottish* (o *Scots*) *engineer*; *Scotch* riferito a persone è spregiativo, riferito a prodotti ne indica la provenienza: *a Scotch whisky* ◆ *s.m.* **1** (*abitante*) Scot, Scotsman*, Scotchman* **2** (*lingua*) (Scottish) Gaelic ◆ *s.f.* Scot, Scotswoman*, Scotchwoman*.

scozzo *s.m.* shuffling; shuffle.

scozzonare *v.tr.* **1** (*domare*) to break* in; to train: — *un cavallo*, to break in a horse **2** (*fig.*) (*dare i primi rudimenti a*) to teach* the first elements to (s.o.).

scozzonatore *s.m.* horse-breaker; trainer.

scozzonatura *s.f.* breaking-in; training.

scozzone *s.m.* horse-breaker, trainer.

scranna *s.f.* **1** high-backed chair **2** (*region.*) (*sedia*) chair.

scratch *s.m.* (*tennis*) *vincere per* —, to win by default.

screanzato *agg.* rude, impolite, ill-mannered ◆ *s.m.* rude person, impolite person.

screditamento *s.m.* discrediting.

screditare *v.tr.* to discredit; to smear: *questo insuccesso lo screditerà gravemente*, this failure will discredit him seriously; (*dir.*) — *un testimone*, to impeach a witness; *sta facendo di tutto per screditarmi*, he's doing his best to blacken my name.

□ **screditarsi** *v.intr.pron.* to lose* credit, to be discredited, to get* smeared.

screditato *agg.* discredited; disgraced.

screditο *s.m.* (*non com.*) discredit // (*dir.*) — *di un testimone*, witness impeachment.

scremare *v.tr.* **1** to skim: — *il latte*, to skim milk **2** (*fig. fam.*) (*vagliare*) to screen: *dobbiamo — la lista dei candidati*, the list of candidates will have to be screened.

scremato *agg.* skimmed: *latte* —, skimmed milk.

scrematrice *s.f.* (*mecc.*) skimmer; cream separator.

scrematura *s.f.* **1** skimming **2** (*fig.*) screening.

screpolare *v.tr.* (*di muro, intonaco*) to crack; (*di pelle*) to chap: *il freddo screpola le mani*, the cold chaps one's hands.

□ **screpolarsi** *v.intr.pron.* (*di muro, intonaco*) to crack; (*di pelle*) to get* chapped: *col freddo mi si screpolano le mani*, my hands get chapped in cold weather; *l'intonaco si screpola tutto*, all the plaster is cracking.

screpolato *agg.* (*di intonaco*) cracked; (*di pelle*) chapped.

screpolatura *s.f.* (*di intonaco*) crack; cracking; (*di pelle*) chapping.

screziare *v.tr.* to variegate; to speckle.

screziato *agg.* variegated (*anche bot., zool.*); speckled.

screziatura *s.f.* variegation; speckling.

screzio *s.m.* **1** (*dissenso*) disagreement, friction; difference: *non c'è mai stato nessuno — fra di noi*, there has never been any friction (*o* disagreement) between us **2** (*ant.*) (*screziatura*) variegation; speckling.

scriba *s.m.* scribe.

scribacchiare *v.intr.* to scribble, to scrawl.

scribacchino *s.m.* **1** scribbler; (*scrittore di poco conto*) hack **2** (*impiegato*) pen pusher.

scricchiolamento *s.m.* creaking.

scricchiolare *v.intr.* **1** to creak: *queste porte scricchiolano*, these doors creak; *queste scarpe scricchiolano*, these shoes squeak **2** (*fig.*) (*dare segni di cedimento*) to wear* thin: *il loro rapporto cominciava a —*, their relationship was beginning to show signs of strain (*o* to wear thin).

scricchiolio *s.m.* creaking.

scricciolo *s.m.* **1** (*zool.*) (*Troglodytes troglodytes*) wren **2** (*fig.*) (*persona molto piccola*) little bird.

scrigno *s.m.* **1** casket; case, box **2** (*per gioielli*) jewel case, jewel box.

scriminante *s.f.* (*dir.*) justification; excuse.

scriminare *v.tr.* (*dir.*) **1** (*giustificare*) to justify; to excuse: *l'errore di diritto non scrimina*, mistake of law is not a defence **2** (*depenalizzare*) to decriminalize.

scriminatura *s.f.* (hair-)parting: *— a sinistra*, parting on the left; *— in mezzo*, parting in the middle.

scrinare *v.tr.* (*non com.*) to clip (a horse's hair).

scripofilia *s.f.* (*collezionismo di certificati azionari*) scripophily.

scripofilo *s.m.* scripophilist.

scristianizzare *v.tr.* to unchristianize.
□ **scristianizzarsi** *v.rifl.* to deny the Christian faith.

scristianizzazione *s.f.* unchristianizing.

scriteriato *agg.* foolish, senseless; rash ◆ *s.m.* senseless person.

scritta *s.f.* **1** (*iscrizione*) inscription; (*avviso*) notice, sign; (*cartello*) poster; (*sui muri*) graffito*: *una lapide con una — in latino*, a tablet with a Latin inscription; *— pubblicitaria*, (advertising) sign; *muri coperti di scritte*, walls covered with graffiti **2** (*dir.*) (*contratto scritto*) written contract, deed: *— di vendita*, sale contract.

scritto *agg.* **1** written: *un testo —*, a written text; *legge scritta*, statute (*o* written) law; *non ha lasciato niente di —*, he has left nothing written // *esame —, prova scritta*, written examination // (*comm.*) *ordine —*, written order **2** (*che reca segni*) with writing on: *un foglio, un muro —*, a sheet, a wall with writing on **3** (*fig.*) (*marcato*) inscribed, written, impressed: *aveva — in faccia il suo disgusto*, his disgust was written all over his face; *aveva il terrore — in faccia*, his face was full of terror; *lo porterò — nel cuore*, it will be written on my heart **4** (*fig.*) (*destinato*) destined; fated: *era — che doveva diventare presidente*, he was destined to end up as President ◆ *s.m.* **1** writing; written document: *tirò fuori uno — dalla tasca*, he took from his pocket a paper with something written on it; *firmare uno —*, to sign a document **2** (*opera letteraria*) work, writing: *gli scritti di Leopardi*, Leopardi's writings (*o* works) **3** (*scrittura*) writing: *— illeggibile*, illegible writing // *in, per iscritto*, in writing: *mettere giù per iscritto*, to write down; (*comm.*) *abbiamo ricevuto un ordine per iscritto*, we have received an order in writing.

scrittografico *agg.* (*amm.*) (*scritto a mano*) handwritten.

scrittoio *s.m.* writing desk.

scrittore *s.m.* writer; author.

scrittorio *agg.* writing (*attr.*).

scrittorucolo *s.m.* (*spreg.*) hack writer, hack.

scrittrice *s.f.* woman writer; authoress.

scrittura *s.f.* **1** writing: *— alfabetica, ideografica*, alphabetic, ideographic writing; *— a macchina*, typewriting (*o* typing) **2** (*calligrafia*) writing, handwriting: *— illeggibile*, illegible writing; *ha una bella —*, he has beautiful handwriting; *non riesco a leggere la sua —*, I cannot read his writing **3** (*caratteri particolari*) hand, script: *— gotica*, Gothic script; *— in corsivo*, cursive (*o* running) hand **4** (*amm.*) (*registrazione*) entry, record: *— contabile*, book entry; *— di rettifica*, adjusting (*o* balancing) entry; *— di storno*, reversal; *— di apertura, di chiusura*, opening, closing entry; *le scritture di una società*, the records of a company **5** (*dir.*) legal paper, document, deed: *— privata, pubblica*, private, public deed **6** (*contratto di un artista*) engagement, contract: *offrire, ottenere una —*, to offer, to get a contract **7** *le Sacre Scritture*, the Holy Scriptures (*o* Holy Writ).

scritturabile *agg.* **1** (*di un artista*) suitable for engagement **2** (*amm.*) (*registrabile*) enterable, recordable.

scritturale[1] *agg.* (*amm.*) bookkeeping, account (*attr.*): (*fin.*) *moneta —*, bank money ◆ *s.m.* (*antiq.*) (*scrivano*) scribe; (*copista*) copyist.

scritturale[2] *agg.* (della Sacra Scrittura) scriptural.

scritturalismo *s.m.* scripturalism.

scritturare *v.tr.* **1** (*ingaggiare un artista*) to engage, to sign on, to sign up **2** (*amm.*) (*registrare nei libri contabili*) to enter (in the account books), to record.

scritturazione *s.f.* **1** (*lo scritturare un artista*) engagement, signing on, signing up **2** (*amm.*) (*il registrare dati contabili*) entering; (*registrazione*) entry.

scritturista *s.m.* e *f.* scripturalist.

scritturistico *agg.* scriptural, Biblical.

scrivania *s.f.* (writing) desk.

scrivano *s.m.* **1** (*addetto alla stesura di atti*) clerk; (*copista*) copyist **2** (*mar.*) *— di bordo*, second-mate.

scrivente *agg.* writing ◆ *s.m.* e *f.* (*amm.*) writer; (*sottoscritto*) undersigned: *lo — di una domanda*, the writer of an application; *noi, gli scriventi...*, we, the undersigned...

scrivere *v.tr.* **1** to write*: *— una lettera, una cartolina*, to write a letter, a postcard; *Cicerone scrive che...*, Cicero writes that...; *dammi l'occorrente per —*, give me some writing materials; *non sono riuscito a — tutto quello che ha detto*, I didn't manage to write (down) everything he said; *ha scritto in America per avere quel libro*, he has written to America to get that book; *lo scrisse di suo pugno*, he wrote it in his own hand; *mi ha scritto due righe*, he dropped me a line; *questa penna non scrive*, this pen won't write; *scrive a casa una volta alla settimana*, he writes home once a week; *che cosa ti scrisse?*, what did he write to you about?; *scrive molto bene*, (*è un buon scrittore*) he is a good writer; *scrive per il teatro, sui giornali*, he writes for the theatre, for the newspapers; *scrive di letteratura*, he writes about literature; *scrivi il tuo nome e indirizzo per intero*, write your name and address in full; *si guadagna da vivere scrivendo*, he makes a living by writing; *— a macchina*, to typewrite (*o* to type); *— a mano*, to write by hand; *— a matita, in inchiostro*, to write in pencil, in ink; *— in versi, in prosa*, to write in poetry, in prose; *— un numero in cifre*, to write a number in figures; *— un numero in lettere*, to spell a number; *come si scrive quella parola?*, how do you spell that word?; *— piccolo, grosso, largo*, to write small, large; *— sotto dettatura*, to write from dictation // *lo scriverò nella memoria*, I'll impress it on my memory; (*amm.*) (*registrare*) to enter, to record **2** (*redigere*) to draw* up: *— un documento*, to draw up a document **3** (*stampigliare*) to enface: *— qlco. su un assegno, su una cambiale*, to enface sthg. on a cheque, on a bill **4** (*amm.*) (*registrare*) to enter, to record: *— una somma a debito*, to enter a sum on the debit side; *— una partita*, to make an entry **5** (*letter.*) (*descrivere*) to describe: *non so scriverti il mio dolore*, my grief is beyond description **6** (*letter.*) (*ascrivere*) to ascribe, to attribute.

scrivibile *agg.* (*non com.*) writable.

scroccare *v.tr.* to scrounge, to cadge; (*sl. amer.*) to mooch: *— un pasto*, to scrounge a meal; *cercò di scroccarmi un pranzo*, he tried to scrounge a dinner off me; *scrocca sempre le sigarette*, he's always cadging cigarettes; *— da bere*, to scrounge a drink.

scroccatore *s.m.* **scroccatrice** *s.f.* scrounger, sponger, cadger.

scrocchiare *v.intr.* to crack.

scrocchio *s.m.* cracking.

scrocco[1] *s.m.* **1** sponging, scrounging, cadging: *bere a —*, to scrounge a drink **2** (*dir.*) fraud, swindle.

scrocco[2] *s.m.* **1** (*scrocchio*) cracking // *coltello a —*, clasp knife **2** (*di porta*) spring latch.

scroccona *s.f.* **scroccone** *s.m.* sponger, scrounger, cadger.

scrociare *v.tr.* (*mar.*) to uncross.

scrofa *s.f.* sow.

scrofola *s.f.* (*med.*) scrofula.

scrofolosi *s.f.* (*med.*) scrofulosis*.

scrofoloso *agg.* (*med.*) scrofulous, strumose, strumous.

scrofula e *deriv.* → **scrofola** e *deriv.*

scrofularia *s.f.* (*bot.*) scrophularia: — *maggiore*, (*Scrophularia nodosa*) figwort.

scrollamento *s.m.* (*non com.*) shaking; (*di spalle*) shrugging.

scrollare *v.tr.* to shake*; (*le spalle*) to shrug: *scrollò la testa*, he shook his head: — *un albero*, to shake a tree // *scrollarsi di dosso qlco.*, to shake sthg. off.
□ **scrollarsi** *v.intr.pron.* **1** (*scuotersi*) to shake* oneself **2** (*fig.*) to stir oneself, to rouse oneself.

scrollata *s.f.* shake; (*di spalle*) shrug: *dare una — a un albero*, to give a tree a shake.

scrollatura *s.f.* (*non com.*) shake, shaking.

scrollo *s.m.* shake, shaking.

scrosciante *agg.* **1** pelting: *pioggia —*, pelting rain **2** (*fig.*) roaring: *risa scroscianti*, roaring laughter; *ci furono applausi scroscianti*, there was thunderous applause.

scrosciare *v.intr.* to pelt (down); to roar (*anche fig.*): *la pioggia scroscia*, the rain is pelting down; *il torrente scrosciava in lontananza*, the torrent was roaring in the distance; *gli applausi scrosciarono*, there was a thunder of applause; *le risate scrosciavano*, there were roars of laughter.

scroscio *s.m.* **1** (*di cascata, torrente ecc.*) roar: *lo — della cascata mi tenne sveglio tutta la notte*, the roar of the waterfall kept me awake all night **2** (*di pioggia, rovescio*) shower: *fui colto da un violento — di pioggia*, I was caught in a heavy shower (of rain) // *piovere a —*, to rain hard (*o* to pour with rain) **3** (*fig.*) roar; burst: — *di applausi*, thunder (*o* burst) of applause; — *di risa*, roar (*o* burst) of laughter.

scrostamento → **scrostatura**.

scrostare *v.tr.* **1** to take* the crust off (sthg.); to scrape; to strip; to peel off: — *una parete*, to scrape a wall (down) **2** (*tecn.*) to descale, to take* off scales from (sthg.).
□ **scrostarsi** *v.intr.pron.* **1** to peel (off), to chip (off), to fall* (off): *l'intonaco si scrosta*, the plaster is falling (off); *la vernice si scrosta*, the paint is peeling (off) **2** (*bot., zool.*) to scale.

scrostato *agg.* flaking, peeling.

scrostatura *s.f.* **1** peeling, scraping; (*sverniciatura*) stripping **2** (*tecn.*) descaling.

scrotale *agg.* (*anat.*) scrotal.

scroto *s.m.* (*anat.*) scrotum*.

scrupolo *s.m.* **1** scruple: — *di coscienza*, scruple of conscience; *è sempre pieno di scrupoli*, he's always full of scruples; *una persona senza scrupoli*, an unscrupulous person; *mi è venuto uno —*, I have just had a scruple; *avere, farsi — a fare qlco.*, to have scruples about doing sthg.: *si fa — a dirtelo*, he has scruples about telling you; *non avere — a chiedermi aiuto*, have no scruples about asking my help; *mettere da parte ogni —*, to put aside every scruple // *è onesto fino allo —*, he is honest to a T (*o* scrupulously honest) **2** (*cura, impegno*) meticulousness, great care: *un lavoro fatto con —*, a job done with great care **3** scruple (*misura di peso* = 1,29 g).

scrupolosità *s.f.* scrupulousness.

scrupoloso *agg.* scrupulous: *impiegato —*, scrupulous clerk; *lavoro —*, scrupulous work; *diligenza scrupolosa*, scrupulous care.

scrutabile *agg.* scrutable.

scrutamento *s.m.* (*non com.*) scrutiny.

scrutare *v.tr.* to search, to scan; to pry into (sthg.): — *l'orizzonte*, to scan the horizon; — *il proprio cuore*, to search one's heart; — *i segreti di qlcu.*, to pry into s.o.'s secrets; — *il viso di qlcu.*, to scan s.o.'s face.

scrutatore *agg.* searching, penetrating; inquisitive, prying: *occhi scrutatori*, inquisitive eyes ◆ *s.m.*, **scrutatrice** *s.f.* **1** searcher, investigator **2** (*di elezioni*) scrutineer, teller.

scrutinare *v.tr.* to scrutinize.

scrutinatore *s.m.* **scrutinatrice** *s.f.* scrutinizer; (*indagatore*) searcher.

scrutinio *s.m.* **1** (*di elezioni*) poll, ballot, voting: — *segreto*, secret ballot; — *di lista*, list -voting; — *di ballottaggio*, additional ballot; *fare lo — dei voti*, to count the votes **2** (*scolastico*) assignment of a term's marks: *domani si farà lo — di questo trimestre*, tomorrow the teachers will meet to assign this term's marks **3** (*ant.*) (*attento esame*) scrutiny.

scucire *v.tr.* to unstitch, to unpick // *su, scuci la grana!*, (*fam.*) come on, fork (*o* shell) out!
□ **scucirsi** *v.intr.pron.* to come* unstitched; to come* unsewn: *mi si sono scuciti i pantaloni*, my trousers have come unstitched.

scucito *agg.* **1** unstitched: *un orlo —*, an unstitched hem **2** (*fig.*) (*incoerente*) incoherent, rambling; (*sconnesso*) disconnected: *un discorso —*, a rambling (*o* incoherent) speech.

scucitura *s.f.* **1** (*lo scucire*) unstitching; unseaming **2** (*parte scucita*) unstitched seam: *c'è una — nella manica sinistra*, the seam has come unstitched in the left sleeve.

scudato *agg.* shielded, bearing a shield.

scuderia *s.f.* **1** stable: *ragazzo di —*, stable boy (*o* groom) **2** (*di allevamento*) stud, stable **3** (*automobilismo*) stable.

scudetto *s.m.* **1** (*piccolo scudo*) small shield **2** (*sport*) (championship) shield: *vincere lo —*, to win the championship (*o* the shield) **3** (*bot., zool.*) scutellum*.

scudiere, **scudiero** *s.m.* **1** (*st.*) squire; (*chi aveva cura dei cavalli*) equerry **2** (*titolo*) equerry // *calzoni alla scudiera*, knee breeches; *guanti alla scudiera*, hunting gloves.

scudisciare *v.tr.* to lash, to whip.

scudisciata *s.f.* lash, whipping: *dare una — a qlcu.*, to give s.o. a lash.

scudiscio *s.m.* switch, whip, lash, riding crop.

scudo[1] *s.m.* **1** (*arma*) shield; buckler // *levata di scudi*, (*fig.*) outcry // *portar qlcu. sugli scudi*, (*fig.*) to exalt s.o. // (*bot.*) *a forma di —*, peltate **2** (*fig.*) shield; defence, protection: *gli fece — con la sua persona*, he shielded him with his own body // *farsi — di qlcu.*, to shield oneself behind s.o.; *farsi — di qlco.*, to shield oneself with sthg. **3** (*arald., mar.*) escutcheon **4** (*tecn.*) shield: — *termico*, heat shield // — *spaziale*, space shield **5** (*di animali, guscio*) shield **6** (*geol.*) (*continentale*) shield: — *canadese*, Canadian shield.

scudo[2] *s.m.* (*antica moneta italiana*) scudo (*pl.* -i): *due scudi d'oro*, two gold scudi // — *europeo* (ECU), European currency unit.

scuffia *s.f.* **1** (*dial.*) cap **2** (*fig.*) (*sbornia*) drunkenness, intoxication: *prendere una —*, to get drunk (*o* to get tight) // *prendere una — per qlcu.*, (*innamorarsi*) to get a crush on s.o. **3** (*mar.*) *fare —*, to capsize.

scuffiare *v.intr.* (*mar.*) to capsize.

scugnizzo *s.m.* (*monello napoletano*) Neapolitan urchin.

sculacciare *v.tr.* to spank.

sculacciata *s.f.* **sculaccione** *s.m.* spank(ing).

sculettare *v.intr.* to sway (one's hips), to walk with a wiggle.

scultore *s.m.* sculptor: — *in legno*, wood -carver.

scultoreo, **scultorio** *agg.* **1** sculptural; sculpturesque: *profilo —*, sculpturesque profile **2** (*di frase, stile letterario*) clear-cut.

scultrice *s.f.* sculptress, woman sculptor.

scultura *s.f.* **1** (*lo scolpire*) sculpture, carving: — *in legno*, wood-carving **2** (*opera scolpita*) sculpture: *le sculture del Partenone*, the sculptures on the Parthenon.

sculturale *agg.* (*letter.*) sculptural.

scuna *s.f.* (*mar.*) schooner.

scuocere *v.intr.* **scuocersi** *v.intr.pron.* to overcook, to cook too long.

scuoiamento *s.m.* skinning, flaying.

scuoiare *v.tr.* to skin, to flay: — *una lepre*, to skin a hare.

scuoiatore *s.m.* skinner, flayer.

scuola *s.f.* **1** school; (*istruzione*) education: — *materna*, nursery school; — *elementare*, primary (*o* elementary) school; — *media inferiore*, secondary school (*o amer.* junior high school); — *media superiore*, secondary school (*o amer.* high school); — *mista*, mixed school; — *parificata*, state-recognised private school; — *parrocchiale*, parish school; — *privata*, private school; — *pubblica*, state school; — *dell'obbligo*, compulsory education; — *rurale*, rural (*o* village) school; — *a tempo pieno*, full-time school; — *diurna*, day-classes; — *serale*, evening classes (*o* evening school); — *all'aperto*, open-air school; — *magistrale*, (teachers) training college; — *tecnica*, technical school; — *commerciale*, commercial school (*o* school of commerce); — *aziendale*, business school; — *professionale*, vocational (*o* trade) school; — *di economia*, school of economics; — *di ballo*, dancing school; — *di disegno*, drawing (*o* art) school; — *di equitazione*, riding school; — *di scherma*, fencing school; — *di taglio*, school of dress-making; *compagno di —*, school-friend (*o* schoolfellow *o* schoolmate); *maestra di —*, schoolmistress (*o* schoolteacher); *maestro di —*, schoolmaster (*o* schoolteacher); *andare a —*, to go to school; *quando riapre la —?*, when will school start again?; *lasciare la —*, to leave school; *la — non gli piace*, he does not like school // *marinare la —*, to play truant // *cantiere —*, workshop // *nave —*, training ship // *alta —*, haute école **2** (*lezione*) school, lesson (*anche fig.*); (*esempio*) example: *ieri non avemmo —*, yesterday we had no lessons (*o* school); *faccio — dalle 17 alle 21*, I teach from 5 o'clock to 9 o'clock; *questo periodo all'estero sarà un'ottima — per lui*, this period abroad will be a very good experience for him; *la — dell'esperienza*, the school of experience; *ciò ti serva di —*, let this be a lesson (*o* an example) to you // *seguire la — di qlcu.*, to follow s.o.'s example **3** (*arte, fil., scient.*) school: (*pitt.*) *la — fiamminga, fiorentina*, the Dutch, Florentine school; (*lett.*) *la — romantica*, the Romantic school; (*fil.*) *la — socratica, platonica*, the Socratic, Platonic school // *cresciuto alla — del materialismo*, reared in the school of materialism // *appartiene alla vecchia* —, he belongs to the old school // *fare* —, to create a school (*o* to set a fashion).

scuolabus *s.m.* school bus.

scuolaguida *s.f.* driving school.

scuotere *v.tr.* **1** to shake*; (*agitare*) to stir: *il terremoto scosse la terra*, the earthquake shook the earth; *il vento scuote le foglie*, the wind stirs the leaves; — *un albero*, to shake a tree; *non — la bottiglia*, don't shake the bottle; — *la testa*, to shake one's head; *il cavallo scosse la testa*, the horse tossed its head; — *le spalle*, (*anche fig.*) to shrug one's shoulders (*o* to give a shrug); — *la cenere dalla sigaretta*, to tap the ash from one's cigarette; — (*la polvere da*) *i tappeti*, to shake (the dust out of) the rugs // *scuotersi la polvere di dosso*, to shake off the dust; *scuotersi di dosso la paura, la tristezza*, (*fig.*) to shake off fear, one's sadness // — *le briglie*, to jerk the bridle **2** (*fig.*) (*turbare*) to shake*, to upset*; (*smuovere*) to stir, to rouse: *fu piuttosto scosso dalla notizia*, he was rather shaken by the news; *quel libro ha scosso la sua fede religiosa*, that book has shaken his religious faith; *quel ragazzo è troppo pigro, devi scuoterlo un po'*, that boy is too lazy, you must try to liven him up a bit; *questa musica scuote gli animi degli ascoltatori*, audiences find this music very moving; — *l'indifferenza di qlcu.*, to rouse s.o. from their indifference; — *i sentimenti di qlcu.*, to stir up s.o.'s feelings.

□ **scuotersi** *v.intr.pron.* **1** (*sobbalzare*) to start, to jump: — *a un rumore*, to start (*o* to jump) at a noise // — *dal sonno*, to stir oneself from sleep; — *dal torpore*, to rouse oneself **2** (*fig.*) (*turbarsi*) to shake*; (*smuoversi*) to stir oneself, to rouse oneself: *a quell'accusa si scosse*, at that accusation he roused himself; *cerca di scuoterti e di uscire un po'*, try to stir yourself and get out a bit.

scuotimento → **scotimento**.

scuotipaglia *s.m.* (*agr.*) strawwalker.

scuponato *agg.* (*banca*) without coupon, without dividend; ex dividend (*attr.*), ex coupon (*attr.*); (*amer.*) dividend off (attr.).

scuponatura *s.f.* (*banca*) detachment of a coupon, detachment of a dividend.

scure *s.f.* axe; (*accetta*) hatchet: *colpo di* —, blow with an axe // *condannato alla* —, (*alla decapitazione*) condemned to be beheaded // *tagliato con la* —, (*anche fig.*) rough-hewn: *un carattere tagliato con la* —, a rough-hewn (*o* coarse) character.

scuretto *s.m.* (*imposta*) shutter.

scurire *v.tr.* to darken, to make* darker ◆ *v.intr.* → scurirsi.

□ **scurirsi** *v.intr.pron.* to grow* dark(-er), to get* dark(er), to darken.

scuro *agg.* **1** dark: *blu* —, dark blue; *abito* —, (*da uomo*) dark suit; (*da donna*) dark dress; *carnagione scura*, dark complexion; *occhi scuri*, dark eyes; *una ragazza dagli occhi scuri*, a dark-eyed girl; *una stanza scura*, a dark room **2** (*fig.*) (*fosco, turbato*) dark, sullen; (*torvo*) grim: *faccia scura*, grim face; *si fece — in viso*, his face darkened (*o* clouded over); *non fare quella faccia scura!*, don't look so serious!; *che faccia scura! Che ti è successo?*, you look grim! What's happened? **3** (*bot., zool.*) sordid ◆ *s.m.* **1** dark, darkness; dark colour: *vestire di* —, to wear dark colours; *essere allo* —, (*al buio*) to be in the dark (*o* darkness) // *essere allo — di qlco.*, (*fig.*) to be in the dark about sthg. **2** (*pitt.*) shading **3** (*imposta*) shutter.

scurrile *agg.* scurrilous; (*licenzioso*) vulgar, coarse.

scurrilità *s.f.* scurrility; (*licenziosità*) vulgarity, coarseness.

scusa *s.f.* **1** apology: *fagli le mie scuse perché non vengo*, give him my apologies for not coming; *accettare le scuse di qlcu.*, to accept s.o.'s apologies; *scrisse una lettera di scuse*, he wrote to say he was sorry (*o* he wrote a letter of apology); *fare le proprie scuse*, to make one's apologies; *profondersi in scuse per il ritardo*, to be profuse in one's apologies (*o* to be very apologetic) for coming so late // *chiedere — a qlcu.*, to apologize to s.o. (*o* to beg s.o.'s pardon); *chiedo —!*, excuse me! (*o* sorry! *o* I beg your pardon!); *devi chiedere — a lui del ritardo*, you must apologize to him for being late // — *non richiesta, accusa manifesta*, (*prov.*) guilty conscience is a self-accuser **2** (*pretesto*) excuse, pretext: *ha sempre una — pronta*, he always has an excuse; *adesso non accampare scuse*, don't start making up excuses; *non ci sono scuse per la sua condotta*, there is no excuse for his behaviour; *son tutte scuse!*, they're only excuses!; *quante scuse! Se non vuoi, dillo*, don't make excuses! Just say so if you don't want to; *ha preso la — dell'arrivo di suo padre per non fare il compito*, he made his father's arrival an excuse (*o* pretext) for not doing his homework; *quando voglio sottrarmi a un impegno prendo il lavoro come* —, when I want to slip away I make my work the excuse; *venne con la — di consultare suo fratello*, he came under (*o* on) the pretext of consulting his brother; *trovare una — per rifiutare qlco.*, to find a pretext (*o* an excuse) for refusing sthg.

scusabile *agg.* **1** excusable, pardonable **2** (*giustificabile*) justifiable: (*dir.*) *errore* —, justifiable mistake.

scusabilità *s.f.* (*non com.*) excusableness, pardonableness.

scusante *agg.* excusing, justifying ◆ *s.f.* (*dir.*) excuse; justification: *avere, non avere scusanti*, to have a, no excuse.

scusare *v.tr.* **1** to excuse; (*perdonare*) to pardon, to forgive*: *scusa la mia domanda*, excuse (*o* forgive *o* pardon) my question; *scusami per questa volta*, let me off this time (*o* forgive me just this once); *scusate il ritardo*, I'm sorry I'm late; *scusate se vi interrompo*, excuse me if I am interrupting you; *vogliate scusarlo*, please, forgive him; *non potrò mai — mio padre per avermi abbandonato*, I shall never forgive my father for abandoning me // *scusa!, scusi!, scusate!*, sorry! (*o* excuse me! *o* I beg your pardon!) // *scusa, non l'ho fatto apposta!*, I'm sorry, I didn't do it on purpose!; *scusa, che ora è?*, excuse me, what time is it? (*o* could you tell me the time, please?); *scusi, avrebbe un fiammifero?*, excuse me, have you got a match? (*o* a light?); *scusi, vuol ripetere?*, I beg your pardon? (*o* I'm sorry, what did you say?); *scusi, scende alla prossima fermata?*, excuse me, are you getting off at the next stop? **2** (*giustificare*) to justify, to excuse (*anche dir.*): *questo, invece di — il suo comportamento, aggravò la situazione*, far from excusing his behaviour, this only made things worse; *questo non scusa la sua condotta*, this doesn't justify (*o* excuse) his behaviour; *scusò il suo errore con l'ignoranza*, he pleaded ignorance as an excuse for his mistake // — *qlcu. con, presso qlcu.*, to make s.o.'s excuses to s.o. (*o* to apologize to s.o. for s.o.): *scusami con lui se non potrò venire*, apologize to him for me if I can't come (*o* make my excuses to him if I don't come).

□ **scusarsi** *v.rifl.* **1** to apologize (to s.o. for sthg., for doing), to make* one's excuses (to s.o. for sthg., for doing): *andò a — dall'insegnante*, he went and apologized (*o* made his excuses) to his teacher; *all'ultimo momento si scusò di non poter venire*, at the last moment he said he was sorry but he could not come; *mi scuso di non avervelo detto prima*, I apologize for not telling you before; *si scusò col direttore di non essere venuto alla riunione*, he apologized to the manager for not attending the meeting; *si scusò dello sbaglio*, he apologized for the mistake; *si scusò di aver rovesciato il vino*, he apologized for spilling the wine; *si scusò di essere arrivato tardi*, he apologized for coming late; *si scusò di non poterci aiutare*, he apologized for not being able to help us // *chi si scusa, s'accusa*, (*prov.*) guilty conscience is a self -accuser **2** (*giustificarsi*) to justify oneself; (*trovare delle scuse*) to find* excuses: *è inutile che tu cerchi di scusarti*, it's no use trying to find excuses.

scusato *agg.* excused; forgiven, pardoned.

scutellaria *s.f.* (*bot.*) skullcap.

scutello *s.m.* (*bot., zool.*) scutellum*.

scuter → **scooter**.

sdaziabile *agg.* (*comm.*) clearable (through customs).

sdaziamento *s.m.* (*comm.*) clearing, customs clearance.

sdaziare *v.tr.* (*comm.*) **1** (*svincolare*) to clear (through customs): — *la merce*, to clear the goods **2** (*pagare il dazio doganale*) to pay* the customs duty on (sthg.).

sdaziato *agg.* (*comm.*) ex bond.

sdebitare *v.tr.* to free (s.o.) from debt, to clear (s.o.) from debt, to redeem (s.o.) from debt.

□ **sdebitarsi** *v.rifl.* **1** to pay* off one's debt(s), to settle one debts, to settle up, to get* out of debt: *dobbiamo sdebitarci prima di fare altri acquisti*, we must pay off our debts (*o* get out of debt) before we buy anything else; — *con un creditore*, to pay off a creditor; — *con qlcu.*, to be square with s.o. **2** (*fig.*) (*disobbligarsi*) to reciprocate; to repay* a kindness: *cercherò di sdebitarmi con lui al più presto*, I shall try to repay his kindness as soon as possible; *siamo stati invitati a pranzo la settimana scorsa ed ora vogliamo sdebitarci*, we were asked to dinner last week and now we want to reciprocate; *si sdebitò del favore ricevuto*, he repaid the kindness received; *non so come sdebitarmi con te*, I don't know how to repay you.

sdegnamento *s.m.* (*non com.*) irritation, indignation.

sdegnare *v.tr.* **1** to disdain; (*disprezzare*) to scorn: *non — la compagnia della gente umile*, don't scorn the company of simple people; *sdegnò l'invito che gli era così cortesemente rivolto*, he disdained the invitation that was so courteously made; — *l'adulazione, le lodi, gli onori*, to disdain flattery, praise, honours // — *il cibo*, to refuse to eat **2** (*provocare lo sdegno di*) to provoke, to irritate, to

anger: *le sue parole sdegnarono i presenti*, his words angered those who were there.
□ **sdegnarsi** *v.intr.pron.* (*adirarsi*) to be irritated, to get* angry; (*offendersi*) to be offended: *mi sdegnai a quella proposta*, I was irritated (*o* shocked) at the proposal; *si sdegnò nel ricevere l'elemosina*, he got offended when he was given alms; — *con qlcu.*, to get angry with s.o.

sdegnato *agg.* (*indignato*) indignant (with s.o., at sthg.); (*arrabbiato*) angry (with s.o., about sthg.): *appariva* —, he seemed to be angry; *era — per il nostro contegno*, he was indignant at our behaviour.

sdegno *s.m.* **1** (*disprezzo*) disdain: *rifiutò con — il suo aiuto*, she refused his help with disdain // *avere a — qlco.*, to disdain sthg. **2** (*indignazione*) indignation; (*ira*) anger, rage: *alla notizia dell'omicidio, le autorità hanno espresso parole di* —, at the news of the murder, the authorities expressed their indignation; *cerca di placare il suo* —, try to appease his anger; *frenare lo* —, to suppress one's anger; *muovere qlcu. a* —, to arouse s.o.'s indignation.

sdegnosità *s.f.* scornfulness; (*alterigia*) haughtiness.

sdegnoso *agg.* **1** (*di atti, parole ecc.*) disdainful; (*sprezzante*) scornful: *parole sdegnose*, disdainful words; *sguardi sdegnosi*, disdainful (*o* scornful) looks **2** (*di persona*) haughty: *una donna sdegnosa*, a haughty woman.

sdentare *v.tr.* to break* the teeth of (s.o., sthg.).
□ **sdentarsi** *v.intr.pron.* to break* one's teeth; to lose* one's teeth: *questa sega si è sdentata*, this saw has lost its teeth.

sdentato *agg.* toothless: *una vecchia sdentata*, a toothless hag; *un pettine* —, a comb with some teeth missing ◆ *s.m.* (*zool.*) edentate.

sdilinquimento *s.m.* mawkishness; (*fam.*) soppiness: *non mi piacciono i suoi sdilinquimenti*, I do not like her mawkish (*o* soppy) ways.

sdilinquire *v.tr.* (*rar.*) to weaken.
□ **sdilinquirsi** *v.intr.pron.* **1** (*indebolirsi, sentirsi debole*) to feel* faint **2** (*fig.*) (*intenerirsi, perdersi in smancerie*) to become* over-sentimental, (*fam.*) to get* soppy.

sdipanare *v.tr.* to unwind*, to undo*.

sdoganamento *s.m.* (*comm.*) clearance, clearing, customs clearance: — *di merci*, clearance of goods (through customs).

sdoganare *v.tr.* (*comm.*) to clear (through customs).

sdoganato *agg.* (*comm.*) cleared (through customs), duty paid, ex bond: *non* —, uncleared.

sdolcinatezza *s.f.* (*sdilinquimento*) mawkishness; (*fam.*) soppiness.

sdolcinato *agg.* mawkish; cloying, sugary; (*fam.*) soppy: *scrittore* —, mawkish writer; *sentimenti sdolcinati*, mawkish sentiments; *sentimentalismo* —, cloying sentimentalism; *uno stile* —, a cloying style.

sdolcinatura *s.f.* mawkishness; (*fam.*) soppiness: *non posso sopportare queste sdolcinature*, I cannot stand this mawkishness.

sdoppiamento *s.m.* division; splitting: — *della personalità*, multiple (*o* split) personality.

sdoppiare[1] *v.tr.* (*rendere semplice*) to make* single; to halve: — *un filo*, to make a thread single.

sdoppiare[2] *v.tr.* (*rendere doppio*) to divide, to split* // *visione sdoppiata*, double vision.
□ **sdoppiarsi** *v.intr.pron.* to divide, to split*; to be divided.

sdottoreggiare *v.intr.* to show* off (one's learning); to talk pompously.

sdraia *s.f.* deckchair.

sdraiare *v.tr.* to lay* (down): *sdraia il bambino sul letto*, lay the child (down) on the bed.
□ **sdraiarsi** *v.rifl.* to lie* down, to stretch out: *vado a sdraiarmi sul letto*, I am going to lie down on the bed; *si sdraiò sull'erba*, he lay down on the grass.

sdraiato *agg.* lying down; stretched out: *essere* —, to be lying down; *adoro stare — al sole*, I love basking in the sun.

sdrammatizzare *v.tr.* to play down, to make* less dramatic: — *una notizia*, to play down a piece of news // *vediamo di* —, let's try and be less dramatic.

sdrucciolamento *s.m.* (*non com.*) slip; slipping, sliding.

sdrucciolare *v.intr.* **1** to slip; to slide*: *sdrucciolò sul ghiaccio*, he slipped on the ice **2** (*non com.*) (*incorrere, incappare*) to lapse, to fall*: — *nel vizio*, to fall into wicked ways.

sdrucciolevole *agg.* slippery; (*fig.*) delicate, tricky: *terreno, strada* —, slippery ground, road; *argomento* —, delicate subject.

sdrucciolevolezza *s.f.* (*non com.*) slipperiness.

sdrucciolio *s.m.* slipping.

sdrucciolo[1] *agg.* (*metrica*) proparoxytone: *parola sdrucciola*, proparoxytone word ◆ *s.m.* (*verso sdrucciolo*) trisyllabic (rhyme) verse.

sdrucciolo[2] *s.m.* (*non com.*) **1** (*sdrucciolamento*) slip; slipping, sliding **2** (*forte pendio*) steep slope.

sdrucciolone *s.m.* slip; slipping, sliding: *ho fatto uno — su una buccia di arancia*, I slipped on a piece of orange peel // *venir giù a sdruccioloni*, to slide down.

sdruccioloni *avv.* slipping, sliding: *venir giù* —, to slide down.

sdruccioloso *agg.* (*non com.*) slippery.

sdrucire *v.tr.* **1** (*strappare*) to tear*, to rend*, to rip: *ho sdrucito il vestito contro un chiodo*, I have torn my dress on a nail **2** (*scucire*) to unstitch, to unpick.
□ **sdrucirsi** *v.intr.pron.* **1** (*strapparsi*) to tear*, to get* torn: *mi si è sdrucito il soprabito*, my overcoat has (got) torn **2** (*scucirsi*) to come* unstitched.

sdrucito *agg.* **1** (*strappato*) torn, rent, ripped **2** (*scucito*) unstitched, unpicked **3** (*sbrindellato*) ragged, threadbare.

sdrucitura *s.f.* **1** (*strappo*) rent, tear, rip **2** (*scucitura*) unstitching.

se[1] *cong.* **1** (*con valore condiz.*) if: — *comincia*, — *comincerà a parlare, non la finirà più*, if he starts talking, he'll never stop; — *ci vediamo, ne parliamo*, if we meet, we can talk about it; — *verrai, ti divertirai*, you'll enjoy yourself if you come; — *tutto va bene, domani siamo a casa*, if all goes well, we'll be home by tomorrow; — *volete arrivare in tempo, dovete sbrigarvi*, if you want to arrive in time, you'll have to hurry up; *ti passiamo a prendere — vuoi*, we'll call for you if you like; — *non mi trovi in casa, chiamami in ufficio*, if you don't find me at home, call me at the office; — *non disturbo, ti vengo a trovare*, I'll come and see you, if it's all right with you; — *non ha contanti, può pagare con un assegno*, if you haven't the cash you can pay by cheque; — *non ti dispiace ci vediamo un'altra volta*, we'll see each other some other time if you don't mind; — *non troveremo posto in aereo, verremo in treno*, if we can't find seats on the plane we'll come by train; — *fossi in te, mi prenderei una vacanza*, if I were you, I'd have a holiday; — *avessi i soldi, mi comprerei un appartamento più grande*, if I had the money, I'd buy myself a bigger flat; — *potesse aiutarti lo farebbe*, if he could help you, he would; — *dovesse piovere, la gara sarà rinviata*, should it (*o* if it should) rain, the competition will be postponed; — *non abitassero così lontano, li vedremmo più spesso*, if they didn't live so far away, we'd see them more often; — *non fosse così tardi, vi direi di venire a casa mia*, if it weren't so late, I'd tell you to come to my place; — *avessi studiato di più, saresti stato promosso*, if you had studied harder, you would have passed; *sarebbe arrivato prima, — non avesse perso il treno*, he would have arrived sooner, if he hadn't missed the train; *promise che, — fosse passato da Milano, sarebbe venuto a salutarci*, he promised that if he was passing through Milan, he would come and see us; *disse che l'avrebbe comprato — non fosse stato così caro*, he said he would have bought it, if it hadn't been so expensive // In alcune frasi incidentali: — *non mi sbaglio*, if I'm not mistaken (*o* wrong); — *possibile*, — *si può*, if possible; — (*è*) *necessario*, if (it's) necessary; — *ho ben capito*, if I've got it right; — *è lecito*, if I may: *posso chiederti, — è lecito, dove te ne vai stasera?*, I'd like to know where you're going this evening, if it isn't a rude question **2** (*in frasi dubitative e interrogative indirette*) whether, if: *non so — dovrei dirglielo o no*, I don't know whether I should tell him or not; *chissà — sono già partiti*, I wonder whether they have already left; *mi domando — sia stata una buona idea*, I wonder whether it was a good idea; *è indeciso — accettare o rifiutare l'offerta*, he's undecided whether to accept the offer or not; *si chiedeva — lei l'avrebbe mai perdonato*, he wondered whether she would ever forgive him; *telefoniamogli per sentire — ha voglia di uscire*, let's phone him to find out if he feels like going out // *non so — mi spiego*, I don't know if you get my meaning // Con uso rafforzativo o enfatico: *Se è vero? Ma è verissimo!*, it's as true as I'm standing here; *lo so io — ce ne vuole di pazienza!*, I know how much patience is needed!; *immagina — ero contento!*, you can imagine how happy I was! **3** (*con valore desiderativo*) if only: — *lui fosse qui!*, if only he were here!; — *vincessi al totocalcio!*, if only I could win the football pools!; — *potessi essere a casa mia!*, if only I could be back home!; — (*solo*) *l'avessi saputo!*, if only I had known!; — *fossero arrivati in tempo!*, if only they had arrived in time! // — *Dio vuole!*, (*finalmente*) thank God! // — *tu sapessi!*, if you only knew!; — *lo prendo!*, if I lay my hands on him! // *e — provassimo?*, suppose we try?; *e — facessimo un bridge?*, what about a game of bridge? **4** (*con valore causale*) if: — *ti dico che è vero, devi credermi!*, if I tell you it's true, you've got to believe me!; — *eri in ritardo, potevi pren-*

dere un taxi, if you were late, you could have taken a taxi; *— lo sapeva, perché non ci ha avvertito?*, if he knew, why didn't he tell us? **5** (*con valore concessivo, spesso rafforzato da* anche, pure, neppure) (even) if: *— lui aveva ragione, noi non avevamo torto*, even if he was right, we weren't wrong (either); *— anche ha sbagliato, non per questo lo condanno*, even if he made a mistake, I'm not going to condemn him for it; *— pure volesse rimediare, ormai è troppo tardi*, even if he wanted to make amends, it's too late now; *anche — vinceranno la partita, non entreranno in finale*, even if they win the match, they won't qualify for the final; *non ci crederei neppure — lo vedessi con i miei occhi*, I wouldn't believe it even if I saw it with my own eyes **6** *come —*, as if, as though: *come — fosse colpa mia*, as if (*o* as though) it were my fault; *come — non lo conoscessimo!*, as if we didn't know him!; *ti comporti come — non te ne importasse nulla*, you behave as if (*o* as though) you didn't care.

◆ FRASEOLOGIA: *— mai* → **semmai** // *— no*, if not (*o* otherwise): *dammi retta, — no te ne pentirai*, listen to me, if not (*o* otherwise) you'll be sorry // *— non*, if not; (*tranne*) but: *le vittime saranno un migliaio, — non di più*, there must be about a thousand victims, if not more; *questa è una delle sue opere migliori, — non la migliore di tutte*, this is one of his best works, if not the best; *in quelle condizioni non si poteva far altro — non aspettare*, in that state of affairs there was nothing else to do but (*o* except) wait; *non può essere stato — non lui*, it can only have been he (*o* him) // *— non altro*, if nothing as if else (*o* more); if only; (*almeno*) at least: *— non altro è onesto*, he's honest, if nothing else (*o* at least he's honest); *telefonagli, — non altro per educazione*, phone him, if only out of politeness; *non ha vinto la gara ma, — non altro, ha partecipato*, he didn't win the competition, but at least he took part; *non si è divertito, ma — non altro si è riposato*, he didn't enjoy himself, but at least he had a rest // *— non che* → **sennonché** // *— non fosse* (*stato*) *per...*, but for...: *— non fosse* (*stato*) *per lui, non ci troveremmo in questa situazione*, but for him we wouldn't have been in this situation // *— non fosse che*, but for the fact that, (*form.*) but that; *— non fosse che le prove dimostrano la sua colpa, non ci crederei*, but for the fact that (*o form.* but that) the evidence proves his guilt, I wouldn't believe it.

se[1] *s.m.* **1** (*incertezza*) if: *con tutti i suoi ma e — non combina mai nulla*, with all his ifs and buts, he never does anything **2** (*obiezione*) condition; (*fam.*) a big if: *accetto, ma c'è un —*, I accept, but there's one condition (*o* there's a big if).

se[2] *pron.pers.m. e f. di 3ª pers.sing. e pl.* (*usato in luogo di* si *davanti ai pron.pers.* lo, la, li, le *e alla particella pron.* ne*; in inglese non si traduce*): *— ne andò*, he, she went away; *— ne discusse a lungo*, they (*o* we) talked it over at length; *— lo portarono via*, they carried him away; *non — l'è fatto dire due volte*, he didn't need to be told twice.

sé *pron.pers.rifl. 3ª pers.sing e pl. compl.ogg. e ind.* (*anche rafforzato da* stesso *o* medesimo) **1** (*riferito a sogg. impers.*) oneself; (*riferito a persona*) (*lui stesso*) him(self); (*lei stessa*) her(self); (*loro stessi, stesse*) them(selves); (*riferito a sogg. neutro*) it(self); *pl.* them(selves): *badare a — (stesso)*, to look after oneself; *serbare qlco. per —*, to keep sthg. for oneself; *ognuno per —*, every man for himself; *quella donna parla solo di —*, that woman only talks about herself; *così facendo, danneggia — stesso*, he damages himself behaving like that; *non pensa che a —*, he only thinks about himself; *è molto riservata, tiene tutto per —*, she's very reserved, she keeps everything to herself; *si preoccupano solo di — stessi*, they are only concerned about themselves; *i bambini hanno una camera tutta per —*, the children have a room all to themselves (*o* of their own); *non porta mai denaro con —*, he never carries any money on him; *ella prese i bambini con —*, she took the children with her; *ha molte persone sotto di —*, (*alle sue dipendenze*) he has a lot of people under him; *videro una lunga fila di macchine davanti a —*, they saw a long line of cars in front of them; *la rivoluzione portò con — morte e distruzione*, the revolution brought death and destruction with it // *in — stesso, in — e per —, di per —* (*stesso*), (*riferito a cosa*) in itself: *il lavoro in — non era abbastanza stimolante*, the work in itself was not stimulating enough; *l'esperienza è stata di per — interessante*, the experience was interesting in itself // *essere in —*, (*di persona*) to be in one's right senses; *non essere in —, non essere padrone di —*, to be out of one's mind; *tornare, rientrare in —*, (*riprendere coscienza*) to come round; (*rinsavire*) to regain one's sanity // *essere fuori di —*, to be beside oneself: *era fuori di — dalla gioia*, he was beside himself with joy // *è chiuso in — stesso*, he keeps himself to himself // *dentro di —*, within oneself // *fra — (e —)*, to oneself: *"Che fortuna!" disse fra — e —*, "How lucky!" he said to himself // *a —*, (*a parte*) separately, independently: *il problema va considerato a —*, the problem should be considered separately; *formare un gruppo, una categoria a —*, to form a separate (*o* an independent) group; *è un caso a —*, it's a separate case (*o* it's a case by itself) // *da —*, (*da solo*) by oneself: *vuole fare tutto da —*, he wants to do everything by himself; *la porta si chiude da —*, the door closes by itself // *va da — che...*, it goes without saying that... // *chi fa da — fa per tre*, (*prov.*) if you want a job doing, do it yourself // *ciascuno per — e Dio per tutti*, each for each and God for all **2** (*in espressioni tradotte in inglese con forme composte con* self-): *amore di —*, selfishness (*o* self-love); *padronanza di —*, self-control (*o* self-possession); *una porta che si chiude da —*, a self-locking door; *rispetto di —*, self-respect; *sicurezza di —*, self-assurance; *stima di —*, self-esteem; *un uomo pieno di —*, a self-opinionated man; *un uomo che si è fatto da —*, a self-made man; *un uomo sicuro di —*, a self-confident man; *verità che si dimostra da —*, self-evident truth.

sebaceo *agg.* (*med.*) sebaceous: *ghiandola, cisti sebacea*, sebaceous gland, cyst.

sebacico *agg.* (*chim.*) sebacic: *acido —*, sebacic acid.

sebbene *cong.* (even) though; (al)though: *— fosse lunedì, c'era molto traffico sulle strade*, even though it was a Monday, there was a lot of traffic about; *— fossi arrivato in ritardo alla stazione, riuscii a prendere quel treno*, even though I got to the station late, I was able to catch that train; *— ammalato, continuava a lavorare*, (al)though he was ill, he kept on working; *— non ci fossero prove, la polizia riteneva che fosse lui il colpevole*, al(though) they couldn't prove it, the police believed he was guilty.

sebo *s.m.* (*biochim.*) sebum.

seborrea *s.f.* (*med.*) seborrh(o)ea.

seborroico *agg.* (*med.*) seborrh(o)eic.

secante *agg.* **1** cutting **2** (*mat.*) secant ◆ *s.f.* (*mat.*) secant.

secca *s.f.* **1** shoal, shallow; bank: *— di sabbia*, sandbank; *— di corallo*, coral reef; *incagliarsi, dare in una —*, to run aground **2** (*scarsità d'acqua*) dryness: *fiume in —*, dry river **3** (*dial.*) (*siccità*) drought.

seccamente *avv.* (*in modo brusco, deciso*) sharply, brusquely, curtly: *rispondere —*, to answer sharply.

seccante *agg.* **1** (*che secca*) drying **2** (*irritante*) annoying, bothersome; tedious, tiresome: *una persona —*, an annoying (*o* tiresome) person; *un compito —*, a tedious task; *una situazione —*, a tiresome situation.

seccare *v.tr.* **1** to dry (up); (*frutta ecc., per conservarla*) to desiccate, to dry; (*prosciugare*) to dry up: *il vento aveva seccato il terreno*, the wind had dried (up) the ground; *— fichi*, to desiccate (*o* to dry) figs **2** (*irritare*) to annoy, to irritate; (*disturbare*) to bother, to trouble; (*annoiare*) to bore, to weary: *non seccarmi con le tue domande sciocche*, don't bother me with your silly questions; *mi hai seccato con le tue lamentele!*, you've got on my nerves with your complaints! ◆ *v.intr.* to dry (up): *mettere i funghi a — al sole*, to put mushrooms to dry in the sun; *lava la macchia prima che secchi*, wash out the stain before it dries.

□ **seccarsi** *v.intr.pron.* **1** (*diventar secco*) to dry (up): *il pozzo si è seccato*, the well has dried up; *le piante di rosa si sono seccate*, the rose bushes have withered; *se parlo tanto mi si secca la gola*, if I talk too much my throat gets dry; *ma non ti si secca mai la lingua?*, (*iron.*) don't you ever stop talking? **2** (*sentir noia*) to get* bored (with s.o., sthg., doing), to grow* tired (of s.o., sthg., at doing); (*irritarsi*) to get* irritated (with s.o., at sthg., at doing), to get* annoyed (with s.o., at sthg., at doing): *mi sono seccato per quello che mi ha detto*, I got angry at what he said to me; *mi sono seccato di aspettare*, I'm fed up with waiting.

seccato *agg.* **1** (*secco*) dried **2** (*irritato*) annoyed (with s.o., at sthg.), irritated (with s.o., at sthg.); (*annoiato*) bored (with s.o., sthg.), tired (of s.o., sthg.), weary (of s.o., sthg.): *era molto — per quanto avevo fatto*, he was very annoyed (*o* irritated) at what I had done; *non commentò ma aveva un'aria seccata*, he made no comment but he looked annoyed; *sono — di far sempre lo stesso lavoro*, I am tired of always doing the same kind of work.

seccatoio *s.m.* **1** (*locale*) drying room, dryhouse; drying oven **2** (*apparecchio*) dryer, desicator **3** (*mar.*) squeegee.

seccatore *s.m.* **seccatrice** *s.f.* bother, nuisance, bore.

seccatura *s.f.* **1** (*noia*) bother, nuisance, bore: *che —!*, what a bother! (*o* what a nuisance!) **2** (*non com.*) (*essiccamento*) drying; (*di frutta ecc., per conserva*) desiccation.

seccheria *s.f.* (*tecn. cartaria*) dry end.

secchezza *s.f.* **1** dryness (*anche fig.*): *la — del clima*, the dryness of the climate; *— di stile*, dryness of style **2** (*magrezza*) thinness.

secchia *s.f.* **1** pail, bucket **2** (*contenuto*) pail(ful), bucket(ful) // *a secchie*, in bucketfuls **3** (*fam.*) (*sgobbone*) swot, (*amer.*) grind.

secchiata *s.f.* **1** bucketful: *lo svegliammo con una — d'acqua*, we woke him up by throwing a bucketful of water over him **2** (*fam.*) (*studio intenso*) a stint of swotting.

secchiello *s.m.* **1** bucket: — *per il ghiaccio*, ice bucket **2** (*borsa*) bucket bag.

secchio *s.m.* **1** pail, bucket: — *del latte*, milk pail; — *per il carbone*, coalscuttle; — *della spazzatura*, dustbin (*o amer.* garbage can) **2** (*il contenuto*) bucketful: *versare un — d'acqua in testa a qlcu.*, to pour a bucketful of water on s.o.'s head.

secchione *s.m.* (*fam.*) (*sgobbone*) swot, (*amer.*) grind.

secco *agg.* **1** dry: *caldo* —, dry heat; *clima, tempo* —, dry climate, weather; *legno* —, seasoned wood; *albero* —, dead tree; *terreno* —, dry (*o* arid) ground // *tosse secca*, dry cough // *vini secchi*, dry wines // *avere la gola secca*, to be thirsty (*o* to feel dry) // *lavaggio a* —, dry-cleaning **2** (*disseccato*) dried; (*appassito*) withered: *fagioli, fichi, piselli secchi*, dried beans, figs, peas; *uva secca*, raisins; *butta via quei fiori, ormai sono secchi*, throw those flowers away, now they are withered **3** (*magro*) thin, skinny: *era un uomo alto e* —, he was a tall thin man **4** (*asciutto, brusco*) sharp; (*di stile*) dry; (*freddo, compassato*) cold, stiff: *modi secchi*, cold (*o* stiff) manners; *mi diede una risposta secca*, he gave me a sharp reply // *gli è venuto un accidente* —, (*fam.*) he popped off // *lo spaccò con un colpo* —, he split it at a single blow // *mi diede un no* —, he refused point-blank // *fare — qlcu.*, (*fam.*) to do s.o. in // *a momenti ci restava* —, (*fam.*) he nearly died // (*lotto*) *terno* —, set of three winning numbers **5** (*fin.*) ex interest; (*Borsa*) ex dividend, dividend off: *corso* —, (*fin.*) ex interest price, (*Borsa*) ex dividend price ◆ *s.m.* **1** (*parte secca*) dry part **2** (*clima asciutto*) dry climate; (*siccità*) drought: *non senti che — c'è in questa stanza!*, can't you feel how dry it is in this room! **3** (*persona magra*) thin person: *i grassi e i secchi*, the fat and the thin **4** (*mar.*): *nave in* —, ship aground; *tirare una barca in* —, to beach a boat // *lasciare qlcu. in* —, (*fig.*) to leave s.o. in the lurch // *rimanere al* —, (*fig.*) to be left penniless // *essere a, in* —, (*fig.*) to be short of money (*o* on the rocks *o* broke).

seccume *s.m.* **1** (*cose secche*) dry things (*pl.*) **2** (*foglie secche*) dry leaves (*pl.*).

secentesco *agg.* seventeenth-century (*attr.*).

secentesimo *agg.num.ord.* e *s.m.* six hundredth.

secentista *s.m.* e *f.* (*arte, lett.*) seventeenth-century artist.

secentistico *agg.* (*arte, lett.*) seventeenth-century (*attr.*), of the seventeenth century (*pred.*).

secernere *v.tr.* (*biol.*) to secrete, to secern, to excrete.

secessione *s.f.* secession: *guerra di* —, war of secession; (*st. americana*) Civil War.

secessionismo *s.m.* secessionism.

secessionista *s.m.* e *f.* secessionist.

secessionistico *agg.* secessionist.

seco *pron.* (*ant. letter.*) (*con sé*) **1** *sing.* (*con lui*) with him; (*con lei*) with her: *si allontanò trascinandosi — il bambino*, he (*o* she) went off dragging the child with him (*o* her) **2** *pl.* (*con loro*) with them: *presero — quanto possedevano*, they took their belongings with them.

secolare *agg.* **1** secular, age-old; centuries old (*pred.*); agelong (*attr.*): *alberi secolari*, age-old trees; *esperienza* —, agelong experience; *tradizione* —, age-old (*o* time-honoured) custom; *la mia casa è* —, my house is centuries old **2** (*che si rinnova ogni secolo*) secular **3** (*laico*) secular, lay; temporal: *educazione* —, secular education // (*letter.*) *beni secolari*, worldly goods ◆ *s.m.* layman* // *i Secolari*, the laity.

secolarità *s.f.* secularity.

secolarizzare *v.tr.* to secularize.

secolarizzazione *s.f.* secularization.

secolo *s.m.* **1** century: *a un — dalla sua morte*, a century after his death; *la fine, il principio del* —, the end, the beginning of the century; *quel poeta visse a cavallo tra la fine del — scorso e l'inizio del nostro* —, that poet lived around the turn of the century; *visse a cavallo tra il XVIII e il XIX* —, he lived in the late 18th and early 19th century; *fino al XV* —, up to the 15th century; *nel nostro* —, in our century; *per tre secoli*, for three centuries // *nel corso dei secoli*, over the centuries // *sembra un — che...*, (*fam.*) it seems ages since... // *sono secoli, è un — che non lo vedo*, I have not seen him for ages; *è un — che ti aspetto*, I've been waiting for you for ages // *non mi divertivo così da secoli*, I haven't enjoyed myself so much for ages // *l'avvenimento del* —, the event of the century; *il cancro è il male del* (*nostro*) —, cancer is the disease of our century; *il male del* —, (*fig.*) mal du siècle // *andare col* —, to be born at the beginning of the century **2** (*tempo, epoca*) age, epoch, time: *il — in cui viviamo*, the age (*o* the century) we live in; *il grande — di Augusto in Roma*, the great Augustan Age in Rome; *il — di Luigi XIV*, the age of Louis XIV; *il — delle macchine*, the machine age; *le meraviglie del nostro* —, the wonders of our age // *il — d'oro delle arti*, the Golden Age of Art // *dal principio dei secoli*, from time immemorial // *fino alla fine dei secoli*, to the end of time // *nella notte dei secoli*, in remote antiquity // *per tutti i secoli dei secoli*, world without end **3** (*mondo, cose mondane*) world; things mundane (*pl.*): *ritirarsi dal* —, to withdraw from the world (*o* worldly life) // *Padre Pietro, al — John Brown*, Father Peter, in the world John Brown; *Totò, al — Antonio de Curtis*, Totò, whose real name was Antonio de Curtis.

seconda *s.f.* **1** (*aut.*) second gear: *partire in* —, to start in second gear **2** (*ferr.*) second class **3** (*nell'ordinamento scolastico*) second class, second year: *frequenta la — elementare*, he is in the second class at primary school **4** (*scherma*) seconde **5** (*mus.*) second **6** (*med.*) afterbirth, secundines (*pl.*) **7** (*fin.*) — *di cambio*, (*seconda copia di una cambiale*) second (*o* duplicate) of exchange **8** *in* —, second: (*mar.*) *ufficiale in* —, second-in-command.

seconda, a *avv.* (*non com.*) (*secondo la corrente*) downstream: *navigare a* —, (*mar.*) to go downstream // *tutto gli va a* —, (*fig.*) everything is going well for him // *a — di* → secondo 3 *prep.* // *a — che* → secondo che.

secondamento *s.m.* (*med.*) afterbirth.

secondare *v.tr.* **1** (*assecondare*) to gratify, to indulge; to countenance: *seconda tutti i capricci di suo figlio*, he indulges (*o* gratifies) all his son's whims; *non capisco come ella potesse — la sua condotta*, I do not understand how she could countenance his conduct **2** (*favorire*) to favour, to support: *la fortuna lo seconda*, fortune favours him.

secondariamente *avv.* **1** (*in secondo luogo*) secondly; in the second place: *in primo luogo è un lavoro mal retribuito e — è molto faticoso*, first (*o* in the first place) it's a poorly-paid job, secondly (*o* in the second place) it's very tiring // *questo m'interessa solo* —, this is only of secondary interest to me **2** (*in un secondo tempo, successivamente*) later, subsequently.

secondarietà *s.f.* secondariness.

secondario *agg.* **1** secondary: *educazione secondaria*, secondary education; (*geol.*) *era secondaria*, secondary epoch; (*chim.*) *ammina secondaria*, secondary amine; (*elettr.*) *avvolgimento* —, secondary winding **2** (*minore, accessorio*) secondary, subordinate, minor: *strada secondaria*, secondary (*o* minor) road; (*ferr.*) *linea secondaria*, branch line; *occupazione, attività secondaria*, sideline (*o* second job); (*fon.*) *accento* —, secondary accent (*o* stress); (*gramm.*) *proposizione secondaria*, subordinate clause; (*metall.*) *circuito* —, secondary circuit; *pianeta* —, secondary planet; (*teatr.*) *intreccio* —, subplot; *questione secondaria*, question of minor (*o* secondary) interest (*o* side issue); *questa è una cosa secondaria*, this is a trifling matter (*o* a trifle); *avere una parte secondaria*, to play a minor part // *di secondaria importanza*, of minor importance // (*econ.*): *attività secondaria*, (*l'industria*) industry; *settore* —, industrial sector; *le industrie secondarie di un paese*, the minor industries of a country // (*fin.*) *mercato* —, secondary market ◆ *s.m.* **1** (*geol.*) secondary **2** (*elettr.*) secondary winding.

secondino *s.m.* warder; jailer; (*sl.*) screw.

secondo *agg.* **1** *num.ord.* second: — *piano*, second floor (*o amer.* first floor); *Carlo II*, Charles the Second; *è — in graduatoria*, he is second from the top; *arrivare* —, to come (in) second // — *cugino*, second cousin // — *violino*, second violin // *di seconda mano*, second-hand; *libri di seconda mano*, second-hand books; *comperare di seconda mano*, to buy second-hand // *in — luogo*, in the second place // *Gianni e Carlo sono fratelli: il primo è ingegnere, il — è dentista*, John and Charles are brothers, the first is an engineer, the second (*o* the other) is a dentist // — *turno di lavoro*, swing shift // *seconda convocazione*, (*di assemblea*) second call // (*banca*) — *beneficiario*, (*di una cambiale*) alternative payee // (*mar.*) — *ufficiale*, second officer (*o* mate) // (*inform.*) *seconda area*, alternate area // (*mat.*) *equazione di — grado*, second-degree equation **2** (*nuovo, altro*) second: *seconda natura*, second nature; *seconde nozze*, second marriage; *figlio di — letto*, child by a second marriage; *per me è stata come una seconda madre*, she's been like a second mother to me; *è un — Galileo*, he is a second (*o* a new *o* another) Galileo // *secondi fini*, ulterior motives **3** (*inferiore*) second: *merce di seconda scelta*, seconds; *articolo di seconda qualità*, second-rate article; *non è — a nessuno*, he is second to none **4** (*favorevole*) favourable, propitious: *venti secondi*, favourable winds ◆ *s.m.* **1** (*minuto secondo*) second: *aspetta un* —, wait a second **2** (*seconda persona in un ordine*) second: *il — da destra è mio padre*, the second on the right is my father; *essere il — della classe*, to be second in the class **3** (*seconda portata*) second course: *cosa c'è di —?*, what's for the second course? (*o fam.* for seconds?) **4** (*mar.*) (*ufficiale in seconda*) second-in -command **5** (*padrino in duello*) second.

secondo *prep.* **1** (*conformemente a*) in accordance with, in conformity with: *agire — la legge*, to act in accordance with the law; *comportarsi — le regole*, to behave in accordance with (*o* in conformity with) the rules // *vestire — la moda*, to follow the fashion // *andare — il vento, la corrente*, to go downstream; (*fig.*) to follow the crowd // (*comm.*) *— l'acconto accluso*, as per enclosed account **2** (*stando a, a parere di*) according to, in the opinion of: *— me, lui ecc.*, according to me, him etc. (*o* in my, his etc. opinion); *— alcuni critici, il film è un capolavoro*, according to some critics, the film is a masterpiece; *— la Bibbia*, according to the Bible; *il Vangelo — Matteo*, the Gospel according to St. Matthew // *— il mio modo di vedere...*, to my way of thinking (*o* in my opinion *o* the way I see it)... **3** (*in base a, in rapporto a*) according to, depending on: *— l'ora in cui arriverà, a seconda dell'ora in cui arriverà*, depending on when he arrives; *— ciò che, a seconda di ciò che mi dirà, prenderò una decisione*, depending on what he tells me, I'll decide; *la gara si svolgerà in cortile o in palestra, a seconda delle condizioni del tempo*, the competition will take place in the playground or in the gym(nasium), depending on the weather; *spendere — i propri mezzi, le proprie possibilità*, to spend according to one's means // *fare il passo — la gamba*, (*fig.*) to cut one's coat according to one's cloth // *— i casi, a seconda dei casi*, depending on the circumstances // Con uso ellittico, nelle risposte: *"C'è sempre tanto traffico?" "Secondo"*, "Is there always so much traffic?" "It depends".

secondo che *cong.* depending on, according to: *— che s'impegni o meno, può ottenere buoni risultati*, he can get good results, depending on (*o* according to) how hard he tries; *ce la farai, — che tu lo voglia o no*, You can do it. It all depends on whether you want to or not; *pranzeremo in casa o sul terrazzo, — che piova o che sia bel tempo*, we'll have lunch inside or on the terrace, depending on whether it rains or not.

secondogenita *s.f.* second(-born) daughter.

secondogenito *agg.* second(-born) ◆ *s.m.* second(-born) son.

secondogenitura *s.f.* secundogeniture.

secreta[1] → **segreta**[1].

secreta[2] *s.f.* (*eccl.*) secret.

secrétaire *s.m.* (*fr.*) secretaire, writing desk.

secretina *s.f.* (*biochim.*) secretin.

secretivo *agg.* (*biol.*) secretive, secretory.

secreto[1] *agg.* (*biol.*) secreted ◆ *s.m.* (*biol.*) secretion.

secreto[2] → **segreto**.

secretore *agg.* (*biol.*) secretory // *dotto —*, secretory duct.

secretorio *agg.* (*biol.*) secretory, secernent.

secrezione *s.f.* (*biol.*) secretion.

securitizzazione *s.f.* (*econ.*) securitization.

sedano *s.m.* (*bot.*) (*Apium graveolens*) celery // *— dei prati*, (*Heracleum sphondylium*) cow-parsnip // *— di monte*, (*Levisticum officinale*) lovage // *— rapa*, (*Apium graveolens rapaceum*) celeriac.

sedare *v.tr.* **1** (*calmare*) to soothe; to calm: *— la fame*, to appease one's hunger; *— la sete*, to quench (*o* to assuage) one's thirst; *— il dolore*, to soothe pain **2** (*reprimere*) to repress, to put* down: *— un tumulto*, to put down a riot.

sedativo *agg.* e *s.m.* sedative.

sede *s.f.* **1** seat; (*ufficio*) office, building; (*locali*) premises (*pl.*): *— del governo*, (*edificio*) seat of government; *Roma è la — del governo*, Rome is the seat of the government; *— centrale*, (*di imprese ecc.*) head office (*o* main office *o* headquarters); *— di uffici, magazzini*, business premises; *città — di università*, university town; *la ditta ha la — in centro*, the firm has its offices in the centre; *chiedere il trasferimento a un'altra —*, to ask for a transfer to another office // *una — di antiche tradizioni*, a seat of old tradition // *questo disturbo ha — nello stomaco*, this trouble has its seat in the stomach **2** (*luogo di residenza*) residence: *aver — a Roma*, to have residence in Rome; *cambiare —*, to change one's residence; *prendere — in una città*, to take up residence in a city // *— legale di una società*, registered office of a company // *— vescovile*, see (*o* diocesan centre) // *la Santa Sede*, the Holy See **3** (*filiale di un'impresa*) branch, branch office: *— staccata*, branch office; *la — milanese dell'azienda*, the Milan branch office of the firm **4** (*luogo in cui si svolge temporaneamente un'attività*) centre; venue: *la scuola sarà — d'esame*, the school will be an examination centre; *— elettorale*, polling station; *la — dell'annuale convegno medico*, the venue of the annual medical congress // *non mi sembra questa la — adatta per le nostre discussioni*, this doesn't seem to me to be a suitable place for our discussion // *in — di*, during: *in — di esami*, during the examinations; *in — di trattative*, during the negotiations; *in — di bilancio*, when striking a balance // (*dir.*) *in separata —*, in a special session, (*in privato*) in private **5** (*mecc.*) seat, seating; (*alloggiamento*) housing: *— conica*, conical seat; *— di cuscinetto*, bearing housing; *— di rotolamento*, (*di cuscinetto a sfere*) race; *— di valvola riportata*, valve insert; *— piana*, flat seat.

sedentarietà *s.f.* sedentariness.

sedentario *agg.* sedentary: *lavoro —*, sedentary work; *un lavoro —*, a sedentary job; *vita sedentaria*, sedentary life // *una tribù, una popolazione sedentaria*, a sedentary tribe, people ◆ *s.m.* sedentary man.

sedentarizzazione *s.f.* (*antropologia*) process of becoming sedentary.

sedente *agg.* (*arald.*) sejant, segeant, sitting.

sedere *v.intr.* **1** (*essere seduto*) to sit*, to be seated: *sedeva in una poltrona vicino alla finestra*, he was sitting (*o* he sat) in an armchair near the window; *quando tutti sedevano a tavola...*, when everybody was seated at (the) table...; *alzarsi da —*, to rise (*o* to get up) (from one's seat); *mettere qlcu. a —*, to seat s.o. // *posti a —*, seats **2** (*mettersi a sedere*) to sit* down, to sit*, to take* a seat: *egli sedette vicino a me*, he sat down near me; *il malato si alzò a — sul letto*, the sick man sat up in bed; *possiamo — a tavola senza aspettarlo*, we can sit down at table without waiting for him; *mi fai — al tuo posto, per favore?*, will you let me sit in your place, please?; *fai — la signora*, let the lady have a seat (*o* sit down); *sedete, prego!*, please, sit down! (*o* be seated! *o* take a seat!) **3** (*estens.*) (*svolgere un ufficio, una funzione*) to sit*, to have a seat: *— in Parlamento*, to sit in Parliament; *— sul trono*, to sit on the throne; *— in cattedra*, to be a teacher, (*fig.*) to pontificate; *— in tribunale, in giudizio*, to be a judge; *— nel consiglio comunale*, to sit on the town council; *— nel banco del governo*, to be a member of the Cabinet // *la giuria siede da cinque ore in camera di consiglio*, the jury has been sitting in the jury room for five hours.
□ **sedersi** *v.intr.pron.* to sit*, to sit* down, to take* a seat: *non voglio sedermi qui*, I don't want to sit here; *siediti!*, sit down!

sedere *s.m.* **1** (*il sedersi*) sitting (down) **2** (*deretano*) bottom, behind: *prendere qlcu. a calci nel —*, to kick s.o.'s bottom // *prendere qlcu. per il —*, (*fig. fam.*) to take the mickey out of s.o.

sedia *s.f.* chair: *— a dondolo*, rocking chair; *— a sdraio*, deckchair; *— di paglia*, straw -bottomed chair; *— pieghevole*, folding chair // *— elettrica*, electric chair: *far morire qlcu. sulla — elettrica*, to electrocute s.o. // (*eccl.*) *— gestatoria*, gestatorial chair.

sediario *s.m.* (*persona addetta al trasporto della sedia gestatoria*) gestatorial chair carrier.

sedicenne *agg.* sixteen (years old) (*pred.*); sixteen-year-old (*attr.*): *un ragazzo —*, a sixteen-year-old boy ◆ *s.m.* sixteen-year-old boy ◆ *s.f.* sixteen-year-old girl.

sedicente *agg.* self-styled, would-be.

sedicesimo *agg.num.ord.* sixteenth ◆ *s.m.* **1** sixteenth **2** (*tip.*) sextodecimo (*abbr.* 16mo): *edizione in —*, sextodecimo.

sedici *agg.num.card.* sixteen: *alloggia alla camera —*, he's staying in room sixteen; *ci vedremo il giorno —*, see you on the sixteenth ◆ *s.m.* **1** sixteen: *contare fino a —*, to count up to sixteen **2** (*scherz.*) (*il sedere*) bottom.

sedile *s.m.* **1** seat, chair: (*aut.*) *— anteriore, posteriore*, front, back seat; *— girevole*, swivel chair; *— pieghevole*, folding seat; *— ribaltabile*, (*di automobile*) reclining (*o* drop) seat, (*di cinema, teatro*) tip up chair **2** (*aer.*) → seggiolino **3** (*panca*) bench.

sedimentare *v.intr.* **1** (*chim., fis.*) to settle, to sediment **2** (*fig.*) to lie* dormant: *queste idee devono — a lungo prima di svilupparsi*, these ideas need to lie dormant a long time before they germinate.

sedimentario *agg.* sedimentary: (*geol.*) *rocce sedimentarie*, sedimentary rocks.

sedimentazione *s.f.* **1** (*scient.*) sedimentation // (*med.*) *velocità di —*, sedimentation rate **2** (*fig.*) subsidence.

sedimento *s.m.* (*geol., tecn.*) sediment, deposit: *— di estuario*, warp; *riempire, riempirsi di sedimenti*, to silt up; (*chim.*) *sedimenti di raffinazione*, foots.

sedimentologia *s.f.* (*geol.*) sedimentology.

sedimentologico *agg.* (*geol.*) sedimentologic, sedimentological.

sedimentoso *agg.* (*geol.*) sedimentary.

sediolino *s.m.* (*aer.*) → **seggiolino**.

sediolo *s.m.* (*ippica*) (*carrozzino a un posto*) sulky.

sedizione *s.f.* sedition; (*ribellione*) rebellion, uprising: *reprimere una* —, to put down a rebellion.

sedizioso *agg.* seditious, insurrectionary: *grida sediziose*, shouts of rebellion ◆ *s.m.* insurrectionist, rebel.

sedo *s.m.* (*bot.*) sengreen.

seducente *agg.* **1** seductive; enticing, alluring: *aveva una voce* —, she had a seductive voice **2** (*che tenta*) tempting: *offerta* —, tempting offer **3** (*affascinante*) captivating, fascinating: *una donna* —, a fascinating woman; *sorriso* —, captivating smile.

sedurre *v.tr.* **1** to seduce; to entice, to allure: — *una donna, un uomo*, to seduce a woman, a man **2** (*tentare*) to tempt **3** (*affascinare*) to charm, to fascinate, to captivate: *una musica che seduce*, a fascinating (*o* captivating) music.

seduta *s.f.* sitting, session (*anche pol., dir.*); meeting: — *di una corte, di una commissione*, sitting (*o* session) of a court, of a commission; — *straordinaria*, extraordinary meeting; — *pubblica*, public session; — *plenaria*, plenary (*o* fully attended) session; — *segreta*, secret meeting; *aprire, chiudere, rinviare una* —, to open, to close, to adjourn a meeting; *la* — *è aperta, è tolta!*, I declare the meeting open, closed!; *essere in* —, to be sitting (*o* in session); *la corte è in* —, the court is in session; *riprendere la* —, to resume a meeting // — *stante*, (*durante la seduta*) during the sitting, (*immediatamente*) immediately (*o* at once) // — *spiritica*, séance // *durante le sue sedute mattutine dal barbiere*, during his morning sessions at the barber's; *questo ritratto richiese parecchie sedute*, this portrait required several sittings.

seduto *agg.* sitting; seated: *state seduti*, sit down (*o* don't stand up *o form.* keep your seats); *essere* —, to be sitting (*o* seated).

seduttivo *agg.* seductive, captivating.

seduttore *agg.* seductive, seducing ◆ *s.m.*, **seduttrice** *s.f.* seducer.

seduzione *s.f.* **1** seduction; (*attrazione*) attraction; temptation: *usò tutte le arti della* — *per conquistarlo*, she used all her seductive arts to win him; *la città e le sue seduzioni*, the city and its attractions **2** (*fascino*) seductiveness, charm, fascination.

sefardita *s.m.* e *f.* Sephard(i)*.

sega *s.f.* **1** saw: — *a catena*, chain saw; — *a disco*, disk saw; — *a mano*, handsaw: — *da falegname, a telaio*, bucksaw; — *a nastro*, belt saw (*o* band saw); — *cilindrica*, cylinder saw; — *circolare*, circular saw; — *meccanica*, sawing machine; — *multipla*, gang saw; *a denti di* —, serrated (*o* sawtoothed); *a forma di* —, serriform; *lama della* —, sawblade // (*fis.*) *impulso a dente di* —, sawtooth pulse **2** (*volg.*) wank, toss // *non valere una* —, (*fig.*) not to be worth a toss // *essere una* (*mezza*) —, to be a drip **3** (*fam.*) *fare* —, (*marinare la scuola*) to play truant.

segaccio *s.m.* ripsaw.

segala, **segale** *s.f.* (*bot.*) (*Secale cereale*) rye: *pane di* —, rye bread; (*fungo della*) — *cornuta*, ergot (*o* spurred rye).

segaligno *agg.* **1** (*non com.*) (*di segala*) rye (*attr.*) **2** (*di persona, magro*) wiry.

segalino *agg.* rye (*attr.*).

segamento *s.m.* (*non com.*) sawing.

segantino *s.m.* sawyer.

segaossa *s.m.* **1** (*sega da macellaio*) bone saw **2** (*fam. scherz.*) (*chirurgo*) sawbones.

segare *v.tr.* **1** to saw: — *un tronco*, to saw a trunk **2** (*tagliare*) to cut* **3** (*stringere fortemente*) to cut* into (sthg.): *l'elastico gli sega la gamba*, the elastic cuts into his leg.

segato *s.m.* (*agr.*) chaff.

segatrice *s.f.* (*mecc.*) sawing machine; saw: — *alternativa per metalli*, hack sawing machine.

segatura *s.f.* **1** (*il segare*) sawing **2** (*detriti di legno segato*) sawdust // *hai la* — *nel cervello, hai il cervello pieno di* —, you've got sawdust for a brain.

seggetta *s.f.* close-stool, commode.

seggio *s.m.* **1** chair; seat: *un* — *in parlamento*, a seat in parliament; *il* — *presidenziale*, the president's (*o* presidential) chair; *il partito ha perduto dieci seggi*, the party lost ten seats // *il* — *di S. Pietro*, the papacy // *sbalzare qlcu. dal* —, (*fig.*) to remove s.o. from office **2** (*sede vescovile*) see **3** (*stallo*) stall: *seggi dei canonici*, cathedral stalls; *seggi dei senatori*, senators' places **4** — (*elettorale*), poll, polling station, voting station; (*commissione scrutatrice*) election commission: *presidente del* — *elettorale*, presiding officer (at a polling station); *segretario di* —, secretary (at a polling station); *andare al* —, (*a votare*) to go to the polls.

seggiola → **sedia**.

seggiolaio *s.m.* **1** (*chi fabbrica seggiole*) chair maker **2** (*chi aggiusta seggiole*) chair mender **3** (*chi vende seggiole*) chair seller.

seggiolino *s.m.* **1** (*per bambini*) child's chair **2** (*ferr.*) seat **3** (*aer.*) seat: — *catapultabile, eiettabile*, ejector (*o* ejection) seat **4** (*sedia pieghevole e trasportabile*) foldup chair.

seggiolone *s.m.* **1** (*grande sedia*) big chair **2** (*per bambini*) high chair.

seggiovia *s.f.* chair lift.

segheria *s.f.* sawmill.

seghetta *s.f.* **1** small file **2** (*per cavalli*) barnacles (*pl.*).

seghettare *v.tr.* to serrate.

seghettato *agg.* serrated, serrate, saw -toothed: *foglia seghettata*, serrate leaf.

seghettatura *s.f.* serration, serrature.

seghetto *s.m.* (*mecc.*) hacksaw: — *alternativo*, jigsaw // — *da traforo*, coping saw, (*meccanico*) jigsaw.

segmentabile *agg.* segmentable.

segmentale *agg.* segmental: (*med.*) *riflesso* —, segmental reflex.

segmentare *v.tr.* **1** to segment **2** (*fig.*) (*suddividere, frazionare*) to subdivide.

□ **segmentarsi** *v.intr.pron.* to be segmented.

segmentario *agg.* segmentary.

segmentazione *s.f.* segmentation: (*econ.*) — *di mercato*, market segmentation.

segmento *s.m.* **1** segment // (*inform.*) — *di programma*, segment **2** (*aut.*) (*fascia elastica*) piston ring, (*per freni*) brake lining **3** (*fig.*) piece, part.

segnaccento *s. n.* accent, stress mark.

segnachiavi *s.m.* key tag.

segnalamento *s.m.* signalling: (*ferr.*) — *di velocità*, speed signalling.

segnalare *v.tr.* **1** (*anche intr.*) to signal: — *un ordine, un messaggio*, to signal an order, a message; — *un pericolo, un incrocio*, to signal a danger, a crossroads // *la nave stava segnalando all'entrata del porto*, the ship was signalling at the entrance to the port **2** (*additare, far notare*) to indicate, to point out: *mi ha segnalato i libri che preferisce*, he has pointed out the books he likes best to me; *la guida segnalò quali erano i migliori campeggi*, the guide indicated the best campsites; — *una difficoltà a qlcu.*, to call s.o.'s attention to a difficulty; — *qlco. all'attenzione di qlcu.*, to point out sthg. to s.o. (*o* to draw s.o.'s attention to sthg.) // — *un candidato*, (*per raccomandarlo*) to put in a good word for an applicant **3** (*annunciare, rendere noto*) to announce, to report: *per ora non si segnalano incidenti*, no accidents have as yet been reported; — *qlcu., qlco. alla polizia*, to report s.o., sthg. to the police; *questo risultato è meritevole di essere segnalato*, this result is worth recording.

□ **segnalarsi** *v.rifl.* to distinguish oneself: *si segnalò per il suo coraggio*, he distinguished himself by his courage; — *all'attenzione di qlcu.*, to catch s.o.'s eye.

segnalato *agg.* **1** indicated, marked: *una curva ben segnalata*, a well-marked curve **2** (*reso noto*) announced, reported **3** (*non com.*) (*insigne*) distinguished, remarkable, conspicuous, noteworthy, eminent; (*grande*) great.

segnalatore *agg.* signalling ◆ *s.m.* **1** signaller, signalman*: — *con bandiere*, flagman **2** (*apparecchio per trasmettere segnali*) signaller // (*mar.*) — *di sbandamento*, heeling gear **3** (*inform.*) flag.

segnalazione *s.f.* **1** (*il segnalare*) signalling: — *a lampi*, flash signalling; — *con bandiera*, flag signalling; — *in codice*, coding; — *ottica*, visual signalling **2** (*segnale*) signal: *segnalazioni stradali*, road signs; (*ferr.*) *cabina di* —, signal box; *servizio di* —, signal service; *fare segnalazioni di pericolo*, to point out the danger **3** (*avviso, informazione*) signal, report, announcement: *l'arbitro ha interrotto il gioco su* — *del guardalinee*, the referee stopped play on the lineman's signal (*o* announcement *o* report); *lo fermarono alla frontiera su* — *della polizia*, they stopped him at the frontier after being notified by the police; *dare la* — *dell'arrivo di un uragano*, to give a warning about the arrival of a hurricane **4** (*fig.*) (*raccomandazione*) recommendation: *ho avuto la* — *di questo libro da un amico*, a friend recommended this book to me // *fare una* — *per un candidato*, to put in a good word for an applicant.

segnale *s.m.* **1** signal; sign: — *acustico*, sound signal; — *d'aiuto, di pericolo*, distress, danger signal; — *di allarme*, alarm (signal); — *luminoso*, signal light; — *orario*, time signal; *codice dei segnali*, code of signals; *dare, ricevere un* —, to give, to receive a signal; *fare segnali con una bandiera*, to make signals with a flag; *al* — *convenuto tutti si alzarono*, at the agreed signal everybody stood up // — *stradale*, road sign; — *di arresto*, stop sign; — *di attraversamento pedonale*, pedestrian crossing sign; — *di passaggio a livello*, level crossing signal // (*mil.*): — *di riconoscimento*, recognition signal; — *fumogeno*, smoke signal **2** (*aer.*) marker: — *d'ostacolo*, obstruction marker **3** (*elettr.*) signal: — *a impulsi*, pulse signal; — *audio*, audio signal; — *di ingresso*, input signal; (*tv*) — *di immagine*, picture signal; — *di uscita*, output signal; — *video*, video signal; *rapporto*

— *rumore*, signal-to-noise ratio // (*tel.*) — *di linea libera*, (*prima di comporre il numero*) dialling tone; (*dopo composto il numero*) ringing tone; — *di occupato*, engaged tone // (*inform.*): — *di chiamata*, call signal; — *di inibizione*, inhibit signal; — *negato*, inverted signal; — *di temporizzazione*, clock signal; — *di terminazione*, end mark; — *luminoso*, display light **4** (*segnalibro*) bookmark (*anche inform.*).

segnaletica *s.f.* system of signs: — *luminosa*, traffic lights; — *orizzontale*, traffic signs; — *verticale*, traffic signs (*o* signposts); — *ferroviaria*, rail signals.

segnaletico *agg.* identifying, identification (*attr.*); distinguishing: *dati segnaletici*, identification marks; *una foto segnaletica*, an identification photo; *cartellino* —, (*con impronte digitali*) fingerprints.

segnalibro *s.m.* bookmark.

segnalimite *s.m.* road marker.

segnalinee *s.m.* (*sport*) linesman*.

segnapasso *s.m.*: — *cardiaco*, pacemaker.

segnaposto *s.m.* place card.

segnaprezzo *s.m.* (price) tag, price label.

segnapunti *s.m.* (*sport*) **1** (*persona*) scorekeeper **2** (*cartoncino, scheda*) scorecard; (*tabellone*) scoreboard.

segnare *v.tr.* **1** to mark; (*col marchio*) to brand: *aveva segnato alcuni passi del libro*, he had marked a few passages in the book; *ha segnato gli errori in rosso*, he has marked the mistakes in red; — *un itinerario sulla mappa*, to mark a route on the map; — *il bestiame*, to brand the cattle; (*comm.*) — *i colli*, to mark the packages // *esperienze che segnano*, experiences that leave their mark **2** (*graffiare*) to scratch; to mark: *non — il banco!*, don't scratch the desk! **3** (*prendere nota di*) to write* down, to note (down); (*registrare*) to enter: *ha segnato le cose da ricordare*, he wrote down the things to be remembered; *segna l'ora dell'appuntamento*, note down the time of the appointment; *ti sei segnato l'indirizzo?*, have you written down the address?; — *i punti*, (*al gioco*) to keep the score; *il caffè lo paga o glielo segno sul conto?*, are you going to pay for the coffee, or shall I mark it up?; — *il prezzo delle merci*, to mark the prices of (*o* to price) the goods; — *le spese*, to keep a record of (*o* to write down) one's expenses; (*amm.*) — *una somma a debito, a credito di qlcu.*, to debit, to credit s.o. with a sum; — *le entrate e le uscite*, to enter (*o* to record) income and expenditure // — *nella mente*, to impress on one's memory **4** (*indicare*) to mark, to indicate, to show*; (*col dito*) to point at (s.o., sthg.): *il contatore segna...*, the meter reads...; *l'orologio segna le ore*, the clock tells the time; *l'orologio segna le tre*, the clock says three o'clock; *la campanella segna l'inizio della lezione*, the bell marks the beginning of the lesson; *la manifestazione segnò l'inizio della rivolta*, the demonstration marked the beginning of the revolt; *il ruscello segna i limiti della nostra proprietà*, the stream marks the boundary of our property; *il punto preciso è segnato sulla carta*, the exact point is shown on the map; *il termometro segna 10 gradi*, the thermometer registers (*o* stands at) 10 degrees // — *qlcu. a dito*, (*fig.*) to point (one's finger) at s.o. **5** (*mil.*) — *il passo*, to mark time (*anche fig.*) **6** (*sport*) to score: *ho segnato due goal*, I scored two goals **7** (*ant.*) (*firmare*) to sign: — *un documento*, to sign a document.

□ **segnarsi** *v.rifl.* (*farsi il segno della croce*) to cross oneself; to make* the sign of the cross.

segnatamente *avv.* (*particolarmente*) mainly, especially, chiefly.

segnatario *s.m.* (*firmatario*) signer, signatory.

segnatasse *s.m.* (*amm.*) unpaid-postage stamp, surcharge stamp.

segnatempo → **marcatempo**.

segnato *agg.* **1** marked; (*col marchio*) branded: *un viso — dagli anni*, a lined face; *un edificio — dal tempo*, a building showing signs of age // *è rimasto — da quell'esperienza*, he was marked by that experience **2** (*graffiato*) scratched **3** (*annotato*) written down (*pred.*), recorded, noted **4** (*indicato*) indicated, marked, shown **5** (*deciso, stabilito*) decided, settled: *la sua sorte è segnata*, his fate is settled.

segnatore *agg.* marking; branding ◆ *s.m.* marker; brander; (*sport*) scorer.

segnatura *s.f.* **1** (*non com.*) (*il segnare*) marking **2** (*tip.*) signature **3** (*numero di collocazione*) pressmark; call number **4** (*eccl.*) 'Segnatura' (highest Papal court) **5** (*sport*) score.

segnavento *s.m.* (wind) vane, weathercock.

segnavia *s.m.* trail marker.

segnico *agg.* (*ling.*) sign (*attr.*).

segno *s.m.* **1** mark, sign (*anche fig.*); (*macchia*) spot, stain; (*graffio*) scratch; (*cicatrice*) scar: *i segni della pioggia, di una malattia, della vecchiaia*, the signs of the rain, of a disease, of old age; *ha un grosso — sul viso*, he has a big scar on his face; *i segni su questa porta furono probabilmente fatti con un coltello*, the scratches on this door were probably made with a knife; *i segni delle ruote sulla neve*, the marks of the wheels in the snow; *i segni dei suoi piedi sulla neve*, his footprints in the snow; *i segni di una triste esperienza, di una vecchia civiltà*, the traces of a sad experience, of an old civilization; *la città portava ancora i segni del terremoto*, the effects of the earthquake could still be seen in the city; *il suo viso portava impressi i segni della sofferenza*, she bore marks of suffering on her face; *è stata un'esperienza che mi ha lasciato il* —, it was an experience that left its mark on me // *perdere, trovare il — in un libro*, to lose, to find one's place in a book // — *di riconoscimento*, recognition sign: *come — di riconoscimento avrà una rosa all'occhiello*, you'll be able to recognize him, because he'll be wearing a rose in his buttonhole // *segni particolari*, distinguishing marks // — *di croce*, sign of the cross: *farsi il — della croce*, to cross oneself (*o* to make the sign of the cross) // *segni ortografici*, punctuation marks **2** (*mat., astr.*) sign: *segni algebrici*, algebraic signs (*o* symbols); *i segni dello zodiaco*, the signs of the Zodiac; (*mat.*) — *più, positivo*, plus sign; (*mat.*) — *meno, negativo*, minus sign **3** (*indizio*) sign, indication; (*sintomo*) symptom: — *ammonitore*, warning sign; *l'improvviso abbassarsi del barometro è un — di pioggia*, the sudden fall of the barometer is a sign (*o* an indication) of rain; *se non parla è — che non vuole compromettersi*, if he doesn't speak it's because he doesn't want to compromise himself; *dare segni di pazzia*, to show symptoms (*o* signs) of madness; *dare segni di stanchezza*, to show signs of weariness // *non dar — di vita*, to show (*o* to give) no sign of life // *buon —!*, that's a good sign! **4** (*prova*) mark, token: *come — della sua amicizia, del suo amore*, as a token of his friendship, of his love; *è — di buon carattere*, it is a mark of good character // *in — di*, as: *lasciò la sala in — di protesta*, he left the hall as a protest; *stringersi la mano in — di amicizia*, to shake hands as a gesture (*o* in token) of friendship **5** (*gesto*) sign, gesture; (*con la testa*) nod; (*con la mano*) wave: *mi fece — con la mano*, he waved his hand to me; *mi fece un — con la testa*, he nodded to me; *mi fece — di avvicinarmi*, he made a sign to me to come nearer; *fare — di sì*, to nod in agreement **6** (*bersaglio*) target: *tiro a* —, target practice; (*il luogo*) shooting gallery; *colpire il* —, to hit the target; *sbagliare il* —, to miss the target // *dare, cogliere nel* —, (*fig.*) to hit the mark (*o* to guess right) // *essere fatto — a*, to be the butt (*o* target) of: *essere fatto — al ridicolo, agli scherzi*, to be the butt for jokes, for ridicule **7** (*limite*) limit; (*grado, misura*) degree: *all'ultimo* —, to the utmost; *sino a un certo* —, to a certain degree; *passare il* —, to overstep the mark // *avere la testa a* —, to have one's head screwed on **8** (*simbolo*) symbol: *la colomba è — di pace*, the dove is a symbol of peace **9** (*segnale*) signal.

sego *s.m.* **1** tallow: *candela di* —, tallow candle **2** (*bot.*) *albero del* —, tallow(-tree).

segolo *s.m.* pruning knife*.

segoncino *s.m.* bow saw.

segoso *agg.* tallowy, tallowish.

segregamento *s.m.* segregation, isolation.

segregante *agg.* segregating, that segregates.

segregare *v.tr.* to segregate, to isolate; (*dir.*) to put* in confinement: — *un malato*, to isolate a sick man.

□ **segregarsi** *v.intr.pron.* to segregate oneself; to withdraw*; to sequester oneself: — *dal mondo*, to withdraw from the world.

segregato *agg.* segregated, isolated; sequestered; confined: *una vita segregata*, a sequestered life; *vivere* —, to live a secluded (*o* to lead a sequestered) life.

segregazione *s.f.* segregation, isolation: — *razziale*, racial segregation // — *cellulare*, solitary confinement.

segregazionismo *s.m.* segregation.

segregazionista *s.m.* e *f.* segregationist.

segregazionistico *agg.* segregationist (*attr.*).

segreta[1] *s.f.* dungeon.

segreta[2] *s.f.* (*eccl.*) (*secreta*) secret.

segretamente *avv.* secretly, covertly, in secret.

segretare *v.tr.* (dir.) to classify, to withhold*.

segretaria *s.f.* secretary: — *d'azienda*, (company) secretary; — *personale del direttore della società*, personal secretary to the company chairman; — *di direzione*, executive secretary; — *di redazione*, editorial secretary.

segretariale *agg.* secretarial: *mansioni segretariali*, secretarial work.

segretariato *s.m.* (*sede e personale*) secretariat; (*carica*) secretaryship: *il — delle Nazioni Unite*, the United Nations Secretariat.

segretario *s.m.* **1** secretary: — *privato, personale*, private, personal secretary; — *comunale*, town clerk (*o* clerk of the council); *il*

— *particolare del ministro*, the minister's personal secretary (*o* personal assistant); — *d'ambasciata*, embassy secretary; — *di università*, registrar; *Segretario Generale dell'ONU*, the UN Secretary General; *Segretario di stato*, (*negli USA*) Secretary of State; — *del consiglio di amministrazione*, corporate secretary; — *di partito*, secretary of a political party **2** (*zool.*) (*Sagittarius serpentarius*) secretary-bird, serpent eater.

segreteria *s.f.* **1** (*carica di segretario*) secretariat: *durante la sua* —, during his secretariat (*o* his term of office as secretary); *lasciare la — del partito*, to resign as party secretary **2** (*sede dell'ufficio*) secretary's office; (*personale di segreteria*) secretarial staff: *andare in* —, to go to the secretary's office; *la — è in ferie*, the secretarial staff is on holiday **3** (*dicastero degli esteri negli USA*) — *di stato*, Secretariat of State **4** — *telefonica*, answering machine; (*il servizio*) answering service **5** (*scrivania*) secretary, writing desk.

segretezza *s.f.* secrecy: *confido nella tua* —, I rely on your secrecy // *in tutta* —, in all secrecy.

segreto *s.m.* **1** secret: *il — della confessione*, the secret of the confessional; *i segreti della natura*, the secrets of nature; *il — del successo, della felicità*, the secret of success, of happiness; *mi confidò un* —, he entrusted me with a secret; *custodire, mantenere, tenere un* —, to keep a secret; *lasciarsi sfuggire un* —, to let the cat out of the bag; *non aver segreti per nessuno*, to have no secrets for anybody; *rivelare un* —, to disclose a secret; *tradire un* —, to betray a secret // *in* —, in secrecy (*o* confidentially): *ciò mi fu detto in* —, I was told about it confidentially; *dire qlco. a qlcu: in* (*gran*) —, to tell s.o. sthg. as a (great) secret // *strappare un — di bocca a qlcu.*, to make s.o. reveal a secret // *un — di Pulcinella*, an open secret // — *industriale, commerciale*, industrial, trade secret; — *di fabbricazione*, secret of manufacture; — *epistolare*, secrecy of correspondence; — *professionale*, professional secret (*o* secrecy); *violazione del — professionale*, breach of professional secrecy; — *d'ufficio*, official secret; — *bancario*, banking secret; — *di stato*, State (*o* official) secret **2** (*intimità*) secrecy; depth: *nel — della propria stanza*, in the secrecy of one's room **3** (*l'intimo*) depths (*pl.*): *nel — del cuore*, in the depths of one's heart; *sembrava sereno, ma nel — soffriva*, he seemed happy, but deep down he was suffering; *chissà a cosa pensa nel — del suo animo*, who knows what is going on in the depths of his soul (*o* deep down) **4** (*congegno di cassaforte*) combination.

segreto *agg.* **1** secret: *colloquio* —, secret talk; *fondi segreti*, (*dello Stato*) secret funds; *matrimonio* —, secret marriage; *passaggio* —, secret passage; *pensieri, sentimenti segreti*, inmost (*o* secret) thoughts, feelings; *porta segreta*, secret door; *scrutinio* —, secret vote; *agente* —, secret agent // *i servizi segreti sono sotto accusa*, the secret services are under investigation // *società segreta*, secret society // *tener* —, to keep secret: *tieni segreta questa notizia*, keep this news close (*o* secret) **2** (*discreto*) discreet: *è un uomo* —, he is a discreet man.

seguace *s.m.* e *f.* follower, supporter, adherent; (*discepolo*) disciple: *un — della filosofia platonica*, a follower of Platonic philosophy; *un — di Cristo*, a disciple (*o* follower) of Christ; *il principe e i suoi seguaci*, the prince and his followers.

seguente *agg.* following; next; subsequent, ensuing: *il giorno* —, the following (*o* next) day; *nei mesi seguenti*, during the ensuing months; *le pagine seguenti*, the following pages; *il capitolo* —, the next chapter; *il treno* —, next train; *gli avvenimenti seguenti dimostrarono che aveva torto*, subsequent events showed that he was wrong ◆ *s.m.* e *f.* (*di persona*) next one, next (person): *avanti il —!*, next!

segugio *s.m.* **1** (*cane*) bloodhound **2** (*fig.*) (*investigatore, poliziotto*) sleuth, bloodhound, detective.

seguire *v.tr.* **1** to follow (*anche fig.*): *il cane segue il padrone*, the dog follows his master; *il tuono segue il lampo*, thunder follows lightning; *lo seguì con lo sguardo sino al fiume*, his eyes followed him to the river; *la crisi che seguì la guerra*, the crisis which followed the war; *non riesco a — quello che dici*, I cannot follow what you are saying; *seguì la professione del padre*, he followed his father's profession; — *l'esempio di qlcu.*, to follow the example of s.o. // — *la corrente*, to go downstream; (*fig.*) to go with the stream // — *le orme, le tracce*, (*di un animale*) to trace (*o* to trail); — *le orme di qlcu.*, (*fig.*) to follow in s.o.'s footsteps // — *una pista*, (*fig.*) to follow up a clue // — *un processo sul giornale*, to follow a case in the newspaper; *la stampa segue con attenzione l'evolversi degli incontri*, the press is following the development of the meetings with close attention **2** (*pedinare*) to follow, to shadow: *l'agente seguì il ladro*, the policeman shadowed the thief; — *qlcu. fino a casa*, to follow s.o. home; *lo seguì di nascosto*, he followed him secretly (*o* he shadowed him) **3** (*procedere per*) to follow, to proceed along (sthg.), to go* (on): *se segui questa via arriverai in dieci minuti*, if you follow (*o* keep to) this road you'll arrive in ten minutes; *segui la tua via e non dare ascolto a nessuno*, (*fig.*) go your own way and don't listen to anybody; *lascio che le cose seguano il loro corso*, I let things run their course **4** (*sorvegliare, sovrintendere*) to supervise, to oversee*; to look after: *vi erano sempre parecchi ingegneri a — il lavoro degli operai*, there were always several engineers to supervise (*o* to oversee) the workmen's work; *preferisco stare a casa a — i miei figli*, I'd rather stay at home and look after my children **5** (*assistere a, partecipare a*) to follow; (*frequentare regolarmente*) to attend (regularly): — *un film con grande attenzione*, to follow a film attentively; — *un corso di tedesco*, to follow a course of German; *seguo i concerti alla 'Scala'*, I attend the concerts at 'La Scala' **6** (*attenersi a, eseguire*) to follow; to conform to (sthg.): *segui le istruzioni*, follow the instructions; — *il consiglio di qlcu.*, to follow (*o* to take) s.o.'s advice; — *un metodo di lavoro*, to follow a working method // — *la moda*, to follow the fashion ◆ *v.intr.* **1** to follow: *scrivi quanto segue*, write down what follows; *seguì un periodo di benessere*, a period of wellbeing followed; *seguì una violenta litigata*, a violent quarrel followed; *la nostra squadra è prima, seguono le altre a pari merito*, our team is first, the rest tie for second place // *segue lettera*, letter will follow **2** (*continuare*) to follow, to continue: *segue al prossimo numero, alla prossima puntata*, to be continued in our next issue, in the next episode; *segue a pag. 5*, continued on page 5; *segue a tergo*, please turn over (*abbr.* PTO) **3** (*risultare*) to follow, to result: *da quanto dici, segue che è colpa sua*, from what you say it follows that it is his fault **4** (*accadere*) to happen, to occur: *mi domando che cosa seguirà*, I wonder what will happen.

seguitare *v.tr.* **1** (*ant.*) to follow **2** (*continuare*) to continue: — *il discorso*, to continue one's speech ◆ *v.intr.* **1** to go* on (doing), to keep* on (doing), to continue (doing, to do): *seguita, per piacere*, go (*o* keep) on, please; *seguitò a parlare*, he went on (*o* continued) speaking (*o* he continued to speak); *seguitò a piovere per ore*, it rained steadily (*o* it went on raining) for hours **2** (*venir dopo*) to follow (sthg.), to ensue: *al male seguita il rimorso*, remorse follows evil.

seguito *s.m.* **1** (*corteo, scorta*) retinue, suite, train: *un — di ammiratori*, a train of admirers; *il re e il suo* —, the king and his retinue; *essere al — di un ambasciatore*, to be among an ambassador's suite; *fecero una tournée al — di un famoso cantante*, they made a tour as the supporting group for a famous singer **2** (*seguaci, ammiratori*) followers (*pl.*): *Aristotele e il suo* —, Aristotle and his followers **3** (*sequela, successione*) series*, succession; sequence, train: *un — di idee, di eventi*, a succession of ideas, of events; *un — di vittorie, di disavventure*, a series of victories, of misadventures; *la giornata fu un — di contrattempi*, the day was marked by a series of setbacks (*o* things kept going wrong all day) // *di* —, in succession; (*senza interruzione*) uninterruptedly (*o* without interruption): *parlò per due ore di* —, he talked for two hours nonstop (*o* without interruption) // *e così di* —, and so on (*o* and so forth) // *in* —, later on (*o* afterwards); (*comm., dir.*) hereafter: *in — venne a trovarmi ogni giorno*, afterwards he came to see me every day **4** (*continuazione*) continuation, sequel: *il — di un articolo, di una storia*, the continuation of (*o* the sequel to) an article, a story // *il — al prossimo numero*, to be continued (in our next issue) // *dar — a qlco.*, to carry out sthg. // *far — a qlco.*, to follow up sthg. // (*comm.*): *a — della vostra lettera*, following up your letter; *facendo — alla nostra lettera del...*, further to (*o* with reference to) our letter of the... **5** (*fig.*) (*effetto, conseguenza*) sequel; consequence: *l'episodio di violenza fortunatamente non ha avuto* —, the episode of violence has fortunately had no sequel; *l'incidente ebbe un — sul piano politico*, the incident had serious political consequences // *in — a*, in consequence of (*o* owing to *o* on account of): *in — a questo*, owing to this; *la ditta fallì in — a speculazioni sbagliate*, the firm went bankrupt owing to mistaken speculations **6** (*aderenza, favore*) following: *ha molto — nell'assemblea*, he has a large following in the assembly; *una moda che ha grande — per ora*, it's a fashion that a lot of people are following at the moment.

sei *agg.num.card.* e *s.m.* six: *il — di agosto*, on the sixth of August; *il — di cuori*, the six of hearts; *alle — del mattino*, at six in the morning; *un bambino di — anni*, a six-year-old child.

seicentesco → **secentesco**.

seicento *agg.num.card.* six hundred: *un libro di — pagine*, a book of six hundred pages; *un palazzo vecchio di — anni*, a six hundred-year-old building ◆ *s.m.* six hundred

// *il Seicento*, seventeenth century ◆ *s.f.* ® (*automobile*) Fiat 600.

seienne *agg.* (*rar.*) six years old (*pred.*); six-year-old (*attr.*) ◆ *s.m.* e *f.* (*rar.*) six-year-old child*.

seigiorni *s.f.* (*ciclismo*) six-day cycle race.

seimila *agg.num.card.* e *s.m.* six thousand.

selace *agg.* e *s.m.* (*zool.*) selachian.

selaginella *s.f.* (*bot.*) selaginella.

selbastrella → **salvastrella**.

selce *s.f.* **1** (*geol.*) chert, firestone, flint, flint-stone: *una scure di* —, a flint axe **2** (*blocchetto di selce per pavimentare*) paving stone.

selciaio → **selciatore**.

selciare *v.tr.* to pave: — *una strada*, to pave a road.

selciata *s.f.* **1** (*region.*) (*sassata*) blow with a stone **2** (*non com.*) (*strada selciata*) pavè.

selciato *agg.* paved ◆ *s.m.* pavement, paving: *cadere sul* —, to fall on the pavement.

selciatore *s.m.* paver, paviour.

selciatura *s.f.* paving.

selcioso *agg.* flinty, flint (*attr.*), flint-like.

seleniato *agg.* (*chim.*) selenate.

selenico[1] *agg.* (*letter.*) (*lunare*) lunar.

selenico[2] *agg.* (*chim.*) selenic.

selenidrico *agg.* (*chim.*) selenidric: *acido* —, hydrogen selenide.

selenio *s.m.* (*chim.*) selenium.

selenioso *agg.* (*chim.*) selenious.

selenita *s.m.* e *f.* (*letter.*) selenite.

selenite *s.f.* (*min.*) selenite.

selenitico *agg.* **1** (*lunare*) selenitic: *suolo* —, selenitic ground **2** (*min.*) selenitic.

selenito *s.m.* (*chim.*) selenite.

seleniuro *agg.* (*chim.*) selenide.

selenodesia *s.f.* (*astr.*) selenodesy.

selenodonte *agg.* (*anat.*) selenodont.

selenografia *s.f.* (*astr.*) selenography.

selenografico *agg.* (*astr.*) selenographic.

selenografo *s.m.* (*astr.*) selenographer.

selenologia *s.f.* (*astr.*) selenology.

selenologico *agg.* (*astr.*) selenological.

selenologo *s.m.* (*astr.*) selenologist.

selenosi *s.f.* (*med.*) selenosis.

selenossido *s.m.* (*chim.*) selenoxide.

selenotopografia *s.f.* moon topography.

selettività *s.f.* selectivity (*anche rad.*): *la — di un esame d'ammissione*, the selectivity of an entrance exam.

selettivo *agg.* selective (*anche rad.*), (*fam.*) choosy: *mente selettiva*, selective mind // *criterio* —, selective criteria // *essere — nella scelta degli amici*, to be choosy about one's friends // (*fis.*): *riflessione selettiva*, selective reflection; *assorbimento* —, selective absorption.

selettocoltura *s.f.* selective breeding.

selettore *s.m.* (*tecn.*) selector: — *automatico*, automatic dialling unit (*abbr.* ADU) // (*rad.*, *tv*): — *di banda*, band selector; — *di canale*, channel selector; — *d'onda*, wave selector // (*aut.*) — *del cambio*, gearshift selector // (*aer.*) — *di rotta*, navigational mode selector.

selezionamento *s.m.* selection, selecting; choosing.

selezionare *v.tr.* **1** to select, to choose*, to pick (out), (*vagliare*) to screen: — *il personale*, to select personnel; — *i candidati*, to screen candidates; — *una rosa di nomi*, to shortlist a group of names; *fu selezionato come direttore tra una rosa di candidati*, he was shortlisted for the director's office; (*dir.*) — *la giuria*, to impanel the jury **2** (*vegetali*) to breed*; (*zootecnia*) to grade.

selezionato *agg.* selected, chosen, picked: *personale* —, selected staff // *razze selezionate*, pedigree breeds.

selezionatore *agg.* selecting, selection (*attr.*): (*amm.*) *commissione selezionatrice*, selection committee ◆ *s.m.* selector, selection consultant, sorter.

selezionatrice *s.f.* (*tecn.*) grader, sorting machine: (*agr.*) — *di frutta*, fruit grader; (*inform.*) — *di schede*, (card) sorter.

selezione *s.f.* **1** selection, choice; (*cernita*) sorting: — *artificiale*, artificial selection; — *naturale*, natural selection; — *del personale*, personnel selection (*o* screening); — *dei concorrenti*, selection of candidates; — *attitudinale*, aptitude test; — *professionale*, choice of a profession; — *preliminare*, screening; (*comm.*) — *avversa*, adverse selection; (*dir.*) — *della giuria*, jury impanelling (*o* selection) // (*biol.*) — *genetica*, stirpiculture // (*fis.*) *regola di* —, selection rule **2** (*insieme di cose o persone scelte*) selection: *una — di candidati*, a group of selected candidates; *una — di brani musicali*, a selection of musical extracts **3** (*rad.*) (*selettività*) selectivity.

selezionistico *agg.* (*non com.*) selective.

self-control *s.m.* (*autocontrollo*) self-control.

self-service *s.m.* self-service (restaurant): *mangiare al* —, to eat at the self-service restaurant.

sella *s.f.* **1** saddle: — *all'inglese*, hunting-saddle; — *da amazzone*, sidesaddle; *cavallo da* —, saddle-horse; *far cadere di — qlcu.*, to unsaddle (*o* to unhorse) s.o.; *montare in* —, to mount; *rimettersi in* —, to get into the saddle again; (*fig.*) to get on one's legs again; *togliere la — ad un cavallo*, to unsaddle a horse // *stare bene in* —, to ride well **2** (*sellino*) saddle: — *della bicicletta, della moto*, bicycle, motorcycle saddle **3** (*di animale macellato*) saddle: — *di montone*, saddle of mutton **4** (*valico*) saddle; (*amer.*) gap; (*geogr.*, *meteor.*) col **5** (*anat.*) — *turcica*, sella turcica **6** (*mat.*) *punto di* —, saddle point.

sellaio *s.m.* saddler.

sellaite *s.f.* (*min.*) sellaite.

sellare *v.tr.* to saddle: — *un cavallo*, to saddle a horse.

sellatura *s.f.* saddling.

selleria *s.f.* **1** (*bottega del sellaio*) saddlery, saddler's shop **2** (*ripostiglio dei finimenti in una scuderia*) harness-room, saddle-room.

selletta *s.f.* saddle pad.

sellificio *s.m.* saddle factory.

sellino *s.m.* **1** (*piccola sella*) small saddle: — *di bicicletta*, bicycle saddle **2** (*imbottitura*) saddle pad, back pad.

seltz → **selz**.

selva *s.f.* **1** wood; forest **2** (*fig.*) mass, multitude, enormous number: — *di capelli*, mass of hair; *una — di errori*, an enormous number of mistakes.

selvaggiamente *avv.* savagely; wildly: *fu — assassinato*, (*fig.*) he was savagely murdered.

selvaggina *s.f.* game: — *alata*, wild fowl; — *minuta*, ground-game.

selvaggio *agg.* **1** (*non civilizzato, primitivo*) savage, uncivilized, primitive: *paese* —, primitive (*o* uncivilized) country; *popolo* —, uncivilized (*o* primitive) people; *tribù selvagge*, savage tribes; *vita selvaggia*, primitive life; *rito* —, primitive rite **2** (*selvatico, incolto*) wild: *animali selvaggi*, wild beasts; *fiore, arbusto* —, wild flower, shrub; *luogo* —, wild place **3** (*fig.*) wild; (*primitivo*) untamed, primitive; (*rozzo*) rough, uncouth: *grida selvagge*, wild cries; *modi selvaggi*, rough manners; *un omicidio* —, a savage murder **4** (*scontroso*) sullen, surly: *è un ragazzo* —, he is a sullen boy **5** (*incontrollato*) wild, wildcat, uncontrolled: *inflazione selvaggia*, uncontrolled inflation; *ristrutturazione selvaggia*, wild restructuring // *aquila selvaggia*, (*sciopero dei piloti*) pilots' wildcat strike; *locomotiva selvaggia*, (*sciopero dei ferrovieri*) railwaymen's wildcat strike ◆ *s.m.* savage (*anche fig.*): *quei bambini sono dei piccoli selvaggi*, those children are little savages.

selvastrella → **salvastrella**.

selvatichezza *s.f.* **1** wildness **2** (*mancanza di socievolezza*) unsociableness, unsociability **3** (*mancanza di finezza*) roughness, coarseness, uncouthness.

selvatico *agg.* **1** wild: *animale, fiore* —, wild animal, flower **2** (*estens.*) (*non socievole*) unsociable, wild: *uomo* —, unsociable man **3** (*rude*) rough, uncouth, coarse.

selvaticume *s.m.* (*spreg.*) wildness.

selvicoltore *s.m.* forester, sylviculturist.

selvicoltura *s.f.* forestry, sylviculture.

selvoso *agg.* (*letter.*) wooded, woody, well-wooded.

selz *s.m.* soda (water).

sema *s.m.* (*ling.*) seme.

semaforico *agg.* semaphoric; semaphore (*attr.*).

semaforista *s.m.* e *f.* semaphorist; signaller.

semaforizzare *v.tr.* to put* traffic lights (at sthg.): — *un incrocio*, to put traffic lights at a crossroads.

semaforizzazione *s.f.* installation of traffic lights.

semaforo *s.m.* **1** traffic lights (*pl.*), traffic signals (*pl.*): *le automobili devono arrestarsi quando il — è rosso*, cars must stop when the traffic lights are red **2** (*ferr.*) semaphore: *ala, braccio del* —, semaphore arm.

semantema *s.m.* (*ling.*) semanteme.

semantica *s.f.* semantics [U].

semanticità *s.f.* semantic nature.

semantico *agg.* semantic.

semantista *s.m.* e *f.* semanticist.

semasiologia *s.f.* semasiology; semantics [U].

semasiologico *agg.* semasiological, semantic.

semasiologo *s.m.* semasiologist, semanticist.

sembiante *s.m.* (*letter.*) **1** (*fattezze*) countenance, face; features (*pl.*): *onesto*

—, honest face; *il suo dolce* —, her sweet countenance **2** (*apparenza*) semblance, resemblance, appearance: *aver — di qlco.*, to look like sthg.: *ha — di vetro*, it looks like glass (*o* it has the appearance of glass) // *in sembianti*, apparently // *far* —, to pretend (*o* to feign).

sembianza *s.f.* (*letter.*) **1** (*fattezze*) countenance, face; features (*pl.*): *un giovane di belle sembianze*, a good-looking young man **2** (*apparenza*) appearance, resemblance: *aver — di, essere in — di*, to look like (*o* to have the appearance of): *ha — di gentiluomo*, he looks like a gentleman.

sembrare → **parere** 1 e 2.

seme *s.m.* **1** seed; (*di mela, pera ecc.*) pip: *senza semi*, pipless: *un'arancia senza semi*, a pipless orange **2** (*bot. pop.*) — *santo*, santonica **3** (*fig.*) (*origine, causa*) cause, seed, germ: *il — della discordia*, the seed of discord; *il — della virtù, del vizio*, the seed of virtue, of vice; *questo fu il — di molti mali*, this was the cause of many evils **4** (*letter.*) (*discendenza*) seed: *il — di Abramo*, the seed of Abraham **5** (*delle carte da gioco*) suit: *carte dello stesso* —, cards of the same suit **6** (*sperma*) semen [U] // *banca del* —, sperm bank.

semeiografia → **semiografia**.

semeiologia e *deriv.* → **semiologia** e *deriv.*

semeiotica *s.f.* semeiotics [U].

semeiotico *agg.* semeiotic(al).

semema *s.m.* (*ling.*) sememe.

sementa *s.f.* **1** (*semi*) seeds (*pl.*) **2** (*il seminare*) sowing **3** (*tempo della semina*) sowing-season, seedtime.

sementare *v.tr.* (*non com.*) to sow*.

semente *s.f.* (*semi*) seeds (*pl.*): *gettare la* —, to sow.

sementiere *s.m.* (*agr.*) seed selector.

semenza *s.f.* **1** seeds (*pl.*) **2** (*fam.*) (*semi di zucca abbrustoliti*) pumpkin seeds (*pl.*) **3** (*letter.*) (*fig.*) (*origine, causa*) cause, seed, germ **4** (*letter.*) (*progenie*) progeny, offspring; (*discendenza*) descent.

semenzaio *s.m.* seedbed, seed-plot; nursery (*anche fig.*).

semestrale *agg.* **1** (*che dura un semestre*) six-month (*attr.*): *corso* —, six-month course; (*dir.*) *contratto d'affitto* —, six-month lease **2** (*che avviene ogni semestre*) half-yearly, six -monthly, semiannual: *rivista* —, six-monthly review; (*comm.*) *pagamento* —, half-yearly payment.

semestralità *s.f.* (*rata semestrale*) six -monthly instalment; (*pagamento semestrale*) six-monthly payment, biannual payment.

semestralizzare *s.f.* to make* bi-annual.

semestralmente *avv.* half-yearly, semi -annually, six-monthly: *questa rivista esce* —, this magazine comes out twice a year.

semestre *s.m.* **1** (*periodo di sei mesi*) half -year, semester, six-month period: *la produzione è aumentata nel primo — di quest'anno*, production increased in the first half (*o* in the first six months) of this year **2** (*rata semestrale*) six-monthly instalment: *anticipare un — d'affitto*, to pay six months' rent in advance **3** (*compenso semestrale*) six months' pay.

semi- *pref.* di origine latina usato nella formazione di aggettivi o sostantivi con il significato di 'mezzo, per metà' o 'in parte, quasi'; ingl. semi-, half-, demi-, hemi-: *semicircolare*, semicircular; *semiaperto*, half-open; *semifinale*, semifinal; *semitono*, halftone; *semidio*, demigod; *semiidratato*, hemihydrated.

semiacerbo *agg.* half-ripe, unripe.

semiala *s.f.* (*aer.*) wing: — *destra*, right-hand wing; — *sinistra*, left-hand wing.

semianalfabeta *agg.* semiliterate ◆ *s.m.* e *f.* semiliterate person.

semianalfabetismo *s.m.* semiliteracy.

semiangolo *s.m.* (*mat.*) half-angle.

semiaperto *agg.* half-open.

semiasse *s.m.* **1** (*mat.*) semiaxis* **2** (*aut.*) axle shaft.

semiautomatico *agg.* semiautomatic.

semiautopropulso *agg.* (*mil.*) partially self-propelled.

semibarriera *s.f.* half-barrier.

semibiscroma *s.f.* (*mus.*) hemidemisemiquaver.

semibreve *s.f.* (*mus.*) semibreve.

semicarbazide *s.f.* (*chim.*) semicarbazide.

semicatino *s.m.* (*arch.*) semidome.

semicerchio *s.m.* semicircle: *seduti a* —, sitting in a semicircle.

semichiuso *agg.* half-closed.

semicingolato *agg.* e *s.m.* half-track.

semicircolare *agg.* semicircular.

semicircolo *s.m.* semicircle.

semicirconferenza *s.f.* (*mat.*) semicircumference.

semico *agg.* (*ling.*) semic.

semi-coke *s.m.* (*chim.*) semi-coke.

semiconduttore *s.m.* (*fis., elettr.*) semiconductor: — *estrinseco*, extrinsic semiconductor; — *intrinseco*, intrinsic semiconductor; *diodo a* —, semiconductor diode; — *metallo-ossido*, metal oxide semiconductor (*abbr.* MOS).

semiconsonante *s.f.* (*fon.*) semiconsonant.

semiconsonantico *agg.* (*fon.*) semiconsonant (*attr.*).

semiconvitto *s.m.* day school.

semicroma *s.f.* (*mus.*) semiquaver.

semicupio *s.m.* hipbath.

semideponente *agg.* e *s.m.* (*gramm. latina*) semi-deponent.

semidetenzione *s.f.* (*dir.*) part-time detention.

semidiametro *s.m.* semi-diameter.

semidio *s.m.* demigod.

semidistrutto *agg.* half-destroyed: *un palazzo* —, a half-destroyed building.

semielemento *s.m.* (*chim., elettr.*) half-cell.

semiellisse *s.f.* (*mat.*) semi-ellipse.

semiesonero *s.m.* partial exemption.

semifinale *s.f.* (*sport*) semifinal.

semifinalista *s.m.* e *f.* (*sport*) semifinalist.

semifluido *agg.* (*fis.*) semifluid.

semifreddo *s.m.* 'semifreddo' (kind of Italian ice cream).

semiidrato *agg.* (*chim.*) hemihydrated ◆ *s.m.* (*chim.*) hemihydrate.

semiimpermeabilità *s.f.* partial impermeability.

semiinfermo e *deriv.* → **seminfermo** e *deriv.*

semiinterrato → **seminterrato**.

semilavorato *agg.* semifinished, semimanufactured, semiprocessed ◆ *s.m.* semifinished product, semimanufactured product: *semilavorati*, works in process (*o* goods in process *o* unfinished products).

semilibero *agg.* half-free ◆ *s.m.* half-free man; (*dir.*) prisoner allowed out during the day.

semilibertà *s.f.* half-freedom; (*dir.*) semicustody.

semiliquido *agg.* (*fis.*) semiliquid.

semilunare *agg.* semi-lunar: (*anat.*) *valvola, ganglio* —, semi-lunar valve, ganglion.

semilunio *s.m.* (*astr.*) period of the half moon.

semimetallico *agg.* (*chim.*) semimetallic.

semimetallo *s.m.* (*chim.*) semimetal.

semiminima *s.f.* (*mus.*) crotchet.

semina *s.f.* sowing, seeding: — *a spaglio*, broadcast; *stagione della* —, sowing time.

seminabile *agg.* sowable (*pred.*); ready to be sown (*pred.*).

seminagione *s.f.* **1** sowing, seeding **2** (*tempo della semina*) sowing time, sowing season.

seminale *agg.* (*bot., anat.*) seminal.

seminare *v.tr.* **1** to sow*: *è troppo presto per* —, it is too soon to sow yet; — *un campo a frumento*, to sow a field with wheat; — *frumento*, to sow wheat // *si raccoglie quel che si semina*, as a man sows, so shall he reap // *chi semina vento raccoglie tempesta*, (*prov.*) sow the wind and reap the whirlwind **2** (*estens.*) (*sparpagliare*) to scatter; (*fig.*) (*diffondere*) to sow*; to spread*: *smettila di — la tua roba dappertutto*, stop scattering your stuff all over the place; — *il malcontento, l'odio tra i cittadini*, to sow seeds of discontent, of hatred among the citizens; — *il terrore*, to sow (*o* to spread) terror **3** (*fam.*) (*lasciare indietro*) to leave* behind, to leave* (s.o.) standing; (*far perdere le proprie tracce*) to shake* off, to lose*: *il ciclista seminò gli avversari*, the cyclist left his rivals standing; *i ladri riuscirono a — la polizia*, the thieves managed to shake off the police.

seminariale *agg.* (*di seminario universitario, di riunione*) seminar (*attr.*): *riunione* —, seminar meeting.

seminarile *agg.* seminary (*attr.*), of a seminary (*pred.*).

seminario *s.m.* **1** (*eccl.*) seminary **2** (*di università*) seminar // (*econ.*): — *di lavoro*, workshop; — *di marketing*, seminar of marketing.

seminarista *s.m.* (*eccl.*) seminarist.

seminaristico *agg.* **1** (*di seminario*) seminary (*attr.*), of a seminary (*pred.*) **2** (*di seminarista*) of a seminarist (*pred.*).

seminativo *agg.* sowable (*pred.*); ready to be sown (*pred.*) ◆ *s.m.* (*agr.*) sowable land.

seminato *agg.* sown (with sthg.); (*fig.*) spread (with sthg.), strewn (with sthg.): *terreno — a frumento*, land sown with wheat; *sentiero — di fiori*, path strewn with flowers; *cielo — di* *stelle*, starry sky (*o* sky studded with stars) ◆ *s.m.* sown land, sown field // *uscire dal* —, (*fig.*) to wander from the subject (*o* point).

seminatore *agg.* sowing ◆ *s.m.* sower.

seminatrice *s.f.* **1** (*persona*) sower **2** (*mecc.*) sowing machine.

seminatura *s.f.* **1** sowing **2** (*tempo della semina*) sowing season.

seminfermità *s.f.* partial infirmity: — *mentale*, partial insanity.

seminfermo *agg.* e *s.m.* semi-invalid.

seminifero *agg.* seminiferous: (*anat.*) *tubuli seminiferi*, seminiferous tubules.

seminoma *s.m.* (*med.*) seminoma*.

seminomade *agg.* seminomadic ◆ *s.m.* e *f.* seminomad.

seminomadismo *s.m.* seminomadism.

seminterrato *s.m.* basement.

seminudo *agg.* half-naked, semi-nude; (*con vesti lacere*) ragged.

semiografia *s.f.* symbolic notation.

semiologia *s.f.* **1** (*med.*) semiology, semiotics [U] **2** (*ling.*) (*semiotica*) semiotics [U].

semiologico *agg.* semiologic(al).

semiologo *s.m.* (*med.*, *ling.*) semiologist.

semionda *s.f.* (*fis.*) half-wave.

semiopaco *agg.* semi-opaque.

semioscurità *s.f.* half-darkness; half-light.

semioscuro *agg.* dim, half-dark.

semiosi *s.f.* (*ling.*) semiosis.

semiotica *s.f.* semiotics [U].

semiotico *agg.* semiotic(al).

semipagano *agg.* e *s.m.* half-pagan, semi -pagan.

semiparassita *agg.* (*biol.*) semiparasite ◆ *s.f.* (*bot.*) (*pianta*) hemiparasite.

semiperiodo *s.m.* (*scient.*) half-cycle.

semipermeabile *agg.* (*fis.*) semipermeable: *membrana* —, semipermeable membrane.

semipettinato *agg.* e *s.m.* (*tess.*) unfinished yarn.

semipiano *s.m.* (*mat.*) half plane.

semipieno *agg.* half full; (*quasi pieno*) almost full.

semipoetico *agg.* **1** (*composto parzialmente in versi*) partly in verse (*pred.*) **2** (*spreg.*) written in poor verse (*pred.*).

semipresidenzialismo *s.m.* semi -presidential system.

semiprezioso *agg.* semiprecious.

semiprò *s.m.* e *f.* (*gergo giornalistico*) semipro.

semiprodotto *s.m.* (*mat.*) half-product.

semiprofessionismo *s.m.* semi-professionalism.

semiprofessionista *agg.* e *s.m.* e *f.* semiprofessional.

semipubblico *agg.* semi-public; (*ufficioso*) unofficial.

semiraffinato *agg.* semirefined.

semiretta *s.f.* (*mat.*) half-line.

semirigido *agg.* semirigid; stiff: *stivali semirigidi*, stiff boots; (*aer.*) *dirigibile* —, semirigid airship.

semirimorchio *s.m.* (*aut.*) semitrailer.

semisecco *agg.* (*di vino*) demi-sec.

semisecolare *agg.* (*non com.*) **1** (*che ricorre ogni mezzo secolo*) semi-centennial **2** (*che dura da mezzo secolo*) half a century old (*pred.*); fifty years old (*pred.*); half-century-old (*attr.*); fifty-year-old (*attr.*).

semiselvaggio *agg.* half-savage, semi -savage, half-wild; (*poco civile*) uncivilised, uncouth: *la popolazione semiselvaggia di quell'isola*, the half-savage (*o* semi-savage) population of that island.

semiserio *agg.* half-serious; (*spec. teatr.*) seriocomic: *faccia*, *espressione semiseria*, half -serious face, look; *opera semiseria*, seriocomic opera; *me lo disse in tono* —, he told me so in a half-serious tone.

semisfera *s.f.* (*mat.*) hemisphere, half-sphere.

semisferico *agg.* hemispheric(al).

semisolido *agg.* (*chim.*) semisolid: *passare allo stato* —, to gel.

semispazio *s.m.* (*mat.*) half space.

semispento *agg.* **1** half-burnt; half -extinguished; half-out: *fuoco* —, half-out fire **2** (*fievole*, *smorto*) faint; lifeless: *occhi semispenti*, lifeless eyes; *voce semispenta*, faint voice.

semita *s.m.* e *f.* Semite.

semitappa *s.f.* half-lap.

semitico *agg.* Semitic.

semitista *s.m.* e *f.* Semitist, Semitic scholar.

semitistica *s.f.* Semitics [U].

semitondo *agg.* semicircular, half-round.

semitonico *agg.* (*mus.*, *fon.*) semitonic.

semitono *s.m.* (*mus.*) semitone.

semitrasparente *agg.* semitransparent.

semiufficiale *agg.* semi-official.

semivestito *agg.* half-dressed.

semivivo *agg.* half-dead, only half-alive.

semivocale *s.f.* (*fon.*) semivowel.

semivocalico *agg.* (*fon.*) semivocalic.

semivuoto *agg.* half-empty.

semmai, **se mai** *cong.* if (ever); (*nel caso che*) in case: — *dovessi incontrarla...*, if ever you should meet her...; *fammi sapere* — *dovesse tornare prima delle sette*, let me know if he happens to be back before seven; *prendi l'ombrello,* — *dovesse piovere*, take an umbrella in case it rains ◆ *avv.* (*tutt'al più*) if anything: *è lui,* —, *che deve chiederti scusa*, it's he who should apologize to you, if anything.

semola *s.f.* (*crusca*) bran // *pane di* —, super-fine bread.

semolato *agg.* refined: *zucchero* —, caster (*o* refined) sugar.

semolino *s.m.* semolina.

semovente *agg.* self-moved; self-moving; self-propelled, self-propelling: *cannone* —, self-propelled gun.

semovenza *s.f.* self-movement, self -propulsion.

sempiterno *agg.* (*letter.*) everlasting, eternal // *in* —, everlastingly (*o* eternally *o* for ever and ever).

semplice *agg.* **1** (*di un solo elemento*) simple; single: *filo* —, single thread; *nodo* —, single knot; (*gramm.*) *tempo* —, simple tense // *corsa* —, one-way ride // (*dir.*): *bancarotta* —, bankruptcy; *furto* —, simple theft // (*amm.*): *partita* —, single entry; *certificato in carta* —, certificate on unstamped paper // (*fin.*): *capitalizzazione* —, simple-interest accounting; *interessi semplici*, simple interest // (*mat.*): *equazione*, *frazione* —, simple equation, fraction; *regola del tre* —, rule of three; *punto* —, simple point // (*stat.*) *media* —, simple mean // (*eccl.*) *voti semplici*, simple vows **2** (*solo*) simple; mere; sheer: *la* — *descrizione dei fatti*, the mere description of the facts; *fu condannato in base a un* — *sospetto*, he was condemned on a mere suspicion; *l'ho visto per la* — *ragione che passava*, I saw him for the simple reason that he was passing by; *è follia pura e* —, it is sheer (*o* stark) madness; *è un ladro puro e* —, he is an out and out thief; *è una truffa pura e* —, this is cheating pure and simple; *la verità pura e* —, the plain truth (*o* the truth pure and simple) **3** (*non ricercato*) simple, plain; (*senza malizia*) simple-hearted: *un'anima* —, a simple soul; *cibo*, *mobilia* —, plain food, furniture; *gente* —, plain (*o* homely) people; *parole semplici*, plain words; *un uomo* —, a plain man; *vestito* —, plain (*o* simple) dress; *la vita* —, the simple life; *è una ragazza* —, she is a simple girl; *avere gusti semplici*, to have simple tastes **4** (*facile*) simple, easy: *una domanda* —, an easy question; *metodo* —, simple (*o* easy) method; *il mio compito è piuttosto* —, my task is quite easy **5** (*di grado più basso*) ordinary, common: *operaio* —, unskilled worker; *marinaio* —, ordinary seaman; *i semplici iscritti*, rank-and-file members.

semplicemente *avv.* **1** simply, in a simple way: *ci ricevette* —, he received us simply; *vivere* —, to live a simple life **2** (*solamente*) simply, only, merely: *ho fatto* — *rilevare che...*, I merely (*o* simply) observed that... **3** (*senza malizia*) artlessly; frankly.

semplicione *agg.* ingenuous, simple ◆ *s.m.* simpleton, dupe, (*fam.*) sucker: *è un* —, he's a sucker (*o* he is easily taken in).

semplicioneria *s.f.* simple-mindedness, ingenuousness.

sempliciotto *s.m.* simpleton, dupe, (*fam.*) sucker: *che* —*!*, what a sucker!; *è un* —, he is a simpleton.

semplicismo *s.m.* superficiality, oversimplification.

semplicista[1] *agg.* semplistic, superficial, over-simplified: *dottrina* —, simplistic doctrine ◆ *s.m.* e *f.* (*persona superficiale*) superficial person.

semplicista[2] *s.m.* (*erborista*) herbalist, herborist.

semplicistico *agg.* simplistic, superficial: *soluzioni semplicistiche*, simplistic solutions; *un giudizio* —, a superficial judgement.

semplicità *s.f.* **1** (*facilità*) simplicity, easiness: *un problema della massima* —, a problem of the utmost simplicity **2** (*naturalezza*) simplicity, naturalness: *vestirsi con* —, to dress simply; *comportarsi con* —, to behave with naturalness **3** (*ingenuità*) simplicity, simple-mindedness, ingenuousness.

semplicizzare *v.tr.* to simplify; (*banalizzare*) to oversimplify: — *un problema complesso*, to oversimplify a complex problem.

semplificare *v.tr.* to simplify, to make* easier: — *una procedura burocratica*, to simplify a bureaucratic procedure; *ciò semplifica le cose*, this makes things easier // (*mat.*): — *una* *frazione*, to reduce a fraction, — *un'espressione*, to simplify an expression; — *i fattori comuni*, to cancel common factors.

□ **semplificarsi** *v.intr.pron.* to become* simpler, to get* simpler, to become* easier: *la faccenda si complica, invece di* —, the affair is getting more complicated instead of simpler.

semplificativo *agg.* simplifying.

semplificazione *s.f.* **1** simplification: *la — di un processo*, the simplification of a process **2** (*mat.*) reduction.

sempre *avv.* **1** (*in ogni tempo, invariabilmente*) always; at all times; all the time: *telefona — a quest'ora*, he always phones at this time; *è — nervosa*, she's always on edge; *arriva — in ritardo*, he always arrives late (*o* he arrives late all the time); *fatti del genere sono — accaduti*, such things have always happened; *tipi come lui sono — esistiti*, types like him have always existed; *non sarà — così*, it won't always be like that; *non — si può fare quello che si vuole*, you can't always do as you like; *bisogna — stare attenti quando si è alla guida*, you must be alert at all times (*o* all the time) when driving // *quasi* —, nearly always: *gli inverni sono quasi — rigidi qui al nord*, winters are nearly always severe here up north // *come* —, as usual: *quella sera, come —, ero rincasato tardi*, that evening, as usual, I had got home late **2** (*senza interruzione, senza fine*) always; throughout; ever (since): *lo ricorderemo* —, we shall always remember him; *sono — andati d'accordo*, they have always got on well together; *d'ora in poi, staremo — insieme*, from now on we'll always stick together; *è — stato in piedi per tutta la durata del film*, he remained standing throughout the film; *abbiamo — avuto bel tempo quest'estate*, the weather has been good all (*o* throughout the) summer; *da quando la conosco è — ammalata*, she's been ill ever since I've known her; *da quando ha perso il marito è — depressa*, she has been unhappy ever since she lost her husband; *diffida — di tutti da quando gli hanno venduto una macchina rubata*, he's been suspicious of everyone ever since he was sold a stolen car // *ora e* —, now and for ever // *per* —, for ever (and ever); *addio per* —, (*poet.*) farewell for ever // *una volta per* —, once and for all; *è partito per —?*, has he gone for good? // *da* —, always: *è così da* —, he's always been like that; *lo conosco da* —, I've always known him // *di* —, (*di ogni tempo*) as ever; (*solito*) usual (*attr.*): *non è cambiato, è rimasto quello di* —, he hasn't changed, he's the same as ever; *mi sorrise col suo sorriso di* —, she gave me her usual smile // — *tuo, vostro ecc.*, (*nella chiusa di una lettera*) Yours ever **3** (*con agg. o avv. compar., con valore intensivo*): *salire — più in alto*, to climb higher and higher; *ci capisco — meno*, I understand less and less; *fa — più caldo*, it is getting hotter and hotter; *nevicava — più forte*, it was snowing harder and harder; *in primavera le giornate diventano — più lunghe*, in spring the days get longer and longer; *mi sembra — più affaticato*, he looks more and more tired to me; *spero che le cose vadano — meglio*, I hope things go better and better; *malgrado le cure, il malato stava — peggio*, in spite of the treatment the patient got worse and worse; *mi piace — di più*, I like it more and more; *si fa — più scuro*, it's getting darker and darker — *avanti!*, (*per indicare direzione*) go straight on **4** (*per indicare il persistere di una condizione*) still: *abita — a Roma*, he still lives in Rome; *le sue condizioni sono — gravi*, his condition is still serious; *sei — il solito prepotente!*, you're still as domineering as ever!; *sei — in collera con me?*, are you still angry with me?; *è — valida quella proposta?*, is that proposal still valid?; *è — lì che aspetta*, he's still waiting **5** (*con agg. nell'uso attr.*) ever: *una pianta — fiorita*, an ever-flowering plant; *l'inquinamento è un pericolo — presente*, pollution is an ever-present danger; *la trasmissione ha un indice — crescente di ascolto*, the programme has an ever-increasing audience rating • Come si nota dagli esempi, in questo significato l'avv. *ever* può essere presente come primo elemento di aggettivi composti **6** (*con valore avversativo o restrittivo*) but, still: *è una macchina vecchia, — però in buone condizioni*, it's an old car, but still in good condition; *è un po' bizzarro, ma è pur — una persona geniale*, he's a bit eccentric, but brilliant all the same; *è* (*pur*) — *vero che...*, it's still true that...; *resta — il fatto che...*, the fact still remains that... // *sono* (*pur*) — *ragazzi*, boys will be boys.

sempre che meno com. **sempreché** *cong.* (*purché, ammesso che*) provided that, as long as: *lo puoi fare, — che tu lo voglia*, you can do it, as long as (*o* provided that) you really want to; *domenica andremo al lago, — che non piova*, we'll go to the lake on Sunday, provided that (*o* as long as) it doesn't rain; *il suo unico merito, — che si possa parlare di merito...*, his only merit, if (*o* provided that) you can call it merit....

sempreverde *agg.* e *s.m.* (*bot.*) evergreen.

sempervivo *s.m.* (*bot.*) (*Sempervivum tectorum*) house-leek, hen and chickens, sengreen ◆ *agg.* (*bot.*) everlasting, immortelle.

sena *s.f.* (*bot.*) (*Cassia angustifolia*) senna // *infuso di* —, senna tea.

senaite *s.f.* (*min.*) senaite.

senapato *agg.* mustard (*attr.*): *impiastro* —, mustard plaster (*o* mustard poultice).

senape *s.f.* **1** (*bot.*) mustard: — *bianca*, (*Brassica hirta*) white mustard; — *nera*, (*Brassica nigra*) black mustard; — *dei campi*, (*Sinapis arvensis*) charlock (o wheeler) **2** (*cuc.*) mustard.

senapiera *s.f.* mustard pot.

senapismo *s.m.* (*cataplasma*) mustard plaster, mustard poultice.

senario *agg.* (*poesia*) (*di sei sillabe*) of six syllables; (*di sei piedi*) of six feet ◆ *s.m.* (*poesia*) (*verso di sei sillabe*) line of six syllables; (*verso di sei piedi*) senarius*.

senato *s.m.* **1** (*assemblea*) senate; (*sede*) senate, senate house: *il — della Repubblica italiana*, the Senate of the Italian Republic; *elezione del* —, election for the senate; *la commissione del* —, the senate committee; *tenere un discorso in* —, to make (*o* to deliver) a speech in the senate // — *accademico*, senate (*o* governing council) **2** (*st. romana*) senate.

senatoconsulto *s.m.* (*dir. romano*) senatus -consultum (*pl.*) senatus-consulta.

senatorato *s.m.* (*non com.*) senatorship.

senatore *s.m.* senator: — *a vita*, senator for life (*o* life member of the senate); *essere eletto* —, to be elected senator.

senatoriale, **senatorio** *agg.* senatorial, senate (*attr.*), of the senate (*pred.*): *iniziativa* —, senate's initiative (*o* proposal from the senate); *dignità* —, senatorial dignity.

senecione *s.m.* (*bot.*) (*Senecio vulgaris*) groundsel.

senegalese *agg.* Senegalese ◆ *s.m.* e *f.* Senegalese (*pl. invar.*).

senescente *agg.* senescent.

senescenza *s.f.* senescence.

senese *agg.* Sienese ◆ *s.m.* e *f.* Sienese (*pl. invar.*).

sengierite *s.f.* (*min.*) sengierite.

senile *agg.* senile: *decadimento* —, senile decay; (*med.*) *demenza* —, senile dementia.

senilismo *s.m.* (*vecchiaia precoce*) premature senility.

senilità *s.f.* senility.

senilizzazione *s.f.* (*invecchiamento generazionale*) ageing: *la — dell'artigianato*, the ageing of workers in the craft industry.

senior *agg.* senior.

seniore *s.m.* **1** (*ant.*) old man, elder **2** (*st.*) senior.

senna → **sena**.

senno *s.m.* sense; judgement; wisdom: *un uomo di* —, a man of sense (*o* of good judgement); *non hai proprio —!*, you've got no sense at all! // *essere fuori di* —, to be out of one's mind (*o* wits) // *far tornare in — qlcu.*, to bring s.o. to his senses // *perdere il, uscir di* —, to lose one's wits (*o* to go mad) // *tornare in* —, to come to one's senses // *col — di poi*, with hindsight // *del — di poi son piene le fosse*, (*prov.*) it's easy to be wise after the event.

sennò, **se no** *cong.* otherwise.

sennonché, **se non che** *cong.* **1** (*con valore avversativo*) but: *sarei andato anch'io, — mi è mancato il tempo*, I would have gone as well, but I didn't have time **2** (*con valore eccettuativo*) except: *non potei fare altro — consigliarlo di andare da lei*, I couldn't do anything else except advise him to go and see her.

seno *s.m.* **1** breast; bosom (*anche fig.*): *lo strinse al* —, she pressed him to her breast (*o* bosom); *nascose la lettera in* —, she hid the letter in her bosom; *allattare un bimbo al* —, to breast-feed (*o* to suckle) a baby // *in — a*, in the bosom of; within, among: *in — alla Chiesa, alla famiglia*, in the bosom of the church, of the family; *tornare in — alla famiglia*, to return to the bosom of the family; *in — alla commissione*, within the committee; *in — al partito*, within the party; *un dibattito in — all'assemblea*, a debate among the members of the assembly // *allevare una serpe in* —, (*fig.*) to nurse a viper in one's bosom **2** (*grembo, viscere*) womb: *portare un figlio in* —, to carry a child in one's womb; *il — della terra*, the bowels of the earth // *benedetto il frutto del — tuo*, blessed is the fruit of thy womb **3** (*cuore, animo*) breast, bosom; heart, soul: *nutriva una speranza in* —, he cherished a hope in his heart **4** (*anat.*) sinus*: — *occipitale*, occipital sinus **5** (*geogr.*) inlet, bay, cove **6** (*mat.*) sine.

senoatriale *agg.* (*anat.*) sinoatrial: *nodo* —, sinoatrial node.

senofobo e *deriv.* → **xenofobo** e *deriv.*

senologia *s.f.* (*med.*) study of breast pathologies.

senonché → **sennonché**.

sensale *s.m.* broker, middleman*, intermediary: — *marittimo*, shipbroker; — *di assicurazione*, insurance broker; — *di commercio*, merchandise broker; — *immobiliare*, real estate broker (*o* agent).

sensatezza *s.f.* good sense, common sense; sensibleness; judgement; wisdom: *la — di una scelta*, the sensibleness of a decision.

sensato *agg.* sensible; judicious: *una persona sensata*, a sensible person; *il suo ragionamento è molto —*, there is a lot of sense in what he says.

sensazionale *agg.* sensational; exciting; thrilling: *notizia —*, sensational news; *la commedia ebbe un successo —*, the play was a great hit (*o* a great success); *Sensazionale! La squadra è in finale!*, Fantastic! The team has got to the final!

sensazionalismo *s.m.* sensationalism.

sensazione *s.f.* **1** sensation; feeling: *dare, provare una — di caldo, freddo, dolore*, to give, to have a sensation of warmth, cold, pain; *provare una strana —*, to feel a strange sensation // (*fis.*) — *sonora*, loudness **2** (*scalpore*) sensation: *la scoperta fece grande —*, the discovery created a great sensation // *a —*, sensational **3** (*idea*) feeling: *ho la — che tu abbia ragione*, I have a feeling you are right; *la — predominante è che la guerriglia sia sempre in agguato*, the predominant feeling is that guerrilla forces are constantly lying in wait.

senseria *s.f.* brokerage, broker's commission.

sensibile *agg.* **1** sensitive: — *al calore, al freddo, all'umidità*, sensitive to heat, to cold, to moisture; — *alle sofferenze altrui, al rimprovero*, sensitive to other people's sufferings, to reproof; *un ragazzo —*, a sensitive boy; *temperamento —*, sensitive nature; *un termometro molto —*, a very sensitive thermometer; *il mondo degli affari è molto — ai cambiamenti politici*, the business world is very sensitive to political changes; *questa bilancia è — al milligrammo*, this balance is sensitive to a milligramme; *avere la pelle —*, to have a sensitive skin (*o fam.* to be thin-skinned); *essere — all'adulazione*, to be susceptible to flattery; *essere — alla gentilezza di qlcu.*, to appreciate s.o.'s kindness; (*fot.*) *pellicola —*, sensitive film **2** (*percepito dai sensi*) sensible; tangible: *fenomeni sensibili*, sensible phenomena; *mondo —*, tangible world **3** (*notevole*) notable, considerable: *un — aumento dei prezzi*, a considerable (*o* appreciable) rise in prices: *una — differenza*, a sensible difference; *danni sensibili*, serious damage ◆ *s.m.* tangible world, what can be perceived by the senses.

sensibilità *s.f.* **1** sensitiveness; (*delicatezza*) delicacy; *una persona di grande —*, a person of (*o* with) great sensibility; *non volevo offendere la tua —*, I didn't mean to hurt your feelings; *un quadro di squisita —*, a painting of exquisite delicacy **2** (*scient.*) sensitivity: *la — di un nervo*, the sensitivity of a nerve; *la — di un termometro, una pellicola*, the sensitivity of a thermometer, a film; (*rad., tv*) — *di variazione*, variational sensitivity; (*tv*) — *luminosa*, luminous sensitivity.

sensibilizzare *v.tr.* **1** (*fot.*) to sensitize **2** (*rendere cosciente*) to awaken: — *l'opinione pubblica al problema ambientale*, to awaken public opinion to environmental problems.

□ **sensibilizzarsi** *v.rifl.* to become* aware: *si è sensibilizzato al problema*, he has become aware of the problem.

sensibilizzatore *s.m.* (*fot.*) sensitizer.

sensibilizzazione *s.f.* (*fot., biol.*) sensitization.

sensibilmente *avv.* **1** sensitively **2** (*notevolmente*) noticeably, sensibly, considerably: *la popolazione è — calata*, the population has noticeably decreased.

sensile *agg.* (*non com.*) single: *remo — (di una gondola)*, single oar (of a gondola).

sensismo *s.m.* (*st. fil.*) sensism.

sensista *s.m.* e *f.* (*st. fil.*) sensist.

sensistico *agg.* (*st. fil.*) sensistic.

sensitiva *s.f.* (*bot.*) (*Mimosa pudica*) sensitive plant.

sensitività *s.f.* sensitivity.

sensitivo *agg.* **1** (*che percepisce sensazioni*) sensory, sensorial: *organo —*, sensory organ; *area sensitiva*, sensory area **2** (*sensibile*) sensitive: *un temperamento —*, a sensitive nature ◆ *s.m.* sensitive.

sensitometria *s.f.* (*fot.*) sensitometry.

sensitometrico *agg.* (*fot.*) sensitometric.

sensitometro *s.m.* (*fot.*) sensitometer.

senso *s.m.* **1** sense: *il — dell'udito*, the sense of hearing; *i cinque sensi*, the five senses; *errore dei sensi*, errors of sense; *i piaceri dei sensi*, the pleasures of the senses // *sesto —*, sixth sense: *avere un sesto — per gli affari*, to have a sixth sense when it comes to business // — *dell'orientamento*, sense of direction // — *del tempo*, sense of time // *perdere i sensi*, to lose consciousness (*o* one's senses); *ricuperare i sensi*, to recover consciousness (*o* to come to) **2** (*sensazione*) sensation, feeling; (*coscienza*) sense; (*sentimento*) feeling, sentiment: *un — di freddo, di caldo, di dolore*, a feeling (*o* sensation) of cold, of warmth, of pain; — *di paura*, sensation of fear; *un — di piacere, gioia*, a feeling of pleasure, joy; — *del dovere, dell'onore, di responsabilità*, sense of duty, of honour, of responsibility; — *di compassione*, feeling of pity; — *di gratitudine, di angoscia*, feeling of gratitude, of anguish // *non farti sensi di colpa*, don't blame yourself // *non hai il — della misura*, you lack a sense of proportion // *buon —*, common (*o* good) sense // — *morale, pratico*, moral, practical sense // *fare —*, to give the creeps **3** (*significato*) sense, meaning: — *proprio, figurato di una parola*, literal, figurative sense of a word; *doppio —*, double meaning; *non riesco a capire il — di questa frase*, I cannot understand the meaning of this sentence; *il — della vita*, the meaning of life; *quel che dice non ha —*, what he is saying does not make sense (*o* he is talking nonsense) // *ai sensi di legge*, according to the law (*o* under the law) // *in un certo —*, in a certain sense; *in ogni —*, in every sense // *in — stretto*, in the strict sense of the word // *ripetere a —*, to resume (*o* to repeat in one's own words) // *tradurre a —*, to translate loosely // *ma che — ha parlarne adesso?*, what's the point of talking about it now? **4** (*direzione, verso*) direction, way: — *unico*, one-way only; — *vietato*, no entry; *in — giusto*, the right way (*o* in the right direction); *in — opposto*, the opposite way (*o* in the opposite direction); *in — orario, antiorario*, clockwise, anticlockwise; *va' in quel —*, go that way **5** (*modo*) way, manner: *risposta in — affermativo*, answer in the affirmative (*o* affirmative answer); *dovete scrivere in questo —*, you must write in these terms; *si può fare in questo o quel —*, you can do it (in) this or that way.

sensore *s.m.* (*tecn.*) sensor.

sensoriale *agg.* sensory: *recettori sensoriali*, sensory receptors // (*psic.*): *apprendimento —*, sensory learning; *deprivazione —*, sensory deprivation.

sensorio *agg.* sensory, sensorial; sense (*attr.*): *nervi sensori*, sensory nerves; *organo —*, sense organ; *apparato —*, sensorium ◆ *s.m.* sensorium*.

sensorizzare *v.tr.* to provide with sensor(s).

sensuale *agg.* sensual, sensuous; voluptuous: *una voce —*, a sensuous voice.

sensualismo *s.m.* sensualism.

sensualista *s.m.* e *f.* sensualist.

sensualistico *agg.* sensualistic.

sensualità *s.f.* sensuality, sensuousness.

sensualizzare *v.tr.* (*non com.*) to sensualize.

sensuoso *agg.* (*letter.*) sensuous.

sentenza *s.f.* **1** (*dir.*) sentence; judg(e)ment; verdict; decision: — *di condanna*, (*spec. penale*) conviction; *cassare una —*, to quash a sentence; *emanare una —*, to deliver (*o* to pass *o* to give) judgement; *pronunziare una —*, to pass sentence: *pronunziare una — di morte contro qlcu.*, to sentence s.o. to death; *la giuria emise una — di colpevolezza*, the jury returned a verdict of guilty; *ricorrere in appello contro una —*, to appeal against a decision; — *interlocutoria*, interim award **2** (*non com.*) (*opinione*) opinion: *sono della vostra stessa —*, I share your opinion // *sputar sentenze*, to lay down the law **3** (*massima*) saying; maxim; (*aforisma*) aphorism.

sentenziale *agg.* containing maxims: *libro —*, book of maxims.

sentenziare *v.tr.* e *intr.* **1** (*dir.*) to judge, to deliver a judgement; to hold*: *la corte sentenziò che era colpevole*, the court held that he was guilty **2** (*pronunciarsi*) to pronounce; (*sputar sentenze*) to lay* down the law; to sentence.

sentenziosità *s.f.* sententiousness.

sentenzioso *agg.* **1** (*moraleggiante*) sententious, moralistic: *in tono —*, in a moralistic tone **2** (*cattedratico*) sententious; pompous: *un discorso —*, a sententious speech.

sentiero *s.m.* path (*anche fig.*); pathway, footpath; track; trail: *un — che attraversa i campi*, a path that goes across the fields; *seguire un —*, to follow a path; (*econ.*) — *di sviluppo*, growth path; *uscire dal — battuto*, to go off the beaten track.

sentimentale *agg.* sentimental: *una canzone —*, a sentimental song; *di valore —*, of sentimental value; *natura —*, sentimental nature ◆ *s.m.* e *f.* sentimental person, romantic: *fare il —*, to be sentimental.

sentimentalismo *s.m.* sentimentalism (*anche fig.*).

sentimentalista *s.m.* e *f.* sentimentalist.

sentimentalistico *agg.* sentimental.

sentimentalità *s.f.* sentimentality, mawkishness.

sentimentalmente *avv.* sentimentally: *è — legato a lei*, he is sentimentally attached to her.

sentimento *s.m.* **1** sentiment; feeling: *un — di pietà, orgoglio*, a feeling (*o* sentiment) of pity, pride; *il — religioso*, religious sentiment; *una canzone ricca di —*, a song oozing sentiment; *questo film trabocca di —*, this film has too much sentiment; *una donna di nobili sentimenti*, a high-minded woman; *nutrire nobili sentimenti*, to be high-minded; *agì spinto da un — di vendetta*, he did it out of a spirit of revenge; *— materno, paterno*, maternal, paternal feeling; *persona di gran —*, good-hearted person; *ho offeso i suoi sentimenti*, I have hurt his feelings; *esprimere, controllare i propri sentimenti*, to express, to control one's feelings; *provare, nascondere un —*, to experience, to hide a feeling; *lasciarsi guidare dal —*, to let oneself be guided by one's feelings // *— estetico*, aesthetic feeling **2** (*opinione*) sentiment, opinion, feeling, mind: *esprimere i propri sentimenti su qlco.*, to express one's sentiments (*o* feelings *o* to speak one's mind) about sthg. **3** (*senno*) senses (*pl.*); consciousness: *uscire di —*, (*fam.*) to get carried away (*o* to lose control of oneself); *avere poco —*, (*fam.*) to lack sense // *con tutti i sentimenti*, with all one's heart // *perdere i sentimenti*, to lose one's senses.

sentina *s.f.* **1** (*mar.*) bilge **2** (*fig.*) (*ricettacolo*) cesspit, den, sink: *una — di malvagità*, a den of iniquity.

sentinella *s.f.* sentry, sentinel, guard: *dare il cambio alla —*, to relieve the sentry; *essere di —*, to be on sentry-duty (*o* sentry-go); *montare la —*, to mount guard // *fare la — davanti alla porta di qlcu.*, (*scherz.*) (*aspettarlo*) to wait outside s.o.'s door // *mettere qlcu. di —*, to put s.o. on sentry-duty (*anche fig.*).

sentire *v.tr.* **1** to feel* (*anche fig.*): *hai sentito il peso di questo pacco?*, have you felt the weight of this parcel?; *senti quanta umidità c'è in questa stanza*, feel how damp this room is; *senti com'è ruvido*, feel how rough it is; *sento un bruciore allo stomaco*, I've got heartburn; *sento che ha bisogno di me*, he needs me, I feel it; *sento che ha ragione*, I feel he is right; *— caldo, freddo*, to feel warm, cold; *— il caldo, il freddo*, to feel the heat, the cold; *— fame, sete*, to feel hungry, thirsty; *— la fatica*, to feel the strain; *— un male alla schiena*, to feel a pain in one's back; *— i morsi della fame*, to feel the pangs of hunger; *— il morso*, to feel the bit; *— la frusta*, to feel the whip; *— un prurito*, to feel an itch; *— il solletico*, to be ticklish; *— l'obbligo*, to feel obliged; *— la mancanza di qlcu., qlco.*, to feel the lack of (*o* to miss) s.o., sthg.; *— compassione per qlcu.*, to feel pity for s.o. // *— il tempo*, to feel the weather // *il freddo incomincia a farsi —*, the cold is beginning to make itself felt // *non sento più le gambe*, I can hardly stand up // *è un egoista che non sente nulla*, he is an egoist without feelings // *è un uomo schietto, le dice come le sente*, he is an outspoken man, he says what he thinks // *non tutti la sentono allo stesso modo*, not everyone feels the same way about it // *gli uomini hanno gli anni che sentono, le donne quelli che dimostrano*, *prov.* men are as old as they feel, women as old as they look **2** (*gustare*) to taste: *senti questo caffè*, taste this coffee; *senti se ti piace questa salsa*, taste this sauce and see if you like it; *sento qlco. di strano in questo dolce*, I can taste sthg. strange in this cake **3** (*odorare*) to smell*: *senti questa rosa*, smell this rose; *sento odore di cipolla, gas, bruciato*, I smell onions, gas, sthg. burning; *il cane l'ha sentito al fiuto*, the dog has scented it; *l'ho sentito dall'odore*, I smelt it **4** (*udire*) to hear*: *ho sentito un rumore*, I heard a noise; *si sente il treno*, you can hear the train; *fui così felice di — che avevi vinto il premio*, I was so happy to hear you had won the prize; *ho sentito dire che non è in città*, I have heard that he is not in town; *lo sentii io dire questo*, I heard him say so myself; *non l'ho mai sentito cantare*, I have never heard him sing; *non ne ho mai sentito parlare*, I have never heard of it; *non voglio sentirne più parlare*, I do not want to hear any more about it // *non sente nemmeno le cannonate*, he sleeps like a log // *a quel che sento*, from what I hear // *ne sentiremo delle belle*, we won't half catch it // *se ne sentono di tutti i colori!*, the things you hear! (*o* that happen!) // *farsi —*, to make oneself heard: *fatti —!*, speak up for yourself!; *non ti far — a piangere*, don't let them hear you crying **5** (*ascoltare*) to listen to (s.o., sthg.): *senti il tuo avvocato*, go and see your lawyer; *Senti! Volevo dirti...*, Listen (*o* look)! I wanted to tell you...; *stammi a —*, listen to me; *sentiamo!*, let's hear it; *— una commedia*, to listen to a play; *— la radio*, to listen to the radio; *— una conferenza*, to listen to a lecture; *— la lezione a un bambino*, to make a child repeat his lesson // *— la messa*, to attend mass // *a — lui*, according to him // *non sente ragione*, he won't listen to reason // *non sente altro che l'interesse*, he doesn't do anything for nothing ◆ *v.intr.* **1** (*udire*) to hear*: *non sente, è sordo*, he cannot hear, he is deaf // *da quell'orecchio non ci sente*, he is deaf in that ear; (*fig.*) he'll turn a deaf ear **2** (*avere gusto*) to taste: *— di buono*, to taste good; *— di pesce*, to taste of fish **3** (*avere odore*) to smell*: *— di buono*, to smell good; *— di muffa*, to smell musty **4** (*avere sentimenti*): *egli sente rettamente*, he has a good heart.

□ **sentirsi** *v.rifl.* **1** to feel*; to feel* up to (sthg., doing); to feel* like (sthg., doing): *— offeso, grato, obbligato*, to feel hurt, grateful, obliged; *— rinato*, to feel reborn; *non mi sento (in grado) di fare una cosa così difficile, una passeggiata così lunga*, I do not feel up to doing such a difficult thing, to going for such a long walk; *non mi sento di mangiare, uscire*, I do not feel like eating, going out // *non me la sento*, I do not feel like (*o* up to) it **2** (*stare*) to feel*; to be: *come ti senti?*, how do you feel? (*o* how are you feeling?); *non mi sento molto bene*, I do not feel quite myself; *— a proprio agio*, to feel at ease (*o* at home); *— bene, male, stanco, depresso*, to feel well, ill, tired, depressed; *— svenire*, to feel faint.

sentire *s.m.* (*letter.*) (*sentimento*) feeling, sentiment: *uomo di alto —*, man of noble feelings.

sentitamente *avv.* heartily, sincerely, warmly: *vi ringraziamo —*, we sincerely thank you.

sentito *agg.* **1** heartfelt, sincere: *sentita simpatia, gioia*, heartfelt sympathy, joy; *i miei sentiti ringraziamenti*, my sincere thanks; *i miei più sentiti auguri*, my very best (*o* sincerest *o* hearty good) wishes **2** (*udito*) heard: *notizie sentite alla radio*, news heard on the radio // *per — dire*, by hearsay: (*dir.*) *testimonianza, prova per — dire*, hearsay testimony, evidence.

sentore *s.m.* **1** (*vago sospetto*) inkling, (vague) suspicion: *ho — di un complotto*, I suspect a plot; *non avevo — di quel che stava per accadere*, I had no inkling of what was happening; *avere — di qlco.*, to get wind of sthg. **2** (*letter.*) (*odore*) smell, scent.

senussismo *s.m.* (*st. relig.*) Senussism.

senussita *s.m.* e *f.* (*st. relig.*) Senussi, Senusi ◆ *agg.* (*st. relig.*) Senussi, Senussian, Senusian.

senusso *s.m.* (*st. relig.*) Senussi, Senusi.

senza *prep.* **1** (*per indicare mancanza, privazione*) without: *è uscito — cappotto*, he went out without his overcoat; *preferisco viaggiare — bagaglio*, I prefer to travel without any luggage; *mi hanno dato una camera — servizi*, I was given a room without a bath; *come farei — di te?*, what would I do without you?; *beve sempre il caffé — zucchero*, he always takes his coffee without sugar; *volete la cioccolata con o — panna?*, would you like your chocolate drink with or without cream?; *quest'abito si può portare con o — sciarpa*, this dress can be worn with or without its scarf; *siamo usciti — denaro*, we went out without any money // *siamo rimasti — vino*, (*non ne è avanzato*) we haven't got any wine left, (*ne siamo sforniti*) we've run out of wine // *chi è — biglietto?*, who hasn't got a ticket? // *restare — parole*, to be speechless // *senz'ombra di...*, without a trace of... // *fare — qlco.*, (*farne a meno*) to do (*o* to go) without sthg.: *se non possiamo permetterci la macchina, faremo —*, if we can't afford a car, we'll do (*o* go) without one // *non —*, not without, with: *lasciai quella casa non — rimpianto*, I left that house not without regret (*o* I was unhappy to leave that house); *lo disse non — una punta di sarcasmo*, he said it with a hint of sarcasm // In numerose locuz. avverbiali: *senz'altro*, (*subito*) at once (*o* with no further delay), (*certamente*) certainly (*o* sure *o* of course); *— dubbio, — forse*, without (*o* with no) doubt (*o* undoubtedly); *— fallo*, without fail; *— indugio*, without delay; *— mezzi termini*, without mincing one's words; *— tanti discorsi, — complimenti*, frankly (*o* freely *o* without ceremony) **2** (*con agg. e avv., con valore di negazione*) -less, -lessly, un-, in-: *— numero*, innumerable (*o* countless); *— fine*, endlessly (*avv.*), endless (*agg.*); *— testa*, thoughtlessly (*avv.*); thoughtless (*agg.*); *un uomo — scrupoli*, an unscrupulous man; *una frase — senso*, a meaningless sentence; *una giornata — sole*, a sunless day // *essere — un soldo*, to be penniless **3** (*per indicare esclusione*) without counting, excluding: *sono 600 km, — il tratto da qui all'autostrada*, it is 600 km, excluding (*o* without counting) the stretch from here to the motorway; *l'affitto è di cinquecentomila lire mensili — le spese*, the rent is five hundred thousand liras a month excluding expenses; *l'appartamento misura 180 mq — i balconi*, the flat is 180 s.m., excluding the balconies // (*comm.*): *— data*, blank-dated; *— interessi*, flat (*o* ex interest); *— dividendo*, (*Borsa*) ex-dividend ◆ *s.m.* (*nel bridge*) no trumps.

senzacasa *agg.* e *s.m.* e *f.* homeless.

senza (che) *cong.* without (+ *ger.*): *uscì — pagare*, he left without paying; *è stato due giorni — mangiare*, he has gone two days without eating; *entrò nella stanza — che nessuno se ne accorgesse*, he entered the room without anyone noticing // *— dire, — contare che...*, not to mention that...

senzadio *s.m.* e *f.* atheist, godless person; (*estens.*) immoral person.

senzalavoro *agg.* e *s.m.* e *f.* jobless, unemployed.

senzapatria *s.m.* **1** (*chi non ha patria*) stateless person **2** (*spreg.*) unpatriotic person.

senzatetto *s.m.* e *f.* homeless person: *i — sono più di 100.000*, there are over 100,000 homeless.

senziente *agg.* (*letter.*) sentient.

sepa *s.f.* (*zool.*) (*Chalcides chalcides*) serpent-lizard.

sepalo *s.m.* (*bot.*) sepal.

separabile *agg.* separable; detachable; divisible.

separabilità *s.f.* separability, separableness; detachability; divisibility.

separamento *s.m.* → **separazione**.

separare *v.tr.* **1** to separate, to divide; to part, to pull apart: *— due fogli di carta*, to separate two sheets of paper; *ho separato i miei libri dai tuoi*, I have separated my books from yours; *— i buoni dai cattivi*, to separate the good from the bad; *separammo i due litiganti*, we pulled the two fighters apart; (*chim.*) *— il sale da una soluzione*, to separate the salt from a solution // (*dir.*) *— i procedimenti*, to sever the proceedings **2** (*tener diviso*) to separate, to divide; to keep* apart: *le due montagne sono separate da una valle*, the two mountains are separated by a valley; *la lite separò i due amici*, the quarrel kept the two friends apart; *nulla può ormai separarci*, from now on nothing can keep us apart; *l'oceano separa l'Europa dall'America*, the ocean divides Europe from America; *un tavolo lo separava dalla porta*, there was a table between him and the door **3** (*fig.*) (*distinguere*) to distinguish: *la ragione separa l'uomo dagli animali*, reason distinguishes man from beasts **4** (*inform.*) to split*; (*elementi*) to unblock.

□ **separarsi** *v.rifl.* o *rifl.rec.* to separate; (*allontanarsi*) to part: *— da qlcu.*, *da qlco.*, to part from s.o., with sthg.; *chiacchierarono un poco poi si separarono*, they talked for a while and then they parted; *vissero insieme per cinque anni poi si separarono*, they lived together for five years then separated; *— amichevolmente*, to part friends.

separatamente *avv.* separately: *cuocere il riso —*, to cook rice separately; *convocare gli aspiranti —*, to convene the applicants separately.

separatismo *s.m.* (*pol.*) separatism.

separatista *agg.* separatist: *movimento —*, separatist movement ◆ *s.m.* e *f.* separationist, separatist.

separatistico *agg.* separatist(ic).

separato *agg.* separate: *letti separati*, separate beds; *conti separati*, separate accounts; *un luogo — dal resto del mondo*, (*fig.*) a place cut off from the rest of the world // *in separata sede*, privately // (*dir.*) *legalmente —*, legally separated ◆ *s.m.* (*dir.*) separated man.

separatore *agg.* separatory, separating ◆ *s.m.* separator: *— centrifugo*, centrifugal separator; *— di polvere*, dust trap; *— (elettro)magnetico*, magnetic separator.

separazione *s.f.* separation; (*il separarsi*) parting; division (*anche dir.*): *dopo una lunga — dalla famiglia*, after a long separation from his family; *fu una triste —*, it was a sad parting; *— dei poteri*, division of powers; *— dei beni*, separation of property // (*dir.*): *— di letto e di mensa*, separation from bed and board; *— legale*, judicial separation; *— consensuale*, separation by mutual consent // (*fis.*) *— elettrolitica*, electrolytic separation // (*geol.*) *— orizzontale*, (*di una faglia*) offset.

séparé *s.m.* (*fr.*) alcove, (*amer.*) booth, (*nei locali pubblici*) private room.

sepiolite *s.f.* (*min.*) sepiolite, meerschaum.

sepolcrale *agg.* sepulchral (*anche fig.*): *pietra —*, sepulchral stone; *voce —*, sepulchral voice // *poesia —*, elegiac poetry (*o* graveyard poetry).

sepolcreto *s.m.* burial ground, cemetery, graveyard.

sepolcro *s.m.* grave, tomb, sepulchre: *— di famiglia*, family tomb; *— marmoreo*, marble tomb // *scendere nel —*, to go to one's last resting place // *il Santo Sepolcro*, the Holy Sepulchre: *Cavaliere del Santo Sepolcro*, Knight of the Holy Sepulchre // *— imbiancato*, (*fig.*) whited sepulchre // *visita dei Sepolcri*, devotion of the seven churches.

sepolto *agg.* **1** buried: *città sepolte*, buried cities // *morto e —*, (*fig.*) dead and buried **2** (*fig.*) buried; (*sprofondato*) sunk; (*perso*) lost: *— nell'oblio*, lost (*o* buried) in oblivion; *ho trovato la tua lettera sepolta tra i miei libri*, I found your letter buried (*o* hidden away) among my books.

sepoltura *s.f.* **1** (*il seppellire*) burial: *dare — a qlcu.*, to bury s.o.; *intervenire alla — di qlcu.*, to attend s.o.'s burial; *privare della — ecclesiastica*, to deny Christian burial **2** (*sepolcro*) grave, tomb, sepulchre.

seppellimento *s.m.* burial.

seppellire *v.tr.* **1** to bury: *il cane aveva seppellito l'osso in giardino*, the dog had buried the bone in the garden; *la capanna fu completamente sepolta sotto la neve*, the hut was completely buried under the snow; *— un morto*, to bury a dead man; *— un tesoro*, to bury treasure // *ci seppellirà tutti*, (*scherz.*) he will survive (*o* outlive) us all // *— l'ascia di guerra*, (*fig.*) to bury the hatchet **2** (*fig.*) to bury; to forget*: *— il passato*, to forget the past; *— un ricordo*, to bury a memory // *— una pratica, un'inchiesta*, to shelve a case, an inquiry.

□ **seppellirsi** *v.rifl.* to bury oneself: *— fra i libri*, to bury oneself in one's books; *— in campagna*, to hide oneself away in the country.

seppellitore *s.m.* grave-digger.

seppia *s.f.* (*zool.*) cuttlefish: *osso di —*, cuttlebone // (*pitt.*) *nero di —*, sepia // (*fot.*) *carta —*, sepia paper.

seppiare *v.tr.* to give* a sepia colour to (sthg.).

seppiato *agg.* sepia-coloured.

seppietta *s.f.* (*mar.*) lifeboat.

seppure, **se pure** *cong.* (*anche se*) even if: *— si pentisse, ormai è troppo tardi*, even if he repented, it's too late now; *non finirai in tempo, — dovessi lavorare tutta la notte*, you won't finish in time, even if you work through the night.

sepsi *s.f.* (*med.*) sepsis*.

sepsina *s.f.* (*biochim.*) sepsine.

sequela *s.f.* series*, sequence, succession, train: *una — di idee*, a sequence (*o* a train) of ideas; *una — di tristi avvenimenti*, a series (*o* a succession) of sad events; *esplose in una — d'insulti*, he came out with a series (*o* a stream) of insults.

sequenza *s.f.* **1** series*, sequence, succession, train: *una — di disastri*, a succession of disasters; *— economica*, economic sequence; *— di lavorazione*, work sequence **2** (*cinem.*, *carte*) sequence: *una — di cuori*, (*a carte*) a run (*o* sequence) of hearts **3** (*eccl.*) sequence **4** (*inform.*) sequence, string; (*tel.*) frame: *— di bit*, bit string; *— di entrata*, input coding; *— di ingresso*, input stream; *— di istruzione*, loop; *— di istruzioni iniziali*, bootstrap.

sequenziale *s.m.* book of liturgical sequences.

sequenziale *agg.* sequential: (*statistica*) *ciclo, campionamento —*, sequential cycle, sampling // (*elettr.*) *circuito —*, sequential circuit // (*agr.*) *coltivazione —*, sequential cropping // (*inform.*): *accesso, operazione —*, sequential access, operation; *elaboratore —*, sequential computer; *avvicendamento —*, sequential scheduling.

sequenzialità *s.f.* sequential nature.

sequestrabile *agg.* seizable, sequestrable, distrainable, attachable: *fondi sequestrabili*, seizable funds.

sequestrabilità *s.f.* (*dir.*) liability to attachment, liability to distraint.

sequestrante *agg.* sequestering, seizing: (*dir.*) *parte —*, sequestrator (*o* confiscator *o* distrainer); (*chim.*) *agente —*, sequestering agent.

sequestrante *s.m.* e *f.* (*dir.*) sequestrator; confiscator, distrainer ◆ *s.m.* (*chim.*) sequestrant.

sequestrare *v.tr.* (*dir.*) **1** to seize, to sequester, to sequestrate, to confiscate; (*generalmente per debiti*) to distrain upon (sthg.): *— i beni immobili di qlcu.*, to sequestrate (*o* to distrain upon) s.o.'s property; *il tribunale ordinò che i capitali della società fossero sequestrati*, the court ordered the company's assets to be seized; *— merci di contrabbando, droga*, to confiscate smuggled goods, drugs **2** (*portar via*) to confiscate, to take* away: *il maestro sequestrò il libro allo scolaro*, the teacher confiscated (*o* took away) the book from the pupil **3** (*una persona*) to kidnap.

sequestratario *s.m.* (*dir.*) sequestrator; (*curatore fallimentare*) official receiver (*o amer.* trustee in bankruptcy).

sequestrato *agg.* (*dir.*) seized; confiscated; (*rapito*) kidnapped ◆ *s.m.* **1** (*dir.*) distrainee **2** (*rapito*) kidnapped person.

sequestratore *s.m.* **1** (*dir.*) sequestrator, distrainer, confiscator **2** (*di persone*) kidnapper.

sequestrazione *s.f.* (*chim.*) sequestration.

sequestro *s.m.* **1** sequestration, seizure, confiscation, attachment; (*generalmente per debiti*) distraint, distress: *— conservativo*, (preventive) attachment; *— giudiziario*, judicial attachment; *— immobiliare*, attachment of real property; *— dei beni del fallito*, distress on a bankrupt's property; *— di droga*, confiscation of drugs; *sotto —*, under distress (*o* attachment *o* sequestration): *nave sotto —*, distrained ship; *conto bancario sotto —*, attached account; *esente da —*, exempt from attachment; *eseguire un —*, to levy a distraint; *ordinare il — di qlco.*, to order the attachment (*o* sequestration) of sthg.; *mettere qlco. sotto —*, to seize (*o* to sequester) sthg. (*o* to place sthg. under distraint); *mettere navi, merci sotto —*, (*per em-*

bargo) to embargo ships, goods **2** (*di persona*) kidnapping: *— di persona a fini di estorsione*, kidnapping for ransom.

sequoia *s.f.* (*bot.*) sequoia: (*Sequoia sempervirens*) redwood (tree); *— gigante*, (*Sequoia gigantea*) giant sequoia.

sera *s.f.* evening; night: *di —*, in the evening; *questa —*, this evening (*o* tonight); *domani —*, tomorrow evening; *ieri —*, yesterday evening (*o* last night); *l'altro ieri —*, the evening before last; *tre sere fa*, three evenings ago; *da mattina a —*, from morning to night; *verso —*, at dusk; *buona —*, good evening: *dare la buona —*, to say good evening; *arrivai lunedì —*, I arrived on Monday evening; *ho una — libera ogni due settimane*, I have a night off every other week; *passai una bella — da loro*, I spent a nice evening at their house; *una di queste sere vengo a trovarti*, one of these evenings I'll come and see you; *cala la —, si fa —*, it is growing dark; *sul calare, sul fare della —*, at nightfall // *abito da —*, evening dress // *giornali della —*, evening newspapers // *stella della —*, evening star.

seraccata *s.f.* (*geol.*) ice-fall.

seracco *s.m.* (*geol.*) serac.

serafico *agg.* seraphic (*anche fig.*): *espressione serafica*, seraphic expression // *l'ordine —*, the Franciscan order.

serafino *s.m.* (*relig.*) seraph*.

serale *agg.* evening (*attr.*); night (*attr.*): *scuola —*, evening (*o* night) school; *corsi serali d'inglese*, evening courses in English.

serandite *s.f.* (*min.*) serandite.

serata *s.f.* **1** evening: *non so come passare la —*, I don't know how to spend the evening; *avere una — di svago*, to have a night off **2** (*ricevimento serale*) party; reception, soirée: *lo incontrai a una — in casa di sua sorella*, I met him at a party at his sister's **3** (*rappresentazione*) evening performance: *— danzante*, dance (*o* ball); *— d'addio*, farewell performance; *— di beneficenza*, charity performance; *— di gala*, gala evening.

serbare *v.tr.* **1** (*mettere in serbo*) to put* aside, to lay* aside, to keep*: *serbava le mele per l'inverno*, she used to put aside apples for the winter; *— il denaro per la vecchiaia*, to lay aside money for one's old age **2** (*conservare, mantenere*) to keep* (*anche fig.*): *serbami il posto, torno subito*, keep my seat, please, I'll be back in a moment; *serbo un magnifico ricordo di lui*, I cherish a wonderful memory of him; *— un segreto*, to keep a secret // *— rancore a qlcu.*, to harbour (*o* to bear) a grudge against s.o.

□ **serbarsi** *v.rifl.* to keep*, to remain: *— fedele*, to remain faithful; *— in buona salute*, to keep in good health.

serbatoio *s.m.* reservoir, tank; (*di penna stilografica*) barrel; (*di arma da fuoco*) magazine: *— a cielo aperto*, atmospheric reservoir; *— del carburante*, fuel tank; *— di alimentazione*, feed tank // (*idraulica*): *— di compensazione*, surge tank; *— di livello*, gauge tank; *— piezometrico*, standpipe // (*aut.*): *— a gravità*, gravity tank; *— della benzina*, petrol tank // (*aer.*): *— a scarico rapido*, jettisonable tank; *— dell'olio*, oil tank; *— sganciabile*, drop tank // (*mar.*): *— dell'acqua dolce*, fresh-water tank; *— di zavorra*, ballast tank // (*ferr.*) *— del cilindro del freno*, brake cylinder tank // (*cinem.*) *— di sviluppo*, developing tank // (*inform.*): *— di carico*, auxiliary hopper; *— di ricezione carta*, paper stacker.

serbico *agg.* (*non com.*) Serbian.

serbo[1] *agg.* Serbian ◆ *s.m.* Serb, Serbian.

serbo[2] *s.m.*: *mettere in —*, to put aside (*o* to put by); *tenere in —*, to keep by (*o* in reserve).

serbocroato *agg.* Serbo-Croat(ian).

serenamente *avv.* serenely.

serenata *s.f.* serenade: *fare, cantare una — a qlcu.*, to serenade s.o. (*o* to play *o* to sing s.o. a serenade).

serendipità *s.f.* (*non com.*) serendipity.

serenella → **lillà**.

serenissimo *agg.* (*titolo dato a dogi, a principi*) Serene Highness: *Sua, Vostra Altezza Serenissima*, His, Your Serene Highness.

serenità *s.f.* **1** serenity, clearness: *la — del cielo*, the clearness (*o* serenity) of the sky **2** (*tranquillità, calma*) serenity, calmness: *la — del suo sguardo*, the serenity of his expression; *affrontare la vita con —*, to face life with serenity **3** (*titolo dato a principi*) Serenity: *Vostra Serenità*, Your Serenity.

sereno *agg.* **1** serene, clear: *cielo —*, clear (*o* serene) sky; *giornata serena*, clear day; *notte serena*, clear night **2** (*lieto*) serene; (*tranquillo*) tranquil, quiet, calm: *animo —*, serene soul; *sguardo, sorriso —*, serene look, smile; *vita serena*, quiet (*o* tranquil) life // *giudizio —*, objective (*o* unbiased) judgement ◆ *s.m.* **1** clear sky: *torna il —*, it is clearing up again, (*fig.*) things have calmed down again **2** (*non com.*) (*aria aperta*) open air: *al —*, in the open air (*o* outdoors) **3** (*poet.*) (*limpidezza*) clearness.

sergente *s.m.* **1** (*mil.*) sergeant: *— maggiore*, (GB) staff sergeant, (USA) master sergeant; *— istruttore*, sergeant instructor **2** (*fig.*) (*persona dispotica*) sergeant major: *ha una moglie che è un —*, his wife is a right sergeant-major **3** (*morsetto*) carpenter's clamp **4** (*tip.*) *virgolette a —*, French quotation marks.

seriale *agg.* serial: *ordine —*, serial order // *musica —*, serial (*o* twelve-tone) music // (*inform.*): *elaboratore —*, serial computer; *addizione —*, serial addition.

serialismo *s.m.* (*mus.*) serialism.

serialità *s.f.* seriality, serial character.

serializzare → **seriare**.

serializzazione *s.f.* (*disposizione in serie*) serialization, arrangement in a series.

seriamente *avv.* seriously, earnestly; (*gravemente*) seriously, gravely: *parlo —*, I am speaking seriously (*o* I am in earnest); *— ammalato*, seriously ill.

seriare *v.tr.* (*stat.*) to seriate.

seriato *agg.* (*biol., anat.*) seriate, seriated.

seriazione *s.f.* (*stat.*) seriation.

sericina *s.f.* (*tess.*) sericin, silk gelatin, silk glue.

sericite *s.f.* (*min.*) sericite.

sericitizzazione *s.f.* (*min.*) sericitization.

serico *agg.* silk (*attr.*), silken; silky: *industria serica*, silk industry.

sericolo *agg.* sericultural.

sericoltore *s.m.* sericulturist, silkgrower; silkworm breeder.

sericoltura *s.f.* sericulture; silkworm breeding.

serie *s.f.* **1** series*; (*successione*) succession; sequence: *la — degli imperatori romani*, the succession of Roman emperors; *una — di insuccessi*, a series (*o* succession) of failures; *una — di conferenze*, a series of lectures; *l'editore ha iniziato una nuova — di pubblicazioni scientifiche*, the publisher has begun a new series of scientific publications; *una — di telefilm*, a TV series; *una — televisiva sulla natura*, a nature series for TV; *commettere una — di gaffe*, to make a series of gaffes // (*comm.*): *in —*, mass-produced; *produzione in —*, mass production; *modello di —*, current (*o* production) model; *prodotti di —*, mass-produced (*o* current) articles; *modello fuori —*, special (*o* custom-built) model; *abiti fatti in —*, ready-to-wear suits // *numero di —*, (*di banconote, titoli*) serial number // *— economica*, economic lot (*o* series) **2** (*complesso, assieme*) set: *una — di chiavi*, a set of keys; *una — di francobolli, monete*, a set of stamps, coins // (*amm.*): *— di conti*, set of accounts; *— di cambiali*, set of bills; *— di libri contabili*, set of books **3** (*fila*) row, line, range: *una — di case*, a row of houses; *oggetti disposti in — ordinata*, objects ranged in neat rows **4** (*sport*) division: *campionato di — A, B*, the first, the second division championship // *di — B*, (*fig.*) second-rate (*o* second-class): *un film di — B*, a second-rate film; *un cittadino di — B*, a second-class citizen **5** (*scient.*) series*: (*fis.*) *— radioattiva*, radioactive series // (*chim.*): *— del metano*, methane series; *accoppiamento in —*, connection in series // (*mat.*): *— armonica*, harmonic series; *— di potenze*, power series // (*stat.*): *— statistica*, statistical series; *— temporale, ciclica*, time series **6** (*inform.*) set: *— di caratteri*, character string; *— di dati*, (IBM) data set; *— completa di caratteri*, (character) font; *— completa di caratteri a barre*, bar font; *— di istruzioni*, instruction set.

serietà *s.f.* **1** seriousness; (*affidabilità*) reliability: *la — delle sue intenzioni era evidente*, the seriousness of his intentions was clear; *uomo di assoluta —*, completely reliable man; *la — di una ditta*, the reliability of a firm **2** (*gravità*) gravity: *la — della situazione*, the gravity of the situation.

serigrafia *s.f.* serigraphy, silk-screen printing.

serigrafico *agg.* serigraphy (*attr.*), silk -screen (*attr.*).

serimetro *s.m.* (*tess.*) serimeter.

serina *s.f.* (*biochim.*) serine.

serio *agg.* **1** serious, earnest; (*affidabile*) reputable, reliable; (*pensieroso*) thoughtful: *un — lavoratore*, a serious (*o* an earnest) worker; *una questione, proposta seria*, a serious matter, proposal; *ditta seria*, reliable firm; *una persona seria*, a serious person; *è un insegnante —*, he's a teacher who takes his job seriously; *un professionista —*, a reputable professional; *è un film —*, it's a serious film; *sii —!*, be serious!; *perché sei così —?*, why are you so serious? (*o* thoughtful?) **2** (*grave*) grave, serious: *avete corso un — pericolo*, you ran a grave danger; *seria malattia, situazione*, serious illness, situation; *guai seri*, serious troubles ◆ *s.m.* seriousness: *parlare tra il — e il faceto*, to talk half-seriously (*o* half-jokingly) // *sul —*, seriously, (*davvero*) really: *è bello sul —*, it is really beautiful; *prendere qlco. sul —*, to take sthg. seriously; *ma dici sul — o scherzi?*, are you serious or are you joking?; *faccio sul —*, I mean it.

seriografia *s.f.* (*med.*) serial radiography.

seriografo *s.m.* serialograph, seriograph.

serioso *agg.* serious, grave: *uno sguardo —*, a serious look.

serir *s.m.* (*geogr.*) (*deserto di frammenti rocciosi*) serir.

seritterio *s.m.* (*zool.*) serictery.

sermento → **sarmento**.

sermonare *v.intr.* to preach, to sermonize.

sermone *s.m.* **1** sermon: *fare un —*, to deliver a sermon **2** (*rimprovero*) lecture, talking-to: *fare un — a qlcu.*, to give s.o. a lecture (*o* a good talking-to *o* a telling-off) **3** (*scherz.*) (*discorso noioso*) boring speech: *mi sono sorbito un — di due ore*, I had to sit through a boring speech lasting two hours.

sermoneggiare *v.intr.* (*non com.*) to preach, to sermonize (*anche fig.*).

serotino *agg.* **1** (*letter.*) (*della sera*) evening (*attr.*): *la brezza serotina*, the evening breeze **2** (*tardivo*) tardy, late: *frutti serotini*, late fruit.

serotonina *s.f.* (*biochim.*) serotonin.

serpa *s.f.* **1** (*sedile del vetturino sulle diligenze*) coach-box: *montare in —*, to get up on the box **2** (*mar.*) cutwater.

serpaio *s.m.* **1** (*nido di serpi*) nest of snakes; (*luogo pieno di serpi*) snake-infested place **2** (*cacciatore di serpi*) snake-catcher.

serpante *s.m.* (*mar.*) heads cleaner.

serpe[1] *s.f.* **1** (*zool.*) snake, serpent // *a —*, (*serpeggiando*) winding // *fatto a —*, (*a spirale*) coiled // *nutrire, scaldarsi una — in seno*, to nurse (*o* to nourish) a viper in one's bosom **2** (*fig.*) (*persona infida*) snake (in the grass).

serpe[2] → **serpa**.

serpeggiamento *s.m.* **1** winding; twisting; meandering **2** (*ferr.*) hunting.

serpeggiante *agg.* winding; twisting; meandering: *strada —*, winding (*o* twisting) road; *fiume —*, winding (*o* meandering) river.

serpeggiare *v.intr.* **1** (*avere un corso tortuoso*) to wind*; to meander: *il fiume serpeggia nella valle*, the river meanders through the valley; *il sentiero sale serpeggiando sulla collina*, the path winds up the hill **2** (*tenere una rotta non rettilinea*) to zig-zag; to snake **3** (*insinuarsi*) to spread*: *il malcontento serpeggiava tra i soldati*, discontent was spreading among the soldiers.

serpentaria *s.f.* (*bot.*) (*Polygonum bistorta*) snakeroot, snakeweed.

serpentario *s.m.* (*zool.*) (*Sagittarius serpentarius*) secretary-bird, serpent-eater.

serpente *s.m.* **1** (*zool.*) snake; serpent: *— a sonagli*, rattlesnake (*o* castanet): *— con gli occhiali*, spectacled snake; *— marino*, sea serpent; *— d'acqua*, water snake; *incantatore di serpenti*, snake charmer // *velenoso come un —*, as poisonous as a snake **2** (*pelle conciata di serpente*) snakeskin: *borsetta di —*, snakeskin bag **3** (*persona infida*) snake (in the grass) **4** (*econ.*) *— monetario*, snake (in the tunnel) **5** (*chim.*) *— di Faraone*, Pharaoh's serpent.

serpentiforme *agg.* serpentiform, snake -shaped.

serpentina[1] *s.f.* **1** (*tubo a spirale*) coil **2** (*strada a giravolte*) serpentine, winding road **3** (*calcio*) mazy dribble; (*sci*) zig-zagging **4** (*aer.*) snaking.

serpentina[2] *s.f.* (*geol.*) serpentinite, serpentine rock.

serpentino *agg.* serpentine, snake-like, snaky; (*fig.*) (*velenoso*) venomous: *movimenti serpentini*, snake-like movements; *lingua serpentina*, venomous tongue.

serpentino *s.m.* **1** (*tubo a spirale*) coil **2** (*min.*) serpentine: *— nobile*, noble (*o* precious) serpentine **3** (*archibugio rinascimentale*) serpentine.

serpentinoso *agg.* (*min.*) serpentinous.

serpentone *s.m.* **1** (*lungo corteo*) long procession **2** (*mus.*) serpent.

serpierite *s.f.* (*min.*) serpierite.

serpigine *s.f.* (*med.*) serpigo*.

serpiginoso *agg.* (*med.*) serpiginous.

serpigo → **serpigine**.

serpillo *s.m.* (*bot.*) (*Thymus serpyllum*) wild thyme.

serpula *s.f.* (*zool.*) (*Serpula vermicularis*) serpula*.

serra[1] *s.f.* **1** greenhouse, glasshouse; (*se unita a un edificio*) conservatory; hothouse: *piante coltivate in —*, plants grown in a greenhouse; *fiore di —*, hothouse flower, (*fig.*) hothouse plant; *— per palme*, palm house; *— per aranci*, orangery; *— per viti*, vinery // (*meteor.*) *effetto —*, greenhouse effect **2** (*sbarramento fluviale*) dike.

serra[2] *s.f.* (*geogr.*) sierra.

serrabozze *s.m.* (*mar.*) shank painter.

serrafila, **serrafile** *s.m.* **1** (*mil.*) rear -rank man, serrefile **2** (*mar.*) rear-ship.

serrafilo *s.m.* (*elettr.*) binding post.

serraforme *s.m.* (*tip.*) quoin.

serraggio *s.m.* (*tecn.*) clamping; tightening.

serraglia *s.f.* (*arch.*) keystone.

serraglio[1] *s.m.* (*complesso di animali di un circo; luogo in cui si tengono*) menagerie.

serraglio[2] *s.m.* (*del sultano*) seraglio*.

serramenta *s.f.pl.* **serramenti** *s.m.pl.* fastenings; (*usci*) doors; (*finestre*) windows; (*persiane*) shutters.

serranda *s.f.* **1** (*porta a saracinesca*) (rolling) shutter **2** (*di forno*) oven door **3** (*idraulica*) *— di una chiusa*, lock-gate.

serranodo *s.m.* **1** knot-tightener **2** (*med.*) serrenoeud.

serrapiedi *s.m.* (*di pedale di bicicletta*) toe clip.

serrare *v.tr.* **1** (*chiudere*) to shut*, to close; (*a chiave*) to lock; (*con chiavistello*) to bolt: *— la porta*, to lock the door // *— bottega*, to close down (*o* to shut up shop) **2** (*stringere*) to tighten; (*con le mani, tra le braccia*) to clasp; (*pugni, denti*) to clench: *— un dado*, to tighten a nut; *— il laccio intorno al collo di qlcu.*, (*anche fig.*) to tighten the noose around s.o.'s neck; *serrò il bicchiere nella mano*, he clasped (*o* clenched) the glass in his hand; *— le braccia al petto*, to clasp one's arms to one's breast; *— gli occhi*, to screw up one's eyes, (*morire*) to close one's eyes; *il bimbo serrò le labbra*, the child's mouth tightened; *— le labbra*, (*fig.*) (*ammutolirsi*) to clam up // *si sentì — il cuore dal dolore*, (*fig.*) he felt his heart torn by grief // *il pianto le serrava la gola*, (*fig.*) she was choked by sobs // (*mil.*) *— le file*, to close ranks **3** (*intensificare*) to speed* up: *— il ritmo del lavoro*, to speed up the pace of work **4** (*incalzare*) to press hard upon (s.o.): *— il nemico*, to press hard upon the enemy **5** (*non com.*) (*rinchiudere*) to close (s.o., sthg.) in, to shut* (s.o. sthg.) up: *— il cane nel recinto*, to shut the dog up inside the pen **6** (*non com.*) (*sbarrare*) to block: *— il letto del fiume*, to block a river; *— una strada*, to block a road **7** (*mar.*): *— le vele*, to shorten sail; *— il vento*, to haul the wind ◆ *v.intr.* (*chiudere*) to close: *questa finestra non serra bene*, this window does not close well.

□ **serrarsi** *v.rifl.* (*chiudersi*) to lock oneself: *si serrò in camera*, he locked himself in his room ◆ *v.intr.pron.* (*stringersi*) to tighten; (*di denti, pugni*) to clench: *la mano si serrò intorno al bicchiere*, his hand tightened about the glass; *le sue labbra si serrarono*, his lips tightened.

serra serra *s.m.* pushing and shoving, crush.

serrata *s.f.* **1** (*sbarramento contro l'acqua*) dike, dam **2** (*steccato intorno a edificio in costruzione*) hoarding **3** (*sospensione di attività*) lock-out.

serrate *s.m.* (*sport*) all-out effort, push, drive (*anche estens.*).

serrato *agg.* **1** (*chiuso*) closed, shut: *finestre, porte serrate*, closed windows, doors; *pugni serrati*, clenched fists; *occhi serrati*, tightly shut eyes **2** (*stretto, fitto*) close, tight; serried: *maglie serrate*, close stitches // *in file serrate*, in serried ranks **3** (*fig.*) (*conciso*) close; concise, compact: *ragionamento —*, close argument; *stile —*, compact (*o* concise) style **4** (*rapido*) quick: *trotto —*, quick trot; *lavorare a ritmo —*, to work fast (*o* quickly).

serratula *s.f.* (*bot.*) (*Serratula tinctoria*) saw-wort.

serratura *s.f.* lock: *— a cilindro*, cylinder lock; *— a nottolini*, lever tumbler lock *— a risalti*, warded lock; *— con scatto a molla*, clasp lock; *— di sicurezza*, safety lock; *buco della —*, keyhole; *forzare una —*, to force a lock.

serto *s.m.* (*letter.*) garland, wreath.

serva *s.f.* **1** maid, servant, maidservant // *fate qualcosa anche voi, non sono qui a fare la —!*, why don't you do something too? I'm not your lackey! // *non sono il figlio della —!*, I'm not just a nobody! **2** (*fig. spreg.*) (*pettegola*) gossip: *Non fare la —! Non sono fatti tuoi!*, Stop prying! It's none of your business! **3** (*schiava*) (female) slave.

servaggio *s.m.* (*letter.*) bondage, serfdom; thraldom.

servalo *s.m.* (*zool.*) (*Felis serval*) serval, bush-cat.

servente *agg.* serving // *cavalier —*, cavalier (*o* lady's escort) // (*dir.*) *fondo —*, servient tenement ◆ *s.m.* **1** (*antiq.*) servant **2** (*mil.*) gunner ◆ *s.f.* (*antiq.*) maidservant.

serventese *s.m.* (*poesia*) sirvente.

servetta *s.f.* young maid.

servibile *agg.* usable.

servidore e *deriv.* → **servitore** e *deriv.*

serviente *s.m.* server, altar boy.

servigio *s.m.* service, favour: *mi hai reso un gran —*, you have done me a great service (*o* favour); *render servigi alla patria*, to render services to one's country.

servile *agg.* **1** servile, slavish; of a slave; slave's, slave (*attr.*): *lavoro —*, servile work; *condizione —*, slavery // *guerra —*, (*st. romana*) slave war // (*eccl.*) *lavori servili*, servile works **2** (*fig.*) (*basso, vile, pedissequo*) servile, slavish, obsequious: *atteggiamento —*, obsequious behaviour; *adulazione, obbedienza* —, servile (*o* obsequious) flattery, obedience; *imitazione* —, slavish imitation; *timore* —, servile fear **3** (*gramm.*) auxiliary: *verbo* —, auxiliary verb.

servilismo *s.m.* **servilità** *s.f.* servility; obsequiousness.

servire *v.tr.* **1** to serve: — *una causa, la patria*, to serve a cause, one's country; — *Dio, il demonio*, to serve God, the devil; — *il Signore*, to serve the Lord // — *messa*, to serve at mass **2** (*rendere un servizio a*) to serve; to attend to (s.o.): *in che posso servirla?*, can I help you?; *la stanno servendo?*, are you being served?; — *un cliente*, to serve a customer; *quel negozio serve molta gente*, that shop has many customers (*o* caters for many people); *la zona è ben servita dai mezzi*, the area is well served by public transport // *"È lei il signor X?" "Per servirla"*, "Are you Mr X?" "At your service" // — *qlcu. di tutto punto*, (*fig.*) to wait on s.o. hand and foot // *mi ha servito a dovere*, (*iron.*) he really sorted me out **3** (*di persone di servizio*) to wait on (s.o.): *a quel pranzo eravamo serviti da tre camerieri*, at that dinner we were waited on by three servants; *è abituata a farsi* —, she's accustomed to being waited upon; *lo servo da dieci anni*, I have been in his service for ten years // — *due padroni*, to serve two masters **4** (*offrire, presentare cibi ecc.*) to serve; to help (to sthg.): *devo* —*, signora?*, shall I serve dinner, Madam?; *servono sempre patate bollite con la carne*, they always serve boiled potatoes with meat; *ti servo un po' di gelato?*, shall I help you to some ice-cream?; — *da bere a qlcu.*, to give s.o. sthg. to drink; — *qlco. di caldo*, to serve up sthg. hot **5** (*le carte*) to deal* **6** (*mil.*) — *un pezzo*, to serve a gun ◆ *v.intr.* **1** (*prestar servizio*) to serve: *serve da molti anni presso quella famiglia*, he has served in that family for many years // (*mil.*): — *nell'esercito, nella marina*, to serve in the army, in the navy; *in quale arma hai servito?*, what branch of the armed forces were you in? **2** (*a tavola*) to wait, to serve: *non sa* — *a tavola*, he doesn't know how to wait (*o* to serve) at table **3** (*giovare, essere utile*) to serve, to be of use: *a che serve lavorare tanto?*, what's the use (*o* the good) of working so hard?; *non serve a niente*, it is no use (*o* it is useless); *non serve ripeterglielo*, it's no use telling him again; *quel libro gli è servito molto*, that book has been of great use to him; *questo libro servirà a fartelo capire*, this book will help you to understand it; *teniamolo, può sempre* —, let's keep it, it could always come in useful; — *allo scopo*, to serve the purpose; *a che serve questo utensile?*, what do you use this tool for?; *il cloro serve a sbiancare*, chlorine is used for bleaching; *ciò non serve che a irritarlo*, it only irritates him **4** (*far l'ufficio, le veci di*) to serve: *quest'asse ci servirà da tavolo*, this board will serve us for a table (*o* we can use this board as a table); *ci servì da traduttore*, he translated for us (*o* he worked for us as a translator); — *di norma, di scusa, di pretesto*, to serve as a rule, as an excuse, as a pretext **5** (*al tennis ecc.*) to serve: *chi serve, a chi tocca* —*?*, whose serve (*o* service) is it? **6** (*fam.*) (*occorrere*) to need (sthg.): *mi serve una matita rossa*, I need a red pencil; *le serve nulla?*, can I help you?; *mi servirebbe un nuovo dizionario*, I could do with a new dictionary.

□ **servirsi** *v.intr.pron.* **1** (*usare*) to use (sthg.), to make* use: *per andare a lavorare mi servo dei mezzi pubblici*, to go to work I use public transport; *si servì del mio nome*, he used my name; *non so se me ne servirò*, I don't know whether I shall use (*o* make use of) it **2** (*a tavola*) to help oneself (to sthg.): *serviti*, help yourself; *serviti di piselli*, help yourself to the peas **3** (*fornirsi*) to buy* (sthg.), to get* (sthg.); to be a steady customer; *dove ti servi per la carne?*, where do you buy (*o* get) your meat?; *da anni mi servo in quel negozio*, I've been a steady customer at that shop for years; *non mi sono mai servita in quel negozio*, I have never bought anything in that shop; *in quel negozio ci si serve da soli*, that shop is a self service; *in quale banca ti servi?*, who do you bank with?; *mi servo da una bravissima sarta*, I have a very good dressmaker.

servita *s.m.* (*eccl.*) Servite.

servito *agg.* served (*pred.*): *la signora è servita?*, are you being served madam?; *il pranzo è* —, dinner is served // (*sono*) —, (*a carte*) I'm sticking ◆ *s.m.* **1** (*region.*) (*servizio da tavola*) (dinner) service **2** (*ant.*) (*portata*) course.

servitorame *s.m.* (*non com.*) **1** servants (*pl.*) **2** (*spreg.*) lackeys (*pl.*).

servitore *s.m.* **1** servant: — *in livrea*, liveried servant // — *di Dio*, servant of God // *vostro — umilissimo*, your obedient (*o* humble) servant **2** (*carrello portavivande*) dumbwaiter; (*attaccapanni mobile*) clothes-stand.

servitoresco *agg.* (*spreg.*) servile, obsequious.

servitù *s.f.* **1** servitude, slavery, bondage: *liberare qlcu. dalla* —, to free s.o. from slavery (*o* bondage) // (*st.*) — *della gleba*, serfdom **2** (*fig.*) (*legame*) constraint: *la — dell'orario d'ufficio*, the constraint(s) of office hours **3** (*personale di servizio*) servants (*pl.*) **4** (*dir.*) servitude; easement: — *personale, prediale*, personal, praedial servitude.

servizievole *agg.* obliging, helpful: *tuo figlio è molto* —, your son is very helpful.

servizio *s.m.* **1** service; (*attività*) duty; (*funzione*) work: *prestazione di servizi*, rendering of services; *personale in, fuori* —, staff on, off duty; *turno di* —, shift; *prendere* —, to take service; *riprendere* —, to resume one's work; *essere in — attivo*, to be on (*o* in) active service; *ha dieci anni di — presso quella ditta*, he has been with that firm for ten years; *lasciare il* —, to resign (one's post); *indennità di fine* —, severance pay // *ascensore fuori* —, lift out of order // *fare* —, (*di mezzo di trasporto*) to run: *quest'autobus non fa — la domenica*, this bus does not run on Sundays; *un autobus pronto al* —, a bus in running order **2** (*prestazione di personale di servizio*) service: *andare a* —, to go into service; *essere a* —, to be in service; *prendere* — (*presso qlcu.*), to take service (with s.o.); *prendere al proprio* —, to take into one's service; *personale di* —, service staff; *persona di* —, servant; *donna di* —, maid; *donna a mezzo* —, charwoman (*o* part-time maid) // *porta, scala di* —, back (*o* service) door, stairs // *il — in questo albergo è piuttosto scadente*, the service in this hotel is rather poor; *il — non è incluso nel prezzo*, service is not included in the price **3** (*mil.*) service; duty: — *di guardia*, guard duty; — *militare*, national (*o* military) service; — *obbligatorio*, compulsory military service; — *di guardia*, guard duty; *ufficiale di* —, orderly officer; *ufficiale in — permanente effettivo, in — attivo*, officer on active service // — *civile*, alternative to military service // *servizi di sicurezza, segreti*, security service, secret service **4** (*favore*) favour; (*azione*) turn: *mi ha fatto un grandissimo* —, he has done me a very big favour; *mi hai reso un cattivo* —, you have done me a bad turn // *fare un viaggio e due servizi*, to kill two birds with one stone **5** (*prestazione di ente pubblico*) service; utility: — *pubblico*, public utility; — *informazioni*, information service; — *postale, telefonico*, mail, telephone service; — *aereo, ferroviario*, air, railway service; — *assistenza stradale*, road service; *servizi di assistenza sociale*, welfare work (*o* service) // *Servizio Sanitario Nazionale*, National Health Service // *Servizio Geologico Nazionale*, Geological Survey // (*banca*): — *di sportello*, counter service; *servizi bancari*, banking services; *servizi telebancari*, remote banking // (*dir.*) *interruzione, abbandono, turbamento di pubblico* —, stoppage, abandonment (*o* desertion), disturbance of a public service **6** (*ufficio, reparto*) department, service: — *acquisti, vendite*, purchase, sales department; — *di spedizione*, dispatch service; — *marketing*, marketing department; — *impianti, tecnico*, planning, engineering department; — *assistenza clienti*, after-sales (*o* customer) service; (*inform.*) field engineering; — *del personale*, personnel department // (*banca*): — *titoli*, stock department; — *Borsa*, Exchange department; — *del debito*, servicing (*o* debt service) **7** *pl.* (*terziario*) services, tertiary industry (*sing.*): *lavorare nei servizi*, to work in tertiary (*o* work) industry; *società di servizi*, service company; *servizi ausiliari*, ancillary services; *servizi destinabili alla vendita*, market services **8** (*insieme di oggetti adibiti a un determinato uso*) service, set: — *da caffè*, coffee-service; — *da tè*, tea -service (*o* -set); — *da tavola, di piatti*, dinner -service (*o* -set); — *di posate*, set of cutlery; — *per toilette*, toilet-set // *servizi igienici*, bathroom; toilet: *un appartamento con doppi servizi*, a flat with two bathrooms; *un appartamento di tre locali e servizi*, a flat with three rooms, a kitchen and a bathroom **9** (*giornalistico*) service, report: *...e ora il — del nostro inviato*, ...and now the report from our correspondent **10** (*sport*) serve, service: *essere al* —, to serve; *strappare il* —, to break service **11** (*eccl.*) service: — *funebre*, funeral service; — *divino*, divine service.

servo *s.m.* **1** (*servitore*) servant: *fui introdotto dal* —, I was shown in by the servant // (*st.*) — *della gleba*, serf // — *di Dio*, servant of God // — *muto*, (*carrello portavivande*) dumbwaiter, (*attaccapanni mobile*) clothes-stand **2** (*spec. fig.*) (*schiavo*) slave: — *del denaro*, slave to money; — *di una passione*, slave of (*o* to) a passion; — *dei pregiudizi*, slave of prejudice.

servocomando, **servocontrollo** *s.m.* (*mecc.*) servocontrol.

servofreno *s.m.* (*aut.*) servobrake.

servomeccanica *s.f.* servoengineering.

servomeccanismo *s.m.* (*mecc.*) servomechanism, servosystem.

servomobile *s.m.* (*mobiletto per strumenti di dentista*) instrument cabinet.

servomotore *s.m.* (*mecc.*) servomotor.

servosistema *s.m.* servosystem.

servosterzo *s.m.* (*aut.*) power steering.

sesamo *s.m.* (*bot.*) (*Sesamum indicum*) sesame, til: *olio di* —, sesame oil // *apriti* —*!*, open sesame!

sesamoide *agg.* e *s.m.* (*anat.*) sesamoid.

sesquiossido *s.m.* (*chim.*) sesquioxide.

sesquipedale *agg.* (*letter.*) sesquipedalian.

sesquiterpene *s.m.* (*chim.*) sesquiterpene.

sessa *s.f.* (*geogr.*) seiche.

sessagenario *agg.* e *s.m.* sexagenarian.

sessagesima *s.f.* (*eccl.*) Sexagesima (Sunday).

sessagesimale *agg.* sexagesimal.

sessagesimo *agg.num.ord.* e *s.m.* sixtieth.

sessaggio *s.m.* (*pollicoltura*) sexing.

sessanta *agg.num.card.* e *s.m.* sixty: *un uomo di sessant'anni*, a sixty-year-old man // *gli anni* —, the sixties.

sessantaquattresimo *agg.* sixty-fourth ◆ *s.m.* (*tip.*) sixty-fourmo: *in* —, sixty-fourmo; *un libro in* —, a sixty-fourmo.

sessantenne *agg.* sixty years old (*pred.*); sixty-year-old (*attr.*) ◆ *s.m.* e *f.* sixty-year-old person.

sessantennio *s.m.* (period of) sixty years.

sessantesimo *agg.num.ord.* e *s.m.* sixtieth.

sessantina *s.f.* about sixty, some sixty: *una — di persone*, about sixty people; *un uomo sulla* —, a man of about sixty.

sessantottesco *agg.* 1968 (*attr.*); relating to the 1968 protest movement.

sessantottino *s.m.* member of the 1968 protest movement; 1968 protest movement activist: — *integrato*, ex sixties activist.

sessantottismo *s.m.* ideology, philosophy of the 1968 protest movement.

sessantottista *agg.* 1968 (*attr.*); relating to the 1968 protest movement ◆ *s.m.* e *f.* member of the 1968 protest movement.

sessare *v.tr.* (*pollicoltura*) to sex.

sessatore *s.m.* (*pollicoltura*) sexer.

sessennale *agg.* **1** (*che dura sei anni*) six -year(-long) (*attr.*); sexennial: *periodo* —, six -year period **2** (*che ricorre ogni sei anni*) sexennial, that occurs every six years: *rinnovo* —, renewal that occurs every six years.

sessennio *s.m.* (period of) six years.

sessile *agg.* (*bot.*, *zool.*, *med.*) sessile.

sessione *s.f.* session, term (*anche dir.*): — *di esami*, examination session (*o* session of examinations); — *estiva*, *autunnale*, summer, autumn session; — *straordinaria*, special session; — *del parlamento*, session of Parliament; — *della Corte d'Assise*, session of Assizes; — *invernale*, *primaverile della Corte d'Assise*, winter, spring Assizes.

sessismo *s.m.* sexism.

sessista *agg.* e *s.m.* e *f.* sexist.

sesso *s.m.* **1** sex: *neonato di — maschile*, *femminile*, male child, female child; *d'ambo i sessi*, of both sexes; *senza* —, sexless; *cambiare* —, to change sex // *fare* —, to have sex // *il — debole*, (*scherz.*) the weak(er) sex; *il — forte*, (*scherz.*) the strong(er) sex; *il bel*, *gentil* —, the fair sex // *discutere sul — degli angeli*, (*fig.*) to talk about an irrelevant (*o* insoluble) problem **2** (*organi genitali*) sex, sexual organs (*pl.*).

sessuale *agg.* sexual; sex (*attr.*): *organo* —, sexual organ; *caratteri sessuali*, sexual traits; *rapporto* —, sexual relations (*o* intercourse); *educazione* —, sex education.

sessualità *s.f.* sexuality.

sessualizzazione *s.f.* (*biol.*) sexualization.

sessuato *agg.* **1** (*biol.*) sexed **2** (*ling.*) having masculine and feminine genders.

sessuofobia *s.f.* sex phobia.

sessuofobico *agg.* relating to sex phobia, sex phobic.

sessuofobo *s.m.* person who suffers from sex phobia.

sessuologia *s.f.* sexology.

sessuologico *agg.* sexological.

sessuologo *s.m.* sexologist.

sessuomania *s.f.* sex mania.

sesta *s.f.* **1** (*eccl.*) sext **2** (*mus.*) sixth.

sestante *s.m.* sextant: — *a bolla d'aria*, bubble sextant; — *aeronautico*, air sextant.

sestario *s.m.* sextary.

sesterzio *s.m.* (*moneta romana*) sesterce; sestertius*.

sestetto *s.m.* (*mus.*) sextet(te).

sestiere *s.m.* district; ward.

sestile *agg.* e *s.m.* (*astr.*) sextile.

sestina *s.f.* **1** (*canzone di sei stanze*) sestina (*pl.* -nas, -ne) **2** (*stanza di sei versi*) six-line stanza **3** (*mus.*) sextuplet.

sesto[1] *agg.num.ord.* e *s.m.* sixth.

sesto[2] *s.m.* **1** (*ordine*) order: *mettere in — i propri affari*, to settle one's affairs; *rimettersi in* —, to get back on one's feet again **2** (*arch.*) curve (of an arch): — *acuto*, ogive; *arco a — acuto*, pointed (*o* ogival) arch; *a tutto* —, round **3** (*tip.*) format, size.

sestogradista *s.m.* e *f.* sixth-degree climber.

sestultimo *agg.* six from the end, sixth from last.

sestuplicare *v.tr.* to multiply by six, to sextuple.

sestuplice *agg.* (*letter.*) sextuple, sixfold, consisting of six.

sestuplo *agg.* sextuple, sixfold; six times (as big) ◆ *s.m.* an amount six times as big.

set *s.m.* **1** (*insieme di elementi*) set: *un — di chiavi per bulloni*, a set of spanners // (*inform.*) — *di dati*, data set **2** (*tennis*) set: *vincere il primo* —, to win the first set **3** (*cinem.*) set: *stare sul* —, to be on the set.

seta *s.f.* silk: — *artificiale*, artificial silk; — *candeggiata*, bleached silk; — *floscia*, slack silk; — *grezza*, raw silk; — *pura*, pure silk; — *ritorta*, net silk; — *vegetale*, vegetable silk; *baco da* —, silkworm; *cascami di* —, silk waste; *matassa di* —, skein of silk; *industria della* —, silk industry; *indossava un vestito di* —, she was wearing a silk dress // *quella ragazza ha capelli, pelle di* —, that girl has silky hair, skin.

setacciare *v.tr.* **1** to sift; to sieve: — *la farina*, to sift the flour **2** (*fig.*) to search; to comb: *setacciate tutto il quartiere!*, comb the whole area!

setacciata *s.f.* sifting.

setacciatura *s.f.* sifting, sieving; (*fig.*) screening.

setaccio *s.m.* sieve: *passare al* —, to sift sthg.; *la polizia passò al — il quartiere*, (*fig.*) the police combed the neighbourhood.

setai(u)olo *s.m.* **1** (*chi lavora la seta*) silk worker, silk weaver **2** (*chi conduce un setificio*) silk manufacturer **3** (*chi commercia in seta*) silk dealer, silk merchant.

setale *s.m.* leader.

sete *s.f.* thirst (*anche fig.*): *è un cibo che mette* —, it is a food that makes you thirsty; *muoio di* —, I am dying of thirst (*o* I am parched); *avere* —, to be thirsty; *placare la propria* —, to quench one's thirst; *avere — di sangue*, to be blood-thirsty; — *di vendetta*, *sapere*, thirst for revenge, knowledge.

seteria *s.f.* **1** (*setificio*) silk factory **2** (*spec. pl.*) (*articoli di seta*) silk goods (*pl.*), silks (*pl.*).

seticoltura → **sericoltura**.

setifero *agg.* (*non com.*) silk-producing.

setificio *s.m.* silk factory, silk mill.

setola *s.f.* bristle; (*crine*) horsehair: *pennello di* —, bristle brush.

setolare *v.tr.* (*tip.*) to brush.

setolino *s.m.* (*non com.*) (bristle) brush.

setoloso, **setoluto** *agg.* bristly, bristled, setaceous.

setone *s.m.* (*vet.*) rowel, seton.

setta *s.f.* **1** sect: — *religiosa*, religious sect; — *segreta*, secret sect **2** (*spreg.*) (*gruppo chiuso*) faction: *spirito di* —, factious spirit.

settanta *agg.num.card.* e *s.m.* seventy.

settantenne *agg.* seventy years old (*pred.*); seventy-year-old (*attr.*) ◆ *s.m.* e *f.* seventy -year-old person, person of seventy.

settantennio *s.m.* (period of) seventy years.

settantesimo *agg.num.ord.* e *s.m.* seventieth.

settantina *s.f.* about seventy, some seventy: *essere vicino alla* —, to be nearly seventy (years old).

settare *v.tr.* (*inform.*) to set up.

settario *agg.* **1** (*di setta*) sectarian **2** (*estens.*) (*fazioso*) factious, party (*attr.*), sectarian: *mentalità settaria*, sectarian mentality ◆ *s.m.* (*individuo fazioso*) factious person.

settarismo *s.m.* sectarianism.

settato *agg.* (*scient.*) septate.

sette *agg.num.card.* e *s.m.* seven: *i — peccati capitali*, the seven deadly sins; *le — virtù*, the seven virtues; *ho preso — in latino*, I got seven out of ten in Latin // *i Sette Dormienti*, the Seven Sleepers // (*st.*) *la guerra dei — anni*, the Seven Years' War // *farsi un — nei calzoni*, (*fam.*) to get a tear in one's trousers // *levare qlcu. ai — cieli*, (*fig.*) to praise s.o. to the skies.

settebello *s.m.* (*carte*) seven of diamonds.

settecentesco *agg.* eighteenth-century (*attr.*): *letteratura settecentesca*, eighteenth -century literature; *secondo la moda settecentesca...*, after the eighteenth-century fashion...

settecentesimo *agg.num.ord.* e *s.m.* seven hundredth.

settecentista *s.m.* e *f.* **1** (*arte, lett.*), eighteenth-century writer; eighteenth-century artist **2** (*studioso del Settecento*) eighteenth -century specialist.

settecentistico *agg.* eighteenth-century (*attr.*).

settecento *agg.num.card.* e *s.m.* seven hundred // *il Settecento*, the eighteenth century.

settembre *s.m.* September.

settembrino *agg.* September (*attr.*): *sole* —, September sun.

settenario *agg.* (*metrica*) seven-syllable;

(*metrica latina*) seven and a half feet ◆ *s.m.* (*metrica*) seven-syllable line; (*metrica latina*) septenary, septenarius (*pl.* -rii).

settennale *agg.* **1** (*che dura sette anni*) seven year (*attr.*), seven year long: *contratto, piano* —, seven year contract, plan **2** (*che accade ogni sette anni*) septennial, that occurs every seven years: *rinnovo — di una carica*, renewal of an office occurring every seven years.

settennato *s.m.* seven-year period: *il — del presidente della Repubblica*, the President's seven-year term of office.

settenne *agg.* seven years old (*pred.*); seven-year-old (*attr.*) ◆ *s.m.* e *f.* seven-year -old child, child of seven.

settennio *s.m.* (period of) seven years, septennium (*pl.* -ia).

settentrionale *agg.* **1** northern; north (*attr.*): *Africa, America* —, North Africa, America; *Asia, Irlanda* —, Northern Asia, Ireland; *l'emisfero* —, the northern hemisphere; *l'Italia* —, North(ern) Italy; *vento* —, north wind **2** (*volto a settentrione*) north, northern, northerly: *il lato — dell'edificio*, the north side of the building ◆ *s.m.* e *f.* northerner.

settentrionalismo *s.m.* **1** tendency to support the economic and industrial predominance of Northern Italy **2** (*ling.*) Northern Italian idiom.

settentrionalista *s.m.* e *f.* supporter of Northern Italy's economic and industrial predominance.

settentrionalistico *agg.* **1** (*del settentrione*) northern Italian **2** (*che riguarda il settentrionalismo*) supporting Northern Italy's economic and industrial predominance.

settentrione *s.m.* north: *casa esposta a* —, house facing (the) north; *nel — d'Italia*, in the north of Italy; *vento del* —, north wind.

settenvirato *s.m.* (*st. romana*) septemvirate.

settenviro *s.m.* (*st. romana*) septemvir*.

setter *s.m.* (*cane*) setter.

setticemia *s.f.* (*med.*) septic(a)emia.

setticemico *agg.* (*med.*) septic(a)emic.

settico *agg.* (*med.*) septic: *ferita settica*, septic wound.

settile *agg.* sectile.

settima *s.f.* (*mus.*) seventh.

settimana *s.f.* **1** week: *una — di vacanza*, a week's holiday; *la — ventura, scorsa*, next, last week; *la — entrante*, the coming week; *l'ultima, la prima — di Aprile*, the last, the first week in April; *di — in* —, from week to week; *ogni due settimane*, every fortnight (*o* every two weeks); *ogni tre settimane*, every third week (*o* every three weeks); *durante la — non è mai in casa*, he is never at home during the week; *ti darò una risposta in* —, I'll give you an answer before the end of the week; *la — dopo Pasqua andremo al mare*, the week after Easter we're going to the seaside; *finirò entro la* —, I'll finish by the end of the week; *partirà fra una* —, he will leave in a week; *la — prima di partire ricevemmo la tua lettera*, the week before leaving we received your letter; *è di turno questa* —, he is on duty for the week // *— musicale*, music week // *— bianca*, winter holiday week // *— corta*, five-day week // *— lunga*, six-day week // *— lavorativa*, work (*o* working) week // *fine* —, weekend: *passeremo il fine — in campagna*, we are going to spend the weekend in the country // *essere pagato a* —, to be paid by the week **2** (*paga settimanale*) week's pay; week's wages (*pl.*).

settimanale *agg.* (*di una settimana*) week (*attr.*), week's (*attr.*), weekly; (*che avviene ogni settimana*) weekly: *paga* —, week's pay (*o* wages); *abbonamento* —, weekly season ticket; *pubblicazione* —, weekly publication; *orario* —, weekly timetable; *volo* —, weekly flight ◆ *s.m.* (*pubblicazione settimanale*) weekly, weekly magazine.

settimanalmente *avv.* weekly, by the week: *essere pagato* —, to be paid weekly (*o* by the week).

settimino *s.m.* **1** (*mus.*) septet **2** (*bambino nato di sette mesi*) seven-month baby ◆ *agg.* (*nato di sette mesi*) seven-month (*attr.*).

settimo *agg.num.ord.* e *s.m.* seventh: *è il — della lista*, he's seventh on the list // *essere al — cielo*, (*fig.*) to be in one's seventh heaven.

setto *s.m.* **1** (*anat.*) septum*: *— nasale*, nasal septum; *— atriale, interventricolare*, atrial, interventricular septum **2** (*bot.*, *zool.*) septum*, dissepiment **3** (*tecn.*) separator; (*deflettore*) baffle.

settore *s.m.* **1** (*mat.*) sector: *— sferico*, spherical sector (*o* sector of a sphere) **2** (*di aula semicircolare*) block of seats // *approvazione da tutti i settori della Camera*, approbation from all parts of the Chamber **3** (*mil.*) sector, area: *— di tiro*, firing area **4** (*campo*) field, sector, area, line: *si è fatto molto in questo* —, much has been done in this field; *— agroindustriale*, agribusiness; *— commerciale*, business sector; *— immobiliare*, real estate sector; *— di attività*, line of business; *— industriale*, industrial sector (*o* line of industrial activity); *— primario*, primary sector; *— privato, pubblico*, private, public sector: *— terziario*, tertiary (*o* services) sector; *— del cotone*, cotton line; *— vendite*, sales area; *— dei servizi*, service(s) sector (*o* servicing industry); *il — dei trasporti*, the transport industry // (*inform.*) *— del disco*, disk sector; *— di un data base*, data-base field **5** (*chi seziona i cadaveri*) dissector, prosector // *perito* —, forensic surgeon.

settoriale *agg.* sectorial, sectional: *economia, politica* —, sectorial economy, policy; *interessi settoriali*, sectional interests.

settorialismo *s.m.* sectionalism.

settorializzazione *s.f.* sectorialization: *la — di un processo produttivo*, the breakdown of a productive process into sectors.

settorista *s.m.* e *f.* (*econ.*) field supervisor, accounting executive.

settuagenario *agg.* septuagenary; seventy years old (*pred.*); seventy-year-old (*attr.*) ◆ *s.m.* septuagenarian, seventy-year-old man.

settuagesima *s.f.* (*eccl.*) Septuagesima.

settuagesimo *agg.num.ord.* e *s.m.* (*letter.*) seventieth.

settuplicare *v.tr.* (*non com.*) to multiply by seven, to septuple; to increase sevenfold.

settuplo *agg.* e *s.m.* (*non com.*) sevenfold, septuple.

severità *s.f.* severity, strictness; (*austerità*) sternness, austerity // *con la massima* —, with the utmost severity: *trattare qlcu. con la massima* —, to deal very severely with s.o.; *— di vita*, austerity of life.

severo *agg.* **1** severe, strict; stern: *aspetto, sguardo* —, severe (*o* stern) look; *costumi severi*, strict habits; *disciplina severa*, strict discipline; *un giudice* —, a severe judge; *un insegnante* —, a strict teacher; *punizione, sentenza severa*, severe (*o* harsh) punishment, sentence; *non essere così — con lei*, don't be so hard on (*o* severe with) her **2** (*sobrio, semplice*) austere: *un palazzo* —, an austere building; *severa semplicità*, austere simplicity; *stile* —, austere (*o* severe) style **3** (*ingente, rilevante*) severe, serious: *subire una severa sconfitta*, to suffer a severe defeat.

sevizia *s.f.* torture [U].

seviziare *v.tr.* to torture; to torment (*anche fig.*); (*violentare*) to rape.

seviziatore *s.m.* torturer.

sex-appeal *s.m.* sex appeal: *una donna dotata di* —, a woman with sex appeal.

sexy *agg.* sexy.

sezionale *agg.* sectional.

sezionamento *s.m.* dissection (*anche fig.*).

sezionare *v.tr.* to dissect (*anche fig.*): *— un cadavere*, to dissect a corpse.

sezionatore *s.m.* (*elettr.*) disconnecting switch.

sezione *s.f.* **1** section: *— orizzontale, parziale, ribaltata*, (*disegno*) horizontal, part, revolved section; *— trasversale*, cross (*o* transverse) section; *— verticale*, vertical section // *una — del libro è dedicata all'astronomia*, one part of the book is devoted to astronomy // (*aer.*): *— aerea*, aircraft section; *— alare*, wing section // (*amm.*): *— avere*, credit side; *— dare*, debit side; *— di un conto*, side of an account; *— contabilità*, accounting section // (*mat.*) *— aurea*, golden section // (*fis. nucleare*) *— d'urto*, cross section **2** (*geol.*) cross section, profile: *— sottile*, thin section **3** (*reparto*) department, division; (*sede*) station, division; (*di miniera*) panel: *— di lingue straniere*, foreign languages department; *— motori*, engine division; *— classica, scientifica*, (*di scuola*) classical, scientific side; *— elettorale*, electoral division; *— rionale di un partito*, local branch of a party; *— di commissariato*, Police Station // (*econ.*): *— pubblicità*, advertising division; *— vendite*, sales division; *— ricerche*, research division // (*dir.*): *— del Tribunale*, Court division; *— civile, penale*, civil, criminal division **4** (*dissezione*) dissection // (*biol.*) *— congelata*, frozen section.

sfaccendare *v.intr.* to bustle about, to be busy: *il mattino ho sempre da* —, in the morning I am always bustling about.

sfaccendato *agg.* idle ◆ *s.m.* loafer, idler.

sfaccettare *v.tr.* to facet, to cut* facets on (sthg.): *— un diamante*, to cut a diamond // *— un argomento*, (*fig.*) to look into all the aspects of a question.

sfaccettato *agg.* **1** faceted: *cristallo* —, faceted crystal **2** (*fig.*) (*molteplice*) many -sided, multi-faceted: *una questione sfaccettata*, a many-sided question.

sfaccettatura *s.f.* **1** (*lo sfaccettare*) faceting **2** (*le faccette*) facets (*pl.*) (*anche fig.*): *questo problema ha molte sfaccettature*, this problem has many facets to it.

sfacchinare *v.intr.* to drudge, to toil: *— tutto il giorno*, to drudge (*o* to toil) all day.

sfacchinata *s.f.* drudgery, heavy piece of

work: *ripulire la cantina è stata una vera* —, cleaning out the cellar was really hard work; *andarci a piedi è una —!*, getting there on foot is a real struggle.

sfacciataggine *s.f.* impudence, cheek (iness); insolence: *con la massima* —, with the utmost impudence; *basta con la tua —!*, I've had enough of your cheek!; *ebbe la — di rispondermi*, he had the effrontery to answer me back.

sfacciatamente *avv.* impudently, cheekily; insolently; (*senza vergognarsi*) shamelessly: *mentire* —, to lie shamelessly.

sfacciatezza → **sfacciataggine**.

sfacciato *agg.* **1** impudent, cheeky, saucy; insolent; (*che non si vergogna*) shameless: *una menzogna sfacciata*, a brazen lie; *una risposta molto sfacciata*, a very insolent answer; *non essere così —!*, don't be so cheeky!; *questa è adulazione sfacciata*, this is shameless flattery; *un ragazzo* —, a cheeky boy **2** (*di colori*) gaudy: *non mi piace quel vestito, ha dei colori sfacciati*, I don't like that dress, its colours are too gaudy ◆ *s.m.* impudent person; shameless individual // *sei uno sfacciatello*, you are a cheeky imp.

sfacciatura *s.f.* (*mecc.*) facing.

sfacelo *s.m.* breakup, ruin (*anche fig.*): *lo — dell'impero*, the breakup of the empire; *è una famiglia in* —, it is a family which is breaking up; *quella casa è in pieno* —, that house is falling to pieces; *azienda in* —, collapsing company; *andare in* —, to go to rack and ruin; *mandare in* —, to bring to rack and ruin // *la squadra è uno —!*, the team is a disaster!

sfacimento → **disfacimento**.

sfagiolare *v.intr.* (*fam.*) (*andare a genio*) to be keen on (s.o., sthg.), to be to one's liking: *il tuo nuovo fidanzato non mi sfagiola*, I'm not keen on your new fiancé.

sfagliare *v.tr.* **1** (*carte*) to discard, to throw* away **2** (*di animali*) (*scartare*) to shy.

sfaglio *s.m.* **1** (*di carte*) discard: *sta' attento allo — del tuo compagno*, pay attention to your partner's discard **2** (*scarto*) (*di animali*) shy.

sfagneto *s.m.* (*bot.*) sphagnum bog.

sfagno *s.m.* (*bot.*) sphagnum*, bog moss.

sfalda → **falda**.

sfaldabile *agg.* flaky, scaly.

sfaldamento *s.m.* flaking, scaling; crumbling (*anche fig.*): *lo — di un'istituzione*, the crumbling of an institution.

sfaldare *v.tr.* to flake, to scale.
□ **sfaldarsi** *v.intr.pron.* **1** to flake (off, away), to scale (off): *la vernice si sfalda dal muro*, the paint on the wall is flaking (off) **2** (*fig.*) (*disgregarsi*) to break* up: *il partito si sta sfaldando in correnti estremiste*, the party is breaking up into extremist factions.

sfaldatura *s.f.* **1** flaking (off), scaling (off) **2** (*geol.*) cleavage: — *da frattura*, fracture cleavage.

sfalerite *s.f.* (*min.*) sphalerite.

sfalsamento *s.m.* (*aer.*) stagger.

sfalsare *v.tr.* **1** (*mecc.*, *edil.*) to stagger, to offset* **2** (*deviare*) to dodge: — *un colpo dell'avversario*, to dodge the opponent's blow.

sfamare *v.tr.* to feed*, to satisfy s.o.'s hunger: *questa roba basterebbe a — un esercito*, there's enough here to feed an army; — *una popolazione sottoalimentata*, to feed an undernourished population; *lavorare per — una famiglia*, to work to feed a family.
□ **sfamarsi** *v.rifl.* to appease one's hunger, to feed* oneself: *non hanno di che* —, they haven't enough to eat; *per — dovette accettare quel lavoro*, he had to take that job to feed himself (*o* to avoid going hungry).

sfangare *v.tr.* **1** to clean the mud off (sthg.); to sweep* the mud off (sthg.); to brush the mud off (sthg.) **2** (*miner.*) to deslime.

sfare *v.tr.* **1** to undo* **2** (*sciogliere*) to melt.
□ **sfarsi** *v.intr.pron.* **1** to melt, to dissolve: *la neve si è sfatta al primo sole*, the snow melted as soon as the sun came out **2** (*perdere di compattezza*) to lose* consistency; (*di persona*) to run* to seed.

sfarfallamento *s.m.* **1** emerging from the cocoon **2** (*lo svolazzare*) flitting about (*anche fig.*) **3** (*di schermo*) flicker **4** (*aut.*) — *delle ruote anteriori*, front-wheel wobble.

sfarfallare *v.intr.* **1** to emerge from the cocoon **2** (*svolazzare*) to flutter about; (*fig.*) to flit to and fro: *ama — da un ragazzo a un altro*, she likes flitting from one boy to another **3** (*fig. fam.*) (*dire spropositi*) to talk nonsense **4** (*di lampade, schermi*) to flicker **5** (*aut.*) to wobble.

sfarfallatura *s.f.* emergence from the cocoon.

sfarfalleggiare *v.intr.* to flit.

sfarfallio *s.m.* fluttering, flitting.

sfarfallone *s.m.* (*fam.*) (*errore grossolano*) blunder, howler.

sfarinamento *s.m.* pulverizing, pulverization.

sfarinare *v.tr.* to pulverize: — *il grano*, to grind corn ◆ *v.intr.* → sfarinarsi.
□ **sfarinarsi** *v.intr.pron.* to crumble: *questi fagioli se cuociono troppo si sfarinano*, if these beans cook too long they'll go mushy.

sfarinato *agg.* pulverized; (*di frutto*) floury, mealy ◆ *s.m.* (*farina*) flour.

sfarzo *s.m.* pomp, magnificence; (*ostentazione*) ostentation, display: *abbigliato con* —, gorgeously dressed.

sfarzosità *s.f.* sumptuousness, gorgeousness: *la — di un ricevimento*, the sumptuousness (*o* magnificence) of a reception.

sfarzoso *agg.* sumptuous, gorgeous, splendid, magnificent: *sfarzose decorazioni*, gorgeous decorations; *ricevimento* —, magnificent reception.

sfasamento *s.m.* **1** (*mecc.*, *elettr.*) phase displacement, phase difference; (*fis.*) phase shift: (*elettr.*) *angolo di* —, phase angle **2** (*amm.*) lag, mismatching: — *temporale*, time lag; — *delle scadenze*, maturity mismatch **3** (*fig. fam.*) (*stordimento*) bewilderment, confusion: *dopo tutto quello che è successo è normale un periodo di* —, after all that has happened, a period of confusion is normal.

sfasare *v.tr.* **1** (*elettr.*) to dephase, to displace the phase of (sthg.) **2** (*amm.*) to distort, to mismatch: — *il bilancio*, to distort the balance sheet **3** (*fig. fam.*) (*scombussolare*) to bewilder, to confuse: *i recenti cambiamenti mi stanno sfasando un po'*, the recent changes are confusing me a little.

sfasato *agg.* **1** (*elettr.*) out of phase; (*di motori a combustione interna*) with faulty timing **2** (*fig. fam.*) (*scombussolato*) bewildered, confused.

sfasatura *s.f.* → **sfasamento**.

sfasciacarrozze *s.m.* car-wrecker, car-breaker.

sfasciamento *s.m.* (*fam.*) (*lo sfasciare*) shattering, smashing; breaking up; wrecking; (*rovina*) breakdown, ruin; collapse: *lo — di un'auto vecchia*, the breaking up of an old car.

sfasciare[1] *v.tr.* to unbandage: — *una ferita*, to remove the bandages from (*o* to unbandage) a wound.

sfasciare[2] *v.tr.* **1** (*rompere*) to shatter, to smash; (*demolire*) to demolish, to dismantle: — *una sedia*, to smash a chair; *nell'incidente ha completamente sfasciato l'auto*, the accident has wrecked the car completely // — *la testa a qlcu.*, (*fig. fam.*) to smash s.o's head in **2** (*fig.*) (*distruggere*) to break* up: — *una famiglia*, to break up a family.
□ **sfasciarsi** *v.intr.pron.* **1** to fall* to pieces, to get* smashed; (*crollare*) to collapse: *l'automobile si sfasciò contro un albero*, the car crashed into a tree; *alla morte dell'imperatore l'impero si sfasciò*, when the emperor died the empire collapsed; *la famiglia si è sfasciata dopo la sua partenza*, after his departure the family went to pot **2** (*di persona*) to run* to seed: *con gli anni si è sfasciato*, he has run to seed with age.

sfasciato[1] *agg.* unbandaged, unswathed; (*di bambino*) unswaddled.

sfasciato[2] *agg.* (*rotto*) in pieces (*pred.*); smashed // *a quarant'anni è già completamente* —, (*fig.*) at forty he has already completely run to seed.

sfasciatura *s.f.* (*non com.*) unswathing, unbandaging; (*di un bambino*) unswaddling: *per la — è meglio aspettare il dottore*, it's better to wait for the doctor to have the bandages removed.

sfascio *s.m.* breakdown, ruin; collapse: *ormai l'azienda è allo* —, the company is about to collapse; *cercare di sanare la situazione di — nel settore sanitario*, to try to straighten out the havoc in the health sector // *a* —, in large quantities: *avere soldi a* —, to have pots of money (*o* money in large quantities).

sfasciume *s.m.* (*spreg.*) wreck; ruin.

sfatamento *s.m.* discrediting, disproving: — *di una leggenda*, *di una teoria*, discrediting of a legend, of a theory.

sfatare *v.tr.* to discredit, to disprove: *fu così sfatata la sua fama di dotto*, that is how he lost his reputation for learning; — *una leggenda*, to discredit a legend; — *una teoria*, to discredit (*o* to disprove) a theory.

sfatato *agg.* discredited, disproved: *il mito è ormai* —, the myth has been discredited.

sfaticare *v.intr.* (*region.*) to slave, to work hard, to toil: *deve — da mattina a sera*, he has to slave from morning till night.

sfaticato *agg.* (*region.*) lazy, idle ◆ *s.m.* (*region.*) (*fannullone*) idler, loafer, lazybones, slacker: *è uno* —, he is an idler.

sfatto *agg.* **1** undone, unmade: *il letto era* —, the bed was unmade **2** (*troppo cotto*) overcooked **3** (*eccessivamente grasso*) flabby.

sfavillamento *s.m.* (*non com.*) shine; (*per luce riflessa*) sparkle.

sfavillante *agg.* sparkling, radiant, bright (*anche fig.*): *una mattinata* —, a bright morning; *era — di gioia*, he was radiant with joy.

sfavillare *v.intr.* to shine*; (*per luce riflessa*) to sparkle (*anche fig.*): *la neve sfavillava al sole*, the snow sparkled in the sunshine; *il sole sfavilla sulle montagne*, the sun is shining on the mountains; *i suoi occhi sfavillavano di gioia*, his eyes sparkled with joy.

sfavillio *s.m.* shining; (*per luce riflessa*) sparkling: *lo — dei gioielli*, the sparkling of jewels.

sfavore *s.m.* disfavour, disapproval; (*discredito*) discredit: *quello che fece andò naturalmente a suo —*, what he did naturally brought discredit on him; *la situazione si è volta a suo —*, the situation turned to his disadvantage (*o* went against him); *parlare in — di qlcu.*, to speak against s.o.

sfavorevole *agg.* unfavourable; (*contrario*) contrary, adverse: *parere —*, unfavourable opinion; *un vento —*, a contrary wind; *le condizioni ci sono sfavorevoli*, conditions are against us; *il mercato è — al nostro prodotto*, the market is unfavourable to our product; *purtroppo hai scelto un momento —*, unfortunately you've chosen an unfavourable moment.

sfavorire *v.tr.* to be disadvantageous to (s.o., sthg.), to be unfavourable to (s.o., sthg.), to thwart: *siamo stati sfavoriti dal tempo*, we were thwarted by the weather; *la nuova situazione internazionale sfavorisce il nostro partito*, the new international situation will be disadvantageous (*o* unfavourable) to our party.

sfebbrare *v.intr.* to bring* s.o.'s temperature down: *la medicina dovrebbe aiutarlo a —*, the medicine should help to bring his temperature down.

sfebbrato *agg.* without a temperature (*pred.*): *oggi è —*, today he hasn't got a temperature.

sfegatarsi *v.intr.pron.* to wear* oneself out (shouting), to shout oneself hoarse: *mi sono sfegatato per tentare di fargliela capire*, I wore myself out trying to make him understand what I was saying.

sfegatato *agg.* (*fam.*) fanatic(al); (*appassionato*) passionate, keen: *amici sfegatati*, close friends; *è uno — lettore di libri gialli*, he is a passionate reader of thrillers; *è un tifoso —*, he's an ardent (*o* keen) fan.

sfegide *s.m.* (*zool.*) digger-wasp.

sfeltrante *agg.* plucking.

sfeltrare *v.tr.* (*tess.*) to pluck.

sfeltratura *s.f.* (*tess.*) plucking.

sfeno *s.m.* (*min.*) sphene.

sfenodonte *s.m.* (*zool.*) sphenodon.

sfenoidale *agg.* (*anat.*) sphenoid, sphenoidal.

sfenoide *s.m.* (*anat.*) sphenoid.

sfera *s.f.* **1** sphere: *una — d'acciaio*, a steel sphere; *la — di cristallo di un mago*, a magician's crystal ball // (*astr.*): *— celeste*, celestial sphere; *— terrestre*, terrestrial sphere (*o* globe); *— armillare*, armillary sphere // *la musica delle sfere*, the music of the spheres **2** (*fig.*) (*ambiente*, *cerchia*) sphere, circle; (*campo*) sphere: *— d'azione*, sphere (*o* range) of action; *— d'attività*, sphere of activity; *il problema esce dalla mia — di competenza*, the problem is outside my sphere of competence; *l'intervista non è entrata nella sua — privata*, the interview did not intrude on his private life; *nelle alte, basse sfere*, in the upper, lower spheres **3** (*pl.*) (*lancette dell'orologio*) hands **4** (*mecc.*) ball: *sfere macinanti*, grinding balls; *cuscinetto a sfere*, ball bearing // *penna a —*, ballpoint pen.

sferetta *s.f.* (*piccola sfera*) spherule.

sfericità *s.f.* sphericity.

sferico *agg.* spheric(al): *geometria sferica*, spherical geometry; *superfici sferiche*, spherical surfaces; *lenti sferiche*, spherical lenses.

sferire *v.tr.* (*mar.*) to unbend*.

sferisterio *s.m.* spheristerion.

sferite *s.f.* (*min.*) sphaerite.

sferocristallo *s.m.* (*min.*) spherocrystal.

sferoidale *agg.* spheroidal.

sferoide *s.m.* spheroid.

sferolite *s.f.* (*min.*) spherulite.

sferometro *s.m.* (*tecn.*) spherometer.

sferragliamento *s.m.* clanging, clattering, rattling: *lo — di un tram sulle rotaie*, the clanging of a tram on the tramrails.

sferragliare *v.intr.* to clang, to clatter, to rattle: *il tram passò sferragliando*, the tram rattled past.

sferrare *v.tr.* **1** (*un cavallo*) to unshoe: *— un cavallo*, to unshoe a horse **2** (*fig.*) (*tirare con forza*) to land, to deliver: *— un colpo in faccia a qlcu.*, to land a blow in s.o.'s face; *— un pugno*, to throw a punch; *— un attacco*, to launch (*o* to deliver) an attack **3** (*mar.*) to drag (anchor).

□ **sferrarsi** *v.intr.pron.* (*di cavallo*) to lose* a shoe ◆ *v.rifl.* (*fig.*) (*scagliarsi*) to fling* oneself, to throw* oneself: *si sferrò contro l'avversario*, he threw himself onto his opponent.

sferratura *s.f.* (*di cavalli*) unshoeing; losing a shoe.

sferruzzare *v.intr.* to knit; to be busy with one's knitting needles.

sferulite → **sferolite**.

sferza *s.f.* whip; lash (*anche fig.*): *la — del sole*, the burning rays of the sun; *la — del vento*, the lashing of the wind; *la — della critica*, the lash of criticism.

sferzante *agg.* lashing, whipping; (*fig.*) cutting, harsh, stinging: *pioggia —*, lashing rain; *una risposta —*, a cutting reply; *una satira —*, a harsh satire.

sferzare *v.tr.* **1** to whip; to lash; to flog; to scourge; to thrash: *non — il cavallo!*, don't whip the horse; *la pioggia sferzava i vetri*, (*estens.*) the rain lashed against the windowpanes **2** (*fig.*) to lash out at (sthg.): *sferzò l'ipocrisia dei loro disegni politici*, he lashed out at the hypocrisy of their political designs **3** (*fig.*) (*incitare*) to drive* (sthg.) on, to spur (s.o.) on.

sferzata *s.f.* **1** lash **2** (*fig.*) stinging blow, sharp rebuke: *quel rimprovero è stato una — per lui*, the criticism came as a stinging blow to him.

sferzino *s.m.* lash.

sferzo *s.m.* (*mar.*) cloth.

sfiaccolare *v.intr.* (*non com.*) to flare; (*risplendere*) to shine*.

sfiammare *v.tr.* to reduce the inflamation of (sthg.): *lo sciroppo ti sfiammerà la gola*, the syrup will soothe your sore throat ◆ *v.intr.* (*non com.*) to flare up, to blaze up.

□ **sfiammarsi** *v.intr.pron.* (*disinfiammarsi*) to become* less inflamed: *la ferita si è sfiammata*, the wound has become less inflamed.

sfiancamento *s.m.* (*non com.*) **1** (*rompere nel fianco*) breaking through **2** (*estens.*) (*affaticamento*) exhaustion.

sfiancare *v.tr.* **1** (*rompere nel fianco*) to break* through (the side of): *lo scoglio sfiancò la nave*, the rock broke through the side of the ship **2** (*estens.*) (*spossare*) to wear* out, to exhaust; (*fam.*) to knock (s.o.) out; (*un cavallo*) to override*: *questa lunga arrampicata mi ha sfiancato*, this long climb has knocked me out **3** (*sciancrare*) to take* in at the waist.

□ **sfiancarsi** *v.intr.pron.* **1** (*rompersi nel fianco*) to burst* open, to break* open **2** (*spossarsi*) to tire oneself out, to wear* oneself out: *mi sono sfiancato per salire fin là*, I tired myself out climbing up there.

sfiancato *agg.* **1** (*spossato*) worn-out, exhausted; (*fam.*) knocked out; (*di cavallo*) weedy **2** (*sciancrato*) fitted at the waist (*pred.*), close-fitting at the waist (*pred.*).

sfiatamento *s.m.* venting.

sfiatare *v.intr.* **1** (*emettere vapori*) to vent, to breathe out; to give* off steam, to give* off gas: *una tubazione che sfiata*, piping that gives off steam **2** (*uscire fuori*) to leak, to escape: *il gas sfiatava lentamente*, the gas was slowly leaking.

□ **sfiatarsi** *v.intr.pron.* **1** (*di strumenti a fiato*) to lose* tone, to crack **2** (*fig. fam.*) (*sgolarsi*) to waste one's breath; to talk oneself hoarse: *mi sono sfiatato per spiegarglielo*, I talked myself hoarse explaining it to him; *è inutile che ti sfiati a chiamarlo*, it's pointless wasting your breath calling him.

sfiatato *agg.* **1** (*di strumento a fiato*) toneless, cracked **2** (*fam.*) (*senza fiato*) out of breath (*pred.*); breathless; hoarse: *un cantante —*, a singer who hasn't got much of a voice.

sfiatatoio *s.m.* **1** vent, airhole; (*mecc.*) breather; (*edil.*) ventilation opening, ventiduct **2** (*zool.*) spouthole; (*dei cetacei*) blowhole, jet, spiracle: *di —*, *che serve da —*, spiracular; *fornito di —*, spiraculate.

sfiatatura *s.f.* **1** (*sfiatamento*) leaking, leakage, escape, venting **2** (*fessura*) leak; hole, vent.

sfiato → **sfiatatoio**.

sfibbiamento *s.m.* → **sfibbiatura**.

sfibbiare *v.tr.* to unfasten, to unbuckle; to undo*: *sfibbiarsi la cintura*, to unfasten one's belt.

sfibbiatura *s.f.* (*non com.*) unfastening, undoing, unbuckling.

sfibramento *s.m.* (*non com.*) fraying; weakening, enfeeblement.

sfibrante *agg.* trying, wearing; enervating, wearying; exhausting: *un ritmo di vita —*, an exhausting pace of life; *attesa —*, nerve -racking wait.

sfibrare *v.tr.* **1** to fray, to defibre; (*il legno*) to grind* **2** (*logorare*) to wear* out; to weaken, to enervate, to enfeeble: *questo lavoro mi sfibra*, this work is wearing me out.

□ **sfibrarsi** *v.intr.pron.* (*sfinirsi*) to wear* oneself out: *si è sfibrato per finire quel lavoro in tempo*, he wore himself out to finish the job in time.

sfibrato *agg.* **1** (*tecn.*) defibrated **2** (*estens.*) (*spossato*) worn-out.

sfibratore *s.m.* **sfibratrice** *s.f.* defibrator.

sfibratura *s.f.* defibration.

sfida *s.f.* **1** challenge (*anche fig.*): *raccogliere la —*, to accept the challenge; *lanciare una —*, to challenge (*o* to issue a challenge); *lanciò una — al nemico*, he challenged the enemy; *mandare la — a qlcu.*, to send s.o. a challenge; *è una — al buon senso*, it is a challenge to common sense // *cartello di —*, cartel; *— elettorale*, electoral challenge **2** (*sport*) challenge (match) **3** (*atteggiamento provocatorio*) defiance: *in tono di —*, defiantly.

sfidante *agg.* challenging; defying: *la squadra, il pugile —*, the challenger ◆ *s.m.* e *f.* challenger; defier: *lo — non si è presentato all'incontro*, the challenger didn't turn up for the fight; *i padrini dello —*, the challenger's seconds.

sfidare *v.tr.* **1** to challenge; to dare, to defy (*anche estens.*): *lo sfidai a duello*, I challenged him to a duel; *mi sfidò in combattimento*, he dared me to fight; *il campione europeo sfiderà il campione mondiale*, the European champion will challenge the world champion; *— qlcu. a fare, dire qlco.*, to dare (*o* to defy *o* to challenge) s.o. to do, to say sthg.; *ti sfido a fare questo lavoro in un'ora*, I defy you to do this work in one hour; *e ti sfido a dimostrarmi il contrario!*, and I defy you to prove the contrary!; *sfido chiunque ad avere così tanta pazienza*, I challenge anyone to have that much patience // *sfido, sfido io!*, of course (*o* I can well believe it!): *sfido che ti hanno bocciato, non avevi neanche comprato i libri!*, I can well believe that they failed you, you hadn't even bought the books **2** (*fig.*) (*affrontare*) to brave, to face, to defy: *— la morte*, to face death; *— il pericolo*, to defy danger; *— la tempesta*, to brave the storm // *— il tempo, i secoli*, to defy time, the centuries.

□ **sfidarsi** *v.rifl.rec.* to challenge each other (one another): *si sfidarono a duello*, they challenged each other to a duel.

sfidato *agg.* challenged; defied (*pred.*) ◆ *s.m.* (*spec. sport*) defender: *lo — e lo sfidante*, the defender and the challenger.

sfidatore *s.m.* (*letter.*) challenger; defier ◆ *agg.* challenging; defying.

sfiducia *s.f.* mistrust, distrust; lack of confidence: *aver — in se stesso*, to be lacking in (*o* to have no) self-confidence; *aver — in qlcu.*, to mistrust s.o. // (*pol.*): *voto, mozione di —*, vote, motion of no confidence; *votare la —*, to pass a vote of no confidence.

sfiduciare *v.tr.* to discourage, to dishearten: *ogni piccola cosa lo sfiducia*, every little thing disheartens him; *si è lasciato subito —*, he let himself get discouraged straight away.

□ **sfiduciarsi** *v.intr.pron.* to lose* heart, to become* discouraged, to become* disheartened, to become* downhearted, to get disheartened: *non sfiduciarti al primo insuccesso*, do not get (*o* do not be) disheartened at the first failure.

sfiduciato *agg.* discouraged, disheartened, downhearted: *appariva stanco e —*, he looked tired and disheartened; *era — e aveva bisogno di conforto*, he was in low spirits and needed consolation; *sono — dopo tanti insuccessi*, I feel disheartened (*o* discouraged) after so many failures.

sfiga *s.f.* (*volg.*) rotten luck: *che —!*, what bloody rotten luck!

sfigato *agg.* (*volg.*) (*sfortunato*) unlucky, jinxed: *sono proprio —*, I'm really bloody well jinxed ◆ *s.m.* poor bastard.

sfigmico *agg.* (*med.*) sphygmic.

sfigmografia *s.f.* (*med.*) sphygmography.

sfigmografo *s.m.* (*med.*) sphygmograph.

sfigmomanometro *s.m.* (*med.*) sphygmomanometer.

sfigurare *v.tr.* (*deturpare*) to disfigure; to spoil*; to ruin: *il vaiolo lo ha sfigurato*, smallpox has disfigured him; *è stato sfigurato dall'incidente*, he was disfigured by the accident; *l'odio la sfigurava*, (*estens.*) her face was twisted with hatred ◆ *v.intr.* to cut* a poor figure; to make* a poor impression; (*essere fuori posto*) to look out of place: *non vuole — all'esame*, he does not want to make a poor impression at the examination; *questo tappeto sfigura in un salotto così elegante*, this carpet looks shabby in such a fine drawing room; *se indosserai questo bel vestito mi farai —*, if you wear this fine dress of yours you'll make me look like nothing.

sfigurato *agg.* disfigured: *il suo viso rimase — in seguito all'incidente*, his face was disfigured in the accident; *un viso — dal dolore*, (*estens.*) a face disfigured (*o* distorted) with pain.

sfilaccia *s.f.* **1** (*fili sdruciti*) ravellings (*pl.*) **2** (*tess.*) bast: *— di lino*, lint; *— di lino e canapa*, harl.

sfilacciare *v.tr.* (*ridurre in filacce*) to unravel, to fray: *— un pezzo di stoffa*, to unravel a piece of material ◆ *v.intr.* → sfilacciarsi.

□ **sfilacciarsi** *v.intr.pron.* **1** to fray; (*tess.*) to unravel: *questa stoffa si sfilaccia facilmente*, this material frays easily **2** (*fig.*) (*disgregarsi*) to disperse; to break* up.

sfilacciato *agg.* **1** frayed: *orlo —*, frayed hem **2** (*sconnesso*) disjointed: *discorso —*, disjointed speech.

sfilacciatrice *s.f.* (*tess.*) breaker, rag grinder.

sfilacciatura *s.f.* **1** fraying; (*parte sfilacciata*) fray, frayed part **2** (*tess.*) (*lo sfilacciare*) rag grinding.

sfilaccicare, **sfilaccicarsi** → **sfilacciare**, **sfilacciarsi**.

sfilamento *s.m.* unthreading.

sfilare[1] *v.tr.* **1** to unthread; (*perle ecc.*) to unstring*: *— un ago*, to unthread a needle; *— una collana*, to unthread a necklace; *— perle*, to unstring pearls; *— un arrosto dallo spiedo*, to take a roast off the spit // *— il rosario*, to tell one's beads, (*fig.*) to pull s.o. to pieces **2** (*togliere di dosso*) to slip off, to take* off: *si sfilò i calzoni*, he slipped off his trousers; *si sfilò l'anello dal dito*, she took the ring off her finger; *— il portafoglio di tasca a qlcu.*, to slip a wallet out of s.o.'s pocket **3** (*togliere i fili a*) to pull threads out of (sthg.), to take* threads from (sthg.): *— la tela per ricamarla*, to pull threads out of linen in order to embroider it.

□ **sfilarsi** *v.intr.pron.* **1** to (be)come* unthreaded; to become* unstrung: *l'ago si è sfilato*, the thread has come out of the needle; *le perle si sono sfilate*, the beads have come unstrung **2** (*sfilacciarsi*) to unravel, to fray; (*smagliarsi*) to ladder: *un tessuto che si sfila facilmente*, a type of material that frays easily.

sfilare[2] *v.tr.* (*non com.*) (*togliere il filo a una lama*) to blunt.

□ **sfilarsi** *v.intr.pron.* (*di lama*) to get* blunt.

sfilare[3] *v.intr.* **1** to file past, to march past; to parade: *i soldati sfilavano davanti al re*, the soldiers were parading before (*o* marching past) the king; *— in passerella*, to parade; *domani sfileranno gli ultimi modelli degli stilisti italiani*, the latest models of the Italian fashion designers will be presented tomorrow **2** (*fig.*) (*susseguirsi*) to follow on (one after the other): *mille ricordi sfilavano nella sua mente*, a thousand memories ran through his mind one after the other.

sfilata *s.f.* **1** (*passaggio*) passing; (*di soldati*) march past; (*parata*) parade: *la — di una processione*, the passing of a procession // *una — di moda*, a fashion show (*o* parade) **2** (*serie, fila*) line, string: *una — di nomi*, a long string (*o* list) of names; *c'era una — di automobili davanti ai cancelli*, there was a line of cars in front of the gates.

sfilatino *s.m.* (*region.*) French loaf*.

sfilatura *s.f.* **1** (*lo sfilare*) unthreading; (*di perle ecc.*) unstringing **2** (*sfilacciatura*) unravelled part; (*smagliatura*) ladder, run.

sfilettare *v.tr.* (*cuc.*) to fillet, to bone: *— una sogliola*, to fillet a sole.

sfilza *s.f.* string, stream, succession, series*: *una — di automobili*, a stream of cars; *una — di date da ricordare*, a series of dates to remember.

sfilzare *v.tr.* to unstring*, to unthread; to take* off.

sfinge *s.f.* **1** (*mit., scult.*) sphinx* **2** (*fig.*) (*persona impenetrabile*) sphinx*, enigma: *volto di —*, sphinx-like mask; *è una vera —*, he is a real sphinx **3** (*zool.*) sphinx* (moth): *— testa di morto*, (*Acherontia atropos*) death's head moth.

sfingenina → **sfingosina**.

sfingeo *agg.* **1** (*letter.*) sphinx-like **2** (*fig.*) (*misterioso*) mysterious, enigmatic.

sfingolipide *s.m.* (*biochim.*) sphingolipid.

sfingomielina *s.f.* (*biochim.*) sphingomyelin.

sfingosina *s.f.* (*biochim.*) sphingosine.

sfinimento *s.m.* exhaustion; extreme weakness; (*svenimento*) swoon, faint; (*collasso*) breakdown: *— di forze*, exhaustion.

sfinire *v.tr.* to exhaust, to wear* out, to drain; (*fam.*) to take* it out of (s.o.): *il troppo lavoro l'ha sfinito*, overwork has worn him out; *questa lunga attesa ci sta sfinendo*, this long wait is taking it out of us ◆ *v.intr.* → sfinirsi.

□ **sfinirsi** *v.intr.pron.* to wear* oneself out: *a forza di lavorare di notte si è sfinito*, he has worn himself out working at night.

sfinitezza *s.f.* exhaustion, extreme weakness.

sfinito *agg.* worn-out, exhausted, (*fam.*) all in: *— dalla fatica*, worn-out (with fatigue); *mi sento —*, I feel worn-out.

sfintere *s.m.* (*anat.*) sphincter.

sfinterico *agg.* (*anat.*) sphincteral, sphincterial, sphincteric.

sfioccamento *s.m.* (*tess.*) opening.

sfioccare *v.tr.* **1** to fray (out); to unravel **2** (*tess.*) to open.

□ **sfioccarsi** *v.intr.pron.* to fray, to become* unravelled; to break* up.

sfiondare *v.tr.* (*non com.*) to sling*: *— un sasso*, to sling a stone.

sfioramento *s.m.* grazing, skimming, brushing; touching (*anche fig.*).

sfiorare *v.tr.* **1** to graze, to skim (over), to touch lightly, to brush against (sthg.): *l'aereo sfiorò l'erba*, the plane skimmed (over) the grass; *la palla sfiorò il muro*, the ball grazed the wall; *la rondine sfiorò l'acqua*, the swallow skimmed (over) the water; — *la rete*, (*a tennis*) to touch the net **2** (*fig.*) (*toccare di sfuggita*) to touch on (sthg.): *ho già sfiorato questi argomenti*, I have already touched on these subjects; — *la verità*, to touch on the truth // *lo sfiorò un dubbio*, a doubt hovered on the edge of his mind; *il sospetto di essere seguito non lo sfiorò neppure*, he never dreamed that he was being followed **3** (*fig.*) (*essere sul punto di raggiungere*) to be on the verge of (sthg.), almost to reach: — *la vittoria, il successo*, to be on the verge of victory, success; *mio nonno sfiora ormai l'ottantina*, my grandfather is getting on for eighty now **4** (*ant.*) (*spogliare dei fiori*) to take* flowers off (sthg.) **5** (*scremare*) to skim: — *il latte*, to skim milk.

sfiorato *agg.* touched (on) (*pred.*): *un argomento appena* —, a subject hardly touched on.

sfioratore → scolmatore.

sfioratura *s.f.* (*scrematura*) skimming: — *del latte*, skimming of milk.

sfiorettare *v.intr.* (*non com.*) to over -embellish; to use flowery language.

sfiorire *v.intr.* to wither, to fade (*anche fig.*): *le gardenie sfioriscono presto*, gardenias soon fade; *quelle rose sono sfiorite*, those roses have withered; *la sua giovinezza sfioriva*, her youth was fading; *il tempo ha fatto — la sua bellezza*, time has withered her beauty.

sfiorito *agg.* faded, withered (*anche fig.*), overblown: *una bellezza ormai sfiorita*, a beauty now faded.

sfioritura *s.f.* fading, withering (*anche fig.*).

sfittare *v.tr.* to vacate, to leave* vacant.
□ **sfittarsi** *v.intr.pron.* to become* vacant: *l'appartamento si sfitterà a settembre*, the flat will become vacant in September.

sfittire *v.tr.* **sfittirsi** *v.intr.pron.* to thin (out).

sfitto *agg.* vacant, unlet: *appartamento* —, vacant flat.

sfizio *s.m.* whim, fancy; yen: *mi voglio togliere lo — di andare in India*, I've got this yen about going to India // *l'ho fatto per puro* —, I did it just for the fun of it.

sfizioso *agg.* fanciful; frivolous; extravagant.

sfocare *v.tr.* (*fot.*) to put* out of focus.

sfocato *agg.* **1** (*fot.*) out of focus; blurred, fuzzy: *una fotografia sfocata*, a blurred photograph **2** (*fig.*) (*poco chiaro*) vague, hazy; imprecise, unclear: *una critica sfocata*, a vague criticism; *la figura del protagonista è un po' sfocata*, the character of the protagonist is not very clearly drawn; *ricordi sfocati*, hazy memories.

sfocatura *s.f.* (*fot.*) blurring, fuzziness.

sfociamento *s.m.* (*non com.*) flowing (into), debouchment.

sfociare *v.tr.* (*non com.*) to widen the mouth of (a river) ◆ *v.intr.* **1** to flow (into sthg.), to debouch: *il Po sfocia nell'Adriatico*, the Po flows into the Adriatic Sea **2** (*fig.*) to lead* (to sthg.), to result (in sthg.): *incidenti diplomatici che possono — in una guerra*, diplomatic incidents that may result in a war.

sfociatura *s.f.* widening of a river mouth.

sfocio *s.m.* **1** (*lo sfociare*) flowing into, debouchment **2** (*fig.*) (*sbocco*) outlet, way out; solution: *una situazione senza* —, a situation with no solution; *un'attività senza* —, an activity which leads nowhere.

sfoderabile *agg.* with removable covers: *divano* —, divan with removable covers.

sfoderamento[1] *s.m.* **1** (*lo sguainare*) unsheathing **2** (*fig.*) (*ostentazione*) display, showing off.

sfoderamento[2] *s.m.* (*il togliere la fodera, la copertura*) removing the lining (from sthg.), removing the cover (from sthg.).

sfoderare[1] *v.tr.* **1** (*sguainare*) to unsheathe, to draw*: — *la spada*, to draw (*o* to unsheathe) one's sword (*anche fig.*) **2** (*fig.*) (*ostentare*) to display, to show* off; to reveal, to come* out with (sthg.): — *la propria cultura*, to display one's learning; *ha sfoderato un'incredibile parlantina*, he displayed an incredible way with words.

sfoderare[2] *v.tr.* (*togliere la fodera, la copertura a*) to remove the lining of (sthg.), to take* out the lining of (sthg.), to take* the cover off (sthg.): — *una giacca*, to take out the lining of a jacket.

sfoderato *agg.* (*senza fodera*) unlined: *scarpe sfoderate*, unlined shoes.

sfogare *v.tr.* to give* vent to (sthg.), to vent; to let* out, to pour out; (*prendersela con qlcu.*) to take* (sthg.) out (on s.o.): — *la gioia, l'odio*, to give vent to joy, to hate; — *la propria collera, la propria indignazione*, to give vent to one's anger, one's indignation; *sfogò la sua collera su di me*, he vented his anger on me (*o* he took his anger out on me); — *il proprio dolore*, to pour out one's sorrow; *avevo bisogno di — il mio dolore con qlcu.*, I needed to pour out my sorrow to s.o.; *non — il tuo malumore su di me!*, don't take out your bad temper on me! ◆ *v.intr.* to come* out; to go* out; to let* out; (*fig.*) to give* vent (to sthg.): *il fumo è sfogato dalla finestra*, the smoke went out of the window; *la piaga sfoga*, the pus is coming out (of the wound); *il suo dolore sfogò in lacrime*, he gave vent to his pain in tears // *far — il fumo*, to let the smoke out; *far — una malattia*, to let a disease take its course; *far — la rabbia a qlcu.*, to allow s.o. to let off steam.
□ **sfogarsi** *v.intr.pron.* **1** to relieve one's feelings, to get* a load off one's chest; to give* vent to one's feelings; (*prendersela con qlcu.*) to take* it out (on s.o.): *si sfoga sempre sulla moglie*, he always takes it out on his wife; *corre per* —, he runs to get it out of his system; — *con qlcu.*, to open one's heart (*o* to unburden oneself) to s.o.; — *in lacrime*, to weep out one's sorrow **2** (*soddisfare un desiderio*) to take* one's fill, to take* as much, as many as one wants: *lascia che si sfoghi a mangiare cioccolata*, let him eat his fill of chocolates.

sfogatoio *s.m.* vent, outlet.

sfoggiare *v.tr.* to show* off, to flaunt: — *abiti, erudizione*, to show off one's clothes, one's learning ◆ *v.intr.* to show* off: *è gente abituata a* —, they are people in the habit of showing off.

sfoggio *s.m.* show, display, parade, ostentation: *c'era un grande — di ricchezza*, there was a great display of wealth; *fare — di erudizione*, to show off one's learning.

sfoglia *s.f.* **1** (*lamina di metallo*) foil: — *d'oro, d'argento*, gold, silver foil **2** (*pasta spianata per tagliolini ecc.*) sheet of pastry; (*dolce*) puff: *pasta* —, puff pastry **3** (*zool.*) (*sogliola*) sole.

sfogliare[1] *v.tr.* to strip the leaves off (sthg.); (*un fiore*) to pluck the petals off (sthg.): — *un ramoscello*, to strip the leaves off a twig.
□ **sfogliarsi** *v.intr.pron.* to lose* leaves, to shed* leaves; (*di fiore*) to shed* petals: *questi fiori si sfogliano*, these flowers are shedding their petals.

sfogliare[2] *v.tr.* **1** to leaf through (sthg.); to turn over the pages of (sthg.); (*dare un'occhiata a*) to glance through (sthg.), to skim through (sthg.): — *un album*, to leaf through an album; *l'ho solo sfogliato, ma sembra un libro interessante*, I've just glanced at it, but it appears to be an interesting book **2** (*non com.*) (*tagliare le pagine*) to cut* the pages of (sthg.) **3** (*inform.*) to page through: — *in avanti*, to page forward.
□ **sfogliarsi** *v.intr.pron.* to flake: *questo dolce si sfoglia nel tagliarlo*, this cake flakes when you cut it.

sfogliata[1] *s.f.* (*cuc.*) puff pastry.

sfogliata[2] *s.f.* glance: *dare una — a un libro*, to glance (*o* to skim) through a book.

sfogliata[3] *s.f.* (*di pianta*) stripping of leaves.

sfogliatrice[1] *s.f.* (*agr.*) stripper.

sfogliatrice[2] *s.f.* (*tecn.*) veneer cutting machine.

sfogliatura *s.f.* (*di pianta*) stripping of leaves.

sfogo *s.m.* **1** vent, outlet (*anche fig.*): *apertura di* —, vent hole; — *d'aria*, air vent; *le acque trovano uno — attraverso la diga*, the waters find an outlet through the dike; *aprire uno — al fumo*, to provide an outlet for smoke; *la sua energia ha bisogno di uno* —, (*fig.*) his energy needs an outlet; *dare — alla propria collera, al proprio risentimento*, (*fig.*) to give vent to one's anger; *dare libero — alla propria immaginazione*, (*fig.*) to give free play to one's imagination // *dopo lo — con me si è subito calmato*, (*fig.*) after letting off steam with me he calmed down immediately **2** (*fam.*) (*eruzione cutanea*) eruption, rash **3** (*arch.*) — *di un arco*, height of an arch.

sfolgoramento *s.m.* blazing.

sfolgorante *agg.* blazing, flaming; flashing; (*fig.*) shining, radiant: *sole* —, blazing sun; — *di bellezza*, radiant with beauty.

sfolgorare *v.intr.* to blaze; to flash, to shine* (*anche fig.*): *il sole, la luce sfolgorava*, the sun, the light was blazing; *i suoi occhi sfolgoravano*, her eyes were shining.

sfolgoreggiare *v.intr.* (*letter.*) to blaze; to flash, to shine*.

sfolgorio *s.m.* blaze; flashing: *uno — di luci, di gioielli*, a blaze of lights, of jewels.

sfollagente *s.m.* truncheon; (*amer.*) nightstick.

sfollamento *s.m.* **1** dispersal **2** (*per misure di sicurezza*) evacuation: *è stato necessario lo — della città*, it was necessary to evacuate the town **3** (*riduzione di personale*) reduction, cutback, curtailment: — *di personale*, staff reduction; — *della pubblica amministrazione*, cutback in the number of civil servants.

sfollare *v.tr.* **1** to disperse, to clear; (*per misure di sicurezza*) to evacuate: *i poliziotti sfollarono la gente dalla sala*, the policemen cleared the people out of the hall; *il pubblico cominciava a — lo stadio*, the crowd began to leave the stadium; — *la popolazione dalle zone terremotate*, to evacuate the population

from the earthquake zones **2** (*ridurre il personale*) to reduce, to cut* down: — *i quadri direttivi*, to cut down the managerial staff ♦ *v.intr.* **1** to disperse: *dopo il comizio la gente sfollò in varie direzioni*, after the meeting the people dispersed in different directions **2** (*per misure di sicurezza*) to evacuate (sthg.), to be evacuated: — *da una città*, to evacuate a city.
□ **sfollarsi** *v.intr.pron.* to become* empty.

sfollato *agg.* evacuated ♦ *s.m.* evacuee.

sfoltimento *s.m.* thinning out; (*riduzione*) reduction, cut, curtailment.

sfoltire *v.tr.* **1** to thin (out); to prune: — *un bosco*, to thin out a wood; *farsi — i capelli*, to have one's hair thinned out **2** (*ridurre*) to reduce, to cut*, to curtail.
□ **sfoltirsi** *v.intr.pron.* to thin.

sfoltita *s.f.* thinning: *farsi dare una — ai capelli*, to have one's hair thinned out.

sfoltitrice *s.f.* thinning scissors (*pl.*).

sfondamento *s.m.* **1** breaking (*anche fig.*) **2** (*mil.*) breakthrough.

sfondare *v.tr.* **1** (*rompere il fondo a*) to break* the bottom of (sthg.); to knock the bottom out of (sthg.); to smash in: *sfondò la scatola*, he smashed in the box; — *una barca*, to stave in a boat **2** (*rompere passando*) to break* through, to smash through; to break* down: *sfondò la porta*, he broke the door down // — *una porta aperta*, to explain what is obvious; (*fare sforzi inutili*) to flog a dead horse **3** (*mil.*) to break* through, to pierce: — *le linee nemiche*, to break through the enemy lines ♦ *v.intr.* (*aver successo*) to have success; to make* a name for oneself: *lavora da due anni come avvocato ma non ha ancora sfondato*, he has been working two years as a lawyer but he hasn't been very successful yet.
□ **sfondarsi** *v.intr.pron.* to break* at the bottom; to burst* at the bottom; to be smashed in: *se riempi troppo la scatola si sfonderà*, if you overfill the box it will burst (*o* break) at the bottom.

sfondato *agg.* **1** without a bottom (*pred.*); bottomless; (*sfasciato*) broken: *un cesto —*, a basket with a broken bottom; *una porta sfondata*, a broken door // *scarpe sfondate*, worn -out shoes // *è ricco —*, (*fig. fam.*) he is rolling in it **2** (*fig. fam.*) (*insaziabile*) insatiable, voracious ♦ *s.m.* **1** (*pitt.*) trompe l'oeil perspective **2** (*anat.*) cul-de-sac.

sfondatura *s.f.* (*non com.*) (*il rompere passando*) breaking through; (*il rompere spalancando*) breaking open; (*l'abbattere*) breaking down; (*il fare a pezzi*) smashing.

sfondo *s.m.* **1** background: *lo — di un quadro*, the background of a picture // *sullo —*, in the background: *un vecchio castello sullo — del mare*, an old castle with the sea in the background // (*inform.*) *lavorare in —*, to work in background **2** (*ambiente*) background; setting: *fa da — a quest'opera la New York del diciottesimo secolo*, the setting of this novel is eighteenth-century New York; *le vicende del protagonista hanno per — la guerra civile spagnola*, the adventures of the hero take place against the background of the Spanish Civil War // *un delitto a — politico*, a crime with a political background.

sfondone *s.m.* (*fam.*) blunder, howler: *dire uno —*, to make a howler.

sforacchiare *v.tr.* to riddle with holes, to perforate.

sforacchiatura *s.f.* (riddling with) holes.

sforamento *s.m.* overrunning: *lo — dei tempi*, overrunning of the time.

sforare *v.intr.* **1** (*di trasmissione televisiva*) to overrun* **2** (*estens.*) (*superare i limiti*) to overrun*: *abbiamo sforato di dieci milioni*, we've overrun the budget by ten million.

sforbiciare *v.tr.* to cut* (with scissors), to snip ♦ *v.intr.* (*sport*) to do* a scissors kick.

sforbiciata *s.f.* **1** cut, snip: *dare una — ai capelli*, to snip one's hair **2** (*sport*) scissors kick.

sformare *v.tr.* **1** to pull out of shape: to put* out of shape; to deform: — *un cappello*, to pull a hat out of shape **2** (*togliere dalla forma*) to remove from the mould: — *un budino*, to turn out a pudding.
□ **sformarsi** *v.intr.pron.* to lose* one's shape: to get* out of shape: *non tirare il maglione, si sformerà*, don't pull your sweater or it will lose its shape; *con gli anni si è terribilmente sformata*, over the years she has got badly out of shape.

sformato *agg.* **1** shapeless: *queste scarpe sono sformate*, these shoes have lost their shape **2** (*di persona*) out of shape (*pred.*) ♦ *s.m.* (*cuc.*) type of flan.

sfornaciare *v.tr.* to take* out of the furnace.

sfornare *v.tr.* **1** to take* out of the oven **2** (*produrre*) to bring* out, to churn out: *sforna un romanzo ogni due anni*, he churns (*o* he turns) out a novel every two years; *l'università continua a — laureati*, the university continues to churn out graduates.

sfornellare *v.intr.* (*fam.*) to cook.

sfornire *v.tr.* to deprive, to strip.
□ **sfornirsi** *v.rifl.* to deprive oneself.

sfornito *agg.* **1** deprived, lacking (in sthg.); (*di merci*) unstocked: — *di denaro*, without any money; — *di zucchero*, out of sugar; *un negozio —*, a poorly stocked shop; *è completamente — di buon senso*, he is completely lacking in common sense // (*dir.*) *diritto — di tutela*, right without remedy **2** (*mil.*) undefended.

sforo *s.m.* (*teatr.*) gap, slit.

sfortuna *s.f.* bad luck Ⓤ, ill luck Ⓤ; (*disgrazia*) misfortune: *perseguitato dalla —*, dogged by bad luck; *questa fu una vera —!*, that was a real piece of bad luck!; *che —!*, what bad luck! (*o* how unlucky!); *la mia solita —!*, just my luck!; — *in amore*, unluckiness in love; *mi porta —*, it brings me bad luck // — *volle che non riuscissimo ad arrivare in tempo*, unfortunately (*o* as luck would have it) we couldn't get there in time.

sfortunatamente *avv.* unfortunately, unluckily.

sfortunato *agg.* **1** unlucky, unfortunate: *una persona, avventura sfortunata*, an unlucky person, adventure; *è stato un anno — per me*, it has been an unlucky year for me; *sono sempre — al gioco*, I am never lucky at gambling // — *al gioco, fortunato in amore*, (*prov.*) unlucky at cards, lucky in love **2** (*che ha cattivo esito*) unsuccessful: *tentativo —*, unsuccessful attempt; *matrimonio —*, unsuccessful marriage.

sforzare *v.tr.* **1** to strain, to force: — *gli occhi, la voce*, to strain one's eyes, one's voice // *non — il motore, è ancora nuovo*, don't run the engine at full throttle, it's still new **2** (*scassinare*) to force: — *una serratura, una porta*, to force a lock, a door **3** (*costringere*) to force: — *qlcu. a fare qlco.*, to force s.o. to do sthg.: *se non ha fame non sforzarlo a mangiare*, if he's not hungry don't force him to eat.
□ **sforzarsi** *v.intr.pron.* to strive*, to try hard: *si sforzò di farsi capire*, he strove (*o* tried hard) to make himself understood; *si sforzò di non piangere*, he tried hard not to cry // *ti sei sforzato a farmi quel regalo!*, (*iron.*) you really strained yourself giving me that present!

sforzatamente *avv.* **1** (*con grande sforzo*) with much effort; with a great effort **2** (*in modo forzato*) forcedly.

sforzato *agg.* **1** (*costretto*) forced, compelled **2** (*artificioso*) forced; false: *posa sforzata*, false attitude; *sorriso —*, forced smile **3** (*arbitrario*) arbitrary, strained: *un'interpretazione sforzata di un testo*, an arbitrary (*o* strained) interpretation of a text.

sforzatura *s.f.* (*non com.*) **1** (*lo sforzare*) straining, forcing **2** (*lo scassinare*) forcing: *la — di una porta*, the forcing of a door **3** (*cosa sforzata*) farfetched thing, distortion: *nel romanzo ci sono molte sforzature*, in the novel there are many distortions (*o* strained effects).

sforzesco *agg.* Sforza (*attr.*); of the Sforza family // *il Castello —*, the Sforza castle.

sforzo *s.m.* **1** effort; strain; exertion: — *fisico, mentale*, physical, mental effort; — *di volontà*, effort of will; *dopo molti sforzi*, after much effort; *malgrado tutti i miei sforzi*, in spite of all my efforts (*o* exertions); *senza —*, without effort; *feci ogni — per aiutarlo*, I made every effort to help him; *non fare sforzi*, don't strain yourself; *non mi costa nessuno —*, it is no effort for me; *fare uno —*, to make an effort; *fare sforzi disperati*, to make desperate efforts; *sostenere lo —*, to stand (*o* to bear) the strain; *ha fatto lo — di chiamarmi!*, (*iron.*) he managed to make the effort to call me! // *bello —!*, (*iron.*) what a strain!: *"Parla bene l'inglese!" "Bello —, ha vissuto a Londra!"*, "He speaks English very well!" "It wasn't too difficult, he has lived in London!" **2** (*fis., mecc.*) stress, strain: — *di flessione*, bending stress; — *di taglio*, shearing stress; — *di torsione*, torsional stress; (*mecc.*) *mettere sotto —*, to put under stress // (*ferr.*) — *di trazione ai cerchioni*, tractive effort at the periphery of the driving-wheel; — *totale di trazione*, gross tractive effort.

sfottere *v.tr.* (*fam.*) to take* the mickey out of (s.o.); to pull s.o.'s leg: *sfotte sempre i suoi amici*, he's always taking the mickey out of his friends; *lo sfottono per la sua pronuncia*, they tease him because of his accent.
□ **sfottersi** *v.rifl.rec.* (*fam.*) to take* the mickey out of each other (one another).

sfotticchiare *v.tr.* (*pop.*) to tease, to kid.

sfottimento *s.m.* (*fam.*) mickey-taking, teasing, leg-pulling, leg-pull.

sfottitore *s.m.* (*fam.*) mickey-taker, tease.

sfottitura *s.f.* **sfottò** *s.m.* (*fam.*) mickey -taking, teasing, leg-pull.

sfracassamento *s.m.* (*non com.*) smashing, shattering.

sfracassare *v.tr.* (*non com.*) to smash, to shatter.
□ **sfracassarsi** *v.intr.pron.* (*non com.*) to shatter, to break* in pieces.

sfracellare *v.tr.* to smash; to shatter: *le sfracellò il cranio*, it smashed her head in.

□ **sfracellarsi** *v.intr.pron.* to crash; to smash: *l'aeroplano si sfracellò contro la montagna*, the aeroplane crashed into the mountain; *l'automobile andò a — contro un muro*, the car smashed into a wall.

sfragistica *s.f.* (*sigillografia*) sphragistics [U].

sfragistico *agg.* (*relativo alla sfragistica*) sphragistic.

sfrangiare *v.tr.* to fringe.
□ **sfrangiarsi** *v.intr.pron.* to fray.

sfrangiato *agg.* **1** (*sfilacciato*) frayed **2** (*ornato di frangia*) fringed **3** (*bot., zool.*) fimbriate(d).

sfratarsi *v.intr.pron.* to leave* a monastic order.

sfrattare *v.tr.* **1** to turn out, to evict: *— un inquilino*, to evict a tenant **2** (*estens.*) (*mandare via*) to send* away ◆ *v.intr.* **1** (*andarsene da un alloggio*) to move (out) **2** (*fam.*) (*abbandonare in fretta un luogo*) to get* out, to leave*: *sfratta dalla mia sedia!*, get out of my chair!

sfrattato *agg.* evicted ◆ *s.m.* evicted tenant.

sfratto *s.m.* turning out, eviction: *ingiunzione di —*, eviction order (*o* notice to quit); *dare lo —*, to give notice to quit; *ricevere, subire lo —*, to receive notice to quit.

sfrecciare *v.intr.* to speed*, to dart; (*fam.*) to whizz: *le automobili sfrecciavano sull'autostrada*, the cars sped along the motorway; *mi è sfrecciato davanti senza salutare*, he darted (*o* whizzed) past me without saying hello.

sfregamento *s.m.* **1** rubbing, friction **2** (*med.*) rub: *— pleurico*, pleuritic rub.

sfregare *v.tr.* **1** to rub; (*per lucidare*) to polish: *sfregarsi gli occhi*, to rub one's eyes; *— l'argento per lucidarlo*, to polish silver; *— due pietre*, to rub two stones together; *— il pavimento*, to scrub the floor **2** (*strisciare*) to scrape: *— una sedia sul pavimento*, to scrape a chair on the floor; *— un fiammifero contro il muro*, to strike a match against the wall **3** (*graffiare*) to scratch, to graze.

sfregata *s.f.* (*non com.*) rub.

sfregatura *s.f.* **1** (*sfregamento*) rubbing, friction **2** (*graffiatura*) scratch; mark.

sfregiare *v.tr.* **1** (*deturpare*) to disfigure; (*con oggetto tagliente*) to slash: *le sfregiò il viso*, he slashed her face; *— un quadro*, to slash a painting; *— un monumento*, to deface a building **2** (*offendere nell'onore*) to disgrace; to tarnish, to sully, to dishonour.
□ **sfregiarsi** *v.rifl.* o *intr.pron.* (*farsi uno sfregio*) to scar oneself.

sfregiato *agg.* disfigured; scarred ◆ *s.m.* (*chi ha uno sfregio*) scarface.

sfregiatore *s.m.* disfigurer; slasher.

sfregio *s.m.* **1** slash, cut; (*cicatrice*) scar; (*graffio*) scratch: *avere uno — sulla guancia*, to have a scar on one's cheek; *fare uno — a qlcu.*, to slash (*o* to scar) s.o.; *una tela con molti sfregi*, a canvas with a lot of scratches **2** (*offesa*) disgrace; (*affronto*) affront; (*insulto*) insult.

sfrenamento *s.m.* (*non com.*) unleashing, breaking loose.

sfrenare *v.tr.* **1** (*non com.*) (*togliere il freno a*) to take* the brake off (sthg.), to release the brake on (sthg.): *— la macchina*, to take the brake off the car **2** (*fig.*) to let* loose, to unleash; to give* free play to (sthg.): *— la propria immaginazione*, to let one's imagination run wild.
□ **sfrenarsi** *v.intr.pron.* **1** (*non com.*) (*liberarsi dal freno*) to slip the brake **2** (*fig.*) (*scatenarsi*) to run* wild.

sfrenatezza *s.f.* **1** wildness; lack of restraint **2** (*atto sfrenato*) wild behaviour, excess.

sfrenato *agg.* **1** with the brake off **2** (*fig.*) wild, unbridled; unrestrained: *ambizione, passione sfrenata*, unbridled ambition, passion; *una corsa sfrenata*, a headlong rush; *un ragazzo —*, a wild (*o* unruly) boy; *riso, pianto —*, unrestrained laughter, crying.

sfrido *s.m.* **1** (*comm.*) loss, wastage, shrinkage **2** (*tecn.*) scrap; off-cuts (*pl.*); swarf [U].

sfriggere, **sfrigolare** *v.intr.* to sizzle; to hiss.

sfrigolio *s.m.* sizzling; hissing.

sfringuellare *v.intr.* (*non com.*) **1** to twitter; to warble **2** (*fig.*) (*cianciare*) to chatter, to prattle ◆ *v.tr.* (*spifferare*) to blab, to tell*.

sfrombolare *v.tr.* (*non com.*) (*scagliare con la fionda*) to sling*.

sfrondamento *s.m.* (*non com.*) **1** stripping of leaves **2** (*fig.*) cutting, pruning.

sfrondare *v.tr.* **1** (*togliere le fronde a*) to strip of leaves **2** (*togliere il superfluo a*) to cut*, to prune: *— un discorso, un racconto*, to cut a speech, a report.
□ **sfrondarsi** *v.intr.pron.* to shed* its leaves.

sfrondato *agg.* **1** bare, stripped of leaves **2** (*fig.*) (*alleggerito del superfluo*) pruned, cut down, reduced to the bare bones.

sfrondatura *s.f.* stripping, pruning.

sfrontataggine → **sfrontatezza**.

sfrontatamente *avv.* with effrontery, impudently.

sfrontatezza *s.f.* effrontery; impudence; shamelessness; (*fam.*) cheek, nerve: *ebbe la — di dirlo!*, he had the impudence to say it!; *ebbe la — di scrivermi ancora*, he had the cheek (*o* nerve) to write to me again.

sfrontato *agg.* impudent; brazen; shameless; (*fam.*) cheeky: *risposta sfrontata*, impudent reply; *è una menzogna sfrontata!*, it's a barefaced lie! ◆ *s.m.* impudent person; (*fam.*) cheeky devil: *è uno —!*, he is an impudent person! (*o fam.* he's got a nerve *o* a cheek!).

sfrusciare *v.intr.* to rustle; to hiss.

sfruscio *s.m.* rustling; hissing.

sfruttabile *agg.* exploitable.

sfruttamento *s.m.* exploitation, utilization: *— di una miniera*, exploitation of a mine; *— delle risorse del sottosuolo*, exploitation of mineral resources; *— dell'energia solare*, utilization of solar power; *— della manodopera*, exploitation (*o* sweating) of labour.

sfruttare *v.tr.* **1** to overwork; to exploit, to utilize: *— il terreno*, to overwork land; *— razionalmente un fondo agricolo*, to make optimum use of a farm land; *— un giacimento petrolifero*, to exploit an oil field; *— un impianto*, to utilize a plant **2** (*approfittare di*) to exploit; to abuse; to take* advantage of (s.o., sthg.), to profit by (s.o., sthg.): *sfruttò la sua dabbenaggine, la sua generosità*, he exploited (*o* abused) his simple-mindedness, his generosity; *non lasciarti — da lui*, don't let him take advantage of you; *— un successo*, to exploit a success; *— i lavoratori*, to exploit (*o* to sweat) workers // *— una donna*, to live on the immoral earnings of a woman **3** (*utilizzare al meglio*) to make* the most of (sthg.): *la casa è piccola e devo — bene lo spazio*, the house is small and I have to make maximum use of the space; *cercherò di — al massimo le mie vacanze*, I shall try to make the most of my holidays.

sfruttatore *agg.* exploiting ◆ *s.m.*, **sfruttatrice** *s.f.* **1** exploiter **2** profiteer; speculator; (*di prostitute*) pimp.

sfuggente *agg.* **1** receding: *fronte, mento —*, receding forehead, chin **2** (*fig.*) shifty; evasive: *una persona —*, a shifty person; *sguardo —*, elusive look.

sfuggevole *agg.* fleeting, transitory, transient: *un ricordo —*, a fleeting memory.

sfuggevolezza *s.f.* (*non com.*) fleetingness, transitoriness.

sfuggire *v.intr.* **1** to escape (s.o., sthg.), to slip (sthg.): *— a un attentato*, to escape an attempt on one's life; *il capo della banda è riuscito a — alla giustizia*, the leader of the gang managed to get off scot-free (*o* away with it); *mi è sfuggito il suo nome*, his name has slipped my mind (*o* escaped me); *mi sfuggì di mano*, it slipped out of my hands; *non lasciarti — quest'occasione*, don't miss this opportunity (*o* don't let this opportunity slip); *nulla sfugge alla sua mente perspicace*, nothing escapes his quick mind; *mi è proprio sfuggito che ieri era il tuo compleanno*, it completely slipped my mind that it was your birthday yesterday; *— alla morte, a un castigo*, to escape death, a punishment; *— all'attenzione di qlcu.*, to escape s.o.'s notice (*o* to pass unnoticed) // *— per un pelo*, to escape by the skin of one's teeth (*o* to have a narrow escape) **2** (*di parola, scappar di bocca*) to escape (s.o.): *gli sfuggirono cose che non avrebbe dovuto dire*, he let out (*o* blurted out) things he should not have said; *non gli è sfuggita una sola parola*, not a single word escaped him (*o* he didn't let out a single word) ◆ *v.tr.* to avoid; to shun: *— il pericolo*, to avoid danger; *— una responsabilità*, to get out of a responsibility; *tutti lo sfuggono*, everyone avoids him.

sfuggita, di *locuz.avv.* quickly (*o* hastily): *vedere qlcu. di —*, to have a glimpse of s.o.; *è arrivato mio zio ma l'ho visto solo di —*, my uncle has arrived but I've only seen him for a minute.

sfumare *v.intr.* **1** to evaporate, to get* thinner: *la nebbia cominciava a —*, the fog began to get thinner **2** (*andare in fumo*) to vanish; to go* up in smoke, to come* to nothing: *speranze che sfumano*, vanishing hopes; *il mio viaggio in America è sfumato*, my journey to America has come to nothing (*o* fallen through); *l'affare è sfumato*, the deal went up in smoke **3** (*di colori*) to shade: *un blu che sfuma nel viola*, a blue shading into violet ◆ *v.tr.* **1** (*attenuare la tonalità*) to shade: *— un disegno*, to shade a drawing; *— un'ombra*, to soften a shadow; *— un colore*, to tone down (*o* to soften) a colour // *— i capelli*, to have one's hair tapered **2** (*un suono*) to diminish gradually, to fade **3** (*far evaporare*) to steam.

sfumato *agg.* **1** (*svanito*) vanished: *un progetto —*, a vanished project **2** (*di colori, luci*) soft; shaded **3** (*vago*) vague, hazy ◆ *s.m.* (*pitt.*) sfumato.

sfumatura *s.f.* **1** (*lo sfumare*) shading **2** (*tono, gradazione*) shade, nuance, tone: *le sfumature del verde*, the shades of green **3** (*accenno*) hint, touch: *c'era una — di rimprovero nelle sue parole*, there was a hint (*o* touch) of criticism in his words // *bisogna saper cogliere le sfumature*, you need to be able to distinguish the shades of meaning **4** (*taglio di capelli*) tapering.

sfumino *s.m.* (*pitt.*) stump.

sfumo *s.m.* shading; stumping.

sfuocare e *deriv.* → **sfocare** e *deriv.*

sfuriare *v.tr.* (*non com.*) (*manifestare la propria ira*) to vent: — *la propria collera*, to vent (*o* to give vent to) one's rage ◆ *v.intr.* (*sfogarsi*) to rage, to give* vent to one's rage.

sfuriata *s.f.* outburst (of anger); fit of passion; (*rimprovero*) tirade; telling-off: *fa spesso sfuriate, ma si calma subito*, he often loses his temper but he calms down quickly; *mi fece una — perché ero arrivato tardi*, he told me off because I had arrived late // — *di vento, di pioggia*, gust of wind, of rain.

sfuso *agg.* **1** (*liquefatto, sciolto*) melted: *burro* —, melted butter **2** (*non confezionato*) loose, by measure: *olio, vino* —, loose oil, wine; *comprare caramelle sfuse*, to buy sweets loose.

sgabello *s.m.* stool; (*per appoggiarvi i piedi*) footstool // *farsi — di qlcu.*, (*sfruttarlo*) to exploit s.o.

sgabuzzino *s.m.* closet; (*fam.*) cubbyhole.

sgambare[1] *v.intr.* **sgambarsi** *v.intr.pron.* **1** (*non com.*) to walk fast; (*camminare a lunghi passi*) to stride* **2** (*sport*) (*scaldarsi*) to warm up.

sgambare[2] *v.tr.* (*non com.*) (*un fiore*) to remove the stalk from (a flower).

sgambata *s.f.* **1** (*non com.*) (*lunga passeggiata*) long walk; (*corsa*) run **2** (*sport*) warm-up.

sgambatura *s.f.* (*sport*) (*riscaldamento*) warm-up.

sgambettamento *s.m.* (*non com.*) **1** (*lo sgambettare*) kicking **2** (*il fare lo sgambetto*) tripping (up).

sgambettare *v.intr.* **1** (*dimenare le gambe*) to kick (one's legs) about **2** (*camminare con passi corti e rapidi*) to trip (along), to scurry (along), to scuttle (along) ◆ *v.tr.* (*gettare a terra con uno sgambetto*) to trip (up).

sgambettata *s.f.* → **sgambettamento**.

sgambetto *s.m.* trip: *mi fece lo — e caddi per terra*, he tripped me up and I fell to the ground // *fare lo — a qlcu.*, (*fig.*) to oust s.o. (from an office) (*o* to supplant s.o.).

sgamollatura *s.f.* (*agr.*) pruning.

sgamollo *s.m.* (*agr.*) pruned tree.

sganasciamento *s.m.* (*non com.*) dislocation (of the jaw).

sganasciare *v.tr.* **1** (*non com.*) to dislocate (s.o.'s jaw) **2** (*fig. region.*) (*sfasciare*) to break*: — *un mobile*, to break up (*o* to smash) a piece of furniture // — *un libro*, to tear up a book.

□ **sganasciarsi** *v.intr.pron.* to dislocate one's jaw // — *dalle risate*, to split one's sides with laughter (*o* to laugh one's head off).

sganasciata *s.f.* **1** (*non com.*) dislocation (of the jaw) **2** (*risata fragorosa*) loud laugh, guffaw.

sganascione *s.m.* slap.

sganciabile *agg.* releasable; that can be unhooked; that can be disconnected.

sganciabombe *s.m.* bomb release (gear).

sganciamento *s.m.* unhooking; (*di vetture ferroviarie*) uncoupling; (*di bombe*) releasing, dropping.

sganciare *v.tr.* **1** to unhook; (*vetture ferroviarie*) to uncouple, to disconnect; (*bombe*) to release (bombs), to drop (bombs) **2** (*fam.*) (*sborsare denaro*) to stump up, to fork out, to shell out: — *una forte somma di denaro*, to fork out a lot of money.

□ **sganciarsi** *v.rifl.* o *intr.pron.* **1** to be unhooked; to come* unhooked; (*di vetture ferroviarie*) to come* uncoupled **2** (*liberarsi*) to get* away: — *da una persona noiosa*, to get away from a bore; *ho un impegno, se riesco a sganciarmi in tempo ti raggiungo*, I have an appointment, if I can get away in time I'll join you.

sgancio *s.m.* release, releasing, dropping.

sgangheramento *s.m.* (*non com.*) **1** unhinging **2** (*sfasciamento*) breaking up, smashing.

sgangherare *v.tr.* **1** to unhinge: *se continui a sbattere la porta in quel modo la sgangherai*, if you go on banging the door like that you'll have it off its hinges **2** (*sfasciare*) to break* up, to smash.

□ **sgangherarsi** *v.intr.pron.* (*scherz.*) (*sganasciarsi*) to split* one's sides with laughter, to roar with laughter.

sgangherato *agg.* **1** unhinged **2** (*sconquassato*) ramshackle, rickety, tumbledown: *sedia sgangherata*, rickety chair; *un'automobile sgangherata*, a ramshackle (*o* rickety *o* dilapidated) car **3** (*sguaiato*) boisterous, rowdy: *riso* —, boisterous laughter.

sgarbataggine, **sgarbatezza** *s.f.* **1** (*l'essere sgarbato*) impoliteness, rudeness **2** (*azione, atto sgarbato*) rudeness.

sgarbato *agg.* rude, impolite, unmannerly, ill-mannered: *uomo* —, rude man; *non essere — con tua sorella!*, don't be rude to your sister! ◆ *s.m.* rude person, impolite person.

sgarberia *s.f.* **1** (*l'essere sgarbato*) rudeness, impoliteness, incivility **2** (*parola, atto sgarbato*) rudeness: *ricevetti molte sgarberie da lui*, I was treated rudely (*o* impolitely) by him several times; *dire delle sgarberie*, to say rude things; *fare una — a qlcu.*, to be rude to s.o.; *è stata una — arrivare così in ritardo*, it was rude to arrive so late.

sgarbo *s.m.* rudeness, impoliteness: *fare uno — a qlcu.*, to be rude to s.o.; *subire uno* —, to suffer an insult (*o* to be insulted).

sgarbugliare *v.tr.* to untangle; to unravel, to straighten out, to sort out (*anche fig.*): — *una matassa di lana*, to untangle a skein of wool; — *una situazione complicata*, to unravel (*o* to straighten out) a complicated situation.

sgargiante *agg.* gaudy, flashy, showy: *colori sgargianti*, gaudy colours; *cravatta* —, flashy (*o* loud) tie; *era tutta* —, she was very showily dressed.

sgarrare[1] *v.intr.* **1** (*fam.*) (*mancare d'esattezza*) to be inaccurate; (*di orologio*) (*se è avanti*) to gain, (*se è indietro*) to lose*: *il mio orologio sgarra cinque minuti al giorno*, my watch gains (*o* loses) five minutes every day; *il mio orologio non sgarra mai un minuto*, my watch keeps perfect time // *non sgarra mai un minuto*, he is always dead on time **2** (*fam.*) (*di persona*) (*sbagliare*) to go* wrong, to be wrong, to be mistaken; to step out of line; (*venir meno al proprio dovere*) to slip up, to fail to do one's duty: *è un impiegato perfetto, non sgarra mai*, he is the perfect clerk, he never slips up // *ho detto così e non si sgarra*, that's what I said and that's the way it is.

sgarrare[2] *v.tr.* **sgarrarsi** *v.intr.pron.* (*region.*) (*strappare, strapparsi*) to tear*, to rip.

sgarrettare *v.tr.* **1** (*tagliare i garretti a*) to cut* the hocks of (an animal) **2** (*agr.*) to cut* back (the top of a plant).

sgarrettatura *s.f.* **1** (*di animale*) cutting of the hocks **2** (*agr.*) cutting back (the top of a plant).

sgarro *s.m.* **1** lapse, shortcoming, slip; transgression: *raccomando la puntualità, non ammetto nessuno* —, I insist on punctuality, I won't allow any lapses **2** (*gergo della malavita*) breach (of the criminal code).

sgarza *s.f.* (*zool.*) (*Ardeola ralloides*) squacco (heron).

sgarzare *v.tr.* to scrape away, to remove with a knife.

sgarzino *s.m.* scratch knife*.

sgasare *v.tr.* to make* a drink go flat; to remove gas from (a fizzy drink by shaking it) ◆ *v.intr.* (*fam.*) (*aut.*) to rev up.

□ **sgasarsi** *v.intr.pron.* (*gergo giovanile*) (*perdere l'entusiasmo*) to cool off, to get* jaded, to lose* enthusiasm; (*ridimensionarsi*) to come* down to earth.

sgattaiolare *v.intr.* **1** to slip away, to steal* away: *sgattaiolò via senza che lo vedessimo*, he stole (*o* slipped) away without our seeing him **2** (*fig.*) (*cavarsi d'impaccio*) to wriggle out (of sthg.): *non potei — da quell'impegno*, I could not wriggle out of that commitment.

sgavazzare *v.intr.* (*fam.*) (*far baldoria*) to make* merry; to enjoy oneself, to have a good time.

sgelare *v.tr.* (*fam.*) to thaw, to melt*; to defrost (*anche fig.*) // (*comm.*) — *crediti, progetti*, to defrost credits, projects ◆ *v.intr.* (*fam.*) to thaw, to melt*.

sgelo *s.m.* (*fam.*) thaw; thawing (out), melting; softening.

sghembo *agg.* oblique, crooked, slant(ing): *linee sghembe*, oblique lines // (*mat.*) *retta, curva sghemba*, skew line, curve; *corpo, campo* —, skew field // *a* —, obliquely (*o* crookedly *o* slantingly): *andare a* —, to walk crookedly // *tagliato di* —, cut on the bias.

sgherro *s.m.* **1** hired assassin; thug **2** (*spreg.*) (*poliziotto*) cop, pig.

sghiacciare *v.tr.* e *intr.* **sghiacciarsi** *v.intr.pron.* to thaw, to melt.

sghiaiare *v.tr.* to remove gravel from (sthg.).

sghignazzamento *s.m.* scornful laughter; sneering.

sghignazzare *v.intr.* to laugh scornfully, to sneer.

sghignazzata *s.f.* scornful laughter, sneering; (*risata fragorosa*) guffaw, loud laughter.

sghimbescio *agg.* oblique, crooked,

slant(ing) // *a, di* —, awry (*o* aslant); *aveva il cappello di* —, his hat was awry; *mettere qlco. a* —, to put sthg. aslant.

sghiribizzo *s.m.* (*ghiribizzo*) whim, caprice, fancy.

sgobbare *v.intr.* (*fam.*) (*lavorar molto*) to grind* away; (*fam.*) to slog, to slave; (*studiare sodo*) to swot.

sgobbata *s.f.* (*fam.*) drudgery, slavery, grind: *è stata una — ma ce l'abbiamo fatta*, it has been a real grind but we have done it.

sgobbo *s.m.* (*fam.*) drudgery, slavery, grind.

sgobbone *s.m.* hard worker; (*fam.*) slogger; (*spreg.*) plodder; (*studente*) swot.

sgocciolamento *s.m.* **1** dripping, trickling **2** (*difetto di verniciatura*) runs (*pl.*), tears (*pl.*).

sgocciolare *v.intr.* to drip, to trickle: *il rubinetto sgocciola*, the tap is dripping; *dalla crepa sgocciolava acqua*, water trickled down through the crack; *le foglie sgocciolano*, the leaves are dripping; *la pioggia sgocciola dalle foglie*, the rain is dripping from the leaves // *metti i piatti a* —, leave the dishes to dry (*o* drain) // *far — dell'olio in una padella*, to pour oil slowly into a pan ◆ *v.tr.* **1** (*lasciar cadere a gocce*) to (let) drip **2** (*vuotare fino all'ultima goccia*) to drain, to empty: — *il fiasco*, to drain the flask (to the last drop).

sgocciolatoio *s.m.* **1** drainer; drip tray, drip pan; (*edil.*) drip, dripstone **2** (*piano di scolo del lavello*) draining board; (*scolapiatti*) plate rack.

sgocciolatura *s.f.* (*lo sgocciolare*) dripping; (*gocce cadute*) drips (*pl.*), drops (*pl.*).

sgocciolio *s.m.* dripping, trickling: *lo — di quel rubinetto mi rende nervoso*, the dripping tap is getting on my nerves.

sgocciolo *s.m.* **1** (*lo sgocciolare*) dripping; trickling **2** (*ultima goccia*) last drop // *le mie finanze sono ormai agli sgoccioli*, I've got practically no money left; *le sue energie erano ormai agli sgoccioli*, he was on his last legs; *l'anno scolastico è ormai agli sgoccioli*, the school year is almost over; *la sua vita è ormai agli sgoccioli*, his life is drawing to a close.

sgolarsi *v.intr.pron.* to shout oneself hoarse.

sgomberare → **sgombrare**.

sgombero *s.m.* **1** (*lo sgomberare*) clearing (out), emptying; move, removal: *lo — di un magazzino*, the clearing (out) of a storeroom **2** (*evacuazione*) evacuation: *lo — di un quartiere*, the evacuation of an area; *la polizia ha effettuato lo — dell'edificio*, the police evacuated the building.

sgombrare *v.tr.* **1** to clear (*anche fig.*); (*portar via*) to clear away: *il vento sgombrò il cielo dalle nuvole*, the wind cleared the clouds from the sky; — *le macerie da una strada*, to clear away the rubble from a road; *sgombra tutte queste cose inutili*, clear away all these useless things; *sgombra il tavolo, la stanza dai tuoi libri*, clear the table, the room of your books; — *la mente dal sospetto*, (*fig.*) to clear one's mind of suspicion // — *il passo a qlcu.*, to make way for s.o. // (*mil.*) — *una posizione*, to abandon (*o* to give up) a position **2** (*lasciar libero*) to vacate, to move out of (sthg.); (*evacuare*) to evacuate, to clear: — *un appartamento*, to move out of a flat; *la polizia ha sgombrato la casa occupata*, the police moved everyone out of the squat; *la polizia ha sgombrato la piazza dai dimostranti*, the police cleared the square of the demonstrators; *il giudice fece — l'aula*, the judge cleared the courtroom; — *i feriti*, to evacuate the wounded; *il quartiere sarà sgombrato per evitare pericoli*, the zone will be evacuated because of the danger ◆ *v.intr.* **1** (*andarsene via*) to clear out, to clear off: *sgombrate velocemente se non volete essere visti*, clear off (*o* out) as soon as possible if you don't want to be seen // *sgombra !*, beat it! (*o* scram!) **2** (*region.*) (*traslocare*) to move (out): *sgombrarono in settembre*, they moved out in September.

sgombro[1] *agg.* **1** clear (of sthg.), free (from sthg.) (*anche fig.*): *animo — di sospetti*, mind free from suspicion; *avere la mente sgombra*, to have a clear mind **2** (*vuoto*) empty: *un ufficio* —, an empty office ◆ *s.m.* → sgombero.

sgombro[2] → **scombro**.

sgomentare *v.tr.* to dismay, to daunt, to frighten: *la notizia li sgomentò*, the news dismayed them.

□ **sgomentarsi** *v.intr.pron.* to be frightened, to get* frightened; to be dismayed, to be daunted: *non ti sgomentare, non è poi così difficile*, don't be dismayed (*o* frightened), it isn't that difficult.

sgomento *agg.* dismayed, daunted; frightened: *avere un'espressione sgomenta*, to look dismayed ◆ *s.m.* dismay, consternation; fright: *non ti far prendere dallo* —, don't be dismayed (*o* frightened); *sul suo viso si leggeva lo* —, from his expression he was clearly frightened; *riaversi dallo* —, to recover from the fright.

sgominare *v.tr.* to put* to flight, to rout; to defeat: — *i nemici*, to put the enemy to flight.

sgomitare *v.intr.* to elbow (*anche fig.*); *sgomitando raggiunse la prima fila*, he elbowed his way forward to the front row // *per affermarsi ha sgomitato non poco*, (*fig.*) he did a lot of elbowing to get to the top.

sgomitolare *v.tr.* to unwind*.

sgommare *v.tr.* **1** to ungum, to remove the gum from (sthg.) **2** (*tess.*) to degum ◆ *v.intr.* to squeal off; (*fam. amer.*) to batch out: *partì sgommando*, he shot off with a squeal of tyres.

□ **sgommarsi** *v.intr.pron.* to lose* gum.

sgommata *s.f.* (*di automobile*) squealing: *il rumore di una* —, the noise of squealing tyres.

sgommato *agg.* **1** not gummed, with no gum on it: *un francobollo* —, a stamp with no gum on it **2** (*di automobile, motoveicolo*) (*senza gomme*) tyreless; (*con le gomme consumate*) with worn-out tyres.

sgommatura *s.f.* (*tess.*) degumming, scouring.

sgonfiamento *s.m.* **1** deflation **2** (*econ.*) (*fase successiva a un boom*) slump.

sgonfiare *v.tr.* **1** to deflate: — *un pallone, un pneumatico*, to deflate (*o* to let the air out of) a balloon, a tyre **2** (*ridurre*) to bring* down (*anche fig.*): *l'antibiotico sgonfierà l'ascesso*, the antibiotic will bring down the abscess; — *la presunzione di qlcu.*, (*fig.*) to bring s.o. down a peg or two // — *uno scandalo*, to play down a scandal.

□ **sgonfiarsi** *v.intr.pron.* **1** to deflate: *il pallone si sgonfiò*, the balloon deflated **2** (*perdere il gonfiore*) to go* down: *l'ascesso si è sgonfiato*, the abscess has gone down **3** (*fig.*) (*abbassare le arie*) to come* down a peg or two: *dopo l'insuccesso si è sgonfiato*, after the failure he came down a peg or two (*o* he felt deflated).

sgonfiato *agg.* **1** deflated (*anche fig.*) // *pallone* —, (*fig.*) pricked (*o* punctured) balloon **2** (*che ha perso il gonfiore*) gone down (*pred.*).

sgonfiatura *s.f.* deflation.

sgonfio *agg.* **1** deflated: *pallone* —, deflated ball; *pneumatico* —, flat (*o* deflated) tyre **2** (*che ha perso il gonfiore*) gone down (*pred.*).

sgonnellare *v.intr.* **1** (*dimenarsi camminando*) to wiggle (one's hips), to sway one's hips **2** (*andare in giro per mettersi in mostra*) to parade around.

sgorbia *s.f.* (*tecn.*) gouge: — *triangolare*, corner chisel.

sgorbiare *v.tr.* **1** (*scarabocchiare*) to scrawl, to scribble **2** (*macchiare*) to stain; to blot.

sgorbiatura *s.f.* scrawl, scribble, squibble.

sgorbio *s.m.* **1** (*scarabocchio*) scrawl, scribble, squiggle: *non riesco a leggere i suoi sgorbi*, I cannot read his scrawl; *c'era uno — che poteva essere la firma*, there was a squiggle that could have been a signature; *ha riempito il foglio di sgorbi*, he has scribbled all over the page **2** (*macchia*) stain, blot **3** (*pittura mal fatta*) daub, mess: *questo non è un quadro, è uno* —, this is not a picture, it is a daub (*o* mess) **4** (*fig.*) (*persona brutta, deforme*) fright.

sgorgamento *s.m.* gushing out, spouting, spurting.

sgorgare *v.intr.* **1** to gush (out), to spout, to spurt; to flow*: *il petrolio sgorgò dal tubo*, the oil gushed from the pipe; *l'acqua sgorga dalla roccia*, water gushes out of the rocks; *il sangue sgorgava dalla ferita*, blood spurted from the wound; *le lacrime le sgorgano dagli occhi*, tears are flowing from her eyes // *parole di affetto le sgorgarono dal cuore*, loving words sprang from her heart **2** (*ant.*) (*sfociare*) to flow*: *il Po sgorga nell'Adriatico*, the Po flows into the Adriatic Sea ◆ *v.tr.* (*sturare*) to clear, to unclog: — *un condotto otturato*, to clear a blocked pipe.

sgorgo *s.m.* gush, spout.

sgottare *v.tr.* (*mar.*) to bail (out).

sgozzamento *s.m.* throat-cutting, throat-slitting.

sgozzare *v.tr.* to cut* s.o.'s throat, to slit* s.o.'s throat, to slaughter, to butcher: — *un agnello*, to cut a lamb's throat (*o* to slaughter a lamb).

sgozzatura *s.f.* (*non com.*) throat-cutting, throat-slitting; slaughter.

sgradevole *agg.* unpleasant, disagreeable, nasty: *un odore* —, an unpleasant (*o* disagreeable *o* nasty) smell; *trovarsi in una situazione* —, to be in an unpleasant situation; *una persona* —, an unpleasant (*o* a disagreeable) person.

sgradevolezza *s.f.* unpleasantness, disagreeableness, nastiness.

sgradire *v.tr.* (*non com.*) to dislike.

sgradito *agg.* unpleasant, disagreeable; (*male accetto*) unwelcome: *un sapore* —, an unpleasant (*o* disagreeable) taste; *visita sgradita*, unwelcome visit; *un complimento* —, an unwelcome compliment.

sgraffiare *v.tr.* (*fam.*) **1** (*graffiare*) to scratch; to scrape **2** (*rubare*) to pilfer.

sgraffiatura *s.f.* (*fam.*) (*graffiatura*) scratch; scrape.

sgraffignare *v.tr.* (*fam.*) (*rubare*) to pinch: *mi hanno sgraffignato il portafoglio*, my wallet has been pinched.

sgraffio *s.m.* (*fam.*) (*graffio*) scratch.

sgrammaticare *v.intr.* to make* grammatical mistakes.

sgrammaticato *agg.* ungrammatical, grammatically wrong; *parla, scrive in modo* —, he makes grammatical mistakes when he speaks, writes.

sgrammaticatura *s.f.* grammatical mistake: *questa lettera è piena di sgrammaticature*, this letter is full of grammatical mistakes.

sgranamento *s.m.* (*di piselli, fagioli ecc.*) shelling, hulling; (*di granoturco*) husking; (*di cotone*) ginning.

sgranare[1] *v.tr.* (*piselli, fagioli ecc.*) to shell, to hull; (*granoturco*) to husk; (*cotone*) to gin // — *gli occhi*, to open one's eyes wide // — *il rosario*, to say the rosary (*o* to tell one's beads).

sgranare[2] *v.tr.* (*fare in briciole*) to crumble.
□ **sgranarsi** *v.intr.pron.* to crumble: *una pietra che si sgrana rapidamente*, stone that crumbles quickly.

sgranare[3] *v.tr.* **sgranarsi** *v.intr.pron.* (*mecc.*) to disengage.

sgranato *agg.* (*di piselli, fagioli*) shelled, hulled; (*di granoturco*) husked; (*di cotone*) ginned // *con gli occhi sgranati*, wide eyed (*o* with one's eyes wide open).

sgranatoio *s.m.* → **sgranatrice**.

sgranatore *agg.* husk (*attr.*) ◆ *s.m.* husker.

sgranatrice *s.f.* (*per granoturco*) husker; (*per cotone*) cotton gin.

sgranatura *s.f.* (*di piselli, fagioli ecc.*) shelling, hulling; (*di granoturco*) husking; (*di cotone*) ginning.

sgranchire *v.tr.* **sgranchirsi** *v.rifl.* to stretch: — *le gambe*, to stretch one's legs; *ho bisogno di sgranchirmi un po'*, I need to stretch my legs a bit.

sgranellare *v.tr.* (*staccare gli acini dal grappolo*) to pull the grapes off a bunch, to pick the grapes off a bunch.
□ **sgranellarsi** *v.intr.pron.* (*sgretolarsi*) to crumble: *una pietra che si sgranella facilmente*, a stone that crumbles easily.

sgranellatura *s.f.* **1** (*lo staccare gli acini dal grappolo*) pulling grapes off the bunch **2** (*sgretolamento*) crumbling.

sgranocchiare *v.tr.* to munch: — *un biscotto, caramelle*, to munch a biscuit, sweets.

sgrassaggio *s.m.* degreasing.

sgrassare *v.tr.* **1** (*togliere le macchie di grasso*) to degrease, to remove the grease (stains) from (sthg.): — *i piatti*, to wash the grease off the plates **2** (*liquidi*) to skim the fat from (sthg.): — *il brodo*, to skim the fat from the broth.

sgrassatura *s.f.* **1** (*lo sgrassare*) degreasing **2** (*tess.*) (*lavaggio*) degreasing, scouring.

sgravamento *s.m.* (*non com.*) (*alleggerimento*) lightening, reduction; (*trib.*) relief, allowance, reduction.

sgravare *v.tr.* **1** (*alleggerire*) to lighten **2** (*fig.*) to relieve, to ease, to free: — *qlcu. da un lavoro pesante*, to relieve s.o. of a heavy job; — *qlcu. da una responsabilità*, to relieve s.o. of a responsibility; *mi hai sgravato da una grande preoccupazione*, you have taken a load (*o* a weight) off my mind; — *qlcu. da un debito*, to free s.o. from a debt; — *qlcu. da un'imposta*, to relieve (*o* to ease) s.o. of a tax.
□ **sgravarsi** *v.rifl.* o *intr.pron.* **1** to relieve oneself (of sthg.): *voleva — dal rimorso*, he wanted to ease his conscience **2** (*antiq.*) (*partorire*) to be delivered of a child; (*di animali*) to bring* forth.

sgravio *s.m.* **1** (*alleggerimento*) lightening, reduction: *uno — di lavoro*, a lightening (*o* reduction) of (*o* in) a work load // *a, per — di coscienza*, for conscience sake **2** (*trib.*) relief, abatement, allowance, reduction: — *d'imposta*, tax relief (*o* tax allowance *o* reduction in taxation) **3** (*fig. non com.*) (*giustificazione*) justification, excuse: *per suo — bisogna dire che non lo sapeva*, in his justification (*o* excuse) it must be said that he did not know it.

sgraziato *agg.* awkward, clumsy, ungainly, ungraceful; (*sgradevole*) disagreeable: *movimenti sgraziati*, clumsy (*o* awkward) movements; *è alto, ma molto* —, he is tall but very ungainly; *una voce sgraziata*, a disagreeable voice.

sgretolamento *s.m.* shattering, crumbling, falling apart (*anche fig.*): *lo — di un muro*, the crumbling of a wall; *lo — di un sistema politico*, the crumbling (*o* falling apart) of a political system.

sgretolare *v.tr.* to crumble; to shatter: *l'umidità sgretola l'intonaco*, humidity crumbles the plaster; *il colpo ha sgretolato il vetro*, the blow shattered the glass.
□ **sgretolarsi** *v.intr.pron.* to crumble, to fall* to pieces, to disintegrate (*anche fig.*): *il muro si sta sgretolando*, the wall is crumbling; *lentamente l'impero si sgretolò*, the empire slowly disintegrated (*o* crumbled *o* fell to pieces).

sgretolato *agg.* crumbled, crumbling; shattered, fallen to pieces (*anche fig.*): *roccia sgretolata*, crumbled rock.

sgretolio *s.m.* crumbling; shattering.

sgridare *v.tr.* to scold, to rebuke, to reprimand; (*fam.*) to tick off, to haul (s.o.) over the coals, to tell* off: *non sgridatemi, non ne ho colpa!*, don't scold me, it isn't my fault!; — *un alunno*, to scold (*o* to rebuke) a pupil.

sgridata *s.f.* scolding; (*fam.*) telling off, ticking off: *dare una — a qlcu.*, to scold s.o. (*o* to tell s.o. off *o* to tick s.o. off).

sgrigliatore *s.m.* grill cleaner.

sgrinfia *s.f.* (*fam.*) (*grinfia*) claw, clutch, talon (*anche fig.*).

sgrondare *v.intr.* (*sgocciolare*) to drip, to trickle: *mettere a — la biancheria*, to leave the washing to drip ◆ *v.tr.* (*far scolare*) to drain: — *un fiasco*, to drain a flask.

sgrondatore *s.m.* dripper, drainer.

sgrondatura *s.f.* **sgrondo** *s.m.* dripping; draining.

sgroppare *v.intr.* (*di cavallo*) to buck ◆ *v.tr.* (*un animale*) to break* the back of (an animal).
□ **sgropparsi** *v.intr.pron.* (*stancarsi*) to tire out, to wear* out, to exhaust.

sgroppata *s.f.* bucking, buckjump.

sgroppato *agg.* (*di animale*) (*sfiancato*) worn out; (*magro*) hollow-flanked.

sgropponata *s.f.* (*fam.*) (*faticata*) backbreaking job, drudgery.

sgrossamento *s.m.* (*sbozzo*) rough-shaping; rough-hewing.

sgrossare *v.tr.* **1** (*sbozzare*) to rough (-shape), to rough-hew*: — *un tronco*, to rough-hew a tree trunk **2** (*fig.*) (*dirozzare*) to refine.
□ **sgrossarsi** *v.intr.pron.* (*ingentilirsi*) to become* refined.

sgrossatura *s.f.* (*sbozzatura*) rough-shaping, rough-hewing.

sgrottamento *s.m.* (*agr.*) enlargement.

sgrottare *v.tr.* (*agr.*) to enlarge; (*miner.*) to undermine.

sgrovigliare *v.tr.* to unravel, to untangle, to sort out (*anche fig.*): *sgrovigliare una matassa di lana*, to untangle a skein of wool.

sguaiataggine meno com. **sguaiatezza** *s.f.* uncomeliness, unseemliness; (*volgarità*) coarseness.

sguaiato *agg.* unbecoming, unseemly, uncomely; (*volgare*) coarse: *linguaggio* —, coarse language; *persona sguaiata*, coarse (*o* rough) person; *posa sguaiata*, unbecoming posture; *riso* —, coarse laughter ◆ *s.m.* coarse person.

sguainare *v.tr.* to unsheathe: — *la spada*, to draw (*o* to unsheathe) one's sword.

sgualcire *v.tr.* to crumple; to wrinkle; to crease: — *un vestito*, to crease a dress; — *un giornale*, to crumple a newspaper.
□ **sgualcirsi** *v.intr.pron.* to crease, to get* crumpled: *questa stoffa si sgualcisce facilmente*, this material creases easily; *il giornale si è sgualcito*, the newspaper got crumpled.

sgualcito *agg.* crumpled, creased: *una camicia sgualcita*, a crumpled (*o* creased) shirt; *una lettera sgualcita*, a crumpled letter.

sgualdrina *s.f.* (*spreg.*) trollop, slut, tart.

sguancia *s.f.* (*ippica*) bit-strap, cheek strap.

sguanciare *v.tr.* **1** (*non com.*) to dislocate s.o.'s jaw; to break* s.o.'s jaw **2** (*edil.*) to splay.

sguancio *s.m.* (*edil.*) splay, splayed jamb.

sguardo *s.m.* look, glance; (*ammirato*) gaze; (*fisso*) stare: *uno — penetrante*, a piercing glance; *uno — d'amore*, a loving look (*o* an amorous glance); *uno — interrogativo, triste*, a questioning, sad look; *uno — vitreo*, a glassy stare; *esposto agli sguardi*, exposed to view; *distolse lo — da lei*, he looked away from her; *mi lanciò uno — furioso*, he glared at me; *attirare gli sguardi* (*di qlcu.*), to attract (s.o.'s) attention; *cercare qlcu. con lo* —, to look round for s.o.; *dare uno — a qlco.*, to have (*o* to take) a look (*o* glance) at sthg.; *darò uno — al giornale*, I'll have a look at the newspaper; *gettare uno —, lanciare uno — a qlcu., qlco.*, to cast a glance at s.o., sthg.; *lanciò uno — fuori dalla finestra*, he glanced out of the window; *sfuggire agli sguardi di qlcu.*, to escape (*o* to slip) s.o.'s notice; *volgere lo* —, to turn one's eyes; *non l'ho neanche degnato di uno* —, I didn't even glance at him // *al primo* —, at first sight // *occhi senza* —, dull eyes.

sguarnire *v.tr.* **1** to untrim, to strip the trimmings from, off (sthg.) **2** (*mil.*) to dismantle: — *un fortino, un presidio*, to dismantle a fort, a garrison.

sguarnito *agg.* **1** (*privo di guarnizioni*)

untrimmed, plain **2** (*estens.*) (*privo*) bare: *una casa sguarnita di quadri*, a house bare of pictures // (*sport*) *la squadra ha lasciato sguarnita la difesa*, the team left their defence uncovered.

sguattera *s.f.* scullery-maid.

sguattero *s.m.* scullery-boy.

sguazzamento *s.m.* wallowing (*anche fig.*).

sguazzare *v.intr.* **1** to wallow (*anche fig.*): *ai bambini piace — nella piscina*, children like to wallow in the swimming pool; *— nel fango*, to wallow in the mud; *— nell'oro, nel benessere*, (*fig.*) to be rolling in money, to be wallowing in riches **2** (*in indumenti*) to be lost: *— nel vestito, nel soprabito*, to be lost in one's suit, overcoat **3** (*trovarsi a proprio agio*) to be in one's element: *in certe situazioni ci sguazza*, he's in his element in certain situations.

sguincio → **sguancio**.

sguinzagliare *v.tr.* to unleash, to let* loose: *— un cane*, to unleash (*o* to let loose) a dog; *gli sguinzagliarono dietro la polizia, i cani*, they set the police, the dogs on him; *il colonnello sguinzagliò i suoi uomini sulle tracce dei disertori*, the colonel set his men on the tracks of the deserters.

□ **sguinzagliarsi** *v.rifl.* to get* on s.o.'s tracks.

sguizzare, **sguizzo** → **guizzare**, **guizzo**.

sgusciare[1] *v.intr.* to slip away, to slip out of (sthg.), to steal* away: *lo afferrai per il braccio, ma sgusciò via*, I caught him by the arm, but he slipped out of my grasp; *la saponetta mi sgusciò dalle mani*, the bar of soap slipped out of my hands.

sgusciare[2] *v.tr.* (*levare dal guscio*) to shell, to hull: *— le uova sode*, to shell hard-boiled eggs.

sgusciatrice *s.f.* (*agr.*) hulling machine.

sgusciatura *s.f.* shelling, hulling.

sguscio *s.m.* **1** (*arch.*) concave moulding **2** (*strumento per cesellare*) chaser's gauge.

shakerare *v.tr.* (*scuotere*) to shake*: *— un cocktail*, to shake a cocktail.

shakespeariano *agg.* Shakespearean, Shakespeare (*attr.*): *un'antologia shakespeariana*, a Shakespeare anthology.

shampoo *s.m.* shampoo: *uno — per capelli grassi*, a shampoo for greasy hair; *farsi uno —*, to shampoo one's hair.

shed *s.m.* (*edil.*) *tetto a —*, sawtooth roof.

shintoismo e *deriv.* → **scintoismo** e *deriv.*

shoccare → **scioccare**.

shock *s.m.* (*med.*) shock: *— insulinico, traumatico*, insulin, traumatic shock; *essere in stato di —*, to be in a state of shock // *la notizia per lui è stata uno —*, the news was a shock to him.

shocking *agg.* (*emozionante*) shocking // *rosa —*, shocking pink.

shockizzante *agg.* (*med.*) shock (*attr.*): *terapia —*, shock therapy.

shockterapia *s.f.* (*med.*) shock therapy.

shopping *s.m.* shopping: *fare lo — in centro*, to do one's shopping downtown; *andare a fare lo —*, to go shopping.

shuntaggio *s.m.* (*elettr.*) shunting.

shuntare *v.tr.* (*elettr.*) to shunt.

si[1] *s.m.* (*mus.*) si, B.

si[2] *pron.rifl.m. e f. 3ª pers.sing. e pl.compl.ogg. e ind.* **1** (*con i verbi riflessivi*) himself; herself; itself; themselves; (*riferito a sogg. impers.*) oneself (*in inglese sono spesso omessi*): *— è tagliato con un coltello*, he cut himself with a knife; *ella — guardò allo specchio*, she looked at herself in the mirror; *non — erano mai divertiti tanto*, they had never enjoyed themselves so much; *quando — presenterà un'occasione simile?*, when will such an opportunity present itself (*o* occur) again?; *vedendosi scoperto, capì che non aveva scampo*, seeing himself discovered, he realized there was no escape; *bisogna prepararsi al peggio*, we must prepare ourselves for the worst; *— veste con gusto*, she dresses in good taste; *il gatto — è nascosto nel ripostiglio*, the cat hid in the cupboard; *la porta — richiuse dietro di noi*, the door closed again behind us; *quando mi vide, — fermò*, when he saw me, he stopped; *si alzano presto la mattina*, they get up early in the morning; *in questi casi è opportuno rivolgersi a un avvocato*, in cases like this, it is advisable to see a lawyer • Come si nota dagli esempi, non sempre i verbi riflessivi in it. hanno in inglese la coniugazione riflessiva **2** (*coi riflessivi apparenti, con funzione di compl. di termine, in inglese si usa l'agg. poss. corrispondente*): *— è lavato le mani?*, has he washed his hands?; *— mise le mani in tasca*, he put his hands in his pockets; *— levarono il cappello*, they took their hats off; *— è fatto male a un ginocchio*, he hurt his knee **3** (*coi verbi intr. pron.; in inglese non si traduce*): *— dimentica sempre di chiudere la porta*, he always forgets to close the door; *— ricordarono di me*, they remembered me; *— accorse di non avere il portafogli*, he realized he hadn't got his wallet; *non fa che lamentarsi*, he does nothing but complain ◆ *pron.rec.* one another; (*spec. tra due*) each other: *— guardarono negli occhi*, they gazed into each other's eyes; *non — parlano più*, they don't speak to each other any more; *— scambiarono gli auguri*, they greeted one another; *i sindacati — consultarono* (*tra loro*) *per decidere sulle modalità dello sciopero*, the trade unions met to decide how to conduct the strike ◆ *particella pron.* (*nella costr. impers.*) **1** one; they; people; we; you; man, men: *— dice*, they say; *— direbbe che...*, one (*o* you) would say that...; *— parte tra poco*, we're leaving soon; *come — arriva all'autostrada?*, how do you get to the motorway?; *a scuola — viene in orario*, you must come to school on time; *ci — sente impotenti di fronte a tanta violenza*, one feels helpless in the face of such violence; *non — deve dimenticare che...*, we (*o* one *o* you) must not forget that...; *— raccomanda la massima discrezione*, you must be as discreet as possible; *"Si può passare di qui?" "No, non — può"*, "Can you go this way?" "No, you can't"; *non — sa mai, non — può mai dire*, you never can tell // *mi — dice che...*, I have heard that...; *gli — chiede troppo*, it is asking too much of him // *non — vive di solo pane*, (*prov.*) man does not live by bread alone **2** (*con valore passivante*): *la mostra s'inaugura il mese prossimo*, the exhibition will be inaugurated next month; *qui — producono ottimi vini*, excellent wine is produced here; *qui — parla inglese*, English is spoken here // *affittasi, vendesi appartamento*, flat to rent, for sale **3** (*con valore intensivo o pleonastico*): *— è mangiato un pollo intero*, he ate a whole chicken; *non sa quel che — dice*, he doesn't know what he's saying; *— sono venduti tutto*, they sold everything up; *— faccia gli affari suoi!*, let him mind his own business!

sì[1] *particella di affermazione* **1** (*nelle risposte*) yes: *"Sono questi i tuoi occhiali?" "Sì"*, "Are these your glasses?" "Yes, they are"; *"Posso entrare?" "Sì"*, "Can I come in?" "Yes"; *"Vieni anche tu?" "Sì, vengo"*, "Are you coming too?" "Yes, I am"; *"Lo vuoi?" "Sì (lo voglio)"*, "Do you want it?" "Yes, I do"; *"Avete studiato?" "Sì"*, "Have you studied?" "Yes, we have"; *"Glielo dirai?" "Sì (glielo dirò)"*, "Are you going to tell him?" "Yes, I am"; *dire di —*, to say yes; *rispondere di —*, to answer yes; *gli chiesi se era contento del nuovo lavoro ed egli mi rispose di —*, I asked him if he liked his new job and he said yes (*o* he said he did); *pare di —*, it seems so (*o* it looks like it); *credo di —*, I think so // *—, grazie*, yes, please // *sì sì, — certo, ma —, certo che —*, (yes), certainly (*o* of course): *"Ha detto proprio così?" "Sì sì"*, "Is that exactly what he said?" "Yes, of course"; *"Sei sicuro di venire?" "Ma certo che —"*, "Are you sure you'll come?" "Yes, of course (I am)" **2** (*con uso enfatico*): *lui — che mi capisce!*, he really understands me!; *questa — che è bella!*, this is really good!; *e — che di pazienza ne ho tanta!*, (and) I (really) do have plenty of patience!; *e — che te l'avevo detto!*, I (really) did tell you; *—, domani!*, (*fam.*) yes, (and) pigs can fly! **3** (*con valore concessivo*) of course; admittedly: *—, d'accordo, ha sbagliato, ma non per questo è da condannare*, of course he made a mistake, but that's no reason to condemn him; *è un bell'appartamento, —, ma per noi è troppo grande*, admittedly it's a fine flat, but it's too big for us ◆ *s.m.* **1** yes: *un — deciso*, yes, definitely; *mi aspettavo un —*, I expected yes for an answer; *alla fine decise per il —*, in the end he decided to say (*o* he said) yes // *essere, stare tra il — e il no*, to be unable to make up one's mind (*o* to be undecided) // *pronunziare il —*, (*degli sposi*) to say "I will" **2** (*voto positivo*) ay (*pl.* ayes): *il referendum si è concluso con una netta vittoria dei — sui no*, the referendum produced a clear victory for the yeses over the noes ◆ *agg.invar.* (*fam.*) *una giornata —*, a good day.

◆ FRASEOLOGIA: *— e no*, (*circa*) about: *saranno — e no due chilometri da qui alla stazione*, it's about a mile from here to the station // *è più no che —*, it's very unlikely // *ti sbrighi — o no?*, are you going to hurry up, or not? // *se —*, (*in caso affermativo*) if so: *"Intendi venire alla riunione — o no? Se —, fammelo sapere"*, "Are you coming to the meeting or not? If you are, let me know" // *forse (che) —, forse (che) no*, maybe or maybe not // *uno — e uno no*, every second (*o* every other) person; *un giorno — e uno no*, every other day // *far cenno di —*, to nod.

sì[2] *avv.* (*ant., letter.*) → **così** *avv. nei significati 1 e 3* ◆ *cong.*: *— che, — da*, (*con valore consec.*) so that; so as (to): *dovete spedire il pacco entro oggi, — da farglielo pervenire in settimana*, you must send the parcel today, so as to make sure (*o* so that) it will arrive by the end of the week // *far — che*, to see to it (*o* to make sure) that: *occorreva far — che tutti fossero avvisati in tempo*, we had to see to it (*o* to make sure) that everyone was notified in time; *non facciamo — che un domani debba accusare proprio noi*, let's see to it (*o* make sure) that he can't turn round and blame us some day.

sialico *agg.* (*chim.*, *geol.*) sialic: *acido* —, sialic acid.

sialoadenite → **scialoadenite**.

siamese *agg.* Siamese: *gatto* —, Siamese cat *fratelli siamesi*, Siamese twins ◆ *s.m.* e *f.* Siamese (*pl. invar.*).

sia... sia *cong.correl.* **1** (*tanto... quanto*) both... and: — *il padre* — *la madre erano di origine francese*, both his father and his mother were of French origin; — *tu* — *io abbiamo torto*, both you and I (*o* both of us) are wrong **2** (*o... o...*) whether... or; either... or: — *per modestia* — *per pigrizia, non ha mai scritto niente*, whether (*o* either) out of modesty or laziness, he never wrote anything // *sia che... sia che*, whether (*o* if) ...or: — *che arrivino presto* — *che arrivino tardi...*, if (*o* whether) they arrive early or late...; — *che tu voglia,* — *che non voglia, partiremo domani*, we've leaving tomorrow, whether you like it or not.

sibarita *s.m.* e *f.* **1** Sybarite **2** (*persona di costumi molto raffinati*) sybarite.

sibaritico *agg.* sybaritic(al).

siberiano *agg.* e *s.m.* Siberian // *freddo, clima* —, freezing cold.

sibilante *agg.* **1** hissing, sibilant: *un suono* —, a hissing sound **2** (*fon.*) sibilant ◆ *s.f.* (*fon.*) sibilant.

sibilare *v.intr.* to whistle; to hiss: *la pallottola sibilò nell'aria*, the bullet whistled through the air; *il vento sibilava tra le foglie*, the wind was whistling through the leaves; *il serpente sibilava*, the snake hissed.

sibilio *s.m.* hissing.

sibilla *s.f.* sibyl.

sibillino *agg.* **1** sibylline **2** (*misterioso*) mysterious, sibylline: *discorso, sorriso* —, mysterious speech, smile; *una frase sibillina*, an enigmatic (*o* a sibylline) remark.

sibilo *s.m.* hiss, hissing sound; whistling, whistle: *il* — *del vento*, the whistling of the wind; *il* — *di una sirena*, the wail of a siren.

sic *avv.* (*lat.*) sic.

sicario *s.m.* hired killer, hired assassin, cutthroat: *il delitto fu commesso da un* —, the crime was committed by a hired killer.

siccativo *agg.* e *s.m.* (*chim.*) siccative: *olio* —, siccative oil.

sicché letter. **sì che** *cong.* **1** (*perciò*) so: *cominciò a nevicare,* — *decidemmo di tornare indietro*, it started snowing, so we decided to turn back **2** (*insomma, allora*) then, well: —, *vieni o non vieni?*, well, are you coming or not? (*o* are you coming or not, then?) **3** (*così che*) → cosicché.

siccità *s.f.* drought; dry weather: *un lungo periodo di* —, a long period of drought.

siccitoso *agg.* dry: *una regione siccitosa*, a region subject to drought.

siccome letter. **sì come** *avv.* (*come*) as: *chiaro* — *il sole*, as clear as daylight; *ho fatto* — *volevi tu*, I did as you wished ◆ *cong.* (*dal momento che*) as, since, because: — *sapevo che sarebbe venuto, rimasi ad aspettarlo*, since (*o* as) I knew he would come, I stayed and waited for him (*o* I stayed and waited for him because I knew he would come).

sicilianismo *s.m.* (*ling.*) Sicilianism.

siciliano *agg.* e *s.m.* Sicilian // *scuola poetica siciliana*, the Sicilian school of poetry.

sicofante *s.m.* sycophant.

sicomoro *s.m.* (*bot.*) (*Ficus sycomorus*) sycamore.

siconio *s.m.* (*bot.*) syconium*.

sicosi *s.f.* (*med.*) sycosis.

siculo *agg.* e *s.m.* Sicilian.

sicumera *s.f.* presumption; arrogance.

sicura *s.f.* safety catch.

sicuramente *avv.* **1** (*certamente*) certainly, definitely: *verrà* —, certainly he will come (*o* he is sure to come *o* he will definitely come); *è* — *stato lui a parlartene*, it must have been him that told you about it; *"Parti domani?" "Sicuramente!"*, "Are you leaving tomorrow?" "Of course (*o* certainly)!" **2** (*senza pericoli*) safely, in safety: *navigare* —, to sail safely.

sicurezza *s.f.* **1** (*certezza*) certainty: *avevo la* — *di riuscire*, I was sure of success; *non posso dirtelo con* —, I cannot tell you with certainty; *voglio avere la* — *di incontrarlo*, I want to be certain to meet him **2** (*qualità di chi è sicuro*) assurance; (self-)confidence: *guida con* —, he drives confidently; *la* — *del testimone impressionò la giuria*, the (self-)confidence of the witness made its mark on the jury; *rispondere con* —, to answer with assurance; *sa tutto ma manca di* —, he knows it all but he lacks confidence **3** (*immunità da pericoli*) safety; security: *la* — *di un luogo*, the safety of a place; — *pubblica*, public safety; — *sociale*, social security; *servizi di* —, security forces; — *sul lavoro*, industrial safety; — *dell'impiego*, security of employment; *dispositivo di* —, safety device; *lampada di* —, safety (*o* Davy) lamp; *misura di* —, precautionary (*o* safety) measure; *margine di* —, safety margin; *per maggior* —, for safety's sake; *rasoio di* —, safety razor; *serratura di* —, safety lock; *spilla di* —, safety pin; *uscita di* —, emergency door (*o* exit); *valvola di* —, safety valve // (*dir.*): *la Pubblica Sicurezza*, the Police; *guardia di pubblica* —, policeman **4** (*fiducia*) trust, confidence: *ispirare* —, to inspire confidence **5** (*inform.*) security.

sicurità → **sicurtà**.

sicuro *agg.* **1** (*certo*) sure, certain, assured: *guadagno* —, certain (*o* assured) income; *ne sono* —, I am sure of it; *sono* — *della sua sincerità*, I am sure of his sincerity; *sono* — *di averlo visto*, I am sure (*o* certain) I saw him; *sta'* —, be sure; *essere* — *di riuscire*, to be sure of succeeding; *salvare da sicura morte*, to save from certain death; *la vittoria è sicura*, victory is assured (*o* inevitable) **2** (*immune da pericoli*) safe, secure; (*ben difeso*) sheltered; (*protetto*) protected: — *da rischio, pericolo*, safe from risk, danger; *un luogo* —, a safe place; *una strada, guida, politica sicura*, a safe road, guide, policy; *qui sono* —, here I am safe; *un'auto sicura*, a safe car; *avere un lavoro* —, to have a secure job // *cercare un impiego* — *per i propri risparmi*, to look for a sound investment for one's savings **3** (*che non sbaglia*) unerring; unfailing; (*saldo*) steady, firm: *arma sicura*, accurate weapon; (*che non presenta pericoli*) safe weapon; *cavallo* —, (*non ombroso*) quiet horse; (*sicuramente vincente*) dead cert; *colpo d'occhio* —, unerring glance; *gusto* —, discerning taste; *mano sicura*, steady hand; *disegnare con mano sicura*, to draw with a steady hand // *a colpo* —, without fail **4** (*esperto*) skilful, skilled, expert; clever; confident: — *nel maneggio delle armi*, skilled (*o* expert) in handling weapons; *è molto* — *nel suo lavoro*, he is very confident (*o* expert) in his job; *un tiratore* —, a good shot; *nell'ortografia è poco* —, his spelling is rather shaky; *salì* — *sul palcoscenico*, he strode confidently onto the stage; *apparve* — *davanti alle telecamere*, he appeared confident in front of the TV cameras // — *di sé*, self-confident // *è* — *del fatto suo*, he knows what he is doing (*o* what he is about) **5** (*fidato*) reliable, trustworthy, trusty: *persona, fonte sicura*, reliable person, source; *mettere il proprio denaro in mani sicure*, to entrust one's money to safe hands; *puoi essere* — *di lui*, you can rely on him ◆ *s.m.* safety; (*luogo sicuro*) safe place: *essere al* —, to be in safety (*o* safe); *mettere al* —, to put in a safe place (*o* to put away safely); (*iron.*) (*in carcere*) to put out of harm's way; *tenere il proprio denaro al* —, to keep one's money in a safe place // *di* —, certainly: *di* — *pioverà*, it will certainly rain; *verrà di* —, he'll definitely come // *preferisco andare sul* — *e prenotare da casa*, I'd rather play safe and book from home.

sicuro *avv.* certainly, of course: *"Vuoi proprio partire?" "Sicuro!"*, "Do you really want to leave?" "Of course (*o* certainly)!".

sicurtà *s.f.* (*assicurazioni*) insurance: *polizza di* —, insurance policy; *premio di* —, insurance premium; (*mar.*) — *corpi*, hull insurance.

sidecar *s.m.* sidecar.

sidecarista *s.m.* sidecar passenger; (*guidatore*) motorcyclist.

siderale *agg.* (*astr.*) sidereal: *giorno, anno* —, sidereal day, year.

sidereo *agg.* (*astr.*) sidereal: *luce siderea*, sidereal light.

siderite *s.f.* (*min., geol.*) siderite.

sideritico *agg.* (*min., geol.*) sideritic.

siderofilo *agg.* e *s.m.* (*biol.*) siderophil(e).

siderografia *s.f.* siderography.

siderolite *s.f.* (*geol.*) siderolite.

siderosi *s.f.* (*med.*) siderosis.

siderostato *s.m.* (*astr.*) siderostat.

siderurgia *s.f.* iron and steel industry, iron metallurgy.

siderurgico *agg.* iron and steel (*attr.*): *industria siderurgica*, iron and steel industry; *stabilimento* —, steelworks (*o* ironworks) ◆ *s.m.* ironworker, steelworker; (*industriale*) steel manufacturer.

sidro *s.m.* cider; (*di pere*) perry.

sienite *s.f.* (*geol.*) syenite: *di, simile a* —, syenitic.

siepaglia, **siepaia** *s.f.* (*non com.*) thick hedge.

siepare *v.tr.* (*non com.*) to hedge, to put* a hedge round (sthg.): — *un giardino*, to put a hedge round a garden.

siepe *s.f.* **1** hedge; fence: — *morta, viva*, dead, quickset hedge; *tagliare la* —, to cut the hedge; *il cavallo saltò la* —, the horse jumped the fence // (*ippica*) *i 2000 m siepi*, 2000 metres steeplechase **2** (*barriera*) hedge, wall, barrier.

siero *s.m.* (*del sangue*) serum*; (*del latte*)

whey // — *antivipera*, snake (*o* viper) serum // — *della verità*, truth drug.

sieroalbumina *s.f.* (*biochim.*) seroalbumin.

sierodiagnosi *s.f.* (*med.*) serodiagnosis.

sieroglobulina *s.f.* (*biochim.*) seroglobulin.

sierologia *s.f.* (*med.*) serology.

sierologico *agg.* (*med.*) serologic, serological.

sieronegativo *agg.* (*med.*) seronegative.

sieropositivo *agg.* (*med.*) seropositive.

sieroprofilassi *s.f.* (*med.*) seroprophylaxis, seroprevention.

sieroproteina *s.f.* (*biochim.*) serum protein.

sierosa *s.f.* (*anat.*) serosa*, serous membrane.

sierosità *s.f.* serosity.

sieroso *agg.* (*med.*) serous: *ghiandola, membrana sierosa*, serous gland, membrane.

sieroterapia *s.f.* (*med.*) serotherapy.

sieroterapico *agg.* serotherapeutic.

sierra *s.f.* (*geogr.*) sierra.

siesta *s.f.* siesta; (*pisolino*) nap: *fare la* —, to have a nap (o to take a siesta).

sif *s.m.* (*geogr.*) seif dune.

siffatto *agg.* (*non com.*) such: *se si va con siffatta gente ci si rimette la reputazione*, if you go around with such people you will lose your reputation.

sifilide *s.f.* (*med.*) syphilis.

sifilitico *agg.* e *s.m.* syphilitic.

sifiloma *s.m.* (*med.*) syphiloma (*pl.* -omas, -omata).

sifonamento *s.m.* siphoning.

sifone *s.m.* **1** siphon, syphon // *barometro a* —, siphon barometer // *sfioratore a* —, siphon spillway // (*edil.*) — *intercettatore*, air-trap (*o* drain-trap) **2** (*per il seltz*) soda water siphon **3** (*zool.*) siphon; (*degli afidi*) siphuncle.

sifonoforo *agg.* (*zool.*) siphonophoran, siphonophorous ◆ *s.m.* (*zool.*) siphonophoran, siphonophore.

sigaraia *s.f.* **sigaraio** *s.m.* **1** (*chi fa sigari*) cigar maker **2** (*chi vende sigari*) cigar seller.

sigaretta *s.f.* **1** cigarette: *un pacchetto di sigarette*, a packet of cigarettes; *sigaretta con, senza filtro*, filter, non-filter cigarette **2** (*spagnoletta di filo*) (paper) spool, reel.

sigariera *s.f.* cigar box.

sigaro *s.m.* cigar.

sigillante *agg.* sealing: *macchina* —, sealing machine; *nastro* —, sealing tape ◆ *s.m.* sealant, sealer.

sigillare *v.tr.* **1** to seal: — *con cera*, to seal with wax; — *una lettera*, to seal a letter; — *un accordo*, (*fig.*) to seal an agreement // (*dir.*) — *una porta*, to affix an official seal to a door **2** (*chiudere ermeticamente*) to seal hermetically.

sigillaria *s.f.* (*bot.*) sigillaria.

sigillatura *s.f.* sealing.

sigillo *s.m.* **1** seal; (*marchio di fabbrica*) trademark: — *di stato*, State seal; *sotto* —, under seal; *mettere il proprio — su un documento*, to set (*o* to put) one's seal to a document; — *di cera*, wax seal // *sotto il — della confessione, del silenzio*, under the seal of confession, of silence // *ho il — sulle labbra*, (*fig.*) my lips are sealed // (*dir.*) *apporre i sigilli* (*su una porta*), to affix an official seal (to a door) **2** (*bot.*) — *di Salomone*, (*Polygonatum multiflorum*) Solomon's seal.

sigillografia *s.f.* (*sfragistica*) sphragistics [U].

sigla *s.f.* **1** initials (*pl.*); (*abbreviazione*) abbreviation; (*marchio*) mark: *ONU è la — di Organizzazione delle Nazioni Unite*, UNO is the abbreviation for United Nations Organization; — *commerciale*, trade (*o* brand) name; — *di una casa editrice*, publisher's mark (*o* colophon) **2** (*firma*) signature; (*firma abbreviata*) initials (*pl.*): *apporre la propria* —, to affix one's signature (*o* initials) // *biancheria con le sigle ricamate*, monogrammed linen **3** — *musicale*, signature tune, theme song.

siglare *v.tr.* to initial, to sign: — *un documento*, to initial (*o* to sign) a document; — *un accordo internazionale*, to initial an international agreement.

siglario *s.m.* key to abbreviations.

siglatura *s.f.* initialling.

sigma *s.m.* **1** (*lettera dell'alfabeto greco*) sigma **2** (*anat.*) sigmoid colon.

sigmacismo *s.m.* sigmatism.

sigmatico *agg.* (*ling.*) sigmatic.

sigmatismo → **sigmacismo**.

sigmoideo *agg.* (*anat.*) sigmoid: *colon* —, sigmoid flexure.

sigmoidite *s.f.* (*med.*) sigmoiditis.

significante *agg.* (*letter.*) significant, meaningful; expressive: *il tuo silenzio è* —, your silence is significant ◆ *s.m.* (*ling.*) signifier.

significare *v.tr.* **1** (*voler dire*) to mean*, to signify: *che cosa significa questa parola?*, what does this word mean?; *ciò non significa che...*, this doesn't mean (*o* signify) that...; *il semaforo rosso significa alt*, the red traffic light means stop **2** (*fig.*) (*valere, equivalere a*) to mean*; (*simboleggiare*) to symbolize, to stand* for, to represent: *un aumento per me significa molto*, a rise means a lot to me; *la sua presenza significava moltissimo per me*, his presence meant a great deal to me; *la violetta significa modestia*, the sweet violet is the symbol of modesty.

significatività *s.f.* (*non com.*) significance.

significativo *agg.* **1** significant, meaningful; (*espressivo*) expressive: *discorso* —, significant speech; *sguardo* —, expressive look **2** (*importante*) important, big, significant: *conseguire un risultato* —, to obtain an important result.

significato *s.m.* **1** meaning, sense, purport: *il — di una frase, di un modo di dire*, the meaning of a sentence, of an idiom; *il — di una parola*, the meaning (*o* sense) of a word; *qual è il — di questa parola?*, what's the meaning of this word? **2** (*fig.*) (*valore*) significance; (*importanza*) importance: *non capisce il — di quello che sto facendo*, he does not understand the significance of what I am doing.

significazione *s.f.* **1** significance, meaning **2** (*fig.*) (*valore*) importance, significance.

signora *s.f.* **1** lady; woman*: *quella — è ancora bella*, she's still an attractive woman // *Nostra Signora*, Our Lady **2** (*seguito da cognome*) Mrs: *la — Rossetti*, Mrs Rossetti **3** (*vocativo*) Madam; *pl.* ladies; (*accompagnato dal cognome*) Mrs; (*accompagnato da titoli non si traduce*): *Signora Contessa* (*Rossi*), Countess (Rossi); *come sta, — Rossi?*, how are you, Mrs Rossi?; *buon giorno,* —, good morning, madam!; *mi dica,* —, yes, madam; *signore, per favore un po' d'attenzione!*, please ladies, may I have your attention?! **4** (*padrona di casa*) lady of the house, mistress; (*proprietaria*) owner: *la — non è in casa*, the lady of the house isn't in // *Venezia era la — dei mari*, Venice was the Mistress of the Seas **5** (*donna ricca*) rich lady; (*di rango*) lady, gentlewoman*: *una vera* —, a real lady; *fare una vita da* —, to live like a lady of leisure // *è una — macchina*, it's a superb car **6** (*moglie*) wife*; (*donna sposata*) married woman*: *il signor Rossetti e* —, Mr and Mrs Rossetti; *arrivederla, signor Rossi, i miei migliori saluti alla sua* —, goodbye, Mr Rossi, give my best regards to your wife (*o* to Mrs Rossi).

signoraggio *s.m.* (*econ. ant.*) seignorage.

signore *s.m.* **1** gentleman*; man*: *quei signori sono amici miei*, these gentlemen are friends of mine; *un — alto entrò nel bar*, a tall man came into the bar; *chi è quel —?*, who is that man? // *il signor dottore*, the doctor // *il signor ministro*, the Minister // *questo — qui*, (*iron.*) his nibs **2** (*seguito da cognome*) Mr: *il signor Rossi*, Mr Rossi; *i signori Smith*, (*i coniugi Smith*) Mr and Mrs Smith **3** (*vocativo*) Sir; *pl.* gentlemen; (*accompagnato dal cognome*) Mr; (*accompagnato da titoli*) Mr; (*con titolo nobiliare non si traduce*): *Signor Conte* (*Rossetti*), Count (Rossetti); *Signor Presidente*, Mr President; *Signor Sindaco*, Mr Mayor; *caro* —, dear Sir; *Lei, —, non mi ha ancora risposto*, you, Sir, have not yet answered me; *prego signori, accomodatevi*, gentlemen please, take a seat // *egregi signori*, (*nelle lettere commerciali*) Dear Sirs (*o amer.* Gentlemen) // *signore e signori!*, Ladies and Gentlemen! **4** (*padrone di casa*) master; (*proprietario*) owner, master: *il — non è in casa*, the master is not in; *io conosco il — di quella proprietà*, I know the owner of that estate **5** (*uomo ricco*) lord; (*di rango*) gentleman*: *è un vero* —, he is a real gentleman; *darsi arie da gran* —, to act the lord // *vivere da* —, to live like a lord // *è un signor giardino*, it's a superb garden **6** (*st.*) (*reggitore*) Prince **7** *Signore*, (*Dio*) God; Lord: *con l'aiuto del Signore*, with God's help; *il giorno del Signore*, the Lord's Day; *la pace del Signore*, the peace of God.

signoreggiare *v.tr.* (*letter.*) **1** to rule, to dominate: — *un paese*, to rule a country **2** (*dominare, tenere a freno*) to dominate; to master: — *la mente*, to dominate one's mind; — *le proprie passioni*, to master (*o* to dominate) one's passions **3** (*fig.*) (*sovrastare*) to dominate, to tower above (sthg.): *un castello signoreggiava il paesaggio*, a castle towered above (*o* dominated) the landscape ◆ *v.intr.* to rule; to domineer: *gli piace — su tutti*, he likes to domineer over everybody; — *su un paese*, to rule over a country.

signoresco *agg.* (*spreg.*) (*altezzoso*) arrogant, haughty.

signoria *s.f.* **1** (*potestà, dominio*) rule, domination, dominion (*anche fig.*): *la Spagna sotto la — dei Mori*, Spain under the domination of the Moors; *esercitare la — su un territorio*, to dominate an area; *essere sotto la — di qlco., qlcu.*, (*fig.*) to be ruled (*o* dominated) by sthg., s.o. **2** (*st.*) seign(i)ory: *la — dei Medici a Firenze*, the seigniory of the Medici in Florence **3** *Signoria*, (*titolo*) (*rivolto a uomo*) Lordship; (*rivolto a donna*) Ladyship.

signorile *agg.* **1** (*riferito a uomo*) gentlemanly,

courtly; (*riferito a donna*) ladylike: *modi signorili*, ladylike manners; *uomo dal portamento* —, man with a gentlemanly bearing **2** (*elegante, raffinato*) elegant; luxury (*attr.*); high-class (*attr.*); (*fam.*) posh: *un appartamento* —, a luxury flat; *una strada* —, a high -class (*o* exclusive) street; *trattamento* —, first -class treatment.

signorilità *s.f.* **1** courtliness, urbanity, distinction **2** (*eleganza, raffinatezza*) elegance; refinement; (good) breeding.

signorilmente *avv.* (*riferito a uomo*) in a courtly way, in a gentlemanly way; (*riferito a donna*) in a ladylike way; (*con raffinatezza*) in a refined manner.

signorina *s.f.* **1** young lady; girl: *una — di Roma*, a young lady from Rome **2** (*seguito da nome o cognome*) Miss: *la — Anna*, (Miss) Ann; *la — Maria Rossi*, Miss Maria Rossi; *le signorine Brown*, the Misses Brown **3** (*vocativo*) Madam; Miss; *pl.* young ladies; (*accompagnato da nome o cognome*) Miss; (*accompagnato da titoli non si traduce*): *la — Rossetti*, Miss Rossetti; *sì*, —, yes ma'am (*o fam.* yes, miss); —, *posso avere il conto per favore?*, Miss, can I have the bill, please? **4** (*giovane padrona di casa*) young mistress **5** (*donna non sposata*) unmarried woman; single girl, bachelor girl; (*spreg.*) spinster: *rimanere* —, to remain unmarried **6** (*figlia*) daughter: *i miei saluti alla sua* —, my regards to your daughter.

signorino *s.m.* **1** Master: *il — Giovanni*, Master John **2** (*giovinetto*) young gentleman*; (*spreg.*) cissy.

signornò *avv.* (*mil.*) no, sir.

signorone *s.m.* great gentleman*; (*uomo molto ricco*) very wealthy man.

signorotto *s.m.* squire: — *di campagna*, country gentleman.

signorsì *avv.* (*mil.*) yes, sir.

silaggio *s.m.* ensilage.

silano *s.m.* (*chim.*) silane.

silanolo *s.m.* (*chim.*) siloxane.

silene *s.f.* (*bot.*) catchfly, flybane.

sileno *s.m.* (*zool.*) — *dalla barba bianca*, (*Macaca silenus*) wanderoo.

silente *agg.* (*letter.*) silent, quiet.

silenziare *v.tr.* **1** (*tecn.*) to muffle, to silence **2** (*non com.*) (*mil.*) to silence.

silenziario *s.m.* (*st.*) silentiary.

silenziatore *s.m.* **1** (*aut.*) silencer, muffler **2** (*di arma da fuoco*) silencer.

silenzio *s.m.* **1** silence; quiet: — *assoluto*, absolute (*o* dead) silence; — *glaciale, di tomba*, icy, deathlike silence; *il — della notte*, the silence (*o* still *o* quiet) of the night; *la stanza era immersa nel* —, the room was in total silence (*o* was totally quiet); *che — qui dentro!*, how silent (*o* quiet) it is in here!; *soffrire in* —, to suffer in silence; *stare in* —, to remain silent; *mantenere il* —, to keep silent; *fare* —, to keep quiet (*o* to be silent); *fa' —!*, keep quiet (*o* stop talking); *il suo — dura da mesi*, his silence has lasted for months; *rompere il — con qlcu.*, to break the silence with s.o.; *raccomandò il — sulla sua nomina*, he asked for nothing to be said about his appointment; *il — del governo sulla questione è scandaloso*, the government silence over the matter is a scandal // — *stampa*, news blackout // — *radio*, radio silence // —*!*, silence! (*o* quiet! *o fam.* shut up!) // — *in aula!*, (*in tribunale*) silence in court! // *ridurre al* —, to silence (*o* to reduce to silence): *le minacce dei rapitori ridussero la famiglia al* —, the kidnappers threats forced the family to keep silent; *ridurre al — un cannone*, to silence a cannon // *passare qlco. sotto* —, to pass sthg. over in silence (*o* not to mention sthg.): *queste cose sono passate sotto* —, these things have been passed over in silence; *un fatto passato sotto* —, an event that was kept quiet // *vivere nel* —, (*fig.*) (*nell'oscurità*) to live in obscurity // *dopo la sua morte il suo nome cadde nel* —, (*fig.*) after his death his name fell into obscurity // *dispensare un monaco dal* —, to free a monk from his vow of silence // *la chiesa del* —, clandestine (*o* underground) church // *il — è d'oro*, (*prov.*) silence is golden **2** (*mil.*) lights-out: *suonare il* —, to sound lights-out.

silenziosità *s.f.* silence; quietness, stillness: *la — di una casa lontana dalla strada*, the quietness of a house far from the road.

silenzioso *agg.* **1** (*taciturno*) silent, quiet: *rimase — tutto il pomeriggio*, he remained silent all through the afternoon // *protesta silenziosa*, (*fig.*) silent protest **2** (*senza rumori*) quiet, noiseless: *stanza, strada silenziosa*, quiet room, street.

silesia *s.f.* silesia.

silfide *s.f.* (*mit.*) sylph (*anche fig.*).

silfo *s.m.* (*mit.*) sylph.

silhouette *s.f.* (*fr.*) **1** (*ritratto o figura di profilo*) silhouette **2** (*estens.*) figure: *avere una bella* —, to have a good figure.

silicatico *agg.* (*chim.*) silicate (*attr.*).

silicatizzazione *s.f.* (*chim.*) silication.

silicato *s.m.* (*min., chim.*) silicate: — *di potassio*, potassium silicate; — *di soda*, soda silicate.

silice *s.f.* (*min.*) silica: *gel di* —, silica gel.

siliceo *agg.* siliceous, silicious.

silicico *agg.* (*chim.*) silicic: *acido* —, silicic acid.

silicicolo *agg.* (*bot.*) silicicolous.

silicificazione *s.f.* (*geol.*) silicification.

silicio *s.m.* (*chim.*) silicon.

siliciuro *s.m.* (*chim.*) silicide.

silicizzare *v.tr.* **silicizzarsi** *v.intr.pron.* to silicify.

silicizzato *agg.* (*geol.*) silicified, petrified: *legno* —, silicified (*o* petrified) wood.

silicizzazione *s.f.* (*geol.*) silicification.

siliconato *agg.* siliconized: *seno* —, siliconized breast.

silicone *s.m.* (*chim.*) silicone: *gomma al* —, silicone rubber.

siliconico *agg.* (*chim.*) silicone (*attr.*).

silicosi *s.f.* (*med.*) silicosis*.

siliqua *s.f.* (*bot.*) siliqua*.

siliquastro *s.m.* (*bot.*) (*Cercis siliquastrum*) redbud; (*scient.*) arbor Judae, Judas tree.

siliquetta *s.f.* (*bot.*) silicle.

siliquiforme *agg.* (*bot.*) siliquose, siliquous.

sillaba *s.f.* syllable: — *lunga, breve*, long, short syllable; *divisione in sillabe*, division into syllables (*o* syllabi(fi)cation); *parola di tre sillabe*, three-syllabled word // *non proferì una* —, he did not utter a word // *non raccontare neppure una — di quanto hai udito*, don't breathe a word about what you have heard // *non cambiare una — del mio discorso*, don't change a word of my speech // *non sapeva una — di...*, he didn't know the first thing about...

sillabare *v.tr.* to syllabify, to divide into syllables.

sillabario *s.m.* spelling book, primer.

sillabazione *s.f.* syllabication, syllabification.

sillabico *agg.* syllabic: *accento* —, syllabic accent; *divisione sillabica*, division into syllables (*o* syllabi(fi)cation) // (*mus.*) *canto* —, syllabic singing.

sillabo *s.m.* **1** (*non com.*) syllabus*, summary, index* **2** (*eccl.*) syllabus*.

sillenite *s.f.* (*min.*) sillenite.

sillessi *s.f.* (*gramm.*) syllepsis*.

sillimanite *s.f.* (*min.*) sillimanite.

silloge *s.f.* (*lett.*) collection, compilation, sylloge.

sillogismo *s.m.* (*fil.*) syllogism.

sillogistica *s.f.* (*fil.*) syllogistics [U].

sillogistico *agg.* (*fil.*) syllogistic.

sillogizzare *v.tr.* e *intr.* to syllogize.

silo *s.m.* **1** silo*, storage bin // (*min.*): — *di minerale*, ore bin; — *di sterile*, waste bin; *immagazzinamento nei sili*, ensilage; *mettere nei sili*, to ensile (*o* to silo) **2** (*autosilo*) multistorey car park.

silofago → **xilofago**.

silofono e *deriv.* → **xilofono** e *deriv.*

silografia *s.f.* xylography; xylograph.

silografico *agg.* xylographic.

silografo *s.m.* (*incisore su legno*) xylographer.

silologia *s.f.* (*scient.*) xylology.

silos → **silo**.

silossano, **silossanolo** → **silanolo**.

siloteca *s.f.* wood collection.

siltite *s.f.* (*geol.*) siltite, siltstone.

siluetta *s.f.* silhouette.

silumin *s.m.* (*metall.*) silumin.

siluramento *s.m.* **1** torpedoing: *il — di una nave nemica*, the torpedoing of an enemy ship **2** (*fig.*) (*di persona*) ousting; (*di cosa*) sabotage: *il — di un'iniziativa*, the sabotage of an initiative.

silurante *s.f.* (*mar.*) torpedo boat.

silurare *v.tr.* **1** to torpedo (*anche fig.*): — *una nave*, to torpedo a ship; — *un piano, un progetto*, to torpedo a plan, a project **2** (*fig.*) (*danneggiare una carriera*) to sabotage s.o.'s career, to ruin s.o.'s career, to finish (s.o.); (*licenziare*) to oust, to fire, to sack: — *un alto funzionario*, to oust a high official.

siluratore *agg.* torpedo (*attr.*) ◆ *s.m.* torpedoer.

siluriano, **silurico** *agg.* e *s.m.* (*geol.*) Silurian.

silurificio *s.m.* torpedo factory.

siluriforme *agg.* torpedo-shaped.

siluripedio *s.m.* (*mil.*) torpedo firing range.

silurista *s.m.* (*mar., mil.*) torpedoman (*pl.* -men), torpedoist.

siluro *s.m.* **1** (*zool.*) silurus: — *d'Europa*, (*Silurus glanis*) sheat-fish **2** (*mil.*) torpedo*: — *acustico*, acoustic torpedo; — *aereo*, aerial torpedo; — *elettrico, magnetico*, electric, magnetic torpedo // (*mar.*): *camera siluri*, torpedo compartment; *rete di protezione contro i siluri*, torpedo net // *l'Opposizione ha lanciato un — contro il nuovo progetto di legge*, (*fig.*) the Opposition blocked the new bill.

silurotto *s.m.* (*mil.*) small torpedo*.

silvanite *s.f.* (*min.*) sylvanite.

silvano *agg.* (*letter.*) sylvan, silvan: *divinità silvane*, sylvan deities.

silvestre *agg.* (*letter.*) sylvan, silvan.

Silvestro *no.pr.m.* Silvester // *la notte di S. —*, New Year's Eve.

silvia *s.f.* **1** (*zool.*) (*Sylvia communis*) whitethroat **2** (*bot.*) (*Anemone nemorosa*) wood anemone.

silvicolo *agg.* forest (*attr.*), wood (*attr.*).

silvicoltore *s.m.* forestry expert, sylviculturist.

silvicoltura *s.f.* forestry, sylviculture.

silvilago *s.m.* (*zool.*) (*Sylvilagus floridanus*) cottontail.

silvite *s.f.* (*min.*) sylvite.

silvoso → **selvoso**.

sima *s.m.* (*geol.*) sima.

simatico *agg.* (*geol.*) simatic.

simbionte *s.m.* (*biol.*) symbiont.

simbiosi *s.f.* **1** (*biol.*) symbiosis: *— mutualistica*, mutual symbiosis **2** (*fig.*) symbiosis, harmony: *vivere in —*, to live in total harmony.

simbiotico *agg.* (*biol.*) symbiotic.

simboleggiare *v.tr.* to symbolize: *l'ulivo simboleggia la pace*, the olive branch symbolizes peace.

simbolica *s.f.* symbolics [U], symbolism.

simbolicamente *avv.* symbolically.

simbolicità *s.f.* symbolic nature.

simbolico *agg.* **1** symbolic(al): *un gesto —*, a symbolic gesture **2** (*nominale*) nominal: *prezzo —*, nominal price; *paga un affitto puramente —*, he pays a purely nominal rent.

simbolismo *s.m.* symbolism.

simbolista *s.m.* e *f.* (*lett.*, *arte*) symbolist.

simbolistico *agg.* symbolistic.

simbolizzare *v.tr.* to symbolize.

simbolizzazione *s.f.* symbolization.

simbolo *s.m.* **1** symbol: *la croce è il — della fede cristiana*, the cross is the symbol of the Christian faith; *il verde è — di speranza*, green is a symbol of hope; *— di rango sociale*, status symbol // (*econ.*) *— societario*, logogram (*abbr.* logo) // (*teol.*) *il — degli Apostoli*, the Apostles' Creed **2** (*mat.*, *chim.*, *astr.*) symbol: *simboli matematici*, *chimici*, mathematical, chemical symbols **3** (*inform.*) token.

simbologia *s.f.* symbology.

simico → **simatico**.

similare *agg.* similar; like: *una ditta di cosmetici e prodotti similari*, a firm of cosmetics and similar products.

similarità *s.f.* similarity.

simile *agg.* **1** (*somigliante*) like (s.o., sthg.), similar; alike (*pred.*): *quantità simili*, similar quantities; *è — a suo padre*, he is like his father; *quei due fratelli sono molto simili*, those two brothers are very much alike; *il ritratto è — all'originale*, the portrait is like the original; *sono simili nel colore*, they are similar in colour; *il tuo caso è — al mio*, your case is similar to (*o* like) mine // *e* (*cose*) *simili*, and the like: *si interessa di economia, politica e* (*cose*) *simili*, he is interested in economics, politics and the like // *sono simili come due gocce d'acqua*, they are as like as two peas (in a pod) **2** (*tale*) such: *cose simili sembrano impossibili*, such things seem impossible; *hai mai visto una cosa —, niente di —?*, have you ever seen such a thing (*o* the like of that)?; *non ho detto niente di —*, I said nothing of the sort (*o* no such thing); *non frequenterei mai gente —*, I would never go around with people like that; *non voglio sentirti dire simili sciocchezze*, I don't want to hear you speaking such nonsense **3** (*mat.*) similar: *rettangoli, triangoli simili*, similar rectangles, triangles ◆ *s.m.* **1** *non va mai coi suoi simili*, he never goes around with people like himself // *ogni — ama il suo —*, (*prov.*) birds of a feather flock together **2** (*prossimo*) fellow, fellow man: *dobbiamo amare i nostri simili*, we must love our fellow men.

similitudine *s.f.* **1** (*ret.*) simile: *la poesia di Omero è ricca di similitudini*, Homer's poetry is rich in similes **2** (*mat.*) similitude **3** (*rassomiglianza*) likeness, similitude.

similmente *avv.* (*lo stesso*) the same, likewise; (*in modo simile*) in a similar way, similarly: *avrei agito —*, I should have done the same (*o* likewise); *si sono comportati —*, they behaved in a similar way.

similoro *s.m.* (*metall.*) ormolu, pinchbeck, Dutch metal.

similpelle *s.m.* imitation leather.

simmetria *s.f.* symmetry: *edificio senza —*, unsymmetrical building; *— assiale, centrale*, axial, central symmetry; *piano di —*, plane of symmetry.

simmetrico *agg.* symmetric(al).

simmetrizzare *v.tr.* to make* symmetrical; to arrange symmetrically.

simmetrizzazione *s.f.* making symmetrical; arranging symmetrically.

simonia *s.f.* simony: *peccato di —*, simony.

simoniaco *agg.* simoniac(al): *frate —*, simoniac friar; *vendita simoniaca*, sale of ecclesiastical benefices and appointments ◆ *s.m.* simoniac.

simpatetico *agg.* sympathetic.

simpatia *s.f.* **1** liking; (*attrazione*) attraction: *ha la — di tutti*, he is well-liked by everybody (*o* he is very popular with everybody); *ho molta — per lui*, I like him very much; *provare una — per qlcu.*, to take a liking (*o* to feel attracted) to s.o.; *non ha alcuna — per cose simili*, he has no liking for such things (*o* he doesn't like this sort of thing at all); *ispira molta —*, he's very likeable; *le sue simpatie e antipatie dipendono dal suo umore*, his likes and dislikes depend on his mood // *andare a —*, to be partial **2** (*med.*) sympathy.

simpaticamente *avv.* nicely; (*piacevolmente*) pleasantly, agreeably.

simpatico[1] *agg.* **1** nice; (*amabile*) likeable; (*piacevole*) pleasant, agreeable; (*di modi*) winning: *una persona simpatica*, a nice (*o* pleasant *o* agreeable) person; *una serata, una sorpresa simpatica*, a pleasant (*o* an agreeable) evening, surprise; *una voce simpatica*, a pleasant (*o* an agreeable) voice; *è molto —*, he is very nice; *ha dei modi simpatici*, he has very winning ways; *mi è molto simpatica*, I like her very much; *non è facile incontrare persone simpatiche*, one does not often meet likeable people; *non sei stato molto — con lui*, you were not very nice (*o* kind) to him; *non l'ho trovato —*, I did not think he was very nice; *riuscì — a tutti*, he was liked by everybody **2** *inchiostro —*, sympathetic (*o* invisible) ink.

simpatico[2] *agg.* (*anat.*) sympathetic: *sistema nervoso —*, sympathetic nervous system; *nervo —*, sympathetic nerve ◆ *s.m.*: *sistema del gran —*, autonomic nervous system (*o antiq.* sympathetic nervous system).

simpaticolitico *agg.* e *s.m.* (*anat.*) sympatholytic.

simpaticotonico *agg.* (*med.*) sympathicotonic.

simpatizzante *agg.* sympathizing ◆ *s.m.* e *f.* sympathizer.

simpatizzare *v.intr.* **1** (*avere simpatia reciproca*) to take* a liking to each other; to take* a liking to one another: *i due ragazzi simpatizzarono*, the two boys took a liking to each other; *non simpatizzarono*, they didn't like one another; *— con una persona*, to find a person likeable **2** (*guardare con favore*) to go* along with (sthg., s.o.), to sympathize (with s.o., sthg.): *— con le idee di una persona*, to go along with a person's ideas; *— per un partito, per una causa*, to sympathize with a party, a cause.

simpatria *s.f.* (*biol.*) sympatry.

simpetalo *agg.* (*bot.*) sympetalous.

simplesso *s.m.* (*mat.*) simplex: *metodo del —*, simplex method.

simplex *s.m.* (*tel.*) single line.

simpliciale *s.m.* (*mat.*) simplicial.

simpodiale, **simpodico** *agg.* (*bot.*) sympodial.

simpodio *s.m.* (*bot.*) sympodium (*pl.* -dia).

simposiarca *s.m.* symposiarch.

simposio *s.m.* **1** (*banchetto*) symposium* **2** (*piccolo congresso*) symposium*, conference, meeting: *— di medicina*, medical symposium.

simpsonite *s.f.* (*min.*) simpsonite.

simulacro *s.m.* **1** simulacre, simulacrum*, sacred image: *un — di pietra*, a stone simulacrum **2** (*fig.*) (*parvenza*) simulacrum*; (*ombra*) shadow; (*finzione*) sham, mere pretence: *un — di antichi splendori*, a shadow of ancient splendours; *un — di battaglia*, a sham fight **3** (*aer.*) mock-up.

simulamento *s.m.* (*non com.*) simulation.

simulare *v.tr.* to simulate, to feign, to sham; (*contraffare*) to counterfeit: *— fedeltà*, to simulate faithfulness; *— la pazzia*, to feign madness; *— un sentimento di gratitudine*, to feign gratitude // *— una malattia*, to feign (*o* to sham) sickness (*o fam.* to malinger) ◆ *v.intr.* to pretend, to sham, to dissemble: *non —!*, don't pretend!

simulato *agg.* simulated, feigned, fake, sham, false: *acquisto —*, fictitious purchase; *vendita simulata*, fictitious sale; *asta simulata*, mock auction; *indignazione simulata*, feigned indignation; *malattia simulata*, feigned (*o* sham) illness.

simulatore *s.m.* **simulatrice** *s.f.* simulator, faker, shammer; (*chi mente*) liar; (*chi inganna*) deceiver, cheat(er); (*ipocrita*) hypocrite.

simulatorio *agg.* simulated, feigned, fake, sham.

simulazione *s.f.* **1** simulation, feigning, shamming; (*contraffazione*) counterfeit: *l'arte della* —, the art of simulation; (*dir.*) — *di reato*, simulation of a crime // (*econ.*): — *di gestione*, simulation games for business; — *di bilancio*, counterfeit of a balance sheet // (*calcio*) — *di fallo*, simulation **2** (*scient.*) simulation.

simulio *s.m.* (*zool.*) sand fly, buffalo-gnat.

simultanea *s.f.* simultaneous translation.

simultaneamente *avv.* simultaneously.

simultaneismo *s.m.* (*pitt.*) simultaneity.

simultaneista *s.m.* **1** simultaneous translator **2** (*nel gioco degli scacchi*) chess player engaged in simultaneous games **3** (*pitt.*) exponent of simultaneity.

simultaneità *s.f.* simultaneity, simultaneousness.

simultaneo *agg.* simultaneous (with sthg.); (*inform.*) concurrent: *due eventi simultanei*, two simultaneous events; *traduzione simultanea*, simultaneous translation.

simun *s.m.* (*vento dei deserti africani*) simoom, simoon.

sinafia *s.f.* (*metrica*) synaphe(i)a.

sinagoga *s.f.* synagogue.

sinagogale *agg.* synagogal.

sinaitico *agg.* Sinaitic, Sinai (*attr.*).

sinalefe *s.f.* (*metrica*) synaloepha.

sinallagma *s.m.* (*dir.*) reciprocity, bilaterality of contract.

sinallagmatico *agg.* (*dir.*) synallagmatic, reciprocal: *contratto* —, bilateral contract.

sinantropo *s.m.* (*paleont.*) sinanthropus.

sinapsi *s.f.* **1** (*anat.*) synapse; synapsis* **2** (*biol.*) synapsis*.

sinaptico *agg.* (*anat.*, *biol.*) synaptic.

sinartrosi *s.f.* (*anat.*) synarthrosis (*pl.* -ses).

sinartrosico *agg.* (*anat.*) synarthrodial.

sinassi *s.f.* synaxis.

sincarpia *s.f.* (*bot.*) syncarpy.

sincarpico → **sincarpo**.

sincarpio *s.m.* (*bot.*) syncarp.

sincarpo *agg.* (*bot.*) syncarpous.

sincategorematico *agg.* (*log.*) syncategorematic.

sinceramente *avv.* sincerely, frankly, honestly, openly: — *non so che cosa dirgli*, honestly, I don't know what to tell him; *dimmi — quello che pensi*, tell me frankly what you think.

sincerare *v.tr.* (*letter.*) to convince; (*assicurare*) to assure.

□ **sincerarsi** *v.rifl.* to make* sure: — *di una cosa* , to make sure of sthg.; *sono quasi certo, ma voglio sincerarmene*, I am almost certain, but I want to make sure.

sincerità *s.f.* **1** sincerity; (*franchezza*) frankness, honesty, candour: *in tutta* —, in all sincerity; *apprezzo la tua* —, I appreciate your frankness **2** (*non com.*) (*autenticità*) authenticity: *la — di un documento*, the authenticity of a document.

sincero *agg.* **1** sincere, honest, true; (*schietto*) frank, open: — *rincrescimento*, sincere regret; *dolore* —, genuine sorrow; *una persona sincera*, a sincere (*o* an honest) person; *sentimenti sinceri*, sincere feelings; *se posso essere —, non ho voglia di venire*, to be honest I don't feel like coming **2** (*di vino, olio*) pure, unadulterated: *vino* —, unadulterated wine.

sinché → **finché**.

sinchisi *s.f.* (*gramm.*, *ret.*, *med.*) synchysis.

sincinesia *s.f.* (*med.*) synkinesis.

sincizio *s.m.* (*biol.*) syncytium (*pl.* -tia).

sinclasi *s.f.* (*geol.*) expansion joint.

sinclinale *agg.* (*geol.*) synclinal ◆ *s.f.* (*geol.*) syncline.

sinclinorio *s.m.* (*geol.*) synclinorium*.

sincopare *v.tr.* (*gramm.*, *mus.*) to syncopate.

sincopato *agg.* (*gramm.*, *mus.*) syncopated.

sincope *s.f.* **1** (*med.*) syncope **2** (*mus.*, *gramm.*) syncopation.

sincrasi *s.f.* (*ling.*) syn(a)cresis.

sincretico *agg.* (*fil.*, *ling.*) syncretic.

sincretismo *s.m.* (*fil.*, *ling.*) syncretism.

sincretista *s.m.* e *f.* (*fil.*, *ling.*) syncretist.

sincrociclotrone *s.m.* (*fis. nucleare*) synchrocyclotron.

sincronia *s.f.* synchrony (*anche ling.*).

sincronico *agg.* **1** synchronous **2** (*ling.*) synchronic(al).

sincronismo *s.m.* synchronism: (*tv*) — *orizzontale*, *verticale*, horizontal, vertical synchronism.

sincronistico *agg.* synchronistic, synchronous.

sincronizzare *v.tr.* to synchronize: *sincronizziamo gli orologi*, let's synchronize our watches; — *la colonna sonora di un film*, to synchronize the soundtrack with the film.

□ **sincronizzarsi** *v.rifl.* o *intr.pron.* to synchronize.

sincronizzato *agg.* synchronized: *movimenti sincronizzati*, synchronized movements // *nuoto* —, synchronized swimming // (*aut.*) *cambio* —, *cambio a marce sincronizzate*, synchromesh (*o* synchronized shifting).

sincronizzatore *s.m.* (*mecc.*) synchronizer.

sincronizzazione *s.f.* **1** synchronization // (*cinem.*) — *preventiva*, prescoring **2** (*inform.*) timing.

sincrono *agg.* synchronous: (*elettr.*) *alternatore* —, synchronous alternator.

sincronoscopio *s.m.* (*elettr.*) synchronoscope.

sincrotrone *s.m.* (*fis. nucleare*) synchrotron: *radiazione di* —, synchrotron radiation.

sindacabile *agg.* **1** (*controllabile*) checkable, controllable; (*verificabile*) verifiable **2** (*criticabile*) that can be criticized, that can be censured; (*biasimevole*) blamable: *una decisione* —, a decision that may be criticized.

sindacale[1] *agg.* (*di sindacato*) union (*attr.*), trade-union (*attr.*): *accordo* —, union agreement; *organizzazione* —, trade-union (*o* trade -union organization); *vertenza* —, labour dispute; *norme di lavoro sindacali*, union work rules; *libertà sindacali*, freedom to form or to join a union; *coscienza* —, union solidarity; *movimento* —, trade-union (*o* labour) movement; *azione* —, trade-union action (*o amer.* job action).

sindacale[2] *agg.* **1** (*relativo al sindaco di un comune*) of the mayor, mayor's (*attr.*): *l'autorità* —, the major's authority; *ordinanza* —, ordinance issued by the mayor (*o* mayor's ordinance) **2** (*relativo ai sindaci di una società*) auditorial, audit (*attr.*): *riunione* —, auditor's meeting.

sindacalese *s.m.* (*gergo sindacale*) trade -union jargon.

sindacalismo *s.m.* (*movimento sindacalista*) trade unionism, unionism: — *aziendale*, business unionism // — *rivoluzionario*, syndicalism.

sindacalista *s.m.* e *f.* trade unionist; union officer; (*capo sindacale*) labour leader; (*fautore del sindacalismo rivoluzionario*) syndicalist.

sindacalistico *agg.* union (*attr.*), trade -union (*attr.*), unionist: *tendenza sindacalistica*, pro-union attitude.

sindacalizzare *v.tr.* to unionize, to organize into a trade union: — *una categoria*, to unionize a category (*o* a sector) of workers.

□ **sindacalizzarsi** *v.rifl.* to become* organized in trade unions.

sindacalizzato *agg.* unionized: *lavoratore* —, unionized worker.

sindacalizzazione *s.f.* unionization; (*politica*) syndicalization.

sindacalmente *avv.* according to trade-union rules.

sindacare *v.tr.* **1** (*controllare*) to control, to check; (*verificare*) to verify; (*ispezionare*) to inspect; (*conti*) to audit **2** (*criticare*) to criticize, to censure; (*biasimare*) to blame: — *la condotta di qlcu.*, to censure s.o.'s behaviour.

sindacato *agg.* (*amm.*) checked, controlled, verified, inspected; (*di conti*) audited: *società sindacata*, company subjected to (administrative) audit ◆ *s.m.* **1** (*controllo giuridico amministrativo*) control, check, supervision; (*di conti*) audit: (*dir.*) — *di legittimità*, control of constitutionality **2** (*ufficio di sindaco*) mayoralty.

sindacato *s.m.* **1** (*associazione di lavoratori*) union, trade union, (*amer.*) labor union: *sindacati*, unions (*o* organized labour); — *aperto*, *chiuso*, open, closed union; — *di categoria*, industrial (*o* craft) union; — *d'impresa*, company union; — *indipendente*, independent union; — *dei metalmeccanici*, metalworkers' union; — *degli edili*, construction workers' union; *iscriversi*, *aderire a un* —, to join a union; *sciopero proclamato dai sindacati*, strike called (*o* declared) by the unions (*o* official strike) **2** (*consorzio di azionisti*) pool, trust, syndicate, combine // (*fin.*): — *azionario*, voting trust; — *di garanzia*, *di collocamento* (*titoli*), underwriting syndicate // (*banca*) — *bancario*, banking syndicate // (*econ.*): — *commerciale*, (*cartello*) ring; — *di controllo*, controlling syndicate; *formare un* — (*consorziarsi*), to pool.

sindaco *s.m.* **1** (*capo dell'amministrazione di un comune*) mayor **2** (*revisore contabile*) auditor // (*amm.*): — *effettivo*, standing (*o* statutory) auditor; — *supplente*, substitute auditor; *collegio dei sindaci*, board of auditors.

sindattilia *s.f.* (*med.*) syndactylism, syndactylia.

sinderesi *s.f.* (*fil.*) synderesis (*pl.* -ses).

sindesi *s.f.* (*ling.*) syndesis.

sindetico *agg.* (*ling.*) syndetic.

sindone *s.f.* shroud, sindon // *la Santa Sindone*, the Holy Shroud.

sindrome *s.f.* (*med.*) syndrome.

sinecologia *s.f.* (*ecol.*) synecology.

sinecura *s.f.* 1 (*eccl.*) sinecure 2 (*incarico di poca responsabilità*) sinecure; (*dir.*) dry trust, passive trust.

sineddoche *s.f.* (*ret.*) synecdoche.

sinedrio *s.m.* (*st. ebraica*) Sanhedrim, Sanhedrin.

sineresi *s.f.* syn(a)eresis*.

sinergia *s.f.* (*med.*) synergy (*anche fig.*).

sinergico *agg.* (*med.*) synergistic.

sinergismo *s.m.* (*med.*) synergism.

sinesi *s.f.* (*gramm.*) synesis.

sinestesi *s.f.* (*psic.*) syn(a)esthesia.

sinestesia *s.f.* 1 (*psic.*) → **sinestesi** 2 (*ret.*) syn(a)esthesia.

sinfisi *s.f.* (*anat.*) symphysis*: — *pubica*, pubic symphysis.

sinfonia *s.f.* 1 symphony (*anche fig.*) 2 (*fam.*) (*discorso, rimprovero lungo e noioso*) sermon: *ignoralo se no ricomincia la* —, pay no attention to him, otherwise he'll start his sermon again.

sinfonico *agg.* symphonic; symphony (*attr.*): *concerto* —, symphony concert; *musica sinfonica*, symphonic music; *orchestra sinfonica*, symphony orchestra.

sinfonismo *s.m.* symphonic nature; (*genere musicale*) symphonic music.

sinfonista *s.m.* e *f.* symphonist.

sinforicarpo *s.m.* (*bot.*) — *bianco*, (*Symphoricarpos albus*) snow-berry.

sinforosa *s.f.* 1 (*cappello*) Dolly Varden (hat) 2 (*donna anziana che si atteggia a ragazzina*) mutton dressed as lamb.

singalese *agg.* Cingalese, Sin(g)halese ◆ *s.m.* e *f.* Cingalese (*pl. invar.*); Sin(g)halese (*pl. invar.*).

singenesi *s.f.* (*scient.*) syngenesis.

singenetico *agg.* (*geol.*) syngenetic.

singhiozzare *v.intr.* 1 (*avere il singhiozzo*) to hiccup 2 (*piangere a singhiozzi*) to sob: *il povero bambino non cessava di* —, the poor child did not stop sobbing 3 (*fig.*) (*avanzare a balzi*) to move jerkily, to move in fits, to jerk.

singhiozzio *s.m.* sobbing.

singhiozzo *s.m.* 1 hiccup: *avere il* —, to have the hiccups // *a* —, *singhiozzi*, (*a balzi*) by fits and starts (*o* jerkily) // *sciopero a* —, on-off strike 2 (*sussulto di pianto*) sob: *scoppiò in singhiozzi*, he burst out sobbing; *non riusciva a frenare i singhiozzi*, he couldn't hold back his sobs.

singleton *s.m.* 1 (*bridge*) singleton 2 (*mat.*) one element set.

singolare *agg.* 1 (*gramm.*) singular: *sostantivo* —, singular noun 2 (*strano*) singular, peculiar, strange, unusual; (*bizzarro*) odd, queer; quaint; eccentric: *un carattere* —, a peculiar character; *un caso* —, a singular case; *gusti singolari*, queer tastes; *un modo di vestire* —, an unusual way of dressing 3 (*raro*) rare, singular; *bellezza, ingegno* —, rare beauty, talent; *virtù* —, rare virtue 4 (*letter.*) (*singolo*) single: *singolar tenzone*, single combat ◆ *s.m.* 1 (*gramm.*) singular 2 (*tennis*) singles (*pl. invar.*): — *femminile, maschile*, women's, men's singles.

singolarista *s.m.* e *f.* (*tennis*) singles-player.

singolarità *s.f.* 1 (*stranezza, originalità*) singularity, peculiarity, strangeness, oddity, queerness: *la — di un caso*, the singularity (*o* strangeness) of a case; *la — di un carattere*, the strangeness of a character 2 (*rarità*) rarity.

singolarizzare *v.tr.* (*gramm.*) to make* singular.

singolarmente *avv.* 1 (*a uno a uno*) singly, separately, individually, one by one: *comunicò la notizia — ai membri dell'associazione*, he told the news to the members of the association separately 2 (*particolarmente*) particularly: *fatto — grave*, particularly serious event; *un uomo — ricco*, an uncommonly rich man 3 (*originalmente*) quaintly, oddly, in a peculiar fashion: *vestire* —, to dress quaintly; *vivere* —, to lead a peculiar life.

singolo *agg.* 1 (*separato*) single, individual, separate: *ogni — libro, giorno, membro*, every single book, day, member; *camera singola*, single room; *conto corrente* —, individual current account; *firma singola*, separate signature; (*dir.*) *responsabilità singola*, several liability 2 (*unico*) single, sole: *non puoi basarti su un caso* —, you cannot base your argument on a single case; *documento in singola copia*, document in single copy ◆ *s.m.* 1 (*individuo, uomo*) individual: *gli interessi, i diritti del* —, the interests, the rights of the individual 2 (*tennis*) singles (*pl. invar.*): *facciamo un* —, let's play a singles 3 (*tel.*) single line.

singulto *s.m.* (*letter.*) sob, sobbing: *scoppiare in singulti*, to burst out sobbing.

siniscalcato *s.m.* (*st.*) 1 (*ufficio*) seneschalship 2 (*area di giurisdizione*) seneschalsy.

siniscalco *s.m.* (*st.*) seneschal.

sinistr *inter.* left: *fianco —!*, left turn!; *fronte a —!*, left face!

sinistra *s.f.* 1 (*mano sinistra*) left, left hand: *molti scrivono con la* —, many people write with the left hand 2 (*parte sinistra*) left, left-hand side: *la — di un fiume*, the left bank of a river; *alla mia* —, on my left; *la prima strada a* —, the first street on the left; *girate a* —, turn to the left; *sedere alla — di qlcu.*, to sit at s.o.'s left // *a destra e a* —, (*fig.*) everywhere (*o* high and low) // (*mar.*) *tutto a —!*, hard aport! 3 (*pol.*) left, left wing: *la — italiana*, the Italian Left; *la — del partito*, the left wing of the party; *l'estrema* —, the extreme left; *la — extraparlamentare*, the extraparliamentary left; *militante di* —, left-wing activist; *giornale di* —, left-wing paper; *uomo di* —, leftist (*o* left-winger).

sinistramente *avv.* 1 (*in modo ostile*) in a sinister way, sinisterly, grimly; (*in modo infausto*) ominously 2 (*malamente*) fiercely, in a hostile way, with hostility: *guardare qlcu.* —, to look at s.o. in a hostile way (*o* with hostility).

sinistrare *v.tr.* to (cause) damage: *l'alluvione ha sinistrato la città*, the flood damaged the whole city.

sinistrato *agg.* damaged; (*bombardato*) bomb-damaged ◆ *s.m.* victim (of a disaster); *i sinistrati dell'alluvione*, the flood victims; *previdenze a favore dei sinistrati*, benefits for the victims of a disaster.

sinistrese *s.m.* (*iron.*) leftist jargon.

sinistrismo *s.m.* (*pol.*) leftism.

sinistro *agg.* 1 left; left-hand (*attr.*): *ala sinistra*, left wing; *lato* —, left side (*o* left-hand side) 2 (*minaccioso, ostile*) sinister, grim; (*infausto*) ominous: *un aspetto* —, a sinister (*o* grim) appearance; *espressione sinistra*, sinister (*o* grim) expression; *occhiata sinistra*, sinister glance; *segni, presentimenti sinistri*, sinister (*o* ominous) signs, presentiments ◆ *s.m.* 1 (*disgrazia*) accident, mishap; (*danno*) damage: *assicurazione contro i sinistri*, insurance against damage (*o* accident insurance) 2 (*sport*) left: *gli vibrò un* —, he landed him a straight left; *segnare con un* —, to score with a left foot shot.

sinistrogiro *s.m.* laevorotatory, levorotatory.

sinistroide *agg.* leftist, left wing (*attr.*) ◆ *s.m.* e *f.* leftist, left-winger.

sinistrorso *agg.* 1 (*bot., zool.*) sinistrorse, sinistrorsal 2 (*zool.*) sinistral 3 (*tecn.*) left-handed: *fune sinistrorsa*, left-handed rope; *filettatura sinistrorsa*, left-handed screw thread 4 (*pol.*) (*scherz.*) leftist, left wing ◆ *s.m.* (*pol.*) (*scherz.*) leftist, left-winger.

sinistrosità *s.f.* (*assicurazioni*) (*relativa ad un'area geografica*) number of accidents; (*relativa agli assicurati*) experience: *indice di* —, rate of accidents.

sinizesi *s.f.* (*med., metrica*) synizesis*.

sino, **sino a** → **fino**[2], **fino a**.

sinodale *agg.* (*eccl.*) synodal // *età* —, (*fig. scherz.*) venerable age.

sinodico *agg.* (*eccl., astr.*) synodic(al): *mese* —, lunation (*o* synodic month); *rivoluzione sinodica*, synodic period.

sinodo *s.m.* (*eccl., astr.*) synod: — *diocesano, ecumenico*, diocesan, ecumenical synod.

sinologia *s.f.* Sinology.

sinologo *s.m.* Sinologue, Sinologist.

sinonimia *s.f.* (*ling.*) synonymy.

sinonimico *agg.* synonymic.

sinonimo *agg.* synonymous ◆ *s.m.* 1 synonym 2 (*inform.*) duplicate.

sinopia *s.f.* sinopite, ruddle.

sinopsi *s.f.* synopsis*.

sinora → **finora**.

sinossi *s.f.* synopsis*: — *di letteratura italiana*, synopsis of Italian literature.

sinottico *agg.* synoptic(al): *tavole sinottiche*, synoptic tables; *carta sinottica*, synoptic chart // *Vangeli sinottici*, Synoptic Gospels.

sinovia *s.f.* (*anat.*) synovia.

sinoviale *agg.* (*anat.*) synovial: *liquido, membrana* —, synovial fluid, membrane.

sinovite *s.f.* (*med.*) synovitis.

sinsemantico *agg.* (*ling.*) synsemantic.

sinsepalo *agg.* (*bot.*) synsepalous.

sintagma *s.m.* (*ling.*) syntagm.

sintagmatico *agg.* (*ling.*) syntagmatic.

sintantoché → **fintantoché**.

sintassi *s.f.* syntax.

sintattica *s.f.* (*fil.*) syntactics [U].

sintattico *agg.* (*gramm.*) syntactic(al).

sinterizzare *v.tr.* **sinterizzarsi** *v.intr. pron.* (*metall.*) to sinter.

sinterizzato *agg.* (*metall.*) sintered.

sinterizzazione *s.f.* (*metall.*) sintering: *agglomerato per* —, sinter.

sintesi *s.f.* synthesis* (*anche estens.*): *il medioevo è — di romanità e germanesimo*, the

Middle Ages is a synthesis of Romanism and Germanism; *trasmettere la — di una partita di calcio*, to broadcast the highlights of a football match // *avere capacità di —*, to have the ability to be concise // *in —*, in short (*o* in brief *o* briefly): *raccontaci in — cosa è successo*, tell us briefly what happened; *la situazione in — è questa*, in short the situation is as follows // (*chim.*): *— dell'acqua*, synthesis of water; *— per via elettrochimica*, electrosynthesis // (*fot.*) *— additiva, sottrattiva*, additive, subtractive synthesis.

sinteticamente *avv.* **1** synthetically, briefly: *esporre i fatti —*, to present the facts briefly **2** (*chim.*) synthetically.

sinteticità *s.f.* conciseness.

sintetico *agg.* **1** (*tecn.*) synthetic(al): *gomma, resina sintetica*, synthetic rubber, resin **2** (*conciso*) concise: *una ricostruzione sintetica dei fatti*, a concise reconstruction of the facts **3** (*ling.*) synthetic.

sintetismo *s.m.* (*fil.*) syntheticism.

sintetizzare *v.tr.* to synthetize, to synthesize (*anche chim.*); (*riassumere*) to summarize: *— un discorso*, to sum up a speech briefly; *non ha la capacità di —*, he is incapable of being concise.

sintetizzato *agg.* synthetized, synthesized.

sintetizzatore *s.m.* (*mus.*) synthesizer: *— di frequenza*, frequency sinthesizer; *— digitale*, digital sinthesizer.

sintoamplificatore *s.m.* (*elettr.*) synthesizer and amplificator unit.

sintogramma *s.m.* (*rad.*) tuning dial.

sintomaticità *s.f.* symptomatology.

sintomatico *agg.* **1** symptomatic(al): *terapia sintomatica*, symptomatic therapy **2** (*fig.*) (*significativo*) indicative, significant: *è — che non sia venuto all'appuntamento*, it's significant that he hasn't turned up for the appointment.

sintomatologia *s.f.* symptomatology.

sintomo *s.m.* **1** symptom: *i sintomi di una malattia*, the symptoms of an illness **2** (*fig.*) (*indizio*) symptom, sign, token: *questo ritardo è un — di pigrizia*, this delay is a symptom (*o* sign) of laziness; *i primi sintomi della rivolta*, the first signs (*o* symptoms) of the revolt.

sintonia *s.f.* (*rad.*) syntony, tuning: *— acuta*, sharp tuning; *acutezza di —*, tuning sharpness; *indicatore di —*, tuning indicator; *fuori —*, out of tune; *in —*, tuned // *essere in — con qlcu.*, (*fig.*) to be on the same wavelength as s.o.

sintonico *agg.* (*rad.*) syntonic.

sintonizzabile *agg.* (*rad.*) tunable: *non —*, nontunable.

sintonizzare *v.tr.* (*rad.*) to syntonize, to tune in (*anche fig.*).

□ **sintonizzarsi** *v.intr.pron.* **1** to be tuned in **2** (*fig.*) to get* on the same wavelength (as s.o.), to agree: *— con le idee di qlcu.*, to agree with s.o.'s ideas.

sintonizzatore *s.m.* (*rad.*) syntonizer, tuner: *— multiplo*, multiple tuner.

sintonizzazione *s.f.* (*rad.*) syntonization, tuning: *— a pulsante*, pushbutton tuning; *— ottimale*, fine tuning.

sintropia *s.f.* (*fis.*) syntropy.

sintropico *agg.* (*fis.*) syntropic.

sinuato *agg.* (*bot.*) sinuate.

sinuosità *s.f.* **1** sinuosity; winding: *la — di un sentiero, di un fiume*, the winding of a path, of a river **2** (*bot.*) (*tra due lobi di foglia*) sinus*.

sinuoso *agg.* sinuous, tortuous; winding: *fiume, sentiero —*, winding river, path.

sinusite *s.f.* (*med.*) sinusitis.

sinusoidale *agg.* sinusoidal: (*fis.*) *onda —*, sinusoidal (*o* sine) wave; (*mat.*) *curva —*, sinusoidal curve.

sinusoide *s.f.* (*mat., anat.*) sinusoid.

sionismo *s.m.* (*pol.*) Zionism.

sionista *s.m.* e *f.* (*pol.*) Zionist.

sionistico *agg.* (*pol.*) Zionist.

siparietto *s.m.* (*teatr.*) **1** (*sipario calato nei cambiamenti di scena*) drop-curtain; entr'acte curtain **2** (*breve numero di varietà*) entr'acte.

sipario *s.m.* curtain, drop-curtain: *si alza il —*, the curtain rises (*o* is raised); *cala il —*, the curtain falls (*o* is lowered) // *calare il — su un episodio*, (*fig.*) to draw the curtain over an episode.

siparista *s.m.* e *f.* curtain-man.

siracusano *agg.* Syracusan; from Syracuse; of Syracuse ♦ *s.m.* Syracusan; native of Syracuse; inhabitant of Syracuse.

sire *s.m.* (*ant., letter.*) Sire.

sirena[1] *s.f.* **1** (*mit.*) mermaid; siren (*anche fig.*): *canto di —*, siren song **2** (*estens.*) (*ammaliatrice*) femme fatale **3** (*zool.*) (*Siren lacertina*) siren, syren.

sirena[2] *s.f.* (*apparecchio*) siren: *— elettrica*, electric siren; *la — dei pompieri*, the fire siren; *la — dell'ambulanza*, the ambulance siren; *— da nebbia*, foghorn.

sirenetta *s.f.* **1** (*ragazza seducente*) nymph **2** (*mus.*) birdcall.

sirenide *s.m.* (*zool.*) sirenian.

siriaco *agg.* e *s.m.* Syriac: *chiesa, lingua siriaca*, Syriac church, language.

siriano *agg.* e *s.m.* Syrian.

sirice *s.m.* (*zool.*) (*Urocerus gigas*) yellow wood wasp.

sirima → **sirma**.

siringa *s.f.* **1** (*med.*) syringe: *— ipodermica*, hypodermic syringe; *— monouso*, throwaway syringe **2** (*med.*) (*catetere*) catheter **3** (*mecc.*) syringe: *— per olio*, oil syringe **4** (*mus.*) syrinx*, pan pipers (*pl.*): *la — di Pan*, the pipes of Pan **5** (*bot.*) (*Syringa vulgaris*) syringa, lilac.

siringare *v.tr.* to syringe; (*iniettare*) to inject.

siringatura *s.f.* (*med.*) syringing; injecting.

siringe *s.f.* (*degli uccelli*) syrinx*.

siringotomia *s.f.* (*med.*) syringotomy.

sirma *s.f.* (*metrica*) sirima.

siro *agg.* e *s.m.* Syrian.

sirocchia *s.f.* (*ant.* o *scherz.*) sister.

sirte *s.f.* (*letter.*) **1** quicksand; shallow; sandbank; syrtis (*pl.* -es) **2** (*fig.*) (*insidia*) danger; quicksand; snare, trap.

sirtico *agg.* of Sirte, Syrtic: *deserto —*, desert of Sirte.

sirventese *s.m.* (*poesia*) sirvente.

sisal, **sisalana** *s.f.* (*bot.*) (*Agave sisalaria*) sisal.

sisaro *s.m.* (*bot.*) (*Sium sisarum*) skirret.

sisma *s.m.* (*geol.*) seism, earthquake; (*fam.*) quake.

sismica *s.f.* (*geol.*) seismic exploration.

sismicità *s.f.* (*geol.*) seismicity, seismism.

sismico *agg.* (*geol.*) seismic(al), seismal: *esplorazione sismica*, seismic exploration; *fenomeno —*, quake; *lampo, boato —*, seismic flash, boom; *zona sismica*, earthquake zone.

sismo → **sisma**.

sismo- *pref.* di origine greca usato nella terminologia scientifica per indicare 'terremoto', 'scossa tellurica'; ingl. seismo-: *sismoscopio*, seismoscope; *sismologico*, seismologic(al).

sismografia *s.f.* (*geol.*) seismography.

sismografico *agg.* (*geol.*) seismographic.

sismografo *s.m.* (*geol.*) seismograph.

sismogramma *s.m.* (*geol.*) seismogram.

sismologia *s.f.* (*geol.*) seismology.

sismologico *agg.* (*geol.*) seismologic(al).

sismologo *s.m.* (*geol.*) seismologist.

sismometria *s.f.* (*geol.*) seismometry.

sismometro *s.m.* (*geol.*) seismometer.

sismoscopico *agg.* (*geol.*) seismoscopic.

sismoscopio *s.m.* (*geol.*) seismoscope.

sissignora *avv.* yes, madam.

sissignore *avv.* yes, sir.

sistema *s.m.* **1** (*complesso organico*) system: *— filosofico*, philosophical system; (*dir.*) *— giudiziario*, courts (*o* judiciary) system; (*rad.*) *— di diffusione sonora*, public-address system; (*tel.*) *— di comunicazione di reti*, gateway // (*mus.*): *— tonale*, key system; *— dodecafonico*, twelve-note method (*o* technique) // (*mat.*): *— metrico decimale*, metric system; *— di equazioni, di curve*, system of equations, of curves; *— numerico*, number system // (*fis.*): *— di fibre ottiche*, fibre-optics system; *— di riferimento*, frame of reference; *— (di riferimento) inerziale*, inertial system // (*anat.*) *— muscolare, nervoso, linfatico*, muscular, nervous, lymphatic system // (*geogr.*) *— orografico, idrografico*, orographic, hydrographic system // (*astr.*): *— planetario, solare*, planetary, solar system; *— tolemaico, copernicano*, Ptolemaic, Copernican system; *— altazimutale*, altazimuth (*o* azimuthal) mounting // (*fin.*): *— dei cambi*, exchange system; *— aureo*, gold standard; *— monetario*, monetary system (*o* coinage); *— monometallico*, single standard; *— bimetallico*, double standard; *Sistema Monetario Europeo* (abbr. SME), European Monetary System (*abbr.* EMS) // (*econ.*): *— agroindustriale*, agribusiness; *— economico*, economy (*o* economic system); *— mercantilistico*, mercantile system **2** (*metodo, procedimento*) system, method; (*modo*) way; (*abitudine*) habit: *— di vita*, way of life; *devi cambiar — se vuoi riuscire*, you must change your ways if you want to be successful; *ha trovato un — per risparmiare*, he has found a way of saving; *non è mio — lasciare le cose a metà*, it is not my habit to leave things unfinished; *non ha — nel suo lavoro*, he has no system (*o* method) in his work; *questo è il suo — di fare le cose*, this is his way of doing things; *fare qlco. con —*, to do sthg. methodically; *lavorare senza —*, to work without method // *— d'insegnamento*, teaching method (*o* system) // (*econ.*): *— di lavoro a domicilio*, domestic (*o* outwork) system; *— di produzione*, production system; *— di razionamento*, rationing system;

— *di risparmio con ritenuta alla fonte*, save as you earn system (*abbr.* SAYE); — *di vendita a rate*, tally-system (*o* tally-trade) // (*amm.*): — *previdenziale*, social security scheme (*o* plan *o* programme); — *della scala mobile*, sliding -scale system; — *informativo*, information system **3** (*organizzazione politica, sociale*) system: — *repubblicano, monarchico*, republican, monarchic system; — *di governo*, system of government; — *monopolistico*, monopoly system; *essere integrato nel* —, to be integrated in the system **4** (*inform.*) system; scheme: — *di dati*, date system; — *integrato*, total system; — *operativo dischi*, disk operating system (*abbr.* DOS); — *di numerazione binaria*, binary number system **5** (*nei giochi basati su pronostici*) system: *giocare un — al totocalcio*, to play a system on the pools; *un — per vincere alla roulette*, a system for winning at roulette **6** (*nel gioco del calcio*) MW formation.

sistemare *v.tr.* **1** (*mettere in ordine*) to arrange, to put* in order; to tidy up: *sistemali in ordine alfabetico, cronologico*, arrange them in alphabetical, chronological order; — *i libri su uno scaffale*, to arrange the books on a shelf **2** (*definire, regolare*) to settle, to square, to resolve; to straighten out: — *una questione*, to settle a matter; — *una lite*, to make up a quarrel **3** (*collocare*) to place, to put*, to find* a place for (sthg.): *ho sistemato la cassettiera sotto la finestra*, I've found a place for the chest of drawers under the window **4** (*collocare in un alloggio*) to accomodate, to put* (s.o.) up: *ho sistemato i bambini a casa di mia madre*, I have put my children up at my mother's; *se vuoi posso sistemarti in salotto*, if you want I can put you up in the living room **5** (*procurare un lavoro a*) to fix (s.o.) up (with a job), to find* (s.o.) a job: *l'ho sistemato presso la ditta di un mio amico*, I've found him a job (*o* I've fixed him up with a job) in the firm of a friend of mine **6** (*far sposare*) to fix (s.o.) up (with a husband, wife): *sta cercando di — la figlia, ma nessuno la vuole*, he is trying to fix his daughter up with a husband, but nobody wants her **7** (*fam.*) (*dare una lezione a*) to sort (s.o.) out, to fix: *se non la pianti, ti sistemo io!*, if you don't stop it, I'll sort you out!; *lo sistemerò io!*, I'll fix him! **8** (*ridurre a sistema*) to systematize; (*dare un'organizzazione sistematica a*) to organize.

□ **sistemarsi** *v.rifl.* **1** (*mettersi a posto, trovare un alloggio*) to settle (down): *ci siamo sistemati nella nostra nuova casa*, we have settled down in our new home; *si sistemò vicino a Roma*, he settled near Rome **2** (*trovare un lavoro*) to find* a job: *mi sono sistemato bene in banca*, I've found a very good job in a bank **3** (*sposarsi*) to marry and settle down: *le sue figlie si sono tutte sistemate*, his daughters have all married and settled down.

sistemata *s.f.*: *dare una — a qlco.*, (*fam.*) to give sthg. a quick going-over: *dai una — alla cucina*, give the kitchen a quick going-over (*o* cleanup *o* tidy-up); *devo far dare una — all'auto*, I must tidy up the car.

sistematica *s.f.* (*scient.*) systematics [U].

sistematicamente *avv.* **1** systematically, methodically, with method: *lavorare* —, to work methodically; *ordinare qlco.* —, to arrange sthg. systematically **2** (*regolarmente*) regularly: *arriva — in ritardo*, he regularly arrives late.

sistematicità *s.f.* systematic nature.

sistematico *agg.* **1** systematic **2** (*metodico*) systematic, methodical, orderly, deliberate: *mente sistematica*, methodical mind; *persona sistematica*, methodical person; *lavoro* —, methodical (*o* systematic) work; *in modo* —, methodically // *un'opposizione sistematica*, a systematic opposition **3** (*inform.*) unconditional.

sistematizzare *v.tr.* to systematize.

sistematizzazione *s.f.* systematization.

sistemazione *s.f.* **1** (*organizzazione*) organization, systematization; (*ordine, assetto, disposizione*) arrangement, layout, ordering; (*collocazione*) placing; (*collocazione di macchinari, impianti*) layout: *la — del mobilio è solo provvisoria*, the arrangement of the furniture is only temporary; *voglio cambiare la — di quei libri*, I want to change the arrangement (*o* placing *o* ordering) of those books; *una — inadeguata della materia*, poor organization of the material // (*amm.*) — *di voci contabili*, arrangement (*o* layout) of accounting items **2** (*definizione, regolamento*) settlement, fixing up: *la — dei propri interessi*, the settlement of one's interests; — *di un conto*, settlement (*o* payment) of a bill; (*dir.*) *la — del contratto richiese più giorni*, the settlement (*o* the fixing up) of the contract took several days **3** (*in un alloggio*) accomodation // *la mia — qui a Roma è definitiva*, I have now settled down in Rome for good **4** (*impiego, lavoro*) job, position, post: *ha trovato una buona — come segretaria*, she has found a good job (*o* position) as a secretary; *suo figlio ha finalmente trovato una buona* —, his son has found a good job at last **5** (*mecc.*) (*messa a punto*) setting.

sistemica → **sistemistica**.

sistemico *agg.* systemic // (*chim.*) *pesticidi sistemici*, systemic pesticides.

sistemista *s.m.* e *f.* **1** (*studioso di teoria dei sistemi*) expert in systems theory **2** (*inform.*) systems analyst **3** (*nei giochi basati su pronostici*) system player **4** (*calcio*) (*allenatore che applica la tattica del sistema*) manager employing the WM formation.

sistemistica *s.f.* systems theory.

sistemistico *agg.* systems theory (*attr.*); of systems theory.

sistilo *agg.* e *s.m.* (*arch.*) systyle.

sistola *s.f.* **1** (*ugello*) sprinkling nozzle **2** (*tubo*) hose.

sistole *s.f.* **1** (*med.*) systole **2** (*metrica*) systole.

sistolico *agg.* (*med.*) systolic.

sistro *s.m.* (*mus.*) sistrum*.

sitibondo *agg.* (*letter.*) **1** very thirsty, parched **2** (*fig.*) (*avido*) thirsting (for, after sthg.), eager (for sthg.): — *di vendetta, di gloria*, thirsting for vengeance, for glory; *essere — di sangue*, to thirst for blood.

sit-in *s.m.* sit-in.

sito *agg.* (*letter.*) situated, placed, located: *la casa è sita su un colle*, the house is situated on a hill ◆ *s.m.* **1** (*archeol., inform.*) site **2** (*ant.*) (*disposizione, posizione*) place, spot; site // (*mil.*) *angolo, linea di* —, site angle, line **3** (*biol.*) site, location **4** (*letter., region.*) (*contrada*) place, country: *in lontani siti*, in far away countries **5** (*inform.*) web site.

sitologia *s.f.* sitology, dietetics [U].

situare *v.tr.* to site, to place, to put*, to set*, to situate.

□ **situarsi** *v.rifl.* o *intr.pron.* to place oneself, to put* oneself, to position oneself, to be situated.

situazionale *agg.* situational.

situazione *s.f.* **1** (*condizione*) situation, position, condition, state; circumstances (*pl.*): — *politica, economica*, political, economic situation; *una solida — finanziaria*, a sound financial position; *la — finanziaria di una ditta*, the financial standing of a company; *la — è molto cambiata*, the situation has changed a great deal; *essere in una — imbarazzante*, to be in an awkward situation (*o* position); *vorrei avere il quadro della* —, I would like to have a picture of the situation; *essere all'altezza della* —, to be capable of coping with a situation // (*econ.*): — *del mercato*, market situation; — *patrimoniale*, asset and liability statement; — *di cassa*, cash position; — *di credito*, credit status; — *congiunturale*, economic trend; — *della domanda, dell'offerta*, demand, supply condition; — *deficitaria*, deficit // (*amm.*) — *contabile*, statement of account **2** (*inform.*) report; status **3** (*rar.*) (*posizione, collocazione*) situation, location, site.

sivaismo *s.m.* (*st. relig.*) Sivaism.

siviera *s.f.* ladle.

sizigia *s.f.* (*astr.*) syzygy.

sizigiale *agg.* (*astr.*) syzygial: *marea* —, spring tide.

sketch *s.m.* (*breve scena*) sketch.

ski-lift *s.m.* (*sciovia*) ski lift.

skip *s.m.* (*miner.*) skip.

skipper *s.m.* (*mar.*) skipper.

skunk *s.m.* (*zool.*) (*Mephitis mephitis*) skunk.

skutterudite *s.f.* (*min.*) skutterudite.

slab *s.m.* (*metall.*) slab.

slabbramento → **slabbratura**.

slabbrare *v.tr.* to chip the rim of (sthg.); to break* the rim of (sthg.); (*una ferita*) to open: — *un vaso*, to break the rim (*o* brim *o* lip) of a vase.

□ **slabbrarsi** *v.intr.pron.* to chip; (*di tessuto*) to fray, to tear*; (*di ferita*) to gape, to open: *i polsini del maglione si sono slabbrati*, the cuffs of the sweater have frayed.

slabbrato *agg.* **1** chipped: *una tazza slabbrata*, a cup with a chipped rim **2** (*di tessuto*) frayed; (*di ferita*) gaping, open.

slabbratura *s.f.* **1** chipping **2** (*di tessuti*) tearing, fraying **3** (*mecc.*) burr.

slacciare *v.tr.* to unlace, to undo*, to untie; (*sbottonare*) to unbutton: *slacciami le scarpe*, unlace my shoes; *slacciati la giacca*, unbutton your jacket; *slacciarsi la cintura*, to undo one's belt.

□ **slacciarsi** *v.intr.pron.* to come* unlaced, to come* undone, to come* untied; (*sbottonarsi*) to come* unbuttoned: *mi si sono slacciate le scarpe*, my shoelaces have come undone.

slalom *s.m.* **1** (*sport*) slalom: — *speciale*, special slalom; — *gigante*, giant slalom; — *parallelo*, parallel slalom **2** (*estens.*) weaving: *fare uno — tra la folla*, to weave through the crowd.

slalomista *s.m.* e *f.* (*sport*) slalom racer.

slam (*bridge, tennis*) slam: *grande, piccolo* —, grand, little slam.

slanatura *s.f.* dewooling, fellmongering.

slanciare *v.tr.* (*non com.*) to hurl, to fling*, to throw*.
□ **slanciarsi** *v.rifl.* o *intr.pron.* **1** to hurl oneself, to rush, to dash; (*di uccello*) to swoop: *si slanciò contro di me*, he hurled himself upon (*o* at) me **2** (*fig.*) (*avventurarsi*) to throw* oneself into (sthg.), to venture: *si slanciò in quella pazza impresa*, he threw himself into that crazy undertaking **3** (*innalzarsi*) to soar, to reach up: *il campanile si slancia verso il cielo*, the bell tower soars into the sky.

slanciato *agg.* **1** (*riferito a persone*) slim, slender **2** (*rif. a cose*) soaring, high: *una figura slanciata*, a slender figure; *un arco* —, a high (*o* soaring) arch.

slancio *s.m.* **1** rush, dash; run; (*salto*) jump; (*di uccello*) swoop: *con uno — gli saltò addosso*, with a jump he threw himself on top of him; *se prendi lo —, riuscirai a saltare quel muro*, if you take a run you'll manage to jump that wall; *i soldati si gettarono di — sul nemico*, the soldiers made a rush (*o* a dash) at the enemy **2** (*fig.*) (*energia*) energy, (*fam.*) go; (*impulso*) impulse, fit, outburst: *in uno — di entusiasmo, di generosità*, in a fit (*o* burst) of enthusiasm, of generosity; *agire di* —, to act on impulse; *essere pieno di* —, to be full of energy (*o* go) **3** (*mar.*) rake: — *del dritto di prua*, rake of the stem.

slargamento *s.m.* widening.

slargare *v.tr.* to widen, to make* wider: — *un passaggio*, to widen a passage.
□ **slargarsi** *v.intr.pron.* (*allargarsi*) to widen: *più avanti la strada si slarga*, the road widens further on; *questo golf si è tutto slargato*, this cardigan has lost its shape.

slargo *s.m.* open space; (*di strada*) wide stretch: *dopo la chiesa c'è uno* —, after the church there's a wide stretch (of road).

slattamento *s.m.* weaning.

slattare *v.tr.* to wean.

slavato *agg.* **1** (*di colore*) washed out; (*di colorito*) pale, colourless, wan: *capelli di un biondo* —, pale blond hair **2** (*fig.*) (*scialbo*) dull; uninteresting; insipid: *un racconto* —, a dull story.

slavina *s.f.* landslide; (*di neve*) snowslide.

slavismo *s.m.* Slavism.

slavista *s.m.* e *f.* Slavist, Slavicist.

slavistica *s.f.* Slavic studies (*pl.*).

slavizzare *v.tr.* to Slavicize.
□ **slavizzarsi** *v.rifl.* o *intr.pron.* to become* Slavic.

slavizzazione *s.f.* Slavification.

slavo *agg.* **1** Slav **2** (*di lingua*) Slav(ic), Slavonic ◆ *s.m.* **1** Slav **2** (*lingua*) Slavonic.

slavofilia *s.f.* Slavophilism.

slavofilismo *s.m.* (*pol.*) Slavophilism.

slavofilo *agg.* e *s.m.* Slavophil, Slavophile.

slavofobia *s.f.* Slavophobia.

slavofobo *agg.* e *s.m.* Slavophobe.

slavofono *agg.* Slavonic speaking, Slavic speaking ◆ *s.m.* Slavonic (language) speaker, Slavic (language) speaker.

sleale *agg.* disloyal, unfaithful; (*non corretto*) unfair: *persona* —, disloyal (*o* unfaithful) person; *concorrenza* —, unfair competition; *gioco* —, foul play.

slealtà *s.f.* disloyalty, unfaithfulness; (*mancanza di correttezza*) unfairness.

slebo *s.m.* (*metall.*) slab.

sleeping-car *s.m.* sleeping car.

slegamento *s.m.* (*non com.*) **1** untying, undoing, unfastening, loosening **2** (*fig.*) (*incoerenza*) looseness, incoherence, disconnectedness.

slegare *v.tr.* **1** to untie, to undo*, to unfasten, to loosen: *gli slegò le mani*, he untied (*o* unbound) his hands; — *un nodo*, to untie a knot **2** (*fig letter.*) to free, to set* free.
□ **slegarsi** *v.rifl.* to untie oneself, to get* untied, to get* undone; to loosen.

slegato *agg.* **1** untied, undone, loose **2** (*non rilegato*) unbound: *un libro* —, an unbound book **3** (*di discorso ecc.*) disconnected, incoherent: *parole slegate*, disconnected words.

slegatura *s.f.* **1** untying, undoing, loosening **2** (*fig.*) (*incoerenza*) incoherence, looseness.

slentare *v.tr.* **slentarsi** *v.intr.pron.* (*non com.*) to slacken, to loosen.

sleppa *s.f.* (*region.*) **1** (*sberla*) slap **2** (*gran quantità*) large quantity; a lot.

slineamento *s.m.* (*ferr.*) buckling.

slip *s.m.* **1** (under)pants (*pl.*); briefs (*pl.*); (*da donna*) panties **2** (*costume da bagno maschile*) bathing trunks (*pl.*); (*femminile*) bikini bottom.

slitta *s.f.* **1** sleigh, sledge; (*amer.*) sled: *cane da* —, sledge dog (*o* husky); *andare in* —, to sleigh (*o* to sledge *o* to go sledging); — *a vela*, iceboat **2** (*artigl.*) chassis* **3** (*mecc.*) slide: — *portafresa*, cutter slide; — *trasversale*, cross slide.

slittamento *s.m.* **1** skid(ding); sliding; slip(ping); (*aut.*) skid; (*aer.*) side slip: (*ferr.*) *indicatore di* —, wheel slip indicator **2** (*mecc.*) (*scorrimento*) slipping **3** (*cinem.*) (*di pellicola*) slippage **4** (*fig.*) (*spostamento*) drift; (*caduta*) fall, decline, drop; (*rinvio*) deferment, postponement: *la seduta ha avuto uno — di una settimana*, the session has been posponed for a week // (*econ.*) — *salariale*, wage (*o* earnings) drift // (*fin.*) — *di una moneta*, decline (in value) of a currency.

slittare *v.intr.* **1** (*scivolare*) to skid, to slide*; to slip: *l'automobile slittò sul ghiaccio*, the car skidded on the ice **2** (*andare in slitta*) to sleigh, to sledge; to sled **3** (*mecc.*) (*di cinghia*) to slip **4** (*fig.*) (*perdere valore*) to lose* value, to decline in value, to slide*; to fall*: (*fin.*) *la sterlina continua a* —, the pound keeps sliding (*o* losing value) **5** (*fig.*) (*allontanarsi dalla propria linea d'azione*) to shift: *il sindacato slitta verso destra*, the union is shifting to the right **6** (*fig.*) (*essere rinviato*) to be deferred, to be postponed, to be put off: *l'inizio del concorso è slittato di due mesi*, the beginning of the competition has been postponed for two months.

slittino *s.m.* sledge, sleigh; (*amer.*) sled.

slittovia *s.f.* sledge-lift.

slivoviz *s.m.* slivovitz, plum brandy.

slogamento *s.m.* dislocation.

slogan *s.m.* slogan, catchword, message: — *pubblicitario, elettorale*, advertising, election slogan; — *televisivo*, TV message; *gridare* —, to chant slogans.

slogare *v.tr.* **slogarsi** *v.intr.pron.* to dislocate: *si slogò un polso*, he dislocated his wrist.

slogato *agg.* dislocated.

slogatura *s.f.* dislocation.

sloggiamento *s.m.* (*non com.*) driving away, driving out; dislodging; (*sfratto*) eviction.

sloggiare *v.tr.* to dislodge, to drive out; (*sfrattare*) to turn out, to evict: — *il nemico*, to dislodge the enemy ◆ *v.intr.* **1** to clear out: *sloggia se non vuoi metterti nei pasticci*, clear out if you don't want to get into trouble; *si è insediato a casa mia e non vuole* —, he has settled at my house and he won't budge; *sloggia! Quella è la mia sedia*, get off! That's my chair **2** (*mil.*) to decamp.

sloggio *s.m.* (*burocrazia*) eviction.

slombato *agg.* **1** exhausted, tired (out), worn-out: *un vecchio cavallo* —, a worn-out old nag **2** (*snervato*) weak, feeble; listless.

slovacca *s.f.* **slovacco** *s.m.* e *agg.* Slovak, Slovakian.

slovena *s.f.* **sloveno** *s.m.* e *agg.* Slovene, Slovenian.

slungare *v.tr.* (*non com.*) to prolong, to extend, to lengthen; (*indumento*) to let* down.
□ **slungarsi** *v.intr.pron.* **1** (*allungarsi*) to lengthen, to get* longer **2** (*dilungarsi*) to dwell* (on sthg.), to speak* at length.

slupatura *s.f.* (*agr.*) dry rot removal.

smaccato *agg.* **1** sickly-sweet, cloying **2** (*fig.*) (*esagerato*) sickening, excessive: *adulazioni smaccate*, sickening adulation.

smacchiare[1] *v.tr.* to clean, to remove the stains from (sthg.): — *un vestito*, to remove the stains from a dress.

smacchiare[2] *v.tr.* (*non com.*) to deforest, to clear (of trees): — *una zona montana*, to clear a mountain region of trees.

smacchiatore *s.m.* (*prodotto*) stain remover, spot remover: — *a secco*, dry cleaner.

smacchiatura *s.f.* removal of stains, cleaning: — *a secco*, dry-cleaning.

smacco *s.m.* letdown, blow; defeat; humiliation: *il suo rifiuto fu un vero — per me*, his refusal was a real blow to me; *il fallimento dell'impresa è stato un grave — per lui*, the failure of the enterprise was a serious blow to him; *subire uno* —, to have a let down.

smagliante *agg.* dazzling, radiant, bright, brilliant (*anche fig.*): *colori smaglianti*, brilliant colours; *la sua — bellezza*, her dazzling beauty; *un sorriso* —, a radiant smile.

smagliare *v.tr.* to unravel; to undo*; (*calze*) to ladder; (*una catena*) to break* the links of (a chain).
□ **smagliarsi** *v.intr.pron.* to break*, (*di calze*) to ladder; (*di cute*) to develop stretch marks; *mi si è smagliata una calza*, I have got a ladder (*o* a run) in my stocking; *questa catena si è smagliata*, this chain has broken; *queste calze si smagliano facilmente*, these stockings ladder easily.

smagliato *agg.* (*di calze*) laddered; (*di cute*) having stretch marks: *una calza smagliata*, a laddered stocking (*o* a stocking with a ladder in it).

smagliatura *s.f.* **1** (*di calza*) ladder, (*amer.*) run: *aveva una — nelle calze*, she had a ladder in her stocking **2** (*di cute*) stretch mark, (*scient.*) stria* **3** (*fig.*) (*discontinuità*) gap, discontinuity; (*difetto*) flaw, defect:

una — nel sistema organizzativo, a gap in the organization.

smagnetizzare *v.tr.* **1** to demagnetize **2** (*mar.*) to degauss: — *parzialmente*, to deperm. □ **smagnetizzarsi** *v.intr.pron.* to become* demagnetized.

smagnetizzatore *s.m.* demagnetizer.

smagnetizzazione *s.f.* **1** demagnetization **2** (*mar.*) degaussing: — *parziale*, deperming.

smagrare, **smagrarsi** → **smagrire**, **smagrirsi**.

smagrimento *s.m.* thinning, slimming; loss of weight.

smagrire *v.tr.* to make* thin(ner); to make* lose weight: *la malattia l'ha smagrito*, the illness has made him thinner ◆ *v.intr.* → smagrirsi.

□ **smagrirsi** *v.intr.pron.* to get* thin; to lose* weight; to become* thinner: *si è molto smagrito ultimamente*, he has lost a lot weight recently.

smaliziare *v.tr.* (*scaltrire*) to sharpen up, to wake* up.

□ **smaliziarsi** *v.intr.pron.* to become* sharper, to be quicker; — *in un lavoro*, to get into a job.

smaliziato *agg.* knowing; (*scaltrito*) cunning, crafty, shrewd: *un uomo d'affari* —, a shrewd businessman; *è — e non ha bisogno di consigli*, he is shrewd and he doesn't need any advice; *quella ragazza è troppo smaliziata per la sua età*, that girl is too knowing for her age.

smaltare *v.tr.* **1** to enamel; (*ceramica*) to glaze: — *l'oro*, to enamel gold // *smaltarsi le unghie*, to varnish (*o* to paint) one's nails **2** (*fot.*) (*lucidare*) to glaze: — *copie fotografiche*, to glaze prints.

smaltatore *s.m.* **smaltatrice** *s.f.* **1** enameller, enamellist, enamel worker **2** (*fot.*) glazer.

smaltatura *s.f.* **1** enamelling; *la — di questo pezzo è difettosa*, the enamelling of this piece is defective **2** (*fot.*) (*lucidatura*) glazing.

smalteria *s.f.* enamel factory.

smaltimento *s.m.* **1** (*digestione*) digestion, digesting; swallowing (*anche fig.*) **2** (*vendita*) sale, disposal; selling (off): *lo — delle merci*, the sale of the goods; — *delle scorte*, disposal (*o* selling off) of stock **3** (*eliminazione*) draining; disposal, removal; getting rid (of sthg.): *lo — delle acque di scarico*, the draining (away) of water **4** (*disbrigo*) completing, finishing off; getting through; — *del lavoro arretrato*, finishing off of a backlog of work // — *del traffico*, getting the traffic moving **5** (*inform.*) throughput.

smaltina *s.f.* (*min.*) smaltite, smaltine.

smaltino *s.m.* (*chim.*) smalt.

smaltire *v.tr.* **1** (*digerire*) to digest; (*fig.*) to swallow: *non riusciva a — il pasto*, he could not digest the meal; *sono insulti che non si possono* —, such insults cannot be swallowed; — *la collera*, to swallow one's anger // — *la sbornia*, to get over one's drunkenness: *aveva la sbornia, ma la smaltì durante la notte*, he got drunk but he slept it off overnight **2** (*vendere*) to sell*; to sell* off; to dispose of, to clear: — *le scorte*, to clear the stock; — *i fondi di magazzino*, to dispose of one's surplus stock; — *una partita di olio, zucchero*, to sell off a load of oil, sugar **3** (*eliminare*) to drain; to take* away, to get* rid of (sthg.): — *i rifiuti*, to dispose of the waste; — *le acque*, to drain water **4** (*fig.*) (*sbrigare*) to complete, to finish off, to get* through, to clear: — *la corrispondenza*, to finish dealing with (*o* to clear) the correspondence; — *il lavoro arretrato*, to get through a backlog of work // — *il traffico*, to get the traffic moving.

smaltista *s.m.* e *f.* enamellist, enameller, enamel worker.

smaltitoio *s.m.* drain.

smaltitore *agg.* waste (*attr.*), discharge (*attr.*): *canale* —, discharge channel.

smalto *s.m.* **1** enamel: — *a fuoco*, stove enamel; — *sintetico*, synthetic enamel; *metallo rivestito di* —, metal coated with enamel; *pentole di* —, enamelware; *pittura a* —, enamel paint; *verniciatura a* —, enamel painting // — *per unghie*, nail varnish **2** (*oggetto smaltato*) enamel work: *un pregevole — antico*, a valuable old piece of enamelware **3** (*anat.*) (*dei denti*) enamel **4** (*fig.*) (*brillantezza*) shine: *quell'attore ha perso — con l'andar del tempo*, that actor has lost some of his shine over the years.

smammare *v.intr.* (*region.*) to clear off, to get* lost, to scram: *vattene, smamma!*, go away, scram!

smanacciare *v.intr.* (*fam.*) to wave one's hands around, to gesticulate ◆ *v.tr.* (*fam.*) (*maneggiare maldestramente*) to mishandle: — *un congegno*, to mishandle an instrument // (*sport*) *il portiere ha smanacciato il pallone*, the goalkeeper fumbled the ball.

smanceria *s.f.* (*spec. pl.*) mawkishness [U]: *non fare smancerie!*, don't be so mawkish!

smanceroso *agg.* mawkish.

smanettare *v.intr.* to rev up.

smangiare *v.tr.* to corrode; to eat* away, to wear* away, to eat* into (sthg.): *gli acidi smangiano i metalli*, acids corrode (*o* eat into) metals; *l'acqua ha smangiato l'argine*, the water has eaten (*o* worn) the bank away.

□ **smangiarsi** *v.intr.pron.* (*fam.*) to fret, to worry // — *il fegato*, to eat one's heart out.

smangiato *agg.* corroded; worn-out, eaten away: *queste suole sono smangiate*, these soles are worn-out.

smania *s.f.* **1** great desire (for sthg.), longing (for sthg.), craving (for sthg.); eagerness (for sthg.): *ha una grande — di imparare l'inglese*, he is very eager to learn English; *ha — di successo, gloria, denaro*, he has a craving (*o* longing) for success, glory, money; *ho una grande — di vederlo*, I am longing to see him; *la sua — di ricchezza lo ha rovinato*, his thirst (*o* craving *o* desire) for wealth has ruined him; *ha la — di partire*, he is dying to leave **2** (*frenesia*) agitation, excitement; restlessness; frenzy: *la — dell'attesa*, the impatience of waiting // *andare in smanie*, to get into a frenzy.

smaniare *v.intr.* **1** to yearn (for sthg.), to long (for sthg.), to crave (sthg. *o* for sthg.): *smania di cambiare lavoro*, he is longing for a new job **2** (*essere in agitazione*) to be restless; to chafe, to fret: *non ho dormito molto, ho smaniato tutta la notte per la febbre*, I didn't sleep much, I was tossing (and turning) all night with a temperature; *invece di —, cerca di organizzare la partenza*, instead of flapping around get ready to leave // *far — qlcu.*, to make s.o. furious.

smanigliare *v.tr.* (*mar.*) to unshackle.

smanioso *agg.* **1** eager (for sthg.), craving (for sthg.), thirsting (for, after sthg.): *è — di ricchezza*, he is eager (*o* craving *o* thirsting) for wealth; *è smaniosa di successo*, she's craving for success; *sono — di vederlo*, I am eager to see him **2** (*agitato*) restless, agitated.

smantellamento *s.m.* dismantling, demolition: *lo — di una fabbrica*, the demolition of a factory; *lo — di una struttura*, the dismantlement of a structure; — *di monopolio*, trust busting; *lo — di un'accusa*, (*fig.*) the refutation of a charge.

smantellare *v.tr.* to dismantle, to demolish (*anche fig.*): — *una fortezza, un naviglio*, to dismantle a fortress, a ship; — *una base militare*, to dismantle a military base; — *le industrie belliche*, to dismantle war industries: — *una tesi*, (*fig.*) to demolish a thesis.

smaragdite *s.f.* (*min.*) smaragdite.

smarcare *v.tr.* (*sport*) to free (from marking): — *un giocatore*, to free a player (with a pass). □ **smarcarsi** *v.intr.pron.* (*sport*) to lose* one's marker.

smargiassare *v.intr.* (*non com.*) to brag, to swagger.

smargiassata meno com. **smargiasseria** *s.f.* brag(ging), swagger; (*bravata*) showing off.

smargiasso *s.m.* braggart, show-off, boaster: *non fare lo* —, stop bragging (*o* showing off).

smarginare *v.tr.* to trim (the edge of sthg.).

smarginatura *s.f.* trimming.

smargottare *v.tr.* (*agr.*) to remove the layer(s) from (sthg.).

smarrimento *s.m.* **1** loss; (*disguido*) miscarriage: *denunciare lo — di un documento*, to report the loss of a document; — *di un pacco postale*, miscarriage of a parcel **2** (*confusione*) bewilderment, confusion; (*sbigottimento*) dismay: *avere un attimo di* —, to be bewildered for a moment; *essere in stato di* —, to be confused **3** (*svenimento*) fainting fit, swoon.

smarrire *v.tr.* **1** to mislay*; to lose*: — *un ombrello, una penna, i guanti*, to mislay an umbrella, a pen, one's gloves; — *un documento*, to lose a document // — *la strada*, to lose one's way // — *la ragione*, to lose one's mind **2** (*ant. fig.*) (*confondere, turbare*) to bewilder; (*sbigottire*) to dismay.

□ **smarrirsi** *v.intr.pron.* **1** (*perdere la strada*) to lose* one's way: *si smarrì fra i campi*, he lost his way (*o* got lost) in the fields **2** (*di lettera, pacco*) to go astray, to get lost **3** (*confondersi, turbarsi*) to be bewildered; (*sbigottirsi*) to be dismayed; (*confondersi*) to get* confused: *a quella domanda si smarrì*, at that question he got confused.

smarrito *agg.* **1** mislaid; lost: *ritrovare la strada smarrita*, to get back on the right path // *pecorella smarrita*, (*fig.*) lost sheep // *ufficio oggetti smarriti*, lost property office **2** (*sbigottito*) bewildered; (*spaventato*) dismayed, frightened: *aveva un'aria smarrita quando lo vidi*, he looked bewildered when I saw him.

smarronare *v.intr.* (*fam.*) (*fare uno sproposito*) to make* a blunder; (*dire uno sproposito*) to talk crap.

smarronata *s.f.* (*fam.*) (*sproposito*) blunder; crap.

smascellamento *s.m.* (*non com.*) dislocation of the jaw.

smascellarsi *v.intr.pron.* to dislocate one's jaw // — *dalle risa*, to split one's sides with laughter.

smascheramento *s.m.* unmasking (*anche fig.*).

smascherare *v.tr.* to unmask (*anche fig.*): *smascherò l'impostore*, he unmasked the impostor; — *un ladro*, to find out (*o* to discover) who a thief is.
□ **smascherarsi** *v.rifl.* **1** (*togliersi la maschera*) to take* off one's mask **2** (*fig.*) to give* oneself away: *si è involontariamente smascherato*, he unintentionally gave himself away.

smascheratore *s.m.* (*non com.*) unmasker: *lo — di un inganno*, the person who reveals a trick.

smascolinizzare *v.tr.* to emasculate, to demasculinize.

smascolinizzato *agg.* emasculated; effeminate.

smatassare *v.tr.* (*non com.*) to unwind*.

smaterializzare *v.tr.* to dematerialize; to spiritualize.
□ **smaterializzarsi** *v.rifl.* o *intr.pron.* to dematerialize; to disappear: *l'immagine si smaterializzò davanti a lui*, the image disappeared before his eyes.

smaterializzazione *s.f.* dissolution; disappearance.

smattonare *v.tr.* to remove the bricks of (sthg.); to demolish: — *un pavimento*, to demolish a floor.

smazzata *s.f.* (*di carte da gioco*) (*distribuzione*) dealing of cards; (*mano*) hand: *dare una — alle carte*, to deal the cards.

smectico *agg.* (*fis.*, *chim.*) smectic: *fase smectica*, smectic phase // (*geol.*) *argilla smectica*, fuller's earth.

smegma *s.m.* (*biol.*) smegma.

smembramento *s.m.* dismemberment (*anche fig.*); (*divisione*) splitting, division, breaking-up: — *di una nazione*, dismemberment of a nation; *lo — di una famiglia*, the splitting of a family; — *di un patrimonio*, splitting of a property; — *dei conti*, splitting of accounts.

smembrare *v.tr.* to dismember, to split* up, to divide (*anche fig.*): — *un paese*, to dismember a country; — *un partito politico*, to split up a political party.

smemoramento *s.m.* (*non com.*) loss of memory; (*sbadataggine*) forgetfulness.

smemorare *v.intr.* (*ant. letter.*) **1** (*perdere la memoria*) to lose* one's memory **2** (*svenire*) to faint.
□ **smemorarsi** *v.intr.pron.* to become* forgetful.

smemorataggine, **smemoratezza** *s.f.* **1** (*mancanza di memoria*) lack of memory, forgetfulness: *scrive tutto, data la sua —*, he's so forgetful (*o* absent-minded) that he makes a note of everything **2** (*dimenticanza*) lapse of memory.

smemorato *agg.* forgetful; (*distratto*) absent-minded: — *com'è si dimenticherà di portarmelo*, he's so absent-minded that he'll forget to bring it to me.

smentire *v.tr.* **1** to deny; to disprove; to belie; (*antiq.*) to give* the lie to (s.o.): *il nuovo film non smentisce la fama del regista*, his new film does not belie the director's reputation; *smentì le voci delle sue dimissioni*, he denied the rumours of his resignation; *i fatti lo smentirono*, facts proved him wrong (*o* gave him the lie); *le sue azioni smentiscono le sue parole*, his actions belie his words; — *una notizia*, to deny a piece of news // — *se stesso*, to be untrue to oneself **2** (*ritrattare*) to withdraw*: *smentì tutto quello che aveva detto*, he withdrew everything he had said.
□ **smentirsi** *v.rifl.* **1** to contradict oneself: *si smentì senza volerlo*, he contradicted himself without wishing to **2** (*venir meno*) to be untrue to oneself: *non si è mai smentito*, he has always been true to himself (*o* he has always behaved according to his principles).

smentita *s.f.* denial; refutation: *il giornale pubblicò la — del primo ministro*, the paper published the prime minister's denial; *i fatti diedero una — a quel che aveva detto*, the facts disproved what he had said; *dare una — a qlcu.*, to prove s.o. wrong (*o* to give s.o. the lie).

smeraldino *agg.* **1** (*non com.*) (*di smeraldo*) emerald (*attr.*) **2** (*di color verde smeraldo*) emerald green: *occhi smeraldini*, emerald green eyes.

smeraldo *s.m.* **1** emerald **2** (*colore*) emerald (green).

smerciabile *agg.* marketable, saleable, sellable: *un prodotto facilmente —*, an easily marketable product (*o* a product that sells well); *merce poco —*, unmarketable goods.

smerciabilità *s.f.* (*comm.*) saleability, marketability.

smerciare *v.tr.* (*comm.*) (*vendere*) to sell*, to sell* off, to market; (*al dettaglio*) to retail: — *i propri prodotti all'estero*, to sell one's products abroad; — *tutto quello che rimane*, to sell off (*o* to clear) surplus stock; — *merce rubata*, to sell stolen goods: *prodotti che non si smerciano bene*, products that don't sell well.

smercio *s.m.* (*comm.*) sale; (*giro d'affari*) turnover: *avere —*, to sell: *questo articolo non trova facile —*, this article doesn't sell easily; *quel supermercato ha un grosso —*, that supermarket has a large turnover.

smerdare *v.tr.* (*volg.*) **1** to smear (s.o.) with shit; (*estens.*) to dirty, to soil **2** (*fig.*) (*svergognare*) to show* up, to make* a fool (of s.o.).
□ **smerdarsi** *v.rifl.* (*volg.*) **1** to smear oneself with shit; (*estens.*) to dirty oneself, to soil oneself **2** (*fig.*) to make* a fool of oneself, to look a fool.

smergo *s.m.* (*zool.*) merganser, razor-bill; (*femmina*) dun-diver: — *bianco*, (*Mergus albellus*) smew (*o* nun); — *maggiore*, (*Mergus merganser*) goosander.

smerigliare *v.tr.* (*mecc.*) to emery; to grind*; — *le valvole*, to grind the valves; — *un vetro*, to grind a plate of glass.

smerigliato *agg.* (*mecc.*) emery (*attr.*); ground: *carta smerigliata*, emery paper; *vetro —*, ground glass.

smerigliatrice *s.f.* (*mecc.*) grinder; (*levigatrice*) sandpapering machine.

smerigliatura *s.f.* (*mecc.*) grinding; (*levigatura*) sandpapering.

smeriglio[1] *s.m.* (*geol.*) emery: *lima a —*, emery stick; *mola a —*, emery wheel; — *in polvere*, emery dust; *tela —*, emery cloth.

smeriglio[2] *s.m.* (*zool.*) **1** (*Falco columbarius*) stone-falcon, stone-hawk; (*Falco aesalon*) merlin **2** (*specie di squalo*) (*Lamna nasus*) porbeagle.

smerinto *s.m.* (*zool.*) hawk-moth.

smerlare *v.tr.* to scallop, to border with scallops.

smerlatura *s.f.* scallop-edging.

smerlettare *v.tr.* **1** (*smerlare*) to scallop **2** (*ornare con merletti*) to trim with lace.

smerlo *s.m.* scallop: *punto a —*, buttonhole stitch.

smesso *agg.* cast-off: *abito —*, cast-off dress.

smettere *v.intr.* to stop, to leave* off; to give* up: — *con la droga*, to give up drugs; *devi — di fumare*, you must give up smoking; *smetti di raccontare fandonie*, stop telling fibs; *smetti di scherzare*, *di piangere*, stop joking, crying; — *di lavorare*, (*definitivamente*) to retire; *smetto di lavorare alle cinque*, I stop work at five o'clock // *smettila!*, stop it! (*o* leave off!) // *se non la smetti te le suono!*, if you don't stop (it) I'll belt you ◆ *v.tr.* to stop, to end, to give* up: — *una discussione*, to stop a discussion; — *un'attività*, to give up (*o* to discontinue) an activity; *ha smesso quel lavoro*, he has given up the job // — *un vestito*, to stop wearing a dress.

smettico → **smectico**.

smezzamento *s.m.* (*non com.*) halving.

smezzare *v.tr.* **1** to halve, to cut* in half: — *un panino*, to cut a roll in half **2** (*consumare fino a metà*) to half finish: *abbiamo smezzato la bottiglia di vino*, we drank (*o* we finished) half the bottle of wine.

smidollare *v.tr.* **1** to take* the marrow out of (sthg.): — *un osso*, to take the marrow out of a bone **2** (*rendere fiacco*) to weaken.
□ **smidollarsi** *v.intr.pron.* (*perdere vigore*) to lose* one's strength, to grow* weak.

smidollato *agg.* **1** (*cavo*) hollow **2** (*fig.*) (*debole*) spineless ◆ *s.m.* (*persona fiacca*) spineless person: *sei uno —!*, you're spineless.

smielare *v.tr.* to extract the honey from (the combs).

smielato *agg.* **1** emptied of honey **2** (*region.*) (*dolce*) honey-sweet; (*estens.*) cloying; sugary.

smielatore *s.m.* honey separator.

smielatura *s.f.* honey separation.

smilace *s.m.* (*bot.*) (*Smilax aristolochiaefolia*) smilax.

smilitarizzare *v.tr.* (*una zona*) to demilitarize; (*una persona*) demobilize; (*fam.*) to demob: — *le forze di polizia*, to demilitarize the police force.

smilitarizzato *agg.* demilitarized; (*di persona*) demobilized: *zona smilitarizzata*, demitilarized zone.

smilitarizzazione *s.f.* (*di zona*) demilitarization; (*di persona*) demobilization; (*fam.*) demob.

smilzo *agg.* **1** thin, lean: *ragazzo —*, thin boy **2** (*fig.*) (*povero*) thin, slight; insubstantial: *un romanzo —*, a thin novel.

sminamento *s.m.* **sminatura** *s.f.* mine removal; (*mar.*) minesweeping.

sminare *v.tr.* to clear of mines.

sminatore *s.m.* mine clearer ◆ *agg.* mine-clearing.

sminchionare *v.tr.* (*volg.*) to make* s.o. look a fool; to make* s.o. look a prick.

sminuimento *s.m.* (*non com.*) diminution, lessening; (*fig.*) belittling.

sminuire *v.tr.* **1** to diminish, to lessen **2** (*fig.*) (*dare minore valore*) to belittle, to play down: *non — i suoi meriti*, don't belittle (*o* run down) his merits; *hanno sminuito il suo ruolo*, they played down his role ◆ *v.intr.* (*non com.*) (*diventare piccolo*) to get* smaller.

□ **sminuirsi** *v.rifl.* to belittle oneself: *non ti —!*, don't belittle yourself!

sminuzzamento *s.m.* mincing; cutting into little pieces; crumbling.

sminuzzare *v.tr.* **1** (*tritare*) to mince, to hash; (*tagliuzzare*) to chop up; (*sbriciolare*) to crumble; to break* up **2** (*fig.*) (*rendere frammentario*) to fragment; (*analizzare*) to go* into all the details of (sthg.).

□ **sminuzzarsi** *v.intr.pron.* to break* into bits.

sminuzzatura *s.f.* **1** mincing; cutting into pieces; crumbling **2** (*l'insieme dei frammenti*) fragments (*pl.*), bits (*pl.*).

smirniota *agg.* Smyrnean ◆ *s.m.* Smyrnean, Smyrniote.

smiscelamento *s.m.* unmixing.

smiscelare *v.tr.* to unmix.

smistamento *s.m.* **1** sorting, clearing: *ospedale di —*, clearing hospital; *— della corrispondenza*, sorting of mail; *— della merce*, sorting of goods; (*mil.*) *posto di —*, clearing station **2** (*ferr.*) shunting; (*amer.*) switching: *stazione di —*, shunting station **3** (*tel.*) *— dei messaggi*, message switching.

smistare *v.tr.* **1** to sort (out): *— la corrispondenza*, to sort the mail; *— le telefonate*, to screen the phone calls; *— la merce*, to sort the goods **2** (*ferr.*) to shunt; (*amer.*) to switch **3** (*mil.*) to post: *— un reggimento*, to post a regiment.

smistatore *agg.* sorting, clearing; (*ferr.*) shunting ◆ *s.m.* sorter, clearer; (*ferr.*) shunter.

smisuratamente *avv.* beyond measure; immeasurably; (*eccessivamente*) excessively.

smisuratezza *s.f.* immeasurability; immensity; excessiveness.

smisurato *agg.* immeasurable, unbounded; immense; enormous, huge; (*smoderato*) inordinate; excessive: *ambizione smisurata*, unbounded ambition; *orgoglio —*, inordinate pride.

smithsonite *s.f.* (*min.*) smithsonite.

smitizzare *v.tr.* to demythologize; (*fam.*) to debunk.

smitizzazione *s.f.* demythologization; (*fam.*) debunking.

smobiliare *v.tr.* (*non com.*) to remove the furniture from (sthg.).

smobilitare *v.tr.* (*mil.*) to demobilize; (*fam.*) to demob ◆ *v.intr.* (*allentare l'impegno*) to slacken; to relax.

smobilitazione *s.f.* (*mil.*) demobilization; (*fam.*) demob: *alla fine dell'occupazione c'è stata una — generale*, (*fig.*) at the end of the sit-in the whole thing fell apart.

smobilizzare *v.tr.* (*fin.*) to disinvest, to unfreeze: *— capitali*, to disinvest (*o* to unfreeze) capital.

smobilizzo *s.m.* (*fin.*) disinvestment, unfreezing: *— di investimenti*, disinvestment: *— di capitali*, unfreezing of capital; *— di credito*, (*mediante sconto di cambiali*), credit discount.

smoccolare *v.tr.* to snuff: *— una candela*, to snuff a candle ◆ *v.intr.* **1** (*di cera*) (*colare*) to drip **2** (*fam.*) (*bestemmiare*) to swear*.

smoccolatoio *s.m.* snuffers (*pl.*).

smoccolatura *s.f.* **1** (*parte di candela già arsa*) snuff **2** (*lo smoccolare*) snuffing.

smodatamente *avv.* immoderately, excessively.

smodatezza *s.f.* excessiveness.

smodato *agg.* immoderate, excessive: *ambizione smodata*, unrestrained ambition.

smoderatezza *s.f.* (*non com.*) immoderateness, immoderation, lack of moderation, excess: *beve con —*, he drinks to excess; *la — delle sue pretese*, the immoderateness of his demands.

smoderato *agg.* immoderate, excessive.

smog *s.m.* smog.

smoking *s.m.* dinner jacket; (*amer.*) tuxedo*, tux.

smollare *v.tr.* (*fam.*) to loosen.

smonacare *v.tr.* to dismiss from a monastic order.

□ **smonacarsi** *v.rifl.* to leave* a monastic order.

smonetare *v.tr.* (*econ.*) to demonetize, to withdraw* from circulation.

smonetazione *s.f.* (*econ.*) demonetization, withdrawal from circulation.

smontabile *agg.* that can be dismantled: *armadio —*, wardrobe that can be dismantled.

smontaggio *s.m.* dismantling; disassembly: *— di motori*, disassembly of engines; *— generale*, strip(ping).

smontamento *s.m.* (*non com.*) dismantling, disassembly.

smontare *v.tr.* **1** (*scomporre in parti*) to dismantle, to take* apart, to take* (sthg.) to pieces; to disassemble: *— un tavolo*, to take a table to pieces (*o* apart); *— gli scaffali*, to take down (*o* to dismantle) the shelves; *— una radio*, to take a radio to pieces (*o* to disassemble a radio); *— un motore*, to strip down (*o* to dismantle) an engine; *— una porta*, to take down (*o* to unhinge) a door; (*miner.*) *— l'impianto di pompaggio*, to pull the well **2** (*fig.*) (*deprimere, scoraggiare*) to discourage, to dishearten; to cool; to dampen: *avevo molta speranza, ma questo insuccesso mi ha smontato*, I had great hopes but this failure has discouraged me; *è molto presuntuoso, cercherò di smontarlo*, he is very self-conceited, I shall try to take him down a peg or two; *non si lascia — facilmente*, he isn't easily discouraged (*o* disheartened); *quando ha deciso qualcosa non è facile smontarlo*, when he has decided something it is not easy to discourage him; *— l'orgoglio di qlcu.*, to cool s.o.'s pride; *— la speranza di qlcu.*, to dampen s.o.'s hopes; *— lo zelo di qlcu.*, to dampen s.o.'s zeal **3** (*fig.*) (*demolire*) to demolish: *— un'accusa*, to demolish an accusation **4** (*far tornare liquido*) to let* (sthg.) melt **5** (*fam.*) (*far scendere da un veicolo*) to drop (off), to set* down: *puoi smontarmi qui*, you can drop me here ◆ *v.intr.* **1** (*da un treno, autobus, tram, bicicletta ecc.*) to get* off, to alight (from sthg.); (*da un'automobile*) to get* out (of sthg.); (*da cavallo*) to dismount **2** (*terminare il proprio turno*) to go* off duty, to stop work, to knock off: *— di servizio, di guardia*, to go off duty; *gli operai smontano alle sei*, workers stop work (*o* knock off) at six p.m. **3** (*non com.*) (*sbiadire*) to fade: *questi colori non smontano*, these colours do not fade.

□ **smontarsi** *v.rifl.* o *intr.pron.* to lose* heart: *si entusiasma facilmente, ma poi si smonta subito*, he easily gets enthusiastic but then he loses heart at once.

smontatore *s.m.* dismantler.

smontatura *s.f.* (*mecc.*) dismantling, disassembly.

smorfia *s.f.* **1** grimace, face: *fare una —*, to make a grimace (*o* a face) (*o* to pull a face); *fare smorfie a qlcu.*, to pull (*o* to make) faces at s.o.; *fare una — di dolore*, to wince with pain // *perché tante smorfie?*, (*storie*) why so much fuss? **2** (*moina*) simper; pout // *non fare troppe smorfie a questo bambino, se non vuoi viziarlo*, don't pet this child too much if you don't want to spoil him.

smorfiosa *s.f.* (*donna civetta*) coquette, flirt: *fare la — con qlcu.*, to flirt with s.o.

smorfioso *agg.* affected, simpering, mincing ◆ *s.m.* simperer; affected person.

smorticcio *agg.* pale.

smorto *agg.* **1** pale, wan; (*di colore*) pale, dull; (*sbiadito*) faded: *viso —*, pale face; *era — per la paura*, he was pale with fear; *verde —*, pale (*o* dull *o* faded) green **2** (*fig.*) (*scialbo*) colourless, dull: *uno stile —*, a colourless style.

smorzamento *s.m.* **1** (*attenuamento*) (*di luce*) shading; dimming; (*di colori*) toning down; softening; (*di suoni*) deadening, lowering **2** (*fig.*) (*di passioni, sentimenti*) quenching, appeasing; damping **3** (*region.*) (*spegnimento*) putting out; extinguishing.

smorzando *s.m.* (*mus.*) smorzando, dying away.

smorzare *v.tr.* **1** (*attenuare*) (*luce*) to shade; to dim; (*colori*) to tone down; to soften; (*suoni*) to deaden, to lower, to muffle; (*oscillazioni*) to damp, to dampen: *in questo quadro i rossi vanno smorzati*, in this picture the reds must be toned down; *per — questa luce violenta devi chiudere le imposte*, in order to soften this harsh light you must close the shutters; *— un suono*, to deaden a sound; *— la voce, il tono della voce*, to lower one's voice // (*sport*) *— la palla*, to make a drop shot **2** (*passioni, sentimenti*) to quench, to appease; to damp: *— l'ira, la collera di qlcu.*, to appease s.o.'s anger; *— le speranze*, to damp hopes **3** (*region.*) (*spegnere*) to put* out; to extinguish: *— il fuoco*, to put out (*o* to quench) the fire; *— un incendio*, to extinguish a fire; *— il lume, la luce*, to put out the light; *— la sete*, to quench one's thirst // *— la calce*, to slake lime.

□ **smorzarsi** *v.intr.pron.* **1** (*attenuarsi*) to grow* fainter; to die away, to fade (away): *il colore del cielo si smorza*, the colour of the sky is dying away; *la luce si smorzava*, the light was growing fainter; *il rumore si smorzò*, the noise grew fainter **2** (*di passioni, sentimenti*) to be appeased, to fade: *la sua ira si è smorzata*, his anger has been appeased; *le sue speranze si smorzeranno a questa notizia*, his hopes will fade at this news; *il suo entusiasmo si smorzò a quelle parole*, those words damped his enthusiasm **3** (*region.*) (*spegnersi*) to go* out: *il fuoco si è smorzato*, the fire has gone out.

smorzata *s.f.* (*sport*) drop shot.

smorzato *agg.* (*di luce*) shaded; dimmed; (*di colori*) deaden, muffled; (*di oscillazioni*) damped: *vibrazioni smorzate*, damped vibrations.

smorzatore *s.m.* damper.

smorzatura *s.f.* (*di colori*) toning down; (*di suoni*) deadening, lowering; (*di oscillazioni*) dampening.

smossa *s.f.*: *darsi una* —, (*fam.*) to get a move on.

smosso *agg.* **1** shifted, displaced // *terra smossa*, turned soil **2** (*malfermo, tentennante*) loose: *denti smossi*, loose teeth.

smottamento *s.m.* landslip, landslide, earthslide.

smottare *v.intr.* to slip, to slide* down.

smottatura *s.f.* (*non com.*) landslip, landslide.

smozzare *v.tr.* to cut* off, to lop off.

smozzatura *s.f.* cutting off, lopping off.

smozzicamento *s.m.* (*non com.*) **1** tearing to pieces; hacking to pieces **2** (*di parole*) swallowing; (*di discorsi*) mumble.

smozzicare *v.tr.* **1** (*tagliare in piccoli pezzi*) to cut* up; to break* to pieces; to tear* to pieces; to hack to pieces: — *il pane*, (*in bocconi*) to break the bread into pieces; (*in briciole*) to crumble the bread **2** (*parole*) to swallow; (*discorsi*) to mumble.

smozzicato *agg.* **1** cut up; torn to pieces; hacked to pieces: *un panino* —, a roll with bits broken off **2** (*di parole, discorsi*) mangled; mumbled.

smozzicatura → **smozzicamento**.

smungere *v.tr.* **1** (*far perdere la floridezza*) to make* (s.o.) grow pale and wan, to emaciate **2** (*spillare denaro a*) to fleece; (*esaurire*) to bleed*: — *denaro a qlcu.*, to fleece s.o. **3** (*prosciugare*) to drain, to dry up.

smunto *agg.* (*pallido*) pale, wan; (*emaciato*) emaciated, lean: *viso* —, pale (*o* wan) face; (*emaciato*) emaciated face; *colori smunti*, pale (*o* dead) colours.

smuovere *v.tr.* **1** to shift, to move, to budge, to displace: *hanno smosso l'armadio per imbiancare la parete*, they shifted the cupboard to whitewash the wall; *non riuscirono a — il masso*, they could not move (*o* shift *o* budge) the boulder // — *l'intestino*, to move one's bowels // — *il terreno*, to plough (*o* to turn over) the ground // — *le acque*, (*fig.*) to cause a stir (*o* to stir things up) **2** (*fig.*) (*dissuadere*) to dissuade, to deter, to budge: *non riuscimmo a smuoverlo dal suo proposito*, we could not budge him from his plan; *se ha deciso, è difficile smuoverlo*, once he has made up his mind it is difficult to dissuade (*o* to deter) him // — *l'opinione pubblica*, to stir up (*o* to arouse) public opinion **3** (*fig.*) (*commuovere*) to move, to affect, to touch: *le vostre preghiere non lo smuoveranno*, your prayers will not move (*o* touch) him.

□ **smuoversi** *v.rifl.* **1** (*fig.*) (*mutar proposito*) to change one's mind, to be diverted: *non si smosse dalla sua decisione*, he did not change his mind **2** (*non com.*) (*fig.*) (*commuoversi*) to be moved, to be touched, to be affected: *non si smosse alle loro lacrime*, he was not moved by their tears ◆ *v.intr.pron.* to move, to budge: *per quanti sforzi facessero, il macigno non si smosse*, despite their efforts the boulder would not move.

smurare *v.tr.* to unwall; (*togliere da un muro*) to take* (sthg.) off the wall ◆ *v.intr.* (*abbattere un muro*) to knock down the wall.

smussamento *s.m.* **1** rounding off, blunting, bevelling **2** (*fig.*) (*attenuazione*) softening, smoothing.

smussare *v.tr.* **1** (*un angolo, uno spigolo*) to round off, to smooth, to bevel; (*una punta, il filo di un coltello ecc.*) to blunt: — *gli angoli*, to round off the corners **2** (*fig.*) (*attenuare*) to soften, to smooth.

□ **smussarsi** *v.intr.pron.* (*di lame*) to get* blunt.

smussato *agg.* **1** smoothed, bevelled; (*di punta ecc.*) blunted; (*rotondo*) round **2** (*fig.*) (*attenuato*) softened, smoothed.

smussatura *s.f.* **smusso** *s.m.* smoothing, bevelling; blunting.

snack *s.m.* (*spuntino*) snack.

snaturamento *s.m.* **1** change of nature; (*in senso deteriore*) perversion **2** (*cambiamento*) change; (*travisamento*) distortion.

snaturare *v.tr.* **1** to pervert the nature of (s.o., sthg.): *dottrine che snaturano l'uomo*, doctrines which pervert the nature of man **2** (*fig.*) (*alterare*) to change, to alter; (*travisare*) to distort, to pervert: — *un fatto*, to misrepresent a fact.

□ **snaturarsi** *v.intr.pron.* to degenerate.

snaturato *agg.* **1** cruel, inhuman, heartless: *una madre snaturata*, a heartless mother **2** (*alieno dalla propria natura*) perverted **3** (*alterato*) changed; (*travisato*) distorted ◆ *s.m.* inhuman person.

snazionalizzare *v.tr.* to denationalize: (*econ.*) — *un'industria*, to denationalize an industry.

snazionalizzazione *s.f.* denationalization.

snebbiamento *s.m.* (*non com.*) **1** clearing of the fog **2** (*fig.*) (*chiarificazione*) clarification.

snebbiare *v.tr.* **1** (*non com.*) to dispel the fog from (a place), to clear (a place) of fog **2** (*fig.*) to clear: — *la mente*, to clear the mind.

snellezza *s.f.* **1** (*l'essere slanciato*) slenderness, slimness **2** (*agilità*) nimbleness, agility.

snellimento *s.m.* **1** slimming **2** (*fig.*) (*semplificazione*) simplification, streamlining; — *del lavoro*, work simplification; — *della burocrazia*, streamlining of bureaucracy **3** (*accelerazione*) speeding up, expediting: — *del traffico*, speeding up of traffic.

snellire *v.tr.* **1** to make* slender, to slim: — *i fianchi*, to lose weight off one's hips **2** (*fig.*) (*semplificare*) to simplify, to streamline: — *la produzione*, to streamline production **3** (*fig.*) (*accelerare*) to speed* up, to expedite: — *il traffico*, to speed up the traffic // (*amm.*): — *le procedure*, to expedite procedures; — *l'iter burocratico*, to get rid of red tape.

□ **snellirsi** *v.intr.pron.* to grow* slender, to grow* slim.

snello *agg.* **1** (*slanciato*) slender, slim: *una colonna snella*, a slender column; *è una ragazza piuttosto snella*, she is quite a slim girl **2** (*agile*) nimble, agile: *dita snelle*, nimble fingers **3** (*di stile*) easy.

snervamento *s.m.* **1** (*non com.*) enervation, debilitation **2** (*mecc.*) yield: *carico di* —, yield point.

snervante *agg.* enervating, debilitating; (*estenuante*) exhausting: *clima* —, enervating climate; *un lavoro* —, an exhausting work; *un'attesa* —, an exhausting wait.

snervare *v.tr.* **1** to enervate, to debilitate, to enfeeble; (*esaurire*) to exhaust, to wear* out: *un clima che snerva*, an enervating climate; *il lavoro mi ha snervato*, work has worn me out **2** (*macelleria*) to enervate.

□ **snervarsi** *v.intr.pron.* **1** to be enervated, to be weakened; (*esaurirsi*) to get* exhausted **2** (*mecc.*) to yeld.

snervatezza *s.f.* enervation, weakness, feebleness, debilitation; (*fiacchezza*) weariness.

snervato *agg.* **1** enervate(d), weak, feeble, debilitated; (*fiacco*) weary; (*esaurito*) exhausted, worn out **2** (*mecc.*) yelded.

snervatrice *s.f.* (*mecc.*) stretching machine.

snidare *v.tr.* to flush; to drive* out, to dislodge (*anche fig.*): — *un animale*, to flush (*o* to put up) an animal; — *il nemico*, to dislodge the enemy; — *i ladri dal loro covo*, to drive the thieves out of their hideout; *stasera proviamo a snidarlo da casa*, (*fig. scherz.*) tonight we'll try to drag him out of his house.

sniffare *v.tr.* **1** (*fam.*) (*annusare*) to sniff **2** (*sl.*) (*cocaina*) to sniff, to snort: — *cocaina*, to snort cocaine.

sniffata *s.f.* (*sl.*) (*di cocaina*) snort.

sniffatore *s.m.* (*sl.*) cocain addict.

sniffo *s.m.* → **sniffata**.

snob *s.m.* e *f.* snob ◆ *agg.* snobbish.

snobbare *v.tr.* to snob.

snobismo *s.m.* snobbery, snobbishness.

snobistico *agg.* snobbish.

snocciolare *v.tr.* **1** to stone, to remove the stone from (sthg.): — *le ciliege*, to stone cherries **2** (*fig.*) (*sborsare*) to pay* out: *dovetti — un mucchio di denaro*, I had to pay out a lot of money **3** (*fig.*) (*spiattellare*) to tell*, to speak*: — *tutta la verità*, to tell the whole truth **4** (*pronunciare di seguito*): — *le preghiere*, to say one's prayers; — *il rosario*, to say the Rosary; *snocciolò una serie di insulti, dopo l'incidente*, after the accident he poured out a string of insults.

snocciolatoio *s.m.* (fruit) stoner.

snocciolatura *s.f.* stoning.

snodabile *agg.* articulated.

snodamento *s.m.* (*non com.*) untying, unbinding.

snodare *v.tr.* **1** (*disfare il nodo di, sciogliere*) to untie; to loosen; to undo* // — *la lingua*, to loosen one's tongue **2** (*rendere agile*) to make* supple: *è un movimento per — le giunture*, it is an exercise for loosening stiff joints **3** (*mecc.*) to articulate.

□ **snodarsi** *v.intr.pron.* **1** (*di nodo*) to come* loose; to come* undone **2** (*svolgersi, stendersi*) to unwind* oneself **3** (*di strada*) to wind*: *la strada si snoda lungo la valle*, the road winds along the valley.

snodato *agg.* **1** supple: *dita, giunture snodate*, supple fingers, joints **2** (*da potersi piegare, articolare*) articulated; jointed: *una bambola snodata*, a jointed doll // (*mecc.*) *giunto* —, articulated joint.

snodatura *s.f.* (*anat.*) (*articolazione*) joint.

snodo *s.m.* 1 (*mecc.*) articulation, articulated joint 2 (*svincolo*) junction, crossing: — *ferroviario*, railway junction; — *autostradale*, motorway junction.

snudare *v.tr.* 1 (*ant.*) (*denudare*) to bare, to lay* bare 2 (*sguainare*) to unsheathe, to draw*: — *la spada*, to draw one's sword.

soave *agg.* sweet, soft, gentle: *colori soavi*, soft colours; *musica* —, soft music; *odore* —, sweet smell; *sguardo* —, gentle look; *vino* —, sweet wine; *voce* —, sweet (*o* gentle) voice.

soavità *s.f.* sweetness, softness, gentleness.

sobbalzare *v.intr.* 1 to jerk, to jolt: *la carrozza procedeva sobbalzando*, the coach was jerking (*o* jolting) along; *la macchina sobbalzò nel fermarsi*, the car stopped with a jerk (*o* a jolt) 2 (*trasalire*) to start, to jump: *sobbalzai al suono della sua voce*, I started at the sound of his voice; *sobbalzò di paura quando lo vide*, he started with fear when he saw him // *il cuore mi sobbalzò dalla gioia*, my heart leapt with joy.

sobbalzo *s.m.* 1 jerk, jolt: *il treno si fermò con un* —, the train stopped with a jerk (*o* jolt); *procedere a sobbalzi*, to jerk (*o* to jolt) along 2 (*soprassalto*) start, jump // *di* —, with a start: *svegliarsi di* —, to wake up with a start.

sobbarcare *v.tr.* (*non com.*) to burden, to weigh down: — *qlcu. a una spesa ingente*, to burden s.o. with a heavy expense // *si è sobbarcato tutte le spese*, he has taken all expenses upon himself (*o* he has taken it upon himself to pay for everything).

□ **sobbarcarsi** *v.rifl.* to take* (it) upon oneself, to undertake*: *non posso sobbarcarmi all'impegno di farlo*, I cannot take it upon myself to do it (*o* I can't undertake to do it).

sobbollimento *s.m.* simmer; simmering (*anche fig.*); (*fig.*) seething.

sobbollire *v.intr.* to boil gently, to simmer (*anche fig.*); (*fig.*) to seethe.

sobborgo *s.m.* suburb: *vivo nei sobborghi di Parigi*, I live in the suburbs of Paris.

sobillamento *s.m.* stirring up, instigation, incitement; soliciting.

sobillare *v.tr.* to stir up, to instigate, to incite: — *il popolo alla rivolta*, to stir up (*o* to incite) the people to rebellion.

sobillatore *s.m.* **sobillatrice** *s.f.* instigator: — *della folla*, rabble rouser.

sobillazione *s.f.* instigation.

sobrietà *s.f.* sobriety, moderation (*anche fig.*); (*semplicità*) simplicity: — *di parole*, sobriety (*o* moderation) of words.

sobrio *agg.* 1 sober, moderate (*anche fig.*): *colori sobri*, sober colours; *è un uomo* —, he is a sober (*o* temperate) man 2 (*semplice*) simple, sober; plain: *gusti sobri*, simple tastes; *vita sobria*, simple life; *arredamento* —, simple (*o* plain) furniture.

socchiudere *v.tr.* 1 (*chiudere non completamente*) to half-close, to close a little; *socchiudi le imposte, c'è troppo sole*, close the shutters a little, it's too sunny; *socchiuse gli occhi per la luce*, he half-closed his eyes because of the light 2 (*aprire un po'*) to half-open, to leave* ajar: *socchiudi la porta per far passare un po' d'aria*, leave the door ajar to let in a little air; *socchiuse gli occhi un attimo, poi si riaddormentò*, he half-opened his eyes for a moment and then went back to sleep.

socchiuso *agg.* (*semiaperto*) half-open; (*semichiuso*) half-closed; (*detto di porta, finestra ecc.*) ajar: *con gli occhi socchiusi*, with half-open eyes; *la finestra era socchiusa*, the window was ajar.

soccida *s.f.* (*dir.*) agistment.

soccidante *s.m.* (*dir.*) bailor of cattle in agistment.

soccidario *s.m.* (*dir.*) agistor.

soccio *s.m.* (*dir.*) agistor.

socco *s.m.* (*st. teatr.*) sock // *calzare il* —, (*fig. letter.*) to write comedies.

soccombente *agg.* e *s.m.* e *f.* (*dir.*) losing: (*parte*) —, losing party.

soccombenza *s.f.* (*dir.*) position of loser in a lawsuit.

soccombere *v.intr.* 1 to succumb, to give* way (to s.o., sthg.), to give* in (to s.o., sthg.); to be overcome (by sthg.): — *al dolore, alle tentazioni*, to succumb to grief, to temptation; — *al nemico*, to yield to (*o* to be overcome by) the enemy 2 (*morire*) to die, to succumb 3 (*dir.*) to lose* one's case.

soccorrere *v.tr.* 1 to help, to aid, to assist; (*letter.*) to succour: — *i feriti*, to help (*o* to aid) the wounded; — *i poveri*, to assist the poor 2 (*mandare rinforzi a*) to reinforce, to come* to the aid of (s.o.): — *gli assediati*, to reinforce the besieged ◆ *v.intr.* (*letter.*) (*venire alla mente*) to occur, to come* to mind: *non mi soccorse il nome*, the name did not occur to me.

soccorrevole *agg.* (*letter.*) helpful; helping; (*caritatevole*) charitable: *una mano* —, a helping hand.

soccorrimento *s.m.* (*non com.*) help(ing), assistance.

soccorritore *s.m.* **soccorritrice** *s.f.* helper, rescuer ◆ *agg.* helping; rescue (*attr.*): *squadre soccorritrici*, rescue squads.

soccorso *s.m.* 1 help, aid; (*assistenza*) assistance, relief; (*salvataggio*) rescue: *invocazione di* —, call for help; *andare in* — *di qlcu.*, to go to s.o.'s rescue; *domandare* —, to ask for help; *portare* —, to bring help; *organizzare i soccorsi*, to organize relief (*o* aid); *lavori di* —, rescue work // *uscita di* —, emergency door (*o* emergency exit) // — *aereo*, *navale*, air, sea rescue // — *stradale*, breakdown service // (*mar.*): — *a una nave*, salvage of a ship; *operazione di* —, salvage operation // (*dir.*) *omissione di* —, failure to rescue 2 (*med.*) aid: *primo* —, first aid; (*posto di*) *pronto* —, first aid (station): *farsi medicare al pronto* —, to get treated at a first aid station; *prestare i primi soccorsi a un ferito*, to give first aid to an injured person 3 (*rinforzo*) reinforcement: *andare in* — *di un battaglione, una nave*, to go in support of a battalion, of a ship; *attendere i soccorsi*, to wait for reinforcements 4 (*sovvenzione*) (financial) assistance: — *in denaro*, financial aid; *fondo di* —, relief fund // *società di mutuo* —, mutual aid (*o* friendly) society.

soccoscio *s.m.* flank.

socialdemocratico *agg.* (*pol.*) Social Democratic: *ministro* —, Social Democratic Minister ◆ *s.m.* (*pol.*) Social Democrat.

socialdemocrazia *s.f.* (*pol.*) (*partito*) Social Democratic Party; (*movimento*) Social Democracy.

sociale *agg.* 1 social: *l'uomo è un animale* —, man is a social animal; *ceto* —, social rank (*o* class); *ordine* —, social order; *contratto* —, social contract; *relazioni sociali*, social relations; *assistenza* —, social (*o* welfare) work; *assistente* —, social worker; *rivendicazioni sociali*, social claims; *convenzione* —, social convention; *discriminazioni sociali*, social (*o* class) discrimination; *suddivisione in fasce sociali*, division into social brackets // *scienze sociali*, social sciences 2 (*comm.*) (*di società*) corporate, company (*attr.*), of a company: *patrimonio* —, corporate assets (*o* property); *sede* —, registered (*o* head) office; *anno* —, company's (*o* trading) year; *statuto* —, articles (*o* memorandum) of association 3 (*di un'associazione*) club (*attr.*), association (*attr.*): *riunione, attività* —, club meeting, activity; *tessera* —, membership card ◆ *s.m.* social activity, welfare work, social work: *un sacerdote impegnato nel* —, a priest involved in social work.

socialismo *s.m.* (*pol.*) Socialism: — *utopistico*, utopian Socialism; — *democratico*, democratic Socialism; — *di stato*, state Socialism; — *reale*, real Socialism.

socialista *agg.* e *s.m.* e *f.* (*pol.*) Socialist: *partito* —, Socialist party; *dottrine socialiste*, Socialist doctrines; *il voto dei socialisti*, Socialist vote.

socialistico *agg.* (*non com.*) (*pol.*) Socialist, Socialistic.

socialistoide *s.m.* e *f.* (*spreg.*) supporter of Socialism, socialist sympathizer ◆ *agg.* (*spreg.*) Socialistic, leaning towards Socialism.

socialità *s.f.* sociability; sociality; (*rapporti sociali*) social relations (*pl.*).

socializzabile *agg.* socializable.

socializzare *v.tr.* 1 to socialize (*anche psic.*) 2 (*econ.*) (*nazionalizzare*) to nationalize: — *i mezzi di produzione*, to nationalize the means of production ◆ *v.intr.* (*psic.*) to socialize.

socializzazione *s.f.* 1 socialization 2 (*econ.*) (*nazionalizzazione*) nationalization.

socialmente *avv.* socially.

società *s.f.* 1 society, community: *la* — *moderna*, modern society; *la* — *umana*, human society; *la* — *industriale*, industrial society; — *dei consumi*, consumer society; — *opulenta*, *del benessere*, affluent society; *doveri verso la* —, duties towards society (*o* the community); *essere in lotta con la* —, to be at war with society; *vivere ai margini della* —, to live on the fringe of society // *la* — *delle api*, the society of bees // *la* — *elegante*, the fashionable world; *l'alta* —, high society // *i rifiuti della* —, the outcasts of society 2 (*associazione*) society, association: — *filantropica*, philanthropic (*o* charitable) society; — *sportiva*, sports society // — *segreta*, secret society // — *di mutuo soccorso*, mutual aid (*o* friendly) society // — *per la protezione degli animali*, Society for the Prevention of Cruelty to Animals // (*st.*) *Società delle Nazioni*, League of Nations // *l'onorata* —, the Mafia; the Camorra 3 (*dir.*, *econ.*) company; partnership; concern; firm; (*amer.*) corporation: — *di assicurazione*, insurance company; — *di trasporti*, carrying (*o* transport) company; — *di navigazione, ferroviaria*, shipping, railway company; — *armatrice*, shipowner company; — *edilizia*, (*per mutui*) building society, (*impresa*) building firm; — *immobiliare*, real estate (*o* property) company; — *mineraria*, mining company // — *anonima*, joint-stock company; — *per azioni*, *di capitali*, joint-stock (*o* stock) company (*o* company limited by shares); — *per azioni a proprietario unico*, one-man business (*o* company), (*amer.*) sole corporation; — *di persone*, partnership, (*amer.*) non-stock corporation; — *a responsabilità limitata*, limited (liability *o* guarantee) company; — *a responsabilità illimitata*, unlimited (liability) company; — *in accomandita semplice*, limited partnership; — *in nome collettivo*, copartnership (*o* general *o* unlimited partnership); — *in compartecipazione*, joint venture; — *a partecipazione statale*, government controlled company; — *multinazionale*, multinational company (*o amer.* corporation); — *di controllo, controllante*, controlling company; — *controllata*, controlled company; — *capogruppo, madre*, parent company; — *consociata, affiliata*, affiliate (*o* subsidiary *o* affiliated *o* sister company); — *subentrante*, successor company; — *autorizzata, costituita*, incorporated company; — *non registrata*, unincorporated association; — *quotata, non quotata in Borsa*, listed (*o* quoted) company, unlisted (*o* unquoted) company; — *di fatto*, (*amer.*) de facto (*o* unregistered) corporation; — *di comodo*, dummy company; — *fantasma, fittizia*, bogus company; (*amer.*) sham corporation; — *semplice*, (ordinary) partnership; — *cooperativa*, cooperative society (*o* mutual company); — *familiare*, family company; — *commerciale*, (*amer.*) business corporation; — *di consulenza*, consulting firm; — *di gestione*, management trust; — *di revisione contabile*, auditing company; — *fiduciaria*, trust company; — *finanziaria*, investment trust; — *finanziaria di controllo*, holding company; — *di finanziamento*, finance company; — *di investimento*, investment company; — *mutua di credito*, credit association // *costituire, formare, sciogliere, liquidare una* —, to form, to dissolve, to wind up a partnership; *entrare, mettersi in — con qlcu.*, to go into business (*o* to set up partnership) with s.o.; (*fam.*) to go into partnership with s.o.; *comprare qlco. in — con qlcu.*, (*fam.*) to share (*o* to split) the cost of sthg. with s.o.; *giocare in — con qlcu.*, (*fam.*) to make a joint bet with s.o. **4** (*riunione, ritrovo elegante*) society: *abito da, di* —, evening dress; (*da uomo*) (*smoking*) dinner jacket (*o amer.* tuxedo); (*frac*) evening dress; *giochi di* —, party (*o* parlour) games; *vita di* —, social life; *non mi trovo a mio agio in* —, I don't feel at ease in society; *entrare in* —, to enter society; *frequentare la* —, to move in society.

societario *agg.* (*comm., dir.*) corporate, company (*attr.*), corporation (*attr.*), of a company, of a corporation: *regime* —, company system; *capitale* —, corporate (*o* company) capital; *patrimonio* —, corporate property; *diritto* —, company law; *vincolo* —, company obligation; *assetto — di un'impresa*, company structure.

socievole *agg.* **1** sociable, companionable: *una persona molto* —, a good mixer **2** (*sociale*) social: *l'uomo è un animale* —, man is a social animal.

socievolezza *s.f.* sociability, sociableness.

socinianesimo *s.m.* (*st. relig.*) Socinianism.

sociniano *agg.* e *s.m.* (*st. relig.*) Socinian.

socio *s.m.* **1** member: *un vecchio — del Club*, an old member of the Club; — *onorario*, honorary member; *farsi — di un circolo*, to join a club (*o* to become a member of a club) **2** (*di una società scientifica, accademia*) fellow: *un — dell'Accademia Reale*, a fellow of the Royal Academy **3** (*comm., dir.*) partner, associate; (*azionista*) shareholder: — *d'affari*, business partner; — *effettivo, gerente*, active (*o* managing) partner; — *fondatore*, promoter (*o* promoting partner); — *principale, anziano*, senior partner; — *giovane*, junior partner; — *accomandante, non operante*, limited (*o* sleeping *o amer.* silent) partner; — *accomandatario*, unlimited (*o* general) partner; — *occulto*, secret partner; — *nominale*, nominal partner; — *vitalizio*, life member; *essere — di qlcu. in un'impresa commerciale*, to be one's associate in a business enterprise; *assemblea dei soci*, company meeting.

socioanalisi *s.f.* socioanalysis.

sociobiologia *s.f.* sociobiology.

sociobiologico *agg.* sociobiological.

socioculturale *agg.* sociocultural.

sociodramma *s.m.* role playing.

socioeconomico *agg.* socioeconomic.

sociogenesi *s.f.* sociogenesis.

sociogenetico *agg.* sociogenetic, sociogenic.

sociogramma *s.m.* sociogram.

socioletto *s.m.* (*ling.*) sociolect.

sociolinguista *s.m.* e *f.* sociolinguist.

sociolinguistica *s.f.* sociolinguistics [U].

sociolinguistico *agg.* sociolinguistic.

sociologia *s.f.* sociology: — *industriale*, industrial sociology; — *del diritto*, sociology of law.

sociologico *agg.* sociological: *ricerche sociologiche*, sociological research.

sociologismo *s.m.* sociologism.

sociologo *s.m.* sociologist.

sociometria *s.f.* sociometry.

sociometrico *agg.* sociometric.

sociopatia *s.f.* sociopathy.

sociopatico *agg.* sociopathic ◆ *s.m.* sociopath.

sociopolitico *agg.* sociopolitical.

sociosanitario *agg.* sociomedical; national health insurance (*attr.*).

socioterapia *s.f.* (*psic.*) sociotherapy.

socratico *agg.* Socratic(al): *ironia socratica*, Socratic irony; *metodo* —, Socratic method ◆ *s.m.* (*fil.*) Socratic.

socratismo *s.m.* Socratism.

soda *s.f.* **1** (*chim.*) soda; (*carbonato di sodio*) sodium carbonate: — *caustica*, caustic soda (*o* sodium hydroxide); — *per detersivi*, washing soda **2** (*acqua di*) —, soda (water) // *whisky e* —, whisky and soda **3** (*min.*) natron.

sodaglia *s.f.* unbroken ground.

sodale *s.m.* e *f.* (*letter.*) companion, friend.

sodalite *s.f.* (*min.*) sodalite.

sodalizio *s.m.* **1** (*società*) society, association: — *sportivo*, sporting association **2** (*legame di amicizia*) fellowship, brotherhood, companionship.

sodato *agg.* (*chim.*) soda (*attr.*): *calce sodata*, soda lime.

soddisfacente *agg.* satisfactory, satisfying: *risultati soddisfacenti*, satisfactory results.

soddisfacimento *s.m.* **1** satisfaction; gratification **2** (*adempimento*) fulfilment, discharge; (*pagamento*) payment.

soddisfare *v.tr.* **1** to satisfy; to please; to gratify: *è difficile — tutti*, it is difficult to please everybody; *non devi — tutti i suoi capricci*, you must not gratify all his whims; *questo lavoro non mi soddisfa*, this work does not satisfy me; *spero di — le tue aspettative*, I hope to fulfil (*o* to meet) your expectations; — *i desideri, la curiosità di qlcu.*, to satisfy (*o* to gratify) s.o.'s wishes, curiosity; — *la propria fame*, to satisfy one's hunger // — *un'offesa*, to make amends for an insult **2** (*adempiere*) to fulfil, to meet*, to discharge; (*pagare*) to pay* off: — *un obbligo*, to fulfil (*o* to discharge) an obligation; — *i propri debiti*, to discharge one's debts; — *un creditore*, to satisfy (*o* to pay off) a creditor; — *una domanda*, to comply with a request; — *le esigenze dei clienti*, to meet the customers' requirements; — *la richiesta di merci*, to meet the demand for goods ◆ *v.intr.* to fulfil (sthg.), to discharge (sthg.): — *a un dovere*, to discharge (*o* to fulfil) a duty.

□ **soddisfarsi** *v.rifl.* to be satisfied; to satisfy oneself: *si soddisfa facilmente*, he is easily satisfied.

soddisfatto *agg.* **1** satisfied (with s.o., sthg.); pleased (with s.o., sthg.), contented (with sthg.); content (with sthg.) (*pred.*): *sorriso* —, satisfied smile; *aveva uno sguardo* —, he had a contented look (*o* he looked contented); *non ne sono* —, I am not pleased (*o* satisfied) with it; *non sono soddisfatta della tua spiegazione*, I am not satisfied with your explanation; *non sono — del mio lavoro*, I am not pleased (*o* satisfied) with my work; *sarebbe molto — se lo lasciassimo a casa*, he would be quite content to be left at home; *sono molto — di lui*, I am very pleased (*o* satisfied) with him // *mal* —, dissatisfied // *e ora che l'hai fatto arrabbiare, sei —?*, (*iron.*) do you feel better, now that you have made him angry? **2** (*pagato*) paid up: *debito* —, paid up debt.

soddisfazione *s.f.* **1** satisfaction; (*piacere*) pleasure: *con mia grande* —, to my great satisfaction; *ho provato molta — nel farlo*, I have found great satisfaction in doing it; *quel bambino è di grande — per sua madre*, that child is a great comfort to his mother; *questo mi dà molta* —, this gives me great satisfaction; *parlare bene il cinese deve essere una grande* —, speaking Chinese well must be really satisfying // *voglio prendermi la — di dirgli chiaramente cosa penso di lui*, I want to have the satisfaction of telling him exactly what I think of him // *non c'è — a prenderlo in giro, non si arrabbia!*, there's no pleasure in pulling his leg, he never gets angry! // *lasciami almeno questa —!*, at least leave me this one pleasure! // *dare* —, (*in una contesa*) to give satisfaction; *domandare — per un'offesa*, to demand satisfaction for an insult **2** (*adempimento*) fulfilment; (*pagamento*) payment, discharge, settlement: — *di un debito*, payment (*o* discharge) of a debt.

sodezza *s.f.* (*non com.*) (*solidità*) solidity, firmness; consistency; (*durezza*) hardness; (*compattezza*) compactness.

sodico *agg.* (*chim.*) sodic; sodium (*attr.*).

sodio *s.m.* (*chim.*) sodium: *bicarbonato di* —, sodium bicarbonate; *cianuro di* —, sodium cyanide; *cloruro di* —, sodium chloride; *nitrato di* —, sodium nitrate; *perborato di* —, sodium perborate; *silicato di* —, sodium silicate (*o* soluble glass *o* water glass).

sodo *agg.* **1** (*solido*) solid, firm; (*duro*) hard; (*massiccio*) massive; (*compatto*) compact:

uova sode, hard-boiled eggs; *questo budino non è abbastanza* —, this pudding is not firm enough // *darle sode a qlcu.*, to hit s.o. hard **2** (*di terreno non lavorato*) unbroken **3** (*fig. non com.*) (*ben fondato*) sound, well-grounded ◆ *s.m.* (*terreno sodo*) firm ground: *posare sul* —, to stand on firm ground (*anche fig.*) // *sul* —, (*seriamente*) seriously (*o* in earnest) // *venire al* —, (*venire ai fatti*) to come to the point.

sodo *avv.* (*fortemente*) hard: *lo picchiò* —, he hit him hard; *dormire* —, (*profondamente*) to sleep soundly; *studiare, lavorare* —, (*con accanimento*) to study, to work hard.

sodomia *s.f.* **1** sodomy **2** (*omosessualità maschile*) male homosexuality.

sodomita *s.m.* sodomite.

sodomitico *agg.* sodomitic(al).

sodomito → **sodomita**.

sodomizzare *v.tr.* to sodomize.

sodomizzazione *s.f.* sodomization.

sofà *s.m.* sofa, divan.

sofferente *agg.* **1** (*che soffre*) suffering: *è — di cuore, di reni*, he suffers from heart trouble, from kidney trouble; *è molto* —, he suffers a great deal **2** (*che esprime sofferenza*) painstricken, pained: *volto* —, painstricken face **3** (*letter.*) (*tollerante*) tolerant; able to stand, able to bear ◆ *s.m.* e *f.* sufferer.

sofferenza *s.f.* **1** suffering, pain: *le sofferenze dei poveri, di un malato*, the sufferings of the poor, of a sick man; *il vederlo è una vera* —, it's really painful to see him; *morire fra atroci sofferenze*, to die in terrible pain **2** (*tolleranza*) endurance, longsuffering **3** *in* —, overdue (*o* unpaid *o* outstanding); *cambiale in* —, unpaid (*o* overdue) bill; *credito in* —, outstanding credit; *crediti in —, sofferenze*, (*crediti non pagati*) unpaid (*o* overdue) bills.

soffermare *v.tr.* to bring* to a stop, to stop (*anche fig.*): *vorrei — la vostra attenzione su questo brano*, I would like you to stop for a moment to consider this passage.

□ **soffermarsi** *v.intr.pron.* **1** to stop (a little), to pause, to linger: *si soffermò a guardare la vetrina*, she paused (*o* stopped a little) to look at the shop window **2** (*fig.*) to linger over, to dwell* upon: — *su un argomento*, to dwell upon (*o* to linger over) a subject; *non ti soffermare troppo sui particolari*, don't dwell upon the details too much.

sofferto *agg.* **1** hard-fought; difficult: *una vittoria sofferta*, a hard-fought victory; *una decisione sofferta*, a difficult decision **2** (*che manifesta sofferenza*) anguished, long-suffering: *uno sguardo* —, an anguished look.

soffiante *agg.* blowing, blow (*attr.*) ◆ *s.f.* (*mecc.*) blower.

soffiare *v.intr.* **1** to blow* (sthg.); (*di gatto*) to spit*, to hiss: *il vento soffia forte stasera*, the wind is blowing hard tonight; — *su una candela*, (*spegnendola*) to blow out a candle; — *sul caffè*, to blow one's coffee; — *sul fuoco*, to blow the fire, (*fig.*) to stir up trouble **2** (*ansare, sbuffare*) to puff; to huff and puff; to pant: *le scale lo fanno* —, the stairs make him pant // — *come un mantice*, to blow (*o* to puff) like a grampus **3** (*fam.*) (*spifferare*) to tip off, to sing* ◆ *v.tr.* **1** to blow*, to puff: — *aria in qlco.*, to blow air into sthg.; — *il fumo in faccia a qlcu.*, to puff smoke into s.o.'s face // — *il vetro*, to blow glass // *soffiarsi il naso*, to blow one's nose // *soffiarsi sulle dita*, to blow on one's fingers **2** (*portar via*) to steal*, to take* away, (*fam.*) to pinch: *mi ha soffiato il portafoglio*, he has pinched my wallet; *ha soffiato la ragazza a suo fratello*, he has stolen his brother's girlfriend; — *il posto, l'impiego a qlcu.*, to steal s.o.'s job **3** (*spifferare*) to whisper; to tip off: — *qlco. nell'orecchio a qlcu.*, to whisper sthg. in s.o.'s ear; *appena lo vide gli soffiò ogni cosa*, as soon as he saw him, he blurted out everything **4** (*a dama, agli scacchi*) to huff: — *una pedina*, to huff a man (*o* a piece).

soffiata *s.f.* **1** blow, puff **2** (*suggerimento*) hint **3** (*spiata*) tip-off; leak.

soffiato *agg.* **1** (*di cereale*) puffed: *granoturco* —, puffed maize (*o amer.* popcorn); *riso* —, puffed rice **2** *vetro* —, blown glass.

soffiatoio *s.m.* (*non com.*) bellows (*pl.*).

soffiatore *s.m.* **1** blower: — *di vetro*, glassblower **2** (*fig.*) (*persona maldicente*) slanderer, muckraker; (*spia*) squealer, stoolpigeon.

soffiatura *s.f.* (*tecn.*) **1** (*il soffiare*) blowing: — *del vetro*, glassblowing **2** (*bolla d'aria*) blowhole: (*metall.*) — *sottocutanea*, subcutaneous blowhole.

soffice *agg.* **1** soft: *materasso* —, soft mattress **2** (*fig.*) flexible: *una tattica* —, flexible tactics.

soffieria *s.f.* **1** (*tecn.*) blowing plant **2** (*chim.*) bellows (*pl.*).

soffietto *s.m.* **1** (*mantice*) bellows (*pl.*): (*metall.*) — *per spolvero*, facing bellows; (*ferr.*) — *intercomunicante*, vestibule bellows // *porta a* —, folding door; *tettuccio a* —, (*di carrozza*) bellows top; (*aut.*) *capote a* —, hood (*o amer.* folding top) **2** (*in un giornale, articolo elogiativo*) puff.

soffio *s.m.* **1** puff, whiff; (*violento*) blast, gust; (*alito*) breath: *un — d'aria, fumo, vapore*, a puff (*o* whiff) of air, smoke, steam; *un — di vento*, a breath of wind, (*violento*) a gust of wind; *con un* —, with a puff: *spegnere una candela con un* —, to blow (*o* to puff) out a candle; *non un — d'aria, di vento*, not a breath of air; *un — d'aria calda entrò dalla finestra aperta*, a breath of warm wind came in through the open window; *è talmente magro che cadrebbe con un* —, he's so thin that you could blow him over // *di un* —, by a hair's breadth (*o* by the skin of one's teeth): *vincere di un* —, to win by a hair's breadth // *in un* —, (*in un attimo*) in an instant (*o* in a flash *o* in the twinkling of an eye), (*sottovoce*) in a whisper: *parola mormorata in un* —, word uttered in a whisper **2** (*verso del gatto*) spitting, hissing **3** (*ispirazione*) inspiration: *il — divino, poetico*, divine, poetic inspiration **4** (*med.*) murmur: — *al cuore*, heart (*o* cardiac) murmur; — *polmonare*, pulmonary murmur.

soffione *s.m.* **1** (*canna per soffiare nel fuoco*) blow-pipe; (*mantice*) bellows (*pl.*) **2** (*geol.*) soffione (*pl.* -ni) **3** (*bot.*) (*Taraxacum officinale*) dandelion, taraxacum **4** (*gergo*) (*spia*) squealer, stoolpigeon.

soffitta *s.f.* attic; (*abbaino*) garret.

soffittare *v.tr.* (*edil.*) to ceil; (*con controsoffitto*) to provide with a false ceiling.

soffittatura *s.f.* (*edil.*) ceiling; (*controsoffitto*) false ceiling.

soffitto *s.m.* ceiling; (*controsoffitto*) false ceiling; — *a cassettoni*, coffered ceiling; — *a graticcio di canne*, cane mesh ceiling; — *a rete*, (wire) mesh ceiling; — *a ricasco*, cove; — *a travi di legno*, wooden beam ceiling; — *a volta*, vaulted ceiling.

soffocamento *s.m.* **1** choking, stifling; suffocation: *morì per* —, he was choked to death **2** (*lotta*) stranglehold.

soffocante *agg.* **1** choking, stifling, suffocating: *caldo* —, stifling (*o* suffocating) heat; *clima* —, sultry climate // *coi suoi figli è davvero* —, she really suffocates her children **2** (*che priva di libertà*) repressive, oppressive: *un regime* —, a repressive regime.

soffocare *v.tr.* **1** to choke, to stifle, to suffocate, to smother: *l'edera soffocherà l'albero*, the ivy will choke the tree; *ero soffocato dal fumo, dalla polvere*, I was stifled (*o* choked) by the smoke, by the dust; *fu quasi soffocata da un nocciolo di prugna*, she was almost choked by a plum stone; *lo soffocò con un cuscino*, he suffocated him (*o* smothered him to death) with a pillow // — *un bambino di baci*, to smother a child with kisses **2** (*reprimere, attutire*) to stifle, to repress, to suppress, to put* down: — *la collera*, to choke down (*o* to stifle *o* to smother) one's anger; — *un fuoco*, to choke (*o* to stifle) a fire; — *i propri sentimenti*, to stifle one's feelings; — *una rivolta nel sangue*, to put down a rebellion; — *uno sbadiglio, una risata, un grido*, to stifle a yawn, a burst of laughter, a cry; — *uno scandalo*, to hush up (*o* to stifle) a scandal; — *lo sviluppo economico*, to stifle economic growth ◆ *v.intr.* to choke, to stifle, to suffocate: *il bambino stava per* —, the child was going to choke; *mi sento* —, I have a choking (*o* stifling *o* suffocating) feeling; *a momenti soffocavo dal ridere*, at times I was almost choking with laughter; *qui si soffoca*, it is suffocating (*o* stifling) here.

□ **soffocarsi** *v.intr.pron.* to choke: *si è soffocato con una caramella*, he choked on a sweet.

soffocato *agg.* suffocated, stifled, choked (back) (*anche fig.*); (*represso*) repressed: *si udì un grido* —, a stifled cry was heard; *parlò con voce soffocata dai singhiozzi*, she spoke in a voice choked with sobs; *ambizioni soffocate*, suppressed (*o* repressed) ambitions.

soffocazione *s.f.* choking, stifling; suffocation.

soffoco *s.m.* (*region.*) (*afa*) sultriness, heavy heat.

soffondere *v.tr.* (*letter.*) to suffuse, to tinge (*anche fig.*).

□ **soffondersi** *v.rifl.* (*letter.*) to become* suffused, to be tinged (*anche fig.*).

soffregamento *s.m.* (*non com.*) (slight) rubbing.

soffregare *v.tr.* to rub (gently).

soffriggere *v.tr.* e *intr.* to fry slightly, to brown.

soffrire *v.tr.* **1** to suffer; to endure: — *la fame*, to suffer (the pangs of) hunger; — *la sete*, to suffer (from) thirst; — *il martirio, una perdita*, to suffer martyrdom, a loss; *molti di loro hanno sofferto il carcere, la solitudine*, many of them have endured prison, solitude // — *le pene dell'inferno*, to suffer the pains of hell **2** (*sopportare, tollerare*) to bear*, to stand*, to endure, to put* up with (s.o., sthg.); *l'orecchio non soffre i suoni troppo acuti*, the ear cannot bear extremely sharp sounds; *nessuno poteva — quella persona*, nobody could bear (*o* stand *o* endure *o* put up with) that person; *non posso — di vederti trattato così*, I cannot bear to see you treated like that; *non posso — che egli ti insulti*, I cannot stand him insulting you **3** (*essere sensibile a*) to be sensitive to (sthg.), to suffer from (sthg.): — *il solletico*, to be sensitive to tickling (*o* to be ticklish); *soffro terribilmente il caldo*, I suffer terribly from the heat ♦ *v.intr.* to suffer: *è malato ma non soffre*, he is ill but he's not in pain; *ha molto sofferto per la morte del suo amico*, his friend's death was a great sorrow for him; *la sua reputazione, la sua salute, il suo lavoro ne soffrirà*, his reputation, his health, his work will suffer from it; *le vigne hanno sofferto per il gelo*, the vines have been damaged by (*o* suffered as a result of) the frost; — *di mal di mare*, to suffer from seasickness; — *di mal di cuore, di reumatismi*, to suffer from heart disease, from rheumatism // *ha dovuto — per ottenere il lavoro*, he really had to go through it to get the job.

soffritto *s.m.* (*cuc.*) onions and herbs lightly fried in oil.

soffuso *agg.* suffused (with sthg.); (*cosparso*) spread (with sthg.): — *di luce*, suffused with light.

sofianismo *s.m.* (*teol.*) sophianism.

sofiologia *s.f.* (*teol.*) sophiology.

sofiologico *agg.* (*teol.*) sophiological.

sofiologo *s.m.* (*teol.*) sophianist.

sofisma *s.m.* **1** (*fil.*) sophism **2** (*estens.*) sophistry.

sofista *s.m.* (*fil.*) sophist (*anche estens.*).

sofistica *s.f.* (*fil.*) sophistry.

sofisticaggine *s.f.* (*spreg.*) sophistry.

sofisticare *v.intr.* (*cavillare*) to quibble, to split* hairs; to argue using sophistry; to sophisticate: *sofisticò molto su questo argomento*, he quibbled a lot on this subject ♦ *v.tr.* (*alterare una sostanza*) to adulterate, to doctor: — *il vino, il burro*, to adulterate wine, butter.

sofisticatezza *s.f.* sophistication, overrefinement.

sofisticato *agg.* **1** (*adulterato*) adulterated, doctored: *vino, olio* —, adulterated (*o* doctored) wine, oil; *non* —, unadulterated **2** (*ricercato, affettato*) sophisticated, affected: *una ragazza troppo sofisticata*, a girl who is too sophisticated; *modi sofisticati*, affected manners **3** (*elaborato*) sophisticated, elaborate: *un — congegno elettronico*, a sophisticated piece of electronic equipment.

sofisticatore *s.m.* adulterator, sophisticator.

sofisticazione *s.f.* adulteration, sophistication, doctoring: *la — delle sostanze alimentari è punita a norma di legge*, the adulteration of foodstuffs is punished by law.

sofisticheria *s.f.* sophistry; (*pedanteria*) hair-splitting, quibbling.

sofistico *agg.* **1** sophistical **2** (*fil.*) sophistic **3** (*cavilloso, pedante*) hair-splitting, pedantic; demanding, fussy ♦ *s.m.* hair-splitter, pedant.

sofo *s.m.* (*letter. scherz.*) wise man; sage.

sofocleo *agg.* (*letter.*) Sophoclean.

sofora *s.f.* (*bot.*) — (*del Giappone*), (*Sophora japonica*) pagoda-tree.

softball *s.m.* (*sport*) softball.

soft-core *agg.* soft porn.

soft rock *s.m.* (*mus.*) soft rock.

software *s.m.* (*inform.*) software [U]: — *applicativo*, application software; — *di base*, system software; — *per applicazioni bancarie*, banking software; — *destinato alla didattica*, courseware; — *per il trattamento testi*, word processor; — *per la contabilità*, accounting package; — *video*, videoware; — *standard*, canned software; — *incrociato*, cross software; — *gratuito*, (*fornito dal costruttore di hardware*) freeware; — *realizzato da società di professionisti*, third-party software; *pirateria del* —, software piracy.

softwarista *s.m.* e *f.* software expert.

soggettario *s.m.* (*amm.*) guide to cataloguing by subject.

soggettista *s.m.* e *f.* (*cinem., rad., tv*) scenario writer.

soggettivamente *avv.* **1** subjectively **2** (*gramm.*) as subject.

soggettivare *v.tr.* to make* subjective, to subjectivize.

soggettivismo *s.m.* **1** (*fil.*) subjectivism **2** (*estens.*) subjectivity.

soggettivista *s.m.* e *f.* (*fil.*) subjectivist.

soggettivistico *agg.* subjectivist (*attr.*).

soggettività *s.f.* subjectivity, subjectiveness: *la — di un'opinione*, the subjectivity of an opinion.

soggettivo *agg.* subjective: *impressioni soggettive*, subjective impressions; (*gramm.*) *proposizione soggettiva*, subjective clause.

soggetto[1] *agg.* **1** (*sottoposto, sottomesso*) subject; liable: *stato — al dominio straniero*, state subject to foreign rule; *siamo tutti soggetti alle leggi di natura*, we are all subject to the laws of nature // (*trib.*): — *a tassa*, liable to tax (*o* taxable); — *a dazio*, dutiable; — *a vincolo doganale*, in bond; — *a eccessivo carico fiscale*, overtaxed; *non — a tasse*, tax free; *reddito — a ritenuta alla fonte*, income subject to withholding tax; *reddito — a tassazione separata*, income subject to separate taxation // (*comm.*) *costi, prezzi soggetti ad aumento*, costs, prices subject to increase // (*amm.*) — *all'approvazione di qlcu.*, subject to (*o* dependent on) s.o.'s approval // (*dir.*) — *a penalità*, liable to penalty **2** (*esposto, incline*) subject; prone: *zona soggetta ad alluvioni*, area subject to flooding; *è — a raffreddori*, he's subject (*o* prone) to colds; *persone soggette all'invidia*, persons subject (*o* prone) to envy **3** (*dipendente*) dependent (on sthg.): *questo è — alla tua approvazione*, this is subject to (*o* dependent on) your approval.

soggetto[2] *s.m.* **1** (*argomento, tema*) subject (matter), topic, theme: *il — della lezione di oggi*, the subject of today's lesson; *il — della nostra conversazione*, the topic (*o* subject) of our conversation; *il — di un esperimento medico*, the subject of a medical experiment; *il — di un libro*, the subject (matter) of a book; *il — di un pittore*, the subject of a painter; *la storia sarebbe un bel — per un film*, the story would make a good subject for a film; *catalogo per* —, subject catalogue; *allontanarsi dal* —, to wander off (*o* to get away from) the subject; *cambiare* —, to change the subject; *scegliere un — infelice*, to make an unfortunate choice of subject **2** (*individuo*) subject; person: (*med.*) — *anemico, isterico*, anemic, hysterical subject // (*trib.*) — *passivo d'imposta*, taxable person (*o* person subject to taxation) **3** (*fam., spreg.*) character, fellow: — *pericoloso*, dangerous character (*o* fellow); *cattivo* —, nasty (*o* unpleasant) character; *ma sai che sei un bel —!*, you are a rogue, you know! // *quel ragazzo è un — difficile*, that boy is a difficult case **4** (*gramm. fil.*) subject: *il — e l'oggetto*, the subject and the object **5** (*antiq.*) (*suddito*) subject.

soggezione *s.f.* **1** (*sottomissione*) subjection: *vivere in* —, to live in subjection (*o* in bondage); — *alla legge*, subjection to the law **2** (*timore, rispetto*) awe, respect; (*timidezza*) shyness, bashfulness; (*imbarazzo*) uneasiness, embarrassment: *mi incute, mi mette* —, he makes me feel uneasy (*o* awkward); *ho — di lui*, I feel uneasy with him.

sogghignare *v.intr.* to sneer.

sogghigno *s.m.* sneer.

soggiacere *v.intr.* (*essere sottoposto, soggetto*) to be subjected; to be subject: — *alla volontà altrui*, to be subject to the will of others; — *alle ingiurie del tempo*, to be subject to the ravages of time; — *alle prepotenze di qlcu.*, to put up with s.o.'s bullying.

soggiogamento *s.m.* (*non com.*) subjugation, subjection.

soggiogare *v.tr.* to subjugate; to subdue (*anche fig.*): — *un paese*, to subjugate a country (*o* to bring a country into subjection); — *i nemici, la natura*, to subdue enemies, nature; — *le proprie passioni*, to subdue one's passions.

soggiogazione *s.f.* (*non com.*) subjugation.

soggiornare *v.intr.* **1** to stay **2** (*abitare*) to live.

soggiorno *s.m.* **1** stay: *dopo un breve* —, after a short stay; *un — al mare*, a stay at the seaside // (*amm.*): *permesso di* —, residence permit; *imposta di* —, visitor's (*o* residence) tax // (*dir.*): — *obbligato*, mandatory residence; *obbligo, divieto di* —, duty, prohibition to reside **2** (*locale*) living room.

soggiungere *v.tr.* e *intr.* (*aggiungere a quanto già detto*) to add.

soggiuntivo *agg.* (*gramm.*) → **congiuntivo**.

soggolo *s.m.* **1** (*di monaca*) wimple **2** (*di cavallo*) throat-band, throat-latch **3** (*di berretto militare*) chinstrap.

sogguardare *v.tr.* (*guardare furtivamente*) to look furtively at (s.o., sthg.).

soglia *s.f.* threshold (*anche fig.*): *la — della vita, del successo*, the threshold of life, of success; *sulla* —, on the threshold; *alla — della vecchiaia*, on the threshold of old age; *varcare la* —, to cross the threshold // (*fis.*): *frequenza, tensione di* —, threshold frequency, voltage; *valore di* —, threshold value // — *del dolore*, pain threshold.

soglio *s.m.* throne: — *regio, pontificio*, royal, papal throne; *salire al — pontificio*, to ascend to the papal throne.

sogliola *s.f.* (*zool.*) sole*, tongue-fish.

sognante *agg.* (*che sembra sognare*) dreamy: *occhi sognanti*, dreamy eyes.

sognare *v.tr.* e *intr.* **1** to dream*: — (*di*) *qlcu., qlco.*, to dream of (*o* about) s.o., sthg.; *non sogno mai*, I never dream; *sognai di essere in America*, I dreamt I was in America; *sogna di diventare un attore famoso*, he dreams of becoming a famous actor; *sogna una bella villa al mare*, he dreams of a beautiful villa at the seaside; *passare il tempo sognando*, to dream away one's time; *mi sembrava di* —, I thought

I was dreaming // — *a occhi aperti*, to daydream **2** (*immaginare*) to dream*; to imagine, to fancy: *come avrei potuto sognarmelo?*, how could I have imagined such a thing?; *deve esserselo sognato*, he must have dreamt of it; *non mi sognavo proprio che sarebbe arrivato*, I little dreamt that (*o* I never imagined) he would arrive; *non mi sognerei neanche di farlo*, I couldn't even dream of doing it; *non sognartelo neppure*, don't even dream of it; *non sognarti che io possa accettare una cosa simile*, don't imagine that I can accept such a thing; *non mi sogno neanche di invitarlo*, I wouldn't even dream of inviting him.

sognatore *agg.* **1** dreaming **2** (*che sembra sognare*) dreamy ◆ *s.m.*, **sognatrice** *s.f.* dreamer: *è un* —, *non farà mai carriera*, he's a dreamer, he will never make a career for himself.

sogno *s.m.* **1** dream (*anche fig.*): *un — a occhi aperti*, a daydream; *il mondo dei sogni*, the land of dreams (*o* dreamland); *un — premonitore*, a premonitory dream; *l'interpretazione dei sogni*, the interpretation of dreams; *ho fatto un bel* —, I had a beautiful dream; *svegliati, era solo un brutto* —, wake up, it was only a bad dream; *la felicità è solo un* —, happiness is only a dream; *il mio — sarebbe di vivere in campagna*, my dream would be to live in the country; *il nostro viaggio fu un* —, our trip was like a dream; *ti ho visto in* —, I saw you in a dream // *buona notte, sogni d'oro!*, goodnight, sweet dreams! // *sono arrivate le vacanze, mi sembra un* —, the holidays have arrived, I can't believe it // *neanche per —!*, by no means!: *"Tu faresti una cosa simile?" "Neanche per —!"*, "Would you do such a thing?" "I wouldn't dream of it!" // *di* —, marvellous, dream (*attr.*): *un viaggio di* —, a marvellous trip; *una casa di* —, a dream house // *quella ragazza è un* —, she's a dream girl **2** (*fantasticheria*) fancy, reverie.

soia *s.f.* (*bot.*) (*Glycine max*) soya bean, soybean // *salsa di* —, soy sauce.

sol[1] *s.m.* (*mus.*) sol, G.

sol[2] *s.m.* (*chim.*) sol.

solaio *s.m.* (*arch.*) **1** (*soffitta*) attic **2** (*soletta che divide due piani*) floor: — *a travicelli*, joisted floor; — *a travi di legno*, wooden beam floor; — *con isolamento acustico*, soundproof floor.

solamente → **solo** *avv.*

solanaceo *agg.* (*bot.*) solanaceous.

solanina *s.f.* (*chim.*) solanin(e).

solare[1] *agg.* **1** solar; sun (*attr.*): (*astr.*) *anno* —, calendar (*o* solar) year; *giorno, ora* —, solar day, time; *eclisse* —, solar eclipse; *luce* —, sunlight; *macchia* —, sunspot; *orologio* —, sundial; *raggio* —, sunbeam (*o* ray of sunlight) // (*anat.*) *plesso* —, solar plexus // (*fis.*): *cella* —, solar cell; *costante* —, solar constant; *energia* —, solar energy; *vento* —, solar wind **2** (*radioso*) radiant, sunny, bright; *un paesaggio* —, a sunny landscape; *è una donna* —, she's got a sunny character **3** (*evidente, chiarissimo*) evident, obvious, clear: *una dimostrazione* —, a clear demonstration ◆ *s.m.* solar energy: *sei a favore del — o del nucleare?*, are you in favour of solar or nuclear energy?

solare[2] *v.tr.* to sole; (*risolare*) to resole.

solarigrafo *s.m.* recording solarimeter.

solarimetro *s.m.* solarimeter.

solario *s.m.* **1** (*orologio solare*) sundial **2** (*arch.*) solarium*.

solarità *s.f.* (*letter.*) luminosity, brilliance; radiant splendour.

solarium *s.m.* solarium*.

solarizzare *v.tr.* (*fis., fot.*) to solarize.

solarizzazione *s.f.* (*fis., fot.*) solarization.

solatio *agg.* (*letter.*) sunny ◆ *s.m.* (*letter.*) sunny place.

solatura *s.f.* soling; (*risolatura*) resoling.

solazione *s.f.* (*chim.*) solation.

solcabile *agg.* (*letter.*) ploughable, that can be ploughed.

solcare *v.tr.* to plough; to furrow (*anche fig.*): — *un campo*, to plough a field; *un carretto solcava il fango*, a cart furrowed (*o* ploughed) through the mud; *la sua fronte era solcata dal dolore*, his brow was furrowed by sorrow; *il bosco era solcato da numerosi sentieri*, the wood was crossed by numerous paths; *le lacrime le solcavano le guance*, tears were running down her cheeks; *la nave solcava le onde*, the ship was ploughing through the waves.

solcato *agg.* (*bot., zool.*) sulcate; (*di terreno*) furrowed // *una fronte solcata di rughe*, a furrowed brow.

solcatore *s.m.* **1** (*aratore*) ploughman* **2** (*della seminatrice*) coulter.

solcatura *s.f.* **1** (*agr.*) ploughing; furrowing **2** (*mecc.*) grooving.

solco *s.m.* **1** (*agr.*) furrow; (*scavato dall'acqua*) gully: *l'aratro scava dei solchi nel terreno*, the plough cuts furrows in (*o* furrows) the ground; *seminare il grano nei solchi*, to sow the corn in drills // *seguire il — di qlcu.*, to follow in the wake of s.o. (*o* in s.o.'s footsteps) // *uscire dal* —, to go astray **2** (*ruga*) furrow, wrinkle **3** (*di ruota sul terreno*) rut, track **4** (*mecc., anat.*) groove **5** (*astr.*) (*sulla luna*) rille, rill.

solcometro *s.m.* (*mar.*) log: — *a barchetta*, log chip; — *a elica*, patent log; *tamburo del* —, logreel.

soldanella *s.f.* (*bot.*) (*Soldanella alpina*) soldanella.

soldataglia *s.f.* soldiery; (*truppe mercenarie*) mercenary troops (*pl.*), mercenaries (*pl.*).

soldatesca *s.f.* (*ant.*) soldiery; (*esercito*) army.

soldatesco *agg.* soldierly, soldierlike, military: *modi soldateschi*, soldierly (*o* military) ways (*o* manners).

soldatessa *s.f.* **1** (*mil.*) woman soldier **2** (*scherz.*) (*donna autoritaria*) battleaxe.

soldatino *s.m.* **1** young soldier **2** (*giocattolo*) toy soldier; — *di piombo*, tin soldier.

soldato *s.m.* **1** soldier: — *di artiglieria*, artilleryman; — *di cavalleria*, cavalryman (*o* horse-soldier *o* trooper); — *di fanteria*, infantryman (*o* foot-soldier); — *di ventura*, soldier of fortune; — *semplice*, private (soldier); — *scelto*, lance corporal; — *veterano*, old soldier; *andare* —, (*fam.*) to enlist (*o* to join the army); *fare il* —, to be (*o* to serve) in the army; *tornare da* —, (*fam.*) to finish military service **2** (*fig., letter.*) champion, defender: *un — della libertà*, a champion (*o* defender) of freedom // — *di Cristo*, soldier of Christ.

soldo *s.m.* **1** (*moneta*) coin; (*di poco valore*) penny*, (*amer.*) cent: *un — d'argento*, a silver coin; *aveva in mano qualche* —, he had a few coins in his hands; *non ha un* —, he hasn't got a penny (*o* he is penniless); *una cosa da pochi soldi*, a cheap thing; *l'ho pagato due soldi*, I paid next to nothing for it; *comperare qlco. per pochi soldi*, to buy (*o* to get) sthg. for next to nothing; *non spendere un* —, not to spend a single penny; *guadagnare quattro soldi*, (*fam.*) to earn peanuts; *non valere un* —, not to be worth a penny **2** *pl.* (*denaro*) money [U]: *ci vogliono troppi soldi per vivere qui*, you need too much money to live here; *soldi falsi*, counterfeit (*o* false) money; *soldi facili*, easy money; *avere molti soldi*, to have a lot of money; *essere pieno di soldi*, to be rolling in money (*o* to have bags of money); *essere a corto di soldi*; to be short of money; *far soldi*, to make money; *lasciare qlcu. senza soldi*, to leave s.o. penniless (*o* destitute) **3** (*paga*) pay: *essere al — di qlcu.*, to be in s.o.'s pay; *una spia al — del nemico*, a spy in the pay of the enemy **4** (*st.*) (*ventesima parte della lira*) soldo (*pl.* -di).

sole *s.m.* **1** sun; (*splendore, calore del sole*) sunshine: *oggi finalmente c'è il* —, at last the sun's shining today; *non abbiamo — da due giorni*, the sun hasn't shone for two days; *il — splende*, the sun is shining; *una giornata piena di* —, a sunny day; *giornata senza* —, overcast day; *alzarsi col* —, to rise with the sun; *il — sorge, tramonta*, the sun rises, sets; *levata, sorgere del* —, sunrise; *tramonto del* —, sunset; *in pieno* —, in bright sunshine; *al* —, in the sun; *un posto al* —, a place in the sun (*anche fig.*); *un raggio di* —, a ray of sunlight (*o* a sunbeam); *colpo di* —, (touch of) sunstroke; *bagno di* —, sunbathing, (*med.*) sunbath; *abbronzato dal* —, suntanned; *scottato dal* —, sunburnt; *scottatura da* —, sunburn // *da* —, sun (*attr.*); *cappello da* —, sun-hat; *occhiali da* —, sunglasses; *ombrellino da* —, sunshade (*o* parasol) // *prendere il* —, to sunbathe; *ho preso molto — in spiaggia*, I sunbathed a lot on the beach // *una casa che non prende* —, a house that doesn't get the sun // *il — di mezzanotte*, the midnight sun // *bello come il* —, as beautiful as the morning star (*o* divinely beautiful) // *niente di nuovo sotto il* —, nothing new under the sun // *è chiaro come il* —, it is as clear as daylight // *aprire gli occhi al* —, (*nascere*) to see the light of day (*o* to be born) // *andare a vedere il — a scacchi*, (*andare in prigione*) to be put behind bars (*o* to go to prison) // *avere qlco. al* —, to own a bit of land // *fare qlco. alla luce del* —, to do sthg. openly **2** (*sud*) south: *una casa esposta al* —, a house facing south **3** (*astr.*) (*ogni stella al centro di un sistema planetario*) Sun **4** (*poet.*) (*giorno, anno*) sun.

solecismo *s.m.* solecism.

solecizzare *v.intr.* (*rar.*) to solecize.

soleggiamento *s.m.* (*esposizione al sole per far asciugare*) hanging out to dry.

soleggiare *v.tr.* to sun-dry, to dry in the sun.

soleggiato *agg.* sunny: *stanza soleggiata*, sunny room.

soleggio *s.m.* (*mar.*) *al* —, in the sun to dry.

solenne *agg.* **1** solemn; grave; (*formale*) formal; (*impressionante*) impressive; (*maestoso*) imposing: *promessa, festa* —, solemn promise, feast; *giuramento* —, official (*o* solemn) oath; *maniere solenni*, solemn (*o* grave) manners; *messa* —, solemn high mass; *momento* —, solemn moment; *parole solenni*, solemn (*o* grave) words; *una cattedrale* —, an imposing cathedral **2** (*fam.*) terrific, real: *una — sgridata*, a terrific (*o* real) scolding; *un — mascalzone*, a real scoundrel.

solennità *s.f.* **1** solemnity, solemnness: *la — di una cerimonia*, the solemnity (*o* solemnness) of a ceremony **2** (*cerimonia*) ceremony; (*festività*) holiday, feast day: *— civili, religiose*, civil, religious holidays.

solennizzare *v.tr.* to solemnize.

solenoidale *agg.* (*fis.*) solenoidal.

solenoide *s.m.* (*fis., mat.*) solenoid; helix*.

soleo *agg.* e *s.m.* (*anat.*) soleus.

solere *v.intr.* (*letter.*) **1** (*nei tempi passati dell'indicativo*) to use (to); would (+ *inf.* *senza* to): *solevo andare da lui ogni giorno*, I used to (*o* I would) go to his house every day; *soleva aspettarla al chiosco del giornalaio*, he used to (*o* he would) wait for her at the news-stand; *lavora più di quanto soleva fare in passato*, he works harder than he used to **2** (*nel presente si esprime col verbo dipendente, spesso accompagnato da* usually): *suole uscire di buon'ora*, he usually goes out early; *come si suol dire*, as they say.

solerte *agg.* (*letter.*) diligent, industrious; painstaking; (*zelante*) zealous: *un impiegato* —, an industrious employee // *studi solerti*, painstaking studies.

solerzia *s.f.* diligence, industry; (*zelo*) zeal.

soletta *s.f.* **1** (*di calza*) sole, stocking-sole **2** (*di scarpa*) inner sole, insole // *— ortopedica*, orthopedic insole **3** (*edil.*) slab: *— di cemento armato*, reinforced-concrete slab.

solettare *v.tr.* (*una scarpa*) to insert an insole in (sthg.).

solettatura *s.f.* **1** (*di scarpa*) insoling **2** (*edil.*) slabbing.

soletto *agg.* alone (*pred.*): *solo* —, all alone; *non c'è nessuno, sono solo* —, there's no one, I'm all alone.

solfa *s.f.* **1** (*antiq.*) (*mus.*) scale, sol-fa **2** (*fig.*) old story: *è sempre la stessa* —, it is always the same old story.

solfamidico → **sulfamidico**.

solfanello → **zolfanello**.

solfanilammide *s.f.* (*chim.*) sulphanilamide.

solfanilico *agg.* (*chim.*) sulphanilic: *acido* —, sulphanilic acid.

solfara *s.f.* sulphur mine.

solfare *v.tr.* (*agr.*) to sulphur.

solfataio *s.m.* sulphur miner.

solfatara *s.f.* (*geol.*) solfatara.

solfataro → **solfataio**.

solfatazione *s.f.* **1** (*chim.*) sulphation **2** (*elettr.*) sulphatization.

solfato *s.m.* (*chim.*) sulphate; *— di calcio*, calcium sulphate; *— di calcio anidro*, anhydrite; *— di calcio commerciale*, pearl hardening; *— di ferro*, iron sulphate; *— di magnesio*, magnesium sulphate; *— di rame*, copper sulphate; *— ferroso*, ferrous sulphate.

solfatura *s.f.* (*agr.*) (*il solfare*) sulphuring; (*l'effetto*) sulphurization.

solfeggiare *v.tr.* (*mus.*) to sol-fa, to solmizate.

solfeggio *s.m.* (*mus.*) sol-fa, solfeggio*.

solfidrato *s.m.* (*chim.*) sulphydrate.

solfidrico *agg.* (*chim.*) hydrosulphuric: *acido* —, hydrogen sulphide.

solfidrile *s.m.* (*chim.*) sulphydryl.

solfidrilico *agg.* (*chim.*) sulphydryl (*attr.*): *gruppo* —, sulphydryl group.

solfifero *agg.* sulphurous, sulphur (*attr.*).

solfina *s.f.* → **tanaceto**.

solfitare *v.tr.* to sulphur, to sulphurize.

solfitazione *s.f.* sulphuring, sulphurization.

solfito *s.m.* (*chim.*) sulphite.

solfoacido *s.m.* (*chim.*) sulpho acid.

solfocianuro *s.m.* (*chim.*) sulphocyanide.

solfonammide *s.f.* (*chim.*) sulphonamide.

solfonante *agg.* (*chim.*) sulphonating: *agente* —, sulphonating agent.

solfonare *v.tr.* (*chim.*) to sulphonate.

solfonatore *s.m.* (*chim.*) sulphonator.

solfonazione *s.f.* (*chim.*) sulphonation.

solfone *s.m.* (*chim.*) sulphone.

solfonico *agg.* (*chim.*) sulphonic.

solfonile *s.m.* (*chim.*) sulphonyl.

solfonio *s.m.* (*chim.*) sulphonium.

solforare *v.tr.* **1** (*chim.*) to sulphur, to sulphurize, to sulphurate **2** (*agr.*) to sulphur.

solforato *agg.* (*chim.*) sulphured, sulphurized, sulphurated: *idrogeno* —, hydrogen sulphide.

solforatrice *s.f.* (*agr.*) sulphurator.

solforatura → **solfatura**.

solforazione *s.f.* **1** (*chim.*) sulphuration **2** → solfatura.

solforico *agg.* (*chim.*) sulphuric: *acido* —, sulphuric acid; *anidride solforica*, sulphuric anhydride.

solforile *s.m.* (*chim.*) sulphuryl: *cloruro di* —, sulphuryl chloride.

solforoso *agg.* (*chim.*) sulphurous: *anidride solforosa*, sulphurous anhydride (*o* sulphur dioxide).

solfosale *s.m.* (*chim.*) sulphur salt.

solfossido *s.m.* (*chim.*) sulphoxide.

solfureo → **sulfureo**.

solfuro *s.m.* (*chim.*) sulphide: *— di ammonio*, ammonium sulphide; *— di carbonio*, carbon disulphide.

solidale *agg.* **1** united; solid (for s.o.); solidly behind (*pred.*): *il popolo era pienamente — con il Ministro*, the country was solidly behind the Minister; *sono — con te*, I'm behind you **2** (*dir.*) joint and several; jointly liable, jointly responsible: *debitore* —, jointly liable debtor; *responsabilità* —, joint and several liability; *essere* —, to be jointly liable **3** (*mecc.*) integral: *una puleggia — con l'albero*, a pulley integral with the shaft.

solidalmente, **solidariamente** *avv.* **1** solidly, firmly **2** (*dir.*) jointly and severally: *obbligarsi* —, to bind oneself jointly and severally.

solidarietà *s.f.* **1** solidarity: *— nazionale*, national solidarity; *una manifestazione di* —, a show of solidarity; *esprimere la propria — a qlcu.*, to show one's solidarity with s.o. **2** (*dir.*) joint and several obligation, joint and several liability.

solidario *agg.* (*non com.*) (*dir.*) jointly liable, joint and several: *debitore* —, jointly liable debtor.

solidarismo *s.m.* solidarity.

solidaristico *agg.* solidarity (*attr.*), of solidarity.

solidarizzare *v.intr.* to show* one's solidarity, to solidarize.

solidezza → **solidità**.

solidificabile *agg.* solidifiable.

solidificare *v.tr.* **1** to solidify **2** (*fig.*) to consolidate, to reinforce, to strengthen: *— un'intesa*, to consolidate an agreement ◆ *v.intr.* → solidificarsi.

□ **solidificarsi** *v.intr.pron.* **1** to solidify **2** (*fig.*) (*consolidarsi*) to strengthen.

solidificazione *s.f.* **1** solidification **2** (*fig.*) consolidation, strengthening.

solidità *s.f.* **1** solidity, soundness; firmness (*anche fig.*): *— di un muro*, solidity of a wall; *— di una dottrina*, soundness of a doctrine **2** (*di colori*) fastness.

solido *agg.* **1** (*fis., mat.*) solid: (*fis.*) *corpi solidi*, solid bodies; (*mat.*) *angolo* —, solid angle **2** (*stabile*) solid, stable: *costruzione solida*, solid construction; *fondamenta solide*, solid foundations; *governo* —, (*estens.*) stable government **3** (*di colori*) fast **4** (*fig.*) (*saldo*) sound: *argomento* —, sound argument; *reputazione solida*, sound reputation; *una persona con una solida cultura*, a person with a broad culture; *una solida posizione economica*, a sound economic position **5** (*fig.*) (*degno di fiducia*) reliable, solid: *ditta solida*, reliable firm ◆ *s.m.* **1** (*fis., mat.*) solid: (*fis.*) *i solidi e i liquidi*, solids and liquids; (*mat.*) *il cubo è un* —, a cube is a solid **2** (*dir.*) *in* —, jointly and severally: *obbligarsi in* —, to bind oneself jointly and severally.

soliflussione *s.f.* (*geol.*) solifluction, solifluxion.

soliloquio *s.m.* soliloquy.

solingo *agg.* (*poet.*) lonely; solitary; alone (*pred.*): *luogo* —, lonely spot; *vita solinga*, solitary life; *era tutto* —, he was all alone.

solino *s.m.* **1** (detachable) collar: *— duro*, starched collar **2** (*mar.*) tallywhacker.

solipede *agg.* (*zool.*) solidungulate, solidungular: *mammifero* —, soliped (*o* solidungulate).

solipsismo *s.m.* (*fil.*) solipsism.

solipsista *s.m.* e *f.* solipsist.

solipsistico *agg.* solipsistic.

solista *s.m.* e *f.* (*mus.*) soloist: *è il — in un complesso*, he is the soloist in a band ◆ *agg.* solo: *voce* —, solo voice; *chitarra* —, guitar soloist (*o* solo guitarist).

solistico *agg.* solo: *un'esecuzione solistica*, a solo performance.

solitamente *avv.* usually, generally: *— arriva alle 8*, he usually arrives at 8; *— è qui prima delle 9*, he is usually here before 9.

solitaria *s.f.* **1** (*alpinismo*) solo climb **2** (*mar.*) solo voyage.

solitario *agg.* **1** (*che ama star solo*) solitary; lone (*attr.*): *è un tipo* —, he is a solitary type (*o* a loner) type // *navigatore* —, lone sailor **2** (*di luogo*) lonely, solitary, deserted ◆ *s.m.* **1** (*brillante*) solitaire **2** (*carte*) patience, solitaire: *fare un* —, to play a game of patience **3** (*ant.*) hermit; solitary.

solito *agg.* usual, customary: *le solite cose*,

the usual things; *le sue solite abitudini*, his usual (*o* customary) habits; *sono stanco della solita vita*, I am tired of the same old routine; *incontrarsi al — posto*, to meet at the usual place; *è la solita storia, non vuoi mai accompagnarmi*, it's the same old story, you never want to come with me // *essere* —, to be used to (doing): *è — venire presto*, he usually comes early; *ero — andarci tutti i giorni*, I used to go there every day; *non sono — fare queste cose*, I am not used (*o* accustomed) to doing these things // *siamo alle solite, ti sei dimenticato di comprarlo*, here we go again, you've forgotten to buy it ◆ *s.m.* (*la solita cosa*) the usual: *fecero il* —, they did the usual; *"Cosa prende, signore?" "Il —"*, "What would you like, sir?" "The usual" // *come al* —, as usual // *di* —, usually (*o* as a rule); *di — torna alle 7*, he usually comes back at 7 // *prima del* —, earlier than usual; *oggi è più caldo del* —, it's hotter than usual today // *secondo il suo — mi disse una bugia*, as usual, he told me a lie.

solitudine *s.f.* solitude; loneliness; *in* —, in solitude; *soffrire di* —, to suffer from loneliness; *rifugiarsi nella — dei boschi*, to take refuge in the solitude of the woods.

sollazzamento *s.m.* (*non com.*) amusement; entertainment; recreation.

sollazzare *v.tr.* to amuse; to entertain ◆ *v.intr.* → sollazzarsi.

□ **sollazzarsi** *v.intr.pron.* to amuse oneself; to enjoy oneself.

sollazzevole *agg.* (*letter.*) amusing; entertaining: *compagnia* —, entertaining company; *gioco* —, amusing game.

sollazzo *s.m.* **1** (*letter.*) amusement; entertainment; recreation **2** (*zimbello*) laughingstock: *essere il — di tutti*, to be a general laughingstock.

sollecitamente *avv.* **1** (*prontamente*) promptly; quickly, speedily **2** (*premurosamente*) with solicitude; diligently.

sollecitamento *s.m.* (*non com.*) **1** (*il fare premura, il chiedere con urgenza*) urging, pressing **2** (*il chiedere con insistenza, richiesta insistente*) solicitation **3** (*l'affrettare*) speeding up, hastening.

sollecitare *v.tr.* **1** (*fare premura a, richiedere pressantemente*) to urge, to press for, to request urgently; to solicit: *mi sollecitò a dare una precisa risposta, ad andare da lui*, he urged me to give a precise answer, to go to him; *sollecitai mio fratello perché mi mandasse il denaro*, I urged my brother to send me the money: — *la consegna di qlco.*, to press for the delivery of sthg.; — *riforme*, to press for reforms;— *un incarico, una promozione*, to solicit an appointment, a promotion; — (*qlcu.*) *per il pagamento di una somma*, to dun (s.o.) for a sum (*o* to press s.o. for the payment of a sum) **2** (*letter.*) (*stimolare*) to stimulate; to spur; to rouse: — *l'interesse di qlcu.*, to stimulate s.o.'s interest **3** (*mecc.*) to stress.

sollecitatore *s.m.* petitioner; (*di pagamento*) dun, dunner.

sollecitatoria *s.f.* (*amm.*) (*lettera di sollecito*) (*in generale*) reminder, (*di pagamento*) dunning letter.

sollecitatorio *agg.* (*amm.*) soliciting, dunning: *lettera sollecitatoria*, dunning letter (*o* debt collection letter).

sollecitazione *s.f.* **1** solicitation; (*preghiera*) entreaty, urging: *non cedette alle mie sollecitazioni*, he did not yield to my entreaties (*o* urging) **2** (*comm.*) request, reminder: *non risponde alle nostre sollecitazioni*, he doesn't reply to our requests; — *di pagamento*, request for payment (*o* dun); *lettera di* —, (*in generale*) reminder, (*di pagamento*) dunning letter (*o* debt collection letter) **3** (*mecc.*) stress.

sollecito[1] *agg.* **1** (*rapido*) prompt, ready, speedy, quick: *una reazione sollecita*, a prompt reaction; *un ritorno* —, a prompt return // (*comm.*): *una sollecita risposta*, a prompt (*o* an early) reply; *consegna sollecita*, prompt (*o* quick) delivery; *pagamento* —, ready payment **2** (*letter.*) (*interessato, premuroso*) solicitous, careful: — *dell'educazione dei figli*, solicitous (*o* careful) about one's children's upbringing; *troppo — degli onori*, too eager for honours.

sollecito[2] *s.m.* (*comm.*) request, reminder: — *di pagamento*, request for payment; *lettera di* —, (*in generale*) reminder, (*di pagamento*) dunning letter (*o* debt collection letter); *inoltrare un* —, to send a reminder; (*dir.*) *fare un* —, to solicit.

sollecitudine *s.f.* **1** (*rapidità*) promptness, speed, quickness, dispatch: *fare qlco. con* —, to do sthg. speedily (*o* with dispatch); *rispondere con* —, to answer promptly // (*comm.*) *con cortese* —, at your earliest convenience **2** (*interessamento*) concern, care, solicitude: *ha mostrato molta — verso di me*, he has shown great concern for me **3** (*gentilezza*) kindness, attention: *le sollecitudini di cui mi ha circondato*, the attentions he has showered (*o* lavished) on me.

solleone *s.m.* dog days (*pl.*) // *Mamma, che — oggi!*, (*estens.*) Heavens, what a hot day today!

solleticamento *s.m.* **1** tickling **2** (*stimolo*) tickling; stimulus*, spur, incitement.

solleticante *agg.* **1** (*appetitoso*) appetizing: *cibo, odore* —, appetizing food, smell **2** (*fig.*) (*allettante*) tempting, inviting.

solleticare *v.tr.* **1** to tickle **2** (*fig.*) (*eccitare, stimolare*) to tickle; to spur on; to stimulate, to excite: *lo solleticava l'idea di poter viaggiare*, the idea of being able to travel attracted him (*o* tickled his fancy); *prospettive che solleticano*, tempting (*o* attractive) prospects; — *l'ambizione, la vanità di qlcu.*, to stimulate s.o.'s ambition, vanity; — *l'appetito di qlcu.*, to whet (*o* tempt) s.o.'s appetite; — *la curiosità di qlcu.*, to excite (*o* to arouse) s.o.'s curiosity.

solletico *s.m.* **1** tickle; tickling: *fare il — a qlcu.*, to tickle s.o.; *patire, soffrire il* —, to be ticklish; *quel pugno non gli fa neanche il* —, a punch like that wouldn't even tickle him // *non gli fa neanche il* —, (*fig.*) it doesn't affect him in the least **2** (*fig.*) (*desiderio*) itch: *sentire il — di fare qlco.*, to be itching to do sthg.

sollevabile *agg.* liftable; rais(e)able (*anche fig.*).

sollevamento *s.m.* **1** lifting; raising: (*mecc.*) *capacità di* —, lifting power; *impianto di* —, lifting apparatus // (*sport*) — *pesi*, weight lifting **2** (*ant.*) (*rivolta*) rising, revolt **3** (*letter.*) (*sollievo*) relief, comfort, solace.

sollevare *v.tr.* **1** to lift; to raise (*anche fig.*): — *un peso*, to lift (*o* to raise) a weight; *la tempesta sollevò onde altissime*, the storm raised high waves; *l'automobile sollevò una nuvola di polvere*, the car raised a cloud of dust; *lo sollevò da terra come una piuma*, he lifted it as if it were a feather; *questa gru può — 20 tonnellate*, this crane can lift 20 tons; — *il capo, lo sguardo, le braccia*, to raise one's head, one's eyes, one's arms; — *le spalle*, to shrug one's shoulders; — *qlcu. dalla miseria*, to raise s.o. from poverty // — *il morale a qlcu.*, to boost (*o* to raise) s.o.'s morale // — *una preghiera a Dio*, to raise a prayer to God // — *qlcu. di peso*, (*fig.*) to give s.o. a severe telling off **2** (*fig.*) (*dar sollievo a*) to relieve; to comfort: *questa notizia mi ha sollevato molto*, this news has been a great relief to me; — *gli afflitti, gli infermi*, to comfort the afflicted, the sick; *un po' di riposo ti solleverà*, some rest will revive you **3** (*liberare*) to release: — *qlcu. da un impegno, una promessa*, to release s.o. from a task, a promise; — *qlcu. da un peso*, to take a weight off s.o. // — *qlcu. da un incarico*, (*licenziarlo*) to relieve s.o. of a position **4** (*suscitare*) to raise: — *dubbi, difficoltà*, to raise doubts, difficulties **5** (*far insorgere*) to raise, to stir up: — *il paese, il popolo contro qlcu.*, to stir up (*o* to raise) the country, the people against s.o.; — *un putiferio*, to raise a riot.

□ **sollevarsi** *v.rifl.* o *intr.pron.* **1** to rise*; to arise* (*gener. fig.*): *il pallone si sollevò in aria*, the balloon rose into the air; *l'aereo si sollevò dalla pista*, the plane took off from the runway; *si sollevò una nube di polvere*, a cloud of dust rose; *il vento si sollevò improvvisamente*, the wind rose suddenly; *si sollevò una disputa*, a quarrel arose **2** (*riaversi, riprendersi*) to recover, to get* over (sthg.): *dopo la morte di suo padre non si sollevò più*, he never got over his father's death; *non si sollevò più da quella malattia*, he never recovered from (*o* got over) that illness **3** (*insorgere*) to rise*: *l'intero paese si era sollevato contro l'invasore*, the whole country had risen against the invaders.

sollevato *agg.* (*rasserenato*) relieved, cheered up: *mi sento — ora che sei qui*, I feel relieved now that you are here.

sollevatore *agg.* lifting; raising; hoisting ◆ *s.m.* **1** lifter; elevator // (*sport*) — *di pesi*, weight lifter **2** (*mecc.*) lift(er); hoist: — *idraulico*, hydraulic power lift; — *meccanico*, mechanical power lift **3** (*agitatore*) agitator, ringleader **4** (*letter.*) (*confortatore*) reliever, comforter.

sollevazione *s.f.* **1** (*rivolta*) rising, revolt, insurrection **2** (*non com.*) (*il sollevare*) lifting; raising (*anche fig.*).

sollievo *s.m.* relief; (*conforto*) comfort: *con mio gran* —, to my great relief; *fu un gran — per me ricevere la tua lettera*, it was a great relief to me to receive your letter; *mi è di gran — il sapere che mi sei vicino*, it is a great comfort to me to know that you are near; *portare — a qlcu.*, to bring relief to s.o. // *tirare un respiro di* —, to heave (*o* to breathe) a sigh of relief.

solluccherare *v.tr.* (*non com.*) to enrapture, to delight; to send* into ecstasy.

□ **sollucherarsi** *v.intr.pron.* to go* into raptures (over, about sthg.).

sollucchero *s.m.* rapture: *andare in* —, to go into raptures; *mandare in — (qlcu.)*, to send (s.o.) into raptures.

solo *agg.* **1** alone (*pred.*): *devi lasciarmi* —, you must leave me alone; *essere, stare* —, to be, to remain alone (*o* on one's own); *vorrei stare — per un po'*, I wish to be alone for a while; *vive (da)* —, he lives on his own (*o* alone); *vive troppo* —, he lives too much alone // — *soletto*, all (*o* quite) alone // *da* —, by oneself (*o* on one's own): *l'ha fatto da —*, he has done it by himself; *sapresti farlo da —?*, could you do it by yourself (*o* on your own)?; *si è fatto da —*, he's a self-made man; *credo sia un po' matto: parla da —*, I think he's a bit mad, he talks to himself // *da — a —*, in private (*o* tête à tête): *vorrei parlarti da — a —*, I'd like to speak to you in private // *meglio soli che male accompagnati*, (*prov.*) better alone than in bad company **2** (*unico*) only: *il — superstite*, the only survivor; *con un letto —*, with one bed; *una sola volta*, just once; *ho un — figlio*, I have only one child; *la tovaglia era una macchia sola*, the tablecloth was just one big stain; *Paolo è il — responsabile*, Paul alone is responsible; *la mia sola speranza*, my only hope; *il suo — e unico desiderio*, his one and only wish; *un uomo con un occhio —*, a one -eyed man; *è la sola cosa che so*, it is the only thing I know; *mi basta un cenno — per farmi capire*, just a nod is enough to make myself understood; *di uomini come lui ce n'è uno —*, men like him are rare, infact there is only one // *non ho creduto per un — momento che dicesse la verità*, I didn't believe for a single moment that he was telling the truth **3** (*soltanto*): *lui — avrebbe potuto dirlo*, he alone (*o* only he) could have said it; *mi ha dato cento lire sole*, he only gave me a hundred lire; *abbiamo due soli candidati*, we have only two candidates // *rivista per soli uomini*, magazine for men only // *Dio — lo sa!*, God only knows! // *ho due braccia sole*, I've only got one pair of hands // *non si vive di — pane*, (*prov.*) man does not live by bread alone **4** (*esclusivo*) sole: *il — proprietario*, the sole owner; *il — rappresentante della ditta*, the sole agent of the firm ◆ *s.m.* **1** (*unico*) only one: *sono il — a farlo*, I am the only one that does it; *è il — che abbia capito*, he is the only one that has understood **2** (*mus.*) solo*: *un (a) —*, a solo.

solo *avv.* only: *manca — un mese a Natale*, it's only a month to Christmas; *è — un bambino*, he's only a child; *era — questione di giorni*, it was only a matter of days; *vendiamo — articoli sportivi*, we only sell sports goods; *c'erano — posti in piedi*, there was only standing room; *"Vuoi un po' di whisky?" "Solo una goccia"*, "Will you have some whisky?" "Only (*o* Just) a drop"; *non — si è comportato male, ma non si è neppure scusato*, not only did he behave badly (*o* he not only behaved badly), but he didn't even apologize; *non ho niente, ho — bisogno di riposo*, I'm all right (*o* there's nothing wrong with me), all I need is (*o* I only need) rest; *ha detto — questo?*, was that all (*o* was that the only thing) he said?; *s'intende — di sport*, all he knows about is (*o* he only knows about) sport.

solo (che) *cong.* **1** (*ma*) only, but, except that: *è una buona macchina, — (che) consuma parecchio*, it's a good car, only (*o* but *o* except that) it uses up a lot of petrol; *ha avuto delle ottime occasioni, — (che) non ha saputo sfruttarle*, he had some excellent opportunities, but was unable to make the most of them **2** (*se, basta che*) if only: *lo farei subito, — che ne avessi la possibilità*, I'd do it at once, if only I had the chance; — (*che*) *dica un'altra parola, è spacciato*, if he says another word, he's done for.

solstiziale *agg.* (*astr.*) solstitial.

solstizio *s.m.* (*astr.*) solstice: *— d'estate, d'inverno*, summer, winter solstice.

soltanto → **solo** *avv.*

solubile *agg.* **1** (*chim.*) soluble: *— in acqua, in alcol*, soluble in water, in alcohol // *caffè —*, instant coffee **2** (*fig.*) (*risolvibile*) solvable: *problema —*, solvable problem.

solubilità *s.f.* (*chim., fis.*) solubility.

solubilizzare *v.tr.* (*chim.*) to solubilize.

solubilizzazione *s.f.* **1** (*chim.*) solubilization **2** (*metall.*) solution heat treatment.

soluto *s.m.* (*chim.*) solute.

solutore *s.m.* **1** (*non com.*) solver, solution finder **2** (*chim.*) solver.

solutropia *s.f.* (*chim.*) solutropy.

soluzione *s.f.* **1** (*chim.*) solution: *— satura*, saturated solution; *— tamponata*, buffered solution; *aumentare la concentrazione di una —*, to strengthen a solution; *diluire la concentrazione di una —*, to dilute a solution **2** (*spiegazione, scioglimento*) (re)solution, solving: *— di un dubbio, di un problema*, solution of a doubt, of a problem; *cercare, trovare la —*, to look for, to find a solution // (*dir.*) *— transattiva di una lite*, settlement of a dispute **3** (*mat.*) solution; root; zero*: *soluzioni di un'equazione*, solutions of an equation **4** *— di continuità*, break; *senza — di continuità*, without a break (*o* interruption) **5** (*comm.*) (*pagamento*) payment, settlement, discharge: *— di un debito*, discharge (*o* payment) of a debt; *pagamento in un'unica —*, single payment; *pagare in un'unica —*, to pay outright (*o* at one go).

solvatare *v.tr.* (*chim.*) to solvate.

solvatazione *s.f.* (*chim.*) solvation.

solvato *s.m.* (*chim.*) solvate.

solvente *agg.* **1** (*chim.*) solvent **2** (*comm.*) (*pagante*) solvent, paying, reliable: *commerciante —*, solvent (*o* reliable) tradesman; *clientela —*, paying customers ◆ *s.m.* **1** (*chim.*) solvent, dissolvent; (*diluente*) thinner: *estrazione con solventi*, solvent extraction **2** (*comm.*) payer, paying person: *reparto solventi*, (*in un ospedale*) ward for paying (*o* private) patients.

solvenza *s.f.* (*comm.*) solvency, reliability.

solvibile *agg.* **1** (*che può pagare*) solvent, reliable: *cliente —*, solvent customer **2** (*che può essere pagato*) payable, dischargeable: *debito —*, dischargeable debt.

solvibilità *s.f.* **1** (*capacità di pagamento*) solvency, solvability, reliability, soundness: *la — di una ditta*, the solvency of a firm; *grado di —*, credit rating; (*econ.*) *— di un paese*, (*capacità di far fronte ai propri impegni finanziari*) viability of a country **2** (*possibilità di essere pagato*) payability: *— di un debito*, payability of a debt.

solvolisi *s.f.* (*chim.*) solvolysis.

soma *s.f.* **1** load, burden: *— molto pesante*, very heavy load; *bestia da —*, beast of burden (*o* pack animal); *cavallo da —*, pack horse; *mettere la — a un animale*, to pack an animal **2** (*fig. letter.*) (*peso*) burden.

somalo *agg.* Somalian ◆ *s.m.* **1** (*abitante*) Somali*; Somalian **2** (*lingua*) Somali.

somaro *s.m.* donkey, ass, jackass (*anche fig.*).

somatico *agg.* somatic: *caratteri somatici*, somatic types; *cellule somatiche*, somatic cells.

somatizzare *v.tr.* **somatizzarsi** *v.intr. pron.* (*med.*) to somatize.

somatizzazione *s.f.* (*med.*) somatization.

somatologia *s.f.* (*non com.*) somatology, physical anthropology.

somatologico *agg.* (*non com.*) somatological.

somatometria *s.f.* (*non com.*) somatometry.

somatometrico *agg.* (*non com.*) somatometric.

somatopsichico *agg.* (*med.*) somatopsychic.

somatormone *s.m.* **somatotropina** *s.f.* (*biochim.*) somatotropin.

somatostatina *s.f.* (*biochim.*) somatostatin.

somatotropo *agg.* (*biochim.*) somatotropic: *ormone —*, somatotropin (*o* somatotropic hormone).

sombrero *s.m.* sombrero*.

someggiabile *agg.* transportable by pack animal.

someggiare *v.tr.* to transport by pack animal.

somiere, **somiero** *s.m.* (*letter.*) pack animal, beast of burden.

somigliante *agg.* alike (*pred.*); like (s.o., sthg.), (*simile*) similar (to s.o., sthg.): *è un caso — al tuo*, it is a case similar to yours; *era un animale — ad uno scoiattolo*, it was an animal like a squirrel; *questo ritratto non è —*, this portrait is not like him (her); *sono molto somiglianti*, they are very much alike ◆ *s.m.* (*antiq.*) (*cosa simile a un'altra*) something similar.

somiglianza *s.f.* likeness, resemblance, similarity: *stretta —*, close resemblance; *non vedo la minima — tra lui e suo fratello*, I see no likeness whatever between him and his brother; *se guardi meglio, c'è una certa — fra i due*, if you look closer, there is a certain resemblance between the two; *si nota una certa — con sua madre*, you can see he is quite like his mother // *l'uomo fu fatto a immagine e — di Dio*, man was made in God's own image and likeness.

somigliare *v.intr.* to be like (s.o., sthg.), to look like (s.o., sthg.), to resemble (s.o., sthg.): *gli somigli nella voce*, you have a voice like his; *somiglia moltissimo a sua sorella*, she is the (living) image of (*o* she is very much like *o* she looks very much like) her sister; *il tuo caso somiglia al mio*, your case is like (*o* resembles) mine ◆ *v.tr.* **1** (*fam.*) to be like, to look like, to resemble: *somiglia molto lo zio*, he looks very like his uncle **2** (*letter.*) (*paragonare*) to compare, to liken.

□ **somigliarsi** *v.rifl.rec.* to be like each other (one another), to look like each other (one another), to resemble each other (one another); to be alike, to be similar: *le due sorelle si somigliano*, the two sisters resemble each other; *i due fratelli si somigliano molto*, the two brothers are very similar (*o* very much alike *o* look very much alike); *si somigliano come due gocce d'acqua*, they are as like as two peas (in a pod); *le due situazioni si somigliano*, the two situations are alike.

somma *s.f.* **1** (*mat.*) (*il risultato*) sum, total, amount; (*l'operazione*) addition: *fare una —*, to do an addition; *metodo di —*, addition method // (*fis.*) *— delle velocità*, addition of velocities // *tirare le somme* (*di qlco.*), (*fig.*) to sum up (sthg.): *se tiriamo le somme del suo discorso...*, if we sum up his speech...; *tirando le somme...*, everything considered... (*o* after all... *o* taking everything into account...) **2** (*di denaro*) sum (of money), amount of money: *una* *grossa — di denaro*, a large sum (*o* a large amount of money *o fam.* a pot of money); *la — ammonta a un centinaio di sterline*, the total amounts to a hundred pounds; *guadagnare, perdere una grossa —*, to earn, to lose a large amount of money; *pagare una forte —*, to pay a large sum; *spendere un'enorme — di denaro*, (*fam.*) to spend a mint of money // (*amm.*): — *accantonata*, allocation (*o* earmarked sum); — *arrotondata*, round sum; — *forfettaria, globale*, lump sum; — *al lordo*, gross amount; — *in cassa*, balance in (*o* on) hand; — *versata in acconto*, deposit (*o* part payment); — *dovuta*, amount due; — *registrata a credito*, credited amount // (*econ.*): — *capitale*, principal (o capital sum); — *depositata in garanzia*, cover // (*assicurazioni*) — *addizionale*, (insurance) premium **3** (*fig.*) (*conclusione*) conclusion; (*l'essenziale*) main point, essence: *la — delle sue lamentele è...*, the conclusion of his complaint is... **4** (*rar.*) (*compendio*) epitome // *la Somma Teologica di S. Tommaso d'Aquino*, the Summa Theologica of St. Thomas Aquinas.

sommacco *s.m.* (*bot.*) (*Rhus coriaria*) sumach, smoke-bush.

sommamente *avv.* **1** (*estremamente*) extremely, exceedingly **2** (*ant.*) (*soprattutto*) principally, above all.

sommare *v.tr.* **1** (*mat.*) to add; to sum: *somma dieci a venti e avrai trenta*, add ten to twenty and you get thirty; — *dei numeri*, to add up figures **2** (*fig.*) (*calcolare*) to consider, to reckon: *se ci sommi anche i rischi, vedrai che non è un buon affare*, if you also consider the risks, you will realize it is not a good bargain // *tutto sommato*, all things considered (*o* all in all): *ha un carattere difficile, ma, tutto sommato, è un buon uomo*, he is not very easy to get on with, but all in all, he is a good man ◆ *v.intr.* (*ammontare*) to amount (to sthg.), to come* (to sthg.), to total: *i feriti sommano a sei*, casualties amount to six; *le perdite sommano a tre milioni di lire*, losses amount to three million lire.

sommariamente *avv.* summarily; (*in breve*) briefly, in short; (*approssimativamente*) perfunctorily.

sommarietà *s.f.* (*non com.*) summariness, brevity, conciseness.

sommario *agg.* **1** summary, brief, concise: *una spiegazione sommaria*, a brief explanation; *esporrò in modo —*, I shall be brief in my account; *voglio solo una relazione sommaria*, I only want a short report **2** (*dir.*) summary: *giustizia sommaria*, summary (*o* rough) justice; *fu un procedimento —*, it was a summary procedure **3** (*approssimativo*) perfunctory: *un lavoro —*, a perfunctory job; *un'indagine sommaria*, a perfunctory investigation ◆ *s.m.* **1** summary, brief account, brief outline // *il — delle notizie*, (*di un telegiornale, giornale radio ecc.*) the news headlines (*o* the news in brief) // *il — di un articolo*, the subheading of an article // (*amm.*) — *contabile*, accounting summary **2** (*indice*) index*: — *di un trattato*, index of a treaty **3** (*inform.*) abstract.

sommatore *s.m.* adder.

sommatoria *s.f.* (*mat.*) sum, summation: *simbolo di —*, summation sign.

sommazione *s.f.* (*med.*) summation.

sommelier *s.m.* e *f.* (*fr.*) **1** (*di ristorante*) wine waiter, sommelier **2** (*di enoteca*) wine expert, wine taster.

sommergere *v.tr.* **1** to submerge; (*inondare*) to flood; (*affondare*) to sink*: *i campi furono sommersi dalle acque del fiume*, the river flooded the fields **2** (*fig.*) (*colmare*) to overwhelm; (*oberare, soffocare*) to flood, to submerge, to swamp: *mi sommerge di gentilezze tutte le volte che vado da lei*, she overwhelms me with kindness whenever I go and stay with her; *essere sommerso dai debiti*, to be up to one's neck (*o* to be deeply) in debt; *essere sommerso dal lavoro*, to be submerged by (*o* to be up to one's neck in) work; *essere sommerso dalla pubblicità*, to be swamped with ads.

□ **sommergersi** *v.intr.pron.* (*di sottomarino*) to submerge, to dive ◆ *v.rifl.* to submerge oneself (in sthg.): — *tra i libri*, to bury oneself in one's books.

sommergibile *agg.* submersible ◆ *s.m.* (*mar.*) submarine: — *posamine*, mine laying submarine; — *lanciamissili*, guided-missile submarine; — *nucleare*, nuclear submarine.

sommergibilista *s.m.* (*mar.*) submariner.

sommersione *s.f.* submersion, flooding, inundation.

sommerso *agg.* **1** submerged; (*di piante*) underwater; (*affondato*) sunken: *trovarono un paese —*, they found a submerged village **2** (*econ.*) black, hidden, shadow: *attività sommersa*, hidden (*o* underground) activity; *economia sommersa*, black (*o* hidden *o* shadow) economy; *settore —*, hidden sector (of the economy) ◆ *s.m.* hidden share, hidden part: *la quota del — nell'economia nazionale*, the share of a country's shadow (*o* hidden) economy.

sommesso *agg.* **1** submissive; (*umile*) humble, meek: *venne da me tutto umile e —*, he came to me all meek and humble **2** (*di suoni*) low, subdued, soft, quiet: *parlava a voce sommessa*, she spoke in a low voice.

sommier *s.m.* (*fr.*) divan bed, sofa bed.

somministrante *s.m.* (*dir.*) purveyor.

somministrare *v.tr.* to administer, to give* (out); (*dir.*) to purvey: *mi hanno somministrato una medicina amara*, I was given some bitter medicine; — *viveri*, to give out (*o* to distribute) food // (*med.*) — *mediante fleboclisi*, to drip // *oggi gli hanno somministrato l'Estrema Unzione*, he was given Extreme Unction today // — *a qlcu. una buona dose di schiaffi*, to give s.o. a jolly good hiding.

somministrato *agg.* (*dir.*) supplied; given in purveyance ◆ *s.m.* (*dir.*) party supplied; party receiving a purveyance.

somministratore *s.m.* **somministratrice** *s.f.* giver; administrator; (*dir.*) purveyor.

somministrazione *s.f.* **1** (*il somministrare*) administering, giving (out), dispensing; administration: — *di viveri*, supply of food; *prestare attenzione durante la — del farmaco*, administer the medicine with care **2** (*la cosa somministrata*) supply, provision **3** (*dir.*) purveyance.

sommissione *s.f.* (*non com.*) **1** (*sottomissione*) submission, submissiveness **2** (*letter.*) (*assoggettamento politico*) subjection, subjugation.

sommista *s.m.* summist, summarist.

sommità *s.f.* summit, top, peak (*anche fig.*); (*fig.*) pinnacle, height, heights (*pl.*): *la — di un monte*, the top of a mountain; *la — dell'arte, del sapere*, the pinnacle of art, of knowledge.

sommo *agg.* highest; (*fig.*) supreme, superlative; (*grande*) great: *le somme cime delle Alpi*, the highest peaks of the Alps; *il — bene, male*, the supreme good, evil; *somma bontà*, supreme (*o* superlative) goodness; *somma felicità, gloria*, supreme happiness, glory; *somma pazienza, intelligenza*, great patience, intelligence; *un — poeta, artista*, a great poet, artist; *è di una bellezza somma*, it is supremely (*o* extremely) beautiful; *tenere qlcu. in — disprezzo*, to hold s.o. in the utmost contempt // *il Sommo Pontefice*, the Supreme Pontiff // *in — grado*, in the highest degree // *per sommi capi*, briefly (*o* summarily) ◆ *s.m.* summit, top, peak (*anche fig.*): *il — del monte*, the top of the mountain; *al — della scala*, at the top of the stairs // *al — del successo*, at the peak of his success // *al —*, (*sommamente*) extremely (*o* superlatively).

sommoscapo *s.m.* (*arch.*) upper shaft, upper scape.

sommossa *s.f.* (up)rising, rebellion, revolt: *scoppiò una —*, a revolt broke out; *reprimere una — nel sangue*, to put down a rising (*o* a rebellion) with bloodshed.

sommosso *agg.* (*agitato*) troubled, excited (*anche fig.*): *acque sommosse*, troubled waters; *animi sommossi*, troubled (*o* excited) spirits.

sommovimento *s.m.* **1** (*il sommuovere*) stirring, shaking, agitating (*anche fig.*); (*del terreno*) tremor **2** (*non com.*) (*movimento*) movement; (*agitazione*) agitation, disturbance, commotion, tumult.

sommovitore *agg.* (*non com.*) (*istigatore*) instigating, inciting, provoking ◆ *s.m.* (*istigatore*) agitator; instigator, inciter, provoker.

sommozzatore *s.m.* **1** (*con autorespiratore*) scuba diver; (*uomo rana*) frogman* **2** (*senza autorespiratore*) skin diver, free diver.

sommuovere *v.tr.* **1** to shake*, to agitate, to stir up: — *la melma in uno stagno*, to stir up the mud in a pond **2** (*fig.*) (*eccitare*) to stir up, to rouse, to excite: — *le passioni di qlcu.*, to stir up (*o* to rouse *o* to excite) s.o.'s passions.

son *s.m.* (*unità di misura dell'intensità sonora*) sone.

sonabile *agg.* (*non com.*) playable.

sonacchiare → **sonicchiare**.

sonagliera *s.f.* collar with bells, bell harness.

sonaglio *s.m.* harness-bell, cascabel; (*giocattolo*) rattle // (*zool.*) *serpente a sonagli*, rattlesnake.

sonante *agg.* (*che risuona*) (re)sounding; ringing // *denaro —*, ready money (*o* ready cash).

sonar *s.m.* sonar.

sonare → **suonare**.

sonata *s.f.* **1** (*il suonare del campanello*) ring: *ci fu una lunga —*, there was a long ring **2** (*mus.*) sonata: *una — di Beethoven*, a sonata by Beethoven; *una — per violino e pianoforte*, a sonata for violin and piano **3** (*fam.*) (*bastonatura*) beating, thrashing **4** (*fam.*) (*imbroglio*) swindle: *non andrò più in quel negozio, ho avuto una bella —!*, I'll never go to that shop again, I've been done!; *prendere una —*, to be taken in.

sonatina *s.f.* (*mus.*) sonatina.

sonatista *s.m.* e *f.* (*mus.*) composer of sonatas, sonata writer.

sonatistico *agg.* (*mus.*) sonata (*attr.*).

sonda *s.f.* **1** (*mar.*) sounding line, line and plummet **2** (*med.*) probe: — *per drenaggio gastrico*, stomach pump (*o* tube); — *per alimentazione forzata, artificiale*, stomach tube **3** (*mecc.*) feeler **4** (*ind. miner.*) drill, drilling rig, drilling machine: — *a percussione*, percussion (*o* churn) drill; — *a rotazione*, rotary drill; — *campionatrice*, core drill (*o* sampler); — *a diamanti*, diamond drill; — *su barra*, bar drill; *foro di* —, borehole **5** (*meteor.*) probe; (*atmosferica*) sonde: *pallone* —, sounding balloon (*o* balloon-sonde); *razzo* —, sounding rocket **6** (*astr.*) — *spaziale*, space probe.

sondabile *agg.* soundable.

sondaggio *s.m.* **1** sounding (*anche mar.*): (*meteor.*) — *aerologico*, air sounding **2** (*med.*) probing **3** (*ind. miner.*) drilling, boring: — *esplorativo*, scout hole; — *a percussione*, percussive boring; — *sottomarino*, offshore (*o* submarine) drilling; *impianto di* —, drilling rig **4** (*fig.*) (*indagine*) survey, poll, inquiry, investigation: — *d'opinione*, opinion poll; — *statistico*, statistical survey; — *di mercato*, market survey; — *preventivo*, pre-test; *fare, effettuare un* —, to carry out a survey; *ho fatto qualche — per chiarire la situazione*, I've made some inquiries in order to clarify the situation.

sondare *v.tr.* **1** to sound (*anche fig.*); (*fig.*) to investigate, to probe: — *il sottosuolo di una regione*, to examine the subsoil of a region; — *gli umori dell'opinione pubblica*, (*fig.*) to sound out public opinion; *cercherò di sondarlo su questa faccenda*, I shall try to sound him on this matter // *prima di accettare la sua proposta, voglio — il terreno*, (*fig.*) before accepting his proposal I want to see the lie of the land **2** (*med.*) to probe **3** (*mar.*) to fathom, to sound **4** (*inform.*) to test, to sense.

sondatore *s.m.* (*ind. miner.*) driller.

soneria *s.f.* **1** (*di orologio*) striking mechanism: *caricare la* —, to wind up the striking mechanism **2** (*congegno di segnalazione*) bell: — *d'allarme*, alarm bell; — *elettrica*, electric bell; — *telefonica*, telephone bell.

sonettista *s.m.* e *f.* sonneteer, sonnet writer.

sonetto *s.m.* (*poesia*) sonnet: — *caudato*, sonnet with a tail.

sonicchiare *v.tr.* e *intr.* (*strimpellare*) to play a little; (*suonare male*) to play badly; (*la chitarra*) to strum.

sonico *agg.* (*scient.*) sonic.

sonnacchioso *agg.* **1** drowsy, half-asleep, sleepy **2** (*fig.*) (*non vivace*) torpid: *spirito* —, torpid spirit.

sonnambulismo *s.m.* sleepwalking, somnambulism // — *ipnotico*, artificial somnambulism.

sonnambulo *agg.* sleepwalking, somnambulist (*attr.*) ◆ *s.m.* sleepwalker, somnambulist.

sonnecchiare *v.intr.* to doze (*anche fig.*): *ho sonnecchiato fino alle undici*, I dozed till eleven; *la cittadina sonnecchia tutto l'inverno*, the little town dozes all winter.

sonnellino *s.m.* nap, doze: *fare un* —, to take (*o* to have) a nap.

sonnifero *agg.* (*non com.*) somniferous, soporific ◆ *s.m.* sleeping pill, sleeping draught, soporific: *prendere un* —, to take a sleeping draught.

sonniloquio *s.m.* (*rar.*) somniloquy.

sonniloquo *s.m.* (*rar.*) somniloquist.

sonno *s.m.* sleep (*anche fig.*): — *profondo, leggero*, sound, light sleep; *nel primo* —, in one's first sleep; *faccio sempre un breve — dopo colazione*, I always have a nap after lunch; *ho fatto un lungo* —, I had a long sleep; *la sua voce mi mette* —, his voice makes me sleepy; *avere* —, to be sleepy; *essere in un — profondo*, to be fast asleep; *la città era immersa nel* —, the town was sleeping; *parlare nel* —, to talk in one's sleep; *perdere il* —, to lose one's sleep; *prendere* —, to fall asleep; *rompere il* —, to wake; *la camomilla mi concilia il* —, camomile tea helps me to fall asleep; *questo film mi concilia il* —, (*iron.*) this film sends me to sleep // *dormire sonni tranquilli*, (*fig.*) to sleep easy // *dormire il — del giusto*, to sleep the sleep of the just // *morire, cascare dal* —, to be ready to drop with sleep // *l'ultimo, l'eterno* —, the eternal rest // (*med.*): *disturbi del* —, sleep disorders; *malattia del* —, sleeping sickness.

sonnolento *agg.* **1** drowsy, sleepy (*anche fig.*): *sono ancora tutto* —, I still feel very sleepy; *una città sonnolenta*, a sleepy town **2** (*fig.*) (*che induce a dormire*) sleep-inducing, soporific.

sonnolenza *s.f.* **1** drowsiness, sleepiness, somnolence: *dopo mangiato mi prende una grande* —, I feel very sleepy after a meal **2** (*fig.*) (*inerzia*) lethargy, inertia.

sonografo *s.m.* (*fis.*) sonograph.

sonometro *s.m.* (*fis.*) sonometer.

sonoramente *avv.* sonorously // *gliele ho date* —, I gave him a sound thrashing.

sonorante *agg.* (*fon.*) voiced ◆ *s.f.* (*fon.*) voiced consonant.

sonorità *s.f.* sonority, sonorousness, resonance: — *della voce*, the sonority of the voice; *questa stanza ha molta, poca* —, this room has good, bad acoustics.

sonorizzare *v.tr.* **1** (*cinem.*) to postrecord; to add the soundtrack to (sthg.) **2** (*fon.*) to voice.

□ **sonorizzarsi** *v.intr.pron.* (*fon.*) to become* voiced.

sonorizzatore *s.m.* (*cinem.*) postrecorder.

sonorizzazione *s.f.* **1** (*cinem.*) postrecording **2** (*fon.*) voicing.

sonoro *agg.* **1** (*risonante*) resonant, sonorous: *metalli sonori*, sonorous metals; *nota sonora*, resonant note; *voce sonora*, sonorous (*o* resonant) voice **2** (*rumoroso*) loud: *risa sonore*, loud bursts of laughters; *applausi sonori*, thunderous applause; *un — ceffone*, a sharp slap **3** (*fig.*) (*altisonante*) high-sounding: *frasi sonore*, high-sounding phrases **4** (*cinem.*) sound (*attr.*): *colonna sonora*, soundtrack; *complesso* —, sound equipment; *effetto* —, sound effect; *film* —, sound film (*o* talking picture *o* talkie); *schermo* —, sound screen **5** (*fon.*) sonant, voiced **6** (*fis.*) *onda sonora*, sound wave ◆ *s.m.* **1** (*cinema sonoro*) talking picture, talkie **2** (*colonna sonora*) soundtrack **3** (*audio*) sound.

sontuosità *s.f.* (*non com.*) sumptuousness.

sontuoso *agg.* sumptuous, luxurious: *casa sontuosa*, luxurious house.

sopimento *s.m.* (*letter.*) drowsiness, dozing.

sopire *v.tr.* **1** (*non com.*) (*assopire*) to make* drowsy **2** (*fig.*) (*calmare*) to calm, to soothe; to appease: — *la collera di qlcu.*, to calm (*o* to appease) s.o.'s anger; — *un dolore*, to soothe a pain; — *i sensi*, to dull one's senses.

sopore *s.m.* **1** drowsiness, doze **2** (*med.*) sopor.

soporifero *agg.* **1** soporific, soporiferous, sleep-inducing: *una bevanda soporifera*, a sleep-inducing drink **2** (*fig. letter.*) (*di persona*) boring; (*di cosa*) soporific, boring.

soppalcare *v.tr.* to build an intermediate floor in (sthg.).

soppalco *s.m.* **1** (*locale*) intermediate floor; gallery **2** (*ripostiglio*) lumber-room, boxroom.

sopperire *v.intr.* **1** (*provvedere*) to provide: — *ai bisogni della propria famiglia*, to provide for the needs of one's family **2** (*supplire*) to make* up: *sopperisce con la bontà alla sua mancanza di intelligenza*, he makes up for his lack of intelligence with his goodness.

soppesare *v.tr.* **1** to weigh in one's hand **2** (*fig.*) (*considerare*) to weigh, to consider carefully: — *i pro e i contro*, to weigh the pros and cons; — *le parole*, to weigh one's words.

soppiantare *v.tr.* to supplant, to oust: *fu soppiantato dal suo più caro amico*, he was supplanted by his best friend; — *qlcu. nel suo ufficio*, to oust s.o. from his office.

soppiatto, di *locuz.avv.* stealthily, secretly, on the sly: *uscire, entrare di* —, to steal out, to steal in.

sopportabile *agg.* bearable, endurable, tolerable: *un peso* —, a bearable weight; *freddo* —, endurable cold.

sopportabilità *s.f.* bearableness, endurableness.

sopportamento *s.m.* → **sopportazione**.

sopportare *v.tr.* **1** (*tollerare*) to support, to tolerate, to bear*, to endure, to stand*; to put* up with (s.o., sthg.), to suffer: *una pianta che non sopporta gli sbalzi di temperatura*, a plant which does not tolerate (*o* cannot stand) changes of temperature; *non posso — quell'uomo*, I cannot bear (*o* stand *o* tolerate *o* put up with *o* endure *o* suffer) that man; *non potevo — di vederlo soffrire tanto*, I could not bear seeing him suffer so much; *non sopporto che ti tratti così*, I cannot bear him to treat you like that; *non sopporto che spadroneggi in casa mia*, I cannot bear (*o* stand *o* put up with) him lording it in my house; *sa — il dolore con molto coraggio*, he bears (*o* endures *o* supports) pain with great courage; — *un peso, una responsabilità*, to bear a burden, a responsibility; — *il freddo, il caldo*, to stand the cold, the heat **2** (*sostenere*) to support: *queste colonne non potranno — il terrazzo*, these columns will not support the balcony.

□ **sopportarsi** *v.rifl.rec.* to stand* each other (one another): *non si sopportano più*, they can't stand each other any more ◆ *v.rifl.* (*non com.*) to stand* oneself: *non mi sopporto quando sono depresso*, I can't stand myself when I'm depressed.

sopportazione *s.f.* **1** endurance: *spirito di* —, spirit of endurance **2** (*pazienza*) tolerance, patience: *la mia — ha un limite*, there's a limit to my patience.

soppressione *s.f.* **1** suppression (*anche med.*): *la — di una rivolta, di un desiderio*, the suppression of a revolt, of a desire **2** (*abolizione*) abolition: *la — di una legge*, the abolition of a law // (*dir.*) — *di stato* (*d'infante*), suppression of birth // (*inform.*) — *di errori*, data cleaning **3** (*uccisione*) killing, liquidation: *la — di un avversario*, the liquidation of an adversary.

soppressivo *agg.* suppressive: *legge soppressiva*, suppressive law.

soppresso *agg.* cancelled, abolished: *ordinazione soppressa*, cancelled order; *festività soppresse*, cancelled holidays.

soppressore *agg.* suppressing ◆ *s.m.* suppressor: (*tel.*) — *d'eco*, echo suppressor; (*elettr.*) — *di scintilla*, spark suppressor.

sopprimere *v.tr.* **1** to suppress, to do* away with (sthg.); (*abolire*) to abolish, to suppress, to cancel: — *un'insurrezione, un desiderio*, to suppress an insurrection, a desire; *queste abitudini dovrebbero essere soppresse*, these habits should be done away with; — *una fermata del treno*, to eliminate a train stop; — *una legge*, to abolish a law; — *un servizio*, to cancel a service; — *una carica*, to do away with a post **2** (*uccidere*) to kill; to put* down: — *un rivale*, to kill a rival; *abbiamo dovuto far — il nostro cane perché era molto vecchio e malato*, we had our dog put down because it was very old and ill **3** (*inform.*) to delete: — *una procedura*, to kill a procedure.

soppunto *s.m.* (*cucito*) blind stitch.

sopra *avv.* **1** (*in luogo o posizione più elevata*) up; on; above; (*in superficie*) on top: *la penna è lì* —, the pen is on there; *posa i libri qua* —, put the books (on) here; *appendilo più* —, hang it higher up; *un gelato con — le ciliegine*, an ice-cream with cherries on top; *nella valigia ti ho messo sotto le magliette — le camicie*, I've put your vests at the bottom of the case and your shirts on top; — *c'era neve fresca, sotto era tutto ghiaccio*, there was fresh snow on top, but underneath it was all ice; *il fumo veniva da* —, smoke was coming from above // (*al*) *di* — → disopra **2** (*al piano superiore*) upstairs; above: *le camere da letto sono* (*di*) —, the bedrooms are upstairs (*o* above); *ci dev'essere qualcuno di* —, there must be somebody upstairs (*o* above); *sotto ci sono gli uffici, — le abitazioni*, downstairs there are offices, upstairs (there are) the living quarters **3** (*precedentemente, in un testo o simili*) above: *vedi* —, see above; *come* —, as above; *in aggiunta a quanto* —, in addition to the above; *gli esempi — citati*, the above-mentioned examples ◆ *agg.invar.* (*superiore*) above: *il piano* (*di*) —, the floor above; *leggi la riga* —, read the line above ◆ *s.m.* (*la parte superiore*) top: *il* (*di*) — *è in plastica*, the top is made of plastic.

sopra (a) *prep.* **1** (*per indicare sovrapposizione con contatto*) on, (*form.*) upon; (*con movimento*) up; on to; onto; (*in cima a*) on top of: *il telefono è —* (*al*)*la scrivania*, the telephone is on the desk; *posate la pratica — il mio tavolo*, put the file on my desk; *metti il coperchio — alla pentola*, put the lid on the pan; *il gatto saltò — il divano*, the cat jumped on to the settee; *arrampicarsi — un albero*, to climb up a tree; *caricarono gli sci — il tetto della macchina*, they loaded the skis on top of the car; *disporre i piatti uno — l'altro*, to pile the dishes on top of one another; *il paese sorgeva — una ridente collina*, the village stood on (*o* upon) a sunny hilltop; *prima di spedire il pacco scrivici — il mittente*, before posting the parcel write the sender's name and address on it; *la bomba cadde — un campo di profughi*, the bomb fell on a refugee camp // *gettarsi, avventarsi — qlcu.*, (*fig.*) to jump on s.o. // *il suo ragionamento si fondava — false premesse*, his reasoning was based on false assumptions // *far assegnamento — qlcu.*, to rely on s.o. **2** (*per indicare sovrapposizione senza contatto, ovvero protezione o rivestimento*) over: *l'aereo volava — Parigi*, the plane flew over Paris; *il ponte passava — la ferrovia*, the bridge crossed (over) the railway; *hanno un appartamento — il negozio*, they have a flat over the shop; — *la mensola c'è un grande specchio*, there is a big mirror over the mantelpiece; — *il pigiama indossava una vestaglia*, he was wearing a dressing-gown over his pyjamas; *il velo le scendeva — le spalle*, the veil came down over her shoulders; *era curvo — la macchina da scrivere*, he was bent over his typewriter; *stendere la coperta — il letto*, to spread a blanket over the bed; *mettere un telone — la macchina*, to put a tarpaulin over the car // *una grave minaccia pendeva — il suo capo*, (*fig.*) a serious threat hung over his head **3** (*per indicare superiorità, dominio, controllo*) over: *regnare — molti popoli*, to rule over many peoples; *non avere nessuno — di sé*, not to have anybody over one; *avere un vantaggio — qlcu.*, to have an advantage over s.o. **4** (*a un livello superiore, più in alto di*) above (*anche fig.*); (*a nord di*) north of: *l'aereo volava alto — la città, le nubi*, the plane flew high above the city, the clouds; *una montagna si elevava — il lago*, a mountain rose above the lake; — *l'altare maggiore c'è una famosa pala di Tiziano*, there is a famous painting by Titian above (*o* over) the high altar; *Bolzano è un po' — Trento*, Bolzano is slightly north of Trento; *il Mar Rosso è — il 10° parallelo*, the Red Sea is north of (*o* above) the 10th parallel; *la temperatura è — lo zero*, the temperature is above zero; *la città è a 600 metri — il livello del mare*, the city is 600 metres above sea level // *amare i figli — ogni cosa*, to love one's children above all else // — *tutto* → soprattutto // *al di — di* → disopra **5** (*oltre*) over: *è — la trentina*, he's over thirty; *bambini — i 5 anni*, children over 5; *il prezzo del quadro è — il mezzo milione*, the picture costs over half a million liras; *avere un reddito annuo — i 30 milioni*, to have an annual income of over 30 million liras; *i senzatetto erano — il migliaio*, there were over a thousand homeless **6** (*dopo, di seguito a*) after: *fare debiti — debiti*, to have one debt after another; *accaddero disgrazie — disgrazie*, there was one disaster after another; *ha commesso errori — errori*, he made mistake after mistake **7** (*intorno a, riguardo a*) on: *un saggio critico — la pittura del '900*, a critical essay on 20th century painting; *fare un commento — i fatti del giorno*, to comment on the day's events • Nei significati 1, 2, 3, 6, 7 la prep. *sopra* ha gli stessi usi di *su*; cfr. tale voce.

◆ FRASEOLOGIA: *beviamoci* —, let's forget about it; *non preoccuparti, dormici* —, don't worry, sleep on it; *pensaci* —, think it over // *essere — pensiero*, to be abstracted (*o* to be lost *o* deep in thought) // *metterci una pietra* —, to let bygones be bygones // *passare — a qlco.*, (*non tenerne conto*) to ignore (*o* to overlook) sthg. // *prendere qlco. — di sé*, (*assumersene la responsabilità*) to take sthg. on oneself // *tornare — a qlco.*, (*riesaminarla*) to come back to sthg. // *averne fin — i capelli*, (*essere al limite della sopportazione*) to be sick to death (of).

sopra- *pref.* che rappresenta la preposizione e avverbio *sopra* e indica **1** posizione sovrastante; ingl. over-: *soprabito*, overcoat; *soprascarpa*, overshoe **2** aggiunta; ingl. extra-, sur-: *soprappaga*, extra pay; *soprattassa*, surcharge **3** superamento di un limite; ingl. super-, over-: *soprannaturale*, supernatural; (*fis.*) *sopraffusione*, superfusion; (*econ.*) *sopracapitalizzazione*, overcapitalization **4** valore superlativo; ingl. super-, extra-: *sopraffino*, superfine (*o* extra fine) **5** antecedenza; ingl. above-, afore-: *sopraddetto*, above-mentioned; *soprascritto*, above-written.

soprabbondare e *deriv.* → **sovrabbondare** e *deriv.*

soprabito *s.m.* overcoat.

sopracapitalizzare *v.tr.* (*econ.*) to overcapitalize.

sopracapitalizzazione *s.f.* (*econ.*) over capitalization.

sopraccapo *s.m.* (*non com.*) (*preoccupazione*) worry, problem, headache.

sopraccarico e *deriv.* → **sovraccarico** e *deriv.*

sopraccassa *s.f.* (*controcassa dell'orologio*) outcase.

sopraccennato *agg.* e *s.m.* above -mentioned.

sopracciglio *s.m.* eyebrow: *avere le sopracciglia folte*, to have thick eyebrows; *aggrottare le sopracciglia*, to frown.

sopracciliare *agg.* superciliary.

soprac(c)itato *agg.* e *s.m.* above-mentioned, above-stated, aforesaid.

sopraccoperta[1] *s.f.* **1** bedspread, coverlet **2** (*di libro*) cover, (dust) jacket.

sopraccoperta[2] *avv.* (*mar.*) on deck.

sopraciliare → **sopracciliare**.

sopraconduttività → **superconduttività**.

sopraddazio *s.m.* (*trib.*) surtax, surcharge, additional tax: — *d'importazione*, import surcharge.

sopraddetto *agg.* e *s.m.* above-mentioned, aforesaid (*attr.*).

sopraddotale *agg.* (*ant.*) additional dowry (*attr.*).

sopraddotare *v.tr.* (*ant.*) to provide with an additional dowry.

sopraddote *s.f.* additional dowry.

sopraebollizione *s.f.* (*fis.*) overboiling.

sopraelencato *agg.* e *s.m.* above-listed, listed above.

sopraelevare e *deriv.* → **soprelevare** e *deriv.*

sopraesposto *agg.* above-stated (*attr.*), above-mentioned (*attr.*), aforesaid (*attr.*): *le ragioni sopraesposte*, the reasons set out above.

sopraffare *v.tr.* to overwhelm, to overcome*, to crush (*anche fig.*): *furono sopraffatti dal nemico*, they were overwhelmed by the enemy; *fui sopraffatto dal timore, dal dolore*, I was overcome by fear, by grief.

sopraffattore *agg.* overwhelming, overpowering, crushing ◆ *s.m.* oppressor, dominator.

sopraffazione *s.f.* overwhelming,

overpowering; crushing; (*sopruso*) abuse of power, bullying.

sopraffilo *s.m.* (*sopraggitto*) overcast(ing).

sopraffinestra *s.f.* (*non com.*) (*arch.*) fanlight.

sopraffino *agg.* **1** first-rate, first-class, super, superfine, extra fine: *merce, qualità sopraffina*, first-rate goods, quality; *pranzo* —, first-class (*o* first-rate) dinner **2** (*fig.*) refined, consummate; (*esperto*) expert, masterly: *il suo gusto* —, his refined taste; *tatto* —, consummate tact; *di sopraffina intelligenza*, of exceptional intelligence; *un ladro* —, an expert (*o* master) thief; *pazienza sopraffina*, extreme patience; *la sua abilità sopraffina*, his consummate skill; *è un cuoco* —, he is an expert (*o* a masterly) cook.

sopraffollare e *deriv.* → **sovraffollare** e *deriv.*

sopraffondo *s.m.* (*di cornice*) passe-partout.

sopraffusione *s.f.* (*fis.*) superfusion.

sopraggitto *s.m.* overcast(ing): *cucire a* —, to overcast.

sopraggiungere *v.intr.* **1** (*arrivare*) to arrive, to come*: *stavo studiando quando sopraggiunsero i miei amici*, I was studying when my friends arrived **2** (*accadere*) to happen, to come* up, to turn up: *dobbiamo rimandare la decisione perché è sopraggiunto qualcosa di nuovo*, we must put off our decision because something new has come up.

sopraggiunta *s.f.* addition // *di, per* —, moreover (*o* besides *o* in addition): *per — a quel che ho già detto*, over and above what I have already said (*o* in addition to what I have already said); *l'hanno scippata e per — l'hanno picchiata*, they stole her bag and in addition beat her up.

sopraggravare *v.tr.* (*non com.*) to overload, to surcharge, to overburden.

sopraggravio *s.m.* new load, new burden, surcharge: (*trib.*) — *fiscale*, surtax (*o* additional tax *o* extra tax).

sopraindicato *agg.* e *s.m.* above-mentioned, above-stated, aforesaid.

soprainnesto e *deriv.* → **sovrainnesto** e *deriv.*

soprainsieme *s.m.* (*mat.*) subset.

sopraintendere e *deriv.* → **soprintendere** e *deriv.*

sopralluogo *s.m.* inspection, survey; (*dir.*) on-the-spot investigation: *fare un* —, to make (*o* to carry out) an inspection; (*dir.*) *ordinare, effettuare un* —, to order, to perform an on-the-spot investigation.

sopraluce *s.m.* → **soprapporta**.

sopralzo *s.m.* (*edil.*) additional storey.

soprammanica *s.f.* oversleeve.

soprammano *s.m.* (*sopraggitto*) overcast(ing).

soprammenzionato *agg.* e *s.m.* above-mentioned, aforesaid.

soprammercato *s.m. solo nella locuz.*: *per* —, (*per giunta*) moreover, besides, on top of that.

soprammettere *v.tr.* to place on, to place over.

soprammisura *avv.* (*non com.*) extremely, exceedingly.

soprammobile *s.m.* knick-knack.

soprammodo *avv.* (*antiq.*) (*oltremodo*) exceedingly, extremely.

sopramondano *agg.* supermondane.

sopranazionale *agg.* supranational.

sopranazionalità *s.f.* supranationality.

sopranista *s.m.* (*mus.*) adult male soprano*.

soprannaturale *agg.* **1** supernatural: *fenomeni soprannaturali*, supernatural phenomena **2** (*grandissimo*) extreme, extraordinary; superhuman: *forza* —, superhuman strength ♦ *s.m.* supernatural: *credere nel* —, to believe in the supernatural.

soprannaturalismo *s.m.* (*fil.*) supernaturalism.

soprannaturalità *s.f.* supernaturality.

soprannazionale e *deriv.* → **sopranazionale** e *deriv.*

soprannome *s.m.* nickname.

soprannominare *v.tr.* to nickname; (*chiamare*) to call.

soprannominato *agg.* **1** nicknamed; (*chiamato*) called **2** (*nominato sopra*) above-mentioned, aforesaid (*attr.*), mentioned above (*pred.*).

soprannotato *agg.* e *s.m.* above-mentioned, aforesaid (*attr.*).

soprannumerario *agg.* supernumerary: *impiegato* —, extra employee; (*med.*) *osso* —, supernumerary bone.

soprannumero *s.m.* excess, surplus: *un — di venti persone*, an excess of twenty people // *in* —, supernumerary (*o* in excess *o* extra *o* redundant): *personale in* —, redundant staff; *dieci operai in* —, ten extra workers; *ore di lavoro in* —, overtime (*o* extra working hours).

soprano *s.m.* (*mus.*) soprano*: *voce di* —, soprano (*o* treble) voice // *mezzo* —, mezzo-soprano.

sopranominato *agg.* e *s.m.* above-mentioned, aforesaid (*attr.*).

sopranormale *agg.* e *s.m.* paranormal.

sopraorbitale *agg.* (*anat.*) supraorbital.

soprappaga *s.f.* (*non com.*) extra pay, bonus, gratuity: *in* —, in addition (*o* for good measure).

soprappagare *v.tr.* e *intr.* to overpay*.

soprapparto *s.m.* (*nei parti gemellari, il secondo*) second birth ♦ *avv.* (*vicina al parto*) in labour.

soprappassaggio → **sovrappassaggio**.

soprappasso → **sovrappasso**.

soprappensiero *avv.* **1** lost in thought, abstracted: *ero* —, I was lost in thought (*o* I was abstracted) **2** (*distrattamente*) absent-mindedly: *lo disse* —, he said it absent-mindedly.

soprappeso *s.m.* (*non com.*) overweight: *in* —, overweight.

soprappieno *agg.* overfull, too full.

soprappiù *s.m.* extra, addition; surplus: *questo è un — non incluso nel bilancio familiare*, this is an extra not included in the family budget; *in, per* —, in addition (*o* besides *o* as well); *avere qlco. in* —, to have a surplus of sthg.

soprapporre e *deriv.* → **sovrapporre** e *deriv.*

soprapporta *s.m.* transom (window).

soprappremio *s.m.* (*assicurazioni*) additional premium.

soprapprezzo → **sovrapprezzo**.

soprapprofitto *s.m.* (*econ.*) excess profit; extra profit, superprofit.

soprarraffreddamento *s.m.* (*fis.*) supercooling.

soprarrivare → **sopraggiungere**.

soprascarpa *s.f.* galosh, overshoe.

soprascritta *s.f.* (*iscrizione*) inscription.

soprascritto *agg.* above-written (*attr.*), above-mentioned (*attr.*).

soprasegmentale *agg.* (*ling.*) suprasegmental.

soprasensibile *agg.* (*fil.*) supersensible.

soprassalto *s.m.* start, jerk, jump (*anche fig.*): *l'accordo delle aziende produttrici eviterà soprassalti al mercato*, the agreement between the manufacturing firms will keep the market steady // *di* —, all of a sudden (*o* with a start): *mi sono svegliato di* —, I woke with a start.

soprassaturare *v.tr.* (*chim.*, *fis.*) to supersaturate.

soprassaturazione *s.f.* (*chim.*, *fis.*) supersaturation.

soprassaturo *agg.* (*chim.*, *fis.*) supersaturated: *vapore* —, supersaturated vapour.

soprassedere *v.intr.* to postpone, to put* off; to wait: *suggerisco di — alla nomina del presidente*, I suggest putting off the nomination of the chairman; *soprassediamo per qualche giorno*, let's wait for a few days.

soprassicurazione *s.f.* (*assicurazioni*) overinsurance.

soprassoglio *s.m.* bank of sandbags (added to a dike).

soprassoldo *s.m.* (*antiq.*) extra pay.

soprassuola *s.f.* protective sole.

soprassuolo *s.m.* **1** (*terreno di superficie*) topsoil **2** (*vegetazione*) vegetation, growth.

soprastallia *s.f.* (*comm. mar.*) demurrage: *giorni di* —, demurrage days.

soprastampare e *deriv.* → **sovrastampare** e *deriv.*

soprastante *agg.* above: *il locale — il negozio*, the room above the shop ♦ *s.m.* (*antiq.*) supervisor: *il — ai lavori*, the works supervisor.

soprastare → **sovrastare**.

soprastruttura → **sovrastruttura**.

sopratonica *s.f.* (*mus.*) supertonic.

soprattacco *s.m.* heel-tap.

soprattassa *s.f.* surtax, surcharge, additional tax, additional charge: — *postale*, additional (*o* excess) postage; *lettera con* —, surcharged letter // (*trib.*): — *sulle importazioni*, import surcharge; — *sulla merce*, surcharge on goods.

soprattassare *v.tr.* (*non com.*) to surtax, to surcharge, to levy an extra tax on (sthg.).

soprattetto *agg.* on the roof: *un locale* —, a room on the roof.

soprattutto *avv.* above all, most of all; (*specialmente*) particularly, especially: *desidero — che tu sia buono*, above all I want you to be good; *quello che mi interessa è — la qualità del lavoro*, what interests me above all is the quality of the work; *le foto che hai fatto sono belle, — i ritratti*, the photos you took are very nice, especially (*o* particularly) the portraits;

uso la bicicletta — per andare al lavoro, I use the bike especially for going to work.

sopraumano → **sovrumano**.

sopravalutare e *deriv.* → **sopravvalutare** e *deriv.*

sopravanzare *v.tr.* (*superare*) to surpass, to exceed ◆ *v.intr.* **1** (*letter.*) (*sporgere*) to jut out, to stand* out, to stick* out, to project: *c'è un asse che sopravanza*, there is a board jutting (*o* sticking) out **2** (*avanzare*) to be left over, to remain: *con la stoffa che sopravanza, mi farò fare una gonna*, I shall get (*o* have) a skirt made with the material left over.

sopravanzo *s.m.* (*eccedenza*) surplus; (*rimanenza*) remainder: *ce n'è di —*, there is more than enough (*o* there is a surplus); *— di scorte*, surplus of stock // *di —*, (*in aggiunta*) in addition.

sopravento *avv.*, *agg.* e *s.m.* windward.

sopravvalutare *v.tr.* to overrate, to overestimate, to overvalue: *ho sopravvalutato le sue capacità*, I've overrated his ability; *alcuni titoli in Borsa erano sopravvalutati*, some Stock Exchange securities were overvalued.

sopravvalutazione *s.f.* overvaluation, overestimation, overrating (*anche econ.*).

sopravvenienza *s.f.* **1** (*non com.*) sudden occurrence, unexpected event **2** (*econ.*) contingency; (*di bilancio*) contingent item: *— attiva*, windfall gain (*o* profit); *— passiva*, windfall loss; *sopravvenienze attive*, contingent assets (*o* casual profits); *sopravvenienze passive*, contingent liabilities (*o* casual losses).

sopravvenire *v.intr.* **1** (*di persone*) to turn up, to appear: *stava per fuggire, quando sopravvennero le guardie*, he was going to escape, when the police turned up **2** (*di cose*) to crop up, to come* up, to turn up: *se qualcosa di inaspettato dovesse —*, if anything unexpected should turn up; *sopravvenne una lunga serie di guai*, a long series of troubles cropped up // (*dir.*) *fattore casuale sopravvenuto*, intervening cause.

sopravventare *v.tr.* (*mar.*) to sail to windward.

sopravvento[1] → **sopravento**.

sopravvento[2] *s.m.* upper hand, superiority; (*vantaggio*) advantage: *il nemico ebbe il — sui nostri soldati*, the enemy got the upper hand of our soldiers; *prendere il — su qlcu.*, to prevail over (*o* to get the upper hand of) s.o.; *al momento della decisione la direzione prese il —*, when the time came to decide, the management prevailed.

sopravveste *s.f.* overall; (*di cavalieri medievali*) surcoat.

sopravvia → **cavalcavia**.

sopravvissuto *agg.* surviving; (*fig.*) old-fashioned, outmoded ◆ *s.m.* survivor.

sopravvivenza *s.f.* survival: *addestrare alla —*, to give survival training; *corso di —*, survival course.

sopravvivere *v.intr.* to survive (s.o., sthg.); to outlive (s.o., sthg.): *il marito sopravvisse alla moglie tre anni*, the husband outlived his wife by three years; *solo pochi sopravvissero al terribile terremoto*, only a few people survived the terrible earthquake; *il suo ricordo sopravviverà nei nostri cuori*, his memory will live on in our hearts.

sopreccedente *agg.* excessive, excess (*attr.*), surplus (*attr.*).

sopreccedenza *s.f.* (*il sopreccedere*) exceeding; (*eccedenza*) excess, glut, surplus: *— di petrolio sul mercato*, glut of oil on the market.

sopreccedere *v.tr.* (*non com.*) to surpass, to exceed greatly ◆ *v.intr.* to be excessive, to exceed greatly.

sopredificare *v.tr.* to superstruct; to build* on top of (sthg.); to build* over (sthg.).

sopredificazione *s.f.* **1** (*il sopredificare*) building on, building over **2** (*la parte sopredificata*) superstructure.

soprelevamento *s.m.* → **soprelevazione**.

soprelevare *v.tr.* **1** to raise, to superelevate, to increase the height of (sthg.): *— un edificio*, to add a storey to a building; *— un piano*, to build an additional storey **2** (*ferrovie, strade*) to superelevate, to bank.

soprelevata *s.f.* flyover, (*amer.*) overpass.

soprelevato *agg.* **1** (*edil.*, *ferr.*) (*con l'esterno più alto dell'interno*) banked, superelevated: *curva soprelevata*, banked curve; *binario ferroviario —*, banked railway track // *il piano — (di un edificio)*, the additional storey (of a building) **2** (*a un livello più alto*) suspended: *strada, ferrovia soprelevata*, flyover.

soprelevazione *s.f.* **1** (*edil.*, *ferr.*) superelevation, bank **2** (*edil.*) → sopralzo.

soprindicato → **sopraindicato**.

soprinnesto e *deriv.* → **sovrainnesto** e *deriv.*

soprintendente *s.m.* **1** (*amm.*) superintendent, supervisor; (*ispettore, controllore*) surveyor; (*di musei, biblioteche*) curator: *— ai lavori*, work superintendent (*o* supervisor); *— ai lavori pubblici*, Superintendent of Public Works; *— ai lavori edilizi*, clerk of the works; *— alle dogane*, commissioner of customs // *carica di —*, curatorship **2** (*nella polizia di stato*) sergeant (of police).

soprintendenza *s.f.* (*amm.*) (*attività*) superintendence, supervision; (*ufficio*) superintendency: *— scolastica regionale*, local school superintendency; *avere la — ai lavori*, to supervise (*o* to oversee) the works // *Soprintendenza alle Belle Arti*, Monuments and Fine Arts Office (*o amer.* Agency *o* Bureau).

soprintendere *v.intr.* to superintend (s.o., sthg.), to supervise (s.o., sthg.), to oversee* (s.o., sthg.): *è incaricato di — ai lavori*, it is his job to supervise (*o* to oversee) the works.

soprosso *s.m.* **1** bony growth, (*scient.*) exostosis* **2** (*vet.*) splint, splinter.

sopruso *s.m.* abuse of power: *è un vero e proprio —*, it is a real abuse of power; *non tollero soprusi*, I am not going to be taken advantage of; *fare un — a qlcu.*, to take advantage of s.o.; *ricevere un —*, to be abused (*o* to be taken advantage of).

soqquadro *s.m.* (*scompiglio*) confusion, disorder: *a —*, topsyturvy (*o* in utter confusion *o* in a mess); *ha messo a — tutti i cassetti*, she has turned all the drawers upside down.

sorba *s.f.* **1** (*bot.*) service berry, sorb apple: *— selvatica*, rowan berry **2** (*region.*) (*percossa*) thrashing (*solo sing.*).

sorbettare *v.tr.* **1** (*gelare*) to freeze* **2** (*fig. scherz.*) (*sopportare*) to put* up with (s.o., sthg.): *mi sono dovuto — quel noioso per tutta la serata*, I had to put up with that bore the whole evening.

sorbetteria *s.f.* (*negozio*) ice-cream shop.

sorbettiera *s.f.* ice-cream machine, ice-cream box.

sorbetto *s.m.* water ice, sorbet (ice), sherbet // *sto diventando un —*, (*fig.*) I am turning into a block of ice.

sorbico *agg.* (*chim.*) sorbic: *acido —*, sorbic acid.

sorbire *v.tr.* **1** to sip: *stava sorbendo il caffè*, he was sipping his coffee **2** (*fig.*) (*sopportare*) to put* up with (s.o., sthg.); to swallow: *dovette sorbirsi i loro insulti*, he had to swallow their insults; *sorbirsi un discorso noioso*, to put up with a boring talk.

sorbite *s.f.* **1** (*chim.*) sorbitol **2** (*metall.*) sorbite.

sorbitolo *s.m.* (*chim.*) sorbitol.

sorbo *s.m.* (*bot.*) (*Sorbus domestica*) sorb, service (tree): *— selvatico*, *— degli uccellatori*, *— rosso*, (*Sorbus aucuparia*) rowan (tree) (*o* mountain ash *o* sorb).

sorbola *s.f.* (*bot.*) → sorba // *sorbole!*, (*region.*) good heavens!

sorbosio *s.m.* (*chim.*) sorbose.

sorcino *agg.* mouse-grey, mouse-coloured.

sorcio *s.m.* mouse*.

sordaggine *s.f.* (*non com.*) (slight) deafness, hardness of hearing.

sordamente *avv.* **1** dully, with a dull sound: *cadde —*, it fell with a thud **2** (*fig.*) (*furtivamente*) secretly, on the sly, underhandedly.

sordastro *agg.* hard of hearing.

sordidezza *s.f.* **1** filthiness, dirtiness **2** (*fig.*) (*avarizia*) sordidness, meanness.

sordido *agg.* **1** (*sporco*) filthy, dirty **2** (*fig.*) (*turpe*) sordid, dirty, vile **3** (*fig.*) (*avaro*) sordid, mean.

sordina *s.f.* (*mus.*) mute, sordino*, sordine: *mettere la — a un violino*, to mute a violin // *suonare in —*, to play using a mute // *in—*, (*fig.*) (*di soppiatto*) on the sly (*o* stealthily *o* underhandedly).

sordità *s.f.* deafness; (*fig.*) deafness, indifference: *— temporanea*, temporary deafness.

sordo *agg.* **1** deaf: *— da un orecchio*, deaf in one ear // *— come una campana*, as deaf as a (door) post // *fare il —*, to turn a deaf ear (to sthg.) **2** (*fig.*) (*insensibile*) deaf; indifferent, insensitive: *fu — a tutti i miei ammonimenti*, he was deaf to all my warnings **3** (*di suono, rumore*) dull, hollow, muffled: *rumore —*, dull (*o* hollow) noise; *suono —*, dull (*o* hollow *o* muffled) sound; *colpo —*, dull (*o* muffled) blow; *cadde con un colpo —*, it fell with a thump (*o* thud) // *sala sorda*, echoless (*o* echo-proof) room **4** (*di dolore*) dull **5** (*nascosto, subdolo*) veiled, secret; underhand, sly: *opposizione sorda*, underhand opposition; *ostilità sorda*, veiled hostility // *guerra sorda*, secret war ◆ *s.m.* deaf person; *pl.* the deaf // *parlare ai sordi*, (*fig.*) to waste one's breath // *non c'è peggior — di chi non vuol sentire*, (*prov.*) none so deaf as those that will not hear.

sordomutismo *s.m.* deaf-mutism.

sordomuto *agg.* deaf-and-dumb (*attr.*),

deaf-mute ◆ *s.m.* deaf-mute: *alfabeto per sordomuti*, deaf-and-dumb alphabet.

sordone *s.m.* (*zool.*) (*Prunella collaris*) alpine accentor.

sorella *s.f.* **1** sister: — *maggiore*, elder sister; — *gemella*, twin sister; — *germana, carnale*, sister german (*o* full sister); — *consanguinea, uterina*, half-sister // — *di latte*, foster-sister // *la presunzione è — dell'ignoranza*, presumption goes hand in hand with ignorance // (*mit.*): *le nove sorelle*, the Muses; *le tre sorelle*, the Fates (*o* the Three Sisters) **2** (*suora*) sister: *sorelle della Carità*, Sisters of Charity ◆ *agg.* sister (*attr.*); (closely) related: *lingue sorelle*, related languages (*o* languages which belong to the same family); *navi, nazioni sorelle*, sister ships, nations.

sorellanza *s.f.* **1** sisterhood **2** (*fig.*) (*rapporto*) relationship: *la — delle lingue romanze*, the relationship of the Romance languages.

sorellastra *s.f.* half-sister.

sorgente *agg.* rising: *la luna —*, the rising moon ◆ *s.f.* **1** spring; source: *le sorgenti di un fiume*, the sources (*o* the head) of a river; *sorgenti minerali*, mineral springs; — *termale*, hot (*o* thermal) spring; *acqua di —*, spring water **2** (*fig.*) (*origine*) source, origin; (*causa*) cause: — *di dolori, di ricchezza*, source of troubles, of wealth; — *di guadagno*, source of profit (*o* earning) **3** (*fis.*) source **4** (*inform.*) source.

sorgentifero, **sorgentizio** *agg.* spring (*attr.*), of a spring.

sorgere *v.intr.* **1** (*nascere*) to rise*: *a che ora sorge il sole?*, what time does the sun rise?; *là dove sorge la luna...*, there where the moon rises...; *la nebbia sorgeva dal lago*, the mist was rising from the lake; *dove sorge il Nilo?*, where does the Nile rise?; *il Reno sorge dalle Alpi*, the Rhine rises in the Alps; *vidi — il sole*, I saw the sun rise **2** (*elevarsi, erigersi*) to rise*; to stand*: *in lontananza sorge un vecchio castello*, in the distance stands an old castle; *le montagne sorgevano di fronte a noi*, the mountains were rising before us // *quando lo videro tutti sorsero in piedi*, when they saw him, they all rose to their feet (*o* stood up) **3** (*fig. letter.*) (*assurgere*) to rise* (to sthg.); (*giungere*) to attain (to sthg.): *quello scrittore sorse a gran fama*, the writer rose to great fame **4** (*fig.*) (*scaturire, nascere*) to rise*, to arise*; to spring* out (of sthg.), to spring* (up): *da qui sorse una gran discussione, un dubbio*, a great discussion, a doubt (a)rose from (*o* sprang from *o* sprang out of) this; *gli sorse un terribile sospetto*, terrible suspicion sprang to his mind ◆ *s.m.* (*di astro*) rise, rising: *il — del sole*, sunrise.

sorgiva → **sorgente**.

sorgivo *agg.* spring (*attr.*): *acqua sorgiva*, spring water.

sorgo → **saggina**.

soriano *agg.*: *gatto —*, tabby(-cat).

sorite *s.m.* (*fil.*) sorites.

sormontare *v.tr.* **1** to surmount; (*di acque*) to overflow: *le acque sormontarono gli argini*, the water overflowed the banks **2** (*fig.*) (*superare, vincere*) to overcome*, to surmount: — *una difficoltà*, to overcome (*o* to surmount) a difficulty ◆ *v.intr.* (*di indumenti*) to overlap.

sornione *agg.* sly, crafty, sneaky: *modi sornioni*, crafty ways; *una persona sorniona*, a sly (*o* crafty) person ◆ *s.m.* sly person, crafty person.

soro *s.m.* (*bot.*) sorus*.

sororale *agg.* (*letter.*) sororal, sisterly.

sororato *s.m.* (*antropologia*) sororate.

sororicida *s.m.* e *f.* (*non com.*) sororicide.

sororicidio *s.m.* sororicide.

sorosio *s.m.* (*bot.*) multiple fruit.

sorpassare *v.tr.* **1** (*un veicolo*) to overtake*, to pass: — *un'automobile*, to overtake (*o* to pass) a car; — *in curva*, to overtake on a bend **2** (*andare oltre*) to go* beyond; to exceed: — *la velocità limite*, to exceed the speed limit; — *l'incrocio*, to go beyond the crossroads // *hai sorpassato ogni limite*, (*fig.*) you've gone too far; *ciò sorpassa le mie speranze*, this surpasses (*o* goes beyond) my hopes; — *qlcu. in qlco.*, to outdo (*o* to excel) s.o. in sthg.; — *qlcu. in altezza*, to be taller than s.o.; — *qlco. in altezza*, to be higher than sthg.; — *qlcu. in intelligenza*, to be more intelligent than s.o.

sorpassato *agg.* old-fashioned, out-of-date, outdated: *idee sorpassate*, old-fashioned ideas; *un attore —*, an old-fashioned actor; *un metodo —*, an out-of-date method.

sorpasso *s.m.* (*di veicolo*) overtaking, passing: *divieto di —*, (*segnalazione stradale*) no overtaking; *effettuare un —*, to overtake.

sorprendente *agg.* surprising, astonishing, remarkable; unexpected: *un fatto —*, a surprising fact; *ha delle capacità sorprendenti*, he has some unexpected abilities; *non vi è assolutamente nulla di —*, there is absolutely nothing surprising about it.

sorprendere *v.tr.* **1** (*cogliere inaspettatamente*) to catch*; to overtake*: *fummo sorpresi dal temporale*, we were caught in the storm; *lo sorpresi mentre fumava*, I caught him smoking; *fu sorpreso a rubare*, he was caught stealing; *la pioggia lo sorprese mentre attraversava il fiume*, the rain overtook him while he was crossing the river; — *qlcu. in flagrante, con le mani nel sacco, sul fatto*, to catch s.o. in the act (*o* red-handed) // *sorprese la mia buona fede*, he took advantage of my confidence in him **2** (*meravigliare*) to surprise: *fui sorpreso di vederlo fare una cosa simile*, I was surprised to see him doing such a thing; *tu mi sorprendi*, I am surprised at you; *quel che più mi sorprende è la sua assoluta apatia*, what surprises me most is his total apathy; *la sua improvvisa partenza sorprese tutti*, his unexpected departure surprised everyone.

□ **sorprendersi** *v.intr.pron.* (*meravigliarsi*) to be surprised: *non c'è da sorprendersene*, (there is) nothing to be surprised at (*o* it is no wonder); *non mi sorprenderei se lo facesse*, I should not be surprised if he did it; *ormai non mi sorprendo più di nulla*, now I'm not surprised by anything any more.

sorpresa *s.f.* surprise: *una piacevole —*, a pleasant surprise; *ho una — per lui*, I have a surprise for him; *fare una — a qlcu.*, to give s.o. a surprise; *la sua telefonata è stata una brutta —*, his phone call was a nasty surprise; *ciò fu una grande — per me*, it was a great surprise to me; *con mia grande —*, to my great surprise; *la sua — era molto evidente*, his surprise was very obvious // *di —*, by surprise: *attacco di —*, sudden attack; *visita di —*, surprise visit; *prendere di —*, to take by surprise // *Che bella —! Non pensavo venissi anche tu!*, What a lovely surprise! I didn't think that you were coming too!

sorpreso *agg.* surprised: *restai così — che non riuscii ad aprir bocca*, I was so surprised that I couldn't say a word; *sguardo —*, look of surprise.

sorreggere *v.tr.* to support, to prop (up), to hold* up, to sustain (*anche fig.*): *le pareti sono sorrette da lunghi pali*, the walls are supported (*o* propped up) by long poles; — *un bambino che cammina a stento*, to hold up a child who can hardly walk; *è sorretto dalla speranza, dalla fede*, he is sustained by hope, by faith; *mi sorregge solo l'idea che presto finirà tutto*, the only thing that keeps me going is the idea that it will soon be all over.

sorridente *agg.* **1** smiling: *un viso —*, a smiling face **2** (*improntato a benevolenza*) amiable, good-natured: — *ironia*, good-natured irony **3** (*di luogo*) (*ameno*) pleasant, agreeable.

sorridere *v.intr.* **1** to smile: *mi sorrise*, he smiled at me; *non l'ho mai visto —*, I have never seen him smile; — *artificiosamente*, to simper **2** (*fig.*) (*essere favorevole*) to smile, to favour: *la fortuna gli sorride*, fortune smiles on (*o* favours) him **3** (*piacere, attrarre*) to make* (s.o.) happy; to appeal: *mi sorride l'idea di andare in America*, the idea of going to America makes me happy; *quel progetto non mi sorrideva*, that plan did not appeal to me; *l'idea di rivederlo non mi sorride affatto*, the idea of seeing him again doesn't appeal to me at all.

sorriso *s.m.* **1** smile: *ha un bel —*, she has a nice smile; *un — ironico*, an ironical smile; *un leggero —*, a faint smile; *un — affettato*, a simper; *un — le sfiorò le labbra*, a smile hovered on her lips; *aveva un — enigmatico*, she smiled an enigmatic smile; *lo accolsi con il — sulle labbra*, I received him with a smile on my lips; *abbozzare un —*, to smile faintly (*o* to half smile); *trattenere un —*, to keep back a smile // *avere un — per tutti*, (*fig.*) to have a smile for everyone **2** (*fig.*) smile; pleasantness; sweetness; charm: *i sorrisi della fortuna*, the smiles of fortune; *il — della natura*, the charm of nature.

sorsata *s.f.* sip, gulp; draught: *bere una — d'acqua*, to take a sip of water.

sorseggiare *v.tr.* to sip: — *il whisky, il caffè*, to sip whisky, coffee.

sorso *s.m.* **1** sip; gulp; draught: *un — di whisky*, a sip of whisky; *bere a sorsi*, to sip; *bere a lunghi sorsi*, to take long draughts; *bere a piccoli sorsi*, to take small sips; *bere in un —*, to drink in one go (*o* in one gulp) **2** (*piccola quantità*) drop: *vorrei un — di acqua*, I should like a drop of water.

sorta *s.f.* kind, sort: *libri di ogni —*, books of all kinds (*o* all kinds of books); *mercanzie di ogni —*, goods of every kind (*o* description); *ogni — di gente*, all kinds of people; *è un imbroglione della peggior —*, he is a swindler of the worst kind; *me ne fa di tutte le sorte*, he plays all kinds (*o* sorts) of tricks on me; *questi ragazzacci sono tutti della stessa —*, these little rascals are all the same; *dirne di tutte le sorte a qlcu.*, to call s.o. all sorts of names; *lo offese dicendogliene di tutte le sorte*, he insulted him by calling him all sorts of names; *che — di scherzo è questo?*, what kind of joke is this? // *una — di...*, a kind (*o* sort) of...: *immagina una — di carriola*, imagine a kind of wheelbarrow

// *senza spesa di* —, without any expense; *non c'è difficoltà di* —, there is no difficulty.

sorte *s.f.* **1** destiny, fate, fortune: — *favorevole, sfavorevole*, good, bad fortune; *i tiri della* —, the tricks of fortune; *dobbiamo accettare la nostra* —, we must accept our fate; *è in balia della* —, he is at the mercy of fate; *essere favorito dalla* —, to be favoured by fortune; *meritare una* — *migliore*, to deserve a better fate; *imprecare contro la* —, to curse one's fate; *ha in mano le sorti del paese*, he has the destiny of his country in his hands // *per buona, cattiva* —, luckily, unluckily: *per buona* — *c'era un medico*, fortunately (*o* luckily) there was a doctor // *gli toccò in* — *una buona moglie*, he had the fortune to have a good wife; *mi è toccato in* — *di rimanere qui*, I am fated to remain here // *estrarre, tirare a* — *qlco.*, to draw (*o* to cast) lots for (sthg.) // *tentare la* —, to tempt fate // *decidere delle sorti di qlcu.*, to decide s.o.'s fate // *far buon viso a cattiva* —, to make the best of a bad bargain **2** (*condizione*) state, lot, fate: *non mi lamento della mia* —, I don't complain about my lot; *sono inquieto circa la sua* —, I am very anxious about his fate **3** (*caso, fortuna imprevista*) chance; opportunity: *ho avuto la* — *di incontrarlo*, I had the chance (*o* opportunity) to meet him **4** (*spec. pl.*) (*bastoncini usati per sortilegi*): *gettare le sorti*, to cast lots.

sorteggiabile *agg.* that can be decided by lot.

sorteggiare *v.tr.* to draw* (lots) for (sthg.), to cast* lots for (sthg.), to choose* by lot: *incominciarono a* — *i premi*, they began to draw (lots) for the prizes; — *un nome*, to draw a name (by lot); — *i componenti di una commissione esaminatrice*, to choose by lot the members of a board of examiners; — *obbligazioni*, to draw bonds.

sorteggiato *agg.* drawn: *ai numeri sorteggiati verrà dato un premio*, prizes will be allocated to the numbers drawn ◆ *s.m.* winner; person drawn: *i nomi dei sorteggiati si sapranno domani*, the names of the winners will be made known tomorrow.

sorteggio *s.m.* draw, drawing: *fare il* —, to draw (*o* to hold the draw); *aggiudicare un premio per* —, to award a prize by lot.

sortilegio *s.m.* **1** witchcraft, sorcery; (*incantesimo*) spell: *fare sortilegi*, to practise witchcraft; *essere vittima di un* —, to be the victim of a spell **2** (*fatto misterioso*) mystery, enigma.

sortire[1] *v.tr.* **1** (*letter.*) (*avere in sorte*) to be endowed by nature with (sthg.): *sortì un vero talento per la musica*, he was endowed by nature with a real talent for music **2** (*avere come risultato*) to get*, to obtain, to achieve: *il tentativo non ha sortito alcun effetto*, the attempt didn't achieve any effect; *non sortì quel che si aspettava*, he did not get what he expected.

sortire[2] *v.intr.* **1** (*region.*) (*essere sorteggiato*) to be drawn: *sono sortiti questi nomi*, these names have been drawn **2** (*mil.*) to make* a sortie, to sally (forth) **3** (*region.*) (*uscire*) to go* out.

sortita *s.f.* **1** (*mil.*) sally, sortie **2** (*di attore*) (*entrata*) entrance **3** (*trovata spiritosa*) quip, witty remark, (wise)crack: *ha avuto una bella* —, he made a good wisecrack.

sorvegliante *s.m.* e *f.* overseer; (*sovrintendente*) superintendent, supervisor; (*ispettore*) inspector; (*guardiano*) keeper, caretaker, watchman*: — *di notte*, night watchman (*o* guard); — *ai lavori*, overseer (*o* work supervisor); — *di un grande magazzino*, shopwalker.

sorveglianza *s.f.* overseeing, surveillance, watch; control; (*sovrintendenza*) superintendence, supervision; (*vigilanza*) care; (*ispezione*) inspection: *sotto* —, under surveillance (*o* observation); *per quanto riguarda il suo lavoro è sotto la mia* —, as regards his work he is under my supervision; *tienilo sotto* —, keep a close watch on him; *il detenuto sfuggì alla* — *degli agenti*, the prisoner evaded the surveillance of the guards; (*dir.*) — *speciale*, police supervision; — *elettronica*, electronic surveillance (*o dir.* electronic eavesdropping).

sorvegliare *v.tr.* **1** (*sovrintendere*) to oversee*, to supervise, to superintend; to control; (*vigilare*) to watch, to guard: — *i lavori*, to oversee the works; — *le mosse dell'avversario*, to watch out for the moves of an opponent // — *il traffico cittadino*, to control the city traffic **2** (*tener d'occhio*) to watch (over), to look* after (s.o., sthg.), to mind, to keep* an eye on (s.o.): *non preoccuparti, lo sorveglio io*, don't worry, I'll look after him; *puoi* — *i bambini mentre sono fuori?*, can you watch (*o* look after *o* keep an eye on *o* mind) the children while I am out? // — *il gregge*, to watch the sheep // (*econ.*) — *l'andamento del mercato*, to watch (*o* to follow) the market trend **3** (*non com.*) (*dirigere*) to manage, to run*; to attend to (sthg.).

sorvegliato *agg.* supervised; guarded, controlled ◆ *s.m.* person under surveillance // (*dir.*) — (*speciale*), person under police surveillance.

sorvolamento *s.m.* (*non com.*) flying over, overflight.

sorvolare *v.tr.* e *intr.* **1** to fly* over (sthg.), to overfly*: *l'aeroplano sorvolò la valle*, the plane flew over the valley; — (*su*) *un territorio*, to fly over a territory **2** (*passar sopra*) to pass over (sthg.), to overlook (sthg.); (*fam.*) to skip (sthg.): *sorvoliamo su questo punto*, let's pass over this point; — *sulle difficoltà*, to pass over difficulties // *sorvoliamo!*, let's skip it!

sorvolo *s.m.* flying over, overflight.

SOS *s.m.* SOS: *lanciare l'*—, to send* out an SOS.

soscrizione *s.f.* (*tip.*) (*colofone*) publisher's imprint; colophon.

sosia *s.m.* e *f.* double: *è il tuo* —, he is your double; *sono sicura che era lui, a meno che non abbia un* —, I'm sure that it was him, unless he's got a double.

sospendere *v.tr.* **1** (*attaccare, appendere*) to suspend, to hang* (up): — *una lampada al soffitto*, to hang a lamp from the ceiling; — *qlco. con una corda*, to hang sthg. by a rope **2** (*chim., fis.*) to suspend **3** (*interrompere*) to suspend, to stop, to interrupt; (*rinviare*) to postpone, to adjourn, to defer, to put* off: *i lavori furono sospesi per due settimane*, the works were stopped for two weeks; — *una cura per alcuni giorni*, to stop (*o* to interrupt) a treatment for a few days; — *un processo*, to adjourn a trial; — *la pubblicazione*, to suspend publication; — *una condanna*, to suspend a sentence; — *un'ordinanza*, to stay an order; — *un servizio*, to suspend a service; — *una riunione*, to adjourn a meeting; — *le trattative*, to interrupt the negotiations // (*comm.*) — *i pagamenti, le consegne*, to suspend (*o* to stop) payments, deliveries // (*banca*) — *un assegno*, to stop a cheque // (*eccl.*) — *a divinis*, to suspend (from the exercise of sacred functions) **4** (*per motivi disciplinari*) to suspend: — *uno studente*, to suspend a student // (*amm.*): — *qlcu. da un ufficio*, to suspend s.o. from an office; — *temporaneamente un operaio*, to lay off a worker // (*Borsa*) — *un operatore dalle contrattazioni*, to hammer a stockbroker **5** (*inform.*) to abort, to stop.

sospensione *s.f.* meno com. **sospendimento** *s.m.* **1** (*il sospendere*) suspension; suspending, hanging: (*basket*) *tiro in* —, jumpshot **2** (*interruzione*) suspension, interruption, stoppage; (*rinvio*) adjournment, postponement: — *del lavoro*, work stoppage; — *di una riunione*, adjournment of a meeting; — *di un servizio*, interruption of a service; — *delle trattative*, interruption of negotiations; — *delle ostilità*, suspension of hostilities // (*sport*) *tempo, minuti di* —, time-out // (*comm.*): — *dei pagamenti, delle consegne*, suspension of payments, deliveries; — *delle attività di un negozio*, shutdown of a shop // (*dir.*): *istanza di* —, motion to stay; — *condizionale della pena*, probation **3** (*privazione di carica, impiego ecc.*) suspension: — *da una carica*, suspension from an office; — *di un funzionario, di uno studente*, suspension of an official, a student; — *della patente*, confiscation of the driving licence; (*dir.*) — *disciplinare dal lavoro*, disciplinary lay-off **4** (*fig.*) (*incertezza*) uncertainty; anxiety; suspense **5** (*ret.*) suspension: *puntini di* —, suspension points (*o* dots *o* periods) **6** (*chim., fis.*) suspension: *particelle in* —, suspended particles **7** (*mecc.*) suspension: — *cardanica*, cardan(ic) suspension; — *elastica*, elastic suspension; *molla di* —, suspension spring // (*aut.*) — *anteriore*, front -wheel suspension // *ponte, lampada a* —, suspension bridge, lamp.

sospensiva *s.f.* **1** (*amm.*) suspension **2** (*rinvio*) adjournment, delay, postponement; (*proroga*) extension; (*dir.*) abeyance: *chiedere una* —, to ask for a delay.

sospensivo *agg.* suspensive, suspending: *ordine, provvedimento* —, suspensive order, measure // *punti sospensivi*, suspension points.

sospensore *s.m.* hanger.

sospensorio *agg.* suspensory ◆ *s.m.* **1** (*cintura*) athletic support; (*fam.*) jockstrap **2** (*anat.*) suspensory (muscle); (*legamento*) suspensory ligament.

sospeso *agg.* **1** hanging, suspended: *una lampada sospesa al soffitto*, a lamp hanging from the ceiling; *ponte* —, suspension bridge; *restare* — *nel vuoto*, to be hanging in space // *essere* — *a un filo*, (*fig.*) to be hanging by a thread // (*geol.*): *falda freatica sospesa*, perched water table; *ghiacciaio* —, hanging glacier **2** (*interrotto*) suspended, interrupted; (*rinviato*) postponed, adjourned: *i lavori sono sospesi*, the works are interrupted; *riunione sospesa*, adjourned meeting; *il servizio dei pullman oggi è* —, the coach service has been suspended today; (*comm.*) *la vendita di questo articolo è sospesa*, the sale of this article is suspended **3** (*punito*) suspended: *studente* —, suspended student; *questo impiegato è* — *per un mese*, this employee is suspended (*o* is on suspension) for a month **4** (*trepidante*) in suspense, on edge (*pred.*); (*preoccupato*) worried; (*indeciso*) undecided: *non tenerlo così* —, don't keep him in suspense like that; *siamo ancora con l'animo* —, we are still in suspense; *sono sempre con l'animo — quando viaggia in aeroplano*, I am always worried (*o* on edge) when he takes a plane // *col fiato* —, with bated breath ◆ *s.m.* (*conto da saldare*) outstanding payment, outstanding account; (*pratica non definita*) outstanding matter: (*comm.*) *avere molti sospesi*, to have many outstanding accounts // *in* —, outstanding, pending, unsettled, held over; in abeyance: *rimane tutto in — fino al suo arrivo*, everything has been held over until his arrival; *trattative, affari in* —, pending negotiations, business; *conto in* —, outstanding (*o* unpaid) bill; *ho ancora dei conti in — con te!*, (*fig.*) I still have some unsettled account with you!; *debito in* —, unsettled (*o* unpaid) debt; *crediti, effetti in* —, outstanding credits, bills; *tenere un pagamento in* —, to hold over a payment; *tenere in — una pratica*, to hold a matter in abeyance; (*dir.*) *causa in* —, pending lawsuit.

sospettabile *agg.* suspect, suspectable; liable to suspicion ◆ *s.m.* e *f.* suspect: *la lista dei sospettabili*, the list of suspects.

sospettabilità *s.f.* liability to suspicion.

sospettare *v.tr.* **1** to suspect: *lo sospettano di tradimento*, they suspect him of treason; *sospettano che sia un ladro*, they suspect that he's a thief; — *un pericolo, un inganno, un'insidia*, to suspect a danger, a trick, a snare **2** (*immaginare*) to suspect, to imagine: *nessuno sospetterebbe in lui tanta energia*, nobody would imagine that he had so much energy; *non mi meraviglia perché lo sospettavo da tempo*, I am not surprised, I suspected it long ago (*o fam.* I smelled a rat long ago) ◆ *v.intr.* to suspect (s.o., sthg.); to distrust (s.o., sthg.); to doubt (s.o., sthg.): *l'uno sospettava dell'altro*, they distrusted each other; *non puoi — della sua onestà*, you cannot doubt his honesty.

sospettato *agg.* suspected ◆ *s.m.* suspect: *chi sono i sospettati?*, who are the suspects?

sospetto[1] *agg.* **1** (*che suggerisce sospetto*) suspicious, dubious: *aria sospetta*, suspicious air; *un rumore* —, a suspicious noise; *con un'occhiata sospetta*, with a suspicious glance; *in circostanze sospette*, in suspicious circumstances **2** (*discutibile*) suspect; questionable: *affermazioni sospette*, questionable statements; *la sua buona fede è sospetta*, his good faith is suspect (*o* questionable); *merce di provenienza sospetta*, goods of doubtful (*o* questionable) origin **3** (*di cui si teme l'esistenza*) suspected: *una sospetta lesione al fegato*, a suspected lesion of the liver ◆ *s.m.* (*persona sospettata*) suspect: *la polizia arrestò i sospetti*, the police arrested the suspects.

sospetto[2] *s.m.* **1** suspicion: — *fondato, infondato*, well-founded, unfounded suspicion; *ciò mi mise in* —, this made me suspicious; *guardava con* —, he was looking with suspicion; *ho il — che egli sia un ladro*, I have a suspicion (*o* I suspect) (that) he is a thief (*o* I suspect him of being a thief); *ho dei sospetti sulla sua onestà*, I've got doubts about his honesty; *su di lui pesava il — di omicidio*, the suspicion of murder hangs over him; *cadere in* —, to fall under suspicion; *destare* —, to rouse suspicion; *al di sopra di ogni* —, above suspicion // *ho l'atroce — che non guarirà*, I have a horrible feeling that she's not going to get better **2** (*fam.*) (*piccola quantità*) hint, touch.

sospettosità *s.f.* suspiciousness.

sospettoso *agg.* suspicious, distrustful: *non essere sempre così* —, don't be so suspicious all the time; *ha un carattere estremamente* —, he has an extremely suspicious nature.

sospingere *v.tr.* **1** to push (out), to drive* (*anche fig.*): *la zattera era sospinta dalle correnti*, the raft was pushed by the currents; — *lo sguardo lontano*, to look out into the distance // *a ogni piè sospinto*, at every moment **2** (*fig.*) (*spronare*) to drive* on, to push, to incite, to urge on: *essere sospinto dall'ambizione*, to be driven on by ambition.

sospirare *v.intr.* **1** to sigh: *lo udii — nel sonno*, I heard him sigh in his sleep; *perché sospiri?*, why are you sighing? // — *di sollievo*, to sigh with relief: *sospirai di sollievo alla notizia*, I sighed with relief at the news // — *per il dolore*, to sigh with grief: *piangeva e sospirava per il dolore*, she sighed and wept with grief **2** (*fig.*) (*struggersi*) to pine, to sigh, to grieve: — *per qlcu., qlco.*, to pine (*o* to sigh) for s.o., sthg.; *da anni sospira per lui*, she has been pining for him for years; *sospira per il figlio perduto*, she grieves for her lost child // *far — qlcu.*, to make s.o. suffer: *il figlio l'ha fatto tanto* —, his son has caused him so much suffering ◆ *v.tr.* to long for (sthg.), to pine for (s.o., sthg.), to sigh for (s.o., sthg.), to crave for (sthg.), to yearn for (sthg.): — *la patria*, to long (*o* to pine *o* to yearn) for one's native land; — *il ritorno di qlcu.*, to long for s.o.'s return; — *le vacanze*, to long (*o* to crave) for holdays // *far — qlco. a qlcu.*, (*far attendere qlco. a qlcu.*) to keep s.o. waiting for sthg.: *mi ha fatto — a lungo la risposta*, he kept me waiting for an answer a long time; *ti ha fatto — i soldi*, he kept you waiting a long time for the money // *farsi* —, to keep s.o. waiting (a long time): *ti sei fatto —!*, you have kept us waiting a long time!

sospirato *agg.* (*desiderato*) longed for, long -desired, long-awaited (*attr.*): *la tanto sospirata pace*, the long-desired peace; *finalmente fu servita la sospirata colazione*, the lunch they had been longing for was brought in at last; *giunsero finalmente le sospirate vacanze*, the long -awaited holiday finally arrived.

sospirevole *agg.* (*letter.*) sighing: *con voce* —, in a sighing voice.

sospiro *s.m.* **1** sigh (*anche fig.*): *profondo* —, deep (*o* heavy) sigh; *emettere un* —, to give (*o* to breathe) a sigh; *trarre un lungo* —, to draw (*o* to heave) a long sigh; — *di rammarico*, (*anche fig.*) sigh of regret: *si congedò dagli amici con un — di rammarico*, he parted from his friends with a sigh of regret; — *di sollievo*, (*anche fig.*) sigh of relief; *alla notizia della promozione trasse un — di sollievo*, at the news of his promotion he drew (*o* breathed) a sigh of relief // *a sospiri*, (*fig. non com.*) at (long) intervals (*o* gradually): *pagare a sospiri*, to pay by instalments // *il Ponte dei Sospiri*, the Bridge of Sighs **2** (*letter.*) breath // *rendere l'ultimo* —, to breathe one's last **3** (*pasticcino*) puff.

sospiroso *agg.* (*letter.*) **1** sighing **2** (*fig.*) (*lacrimoso*) plaintive; (*mesto*) troubled, sad: *una vita sospirosa*, a troubled life // *poesia sospirosa*, plaintive poem.

sossopra *avv.* (*letter. region.*) upside down.

sosta *s.f.* **1** (*fermata*) stop, halt: *è in programma una — a Lodi*, a stop at Lodi is scheduled; *il treno fece una — di venti minuti*, the train stopped for twenty minutes; *ci sono ancora due soste prima di Roma*, there are still two stops before Rome; *abbiamo camminato quattro ore senza soste*, we walked for four hours without a halt (*o* nonstop) // (*aut.*) *divieto di* —, no parking **2** (*pausa*) pause; (*fam.*) breather; (*interruzione*) interruption, break: *sono molto stanco, avrei bisogno di una — di dieci minuti*, I am very tired, I need ten minutes' rest; *vi è una — di un'ora per la colazione*, there is an hour's break for lunch; *facciamo una — per una sigaretta*, let's stop for a cigarette; *senza* —, nonstop (*o* without a break): *abbiamo lavorato senza — per tre ore*, we worked nonstop for three hours **3** (*requie*) rest, respite, peace: *il mal di testa non gli dà* —, his headache gives him no rest.

sostantivale *agg.* substantival.

sostantivare *v.tr.* (*gramm.*) to substantivize, to use as a noun: — *un aggettivo*, to use an adjective as a noun.

sostantivato *agg.* substantivized; used as a noun.

sostantivazione *s.f.* (*gramm.*) substantivization.

sostantività *s.f.* (*chim.*) substantiveness.

sostantivo *agg.* (*gramm.*) substantive: *il verbo* —, the substantive verb ◆ *s.m.* substantive, noun.

sostanza *s.f.* **1** (*essenza*) substance, essence: — *materiale, spirituale*, material, spiritual substance; — *e forma sono opposti*, substance and form are opposites; *bada alla — e non alla forma delle cose*, mind the substance and not the form of things; *sono simili nella forma ma diversi nella* —, they are alike in form but different in essence (*o* in substance) **2** (*materia*) substance, matter, material, stuff: — *alimentare*, foodstuff; *sostanze grasse, oleose*, fatty, oily substances; *sostanze liquide, solide*, liquid, solid substances; — *corrosiva*, corroding substance (*o* mordant); — *medicinale*, drug; — *radioattiva*, radioactive substance (*o* radiator); — *tossica*, toxicant; *la — di cui è fatta una cosa*, the material of which a thing is made **3** (*anat.*) matter: — *grigia, bianca*, grey, white matter **4** (*argomento*; *parte essenziale di discorso ecc.*) substance, essence, gist, point: *la — di un articolo, di un discorso*, the gist (*o* the substance) of an article, of a speech; *questo è la — di quanto disse*, this is the gist of what he said // *in* —, (*essenzialmente*) in substance (*o* essentially), (*in breve*) in short: *ha parlato per due ore ma in — non ha detto niente*, he spoke for two hours but said nothing of any substance; *i temi centrali sono in — tre*, there are essentially three central themes **5** (*nutrimento*) nourishment: *cibo di poca* —, unsubstantial food; *questo cibo ha poca* —, this food is not very nourishing (*o* substantial); *dar* —, to nourish **6** (*spec. pl.*) (*ricchezze*) property (*sing.*), substance (*sing.*), possessions (*pl.*), riches (*pl.*): *possedeva una cospicua* —, he was a man of property; *ha dissipato le sue sostanze*, he has squandered his substance (*o* possessions); *ha ereditato tutte le sostanze paterne*, he has inherited the whole of his father's fortune; *accumulare sostanze*, to amass riches.

sostanziale *agg.* substantial, substantive, essential, fundamental: *una differenza* —, a substantial (*o* considerable) difference; *la* *parte — del discorso*, the essence (*o* the gist) of the speech; (*dir.*) *diritto* —, substantive law ◆ *s.m.* (*sostanza*) substance.

sostanzialismo *s.m.* (*fil.*) substantialism.

sostanzialistico *agg.* (*fil.*) of substantialism; relating to substantialism.

sostanzialità *s.f.* substantiality.

sostanzialmente *avv.* substantially; basically, fundamentally.

sostanziare *v.tr.* (*letter.*) to substantiate, to make* substantial.

□ **sostanziarsi** *v.intr.pron.* to be substantiated, to gain substance: *il suo discorso si sostanzia in questo*, this is the essence (*o* substance) of his speech.

sostanziosità *s.f.* **1** (*di cibo*) nutritiousness **2** (*di terreno*) richness **3** (*fig.*) (*ricchezza di contenuto*) substantiveness.

sostanzioso *agg.* **1** (*nutriente*) substantial, nourishing, nutritious: *cibo* —, substantial (*o* nourishing) food **2** (*di terreno*) rich: *un terreno* —, a rich soil **3** (*lauto*) substantial, large, generous, handsome: *un — compenso*, a generous (*o* handsome) reward **4** (*fig.*) (*ricco di contenuto*) pithy, meaty, substantial: *un libro* —, a meaty book.

sostare *v.intr.* **1** to stop, to halt: *sostò qui per circa due ore*, he stopped here for about two hours; *la macchina qui non può* —, the car can't stop here **2** (*fare una pausa*) to pause, to have a break **3** (*fig.*) (*soffermarsi*) to dwell* (on), to reflect.

sostegno *s.m.* support, prop (*anche fig.*): *un — teneva in piedi il muro*, a support (*o* prop) kept the wall standing; *questo muro ha bisogno di un* —, this wall needs to be propped up; *struttura di* —, supporting framework; *parlò in — delle sue teorie*, he spoke in support of his theories; — *morale*, moral support; *tu sei il — della tua famiglia*, you are the support of your family; *ho avuto il — dei miei colleghi*, I had the backing of my colleagues; *il governo riceve il — della maggioranza*, the government receives the support of the majority // *insegnante di* —, remedial teacher (*o* assistant teacher for handicapped children) // (*econ.*): — *dei prezzi*, price support; — *dei prezzi agricoli*, farm price support; — *di un'economia depressa mediante investimenti*, deficit financing, (*amer.*) pump-priming // (*fin.*): — *ai corsi, ai tassi di cambio*, pegging of prices, of exchange rates; *misure di — (di una moneta)*, back-up measures (for a currency); *la banca centrale è intervenuta a — del dollaro in discesa*, the central bank intervened to support the falling dollar.

sostenere *v.tr.* **1** to support, to hold* up, to sustain: *l'ho sostenuto col braccio*, I supported him with my arm; — *qlcu. per la vita*, to hold s.o. up by the waist; *il muro è sostenuto da pali*, the wall is supported (*o* propped up) by posts; *tutto il peso era sostenuto da una grossa corda*, the entire weight was supported by a thick rope // *la speranza ci sostiene*, hope gives us strength **2** (*portare*) to carry, to take*: *questo ponte non può — più di dieci tonnellate*, this bridge cannot carry more than ten tons; *il tavolino non può — tutto quel peso*, the table can't take all that weight **3** (*appoggiare*) to back (up), to support, to uphold*; (*difendere*) to defend: *fu sostenuto da suo padre in tutti i modi*, he was backed (up) by his father in every way; *questa teoria è sostenuta dall'esperienza e dai fatti*, this theory is supported by experience and by facts; — *una teoria*, to back up a theory; — *una causa, una dottrina*, to uphold (*o* to support *o* to defend) a cause, a doctrine; *sono pronto a — il mio punto di vista*, I am ready to uphold (*o* to defend) my point of view; — *una candidatura*, to back a candidacy; — *un partito*, to support a party; (*con finanziamenti*) to back a party; *il giornale ha sostenuto la sua campagna elettorale*, the newspaper backed his election campaign // (*dir.*): — *un'accusa*, to support a charge; — *la difesa di qlcu. in giudizio*, to defend s.o. in court // (*econ.*): — *i prezzi*, to peg (*o* to support) prices; — *una moneta*, to back (*o* to support) a currency // — *un amico*, to stand by a friend // — *il buon nome, la reputazione della famiglia*, to keep up the good name, the reputation of one's family **4** (*asserire*) to maintain, to assert, to uphold*: *l'ho detto e lo sostengo*, I said it and I maintain it; *sostiene d'averlo visto*, he maintains (*o* asserts) that he saw it; — *la propria innocenza*, to maintain that one is innocent (*o* to assert one's innocence); — *la verità*, to uphold the truth **5** (*resistere a*) to resist; to withstand*: — *un attacco nemico*, to resist an enemy attack; — *il fuoco nemico*, to withstand enemy fire **6** (*sopportare*) to bear*; to stand*, to endure; (*reggere*) to stand* up to: — *le spese di qlco.*, to bear the cost of sthg.; — *perdite*, to sustain losses; — *la concorrenza*, to stand up to (*o* to meet) competition; — *il confronto con...*, to stand (*o* to bear) comparison with...; — *un interrogatorio*, to undergo questioning; — *una prova*, to stand a test; *gli argini non hanno sostenuto la pressione dell'acqua*, the banks did not stand up to the pressure of the water; *riuscì a — la tensione per un lungo periodo*, he succeeded in standing up to the strain for a long time; *non so come riesca a — questo ritmo di vita*, I don't know how she stands this pace **7** (*provvedere al mantenimento*) to support: — *la propria famiglia*, to support one's family **8** (*esercitare*) to hold*: — *la presidenza*, to hold the presidency; — *un incarico*, to hold (*o* to occupy) a position **9** (*rinvigorire*) to strengthen, to sustain: *un buon caffè ti sosterrà per qualche ora*, a good cup of coffee will keep you going for a few hours.

□ **sostenersi** *v.rifl.* o *intr.pron.* **1** (*tenersi in piedi*) to stand* (up) (*anche fig.*): (*appoggiarsi*) to support oneself; to lean*: *cammina sostenendosi con un bastone*, he walks with a stick; *si sosteneva al muro*, he was leaning against the wall; *è un'ipotesi che non si sostiene*, it's a hypothesis that isn't convincing (*o* doesn't hold water); — *reciprocamente*, to back each other up **2** (*sostentarsi*) to sustain oneself, to keep* up one's strength: *deve — con cibi molto nutrienti*, he must sustain himself (*o* keep up his strength) with nourishing food **3** (*mantenersi*) to support oneself, to keep* oneself: *guadagna appena il necessario per* —, he hardly makes enough to keep himself; *è un giornale che si sostiene con finanziamenti privati*, it is a newspaper with private (financial) backing.

sostenibile *agg.* **1** sustainable, supportable; (*che si può affrontare*) that can be borne, that can be met: *spese sostenibili*, expenses that can be borne (*o* be met) **2** (*fig.*) (*di idee, opinioni*) tenable, convincing, plausible: *è una tesi poco* —, it's an untenable thesis **3** (*sopportabile*) bearable, endurable, tolerable: *la situazione non è più* —, the situation can no longer be tolerated.

sostenibilità *s.f.* (*non com.*) **1** supportability, supportableness **2** (*fig.*) (*di tesi ecc.*) plausibility, tenability **3** (*fig.*) (*sopportabilità*) bearableness.

sostenimento *s.m.* (*non com.*) **1** (*sostegno*) support(ing) (*anche fig.*) **2** (*sostentamento*) sustenance, nourishment.

sostenitore *agg.* supporting: *socio* —, supporting (*o* contributing) member, (*di associazioni, pubblicazioni*) subscribing member ◆ *s.m.* supporter, backer: — *di un uomo politico*, backer of a politician; — *di un'iniziativa*, supporter of an initiative; (*econ.*) — *di mercato*, marketeer // (*sport*) *i sostenitori della Roma*, Rome supporters.

sostenitrice *s.f.* supporter, backer.

sostentamento *s.m.* maintenance, support(ing), sustenance; keep: *provvedere al — della famiglia*, to support (*o* to maintain) one's family; *mezzi di* —, means of support (*o* subsistence).

sostentare *v.tr.* to support, to maintain: *sostenta la sua famiglia col suo lavoro*, he supports (*o* maintains) his family with his work.

□ **sostentarsi** *v.rifl.* o *intr.pron.* **1** to keep* oneself (on sthg.), to live (on sthg.), to feed* (on sthg.): *si sostenta di sola frutta e verdura*, he lives on fruit and vegetables only **2** (*aer.*) to sustain, to lift.

sostentatore *s.m.* supporter, maintainer ◆ *agg.* **1** supporting **2** (*aer.*) lifting.

sostentazione *s.f.* **1** (*aer.*) lift: — *aerostatica*, aerostatic lift; — *dinamica*, dynamic lift; — *a getto*, jet lift; — *a punto fisso*, static lift **2** (*non com.*) → sostentamento.

sostenutezza *s.f.* **1** (*riserbo*) reserve; (*freddezza*) stiffness, standoffishness **2** (*tono solenne*) solemnity.

sostenuto *agg.* **1** (*riservato*) reserved; (*freddo*) aloof, standoffish; stiff, distant: *modi sostenuti*, distant (*o* stiff) manners; *era piuttosto* —, he was rather distant // *non fare il* —, don't be standoffish **2** (*solenne, elevato*) elevated: *tono, stile* —, elevated tone, style **3** (*econ.*) steady, stiff, strong, firm: *cambi sostenuti*, steady rates of exchange; *prezzi sostenuti*, steady (*o* firm) prices; *mercato* —, steady (*o* stiff) market **4** (*mus.*) sustained **5** (*elevato, intenso*) fast: *velocità sostenuta*, high speed; *il cavallo procedeva con un'andatura sostenuta*, the horse was moving at a fast pace; *i lavori procedono a un ritmo* —, work is going ahead at a fast pace.

sostituente *s.m.* (*chim.*) substituent: — *nucleofilo*, nucleophilic substituent.

sostituibile *agg.* replaceable (*anche inform.*), interchangeable: *un pezzo difficilmente* —, a part which is difficult to replace; *è un collaboratore non* —, he is irreplaceable (*o* indispensable) as a collaborator.

sostituibilità *s.f.* replaceability, substitutability: *la — di un pezzo meccanico*, the replaceability of a mechanical part.

sostituire *v.tr.* **1** (*rimpiazzare*) to replace, to substitute: *i tram saranno sostituiti da autobus*, trams will be replaced by buses; — *un vetro rotto*, to replace a broken windowpane; — *i brillanti con pezzi di vetro*, to substitute brilliants with pieces of glass; (*comm.*) — *un prodotto con un altro*, to exchange a product for (*o* with) another **2** (*prendere il posto di*) to take* the place of (s.o.), to replace, to substitute for (s.o.): *il vicepreside sostituisce il preside*, the deputy headmaster is acting for the headmaster; *sostituì un impiegato ammalato*, he substituted (*o* stood in) for an employee who was ill; *lo sostituii durante la sua assenza*, I took his place during his absence; (*sport*) — *degnamente un giocatore infortunato*, to make a good job of standing in for an injured player **3** (*dir.*) to substitute in remainder.

□ **sostituirsi** *v.rifl.* to take* s.o.'s place: *il figlio si è sostituito al padre nella conduzione dell'azienda*, the son took his father's place in the management of the firm.

sostitutivo *agg.* **1** substitutive, substitute (*attr.*) // (*amm.*) *indennità sostitutiva*, substitute (*o* fringe) allowance; *imposta sostitutiva*, substitute tax // (*dir.*) *legato* —, substitutional legacy **2** (*inform.*) alternate; overridable ◆ *s.m.* substitute.

sostituto *s.m.* substitute, deputy, assistant, surrogate: *il — del direttore*, the director's substitute; — *provvisorio*, (*fam.*) stopgap; *mandare un* —, to send a substitute // (*dir.*): — *procuratore* (*del re*), (*in Inghilterra*) Public Prosecutor's Assistant; — *procuratore* (*della repubblica*), (*negli Stati Uniti*) State (*o* District) Attorney's Assistant, (*nel sistema federale*) United States (*o* US) Attorney's Assistant; — *d'imposta*, withholding agent.

sostituzione *s.f.* **1** replacement; substitution; (*cambiamento*) changing: *la — di un vecchio insegnante*, the replacement of an old teacher; *assumere una segretaria in — di un'altra*, to engage a secretary as a substitute (*o* replacement) for another; — *delle attrezzature*, equipment replacement; *la — di un pneumatico*, the changing of a tyre; *la — di un elemento sconvolge tutto il sistema*, the changing of one element upsets the whole system; (*sport*) *l'allenatore può effettuare solo due sostituzioni*, the trainer can only use two substitutes (*o* can only substitute two players) // *in — di*, in place of (*o* as a substitute for): *ho comprato questo libro in — di quello che ho perso*, I have bought this book in place of the one I lost; *in — del film andrà in onda un reportage sul Brasile*, in place of (o instead of) the film a report on Brazil will be transmitted // (*econ.*): — *delle importazioni*, import substitution; — *del lavoro avventizio con il lavoro stabile*, decasualization (of labour); — *di manodopera qualificata con manodopera non specializzata*, dilution of labour // (*inform.*): — *di un programma con un altro*, swapping **2** (*dir.*) substitution: — *successoria*, substitution; — *testamentaria*, substitution // — *di persona*, impersonation **3** (*chim.*) substitution **4** (*mat.*) substitution: *integrazione per* —, integration by substitution; *metodo, regola di* —, method, rule **5** (*geol.*) replacement.

sostrato *s.m.* **1** substratum*, substrate (*anche chim.*): *in questo terreno c'è un — d'argilla*, this soil has a substratum of clay; *in questa lingua è presente un — celtico*, in this language a Celtic substratum is present **2** (*fig.*) substratum*, basis*, foundation: *il — culturale di un'opera letteraria*, the cultural substratum (*o* basis) of a literary work.

soteriologia *s.f.* (*teol.*) soteriology.

soteriologico *agg.* (*teol.*) soteriological.

sottabito *s.m.* petticoat, slip.

sottacere *v.tr.* (*letter.*) to conceal, to omit, to keep* to oneself: *i testimoni hanno sottaciuto alcuni importanti particolari*, the witnesses concealed certain important details; — *qlco. a qlcu.*, to keep sthg. from s.o.

sottaceto *s.m.* (*cuc.*) pickle; (*pl.*) pickles ◆ *agg.* pickled: *cipolline* —, pickled onions // *conservare cetrioli* —, to pickle gherkins.

sottacqua *avv.* underwater: *nuotare* —, to swim underwater; *può rimanere — per due minuti*, he can stay underwater for two minutes.

sottana *s.f.* **1** (*sottoveste*) petticoat, slip **2** (*gonna*) skirt // *sempre cucito alla — della mamma*, (*fig.*) always tied to his mother's apron strings **3** (*veste talare*) cassock **4** (*scherz.*) (*donna*) woman, skirt // *correre dietro alle sottane*, to run after women (*o* to be a ladies' man).

sottecchi, di *locuz.avv.*: furtively, secretly; stealthily: *guardare di* —, to look furtively // *fare qlco. di* —, (*fig.*) to do sthg. secretly (*o* in secret).

sottendere *v.tr.* (*mat.*) to subtend.

sottentramento *s.m.* (*non com.*) replacement.

sottentrare *v.intr.* to take* the place (of s.o., sthg.), to replace (s.o., sthg.): — *nell'impiego a qlcu.*, to take s.o.'s place in a job.

sotterfugio *s.m.* subterfuge, trick; expedient: *ricorrere a un* —, to resort to (a) subterfuge; *usare un — per ottenere qlco.*, to obtain sthg. by subterfuge // *di* —, stealthily, secretly: *vedersi di* —, to meet secretly.

sotterra *avv.* underground: *tesoro nascosto* —, treasure hidden underground.

sotterrabile *agg.* that may be buried.

sotterramento *s.m.* burial, burying, interment.

sotterranea *s.f.* (*metropolitana*) underground, (*fam.*) tube; (*amer.*) subway.

sotterraneo *agg.* **1** underground (*attr.*); subterranean; subterrestrial: *ferrovia sotterranea*, underground railway (*o amer.* subway); *passaggio* —, underpass (*o* subway); *prigioni sotterranee*, dungeons; *una galleria sotterranea*, an underground passage (*o* tunnel) **2** (*fig.*) (*nascosto, clandestino*) underground (*attr.*), hidden, secret: *attività sotterranea*, underground activity; *organizzazione sotterranea*, secret (*o* underground) organization ◆ *s.m.* (*insieme di locali sottoterra*) basement; (*scantinato*) cellar; (*di basilica*) vault, crypt.

sotterrare *v.tr.* to bury; to inter; (*agr.*) to sow*, to plant: — *i morti*, to bury the dead; — *un tesoro*, to bury a treasure; — *i semi*, to sow the seeds // *ne ha sotterrati parecchi*, (*fig.*) he has outlived many of his friends // — *una questione*, (*fig.*) to forget about a matter.

sotterrato *agg.* buried (*anche fig.*): *un tesoro — in giardino*, a treasure buried in the garden // *morto e* —, (*anche fig.*) dead and buried.

sotterratore *s.m.* (*non com.*) burier; grave -digger, sexton.

sotteso *agg.* (*letter.*) tinged (*attr.*): *uno sguardo — di malinconia*, a look tinged with melancholy.

sottigliezza *s.f.* **1** thinness; fineness: *la — di un filo metallico*, the fineness of a wire **2** (*magrezza*) slenderness, thinness **3** (*acutezza*) subtlety; sharpness: — *di un ragionamento*, subtlety of an argument **4** (*cavillo*) quibble, cavil, nicety: *queste sono sottigliezze*, these are quibbles.

sottile *agg.* **1** thin; fine; (*tenue*) tenuous: *filo* —, fine thread; *punta* —, fine (*o* sharp) point; *strato* —, thin layer; *una — speranza*, a slim hope; *avere un — margine di vantaggio*, to have a slight edge (*o* advantage) // *voce* —, thin voice // *aria* —, thin air // *udito, orecchio* —, keen hearing **2** (*magro*) slender, thin: *gambe sottili*, thin (*o* slender) legs: *ragazza* —, slender girl **3** (*penetrante*) subtle; (*acuto*) sharp: *distinzione, osservazione* —, subtle distinction, remark; *malizia* —, subtle malice; *mente* —, subtle (*o* sharp) mind; — *ironia*, subtle irony // *mal* —, (*antiq.*) consumption **4** (*astuto*) shrewd, sly, cunning ◆ *s.m.*: *il* —, thin part // *guardare troppo per il* —, to be over-particular (*o* to split hairs).

sottilizzare *v.intr.* to split* hairs, to make* (over-) subtle distinctions.

sottilmente *avv.* **1** (*finemente*) finely; (*minutamente*) minutely; in detail: — *lavorato*, finely wrought; *esaminare* —, to examine in detail **2** (*accuratamente*) carefully: *studiare — una questione*, to study a question carefully **3** (*con acutezza*) subtly; sharply: *ragionare* —, to argue subtly **4** (*con astuzia*) shrewdly, cunningly.

sottinsù, di *locuz.avv.* from below, from underneath: *guardare qlcu. di* —, to look at s.o. from below.

sottintendere *v.tr.* to imply, to understand*: *e con questo che cosa vuoi —?*, and what do you understand (*o* imply) by that?; *si sottintende che verranno anche le mogli dei giocatori*, it's understood that the players' wives will come too; *i diritti sottintendono dei doveri*, rights imply duties; *la sua dichiarazione ha lasciato — un rifiuto*, his declaration implied a refusal.

sottinteso *agg.* understood, implied: *qui il verbo è* —, here the verb is (to be) understood (*o* implied); *in questa frase il soggetto è* —, the subject is understood in this sentence; *è — che tu verrai con me*, it is understood that you will come with me; *"Posso portare mia moglie?" "Ma è —!"*, "May I bring my wife?" "Naturally!" ◆ *s.m.* (*allusione*) implicit meaning, allusion: *non capisco i suoi sottintesi*, I don't understand his allusions; *parlare senza sottintesi*, to speak plainly (*o* openly).

sotto *avv.* **1** (*in luogo o posizione inferiore*) down; below; under; underneath; beneath: — *vedevamo la pianura*, we could see the plain underneath (*o* below *o* beneath); *la macchina è qui* —, the car is down here; *il volume che cerchi è lì* —, the book you're looking for is down there; *appendi il quadro più* —, hang the picture lower down; *una torta gelata con — uno strato di pan di Spagna*, an ice-cream cake with a layer of sponge underneath; *mettiti il soprabito e — un abito leggero*, wear a coat with a light dress underneath // *andare* —, (*affondare*) to go down (*o* under) // — —, deep down; (*di nascosto*) on the quiet; (*in fondo in fondo*) underneath: *l'acqua era filtrata — — nelle fondamenta*, water had seeped deep down into the foundations; *cercava — — di rovinarmi*, on the quiet, he was trying to undermine me; — — *è un buon diavolo*, he's a good sort underneath // *ci dev'essere — qualcosa*, (*fig.*) there must be something behind it // *farsi* —, (*fig.*) to push oneself forward // *guardare qlcu. di — in su*, to look s.o. up and down // — *ragazzi, al lavoro!*, come on boys, get down to work! // *— a chi tocca!*, whose turn is it next? **2** (*al piano di sotto*) down(stairs): *ti aspetto* (*di*) —, I'll wait for you downstairs; *la famiglia* (*che abita*) *di — è di origine polacca*, the family below comes from Poland; *— c'è il negozio, sopra l'abitazione*, the shop is downstairs and the living quarters upstairs **3** (*in seguito, più avanti, in un testo o simili*) below: *vedi* —, see below; *come da illustrazione qui* —, as illustrated below; *controllare i dati riportati* —, check the data given below **4** (*in passivo, in perdita*) short (of): *eravamo — di 200 milioni*, we were 200 million liras short (*o* we were short of 200 million liras) // (*banca*) *essere* —, to be in the red; (*Borsa*) *queste azioni sono — di due punti*, these shares are off two points **5** *al di* — → disotto.

sotto (a) *prep.* **1** (*in luogo o posizione inferiore o sottostante*) under; beneath, underneath: *— il sole, — le stelle*, under the sun, beneath the stars; *lo sgabello è — il tavolo*, the stool is under the table; *— il divano c'è un tappeto*, there is a carpet under the settee; *— il cappotto indossava un abito di seta*, she was wearing a silk dress under her coat; *portava un libro — il braccio*, he carried a book under his arm; *la campagna era — una coltre di neve*, the countryside was under a mantle of snow; *erano in due — l'ombrello*, there were two of them under the umbrella; *si ripararono — un albero*, they sheltered under a tree; *cercare una parola — la lettera S*, to look up a word under the letter S; *il ritrovo dei partecipanti era — l'orologio della stazione*, the participants were to meet under(neath) the station clock; *stanno costruendo un tunnel — la Manica*, a tunnel is being built under the Channel; *passare — un ponte*, to go under a bridge; *ho ritrovato il documento — un mucchio di pratiche*, I found the document under a pile of papers; *vivere — lo stesso tetto*, to live under the same roof; *nuotare sott'acqua*, to swim underwater; *estrasse una pistola da — la giacca*, he took out a gun from under his jacket // *infilarsi — le coperte*, to slip between the sheets // *passeggiare — i portici*, to stroll through the arcade // *conservare sott'olio, sott'aceto*, to preserve in oil, to pickle **2** (*più in basso, al di sotto di*) below (*anche fig.*); (*a sud di*) south of: *— il livello del mare*, below sea level; *— la media*, below average; *la pianura si stende — il castello*, the plain stretches below the castle; *il rifugio era proprio — la vetta*, the refuge hut was just below the summit; *il corteo passò — le mie finestre*, the procession passed below my windows; *metti la tua firma — la mia*, put your signature below mine; *ha 500 dipendenti — di sé*, he has 500 workers under him; *la temperatura era scesa — lo zero*, the temperature had fallen below zero; *Roma è — Firenze*, Rome is south of Florence; *il Sud Africa è — l'equatore*, South Africa is below the equator // (*mar.*) *— ponte*, below deck // (*fin.*) *— la pari*, below par (*o* at a discount) // *al di — di* → disotto **3** (*per indicare subordinazione, influsso, condizione*) under: *— la bandiera italiana*, under the Italian flag; *— la direzione, la guida di...*, under the management, the guide of...; *— il nome di...*, under the name of...; *— il fuoco nemico*, under enemy fire; *— il regno di Elisabetta I, — gli Stuart, — Augusto*, under the reign of Elizabeth I, under the Stuarts, under Augustus; *nel 1848 la Lombardia era — la dominazione austriaca*, in 1848 Lombardy was under Austrian rule; *mettere qlcu. — la protezione della polizia*, to put s.o. under police protection; *avere qlcu. — la propria tutela*, to have s.o. under one's care; *agire — l'effetto di un farmaco*, to act under the influence of a drug // *— la pioggia*, in the rain // *essere nato — una buona, cattiva stella*, to be born under a lucky, an unlucky star // *studiare — un buon maestro*, to study with a good teacher // *— minaccia di morte*, on pain of death; *— processo*, on trial; *— giuramento*, on (*o* under) oath **4** (*meno di*) under: *essere — la quarantina*, to be under forty; *atleti — i 21 anni*, athletes under 21; *un reddito annuo — i 30 milioni*, an annual income under 30 million liras; *essere — peso*, to be underweight; *gli abitanti erano di poco — il migliaio*, there were just under a thousand inhabitants **5** (*in prossimità di, con valore temporale*): *qui gli alberghi sono pieni — Pasqua*, hotels here are full up at Eastertime; *siamo ormai — gli esami*, it's exam time ◆ *agg.invar.* (*inferiore*) below: *il piano* (*di*) —, the floor below; *leggi la riga* —, read the line below ◆ *s.m.* (*la parte inferiore*) bottom; underside: *il — della pentola è di rame*, the bottom of the pan is made of copper; *il — della coperta è di raso*, the underside of the cover is made of satin.

◆ FRASEOLOGIA: *un lupo — la veste d'agnello*, a wolf in sheep's clothing // *— questo aspetto*, from that point of view; *— ogni punto di vista*, from every point of view // *andare — un'automobile*, to be run over by a car; *mettere — qlcu.*, to run s.o. over // *mettere qlcu. — i piedi*, to treat s.o. like a doormat // *avere qlco. — il naso*, to have sthg. under one's nose; *mettere qlco. — i denti*, to have a bite to eat // *tenere qlcu. sott'occhio*, to keep an eye on s.o. // *passare qlco. — silenzio*, to keep quiet about sthg.

sotto- *pref.* che rappresenta la preposizione e avverbio *sotto* e indica **1** posizione sottostante; ingl. under-, sub-: *sottopassaggio*, underpass; *sottobosco*, undergrowth; *sottomarino*, submarine **2** grado inferiore; ingl. under-: *sottosegretario*, undersecretary **3** suddivisione; ingl. sub-: *sottoclasse*, subclass; *sottogruppo*, subgroup; *sottoinsieme*, subset **4** livello quantitativo inferiore al normale; ingl. under-: *sottoalimentazione*, underfeeding; *sottosviluppo*, underdevelopment **5** vicinanza; ingl. sub-: *subalpino*, subalpine **6** (*chim.*) sub-: *sottossido*, suboxide.

sottoalimentare *v.tr.* (*med., tecn.*) to underfeed*.

sottoalimentato *agg.* underfed, undernourished.

sottoalimentazione *s.f.* underfeeding, undernourishment.

sottoascella *s.f.* dress-shield.

sottoassicurazione *s.f.* (*assicurazioni*) underinsurance.

sottobanco *avv.* under the counter (*pred.*); under-the-counter (*attr.*): *vendita* —, under-the -counter sale; *vendere, acquistare* —, to sell, to buy under the counter.

sottobicchiere *s.m.* (*centrino*) mat, coaster; (*piattino*) saucer.

sottobordo *avv.* (*mar.*) alongside: *consegnare la merce* —, to deliver goods alongside ship; *franco* —, free alongside ship (*abbr.* FAS).

sottobosco *s.m.* **1** undergrowth, underbrush, brushwood **2** (*fig.*) shadow world: *il — della finanza*, the financial shadow world.

sottobottiglia *s.m.* (*centrino*) mat, coaster; (*piattino*) saucer.

sottobraccio *avv.* arm in arm: *camminare — con qlcu.*, to walk arm in arm with s.o.; *tenere qlcu.* —, to be arm in arm with s.o.

sottocapitalizzato *agg.* (*econ.*) undercapitalized.

sottocapitalizzazione *s.f.* (*econ.*) undercapitalization.

sottocapo *s.m.* (*amm.*) deputy chief, assistant chief, assistant manager: *— cannoniere*, gunner's mate; *— timoniere*, coxswain's mate.

sottocaudale *agg.* (*zool.*) subcaudal.

sottocchio *avv.*: *ho — la tua lettera*, I have your letter in front of me (*o* before me); *guardare — qlcu., qlco.*, to look at s.o., sthg. stealthily; *tenere qlcu., qlco.* —, to keep an eye on s.o., sthg.

sottoccipitale *agg.* (*anat., med.*) suboccipital.

sottoccupato *agg.* (*econ.*) underemployed, underoccupied ◆ *s.m.* underemployed person; casual.

sottoccupazione *s.f.* (*econ.*) underemployment.

sottochiave *avv.* under lock and key: *essere, mettere, tenere* —, to be, to put, to keep under lock and key // *tenere qlcu.* —, to lock up s.o. (*o* to keep s.o. under lock and key).

sottoclasse *s.f.* (*bot., zool.*) subclass.

sottocoda *s.m.* **1** crupper **2** (*zool.*) dock.

sottocodice *s.m.* (*ling.*) (*varietà di codice*) jargon: *— sportivo*, sports jargon.

sottocommissione *s.f.* subcommission, subcommittee: *— di esami*, examination subcommission; *— parlamentare*, parliamentary subcommittee.

sottoconsumo *s.m.* (*econ.*) underconsumption.

sottocoperta *avv.* (*mar.*) below deck: *andare, scendere* —, to go below.

sottocoppa *s.f.* **1** (*di tessuto*) mat, coaster; (*di ceramica*) saucer **2** (*mecc.*) underpan.

sottocorrente *s.f.* undercurrent (*anche fig.*).

sottocorticale *agg.* (*anat.*) subcortical.

sottocosto *avv.* below cost, at a loss, at a sacrifice: *vendere* —, to sell off (*o* to sell below cost) ◆ *agg.* selling below cost (*pred.*), below cost (*attr.*): *merce* —, goods selling below cost; *vendita* —, below cost (*o* sacrificial) sale.

sottocrostale *agg.* (*geol.*) subcrustal.

sottocultura *s.f.* **1** (*cultura di un gruppo minoritario*) subculture **2** (*spreg.*) (*cultura scadente*) pseudoculture.

sottoculturale *agg.* subcultural; (*spreg.*) pseudocultural.

sottocuoco *s.m.* undercook, assistant chef.

sottocutaneo *agg.* subcutaneous: *iniezione sottocutanea*, subcutaneous injection.

sottocute *avv.* (*med.*) subcutaneously.

sottodialetto *s.m.* (*ling.*) sub-dialect.

sottodivisione *s.f.* subdivision.

sottodominante *agg.* e *s.f.* (*mus.*) subdominant.

sottoelencato *agg.* listed below (*pred.*): *i candidati sottoelencati sono stati ammessi*, the candidates listed below have passed.

sottoesporre *v.tr.* (*fot.*) to underexpose.

sottoesposizione *s.f.* (*fot.*) underexposure.

sottoesposto *agg.* (*fot.*) underexposed.

sottofamiglia *s.f.* (*bot.*, *zool.*) subfamily.

sottofascia *s.m.* printed matter posted in a wrapper ◆ *avv.* in a wrapper, under cover: *spedire qlco.* —, to send sthg. in a wrapper.

sottofiliale *s.f.* sub-branch.

sottofondazione *s.f.* (*edil.*) underpinning.

sottofondo *s.m.* **1** (*edil.*) foundation: — *del pavimento*, floor rough (*o* floor foundation); — *di strada*, road foundation **2** (*fig.*) substratum*, underlying layer: *un — di tristezza*, a substratum of sadness; *nei suoi film c'è un — di pessimismo*, there's an underlying layer (*o* a substratum) of pessimism in his films **3** (*di suoni, rumori*) background: *un — musicale*, a background of music.

sottofrutice → **suffrutice**.

sottogamba *avv.*: *prendere qlco.* —, to underestimate (*o* to attach no importance to) sthg.; *la sua malattia non dev'essere presa* —, his illness must not be made light of; *ha preso l'esame* —, he didn't take the exam seriously enough; *prendere qlcu.* —, to underestimate s.o. (*o* not to take s.o. seriously enough).

sottogenere *s.m.* (*bot.*, *zool.*) subgenus*.

sottogola *s.m.* o *f.* **1** (*di elmi, berretti*) chinstrap **2** (*di cavallo*) throat-band, throat-catch.

sottogonna *s.f.* underskirt, petticoat; (*rigida*) stiff underskirt.

sottogoverno *s.m.* party patronage, political jobbery, (*amer.*) spoils system.

sottogruppo *s.m.* subgroup.

sottoinsieme *s.m.* (*mat.*) subset // (*inform.*): — *di caratteri*, character subset; — *di un linguaggio*, language subset.

sottolineare *v.tr.* **1** to underline, to underscore: — *gli errori in un compito*, to underline the mistakes in a test **2** (*fig.*) (*mettere in rilievo*) to underline, to stress, to emphasize: — *l'importanza di un incontro*, to stress (*o* to underline) the importance of a meeting // *un abito che sottolinea la sua figura*, a dress that accentuates her figure.

sottolineato *agg.* **1** underlined, underscored: *errori sottolineati in rosso*, mistakes underlined in red **2** (*fig.*) (*messo in rilievo*) emphasized, stressed; accentuated.

sottolineatura *s.f.* **1** underlining, underscoring **2** (*fig.*) accent, stress, emphasis*: *una — polemica*, a polemic emphasis.

sottolinguale *agg.* (*anat.*) sublingual.

sottolio *avv.* e *agg.* in oil: *conservare un cibo* —, to preserve food in oil; *sardine* —, sardines in oil.

sottolivello *s.m.* (*miner.*) sublevel.

sottomandibolare *agg.* (*anat.*, *med.*) submandibular.

sottomano *avv.* **1** (*a portata di mano*) at hand, within easy reach: *avere qlco.* —, to have sthg. at hand (*o* within easy reach); *tengo sempre — l'agenda telefonica*, I always have my phone book (close) at hand **2** (*di nascosto*) underhand, secretly, on the sly: *agire di* —, to act underhand(edly); *dare a qlcu. una mancia* —, to give s.o. a tip on the sly (*o* on the quiet); (*comm.*) *vendere merce* —, to sell goods under the counter // *dovemmo pagare un compenso* —, we had to pay a backhander (*o fam. amer.* a payola).

sottomarca *s.f.* sub-brand.

sottomarino *agg.* submarine; suboceanic: *altura sottomarina*, rise; *montagna sottomarina*, seamount (*o* sea knoll); (*geogr.*) *piattaforma sottomarina*, ledge ◆ *s.m.* submarine, (*fam.*) sub: — *atomico*, atomic sub(marine).

sottomascellare *agg.* (*anat.*, *med.*) submaxillary.

sottomento *s.m.* (*non com.*) (*doppio mento*) double chin.

sottomercato *avv.* (*non com.*) below market price: *vendere* —, to sell below market price; *vendita* —, (clearance) sale.

sottomesso *agg.* **1** (*soggiogato*) subdued, subject, subjugated: *un popolo* —, a subject people **2** (*remissivo*) submissive, obedient; (*rispettoso*) respectful: *ragazzo* —, obedient (*o* submissive) boy.

sottomettere *v.tr.* **1** to subject; to subdue (*anche fig.*): — *una nazione*, to subject a nation // *non lasciarti —, ribellati!*, don't let them walk on you, stand up for yourself! // — *a una dura prova*, to really put to the test **2** (*subordinare*) to subordinate: *sottomette i suoi interessi a quelli della famiglia*, he subordinates his own interests to those of his family **3** (*presentare*) to submit: — *un caso al giudizio di qlcu.*, to submit a case to s.o.'s judgement. □ **sottomettersi** *v.rifl.* to submit: — *all'autorità di qlcu.*, to submit to s.o.'s authority.

sottomissione *s.f.* **1** (*il sottomettere, la conquista*) subdual, subjugation; subjection; conquest **2** (*l'essere sottomesso*) submission **3** (*rispetto, obbedienza*) obedience, submissiveness: *un atto di* —, an act of obedience.

sottomisura *avv.* short: *tirare la palla* —, to throw the ball short ♦ *agg.* short: *tiro* —, shot falling short.

sottomucosa *s.f.* (*anat.*) submucosa.

sottomultiplo *s.m.* (*mat.*) submultiple.

sottopagare *v.tr.* to underpay*.

sottopagato *agg.* underpaid: *lavoro* —, cheap (*o* underpaid) labour.

sottopalco *s.m.* understage.

sottopancia *s.m.* girth, belly-band.

sottopassaggio *s.m.* (*per pedoni*) subway, underground passage, underpass; (*per veicoli*) underpass; (*ferr.*) subway.

sottopassare *v.tr.* to pass under (sthg.): *l'autostrada sottopassa la ferrovia*, the motorway passes under the railway.

sottopasso → **sottopassaggio**.

sottopiatto *s.m.* (*tovaglietta*) mat; (*di ceramica ecc.*) plate.

sottopiede *s.m.* foot-strap.

sottopopolato *agg.* underpopulated.

sottoporre *v.tr.* **1** (*assoggettare*) to subject, to subjugate: — *le province al potere centrale*, to subject the provinces to the central power **2** (*presentare*) to submit, to present: *l'architetto sottopose i suoi piani al consiglio municipale*, the architect submitted his plans to the city council; — *un caso alla corte*, to submit a case to the court; — *una questione al giudizio di qlcu.*, to submit a question to s.o.'s judgment; *ha sottoposto un grave problema alla nostra attenzione*, he presented us with a serious problem; *mi ha sottoposto un quesito difficile*, he put a difficult question to me; — *una legge all'approvazione del parlamento*, to submit a law to Parliament for approval; — *il contratto alla firma delle parti*, to have the contract signed by the contracting parties **3** (*far subire*) to subject, to put* through: *fu sottoposto a un esame rigoroso*, he was subjected to a rigorous examination; *fu sottoposto a molte prove*, he underwent (*o* he was put through) many trials; *questo prodotto è stato sottoposto a molte prove*, this product has undergone many tests; *fui sottoposto a una rigida disciplina*, I was subjected to strict discipline (*o* I came under strict discipline); *furono sottoposti a molte e gravi umiliazioni*, they were subjected to many and great humiliations; *essere sottoposto a un'operazione*, to have (*o* to undergo) an operation; — *qlcu. a un interrogatorio*, to subject s.o. to an interrogation; *era sottoposto a molte critiche*, he was subjected to much criticism; — *qlcu. a rischi*, to expose s.o. to risks. □ **sottoporsi** *v.rifl.* to submit: — *alla volontà di Dio*, to submit to God's will; — *a una operazione*, to have (*o* to undergo) an operation; *si è sottoposto a una dieta rigorosa*, he went on a rigorous diet.

sottoportico *s.m.* (*arch.*) interior of a portico.

sottoposto *agg.* **1** submitted (*pred.*); subjected (*pred.*) **2** (*esposto*) exposed: — *a pericoli, rischi, tentazioni*, exposed to dangers, risks, temptations ◆ *s.m.* subordinate.

sottopotere *s.m.* (*potere occulto*) hidden power, shadow power: *il — della mafia*, the hidden power of the Mafia.

sottoprefetto *s.m.* subprefect.

sottoprefettura *s.f.* subprefecture.

sottoprezzo *avv.* (*comm.*) at a discount, below price, at a cut price, at a cut rate: *vendere* —, to sell at a discount; *merci* —, cut-rate goods.

sottoprodotto *s.m.* by-product: *i sottoprodotti della raffinazione del petrolio*, the by -products of oil refining.

sottoproduttività *s.f.* (*econ.*) underproductivity.

sottoproduttivo *agg.* (*econ.*) underproductive.

sottoproduzione *s.f.* (*econ.*) underproduction.

sottoprogramma *s.m.* (*inform.*) subroutine: — *di aggiornamento*, updating routine; — *di copertura*, overlay; — *di servizio*, housekeeping routine; — *di trasferimento*, swapping routine.

sottoproletariato *s.m.* subproletariat, lumpen proletariat.

sottoproletario *agg.* e *s.m.* subproletarian.

sottopunto → **soppunto**.

sottoraffreddamento *s.m.* (*chim.*) undercooling.

sottorbitale *agg.* (*anat.*, *med.*) suborbital.

sottordine *s.m.* (*bot.*, *zool.*) suborder // *essere, passare in* —, (*fig.*) to be, to become subordinate; *porre un problema in* —, to attach less (*o* minor) importance to a problem.

sottoregno *s.m.* (*bot.*, *zool.*) subkingdom.

sottorganico *avv.* (*a corto di personale*) shorthanded, understaffed.

sottoscala *s.m.* (*spazio*) space under the staircase; (*ripostiglio*) cupboard (under the stairs).

sottoscavare *v.tr.* (*miner.*) to undermine.

sottoscritto *agg.* (*amm.*) undersigned; (*firmato*) signed; (*di titoli, capitali*) subscribed, underwritten: *domanda sottoscritta*, undersigned request; *accordo* —, signed agreement; (*fin.*) *capitale, prestito* —, subscribed capital, loan ◆ *s.m.* undersigned: *il — dichiara che...*, the undersigned declares that... // *il — adesso ha fame*, (*fam.*) yours truly is hungry now.

sottoscrittore *agg.* (*firmatario*) signatory ◆ *s.m.* (*firmatario*) signer, undersigner; (*di titoli, azioni*) underwriter, subscriber; (*di abbonamenti*) subscriber // (*fin.*): — *di titoli di nuova emissione*, underwriter of a new issue of shares; — *di un prestito*, subscriber to a loan (*o* contractor of a loan).

sottoscrivere *v.tr.* **1** (*firmare*) to sign, to undersign; (*titoli, azioni*) to underwrite*, to subscribe; (*prestiti, abbonamenti*) to subscribe: — *una dichiarazione*, to sign a declaration; — *una domanda*, to undersign an application; — *un contratto*, to sign a contract; — *un abbonamento a un periodico*, to subscribe to a periodical; — *una forte somma a favore di un istituto di carità*, to subscribe a large sum to a charitable institution // (*fin.*): — *obbligazioni*, to underwrite bonds; — *azioni*, to underwrite shares (*o* to make a share application); — *un prestito*, to subscribe to a loan // (*assicurazioni*) — *una polizza*, to underwrite an insurance policy // (*dir.*) — *un atto formale*, to execute a deed **2** (*fig.*) (*approvare*) to support, to subscribe to (sthg.): — *l'operato, le scelte di qlcu.*, to support s.o.'s actions, choices ◆ *v.intr.* (*non com.*) (*aderire*) to subscribe, to assent: — *a una proposta, a un programma*, to subscribe (*o* to assent) to a proposal, to a programme.

sottoscrizione *s.f.* (*firma*) signature; (*raccolta di fondi o firme*) subscription; (*di titoli ecc.*) underwriting, subscription: (*dir.*) — *per procura*, signature by proxy; *aprire una — ad un fondo*, to open a subscription to a fund; *fare una — per...*, to raise (*o* to hold) a subscription for... // (*fin.*): — *di un'emissione*, subscription to an issue; — *con riporto*, oversubscription; — *di azioni di nuova emissione*, underwriting of a new issue of shares.

sottosegretariato *s.m.* undersecretaryship.

sottosegretario *s.m.* undersecretary // — (*di stato*), Undersecretary of State, (*nell'ordinamento italiano*) deputy-minister.

sottosezione *s.f.* subsection, subdivision.

sottosopra *avv.* **1** upside down: *girare una scatola* —, to turn a box upside down **2** (*in disordine*) topsy-turvy, upside down: *tutto il mondo è* —, the whole world has turned topsy-turvy; *la mia stanza è* —, my room is topsy-turvy; *la casa fu messa* —, the house was turned upside down; *mi hai messo la scrivania* —, you've messed up my desk; *mi sento lo stomaco* —, my stomach is upset; *il suo arrivo ci ha messo* —, his arrival threw us into confusion; *essere* —, to be in a mess, (*fig.*) (*turbato*) to be upset ◆ *s.m.* confusion, disorder, mess: *con questo — come pensi di trovare il tuo libro?*, how are you going to find your book in all this mess?

sottospazio *s.m.* (*mat.*) subspace.

sottospecie *s.f.* (*bot., zool.*) subspecies (*pl. invar.*).

sottosquadro *s.m.* undercut, back draft.

sottossido *s.m.* (*chim.*) suboxide.

sottostante *agg.* **1** below: *la pianura* —, the plain below; *gli spettatori delle tribune sottostanti*, the spectators in the stands below (*o* in the lower stands) **2** (*fig. non com.*) (*subordinato*) subordinate.

sottostare *v.intr.* **1** (*non com.*) (*essere sotto*) to be below, to be underneath **2** (*essere sottoposto a*) to be subordinate to s.o.: *nel lavoro non deve — a nessuno*, he is not subordinate to any one in his job **3** (*sottomettersi*) to submit, to be subject; to give* in, to yield: *non voglio — alle sue imposizioni*, I don't want to submit (*o* to give in) to his orders; *mi rifiuto di — ai compromessi*, I refuse to give in to compromise; — *ai capricci di qlcu.*, to be subject to s.o.'s whims; — *alla legge*, to stay within the bounds of the law.

sottostazione *s.f.* (*elettr.*) substation; (*ferr.*) railway substation.

sottosterzante *agg.* (*aut.*) understeering.

sottosterzare *v.intr.* (*aut.*) to understeer.

sottosterzata *s.f.* (*aut.*) understeering.

sottosterzo *s.m.* (*aut.*) understeer.

sottostimare *v.tr.* to undervalue, to underestimate, to underrate: — *il valore di un immobile*, to undervalue a real estate.

sottosuolo *s.m.* subsoil; (*geol.*) subsurface: *esplorare il* —, to explore the subsoil; *nel* —, underground; *le ricchezze del* —, the mineral resources.

sottosviluppato *agg.* underdeveloped: *un paese* —, an underdeveloped country; *avere un'economia sottosviluppata*, to have an underdeveloped economy; *un bambino* —, an underdeveloped child.

sottosviluppo *s.m.* **1** underdevelopment, lack of development: *il — di alcune aree geografiche*, the underdevelopment of certain geographic regions **2** (*fot.*) underdevelopment.

sottotangente *s.f.* (*mat.*) subtangent.

sottotenente *s.m.* **1** (*mil.*) second lieutenant **2** (*aer.*) (GB) pilot officer, (USA) second lieutenant **3** (*mar.*) — *di vascello*, (GB) sublieutenant, (USA) lieutenant junior grade.

sottoterra *avv.* e *s.m.* underground: *nascondere* —, to hide underground; *vorrei nascondermi — dalla vergogna*, I could die of shame; *mettere* —, to bury; *essere* —, to be dead.

sottotetto *s.m.* (*arch.*) attic.

sottotipo *s.m.* (*bot., zool.*) subtype.

sottotitolare *v.tr.* to subtitle.

sottotitolato *agg.* subtitled: *il film è — per i non udenti*, the film has subtitles for the deaf.

sottotitolo *s.m.* subtitle.

sottotono *avv.* **1** in an undertone: *parlare* —, to speak in an undertone **2** (*fig.*) below par: *la squadra ha giocato* —, the team played below par ♦ *agg.* low-key: *prestazione* —, low-key performance.

sottotraccia *agg.*: *impianto elettico* —, wiring into chase.

sottoutilizzare *v.tr.* to underutilize: *i macchinari della fabbrica sono sottoutilizzati*, the factory machines are underutilized.

sottoutilizzazione *s.f.* **sottoutilizzo** *s.m.* (*econ.*) underutilization: — *di un impianto*, underutilization of a plant.

sottovalutare *v.tr.* to underestimate, to underrate; to undervalue: — *le capacità di un individuo*, to underestimate (*o* to underrate) a person's abilities; — *un terreno*, to undervalue a piece of land.

sottovalutazione *s.f.* undervaluation, underrating; underestimation.

sottovaso *s.m.* saucer (for flowerpot).

sottovela *avv.* (*mar.*) under sail.

sottovento *s.m.* (*mar.*) lee (side), leeward: *costa di* —, lee shore ◆ *avv.* leeward.

sottoveste *s.f.* petticoat, slip.

sottovia *s.f.* o *m.* underpass.

sottovoce *avv.* in a low voice, in an undertone; softly; in a whisper: *parlava* —, he spoke in a low voice; *parlate —, non urlate!*, speak softly, don't shout!; *dimmelo* —, whisper it to me.

sottovuoto *agg.* e *avv.* vacuum-packed, vacuum-sealed: *confezionare un prodotto* —, to vacuum-pack a product; *confezionato* —, vacuum-packed.

sottraendo *s.m.* (*mat.*) subtrahend.

sottrarre *v.tr.* **1** (*mat.*) to subtract: — *quattro da dieci*, to subtract (*o* to take) four from ten **2** (*portar via*) to take* away, to remove; (*rubare*) to steal*: — *qlco. alla vista di qlcu.*, to remove sthg. from s.o.'s sight; *aveva sottratto tutto il contenuto della cassaforte*, he had stolen everything that was in the safe; — *un documento, una lettera*, to steal a document, a letter **3** (*liberare, salvare*) to save, to rescue; to deliver: *lo sottrassero alla morte, al pericolo*, they saved him from death, from danger; — *qlcu. alla vendetta di qlcu.*, to put s.o. out of reach of s.o.'s revenge; — *qlcu. all'ira della folla*, to rescue s.o. from the anger of the mob **4** (*detrarre*) to deduct: — *le spese*, to deduct expenses. □ **sottrarsi** *v.rifl.* **1** (*sfuggire*) to get* out (of sthg.); to evade (sthg.), to escape: *non riuscirà a — alla giustizia*, he will not be able to evade justice; — *alla morte, al castigo*, to escape death, punishment; — *al pericolo*, to get out of danger; — *alla vigilanza di qlcu.*, to escape from s.o.'s vigilance **2** (*venir meno*) to shirk: — *al proprio dovere, alle proprie responsabilità*, to shirk one's duty, one's responsibilities; — *a un obbligo*, to shirk (*o* to back out of) an obligation.

sottrattivo *agg.* subtractive.

sottratto *agg.* **1** (*mat.*) subtracted **2** (*rubato*) stolen: *il denaro, il documento* —, the stolen money, document **3** (*detratto*) deducted.

sottrazione *s.f.* **1** (*mat.*) subtraction: *fare una* —, to make a subtraction **2** (*il portar via*) taking away, removal; (*furto*) theft // (*dir.*) — *indebita*, misappropriation (*o* embezzlement) **3** (*detrazione*) deduction.

sottufficiale *s.m.* non-commissioned officer.

soubrette *s.f.* (*teatr.*) soubrette.

soufflé *s.m.* (*fr.*) (*cuc.*) soufflé.

souplesse *s.f.* (*fr.*) **1** (*scioltezza*) suppleness, litheness **2** (*fig.*) (*flessibilità*) flexibility.

souvenir *s.m.* (*fr.*) souvenir: *negozio di* —, souvenir shop.

sovchoz, **sovcos** *s.m.* collective farm (in URSS).

sovente *avv.* (*letter.*) often, frequently.

soverchiante *agg.* overwhelming: *la forza — del nemico*, the overwhelming strength of the enemy.

soverchiare *v.tr.* **1** (*essere migliore di*) to surpass, to outdo*, to excel: *nessuno lo sover-*

chiava in destrezza, nobody could surpass (*o* outdo *o* excel) him in skill **2** (*sopraffare*) to overwhelm, to overcome*; to crush; (*estens.*) to drown: *la soverchiava con la sua autorità*, he crushed her with his authority; *le nostre truppe soverchiavano il nemico*, our troops overwhelmed (*o* overcame) the enemy; *il clamore della folla soverchiava la voce dell'oratore*, the clamouring of the crowd drowned the orator's voice **3** (*non com.*) (*oltrepassare*) to overflow*: *il fiume soverchiò gli argini*, the river overflowed its banks ◆ *v.intr.* (*letter.*) (*sovrabbondare*) to be over, to be left over.

soverchiatore *agg.* (*non com.*) overbearing: *nazione soverchiatrice*, oppressor nation ◆ *s.m.*, **soverchiatrice** *s.f.* oppressor: *un — dei diritti altrui*, oppressor of the rights of others.

soverchieria *s.f.* browbeating [U], bullying [U]; oppression; abuse of power: *commettere, subire soverchierie*, to be guilty of oppression, to suffer oppression.

soverchio *agg.* excessive: *soverchia precisione, cura*, excessive precision, care; *soverchi scrupoli*, excessive scruples ◆ *s.m.* excess: *averne di —*, to have more than enough.

sovesciare *v.tr.* (*agr.*) to plough in.

sovescio *s.m.* (*agr.*) green manure.

soviet *s.m.* soviet: *Soviet Supremo*, Supreme Soviet.

sovietico *agg.* e *s.m.* soviet: *Russia sovietica*, Soviet Russia.

sovietizzare *v.tr.* to sovietize.

sovietizzazione *s.f.* sovietization.

sovietologia *s.f.* Sovietology.

sovietologo *s.m.* Sovietologist.

sovra (*letter.*) → **sopra**.

sovrabbondante *agg.* overabundant, redundant, excess (*attr.*), surplus (*attr.*): *alimentazione —*, overabundant diet; *produzione —*, overproduction; *manodopera —*, redundant (*o* surplus) labour.

sovrabbondanza *s.f.* overabundance, redundancy, excess, glut, surplus: *c'è — di mele quest'anno*, there's a glut of apples this year; *in —*, in excess // (*econ.*): *— di denaro, di capitali*, glut of money, of capital; *— di manodopera*, surplus labour; *— di grano sul mercato*, surplus of corn on the market; *avere — di scorte*, to be overstocked.

sovrabbondare *v.intr.* (*avere in eccesso*) to overabound (in sthg.), to superabound (in sthg.); to have too much (of sthg.); (*essere in eccesso*) to be in excess: *il grano quest'anno sovrabbonda*, there's a glut of wheat this year; *uno scrittore che sovrabbonda in citazioni*, a writer who uses too many quotations; *— di manodopera*, to have a surplus labour.

sovracapitalizzare *v.tr.* (*econ.*) to overcapitalize: *società sovracapitalizzata*, overcapitalized company.

sovraccaricare *v.tr.* **1** to overload; to overburden, to overcharge: *— un camion*, to overload a truck; *— qlcu. di lavoro*, to overburden s.o. with work (*o* to overwork s.o.); *— qlcu. di imposte*, to overtax s.o.; (*dir.*) *— un atto d'accusa*, to overcharge an indictment **2** (*inform.*) to overcrowd.

sovraccarico *agg.* overloaded, overburdened: *— di lavoro*, overloaded (*o* overburdened) with work; *questa automobile è sovraccarica*, this car is overloaded; *essere — di debiti*, to be deeply (*o* heavily) in debt ◆ *s.m.* **1** overload (*anche tecn.*); overloading; *— di tasse*, overtaxation (*o* excessive burden of taxation); *— momentaneo*, (*elettr. mecc.*) momentary overload, (*rad.*, *tv*) blast **2** (*sport*) (*di cavalli*) weight-handicap.

sovraccoperta → **sopraccoperta**.

sovracorrente *s.f.* (*elettr.*) overcurrent.

sovracriticità *s.f.* (*fis.*, *chim.*) supercriticality.

sovracritico *agg.* (*fis.*, *chim.*) supercritical.

sovraemissione *s.f.* (*fin.*) overissue.

sovraesporre e *deriv.* → **sovresporre** e *deriv.*

sovrafatturazione *s.f.* (*comm.*) overinvoicing.

sovraffaticare *v.tr.* to overtire, to wear* out, to tire out.

□ **sovraffaticarsi** *v.rifl.* to overtire oneself, to tire oneself out: *si è sovraffaticato e il medico gli ha prescritto una settimana di riposo*, he's tired himself out so his doctor has prescribed a week's rest.

sovraffollamento *s.m.* overcrowding.

sovraffollare *v.tr.* to overcrowd.

sovraffollato *agg.* overcrowded; packed: *la sala era sovraffollata*, the hall was packed full.

sovraimposta → **sovrimposta**.

sovrainnestare *v.tr.* (*agr.*) to intergraft.

sovrainnesto *s.m.* (*agr.*) intergrafting; (*pianta*) double-grafted tree.

sovraintendere e *deriv.* → **soprintendere** e *deriv.*

sovrainvestimento *s.m.* (*econ.*) overinvestment.

sovralimentare *v.tr.* **1** to overfeed*: *i bambini obesi sono sovralimentati*, obese children are overfed **2** (*mecc.*) to supercharge.

sovralimentato *agg.* **1** overfed **2** (*mecc.*) supercharged: *motore —*, supercharged engine.

sovralimentatore *s.m.* (*mecc.*) supercharger; booster fan.

sovralimentazione *s.f.* **1** overfeeding; overeating **2** (*mecc.*) supercharging; boosting.

sovrallenamento *s.m.* (*non com.*) overtraining.

sovralluvionamento *s.m.* (*geol.*) aggradation.

sovrametallo *s.m.* (*mecc.*) stock.

sovrammercato → **soprammercato**.

sovrana *s.f.* **1** sovereign, queen **2** (*antica moneta d'oro*) sovereign.

sovranamente *avv.* **1** royally, sovereignly, regally **2** (*supremamente*) supremely; (*fam.*) (*completamente*) utterly, completely.

sovraneggiare *v.intr.* to rule, to reign; to domineer: *— su un paese*, to rule (*o* to reign) over a country.

sovranità *s.f.* **1** sovereignty: *la — dello stato*, the sovereignty of the State; *aver diritto di — sopra un territorio*, to have sovereign rights over a territory // (*econ.*): *— economica, monetaria*, economic, monetary sovereignty; *— del consumatore*, sovereignty of the consumer **2** (*fig. letter.*) (*supremazia*) supremacy: *la — della legge*, the supremacy of the law; *la — dell'ingegno*, the supremacy of genius.

sovrannaturale → **soprannaturale**.

sovrano *s.m.* sovereign, king: *alla presenza del —*, in the king's presence // *— di se stesso*, master of oneself // *il disordine regna —*, disorder reigns.

sovrano *agg.* **1** sovereign: *stato, potere —*, sovereign state, power: *principe —*, sovereign prince; *l'assemblea è sovrana*, the assembly is sovereign **2** (*fig. letter.*) (*supremo*) sovereign, supreme: *— disprezzo*, sovereign (*o* supreme) contempt; *bellezza sovrana*, sovereign beauty; *onore —*, supreme honour **3** (*letter.*) (*assoluto*) absolute, total: *mostrare una sovrana indifferenza*, to show total indifference **4** (*ant.*) (*che sta sopra*) towering: *rupe sovrana*, towering crag.

sovraoccupazione *s.f.* (*econ.*) overemployment.

sovrappassaggio, **sovrappasso** *s.m.* flyover, (*amer.*) overpass.

sovrappiù → **soprappiù**.

sovrapponibile *agg.* superimposable.

sovrappopolamento *s.m.* overpopulation; overpopulating.

sovrappopolare *v.tr.* to overpopulate.

□ **sovrappopolarsi** *v.intr.pron.* to become* overpopulated.

sovrappopolato *agg.* overpopulated, overpeopled.

sovrappopolazione *s.f.* overpopulation.

sovrapporre *v.tr.* **1** to put* on (sthg.); to lay* on (sthg.); to place on (sthg.); to superimpose: *— due mattoni*, to put one brick on another; *— due triangoli*, to superimpose two triangles; *— un'immagine a un'altra*, to superimpose (*o* to lay *o* to place) one image on another **2** (*fig.*) (*aggiungere*) to superimpose, to add **3** (*fig.*) (*preporre*) to set* (over sthg.), to place (over sthg.); (*imporre*) to impose (on sthg.), to force (on sthg.): *— l'autorità centrale alle autonomie locali*, to set the central authority over (*o* to impose central authority on) local government.

□ **sovrapporsi** *v.intr.pron.* **1** (*porsi sopra*) to be placed one upon another; to be superimposed; (*fig.*) to overlap: *le immagini si sovrappongono*, the images are superimposed; *i loro interessi si sovrappongono*, their interests overlap (*o* they have overlapping interests); *giovedì mattina abbiamo due lezioni che si sovrappongono*, we've got two lessons that overlap on Thursday morning; *il rumore si sovrappose alle voci*, the noise drowned out the voices **2** (*fig.*) (*aggiungersi*) to arise in addition (to sthg.): *nuove difficoltà si sono sovrapposte alle precedenti*, fresh difficulties have arisen in addition to the previous ones; *il sospetto si sovrappose alla gioia*, suspicion took the place of joy.

sovrapposizione *s.f.* **1** superimposition; (*fig.*) overlapping: *la — di due immagini*, the superimposition of two images; *la — di interessi diversi*, the overlapping of different interests **2** (*mecc.*, *rad.*) overlap **3** (*scient.*) superposition: (*mat.*) *— di funzioni trigonometriche*, superposition of trigonometric functions // (*fis.*): *— delle vibrazioni*, superposition of vibrations; *principio di —*, superposition principle **4** (*inform.*) (*di programmi*) overlay; (*di tempi*) overlapping.

sovrapposto *agg.* laid upon, placed upon; superimposed; (*fig.*) overlapping: *i mattoni sono sovrapposti l'uno all'altro*, the bricks are laid one on top of the other; *c'erano troppi rumori sovrapposti alla musica*, there was too much noise on top of the music; *immagini sovrapposte*, superimposed images; *interessi sovrapposti*, overlapping interests // *fucile a canne sovrapposte*, over-and-under.

sovrapprezzo *s.m.* **1** (*maggiorazione di prezzo*) increase in price; (*ciò che si paga in più*) surcharge, extra charge, overcharge: *pagammo un* —, we paid an extra charge; — *illecito*, fraudolent overcharge **2** (*fin.*) (*prezzo sopra la pari*) price above par // (*Borsa*) — *azioni*, contributed surplus (*o* share premium).

sovrapproduzione *s.f.* (*econ.*) overproduction.

sovrascorrimento *s.m.* (*geol.*) thrust.

sovrassicurazione *s.f.* (*assicurazioni*) overinsurance.

sovrastampa *s.f.* overprint.

sovrastampare *v.tr.* to overprint.

sovrastante *agg.* rising above (sthg.), towering above (sthg.), overlooking; (*fig.*) imminent, impending: *la scogliera — la spiaggia*, the cliffs overlooking the beach.

sovrastare *v.tr.* e *intr.* **1** to dominate (sthg.); to overlook (sthg.); to stand* (above sthg.), to tower (above sthg.): *la montagna sovrasta la valle*, the mountain dominates the valley **2** (*fig.*) (*essere imminente*) to hang* (over s.o., sthg.); to be imminent, to be impending: *ignaro della sciagura che lo sovrasta*, unaware of the impending calamity; *molti pericoli ci sovrastano*, many dangers are hanging (*o* are impending) over us **3** (*fig.*) (*essere superiore*) to be superior (to s.o., sthg.); to surpass (s.o., sthg.), to excel (s.o., sthg.), to outdo* (s.o., sthg.): *sovrasta tutti in astuzia*, he surpasses (*o* excels) everybody in cunning; *sovrasta di molto tutti gli altri concorrenti*, he is much superior to (*o* he towers above) all the other competitors.

sovrasterzare *v.intr.* (*aut.*) to oversteer.

sovrasterzata *s.f.* (*aut.*) oversteering.

sovrasterzo *s.m.* (*aut.*) oversteer.

sovrastimare *v.tr.* to overvalue, to overestimate, to overrate: — *il valore di un terreno*, to overvalue a piece of land.

sovrastruttura *s.f.* **1** superstructure: *sovrastrutture stradali*, road superstructure **2** (*fig.*) overtone; complication: *un film appesantito da sovrastrutture ideologiche*, a film burdened with ideological overtones; *una persona chiara, senza sovrastrutture*, a straightforward, uncomplicated person **3** (*nella dottrina di Marx*) superstructure.

sovrasviluppo *s.m.* (*fot.*) overdevelopment.

sovratensione *s.f.* (*elettr.*) overvoltage.

sovrattassa → **soprattassa**.

sovraumano → **sovrumano**.

sovreccedere e *deriv.* → **sopreccedere** e *deriv.*

sovreccitabile *agg.* overexcitable.

sovreccitabilità *s.f.* overexcitability.

sovreccitamento *s.m.* overexcitement.

sovreccitare *v.tr.* to overexcite.
□ **sovreccitarsi** *v.rifl.* to become* overexcited, to get* overexcited.

sovreccitato *agg.* overexcited.

sovreccitazione *s.f.* overexcitement.

sovresporre *v.tr.* (*fot.*) to overexpose.

sovresposizione *s.f.* (*fot.*) overexposition.

sovresposto *agg.* (*fot.*) overexposed.

sovrimporre *v.tr.* (*non com.*) to superimpose // — *una tassa*, to impose an extra tax (*o* to surtax).

sovrimposta *s.f.* extra tax, additional tax, surtax, supertax, surcharge: — *sul reddito*, income surtax (*o* surcharge); — *sugli utili aziendali*, surcharge on corporate profits; *applicare una — a qlco.*, to surtax sthg.

sovrimpressione *s.f.* **1** (*fot.*) double exposure **2** (*tip.*) overprint, overprinting.

sovrimpresso *agg.* (*tip.*) overprinted.

sovrintendere e *deriv.* → **soprintendere** e *deriv.*

sovrumano *agg.* superhuman (*anche fig.*): *potenze sovrumane*, superhuman power; *sforzi sovrumani*, superhuman efforts; *avere una pazienza sovrumana*, to have superhuman (*o* extraordinary) patience.

sovvenire *v.tr.* (*letter.*) (*aiutare*) to help, to assist ♦ *v.intr.* (*letter.*) **1** (*venire in aiuto*) to help (s.o.), to take* care of s.o.; (*sopperire*) to meet* (sthg.): — *alle necessità di qlcu.*, to meet s.o.'s needs **2** (*venire in mente*) to occur: *non mi sovvenne che dovevamo incontrarci*, it did not occur to me that we were to meet.
□ **sovvenirsi** *v.intr.pron.* (*non com.*) (*ricordarsi*) to remember (s.o., sthg.); (*venire alla mente*) to occur: *non mi sovvengo del tuo nome*, I do not remember your name.

sovvenzionamento *s.m.* (*econ.*) (*il sovvenzionare*) subsidizing; (*la sovvenzione*) subsidy.

sovvenzionare *v.tr.* to subsidize; (*finanziare*) to finance: — *la ricerca scientifica*, to subsidize scientific research; — *una scuola, l'agricoltura*, to subsidize a school, farming; — *un programma per l'energia nucleare*, to finance a nuclear power programme.

sovvenzionatore *agg.* providing financial backing, financing ♦ *s.m.* subsidizer, financial backer.

sovvenzione *s.f.* subsidy, subvention, grant, payout, aid: — *statale*, government grant (*o* aid); — *pubblica*, (*per fini specifici*) earmarked grant; — *di capitali*, capital grant; — *alle esportazioni*, export bounty (o subsidy); *sovvenzioni all'agricoltura*, farm subsidies; *ricevere una* —, to receive a subsidy.

sovversione *s.f.* overthrow, subversion: — *di un governo*, overthrow (*o* subversion) of a government.

sovversivismo *s.m.* **1** (*carattere sovversivo*) subversive nature **2** (*movimento sovversivo*) subversive movement.

sovversivo *agg.* e *s.m.* subversive.

sovvertimento *s.m.* subversion, overthrow.

sovvertire *v.tr.* **1** to overthrow*, to subvert: — *il governo*, to overthrow the government **2** (*innovare, cambiare*) to overturn, to change profoundly.

sovvertitore *s.m.* **sovvertitrice** *s.f.* subverter ♦ *agg.* subverting.

sozzeria *s.f.* (*region.*) **1** dirty act, filthy act; dirty behaviour, filthy behaviour **2** (*l'essere sozzo*) dirt, filth, filthiness (*anche fig.*).

sozzo *agg.* dirty, filthy (*anche fig.*): *hai le mani sozze di fango*, your hands are filthy with mud; *una sozza vicenda*, a dirty business.

sozzone *agg.* dirty, filthy ♦ *s.m.* dirty person, filthy person.

sozzume *s.m.* filth, filthiness, foulness.

sozzura *s.f.* filth, filthiness, foulness (*anche fig.*).

spaccalegna *s.m.* woodcutter.

spaccamento *s.m.* (*non com.*) splitting, cleaving; split.

spaccamontagne, spaccamonti *s.m.* e *f.* (*fam.*) (*spaccone*) braggard, boaster.

spaccaossa *s.m.* (*tipo di coltello da macelleria*) cleaver.

spaccapietre *s.m.* stonebreaker.

spaccare *v.tr.* to split*, to cleave*; (*rompere*) to break*: — *un pezzo di legno*, to split (*o* to cleave) a piece of wood; *ha spaccato il tavolo*, he broke the table; — *legna*, to chop wood // *c'era un sole che spaccava le pietre*, the sun was blazing down // *quest'orologio spacca il minuto*, this watch keeps perfect time // *se lo incontro di nuovo gli spacco la faccia, il muso*, if I come across him again I'll smash his face in // *o la va o la spacca*, (*fam.*) it's do or die.
□ **spaccarsi** *v.intr.pron.* to split*, to cleave*; (*rompersi*) to break*: *un legno che si spacca facilmente*, wood that splits easily; *il ghiaccio si sta spaccando*, the ice is breaking up.

spaccata *s.f.* **1** (*lo spaccare*) breaking **2** (*ginnastica, danza*) splits (*pl.*): *fare la* —, to do the splits **3** (*sl.*) (*furto*) smash-and-grab(raid).

spaccato *agg.* split, cleft; (*rotto*) broken: *legna spaccata*, chopped wood // *è suo padre* —, (*fig. fam.*) he is the image of his father ♦ *s.m.* **1** (*arch.*) vertical section **2** (*rappresentazione, descrizione*) cross-section: *il libro presenta uno — della società della fine dell'Ottocento*, the book gives a cross-section of society at the end of the nineteenth century.

spaccatura *s.f.* **1** split, cleft, cleavage, rift, fissure; (*incrinatura*) crack: (*metall.*) — *a caldo, a freddo*, hot, cold crack **2** (*fig.*) split, rift: *c'è stata una — nel partito*, there has been a split in the party.

spacchettare *v.tr.* to unwrap; to undo*.

spacciabile *agg.* (*non com.*) saleable.

spacciare *v.tr.* **1** (*vendere*) to sell* (off), to give* out: — *le rimanenze di magazzino*, to sell off the unsold stock **2** (*mettere in circolazione*) to circulate; (*clandestinamente*) to utter, to traffic in (sthg.), to peddle: — *monete false*, to circulate (*o* to utter) counterfeit money; — *droga*, to push (*o* to peddle) drugs **3** (*divulgare*) to spread*, to give* out: — *notizie*, to spread (*o* to give out) news **4** (*far credere che sia*) to pass off: *me lo voleva — per oro*, he wanted to pass it off as gold; *non puoi — quella serie di parole per poesia*, you can't pass off that string of words as poetry // — *fandonie*, to tell fibs **5** (*rar.*) (*sbrigare*) to dispatch **6** (*fam.*) (*uccidere*) to kill, to do* (s.o.) in.
□ **spacciarsi** *v.rifl.* to give* oneself out (to be), to pretend (to be); to pass oneself off (as): *si spacciava per un grande scienziato*, he gave himself out to be a great scientist; *è riuscito a entrare spacciandosi per poliziotto*, he managed to get in by passing himself off as a policeman.

spacciato *agg.* done for: *è* —, he is done for (*o* it is all up with him); *i medici lo danno per* —, the doctors say he's done for; *se non ar-*

rivano i soldi siamo spacciati, if the money doesn't arrive we're done for.

spacciatore *s.m.* **1** (*venditore*) seller; trafficker, pusher, utterer, peddler: — *di droga*, drug pusher (*o* peddler *o* drug dealer); — *di monete false*, forger (*o* utterer) of counterfeit money **2** (*divulgatore*) spreader, divulger.

spaccio *s.m.* **1** (*smercio illegale*) traffic, illicit trading: *essere arrestato per — di stupefacenti*, to be arrested for drug pushing (*o* peddling); — *di monete false*, passing (*o* circulation) of counterfeit money **2** (*vendita*) sale, marketing: *locale autorizzato allo — di superalcolici*, licensed shop **3** (*negozio*) shop: — *aziendale*, company store; — *cooperativo*, cooperative store.

spacco *s.m.* **1** split, cleft, rift, fissure; (*incrinatura*) crack **2** (*apertura di vestito*) vent **3** (*strappo*, *taglio*) tear: *uno — nei pantaloni*, a tear in one's trousers.

spacconata *s.f.* boasting, bragging, boast: *è stata solo una — da parte sua*, he was just boasting (*o* it was only a boast).

spaccone *s.m.* boaster, braggart: *non fare lo —!*, don't boast!

spada *s.f.* **1** sword: — *alla mano*, sword in hand; — *da scherma*, foil; *duello alla —*, duel with swords; *battersi con la —*, to sword fight; *brandire la —*, to brandish one's sword; *cingere la —*, to gird a sword; *incrociare la — con qlcu.*, to measure (*o* to cross) swords with s.o.; *sguainare*, *rinfoderare la —*, to draw, to sheathe one's sword; *tirare di —*, to fence // *la — della giustizia*, the sword of Justice // *la — di Damocle*, the sword of Damocles // *egli è un'ottima —*, he is an excellent swordsman (*o* fencer) // *difendere qlcu., qlco. a — tratta*, to defend s.o., sthg. with all one's might // *passare qlcu. a fil di —*, to run s.o. through (with one's sword) // *chi di — ferisce, di — perisce*, (*prov.*) they that live by the sword shall die by the sword **2** *pl.* (*carte*) spades **3** (*zool.*) *pesce —*, (*Xiphias gladius*) swordfish.

spadaccino *s.m.* swordsman*, fencer.

spadaio, **spadaro** *s.m.* swordmaker.

spadellare *v.intr.* (*region.*) (*trafficare in cucina*) to be busy in the kitchen; to bustle about the kitchen.

spadice *s.m.* (*bot.*) spadix*.

spadiforme *agg.* sword-shaped.

spadina *s.f.* **1** small sword **2** sword-shaped hairpin, sword-shaped bodkin.

spadino *s.m.* dresssword.

spadista *s.m.* e *f.* fencer; foilsman*.

spadona *s.f.* (*bot.*) spade pear, Williams pear.

spadone *s.m.* broadsword.

spadroneggiare *v.intr.* to lord it, to boss around, to domineer: *non lasciarlo — in casa tua*, don't let him lord it in your house.

spaesato *agg.* (*smarrito*, *turbato*) lost, out of one's element: *mi sento — senza di te*, I feel lost without you; *il cane è un po' — nella casa nuova*, the dog is a bit lost in the new house.

spaghettata *s.f.* (*fam.*) spaghetti meal: *abbiamo fatto una — dopo il film*, we had a nosh-up of spaghetti after the film.

spaghetteria *s.f.* spaghetti restaurant.

spaghettiera *s.f.* spaghetti dish.

spaghetti-western *s.m.* (*scherz.*) spaghetti -western.

spaghetto[1] *s.m.* **1** string **2** *pl.* (*cuc.*) spaghetti [U]: *questi spaghetti sono molto buoni*, this spaghetti is very nice.

spaghetto[2] *s.m.* (*region.*) (*paura*) fright, scare: *si è preso uno di quegli spaghetti!*, he got such a fright (*o* he was scared out of his wits)!

spaginare *v.tr.* (*tip.*) to alter the pagination.

spaginatura *s.f.* (*tip.*) altering of the pagination.

spaglio *s.m.*: *seminare a —*, to scatter seed (*o* to sow broadcast).

spagnola *s.f.* **1** Spaniard, Spanish woman **2** (*med.*) Spanish flue.

spagnoleggiare *v.intr.* to adopt Spanish ways; to affect Spanish manners; (*fig.*) to behave haughtily.

spagnolesco *agg.* (*spreg.*) (*borioso*) boastful; bragging; haughty.

spagnoletta *s.f.* **1** (*su cui si avvolge filo*) spool **2** (*di finestra*) window bolt **3** (*scialletto*) mantilla **4** (*antiq.*) (*sigaretta*) cigarette **5** (*bot. region.*) → arachide.

spagnolismo *s.m.* (*locuzione, parola di origine spagnola*) Hispanicism.

spagnolo *agg.* Spanish ◆ *s.m.* **1** (*abitante*) Spaniard **2** (*lingua*) (the) Spanish (language).

spago[1] *s.m.* string; twine; cord, pack thread: *un gomitolo di —*, a ball of string; *un pezzo di —*, a piece of string // *dar — a qlcu.*, (*fig. fam.*) to let s.o. talk.

spago[2] *s.m.* (*region.*) (*paura*) fear, funk.

spahi *s.m.* (*mil.*) spahi, spahee.

spaiamento *s.m.* (*non com.*) uncoupling, separating of a pair.

spaiare *v.tr.* to uncouple, to separate a pair.

spaiato *agg.* odd, unmatched, unpaired: *una scarpa spaiata*, an odd shoe // (*fis.*) *elettrone —*, unpaired electron.

spalancamento *s.m.* (*non com.*) opening wide, throwing open, flinging open.

spalancare *v.tr.* to open wide, to throw* open: — *le braccia, gli occhi*, to open one's arms, one's eyes wide; — *una porta, una finestra*, to fling open a door, a window // *non — la bocca quando sbadigli*, don't open your mouth wide when you yawn // *spalanca bene le orecchie*, (*fig.*) prick up your ears.

□ **spalancarsi** *v.intr.pron.* to burst* open, to be thrown open: *si spalancò la finestra*, the window burst open.

spalancato *agg.* wide open: *con la bocca spalancata*, agape; *con gli occhi spalancati*, with wide-open eyes: *lo guardò con gli occhi spalancati per la sorpresa*, he looked at him in wide-eyed surprise (*o* he gaped at him in surprise).

spalaneve *s.m.* **1** (*persona*) snow clearer **2** (macchina) snowplough; (*amer.*) snowplow.

spalare *v.tr.* **1** to shovel away; to sweep* away: — *la neve*, to shovel the snow away **2** (*mar.*) — *i remi*, to feather the oars.

spalata *s.f.* shovelling: *dare una — alla neve*, to shovel the snow away.

spalatore *s.m.* shoveller.

spalatrice *s.f.* (*agr.*) shovelling machine.

spalatura *s.f.* shovelling.

spalcare *v.tr.* (*rar.*) **1** to remove scaffolding from (sthg.) **2** (*tagliar rami a*) to lop off boughs from (a tree).

spalla *s.f.* **1** shoulder: *avere le spalle larghe*, (*anche fig.*) to have broad shoulders; *ha una — più alta dell'altra*, he has one shoulder higher than the other; *mi diede un'amichevole pacca sulla —*, he gave me a friendly clap on the shoulder; *il tuo vestito è troppo stretto sulle spalle*, your dress is too narrow across the shoulders; *portare il fucile a —*, to carry one's rifle on one's shoulder // *alzare le spalle*, to shrug one's shoulders // *abbiamo lavorato — a — per due anni*, (*fig.*) we worked side by side for two years // *ha bisogno di una — per piangere*, (*fig.*) he needs a shoulder to cry on // (*teatr.*) *far da — a qlcu.*, to act as s.o.'s stooge // (*mus.*) *violino di —*, second violin **2** *pl.* (*dorso*, *schiena*) back (*sing.*): *una pugnalata alle spalle*, (*anche fig.*) a stab in the back; *portare qlco., qlcu. sulle spalle*, to carry sthg., s.o. on one's back; *voltare le spalle a qlcu.*, to turn one's back to s.o.; (*fig.*) to turn one's back on s.o.: *quando ha avuto bisogno d'aiuto, tutti gli hanno voltato le spalle*, when he needed help everyone turned their backs on him; *non puoi voltare le spalle alla fortuna*, you can't turn your back on luck // *non mi stare alle spalle*, don't stand behind me; *mi prendi quel libro alle tue spalle?*, would you give me that book that is behind you? // *lo presero alle spalle*, they took him from behind; *attaccarono il nemico alle spalle*, they attacked the enemy from the rear **3** (*fianco*) side: *la — della montagna, del fiume*, the side of the mountain, of the river **4** (*tip.*) shoulder **5** (*mar.*) — *del timone*, rudder bow **6** (*arch.*) abutment **7** (*cuc.*) (*prosciutto di*) —, shoulder of ham.

◆ FRASEOLOGIA: *avere una famiglia numerosa sulle spalle*, to have a large family to support (*o* on one's hands); *vivere alle spalle di qlcu.*, to live on (*o* off) s.o.: *mangia e beve sempre a casa di suo zio, praticamente vive alle sue spalle*, he always eats and drinks at his uncle's, practically speaking he's living off him; *avere la testa sulle spalle*, to have a head on one's shoulders; *prendersi una responsabilità sulle spalle*, to take a responsibility upon oneself: *non puoi lasciare tutta la responsabilità sulle sue spalle*, you can't saddle him with all the responsibility; *ascoltate i suoi consigli, ha molti anni di esperienza alle, sulle spalle*, listen to his advice, he has years of experience behind him; *dire qlco. alle spalle di qlcu.*, to say sthg. behind s.o.'s back: *ridere alle spalle di qlcu.*, to laugh at s.o. behind his back; *mettere qlcu. con le spalle al muro*, to put s.o. with his back to the wall; *occhio alle spalle!*, look out!; *con tipi come lui bisogna guardarsi le spalle*, with fellows like him you've got to be ready for anything; *può permettersi di rischiare perché ha le spalle coperte*, he can afford to take risks because he's well covered.

spallaccio *s.m.* (*tracolla*) shoulder strap.

spallarm *inter.* e *s.m.* shoulder arms.

spallata *s.f.* **1** push with the shoulder: *fece cadere lo steccato con una —*, he knocked the fence down with his shoulder; *mi ha fatto cadere con una violenta —*, he knocked me down by pushing me violently with his shoulder **2** (*alzata di spalle*) shrug (of one's shoulders).

spallazione *s.f.* (*fis. nucleare*) spallation.

spalleggiamento *s.m.* backing, supporting.

spalleggiare *v.tr.* to back, to support: *era*

spalleggiato da suo padre, he was backed (up) by his father.
□ **spalleggiarsi** *v.rifl.rec.* to back each other (one another); to support each other (one another).

spalleggiato *agg.* backed, supported: — *da tutti i suoi amici, si sente più forte*, backed by all his friends he feels stronger.

spalletta *s.f.* parapet.

spalliera *s.f.* **1** (*di seggiola, divano ecc.*) back **2** (*testata del letto*) head of the bed; (*ai piedi del letto*) foot of the bed **3** (*agr.*) (*di piante*) espalier **4** (*sport*) wall bars (*pl.*): *esercizi alla* —, wall bar exercises.

spallina *s.f.* **1** (*mil.*) epaulet(te) // *si guadagnò le spalline*, he won his epaulet(te)s **2** (*di vestito, sottoveste femminile*) shoulder strap **3** (*imbottitura di giacche ecc.*) shoulder pad.

spallone *s.m.* (*fam.*) (*contrabbandiere*) smuggler.

spalluccia *s.f.* narrow shoulder // *far spallucce*, to shrug one's shoulders.

spallucciata *s.f.* shrug (of the shoulders).

spalmare *v.tr.* to spread*; to smear: — *il burro su una fetta di pane*, to butter a slice of bread (*o* to spread butter on a slice of bread); — *del grasso su una superficie*, to smear (*o* to spread) grease on a surface; *spalmarsi il viso di crema*, to smear one's face with cream.

spalmata *s.f.* spreading, smearing: *dare una — di cera sul pavimento*, to spread some wax on the floor; *mi dai una — di crema sulla schiena?*, will you rub some cream on my back?

spalmatore *agg.* smearing; spreading ◆ *s.m.* smearer; spreader.

spalmatrice *s.f.* (*mecc.*) spreading machine, spreader.

spalmatura *s.f.* smearing; spreading.

spalto *s.m.* **1** glacis* **2** (*gener. pl.*) (*in uno stadio*) terrace, (*amer.*) bleacher.

spampanamento *s.m.* **1** (*il togliere le foglie alle viti*) stripping (of a vine) **2** (*il perdere le foglie, di viti*) shedding (of vine leaves) **3** (*di fiori*) opening out.

spampanare *v.tr.* (*togliere le foglie a una vite*) to strip (a vine) of its leaves.
□ **spampanarsi** *v.intr.pron.* (*di vite*) to shed* its leaves; (*di fiore*) to be overblown, to open out its petals: *questi fiori si stanno spampanando*, these flowers are opening out their petals.

spanare *v.tr.* **spanarsi** *v.intr.pron.* (*mecc.*) to strip: — *una vite*, to strip a screw.

spanato *agg.* (*mecc.*) stripped.

spanciare *v.tr.* (*non com.*) to gut ◆ *v.intr.* **1** (*facendo un tuffo*) to do* a belly flop, to belly flop **2** (*di aereo*) to do* a belly-landing **3** (*di muro*) to bulge.
□ **spanciarsi** *v.rifl.*: — *dal ridere*, to split one's sides with laughter.

spanciata *s.f.* **1** (*urto con la pancia*) belly flop: *prendersi una* —, to do a belly flop **2** (*aer.*) belly-landing **3** (*fam.*) (*scorpacciata*) bellyful: *fece una — di uva*, he stuffed himself with grapes.

spandere *v.tr.* **1** (*diffondere*) to spread*: *la lampada spandeva la luce in tutta la stanza*, the lamp spread its light all over the room; — *il terrore*, to spread terror **2** (*divulgare*) to spread*, to divulge: — *notizie allarmanti*, to spread alarming news **3** (*versare*) to shed*: — *lacrime, sangue*, to shed tears, blood // — *acqua*, (*orinare*) to make water **4** (*scialacquare*) to squander: *durante le vacanze spende e spande*, during his holidays he squanders his money.
□ **spandersi** *v.intr.pron.* to spread*: *i pettegolezzi si spandono facilmente in questa città*, gossip spreads easily in this town; *la macchia d'olio si spandeva rapidamente*, the oil slick spread rapidly.

spandiconcime *s.m.* (*agr.*) fertilizer spreader, manure spreader.

spandifieno *s.m.* (*agr.*) tedder.

spandighiaia *s.f.* gravel spreader.

spandiletame *s.m.* (*agr.*) manure spreader.

spandiliquame *s.m.* (*agr.*) sewage spreader.

spandimento *s.m.* **1** spreading **2** (*il versare*) shedding.

spandisabbia *agg.* sand-spreading ◆ *s.m.* e *f.* sand spreader.

spandisale *agg.* salt-spreading ◆ *s.m.* e *f.* salt spreading.

spanditore *s.m.* (*non com.*) spreader.

spanditura *s.f.* (*non com.*) **1** spreading **2** (*il versare*) shedding.

spaniare *v.tr.* to remove (a bird) from birdlime.
□ **spaniarsi** *v.intr.pron.* **1** to escape from birdlime **2** (*fig.*) (*liberarsi da un impaccio*) to get* out of a tight spot.

spaniel *s.m.* (*cane*) spaniel.

spanna *s.f.* span // *alto una* —, (*scherz.*) knee-high to a grasshopper.

spannare *v.tr.* to skim: — *il latte*, to skim milk.

spannarola, **spannatoia** *s.f.* skimmer.

spannatura *s.f.* skimming.

spannocchiare *v.tr.* to husk, to strip.

spannocchiatura *s.f.* husking, stripping.

spantanare *v.tr.* **1** (*non com.*) to get* out of the mire **2** (*fig.*) (*liberare da un impaccio*) to get* out of a fix.
□ **spantanarsi** *v.rifl.* (*trarsi d'impaccio*) to get* out of a fix.

spaparacchiarsi, **spaparanzarsi** *v.rifl.* (*region.*) to sprawl: *arrivato a casa si è spaparanzato sul divano*, as soon as he got home he sprawled on the sofa; *ho voglia di spaparanzarmi al sole*, I'd like to bask in the sun.

spappagallare *v.intr.* **1** (*ripetere come un pappagallo*) to repeat like a parrot **2** (*cianciare*) to chatter, to prattle.

spappolamento *s.m.* reducing to pulp, pulping.

spappolare *v.tr.* to pulp.
□ **spappolarsi** *v.intr.pron.* to become* mushy: *gli spaghetti si sono tutti spappolati*, the spaghetti has become all mushy.

spappolato *agg.* mushy: *frutta spappolata*, mushy fruit.

sparacchiare *v.intr.* to fire intermittently.

sparagella *s.f.* (*bot.*) (*Asparagus acutifolius*) wild asparagus Ⓤ.

sparagiaia *s.f.* → **asparageto**.

sparagio → **asparago**.

sparagnino *agg.* (*region.*) stingy, mean, closefisted: *un vecchio* —, a stingy old man ◆ *s.m.* (*region.*) miser, skinflint.

sparare[1] *v.tr.* to shoot*, to fire; to discharge: *sparò due cartucce*, he fired two cartridges; — *un colpo*, to fire a shot; — *un fucile, una rivoltella*, to fire (*o* to discharge) a rifle, a revolver // — *il pallone in porta*, to shoot the ball into the goal // — *balle*, (*fam.*) to shoot off one's mouth // *spararle grosse*, to talk big (*o* to tell whoppers) // — *un prezzo esorbitante*, to ask an exorbitant price; *mi sparerei un colpo in questi frangenti*, (*fig.*) I'd shoot myself in such circumstances ◆ *v.intr.* **1** to shoot*, to fire: *mi ordinò di* —, he ordered me to fire; — *a un leone, un bersaglio, un soldato*, to fire (*o* to shoot) at a lion, a target, a soldier; — *al petto, alle gambe*, to shoot in the chest, in the legs; *si è ucciso sparandosi*, he shot himself // — *a salve*, to fire blanks // *ha sparato a zero su tutti i miei amici*, (*fig.*) he has slated all my friends **2** (*di colore, luce ecc.*) to dazzle: *questo colore spara*, this colour is dazzling; *non riesco a leggere, questa luce spara*, I can't read, this light is dazzling me.

sparare[2] *v.tr.* (*non com.*) (*togliere i paramenti a*) to take* down hangings from (a church).

sparata *s.f.* **1** (*non com.*) (*di arma da fuoco*) discharge, volley **2** (*fig.*) (*spacconata*) bragging, boasting: *alle sue sparate non crede più nessuno*, no one takes his boasting seriously any more **3** (*fig.*) (*scenata*) scene, row: *non ci far caso, è una delle sue solite sparate*, don't take any notice, he's just making a scene as usual.

sparato[1] *s.m.* (*abbigl.*) shirtfront.

sparato[2] *agg.* like a shot: *andare, venire* —, (*fam.*) to go, to come like a shot.

sparatore *agg.* shooting, firing ◆ *s.m.* shooter, firer.

sparatoria *s.f.* shooting; exchange of shots: *ci fu una sanguinosa — tra le due bande rivali*, there was a bloody gun battle between the two rival gangs.

sparecchiamento *s.m.* (*non com.*) clearing (the table).

sparecchiare *v.tr.* **1** to clear: — *la tavola*, to clear the table **2** (*estens. scherz.*) (*trangugiare*) to guzzle: *sparecchiò tutto in pochi minuti*, he guzzled everything up in a few minutes.

spareggio *s.m.* **1** disparity, inequality **2** (*sport*) play-off, deciding game; (*tennis*) deciding set; (*a carte*) rubber game **3** (*econ.*) (*squilibrio*) unbalance; (*deficit*) deficit: *colmare uno* —, to make good a deficit.

spargere *v.tr.* **1** to scatter, to strew*: — *fiori*, to strew flowers: — *semi*, to sow seed; — *ghiaia*, to scatter gravel; — *zucchero, sale*, to sprinkle sugar, salt // — *denari a piene mani*, to throw money around // — *sentinelle lungo il confine*, to post sentries along the border **2** (*divulgare*) to spread*: — *notizie*, to spread news // — *ai quattro venti*, to throw to the winds // — *una voce*, to spread a rumour // — *zizzania*, (*fig.*) to spread discord **3** (*versare*) to shed*: — *lacrime, sangue*, to shed tears, blood **4** (*luce*) to shed*: *il lume spargeva una luce fioca*, the lamp shed a dim light.
□ **spargersi** *v.intr.pron.* **1** to scatter, to disperse, to spread*: *si sparsero per la campagna*, they scattered (*o* dispersed) through the countryside **2** (*diffondersi*) to spread*: *il fumo si è sparso nella valle*, the smoke spread along the valley; *la notizia si sparse in un baleno*, the news spread like wildfire; *si sparse la voce che...*, the rumour spread that...

spargimento *s.m.* **1** spreading **2** (*versamento*) shedding: — *di sangue*, bloodshed.

spargipepe *s.m.* pepper pot.

spargisale *s.m.* saltcellar.

spargitalco *s.m.* talcum powder duster.

sparigliare *v.tr.* to unmatch.

sparire *v.intr.* to disappear: *sparì in un baleno*, he disappeared in an instant; *appena messa in tavola la torta sparì*, the cake disappeared as soon as it was put on the table; *gli è sparito il portafoglio*, his wallet has disappeared; *il gruzzolo sparì in pochi mesi*, the savings disappeared in a few months; *il sole sparì dietro una nuvola*, the sun disappeared behind a cloud; *sparì tra la folla*, he disappeared into the crowd; *molti prodotti sono spariti dal mercato*, many products have gone off (*o* disappeared from) the market // *dove eri sparito? È una settimana che ti cerco!*, where did you get to? I've been looking for you for a week! // — *dalla faccia della terra*, (*fig.*) to vanish from the face of the earth // *Sparisci! Non ti voglio più vedere!*, (*fam.*) Get lost! I never want to see you again!

sparizione *s.f.* disappearance: *una misteriosa* —, a mysterious disappearance; *la* — *dei gioielli*, the disappearance of the jewels.

sparlare *v.intr.* **1** to run* (s.o., sthg.) down, to speak* badly, to talk behind s.o.'s back: *sparlò di me*, he talked behind my back; *se sparlano di lei è solo per invidia*, if they talk behind her back it's only because of envy **2** (*parlare a sproposito*) to talk nonsense: *parla e sparla in ogni occasione*, he talks nonsense every time he opens his mouth.

sparlatore *s.m.* backbiter, gossip.

sparo[1] *s.m.* shot, report, detonation: *lo* — *di un fucile*, a rifle shot (*o* the report of a rifle); *udire spari in lontananza*, to hear shots in the distance.

sparo[2] → **sarago**.

sparpagliamento *s.m.* scattering, spreading.

sparpagliare *v.tr.* to scatter, to spread*: *sparpagliò le carte sul tavolo*, he scattered the cards on the table; *nel centro della città è stato sparpagliato un gran numero di agenti*, a large number of policemen have been scattered around the town centre.

□ **sparpagliarsi** *v.rifl* o *intr.pron.* to scatter, to disperse: *la gente si sparpagliò nel parco*, the people scattered through the park.

sparpagliatamente *avv.* scatteredly; (*in disordine*) in disorder.

sparpagliato *agg.* scattered, strewn.

sparpaglio *s.m.* scattering; (*disordine*) disorder.

sparso *agg.* **1** (*sparpagliato*) scattered: *case sparse nella valle*, houses scattered along the valley **2** (*versato*) shed: *sangue* —, shed blood **3** (*sciolto*) loose: *capelli, fogli sparsi*, loose hair, sheets // (*mil.*) *in ordine* —, in open order.

spartachismo *s.m.* (*pol.*) Spartacism.

spartanamente *avv.* Spartanly, in Spartan fashion: *vivere* —, to lead a Spartan life.

spartano *agg.* Spartan: *educazione spartana*, Spartan (*o* rigid) education ♦ *s.m.*, **spartana** *s.f.* Spartan.

sparteina *s.f.* (*chim.*) sparteine.

spartiacque *s.m.* **1** watershed; divide **2** (*fig.*) gulf.

spartibile *agg.* (*non com.*) divisible, dividable.

sparticampo *s.m.* (*agr.*) divider.

spartimento *s.m.* (*non com.*) (*il dividere*) dividing; (*divisione*) division, partition.

spartineve *s.m.* snowplough; (*amer.*) snowplow.

spartire *v.tr.* **1** (*separare*) to separate: — *i litiganti*, to separate quarrellers **2** (*distribuire*) to divide, to share out, to apportion, to split*: — *una somma di denaro*, to share (*o* to split) a sum of money; *il guadagno sarà spartito fra noi*, the profit will be divided (*o* shared out) among us; — *le spese generali*, to apportion the overheads; *i rapinatori si spartirono il bottino*, the burglars shared out the loot // *non ho nulla da* — *con lui*, I have nothing to do with him.

spartisemi *s.m.* (*agr.*) grapeseed separator.

spartito *agg.* divided, shared: *patrimonio* —, divided patrimony ♦ *s.m.* (*mus.*) score: — *per pianoforte*, piano score.

spartitraffico *s.m.* median strip, traffic divider // *isola* —, traffic island (*o amer.* safety island).

spartitura *s.f.* **1** → spartizione **2** (*scriminatura*) hair parting.

spartizione *s.f.* division, sharing; partition: *la* — *dell'eredità*, the sharing out of the inheritance; *la* — *del territorio*, the partition of the territory; (*econ.*) — *degli utili*, profit sharing.

sparto *s.m.* (*bot.*) (*Lygeum spartum*) esparto*.

sparutezza *s.f.* (*non com.*) leanness, spareness, haggardness.

sparuto *agg.* **1** (*emaciato*) lean, spare, haggard: *dal viso* —, haggard-faced **2** (*esiguo*) small: *un gruppo* —, a small group.

sparviere, **sparviero** *s.m.* **1** (*zool.*) (*Accipiter nisus*) sparrow-hawk **2** (*edil.*) mortarboard.

spasimante *agg.* **1** suffering, tortured, racked with pain **2** (*innamorato*) lovesick ♦ *s.m.* e *f.* admirer, (*uomo*) suitor: *dice di avere molti spasimanti*, she says she has many suitors.

spasimare *v.intr.* **1** to suffer agonies, to be racked with pain **2** (*fig.*) (*desiderare ardentemente*) to yearn, to long (for s.o., sthg.): *spasimava di poterlo rivedere*, she was yearning to see him again; — *d'amore per qlcu.*, to be head over heels in love with s.o.

spasimo *s.m.* **1** pang (*anche fig.*): *sentire gli spasimi della fame*, to feel the pangs of hunger; *spasimi d'amore*, pangs of love; *gli spasimi della gelosia*, the pangs of jealousy **2** (*med.*) (*spasmo*) spasm, pang.

spasimoso *agg.* (*rar.*) painful: *ricordi spasimosi*, painful memories.

spasmo *s.m.* (*med.*) spasm, spasmus: — *facciale*, facial spasm; — *bronchiale*, spasmus bronchialis.

spasmodico *agg.* **1** (*med.*) spasmodic(al): *contrazione spasmodica*, spasmodic contraction **2** (*doloroso*) agonizing, painful: *dolore* —, agonizing pain **3** (*affannoso, angoscioso*) agonizing, anguished: *attesa spasmodica*, agonizing wait.

spasmofilia *s.f.* (*med.*) spasmophilia.

spasmofilo *agg.* (*med.*) spasmophilic, spasmophile ♦ *s.m.* (*med.*) person affected with spasmophilia.

spasmolitico *agg.* e *s.m.* (*med.*) spasmolytic.

spassare *v.tr.* (*non com.*) to amuse, to entertain, to divert: *le sue storielle ci spassavano*, his jokes amused us // *far* — *qlcu.*, to amuse (*o* to entertain) s.o.

□ **spassarsi** *v.intr.pron.* to amuse oneself, to enjoy oneself // *spassarsela*, to have a very good time (*o* to have the time of one's life): *quel ragazzo se la spassa tutto il giorno invece di studiare*, that boy enjoys himself all day instead of studying; *ve la siete spassata al mare?*, did you have a good time at the seaside?

spassionatamente *avv.* dispassionately, impartially: *ve lo dico* —, I tell you dispassionately; *vorrei che giudicaste* — *chi di noi ha ragione*, I should like you to judge impartially which of us is right.

spassionatezza *s.f.* dispassionateness, impartiality.

spassionato *agg.* dispassionate, impartial, unbiased, disinterested: *animo* —, unbiased mind; *giudizio* —, impartial (*o* unbiased) judgement.

spasso *s.m.* **1** (*divertimento*) amusement, entertainment; (*passatempo*) pastime: *concedersi, prendersi qualche* —, to have some fun; *è un vero* — *sentirlo raccontare le barzellette*, it's really amusing to listen to him telling jokes // *che* —*!*, what fun! (*o* how amusing!) // *per* —, as a joke // *prendersi* — *di qlcu.*, to make fun of s.o. **2** (*fig.*) (*persona, cosa divertente*) real laugh, fun: *quel ragazzo è uno* —, that boy is a real laugh; *un film che è uno* —, a very funny film **3** (*passeggio*) *andare a* —, to go for a walk; *portare il cane a* —, to take the dog for a walk // *essere a* —, (*essere disoccupato*) to be out of work; *mandare qlcu. a* —, (*liberarsene*) to get rid of s.o., (*licenziarlo*) to dismiss s.o.

spassoso *agg.* funny, amusing: *che tipo* —*!*, what an amusing character!; *è una storia spassosa*, it is a funny story.

spastico *agg.* e *s.m.* (*med.*) spastic: *paralisi spastica*, spastic paralysis.

spastoiare *v.tr.* **1** (*non com.*) (*liberare dalle pastoie*) to unhobble, to unshackle **2** (*fig.*) (*liberare*) to release, to set* free.

□ **spastoiarsi** *v.rifl.* **1** (*liberarsi dalle pastoie*) to free oneself **2** (*fig.*) to get* out (of sthg.).

spata *s.f.* (*bot.*) spathe.

spatango *s.m.* (*zool.*) heart urchin.

spatico *agg.* (*min.*) spathic.

spato *s.m.* (*min.*) spar: — *d'Islanda*, Iceland spar.

spatola *s.f.* **1** spatula, spatule **2** (*per decoratori*) broad knife*, putty knife* **3** (*zool.*) spoonbill.

spatolato *agg.* spatuliform, spatular, spatulate.

spauracchio *s.m.* **1** scarecrow: *l'agricoltore pose uno* — *nel suo campo*, the farmer put a scarecrow in his field **2** (*fig. scherz.*) bugbear: *la matematica è il suo* —, mathematics is his bugbear; *la professoressa di chimica è lo* — *di tutti gli studenti*, all the students are terrified of the chemistry teacher.

spaurire *v.tr.* to frighten: *non bisogna* — *i bambini*, children should not be frightened.

□ **spaurirsi** *v.intr.pron.* to get* frightened: *si spaurì e non volle uscir solo*, he got frightened and did not want to go out alone.

spaurito *agg.* frightened: *il bambino guardò suo padre con occhi spauriti*, the child looked at his father with fear in his eyes.

spavaldamente *avv.* boldly, arrogantly, defiantly.

spavalderia *s.f.* 1 boldness, arrogance, defiance: *lo disse per* —, he said it out of defiance 2 (*bravata*) boast: *le sue spavalderie mi danno ai nervi*, his boasts get on my nerves.

spavaldo *agg.* bold, arrogant, defiant: *modi spavaldi*, bold (*o* arrogant *o* defiant) manners; *lo guardò con aria spavalda*, she looked at him haughtily ◆ *s.m.* bold fellow, arrogant fellow, show-off: *smetti di fare lo* —, stop showing off.

spavenio *s.m.* (*vet.*) spavin.

spaventapasseri *s.m.* scarecrow (*anche fig.*).

spaventare *v.tr.* to frighten, to scare: *quel rumore mi ha spaventato*, that noise has frightened me; *le tue minacce non mi spaventano*, your threats don't frighten me; *ah sei tu, mi hai fatto —!*, oh, it's you, you gave me a fright!; *l'idea di un viaggio così lungo mi spaventa*, the idea of such a long journey frightens me.

□ **spaventarsi** *v.intr.pron.* to be frightened, to get* frightened, to be scared, to get* scared: *non spaventarti*, don't be frightened; *si spaventò a morte*, he was scared to death.

spaventato *agg.* frightened, scared: *fuggì via* —, he ran away frightened; *un'espressione spaventata*, a scared expression.

spaventevole *agg.* fearful, dreadful, appalling (*anche fig.*): *vista, minaccia* —, fearful sight, threat; *difficoltà, ignoranza* —, (*fig.*) appalling (*o* enormous) difficulty, ignorance; *l'invasione ha avuto conseguenze spaventevoli*, the invasion had appalling consequences.

spaventevolezza *s.f.* (*non com.*) fearfulness, dreadfulness.

spavento *s.m.* fright; fear; terror: *tremava di* —, he was trembling with fear; *fare — a qlcu.*, to give s.o. a fright (*o* to frighten s.o.); *che — mi hai fatto (prendere)!*, what a fright you gave me!; *il mio istruttore di sci è brutto da fare* —, my ski instructor is as ugly as sin; *questo quadro è un vero* —, this picture is really awful // *morire dallo* —, to die of fright (*o* to be scared to death).

spaventosamente *avv.* dreadfully, fearfully, terribly // *è — ricco!*, he's stinking rich!

spaventosità *s.f.* (*non com.*) frightfulness.

spaventoso *agg.* dreadful, frightful, terrible: *uno — delitto*, a dreadful crime; *una spaventosa minaccia*, a terrible threat; *una ferita spaventosa*, a frightful wound; *avere una fame spaventosa*, to be dreadfully hungry; *lo — aumento dei prezzi*, the terrible increase in prices.

spaziale *agg.* spatial; space (*attr.*): *distribuzione* —, spatial distribution; *capsula* —, space capsule; *pilota* —, space pilot; *sonda* —, space probe; *velocità* —, space velocity; *diritto, medicina* —, space law, medicine // (*mat.*): *curva* —, space curve; *coordinate spaziali*, space coordinates // (*fis.*) *carica* —, space charge // *era* —, space age.

spazialismo *s.m.* (*arte*) Spatialism.

spazialista *s.m.* e *f.* (*arte*) Spatialist.

spazialità *s.f.* spatiality (*anche arte*).

spaziamento *s.m.* spacing, space.

spaziare *v.tr.* to space (*anche tip.*) ◆ *v.intr.* 1 (*muoversi in ampio spazio*) to sweep*: *le aquile spaziano nel cielo*, eagles sweep through the sky 2 (*fig.*) (*estendersi*) to sweep*, to range: *il suo sguardo spaziava su tutta la vallata*, his gaze swept (over) the valley; *i suoi interessi spaziano in molti campi*, his interests range over (*o* cover) many fields.

spaziatore *agg.* space (*attr.*), spacing (*attr.*): *barra spaziatrice*, (*nella macchina per scrivere*) space bar.

spaziatura *s.f.* spacing, space (*anche tip.*).

spazieggiare *v.tr.* to space (*anche tip.*).

spazieggiatura *s.f.* (*tip.*) spacing, space.

spazientire *v.tr.* to try the patience of (s.o.): *evita di spazientirlo con troppe domande*, avoid trying his patience with too many questions.

□ **spazientirsi** *v.intr.pron.* to lose* (one's) patience.

spazientito *agg.* irritated: *mi è parso* —, he seemed to me to be irritated.

spazio *s.m.* 1 (*estensione illimitata*) space: *la concezione di* —, the concept of space ; (*fis.*) — *a quattro dimensioni, quadrimensionale*, four-dimensional space (*o* space-time continuum) // (*mat.*): — *euclideo*, Euclidean space; — *fibrato*, fibre bundle; — *normato*, normed space; — *vettoriale*, vector space 2 (*astr.*) space: — *cosmico*, space; — *interplanetario*, interplanetary space; — *interstellare*, interstellar (*o* outer) space; *uomo nello* —, man in space; *gravitare nello* —, to gravitate in space 3 (*posto*) space; room; (*distanza*) distance: *non c'è — qui per questa sedia*, there is no room here for this chair; *le due case erano separate da uno — di dieci metri*, there was a distance (*o* space) of ten metres between the two houses; *questo armadio occupa troppo* —, this wardrobe takes up too much room (*o* space); *non ti scrivo altro per mancanza di* —, I won't write any more for lack of space; *non c'è — sufficiente per far giocare i bambini*, there's not enough room for the children to play; *lo — percorso*, the distance run // — *vitale*, living-space: *siamo troppi qui dentro, manca lo — vitale*, there are too many of us here, there is not enough living-space // *fare — a qlcu.*, to make room for s.o.: *fate — per favore, sta arrivando il presidente!*, clear some space (*o* the way), the president is coming! // *dar — a un avvenimento*, to give space to an event // — *pubblicitario*, advertising space // — *di frenatura*, (*di veicoli*) braking-distance // (*elettr.*) — *esplosivo*, spark-gap // (*mecc.*) — *nocivo*, clearance volume // (*anat.*) — *intercostale, interdentale*, intercostal, interdental space // (*inform.*): — *in memoria*, memory space; — *da riempire, vuoto, non utilizzato*, blank; — *intercalare*, embedded blank 4 (*estensione di tempo*) period, space: *nello — di due ore, di un anno*, in the space of two hours, of a year 5 (*fig.*) (*opportunità*) scope: *il mercato del lavoro non offre molto — ai giovani*, there is not much scope for the young in the labour market; *non c'è molto — per migliorare in questo lavoro*, there isn't much scope in this job 6 (*tip.*) space: — *da 4*, 4-em space; — *finissimo*, hair space; — *in bianco*, blank (space) 7 (*mus.*) space.

spaziosità *s.f.* spaciousness, roominess; (*ampiezza*) width, breadth: *lo — di una cucina*, the spaciousness of a kitchen.

spazioso *agg.* spacious, roomy; (*ampio*) wide, broad: *un appartamento* —, a spacious (*o* roomy) apartment; *una porta, una strada spaziosa*, a wide door, road // *fronte spaziosa*, broad forehead.

spazio-tempo *s.m.* (*fis.*) space-time.

spazio-temporale *agg.* (*fis.*) space-time (*attr.*): *la dimensione* —, the space-time dimension; *coordinate spazio-temporali*, space -time coordinates.

spazzacamino *s.m.* chimneysweep.

spazzamento *s.m.* (*non com.*) sweeping.

spazzamine *s.m.* (*mar.*) mine sweeper.

spazzaneve *s.m.* snowplough; (*amer.*) snowplow: — *a turbina*, snowblower // (*sci*) *sciare a* —, to snowplough.

spazzare *v.tr.* 1 to sweep*; (*spazzar via*) to sweep* away, to clear away: — *una stanza, una strada*, to sweep a room, a street; *spazza via questa carta straccia*, sweep this waste paper away; — *la neve*, to sweep the snow away; *il ponte fu spazzato da un'onda*, the deck was swept by a wave; *il vento ha spazzato le foglie, le nuvole*, the wind has swept the leaves, the clouds away // *scopa nuova spazza bene*, (*prov.*) a new broom sweeps clean 2 (*fig.*) to sweep* away, to wipe out: *l'alluvione ha spazzato via interi paesi*, the flood swept away (*o* wiped out) whole villages; *la civiltà spazza via i pregiudizi*, civilisation sweeps away (*o* wipes out) prejudice // (*sport*) *la difesa ha spazzato l'area*, the defence booted (*o* cleaved) the ball out of the area.

spazzata *s.f.* sweep-out; sweep(ing): *da' una bella — alla cucina*, give the kitchen a good sweep; *da' una bella — a queste foglie morte*, sweep all these dead leaves away.

spazzatore *agg.* (*non com.*) sweeping ◆ *s.m.* sweeper.

spazzatrice *s.f.* (*stradale*) street sweeper; (*per pavimenti*) floor sweeper; (*veicolo*) road -cleaning van.

spazzatura *s.f.* 1 (*azione dello spazzare*) sweeping 2 (*rifiuti*) garbage, rubbish, refuse; (*amer.*) trash: *bidone della* —, dustbin (*o amer.* trashcan); *carro della* —, dustcart; *mucchio di* —, rubbish heap; *ho trovato una spilla nella* —, I found a brooch in the rubbish.

spazzaturaio *s.m.* dustman*; (*amer.*) garbage collector.

spazzino *s.m.* road-sweeper, street cleaner; dustman*; (*amer.*) garbage collector.

spazzola *s.f.* 1 brush: — *per abiti*, clothes brush; — *per capelli*, hairbrush; — *per scarpe*, shoe brush // *capelli a* —, crew cut 2 (*elettr.*) brush // (*inform.*) — (*di lettura*), brush (*o* reading brush) 3 (*aut.*) (*del tergicristallo*) blade.

spazzolare *v.tr.* to brush: — *le scarpe, il vestito*, to brush one's shoes, suit; *spazzolarsi i capelli*, to brush one's hair // — *il piatto*, (*fam.*) to gobble everything up.

spazzolata *s.f.* brush: *da' una bella — a questi abiti*, give these clothes a good brush.

spazzolatrice *s.f.* brushing machine.

spazzolatura *s.f.* brushing.

spazzolificio *s.m.* brush factory.

spazzolino *s.m.* (small) brush: — *da denti*, toothbrush; — *da unghie*, nailbrush.

spazzolone *s.m.* (*per pavimenti*) scrubbing brush; floor-polisher.

speaker *s.m.* e *f.* 1 (*rad.*, *tv*) announcer; (*di sport*) commentator 2 (*alla Camera*) Speaker.

specchiaio *s.m.* 1 (*chi fabbrica specchi*) mirror manufacturer 2 (*chi vende specchi*) mirror seller.

specchiarsi *v.rifl.* o *intr.pron.* 1 to look at

oneself (in the mirror): *non fa che —*, she does nothing but look at herself in the mirror; *si specchiò nella vetrina*, he looked at himself in the shop window **2** (*riflettersi*) to be reflected, to be mirrored: *le montagne si specchiano nel mare*, the mountains are reflected (*o* mirrored) in the sea // *— in qlcu.*, to model oneself on s.o. (*o* to take s.o. as one's example).

specchiato *agg.* (*non com.*) (*esemplare*) upright, exemplary: *specchiata onestà*, exemplary honesty.

specchiera *s.f.* (large) mirror; (*toilette*) dressing table.

specchietto *s.m.* **1** hand-mirror, (small) mirror: (*aut.*) *— retrovisore*, rear-vision mirror (*o* rear-view mirror) // *— per le allodole*, lark -mirror; (*fig.*) lure (*o* decoy *o* bait) **2** (*tavola riassuntiva*) scheme, table.

specchio *s.m.* **1** mirror (*anche fig.*); looking glass: (*aut.*) *— retrovisivo, retrovisore*, rear-view mirror (*o* rear-vision mirror); (*med.*) *— frontale*, forehead-mirror; (*tv*) *— elicoidale*, mirror -screw; (*cinem.*) *— riflettore*, reflecting mirror; *— parabolico*, parabolic mirror (*o* reflector); (*fis.*) *— riflettente*, reflecting substance mirror; (*geol.*) *— di faglia*, slickenside; *— ustorio*, burning-glass; *armadio a —*, mirror wardrobe; *gli occhi sono lo — dell'anima*, the eyes are the mirror (*o* the windows) of the soul; *non fa che stare allo —*, she does nothing but look at herself in the mirror; *guardarsi allo —*, to look at oneself in the mirror // *questo romanzo è lo — dei tempi*, this novel is a mirror of the times // *— d'acqua*, sheet of water: *il paese si riflette in uno splendido — d'acqua*, the village is reflected in a beautiful expanse of water // *galleria degli specchi*, hall of mirrors // *scrittura a —*, mirror writing: *Leonardo scriveva a —*, Leonardo used mirror writing // *essere liscio come uno —*, to be as smooth as glass // *tenere la casa pulita come uno —*, to keep the house spotlessly clean // *essere uno — d'onestà*, (*fig.*) to be a model of honesty **2** (*prospetto*) prospectus, register; (*amm.*) schedule: *— delle assenze*, register of absences; *lo — degli esami*, the exam timetable **3** (*calcio*) *— della porta*, goal mouth: *ci sono tre attaccanti nello — della porta*, there are three attackers in the goal mouth **4** (*mar.*) *— di poppa*, transom, stern board **5** (*bot.*) *— di Venere*, (*Specularia speculum-Veneris*) Venus's looking-glass.

special *s.m.* (*programma televisivo*) special.

speciale *agg.* **1** special, particular: *predilezione —*, special predilection; *provvedimento —*, special provision; *prezzo —*, special price; *treni speciali*, special trains; *inviato —*, special correspondent; *ho qualcosa di — per te*, I have something special for you; *questo è un caso —*, this is a particular case; *trattare qlcu. con — riguardo*, to treat s.o. with special respect // *in special modo*, especially (*o* particularly): *mi occuperò in special modo della gestione finanziaria*, I will be especially involved with financial management // *slalom —*, special slalom // (*dir.*) *tribunale —*, special court // (*banca*) *istituto di credito —*, special credit institution (*o* special credit bank *o* merchant bank) // (*assicurazioni*) *agente — di zona*, special agent // (*Borsa*) *liquidazione —*, special settlement **2** (*particolare, strano*) peculiar, singular: *ha un carattere —*, he has a peculiar character **3** (*scelto, di prima qualità*) first-class; choice (*attr.*), first-quality (*attr.*): *frutta —*, choice fruit; *olio —*, first-quality oil; *merci speciali*, superior quality goods ◆ *s.m.* (*programma televisivo*) special.

specialista *s.m.* e *f.* specialist, expert: *uno — in diritto commerciale, societario*, a specialist in commercial law, in company law; *— in contabilità gestionale*, specialist in management accounting; *— in scienze, in economia*, a scientific, economic expert // *medico —*, specialist (*o* medical specialist) // (*Borsa*) *— in titoli*, specialist broker.

specialistico *agg.* specialized: *un linguaggio —*, a specialized language // (*med.*) *devo fare una visita specialistica*, I have to see a specialist.

specialità *s.f.* **1** (*non com.*) (*particolarità*) speciality, (*amer.*) specialty: *la — di questo oggetto è il suo colore*, the speciality (*o* peculiarity) of this object is its colour **2** (*settore, ramo*) speciality, (*amer.*) speciality, branch, line; *la letteratura tedesca è la sua —*, German literature is his speciality (*o* special subject *o* field); *la neurologia è la sua —*, nervous diseases are his speciality (*o* he is a specialist in nervous diseases) **3** (*prodotto*) speciality, (*amer.*) specialty, specialty goods (*pl.*): *tutte le nostre — sono in vetrina*, all our specialities are in the shop window; *— della casa*, speciality of the house // *questo vino è una —!*, this is an excellent (*o* exceptional) wine // *— farmaceutica, medicinale*, pharmaceutical, medical speciality.

specializzare *v.tr.* to specialize; (*qualificare*) to qualify: *è necessario — la manodopera*, it is necessary to specialize the workforce. □ **specializzarsi** *v.rifl.* o *intr.pron.* to specialize (*anche biol.*); to become* a specialist: *la società è specializzata in personal computers*, the company specializes in personal computers; *si è specializzato in geriatria*, he specialized in geriatrics.

specializzato *agg.* **1** specialized, qualified, skilled: *operaio —, non —*, skilled, unskilled worker; *tecnico —*, qualified technician; *settore —*, specialized sector; *assistenza specializzata*, specialized assistance; *un medico — in neurologia*, a doctor who is a specialist in neurology; *rivolgersi a un'impresa specializzata*, to apply to a specialized firm **2** (*inform.*) dedicated: *elaboratore —*, dedicated computer.

specializzazione *s.f.* **1** specialization, qualification: *corso di —*, qualifying (*o* specialization) course; *conseguire una — in chirurgia*, to specialize in surgery // (*econ.*): *— della manodopera*, labour specialization; *— per prodotto*, product specialization **2** *— biologica*, specialization.

specialmente *avv.* especially, particularly: *mi è piaciuto — il primo film*, I especially liked the first film.

speciazione *s.f.* (*biol.*) speciation.

specie *s.f.* **1** kind, sort: *gente di ogni — e di ogni razza*, people of every kind and description; *c'erano libri di ogni —*, there were books of all kinds; *hanno fatto una — di accordo fra di loro*, they have come to a sort of agreement; *mi fecero vedere una — di violino che non avevo mai visto*, I was shown a kind of violin I had never seen before; *che — di libro vuoi?*, what kind of book do you want? // (*in*) —, especially (*o* in particular): *in quella casa sono tutti pazzi, — i figli*, everybody is raving mad in that house, especially the children; *tutti, ma lui in —*, everybody, but he in particular; *amo la musica,* (*in*) *— quella rock*, I love music, especially rock // *far —*, (*far meraviglia*) to surprise (*o* to impress): *mi fa — che tu parli in questo modo*, it surprises me that you should speak like that; *non mi farebbe — se...*, I shouldn't be surprised if... **2** (*scient.*) species*: *la — umana*, the human species (*o* mankind); *l'origine di una —*, the origin of a species; *secondo la teoria dell'evoluzione, ogni — si sviluppa da — preesistenti*, according to the theory of evolution, every species develops from pre-existing species // (*bot., zool.*): *— anomala*, sport; *produrre una — anomala*, to sport; *della stessa —*, conspecific **3** (*teol.*) species*: *l'Eucaristia sotto le — del pane e del vino*, the Eucharist under the species of bread and wine.

specie-specificità *s.f.* (*biol.*) species specificity.

specifica *s.f.* **1** (*comm.*) detailed bill, itemized list, specification: *— delle merci spedite*, itemized list of the forwarded goods; *— dei materiali*, specification of materials; *— delle spese*, detailed note of expenses; (*dir.*) *— delle spese giudiziarie*, bill of costs // (*inform.*) *— di controllo*, control statement **2** (*spec. pl.*) (*dati tecnici*) specifications (*pl.*).

specificabile *agg.* specifiable.

specificamente *avv.* specifically; (*particolarmente*) particularly, in particular: *mi riferisco — a te*, I'm particularly referring to you.

specificare *v.tr.* to specify, to define; to make* clear: *bisognerebbe che tu specificassi un po' meglio ciò che intendi dire*, you should say what you mean more precisely; *voglio — come avvennero i fatti*, I want to make clear how it happened; *— i motivi delle proprie lagnanze*, to specify the grounds of one's complaints; (*dir.*) *— un'accusa*, to define a charge.

specificatamente *avv.* specifically, precisely; in detail; (*particolarmente*) particularly: *indicare —*, to state precisely.

specificativo *agg.* specifying.

specificato *agg.* specified, detailed, itemized: (*comm.*) *fornire una nota specificata delle spese*, to supply a specified (*o* detailed) note of expenses.

specificazione *s.f.* specification (*anche dir.*); detailed note, itemized list: *— del lavoro, delle mansioni*, job specification; (*comm.*) *la fattura deve contenere la — delle merci vendute e dei relativi prezzi*, the invoice must include a detailed list of the goods sold and their prices; (*dir.*) *— di cose*, (*nella vendita generica*) identification of goods // (*gramm.*) *complemento di —*, genitive case.

specificità *s.f.* specificity, specificness: *la — di un esame*, the specificness of a test.

specifico *agg.* **1** specific: *caratteri specifici*, specific characters; *differenze specifiche*, specific differences; *non vi è distinzione specifica tra una lingua e un dialetto*, there is no specific distinction between a language and a dialect **2** (*precisato, particolare*) specific, precise, explicit, definite; particular: *in questa situazione specifica*, in this particular situation; *fare riferimento a un caso —*, to refer to a specific case; *avere una conoscenza specifica di un argomento*, to be particularly knowledgeable on a subject; *sono venuto qui con uno scopo —*, I have come here with a precise object; (*dir.*) *esecuzione in forma specifica*, specific performance **3** (*fis.*) specific: *peso, calore, volume* —, specific gravity, heat, volume **4** (*med.*) specific: *rimedio* —, specific remedy ◆ *s.m.* (*med.*) specific.

specillare *v.tr.* (*med.*) to probe.

specillo *s.m.* (*med.*) probe, explorer.

specimen *s.m.* (*lat.*) **1** (*saggio*) specimen, sample; (*di libri*) sample **2** (*banca*) (*firma*) specimen signature.

speciosità *s.f.* speciousness, speciosity.

specioso *agg.* specious, ostensible: *un pretesto* —, a specious excuse; *mi sembra un argomento —, il tuo*, your argument is specious in my opinion.

speck *s.m.* speck (a kind of smoked ham).

speco *s.m.* **1** (*letter.*) (*antro*) cave, cavern; den **2** (*anat.*) — *vertebrale*, vertebral canal.

specola *s.f.* (*osservatorio astronomico*) observatory.

specolo *s.m.* (*med.*) speculum*.

speculabile *agg.* contemplable; that can be considered, that can be speculated on.

speculare[1] *agg.* **1** specular, mirror-like, mirror (*attr.*): *una superficie* —, a mirror-like surface // *immagine* —, a mirror image // *scrittura* —, mirror writing **2** (*estens.*) (*perfettamente simmetrico*) perfectly symmetrical.

speculare[2] *v.intr.* **1** (*indagare con la ragione*) to speculate (about sthg.); to meditate (upon sthg.): — *sulla natura dell'universo*, to speculate about the nature of the universe **2** (*comm., fin.*) to speculate, to gamble, to play: — *col denaro preso a prestito*, to leverage // (*Borsa*): — *in Borsa*, to speculate (*o* to gamble *o* to job) on the Stock Exchange (*o* to play the market); — *al rialzo*, to bull (*o* to operate for a rise); — *al ribasso*, to bear (*o* to operate for a fall); — *in Borsa in modo disonesto*, to bucket **3** (*approfittare*) to trade on, to take* advantage of: — *sugli errori di qlcu.*, to take advantage of s.o.'s mistakes; (*comm.*) — *sulle difficoltà dei concorrenti*, to trade on the competitors' difficulties ◆ *v.tr.* (*indagare con l'intelletto*) to speculate upon, about (sthg.); to meditate upon (sthg.): — *le leggi della natura*, to speculate upon the laws of nature.

specularite *s.f.* (*min.*) specularite, specular iron (ore).

speculativa *s.f.* (*ant.*) speculativeness, speculation.

speculativo *agg.* **1** speculative: *mente speculativa*, speculative mind; *scienze speculative*, speculative sciences **2** (*econ., fin.*) speculative: *acquisto* —, speculative purchase; *operazioni finanziarie speculative*, speculative financial transactions; *in modo* —, speculatively.

speculatore *agg.* **1** speculative: *una mente speculatrice*, a speculative mind **2** (*econ., fin.*) speculative ◆ *s.m.*, **speculatrice** *s.f.* **1** speculator: *uno — del vero*, a speculator on the truth **2** (*econ., fin.*) speculator, gambler; dealer, plunger; (*profittatore*) profiteer: *uno — senza scrupoli*, an unscrupulous speculator // — *edilizio*, property speculator; (*spreg.*) jerry-builder // — *in imprese commerciali*, wildcatter // (*Borsa*): — *di Borsa*, stock gambler; — *al rialzo*, bull; — *al ribasso*, bear; — *all'acquisto di azioni di nuova emissione*, stag; — *insolvente*, lame duck.

speculatorio *agg.* (*econ., fin.*) speculative: *le manovre speculatorie di un gruppo monopolistico*, the speculative manoeuvres of a trust.

speculazione *s.f.* **1** speculation: *le sue speculazioni lo condussero alla conclusione che Dio non esiste*, his speculations led him to the conclusion that God does not exist **2** (*econ., fin.*) speculation, gambling, gamble, venture; (*aggiotaggio*) agiotage: *una — sbagliata*, a bad speculation; — *rischiosa*, risky venture (*o* speculation); *fare una* —, to make a speculation // — *edilizia*, property speculation, (*spreg.*) jerry-building // — *mineraria*, mining venture // (*Borsa*): — *di Borsa*, Stock Exchange speculation (*o* stock gambling); — *al rialzo*, bull speculation; — *al ribasso*, bear speculation; — *fulminea*, (*fam. spec. amer.*) scalp.

spedalità *s.f.* hospitalization.

spedalizzare e *deriv.* → **ospedalizzare** e *deriv.*

spedire *v.tr.* **1** to send*, to mail; to dispatch; to forward; (*comm.*) to consign, to freight; (*spec. via mare*) to ship: *devo ancora — la lettera*, I still have to send the letter; — *una lettera per via aerea*, to send (*o* to dispatch *o* to forward) a letter by air mail; — *per posta*, to send by post (*o* to post *o* to mail); — *per raccomandata*, to send by registered mail; — *per espresso*, to express; — *a piccola, grande velocità*, (*col treno*) to send by slow, fast train; — *contrassegno*, to send cash on delivery; — *in busta aperta*, to send by book post (*o* as printed matter) // (*comm.*): — *merci a mezzo corriere*, to send goods through a forwarding agent; — *come campione*, to send by sample post; — *merce via mare, via terra, via aerea, per ferrovia*, to send (*o* to ship) goods by sea, by road, by air, by rail // — *qlcu. in collegio*, to send s.o. off to boarding school // — *qlcu. all'altro mondo*, (*fig.*) to send s.o. to kingdom come **2** (*ant.*) (*sbrigare*) to dispatch, to finish off; to settle: (*dir.*) — *una causa*, to enter a case for trial **3** (*eccl.*) to compile, to draw* up, to write* down: — *una bolla papale*, to draw up a papal bull.

□ **spedirsi** *v.intr.pron.* (*ant.*) (*affrettarsi*) to hasten, to make* haste, to be quick.

speditamente *avv.* **1** expeditiously, quickly, speedily, promptly: *camminare* —, to walk quickly **2** (*correntemente*) fluently: *parlare, leggere* —, to speak, to read fluently.

speditezza *s.f.* **1** expedition, quickness, promptness, dispatch: *fare qlco. con* —, to do sthg. with promptness **2** (*nel parlare, nello scrivere*) fluency.

speditivo *agg.* (*non com.*) (*sbrigativo*) expeditious, quick, speedy, prompt.

spedito *agg.* **1** quick, prompt: *camminare con passo* —, to walk quickly **2** (*nel parlare, nello scrivere*) fluent: *parla l'inglese in modo* —, he speaks English fluently ◆ *avv.* → **speditamente**.

speditore *s.m.* **speditrice** *s.f.* forwarder, sender, shipper; (*comm.*) consignor.

spedizione *s.f.* **1** sending, forwarding, dispatch, shipping, shipment; consignment: — *di lettere, di pacchi*, dispatch of letters, parcels; — *via aerea*, shipment by air (*o* air freight); — *via terra*, overland forwarding; — *via mare*, shipment (*o* shipping) by sea; — *per ferrovia*, carriage by rail; *fare una* —, to send a consignment; *fare una — di duemila barili di greggio*, to ship two thousand barrels of crude oil // (*comm.*): — *di merci*, consignment (*o* shipment) of goods; — *diretta*, direct (*o* drop) shipment; *foglio, bolletta, nota di* —, consignment (*o* dispatch) note; *casa di* —, forwarding (*o* shipping) agency; *libro spedizioni*, shipping book; *ricevuta di* —, consignment receipt; *spese di* —, freight (*o* freightage *o* forwarding charges *o* shipping charges); *contratto di* —, shipping contract (*o* contract of carriage) **2** (*scient., mil.*) expedition: — *archeologica*, archaeological expedition; — *militare*, military expedition // (*mil.*): — *di soccorso*, relief expedition; — *punitiva*, punitive expedition; *corpo di* —, task force; *i risultati della — al Polo Sud*, the results of the expedition to the South Pole; *organizzare una* —, to organize an expedition.

spedizioniere *s.m.* carrier; (*via terra*) forwarder, forwarding agent; (*marittimo o aereo*) shipper, shipping agent, freight agent: — *accreditato, doganale*, customs broker (*o* clearance agent).

spegnare *v.tr.* to redeem (sthg.) (from pawn), to get* (sthg.) out of pawn.

spegnere *v.tr.* **1** to extinguish; (*fuoco*) to put* out; (*gas, luce, radio*) to turn off; (*con interruttore*) to switch off: — *una candela con un soffio*, to blow out (*o* to put out) a candle; — *un incendio*, to put out a fire; — *una sigaretta*, to put out a cigarette; — *il gas*, to turn off the gas; — *la luce*, to put out (*o* to turn off *o* to switch off) the light; — *la radio*, to switch off (*o* to turn off) the radio // — *la calce viva*, to slake (*o* to quench) lime **2** (*fig.*) (*estinguere*) to kill, to stifle: — *le proprie passioni*, to stifle one's passions; — *l'amore di qlcu.*, to kill s.o.'s love; — *la sete*, to quench one's thirst **3** (*fin.*) to extinguish, to discharge, to redeem, to pay*, to pay* off: — *un debito*, to pay off a debt; (*dir.*) — *un mutuo*, to discharge a loan; (*dir.*) — *un'ipoteca*, to redeem a mortgage **4** (*inform.*) to turn off.

□ **spegnersi** *v.intr.pron.* **1** (*di luce, fuoco*) to be extinguished, to go* out, to die out; (*di fuoco*) to burn* out: *la candela si spegne*, the candle is going out; *il fuoco si spense*, the fire burnt (*o* went) out; *si è spenta la luce sulle scale*, the light on the staircase has gone out // *il motore dell'auto si spense improvvisamente*, the car engine suddenly cut out **2** (*fig.*) (*scomparire*) to die down; to fade (away): *la speranza si spense nei suoi occhi*, hope faded from his eyes; *la sua collera va spegnendosi*, his anger is cooling down; *il suo sorriso si spense*, his smile faded away **3** (*morire*) to pass away; (*estinguersi*) to die out: *si spense due giorni fa*, he passed away two days ago **4** (*inform.*) to go* off, to go* out.

spegnimento *s.m.* **1** extinction, extinguishing; (*di fuoco*) putting out; (*di piccola fiamma*) blowing out; (*con interruttore*) switching off, turning off **2** (*metall.*) blowing out; (*fis. nucleare*) shutdown.

spegnitoio *s.m.* extinguisher, snuffer.

spegnitore *agg.* (*non com.*) extinguishing ◆ *s.m.* (*non com.*) extinguisher, snuffer.

spegnitura → **spegnimento**.

spelacchiamento *s.m.* tearing the hair off, tearing off the hair; tearing off the fur.

spelacchiare *v.tr.* to tear* off the hair of (sthg.); to tear* off the fur of (sthg.): *perché hai spelacchiato così il tuo orsacchiotto?*, why have you torn your teddy bear's fur off like that?

□ **spelacchiarsi** *v.intr.pron.* to lose* (its) hair, to lose* (its) fur: *la mia pelliccia si è tutta spelacchiata*, my fur coat is worn bare in patches.

spelacchiato *agg.* (*di stoffe*) worn; threadbare, with bare patches: *un cane* —, a smangy dog; *una pelliccia spelacchiata*, a worn (*o* shabby) fur coat // *un vecchio* —, (*calvo*) a bald old man.

spelagare *v.tr.* (*ant.*) **1** to fish (sthg.) up, to fish (sthg.) out **2** (*fig.*) (*levare da impicci*) to help out of a difficulty // *vorrei riuscire a spelagarmi una volta per tutte*, I'd like to get myself out of this predicament once and for all.

spelare *v.tr.* (*togliere il pelo a*) to remove the hair from, of (sthg.), to remove the fur from, of (sthg.) ◆ *v.intr.* → **spelarsi**.

□ **spelarsi** *v.intr.pron.* to lose* its hair, to lose* its fur: *la tua pelliccia* (*si*) *spela*, your (fur) coat is losing its fur (*o* is moulting) // *ormai* (*si*) *è tutto spelato*, he's lost all his hair.

spelato *agg.* hairless; (*di stoffe, pellicce*) worn; threadbare: *i polsi di quella pelliccia sono spelati*, the cuffs of that fur coat are worn; *un soprabito dal collo* —, an overcoat with a threadbare collar.

spelatura *s.f.* **1** (*lo spelare*) unhairing **2** (*parte spelata*) hairless patch, worn patch.

spelda → **farro**.

speleo *agg.* spel(a)ean.

speleologia *s.f.* spel(a)eology; (*fam.*) potholing.

speleologico *agg.* spel(a)eological.

speleologo *s.m.* spel(a)eologist; (*fam.*) (*dilettante*) potholer.

spellare *v.tr.* **1** to skin, to flay: — *una lepre*, to skin a hare **2** (*fig. fam.*) (*carpire denaro a*) to skin, to fleece, to rip off: *in quel negozio ti spellano*, they fleece you (*o* they rip you off) in that shop.

□ **spellarsi** *v.intr.pron.* to skin, to get* skinned; to peel: *mi si spella il naso*, my nose is peeling; *mi sono spellato un ginocchio*, I have grazed my knee; *ho preso troppo sole e mi sono spellato*, I've been in the sun too long and now my skin is peeling; *i serpenti si spellano a primavera*, snakes cast (*o* shed) their skins in spring.

spellatura *s.f.* **1** (*lo spellare*) skinning, flaying **2** (*abrasione*) abrasion, graze, excoriation; (*a causa del sole*) peeling.

spellicciare *v.tr.* **1** to skin, to tear* the hair off (sthg.), to tear* the fur off (sthg.) **2** (*fig.*) (*malmenare*) to beat*, to beat up.

spelonca *s.f.* **1** cave, cavern **2** (*fig.*) (*luogo squallido, malfamato*) den.

spelta → **farro**.

speme *s.f.* (*poet.*) hope.

spendacciona *s.f.* **spendaccione** *s.m.* spendthrift, squanderer.

spendere *v.tr.* **1** to spend*; to lay* out, (*spec. amer.*) to outlay*; (*form.*) to expend: — *denaro*, to spend money; — *bene il proprio denaro*, to spend one's money wisely; *ha speso 100.000 lire in libri*, he spent 100,000 liras on books; *non ho più un soldo, ho speso tutto*, I haven't got a penny left, I've spent everything; *quanto ti hanno fatto —?*, how much did they charge you?; *spese una grossa somma per una macchina nuova*, he laid out a large amount on a new car // — *un patrimonio*, to spend a fortune; *ho speso un occhio della testa per quel cappotto*, I paid through the nose for (*o* spent a small fortune on) that coat // — *troppo*, *al di sopra delle proprie possibilità*, to overspend // *spende molto in viaggi, in divertimenti*, he spends a lot on travelling, on amusements // *in questo negozio si spende bene*, prices are very reasonable in this shop // *è un uomo che spende e spande*, he throws his money around // *chi più spende, meno spende*, (*prov.*) cheapest is dearest **2** (*fig.*) (*impiegare*) to spend*, to employ, to put* in: — *tutte le energie in qlco.*, to employ all one's energy on (*o* to put all one's energy into) sthg.; *ha speso gli anni migliori a studiare*, he spent (*o* used up) his best years studying; — *tempo*, to spend time // — *una parola in favore di qlcu.*, to put in a good word for s.o. // *non — il fiato inutilmente*, don't waste your breath // *spendi pure il mio nome*, make use of my name if you like.

spendereccio *agg.* **1** (*che ama spendere*) spendthrift, squandering, lavish, prodigal **2** (*che richiede molte spese*) extravagant, costly: *una vita spendereccia*, an extravagant lifestyle.

spendibile *agg.* spendable, that can be spent.

spendibilità *s.f.* availability for spending.

spendicchiare *v.tr.* e *intr.* **1** (*spendere moderatamente*) to spend* very carefully, to spend* cautiously, to spend* in driblets **2** (*spendere molto*) to throw* money around, to spend* lavishly: *anche tu ami —!*, you like throwing your money around too!

spendita *s.f.* (*non com.*) spending: — *di monete false*, passing counterfeit money.

spenditore *s.m.* **spenditrice** *s.f.* **1** (*non com.*) spender **2** (*mar.*) (*approvvigionatore di bordo*) purchaser of provisions, victualler.

spennacchiato *agg.* plucked: *una gallina spennacchiata*, a plucked hen // *una testa spennacchiata*, (*scherz.*) a bald head.

spennare *v.tr.* **1** to pluck: — *un pollo*, to pluck a chicken **2** (*fig. fam.*) (*carpire denaro a*) to fleece, to skin, to rip off: *in quel ristorante ti spennano*, they rip you off (*o* they fleece you) in that restaurant // *farsi — al casinò*, to get fleeced (*o* to lose one's shirt) at the casino.

□ **spennarsi** *v.intr.pron.* to lose* its feathers; (*mutare le penne*) to moult.

spennata *s.f.* plucking: *dare una — a un pollo*, to pluck a chicken.

spennatura *s.f.* plucking.

spennellare *v.tr.* to paint: — *una parete*, to paint a wall // *spennellarsi una ferita*, to swab a wound.

spennellata *s.f.* painting: *dare una — a un cancello*, to paint a gate.

spennellatura *s.f.* painting // — *di una ferita*, swabbing of a wound.

spensierataggine, **spensieratezza** *s.f.* thoughtlessness, carelessness; irresponsibility; light-heartedness.

spensierato *agg.* **1** thoughtless: *gioventù spensierata*, thoughtless youth **2** (*senza preoccupazioni*) carefree, light-hearted: *fa una vita spensierata*, he leads a carefree life **3** (*non com.*) (*irresponsabile*) irresponsible.

spento *agg.* **1** extinguished; out (*pred.*); (*di apparecchi, macchinari ecc.*) switched off (*pred.*), turned off (*pred.*): *a luci spente*, with the lights out; *il fuoco è* —, the fire is out; *ho lasciato la luce spenta per non disturbarvi*, I've left the light out so as not to disturb you; *l'auto scendeva la collina a motore* —, the car went down the hill with the engine switched off; *sono sicuro di aver lasciato il televisore* —, I'm sure I left the television switched off // (*chim.*) *calce spenta*, slaked lime (*o* lime paste) **2** (*fig.*) (*scialbo, smorto*) dull, dead, lifeless: *colori spenti*, dull (*o* dead) colours; *occhi spenti*, dull (*o* dead *o* lifeless) eyes **3** (*fin.*) extinguished, out (*pred.*), paid-off (*pred.*): *debito* —, paid-off debt **4** (*fig. non com.*) (*estinto, scomparso*) extinct: *civiltà spenta*, dead civilization; (*geol.*) *vulcano* —, extinct volcano.

spenzolare *v.intr.* e *tr.* to hang*; to dangle: — *le braccia*, to let one's arms hang down.

□ **spenzolarsi** *v.rifl.* (*sporgersi*) to lean* out, to hang* out; to dangle, to be suspended: — *nel vuoto*, to be suspended in midair (*o* in the void); — *dal davanzale della finestra*, to lean out (*o* to hang out) over the window sill.

spenzolone, **spenzoloni** *avv.* hanging, dangling: *sedeva con le gambe* —, he was sitting with his legs dangling.

spera *s.f.* **1** (*ant.*, *letter.*) sphere, globe: *le spere celesti*, the celestial spheres **2** (*region.*) (*specchio*) (small round) mirror.

sperabile *agg.* to be hoped (for): *ciò è* —, this is to be hoped for; *è — che...*, it is to be hoped that... (*o fam.* let's hope that...).

speranza *s.f.* **1** hope: *oltre ogni* —, beyond all hope; *senza* —, hopeless (*agg.*); hopelessly (*avv.*); *una vaga* —, a vague hope; *è pieno di* —, he is very hopeful; *ho buone speranze che torni presto*, I have high hopes that he will soon come back; *non ho* —, I have no hope; *ho abbandonato ogni* —, I've given up all hope; *essere appesi a un filo di* —, to hang on to a glimmer of hope; *cullarsi in vane speranze*, to cherish vain hopes; *deludere le speranze di qlcu.*, to disappoint s.o.'s expectations; *esprimere la ferma — che...*, to express the confident hope that...; *nutrire la — di fare qlco.*, to set one's hopes on doing sthg.; *riporre le proprie speranze in qlco., in qlcu.*, to pin one's hopes on sthg., on s.o.; *vivere di* —, to live on hope; *vivere nella — di fare qlco.*, to live in the hope of doing sthg. // *nella — di ricevere presto vostre notizie*, hoping to hear from you soon; *si cerca ancora nella — di trovare superstiti*, searches are still going on in the hope of finding survivors // *un ragazzo di belle speranze*, a promising boy (*o* a boy full of promise) // *quel ragazzo era la — di suo padre*, that boy was his father's hope // *è una — del calcio, del cinema italiano*, he's one of the great hopes of Italian football, of the Italian cinema // *il colore della* —, the colour of hope // *finché c'è vita c'è* —, while there is life there is hope **2** (*stat.*) expectation, expectancy: — *matematica*, mathematical expectation; — (*media*) *di vita*, expectation of life (*o* life expectancy).

speranzoso *agg.* hopeful, full of hope: *aspettava* —, he was waiting full of hope.

sperare[1] *v.tr.* **1** to hope for (sthg.): *spera di ricevere un po' di aiuto da suo padre*, he hopes for some help from his father; *sperava di riuscire*, he hoped to succeed; *speriamo che tutto vada bene*, let us hope all goes well; *spero che tu guarisca presto*, I hope you (will) soon recover; *spero che non piova!*, I hope it's not going to rain!; *spero di no*, I hope not; *spero di sì*, *lo spero*, I hope so; *spero di vederlo presto*, I hope to see him soon; *questo non è il risultato che speravo*, this is not the result I had hoped for // *voglio —, spero bene che questa volta tutto sia a posto*, I'd like to think that this time everything is at it should be **2** (*aspettarsi*) to expect: *non speravo che sarebbe venuto*, I did not expect him to come; *— il peggio per l'avvenire*, to expect the worst for the future ◆ *v.intr.* to hope (for sthg., in sthg.), to trust (in s.o.): *egli spera ancora*, he is still hoping; *— in bene*, to hope for the best; *— in Dio*, to trust in God; *— negli amici*, to trust in one's friends; *— nel futuro*, to hope in the future; *— nella guarigione, nel ritorno di qlcu.*, to hope for s.o.'s recovery, for s.o.'s return; *continuare a —*, to go on hoping.

sperare[2] *v.tr.* (*agr.*) (*le uova*) to candle.

speratura *s.f.* (*agr.*) (*delle uova*) candling.

sperdere *v.tr.* (*rar.*) **1** (*letter.*) (*disperdere*) to disperse, to scatter **2** (*smarrire*) to lose*.
□ **sperdersi** *v.intr.pron.* (*smarrirsi*) to lose* oneself, to get* lost, to go* astray (*anche fig.*): *— nel bosco*, to get lost in the woods; *è una materia così vasta che ci si sperde*, it's such a vast subject that you get lost in it.

sperdimento *s.m.* (*non com.*) dispersal, dispersion, scattering; (*di persone*) getting lost.

sperduto *agg.* **1** dispersed, scattered; (*vagante*) wandering **2** (*isolato*) secluded, isolated, lonely, out-of-the-way: *vive in un luogo — delle Alpi*, he lives in a secluded place in the Alps **3** (*smarrito*) lost (*anche fig.*): *— nella foresta*, lost in the forest; *mi sento — senza di te*, I feel lost without you **4** (*fig.*) (*a disagio*) uncomfortable, ill at ease, out of place: *si sentì — in loro compagnia*, he felt uncomfortable (*o* ill at ease) in their company.

sperequare *v.tr.* (*econ.*) to unequalize, to make* unequal.

sperequato *agg.* (*econ.*) unequal, disproportionate: *compensi sperequati*, unequal pay; *tributi sperequati*, disproportionate taxes.

sperequazione *s.f.* (*econ.*) inequality, disproportion: *— degli stipendi*, inequality of salaries; *— della ricchezza*, unfair distribution of wealth; *— dei redditi*, inequality of income // *— tributaria*, disproportionate taxation.

spergiurare *v.intr.* **1** (*giurare il falso*) to commit perjury, to perjure oneself **2** (*giurare solennemente*) to swear*: *giurò e spergiurò che non era vero*, he swore again and again that it was not true ◆ *v.tr.* to swear* falsely: *— il nome di Dio*, to swear falsely in the name of God; *— il vero*, to swear falsely.

spergiuratrice *s.f.* (*letter.*) perjurer.

spergiuro *agg.* perjured ◆ *s.m.* **1** (*chi giura il falso*) perjurer **2** (*giuramento falso*) perjury.

spergola *s.f.* (*bot.*) (*Spergula arvensis*) spurry.

spericolato *agg.* (*temerario*) reckless, foolhardy, daring: *un guidatore —*, a reckless (*o* foolhardy) driver; *una manovra spericolata*, a daring manoeuvre ◆ *s.m.* (*temerario*) daredevil: *è uno —!*, he's a daredevil!

sperimentabile *agg.* testable.

sperimentabilità *s.f.* testability.

sperimentale *agg.* experimental, testing: *il prototipo è ancora in fase —*, the prototype is still at the experimental stage; *accordo —*, tentative agreement; *prova —*, experimental test; *modello —*, experimental model; *scuola —*, experimental school; *psicologia —*, experimental psychology; (*comm.*) *prezzo —*, testing price.

sperimentalismo *s.m.* experimentalism.

sperimentalista *s.m.* e *f.* experimentalist.

sperimentare *v.tr.* **1** to experiment with (sthg.); (*mettere alla prova*) to try (out), to test, to put* to the test (*anche fig.*): *— un nuovo metodo*, to try a new method; *— nuovi materiali*, to experiment with new materials; *— l'efficacia di un prodotto*, to test the effectiveness of a product; *— nuovi metodi di insegnamento*, to experiment with new methods of teaching; (*sport*) *— una nuova formazione*, to try out a new lineup; *— la fedeltà di un amico*, (*fig.*) to put a friend's loyalty to the test **2** (*fig.*) (*fare esperienza di*) to experience, to have experience of (sthg.), to live through: *— la fatica*, to have experience of hard work; *— la guerra*, to live through the war.
□ **sperimentarsi** *v.rifl.* (*mettersi alla prova*) to try oneself out, to put* oneself to the test.

sperimentato *agg.* **1** (*esperto*) experienced **2** (*collaudato*) tested; (*provato*) tried: *metodo —*, well-tried (*o* tested) method; *di sperimentata onestà*, of tried integrity.

sperimentatore *s.m.* **sperimentatrice** *s.f.* experimenter.

sperimentazione *s.f.* experimentation, testing; trial; (*esperimento*) experiment: *metodo di —*, testing method; *prodotto ancora in fase di —*, product still on trial (*o* still being tested) // *— didattica*, experimentation in teaching methodology.

sperlano *s.m.* (*zool.*) (*Osmerus eperlanus*) smelt, sparling.

sperma *s.m.* (*biol.*) sperm*, semen.

spermaceti *s.m.* (*zool.*) spermaceti.

spermateca *s.f.* (*zool.*) spermatheca.

spermateisfora *s.f.* (*biol.*) artificial insemination.

spermatico *agg.* spermatic; sperm (*attr.*) // (*anat.*) *funicolo —*, spermatic cord; *ghiandola spermatica*, spermary.

spermatidio *s.m.* (*biol.*) spermatid.

spermatocele *s.m.* (*med.*) spermatocele.

spermatocito *s.m.* (*biol.*) spermatocyte.

spermatofita *s.f.* (*bot.*) spermatophyte.

spermatofora *s.f.* **spermatoforo** *s.m.* (*biol.*) spermatophore.

spermatogenesi *s.f.* (*biol.*) spermatogenesis.

spermatogonio *s.m.* (*biol.*) spermatogonium (*pl.* -nia).

spermatozoo *s.m.* (*biol.*) spermatozoon*; sperm.

spermicida *agg.* (*med.*) spermicidal ◆ *s.m.* (*med.*) spermicide.

spermico → **spermatico**.

spermidina *s.f.* (*biochim.*) spermidine.

spermina *s.f.* (*biochim.*) spermine.

spermiocitogramma *s.m.* (*med.*) spermatic cytoanalysis.

spermiogenesi → **spermatogenesi**.

speronamento *s.m.* ramming: *lo — della nave ha causato una falla*, the ramming of the ship caused a leak.

speronare *v.tr.* **1** (*mar.*) to ram (*anche estens.*): *l'auto ha speronato il furgoncino*, (*estens.*) the car rammed (into) the van **2** (*un cavallo*) → spronare.

speronata *s.f.* (*colpo con gli speroni*) kick with the spurs.

speronato *agg.* **1** (*di gallo ecc.*) spurred **2** (*di edificio*) buttressed.

sperone *s.m.* **1** (*di cavaliere*) spur **2** (*mar.*) ram **3** (*zool.*) (*di gallo*) spur; (*scient.*) dew-claw; (*di uccello*) spur **4** (*di roccia*) spur, nose, ness **5** (*bot.*) spur, calcar **6** (*edil.*) buttress.

speronella *s.f.* (*bot.*) (*Delphinium consolida*) forking larkspur.

sperperamento *s.m.* squandering, dissipation; wasting, waste.

sperperare *v.tr.* to squander, to dissipate; to waste, to fritter away (*anche estens.*): *— il proprio denaro, un patrimonio*, to squander one's money, to dissipate a fortune; *— le forze*, to waste one's energy.

sperperatore *s.m.* **sperperatrice** *s.f.* squanderer, waster, spendthrift.

sperperio *s.m.* (continuous) waste, (continuous) squandering: *uno — di risorse*, a waste of resources.

sperpero *s.m.* squandering, squander, waste, dissipation: *— di denaro*, waste of money; *in quella casa c'è un grande —*, in that house there is a lot of waste.

sperso *agg.* lost (*anche fig.*): *bambino —*, lost child.

spersonalizzare *v.tr.* to depersonalize, to make* impersonal: *la pubblicità spersonalizza il gusto*, advertising depersonalizes taste // *un lavoro che spersonalizza*, a job that has a depersonalizing effect.
□ **spersonalizzarsi** *v.intr.pron.* to lose*one's personality.

spersonalizzazione *s.f.* depersonalization.

sperticarsi *v.intr.pron.* (*profondersi*) to lavish (sthg.), to overdo* (sthg.), to exaggerate (sthg.): *— in elogi, in complimenti*, to lavish praise, compliments.

sperticato *agg.* excessive, exaggerated: *lodi sperticate*, excessive praise.

spesa *s.f.* **1** expense, expenditure; spending; (*costo*) cost, outlay; charge, fee: *spese di manutenzione*, maintenance charges (*o* upkeep expenses); *spese di riparazione*, cost of repairs; *spese di viaggio*, travelling expenses; *spese domestiche*, household expenses; *spese minute*, petty expenses; *spese vive*, out-of-pocket expenses; *spese scolastiche*, school fees; *ci fu una — di 50 milioni per le nuove attrezzature*, there was an expenditure (*o* outlay) of 50 million lire on (*o* for) new fittings; *sta facendo grandi spese*, he is spending a lot of money; *far fronte a una —*, to meet an expense; *sostenere le spese di qlco.*, to bear the cost of (*o* to pay for) sthg.; *far sostenere spese a qlcu.*, to put s.o. to expense; *coprire le spese*, to cover the cost; *ridurre le spese*, to cut down one's expenses // *a proprie spese*, at one's own expense, (*fig.*) to one's cost; *imparare a proprie spese*, to learn at one's cost; *a spese altrui*, (*anche fig.*) at other people's expense; *non badare a spese*, to spare no expense: *non bada a spese*, he spares no expense (*o* money is no object for him) // *fare le spese di qlco.*, (*fig.*) to pay for sthg. // *essere di poca —*, (*fig.*) to be undemanding // *stare sulla —*, to support (*o* to keep) oneself // (*amm.*): *spese di bollo*, stamp dues; *spese di registro*, registration dues; *spese fisse*, standing expenses; *spese generali*, overheads (*o* overhead expenses); *spese ordinarie*, ordinary charges (*o* recurring expenses); *spese straordinarie, supplementari, addizionali*, extra (*o* additional) expenses (*o* costs *o* charges); *spese varie*, sundry expenses (*o* charges); *spese amministrative*, administrative expenses; *a spese pubbliche*, at public expense // (*econ.*): *spese correnti*, current (*o* running) expenses; *spese di fabbricazione*, manufacturing costs; *spese di produzione*, production expenses (*o* expenses of production); *spese di gestione, di esercizio*, operating (*o* running) costs; *spese di manodopera*, labour costs; *spese fisse*, fixed charges; — *in conto capitale*, capital expenditure (*o* spending); — *per consumi*, consumer expenditure; — *per investimenti*, investment outlays; *spese previste dal budget*, budgetary expenditure; *incorrere in grandi spese*, to incur great expenses; — *nazionale lorda*, gross national expenditure; — *di avviamento*, start-up costs (*o* organization expenses); — *pubblica*, public (*o* government) expenditure; — *pubblica in disavanzo*, deficit spending // (*comm.*): *spese assegnate*, charges forward; *spese di trasporto*, freightage (*o* carriage *o* transport charges); — *di trasferta*, travelling expenses; *spese d'incasso*, collection expenses; *spese promozionali*, promotion expenses; *comprese le spese*, charges included (*o* inclusive of charges); *escluse le spese*, charges excluded (*o* exclusive of charges) // (*fin.*): *spese di emissione*, issue (*o* floatation) costs; *spese iniziali a carico di sottoscrittori di fondi*, front and fees // (*dir.*): *con spese*, with charges; *senza spese*, without charges // (*mar.*): *spese di sbarco*, landing charges; *spese di stivaggio*, stowage; *spese portuali*, port charges **2** (*acquisto*) buy; purchase: *questo mobile è stato una bella* —, this piece of furniture was a good buy **3** (*compera*) shopping: *la lista della* —, the shopping list; *la borsa della* —, shopping bag; *fare la* —, to do the shopping; *faccio la — nei negozi vicino a casa*, I do the shopping in the shops near home; *andare a fare spese*, to go shopping.

spesare *v.tr.* to pay* (s.o.'s) expenses, to pay* expenses for; (*mantenere*) to maintain, to pay* for (s.o.'s) keep: — *un dipendente di tutto*, to pay an employee's expenses in full.

spesato *agg.* with all expenses paid: *per le trasferte è — dall'azienda*, his travelling expenses are paid by the company.

speso *agg.* spent, expended: *denaro ben* —, well spent money; *denaro, energia non spesi*, unexpended money, energy; *tempo — male*, wasted time.

spessartina *s.f.* (*min.*) spessartite, spessartina.

spessezza *s.f.* (*non com.*) **1** (*l'essere spesso*) thickness **2** (*frequenza*) frequency.

spessimetro *s.m.* (*mecc.*) feeler.

spesso *agg.* **1** (*fitto*) thick; (*denso*) dense; (*compatto*) compact: *nebbia spessa*, dense (*o* thick) fog **2** (*di notevole, di un determinato spessore*) thick: *una spessa lastra di vetro*, a thick sheet of glass; *un muro — 30 cm*, a wall thirty centimetres thick **3** (*frequente*) frequent: *spessi errori*, frequent mistakes // *spesse volte*, often (*o* frequently).

spesso *avv.* often, frequently: *c'incontriamo* —, we often meet (*o* we meet frequently); *episodi del genere si verificano molto* —, episodes like that occur very frequently; *non esco — la sera*, I don't often go out in the evening; *vediamoci più* —, let's meet more often; *accade — che...*, it often happens that... // — *e volentieri*, very often: — *e volentieri si dimentica di chiudere la porta*, he very often forgets (*o* he's always forgetting) to shut the door.

spessorare *v.tr.* (*tecn.*) to shim.

spessore *s.m.* **1** thickness: *la porta ha lo — di circa cinque centimetri*, the door is about five centimetres thick **2** (*tecn.*) thickness; (*rialzo*) shim // (*aer.*): — *dell'ala*, wing thickness; — *relativo*, thickness ratio **3** (*fig.*) (*consistenza*) depth; importance: *un romanzo che ha un certo* —, a novel of a certain depth.

spettabile *agg.* (*comm.*) esteemed: *i nostri spettabili clienti*, our esteemed customers; (*all'inizio delle lettere*) Dear Sirs; (*negli indirizzi*) Messrs; — *ditta Wilson & C.*, Messrs Wilson & Co.

spettacolare *agg.* spectacular; (*straordinario*) spectacular, extraordinary, fantastic: *un film* —, a spectacular film; *una cerimonia* —, a spectacular (*o* an extraordinary) ceremony.

spettacolarità *s.f.* spectacularity.

spettacolarizzare *v.tr.* to make* (sthg.) spectacular; to turn (sthg.) into a spectacle, to turn (sthg.) into a show: — *un evento*, to turn an event into a spectacle (*o* show).

□ **spettacolarizzarsi** *v.intr.pron.* to turn into a spectacle, to turn into a show: *l'ambiente politico si va spettacolarizzando*, politics is turning into a show (*o* getting like show business).

spettacolo *s.m.* **1** show, display: *uno — divertente*, an amusing show; *uno — di varietà*, a variety show; *uno — teatrale*, a play; *il mondo dello* —, show business **2** (*estens.*) spectacle; sight: *la partita ha offerto uno — emozionante*, the match was a thrilling spectacle; *uno — atroce*, a terrible sight; *l'aurora boreale è uno splendido* —, the aurora borealis is a marvellous spectacle // *dare — di sé*, to make a spectacle of oneself **3** (*rappresentazione*) (*teatr.*) performance; (*cinem.*) showing: *la compagnia darà solo tre spettacoli*, the company will put on only three performances; *la fine dello — è a mezzanotte*, the performance ends at midnight; *lo — è stato rinviato*, the performance has been postponed; *andiamo al primo — (del film)*, let's go to the first showing.

spettacoloso *agg.* spectacular; (*fam.*) (*straordinario*) extraordinary: *una spettacolosa manifestazione pirotecnica*, a spectacular display of fireworks; *una memoria spettacolosa*, an extraordinary memory.

spettante *agg.* due, owing: *denaro — al direttore*, money owing to the director; *esigere la retribuzione* —, to claim one's due pay.

spettanza *s.f.* **1** (*pertinenza*) concern, competence, business: (*amm.*) *la questione non è di nostra* —, the matter is not our concern (*o* business) **2** (*ciò che spetta*) dues (*pl.*), money due; (*onorario*) fee: (*amm.*) *liquidare a un dipendente le spettanze*, to pay an employee his dues.

spettare *v.intr.* **1** to be (for s.o.), to be up (to s.o.); to be one's business, to be one's concern: *spetta a lui pensare a tutto questo*, it is for him (*o* it is up to him) to think of all these things; *non spetta a te giudicare queste cose*, it's not your business to judge these things; *spetta a noi pagare*, it is up to us (*o* it's our turn) to pay; *questa volta spetta a te decidere*, this time it's your turn to decide **2** (*competere*) to be due, to be owed: *ricevette quanto gli spettava*, he was paid his due; *vi spetta una forte somma*, a large sum is due to you.

spettatore *agg.* onlooking ◆ *s.m.*, **spettatrice** *s.f.* **1** spectator: (*pl.*) (*di cinema, teatro ecc.*) audience (*sing.*): — *di un incontro di calcio*, spectator at a football match; *attori e spettatori*, actors and audience; *la partita televisiva è stata seguita da milioni di spettatori*, the televised match was followed by an audience of millions; *uno — cominciò a fischiare*, a member of the audience began to boo **2** (*testimone*) witness; onlooker; bystander: — *di un incidente*, accident witness; *eravamo spettatori dell'incendio*, we were onlookers of the fire; *è stata spettatrice di tutti questi avvenimenti*, she lived through (*o* she witnessed) all these events.

spettegolare *v.intr.* to gossip.

spettinare *v.tr.* to mess up s.o.'s hair, to ruffle s.o.'s hair: *il vento ti ha spettinato*, the wind has messed your hair up.

□ **spettinarsi** *v.rifl.* o *intr.pron.* to get* one's hair messed up, to ruffle one's hair: *come hai fatto a spettinarti in quel modo?*, how did you manage to get your hair so messed up?

spettinato *agg.* ruffled, uncombed.

spettrale *agg.* **1** ghostly, ghost-like, spectral: *ha un aspetto* —, he looks like a ghost // *luce* —, ghostly light **2** (*fis.*) spectral, spectrum (*attr.*): *linee spettrali*, spectral line; *analisi* —, spectrum analysis; *analizzatore* —, spectrum analyzer.

spettro *s.m.* **1** ghost, spectre: *dice di aver visto uno* —, he says he saw a ghost // *sembrare uno* —, to look like a ghost **2** (*fig.*) spectre: *lo — della miseria, della guerra*, the spectre of poverty, of war **3** (*fis.*) spectrum*: — *di scintilla*, spark spectrum; — *infrarosso, ultravioletto*, infrared, ultraviolet spectrum; — *elettromagnetico*, electromagnetic spectrum; — *all'idrogeno*, hydrogen spectrum; — *solare*, solar spectrum; — *visibile*, visible spectrum **4** (*mat.*) spectrum*: — *continuo, discreto*, continuous, discrete spectrum **5** (*zool.*) → tarsio.

spettrobolometro *s.m.* (*astr.*) spectrobolometer.

spettrochimica *s.f.* spectrochemistry.

spettrochimico *agg.* spectrochemical.

spettroeliografia *s.f.* (*astr.*) spectroheliography.

spettroeliografo *s.m.* (*astr.*) spectroheliograph.

spettroelioscopio *s.m.* (*astr.*) spectrohelioscope.

spettrofotometria *s.f.* (*fis.*) spectrophotometry.

spettrofotometro *s.m.* (*fis.*) spectrophotometer.

spettrografia *s.f.* (*fis.*) spectrography: — *di massa*, mass spectrometry.

spettrografico *agg.* (*fis.*) spectrographic.

spettrografo *s.m.* (*fis.*) spectrograph: — *a cristallo*, crystal spectrograph; — *a raggi X*, X-ray spectrograph; — *di massa*, mass spectrograph; — *a reticolo*, lattice spectrograph.

spettrogramma *s.m.* spectrogram.

spettrometria *s.f.* (*fis.*) spectrometry.

spettrometro *s.m.* (*fis.*) spectrometer: —

a raggi X, X-ray spectrometer; — *di massa*, mass spectrometer.

spettroradiometria *s.f.* (*fis.*) spectroradiometry.

spettroradiometro *s.m.* (*fis.*) spectroradiometer.

spettroscopia *s.f.* (*fis.*) spectroscopy: — *di massa*, mass spectroscopy; — *fotoelettronica*, photoelectron spectroscopy.

spettroscopico *agg.* (*fis.*) spectroscopic: *binario* —, spectroscopic binary; *microscopio* —, spectromicroscope.

spettroscopio *s.m.* (*fis.*) spectroscope: — *a raggi catodici*, cathode-ray spectroscope; — *a reticolo*, diffraction spectroscope.

speziale *s.m.* (*ant.*, *fam.*) **1** (*chi vende spezie*) spice seller **2** (*farmacista*) chemist, apothecary.

speziare *v.tr.* (*non com.*) **1** (*condire*) to spice, to add spices **2** (*rendere più sapido*) to spice (up).

spezie *s.f.pl.* spices.

spezieria *s.f.* **1** (*ant.*, *fam.*) (*drogheria*) grocery, grocer's shop, (*farmacia*) apothecary's shop, chemist's shop **2** (*spezie*) spices (*pl.*).

spezzabile *agg.* breakable.

spezzamento *s.m.* **1** (*non com.*) breaking **2** (*mat.*) splitting: *campo di* —, splitting field.

spezzare *v.tr.* **1** to break* (*anche fig.*): — *qlco. in due*, to break sthg. in two; — *un ramo*, to break off a branch; *spezzarsi un braccio*, (*fam.*) to break one's arm // *la sua improvvisa partenza mi ha spezzato il cuore*, (*fig.*) his sudden departure broke my heart **2** (*interrompere*) to break* up, to interrupt: — *un viaggio*, to break a journey; — *le ore di lavoro*, to interrupt one's hours of work; *non voglio — il pomeriggio, incontriamoci più tardi*, I don't want to break up the afternoon, let's meet later.

□ **spezzarsi** *v.intr.pron.* to break* (*anche fig.*): *la corda si spezzò ed egli cadde*, the rope broke and he fell; *mi si spezza il cuore a pensarci*, it breaks my heart to think of it (*o* my heart aches at the thought of it) // *mi spezzo ma non mi piego*, I bend but I don't break.

spezzatino *s.m.* (*cuc.*) stew: — *di vitello*, veal stew.

spezzato *agg.* **1** broken (*anche fig.*): *un ramoscello* —, a broken twig; *un cuore* —, (*fig.*) a broken heart **2** (*estens.*) (*interrotto*) broken, interrupted, fragmentary: *un periodare* —, a fragmented style // *orario* —, working hours with a break ◆ *s.m.* **1** *pl.* (*non com.*) (*spiccioli*) small change ⓤ **2** (*abbigl.*) jacket and trousers **3** (*teatr.*) flat.

spezzatura *s.f.* **1** (*lo spezzare*) breaking **2** (*volume scompagnato*) odd volume **3** (*Borsa*) broken amount, odd lot, fraction: — *di azioni*, fraction of shares.

spezzettamento *s.m.* breaking into pieces, cutting in small pieces, chopping.

spezzettare *v.tr.* to break* (sthg.) into pieces, to cut* (sthg.) in small pieces, to chop: — *il pane*, to break bread into pieces; *spezzetta i biscotti nel latte*, crumble the biscuits into your milk; — *un'eredità*, to divide up an inheritance // — *un discorso*, (*fig.*) to interrupt a speech.

□ **spezzettarsi** *v.intr.pron.* to shatter; to split*.

spezzettatura *s.f.* breaking into pieces, chopping.

spezzino *agg.* of La Spezia; from La Spezia ◆ *s.m.* inhabitant of La Spezia; native of La Spezia.

spezzonare *v.tr.* to bomb with fragmentation bombs: — *la colonna nemica*, to bomb the enemy column with fragmentation bombs.

spezzone *s.m.* **1** (*mil.*) fragmentation bomb: — *incendiario*, incendiary bomb **2** (*metall.*) (*di lamiera, di profilato*) crop **3** (*cinem.*) clip.

spia *s.f.* **1** spy, informer, (*fam.*) nark; (*riferito a bambini*) telltale, sneak: *una rete di spie*, a spy network; *è una — della polizia*, he is a police informer; *fa sempre la — all'insegnante*, he always sneaks to the teacher **2** (*indizio, cenno*) indication, evidence; proof: *l'aumento della disoccupazione è una — della crisi economica*, the increase in unemployment is an indication of the economic crisis **3** (*foro, finestra di controllo*), peephole, inspection hole, spy hole; (*di porta di convento*) grill **4** (*tecn.*) light: — *luminosa*, warning light; *attento, si è accesa la — dell'olio*, (*di auto*) careful, the oil (warning) light is on // *lampadina* —, pilot light // *fiamma* —, (*di gas*) pilot light (*o* pilot burner) // (*tel.*) — *di occupato*, busy // (*aut.*) — *usura freni*, brake pilot light.

spiaccicare *v.tr.* to squash: — *una mosca sul muro*, to squash a fly on the wall.

□ **spiaccicarsi** *v.intr.pron.* to get* squashed.

spiacchichio *s.m.* **1** (*lo spiaccicare*) squashing; crushing **2** (*cose spiaccicate*) mess.

spiacente *agg.* (*dispiaciuto*) sorry: *sono — di doverti dire che...*, I am sorry to have to tell you that...; —, *ma è tutto occupato*, sorry, but it's full.

spiacere *v.intr.* **1** to be sorry: *mi spiace che non sia arrivato in tempo*, I'm sorry that he did not arrive in time; *mi spiace, non posso dirtelo*, I'm sorry, I can't tell you **2** (*in espressioni di cortesia*) to mind: *ti spiace chiudere la finestra?*, do you mind closing the window? // *e adesso, se non ti spiace, me ne vado!*, and now, if you don't mind, I'm leaving **3** (*provocare amarezza*) to be sad(dening): *spiace vedere tanta ingratitudine*, it's sad (*o* saddening) to see so much ingratitude; *spiace vederlo soffrire in questo modo*, it's sad to see him suffer like this.

□ **spiacersi** *v.intr.pron.* to be sorry: *si è molto spiaciuto del nostro rifiuto*, he was very sorry we refused.

spiacevole *agg.* **1** (*che dà dispiacere*) unpleasant, disagreeable: *notizia* —, unpleasant news; *compito* —, disagreeable task **2** (*increscioso*) unfortunate, regrettable: *un contrattempo* —, an unfortunate setback; *uno — malinteso*, an unfortunate (*o* regrettable) misunderstanding.

spiacevolezza *s.f.* unpleasantness, disagreeableness: *la — di una situazione*, the unpleasantness of a situation.

spiaggia *s.f.* beach; (*riva*) (sea)shore: — *sabbiosa*, sandy beach; — *sassosa*, pebbly beach; *la — era gremita di bagnanti*, the beach was crowded with bathers; *la corrente lo spingeva lentamente verso la* —, the current was slowly driving him towards the shore; *andare in* —, to go to the beach; *linea di* —, beachline (*o* shoreline) // *tipo da* —, (*scherz.*) weird type // *ultima* —, (*fig.*) last chance (*o* resort): *a questo punto quella proposta di lavoro è per me l'ultima* —, at this stage that offer of work is my last chance.

spianabile *agg.* that can be levelled, that can be flattened.

spianamento *s.m.* **1** levelling; (*il rendere liscio*) smoothing: *lo — della strada, del terreno*, the levelling of the road, of the ground **2** (*il radere al suolo*) razing (to the ground): — *di una fortezza*, razing to the ground of a fortress.

spianare *v.tr.* **1** to level, to make* level; (*rendere liscio*) to smooth: — *il terreno*, to level the ground; *in questo tratto la strada non è stata spianata*, along this stretch the road has not been levelled; — *a livello*, to flush; — *con rulli*, to roll; *una lamiera*, to straighten out (*o* to flatten) a sheet; — *mediante pressione*, to flatten; — *le cuciture di un vestito*, to smooth (*o* to flatten) out the seams of a dress; — *la pasta*, to roll out the dough // — *il fucile contro qlcu.*, to level one's gun at s.o. **2** (*radere al suolo*) to raze (to the ground): — (*al suolo*) *una fortezza, una città*, to raze a fortress, a town (to the ground) **3** (*fig.*) (*appianare*) to smooth (away): — *il cammino, la strada a qlcu.*, to smooth (*o* to pave) the way for s.o.; — *una difficoltà, un ostacolo*, to smooth a difficulty, an obstacle away **4** (*ant., fig.*) (*spiegare*) to explain: — *un testo*, to explain a text.

□ **spianarsi** *v.intr.pron.* (*non com.*) (*pianeggiare*) to be level, to be flat: *qui la strada si spiana*, the road is level here.

spianata *s.f.* **1** (*lo spianare*) levelling; (*il rendere liscio*) smoothing: *dare una — al terreno*, to level out a piece of ground; *dare una — alle cuciture di un vestito*, to smooth out the seams of a dress **2** (*spiazzo*) flat space, open space; (*in un bosco*) clearing; (*panoramico*) esplanade.

spianato *agg.* level; levelled, flattened; (*liscio*) smooth: *strada spianata*, levelled road // *avanzarono coi fucili spianati*, they advanced with levelled rifles.

spianatoia *s.f.* rolling board, pastry board.

spianatoio *s.m.* rolling pin.

spianatore *s.m.* (*non com.*) leveller; smoother.

spianatrice *s.f.* (*mecc.*) flattener; flattening machine; straightening machine.

spianatura *s.f.* levelling (out); (*il rendere liscio*) smoothing (out).

spiano *s.m.* **1** (*non com.*) levelling; (*il rendere liscio*) smoothing **2** (*non com.*) (*largo piano*) open space; (*in un bosco*) clearing **3** *a tutto* —, (*senza interruzione*) uninterruptedly, non-stop; (*con tutte le forze*) flat out: *lavorare a tutto* —, to work flat out (*o* to work non-stop); *spendere a tutto* —, to spend money like water; *correre a tutto* —, to run flat out.

spiantare *v.tr.* **1** (*non com.*) (*svellere*) to uproot; to pull out: — *un albero*, to uproot a tree; — *un palo*, to pull out a pole **2** (*fig.*) (*mandare in rovina*) to ruin, to bring* to ruin: *con i suoi sperperi ha spiantato la famiglia*, he ruined his family by squandering his money; *le liti spiantano le famiglie*, quarrels ruin families.

□ **spiantarsi** *v.rifl.* (*andare in rovina*) to ruin oneself, to go* to ruin.

spiantato *agg.* (*in miseria*) penniless, moneyless, ruined, hard up (*pred.*), (*fam.*) stony broke (*pred.*): *un giovane* —, a penniless young man ◆ *s.m.* pauper, beggar, penniless person: *sposare uno —*, to marry a pauper.

spianto *s.m.* (*non com.*) ruin, destruction.

spiare *v.tr.* **1** to spy on (s.o., sthg.): *— qlcu., i movimenti di qlcu.*, to spy on s.o., on s.o.'s movements; *spiava i nostri movimenti*, he was spying on us; *lo sorprese a — dietro la porta*, he caught him eavesdropping behind the door **2** (*cercare, indagare*) to try to judge: *spiava sul viso di lei le impressioni delle sue parole*, he tried to judge the effect of his words by the expression on her face **3** (*aspettare con ansia*) to wait for (sthg.): *spiava il momento migliore per andarsene*, he was waiting for the best moment to leave; *— il momento opportuno per parlare*, to wait for the right moment to speak.

spiata *s.f.* tip-off: *in seguito a una — lo catturarono*, they caught him after a tip-off.

spiattellare *v.tr.* to blab (out), to blurt out; (*dire apertamente*) to speak* out, to speak* frankly about sthg.: *spiattellò tutto*, he blabbed (*o* blurted) it all out; *gli ha spiattellato in faccia la verità*, he blurted out the whole truth to his face // *mi spiattellò il documento sotto il naso*, he thrust the paper under my nose.

spiazzamento *s.m.* **1** wrongfooting **2** (*econ.*) (*esclusione da un mercato*) placing out, crowding out (*anche fin.*).

spiazzare *v.tr.* **1** to wrongfoot (*anche fig.*): *— il portiere con una finta*, to wrongfoot the goalkeeper with a dummy; *con il suo intervento ci ha spiazzato*, he wrongfooted us with his intervention **2** (*econ.*) (*escludere*) to place out, to crowd out (*anche fin.*) **3** (*inform.*) to relocate.

spiazzata *s.f.* **spiazzo** *s.m.* open space; (*in un bosco*) clearing.

spiccare *v.tr.* **1** (*staccare*) to pick, to pluck; (*disgiungere*) to detach, to cut* off: *— un fiore, un grappolo d'uva*, to pick a flower, a bunch of grapes **2** (*pronunciare*) to enunciate distinctly: *— le parole*, to enunciate one's words distinctly **3** *— un salto*, to jump; *— un volo*, to fly off, (*fig.*) to take (to) flight: *l'uccello spiccò il volo*, the bird flew off // *— il bollore*, to begin to boil **4** (*dir.*) to issue: *— un ordine, un mandato di cattura*, to issue an order, a warrant of arrest **5** (*comm.*) (*emettere*) to issue, to draw*, to make* out: *— un assegno*, to make out (*o* to draw) a cheque; *— una tratta*, to draw a bill; *— tratta su qlcu.*, to draw (*o* to make a draft) on s.o.; *— una fattura*, to issue (*o* to draw) an invoice; *— su qlcu. un ordine di requisizione di merci*, to indent for goods upon s.o. ◆ *v.intr.* to stand* out, to show* up: *spicca fra gli altri per la sua altezza*, he stands out from the others by his height; *il rosso è un colore che spicca*, red is a colour that catches the eye (*o* an eye-catching colour).

□ **spiccarsi** *v.intr.pron.* to open easily; to split* open easily.

spiccatamente *avv.* distinctly, clearly: *mentalità — occidentale*, distinctly Western mentality; *un accento — milanese*, a marked (*o* unmistakeable) Milanese accent.

spiccato *agg.* **1** strong, marked, striking: *una spiccata inclinazione per la musica*, a marked inclination for music; *spiccata pronuncia toscana*, marked (*o* strong) Tuscan accent; *una spiccata somiglianza*, a strong (*o* striking) resemblance; *ha uno — senso dell'umorismo*, he has a strong (*o* remarkable) sense of humour **2** (*nitido, distinto*) distinct, clear: *contorni spiccati*, clear outlines; *pronuncia ben spiccata*, distinct (*o* clear) pronunciation ◆ *s.m.* (*mus.*) spiccato, arco saltando.

spicchio *s.m.* **1** (*di agrumi*) segment; (*di frutta in genere*) slice, quarter; (*di aglio*) clove (of garlic) // *a spicchi*, sliced **2** (*mat.*) *— sferico*, lune **3** (*arch.*) gore **4** (*eccl.*) segment of a biretta **5** *uno — di luna*, a crescent moon, a new moon

spicciare *v.tr.* **1** (*sbrigare*) to finish off, to get* through, to dispatch: *— una faccenda*, to finish off a piece of business; *— un lavoro*, to get through a job // *— un cliente*, to attend to (*o* to serve) a customer quickly **2** (*non com.*) (*cambiare in spiccioli*) to change.

□ **spicciarsi** *v.intr.pron.* to get* a move on, to hurry up: *speravo di spicciarmi prima*, I hoped to get through before; *spicciati o perderai il treno*, hurry up or you'll miss the train; *— a rientrare*, to hurry home; *spicciati! è tardi*, get a move on! it's late.

spicciativo *agg.* brisk, quick, prompt: *modi spicciativi*, brisk manners; *persona spicciativa*, go-ahead person; *è molto — nel fare le cose*, he is very quick at doing things.

spiccicare *v.tr.* to detach, to unstick, to unglue: *— un foglio di carta incollata*, to detach a glued sheet of paper // *non sa ancora — una parola di inglese*, he cannot utter a word of English yet // *non riesco a spiccicarmelo di torno*, (*fig.*) I cannot get rid of him.

□ **spiccicarsi** *v.intr.pron.* (*fam.*) (*staccarsi*) to come* off: *il francobollo si è spiccicato*, the stamp came off.

spiccicato *agg.* (*region.*) identical (to, with s.o., sthg.): *indossava un vestito — al mio*, she was wearing a dress identical to mine; *è — (a) suo padre*, he's the dead spit (*o* the living image) of his father.

spiccio *agg.* **1** brisk, quick, prompt, swift: *modi spicci*, brisk manner // *andare per le spicce*, to go straight to the point (*o* not to beat about the bush) **2** (*spicciolo*) small, loose: *denaro —*, small change ◆ *s.m.* (*spec. pl.*) (*moneta spicciola*) change [U]: *non avere più spicci*, to have no change.

spicciolame *s.m.* small change [U], loose money [U].

spicciolare[1] *v.tr.* (*non com.*) **1** (*frutta*) to pick off: *— l'uva*, to pick off grapes **2** (*fiori*) to pluck off.

spicciolare[2] *v.tr.* (*cambiare in moneta spicciola*) to change, to break*: *— cinquantamila lire*, to change (*o* to break) a fifty thousand liras note.

spicciolata, alla *locuz.avv.* a few at a time, in dribs and drabs, in twos and threes: *gli invitati arrivarono alla —*, the guests arrived in dribs and drabs.

spicciolo *agg.* **1** small: *moneta spicciola*, small change; *hai diecimila lire spicciole?*, have you got change for ten thousand liras? **2** (*semplice, comune*) simple, common: *lettori, spettatori spiccioli*, common readers, audience // *dillo in termini spiccioli*, put it plainly ◆ *s.m.* change [U]: *hai qualche —?*, have you got any small change?; *ho bisogno di spiccioli*, I need some (small) change; *non ho uno —*, I am penniless.

spicco *s.m.*: *fare —*, to stand out (*o* to catch the eye): *faceva — per la sua brillante conversazione*, he stood out because of his brilliant conversation; *il rosso è un colore che fa —*, red is a colour which catches the eye (*o* is an eye-catching colour) // *personaggio di —*, leading figure.

spicconare *v.tr.* to break* up with a pick.

spicula *s.f.* (*astr.*) spicule.

spider *s.m.* e *f.* (*aut.*) roadster, sports car.

spidocchiare *v.tr.* to delouse.

□ **spidocchiarsi** *v.rifl.* to delouse oneself.

spiedino *s.m.* skewer.

spiedo *s.m.* **1** spit; (*spiedino*) skewer: *arrosto allo —*, roast on the spit; *mettere un pollo allo —*, to put a chicken on the spit (*o* to spit a chicken) **2** (*ant., mil.*) (*picca*) hunting-spear, pike.

spiegabile *agg.* explainable, explicable.

spiegacciare → **spiegazzare**.

spiegamento *s.m.* deployment (*anche mil.*): *— di forze, di truppe*, deployment of forces, of troops.

spiegare *v.tr.* **1** (*svolgere*) to unfold, to spread* out; to lay* out: *spiegò la coperta per mostrarmi il disegno*, he spread out the blanket to show me its pattern; *— le ali*, to spread one's wings; *— le vele*, to unfurl the sails // *— la voce*, to sing full-throated **2** (*mil.*) to deploy: *— le truppe*, to deploy the troops **3** (*far comprendere*) to explain, to expound; (*interpretare*) to interpret: *spiegami come lo fai*, explain to (*o* tell) me how you do it; *spiegami perché l'hai fatto*, explain to me why you did it; *— un problema, il significato di qlco.*, to explain (*o* to expound) a problem, the meaning of sthg.; *cercai di spiegarle le mie ragioni*, I tried to explain my reasons to her; *oggi spiegherò la forma passiva*, today I will explain the passive voice; *spiegò Dante*, he did a lesson on Dante // *non so spiegarmi questo silenzio*, I don't understand why it is so quiet // *— una sciarada*, to explain a charade.

□ **spiegarsi** *v.rifl.* to explain oneself, to make* oneself understood: *si spiega bene in inglese*, he can make himself understood in English; *non sapevo spiegarmi*, I did not know how to explain myself // *mi spiego?*, do you see what I mean? (*o* have I made myself clear?) // *non so se mi spiego!*, I do not know if you see what I mean! ◆ *v.intr.pron.* (*svolgersi*) to unfold, to spread* out; (*aprirsi*) to open out: *le bandiere si spiegavano al vento*, the flags were waving in the wind; *una vista meravigliosa si spiegò davanti ai suoi occhi*, a wonderful view unfolded before his eyes ◆ *v.rifl.rec.* (*venire a un chiarimento*) to clear up: *hanno litigato, ma poi si sono spiegati*, they had an argument, but later they cleared it up; *spieghiamoci!*, let's get it straight!

spiegato *agg.* open(ed), spread, unfolded: *bandiere spiegate al vento*, flags waving in the wind; *cantare a voce spiegata*, to sing full-throated.

spiegazione *s.f.* explanation: *— del problema*, explanation of the problem; *— del Vangelo*, explanation of the Gospel; *dare una — di qlco.*, to give an explanation of (*o* to account for) sthg.; *trovare la — di un fenomeno*, to find the explanation for a phenomenon; *pretendere una —*, to demand an explanation; *domandare una — a qlcu.*, to call s.o. to account; *avere una — con qlcu.*, to have it out with s.o.

spiegazzamento *s.m.* crumpling; creasing, crumpling, wrinkling.

spiegazzare *v.tr.* to crumple (up); to wrinkle, to crease, to rumple: — *un foglio, un giornale*, to crumple (up) a sheet of paper, a newspaper; — *una stoffa, un vestito*, to crease (*o* to crumple) a piece of material, a dress. □ **spiegazzarsi** *v.intr.pron.* to get* wrinkled, to get* crumpled (up); to get* creased: *ti si è tutta spiegazzata la giacca*, your jacket has got all creased.

spiegazzatura *s.f.* **1** creasing, wrinkling **2** (*la parte spiegazzata*) crease, wrinkle.

spietatezza *s.f.* (*non com.*) **1** pitilessness; ruthlessness **2** (*atto spietato*) cruelty, inhumanity.

spietato *agg.* pitiless, ruthless, merciless, cruel: — *contro qlcu.*, merciless towards s.o.; *parole spietate*, cruel words // *le faceva una corte spietata*, he courted her assiduously // (*comm.*) *concorrenza spietata*, cutthroat (*o* keen) competition.

spifferare *v.tr.* (*riferire, raccontare senza discrezione*) to blab, to blurt out: *ha spifferato a tutti la mia storia*, he blabbed my story to everyone ◆ *v.intr.* (*del vento, fischiare*) to whistle, to blow*.

spifferata *s.f.* **1** (*spiata*) tip-off; telling, blurting out **2** (*non com.*) (*sonata di pifferi*) piping.

spiffero *s.m.* (*fam.*) (*corrente d'aria*) draught, draft: *una stanza piena di spifferi*, a draughty room.

spiga *s.f.* ear; (*infiorescenza*) spike: — *piccola, secondaria*, spikelet (*o* spicule); — *di frumento*, ear of wheat; *a forma di* —, spicate; *fare la* —, to ear // *disegno a* —, herringbone pattern // *mattonato a* —, herringbone brickwork // *tessuto a* —, twilled-cloth (*o* twill).

spigare *v.intr.* (*mettere la spiga*) to ear, to come* into ear: *questo frumento non spiga bene*, this wheat is not earing well.

spigato *agg.* (*di tessuto*) herringbone (*attr.*); (*bot.*) spicate.

spigatura *s.f.* **1** (*lo spigare*) earing, coming into ear **2** (*il periodo della spigatura*) earing time.

spighetta *s.f.* (*nastro, cordoncino*) braid, trimming.

spigionarsi *v.intr.pron.* (*non com.*) (*rimanere sfitto*) to be left vacant, to remain vacant, to be vacated: *l'appartamento si spigionerà fra un mese*, the flat will be vacated in a month.

spigliatamente *avv.* easily, self-confidently, in a relaxed manner: *conversare* —, to talk in an easy (*o* a natural *o* a relaxed) manner.

spigliatezza *s.f.* (*disinvoltura*) ease; naturalness: *mi rispose con* —, he answered me in an easy (*o* a natural *o* a relaxed) manner.

spigliato *agg.* easy, natural: *modi spigliati*, easy (*o* natural) manner.

spignattare *v.intr.* (*fam.*) to busy oneself with the cooking, to busy oneself with pots and pans.

spignoramento *s.m.* (*dir.*) release from sequestration; (*da un pegno*) taking out of pawn.

spignorare *v.tr.* (*dir.*) to release from sequestration; (*da un pegno*); to take* out of pawn.

spigo → **lavanda**[2].

spigola *s.f.* (*zool.*) (*Labrax lupus*) (sea) bass.

spigolare *v.tr.* to glean (*anche fig.*): — *un campo*, to glean a field; — *fatti, notizie*, to glean facts, information.

spigolatore *s.m.* **spigolatrice** *s.f.* gleaner (*anche fig.*).

spigolatura *s.f.* **1** (*lo spigolare*) gleaning; (*il raccolto*) gleanings, (*pl.*) **2** *pl.* (*fig.*) (*fatterelli, notizie*) gleanings, scraps.

spigolina *s.f.* (*bot.*) (*Bromus mollis*) goose -grass.

spigolo *s.m.* **1** edge; corner: — *vivo*, sharp corner; *ho battuto il ginocchio contro lo — del tavolo*, I hit my knee against the corner of the table; *smussare gli spigoli del proprio carattere*, (*fig.*) to knock the rough edges off one's character **2** (*mat., arch.*) edge, arris.

spigoloso *agg.* **1** sharp-cornered, angular: *volto* —, angular face **2** (*fig.*) (*scontroso*) cantankerous, testy.

spilla *s.f.* **1** (*spillo*) pin: — *di sicurezza*, safety pin **2** (*gioiello*) brooch: — *da cravatta*, tiepin.

spillare[1] *v.tr.* **1** to tap, to broach, to pierce; (*attingere spillando*) todraw* off: *spillò un bicchiere di vino*, he drew a glass of wine off from a barrel; — *una botte*, to broach (*o* to tap *o* to pierce) a cask **2** (*fig.*) (*cavare astutamente*) to worm (sthg. out of s.o.); to touch for, to get* out: *mi ha spillato un mucchio di quattrini*, he has wormed a lot of money out of me (*o* he touched me for a lot of money) // — *le carte*, (*lentamente*) to fan out one's cards **3** (*miner.*) to draw* ◆ *v.intr.* to leak (out of sthg.), to drip (from sthg.): *il vino è spillato dalla botte*, the wine has leaked out of the barrel.

spillare[2] *v.tr.* (*unire con punti metallici*) to staple.

spillatico *s.m.* pin money.

spillatrice *s.f.* stapler.

spillatura *s.f.* tapping, broaching.

spillo *s.m.* **1** pin: — *da cravatta*, tiepin; — *di sicurezza, da balia*, safety pin; *capocchia di* —, pinhead; *cuscinetto per spilli*, pincushion; *foro di* —, pinhole; *fermare qlco. con spilli*, to pin sthg. down // *tacchi a* —, stiletto heels // *nella mia valigia non ci sta più neanche uno* —, my suitcase is so full I can't get anything else in it at all **2** (*mecc.*) *valvola a* —, needle valve **3** (*stilo per forare botti*) broach, piercer **4** (*zampillo*) jet: — *d'acqua*, jet of water.

spillone *s.m.* **1** (*gioiello*) (big) brooch **2** (*spillo per cappello*) hatpin; (*per sciarpa*) scarf -pin.

spilluzzicamento *s.m.* nibbling.

spilluzzicare *v.tr.* **1** to nibble, to peck at (sthg.) **2** (*rubacchiare*) to steal*, (*fam.*) to pinch.

spilorceria *s.f.* stinginess, miserliness, meanness.

spilorcio *agg.* stingy, niggardly, mean, closefisted, miserly: *gente spilorcia*, stingy people ◆ *s.m.* miser, closefisted person, stingy person, penny pincher: *è uno* —, he is a miser (*o* a skinflint).

spiluccare → **piluccare**.

spilungona *s.f.* lanky girl, lanky woman; (*fam.*) beanpole.

spilungone *s.m.* lanky fellow, lanky man; (*fam.*) spindle-shanks, beanpole.

spin *s.m.* (*fis.*) spin: *numero quantico di* —, spin quantum number; — *isotopico*, isospin (*o* isotopic spin).

spina *s.f.* **1** thorn: *le spine di una rosa*, the thorns of a rose; *a forma di* —, spiniform; *pieno di spine*, thorny; — *piccola*, spinule // *corona di spine*, crown of thorns // *un letto di spine*, a bed of thorns // *questa è la mia* —, this is my cross // *avere una — nel cuore*, to have an aching pain in one's heart // *stare sulle spine*, to be on tenterhooks // *non c'è rosa senza spine*, (*prov.*) no rose without a thorn **2** (*lisca di pesce*) fishbone: *un pesce pieno di spine*, a fish full of bones // — *branchiale*, gill raker // *a — di pesce*, herringbone: *disegno a — di pesce*, herringbone pattern; *tessuto a — di pesce*, twill (*o* twilled *o* herringbone cloth) **3** (*elettr.*) plug: — *con interruttore*, switch plug; — *di contatto*, connecting plug; — *di prova*, test plug; — *tripolare*, three-pin plug **4** (*mecc.*) pin, peg: — *a occhio*, eye pin; — *cilindrica*, parallel pin; — *conica*, taper pin; — *di riferimento*, dowel; — *di sicurezza*, shear (*o* break) pin; — *di torsione*, torque pin **5** (*mar.*) eyebolt **6** (*di botte*) bunghole **7** (*anat.*): — *dorsale*, backbone (*o* spine); — *bifida*, spina bifida.

spinacio *s.m.* (*bot.*) (*Spinacia oleracea*) spinach [U]: *questi spinaci sono molto buoni*, this spinach is very nice // — *selvatico* → chenopodio.

spinacristi *s.f.* (*bot.*) (*Lycium europaeum*) European wolfberry.

spinale *agg.* (*anat.*) spinal: *midollo* —, spinal marrow.

spinare *v.tr.* (*un pesce*) to bone; to fillet.

spinarello *s.m.* (*zool.*) (*Gasterosteus aculeatus*) stickleback, prickleback, tittlebat.

spinarolo *s.m.* (*zool.*) (*Squalus acanthias*) spiny dogfish.

spinato *agg.* **1** (*a spina di pesce*) herringbone (*attr.*): *tessuto* —, herringbone (*o* twilled) cloth (*o* twill) **2** *filo* —, barbed wire.

spinellare *v.intr.* **spinellarsi** *v.intr.pron.* (*fam.*) to smoke a joint.

spinello[1] *s.m.* (*min.*) spinel.

spinello[2] *s.m.* (*fam.*) joint: *farsi uno* —, to smoke a joint.

spinetta *s.f.* (*mus.*) spinet.

spingere *v.tr.* **1** to push, to shove; (*ficcare*) to drive*, to thrust: — *un carretto*, to push a cart; *spingi la poltrona contro la parete*, push (*o* shove) the armchair against the wall; *spinsero i tronchi nel fiume*, they pushed the logs into the river; *il vento spinse la barca verso la riva*, the wind drove the boat towards the shore; — *qlcu., qlco. fuori, avanti, dentro, indietro*, to push s.o., sthg. out, on (*o* forward), in, back // — *un pulsante*, to press (*o* to push) a button; — *un palo nel terreno*, to drive a stake into the ground // *non spingo fin là le mie ambizioni*, my ambition doesn't go that far (*o* as far as that); *non spingo la mia antipatia fino a desiderare di vederlo soffrire*, I don't dislike him so much that I want to see him suffer; *spinse la sua antipatia fino ad odiarlo*, she carried her dislike to the point of hatred; *spinse il suo amore fino al ridicolo*, she carried her love to ridiculous extremes // — *un attacco a fondo*, to push (*o* to drive) an attack home // — *un motore al massimo*, to push an engine to its limits // — *uno scherzo oltre i limiti*, to carry a joke too far // — *lontano lo sguardo*, to strain one's eyes into the distance **2** (*condurre*) to drive*; (*indurre, persuadere*) to induce; (*istigare*) to egg on; to incite; (*stimolare*) to urge, to press: *la disperazione lo spinse al suicidio*, despair drove him to suicide; *la fame lo spinse a farlo*, hunger drove him to it; *la miseria lo spinse a mendicare*, poverty drove him to begging; *che cosa mai lo spinse a partire così presto?*, what on earth induced him to leave so soon?; *quel tuo amico ti spinge sempre a fare ciò che non dovresti*, your friend is always egging you on to do things that you ought not to do; *spinse gli operai a scioperare*, he incited the men to strike; *suo padre lo spingeva a studiare di più, ma lui non voleva saperne*, his father urged (*o* pressed) him to study harder, but he wouldn't listen to him; *temo che qlcu. spinga la ciurma all'ammutinamento*, I am afraid s.o. might incite the crew to mutiny ◆ *v.intr.* **1** (*esercitare una pressione*) to push: *il fiume in piena spingeva premendo contro il ponte*, the river in spate was pushing against the bridge **2** (*fare ressa*) to push, to shove: *non spingete!*, don't push (*o* don't shove)!

□ **spingersi** *v.intr.pron.* **1** to push: *ci spingemmo fino a Parigi*, we pushed on as far as Paris; *in due giorni l'esercito si spinse fino a...*, in two days the army pushed as far as...; *non volevamo spingerci troppo lontano*, (*anche fig.*) we did not want to go too far; *si spinse tra la folla*, he pushed (his way) through the crowd (*o* he thrust his way through the crowd); — *avanti*, to push forward (*o* to thrust oneself forward) **2** (*gettarsi*) to throw* oneself: *si spinse in un'impresa rischiosa*, he threw himself into a risky enterprise **3** (*fig.*) (*arrivare*) to go*: *la sua sfacciataggine si spinge oltre ogni limite*, his cheek goes beyond all limits; *si è spinto fino a chiedermi ancora dei soldi*, he even went so far as to ask me for some more money.

spinite *s.f.* (*med.*) spinal meningitis.

spino *s.m.* **1** (*spina*) thorn: *punto da uno* —, pricked by a thorn **2** (*bot.*) — *di Giuda*, (*Gleditschia triachanthos*) thorntree (*o* locust) **3** (*bot.*) — *cervino* → frangola **4** (*nei caseifici*) curd knife.

spinone *s.m.* (*cane*) griffon.

spinosità *s.f.* **1** thorniness, spinosity, prickliness **2** (*difficoltà*) difficulty; (*scabrosità*) ticklishness: *la — di un argomento*, the ticklishness of a subject.

spinoso *agg.* **1** thorny, prickly, spiny, spinous **2** (*scabroso, difficile*) thorny, ticklish: *un argomento* —, a thorny (*o* ticklish) subject; *una questione spinosa*, a ticklish question // *persona spinosa*, prickly person.

spinotto *s.m.* **1** (*mecc.*) pin: — *di biella*, gudgeon (pin), (*amer.*) wrist pin **2** (*elettr.*) plug.

spinozismo *s.m.* (*st.fil.*) Spinozism.

spinta *s.f.* **1** push; (*violenta*) shove, thrust: *dare una — a qlco.*, to give a push (*o* shove *o* thrust) to sthg.; *mi ha fatto cadere con una* —, he pushed me and I fell; *farsi avanti nella folla a spinte*, to elbow one's way through the crowd // *fare a spinte*, (*spingersi reciprocamente*) to push (*o* to shove) each other // *l'auto è partita a* —, the car had to be pushed to start it // *di spinte o di sponte*, (*scherz.*) (*volente o nolente*) willy-nilly **2** (*fig.*) (*aiuto*) helping hand; string-pulling; *ha bisogno di una — per avere quel posto*, he needs a helping hand to get that post; *fece carriera a forza di spinte*, he got on in his career by string-pulling **3** (*fig.*) (*incentivo, stimolo*) incentive, spur, boost, stimulus*: *una — a ben operare*, a stimulus (*o* an incentive) to act well; *la — del bisogno*, the spur of need // (*econ.*): — *al rialzo*, upward pressure; — *speculativa al rialzo dei prezzi*, (*amer.*) ballooning; — *inflazionistica*, inflationary tendency; — *dei costi*, cost push; *freno e* —, stop-go; *dare una — all'industria, alla produzione*, to give industry, production a boost **4** (*tecn.*) thrust: — *assiale*, axial thrust; (*aer.*) — *aerostatica*, aerostatic lift; — *al decollo*, takeoff thrust; — *dell'elica*, screw propeller thrust; (*edil.*) — *del vento*, wind pressure; — *orizzontale*, (*di arco*) drift; — *della terra*, earth thrust (*o* pressure); (*mecc.*) *cuscinetto di* —, thrust bearing // (*mar.*) — *di galleggiamento*, buoyancy.

spintarella *s.f.* (*fig.*) backing [U]: *ha bisogno di una — per ottenere quell'impiego*, he'll need some strings pulled (*o* some backing) in order to get that job.

spinterogeno *s.m.* **1** (*apparato d'accensione*) (battery) coil ignition **2** (*distributore*) distributor.

spinterometro *s.m.* (*elettr.*) spark gap: — *a sfere*, sphere gap; — *a elettrodo rotante*, rotary (spark) gap.

spinto *agg.* **1** pushed; driven (*anche fig.*): — *avanti, indietro*, pushed forward, back; — *da un compagno, cadde*, pushed over by his companion, he fell; — *dalla collera*, driven by anger; — *dalla necessità*, under the pressure of necessity; — *dalla pietà*, prompted (*o* driven) by pity; — *da motivi segreti*, impelled (*o* prompted) by secret motives; *si sentì — a prendere la parola*, he felt an impulse to speak // — *agli estremi*, pushed to extremes: *questo era un esempio di onestà spinta agli estremi*, that was an example of honesty pushed to the extreme **2** (*audace, osè*) risqué: *barzelletta spinta*, risqué joke; *discorsi spinti*, risqué talk // *idee spinte*, (*estremistiche*) daring ideas // (*tecn.*) *vuoto* —, hard (*o* high) vacuum **3** (*di motore*) supercharged.

spintonare *v.tr.* (*fam.*) to push, to shove: *non — per favore!*, don't push please! // (*sport*) — *un avversario*, to push an opponent.

spintone *s.m.* violent push, shove (*anche fig.*): *farsi avanti a forza di spintoni*, to elbow one's way forward; *dare uno — a qlcu.*, to give s.o. a push (*o* a shove); *ha fatto carriera a furia di spintoni*, he pushed his way to the top.

spintore *s.m.* (*mar.*) push boat.

spiombare[1] *v.tr.* (*liberare dall'impiombatura*) to unseal; to take* the seal off (sthg.): — *un pacco*, to unseal a parcel // — *un dente*, to take out the filling of a tooth.

spiombare[2] *v.tr.* **1** (*spostare dalla linea a piombo*) to put* out of plumb **2** (*far cadere*) to topple, to push down, to push over ◆ *v.intr.* to be out of plumb; to lean*: *il muro spiomba*, the wall leans to one side.

spionaggio *s.m.* espionage, spying: — *industriale*, industrial espionage // *romanzo di* —, spy novel.

spioncello *s.m.* (*zool.*) (*Anthus spinoletta*) rock pipit.

spioncino *s.m.* peephole; spy-hole: *guardare dallo* —, to look through the peephole.

spione *s.m.* (*fam.*) telltale, sneak: *il mio fratellino è uno — terribile*, my little brother is a dreadful telltale.

spionistico *agg.* spy (*attr.*); espionage (*attr.*): *una rete spionistica*, a spy ring; *un'organizzazione spionistica*, an espionage organization.

spiovente *agg.* drooping, sloping: *un paio di baffi spioventi*, a drooping (*o* droopy) moustache; *spalle spioventi*, sloping shoulders; *un tetto* —, a sloping roof ◆ *s.m.* **1** (*arch.*) slope: *a* —, weathered **2** (*geogr.*) slope **3** (*sport*) (*tiro spiovente*) high ball.

spiovere *v.intr.* **1** (*scorrere giù*) to pour down: *l'acqua spioveva dal tetto*, rainwater poured down off the roof **2** (*ricadere*) to come* down, to flow* down; to droop: *i capelli le spiovono sulle spalle*, her hair comes down to her shoulders ◆ *v.intr.impers.* to stop raining: *prima di uscire aspetta che spiova*, wait for it to stop raining before you go out.

spira *s.f.* **1** (*anello di spirale*) coil; (*elettr.*) turn; (*spirale*) spiral: *avvolgere una corda a spire*, to wind a rope in coils; *fatto a spire*, forming a spiral; (*elettr.*) *le spire di un avvolgimento*, the turns of a coil; *le spire di una molla*, the coils of a spring **2** (*di serpente*) coil: *il serpente lo serrò fra le sue spire*, the serpent crushed him in its coils **3** (*di conchiglia*) volution **4** (*arch.*) scroll, volute.

spiracolo *s.m.* (*zool.*) (*di cetaceo*) spothole; (*di insetti*) spiracle.

spiraglio *s.m.* **1** small opening; crack, chink; airhole, vent: *aprire uno — in un muro*, to make a small hole in a wall **2** (*filo d'aria*) breath (of air); (*di luce*) gleam, glimmer (of light) **3** (*fig.*) (*barlume*) glimmer: *uno — di speranza*, a glimmer of hope **4** (*mar.*) skylight.

spirale *s.f.* **1** spiral (*anche fig.*): *il fumo saliva a spirali*, the smoke spiralled up; *la — della violenza*, the spiral of violence; — *salariale*, wage spiral; — *prezzi-salari*, wage-price spiral // (*mat.*) — *di Archimede*, Archimedean spiral // *molla a* —, spiral spring **2** (*mecc.*) (*del bilanciere*) hairspring **3** (*contraccettiva*) coil, IUD (intrauterine device) ◆ *agg.* spiral.

spiraliforme *agg.* spiral, spiraliform.

spirano *s.m.* (*chim.*) spiran(e).

spirante *agg.* e *s.f.* (*fon.*) spirant.

spirantizzare *v.tr.* (*fon.*) to spirantize.

□ **spirantizzarsi** *v.intr.pron.* (*fon.*) to be spirantized.

spirare[1] *v.intr.* **1** (*soffiare*) to blow*: *un forte vento spirava dal sud*, a strong wind was blowing from the south; *non spirava un alito di vento*, there wasn't a breath of wind // *spira aria di burrasca*, (*anche fig.*) there is a storm in the air (*o* a storm is brewing) **2** (*letter.*) (*emanare*) to emanate: *una fraganza spirava dal giardino*, a fragrance emanated from the garden **3** (*poet.*) (*respirare*) to breathe ◆ *v.tr.* **1** (*emanare*) to give* off, to emit, to exhale, to send* out: — *fumo, fragranza*, to exhale smoke, fragrance // — *l'anima*, to breathe one's last **2** (*fig.*) (*esprimere*) to radiate, to express: *i suoi occhi spirano dolcezza*, her eyes radiate sweetness **3** (*poet.*) (*ispirare*) to inspire.

spirare[2] *v.intr.* **1** (*morire*) to pass away, to breathe one's last: *è spirato ieri sera*, he passed away last night **2** (*fig. non com.*) (*scadere*) to expire, to come* to an end: *il contratto spira domani*, the contract expires tomorrow.

spirea *s.f.* (*bot.*) spiraea.

spiriforme *agg.* spiral, spiraliform.

spirillo *s.m.* (*biol.*) spirillum*.

spiritaccio *s.m.* (*fam. scherz.*) quick-witted person, sharp person.

spiritato *agg.* **1** possessed **2** (*sconvolto, fuori di sé*) haunted, beside oneself; shocked; wild, frantic: *mi guardò con occhi spiritati*, he stared at me with a haunted (*o* wild) look in his eyes; *un'espressione spiritata*, a wild expression **3** (*molto vivace*) live-wire (*attr.*) ◆ *s.m.* **1** (*indemoniato*) possessed person: *urlava come uno* —, he was shouting as if he were possessed **2** (*persona vivace*) live wire.

spiritello *s.m.* **1** sprite; (*folletto buono*) elf*; (*folletto cattivo*) goblin **2** (*ragazzo vivace*) imp.

spiritico *agg.* spiritualist(ic): *seduta spiritica*, spiritualist séance.

spiritismo *s.m.* spiritualism, spiritism.

spiritista *s.m.* e *f.* spiritualist, spiritist.

spiritistico *agg.* spiritualistic, spiritistic.

spirito *s.m.* **1** (*ente spirituale*) spirit: *Dio è puro* —, God is pure spirit; *il regno degli spiriti*, the realm of spirits; *lo — del bosco*, the woodland spirit // — *folletto*, sprite // *lo Spirito Maligno*, the Evil One // *lo Spirito Santo*, the Holy Ghost (*o* the Holy Spirit) **2** (*afflato vitale*) spirit; (*anima*) soul: *gli spiriti animali*, the animal spirits; — *vitale*, spirit of life; *esalare lo* —, to breathe one's last (*o* to give up one's spirit); *le esigenze del corpo e quelle dello* —, bodily and spiritual needs **3** (*fil.*) (*contrapposto a materia*) spirit: *i valori dello* —, spiritual values; *sono con lui in* —, I am with him in spirit **4** (*fantasma*) spirit; ghost; phantom: *in questa casa ci sono degli spiriti*, this house is haunted; *credere negli spiriti*, to believe in ghosts **5** (*mente, intelligenza*) mind: *presenza di* —, presence of mind // — *profetico*, prophetic spirit **6** (*persona di spiccate doti intellettuali*) spirit; mind: *uno — eletto*, a master spirit; *i grandi spiriti*, the great minds; *uno dei migliori spiriti del suo paese*, one of the leading spirits of his country **7** (*tendenza informatrice, atteggiamento spirituale*) spirit; attitude: *lo — dell'epoca*, the spirit of the age; — *di contraddizione, osservazione, sacrificio*, spirit of contradiction, observation, sacrifice; — *materno*, maternal attitude; *fu lo — della rivoluzione*, he was the leading spirit of the revolution; *vivere con — sereno*, to live serenely; *non sono in condizioni di — per scherzare*, I'm not in the mood to joke // — *di corpo*, esprit de corps; — *di parte*, partisan spirit; — *di squadra*, team spirit // — *pubblico*, public feeling **8** (*significato essenziale*) spirit, (inner) meaning; sense: *bisognerebbe sempre seguire lo — piuttosto che la lettera della legge*, one should always go by the spirit of the law rather than by the letter **9** (*arguzia*) wit; (*umorismo*) humour: *motto di* —, witticism; *persona di* —, witty person; *non mi sembra ci sia molto — in quello che dice*, I do not see much humour in what he says; *quell'uomo è pieno di* —, that man is full of wit // *fare dello* —, to be witty: — *di rapa, di patata*, (*fam.*) obvious (*o* forced) humour **10** (*vivacità*) life; liveliness: *dovresti mettere un po' più di — in quello che fai*, you ought to put a little more life into what you are doing **11** (*gramm. greca*) breathing: — *aspro, dolce*, rough, smooth breathing **12** (*chim.*) spirit; alcohol: — *canforato*, camphorated spirit; — *di legno*, wood spirit; *lacca a* —, spirit varnish; *lampada a* —, spirit lamp // *frutta sotto* —, fruit preserved in alcohol.

spiritosaggine *s.f.* wittiness; (*detto, atto spiritoso*) witticism, (*fam.*) quip, wisecrack; (*spreg.*) facetious remark: *sa dire solo spiritosaggini*, all he does is crack feeble jokes.

spiritosamente *avv.* wittily, with humour.

spiritosità → **spiritosaggine**.

spiritoso *agg.* **1** witty: *discorso, uomo* —, witty speech, man; *risposta spiritosa*, witty reply (*o* retort); *vuol fare lo — e non ci riesce*, he tries to be witty, but he can't quite pull it off **2** (*alcolico*) spirituous, alcoholic: *bevanda spiritosa*, spirituous beverage ◆ *s.m.* wit, wag; joker, comedian; (*spreg.*) smart aleck.

spiritual *s.m.* (negro) spiritual.

spirituale *agg.* spiritual: *godimento* —, spiritual delight; *letture spirituali*, spiritual readings; *vita* —, spiritual life // *esercizi spirituali*, spiritual exercises // *direttore* —, spiritual director // *padre* —, father confessor.

spiritualismo *s.m.* (*fil.*) spiritualism.

spiritualista *s.m.* e *f.* (*fil.*) spiritualist.

spiritualistico *agg.* (*fil.*) spiritualistic.

spiritualità *s.f.* spirituality.

spiritualizzare *v.tr.* to spiritualize.

spiritualizzazione *s.f.* **1** spiritualization **2** (*chim.*) etherealization.

spiro *s.m.* (*poet.*) **1** spirit, soul **2** (*soffio*) breath.

spirocheta *s.f.* (*biol.*) spirochaeta, spirocheta.

spirochetosi *s.f.* (*med., vet.*) spirochetosis, spirochaetosis.

spirogira *s.f.* (*bot.*) spirogyra.

spiroidale, **spiroide** *agg.* spiroid.

spirometria *s.f.* (*med.*) spirometry.

spirometrico *agg.* (*med.*) spirometric.

spirometro *s.m.* (*med.*) spirometer.

spirto *s.m.* (*poet.*) spirit.

spiumacciare → **sprimacciare**.

spiumare *v.tr.* **1** to pluck: — *un pollo*, to pluck a chicken **2** (*fig.*) (*carpire denaro a*) to fleece, to skin, (*fam.*) to rip off: *l'ha spiumato ben bene*, he fleeced him of everything he had (*o* he cleaned him out).

□ **spiumarsi** *v.intr.pron.* to moult.

spizzicare *v.tr.* to nibble, to pick at (sthg.).

spizzico, **spizzichi, a** *locuz.avv.* little by little, bit by bit, in dribs and drabs: *pagare a* —, to pay a little at a time; *pagare un debito a* —, to pay s.o. back in dribs and drabs.

splancnico *agg.* (*anat.*) splanchnic: *nervo* —, splanchnic nerve.

splancnologia *s.f.* (*med.*) splanchnology.

spleen *s.m.* melancholy, gloom, dejection, (*rar.*) spleen.

splenalgia *s.f.* (*med.*) splenalgia.

splendente *agg.* bright, shining, resplendent, brilliant: *occhi splendenti*, bright eyes; *sole* —, bright sunshine.

splendere *v.intr.* to shine* (*anche fig.*); (*scintillare*) to glitter, to sparkle, to glisten; (*luccicare*) to gleam: *il sole splendeva nel cielo*, the sun was shining in the sky; *la sua armatura splendeva al sole*, his armour was gleaming in the sunshine; *i suoi occhi splendevano di gioia*, his eyes were shining with joy.

splendidamente *avv.* **1** wonderfully, splendidly: *dipinge* —, he paints splendidly **2** (*sfarzosamente*) magnificently, gorgeously, splendidly: *casa — arredata*, magnificently furnished house **3** (*generosamente*) generously.

splendidezza *s.f.* **1** (*splendore, lucentezza*) splendour, brightness **2** (*fig.*) (*magnificenza, sfarzo*) magnificence, gorgeousness, splendour, sumptuousness: *la — della Corte*, the magnificence of the Court.

splendido *agg.* **1** wonderful, splendid, marvellous: *uno — dipinto*, a wonderful painting; *una splendida giornata*, a splendid (*o* glorious) day; *una splendida idea, occasione*, a splendid idea, opportunity; *uno — lavoro*, a wonderful piece of work; *un romanzo* —, an excellent (*o* a wonderful) novel; *fare uno — matrimonio*, to make a splendid marriage **2** (*sfarzoso*) magnificent, gorgeous, splendid, sumptuous: *splendide vesti*, gorgeous robes; *la coda splendida del pavone*, the gorgeous tail of the peacock; *ricevimento* —, magnificent reception; *palazzo* —, splendid (*o* magnificent) mansion **3** (*antiq.*) (*generoso, munifico*) munificent, very generous, very liberal **4** (*splendente*) bright, shining: *la luce splendida della luna*, the bright moonlight.

splendore *s.m.* **1** (*luce intensa*) brilliance, radiance, brightness, luminosity: *lo — del sole*, the brilliance (*o* brightness) of the sun **2** (*fig.*) (*carattere eccezionale*) splendour, magnificence; radiance: *lo — dell'arte*, the splendour of art // *che — di casa!*, what a wonderful house!; *che — di ragazza!*, what a beautiful girl! **3** (*sfarzo*) magnificence, splendour, sumptuousness: *lo — della Corte*, the splendour (*o* magnificence) of the Court // *vivere in seno agli splendori*, to live in the lap of luxury.

splene *s.m.* (*anat.*) spleen; (*macelleria*) milt.

splenectomia *s.f.* (*med.*) splenectomy.

splenetico *agg.* **1** (*med.*) splenetic **2** (*estens.*) melancholy ◆ *s.m.* **1** (*med.*) splenetic, person suffering from a disorder of the spleen **2** (*estens.*) melancholy person.

splenico *agg.* (*anat.*) splenic.

splenio *s.m.* (*anat.*) splenius.*

splenite *s.f.* (*med.*) splenitis*.

splenizzazione *s.f.* (*med.*) splenization.

splenotomia *s.f.* (*med.*) splenotomy.

spocchia *s.f.* bumptiousness; arrogance.

spocchione *s.m.* bumptious person; arrogant person.

spocchioso *agg.* bumptious; arrogant.

spodestamento *s.m.* (*dir.*) (*destituzione*) ousting; ejection; removal from office; (*da proprietà*) dispossession; (*da posizione di autorità*) dethronement, deprivation; removal from power.

spodestare *v.tr.* (*destituire*) to oust; to remove from office; (*da proprietà*) to dispossess; (*da posizione di autorità*) to dethrone, to deprive (s.o.) of power: *i nobili francesi furono spodestati dalle loro terre*, the French nobles were dispossessed of their lands; — *un re*, to dethrone a king; *è stato spodestato dei suoi beni*, he was dispossessed (*o* deprived) of his property; *l'hanno spodestato dalla direzione generale*, he was ousted from his position as general manager.

spodumene *s.m.* (*min.*) spodumene.

spoetizzante *agg.* disenchanting, disillusioning.

spoetizzare *v.tr.* to disenchant, to disillusion; to take* the poetry out of (sthg.), to destroy the magic of (sthg.); (*estens.*) to disgust, to sicken: *non ti dico la verità perché non voglio spoetizzarti*, I won't tell you the truth because I don't want to disillusion you.
□ **spoetizzarsi** *v.intr.pron.* to be disenchanted, to be disillusioned.

spoglia *s.f.* **1** (*di animale*) skin, hide; (*di rettile*) slough, spoil: *la serpe buttò la sua —*, the serpent cast its slough **2** (*gener. pl.*) (*vesti*) dress [U], clothes (*pl.*): *spoglie regali*, regal dress; *spoglie sacerdotali*, priestly vestments // *spoglie mortali*, mortal remains // *sotto mentite spoglie*, in disguise **3** *pl.* (*armatura tolta al nemico vinto*) spoils; (*bottino*) booty (*sing.*): *dividere le spoglie*, to divide the spoils // *spoglie opime*, spolia opima **4** *pl.* (*bot.*) (*di alberi, di granoturco*) leaves; (*di bulbi, cipolle ecc.*) layers, coats **5** (*mecc.*) (*di utensile da taglio*) rake: *angolo di — anteriore*, front rake **6** (*metall.*) (*sformo*) draft.

spogliamento → **spoliazione**.

spogliare *v.tr.* **1** (*svestire*) to undress; to strip (*anche estens.*): *— un bambino*, to undress a child; *— un giardino di tutti i fiori*, to strip a garden of all its flowers // *— qlcu. con gli occhi*, to undress s.o. with one's eyes // *— i nemici vinti*, to despoil conquered enemies // *— l'abito*, (*abbandonare un ordine religioso*) to renounce (*o* to give up) one's vows **2** (*privare*) to deprive, to divest, to strip: *lo spogliarono di ogni autorità*, they deprived (*o* stripped) him of all authority; *— qlcu. di ogni bene*, to deprive s.o. of all his property **3** (*fare lo spoglio*) to go* through, to sort out, to sift (through): *— la corrispondenza*, to go through (*o* to sort out) the mail; *— i documenti*, to sift through the papers.
□ **spogliarsi** *v.rifl.* o *intr.pron.* **1** (*svestirsi*) to undress; to strip: *si spogliò da capo a piedi*, he stripped from head to foot **2** (*privarsi, rinunciare*) to strip oneself, to give* up (sthg.), to divest oneself: *si spogliò di ogni suo avere per darlo ai poveri*, he stripped (*o* divested) himself of all his possessions to give them to the poor; *— di un diritto, del dominio*, to give up (*o* to renounce) a right, power **3** (*liberarsi da*) to rid* oneself of: *— di ogni pregiudizio*, to rid oneself of prejudice **4** (*diventare spoglio*) to shed (sthg.), to lose* (sthg.): *ormai gli alberi si spogliano delle foglie*, the trees are shedding their leaves **5** (*depositare le impurità*) to clear: *il vino si è spogliato*, the wine has cleared **6** (*di rettile*) to cast* its slough, to slough its skin.

spogliarellista *s.m.* e *f.* stripper, striptease artist: *fare la —*, to be a stripper.

spogliarello *s.m.* striptease: *fare lo —*, to do a striptease.

spogliatoio *s.m.* **1** (*di palestra, piscina ecc.*) changing room, locker room: *— per signore*, ladies' changing room **2** (*di teatro*) (*camerino*) dressing room; (*guardaroba*) cloakroom.

spogliatore *s.m.* (*saccheggiatore*) plunderer, pillager.

spogliazione → **spoliazione**.

spoglio *agg.* **1** (*nudo*) bare: *albero —*, bare tree; *ha una casa spoglia*, he has a bare house **2** (*libero*) free: *— di prevenzioni*, free from prejudice ◆ *s.m.* **1** (*computo*) counting; (*esame*) scrutiny, perusal, examination: *— della corrispondenza*, sorting of the mail; *— di voti*, counting of votes; *— di documenti*, scrutiny (*o* perusal) of documents; *fare lo — di qlco.*, to go (*o* to sift) through sthg.; *ho fatto lo — di tutte queste riviste, tutti questi documenti*, I have gone all through these reviews, these documents **2** (*dir.*) (*spossessamento*) ousting; ejection.

spola *s.f.* (*tess.*) (*navetta*) shuttle; (*rocchetto*) spool // *far la —*, to go backward and forward; (*per lavoro*) to commute; *fare la — fra un luogo e un altro*, to shuttle between one place and another.

spolatrice *s.f.* (*tess.*) winding machine, winding frame.

spolatura *s.f.* (*tess.*) winding.

spoletta *s.f.* **1** (*tecn.*) spool **2** (*mil.*) fuse: *— a tempo*, time fuse; *— di fondello*, base fuse; *— di ogiva*, nose fuse.

spolettare *v.tr.* (*mil.*) to fuse.

spolettiera → **spolatrice**.

spolettificio *s.m.* (*mil.*) fuse factory.

spoliazione *s.f.* **1** (*atto dello spogliare*) undressing **2** (*sottrazione di beni*) dispossession, stripping: *— dei beni*, dispossession of one's property **3** (*ant.*) (*depredazione*) spoliation; (*saccheggio*) plunder, pillage.

spoliera → **spolatrice**.

spoliticare *v.intr.* (*fam.*) to talk politics.

spoliticizzare *v.tr.* to depoliticize.
□ **spoliticizzarsi** *v.intr.pron.* to become* depoliticized.

spoliticizzazione *s.f.* depoliticization.

spollonare *v.tr.* (*agr.*) to pinch out.

spollonatura *s.f.* (*agr.*) pinching out.

spolmonarsi *v.intr.pron.* to talk oneself hoarse; to shout oneself hoarse: *mi sono spolmonato per chiamarlo*, I shouted myself hoarse calling for him.

spolpamento *s.m.* (*non com.*) **1** stripping the flesh off (sthg.); picking the meat from (sthg.) **2** (*fig.*) skinning, fleecing.

spolpare *v.tr.* **1** to take* the flesh off (sthg.), to strip the flesh off (sthg.); to pick the meat from (sthg.): *il leone ha spolpato la carcassa dell'antilope*, the lion stripped the flesh off the anthilope carcass; *il cane ha spolpato ben bene l'osso*, the dog has picked the bone clean; *— un pollo*, to pick the meat from a chicken // *la malattia lo ha spolpato*, his illness has reduced him to skin and bone **2** (*fig. fam.*) to fleece, to skin, to rip off; to clean out: *in quel negozio ti spolpano*, they fleece you in that shop.
□ **spolparsi** *v.intr.pron.* **1** (*non com.*) (*dimagrire*) to lose* flesh, to grow* thin **2** (*fig. fam.*) (*impoverire*) to become* poor.

spolpato *agg.* **1** stripped of the flesh, picked clean (*pred.*): *un osso —*, a bone picked clean **2** (*magro*) thin, gaunt.

spoltiglio *s.m.* (*mecc.*) emery paste.

spolverare *v.tr.* **1** to dust; (*vestiti, tappeti*) to beat* the dust from (sthg.); (*spazzolare*) to brush: *— un tavolo*, to dust a table; *— un vestito*, to brush a dress // *i ladri spolverarono la casa*, (*fig.*) the thieves made a clean sweep of the house **2** (*mangiare ingordamente*) to eat* up, to polish off: *aveva molta fame e spolverò tutto in cinque minuti*, he was very hungry and ate up (*o* polished off) everything in five minutes **3** (*aspergere con sostanza in polvere*) to dust, to sprinkle: *— di zucchero un dolce*, to dust a cake with sugar.

spolverata *s.f.* **1** dust; dusting; (*spazzolata*) brush; brushing: *dare una — a un mobile*, to give a piece of furniture a dusting **2** (*il cospargere con sostanza in polvere*) dusting, sprinkling: *dare una — di zucchero a una torta*, to dust a cake with sugar // *c'era una — di neve sulle colline*, there was a sprinkling of snow on the hills.

spolveratura *s.f.* **1** dusting **2** (*il cospargere con sostanza in polvere*) dusting, sprinkling **3** (*fig.*) (*ripasso veloce*) brush-up: *dare una — al proprio francese*, to give one's French a brush-up.

spolverino[1] *s.m.* (*piumino per spolverare*) **1** feather duster **2** (*spazzoletta da barbiere*) brush **3** (*recipiente con coperchio bucherellato per cospargere lo zucchero*) (sugar) sprinkler.

spolverino[2] *s.m.* (*abbigl.*) dustcoat.

spolverizzare *v.tr.* **1** (*non com.*) (*ridurre in polvere*) to pulverize, to powder **2** (*aspergere*) to dust, to sprinkle: *— un dolce di zucchero*, to dust (*o* to sprinkle) a cake with sugar **3** (*pitt.*) to pounce.

spolvero *s.m.* **1** dusting **2** (*strato di sostanza in polvere*) dusting, sprinkling **3** (*fig.*) (*infarinatura*) smattering **4** (*pitt.*) pouncing; pounce.

spompare *v.tr.* (*fam.*) to knacker: *tre ore di corsa lo hanno spompato*, three hours of jogging knackered him.
□ **spomparsi** *v.intr.pron.* (*fam.*) to get* out knackered.

spompato *agg.* (*fam.*) knackered.

sponda *s.f.* **1** (*riva*) bank, side; (*di mare, di lago*) shore: *sulla — del fiume*, on the river bank (*o* riverside) **2** (*orlo*) edge; (*di carro*) board, side: *— di un letto*, edge of a bed // *— di un precipizio*, edge (*o* brink) of a precipice // *— (del biliardo)*, cushion; *tirare di —*, to shoot from the cushion **3** (*parapetto*) parapet: *— di un ponte*, parapet of a bridge.

spondaico *agg.* (*metrica*) spondaic: *esametro —*, spondaic hexameter.

spondeo *s.m.* (*metrica*) spondee.

sponderuola *s.f.* rebate plane; (*amer.*) rabbet plane.

spondiaco → **spondaico**.

spondilite *s.f.* (*med.*) spondylitis*.

spondilo *s.m.* (*anat. antiq.*) spondyl.

spongina *s.f.* (*biol.*) spongin.

sponsale *agg.* conjugal, nuptial ◆ *s.m.pl.* (*nozze*) nuptials; wedding (*sing.*).

sponsor *s.m.* sponsor: *— di un programma televisivo*, a TV programme sponsor.

sponsorizzare *v.tr.* to sponsor: *— uno spettacolo teatrale, una squadra di calcio*, to sponsor a show, a football team; *un programma economico sponsorizzato dal governo*, a government-sponsored economic programme.

sponsorizzatore *agg.* sponsoring ◆ *s.m.* sponsor.

sponsorizzazione *s.f.* sponsoring, sponsorship.

spontaneamente *avv.* spontaneously, of one's own accord: *il dolore passò — in poche ore*, the pain passed of its own accord in a few hours // *quelle piante crescono* —, those plants grow wild.

spontaneismo *s.m.* (*pol.*) spontaneous political activism.

spontaneità *s.f.* spontaneity, spontaneousness.

spontaneo *agg.* **1** spontaneous: *è stato un gesto* —, it was a spontaneous gesture; *mi è venuto — rispondere così*, I instinctively answered like that; (*chim.*) *combustione spontanea*, spontaneous combustion; (*biol.*) *generazione, produzione spontanea*, spontaneous generation; (*fis. nucleare*) *fissione spontanea*, spontaneous fission // *di mia, tua, sua spontanea volontà*, of my, your, his own free will: *lo fece di sua spontanea volontà*, he did it of his own free will **2** (*che si comporta con naturalezza*) unaffected, natural; spontaneous: *una persona spontanea*, an unaffected person; *un sorriso* —, a spontaneous smile.

spopolamento *s.m.* depopulation.

spopolare *v.tr.* to depopulate; (*estens.*) to empty, to make* deserted: *un'epidemia che spopolò l'Europa*, a plague that depopulated Europe; *il maltempo ha spopolato le spiagge*, bad weather has emptied the beaches ◆ *v.intr.* (*avere gran successo*) to be a big success, to be a big hit: *un cantante spagnolo che spopola*, a Spanish singer who is a big hit.

□ **spopolarsi** *v.intr.pron.* to become* depopulated; (*estens.*) to empty, to become* deserted: *d'estate la città si spopola*, the city empties in summer.

spopolato *agg.* depopulated; (*deserto*) empty, deserted.

spora *s.f.* (*biol.*, *bot.*) spore.

sporadicità *s.f.* sporadicity.

sporadico *agg.* sporadic, isolated: *si è verificato qualche caso — di rabbia*, there have been isolated cases of rabies.

sporangio *s.m.* (*bot.*) sporangium*.

sporcaccione *agg.* dirty, filthy (*anche fig.*) ◆ *s.m.* dirty person, filthy person; (*fig.*) pig, slob.

sporcare *v.tr.* **1** to dirty, to make* dirty, to soil: *ho sporcato il vestito di fango*, I got my clothes dirty (*o* I dirtied my clothes) with mud; *non — il pavimento*, don't dirty the floor // *sporcarsi il viso*, to get one's face dirty // *il cane ha sporcato*, (*eufemismo*) the dog has made a mess // *non voglio sporcarmi le mani in questa faccenda*, (*fig.*) I don't want to soil my hands in this business **2** (*fig.*) (*macchiare moralmente*) to soil, to sully, to stain: — *la propria fama*, to sully one's reputation.

□ **sporcarsi** *v.rifl.* o *intr.pron.* **1** to dirty oneself, to get* dirty: *questo vestito si sporca facilmente*, this dress gets dirty easily; *si è sporcato aggiustando la bici*, he got dirty (*o* he dirtied himself) mending his bike **2** (*fig.*) to soil oneself, to dirty oneself: *non voglio sporcarmi con questa storia*, I don't want to dirty myself with this business.

sporchevole *agg.* (*region.*) that gets dirty easily: *un colore* —, a colour that gets dirty easily.

sporcizia *s.f.* **1** dirt, filth **2** (*l'essere sporco*) dirtiness, filthiness.

sporco *agg.* **1** dirty, soiled, filthy, foul: *bambino* —, dirty child; *biancheria sporca*, dirty (*o* soiled) linen; *mani sporche di fango*, hands dirty with mud // *lingua sporca*, (*fig.*) furred tongue // *avere la fedina penale sporca*, to have a criminal record // *avere, sentirsi la coscienza sporca*, to have a dirty conscience (*o* to have something on one's conscience) **2** (*fig.*) (*turpe*) dirty, lewd, obscene, coarse; (*disonesto*) dishonest, shady: *azioni sporche*, dishonest actions; *barzelletta sporca*, dirty joke; *è un affare sporco*, it's a dirty business // *denaro* —, black (*o* dirty *o* slush) money, (*sl. amer.*) grease: *riciclare denaro* —, to launder money // *me l'ha fatta sporca*, he has done the dirty on me // *adottare una politica sporca*, to play dirty ◆ *s.m.* (*sporcizia*) dirt, filth.

sporgente *agg.* jutting (out), protruding, projecting; (*protuberante*) protuberant, bulging: *denti sporgenti*, protruding (*o* buck) teeth; *occhi sporgenti*, bulging eyes; *zigomi sporgenti*, prominent cheekbones; *cornicione* —, projecting cornice; *roccia* —, jutting rock.

sporgenza *s.f.* protrusion, projection, protuberance: *si aggrappò a una — della roccia*, he grasped a rock that was jutting out.

sporgere *v.intr.* to jut out, to stick* out, to project, to protrude: *la mensola sporge di circa trenta centimetri*, the shelf sticks out about one foot; *una trave che sporge dal muro*, a beam jutting out of the wall; — *sopra qlco.*, to overhang sthg.: *delle rocce sporgevano sopra il torrente*, cliffs overhung the stream ◆ *v.tr.* to put* out, to lean* out, to stretch out, to hold* out, to stick* out, to put* forward: *sporse il capo dalla finestra*, he put (*o* stuck) his head out of the window; — *il braccio per fermare l'autobus*, he stretched out his arm to stop the bus // (*dir.*) — *querela contro qlcu.*, to sue s.o. (*o* to take action against s.o.).

□ **sporgersi** *v.rifl.* to lean* out: *è pericoloso — dal finestrino*, it is dangerous to lean out of the window.

sporidio *s.m.* (*bot.*) sporidium (*pl.* -dia).

sporifero *agg.* (*biol.*) sporiferous.

sporocarpo *s.m.* (*bot.*) sporocarp.

sporofillo *s.m.* (*bot.*) sporophyl(l).

sporofito *s.m.* (*bot.*) sporophyte.

sporogenesi *s.f.* (*biol.*) sporogenesis, sporogeny.

sporogeno *agg.* (*biol.*) sporogenic; sporogenous.

sporogonia *s.f.* (*biol.*) sporogony.

sporogonio *s.m.* (*bot.*) sporogonium*.

sporozoo *s.m.* (*zool.*) sporozoan, sporozoon*.

sport *s.m.* sport: — *estivi, invernali*, summer, winter sports; — *professionistico*, professional sport; — *dilettantistico*, amateur (*o* non -professional) sport; *fa molto* —, he plays a lot of sport // *fare qlco. per* —, to do sthg. for fun.

sporta *s.f.* shopping bag; basket, shopping basket // *un sacco e una* —, (*fam.*) a great quantity: *gliene ho dette un sacco e una* —, I gave him a real mouthful; *darne un sacco e una* —, to beat somebody up; *prenderne un sacco e una* —, to take a beating.

sportellista *s.m.* e *f.* counter clerk, windowman*; (*di banca*) teller.

sportello *s.m.* **1** door: *lo — di un armadio*, the door of a wardrobe; *gli sportelli dei vagoni ferroviari*, the carriage doors; *lo — di un'automobile, di una gabbia*, the door of a car, of a cage **2** (*di portone*) wicket **3** (*di ufficio ecc.*) counter, window // (*amm.*): — *di un ufficio*, counter (*o* window *o* desk) of an office; — *di biglietteria*, ticket window; *essere addetto allo* —, to be a counter clerk; *impiegato di* —, counter clerk; *fare la coda a uno* —, to queue at a counter // (*banca*): *gli sportelli di una banca*, the counters (*o* windows) of a bank; *chiudere gli sportelli*, to stop (*o* to suspend) payment; — *automatico*, automatic teller machine (*abbr.* ATM) **4** (*di trittico*) panel **5** (*agenzia bancaria*) branch.

sportiva *s.f.* sportswoman*.

sportivamente *avv.* sportingly: *accettare — una sconfitta*, to accept defeat like a (good) sport.

sportività *s.f.* sportsmanship.

sportivo *agg.* sporting; sports (*attr.*); sportsmanlike: *spirito* —, sporting spirit; *edizione sportiva*, (*di un giornale*) sports edition (of a newspaper); *giornale* —, sports newspaper; *rivista sportiva*, sports magazine; *qualità sportive*, sportsmanlike qualities; *redattore* —, sports editor; *i risultati sportivi*, the sports results; *vestiti sportivi*, casual clothes; *giacca sportiva*, sports jacket; *fa una vita sportiva*, he goes in for sport a lot; *è un ragazzo molto* —, he does a lot of sport ◆ *s.m.* sportsman*; (*appassionato*) sports fan: *l'entusiasmo degli sportivi fu enorme*, the fans' enthusiasm was tremendous; *è uno —, sa perdere*, he's a sportsman, he's a good loser.

sporto *agg.* leaning out (of sthg.) (*pred.*); (*proteso*) outstretched: *col capo — dal finestrino*, with his head leaning out of the window; *con le mani sporte in avanti*, with outstretched hands ◆ *s.m.* **1** (*di negozio*) wooden shutter **2** (*arch. antiq.*) projection.

sporula *s.f.* (*biol.*) sporule.

sporulazione *s.f.* (*biol.*) sporation.

sposa *s.f.* **1** bride; (*letter.*) spouse: *abito da* —, wedding dress // — *bagnata, — fortunata*, (*prov.*) rain on her wedding day brings a bride good luck **2** (*moglie*) wife*: *dare la figlia in — a qlcu.*, to marry one's daughter to s.o. // *la — di Dio*, (*la Chiesa*) The Church // *la — di Cristo, di Gesù*, (*suora*) the bride of Christ.

sposalizio *s.m.* wedding; (*letter.*) nuptials (*pl.*).

sposare *v.tr.* **1** to marry, to get* married to (s.o.): *sposò un uomo molto ricco*, she married a very rich man **2** (*unire in matrimonio*) to marry, to join in marriage: *li sposò un prete di Roma*, a priest from Rome married them **3** (*dare in matrimonio*) to marry (off), to give* in marriage: *sposò sua figlia a un avvocato*, he married his daughter to a lawyer **4** (*unire*) to combine, to wed, to unite: — *l'utile al dilettevole*, to combine business with pleasures; — *il vino con l'acqua*, to mix wine and water **5** (*abbracciare*) to embrace, to espouse: — *una causa, un partito*, to embrace a cause, a party.

□ **sposarsi** *v.rifl.* o *rifl.rec.* **1** to get* married, to marry: *non si è ancora sposato*, he has not got married yet; *si è sposata con un inglese*, she married an Englishman; *si sposeranno domani*, they are getting married tomorrow **2** (*fig.*) (*armonizzare*) to blend, to go* well: *il vino bianco si sposa con i piatti di pesce*, white wine goes well with fish.

sposato *agg.* married: *donna sposata*, married woman; *uomo* —, married man ◆ *s.m.* married man.

sposina *s.f.* (*sposa molto giovane*) young bride; (*donna appena sposata*) newly married woman.

sposino *s.m.* 1 (*sposo molto giovane*) young bridegroom; (*uomo appena sposato*) newly married husband 2 *pl.* newlyweds.

sposo *s.m.* 1 bridegroom; (*letter.*) spouse // (*lett.*) '*I Promessi Sposi*', 'the Betrothed' 2 (*marito*) husband // *lo — della Chiesa*, (*Gesù Cristo*) Jesus Christ 3 *pl.* the married couple, husband and wife*: *sono sposi freschi*, they are newlyweds.

spossamento *s.m.* dispossession, ousting.

spossante *agg.* exhausting; (*stancante*) wearing; (*snervante*) enervating: *un viaggio —*, an exhausting journey; *un clima —*, an enervating climate.

spossare *v.tr.* to exhaust; (*stancare*) to tire (out), to wear* out; (*fiaccare*) to weaken; (*snervare*) to enervate: *questo lavoro mi ha spossato*, this work has tired (*o* worn) me out.
□ **spossarsi** *v.intr.pron.* to become* exhausted; (*infiacchirsi*) to grow* weak.

spossatezza *s.f.* exhaustion; (*stanchezza*) weariness, tiredness; (*debolezza*) weakness; (*fatica*) fatigue.

spossessamento *s.m.* (*dir.*) dispossession, ousting; ejection; eviction.

spossessare *v.tr.* to dispossess, to deprive, to oust (s.o. from sthg.); (*dir.*) to evict; to eject: *— qlcu. dei suoi beni*, to dispossess s.o. of his property; *— qlcu. dei suoi diritti*, to divest s.o. of his rights.
□ **spossessarsi** *v.rifl.* to give* up one's possessions.

spostamento *s.m.* 1 moving, shifting, displacement; (*l'essere spostato*) move, shift; (*trasferimento*) transfer: *lo — dall'hotel all'aeroporto è a vostro carico*, transfer from hotel to airport is at your expense; *il mio lavoro richiede continui spostamenti all'estero*, I have to travel a lot for work // (*amm.*): *— di sede*, transfer of office; *spostamenti occupazionali*, job displacements // (*fin.*): *— di capitali*, transfer of capital; *— degli investimenti*, switching of investments // *— d'aria*, pressure wave 2 (*cambiamento*) change: *— di orario*, change in the timetable 3 (*chim.*, *fis.*) displacement 4 (*inform.*) shift; (*della carta, di una scheda*) movement: *— irregolare*, (*dell'immagine sullo schermo*) swim; *— verso l'alto, verso il basso*, scrolling up, down 5 (*psic.*) displacement.

spostare *v.tr.* 1 to move, to shift, to displace: *— un letto, una sedia*, to move a bed, a chair; *— l'accento*, to shift the accent; *— una parola*, to change the position of a word; *— il proprio interesse su un altro argomento*, to shift one's interest to another subject; (*amm.*) *— un impiegato da un ufficio a un altro*, to transfer (*o* to move) an employee from an office to another; (*fin.*) *— i propri investimenti da un titolo a un altro*, to switch one's investment from one security to another 2 (*cambiare*) to change: *vorrei — l'orario delle mie lezioni*, I should like to change my timetable; *— l'orario di lavoro*, to change one's working hours; (*mus.*) *— di tono*, to change tone 3 (*differire*) to postpone, to defer, to put* off: *gli esami sono stati spostati a ottobre*, the exams have been postponed to October 4 (*chim.*) to displace 5 (*inform.*) to shift; (*carta, scheda*) to move.
□ **spostarsi** *v.rifl.* o *intr.pron.* to move, to shift; (*cambiare sede*) to change one's place, to change one's office: *il lavoro mi costringe a spostarmi continuamente*, my job obliges me to be always on the move; *spostati, non ci vedo!*, move, I can't see!; *spostati, fammi passare!*, out of the way, let me pass!

spostato *s.m.* misfit, dropout.

spot *s.m.* 1 (*elettr.*) spot 2 (*breve comunicato pubblicitario*) ad, advert.

spranga *s.f.* bar, crossbar; (*catenaccio*) bolt.

sprangare *v.tr.* 1 to bar; (*con catenaccio*) to bolt: *— una porta, finestra*, to bar a door, window 2 (*colpire con una spranga*) to hit* with an iron bar.

sprangata *s.f.* blow with a bar.

sprangato *agg.* barred; bolted.

sprangatura *s.f.* (*non com.*) barring; (*con catenaccio*) bolting; (*spranga*) bar; bolt.

spratto *s.m.* (*zool.*) (*Sprattus sprattus*) sprat, brisling.

spray *agg.* spray (*attr.*) ◆ *s.m.* 1 (*nebulizzatore*) atomizer, spray (can) 2 (*il prodotto erogato*) spray.

sprazzo *s.m.* 1 (*di liquidi*) splash: *— d'acqua, di fango*, splash of water, of mud 2 (*baleno*) flash: *— di luce, di speranza*, flash of light, of hope; *uno — di sole*, a shaft of sunlight; *ha avuto uno — di genio*, he had a brainwave // *a sprazzi*, (*in modo discontinuo*) off and on.

spread *s.m.* (*Borsa*) 1 (*contratto a doppio premio*) spread 2 (*differenziale tra prezzo a pronti e prezzo a termine*) basis*, spread.

sprecare *v.tr.* to waste; (*scialacquare*) to squander, to fritter away: *— il proprio denaro per qlco.*, to waste (*o* to squander) one's money on sthg., on doing sthg.; *— il tempo*, to waste time; *— il fiato*, to waste one's breath; *non bisogna — il pane, la carta*, you shouldn't waste bread, paper; *hai sprecato una buona occasione*, you've wasted a good opportunity.
□ **sprecarsi** *v.intr.pron.* 1 (*disperdere le proprie energie*) to waste one's energy 2 (*iron.*) to strain oneself, to put* oneself out: *ti sei proprio sprecato a fargli questo regalino*, you really put yourself out to give him this present; *non si spreca a telefonarmi*, he doesn't bother to telephone me.

sprecato *agg.* wasted; squandered: *fatica sprecata*, wasted effort; *fiato —*, a waste of breath; *è denaro —*, it's a waste of money; *in quell'azienda è —*, he is wasted on that firm.

spreco *s.m.* waste [U], wasting; loss: *— di denaro, tempo, energia*, waste of money, time, energy; *c'è — di tutto in questa casa*, there is waste of everything in this house; *— di materiali*, waste of materials; *eliminare gli sprechi*, to avoid waste; *— di manodopera*, labour waste; *fare — di qlco.*, to waste sthg. // *a —*, (*in grande quantità*) in plenty.

sprecone *s.m.* waster, wastrel, squanderer, spendthrift ◆ *agg.* wasteful, squandering.

spregevole *agg.* despicable, contemptible; mean: *è un essere —*, he is a despicable person.

spregevolezza *s.f.* despicableness, contemptibility; meanness.

spregiare *v.tr.* to despise; to scorn; (*sdegnare*) to disdain.

spregiativo *agg.* derogatory, pejorative: *l'uso — di un vocabolo*, the pejorative use of a word ◆ *s.m.* (*gramm.*) pejorative.

spregio *s.m.* 1 (*letter.*) contempt, disdain, scorn: *con —*, with contempt (*o* disdain); *sorriso di —*, contemptuous smile; *avere a — qlcu.*, to hold s.o. in contempt; *mostrare il proprio —*, to show one's contempt (*o* disdain *o* scorn) 2 (*atto offensivo*) insult, affront.

spregiudicatamente *avv.* open-mindedly; without prejudice; (*senza scrupoli*) unscrupulously.

spregiudicatezza *s.f.* open-mindedness; freedom from prejudice; (*mancanza di scrupoli*) unscrupulousness.

spregiudicato *agg.* unprejudiced, unbiased; open-minded; unconventional; (*senza scrupoli*) unscrupulous: *una ragazza spregiudicata*, an unconventional (*o* uninhibited) girl; *discorso —*, unbiased speech; *un imprenditore —*, an unscrupulous entrepreneur ◆ *s.m.* unprejudiced person, open-minded person.

spremere *v.tr.* 1 to squeeze; (*torcere*) to wring* out: *— un'arancia fino all'ultima goccia*, to squeeze an orange dry; *— un limone, il succo di un limone*, to squeeze a lemon, the juice out of a lemon; *— le olive*, to press olives // *— qualche lacrima*, to squeeze out a tear; (*costringere a piangere*) to wring tears (from s.o.) // *spremersi il cervello, le meningi*, to cudgel (*o* to rack) one's brains // *— il succo da qlco.*, (*fig.*) to get the substance out of sthg. 2 (*fig.*) (*sfruttare finanziariamente*) to squeeze, to bleed* white: *anche se lavora continua a — i genitori*, even though he has a job he still squeezes money out of his parents; *— soldi a qlcu.*, to squeeze money out of s.o.; *— i contribuenti*, to bleed taxpayers white.

spremiagrumi *s.m.* citrus-fruit squeezer.

spremifrutta *s.m.* fruit squeezer.

spremilimoni *s.m.* lemon squeezer.

spremitore *agg.* squeezing ◆ *s.m.* squeezer.

spremitura *s.f.* 1 squeezing: *la — delle olive*, the pressing of olives; *olio di prima —*, oil from the first pressing 2 (*succo*) juice.

spremuta *s.f.* 1 (*lo spremere*) squeezing: *dare una — a un limone*, to squeeze a lemon 2 (*bevanda*) juice: *— di limone, di arancia*, lemon, orange juice.

spremuto *agg.* squeezed: *arancia spremuta*, *limone —*, squeezed orange, lemon; *olive spremute*, pressed olives.

spretarsi *v.intr.pron.* to leave* the priesthood.

spretato *agg.* unfrocked ◆ *s.m.* ex-priest, unfrocked priest.

sprezzante *agg.* scornful, contemptuous; disdainful; (*altezzoso*) haughty, arrogant: *— del pericolo*, scornful of danger; *con aria di — indifferenza*, with an air of contemptuous indifference; *sguardo —*, scornful (*o* contemptuous) look; *modi sprezzanti*, arrogant ways.

sprezzare *v.tr.* (*letter.*) to despise, to scorn.
□ **sprezzarsi** *v.rifl.* (*letter.*) to neglect oneself.

sprezzo *s.m.* 1 (*disprezzo*) scorn, contempt, disdain: *trattare con —*, to treat with contempt 2 (*noncuranza*) disregard, heedlessness: *con — del pericolo*, heedless of the danger.

sprigionamento *s.m.* emission, exhalation: *lo — di un gas*, the emission of a gas; *— di calore*, emission (*o* giving off) of heat.

sprigionare *v.tr.* 1 to emit, to give* off; to exhale: *— gas, fumo, vapore*, to give off (*o* to emit) gas, smoke, steam; *— calore, luce*, to emit (*o* to give off) heat, light; *— energia*, to release (*o* to give off) energy 2 (*rar.*) (*scarcerare*) to release, to set* free.
□ **sprigionarsi** *v.intr.pron.* to emanate, to be

given off; (*con violenza*) to burst* out, to burst* forth (*anche fig.*); (*di liquidi*) to gush out: *si sprigionarono scintille*, sparks were given off; *si sprigionò un getto di vapore*, a jet of steam burst out.

sprimacciare *v.tr.* to shake* up, to fluff up: *sprimacciò il materasso*, she shook up the mattress.

sprimacciata *s.f.* fluffing up: *da' una — al cuscino*, fluff up the cushion.

sprinkler *s.m.* (*tecn.*) sprinkler head.

sprint *s.m.* **1** (*sport*) sprint, spurt, burst: *prodursi in uno —*, to have (*o* to put on) a burst of speed; *vincere con un bello —*, to win with a final spurt // *un ciclista che ha molto —*, a cyclist who can put on bursts of speed // *mi piace la tua amica, ha molto —*, (*fig. fam.*) I like your friend, she's very vivacious **2** (*mecc.*) (*ripresa*) pick-up ◆ *s.f.* (*auto*) fast sports car.

sprizzare *v.intr.* to squirt; to spray; to spurt: *sprizzò acqua dalla roccia*, water spurted from the rock ◆ *v.tr.* **1** to squirt; to spray; to spurt: *— sangue*, to spurt blood; *— scintille*, to spark **2** (*fig.*) (*manifestare*) to be bubbling with (sthg.), to be bursting with (sthg.): *sprizzava salute da tutti i pori*, she was bursting with health; *i suoi occhi sprizzavano gioia*, he was bubbling with joy.

sprizzo *s.m.* **1** squirt; spurt: *uno — di sangue*, a spurt of blood **2** (*fig.*) (*lampo*) flash, spark, gleam: *uno — di gioia*, a gleam of happiness; *uno — di ingegno*, a brainwave.

sprocco *s.m.* (*bot.*) shoot, twig.

sprofondamento *s.m.* sinking; (*crollo*) collapse; (*cedimento*) subsidence; giving way; (*parte sprofondata*) sunken part, depression, hollow.

sprofondare *v.tr.* (*far cadere*) to cause to collapse: *la neve ha sprofondato il tetto*, the snow has caused the roof to collapse ◆ *v.intr.* **1** (*di terreno*) to subside, to give* way; (*crollare*) to collapse: *dopo le grandi piogge il terreno è sprofondato*, after the heavy rains the ground subsided; *nel terremoto alcune case sono sprofondate*, some houses collapsed in the earthquake **2** (*affondare*) to sink*: *sprofondava nella neve alta*, he was sinking into the deep snow **3** (*fig.*) (*lasciarsi assorbire*) to fall*, to sink*: *— nella disperazione*, to sink into despair; *sprofondarono nel baratro*, they fell into the abyss.

□ **sprofondarsi** *v.rifl.* **1** (*lasciarsi cadere*) to sink*: *— in una poltrona*, to sink into an armchair // *mi sarei sprofondato per la vergogna*, (*fig.*) I was so embarassed I wanted the ground to swallow me up **2** (*fig.*) (*immergersi*) to sink*; to be absorbed: *— nel lavoro*, to be absorbed in one's work.

sproloquiare *v.intr.* to ramble.

sproloquio *s.m.* (long) rigmarole, (long) rambling speech.

spronare *v.tr.* **1** to spur: *— un cavallo*, to spur a horse **2** (*fig.*) to spur, to drive*, to urge: *l'ambizione lo spronò a tutto questo*, ambition drove him to all this; *devo spronarlo continuamente per farlo studiare*, I have to urge him continually to make him study; *— qlcu. a fare qlco.*, to push (*o* to incite) s.o. into doing sthg. **3** (*edil.*) to buttress.

spronata *s.f.* **1** spurring **2** (*fig.*) push, spurring, prod: *ogni tanto ha bisogno di una bella —*, every so often he needs to be pushed (*o* a good prod).

sprone *s.m.* **1** spur: *gli sproni di un cavaliere*, a rider's spurs // *a spron battuto*, at full speed, (*fig.*) immediately (*o* without delay): *ubbidire a spron battuto*, to obey immediately // *dar di — a un cavallo*, to spur a horse **2** (*fig.*) (*incitamento, stimolo*) spur, stimulus*, incentive: *lo — dell'ambizione*, the spur (*o* stimulus) of ambition **3** (*zool., bot.*) spur **4** (*arch.*) scarp, buttress **5** (*bot., pop.*) *— di cavaliere*, (*Delphinium consolida*) forking larkspur.

sproporzionale *agg.* (*rar.*) disproportionate, unproportional, out of proportion.

sproporzionato *agg.* disproportionate, out of proportion (to, with sthg.) (*pred.*): *questo prezzo è — al valore di quell'articolo*, this price is out of proportion to the value of that article; *spesa sproporzionata*, excessive expense; *ha la testa sproporzionata al resto del corpo*, his head is out of proportion to (*o* with) the rest of his body.

sproporzione *s.f.* lack of proportion, disproportion: *c'è una certa — fra le varie parti dell'opera*, there is a certain disproportion between the different parts of the work; *c'è una — enorme fra quello che guadagna e quello che spende*, there is a great disproportion between what he earns and what he spends.

spropositare *v.intr.* to blunder, to make* mistakes: *non parla senza —*, he cannot speak without saying silly things.

spropositatamente *avv.* (*enormemente*) enormously, hugely, excessively: *mangia —*, he eats excessively.

spropositato *agg.* **1** full of blunders, full of mistakes **2** (*enorme*) enormous, huge: *ha un naso —*, he has an enormous nose; *ha un prezzo così — che non vale la pena di comprarlo*, it such an enormous price that it is not worth buying.

sproposito *s.m.* **1** blunder, mistake, error; (*fam.*) howler: *è stato uno — lasciarsi sfuggire quell'affare*, it was a great mistake to let that deal slip away; *non fa una cosa che non sia uno —*, he never does anything without putting his foot in it; *nel compito hai fatto uno — madornale*, you have made a terrible mistake in your exercise // *era così disperato che i suoi temettero facesse uno —*, he was so desperate that his family feared that he would do something silly // *gli fai una domanda, e ti risponde a —*, you ask him a question and his answer is off the point; *intervenire a —*, to speak at the wrong moment // *non mi far dire uno —*, (*fam.*) don't make me say what I don't want to **2** (*fam.*) (*eccesso*) enormous amount, huge quantity: *di dolci, poi, ne mangia uno —*, (*fam.*) and he eats huge quantities of sweets // *costa uno —*, it is frightfully expensive.

sprovincializzare *v.tr.* to make* less provincial.

□ **sprovincializzarsi** *v.intr.pron.* to become* less provincial: *una città che si sta sempre più sprovincializzando*, a town which is becoming less and less provincial.

sprovincializzazione *s.f.* (*lo sprovincializzarsi*) becoming less provincial; (*l'essere sprovincializzato*) freedom from provincialism.

sprovvedutamente *avv.* **1** (*disavvedutamente*) inadvertently, heedlessly **2** (*ant.*) (*inaspettatamente*) unexpectedly, suddenly.

sprovvedutezza *s.f.* inexperience, lack of competence.

sprovveduto *agg.* (*inesperto*) unprepared, incompetent, inexpert, inexperienced: *insegnante —*, inexperienced teacher; *— com'è, si è lasciato ingannare*, being inexperienced, he was taken in ◆ *s.m.* unprepared person, unsuitable person.

sprovvisto *agg.* devoid, lacking in (sthg.); (*non fornito*) unprovided, unstocked, unsupplied: *essere — di tutto*, to be short of everything; *quel negozio è —*, that shop is out of stock (*o* poorly-stocked); *la casa era sprovvista di tutto*, (*senza mobili*) the house was completely unfurnished; *completamente — di buon senso*, completely lacking in (*o* devoid of) common sense // *alla sprovvista*, unawares: *cogliere qlcu. alla sprovvista*, to catch s.o. unawares; *preso alla sprovvista, non seppi cosa dire*, I was taken by surprise and didn't know what to say.

sprue *s.f.* (*med.*) **1** (*malattia tropicale*) sprue **2** → celiachia.

spruzzamento *s.m.* (*rar.*) **1** (*lo spruzzare*) spraying; sprinkling **2** (*spruzzo*) spray **3** (*fis.*) *— catodico*, (cathodic) sputtering.

spruzzare *v.tr.* **1** to spray; to sprinkle: *— qlco. di acqua*, to sprinkle (*o* to spray) sthg. with water; *— una torta di zucchero a velo*, to sprinkle icing sugar over a cake; *si spruzzò della lacca sui capelli*, she sprayed hair spray on **2** (*inzaccherare*) to splash: *spruzzarsi il vestito di sugo*, to splash sauce on one's dress.

□ **spruzzarsi** *v.rifl.* o *intr.pron.* to splash oneself; to get* splashed: *— di fango*, to get splashed with mud.

spruzzata *s.f.* **1** (*spruzzo*) spray; sprinkling: *dare una — di lacca sui capelli*, to give one's hair a spray (*o* to put hair spray on) **2** (*breve pioggia*) light shower.

spruzzatore *s.m.* **1** (*chi spruzza*) sprayer; sprinkler **2** (*arnese per spruzzare*) spray: *boccetta di profumo con —*, a spray perfume **3** (*aut.*) jet: *— compensatore*, auxiliary jet.

spruzzatura *s.f.* spraying; sprinkling: *— (di vernice) a caldo*, hot spraying; *— (di vernice) a freddo*, cold spraying.

spruzzetta *s.f.* (*chim.*) wash bottle, washing flask.

spruzzo *s.m.* spray (*invar. al pl.*); sprinkling: *uno — d'acqua*, a sprinkling of water; *— di sangue*, spurt of blood; *verniciatura a —*, spray painting; *gli spruzzi delle onde arrivavano fino alla strada*, the spray from the waves reached the road // *uno — di pioggia*, a light drizzle.

spudoratamente *avv.* shamelessly, impudently, brazenly; (*fam.*) cheekily: *mi ha mentito —*, he lied shamelessly to me; *molto — si sono fatti invitare a cena*, with great cheek they got themselves invited to dinner.

spudoratezza *s.f.* shamelessness, impudence; (*fam.*) cheekiness: *che —!*, what cheek! (*o* what a nerve!).

spudorato *agg.* shameless, impudent, brazen; (*fam.*) cheeky: *una menzogna spudorata*, a brazen lie ◆ *s.m.* shameless person, impudent person.

spugna *s.f.* **1** sponge: *lavarsi con una —*, to wash oneself with a sponge; *pescatore di spugne*, sponge diver; *cancellare qlco. con la —*, to sponge (*o* to rub) sthg. off, (*fig.*) to expunge sthg.; *passare la — sopra qlco.*, (*fig.*) to let bygones be bygones // *quell'uomo è una —*, that man is a boozer; *bere come una* —, to drink like a fish // *gettare la* —, (*fig.*) to throw in the sponge (*o* to throw in the towel) **2** (*tessuto spugnoso*) sponge cloth, terry towelling: *accappatoio di* —, (towelling) bathrobe; *asciugamano di* —, bath-towel **3** (*chim.*) — *di platino*, spongy platinum.

spugnare *v.tr.* (*non com.*) to sponge (up), to mop (up).

spugnatura *s.f.* sponge down.

spugnetta *s.f.* (*per francobolli*) moistener.

spugnola *s.f.* **spugnolo** *s.m.* (*bot.*) (*Morchella esculenta*) morel.

spugnosità *s.f.* sponginess.

spugnoso *agg.* spongy, spongeous: *tessuto* —, spongy material.

spulare *v.tr.* (*agr.*) to winnow, to fan.

spulatore *s.m.* (*agr.*) winnower.

spulatura *s.f.* (*agr.*) winnowing, fanning.

spulciare *v.tr.* **1** to pick fleas off **2** (*esaminare attentamente*) to scrutinize, to examine very carefully, to go* over with a fine toothcomb: — *l'elenco telefonico*, to scrutinize the telephone directory // — *dati*, *informazioni*, to gather data, information here and there.

□ **spulciarsi** *v.rifl.* to pick fleas off oneself: *il cane si spulcia grattandosi*, a dog gets rid of its fleas by scratching.

spulciatore *s.m.* (*scherz.*) (*esaminatore attento*) nitpicker.

spulciatura *s.f.* scrutiny, close examination.

spuma *s.f.* **1** (*schiuma*) foam, froth: *la — della birra*, the froth on beer; *la — delle onde*, the foam of the waves **2** (*cuc.*) (*mousse*) mousse.

spumante *agg.* foaming, frothing: *vino* —, sparkling wine // — *di rabbia*, fuming (*o* foaming at the mouth) with rage ◆ *s.m.* sparkling wine, champagne-type wine.

spumare *v.intr.* to foam, to froth // — *dalla rabbia*, (*fig.*) to fume (*o* to foam at the mouth) with rage.

spumeggiante *agg.* **1** foaming, frothing: *la scia — del motoscafo*, the foaming wake of the motorboat **2** (*vaporoso*) filmy, diaphanous, sheer: *un abito di chiffon* —, a dress of sheer chiffon **3** (*fig.*) (*molto vivace*) sparkling, scintillating: *umorismo* —, sparkling humour.

spumeggiare *v.intr.* to foam, to froth: *il torrente spumeggiava*, the torrent was foaming.

spumone *s.m.* 'spumone' (kind of ice cream).

spumosità *s.f.* frothiness, foaminess.

spumoso *agg.* **1** frothy, foamy; (*di vino*) sparkling **2** (*soffice*) light; frothy: *un budino* —, a light pudding.

spunta *s.f.* (*amm.*) (*verifica*) checking(off), ticking off; (*segno*) tick, (*amer.*) check.

spuntare[1] *v.tr.* **1** (*rompere, guastare la punta di*) to blunt; to break* the point of (sthg.): — *un ago, una matita*, to blunt a needle, a pencil **2** (*tagliare la punta a*) to cut* the tip off (sthg.); to trim: — *una siepe*, to trim a hedge; — *un sigaro*, to cut (the tip off) a cigar // *farsi — i capelli*, to have one's hair trimmed **3** (*staccare cosa appuntata*) to unpin: — *un nastro*, to unpin a ribbon **4** (*fig.*) (*vincere, superare*) to overcome*, to get* round: — *una difficoltà*, to overcome a difficulty // *spuntarla*, to succeed (*o* to get one's way *o* to make it): *questa volta non la spunti nemmeno se piangi per un anno*, this time you are not going to get your own way even if you cry for a whole year; *fu difficile, ma la spuntammo*, it was difficult, but we made it ◆ *v.intr.* **1** (*incominciare a sorgere, nascere*) (*di sole ecc.*) to rise*, to come* up; (*di alberi, fiori ecc.*) to sprout; (*di capelli ecc.*) to begin* to grow: *gli è spuntato il primo dente*, he has cut his first tooth; *incominciano a spuntargli i capelli*, his hair is beginning to grow; *quando spunta il giorno*, when day breaks; *il sole, la luna spunta*, the sun, the moon is rising (*o* is coming up); *spuntano le prime foglie*, the first leaves are sprouting // *gli spuntarono le lacrime agli occhi*, tears welled up in his eyes (*o* his eyes filled with tears) // *un timido sorriso gli spuntò sulle labbra*, he smiled shyly (*o* he gave a shy smile) **2** (*apparire*) to appear; to come* out, to emerge: *lo vidi — all'angolo della via*, I saw him appearing round the corner; *il nemico spuntò da dietro un colle*, the enemy appeared from behind a hill; *spuntarono da dietro alla siepe*, they came out (*o* emerged) from behind the hedge; *spuntava solo la sua testa*, only his head was sticking out **3** (*di vino*) to become* sour.

□ **spuntarsi** *v.intr.pron.* **1** (*perdere la punta*) to get* blunt, to lose* its point: *questa spada si è spuntata*, this sword has got blunt; *si è spuntata la matita*, the pencil has got blunt (*o* has lost its point) **2** (*fig.*) (*svanire*) to die down, to soften: *la sua collera si spuntò quando gli dissero che ciò non era vero*, his anger died down when they told him it wasn't true.

spuntare[2] *v.tr.* **1** (*verificare*) to check (off), to tick, to tick off: — *le voci di un elenco*, to tick off the items on a list; — *un conto, la merce*, to check an account, the goods **2** (*comm.*) (*ottenere prezzi, sconti*) to obtain, to get*, to fetch: — *un buon prezzo*, to fetch a good price; *riuscire a — un ribasso sul prezzo*, to manage to obtain a discount.

spuntare[3] *v.intr.* **1** (*mecc.*) to pick-up **2** (*mar.*) → disincagliarsi.

spuntare *s.m.* (*nascita, apparizione*) appearing, rising; beginning; (*di alberi, fiori ecc.*) sprouting: *allo — del giorno*, at daybreak (*o* at dawn); *allo — del sole*, at sunrise.

spuntata[1] *s.f.* trim: *dare una — alle siepi*, to give the hedges a trim.

spuntata[2] *s.f.* (*verifica*) checking (off), ticking off; (*segno*) tick: *dare una — a un elenco*, to check off (*o* to tick off) a list.

spuntato *agg.* blunt, without a point: *matita spuntata*, blunt pencil.

spuntatore *s.m.* (*verificatore*) checker.

spuntatura *s.f.* **1** blunting; cutting off the tip; trimming: *la — di un albero*, the pruning of a tree **2** (*controllo*) checking (off), ticking off **3** (*metall.*) cropping **4** (*tess.*) snipping.

spuntellare *v.tr.* (*levare i puntelli a*) to remove the props from (sthg.), to unprop.

spuntigliare *v.tr.* (*mecc.*) to smooth with emery powder.

spuntiglio *s.m.* emery powder.

spuntino *s.m.* snack: *fare uno* —, to have a snack.

spunto *s.m.* **1** (*suggerimento*) cue, hint **2** (*punto di partenza*) starting point: *prese lo — da questa osservazione per esporre il suo caso*, he took this remark as a starting point for presenting his case; *questo fu lo — per un lungo discorso*, this was the starting point for a long speech; *il romanzo prende — da un fatto di cronaca*, the novel is inspired by a news story **3** (*teatr.*) cue: *gli diedi lo —, poi continuò da solo*, I gave him the cue, then he went on by himself **4** (*mus.*) entry **5** (*mecc.*) (*ripresa*) acceleration: *un'auto con un buono* —, a car with good acceleration **6** (*acidità del vino*) sourness, acidity.

spuntonare *v.tr.* (*non com.*) to jab; to attack with a spike.

spuntonata *s.f.* jab.

spuntone *s.m.* **1** (*st. mil.*) pike, halberd **2** (*grossa punta di ferro*) spike **3** (*roccia*) projection, out crop (of rock) **4** (*grossa spina*) thorn.

spunzone e *deriv.* → **spuntone** e *deriv.*

spupazzare *v.tr.* **1** (*fam.*) to cuddle, to pet: — *un bambino*, to cuddle a child **2** (*intrattenere*) to entertain, to keep* (s.o.) amused; to keep* (s.o.) happy: *ho dovuto spupazzarmelo io!*, (*iron.*) it was me who had to keep him happy!

□ **spupazzarsi** *v.intr.pron.* (*fam.*) (*divertirsi*) to have a good time.

spurgamento *s.m.* **1** cleaning; purging: *lo — delle fogne*, the cleaning of sewers **2** (*med.*) (*lo spurgare*) discharging; (*spurgo*) discharge **3** (*l'espettorare*) expectorating, expectoration; (*fam.*) hawking and spitting.

spurgare *v.tr.* **1** to purge; to clean; (*mecc.*) to bleed*: — *una caldaia*, to purge a boiler; — *un fosso, una fognatura*, to clean a ditch, a sewer **2** (*med.*) to discharge: — *materia*, to discharge matter.

□ **spurgarsi** *v.intr.pron.* (*espettorare*) to expectorate; (*fam.*) to spit*.

spurgatura *s.f.* cleaning; purging.

spurgo *s.m.* **1** (*lo spurgare*) cleaning; purging; (*mecc.*) bleeding; (*l'espettorare*) expectorating **2** (*materiale spurgato*) discharge; (*catarro*) phlegm: — *di pus*, discharge (*o* excretion) of pus **3** *pl.* (*fig.*) (*libri di scarto*) remainders.

spurio *agg.* **1** (*illegittimo*) illegitimate: *figlio* —, illegitimate son **2** (*falso, apocrifo*) spurious, false **3** (*anat.*) *costole spurie*, false ribs.

spurrite *s.f.* (*min.*) spurrite.

sputacchiare *v.intr.* **1** to spit*; to keep* on spitting **2** (*nel parlare*) splutter ◆ *v.tr.* (*coprire di sputi*) to cover with spit.

sputacchiera *s.f.* spittoon.

sputacchina *s.f.* (*zool.*) (*Philaenus spumarius*) frog-hopper, (*pop.*) cuckoo-spit.

sputacchio *s.m.* spittle, spit.

sputare *v.tr.* e *intr.* to spit* (*anche fig.*): *è vietato* —, no spitting; *sputò per terra*, he spat on the ground; *sputò il nocciolo della ciliegia*, he spat out the cherry stone; — *addosso a qlcu.*, to spit at (*o* on) s.o.; — *su qlco.*, to spit at (*o* on) sthg.; *il vulcano sputava fiamme*, the volcano spat fire // *questo lavoro mi ha fatto — sangue*, (*fig.*) this work has made me sweat blood // *sputa fuori!*, spit it out!: *avanti, sputa fuori, chi è stato?*, (*fam.*) come on, spit it out, who did it? // — *l'osso*, (*fig. fam.*) to confess (*o* to spit out); (*restituire*) to give back // — *sentenze*, to play the wiseacre // *sputa sempre veleno*, he has a venomous tongue // *non — nel piatto dove mangi!*, (*fig.*) don't bite the hand that feeds you!

sputasentenze *s.m.* e *f.* wiseacre.

sputato *agg.* that has been spat out // *questo ragazzo è suo padre* —, (*fam.*) this boy is the spitting image (*o* dead spit) of his father.

sputaveleno *s.m.* e *f.* nasty spiteful person.

sputnik *s.m.* (*astronautica*) sputnik.

sputo *s.m.* **1** spit, spittle // *quest'etichetta è attaccata con lo* —, (*fig.*) this label has been stuck on with spit instead of glue **2** (*di pianta*) spit.

sputtanare *v.tr.* (*volg.*) to run* down, to disgrace.

□ **sputtanarsi** *v.rifl.* (*volg.*) to disgrace oneself.

squadernare *v.tr.* **1** to turn over the leaves of (a book); (*aprire*) to open a book **2** (*dire apertamente*) to say* openly; to tell* openly; (*mostrare apertamente*) to show openly: *gli squadernò davanti la verità*, she revealed the whole truth to him **3** (*non com.*) (*scartabellare*) to leaf through.

squadra[1] *s.f.* **1** (*mil.*) (*drappello sotto un graduato*) squad; (*mar.*) squadron: *una — di soldati*, a squad of soldiers; *a squadre*, in (*o* by) squads // — *del buon costume*, vice squad // — *mobile, volante*, flying squad **2** (*sport*) team: *compagno di* —, team-mate; *spirito di* —, team spirit; *la — di calcio gioca bene*, the football team is playing well // *gioco di* —, team game **3** (*di operai*) gang; (*di persone che lavorano in modo organizzato*) team: *capo* —, foreman; — *di tecnici*, team of technicians; *lavoro di* —, team work; — (*di operai*) *che dà il cambio*, relay of workers; *lavorare a squadre*, to work in teams; *una — di operai stava lavorando sulla ferrovia*, a gang of workmen were working on the railway **4** (*mecc.*) plate, square: — *di attacco*, (*di travatura metallica*) connecting plate (*o* joint plate).

squadra[2] *s.f.* (*da disegno*) (set) square: — *a cappello*, back square; — *a 45°*, mitre square; — *a T, doppia*, T square; — *di legno, di metallo*, wooden, metal square; — *di precisione*, precision square; — *esagonale*, hexagonal square; — *falsa*, bevel (square); — *fissa*, try square; *essere a* —, to be at right angles // *essere fuori* —, to be out of square; (*fig.*) to be out of sorts // *uscire di* —, to be out of line; (*fig.*) to go astray.

squadraccia *s.f.* (*spreg.*) gang, bad lot; (*fascista*) Fascist action squad.

squadrare *v.tr.* **1** to square: — *un foglio da disegno*, to square a sheet of drawing paper; — *una lastra di marmo*, to square a marble slab **2** (*guardare da capo a piedi*) to look (s.o.) up and down: *la squadrò per un attimo*, he looked her up and down for a moment.

squadratura *s.f.* squaring.

squadriglia *s.f.* (*mar., aer.*) squadron.

squadrismo *s.m.* (*st.*) organisation of Fascist action squads.

squadrista *s.m.* (*st.*) member of Fascist action squad.

squadro[1] *s.m.* **1** squaring **2** (*topografia*) surveyor's cross.

squadro[2] *s.m.* (*zool.*) (*Squatina squatina*) angel shark.

squadrone *s.m.* (*mil.*) squadron; company.

squagliamento *s.m.* **1** melting; liquefying; (*di ghiaccio*) thaw, thawing **2** (*fam.*) (*lo svignarsela*) clearing off; stealing away.

squagliare *v.tr.* to melt (down); to liquefy.

□ **squagliarsi** *v.intr.pron.* **1** to melt; to liquefy; (*di ghiaccio*) to thaw: *il gelato si sta squagliando*, the ice cream is melting // *quando la vede, lui si squaglia*, (*fig.*) when he sees her, he goes weak at the knees **2** (*fam.*) (*svignarsela*) to steal* away; to make* off; to clear off: *se la sono squagliata!*, they've cleared off!

squalano *s.m.* (*chim.*) squalan(e).

squalene *s.m.* (*chim.*) squalene.

squalifica *s.f.* (*sport*) disqualification: *due giornate di* —, two days' disqualification // — *del campo*, home ban.

squalificare *v.tr.* to disqualify: (*sport*) — *un giocatore*, to disqualify a player.

□ **squalificarsi** *v.rifl.* to bring* discredit (on oneself): *si è squalificato agli occhi del pubblico*, he has brought discredit on himself in the eyes of the public.

squalificato *agg.* **1** (*screditato*) discredited, fallen into disrepute: *una ditta squalificata*, a firm fallen into disrepute **2** (*sport*) disqualified: *un giocatore* —, a disqualified player ◆ *s.m.* (*sport*) disqualified player.

squallidezza *s.f.* dreariness, bleakness.

squallido *agg.* **1** dreary, bleak: *un ambiente* —, a dreary place **2** (*triste*) dismal, miserable: *condurre una vita squallida*, to lead a miserable life **3** (*abietto*) wretched, squalid: *una persona squallida*, a wretched person; *una squallida vicenda*, a wretched business.

squallore *s.m.* dreariness, bleakness, squalor.

squalo *s.m.* (*zool.*) shark // — *della Groenlandia*, (*Somniosus microcephalus*) nurseshark; — *elefante*, (*Cetorhinus maximus*) basking -shark; — *nutrice*, (*Ginglymostoma cirratum*) nurseshark; — *tigre*, (*Galeocerdo cuvieri*) tiger shark.

squama *s.f.* **1** (*di pesci, rettili, pelle*) scale, plate // — *ossea*, scale **2** (*bot.*) squama* **3** (*anat.*) squama* **4** (*metall.*) flake.

squamare *v.tr.* (*togliere le squame a*) to scale.

□ **squamarsi** *v.intr.pron.* **1** (*perdere le squame*) to scale; (*di corteccia*) to exfoliate **2** (*sfaldarsi*) to flake (off).

squamato *agg.* scaled.

squamosità *s.f.* scaliness.

squamoso *agg.* **1** scaly, scaled: *pelle squamosa*, scaly skin **2** (*che si sfalda*) flaky.

squarciagola, a *locuz.avv.* at the top of one's voice: *urlare a* —, to yell at the top of one's voice.

squarciare *v.tr.* **1** to tear*, to rend*, to rip up: — *le vesti a qlcu.*, to rend s.o.'s garments; *la pallottola gli squarciò il petto*, the bullet ripped through his chest **2** (*fig.*) to dispel: *il sole squarciò le nubi*, the sun dispelled the clouds; — *il velo del mistero*, to dispel a mystery (*o* to tear aside the veil of mystery).

□ **squarciarsi** *v.intr.pron.* to be torn, to be rent: *le nubi si squarciarono*, there was a break in the clouds; *la vela si squarciò*, the sail was rent.

squarcio *s.m.* **1** gash, laceration: *aveva uno — in un braccio*, he had a gash in his arm **2** (*di stoffa, vesti*) rent, tear, rip: *nella tenda c'era uno* —, there was a rip (*o* rent) in the tent; *avere uno — nel vestito*, to have a tear in one's dress **3** (*la parte squarciata*) shred **4** (*passo di libro, scritto*) passage.

squartamento *s.m.* quartering.

squartare *v.tr.* **1** to quarter; to cut* to pieces, to cut* up: — *un bue*, to cut up an ox **2** (*uccidere ferocemente*) to butcher, to slay* **3** (*st.*) to quarter.

squartatoio *s.m.* (*coltello da macellaio*) butcher's cleaver.

squartatore *agg.* quartering ◆ *s.m.* quarterer // *Jack lo* —, Jack the Ripper.

squartatura *s.f.* quartering.

squarto *s.m.* cutting up, quartering.

squash *s.m.* (*sport*) squash.

squassamento *s.m.* (*non com.*) (violent) shaking, jolting.

squassare *v.tr.* to shake* violently, to jolt, to toss: *la tempesta squassava la barca*, the storm tossed the boat.

squasso *s.m.* violent shake, jolt.

squattrinato *agg.* penniless, hard up (*pred.*), broke (*pred.*) ◆ *s.m.* penniless person: *sposare uno* —, to marry a beggar.

squaw *s.f.* (*donna pellerossa*) squaw.

squilibrare *v.tr.* **1** to throw* out of balance, to unbalance **2** (*facoltà mentali*) to derange **3** (*sbilanciare economicamente*) to create financial difficulties; (*dissestare*) to upset*, to wreck: *le spese straordinarie hanno squilibrato le finanze dell'azienda*, the extra expenses have wrecked the company's finances.

□ **squilibrarsi** *v.intr.pron.* **1** (*non com.*) to lose* one's balance **2** (*fig.*) (*perdere le facoltà mentali*) to lose* one's faculties.

squilibrato *agg.* **1** unbalanced: *alimentazione squilibrata*, unbalanced diet; *bilancio* —, unbalanced budget **2** (*pazzo*) mad, insane ◆ *s.m.* madman*, lunatic.

squilibrio *s.m.* **1** imbalance, lack of balance: — *sociale, finanziario*, social, financial imbalance; — *economico tra nord e sud*, economic gap between North and South; — *tra domanda e offerta*, imbalance between demand and supply // (*econ.*): — *della bilancia dei pagamenti*, payments imbalance; *lo — della bilancia commerciale*, the trade deficit // (*fin.*): — *di tesoreria*, liquidity shortage; — *tra entrate e uscite*, imbalance between income and expenses **2** — *mentale*, derangement; *dare segni di — mentale*, to show signs of madness.

squilla[1] *s.f.* (small) bell.

squilla[2] *s.f.* (*zool.*) (*Squilla mantis*) squill (fish).

squillante *agg.* shrill, sharp; (*di trombe*) blaring; (*di campane*) pealing; (*di colore*) bright: *voce* —, shrill voice.

squillare *v.intr.* to ring*; (*di trombe*) to blare: *il telefono squilla*, the telephone is ringing.

squillo *s.m.* sharp sound; (*di trombe*) blare; (*di campanelli*) ring: *il telefono fece due squilli*, the telephone rang twice; *uno — di campanello*, a ring of the bell // *ragazza* —, call girl; *casa* —, brothel.

squinternare *v.tr.* **1** to unstich; to take* to pieces; (*sconnettere*) to mix up, to untidy **2** (*fig.*) (*scombussolare*) to upset*; to discompose: *la notizia l'ha completamente squinternato*, the news really upset him.

□ **squinternarsi** *v.intr.pron.* to fall* to pieces: *l'agenda si è squinternata*, the diary has fallen to pieces.

squinternato *agg.* **1** (*scompaginato*) falling to pieces: *un libro* —, a book that is falling to pieces // *una baracca squinternata*, (*estens.*) a tumbledown hovel **2** (*fig.*) (*di persona*) scatterbrained; eccentric ◆ *s.m.* scatterbrain; eccentric person.

squisitamente *avv.* exquisitely.

squisitezza *s.f.* **1** exquisiteness (*anche fig.*); (*di cibo, sapore*) deliciousness: *la* — *di un gesto*, the exquisiteness of a gesture **2** (*cosa squisita*) delicious thing, delicacy.

squisito *agg.* **1** (*di cibo, sapore*) delicious: *questo dolce è* —, this cake is delicious **2** (*fig.*) exquisite; refined; fine: *modi squisiti*, refined manners; *la sua casa mostra il suo gusto* —, his house shows his fine (*o* excellent) taste.

squittinio *s.m.* (*di topi e simili*) squeak, squeal; (*di uccelli*) cheep.

squittinire → **squittire**.

squittio *s.m.* (*di topi e simili*) squeak, squeal; (*di uccelli*) cheep.

squittire *v.intr.* **1** (*di topi e simili*) to squeak, to squeal; (*di uccelli*) to cheep **2** (*scherz.*) (*di persone*) to yelp.

sradicamento *s.m.* uprooting; eradication (*anche fig.*), extirpation (*anche fig.*).

sradicare *v.tr.* to uproot (*anche fig.*); to eradicate, to extirpate (*anche fig.*): *il vento sradicò gli alberi*, the wind uprooted the trees; *le abitudini contratte da molto tempo sono difficili da* —, long-established habits are hard to get rid of; — *un male, i pregiudizi*, to extirpate an evil, prejudices; — *la povertà*, to eradicate poverty.

□ **sradicarsi** *v.rifl.* o *intr.pron.* **1** (*di pianta*) to become* unrooted **2** (*di persona*) to be uprooted.

sradicato *agg.* uprooted; (*fig.*) rootless: *un albero* —, an uprooted tree // *lavoratori stranieri sradicati*, rootless foreign workers ◆ *s.m.* rootless person.

sradicatore *agg.* uprooting, root (*attr.*) ◆ *s.m.* uprooter; (*agr.*) (potato) fork; (potato) hook; (potato) rake.

sragionamento *s.m.* false reasoning; nonsense.

sragionare *v.intr.* to reason falsely; to talk nonsense: *non ti ascolto perché stai sragionando*, I won't listen to you because you are talking nonsense.

sragionevole → **irragionevole**.

sregolatamente *avv.* **1** in a disorderly way; immoderately, intemperately: *bere* —, to drink immoderately; *vivere* —, to lead a disorderly life **2** (*dissolutamente*) dissolutely, wildly.

sregolatezza *s.f.* **1** disorderliness; intemperance: — *di vita*, dissolute living **2** (*comportamento sregolato*) dissolute behaviour: *tutte queste sregolatezze ti costeranno care*, all this recklessness will cost you dear.

sregolato *agg.* **1** disorderly; immoderate, intemperate: *una condotta sregolata*, disorderly conduct; *è* — *nel bere*, he drinks too much **2** (*dissoluto*) dissolute, profligate: *una vita sregolata*, a dissolute life.

srotolare *v.tr.* to unroll: — *una pezza di stoffa*, to unroll a roll of cloth; — *un tappeto*, to unroll a carpet.

□ **srotolarsi** *v.intr.pron.* to unroll, to become* unrolled.

SS *s.f.pl.* (*st.*) SS: *un ufficiale delle* —, an SS officer.

st, sst *inter.* (*per richiedere silenzio*) hush, sh.

stabbiare *v.tr.* **1** (*chiudere il bestiame*) to pen **2** (*concimare*) to manure; to fold.

stabbio *s.m.* **1** (*recinto per animali*) pen; fold; (*per maiali*) (pig)sty **2** (*concime*) manure.

stabbiolo *s.m.* (*piccola stalla*) small cowshed; (*porcile*) (pig)sty.

stabile *agg.* **1** stable, steady, firm: *fondamenta stabili*, steady (*o* firm *o* stable) foundations // *governo* —, stable government // *nave* —, steady ship // *colori stabili*, fast colours // (*fis.*) *equilibrio* —, stable equilibrium // (*dir.*) *beni stabili*, real estate // (*econ.*): *prezzi stabili*, firm (*o* steady) prices; *tasso di cambio* —, stable rate of exchange; *offerta* —, firm offer; *mercato* —, undepressed market **2** (*permanente*) permanent, durable, lasting: *personale in pianta* —, permanent staff; *impiego* —, permanent (*o* steady) job; *residenza* —, permanent address; *non avere* — *dimora*, to have no fixed address // (*teatr.*): *teatro* —, permanent theatre; *compagnia* —, permanent company **3** (*costante*) stable, steady, constant: *carattere* —, stable (*o* steady) character; *un proposito* —, a firm proposal; *è molto* — *nelle sue amicizie*, he has very firm friendships // *tempo* —, stable weather ◆ *s.m.* **1** house, building premises (*pl.*): — *che ospita uffici commerciali*, commercial (*o* business) premises; *nello* —, *fuori dello* —, on the premises, off the premises **2** (*teatr.*) permanent theatre.

stabilimento *s.m.* **1** factory, plant; works (*sing.*): — *chimico*, chemical plant; — *siderurgico*, iron and steel works; — *tipografico*, printing works; *il direttore di uno* —, a factory manager; *lo* — *chiude alle sei*, the factory closes at six **2** (*edificio pubblico*) establishment: — *balneare*, bathing establishment; — *termale*, (thermal) spa // — *carcerario*, prison **3** (*non com.*) (*lo stabilire*) establishment: *lo* — *di una nuova repubblica*, the establishment of a new republic.

stabilire *v.tr.* **1** to establish, to fix, to set*: — *il prezzo di qlco.*, to fix the price of sthg.; *resta da* — *il giorno della partenza*, the departure date remains to be settled (*o* fixed *o* decided upon); — *una data*, to fix a date; — *per legge*, to decree; *la legge stabilisce che...*, the law provides that... // (*comm.*): — *quote di vendita*, to set sales quotas; *stabilite voi le condizioni*, name your own terms // (*amm.*): — *dei turni di lavoro per il personale*, to stagger the working hours of the staff; — *delle norme*, *un calendario*, to lay down rules, a timetable // — *la propria dimora in un luogo*, to take up one's residence in a place **2** (*accertare*) to establish, to ascertain: *prima di tutto devo* — *se questo è vero o no*, first of all I must ascertain whether this is true or not; — *un fatto*, to establish a fact **3** (*decidere*) to decide, to arrange, to state: — *le condizioni di pagamento, di un accordo*, to state the terms of payment, of an agreement; *stabilì di partire subito*, he decided to leave at once **4** (*assegnare*) to assign, to allot: *stabilirono due case in dote alla ragazza*, they allotted the girl two houses as a dowry **5** (*mar.*) to set*: — *le vele*, to set the sails.

□ **stabilirsi** *v.rifl.* to settle, to establish oneself: *si stabilirono a Milano*, they settled in Milan.

stabilità *s.f.* stability, steadiness (*anche fig.*), firmness: — *di un edificio*, stability of a building; — *di una tavola*, firmness (*o* stability) of a table; — *del terreno*, soil stability; — *d'idee*, steadiness of ideas; — *dei prezzi*, price stability (*o* steadiness of prices); *la* — *di un impiego*, the stability of a job; — *politica*, political stability; — *di mercato*, market stability; — *economica, finanziaria, salariale*, economic, financial, wage stability // (*fin.*) — *dei tassi di cambio*, exchange rate stability // (*fis.*) — *dinamica*, dynamical stability // — *chimica*, chemical stability.

stabilito *agg.* (*fissato*) established, fixed, agreed: *il giorno* — *per le nozze*, the day fixed for the wedding; *resta* — *che partiremo*, it's agreed that we will leave.

stabilitura *s.f.* (*edil.*) set, setting coat.

stabilizzante *agg.* (*chim.*) stabilizing: *agente* —, stabilizing agent; *trattamento* —, stabilizing treatment ◆ *s.m.* (*chim.*) stabilizer.

stabilizzare *v.tr.* to stabilize, to peg, to make* stable: — *la situazione politica*, to make the political situation stable // (*econ.*): — *i salari*, to stabilize wages; — *il mercato*, to stabilize the market // (*fin.*): — *i prezzi, i titoli*, to peg (*o* to stabilize) prices, stocks; — *la moneta*, to stabilize the currency // (*amm.*) — *un dipendente precario*, to give a steady job to a temporary employee.

□ **stabilizzarsi** *v.intr.pron.* to stabilize, to become* stable, to grow* steady: *il mercato si va stabilizzando*, the market is growing steady; *le sue condizioni si sono stabilizzate*, his condition has stabilized.

stabilizzato *agg.* stabilized, steady: (*fin.*) *prezzo* —, pegged price; *cambio* —, steady exchange // (*chim.*) *benzina stabilizzata*, stabilized petrol.

stabilizzatore *s.m.* **1** (*aer., mar.*) stabilizer: — *automatico*, automatic stabilizer; — *giroscopico*, gyro-stabilizer; — *girostatico*, gyrostatic stabilizer **2** (*econ.*) stabilizer: — *automatico*, automatic (*o* built-in) stabilizer; — *di bilancio*, budgetary stabilizer ◆ *agg.* stabilizing.

stabilizzazione *s.f.* stabilization, pegging: — *economica, monetaria, valutaria*, economic, monetary, currency stabilization; — *dei prezzi*, price stabilization (*o* pegging); — *dei salari*, stabilization of wages (*o* wage stabilization) // (*fin.*) — *dei cambi*, exchange stabilization (*o* pegging of the exchange rates).

stabilmente *avv.* firmly, permanently: *ora vive* — *a Milano*, he has settled permanently in Milan.

stabulazione *s.f.* stalling (of cattle).

stacanovismo *s.m.* Stakhanovism; overzeal; (*fam.*) eager-beaver behaviour.

stacanovista *agg.* Stakhanovite; overzealous; (*fam.*) eager-beaver (*attr.*) ◆ *s.m.* e *f.* Stakhanovite; (*fam.*) eager beaver.

staccabile *agg.* detachable, removable: *foglio* —, loose leaf.

staccamento *s.m.* detaching, removal.

staccare *v.tr.* **1** to take* (off); to remove; to take* out; to detach; to cut* off; (*strappare*) to tear* off, to pull off; to tear* out, to pull out; (*tirar giù*) to take* down: — *un quadro dalla parete*, to take down a picture from the wall; — *un bottone*, to pull off a button; — *un pezzo da qlco.*, to cut (*o* to break) a piece off sthg.; — *un pezzo di qlco.*, to detach (*o* to cut off *o* to break off) a piece of sthg.; — *una tenda*, to take down a curtain; — *la tappezzeria*, to tear (*o* to pull) the wallpaper off; — *un fiore da una pianta*, to pick a flower from a plant; — *una pagina*, to remove (*o* to tear out) a page; — *un'etichetta*, to remove a label; — *un assegno dal libretto*, to tear off a cheque (*o* to tear a cheque out of the chequebook); — *un assegno*, (*scriverlo*) to write a cheque; (*emetterlo*) to draw (*o* to make out) a cheque // (*fin.*) — *una cedola*, to detach a coupon // (*aut.*) — *la frizione*, to release the clutch **2** (*sciogliere, slegare*) to loosen, to unfasten; to untie, to undo*; (*sganciare*) to unhook: — *una barca*, to untie a boat; — *i buoi*, to unyoke the oxen; — *un cane dalla catena*, to let a dog off its chain; — *i cavalli da una carrozza*, to unharness the horses (from a coach); — *un rimorchio*, to unhook a trailer; (*ferr.*) — *una vettura*, to uncouple a coach **3** (*scostare*) to move away: — *un tavolo dal muro*, to move a table away from the wall **4** (*separare*) to separate: *staccarono il bambino dalla madre*, they separated the child from its mother; — *una questione dall'altra*, to separate one issue from the other // — *le parole*, to enunciate carefully // (*mus.*) — *le note*, to play staccato **5** (*togliere*) to disconnect: — *la spina del telefono*, to disconnect (*o* to unplug) the phone; — *la corrente*, to turn (*o* to switch) the current off; *la spina è staccata*, the plug is disconnected (*o* unplugged) // *non riesco a — gli occhi, lo sguardo da...*, (*fig.*) I cannot take my eyes off... **6** (*distanziare*) to outdistance, to leave* behind: *il corridore ha staccato il gruppo*, the runner has left the group behind ◆ *v.intr.* **1** (*spiccare, risaltare*) to stand* out: *quella figura non stacca bene dal fondo*, that figure does not stand out very well (against its background); *il rosso stacca bene sul nero*, red stands out well against black **2** (*fam.*) (*cessare il lavoro*) to knock off, to go* off duty: *in questa azienda i lavoratori staccano alle cinque*, workers knock off at five in this firm.

□ **staccarsi** *v.intr.pron.* **1** to come* off, to break* off; to come* out; to get* detached: *quel francobollo non si stacca*, that stamp won't come off; *questo chiodo si sta staccando*, this nail is coming out; *un ramo si staccò dall'albero*, a branch broke off the tree; *s'è staccato un bottone*, a button has come off; *la tappezzeria si era staccata in più punti*, the wallpaper had come off in several places; *si è staccata l'etichetta*, the label has come off **2** (*sciogliersi, slegarsi*) to break* loose, to break* away; (*sganciarsi*) to get* unhooked, to come* unhooked: *il cane è riuscito a — dalla catena*, the dog managed to break loose from the chain; *la nave si è staccata dall'ormeggio*, the ship broke loose from her moorings; *il rimorchio si è staccato*, the trailer broke away (*o* came unhooked) **3** (*scostarsi*) to get* away, to move away: *staccati dal muro*, get (*o* move) away from the wall **4** (*separarsi*) to leave *(s.o., sthg.), to part: *quando arrivò il treno, non sapeva — da sua madre*, when the train arrived, he could hardly bring himself to leave (*o* to part from) his mother **5** (*abbandonare, allontanarsi*) to detach oneself; (*da vizi ecc.*) to give* up (s.o., sthg.): *non sa — da questa abitudine*, he cannot give up (*o* break himself of) this habit; — *dai piaceri del mondo*, to detach oneself from wordly pleasures (*o* to turn one's back on the world) **6** (*distanziare*) to pull ahead (of s.o., sthg.): *tre cavalli si staccarono dal gruppo*, three horses pulled ahead of the group **7** (*essere differente*) to differ, to be different: *la riproduzione si stacca molto dall'originale*, the reproduction differs greatly from the original.

stacciare *v.tr.* to sieve; to sift (*anche fig.*).

staccio *s.m.* sieve.

staccionata *s.f.* (wooden) fence; (*ippica*) hurdle.

stacco *s.m.* **1** separation, detachment // *fare —*, (*fig.*) to stand out **2** — *d'abito*, cut of cloth (for a suit) **3** (*fig.*) (*intervallo*) gap; pause: *fare degli stacchi tra una parola e l'altra*, to pause between one word and another // — *pubblicitario*, advertising break **4** (*sport*) (*nel salto*) takeoff; (*nella corsa*) break: *è scivolato nello —*, he slipped during his takeoff.

stachanovismo e *deriv.* → **stacanovismo** e *deriv.*

stadera *s.f.* steelyard.

stadia *s.f.* stadia (rod).

stadio *s.m.* **1** (*antica misura greca*) stadium* **2** (*campo di gioco*) (*nell'antichità*) stadium*; (*in età moderna*) stadium*, (sports) ground: *andare allo —*, to go to the ground (*o* stadium); *le tribune dello —*, the stands in the ground **3** (*fase*) stage, phase, period; stadium*: *i primi stadi della civiltà*, the early phases of civilization; *i lavori sono a uno — avanzato*, work is at an advanced stage; *il nuovo metodo è ancora allo — di ricerca*, the new method is still in the research phase; *la malattia è all'ultimo —*, the illness is in its last phase; *nella mia vita passai per diversi stadi*, my life went through various phases // (*econ.*): *stadi di sviluppo*, stages of growth (*o* development); — *della produzione*, stage of production **4** (*aer.*) stage.

staff *s.m.* (*insieme di collaboratori*) staff, personnel; (*équipe di lavoro*) team.

staffa *s.f.* **1** stirrup: *perse la —*, his foot came out of the stirrup // *la — dei pantaloni*, foot-strap (of trousers) // *perdere le staffe*, (*fig.*) to fly off the handle // *tenere il piede in due staffe*, (*fig.*) to run with the hare and hunt with the hounds // *essere con il piede nella —*, (*fig.*) to be ready to leave // *il bicchiere della —*, (*fig.*) one for the road (*o* stirrup cup) **2** (*anat.*) stirrup bone, stapes* **3** (*mecc., edil.*) stirrup, bracket, hanger: — *a U*, U-bolt; — *centrale*, (*di molla a balestra*) spring band; — *per tubi*, chip pipe **4** (*metall.*) flask, moulding box: — *a cerniera*, snap flask; — *inferiore*, bottom box (*o* drag); — *superiore*, top box (*o* cope) **5** (*banca*) interest table **6** (*agr.*) — *della vanga* → vangile.

staffare *v.tr.* (*edil.*) to clamp: — *un muro*, to clamp a wall.

staffatura *s.f.* (*tecn.*) clamping.

staffetta *s.f.* **1** courier; (*mil.*) dispatch rider **2** (*sport*) (*corsa*) relay (race); (*squadra*) relay team: *la — 4 per 100*, the four by one hundred metres relay **3** (*alternanza al vertice politico, economico ecc.*) handover (of power) **4** (*ferr.*) (*locomotiva*) —, pilot engine.

staffettista *s.m.* e *f.* (*sport*) relay runner.

staffiere *s.m.* footman*, groom; (*estens.*) servant.

staffilamento *s.m.* (*non com.*) whipping, lashing, flogging.

staffilare *v.tr.* to whip, to lash, to flog: — *un cavallo*, to whip (*o* to flog) a horse.

staffilata *s.f.* **1** lash, stroke of the whip **2** (*fig.*) (*aspra critica*) harsh criticism, biting criticism **3** (*gergo calcistico*) (*tiro violento*) violent shot.

staffilatura *s.f.* whipping.

staffile *s.m.* **1** whip, lash, strap **2** (*di staffa*) stirrup-strap.

stafilino[1] *s.m.* (*zool.*) staphylinus.

stafilino[2] *agg.* (*anat.*) staphyline.

stafilococco *s.m.* (*biol.*) staphylococcus*.

stafiloma *s.m.* (*med.*) staphyloma.

stafisagria *s.f.* (*bot.*) (*Delphinium staphisagria*) stavesacre.

stagflazione *s.f.* (*econ.*) stagflation.

stagflazionistico *agg.* (*econ.*) stagflationary.

staggia *s.f.* → **staggio**.

staggiare *v.tr.* (*agr.*) to prop (up).

staggio *s.m.* **1** shaft: *i due staggi di una scala a pioli*, the two shafts of a ladder **2** (*di sedia*) upright.

staggire *v.tr.* (*dir. ant.*) to seize, to levy a seizure on (sthg.), to sequester.

stagionale *agg.* seasonal: *lavoro —*, seasonal work; (*econ.*) *occupazione —*, seasonal employment; *albergo —*, seasonal hotel; (*comm.*) *vendita, commercio —*, seasonal sale, trade; *la migrazione — degli uccelli*, the seasonal migration of birds // (*sport*) *primato —*, the best result of the season // (*stat.*) *componente —*, seasonal factor ◆ *s.m.* **1** (*lavoratore stagionale*) seasonal worker **2** (*abbonamento sciistico stagionale*) seasonal ski-pass.

stagionalità *s.f.* (*non com.*) seasonal nature.

stagionamento *s.m.* seasoning.

stagionare *v.tr.* to season; to mature, to ripen; (*fare invecchiare*) to let* (sthg.) age: — *legname*, to season timber; — *vino*, to mature wine (*o* to let wine age).

□ **stagionarsi** *v.intr.pron.* to age: *il parmigiano deve — per due anni*, parmesan must be left to age for two years.

stagionato *agg.* **1** seasoned; matured, ripened; (*invecchiato*) aged: *legno —*, seasoned wood (*o* timber); *vino —*, matured wine; *vino — nel legno*, wine aged in the wood **2** (*fig.*) (*scherz.*) (*attempato*) elderly: *è un uomo —*, he has reached a ripe old age.

stagionatura *s.f.* seasoning; maturing: *la — dei formaggi*, the maturing of cheese.

stagione *s.f.* **1** season: *le quattro stagioni dell'anno*, the four seasons of the year; *in questa —*, at this time of the year; *la bella, la brutta —*, summer, winter; *la — delle piogge*, the rainy season; *la — delle pesche*, the peach season; *la — del raccolto*, harvest time; *è la — dei fichi d'India*, prickly-pears are in season; *la — delle vendite*, the sales season; *la — balneare va da maggio a settembre*, the tourist season at the seaside lasts from May to September; *la — invernale è stata cattiva per gli sciatori: non ha mai nevicato*, it has been a bad winter for skiers: there was no snow; *si è aperta, chiusa la — della caccia*, the shooting season has started, finished; *frutta di —*, seasonal fruit (*o* fruit in season); *frutta fuori —*, early fruit (*o* fruit out of season); (*zool.*) *la — degli amori è la primavera*, the mating season is in spring; *la giovinezza è la — dell'amore*, youth is the time for love // *alta —*, high (*o* peak) season; *bassa —*, low season (*o* offseason); *prezzi di alta —*, high-season charges; *prezzi di bassa —*, low-season (*o* offseason) prices // *ve-*

stiti di mezza —, clothes for spring and autumn // — *morta*, dead (*o* dull *o* slack) season // *a — inoltrata*, late in the season **2** (*teatr.*) season: — *lirica, concertistica, teatrale*, opera, concert, theatrical season **3** (*ant.*) (*momento, opportunità*) (proper) time, opportunity.

stagliare *v.tr.* to hack.
□ **stagliarsi** *v.intr.pron.* to stand* out: *la torre si stagliava nitida contro il cielo*, the tower stood out clearly against the sky.

stagliato *agg.* (*a picco*) sheer: *roccia stagliata*, sheer rock.

stagnaio *s.m.* tinsmith, tinman*.

stagnamento *s.m.* stagnation.

stagnante *agg.* **1** stagnant: *acqua* —, stagnant water (*o* backwater) **2** (*fig.*) stagnant, sluggish, dull, slack: *la situazione è* —, the situation is stagnant; *affari stagnanti*, slack business; *mercato* —, slack (*o* dull) market.

stagnare[1] *v.tr.* **1** (*metall.*) (*ricoprire di stagno*) to tin; to tinplate **2** (*saldare a stagno*) to solder **3** (*rendere ermetico*) to make* watertight: — *un barile*, to make a barrel watertight.

stagnare[2] *v.intr.* **1** (*di liquido*) to stagnate: *l'acqua stagna nelle paludi*, water stagnates in marshes // *il fumo stagnava nella stanza chiusa*, the smoke hung motionless in the closed room **2** (*fig.*) to stagnate, to be stagnant, to be slack, to be dull: *gli affari stagnano*, business is stagnating; *il commercio stagna da alcuni anni*, trade has been stagnant (*o* slack) for a few years ◆ *v.tr.* (*bloccare l'uscita di*) (*un liquido*) to sta(u)nch: — *il sangue*, to stanch blood.

stagnatura meno com. **stagnata** *s.f.* tinning; tinplating.

stagnazione *s.f.* (*ristagno*) stagnation (*anche econ.*): — *delle vendite*, sales stagnation; — *del mercato*, market stagnation.

stagnicoltore, **stagnicultore** *s.m.* fish farmer.

stagnicoltura, **stagnicultura** *s.f.* fish farming.

stagnina *s.f.* tin pot.

stagnino *s.m.* (*region.*) tinsmith, tinman*.

stagno[1] *s.m.* (*chim.*) tin: *bronzo allo* —, tin bronze // *saldare a* —, to solder // *ricoprire di* —, to tin(plate).

stagno[2] *agg.* watertight; (*ermetico*) airtight: *compartimento* —, watertight compartment; *chiusura stagna*, airtight closure (*o* seal) // *le diverse classi sociali del paese sono a compartimenti stagni*, (*fig.*) the different classes of the country are completely sealed off from each other.

stagno[3] *s.m.* (*bacino d'acqua ferma*) pond, pool.

stagnola *s.f.* tinfoil: *avvolgere un cibo nella* —, to wrap food in tinfoil // *carta* —, tinfoil.

stainierite *s.f.* (*min.*) stainierite.

staio *pl.m.* **stai** *nel sign. 2*; *pl.f.* **staia** *nel sign. 1*, *s.m.* **1** (*misura di capacità*) bushel: *uno — di grano*, a bushel of corn // *a staia*, in great quantities **2** (*recipiente*) bushel // *cappello a* —, (*scherz.*) top hat.

stalagmite *s.f.* (*geol.*) stalagmite.

stalagmitico *agg.* (*geol.*) stalagmitic.

stalagmometro *s.m.* (*chim.*, *fis.*) stalagmometer.

stalammite → **stalagmite**.

stalattite *s.f.* (*geol.*) stalactite.

stalattitico *agg.* (*geol.*) stalactitic, stalactic.

staliniano *agg.* of Stalin, Stalin's.

stalinismo *s.m.* Stalinism.

stalinista *agg.* e *s.m.* e *f.* Stalinist.

stalinizzare *v.tr.* (*non com.*) to Stalinize.

stalinizzazione *s.f.* Stalinization.

stalla *s.f.* **1** shed, stall; (*per cavalli*) stable; (*per bovini*) cattleshed, cowshed; (*per pecore*) sheepfold; (*per maiali*) pigsty // *ha una casa che pare una* —, (*fig.*) his house is like a pigsty // *dalle stelle alle stalle*, (*fig.*) from riches to rags // *chiudere la — quando sono fuggiti i buoi*, (*prov.*) to lock the stable door after the horse has bolted **2** (*bestiame*) livestock.

stallaggio *s.m.* **1** stabling **2** (*costo dello stallaggio*) stabling fee.

stallatico *agg.* (*di stalla*) stable (*attr.*) ◆ *s.m.* **1** (*concime*) dung, manure **2** → **stallaggio**.

stallia *s.f.* (*spec. pl.*) (*comm. mar.*) lay time, lay-days (*pl.*): *stallie irregolari*, (*constrostallie*) demurrage; *stallie di carico*, loading lay-days; *stallie di scarico*, discharging lay-days; *stallie consecutive*, running lay-days.

stalliere *s.m.* stable boy, stable man; groom.

stallino *agg.* **1** (*allevato in stalla*) stalled, stall-fed: *cavallo* —, stalled horse **2** (*di stalla*) stall (*attr.*); stable (*attr.*).

stallo *s.m.* **1** seat; stall **2** (*aer.*) stall: *indicatore di* —, stall indicator **3** (*a scacchi*) stalemate // *situazione di* —, (*fig.*) stalemate **4** (*inform.*) deadlock.

stallone *s.m.* **1** stallion **2** (*fig. scherz.*) (*di uomo*) stud.

stamane, **stamani** *avv.* this morning: — *mi sono alzato presto*, I got up early this morning; *ci vado* —, I am going there this morning.

stamattina *avv.* this morning: *una notizia di* —, a fresh piece of news.

stambecco *s.m.* (*zool.*) (*Capra ibex*) steinbock, ibex*: — *delle Alpi*, (*Capra ibex ibex*) rock goat.

stamberga *s.f.* hovel.

stambugio *s.m.* hole; small dark room: *non so come possa stare in quello* —, I don't know how he can live in that hole.

stame *s.m.* **1** (*bot.*) stamen*: *fornito di, avente stami*, stamened (*o* staminate) **2** (*parte fine alla lana*) fine carded wool // *lo — della vita*, (*fig.*) the thread of life.

stamigna, **stamina** *s.f.* bunting, tamin(e).

staminale[1] *s.m.* (*mar.*) futtock.

staminale[2] *agg.* (*bot.*) staminal.

staminale[3] *agg.* (*biol.*) staminal.

stamineo *agg.* (*bot.*) staminal.

staminifero *agg.* (*bot.*) staminiferous.

stampa *s.f.* **1** print: — *chiara, grande, piccola*, clear, large, small print; *bozze di* —, printer's proofs; *errore di* —, misprint (*o* printing error) **2** (*arte, atto dello stampare*) printing: — *in rilievo*, relief printing; *il libro è in corso di* —, the book is printing (*o* is in press); *Gutenberg fu l'inventore della* —, Gutenberg invented printing // *dare alle stampe*, to send to press; *andare in* —, to go to press **3** (*inform.*) print; hard copy; (*di programma*) printing: — *del contenuto della memoria*, memory printout (*o* dump); — *da destra a sinistra*, backward printing; — *di immagine*, (*visualizzata su video*) hard copy; — *su microfilm*, (*da elaboratore*) computer output microfilm (*abbr.* COM) **4** (*periodici, giornali ecc.*) press: — *a grande tiratura*, mass circulation press; *la — estera, locale, periodica, politica, religiosa*, the foreign, local, periodical, political, religious press; *agenzia di* —, news (*o* press) agency; *campagna di* —, press campaign; *libertà di* —, freedom of the press; *ritagli di* —, press-cuttings; *la — lo criticò moltissimo*, the press criticized him a great deal // *la — scandalistica*, the gutter press // *conferenza* —, press conference // *ufficio* —, press office // *comunicato* —, press release (*o* press handout) // *avere una buona* —, to have a good press // (*dir.*) *diffamazione a mezzo* —, libel **5** *pl.* (*pubblicazione spedita per posta*) printed matter (U): *le stampe vengono spedite con tariffa speciale ridotta*, printed matter can be sent by special cheap rate // *stampe raccomandate*, registered printed matter **6** (*riproduzione*) print, engraving: *ho comperato due stampe dell'Ottocento*, I have bought two nineteenth-century prints; *le pareti sono piene di vecchie stampe*, the walls are covered with old prints **7** (*ant.*) (*stampo*) print, stamp, die* **8** (*letter.*) (*genere*) kind, sort, stamp.

stampabile *agg.* printable, fit to print: *romanzo* —, novel fit to print; *un tipo di carta non* —, a type of paper unsuitable for printing.

stampabilità *s.f.* printability.

stampaggio *s.m.* (*di pezzi metallici*) pressing, forming; (*di materie plastiche*) moulding.

stampante *s.f.* (*inform.*) printer: — *a punti, ad aghi*, dot, needle printer; — *a matrice*, matrix printer; — *parallela*, line printer; — *a impatto*, backstrike printer; — *laser*, laser printer; — *a getto d'inchiostro*, ink-jet printer; — *a margherita*, (daisy) wheel printer; — *per punti*, wire printer.

stampare *v.tr.* **1** (*imprimere*) to stamp, to print, to imprint, to impress: — *un'orma sulla neve*, to make a footprint in the snow; — *il marchio di fabbrica su un prodotto*, to imprint (*o* to stamp) the trademark on a product; — *un tessuto*, to print a fabric; — *un bacio in fronte a qlcu.*, to plant a kiss on s.o.'s forehead // *far — il proprio nome su qlco.*, to have one's name stamped on sthg. // — *in mente qlco.*, to impress sthg. firmly on one's mind: *stampati bene in mente queste parole!*, impress these words firmly on your mind! **2** (*tip.*, *fot.*) to print: — *a mano*, to print by hand; — *un giornale, un libro*, to print a newspaper, a book; — *un'incisione*, to print an engraving **3** (*fig.*) (*pubblicare*) to publish; to print: *stampa un romanzo all'anno*, he publishes a novel every year; — *un articolo*, to print an article; — *banconote*, to print banknotes **4** (*coniare*) to coin, to strike*: — *medaglie, monete*, to coin medals, money **5** (*pezzi metallici*) to press, to form; (*materie plastiche*) to mould.

stampatello *s.m.* block letters (*pl.*), capital letters (*pl.*): *scrivete l'indirizzo in* —, write your address in block letters // *a, in* —, in block letters: *col titolo in, a* —, with the title in block letters.

stampato *agg.* **1** printed: *un opuscolo* —, a printed brochure; *foglio* —, printed sheet of paper; *tessuto* —, printed material; *un vestito* (*di tessuto*) —, a print dress // — *alla macchia*, printed secretly // *parlare come un libro* —, (*fam.*) to talk like a book **2** (*fig.*) (*ben impresso*) imprinted, impressed: *avere un'immagine stampata nella memoria*, to have an image imprinted on one's memory ◆ *s.m.*(*spec. pl.*) **1** printed matter ⊡: *l'affrancatura degli stampati*, the postage for printed matter **2** (*modulo*) (printed) form: *siamo sprovvisti di stampati*, we have run out of forms; *riempire lo* —, to fill out (*o* in) the form **3** (*inform.*) form: *stampati meccanografici*, tab forms.

stampatore *agg.* printing ◆ *s.m.* (*tip.*) printer; pressman.

stampatrice *s.f.* (*macchina*) printing machine, printing press.

stampella *s.f.* **1** crutch: *camminare con le stampelle*, to walk with crutches // *l'economia di quel paese si regge ancora sulle stampelle*, (*fig.*) economically that country is still unable to stand on its own feet **2** (*per abiti*) hanger.

stamperia *s.f.* (*antiq.*) printing office; printworks.

stampiglia *s.f.* **1** (*non com.*) (*volantino*) leaflet **2** (*timbro*) stamp.

stampigliare *v.tr.* to stamp, to enface: — *una data su una lettera*, to stamp a date on a letter.

stampigliatura *s.f.* stamping.

stampinare *v.tr.* to stencil.

stampinatura *s.f.* stencilling.

stampino *s.m.* **1** stencil // *i suoi quadri sembrano fatti con lo* —, his pictures look as if they have been mass-produced **2** (*punteruolo*) punch **3** (*formina*) little mould.

stampista *s.m.* e *f.* (*mecc.*) die-sinker.

stampo *s.m.* **1** die*; stamp; (*per gesso, materie plastiche ecc.*) mould; — *per budini*, pudding mould; — *per ghiaccio*, ice mould; // — *aperto*, open die; — *di piega*, forming die; — *fisso*, stationary die; — *formatore*, blank mould; — *mobile*, moving die; *lo — per una statua*, the mould for a statue; *impronta dello* —, die impression; *incisione dello* —, die-sinking **2** (*uccello da richiamo*) decoy (bird) **3** (*genere, tipo*) kind, sort, mould: *una signora di antico* —, a lady of the old school; *sono tutti dello stesso* —, they are all of the same mould (*o* kind); *assassinio di — mafioso*, mafia-style killing // *non voglio avere a che fare con gente di quello* —, I don't want to have anything to do with people of that ilk (*o* with that sort of people).

stampone *s.m.* (*tip.*) proof.

stanare *v.tr.* to drive* out, to start; to rouse; to drive* out, to flush out (*anche fig.*): *hanno stanato la volpe*, they have started the fox; *la polizia ha stanato i banditi dal loro rifugio*, the police flushed the bandits out of their hideout; *sta sempre in casa ed è difficile stanarlo*, he is always at home, and it is difficult to dig him out (*o* to get him to go out).

stanca *s.f.* **1** (*di marea*) slack water; (*di fiume*) maximum level of a flood **2** (*fig.*) (*stasi*) stagnation, slack period: *il mercato attraversa un periodo di* —, the market is slack at the moment.

stancare *v.tr.* **1** to tire, to fatigue, to weary: *questo lavoro mi stanca*, this work tires me; — *i cavalli*, to tire the horses // — *la pazienza di qlcu.*, to exhaust s.o.'s patience **2** (*infastidire, annoiare*) to bore, to weary, to annoy; *le sue continue richieste mi stancavano terribilmente*, his persistent demands wore me out; *un colore che a lungo andare stanca*, a colour that one gets tired of eventually **3** (*ridurre la resistenza*) to wear* down, to tire out: — *il nemico*, to wear down the enemy.

□ **stancarsi** *v.rifl.* to tire, to get* tired, to grow* weary; (*annoiarsi*) to get* bored: *il bambino si stancò presto del suo gioco*, the child soon tired of his game; *mi stanco terribilmente in campagna*, in the country I get bored stiff; *non ci si stanca di ascoltarlo*, one never tires (*o* grows weary) of listening to him; — *a forza di parlare*, to talk oneself hoarse; — *a forza di correre*, to run oneself off one's feet; — *gli occhi a fare qlco.*, to strain one's eyes (in) doing sthg.

stanchevole *agg.* tiring, wearing: *un lavoro* —, a tiring job.

stanchezza *s.f.* tiredness, weariness: — *fisica, morale*, physical, moral tiredness; *vinto dalla* —, overcome by tiredness; *avere, sentire* —, to feel (*o* to be) tired (*o* weary); *questo lavoro mi dà una grande* —, this work wears me out; *non mi reggo più in piedi dalla* —, I'm so tired I can hardly stand up.

stanco *agg.* **1** tired (*pred.*), weary: — *del mondo*, tired of the world (*o* world-weary); — *morto*, dead tired (*o* tired to death *o* tired out); *sono, mi sento* —, I am, I feel tired; *hai gli occhi stanchi*, your eyes look tired; *sono — di aspettare*, I am tired of waiting; *essere — di qlco., qlcu.*, to be tired of sthg., s.o. (*o* to be sick of sthg., s.o.) **2** (*esaurito*) tired, exhausted, worn-out: *uno scrittore dalla vena ormai stanca*, a writer who has run out of (*o* exhausted) his inspiration // *terreno* —, exhausted (*o* worn-out) soil // (*econ.*) *il mercato è* —, the market is slack.

stand *s.m.* **1** (*padiglione*) stand; (*banco di vendita, chiosco*) stall **2** (*sport*) stand.

standard *s.m.* standard: *un elevato — di vita*, a high standard of living ◆ *agg.* standard, routine (*attr.*): *lavoro* —, routine work; *modello, formato* —, standard model, size; *prodotto* —, standard product; *costi* —, standard costs // (*econ.*) *valore* —, standard value.

standardizzare *v.tr.* to standardize; (*produrre in massa*) to mass-produce: — *la produzione*, to standardize production.

standardizzato *agg.* standardized; (*prodotto in serie*) mass-produced.

standardizzazione *s.f.* standardization; (*fabbricazione in serie*) mass-production: — *dei prodotti*, standardization of products.

standista *s.m.* e *f.* (*titolare di uno stand, espositore*) exhibitor; (*impiegato in uno stand*) stand assistant.

standolio *s.m.* (*chim.*) stand oil.

stanga *s.f.* **1** (*barra*) bar **2** (*di passaggio a livello*) (level crossing) barrier **3** (*di carro, carrozza*) shaft; (*di aratro*) beam **4** (*fig. fam.*) (*persona molto alta*) beanpole.

stangare *v.tr.* **1** (*non com.*) (*sbarrare*) to bar: — *l'uscio*, to bar the door **2** (*colpire con una stanga*) to hit* with a bar **3** (*far pagare troppo*) to overcharge, to sting*, to bleed* white; (*danneggiare economicamente*) to deal* a blow (to s.o.): — *i contribuenti*, to come down hard on taxpayers // — *qlcu. a un esame*, to fail s.o. in an exam **4** (*sport*) to shoot* (hard).

stangata *s.f.* **1** (*colpo con una stanga*) blow with a bar **2** (*fig.*) knock, hard blow, squeeze: — *fiscale*, tax squeeze; *subire una* —, to take a knock; *il conto del ristorante è stato una* —, the restaurant bill was a real shock **3** (*sport*) shot.

stanghetta *s.f.* **1** (*piccola stanga*) small bar **2** (*di serratura*) bolt **3** (*mus.*) bar **4** (*di occhiali*) bar, arm: *occhiali a* —, glasses (*o* spectacles).

stangone *s.m.* **1** long bar **2** (*fig. fam.*) (*persona molto alta*) beanpole **3** (*teatr.*) (*fila di lampade*) wing lights.

stannato *s.m.* (*chim.*) stannate.

stannico *agg.* (*chim.*) stannic: *acido* —, stannic acid.

stannifero *agg.* stanniferous.

stannite *s.f.* (*chim.*) stannite.

stannito *s.m.* (*chim.*) stannite: — *di sodio*, sodium stannite.

stannoso *agg.* (*chim.*) stannous: *ossido* —, stannous oxide.

stanotte *avv.* **1** tonight **2** (*la notte scorsa*) last night.

stante *agg.*: *a sé* —, apart (*o* separate): *questa è una faccenda a sé* —, this matter is apart; *un ufficio a sé* —, a separate office; *il mese* —, (*corrente*) current month // *seduta* —, during the meeting; (*subito*) at once (*o* immediately *o* straight away): *la delibera è stata approvata seduta* —, the resolution was approved during the meeting ◆ *prep.* owing to, because of, on account of: — *il cattivo tempo*, owing to the bad weather.

stante che *cong.* as, since: — *che non volete venire*, as (*o* since) you don't want to come.

stantio *agg.* stale (*anche fig.*): *pane* —, stale bread; *sapere di* —, to taste stale; *notizie stantie*, stale news ◆ *s.m.* (*odore*) musty smell, stale smell; (*sapore*) stale taste: *puzzare di* —, to smell musty.

stantuffo *s.m.* (*mecc.*) **1** (*di motore alternativo, di macchina a vapore*) piston **2** (*di pompa, di pressa idraulica*) plunger, piston.

stanza *s.f.* **1** room: *una — vuota*, an empty room; — *ammobiliata*, furnished room; — *attigua*, next room; — *da bagno*, bathroom; — *da letto*, bedroom; — *da lavoro*, workroom; *stanze da affittare*, rooms to let; *stanze interne*, inner rooms; *un appartamento con cinque stanze*, a flat with five rooms (*o* a five-roomed flat); *questa — è vicino alla tua*, this room is near yours; *l'anagrafe è alla — n. 57*, the registry office is at room n. 57 // (*banca*) — *di liquidazione, di compensazione*, clearing house // *Stanze Vaticane*, Vatican Stanze **2** (*mil.*) *essere di — in un luogo*, to be stationed in a place **3** (*poesia*) stanza: *le stanze dell'Ariosto*, Ariosto's stanzas.

stanziabile *agg.* allocable, assignable, appropriable: *fondi stanziabili*, allocable funds.

stanziale *agg.* **1** permanent: *esercito* —, standing army **2** (*zool.*) sedentary.

stanziamento *s.m.* (*lo stanziare*) allocation, assignment, appropriation; (*somma stanziata*) allocation, fund (set aside), budget: — *pubblicitario*, advertising budget (*o* allocation); — *di fondi per la costruzione di scuole*, allocation of funds for the building of schools; *un forte* —, a large allocation (of money) // (*econ.*) — *di bilancio*, budget appropriation // (*fin.*): — *di capitali*, capital appropriation; — *di fondi per fini* *speciali*, earmarking of funds; — *speciale*, special-revenue fund; — *vincolato*, tied grant.

stanziare *v.tr.* to allocate, to appropriate, to set* aside: — *un fondo per gli immigrati*, to set aside a fund for immigrants; — *una somma per la costruzione di un ospedale*, to appropriate (*o* to allocate) a sum for the building of a hospital // (*amm.*) — *una spesa in bilancio*, to enter an expense in the budget (*o* to budget for an expense) ◆ *v.intr.* (*mil.*) to be quartered, to be garrisoned.

□ **stanziarsi** *v.intr.pron.* to settle, to establish oneself: *i popoli germanici si stanziarono in questa zona*, Germanic peoples settled in this area.

stanziatore *agg.* appropriating, allocating: *ente* —, appropriating body (*o* allocating authority) ◆ *s.m.* appropriator, allocator.

stanzino *s.m.* storeroom, lumber-room.

stappare *v.tr.* to uncork: — *una bottiglia di spumante*, to uncork a bottle of champagne // *arrivati a valle mi si sono stappate le orecchie*, when we arrived at the bottom of the valley my ears popped.

stappatura *s.f.* (*non com.*) uncorking.

stare *v.intr.* **1** to stay; (*rimanere*) to remain: *sta' dove sei*, stay where you are; *sta' fermo!*, stay (*o* stand) still!; — *in casa*, to stay indoors; *stette alla finestra a guardarci partire*, she stayed at the window watching us leave; — *al sole*, *all'ombra*, *sotto la pioggia*, to stay in the sun, in the shade, in the rain; *questi fiori devono* — *fuori la notte*, these flowers must be left out at night; *sono stato da Tom tutto il pomeriggio*, I stayed at Tom's the whole afternoon // — *in piedi*, to stand; — *diritto*, to stand up straight; — *alzato*, to stay up; — *sveglio*, to stay awake; — *seduto*, to remain seated; — *sdraiato*, to be lying down; — *a letto*, to stay in bed; — *in poltrona*, to sit in an armchair; — *indietro*, to stand back; — *in disparte*, to stand aside **2** (*abitare*) to live: *quando stavo a Milano*, when I lived (*o* I used to live) in Milan; *sta in campagna sei mesi all'anno*, he lives in the country six months a year; *sto uscio a uscio con lui*, I live next door to him **3** (*essere*) to be: *quell'albergo sta in cima a una collina*, *in riva al lago*, the hotel is (*o* stands) on a hilltop, on the shore of the lake; *stava su questo tavolo*, it was on this table; *sta alla cassa*, he is at the cash desk; *qui sta il difficile*, this is the difficulty; *le cose stanno così*, it's like this; *dire le cose come stanno*, to be frank; *stando così le cose*..., things being as they are...; *la faccenda sta in questi termini*, it's like this; *sta' attento*, *buono*, *tranquillo*, be careful, good, quiet; *sta' zitto!*, keep quiet! (*o fam.* shut up!); — *in ansia*, to be anxious; *sta' sicuro che verrà*, you can be sure he will come // (*così*) *sta scritto*, thus it is written // — *con qlcu.*, (*avere una relazione*) to be with s.o. // *a quanto stanno le patate oggi?*, (*fam.*) how much are potatoes today? **4** (*andare*) to go*; to be: *sono stato a Londra l'anno scorso*, I went to London last year; *sei mai stato a Parigi?*, have you ever been in Paris?; *sono stata dal dottore*, *dalla sarta*, I went to see my doctor, to the dressmaker's **5** (*dipendere*) to depend: *se stesse in me l'avresti già*, if it depended on me, you would already have it; *tutto sta se si può arrivare in tempo*, everything depends on whether we get there in time **6** (*spettare*, *toccare*) to be up; to be for (s.o.); to be one's turn; *sta a lui decidere questa faccenda*, it is up to him (*o* it is his business) to decide this matter; *non sta a te giudicare ciò*, it is not for you to judge this matter; *sta a me fare le carte*, it's my turn to deal **7** (*attenersi*): *devi* — *a quel che ti dicono di fare*, you must do as they tell you; *io sto al suo consiglio*, I follow his advice **8** (*mat.*) to be: *20 sta a 40 come 50 sta a 100*, 20 is to 40 as 50 is to 100 **9** (*al gioco, non volere altre carte*) to stick*: *sto!*, stick! **10** (*seguito dal ger. per indicare la forma progressiva*) to be (+ *ger.*): *sto leggendo*, I'm reading; *il cane sta abbaiando*, the dog is barking; *stai commettendo un grave errore*, you're making a serious mistake; *il malato sta migliorando*, the patient is improving; *stanno chiamando te*, they are calling you; *stanno bussando alla porta*, they're knocking at the door; *il tempo sta cambiando*, the weather is changing; *si sta facendo buio*, it's getting dark; *"Che cosa stanno facendo i bambini?" "Stanno giocando"*, "What are the children doing?" "They're playing"; *"Stai preparando le valigie?" "Sì"*, "Are you packing?" "Yes, I am"; *"Vi state annoiando?" "No, affatto"*, "Are you bored?" "Not at all"; *stanno costruendo un nuovo centro residenziale*, they are building a new residential complex (*o* a new residential complex is being built); *ti stanno aspettando da un pezzo*, they've been waiting for you for some time; *lo stanno cercando da due giorni*, they've been looking for him for two days; *gli stanno dando la caccia da mesi*, they've been looking for him for months; *il telefono stava squillando da qualche minuto*, the phone had been ringing for some minutes; *stavamo proprio parlando di te*, you're the very person we were talking about; *il cielo si stava rannuvolando*, the sky was clouding over; *a quest'ora staranno già dormendo*, they'll be asleep by now **11** — *a* (*seguito da inf. pres., per indicare la durata di un'azione*): *siamo stati a parlare per quasi due ore*, we (stayed and) talked for nearly two hours // — *a vedere*, *guardare*, (*fig.*) to wait and see: *ora stiamo a vedere come si evolve la situazione*, now let's wait and see how the situation develops; *sta a vedere che anche oggi non verrà*, I bet he won't come today, either **12** — *per*, (*per indicare un futuro immediato o l'imminenza di un'azione*) to be going, to be about (+ *inf.*); to be on the point of (+ *ger.*): *stiamo per cambiare casa*, we're going to move (house); *il treno sta per arrivare*, the train is about to arrive; *sto per prendere una decisione importante*, I'm about to make an important decision; *stai per commettere un errore*, you're about to make a mistake; *sta per piovere*, it's about to rain; *credo che stia per nevicare*, I think it's going to snow; *lo spettacolo sta per iniziare*, the show is about to begin // *l'estate sta per finire*, summer is coming to an end // *stava per piangere*, she was on the verge of tears; *stavo proprio per telefonarti*, I was just about to phone you; *stavano per partire quando scoppiò il temporale*, they were on the point of leaving when the storm broke; *stava per essere travolto da un'auto*, he was nearly run over; *l'anno che sta per iniziare sarà un anno importante per tutti*, the year that's about to begin will be an important one for everybody; *si avverte la clientela che il negozio sta per chiudere*, customers are reminded that the store is about to close **13** *starci*, (*essere contenuto*) to go*; (*esserci spazio per*) to have room for; (*fam.*) (*acconsentire*) to count (s.o.) in: *il 2 nel 4 ci sta due volte*, 2 goes into 4 two times; *in questo cinema ci sta molta gente*, there is room for a great many people in this cinema; *non ci sta più niente*, there is no more room; *non riesco a farcene* — *di più*, I can't get any more in; *se volete giocare a carte ci sto*, if you want to play cards, count me in; *se si presenta come candidato non ci sto*, if he's going to be a candidate I won't go along with it // *è una ragazza che ci sta*, she's an easy girl.

◆ FRASEOLOGIA: *come stai?*, how are you?; *sto bene*, *non molto bene*, *poco bene*, *male*, I'm well, not too well; *come mi sta questo cappello?*, how does this hat suit me?; *ti sta bene*, *male*, it suits, it doesn't suit you; *come stiamo a soldi?*, how do we stand (*o* how are we off) for money?; — *bene*, *male*, (*finanziariamente*) to be well off (*o* well-to-do *o* wealthy), to be badly off (*o* poor); *stia bene!*, (*si mantenga in salute*) take care of yourself!; *sta bene*, (*va bene*, *d'accordo*) all right (*o* very well); *a me non sta bene che torni a casa tardi*, I don't like him coming home late; *ti sta bene*, *ben ti sta!*, it serves you right!; *non sta bene che lo sposo arrivi in ritardo*, it isn't the done thing for the bridegroom to arrive late // *non* — *più in sé*, *nella pelle dalla curiosità*, *dalla gioia*, to be beside oneself with curiosity, with joy // — *indietro col mangiare*, to cut down on food // *non può* — *senza fumare*, he can't do without smoking // *starà poco a piovere*, it's going to rain; *starà poco a tornare*, he'll soon be back // *stava sulle sue*, he was rather reserved // — *dalla parte di qlcu.*, to side with s.o. // *stando a quel che si dice*, according to what they say; *stando alle apparenze*, going by appearances; *stando alle sue promesse*, going by his promises // — *ai fatti*, to stick to facts; *fatto sta che*..., the fact is that... // — *sulle generali*, to keep (*o* to stick) to generalities // — *su* (*con lo spirito*), to cheer up // — *addosso a qlcu.*, (*incitarlo*, *controllarlo*) to stand over s.o. // *lasciar* —, (*non infastidire*) to leave alone: *lasciami* —, leave me alone; *lascia* — *il gatto*, leave the cat alone; *lascia* — *le mie carte*, don't touch my papers; *per quel che riguarda il suo lavoro bisogna lasciarlo* —, (*è bravissimo*) as regards his work you've got to give him credit; *lasciamo* — *il fatto che*..., apart from the fact that....

□ **starsi**, **starsene** *v.intr.pron.* **1** *se ne stava solo soletto*, he was all alone **2** (*astenersi*) (*non com.*) to refrain (from doing): *se ne stette dal rispondere*, he refrained from giving any answer.

starna *s.f.* (*zool.*) (*Perdix cinerea*) grey partridge // — *di montagna*, (*maschio*) grey-cock.

starnazzare *v.intr.* **1** to flutter; to flap **2** (*fig. scherz.*) to make* a racket, to squawk.

starnazzio *s.m.* flutter(ing), flap(ping).

starnutare *v.intr.* to sneeze.

starnutatorio *agg.* sternutatory, sternutative ◆ *s.m.* sternutatory.

starnutire *v.intr.* to sneeze.

starnuto *s.m.* sneeze, sneezing: *fare uno* —, to sneeze.

start *s.m.* **1** (*cinem.*) opening shot **2** (*sport*) starting signal, start.

starter *s.m.* (*aut.*, *sport*) starter.

stasare *v.tr.* to unclog, to unstop, to unblock.

stasatore *s.m.* pipe brush: — *flessibile*, plumber's snake.

stasera *avv.* this evening, tonight: *ci vediamo* —, see you this evening.

stasi *s.f.* **1** (*med.*) stasis* **2** (*ristagno*) standstill, stagnation, lull, slackness: *gli affari sono in un periodo di* —, business is at a standstill; — *negli affari*, slackness in business; — *nel commercio, nelle contrattazioni*, lull in trade, in bargaining; — *dello sviluppo*, stagnation in growth.

statale *agg.* public, state-controlled, state -owned, state (*attr.*), government (*attr.*): *strada* —, state road, (*amer.*) federal highway; *università* —, state university; *scuola* —, state school; *banca* —, state bank; *enti statali*, state (*o* government) bodies; *azienda a partecipazione* —, semi-public (*o* state-controlled) company; *amministrazione* —, civil service (*o* public administration); *sovvenzione* —, government grant; *servizi statali*, public services; *autorità* —, public authority; *controllo* —, state control ◆ *s.m.* e *f.* civil servant, state employee.

statalismo *s.m.* (*pol., econ.*) statism.

statalista *s.m.* e *f.* statist.

statalistico *agg.* statist: *regime* —, state -control system.

statalizzare *v.tr.* to nationalize, to put* under state control: — *un'azienda privata, un'industria*, to nationalize a private concern, an industry.

statalizzatore *agg.* nationalizing: *politica statalizzatrice*, nationalizing policy ◆ *s.m.* nationalizer.

statalizzazione *s.f.* (*amm.*) nationalization.

statario *agg.* (*dir.*) summary: *processo* —, summary trial.

statere *s.m.* (*antica moneta greca*) stater.

statica *s.f.* **1** (*fis.*) statics [U] **2** (*econ.*) statics [U]: — *economica*, economic statics.

statice *s.f.* (*bot.*) (*Armeria vulgaris*) thrift.

staticità *s.f.* immobility (*anche fig.*): *la — di un viso*, the immobility of a face.

statico *agg.* static (*anche fig.*): *elettricità statica*, static electricity; *una figura statica*, a static figure; (*scienza delle costruzioni*) *momento* —, static moment.

statino *s.m.* **1** (*amm.*) statement, record: *lo — degli incassi settimanali*, the statement of the weekly proceeds **2** (*modulo per esami*) examination form.

statista *s.m.* statesman* ◆ *s.f.* stateswoman*.

statistica *s.f.* **1** (*scienza*) statistics [U]: — *applicata*, applied statistics; — *descrittiva*, descriptive statistics; — *industriale*, industrial statistics **2** (*dati statistici*) statistics (*pl.*): — *delle nascite*, birth statistics; *statistiche demografiche*, vital statistics; (*il singolo dato*) statistic.

statistico *agg.* statistical: *metodo* —, statistical method; *tavole statistiche*, statistical tables; *dato* —, statistic; *raccogliere dati statistici*, to gather statistics (*o* statistical data); *studio* —, statistical survey (*o* study); (*fis.*) *meccanica statistica*, statistical mechanics; *peso* —, statistical weight ◆ *s.m.* statistician.

stativo[1] *agg.* **1** (*non com.*) (*stabile*) permanent, stationary **2** (*ling.*) stative.

stativo[2] *s.m.* stand.

statizzare → **statalizzare**.

stato *s.m.* **1** (*condizione*) state, condition: *lo — delle cose*, the state of things (*o* affairs); — *di salute*, state of health; — *d'animo*, mood; *in buono, cattivo* —, in good, bad condition; *guarda in che — è!*, look what a state he is in!; *essere in — di ubriachezza*, to be in a drunken state (*o* to be under the influence of drink); *essere in — di shock*, to be in a state of shock; *animali allo — naturale*, animals in their natural state // — *d'emergenza*, state of emergency // — *d'assedio*, state of siege // — *di grazia*, state of grace // *essere in — di gravidanza, in — interessante*, to be pregnant (*o* to be expecting a baby) // (*comm.*) — *di cassa*, cash situation // (*fin.*): — *patrimoniale*, financial standing; — *patrimoniale di un'azienda*, financial statement of a company; — *dell'attivo e del passivo*, statement of assets and liabilities; — *fallimentare*, near bankruptcy condition; — *di liquidità*, liquidity statement; — *di insolvenza*, failure **2** (*posizione sociale*) position, standing, rank: *lo — sociale di una persona*, the social standing of a person; *migliorare il proprio* —, to better one's position; *essere di umile* —, to be of low (*o* humble) station **3** (*amm., dir.*) status: — *civile*, civil (*o* marital) status; — *coniugale, libero*, married, single status; *alterazione di* —, change of status; *soppressione di* —, loss of status; *supposizione di* —, supposition of status; *ufficiale di — civile*, registrar; *ufficio di — civile*, registry office // — *di famiglia*, family status; *certificato di — di famiglia*, certificate of family status // (*amm.*) — *di servizio*, record of service **4** (*ente giuridico e politico*) state: — *democratico, totalitario*, democratic, totalitarian state; *lo — italiano*, the Italian State; *lo — Pontificio*, Papal State; *ragione di* —, reason of state; *colpo di* —, coup d'état; *uomo di* —, statesman // *scuola di* —, state (*o* public) school; *università di* —, state university; *impiegato dello* —, state employee (*o* civil servant); *ente di* —, state-owned body (*o* agency); *leggi dello* —, state laws; *capo dello* —, head of state; *polizia di* —, state police // *Ferrovie dello* —, State Railways // — *corporativo*, corporate state; — *nazionale*, nation state; — *assistenziale, del benessere*, welfare state // (*dir.*) — *di diritto*, state subject to the rule of law // (*econ.*): *monopolio di* —, state monopoly; *società di* —, state enterprise // (*st. francese*): *gli Stati Generali*, the States General; *il Terzo Stato*, the Third Estate **5** (*fis.*) state: — *della materia*, state of matter; — *fondamentale*, ground state; — *solido, liquido*, solid, liquid state; *fisica dello — solido*, liquid-state physics; *essere allo — liquido*, to be in a liquid state **6** (*inform.*) status; mode; (*di stampa meccanografica*) report: — *dell'arte, di avanzamento di un lavoro, di una ricerca*, progress report; — *di controllo*, control mode; — *testo*, test mode; — *padrone*, (*in multiprogrammazione e trasmissione dati*) master mode **7** (*mil.*): — *maggiore*, staff; *ufficiale di — maggiore*, staff officer; *capo di — maggiore*, chief of staff // (*pol.*) *lo — maggiore di un partito*, the leading members of a party // (*amm.*) *lo — maggiore di una società*, the board of directors of a company.

statocisti *s.f.* (*biol.*) statocyst.

statolatria *s.f.* worship of the state.

statolder *s.m.* (*st.*) stadtholder, stadholder.

statolito *s.m.* (*biol.*) statolith.

statore *s.m.* (*elettr.*) stator: (*mecc.*) *protezione a persiana sullo* —, louver stator guard (*o* cover).

statoreattore *s.m.* (*aer.*) ramjet (engine).

statoscopio *s.m.* (*aer.*) statoscope.

statua *s.f.* statue: — *equestre*, equestrian statue; — *di bronzo*, bronze statue; — *votiva*, votive statue; *scolpire una* —, to carve (*o* to sculpture) a statue; *innalzare una* —, to raise a statue; *sembrare una* —, to look like a statue // *la Statua della Libertà*, the Statue of Liberty.

statuaria *s.f.* (*non com.*) (*scultura*) statuary.

statuario *agg.* **1** statuesque: *bellezza statuaria*, statuesque beauty; *posa statuaria*, statuesque posture **2** (*per fare statue*) statuary: *marmo* —, statuary marble.

statuetta *s.f.* statuette.

statuire *v.tr.* e *intr.* to decree, to ordain, to enact.

statunitense *agg.* United States (*attr.*): *economia* —, United States economy ◆ *s.m.* e *f.* American, United States citizen.

statura *s.f.* height, stature (*anche fig.*): *la — di un uomo*, the height of a man; *di media* —, of middle height; *essere di bassa* —, to be short of stature; *essere di grande* —, to be very tall; *un uomo di notevole, scarsa — intellettuale*, (*fig.*) a man of remarkable, low intellectual stature; — *morale*, (*fig.*) moral stature.

status *s.m.* (*lat.*) status: (*dir.*) — *giuridico*, legal status.

status quo *s.m.* (*lat.*) status quo: *restaurare, modificare lo* —, to restore, to alter the status quo.

status symbol *s.m.* status symbol: *l'auto di lusso è per lui uno* —, an expensive car is a status symbol to him.

statutario *agg.* statutory, statute (*attr.*): *legge statutaria*, statute law; *obblighi statutari*, statutory obligations; *libertà, norme statutarie*, statutory liberties, rules.

statuto *s.m.* statute; charter; articles (*pl.*); (*costituzione*) constitution: *gli articoli dello* —, the articles of the statute; *lo — delle Nazioni Unite*, the Charter of the United Nations; *gli statuti dell'Accademia Navale*, the statutes of the Naval Academy; — *dell'Università*, University statutes; — *regionale*, regional constitution (*o* fundamental statute); — *comunale*, city (*o* municipal) statute; — *dei lavoratori*, workers' statute of rights; — *di una corporazione*, statute of a corporation; — *di una società*, statute of a company; *lo — di una società per azioni, societario, sociale*, articles of association (*o* corporate charter *o amer.* articles of incorporation); *lo — di un'associazione*, the memorandum of association (*o* partnership).

staurolite *s.f.* (*min.*) staurolite.

stavolta *avv.* (*fam.*) this time.

staziografico *agg.* station-pointer.

staziografo *s.m.* (*mar.*) station pointer.

stazionale *agg.* (*eccl.*) stational.

stazionamento *s.m.* (*di vetture*) waiting; parking: *è vietato lo — sul lato destro della strada*, no parking on the right-hand side of the street // (*mecc.*) *freno di* —, handbrake.

stazionare *v.intr.* **1** to stand*, to stay, to stop **2** (*di vetture*) to wait; to park, to be parked.

stazionarietà *s.f.* stationariness; immobility (*anche fig.*).

stazionario *agg.* stationary; (*fig.*) steady, stable: *barometro* —, steady barometer; *malattie stazionarie*, stationary diseases; *la situazione è stazionaria*, the situation is stable; *temperatura stazionaria*, stationary temperature // (*fis.*): *onda stazionaria*, stationary (*o* standing) wave; *orbita stazionaria*, stationary orbit; *stato* —, stationary state; *teoria dello stato* —, steady

-state theory // (*mat.*) *punto* —, stationary point // (*zool.*) *uccello* —, non-migratory bird.

stazione *s.f.* **1** (*di mezzi di trasporto*) station: — *ferroviaria*, railway station; — *degli autobus*, *della metropolitana*, bus, tube (*o* subway) station; — *dei taxi*, taxi rank; — *marittima*, ocean terminal; *il treno entra in* —, the train is coming into the station; *devi scendere alla — di Milano*, you have to get off at the station in Milan // (*ferr.*): — *di smistamento*, shunting station; — *di testa*, terminal station; — *principale*, *intermedia*, *di transito*, main, intermediate, through station // (*comm.*): — *merci*, goods station (*o* depot); — *di destinazione* (*merci*), receiving station; — *di partenza* (*merci*), forwarding station; *prezzo franco — di partenza*, price at station **2** (*impianto destinato a un servizio*) station: — *meteorologica*, weather station; — *commerciale*, trading post; — *di rifornimento*, filling (*o* petrol) station; — *di servizio*, service area (*o* station *o amer.* gas station) // (*tel.*, *rad.*): — *radio*, radio station; — *televisiva*, television station; — *emittente*, broadcasting station; — *clandestina*, pirate station; — *trasmittente*, transmitting station // (*inform.*): — *di comando*, control station; — *di lavoro*, work station **3** (*di polizia ecc.*) post, station: — *dei carabinieri*, carabinieri post; — *di polizia*, police station **4** (*non com.*) (*fermata*) stop: *fare — in un posto*, to stop in a place // *le stazioni della Via Crucis*, the stations of the Cross **5** (*luogo di villeggiatura*) resort: — *balneare*, seaside resort; — *estiva*, *invernale*, summer, winter resort **6** (*insediamento preistorico*) prehistoric settlement, prehistoric site.

stazza *s.f.* **1** (*mar.*) tonnage, burden: — *netta*, net tonnage; — *lorda*, gross tonnage; *una nave di cento tonnellate di* —, a ship of a hundred tons burden (*o* a ship with a tonnage of a hundred tons); — *di registro*, register tonnage; *ponte di* —, tonnage deck; *diritti di* —, tonnage dues **2** (*fig.*) (*corporatura robusta*) heavy build: *ha una bella* —, he is heavily built.

stazzamento *s.m.* (*mar.*) (*capacità di una nave*) tonnage; (*misurazione della stazza*) tonnage measurement.

stazzare *v.intr.* (*avere la stazza di*) to have a tonnage (of): *una nave che stazza ventimila tonnellate*, a ship with a tonnage of 20,000 tons; *quanto stazza questa nave?*, what is the tonnage of this ship? ◆ *v.tr.* (*misurare la stazza di*) to measure the tonnage of (a ship).

stazzatore *s.m.* (*mar.*) tonnage measurer.

stazzatura *s.f.* (*mar.*) tonnage measurement.

stazzo *s.m.* (*recinto per bestiame*) pen; (*per pecore*) fold.

stazzonamento *s.m.* (*non com.*) (*lo spiegazzare*) crumpling, creasing.

stazzonare *v.tr.* (*spiegazzare*) to crumple, to crease.

steadite *s.f.* (*min.*) steadite.

steapsina *s.f.* (*biochim.*) steapsin.

stearato *s.m.* (*chim.*) stearate.

stearico *agg.* (*chim.*) stearic.

stearina *s.f.* (*chim.*) stearin.

steatite *s.f.* (*min.*) steatite, soapstone.

steatitico *agg.* steatitic.

steatogeno *agg.* (*med.*) steatogenous.

steatolisi *s.f.* (*chim.*) steatolysis.

steatosi *s.f.* (*med.*) steatosis.

stecca *s.f.* **1** (small) stick, rod **2** (*di ombrello, ventaglio*) rib **3** (*da biliardo*) cue // *essere una buona* —, to be a good billiards player **4** (*di persiana alla veneziana*) slat; (*di persiana con avvolgibile*) louver-board **5** (*med.*) (*per arti rotti*) splint **6** (*di busto o altri indumenti*) whalebone **7** (*mus.*) (*nota falsa*) wrong note; false note: *fare una* —, (*cantando*) to sing a wrong note; (*suonando*) to play a wrong note **8** (*fam.*) (*di sigarette*) pack, carton **9** (*gergo*) (*tangente*) bribe **10** (*ferr.*) fishplate: — *angolare*, angle fishplate.

steccaia *s.f.* pilework, piling.

steccare *v.tr.* **1** (*chiudere con steccato*) to fence (in): — *un giardino*, to fence (in) a garden **2** (*un indumento*) to put* whalebones in (sthg.): — *un corpetto*, to put whalebones in a bodice **3** (*una nota*) (*cantando*) to sing* a wrong note; (*suonando*) to play a wrong note **4** (*cuc.*) (*lardellare*) to lard **5** (*med.*) (*fasciare con stecche*) to put* in splints ◆ *v.intr.* **1** (*mus.*) (*cantando*) to sing* a wrong note; (*suonando*) to play a wrong note: *il tenore ha steccato*, the tenor has sung a wrong note **2** (*biliardo*) (*colpire male la palla*) to miscue, to mishit*.

steccata *s.f.* **1** (*steccato*) fence, stockade **2** (*colpo*) blow with a stick.

steccato *s.m.* **1** fence, stockade: *chiudere*, *cingere con uno* —, to enclose, to surround with a fence **2** (*alle corse dei cavalli*) rails (*pl.*).

steccatura *s.f.* fencing (in).

stecchetto *s.m.* small stick // *deve stare a — se vuole dimagrire*, she must cut down her food if she wants to slim; *ho pochi soldi e devo stare a — fino alla fine del mese*, I haven't got much money and I have to make do with what I have until the end of the month; *tenere qlcu. a* —, (*di cibo*) to keep s.o. on short rations, (*di denaro*) to keep s.o. on a short allowance: *ha un padre molto severo che lo tiene a* —, he has a very strict father who keeps him short of money.

stecchiera *s.f.* cue-rack.

stecchino *s.m.* **1** small stick **2** (*stuzzicadenti*) toothpick.

stecchire *v.tr.* (*fam.*) (*uccidere*) to do* in, to finish off, to bump off: *lo ha stecchito con un solo colpo*, he did him in with a single shot.

stecchito *agg.* **1** dried up: *c'era solo un povero albero* —, there was only one bare dried up tree **2** (*magrissimo*) skinny, emaciated: *secco* —, as thin as a rake; *il povero bambino è così — che fa pena vederlo*, the poor child is only skin and bones, he is a pitiful sight **3** (*morto*) stone dead: *i suoi lo trovarono — il mattino seguente*, his family found him stone dead next morning **4** (*fig.*) (*stupefatto*) flabbergasted: *parole che mi lasciano* —, words that leave me flabbergasted.

stecco *s.m.* **1** stick; (*ramoscello secco*) dry twig: *raccoglieva stecchi per il fuoco*, he was gathering sticks for the fire // *è magro come uno* —, (*fig.*) he is as thin as a rake **2** (*persona magra*) skeleton: *quel povero ragazzo è uno* —, that poor boy is a skeleton (*o* skin and bones).

stecconare *v.tr.* to fence in.

stecconata *s.f.* **stecconato** *s.m.* stockade, paling; (*recinto*) enclosure.

stechiometria *s.f.* (*chim.*) stoichiometry.

stechiometrico *agg.* (*chim.*) stoichiometric.

stegola *s.f.* plough-stilt.

stegolo *s.m.* mill-spindle.

stegosauro *s.m.* (*paleont.*) stegosaur.

steigerite *s.f.* (*min.*) steigerite.

stele *s.f.* stele* (*anche bot.*) // (*archeol.*) *la — di Rosetta*, the Rosetta Stone.

stella *s.f.* **1** star: *il sole è una* —, the sun is a star; — *del mattino*, *della sera*, morning, evening star; — *doppia*, *fissa*, double, fixed star: — *di tipo B*, helium star; — *cadente*, shooting (*o amer.* falling) star; *un cielo senza stelle*, a starless sky; *la luce delle stelle*, starlight; *il cielo era pieno di stelle*, the sky was full of stars // *dormire sotto le stelle*, to sleep under the stars // — *filante*, streamer // *a forma di* —, *fatto a* —, starlike (*o* star-shaped): *un gioiello a forma di* —, a star-shaped jewel // *andare alle stelle*, to go sky-high: *i prezzi erano alle stelle*, prices were sky-high // *portare qlcu. alle stelle*, to praise s.o. to the skies // *vedere le stelle*, to see stars: *ho visto le stelle quando mi ha colpito sul naso*, I saw stars when he hit me on the nose **2** (*destino*, *fato*) star, fate: *così vogliono le stelle*, it's in the stars; *è nato sotto una buona*, *una cattiva* —, he was born under a lucky, an unlucky star; *è perseguitato dalla sua cattiva* —, he is hounded by fate; *può ringraziare la sua buona — se ci è riuscito*, he can thank his lucky stars if he has succeeded; *la sua — è tramontata*, his sun has set; *la sua — sale*, his star is rising (*o* is in the ascendant); *seguire la propria* —, to follow one's star (*o* destiny) **3** (*diva*) star: — *del cinema*, film star; — *della televisione*, television star; *le stelle di Hollywood*, the stars of Hollywood // *le stelle dello sport*, the stars of sport **4** (*emblema*) star: *la — di Davide*, the star of David // (*mil.*) *generale a una* —, a one-star general // *albergo a tre stelle*, a three-star hotel **5** (*di cavallo*) blaze, star **6** (*rotella dello sperone*) rowel **7** (*tess.*) swift **8** (*mecc.*) (*di motore stellare*) row: *a — semplice*, single-row; *a doppia* —, double-row **9** (*bot.*): *erba* —, (*Plantago coronopus*) buckthorn; — *alpina*, (*Leontopodium alpinum*) edelweiss; — *di Betlemme*, (*Ornithogalum umbellatum*) star-of-Bethlehem; — *di Natale*, (*Euphorbia pulcherrima*) poinsettia (*o* Christmas flower) **10** (*zool.*) — *di mare*, — *marina*, starfish (*o* sea star).

stellage *s.m.* (*fr.*) (*Borsa*) double option, put and call, spread, (*amer.*) straddle, indemnity: *comprare lo* —, to take for the put and call; *vendere lo* —, to give for the put and call.

stellare[1] *agg.* **1** stellar, astral; star (*attr.*): *luce* —, stellar light (*o* starlight); *spettri stellari*, stellar spectra; *ammasso* —, star cluster; *catalogo* —, star catalogue **2** (*a forma di stella*) star-shaped: *figura* —, star-shaped figure // *motore* —, radial engine.

stellare[2] *v.tr.* (*non com.*) **1** (*coprire di stelle*) to cover with stars, to decorate with stars **2** (*costellare*) to strew*, to sprinkle, to stud.

□ **stellarsi** *v.intr.pron.* to fill with stars: *il cielo cominciò a* —, the sky began to fill with stars.

stellare[3] *v.tr.* (*mar.*) to cant.

stellaria *s.f.* (*bot.*) stitchwort.

stellato[1] *agg.* **1** starry, star-spangled; starlit: *cielo* —, starry sky; *notte stellata*, starry night //

la bandiera stellata, the star-spangled banner (*o* the Stars and Stripes) **2** (*fig. letter.*) (*costellato*) strewn, sprinkled, studded **3** (*a forma di stella*) starlike, star-shaped ◆ *s.m.* starry sky.

stellato[2] *agg.* (*mar.*) cant ◆ *s.m.* (*mar.*) cant body: — *di poppa*, run; — *di prua, di prora*, entrance.

stelletta *s.f.* **1** (*mil.*) star: *perdere le stellette*, to be demoted **2** (*tip.*) asterisk, star.

stellina *s.f.* (*giovane attrice*) starlet.

stellionato *s.m.* (*dir.*) stellionate.

stellione *s.m.* (*zool.*) (*Agama stellio*) stellion.

stellitizzazione *s.f.* (*metall.*) stellitization.

stelloncino *s.m.* short paragraph, brief item (in a newspaper).

stellone *s.m.* **1** (*non com.*) (*solleone*) extreme heat, hot sun **2** *lo* — (*d'Italia*), the lucky star of Italy.

stelo *s.m.* **1** (*bot.*) stalk, stem: — *d'erba*, blade of grass; — *secondario*, stalklet **2** (*sostegno*) stand: *lampada a* —, standard lamp; *lo* — *di un calice*, the stem of a goblet **3** (*mecc.*) stem; (*di utensile*) shank; (*di rotaia*) web: — *della valvola*, valve-stem (*o* spindle); — *dello stantuffo*, (*di macchina a vapore*) piston rod.

stemma *s.m.* (*arald.*) coat of arms, armorial bearings (*pl.*), escutcheon.

stemmato *agg.* emblazoned, armorial.

stemperare *v.tr.* **1** to dissolve, to melt, to dilute; to mix: — *la farina nel latte*, to mix flour in milk; — *i colori*, to mix colours **2** (*fig.*) (*diluire*) to dilute, to water down; to spin out: — *un'idea*, to water down an idea; — *un discorso*, to spin out (*o* to draw out) a speech **3** (*metall.*) to soften **4** (*non com.*) (*far perdere la punta a*) to blunt.

□ **stemperarsi** *v.intr.pron.* **1** (*fig.*) to melt, to dissolve: — *in lacrime*, to dissolve in(to) tears **2** (*perdere la punta*) to get* blunt.

stemperato *agg.* **1** (*diluito*) dissolved, diluted **2** (*privo di punta*) blunt: *matita stemperata*, blunt pencil **3** (*metall.*) softened.

stempiarsi *v.intr.pron.* to lose* one's hair at the temples; to go* bald, to grow* bald; to have a receding hairline.

stempiato *agg.* bald at the temples; going bald; with a receding hairline: *è così giovane ed è già* —, he is so young but he is already going bald.

stempiatura *s.f.* (*non com.*) going bald at the temples; receding hairline.

stemprare → **stemperare**.

stendardiere *s.m.* standard-bearer.

stendardo *s.m.* **1** standard, banner, flag **2** (*bot.*) (*di fiore, leguminosa*) vexillum*.

stendere *v.tr.* **1** (*dispiegare*) to spread* (out); to lay* out; (*appendere*) to hang* out: *stese tutta la sua merce sul marciapiede*, he spread (*o* laid) out all his goods on the pavement; — *la tovaglia sul tavolo*, to spread the tablecloth on the table; — *le ali*, to spread one's wings; — *il bucato sull'erba*, to spread out the washing on the grass; — *un tappeto*, to lay a carpet; — *il bucato, i panni*, to hang out the washing, the clothes **2** (*distendere, allungare*) to stretch (out), to extend: *stendete bene le gambe*, stretch your legs out; *stese la mano per prenderlo*, he stretched out his hand to seize it; — *le braccia*, to stretch out one's arms // — *la mano*, (*chiedere l'elemosina*) to hold one's hand out **3** (*mettere a giacere*) to lay* (down); (*estens.*) (*atterrare*) to knock down; to fell: *il medico lo fece — sul lettino*, the doctor made him lie on the crouch; *lo ha steso con un pugno*, he knocked him flat with one blow **4** (*spalmare*) to spread*: *fate attenzione a — bene la vernice*, make sure you spread the paint evenly; — *il burro su una fetta di pane*, to spread butter on a slice of bread; — *olio su di una bruciatura*, to spread oil on a burn; — *i colori sulla tela*, to spread colours on the canvass // — *la pasta*, to roll out the dough **5** (*scrivere, mettere per iscritto*) to draw* up, to draft: — *un contratto*, to draw up a contract; — *una relazione*, to draft a report; — *una denuncia*, to make a written report; — *il verbale di una riunione*, to take the minutes of a meeting **6** (*spianare, metalli*) to hammer out **7** (*rilassare*) to relax: — *i muscoli*, to relax the muscles **8** (*allentare*) — *l'arco*, to unstring a bow **9** (*tess.*) to tenter.

□ **stendersi** *v.intr.pron.* (*estendersi*) to stretch: *il bosco si stende sino al fiume*, the wood stretches as far as the river; *da ogni parte si stende un vasto deserto*, a vast desert stretches away on every side; *la valle si stende verso sud*, the valley stretches to the south // *fin dove si stende lo sguardo*, as far as the eye can see ◆ *v.rifl.* (*allungarsi*) to stretch oneself out; (*sul letto*) to lie* down: *dopo colazione devo stendermi per almeno venti minuti*, after lunch I must lie down for at least twenty minutes; — *per terra*, to lie down on the ground; *uscì dall'acqua e si stese al sole*, he came out of the water and lay down in the sun.

stendibiancheria *s.m.* drying rack, clothes rack; (*esterno*) washing line.

stendifili *s.m.* (*guardafili*) lineman*.

stenditoio *s.m.* **1** (*locale*) drying room **2** → stendibiancheria.

stenebrare *v.tr.* (*letter.*) **1** to dispel darkness from (sthg.) **2** (*fig.*) (*illuminare*) to enlighten, to illuminate.

stenico *agg.* (*med.*) sthenic.

stenoalino *agg.* (*biol.*) stenohaline.

stenoblocco *s.m.* shorthand notebook.

stenocardia *s.f.* (*med.*) stenocardia.

stenodattilografa *s.f.* **stenodattilografo** *s.m.* shorthand typist.

stenodattilografia *s.f.* shorthand typing.

stenodattilografico *agg.* shorthand-typing (*attr.*).

stenografa *s.f.* stenographer, shorthand writer.

stenografare *v.tr.* to take* down in shorthand, to write* down in shorthand: — *un discorso*, to take a speech down in shorthand.

stenografato *agg.* (written in) shorthand: *una lettera stenografata*, a letter written in shorthand.

stenografia *s.f.* shorthand, stenography.

stenograficamente *avv.* in shorthand.

stenografico *agg.* shorthand, stenographic: *metodo* —, shorthand method; *resoconto* —, stenographic report; *scrittura stenografica*, shorthand.

stenografo *s.m.* stenographer, shorthand writer.

stenogramma *s.m.* **1** (*testo*) shorthand text **2** (*segno*) shorthand symbol.

stenoscritto *s.m.* shorthand text.

stenosi *s.f.* (*med.*) stenosis*.

stenotermia *s.f.* (*biol.*) stenothermy.

stenotermo *agg.* (*biol.*) stenothermal.

stenotipia *s.f.* stenotypy, stenotyping.

stenotipista *s.m.* e *f.* stenotypist.

stentacchiare *v.intr.* (*fam.*) to find* it hard.

stentare *v.intr.* **1** to find* it hard, to have difficulty (in doing); to be hardly able, to be barely able: *stentai ad arrivare in fondo*, I found it hard to reach the end of it; *stenta a farsi capire*, he is barely able to make himself understood; *stenta un poco a camminare*, he has some difficulty in walking; *stentava a crederlo*, he could hardly believe it // — *a fare una cosa*, (*farla di malavoglia*) to be slow in doing sthg.; *stenta sempre a pagare*, he is always slow in paying (*o* he always keeps people waiting for their money) **2** (*mancare del necessario*) to be in need, to be in want: *una famiglia che stenta a mettere insieme il pranzo con la cena*, a family that finds it hard to make ends meet ◆ *v.tr.*: — *la vita*, to scrape a living.

stentatamente *avv.* **1** with difficulty: *scrive* —, he writes with difficulty **2** in poverty.

stentatezza *s.f.* **1** difficulty: — *nel camminare, parlare*, difficulty in walking, speaking **2** (*povertà*) poverty, straitened circumstances (*pl.*) **3** (*di piante*) stuntedness.

stentato *agg.* **1** hard, difficult; laboured: *uno stile* —, a laboured style; *una vita stentata*, a hard (*o* difficult) life; *parlare un inglese* —, to speak halting (*o* laboured) English; *denaro* —, hard-earned money // (*amm.*) *maggioranza stentata*, narrow majority **2** (*cresciuto a stento*) stunted, scrubby: *una pianta stentata*, a scrubby tree.

stento *s.m.* **1** privation, hardship: *vita di stenti*, hard life; *patire molti stenti*, to suffer many privations; *vivere negli stenti*, to live in poverty **2** (*sforzo, fatica*) effort, difficulty, hard work: *passare un esame con qualche* —, to scrape through an exam // *a* —, hardly (*o* barely *o* with difficulty): *cammina a* —, he has some difficulty in walking; *lo capivo a* —, I could hardly understand him; *è riuscito a — a finire la gara*, he was barely able to finish the race.

stentoreo *agg.* stentorian: *una voce stentorea*, a stentorian voice.

stentucchiare *v.intr.* (*fam.*) to find* it hard; to struggle.

steppa *s.f.* (*geogr.*) steppe.

steppage *s.m.* (*med., vet.*) steppage (gait).

steppico *agg.* steppe (*attr.*).

stepposo *agg.* steppe-like (*attr.*).

steradiante *s.m.* (*mat.*) steradian.

sterco *s.m.* dung, excrement, droppings (*pl.*); (*di uccelli*) mute.

stercoraceo *agg.* dung (*attr.*), stercorary, stercoraceous.

stercorario *agg.* (*zool.*) stercorary // *scarabeo* —, (*Geotrupes stercorarius*) dung-beetle (*o* dorbeetle) ◆ *s.m.* (*zool.*) (*uccello marino*) (*Stercorarius skua*) skua (gull).

stereo *agg.* stereo(phonic): *impianto* —, stereo ◆ *s.m.* stereo.

stereo- *pref.* di origine greca usato nella terminologia scientifica con valore di 'solido, saldo;

rigido' o per indicare relazione con lo 'spazio tridimensionale'; ingl. stereo-: *stereochimica*, stereochemistry; *stereofonico*, stereophonic; *stereografia*, stereography; *stereoscopia*, stereoscopy; (*tip.*) *stereotipico*, stereotypic.

stereobate *s.m.* (*arch.*) stereobate.

stereocinematografia *s.f.* stereocinematography.

stereocomparatore *s.m.* (*topografia*) stereocomparator.

stereofonia *s.f.* stereophony.

stereofotografia *s.f.* stereophotograph; stereophotography.

stereofotogrammetria *s.f.* stereophotogrammetry.

stereognostico *agg.* stereognostic.

stereografico *agg.* stereographic: *proiezione stereografica*, stereographic (map) projection.

stereografo *s.m.* (*fot.*) stereograph.

stereogramma *s.m.* (*mat.*) stereogram.

stereoisomeria *s.f.* (*chim.*) stereoisomerism.

stereoisomero *s.m.* (*chim.*) stereoisomer.

stereometria *s.f.* (*mat.*) stereometry.

stereometrico *agg.* (*mat.*) stereometric(al).

stereometro *s.m.* (*mat.*) stereometer.

stereoregolare *agg.* (*chim.*) stereospecific: *polimero* —, stereospecific polymer.

stereoscopico *agg.* (*ottica*) stereoscopic(al).

stereoscopio *s.m.* (*ottica*) stereoscope.

stereotipare *v.tr.* (*tip.*) to stereotype.

stereotipato *agg.* **1** (*tip.*) stereotyped **2** (*fig.*) stereotyped, conventional.

stereotipia *s.f.* (*tip.*) **1** (*procedimento*) stereotypy, stereotype **2** (*lastra*) stereotype.

stereotipista *s.m.* e *f.* (*tip.*) stereotyper.

stereotipo *agg.* stereotyped ◆ *s.m.* **1** stereotype **2** (*ling.*) (*successione fissa*) fixed form, fixed expression.

stereovisore *s.m.* (*fot.*) stereoscope.

sterico *agg.* (*chim.*) steric: *impedimento* —, steric hindrance.

sterile *agg.* **1** sterile, barren, infertile (*anche estens.*): *animale, pianta* —, sterile animal, plant; *terra* —, barren (*o* infertile) land; (*miner.*) *roccia* —, spoil (*o amer.* muck); *minerale* —, gangue **2** (*fig.*) (*inutile, senza risultato*) sterile, fruitless: *sforzo* —, vain effort; *tentativo* —, futile attempt; *discorso, mente* —, sterile (*o* barren) speech, mind; *discussione* —, useless argument **3** (*med.*) (*sterilizzato*) sterile; sterilized: *ambiente* —, sterile environment; *siringa* —, sterilized syringe ◆ *s.m.* (*ind. miner.*) waste: — *di laveria*, tailings.

sterilire *v.tr.* to make* sterile, to make* barren (*anche fig.*).

sterilità *s.f.* **1** sterility, barrenness, infertility; unfruitfulness; unproductiveness (*anche fig.*): *la — di un incontro*, the unproductiveness (*o* unfruitfulness) of a meeting **2** (*asepsi*) sterility.

sterilizzare *v.tr.* **1** (*liberare da germi*) to sterilize **2** (*med.*) to sterilize; (*asportando le ovaie*) to spay (*econ.*) to sterilize; (*isolare*) to insulate: — *capitali*, to sterilize capital.

sterilizzatore *agg.* sterilizing ◆ *s.m.* sterilizer.

sterilizzazione *s.f.* sterilization // (*fin.*): — *dell'oro*, sterilization of gold; — *del deficit di bilancio*, sterilization of a financing deficit; — *di moneta*, sterilization of money.

sterletto *s.m.* (*zool.*) (*Acipenser ruthenus*) sterlet.

sterlina *s.f.* (*fin.*) pound; (*lira sterlina*) pound sterling: — *a pronti*, spot sterling; — *a cambio libero*, floating pound; — *convertibile*, transferable sterling; — *verde*, (*nella* CEE) green pound; — *oro, sovrana*, sovereign; *area della* —, sterling area.

sterlineare *v.intr.* (*tip.*) to unlead*.

sterlineatura *s.f.* (*tip.*) unleading.

sterminabile *agg.* exterminable.

sterminare *v.tr.* to exterminate; to destroy; to wipe out: *abbiamo sterminato i parassiti di queste piante*, we have exterminated the pests on these plants; *l'esercito fu sterminato*, the army was wiped out.

sterminatezza *s.f.* immensity; vastness; boundlessness.

sterminato *agg.* **1** exterminated; destroyed; wiped out **2** (*smisurato*) endless; immense (*anche fig.*): *un deserto* —, an endless (*o* immense) desert; *un uomo dalla pazienza sterminata*, a man of endless (*o* immense) patience.

sterminatore *agg.* exterminating; destroying ◆ *s.m.*, **sterminatrice** *s.f.* exterminator; destroyer.

sterminio *s.m.* **1** extermination; (*distruzione*) destruction; (*strage*) slaughter: *campi di* —, extermination camps **2** (*fig. fam.*) (*enorme quantità*) huge quantity: *c'era uno — di gente*, there was a huge crowd of people.

sterna *s.f.* (*zool.*) tern.

sternale *agg.* (*anat., med.*) sternal.

sterno *s.m.* (*anat.*) breastbone; sternum*.

sternutire → **starnutire**.

stero *s.m.* (*unità di volume corrispondente al metro cubo*) stere.

steroide *s.m.* (*biochim.*) steroid.

steroideo *agg.* (*biochim.*) steroidal.

sterolo *s.m.* (*biochim.*) sterol.

sterpaglia *s.f.* brushwood.

sterpaia *s.f.* **sterpaio** *s.m.* scrub.

sterpame *s.m.* (heap of) brushwood.

sterpazzola *s.f.* (*zool.*) — *comune*, (*Sylvia communis*) whitethroat.

sterpeto *s.m.* scrub.

sterpo *s.m.* (*ramo secco*) dry branch; (*ramoscello secco*) dry twig; (*ceppo*) tree stump: *terreno pieno di sterpi*, scrubland; *si rifugiò tra gli sterpi*, he took refuge in the scrub.

sterposo *agg.* full of tree stumps; covered in (*o* with) brush: *terreno* —, scrubland.

sterramento *s.m.* digging up; excavation.

sterrare *v.tr.* to dig* up; to excavate: — *una strada*, to dig up a road.

sterrato *agg.* dug up, excavated: *una strada sterrata*, a dirt road ◆ *s.m.* (*terreno sterrato*) dirt patch.

sterratore *s.m.* navvy, digger.

sterro *s.m.* **1** (*lo sterrare*) digging up, excavation **2** (*terra scavata*) excavated earth; loose earth.

stertore *s.m.* (*med. non com.*) stertor, stertorous breathing.

stertoroso *agg.* (*med.*) stertorous: *respiro* —, stertorous respiration.

sterzante *agg.* (*mecc.*) steering, steer (*attr.*): *veicolo a quattro ruote sterzanti*, vehicle with four-wheel steering.

sterzare[1] *v.tr.* **1** (*aut.*) to steer: — *a destra*, to steer to the right **2** (*fig.*) to swerve, to shift: *il partito ha sterzato a destra*, the party has shifted (*o* swung) to the right.

sterzare[2] *v.tr.* **1** (*ant.*) (*dividere in tre parti*) to divide into three **2** (*diminuire di un terzo*) to reduce by a third **3** (*estens.*) (*sfoltire*) to thin out: — *un bosco*, to thin out a wood

sterzata *s.f.* **1** (*aut.*) sharp turn, swerve: *con una — riuscì a evitare il ciclista*, by swerving, he managed to avoid the cyclist **2** (*fig.*) swerve, turn, shift: *l'improvvisa — a sinistra del governo*, the government's unexpected shift to the left.

sterzo *s.m.* **1** (*mecc.*) steering (gear); (*volante*) steering wheel: (*aut.*) *piantone dello* —, steering column; *snodo dello* —, steering knuckle **2** (*di bicicletta, motocicletta*) (*manubrio*) handlebar: *cannotto dello* —, steering tube; *pipa dello* —, steering head **3** (*non com.*) (*sterzata*) steering.

steso *agg.* **1** (*spiegato*) spread (out); (*appeso*) hanging: *c'era una bella tovaglia stesa sul tavolo*, there was a fine cloth spread on the table; *il bucato era — al sole*, the washing was hanging in the sun; *c'erano molte bandiere stese alle finestre*, there were a lot of flags hanging from the windows **2** (*allungato*) stretched out; (*sul letto*) lying; (*teso*) outstretched: *col braccio* —, *con la mano stesa*, with outstretched arm, hand; *era — per terra*, he was stretched out on the ground; *lo trovai — sul letto*, I found him lying on the bed **3** (*spalmato*) spread: *colori stesi male*, unevenly spread colours **4** (*redatto*) drawn up.

stesso *agg.* **1** (*identico*) same: *abbiamo preso lo — treno*, we caught the same train; *hanno lo — insegnante*, they have the same teacher; *abitate nella stessa casa?*, do you live in the same building?; *faccio sempre la stessa strada per andare in ufficio*, I always go the same way to the office; *abbiamo avuto la stessa idea*, we had the same idea; *sono nati nello — giorno*, they were born (on) the same day; *mi comporterei nello — modo*, I'd behave just the same (*o* I'd do the same thing); *dice sempre le stesse cose*, he always says the same (old) things; *fa sempre gli stessi errori*, he always makes the same mistakes; *sono anch'io del tuo — parere*, I think the same as you do; *non ho più lo — numero di telefono*, I haven't got the same telephone number any more; *non frequentiamo le stesse persone*, we don't move in the same circles; *non abbiamo gli stessi gusti*, we haven't got the same tastes (*o* our tastes are different); *siamo allo — punto di prima*, we're back to where we were before (*o* we're at the same point we were at before *o* we're back where we started from); *siamo stati nello — albergo dell'anno scorso*, we went to the same hotel as last year; *è lo — negozio dove andavo io*, it's the same shop I went to; *mi ha dato la stessa risposta che ha dato a te*, he gave me the same answer he gave you; *alla* TV *hanno dato lo — film della settimana scorsa*, they showed the same film on TV as they did last week; *tu farai la stessa cosa che hanno fatto gli altri*, you'll do the same as the others // *nello — tempo, al tempo* —, at the same time: *è una casa piccola, ma al tempo — funzionale*, it's a small house but functional at the same time // Anche rafforzato da 'medesimo, identico': *è la stessa* (*medesima*) *cosa*, (*fam.*) *la stessissima cosa*, it's exactly the same thing; *ha ripetuto gli stessi identici errori dell'altra volta*, he made exactly the same mistakes as last time **2** (*dopo un pron. pers. sogg. o un s., con valore rafforzativo o enfatico*): *io* —, I myself, I... myself; *tu* —, you yourself, you... yourself; *egli, lui* —, he himself, he... himself; *ella, lei stessa*, she herself, she... herself; *esso* —, it itself, it.... itself; *noi stessi, stesse*, we ourselves, we... ourselves; *voi stessi, stesse*, you yourselves, you... yourselves; *essi, loro stessi, esse, loro stesse*, they themselves, they... themselves: *ci andai io* —, I went there myself; *io — ho assistito alla scena*, I witnessed the scene myself; *guarda tu* —, have a look yourself; *lei stessa me lo disse*, she told me herself (*o* she herself told me); *noi stessi dovremmo prendere esempio da lui*, we ought to follow his example ourselves; *il sindaco — ha presenziato alla cerimonia*, the mayor himself presided over the ceremony; *è la bontà stessa*, she is kindness itself **3** (*con i pron. rifl.*) -self (*pl.* selves) (*suffisso che serve a formare in inglese i pron. rifl.*): *me* —, myself; *te* —, yourself, (*poet.* thyself); *se* —, himself; itself; (*impers.*) oneself; *se stessa*, herself; *noi stessi*, ourselves; (*pl. di maestà*) ourself; *voi stessi*, yourselves; *loro stessi*, themselves; *conosci te* —, (*prov.*) know thyself; *si fida solo di se* —, he trusts no one but himself; *non si deve pensare solo a se stessi*, one should not think only of oneself; *sii fedele a te* —, be true to yourself; *devi solo prendertela con te* —, you have only yourself to blame // *di per se* —, in itself **4** (*con valore di* proprio, esattamente; perfino) very: *in quel momento* —, at that very moment; *oggi* —, this very day; *quella sera stessa*, that very evening // *la madre stessa lo ha riconosciuto colpevole*, his own mother (*o* even his mother) thought he was guilty **5** (*uguale per quantità o qualità*) same, like: *due piante della stessa specie*, two plants from the same species; *due abiti dello — colore*, two dresses of the same colour; *vendere allo — prezzo*, to sell at the same price; *lei non ha gli stessi problemi che hai tu*, she hasn't got the same problems as you have; *ha lo — carattere del padre*, he's exactly the same as his father (*o prov.* like father like son); *abbiamo la stessa età*, we're the same age; *hanno ricevuto lo — compenso*, they received the same payment ◆ *pron.dimostr.* **1** (*la stessa persona*) same: *sono sempre gli stessi che si lamentano*, it's always the same people who complain; *dopo la malattia non è più lo* —, he hasn't been the same since his illness; *"È lo — ragazzo che era scappato di casa?" "Sì, lo —"*, "Is it the same boy who ran away from home?" "Yes, the very same" (*o* "Yes, that's right") **2** (*la stessa cosa*) the same: *a me è capitato lo* —, the same thing happened to me; *anche lui dirà lo* —, he'll say the same as well; *loro stanno zitti. E tu fai lo* —, they're keeping quiet (about it). You do the same; *...e lo — dicasi per qualsiasi altra lingua*, ...and the same is true of (*o* goes for) any other language // *è lo —, fa lo* —, it's all the same; *"Vuoi parlare con me o con lui?" "È lo —"*, "Do you want to speak to me or to him?" "It's (all) the same" (*o* "It doesn't make any difference"); *possiamo vederci oggi o domani, per me fa lo* —, we can meet today or tomorrow, it's all the same to me // *siamo alle stesse*, (*alle solite*) it's the same as usual // (*comm.*) *preventivo per installazione del citofono e messa a punto dello* —, estimate for installing and setting up the intercom ◆ *avv.* (*fam.*) (*nello stesso modo*) the same; (*in ogni modo*) all the same; anyway: *"Come sta il malato?" "Più o meno lo — di ieri"*, "How's the patient?" "Much the same as yesterday"; *verrò lo —, anche se piove*, I'll come anyway, even if it rains.

stesura *s.f.* **1** drawing up, drafting: *la — del contratto richiese un'ora*, the drawing up of the contract took one hour **2** (*redazione*) draft: *la prima — di un romanzo, di un verbale*, the first draft of a novel, of a report **3** (*inform.*) tracing.

stetoscopia *s.f.* (*med.*) stethoscopy.

stetoscopico *agg.* (*med.*) stethoscopic.

stetoscopio *s.m.* (*med.*) stethoscope.

stia *s.f.* hen-coop.

stibiconite *s.f.* (*min.*) stibiconite.

stibina *s.f.* (*min.*) stibnite.

stibio *s.m.* (*chim.*) (*antimonio*) antimony.

stibismo *s.m.* (*med.*) stibialism.

stibium *s.m.* (*min.*) stibium.

stibofene *s.m.* (*min.*) stibophen.

stick *s.m.* stick: *un deodorante in* —, a stick deodorant.

stico *s.m.* **1** (*metrica*) verse **2** line (of an epigraph).

sticometria *s.f.* (*tip.*) stichometry.

sticometro *s.m.* (*tip.*) stichometer.

stiffelius *s.m.* (*abito maschile da cerimonia*) frock coat.

stigliare *v.tr.* to hackle.

stigliatore *agg.* hackling (*attr.*) ◆ *s.m.* hackler*.

stigliatrice *s.f.* **1** hackler **2** (*mecc.*) hackling machine.

stigliatura *s.f.* hackling.

stiglio *s.m.* hackler.

stigma *s.m.* **1** (*fig. spreg.*) (*segno caratteristico*) stigma*, brand, mark **2** (*zool.*) stigma*, spiracle **3** (*bot.*) stigma*.

stigmate *s.f.pl.* **1** (*marchio*) stigma* (*sing.*), brand (*sing.*), mark (*sing.*) (*anche fig.*) **2** (*eccl.*) stigmata: *le — di S. Francesco*, the stigmata of St. Francis.

stigmatico *agg.* (*bot., fis.*) stigmatic.

stigmatismo *s.m.* (*fis.*) stigmatism.

stigmatizzare *v.tr.* **1** (*rar.*) (*segnare con le stigmate*) to stigmatize **2** (*fig.*) to stigmatize, to censure: *— il comportamento di qlcu.*, to censure s.o.'s behaviour.

stigmometro *s.m.* (*fot.*) stigmometer.

stilare *v.tr.* to draw* up, to draft: *— un contratto*, to draft (*o* to draw up) a contract.

stilbene *s.m.* (*chim.*) stilbene.

stilbite *s.f.* (*min.*) stilbite.

stile *s.m.* **1** style: *— barocco, gotico, romanico*, Baroque, Gothic, Romanesque style; *— disadorno, conciso*, bare, concise style; *— novecento*, twentieth-century style; *mobili — Impero*, Empire furniture; *nello, secondo lo — di Rubens*, in the style of Rubens (*o* after the manner of Rubens); *non mi piace il suo — nello scrivere*, I don't like his writing style // *un impermeabile di — inglese*, an English(-style) raincoat **2** (*eleganza, classe*) style, class: *quella ragazza ha molto* —, that girl has got style (*o* class); *una persona di* —, a person that has got style // *con stile*, stylishly (*o* in style): *gioca, si veste con* —, he plays, dresses stylishly; *far le cose con* —, to do things in style // *in grande* —, on a grand scale (*o* in grand style) // *è questione di* —, it's a matter of style **3** (*usanza, consuetudine*) style, manner, way: *lamentarsi non è nel suo* —, to complain it's not his style (*o* way) **4** (*tecnica di esecuzione*) style: (*sport*) *salto in alto con — dorsale*, fosbury flop; (*nuoto*) *— libero*, freestyle (*o* crawl) // *— di canto, di recitazione*, singing, acting style **5** (*ant.*) (*verghetta per scrivere*) style; stylus* **6** (*modo di computare il tempo negli anni*) style: *Vecchio, Nuovo* —, Old, New Style.

stilè *agg.* stylish, elegant, smart.

stilema *s.m.* **1** (*ling.*) stylistic element **2** (*procedimento stilistico*) stylistic method.

stilettata *s.f.* **1** (*colpo di stiletto*) stab **2** (*estens.*) (*fitta*) stab, pang, pain: *ho sentito una — al fianco*, I felt a stabbing pain in my side.

stiletto *s.m.* stiletto*, stylet.

stiliforme *agg.* styliform.

stilismo *s.m.* (*letter.*) **1** stylism **2** refinement of style.

stilista *s.m.* e *f.* stylist.

stilistica *s.f.* stylistics [U].

stilistico *agg.* stylistic.

stilita *s.m.* stylite.

stilizzare *v.tr.* to stylize.

stilizzato *agg.* stylized: *arti stilizzate*, stylized arts.

stilizzazione *s.f.* stylization.

stilla *s.f.* (*letter.*) drop: *— a* —, drop by drop.

stillare *v.tr.* e *intr.* to drip; (*trasudare*) to ooze, to seep: *dalla ferita stilla sangue*, blood is dripping from the wound; *i pini stillano resina*, pines exude resin; *— lacrime*, to shed tears // *stillarsi il cervello*, (*fig. fam.*) to rack (*o* to cudgel) one's brains.

stillato *agg.* (*non com.*) distilled; (*filtrato*) filtered.

stilliberista *s.m.* e *f.* (*nuoto*) freestyler, freestyle swimmer.

stillicidio *s.m.* **1** dripping // (*dir.*) *servitù dello* —, right of drip **2** (*fig.*) continual repetition: *uno — di richieste*, an endless series of requests.

stilnovismo *s.m.* (*lett.*) dolce stil nuovo; dolce stil nuovo genre.

stilnovista *s.m.* (*lett.*) dolce stil nuovo poet.

stilo *s.m.* **1** (*asticella per scrivere*) style; stylus* **2** (*bulino*) stylet, style **3** (*braccio della stadera*) beam; (*indice di bilancia*) needle **4** (*gnomone*) style **5** (*stiletto*) stiletto*, stylet **6** (*bot., zool.*) stylus*, style **7** (*per incidere dischi*) (cutting) stylus.

stilobate *s.m.* (*arch.*) stylobate.

stilografica *s.f.* fountain pen.

stilografico *agg.* stylographic(al): *inchiostro* —, fountain-pen ink; *penna stilografica*, fountain pen.

stiloide, **stiloideo** *agg.* (*anat.*) styloid.

stiloioideo *agg.* (*anat.*) stylohyoid.

stima *s.f.* **1** (*valutazione*) estimate, evaluation, assessment, appraisal, rating: *fare la — di qlco.*, to estimate (*o* to appraise *o* to make an estimate of) sthg.; *— catastale*, cadastral survey;

— *dei danni*, assessment of damage // (*mar.*) — *delle distanze*, range estimation **2** (*prezzo stimato*) estimate, valuation: — *di una proprietà*, valuation of an estate; — *inferiore al valore*, underestimate (*o* underestimation); *una — troppo bassa*, an excessively low valuation **3** (*buona opinione*) esteem, estimation: *abbiamo molta — di voi*, we hold you in high esteem; *l'avevamo tutti in molta —*, he was highly esteemed by all of us; *gode la — di tutti*, he enjoys general esteem; *questo merita tutta la mia —*, this deserves all my esteem; *perdere la — di qlcu.*, to lose s.o.'s esteem (*o* estimation); *tenere qlcu. in molta, poca —*, to think highly, little of s.o. // *successo di —*, succès d'estime **4** (*agr.*) (*scorte*): *stime vive*, livestock; *stime morte*, farm equipment.

stimabile *agg.* **1** (*degno di stima*) estimable, worthy: *una persona —*, a worthy person **2** (*valutabile*) estimable, valuable, appraisable, assessable: *danno —*, assessable damage.

stimabilità *s.f.* (*non com.*) estimableness, worthiness.

stimare *v.tr.* **1** (*valutare*) to estimate, to appraise, to value: — *una proprietà*, to appraise (*o* to value) a property; — *il valore di un oggetto*, to estimate (*o* to appraise) the value of an object; — *una casa al di sopra, al di sotto del suo valore*, to overestimate, to underestimate a house; *puoi — il suo reddito netto a 30 milioni all'anno*, you can put his net income at 30 million lire a year; *stimerei i suoi beni in miliardi*, I would rate his wealth at billions of lire; — *i danni*, to assess damages // — *una distanza*, to calculate a distance // *far — un gioiello*, to have a jewel valued (*o* appraised) **2** (*tenere in alta considerazione*) to esteem: *è molto stimato per la sua sincerità*, he is highly esteemed for his sincerity; *lo stimo moltissimo*, I hold him in high esteem (*o* I think very highly of him *o* I esteem him very much) **3** (*ritenere*) to consider, to think*: *lo stimo un imbroglione*, I consider him a swindler; *lo stimavo più intelligente*, I considered (*o* I thought) him more intelligent; *non lo stimo necessario*, I do not think it necessary.

□ **stimarsi** *v.rifl.* **1** (*giudicarsi*) to consider oneself: *non mi stimo capace di farlo*, I do not consider myself able to do it; — *fortunato*, to think (*o* to deem) oneself lucky (*o* to count oneself lucky) **2** (*tenersi in alta considerazione*) to rate oneself highly: *si stima moltissimo*, he has a very high opinion of himself.

stimativa *s.f.* (*letter.*) critical faculty.

stimatizzare → **stigmatizzare**.

stimato *agg.* **1** esteemed: *un professore molto —*, a highly esteemed professor // (*comm.*) *abbiamo ricevuto la Vs. stimata lettera del...*, we have received your letter of the... // *stimatissimo Signore*, (*nelle lettere commerciali*) Dear Sir **2** (*stabilito per mezzo di una stima*) estimated, valued, appraised: *prezzo —*, valued (*o* appraised) price; *valore —*, estimated value; *non —*, (*di proprietà*) unvalued.

stimatore *s.m.* estimator, appraiser, valuer, rater; (*di danni*) assessor: — *del monte dei pegni*, pawnshop appraiser; — *di gioielli*, valuer of jewellery.

stimma → **stigma**.

stimmate → **stigmate**.

stimolante *agg.* stimulating (*anche fig.*): *un esempio —*, a stimulating example; *un articolo —*, a stimulating article ◆ *s.m.* (*med.*) stimulant.

stimolare *v.tr.* (*incitare*) to stimulate, to spur, to incite: *è stimolato dall'ambizione*, he is stimulated (*o* spurred) by ambition; *la necessità lo stimolò a farlo*, necessity spurred (*o* drove *o* incited) him to do it; — *qlcu. allo studio*, to stimulate s.o. to study; *un libro che stimola l'intelligenza*, a book that stimulates the intelligence; — *l'economia*, to stimulate the economy; — *l'appetito*, to whet the appetite // *una bevanda che stimola i centri nervosi*, a beverage that stimulates the nerve centres.

stimolativo *agg.* (*non com.*) stimulative.

stimolatore *agg.* stimulating ◆ *s.m.* stimulator, inciter: (*med.*) — *cardiaco, respiratorio*, cardiac, respiratory stimulator.

stimolazione *s.f.* stimulation (*anche med.*): (*meteor.*) — *artificiale della pioggia*, rainmaking (*o* seeding of clouds).

stimolo *s.m.* **1** stimulus*, goad, spur, incentive: *il bisogno è un grande — al lavoro*, necessity is a great spur to work; *ha bisogno di uno — per andare avanti*, he needs a stimulus to go ahead // *sentire lo — della fame*, to begin to feel the pangs of hunger **2** (*med.*) stimulus*, stimulant **3** (*ant.*) (*pungolo*) goad.

stinco *s.m.* (*anat.*) shin // *non era uno — di santo*, (*fig.*) he was far from being a saint.

stingere *v.tr.* e *intr.* **stingersi** *v.intr.pron.* to fade: *detersivo che non stinge il bucato*, washing powder that doesn't fade the washing; *questi colori (si) stingono facilmente*, these colours fade easily; *il mio cappotto si è tutto stinto*, my coat has become all faded // *non stinge*, non-fading.

stinto *agg.* faded: *un vecchio vestito —*, an old faded dress.

stipare *v.tr.* (*ammassare*) to cram, to pack, to stuff: *li stiparono tutti in una stanza*, they packed (*o* crammed) them all together into a room; — *un cassetto di carte*, to cram a drawer with papers.

□ **stiparsi** *v.intr.pron.* to pack, to cram oneself: *la gente si stipò nell'autobus*, the people packed (*o* crammed themselves) into the bus.

stipato *agg.* (*ammassato*) crammed (with s.o., sthg.), packed (with s.o., sthg.): *gente stipata in una sala*, people packed (*o* crammed) into a hall; *un teatro —*, a crowded (*o* packed) theatre.

stipatura *s.f.* (*agr.*) clearing of brushwood.

stipendiare *v.tr.* **1** (*pagare lo stipendio*) to pay* a salary to (s.o.): *essere stipendiato da un ente pubblico*, to be in the employ of a public corporation **2** (*assumere*) to take* on, to hire: *dovrò — un'altra persona*, I shall have to take on another person.

stipendiato *agg.* salaried, stipendiary; (*pagato*) paid: *lavoratore —*, salaried worker; *magistrato —*, stipendiary magistrate; *lavoro —*, paid job; *è — dalla Regione*, he is paid by the regional council ◆ *s.m.* salary-earner, salaried employee, salaried worker, stipendiary.

stipendio *s.m.* salary; (*paga*) pay; wages (*pl.*); (*guadagno*) earnings (*pl.*); (*non com.*) stipend: — *arretrato*, back pay; — *finale*, final salary; — *ridotto*, half-pay; — *fisso*, regular (*o* fixed) pay; — *annuo*, annual salary; — *base*, basic (*o* base) salary; *riduzione dello —*, salary cut; *avere un buon —*, to get a good salary; *ritirare lo —*, to draw one's salary; *ottenere un aumento di —*, to obtain a pay rise // (*dir.*) *sequestro dello —*, attachment of earnings.

stipettaio *s.m.* cabinetmaker.

stipetto, **stipo** *s.m.* cabinet.

stipite *s.m.* **1** jamb: — *di finestra*, window jamb; — *di porta*, door jamb **2** (*bot.*) stipe, stipes* **3** (*non com.*) (*stirpe*) stock, strain.

stipola *s.f.* (*bot.*) stipel, stipule.

stipolare → **stipulare**.

stipple *s.m.* (*tip.*) stipple.

stipsi *s.f.* (*med.*) constipation, costiveness.

stipula[1] *s.f.* (*bot.*) stipule.

stipula[2] → **stipulazione**.

stipulante *agg.* stipulating, contracting ◆ *s.m.* e *f.* (*dir.*) stipulator, stipulating party; contractor.

stipulare *v.tr.* to stipulate; to agree upon (sthg.); (*redigere*) to draw* up: — *un accordo*, to stipulate agreement; — *un prezzo, una vendita*, to agree upon a price, a sale; — *l'immediata consegna della merce*, to stipulate immediate delivery of the goods; — *un contratto*, to draw up a contract; — *che tutte le spese siano a carico del locatario*, to stipulate that the tenant should be responsible for all repairs // (*assicurazioni*) — *una polizza di assicurazione*, to take out (*o* to draw up) an insurance policy.

stipulato *agg.* (*amm.*) stipulated, drawn up; (*concordato*) agreed upon: *prezzo —*, agreed price.

stipulazione *s.f.* (*amm.*) (*stesura*) stipulation, drawing up; (*accordo stipulato*) contract agreement: — *di un contratto*, stipulation (*o* drawing up) of a contract.

stiracalzoni *s.m.* trouser press.

stiracchiamento *s.m.* **1** stretching, pulling, tugging **2** (*fig.*) (*il sofisticare*) distorting, twisting **3** (*fig. fam.*) (*il mercanteggiare*) bargaining, haggling.

stiracchiare *v.tr.* **1** to stretch: — *le gambe, le braccia*, to stretch one's legs, arms **2** (*stirare alla meglio*) to run* the iron over (sthg.) **3** (*fig. fam.*) (*economizzare*) to skimp: *dobbiamo — per arrivare alla fine del mese*, we'll have to skimp (*o* to tighten our belts) to get to the end of the month **4** (*fig.*) (*cavillare su*) to distort, to twist: — *il significato di una frase*, to twist (*o* to distort) the meaning of a sentence **5** (*fig. fam.*) (*mercanteggiare*) to bargain over (sthg.), to haggle about (sthg.): — *il prezzo di qlco.*, to bargain over (the price of) sthg.

□ **stiracchiarsi** *v.rifl.* to stretch: *è tutta la mattina che si stiracchia e sbadiglia*, he's been stretching and yawning all morning.

stiracchiatamente *avv.* with an effort, with difficulty.

stiracchiato *agg.* forced: *un sorriso —*, a forced smile // *una dimostrazione stiracchiata*, an unconvincing demonstration; *ragionamento —*, forced argument.

stiracchiatura *s.f.* **1** (*non com.*) stretching **2** (*fig.*) (*interpretazione stiracchiata*) forced interpretation.

stiraggio *s.m.* stretching.

stiramaniche *s.m.* sleeve board.

stiramento *s.m.* stretching; (*di un arto*) extension.

stirapantaloni *s.m.* trouser press.

stirare *v.tr.* **1** to stretch: — *le braccia, le gambe*, to stretch one's arms, legs **2** (*col ferro caldo*) to iron; to press: — *biancheria, una camicia*, to iron linen, a shirt; — *un vestito*, to press (*o* to iron) a suit.
□ **stirarsi** *v.rifl.* o *intr.pron.* **1** to stretch (oneself): *la mattina mi piace stirarmi un po'*, I like to stretch a bit in the morning **2** (*procurarsi uno stiramento muscolare*) to pull a muscle, to strain a muscle.

stirata *s.f.* quick press: *tempo di dare una — a questi pantaloni e arrivo*, I'll give these trousers a quick press and then I'll come.

stirato *agg.* **1** ironed, pressed: *biancheria lavata e stirata*, washed and ironed laundry **2** (*med.*) strained, pulled: *muscolo* —, strained muscle.

stiratoio *s.m.* **1** (*tess.*) drawing frame **2** (*panno che ricopre l'asse per stirare*) ironing -board cover.

stiratore *s.m.* (*tess.*) drawer.

stiratrice *s.f.* ironer.

stiratura *s.f.* ironing.

stirene *s.m.* (*chim.*) styrene.

stirenica *agg.* (*chim.*) styrene (*attr.*): *resina* —, styrene plastic.

stireria *s.f.* laundry.

stiro *s.m.*: *ferro da* —, iron; *tavolo da* —, ironing board.

stirolo *s.m.* (*chim.*) styrol.

stirpare → **estirpare**.

stirpe *s.f.* **1** birth, descent, stock; (*razza*) race: *una — di guerrieri*, a race of warriors; *persona di nobile* —, person of noble birth (*o* descent *o* stock *o* extraction); *popoli di — diversa*, people of different extractions **2** (*prole*) offspring, issue.

stitichezza *s.f.* **1** constipation, costiveness **2** (*fig.*) (*avarizia*) niggardliness; (*fam.*) stinginess.

stitico *agg.* **1** constipated, costive **2** (*fig.*) (*avaro*) niggardly; (*fam.*) stingy.

stiva[1] *s.f.* (*mar.*) hold: — *di poppa*, afterhold; — *di prua, di prora*, forehold; — *per carbone*, bunker (*o* coal hold); — *refrigerata*, refrigerated hold; *mettere nella* —, to stow.

stiva[2] → **stegola**.

stivaggio *s.m.* (*mar.*) stowage: — *alla rinfusa*, stowage in bulk; *spese, diritti di* —, stowage (charges).

stivalata *s.f.* kick with a boot.

stivale *s.m.* boot: *stivali da equitazione, da pesca*, riding, wading boots; *stivali alla scudiera*, top-boots; *mettersi, togliersi gli stivali*, to put on, to take off one's boots // *ingegnere dei miei stivali!*, (*iron.*) engineer, my foot! // *lustrare gli stivali a qlcu.*, to lick s.o.'s boots.

stivaletto *s.m.* ankle-boot.

stivamento *s.m.* (*mar.*) stowage, stowing.

stivare *v.tr.* (*mar.*) to stow: — *il carico*, to stow the cargo; — *merce alla rinfusa*, to stow goods in bulk.

stivatore *s.m.* (*mar.*) stevedore; (*amer.*) longshoreman*.

stizza *s.f.* anger; irritation: *mi fece venire la* —, it made me angry; *se gli prende la* —, if he gets angry; *si rodeva di* —, he was fretting with irritation; *provar — per qlco.*, to be angry about sthg.; *un gesto di* —, an angry gesture.

stizzire *v.tr.* to irritate, to vex: *non stizzirlo!*, don't irritate (*o* vex) him! // (*far*) — *qlcu.*, to make s.o. angry (*o* cross) ◆ *v.intr.* → **stizzirsi**.
□ **stizzirsi** *v.intr.pron.* to get* angry, to get* cross, to lose* one's temper: *si è stizzito sul serio*, he was really angry; *si stizzisce subito*, it doesn't take much to make him angry (*o* he loses his temper easily).

stizzito *agg.* cross, angry: *rispose* —, he replied angrily.

stizzosamente *avv.* irritably, peevishly.

stizzoso *agg.* **1** irritable, prickly, touchy: *un carattere* —, a prickly character **2** (*che dimostra stizza*) angry, peevish: *parole stizzose*, angry words **3** (*fig. fam.*) (*insistente*) persistent: *tosse stizzosa*, persistent cough.

stoa *s.f.* (*arch. greca*) stoa*.

stocastico *agg.* stochastic: *processo* —, stochastic process; (*ecol.*) *raduno* —, assemblage.

stoccafisso *s.m.* stockfish, dried cod // *sembrare uno* —, (*fig. fam.*) to be as thin as a rake.

stoccaggio *s.m.* (*comm.*) storage, stockpile, stockpiling, warehousing.

stoccare[1] *v.tr.* **1** (*colpire con lo stocco*) to thrust with a rapier **2** (*sport*) (*scherma*) to touch (the opponent); (*calcio*) to fire a shot into (the goal) **3** (*fig.*) (*dare una frecciata*) to make* a cutting remark about (s.o.).

stoccare[2] *v.tr.* (*comm.*) to stock, to store.

stoccata *s.f.* **1** (*colpo di pugnale ecc.*) thrust, stab **2** (*sport*) (*scherma*) thrust; (*calcio*) shot at goal **3** (*fig.*) (*parola mordace*) cutting remark, taunt, gibe: *lanciare una — a qlcu.*, to gibe at s.o. **4** (*fig.*) (*richiesta di denaro*) request for money **5** (*fig.*) (*dolore improvviso*) stab, pang.

stoccatore *s.m.* **1** (*sport*) (*scherma*) expert fencer; (*calcio*) sharp shooter **2** (*fig.*) (*chi lancia frecciate*) taunter, giber **3** (*fig.*) (*chi chiede denaro*) cadger.

stocco[1] *s.m.* rapier: *bastone a, con lo* —, sword-stick.

stocco[2] *s.m.* (*del pagliaio*) pole (of haystack).

stock *s.m.* **1** (*comm.*) (*scorta di merci*) stock, inventory: — *di merci*, stock of goods **2** (*econ.*) (*consistenza patrimoniale*) money stock, assets (*pl.*): — *di capitale*, money stock; — *di ricchezze*, assets **3** (*estens.*) (*quantità notevole*) lot, parcel: *comprare uno — di calzini*, to buy a lot of socks.

stoffa *s.f.* **1** material, cloth; fabric: — *di seta, cotone, lana*, silk, cotton, woollen cloth; — *per abiti*, dress-material; *due metri di* —, two metres of cloth; *che genere di — è?*, what material (*o* what sort of cloth) is it?; *ho comperato una — molto pesante*, I have bought some very heavy material **2** (*fig.*) stuff, makings (*pl.*): *in lui c'è della* —, he's made of the right stuff (*o* he's got what it takes); *non ha la — dell'artista*, he is not the stuff artists are made of (*o* he hasn't the makings of an artist); *questi ragazzi sono tutti della stessa* —, these boys are all of a kind; *suo fratello è di un'altra* —, his brother is made of different stuff.

stoiaio *s.m.* mat maker.

stoicamente *avv.* stoically: *sopportare — il dolore*, to support pain stoically.

stoicismo *s.m.* **1** (*st. fil.*) Stoicism **2** (*fig.*) stoicism: *sopportò il colpo con vero* —, he bore the blow with real stoicism.

stoico *agg.* **1** (*st. fil.*) Stoic: *filosofia stoica*, Stoic philosophy **2** (*fig.*) stoic(al): *animo* —, stoical mind ◆ *s.m.* **1** (*st. fil.*) Stoic: *gli stoici*, the Stoics **2** (*fig.*) stoic: *è uno* —, he is a stoic.

stoino → **stuoino**.

stola *s.f.* **1** stole: — *di ermellino, visone*, ermine, mink stole **2** (*eccl.*) stole **3** (*st. romana*) stole.

stolidezza *s.f.* stupidity, obtuseness.

stolidità *s.f.* **1** (*l'essere stolido*) stupidity, obtuseness **2** (*azione stolida*) stupidity; stupid thing to do; stupid thing to say.

stolido *agg.* stupid, obtuse: *parole stolide*, stupid words ◆ *s.m.* idiot, fool; stupid person.

stollo *s.m.* (*agr.*) pole (of haystack).

stolone *s.m.* (*bot.*) stolon, runner.

stoltezza *s.f.* foolishness, stupidity, silliness.

stoltiloquio *s.m.* (*letter.*) stupid speech; foolish talk.

stolto *agg.* foolish, stupid, silly ◆ *s.m.* fool; idiot.

stoma *s.m.* (*bot.*) stoma*.

stomacale *agg.* stomachal; stomach (*attr.*); stomachic.

stomacare *v.tr.* to sicken, to nauseate, to turn one's stomach (*anche fig.*): *questo cibo mi stomaca*, this food nauseates (*o* sickens) me; *la sua adulazione mi stomaca*, his flattery sickens me (*o* makes me sick).
□ **stomacarsi** *v.intr.pron.* to be nauseated (by sthg.), to be sick (of sthg.).

stomachevole *agg.* sickening, nauseating (*anche fig.*): *odore* —, nauseating (*o* sickening) smell.

stomachico *agg.* (*med.*) stomachic.

stomaco *s.m.* **1** stomach, (*fam.*) tummy: *a — pieno*, on a full stomach; *a — vuoto*, on an empty stomach; *mal di* —, stomachache; *ha uno — debole, forte*, he has a weak, strong stomach; *riempirsi lo* —, to fill one's stomach // *dare di* —, to vomit (*o* to throw up) // *le cipolle mi rimangono sullo* —, I always find onions indigestible; *ho ancora la colazione sullo —, la colazione mi è rimasta sullo* —, I haven't yet digested my lunch // *la sua arroganza mi sta sullo* —, (*fig.*) I cannot stomach his arrogance; *non lo sopporto, mi sta proprio sullo* —, (*fig.*) I can't stand him, he makes me sick // *ha uno — di struzzo, di ferro*, (*fig.*) he has got a cast-iron stomach // *mi sento un vuoto nello* —, (*fam.*) I am feeling faint with hunger // *certi discorsi mi rivoltano lo* —, some of the things that people say really turn my stomach (*o* revolt me) **2** (*fig.*) stomach, (*fam.*) guts (*pl.*); (*sfrontatezza*) effrontery, nerve, cheek: *ci vuole — a frequentare certi ambienti*, you need guts (*o* a strong stomach) to move in certain circles; *ha avuto lo — di dirmelo*, he had the nerve (*o* cheek) to tell me.

stomacoso *agg.* (*non com.*) revolting, disgusting.

stomatico *agg.* stomatic.

stomatite *s.f.* (*med.*) stomatitis.

stomatologia *s.f.* (*med.*) stomatology.

stomatologico *agg.* (*med.*) stomatologic(al).

stomatologo *s.m.* (*med.*) stomatologist.

stonacare *v.tr.* (*non com.*) to unplaster, to remove plaster from (sthg.).
□ **stonacarsi** *v.intr.pron.* (*non com.*) to peel (off): *la parete si stonaca*, the plaster is peeling off the walls.

stonare *v.intr.* **1** (*cantando*) to be out of tune, to sing* out of tune, to sing* flat; (*suonando*) to be out of tune, to play out of tune; (*uscire dal tono*) to go* out of tune: *il cantante ha stonato*, the singer went out of tune **2** (*fig.*) to be out of place; (*di colori*) to clash, to jar: *le sue osservazioni stonarono in quel momento*, his remarks were out of place at that moment; *quel colore stona col blu*, that colour clashes with blue ◆ *v.tr.* **1** (*cantando*) to sing* (sthg.) out of tune, to sing* flat; (*suonando*) to play (sthg.) out of tune **2** (*turbare*) to upset*: *queste notizie mi hanno stonato*, this news has upset me.

stonata *s.f.* wrong note: *il pubblico fischiò la — del tenore*, the public booed the tenor's wrong note.

stonato *agg.* **1** out of tune, flat; (*di nota*) wrong, false: *un violino —*, an out-of-tune violin **2** (*di persona*) tone-deaf: *è molto —*, he is tone-deaf **3** (*fig.*) out of place: *tutto quel che diceva era —*, everything he said was out of place // *colori stonati*, colours that clash **4** (*turbato*) upset.

stonatura *s.f.* wrong note, false note (*anche fig.*): *nel suo discorso c'era qualche —*, there were a few jarring notes in his speech; *quel tappeto in questo salotto è una —*, that carpet is out of place in this drawing room.

stop *s.m.* **1** (*tel.*) stop // *Stop! Basta così!*, Stop it! That's enough! // (*calcio*) *fare uno —*, to stop the ball **2** (*segnale stradale*) stop signal: *fermarsi allo —*, to stop at the stop signal **3** (*aut.*) stop-light.

stoppa *s.f.* tow: *— catramata*, oakum; (*mar.*) *— da calafato*, caulking oakum // *ha i capelli biondo —*, she has tow-coloured hair // *un uomo di —*, a weak-kneed man.

stoppaccio *s.m.* (*di arma da fuoco ad avancarica*) wad.

stoppare[1] *v.tr.* (*region.*) (*otturare*) to stop (up) with tow; to plug; (*mar.*) (*calafatare*) to caulk.

stoppare[2] *v.tr.* (*fermare*) **1** to stop **2** (*sport*) to stop the ball.

stoppata *s.f.* (*sport*) stopping, trapping.

stoppatore *s.m.* (*mar.*) (*calafato*) caulker.

stopper *s.m.* (*calcio*) stopper, centre back.

stoppia *s.f.* (*agr.*) stubble ▢.

stoppino *s.m.* **1** (*di candela*) wick **2** (*miccia*) match **3** (*tess.*) sliver.

stopposo *agg.* towy; (*di carne*) tough, stringy: *capelli stopposi*, stringy hair.

storace *s.m.* (*bot.*) (*Styrax officinalis*) storax, styrax.

storcere *v.tr.* **1** to twist; to wrench: *— un braccio a qlcu.*, to twist s.o.'s arm; *— un lenzuolo bagnato*, to wring out a wet sheet // *— gli occhi*, to roll one's eyes // *— la bocca*, to make a face // *— il naso*, to turn up one's nose: *alla mia proposta, storse il naso*, (*fig.*) he turned up his nose at my suggestion // *— il significato di una frase*, (*fig.*) to twist the meaning of a sentence **2** (*lussarsi, slogarsi*) to twist, to wrench: *storcersi una caviglia, un polso*, to twist (*o* to wrench *o* to sprain) one's ankle, one's wrist **3** (*disfare la torsione di*) to untwist.
□ **storcersi** *v.rifl.* o *intr.pron.* **1** to twist, to writhe: *si storceva dal dolore*, he writhed in pain // *— dal ridere*, to split one's sides with laughter **2** (*stortarsi*) to bend*: *il chiodo si è storto*, the nail has bent.

storcimento *s.m.* twist; sprain; wrench.

stordimento *s.m.* **1** stunned condition; dizziness, giddiness: *questo — è dovuto al colpo che hai ricevuto*, your stunned condition is due to the blow you received; *avere uno —*, to feel stunned (*o* to be in a daze) **2** (*sbalordimento, meraviglia*) stupefaction; bewilderment.

stordire *v.tr.* **1** (*con un colpo*) to stun, to daze: *il poliziotto lo stordì con un colpo alla testa*, the policeman stunned (*o* dazed) him with a blow on the head **2** (*di vino, liquori*) to befuddle **3** (*di rumore*) (*assordare*) to deafen; (*innervosire*) to drive* crazy: *rumore che stordisce*, deafening noise; *quel bambino mi stordisce*, that child is driving me crazy; *abbassa il volume, la televisione mi sta stordendo*, turn the TV down, it's deafening me **4** (*fig.*) (*sbalordire*) to stun, to stupefy: *la notizia l'aveva stordito*, the news had stupefied (*o* stunned) him.
□ **stordirsi** *v.rifl.* to dull one's senses: *cercava di — col bere*, he tried to dull his senses with drink.

storditaggine *s.f.* **1** absent-mindedness; heedlessness; carelessness **2** (*stupidità*) foolishness, silliness, stupidity **3** (*errore sciocco*) foolish mistake, blunder; (*detto sciocco*) foolish remark: *questa è stata una vera —*, this was a really foolish mistake (*o* a real blunder).

storditezza *s.f.* **1** absent-mindedness, heedlessness; carelessness **2** (*stupidità*) foolishness.

stordito *agg.* **1** stunned, dazed; giddy: *era — per il colpo*, he was left stunned (*o* dazed) by the blow; *mi sento — in tutto questo traffico*, I feel dazed in all this traffic **2** (*sbalordito*) bewildered: *aveva un'aria stordita*, he looked bewildered **3** (*sbadato, sventato*) absent-minded; heedless **4** (*sciocco*) foolish, silly.

storia *s.f.* **1** history: *— antica, medievale, moderna*, ancient, medieval, modern history; *— dell'arte*, history of art; *— della letteratura italiana*, history of Italian literature; *— delle dottrine economiche*, history of economic doctrines; *— d'Italia*, history of Italy; *— greca, romana*, Greek, Roman history; *— naturale*, natural history; *lezione, esame di —*, history lesson, examination; *libro di —*, history book // *la — sacra*, sacred history // *la sua impresa è passata alla —*, his exploit made history // *questa è —!*, this is a fact! **2** (*racconto*) story, tale: *storie di avventure*, tales of adventure (*o* adventure stories); *una — d'amore*, a love story; *una — di fate*, a fairy tale (*o* fairy story); *raccontami una —*, tell me a story // *la — della mia vita*, the story of my life // *è una lunga —!*, it's a long story! **3** (*episodio, faccenda*) business; affair; matter: *di questa — non ne voglio sapere*, I don't want to know anything about this business; *non voglio più sentire parlare di questa —*, I don't want to hear any more about this // *è sempre la stessa —!*, it is always the same (old) story! // *avere una — con qlcu.*, (*fam.*) to have a love affair with s.o. // *be', che — è questa?*, (*fam.*) well, what's all this about? **4** (*bugia*) story, fib; lie: *fece circolare delle storie sul mio conto*, he spread stories about me; *non raccontare storie!*, don't tell stories (*o* fibs)!; *sono tutte storie!*, it's all nonsense; *storie!*, nonsense! (*o* go on! *o* get away!) **5** (*obiezione*) objection; (*pretesto*) pretext: *non far tante storie!*, don't make such a fuss!; *se dovesse fare delle storie, fammelo sapere*, if he should raise any objections, let me know; *quante storie per così poco!*, what a fuss about nothing!

storicamente *avv.* historically; really: *un personaggio — esistito*, a character who really existed; *un fatto — avvenuto*, a fact that actually (*o* really) happened.

storicismo *s.m.* **1** (*fil.*) historicism, historism **2** (*metodo storico nella critica*) historical method.

storicista *s.m.* e *f.* historicist.

storicistico *agg.* historicist.

storicità *s.f.* historicity; historical authenticity.

storicizzare *v.tr.* (*inquadrare storicamente*) to historicize; to put* in a historical context: *— un'opera letteraria*, to put a literary work in a historical context.

storicizzazione *s.f.* historicization; putting in a historical context.

storico *agg.* **1** historical: *un personaggio —*, a historical figure; *critica storica, metodo —*, historical criticism, method; *romanzo —*, historical novel; *verità storica*, historical truth; (*econ.*) *scuola storica*, historical school // *centro — di una città*, historic centre of a city **2** (*gramm.*) historic: *presente —*, historic present **3** (*memorabile*) historic: *è una giornata storica*, it's a historic day; *una decisione storica*, (*iron.*) a historic decision ◆ *s.m.* historian.

storiella *s.f.* **1** little story **2** (*frottola*) fib, story, lie **3** (*barzelletta*) funny story, joke.

storiografia *s.f.* historiography.

storiografico *agg.* historiographic(al).

storiografo *s.m.* historiographer.

storione *s.m.* (*zool.*) (*Acipenser sturio*) sturgeon.

stormire *v.intr.* to rustle.

stormo *s.m.* **1** flight, flock: *uno — di uccelli*, a flight (*o* flock) of birds; *uno — di aeroplani*, a flight formation // *a stormi*, (*anche fig.*) in flocks **2** (*fig.*) (*frotta, moltitudine*) crowd, swarm: *uno — di gente*, a crowd (*o* swarm) of people // *suonare a —*, to ring the tocsin (*o* to ring the warning bell).

stornare *v.tr.* **1** to avert, to ward off; to divert, to turn aside: *— l'attenzione di qlcu. da qlco.*, to divert (*o* to turn) s.o.'s attention from sthg.; *— un pericolo*, to avert (*o* to ward off) a danger **2** (*fin.*) (*destinare ad altro fine*) to transfer, to divert: *— una somma*, to transfer a sum of money **3** (*amm.*) to reverse, to cancel, to write* off: *— una registrazione contabile*, to reverse (*o* to write off) an entry; *— un'ordinazione*, to cancel an order; *— una somma dall'attivo*, to charge off an amount.

stornellare *v.intr.* to sing* stornelli; to sing* ditties.

stornellata *s.f.* singing of stornelli.

stornellatore *s.m.* singer (of stornelli).

stornello[1] *s.m.* (*lett., mus.*) stornello (*pl.* -i); ditty.

stornello[2], **storno**[1] *s.m.* (*zool.*) (*Sturnus vulgaris*) starling: *— rosso*, (*Pastor roseus*) pastor; *— triste*, (*Acridotheres tristis*) myna(h).

storno[2] *agg.* (*di cavallo*) dapple-grey.

storno[3] *s.m.* **1** (*fin.*) (*trasferimento*) transfer, diversion: *— di denaro pubblico*, diversion of public money **2** (*amm.*) (*annullamento*) reversal, cancellation, offsetting, writing off: *— di una registrazione contabile*, reversal (*o* offsetting) of an entry; — *di un'ordinazione*, cancellation of an order; — *dall'attivo*, charge off.

storpiamento *s.m.* **1** crippling, maiming **2** (*fig.*) mangling.

storpiare *v.tr.* **1** to cripple, to maim: *fu storpiato da una caduta da cavallo*, he was crippled by a fall from his horse **2** (*fig.*) (*rovinare, deformare*) to mangle: — *un nome*, (*scrivendolo*) to misspell a name, (*pronunciandolo*) to mispronounce a name; — *le parole*, to mangle one's words; — *un pezzo di musica, di poesia*, to mangle (*o* to murder) a piece of music, of poetry.

□ **storpiarsi** *v.intr.pron.* to become* crippled; to become* lame; to be maimed.

storpiatura *s.f.* **1** crippling, maiming: *la — di un nome*, the mispronounciation of a name **2** (*fig.*) mangling.

storpio *agg.* crippled; lame ◆ *s.m.* cripple; lame person.

storta[1] *s.f.* twist; (*a un'articolazione*) sprain: *ho preso una — a un piede*, I have sprained my ankle.

storta[2] *s.f.* (*chim.*) retort.

storto *agg.* **1** crooked; twisted: *una bacchetta storta*, a crooked stick; *bocca storta*, twisted mouth; *gambe storte*, bandy legs; *un naso* —, a crooked nose; *un quadro* —, a picture hung crooked // *avere gli occhi storti*, to have a squint; *uomo dagli occhi storti*, cross-eyed man **2** (*storpio*) crippled **3** (*falso, sbagliato*) false; wrong: *idee storte*, wrong (*o* mistaken) ideas // *oggi mi vanno tutte storte*, everything is going wrong for me today (*o* nothing is going right for me today) ◆ *avv.* bent: *camminare — per il dolore*, to walk bent (over) with pain // *mi guardò* —, (*fig.*) he gave me a dirty look.

stortura *s.f.* **1** deformity, deformation **2** (*idea sbagliata*) wrong idea, mistaken idea; (*errore*) mistake, error: *storture mentali*, mental twists.

stoviglia *s.f.* (*spec. pl.*) kitchenware [U], tableware [U]; dishes (*pl.*): *lavare le stoviglie*, to wash the dishes (*o* to wash up).

stozzare *v.tr.* (*mecc.*) to slot.

stozzatore *s.m.* (*mecc.*) slotter.

stozzatrice *s.f.* (*mecc.*) slotter, slotting machine.

stra- *pref.* di origine latina usato per indicare il superamento di un determinato limite; ingl. over; very: *stracarico*, overloaded; *strapagare*, to overpay; *strafare*, to overdo.

strabenedire *v.tr.* (*fam.*) to bless with all one's heart // *che Dio lo strabenedica*, (*iron.*) God rest his soul.

strabere *v.intr.* to drink* too much; to booze.

strabico *agg.* squinting; squint-eyed, cross-eyed: *è* —, he squints; *avere gli occhi strabici*, to have a squint ◆ *s.m.* squinter, cross-eyed person.

strabiliante *agg.* amazing, astounding, astonishing: *una notizia* —, an astonishing piece of news.

strabiliare *v.intr.* to be amazed, to be astounded, to be astonished ◆ *v.tr.* to amaze, to astound, to astonish: *ci ha strabiliato con i suoi racconti*, he amazed (*o* astounded *o* astonished) us with his stories.

strabiliato *agg.* amazed, astounded, astonished: *sono rimasto* —, I was amazed.

strabismo *s.m.* (*med.*) squint, squinting; strabismus: — *convergente*, esotropia; *essere affetto da* —, to squint // — *di Venere*, strabismus of Venus.

straboccamento *s.m.* overflowing; brimming over.

straboccare *v.intr.* **1** to overflow*; to brim over **2** (*fig.*) (*abbondare*) to abound.

strabocchevole *agg.* **1** overflowing; brimming over **2** (*fig.*) (*eccessivo*) superabundant; excessive: *una folla* —, an enormous crowd.

strabometria *s.f.* (*med.*) strabismometry, strabometry.

strabometro *s.m.* (*med.*) strabismometer, strabometer.

strabuzzamento *s.m.* (*non com.*) bulging (of one's eyes), rolling of one's eyes.

strabuzzare *v.tr.*: *strabuzzò gli occhi*, his eyes bulged (*o* popped).

stracannaggio *s.m.* (*tess.*) rewinding.

stracannare *v.tr.* (*tess.*) to rewind*.

stracannatura → **stracannaggio**.

stracarico *agg.* overloaded (with sthg.), overburdened (with sthg.): *l'auto è stracarica*, the car is overloaded; *essere — di lavoro*, to be weighed down by overwork (*o* to be overburdened with work).

stracca *s.f.* (*non com.*) fatigue, tiredness; weariness.

straccale *s.m.* breeching.

straccare *v.tr.* (*region.*) to fatigue, to tire out.

□ **straccarsi** *v.intr.pron.* to get* tired (out), to become* exhausted, to wear* oneself out.

stracceria *s.f.* (*non com.*) rags (*pl.*), tatters (*pl.*).

stracchino *s.m.* 'stracchino' (kind of soft cheese made in Lombardy).

stracciabile *agg.* tearable, that can be torn (up).

stracciaiolo *s.m.* **1** ragman*; rag-and-bone man **2** (*tess.*) comber.

stracciamento *s.m.* **1** (*non com.*) tearing; rending **2** (*tess.*) combing.

stracciare *v.tr.* **1** to tear*, to rip; (*non com.*) to rend*: *ho stracciato il vestito*, I have torn my dress; — *una lettera*, to tear up a letter; — *un pezzo di carta*, to tear up (*o* to rip up) a piece of paper **2** (*fig.*) (*battere*) to lick: *abbiamo stracciato gli avversari*, we licked our opponents **3** (*tess.*) to comb.

□ **stracciarsi** *v.intr.pron.* to tear*, to get* torn: *questa carta si straccia facilmente*, this paper tears easily.

stracciato *agg.* **1** torn; ragged: *vestiti stracciati*, torn (*o* ragged) clothes **2** (*di persona*) in rags (*pred.*); in tatters (*pred.*) **3** (*fig.*) (*di prezzo*) very low, reduced; giveaway (*attr.*): *comprare a prezzi stracciati*, to buy at bargain prices; *vendere a prezzi stracciati*, to sell at giveaway prices.

stracciatura *s.f.* **1** tearing; ripping; (*lacerazione*) tear; rip **2** (*tess.*) combing.

straccio *s.m.* **1** rag; tatters (*pl.*); (*per pulire*) cloth: — *per la polvere*, duster; — *per le scarpe*, shoe-cloth; — *per i pavimenti*, floorcloth; *un mucchio di vecchi stracci*, a heap of old rags; *gli stracci si usano per fare carta*, rags are used for making paper; *era vestito di stracci*, he was dressed in rags (*o* tatters); *commercio, industria degli stracci*, rag trade, industry; *commerciare in stracci*, to deal in rags // *ridursi uno* —, (*fig.*) to wear oneself out; *sentirsi uno* —, (*fig.*) to feel like a wet rag // *non ho uno — di vestito da mettermi*, I haven't got a rag to wear // *non ha trovato uno — di marito*, she never got within striking distance of a husband **2** (*non com.*) (*strappo*) tear, rent **3** (*tess.*) noil; combings (*pl.*).

straccio *agg.* torn; in rags (*pred.*): *carta straccia*, waste paper; *roba straccia*, rags.

straccione *s.f.* **straccione** *s.m.* ragamuffin, tatterdemalion; beggar, wretch.

straccivendola *s.f.* ragwoman*, rag-and-bone woman, rag dealer.

straccivendolo *s.m.* ragman*, rag-and-bone man, rag dealer.

stracco *agg.* (*fam.*) **1** tired out, exhausted, weary: — *morto*, dead tired **2** (*fig.*) lukewarm; faint: *amore* —, lukewarm love; *entusiasmo* —, faint enthusiasm.

stracittadino *agg.* town (*attr.*), local.

stracontento *agg.* overjoyed; very glad, very pleased; highly delighted.

stracotto *agg.* **1** (*cuc.*) overdone, overcooked: *pasta stracotta*, overcooked pasta **2** (*fig. scherz.*) head over heels in love: *sono — di lei*, I'm head over heels in love with her ◆ *s.m.* (*cuc.*) stew.

stracuocere *v.tr.* to overcook, to overdo*.

strada *s.f.* **1** road; (*di città, fiancheggiata da case*) street: — *a fondo cattivo*, uneven (*o* bad) road; — *di montagna*, mountain road; — *a due corsie*, dual carriageway; — *a senso unico*, one-way street; — *sterrata, bianca*, dirt road; — *asfaltata*, asphalt road; — *carrabile*, cartway; — *carrozzabile*, carriageway; — *a doppia corsia*, dual carriageway; — *cieca*, cul-de-sac (*o* blind alley *o* dead end); — *di campagna*, country road; — *di circonvallazione*, bypass; — *ferrata*, railway; — *in costruzione*, road under construction; — *lastricata, selciata*, paved road; — *maestra*, main road (*o* highroad *o* highway); — *principale*, main highway (*o* road); — *provinciale*, provincial road; *una — romana*, a Roman road; — *sbarrata*, road blocked (*o* no thoroughfare); — *sdrucciolevole*, slippery road; — *secondaria*, byroad (*o* side street); — *statale*, national road (*o* trunk road *o amer.* federal highway); — *traversa*, (*scorciatoia*) short cut; *all'angolo della* —, at the street corner; *bivio della* —, road fork; *colmo della* —, crown of the road; *regolamento della* —, traffic regulation (*o* rule of the road); *dall'altra parte della* —, across (*o* on the other side of) the road (*o* street); *in mezzo alla* —, in the middle of the street (*o* road); *manutenzione delle strade*, road maintenance; *il traffico nelle strade*, the traffic in the streets; *questa — porta a Milano*, this road leads to Milan; *l'auto uscì di* —, the car went off the road; *segui questa — fino al semaforo*, follow this road as far as the traffic lights; *"In che — abiti?" "Abito in una — molto tranquilla"*, "Which street do you live in?" "I live in a very quiet street (*o* road)"; *l'ho incontrato per la* —, I met him in the street; *la mia finestra dà sulla* —, my window opens out (*o* looks out) on the street; *questa — è molto battuta*, this is a very busy road; *attraversare la* —, to cross the street (*o* the road); *fare, aprire una* —, to build, to open a road // *bandito di* —, highway bandit // *ragazzo di* —, street urchin // *l'uomo della*

—, the man in the street // *cosa ne pensa l'uomo della —?*, what does the man in the street think (about it)? // *gettare qlcu. in mezzo alla —*, (*fig.*) to put s.o. on the street // *raccogliere qlcu. dalla —*, (*fig.*) to pick (*o* to take) s.o. out of the gutter // *tutte le strade portano a Roma*, (*prov.*) all roads lead to Rome **2** (*tragitto, cammino, varco*) way (*anche fig.*): — *facendo*, on the way; *la — più breve da qui alla stazione*, the shortest way from here to the station; *l'auto divorava la —*, the car was eating up the miles; *a un'ora di —*, (*camminando*) an hour's walk away; *un luogo fuori —*, an out-of-the-way place; *siamo a mezza —*, we are half way; *fare la — a piedi*, to walk; *facemmo un pezzo di — insieme*, we went some way together; *perdere, trovare la —*, to lose, to find the way; *non riesco a trovare la — per andare a casa*, I can't find my way home; *che — fai per andare da Paolo?*, which way do you go to Paolo's house?; *ci siamo fermati per — a mangiare qualcosa*, we stopped on the way to have something to eat; *l'autoambulanza (mi) chiedeva — insistentemente*, the ambulance was hooting me out of the way; *vai avanti tu, io non so la —*, you go first, I don't know the way; *prego, vi faccio —*, let me show you the way; *tagliare la — a qlcu.*, to cut across s.o.'s path, (*fig.*) to get in s.o.'s way; *c'è ancora tanta — da fare*, (*anche fig.*) there's still a long way to go; *non so che — prendere*, I don't know which way to go, (*fig.*) I don't know which way to turn; *ne ha fatta di — da quando era un ragazzo*, he has come a long way, since he was a boy; *ha trovato la — fatta*, he had it (*o* things) easy; *andare per la propria —*, to go one's own way; *essere, mettere su una buona, cattiva —*, to be, to put on the right, wrong track; *non ha ancora trovato la sua —*, he hasn't found his way yet; *devi cambiare — se non vuoi finire male*, you'll have to change your ways if you don't want to come to a bad end; *la polizia è sulla — giusta per arrivare ai sequestratori*, the police are on the right track to find the kidnappers; *sei fuori —*, you are on the wrong track; *si vide chiusa ogni —*, he realized every possibility was closed to him; *farsi una — in mezzo alla neve*, to clear a way through the snow; *si fece — fra la folla*, he pushed his way through the crowd; *farsi — nella vita*, to make one's way (*o* to do well for oneself) in life.

stradale *agg.* road (*attr.*); of the road (*pred.*): *fondo —*, roadbed; *incidente —*, road accident; *lavori stradali*, roadworks; *manutenzione —*, upkeep of the roads; *piano —*, roadway; *regolamento —*, traffic regulation (*o* rule of the road); *carta —*, road map ◆ *s.m.* (*strada*) road; (*viale*) avenue ◆ *s.f.* (*polizia*) traffic police; (*sulle autostrade*) highway police.

stradario *s.m.* street guide, street map.

stradatrice *s.f.* (*tecn.*) setter.

stradatura *s.f.* (*tecn.*) setting.

stradino *s.m.* roadman*, road-worker.

stradista *s.m.* road-racing cyclist.

stradivario *s.m.* Stradivarius.

stradone *s.m.* wide road, (*amer.*) boulevard; (*viale*) avenue.

stradotale → **estradotale**.

strafalcione *s.m.* blunder, (*fam.*) howler: *tema pieno di strafalcioni*, composition full of blunders.

strafare *v.intr.* to overdo* things, to do* too much: *vuol sempre —*, he always wants to do too much (*o* to overdo things).

strafatto *agg.* **1** (*troppo maturo*) overripe; (*stracotto*) overdone **2** (*fatto da tempo*) long since done.

strafelarsi *v.intr.pron.* (*region.*) (*stancarsi*) to get* tired out, to tire oneself out; (*affannarsi*) to exert oneself.

strafilaggio *s.m.* (*mar.*) (*operazione*) lacing; (*cordicella*) lace.

strafilare *v.tr.* (*mar.*) to lace.

strafogarsi *v.intr.* to stuff oneself: *si è strafogato di spaghetti*, he stuffed himself with spaghetti.

straforo *s.m.* **1** (*rar.*) → traforo 3 **2** *di —*, (*di nascosto*) secretly: (*furtivamente*) on the sly (*o* on the quiet); (*di sfuggita*) secretly: *lo potrei avere di —*, I could get it on the quiet; *si vedono di —*, they see each other secretly.

strafottente *agg.* (*fam.*) arrogant, regardless of others; impertinent, insolent; impudent, cheeky ◆ *s.m.* arrogant person; impudent person: *fare lo —*, to behave with complete disregard for others (*o* to be arrogant).

strafottenza *s.f.* (*noncuranza*) couldn't -care-less attitude, disregard for other people's feelings; (*arroganza*) arrogance; (*sfrontatezza*) impudence, effrontery: *non mi piace la sua —*, I don't like his impudence.

strafottersi *v.intr.pron.* (*volg.*) not to give* a damn (about sthg.): *me ne strafotto dei loro commenti*, I don't give a damn about what they said.

strage *s.f.* **1** (*eccidio*) massacre; slaughter; carnage: *fare una —*, to slaughter (*o* to massacre) // *la — degli innocenti*, the slaughter of the innocents // *— di stato*, massacre secretly organized by the state // *il colera ha fatto — tra gli abitanti*, cholera decimated the population // *fecero — di selvaggina*, they slaughtered a great deal of game // *c'è stata una — agli esami*, masses of people failed their exams // *fare — di cuori*, to break a lot of hearts **2** (*distruzione, danno*) destruction; havoc; damage: *il terremoto causò una — di case e persone*, the earthquake caused great damage and loss of life **3** (*fig. fam.*) (*grande quantità*) large quantity; mass.

stragiudiziale *agg.* (*dir.*) extrajudicial, out of court: *accordo, concordato —*, out of court settlement.

straglio → **strallo**.

stragodere *v.intr.* (*fam.*) to enjoy (sthg.) to the full; to be overjoyed.

stragrande *agg.* enormous, huge: *una — maggioranza*, an overwhelming majority.

stralciare *v.tr.* **1** (*trarre, estrarre*) to extract; (*eliminare*) to remove, to take* from: *— un brano da un testo*, to extract a passage from a text; (*amm.*) *— una partita da un conto*, to remove an item from an account **2** (*econ.*) (*mettere in liquidazione*) to liquidate, to wind* up: *— un'azienda*, to wind up a firm **3** (*non com.*) (*agr.*) to prune (vines).

stralciatura *s.f.* (*agr.*) pruning (of vines).

stralcio *s.m.* **1** (*lo stralciare*) removal: (*amm.*) *— di una partita da un conto*, removal of an item from an account **2** (*estratto*) extract, excerpt: *ha letto uno — del suo discorso elettorale*, he read an extract from his election speech **3** (*dir.*) (*di procedimenti*) severance // *legge —*, transitional law **4** (*ritaglio di giornale*) newspaper cutting **5** (*liquidazione*) liquidation, winding up; (*svendita*) clearance sale: *— di un'azienda*, winding up of a firm; *vendere qlco. a —*, to sell sthg. off.

strale *s.m.* (*letter.*) dart; arrow: *gli strali d'Amore*, Cupid's darts.

strallare *v.tr.* (*edil.*) to stay.

strallo *s.m.* (*mar.*) stay, brace.

stralodare *v.tr.* to overpraise; to extol, to praise highly.

stralunare *v.tr.* to roll; (*sbarrare*) to open wide: *— gli occhi*, to roll one's eyes; (*sbarrarli*) to open one's eyes wide.

□ **stralunarsi** *v.intr.pron.* (*fam.*) (*sconvolgersi*) to be bewildered, to be in a daze.

stralunato *agg.* **1** (*di occhi*) rolling; wild; (*sbarrato*) wide open; staring: *con gli occhi stralunati*, with staring eyes **2** (*sconvolto*) bewildered, dazed; beside oneself (*pred.*): *aveva un'espressione stralunata*, he had a bewildered look on his face; *era tutto —*, he was in a daze.

stramaledire *v.tr.* (*fam.*) to curse heartily.

stramaturo *agg.* (*fam.*) overripe.

stramazzare *v.tr.* (*non com.*) to knock down ◆ *v.intr.* to fall* heavily; to collapse: *il cavallo stramazzò al suolo*, the horse fell heavily to the ground.

stramazzo[1] *s.m.* (*idraulica*) weir.

stramazzo[2] *s.m.* (*region.*) (*pagliericcio*) straw mattress.

stramazzone *s.m.* **1** (*lo stramazzare*) falling heavily, collapsing **2** (*caduta*) heavy fall.

stramberia *s.f.* **1** oddness, eccentricity, queerness **2** (*comportamento strambo*) eccentricity; (*cosa stramba*) odd thing, strange thing: *è una delle sue solite stramberie*, it's another one of his eccentricities.

strambo *agg.* **1** (*stravagante*) odd, eccentric, queer, strange, funny: *idee strambe*, eccentric (*o* funny *o* strange) ideas; *una persona stramba*, an odd (*o* eccentric *o* queer) person **2** (*rar.*) (*storto*) (*di occhi*) squinting; (*di gambe*) bandy; crooked.

strambotto *s.m.* (*poesia*) 'strambotto' (satirical, love poem).

strame *s.m.* **1** (*per foraggio*) fodder **2** (*per lettiera*) straw.

stramonio *s.m.* **1** (*bot.*) (*Datura stramonium*) stramonium, thorn-apple, jimsonweed **2** (*chim.*) stramonium.

strampalataggine, strampalatezza → **strampaleria**.

strampalato *agg.* odd, queer, strange, eccentric: *condotta strampalata*, odd (*o* eccentric) behaviour; *idee strampalate*, queer (*o* odd *o* strange) ideas; *un tipo —*, a strange (*o* odd) person.

strampaleria *s.f.* **1** eccentricity, freakishness, oddness **2** (*comportamento strampalato*) strange behaviour; (*cosa strampalata*) odd thing, strange thing: *dove hai sentito tutte queste strampalerie?*, where did you hear these strange things?

stranamente *avv.* strangely; oddly, queerly: *veste —*, he dresses oddly; *— non è ancora tornato*, strangely enough he hasn't come back, yet.

stranezza *s.f.* **1** strangeness, oddity, queerness **2** (*atto strano*, *parola strana*) eccentricity, strange thing **3** (*fis. nucleare*) strangeness.

strangolamento *s.m.* strangling; strangulation.

strangolare *v.tr.* **1** to strangle, to throttle; (*soffocare*) to choke: *l'hanno strangolato nel sonno*, they strangled him while he slept; *questa cravatta mi strangola*, this tie is choking me **2** (*fig.*) to stifle, to swamp, to choke: *condizioni che strangolano l'economia di un paese*, terms that stifle a country's economy; *i debiti lo strangolano*, he is swamped with debts.

strangolatore *s.m.* strangler.

strangolatorio *agg.* (*non com.*) **1** strangulatory, strangling **2** (*fig.*) hard, oppressive.

stranguglione *s.m.* **1** (*vet. pop.*) strangles (*pl.*) **2** (*singhiozzo*) hiccup, hiccough; (*sensazione di pienezza*) full-up feeling.

strangùria, stranguria *s.f.* (*med.*) strangury.

straniamento *s.m.* estrangement, alienation.

straniare *v.tr.* to alienate, to estrange: *il suo comportamento lo ha straniato dalla famiglia*, his behaviour has alienated him from his family.

□ **straniarsi** *v.rifl.* to distance oneself, to become* alienated, to drift apart: *si strania da tutti*, he is becoming alienated from everybody; *— dal lavoro*, to distance oneself from one's work.

straniero *agg.* foreign: *territorio —*, foreign territory; *parla con accento —*, he speaks with a foreign accent; *lingua straniera*, foreign language; (*dir.*) *giurisdizione straniera*, foreign jurisdiction ◆ *s.m.* **1** foreigner: *ho conosciuto molti stranieri l'estate scorsa*, I met a lot of foreigners last summer; (*dir.*) *— residente*, resident alien **2** (*estens.*) (*nemico*) enemy, alien, invader: *cacciare lo —*, to rout the enemy.

stranire *v.tr.* (*region.*) (*rendere inquieto, confuso*) to bewilder, to daze, to confound.

□ **stranirsi** *v.intr.pron.* (*region.*) to grow* bewildered.

stranito *agg.* dazed, bewildered, confused: *che cosa hai? ti vedo —*, what's the matter? you look dazed (*o* confused).

strano *agg.* strange, odd, queer, funny; eccentric: *uno — caso*, a strange (*o* an odd) case; *uno — comportamento*, eccentric behaviour; *una forma strana*, a funny shape; *uno — modo di camminare*, a queer (*o* an odd) way of walking; *che —!*, how odd!; *che strana idea!*, what a funny idea!; *che — tipo!*, what an odd kind of person!; *le sue strane abitudini*, his queer (*o* strange) habits; *mi ha fatto una strana impressione rivederlo*, seeing him again affected me strangely; *è — che non abbia ancora chiamato*, it's odd that he hasn't called yet; *mi sembra — che non abbia accettato*, I think it's strange that he didn't accept ◆ *s.m.* strange thing: *lo — è proprio questo*, that's what's so strange.

straordinariamente *avv.* **1** extraordinarily; exceptionally: *l'ha venduto a un prezzo — basso*, he sold it at an extraordinarily low price; *una situazione — ridicola*, an extraordinarily absurd situation; *— intelligente*, exceptionally (*o* extraordinarily) intelligent **2** (*grandemente*) enormously, immensely.

straordinariato *s.m.* (*amm.*) temporary term of office, probation: *periodo di —*, probationary period.

straordinarietà *s.f.* extraordinariness, exceptionality: (*amm.*) *la — di un provvedimento*, the exceptionality of a provision.

straordinario *agg.* **1** extraordinary; exceptional, special: *un fatto —*, an extraordinary fact; *un'intelligenza straordinaria*, exceptional intelligence; *un uomo —*, an exceptional man; *edizione straordinaria*, special edition; *seduta, assemblea straordinaria*, extraordinary meeting, assembly; *vendita straordinaria*, special (*o* bumper) sale; *treno —*, special train // *lavoro —*, overtime (work) **2** (*enorme*) enormous, immense: *un successo —*, an immense success **3** (*amm.*) (*assunto temporaneamente*) temporary: *impiegato —*, temporary employee; *professore —*, temporary teacher ◆ *s.m.* **1** (*impiegato straordinario*) temporary employee; (*professore straordinario*) temporary teacher **2** (*amm.*) (*lavoro straordinario*) overtime [U]; (*paga straordinaria*) overtime (pay): *fare due ore di —*, to work two hours' overtime; *pagare lo —*, to pay overtime; *riscuotere lo —*, to get overtime **3** (*cosa straordinaria*) extraordinary thing: *lo — è che...*, the extraordinary thing is that...; *cosa ci trovi di così —?*, what do you find so extraordinary about that?

straorzare *v.intr.* (*mar.*) to yaw.

straorzata *s.f.* (*mar.*) yaw.

strap *s.m.* (*Borsa*) (*tipo di contratto a doppia opzione*) double-option futures contract, (*amer.*) strap.

strapagare *v.tr.* to overpay: *è un attore strapagato*, he is a highly paid actor.

straparlare *v.intr.* **1** (*dire sciocchezze*) to talk nonsense: *non dargli retta, non vedi che sta straparlando?*, take no notice, can't you see he's talking nonsense? **2** (*vaneggiare*) to rave, to be delirous; to talk wildly: *con la febbre alta straparlava*, he was delirous with a high temperature.

strapazzare *v.tr.* **1** (*trattare male*) to ill-treat, to mistreat, to maltreat; (*sgridare*) to scold: *— i dipendenti, i figli*, to mistreat employees, children **2** (*trattare senza cura*) to take* no care of (sthg.): *— un'automobile*, to treat a car badly; *— i vestiti*, to take no care of one's clothes **3** (*far lavorare troppo*) to overwork, to wear* out: *— un cavallo*, to overwork a horse // *strapazzarsi gli occhi*, to strain one's eyes **4** (*interpretare male*) to botch, to bungle, to make* a mess of (sthg.): *— una commedia*, to make a mess of a play; *— un pezzo di musica*, to play a piece of music badly; *— uno scrittore*, to misinterpret a writer.

□ **strapazzarsi** *v.rifl.* to overwork oneself; to tire oneself out: *non strapazzarti*, don't overwork yourself (*o* don't overdo it).

strapazzata *s.f.* **1** scolding, telling-off: *gli diedi una bella —*, I gave him a good scolding (*o* a good telling-off); *prendersi una —*, to get a telling-off **2** (*fatica eccessiva*) strain; overwork, over-exertion: *farlo in una giornata è solo una —*, doing it in one day is too much of a strain.

strapazzato *agg.* **1** (*maltrattato*) ill-treated, ill-used, maltreated // *uova strapazzate*, scrambled eggs **2** (*affaticato*) strained, worn-out (*pred.*); overworked: *un fisico —*, a worn-out body **3** (*pieno di disagi*) hard; tough: *fare una vita strapazzata*, to have a hard life.

strapazzo *s.m.* strain; overwork: *alla sua età non dovrebbe fare questi strapazzi*, at his age he should let up a bit; *gli strapazzi di un viaggio*, the stresses and strains of a journey // *gli strapazzi della gioventù*, the excesses of youth // *abiti da —*, working-clothes // *da —*, (*di poco valore*) third-rate (*o* worthless); *un avvocato da —*, a shyster; *un medico da —*, a quack; *scrittore da —*, hack(-writer).

strapazzone *agg.* rough; careless ◆ *s.m.* careless person; rough person.

strapazzoso *agg.* fatiguing, tiring.

straperdere *v.intr.* to lose* heavily, to lose* badly: *hai straperso, ti conviene arrenderti*, you've lost badly, you should give up.

strapiantare *v.tr.* (*fam.*) to transplant.

strapieno *agg.* full up, crowded (with sthg., s.o.), packed (with sthg., s.o.); (*traboccante*) overflowing (with sthg., s.o.): *il teatro è — di gente*, the theatre is overflowing with people; *un baule — di vestiti*, a trunk full to the brim with clothes // *mi sento —, non voglio più niente*, I'm full up, I don't want anything else.

strapiombare *v.intr.* **1** to be out of the perpendicular; to lean*: *il muro strapiomba a sinistra*, the wall leans to the left **2** (*sporgere*) to overhang*, to jut (out): *la roccia strapiombava sul mare*, the rock jutted out over the sea.

strapiombo *s.m.* **1** (*lo strapiombare*) overhanging, jutting out **2** (*di roccia*) cliff, overhang, precipice: *cadere da uno —*, to fall off a cliff // *a —*, sheer (*o* vertically *o* perpendicularly): *la scogliera cade a — nel mare*, the cliff falls sheer to the sea.

strapotente *agg.* very powerful, extremely strong.

strapotenza *s.f.* great power, extraordinary strength; excessive power.

strapotere *s.m.* excessive power; abuse of power.

strappacuore *agg.* heartbreaking, heartrending: *una scena —*, a heartrending scene.

strappalacrime *agg.* moving, touching; sentimental: *un film —*, a tearjerker.

strappamento *s.m.* tearing up, tearing off; pulling; ripping; wrenching; snatching.

strappare *v.tr.* **1** (*stracciare*) to tear*: *ho strappato il vestito*, I have torn my dress; *— un pezzo di carta*, to tear a piece of paper; *ho strappato la sua lettera*, I tore up his letter **2** (*togliere*) to pull up; to pull out; to pull away; (*con forza*) to tear* up (*anche fig.*); to rip (*anche fig.*); to wrench (*anche fig.*); (*velocemente, di colpo*) to snatch (*anche fig.*); (*fig.*) to wring*: *chi ha strappato la copertina di questo libro?*, who has pulled away (*o* torn off) the cover of this book?; *strappò alcune pagine dal libro*, he tore (*o* ripped) a few pages out of the book; *— le cattive erbe*, to pull up the weeds; *— le cattive erbe da un campo*, to weed a field; *— una pianta*, to pull up (*o* to uproot) a plant; *perché hai strappato quel fiore? avresti dovuto tagliarlo*, why did you pull that flower up? you should have cut it; *— un dente*, to pull out a tooth; *— le penne a un uccello*, to pluck a bird; *si strappò via la benda*, he pulled off the bandage; *gli strappai il libro di mano*, I snatched the book from (*o* out of) his hands; *le strapparono la figlia dalle braccia*, they tore her daughter from her arms; *fu strappato alla morte da una nuova medicina*, he was saved from death by a new medicine; *gli strappai una confessione, il segreto*, I wrung a confession, the secret from him; *gli strappai un sì*, I finally got his consent; — *un favore a qlcu.*, to get a favour from s.o.; — *applausi*, to get applause (*o* to be applauded); *queste scene mi strappano il cuore*, I find these scenes heartbreaking; *la sua storia mi strappò le lacrime*, his story moved me to tears // *farsi — un dente*, to have a tooth (pulled) out // *strapparsi i capelli*, (*fig.*) to tear one's hair.

□ **strapparsi** *v.rifl.* o *intr.pron.* **1** to tear*, to get* torn: *questa copertina si strapperà presto*, this cover will soon get torn; *questa stoffa si strappa facilmente*, this material tears easily // *a quelle parole mi si strappò il cuore*, those words broke my heart **2** (*allontanarsi*) to tear* oneself away: *non riesce a — dalla sua famiglia*, he cannot tear himself away from his family

strappata *s.f.* pull, tug; snatch.

strappato *agg.* torn, ripped: *un vestito —*, a torn dress; *un libro con la copertina strappata*, a book with a torn cover.

strappista *s.m.* (*sport*) (*pesi*) snatch lifter, clean and jerk lifter.

strappo *s.m.* **1** tear, rent, rip: (*si*) *fece uno — nei pantaloni*, he tore his trousers; *il suo soprabito era pieno di strappi*, his overcoat was very torn; *rammendare uno —*, to mend a tear **2** (*strappata*) pull, tug; snatch; (*strattone*) jerk: *il cane con uno — ruppe la catena*, with a jerk the dog broke his chain; *diede uno — e il chiodo si staccò*, he gave a pull and the nail came away // *a strappi*, in jerks **3** (*infrazione*) breach, infringement: *— alla legge*, infringement of the law; *uno — alle regole*, a breach of the rules **4** (*muscolare*) sprain, torn muscle **5** (*fig.*) (*frattura*) split: *tra i due partiti si è creato uno —*, there has been a split between the two parties **6** (*fig. fam.*) (*passaggio automobilistico*) lift: *dammi uno — fino a casa*, give me a lift home.

strapuntino *s.m.* **1** (*seggiolino*) gangway seat, folding seat **2** (*mar.*) hammock mattress.

straricco *agg.* immensely wealthy; (*fam.*) filthy rich.

straripamento *s.m.* overflow, overflowing; flood: *lo — del fiume ha causato immensi disastri*, when the river overflowed it caused a great deal of damage.

straripare *v.intr.* to overflow (its banks), to flood: *il Po ha, è straripato*, the Po has overflowed its banks.

strascicamento *s.m.* trailing, dragging; (*di piedi*) shuffling; (*di parole*) drawling.

strascicare *v.tr.* to trail, to drag; (*i piedi*) to shuffle; (*le parole*) to drawl: *strascicava per terra un sacco di carbone*, he was dragging a sack of coal along the ground // *— le gambe*, (*per debolezza, malattia*) to drag one's feet // *sta ancora strascicando l'influenza*, (*fig.*) he still hasn't shaken off the flu // *— un lavoro*, (*fig.*) to do a job slowly and unwillingly ◆ *v.intr.* to trail: *il mantello strascicava per terra*, the cloak was trailing on the ground.

□ **strascicarsi** *v.rifl.* to drag oneself (along); to shuffle (along): *poteva — a malapena*, he could hardly drag himself along.

strascichio *s.m.* trailing, dragging; (*di piedi*) shuffling; (*di parole*) drawling; shuffling sound.

strascico *s.m.* **1** (*di veste*) train: *lo — del suo vestito era lungo più di tre metri*, the train of her dress was over three metres long; *reggere lo — di un abito da sposa*, to hold the train of the wedding dress // *andava in giro con uno — di fotografi*, she went round with a swarm of photographers in her wake **2** (*residuo*; *sequela*) aftereffect, sequel, wake, aftermath: *gli strascichi di malattie, di debiti, di guai*, the aftereffects of illness, of debts, of troubles; *una guerra con una terribile carestia come —*, a war with a terrible famine in its wake; *il litigio ebbe uno — di polemiche*, the argument provoked a great deal of controversy **3** (*atto dello strascicare*) trailing, dragging; (*di parlata*) drawling: *parlare con lo —*, to speak with a drawl **4** (*di lumaca*) trail **5** (*rete per pesca*) trawl-net, drag-net **6** (*caccia alla volpe*) drag-hunt.

strasciconi, a *locuz.avv.* dragging one's feet, shuffling: *camminava a —*, he shuffled along.

strascinamento *s.m.* trailing, dragging.

strascinare *v.tr.* to drag (along), to trail along.

□ **strascinarsi** *v.rifl.* o *intr.pron.* to drag oneself along, to pull oneself along: *si strascinò sino alla porta*, he dragged himself to the door // *la causa si strascina da anni*, (*fig.*) the case has been dragging on for years.

strascinio *s.m.* dragging, trailing.

strascino *s.m.* **1** (*mar.*) cast(ing) net **2** (*per uccelli*) clap net.

strasecolare *v.intr.* to be amazed.

straservito *agg.* (*fam.*) well-served.

strass *s.m.* strass.

stratagemma *s.m.* stratagem, trick; (*fam.*) dodge: *escogitare uno —*, to devise a stratagem; *ottenere qlco. con uno —*, to obtain sthg. by trickery; *ricorrere a uno —*, to resort to a trick.

stratega *s.m.* strategist.

strategia *s.f.* strategy: *— aziendale*, company strategy; *— commerciale*, business strategy; *— di vendita*, sales strategy; *— pubblicitaria*, advertising strategy // (*econ.*): *— del maximin*, maximin strategy; *— di marketing diretta al consumatore*, pull strategy; *— di marketing rivolta alla distribuzione*, push strategy.

strategicamente *avv.* strategically: *un piano — perfetto*, a strategically perfect plan.

strategico *agg.* **1** strategic(al): *linea, ritirata strategica*, strategic line, retreat; *punto —*, strategic point; *piano —*, strategic plan; *interessi strategici*, strategic interests; *pianificazione strategica*, strategic planning **2** (*abile*) astute, clever, cunning: *una mossa strategica*, an astute move.

stratego *s.m.* (*non com.*) strategist.

stratificare *v.tr.* **stratificarsi** *v.intr.pron.* to stratify.

stratificato *agg.* **1** (*geol.*) stratified, bedded **2** (*stat.*) stratified: *campionamento —*, stratified sampling.

stratificazione *s.f.* **1** (*geol.*) stratification, bedding: *— incrociata*, cross-bedding; *piano di —*, bedding plane **2** (*di metalli*) stratification **3** (*fig.*) stratification (*anche stat.*): *— sociale*, social stratification // *le stratificazioni storiche di un fenomeno*, the historical phases in the development of a phenomenon.

stratiforme *agg.* (*geol., meteor.*) stratiform.

stratigrafia *s.f.* **1** (*geol.*) stratigraphy **2** (*med.*) stratigraphy, tomography.

stratigrafico *agg.* (*geol.*) stratigraphic, stratigraphical: *lacuna stratigrafica*, hiatus (*o* disconformity).

stratigrafo *s.m.* (*med.*) stratigrapher.

stratigramma *s.m.* (*med.*) stratigram.

stratimetria *s.f.* geometrical study of rock layers.

strato *s.m.* **1** layer, stratum* (*anche fig.*); (*di rivestimento*) coat: *— di mattoni*, layer of bricks; *— di polvere*, layer of dust; *— di vernice*, coat of paint; *— finale*, (*di vernice*) finishing coat; *uno — bituminoso di copertura*, bitumen sheeting; (*ind. edil.*) *— filtrante*, filter bed; *— laminare*, laminar layer; *— limite*, boundary layer; *— vorticoso*, vortex sheet // *a strati*, in layers: *una torta a strati*, a layer cake // (*fis. nucleare*): *— elettronico*, shell; *modello a strati*, shell model // *strati sociali*, (*fig.*) social strata (*o* classes) **2** (*geol.*) stratum*, bed; (*di roccia*) layer: *affioramento superficiale di uno —*, outcrop **3** (*meteor.*) stratus* **4** (*fot.*) layer: *— sensibile*, sensitive layer **5** (*miner.*) *— di carbone*, coal seam **6** (*ling.*) phase, period: *— celtico, latino*, Celtic, Latin phase.

stratocrazia *s.f.* military government.

stratocumulo *s.m.* (*meteor.*) stratocumulus*.

stratofortezza *s.f.* (*aer.*) stratofortress.

stratonautica *s.f.* stratonautics [U].

stratonembo *s.m.* (*meteor.*) nimbostratus.

stratopausa *s.f.* (*meteor.*) stratopause.

stratoreattore *s.m.* (*aer.*) stratojet.

stratosfera *s.f.* stratosphere.

stratosferico *agg.* **1** stratospheric **2** (*spropositato*) astronomical: *una cifra stratosferica*, an astronomical figure.

stratostato *s.m.* (*aer.*) stratospheric aerostat.

strattonare *v.tr.* to tug, to jerk, to pull.

strattone *s.m.* pull, wrench, jerk, tug: *con un improvviso — il prigioniero si liberò dalla stretta delle guardie*, with a sudden jerk (*o* wrench) the prisoner got free of the guards' grasp; *dare uno — a qlco., a qlcu.*, to tug sharply at sthg., s.o. // *a strattoni*, (*a strappi*) jerkily; (*a intervalli*) by fits and starts: *la carrozza procedeva a strattoni*, the coach was jerking along.

stravaccarsi *v.intr.pron.* (*fam.*) to sprawl: *— sul divano, sull'erba*, to sprawl on the sofa, on the grass.

stravagante *agg.* odd, strange, peculiar, (*fam.*) weird: *comportamento —*, peculiar behaviour; *tempo —*, strange weather; *idee stravaganti*, odd ideas ◆ *s.m.* e *f.* eccentric, oddball, (*fam.*) weirdo, weirdie.

stravaganza *s.f.* **1** (*bizzarria*) oddness, strangeness, weirdness, eccentricity; unconventionality: *la — degli artisti*, the unconventionality of artists **2** (*azione bizzarra*) odd behaviour; eccentricity: *non posso giustificare tutte le sue stravaganze*, I cannot account for all her eccentricities.

stravecchio *agg.* very old, ancient: *un abito —*, an ancient dress // *un vino —*, a matured wine; *formaggio —*, seasoned cheese.

stravedere *v.intr.* to see* badly, to see* wrongly // *— per qlcu.*, to be crazy about s.o. (*o* to admire s.o. blindly): *— per i figli*, to dote on (*o* to be crazy about) one's children.

stravincere *v.tr.* to overwhelm, to beat* (s.o.) hollow: *stravinse tutti i suoi avversari*, he beat all his opponents hollow ◆ *v.intr.* to win* hands down: *la squadra ha stravinto*, the team won hands down.

straviziare *v.intr.* to be intemperate, to be dissolute; (*bere troppo*) to drink* to excess, to overdrink*; (*mangiare troppo*) to overeat*.

stravizio *s.m.* excess (in drinking and eating), intemperance, dissoluteness; debauchery: *questa è la conseguenza dei suoi stravizi*, this is the consequence of his debauchery (*o* excesses); *fare stravizi nel mangiare, nel bere*, to overeat, to overdrink.

stravolere *v.tr.* to want too much; (*fam.*) to want one's bread buttered on both sides.

stravolgere *v.tr.* **1** (*storcere*) to twist: *stravolse gli occhi*, he rolled his eyes **2** (*fig.*) (*significato*) to twist, to distort: *— i fatti*, to twist (*o* to distort) facts; *— il senso di una frase*, to twist (*o* to distort) the sense of a sentence **3** (*turbare*) to upset*, to distress: *la notizia l'ha stravolto*, the news upset (*o* affected) him deeply **4** (*snaturare*) to distort, to change radically: *la legge fu stravolta da emendamenti incongrui*, the law was completely altered by inadequate amendments.

stravolgimento *s.m.* **1** (*lo storcere*) twisting: *— degli occhi*, rolling of the eyes **2** (*di significato*) twisting, distorting.

stravolto *agg.* **1** (*storto, contorto*) twisted: *il suo viso era — dal dolore*, his face was twisted with pain // *con gli occhi stravolti*, with rolling eyes (*o* with one's eyes popping out of one's head) **2** (*turbato*) upset, agitated, distressed; (*per stanchezza*) exhausted: *una mente stravolta*, an upset (*o* deranged) mind; *era stravolta per le notizie che aveva ricevuto*, she was upset at the news she had received; *era — dalla lunga salita*, he was exhausted by the long climb **3** (*distorto di significato*) twisted, distorted: *una verità stravolta*, a twisted truth.

straziante *agg.* **1** agonizing, racking, excruciating: *un dolore —*, an excruciating (*o* racking) pain **2** (*fig.*) heartrending, harrowing: *un grido —*, a heartrending cry; *una scena —*, a harrowing scene // *musica, film —*, (*scherz.*) ghastly music, film.

straziare *v.tr.* **1** to tear* (apart), to lacerate (*anche fig.*); to torture, to torment (*anche fig.*): *il suo corpo fu straziato da una bomba*, his body was lacerated by a bomb; *il nostro paese fu straziato dalla guerra*, our country was torn apart by the war; *queste canzoni mi straziano gli orecchi*, (*fig.*) these songs grate on my ears; *questo dolore mi strazia il cuore*, this grief tears my heart; *le sue suppliche straziano il cuore*, his entreaties are heartrending **2** (*fig. scherz.*) (*trattare malamente*) to murder, to mangle: *— una lingua*, to murder a language; *— un pezzo di musica*, to mangle a piece of music.

straziato *agg.* torn (apart), tormented, racked: *un paese — dalla guerra*, a country torn apart (*o* racked) by the war; *— dai rimorsi*, racked by remorse; *una famiglia straziata dall'odio*, a family torn by hatred.

strazio *s.m.* torment, torture: *è uno — vederlo in quelle condizioni*, it is torture to see him in those conditions // *fecero — di tutto ciò che trovarono*, they destroyed all they found; *fare — del proprio patrimonio*, to play havoc with one's patrimony // *che — ! smetti di cantare!*, how dreadful! stop singing!; *che — quel film!*, what a ghastly film!

strega *s.f.* **1** witch; sorceress: *bruciare una —*, to burn a witch // *caccia alle streghe*, (*fig.*) witch hunt **2** (*donna brutta, maligna*) (old) witch, (old) hag: *sua moglie è una —*, his wife is an old hag.

stregamento *s.m.* (*non com.*) bewitchment, bewitching.

stregare *v.tr.* to bewitch (*anche fig.*): *quella donna l'ha stregato*, that woman has bewitched him.

stregato *agg.* bewitched, enchanted (*anche fig.*): *un castello —*, an enchanted castle; *è rimasto — dal suo sorriso*, he was bewitched by her smile.

stregheria *s.f.* (*non com.*) **1** witchcraft, sorcery **2** (*maleficio*) spell.

stregone *s.m.* wizard (*anche fig.*); sorcerer: *quel chirurgo è uno —*, that surgeon is a wizard.

stregoneria *s.f.* **1** witchcraft, sorcery **2** (*maleficio*) spell.

stregonesco meno com. **stregonico** *agg.* witchlike, witch (*attr.*).

stregua *s.f.* standard, rate: *alla tua —*, according to your standard; *a questa —*, at this rate // *alla stessa —*, by the same standards (*o* in the same way): *giudicare tutti alla stessa —*, to judge everybody by the same standards // *alla stessa — preferisco andare al mare*, in that case I'd rather go to the seaside.

strelitzia *s.f.* (*bot.*) strelitzia.

strelizzo *s.m.* (*st. mil. russa*) strelitz.

stremare *v.tr.* to exhaust, to wear* out, to tire out: *la malattia l'aveva stremato*, the illness had worn him out; *questo lavoro mi ha stremato* (*le forze*), this work has exhausted me (*o* worn me out).

stremato *agg.* exhausted, worn-out (*pred.*), dead tired, tired out: *mi sentivo —*, I felt exhausted; *ero — dalla fatica, dal caldo*, I was worn-out (*o* exhausted) by hard work, by the heat; *giunse — al traguardo*, he was on his last legs when he reached the winning post.

stremo *s.m.* extreme, extreme limit: *essere allo — (delle forze)*, to be at the end of one's strength; *essere ridotto allo —*, (*finanziariamente*) to be down to one's last penny.

strengite *s.f.* (*min.*) strengite.

strenna *s.f.* gift, present: *— di Natale*, Christmas present (*o* gift).

strenuamente *avv.* bravely, valiantly, courageously.

strenuità *s.f.* (*letter.*) bravery, valour, courage.

strenuo *agg.* **1** brave, valiant, courageous: *uno — combattimento*, a brave battle; *opporre una strenua resistenza*, to put up a valiant resistance **2** (*estens.*) (*infaticabile*) tireless: *uno — lavoratore*, a tireless worker.

strepitare *v.intr.* **1** to make* a din, to make* an uproar **2** (*urlare*) to shout, to yell: *devo — per farmi intendere*, I have to shout to make myself understood; *smetti di — perché non ti danno ugualmente ascolto*, stop yelling because they will not listen to you anyhow.

strepitio *s.m.* din, uproar.

strepito *s.m.* din, uproar, row, noise; (*clamore*) clamour: *lo — cessò appena entrai nella stanza*, the din stopped as soon as I entered the room; *nella classe c'era uno — infernale*, in the class there was a hell of a din (*o* row); *lo — della folla*, the clamour of the crowd // *quel film ha fatto —*, (*fig.*) that film was a hit.

strepitoso *agg.* **1** noisy, rowdy; uproarious: *riso —*, uproarious laughter; *ci furono applausi strepitosi*, there was a roar of applause **2** (*clamoroso*) clamorous, boisterous: *un successo —*, a resounding (*o* clamorous) success.

streptococco *s.m.* (*biol.*) streptococcus*.

streptolisina *s.f.* (*biochim.*) streptolysin.

streptomicete *s.m.* (*biol.*) streptomyces*.

streptomicina *s.f.* (*chim.*) streptomycin.

stress *s.m.* stress: *un periodo di —*, a stressful time.

stressante *agg.* stressful.

stressare *v.tr.* to put* under stress: *la vita in città mi stressa*, I find city life stressful.
□ **stressarsi** *v.intr.pron.* to feel* stress, to be under stress.

stressato *agg.* under stress (*pred.*), strained: *sentirsi —*, to feel under stress; *— dal ritmo del lavoro*, strained by the pace of work.

stretta *s.f.* **1** grasp, hold, grip, clasp: *la sua — quasi mi soffocava*, his hold was almost choking me; *allentare la —*, to release one's hold (*o* grasp) // *— di mano*, handshake: *dare una — di mano a qlcu.*, to shake hands with s.o. **2** (*dolore*) pang, stab of pain: *una — allo stomaco*, a stab of pain in one's stomach; *provare una — al cuore*, to feel a pang in one's heart **3** (*calca*) crush, throng, press: *fu preso nella — della folla*, he was caught in the crush of the crowd **4** (*situazione difficile*) difficult situation, predicament, dire straits (*pl.*), (*fam.*) tight spot, fix: *essere alle strette*, to be in dire straits; *era alle strette*, he was in dire straits (*o* he was in a tight spot); *mettere alle strette*, to put s.o. with his back against the wall **5** (*momento culminante*) climax, critical moment, critical point, culmination: *giungere alla — finale*, to reach the climax **6** (*di fiume, canale naturale*) narrows (*pl.*); (*di montagna*) narrow pass **7** (*econ.*) squeeze, tightness: *— salariale*, wage squeeze // (*fin.*): *— creditizia*, credit squeeze (*o* tightness *o* stringency); *— monetaria*, monetary squeeze (*o* tight money) **8** (*mus.*) stretta, stretto.

strettamente *avv.* **1** tight(ly); fast: *lo teneva —*, she held him tight; *legare qlco. —*, to tie sthg. tight(ly) (*o* fast); *— collegato*, closely connected (*o* linked) **2** (*rigorosamente*) strictly: *— parlando*, strictly speaking; *osservare le regole —*, to observe the rules strictly; *non è — necessario*, it's not strictly necessary **3** (*assolutamente*) absolutely: *spese — necessarie*, expenses which are absolutely necessary.

strettezza *s.f.* **1** narrowness; tightness (*anche fig.*): *— di mente*, (*fig.*) narrow -mindedness **2** (*povertà, ristrettezza*) straitened circumstances (*pl.*), financial difficulties (*pl.*), poverty, straits (*pl.*): *vivere nelle strettezze*, to live in poverty; *essere in strettezze*, to be hard up **3** (*scarsità*) shortage, scarcity, lack: *— di tempo, di denaro*, shortage of time, of money **4** (*di amicizia*) closeness.

stretto *agg.* **1** narrow: *uno — passaggio, vicolo, corridoio*, a narrow passage, alley, corridor; *— di spalle*, (*di persona*) narrow in the shoulders; *spalle strette*, narrow shoulders; *fessura stretta*, narrow crack; *foro —*, small hole; *strada stretta*, narrow road // *entro stretti limiti*, within narrow limits **2** (*di abiti ecc.*) tight,

tight-fitting, close-fitting: *scarpe strette*, tight shoes; *scarpe strette in punta*, shoes with pointed toes; *pantaloni stretti*, tight trousers; *questa giacca è un po' stretta di spalle*, this jacket is a bit tight in (*o* across) the shoulders; *queste maniche sono così strette che non posso alzare le braccia*, these sleeves are so tight that I can't raise my arms // *devo essere ingrassata, quest'abito mi va un po' — quest'anno*, I must have put on weight, this dress is a bit tight on me this year // *il lavoro gli va —*, (*fig. fam.*) the work doesn't suit him **3** (*serrato*) tight, fast; (*di denti ecc.*) clenched: *un nodo —*, a tight knot; *pugni stretti*, clenched fists; *chiudilo —*, close it tight; *col pugnale — in pugno, si avvicinò all'avversario*, he advanced on his adversary with a knife clenched in his hand; *legalo — al palo*, make it fast to the pole; *portarono un prigioniero — in catene*, they brought in a prisoner bound with chains; *questo pacchetto è stato legato troppo —*, this package has been wrapped too tight; *teneva — il bambino per la mano*, he held on tightly to the child's hand; *tienilo — altrimenti cade*, hold it tight or it will fall; *lui la teneva stretta a sé*, he held her tight against him // *a denti stretti*, with clenched teeth // *avere il cuore —*, to be sad at heart (*o* to have a heavy heart) // *essere — in una morsa*, (*fig.*) to be hemmed in on all sides **4** (*rigoroso*) strict, close: *stretta disciplina, osservanza*, strict discipline, observance; *stretta sorveglianza*, close supervision; *digiuno —*, strict fast; *obbligo —*, firm obligation; *regola stretta*, strict rule; *mantenere uno — riserbo su qlco.*, to shroud sthg. in silence // *essere di manica stretta*, (*fig.*) to be strict (*o* severe) // *lo — necessario*, that which is strictly necessary; *generi di stretta necessità*, essential goods // *parlare in dialetto —*, to speak in pure dialect **5** (*intimo*) close: *amici, parenti stretti*, close friends, relatives; *amicizia, parentela stretta*, close friendship, relationship; *essere in stretti rapporti con qlcu.*, to have a close relationship with s.o. **6** (*preciso*) exact, precise: *lo — significato di questa frase*, the exact (*o* precise) meaning of this sentence **7** (*chiuso*) closed: *pronuncia, vocale stretta*, closed pronunciation, vowel **8** (*pigiato*) packed, close together, squeezed (up): *eravamo molto stretti nell'automobile*, we were really packed in the car **9** (*costretto*) forced, obliged ◆ *s.m.* (*geogr.*) strait(s): *lo — di Gibilterra*, the Straits of Gibraltar; *lo — di Magellano*, the Straits of Magellan; *lo — di Messina è largo tre chilometri*, the Straits of Messina are three kilometres wide.

strettoia *s.f.* **1** (*di strada*) bottleneck **2** (*fig.*) (*circostanza difficile*) difficulty, difficult situation, (*fam.*) tight spot: *ci troviamo in una —*, we are in a tight spot.

strettoio *s.m.* (*mecc.*) press.

stria *s.f.* **1** stripe, streak **2** (*arch., anat.*) stria*.

striare *v.tr.* to streak, to stripe, to striate.

striato *agg.* **1** streaked, striped, striated: *— di nero*, striped with black; *tessuto —*, striped fabric **2** (*anat., bot.*) striate, striated: (*anat.*) *muscolo —*, striated muscle.

striatura *s.f.* **1** streaking, striping **2** (*insieme di strie*) streaks (*pl.*), stripes (*pl.*), striation **3** (*bot., geol.*) stria*.

stribbia *s.f.* (*tess.*) slubcatcher.

stribbiare *v.tr.* (*tess.*) to slubcatch*.

stribbiatura *s.f.* (*tess.*) slubcatch.

stricnina *s.f.* (*chim.*) strychnine.

stricninismo *s.m.* (*med.*) strychninism.

stridente *agg.* **1** shrill, sharp, strident; jarring: *una voce —*, a shrill (*o* sharp) voice; *il rumore — dei freni*, the screeching of the brakes **2** (*discordante*) jarring, clashing; striking: *uno — contrasto*, a striking contrast; *colori stridenti*, colours that clash; *una nota —*, a jarring note.

stridere *v.intr.* **1** to creak, to screech, to jar; (*di animali*) to squeak; (*di insetti*) to chirp, to chirrup: *quel cancello stride perché ha bisogno di essere oliato*, that gate creaks because it needs oiling; *questo freno stride ogni volta che lo adopero*, this brake screeches every time I use it; *le cicale, i grilli stridono*, cicadas, crickets chirr; *le civette stridono*, owls screech (*o* hoot) **2** (*contrastare, urtare*) to jar, to clash: *colori che stridono*, colours that clash; *il capitolo finale stride col resto del libro*, the last chapter jars with the rest of the book.

stridio *s.m.* creaking, screeching; squealing, jarring; (*di insetti*) chirping, chirruping.

strido *s.m.* scream, shriek; (*di animali*) screech, squeak; (*di insetti*) chirp, chirrup: *acute strida*, shrill shrieks; *diede uno —*, he gave a scream.

stridore *s.m.* creaking, screeching, jarring; (*di insetti*) chirping, chirruping: *lo — dei freni*, the screeching of the brakes; *lo — di una porta, sega*, the creaking of a door, saw // *lo — dei denti*, the gnashing of teeth.

stridulare *v.intr.* to chirp, to stridulate.

stridulazione *s.f.* chirping, stridulation.

stridulo *agg.* shrill, piercing, strident: *suono —*, shrill sound; *voce stridula*, shrill voice; *nota stridula*, jarring note.

strige *s.f.* (*zool.*) strix.

strigile *s.m.* o *f.* (*st. romana*) strigil.

striglia *s.f.* currycomb.

strigliare *v.tr.* **1** to curry: *— un cavallo*, to curry a horse **2** (*criticare aspramente*) to rebuke, to scold, to reprimand: *il padre lo ha strigliato a dovere*, his father gave him a good dressing-down **3** (*esaminare con severità*) to put* through the mill: *agli esami lo hanno strigliato ben bene*, his examiners put him through the mill.

□ **strigliarsi** *v.rifl.* (*scherz.*) (*ripulirsi con cura*) to spruce oneself up.

strigliata *s.f.* **1** currying **2** (*rimprovero*) scolding, rebuke, lecture: *gli diedi una bella —*, I gave him a good scolding (*o* lecture).

strigliatore *s.m.* (*non com.*) groom.

strigliatura *s.f.* (*non com.*) **1** currying **2** (*fig.*) sprucing up.

strigope *s.m.* (*zool.*) (*Strigops habroptilus*) kakapo.

strillare *v.intr.* **1** to scream, to shriek, to yell, to shout: *il bambino strilla da due ore*, the baby has been screaming for two hours **2** (*fig.*) (*protestare vivacemente*) to protest, to make* a fuss ◆ *v.tr.* **1** to scream, to shout: *strillava "Aiuto!"*, she was screaming for help **2** (*fam.*) (*sgridare*) to tell* off, to bawl out.

strillata *s.f.* **1** (*grido*) yell, shout, scream **2** (*fam.*) (*sgridata*) telling-off, bawling out.

strillo *s.m.* **1** scream, shriek, cry, shout: *mandare uno —*, to give a scream (*o* a shriek) **2** (*fam.*) (*rimprovero*) bawling out, telling-off.

strillonaggio *s.m.* hawking newspapers.

strillone *s.m.* newspaper boy; newspaper seller.

strillozzo *s.m.* (*zool.*) (*Miliaria calandra*) corn bunting.

striminzire *v.tr.* (*rendere stretto*) to make* look thin.

□ **striminzirsi** *v.rifl.* (*stringersi*) to squeeze oneself ◆ *v.intr.pron.* to become* thin, to become* lean.

striminzito *agg.* **1** stunted; skimpy: *un albero —*, a stunted tree; *un abito —*, a skimpy dress **2** (*di persona*) thin, lean, shrunken: *aveva un viso così — che faceva pena*, his thin face was a pitiful sight.

strimpellamento *s.m.* strumming; thrumming; scraping; pounding; banging.

strimpellare *v.tr.* to strum; to bang away; to scrape: *strimpellava la chitarra per ore e ore*, he strummed (on) the guitar for hours; *strimpella il pianoforte dalla mattina alla sera*, he bangs away at (*o* pounds) the piano from morning to night; *— il violino*, to scrape (on) the violin.

strimpellata *s.f.* strumming; thrumming; scraping; pounding; banging.

strimpellatore *s.m.* **strimpellatrice** *s.f.* strummer; thrummer; pounder.

strimpellatura *s.f.* → **strimpellamento**.

strimpellio *s.m.* (*non com.*) strumming; thrumming; pounding; scraping.

strinare *v.tr.* to singe // *— una camicia*, to scorch a shirt.

strinato *agg.* singed: *un pollo strinato*, a singed chicken.

strinatura *s.f.* singeing, singe.

stringa *s.f.* **1** lace: *comperami un paio di stringhe nere, per favore*, will you buy me a pair of black laces, please? **2** (*inform.*) (command) string: *— alfabetica, di caratteri*, alphabetic, character string; *— unitaria*, unit string.

stringare *v.tr.* **1** (*non com.*) to lace tightly, to fasten tightly **2** (*fig.*) (*condensare*) to condense; to make* concise: *cerca di — il tuo racconto*, try and make your account concise.

stringatamente *avv.* concisely.

stringatezza *s.f.* conciseness, concision.

stringato *agg.* **1** (*non com.*) laced, fastened: *scarpe stringate*, lace-up shoes (*o* lace-ups) **2** (*di stile*) concise, condensed, terse: *discorso —*, concise speech.

stringente *agg.* **1** urgent, pressing: *affari stringenti*, urgent business; *bisogni stringenti*, pressing needs **2** (*convincente*) cogent, persuasive, convincing: *è il solo argomento —*, it is the only convincing argument.

stringere *v.tr.* **1** (*tenere saldamente*) to grip; (*fra le braccia*) to hug, to clasp; (*serrare*) to clench: *— qlco. fra le mani*, to grip sthg. in one's hands; *il cane stringeva un bastone fra i denti*, the dog gripped (*o* clenched) a stick in its teeth; *stringeva fra le braccia un orsacchiotto*, she was hugging a teddy bear; *la strinse a sé e la baciò*, he hugged (*o* embraced) and kissed her; *— i pugni*, to clench one's fists; *— le labbra*, to press one's lips together; *non* *stringermi così la mano, mi fai male*, don't squeeze my hand so hard, it hurts // — *i denti*, to clench one's teeth, (*fig.*) to grit one's teeth // — *la mano a qlcu.*, to shake hands with s.o. (*o* to shake s.o.'s hand) // *è una notizia che mi stringe il cuore*, it's a piece of news that breaks my heart // *chi troppo vuole nulla stringe*, (*prov.*) grab all lose all **2** (*spingere*) to push: *un camion mi strinse contro il guardrail*, a lorry pushed me against the guardrail **3** (*rendere più stretto*) to tighten; (*un indumento*) to take* in: — *un nodo, una vite*, to tighten a knot, a screw; — *la cinghia*, (*anche fig.*) to tighten one's belt; *devo far* — *questo vecchio vestito*, I must have this old dress taken in; — *i freni*, (*fig.*) to tighten the reins **4** (*concludere, stipulare*) to make*, to draw* up: — *un'alleanza*, to make an alliance; — *un accordo*, to make (*o* to enter into) an agreement; — *un trattato*, to draw up a treaty; (*dir.*) — *un contratto*, to make (*o* to draw up) a contract // — *amicizia con qlcu.*, to make friends with s.o. **5** (*rendere stitico*) to constipate: *il limone stringe*, lemon makes you constipated **6** (*ant., letter.*) (*indurre*) to persuade; (*costringere*) to compel; (*urgere*) to press **7** (*mus.*) (*accelerare*) to quicken: — *il passo*, (*nel ballo*) to quicken the step; — *i tempi*, to quicken the tempo, (*fig.*) to conclude **8** (*mar.*) — *il vento*, to haul up on the wind ◆ *v.intr.* **1** (*incalzare*) to press, to run* short: *il tempo stringe*, time is (running) short **2** (*condensare, riassumere*) to make* brief, to make* short: *stringi, che non ho tempo da perdere*, make it brief, I've no time to waste **3** (*essere stretto*) to be tight: *queste scarpe* (*mi*) *stringono in punta*, these shoes are tight at the toe; *questo vestito* (*mi*) *stringe in vita*, this dress is too tight at the waist **4** — *in curva*, to take a bend tightly; — *al centro*, to make for the centre.

□ **stringersi** *v.rifl.* **1** (*per cercare, offrire protezione*) to press (against s.o., sthg.); (*per solidarietà*) to rally (around s.o.); (*circondare*) to surround: *il bambino si stringeva alla madre*, the child was pressing against his mother; *la folla si strinse intorno al vincitore*, the crowd surrounded the winner // — *nelle spalle*, to shrug one's shoulders **2** (*far spazio*) to squeeze together, to squeeze up: *potete stringervi un poco ancora?*, could you squeeze up a little more?

stringimento *s.m.* **1** pressing, squeezing // *uno* — *al cuore*, a lump in one's throat **2** (*il legare, l'avvitare*) tightening **3** (*l'impugnare*) clasp, grasp **4** (*conclusione*) conclusion.

stringinaso *s.m.* nose-clip // *occhiali a* —, pince-nez.

strip *s.m.* abbr. di → **strip-tease**.

strippaggio *s.m.* (*fis., chim.*) stripping.

strip-tease *s.m.* strip-tease.

striscia *s.f.* **1** strip: *una* — *di carta, pelle, stoffa, terra*, a strip of paper, leather, cloth, land // *strisce pedonali*, pedestrian (*o* zebra) crossing **2** (*riga*) stripe: *le strisce della zebra*, the stripes of a zebra; *una stoffa a strisce rosse e nere*, a cloth with red and black stripes // *a strisce*, striped: *una maglia a strisce*, a striped pullover **3** (*scia*) streak, trail: *una* — *di luce*, a streak of light; *una* — *di lumaca*, the trail of a snail; *una* — *di sangue*, a trail of blood **4** (*di fumetti*) strip **5** (*aer.*) (*pista aeroportuale*) strip.

strisciamento *s.m.* **1** creeping, crawling, slithering **2** (*il trascinare*) dragging **3** (*fig.*) (*adulazione*) fawning, grovelling.

strisciante *agg.* **1** crawling, creeping, slithering // *pianta* —, creeping plant (*o* creeper) // (*econ.*) *inflazione, svalutazione* —, creeping inflation, devaluation **2** (*fig.*) (*servile*) fawning, obsequious; grovelling: *modi striscianti*, obsequious (*o* fawning) manners; *una persona* —, a groveller.

strisciare *v.tr.* **1** to drag; to shuffle: *non* — *questa sedia perché rovina il pavimento*, don't drag this chair because it ruins the floor; — *i piedi*, to shuffle one's feet **2** (*radere*) to graze; to skim; to scrape: *l'automobile strisciò il muro*, the car scraped the wall ◆ *v.intr.* **1** to creep*, to crawl, to slither: *strisciò lungo la parete*, he crept along the wall; *i serpenti strisciano per terra*, snakes slither along the ground; — *ventre a terra*, to creep along the ground **2** (*sfregare*) to scrape: — *con l'auto contro il muro*, to scrape the car against the wall **3** (*fig.*) (*umiliarsi*) to grovel: — *ai piedi di qlcu.*, to crawl at s.o.'s feet; *per far soldi quell'uomo striscerebbe*, that man would grovel to make money.

□ **strisciarsi** *v.rifl.* (*sfregarsi*) to rub oneself: *il gatto si strisciò contro la gamba del tavolo*, the cat rubbed itself against the leg of the table // — *a qlcu.*, (*fig.*) (*adulare*) to flatter s.o.

strisciata, **strisciatura** *s.f.* **1** dragging; creeping, crawling **2** (*sfregatura*) rub, rubbing **3** (*tip.*) galley proof **4** (*fot.*) flight strip.

striscio *s.m.* **1** graze: *di* —, grazingly: *il sasso lo colpì di* —, the stone just grazed him // *ferita di* —, superficial wound **2** (*segno*) mark, scrape: *lasciare uno* — *sul muro*, to leave a mark on the wall **3** (*med.*) smear: — *di sangue*, blood smear.

striscione *s.m.* large stripe, large band; banner: — *pubblicitario*, advertising banner; — *degli scioperanti*, strikers' banner; — *d'arrivo*, (*traguardo*) finishing line.

striscioni *avv.* (by) crawling; (by) dragging: *camminare* —, to drag oneself along.

stritolabile *agg.* crushable.

stritolamento *s.m.* crushing, smashing (*anche fig.*).

stritolare *v.tr.* to grind*; to crush, to smash (*anche fig.*): *il treno gli stritolò una gamba*, the train crushed his leg; *fu stritolato dalla folla*, he was crushed by the crowd; *stritolò gli avversari con le sue argomentazioni*, (*fig.*) he crushed his opponents with his arguments // *vorrei essere là per poterlo* —, I would like to be there to make mincemeat of him.

□ **stritolarsi** *v.intr.pron.* to crush, to smash.

stritolatore *agg.* crushing, smashing ◆ *s.m.* (*non com.*) crusher, smasher.

stritolatura *s.f.* (*non com.*) crushing; grinding.

stritolio *s.m.* grinding, crushing.

strizione *s.f.* (*mecc.*) neck-in.

strizza *s.f.* (*fam.*) fear // *che* —*!*, how frightening!

strizzacervelli *s.m.* (*scherz.*) headshrinker, shrink.

strizzare *v.tr.* **1** to squeeze, to squash: — *un limone*, to squeeze a lemon // — *l'occhio*, to wink (at s.o.) **2** (*torcere*) to wring* (out): — *i panni*, to wring (out) clothes.

strizzata *s.f.* **1** squeeze // — *d'occhio*, wink: *dare una strizzatina d'occhio a qlcu.*, to wink at s.o. **2** (*il torcere*) wring: *dare una* — *a un lenzuolo bagnato*, to give a wet sheet a wring.

strizzatoio *s.m.* mangle, wringer.

strizzatura *s.f.* wring(ing); squeeze, squeezing.

strizzone *s.m.* **1** squeeze **2** (*fam.*) (*dolore acuto*) sharp pain, stab of pain.

strobilazione *s.f.* (*zool.*) strobilation.

strobilo *s.m.* **1** (*bot.*) strobile, strobilus (*pl.* -li) **2** (*zool.*) strobile, strobila (*pl.* -ae).

strobofotografia *s.f.* stroboscopic photography.

stroboscopia *s.f.* stroboscopy.

stroboscopico *agg.* (*scient.*) stroboscopic.

stroboscopio *s.m.* (*scient.*) stroboscope.

strofa *s.f.* strophe.

strofantina *s.f.* (*chim.*) strophantin.

strofanto *s.m.* (*bot.*) strophantus.

strofico *agg.* (*metrica*) stanzaic; strophic: *struttura strofica*, strophic structure.

strofinaccio *s.m.* duster; (*per asciugare piatti*) tea cloth; (*per lavare piatti*) dishcloth; (*per lavare pavimenti*) floor cloth.

strofinamento *s.m.* rubbing.

strofinare *v.tr.* to rub; (*pulire*) to clean; (*lucidare*) to polish: — *un tavolo*, to polish a table.

□ **strofinarsi** *v.rifl.* to rub oneself: *il cane si strofinava contro di lui*, the dog was rubbing itself against him // — *a qlcu.*, (*adularlo*) to flatter s.o. (*o* to butter s.o. up).

strofinata *s.f.* rub: *dare una* — *a qlco.*, to give sthg. a rub.

strofinio *s.m.* **1** continuous rubbing **2** (*elettr.*) wiping.

strolaga *s.f.* (*zool.*) diver, loon: — *maggiore*, (*Gavia immer*) ember-goose (*o* common loon).

strologare *v.tr.* to foretell*, to predict, to prophesy ◆ *v.intr.* **1** (*almanaccare*) to puzzle (about, over sthg.); to rack one's brains (about sthg.) **2** (*ant.*) to cast* horoscopes.

strologo *s.m.* (*fam.*) astrologer; fortune-teller.

stroma *s.m.* (*bot., med.*) stroma*.

stromatico *agg.* (*bot., med.*) stromatic.

strombare *v.tr.* (*arch.*) to splay.

strombatura *s.f.* (*arch.*) splay.

strombazzamento *s.m.* trumpeting.

strombazzare *v.tr.* to trumpet: *non fa che* — *la sua bravura*, he does nothing but blow his own trumpet; — *una notizia*, to trumpet a piece of news; — *la qualità di un prodotto*, to extol the quality of a product (*o fam.* to puff a product) ◆ *v.intr.* **1** (*rar.*) (*suonar male la tromba*) to sound a trumpet, to trumpet **2** (*suonare il clacson*) to toot, to honk.

strombazzata *s.f.* **1** (*rar.*) (*suonata di tromba*) trumpeting **2** (*di clacson*) tooting, honking **3** (*lode eccessiva*) trumpetry, overpraising.

strombazzatore *s.m.* **strombazzatrice** *s.f.* **1** (*chi divulga notizie*) trumpeteer **2** (*chi loda in modo sperticato*) trumpeteer, glorifier.

strombazzatura → **strombazzamento**.

strombettare *v.intr.* (*suonare la tromba malamente*) to blow* the trumpet (badly); (*suonare più volte il clacson*) to blow* the horn repeatedly, to hoot repeatedly ◆ *v.tr.* (*non com.*) → strombazzare.

strombettata → **strombazzata**.

strombettio *s.m.* continuous trumpeting.

strombo[1] *s.m.* (*arch.*) splay.

strombo[2] *s.m.* (*zool.*) (*Strombus gigas*) conch, wing-shell, strombus.

stromboliano *agg.* strombolian.

stroncamento *s.m.* **1** (*non com.*) (*lo spezzare*) breaking off **2** (*fig.*) (*critica spietata*) harsh criticism, slashing criticism.

stroncare *v.tr.* **1** (*spezzare*) to break* off, to cut* off: — *un ramo*, to break off a branch // *la sua vita fu stroncata da un incidente*, his life was cut short by an accident; *fu stroncato da un infarto*, he was struck down by a heart attack **2** (*fig.*) (*affaticare*) to wear* out: *il dolore lo ha stroncato*, the pain has worn him out; *il footing mi ha stroncato le gambe*, I can hardly stand up after my jog **3** (*fig.*) (*reprimere*) to put* down, to crush, to put* an end to (sthg.): — *una rivolta*, to crush (*o* to put down) a revolt; — *un pettegolezzo*, to put an end to a piece of gossip; *un farmaco per — la febbre*, a medicine to bring down temperature **4** (*fig.*) (*criticare radicalmente*) to pan, to tear* apart, to tear* to pieces: *il suo libro fu stroncato dalla critica*, his book was torn apart by the critics.

stroncato *agg.* **1** broken off, cut off; (*riferito alla vita*) cut short (*pred.*) **2** (*fig.*) worn-out: — *dal dolore*, worn-out by suffering **3** (*criticato spietatamente*) panned, torn apart, torn to pieces.

stroncatore *s.m.* (*non com.*) (*fig.*) (*critico intransigente*) harsh critic.

stroncatorio *agg.* (*fig.*) (*aspramente critico*) harsh savage, severe.

stroncatura *s.f.* (*aspra critica*) harsh criticism, savage attack.

strongilo *s.m.* (*zool.*) strongylus.

stronzaggine *s.f.* (*volg.*) **1** (*l'essere odioso*) shittiness; (*comportamento odioso*) shitty behaviour: *non sopporto la sua —*, I can't stand his shitty behaviour // *non dargli retta, sono le sue solite stronzaggini*, don't listen to him, he's playing the shit (*o* he's being shitty) as usual **2** (*atto, detto di persona stupida*) bullshit, crap.

stronzata *s.f.* (*volg.*) **1** (*atto, detto di persona stupida*) bullshit, crap: *non dire stronzate!*, don't talk crap!; *non ho mai sentito tante stronzate come a quella conferenza*, I've never heard so much bullshit (*o* crap) as in that lecture **2** (*atto, detto di persona odiosa*) shitty thing: *è una vera — abbandonare i cani*, it's a really shitty thing to do to abandon dogs.

stronziana *s.f.* (*chim.*) strontian.

stronzianico *agg.* (*chim.*) strontian.

stronzianite *s.f.* (*min.*) strontianite.

stronzio *s.m.* (*chim.*) strontium.

stronzo *s.m.* (*volg.*) **1** turd **2** (*fig.*) shit, turd, bastard.

stropicciamento *s.m.* → **stropicciatura**.

stropicciare *v.tr.* **1** to rub; *stropicciarsi le mani*, to rub one's hands (together); *stropicciarsi gli occhi*, to rub one's eyes **2** (*sgualcire*) to crease, to crumple: *non — la gonna: è stata appena stirata*, don't crease (*o* crumple) the skirt: it's just been ironed.

□ **stropicciarsi** *v.intr.pron.* **1** (*sgualcirsi*) to crease, to get* creased: *mi si è tutto stropicciato il vestito*, my dress has got all creased; *questa stoffa si stropiccia facilmente*, this material creases easily **2** (*fam. non com.*) (*infischiarsene*) not to care, not to give* a damn: *me ne stropiccio!*, I don't give a damn!

stropicciata *s.f.* rub.

stropicciatura *s.f.* **1** rubbing **2** (*lo sgualcire*) creasing, crumpling, wrinkling.

stropiccio *s.m.* **1** rubbing; (*dei piedi*) shuffling **2** (*lo sgualcire*) creasing, crumpling, wrinkling.

stroppare *v.tr.* (*mar.*) to strop.

stroppiare *v.tr.* (*fam.*) (*storpiare*) to cripple, to maim // *il troppo stroppia*, (*prov.*) too much is too much.

stroppo *s.m.* (*mar.*) strop.

strozza *s.f.* (*fam. scherz.*) (*gola*) throat, gullet: *prendere qlcu. per la —*, to seize s.o. by the throat.

strozzalino *s.m.* (*bot.*) (*Cuscuta epilinum*) flax-dodder.

strozzamento *s.m.* **1** (*lo strangolare*) strangling, throttling **2** (*compressione*) constriction; (*med.*) strangulating **3** (*restringimento*) narrow passage, narrowing; (*idraulica*) throttling **4** (*il soffocare*) choking.

strozzare *v.tr.* **1** (*uccidere strangolando*) to strangle, to throttle: *fu strozzato da un ladro*, he was strangled (*o* throttled) by a thief // *se lo incontro lo strozzo*, (*fam.*) if I see him I'll kill him **2** (*soffocare*) to choke: *per poco il pezzo di pane non lo strozzava*, the piece of bread nearly choked him; *la cravatta mi strozza*, the tie is choking me; (*metall.*) — *le colate*, to choke runners **3** (*comprimere, occludere*) to block, to obstruct; (*med.*) to strangulate: *un masso strozza il passaggio*, a rock blocks the pass **4** (*fig.*) (*far fallire*) to stifle, to wreck, to kill: — *una iniziativa*, to kill an initiative; — *una trattativa*, to wreck negotiations **5** (*esigere un prezzo esagerato*) to fleece, (*fam.*) to rip off: *gli usurai strozzano la povera gente*, loan-sharks fleece poor people; *ti strozzano in quel negozio*, they rip you off in that shop.

□ **strozzarsi** *v.intr.pron.* **1** (*restare soffocato*) to choke: *mangia piano altrimenti ti strozzi*, eat slowly or you'll choke **2** (*restringersi*) to narrow: *a un certo punto la strada si strozza*, at a certain point the road narrows.

strozzascotte *s.m.* (*mar.*) clam cleat.

strozzato *agg.* **1** strangled, throttled **2** (*soffocato*) choked: *con voce strozzata*, in a choked (*o* choking) voice **3** (*di recipiente*) narrow-necked; (*di passaggi, tubazioni*) with narrow passages, with narrowings: *vaso —*, narrow-necked vase **4** (*med.*) strangulated: *ernia strozzata*, strangulated hernia.

strozzatoio *s.m.* (*mar.*) compressor.

strozzatore *s.m.* strangler.

strozzatura *s.f.* **1** (*lo stringere*) obstructing, blocking; (*med.*) strangulating **2** (*restringimento*) (*di recipienti*) narrow neck; (*di passaggi, tubazioni*) narrow passage, narrowing: *la — di una bottiglia*, the narrow neck of a bottle; *ad un certo punto la valle presenta una —*, at a certain point the valley narrows **3** (*fig.*) (*impedimento*) bottleneck, obstacle: — *nella produzione*, bottleneck in production.

strozzinaggio *s.m.* usury, (*fam.*) loan-sharking.

strozzinesco *agg.* usurer's (*attr.*), of a usurer, of a loan-shark.

strozzino *s.m.* **1** usurer, money lender, (*fam.*) loan-shark **2** (*estens.*) bloodsucker: *mi ha dato pochissimo per il mio anello, è un vero —*, he gave me very little for my ring, he's a real bloodsucker.

struccare *v.tr.* to remove the make-up of (sthg.).

□ **struccarsi** *v.rifl.* to take* off one's make-up.

struccatura *s.f.* removal of make-up.

strudel *s.m.* (*cuc.*) strudel: — *di mele*, apple strudel.

struggente *agg.* tormenting; longing, yearning: *un ricordo —*, a tormenting memory; *un desiderio —*, a yearning desire; *un'espressione —*, a longing expression.

struggere *v.tr.* **1** (*non com.*) (*fondere*) to melt: — *il grasso, la cera*, to melt fat, wax **2** (*tormentare*) to torment; (*consumare*) to wear* out, to consume: *una preoccupazione lo struggeva*, a worry was tormenting him; *il rimorso lo struggeva*, he was consumed with remorse; *lo struggeva l'amore*, love consumed him **3** (*ant.*) (*distruggere*) to destroy.

□ **struggersi** *v.intr.pron.* **1** (*non com.*) (*fondersi*) to melt: *la neve si strugge al sole*, snow melts in the sun // — *in lacrime*, to melt into tears **2** (*affliggersi*) to be distressed, to distress oneself; to torment oneself: *non struggerti, c'è ancora speranza!*, don't worry too much, there is still some hope! **3** (*languire di passione, desiderio*) to be consumed (with sthg.); to pine, to pine away (with sthg., for s.o., sthg.): *si struggeva di tornare a casa*, he was pining to go back home; — *di gelosia, invidia, desiderio, dolore*, to be consumed with jealousy, envy, desire, grief.

struggicuore *s.m.* (*non com.*) (*tormento*) heartache, heartbreak.

struggimento *s.m.* **1** (*tormento*) torment, agony: *è uno — sentirlo raccontare quelle cose*, it is agony to hear him talk about those things **2** (*desiderio intenso*) longing, yearning.

struma *s.f.* (*med.*) struma*.

strumentale *agg.* **1** instrumental: *navigazione —*, instrumental navigation; *volo —*, instrumental flight // (*mus.*) *musica —*, instrumental music // (*gramm.*) *caso —*, instrumental case **2** (*che serve da strumento*) exploitable: *uno sciopero —*, an exploitable strike; *fare un uso — di un avvenimento*, to exploit an event // (*econ.*) *beni strumentali*, capital (*o* instrumental) goods.

strumentalismo *s.m.* (*fil.*) instrumentalism.

strumentalità *s.f.* instrumentality.

strumentalizzare *v.tr.* **1** (*mus.*) to adapt for an instrument **2** (*fig.*) to exploit, to manipulate, to make* use of (sthg.): — *una notizia a scopo di propaganda politica*, to exploit (*o* to manipulate) a piece of news for political propaganda.

strumentalizzazione *s.f.* **1** (*mus.*) instrumentation **2** (*fig.*) exploitation: *la — del movimento studentesco*, the exploitation of the student movement.

strumentalmente *avv.* **1** instrumentally **2** (*fig.*) as something to be exploited: *concepire — l'amicizia*, to think of friendship as something to be exploited.

strumentare *v.tr.* **1** (*mus.*) to instrument, to orchestrate **2** (*dir.*) to draw* up: — *un documento*, to draw up a document.

strumentario *s.m.* (*ant.*) (*armamentario*) instruments (*pl.*), tools (*pl.*): — *chirurgico*, surgical instruments.

strumentatore *s.m.* (*mus.*) orchestrator.

strumentatura *s.f.* (*non com.*) (*mus.*) instrumentation.

strumentazione *s.f.* **1** (*mus.*) instrumentation **2** (*insieme degli strumenti*) instruments (*pl.*), instrumentation, equipment.

strumentino *s.m.* (*spec. pl.*) (*mus.*) woodwind.

strumentista *s.m.* e *f.* **1** (*mus.*) instrumentalist **2** (*tecn.*) instrument designer.

strumento *s.m.* **1** tool, implement; instrument: — *di lavoro*, (work-)tool; *strumenti agricoli*, farm tools (*o* implements); *strumenti chirurgici, astronomici*, surgical, astronomical instruments; *gli strumenti di un falegname, elettricista, idraulico, giardiniere*, the tools of a carpenter, an electrician, a plumber, a gardener; *strumenti di guerra*, instruments of war; (*econ.*) — *di gestione*, tool of management **2** (*mus.*) instrument: — *a corda*, stringed instrument; — *a fiato*, wind instrument; — *a percussione*, percussion instrument **3** (*fig.*) (*mezzo*) instrument, means (*pl.*), tool: *essere lo — di qlcu.*, to be used by s.o.; *la televisione è stata un potente — di trasformazione*, TV has been a powerful instrument of change; *era diventato uno — della direzione*, he had become a tool of the management; *come — di persuasione la cosa fu molto efficace*, as a means of persuasion it was very effective **4** (*dir.*) instrument; (*atto*) deed: — *notarile*, notarial deed.

strumoso *agg.* (*bot.*, *med.*) strumose, strumous.

strusciamento *s.m.* rubbing; scraping; (*di piedi*) shuffling.

strusciare *v.tr.* (*strofinare*) to rub; (*piedi*) to shuffle: *ho sporcato il cappotto strusciandolo contro il muro*, I've dirtied my coat rubbing it against the wall; *non — i piedi quando cammini*, don't shuffle your feet when you walk ◆ *v.intr.* (*sfregare*) to scrape: — *con il parafango contro il muro*, to scrape the car mudguard against the wall.

□ **strusciarsi** *v.intr.pron.* **1** (*strofinarsi*) to rub oneself **2** (*fig.*) (*adulare*) to fawn (on s.o.); to suck up (to s.o.).

strusciata *s.f.* rub; scrape.

strusciatura *s.f.* rubbing; scraping; (*segno di strusciatura*) mark, scrape.

strùscio[1] *s.m.* (*region.*) (*passeggiata nei giorni festivi in centro*) Sunday promenade.

struscìo[2] *s.m.* continual rubbing.

strutto *s.m.* (*cuc.*) lard.

struttura *s.f.* **1** (*intelaiatura, impalcatura*) structure, frame: *una — di legno*, a wooden structure; — *d'acciaio*, steel frame; — *portante*, carrying structure; (*chim.*) — *ad anello*, ring structure **2** (*costruzione*) construction **3** (*composizione, organizzazione*) structure, frame: *la — mentale di un individuo*, the mental make-up of an individual; *la — del periodo*, the structure of a sentence; *la — narrativa di un romanzo*, the narrative structure of a novel // (*geol.*) — *lamellare*, sheeting // (*fis. nucleare*) — *atomica, fine, iperfine*, atomic, fine, hyperfine structure // (*econ.*): — *economica, sociale*, economic, social structure; — *di vendita*, sales organization; — *distributiva*, frame of distribution; — *del mercato*, market structure **4** (*complesso, impianto*) facility, structure, framework: *strutture sanitarie*, medical facilities; *le strutture industriali, economiche di una nazione*, the industrial, economic facilities of a country **5** (*inform.*) structure; architecture; design; format: — *dell'elaboratore*, computer design; — *del nastro*, tape format.

strutturabile *agg.* structurable.

strutturale *agg.* structural // *linguistica* —, structural linguistics.

strutturalismo *s.m.* (*ling.*) structuralism.

strutturalista *s.m.* e *f.* (*ling.*) structuralist.

strutturalistico *agg.* structuralist (*attr.*), of structuralism.

strutturare *v.tr.* to structure, to organize: — *un romanzo*, to structure a novel.

□ **strutturarsi** *v.intr.pron.* to be structured.

strutturato *agg.* structured.

strutturazione *s.f.* structuring, organization, structure; (*inform.*) design.

strutturista *s.m.* e *f.* **1** (*chim.*) structural chemist **2** (*tecn.*) structural engineer.

strutturistica *s.f.* (*chim.*, *fis.*) structural chemistry.

struvite *s.f.* (*min.*) struvite.

struzzo *s.m.* (*zool.*) (*Struthio camelus*) ostrich // *avere uno stomaco di* —, (*fig.*) to have a cast-iron stomach // *fare lo —, fare la politica dello* —, (*fig.*) to bury one's head in the sand.

stuccare *v.tr.* **1** (*decorare a stucco, con stucchi*) to stucco; — *il soffitto*, to stucco the ceiling **2** (*riempire di stucco*) to fill, to putty; (*con gesso*) to plaster: — *un buco*, to fill up a hole: — *una parete*, to plaster a wall; — *un dente*, to fill a tooth **3** (*saziare*) to surfeit; (*nauseare*) to sicken, to nauseate: *uva troppo dolce che stucca*, over-sweet grapes that make you sick **4** (*annoiare*) to bore: *i suoi complimenti mi stuccano*, his compliments bore me stiff.

□ **stuccarsi** *v.intr.pron.* (*annoiarsi*) to get* bored; to get* fed up.

stuccatore *s.m.* plasterer; stucco decorator, stucco worker.

stuccatura *s.f.* **1** (*decorazione a stucco*) stucco work **2** (*strato di stucco*) stucco*; putty; plaster.

stucchevole *agg.* **1** (*nauseante*) sickening, nauseating, mawkish; gushy: *cibi stucchevoli*, nauseating food; *sentimentalismo* —, nauseating sentimentalism (*o* mawkish sentimentality); *elogi stucchevoli*, gushy praise **2** (*noioso*) boring, tedious, tiresome: *discorso* —, boring speech.

stucchevolezza *s.f.* **1** nauseatingness, mawkishness; gush **2** tiresomeness, tedium.

stucco[1] *agg.* (*infastidito*) sick; bored; annoyed; (*fam.*) fed up (with sthg.): *sono — di mangiare sempre pesce*, I am sick of always eating fish; *sono — di tante domande*, I am sick of (*o* fed up with) so many questions.

stucco[2] *s.m.* **1** (*per decorazioni*) stucco*; (*riempitivo*) filler, putty; (*gesso*) plaster: — *da vetrai*, glazing putty // *rimanere di* —, (*fig.*) to be dumbfounded (*o* to be left speechless) // *essere di* —, (*fig.*) to be lifeless (*o* listless) **2** (*decorazione di stucco*) stucco*; stucco work.

stuccoso → **stucchevole**.

studente *s.m.* student: — *di medicina, legge*, medical, law student.

studentesca *s.f.* (*non com.*) students (*pl.*).

studentesco *agg.* students' (*attr.*), student (*attr.*); school (*attr.*): *gergo* —, students' slang; *vita studentesca*, (*a scuola*) school life; (*in università*) student life; *movimento* —, student movement.

studentessa *s.f.* girl student.

studiacchiare *v.tr.* e *intr.* to study fitfully, to study without enthusiasm.

studiare *v.tr.* **1** to study; (*parlando di studi universitari*) to read*, to study: *studia medicina*, he is reading (*o* studying) medicine; — *latino, storia, inglese*, to study Latin, history, English; — *legge, filosofia*, to read (*o* to study) law, philosophy; — *il violino*, to study the violin // (*teatr.*) — *la parte*, to study the part // — *molto, poco, sodo, di mala voglia*, to study a lot, little, hard, very unwillingly // *ha studiato con un ottimo professore per cinque anni*, he studied under a very good professor for five years // *studia all'Università di Roma, a Brera*, he is studying at Rome University, at Brera; *ha smesso di* —, he has stopped studying // *studi o lavori?*, are you still a student or are you working? // — *a memoria*, to learn by heart (*o* to memorize) **2** (*esaminare*) to examine, to study: — *il carattere di una persona*, to study the character of a person; — *il modo di fare, di ottenere una cosa*, to try to work out how to do, to get sthg.; — *la situazione, un problema*, to examine (*o* to study) the situation, a problem // *studiarle tutte*, to leave no stone unturned **3** (*fig.*) (*controllare*) to weigh, to measure, to study: — *le parole*, (*per non offendere o non compromettersi*) to weigh one's words ◆ *v.intr.* → **studiarsi**.

□ **studiarsi** *v.intr.pron.* (*letter.*) (*cercare, sforzarsi*) to try, to endeavour: *mi studierò di farlo come vuoi tu*, I shall try to do it as you want me to; *si studia di accontentarlo in tutti i modi*, she tries to please him in every way; *si studia sempre di piacere*, she always tries to please ◆ *v.rifl.* (*osservarsi*) to examine oneself: — *allo specchio*, to examine oneself in the mirror.

studiatamente *avv.* **1** (*di proposito*) on purpose, deliberately **2** (*affettatamente*) affectedly.

studiato *agg.* **1** studied: *discorso* —, set speech; *una risposta studiata*, a studied answer **2** (*affettato*) affected, artificial: *modi studiati*, affected manners; *sorriso* —, affected smile.

studio *s.m.* **1** study, studying: *lo — della geografia, del greco, delle lingue*, the study of geography, of Greek, of languages; *studi irregolari*, irregular studies; *studi scientifici, classici*, scientific, classical studies; *corso, programma di studi*, course of study (*o* curriculum*); *fece i suoi studi a Pavia*, he studied at Pavia; *ha fatto studi universitari?*, did he have a university education?; *non è molto amante dello* —, he doesn't like studying very much; *vuole dedicarsi allo — dell'economia*, he wants to devote himself to the study of economics; *incominciare, continuare, finire gli studi*, to begin, to continue, to finish one's studies; *fare 4 ore di — al giorno*, to study 4 hours a day // *borsa di —*, scholarship // *essere allo —*, (*di progetto, legge ecc.*) to be under consideration: *la proposta è allo — della commissione*, the proposal is under the consideration of (*o* is being considered by) the committee **2** (*indagine*) study, analysis, survey; (*ricerca*) research: — *del mercato*, market analysis (*o* survey); — *di fattibilità*, feasibility study **3** (*composizione musicale, critica; bozzetto*) study: — *di nudo*, nude study; — *per violino*, violin study; *ha pubblicato uno — su Dante*, he has published a study (*o* paper) on Dante; *ho visto uno — di testa di Leonardo*, I have seen a study of a head by Leonardo; *suonò uno — di Chopin*, he played a study by Chopin **4** (*progetto*) plan, project: — *per un ponte*, plan for a bridge **5** (*stanza da studio*) study: *lo troverai nel suo —*, you will find him in his study; *il suo — è sempre in disordine*, his study is always untidy **6** (*ufficio di professionista*) office, study; (*di pittore, fotografo ecc.*) studio*: — *legale*, (*azienda*) law firm; (*ufficio*) lawyer's office; — *medico*, surgery; — *dentistico*, dentist's surgery; — *pubblicitario*, advertising agency **7** (*cinem., tv*) studio* **8** (*letter.*) (*zelo, cura*): *mette grande — in tutto quello che fa*, he takes great pains with everything he does.

studiolo *s.m.* **1** small studio*, small office **2** (*mobile rinascimentale*) cabinet.

studioso *agg.* studious, fond of study: *un ragazzo —*, a studious boy ◆ *s.m.* scholar: — *di storia*, history scholar (*o* historian).

stufa *s.f.* stove; (*elettrica*) heater: — *a carbone*, coal stove; — *a gas*, gas stove; — *a legna*, wood-burning stove; — *a petrolio*, oil stove.

stufare *v.tr.* **1** (*riscaldare in una stufa*) to warm (up) **2** (*cuc.*) to stew **3** (*fam.*) (*stancare*) to bore: *mi ha stufato a morte con tutte le sue lamentele*, he's bored me to death with all his complaints.

□ **stufarsi** *v.intr.pron.* (*fam.*) to get* tired, to get* weary; to grow* bored (with s.o., sthg., with doing): — *di fare qlco.*, to get tired of doing sthg.; — *di qlco.*, to get tired (*o* weary) of sthg.; *mi sono stufata di mangiare riso*, I'am tired of eating rice.

stufato *s.m.* (*cuc.*) stew, stewed meat.

stufo *agg.* (*fam.*) tired; fed up (with s.o., sthg., with doing); sick (and tired): *sono — da morire*, I am bored to death; *sono — di lui, di questo*, I am sick and tired of him, of this (*o* I am fed up with him, with this); *sono — di lavorare*, I am sick (and tired) of working (*o* I am fed up with working).

stuoia *s.f.* mat, rush matting: *una — di paglia*, a straw mat.

stuoino *s.m.* **1** doormat **2** (*tenda*) sun-blind (made of rush matting).

stuolo *s.m.* group, crowd, swarm, band: *uno — di gente*, a crowd (*o* swarm *o* lot) of people; *uno — di studenti*, a crowd (*o* band) of students; *uno — di ammiratori*, a crowd of admirers; *uno — di rondini*, a flock of swallows.

stupefacente *agg.* **1** (*che sbalordisce*) stupefying; amazing, astonishing: *una memoria —*, an amazing memory **2** (*med.*) stupefacient, stupefactive ◆ *s.m.* drug, narcotic; (*fam.*) dope: *spacciatore di stupefacenti*, drug dealer.

stupefare *v.tr.* to stupefy; to amaze, to astonish.

□ **stupefarsi** *v.intr.pron.* (*non com.*) to be stupefied; to be amazed, to be astonished.

stupefatto *agg.* stupefied; amazed, astonished.

stupefazione *s.f.* **1** (*stupore*) stupefaction; amazement, astonishment **2** (*med.*) stupor, stupefaction.

stupendo *agg.* wonderful, marvellous, stupendous: *che — discorso!*, what a wonderful speech!

stupidaggine *s.f.* **1** stupidity; foolishness: *la — di alcune persone non ha limiti*, there is no limit to some people's stupidity **2** (*azione stupida*) stupid thing to do, stupid trick; (*errore stupido*) stupid mistake; (*cosa, parola stupida*) piece of nonsense: *mi rispose con una —*, he gave me a stupid (*o* a foolish) answer; *non dire stupidaggini*, don't talk nonsense; *questa è una delle sue solite stupidaggini*, this is one of his usual stupid tricks **3** (*cosa da poco*) trifle; (*fam.*) little something: *ti ho comperato una —*, I've brought you a little something; *non temere per l'esame, è veramente una —*, don't be frightened of the exam it is not anything much really.

stupidata *s.f.* stupidity, stupid thing: *ho fatto una —*, I did a stupid thing.

stupidimento *s.m.* (*non com.*) stupidity; (*intontimento*) daze.

stupidire *v.tr.* (*non com.*) to make* stupid; (*stordire*) to stun, to daze: *stupidito dal dolore*, stunned (*o* dazed) by grief ◆ *v.intr.* (*non com.*) to become* stupid; (*essere stordito*) to be stunned, to be dazed.

stupidità *s.f.* **1** (*l'essere stupido*) stupidity; foolishness **2** (*atto, discorso da stupido*) stupidity, stupid remark: *dire delle —*, to talk nonsense.

stupido *agg.* stupid; (*fam.*) dumb; (*sciocco*) foolish, silly: *idee stupide*, stupid (*o* idiotic) ideas; *uno sguardo —*, a stupid look; *è —*, he is stupid; *che scherzo —!*, what a stupid joke! ◆ *s.m.* fool, idiot: *è uno —*, he is a fool; *non fare lo —*, don't be an idiot.

stupire *v.tr.* to astonish, to amaze: *ciò mi stupisce*, this amazes me ◆ *v.intr.* → **stupirsi**.

□ **stupirsi** *v.intr.pron.* to be astonished, to be amazed: *mi stupisco di ciò che mi hanno detto*, I am astonished at what they have told me; *non mi stupisco più di nulla*, nothing astonishes me any longer.

stupito *agg.* astonished, amazed, astounded: *restò — quando la vide*, he was amazed when he saw her.

stupore *s.m.* **1** astonishment, amazement: *ero pieno di —*, I was quite astonished; *fa — il vederlo in quelle condizioni*, it is astonishing to see him in such conditions; *essere preso da —*, to be filled with wonder; *un'esclamazione di —*, an exclamation of astonishment **2** (*med.*) stupor.

stuprare *v.tr.* to rape.

stupratore *s.m.* rapist.

stupro *s.m.* rape: — *con violenza*, forcible rape.

stura *s.f.* (*di bottiglie*) uncorking, opening; (*di botti*) unbunging: *dare la — a una bottiglia*, to uncork a bottle // *dare la — alle chiacchiere*, (*fig.*) to begin gossiping.

sturabottiglie *s.m.* bottle opener; (*cavatappi*) corkscrew.

sturalavandini *s.m.* (*attrezzo*) plunger.

sturamento *s.m.* (*di bottiglie*) uncorking; (*di botti*) unbunging.

sturare *v.tr.* **1** (*bottiglie*) to uncork, (*botti*) to unbung **2** (*liberare*) to unblock, to unplug, to unclog: — *il lavandino*, to unblock the sink; — *gli orecchi*, to clear one's ears from wax // — *gli orecchi a qlcu.*, (*fig.*) (*parlare francamente*) to tell s.o. a few home truths // *sturatevi bene le orecchie perché non ripeto*, wash your ears out, because I'm not going to repeat it.

stuzzicadenti *s.m.* toothpick.

stuzzicamento *s.m.* **1** (*il punzecchiare*) prodding, poking; (*il frugare*) picking **2** (*fig.*) (*il molestare*) teasing, taunting **3** (*fig.*) (*lo stimolare*) exciting, whetting.

stuzzicante *agg.* **1** appetizing: *cibo —*, appetizing food **2** (*fig.*) (*stimolante*) stimulating: *un argomento —*, a stimulating subject.

stuzzicare *v.tr.* **1** (*punzecchiare*) to prod, to poke; (*frugare*) to pick: *smettila di stuzzicarmi con quella penna*, stop prodding (*o* poking) me with that pen; — *i denti*, to pick one's teeth // — *il fuoco*, to poke the fire **2** (*toccare insistentemente*) to finger, to touch: — *una ferita*, to keep touching a wound **3** (*fig.*) (*molestare*) to tease, to provoke, to taunt: *non — il gatto!*, don't tease the cat!; *non stuzzicatelo!*, don't tease him! **4** (*fig.*) (*stimolare*) to excite, to whet: *ciò stuzzica la mia curiosità*, this excites (*o* whets) my curiosity; — *l'appetito di qlcu.*, to whet (*o* to stimulate) s.o.'s appetite.

stuzzichino *s.m.* **1** (*fam.*) (*chi stuzzica*) teaser **2** (*region.*) (*spuntino*) snack; savoury; canapé.

su *avv.* **1** (*moto, direzione*) up; (*al piano superiore*) upstairs: *puoi venire — un momento?*, can you come up(stairs) a moment?; *vado — a prendere le chiavi*, I'll go up and get the keys; *l'ho mandato — in solaio*, I've sent him up to the attic; *devo portare — le valigie?*, shall I bring the cases up?; *guardate —*, look up; *tira — quel pezzo di carta*, pick up that piece of paper; *il prezzo della benzina è andato — parecchio*, the price of petrol has gone up a great deal // *là —* → **lassù**; *qua —* → **quassù** // — *e giù* → **giù** // — *per*, up: — *per la collina*, up the hill; *si precipitò — per le scale*, he rushed upstairs // *metter — casa*, to set up house // *tirar — un bambino*, (*allevarlo*) to bring up a child // *tirarsi —*, (*in salute*) to recover (*o* to pick up); (*finanziariamente*) to get on one's feet again // Con uso rafforzativo: *si spinse — — fino alla vetta*, he climbed all the way up to the summit; *risalire — — fino alle origini*, to go all the way back to the beginning **2** (*posizione, situazione*) up (above) (*anche fig.*); (*al piano superiore*) upstairs: *gli ospiti sono — in terrazza*, the guests are up on the terrace; *l'ufficio è — al primo piano*, the office is up on the first floor; *ti chiamano da —*, they're calling you from upstairs (*o* from up above); *a mezzanotte era ancora —*, (*alzato*) he was still up at midnight // *più —*, higher up; (*più avanti*) further up (*o* further along): *abita due piani più —*, he lives two floors (higher) up; *appendi il quadro un po' più —*, hang the picture a little higher up; *l'albergo è pochi metri più —*, the hotel is a few metres further on **3** (*indosso*) on: *aveva — un paio di scarpe nuove*, he had a new pair of shoes on; *metti — il soprabito*, put your coat on // *metter — arie*, to put on airs **4** (*con valore esortativo*): *—, sbrigati!*, get a move on!; *—, andiamo!*, come on, let's go!; *—, coraggio!*, *— con la vita!*, cheer up!; *—, non piangere!*, come on, don't cry! **5** (*con uso pleonastico*): *di —!*, out with it! **6** *in —*, (*verso l'alto*) up(wards); (*in avanti*) onwards: *guardai in —*, I looked up; *giaceva sul pavimento a faccia in —*, he was lying face upwards on the floor; *dalla vita in —*, from the waist upwards; *camminare col naso in —*, to walk with one's nose in the air; *i nostri prezzi vanno da diecimila lire in —*, our prices are from ten thousand liras upwards; *il traffico è scorrevole da Bologna in —*, the traffic is moving smoothly from Bologna onwards; *la norma si applica a tutto il personale, dal fattorino in —*, the rule applies to all staff, from the office boy up; *la tapparella non va né in — né in giù*, the shutter won't go either up or down ◆ *s.m.*: *era un — e giù continuo*, it was a continuous coming and going.

◆ FRASEOLOGIA: *— le mani!*, hands up! // *— per giù*, more or less (*o* roughly *o* about): *avrà — per giù la mia età*, he must be about my age; *c'erano — per giù mille persone*, there were roughly a thousand people // *essere — di morale*, to be in high spirits // *essere — di giri*, to be revved up; (*fig.*) to feel on top of the world // *avercela — con qlcu.*, to have it in for s.o. • Per *andare —*, *mettere —*, *venire —* → anche *andare*, *mettere*, *venire*.

su *prep.* **1** (*per indicare sovrapposizione con contatto*) on, (*form.*) upon; (*con movimento*) up; on to (*o* onto); (*in cima a*) on top of: *c'è una macchia sul pavimento*, there's a stain on the floor; *la lettera era sul tavolo*, the letter was on the table; *posalo sulla sedia*, put it on the chair; *l'acrobata camminava — una fune*, the acrobat was walking on a tightrope; *metti il coperchio sulla pentola*, put the lid on the pan; *si arrampicò — un albero*, he climbed up a tree; *salire — una scala*, to go up a ladder; *salire sul treno*, to get on the train; *caricarono gli sci sul tetto della macchina*, they loaded the skis on to the car roof (*o* on top of the car); *i corpi giacevano ammassati uno sull'altro*, the bodies were piled one on top of another; *il paese sorgeva — una ridente collina*, the village stood on (*o* upon) a sunny hilltop; *l'aereo si è schiantato sull'autostrada*, the plane crashed on to the motorway // *il suo ragionamento si fondava — false premesse*, his reasoning was based on false assumptions // *far assegnamento — qlcu.*, to rely on s.o. **2** (*per indicare sovrapposizione senza contatto, ovvero protezione, difesa, rivestimento*) over: *stiamo volando — Londra*, we're flying over London; *c'è un ponte sul fiume*, there's a bridge over the river; *una nube tossica incombeva sulla città*, a toxic cloud hung over the city; *metti un golfino sulle spalle*, put a cardigan over your shoulders; *passare la lucidatrice sul pavimento*, to pass the polisher over the floor; *spalmare la crema sul viso*, to spread cream over one's face // *sul suo capo pendeva la minaccia del licenziamento*, the threat of dismissal hung over his head **3** (*per indicare superiorità, dominio, controllo*) over: *non ha alcuna autorità — di noi*, he has no authority over us; *celebrare la vittoria sul nemico*, to celebrate one's victory over the enemy; *regnare — un popolo*, to reign over a people; *esercitare la propria influenza, il proprio potere — qlcu.*, to exert one's influence, power over s.o.; *avere un vantaggio — qlcu.*, to have an advantage over s.o. **4** (*a un livello superiore, più in alto di*) above (*anche fig.*): *il sole era alto sull'orizzonte*, the sun was high above the horizon; *il paese è a 500 metri sul livello del mare*, the village is 500 m above sea level // *per lui il lavoro ha la precedenza — tutto*, he puts work before everything **5** (*lungo*) on; (*che si affaccia su*) on to (*o* onto): *una casa, una città sul fiume*, a house, a city on the river; *un negozio sul corso principale*, a shop on the main street; *passeggiammo sul lungomare*, we walked on (*o* along) the seafront; *la mia finestra guarda sul cortile*, my window looks on to (*o* onto) the courtyard; *questa porta dà sul giardino*, this door opens onto the garden **6** (*verso, in direzione di, contro*) to(wards); (*contro*) on; at: *l'esercito marciò — Napoli*, the army marched on Naples; *tutti i riflettori erano puntati sulla rock star*, all the spotlights were focused on the rock star; *tutti si scagliarono — di lui*, they all flung themselves at (*o* on) him (*o fam.* they all went for him); *sparare sulla folla*, to fire on (*o* into) the crowd **7** (*dopo, di seguito a*) after: *commettere errori — errori*, to make mistake after mistake // *costruire pietra — pietra*, to build stone by stone **8** (*approssimativamente*) about; (*di tempo*) at, about: *sul mezzogiorno*, about midday; *sul far della sera*, at nightfall; *sulla fine del secolo*, at the turn of the century; *da qui a Firenze ci si impiega sulle tre ore*, it takes about three hours to get (from here) to Florence; *peserà sui 50 chili*, it must weigh about 50 kilos; *l'ha pagato sui 20 milioni*, he paid about 20 million liras for it; *un ragazzo sui 10 anni*, a boy about 10 years of age; *è sulla trentina*, he's about thirty years old // *un colore sul verde*, a greenish colour // *era un po' sul depresso*, he was a bit depressed **9** (*intorno a, riguardo a*) on, about: *un saggio sulla letteratura del Novecento*, an essay on 20th century literature; *— che cosa sarà la conferenza?*, what will the talk be about?; *sa tutto sulla storia del jazz*, he knows everything about the history of jazz; *discutere sui fatti del giorno*, to discuss the day's events **10** (*per esprimere proporzione*) out of: *nove — dieci espressero parere favorevole*, nine out of ten were in favour; *arriva in ritardo due gioni — tre*, he arrives late two days out of three; *una volta — mille*, one time out of a thousand; *meritare otto — dieci*, to get eight out of ten.

◆ FRASEOLOGIA: *sul momento*, at first; *sull'istante*, immediately; *sui due piedi*, on the spot // *— misura*, made to measure // *dipinto — legno, tela*, painted on wood, canvas // (*comm.*): *— campione*, by sample; *— campione tipo*, on type (*o* on standard); *— richiesta*, on demand // *essere sul punto di fare qlco.*, to be about (*o* to be going) to do sthg. // *fare sul serio*, to be in (*o* deadly) earnest (*o* to be serious): *fai sul serio?*, are you serious? (*o fam.* no kidding?) // *credere sulla parola*, to take s.o.'s word for it.

suaccennato *agg.* above-mentioned, aforesaid.

suadente *agg.* (*letter.*) persuasive; winning: *un tono —*, a persuasive tone.

suasivo *agg.* (*letter.*) suasive, persuasive; winning.

suasso → **svasso**.

sub- *pref.* di origine latina; ingl sub-; indica **1** lo stare sotto (qlco.): (*psic.*) *subcosciente*, subconscious; *subcaudale*, subcaudal; *suboceanico*, suboceanic **2** grado, rango, genere inferiore: *subcultura*, subculture; *subalterno*, subaltern **3** livello considerato inferiore alla norma: *subnormale*, subnormal; *subumano*, subhuman **4** suddivisione, frazionamento: *suddividere*, to subdivide **5** vicinanza, confine: (*geogr.*) *subalpino*, subalpine; (*geogr.*) *subartico*, subarctic **6** (*chim.*) un grado inferiore di ossidazione, acidità ecc.: *subacido*, subacid; *subossido*, suboxide.

subacqueo *agg.* underwater (*attr.*); subaqueous: *pesca subacquea*, underwater fishing // *fucile —*, harpoon gun ◆ *s.m.* skin diver, free diver; (*con attrezzatura*) scuba diver.

subacuto *agg.* (*med.*) subacute.

subaereo *agg.* subaerial.

subaffittante *s.m.* e *f.* (*dir.*) sublessor.

subaffittare *v.tr.* (*dir.*) to sublease, to sublet*, to underlet*: *— un appartamento*, to sublet a flat.

subaffitto *s.m.* (*dir.*) sublet, sublease, subtenancy, underlease: *dare in —*, to sublet (*o* to sublease); *prendere in —*, to sublease.

subaffittuaria *s.f.* **subaffittuario** *s.m.* (*dir.*) subtenant, sublessee, underlessee.

subaffluente *s.m.* (*geogr.*) subtributary.

subagente *s.m.* e *f.* (*comm.*) subagent, underagent.

subagenzia *s.f.* (*comm.*) subagency.

subalcalino *agg.* (*chim.*) subalkaline.

subalpino *agg.* (*geogr.*) subalpine.

subalternare *v.tr.* (*non com.*) to make* subaltern.

subalternato *agg.* subaltern.

subalternazione *s.f.* subalternation.

subalternità *s.f.* subalternity.

subalterno *agg.* **1** subordinate, dependent: *grado —*, subordinate rank; *posizione subalterna*, subordinate position // (*mil.*) *ufficiale —*, subaltern **2** (*log.*) subaltern: *proposizione subalterna*, subaltern proposition ◆ *s.m.* subordinate; (*mil.*) subaltern: *non può prendere decisioni: è solo un —*, he can't take any decisions: he's only a subordinate.

subantartico *agg.* (*geogr.*) subantarctic.

subappaltare *v.tr.* to give* in subcontract; to sublet*; to subcontract.

subappaltatore *agg.* subcontracting: *ditta subappaltatrice*, subcontracting firm ◆ *s.m.*, **subappaltatrice** *s.f.* subcontractor; (*piccolo appaltatore*) (*fam.*) butty.

subappalto *s.m.* subcontract: *lavoro in —*, subcontract work.

subappenninico *agg.* (*geogr.*) subapennine.

subatlantico *agg.* (*geogr.*) sub-Atlantic.

subatomico *agg.* (*fis.*) subatomic: *particella subatomica*, subatomic particle; (*chim.*) *struttura subatomica*, subatomic structure.

subbia *s.f.* stone-cutter's chisel.

subbiare *v.tr.* to dress (stone).

subbio *s.m.* (*tess.*) beam: *— dell'ordito*, warp beam; *— del tessuto*, cloth (*o* fore) beam.

subbollire → **sobbollire**.

subbuglio *s.m.* confusion, turmoil; (*scompiglio*) disorder, mess: *che —!*, what confusion!;

la casa era in —, the house was in utter confusion (*o* in a turmoil); *non mettere in — le mie carte*, don't make a mess of my papers; *il suo arrivo mise in — gli studenti*, his arrival caused a stir (*o* turmoil) among the students // *ho lo stomaco in* —, I've got a stomach upset.

subconscio *agg.* e *s.m.* (*psic.*) subconscious.

subcontinente *s.m.* (*geogr.*) subcontinent.

subcontraente *agg.* (*dir.*) subcontracting ◆ *s.m.* e *f.* (*dir.*) subcontractor.

subcontrarietà *s.f.* (*fil.*) subcontrariety.

subcontrario *agg.* (*fil.*) subcontrary.

subcontratto *s.m.* (*dir.*) subcontract.

subcorticale *agg.* (*bot.*) subcortical.

subcosciente *agg.* subconscious: *sensazioni subcoscienti*, subconscious sensations ◆ *s.m.* (*psic.*) subconscious, subconscious mind, subconsciousness.

subcoscienza *s.f.* (*non com.*) (*psic.*) subconscious, subconsciousness.

subcostiero *agg.* (*geogr.*) subcoastal.

subcritico *agg.* (*fis.*) subcritical.

subdelega *s.f.* (*dir.*) subdelegation.

subdelegare *v.tr.* (*dir.*) to subdelegate.

subdelegazione *s.f.* (*dir.*) subdelegation.

subdelirio *s.m.* (*med.*) subdelirium.

subdesertico *agg.* (*geogr.*) semi-arid.

subdolamente *avv.* in an underhand way; deviously; (*falsamente*) deceitfully: *lavorava — per screditare i suoi avversari politici*, he worked deviously to discredit his political rivals.

subdolo *agg.* underhand, sly; devious; (*falso, ingannevole*) deceitful; (*sfuggente*) shifty: *non fidarti di lui, è un uomo* —, don't trust him, he is a sly man; *non lasciarti ingannare dalle sue maniere subdole*, don't be taken in by his devious ways.

subduzione *s.f.* (*geol.*) subduction.

subeconomo *s.m.* (*amm.*) vice-treasurer; (*nelle università*) vice-bursar.

subecumene *s.f.* (*geogr.*) subecumene.

subentrante *agg.* (*che succede a*) incoming: *il direttore* —, the incoming director; *il nuovo direttore — al dott. X*, the new director taking over from Dr. X; *la signorina Preston è — alla segretaria che è andata in pensione*, Miss Preston is replacing the secretary who has retired ◆ *s.m.* e *f.* successor; replacement.

subentrare *v.intr.* (*sostituire*) to take* the place (of s.o., sthg.), to replace (s.o., sthg.) (*anche fig.*), to take* over (from s.o.); (*succedere*) to succeed (s.o., sthg.): — *alla presidenza*, to succeed to the chairmanship; — *a qlcu. in una carica*, to take over s.o.'s office; *subentrò a suo fratello nella direzione dell'azienda*, he took the place of (*o* he succeeded) his brother in the management of the firm (*o* he took over the management of the firm from his brother); *l'amore subentrò all'odio*, (*fig.*) love replaced hatred; *se non subentrano complicazioni, uscirà dall'ospedale domani*, if no complications arise, he'll leave hospital tomorrow.

subentro *s.m.* (*amm.*) replacement, succession, taking over // (*dir.*) — *in un contratto*, transfer in a contract.

subequatoriale *agg.* (*geogr.*) subequatorial.

suberico *agg.* (*chim.*) suberic: *acido* —, suberic acid.

subericoltura e *deriv.* → **sughericoltura** e *deriv.*

suberificare *v.intr.* **suberificarsi** *v.intr.pron.* to suberize.

suberificazione *s.f.* (*bot.*) suberification.

suberina *s.f.* (*chim.*) suberin.

suberizzare *v.intr.* **suberizzarsi** *v.intr.pron.* to suberize.

suberizzazione *s.f.* (*bot.*) suberization.

subero → **sughero**.

subglaciale *agg.* subglacial.

subingresso *s.m.* (*dir.*) succession.

subinquilino *s.m.* subtenant, sublessee.

subire *v.tr.* to undergo*; to suffer; to sustain: — *un interrogatorio*, to undergo an interrogation; — *un'operazione, un cambiamento*, to undergo an operation, a change: — *un danno*, to be damaged (*o* to suffer damage); — *una perdita*, to suffer (*o* to sustain) a loss; — *una sconfitta*, to suffer a defeat; — *un'offesa*, to be offended; — *un processo*, to be on trial; — *una condanna*, to be condemned (*o* convicted); — *le conseguenze di qlco.*, to suffer the consequences of sthg.; *i lavori hanno subito un ennesimo ritardo*, the work has been delayed yet again; *il programma subirà qualche variazione*, there will be some changes in the programme // *non puoi sempre —, ribellati!*, don't always let yourself be trampled on, rebel!

subirrigazione *s.f.* (*agr.*) subirrigation.

subissare *v.tr.* **1** (*sprofondare*) to sink* **2** (*mandare in rovina*) to ruin **3** (*fig.*) (*ricoprire*) to overwhelm, to inundate: *mi subissa di gentilezze, di lodi*, he overwhelms me with kindness, with praise; — *qlcu. di richieste*, to inundate s.o. with requests; *siamo subissati da telefonate*, we are inundated with telephone calls ◆ *v.intr.* (*non com.*) (*sprofondare*) to sink*.

subisso *s.m.* **1** (*rovina*) ruin: *andare in* —, to collapse (*o* to fall into ruin *o* to be ruined); *mandare in* —, to ruin; *mandare in — il proprio patrimonio*, to squander one's wealth **2** (*fig.*) (*gran quantità*) shower: *un — di insulti*, a shower of insults; *un — di inviti, lettere, regali*, a shower of invitations, of letters, of presents; *un — di applausi*, a storm of applause.

subitamente *avv.* **1** (*immediatamente*) immediately, at once **2** (*all'improvviso*) suddenly.

subitaneamente *avv.* (*letter.*) suddenly, all at once, all of a sudden.

subitaneità *s.f.* suddenness.

subitaneo *agg.* (*letter.*) **1** (*improvviso*) sudden: *prendere una subitanea decisione*, to make a sudden decision **2** (*istintivo*) instinctive: *moto* —, instinctive movement.

subito[1] *avv.* **1** (*senza indugio*) at once, immediately, straightaway: *ritorno* —, I'll be back at once (*o* I'll be right back); *vieni — qui*, come here at once; *dammi — quel coltello!*, give me that knife immediately! // *"Mi dai una mano?" "Subito"*, "Can you give me a hand?" "Straightaway" // — *a letto!*, off to bed! // — —, (*enfatico*) in less than no time (*o* like a shot) // — *dopo*, immediately (*o* straight) afterwards (*avv.*); immediately (*o* straight) after (*prep.*): *arrivò — dopo*, he arrived immediately (*o* straight) afterwards; — *dopo mezzanotte*, immediately (*o* straight) after midnight; *partiamo — dopo colazione*, we're leaving straight after lunch // — *prima*, just before: *le scuole chiuderanno — prima delle elezioni*, the schools will close just before the elections; *è andato via — prima che tu telefonassi*, he went away just before you phoned **2** (*in brevissimo tempo*) soon: *si stanca — di studiare*, he soon tires of studying; *ci accorgemmo — che qualcosa non andava*, we soon realized something was wrong; *è una vernice che asciuga* —, it's a quick-drying paint; *è — fatto*, it's soon done **3** (*letter.*) (*improvvisamente*) suddenly, all of a sudden // Usato anche come s.m.: *in un* —, (*in un attimo*) all at once.

subito[2] *agg.* (*letter.*) (*improvviso*) sudden; (*rapido*) rapid: *subita morte*, sudden death.

subìto[3] *agg.* suffered, sustained: *il grave danno — vi sarà rimborsato*, you will be compensated for the serious damage you have suffered.

sublimare *v.tr.* **1** (*letter.*) to exalt, to raise, to sublime **2** (*psic.*) to sublimate **3** (*chim., fis.*) to sublimate, to sublime ◆ *v.intr.* (*chim., fis.*) to sublimate, to sublime.

□ **sublimarsi** *v.rifl.* to make* oneself sublime; to exalt oneself: — *nella rinuncia*, to make oneself sublime through renunciation.

sublimato *agg.* (*chim., fis.*) sublimated ◆ *s.m.* (*chim.*) sublimate: — *corrosivo*, corrosive sublimate.

sublimazione *s.f.* **1** (*chim., fis.*) sublimation **2** (*psic.*) sublimation **3** (*fig.*) (*purificazione*) sublimation.

sublime *agg.* sublime, lofty: *altezze sublimi*, sublime (*o* lofty) heights: *intelligenza* —, lofty intelligence // *che idea —!*, (*iron.*) what a bright idea! ◆ *s.m.* the sublime.

subliminale *agg.* subliminal.

sublimità *s.f.* sublimity, sublimeness.

sublinguale *agg.* (*anat.*) sublingual: *ghiandola* —, sublingual gland.

sublitorale, **sublitoraneo** *agg.* (*geogr.*) sublittoral.

sublocare *v.tr.* (*dir.*) to sublet*, to sublease, to underlease, to underlet*.

sublocataria *s.f.* **sublocatario** *s.m.* (*dir.*) subtenant, sublessee, underlessee.

sublocatore *s.m.* (*dir.*) sublessor, underlessor.

sublocazione *s.f.* (*dir.*) (*il dare in sublocazione*) subletting, subleasing; (*il contratto*) sublease, subtenancy, underlease.

sublunare *agg.* sublunar, sublunary.

sublussazione *s.f.* (*med.*) subluxation.

submarginale *agg.* (*econ. agricola*) submarginal: *terreno* —, submarginal land.

submontano *agg.* (*geogr.*) submontane.

subnoleggio *s.m.* subcharter.

subnormale *agg.* e *s.m.* e *f.* subnormal.

subnormalità *s.f.* subnormality.

subnucleare *agg.* (*fis. nucleare*) subnuclear.

suboceanico *agg.* (*geogr.*) suboceanic, submarine.

subodorare *v.tr.* to sense; to suspect, to get* wind of (sthg.): *avevo subodorato qualcosa di sospetto*, I had some suspicions (*o fam.* I had smelt a rat); — *un complotto*, to suspect (*o* to get wind of) a plot.

suborbitale *agg.* (*aer.*) suborbital.

subordinamento *s.m.* subordination.

subordinante *agg.* subordinate, subordinating: (*gramm.*) *congiunzione* —, subordinate conjunction.

subordinare *v.tr.* to subordinate (*anche gramm.*): *subordina ogni cosa al proprio interesse*, he subordinates everything to his own interest; *subordina le sue esigenze a quelle della famiglia*, he subordinates his own needs to those of his family.

subordinata *s.f.* (*gramm.*) subordinate clause.

subordinativo *agg.* subordinating.

subordinato *agg.* **1** (*subalterno*) subordinate, dependent; (*soggetto a*) subject (to sthg.), dependent (on sthg.): *lavoro* —, subordinate (*o* dependent) job; *lavoratore, impiegato* —, (subordinate) employee; *contratto di lavoro* —, contract of employment; *la segretaria è subordinata al direttore*, the secretary is under the manager; *questo programma è — alla approvazione del presidente*, this programme is subject to the approval of the president **2** (*gramm.*) subordinate: *proposizione subordinata*, subordinate clause ◆ *s.m.* subordinate; inferior; employee: *è molto stimato dai suoi subordinati*, he is highly respected by his subordinates; *il direttore tiene a distanza i suoi subordinati*, the manager keeps his staff at a distance.

subordinazione *s.f.* **1** subordination, dependence: (*amm.*) — *gerarchica*, hierarchical subordination; *svolgere il proprio lavoro in* —, to work as a subordinate (*o* to do a subordinate job) **2** (*gramm.*) subordination.

subordine *s.m.*: *in* —, (*subordinato*) subordinate, (*in via subordinata*) subordinately; *essere in* —, to be subordinate (*o* subject to s.o.); *svolgere un lavoro in* —, to do a subordinate job; *domandare, chiedere in* —, to ask a subordinate question (*o* to ask subordinately).

subornare *v.tr.* to suborn (*anche dir.*): — *un testimone*, to suborn a witness.

subornatore *s.m.* **subornatrice** *s.f.* suborner (*anche dir.*).

subornazione *s.f.* subornation (*anche dir.*).

subpolare *agg.* (*geogr.*) subpolar.

subrettina *s.f.* soubrette.

subroutine *s.f.* (*inform.*) subroutine.

subsatellite *s.m.* (*astr.*) subsatellite point.

subsidente *agg.* (*geol.*) subsident.

subsidenza *s.f.* (*geol.*) subsidence.

subsonico *agg.* subsonic: *aeroplano* —, subsonic aircraft; *velocità subsonica*, subsonic speed.

substrato *s.m.* (*geol.*) substratum*: *un — roccioso*, a substratum of rock.

subtilina *s.f.* (*biochim.*) subtilin.

subtotale *agg.* subtotal ◆ *s.m.* (*amm.*) subtotal.

subtropicale *agg.* (*geogr.*) subtropical // *regioni subtropicali*, subtropics.

subumano *agg.* subhuman // *vivere in condizioni subumane*, to live in subhuman conditions.

suburbano *agg.* suburban: *piazza, strada suburbana*, suburban square, street.

suburbicario *agg.* (*eccl.*) suburbicarian.

suburbio *s.m.* (*non com.*) suburb: *le scuole del* —, suburban schools.

suburra *s.f.* **1** (*archeol.*) 'suburra' (district of ill-repute in ancient Rome) **2** (*non com.*) (*quartiere malfamato*) slums (*pl.*): *la — di Milano*, the slums of Milan.

succedaneità *s.f.* substitutability.

succedaneo *agg.* substitutive, substitute (*attr.*); acting as a substitute ◆ *s.m.* substitute, substitutional good, substitute good: *l'orzo è un — del caffè*, barley is a substitute for coffee.

succedere *v.intr.* **1** (*subentrare*) to succeed (s.o., to sthg.): *succedette al padre negli affari*, he succeeded his father in the business; *Vittorio Emanuele* III *succedette a Umberto* I, Vittorio Emanuele III succeeded Umberto I; — *al trono*, to succeed to the throne **2** (*seguire*) to follow: *un tuono succedette al lampo*, a roll of thunder followed the lightning; *spesso a un periodo di boom succede un periodo di crisi*, a crisis often follows a boom **3** (*accadere*) to happen, to occur, to befall* (s.o.): *che cosa è successo?*, what has happened?; *che cosa ti succede?*, what's the matter with you?; *mi è successa una serie di disgrazie*, I had a run of bad luck (*o* a series of misfortunes has befallen me); *qualsiasi cosa succeda ci sarò*, whatever happens I'll be there; *sono cose che succedono*, these things happen; *ma si può sapere cosa sta succedendo qui dentro?*, will somebody tell me what's going on in here?

□ **succedersi** *v.rifl.rec.* to follow one another; to follow one upon the other: *le loro visite si succedettero ininterrottamente*, their visits followed one after the other; *le stagioni si succedono*, the seasons follow one another.

successibile *s.m.* e *f.* (*dir.*) person entitled to succeed ◆ *agg.* entitled to succeed.

successione *s.f.* **1** succession: — *al trono*, succession to the throne // *le guerre di* —, the Wars of Succession **2** (*dir.*) succession; inheritance: — *ereditaria, testamentaria*, hereditary, testamentary succession; *ereditò tutto in base alla linea di — diretta*, he inherited everything because he was in direct line of succession // *imposta di* —, death duty (*o* estate tax *o* inheritance tax) **3** (*seguito, serie*) succession, series*, sequence: — *di avvenimenti*, course (*o* sequence) of events; *una — di dissesti finanziari*, a series of economic failures; *la sua vita è stata una — di errori*, his life was a succession of errors // *la — naturale dei numeri*, the natural sequence of numbers // (*ecol.*) — *alterna*, alterne.

successivamente *avv.* **1** subsequently, afterwards: *approvò il nostro progetto ma — cambiò opinione*, he approved of our plan but subsequently (*o* afterwards) changed his mind **2** (*in ordine successivo*) successively.

successivo *agg.* following, subsequent: *il capitolo* —, the following (*o* the next) chapter; *gli avvenimenti successivi confermarono i nostri sospetti*, subsequent events confirmed our suspicions; *tornò il giorno, il lunedì, il mese* —, he came back the following day, Monday, month.

successo *s.m.* **1** (*esito favorevole*) success; (*risultato*) outcome: *avrà molto — nella vita*, he will be a great success (*o* he will be very successful) in life; *ebbe un — completo*, he was entirely successful; *ebbe una serie di successi e di insuccessi*, he had a series of successes and failures; *ho cercato di farlo, ma senza* —, I have tried to do it but with no success; *i suoi tentativi non ebbero alcun* —, his attempts failed completely; *quel prodotto ebbe un grande — presso il pubblico*, that product met with the consumers' approval; *partecipare con — alle Olimpiadi*, to take part successfully in the Olympic Games; *non so quale — possa avere la tua proposta*, I don't know what outcome your proposal can have; *ha raggiunto il — solo con il suo ultimo film*, he became successful only with his last film; *un film che riscuote grande* —, a very successful film // *di* —, successful: *una trasmissione di* —, a successful programme; *un uomo di* —, a successful man // *aver — con le donne*, to be popular with women **2** (*discografico, teatrale ecc.*) hit, success: *i più grandi successi del 1960*, the biggest hits of 1960.

successore *agg.* successive ◆ *s.m.* successor.

successorio *agg.* (*dir.*) succession (*attr.*), inheritance (*attr.*): *diritto* —, law of succession.

succhiamento *s.m.* (*non com.*) sucking.

succhiare *v.tr.* **1** to suck: *succhiò il veleno dalla sua ferita*, he sucked the poison from his wound; *le api succhiano il nettare dai fiori*, bees suck nectar from flowers; — *una caramella*, to suck a sweet; — *un'arancia*, to suck an orange; — *il latte*, to suck milk; *succhiarsi il pollice*, to suck one's thumb // — *il sangue a qlcu.*, (*fig.*) to suck the lifeblood out of s.o. **2** (*assorbire*) to absorb, to draw* up, to suck up: *le piante succhiano l'acqua dalla terra*, plants absorb (*o* draw up *o* suck up) water from the soil.

succhiata *s.f.* sucking; suck.

succhiatore *agg.* (*non com.*) sucking ◆ *s.m.*, **succhiatrice** *s.f.* (*non com.*) sucker.

succhiellamento *s.m.* (*tecn.*) gimleting.

succhiellare *v.tr.* (*tecn.*) to gimlet.

succhiello *s.m.* (*tecn.*) gimlet.

succhieruola *s.f.* rose pipe.

succhietto → **succhiotto**.

succhio *s.m.* (*bot.*) sap.

succhione *s.m.* **1** (*bot.*) young shoot **2** (*fig.*) (*parassita*) parasite.

succhiotto *s.m.* (*ciuccio*) dummy, (*amer.*) pacifier.

succiacapre *s.m.* (*zool.*) (*Caprimulgus europaeus*) goatsucker, nightjar, nighthawk.

succiamele *s.m.* (*bot.*) broomrape.

succinato *s.m.* (*chim.*) succinate.

succinico *agg.* (*chim.*) succinic: *acido* —, succinic acid.

succinimmide *s.f.* (*chim.*) succinimide.

succinite *s.f.* (*min.*) succinite.

succino *s.m.* (*min.*) succinum.

succintamente *avv.* **1** scantily: *vestita* —, scantily dressed **2** (*concisamente*) succinctly, concisely, briefly.

succinto *agg.* **1** (*di abiti*) scanty; (*ant.*) (*rialzato alla cintura*) tucked up: *si presentò alla festa in abiti succinti*, she came to the party scantily clad (*o* dressed in next to nothing) **2** (*conciso*) succinct, concise, brief: *un discorso* —, a concise speech // *in* —, succinctly (*o* concisely *o* briefly).

succintorio *s.m.* (*eccl.*) succinctory; succintorium (*pl.* -ia).

succitato *agg.* above-mentioned, mentioned above, aforementioned.

succlavio *agg.* (*anat.*) subclavian, subclavicular.

succo *s.m.* **1** juice: — *d'arancia, di limone, di pomodoro*, orange, lemon, tomato juice **2** (*fig.*) (*essenza*) gist, essence, point: *il — di un discorso, di un libro*, the gist of a speech, of a book: *il — di una questione*, the point of a matter **3** (*biol.*) — *gastrico, pancreatico*, gastric, pancreatic juice.

succosità *s.f.* **1** juiciness **2** (*fig.*) (*ricchezza di contenuto*) pithiness, conciseness.

succoso *agg.* **1** juicy: *un'arancia succosa*, a juicy orange **2** (*fig.*) (*ricco di contenuto*) pithy, concise.

succube *s.m.* e *f.* **succubo** *s.m.* **1** person entirely dominated by (s.o.); slave **2** (*spirito maligno*) succubus*, succuba* ◆ *agg.* (entirely) dominated (by s.o.): *è — di sua moglie*, he is entirely dominated by his wife.

succulento *agg.* **1** (*succoso*) succulent, juicy: *frutta succulenta*, juicy (*o* succulent) fruit **2** (*gustoso, sostanzioso*) rich: *cibo* —, rich food; *pasto* —, copious repast.

succulenza *s.f.* succulence.

succursale *s.f.* **1** branch, house branch, branch office, agency: *la nostra ditta ha aperto una — nella vostra città*, our firm has opened a branch in your town; *la nostra banca ha molte succursali all'estero*, our bank has many branches abroad; — *postale*, branch post office; *la — romana della nostra ditta*, the Rome branch office of our firm **2** (*eccl.*) chapel of ease.

sucido *agg.* **1** (*ant.*) → **sudicio** **2** (*tess.*) *lana sucida*, greasy wool.

sucidume *s.m.* **1** → **sudiciume** **2** (*tess.*) yolk.

sud *s.m.* south: *casa esposta a* —, house looking (*o* facing) south; *ho viaggiato a lungo nel — dell'Europa*, I have travelled a lot in the south of Europe; *l'Inghilterra è a — della Scozia*, England lies to the south of Scotland; *Roma è a — di Firenze*, Rome is to the south of Florence; *venire dal* —, to come from the south; *vivere al* —, to live in the south // *l'America del Sud, la Carolina del Sud*, South America, South Carolina; *Polo Sud*, South Pole // *del* —, southern (*o* south): *abitanti del* —, southernes (*o* southern people); *i paesi del* —, southern countries; *vento del* —, south wind // *verso, a* —, southward(s) (*o* south): *la nave è diretta a* —, the ship is heading south(wards); *percorse tre miglia ci dirigemmo a* —, after travelling three miles we headed south; *navigare, viaggiare verso* —, to sail, to travel south.

sudacchiare *v.intr.* to perspire slightly.

sudafricano *agg.* e *s.m.* South African.

sudamericano *agg.* e *s.m.* South American.

sudamina *s.f.* (*med.*) sudamen*.

sudanese *agg.* e *s.m.* e *f.* Sudanese.

sudare *v.intr.* **1** to sweat*, to perspire: *sudo molto durante l'estate*, I perspire a great deal in summer; — *per il caldo, per la fatica*, to sweat with heat, with fatigue; — *abbondantemente*, to sweat (*o* to perspire) profusely // — *freddo*, to be in a cold sweat: *quella vista mi ha fatto — freddo*, that sight made my blood run cold (*o* put me in a cold sweat) // *far — qlcu.*, to make s.o. sweat: *questo calore mi fa* —, this heat makes me sweat; *questa arrampicata mi ha fatto* —, the climb has made me sweat **2** (*fig.*) to toil; (*fam.*) to sweat*: *ha sudato molto su questo lavoro*, she has toiled hard at this work; — *sui libri*, to pore over one's books // *quel problema mi ha fatto* —, that problem made me sweat ◆ *v.tr.* (*non com.*) (*trasudare*) to sweat; (*gocciolare*) to ooze // — *sangue*, (*fig.*) to sweat blood // — *sette camicie*, (*fig.*) to slave away (*o* to work like a slave); *abbiamo sudato sette camicie per questo lavoro*, we slaved away at this job; *ho sudato sette camicie per convincerlo*, I sweated blood to convince him // *sudarsi il pane*, (*fig.*) to earn one's bread by the sweat of one's brow.

sudario *s.m.* **1** (*st. romana*) sudarium* **2** (*lenzuolo funebre*) shroud.

sudata *s.f.* **1** (*il sudare*) sweat: *dovresti fare una bella — per guarire il raffreddore*, you need a good sweat to cure your cold **2** (*fig.*) (*faticata*) real sweat, stint of hard work: *ho fatto una gran* —, I put in a stint of hard work.

sudaticcio *agg.* moist; *freddo e* —, clammy; *mani sudaticce*, moist (*o* clammy) hands ◆ *s.m.* sweat; slight perspiration.

sudato *agg.* **1** wet with perspiration, sweaty: *mani sudate*, sweaty hands; *aveva la fronte sudata*, his brow was bathed in perspiration; *essere tutto* —, to be in a sweat: *ho corso e sono tutta sudata*, I have run and I am in a sweat; *sono tutta sudata per lo spavento*, I am sweating with fear **2** (*fig.*) hard-earned: *denaro, pane* —, hard-earned money, bread (*o* money, bread earned by the sweat of one's brow).

sudatorio *agg.* sudorific, sudatory ◆ *s.m.* sudatorium*.

suddelegare → **subdelegare**.

suddetto *agg.* above-mentioned, aforesaid, aforementioned.

suddiaconato *s.m.* (*eccl.*) subdeaconate, subdeaconry.

suddiacono *s.m.* (*eccl.*) subdeacon.

suddistinguere *v.tr.* (*non com.*) to subdistinguish.

suddistinzione *s.f.* subdistinction.

suddita *s.f.* subject.

sudditanza *s.f.* subjection; (*cittadinanza*) citizenship.

suddito *agg.* e *s.m.* subject: *i sudditi del re*, the king's subjects; *un — britannico*, a British subject.

suddividere *v.tr.* to subdivide, to split, to separate; (*distribuire*) to share out: — *le spese*, to share expenses; — *i costi tra i soci*, to split costs among partners; — *una tesi in capitoli*, to subdivide a thesis into chapters.

suddivisibile *agg.* subdivisible, partible, subdividable.

suddivisibilità *s.f.* subdivisibility, partibility.

suddivisione *s.f.* subdivision, division, splitting, sharing: — *delle responsabilità*, sharing of responsibilities; — *del lavoro*, subdivision of labour; — *dei costi*, splitting of costs // (*trib.*) — *dei tributi*, tax sharing // (*amm.*) — *in zone*, zoning // (*inform.*) — *dei campi*, field breakdown; — *dei tempi*, time-sharing.

sud-est *s.m.* southeast: *di, del* —, southeastern; *verso* —, southeastward; *rivolto a* —, facing southeast; *vento di* —, southeasterly wind.

sudiceria *s.f.* **1** dirtiness, filthiness **2** (*cosa sudicia*) dirty thing; (*insieme di cose sudice*) muck, filth.

sudicio *agg.* dirty, filthy (*anche fig.*): *un bambino* —, a dirty child; *una casa sudicia*, a dirty (*o* filthy) house; *un viso; un vestito* —, a dirty face, dress; *discorsi sudici, azioni sudice*, filthy talk, actions // *colore* —, dirty (*o* dingy) colour ◆ *s.m.* dirt, filth (*anche fig.*); *vivere nel* —, to live in filth.

sudiciona *s.f.* slattern; slut (*anche fig.*).

sudicione *s.m.* dirty person, filthy person (*anche fig.*).

sudiciume *s.m.* **1** dirt, filth (*anche fig.*); (*fig.*) immorality, dishonesty **2** (*insieme di cose sudice*) filth, dirt.

sudista *agg.* (*st. amer.*) Southern, Confederate ◆ *s.m.* e *f.* (*st. amer.*) Southerner, Confederate.

sud-occidentale *agg.* (*geogr.*) southwest, southwesterly, southwestern.

sudorale *agg.* (*med.*) sudoral: *febbre* —, undulant fever.

sudorazione *s.f.* perspiration.

sudore *s.m.* **1** sweat, perspiration: *gocce di* —, beads of sweat; *madido, fradicio di* —, dripping with (*o* bathed in) sweat: *il caldo provoca il* —, heat causes sweating (*o* perspiration); *quella medicina provoca il* —, that medicine brings on perspiration; *grondare (di)* —, to be running with sweat (*o* to be bathed in perspiration); — *schiumoso*, (*di cavallo*) lather // *un — freddo*, a cold sweat: *a quella vista mi vennero i sudori freddi*, (*fig.*) at that sight my blood ran cold (*o* I broke out into a cold sweat) **2** (*fig.*) toil, labour: *il frutto dei miei sudori*, the fruits of my toil; *quanto — mi è costato quel lavoro!*, I really sweated over that job! // *col — della fronte*, by the sweat of one's brow: *guadagnarsi da vivere col — della fronte*, to earn one's living by the sweat of one's brow.

sud-orientale *agg.* (*geogr.*) southeast, southeasterly, southeastern.

sudorifero *agg.* sudorific, sudatory; sudoriferous; *farmaco* —, sudatory (*o* sudorific) drug; (*anat.*) *ghiandole sudorifere*, sudoriferous glands ◆ *s.m.* (*med.*) sudorific.

sudorifico *agg.* sudorific, sudatory.

sudoriparo *agg.* sudoriparous.

sud-ovest *s.m.* (*geogr.*) southwest: *di, del* —, southwestern; *verso* —, southwestward; *rivolto a* —, facing southwest; *vento di* —, southwestern (*o* southwest wind).

sudtirolese *agg.* e *s.m.* e *f.* South Tyrolean.

su e giù *s.m.* (*viavai*) coming and going; bustle: *per la strada era un continuo — di gente*, there was a constant bustle of people in the street.

suesposto *agg.* above-stated, aforesaid.

sufficiente *agg.* **1** sufficient; enough; adequate: *una quantità* —, a sufficient quantity; *abbiamo pane, vino — per venti persone*, we have enough bread, wine for twenty people; *credi che questa carne sia —?*, do you think that this is enough meat? (*o* this meat is enough?); *ho denaro più che* —, I have more than enough money; *il mio reddito è appena — per la mia famiglia*, my income is hardly sufficient (*o* adequate) for my family; *non avere viveri sufficienti*, to be short of foodstuffs; *guadagni più che sufficienti*, more than satisfactory earnings; *salario — per vi-*

vere, living wages; *non credo che questo sarà —*, I do not think that this will be enough; *non ho tempo — per fermarmi qui*, I haven't enough time to stop here // *la sua interrogazione era —*, (*a scuola*) he got a pass mark for his oral test // (*amm.*) *maggioranza —*, working majority // (*fil.*) *ragion —*, sufficient reason // (*dir.*) *prove sufficienti*, sufficient evidence **2** (*altezzoso*) arrogant, haughty; self-important, conceited: *parlava in tono —*, he spoke in a haughty tone ◆ *s.m.* **1** sufficient, enough: *ha il — per vivere*, he has enough to live (on) **2** (*persona altezzosa*) haughty person: *fare il —*, to give oneself airs (*o* to act superior).

sufficientemente *avv.* sufficiently, enough: *questa stanza non è — riscaldata*, this room is not sufficiently heated (*o* heated enough).

sufficienza *s.f.* **1** sufficiency // *a —*, sufficiently (*o* enough): *ho danaro a —*, I have enough money; *ho mangiato a —*, I've had enough to eat; *ho lavorato più che a —*, I have worked more than enough; *ne hai comprato a —?*, have you bought enough? **2** (*voto scolastico*) pass mark: *ha una — scarsa*, he has only just passed; *studia solo quanto basta per raggiungere la —*, he studies (*o* works) just enough to get by (*o* to pass) **3** (*alterigia*) self-importance, conceit; arrogance: *aria di —*, superior air (*o* self-important manner).

suffissale *agg.* (*ling.*) suffixal.

suffissare *v.tr.* (*ling.*) to suffix; to add (sthg.) as a suffix.

suffissato *agg.* (*ling.*) with a suffix; suffixed ◆ *s.m.* (*ling.*) word formed by the addition of a suffix.

suffissazione *s.f.* (*ling.*) suffixation.

suffisso *s.m.* (*ling.*) suffix.

suffissoide *s.m.* (*ling.*) second element of a compound.

sufflè → **soufflé**.

suffraganeità *s.f.* (*eccl.*) suffraganship.

suffraganeo *agg.* (*eccl.*) suffragan.

suffragante *s.m.* (*eccl.*) suffragan (bishop).

suffragare *v.tr.* **1** to support, to back: *— la candidatura di qlcu.*, to back s.o.'s candidature; *non volle — il mio piano*, he would not back my plan; *questi fatti suffragano la mia teoria*, these facts support (*o* bear out) my theory **2** (*eccl.*) to pray for (s.o.), to intercede for (s.o.): *— i morti*, to pray for the dead.

suffragazione *s.f.* (*eccl.*) suffrage, intercession.

suffragetta *s.f.* suffragette.

suffragio *s.m.* **1** suffrage, franchise; vote: *— universale*, universal suffrage; *diritto di —*, right of suffrage; *dare il proprio —*, to give one's vote **2** (*approvazione*) approval, sanction, suffrage: *il suo piano non ha ricevuto il — del consiglio di amministrazione*, his plan was not approved by the board of directors **3** (*eccl.*) suffrage: *una preghiera di — per i morti*, a prayer for the souls of the dead; *far dire una messa di — per i defunti*, to have a mass said for the souls of the dead.

suffragismo *s.m.* suffragism.

suffragista *s.m.* suffragist ◆ *s.f.* suffragette.

suffrutice *s.m.* (*bot.*) suffrutex*.

suffruticoso *agg.* (*bot.*) suffruticose, suffruticous.

suffumicare *v.tr.* to fumigate; (*riempire di fumo*) to fill with smoke.

suffumicazione *s.f.* suffumigation; fumigation.

suffumigare → **suffumicare**.

suffumigio *s.m.* **1** (*spec. pl.*) (*med.*) fumigation, suffumigation **2** (*purificazione*) suffumigation.

sufi *s.m.* (*st. relig.*) Sufi.

sufismo *s.m.* (*st. relig.*) Sufi(i)sm.

sufita *agg.* (*st. relig.*) Sufic, Sufistic, Sufi (*attr.*) ◆ *s.m.* (*st. relig.*) Sufi.

suggellamento *s.m.* (*non com.*) sealing.

suggellare *v.tr.* to seal (*anche fig.*): *— una lettera*, to seal a letter; *il suo destino era già suggellato*, his fate was already sealed; *— un patto*, to seal a pact.

suggellazione *s.f.* (*non com.*) sealing.

suggello *s.m.* seal (*anche fig.*): *si scambiarono una stretta di mano a — dell'accordo*, they shook hands to seal their agreement.

suggerimento *s.m.* suggestion, hint, indication: *gli diedi alcuni suggerimenti su come farlo*, I gave him a few hints on how to do it; *gli diedi il — di cercare di incontrarlo*, I suggested he should try to meet him; *ho seguito il tuo —*, I have followed your suggestion; *non so più che suggerimenti darti*, I don't know what else to suggest to you; *ha agito su — del suo avvocato*, he acted on his lawyer's advice; *dietro — di qlcu.*, as suggested by s.o.

suggerire *v.tr.* **1** to suggest; to advise; *il dottore suggerì una nuova terapia*, the doctor suggested (*o* advised) different treatment; *gli suggerii di non venire*, I advised him not to come (*o* I suggested that he should not come); *mi suggerì come si doveva fare*, he suggested how it should be done; *— una risposta*, to suggest an answer; *gli suggerii di parlarne al direttore*, I suggested that he should talk to the manager about it **2** (*dare come imbeccata a*) to prompt (*anche teatr.*): *non suggerite!*, no prompting; *il nostro insegnante non vuole che noi suggeriamo ai nostri compagni*, our teacher doesn't want us to prompt our classmates; *— una parola a un attore*, to give an actor a prompt.

suggeritore *s.m.* (*teatr.*) prompter (*anche fig.*): *buca del —*, prompt-box; *non ho bisogno di suggeritori*, I need no prompters (*o* no prompting).

suggestionabile *agg.* easily influenced, impressionable; suggestible (*anche psic.*).

suggestionabilità *s.f.* impressionability; suggestibility (*anche psic.*).

suggestionare *v.tr.* **1** to influence; to strike*: *il libro di medicina lo suggestionò al punto che pensò di essere malato*, the medical book made such an impression on him that he thought he was ill; *non cercare di suggestionarmi*, don't try to influence me; *non suggestionarlo, deve decidere da solo*, don't influence him, he must decide for himself **2** (*psic.*) to suggestionize.

□ **suggestionarsi** *v.intr.pron.* to persuade oneself, to convince oneself; to be influenced: *si suggestionò al punto di ritenersi malato*, he convinced (*o* persuaded) himself that he was ill.

suggestionato *agg.* influenced, struck.

suggestione *s.f.* **1** (*psic.*) suggestion: *— ipnotica*, hypnotic suggestion; *potere di —*, power of suggestion **2** (*fig.*) (*fascino*) awesomeness, grandeur, splendour: *la — di un tramonto*, the awesomeness of a sunset.

suggestività *s.f.* suggestiveness, charm, grandeur, magnificence: *la — di un panorama*, the magnificence of a view.

suggestivo *agg.* striking; suggestive: *atmosfera, scena suggestiva*, suggestive atmosphere, scene; *un panorama —*, a striking view; *un'ipotesi suggestiva*, an attractive theory // *domande suggestive*, leading questions.

sughera *s.f.* (*bot. pop.*) cork-tree, cork-oak.

sugheraio *s.m.* cork worker.

sugherello *s.m.* (*zool.*) (*Trachurus trachurus*) scad.

sughereto *s.m.* cork plantation.

sughericolo *agg.* cork (*attr.*).

sughericoltore *s.m.* cork planter, cork grower.

sughericoltura *s.f.* cork growing.

sugherificio *s.m.* cork factory.

sughero *s.m.* **1** cork: *— granulato*, granulated cork; *un tappo di —*, a cork // (*bot.*) *quercia da —*, (*Quercus suber*) cork-oak (*o* cork-tree) **2** (*bot.*) (*tessuto*) phellem.

sugheroso *agg.* corky, suberose, suberous.

sugna *s.f.* pork fat.

sugo *s.m.* **1** juice: *— d'arancia*, orange juice; *— di limone*, lemon juice; *questi pomodori non hanno —*, these tomatoes have no juice // *il — della carne*, (*durante la cottura*) meat juice // *il — dell'uva*, the juice of the grape **2** (*cuc.*) (*condimento*) sauce: *spaghetti col, al — di pomodoro*, spaghetti with tomato sauce **3** (*fig.*) (*sostanza*) gist, essence: *il — di un discorso, di un libro*, the essence (*o* gist) of a speech, of a book; *senza —*, without rhyme or reason: *un discorso senza —*, an empty speech.

sugosità *s.f.* **1** juiciness **2** (*fig.*) (*vigore, sostanza*) pithiness.

sugoso *agg.* **1** juicy: *un'arancia sugosa*, a juicy orange **2** (*fig.*) (*vigoroso, sostanzioso*) pithy: *un discorso —*, a pithy speech.

suicida *agg.* suicidal: *mania —*, suicidal mania; *un proposito —*, a suicidal intention ◆ *s.m. e f.* suicide: *morì — a 52 anni*, he committed suicide at the age of 52.

suicidarsi *v.rifl.* to commit suicide, to kill oneself: *si suicidò coi barbiturici*, he killed himself with barbiturates // *lavorare a quel ritmo significa —*, (*fig.*) working at that pace is suicidal.

suicidio *s.m.* suicide (*anche fig.*): *commettere —*, to commit suicide; *la perdita del marito la portò al —*, the loss of her husband drove her to suicide; *— politico, economico*, political, economic suicide.

sui generis *agg.* (*lat.*) (*singolare, strano*) unique, sui generis.

suindicato *agg.* above-mentioned, aforesaid, aforementioned.

suinicolo *agg.* pig-breeding (*attr.*).

suinicoltore *s.m.* pig-breeder.

suinicoltura *s.f.* pig-breeding.

suino *agg.* swine, pig (*attr.*), of swine: *carne suina*, pork ◆ *s.m.* swine*, pig, hog.

suite *s.f.* (*mus.*) suite.

sula *s.f.* (*zool.*) gannet: — *bassana*, (*Sula bassana*) solan (goose).

sulfamidico *agg.* (*chim.*) sulphamidic ◆ *s.m.* (*chim.*) sulphamide, sulpha drug.

sulfanilammide *s.f.* (*chim.*) sulphanilamide.

sulfanilico *agg.* (*chim.*) sulphanilic: *acido* —, sulphanilic acid.

sulfoemoglobina *s.f.* (*chim.*) sulphhemoglobin.

sulfureo *agg.* sulphureous.

sulla *s.f.* (*bot.*) (*Hedysarum coronarium*) sulla (clover).

sullodato *agg.* (*antiq.*) already praised; (*citato prima*) above-mentioned.

sultana *s.f.* (*moglie del sultano*) sultana.

sultanale *agg.* sultanic, sultan's (*attr.*).

sultanato *s.m.* sultanate.

sultanina *s.f.* (*bot.*) *uva* —, sultanas, currants, raisins.

sultano *s.m.* sultan // (*zool.*) *pollo* —, (*Porphyrio porphyrio*) sultan.

sumerico, **sumero** *agg.* Sumerian, Sumeric ◆ *s.m.* Sumerian.

summa *s.f.* (*lat.*) summa (*pl.* -ae, -as).

summenzionato *agg.* above-mentioned, aforesaid.

summit *s.m.* summit (conference): *il — dei capi di stato e di governo*, the summit of Heads of State and Prime Ministers.

sumo *s.m.* (*lotta giapponese*) sumo (wrestling).

sunna *s.f.* (*relig. maomettana*) Sunna(h).

sunnismo *s.m.* (*st. relig.*) Sunni Islam, Sunnism.

sunnita *agg.* e *s.m.* e *f.* (*st. relig.*) Sunnite, Sunni.

sunnominato, **sunnotato** *agg.* above -mentioned, above named, above noted, aforementioned.

sunteggiare *v.tr.* to sum up, to summarize.

sunto *s.m.* summary, résumé: *fare un* —, to make a summary; *fare il — di un racconto*, to sum up a story.

suntuario *agg.* sumptuary: *legge suntuaria*, sumptuary law.

suntuoso e *deriv.* → **sontuoso** e *deriv.*

suo *agg.poss. di 3ª* pers.sing. **1** (*riferito a persone*) his (*di lui*); her (*di lei*); (*riferito a cose o animali di sesso non specificato*) its; (*suo proprio*) his own; her own; its own: *Dante e il — tempo*, Dante and his times; *la regina e i suoi sudditi*, the Queen and her subjects; *l'albero e i suoi frutti*, the tree and its fruit; *Napoli e i suoi dintorni*, Naples and its surroundings; *Roberto gioca nella squadra di calcio della sua scuola*, Robert plays in his school football team; *il cane dorme nella sua cuccia*, the dog sleeps in its kennel; *la ragazza viveva con — padre e sua madre*, the girl lived with her mother and father; *l'attrice ha vinto il — primo Oscar*, the actress won her first Oscar; *ciascuno è libero di esprimere il — parere*, everyone is free to express his own (*o* their own) opinion; *ognuno vorrebbe avere una casa sua* (*propria*), everyone would like to have their own (*o* his own) house; *ha comprato il terreno con i suoi* (*propri*) *risparmi*, he bought the land with his own savings; *lei ha un — modo di vedere le cose*, she has her own way of looking at things; *Venezia ha un — fascino particolare*, Venice has a (particular) charm of its own; *gli dissi che quello era affar* —, I told him that that was his business // *l'ho visto con un — compagno di scuola*, I saw him with a schoolfriend of his; *mia moglie ha invitato alcune sue amiche*, my wife has invited some friends of hers; *lei mi guardò con quel — sorriso ingenuo*, she smiled at me in that innocent way of hers // *Sua Eminenza*, His Eminence; *Sua Santità*, His Holiness; *Sua Altezza*, His, Her Royal Highness; *Sua Maestà*, His, Her Majesty; *Sua Signoria*, His Lordship // *in vece sua*, instead of him, her (*o* in his, her stead) // *per amor* —, for his, her sake (*o* for love of him, of her) // *ogni cosa a — tempo*, everything in due course // *non è più giovane, ha i suoi sessant'anni suonati*, he isn't young any more; he's (well) over sixty // *se non dorme le sue otto ore, si sente stanca*, if she doesn't get her eight hours' sleep, she feels tired **2** (*formula di cortesia*) your: *vuole mostrarmi il — passaporto, per favore?*, will you show me your passport, please?; *La ringraziamo per la Sua lettera del 21 c.m.*, thank you for your letter of the 21st inst. // *Suo Franco Rossi*, Yours sincerely, Franco Rossi // *Sua Eminenza*, Your Eminence; *Sua Santità*, Your Holiness; *Sua Altezza*, Your (Royal) Highness; *Sua Maestà*, Your Majesty; *Sua Signoria*, Your Lordship **3** (*con uso predicativo*) his, hers; (*rar.*) its; (*formula di cortesia*) yours: *il libro che ti ho prestato è* —, the book I lent you is his, hers; *egli sostiene che questa firma non è sua*, he claims that this signature isn't his; *è — questo ombrello, signora?*, is this umbrella yours, madam? **4** (*riferito a sogg. impers.*) one's: (*suo proprio*) one's own: *uno non può sempre fare a modo* —, one can't always have one's own way (*o* you can't always have your own way); *in tal caso, uno prende i suoi provvedimenti*, in that case one makes one's own arrangements ◆ *pron.poss.* **1** (*riferito a persone*) his (*di lui*); hers (*di lei*): (*formula di cortesia*) yours: *egli sostiene che questo documento non è il* —, he claims that this document isn't his; *ero senza auto, e lei mi ha prestato la sua*, I hadn't got my car, so she lent me hers; *questo posto è occupato, signore, il — è due file più avanti*, This seat is taken, sir. Yours is two rows further on **2** (*in espressioni ellittiche*): *con riferimento alla Sua pregiata del...*, with reference to your letter of...; *egli crede che io sia dalla sua*, he thinks I'm on his side; *è uno che sta molto sulle sue*, he keeps himself to himself; *lei deve sempre dire la sua*, she must always have her say; *ne ha combinata una delle sue*, he's (gone and) done it again!; *ognuno ha le sue*, everyone has his (*o* their) own troubles ◆ *s.m.* **1** *vive del* —, he lives on his income; *ci ha rimesso del* —, he lost his own money // *a ciascuno il* —, (*prov.*) each to his own **2** (*partitivo*): *qualcosa, niente di* —, something, nothing of his own, her own; *c'è ben poco di — in questo lavoro*, there's little of his own in this work **3** *pl. i suoi*, his, her family (*o* his, her relatives, *o fam.* his, her folks); (*partigiani, seguaci*) his, her supporters • Come si nota dagli esempi, l'agg. e il pron. poss. di 3ª pers. sing. concordano in ingl. col genere del possessore e non della cosa posseduta.

suocera *s.f.* mother-in-law* // *non fare la —!*, (*fam.*) don't nag at me!

suocero *s.m.* father-in-law* // *i suoceri*, the parents-in-law.

suola *s.f.* **1** sole: — *di gomma, di cuoio*, rubber, leather sole; *scarpe a — doppia*, double -soled shoes **2** (*metall.*) hearth, sole, bottom; (*di forno a riverbero*) laboratory: — *acida*, acid bottom **3** (*di rotaia*) flange **4** (*mar.*) sole.

suolare → **solare**².

suolatura → **solatura**.

suolificio *s.m.* shoe-sole factory.

suolo *s.m.* soil; earth; ground: — *fertile, povero*, fertile, poor soil; *giacere al* —, to lie on the ground; *cadere al* —, to fall to the ground; *radere al* —, to raze to the ground // — *agricolo*, agricultural land; — *edificabile*, building land // — *pubblico, privato*, public, private property // *il — patrio, nativo*, one's native soil // (*geol.*) — *poligonale*, polygonal ground.

suonare *v.tr.* **1** to sound; (*campane, campanello*) to ring*: *credevo che tu avessi suonato* (*il campanello*), I thought you had rung; — *l'allarme*, to sound the alarm; — *il clacson*, to sound the horn (*o* to hoot); — *una nota*, to sound a note // (*mil.*): — *la ritirata*, to sound the retreat; — *la sveglia*, to sound reveille // *suonarle a qlcu.*, (*fam.*) to give s.o. a good thrashing **2** (*eseguire musica*) to play: *l'organo suonava la marcia nuziale*, the organ was playing the wedding march; — *un pezzo di musica*, to play a piece of music; — *il piano*, to play the piano; — *qlco. al piano*, to play sthg. on the piano; — *il violino, il flauto*, to play the violin, the flute; *suona la batteria in un gruppo rock*, he plays the drums in a rock band **3** (*di orologio*) to strike*: *l'orologio della chiesa ha appena suonato mezzogiorno*, the church clock has just struck noon; *questo orologio suona le ore*, this clock strikes the hours ◆ *v.intr.* **1** to sound; (*di campane, campanelli*) to ring*: *il campanello suona*, the bell is ringing; *suonano alla porta, vai ad aprire!*, the doorbell is ringing, go and open the door!; *le campane suonano a festa*, the festive bells are ringing (*o* chiming); *questo fischietto, questa tromba non suona*, this whistle, this trumpet does not play (*o* blow); *quando suona la sirena, gli operai smettono di lavorare*, when the siren goes, the workers stop work; *non ho sentito — la sveglia*, I didn't hear the alarm clock go off // (*di campane*): — *a martello*, to sound the alarm; — *a morto*, to toll for the dead **2** (*eseguire musica*) to play: *suona in un'orchestra sinfonica*, he plays in a symphony orchestra; — *a orecchio*, to play by ear **3** (*scoccare*) to strike*: *le dodici sono suonate qualche minuto fa*, twelve o'clock struck some minutes ago; *non è ancora suonata mezzanotte*, it has not struck midnight yet; *sono appena suonate le sei*, it has just struck six **4** (*risuonare*) to ring*, to resound (*anche fig.*): *il giardino suonava di grida allegre*, the garden was ringing with cheerful cries **5** (*di periodo, versi ecc.*) to sound: *mi suona sbagliato, strano*, it sounds wrong, strange to me; *questa frase non suona bene*, this sentence does not sound right.

suonato *agg.* **1** (*scoccato*) *sono le tre suonate*, it is past three (o'clock) // *ha quarant'anni suonati*, he is well over forty **2** (*fam.*) (*rimbambito*) punch-drunk: *un pugile* —, a punch-drunk boxer; *quel tipo è un po'* —, that fellow is a bit cracked.

suonatore *s.m.* **suonatrice** *s.f.* player: — *di violino*, violin player (*o* violinist) // — *ambulante*, strolling player (*o* street musician) // *buonanotte, suonatori!*, that's that!

suono *s.m.* **1** sound (*anche fis.*): *il — del*

pianoforte, del violino, del campanello, delle campane, the sound of a piano, of a violin, of the doorbell, of the bells; *un — gradevole, stridulo, lamentoso*, a pleasant, shrill, mournful sound; *mi svegliai al — del telefono*, I woke up to the sound of the telephone; *riconoscere qlcu. dal — della voce*, to recognize s.o. from the sound of his voice; *mandare un —*, to emit (*o* to give out) a sound; *la sua voce ha un — familiare*, his voice has a familiar ring to it; *udire un —*, to hear a sound // *direttore del —*, sound director // *la fisica del —*, the physics of sound // *barriera del —*, sound barrier // *lo accolsero a suon di fischi*, they greeted him with a chorus of boos; *lo fecero ubbidire a suon di bastonate*, they beat him into doing it **2** (*musica*) music: *con suoni e canti*, with music and songs; *ballare al — dei violini*, to dance to the music of violins **3** (*fon.*) sound: *— vocalico*, vowel sound.

suora *s.f.* nun; sister: *suore di Carità*, Sisters of Charity; *Suor Maria*, Sister Mary; *parlava con una —*, she was talking to a nun; *farsi —*, to become a nun (*o* to take the veil).

super *agg.* (*eccezionale*) super, wonderful, marvellous; top quality: *un caffè —*, a marvellous coffee; *una festa —*, a super party; *vino —*, excellent wine; *benzina —*, premium (*o* four-star) petrol ◆ *s.m.* (*non com.*) (*il massimo*) the best ◆ *s.f.* (*benzina, supercarburante*) four-star (petrol), premium petrol: *può farmi il pieno di —?*, can you fill it up with four-star?

super- *pref.* di origine latina; ingl. super-, over-, hyper-; indica **1** sovrapposizione: (*med.*) *superinfezione*, superinfection; (*geol.*) *superstrato*, superstratum **2** superiorità: *superbomba*, superbomb; (*mar.*) *supercisterna*, supertanker; (*econ.*) *supercapitalizzazione*, overcapitalization **3** eccesso: *superproduzione*, overproduction; *superpagare*, to overpay; *superdose*, overdose; *superabbondanza*, overabundance (*o* superabundance); *supernutrizione*, hyperalimentation (*o* overfeeding *o* superalimentation) **4** grado superiore al normale: (*chim.*) *superacido*, superacid; (*chim.*) *superfosfato*, superphosphate **5** aggiunta, maggiorazione: *supertassa*, supertax; *superprofitto*, superprofit.

superabile *agg.* surmountable: *un ostacolo —*, an obstacle that can be overcome.

superabilità *s.f.* superability.

superacustico *agg.* supersonic.

superaffollamento *s.m.* overcrowding: *il — della rete stradale*, the overcrowding of the road network.

superaffollato *agg.* overcrowded: *un negozio, bar —*, an overcrowded shop, bar.

superalcolico *agg.* high alcohol; (*fam.*) strong ◆ *s.m.* spirits (*pl.*); (*fam.*) the hard stuff: *ha cominciato con la birra e ha finito coi superalcolici*, he started off with beer and then switched to spirits.

superalimentazione *s.f.* overfeeding, superalimentation, supernutrition.

superallenamento *s.m.* (*sport*) overtraining.

superamento *s.m.* (*il superare*) overcoming, surmounting; getting over; (*di esame*) getting through; (*il sorpassare*) overtaking: *il — di un ostacolo*, the overcoming of an obstacle; *il codice stradale vieta il — in curva*, the highway code prohibits overtaking on a bend; *il — del limite di velocità*, exceeding the speed limit; *il — di una vecchia tradizione*, the abandoning of an old tradition; *in questo punto è possibile il — del fiume*, it's possible to cross the river at this point // (*inform.*): *— di capacità*, overflow; *— di limite inferiore*, *— negativo*, underflow.

superare *v.tr.* **1** (*oltrepassare, sorpassare*) to go* over, to go* beyond, to exceed; to be over (sthg.); (*aspettative*) to surpass, to exceed; (*riferito a persona*) to surpass, to outdo*: *l'allievo ha superato il maestro*, the pupil surpassed his master; *questa nave non supera i quindici nodi orari*, this ship cannot exceed fifteen knots; *il prezzo supera i duecento milioni*, the price is over two hundred million; *in Italia la produzione del grano supera quella del riso*, wheat production exceeds rice production in Italy; *il risultato ha superato tutte le nostre speranze*, the outcome exceeded all our hopes; *se non supera le dieci sterline, compralo pure*, buy it if it is not over (*o* more than) ten pounds; *merci che superano il peso consentito*, overweight goods; *la sua recitazione ha superato le mie aspettative*, his performance exceeded my expectations; *superò tutti i rivali*, he outdid all his rivals; *ormai ha superato l'età dei giochi*, he has passed (*o* gone) beyond the age of playing games; *la tua arroganza ha superato ogni limite*, your arrogance has gone beyond the limit; *— il limite di velocità*, to exceed the speed limit; *— in altezza, lunghezza*, to be higher, longer (*o* to exceed in height, in length); *— in numero, in peso*, to exceed in number, weight; *— in velocità*, to exceed in speed (*o* to be faster): *la mia auto supera in velocità qualunque altra*, my car is faster than any other; *— qlcu. di x punti*, (*durante la partita*) to be x points ahead of s.o.; (*come risultato finale*) to score x points more than s.o.; (*econ.*) *— l'offerta di qlcu.*, to improve up (*o* on) s.o.'s offer; *— qlcu. in qlco.*, to excel s.o. in (*o* at) sthg. (*o* to surpass s.o. in sthg.): *lo supera in intelligenza*, he surpasses him in intelligence; *nello sport nessuno lo supera*, nobody can beat him in sports activities // *— ogni primato*, to break all records // *— se stesso*, to surpass oneself **2** (*passare al di là di*) to get* over (sthg.); (*attraversare*) to cross; (*oltrepassare con un veicolo*) to overtake*, to pass: *mi superò in curva*, he overtook me on a bend; *è vietato — in curva*, overtaking on a bend is forbidden; *— un fiume, un burrone, il confine*, to cross a river, a ravine, the border; *— un muro*, to get over a wall; *superammo il paese e proseguimmo lungo la strada*, we passed through the village and continued along the road; *quando si superano gli 8000 metri, c'è bisogno di ossigeno*, if you go above 8000 metres, you need oxygen **3** (*vincere, sormontare*) to overcome*, to surmount; to get* over (sthg.); (*passare*) to get* through (sthg.), to pass: *— il primo turno*, to get through the first leg; *— una difficoltà, un ostacolo*, to overcome (*o* to surmount) a difficulty, an obstacle; *— un esame*, to get through (*o* to pass) an examination; *— una malattia*, to get over an illness; *il malato ha superato la crisi*, the patient has got over the critical phase; *— il nemico*, to overcome the enemy; *— un pericolo*, to overcome a danger; *— un periodo critico*, to get over (*o* to overcome) a critical period; *— la prova*, to pass the test.

superato *agg.* (*inattuale*) outdated, old-fashioned, antiquated, out-of-date, obsolete: *opinioni superate*, old-fashioned opinions; *uno scrittore —*, an outdated writer.

superattico *s.m.* attic floor; attic flat.

superbamente *avv.* **1** arrogantly; proudly; haughtily **2** (*magnificamente*) splendidly, superbly.

superbia *s.f.* arrogance; pride; haughtiness: *montare in —*, to put on airs; *gonfio di —*, swollen with pride.

superbo non com. **superbioso** *agg.* **1** proud; arrogant, haughty: *un tono —*, a haughty (*o* arrogant) tone; *un'espressione superba*, an arrogant expression; *è giustamente — di suo figlio*, he is rightly proud of his son; *è molto —*, he is very arrogant; *è troppo — per venire con noi*, he is too proud to come with us **2** (*altissimo*) lofty, sublime: *superbe vette*, lofty heights **3** (*magnifico*) magnificent, splendid, superb: *superbi tesori d'arte*, splendid art treasures; *una casa superba*, a superb house; *un successo —*, a splendid success.

superbollo *s.m.* (*amm.*) additional road tax.

superburocrate *s.m.* (*amm.*) top government official; mandarin.

supercarburante *s.m.* four-star petrol, premium petrol.

supercarcere *s.m.* maximum security prison.

supercemento *s.m.* high-resistance concrete.

supercentrifuga *s.f.* supercentrifuge.

supercilioso *agg.* (*non com.*) supercilious.

superclorazione *s.f.* (*chim.*) overchlorination.

supercolosso *s.m.* (*film kolossal*) supercolossal film.

superconduttività *s.f.* (*fis.*) superconductivity.

superconduttivo *agg.* (*fis.*) superconductive.

superconduzione *s.f.* (*fis.*) superconduction.

supercorrente *s.f.* (*fis.*) supercurrent.

supercritico *agg.* (*fis.*) supercritical.

superdecorato *agg.* much decorated ◆ *s.m.* much decorated person: *un atleta —*, an athlete with an impressive medal tally.

superdonna *s.f.* superwoman*, paragon: *si crede una —*, she thinks she is superwoman.

superdotato *agg.* highly talented, highly gifted ◆ *s.m.* highly talented person, highly gifted person.

Super-Ego *s.m.* (*psic.*) superego*.

supereterodina *s.f.* (*rad.*) superhetherodyne.

superfamiglia *s.f.* (*bot., zool.*) superfamily.

superfecondazione *s.f.* (*biol.*) superfecundation.

superfetazione *s.f.* (*biol.*) superfetation.

superficiale *agg.* **1** (*di superficie*) surface (*attr.*), superficial: *ferita —*, superficial wound; *strato —*, superficial (*o* surface) layer // (*fis.*) *densità, pressione, tensione —*, surface density, pressure, tension // (*tecn.*) *trattamento —*, surface treatment **2** (*fig.*) superficial; shallow: *un uomo —*, a superficial man; *l'aspetto — delle cose*, the superficial aspect of things; *cultura —*, superficial learning; *persona —*, superficial (*o* shallow) person; *ho solo una conoscenza — di questo argomento*, I only have a superficial knowledge (*o* a smattering) of this subject ◆ *s.m.* e *f.* superficial person.

superficialità *s.f.* superficiality.

superficialmente *avv.* superficially.

superficiario *agg.* (*dir.*) concerning a building lease ◆ *s.m.* (*dir.*) grantee of a building lease.

superficie *s.f.* **1** surface (*anche fig.*): *la — terrestre*, the land surface; *la — dell'acqua*, the surface of the water; *la — di un tavolo*, the surface of a table; *— liscia, ruvida*, smooth, rough surface; *— piana, sferica*, plane, spherical surface; *— soggetta a usura*, (*di una strada*) wearing surface; (*pitt.*) *— tirata a gesso*, gesso // *navigare in —*, to sail on the surface; *riemergere in —*, to surface (*o* to resurface) // *non va mai al di là della — delle cose*, he never goes beyond the surface of things; *non puoi giudicarlo, se ti fermi in, alla —*, you can't judge him unless you penetrate below the surface; *è un uomo che in fatto di cultura è rimasto alla —*, he's a person with a superficial education; *il coltello ha inciso solo in —*, the knife only cut into surface // (*fis.*): *— di discontinuità*, surface of discontinuity; *forze di —*, surface forces **2** (*mat.*) surface; area: *— di un solido*, surface of a solid; *— piana*, plane surface; *misure di —*, square measures; *calcolare la — di un rettangolo*, to calculate the area of a rectangle; *misurare la — di una stanza*, to measure the area of a room **3** (*mar.*) *— bagnata*, wet surface **4** (*mecc.*) (*di scorrimento*) way, surface: *— d'appoggio*, supporting surface; *— del pezzo*, work surface; *— portante*, bearing surface **5** (*dir.*) (*diritto di*) —, building lease.

superficie-aria *agg.* (*mil.*) surface-to-air: *missile —*, surface-to-air missile.

superficie-superficie *agg.* (*mil.*) surface -to-surface: *missile —*, surface-to-surface missile.

superfinitura *s.f.* (*mecc.*) superfinishing.

superfluidità *s.f.* (*fis., chim.*) superfluidity.

superfluido *agg.* e *s.m.* (*fis., chim.*) superfluid.

superfluità *s.f.* superfluity.

superfluo *agg.* superfluous, unnecessary, needless: *parole, osservazioni superflue*, superfluous words, remarks; *spesa superflua*, unnecessary expense; *ricchezze superflue*, superfluous wealth; *personale —*, supernumerary (*o* redundant) personnel ◆ *s.m.* surplus.

supergalassia *s.f.* (*astr.*) supergalaxy.

supergigante *agg.* e *s.f.* (*astr.*) (*stella*) supergiant.

Super-Io *s.m.* (*psic.*) superego*.

superiora *s.f.* (*eccl.*) Mother Superior.

superiore *agg.* **1** (*in senso assoluto*) superior: *un essere —*, a superior being; *una mente —*, a superior mind; *una persona —*, an outstanding person; *qualità —*, superior quality: *merce di qualità —*, first-class goods // *ha sempre un'aria —*, (*di superiorità*) he always has a superior air (*o* an air of superiority) **2** (*con valore comparativo*) superior: *è — a tutti noi in intelligenza*, he is superior to us all in intelligence; *fummo travolti da una forza —*, we were overwhelmed by a superior force; *la squadra avversaria era nettamente —*, the opposing team was definitely superior; *i nemici erano superiori in numero*, the enemy were superior in number **3** (*più alto, più elevato*) higher: *un grado —*, a higher degree; *prezzo, temperatura, velocità —*, higher price, temperature, speed; *una somma —*, a larger amount; *vendere a prezzo —*, to sell at a higher price **4** (*sovrastante*) upper: *labbro, mascella, arto —*, upper lip, jaw, limb; *i piani superiori di una casa*, the upper floors of a house; *abita al piano —*, he lives on the floor above; (*di una casa a due piani*) he lives on the upper floor; *il corso — di un fiume*, the upper course of a river; *le regioni superiori dell'atmosfera*, the upper atmosphere // *le classi superiori*, the upper classes // (*geol.*) *cretaceo —*, Upper Cretaceous **5** (*al di sopra*) above: *— alla media*, above average: *statura — alla media*, above average height; *è — a ogni sospetto, critica, lode*, he is above suspicion, criticism, praise; *è — a queste meschinità*, he is above (*o* superior to) such meanness; *è un prezzo — alle mie possibilità*, it's a price above (*o* beyond) my possibilities; *obbedire a ordini superiori*, to obey orders from above **6** (*di grado*) senior: *dirigente —*, senior executive; *ufficiale —*, senior officer **7** (*più avanzato*) advanced: *matematica —*, advanced mathematics; *scuola — di disegno*, advanced school of drawing; *studi superiori*, advanced studies; *istruzione —*, higher education ◆ *s.m.* **1** superior: *rispettoso con i superiori*, respectful to one's superiors; *fu chiamato dal suo —*, he was called by his superior; *un ufficiale deve ubbidire ai superiori*, an officer must obey his superiors (in rank) **2** (*eccl.*) *il* (*Padre*) *Superiore*, Father Superior.

superiorità *s.f.* superiority: *— di grado*, superiority of rank; *— di numero*, superiority in numbers; *— di mezzi*, superior means; *la — della sua forza è evidente*, the superiority of his strength is evident; (*comm.*) *garantire la — della propria merce*, to guarantee the excellence of one's goods // (*psic.*) *complesso di —*, superiority complex // *la sua aria di — mi dà ai nervi*, his air of superiority gets on my nerves

superiormente *avv.* **1** superiorly **2** (*nella parte superiore*) on the upper part, on the upper side.

superlativo *agg.* superlative: *bellezza, bontà superlativa*, superlative beauty, goodness; (*gramm.*) *grado —*, superlative degree ◆ *s.m.* (*gramm.*) superlative: *— assoluto, relativo*, absolute, relative superlative; *un aggettivo al —*, an adjective in the superlative (form).

superlavoro *s.m.* overwork: *assoggettarsi a un —*, to take on too much work.

superlega *s.f.* (*metall.*) superalloy.

superlevigatrice *s.f.* (*mecc.*) superfinisher.

superman *s.m.* superman*: *si crede —*, he thinks he is superman.

supermarket, **supermercato** *s.m.* supermarket.

supermetaniera *s.f.* (*mar.*) methane supertanker.

superminimo *s.m.* (*amm.*) extra allowance over minimum pay.

supernatante *agg.* (*chim.*) supernatant.

supernova *s.f.* (*astr.*) supernova.

supernutrizione *s.f.* superalimentation, supernutrition; overfeeding.

supero[1] *agg.* **1** (*letter.*) celestial // *i superi*, the supernal gods **2** (*bot.*) superior.

supero[2] *s.m.* excess, surplus, extra: *— di produzione*, overproduction (*o* excessive production); (*inform.*) *— di tempo*, (IBM) timeout.

superomismo *s.m.* **1** doctrine of superman **2** (*atteggiamento*) superman-type behaviour.

superotto *agg.* e *s.m.* (*cinem.*) super eight.

super partes *locuz.avv.* o *agg.* (*lat.*) impartial: *essere —*, to be impartial; *giudice —*, impartial judge.

superperito *s.m.* court-appointed expert (as supervisor of other experts' reports).

superperizia *s.f.* report of the court-appointed expert (as supervisor of other experts' reports).

superpetroliera *s.f.* (*mar.*) supertanker.

superplasticità *s.f.* (*tecn.*) superplasticity.

superplastico *agg.* (*tecn.*) superplastic.

superpotenza *s.f.* (*pol.*) superpower.

superpotere *s.m.* (*spec. pl.*) superpower: *è dotato di superpoteri magici*, he's endowed with magic superpowers.

superprofitto *s.m.* (*econ.*) surplus profit, extra profit, superprofit.

superrefrattario *agg.* superrefractory ◆ *s.m.* superrefractory substance.

supersonico *agg.* supersonic // (*fis.*): *flusso —*, supersonic flow; *frequenza supersonica*, supersonic frequency // (*aer.*): *aeroplano, volo —*, supersonic plane, flight; *velocità supersonica*, supersonic speed.

superstite *agg.* surviving: *figli superstiti*, surviving children ◆ *s.m.* e *f.* survivor: *i soli superstiti dell'alluvione*, the only survivors of the flood.

superstizione *s.f.* superstition.

superstiziosità *s.f.* superstitiousness.

superstizioso *agg.* superstitious.

superstrada *s.f.* clearway, highway; (*amer.*) freeway.

supertassa *s.f.* surtax, surcharge, additional tax.

superteste, **supertestimone** *s.m.* key witness.

superuomo *s.m.* superman*: *atteggiarsi a —*, to be full of oneself (*o* to put on airs).

supervalutare *v.tr.* to overestimate, to overvalue: *— l'usato*, to overvalue second-hand goods.

supervalutazione *s.f.* overestimation, overvaluation, overrating.

supervisione *s.f.* supervision; superintendence.

supervisore *s.m.* supervisor, overseer: (*econ.*) *— delle vendite*, sales supervisor.

supinatore *s.m.* (*anat.*) supinator.

supinazione *s.f.* (*med.*) supination.

supino[1] *agg.* **1** supine; *giacere, cadere —*, to lie, to fall on one's back **2** (*fig.*) (*servile*) servile; (*inerte*) supine: *obbedienza supina*, servile obedience; *rassegnazione supina*, supine resignation // *ignoranza supina*, crass ignorance.

supino[2] *s.m.* (*gramm.*) supine.

suppellettile *s.f.* furnishings (*pl.*): *la — archeologica di un museo*, the archeological treasures of a museum; *le suppellettili di casa*, household furnishings; *le suppellettili di un ufficio*, the furnishings of an office; *furono scoperte due tombe con ricca —*, two richly-furnished tombs were discovered.

suppergiù *avv.* (*circa*) about, approximately, roughly; (*quasi*) almost, nearly, practically: *è — la stessa cosa*, it's practically (*o* roughly) the same thing; *hanno — la stessa età*, they are about the same age.

supplementare *agg.* supplementary, additional, extra: *aiuto —*, additional help; *ra-*

zioni supplementari di cibo, extra food rations; *compenso — per lavoro straordinario*, extra pay for overtime; *edizione —*, supplementary edition; *ore supplementari*, (*di lavoro*) overtime: *due ore supplementari*, two hours of overtime; *spesa —*, additional charge; *indennità —*, additional (*o* fringe) benefit; *tariffa —*, extra charge; *imposta —*, surtax (*o* supplementary tax) // (*mat.*) *angolo —*, supplementary angle // (*sport*) *tempi supplementari*, extra time.

supplemento *s.m.* **1** supplement; (*spesa supplementare*) surcharge, extra (charge); additional charge; (*di biglietto ferroviario*) excess fare: *— di prezzo*, surcharge (*o* extra charge); *— di spesa*, extra (*o* additional) expense; *ci sarà un — di duemila lire*, there will be an additional charge (*o* an extra *o* a supplement) of two thousand lire; *— per stanza singola*, single room supplement; (*assicurazioni*) *— di premio*, additional premium **2** (*di pubblicazione*) supplement: *il — di una rivista, di un giornale*, the supplement to a magazine, to a newspaper.

supplentato *s.m.* **1** (*amm.*) temporary job, temporary post; (*di insegnanti*) temporary teaching job **2** (*insieme di supplenti*) substitutes (*pl.*), temporary staff; (*di insegnanti*) temporary teachers (*pl.*), supply teachers (*pl.*).

supplente *agg.* temporary, substitute (*attr.*), deputy (*attr.*); (*di insegnante*) supply (*attr.*): *sindaco —*, deputy mayor; *personale —*, temporary staff ◆ *s.m.* e *f.* substitute; (*di insegnante*) supply teacher, temporary teacher: *il — del preside*, the substitute of the headmaster.

supplenza *s.f.* temporary post, temporary job; (*di insegnante*) temporary teaching job: *fare una —*, to act as substitute.

suppletivo, **suppletorio** *agg.* supplementary, additional: *elezioni suppletive*, by-elections; *sessione suppletiva di esami*, special examination session // (*trib.*) *ruolo — d'imposta*, supplementary list of taxpayers // (*dir.*): *giuramento —*, suppletory oath; *norme suppletive*, supplementary norms (*o* regulations).

supplica *s.f.* **1** petition; plea, entreaty: *cedetti alle sue suppliche*, I yielded to his pleas (*o* entreaties); *parlava in tono di —*, he spoke in an imploring (*o* pleading) tone; *presentarono una — al re*, they presented a petition to the king **2** (*relig.*) supplication: *una — alla Madonna*, a supplication to the Madonna.

supplicante *agg.* beseeching, pleading, imploring; suppliant: *atteggiamento —*, suppliant attitude; *con voce —*, in a beseeching tone; *uno sguardo —*, an imploring look ◆ *s.m.* e *f.* petitioner, suppliant.

supplicare *v.tr.* to beg, to implore, to entreat, to beseech: *mi supplicò di non farlo*, he begged (*o* implored) me not to do it; *l'ho pregato e supplicato, ma ha rifiutato*, I begged and entreated him, but he refused; *— la grazia per qlcu.*, to beg (for) mercy (*o* to intercede) for s.o.; *— qlcu. per ottenere qlco.*, to plead with s.o. for sthg.

supplicatorio *agg.* (*non com.*) supplicatory, supplicating.

supplice *agg.* suppliant, beseeching; imploring ◆ *s.m.* e *f.* petitioner, suppliant.

supplichevole *agg.* imploring, beseeching, entreating: *voce —*, imploring voice; *la guardò con aria —*, he looked at her beseechingly (*o* pleadingly).

supplire *v.intr.* (*compensare*) to make* up (for sthg.), to compensate (for sthg.): *— alla mancanza di qlco.*, to make up for the lack of sthg.: *supplisce con l'impegno alla mancanza di esperienza*, he makes up for his lack of experience by working very hard; *— a una perdita*, to make up for a loss ◆ *v.tr.* (*sostituire*) to replace, to substitute, to stand* in for: *— un insegnante*, to stand in for a teacher; *— una segretaria in ferie*, to substitute for a secretary on holiday; *lo supplirò per una settimana*, I shall take his place (*o* substitute for him) for a week.

suppliziare *v.tr.* to torture; (*giustiziare*) to execute.

supplizio *s.m.* **1** torture, torment: *il — della fustigazione*, the torture (*o* torment) of the lash // *il — di Tantalo*, (*anche fig.*) the torment of Tantalus: *far patire il — di Tantalo a qlcu.*, to tantalize s.o. // *l'ultimo —*, capital punishment (*o* the death penalty) // *andare al —*, to go to one's death (*o* execution) **2** (*fig.*) (*tormento, pena*) torment, torture, agony: *che — udirlo parlare!*, listening to him is agony!; *stare con lui è un vero —*, being with him is sheer torture.

supponente *agg.* conceited, arrogant: *un individuo —*, an arrogant individual.

supponenza *s.f.* conceit, arrogance.

supponibile *agg.* presumable; that may be supposed.

supporre *v.tr.* to suppose, to presume; (*immaginare*) to imagine; (*credere*) to think*, to believe: *— l'esistenza di qlco.*, to suppose (*o* to presume) the existence of sthg. (*o* that sthg. exists); *supponendo che egli non te lo dica, che cosa farai?*, supposing he doesn't tell you, what will you do?; *supponete di essere a Roma*, imagine you are in Rome; *suppongo che venga*, I presume (*o* I imagine) he will come; *suppongo di sì*, I suppose so; *supponiamo che le cose stiano così*, let us suppose that such is the case; *il suo atteggiamento lascia — la sua colpevolezza*, his attitude leads one to believe that he is guilty // *supposto che*, suppose, supposing: *supposto che non venga*, supposing he should not come.

supportare *v.tr.* **1** to support **2** (*fig.*) to support, to bear* out; to back: *— una tesi con documentazione*, to back (*o* to support) a thesis with documentation.

supporto *s.m.* **1** (*tecn.*) support; bearing; rest; mounting; stand; (*a boccola*) journal box; (*a staffa*) bracket: *— a muro*, wall bearing; *— antivibrante*, shock-isolating mounting; *— del perno*, journal bearing; *— dell'utensile*, tool rest; *— per tubi*, pipe stand // (*chim.*) *— per catalizzatori*, catalyst support **2** (*fot., cinem., elettr.*) support **3** (*inform.*) device; medium: *— di informazione*, data carrier (*o* data medium *o* storage medium); *— intermedio*, chip carrier; *— vuoto*, blank medium; *— del rullo del nastro perforato*, core; *— a scrittura permanente*, wreck-once medium; *— memorizzazione dati*, data storage device **4** (*fig.*) support, backing: *far carriera col — della famiglia*, to have a successful career with the backing (*o* support) of one's family; *accusare qlcu. col — di prove*, to make an accusation backed (*o* supported) by evidence.

suppositivo *agg.* (*non com.*) hypothetical, suppositional.

suppositizio *agg.* (*non com.*) supposititious; supposed; putative.

suppositorio *s.m.* suppository.

supposizione *s.f.* **1** supposition, assumption, conjecture: *una — infondata*, an unfounded supposition; *questa è solo una —*, this is only conjecture (*o* supposition); *fare una —*, to make an assumption **2** (*dir.*) *— d'infante*, supposition of a child.

supposta *s.f.* suppository.

supposto *agg.* supposed, assumed: *il — ladro*, the alleged thief; *il — nemico*, the supposed enemy ◆ *s.m.* (*non com.*) supposition, assumption.

suppuramento *s.m.* → **suppurazione**.

suppurare *v.intr.* to suppurate, to fester.

suppurativo *agg.* e *s.m.* suppurative.

suppurazione *s.f.* suppuration: *l'ascesso viene a —*, the abscess is suppurating.

supremamente *avv.* supremely, extremely.

suprematismo *s.m.* (*lett. russa*) suprematism.

supremazia *s.f.* supremacy, supreme power: *— commerciale, industriale, navale*, commercial, industrial, naval supremacy; *la — della Repubblica Veneta sui mari*, the naval supremacy of the Republic of Venice; *esercitare la —*, to wield supreme power // *Atto di Supremazia*, (*st. inglese*) Act of Supremacy.

supremo *agg.* **1** (*sommo, altissimo*) supreme: *suprema felicità*, supreme happiness; *l'autorità suprema*, the supreme authority; *il bene —*, the supreme good; *il Capo — della Chiesa*, the Supreme Pontiff; *il Capo — dello Stato*, the Head of State // (*mil.*) *il Comandante Supremo*, the commander-in-chief; *comando —*, high command // *il Consiglio Supremo*, the Supreme Council // *la Corte Suprema*, the Supreme Court of Justice // *l'Ente Supremo*, the Supreme Being **2** (*principale*) prime, chief: *la suprema ragione*, the prime reason **3** (*straordinario*) extraordinary: *di suprema bellezza*, of extraordinary (*o* extreme) beauty **4** (*massimo*) great(est), highest: *con — disprezzo del pericolo*, with the greatest (*o* utmost) contempt for danger; *con — sforzo*, with a supreme effort; *con mia suprema soddisfazione*, to my great satisfaction; *è cosa di suprema importanza*, it is a matter of the highest (*o* of the utmost *o* of paramount) importance **5** (*ultimo, estremo*) last: *il — addio*, the last farewell; *il — conforto della fede*, the last consolation of faith; *l'ora suprema*, one's last hour; *il suo sforzo —*, his crowning effort // *il Giudizio Supremo*, the Last Judgement.

sura[1] *s.f.* (*capitolo del Corano*) sura.

sura[2] *s.f.* (*anat.*) (*polpaccio*) calf*.

surale *agg.* (*anat.*) sural: *vena —*, sural vein.

suralimentazione *s.f.* overnourishment, overfeeding, supernutrition.

surclassare *v.tr.* to outclass: *qualunque cosa facesse, li surclassava*, whatever he did, he outclassed them.

surcompressione *s.f.* (*aut.*) supercompression.

surcompresso *agg.* (*aut.*) supercompressed.

surcontre *s.m.* (*fr.*) (*bridge*) redouble.

surf *s.m.* (*tavola*) surfboard; (*sport*) surfing.

surfactante *agg.* (*chim., fis.*) surface-active ◆ *s.m.* (*chim., fis.*) surface-active agent, surfactant.

surfista *s.m.* e *f.* (*sport*) surfer.

surgelamento *s.m.* (deep) freezing.

surgelare *v.tr.* to (deep) freeze*.

surgelato *agg.* (deep) frozen ◆ *s.m.* frozen food.

surgelazione *s.f.* (deep) freezing.

suricato *s.m.* (*zool.*) (*Suricata tetradactyla*) suricate.

suriettivo *agg.* (*mat.*) surjective: *applicazione suriettiva*, surjective mapping.

suriezione *s.f.* (*mat.*) surjection.

surménage *s.m.* (*fr.*) **1** overwork, overstrain, overexertion **2** (*sport*) overtraining.

surmolotto *s.m.* (*zool.*) (*Rattus norvegicus*) Norway rat, (*pop.*) brown rat.

surnatante *agg.* (*chim.*) supernatant.

surplus *s.m.* (*saldo attivo, eccedenza*) surplus, excess, excess amount: — *della bilancia dei pagamenti*, balance of payments surplus; — *della produzione*, overproduction // (*fin.*) — *di capitale*, capital surplus // (*comm.*): — *di cassa*, cash surplus; — *della disponibilità di un prodotto*, excess supply of a product.

surreale *agg.* e *s.m.* surreal.

surrealismo *s.m.* (*lett., arte*) surrealism.

surrealista *agg.* e *s.m.* e *f.* surrealist: *il movimento* —, the surrealist movement.

surrealistico *agg.* surrealistic.

surrenale *agg.* (*anat.*) suprarenal: *ghiandole surrenali*, suprarenal glands.

surrene *s.m.* (*anat.*) adrenal gland.

surrettizio[1] *agg.* (*dir.*) surreptitious.

surrettizio[2] *agg.* (*fil.*) surreptitious.

surrezione *s.f.* (*dir.*) subreption.

surricordato *agg.* above-mentioned, aforesaid.

surriferito *agg.* above-mentioned, aforesaid: (*comm.*) *l'ordine* —, the above-mentioned order (*o* the order mentioned above).

surriscaldamento *s.m.* **1** (*riscaldamento eccessivo*) overheating **2** (*fis., tecn.*) superheating: — *di vapore*, superheating; *calore di* —, superheat.

surriscaldare *v.tr.* **1** (*riscaldare eccessivamente*) to overheat **2** (*fis., tecn.*) to superheat. □ **surriscaldarsi** *v.intr.pron.* to overheat, to get* overheated: *il motore si è surriscaldato*, the engine has got overheated.

surriscaldato *agg.* **1** (*eccessivamente riscaldato*) overheated: *motore* —, overheated engine **2** (*fis., tecn.*) superheated: *vapore* —, superheated steam **3** (*fig.*) overheated, overcharged, overexcited: *un'atmosfera politica surriscaldata*, an overheated political atmosphere.

surriscaldatore *s.m.* (*tecn.*) superheater.

surrogabile *agg.* replaceable, substitutable.

surrogabilità *s.f.* replaceability.

surrogamento *s.m.* → **surrogazione**.

surrogare *v.tr.* to replace, to substitute: — *un prodotto con uno più economico*, to substitute a product with a more economical one; — *il burro con la margarina*, to substitute butter with margarine // (*dir.*) — *un creditore*, to subrogate a creditor.

surrogato *agg.* replaced, substituted (for): *bene* —, substitute good ◆ *s.m.* surrogate, substitute: — *del caffè*, coffee surrogate (*o* coffee substitute *o* ersatz coffee) // *non è libertà, è solo un* —, it isn't freedom, it's only a fictitious freedom.

surrogatorio *agg.* **1** (*sostitutivo*) substitutional, substitute (*attr.*): (*trib.*) *imposte surrogatorie*, substitute taxes **2** (*dir.*) subrogation (*attr.*).

surrogazione *s.f.* **1** (*sostituzione*) substitution, replacement: *in* — *di*, in substitution for (*o* as a replacement for) **2** (*dir.*) subrogation: — *convenzionale, legale*, conventional, legal subrogation; — *di diritto*, subrogation established by (the) law.

survoltare *v.tr.* (*elettr.*) to boost.

survoltore *s.m.* (*elettr.*) booster.

susannite *s.f.* (*chim.*) susannite.

suscettanza *s.f.* (*fis.*) susceptance.

suscettibile *agg.* **1** susceptible (of, to sthg.); open (to sthg.): — *di grandi sviluppi*, open to significant developments; — *di miglioramento*, susceptible of improvement; *un testo* — *di molte interpretazioni*, a text open to many interpretations; (*dir.*) *offesa* — *di pena*, indictable offence **2** (*permaloso*) oversensitive, touchy: *come sei* —*!*, how touchy you are!

suscettibilità *s.f.* **1** susceptibility **2** (*permalosità*) oversensitivity, touchiness: *non intendevo urtare la sua* —, I did not mean to hurt his feelings.

suscettività *s.f.* **1** (*non com.*) susceptibility, receptivity **2** (*fis.*) susceptibility: — *dielettrica, magnetica*, electric, magnetic susceptibility.

suscitare *v.tr.* (*provocare*) to provoke, to cause, to give* rise to (sthg.); to excite, to stir up: *ciò suscitò molte lamentele*, this gave rise to (*o* provoked) many complaints; *quella legge ingiusta susciterà sicuramente una rivolta*, that unjust law will certainly provoke (*o* cause) a riot; *il suo comportamento suscitò ovunque molta ammirazione*, his behaviour excited admiration everywhere; *la commedia ha suscitato un vivo interesse*, the play has aroused lively interest; — *discordia*, to stir up discord; — *emozioni, passioni*, to stir up emotions, passions; — *indignazione*, to cause indignation; — *le ire di qlcu.*, to excite s.o.'s anger; — *malcontento, odio*, to stir up discontent, hatred; — *il riso*, to provoke laughter; — *uno scandalo*, to provoke (*o* to give rise to) a scandal; — *polemiche*, to stir up controversy.

susina *s.f.* (*bot.*) plum: — *di macchia*, sloe.

susino *s.m.* (*bot.*) plum (tree): — *di macchia*, (*Prunus spinosa*) sloe; — *selvatico*, (*Prunus domestica insititia*) damson (*o* bullace).

suspense *s.f.* suspense: *un film ricco di* —, a film full of suspense.

susseguente *agg.* subsequent, following: *eventi susseguenti*, subsequent events; *nei giorni susseguenti*, in the following days.

susseguire *v.tr.* e *intr.* (*non com.*) to follow (s.o., sthg.), to come* immediately after (s.o., sthg.): *all'esplosione sussegui un grande fragore*, a great roar followed the explosion. □ **susseguirsi** *v.intr.pron.* to follow one another, to pass by one after the other: *i tuoni si susseguivano l'un l'altro ininterrottamente*, the rolls of thunder followed one another without a break; *giorni che si susseguono tutti uguali*, days that pass one after the other, all the same.

sussidiare *v.tr.* to subsidize, to support, to back: *una grande ditta americana sussidia queste ricerche*, a large American firm is backing (*o* supporting) this research; — *scuole, ospedali*, to subsidize schools, hospitals.

sussidiario *agg.* subsidiary: *armi sussidiarie*, subsidiary arms; *truppe sussidiarie*, reserve troops; *mezzi sussidiari*, subsidiary means; *società sussidiaria*, subsidiary company; *contributo* —, subsidiary contribution // *fermata sussidiaria*, additional stop ◆ *s.m.* (*testo*) primary school textbook.

sussidiatore *agg.* subsidizing, financing: *ente* —, financing body ◆ *s.m.* subsidizer.

sussidio *s.m.* subsidy, subvention, grant; benefit; (*aiuto*) help, aid: *sussidi didattici*, teaching aids // (*econ.*): *sussidi all'agricoltura*, agricultural subsidies; *sussidi all'edilizia, all'esportazione*, housing, export subsidies; — *agli scioperanti*, strike pay; *fondo di* —, relief fund // (*amm.*): *sussidi pubblici*, welfare payments; *sussidi statali perequativi*, equalization grants; — *di invalidità*, disability benefit; — *familiare*, family allowance; — *di malattia*, sick benefit; — *di disoccupazione*, unemployment benefit; *ricevere il* — *di disoccupazione*, to receive unemployment benefit (*o fam.* to be on the dole).

sussiego *s.m.* haughtiness, hauteur; superciliousness: *il suo* — *mi mette a disagio*, his haughtiness makes me feel uncomfortable; *trattare qlcu. con* —, to treat s.o. condescendingly; *rispondere con* —, to reply superciliously.

sussiegoso *agg.* haughty; supercilious: *modi sussiegosi*, haughty manners.

sussistente *agg.* existing; valid, sound, subsisting: *ragioni sussistenti*, valid (*o* sound) arguments.

sussistenza *s.f.* **1** (*esistenza*) existence, subsistence: (*econ.*) — *di passivo*, existence of liabilities **2** (*sostentamento*) subsistence, support, keep: *mezzi di* —, means of subsistence // (*econ.*) *salari fissati al livello di* —, wages fixed at a subsistence level **3** (*mil.*) (*il corpo*) Catering Corps; (*le provvigioni*) army provisions (*pl.*): *l'organizzazione della* —, the organization of the Catering Corps; *sussistenze militari*, military supplies; *le sussistenze erano insufficienti*, the army provisions were insufficient.

sussistere *v.intr.* **1** to exist; to subsist: *legge che ancora sussiste in molti paesi*, law that still subsists in many countries; *queste speranze sussistono solo nella mente dei folli*, these hopes exist only in the minds of fools **2** (*esser valido, reggere*) to be valid, to be sound, to hold* good; to hold* water: *le sue ragioni non sussistono*, his arguments do not hold water.

sussultare *v.intr.* **1** to start, to give* a start: *sussultò al suono del campanello*, he started (*o* he gave a start) at the sound of the bell; *mi hai fatto* —, you made me jump; *il mio cuore sussultava*, my heart was beating violently; — *di paura*, to start with fright // *far* — *qlcu.*, to startle s.o. **2** (*di cose*) to shake*: *il ponte sussultò per il terremoto*, the bridge was shaken by the earthquake; *la terra sussultò*, the earth shook.

sussulto *s.m.* **1** start, jump: *mi svegliai con un* —, I woke up with a start; *il mio cuore ebbe un* —, my heart leapt **2** (*del suolo*) tremor, shock.

sussultorio *agg.* sussultatory.

sussumere *v.tr.* (*dir.*) to subsume.

sussunzione *s.f.* (*dir.*) subsumption.

sussurrare *v.tr.* e *intr.* **1** to whisper; to murmur: — *una parola*, to whisper a word; *se sussurri non ti sento*, if you whisper I can't hear you **2** (*criticare, accusare a bassa voce*) to murmur: *sussurra contro di me*, he makes insinuations about me; *il popolo sussurrava contro il governo*, the people were murmuring (*o* spreading rumours) against the government.

sussurrio *s.m.* whispering (*anche fig.*); murmuring (*anche fig.*).

sussurro *s.m.* whisper; murmur: *il — del vento*, the whisper of the wind; *la sua voce era un —*, his voice was a whisper.

susta *s.f.* (*di occhiali*) earpiece.

sutura *s.f.* **1** (*anat., med.*) suture: (*med.*) *ago da —*, suture (*o* surgical) needle **2** (*bot.*) suture.

suturabile *agg.* that can be sutured.

suturale *agg.* (*med.*) sutural.

suturare *v.tr.* **1** (*med.*) to suture **2** (*fig.*) to sew* together, to stitch up, to patch up: — *una spaccatura all'interno di un partito*, to patch up a split within a party.

suvvia *inter.* come on: —, *decidi quello che vuoi fare!*, come on, make up your mind what you want to do!

suzione *s.f.* (*il succhiare*) suction; sucking.

svaccarsi *v.intr.pron.* (*fam.*) to get* sluggish, to laze around.

svagare *v.tr.* **1** to distract s.o.'s attention, to take* s.o.'s mind off (sthg.), to divert: *cerchiamo di svagarlo e fargli dimenticare il suo dolore*, we try to take his mind off things and make him forget his sorrow; *non è difficile svagarlo dal lavoro*, it is not difficult to divert him from his work; *tutti questi rumori mi svagano*, all these noises distract my attention **2** (*divertire*) to amuse, to divert, to entertain, to give* pleasure: *la lettura è la cosa che lo svaga di più*, reading is the thing that gives him most pleasure.

□ **svagarsi** *v.rifl.* **1** to distract one's mind, to take* one's mind (off sthg.), to be diverted: *cerco di svagarmi, ma non posso dimenticare quello che ho visto*, I try to take my mind off it but I cannot forget what I saw; *si svaga facilmente*, he is easily diverted **2** (*divertirsi*) to amuse oneself, to enjoy oneself, to have some fun: *lavori troppo, hai bisogno di svagarti un po'*, you work too much, you need to enjoy yourself a little; *vado a teatro soprattutto per svagarmi*, I go to the theatre above all to enjoy myself.

svagataggine, **svagatezza** *s.f.* absent-mindedness, dreaminess; inattention.

svagato *agg.* absent-minded, dreamy; inattentive: *è così — che si sarà già dimenticato tutto*, he's so absent-minded that he will have already forgotten everything.

svago *s.m.* **1** relaxation, diversion, amusement; (*passatempo*) pastimes, hobby: *il giardinaggio è uno dei miei svaghi preferiti*, gardening is one of my favourite pastimes; *ho bisogno di un po' di —*, I need a bit of relaxation; *raccoglie francobolli per —*, he collects postage-stamps as a hobby; *concedersi, prendersi un po' di —*, to enjoy oneself a bit **2** (*divertimento*) amusement, entertainment: *questa città non offre molti svaghi*, there isn't much to do in this town.

svaligiamento *s.m.* robbery; (*di una casa*) burglary.

svaligiare *v.tr.* to rob, (*fam.*) to clean out; (*una casa*) to burgle: *i ladri hanno svaligiato la casa*, the thieves burgled the house; — *un treno, una banca*, to rob a train, a bank.

svaligiatore *s.m.* robber; (*di case*) burglar, house breaker: — *di banche*, bank robber.

svalutabile *agg.* (*econ.*) depreciable.

svalutare *v.tr.* **1** to devalue, to depreciate, to undervalue; (*diminuire il contenuto aureo o argenteo di una moneta*) to debase: — *la sterlina*, to devalue the pound; — *una moneta*, to devalue a currency; — *un bene*, to depreciate property; *le azioni della società sono state svalutate dalla crisi*, the company shares were depreciated by the crisis // (*comm.*): — *la merce*, to mark down the goods; *questo articolo è svalutato sui vostri mercati*, this article is undervalued in your markets **2** (*fig.*) (*sminuire, sottovalutare*) to undervalue, to underrate, to belittle, to disparage: *non devi — tutto ciò che ti dà*, you must not disparage everything he gives you; — *le capacità di qlcu.*, to underrate s.o.'s ability.

□ **svalutarsi** *v.intr.pron.* to depreciate; to be devalued, to fall* in value, to lose* value: *questa macchina si è svalutata del 30%*, this car's value has depreciated by 30 per cent; *è un tipo di prodotto che si sta sempre più svalutando*, this kind of product is increasingly losing value ◆ *v.rifl.* (*fig.*) (*non com.*) (*sminuirsi, sottovalutarsi*) to underrate oneself, to belittle oneself.

svalutazione *s.f.* devaluation, depreciation; (*diminuzione del contenuto aureo o argenteo di una moneta*) debasement: — *del dollaro*, devaluation (*o* depreciation) of the dollar // (*fin.*): — *competitiva*, competitive devaluation; — *fluttuante*, floating devaluation; — *della moneta*, currency devaluation (*o* monetary depreciation); *fondo di —*, depreciation fund // (*comm.*) — *del magazzino*, devaluation of inventory.

svampire *v.intr.* (*region.*) **1** (*svanire*) to disappear; (*evaporare*) to evaporate **2** (*fig.*) (*svigorirsi, venir meno*) to die down, to die away, to cool; to disappear: *l'interesse per la musica gli è svampito presto*, his interest in music soon disappeared.

svampito *agg.* (*region.*) **1** (*svanito, stordito*) not quite all there, weak in the head; feebleminded, light-headed: *un vecchio —*, a feebleminded old man (*o* an old man who's weak in the head) **2** (*leggero, superficiale*) flighty, frivolous, light-headed: *una ragazza svampita*, a flighty girl ◆ *s.m.*, **svampita** *s.f.* (*region.*) **1** (*persona svanita*) feebleminded person **2** (*persona leggera, superficiale*) flighty person, frivolous person, light-headed person // *non fare la svampita!*, don't play the ninny!

svanimento *s.m.* (*letter.*) **1** (*lo sparire*) disappearance, vanishing; (*di luce, colori ecc.*) fading (away), dying (away) **2** (*fig.*) (*il venir meno, l'andare in fumo*) vanishing, fading (away) **3** (*il perder forza*) weakening.

svanire *v.intr.* **1** (*sparire*) to disappear, to vanish; (*di luce, colori ecc.*) to fade (away), to die (away): *il ladro svanì nella nebbia*, the thief disappeared into the fog; *la luce svaniva lentamente*, the light was slowly fading; *la visione svanì*, the vision faded **2** (*fig.*) (*venir meno, andare in fumo*) to vanish, to fade, to be lost: *le mie speranze svanirono presto*, my hopes soon vanished (*o* soon faded *o* were soon lost); *i ricordi svaniscono*, memories fade; *il suo progetto svanì*, his plan came to nothing **3** (*perdere forza*) to lose* strength, to grow* weaker, to fade: *quell'odore è già svanito*, that smell has already grown weaker (*o* fainter); *questo vino è svanito*, this wine has lost its strength; *la memoria svanisce con l'età*, memory fades with age.

svanito *agg.* **1** (*sparito*) disappeared, vanished: *è come — nel nulla*, it's as if he just vanished **2** (*fig.*) (*venuto meno, andato in fumo*) vanished, faded: *una speranza svanita nel nulla*, a hope which vanished into thin air **3** (*fig.*) (*stordito*) weak in the head, not quite all there; feebleminded, light-headed: *quel vecchio mi sembra un po' —*, the old man seems a bit feebleminded to me **4** (*fig.*) (*superficiale, privo di interessi*) flighty, light-headed; superficial: *mi era sembrata un po' svanita, invece era solo timida*, she seemed rather superficial to me at first, but it was just out of shyness // *è sempre —*, he's always in the clouds **5** (*che ha perso forza*) weakened; that has lost its scent, that has lost its flavour: *un odore —*, a lingering smell; *un vino —*, a wine which has lost its strength.

svantaggiato *agg.* (*in svantaggio*) at a disadvantage; (*in condizione d'inferiorità*) disadvantaged, underprivileged: *partire in una posizione svantaggiata*, to start at a disadvantage ◆ *s.m.* disadvantaged person, underprivileged person.

svantaggio *s.m.* **1** disadvantage, drawback: *ha il grosso — di non conoscere la lingua*, he suffers the big disadvantage of not knowing the language; *mi trovo in una posizione di — rispetto a te*, I'm at a disadvantage in comparison with you; *questa soluzione ha molti svantaggi*, this solution has many disadvantages (*o* drawbacks) // *la squadra australiana aveva due punti di —*, the Australian team were two points behind **2** (*danno*) detriment: *a — della sua salute*, to the detriment of his health; *un giudizio a suo —*, a judgement at his detriment.

svantaggiosamente *avv.* disadvantageously, unfavourably: *il contratto si concluse — per noi*, the terms of the contract were to our disadvantage.

svantaggioso *agg.* **1** disadvantageous, unfavourable: *in una posizione svantaggiosa*, in a disadvantageous (*o* an unfavourable) position **2** (*dannoso*) detrimental, prejudicial.

svaporamento *s.m.* evaporation; loss of scent, loss of aroma.

svaporare *v.intr.* **1** (*perdere odore*) to lose* scent, to lose* aroma; (*perdere forza*) to lose* strength; (*evaporare*) to evaporate **2** (*fig.*) (*svanire*) to fade (away), to die (away), to vanish: *la sua passione era già svaporata da un pezzo*, his passion had already died some time before; *il suo cervello svapora*, he is worn out mentally.

svaporato *agg.* **1** evaporated: *liquore —*, evaporated liqueur **2** (*fig.*) (*stordito, svanito*) not quite all there, weak in the head; light-headed; (*superficiale*) flighty, light-headed.

svariatamente *avv.* (*variamente*) variously, in various ways, in different ways: *sciarpe — colorate*, variously coloured scarves.

svariatezza *s.f.* (*non com.*) (*varietà*) variety, variation.

svariato *agg.* **1** (*vario*) varied, diversified: *svariati colori, forme, oggetti*, varied colours, shapes, things; *spettacolo —*, varied show **2**

pl. (*molti e diversi*) various, different: *ho cercato di farglielo capire in svariati modi*, I've tried to make him understand in various ways; *ho provato a chiamarti svariate volte ma non c'eri*, I tried to phone you a number of times but you weren't in.

svarione *s.m.* (*grave errore*) blunder, bad mistake, (*fam.*) howler.

svasamento *s.m.* → **svasatura**.

svasare *v.tr.* **1** (*togliere da un vaso*) (*una pianta*) to remove from the pot **2** (*scampanare*) to flare: — *una gonna*, to make a skirt flared **3** (*mecc.*) to flare; (*un foro*) to countersink*, to ream.

svasato *agg.* **1** (*di abito*) flared **2** (*mecc.*) flaring; (*di un foro*) countersunk.

svasatura *s.f.* **1** (*di abito*) flaring **2** (*mecc.*) (*lo svasare*) flaring; (*di un foro*) countersinking **3** (*mecc.*) (*la parte svasata*) flare; (*di un foro*) countersink **4** (*arch.*) embrasure.

svaso *s.m.* (*arch.*) embrasure.

svasso *s.m.* (*zool.*) grebe, loon.

svastica *s.f.* (*croce uncinata*) swastika.

svecchiamento *s.m.* renewal; modernization, updating.

svecchiare *v.tr.* to renew; to modernize, to bring* (sthg.) up-to-date, to update.

svedese *agg.* Swedish ◆ *s.m.* **1** Swede **2** (*lingua*) (the) Swedish (language) **3** (*fiammifero*) safety match ◆ *s.f.* Swede.

sveglia *s.f.* **1** call: *domani — alle quattro*, tomorrow up at four // — *telefonica*, alarm call (*o* telephone waking service); *dare la — a qlcu. per telefono*, to give s.o. an alarm call // (*mil.*) *suonare la —*, to sound the reveille **2** (*orologio*) alarm clock, alarm: *caricare la — per le sette*, to set the alarm for seven o' clock.

svegliare *v.tr.* **1** to wake* (up), to awake*; (*form.*) to rouse, to waken: *a che ora ti devo —?*, at what time shall I wake you (up)?; *il canto degli uccelli lo svegliò all'alba*, the birds' singing awoke him at dawn; *dissi che non dovevo essere svegliato*, I said I was not to be woken; *fui svegliato dal suono della sveglia*, I was woken up (*o* roused) by the sound of the alarm clock; *non lo sveglierebbero nemmeno le cannonate*, it would take a bomb to wake him up; *non svegliarlo*, don't wake him (up) // *non — il can che dorme*, (*prov.*) let sleeping dogs lie **2** (*fig.*) (*scaltrire*) to wake* up, to rouse, to sharpen up, (*fam.*) to wise up; (*animare*, *scuotere*) to liven up, to stir: *è indifferente a tutto, cerca di svegliarlo un po'*, he is indifferent to everything, try to liven him up a little; *le nuove esperienze l'hanno svegliato*, his new experiences have woken (*o* have sharpened) him up **3** (*fig.*) (*stimolare*) to awaken, to arouse, to rouse, to stir: *cercherò di — il suo interesse, la sua curiosità in questa materia*, I shall try to awaken (*o* to arouse) his interest in, his curiosity about this subject; — *l'appetito di qlcu.*, to whet s.o.'s appetite; — *l'invidia, il sospetto*, to arouse envy, suspicion; — *il senso del dovere in qlcu.*, to awaken s.o. to a sense of duty.

□ **svegliarsi** *v.rifl.* **1** to wake* (up), to awake*: *mi sveglio sempre alle cinque*, I always wake (up) at five; *quando mi svegliai vidi che erano già le dieci*, I woke up and found it was already ten o'clock; *si sveglia ad ogni minimo rumore*, he wakes at the slightest sound; *si svegliò di soprassalto*, he woke with a start // *svegliati!*, wake up! **2** (*fig.*) (*scaltrirsi*) to wake* up, to sharpen up, (*fam.*) to wise up; (*animarsi, scuotersi*) to liven up: *si è molto svegliato da quando lo vidi l'ultima volta*, he has wised up a lot since I saw him last ◆ *v.intr.pron.* (*fig.*) (*manifestarsi, risvegliarsi*) to reappear, to resurface; to reawaken; to be roused: *il loro odio si svegliò ancora*, their hatred was rekindled (*o* roused again); *la sua coscienza finalmente si svegliò*, his conscience was roused at last; *gli si sono svegliati gli istinti peggiori*, his basest instincts were aroused; *tutta la natura si sveglia in primavera*, all nature reawakens in spring.

svegliarino *s.m.* (*fam.*) (*ramanzina*) reproach, scolding, telling-off.

sveglio *agg.* **1** awake (*pred.*); (*alzato*) up (*pred.*): *completamente —*, wide-awake; *sei già —?*, are you already awake? // *l'operazione è stata fatta da —*, the operation was carried out while the patient was conscious **2** (*fig.*) (*pronto d'ingegno*) wide-awake; alert, quick, quick-witted, smart: *un ragazzo —*, a quick -witted (*o* smart) boy; *come è sveglia questa bambina!*, how quick this little girl is! **3** (*fig. fam.*) (*astuto*) shrewd, cunning, crafty: *è gente sveglia, non fidarti*, these people are cunning, be careful.

svelare *v.tr.* **1** to reveal, to disclose, to tell*: — *un complotto*, to reveal a plot; — *un nome*, to reveal a name; — *i propri sentimenti*, to disclose (*o* to reveal) one's feelings; — *un segreto*, to tell (*o* to disclose) a secret **2** (*non com.*) (*togliere il velo a*) to unveil: — *una statua*, to unveil a statue.

□ **svelarsi** *v.rifl.* to reveal oneself, to give* oneself (away): *si è svelato per l'avaro che è*, he's shown himself to be the mean person he is.

svelenare, **svelenire** *v.tr.* **1** to detoxify **2** (*fig.*) to remove the poison from (s.o., sthg.); to free (s.o.) from rancour; (*mitigare, addolcire*) to mollify.

□ **svelenarsi**, **svelenirsi** *v.intr.pron.* (*sfogarsi, liberarsi*) to let* off steam, to vent one's anger; (*migliorare*) to improve, to pick up.

svellere *v.tr.* (*letter.*) to eradicate.

sveltezza *s.f.* **1** (*rapidità*) quickness, speed, rapidity, swiftness: *fa tutto con grande —*, he does everything quickly; *vorrei che fosse fatto con —*, I would like it to be done quickly // — *di mano*, quickness of hand **2** (*fig.*) (*prontezza*) quickness, sharpness, quick-wittedness: *la sua — (d'ingegno) mi sorprese*, his quick-wittedness surprised me.

sveltimento *s.m.* speeding up, quickening; (*semplificazione*) simplification: *lo — della circolazione stradale*, the speeding up of traffic flow.

sveltina *s.f.* (*volg.*) quickie.

sveltire *v.tr.* **1** to make* quicker, to quicken, to speed* up: — *il passo*, to quicken one's pace (*o* to hurry up); — *la produzione*, to speed up production; — *il traffico*, to speed up the traffic; *la pratica l'ha sveltito nel lavoro*, experience has taught him to work quickly; *la lettura sveltisce la mente, l'intelligenza*, reading quickens the mind, the understanding **2** (*fig.*) (*rendere disinvolto, svegliare*) to wake* up, to make* smarter, to smarten up, (*fam.*) to wise up: *i tuoi viaggi all'estero ti hanno sveltito*, your journeys abroad have woken you up **3** (*rendere snello, slanciato*) to slim, to make* slimmer; (*rendere più agile*) to make* nimbler; (*rendere più elastico*) to make* suppler: — *la figura*, to slim; — *i propri movimenti*, to make one's movements suppler (*o* more agile) **4** (*abbreviare*) to shorten: — *un romanzo*, to shorten a novel **5** (*semplificare*) to simplify: — *una procedura*, to simplify a procedure.

□ **sveltirsi** *v.rifl.* **1** to become* quick(er); (*diventare più agile*) to become* nimbler; to become* suppler: — *nel fare qlco.*, to become quicker in doing sthg. **2** (*fig.*) (*diventare più disinvolto, svegliarsi*) to become* smarter, to rouse, to wake* up.

svelto *agg.* **1** (*pronto, lesto*) quick, fast, rapid, swift: *camminare con passo —*, to walk quickly (*o* to walk at a brisk pace); *Svelti! Sennò perdiamo il treno*, quick, or we'll miss the train; *è molto — nel capire, nel fare le cose*, he is very quick in understanding, in doing things // *è — di lingua*, he's always got an answer // — *di mano*, light-fingered // *alla svelta*, quickly: *l'ho fatto molto alla svelta*, I have done it very quickly; *fate alla svelta se volete che vi aspettiamo*, be quick if you want us to wait for you **2** (*fig.*) (*intelligente*) quick-witted, sharp, smart, alert: *un ragazzo —*, a quick-witted (*o* smart) boy **3** (*slanciato*) slender, slim: *un campanile —*, a slender steeple; *ha una figura svelta*, she has a slender (*o* slim) figure ◆ *avv.* fast, quick, quickly: *vai troppo —!*, you go too fast!; *fa' —!*, (*fam.*) hurry up!

svenamento *s.m.* (*non com.*) cutting of veins; (*fig.*) bleeding.

svenare *v.tr.* **1** to cut* the veins of (s.o.) **2** (*fig.*) (*dissanguare*) to bleed* (s.o.) dry: *mi vogliono proprio —*, they really want to bleed me dry.

□ **svenarsi** *v.rifl.* **1** to cut* one's veins **2** (*fig.*) (*dissanguarsi*) to reduce oneself to poverty, to bleed* oneself dry: *si è svenato per la sua famiglia*, he has bled himself dry for his family.

svendere *v.tr.* (*comm.*) to sell* off, to sell* at a loss, to sell* below cost, to sell* at a low price: — *un'intera partita di merce*, to undersell a whole lot of goods (*o* to sell a whole lot of goods at a loss); — *tutta la merce per chiusura di esercizio*, to sell off all goods before closing down; — *la merce in magazzino*, to clear out one's stock.

svendita *s.f.* (*comm.*) sale, clearance sale: — *per cessazione di attività*, closing down sale; — *di fine stagione*, end-of-season sale; — *per liquidazione*, winding-up sale // *prezzo di —*, knockdown price.

svenevole *agg.* maudlin, over-sentimental, mawkish, (*fam.*) soppy; (*affettato*) simpering, mincing, affected: *modi svenevoli*, mincing (*o* affected) ways; *una signora —*, a very sentimental lady ◆ *s.m.* e *f.* mawkish person, maudlin person; affected person.

svenevolezza *s.f.* **1** sentimentality; (*fam.*) soppiness; (*affettazione*) affectation **2** (*atto svenevole*) simpering behaviour, sentimental behaviour; affectation: *non sopporto queste svenevolezze*, I can't stand this sentimentality.

svenimento *s.m.* faint, fainting fit, unconsciousness: *essere colto da —*, to faint.

svenire *v.intr.* to faint, to lose* consciousness; (*letter.*) to swoon: *svenne per il caldo*, the heat made him faint; — *di paura*, to faint with fear; *mi sento —*, I feel faint // *fare —*, (*infastidire*) to get on s.o.'s nerves.

sventagliare *v.tr.* **1** to fan **2** (*agitare*

come un ventaglio) to wave, to flourish: *gli sventagliò sotto il naso un biglietto da centomila*, she flourished a 100,000 lira note under his nose **3** (*allargare a ventaglio*) to fan(out), to spread*: *il tacchino sventaglia la coda*, the turkey spreads it's tail // — *una raffica di mitra*, to spray bullets with a machinegun.
□ **sventagliarsi** *v.rifl.* to fan oneself.

sventagliata *s.f.* **1** fanning **2** (*colpo di ventaglio*) blow with a fan **3** (*scarica di mitraglia*) burst.

sventare *v.tr.* **1** to foil, to thwart, to block, to frustrate: — *una rapina*, to foil a robbery; — *i piani del proprio avversario*, to thwart (*o* to foil) the plans of one's opponent // — *una mina*, to uncover a mine **2** (*mar.*) to spill*.

sventatezza meno com. **sventataggine** *s.f.* **1** thoughtlessness, heedlessness, recklessness, rashness **2** (*atto sventato*) thoughtless action, oversight.

sventato *agg.* **1** thwarted, foiled, frustrated: *una trama sventata*, a foiled plot **2** (*sbadato*) thoughtless, rash, heedless, reckless; (*fam.*) scatterbrained, absent-minded ◆ *s.m.* absent -minded person, (*fam.*) scatterbrain: *sei proprio uno —!*, you are a real scatterbrain!

sventola *s.f.* **1** (*ventola*) fire fan // *orecchie a* —, flap ears (*o* jug-ears) **2** (*fam.*) (*scapaccione*) slap, cuff, blow.

sventolamento *s.m.* waving, fluttering: — *di bandiere*, flag-waving.

sventolare *v.tr.* **1** to wave, to flutter: — *una bandiera*, to wave a flag; — *un fazzoletto*, to wave a handkerchief // — *il fuoco per ravvivarlo*, to fan the fire **2** (*ventilare*) to move around, to stir: — *il grano*, *le olive*, to move around wheat, olives ◆ *v.intr.* to wave, to flutter: *la bandiera sventola*, the flag is waving; *i panni sventolavano al vento*, the clothes were fluttering in the wind.
□ **sventolarsi** *v.rifl.* to fan oneself.

sventolata *s.f.* waving, fluttering; fanning: *dare una — al fuoco*, to give the fire a fan.

sventolio *s.m.* waving, fluttering.

sventramento *s.m.* **1** disembowelment; (*di pesce, uccello*) gutting, cleaning; (*di pollame*) drawing **2** (*demolizione dei quartieri malsani*) demolition, knocking-down.

sventrare *v.tr.* **1** to disembowel; to eviscerate; (*pesci, uccelli*) to clean, to gut; (*pollame*) to draw* **2** (*trafiggere al ventre*) to stab in the stomach: *lo sventrò con una coltellata*, he stabbed (*o* knifed) him in the stomach **3** (*demolire*) to demolish, to knock down: — *una città*, to demolish (part of) a town; *la bomba ha sventrato l'intero edificio*, the bomb demolished the whole building.

sventrata[1] *s.f.* (*il pulire dalle interiora*) disembowelment; cleaning, gutting.

sventrata[2] *s.f.* (*fam.*) (*scorpacciata*) feed.

sventrato *agg.* **1** disembowelled; eviscerated; (*di pesce, uccello*) gutted; (*di pollo*) drawn **2** (*fam.*) (*mai sazio*) very greedy, insatiable.

sventura *s.f.* **1** (*sfortuna*) bad luck, misfortune: *provato dalla* —, tried by misfortune; *la — lo perseguita*, he is dogged by bad luck; *predire la* —, to foretell misfortune **2** (*disavventura*) misfortune; mishap; (*grave sciagura*) catastrophe, tragedy: *una serie di sventure*, a series of misfortunes; *ha la — di non aver più i genitori*, he is unfortunate in having lost his parents; *la sua morte fu una — per tutti noi*, his death was a tragedy for all of us // *per* —, unluckily (*o* unfortunately) // *per colmo di* —, to crown (*o* to top) it all: *ero stanco e affamato e, per colmo di —, persi la valigia*, I was tired and hungry and to crown it all I lost my suitcase // *compagni di* —, companions in misfortune (*o* fellow sufferers).

sventurato *agg.* unfortunate, unlucky; wretched, unhappy: *giorno* —, unlucky day; *uomo* —, unlucky (*o* unfortunate) man; *una scelta sventurata*, an unfortunate choice ◆ *s.m.* unlucky person, unfortunate person, wretch.

svenuto *agg.* in a faint (*pred.*); unconscious: *cadde a terra* —, he fell unconscious to the ground; *rimase — quasi mezz'ora*, he remained unconscious for almost half an hour.

svergare *v.tr.* **1** (*metall.*) to make* into bars **2** (*mar.*) to unbend*.

sverginamento *s.m.* defloration, deflowering.

sverginare *v.tr.* to deflower.

svergognamento *s.m.* shaming, putting to shame.

svergognare *v.tr.* **1** to shame, to put* to shame, to disgrace: *fu svergognato in faccia a tutti*, he was put to shame in front of everybody **2** (*smascherare*) to unmask, to expose, to show* up: *voglio svergognarlo di fronte ai suoi amici*, I want to show him up (*o* to expose him) in front of his friends.

svergognatezza *s.f.* shamelessness; impudence.

svergognato *agg.* **1** (*che non prova vergogna*) shameless; impudent: *un imbroglione* —, a shameless (*o* an impudent) swindler; *una ragazza svergognata*, a shameless girl **2** (*che è stato svergognato*) ashamed, put to shame ◆ *s.m.* **1** shameless person **2** shamed person, person put to shame.

svergolamento *s.m.* (*mecc.*) twist, twisting, warping // (*aer.*) — *alare*, wing twist (*o* warping).

svergolare *v.intr.* (*mecc., aer.*) to twist; to warp.
□ **svergolarsi** *v.intr.pron.* to become* twisted; (*aer.*) to twist; to warp.

sverlare *v.intr.* to twitter, to chirp.

svernamento *s.m.* **1** wintering **2** (*biol.*) hibernation.

svernare *v.intr.* to winter, to spend* the winter.

sverniciante *agg.* paint-removing, (paint-) stripping ◆ *s.m.* paint-remover, (paint-)stripper.

sverniciare *v.tr.* to remove paint from (sthg.).

sverniciatore *s.m.* paint-remover, (paint-) stripper.

sverniciatura *s.f.* removal of paint, (paint-) stripping.

sverza *s.f.* (*scheggia*) splinter.

sverzino *s.m.* **1** (*spago ritorto*) whipcord **2** (*cordicella all'estremità della frusta*) whiplash.

svescicare *v.tr.* **svescicarsi** *v.intr.pron.* to blister.

svestire *v.tr.* **1** to undress: — *un bambino*, to undress a child **2** (*fig.*) to divest: — *una tradizione del suo aspetto religioso*, to divest a tradition of its religious aspect.
□ **svestirsi** *v.rifl.* **1** to undress, to strip, to undress oneself: *si svestì e si buttò in acqua*, he undressed (*o* stripped) and threw himself into the water **2** (*fig.*) to shake* off: *si è svestito della consueta freddezza*, he shook off his usual cold manner ◆ *v.intr.pron.* to shed*: *gli alberi si sono svestiti delle foglie*, the trees have shed their leaves.

svestito *agg.* undressed, without clothes; (*privo di rivestimento*) shorn: *girava per casa* —, he went around the house without his clothes on.

svestizione *s.f.* undressing.

svettamento *s.m.* (*rar.*) lopping.

svettare *v.tr.* to lop: — *un pino*, to lop the top of a pine ◆ *v.intr.* (*innalzarsi a mo' di vetta*) to stand* out (against sthg.): *la torre svettava contro il cielo*, the tower stood out against the sky.

svettatoio *s.m.* pruning shears (*pl.*).

svettatura *s.f.* (*lo svettare*) lopping.

svevo *agg.* e *s.m.* Swabian.

svezzamento *s.m.* weaning.

svezzare *v.tr.* to wean: — *un bambino*, to wean a child // — *qlcu. da un vizio*, to wean s.o. from a habit.
□ **svezzarsi** *v.intr.pron.* (*perdere un'abitudine*) to get* out (of a habit); to wean oneself (of a habit).

sviamento *s.m.* **1** deviation, diversion, turning aside; (*di un colpo*) warding off **2** (*distrazione*) distraction, diversion **3** (*lo sviare*) leading astray; (*lo sviarsi*) going astray **4** (*ferr.*) derailment.

sviare *v.tr.* **1** to divert, to turn aside, to deflect; to ward off: — *un colpo*, to ward off a blow; — *un corso d'acqua*, to divert a stream; — *il discorso*, to change the subject; — *i sospetti*, to divert suspicion; — *un'indagine*, to turn an inquiry in the wrong direction; — *il corso della giustizia*, to obstruct (*o* to divert) the due course of justice **2** (*distrarre*) to distract, to divert: *cerca di sviarlo dai suoi tristi pensieri*, try to distract him from his sad thoughts; *quel rumore mi svia*, that noise distracts me; — *l'attenzione di qlcu. da qlco.*, to distract (*o* to divert) s.o.'s attention from sthg. **3** (*traviare*) to lead* astray: *i cattivi compagni lo sviano*, his bad companions are leading him astray ◆ *v.intr.* → sviarsi.
□ **sviarsi** *v.intr.pron.* **1** to move apart, to diverge **2** (*traviarsi*) to go* astray; to deviate; to be distracted: *non sviarti dalla linea di condotta che hai deciso di seguire*, don't deviate from the line of conduct you have decided on; — *dallo studio*, to be distracted from one's studies.

sviato *agg.* led astray (*pred.*), misguided.

sviatoio *s.m.* (*ferr.*) derail(er).

svicolare *v.intr.* **1** to slip down an alley **2** (*svignarsela*) to sneak off.

svignare *v.intr.* **svignarsela** *v.intr.pron.* to slink* off, to slip off, to sneak off: *se la sono svignata*, they sneaked (*o* slunk) off.

svigorimento *s.m.* weakening.

svigorire *v.tr.* to weaken, to enfeeble.
□ **svigorirsi** *v.intr.pron.* to grow* weak, to become* weak; to lose* one's vigour; to become* enfeebled; to deteriorate.

svilimento *s.m.* **1** debasement **2** (*svalutazione*) devaluation, depreciation.

svilire *v.tr.* **1** (*mortificare*) to debase: — *un sentimento*, to debase a feeling **2** (*svalutare*) to devalue, to depreciate.

svillaneggiare *v.tr.* to insult; to abuse.

□ **svillaneggiarsi** *v.rifl.rec.* to insult each other (one another); to abuse each other (one another).

sviluppabile *agg.* that can be developed, developable // (*mat.*) *una superficie* —, a developable surface.

sviluppare *v.tr.* **1** (*letter.*) (*disfare, sciogliere*) to untie, to undo*, to loosen; (*liberare da un viluppo*) to loosen, to free: — *un nodo*, to untie (*o* to undo *o* to loosen) a knot **2** (*potenziare*) to strengthen, to develop: *la lettura sviluppa la mente*, reading develops the mind; *lo sport sviluppa le membra*, sport strengthens the limbs **3** (*incrementare*) to develop, to expand, to increase, to strengthen: — *un'azienda*, to develop (*o* to expand) a business; — *le risorse naturali di un paese*, to develop the natural resources of a country; — *il commercio, l'agricoltura*, to develop (*o* to increase) trade, agriculture **4** (*svolgere, elaborare*) to develop, to work out: — *un argomento, un'idea*, to develop a subject, an idea; — *un progetto*, to work out a plan **5** (*produrre*) to generate, to develop, to produce: *la scintilla sviluppò un enorme incendio*, the spark started an enormous fire; *questo motore sviluppa 200 cavalli vapore*, this motor generates two hundred horsepower; — *calore, elettricità*, to generate heat, electricity; (*chim.*) — *gas*, to evolve gas **6** (*fot., mat.*) to develop: (*mat.*) — *un'equazione*, to develop an equation; (*fot.*) — *una lastra, pellicola*, to develop a plate, film ◆ *v.intr.* → svilupparsi.

□ **svilupparsi** *v.rifl.* o *intr.pron.* **1** to develop: *un bocciolo si sviluppa e diventa un fiore*, a bud develops into a flower; *la farfalla si sviluppa dal bozzolo*, a butterfly develops from a cocoon; *le piante si sviluppano dai semi*, trees grow from seeds **2** (*crescere*) to grow*; (*invigorirsi*) to strengthen, to develop: *la mente si sviluppa con la lettura*, the mind develops with reading; *quella pianta si sviluppa molto bene*, that plant is growing very well; *questo ragazzo si è molto sviluppato dall'ultima volta che lo vidi*, this boy has grown a lot since I saw him last; *lo sport aiuta il fisico a* —, sport improves the development of the body **3** (*ricevere incremento, espandersi*) to expand, to develop: *la città si sviluppa verso nord*, the city is expanding northwards; *il commercio internazionale si è molto sviluppato*, international trade has expanded a great deal; *la sua azienda si è molto sviluppata recentemente*, his business has developed (*o* expanded) a lot recently **4** (*scoppiare*) to break* out: *si è sviluppata un'epidemia*, an epidemic has broken out; *si è sviluppato un incendio*, a fire has broken out.

sviluppato *agg.* developed, advanced: *paese economicamente poco* —, underdeveloped country; *paesi sviluppati*, developed countries // *una ragazza sviluppata*, a physically developed girl.

sviluppatore *s.m.* (*fot., chim.*) developer.

sviluppatrice *s.f.* (*fot., cinem.*) developing tank.

sviluppo *s.m.* **1** (*accrescimento*) development, growth; (*rafforzamento*) strengthening: — *fisico, morale*, physical, moral development; *età dello* —, puberty; *ha raggiunto il pieno* —, he is fully developed; *sta attraversando un periodo di rapido* —, he is going through a period of rapid growth; *curare lo — fisico di un bambino*, to look after a child's physical development // (*bot., zool.*) — *completo*, perfection **2** (*espansione*) development, expansion, growth: — *del prodotto*, product development; — *di un'azienda*, expansion of a business; — *di una città, del commercio*, growth of a city, of trade; — *delle vendite*, sales promotion; *lo — del capitalismo*, the evolution of capitalism; — *edilizio*, housing boom; *un'azienda in pieno* —, a thriving business; *il paese sta attraversando un periodo di rapido* —, the country is going through a phase of rapid growth // *area di* —, development area; *politica di* —, development policy; *paesi in via di* —, developing countries // *gli sviluppi di una situazione*, the developments of a situation // (*econ.*) — *economico zero*, zero economic growth **3** (*elaborazione*) development, working out: *lo — di un tema*, the development of a theme **4** (*chim.*) (*sprigionamento di gas*) evolvement, evolution **5** (*fot., mat.*) development.

svinare *v.tr.* to draw* off wine (from a vat).

svinatura *s.f.* drawing off wine (from a vat).

svincolamento *s.m.* release: — *da un giuramento*, release from an oath.

svincolare *v.tr.* **1** (*liberare*) to release, to free: — *qlcu. da un obbligo*, to free s.o. from an obligation; — *qlcu. da una promessa*, to release s.o. from a promise **2** (*dir.*) (*riscattare*) to redeem: — *una proprietà ipotecata*, to redeem a mortgaged property; — *merci da un sequestro*, to release goods from seizure; — *un pegno*, to redeem a pawn **3** (*sdoganare*) to clear: — *le merci dalla dogana*, to clear goods through customs.

□ **svincolarsi** *v.rifl.* to free oneself, to get* free: — *dalla stretta di qlcu.*, to get free from s.o.'s grasp; — *dal fare qlco.*, to get out of doing sthg.

svincolo *s.m.* **1** (*il liberare*) release, freeing, disengaging // (*tel.*) — *del collegamento*, call clearing **2** (*riscatto*) redemption; (*dir.*) redeeming: (*dir.*) — *da ipoteca*, redemption from a mortgage **3** (*sdoganamento*) clearance: — *dalla dogana*, customs clearance; — *dei bagagli*, collection of one's luggage **4** (*stradale*) junction; interchange: *un nuovo — autostradale*, a new motorway junction; — *a quadrifoglio*, cloverleaf.

svio → **sviamento**.

sviolinare *v.tr.* (*fam.*) (*scherz.*) to fawn on (s.o.), to flatter: — *il direttore*, to suck up to the manager.

sviolinata, **sviolinatura** *s.f.* (*scherz.*) fawning, flattery: *ho dovuto sorbirmi le sue sviolinate*, I had to put up with his fawning.

svirgola *s.f.* (*sport*) slice.

svirgolare *v.tr.* to slice.

svirilizzare *v.tr.* to emasculate.

svisamento *s.m.* (*il travisare*) distortion, twisting.

svisare *v.tr.* (*travisare*) to distort, to twist: — *i fatti*, to twist the facts; — *il significato di una frase*, to twist the meaning of a sentence; — *la verità*, to distort the truth.

svisceramento *s.m.* **1** (*non com.*) (*il togliere le viscere*) evisceration, disembowelling **2** (*fig.*) (*studio approfondito*) thorough examination; detailed analysis, in-depth analysis.

sviscerare *v.tr.* **1** (*togliere le viscere a*) to eviscerate, to disembowel; (*un pollo*) to draw*; (*pesci, uccelli*) to gut **2** (*fig.*) (*studiare a fondo*) to examine thoroughly, to go* deeply into (sthg.): — *un argomento*, to analyse a subject in depth.

□ **sviscerarsi** *v.rifl.* to be consumed (with sthg.): — *d'amore per qlcu.*, to be consumed with love for s.o.

svisceratamente *avv.* passionately, ardently: *amare qlcu.* —, to love s.o. madly (*o* passionately).

sviscerratezza *s.f.* strength, depth.

sviscerato *agg.* passionate, ardent: *amore* —, passionate (*o* ardent) love; *ammirazione sviscerata*, unbounded admiration.

svista *s.f.* oversight.

svitamento *s.m.* unscrewing.

svitare *v.tr.* to unscrew: — *un bullone*, to unscrew a bolt.

□ **svitarsi** *v.intr.pron.* to come* unscrewed: *il bullone si è svitato*, the bolt has come unscrewed.

svitato *agg.* unscrewed // *è un tipo* —, (*fam.*) he has a screw loose (*o* he is a bit barmy) ◆ *s.m.* nut case.

svitatura *s.f.* unscrewing.

svizzera *s.f.* (*cuc.*) hamburger.

svizzero *agg.* Swiss: *il confine* —, the Swiss border // *le guardie svizzere*, the Swiss Guards ◆ *s.m.* **1** (*abitante*) Swiss (*pl. invar.*) **2** (*st.*) (*mercenario*) Swiss mercenary, Switzer.

svogliare *v.tr.* (*non com.*) to put* (s.o.) off (sthg., doing sthg.); to make* (s.o.) lose interest (in sthg.): *un insegnante noioso può — gli allievi dallo studio*, a boring teacher can make pupils lose interest in their studies.

□ **svogliarsi** *v.intr.pron.* to lose* interest (in sthg.), to lose* one's desire (for sthg.).

svogliataggine, **svogliatezza** *s.f.* **1** unwillingness; listlessness **2** (*pigrizia*) laziness.

svogliatamente *avv.* **1** unwillingly; listlessly: *fa tutto* —, he does everything listlessly **2** (*pigramente*) lazily.

svogliato *agg.* **1** unwilling; unenthusiastic; listless: *scolaro* —, unwilling pupil; *è molto —, non partecipa mai quando gli altri giocano*, he's very listless, he never joins in when the others are playing; *sentirsi* —, to feel listless **2** (*pigro*) lazy ◆ *s.m.* slacker; lazybones.

svolazzamento *s.m.* **1** flying about, flying here and there; flitting; fluttering **2** (*l'essere agitato dal vento*) flapping, fluttering.

svolazzante *agg.* **1** flying about; flitting; fluttering **2** (*mosso dal vento*) flapping, fluttering; (*di capelli*) wind-swept.

svolazzare *v.intr.* **1** to fly* about, to fly* here and there; to flit; to flutter: *i passeri svolazzavano tra i rami degli alberi*, sparrows were flying about among the branches of the trees // — *sull'acqua*, (*di uccello*) to skitter // — *da un pensiero all'altro*, (*fig.*) to flit from one thought to another **2** (*essere agitato dal vento*) to flap, to flutter: *i suoi capelli svolazzavano al vento*, her hair was flying in the wind; *il suo vestito svolazzava al vento*, her dress was flapping (*o* fluttering) in the wind.

svolazzo *s.m.* **1** (*lo svolazzare*) flapping, fluttering **2** (*di calligrafia*) flourish: *firmare con lo* —, to sign with a flourish **3** *pl.* (*ornamenti eccessivi*) excessive ornamentation (*sing.*): *una prosa piena di svolazzi*, a highly-embellished prose.

svolgere *v.tr.* **1** to unwind*; to unroll: —

un gomitolo di lana, to unwind a ball of wool; — *una pellicola, una pezza di stoffa, un rotolo di carta*, to unroll a film, a bolt of cloth, a roll of paper **2** (*trattare*) to develop: *svolse la sua tesi in un lungo articolo*, he developed his argument in a long article **3** (*eseguire*) to do*; to carry out, to perform; (*portare a termine*) to complete: — *un'intensa attività*, to have a very busy (working) life; — *un programma di lavoro*, to carry out a work schedule; *abbiamo già svolto il nostro programma di storia*, we have already completed our history syllabus; *non ho ancora svolto il tema per lunedì*, I have not yet done my composition for Monday // (*comm.*) — *attività di grossista*, to job // *svolge attività di mediatore nella City*, he is a jobber in the City.

□ **svolgersi** *v.rifl.* **1** to unwind*; to unroll: *il filo si svolge automaticamente*, the thread unwinds automatically **2** (*svilupparsi*) to develop ◆ *v.intr.pron.* (*accadere*) to happen, to occur, to take* place; (*procedere*) to go* (on), to go* off: *quando si svolse tutto questo?*, when did all this happen (*o* occur)?; *lo sciopero si svolgerà come predisposto*, the strike will take place as arranged; *la scena si svolge a Roma*, the scene takes place in Rome; *dimmi come si sono svolte le cose*, tell me how things went; *tutto si svolse secondo i piani*, everything went (off) according to plan; *la manifestazione si è svolta pacificamente*, the demonstration went off peacefully.

svolgimento *s.m.* **1** unwinding, unrolling: *lo — di una matassa*, the unwinding of a skein **2** (*trattazione*) treatment, development: *lo — di un argomento*, the treatment of a subject (*o* the development of a theme) // *lo — del tema è ricco di idee*, the composition is full of ideas **3** (*esecuzione*) execution, carrying out; (*sviluppo*) progress, development; (*andamento*) course: — *di un programma*, execution (*o* carrying out) of a programme; *ostacolare lo — del lavoro*, to hinder the progress of a job; *ci colleghiamo con Montreal, dove le gare sono in* —, we'll link up with Montreal, where the games are in progress; *la marcia ha avuto uno — regolare*, the march went off without incidents; *ricostruire lo — degli eventi*, to reconstruct the course of events **4** (*inform.*) execution: — *di un programma*, course (*o* progress); — *di operazioni*, flow.

svolta *s.f.* **1** (*lo svoltare*) turning: *fece una — a sinistra, a destra*, he turned to the left, to the right // *divieto di — a sinistra*, no left turning **2** (*punto in cui la strada svolta*) turn, bend: *una — stretta*, a sharp turn (*o* bend); *lo troverai alla prima* —, you will find it at the first turn; *sulla — c'è un bar*, there's a bar at the turning **3** (*fig.*) turning point: *una — della storia*, a turning point in history; *ero arrivato a una — della mia carriera*, I had come to a turning point in my career; *il paese è giunto a una — storica*, the country has reached a turning point; *il cambiamento di lavoro ha dato una — alla sua vita*, the new job marked (*o* was) a turning point in his life // (*pol.*) — *a sinistra*, shift to the left.

svoltare *v.intr.* to turn: — *a sinistra, a destra*, to turn (to the) left, (to the) right; *frena prima di* —, brake before turning.

svoltata *s.f.* **1** (*lo svoltare*) turning **2** (*svolta*) turn.

svolto *agg.* **1** unrolled: *pacco* —, open package **2** (*trattato, sviluppato*) treated, developed: *un argomento ampiamente* —, a fully-treated subject.

svoltolare *v.tr.* **1** to unwrap: — *un pacco*, to unwrap a parcel **2** (*non com.*) (*far rotolare*) to roll.

□ **svoltolarsi** *v.rifl.* to roll about; to wallow: *i ragazzi si svoltolavano nella sabbia*, the boys were rolling about on the sand; — *nel fango*, to wallow in the mud.

svuotamento *s.m.* **1** emptying: *lo — di un bidone*, the emptying of a bin **2** (*inform.*) dump.

svuotare *v.tr.* **1** to empty; (*un locale, un mobile*) to clear (out): — *una bottiglia, un serbatoio*, to empty a bottle, a tank; *i ladri hanno svuotato l'appartamento, la cassaforte*, thieves have cleaned out the apartment, the safe **2** (*fig.*) to deprive: — *una frase del suo contenuto*, to deprive a sentence of its meaning **3** (*inform.*) to unload; (*su nastro*) to purge.

swahili *agg.* e *s.m.* Swahili.

swap *s.m.* (*fin.*) (*operazione di riporto*) swap: — *inverso, speculare*, mirror (*o* reverse) swap; *accordo di* —, swap arrangement (*o* agreement).

swattare *v.tr.* (*elettr.*) to make* wattless.

swing *s.m.* (*mus., sport*) swing.

switch *s.m.* (*comm.*) (*operazione commerciale triangolare*) switch, switch transaction.

sycon *s.m.* (*zool.*) sycon.

symposium *s.m.* symposium*.

Tt

t *s.f.* o *m.* (*ventesima lettera dell'alfabeto*) t (*pl.* ts, t's) // (*tel.*) — *come Torino*, t for Tommy (*o amer.* t for Tare) // (*tecn.*) *T a bulbo*, bulb-tee; (*raccordo a*) *T a 90°*, 90° tee // *a T, fatto a T*, T (*o* T-shaped): *ferro a T*, T-iron; *squadra a T*, tee square.

tabaccaia *s.f.* **tabaccaio** *s.m.* tobacconist.

tabaccare *v.intr.* to take* snuff.

tabaccheria *s.f.* tobacco shop, tobacconist's (shop).

tabacchicoltore *s.m.* tobacco grower.

tabacchicoltura *s.f.* tobacco growing.

tabacchiera *s.f.* snuffbox.

tabacchino *s.m.* **1** tobacco-worker **2** (*region.*) tobacconist.

tabacco *s.m.* (*Nicotiana tabacum*) tobacco*: — *da fiuto*, snuff; — *da fumo*, smoking tobacco; — *da masticare*, chewing tobacco; — *da pipa*, pipe tobacco; — *per sigarette*, cigarette tobacco; — *trinciato*, cut tobacco; — *in foglie*, leaf tobacco; *borsa per il* —, tobacco pouch; *color* —, tobacco (colour); *stoffa color* —, tobacco -coloured material; *presa di* —, pinch of snuff; *fiutare* —, to take snuff // *Manifattura Tabacchi*, the (State) Tobacco Agency.

tabaccone *s.m.* (*fam.*) snuff-taker.

tabaccoso *agg.* (*sporco di tabacco*) tobacco -stained; (*che puzza di tabacco*) smelling of tobacco.

tabacosi *s.f.* (*med.*) tobacosis.

tabagico *agg.* tobacco (*attr.*).

tabagismo *s.m.* (*med.*) tabagism, nicotinism.

tabarin *s.m.* (*fr.*) nightclub.

tabarro *s.m.* heavy cloak; (*ant.*) tabard.

tabasco *s.m.* tabasco (sauce).

tabe *s.f.* (*med.*) tabes: — *dorsale*, dorsal tabes.

tabella *s.f.* table, schedule, chart; (*lista*) list; (*modulo*) form; (*quadro*) board: — *di marcia*, (*di un lavoro*) work schedule; *rispettare la — di marcia*, to keep to the timetable (*o amer.* to keep to the schedule); — *salariale, retributiva*, wage scale; — *di produzione*, production schedule; — *dei costi*, cost schedule; — *dei prezzi*, price list; — *delle consegne*, delivery schedule // (*inform.*): — *delle connessioni*, terminal board; — *delle funzioni*, function table; — *di pianificazione*, progress board.

tabellare *agg.* **1** (*di tavoletta*) table (*attr.*), board (*attr.*) **2** (*che ha disposizione schematica*) tabular: *dati tabellari*, tabular data; *rappresentazione* —, tabulation // *aumento — dello stipendio*, salary rise according to a union scale.

tabellazione *s.f.* (*prospetto*) table, schedule, chart.

tabellione *s.m.* (*st. dir.*) tabellion.

tabellone *s.m.* **1** notice board, board; (*manifesto*) placard, poster: — *pubblicitario*, (advertising) boarding (*o* billboard) **2** (*pallacanestro*) backboard.

tabernacolo *s.m.* **1** (*Bibbia*) tabernacle // *la Festa dei Tabernacoli*, the Feast of Tabernacles **2** (*ciborio*) tabernacle **3** (*cappelletta*) shrine, sanctuary.

tabetico *agg.* (*med.*) tabescent, tabetic ◆ *s.m.* tabetic.

tabico *agg.* (*med.*) tabetic.

tabloid *s.m.* tabloid (newspaper).

tabloide *s.m.* (*med.*) tabloid, tablet.

taboga → **toboga**.

tabù *s.m.* taboo: *questi argomenti sono* —, these topics are taboo; *dichiarare — qlco.*, to taboo sthg.

tabula rasa *s.f.* tabula rasa, blank sheet // *fare — di qlco.*, (*fig.*) to make a clean sweep of sthg.

tabulare[1] *agg.* tabular // (*amm.*): *contabilità* —, tabular bookkeeping; *differenza* —, tabular difference.

tabulare[2] *v.tr.* to tabulate; to tab.

tabulario *s.m.* (*archeol.*) tabularium (*pl.* -ia).

tabulato *s.m.* (*tabella*) tabulation; (*inform.*) print-out; fanfold.

tabulatore *s.m.* (*di tastiera*) tabulator.

tabulatrice *s.f.* tabulator, tabulating -machine.

tabulazione *s.f.* tabulation; tabulating: — *dei dati*, tabulation of data.

TAC *s.f.* (*med.*) CAT (computerized axial tomography).

tac *inter.* (*di rumore*) tock; (*di orologio*) tick-tock, tick-tack.

tacca *s.f.* **1** (*piccola incisione*) notch, nick, cut; (*mecc.*) notch, gate; (*tip.*) nick **2** (*fig.*) (*qualità, valore*) quality, value // *una persona di mezza* —, (*fig.*) an insignificant person **3** (*difetto*) blemish, flaw, defect, fault **4** (*alpinismo*) foothold, notch **5** (*fam.*) (*truffa*) fiddling **6** (*ant.*) (*contrassegno*) tally, label.

taccagneria *s.f.* stinginess, meanness, niggardliness.

taccagno *agg.* stingy, mean, miserly, niggardly ◆ *s.m.* miser, stingy person, skinflint.

taccamacca *s.f.* (*bot.*) tacamahac, tacamahaca.

taccata *s.f.* (*mar.*) keelblock, bilge block: — *di bacino*, docking block.

taccheggiare[1] *v.tr.* (*tip.*) to interlay*, to underlay*.

taccheggiare[2] *v.tr.* e *intr.* (*rubare nei negozi*) to shoplift.

taccheggiatore *s.m.* **taccheggiatrice** *s.f.* shoplifter.

taccheggio[1] *s.m.* (*tip.*) interlaying, underlaying.

taccheggio[2] *s.m.* (*il rubare nei negozi*) shoplifting.

tacchete *inter.* (*di piccolo rumore*) click, clack; (*espressione di sorpresa*) lo and behold.

tacchettare *v.intr.* to tap one's heels (when walking).

tacchettio *s.m.* tapping (of heels).

tacchetto *s.m.* **1** (*piccolo tacco*) (small) heel; (*di scarpe da calcio*) stud **2** (*mar.*) cleat; (*tess.*) picker.

tacchina *s.f.* turkey-hen.

tacchino *s.m.* (*Meleagris gallopavo*) turkey(-cock), gobbler // *sembra un — quando fa la ruota*, he looks as proud as a peacock; *diventare rosso come un* —, to become as red as a beetroot.

tacchinotto *s.m.* young turkey, (turkey) poult.

taccia *s.f.* (*cattiva fama*) bad reputation: *ha la — di avaro*, he has a reputation for stinginess (*o* he has a reputation as a miser).

tacciabile *agg.* chargeable, accusable.

tacciare *v.tr.* to accuse, to charge: *lo tacciano di disonestà*, they accuse him of dishonesty.

tacco *s.m.* **1** heel: *tacchi a spillo*, stiletto heels; *scarpe coi tacchi alti*, high-heeled shoes; *mettere i tacchi*, to heel; *rifare i tacchi*, to reheel (a pair of shoes) // *alzare, battere i tacchi*, to take to one's heels (*o* to run away *o* to show a clean pair of heels) // *girare i tacchi*, to turn on one's heel // (*calcio*) *colpo di* —, heel **2** (*tip.*) interlay, underlay **3** (*rialzo, puntello*) prop stand **4** *pl.* (*mar.*) blocks; (*aer.*) chocks.

taccola[1] *s.f.* (*non com.*) (*piccolo difetto*) flaw, fault, blemish.

taccola[2] *s.f.* (*zool.*) (*Corvus monedula*) jackdaw.

taccola[3] *s.f.* (*bot.*) mangetout (pea), snowpea.

taccuino *s.m.* **1** notebook, (note)pad; jotter **2** (*ant.*) (*almanacco, lunario*) almanac.

tacere *v.intr.* **1** to be silent, to keep* silent, to hold* one's tongue: *tacque tutto il giorno*, he was silent all day through; *sa —*, he knows when to keep silent; *tacete!*, be (*o* keep) quiet! (*o* hold your tongue! *o sl.* shut up! *o* quiet here!); *l'ho pregato di scrivermi ma lui tace*, I begged him to write but there hasn't been a word from him // *a questo riguardo la legge tace*, the law is silent on this point // *far — qlcu., qlco.*, to silence s.o., sthg. (*o* to reduce s.o., sthg. to silence): *far — un bambino*, to hush a child (*o* to keep a child quiet); *far — i cannoni nemici*, to silence the enemy's guns; *far — la voce della coscienza*, to silence the voice of conscience // *mettere a — uno scandalo*, to hush up a scandal // *chi tace acconsente*, (*prov.*) silence means consent // *un bel tacer non fu mai scritto*, (*prov.*) silence is often the best answer **2** (*stare quieto, non far rumore*) to be still: *tutto tace*, all is still; *il bosco taceva*, the wood was still ♦ *v.tr.* **1** to be silent about (sthg.), to keep* silent about (sthg.); to say* nothing about (sthg.): *tacque tutto questo*, he said nothing about all this **2** (*tralasciare, non dire*) to leave* out; to pass over in silence; to suppress: *— un nome*, to leave out a name; *la stampa ha volutamente taciuto alcuni particolari della vicenda*, the press deliberately hushed up (*o* suppressed) certain details of the affair.

tacheometria *s.f.* (*topografia*) tacheometry, tachymetry.

tacheometrico *agg.* tacheometric, tachymetric.

tacheometro *s.m.* (*topografia*) tachymeter, tacheometer.

tachicardia *s.f.* (*med.*) tachycardia.

tachicardico *agg.* (*med.*) tachycardiac.

tachigrafia *s.f.* **1** (*nell'antichità*) tachygraphy **2** (*estens.*) shorthand, stenography.

tachigrafico *agg.* tachigraphic.

tachigrafo *s.m.* **1** (*nell'antichità*) tachygrapher **2** (*estens.*) stenographer **3** (*aut.*) tachograph.

tachiidrite *s.f.* (*min.*) tachyhydrite.

tachilalia *s.f.* (*psic.*) tachylalia.

tachimetria *s.f.* (*fis.*) tachymetry.

tachimetrico *agg.* tachymetric.

tachimetro *s.m.* **1** (*mecc.*) tachometer, speedometer; (*di bicicletta*) cyclometer: *— centrifugo, elettrico, magnetico*, centrifugal, electric, magnetic tachometer; *— registratore*, tachograph; (*aut.*) *frusta del —*, speedometer cable **2** (*tecn.*) tachymeter.

tachione *s.m.* (*fis.*) tachyon.

tachipessi *s.f.* (*nell'industria conserviera*) quick-freezing.

tachipnea *s.f.* (*med.*) tachypnea.

tachisme *s.m.* (*fr.*) (*pitt.*) tachisme.

tachistoscopio *s.m.* tachistoscope.

tacitamente *avv.* **1** (*in modo non espresso*) tacitly **2** (*silenziosamente*) silently; (*senza rumore*) noiselessly.

tacitamento *s.m.* **1** (*di uno scandalo*) hushing up, cover-up **2** (*di un creditore*) paying off.

tacitare *v.tr.* **1** (*far tacere*) to silence; to hush up: *— qlcu.*, to silence s.o.; *— uno scandalo*, to hush up a scandal // *— un testimone*, (*corromperlo*) to bribe a witness **2** (*pagare un debito*) to satisfy, to pay* off: *— un creditore*, to pay off a creditor.

tacitiano *agg.* (*lett.*) Tacitean.

tacito *agg.* **1** (*non espresso, sottinteso*) tacit, implicit: *— accordo, consenso, rimprovero*, tacit agreement, consent, reproof; *tacita intesa*, tacit understanding // (*dir.*): *abrogazione tacita*, repeal by implication; *garanzia tacita*, implied warranty **2** (*letter.*) (*silenzioso*) silent; in silence: *guardava — quel che accadeva*, he was looking in silence at what was happening **3** (*quieto*) still, peaceful: *una tacita notte*, a still (*o* silent) night.

taciturnità *s.f.* (*non com.*) taciturnity.

taciturno *agg.* taciturn, reserved, uncommunicative: *è oltremodo —*, he is by no means loquacious.

tactismo → **tattismo**.

taenite *s.f.* (*min.*) taenite.

tafanario *s.m.* (*scherz.*) backside, arse.

tafano *s.m.* (*zool.*) (*Haematopota pluvialis*) horsefly, gadfly.

tafferuglio *s.m.* brawl, scuffle; tussle: *essere coinvolto in un —*, to be mixed up in a brawl; *alla fine della partita scoppiarono dei tafferugli*, some brawling broke out after the match.

taffetà, **taffettà** *s.m.* (*tessuto*) taffeta.

tagete *s.m.* (*bot.*) marigold, tagetes.

tagicco meno com. **tagicco** *agg.* e *s.m.* Tadzhik, Tajik.

taglia *s.f.* **1** (*ant.*) (*imposta*) tribute, duty; (*tributo di guerra*) tribute: *imporre una — su una città*, to levy a tribute on a city **2** (*prezzo del riscatto*) ransom **3** (*ricompensa a chi consegna un malfattore alla giustizia*) reward; price: *mettere una — su qlcu.*, to set a price on s.o.'s head; *cacciatore di taglie*, bounty hunter **4** (*tacca di contrassegno*) tally mark **5** (*paranco*) (spanish) burton **6** (*statura*) height; (*misura*) size: *un vestito della mia —*, a dress of my size; *era un uomo di mezza —*, he was a man of medium build; *di — robusta*, well-built (*o* stocky); *qual è la tua —?*, what is your size?

taglia-acqua *s.m.* (*edil.*) cutwater.

tagliabordi *s.m.* edger.

tagliaborse *s.m.* (*antiq.*) cutpurse; pickpocket.

tagliaboschi → **taglialegna**.

tagliacarta *s.f.* (*tecn. cartaria*) paper cutting machine: *— a ghigliottina*, guillotine (cutting machine).

tagliacarte *s.m.* paper knife.

taglia-acque → **taglia-acqua**.

tagliafieno *s.m.* hay cutter.

tagliafili *s.m.* wire cutter.

tagliafuoco *s.m.* **1** (*edil.*) fire stop, fire barrier **2** (*agr.*) firebreak.

taglialegna *s.m.* woodcutter; woodsman*; lumberjack.

tagliamare *s.m.* (*mar.*) breakwater.

tagliando *s.m.* coupon, counterfoil, voucher; slip: *— di controllo*, counterfoil // *fare il —*, (*di un'automobile*) to have one's car serviced.

tagliapietre *s.m.* stonecutter.

tagliare *v.tr.* **1** to cut*: *il bambino tagliò una fetta di torta*, the child cut a slice of cake; *— qlco. in due, in tre ecc.*, to cut sthg. in two, in three etc.; *— a fette un dolce*, to slice a cake; *— qlco. a pezzi*, to cut sthg. in(to) pieces; *— la legna*, to chop wood; *— un albero*, to cut down (*o* to fell) a tree; *— rami da un albero*, to lop branches off a tree; *— una siepe*, to clip a hedge; *— il prato*, to mow the meadow; *— il grano*, to cut corn // *— via qlco.*, to cut sthg. off; *— la testa a qlcu.*, to cut s.o.'s head off (*o* to behead s.o.); *— la gola a qlcu.*, to cut (*o* to slit) s.o.'s throat; *tagliarsi le unghie*, to cut one's nails; *tagliarsi, farsi — i capelli*, to have one's hair cut // *c'è una nebbia da — con il coltello*, there's a fog you could cut with a knife // *un vento che taglia la faccia*, a biting wind // *questo vino taglia le gambe*, this wine leaves you unsteady on your legs // *— i panni addosso a qlcu.*, to pull s.o. to pieces // *— un vestito*, to cut out a dress // *— un diamante*, to cut a diamond // *— il traguardo*, to breast (*o* to break) the tape // (*inform.*) *taglia e incolla*, cut and paste **2** (*produrre un taglio*) to cut*: *tagliarsi un dito*, to cut one's finger **3** (*attraversare*) to cut* across, to cross, to intersect: *una linea che ne taglia un'altra*, a line that intersects another; *sentiero che taglia una strada*, path that cuts across a road; *— la strada a qlcu.*, (*in automobile*) to cut in (*o* to cut across s.o.'s path); (*fig.*) to get in s.o.'s way **4** (*interrompere*) to cut* off; to interrupt; to stop: *— la ritirata al nemico*, to cut off the enemy's retreat; *— i viveri a qlcu.*, to cut off (*o* to stop) s.o.'s supplies; *ha tagliato i viveri alla figlia*, he refused to support his daughter any longer // *era tagliato fuori dalla società*, he was cut off from society; *i produttori cercano di — fuori gli intermediari*, producers try to freeze out middlemen **5** (*togliere*) to cut* out: *hanno tagliato alcuni paragrafi*, they have cut out a few paragraphs; *la censura ha tagliato molte sequenze del film*, the censors have cut a lot of sequences from the film **6** (*ridurre*) to cut* down: *— le spese*, to cut down on expenses; *— un articolo*, to cut down an article **7** (*vini*) to blend **8** (*a carte*) to cut* **9** (*sport*) to put* a spin on: *— la palla*, to put a spin on the ball ♦ *v.intr.* **1** (*essere tagliente*) to cut*: *queste forbici non tagliano*, these scissors don't cut; *il coltello taglia bene, poco*, the knife cuts well, doesn't cut well **2** (*prendere una scorciatoia*) to cut*: *poiché eravamo in ritardo tagliammo per il bosco*, as we were late we cut across the wood // *— corto*, to cut short.

□ **tagliarsi** *v.intr.pron.* to cut*, to get* cut: *la seta si taglia facilmente nelle pieghe*, silk cuts easily in the folds ♦ *v.rifl.* to cut* oneself, to get* cut: *si è tagliato con un coltello*, he cut himself with a knife.

tagliasiepi → **tosasiepi**.

tagliasigari *s.m.* cigar cutter.

tagliata *s.f.* **1** cut, cutting; (*di erba*) mowing; (*di siepe*) clipping; (*taglio degli alberi*) felling **2** (*mil.*) abatis; barricade.

tagliatelle *s.f.pl.* (*cuc.*) tagliatelle [U].

tagliato *agg.* **1** cut: *cristallo —*, cut glass; *questo vestito è — a sua misura*, this dress fits her well; *portare i capelli tagliati corti*, to have short hair; *le parti tagliate di un romanzo*, the parts cut out of a novel // *— all'antica*, old-fashioned // *— fuori*, cut out (*o* off) // (*sport*) *palla tagliata*, ball with a spin on it **2** (*portato, adatto*) cut out, fit: *essere — per qlco.*, to be cut out for sthg.: *è — per il comando*, he is cut out to be a leader; *non è tagliata per la musica*, she has no talent for music **3** (*di vino*) blended.

tagliatore *s.m.* cutter.

tagliatrice *s.f.* (*mecc.*) cutting machine.

tagliatura *s.f.* **1** (*il tagliare*) cutting, cut **2** (*punto in cui una cosa è stata tagliata*) cut **3** (*ritaglio*) cutting, clipping, snippet.

tagliaunghie *s.m.* nail clippers (*pl.*).

tagliavento *s.m.* **1** (*mil.*) nose cowling **2** (*mar.*) storm spanker.

taglieggiare *v.tr.* to tax; to levy taxes on (s.o., sthg.); to extort money from (s.o.).

taglieggiatore *s.m.* extortionist; imposer of taxes.

tagliente *agg.* cutting, sharp (*anche fig.*); (*fig.*) harsh: *coltello* —, sharp knife; *freddo* —, sharp (*o* biting) cold; *lingua* —, sharp (*o* biting) tongue; *voce* —, harsh voice.

tagliere *s.m.* chopping board.

taglierina *s.f.* **1** (*tecn. cartaria*) (paper) cutter **2** (*mecc.*) shearing machine; shear, shears (*pl.*) **3** (*fot.*) trimmer.

taglierini *s.m.pl.* (*cuc.*) thin noodles.

taglietto *s.m.* (*mecc.*) → tagliolo 2.

taglio *s.m.* **1** cut; (*il tagliare*) cutting: — *dei capelli*, haircut; *mi piace il — dei tuoi capelli*, I like the cut of your hair; — *di una foresta*, cutting (*o* chopping down *o* felling) of the trees of a forest // — *della testa*, beheading // — *del vetro*, glass cutting // — *a brillante*, *a rosetta*, (*di diamante*) brilliant cutting, rose cut // *armi da* —, sidearms // *pietra da* —, ashlar (*o* freestone) // *scuola di — e cucito*, dress -making school // *una giacca di ottimo* —, an extremely well-tailored jacket; *quel vestito ha un bel* —, that dress has a nice cut; *abiti di — sportivo*, casually-styled clothes // *fare un — in un articolo, discorso, film*, to make a cut in an article, a speech, a film // — *alle spese*, cut (*o* cutback) in expenditure // *dare un — netto*, to make a clean break: *è meglio dare un — alla nostra relazione*, we'd better break off our relationship; *diamo un — a queste discussioni*, let's put an end to these arguments **2** (*ferita*) cut: *un — in faccia*, a cut on one's face; *un — in un dito*, a cut on a finger; *mi sono fatto un — in un dito*, I've cut my finger **3** (*carattere, tono*) tone: *un articolo di — ironico*, an article (written) in an ironic tone **4** (*pezzo*) cut; (*di stoffa*) length: *un — di carne*, a cut of meat; — *d'abito*, dress-length // *pizza a* —, pizza by the slice **5** (*di vini*) blending **6** (*di titoli, cartamoneta*) denomination: *banconote di piccolo, grosso* —, small-denomination, large -denomination notes **7** (*parte tagliente, filo*) edge: *il — di un coltello, di una lama, di una spada*, the edge of a knife, of a blade, of a sword; *rifare il — a una lama*, to put a new edge on a blade; *ferire qlcu. di* —, to slash s.o. // *arma a doppio* —, (*fig.*) double-edged weapon // *il — dorato di un libro*, the gilt edge of a book // *di* —, edgewise: *mettere i libri di* —, to place the books standing up **8** (*dimensione, formato*) size: *lastre del medesimo* —, slabs of the same size **9** (*occasione, opportunità*) opportunity: *questo viene proprio a* —, this comes just in the nick of (*o* at the right) time **10** (*scanalatura della testa delle viti*) slot **11** (*mecc.*) shear, shearing stress: *resistenza al* —, resistance to shearing stress; *sforzo di* —, shearing stress // (*geol.*): *diaclasi di* —, shear joint; *piegamento per* —, shear folding **12** (*sport*) chop, slice; (*l'effetto*) spin **13** (*mus.*) ledger-line.

tagliola *s.f.* trap, snare (*anche fig.*) // *preparare la* —, (*fig.*) to set a trap (*o* snare).

tagliolini *s.m.pl.* (*cuc.*) thin noodles.

tagliolo *s.m.* **1** (*region.*) (*pezzetto*) bit, piece **2** (*mecc.*) blacksmith's chisel; (*punzone*) punch.

taglione[1] *s.m.* talion, retaliation: *legge del* —, lex talionis, (*fam.*) an eye for an eye, a tooth for a tooth; *applicare a qlcu. la legge del* —, to retaliate on s.o.

taglione[2] *s.m.* (*idraulica*) cutoff wall.

tagliuzzamento *s.m.* mincing; chopping; cutting up.

tagliuzzare *v.tr.* to cut* into small pieces, to chop (up), to shred: — *carne, verdura*, to chop (up) meat, vegetables; — *un pezzo di carta, stoffa*, to cut up a piece of paper, cloth.

tagmema *s.m.* (*ling.*) tagmeme.

tagmemico *agg.* (*ling.*) tagmemic.

tahitiano *agg.* e *s.m.* Tahitian.

taiga *s.f.* (*geogr.*) taiga.

tailandese → **thailandese**.

tailleur *s.m.* (*fr.*) suit: — *sportivo, elegante*, casual, smart suit.

taitiano → **tahitiano**.

talalgia *s.f.* (*med.*) talalgia.

talaltro *pron.indef.* **1** (*corr. di* taluno) others (*pl.*); one... another: *taluni espressero pareri favorevoli, talaltri si opposero al provvedimento*, some were for the measure and others were against it; *taluno voleva questo, — quello*, one wanted this, one (*o* another) wanted that **2** (*al f. corr. di* talvolta) sometimes; other times (*pl.*): *talvolta è puntuale, talaltra no*, sometimes he's punctual, sometimes (*o* other times) he isn't; *talvolta s'impegna, talaltra no*, sometimes he tries, sometimes (*o* other times) he doesn't.

talamo *s.m.* **1** (*letter.*) (*letto nuziale*) nuptial bed; (*estens.*) (*camera nuziale*) bridal chamber: *condurre al* —, (*sposare*) to lead to the altar (*o* to marry) **2** (*archeol.*) thalamus* **3** (*bot., anat.*) thalamus*: (*anat.*) — *ottico*, optic thalamus.

talare *agg.* (*lungo fino ai talloni*) reaching to the ankles, talaric // *abito* —, cassock: *il rispetto dovuto all'abito* —, the respect due to the cloth // *prendere la veste* —, (*fig.*) to take holy orders (*o* to enter the priesthood); *lasciare la veste* —, (*fig.*) to leave the priesthood.

talassemia *s.f.* (*med.*) thalass(a)emia.

talassemico *agg.* (*med.*) thalass(a)emic ◆ *s.m.* (*med.*) person suffering from thalass(a)emia, person affected by thalass(a)emia.

talassico *agg.* thalassic, thalassical.

talassicolo *agg.* (*biol.*) marine (*attr.*) ◆ *s.m.* (*biol.*) marine organism.

talassobiologia *s.f.* biological oceanography, biological thalassography.

talassocrazia *s.f.* thalassocracy.

talassofilia *s.f.* (*biol.*) tendency to live near the sea; tendency to live in the sea.

talassofobia *s.f.* (*psic.*) thalassophobia.

talassografia *s.f.* thalassography, oceanography.

talassografico *agg.* thalassographic, oceanographic.

talassografo *s.m.* thalassographer, oceanographer.

talassologia → **oceanografia**.

talassometria *s.f.* thalassometry.

talassometro *s.m.* thalassometer.

talassoterapia *s.f.* (*med.*) thalassotherapy.

talassoterapico *agg.* thalassotherapeutic.

talbutale *s.m.* (*chim.*) talbutal.

talco *s.m.* (*min.*) talc // — (*borato*) *in polvere*, talcum powder (*o* talc).

talcosc(h)isto *s.m.* (*geol.*) talc-schist.

talcosi *s.f.* (*med.*) talcosis.

talcoso *agg.* (*min.*) talcose; talcous.

tale *pron.dimostr.* (*questa, quella persona*) he, she; the (*o* that) fellow, the (*o* that) person, the (*o* that) woman*, the one: *è lui il — che cercavi*, that's (*o* he's) the fellow you were looking for; *non mi parlare di quel* —, don't talk to me about that fellow; *quella — che ha telefonato sono io*, I'm the one (*o* the person) that phoned // *il tal dei tali*, so-and-so (*o* what's-his-name); *la tal dei tali*, so-and-so (*o* what's-her-name) ◆ *pron.indef.* **1** (*preceduto da art. indet.*) someone: *un — mi disse che...*, someone told me that...; *c'è una — che vuole parlarti*, someone wishes to speak to you; *ho appuntamento con un — di Genova*, I have an appointment with someone from Genoa // *un — che conosco*, someone I know **2** (*preceduto da* quel, quella) the man*; the woman*: *c'è quel — dell'assicurazione*, the insurance man is here; *ha ritelefonato quella — di ieri*, the woman who phoned yesterday has called again.

tale *agg.* **1** (*simile, siffatto*) such (a); like that (*pred.*): *un — fatto non era mai accaduto*, nothing like that had ever happened (*o* such a thing had never happened); *tali fatti accadono ogni giorno*, such things (*o* things like that) happen every day; *non avevo previsto una — reazione da parte sua*, I hadn't expected such a reaction on his part; *come ci si può fidare di gente di tal genere?*, how can you trust people like that (*o* such people)? // — *che, da*, such as: *la situazione non è — da destare preoccupazione*, the situation isn't such as to cause concern // *la sua vista, un tempo ottima, non è più* —, his sight used to be excellent, but it no longer is **2** (*con valore intensivo*) such; so: *c'era una — confusione!*, there was such chaos!; *ho preso un — spavento!*, I got such a fright!; *è ridotto in un — stato!*, he's in such a way!; *è di una tal cocciutaggine!*, he's so stubborn!; *fu un tal peccato!*, it was such a pity!; *la violenza dello scoppio fu — da mandare in frantumi tutti i vetri della casa*, the force of the blast was so strong as to shatter all the windows in the house; *ha subito un — colpo che non riesce più a riprendersi*, he suffered such a shock that he can't get over it **3** (*per esprimere somiglianza, identità, spesso in corr. con* quale) like: — *il padre, — il figlio*, like father, like son // — (*e*) *quale* → quale ◆ *agg.indef.* **1** (*al sing. preceduto dall'art. indet.*) a: *un — Signor Rossi*, a Mr Rossi; *tali fratelli Bianchi*, a (firm called) Bianchi brothers **2** (*preceduto dall'art. det., per indicare qlco. o qlcu. in modo indeterminato*) such-and-such: *il tal giorno, alla tal ora*, such-and-such a day, an hour; *voleva sapere chi era la tal persona*, he wanted to know who such-and-such was // *ricordi quel — amico di cui ti avevo parlato?*, do you remember that friend of mine I told you about? ◆ *agg.dimostr.* (*questo, quello*) this, that; (*pl.*) these, those; (*sopracitato*) above-mentioned, aforesaid; above: *in tali cir-*

costanze, in (*o* under) those circumstances; *in tal caso*, in that case; *dette tali parole, se ne andò*, with these words he left; — *sconto è valido solo per comitive*, the above (*o* above -mentioned *o* aforesaid) reduction is only valid for groups; *tali provvedimenti hanno suscitato parecchie polemiche*, these measures have caused a lot of controversy; *il termine ultimo è il 31 maggio; se entro — data non sarà stato effettuato il pagamento...*, the deadline is May 31; if payment is not made by that date...

talea *s.f.* (*bot.*) set, piping; (*di geranio*) cutling.

taleggio *s.m.* 'taleggio' (kind of soft cheese from Lombardy).

talento *s.m.* **1** talent; skill: *una persona di gran* —, a person of great talent (*o* a very talented person); *senza* —, talentless **2** (*disposizione*) talent, gift, aptitude: *non ha — per il disegno*, he has no talent (*o* gift) for drawing **3** (*estens.*) talent person, talent: *è un — della pittura*, he's a talented painter **4** (*letter.*) (*volontà*) will: *a* —, at will **5** (*peso, moneta antica*) talent // *la parabola dei talenti*, (*Bibbia*) the parable of the talents.

talidomide *s.m.* (*chim.*) thalidomide.

talismano *s.m.* talisman, amulet, charm.

talk show *s.m.* chat show, talk show.

tallero *s.m.* (*antica moneta*) thaler.

tallico *agg.* (*chim.*) thallic.

tallio *s.m.* (*chim.*) thallium.

tallire *v.intr.* (*bot.*) to germinate, to tiller; to malt.

tallito *agg.* (*bot.*) germinated; malted.

tallitura *s.f.* (*bot.*) tillering, bunching.

tallo *s.m.* (*bot.*) **1** thallus* **2** (*germoglio*) sprout.

tallofita *s.f.* (*bot.*) thallophyte.

tallolio *s.m.* (*chim.*) tall oil.

tallonaggio *s.m.* (*rugby*) heeling.

tallonamento *s.m.* **1** tailing, shadowing **2** (*rugby*) heeling.

tallonare *v.tr.* **1** to tail, to shadow **2** (*rugby*) to heel.

tallonata *s.f.* kick with the heel, blow with the heel; (*rugby*) heel.

tallonatore *s.m.* (*rugby*) hooker.

talloncino *s.m.* **1** (*cedola staccabile*) coupon, slip, counterfoil; (*di titoli al portatore*) talon; (*di confezione di medicinali*) price ticket **2** (*breve inserzione pubblicitaria*) classified ad.

tallone *s.m.* **1** heel // — *d'Achille*, Achilles' heel **2** (*delle calze*) heel **3** (*di aratro*) landside; (*della lama del coltello*) tang; (*dello sci*) tail; (*di pneumatico*) bead **4** (*non com.*) (*cedola*) coupon, voucher, counterfoil.

talloso *agg.* **1** (*bot.*) thalloid, thallose **2** (*chim.*) thallous.

talmente *avv.* [cfr. *tanto* avv. nel sign. 1] **1** (*con agg. e avv.*) so: *è una bella casa, ma è — cara!*, it's a lovely house but it's so expensive!; *non è — sciocco da non capirlo*, he isn't so stupid as not to understand it; *non ti credevo — ingenuo da credere a tutto quello che ti raccontano*, I didn't think you were so naïve as to believe everything you're told; *ora sta — bene che gli hanno perfino permesso di fare dello sport*, he's so well now that he's even been allowed to do some sport **2** (*con verbi*) so much, in such a way: *non credevo che quel libro potesse interessarmi* —, I didn't think that book could interest me so much (*o* in such a way) // — *che*, (*a tal punto che*) so much (*o* to such an extent) that: *il film mi è — piaciuto che andrò a rivederlo*, I liked the film so much that I'm going to go and see it again; — *da*, so much (*o* to such an extent) as: *ha — insistito da convincermi ad accettare*, he insisted so much that he persuaded me to accept.

talmud *s.m.* (*st. ebraica*) Talmud.

talmudico *agg.* Talmudic.

talmudista *s.m.* Talmudist.

talora → **talvolta**.

talpa *s.f.* **1** (*zool.*) mole // *essere cieco come una* —, (*fig.*) to be as blind as a bat // *avere il cervello di una* —, (*fig.*) to be a blockhead **2** (*gergo*) (*infiltrato*) mole **3** (*macchina escavatrice*) tunnelling machine ◆ *agg.* **1** (*di colore grigioscuro*) mole (*attr.*): *grigio* —, mole grey **2** (*agr.*) *aratro* —, mole plough.

taluno *agg.indef.* (*usato solo al pl.: cfr.* alcuno) some, certain: *in taluni casi*, in some cases; *per taluni aspetti*, in some aspects; *taluni autori affermano che...*, some writers state that... ◆ *pron.indef.* (*riferito a persone*) someone, somebody; *pl.* (*riferito a persone*) some people, certain people; (*riferito a persone e cose e con partitivo*) some: — *sosteneva una cosa, talaltro il contrario*, some maintained one thing, others the opposite; — *dei presenti potrebbe obiettare che...*, some of those present might object that...; *taluni pensano che Omero non sia mai esistito*, some people think Homer never existed.

talvolta *avv.* sometimes, now and then, at times: — *è piuttosto nervoso*, he's rather edgy at times (*o* now and then he gets rather edgy); — *mi capita di vederlo passare*, I sometimes happen to see him go past; *anche gli sport più innocui possono — diventare pericolosi*, even the most harmless sports can be dangerous sometimes (*o* at times).

tamarindo *s.m.* **1** (*bot.*) (*Tamarindus indica*) tamarind (tree) **2** (*frutto, bevanda*) tamarind.

tamarisco → **tamerice**.

tamaro *s.m.* (*bot.*) (*Tamus communis*) black bryony.

tambucio, **tambugio** *s.m.* (*mar.*) companion.

tamburare *v.intr.* (*non com.*) to drum ◆ *v.tr.* (*battere*) to beat*.

tambureggiamento *s.m.* drumming; (*di armi da fuoco*) drumfire; pounding.

tambureggiante *agg.* drumming: (*mil.*) *fuoco* —, drumfire.

tambureggiare *v.intr.* **1** to drum **2** (*estens.*) (*spec. di armi da fuoco*) to pound ◆ *v.tr.* (*colpire con una fitta serie di tiri*) to pound.

tamburellare *v.intr.* (*battere su una superficie*) to drum: *tamburellava nervosamente con le dita sul tavolo*, he drummed his fingers nervously on the table.

tamburello *s.m.* (*mus.*) tambourine; (*ant.*) timbrel.

tamburino *s.m.* **1** (*suonatore di tamburo*) drummer **2** (*gergo giornalistico*) (*lista degli spettacoli sui quotidiani*) entertainment guide.

tamburo *s.m.* **1** (*mus.*) drum: — *maggiore*, drum major; *bacchette per* —, drumsticks; *suonatore di* —, drummer; *i tamburi rullavano*, the drums rolled; *battere, suonare il* —, to beat, to play the drum (*o* to drum) // *a tambur battente*, immediately (*o* at once) **2** (*mecc.*) drum, cylinder; (*di rivoltella*) cylinder; (*di argano, orologio*) barrel: — *del freno*, brake drum **3** (*inform.*) drum: *memoria a* —, drum memory **4** (*mar.*) (*di ruota a pale*) box **5** (*anat.*) eardrum **6** (*telaietto per ricamo*) tambour **7** (*arch.*) tambour.

tamerice *s.f.* (*bot.*) (*Tamarix aphilla*) tamarisk.

tamia *s.m.* (*zool.*) (*Tamias striatus*) chipmunk.

tamil *s.m.* Tamil.

tamilico *agg.* Tamil (*attr.*).

tampinare *v.tr.* (*region. fam.*) to shadow, to tail; (*fig.*) to annoy, to bother.

tampoco *avv.* (*antiq.*) (*in frasi negative*) even: *non è venuto, né si è degnato — di telefonare*, he didn't come or even bother to telephone; *non è bello né — ricco*, he is neither handsome nor rich.

tamponamento *s.m.* **1** (*il tamponare*) plugging, stopping up, padding: *il — di una falla*, the plugging of a leak **2** (*med.*) tamponade, tamponage **3** (*urto, incidente*) collision, crash: — *a catena*, pileup.

tamponare *v.tr.* **1** to stop up, to pad; (*med.*) to tampon: — *una ferita*, to plug (*o* to tampon) a wound **2** (*urtare*) to collide with (sthg.), to crash into (sthg.): *il pullman tamponò la macchina ferma*, the coach ran into the stationary car **3** (*chim.*) to buffer.

tamponatura *s.f.* → **tamponamento**.

tampone *s.m.* **1** plug, stopper, wad, pad **2** (*assorbente intimo femminile*) tampon **3** (*cuscinetto per timbri*) pad **4** (*di carta assorbente*) blotter **5** (*med.*) tampon **6** (*ferr.*) buffer **7** (*mus.*) (*bacchetta felpata*) padded stick **8** (*chim.*) buffer **9** (*inform.*) buffer; pad ◆ *agg.* **1** (*che risolve momentaneamente una difficoltà*) stopgap: *provvedimento, legge* —, stopgap measure, law **2** (*chim., elettr., inform.*) buffer (*attr.*): (*chim.*) *soluzione* —, buffer solution; (*elettr.*) *batteria* —, buffer battery; (*inform.*) *zona* —, buffer area.

tamtam *s.m.* tam tam.

tana *s.f.* **1** den; hole; burrow; lair: *la — di un coniglio*, the burrow of a rabbit; *la — di un leone*, the den (*o* lair) of a lion; *la — di una tigre*, the den of a tiger; *la — di un topo*, the hole of a mouse; *la — della volpe*, the fox's earth (*o* lair *o* hole) // *andare a finire nella — del lupo*, (*fig.*) to end up in the lion's den **2** (*estens.*) (*nascondiglio di malviventi*) lair, hideout, den **3** (*fig.*) (*stamberga*) den, hole, hovel **4** (*nei giochi infantili*) home: *toccare* —, to touch home.

tanaceto *s.m.* (*bot.*) (*Tanacetum vulgare*) tansy, costmary.

tanaglia → **tenaglia**.

tanatofobia *s.f.* (*psic.*) thanatophobia.

tanatologia *s.f.* thanatology.

tanatologico *agg.* thanatological.

tanatomania *s.f.* (*med.*) thanatomania.

tanatosi *s.f.* (*zool.*) thanatosis.

tanca[1] *s.f.* (*mar.*) tank.

tanca[2] *s.f.* (*in Sardegna, pascolo*) pasture.

tandem *s.m.* **1** tandem **2** (*estens.*) pair, tandem: *gareggiare in* —, to compete as a pair;

lavorare in —, to work in partnership // (*fis.*) *acceleratore* —, tandem accelerator.

tanfata *s.f.* whiff of nasty smell.

tanfo *s.m.* **1** (*cattivo odore*) stink, stench **2** (*odore di muffa*) musty smell, mouldy smell; (*odore di chiuso*) stale smell.

tanga *s.m.* tanga.

tangente *agg.* **1** (*mat.*) tangent, tangential **2** (*rar.*) (*spettante*) due ♦ *s.f.* **1** (*mat.*) tangent // (*fis.*) *bussola delle tangenti*, tangent galvanometer // *filare, andarsene per la* —, (*fam.*) to make one's getaway (*o* to make off); *non partire per la* —, *segui un filo logico*, don't go off at a tangent, stick to the point **2** (*quota, percentuale*) share, quota, percentage; (*illegale*) rake-off, cut // *lo scandalo delle tangenti*, the bribes scandal.

tangentoide *s.f.* (*mat.*) tangentoid, tangent curve.

tangenza *s.f.* **1** (*mat.*) tangency: *punto di* —, point of tangency **2** (*aer.*) ceiling: — *a punto fisso*, hovering ceiling; — *pratica*, service ceiling; — *statica*, static ceiling; — *teorica*, absolute ceiling.

tangenziale *agg.* **1** tangential **2** (*fig.*) (*marginale*) marginal ♦ *s.f.* (*strada*) bypass.

tangere *v.tr.* (*rar., letter.*) **1** (*toccare*) to touch **2** (*riguardare*) to concern.

tangerino *s.m.* (*bot.*) (*Citrus reticulata*) tangerine.

tangheggio *s.m.* (*mar.*) pitching.

tanghero *s.m.* boor, lout.

tangibile *agg.* tangible (*anche estens.*).

tangibilità *s.f.* (*non com.*) tangibility, tangibleness.

tango *s.m.* (*musica, danza*) tango: *ballare il* —, to dance the tango (*o* to tango) ♦ *agg.* (*colore*) tangerine, orange red.

tangone *s.m.* (*mar.*) swinging boom.

tanguino *s.m.* (*bot.*) tanghin, tanguin.

tanica *s.f.* **1** (jerry) can: *una — di benzina*, a petrol can **2** (*aer.*) drop tank.

tank *s.m.* (*mil.*) tank.

tankista *s.m.* tanker.

tannante *agg.* (*chim.*) tanning ♦ *s.m.* (*chim.*) tanning agent.

tannare *v.tr.* (*conceria*) to tan.

tannato *s.m.* (*chim.*) tannate.

tannico *agg.* (*chim.*) tannic.

tannino *s.m.* (*chim.*) tannin.

tantalato *s.m.* (*chim.*) tantalate.

tantalico *agg.* (*chim.*) tantalic.

tantalio *s.m.* (*chim.*) tantalum.

tantalite *s.f.* (*min.*) tantalite.

tantalo *s.m.* (*zool.*) — *africano*, (*Ibis ibis*) tantalus.

tantaloso *agg.* (*chim.*) tantalous.

tantino *pron.indef.* (*piccolissima quantità*) (little) (tiny) bit; (*di liquidi*) drop: *un — d'acqua*, a (little) drop of water; *con un — di fortuna*, with a (little) bit of luck; *fammi un — di posto*, give me a bit of space; *"Vuoi ancora un po' di dolce?" "Solo un —"*, "Would you like a little more cake?" "Just a tiny bit" ♦ *avv.* **1** a (little) bit: *un — difficile*, a (little) bit difficult; *è un — arrabbiato con me*, he's a (little) bit angry with me **2** (*riferito a tempo*) moment: *aspetta un* —, wait a moment; *cerca di arrivare un — prima, dopo*, try to arrive a bit before, after.

tanto *agg.indef.* **1** (*così grande, tale*) so much; such; *pl.* so many: *a che serve tanta carta?*, what's the use of so much paper?; *te l'ho detto tante volte!*, I've told you so many times!; *ha — lavoro da non avere mai un momento di riposo*, he has so much work that he never gets a minute's peace; *c'era* (*così*) *tanta gente che non si poteva entrare*, there were so many people that you couldn't get in; *hanno — denaro da potersi concedere ogni lusso*, they have so much money that they can afford any luxury they want; *ho tanti libri che non so dove metterli*, I have so many books that I don't know where to put them; *non so come tu possa leggere in mezzo a — rumore*, I don't know how you can read with so much noise; *si commosse di fronte a tanta manifestazione d'affetto*, he was touched by such a show of affection // *ha ancora tanta strada da fare!*, he still has a long way to go! // *è passato — tempo!*, it was so long ago! // — *ospite va trattato con i guanti*, such a guest must be treated with kid gloves **2** (*molto*) much; *pl.* many (*gener. in frasi negative o interrogative*); a lot of, lots of, a great (*o* a good) deal of, a great (*o* a large) quantity of, plenty of: *non abbiamo — tempo da perdere*, we haven't got much time to spare; *con lui ci vuole tanta pazienza*, you need a lot of (*o* a good deal of) patience with him (*o* you must be very patient with him); *trenta sigarette al giorno sono tante*, thirty cigarettes a day are a lot; *ha tanti meriti*, he has plenty of good points // *c'è ancora tanta strada?*, is it still a long way? // *tante grazie!*, many thanks (*o* thanks a lot)! // *tanti saluti*, my best regards • Per ulteriori esempi → molto *agg.indef.* **3** (*in espressioni ellittiche*): *è — che non lo vedo*, I haven't seen him for a long time; *c'è — di qui alla stazione?*, is it far from here to the station?; *ho speso* —, I spent a lot; *ne guadagna tanti*, he earns so much money; *non ci vuole — a capirlo*, it doesn't take much to understand it; *giungere a* —, to go so far; *non lo credevo da* —, I didn't think he was so clever // *gliene ha dette tante* (*ma tante*)*!*, he gave him a right (*o* such a) dressing-down! **4** (*in frasi comparative e nei compar. di uguaglianza, spesso in corr. con* quanto) as much; *pl.* as many; (*in frasi negative*) as (*o* so) much; *pl.* as (*o* so) many: *ho — denaro quanto lui*, I have as much money as he has; *non ho — lavoro quanto ne hai tu*, I haven't got so (*o* as) much work to do as you; *a noi spettano tanti giorni di ferie quanti* (*ne spettano*) *a loro*, we get as many days off as they do; *non ci sono tanti turisti quanti* (*ce n'erano*) *lo scorso anno*, there aren't as (*o* so) many tourists as there were last year; *occorrono tanti moduli quanti sono i candidati*, as many forms are needed as the number of candidates // *quanti più sono i concorrenti tante meno saranno le probabilità di vincere*, the more the competitors the less chance there'll be of winning **5** (*con valore di* altrettanto): *si comportano come tanti scolaretti*, they behave like so many schoolchildren; *tante parole tanti errori*, there are as many mistakes as (there are) words; *cambiare 1000 lire in tante monete da 50*, to change 1000 lire into 50 lire coins; *tanti soldi guadagna, tanti ne spende*, he spends as much as he earns **6** *ogni tanti, ogni tante*, every so many: *ogni tante settimane*, every so many weeks; *ogni tanti chilometri occorre cambiare l'olio al motore*, the engine needs an oil change every so many kilometres.

tanto *avv.* **1** (*così, talmente*) (*con agg. e avv.*) so: *è — gentile!*, he's so kind!; *stavamo — bene!*, we were so well off!; *andava — forte!*, he was driving so fast!; *è — pallido che sembra malato*, he's so pale that he looks ill; *non è — sciocco da non capirlo!*, he isn't so stupid as not to understand it! **2** (*con verbi*) such a lot; so (much): *perché ti preoccupi —?*, why do you worry so much?; *ha fatto — per lui!*, he's done so much (*o* such a lot) for him!; *ha — sofferto!*, he's suffered so much!; *ci siamo dati — da fare per niente*, we went to (such) a lot of trouble for nothing; *non pensavo che si sarebbe offeso* —, I didn't think he would be so offended; *lavora — da non potersi permettere un giorno di riposo*, he has so much work (to do) that he can't afford to have a day off // *alto —, lungo* —, (*accompagnato col gesto*) as high as this, as long as this **3** (*in frasi comparative, in corr. con* quanto) (*con agg. e avv.*) as; (*in frasi negative*) so (*o* as); (*con verbi*) as much; (*in frasi negative*) so (*o* as) much: *è — gentile quanto sua sorella*, he is as kind as his sister; *non è — famoso quanto suo padre*, he isn't so (*o* as) famous as his father; *non è — onesto quanto sembra*, he isn't as honest as he looks; *studia — volentieri l'inglese quanto la matematica*, he enjoys studying English as much as (he does) maths; *la mia macchina non va — forte quanto la tua*, my car isn't as fast as yours; *lavora — quanto i suoi collaboratori*, he works as hard as his assistants; *non studia* (—) *quanto dovrebbe*, he doesn't study as hard as he should; *l'ho fatto non — per lui quanto per suo padre*, I didn't do it so much for him as for his father // *quanto più... — più, — meno* → più *avv. nel sign. 3* // — *... quanto, — ... che, — ... come*, (*sia... sia*) both... and: — *io quanto mio fratello*, both my brother and I; *vorrei vendere — questa casa come quella di campagna*, I would like to sell both this house and the one in the country; — *lui che suo padre lavorano nella stessa ditta*, both he and his father work for the same firm **4** (*molto*) (*con agg. e avv.*) so; (*con verbi*) so (very) much: *gli era — affezionata*, she was so fond of him; *mi ha risposto — gentilmente*, he answered me so kindly; *l'ho cercato* —, I searched so hard for it; *sono — stanco*, I'm so (very) tired // *scusami* —, so sorry // *vorrei — venire anch'io*, I wish I could come too (*o* I'd love to come too) • In questo significato cfr. anche molto *avv.* **5** (*con valore temporale*) (for) a long time; (for) long; so long: *ti ho aspettato* —, I waited for you (for) a long time; *non starò via* —, I won't be away (so) long; *starai fuori —?*, will you be out long? // *ci fermeremo un paio di giorni, a dir* —, we'll stay a couple of days at the most // *ogni —, di — in* —, every now and then (*o* from time to time): *viene a trovarci di — in* —, he comes to see us every now and then (*o* from time to time *o* occasionally) // *una volta ogni* —, once in a while (*o* once in a blue moon) **6** (*con valore moltiplicativo*) as much: *due, tre volte* —, two, three times as much **7** (*soltanto*) just: — *per cambiare*, just for a change; *l'ho fatto — per accontentarlo*, I did it just to please him // (*per*) *una volta* —, just once in a while **8** (*comunque*) in any case: *non prendertela, — le cose non cambiano*, don't get upset, it won't change anything in any case; *parlate pure, — faccio quello che vo-*

glio, you can go on talking, I'll do as I please in any case.

◆ FRASEOLOGIA: — *meglio*, — *peggio*, so much the better, the worse // — *meno*, even less (*o* least of all): *nessuno dovrebbe lamentarsi, — meno lui*, no one has any cause to complain, least of all him; *se tu non vai, — meno andrò io*, if you don't go, neither will I // — *più che...*, all the more that... // *tant'è, — vale, varrebbe che...*, one might as well...: *lo devi fare, — vale che tu lo faccia subito*, you have to do it, so you might as well do it at once; — *varrebbe che andassi*, I might as well go; — *valeva che andassi*, I might just as well have gone // *né — né quanto*, (*affatto*) at all: *non m'interessa né — né quanto*, I'm not at all interested // *se fa — di negare...*, if he so much as dares to deny it...; *se faccio — di voltare lo sguardo...*, if I so much as look the other way... // — *che* → finché.

tanto *pron.indef.* **1** (*molto, parecchio*) → molto **2** (*in frasi comparative, in corr. con* quanto) as much; *pl.* as many; (*in frasi negative*) as (*o* so) much; as (*o* so) many: *comprane — quanto basta*, buy as much as is necessary; *prendine pure tanti quanti te ne occorrono*, take as many as you need; *ho tanti libri ma non tanti quanti ne hai tu*, I have a lot of books, but not as (*o* so) many as you have **3** (*con riferimento a una quantità indeterminata*) so much: *spendiamo in tutto un milione al mese, — per l'affitto, — per il riscaldamento*, we spend a million lire a month in all, so much on rent and so much on heating; *ti dò 10.000 lire, tante per..., tante per...*, I'll give you 10,000 liras, so much for... and so much for... // *l'ho pagato 20.000 lire e tante*, I paid twenty thousand lire odd for it // *nell'anno 1400 e tanti*, in 1400 or thereabouts // *se — mi dà* —, (*fig.*) this is the result ◆ *pron.dimostr.* (*ciò*) that: *questo è ciò che avevo da dirti, e — basta*, this is what I had to tell you, and that's that // — *di guadagnato*, (*meglio così*) so much the better ◆ *s.m.invar.* **1** (*quantitativo*) so much: *ne vorrei — così*, (*accompagnato col gesto*) I would like so much; *è più alto di — così*, he's so much taller; *la gonna andrebbe accorciata di — (così)*, the skirt needs shortening so much // *con — di pelliccia di visone*, complete with mink coat; *con — di naso*, absolutely flabbergasted; *guardare (qlco.) con — d'occhi*, to look wide-eyed (at sthg.) **2** *un* —, so much: *un — al mese*, so much a month; *costa un — al chilo*, it costs so much per kilo; *un — per cento sulle vendite*, so much per cent on the proceeds of sales; *un — al pezzo*, so much an item; *mi hanno promesso un — per il mio lavoro*, I was promised a certain sum of money for my work // *guadagna quel — che basta per vivere*, he earns just enough to make ends meet.

tanto che, **tantoché** (*cong.*) (*cosicché, al punto che*) so... (that): *arrivarono tardi, — gli ospiti se n'erano andati quasi tutti*, they arrived so late that most of the guests had already left; *le finestre erano chiuse, — che pensai che non ci fosse nessuno*, the windows were closed, so I thought no one was at home.

tantrico *agg.* (*relig. indù*) tantric.

tantrismo *s.m.* (*relig. indù*) tantrism.

tanzaniano *agg.* Tanzanian ◆ *s.m.* inhabitant of Tanzania; native of Tanzania.

tao *s.m.* (*relig.*) tao.

taoismo *s.m.* (*st. relig.*) Taoism.

taoista *agg.* (*st. relig.*) Taoist(ic) ◆ *s.m.* e *f.* (*st. relig.*) Taoist.

taoistico *agg.* (*st. relig.*) Taoist(ic).

tapinare *v.intr.* (*letter.*) to live wretchedly, to live miserably, to lead* a wretched life.

□ **tapinarsi** *v.intr.pron.* (*affliggersi*) to grieve, to be distressed.

tapino *agg.* (*letter.*) wretched, miserable ◆ *s.m.* wretch.

tapioca *s.f.* **1** (*bot.*) (*Manihot utilissima*) cassava **2** (*cuc.*) tapioca.

tapiro *s.m.* (*zool.*) tapir.

tapis roulant *s.m.* (*fr.*) (*nastro trasportatore*) conveyer belt; (*per persone*) moving walkway.

tappa *s.f.* **1** (*luogo dove ci si ferma*) stopping place (*anche mil.*); (*fermata, sosta*) halt, stop, stay: *faremo — a Milano*, we'll make a stop in Milan **2** (*parte di un viaggio o percorso*) stage, leg: *la prima — del viaggio*, the first leg of the journey // *bruciare le tappe*, to forge ahead: *non cercare di bruciare le tappe*, don't go too fast; *ha bruciato le tappe della carriera*, he shot to the top **3** (*momento fondamentale*) stage: *le tappe della civiltà*, the stages in the progress of civilization **4** (*sport*) lap: *corsa a tappe*, race in laps.

tappabuchi *s.m.* e *f.* (*scherz., spreg.*) stopgap: *fare da* —, to act as a stopgap.

tappare *v.tr.* **1** to stop (up), to plug; to cork; to bung: — *una botte*, to bung a barrel; — *una bottiglia*, to cork a bottle; — *un buco*, to stop (up) (*o* to plug *o* to block up) a hole; (*fig.*) (*pagare un debito*) to pay off a debt; — *una falla*, to stop a leak; *tapparsi il naso*, to hold one's nose; *tapparsi le orecchie*, to put one's hands over one's ears; *preferisco tapparmi le orecchie di fronte a questi pettegolezzi*, (*fig.*) I refuse to listen to this gossip // — *la bocca a qlcu.*, (*farlo tacere*) to shut s.o. up; (*comprarne il silenzio*) to buy s.o.'s silence // *i malviventi gli tapparono la bocca per sempre*, the criminals silenced him for ever **2** (*mecc.*) to plug, to blank.

□ **tapparsi** *v.rifl.* to shut* oneself up: *si tappò in casa a studiare*, he shut himself up to study.

tapparella *s.f.* (*fam.*) rolling shutter.

tapparellista *s.m.* e *f.* **1** (*costruttore*) rolling -shutter manufacturer **2** (*chi ripara*) rolling -shutter repairer.

tappato *agg.* stoppered: *una bottiglia ben tappata*, a well stoppered bottle; *un buco* —, a plugged hole.

tappatrice *s.f.* (*mecc.*) corking machine.

tappete *inter.* tap; flop.

tappetino *s.m.* **1** (*di automobile*) carmat **2** (*del mouse*) mouse pad, mouse mat.

tappeto *s.m.* **1** carpet, rug: — *alto, rasato*, long-pile, short-pile carpet; — *da bagno*, bath mat; — *da tavolo*, table cover; *un — di fiori, di muschio*, a carpet of flowers, of moss; — *erboso*, lawn; — *stradale*, carpet; — *persiano*, Persian carpet; *stendere un — sul pavimento*, to lay a carpet on the floor // — *verde*, (*di tavolo da gioco*) green baize // *portare un problema sul* —, (*fig.*) to bring up (*o* forward) a problem **2** (*sport*) mat; (*boxe*) canvas: *mettere al* —, to knock down (*o* to floor); *andare al* —, to be knocked down **3** (*mar.*) pattern: — *di disturbo*, distracting pattern; — *distruttivo*, destructive pattern **4** (*aer.*) *bombardamento a* —, carpet-bombing, saturation bombing.

tappezzare *v.tr.* **1** (*con carta*) to paper; (*con tessuto*) to hang* with tapestry **2** (*coprire*) to cover: *i muri sono tappezzati di manifesti pubblicitari*, the walls are covered (*o* plastered over) with posters **3** (*foderare*) to upholster: — *un divano di damasco*, to upholster a sofa with damask.

tappezzeria *s.f.* **1** (*di carta*) (wall)paper; (*di tessuto*) tapestry; (*di automobile*) upholstery // *fare* —, (*fig.*) to be a wallflower **2** (*professione del tappezziere*) upholstery **3** (*non com.*) (*negozio*) upholsterer's.

tappezziere *s.m.* **1** (*chi riveste pareti*) paperhanger **2** (*chi fodera poltrone ecc.*) upholsterer.

tappo *s.m.* **1** plug, stopper; (*capsula per bottiglie*) cap; (*di sughero*) cork; (*zipolo*) bung: *il — di una bottiglia del latte*, the cap of a milk bottle; — *di scarico*, drain (*o* outlet) plug; — *a corona*, crown cap; *un vino che sa di* —, a wine which tastes of cork; *mettere il — a una bottiglia di vino*, to cork a bottle of wine // *aveva nell'orecchio un — di cerume*, (*estens.*) he had a plug of wax in his ear // (*aut.*): — *dello snodo del tirante di sterzo*, steering joint plug; — *di un radiatore*, cap // (*mecc.*): — *a vite*, screw plug; — *di scarico dell'olio*, oil drain plug // (*elettr.*) — *con sfiatatoio*, vent plug // (*mil.*) — *di volata*, tampion **2** (*fam.*) (*persona bassa, tarchiata*) titch, shorty.

tapsia *s.f.* (*bot.*) thapsia.

tara *s.f.* **1** (*comm.*) tare, tare weight: — *netta, reale*, actual tare; — *d'uso*, customary tare; *fare la — a qlco.*, to tare sthg.; *vendere al netto di* —, to sell net of tare; *per sapere il peso netto dobbiamo fare la* —, to know the net weight we must ascertain the tare // *devi fare la — su quello che dice*, (*fig.*) you mustn't give too much credit to what he says **2** (*fam.*) (*pecca, difetto*) defect, blemish, fault // — *ereditaria*, hereditary defect (*o* taint).

tarabuso *s.m.* (*zool.*) (*Botaurus stellaris*) bittern.

tarantella *s.f.* (*mus., danza*) tarantella, tarantelle.

tarantino *agg.* Taranto (*attr.*), from Taranto (*pred.*) ◆ *s.m.* inhabitant of Taranto, native of Taranto.

tarantismo *s.m.* (*med.*) tarantism.

tarantola *s.f.* **1** (*zool.*) (*Lycosa tarantula*) tarantula* **2** → stellione.

tarantolato *agg.* (*med.*) affected with tarantism.

tarantolismo → **tarantismo**.

tarare *v.tr.* **1** (*comm.*) to tare, to ascertain the tare of (sthg.): — *la merce*, to tare the goods **2** (*mecc.*) to set*, to adjust, to calibrate: — *uno strumento*, to adjust an instrument.

tarassaco *s.m.* (*bot.*) (*Taraxacum officinale*) dandelion, taraxacum.

tarato *agg.* **1** tared **2** (*mecc.*) set, adjusted, calibrated **3** (*difettoso*) defective, faulty: *un brillante* —, an impure diamond **4** (*di persona con tara ereditaria*) with a hereditary defect (*pred.*); (*moralmente*) corrupted.

taratore *s.m.* (*non com.*) one who tares; (*mecc.*) adjuster, calibrator.

taratura *s.f.* (*mecc.*) adjustment, setting, calibration.

tarchia *s.f.* (*mar.*) spritsail.

tarchiato *agg.* thickset, stocky: *un giovane basso e —*, a short and stocky young man.

tardare *v.intr.* to be late, to be long, to delay: *l'aeroplano tardò due ore a causa della nebbia*, the plane was two hours late (*o* was delayed two hours) because of the fog; *non tardò a rendersi conto che aveva fatto un errore*, he soon realized that he had made a mistake; *tardò per il pranzo*, he was late for dinner; *tardai a risponderti perché pensavo che sarei venuto di persona*, I was late in (*o* I put off) answering you because I expected to come in person; *non —, vieni subito*, don't be long (*o* don't delay), come at once; *non capisco perché tardino tanto*, I can't understand why they are so late; *— nei pagamenti*, to be late in (*o* to delay) paying ◆ *v.tr.* to delay, to defer, to put* off: *— un pagamento*, to delay (*o* to defer *o* to put off) a payment; *— la consegna della merce*, to delay the delivery of the goods.

tardezza *s.f.* (*letter.*) (*lentezza*) slowness; (*fig.*) (*di mente*) dullness, denseness.

tardi *avv.* late: *presto o —*, sooner or later; *arrivò —*, he arrived late; *arrivò più — di me*, he arrived later than me; *si fa —*, it is getting late; *te lo dirò più —*, I'll tell you later on; *fare —*, to be late; (*stare alzato fino a tarda ora*) to stay up late; *ora è troppo —*, it's too late now // *a più —!*, see you later! // *al più —*, at the latest: *te lo farò sapere domani al più —*, I'll let you know tomorrow at the latest // *sul —*, late in the day: *arrivò la sera sul —*, he arrived late in the evening // *meglio — che mai*, (*prov.*) better late than never // *chi — arriva, male alloggia*, (*prov.*) first come, first served.

tardigrado *agg.* e *s.m.* (*zool.*) tardigrade.

tardivamente *avv.* tardily.

tardività *s.f.* (*non com.*) tardiness.

tardivo *agg.* **1** late: *un'estate tardiva*, a late summer; *frutta tardiva*, late fruits **2** (*che viene tardi*) tardy, belated: *ammende, scuse tardive*, tardy amends, excuses; *ricompensa tardiva*, tardy reward; *sviluppo —*, tardy development; *provvedimento —*, tardy measure.

tardo *agg.* **1** (*lento*) slow; tardy; (*pigro*) sluggish; lazy: *— nei movimenti*, sluggish in movement; *— nel rispondere*, slow in answering; *è — nel fare le cose*, he is slow in doing things **2** (*ottuso d'intelletto*) dull, slow-witted **3** (*che viene tardi*) tardy, belated: *— pentimento*, tardy repentance **4** (*di tempo*) late: *a ora tarda*, at a late hour; *a tarda notte, sera*, late in the night, in the evening; *morì in tarda età*, he died very old; *a causa della sua tarda età*, owing to his old age // *il — umanesimo*, late humanism.

tardona *s.f.* (*scherz.*) woman who refuses to admit she is no longer young; (*fam.*) mutton dressed up as lamb.

targa *s.f.* **1** (*di pietra*) plaque; (*di metallo, plastica*) plate: *— di porta*, nameplate (*o* doorplate) // (*mecc., elettr.*): *dati di —*, rating; *potenza di —*, rated load **2** (*aut.*) (*di circolazione*) numberplate, (*amer.*) license plate: *numero di —*, registration number **3** (*assegnata in premio*) plaque.

targare *v.tr.* (*aut.*) to give* a numberplate to (a car): *un'automobile targata MI 549151*, a car with the numberplate MI 549151.

targato *agg.* **1** (*con targa*) with the number(plate): *un'auto targata Roma*, a car with a Rome numberplate **2** (*scherz.*) typical.

targatura *s.f.* fitting of numberplate.

target *s.m.* (*comm.*) target.

targhetta *s.f.* plate, nameplate.

targone *s.m.* (*bot. region.*) tarragon.

tariffa *s.f.* tariff, rate; (*prezzo*) price; (*prezzo del biglietto*) fare: *— diurna, notturna*, (*di telefono*) day rate, night rate; *— di alta, di bassa stagione*, high-season, low-season fare; *— alberghiera*, hotel rate // (*amm.*): *— ferroviaria*, railway rate (*o* fare); *— postale*, postage (*o* postal rate); *— cumulativa*, through rate; *— intera*, adult (*o* full) fare; *— fissa*, flat rate; *— pubblica*, public fare; *— ridotta*, reduced (*o* cheap) fare; *— speciale*, special (*o* lower) rate // (*comm.*): *— doganale*, customs rate; *— protettiva*, protective tariff; *— tutto compreso*, package deal (*o* offer); *— doganale comunitaria*, common customs tariff; *tariffe trasporto merci*, carriage rates; *vendere a prezzo di —*, to sell to tariff // (*econ.*): *— di cottimo*, piecework price; *— sindacale*, union scale; *— salariale*, wage rate; *— scalare*, scale rate; *Accordo Generale Tariffe e Scambi*, General Agreement on Tariffs and Trade (*abbr.* GATT); *sottoporre a —*, to tariff // (*assicurazioni*) *— assicurativa*, insurance rate; *— dei premi*, premium rate.

tariffale *agg.* (*non com.*) tariff (*attr.*), rate (*attr.*): *revisione —*, tariff revision.

tariffare *v.tr.* to put* a tariff on (sthg.), to fix the price of (sthg.).

tariffario *agg.* tariff (*attr.*), price (*attr.*), rate (*attr.*): *guerra tariffaria*, tariff war; *aumento —*, rate increase; *norme tariffarie*, tariff regulations (*o* guidelines); *elenco —*, price list; *accordo —*, tariff agreement ◆ *s.m.* rate table; (*comm.*) price list; rate book, tariff: (*comm.*) *— doganale*, customs tariff.

tariffazione *s.f.* rating: (*assicurazioni*) *— assicurativa*, insurance rating; *— speciale*, schedule rating.

tarlare *v.intr.* **tarlarsi** *v.intr.pron.* to get* worm-eaten, to be worm-eaten ◆ *v.tr.* (*di tarlo*) to eat*.

tarlato *agg.* worm-eaten: *un mobile —*, a worm-eaten piece of furniture.

tarlatura *s.f.* **1** wormhole **2** (*polvere di legno prodotta dal tarlo*) dust of worm-eaten wood.

tarlo *s.m.* **1** (*zool.*) woodworm: *roso dai tarli*, worm-eaten **2** (*fig.*) gnawing; pangs (*pl.*): *il — della coscienza*, the gnawing of conscience; *il — della gelosia la ossessionava*, the pangs of jealousy gnawed her.

tarma *s.f.* (*zool.*) moth; clothes moth.

tarmare *v.intr.* **tarmarsi** *v.intr.pron.* to be moth-eaten; to get* moth-eaten ◆ *v.tr.* (*di tarma*) to eat*.

tarmato *agg.* moth-eaten.

tarmica → **ptarmica**.

tarmicida *agg.* e *s.m.* moth-killer.

taro *s.m.* (*bot.*) (*Colocasia antizuorum*) taro.

taroccare *v.intr.* **1** (*fig. fam.*) (*brontolare stizzosamente*) to grumble **2** (*a carte*) to lay* out a tarot.

tarocco *s.m.* tarot, taroc.

tarozzo *s.m.* (*mar.*) futtock staff.

tarpan *s.m.* (*zool.*) (*Equus przewalskii*) tarpan.

tarpare *v.tr.* to clip (*anche fig.*): *— le ali a un uccello*, to clip a bird's wings; *— le ali a qlcu.*, to clip s.o.'s wings.

tarpone *s.m.* (*zool.*): *— atlantico*, (*Megalops atlanticus*) tarpon, silver fish.

tarsale *agg.* (*anat.*) tarsal.

tarsalgia *s.f.* (*med.*) tarsalgia.

tarsia *s.f.* (*tecn.*) marquetry, tarsia.

tarsiare *v.tr.* (*ant.*) to inlay*.

tarsio, tarsiospettro *s.m.* (*zool.*) tarsier, spectre-lemur.

tarso *s.m.* (*anat.*) tarsus*.

tartagliamento *s.m.* (*fam.*) stutter, stuttering; stammer, stammering.

tartagliare *v.intr.* to stutter; to stammer ◆ *v.tr.* to stammer out.

tartagliona *s.f.* **tartaglione** *s.m.* stutterer; stammerer.

tartana *s.f.* (*mar.*) tartan.

tartarico *agg.* (*chim.*) tartaric.

tartaro[1] *agg.* e *s.m.* Tartar, Tatar.

tartaro[2] *s.m.* (*med., chim.*) tartar: *— emetico*, tartar emetic.

tartaruga *s.f.* **1** tortoise; (*di mare*) turtle: *brodo di —*, turtle soup; *pettine di —*, tortoiseshell comb // *andare a passo di —*, to go at a snail's pace // *— azzannatrice*, (*Chelydra serpentina*) snapping turtle;— *embricata*, (*Eretmochelys imbricata*) hawksbill (turtle); *— gopher*, (*Gopherus polyphemus*) gopher **2** (*persona lenta, impacciata*) slowcoach: *non sei ancora pronto, —?*, aren't you ready yet, slowcoach?

tartassamento *s.m.* (*non com.*) harassment, ill-treatment.

tartassare *v.tr.* **1** to harass, to give* a hard time to (s.o.), to be hard on (s.o.): *— un testimonio di domande*, to harass a witness with questions; *mi hanno tartassato ben bene all'esame*, they gave me a really hard time in the exam // *essere tartassato dal fisco, dai debiti*, to be squeezed by taxes, by debts **2** (*trattar male*) to ill-treat, to maltreat: *— i poveri*, to ill-treat the poor // *— uno strumento*, (*fig.*) to play an instrument badly.

tartina *s.f.* (*cuc.*) canapé: *una — al salmone*, a salmon canapé.

tartrato *s.m.* (*chim.*) tartrate: *— di potassio*, potassium tartrate.

tartrazina *s.f.* (*chim.*) tartrazine.

tartufaia *s.f.* truffle-ground.

tartufaio *s.m.* truffle seller.

tartufare *v.tr.* to garnish with truffles, to flavour with truffles.

tartuficoltore *s.m.* truffle grower.

tartuficoltura *s.f.* truffle growing.

tartufo[1] *s.m.* (*Tuber magnatum*) truffle.

tartufo[2] *s.m.* (*ipocrita*) sanctimonious hypocrite; Tartuffe.

tasca *s.f.* **1** pocket: *— interna, esterna*, inner, outer pocket; *con le mani in —*, with one's hands in one's pockets; *coltello da —*, pocketknife; *edizioncina da —*, pocket edition; *fazzoletto da —*, pocket-handkerchief; *orologio da —*, pocket watch; *aver le tasche vuote*, (*essere senza soldi*) to be penniless; *mettere in — qlco.*, to pocket sthg.; *mettere mano alla —*, (*essere pronto a pagare*) to be ready to pay; *mettere le mani in —*, to put one's hands in one's pockets; *pagare di — propria*, (*anche fig.*) to pay out of one's own pocket; *rivoltare le tasche*, to turn out one's pockets; *vuotare le tasche a qlcu.*, (*fig.*) to clean s.o. out // *a me non viene niente in* —, I don't get anything out of it // *ho lavorato come un pazzo, ma ora ne ho piene le tasche*, (*fam.*) I have worked like crazy, but now I am sick (*o* tired) of (*o* fed up with) it // *non rompermi le tasche!*, (*fam.*) don't bother me! // *conoscere qlco. come le proprie tasche*, to know sthg. like the back of one's hand (*o* to know sthg. inside out) **2** (*estens.*) (*di borsa*) (*scomparto*) compartment, pocket: *borsa a due tasche*, bag with two compartments **3** (*geol.*, *miner.*) nest, pocket **4** (*anat.*) pouch.

tascabile *agg.* **1** pocket (*attr.*): *coltello* —, pocket-knife; *dizionario*, *libro* —, pocket -dictionary, pocket-edition; *formato* —, pocket -size; *macchina fotografica* —, pocket-camera **2** (*fig. scherz.*) (*piccolo*) miniature, tiny: *un'auto* —, a tiny car // *venere* —, pocket venus ◆ *s.m.* (*libro di formato piccolo*) pocket-size edition; (*in brossura*) paperback.

tascapane *s.m.* haversack.

tascata *s.f.* pocketful.

taschino *s.m.* **1** small pocket; (*del panciotto*) waistcoat pocket; (*della giacca*) breast pocket; (*per l'orologio*) fob **2** (*di borsa*, *portafogli*) compartment, pocket.

tasmaniano *agg.* e *s.m.* Tasmanian.

taso *s.m.* (*rar.*) tartar; dregs (*pl.*).

tassa *s.f.* (*amm.*) tax, duty, dues (*pl.*); (*per iscrizione*, *registrazione*) fee: — *di licenza*, (*sulle concessioni governative*) licence tax (*o* excise licence *o amer.* franchise tax); — *di iscrizione*, *di ammissione*, registration (*o* entrance) fee; (*a un club o un sindacato*) club (*o* union) dues; — *postale a carico*, postage unpaid; — *di bollo*, stamp duty; — *d'esercizio*, trade-licence tax; *tasse scolastiche*, school fees; — *di brevetto*, patent tax; *imporre una — su qlco.*, to levy a tax on sthg.; *pagare le tasse*, to pay taxes // (*trib.*): — *doganale*, customs duty; — *di ricchezza mobile*, personal property tax; — *invisibile*, invisible tax; — *procapite*, per capita tax; — *progressiva*, progressive (*o* graduated) tax; — *sugli spettacoli*, entertainment tax; — *sulla persona*, *di capitazione*, capitation fee; — *sulle plusvalenze*, capital gains tax; (*mar.*) — *di ancoraggio*, anchorage; (*dir.*) — *sulle donazioni*, gift tax.

tassabile *agg.* (*trib.*) taxable, rateable, dutiable: *non* —, non -taxable; *reddito* —, taxable income.

tassabilità *s.f.* (*trib.*) taxability, rateability.

tassametro *s.m.* taximeter, (*fam.*) meter: — *di parcheggio*, parking meter.

tassare *v.tr.* (*trib.*) to tax, to levy a tax; (*accertare il valore imponibile*) to assess, to rate; (*gravare di dazio*) to excise: — *un prodotto*, to excise a product; — *con una soprattassa*, to surcharge; — *eccessivamente*, to overtax (*o* to surtax); — *alla fonte*, to tax at source; — *un patrimonio*, *un reddito*, to assess a property, an income; *contribuente tassato*, assessed taxpayer; *utili tassati*, taxed profits.

tassata *s.f.* (*corrispondenza tassata*) postage due mail.

tassativamente *avv.* peremptorily, absolutely, definitely: *si è — rifiutato di ascoltarci*, he absolutely refused to listen to us.

tassatività *s.f.* obligatoriness; peremptoriness.

tassativo *agg.* peremptory, absolute, definite, compulsory; specific: *un ordine* —, a peremptory order; *un divieto* —, an absolute prohibition; *mi ha risposto con un no* —, he replied with a definite no; *termine* —, final date; *fissare un termine — per il pagamento*, to set a deadline for payment; *necessità tassativa*, imperative need // (*dir.*): *disposizione tassativa di legge*, peremptory legal provision; *norma penale tassativa*, precisely drafted criminal provision.

tassazione *s.f.* (*trib.*) taxation, charging; (*accertamento dell'imponibile*) assessment: — *progressiva*, graduated taxation; — *inadeguata*, undertaxation; — *patrimoniale*, capital taxation; *nuova* —, reassessment; *reddito soggetto a* —, taxable (*o* assessable) income.

tassellare *v.tr.* **1** (*inserire un tassello in*) to dowel; to fit a nog in (a wall); to inlay* a plug in (a wall); to plug **2** (*fare un tassello in*) to plug: — *un cocomero*, to plug a watermelon.

tassellato *agg.* dowelled; plugged: *parete tassellata*, plugged wall.

tassellatrice *s.f.* plugging machine; dowelling machine.

tassellatura *s.f.* plugging; dowelling.

tassello *s.m.* **1** (*blocchetto di legno incastrato nel muro*) dowel, plug: — *a espansione*, screw anchor **2** (*per decorazione*) plug **3** (*edil.*) nog **4** (*pezzo di tessuto*) gusset **5** (*assaggio di formaggio*) wedge.

tassì *s.m.* taxi, cab.

tassidermia *s.f.* taxidermy.

tassidermico *agg.* taxidermic, taxidermal.

tassidermista *s.m.* e *f.* taxidermist.

tassinomia e *deriv.* → **tassonomia** e *deriv.*

tassista *s.m.* e *f.* taxi driver, cabdriver, cabby.

tasso[1] *s.m.* (*zool.*) badger: — *fetente*, (*Mylaus meliceps*) teledu // *dormire come un* —, to sleep like a log.

tasso[2] *s.m.* (*bot.*) (*Taxus baccata*) yew (tree).

tasso[3] *s.m.* (*mecc.*) stake.

tasso[4] *s.m.* rate (*anche stat.*), percentage; (*rapporto*) ratio*: — *di crescita*, rate of growth; — *tendenziale di crescita*, tendential growth rate; — *di criminalità*, crime rate; — *di mortalità*, mortality (*o* death) rate; — *di natalità*, birthrate; — *di sopravvivenza*, survival rate // (*banca*): — *agevolato*, prime rate; — *bancario*, bank rate; — *di interesse*, interest rate; — *di interesse massimo*, top rate (*o* interest rate ceiling); — *di liquidità*, liquidity ratio; — *di interesse ufficiale*, lending rate; — *di sconto*, discount rate (*o* bill rate); — *ufficiale di sconto*, official discount rate (*o* bank rate); — *base*, base rate // (*fin.*): — *di ammortamento*, depreciation rate; — *di autofinanziamento*, self-financing ratio; — *di cambio*, exchange rate (*o* rate of exchange); — *di cambio a pronti*, spot exchange rate; — *di cambio libero*, free exchange rate; — *di interesse nominale*, (*di un titolo*) nominal interest rate; — *di rendimento*, (*delle azioni*) dividend yield (of shares); — *onnicomprensivo*, all-in rate // (*econ.*): — *di attività*, *di partecipazione*, partecipation rate; — *di sviluppo*, growth rate; — *di inflazione*, inflation rate; — *di produzione*, production rate; — *di occupazione*, employment rate; — *di redditività*, rate of return.

tassobarbasso *s.m.* (*bot.*) (*Verbascum thapsum*) (great) mullein, Aaron's rod.

tassonomia *s.f.* (*biol.*) taxonomy.

tassonomico *agg.* taxonomic(al).

tassonomista *s.m.* e *f.* taxonomist.

tastare *v.tr.* **1** (*toccare*) to touch; to feel*: *tastò il muro in cerca dell'interruttore*, he felt his way along the wall looking for the switch // — *il polso a qlcu.*, to feel s.o.'s pulse **2** (*fig.*) (*sondare*) to feel* out, to sound out // — *il terreno*, (*fig.*) to see the lie of the land.

tastata *s.f.* touching; feeling.

tastatore *s.m.* (*tecn.*) feeler pin.

tastiera *s.f.* **1** (*mus.*) keyboard; (*di strumenti a corda*) fingerboard: — *elettronica*, electronic keyboard **2** (*di calcolatrice*, *macchina per scrivere ecc.*) keyboard // *telefono a* —, push-button phone **3** (*inform.*) keyboard; keyset: — *di funzioni*, function keyboard; — *di perforazione*, keypunch.

tastierista *s.m.* e *f.* keyboard operator; (*mus.*) keyboard player.

tasto *s.m.* **1** (*di strumento musicale*, *macchina per scrivere ecc.*) key: *premere il* — *'enter'*, to press the 'enter' key; *battere i tasti di una macchina per scrivere*, to tap the keys of a typewriter; — *Morse*, Morse tapper // (*di macchina per scrivere*): — *di ritorno*, return key; — *maiuscole*, shift key; — *spaziatore*, spacing bar // (*inform.*): — *di annullamento*, cancel key; — *di correzione*, edit key; — *di cifra*, digit key; — *di ritorno di uno spazio*, backspace key; — *di servizio*, function (*o* control) key; — *funzione*, *funzionale*, function key; — *senza dicitura*, blank tape; — *indicatore della funzione scelta*, control key // (*tel.*, *mil.*) — *d'ascolto*, talking key // *toccare un — falso*, (*fig.*) to strike a false note // *è meglio lasciar stare questo* —, (*fig.*) we had better keep off that subject **2** (*tatto*) touch; feel: *riconoscere qlco. soltanto al* —, to recognise sthg. only by the feel of it (*o* by touch); *andare a* —, to feel one's way **3** (*tassella*, *prelievo*) sample: — *di formaggio*, cheese sample.

tastoni, a *locuz.avv.* gropingly: *procedere a — nel buio*, to grope one's way (forward) in the dark; *la polizia procede a — nella ricerca dell'assassino*, the police are groping in their search for the murderer.

tata *s.f.* (*bambinaia*) nanny.

tataro → **tartaro**[1].

tattica *s.f.* **1** (*mil.*) tactics [U] **2** (*fig.*) tactic (*spec. pl.*): *la tua — è sbagliata*, your tactics are wrong; — *dilatoria*, delaying tactics // — *di gioco*, playing tactics **3** (*strategia*) strategy, ploy: — *imprenditoriale*, management ploy; — *aziendale*, corporate strategy; — *pubblicitaria*, advertising strategy.

tattico *agg.* tactical ◆ *s.m.* tactician.

tattile *agg.* tactile.

tattilità *s.f.* tactility.

tattismo *s.m.* (*biol.*) taxis.

tatto *s.m.* **1** touch: *morbido*, *ruvido al* —, soft, rough to the touch; *il senso del* —, the sense of touch; *conoscere al* —, to know by feel (*o* by the touch) **2** (*fig.*) tact: *una persona di* —, a tactful person; *una persona senza* —, a tactless person; *devi domandarglielo con* *molto* —, you must ask him very tactfully; *mancare di* —, to be tactless.

tatù *s.m.* armadillo.

tatuaggio *s.m.* **1** tattoo **2** (*la pratica di tatuarsi*) tattooing.

tatuare *v.tr.* to tattoo: — *un braccio*, to have one's arm tattooed.
□ **tatuarsi** *v.rifl.* (*farsi tatuare*) to have* oneself tattooed.

tatuato *agg.* tattooed.

tau *s.m.* o *f.* (*lettera dell'alfabeto greco*) tau // (*fis.*) *particella* —, tau particle.

taumaturgia *s.f.* thaumaturgy.

taumaturgico *agg.* thaumaturgic(al).

taumaturgo *s.m.* thaumaturge; performer of miracles.

taurina *s.f.* (*biochim.*) taurine.

taurino *agg.* taurine; bull-like (*attr.*): *un uomo dal collo* —, a bull-necked man; *forza taurina*, bull-like strength.

taurocolico *agg.* (*chim.*) taurocholic: *acido* —, taurocholic acid.

tauromachia *s.f.* tauromachy, bullfight(ing).

taurotrago *s.m.* (*zool.*) — *orice*, (*Taurotragus oryx*) eland.

tautocrona *s.f.* (*fis.*) tautochrone.

tautologia *s.f.* (*log.*) tautology.

tautologico *agg.* (*log.*) tautologic(al).

tautomero *agg.* (*chim.*) tautomeric ♦ *s.m.* (*chim.*) tautomer.

tavella *s.f.* (*edil.*) hollow flat tile.

tavellone *s.m.* (*edil.*) hollow flat block.

taverna *s.f.* **1** (*osteria*) tavern, inn **2** (*ristorante*) country style restaurant.

taverniere *s.m.* **1** (*letter.*) (*gestore di taverna*) tavern-keeper, inn-keeper **2** (*frequentatore di taverna*) regular (customer of a bar).

tavola *s.f.* **1** (*asse, assicella*) board; plank; (*di marmo*) slab: *una* — *d'abete*, a fir plank // — *di salvezza*, (*anche fig.*) safety plank // — *a vela*, windsurfer **2** (*tavolo*) table: — *rettangolare, ovale*, rectangular, oval table; — *rotonda*, (*anche fig.*) round table // *a* —*!*, dinner's ready!; *il pranzo è in* —, dinner is served; *alzarsi da* —, to rise from (*o* to leave) the table; *andare a* —, to go to eat; *apparecchiare, sparecchiare la* —, to lay, to clear the table; *essere a* —, to be at table; *sedersi a* —, to sit down to eat; *servire a* —, to wait at table // — *calda*, snack bar; — *fredda*, buffet // *i piaceri della* —, the pleasures of the table // *amare la* —, to be fond of eating // *mettere le carte in* —, (*fig.*) to lay one's cards on the table // *tenere* — *imbandita*, (*essere molto ospitali*) to keep open house // (*lett.*) *la Tavola Rotonda*, the Round Table **3** (*piano di legno*) (wooden) board, (wooden) panel: *un dipinto su* —, a painting on a wooden board (*o* panel) // — *reale*, (*gioco*) backgammon // *le Tavole della Legge*, (*Bibbia*) the Tables of the Law **4** (*illustrazione di libro*) plate: — *a colori*, colour plate; *tavole fuori testo*, full-page illustrations **5** (*tabella, prospetto*; *raccolta*) table: *tavole astronomiche*, astronomical tables // (*mat.*): *tavole dei logaritmi*, tables of logarithms; — *pitagorica*, multiplication table; *tavole dei pesi e misure*, tables of weights and measures // (*mil.*) — *di tiro*, firing (*o* gunnery) table // (*st.*) *le Tavole Amalfitane*, the Tables of Amalfi // (*amm.*) — *di ammortamento*, scale of depreciation // (*banca*): *tavole di interessi*, interest tables; *tavole di sconto*, discount tables // (*dir.*) — *catastale*, cadestral table (*o* land register) // (*stat.*): *tavole attuariali*, actuarial tables; *tavole di mortalità*, mortality tables (*o* charts); *tavole di sopravvivenza*, life tables **6** (*anat.*) table: — *vitrea*, vitreous table.

tavolaccio *s.m.* (*per detenuti, soldati*) plank bed.

tavolame *s.m.* boarding, planking.

tavolare *v.tr.* (*coprire di tavole*) to plank over, to board over.

tavolata *s.f.* (*fam.*) table, tableful; dinner party: *una* — *di ragazzi allegri*, a tableful of cheerful boys; *che bella* —*!*, what a spread!

tavolato *s.m.* **1** (*pavimento*) wood floor, plank floor; (*di muri*) boarding **2** (*geogr.*) tableland, plateau* **3** (*mar.*) planking: — *del ponte*, deck planking.

tavoletta *s.f.* **1** (*di prodotto alimentare*) bar, slab; (*di preparati farmaceutici*) tablet: *una* — *di cioccolata*, a bar of chocolate **2** (*assicella*) small board // — *votiva*, votive tablet // (*inform.*) — *grafica*, graphic tablet **3** (*topografia*) — *pretoriana*, plane table **4** (*fam.*): *andare a* —, (*con un veicolo a motore*) to press the accelerator to the floor.

tavoliere *s.m.* (*geogr.*) (*altipiano*) tableland, plateau*; (*bassopiano*) lowland.

tavolino *s.m.* small table; (*scrivania*) writing -table, writing desk: — *abbassabile*, (*specialmente di scompartimento ferroviario*) drop -table; — *da gioco*, gaming (*o* card-)table // *è stato a* — *tutto il giorno*, he has spent all the day over his books // *risolvere un problema a* —, to solve a problem theoretically // *vincere una partita a* —, to be awarded a match.

tavolo *s.m.* table: — *da pranzo*, dinner table; — *da cucina*, kitchen table; — *da gioco*, gaming (*o* card-)table; — *da biliardo*, billiard table; — *da disegno*, drawing table (*o* desk); — *di lavoro*, work-table; — *pieghevole*, folding (*o* gate-legged) table; — *delle trattative*, negotiating table; (*cinem.*) — *di montaggio*, splicing table.

tavolozza *s.f.* palette (*anche estens.*).

taxi *s.m.* taxi, taxicab.

taxis *s.m.* (*med.*) taxis.

taxista → **tassista**.

taylorismo *s.m.* (*econ.*) Taylorism.

taylorista *agg.* (*econ.*) Taylor (*attr.*): *organizzazione* —, Taylor system ♦ *s.m.* e *f.* (*econ.*) Taylorite.

tazebao *s.m.* wall newspaper.

tazza *s.f.* **1** cup: — *da caffè*, coffeecup; — *da tè*, teacup **2** (*contenuto*) cup(ful): *una* — *di caffè*, a cup of coffee; *una* — *di tè*, a cup of tea **3** — *del water*, toilet bowl **4** (*tecn.*) bucket: *draga a tazze*, bucket dredge.

tazzina *s.f.* **1** (small) cup **2** (*contenuto*) cup(ful): *una* — *di caffè*, a cup of coffee.

tbc *s.f.* tuberculosis, TB.

te *pron.pers.m.f. 2ª pers.sing.* **1** (*compl.ogg.* e *ind. del pron.* tu) you; (*te stesso*) yourself: *cercano* —, they're looking for you; *aspettami, vengo con* —, wait for me, I'll come with you; *tra mezz'ora siamo da* —, we'll be with you in half an hour; — *l'avevo detto*, I told you so; *chiudi il cancello dietro di* —, shut the gate behind you; *devi decidere da* —, you must decide for yourself; *non si preoccupa affatto di* —, he doesn't worry about you; *parlava sempre di* —, he was always talking about you; *volevano proprio* —, it was you they wanted; *vorrei dartene di più, ma non posso*, I'd like to give you more, but I can't // *da* —, (*da solo*) by yourself: *fai da* —, do it yourself; *sai da* — *quello che devi fare*, you know yourself what you have to do // *per* —, *in quanto a* —, as for you (*o* as far as you are concerned) // *vorresti avere una casa tutta per* —*?*, would you like to have a house all to yourself? // *non saper né di me né di* —, (*fam.*) (*di persona o cosa*) to be insipid (*o* wishy-washy), (*di cosa*) to be tasteless // *tocca a* —, it's your turn // *guai a* —*!*, woe betide you! **2** (*con funzione di sogg. spec. in frasi comparative*) you: *è molto più furbo di* —, he's much smarter than you are; *farei come* — *se potessi*, I'd do the same as you if I could; *se io fossi in* —, if I were you; *ne so quanto* —, I know as much as you do (*o* I'm as wise as you).

tè *s.m.* **1** (*pianta*) (*Thea sinensis*) tea (plant): — *cinese, indiano*, China, Indian tea; — *del Canadà*, (*Gaultheria procumbens*) winter green (*o* partridge berry) **2** (*bevanda*) tea: — *leggero, forte*, weak, strong tea; *una bustina di* —, a teabag; — *pomeridiano*, afternoon tea; *casa da* —, teahouse; *dolce per il* —, teacake; *ora del* —, teatime; *pastine da* —, tea biscuits; *sala da* —, tearoom; *servizio da* —, tea service (*o* tea set); *bere una tazza di* —, to have a cup of tea; *venne per il* —, he came to tea; *lo invitammo per il* —, we asked him to tea; *prendiamo il* — *alle cinque*, we have tea at five.

teak → **tek**.

teandria *s.f.* (*teol.*) theandry.

teandrismo *s.m.* (*teol.*) theandrism.

teatino *s.m.* (*eccl.*) Theatine.

teatrabile *agg.* (*non com.*) dramatic; suitable for the stage; *soggetto* —, a subject suitable for the stage.

teatrale *agg.* theatrical (*anche fig.*).

teatralità *s.f.* theatricalism, theatricality (*anche fig.*).

teatrante *s.m.* **1** (*non com.*) (*commediante*) actor, comedian, comic **2** (*spreg.*) second-rate actor **3** (*fig.*) tub-thumper.

teatrino *s.m.* **1** (*per bambini*) toy theatre **2** (*di marionette*) puppet theatre.

teatro *s.m.* **1** theatre; (*amer.*) theater; (*palcoscenico*) stage, scene: *il* — *greco di Taormina*, the Greek theatre in Taormina; — *all'aperto*, open-air theatre; *il cinema e il* —, the screen and the stage; *frequentatore di teatri*, theatre goer; *ho visto l''Amleto' a* —, I saw 'Hamlet' on the stage; *questo soggetto non è adatto per il* —, this subject is not fit for the stage; *andare a* —, to go to the theatre; *fare del* —, to be on the stage; *scrivere per il* —, to write for the stage // — *esaurito*, full house // *gente di* —, theatre people // (*cinem.*) — *di posa*, studio **2** (*pubblico*) audience **3** (*opere teatrali*) theatre; plays (*pl.*): *il* — *di Shakespeare*, Shakespeare's plays; *il* — *greco, moderno*, the Greek, modern theatre; — *dell'assurdo*, theatre of the absurd; — *di varietà*, variety (*o amer.* vaudeville) **4** (*non com.*) (*anfiteatro universitario*) theatre: — *anatomico*, anatomical theatre **5** (*luogo d'azione*) theatre, scene: *questi luoghi furono* — *di molte battaglie*, these places were the scene of many battles.

tebaico *agg.* (*chim.*) thebaic.

tebaide *s.f.* (*letter.*) solitude, hermitage.

tebaina *s.f.* (*chim.*) thebaine.

tebaismo *s.m.* (*med.*) thebaism.

tebano *agg.* Theban, Thebaic ◆ *s.m.* Theban.

teca *s.f.* **1** casket; (*reliquiario*) shrine **2** (*biol.*) theca*.

technicolor® *s.m.* technicolor® // *in* —, (*scherz.*) colourful (*o* gaudy): *un abito in* —, a gaudy dress.

teck → **tek**.

tecneto, **tecnezio** *s.m.* (*chim.*) technetium.

tecnica *s.f.* **1** technique: — *applicata*, technique; *quel pianista ha una — perfetta*, that pianist has a perfect technique; *la — di un gioco*, the technique of a game // *ha una — tutta sua per passare gli esami*, (*fam.*) he has a special technique for passing exams **2** (*tecnologia*) technics (*pl.*), technology; engineering: *il progresso della — moderna*, the progress of modern technology; — *elettronica*, electronics; — *mineraria*, mining engineering // (*econ.*): — *bancaria*, banking; — *aziendale*, business administration tecnique (*o* business management); — *della pubblicità*, advertising; — *delle vendite*, salesmanship.

tecnicismo *s.m.* **1** technicality **2** (*ling.*) technical term.

tecnicista *s.m.* e *f.* technician, technicist.

tecnicistico *agg.* technical.

tecnicità *s.f.* (*non com.*) technicalness.

tecnicizzare *v.tr.* to technicalize.

tecnicizzazione *s.f.* technicalization.

tecnico *agg.* technical: *per motivi d'ordine* —, for technical reasons; *scuola tecnica*, technical school; *termine* —, technical term; *ufficio* —, technical office // (*banca*) *scoperto* —, (*di conto corrente*) technical overdraft ◆ *s.m.* technician, engineer, technicist; (*esperto*) expert: — *pubblicitario*, advertising expert; — *dell'organizzazione*, systems engineer; — *della politica*, political expert; — *aeronautico*, qualified aircraft engineer; — *del suono*, sound engineer; (*ind.*) — *del collaudo*, testing engineer; (*cinem.*, *tv*) — *delle luci*, light technician.

tecnigrafo *s.m.* universal drafting machine.

tecnocrate *s.m.* e *f.* technocrat.

tecnocratico *agg.* technocratic.

tecnocrazia *s.f.* technocracy.

tecnofibra *s.f.* (*tess.*) man-made fibre.

tecnologia *s.f.* technology, technics (*pl.*).

tecnologico *agg.* technological.

tecnologo *s.m.* technologist.

tecnopatia *s.f.* (*med.*) occupational disease.

tecnotronica *s.f.* technotronics [U].

teco *pron.* (*ant.*, *letter.*) (*con te*) with you; (*ant.*, *poet.*) with thee.

tectite *s.f.* (*geol.*) tektite.

tedescheria *s.f.* (*spreg.*) (*i tedeschi*) Huns (*pl.*), Krauts (*pl.*), Boches (*pl.*); (*cosa tedesca*) German rubbish [U].

tedeschismo *s.m.* (*ling.*) Germanism.

tedeschizzare *v.tr.* (*non com.*) to Germanize.

tedesco *agg.* e *s.m.* German.

tedescofilo *s.m.* Germanophile.

tedescofobia *s.f.* Germanophobia.

tedescofobo *s.m.* Germanophobe.

tedescofono *agg.* (*ling.*) German-speaking ◆ *s.m.* (*ling.*) German speaker.

tediare *v.tr.* (*antiq.*) to bore, to weary, to tire; (*infastidire*) to bother: *ci tedia a morte con i suoi racconti*, he wearies (*o* bores) us to death with his stories; *non tediarmi con domande sciocche!*, don't bother me with silly questions!

tedio *s.m.* tedium, tediousness, wearisomeness, boredom: *essere oppresso dal* —, to be bored to tears (*o* to be bored stiff).

tediosità *s.f.* tediousness, tiresomeness, wearisomeness.

tedioso *agg.* tedious, tiresome, wearisome, boring; (*ingrato*) irksome: *un lavoro* —, an irksome job; *un libro* —, a tedious (*o* boring) book; *una persona tediosa*, a boring person (*o* a bore).

tefrite *s.f.* (*geol.*) tephrite.

tegamata *s.f.* (*contenuto di un tegame*) panful.

tegame *s.m.* **1** pan, saucepan // *uova al* —, *al tegamino*, fried eggs **2** (*estens.*) (*contenuto*) panful: *un — di piselli*, a panful of peas.

tegenaria *s.f.* (*zool.*) tegenaria.

teglia *s.f.* baking-pan, baking-tin, pie-dish; roasting pan.

tegola *s.f.* **1** (roofing) tile: — *a incastro*, interlocking tile; — *curva*, bent tile; — *di cemento*, cement roofing tile; — *di colmo*, (*di un tetto*) ridge tile; *copertura con tegole*, tile covering; *posa in opera di tegole*, tiling; *tetto di tegole*, tile roof; *coprire un tetto di tegole*, to tile a roof **2** (*fig. fam.*) blow: *che — !*, what a blow!

tegumentale, **tegumentario** *agg.* (*biol.*) tegumental, tegumentary, integumental.

tegumento *s.m.* (*biol.*) tegument, integument: — *del seme*, seedcoat.

teicoltore *s.m.* tea grower.

teiera *s.f.* teapot.

teina *s.f.* (*chim.*) theine.

teismo *s.m.* (*fil.*) theism.

teista *s.m.* e *f.* (*fil.*) theist.

teistico *agg.* (*fil.*) theistic(al).

tek *s.m.* (*bot.*) (*Tectona grandis*) teak (*anche il legno*).

tela *s.f.* **1** cloth: — *di cotone*, cotton cloth; — *di iuta*, jute cloth (*o* jute canvas); — *di lino*, linen; — *d'Olanda*, Dutch cloth; — *cerata*, oilcloth; — *da asciugamani*, towelling; — *da camicie*, shirting; — *da lenzuola*, sheeting; — *da materassi*, ticking; — *da imballaggio*, packing cloth (*o* material); — *da sacco*, sackcloth; — *gommata*, rubberized canvas; — *grezza*, unbleached linen; — *grezza di canapa*, (*per vele*, *quadri*, *imballaggio*) canvas; — *impermeabilizzata*, waterproof cloth; — *metallica*, wire gauze; — *olona*, olona cloth (*o* duck cloth *o* canvas); — *per aeroplani*, aeroplane fabric; — *per borsette*, *valigie*, bagging; — *per sedili*, (*di treni ecc.*) seat webbing; *applicazione delle tele*, (*a pneumatici*) plying; *copertura di* —, canvas covering; *una pezza di* —, a roll of cloth; *rilegatura in* —, cloth binding; *imbiancare la* —, to bleach cloth // — *di ragno*, cobweb: *fare la* —, to spin a web // — *di Penelope*, (*fig.*) web of Penelope (*o* never-ending task) // *far* —, (*sl.*) (*svignarsela*) to make oneself scarce // *rimanere in braghe di* —, (*fam.*) to be left without a penny (*o* to be cleaned out) **2** (*teatr.*) curtain: *cala la* —, the curtain falls; *si alza la* —, the curtain rises **3** (*pitt.*) painting, picture: *una — di Botticelli*, a painting by Botticelli **4** (*trama*, *intreccio*) plot; *la — di un romanzo*, the plot of a novel // — *giudiziaria*, judicial proceeding(s).

telaino *s.m.* (*apicoltura*) frame.

telaio *s.m.* **1** (*tess.*) loom: — *a mano*, hand loom; — *a pedali*, treadle loom; — *meccanico*, power loom; — *per maglieria*, knitter; — *per maglieria automatico*, self-acting knitter; — *per maglieria circolare*, circular knitter; — *per tappeti*, carpet loom // — *da ricamo*, tambour **2** (*ossatura*, *armatura*, *cornice*) frame: *il — di un ombrello*, *di una porta*, the frame of an umbrella, of a door **3** (*di auto*) chassis*; (*di bicicletta*, *motocicletta*) frame: — *a culla*, cradle frame **4** (*di finestra*) frame, (*scorrevole*) sash **5** (*tip.*) chase.

telamone *s.m.* (*arch.*) telamon*.

telare *v.intr.* (*fam. region.*) (*svignarsela*) to make* oneself scarce.

telato *agg.* **1** linen (*attr.*): *carta telata*, linen paper **2** (*rinforzato con tela*) reinforced with canvas: *gomma telata*, rubber reinforced with canvas.

tele *s.f.* (*fam.*) telly: *cosa c'è alla — oggi?*, what's on the telly today?

tele- *pref.* usato nella terminologia tecnica e scientifica; ingl. tele-; significa **1** a distanza, da lontano: (*anat.*) *telencefalo*, telencephalon; (*fil.*) *teleologico*, teleologic(al); *telepatico*, telepathic **2** per (la) televisione; della televisione: *telediffondere*, to telecast (*o* to televise); *telegenico*, telegenic.

teleabbonato *s.m.* television licence holder.

teleacquisti *s.m.pl.* tele-sales, home shopping [U].

telearma *s.f.* guided weapon.

teleassegno *s.m.* (*banca*) telecheque.

teleasta *s.f.* tele-auction.

teleaudioconferenza *s.f.* audio -teleconference.

teleaudiovisivo *agg.* teleaudio-visual.

teleautografo *s.m.* (*tel.*) telautograph.

teleavviatore *s.m.* (*elettr.*) contactor starter, solenoid starter.

telebanca *s.f.* home banking.

telebomba *s.f.* guided bomb.

teleborsa *s.f.* (*Borsa*) Stock ticker, ticker.

telecabina *s.f.* cable car.

telecamera *s.f.* (*tv*) telecamera, television camera: *carrello per* —, camera dolly.

telecinematografia *s.f.* telephoto-lens cinematography.

telecinesi *s.f.* telekinesis (*pl.* -ses).

telecinetico *agg.* telekinetic.

telecomandare *v.tr.* to radio-control, to operate by remote control.

telecomandato *agg.* radio-controlled: *macchinina telecomandata*, radio-controlled (toy) car.

telecomando *s.m.* radio control, remote control: *il — del televisore*, remote control TV switch.

telecomporre *v.tr.* (*tip.*) to teletypeset.

telecomposizione *s.f.* (*tip.*) teletypesetting.

telecomunicare *v.tr.* e *intr.* to communicate by telecommunications.

telecomunicazione *s.f.* **1** telecommunication **2** (*comunicazione a distanza*) long-distance communication: — *telefonica*, telephone communication.

teleconferenza *s.f.* teleconference.

telecontrollare *v.tr.* **1** (*telecomandare*) to operate by remote control **2** (*controllare per televisione*) to control by television.

telecontrollo *s.m.* remote control TV switch.

telecopiare *v.tr.* to fax, to facsimile.

telecopiatore *s.m.* **telecopiatrice** *s.f.* facsimile device, facsimile machine, facsimile unit, fax (machine).

telecronaca *s.f.* television news, television report: — *diretta*, *differita*, live, recorded television report; *ci sarà una — della partita*, the match will be televised.

telecronista *s.m.* e *f.* (television) commentator.

telediffusione *s.f.* broadcasting.

teledipendente *s.m.* e *f.* TV addict.

teledistribuzione *s.f.* cable network.

teledocumentazione *s.f.* teledocumentation.

teledramma *s.m.* television play; (*amer.*) teleplay.

teleelaborazione *s.f.* teleprocessing.

telefax *s.m.* fax, facsimile.

teleferica *s.f.* cableway, aerial ropeway, telpherage: — *a va e vieni*, to-and-fro aerial ropeway.

teleferico *agg.* telpher (*attr.*).

teleferista *s.m.* telpherman (*pl.* -men).

telefilm *s.m.* television film.

telefonare *v.tr.* e *intr.* (*comunicare per telefono*) to telephone, to phone; (*chiamare per telefono*) to ring* up, to call: *mi telefonò la notizia che aspettavo*, he phoned me the news I was expecting; *ha telefonato che verrà*, he has telephoned to say that he will come; *ti telefonerò*, I'll give you a ring (*o* a call).

telefonata *s.f.* (telephone) call: — *intercomunale*, *interurbana*, trunk (*o* long-distance) call; — *internazionale*, international call; — *urbana*, local call: *fare*, *ricevere una* —, to make, to receive a telephone call; *le passo la — nel suo ufficio*, I'll put the call through to your office.

telefonia *s.f.* telephony: — *senza fili*, wireless telephony (*o* radiotelephony).

telefonicamente *avv.* by telephone, on the telephone: *gli ho parlato — proprio ieri*, I spoke to him on the telephone just yesterday; *me lo ha comunicato* —, he told me over the telephone.

telefonico *agg.* telephone (*attr.*); telephonic: *comunicazione telefonica*, telephone communication; *apparecchio* —, telephone; *cabina telefonica*, telephone box (*o* booth); *centralino* —, telephone exchange; *elenco* —, telephone directory (*o* book); *rete telefonica*, telephone system; *servizio*, *ufficio* —, telephone service, office.

telefonino *s.m.* cell-phone, portable phone, mobile.

telefonista *s.m.* e *f.* telephone operator, telephonist.

telefono *s.m.* telephone; phone: *numero di* —, (tele)phone number; — *a tasti*, push-button telephone; — *automatico*, dial (*o* automatic) telephone; — *cellulare*, cell-phone (*o* portable phone; — *cordless*, cordless (o wireless) phone; — *duplex*, two party line (*o* shared) telephone; — *interno*, extension telephone (*o* interphone); *campanello del* —, telephone bell; *fili del* —, telephone wires; *ricevitore*, *trasmettitore del* —, telephone receiver, transmitter; — *pubblico*, *a gettoni*, *a scheda* (*magnetica*), public, coin box, telecard telephone; *avere il* —, to be on the (*o* to have a) phone; *abbonato al* —, (telephone) subscriber: *essere abbonato al* —, to be on the phone; *chiamare qlcu. al* —, to ring (*o* to call) s.o. up; *il — suona libero*, *occupato*, the telephone is ringing, is engaged; *essere desiderato al* —, to be wanted on the phone; *essere al* —, to be on the phone; *ci siamo sentiti ieri per* —, we spoke to each other on the phone yesterday; *parlare per* —, to speak by telephone // *colpo di* —, (*fam.*) call: *dammi un colpo di* —, ring me up // — *senza fili*, wireless telephone // — *! qualcuno vada a rispondere!*, the telephone's ringing! will someone go and answer? // — *caldo*, hot line.

telefoto, **telefotografia** *s.f.* **1** telephotography **2** (*copia telefotografica*) telephotograph.

telegenico *agg.* telegenic.

telegiornale *s.m.* television news; (*fam.*) news Ⓤ.

telegrafare *v.tr.* to telegraph, to wire; (*con cavo sottomarino*) to cable: — *un messaggio*, to telegraph a message.

telegrafia *s.f.* telegraphy: — *senza fili*, wireless telegraphy.

telegraficamente *avv.* **1** by telegraph; telegraphically; (*con cavo sottomarino*) by cable **2** (*fig.*) (*concisamente*) briefly, concisely; in a few words.

telegrafico *agg.* **1** telegraphic; telegraph (*attr.*): *cavo* —, telegraph cable; *filo* —, telegraph wire; *linea telegrafica*, telegraph line; *messaggio* —, telegraphic message; *ufficio* —, telegraph office // (*comm.*) *vaglia* —, telegraphic money order **2** (*estens.*) (*conciso*) brief, concise, terse: *stile* —, concise style; *mi ha telefonato ma è stato* —, he phoned me but he was very terse.

telegrafista *s.m.* e *f.* telegraphist, telegraph operator; (*spec. amer.*) telegrapher.

telegrafo *s.m.* **1** telegraph: (*mil.*) — *campale*, field telegraph; — *Morse*, Morse telegraph; — *senza fili*, wireless telegraphy; *palo del* —, telegraph pole (*o* post) **2** (*ufficio telegrafico*) telegraph office.

telegramma *s.m.* telegram; (*amer.*) wire; (*per cavo sottomarino*) cable(gram): — *cifrato*, code telegram; — *con risposta pagata*, pre- (*o* reply-)paid telegram; — *per l'interno*, *per l'estero*, inland, foreign telegram; — *urgente*, urgent telegram; *per* —, by wire (*o* by cable); *fare un* —, to wire (*o* to cable); *mandare un — a qlcu.*, to send s.o. a telegram (*o amer.* to wire s.o.).

teleguida *s.f.* remote control.

teleguidare *v.tr.* to operate by remote control.

teleguidato *agg.* vectored, guided, remote control (*attr.*): *missile* —, guided missile.

teleinformatica → **telematica**.

telematica *s.f.* telematics Ⓤ, data communication.

telematico *agg.* telecom- (*attr.*), telecommunication (*attr.*).

telemeccanica *s.f.* telemechanics Ⓤ.

telemessaggio *s.m.* (*discorso teletrasmesso*) televised speech.

telemetrare *v.tr.* e *intr.* to telemeter.

telemetria *s.f.* telemetry.

telemetrico *agg.* telemetric.

telemetrista *s.m.* telemeter operator; (*mil.*) range-taker.

telemetro *s.m.* telemeter; rangefinder.

telemisura *s.f.* telemetering.

telemisurare *v.tr.* to telemeter.

telemisurazione *s.f.* telemetering, telemetry.

telenovela *s.f.* soap opera.

teleobbiettivo *s.m.* (*fot.*) telephoto lens, teleobjective.

teleologia *s.f.* teleology.

teleosteo *agg.* e *s.m.* (*zool.*) teleost, teleostean.

telepatia *s.f.* telepathy: *per* —, by telepathy.

telepaticamente *avv.* by telepathy, telepathically.

telepatico *agg.* telepathic.

telepilotare e *deriv.* → **teleguidare** e *deriv.*

teleprogramma *s.m.* TV program(me).

telequiz *s.m.* TV quiz program(me).

teleradiotrasmettere *v.tr.* to broadcast* on radio and television simultaneously.

teleregolare *v.tr.* to telecontrol.

teleregolazione *s.f.* telecontrol.

teleria *s.f.* textiles (*pl.*); fabrics (*pl.*); linen and cotton goods (*pl.*); soft goods (*pl.*): *commerciante in telerie*, linen draper; *negozio di* —, draper's shop.

telericevente *agg.* television receiving ◆ *s.f.* television receiving station.

telerilevamento *s.m.* (*geofisica*) remote sensing.

teleripetitore *s.m.* television repeater.

teleripresa *s.f.* (*cinem.*) telephoto shot.

teleriscaldamento *s.m.* district heating.

teleromanzo *s.m.* TV serial (based on a novel).

teleruttore *s.m.* (*elettr.*) remote control switch; (*interruttore elettromagnetico*) electromagnetic switch: — *di avviamento*, solenoid starter.

teleschermo *s.m.* (*tv*) telescreen.

telescopia *s.f.* (*astr.*) telescopy.

telescopicamente *avv.* by telescope, telescopically.

telescopico *agg.* telescopic, telescopical: (*mecc.*) *giunto* —, telescopic joint; (*mecc.*) *forcella a molleggio* —, telescopic fork; (*fot.*) *mirino* —, telescopic finder; *osservazioni telescopiche*, telescopic observations.

telescopio *s.m.* (*astr.*) telescope: — *a riflessione*, reflecting telescope; — *a rifrazione*, refracting telescope; — *equatoriale*, equatorial (telescope); — *elettronico*, electronic telescope; — *con teodolite*, altazimuth telescope; — *per infrarosso*, infrared telescope.

telescrivente *s.f.* teleprinter, telex;

teletypewriter: (*Borsa*) — *per quotazioni*, (Stock) ticker.

telescriventista *s.m.* e *f.* teletypist.

telesegnalazione *s.f.* (*elettr.*) remote indication.

teleselettivo *agg.* (*tel.*) direct dialling, (*attr.*): *collegamento* —, direct dialling link.

teleselezione *s.f.* (*tel.*) direct dialling; subscriber trunk dialling, (*abbr.* STD): *una chiamata in* —, an STD call.

telesonda → **radiosonda**.

telesorveglianza *s.f.* closed circuit monitoring system.

telespettatore *s.m.* **telespettatrice** *s.f.* televiewer, viewer.

telestampante *s.f.* teleprinter.

telestesia *s.f.* tel(a)esthesia.

telestrumento *s.m.* remote indication instrument.

teletaxe® *s.m.* (*tel.*) teletaxe.

teletex *s.m.* (*tel.*) teletex.

teletext *s.m.* (*tel.*) teletext.

teletrasmettere[1] *v.tr.* (*trasmettere a distanza*) to transmit over a long distance.

teletrasmettere[2] *v.tr.* (*trasmettere per televisione*) to televise, to broadcast* on television, to telecast*.

teletrasmettitore *s.m.* television broadcaster; telecaster.

teletrasmissione[1] *s.f.* (*trasmissione a distanza*) long-distance transmission.

teletrasmissione[2] *s.f.* (*trasmissione televisiva*) television broadcast, telecast.

teletrasmittente *agg.* television broadcasting ♦ *s.f.* television broadcasting station.

teletta *s.f.* thin linen fabric; thin cotton fabric.

teleutente *s.m.* e *f.* television subscriber, holder of a television licence; (*telespettatore*) televiewer.

televendita *s.f.* tele-sales (*pl.*), home shopping [U].

televenditore *s.m.* salesperson on TV.

televisione *s.f.* 1 television, (*abbr.* TV); (*fam.*) the box, the telly: — *a colori*, colour television; — *in bianco e nero*, black-and -white television; — *pubblica*, state (*o* public) television; — *privata*, commercial (*o* private) television; *guardare la* —, to watch television; *alla* —, on television: *domani danno quel film alla* —, that film will be on television tomorrow; *per* —, by television: *trasmettere per* —, to televise (*o* to broadcast on TV); *accendere*, *spegnere la* —, to turn on, to turn off the television 2 (*televisore*) television set, television receiver.

televisivo *agg.* televisional, television, TV (*attr.*): *programma* —, television programme; *trasmissione televisiva*, telecast (*o* broadcast); *apparecchio* —, television (*o* TV) set.

televisore *s.m.* television set, television receiver.

telex *s.m.* telex.

telferaggio *s.m.* telpherage.

tellina *s.f.* (*zool.*) tellina.

tellurico *agg.* telluric.

telluride *s.f.* (*chim.*) telluride.

tellurio *s.m.* (*chim.*) tellurium.

telluroso *agg.* (*chim.*) tellurous: *acido* —, tellurous acid.

telo *s.m.* (*pezzo di stoffa*) length of cloth, of material, of fabric; piece of cloth, of material, of fabric: *un* — *da spiaggia*, beach towel; *un* — *da bagno*, bath towel; (*mil.*) — *mimetico*, camouflaged sheet; *un abito fatto di due teli*, a dress made with two lengths of material.

telofase *s.f.* (*biol.*) telophase.

telone *s.m.* 1 large piece of canvas; (*telone impermeabile*) tarpaulin 2 (*teatr.*) (drop-)curtain.

teloslitta *s.f.* canvas slide, canvas chute.

telson *s.m.* (*zool.*) telson.

tema[1] *s.f.* (*letter.*) (*timore*) fear: *non si fermò per* — *di arrivare in ritardo*, he did not stop for fear of arriving late.

tema[2] *s.m.* 1 (*argomento*) theme, subject, topic: — *d'attualità*, topical subject; *il* — *di una conversazione*, the topic of a conversation; *il* — *di un discorso*, the theme of a speech; *il* — *della solitudine in Petrarca*, the theme of solitude in Petrarch; *uscire di* —, to wander from the subject // *fuori* —, off the point 2 (*scolastico*) composition: *svolgere un* —, to write a composition 3 (*ling.*) stem, theme; root: *il* — *di una parola*, the stem of a word 4 (*mus.*) theme // *variazioni sul* —, (*anche fig.*), variations on the theme.

tematica *s.f.* theme; subject.

tematico *agg.* thematic.

temerarietà *s.f.* temerity, rashness, recklessness; (*folle audacia*) foolhardiness.

temerario *agg.* temerarious, rash, reckless: *un giudizio* —, a rash judgement; *una persona temeraria*, a rash (*o* reckless) person.

temere *v.tr.* 1 (*avere timore di*) to fear, to be afraid of (s.o., sthg.); to dread: *accadde proprio quel che temevo*, just what I feared happened; *non teme niente*, he fears nothing; *non temo di incontrarmi con lui*, I am not afraid of meeting him; *non temo quell'uomo*, I am not afraid of that man; *temo che sia troppo tardi*, I fear it is too late; *temo di non riuscire*, I am afraid I might not succeed; *per un attimo ho temuto di non farcela*, for a moment I was afraid that I would not make it; *temo che stia per piovere*, I'm afraid it's going to rain; *non c'è nulla da* —, there's nothing to be afraid of // — *il peggio*, to fear the worst; *è di una bellezza che non teme confronti*, she is incomparably beautiful // (*comm.*) *prezzi che non temono la concorrenza*, highly competitive prices 2 (*riverire*) to fear, to stand* in awe of (s.o., sthg.): — *Dio*, to fear God 3 (*patire*) not to stand*, to suffer from (sthg.): *questa pianta teme il caldo, il freddo*, this plant cannot stand the heat, the cold ♦ *v.intr.* to fear for (s.o., sthg.), to be afraid (for s.o., sthg.): *non temete di nulla!*, never fear!; *temo di no, temo di sì*, I fear not, I fear so; *temo per la sua salute*, I fear for his health; — *per la propria vita*, to fear for one's life // *non* —, *metterò io le cose a posto*, don't worry, I shall put things right.

temibile *agg.* dreadful; fearful: *un avversario* —, an opponent to be feared.

temolo *s.m.* (*zool.*) (*Thymallus thymallus*) grayling, umber.

tempaccio *s.m.* nasty weather, foul weather.

tempera *s.f.* 1 (*pitt.*) distemper, tempera: *disegno a* —, wash drawing; *colori a* —, tempera colours; *dipingere a* —, to distemper 2 (*tecn.*) → **tempra**.

temperamatite antiq. **temperalapis** *s.m.* pencil sharpener.

temperamento *s.m.* 1 temperament, disposition, nature: — *allegro*, *generoso*, cheerful, generous disposition; — *artistico*, *poetico*, artistic, poetic temperament; *un* — *collerico*, *nervoso*, a choleric, nervous temperament; *un* — *dolce*, a sweet disposition (*o* nature); *sono due temperamenti diversi*, they both have different characters; *avere* —, to have character; *essere privo di* —, to have no character; *pigro per* —, constitutionally lazy 2 (*non com.*) (*alleviamento*) mitigation 3 (*accomodamento*) arrangement; (*compromesso*) compromise 4 (*mus.*) temperament.

temperamine *s.m.* lead sharpener.

temperanza *s.f.* temperance; (*moderazione*) moderation, restraint; self-control: — *nel bere, nel mangiare*, moderation in eating, in drinking.

temperare *v.tr.* 1 (*mitigare*) to temper, to mitigate, to moderate: — *un castigo*, to mitigate a punishment; — *la propria collera*, to moderate one's anger 2 (*aguzzare*) to sharpen: — *una matita*, to sharpen a pencil 3 (*pitt.*) to temper: — *colori*, to temper colours 4 (*tecn.*) → **temprare** 5 (*mus. ant.*) to attune.

temperato *agg.* 1 temperate, moderate (*anche fig.*): — *nel mangiare, nel bere*, moderate (*o* self-controlled) in eating, in drinking // (*geogr.*): *clima* —, temperate climate; *zona temperata*, temperate zone 2 (*mus.*) tempered.

temperatura *s.f.* 1 (*fis.*, *chim.*) temperature: — *ambiente*, room temperature; — *assoluta*, absolute temperature; — *critica*, critical temperature; — *del punto di rugiada*, dew-point temperature; — *di accensione*, fire point; — *di autoaccensione*, ignition temperature; — *di condensazione*, condensation temperature; — *di congelamento*, freezing temperature; — *di dissociazione*, dissociation temperature; — *di ebollizione*, boiling temperature; — *di miscibilità*, mixibility temperature; — *di riferimento*, reference temperature; — *effettiva*, effective temperature; — *equivalente*, equivalent temperature; — *minima*, (*tra i cicli di saldatura*) interpass temperature // *abbassamento di* —, fall in temperature; *a* — *e pressione normali*, standard temperature and pressure; *alta*, *bassa* —, high, low temperature; *elevare la* —, to increase the temperature 2 (*alterazione febbrile*) temperature, fever: *avere un po' di* —, to have (*o* to run) a temperature; *prendere*, *misurare la* — *a qlcu.*, to take s.o.'s temperature.

temperie *s.f.* 1 (*meteor.*) temperate weather 2 (*fig.*) climate, atmosphere: — *culturale*, *politica*, cultural, political climate.

temperino *s.m.* 1 (*coltellino tascabile*) penknife*, pocketknife* 2 (*temperamatite*) pencil sharpener.

tempesta *s.f.* storm (*anche fig.*); tempest (*anche fig.*); (*fig.*) (*fitta serie di cose*) shower, hail: — *di grandine*, hailstorm; — *di neve*, snowstorm; — *di pioggia*, rainstorm; — *di vento*, windstorm (*o* gale); — *di sabbia*, sandstorm; — *magnetica*, magnetic storm; *ci fu una violenta* —, there was a violent storm; *mare in* —, stormy sea; *battuto dalle tempeste*, storm-beaten; *bloccato dalla* —, stormbound; *zona delle tempeste*, storm belt; *centro della* —, (*anche fig.*) storm centre (*o* eye of the storm); *c'è aria di* —, it looks like a storm is coming (*o* there is a stormy atmosphere); *sollevare una*

—, (*fig.*) to stir up a storm; *una — in un bicchiere d'acqua*, (*fig.*) a storm (*o* a tempest) in a teacup; *una — di applausi*, (*fig.*) a storm of applause; *una — di colpi, frecce, proiettili*, (*fig.*) a shower of blows, arrows, bullets; *una — di domande*, (*fig.*) a barrage of questions; *avere il cuore in* —, (*fig.*) to be in a state of turmoil; *una — di pensieri*, (*fig.*) a confused mass of thoughts // (*lett.*) *'La tempesta'*, 'The Tempest' // *dopo la — viene il sereno*, (*prov.*) after the storm comes the calm.

tempestare *v.tr.* **1** (*colpire con forza*) to batter, to pound, to assail: — *il nemico di proiettili*, to pound the enemy with shells; — *qlcu., qlco. di colpi*, to hail (*o* to rain) blows on s.o., sthg. **2** (*fig.*) (*subissare*) to annoy, to pester, to harass: — *qlcu. di domande*, to harass s.o. with questions; — *qlcu. di insulti*, to rain insults on s.o. **3** (*ornare*) to stud; to adorn; (*cospargere*) to strew*: — *un anello di rubini*, to stud a ring with rubies ◆ *v.intr.* (*non com.*) (*infuriare*) to rage ◆ *v.intr.impers.* to storm, to be stormy; (*grandinare*) to hail: *piove e tempesta*, it's wet and stormy.

tempestato *agg.* **1** (*battuto*) battered, assailed **2** (*ornato*) studded; (*cosparso*) strewn: — *di perle, stelle*, studded with pearls, stars; *un prato — di fiori*, a lawn strewn with flowers **3** (*fig.*) pestered, annoyed: — *di telefonate, finì con l'innervosirsi*, continually pestered by telephone calls, he ended up by getting irritable.

tempestio *s.m.* (*fam.*) hail, shower, storm (*anche fig.*): *un — di colpi, di domande*, a hail of blows, of questions.

tempestivamente *avv.* at the right time, opportunely; in good time: *sono intervenuti* —, they intervened at the right moment; *avvertire — l'interessato*, to warn the person concerned in good time.

tempestività *s.f.* timeliness; opportuneness: *la — di un intervento*, the timeliness of an intervention.

tempestivo *agg.* timely, opportune, well -timed: *provvedimenti tempestivi*, timely measures; *il suo intervento — le ha salvato la vita*, his timely intervention saved her life.

tempestoso *agg.* **1** stormy, tempestuous: *mare* —, stormy sea; *cielo* —, stormy sky **2** (*fig.*) stormy, tempestuous; violent; passionate: *una vita tempestosa*, a stormy life; *umore* —, stormy mood; *un amore* —, a passionate (*o* tempestuous) love affair.

tempia *s.f.* **1** (*anat.*) temple **2** *pl.* (*capo*) head (*sing.*): *si sparò un colpo alle tempie*, he shot himself in the head.

tempiale *s.m.* (*tess.*) temple, templet: — *automatico*, mechanical temple.

tempio *s.m.* **1** temple (*anche fig.*): — *ebraico*, Jewish temple (*o* synagogue); *un — greco*, a Greek temple; *l'università è il — del sapere*, university is the temple of learning **2** (*estens.*) monument; (*chiesa*) church.

tempismo *s.m.* (sense of) timing: *scegliere con — il momento di agire*, to choose the moment to act with perfect timing; *che —!*, what a sense of timing! // *un pugile dotato di* —, a boxer gifted with a good sense of timing.

tempista *s.m.* e *f.* **1** (*mus.*) musician who keeps time well **2** (*fig.*) person who does the right thing at the right time: *ha dimostrato di essere un vero* —, he proved that he knows the right moment to act **3** (*sport*) competitor with a good sense of timing.

templare *s.m.* (*st.*) (*Cavaliere*) —, (Knight) Templar.

tempo *s.m.* **1** time: *spazio e* —, space and time; — *presente, passato*, present, past time; *molto, poco* —, a long, a short time; *un breve periodo di* —, a short period of time; *un gran lasso di* —, a long period of time; *un anno di* —, a year; *il — passa, vola*, time passes (*o* goes by), flies; *il — non passa mai*, time is hanging a bit heavy; *passare, trascorrere il* —, to spend one's time; *col passare del* —, in time // *un* —, once: *un — eravamo amici*, once we were friends // (*un po' di, qualche*) — *fa, addietro*, some time ago; *poco, molto — prima*, shortly, long before; *poco, molto — dopo, dopo poco, molto* —, after a short, a long time; *fra qualche* —, in a while // *da* (*molto*), *poco* —, for a long, short time; *da quanto — non lo vedi?*, how long is it since you saw him?; *da quanto — non ti vedo!*, it's a long time since I last saw you!; *è tanto — che non lo vedo*, I haven't seen him for a long time; *da — immemorabile*, from time immemorial // *di — in* —, from time to time // *a, in* —, in time; *a un —, allo, nello stesso* —, at the same time; *a — perso, nei ritagli di* —, in one's spare time; *a — debito, in — utile*, in (due) time; *a suo* —, (*prima*) some time ago; (*dopo*) at the right time; *essere a, fare in — a fare qlco.*, to have enough time to do sthg.: *è sempre a, in — a pagare*, he's always in time to pay; *non faccio, non sono più a, in — a prendere il treno*, I haven't got enough time to catch the train; *fare qlco. a — e luogo*, to do sthg. at the right time; *in ogni* —, in every time; *in un primo* —, at first; *in un secondo* —, later on // *col* —, eventually: *col — imparerai*, eventually you'll learn // *per* —, early; (*in anticipo*) beforehand // *prima del, innanzi, anzi* —, before time // *le ingiurie del* —, the ravages of time // *avere* —, to have time: *avere buon* —, to have time to waste; *non avere* (*un briciolo di*) —, not to have a minute; *non ho avuto il — materiale di leggerlo*, I didn't have the time to read it; *non ho neanche avuto il — di salutarli*, I didn't even have time to say good bye to them; *sta' calmo, hai tutto il* —, keep calm, you've got all the time in the world; *"Quanto manca alla partenza del treno?" "C'è —"*, "When is the train leaving?" "There's plenty of time"; *non c'è — da perdere*, there is no time to waste; *perdere, sciupare, buttar via il* —, to waste one's time; *riguadagnare il — perduto*, to make up for lost time; *guadagnar* —, to gain time; *prender* —, to stall (for time); *senza por — in mezzo*, without delay // *dare, lasciare — al* —, to let time pass // *ammazzare, ingannare il* —, to kill time (*o* to while away the time) // *darsi* (*al*) *bel* —, to have a good time // *è — che tu cambi*, it's high time you changed; *è — di mangiare, di dormire*, it's dinner time, it's time for bed (*o* it's bedtime) // *il — è un gran medico*, time is a great healer; *il — è galantuomo*, (*prov.*) murder will out; *il — è denaro*, (*prov.*) time is money; *chi ha — non aspetti* —, (*prov.*) make hay while the sun shines // — *libero*, spare time (*o* leisure) // — *morto*, idle time (*anche inform.*) // — *di lavorazione, di cottura*, production, cooking time; *tempi tecnici*, time requirement; *studio dei tempi e metodi*, time and motion study; *tempi tecnici per perfezionare un contratto*, bureaucratic time requirement for the execution of a contract; — *utile*, time limit; — *reale*, real time; — *pieno*, full time: *scuola a — pieno*, full-time school; *insegnare a — pieno*, to teach full time; *lavoratore a — pieno*, full timer; — *parziale*, part-time // (*comm.*): — *di consegna*, delivery time; — *di attesa, improduttivo*, downtime; — *di attesa*, (*fra carico e scarico*) turn-round time; *retribuzione a* —, time wage(s); *contratto a — determinato*, time contract; (*contratto di*) *locazione a — indeterminato*, tenancy at will (*o* sine die); *a far — da*, starting from // (*inform.*): — *di esecuzione*, operating time; — *di esecuzione dell'istruzione*, instruction time; — *di messa in funzione*, installation time; — *di posizionamento*, seek time; — *di corretto funzionamento*, up time (*o* uptime); — *di disponibilità dell'hardware*, block time; — *di addizione*, add-on time; — *di riferimento*, time origin; — *per attivare una comunicazione*, call setup time; — *per attività accessorie*, incidental time; *tempi di fermo*, (*per guasto*) downtime; *tempi morti, di risposta*, think time; — *di ripresa*, makeup time; *tempi elementari*, digit time; *tempi utili*, effective time // (*astr.*): — *civile*, civil time; — *solare vero*, apparent solar day; — *universale*, universal time (*o* Greenwich time *o* Greenwich civil time) **2** (*epoca, età*) time: *tempi antichi, moderni*, ancient, modern times; *tempi difficili*, hard times; — *di guerra, di pace*, wartime, peace time; — *della semina, del raccolto*, sowing, harvest time; — *di quaresima*, Lent; — *di esami*, period of exams // *ai miei tempi*, in my time; *in questi ultimi tempi*, recently (*o* lately); *al — dei tempi*, in olden days; *nella notte dei tempi*, in the mists of time // *i vecchi tempi, il buon — andato*, the good, old days; *bei, altri tempi!*, the good old days!; *coi tempi che corrono*, as the times go // *un documento del* —, a document of the period // *al — di Enrico* VIII, at the time of Henry VIII; *al — che Berta filava*, (*fam.*) in times gone by // *il più bel film di tutti i tempi*, the best film of all time // *una bellezza senza* —, a timeless beauty // *i tempi non sono maturi*, the time is not ripe // *adeguarsi ai tempi*, to move with the times // *essere all'altezza dei tempi*, to be up-to-date; *tenersi al passo coi tempi*, to keep up (*o* to move) with the times; *essere figlio del proprio* —, to be the child of one's time; *precorrere i tempi*, to be ahead of (*o* to be born before) one's times // *aver fatto il proprio* —, to have had one's day **3** (*atmosferico*) weather [U]: — *bello, brutto, cattivo*, nice (*o* fine), bad, nasty weather; — *da lupi, da cani*, nasty (*o* foul) weather; *che bel —!*, what nice weather!; *il — cambia, regge, si mantiene al bello*, the weather is changing, is holding (up); — *permettendo*, weather permitting; *previsioni del* —, weather forecast; *carta del* —, weather map // *fare il bello e il cattivo* —, (*fig.*) to lay down the law // *sentire il* —, (*fam.*) to feel the weather // *una risposta che lascia il — che trova*, a feeble reply // *rosso di sera bel — si spera*, (*prov.*) red sky at night, shepherd's delight **4** (*mus.*) time; tempo*; (*parte di composizione musicale*) movement; (*misura*) measure; (*battuta*) beat: — *di minuetto*, tempo di minuetto (*o* minuet-time); *i quattro tempi di una sinfonia*, the four movements of a symphony; *battere, tenere il* —, to beat, to keep time; *andare a* —, to go in time; *essere a, fuori* —, to be in, out of time; *perdere il* —, to go out of time; *battere in quattro tempi*, to beat four to the bar **5** (*gramm.*) tense: — *presente, passato, futuro*, present, past, future tense **6**

(*fase, parte*) stage, phase, part: *l'operazione fu eseguita in due tempi*, the operation was performed in two stages; *il primo — di una partita di calcio*, the first half of a football match; *il secondo — di un film*, the second part of a film // *tempi supplementari*, extra times **7** (*sport*) time: — *di record*, record time; *far* (*registrare*) *un buon* —, to record a good time; *migliorare il proprio* —, to improve one's time; *corsa contro il* —, race against time // *fuori — massimo*, after the time limit.

tempora *s.f.pl.* (*eccl.*) Ember Days.

temporale[1] *agg.* **1** temporal; secular, worldly: *interessi temporali*, secular interests; *beni temporali*, temporalities (*o* temporal properties); *il potere — del Papa*, the temporal power of the Pope **2** (*gramm.*) of time, temporal **3** (*scient.*) of time, temporal; *funzione* —, temporal function ◆ *s.f.* (*gramm.*) time clause.

temporale[2] *agg.* (*anat.*) temporal: *osso, lobo* —, temporal bone, lobe.

temporale[3] *s.m.* (*meteor.*) thunderstorm; storm (*anche fig.*): *ci fu un* —, there was a storm; *il — è cessato*, the storm is over // *oggi c'è aria di — in ufficio*, (*fig. fam.*) it feels as though there's a storm brewing in the office today.

temporalesco *agg.* stormy (*anche fig.*): *aria temporalesca*, stormy atmosphere; *nube temporalesca*, storm cloud (*o* thundercloud).

temporalità *s.f.* temporality.

temporaneamente *avv.* temporarily; transitorily.

temporaneità *s.f.* temporariness; transitoriness.

temporaneo *agg.* temporary; provisional; transitory: *una situazione temporanea*, a temporary situation; *impiego* —, temporary job; *indennità temporanea*, temporary benefit.

temporeggiamento *s.m.* temporizing; playing for time.

temporeggiare *v.intr.* to play for time; to temporize: *temporeggiava in attesa di un'occasione favorevole*, he played for time, waiting for a favourable opportunity.

temporeggiatore *s.m.* temporizer // *Fabio Massimo, il Temporeggiatore*, Fabius Maximus the Cunctator.

temporizzare *v.tr.* (*tecn.*) to time.

temporizzatore *s.m.* (*tecn.*) timer.

temporizzazione *s.f.* (*tecn.*) timing; time-out.

tempra *s.f.* **1** (*tecn.*) hardening; temper; (*del vetro*) tempering; (*con raffreddamento in liquido*) quenching: — *di profondità*, through hardening; — *in acqua*, water quenching; — *in bianco*, bright hardening; — *in olio*, oil quenching; — *localizzata*, selective quenching; *bagno di* —, quenching bath // *una lama di buona* —, a well -tempered blade; *un metallo di buona* —, a well-tempered metal **2** (*fig.*) character, fibre, temperament; (*costituzione fisica*) constitution: *una persona della sua* —, a person of his character (*o* fibre *o* temperament); *un uomo di — robusta*, a man with a sound constitution **3** (*di suono*) timbre.

temprabile *agg.* (*tecn.*) hardenable.

temprare *v.tr.* **1** (*tecn.*) to harden, to temper; (*con raffreddamento in liquido*) to quench: — *il vetro*, to temper glass; — *acciaio*, to harden (*o* to quench) steel **2** (*fig.*) (*fortificare*) to strengthen, to harden, to toughen; (*plasmare*) to form, to mould: *le difficoltà temprano l'animo*, hardships strengthen the soul; *la disciplina tempra il carattere*, discipline toughens the character; *è temprato a tutte le difficoltà*, he is hardened to all the difficulties.

□ **temprarsi** *v.rifl.* o *intr.pron.* to strengthen oneself, to toughen oneself; to be strengthened; to get* harder: *si è temprato nelle avversità*, he was tempered (*o* toughened) by hardship.

temprato *agg.* **1** (*tecn.*) hardened, tempered: *acciaio* —, hardened steel **2** (*fig.*) hardened, toughened; inured: — *alle sofferenze*, hardened (*o* inured) to suffering.

tenace *agg.* **1** tenacious; (*resistente*) strong, tough; (*viscoso*) viscous, adhesive: *argilla* —, tenacious clay; *filo* —, tenacious (*o* strong) thread; *presa* —, tenacious hold **2** (*fermo, perseverante*) persevering, persistent, tenacious; firm; enduring: *fede* —, firm faith; *sforzi tenaci*, persistent efforts; *un uomo* —, a persevering man; *affetto* —, enduring affection; — *nelle sue opinioni*, tenacious in his opinions; *memoria* —, tenacious (*o* retentive) memory.

tenacemente *avv.* tenaciously; (*con perseveranza*) perseveringly; firmly: *difendere — la propria onestà*, to defend tenaciously one's reputation for honesty.

tenacia *s.f.* tenacity, tenaciousness; (*perseveranza*) perseverance, firmness; constancy: *applicarsi con grande* —, to apply oneself with great tenacity; — *di affetti*, constancy in affection.

tenacità *s.f.* **1** → tenacia **2** (*scient.*) tenacity **3** (*metall.*) toughness.

tenaglia *s.f.* **1** (*spec. pl.*) (*tecn.*) tongs (*pl.*), pincers (*pl.*); nippers (*pl.*); (*per curvare*) pliers (*pl.*): — *da fabbro*, blacksmith's tongs; — *da forgia*, forge tongs; — *da rilegatore*, band nippers; — *da rotaie*, rail tongs; — *da saldatore*, welder's tongs; — *da tappezziere*, upholsterer's pincers **2** (*spec. pl.*) (*di crostacei*) pincers (*pl.*) **3** (*mar.*) (*galloccia*) kevel **4** (*fortificazione*) tenail(le).

tenardite *s.f.* (*min.*) thenardite.

tenda *s.f.* **1** curtain: — *per doccia*, shower curtain; *tirare le tende*, to draw the curtains **2** (*da sole o per riparare la coperta delle navi*) awning **3** (*da campo*) tent; (*grande padiglione*) marquee: *mettere, piantare le tende in un luogo*, to pitch one's tents in a place, (*fig.*) to set up home (*o* to settle down) in a place; *ormai ha messo le tende in casa mia*, now he has settled down in my house; *levare le tende*, to strike camp, (*fig.*) to move on (*o* to go away); *non vedevo l'ora di levare le tende*, I couldn't wait to go away.

tendaggio *s.m.* curtains (*pl.*), curtaining.

tendalino *s.m.* (*mar.*) awning.

tendame *s.m.* curtaining.

tendente *agg.* **1** tending; inclined, prone: *un carattere — alla depressione*, a character prone to depression // (*econ.*) *prezzi tendenti al rialzo*, prices tending upward // (*mat.*) — *a zero*, vanishing **2** (*che si avvicina*) tending (to), verging (on): *blu — al verde*, blue tending to green; *un colore — al giallo, al verde*, a yellowish, greenish colour **3** (*mirante*) intended (to), aimed (at): *un discorso — a ingannare*, a speech intended to deceive (*o* aimed at deceiving).

tendenza *s.f.* **1** trend, tendency, movement: *le tendenze artistiche moderne*, the modern trends in art; *il tempo ha — a migliorare*, the weather is tending to improve; *la — della moda è verso la minigonna*, the fashion trend is towards the miniskirt **2** (*attitudine, inclinazione*) tendency, bent, inclination, leaning, propensity, disposition: — *all'invidia*, disposition to envy; — *all'obesità*, tendency to fatness; *la — dell'uomo al male*, man's tendency to evil; *la sua — ad alterare la verità*, his propensity to distort the truth; *ha una speciale — al disegno*, he has a special bent for drawing // *tendenze omicide*, homicidal tendencies // *ha strane tendenze*, (*è omosessuale*) he's a bit queer.

tendenziale *agg.* tendential, prospective: (*econ.*) *indice* —, tendential index.

tendenzialmente *avv.* tendentially; basically; by nature: *un'indole — pacifica*, a basically peaceful nature.

tendenziosità *s.f.* tendentiousness: *la — di una notizia*, the tendentiousness of a piece of news.

tendenzioso *agg.* tendentious, biased: *notizie false e tendenziose*, false and tendentious news; (*dir.*) *domanda tendenziosa*, leading question.

tender *s.m.* (*ferr.*) tender.

tendere *v.tr.* **1** (*porgere, protendere*) to stretch (out), to hold* out: *tese la mano e lo acchiappò*, he stretched out his hand and caught it; *vi tese la mano*, he held out his hand to you; — *le braccia per prendere qlco.*, to stretch out one's arms for sthg.; — *il collo*, to stretch one's neck // — *gli orecchi*, (*fig.*) to prick up one's ears **2** (*mettere in tensione*) to tighten, to pull, to stretch: — *l'arco*, to stretch the bow; — *una corda*, to pull a cord taut; — *una fune fino a romperla*, to tighten a rope until it breaks; — *le funi, le redini*, to tighten the ropes, the reins **3** (*predisporre*) to prepare, to lay*, to set*: — *un agguato*, to prepare an ambush; — *un tranello*, to set a trap; — *un'insidia*, to lay a snare // — *le reti*, to lay the nets, (*fig.*) to set a trap ◆ *v.intr.* **1** (*essere inclinato*) to tend; to incline, to be inclined, to be prone: *tendo a credergli*, I am inclined to believe him; *tende a esagerare ogni cosa*, he tends to exaggerate everything; *il tempo tende al bello*, the weather is tending to get nicer; *l'arte moderna tende ad allontanarsi dalla tradizione*, modern art is tending to move away from tradition; *tende a ingrassare*, he is inclined to grow fat; *le sue condizioni di salute tendono a peggiorare*, his health is tending to deteriorate // *un colore che tende al rosso*, a colour verging on red // *questa salsa tende all'acido*, this sauce is almost sour // (*econ.*): *i salari tendono ad aumentare*, wages tend to increase; *la situazione economica tende a migliorare*, the economic situation is getting better; *i costi tendono a crescere, diminuire*, costs are moving upward, downward // (*mat.*) — *a zero*, to vanish **2** (*mirare*) to aim (at sthg., to do sthg.): *tende a farsi conoscere*, he aims to make himself known; *il suo intervento tendeva a modificare la situazione*, his intervention was intended to improve matters; *tutti i suoi sforzi tendono a uno scopo preciso*, all his efforts are directed (*o* aimed) at one precise goal.

tendifilo *s.m.* (*tess.*) (thread) tensioner.

tendìna *s.f.* **1** curtain **2** (*fot.*) curtain shutter.

tèndine *s.m.* (*anat.*) tendon, sinew: *guaina*

del —, tendon sheath; — *d'Achille*, Achilles tendon.

tendineo *agg.* (*anat.*) tendinous: *fuso* —, tendon spindle.

tendinite *s.f.* (*med.*) tendinitis, tendonitis.

tendinoso *agg.* (*anat.*) tendinous.

tendiscarpe *s.m.* shoetree.

tenditoio *s.m.* (*non com.*) **1** (*cavalletto per stendere*) clotheshorse, clothes rack **2** (*luogo per stendere il bucato*) drying room.

tenditore *s.m.* (*mecc.*) tightener; (*tendicavo*) turnbuckle ◆ *agg.* tightening: *galoppino* —, tightening pulley (*o* idle pulley *o* tightener).

tendone *s.m.* **1** big tent, marquee; (*da riparo*) awning; (*impermeabile*) tarpaulin; (*da circo*) big top **2** (*non com.*) (*sipario*) curtain.

tendopoli *s.f.* tent city.

tenebra *s.f.* (*spec. pl.*) **1** dark [U]; darkness [U], murk [U]: *le tenebre della notte*, the darkness of the night; *col favore delle tenebre*, under cover of darkness; *vagare nelle tenebre*, to wander in the dark **2** (*fig.*) darkness [U], obscurity [U], gloom [U], murk [U]: *nelle tenebre dell'ignoranza*, in the darkness of ignorance.

tenebrione *s.m.* (*zool.*) — *mugnaio*, (*Tenebrio molitor*) meal worm.

tenebrosità *s.f.* (*non com.*) **1** darkness, murkiness, gloom; obscurity **2** (*mistero*) mysteriousness.

tenebroso *agg.* **1** dark, murky, gloomy; sombre, obscure: *un carattere* —, a gloomy character; *un luogo* —, a gloomy (*o* dark *o* murky) place; *una notte tenebrosa*, a dark (*o* murky) night; *cielo* —, dark (*o* murky) sky **2** (*misterioso*) mysterious, sinister ◆ *s.m.* gloomy person.

tenente *s.m.* **1** (*mil.*) lieutenant; (USA) first lieutenant: — *colonnello*, (GB e USA) lieutenant -colonel; — *di vascello*, (*mar.* GB e USA) lieutenant **2** (*aer.*) (GB) flying officer, (USA) first lieutenant.

tenenza *s.f.* lieutenancy.

teneramente *avv.* tenderly, fondly.

tenere *v.tr.* **1** to hold* (*anche fig.*); (*mantenere, conservare*) to keep* (*anche fig.*): — *in mano qlco.*, to hold sthg. in one's hands; — *in braccio un bambino*, to hold a baby in one's arms; — *le mani in tasca*, to keep one's hands in one's pocket; — *un cibo in caldo*, to keep food hot; — *la lingua a posto*, to hold one's tongue; — *la finestra aperta*, to keep the window open; *ho tenuto in, a casa il bambino*, I have kept the child in; *ci ha tenuto in piedi per due ore*, he kept us standing for two hours; — *in vita qlcu.*, to keep s.o. alive; — *insieme*, to hold together; *due colonne tengono su il soffitto*, two pillars hold up the ceiling; — *su il morale a qlcu.*, to bolster s.o.'s morale; — *su la testa*, to hold one's head up; *posso — i guanti?*, may I keep my gloves on?; *tiene le chiavi della macchina sulla scrivania*, he keeps the car keys on his desk; — *stretto qlco.*, to hold on tightly to sthg. // *tientelo per te*, keep it under your hat // — *buono qlcu.*, to keep s.o. quiet; *è un bambino così vivace che non so come tenerlo*, this child is so lively that I don't know how to keep him under control // — *qlcu. informato, al corrente di qlco.*, to keep s.o. informed (*o* to let s.o. know) about sthg.; — *qlcu. all'oscuro di qlco.*, to keep s.o. in the dark about sthg.; — *qlco. nascosto a qlcu.*, to keep sthg. from s.o. // — *presente qlco.*, to bear sthg. in mind: *tieni presente che...*, bear in mind that... // — *a mente qlco.*, to keep sthg. in mind // — *in ordine*, to keep in order; — *a posto*, to keep tidy; — *da conto qlco.*, to treat sthg. with care // — *il posto a qlcu.*, to keep a seat for s.o., (*di lavoro*) to keep a job (open) for s.o. // — *le parti di qlcu.*, to side with s.o. // — *una promessa*, to keep a promise // — *il diario*, to keep one's diary // (*aut.*): — *la destra, la sinistra*, to keep to the right, to the left; *una macchina che tiene bene la strada*, a car that holds the road well // (*comm.*): *nel nostro negozio non teniamo questa merce*, we don't keep these goods in our shop; — *merci in magazzino*, to stock goods; — *la cassa*, to be in charge of the cash; — *i conti, la contabilità*, to keep accounts, the books; — *il resto*, to keep the change; — *alti, bassi i prezzi*, to keep prices up, down; — *a bada i creditori*, (*amer.*) to stall off creditors // — *a cresima un bambino*, to act as godparent to a child **2** (*prendere*) to take*: *tieni questo libro*, take this book **3** (*avere*) to keep*, to have: — *una cameriera*, to keep (*o* to have) a maid // *tengo famiglia*, (*dial.*) I've got a family to support **4** (*gestire*) to keep*, to run*, to manage: — *un negozio*, to keep a shop; — *un'azienda, una scuola*, to run a business, a school // — *una carica pubblica*, to hold a public office **5** (*occupare*) to take* up: *tenero il forte per due mesi*, they held the fort for two months; *questa scrivania tiene troppo posto*, this desk takes up too much room **6** (*trattenere*) to keep*, to hold*: *l'influenza l'ha tenuto a letto un paio di giorni*, the flu kept him in bed for a couple of days; *i vigili tenevano indietro la gente*, the policemen were keeping (*o* holding) back people; — *qlcu. per il braccio*, to hold s.o. by the arm; — *le lacrime*, to restrain one's tears; — *il fiato*, to hold one's breath // *tenersi la pancia dal ridere*, (*fam.*) to hold one's sides with laughter **7** (*contenere*) to hold*, to contain: *questa bottiglia tiene un litro*, this bottle holds (*o* contains) a litre **8** (*considerare*) to consider, to regard, to hold*: — *caro qlco.*, to hold sthg. dear; — *per certo*, to take (*o* to accept) as given; *l'ho sempre tenuto per un buon ragazzo*, (*non com.*) I have always considered him to be (*o* regarded him as) a good boy; — *una notizia per vera*, to take news as true // *tientelo per detto*, take the lesson to heart **9** (*organizzare*) to hold*; (*fare*) to deliver: — *una riunione*, to hold a meeting; — *un discorso*, to deliver a speech; — *una lezione*, to give a lesson **10** (*liquido, gas, non lasciarlo passare*) to hold*: *barile che tiene l'acqua*, barrel that holds water (*o* that is watertight); *questa stoffa tiene l'acqua*, this material is waterproof ◆ *v.intr.* **1** (*non perdere*) to be watertight: *il serbatoio non tiene bene*, the tank isn't watertight; *il rubinetto non tiene*, the tap leaks **2** (*resistere*) to hold*: *questa corda non terrà a lungo*, this rope will not hold long; *tieni duro, non cedere*, hold on, don't give in // *non c'è scusa che tenga*, (*fam.*) there is no excuse for it // — *dietro a qlcu.*, (*seguirlo*) to follow s.o. **3** (*dare importanza*) to care; (*desiderare*) to like: — *alle apparenze*, to attach great importance to appearances; *terrei molto a incontrarlo*, I would like very much to meet him; *tiene molto ai suoi titoli*, he is very proud of his titles; *non ci tengo*, I don't care (for it) **4** (*parteggiare*) to support (s.o.): — *per una squadra di calcio*, to support a football team; — *dalla parte dei contribuenti*, to support (*o* to side with) taxpayers **5** (*assomigliare*) (*non com.*) to take* after (s.o.): — *dal padre, dalla madre*, to take after one's father, one's mother.

□ **tenersi** *v.rifl.* **1** to keep* (oneself), to hold* (oneself); to stand*: *tieniti alla ringhiera*, hold on to the banister; *tienti fermo*, hold (*o* keep) still; *tienti fuori dalle loro discussioni*, keep out of their discussions; *tienti lontano da questi luoghi*, keep away from these places // *egli si tenne sulle sue*, he was rather reserved (*o* stiff) // — *in contatto con qlcu.*, to keep in touch with s.o. // — *in esercizio*, to keep one's hand in // — *indietro*, to stand back; — *in piedi*, to keep on one's feet; — *a destra*, to keep to the right; — *pronto*, to keep ready **2** (*considerarsi*) to hold* oneself, to consider oneself: *non mi tengo responsabile di ciò*, I do not hold myself responsible for it **3** (*trattenersi*) to help (doing): *non posso tenermi dal pensarci*, I cannot help thinking of it **4** (*attenersi*) to stick*, to follow (sthg.): *tienti alle sue istruzioni*, follow his instructions; *tienti al testo*, stick to the text; — *ai fatti*, to stick to the facts.

tenerezza *s.f.* **1** (*l'essere tenero*) tenderness; (*estens.*) (*morbidezza*) softness: *la — della carne*, the tenderness of meat **2** (*fig.*) (*affetto delicato*) tenderness, fondness, love, affection: — *materna*, motherly tenderness; *c'era — nelle sue parole*, there was tenderness in his words; *è piena di — verso i suoi figli*, she's very affectionate with her children; *con* —, tenderly (*o* fondly) **3** *pl.* (*parole tenere*) loving words, sweet nothings: *si sussurravano tenerezze*, they were whispering sweet nothings to each other.

tenero *agg.* **1** (*molle*) tender, soft: *carne tenera*, tender meat; *pelle tenera*, tender (*o* sensitive) skin **2** (*piccolo, delicato*) tender, delicate: *tenera pianticella*, tender little plant // *tenera età*, tender age: *fin dalla sua più tenera età*, from his earliest youth; *alla tenera età di sessant'anni, si decise a prendere la patente*, he decided to get his driving licence at the tender age of sixty **3** (*fig.*) tender, loving, affectionate: *cuore* —, tender heart: *avere il cuore* —, to be tenderhearted (*o* softhearted); *un padre* —, a loving father; *uno sguardo* —, a loving look; *non essere troppo — con i tuoi studenti*, don't be too soft with your students **4** (*di parole, modi*) fond: *parole tenere*, fond words ◆ *s.m.* **1** (*parte tenera*) tender part: *il — delle foglie*, the tender (*o* soft) part of leaves **2** (*affetto*) affection; sympathy: *c'è del — fra di loro*, they are sweet on each other; *avere del — per qlcu.*, (*fam.*) to have a soft spot for s.o.

tenerume *s.m.* **1** (*parte tenera*) soft part, tender part **2** (*cartilagine*) cartilage, gristle **3** (*sdolcinatezza*) mawkishness, sentimentality **4** (*smancerie*) slobbering.

tenesmo *s.m.* (*med.*) tenesmus.

tenia *s.f.* (*zool.*) (*Tenia solium*) tapeworm, taenia*: — *dei suini*, measles.

teniasi *s.f.* (*med.*) teniasis.

tenibile *agg.* (*non com.*) tenable: *la posizione militare non era più* —, the military position was now untenable.

tenite *s.f.* (*min.*) taenite.

tennantite *s.f.* (*min.*) tennantite.

tennis *s.m.* **1** (*sport*) tennis: — *su prato*, lawn tennis; *gara di* —, tennis match; *una partita di* —, a game of tennis; *racchetta, pallina da* —, tennis racket, ball; *giocare a* —, to play tennis // — *da tavolo*, table tennis **2** (*im-

pianto sportivo con campo da tennis) tennis club: *ci vediamo al* —, see you at the tennis club.

tennista *s.m.* e *f.* tennis player.

tennistico *agg.* tennis (*attr.*): *gara tennistica*, tennis match.

tenonatrice *s.f.* tenoner, tenoning machine.

tenone *s.m.* (*tecn.*) tenon.

tenoplastica *s.f.* (*med.*) tenontoplasty.

tenore *s.m.* **1** (*maniera*) tenor; way: *avere un alto — di vita*, to have a high standard of living; *devi cambiare — se vuoi riuscire negli affari*, you must change your ways if you want to succeed in business **2** (*di scritto, discorso ecc.*) tenor; contents (*pl.*): *il — di un discorso*, the tenor of a speech; *il — di una lettera*, the tenor (*o* contents) of a letter; *la lettera è del seguente* —, the letter reads as follows **3** (*dir.*) *a — di*, according to: *a — di legge*, according to the law **4** (*mus.*) tenor: *— drammatico, lirico*, dramatic, lyric tenor **5** (*percentuale di una sostanza in una soluzione*): *bevanda ad alto — alcolico*, drink with a high alcohol content **6** (*miner.*) grade: *— minimo coltivabile*, cutoff.

tenorile *agg.* (*mus.*) tenor (*attr.*): *voce* —, tenor voice.

tenorite *s.f.* (*min.*) tenorite.

tenosite *s.f.* (*med.*) tenositis, tendonitis.

tenotomia *s.f.* (*med.*) tenotomy.

tensioattività *s.f.* (*chim.*, *fis.*) surface activity.

tensioattivo *agg.* (*chim.*, *fis.*) surface-active (*attr.*) ◆ *s.m.* (*chim.*, *fis.*) surface-active agent.

tensiocorrosione *s.f.* (*chim.*) stress corrosion.

tensiometro *s.m.* (*fis.*) tensiometer.

tensione *s.f.* **1** tension: *— muscolare*, muscular tension; *la — di una corda*, the tension of a string; *— nervosa*, nervous tension (*o* strain) **2** (*fig.*) tension, strain: *— internazionale*, international tension; *essere in — per gli esami*, to be tense (*o* under strain) because of the exams; *c'è molta — in quella famiglia*, there's a lot of tension in that family **3** (*elettr.*) voltage; tension: *alta, bassa* —, high, low voltage; *linea ad alta, a bassa* —, high-voltage, low-voltage line; *elevare la* —, to boost; *— anodica*, anode voltage (*o* plate voltage); *— di griglia*, grid voltage; *— di linea*, line voltage; *— di placca*, plate voltage; *— di sblocco*, gate voltage **4** (*fis.*, *mecc.*) tension; pressure: *— di sublimazione*, sublimation pressure; *— di vapore*, vapor pressure (*o* tension); *— superficiale*, surface tension.

tensiostruttura *s.f.* (*edil.*) tensile structure.

tensivo *agg.* tensive.

tensore *s.m.* **1** (*anat.*) (*muscolo*) —, tensor (muscle) **2** (*mat.*) tensor.

tensoriale *agg.* (*mat.*) tensorial.

tensostruttura → **tensiostruttura**.

tentabile *agg.* **1** attemptable; open to trial: *una prova difficilmente* —, a test that is difficult to attempt **2** (*che può essere indotto in tentazione*) temptable, open to temptation ◆ *s.m.* everything possible: *tentare il* —, to try everything possible.

tentacolare *agg.* **1** tentacular **2** (*fig.*) sprawling: *una città* —, a sprawling town; *un'organizzazione* —, a widespread organization.

tentacolato *agg.* tentacled, tentaculate(d).

tentacolo *s.m.* tentacle (*anche fig.*).

tentare *v.tr.* **1** to try, to attempt, to make* an attempt: *ho già tentato diverse volte di entrare*, I have already made several attempts to go in; *ho tentato, ma senza successo*, I have tried, but with no success; *tenterò di convincerlo*, I shall try to convince him; *— la fuga*, to attempt an escape // *— la fortuna*, to try one's luck // *— non nuoce*, (*prov.*) there is no harm in trying **2** (*indurre in tentazione*) to tempt: *non tentarmi, non ho tempo di venire*, don't tempt me, I have not got time to come; *quel dolce mi tenta*, that cake is tempting; *Sant'Antonio fu tentato dal demonio*, St. Anthony was tempted by the devil; *sono tentato di andare a vedere*, I am tempted to go and see **3** (*letter.*) (*tastare, toccare*) to touch, to feel*: *— le corde di un violino*, to touch the strings of a violin **4** (*dir.*) (*nel reato*) to attempt.

tentativo *s.m.* **1** attempt (*anche dir.*); try: *— d'evasione*, attempt to escape; *— di violenza, di resistenza*, attempt at violence, at resistance; *un — inutile*, a useless attempt; *tutti i nostri tentativi sono stati vani*, all our efforts were in vain; *hai a disposizione un altro* —, you can have another try; *ci sono riuscito al primo* —, I succeeded at the first attempt; *un felice* —, a successful attempt; *fare un* —, to make an attempt (*o* to try) **2** (*stat.*) trial.

tentatore *agg.* tempting: *il diavolo* —, the Tempter ◆ *s.m.* tempter.

tentatrice *s.f.* temptress.

tentazione *s.f.* temptation: *ho la — di dirglielo*, I am tempted to tell him; *questo piatto di patatine è una grossa* —, this plateful of crisps is a great temptation; *indurre qlcu. in* —, to lead s.o. into temptation; *resistere alla* —, to resist temptation.

tentenna *s.m.* (*scherz.*) ditherer, indecisive person, irresolute person.

tentennamento *s.m.* **1** (*esitazione*) hesitation; dithering (about), shilly-shallying: *dopo parecchi tentennamenti accettò l'invito*, after much humming and hawing he accepted the invitation **2** (*traballamento*) tottering, staggering **3** (*oscillazione*) swinging.

tentennante *agg.* hesitant, undecided, irresolute.

tentennare *v.intr.* **1** (*traballare*) to totter, to stagger, to be unsteady: *camminava tentennando*, he was staggering along; *il palo tentennò e cadde*, the post tottered and fell **2** (*oscillare*) to swing*, to oscillate **3** (*esitare*) to hesitate, to waver, to dither (about), to shilly -shally: *— fra due decisioni*, to waver between two decisions; *non —, questa è la via giusta*, don't hesitate, this is the right way ◆ *v.tr.* (*non com.*) to shake*.

tentoni, (a) *locuz.avv.* gropingly: *scendere (a) — per una scala buia*, to grope (*o* to feel) one's way down a dark stairway // *cercare a — la risposta a un problema*, to grope for the solution to a problem.

tentredine *s.f.* (*zool.*) sawfly: *— delle olive*, (*Ametastegia glabrata*) dock-sawfly.

tenue *agg.* **1** (*sottile*) thin, slender, fine: *uno stelo* —, a slender stem **2** (*piccolo*) small, slight, tenuous: *— guadagno, spesa*, small (*o* slight) profit, expense; *— speranza*, small (*o* slender) hope **3** (*lieve*) slight, light: *un — tocco*, a light touch **4** (*leggero, delicato*) soft: *colore* —, soft colour; *aveva gli occhi d'un azzurro* —, she had soft-blue eyes **5** (*anat.*) *intestino* —, small intestine.

tenuta *s.f.* **1** estate; (*azienda agricola*) farm: *ha una bellissima — vicino a Roma*, he has a very beautiful estate near Rome **2** (*uniforme*) uniform; (*abbigliamento*) clothes (*pl.*): *— militare*, military uniform; (*mil.*) *alta* —, full dress; *in — da lavoro*, in working clothes; *in — da casa*, in casual clothes; *— estiva*, light (*o* summer) clothes; *— da sci*, skiing outfit; *— da calcio*, football strip **3** (*capacità*) capacity: *la — di un serbatoio*, the capacity of a tank **4** (*tecn.*) seal: *— a liquido*, (*di gasometro*) wet seal; *— a secco*, (*di gasometro*) dry seal; *— di olio*, oil seal; *— idraulica*, wet seal; *a — d'acqua*, watertight; *a — d'aria*, airtight; *a — d'olio*, oiltight; *guarnizione di* —, seal **5** (*comm.*) *— dei libri*, bookkeeping; *— degli archivi*, record keeping; *— delle scorte*, stock control **6** (*resistenza*) stamina: (*fin.*) *— della sterlina*, solidity of the pound **7** (*di autoveicolo*): *— di strada*, roadholding; *avere una buona — di strada*, to have good roadholding.

tenutaria *s.f.* **tenutario** *s.m.* owner; holder: *— di una casa da gioco*, owner of a gambling house.

tenuto *agg.* **1** (*obbligato*) obliged, bound (*pred.*): *— a pagare*, obliged to pay; *non sono — a dirtelo*, I am not bound to tell you; *non siamo tenuti a risarcirvi i danni*, we are not liable for damages; *non siete tenuti a rispondere*, you are not obliged to answer (*o* you don't have to answer); (*amm.*) *i dipendenti sono tenuti a presentarsi in ufficio alle nove*, employees are required to be in the office at nine; *— per legge*, legally bound **2** (*coltivato*) planted (with sthg.): *campo — a grano, patate*, field planted with corn, potatoes **3** (*conservato*) kept: *un libro ben* —, a well-kept book **4** (*ritenuto*) considered, regarded: *è — in gran conto*, he is highly regarded.

tenzonare *v.intr.* (*letter.*) **1** to strive, to dispute, to combat, to battle **2** (*fig.*) to dispute.

tenzone *s.f.* **1** (*letter.*) combat, contest: *singolar* —, single combat **2** (*estens.*) (*disputa verbale*) argument, dispute **3** (*st. lett.*) tenson, poetic contest.

teo- *pref.* di origine greca che indica 'relazione con Dio o con la divinità'; ingl. theo-: *teofania*, theopany; *teofagia*, theophagy.

teobromina *s.f.* (*chim.*) theobromine.

teocentrico *agg.* theocentric.

teocratico *agg.* theocratic(al).

teocrazia *s.f.* theocracy.

teocriteo *agg.* Theocritean.

teodicea *s.f.* (*teol.*) theodicy.

teodolite, **teodolito** *s.m.* (*topografia*) theodolite.

teofillina *s.f.* (*chim.*) theophylline.

teoforo *agg.* theophoric, theophorous.

teogonia *s.f.* theogony.

teogonico *agg.* theogonic.

teologale *agg.* (*ant.*) theological: *le tre virtù teologali*, the three theological virtues.

teologia *s.f.* theology.

teologico *agg.* theological.

teologizzare *v.intr.* to theologize.

teologo *s.m.* theologian.

teorema *s.m.* (*log.*) theorem.

teorematico *agg.* (*non com.*) theorematic(al).

teoresi *s.f.* (*fil.*) theory, theoretics [U].

teoreta *s.m.* e *f.* theorist, theoretician.

teoretica *s.f.* theoretics [U], theoretical philosophy.

teoretico *agg.* theoretic(al).

teoria *s.f.* **1** theory: *la — dell'evoluzione*, the theory of evolution; *— della relatività*, theory of relativity; *— monetaria*, monetary theory; *la — e la pratica*, theory and practice; *in —*, in theory (*o* theoretically); *è della — che...*, he holds the theory that... **2** (*letter.*) (*processione, fila, sfilata*) procession, long series*, long line, string: *una — di pellegrini*, a procession of pilgrims.

teorica *s.f.* (*non com.*) theory.

teoricamente *avv.* theoretically, in theory.

teoricità *s.f.* theoretic nature.

teorico *agg.* theoretical, theoretic: *l'esame è composto da una parte teorica e una pratica*, the exam has two parts, one on theory and one practical ◆ *s.m.* theorist, theoretician.

teorizzare *v.tr.* e *intr.* to theorize.

teorizzatore *s.m.* (*non com.*) theorizer, theorist.

teorizzazione *s.f.* theorization.

teosofia *s.f.* (*fil.*, *teol.*) theosophy.

teosofico *agg.* (*fil.*, *teol.*) theosophic(al).

teosofo *s.m.* (*fil.*, *teol.*) theosophist, theosopher.

tepalo *s.m.* (*bot.*) tepal.

tepidario *s.m.* (*archeol.*) tepidarium*.

tepore *s.m.* warmth, tepidness (*anche fig.*).

teppa, **teppaglia** *s.f.* mob, rabble, scum.

teppismo *s.m.* hooliganism; thuggery: *il dilagare del —*, the spread of hooliganism; *atti di —*, acts of hooliganism.

teppista *s.m.* e *f.* hooligan, thug; rough.

teppistico *agg.* hooligan (*attr.*), thuggish.

ter *agg.* (*terzo*) third // *treno —*, extra relief train.

tera- *pref.* della terminologia scientifica che, preposto a una unità di misura, ne moltiplica il valore per 10^{12}; ingl. tera-: *terawatt*, terawatt.

terapeuta *s.m.* e *f.* therapist, therapeutist.

terapeutica *s.f.* therapeutics [U].

terapeutico *agg.* therapeutic(al).

terapia *s.f.* **1** (*cura*) therapy, treatment, cure: *— curativa*, cure; *— antibiotica*, antibiotic therapy; *— radiologica*, radiation (*o* X-ray) therapy; *sottoporsi a una —*, to undergo treatment // *— d'urto*, (*anche fig.*) shock therapy **2** (*terapeutica*) therapeutics [U].

terapista *s.m.* e *f.* therapist.

teratogeno *agg.* (*biol.*) teratogen.

teratologia *s.f.* (*biol.*) teratology.

teratologico *agg.* (*biol.*) teratological.

teratoma *s.m.* (*med.*) teratoma.

terbio *s.m.* (*chim.*) terbium.

terebinto *s.m.* (*bot.*) (*Pistacia therebintus*) terebinth, turpentine tree.

teredine *s.f.* (*zool.*) (*Teredo navalis*) ship -worm, teredo*.

tereftalato *s.m.* (*chim.*) terephthalate.

tereftalico *agg.* (*chim.*) terephthalic: *acido —*, terephthalic acid.

tergere *v.tr.* (*letter.*) **1** (*asciugare*) to wipe (off), to wipe (away), to dry: *— le lacrime*, to dry one's tears; *— il sudore*, to wipe away the sweat **2** (*pulire*) to clean **3** (*fig.*) (*purificare*) to purify.

tergicristallo *s.m.* (*aut.*) windscreen wiper.

tergilunotto *s.m.* (*aut.*) rear window wiper.

tergiversare *v.intr.* (*eludere una domanda*) to equivocate, to hum and haw; (*temporeggiare*) to prevaricate; *quando dobbiamo prendere una decisione tergiversa*, when we have to make a decision, he prevaricates; *ogni volta che affrontiamo l'argomento tergiversa*, everytime we bring up the subject he hums and haws.

tergiversazione *s.f.* humming and hawing; prevarication.

tergo *s.m.* back (*anche fig.*): *volgere il —, le terga a qlcu.*, to turn one's back on s.o.; *a —*, (*di un foglio*) overleaf (*o* on the back of a sheet); *vedere a, segue a —*, see overleaf (*o* please turn over) (*abbr.* PTO); *leggere a —*, read overleaf // *da —*, from behind.

teriomorfismo *s.m.* theriomorphism.

teriomorfo *agg.* theriomorphic.

termale *agg.* thermal: *acqua —*, thermal water; *sorgente —*, thermal (*o* hot) spring; *stabilimento —*, (thermal) spa.

terme *s.f.pl.* **1** thermal baths, hot baths, hot springs; (*stazione termale*) spa (*sing.*) **2** (*st. romana.*) thermae.

termica *s.f.* (*meteor.*) thermal.

termico *agg.* thermic, thermal: *tuta termica*, thermal suit; *bottiglia termica*, thermos flask; *condizioni termiche*, thermic conditions; *raggi termici*, thermic rays; *inerzia termica*, thermic inertia; *agitazione termica*, thermal agitation; *conducibilità termica*, thermal conductivity; *radiazione termica*, thermal radiation; (*fis. nucleare*) *neutrone —*, thermal neutron.

termidoriano *agg.* e *s.m.* (*st. francese*) Thermidorian.

termidoro *s.m.* (*st. francese*) Thermidor.

terminabile *agg.* terminable, that may be finished: *un lavoro — in una settimana*, a job that may be finished in a week.

terminal *s.m.* **1** (air) terminal **2** (*comm.*) terminal: *— per container*, container terminal.

terminale *agg.* **1** final, last, terminal: *la parte — di un' autostrada*, the end (*o* last part) of a motorway; *parte — di un ramo*, the end of a branch; *stazione — di una linea ferroviaria*, terminus of a railway line // (*med.*): *in fase —*, terminally; *malato —*, terminally ill patient **2** (*di confine*) boundary (*attr.*) ◆ *s.m.* **1** (*fis.*) terminal **2** (*inform.*) terminal (unit): *— video*, display station (*o* terminal); *— a comando tattile*, touch-screen terminal; *— ad alta velocità*, high rate terminal; *— bancario*, bank terminal; *— con schermo di visualizzazione*, video display unit (*o abbr.* VDU); *— conversazionale*, transaction terminal; *— dedicato a un'applicazione*, application terminal; *— di rete*, communication terminal; *— di sportello* (*bancario*), counter (top) terminal; *— di raccolta dati*, data acquisition terminal; *— di trasmissione*, data communication terminal; *— per elaborazione a lotti*, batch data terminal; *— remoto*, remote station (*o* terminal); *— specializzato*, application-dedicated terminal **3** (*di linee di trasporti*) terminal; (*comm.*) *— di carico*, loading terminal.

terminalista *s.m.* e *f.* (*inform.*) terminal operator.

terminante *agg.* ending, finishing, terminating: *una parola — in 's'*, a word ending in 's'.

terminare *v.tr.* to end, to finish: *— di fare qlco.*, to finish doing sthg.: *terminò di studiare a 24 anni*, he finished studying at 24; *— un lavoro*, to finish a job ◆ *v.intr.* **1** to end, to finish ; to come* to an end, to be over: *la commedia termina in modo triste*, the play has a sad ending; *le parole che terminano in 'f'*, the words ending in 'f'; *il sentiero termina nel bosco*, the path ends in the wood; *la strada termina qui*, the road ends (*o* comes to an end) here **2** (*confinare*) (*non com.*) to border (upon, on sthg.); to bound (sthg.).

terminazione *s.f.* **1** (*desinenza*) ending, termination **2** (*fine*) end: *terminazioni nervose*, nerve endings.

termine *s.m.* **1** (*confine*) boundary; (*limite*) limit (*anche fig.*): *il fiume segna il — del podere*, the river marks the boundary of the farm; *porre un — a qlco.*, to set a limit to sthg.; *rimanere entro i termini*, (*fig.*) to remain within limits; *tutto si può dire se si resta nei termini del buongusto*, you are free to say whatever you want provided you don't exceed the limits of good taste **2** (*limite di tempo, data*) term; date, time: *— di scadenza*, due (*o* expiry) date; *il — per la presentazione della domanda scadrà domani*, tomorrow is the expiry date for sending in the application; *entro i termini prescritti*, within the set time limit (*o* prescribed time); *— ultimo, improrogabile*, deadline; *il lavoro deve essere finito entro il — convenuto*, the work must be finished within the term (*o* period) agreed upon; *nel — di sei mesi*, within (the space of) six months; *fissare un —*, to fix a date (*o* deadline); *prolungare il —*, to extend the time (limit) // (*banca*): *a lungo, breve —*, long-term, short-term; *cambiale a breve —*, short-dated bill; *obbligazioni a breve —*, short bonds // (*comm.*): *— di consegna*, delivery term (*o* date); *vendita a —*, forward sale; *pagamento entro i termini stabiliti*, on-term payment // (*dir.*) *contratto a —*, forward (*o* time) contract // (*assicurazioni*) *polizza a —*, time policy // (*Borsa*): *termini a pronti*, spot terms; *mercato a —*, futures market **3** (*compimento, fine*) end, close: *al — della riunione*, at the end (*o* close) of the meeting; (*sport*) *cinque giri al —*, five laps to the end; *la lezione avrà — alle quattro*, the lesson will end at four; *condurre a —*, to carry out; *condurre a — un lavoro*, to carry out a job; *giungere a un —*, to come to an end; *mettere, porre — a qlco.*, to put an end to sthg.; *portare a — un affare*, to conclude a deal **4** (*condizione, elemento costituente*) term; main point: *termini di un accordo*, terms of an agreement; *l'affare è stato definito in questi termini*, the business has been presented in these terms; *non conosco ancora i termini della questione*, I still don't know what the main points of the question are; *la situazione sta in questi termini*, these are the main points of the question; *non posso accettare i suoi termini*, I cannot accept his terms // *essere in buoni termini con qlcu.*, to be on good terms with s.o. // (*dir.*): *i termini di un contratto*, the terms of a contract; *termini di legge*, law terms; *ai termini di legge*, legally (*o* according to the law); *termini processuali*, terms of proceeding; *— ordinatorio, perentorio, dilatorio*, non peremptory, peremptory, dilatory term // (*comm.*): *termini di scambio*, terms of trade; *questi sono i termini del pagamento*, these are the terms of payment **5** (*parola, espressione*) term, word:

— *scientifico, tecnico*, scientific, technical term; *contraddizione in termini*, contradiction in terms; *in altri termini*, in other words; *una lettera nei seguenti termini*, a letter reading as follows; *parlò di te nei termini più favorevoli*, he spoke about you in the most favourable terms; *misurare, pesare i termini*, to weigh one's words // *modera i termini!*, don't use such strong language! // *usare, esprimersi in mezzi termini*, to beat about the bush; *senza mezzi termini*, frankly // *a rigor di termini*, strictly speaking **6** (*mat., log.*) term: *i termini di una espressione matematica*, the terms of a mathematical expression; *i termini di un paragone*, the terms of a comparison; *ridurre una frazione ai minimi termini*, to reduce a fraction to its lowest terms **7** (*gramm.*) *complemento di* —, indirect object.

terminismo *s.m.* (*fil.*) terminism.

terminista *s.m.* (*fil.*) terminist.

terministico *agg.* (*fil.*) terministic.

terminologia *s.f.* terminology.

terminologico *agg.* terminological, of terminology.

termistore *s.m.* (*fis.*) thermistor.

termitaio *s.m.* termitarium*, termitary.

termite[1] *s.f.* (*zool.*) termite, white ant.

termite[2] *s.f.* (*metall.*) thermit, thermite.

termo- *pref.* di origine greca usato nella terminologia scientifica con significato di 'caldo, calore, temperatura'; ingl. thermo-: (*fis.*) *termografia*, thermography; (*chim.*) *termolisi*, thermolysis; (*biol.*) *termogenesi*, thermogenesis; *termobilancia*, thermobalance.

termoaderente *agg.* thermoadhesive.

termoadesione *s.f.* (*tecn.*) thermoadhesion.

termocauterio *s.m.* (*med.*) thermocautery.

termochimica *s.f.* thermochemistry.

termocinetico *agg.* (*fis.*) thermokinetic.

termocoagulazione *s.f.* (*med.*) thermocoagulation.

termocoibente → **termoisolante**.

termocompressione *s.f.* (*fis.*) thermal compression.

termoconvertitore *s.m.* thermal converter.

termoconvettore *s.m.* convector.

termocoperta *s.f.* electric blanket.

termocoppia *s.f.* (*fis.*) thermocouple.

termodiffusione *s.f.* (*fis.*) thermodiffusion.

termodinamica *s.f.* thermodynamics (U).

termodinamico *agg.* (*fis.*) thermodynamic: *potenziale* —, thermodynamic potential.

termoelettricità *s.f.* thermoelectricity.

termoelettrico *agg.* thermoelectric, thermoelectrical: *centrale termoelettrica*, thermoelectric power station; *effetto* —, thermoelectric effect; *costante termoelettrica*, thermoelectric constant; *pila termoelettrica*, thermopile.

termoelettrone *s.m.* (*fis.*) thermoelectron.

termoelettronica *s.f.* (*fis.*) thermoelectronics (U).

termoelettronico *agg.* (*fis.*) thermoelectronic.

termoestesia *s.f.* (*med.*) thermoesthesia.

termofilo *agg.* (*ecol.*) thermophile.

termoforo *s.m.* heating pad, warming pad.

termogeno *agg.* (*scient.*) thermogenic.

termografo *s.m.* (*fis.*) thermograph.

termogramma *s.m.* (*fis.*) thermogram.

termoigrografo *s.m.* hygrothermograph.

termoindurente *agg.* (*chim.*) thermosetting: *plastica* —, thermosetting composition.

termoione *s.m.* (*fis.*) thermion.

termoionica *s.f.* (*fis.*) thermionics (U).

termoionico *agg.* (*fis.*) thermionic: *valvola termoionica*, thermionic valve, (*amer.*) thermionic tube.

termoisolante *s.m.* thermal insulation ◆ *agg.* thermal-insulation (*attr.*): *materiale* —, thermal-insulation material.

termolabile *agg.* thermolabile.

termologia *s.f.* (*fis.*) thermology.

termologico *agg.* (*fis.*) thermologic(al).

termoluminescenza *s.f.* (*fis.*) thermoluminescence.

termomagnetico *agg.* (*fis.*) thermomagnetic.

termomagnetismo *s.m.* (*fis.*) thermomagnetism.

termometria *s.f.* (*fis.*) thermometry.

termometrico *agg.* (*fis.*) thermometric(al): *fluido* —, thermometric fluid.

termometro *s.m.* **1** (*fis.*) thermometer: — *ad alcol*, spirit thermometer; — *a massima, a minima*, maximum, minimum thermometer; — *a resistenza*, resistance thermometer; — *a rovesciamento*, reversing thermometer; — *differenziale*, differential thermometer; — *elettrico*, electric thermometer; — *medico*, clinical thermometer; — *metallico*, metallic thermometer; *il — sale, scende*, the temperature is rising, is dropping; *il — segna 24 °C*, the thermometer stands at 24 °C **2** (*fig.*) thermometer, indicator: (*econ.*) *i consumi sono un — del tenore di vita*, consumption is an indicator of the standard of living.

termonucleare *agg.* thermonuclear: *reazione* —, thermonuclear reaction.

termopila *s.f.* (*fis.*) thermopile.

termoplasticità *s.f.* (*fis.*) thermoplasticity.

termoplastico *agg.* (*fis.*) thermoplastic.

termopropulsione *s.f.* thermojet propulsion.

termoreattore *s.m.* (*fis.*) thermoreactor.

termoregolatore *s.m.* (*fis., biol.*) thermoregulator ◆ *agg.* thermoregulatory: (*biol.*) *centri termoregolatori*, thermoregulatory centres.

termoregolazione *s.f.* (*fis., biol.*) thermoregulation.

termos → **thermos**.

termosaldare *v.tr.* to weld.

termosaldatrice *s.f.* welding machine, welder.

termosaldatura *s.f.* welding.

termoscopio *s.m.* (*fis.*) thermoscope.

termosensibile *agg.* thermosensitive.

termosfera *s.f.* (*meteor.*) thermosphere.

termosifone *s.m.* **1** (*radiatore*) radiator: *riscaldamento a* —, central heating plant **2** (*fis.*) thermosiphon.

termostabile *agg.* thermostable.

termostabilizzare *v.tr.* to thermostabilize.

termostatica *s.f.* thermostatics (U).

termostatico *agg.* (*fis.*) thermostatic: *camera termostatica*, constant-temperature chamber.

termostato *s.m.* thermostat.

termotecnica *s.f.* thermotechnics (U), heat technology.

termoterapia *s.f.* (*med.*) thermotherapy.

termotropismo *s.m.* (*bot.*) thermotropism.

terna *s.f.* **1** tern **2** (*triade*) triad // (*calcio*) — *arbitrale*, referee and two linesmen.

ternario *agg.* **1** ternary: (*chim.*) *composto* —, ternary compound; (*mat.*) *cifra ternaria*, ternary digit **2** (*metrica*) of three syllables, three-syllable ◆ *s.m.* (*metrica*) triplet, terzina, tercet.

terno *s.m.* (*al lotto*) tern, set of three numbers // *vincere un — al lotto*, (*fig.*) to win the jackpot.

terpene *s.m.* (*chim.*) terpene.

terpina *s.f.* (*chim.*) terpin: *idrato di* —, terpin hydrate.

terpineolo *s.m.* (*chim.*) terpineol.

terpinolene *s.m.* (*chim.*) terpinolene.

terra *s.f.* **1** (*il nostro pianeta, l'opposto di cielo*) earth: *la Terra ruota sul suo asse e gira intorno al Sole*, the Earth rotates on its axis and revolves round the Sun; *il cielo e la* —, Heaven and Earth; *le gioie della* —, earthly joys; *il miglior uomo sulla* —, the best man on earth // *muovere cielo e* —, to move heaven and earth // *queste cose non stanno né in cielo né in* —, these things are totally ridiculous (*o* quite unheard of) **2** (*l'opposto di acqua*) land: *avvistare la* —, to sight land; *la nave si avvicinava alla* —, the ship was approaching land; *sulla — e sul mare*, on land and on sea; *battaglia di* —, land battle; *trasporto via* —, land carriage; *il villaggio è raggiungibile via mare, ma non ancora via* —, the village can be reached by sea, but not by land yet; *non andai per —, ma per mare*, I didn't go by land, but (I went) by sea; (*mar.*) *scendere a* —, to go ashore; *viaggiare per mare e per* —, to travel by (*o* over) land and sea // (*mar.*) — *in vista!*, land ho! // *l'ho cercata per mare e per —, ma non l'ho trovata*, I looked for her everywhere, but I didn't find her **3** (*proprietà terriera*) land; (*possedimento*) estate, property, holding: *una striscia, un pezzo di* —, a strip, a piece of land; *possiede molte terre in Toscana*, he owns a great deal of land in Tuscany; *le sue terre si estendevano sino al mare*, his estate stretched as far as the coast; *queste sono le terre del re di Francia*, these are the lands of the king of France // — *di proprietà*, freehold land; — *in assegnazione*, settled land; — *in locazione*, leasehold land // — *di nessuno*, no-man's-land **4** (*materiale terroso, terriccio*) earth; (*suolo coltivabile*) soil: *raccolse una manciata di* —, he picked up a handful of earth; *riempire un secchio di* —, to fill a bucket with earth; *devo cambiare la — al vaso di rose*, I must change the earth in the rose pot; *una — fertile*, a fertile soil; *una — ricca di sali minerali*, a soil rich in minerals; — *grassa*, loam; *una zolla di* —, a clod of earth // *un vaso di* —, (*terracotta*) earthenware vase // — *d'ombra*, umber; — *da pipe*, pipeclay; — *da porcellana*, kaolin; — *di Siena*, sienna; — *di Siena bruciata*, burnt sienna // (*tecn.*) — *da fonderia*, foundary sand // (*chim.*): *terre rare*, rare earths; *terre alcaline*, alkaline earths **5** (*superficie terrestre; suolo*) ground; (*pavimento*) floor: *un buco nella* —, a hole in the ground; *cadere per* —, to fall to the ground (*o* floor); *sdraiarsi, dormire per* —, to lie, to sleep on the ground (*o* floor); *si sedette per* —, he sat on the ground (*o* floor); *appoggiare qlco. per* —, to place sthg. on the ground; *l'aereo si sollevò da* —, *toccò* —, the plane lifted off, touched down (the ground); *buttare qlcu., qlco. a* —, to throw s.o., sthg. to (*o* on) the ground; *buttare a — qlcu.*, (*demoralizzarlo*) to dishearten s.o. // *i prodotti della* —, agricultural produce; *lavoratori della* —, farm labourers // *raso* —, to the ground: *volare raso* —, to fly close to the ground; *tagliare un albero raso* —, to cut a three to the ground **6** (*mondo*) world: *su questa* —, in this world **7** (*paese, regione*) land, country: *l'Olanda è la — dei mulini a vento*, Holland is the land of windmills; *in terre lontane*, in distant lands; *la — nativa*, one's native country; *in — straniera*, in foreign parts; *è una — ancora da esplorare*, it's an unexplored country // *la Terra Promessa*, the Promised Land **8** (*elettr.*) (*filo di*) —, ground wire; *presa di* —, ground tap; *mettere a* —, to put to earth.

◆ FRASEOLOGIA: *essere a* —, (*di pneumatico*) to have a flat tyre, (*finanziariamente*) to be broke (*o* to be on one's uppers), (*moralmente*) to feel low, (*depresso*) to be at rock bottom // *restare a* —, (*da un mezzo*) to miss (sthg.): *l'autobus era affollato e sono rimasto a* —, the bus was crowded so I was left behind // *tornare sulla* —, (*smettere di fantasticare*) to come back to earth // *tenere, rimanere con i piedi per* —, (*non fantasticare*) to keep one's feet firmly on the ground; *è un tipo con i piedi per* —, (*realista*) he has his feet firmly on the ground // *camminare a un metro da* —, (*essere molto felice*) to walk on air; (*essere molto distratto*) to have one's head in the clouds // — —, (*scadente*) lacklustre; (*semplice*) straightforward (*o* down-to-earth): *fare un discorso* — —, to make a down-to-earth speech // *senza di te mi manca la — sotto i piedi*, I feel lost without you // *far — bruciata*, (*fig.*) to make life impossible for oneself.

terra-aria *agg.* (*mil.*) ground-to-air.

terracotta *s.f.* **1** terracotta, baked clay: *vasellame di* —, earthenware **2** (*oggetto in terracotta*) terracotta.

terracqueo *agg.* terraqueous.

terraferma *s.f.* dry land, terra firma.

terraglia *s.f.* pottery [U]; earthenware [U].

terragno *agg.* (*biol.*) terrestrial, terricolous.

terramara *s.f.* (*agr., archeol.*) terramara.

terranova *s.m.* (*cane*) Newfoundland dog.

terrapieno *s.m.* **1** embankment, bank; (*ferr.*) bed: *costruire un* —, to embank (*o* to bank up) **2** (*mil.*) terreplain, rampart, earthwork.

terraqueo → **terracqueo**.

terra-terra *agg.* (*mil.*) ground-to-ground.

terratico *s.m.* (*ant.*) land rent.

terrazza *s.f.* **1** terrace // *coltivazione a terrazze*, terrace-cultivation // *giardino a terrazze*, terraced garden **2** (*geol.*) terrace.

terrazzamento *s.m.* (*agr., geogr.*) terracing.

terrazzare *v.tr.* to terrace.

terrazzino *s.m.* balcony.

terrazzo *s.m.* **1** (*di casa*) terrace **2** (*geol.*) terrace **3** (*geogr.*) bench: — *alluvionale*, berm.

terremotare *v.tr.* (*non com.*) **1** to devastate **2** (*fig.*) (*sconvolgere*) to create havoc in (sthg.): *l'impennata del dollaro ha terremotato i mercati dei cambi*, the sudden rise of the dollar created havoc in the exchange market.

terremotato *agg.* devastated by an earthquake: *zone terremotate*, areas devastated by earthquakes; *popolazione terremotata*, earthquake victims ◆ *s.m.* earthquake victim.

terremoto *s.m.* **1** earthquake: *scossa di* —, (earth) tremor // *entrò nella stanza come un* —, he came into the room like a whirlwind **2** (*fig.*) (*sconvolgimento*) upheaval, havoc: — *monetario, finanziario*, monetary, financial upheaval **3** (*bambino chiassoso*) madcap.

terreno *agg.* **1** earthly, worldly: *gioie, cose terrene*, earthly joys, things; *piaceri terreni*, worldly pleasures; *vita terrena*, life on earth **2** *piano* —, ground floor, (*amer.*) first floor ◆ *s.m.* **1** ground; (*suolo*) soil: — *fertile, ricco, sabbioso*, fertile, rich, sandy soil; — *ricco di minerali*, soil rich in minerals; *un buco nel* —, a hole in the ground; *scavare il* —, to dig the ground // *guadagnare, perdere* —, to gain, to lose ground; *il nostro candidato sta guadagnando* —, our candidate is gaining ground; *una moda che perde* —, a fashion that is going out // *preparare il — a qlcu.*, (*fig.*) to pave the way for s.o. // *trovare il — adatto*, (*fig.*) to find fertile ground // *tastare il* —, (*fig.*) to see the lie of the land // *sentirsi mancare il — sotto i piedi*, (*fig.*) to feel the ground give way under one's feet // *affrontare un — infido*, to tread on dangerous ground **2** (*porzione di terra*) land; (*proprietà terriera*) land, estate: *possiede molti terreni*, he owns a great deal of land; — *fabbricabile*, building plot (*o* site); — *demaniale*, public land; — *di proprietà comune*, common (*o* common land); *espropriare un* —, to expropriate an estate; — *arato, coltivato*, ploughed, cultivated land; — *arabile*, ploughing land; — *boscoso*, woodland; — *erboso*, grassland; — *coltivabile*, arable land (*o* tilth); — *incolto*, wild country; — *paludoso*, swamp (*o* marshland); (*in America*) glade (*o* everglade); — *disboscato, dissodato*, clearing; *terreni da pascolo*, pasture lands (*o* rough grazing); — *coltivato a frutta*, orchard **3** (*campo di battaglia*) battlefield; (*sport*) field: *scendere sul* —, to go into battle, (*sport*) to take the field; *restare sul* —, to remain on the field // *un caso che va risolto sul — politico*, a case that is to be settled in the political arena **4** (*geol.*) terrane **5** (*geogr.*) terrain: — *di riporto*, made land.

terreo *agg.* (*di colorito*) wan, ashen, pallid: *volto* —, ashen face.

terrestre *agg.* terrestrial; earthly, land (*attr.*): *un animale* —, a land (*o* terrestrial) animal; *forme di vita non terrestri*, extraterrestrial forms of life; *l'asse, l'orbita* —, the earth's axis, orbit; *crosta* —, earth crust; (*geofisica*) *marea* —, earth tide; *magnetismo* —, terrestrial magnetism; *trasporto* —, land transport // *il paradiso* —, the Earthly Paradise // (*mil.*) *forze terrestri, esercito* —, landforce ◆ *s.m.* e *f.* earthling.

terribile *agg.* terrible, awful, dreadful; frightful, fearful: *un temporale* —, a dreadful thunderstorm; *una sciagura* —, a terrible (*o* frightful) disaster; *un nemico* —, an awful enemy.

terricciato *s.m.* compost.

terriccio *s.m.* **1** soil; mould, loam: — *fertile*, fertile soil **2** (*geol.*) topsoil.

terricolo *agg.* (*biol.*) terricolous.

terrier *s.m.* (*cane*) terrier // *fox-* —, fox terrier.

terriero *agg.* land (*attr.*), landed: *proprietà terriera*, landed property; *proprietario* —, landowner.

terrificante *agg.* terrifying, appalling, dreadful: *una scena* —, an appalling scene.

terrificare *v.tr.* to terrify, to frighten, to appal.

terrifico *agg.* (*letter.*) terrifying.

terrigeno *agg.* (*geol.*) terrigenous.

terrina *s.f.* bowl.

territoriale *agg.* territorial: *acque, diritti territoriali*, territorial waters, rights; *giurisdizione, governo* —, territorial jurisdiction, government; *suddivisione* —, zoning; (*dir.*) *competenza* —, venue (*o* territorial jurisdiction) // (*sport*) *superiorità* —, territorial domination (*o* superiority) ◆ *s.m.* (*mil.*) non-combattant.

territorialismo *s.m.* territorialism.

territorialistico *agg.* territorial.

territorialità *s.f.* territoriality.

territorio *s.m.* territory; (*area*) area, region: — *montuoso*, mountainous region; — *nazionale, comunale, regionale*, national, municipal, regional territory; *occupare un* —, to occupy a region, (*di animali*) to territorialize // (*comm.*): — *di vendita*, sales area; — *doganale*, customs area // (*dir.*) — *in concessione*, concession.

terrone *s.m.* (*spreg.*) 'terrone', southener.

terrore *s.m.* terror, dread: *il — della morte*, the terror (*o* dread) of death; *quell'insegnante è il — degli studenti*, that teacher is the terror of the students; *avere — di qlcu., qlco.*, to be terrified of s.o., sthg.; *ha un sacro — del padre*, he lives in mortal terror of his father; *vive nel — di essere preso*, he lives in dread of being caught; *mettere, suscitare, incutere — a qlcu.*, to strike terror into s.o.'s heart // (*st. francese*) *il Terrore*, the Terror: *il periodo del Terrore*, the Reign of Terror.

terrorismo *s.m.* terrorism: — *politico*, political terrorism; *reati di* —, crimes of terrorism; — *psicologico*, psychological terrorism.

terrorista *s.m.* e *f.* terrorist: *terroristi di destra, di sinistra*, terrorists of the right, of the left ◆ *agg.* terrorist (*attr.*): *un gruppo* —, a terrorist group.

terroristico *agg.* terrorist (*attr.*), terroristic: *attentato* —, terrorist attack; *regime* —, terrorist regime; *metodi terroristici*, terrorist methods.

terrorizzare *v.tr.* to terrorize.

terroso *agg.* earthy, earth-like: *sostanza terrosa*, earth-like material // (*chim.*) *metallo* —, earth metal.

tersezza, **tersità** *s.f.* (*letter.*) clearness; (*di stile*) terseness.

terso *agg.* clear; (*di stile*) terse: *cielo* —, clear sky; *aria tersa*, clear air.

terza *s.f.* **1** (*aut.*) third gear: *mettere la* —, to put into third gear **2** (*nell'ordinamento scolastico*) third class, third year: *frequenta la — elementare*, he is in the third class at primary school **3** (*scherma*) tierce **4** (*mus.*) third **5** (*eccl.*) tierce **6** (*fin.*) — *di cambio*, (*terza copia di una cambiale*) third of exchange.

terzana *s.f.* (*med.*) (*febbre*) —, tertian (fever), tertian ague.

terzarolare *v.tr.* (*mar.*) to reef.

terzarolo, **terzaruolo** *s.m.* (*mar.*) reef.

terzavolo *s.m.* great-great-grandfather.

terzera *s.f.* (*edil.*) purlin.

terzetto *s.m.* **1** (*mus.*) (*composizione per tre voci*) terzetto; (*gruppo di tre esecutori*) trio* **2** (*gruppo di tre*) trio, group of three.

terziare *v.tr.* (*agr.*) to plough for the third time.

terziario *agg.* tertiary (*anche chim.*); (*geol.*) *era terziaria*, Tertiary period; (*econ.*) *settore —*, tertiary sector; (*Borsa*) *mercato —*, tertiary (*o* third) market ◆ *s.m.* **1** (*geol.*, *eccl.*) tertiary **2** (*econ.*) tertiary industry, service industry, service(s) sector: *— avanzato*, high value -added service industry.

terziarizzazione *s.f.* (*econ.*) expansion of the service industry.

terziatura *s.f.* (*agr.*) third ploughing.

terzina *s.f.* **1** (*poesia*) tercet: *— dantesca*, Dantean tercet **2** (*mus.*) triplet **3** (*alla roulette*) tern.

terzinare *v.tr.* (*mus.*) to arrange in triple.

terzino *s.m.* (*calcio*) full back: *— destro*, *sinistro*, right, left back.

terziruolo *agg.* e *s.m.* (*tip.*) three-em (space).

terzista *s.m.* e *f.* **1** (*ind. tessile*) (*chi tesse su richiesta di un committente*) weaver (at buyer's request) **2** (*Borsa*) outside contractor.

terzo *agg.num.ord.* third: *il — giorno di viaggio*, the third day of the journey; *abita al — piano*, he lives on the third floor; *è la terza volta che lo incontro oggi*, it's the third time I've met him today; *in — luogo*, thirdly (*o* in the third place) // *fare il — incomodo*, (*fig.*) to play gooseberry // *terza età*, old age: *facilitazioni per la terza età*, special terms for senior citizens; *gite organizzate per la terza età*, excursions organized for elderly people // *merce di — ordine*, third-rate goods // (*Borsa*): *— mercato*, third market (*o* curb exchange); *terzi azionisti*, outside shareholders // *in terza copia*, in triplicate // *Giorgio Terzo*, George the Third // *il — Reich*, the Third Reich ◆ *s.m.* **1** (*terza parte*) third: *il — del suo patrimonio*, the third part of his estate; *tre terzi fanno un intero*, three thirds make a whole // (*mat.*) *— proporzionale*, (*dopo a e b*) third proportional (to a and b) // (*log.*) *— escluso*, excluded middle **2** (*chi arriva terzo*) third: *arrivare —*, to arrive third **3** (*terza persona*) third person; (*gener. pl.*) third party (*sing.*): *in mano di terzi*, in possession of a third party; *per conto di terzi*, on behalf of a third party; *non voglio terzi quando ci incontreremo*, I don't want a third party to be present when we meet; *abbiamo bisogno di un — per poter giocare*, we need a third person to be able to play; *lascia giudicare a un —*, let a third person judge; *chiedere il parere di un —*, to ask for the opinion of a third party // (*dir.*): *— di buonafede*, bona fide holder; *— beneficiario*, third party beneficiary // (*comm.*) *vendere a terzi*, to sell to outside parties // (*assicurazioni*): *assicurazione contro terzi*, third party insurance; *danni contro terzi*, third party damages.

terzogenito *agg.* e *s.m.* third-born.

terzomondismo *s.m.* Third Worldism.

terzomondista *s.m.* e *f.* Third Worlder.

terzone *s.m.* **1** (*tess.*) sackcloth **2** (*mar.*) water barrel.

terzultimo *agg.* e *s.m.* last but two, third last: *occupare il — posto in una graduatoria*, to be last but two on a list.

terzuolo[1] *s.m.* (*zool.*) tercel.

terzuolo[2] *s.m.* (*agr.*) third-cut hay.

tesa *s.f.* **1** (*di cappello*) brim; (*di berretto*) visor: *cappello a larghe tese*, broad-brimmed hat **2** (*il tendere le reti*) casting (of nets); setting (of nets).

tesafili *s.m.* (*elettr.*) wire stretcher.

tesaggio *s.m.* (*tecn.*) stretching.

tesare *v.tr.* **1** (*tecn.*) to stretch: *— una fune*, to stretch a rope **2** (*mar.*) to stretch, to put* under tension, to haul taut: *— una vela*, to hoist a sail taut.

tesatura *s.f.* (*tecn.*) stretching.

tesaurizzare *v.tr.* e *intr.* (*econ.*) to hoard (up), to treasure: *— monete d'argento*, to hoard silver coins.

tesaurizzazione *s.f.* (*econ.*) hoarding, treasuring.

teschio *s.m.* skull.

tesi *s.f.* **1** thesis*; dissertation: *— di laurea*, degree thesis; *una — sull'aggressività*, a thesis on aggressiveness; *scrivere una —*, to write a thesis **2** (*asserzione, pensiero*) thesis*, theory; proposition, argument: *romanzo a —*, thesis novel; *sostenere una —*, to support (*o* to uphold) a thesis; *la — sull'origine della vita*, the theory of the origin of life **3** (*metrica*) thesis*.

tesina *s.f.* paper, short dissertation: *scrivere una —*, to write a paper.

tesla *s.m.* (*fis.*) tesla.

teso *agg.* **1** tight, taut, strained, stretched; tense: *una corda tesa*, a tight (*o* taut) string; *nervi tesi*, tense nerves: *avere i nervi tesi*, to be on edge; *essere in rapporti tesi con qlcu.*, to be on strained terms with s.o.; *atmosfera tesa*, tense atmosphere; *il direttore oggi è — e preoccupato*, the manager is tense and worried today; *un viso —*, a tense face // *stare con le orecchie tese*, (*fig.*) to be all ears // *stare con la mano tesa*, (*chiedere l'elemosina*) to stand with one's hand out **2** (*mirante*) aimed: *sforzi tesi a realizzare il progetto*, efforts aimed at carrying out a project.

tesoreggiare *v.intr.* e *tr.* to hoard (up), to treasure (up).

tesoreria *s.f.* treasury; (*ufficio*) treasurer's office: *— dello Stato*, State Treasury; *— comunale*, *provinciale*, municipal, provincial Treasury; *operazioni di —*, treasury transactions.

tesoriere *s.m.* treasurer, purse bearer.

tesorizzare e *deriv.* → **tesaurizzare** e *deriv.*

tesoro *s.m.* **1** treasure (*anche fig.*): *tesori d'arte*, art treasures; *— sepolto*, buried treasure // *caccia al —*, treasure hunt // *la salute è un —*, good health is very precious // *tu sei il mio —!*, (*fam.*) you are my darling! // *è un — di marito*, (*fam.*) he is an adorable husband // *fare — di qlco.*, (*fig.*) to bear sthg. in mind **2** (*tesoreria*) treasury: *il Tesoro* (*dello Stato*), the Treasury; *buono del —*, Treasury bill (*o* bond); *— pubblico*, public purse **3** (*lett.*) thesaurus*: *il 'Tesoro' di Brunetto Latini*, the 'Thesaurus' by Brunetto Latini.

tessera *s.f.* **1** card, ticket, pass: *— d'iscrizione*, *di socio*, membership card; *— di riconoscimento*, identity card; *— di giornalista*, press card; *— d'abbonamento*, season ticket; *— d'ingresso*, admission card; *— di partito*, party membership card; *— annonaria*, ration card; *— magnetica*, *a memoria*, smart card; *— ferroviaria*, railway pass; *— di libera circolazione*, free pass **2** (*di mosaico*) tessera* **3** (*nel domino*) domino*.

tesseramento *s.m.* **1** (*il tesserare*) distribution of membership cards; (*arruolamento*) enrolment: *campagna di — a un partito*, party membership campaign **2** (*razionamento*) rationing, coupon system: *— di generi alimentari*, food rationing.

tesserare *v.tr.* **1** (*munire di tessera*) to give* a membership card to (s.o.); (*arruolare*) to enrol **2** (*razionare*) to ration: *— il burro, lo zucchero*, to ration butter, sugar.
□ **tesserarsi** *v.intr.pron.* to get* a membership card: *— a un partito*, to join a party.

tesserato *agg.* **1** (*munito di tessera*) holding a membership card, card-carrying; (*iscritto*) enrolled **2** (*razionato*) rationed: *carne tesserata*, rationed meat ◆ *s.m.* (*membro di un partito, associazione ecc.*) member, holder of a membership card, card-carrying member: *questa associazione ha molti tesserati*, this association has many card-carrying members; *le tribune coperte sono riservate ai tesserati*, the covered stands are reserved for season ticket holders.

tessere *v.tr.* to weave* (*anche fig.*): *il ragno ha tessuto la sua tela*, the spider has woven its web; *— una stoffa*, to weave a cloth; *— in diagonale*, to twill; *molti hanno tessuto romanzi intorno a questo strano caso*, many have woven (*o* made up) stories around this strange case; *— una congiura*, to weave a plot; *— un discorso*, to compose a speech; *— gli elogi*, *le lodi di qlcu.*, to sing s.o.'s praises.

tesserino *s.m.* ticket, pass, card; (*di associazione*) membership card; (*di riconoscimento*) identification card; (*di iscrizione*) enrolment card: *— settimanale per la metropolitana*, weekly underground pass (*o* ticket).

tessile *agg.* textile: *fibre tessili*, textile fibres; *industria —*, textile industry; *prodotti tessili*, textiles ◆ *s.m.* **1** (*lavoratore*) textile worker: *sindacato dei tessili*, textile workers' union; *sciopero dei tessili*, strike in the textile trade **2** (*materiale*) textiles (*pl.*): *fabbrica di tessili*, textile factory; *mercato dei tessili*, textile market; *negozio di tessili*, draper's (shop).

tessitore *s.m.* **tessitrice** *s.f.* **1** weaver **2** (*fig.*) plotter, schemer.

tessitura *s.f.* **1** (*tess.*) weaving; (*disposizione dei fili*) texture: *— della lana*, wool weaving; *— meccanica*, power loom weaving; *attitudine alla —*, weavability **2** (*stabilimento tessile*) weaving factory, weaving mill **3** (*lavoro d'intreccio*) wickerwork **4** (*fig.*) (*di opera letteraria*) (*trama*) plot; (*struttura*) structure, composition **5** (*macchinazione*) scheming, conspiring **6** (*petrografia*) texture.

tessutale *agg.* (*biol.*, *med.*) tissular.

tessuto *s.m.* **1** (*tess.*) cloth, fabric, material, stuff; (*tessuti*) textiles (*pl.*): *— a maglia*, knitted fabric; *— a quadretti*, checked fabric; *— a righe*, striped fabric; *un — costoso*, an expensive material; *— di cotone, lana, seta*, cotton, woollen, silk fabric; *— fantasia*, patterned cloth (*o* fabric); *— felpato*, plush; *— misto*, (*lana e cotone*) union; *— non tessuto*, (*prodotto con macchine diverse dal telaio*) nonwoven fabric; *— per scarpe*, shoe fabric; *— pettinato*, worsted fabric; *— spi-*

gato, twill (weave); *fabbrica di tessuti*, textile factory; *fabbricante di tessuti*, cloth manufacturer; *negozio di tessuti*, draper's (shop); *negoziante di tessuti*, draper **2** (*disposizione dei fili*) texture **3** (*biol.*) tissue: *— connettivo, epiteliale, muscolare, adiposo*, connective, epithelial, muscular, adipose tissue // (*bot.*) *— vascolare*, vasculose **4** (*fig.*) tissue, web: *un — di menzogne*, a tissue (*o* web) of lies // *il — urbano*, the fabric of the city: *inserire aree verdi nel — urbano*, to incorporate open spaces into the fabric of the city.

test *s.m.* test: *fare un — di inglese*, to do an English test; *— attitudinale*, aptitude (*o* capacity) test; *— d'ingresso, di assunzione*, entrance test // (*econ.*): *— del consumatore*, consumer test; *— di marketing*, marketing test; *— di vendita*, sales test; *— di fattibilità*, feasibility test; *— della marca preferita*, favourite brand test; *— di rendimento*, performance test; *— motivazionale*, motivational test // (*inform.*) *— integrato*, built-in test.

testa *s.f.* **1** head: *la — mi duole terribilmente*, my head aches dreadfully (*o* I have a splitting headache); *mal di —*, headache; *chinare la —*, to bend (*o* to bow) one's head; *scrollare, sollevare la —*, to shake, to raise one's head; *tagliare la — a qlcu.*, to cut (*o* to chop) s.o.'s head off (*o* to behead s.o.); *cadere con la — in giù*, to fall headlong (*o* head first); *mi mise la — sulla spalla*, she laid her head on my shoulder; *avere il cappello in —*, to be wearing one's hat; *si mise in — il cappello e uscì*, he put his hat on and went out; *si è ferito alla, rotto la — contro lo spigolo del tavolo*, he cut his head on the edge of the table; *gli diedero una botta in —*, they hit him on the head; *quando lo vide girò la — da un'altra parte*, when he saw him he looked the other way // *— di rapa, di legno*, (*persona ottusa*) block-head (*o* dolt *o* ass); *— dura*, (*persona ostinata*) stubborn person; *— quadrata*, (*persona equilibrata*) well-balanced person; *— vuota*, fool: *è una — vuota*, he has a thick head; *essere una — calda*, to be hot-headed (*o* impulsive); *avere una bella —*, (*essere intelligente*) to have a fine brain // (*mus.*) *voce di —*, first voice **2** (*persona, individuo*) head: *ci sono troppe teste coinvolte nella decisione*, there are too many people involved in the decision // *a —*, per head (*o* a head *o* each): *staremo svegli due ore a —*, we'll each stay awake for two hours; *vi spettano tre copie a —*, there are three copies each (*o* per head *o* a head); *si mangiarono un pollo a —*, they ate a chicken each; *mille lire a —*, one thousand lire a head; *pagare un tanto a —*, to pay so much per head (*o* each) **3** (*testata*) head: *la — del letto*, the bedhead (*o* headboard); *la — di un chiodo, di uno spillo*, the head of a nail, of a pin; *— d'aglio*, head of garlic // (*mil.*): *— di ponte*, bridgehead; *— di sbarco*, beachhead // (*mecc.*): *— a croce*, crosshead; *— di biella*, big end; *— del cilindro*, cylinder head; *battere, picchiare in —*, to knock; *battito in —*, knocking **4** (*ferr.*) *vettura di —*, the first carriage, the carriage at the front of the train; *la carrozza ristorante è in —*, the restaurant car is at the front of the train; *stazione di —*, terminal station **5** (*zool.*) *— di rame*, (*Agkistrodon contortrix mokasen*) copperhead.

◆ FRASEOLOGIA: *avere la — tra le nuvole*, to have one's head in the clouds; *il vino gli dà subito alla —*, wine goes straight to his head; *speriamo che il successo non gli dia alla —*, let's hope that his success won't go to his head; *non sa più dove andare a sbattere la —*, he doesn't know where to turn; *mettere la — a posto*, to sort oneself out; *spero che non vi passino altre idee strane per la —*, I hope you won't get any other strange ideas into your head; *ma cosa ti è venuto, saltato in —?*, what has come over you?; *avere la — sulle spalle*, to have one's (*o* a good) head on one's shoulders; *avere debiti, lavoro fin sopra la —*, to be up to one's eyes in debt, in work; *ne ho fin sopra la — dei suoi discorsi*, I have had all I can take of his speeches; *mi ha fatto una — così con le sue chiacchiere*, he wore me out with his talking; *mettere un'idea in — a qlcu.*, to put an idea into s.o.'s head; *mettersi un'idea in —*, to take an idea into one's head; *fare di — propria*, to do sthg. off one's own bat (*o* to do sthg. one's own way); *andare a — alta*, to hold one's head high; *andò via a — bassa*, he walked away crestfallen (*o* hanging his head): *la squadra lasciò il campo a — bassa*, the team were downhearted when they left the field; *"Ho perso il portafoglio!" "Ma dove hai la —?"*, "I have lost my wallet" "What were you thinking of?"; *essere fuori di —*, (*region.*) *non esserci con la —, andare via di —*, to be out of one's mind; *non avere la — a posto*, to be off one's head; *affondare la — nella sabbia*, to bury one's head in the sand; *agire con la — nel sacco*, to act like a fool; *perdere la —*, to lose one's head; *piegare la — di fronte all'evidenza*, to bow to evidence; *possiamo solo chinare la — e obbedire*, we'll just have to bow down (*o* to give in) and obey; *non riesce a farsi entrare in — la matematica*, he just can't get maths into his head; *non ha — per la matematica*, he has no head for maths; *rompersi la — per qlco.*, to rack one's brains for sthg.; *tenere — a qlcu.*, (*non sottomettersi*) to stand up to s.o., (*mantenersi al passo*) to keep up with s.o.; *uscirne con la — rotta*, to have the worst of it // *essere in —*, to be in the lead (*o* at the top): *il nostro paese è in — nella produzione di automobili*, our country leads the field in car production; *le Ferrari sono in —*, the Ferraris are in the lead; *essere, passare in — alla classifica*, to be at, to move up to the top of the league; *il suo nome è in — alla lista dei ricercati*, his name is at the top of the wanted list; *andare in —*, to take the lead; *essere in — a tutti*, to be ahead of everybody // *essere alla — di un corteo*, to be heading a procession; *essere alla — di un esercito, di un'impresa commerciale*, to be at the head of an army, of a business; *essere alla — di un partito*, to be the leader of a party • Per ulteriore esemplificazione vedere anche alla voce 'capo'.

testabile *agg.* (*dir.*) testable.

testaceo *agg.* (*zool.*) testacean; testaceous ◆ *s.m.* (*zool.*) testacean.

testa-coda *s.m.* spin: *l'auto ha fatto un —*, the car spun (*o* skidded) right round.

testamentario *agg.* (*dir.*) testamentary: *erede —*, testamentary heir; *esecutore —*, testamentary executor.

testamento *s.m.* (*dir.*) will, testament: *— nullo, reciproco, noncupativo, segreto, pubblico*, invalid, mutual, noncupative, sealed, solemn will; *duplicato di —*, duplicate will; *testamenti congiunti*, joint wills; *fare —*, to make one's will; *lasciare qlco. per — a qlcu.*, to bequeath (*o* to will) sthg. to s.o.; *senza aver fatto —*, intestate // *— spirituale*, spiritual testament // (*Bibbia*) *l'Antico, il Nuovo Testamento*, the Old, the New Testament.

testante *s.m.* (*dir.*) testator ◆ *s.f.* (*dir.*) testatrix*.

testardaggine *s.f.* stubbornness, obstinacy.

testardo *agg.* stubborn, obstinate, headstrong: *è — come un mulo*, he's as stubborn as a mule.

testare[1] *v.intr.* (*dir.*) to make* one's will: *capacità di —*, testamental (*o* testamentary) capacity.

testare[2] *v.tr.* (*sottoporre a un test*) to test; (*verificare*) to try out: *— un prototipo*, to test a prototype; *— un candidato*, to test a candidate; (*econ.*) *— il mercato*, to test the market.

testata *s.f.* **1** head: *la — del cilindro*, the cylinder head; *— di un letto*, bedhead (*o* headboard); *— di un ponte*, bridgehead; *— di una trave*, headpiece of a beam **2** (*mil.*) warhead: *— nucleare*, nuclear warhead **3** (*di giornale*) heading; masthead, newspaper: *un'autorevole —*, an authoritative newspaper; *comprare la — di un giornale*, to buy a newspaper **4** (*colpo con la testa*) butt: *dare una — contro il muro*, to bang one's head against the wall **5** (*inform.*) header.

testatico *s.m.* (*st. dir.*) capitation, poll tax, head tax ◆ *agg.* (*antiq.*) (*a testa*) per capita.

testatina *s.f.* (*tip.*) running head; (*inform.*) header.

testatore *s.m.* (*dir.*) testator.

testatrice *s.f.* (*dir.*) testatrix*.

teste *s.m.* e *f.* (*dir.*) → **testimone**.

testé *avv.* (*ant., letter.*) (*appena, da poco*) just now: *il problema che abbiamo — discusso*, the problem we discussed just now.

tester *s.m.* tester, testing apparatus*.

testicolare *agg.* (*anat.*) testicular.

testicolo *s.m.* (*anat.*) testicle.

testiera *s.f.* **1** (*del letto*) bedhead, headboard **2** (*parte di finimenti di cavallo*) crownpiece **3** (*forma per modellare cappelli ecc.*) block **4** (*st. mil.*) battering ram.

testificare *v.tr.* (*dir.*) to testify, to declare; to state.

testificazione *s.f.* (*dir.*) testification; statement.

testimone *s.m.* e *f.* **1** (*dir.*) witness: *— oculare*, eyewitness; *— giurato*, sworn witness; *— d'accusa*, witness for the prosecution; *— a difesa*, witness for the defence (*o* exculpatory witness); *interrogare un —*, to examine (*o* to question) a witness; *banco dei testimoni*, witness box; *deporre come —*, to testify; *far da — contro qlcu., in favore di qlcu.*, to act as a witness against s.o., for s.o. **2** (*a un matrimonio*) witness; (*dello sposo*) best man: *Paolo fece da — alle loro nozze*, Paolo was best man at their wedding **3** (*st. relig.*) *— di Geova*, Jehovah's witness **4** (*sport*) (*staffetta*) baton.

testimoniale *agg.* (*dir.*) witness (*attr.*), of the witness(es), testimonial: *prova —*, testimonial evidence; *citazione —*, witness summons; (*o amer.* subpoena ad testificandum) ◆ *s.m.* (*dir.*) witnesses (*pl.*): *il — d'accusa*, the witnesses for the prosecution.

testimonianza *s.f.* **1** testimony, witness (*anche dir.*): *secondo la — degli storici*, according to the testimony of the historians; *fare, dare, portare —*, to bear witness; (*dir.*) *falsa —*, false testimony (*o* perjury) **2** (*prova*) evidence;

proof: *in — del mio amore*, as a token of my love; *questa è una — della sua innocenza*, this is proof of his innocence // *una — di buona volontà*, evidence of good will.

testimoniare *v.tr.* to testify (to) (sthg.): *testimoniò che l'automobile veniva da sinistra*, he testified that the car was coming from the left; — *il falso*, to give false testimony; *questo testimonia la mia buona volontà*, this testifies to (*o* is evidence of) my good will; *lacrime che testimoniavano il suo dolore*, tears that testified (to) her grief ♦ *v.intr.* to testify, to bear* witness: *testimoniò della mia onestà*, he bore witness to my honesty; — *in favore di, contro qlcu.*, to testify for, against s.o.

testimonio *s.m.* **1** (*testimone*) witness; (*a un matrimonio*) best man **2** (*non com.*) (*testimonianza, prova*) evidence, proof: *la sua sorpresa è — della sua innocenza*, his surprise is proof (*o* evidence) of his innocence.

testina *s.f.* **1** (*cuc.*) calf's head **2** (*inform.*) — *di scrittura*, writing head **3** (*di giradischi*) needle.

testo *s.m.* **1** text: *il — originale*, the original text; — *di una lettera*, text of a letter; *errore di —*, textual error; *libro di —*, textbook; — *sacro*, sacred text; *testi classici*, the classics; *traduzione col — a fronte*, parallel text; *attenersi al —*, to stick to the text // (*tip.*) *carattere di —*, body type // (*dir.*): — *unico*, consolidated act; — *della legge*, letter of the law // (*fil.*) *critica del —*, textual criticism // (*comm.*) — *pubblicitario*, copy (*o* ad copy) // (*assicurazioni*) — *di una polizza*, text of an insurance policy // *la sua opinione non fa — in questo campo*, his opinion doesn't count in this field **2** (*inform.*) text.

testone *s.m.* **1** (*testa grossa*) big head **2** (*stupido*) blockhead, dolt, (*fam.*) fathead **3** (*testardo*) stubborn fellow, obstinate fellow.

testosterone *s.m.* (*biochim.*) testosterone.

testuale *agg.* **1** verbatim; (*preciso*) exact, precise: *le sue testuali parole*, his exact words; *una traduzione —*, a verbatim translation **2** (*del testo*) textual: *critica —*, textual criticism.

testualmente *avv.* **1** verbatim, word for word: *una storia raccontata —*, a story told verbatim; *riportare — un discorso*, to report a speech verbatim **2** (*in modo preciso*) exactly, precisely.

testuggine *s.f.* **1** testudo*, tortoise; (*di mare*) turtle **2** (*st. mil.*) testudo*.

testurizzare *v.tr.* to texturize.

teta *s.m.* o *f.* (*ottava lettera dell'alfabeto greco*) theta.

tetania *s.f.* (*med.*) tetany.

tetanico *agg.* (*med.*) tetanic.

tetano *s.m.* (*med.*) tetanus.

tête-à-tête *locuz. avv.* e *s.m.* (*fr.*) tête-à-tête: *avere un — con qlcu.*, to have a tête-à-tête with s.o.

tetico *agg.* **1** (*fil.*) thetic **2** (*mus.*) *ritmo —*, thetic rhythm.

tetra- *pref.* di origine greca usato nella terminologia scientifica o dotta con significato di 'quattro'; ingl. tetr(a)-: (*chim.*) *tetrabasico*, tetrabasic; *tetralite*, tetryl; (*mat.*) *tetraedrico*, tetrahedral.

tetraamminorame *s.m.* (*chim.*) tetraamminecopper // *complesso —*, tetraamminecopper complex.

tetraatomico *agg.* (*chim.*) tetratomic.

tetraciclina *s.f.* (*chim.*) tetracycline.

tetracido *s.m.* (*chim.*) tetracid.

tetracloruro *s.m.* (*chim.*) tetrachloride.

tetracordo *s.m.* (*mus.*) tetrachord.

tetrade *s.f.* tetrad.

tetradimensionale *agg.* four-dimensional.

tetradimite *s.f.* (*min.*) tetradymite.

tetraedrale *agg.* (*mat.*) tetrahedral: *angolo —*, tetrahedral angle.

tetraedrite *s.f.* (*min.*) tetrahedrite.

tetraedro *s.m.* (*mat.*) tetrahedron*.

tetraetile *agg.* (*chim.*) tetraethyl: *piombo —*, tetraethyl lead.

tetrafluoruro *s.m.* (*chim.*) tetrafluoride.

tetraggine *s.f.* gloom, gloominess; dismalness; darkness.

tetragonale *agg.* tetragonal.

tetragonia *s.f.* (*bot.*) (*Tetragonia expansa*) New Zealand spinach.

tetragono *agg.* **1** (*mat.*) tetragonal, four -sided **2** (*fig.*) (*letter.*) firm, steadfast, unyielding, unflinching ♦ *s.m.* (*mat.*) tetragon.

tetragramma *s.m.* tetragram.

tetraidrofurano *s.m.* (*chim.*) tetrahydrofuran.

tetralina *s.f.* (*chim.*) tetrahydronaphthalene, Tetraline®.

tetralogia *s.f.* (*lett., mus.*) tetralogy.

tetramero *s.m.* (*chim.*) tetramer.

tetrametro *s.m.* (*metrica*) tetrameter.

tetraone *s.m.* (*zool.*) (*Tetrao urogallus*) grouse: — *codacuta*, (*Pedioecetes phasianellus*) pintail; — *delle praterie*, (*Tympanuchus cupido*) prairie chicken.

tetraplegia *s.f.* (*med.*) quadriplegia, tetraplegia.

tetraplegico *agg.* (*med.*) quadriplegic, tetraplegic.

tetrapode *agg.* e *s.m.* (*zool.*) tetrapod ♦ *s.m.* (*tecn.*) tetrapod.

tetrapodia *s.f.* (*poesia*) tetrapody.

tetrarca *s.m.* (*st.*) tetrarch.

tetrarcato *s.m.* (*st.*) tetrarchate.

tetrarchia *s.f.* (*st.*) tetrarchy.

tetrastico *agg.* e *s.m.* (*poesia*) tetrastich.

tetrastilo *agg.* e *s.m.* (*arch.*) tetrastyle.

tetratomico *agg.* (*chim.*) tetratomic.

tetravaccino *s.m.* (*med.*) tetravalent vaccine.

tetravalente *agg.* tetravalent: (*chim.*) *elemento —*, tetravalent element; (*med.*) *vaccino —*, tetravalent vaccine.

tetravalenza *s.f.* (*chim.*) tetravalence, tetravalency.

tetro *agg.* **1** (*scuro*) gloomy, dark; (*pauroso*) forbidding: *nei tetri sotterranei del palazzo*, in the dark forbidding depths of the palace; *un — castello*, a gloomy castle **2** (*fig.*) gloomy, glum, dismal: *atmosfera, persona tetra*, gloomy atmosphere, person; *umore —*, gloom (*o* despondency *o* glumness); *viso —*, gloomy (*o* glum) face.

tetrodo *s.m.* (*fis.*) tetrode.

tetrossido *s.m.* (*chim.*) tetroxide.

tetta *s.f.* (*fam.*) (*mammella*) tit, titty.

tettarella *s.f.* teat.

tetto *s.m.* **1** roof: — *a capanna, a due falde*, saddle roof; — *apribile*, (*spec. di automobile*) sunroof; — *ad abbaino*, mansard roof; — *a due falde su timpano*, gable roof; — *a una falda*, lean-to roof; — *a gradinata*, stepped roof; — *a guglia*, spire roof; — *a lucernario*, lantern roof; — *a padiglione*, hip roof; — *terrazza*, platform (*o* flat) roof; — *d'ardesia, di tegole, di paglia*, slated, tiled, thatched roof; *il — di una casa*, the roof of a house // (*aut.*) — *scorrevole*, sliding roof // *sotto il proprio —*, under one's roof; *dormire sotto lo stesso —*, to sleep under the same roof // *il — del mondo*, (*l'Everest*) the roof of the world **2** (*casa*) home, house: *non ha un —*, he is homeless (*o* he hasn't got a roof over his head) // *il — paterno*, the paternal home // (*dir.*) *abbandono del — coniugale*, desertion **3** (*econ.*) (*livello massimo*) ceiling: — *di spesa*, expenditure ceiling; — *salariale*, wage ceiling; *il — programmato dell'inflazione*, the planned inflation ceiling; *sfondare il — del disavanzo pubblico*, to break (*o* to go) through the upper limit of the state deficit; *aumentare il — delle pensioni*, to raise the pension ceiling (*o* upper limit) **4** (*geol., miner.*) (*di faglia, filone*) hangingwall.

tettogenesi *s.f.* (*geol.*) tectogenesis.

tettogenetico *agg.* (*geol.*) tectogenic.

tettoia *s.f.* **1** roofing; canopy: *la — della stazione*, the station canopy **2** (*gronda*) eaves (*pl.*).

tettonica *s.f.* (*geol.*) tectonics [U]: — *a zolle*, plate tectonics.

tettonico *agg.* (*geol.*) tectonic: *pilastro —*, horst; *scoglio —*, allochton (*o* klippe); *cupola tettonica*, dome; *finestra tettonica*, window (*o* fenster); *fossa tettonica*, graben (*o* rift valley); *valle tettonica*, rift valley.

tettorio *agg.* (*anat.*) tectorial: *membrana tettoria*, tectorial membrane.

tettrice *s.f.* (*penna di uccello*) tectrix*.

tettuccio *s.m.* **1** (*aut.*) top; roof: — *apribile*, sunroof; — *rigido*, hard top; — *scorrevole*, sliding roof **2** (*aer.*) canopy.

teucrio *s.m.* (*bot.*) germander.

teucro *agg.* e *s.m.* Teucrian.

teutonico *agg.* Teutonic: (*st.*) *l'ordine —*, the Teutonic Order.

texano *agg.* e *s.m.* Texan.

thailandese *agg.* e *s.m.* Thai.

the → **tè**.

thenardite *s.f.* (*min.*) thenardite.

thermos *s.m.* thermos (flask).

thriller, thrilling *s.m.* thriller: *leggere un —*, to read a thriller.

ti *s.m.* o *f.* letter T.

ti *pron.pers.m.* e *f.* 2ª *pers.sing.* **1** (*compl. agg. di tu*) you: (*ant., poet.*) thee: — *amo*, I love you; *voglio vederti domani*, I want to see you tomorrow; — *considero un amico*, I consider you a friend; — *posso accompagnare all'aeroporto?*, can I take you to the airport?; *non — avevo visto*, I hadn't seen you; — *chiamerò domani sera*, I'll call you tomorrow evening; *Ti veneriamo, o Dio*, we worship Thee, o God **2** (*compl. termine*) (to, for) you; (*ant., poet.*) (to, for) thee: — *presento mia moglie*, I'd like to introduce my wife to you; *ho deciso di dirti la verità*, I've decided to tell you the truth; — *ho comprato un regalo*, I've bought you a present; *quando — consegneranno la macchina?*, when will the car be delivered to you?; *Ti affido il* *mio spirito*, to Thee I commend my spirit ◆ *pron.rifl 2ª pers.sing.* **1** yourself (*spesso sottinteso*); (*ant., poet.*) thyself: *non — stancare troppo*, don't let yourself get too tired (*o* don't get too tired); *pensavo che — saresti trovato bene con noi*, I thought you'd have enjoyed being with us; *— sei divertito?*, did you enjoy yourself?; *— ricordi di me?*, do you remember me? // *mettiti gli occhiali*, put your glasses on; *vuoi lavarti le mani?*, would you like to wash your hands? **2** (*con uso pleonastico* o *enfatico*): *— sei preso un bel raffreddore!*, you've caught a nasty cold!; *— mangeresti un bel gelato?*, would you like a nice ice-cream?

tiamina *s.f.* (*biochim.*) thiamine.

tiara *s.f.* tiara: *— papale*, papal tiara.

tiazina *s.f.* (*chim.*) thiazine.

tiazinico *agg.* (*chim.*) thiazine (*attr.*).

tiazolico *agg.* (*chim.*) thiazole (*attr.*).

tiazolo *s.m.* (*chim.*) thiazole.

tiberino *agg.* Tiberine, of the Tiber.

tibetano *agg.* e *s.m.* Tibetan.

tibia *s.f.* **1** (*anat.*) shinbone; tibia* **2** (*mus.*) tibia*.

tibiale *agg.* (*anat.*) tibial.

tiburtino *agg.* Tiburtine ◆ *s.m.* (*ant.*) (*travertino*) travertin(e).

tic *s.m.* **1** (*rumore secco*) tick: *il — tac dell'orologio*, the tick-tock (*o* tick-tack) of the clock **2** (*contrazione nervosa dei muscoli*) tic: *un — nervoso*, a nervous tic.

ticchettare *v.intr.* to tick: *l'orologio ticchettava*, the clock ticked.

ticchettio *s.m.* ticking.

ticchio *s.m.* **1** → tic **2** (*ghiribizzo*) whim, fancy: *gli è saltato il — di studiare cinese*, he has taken it into his head to study Chinese.

ticket *s.m.* **1** (*biglietto*) ticket: *il — dell'autobus*, bus ticket **2** (*amm.*) (*prezzo parziale di un servizio pubblico*) reduced charge, reduced fare: *— sui medicinali*, prescription charge **3** (*buono mensa*) meal ticket, luncheon voucher.

tic tac *s.m.* (*voce onomatopeica riproducente il battito dell'orologio*) tick-tock, tick-tack: *l'orologio faceva —*, the clock was ticking (*o* went tick-tock).

tiepidezza, **tiepidità** *s.f.* lukewarmness, tepidity, tepidness (*anche fig.*).

tiepido *agg.* lukewarm, tepid (*anche fig.*): *un caffè —*, a lukewarm coffee; *ricevere un'accoglienza tiepida*, (*fig.*) to receive a lukewarm (*o* a tepid) welcome.

tifa *s.f.* (*bot.*) (*Typha latifolia*) cat's-tail, reed -mace.

tifare *v.intr.* to be a fan (of sthg.), to be a supporter (of sthg.): *— per una squadra*, to be a fan of a team.

tifico *agg.* (*med.*) typhic.

tiflite *s.f.* (*med.*) typhlitis.

tiflografia *s.f.* typhlography.

tiflografo *s.m.* typhlographer.

tifo *s.m.* **1** (*med.*) typhus: *— esantematico*, typhus exanthematicus **2** (*sport*) support, enthusiasm: *fare il — per una squadra di calcio*, to be a fan of a football team; *il — si scatenò dopo il gol*, the fans went mad after the goal.

tifoide *agg.* (*med.*) typhoid: *febbre —*, typhoid fever.

tifoidea *s.f.* (*med.*) typhoid fever.

tifoideo → **tifoide**.

tifone *s.m.* typhoon: *il — 'Donna'*, typhoon 'Donna'.

tifoseria *s.f.* supporters (*pl.*): *dopo il gol è andato a salutare la —*, after the goal he went to salute his supporters.

tifosi → **salmonellosi**.

tifoso *agg.* (*med.*) typhous ◆ *s.m.* **1** (*med.*) typhus patient **2** (*sport*) supporter, fan: *un — del calcio*, a football supporter.

tiggì *s.m.* (*fam.*) TV news [U].

tight *s.m.* (*abito maschile da cerimonia*) morning suit.

tiglio *s.m.* **1** (*bot.*) (*Tilia europaea*) linden, lime (tree): *— americano*, (*Tilia americana*) basswood // *infuso di —*, lime-blossom tea **2** (*fibra*) bast, fibre.

tiglioso *agg.* (*fibroso*) fibrous; (*di carne*) tough, stringy.

tigna *s.f.* (*med.*) tinea, ringworm.

tignola *s.f.* (*zool.*) moth: *— dei raccolti*, harvest bug (*o* harvest mite).

tignosa *s.f.* (*bot.*) (*Amanita rubescens*) gill fungus*.

tignoso *agg.* **1** (*med.*) affected with ringworm **2** (*fig. region.*) (*avaro*) stingy **3** (*fig. region.*) (*ostinato*) stubborn.

tigrato *agg.* striped, streaked: *gatto —*, tabby (cat).

tigre *s.f.* **1** (*zool.*) (*Panthera tigris*) tiger; (*femmina*) tigress: *— del Bengala*, Bengal tiger; *— dai denti a sciabola*, sabre-toothed tiger // *— di carta*, (*fig. spreg.*) paper tiger // *cavalcare la —*, (*fig.*) to ride the tiger **2** (*donna aggressiva*) tigress.

tigresco *agg.* tigerish, tiger-like (*anche fig.*): *istinto, movimento —*, tigerish instinct, motion.

tigridia *s.f.* (*bot.*) (*Tigridia pavonia*) tiger -flower.

tigrotto *s.m.* young tiger, tiger cub.

tilacino *s.m.* (*zool.*) (*Thylacinus cynocephalus*) thylacine, Tasmanian wolf*.

tilde *s.m.* (*segno ortografico*) tilde.

tillite *s.f.* (*geol.*) tillite.

tiloma *s.m.* (*med.*) tyloma; callosity.

tilopode *s.m.* (*zool.*) tylopod.

tilt *s.m.*: *il computer è andato in —*, the computer has gone haywire; *sono* (*andato*) *in —, ho fatto —*, (*fig. scherz.*) my brain has seized up.

timballo *s.m.* **1** (*mus.*) kettledrum, timbal **2** (*cuc.*) (*sformato*) timbale.

timbrare *v.tr.* to stamp, to postmark: *— a secco*, to emboss; *— un documento*, to stamp a document; *— una lettera*, to postmark a letter; *— una cambiale*, to enface a bill // *— il cartellino*, (*in entrata*) to clock in (*o* on), (*in uscita*) to clock out (*o* off) // *"Che lavoro fai?" "Timbro il cartellino!"*, "What's your job?" "I have a 9 to 5 job!".

timbratrice *s.f.* (*mecc.*) marking machine.

timbratrice *s.f.* stamping machine, franking machine.

timbratura *s.f.* stamping; (*di lettere*) postmarking.

timbrificio *s.m.* stamp factory.

timbro *s.m.* **1** stamp: *— a secco*, embossed stamp; *— di gomma*, rubber stamp; *— d'ufficio*, office stamp; *— postale*, postmark; *mettere un — sul passaporto*, to stamp a passport // (*dir.*) *falsità in sigilli e timbri*, forgery of seals and dies **2** (*di voce, di strumento*) timbre; tone: *lo riconobbi dal — della voce*, I recognized him by the tone of his voice.

timelea *s.f.* (*bot.*) thymelaea.

timico[1] *agg.* (*chim.*) thymic: *acido —*, thymic acid.

timico[2] *agg.* (*anat.*) thymic.

timidamente *avv.* shyly, timidly; (*con fare vergognoso*) bashfully; (*con fare schivo*) diffidently: *si fermò — sulla porta*, he stopped timidly at the door (*o* on the threshold).

timidezza meno com. **timidità** *s.f.* shyness, timidity; (*vergogna*) bashfulness; (*ritrosia*) diffidence: *liberarsi dalla propria —*, to throw off one's shyness; *la sua — lo frena molto*, his shyness holds him back a lot.

timido *agg.* shy, timid; bashful; (*schivo*) diffident: *un ragazzo dall'aspetto —*, a shy -looking boy; *mi rispose con un — sorriso*, he smiled back timidly ◆ *s.m.* timid person.

timina *s.f.* (*biochim.*) thymine.

timo[1] *s.m.* (*anat.*) thymus*.

timo[2] *s.m.* (*bot.*) (*Thymus vulgaris*) thyme: *essenza di —*, thyme oil.

timocratico *agg.* timocratic.

timocrazia *s.f.* timocracy.

timolo *s.m.* (*chim.*) thymol.

timoma *s.m.* (*med.*) thymoma (*pl.* -as, -ata).

timone *s.m.* **1** (*mar.*) rudder, helm; (*di carro*) shaft; (*aer.*) rudder: *barra del —*, tiller; *ruota del —*, steering wheel; *dare un colpo di —*, to put the tiller hard over; *essere al — di una nave*, to be at the helm of a ship; *prendere il —*, to take the helm **2** (*fig.*) helm, guidance; leadership: *prendere il — di un'azienda*, to take the helm of a firm; *reggere il — del governo*, to lead the government; *essere al — dello stato*, to be at the helm of the state.

timoneria *s.f.* **1** (*mar.*) steerage **2** (*aut.*) steering gear.

timoniera *s.f.* (*mar.*) steering compartment, wheelhouse, pilothouse.

timoniere *s.m.* helmsman*, steersman*; (*nel canottaggio*) cox(swain).

timorato *agg.* respectful, scrupulous: *— di Dio*, God fearing.

timore *s.m.* dread, fear; (*preoccupazione*) worry, fear; (*misto a rispetto, soggezione*) fear, awe: *— di Dio*, fear of God; *avere —*, to fear (*o* to be afraid); *questo è proprio ciò di cui avevo —*, this is just what I dreaded; *ha un continuo — delle malattie*, he has a constant fear of illness; *ha — di suo padre*, he stands in awe of his father; *non ho — di affrontare la realtà*, I'm not afraid of facing (*o* to face) reality; *non aver —!*, don't be afraid, (*non preoccuparti*) don't worry; *non avere —, ce la faremo!*, don't worry, we'll make it!; *incutere — a qlcu.*, to strike fear into s.o. // *ho voluto rammentartelo per — che ti passasse di mente*, I wanted to remind you in case you forgot // *timor panico*, panic (fear).

timoroso *agg.* timorous, fearful, afraid (*pred.*): *essere — di qlco.*, to fear sthg. (*o* to be afraid of sthg).

timpanato *agg.* (*arch.*) gabled.

timpanico *agg.* (*anat.*) tympanic: *membrana timpanica*, tympanic membrane.

timpanismo *s.m.* (*med.*) tympanites, tympanism.

timpanista *s.m.* e *f.* (*mus.*) kettledrummer, tympanist.

timpanite *s.f.* (*med.*) **1** (*timpanismo*) tympanites, tympanism **2** (*infiammazione del timpano*) tympanitis.

timpano *s.m.* **1** (*anat.*) eardrum, tympanum* // *rompere i timpani a qlcu.*, (*fig.*) to burst s.o.'s eardrums // *essere duro di timpani*, (*fig.*) to be hard of hearing **2** (*mus.*) kettledrum, timbal **3** (*arch.*) tympanum*; gable **4** (*tip.*) tympan (frame).

tinca *s.f.* (*zool.*) (*Tinca tinca*) tench.

tincalconite *s.f.* (*min.*) tincalconite.

tindalizzazione *s.f.* (*chim.*) tyndallization.

tinello *s.m.* (*saletta da pranzo*) small dining room.

tingere *v.tr.* **1** to dye: — *un vestito di nero*, to dye a dress black; *tingersi i capelli*, to dye one's hair // *farsi — i capelli*, to have one's hair dyed **2** (*colorare lievemente*) to tinge **3** (*dipingere*) to paint: — *una parete*, to paint a wall **4** (*truccare*) to make* up **5** (*colorare*) to colour; to stain: — *l'acqua di sangue*, to stain water with blood; *il tramonto tingeva il cielo di rosso*, the sky was stained red by the setting sun (*o* the setting sun coloured the sky red).
□ **tingersi** *v.rifl.* **1** (*fam.*) (*macchiarsi*) to stain **2** (*truccarsi*) to make* up ◆ *v.intr.pron.* (*colorarsi lievemente*) to tinge: *il cielo si tinge di rosso*, the sky is tinged with red.

tino *s.m.* **1** vat; tub; tun // (*chim.*) *colorante al* —, vat dye **2** (*metall.*) shaft.

tinozza *s.f.* tub; (*vasca, bagno*) bathtub; (*recipiente per fare il bucato*) washtub.

tinta *s.f.* **1** (*sostanza colorante*) dye; (*vernice*) paint: *mescolare due tinte*, to mix two dyes; *dare una mano di — a qlco.*, to give sthg. a coat of paint **2** (*tintura*) dyeing: *la — non è riuscita bene*, the dyeing has not turned out well // *farsi fare la* —, (*ai capelli*) to have one's hair dyed **3** (*colore*) colour, hue; (*delicata*) tint, tinge; (*sfumatura*) shade: — *morbida*, soft colour; *mezza* —, half shade; (*pitt.*) mezzotint; *la — di un maglione*, the colour of a pullover; *una — vivace*, a lively hue (*o* colour) // *una cravatta in — con la camicia*, a tie that matches the shirt; *un abito in, a — unita*, plain (*o* self -coloured) dress // *vedere le cose a tinte rosee*, (*fig.*) to see things through rose-coloured spectacles // *romanzo a tinte forti*, (*fig.*) sensational novel.

tintarella *s.f.* (*fam.*) (*abbronzatura*) (sun-)tan: *prendere la* —, to get (sun-)tanned.

tinteggiare *v.tr.* to paint, to tint, to tinge: — *a tempera*, to distemper.

tinteggiatore *s.m.* painter.

tinteggiatura *s.f.* painting, tinting: — *a calce*, colour-wash painting; — *a tempera*, distemper.

tintinnabolo *s.m.* (*letter.*) (*campanello*) tintinnabulum*.

tintinnamento *s.m.* tinkling; (*di campanelli*) jingling; (*di bicchieri*) clinking.

tintinnare *v.intr.* (*di campanelli*) to tinkle; (*di monetine*) to jingle; (*di bicchieri*) to clink.

tintinnio *s.m.* tinkling; jingling; clinking.

tinto *agg.* **1** dyed: *capelli tinti*, dyed hair; *un vestito — di verde*, a dress dyed green; *cielo — di rosso*, red sky **2** (*dipinto, truccato*) painted, made up **3** (*macchiato*) stained (with sthg.): — *di inchiostro*, stained with ink; *mani tinte di sangue*, bloodstained hands.

tintore *s.m.* dyer; (*chi esegue anche lavature a secco*) dry cleaner: *portare un abito dal* —, to take a dress to the dry cleaner's.

tintoria *s.f.* **1** dye-works (*pl.*); (*impianto industriale*) dyeing plant; (*negozio ove si eseguono lavature a secco*) dry cleaner's: *portare un abito in* —, to take a suit to the dry cleaner's **2** (*l'arte del tingere*) dyeing.

tintoriale *agg.* (*chim.*) dyeing.

tintorio *agg.* dyeing.

tintura *s.f.* **1** dye; (*soluzione alcolica*) tincture: — *per capelli*, hair dye; — *di iodio*, tincture of iodine **2** (*il tingere*) dyeing: — *al tino*, vat dyeing.

tio- *pref.* della terminologia chimica che indica 'relazione con lo zolfo, presenza di zolfo in un composto'; ingl. thio-: *tioetere*, thioeter.

tioacetico *agg.* (*chim.*) thioacetic: *acido* —, thioacetic acid.

tioacido *s.m.* (*chim.*) thioacid.

tiocianato *s.m.* (*chim.*) thiocyanate.

tiocianico *agg.* (*chim.*) thiocyanic: *acido* —, thiocyanic acid.

tiofene *s.m.* (*chim.*) thiophene.

tiofenolo *s.m.* (*chim.*) thiophenol.

tionile *s.m.* (*chim.*) sulphinyl, thionyl: *bromuro di* —, sulphinyl bromide; *cloruro di* —, thionyl chloride.

tiorba *s.f.* (*mus.*) theorbo*.

tiorbista *s.m.* e *f.* (*mus.*) theorbist.

tiosolfato *s.m.* (*chim.*) thiosulphate.

tipaccio *s.m.* rogue, rascal; (*fam.*) nasty(-looking) piece of work: *non mi fiderei di lui, è un* —, I wouldn't trust him, he's a nasty piece of work; *c'è un — alla porta*, there's a suspicious-looking character at the door.

tipetto *s.m.*: *quella ragazza è un bel* —, that girl is a pretty little thing.

tipicità *s.f.* typicalness, typicality.

tipico *agg.* typical; characteristic; standard, model: *questa è una sua frase tipica*, this is one of his typical phrases; *prodotti tipici*, typical products; *un caso — di aggressività repressa*, a typical case of suppressed aggressiveness; *è una procedura tipica in caso di arresto per schiamazzi*, this is a standard procedure in case of arrest for disturbance of the peace // (*dir.*) *contratto* —, standard contract.

tipizzare meno com. **tipificare** *v.tr.* to typify.

tipizzazione *s.f.* typifying, typification.

tipo *s.m.* **1** (*modello*) type, model; pattern; standard: *ho molte gonne dello stesso* —, I've got a lot of skirts of the same type; *il — della bellezza greca*, the model of Greek beauty; *un nuovo — di automobile*, a new type (*o* model) of car; *una giacca di — sportivo*, a sports jacket; *un frigorifero ultimo* —, the latest refrigerator model // (*fin.*): — *bimetallico*, bimetallic (*o* double) standard; — *monetario*, monetary standard; — *aureo*, gold standard **2** (*varietà, sorta*) kind, sort: *che — di film preferisci?*, what sort of films do you prefer?; *gli mostrarono ogni — di giacca*, they showed him every kind of jacket; *merci di ogni* —, goods of every kind; *diversi tipi di gente*, various kinds of people // *un attore — Marlon Brando*, an actor like Marlon Brando **3** (*fam.*) (*individuo*) fellow, character; chap, bloke; (*amer.*) guy: *non conosco quel* —, I don't know that fellow; *è un — strano, è proprio un bel* —, he is an odd (*o* queer) bloke // *quella ragazza non è bella ma è un (bel) —!*, that girl isn't good -looking but she's a character! // *non mi piace, non è il mio* —, I don't like him, he's not my type **4** (*tip.*) type **5** (*bot., zool.*) phylum ◆ *agg.* typical; (*standard*) standard, average: *formato* —, standard size; *prodotto* —, typical product; *confezione — famiglia*, family-size package; *cliente* —, average customer // (*dir.*): *contratto* —, model contract; *clausola* —, standard clause.

tipocomposizione *s.f.* typesetting.

tipografia *s.f.* **1** (*procedimento*) letterpress, typography **2** (*stamperia*) printing works (*pl.*).

tipografico *agg.* typographic(al).

tipografo *s.m.* printer, typographer.

tipolitografia *s.f.* typolithography.

tipologia *s.f.* typology.

tipologico *agg.* typologic, typological.

tipometria *s.f.* typometry.

tipometro *s.m.* (*tip.*) type scale, type gauge.

tip tap *s.m.* **1** (*il rumore*) tap-tapping **2** (*ballo*) tap dance, tap dancing: *ballare il* —, to tap dance.

tipula *s.f.* (*zool.*) crane fly, daddy-longlegs.

tir *s.m.* (*autoarticolato*) articulated lorry.

tirabaci *s.m.* (*scherz.*) lovelock, kiss-curl.

tirabozze *s.m.* (*tip.*) proof press.

tiraggio *s.m.* **1** draught, draft **2** (*mar.*) discharge money.

tiralatte *s.m.* breast pump.

tiralinee *s.m.* drawing pen.

tiraloro *s.m.* e *f.* gold-wire drawer.

tiramina *s.f.* (*chim.*) tyramine.

tiramolla → **tiremmolla**.

tiranneggiare *v.tr.* to tyrannize (s.o., over s.o.), to oppress.

tirannesco *agg.* (*non com.*) tyrannical, tyrannous; despotical; oppressive.

tirannia *s.f.* tyranny; despotism; oppression: *la — della moda*, the tyranny of fashion; *non riesce a sottrarsi alla — del padre*, he can't escape his father's oppression; *non sopporto più queste tirannie!*, I can't stand this tyrannical behaviour any longer!

tirannicida *agg.* tyrannicidal ◆ *s.m.* e *f.* tyrannicide.

tirannicidio *s.m.* tyrannicide.

tirannico *agg.* tyrannical, tyrannous; despotic; oppressive; (*fam.*) bullying: *governo* —, tyrannical government; *carattere* —, bullying character.

tirannide *s.f.* tyranny; (*estens.*) despotism; oppression.

tiranno *agg.* **1** tyrannical; despotic; dictatorial; (*fam.*) bullying: *un padre* —, a tyrannical (*o* bullying) father **2** (*fig.*) enslaving, tyrannical: *una passione tiranna*, an enslaving passion ◆ *s.m.* **1** tyrant; despot; dictator: *fare il* —, to play the tyrant; *in famiglia si comporta da* —, he behaves like a dictator with his family // *il tempo è* —, (*fig.*) time is a hard master **2** (*zool.*)

(*Tyrannus tyrannus*) king-bird, tyrant-bird, tyrant-flycatcher.

tirannosauro *s.m.* (*paleont.*) tyrannosaurus.

tirante *s.m.* **1** (*mecc.*) tie-rod, stay rod: — *del freno*, brake rod **2** (*arch.*) tie-beam **3** (*non com.*) (*tiraggio*) draught, draft **4** *pl.* (*di stivali*) bootstraps.

tiranteria *s.f.* (*mecc.*) linkage.

tirapiedi *s.m.* **1** (*ant.*) hangman's assistant **2** (*fig. spreg.*) bootlicker, lackey, footstool: *è solo un* —, he is just a bootlicker.

tiraprove → **tirabozze**.

tirapugni *s.m.* knuckle-duster, (*amer.*) brass knuckles.

tirare *v.tr.* **1** to pull; to draw*; (*trascinare*) to drag: *tira, non spingere*, pull, don't push; — *una corda*, to pull a rope; *una carrozza tirata da quattro cavalli*, a coach drawn by four horses; *tirava un sacco pesante*, he was dragging a heavy sack; *tirò il tavolo vicino al muro*, he drew the table near the wall; — *la manica a qlcu.*, — *qlcu. per la manica*, to pull (*o* to pluck) s.o.'s sleeve; — *il campanello*, to pull the bell; — *le reti*, to haul in the nets // *una parola tira l'altra*, one thing leads to another // *una ciliegia tira l'altra*, cherries are moreish // *il suo comportamento tira gli schiaffi*, his behaviour gets my goat // — *il fiato*, to get one's breath back // *tirarsi gente in casa*, to bring people home // — *qlcu. dalla propria parte*, to bring s.o. round to one's point of view // — *giù*, to pull down, to let down; (*abbassare*) to lower: — *giù la saracinesca*, to pull down the shutter (*o* to let the shutter down); — *giù un libro da uno scaffale*, to take down a book from a shelf; (*comm.*) — *giù un prezzo*, to lower (*o* to reduce) a price // — *su*, to pull up; (*raccogliere*) to pick up: *tira su quel pezzo di carta dal pavimento*, pick up that piece of paper from the floor; *tirarsi su le calze*, to pull up one's socks; *tirarsi su i capelli*, to put up one's hair; — *su un muro*, to build a wall; — *su un bambino*, to bring up a child; *le vacanze l'hanno tirato su*, the holidays have set him up again // — *dentro*, to bring in; *hanno tirato dentro anche me*, they dragged me into it too // — *fuori*, to draw out: *tirò fuori l'abito dalla valigia*, she drew out the dress from the case; *tira fuori le mani di tasca*, take your hands out of your pockets; *tira fuori tutto quello che hai da dire*, spill the beans; — *fuori la verità*, to come out with the truth; — *fuori qlcu.*, (*di prigione*) to have (*o* to get) s.o. out (of prison) // — *via*, (*togliere*) to take away; to pull out (*o* off *o* away): *tira via la sedia*, take away the chair; *hanno tirato via l'etichetta*, they have pulled off the label; *tirò via un chiodo*, he pulled out a nail; — *via un lavoro*, (*non farlo accuratamente*) to finish off a job // *tirarsi dietro*, to draw (*o* to pull) after oneself; (*portare con sé*) to drag after oneself: *si tirò dietro la porta*, he pulled the door to after him; *devo sempre tirarmi dietro mio fratello*, I always have to drag my brother around after me // *tirarsi addosso le critiche di tutti*, to make oneself the object of everybody's criticism **2** (*lanciare*) to throw*: — *un sasso a un cane*, to throw a stone at a dog; — *una freccia*, to shoot an arrow; — (*il pallone*) *in porta*, *a rete*, to shoot // — *i dadi*, to throw dice // — *calci*, *pugni*, to kick, to punch **3** (*tendere*) to draw*: — *le tende*, to draw the curtains; — *un filo*, to put up a line, (*delle calze*) to pull a thread (in one's stockings) // — *una riga*, to draw a line // — *l'arco*, to bend (*o* to draw) the bow // *tirarla*, (*vivere in ristrettezze*) to have trouble making ends meet // — *tardi*, *giorno*, *mattina*, (*region.*) to stay up late; — *notte*, to pass the time **4** (*ricavare*) to draw; (*fare*) to make*: — *una conclusione*, to draw a conclusion; — *le somme*, to sum up (*anche fig.*) // — *la paga*, *l'affitto*, (*antiq.*) to draw (*o* to collect) one's wages, the rent **5** (*far diventare*): — *a luci- do*, *a cera*, to polish; *essere tirato a lucido*, (*fig.*) to be dolled up **6** (*stampare*) to print, to run* off: — *1000 copie di un libro*, to print (*o* to run off) 1000 copies of a book; — *le bozze*, to pull proofs ◆ *v.intr.* **1** to go* on, to carry on: *"Come va?" "Si tira avanti"*, "How are you?" "Not so bad" (*o* "Could be worse"); *tirarono avanti per parecchi chilometri*, they went on for many kilometres **2** (*mirare*, *tendere*) to approach, to tend: *un grigio che tira all'azzurro*, a bluish grey // — *ai soldi*, to aim at money **3** (*fig. fam.*) (*avere inclinazione*) to prefer (sthg.): *tira più per la pallacanestro che per il calcio*, he prefers basketball to football **4** (*sparare*) to shoot*; (*far fuoco*) to fire: *sa* — *bene*, he is a good shot; *ordinò loro di* —, he ordered them to fire; — *a qlcu.*, to shoot (*o* to fire) at s.o. // — *di scherma*, *di spada*, to fence; — *di boxe*, to box **5** (*soffiare*) to blow*: *tira vento*, the wind is blowing (*o* it is windy) // *tira aria di tempesta*, (*fig.*) a storm is in the air (*o* there is a stormy atmosphere) **6** (*avere tiraggio*) to draw*: *il camino non tira*, the chimney doesn't draw; *questo sigaro tira bene*, this cigar draws well // (*econ.*): *l'industria automobilistica tira*, the car industry is thriving; *questa azienda non tira*, this firm is not doing well **7** (*esercitare un'attrazione*): *un genere di spettacolo che tira molto*, a very popular type of show **8** (*di strada*) to go* uphill, to run* uphill **9** (*di indumenti*, *stringere*) to be tight: *questo vestito tira sui fianchi*, this dress is too tight on the hips **10** (*essere teso*) to feel* tight: *mi tira la pelle della faccia*, the skin of my face feels tight **11** (*contrattare*) to bargain: — *sul prezzo*, to bargain (*o* to haggle) **12** (*non com.*) (*somigliare*) to take* after: *tira dalla nonna*, she takes after her grandmother.

□ **tirarsi** *v.rifl.* **1** to draw*; to drag: *si tirò da parte*, he drew to one side // — *su*, (*alzarsi*) to draw oneself up; (*riprendersi*) to feel better: *si tirò su quando mi vide*, he drew himself up (*o* stood up) when he saw me // — *indietro*, to draw back, (*fig.*) to hold back **2** (*ant.*) to go*.

tiraschiaffi *s.m.* e *f.* impudent person, insolent person; cocky person.

tirassegno *s.m.* target-shooting; (*luogo*) shooting range; (*alla Fiera*) shooting gallery.

tirastivali *s.m.* boot-jack.

tirata *s.f.* **1** pull; tug: *dare una* — *di capelli*, to pull s.o.'s hair; *dare una* — *a una fune*, to give a tug at a rope; *dare una* — *d'orecchi a qlcu.*, to pull s.o.'s ears, (*fig.*) to tell s.o. off **2** (*fam.*) (*di sigaretta*) puff, draw, pull; (*fam.*) drag: *dopo due tirate gettò via la sigaretta*, after a couple of puffs he threw away the cigarette **3** (*azione concentrata e ininterrotta*) go, stretch: *abbiamo fatto Milano-Napoli in un'unica* —, we did the stretch from Milan to Naples in one go; *ha finito il lavoro in un'unica* —, he did the job in one go **4** (*discorso polemico*) tirade: *il suo discorso era una* — *contro gli oppositori*, his speech was a tirade against his opponents.

tiratardi *s.m.* e *f.* (*region. scherz.*) laggard, dawdler, slowcoach: *sei il solito* —*!*, you're always such a slowcoach!

tiratira *s.m.* (*fam.*) **1** (*passioncella*) crush: *avere un* — *per qlcu.*, to have a crush on s.o. **2** (*il contendersi qlco.*) tugging: *ci fu un* — *e la scatola dei cioccolatini finì col rompersi*, they were all tugging at the box of chocolates and in the end it broke.

tirato *agg.* **1** drawn: *con i lineamenti tirati*, with drawn features **2** (*avaro*) stingy, mean, tight: *essere* — *nello spendere*, to be tight (*o* stingy) with one's money.

tiratore *s.m.* shooter: *è un buon* —, he is a good shot (*o* crack shot); — *di scherma*, fencer; — *scelto*, marksman; *franco* —, sniper, (*fig.*) politician who votes against his party (in a secret ballot).

tiratura *s.f.* (*tip.*) **1** (*il tirare*) drawing; pulling; (*di libro*, *giornale ecc.*) printing, edition, run; (*di bozze*) pulling, making: *per la* — *delle bozze si usa il tirabozze*, a proof press is used for the pulling of proofs **2** (*il numero delle copie stampate*) circulation: *questo giornale ha una* — *di più di 200.000 copie*, this newspaper has a circulation of more than 200,000; *questa rivista ha una* — *molto forte*, this magazine has a very high circulation; *si farà una* — *di 5000 copie*, a run of 5000 copies will be printed.

tiravolista *s.m.* e *f.* clay-pigeon shooter.

tirchieria *s.f.* (*fam.*) meanness [U], tightfistedness [U], stinginess [U]: *una persona di una* — *incredibile*, a person of incredible meanness; *che tirchierie!*, what stinginess!

tirchio *agg.* (*fam.*) mean, tightfisted, stingy ◆ *s.m.* miser, skinflint; (*fam.*) cheapskate, tightwad: *non fare il* —, *prestami i soldi!*, don't be such a cheapskate, lend me the money!

tirella *s.f.* (*finimento per cavalli*) trace.

tiremmolla *s.m.* (*fam.*) **1** (*atteggiamento incostante*) wavering; (*fam.*) shilly-shallying, blowing hot and cold, dithering: *accordarsi dopo un lungo* —, to come to an agreement after a lot of shilly-shallying **2** (*persona indecisa*) ditherer, shilly-shallyer: *non si riesce mai ad avere una decisione da quel* —, you can never get a decision out of that ditherer.

tireoglobulina *s.f.* (*biochim.*) thyroglobulin.

tireoproteina *s.f.* (*biochim.*) thyroprotein.

tireotropina *s.f.* (*biochim.*) thyrotropin, (*amer.*) thyrotrophin.

tireotropo *agg.* thyrotropic; (*amer.*) thyrotrophic: (*biochim.*) *ormone* —, thyrotrophic hormone.

tiretto *s.m.* (*region.*) (*cassetto*) drawer.

tiristore *s.m.* (*elettr.*) thyristor.

tiritera *s.f.* nursery rhyme; (*estens.*) nagging rigmarole: *è sempre la solita* —, (*fam.*) it is always the same old song.

tirlindana *s.f.* (*region.*) trawl line.

tiro *s.m.* **1** (*il tirare*) pulling, drawing: (*trazione*) draught: *bestie da* —, draught animals; *cavallo da* —, draught-horse; — *alla fune*, tug -of-war **2** (*muta*) team: — *a quattro*, four-in -hand **3** (*lancio*) throw, cast; (*lo scagliare*) throwing: *un* — *di dadi*, a throw of dice; *un bel* —, a good throw **4** (*sport*) shot, throw: — *in porta*, shot at goal; — *al volo*, volley // (*basket*): — *libero*, free throw; — *a canestro*, shot **5** (*di arma*) shot; (*fuoco*) fire [U]; (*lo sparare*) shooting: — *al piattello*, clay-pigeon shooting; — *a segno*, target-shooting; *poligono di* —, shooting range; *scuola di* —, shooting school; — *con l'arco*, archery; — *d'appoggio*, supporting fire; — *radente*, grazing fire; — *di sbarramento*, barrage fire; *aprire il* —, to open fire; *a un* — *di schioppo*, within gunshot (*o* rifle-shot), (*fig.*) a stone's throw away; *essere sotto* —, (*anche fig.*) to be under fire; *tenere qlcu. sotto* —, (*anche fig.*) to keep s.o. under fire; *siamo fuori* — *ormai*, we are out of range // *se mi viene a* — *lo arrangio io*, if I can get hold of him (*o* get my hands on him) I'll fix him **6** (*scherz.*) trick: *giocare un* — *mancino a qlcu.*, to play a nasty trick on s.o. **7** (*di sigaretta ecc.*) puff, pull; (*fam.*) drag: *mi fai fare un* —?, can I have a puff (*o* a drag)? **8** (*teatr.*) fly line **9** (*fam.*) (*attacco cardiaco*) — *secco*, heart attack.

tirocinante *s.m.* e *f.* apprentice, trainee: *corso per tirocinanti*, trainees' course ◆ *agg.* training; trainee (*attr.*): *un maestro* —, a trainee teacher.

tirocinio *s.m.* apprenticeship, training; (*periodo di prova*) probation: — *collettivo*, collective training; — *professionale*, vocational training; — *didattico*, teacher training; *fare il* —, to do one's training (*o* to serve one's apprenticeship); — *legale*, legal training; *fare il* — *legale*, to be articled to a lawyer.

tiroide *s.f.* (*anat.*) thyroid.

tiroidectomia *s.f.* (*med.*) thyroidectomy.

tiroideo *agg.* (*anat.*) thyroid: *ghiandola tiroidea*, thyroid (gland).

tiroidina *s.f.* (*biochim.*) thyroidin.

tiroidismo *s.m.* (*med.*) thyroidism.

tiroidite *s.f.* (*med.*) thyroiditis.

tirolese *agg.* Tyrolese ◆ *s.m* e *f.* Tyrolese (*pl. invar.*) ◆ *s.f.* (*danza*) tyrolienne.

tirossina → **tiroxina**.

tirotropina → **tireotropina**.

tiroxina *s.f.* (*biochim.*) thyroxine.

tirrenico *agg.* Tyrrhenian: *costa tirrenica*, Tyrrhenian coast; *turismo* —, tourism on the Tyrrhenian coast.

tirreno *agg.* **1** Tyrrhene, Tyrrhenian **2** (*del mar Tirreno*) Tyrrhenian.

tirso *s.m.* thyrsus* (*anche bot.*).

tisana *s.f.* infusion, (herb) tea, ptisan, tisane.

tisanottero *s.m.* (*zool.*) thysanopteron.

tisi *s.f.* (*med.*) consumption, phthisis.

tisico *agg.* **1** (*med.*) consumptive, phthisical **2** (*stentato, di piante*) stunted ◆ *s.m.* consumptive.

tisiologia *s.f.* (*med.*) phthisiology.

tisiologo *s.m.* phthisiologist.

tissulare *agg.* (*biol.*) tissular.

tissutale → **tessutale**.

titanato *s.m.* (*chim.*) titanate.

titanico[1] *agg.* titanic, colossal, gigantic: *sforzi titanici*, titanic efforts.

titanico[2] *agg.* (*chim.*) titanic: *acido* —, titanic acid.

titanifero *agg.* (*min.*) titaniferous.

titanio *s.m.* (*chim.*) titanium.

titanismo *s.m.* titanism.

titanite *s.f.* (*min.*) titanite.

titano *s.m.* **1** (*mit.*) Titan **2** (*fig.*) giant, mogul, titan.

titillamento *s.m.* titillation, tickling; (*fig.*) titillation, excitement.

titillare *v.tr.* to titillate, to tickle; (*fig.*) to titillate, to excite, to tickle.

titillazione *s.f.* titillation, tickling.

titoismo *s.m.* Titoism.

titoista *agg.* e *s.m.* e *f.* Titoist.

titolare *agg.* (*che ha un titolo e relativo ufficio*) regular, official; (*che ha solo il titolo senza averne l'ufficio*) titular: *professore* —, regular teacher; *capo* — *di governo*, titular head of government; *sovrano* —, titular sovereign; *cardinale* —, titular cardinal // (*sport*) *terzino* —, regular fullback ◆ *s.m.* **1** (*detentore*) holder; (*proprietario*) owner, proprietor; (*capo, di scuola ecc.*) principal; (*il responsabile*) the person in charge: — *di cattedra*, (*di università*) full professor (*o* holder of a chair), (*di scuola superiore*) qualified teacher; — *di brevetto*, patent holder; — *di una ditta*, owner of a firm; *il* — *di un bar*, the proprietor of a bar; *egli è il* — *di questo reparto*, he is in charge of this department // — *di un diritto di proprietà*, proprietor (*o* owner) // — *di azioni*, shareholder (*o* stockholder) // — *di un conto* (*corrente*), account holder (*o* holder of an account) // (*assicurazioni*) — *di polizza*, policy-holder // (*sport*) *partita fra riserve e titolari*, match between reserves and the first team **2** (*eccl.*) titular.

titolare *v.tr.* **1** to title: — *un articolo, un libro*, to title an article, a book // *oggi tutti i giornali hanno titolato su nove colonne*, the newspapers are all carrying banner headlines today **2** (*non com.*) (*dare un titolo nobiliare*) to confer a title upon (s.o.) **3** (*chiamare*) to call **4** (*una chiesa*) to dedicate **5** (*chim.*) to titrate **6** (*tess.*) to number.

titolarità *s.f.* (*dir.*) title, legal ownership: — *di un bene*, possessory title.

titolato *agg.* titled; (*chim.*) titrated ◆ *s.m.* titled gentleman*.

titolatrice *s.f.* (*cinem.*) titler.

titolatura *s.f.* (*apposizione di un titolo*) titling; (*insieme di titoli*) titles (*pl.*).

titolazione *s.f.* **1** → titolatura **2** (*chim.*) titration.

titolista *s.m.* e *f.* **1** (*chi redige i titoli di un giornale*) headline writer **2** (*cinem.*) titler.

titolo *s.m.* **1** title; (*testata*) headline; (*di conti, bilanci*) (*intestazione*) item, entry: *il* — *di un libro*, the title of a book; *il* — *di un articolo*, (*di giornale*) the headline of an article; *a titoli cubitali*, in banner headlines; (*cinem., tv*) *titoli di testa, di coda*, opening, closing credits // (*amm.*) *il* — *delle spese ordinarie*, the item of recurring expenses // (*tip.*) — *corrente*, running head; (*inform.*) header **2** (*onorifico, nobiliare, accademico*) title; (*qualifica*) qualification: *titoli ereditari, acquisiti*, hereditary, acquired titles; *gli fu conferito il* — *di cavaliere*, a knighthood was conferred on him (*o* he was knighted); — *di studio*, degree (*o* educational qualification); *non ha alcun* — *accademico*, he has no academic qualifications; — *professionale*, professional qualification; *quali sono i suoi titoli?*, what are his qualifications? // (*sport*) — *di campione del mondo*, world champion title // *gli appioppò dei brutti titoli*, (*fam.*) he called him names **3** (*fig.*) (*diritto*) title, right, claim; (*ragione*) reason: *a che* — *fai ciò?*, by what right are you doing this?; *non ho alcun* — *per questo posto, questa proprietà*, I have no title (*o* claim) to this post, this property // *a* — *di favore, premio, prestito*, as a favour, prize, loan; *a* — *di amicizia*, as a friend; *a* — *di prova*, by way of trial; *a* — *gratuito*, free of charge; *a* — *di rimborso*, as reimbursement (*o* repayment); *a* — *d'acconto*, by way of advance; (*trib.*) *a* — *d'imposta*, as a tax // (*dir.*): — *di proprietà*, possessory title (*o* title deed); *successore a* — *universale, particolare*, universal, singular successor; — *legittimo*, just title; — *superiore, poziore*, paramount title **4** (*dir.*) (*documento*) document: *elenco dei titoli*, list of documents; — *esecutivo*, writ of execution **5** (*fin., Borsa*) stock, bond, security, share; (*documento*) certificate, instrument: *titoli a lunga scadenza*, long-term (*o* long-dated) securities, (*amer.*) Treasury bonds; *titoli a reddito fisso*, fixed-interest securities (*o* bonds); *titoli azionari*, shares; *titoli bancabili*, eligible securities; *titoli del debito pubblico*, State securities; *titoli del debito pubblico consolidato*, consols (*o* consolidated stock); — *di credito*, paper (*o* instrument of credit *o* credit instrument); *titoli di prima qualità, sicuri*, gilt-edged securities (*o* stocks); *titoli di prim'ordine*, blue-chips; *titoli di pronto realizzo*, liquid securities; *titoli di società industriali*, industrials; *titoli di stato*, government securities (*o* government stocks *o* state bonds *o* Treasury bonds); *titoli di stato a premio*, premium bonds; *titoli di stato a breve*, shorts; *titoli esenti da imposte*, tax-exempt securities; *titoli ferroviari*, rails; *titoli indicizzati*, index-linked (*o* floating rate) securities; *titoli ipotecari*, mortgage backed securities; *titoli nominativi*, inscribed (*o* registered) stock; — *privilegiato*, preference (*o* preferred) stock; — *privato*, privated security (*o* stock); *titoli riscattabili*, callable bonds; *titoli di investimento immobiliare*, property bonds; *movimento di titoli*, transfer of securities **6** (*chim.*) title; (*dei metalli*) fineness **7** (*tess.*) count **8** (*in concorsi accademici*) publication: *concorso per titoli ed esami*, examination for qualified candidates.

titolone *s.m.* (*spec. di giornale*) banner headline.

titubante *agg.* hesitant, hesitating, irresolute, faltering; undecided; doubtful: *è ancora* —, he is still hesitating; *parlò con voce* —, he spoke in a faltering voice; *si è mostrato molto* —, he appeared very undecided; *l'ho visto ancora un po'* —, I thought he was still a bit doubtful.

titubanza *s.f.* hesitancy, irresoluteness, irresolution, perplexity; doubt: *è sempre molto sicuro di sé, non ha mai alcuna* —, he's always very sure of himself and never has any doubts.

titubare *v.intr.* to hesitate, to falter, to waver; to be undecided: — *nel fare qlco.*, to hesitate over doing sthg.

tivù *s.f.* (*fam.*) TV, telly: *passa le ore davanti alla* —, he spends hours in front of the TV.

tizianesco *agg.* **1** (*pitt.*) of Titian, Titian's; (*alla maniera di Tiziano*) Titianesque **2** (*di capelli*) titian: *rosso* —, titian (red).

tizio *s.m.* person, someone (or other), character, fellow: *è venuto un* — *a cercarti*, someone came looking for you; *chi è quel* — *che hai salutato?*, who was that person you said hello to? // *Tizio, Caio e Sempronio*, Tom, Dick and Harry.

tizzo, tizzone *s.m.* brand, firebrand; ember: *un* — *ardente*, a burning ember.

tlaspi *s.m.* (*bot.*) pennycress.

tmesi *s.f.* (*ling.*) tmesis*.

to' *inter.* (*prendi*) take it; here (you are); (*guarda*) look; hey; well: —, *metti il libro a po-*

sto, take this book and put it back in its place; —, *prendi anche questo*, here, take this too; —, *è venuto anche lui*, look, he has come too; —, *chi si vede*, hey, look who's here.

toast *s.m.* **1** toasted sandwich (with ham and cheese) **2** (*fetta di pane tostato*) (piece of) toast.

toboga *s.m.* (*sport*) toboggan; (*nelle spiagge, piscine, campi da gioco*) slide; chute.

toc *inter.* knock: — —, *posso entrare?*, knock knock, may I come in?

toccabile *agg.* **1** touchable **2** (*fig.*) tangible, concrete: *verità — con mano*, tangible truth.

toccante *agg.* touching, moving: *una scena* —, a moving scene; *parole toccanti*, touching words.

toccare *v.tr.* **1** to touch; (*maneggiare*) to handle: *le toccò la fronte con la mano*, he touched her forehead with his hand; *non —!*, don't touch!; — *le corde di uno strumento*, to touch the strings of an instrument; *si prega di non — la frutta*, please do not handle the fruit; *vietato — la merce*, do not touch the goods // *chi tocca i fili muore*, danger, live wires // — *ferro*, to touch wood // *vuole sempre — con mano quel che gli si dice*, he always wants to have a proof of what he is told about; *ti farò — con mano l'errore delle tue affermazioni*, I shall make you realize how wrong your statements are // — *il fondo*, to touch the bottom (*anche fig.*); (*Borsa*) to ground: *presto i prezzi toccheranno il fondo*, prices will be grounding soon // — *l'avversario*, (*scherma*) to touch one's opponent // — *i bicchieri*, (*brindare*) to clink (*o* to touch) glasses // *guardare e non — è una cosa da imparare*, it is difficult to keep one's hands off something **2** (*usare*) to use, to draw* on: *non ha mai toccato i soldi messi da parte*, he has never used (*o* drawn on) the money set aside // — *cibo*, to touch food: *non tocca cibo da una settimana*, he has not touched any food for a week **3** (*raggiungere*) to touch, to reach: *era tanto alto che toccava il soffitto*, he was so tall that he could touch the ceiling; *la sua gonna toccava terra*, her skirt swept the ground; *le montagne sembrano — il cielo*, the mountains seem to touch the sky; — *la meta*, to reach one's goal (*anche fig.*); — *terra*, to touch land; — *un porto*, (*farvi scalo*) to call at a port // *quella signora toccherà i quaranta*, that lady is fortyish // — *il cielo con un dito*, (*fig.*) to be in seventh heaven **4** (*colpire, ferire*) to touch, to hurt*; (*commuovere*) to touch, to move: *ho toccato il suo orgoglio*, I have touched his pride; *il suo sarcasmo non mi tocca*, his sarcasm does not touch me; *non bisogna toccarlo nei suoi sentimenti religiosi*, we must not hurt his religious feelings; *guai a chi le tocca i figli*, there is trouble in store for anyone who touches (*o* lays a finger on) her children; — *qlcu. nel vivo*, to touch s.o. to the quick (*o* on a tender spot); *quelle parole mi toccarono il cuore*, those words touched my heart; *la sua storia mi toccò profondamente*, his story touched (*o* moved) me deeply **5** (*riguardare*) to concern: *un problema che ci tocca da vicino*, a problem that closely concerns us **6** (*sfiorare*) to touch on: *toccò appena la questione*, he hardly touched on the question **7** (*suonare*) to play // *non devi — questo tasto*, you must not harp on that string ◆ *v.intr.* **1** to touch: *qui non si tocca*, (*l'acqua è molto alta*) you can't touch the bottom here **2** (*capitare*) to happen, to fall*: *mi toccò una grave responsabilità*, a serious responsibility fell to me; *sono spiacente per quel che gli è toccato*, I am sorry for what has happened to him; *gli è toccata una bella fortuna*, he had a real stroke of luck // *a chi tocca, tocca*, (*fam.*) if it is your turn, then you are in for it // — *in sorte a qlcu.*, to fall to s.o.'s lot **3** (*spettare*) to fall*: *il premio tocca a lui*, the prize falls to him; *non gli toccò quasi nulla*, he hardly got anything; *tocca a voi aiutarlo*, it is your duty (*o* it is up to you) to help him; *a chi tocca?*, whose turn is it?; *tocca a te*, it is your turn; (*a dama, a scacchi*) it is your move // — *in eredità*, to fall to s.o.'s share **4** (*dovere*) to have: *mi tocca partire oggi*, I have to leave today; *cosa mi tocca sentire!*, I can't believe my ears! **5** (*lasciare il segno*) to leave* a mark: *sono cose che toccano*, they are things that leave a lasting mark.

□ **toccarsi** *v.rifl.rec.* to touch each other (one another): *le due case si toccano*, the two houses touch each other // *gli estremi si toccano*, (*prov.*) extremes meet.

toccasana *s.m.* cure-all, panacea (*anche fig.*); remedy (*anche fig.*): *quelle gocce sono un vero — per la tosse*, those drops are an excellent remedy for coughs; *cambiare ambiente sarà un vero — per te*, a change of environment will be a real panacea for you.

toccata *s.f.* **1** touch; touching **2** (*mus.*) toccata.

toccato *agg.* **1** (*scherma*) touché (*anche fig.*) **2** (*pazzoide*) touched.

tocco[1] *agg.* **1** (*stravagante, picchiato*) touched, (*fam.*) nutty: *quell'uomo è un po' —*, that man is slightly touched **2** (*di frutto*) (*ammaccato*) bruised.

tocco[1] *s.m.* **1** touch: *un — di bacchetta magica*, a touch of the magic wand // *dare gli ultimi tocchi a un lavoro*, (*fig.*) to give the final touches to a piece of work // *darsi un — di cipria*, to dab one's face with powder **2** (*di pianista, pittore*) touch: *ha un bellissimo — al piano*, he has a very fine touch on the piano; *il quadro ha bisogno di alcuni tocchi di rifinitura qua e là*, the painting needs a few finishing touches here and there; *sa fare un quadro con solo alcuni tocchi di pennello*, he can do a painting with only a few strokes of the brush; *si vede il — di un grande artista*, you can see the touch (*o* the hand) of a great artist **3** (*colpo alla porta*) knock, rap: *sentimmo tre tocchi alla porta*, we heard three knocks on the door **4** (*rintocco di campana*) stroke; (*a morto*) toll, tolling; knell // *al —*, at one o'clock.

tòcco[2] *s.m.* piece, hunk, chunk: *un bel — di carne*, a nice piece of meat; *si è mangiato un bel — di cioccolato*, he ate a big piece of chocolate // *un bel — di ragazza*, a stunning girl // *un — d'uomo*, a fine figure of a man.

tocco[3] *s.m.* (*berretto*) toque.

tocoferolo *s.m.* (*chim.*) tocopherol.

tocologia *s.f.* (*med.*) tocology, tokology.

toeletta, **toelette** → **toilette**.

toga *s.f.* **1** toga*: — *candida, pretesta, virile*, toga candida, praetexta, virilis **2** (*di magistrato, professore universitario*) gown, robe; (*estens.*) (*la professione forense*) the legal profession, the Bar: *accedere alla dignità della —*, to be admitted to the Bar.

togato *agg.* **1** togaed, togated, wearing a toga **2** (*di magistrato, professore universitario*) wearing a gown, gowned; (*di carriera*) stipendiary: *giudice —*, stipendiary magistrate; *i componenti togati del Consiglio Superiore della Magistratura*, the stipendiary magistrates of the Supreme Law Council **3** (*fig.*) (*magniloquente*) dignified, stately, noble: *stile —*, dignified style.

togliere *v.tr.* **1** to take* away; to take* out; (*indumenti*) to take* off; (*rimuovere*) to remove: *questo non è il suo posto, toglilo di qui*, this is not its place, take it away from here; *togli le mani di tasca*, take your hands out of your pockets; *togli il cappotto al bambino*, take off the child's coat; *togli il vaso dal tavolo*, remove the vase from the table; *cerca di — questa macchia*, try to remove this stain // — *un dubbio a qlcu.*, to clear a doubt up for s.o.; *toglimi un dubbio, la riunione è alle 9 o alle 10?*, tell me something, is the meeting at 9 or 10? // — *una curiosità a qlcu.*, to satisfy s.o.'s curiosity; *toglimi una curiosità, quei due sono sposati?*, tell me something, are those two married? // *togliersi un capriccio*, to indulge a whim; *togliersi la soddisfazione di dire qlco.*, to give oneself the satisfaction of saying sthg. // — *un'idea dalla testa di qlcu.*, to get an idea out of s.o.'s head; *toglitelo dalla testa*, get the idea out of your head // —, *togliersi di mezzo, di torno, dai piedi qlcu., qlco.*, to get s.o., sthg. out of one's way; — *di mezzo un testimone scomodo*, to get rid of an awkward witness // — *qlcu. dalla strada*, to pick s.o. up out of the gutter // *preoccupazioni che tolgono il sonno*, worries which keep one awake at night // — *il fiato a qlcu.*, (*assillarlo*) to pester s.o.; *una bellezza da — il fiato*, a breath-taking beauty (*o* a beauty that takes one's breath away) **2** (*privare di*) to take*: *la guerra gli tolse il padre*, he lost his father in the war // *togliersi la vita*, to commit suicide (*o* to take one's own life); — *la vita a qlcu.*, to take s.o.'s life **3** (*sottrarre*) to take*: *togli quattro da dieci*, take four from ten // — *qualche ora allo studio*, to steal a few hours from one's studies **4** (*interrompere l'erogazione di*) to cut* off: *hanno tolto la corrente per due ore*, the electricity was (cut) off for two hours **5** (*liberare*) to relieve; to rescue; to free: *mi hai tolto un gran peso*, you have relieved me of a great burden; *mi ha tolto da un grave pericolo*, he has rescued me from a serious danger; — *un'ipoteca da una proprietà*, to free a property from mortgage; — *le tasse a qlcu.*, to free s.o. from taxes // *togliersi il vizio del fumo*, to stop the bad habit of smoking // *togliersi il pensiero*, to get sthg. off one's mind **6** (*region., letter.*) (*prendere*) to take*: *la tolse in moglie*, he took her to wife **7** (*trarre*) to take*: *un esempio tolto da un romanzo*, an example taken from a novel **8** (*ant. letter.*) (*impedire*) to prevent // *ciò non toglie che...*, it does not mean that...

□ **togliersi** *v.rifl.* to go* away, to get* out: *togliti!*, go away!; *togliti di mezzo, dai piedi!*, (*fam.*) get out of the way!; — *dagli impicci*, to get out of trouble.

toh → **to'**.

toilette *s.f.* (*fr.*) **1** (*l'acconciarsi, il truccarsi*) toilet: *perde molto tempo per la sua —*, she spends a lot of time on her toilet; *fare —*, to get dressed (*o* to make one's toilet) **2** (*mobile*) dressing table, toilet table **3** (*vestito*) outfit, dress: *ha indossato una nuova — da sera*, she wore a new evening dress **4** (*gabinetto*) toilet, lavatory.

tolda *s.f.* (*mar.*) deck.

tolemaico *agg.* Ptolemaic // *sistema* —, Ptolemaic system.

toletta → **toilette**.

tolidina *s.f.* (*chim.*) tolidine.

tolile *s.m.* (*chim.*) tolyl: *radicale* —, tolyl radical.

tollatura *s.f.* (*tess.*) stroking.

tollerabile *agg.* tolerable, endurable, bearable: *caldo* —, bearable heat; *un'offesa non* —, an intolerable insult.

tollerabilità *s.f.* tolerability, tolerableness.

tollerabilmente *avv.* **1** tolerably **2** (*discretamente*) fairly.

tollerante *agg.* **1** tolerant; (*indulgente*) indulgent **2** (*che sopporta*) enduring.

tolleranza *s.f.* **1** tolerance; (*indulgenza*) indulgence: *il nostro governo ha sempre dato prova di grande* —, our government has always shown great tolerance; *avere — per il freddo, il caldo*, to be able to stand (*o* to tolerate) the cold, the heat; *la — dell'organismo a un medicinale*, the tolerance of an organism to a medicine; *avere spirito di* —, to be tolerant; *giudicare con* —, to be tolerant in one's judgement; — *politica, religiosa*, political, religious tolerance // *casa di* —, brothel **2** (*capacità di sopportare il male*) endurance, tolerance, stamina **3** (*comm.*) (*scarto*) allowance: — *sul peso, sul calo delle merci*, allowance on the weight, on the loss of weight of goods **4** (*limite, margine*) margin, leeway, tolerance: *fissare un orario con una — di 20 minuti*, to set a time with 20 minutes leeway; *una — di quindici minuti*, a fifteen minute tolerance; (*banca*) *giorni di* —, (*per il pagamento di cambiali*) days of grace; (*fin.*) — *di coniazione*, coinage tolerance **5** (*tecn.*) tolerance; (*di accoppiamento*) allowance: — *di forma*, form tolerance; — *di posizione*, position(al) tolerance; — *di simmetria*, symmetry tolerance; — *stretta*, close tolerance; *limite di — superiore, inferiore*, high, low tolerance limit.

tollerare *v.tr.* **1** (*resistere fisicamente a*) to tolerate, to stand*, to bear*, to endure: — *il freddo*, to tolerate (*o* to stand) the cold; — *un male*, to endure a pain // *non tollera le uova*, eggs don't agree with him **2** (*sopportare, accettare*) to tolerate, to bear*, to stand*, to put* up with (sthg.): *ho tollerato la tua insolenza per un'ora*, I have put up with your insolence for an hour; *non posso — quell'uomo*, I can't bear (*o* stand) that man; *non tollero che ti tratti così*, I can't tolerate (*o* bear) his treating you like that; *non tollero di essere disturbato*, I cannot stand being disturbed; — *un insulto*, to endure (*o* to bear) an insult **3** (*concedere*) to allow, to accept: — *un ritardo di ventiquattr'ore nella consegna*, to allow a twenty-four hour delay in delivery.

tolstoiano *agg.* Tolstoyan, Tolstoian.

tolto *agg.* except for, with the exception of, apart from: *tolti alcuni giorni ha piovuto sempre*, it has rained continually apart from a few days.

tolù *s.m.* (*bot.*) (*Myroxylon balsamum*) tolu.

toluene *s.m.* (*chim.*) toluene.

toluico *agg.* (*chim.*) toluic: *acido* —, toluic acid.

toluidina *s.f.* (*chim.*) toluidine.

toluolo *s.m.* (*chim.*) toluol.

toma *s.f. nelle locuz.*: *promettere Roma e* —, (*promettere grandi cose*) to promise the earth; *prendere Roma per* —, (*fraintendere completamente*) to misunderstand completely.

tomaia *s.f.* upper, vamp.

tomare *v.intr.* (*mar.*) to jibe, to gybe.

tomatina *s.f.* (*chim.*) tomatine.

tomba *s.f.* **1** grave (*anche fig.*), tomb: — *di famiglia*, family vault; *le tombe romane lungo la via Appia*, the Roman tombs along the Appian Way // *essere (muto) come una* —, to be as silent as a grave: *puoi dirmi tutto, sarò una* —, you can tell me everything, my lips are sealed // *silenzio di* —, deathly (*o* deathlike) silence // *portare un segreto nella* —, to carry a secret to the grave // *una voce di* —, a sepulchral voice // *lo farebbe rivoltare nella* —, it's enough to make him turn in his grave // *avere un piede nella* —, to have one foot in the grave // *discendere nella* —, to go down into the tomb // *il dolore lo ha portato alla* —, his grief was the cause of his death // *dalla culla alla* —, from the cradle to the grave **2** (*luogo tetro, buio*) tomb, gloomy place.

tombacco *s.m.* (*metall.*) tombac, tomback.

tombale *agg.* grave (*attr.*), tomb (*attr.*): *pietra* —, gravestone (*o* tombstone).

tombamento *s.m.* (*edil.*) filling.

tombarello *s.m.* dumper.

tombarolo *s.m.* (*region.*) grave robber.

tombino *s.m.* manhole, gully-hole.

tombola[1] *s.f.* (*gioco*) tombola; (*amer.*) bingo: *giocare a* —, to play tombola.

tombola[2] *s.f.* (*fam.*) (*caduta*) tumble, fall: *fare una* —, to tumble down (*o* to fall); *fece una brutta* —, he had a nasty tumble // — !, (*scherz.*) oops-a-daisy (*o* oops)!

tombolare *v.intr.* **1** (*fam.*) to tumble (down), to fall* (down); (*a capofitto*) to fall* headlong **2** (*fig.*) (*andare in rovina*) to collapse ◆ *v.tr.* (*fam.*) to fall* down (sthg.): — *le scale*, to fall down the stairs.

tombolata *s.f.* game of bingo, game of tombola: *una bella — in famiglia*, a nice game of tombola at home with the family.

tombolo[1] *s.m.* **1** (*per merletti*) lace pillow: *merletto a* —, pillow lace **2** (*cuscino cilindrico*) bolster **3** (*scherz.*) (*persona bassa e grassoccia*) fatty.

tombolo[2] *s.m.* (*geogr.*) neck, tombolo*.

tombolo[3] *s.m.* **1** (*capitombolo*) tumble, headlong fall **2** (*fig.*) (*rovina economica*) downfall, crash, collapse.

tomento *s.m.* (*bot.*) tomentum*.

tomentoso *agg.* (*bot.*) tomentose, tomentous.

tomismo *s.m.* (*st. fil.*) Thomism.

tomista *s.m.* e *f.* (*st. fil.*) Thomist.

tomistico *agg.* (*st. fil.*) Thomistic(al).

Tommaso *no.pr.m.* Thomas // *fare come San* —, to be a doubting Thomas.

tomo *s.m.* **1** tome, volume: *un'enciclopedia in tre tomi*, a three-volume encyclopedia **2** (*tipo buffo*): *che bel* —!, (*fam.*) what a funny chap!

tomografia *s.f.* (*med.*) tomography: — *assiale computerizzata*, (*abbr.* TAC) computerized (*o* computed) axial tomography (*abbr.* CAT).

tomografico *agg.* (*med.*) tomographic.

tomografo *s.m.* (*med.*) tomograph.

tomogramma *s.m.* (*med.*) tomogram.

tonaca *s.f.* **1** (*di frate*) frock, cowl; (*di prete*) soutane // *gettare la — (alle ortiche)*, (*fig.*) to give up the frock // *vestire, indossare la* —, (*fig.*) to become a friar; (*di monaca*) to take the veil **2** (*metall.*) loam mould **3** (*anat.*) → **tunica**.

tonale *agg.* **1** (*mus.*) tonal, tone (*attr.*): *accordo* —, tonal chord **2** (*pitt.*) tone (*attr.*).

tonalismo *s.m.* **1** (*mus.*) tonalism **2** (*pitt.*) stress on tonality.

tonalità *s.f.* **1** (*mus.*) tonality, key **2** (*pitt.*) shade, tone, hue: *una — scura di verde*, a dark shade of green.

tonante *agg.* **1** thundering; loud, booming: *dare ordini con voce* —, to thunder out an order // *Giove Tonante*, the Thunderer **2** (*chim.*) explosive: *miscela* —, explosive mixture.

tonchio *s.m.* (*zool.*) weevil.

tonchioso *agg.* (*di grano ecc.*) weevilled, weevilly.

tondare *v.tr.* (*non com.*) (*arrotondare*) to round (off), to make* round.

tondeggiante *agg.* roundish, rounded, round, curved: *scrittura* —, rounded (hand)writing.

tondeggiare *v.intr.* to be roundish ◆ *v.tr.* (*non com.*) to round (off), to make* round.

tondello *s.m.* (*piccolo disco di vario materiale*) round.

tondezza *s.f.* (*non com.*) roundness.

tondino *s.m.* **1** (*piattino*) saucer **2** (*arch.*) astragal **3** (*metall.*) round bar: — *di ferro, (per cemento armato)* iron (*o* reinforcing) rod; — *ritorto*, twisted iron rod; — *spiralato*, corrugated bar.

tondo *agg.* **1** round: *faccia tonda*, round face; *guance tonde*, round cheeks; *piatto* —, round plate // *parentesi tonde*, round brackets // *cifra tonda*, round figure: *far cifra tonda*, to round up (*o* down) a figure // *un mese* —, a full month // *rimasi là due ore tonde*, I remained there two full hours // *parlare chiaro e* —, to speak bluntly (*o* clearly *o* frankly): *gli dissi chiaro e — quello che pensavo*, I told him what I thought very clearly (*o* I told him my mind) **2** (*tip.*) Roman ◆ *s.m.* **1** round **2** (*cerchio*) circle, ring: *disegnare un* —, to draw a circle // *in* —, *a* —, (*in cerchio*) (a)round (*o* in a ring *o* in a circle): *ballare in* —, to dance in a circle (*o* in a ring) **3** (*piatto*) plate **4** (*pitt., scult.*) tondo (*pl.* -di): *scultura a tutto* —, full relief (*o* standing out) sculpture **5** (*tip.*) Roman (type): *il testo è in —, gli esempi in corsivo*, the text is in Roman, the examples in italics **6** (*metall.*) round bar.

toner *s.m.* (*tecn.*) toner.

tonfare *v.intr.* (*non com.*) to make* a thud; (*in acqua*) to (make* a) splash.

tonfete *inter.* bump, plop; (*in acqua*) splash, plop.

tonfo *s.m.* **1** thud, bump; (*in acqua*) splash, plop: *cadde con un gran* —, it fell with a heavy thud // *fare un* —, to (make a) thud, (*in acqua*) to (make a) splash **2** (*fig.*) (*caduta*) fall, downfall, crash: (*econ.*) *fare un* —, to crash.

tonica *s.f.* (*mus.*) tonic, keynote.

tonicità *s.f.* (*non com.*) **1** (*med.*) tonicity **2** (*mus., ling.*) tonic nature.

tonico *agg.* **1** (*mus., med.*) tonic // *acqua tonica*, tonic water // (*med.*) *spasmo* —, tonic spasm **2** (*gramm.*) *accento* —, tonic accent ◆

s.m. **1** (*med.*) tonic **2** (*prodotto cosmetico*) toner; toning cream, toning lotion.

tonificante *agg.* e *s.m.* tonic; invigorating, bracing: *aria* —, bracing air; *una crema* — *per la pelle*, a skin toner.

tonificare *v.tr.* to tone (up); to brace, to invigorate: *esercizi ginnici che tonificano i muscoli*, gymnastics exercises that tone up the muscles; *una bella doccia fredda al mattino mi tonifica*, a nice cold shower in the morning is invigorating.

tonnara *s.f.* (*reti*) tunny-fishing nets (*pl.*), set of tunny nets.

tonnarotto *s.m.* tunny fisherman*.

tonnato, **tonné** *agg.* (*cuc.*) with tuna sauce: *vitello* —, veal with tuna sauce.

tonneau *s.m.* (*fr.*) (*aer.*) roll, barrel roll.

tonneggiare *v.tr.* (*mar.*) to warp; (*con ancora di tonneggio*) to kedge.

tonneggio *s.m.* (*mar.*) **1** (*il tonneggiare*) warping **2** (*cavo da tonneggio*) warp // *ancora di* —, kedge.

tonnellaggio *s.m.* (*mar.*) tonnage: — *di carico*, cargo tonnage; — *di dislocamento*, displacement tonnage; — *di stazza*, *di registro*, registered tonnage.

tonnellata *s.f.* ton: — *metrica*, tonne (*o* metric ton = 1000 kg); — *lunga*, long (*o* gross *o* shipper's) ton (= 1016 kg); — *corta*, short ton (usata negli Stati Uniti, in Canada, in Sudafrica = 907,18 kg) // (*mar.*): — *di nolo*, freight (*o* stevedore) ton; — *di portata*, tons burden; — *di stazza*, *di registro*, register (*o* vessel) ton; — *di ingombro*, measurement ton.

tonno *s.m.* (*zool.*) (*Thunnus thynnus*) tuna, tunny; (*in scatola*) tuna fish: — *striato*, (*Katsuwonus pelamis*) skipjack; *pesca del* —, tunny -fishing.

tono *s.m.* **1** tone: — *alto*, *basso*, *dolce*, *aspro*, high, low, sweet, harsh tone; — *di voce*, tone of voice!; *non permetterti di parlarmi con questo* —!, don't speak to me in that tone of voice; *in* — *di supplica*, in an imploring tone; *in* — *scherzoso*, in a joking tone; *parlava con* — *arrabbiato*, *conciliante*, he was speaking in an angry, a conciliatory tone; (*pitt.*) *un dipinto in cui prevalgono i toni cupi*, a painting in which dark tones predominate; *cambiare* —, to change one's tune (*o* to use a different tone); *rispondere a* —, to answer to the point (*o* to answer back) // *calare di* —, to fall in pitch; *una pubblicazione che è calata di* —, (*fig.*) a publication which has deteriorated **2** (*modo*, *stile*) tone, style: *la sua presenza dava* — *al ricevimento*, his presence gave tone to the party; *dare un* — *alla conversazione*, to set the tone of the conversation; *vestire in* — *dimesso*, to dress simply; *il* — *giornalistico di un saggio*, the journalistic style of an essay // *darsi un* —, to give oneself airs **3** (*mus.*) tone; key; (*intonazione*) tune: *intervallo di due toni*, two-tone interval; — *maggiore*, *minore*, major, minor key; *dare il* — *a uno strumento*, to tune an instrument; *essere in* —, *fuori* —, (*anche fig.*) to be in, out of tune **4** (*accordo*, *armonia*) tune: *quello che fa non è in* — *coi suoi principi*, what he does is not in keeping with his principles; *questi colori non sono in* —, these colours do not match; *ha le calze in* — *con la camicia*, her tights match her shirt **5** (*med.*) (*fisico*, *muscolare*) tone: — *muscolare*, muscle tone; *una medicina che dà* —, a tonic // *sono giù di* —, I'm a bit under the weather (*o* I'm feeling poorly).

tonometro *s.m.* (*fis.*, *med.*) tonometer.

tonsilla *s.f.* (*anat.*) tonsil.

tonsillare *agg.* (*anat.*) tonsilar, tonsillar, tonsillary, tonsillitic.

tonsillectomia *s.f.* (*med.*) tonsillectomy.

tonsillite *s.f.* (*med.*) tonsillitis.

tonsura *s.f.* (*eccl.*) tonsure.

tonsurare *v.tr.* (*eccl.*) to tonsure.

tonsurato *agg.* tonsured ◆ *s.m.* tonsured monk.

tonto *agg.* dull, slow, dense, stupid: *mi sembra un po'* —, he seems a bit dense to me ◆ *s.m.* dunce, simpleton: *non fare il finto* —, don't pretend not to understand.

tontolone *agg.* (*fam.*) dim, dumb, thick, dense ◆ *s.m.* (*fam.*) numbskull, clot, dolt.

top *s.m.* **1** (*abbigl.*) top: *un* — *in seta*, a silk top **2** (*vertice*) top: *raggiungere il* — *della classifica*, to get to the top of the classification.

topaia *s.f.* **1** rat's nest **2** (*fig.*) hovel.

topazio *s.m.* **1** (*min.*) topaz **2** (*zool.*) *colibrì* —, (*Topaza pella*) topaz.

topazolite *s.f.* (*min.*) topazolite.

topica[1] *s.f.* (*ret.*) topic.

topica[2] *s.f.* (*fam.*) (*sbaglio*) blunder: *fare una* —, to drop a brick (*o* to make a blunder).

topicida *agg.* rat-killing ◆ *s.m.* rat poison.

topico *agg.* topical (*anche med.*).

topinambur *s.m.* (*bot.*) (*Helianthus tuberosus*) Jerusalem artichoke.

topino *agg.* (*di colore*) mousy ◆ *s.m.* (*zool.*) **1** mouslet: — *delle risaie*, (*Micromys minutus*) harvest mouse **2** (*rondine*) (*Riparia riparia*) sand martin.

topless *s.m.* topless: *in questa piscina è vietato il* —, topless bathing suits are not allowed in this swimming pool.

topo *s.m.* mouse*; (*ratto*) rat: — *campagnolo comune*, (*Microtus arvalis*) field vole; — *da chiavica*, sewer rat; — *delle case*, (*Mus musculus*) house mouse; — *delle piramidi*, (*Jaculus jaculus*) jerboa; — *di fogna*, water rat; — *d'acqua*, (*Arvicola amphibius*) water vole; — *gigante*, (*Mus malabaricus*) bandicoot; — *muschiato*, (*Ondatra zibethica*) muskrat; — *quercino*, (*Eliomys quercinus*) garden-dormouse; — *selvatico*, (*Apodemus sylvaticus*) fieldmouse // *infestato da topi*, rat-infested // — *d'albergo*, (*fig.*) hotel thief; — *d'appartamento*, (*fig.*) burglar; — *d'auto*, (*fig.*) person who steals from cars // — *di biblioteca*, (*fig.*) bookworm // *grigio* —, mouse-colour // *denti di* —, mouselike teeth // *fare la fine del* —, *essere presi come topi in trappola*, to be caught like a rat in a trap.

topografia *s.f.* topography.

topografico *agg.* topographic(al): *carta topografica*, map.

topografo *s.m.* topographer, surveyor.

topolino *s.m.* **1** (*piccolo topo*) small mouse **2** (*fig.*) (*frugolino*) scamp, imp ◆ *s.f.* (*aut.*) 'topolino' (baby car made by FIAT in the fifties).

topologia *s.f.* (*mat.*, *geogr.*) topology.

topologico *agg.* topologic, topological.

toponimia *s.f.* toponymy.

toponimico *agg.* toponymic.

toponimo *s.m.* placename, toponym.

toponomastica *s.f.* toponymy.

toponomastico *agg.* toponymic.

toporagno *s.m.* (*zool.*) shrew.

topos *s.m.* (*ret.*) topos*: *teoria dei topoi*, topos theory.

toppa *s.f.* **1** (*rappezzo*) patch: *mettere una* —, (*anche fig.*) to patch up; *cucire una* — *nel fondo dei pantaloni*, to patch (*o* to stitch a patch on) the seat of a pair of trousers // *tasca a* —, patch pocket **2** (*buco della serratura*) keyhole.

toppo *s.m.* **1** (*ceppo*) stump **2** (*blocco*) stock, block // (*mecc.*): — *fisso*, headstock; — *mobile*, tailstock.

top secret *agg.* top-secret: *un incontro*, *un piano* —, a top-secret meeting, plan.

Torà *s.f.* (*Bibbia*) Tora(h).

torace *s.m.* (*anat.*) thorax*.

toracentesi *s.f.* (*med.*) thoracentesis, thoracocentesis.

toracico *agg.* (*anat.*) thoracic.

toracocentesi → **toracentesi**.

toracoplastica *s.f.* (*med.*) thoracoplasty.

toracoscopia *s.f.* (*med.*) thoracoscopy.

toracotomia *s.f.* (*med.*) thoracotomy.

Torah → **Torà**.

torba *s.f.* (*geol.*) peat: *cava di* —, peat bank (*o* peatery); *blocco di* —, turf; *ricco di* —, turfy.

torbernite *s.f.* (*min.*) torbernite.

torbida *s.f.* (*chim.*) ore-pulp.

torbidezza *s.f.* turbidity, turbidness (*anche fig.*).

torbidiccio *agg.* turbid, cloudy.

torbidità *s.f.* turbidity, turbidness (*anche fig.*): — *atmosferica*, atmospheric turbidity.

torbido *agg.* **1** (*non limpido*) turbid, cloudy, muddy: *un fiume* —, a turbid (*o* muddy) river; *liquido* —, cloudy liquid **2** (*fosco*) gloomy: *pensieri torbidi*, turbid thoughts; *un'espressione torbida*, a gloomy expression **3** (*inquieto*, *turbato*) troubled: *tempi torbidi*, troubled times ◆ *s.m.* **1** (*situazione*, *circostanza equivoca*): *c'è del* — *qui*, there is something fishy here; *pescare nel* —, to fish in troubled waters **2** *pl.* (*non com.*) (*disordine pubblico*) disorder (*sing.*), disturbance (*sing.*), trouble (*sing.*).

torbidume *s.m.* turbid matter, clouded matter.

torbiera *s.f.* peat bog, moss, peatery.

torboso *agg.* peaty, turfy.

torcera → **torciera**.

torcere *v.tr.* **1** to wring*: — *panni bagnati*, to wring wet clothes // — *il collo a qlcu.*, to wring s.o.'s neck // *non gli ho torto un capello*, (*fig.*) I haven't hurt him in the least // *quel ragazzo mi diede del filo da* —, (*fig.*) that boy gave me a lot of trouble // — *il viso*, to make a wry face // — *la bocca*, to twist one's mouth // — *il naso*, to turn up one's nose **2** (*curvare*) to bend*: — *un ramo*, *un'asta*, to bend a branch, a bar.

□ **torcersi** *v.rifl.* to twist, to writhe: *si torceva dal dolore*, he was twisting about (*o* writhing) in pain; *si torceva dal ridere*, he was splitting his sides with laughter ◆ *v.intr.pron.* (*deformarsi*) to bend*, to go* out of shape: *posate* *che si torcono con facilità*, cutlery which bends easily.

torchiare *v.tr.* 1 (*agr.*) to press: — *l'uva, le olive*, to press grapes, olives 2 (*fig.*) (*interrogare*) to grill: *il teste è stato torchiato per due ore*, the witness was grilled for two hours.

torchiatore *s.m.* presser.

torchiatura *s.f.* pressing.

torchietto *s.m.* 1 (*legatoria*) binding press 2 (*fot.*) printing frame.

torchio *s.m.* press: — *a mano*, hand press; — *da uva*, wine press; — *idraulico*, hydraulic press; (*tip.*) — *calcografico*, (*tirabozze*) proof press; (*tip.*) *essere sotto il* —, to be in press; *è stato molte ore sotto il — della polizia*, (*fig.*) the police grilled him for many hours.

torcia *s.f.* 1 torch: — *elettrica*, electric torch // — *umana*, (*fig.*) human torch 2 (*candela*) candle; taper.

torcibudella *s.m.* (*fam.*) rotgut: *come puoi bere quel —?*, how can you drink that dreadful rotgut?

torcicollo *s.m.* 1 stiff neck 2 (*zool.*) (*Jynx torquilla*) wryneck.

torciera *s.f.* 1 (*grande candeliere*) candelabrum* 2 (*sostegno per torce*) torch holder.

torcimento *s.m.* (*non com.*) 1 (*il torcere*) twisting; wringing 2 (*torsione*) twist; wring.

torcimetro *s.m.* (*tess.*) twist counter.

torcinaso *s.m.* (*di cavalli*) barnacles (*pl.*).

torcitoio *s.m.* (*tess.*) twisting machine, twister; (*di seta, fibre sintetiche*) throwing machine.

torcitore *s.m.* twister; (*di seta, fibre sintetiche*) throwster.

torcitrice *s.f.* (*tess.*) 1 twister; (*di seta, fibre sintetiche*) throwster 2 → torcitoio.

torcitura *s.f.* (*tess.*) twisting, twist; (*di seta, fibre sintetiche*) throwing: — *supplementare*, (*di corda*) hardening.

torcoliere *s.m.* (*tip.*) pressman*.

tordela, tordella *s.f.* (*zool.*) (*Turdus viscivorous*) missel, storm-cock.

tordo *s.m.* 1 (*zool.*) thrush: — *americano*, (*Turdus migratorius*) (American) robin; — *beccaccio*, — *sassello*, (*Turdus musicus*) redwing (*o* throstle); — *beffeggiatore*, (*Mimus polyglottus*) mockingbird; — *bottaccio*, (*Turdus erycetorum*) song-thrush (*o* throstle) 2 (*fig. non com.*) (*sciocco*) simpleton, fool.

-tore *suff.* di origine latina; in italiano è il suffisso più comune per formare il sostantivo deverbale che indica la persona che compie l'azione espressa dal verbo; ingl. -er, -or: *produttore*, producer; *generatore*, generator.

toreare *v.intr.* to fight* bulls.

torello[1] *s.m.* 1 young bull, bullock 2 (*fig.*) (*giovane robusto*) strong young man.

torello[2] *s.m.* (*mar.*) garboard, garboard strake.

torero *s.m.* toreador, bullfighter.

toreutica *s.f.* (*arte di cesellare*) toreutics [U].

torianite *s.f.* (*min.*) thorianite.

torico *agg.* (*mat.*) toric.

torinese *agg.* e *s.m.* e *f.* Torinese.

torio *s.m.* (*chim.*) thorium: *serie, famiglia del* —, thorium series.

torite *s.f.* (*min.*) thorite.

torma *s.f.* 1 (*gruppo di soldati*) troop; (*estens.*) (*di persone*) crowd, swarm, throng: *a torme*, in swarms 2 (*di animali*) herd.

tormalina *s.f.* (*min.*) tourmaline: — *nera*, schorl(ite).

tormenta *s.f.* snowstorm, blizzard: *una — politica*, (*fig.*) a political storm.

tórmentare *v.tr.* to torture, to torment; (*molestare*) to pester, to annoy, to worry, to aggravate: *un forte mal di denti lo tormenta da due giorni*, a bad toothache has been tormenting him for two days; *mi tormenta sempre con un mucchio di domande*, he always pesters me with a lot of questions; *non — quel cane*, stop tormenting that dog.

□ **tormentarsi** *v.rifl.* to torment oneself, to be tormented, to worry: *non tormentarti, tutto finirà bene*, don't worry, everything will be all right.

tormentato *agg.* 1 tormented, tortured: — *dal rimorso*, tortured by remorse 2 (*inquieto*) restless: *anima tormentata*, restless soul 3 (*accidentato*) rough, uneven: *un percorso* —, an uneven path.

tormentatore *s.m.* tormentor.

tormentilla *s.f.* (*bot.*) (*Potentilla tormentilla*) tormentil, septfoil.

tormento *s.m.* 1 torment, agony; (*tortura*) torture: *che — vederlo in quella condizione!*, what agony to see him in that condition!; *quel ragazzo è il mio* —, that boy is the torment of my life; *questo mal di testa è un* —, this headache is agony; *il — della sete*, the agony of thirst 2 (*seccatura*) pest, nuisance, nag: *smettila con le domande, sei un —!*, stop asking question, you're a pest!; *queste zanzare sono un* —, these mosquitos are a real nuisance.

tormentone *s.m.* (*region.*) (*persona fastidiosissima*) pest, nuisance, nag.

tormentoso *agg.* tormenting, nagging; (*molesto*) worrying: *un dubbio* —, a nagging doubt; *un — mal di denti*, a nagging toothache.

tornaconto *s.m.* profit, advantage; benefit: *non gli venne nessun* —, he didn't gain any advantage out of it; *pensa solo al proprio* —, he only thinks of his own interest; *fare qlco. per* —, to do sthg. for profit; *non c'è* —, it doesn't pay // (*econ.*) *principio del* —, law of self-interest.

tornado *s.m.* tornado*: *la fascia dei* —, (*amer.*) the tornado belt.

tornante *s.m.* (*di strada*) hairpin bend.

tornare *v.intr.* 1 to return; (*andare di nuovo*) to go* back; (*venire di nuovo*) to come* back: *quando tornerai in America?*, when will you go back to America?; *tornerò sicuramente a fare una vacanza in Spagna*, I'll definitely go back to Spain for a holiday; — *in città*, to go back to town; *tornò al proprio posto*, he went back to his seat; — *a vivere a Londra*, to go back to live in London; *"A che ora torni?" "Tornerò per le otto"*, "What time are you coming back?" "I'll be back for eight"; — *a casa*, to return (*o* to go *o* to come) home; *torna sempre a casa tardi*, he always comes home late; *datemi retta, torniamo indietro*, admit I'm right, let's turn back; *torna presto!*, come back soon!; *torna indietro!*, come back!; — *in treno*, to come back, to go back by train; — *in aereo*, to come back, to go back by plane (*o* to fly back); *tornava dal lavoro, da scuola*, he was coming back from work, from school; *quando tornò al lavoro dopo le ferie...*, when he went back to work after the holidays...; *tornò dai suoi genitori*, he went back to his parents; *basta, torno da mia madre!*, that's it, I'm going back to my mother's!; *fare segno a qlcu. di* —, to wave (*o* to beckon) s.o. back // *mi è tornato alla, in mente*, I've remembered; — *con la mente a qlco.*, to remember (*o* to recall) sthg.; *il suo nome non mi torna alla mente*, I don't remember (*o* recall) his name; *far — qlco. alla mente di qlcu.*, to make s.o. remember sthg. // — *al punto di partenza*, to come full circle (*o* to come back to where one started); — *in tutta fretta*, to hasten back; — *sano e salvo*, to return safe and sound; — *sui propri passi*, to turn back (*o* to retrace one's steps) // *è tornata l'estate*, summer is here (*o* back again) // *ho promesso di aiutarlo e non tornerò indietro*, I have promised to help him and I won't go back on it // — *sulle proprie decisioni*, to change one's mind (*o* to go back on a decision) // *mi ritornano le forze*, I am recovering my strength // *il passato non torna*, time that is passed will never come again // *si torna alle gonne corte*, we are going back to short skirts // *torniamo a noi, a bomba*, let's get back to the subject // — *a galla*, (*fig.*) to come up again // — *in gola*, (*di cibi*) to repeat // — *alla carica*, (*fig.*) to make a fresh attempt // — *in vita*, (*fig.*) to come back to life // — *in sé*, to regain consciousness (*o* to come round), (*fig.*) to become oneself again (*o* to be one's old self again) // — *sul passato*, to go back (*o* to revert) to the past // — *in possesso*, to recover sthg., (*dir.*) to regain possession 2 (*ridiventare*): — *povero*, to become poor again; *con questo detersivo il bucato tornerà bianco*, with this washing powder the laundry will come up white again; — *sano*, to recover one's health; *tornò ad essere il solito pigrone*, he went back to being the same old lazybones // — *di moda*, to become fashionable again 3 (*riuscire, risultare*) to be: *ciò mi torna nuovo*, this is new to me; *ciò torna a tuo vantaggio*, this is to your advantage; — *comodo a qlcu.*, to be convenient for s.o.; *non andai perché non mi tornava comodo*, I did not go because it was not convenient for me; *gli torna utile vivere coi genitori*, it's helpful for him to live at home with his parents 4 (*quadrare*) to balance, to square, to be correct: *il conto torna*, the account is correct, (*fig.*) it squares; *i conti non tornano*, the accounts don't balance, (*fig.*) it doesn't square; *fare — i conti*, to equalize accounts; *vedrai che il conto torna*, (*fig.*) you'll see that things will work out // *il tuo discorso non torna*, your speech doesn't make sense; *c'è qualcosa che non mi torna nelle sue parole*, there's something not quite right (*o* that doesn't add up) in her words; *ti torna?*, have you got it? 5 *tornare a*, (*ricominciare*) to start (doing) again: *è tornato a cantare dopo vent'anni*, he has started singing again after twenty years; *è tornato ad allenarsi*, he has started training again (*o* he has resumed training); *è tornato a nevicare*, it has started snowing again // *si torna a parlare di rapimenti*, kidnapping is in the news again.

tornasole *s.m.* (*chim.*) litmus: *cartina di* —, litmus paper.

tornata *s.f.* 1 (*seduta di un'assemblea*) sitting, session; (*giro*) round // — *elettorale*, round of voting 2 (*metrica*) envoi, last verse 3 (*ant.*) (*ritorno*) return.

torneare *v.intr.* to tourney, to joust.

torneatore *s.m.* (*non com.*) jouster, tourneyer.

tornello *s.m.* turnstile.

torneo *s.m.* tournament; (*giostra*) joust: *un — di tennis, di scacchi*, a tennis, chess tournament.

tornese *s.m.* (*moneta d'argento*) tournois.

tornio *s.m.* (*mecc.*) lathe: — *a copiare*, duplicating lathe (*o* copying lathe); — *a torretta*, turret lathe; — *automatico*, automatic lathe; — *da banco*, bench lathe; — *da legno*, wood-turning lathe; — *da vasaio*, potter's wheel.

tornire *v.tr.* **1** (*mecc.*) to turn **2** (*fig.*) to polish; to shape: — *dei versi*, to polish verses; — *una frase*, to turn a phrase.

tornito *agg.* **1** (*mecc.*) turned **2** (*rotondeggiante*) round, rounded; (*ben fatto*) well-shaped: *braccia ben tornite*, shapely arms **3** (*fig.*) polished: *versi ben torniti*, well-polished lines.

tornitore *s.m.* turner.

tornitura *s.f.* **1** (*mecc.*) turning **2** (*trucioli*) turnings (*pl.*).

torno *s.m. solo nelle locuz.*: *levarsi, togliersi qlcu. di* —, to get rid of s.o.; *levati di —, non voglio vederti più*, clear off, I don't want to see you again.

toro[1] *s.m.* **1** bull: *quel ragazzo è forte come un* —, that boy is as strong as an ox // *prendere il — per le corna*, (*fig.*) to take the bull by the horns // *tagliare la testa al* —, to settle things once and for all // (*astr.*) *Toro*, Taurus **2** (*Borsa*) (*operatore al rialzo*) bull.

toro[2] *s.m.* (*letter.*) (*letto matrimoniale*) marriage bed.

toro[3] *s.m.* (*arch., mat.*) torus*.

toroidale *agg.* (*fis., mat.*) toroidal: *avvolgimento* —, toroidal winding; *superficie* —, toroidal surface.

toroide *s.f.* (*mat.*) toroid.

toron *s.m.* (*fis. nucleare*) thoron.

torpedine[1] *s.f.* (*zool.*) torpedo*, cramp-fish.

torpedine[2] *s.f.* (*mar.*) (*mina subacquea*) submarine mine; (*siluro*) torpedo*.

torpediniera *s.f.* (*mar.*) torpedo boat.

torpedo *s.f.* (*aut.*) torpedo*.

torpedone *s.m.* (*aut.*) motorcoach.

torpidezza meno com. **torpidità** *s.f.* **1** torpor, torpidity (*anche fig.*) **2** (*lentezza*) sluggishness, slowness.

torpido *agg.* **1** torpid, numb (*anche fig.*): *sentiva un braccio* —, his arm felt numb **2** (*pigro, lento*) sluggish, slow, dull.

torpore *s.m.* **1** torpor (*anche fig.*): *scuotere qlcu. dal* —, to shake s.o. out of his torpor **2** (*lentezza*) sluggishness, slowness, dullness.

torrai(u)olo *agg.*: *piccione* —, rock-dove.

torre *s.f.* **1** tower: — *campanaria*, bell tower (*o* belfry); — *merlata*, tower with battlements; — *pendente*, leaning tower // *la Torre di Babele*, the Tower of Babel; (*fig.*) babel // *la Torre di Londra*, the Tower of London // (*chim.*): — *a gorgogliamento*, bubble tower; — *di Glover*, Glover tower; — *primaria*, primary tower // (*tecn.*) — *di raffreddamento*, cooling tower // (*ferr.*) — *serbatoio*, water tower **2** (*ind. miner.*): — *di perforazione, di trivellazione*, derrick; — *di perforazione petrolifera*, oil derrick **3** (*mar.*) — *d'artiglieria*, battery: — *di grosso calibro*, main battery **4** (*aer.*) — *di controllo*, control tower **5** (*scacchi*) castle, rook.

torrefare *v.tr.* to roast: — *il caffè*, to roast coffeebeans.

torrefazione *s.f.* **1** torrefaction; (*di caffè*) roasting **2** (*negozio*) coffee store.

torreggiare *v.intr.* to tower: *il castello torreggia sopra la vallata*, the castle towers over the valley.

torrente *s.m.* torrent, stream; (*flusso*) flood: — *di fuoco*, stream of fire; *un — di lacrime*, a flood of tears; — *di montagna*, mountain stream (*o* hill-torrent); *un — di parole*, a flood (*o* torrent) of words; *torrenti di pioggia*, torrents of rain; *piovere a torrenti*, to rain in torrents (*o* to pour down).

torrentizio *agg.* torrential: *fiume a regime* —, torrential river.

torrenziale *agg.* torrential: *piogge torrenziali*, torrential rains.

torretta *s.f.* **1** (*arch.*) small tower, turret **2** (*tecn.*) turret: (*fot., cinem.*) — *portaobiettivi*, (lens) turret **3** (*mil.*) turret, tower: — *girevole, rotante*, revolving turret; — *sferica*, ball turret **4** (*mar.*) (*di sommergibile*) conning tower.

torrido *agg.* torrid; scorching: *clima* —, torrid climate; (*geogr.*) *zona torrida*, torrid zone.

torrione *s.m.* **1** tower, keep **2** (*mar.*) turret mast.

torrone *s.m.* 'torrone', kind of nougat.

torsello *s.m.* (*ant.*) **1** (*cuscinetto per spilli*) pincushion **2** (*cuscinetto che si pone sul capo per trasportar pesi*) pad **3** (*conio per monete*) minting die.

torsiometro *s.m.* torquemeter.

torsionale *agg.* (*scient.*) torsional.

torsione *s.f.* torsion; twisting: *una — del collo*, a twisting movement of the neck; (*fis.*) *bilancia di* —, torsion balance; *sollecitazione di* —, torsional stress // (*mat.*): *coefficiente di* —, torsion coefficient; *libero da* —, torsion free // (*mecc.*) *barra di* —, torsion bar.

torso *s.m.* **1** (*di persona*) trunk; torso*: *a — nudo*, bare-chested **2** (*scult.*) (*di statua*) torso* **3** → **torsolo**.

torsolo *s.m.* (*di verdura, frutta*) core: *un — di pera*, a pear-core; *estrarre il* —, to core.

torta *s.f.* cake; pie; (*crostata*) tart: — *di mele*, apple pie, apple tart; — *di noci*, nut cake; — *di spinaci*, spinach pie; — *nuziale*, wedding cake; *ho fatto una* —, I have made a cake; *spartirsi la* —, (*fig.*) to split (*o* to share *o* to divide up) the loot // *diagramma a* —, pie chart.

tortellini *s.m.pl.* (*cuc.*) 'tortellini' (ringlets of pasta filled with seasoned minced meat).

tortello *s.m.* (*cuc.*) **1** sweet fritter **2** *pl.* (*cuc.*) 'tortelli' (sort of ravioli).

torticcio *agg.* (*mar.*) cable-laid, hawser-laid ◆ *s.m.* hawser-laid rope.

tortiera *s.f.* cake tin; (*teglia*) baking-dish, baking-tin.

tortiglia *s.f.* (*tess.*) cord.

tortiglione *s.m.* twist, spiral // *a* —, spirally: *colonna a* —, spiral column.

torto[1] *agg.* (*curvo*) bent; (*obliquo*) crooked; (*ritorto*) twisted // *guardare* —, to look askance.

torto[2] *s.m.* **1** wrong: *la differenza fra la ragione e il* —, the difference between right and wrong; *subire un* —, to be wronged; *fare — a qlcu.*, to wrong s.o.; *avere* —, to be wrong; *avere — marcio*, to be quite (*o* dead) wrong; *dare — a qlcu.*, to say that s.o. is wrong; *non me la sento di dargli* —, I can't say he's wrong; *ammettere di avere* —, to admit one is wrong; *essere dalla parte del* —, to be in the wrong; *mettersi, passare dalla parte del* —, to put oneself in the wrong // *a* —, wrongly (*o* wrongfully): *a — o a ragione*, rightly or wrongly; *fu punito a* —, he was punished wrongfully **2** (*colpa*) fault: *riconoscere i propri torti*, to acknowledge one's faults.

tortora *s.f.* (*zool.*) (*Streptopelia turtur*) turtledove: — *domestica*, (*Streptopelia risoria*) ring-dove.

tortoreggiare *v.intr.* (*non com.*) to coo; (*scherz.*) (*di innamorati*) to bill and coo.

tortrice *s.f.* (*zool.*) — *della quercia*, (*Tortrix viridiana*) tortrix.

tortuosità *s.f.* **1** tortuosity, tortuousness, winding: *la — di una strada*, the winding (*o* twisting and turning) of a road **2** (*fig.*) tortuousness, convolutedness: *la — di un ragionamento*, the tortuousness (*o* convolutedness) of a line of reasoning.

tortuoso *agg.* **1** tortuous; winding; meandering: *una tortuosa strada di montagna*, a tortuous (*o* winding) mountain road **2** (*fig.*) tortuous; convoluted; (*poco leale*) devious: *mezzi tortuosi*, devious ways; *ragionamento* —, tortuous argument; *un discorso* —, a convoluted speech.

tortura *s.f.* **1** torture: *strumento di* —, instrument of torture; *mettere qlcu. alla* —, to put s.o. to (the) torture **2** (*fig.*) agony, torment, torture: *stare con lui è una* —, staying with him is agony; *il mal di denti è una* —, toothache is agony.

torturare *v.tr.* to torture: *torturarsi il cervello*, to rack (*o* to cudgel) one's brains.
□ **torturarsi** *v.rifl.* to torment oneself, to worry; (*fig.*) to torture oneself.

torvo *agg.* grim, stern, surly; (*minaccioso*) threatening: *sguardo* —, grim look.

tosacani *s.m.* **1** dog clipper **2** (*scherz.*) (*barbiere incapace*) lousy barber.

tosaerba *s.m.* o *f.* lawnmower.

tosare *v.tr.* **1** to shear*, to clip: — *pecore*, to shear sheep; — *un cane*, to clip a dog; — *una siepe*, to clip (*o* to trim) a hedge // *farsi* —, (*scherz.*) to have one's hair cut **2** (*monete*) to clip **3** (*fig.*) (*pelare, levar denaro a*) to fleece, to bleed* white, to rip off.

tosasiepi *s.m.* o *f.* hedge shears (*pl.*).

tosato *agg.* **1** (*di pecora*) sheared; (*di cane*) clipped **2** (*di moneta*) clipped.

tosatore *s.m.* shearer; clipper.

tosatrice *s.f.* **1** (*macchinetta per tosare*) clippers (*pl.*) **2** (*tosaerba*) lawnmower.

tosatura *s.f.* shearing; clipping; (*di monete*) (coin) clipping.

toscanamente *avv.* in the Tuscan way.

toscaneggiare *v.intr.* (*parlare alla toscana*) to speak* like a Tuscan; (*scrivere alla toscana*) to write* like a Tuscan, to write* in a Tuscan style.

toscanismo *s.m.* Tuscan expression, Tuscan idiom.

toscanità *s.f.* Tuscan nature.

toscano *agg.* Tuscan: (*arch.*) *ordine* —, Tuscan order; *vini toscani*, Tuscan wines ◆ *s.m.* **1** Tuscan **2** (*tipo di sigaro*) 'Toscano'.

tosco[1] *agg.* (*letter.*) (*toscano*) Tuscan.

tosco[2] *s.m.* (*letter.*) (*veleno*) poison.

tosone *s.m.* (*ant.*) (*vello*) fleece // *l'Ordine del Toson d'Oro*, the Order of the Golden Fleece.

tosse *s.f.* cough: — *asinina*, *canina*, (*pertosse*) whooping cough; *una* — *grassa*, *secca*, a hawking, dry cough; *un colpo di* —, a cough; *accesso di* —, coughing fit; *hai una caramella per la* —?, have you got a cough lozenge?; *avere la* —, to have a cough.

tossialimentare *agg.* derived from food poisoning.

tossicchiare *v.intr.* to give* a little cough; to clear one's throat.

tossicità *s.f.* toxicity.

tossico *agg.* toxic, poisonous: *sostanza tossica*, toxic substance; *rifiuti tossici*, toxic waste ◆ *s.m.* (*letter.*) (*veleno*) poison, toxic, venom: *amaro come il* —, as bitter as aloes.

tossicodipendente *s.m.* e *f.* (drug) addict ◆ *agg.* drug-addicted.

tossicodipendenza *s.f.* drug addiction.

tossicologia *s.f.* toxicology.

tossicologico *agg.* toxicological.

tossicologo *s.m.* toxicologist.

tossicomane *s.m.* e *f.* (drug) addict ◆ *agg.* drug-addicted.

tossicomania *s.f.* (*med.*) toxicomania.

tossicosi *s.f.* (*med.*) toxicosis*.

tossiemia *s.f.* (*med.*) tox(a)emia.

tossifugo *agg.* antitussive; cough (*attr.*) ◆ *s.m.* cough syrup, cough remedy.

tossilaggine *s.f.* (*bot.*) (*Tussilago farfara*) coltsfoot.

tossina *s.f.* (*biochim.*) toxin.

tossinfettivo *agg.* (*med.*) toxinfectious.

tossinfezione *s.f.* (*med.*) toxic infection.

tossire *v.intr.* to cough: — *sangue*, to cough up blood; *tossì per avvertirmi*, he gave a cough to warn me.

tostacaffè *s.m.* coffee roaster.

tostapane *s.m.* toaster.

tostare *v.tr.* to toast; (*caffè*) to roast.

tostato *agg.* toasted; (*di caffè*) roast (*attr.*): *pane* —, toasted bread (*o* toast).

tostatura *s.f.* toasting; (*del caffè*) roasting.

tostino *s.m.* coffee roaster.

tosto[1] *agg.* (*region.*) **1** (*duro*) hard: *questo pane è* —, this bread is hard // *faccia tosta*, cheek (*o* nerve *o* impudence); *che faccia tosta!*, what (a) cheek! **2** (*gergo*) fantastic, great: *un film* —, a great film.

tosto[2] *avv.* (*letter.*) (*subito*) at once, immediately, promptly // — *che*, (*non appena*) as soon as ◆ *agg.* (*ant.*) (*rapido*) quick, speedy.

tosto[3] *s.m.* (*non com.*) → **toast**.

tot *agg.* (*tanto*) so much; (*tanti*) so many; (*tale*) such and such; (*non specificato*) unspecified: *un conto di* — *lire*, a bill for so-much; *guadagnare* — *milioni l'anno*, to earn so many million lire a year; *il giorno*, *il mese* —, such and such a day, a month ◆ *s.m.* (*un tanto*) so much; (*un certo numero*) a certain number, so many: *spendere* — *per il vitto*, to spend so much on food; *vogliono un* — *al mese per le spese*, they want so much a month for expenses; *c'era un* — *di persone alla festa*, there were a certain number of people at the party.

totale *agg.* total, complete, entire, utter, whole; absolute: *una* — *fiducia*, an absolute trust; *distruzione* —, total destruction; *sconfitta* —, total defeat; *eclissi* —, total eclipse; *inabilità* —, total disability; *accordo* —, universal agreement; *un fallimento* —, a complete failure; *importo* — *di una spesa*, total (*o* overall) amount of an expense; *reddito* —, total income; *svendita* — *di merce*, total clearance of goods ◆ *s.m.* (*somma*) total, footing (up); (*importo*) total, total amount: *fare il* — *di*, to add up (*o* to total) // *in* —, in all; in total: *in* — *quanto hai speso?*, how much have you spent in all (*o* total)?; *in* — *eravamo trenta*, in all there were thirty of us // (*amm.*): — *complessivo*, aggregate (amount); — *di una somma*, total (*o* footing); — *del dare*, debit footing; — *dell'avere*, credit footing; — *lordo*, gross amount; — *parziale*, subtotal.

totalità *s.f.* **1** totality, entirety, whole: *preso nella sua* —, taken as a whole **2** (*numero complessivo*) mass, whole, whole body: *la* — *degli impiegati*, the whole body of employees (*o* all the employees); *una regola valida nella* — *dei casi*, a rule which is valid in all cases.

totalitario *agg.* **1** (*totale*, *assoluto*) total, absolute **2** (*pol.*) totalitarian: *regime* —, totalitarian regime.

totalitarismo *s.m.* (*pol.*) totalitarianism.

totalitaristico *agg.* totalitarian.

totalizzare *v.tr.* (*raggiungere un totale*) to reach a total of, to total, to put* together; (*di punteggio*) to score: — *20 vittorie*, to reach a total of (*o* to put together) 20 victories; *la squadra ha totalizzato 40 punti*, the team scored 40 points.

totalizzatore *s.m.* **1** (*tecn.*) totalizator, adding machine **2** (*ippica*) totalisator; (*fam.*) tote.

totalizzazione *s.f.* totalization.

totalrifrattometro *s.m.* (*fis.*) total refractometer.

totano *s.m.* (*zool.*) (*Tringa erythropus*) tattler.

totem *s.m.* totem.

totemismo *s.m.* totemism.

totocalcio® *s.m.* (football) pools (*pl.*): *schedina del* —, football pools coupon; *giocare al* —, to do the pools; *vincere al* —, to win the pools.

tottavilla *s.f.* (*zool.*) (*Lullula arborea*) woodlark.

touche *s.f.* (*fr.*) (*rugby*) (*linea laterale*) touchline; (*rimessa in gioco*) line-out.

toupet *s.m.* (*fr.*) **1** toupet, hairpiece **2** (*fig. non com.*) (*impudenza*) impudence.

toupie *s.f.* (*fr.*) (*mecc.*) router.

tourbillon *s.m.* (*fr.*) **1** (*calcio*) whirlwind attack **2** (*mecc.*) tourbillon: *orologio a* —, tourbillon (watch) **3** (*fig.*) (*vertiginoso susseguirsi di eventi*, *notizie ecc.*) flurry: *un* — *di notizie*, a flurry of news.

tour de force *s.m.* (*fr.*) **1** (*sforzo prolungato*) gruelling effort; ordeal: *il viaggio è stato un vero* —, the journey was a real ordeal **2** (*sport*) (*prova di resistenza e abilità*) tour de force.

tournée *s.f.* (*fr.*) tour: *fare una* —, to tour; *essere in* —, to be on tour.

tout court *avv.* (*fr.*) without further explanation: *ha annunciato* — *che sarebbe partito*, he announced without further explanation that he would leave.

tovaglia *s.f.* **1** tablecloth: — *ricamata*, *rotonda*, *di cotone*, embroidered, round, cotton tablecloth; *stendere la* —, to spread the cloth on the table **2** (*eccl.*) altar-cloth.

tovagliato *s.m.* **1** (*tipo di tessuto*) material for table linen **2** (*biancheria da tavola*) table linen.

tovagliolo *s.m.* napkin.

toxoplasmosi *s.f.* (*med.*, *vet.*) toxoplasmosis.

tozzo[1] *agg.* squat; (*di persona*) squat, stocky, stumpy, thickset: *una costruzione tozza*, a squat building; *un vaso* —, a squat vase; *un uomo* —, a squat (*o* stocky *o* thickset) man.

tozzo[2] *s.m.* piece: *un* — *di pane*, a crust of bread; *lavorare per un* — *di pane*, to work for a crust of bread; *comperare*, *vendere qlco. per un* — *di pane*, to buy, to sell sthg. for a trifle.

tra → **fra**[1].

trabaccolo *s.m.* (*mar.*) small fishing boat, lugger.

traballamento *s.m.* (*barcollamento*, *vacillamento*) staggering, lurching, reeling, tottering, wobbling; (*di veicoli*) jolting, bumping.

traballante *agg.* (*barcollante*, *vacillante*) (*di persona*) shaky, tottering; (*di cosa*) wobbly, shaky; (*di veicoli*) jolting: *un tavolo* —, a wobbly table // *un governo* —, (*fig.*) a shaky government.

traballare *v.intr.* **1** (*barcollare*, *vacillare*) to stagger, to totter, to wobble, to be shaky; (*di bambini*) to toddle: *entrò*, *uscì traballando*, he staggered in, out; *quel tavolo traballa*, that table wobbles; *procedere traballando*, to stagger (*o* to totter) along **2** (*di veicoli*) to jolt, to bump: *l'automobile procedeva traballando*, the car was jolting (*o* bumping) along.

traballio *s.m.* staggering, wobbling; (*di veicoli*) jolting: *il* — *di un carro*, the jolting of a cart.

traballone, **trabalzone** *s.m.* (*non com.*) **1** stagger, wobble: *camminare a traballoni*, to stagger along **2** (*di veicoli*) jolt, bump: *l'automobile procedeva a traballoni*, the car was jolting (*o* bumping) along; *il treno si fermò con un* —, the train stopped with a jolt.

trabattello *s.m.* (*edil.*) trestle.

trabatto *s.m.* (*agr.*) seed sieve.

trabea *s.f.* (*toga romana*) trabea (*pl.* -ae).

trabeazione *s.f.* (*arch.*) trabeation.

trabiccolo *s.m.* **1** (*telaio per scaldaletto*) wooden frame (for a bed warmer) **2** (*scherz.*) (*veicolo*) crock, jalopy; (*aggeggio*) broken-down old gadget.

traboccamento *s.m.* **1** overflow, overflowing **2** (*econ.*) spillover: *effetti di* —, spillover effects.

traboccante *agg.* overflowing (*anche fig.*): *un bicchiere* — *di vino*, a glass full to the brim (*o* brimful) with wine; — *di gioia*, overflowing with joy.

traboccare *v.intr.* to overflow (with sthg.) (*anche fig.*), to flow over, to brim over; (*in seguito a ebollizione*) to boil over: *il fiume è traboccato*, the river has overflowed its banks; *il latte è traboccato*, the milk has boiled over; *la* *pentola trabocca*, the pan is brimming over; *la piazza traboccava di folla*, the square was overflowing with people; *gli occhi le traboccavano di lacrime*, her eyes were filled with tears; *il mio cuore trabocca di felicità*, my heart is overflowing with happiness; *la sua rabbia traboccò*, his anger burst out // *questa fu la goccia che fece — il vaso*, (*fig.*) this was the last straw (that broke the camel's back).

trabocchetto *s.m.* pitfall; trap; (*fig.*) trap, snare: *cadere in un* —, (*anche fig.*) to fall into a trap; *la sua proposta non è altro che un* —, his proposal is merely a trap // *una domanda* —, a trick question.

trabocchevole *agg.* overflowing, superabundant; excessive.

trabocco[1] *s.m.* overflow, overflowing.

trabocco[2] *s.m.* (*st. mil.*) trebuchet, trebucket.

tracagnotto *agg.* squat, stocky, thickset, sturdy, dumpy ◆ *s.m.* squat person, dumpy person.

tracannare *v.tr.* to gulp down, to knock back, to quaff: — *un bicchiere di birra*, to gulp down (*o* to knock back) a glass of beer.

traccheggiare *v.tr.* (*tenere in sospeso*) to keep* (s.o.) waiting ◆ *v.intr.* (*temporeggiare*) to stall, to temporize.

traccheggio *s.m.* stalling, delay.

traccia *s.f.* **1** trace, sign; (*segno*) mark; (*impronta*) trail, track; (*di persona*) footprint, footmark, footstep, tracks (*pl.*); (*di animale*) spoor, trail, tracks (*pl.*): *un uomo lasciò le sue tracce sulla neve*, a man left his footprints in the snow; *il leone ferito lasciò tracce di sangue*, the injured lion left a trail of blood; *tracce lasciate da un'automobile, da una belva*, tracks left by a car, by a wild animal; *le sue dita hanno lasciato una — sul mio libro*, his fingers have left a mark on my book; *la polizia non riuscì a trovare — del ladro*, the police could not find any trace of the thief; *ci sono tracce di albumina nel sangue*, there are traces of albumen in the blood; *il suo viso portava le tracce della nottataccia*, his face bore the signs of the terrible night; *trovarono le tracce di un'antica città*, they found the traces of an ancient town; *non rimase — delle vecchie mura*, no trace of the old walls remained // *perdere, ritrovare la* —, (*a caccia*) to lose, to pick up the trail // *essere sulle tracce di una lepre*, to be on the trail of a hare; *essere sulla buona* —, (*fig.*) to be on the right track // *seguire le tracce di qlcu.*, (*fig.*) to follow in s.o.'s tracks (*o* s.o.'s footsteps) **2** (*schema, linea generale*) outline, general plan: *la — di una lezione, di un discorso*, the outline of a lecture, of a speech; *la — di un libro*, the general plan of a book; *sulla — seguita da...*, along the lines followed by...; *dare una — da sviluppare*, to give s.o. guidelines (*o* an outline) to follow **3** (*fis., mat.*) trace: — *di ritorno*, (*di pennello elettronico*) retrace **4** (*edil.*) chase: *tubazioni sotto* —, chased pipes.

traccialinee *s.m.* tracer.

tracciamento *s.m.* **1** tracing; (*di strade*) layout: — *di curve di livello*, contouring; *eseguire il* —, (*sul terreno*) to layout **2** (*miner.*) heading, development: *galleria di* —, development drift.

tracciante *agg.* tracing: (*mil.*) *proiettile* —, tracer bullet (*o* shell) ◆ *s.m.* (*fis.*) tracer.

tracciare *v.tr.* to trace (out), to mark out, to map out, to plot, to draw* (*anche fig.*); (*fig.*) (*abbozzare, delineare*) to outline, to sketch out: *devi seguire la strada che ti ha tracciato*, you must follow the course he has marked out for you; — *un campo da gioco, una strada*, to mark out a playground, a road; — *i confini*, (*di una proprietà*) to trace out the boundaries (of a property); — *una linea*, to draw a line; — *un diagramma, un grafico*, to plot a diagram, a graph; — *un arco*, to describe an arc; — *un itinerario*, to map out a route; — *un modello su una stoffa*, to trace a pattern on material; — *il piano di un edificio*, to trace out the plan of a building; — *il piano di un discorso*, (*fig.*) to sketch out a speech; — *il quadro della situazione*, (*fig.*) to outline the situation; — *una linea di condotta*, (*fig.*) to outline a course of action; — *lo schema di un romanzo*, to outline a novel // *quello scrittore ha tracciato la via ai suoi successori*, that writer paved the way for his successors.

tracciato *s.m.* **1** plan, route: *il — di una gara*, the course of a race; *il — di una strada*, the (planned) route of a road; *seguire il* —, to follow the traced route **2** (*diagramma*) graph **3** (*fig.*) (*abbozzo*) sketch, plan, outline **4** (*inform.*) format; layout **5** (*mar.*) plot.

tracciatoio *s.m.* (*tecn.*) tracer.

tracciatore *s.m.* **1** (*elemento radioattivo*) tracer **2** (*operaio meccanico*) marker **3** (*capsula di proiettile*) tracer **4** (*inform.*) pen plotter: — *di grafici*, plotter **5** (*mar.*) — *di rotta*, plotter.

tracciatura *s.f.* **1** marking **2** (*tecn.*) scribing, marking off.

trace *agg.* e *s.m.* e *f.* Thracian.

trachea *s.f.* (*anat.*) trachea*; windpipe.

tracheale *agg.* (*anat.*) tracheal, trachean.

tracheite *s.f.* (*med.*) tracheitis.

tracheotomia *s.f.* (*med.*) tracheotomy.

trachino *s.m.* (*zool.*) — *dragone*, (*Trachinus draco*) weever.

trachite *s.f.* (*geol.*) trachyte.

trachitico *agg.* (*geol.*) trachytic: *rocce trachitiche*, trachytic rocks.

tracico *agg.* Thracian.

tracimare *v.intr.* to overflow.

tracimazione *s.f.* overflowing.

tracio *agg.* e *s.m.* Thracian.

tracodonte *s.m.* (*paleont.*) thracodon.

tracolla *s.f.* **1** shoulder belt; (*mil.*) baldric: *borsetta a* —, shoulder bag; *portare qlco. a* —, to carry sthg. on (*o* over) one's shoulder **2** (*estens.*) (*borsa*) shoulder bag.

tracollare *v.intr.* **1** (*perdere l'equilibrio*) to overbalance, to lose* one's balance **2** (*crollare, cadere*) to collapse, to fall* down **3** (*fig.*) to collapse, to go* to rack and ruin.

tracollo *s.m.* collapse, breakdown, downfall; (*rovina*) ruin, crash (*anche fig.*); (*di Borsa*) crash: — *della salute*, breakdown in health; — *economico*, slump; — *dei prezzi*, slump in prices; *il — del mercato, della lira*, the collapse of the market, of the lira; — *della Borsa*, Stock Exchange crash (*o* collapse); *il — di tutte le mie speranze*, the collapse of all my hopes; *dopo il suo — finanziario se ne andò all'estero*, after his financial downfall he went abroad; *la ditta è sull'orlo del* —, the firm is on the verge of collapse; *portare qlcu. al* —, to bring s.o. to ruin.

tracoma *s.m.* (*med.*) trachoma.

tracomatoso *agg.* (*med.*) trachomatous.

tracotante *agg.* overbearing, arrogant, haughty.

tracotanza *s.f.* arrogance, haughtiness: *rispondere con* —, to answer haughtily.

tracuro *s.m.* (*zool.*) thracurus.

trade mark *s.m.* (*marchio di fabbrica*) trademark.

tradescanzia *s.f.* (*bot.*) (*Tradescantia vulgaris*) spiderwort.

tradimento *s.m.* **1** treason: *alto* —, high treason; *fu condannato a morte per alto* —, he was condemned to death for high treason **2** (*inganno*) betrayal: *il suo — sarà punito severamente*, his betrayal will be punished severely **3** (*slealtà*) treachery, infidelity, disloyalty: *i tradimenti della moglie*, the infidelities of one's wife // *a* —, by treachery (*o* treacherously): *un attacco a* —, a treacherous attack (*o* a stab in the back); *mi strapparono il consenso a* —, I was tricked into consenting // *questo è un —!*, (*fam.*) this is a dirty trick! // *mangiare pane a* —, to eat at someone else's expense.

tradire *v.tr.* **1** to betray (*anche fig.*); (*ingannare*) to deceive; (*essere infedele a*) to be unfaithful to (s.o., sthg.): *mi hai tradito*, you have deceived me; — *la moglie, il marito*, to be unfaithful to one's wife, one's husband; — *la patria, la famiglia, gli ideali, una causa*, to betray one's country, one's family, one's ideals, a cause // — *un testo*, to misinterpret a text **2** (*rivelare*) to betray, to reveal: *la sua eccitazione tradiva il suo timore*, his excitement revealed (*o* betrayed) his fear // — *un segreto*, to betray a secret **3** (*fig.*) (*venir meno a qlcu.*) to fail (s.o.): *la memoria può tradirmi*, my memory sometimes fails me; *le sue parole hanno tradito il suo pensiero, non intendeva dire questo*, his words have failed to express his thought, he did not mean to say this.

□ **tradirsi** *v.rifl.* to betray oneself, to give* oneself away: *con quelle parole si tradì*, with those words he betrayed himself.

traditore *agg.* treacherous; deceptive; deceitful: *sabbie traditrici*, treacherous sands; *sorriso* —, treacherous (*o* deceitful) smile; *vino* —, deceptive wine ◆ *s.m.* traitor, betrayer: — *della patria*, traitor to (*o* betrayer of) one's country; *abbasso i traditori!*, down with traitors! // — *! Hai deciso di partire con loro e non con noi?!*, (*fam.*) You traitor! Are you going to go off with them and not with us?!

traditrice *s.f.* traitress, traitoress, betrayer.

tradizionale *agg.* traditional: *una — cena natalizia*, a traditional Christmas dinner; *ci sarà anche il — brindisi*, there will also be the traditional toast.

tradizionalismo *s.m.* traditionalism.

tradizionalista *s.m.* e *f.* traditionalist.

tradizionalistico *agg.* traditionalist.

tradizione *s.f.* **1** tradition: — *orale, scritta*, oral, written tradition; — *religiosa, letteraria*, religious, literary tradition; *fondato sulla* —, based on tradition; *per* —, by tradition (*o* traditionally); *in quella famiglia è una — che il primogenito faccia il medico*, in that family it is a tradition for the eldest son to become a doctor; *è diventata una — per noi trovarci tutti i martedì sera*, it has become a tradition for us to meet every Tuesday evening; *mantenere una* —, to keep up a tradition; *spezzare una* —, to break a tradition **2** (*dir.*) (*trasferimento, con-*

segna) transfer, delivery: — *di una proprietà*, transfer of a property.

tradotta *s.f.* (*mil.*) troop-train.

traducente *s.m.* (*ling.*) semantic equivalent.

traducianesimo *s.m.* (*teol.*) traducianism.

traduciano *agg.* e *s.m.* (*teol.*) traducian.

traducibile *agg.* translatable; (*fig.*) expressible: *un'espressione idiomatica non* —, an untranslatable idiomatic expression; *un dolore non — in parole*, a sorrow which cannot be expressed in words.

traducibilità *s.f.* translatability.

tradunionismo *s.m.* trade unionism.

tradunionista *s.m.* e *f.* trade unionist.

tradurre *v.tr.* **1** to translate: — *da una lingua in un'altra*, to translate from one language into another; *questo romanzo fu tradotto dall'inglese*, this novel was translated from English // — *a senso*, to translate freely // — *alla lettera*, to translate word for word (*o* literally) // — *all'impronto*, to translate at sight **2** (*esprimere*) to express, to put* (sthg.) into (sthg.): — *il pensiero di qlcu.*, to express s.o.'s thoughts // — *in cifre*, to express in (*o* to translate into) figures // *ti tradurrò in parole povere ciò che ha detto*, I'll put what he said into plain words // — *in atto*, *in pratica qlco.*, to put sthg. into effect (*o* to carry sthg. out): — *in atto un piano*, to carry out a plan **3** (*dir.*) to transfer, to take*: — *in carcere*, to take to prison; — *davanti al giudice*, to take to court.

traduttivo *agg.* translating.

traduttologia *s.f.* translation studies (*pl.*).

traduttore *s.m.* **traduttrice** *s.f.* **1** translator: *un buon* —, a good translator // — *simultaneo*, simultaneous interpreter // — *elettronico*, electronic translating machine // *nota del* —, translator's note **2** (*testo*) book with parallel translation.

traduzione *s.f.* **1** translation: *una — dall'italiano in inglese*, a translation from Italian into English; *fare una* —, to do a translation; — *libera*, *letterale*, free, literal translation // — *a prima vista*, sight translation // — *simultanea*, simultaneous translation // (*inform.*) — *automatica*, computer assisted translation (*abbr.* CAT) **2** (*dir.*) — *di detenuti*, transfer of prisoners.

traente *s.m.* e *f.* (*banca*) drawer: — *di un assegno*, *di una cambiale*, drawer of a cheque, of a bill of exchange ◆ *agg.* **1** (*che tira*) drawing, pulling, hauling: *cavo* —, hauling cable **2** (*estens.*) (*trainante*) driving, leading, drawing: *la forza — di un personaggio politico*, the leadership qualities of a political figure; *l'elettronica è un settore — dell'industria moderna*, electronics is a driving sector in modern industry.

traenza *s.f.* (*banca*) drawing: — *incrociata*, (*di tratte*) cross-firing.

trafelato *agg.* panting, breathless, out of breath, gasping for breath: *alla fine della corsa erano trafelati*, they were breathless when they stopped running; *arrivò tutto* —, he arrived completely out of breath.

traferro *s.m.* (*elettr.*) air gap, entrefer.

trafficante *s.m.* e *f.* dealer, trader; trafficker: — *di armi*, trafficker in arms; — *di bestiame*, cattle dealer; — *di stupefacenti*, drug trafficker, (*spacciatore*) drug pusher (*o* peddler).

trafficare *v.intr.* **1** (*commerciare*) to deal*, to trade; (*barattare*) to barter: — *in vini*, *in elettrodomestici*, to deal (*o* to trade) in wine, in electric appliances; — *in valuta straniera*, to deal in foreign currency **2** (*fare traffici illeciti*) to traffic; (*spacciare*) to push: — *in merce rubata*, to traffic in stolen goods; — *in droga*, to push drugs **3** (*affaccendarsi*) to bustle about, to busy oneself: *non fa che — in cucina*, she does nothing but bustle about in the kitchen ◆ *v.tr.* (*commerciare illecitamente*) to traffic in (sthg.): — *droga*, to traffic in drugs.

trafficato *agg.* busy, with a lot of traffic: *una strada molto trafficata*, a very busy street.

traffichino *s.m.* (*fam.*) petty trafficker.

traffico *s.m.* **1** traffic: — *aereo*, *ferroviario*, *stradale*, *marittimo*, air, railway, road, maritime (*o* sea) traffic; — *fluviale*, river traffic; — *merci*, goods (*o* freight) traffic; *linea di grande* —, busy line (*o* route); *ore di — ridotto*, slack hours; *non c'è neppure un vigile per controllare il* —, there is not even a policeman to direct the traffic; *regolazione del* —, traffic control; *una strada chiusa al* —, a street closed to traffic **2** (*commercio*, *scambio*) trade, commerce, dealing; (*baratto*) barter: — *con paesi stranieri*, foreign trade; *il — delle pellicce*, the fur trade **3** (*commercio illecito*) traffic, illicit trade: — *di droga*, *di armi*, traffic in drugs, in arms; *un — clandestino di diamanti*, an illicit trade in diamonds; — *di valuta*, traffic in currency **4** (*inform.*) traffic message.

trafficone *s.m.* (*fam.*) wheeler-dealer.

trafiggere *v.tr.* to transfix, to stab, to pierce through, to run* through (*anche fig.*): *lo trafisse con la spada*, he ran him through with his sword; *le sue parole mi hanno trafitto il cuore*, his words cut me to the quick.

trafila *s.f.* **1** (*procedura*) procedure, process: *una lunga — di azioni legali*, a lengthy process of taking cases to court; *dovrai passare attraverso la normale — burocratica*, you will have to go through the normal bureaucratic procedure; *superare lunghe trafile burocratiche*, to cut through endless redtape **2** (*mecc.*) draw-plate.

trafilare *v.tr.* (*metall.*) to draw*; (*in fili*) to wiredraw*: — *a caldo*, to hot-draw; — *a freddo*, to cold-draw.

trafilato *agg.* (*metall.*) drawn: *barra trafilata*, drawn rod ◆ *s.m.* (*metall.*) draft, drawn product.

trafilatore *s.m.* drawer; wiredrawer.

trafilatrice *s.f.* (*mecc.*) drawbench, drawing machine; (*per fili*) wiredrawing machine.

trafilatura *s.f.* (*metall.*) drawing; (*in fili*) wiredrawing.

trafileria *s.f.* (*metall.*) drawing mill.

trafiletto *s.m.* short article, paragraph.

trafitto *agg.* transfixed, stabbed, pierced; (*fig.*) broken: *cadde — da una freccia*, he fell down pierced by an arrow; *cuore* —, broken heart.

trafittura *s.f.* stabbing, piercing through, running through.

traforare *v.tr.* **1** to bore, to drill, to pierce; (*con una galleria*) to tunnel through (sthg.); (*perforare*) to perforate: — *un'asse*, to bore (*o* to drill) a plank; — *una montagna*, to bore (*o* to tunnel) through a mountain **2** (*su legno*, *cuoio*) to do* fretwork on (sthg.).

traforato *agg.* **1** perforated **2** (*lavorato a traforo*) fretworked; (*ricamato a traforo*) open-work (*attr.*): *un golf* —, an open-work sweater.

traforatrice *s.f.* (*mecc.*) fret-sawing machine.

traforazione *s.f.* piercing, perforating; drilling.

traforo *s.m.* **1** (*traforazione*) boring, drilling; piercing; tunnelling; (*perforazione*) perforation **2** (*galleria in una montagna*) tunnel: *il — del Monte Bianco*, the Mont Blanc tunnel **3** (*lavoro a traforo*) fretwork: *seghetto da* —, fretsaw (*o* caping-saw).

trafugamento *s.m.* stealing, filching, purloining.

trafugare *v.tr.* to steal*, to filch, to purloin.

tragedia *s.f.* tragedy (*anche fig.*): *l' 'Amleto' di Shakespeare è una grande* —, Shakespeare's 'Hamlet' is a great tragedy; *la morte di suo padre fu una* —, his father's death was a tragedy; *non fare tragedie, non era nulla*, (*iron.*) don't make such a scene, it was nothing.

tragediografo *s.m.* tragedian; dramatist, dramaturge.

tragelafo *s.m.* (*zool.*) tragelaph.

traghettamento *s.m.* ferrying (across).

traghettare *v.tr.* to ferry (across), to cross: — *un fiume*, to ferry across a river; — *qlcu.* (*al di là di un fiume*), to ferry s.o. (across a river).

traghettatore *s.m.* ferryman*.

traghetto *s.m.* **1** (*luogo*) ferry; (*il traghettare*) ferrying **2** (*nave*) ferryboat, ferry.

tragicamente *avv.* tragically.

tragicità *s.f.* tragic nature, tragicalness.

tragico *agg.* tragic(al): *attore* —, tragic actor (*o* tragedian); *avvenimento* —, tragic event; *fine tragica*, tragic end ◆ *s.m.* **1** (*scrittore*) dramatist; tragedian **2** (*attore*) tragedian **3** (*tragicità*) tragedy: *il — è che non hanno da mangiare*, the tragedy is that they have nothing to eat.

tragicomico *agg.* tragicomic.

tragicommedia *s.f.* tragicomedy.

tragitto *s.m.* **1** (*strada*, *percorso*) way: *il — è lungo da qui alla fattoria*, it is a long way from here to the farm; *feci una parte del — in aereo*, I flew part of the way; *lungo il* —, on the way; *qual è il — più breve?*, which is the shortest way? **2** (*viaggio*) journey; (*per mare*) passage, crossing: *un — di due ore*, a two-hour crossing.

traglia *s.f.* (*mar.*) stay.

trago *s.m.* (*anat.*) tragus (*pl.* -gi).

tragolo *s.m.* (*zool.*) tragule, chevrotain.

tragopano *s.m.* (*zool.*) tragopan.

tragoselino *s.m.* (*bot.*) — *becchino*, (*Pimpinella saxifraga*) burnet.

traguardare *v.tr.* **1** (*attraverso un dispositivo ottico*) to sight, to bone **2** (*non com.*) (*guardare di sottecchi*) to look askance at (s.o., sthg.).

traguardo *s.m.* **1** (*punto d'arrivo nelle corse*) finishing line, winning post: *arrivare al* —, to reach the winning post; *tagliare il — per primo*, to be the first to cross the finishing line **2** (*fig.*) (*meta*) goal, aim, end: *il suo — è laurearsi*, his aim is to get a degree **3** (*tecn.*) sight; (*ottica*) finder.

traiettoria *s.f.* trajectory (*anche mat.*): *la — di un proiettile*, the trajectory of a bullet; — *di volo*, flight path // (*inform.*) — *di crescita*, growth path.

traina *s.f.* towrope: *pescare alla* —, to troll.

trainante *agg.* **1** drawing, pulling, hauling **2** (*fig.*) driving, leading, drawing: *settore* —, driving sector; *paese* —, leading country.

trainare *v.tr.* to tow, to haul, to draw*: *la locomotiva trainava venticinque vagoni*, the locomotive was hauling twenty-five trucks: — *un veicolo*, to tow a vehicle // *farsi* —, (*fig. fam.*) to be dragged along.

training *s.m.* **1** (*tirocinio*) training, apprenticeship **2** (*psic.*): — *autogeno*, autogenous training.

traino *s.m.* **1** (*il trainare*) haulage, drawing: — *meccanico*, mechanical haulage // *al* —, on tow **2** (*carro da trasporto*) truck; (*senza ruote*) sledge **3** (*fig.*) driving force: *non voglio fare da* — *in quest'iniziativa*, I don't want to be the driving force behind this enterprise.

trait d'union *s.m.* (*fr.*) **1** (*trattino grafico*) hyphen **2** (*fig.*) (*legame*) link, intermediary: *fare da* — *tra due persone*, to act as an intermediary between two people (*o* as a go-between).

tralasciamento *s.m.* (*non com.*) **1** (*omissione*) omission **2** (*interruzione*) interruption.

tralasciare *v.tr.* **1** (*omettere*) to omit, to leave* out: *ho tralasciato di dirtelo*, I omitted to tell you; *nella sua relazione ha tralasciato le cose più importanti*, in his report he left out (*o* omitted) the most important things; — *i dettagli*, to leave out (*o* to omit) details; — *di fare qlco.*, to omit doing (*o* to do) sthg. **2** (*interrompere*) to interrupt, to break*; (*desistere*) to give* up: — *gli studi*, to interrupt one's studies.

tralcio *s.m.* (*di vite*) vine-shoot, vine branch; (*di altre piante*) shoot.

tralicciatura *s.f.* (*mecc.*) lattice, latticework.

traliccio *s.m.* **1** (*tessuto*) ticken, ticking; (*per sacchi*) sackcloth **2** (*struttura di sostegno*) trellis, lattice, latticework: *trave a* —, lattice girder; *palo a* —, pylon.

tralice, in *locuz.avv.* obliquely, askance: *guardare qlcu. in* —, to look askance at s.o.

tralignamento *s.m.* (*non com.*) degeneration, degeneracy.

tralignare *v.intr.* to degenerate.

trallallà, **trallallero** *inter.* tra-la-la.

tralucente *agg.* **1** (*trasparente*) transparent, translucent, translucid **2** (*brillante*) shining.

tralucere *v.intr.* **1** (*trasparire*) to shine* through, to shine* forth **2** (*brillare*) to shine* (with sthg.): *gli occhi le tralucevano di gioia*, her eyes were shining with joy.

tram *s.m.* tram, tramcar; (*amer.*) streetcar, trolleycar.

trama *s.f.* **1** (*di tessuto*) weft, woof, filling **2** (*macchinazione, congiura*) plot, conspiracy: *oscure trame di terroristi*, secret terrorist conspiracies; *ordire una* —, to hatch (*o* to lay) a plot **3** (*intreccio*) plot, plan: *la* — *di una commedia*, the plot (*o* plan) of a play.

tramaglio *s.m.* (*mar.*) trammel (net).

tramandare *v.tr.* to hand down, to hand on, to transmit: *questa tradizione fu tramandata da padre in figlio*, this tradition was handed on from father to son; — *ai posteri*, to hand down to posterity.

tramare *v.tr.* **1** to weave* **2** (*fig.*) to plot, to intrigue: — *contro la sicurezza dello stato*, to conspire against the security of the State; — *un delitto*, to plot a crime.

trambusto *s.m.* bustle, turmoil, confusion: *siamo tutti in* —, we are all in a bustle; *trovarsi in un terribile* —, to find oneself in a terrible turmoil.

tramestare *v.intr.* (*region.*) (*mescolare*) to rummage.

tramestio *s.m.* rummaging.

tramezza *s.f.* **1** → tramezzo 1 **2** (*di scarpe*) slipsole.

tramezzare *v.tr.* **1** (*interporre*) to interpose; (*con fogli*) to interleave* **2** (*dividere con un tramezzo*) to partition: — *una stanza*, to partition a room.

tramezzatura *s.f.* (*edil.*) partitioning.

tramezzino *s.m.* **1** (*panino di forma triangolare*) sandwich **2** (*non com.*) (*chi porta cartelli pubblicitari*) sandwich man.

tramezzo *s.m.* **1** partition; (*muro divisorio*) partition wall, curtain wall **2** (*di tessuto*) entredeux; lace insertion **3** (*miner.*): — *di ventilazione*, brattice.

tramite *s.m.* **1** (*letter.*) (*sentiero*) path **2** (*per il*) — (*di*), through: — *un'agenzia*, through an agency; (*per*) — *nostro*, through us; *ho avuto i biglietti* — *mio zio*, I got the tickets through my uncle // *far da* —, to act as an intermediary (*o* a go-between).

tramoggia *s.f.* **1** (*tecn.*) hopper: *carro a* —, hopper car; (*agr.*) — *del seme*, seed hopper **2** (*mar.*) hopper (barge).

tramontana *s.f.* **1** (*vento*) north wind **2** (*settentrione*) north // *perdere la* —, (*fig.*) to lose one's head (*o* to lose one's bearings).

tramontare *v.intr.* **1** to set*: *il sole sta tramontando*, the sun is setting **2** (*fig.*) (*venir meno, svanire*) to fade, to wane: *la sua popolarità tramontò presto*, his popularity soon waned; *la sua stella è tramontata*, his star has set.

tramonto *s.m.* **1** (*di astri in generale*) setting; (*del sole*) sunset: *al* —, at sunset; *guardare uno splendido* —, to watch a magnificent sunset **2** (*fig.*) (*declino*) decline, end, wane: *il* — *dell'impero*, the decline of the empire; *la sua gloria è al* —, his glory is on the wane // *sul viale del* —, (*fig.*) on the decline (*o* on one's way out).

tramortimento *s.m.* (*non com.*) swoon, faint, fainting fit.

tramortire *v.tr.* to stun, to shock: *lo tramortì con un colpo in testa*, he stunned him with a blow on the head ◆ *v.intr.* (*svenire*) to faint, to swoon.

tramortito *agg.* **1** stunned **2** (*svenuto*) senseless, inanimate.

trampoliere *s.m.* (*zool.*) wader, stilt-bird.

trampolino *s.m.* springboard, divingboard: *fare un salto dal* —, to jump off the springboard // *servire, fare da* — (*di lancio*), (*fig.*) to act as a launching pad.

trampolo *s.m.* (*spec. pl.*) stilt: *camminare sui trampoli*, to walk on stilts.

tramutamento *s.m.* (*non com.*) changing, transformation; transfer.

tramutare *v.tr.* **1** (*cambiare, convertire*) to change, to convert, to transform, to transmute: *la strega lo tramutò in un ranocchio*, the witch changed him into a frog; — *il calore in energia*, to transform heat into energy **2** (*travasare*) to decant **3** (*trapiantare*) to transplant **4** (*trasferire*) to transfer.

□ **tramutarsi** *v.intr.pron.* to change (into sthg.), to turn (into sthg.), to be transformed (into sthg.): *il bruco si tramuta in farfalla*, the caterpillar turns into a butterfly.

tramutazione *s.f.* (*non com.*) **1** (*mutamento*) transmutation; change **2** (*travasamento*) decanting.

trance *s.f.* **1** (*spiritismo*) trance: *cadere in* —, to fall into a trance; *mandare qlcu. in* —, to send s.o. into a trance **2** (*fig.*) (*estasi, rapimento*) ecstasy.

tranche *s.f.* (*fr.*) **1** (*fetta*) slice **2** (*fin.*) tranche, quota, share: — *aurea*, gold tranche; — *creditizia*, credit tranche; — *di un prestito obbligazionario*, tranche of a debenture loan.

trancia *s.f.* **1** (*mecc.*) shearing machine; shears (*pl.*): — *a ghigliottina*, guillotine shears; — *da banco*, bench shears **2** (*taglierina per carta, cartoni*) cutter **3** (*fetta*) slice: *una* — *di pane*, a slice of bread; *una* — *di pancetta*, a slice (*o* rasher) of bacon.

tranciare *v.tr.* (*mecc.*) to shear*.

tranciatore *s.m.* shearer, shearman (*pl.* -men).

tranciatrice *s.f.* (*mecc.*) shearing machine; shears (*pl.*).

tranciatura *s.f.* (*mecc.*) shearing.

trancio *s.m.* (*fetta*) slice: *pizza al* —, pizza by the slice.

trancista *s.m.* e *f.* shearer.

tranello *s.m.* snare, trap: *cadere in un* —, to be caught in a snare; *tendere un* —, to set a trap; *attirare qlcu. in un* —, to lure s.o. into a trap // *il quesito nascondeva un* —, it was a trick question.

trangugiamento *s.m.* gulping (down), bolting; swallowing.

trangugiare *v.tr.* to gulp down, to bolt, to swallow (*anche fig.*); (*con avidità*) to wolf (down): — *un bicchiere d'acqua*, to gulp down a glass of water; — *la minestra, una medicina*, to gulp down the soup, some medicine; — *un panino*, to bolt a sandwich.

tranne *prep.* but, save, except [cfr. *eccetto, salvo*]: *tutti* — *me*, all but (*o* except) me; *erano tutti presenti* — *gli interessati*, everyone was there save (*o* but *o* except) the people concerned; *il museo è aperto tutti i giorni* — *il lunedì*, the museum is open every day except Monday; *il tuo lavoro va bene* — (*che*) *per alcuni dettagli*, your work is good except for a few details.

tranne che rar. **tranneché** *cong.* (*salvo che, a meno che*) unless: *non verrò,* — *la mia presenza sia indispensabile*, I won't come unless (it's) absolutely necessary.

tranquillamente *avv.* calmly, quietly, peacefully, restfully, tranquilly: *sedeva* — *e leggeva il giornale*, he was sitting calmly (*o* quietly) reading the newspaper; *ha dormito* —, he slept peacefully; *puoi dirgli* — *quel che pensi*, you need have no qualms about telling him what you think.

tranquillante *agg.* tranquillizing, reassuring, relaxant ◆ *s.m.* (*med.*) tranquillizer, relaxant: *ingerì una forte dose di tranquillanti*, he swallowed a heavy dose of tranquillizers.

tranquillità *s.f.* quiet, calm, peacefulness, peace; (*immobilità*) stillness; (*in senso morale*) tranquillity: *la* — *del mare*, the calmness of the sea; *la* — *della sera*, the stillness (*o* quiet) of the night; *esaminare con — la situazione*, to examine the situation calmly; *ho bisogno di un momento di —*, I need a moment's peace; — *di spirito*, peace of mind; *turbare la — pubblica*, to disturb the peace.

tranquillizzante *agg.* reassuring.

tranquillizzare *v.tr.* **1** to tranquillize; (*calmare*) to calm (down), to quieten; (*placare*) to soothe: — *la popolazione*, to tranquillize the population **2** (*rassicurare*) to reassure: *le sue parole mi hanno tranquillizzato*, his words have reassured me.

□ **tranquillizzarsi** *v.intr.pron.* to calm oneself, to calm down: *tranquillizzati, andrà tutto bene*, calm down, everything will be all right.

tranquillo *agg.* quiet, calm, peaceful; (*immobile*) still; (*in senso morale*) tranquil: *animo —*, quiet mind; *luogo —*, peaceful (*o* restful) place; *mare —*, calm sea; *sonno —*, calm sleep; *un uomo —*, a quiet man; *vita tranquilla*, tranquil life; *andrà tutto bene, sta' —*, everything will be all right, do not worry; *era molto — prima dell'esame*, he was very calm before the examination; *lasciami —!*, leave me alone!; *non può stare —*, he cannot keep still; *tieni — il bambino*, keep the child quiet; *avere la coscienza tranquilla*, to have a clear conscience.

transalpino *agg.* transalpine.

transaminasi *s.f.* (*biochim.*) transaminase.

transare *v.tr.* (*amm.*) to settle, to reach (an agreement), to compound.

transatlantico *agg.* transatlantic ◆ *s.m.* (*mar.*) transatlantic liner.

transatto *agg.* (*dir.*) settled, composed: *una lite transatta*, a settled controversy.

transazionalismo *s.m.* (*psic.*) transactionalism.

transazione *s.f.* **1** arrangement, adjustment, compromise: *la faccenda fu sistemata con una —*, the matter was settled by an arrangement; *accettare una —*, to agree to a compromise; *venire a una — con la propria coscienza*, to come to a compromise with one's conscience **2** (*dir.*) transaction; settlement; friendly composition: — *extragiudiziale*, out of court settlement **3** (*comm.*) composition: *fare una — con i propri creditori*, to make a composition with one's creditors **4** (*operazione commerciale*) transaction: *transazioni di banca*, bank transactions; *transazioni di Borsa*, Stock Exchange transactions; — *a credito*, instalment transaction; — *per contanti*, outright (*o* cash) transaction; — *triangolare*, switch (*o* switch transaction); — *a pronti*, spot transaction; — *fuoriborsa*, over-the -counter trade; *transazioni a termine*, futures (*o* forward transactions); — *a premio*, option bargain.

transcodifica *s.f.* **1** transcodification **2** (*inform.*) conversion.

transcodificare *v.tr.* **1** to transcode **2** (*inform.*) to convert.

transcodificatore *s.m.* **1** transcoder **2** (*inform.*) converter.

transcodificazione *s.f.* transcoding.

transconduttanza *s.f.* (*fis.*) mutual conductance.

transcontinentale *agg.* transcontinental.

transeat *inter.* (*lat.*) let it go.

transenna *s.f.* **1** (*arch.*) transenna (*pl.* -ae) **2** (*barriera provvisoria*) barrier.

transennare *v.tr.* to barricade, to cordon off.

transessuale *agg.* e *s.m.* e *f.* transsexual.

transesterificazione *s.f.* (*chim.*) transesterification.

transetto *s.m.* (*arch.*) transept.

transeunte *agg.* (*letter.*) transient, fleeting.

transfer *s.m.* **1** (*trasferimento di materiali da un reparto all'altro*) transfer, removal **2** (*mecc.*) automatize multiple station transfer machine **3** (*psic.*) → **transfert**.

transferasi *s.f.* (*biochim.*) transferase.

transferrina *s.f.* (*biochim.*) transferrin.

transfert *s.m.* (*psic.*) transfer.

transfezione *s.f.* (*med.*) transfection.

transfuga *s.m.* e *f.* (*letter.*) (*disertore*) deserter; runaway, fugitive.

transiberiano *agg.* trans-Siberian: *ferrovia transiberiana*, trans -Siberian railroad.

transiente *s.m.* (*fis.*) transient.

transigere *v.intr.* **1** (*venire a un accomodamento, a un compromesso*) to reach an agreement, to compromise; (*scendere a patti*) to come* to terms; (*cedere*) to yield: *non —*, to be adamant; *un professore che in fatto di disciplina non transige*, a teacher who is a stickler for discipline **2** (*dir.*) to come* to a transaction, to reach a transaction **3** (*comm.*) to compound: — *con i propri creditori*, to compound with one's creditors ◆ *v.tr.* (*dir.*) to compromise: — *una lite*, to compromise a dispute.

transilluminatore *s.m.* (*med.*) transilluminator, diaphanoscope.

transilvanico, **transilvano** *agg.* Transylvanian.

transistor, **transistore** *s.m.* (*elettr.*, *rad.*) transistor // (*fis.*): — *a effetto di campo*, field-effect transistor (*abbr.* FET); — *a giunzione*, junction transistor; — *a punta di contatto*, point-contact transistor.

transistorizzare *v.tr.* (*elettr.*) to transistorize.

transistorizzazione *s.f.* (*elettr.*) transistorization, transistorizing.

transitabile *agg.* practicable: *valico — solo con catene*, pass negotiable only with chains.

transitabilità *s.f.* practicability: *stato di —*, condition of a road; *mettere una strada in stato di —*, to make a road passable; *bollettino della — delle strade*, road condition bulletin.

transitante *agg.* in transit: *merci transitanti*, goods in transit.

transitare *v.intr.* to travel: — *per una città, per una via*, to travel through a town, along a street; *le biciclette non possono — sull'autostrada*, bicycles can't travel on the motorway.

transitario *s.m.* forwarding agent.

transitività *s.f.* (*mat.*) transitivity, transitive law.

transitivo *agg.* transitive: *verbi transitivi e intransitivi*, transitive and intransitive verbs; (*mat.*) *legge, proprietà transitiva*, transitive law, property.

transito *s.m.* **1** transit: *merci di —*, goods in transit; *stazione, porto di —*, transit station, port; *bolletta di —*, transit certificate; *passeggeri in —*, passengers in transit; *diritto di —*, right of way // *vietato il —*, no thoroughfare // — *riservato ai pedoni*, pedestrians only // — *interrotto*, road closed, (*per lavori stradali*) road up // (*dir.*) *fermo in —*, stoppage in transit **2** (*di corpo celeste*) transit.

transitorietà *s.f.* **1** transitoriness, temporariness; (*fugacità*) transience, transiency: *la — di un provvedimento*, the transitoriness (*o* temporariness) of a measure **2** (*instabilità*) instability, unstableness: *la — della situazione politica*, the instability of the political situation.

transitorio *agg.* transitory, temporary; provisional; (*fugace*) transient, fleeting: *soluzione transitoria*, temporary solution; *sistemazione transitoria*, temporary arrangement; *felicità transitoria*, fleeting happiness // (*amm.*): *disposizioni transitorie*, provisional regulations; *conto —*, clearing account.

transizione *s.f.* transition: *periodo di —*, period of transition; *temperatura di —*, transition temperature; *governo di —*, transition (*o* caretaker) government.

translato e *deriv.* → **traslato** e *deriv.*

translitterare e *deriv.* → **traslitterare** e *deriv.*

translucido *agg.* translucent, translucid: (*fis.*) *mezzo —*, translucent medium.

translunare *agg.* (*astr.*) translunary.

transoceanico *agg.* transoceanic: *linee transoceaniche*, transoceanic lines.

transonico *agg.* (*aer.*) transonic.

transpadano *agg.* transpadane.

transubstanziarsi → **transustanziarsi**.

transumanare → **trasumanare**.

transumante *agg.* transhumant.

transumanza *s.f.* (*trasferimenti di greggi da un pascolo a un altro*) transhumance.

transumare *v.intr.* to practice transhumance.

transuranico *agg.* (*chim.*) transuranic, transuranium: *elementi transuranici*, transuranic (*o* transuranium) elements.

transustanziarsi *v.intr.pron.* (*teol.*) to transubstantiate.

transustanziazione *s.f.* (*teol.*) transubstantiation.

trantran *s.m.* (*fam.*) routine: *il solito —*, the same old routine.

tranvai → **tram**.

tranvia *s.f.* tramway, tramline; (*amer.*) streetcar line: — *elettrica*, electric tramway; — *urbana*, urban tramway.

tranviario *agg.* tram (*attr.*), tramway (*attr.*): *linea tranviaria*, tramline; *servizio —*, tram(way) service.

tranviere *s.m.* (*manovratore*) tram driver; (*amer.*) streetcar operator.

trapa *s.f.* (*bot.*) (*Trapa natans*) water chestnut.

trapanamento *s.m.* → **trapanazione**.

trapanare *v.tr.* **1** to drill, to bore: — *un pezzo di legno*, to bore a hole in a piece of wood **2** (*med.*) to trephine, to trepan; (*un dente*) to drill.

trapanatore *s.m.* driller, borer.

trapanatrice *s.f.* (*mecc.*) drilling machine, drill, boring machine.

trapanatura, **trapanazione** *s.f.* **1** drilling, boring **2** (*med.*) trephination, trepanning, trepanation.

trapano *s.m.* **1** (*portatile*) drill: — *ad aria compressa*, air drill; — *a mano*, hand drill; — *a* *petto*, breast drill; — *elettrico*, power drill **2** (*fisso*) → trapanatrice **3** (*med.*) trepan, trepanning saw, trephine; (*odontoiatrico*) (dental) drill.

trapassabile *agg.* pierceable.

trapassare *v.tr.* **1** (*passare da parte a parte*) to pierce, to run* through; to transfix: *il proiettile gli trapassò il cuore*, the bullet pierced his heart; *trapassò l'avversario con la spada*, he ran his opponent through with his sword **2** (*letter.*) (*attraversare*) to cross: — *un confine*, to cross a boundary **3** (*ant.*) (*passare oltre*) to go* beyond ◆ *v.intr.* **1** (*passare*) to pass: *l'eredità trapassò da padre in figlio per parecchie generazioni*, the inheritance was handed down from father to son for several generations **2** (*letter.*) (*morire*) to pass away, to die: *trapassò la notte scorsa*, he passed away (*o* died) last night.

trapassato *agg.* (*trafitto*) passed through ◆ *s.m.* **1** (*letter.*) (*defunto*) deceased **2** (*gramm.*) past perfect, pluperfect (tense).

trapasso *s.m.* **1** (*passaggio*) passage; (*l'attraversare*) crossing **2** (*transizione*) transition **3** (*letter.*) (*morte*) passing away, death, decease **4** (*dir. comm.*) transfer; (*ope legis*) transmission: — *di proprietà*, transfer (*o* conveyance) of property // (*fin.*): — *di azioni*, transfer of shares; — *di titoli*, stock transfer.

trapelare *v.intr.* to leak out (*anche fig.*); (*rivelarsi*) to transpire: *l'acqua trapelava dal serbatoio*, water was leaking out of the tank; *la luce trapelava dalla tenda*, light filtered through the curtain; *lasciò — il segreto*, he let the secret out; *niente trapelò dalle sue parole*, nothing transpired from his words; *la verità, la notizia trapelò*, the truth, the news leaked out.

trapezio *s.m.* **1** (*mat.*) trapezium*; (*amer.*) trapezoid **2** (*anat.*) trapezius **3** (*ginnastica*) trapeze **4** (*mar.*) trapeze.

trapezista *s.m.* e *f.* trapeze artist.

trapezoedro *s.m.* (*mat.*) trapezohedron.

trapezoidale *agg.* trapezoidal.

trapezoide *agg.* (*mat.*) trapezoid ◆ *s.m.* (*mat., anat.*) trapezoid.

trapiantabile *agg.* transplantable.

trapiantare *v.tr.* to transplant.
□ **trapiantarsi** *v.rifl.* (*stabilirsi*) to settle.

trapiantato *agg.* transplanted ♦ *s.m.* transplant patient.

trapiantatoio *s.m.* (*agr.*) trowel.

trapiantatore *s.m.* transplanter.

trapiantatrice *s.f.* (*agr.*) transplanting apparatus, transplanting machine.

trapianto *s.m.* **1** transplant, transplantation, replantation **2** (*med.*) graft, grafting; transplant, transplantation: — *della cornea*, corneal graft; — *osseo*, bone graft (*o* grafting); — *cardiaco*, heart transplant (*o* transplantation).

trapiantologia *s.f.* (*med.*) transplant surgery; implant surgery.

trappa *s.f.* Trappist monastery.

trappista *s.m.* (*eccl.*) Trappist.

trappola *s.f.* **1** trap, snare (*anche fig.*): — *per topi*, mousetrap; *il topo fu preso in* —, the rat was caught in a trap; *mettere una — per un animale*, to set a trap (*o* to lay a snare) for an animal; *prendere in — un topo*, to trap a rat; *cadere in una* —, to fall into a trap (*anche fig.*); *la polizia gli tese una* —, the police set a trap for him **2** (*oggetto malandato*) old crock: *quell'auto è una* —, that car is an old banger (*o* crock).

trapunta *s.f.* quilt, eiderdown.

trapuntare *v.tr.* **1** to quilt **2** (*ricamare*) to embroider.

trapuntato *agg.* **1** quilted **2** (*ricamato*) embroidered.

trapuntatura *s.f.* quilting.

trapunto *agg.* **1** quilted // *cielo — di stelle*, (*fig.*) sky studded with stars (*o* star-studded sky) **2** (*ricamato*) embroidered ◆ *s.m.* **1** quilting **2** (*ricamo*) embroidery.

trarre *v.tr.* **1** to draw*, to pull (*anche fig.*): — *a sé*, to draw to oneself; *trasse a sé la sedia e sedette*, he drew the chair towards him and sat down; *trasse il denaro di tasca*, he took (*o* pulled) the money out of his pocket; — *a riva*, to pull to the shore; — *la spada*, to draw (*o* to unsheathe) one's sword // (*banca*): — *assegni, cambiali*, to draw cheques, bills of exchange; — *allo scoperto*, to overdraw **2** (*derivare*) to draw*, to derive, to get*: — *vantaggio da qlco.*, to derive (*o* to gain) benefit from sthg.; *trae origine da una nobile famiglia*, he comes from a noble family; *trae ispirazione dalla natura*, he draws his inspiration from nature; *il regista ha tratto il film da un romanzo dell' 800*, the director has based his film on a 19th century novel; — *una conclusione*, to draw a conclusion; *non bisogna — conclusioni affrettate*, don't jump to (hasty) conclusions; — *il miglior partito da qlco.*, to make the best of sthg. **3** (*condurre*) to lead*, to draw*: *la curiosità lo trasse qui*, curiosity led him here // — *in inganno*, to deceive (*o* to mislead) **4** (*gettare*) to throw*: — *i dadi*, to throw (*o* to cast) the dice **5** (*non com.*) (*defalcare*) to deduct: — *le spese dal ricavo totale*, to deduct expenses from the total proceeds.
□ **trarsi** *v.rifl.* to draw*: — *in disparte, indietro*, to draw aside, back; *è molto timida, si trae sempre indietro*, (*fig.*) she is very shy, she is always very retiring (*o* reserved) // — *d'impiccio*, to get out of a fix.

trasalimento *s.m.* start, jump; (*spavento improvviso*) sudden fright.

trasalire *v.intr.* to start, to give* a start, to be startled: *quando mi vide, trasalì*, when he saw me, he gave a start; *trasalì sentendo picchiare alla porta*, he started (*o* jumped) on hearing a knock // *far* —, to startle.

trasandatezza *s.f.* shabbiness; scruffiness; slovenliness.

trasandato *agg.* shabby; careless; slovenly: *una casa, una stanza trasandata*, a shabby house, room; *è sempre — nel vestire*, he is always shabbily dressed.

trasbordare *v.tr.* **1** (*mar.*) to tran(s)ship: — *un carico*, to tran(s)ship a cargo **2** (*ferr.*) to transfer: — *i passeggeri da un treno all'altro*, to transfer passengers from one train to another ◆ *v.intr.* (*cambiare treno, nave ecc.*) to change: *devi — a Genova*, you must change at Genoa.

trasbordatore *s.m.* (*ferr.*) transfer table, traverser.

trasbordo *s.m.* **1** (*mar.*) trans(s)hipment **2** (*ferr.*) transfer **3** (*in traghetto*) ferrying, ferrying across.

trascendentale *agg.* **1** (*fil.*) transcendental **2** (*estens.*) (*eccezionale*) extraordinary, out of the ordinary, special: *questo posto non è poi niente di* —, this place is nothing special after all; *non farla lunga, non è un problema* —, don't make such a song and dance, it's not an insurmountable problem.

trascendentalismo *s.m.* (*fil.*) transcendentalism.

trascendentalista *s.m.* e *f.* (*fil.*) transcendentalist.

trascendentalità *s.f.* (*fil.*) transcendental nature, transcendental quality.

trascendente *agg.* **1** (*fil.*) transcendent **2** (*mat.*) transcendental: *numero, funzione* —, transcendental number, function.

trascendentismo *s.m.* transcendentalism.

trascendentistico *agg.* transcendentalist.

trascendenza *s.f.* (*fil., mat.*) transcendence, transcendency // (*mat.*) *grado di* —, transcendence degree.

trascendere *v.tr.* to transcend; to surpass, to go* beyond, to be beyond: *queste cose trascendono le mie capacità intellettive*, these things are beyond my understanding; *la sua generosità trascende le mie aspettative*, his generosity goes beyond my expectations; — *i limiti umani*, to transcend human limits ◆ *v.intr.* to let* oneself go, to go* too far, to lose* control: *non trascende mai durante una discussione*, he never loses his self-control during an argument; *non è il caso di* —, don't get carried away (*o* don't go too far).

trascinamento *s.m.* **1** dragging, pulling **2** (*fis.*) drag: *coefficiente di* —, drag coefficient **3** (*inform.*) drive; drag.

trascinante *agg.* gripping, enthralling: *un entusiasmo* —, infectious enthusiasm.

trascinare *v.tr.* **1** to drag (*anche fig.*); to trail: *il bimbo trascinava il suo cavalluccio di legno*, the child was trailing his wooden horse; *non — quella seggiola per terra!*, don't drag that chair along the floor!; — *le gambe, i piedi*, to drag one's feet; — *qlcu. nel fango*, to drag s.o. (*o* s.o.'s name) through mud (*o* mire); *trascinò la famiglia alla rovina*, he dragged his family to ruin; *l'abbiamo trascinato al cinema*, we dragged him to the cinema // — *una vita di miseria*, to drag out a wretched life **2** (*avvincere*) to fascinate: *essere trascinati da una musica*, to be fascinated (*o* enthralled) by a piece of music; — *la folla*, to sway the crowd // *un oratore che trascina*, a rousing (*o* compelling) speaker **3** (*inform.*) to drive*; to drag.
□ **trascinarsi** *v.rifl.* to drag oneself along: *era molto vecchio e poteva — a malapena*, he was very old and could hardly drag himself along; *il ferito si trascinò sino alla porta*, the injured man dragged himself as far as the door ◆ *v.intr.pron.* to drag on: *quest'influenza si trascina da mesi*, this flu has been dragging on for months; *la faccenda si trascinò per diversi anni*, the matter dragged on for several years; *le ore si trascinano pesantemente*, time drags by (*o* time hangs heavy).

trascinatore *s.m.* spellbinder; swayer: *è il — della squadra*, he is the driving force of the team ◆ *agg.* rousing, compelling: *un'eloquenza trascinatrice*, a rousing (*o* compelling) eloquence.

trascinio *s.m.* dragging.

trascoloramento *s.m.* discoloration, discolourment; change of colour.

trascolorare *v.intr.* **trascolorarsi**

v.intr.pron. 1 to change one's colour 2 (*impallidire*) to grow* pale.

trascorrere *v.tr.* 1 (*passare, consumare*) to spend*, to pass: — *un'estate al mare*, to spend a holiday at the seaside; *trascorsi tre anni in America*, I spent (*o* I passed) three years in America; — *il tempo nell'ozio*, to spend one's time in idleness (*o* to idle one's time away); — *un'ora ad aspettare*, to spend an hour waiting 2 (*non com.*) (*percorrere*) to go* around, to roam through, to wander about: — *un paese*, to wander about a country (*o* to roam through a country) 3 (*leggere rapidamente*) to go* through: — *un libro*, to go through a book ◆ *v.intr.* 1 (*di tempo*) to pass, to elapse*: *quei due anni trascorsero molto velocemente*, those two years passed very swiftly 2 (*passare*) to pass; to fly*: *la fantasia trascorse da un'immagine all'altra*, her imagination flew (*o* sped) from one image to another.

trascorso *agg.* past: *gli anni trascorsi*, the past years ◆ *s.m.* (*piccolo errore, colpa lieve*) slip, lapse; error, fault: *gli perdonò i trascorsi di gioventù*, she forgave him the errors of his youth.

trascritto *agg.*: *un documento* —, a transcript, (*registrato*) a registered document.

trascrittore *s.m.* **trascrittrice** *s.f.* transcriber, copyist.

trascrivere *v.tr.* 1 to transcribe (*anche mus.*): — *un indirizzo sull'agenda*, to copy an address into the diary; — *foneticamente*, to transcribe (phonetically) 2 (*registrare*) to register; to record: — *voci contabili nel libro mastro*, to post (*o* to record) entries in the ledger.

trascrizione *s.f.* 1 transcription (*anche mus.*): *un errore di* —, a mistake in copying (*o* transcription); *una — per pianoforte*, a piano transcription; *una fedele — di dati*, a faithful transcription of data 2 (*trapasso*) transfer: (*Borsa*) — *di titoli*, transfer of securities 3 (*registrazione*) registration; recording: — *di voci contabili ne libro mastro*, posting (*o* recording) of entries in the ledger.

trascurabile *agg.* negligible, slight: *un particolare* —, a negligible detail.

trascurare *v.tr.* 1 to neglect: — *di fare qlco.*, to neglect to do sthg. (*o* to fail to do sthg. *o* to omit to do sthg.); *non trascurate di scrivermi subito*, don't fail to write to me at once; *purtroppo ha trascurato di avvertirmi*, unfortunately he failed to warn me; — *la propria famiglia, il proprio lavoro*, to neglect one's family, one's work 2 (*tenere in poco conto*) to disregard; to ignore; to overlook: *non possiamo — il suo contributo*, we cannot overlook his contribution; *trascuriamo i dettagli*, let's ignore the details.

□ **trascurarsi** *v.rifl.* to neglect oneself; to let* oneself go: *non devi trascurarti così*, you mustn't let yourself go like that.

trascurataggine *s.f.* carelessness, negligence; oversight.

trascuratezza *s.f.* 1 carelessness, negligence: *la tua — nel lavoro è davvero incredibile*, your carelessness in your work is really incredible 2 (*svista*) oversight, slip 3 (*sciatteria*) slovenliness; untidiness.

trascurato *agg.* 1 (*negligente*) careless, negligent; (*sciatto*) slovenly, sloppy; untidy: — *nel lavoro*, negligent in one's work; *è molto — in ogni cosa che fa*, he is very careless in everything he does; *è — nella persona*, he is careless about his appearance; *è — verso i suoi amici*, he neglects his friends 2 (*non curato*) neglected, uncared for: *un'influenza trascurata*, a neglected flu; *giardino* —, neglected garden; *si sentiva — dalla moglie*, he felt neglected by his wife.

trasdurre *v.tr.* (*fis.*) to transduce.

trasduttore *s.m.* (*fis., tecn.*) transducer.

trasduzione *s.f.* (*fis.*) transduction.

trasecolamento *s.m.* amazement, astonishment.

trasecolare *v.intr.* to be flabbergasted, to be astounded, to be amazed, to be astonished.

trasecolato *agg.* flabbergasted, astounded, astonished, amazed: *rimase* —, he was astounded.

trasferibile *agg.* transferable, conveyable (*anche dir.*); (*di titoli di credito*) negotiable: *la tessera di abbonamento non è* —, the season ticket is not transferable; *assegno non* —, non -negotiable check ◆ *s.m.* transfer.

trasferibilità *s.f.* transferability; (*di assegni*) negotiability.

trasferimento *s.m.* 1 transfer; (*spostamento*) move, removal: *il — del governo da Firenze a Roma*, the transfer of the government from Florence to Rome; — *di un funzionario*, transfer of an official; (*dir.*) — *di un processo*, remover (*o* transfer of proceedings); — *di domicilio*, change of address; *il — di un soldato da un reggimento a un altro*, the transfer of a soldier from one regiment to another // (*fin.*): — *di denaro*, money transfer; — *di credito*, credit transfer; — *di beni, di fonti*, transfer of assets, of funds; *trasferimenti di capitali, in conto capitale*, capital transfers; — *corrente*, current transfer // (*banca*) — *bancario*, bank transfer // (*inform.*) — *di dati*, data transfer (*o* migration) 2 (*cessione*) transfer, conveyance (*anche dir.*): (*dir.*) — *di una proprietà*, conveyance of a property; (*dir.*) — *di un diritto*, transfer of a right.

trasferire *v.tr.* to transfer, to move; (*cedere*) to assign, to convey: — *un operaio in un altro stabilimento*, to transfer a worker to another factory; *la sede centrale fu trasferita a Roma*, the head office was transferred to Rome; *spera di essere trasferito a Milano*, he hopes to be transferred to Milan; — *le truppe in un'altra zona*, to transfer the troops to another zone; (*fin.*) — *azioni*, to transfer shares // (*banca*): — *denaro in un deposito a risparmio*, to transfer money to a deposit account; — *un titolo di credito*, to negotiate an instrument of credit // (*dir.*): — *un diritto a qlcu.*, to transfer a right to s.o.; — *una proprietà*, to convey an estate.

□ **trasferirsi** *v.intr.pron.* to move; to remove: *il negozio si è trasferito in centro*, the shop has moved to the centre of town ◆ *v.rifl.* (*cambiare domicilio o luogo di lavoro*) to transfer, to move: *si è trasferito da Milano a Venezia*, he moved from Milan to Venice; — *in campagna*, to move into the country.

trasferta *s.f.* 1 transfer: *essere in* —, to be away on business; *è in — per la sua ditta*, he is away on business for his firm (*o* he is travelling on the firm's business) // (*sport*): *partita in* —, away match; *vincere, giocare in* —, to win, to play away (from home) 2 (*indennità di trasferta*) travelling allowance; travelling expenses (*pl.*) 3 (*mecc.*) *macchina a* —, automatized multiple station transfer machine.

trasfiguramento *s.m.* (*non com.*) transfiguration.

trasfigurare *v.tr.* to transfigure, to transform; *la malattia l'ha trasfigurato*, the illness has transfigured him.

□ **trasfigurarsi** *v.intr.pron.* to become* transfigured, to undergo* a transformation, to change one's appearance: *il suo viso si trasfigurò*, her face became transfigured.

trasfigurazione *s.f.* transfiguration // *la Trasfigurazione di Nostro Signore*, the Transfiguration of Our Lord.

trasfissione *s.f.* (*med.*) (*tecnica chirurgica*) transfixion.

trasfocatore *agg.* (*fot.*) varifocal: *obiettivo* —, varifocal lens (*o* zoom lens).

trasfondere *v.tr.* 1 (*non com.*) (*travasare*) to transfuse (*anche med.*) 2 (*fig.*) (*infondere*) to instil, to infuse.

trasfondibile *agg.* (*non com.*) transfusible.

trasformabile *agg.* 1 transformable; (*di denaro*) convertible; (*incassabile*) cashable: — *in moneta*, cashable 2 (*aut.*) convertible.

trasformabilità *s.f.* transformability.

trasformare *v.tr.* 1 to transform, to change, to turn; (*convertire*) to convert: — *l'acqua in ghiaccio*, to turn water into ice; — *le materie prime in prodotti finiti*, to convert raw materials into finished products; *la strega lo trasformò in rospo*, the witch turned him into a toad; *il successo l'ha trasformato*, success has changed him // (*fin.*) — *titoli in liquidità*, to convert securities into cash 2 (*sport*) to score: — *un rigore*, to score from a penalty.

□ **trasformarsi** *v.intr.pron.* to transform oneself, to be transformed, to change (into sthg.), to turn (into sthg.): *il bruco si trasforma in farfalla*, the caterpillar changes into a butterfly; *allo stadio si trasforma e perde ogni timidezza*, at the football ground he is transformed and loses all his shyness.

trasformata *s.f.* (*mat.*) transform.

trasformativo *agg.* (*non com.*) transformative, transforming.

trasformato *agg.* transformed, changed: *un principe — in rospo*, a prince transformed (*o* turned) into a toad // (*sport*) *un rigore* —, a goal scored from a penalty.

trasformatore *s.m.* (*elettr.*) transformer: — *bifase*, two-phase transformer; — *abbassatore, elevatore*, step-down, step-up transformer; — *di corrente*, current transformer; — *stabilizzatore di tensione*, voltage stabilizing transformer; — *di tensione, voltmetrico*, voltage transformer; — *a mantello*, shell-type transformer.

trasformazionale *agg.* (*ling.*) transformational.

trasformazionalismo *s.m.* (*ling.*) transformationalism.

trasformazione *s.f.* 1 transformation (*anche mat.*): *in lui si è verificata un'inattesa* —, an unexpected transformation took place within him // (*elettr.*) *rapporto di* —, transformation ratio // (*econ.*): — *della produzione, del mercato*, production, market transformation; — *di un'azienda in una società per azioni*, conversion of a firm into a joint-stock company; — *in un trust*, trustification 2 (*rugby*) conversion.

trasformismo *s.m.* 1 (*biol.*) transformism; evolutionism 2 (*pol.*) transformism.

trasformista *s.m.* e *f.* 1 (*biol.*) transformist,

evolutionist **2** (*teatr.*) quick-change artist **3** (*pol.*) transformist ◆ *agg.* (*pol.*) transformist (*attr.*): *una maggioranza politica* —, a transformist political majority.

trasformistico *agg.* (*pol.*) transformist (*attr.*): *politica trasformistica*, transformist policy.

trasfusionale *agg.* (*med.*) transfusion (*attr.*): *centro* —, transfusion center.

trasfusione *s.f.* (*med.*) transfusion: — *di sangue*, blood transfusion; *fare una — a qlcu.*, to give s.o. a (blood) transfusion.

trasfuso *agg.* transfused.

trasgredire *v.tr.* e *intr.* to infringe (sthg.); to transgress (sthg.); to break* (sthg.); to violate (sthg.): — (*a*) *una legge*, to infringe a law; — (*a*) *un ordine*, to disobey an order; — (*a*) *un accordo*, to violate an agreement; — (*al*)*le norme di sicurezza*, to contravene the safety regulations.

trasgressione *s.f.* **1** transgression, infringement, contravention, violation: *la — di un ordine*, infringement of an order; — *alle norme anticendio*, contravention of the fire regulations; — *alla legge*, infringement of the law **2** (*geol.*) — *marina*, transgression.

trasgressivo *agg.* unconventional; outré, freakish; outrageous.

trasgressore *s.m.* transgressor, infringer, trespasser, offender: *i trasgressori saranno puniti a termine di legge*, trespassers will be prosecuted.

traslare *v.tr.* **1** to remove, to move, to relocate: *le loro salme furono traslate al cimitero maggiore*, their bodies were moved to the main cemetery **2** (*mat.*, *mecc.*) to translate **3** (*inform.*) (*un programma*) to relocate.

traslato *agg.* figurative, metaphorical: *il significato — di una parola*, the figurative meaning of a word ◆ *s.m.* (*ret.*) metaphor.

traslatore *s.m.* **1** (*tel.*) repeater, translator: — *telegrafico*, telegraphic repeater **2** (*mecc.*) → trasportatore 1.

traslatorio *agg.* (*fis.*, *astr.*) translational, translatory.

traslazione *s.f.* **1** (*trasferimento*) transfer, removal: — *di una salma*, transfer (*o* translation) of a body **2** (*fis.*, *mat.*, *astr.*) translation: *movimento di* —, motion (*o* movement) of translation **3** (*mecc.*) translation, traverse: — *manuale*, *automatica*, hand, power traverse; — *verticale*, vertical translation **4** (*dir.*) transferring, conveyance: *la — di una proprietà*, the conveyance of a property **5** (*trib.*) transfer, shifting: — *d'imposta*, tax shifting (*o* shifting of tax); — *dell'imposta in avanti*, forward shifting (of tax); — *dell'imposta indietro*, backward shifting (of tax) // (*fin.*) — *di titoli*, *di azioni*, transfer of securities, of shares **6** (*eccl.*) translation: *la — di un vescovo*, the translation of a bishop.

traslitterare *v.tr.* to transliterate.

traslitterazione *s.f.* transliteration.

traslocare *v.tr.* e *intr.* to move, to relocate: *abbiamo traslocato in un appartamento più grande*, we have moved into a larger flat; — *un negozio*, *un ufficio*, to move (*o* to relocate) a shop, an office.

traslocazione *s.f.* (*biol.*) translocation.

trasloco *s.m.* removal, move: *spese di* —, removal expenses; *impresa di traslochi*, removal company; *furgone per traslochi*, removal van; *fare* —, to move (out).

traslucidità *s.f.* translucence, translucency.

traslucido *agg.* translucent, translucid: (*fis.*) *mezzo* —, translucent medium.

trasmettere *v.tr.* **1** (*far passare ad altri o ad altro*) to pass (on), to transfer, to convey: *l'eredità fu trasmessa al figlio*, the inheritance was transferred (*o* passed on) to his son; — *una proprietà*, to convey a property; — *un diritto*, to transfer a right; — *una malattia a qlcu.*, to pass a disease on to s.o. // (*fis.*) — *il caldo*, *il freddo*, to transmit heat, cold // — *sentimenti*, *sensazioni*, to convey feelings, sensations **2** (*mandare*) to send*, to pass (on): — *informazioni*, *istruzioni*, to pass on information, instructions; — *una lettera*, to send a letter; — *per posta*, to send by mail; — *per nave*, *aereo*, to ship // *trasmetti i miei saluti a tua madre*, give your mother my best regards // (*comm.*) — *un'ordinazione*, to pass an order // (*banca*) — *una cambiale*, to transfer a bill **3** (*tv*, *rad.*) to broadcast*, to transmit: — *per radio*, to broadcast (on the radio); — *per televisione*, to broadcast (on TV) (*o* to televise); — *un programma registrato*, to broadcast a recorded programme; *la televisione ha trasmesso in diretta la partita*, the match was broadcast live on television.

□ **trasmettersi** *v.intr.pron.* to be transmitted, to be passed on: *il calore si trasmette per conduzione*, heat is transmitted by conduction; *la malattia si trasmette solo per contatto diretto*, the disease is only transmitted by direct physical contact; *un'usanza che si trasmette di padre in figlio;* a practice which is passed on from father to son.

trasmettitore *s.m.* (*tel.*, *fis.*) transmitter: — *ripetitore*, relay transmitter ◆ *agg.* transmitting: *apparato* —, transmitting apparatus.

trasmigrare *v.intr.* to transmigrate.

trasmigrazione *s.f.* transmigration.

trasmissibile *agg.* **1** transmissible (*anche med.*); transmittable **2** (*dir.*) transferable, conveyable; (*in eredità*) devisable; (*negoziabile*) negotiable: *asse ereditario* —, hereditament; *diritti trasmissibili*, *non trasmissibili*, transferable, non-transferable rights.

trasmissibilità *s.f.* **1** transmissibility **2** (*dir.*) transmissibility, transferability; (*negoziabilità*) negotiability: — *di diritti*, transferability of rights.

trasmissione *s.f.* **1** (*il trasmettere*) transmission: — *dei caratteri ereditari*, transmission of hereditary features **2** (*tv*, *rad.*) transmission, programme: — *radiofonica*, *televisiva*, radio, television programme; *le trasmissioni finiscono all'una di notte*, transmission closes at one o'clock at night **3** (*mecc.*) transmission, drive: — *a catena*, *a cinghia*, chain, belt drive; — *a ingranaggi*, gearing; *rapporto di* —, gear ratio // (*aut.*): — *automatica*, automatic transmission; *albero di* —, driving shaft **4** (*dir.*) transmission, transfer, conveyance: — *di un titolo*, transmission of a title; — *di un diritto*, transfer of a right; — *di un bene per successione*, descent (*o* conveyance) of a property **5** (*fis.*) transmission, transmittance: *fattore di* —, transmission factor; (*elettr.*) *linea di* —, transmission line; *perdita di* —, transmission loss; *coefficiente di* —, transmittance coefficient **6** (*inform.*) transmission, call, communication: — *di dati*, data communication.

trasmittente *agg.* (*rad.*, *tel.*) transmitting: *apparecchio*, *stazione* —, transmitting set, station ◆ *s.f.* (*rad.*, *tel.*) transmitter.

trasmutabile *agg.* (*letter.*) transmutable.

trasmutare *v.tr.* (*letter.*) to transmute, to transform, to change.

□ **trasmutarsi** *v.intr.pron.* to be transformed, to change.

trasmutazione *s.f.* (*letter.*) **1** (*cambiamento*) transmutation, transformation **2** (*chim.*, *fis.*) transmutation.

trasmutevole *agg.* transmutable.

trasognare *v.intr.* (*rar.*) (*sognare a occhi aperti*) to daydream*, to be lost in reverie.

trasognato *agg.* dreamy, lost in reverie (*pred.*), faraway (*attr.*): *uno sguardo* —, a faraway look.

traspadano *agg.* transpadane.

trasparente *agg.* **1** transparent: *vetro* —, transparent glass; *abito* —, see-through dress; *un cielo* —, a perfectly clear sky // *una fetta di torta* —, a wafer-thin slice of cake **2** (*intuibile*) clear, transparent, obvious: *un'allusione* —, a clear allusion; *lo scopo della domanda era* —, the purpose of the question was obvious // *un animo* —, a sincere character ◆ *s.m.* **1** (*oggetto trasparente*) transparency **2** (*cinem.*) process screen.

trasparenza *s.f.* **1** transparence, transparency, clearness: *la — dell'aria*, the clearness (*o* limpidity) of the air; *la — delle intenzioni*, the clearness of one's intentions // *guardare qlco. in* —, to look at sthg. against the light **2** (*fis.*) transmittance.

trasparire *v.intr.* **1** to shine* through (sthg.); to gleam through (sthg.); (*palesarsi*) to appear through (sthg.): *la luce traspariva dalle finestre*, the light was gleaming through the windows; *la luna traspariva fra le nuvole*, the moon was shining through the clouds; *il sole trasparì tra le nuvole*, the sun appeared through the clouds; *dai suoi occhi traspariva la gioia*, his eyes were shining with joy **2** *lasciar*, *far* —, (*fig.*) to betray: *la sua condotta non lasciava — niente di strano*, his behaviour did not betray anything strange **3** (*non com.*) (*essere trasparente*) to be transparent: *il vetro traspare*, glass is transparent.

traspirabile *agg.* transpirable.

traspirare *v.intr.* **1** to perspire, to sweat: *il sudore traspira dal corpo*, the body perspires **2** (*bot.*) to transpire **3** (*fig.*) to transpire, to leak out, to come* to light: *non traspirò nulla del suo segreto*, no part of his secret came to light ◆ *v.tr.* **1** to transpire: *le piante traspirano acqua*, plants transpire water **2** (*fig.*) to reveal.

traspiratorio *agg.* transpiratory, transpiration (*attr.*).

traspirazione *s.f.* **1** perspiration, sweating **2** (*bot.*) transpiration.

trasponimento *s.m.* (*non com.*) transposition.

trasporre *v.tr.* **1** to transpose: — *una parola in un periodo*, to transpose a word in a sentence **2** (*mus.*) → trasportare.

trasportabile *agg.* transportable, conveyable.

trasportare *v.tr.* **1** to transport, to carry, to convey: *devo — tutte queste cose nel nostro nuovo appartamento*, I must carry all these things to our new flat; — *bagaglio*, *passeggeri*,

to transport (*o* to carry *o* to convey) luggage, passengers; — *un carico*, to carry freight; — *merci*, to carry (*o* to convey *o* to freight) goods; — *merci per mare*, to ship goods; — *merci per ferrovia, per via aerea*, to carry (*o* to convey) goods by rail, by air; — *qlcu. all'ospedale*, to take (*o* to convey) s.o. to hospital **2** (*trasferire*) to transfer: *tutto il reparto fu trasportato a Roma*, all the department was transferred to Rome; — *la sede di una ditta*, to transfer (*o* to relocate) the head office of a firm **3** (*fig.*) to transport, to carry away: *essere trasportato dall'entusiasmo, dalla gelosia*, to be carried away by one's enthusiasm, one's jealousy // *lasciarsi — dall'ira*, to fly into a rage // *una musica che trasporta*, very moving music **4** (*tip.*) to transfer **5** (*dir.*) to transfer, to make* over, to assign to (s.o) **6** (*mus.*) to transpose.
□ **trasportarsi** *v.rifl.* o *intr.pron.* (*non com.*) (*trasferirsi*) to go*, to move; (*fig.*) to go* (in one's mind); to imagine oneself: *trasportiamoci a destra*, let's go to the right; — *col pensiero ai tempi della giovinezza*, to cast one's mind back to the days of one's youth.

trasportato *agg.* transported, conveyed; carried, freighted ◆ *s.m.* passenger.

trasportatore *s.m.* **1** (*mecc.*) conveyer, conveyor, carrier: — *a catena*, chain conveyor; — *aereo*, overhead conveyer; — *a nastro*, belt conveyer (*o* belt carrier); — *a rulli*, roller conveyer; — *a tazze*, bucket conveyer (*o* skip hoist); *addetto al* —, conveyorman // (*inform.*) — *di dati*, data carrier **2** (*cinem.*) sprocket ◆ *agg.* transporting, transport (*attr.*), conveyor (*attr.*): *nastro* —, conveyor belt.

trasporto *s.m.* **1** transport, transportation, carriage, conveyance, freight // (*comm.*): — *di merci*, freight (*o* carriage of goods); — *aereo*, air freight; — *marittimo*, sea freight; — *stradale*, road haulage; — *per via d'acqua*, waterage; *nave da* —, freighter (*o* cargo boat); *costi di* —, carriage (*o* freight *o* freightage); — *pagato*, carriage free (*o* paid); *ufficio trasporti*, forwarding office; *prezzo del — in traghetto*, ferriage; (*econ.*) — *interno di materiali*, materials handling // (*fis.*) *fenomeni di* —, transport phenomena **2** *pl.* (*sistema di servizi*) transport, transportation: *trasporti pubblici, privati*, public, private transport; *trasporti internazionali, nazionali*, international, national transport; *trasporti urbani*, local transport services; *trasporti stradali, ferroviari, marittimi, aerei*, transport by road, by rail, by sea, by air // *mezzi di* —, (means of) transport **3** (*tip.*) transfer **4** (*geol.*) (*di sedimenti*) entrainment **5** (*mus.*) transposition **6** (*fig.*) transport: *trasporti di gioia, amore, ira*, transports of joy, love, anger; *lavorare con* —, to work with enthusiasm.

traspositore *s.m.* transposer.

trasposizione *s.f.* transposition: (*mat.*) — *di una matrice*, transposition of a matrix; (*med.*) — *del cuore e del fegato*, transposition of the heart and liver.

trasposto *agg.* (*mat.*) transposed: *matrice trasposta*, transposed matrix.

trassato *s.m.* (*banca*) drawee ◆ *agg.* (*banca*) drawee (*attr.*).

trasteverino *agg.* Trasteverine, of Trastevere; from Trastevere ◆ *s.m.* native of Trastevere; inhabitant of Trastevere.

trastullamento *s.m.* (*non com.*) amusement.

trastullare *v.tr.* **1** (*far divertire*) to amuse: — *un bambino*, to amuse a baby **2** (*lusingare*) to flatter.
□ **trastullarsi** *v.rifl.* o *intr.pron.* **1** (*divertirsi*) to amuse oneself: *i bambini si trastullano con poco*, children amuse themselves with very little // — *di qlcu.*, to make fun of s.o. **2** (*giocare*) to play, to toy: *il bambino si trastullava con i suoi giocattoli*, the child was playing with his toys; *il gatto si trastullava con una pallina*, the cat was playing with a little ball **3** (*perdere tempo*) to waste time, to trifle.

trastullo *s.m.* **1** plaything: *il cane è il — dei miei figli*, the dog is a plaything for my children **2** (*divertimento, passatempo*) amusement, sport, pastime **3** (*zimbello*) laughing stock.

trasudamento *s.m.* (*non com.*) transuding; (*di sudore*) transudation, perspiration, sweating; (*di liquidi, umidità ecc.*) oozing // (*geol.*) — *superficiale*, (*di petrolio, acqua*) seepage.

trasudare *v.intr.* to transude; (*sudare*) to perspire; to sweat; (*umidità*) to ooze: *le piante trasudano quando non hanno abbastanza aria*, plants transude when they haven't enough air ◆ *v.tr.* to ooze with (sthg.): *i muri trasudavano umidità*, the walls were oozing with dampness; *tutto il suo discorso trasudava ipocrisia*, (*fig.*) his whole speech oozed with hypocrisy.

trasudatizio meno com. **trasudativo** *agg.* (*med.*) transudative, transudatory.

trasudato *s.m.* (*med.*) transudate, transudation.

trasudazione *s.f.* (*med.*) transudation.

trasumanare *v.intr.* (*letter.*) to be transhumanized.

trasumanazione *s.f.* (*letter.*) transhumanation.

trasversale *agg.* **1** transverse, transversal; cross (*attr.*): *galleria* —, cross-gallery; *muro* —, partition-wall; *trave* —, cross-girder; *via* —, cross street (*o* side street) // *in senso* —, transversely (*o* crosswise *o* athwart); (*mar.*) athwartship: *piano* —, athwartship plane; (*anat.*) *muscolo* —, transverse (muscle) // (*fis.*): *massa* —, transverse mass; *onde trasversali*, transverse waves; *vibrazioni trasversali*, transverse vibrations **2** (*fig.*) (*indiretto*) indirect: *vendetta* —, indirect revenge // (*pol.*) cross-party: *partito* —, cross-party grouping, coalition ◆ *s.f.* **1** (*retta*) transversal **2** (*via*) cross street (*o* side street).

trasversalmente *avv.* transversally, transversely, crosswise, athwart; (*mar.*) athwartship.

trasversione *s.f.* (*biochim.*) transversion.

trasverso *agg.* (*non com.*) → **trasversale** ◆ *s.m.* (*edil.*) secondary crossbeam.

trasvolare *v.tr.* to fly* across (sthg.): — *l'oceano*, to fly across the ocean ◆ *v.intr.* to pass over (sthg.) (*anche fig.*): — *su un argomento*, to pass over a subject.

trasvolata *s.f.* flight, (air) crossing: — *atlantica*, flight across the Atlantic (*o* Atlantic flight).

trasvolatore *s.m.* **trasvolatrice** *s.f.* flyer.

tratta *s.f.* **1** (*traffico*) trade: — *degli schiavi*, slave trade; — *delle bianche*, white slave trade; — *di donne e bambini*, traffic in women and children **2** (*banca*) draft, bill, bill of exchange: — *a vista*, draft at sight (*o* sight draft); — *a tempo data*, fixed-date draft; — *a tempo vista*, usance (*o* term sight) draft; — *a termine*, time draft; — *bancaria*, bank draft (*o* bank bill *o* banker's bill); — *di rivalsa*, re-draft; — *documentaria*, acceptance (*o* documentary) bill; — *libera*, clean draft; *accettare una* —, to accept a draft; *pagare, onorare una* —, to pay (*o* to honour) a draft; *non pagare una* —, to dishonour a draft **3** (*non com.*) (*tirata, strattone*) pull, tug **4** (*tratto*) distance; (*ferr.*) section, stretch **5** (*ant.*) (*periodo*) period, interval.

trattabile *agg.* **1** (*di argomento*) that can be dealt with; (*rar.*) dealable: *questo argomento non è* —, this subject is not to be dealt with (*o* cannot be dealt with) **2** (*di persone*) docile, reasonable, tractable, manageable **3** (*tecn.*) (*di materiale*) treatable, tractable **4** (*comm.*) negotiable, elastic: *prezzo* —, negotiable price.

trattabilità *s.f.* **1** (*docilità, arrendevolezza*) tractability, tractableness, manageability, manageableness **2** (*tecn.*) treatableness.

trattamento *s.m.* **1** treatment [U]; (*servizio*) service: *il — in questo albergo è eccellente*, service is excellent in this hotel; *fanno un buon* —, they keep a good table; *ricevere un buon* —, to be treated well; *un — di favore*, preferential treatment; *gli hanno riservato un — speciale*, they gave him special treatment; — *equo, onesto*, square deal **2** (*cura*) treatment [U], cure: *il — di una malattia*, the treatment of a disease **3** (*paga, stipendio*) pay; wages (*pl.*), salary: — *retributivo globale*, package pay; — *di fine rapporto*, severance pay; — *pensionistico*, pension; — *di quiescenza*, retirement pay; *in quella ditta il — è soddisfacente*, wages are satisfactory in that firm **4** (*tecn.*) treatment [U]: — *ad aria calda*, hot-air treatment; — *a freddo*, cold treatment; — *limite*, threshold treatment; — *per immersione*, dipping; — *preventivo*, preliminary treatment; — *protettivo*, inhibiting; — *termico*, heat treatment; *le pelli hanno subito un — particolare*, the skins have been specially treated **5** (*inform.*): — *automatico dei dati*, automatic data processing (*abbr.* ADP); — *automatico dei messaggi parlati*, automatic speech processing; — *di base*, background program; — *a lotti, a gruppi*, batch processing; — *dei dati per uso industriale*, industrial data processing; — *delle informazioni grafiche*, graphics data processing; — *elettronico dei dati*, electronic data processing (*abbr.* EDP); — *grafico*, graphics; — *testi*, word processing (*abbr.* WP).

trattare *v.tr.* **1** to treat, to deal* with, to handle; (*comportarsi con*) to behave to(wards): — *bene, male qlcu.*, to treat s.o. well, badly (*o* to ill-treat s.o.); *in questo albergo trattano molto bene*, in this hotel they treat you very well; *mi ha trattato molto gentilmente*, he behaved very kindly to me; *sa come — i bambini*, she knows how to handle children; *la tratta come una bambina*, he treats her like a little girl // — *qlcu. coi guanti*, to handle s.o. with kid gloves // — *la clientela con riguardo*, to look after one's customers **2** (*maneggiare*) to handle, to treat: *devi — bene i tuoi libri*, you must handle (*o* treat) your books with care **3** (*argomento, problema*) to deal* with; to treat; (*discutere*) to discuss: *al congresso sono stati trattati vari temi scottanti, di attualità*, at the meeting they dealt with various burning, current issues; *non voglio — un argomento così delicato*, I do not want to discuss such a delicate subject; — *una causa*, to discuss (*o* to argue *o* to conduct) a case **4** (*contrattare*) to handle, to transact; (*condurre*) to conduct; (*negoziare*) to negotiate: — *un affare*, to handle (*o* to transact) a deal; — *la vendita di una proprietà*, to negotiate the sale of an estate; — *il prezzo di un prodotto*, to negotiate the price of a product; — *la pace, un prestito*, to negotiate peace, a loan; — *le condizioni di resa*, to discuss the terms of surrender **5** (*comm.*) to deal* in; to handle: — *lana, seta*, to deal in wool, silk; *la nostra ditta non tratta questo tipo di articolo*, our firm doesn't handle this type of article **6** (*chim.*) to treat: — *le pelli*, to treat skins; — *un metallo con acido*, to treat a metal with acid; — *con ammoniaca*, to ammoniate; — *galvanicamente*, to plate; — *col vapore*, to steam; — *con amido*, to starch; — *termicamente*, to heat-treat **7** (*curare*) to treat: *c'è un nuovo metodo di — la polmonite*, there is a new method of treating pneumonia **8** (*inform.*) to process ♦ *v.intr.* **1** to deal* (with), to be (about): *la sua conferenza trattava dei suoi viaggi*, his lecture dealt with (*o* was about) his travels; *il libro tratta dei suoi anni in Italia*, the book deals with (*o* is about) his years in Italy **2** (*essere*) to be (about); (*essere questione*) to be a question: *di che lavoro si tratta?*, what kind of work is it?; *di che cosa si tratta?*, what is it about?; *si tratta di questo*, this is the question; *si tratta di un caso speciale*, it's a particular case; *si tratta di una malattia rarissima*, it's a very rare illness; *si tratta dei miei interessi*, my own interests are at stake (*o* involved); *si tratta di decidere se devo farlo o no*, the question is whether I must do it or not; *si tratta di agire subito*, it's a question of acting immediately; *quando si tratta di tradurre qlco. di difficile si rifiuta di farlo*, when it comes to translating something difficult he refuses to do it **3** (*avere a che fare*) to deal*: *non è facile — con lui*, it's not easy to deal with him; *con quel cliente è un piacere* —, it's a pleasure to deal with that customer **4** (*fare trattative*) to have dealings; (*negoziare*) to negotiate: *il governo non vuole — con i terroristi*, the government doesn't want to have dealings with terrorists; *le autorità sono ora disposte a* —, the authorities are now ready to negotiate // (*dir.*) *invito a* —, invitation to treat // (*comm.*) — *sul prezzo*, to haggle over the price.

□ **trattarsi** *v.rifl.* to treat oneself: — *bene*, (*non lasciarsi mancare niente*) to treat oneself very well; *si tratta da vero signore*, he treats (*o* does) himself well.

trattario *s.m.* (*banca*) drawee.

trattatista *s.m.* e *f.* writer of treatises, treatiser.

trattatistica *s.f.* the art of writing treatises, treatise writing.

trattativa *s.f.* negotiation; bargaining, talks (*pl.*): *le trattative hanno avuto un buon esito*, the negotiations have been successful; *le trattative sono fallite*, the negotiations have fallen through (*o* have been unsuccessful); *trattative sindacali*, collective bargaining (*o* union negotiations); *trattative di pace*, peace talks; *trattative commerciali*, business negotiations; *trattative in corso*, pending negotiations; *trattative per l'acquisto di una casa*, negotiations for the purchase of a house; *questa casa è già in* —, this house is already under offer; *le trattative sono state condotte dal mio segretario*, the negotiations have been handled by my secretary; *iniziare, aprire le trattative con qlcu.*, to enter into (*o* to start up) negotiations with s.o. // *essere in trattative con qlcu. per qlco.*, to be negotiating with s.o. for sthg. // *vendita a — privata*, sale by private contract.

trattato *s.m.* **1** (*accordo, patto*) treaty, agreement: — *commerciale*, trade agreement (*o* commercial treaty); — *di Roma*, (*istitutivo della* CEE) Treaty of Rome; *firmare, ratificare un* —, to sign, to ratify a treaty; *stipulare un — di pace*, to draw up a peace treaty; *rompere un* —, to break (*o* to violate) a treaty **2** (*scritto, libro*) treatise: *scrivere un — filosofico*, to write a philosophical treatise.

trattazione *s.f.* treatment: *la — di un argomento*, the treatment of a subject.

tratteggiamento *s.m.* (*il tratteggiare*) hatching, shading; (*fig.*) outlining, sketching.

tratteggiare *v.tr.* **1** (*abbozzare*) to sketch, to outline (*anche fig.*) **2** (*disegnare a trattini*) to dash; (*ombreggiare*) to hatch; (*cartografia*) to hachure **3** (*descrivere*) to describe **4** (*rappresentare*) to represent.

tratteggiata *s.f.* (*linea disegnata a tratteggio*) broken line.

tratteggiato *agg.* **1** (*abbozzato*) sketched, outlined **2** (*disegnato a tratti*) hatched, (*incrociato*) cross-hatched: *una linea tratteggiata*, a broken line **3** (*descritto*) described **4** (*rappresentato*) represented.

tratteggiatura *s.f.* **tratteggio** *s.m.* **1** (*il tratteggiare*) sketching, outlining **2** (*abbozzo*) sketch, outline **3** (*disegno a tratti*) (*ombreggiatura*) hatching; (*incrociato*) cross -hatching; (*cartografia*) hachure **4** (*descrizione*) description **5** (*rappresentazione*) representation.

trattenere *v.tr.* **1** (*tenere, far rimanere*) to keep*, to detain, to retain: *ci trattenne nel suo ufficio per due ore*, he kept us in his office for two hours; *fu trattenuto a scuola*, he was detained at school; *il mio lavoro mi tratterrà qui per qualche giorno*, my work will detain me here for a few days; *mi trattenne a cena*, he made me stay for dinner; *trattenne per sé due sterline*, he kept two pounds for himself; — *un documento, una ricevuta*, to keep (*o* to hold) a document, a receipt **2** (*frenare*) to hold* back, to keep*, to restrain, to check, to repress: *cerca di — la tua collera*, try to restrain (*o* to check) your anger; *non potei trattenerlo dall'uscire*, I could not keep him from going out; *non so cosa mi trattenne dal farlo*, I don't know what held me back (*o* restrained me) from doing it; *non so cosa mi trattiene dal darti un schiaffo*, I don't know what's keeping me from giving you a slap // — *le lacrime, il riso*, to restrain one's tears, one's laughter // — *il respiro*, to hold one's breath **3** (*effettuare una trattenuta su*) to deduct, to withhold*, to stop: — *le spese di trasporto*, to deduct carriage; — *lo stipendio a qlcu.*, to stop s.o.'s salary; — *una certa somma dal salario di qlcu.*, to stop sthg. out of s.o.'s salary; — *le imposte da uno stipendio*, to withhold taxes from a salary; — *alla fonte*, to deduct at source; (*dir.*) — *parte di una somma dovuta*, to recoup a sum of money **4** (*intrattenere*) to entertain: *trattieni gli ospiti mentre mi preparo*, entertain the guests while I get ready.

□ **trattenersi** *v.rifl.* **1** (*rimanere*) to stop, to stay, to remain: *mi tratterrò a Roma due giorni*, I shall stop in Rome two days; *trattieniti ancora un po' con noi*, stay with us a little longer; *ci siamo trattenuti più a lungo del previsto*, we stayed longer than expected **2** (*frenarsi*) to restrain oneself, to hold* oneself back: *non potè — e scoppiò in lacrime*, she could not restrain herself and burst into tears **3** (*fare a meno*) to help (doing); to avoid (doing); to keep* oneself: *non potei trattenermi dal dirgli tutto*, I could not help telling him everything; *non poterono — dal ridere quando lo videro*, they could not help laughing when they saw him.

trattenimento *s.m.* **1** (*festa, divertimento*) entertainment, party: *come è stato il —?*, how was the party?; *dà molti trattenimenti quando è qui*, he gives a lot of parties when he is here **2** (*indugio*) delay.

trattenuta *s.f.* deduction, retention; holdback pay; (*dir.*) (*di parte di una somma dovuta*) recoupment: — *sindacale*, checkoff; — *sindacale volontaria, obbligatoria*, voluntary, automatic checkoff; — *sullo stipendio*, deduction from pay; — *per fondo pensioni*, superannuation payment; *operare una — sullo stipendio*, to make a deduction from s.o.'s salary // (*trib.*): — *alla fonte*, withholding (*o* deduction at source); — *d'acconto fiscale*, withholding.

trattino *s.m.* **1** (*nelle parole composte*) hyphen: *unire con* —, to hyphenate **2** (*per separare frasi subordinate*) dash.

tratto *s.m.* **1** (*tirata*) pull, tug: *un — di corda*, (*tortura*) a strappado // *dare il — alla bilancia*, to turn the scale **2** (*fig.*) stroke; (*linea*) line, outline; (*inform.*) bar: — *d'unione*, hyphen; *un — di matita, di penna, di pennello*, a stroke of the pencil, the pen, the brush; *ha cancellato con un — di penna*, he crossed it out with a stroke of the pen; *con pochi tratti disegnò la pianta della casa*, he sketched the plan of the house with a few strokes; *descrivere qlco. a grandi tratti*, (*fig.*) to outline sthg. // (*tip.*) *cliché a, al* —, line block **3** (*frazione di spazio, di tempo*) way, distance; tract, stretch: *un — di terra*, a tract (*o* stretch *o* strip) of land; *un — di mare*, an expanse of sea; *l'ultimo — del viaggio*, the last leg of the journey; *per un breve — di tempo*, for a short while; *abbiamo fatto un bel — di strada insieme*, we have gone a long way together; *in questo — di strada manca l'illuminazione*, there is no lighting along this stretch of road; *c'è un lungo — da qui alla chiesa*, it is a long way (*o* distance) from here to the church; *la seguii per un lungo* —, I followed her a long way // *ad un —, tutto d'un —, d'un* —, all of a sudden (*o* suddenly); *di — in —, — —*, now and then (*o* from time to time); *a tratti*, at intervals **4** (*passo di libro*) passage: *ho letto un — del secondo capitolo*, I have read a passage from the second chapter **5** (*caratteristica*) trait, feature: *un — tipico del tuo carattere*, a typical trait of your character; *i tratti caratteristici di un'epoca*, the characteristic features (*o* aspects) of an age **6** (*spec. pl.*) (*lineamento*) feature: *un viso dai tratti regolari*, a face with regular features **7** (*modo di comportarsi*) bearing; manners (*pl.*); way of dealing: *un uomo con un — molto piacevole*, a man of very pleasing bearing; *mi piace il suo* —, I like his way of dealing with people; *il suo — simpatico lo rese molto popolare*, his pleasant manners made him very popular.

trattore[1] *s.m.* (*mecc.*) tractor: — *a cingoli*, tracklaying tractor; — *agricolo*, farm tractor;

— *ferroviario*, railway tractor; *far funzionare un* —, to operate a tractor.

trattore[2] *s.m.* (*oste*) innkeeper, landlord; restaurantkeeper.

trattoria *s.f.* (*ristorante*) restaurant, 'trattoria'.

trattorista *s.m.* e *f.* tractor driver.

trattrice[1] *s.f.* (*mecc.*) all-purpose tractor.

trattrice[2] *s.f.* (*mat.*) tractrix*.

tratturo *s.m.* cattle-track.

trauma *s.m.* (*med.*) trauma* (*anche fig.*); (*fig.*) shock: — *cranico*, concussion; *febbre da* —, traumatic fever; *la morte del padre fu un vero — per lui*, (*fig.*) his father's death was a terrible shock to him.

traumatico *agg.* (*med.*) traumatic (*anche fig.*).

traumatismo *s.m.* (*med.*) traumatism.

traumatizzante *agg.* (*med.*) traumatizing; (*fig.*) traumatic: *un'esperienza* —, a traumatic experience.

traumatizzare *v.tr.* (*med.*) to traumatize (*anche fig.*); (*fig.*) to shock.

traumatizzato *agg.* traumatized (*anche fig.*); (*fig.*) shocked ◆ *s.m.* traumatized person (*anche fig.*); (*fig.*) shocked person.

traumatologia *s.f.* (*med.*) traumatology.

traumatologico *agg.* (*med.*) traumatological.

traumatologo *s.m.* (*med.*) traumatologist.

travagliare *v.tr.* (*letter.*) (*affliggere, tormentare*) to torment, to afflict, to harass, to trouble.

□ **travagliarsi** *v.rifl.* (*affliggersi, tormentarsi*) to worry (oneself), to torment oneself.

travagliato *agg.* **1** troubled, tormented; (*infelice*) unhappy: *esistenza travagliata*, unhappy existence: *un paese — da lotte intestine*, a country tormented by internal strife **2** (*difficile*) hard, difficult: *vita travagliata*, hard life.

travaglio[1] *s.m.* **1** (*fatica*) toil, labour, travail **2** (*del parto*) labour **3** (*fastidio, cruccio*) trouble // *avere — di stomaco*, to feel sick.

travaglio[2] *s.m.* (*nella ferratura di cavalli, buoi ecc.*) trave.

travaglioso *agg.* (*non com.*) toilsome, troublesome.

travalicamento *s.m.* passing over, crossing over.

travalicare *v.tr.* (*letter.*) to pass over (sthg.), to cross: — *i monti*, to cross the mountains.

travasamento *s.m.* pouring (off), decanting: *il — dell'olio nelle bottiglie*, the pouring of oil into bottles.

travasare *v.tr.* to pour (off), to decant: — *il vino dalla damigiana nelle bottiglie*, to decant (*o* to transfer) wine from the demijohn to the bottles // — *in un'opera tutte le proprie esperienze*, (*fig.*) to draw on one's own experiences in making a work of art.

□ **travasarsi** *v.intr.pron.* to spill* over, to overflow: *il brodo, bollendo, si travasò fuori dalla pentola*, the broth boiled over.

travasatrice *s.f.* (*mecc.*) transfer pump.

travaso *s.m.* **1** pouring (off), decanting **2** (*med.*) effusion, extravasation: — *di bile*, outflow of bile, (*fig.*) fit of bad temper; — *di sangue*, extravasation (*o* effusion) of blood.

travata *s.f.* (*edil.*) girder: — *di un ponte*, bridge girder.

travato *agg.* (*non com.*) (*edil.*) trussed.

travatura *s.f.* (*edil.*) truss, girder: — *ad arco*, arch truss; — *a traliccio*, lattice girder; *la — di un tetto*, the structure of a roof.

trave *s.f.* **1** beam, girder: — *a sbalzo*, cantilever; — *a scatola*, box beam (*o* box girder); — *di colmo*, ridgepole; — *di gronda*, pole plate // (*aer.*): — *di coda*, tail boom; — *longitudinale*, (*di dirigibile*) longitudinal // (*ferr.*): — *oscillante*, swing beam (*o* swing bolster); — *portante*, body bolster // (*mar.*): — *di chiglia*, bar keel; — *di cubia*, hawsepiece (*o* hawse timber) // *fare d'ogni fuscello una* —, (*fig.*) to make mountains out of molehills // *non vedere la — nel proprio occhio*, (*fig.*) not to see the beam in one's own eye **2** (*attrezzo ginnico*) beam.

traveggole *s.f.pl.*: *avere le* —, to see double (*o* to mistake one thing for another): *credo che tu abbia le* —, I think you cannot see straight.

traversa *s.f.* **1** (*sbarra*) crossbar, crosspiece, transom // — *del letto*, slat **2** (*ferr.*) sleeper; (*amer.*) tie; (*di carrello*) transom: — *oscillante*, swinging transom **3** (*igienica per letto*) draw-sheet; (*di gomma*) rubber sheet **4** (*via*) (side) road, (side) street: *prendi la prima — a destra*, take the first road on the right **5** (*sport*) crossbar: *il pallone ha colpito la* —, the ball hit the crossbar **6** (*miner.*) crosscut.

traversare *v.tr.* **1** → attraversare **2** (*alpinismo*) to traverse.

traversata *s.f.* (*di mare, fiume*) crossing, passage; (*a nuoto*) swim: *la — del deserto*, the crossing of the desert; *la — a nuoto della Manica*, the cross-Channel swim; *la — dell'Atlantico*, the Atlantic crossing.

traversia *s.f.* **1** (*disavventura*) misfortune; mishap, accident, hardship: *superare molte traversie*, to overcome many misfortunes **2** (*mar.*) strong side wind, prevailing wind.

traversina *s.f.* (*ferr.*) sleeper; (*amer.*) tie.

traversino *s.m.* (*mar.*) breast band, breast rope: — *di maglia*, link stud.

traverso *agg.* **1** transverse, cross, crosswise: *una strada traversa*, a cross (*o* side) road; *un canale* —, a side channel // *per vie traverse*, (*fig.*) (*indirettamente*) indirectly; by roundabout means; (*in modo poco onesto*) by underhand (*o* shady) methods **2** (*obliquo*) oblique, slanting: *uno sguardo* —, a sidelong glance ◆ *s.m.* **1** (*estensione di un corpo nella sua larghezza*) width // *di* —: *l'auto finì di — in mezzo alla strada*, the car ended up crosswise in the middle of the road; *l'hai appeso di* —, you have hung it crooked; *il mio piano andò di* —, my plan went wrong (*o* awry); *andare di* —, (*di cibo*) to go the wrong way; *avere il cappello di* —, to have one's hat on askew; *guardare qlcu. di* —, (*fig.*) to look askance at s.o. // *andare per* —, (*fig.*) to go wrong (with s.o.): *gli va tutto per* —, everything goes wrong with him // (*meteor.*) *vento di* —, crosswind **2** (*non com.*) (*oggetto posto di traverso*) crosspiece, transom, traverse: *una porta sbarrata da due traversi*, a door barred with two transoms **3** (*mar.*) side of a ship; beam: *al* —, on the beam (*o* abeam); *per il — di*, athwart.

traversone *s.m.* **1** crosspiece **2** (*mar.*) northeasterly gale **3** (*calcio*) cross.

travertino *s.m.* (*geol.*) travertine, tufa.

travestimento *s.m.* **1** disguise; (*in maschera*) dressing-up: *un — perfetto*, a perfect disguise **2** (*parodia*) parody, travesty.

travestire *v.tr.* **1** to disguise; (*in maschera*) to dress up **2** (*trasformare*) to alter, to transform.

□ **travestirsi** *v.rifl.* to disguise oneself (as s.o., sthg.) (*anche fig.*); (*in maschera*) to dress up (as s.o., sthg.): *si travestì da donna*, he disguised himself as a woman; *si è travestita da Cenerentola*, she dressed up as Cinderella; *un egoista che si è travestito da filantropo*, (*fig.*) an egoist disguised as a philanthropist.

travestitismo *s.m.* transvestism, transvestitism.

travestito *agg.* disguised, in disguise; (*in maschera*) dressed-up: *una spia travestita da uomo d'affari*, a spy disguised as a businessman; — *da diavolo*, dressed-up as a devil; (*dir.*) *un poliziotto* —, a policeman in disguise (*o* an undercover agent) ◆ *s.m.* transvestite.

travet *s.m.* (*impiegatuccio*) pen pusher, petty clerk.

travetto *s.m.* (*edil.*) rafter, joist.

traviamento *s.m.* **1** deviation, going astray **2** (*perversione*) corruption, perversion.

traviare *v.tr.* to mislead*, to lead* astray; (*corrompere*) to corrupt: *fu traviato da un cattivo compagno*, he was misled (*o* led astray) by a bad companion.

□ **traviarsi** *v.intr.pron.* to go* astray, to stray.

traviato *agg.* misled, led astray (*pred.*); (*corrotto*) corrupted: *giovani traviati*, misled young people.

traviatore *s.m.* (*non com.*) misleader; corrupter.

travicello *s.m.* (*edil.*) rafter, joist // *Re Travicello*, King Log.

travisamento *s.m.* **1** distortion; misinterpretation; misrepresentation: *il — della verità*, the distortion of truth; — *dei fatti*, the misrepresentation of the facts; — *delle parole altrui*, the distortion (*o* misinterpretation) of s.o.'s words **2** (*dir.*) disguise.

travisare *v.tr.* to distort; to misinterpret; to misrepresent: — *un fatto*, to distort (*o* to twist *o* to misrepresent) a fact; *hai travisato le mie parole*, you have distorted (*o* misinterpreted) my words; — *il significato di una frase*, to distort (*o* to twist *o* to alter) the meaning of a sentence.

travolgente *agg.* overwhelming, overpowering, violent: *entusiasmo* —, overwhelming enthusiasm; *passione* —, overpowering passion; *un'emozione* —, a violent emotion.

travolgere *v.tr.* **1** (*trascinar via*) to sweep* away, to carry away: *l'alluvione travolse tutto*, the flood swept (*o* carried) away everything; *la casa fu travolta da una frana* , the house was swept away by a landslide **2** (*sopraffare*) to overwhelm; to rout, to crush: — *il nemico*, to overwhelm (*o* to rout *o* to crush) the enemy; *essere travolto da una passione*; to be overwhelmed (*o* swept away) by passion **3** (*investire*) to run* over (s.o., sthg.): *fu travolto da un autobus*, he was (*o* got) run over by a bus.

travolgimento *s.m.* **1** sweeping away, carrying away **2** (*capovolgimento*) overturning, overthrow, upsetting.

trazione *s.f.* (*mecc., fis., med.*) traction: —

elettrica, *a vapore*, electric, steam traction; (*aut.*) — *anteriore*, front-wheel drive; — *posteriore*, rear-wheel drive; — *sulle quattro ruote*, *integrale*, four-wheel drive; (*mecc.*) *resistenza alla* —, resistance to tensile stress; (*ferr.*) *organi di — e repulsione centrali*, centre buffer coupler; (*med.*) *una gamba in* —, a leg in traction.

tre *agg.num.card.* e *s.m.* three: — *volte*, three times; — *volte tanto*, three times as much; *eravamo in* —, there were three of us; *9 è divisibile per* —, 9 is divisible by three; *sono le* —, it is three o'clock // *non sa dire — parole* (*in croce*), he can't put two words together // *chi fa da sé fa per* —, if you want something done properly, do it on your own.

trealberi *s.m.* (*mar.*) three-masted ship; three-master.

trebbia *s.f.* **1** (*trebbiatura*) threshing **2** (*trebbiatrice*) thresher, threshing machine.

trebbiare *v.tr.* to thresh.

trebbiatore *s.m.* thresher.

trebbiatrice *s.f.* (*macchina per trebbiare*) threshing machine, thresher.

trebbiatura *s.f.* threshing.

trebisonda *s.f.* (*fam.*): *perdere la* —, (*confondersi*) to become confused, (*perdere il controllo*) to lose control (of oneself).

treccia *s.f.* **1** plait, braid: — *di capelli*, *di paglia*, plait (*o* braid) of hair, of straw; *porta*, *ha le trecce*, she wears her hair in pigtails (*o* plaits); *farsi le trecce*, to plait one's hair; *sciogliersi le trecce*, to undo one's plaits // (*elettr.*): — *di rame*, copper plait; *conduttore a* —, plaited conductor **2** (*pane*) plait **3** (*filza*) string: *una — di castagne*, a string of chestnuts.

trecentesco *agg.* fourteenth-century (*attr.*); (*in Italia*) trecento (*attr.*): *lingua*, *arte trecentesca*, trecento language, art.

trecentesimo *agg.num.ord.* three hundredth.

trecentista *s.m.* e *f.* fourteenth-century writer, fourteenth-century artist; (*italiano*) trecentist.

trecentistico *agg.* fourteenth-century (*attr.*).

trecento *agg.num.card.* three hundred: — *lire*, three hundred lire ◆ *s.m.* **1** three hundred **2** *il Trecento*, (*quattordicesimo secolo*) the fourteenth century; (*arte*, *lett. italiana*) trecento.

tredicenne *agg.* thirteen years old (*pred.*); thirteen-year-old (*attr.*) ◆ *s.m.* thirteen-year -old boy ◆ *s.f.* thirteen-year-old girl.

tredicesima *s.f.* (*amm.*) (*tredicesima mensilità*) year-end bonus, Christmas bonus.

tredicesimo *agg.num.ord.* e *s.m.* thirteenth.

tredici *agg.num.card.* e *s.m.* thirteen // *il — porta fortuna*, thirteen is a lucky number // *ore* —, one o'clock (*o* one p.m.) // *fare* —, (*al totocalcio*) to win the (Italian football) pools.

tredicista *s.m.* e *f.* (*totocalcio*) winner of the (Italian football) pools.

trefolo *s.m.* strand: — *centrale*, core strand; *macchina per fare trefoli*, stranding machine; *avvolgere i trefoli*, to twist strands.

tregenda *s.f.* **1** witches' sabbath // *notte di* —, Walpurgis night, (*fig.*) (*notte tempestosa*) stormy night **2** (*fig.*) (*pandemonio*, *confusione*) pandemonium, chaos.

tregua *s.f.* **1** truce, cease-fire: *una — di tre giorni*, a three-day truce; — *politica*, political truce **2** (*riposo*) rest, respite: *il dolore non gli dà tregua*, the pain never lets up (*o* gives him a moment's respite) // *senza* —, non-stop (*o* without a break): *lavorare senza* —, to work without a break; *piove senza — da tre giorni*, the rain hasn't let up for three days.

tremante *agg.* shaking, trembling; quivering; (*di freddo*, *febbre*) shivering; (*di orrore*, *repugnanza*) shuddering: *era a letto — di febbre*, he was in bed shivering with a temperature; *l'ho trovata in casa sola — di paura*, I found her alone in the house trembling with fear.

tremare *v.intr.* to shake* (with sthg.), to tremble (with sthg.); to quiver (with sthg.); (*di freddo*, *febbre*) to shiver (with sthg.); (*di paura*) to quake (with sthg.); (*di orrore*, *repugnanza*) to shudder (with sthg.): *le foglie tremavano al vento*, the leaves were quivering in the wind; *gli tremano le mani*, his hands shake; *per la stanchezza gli tremavano le gambe*, his legs were trembling with weariness; *non fate — il tavolo*, don't make the table shake; *le tremavano le labbra*, her lips quivered; *la terra tremava*, the earth was quaking; *la voce gli tremò dalla gioia*, his voice trembled with joy; *tremo a pensarci*, I shudder to think of it; *tremava al pensiero di cosa sarebbe potuto succedere*, he shuddered at the thought of what might happen; *il pensiero dell'esame mi fa* —, the thought of the exam gives me the shivers; *tremo per lui*, I tremble for him; — *di paura*, to quake (*o* to tremble) with fear; — *come una foglia*, to tremble like a leaf; — *tutto*, to tremble all over (*o fam.* to be all of a tremble).

tremarella *s.f.* (*fam.*) shivers (*pl.*): *mi viene la — se solo ci penso*, it gives me the shivers only to think of it; *avere la* —, to be in a funk (*o* to shake in one's shoes); *far venire la — a qlcu.*, to give s.o. the shivers.

trematode *agg.* (*zool.*) trematodan, trematodean ◆ *s.m.* (*zool.*) trematode.

tremebondo *agg.* (*letter.*) trembling; (*indeciso*) hesitant, dubious.

tremendamente *avv.* awfully, terribly; tremendously; (*terribilmente*) dreadfully: *fa — caldo*, it's terribly (*o* awfully) hot; *è — carina*, she is awfully nice.

tremendo *agg.* awful, terrible; tremendous; (*terribile*) dreadful: *ho preso un — raffreddore*, I've caught an awful cold; *una sete tremenda*, a terrible (*o* dreadful) thirst; *fa un caldo* —, it's terribly (*o* awfully) hot.

trementina *s.f.* (*chim.*) turpentine; (*grezza*) galipot: *olio di* —, oil of turpentine; *di*, *simile a*, *contenente* —, terebinthine.

trementinico *agg.* (*chim.*) turpentinic.

trementinoso *agg.* (*chim.*) turpentinous.

tremila *agg.num.card.* e *s.m.* three thousand.

tremito *s.m.* shake, tremble, trembling; tremor; (*di freddo*, *febbre*) shiver, shivering; (*di eccitazione*, *paura*) quiver, quivering, quake; (*di orrore*, *repugnanza*) shudder, shuddering: *aveva un — di gioia*, *di pianto nella voce*, there was a tremor of joy, of tears in his voice.

tremola (*zool.*) → **torpedine**[1].

tremolante *agg.* shaking, trembling; (*di luce*) flickering; (*di stelle*) twinkling; (*di foglie*) quivering; (*di voce*) faltering: *mani tremolanti*, shaking (*o* trembling) hands; *voce* —, faltering (*o* trembling) voice; *fiammella* —, flickering flame.

tremolare *v.intr.* (*di luce*) to flicker; (*di stelle*) to twinkle; (*di foglie*) to quiver: *le foglie tremolavano al vento*, the leaves were quivering in the wind; *una luce che tremola*, a flickering light; *la sua voce tremolava per l'emozione*, his voice shook (*o* quivered *o* trembled) with emotion.

tremolio *s.m.* (*di luce*) flickering; (*di stelle*) twinkle, twinkling; (*di foglie*) quiver, quivering; (*di mani*) trembling.

tremolite *s.f.* (*min.*) tremolite.

tremolo *agg.* trembling, tremulous; (*di luce*) flickering; (*di foglie*) quivering: *parlò con voce tremola*, he spoke in a trembling voice (*o* with a tremor in his voice) ◆ *s.m.* **1** (*mus.*) tremolo **2** (*bot.*) aspen, trembling poplar.

tremore *s.m.* **1** tremor **2** (*fig.*) (*trepidazione*) trepidation: *con* —, with trepidation.

tremulo *agg.* (*di voce*) tremulous; (*di luce*) flickering, twinkling: *la luce tremula di una candela*, the flickering light of a candle; *una voce tremula*, a tremulous (*o* quavering) voice.

trenaggio *s.m.* (*ind. miner.*) training.

trench *s.m.* (*abbigl.*) trench coat.

trenino *s.m.* (*giocattolo per bambini*) toy train: *un — elettrico*, an electric train.

treno[1] *s.m.* **1** train: — *a breve percorso*, *locale*, local train; — *accelerato*, slow train; — *rapido*, express (train); — *a lungo percorso*, mainline train; — *a vagoni intercomunicanti*, corridor train; — *bestiame*, cattle train; — *blindato*, armoured train; — *del mattino*, morning train; *il — delle 9,45*, the 9.45 train; — *di lusso*, luxury train; — *direttissimo*, *espresso*, fast train; — *diretto*, through train; — *di soccorso*, breakdown train; — *merci*, goods train (*o amer.* freight train); — *militare*, (*tradotta*) troop train; — *passeggeri*, passenger train; — *postale*, mail train; *arrivo di un* —, train arrival; *partenza di un* —, train departure; *attenti al —!*, look out for the locomotive!; *formazione di un* —, making-up of a train; *in* —, in the train; *movimento dei treni*, train traffic; *passaggio di un* —, running through of a train; *viaggio in* —, train journey; *andare in* —, to go by train; *dare la partenza a un* —, to despatch a train; *dare via libera al* —, to let the train run through; *perdere un* —, to miss a train; *prendere un* —, to catch a train; *salire in* —, to get onto the train; *scendere dal* —, to get off (*o* out of) the train **2** (*seguito*, *scorta*) train, retinue: *arrivò con il suo — di attendenti*, he arrived with his train of attendants **3** (*non com.*) (*tenore di vita*) way of living, routine **4** (*insieme*, *serie*) set: — *di gomme*, set of tyres; — *di ruote*, wheel set; — *di ingranaggi*, train of gear wheels // — *anteriore*, (*avantreno*) forecarriage; — *posteriore*, rear end **5** (*metall.*): — *laminatoio*, train of rolls (*o* rolling mill); — (*laminatoio*) *per lamiere*, sheet rolling mill.

treno[2] *s.m.* **trenodia** *s.f.* (*poesia greca*) threnody.

trenta *agg.num.card* e *s.m.* thirty: *gli anni* —, the thirties; *sono le nove e* —, it's half past nine // — *e quaranta*, (*gioco di carte*) trente et quarante // (*st.*) *la Guerra dei Trent'Anni*, the Thirty Years' War.

trentaduesimo *agg.num.ord.* thirty-second ◆ *s.m.* (*tip.*) thirty-twomo, 32mo: *un libro in* —, a thirty-twomo (*o* 32mo) book.

trentatré *agg.num.card* e *s.m.* thirty-three // *dica* —, (*durante una visita medica*) say ninety -nine.

trentennale *agg.* (*che dura trent'anni*) thirty-year (*attr.*), of thirty years (*pred.*); (*che ricorre ogni trent'anni*) thirty-year (*attr.*), every thirty years ◆ *s.m.* thirtieth anniversary.

trentenne *agg.* thirty years old (*pred.*); thirty-year-old (*attr.*) ◆ *s.m.* thirty-year-old (man) ◆ *s.f.* thirty-year-old (woman).

trentennio *s.m.* period of thirty years.

trentesimo *agg.num.ord.* e *s.m.* thirtieth.

trentina *s.f.* about thirty, some thirty: *una — di uomini*, about (*o* some) thirty men; *aver passato la* —, to be in one's thirties; *essere sulla* —, to be about thirty.

trentino *agg.* Trentine ◆ *s.m.* inhabitant of Trent, Trento, native of Trent, Trento.

trentuno *agg.num.card.* e *s.m.* thirty-one.

treonina *s.f.* (*biochim.*) threonine.

trepang *s.m.* (*zool.*) bêche-de-mere*, sea cucumber, trepang.

trepestio *s.m.* (*region.*) scuffling.

trepidante *agg.* trembling, anxious: *aspettare trepidanti una notizia*, to await a piece of news anxiously.

trepidare *v.intr.* to tremble, to be anxious, to be worried: *trepidava nell'attesa di notizie*, she waited in trepidation for news; — *per qlcu., qlco.*, to be anxious about (*o* to be worried about) s.o., sthg.

trepidazione *s.f.* trepidation, anxiety, worry.

trepido *agg.* (*letter.*) trembling, anxious: *uno sguardo* —, an anxious look.

treppiede, **treppiedi** *s.m.* **1** (*sostegno per pentole*) trivet **2** (*di macchina fotografica*) tripod **3** (*sgabello*) three-legged stool.

trequarti *s.m.* **1** (*abbigl.*) three-quarter length coat **2** (*med.*) trocar.

treruote *s.m.* three-wheeler.

tresca *s.f.* **1** (*intrigo*) intrigue, plot: *scoprire una* —, to discover a plot **2** (*relazione amorosa*) intrigue, affair.

trescare *v.intr.* **1** to intrigue, to plot **2** (*fig.*) (*avere una tresca amorosa*) to have an affair.

trespolo *s.m.* **1** trestle, stand, support; (*per pappagallo*) perch **2** (*veicolo malandato*) jalopy, crock.

tressette *s.m.* 'tressette' (card game).

treviere *s.m.* (*mar.*) courseman.

trevigiano, **trevisano** *agg.* of Treviso, from Treviso ◆ *s.m.* inhabitant of Treviso, native of Treviso.

trevo *s.m.* (*mar.*) course.

tri- *pref.* di origine greca o latina che entra nella composizione di aggettivi e sostantivi; ingl. tri-; three-; indica **1** di tre, che ha tre, composto di tre: *trisillabo*, trisyllable; *tridimensionale*, three-dimensional (*o* tridimensional) **2** che dura tre volte (un periodo di tempo) o si verifica tre volte (in un dato periodo): *triennale*, triennial; *trisettimanale*, (*tre volte alla settimana*) three times a week.

triacanto *s.m.* (*bot.*) (*Gleditschia triacanthos*) honey locust, thorntree.

triacetato *s.m.* (*chim.*) triacetate.

triacetina *s.f.* (*chim.*) triacetin.

triade *s.f.* triad (*anche mus.*).

triadico *agg.* triadic.

trial *s.m.* **1** (*motociclismo*) motorcycle trial **2** (*ippica*) horse trial **3** (*atletica*) trials (*pl.*).

triangolare[1] *agg.* **1** (*mat.*) triangular, three -cornered: *prisma* —, triangular prism **2** (*che interessa tre parti*) triangular, trilateral: *accordo* —, trilateral agreement; (*econ.*) *scambi triangolari*, triangular trade // (*sport*) *incontro* —, three-way (*o* triangular) meeting.

triangolare[2] *v.intr.* (*calcio*) to play a one-two.

triangolarità *s.f.* triangularity.

triangolazione *s.f.* **1** (*geodesia*) triangulation **2** (*econ.*) triangular trade **3** (*calcio*) one-two.

triangolo *s.m.* (*mat., mecc., mus.*) triangle: — *equilatero, isoscele, ottuso, rettangolo, scaleno*, equilateral, isosceles, obtuse-angled, right-angled, scalene triangle; *i lati di un* —, the sides of a triangle; — *astronomico*, astronomical triangle; (*scienza delle costruzioni*) — *delle forze*, triangle of forces // — *industriale*, industrialized area including the provinces of Milan, Turin and Genoa // — *della morte, delle Bermuda*, the Bermuda triangle.

triarchia *s.f.* (*st.*) triarchy.

trias *s.m.* (*geol.*) Trias, Triassic.

triassico *agg.* e *s.m.* (*geol.*) Triassic.

triat(h)lon *s.m.* (*sport*) triathlon.

triatomico *agg.* (*chim.*) triatomic.

triazina *s.f.* (*chim.*) triazine.

triazolo *s.m.* (*chim.*) triazole.

tribale *agg.* tribal.

tribalismo *s.m.* tribalism.

tribasico *agg.* (*chim.*) tribasic.

triboelettricità *s.f.* (*fis.*) triboelectricity.

tribolamento *s.m.* → **tribolazione**.

tribolare *v.intr.* **1** (*faticare*) to have trouble: *tribolai molto per trovarlo*, I had trouble finding it; *il bambino mi ha fatto* —, the baby gave me some trouble; *non voglio farti* —, I don't want to trouble (*o* bother) you **2** (*soffrire*) to suffer (from sthg.), to be tormented (by sthg.): *tribola per i reumatismi*, he suffers from (*o* is afflicted with) rheumatism; *ha tribolato tutta la vita*, his life has been full of hardship // *ha finito di* —, (*è morto*) death has put an end to his sufferings ◆ *v.tr.* to torment, to afflict: *una guerra che tribola il paese da anni*, a war that has been tormenting the country for years.

tribolato *agg.* troubled, tormented, worried (by sthg.); afflicted (with sthg.): *una vita tribolata*, a hard life (*o* a life full of troubles); *essere* —, to be troubled.

tribolazione *s.f.* tribulation, suffering, affliction.

tribolo *s.m.* tribulation, trouble, suffering: *la vita è piena di triboli*, life is full of troubles.

tribologia *s.f.* (*fis.*) tribology.

triboluminescenza *s.f.* (*fis.*) triboluminescence.

tribometro *s.m.* (*mecc.*) tribometer.

tribordo *s.m.* (*mar.*) starboard: *barra a —!*, starboard the helm!; *tutto a —!*, hard-a -starboard!

tribraco *s.m.* (*metrica*) tribrach.

tribù *s.f.* tribe: *le dodici — d'Israele*, the twelve tribes of Israel; *membro di* —, tribesman; *vita in* —, tribal life // *una — di figli*, (*fam.*) a tribe of children.

tribuire *v.tr.* (*letter.*) to attribute.

tribuna *s.f.* **1** (*per oratori*) platform, dais, tribune // — *politica*, party political broadcast // — *elettorale, sindacale*, TV, radio debate on elections, on industrial relations **2** (*per uditori*) gallery: *la — della stampa*, the press gallery **3** (*sport*) stand: — *centrale*, grandstand **4** (*arch.*) apse.

tribunale *s.m.* court (of justice), law court, court of law; tribunal (*anche fig.*): — *civile*, civil court; — *amministrativo*, administrative tribunal; — *amministrativo regionale* (abbr. *TAR*), regional administrative court; — *dei minorenni*, juvenile court; — *militare*, court martial; — *penale*, criminal court; — *di primo grado*, court of primary jurisdiction (*o* trial court); — *di ultima istanza*, court of last resort (*o* court of final jurisdiction); — *supremo*, supreme court; — *del lavoro*, labour court (*o* industrial tribunal); — *arbitrale*, arbitration court; — *fallimentare*, bankruptcy court; — *di arbitrato industriale*, industrial court; *presidente del* —, chief (*o* presiding) judge; *aula di* —, courtroom; *palazzo del* —, courthouse (*o* law courts); *comparire in* —, to come before the court; *trascinare qlcu. in* —, to bring s.o. to court; *ricorrere al* —, to appeal to the court; *il — della coscienza, dell'opinione pubblica*, (*fig.*) the tribunal of conscience, of public opinion.

tribunalesco *agg.* (*spreg.*) pettifogging.

tribunato *s.m.* (*st. romana*) tribuneship, tribunate.

tribunesco *agg.* (*spreg.*) bombastic: *discorso* —, bombastic speech.

tribunizio *agg.* (*da, di tribuno*) tribunicial, tribunitial, tribunitian.

tribuno *s.m.* (*st. romana*) tribune: *tribuni della plebe*, tribunes of the people; — *militare*, military tribune.

tributare *v.tr.* to bestow, to grant, to give*, to pay*: — *grandi onori a qlcu.*, to bestow great honours upon s.o.; — *omaggio al genio di un poeta*, to pay homage to the genius of a poet.

tributario *agg.* **1** (*che dà tributo*) tributary: *fiume, paese* —, tributary river, country **2** (*fiscale*) fiscal, tax (*attr.*), taxation (*attr.*): *ordinamento, sistema* —, tax system; *riforma tributaria*, tax reform; *anagrafe tributaria*, tax register // (*polizia*) *tributaria*, excise and revenue police.

tributarista *agg.* fiscal, tax (*attr.*) ◆ *s.m.* e *f.* tax consultant, tax expert.

tributaristico *agg.* fiscal, tax (*attr.*).

tributilborato *s.m.* (*chim.*) tributyl borate.

tributilfosfato *s.m.* (*chim.*) tributyl phosphate.

tributo *s.m.* **1** (*trib.*) tribute; (*imposta*) tax, duty, levy: *tributi locali*, local rates (*o* taxes); *tributi regionali*, regional taxes; *tributi erariali*, revenue taxes; — *in somma fissa*, lump sum tax; *assoggettare qlcu. a un* —, to levy a tax on s.o.; *riscuotere i tributi*, to collect (*o* to raise) taxes **2** (*fig.*) tribute: *pagare il proprio — alla natura*, (*morire*) to pay the debt of nature.

tricalcite *s.f.* (*min.*) trichalcite.

tricamere *agg.* three-roomed ◆ *s.m.* three-roomed flat.

tricarbossilico *agg.* (*chim.*) tricarboxylic: *acido* —, tricarboxylic acid.

-trice *suff.* di origine latina; forma f. di *-tore*; ingl. -er, -or; -ess: *informatrice*, informer; *autrice*, authoress.

tricefalo *agg.* (*letter.*) three-headed.

tricheco *s.m.* (*zool.*) (*Odobenus rosmarus*) walrus*.

trichiasi *s.f.* (*med.*) trichiasis.

trichina *s.f.* (*zool.*) (*Trichinella spiralis*) trichina*.

trichinosi *s.f.* (*med.*) trichinosis.

triciclo *s.m.* tricycle: — *a motore*, motortricycle.

tricipite *agg.* 1 three-headed: *aquila* —, three-headed eagle 2 (*anat.*) tricipital, triceps (*attr.*) ◆ *s.m.* (*anat.*) triceps*.

triclinio *s.m.* triclinium*.

triclino *agg.* (*min.*) triclinic.

tricloroetano *s.m.* (*chim.*) trichloroethane.

tricloruro *s.m.* (*chim.*) trichloride.

tricofizia *s.f.* (*med.*, *vet.*) ringworm.

tricologia *s.f.* (*med.*) trichology.

tricologico *agg.* trichological.

tricologo *s.m.* (*med.*) trichologist.

tricolore *agg.* tricolour, tricoloured; (*amer.*) tricolor, tricolored: *bandiera* —, tricolour ◆ *s.m.* tricolour; (*amer.*) tricolor // *il Tricolore*, the Italian flag (*o* the Italian tricolour).

tricoma *s.m.* 1 (*bot.*, *zool.*) trichome 2 (*med.*) trichoma.

triconsonantico *agg.* (*ling.*) triconsonantal.

tricoptilosi *s.f.* (*med.*) trichoptilosis.

tricorde *agg.* (*mus.*) trichord.

tricorno *s.m.* tricorn (hat).

tricosano sm. (*chim.*) tricosane.

tricosi *s.f.* (*med.*) trichosis*.

tricotomia *s.f.* (*med.*) trichotomy.

tricromia *s.f.* (*tip.*) 1 (*procedimento*) trichromatism, three-colour process 2 (*riproduzione*) trichromatic (*o* three-colour) printing.

trictrac *s.m.* 1 (*gioco*) trick track 2 (*rumore*) clatter; click: *il — della chiave nella serratura*, the click of the key in the lock.

tricuspidale *agg.* tricuspid, tricuspidal, tricuspidate.

tricuspidato *agg.* tricuspidate.

tricuspide *agg.* tricuspid: (*anat.*) *valvola*, *dente* —, tricuspid valve, tooth.

tridattilo *agg.* (*zool.*) tridactyl, tridactylous.

tridentato *agg.* 1 (*a tre punte*) tridental, tridentate 2 (*letter.*) (*armato di tridente*) armed with a trident.

tridente *s.m.* 1 (*di Poseidone*) trident 2 (*per il fieno*) hayfork, pitchfork.

tridentino *agg.* (*letter.*) Tridentine: *il Concilio Tridentino*, the Council of Trent.

tridimensionale *agg.* tridimensional; three-dimensional: *immagine* —, three-dimensional (*o* 3-D) picture.

tridimensionalità *s.f.* tridimensionality; three-dimensionality.

triduo *s.m.* (*eccl.*) triduum; (*rar.*) triduo.

triedrico *agg.* (*mat.*) trihedral.

triedro *s.m.* (*mat.*) trihedron.

trielina *s.f.* (*chim.*) trichloroethylene.

triennale *agg.* triennial: *piante triennali*, triennial plants; *contratto* —, three-year contract; *scadenza* —, triennial term // *la Triennale di Milano*, the Milan Triennial.

trienne *agg.* (*non com.*) (*di tre anni*) three years old (*pred.*); three-year-old (*attr.*).

triennio *s.m.* three-year period; triennium*.

trierarca *s.m.* (*st. greca*) trierarch.

trierarchia *s.f.* (*st.greca*) trierarchy.

triestino *agg.* Triestine, of Trieste; from Trieste ◆ *s.m.* Triestine, inhabitant of Trieste; native of Trieste.

trietilammina *s.f.* (*chim.*) triethylamine.

trifase *agg.* (*elettr.*) three-phase (*attr.*): *circuito* —, three-phase circuit; *convertitore* —, three-phase converter; *corrente* —, three-phase current.

trifasico *agg.* (*elettr.*) three-phase (*attr.*): *sistema* —, three-phase system.

trifenilmetano *s.m.* (*chim.*) triphenylmethane.

trifido *agg.* (*bot.*, *zool.*) trifid; tripartite.

trifilite *s.f.* (*min.*) triphylite.

trifogliato *agg.* (*bot.*) trifoliate.

trifoglio *s.m.* (*bot.*) clover, trefoil, trifolium: — *acquatico*, (*Menyanthes trifoliata*) buckbean, marsh buckbean; — *dei campi*, (*Trifolium arvense*) hare's foot; — *d'Irlanda*, (*Trifolium pratense*) shamrock: *l'emblema nazionale irlandese è il* —, the national symbol of Ireland is the shamrock.

trifola *s.f.* (*region.*) (*tartufo*) truffle.

trifora *s.f.* (*arch.*) triple lancet window, three-mullioned window, mullioned window with three lights.

triforcuto *agg.* trifurcate, trifurcated.

triforio *s.m.* (*arch.*) triforium*.

trigamia *s.f.* trigamy.

trigamo *agg.* trigamous ◆ *s.m.* trigamist.

trigemino *agg.* 1 (*anat.*) trigeminal 2 *parto* —, birth of triplets ◆ *s.m.* (*anat.*) trigeminal (nerve), trigeminus.

trigesimo *agg.num.ord.* (*letter.*) thirtieth ◆ *s.m.*: *nel — della morte del Signor X*, on the thirtieth day after Mr. X's death.

triglia *s.f.* (*zool.*) mullet, surmullet: — *di scoglio*, (*Mullus surmuletus*) red mullet // *fare l'occhio di — a qlcu.*, to make sheep's eyes at s.o.

trigliceride *s.m.* (*biochim.*) triglyceride.

triglifo *s.m.* (*arch.*) triglyph.

trigonale *agg.* trigonal // (*cristallografia*) *sistema* —, trigonal system.

trigonella *s.f.* (*bot.*) (*Trigonella phoenum-graecum*) fenugreek.

trigono *agg.* trigonal ◆ *s.m.* 1 (*st. mus.*) trigon, trigonon 2 (*anat.*) trigone.

trigonometria *s.f.* trigonometry: — *piana*, *sferica*, plane, spherical trigonometry.

trigonometrico *agg.* trigonometric, trigonometrical: *funzione trigonometrica*, trigonometric (*o* trigonometrical) function.

trigramma *s.m.* (*ling.*) trigraph.

trilaterale *agg.* trilateral (*anche fig.*): *accordo* —, trilateral agreement.

trilatero *agg.* e *s.m.* (*mat.*) trilateral.

trilineare *agg.* (*mat.*) trilinear.

trilingue *agg.* trilingual.

trilinguismo *s.m.* trilingualism.

trilione *s.m.* 1 (*secondo il sistema italiano, americano, francese, corrispondente a* 1000^4) billion; (*amer.*) trillion 2 (*secondo il sistema tedesco e inglese, corrispondente a* 1000^6) trillion; (*amer.*) quintillion.

trilite *s.m.* (*arch.*) trilith.

trillare *v.intr.* 1 (*mus.*) to trill 2 (*emettere un trillo*) to trill; (*squillare*) to ring*: *il canarino trilla nella gabbia*, the canary is trilling in its cage; *trillò un campanello*, a bell rang ◆ *v.tr.* (*mus.*) to trill.

trillato *agg.* (*mus.*) trilled.

trillo *s.m.* 1 (*mus.*) trill 2 (*estens.*) ring; trill: *il — del campanello*, the ring of the bell.

trilobato *agg.* (*bot.*) trilobate, trilobed, trilobated.

trilobite *s.m.* (*paleont.*) trilobite.

trilogia *s.f.* (*st. teatr.*) trilogy.

trimarano *s.m.* (*mar.*) trimaran.

trimestrale *agg.* quarterly, three-monthly, trimestrial: *pagamento* —, quarterly payment; *rivista* —, quarterly review; *abbonamento* —, quarterly subscription; *rata* —, three-monthly instalment.

trimestralizzazione *s.f.* splitting into three terms: (*amm.*) — *degli oneri sociali*, splitting of welfare contributions into three-monthly instalments.

trimestralmente *avv.* quarterly, every three months: *uno stipendio pagato* —, a salary paid quarterly (*o* every three months).

trimestre *s.m.* 1 (*periodo di tempo*) quarter, three-month period; (*scolastico*) term 2 (*paga*) quarterage, quarter's pay 3 (*rata*) quarterly instalment: *versare un — d'affitto anticipato*, to pay a quarter's rent in advance.

trimetallismo *s.m.* (*fin.*) trimetallism.

trimetrico *agg.* (*min.*) trimetric(al).

trimetro *s.m.* (*poesia*) trimeter: — *giambico*, iambic trimeter; — *trocaico*, trochaic trimeter.

trimorfismo *s.m.* (*min.*) trimorphism.

trimotore *agg.* (*aer.*) three-engined: *un idrovolante* —, a three-engined seaplane ◆ *s.m.* (*aer.*) three-engined aircraft*, trimotor: — *da bombardamento*, three-engined bomber.

trina *s.f.* lace, lacework [U]: *un colletto di* —, a lace collar.

trinato *agg.* (*non com.*) (*disposto a gruppi di tre*) arranged in threes: (*mar.*) *torre trinata*, three-gun turret.

trinca *s.f.* (*mar.*) gammon(ing) // *nuovo di* —, (*fig. fam.*) brand new.

trincare[1] *v.tr.* (*mar.*) to gammon, to woold.

trincare[2] *v.tr.* (*fam.*) (*bere abbondantemente*) to gulp; to knock back: *trinca un litro di vino a pasto*, he knocks back a litre of wine with every meal.

trincarino *s.m.* (*mar.*) stringer: — *di coperta*, deck stringer.

trincata *s.f.* (*fam.*) (*abbondante bevuta*) drinking bout, (drinking) spree, (*fam.*) binge.

trincatore *s.m.* (*scherz.*) (*bevitore*) heavy drinker; (*fam.*) boozer, tippler.

trincatura *s.f.* (*mar.*) gammoning.

trincea *s.f.* 1 (*mil.*) trench: *guerra di* —, trench war; *andare in* —, (*estens.*) to go to the front // *essere in* —, (*fig.*) to be in a tight spot 2 (*ferr.*) cutting.

trinceramento *s.m.* (*mil.*) entrenchment.

trincerare *v.tr.* to entrench: *il generale trincerò le sue truppe lungo il fiume*, the general had his men dig themselves in along the river. □ **trincerarsi** *v.intr.pron.* to entrench oneself (*anche fig.*): *i soldati si trincerarono*, the soldiers dug themselves in (*o* entrenched themselves); — *dietro un pretesto*, to hide behind an excuse; *si trincerarono dietro un muro di silenzio*, they took refuge (*o* entrenched themselves) behind a wall of silence.

trincetto *s.m.* skiving knife*.

trinchettina *s.f.* (*mar.*) fore topmast staysail.

trinchetto *s.m.* (*mar.*): (*albero di*) —, foremast; *vela di* —, foresail.

trinciaforaggi *s.f.* (*agr.*) fodder cutter.

trinciante *agg.* (*che taglia*) cutting, chopping, carving ◆ *s.m.* carver, carving knife*.

trinciapaglia *s.m.* (*agr.*) straw cutter.

trinciapollo *s.m.* poultry shears (*pl.*).

trinciare *v.tr.* to cut* (up); (*carne*) to carve: — *la paglia* to cut up straw; — *un pollo*, to carve a chicken // — *giudizi su qlco.*, to judge sthg. rashly (*o* to express rash judgements about sthg.) // — *i panni addosso a qlcu.*, (*fam.*) to pull s.o. to pieces.

trinciato *agg.* cut up; (*di carne*) carved ◆ *s.m.* cut tobacco*, pipe tobacco*.

trinciatore *agg.* carving (up) ◆ *s.m.* carver, cutter.

trinciatrice *s.f.* (*mecc., agr.*) shredder.

trinciatuberi *s.f.* (*agr.*) root shredder.

trinciatura *s.f.* cutting up; (*di carne*) carving.

trincone *s.m.* (*scherz.*) (*ubriacone*) drunkard, boozer.

trinità *s.f.* 1 trinity // *la Santissima Trinità*, the Holy Trinity 2 (*bot.*) *erba* —, (*Anemone hepatica*) liverwort.

trinitario *agg.* e *s.m.* (*teol., eccl.*) trinitarian.

trinitrina *s.f.* (*chim.*) trinitrin.

trinitrobenzene *s.m.* (*chim.*) trinitrobenzene.

trinitrocresolo *s.m.* (*chim.*) trinitrocresol.

trinitroglicerina *s.f.* (*chim.*) trinitroglycerin.

trinitrotoluene *s.m.* (*chim.*) trinitrotoluene.

trino *agg.* (*letter.*) (*triplice*) trine // (*teol.*) *Dio uno e* —, the Trine God (*o* God Three in One).

trinomiale *agg.* (*mat.*) trinomial.

trinomio *s.m.* (*mat.*) trinomial (*anche fig.*).

trio *s.m.* (*mus.*) trio*: *un — jazzistico*, a jazz trio.

triodo *s.m.* (*fis.*) triode.

trionfale *agg.* triumphal: *arco, carro, corona* —, triumphal arch, car, crown; *ricevere un'accoglienza* —, to receive a triumphal welcome; *fare un ingresso* —, to make a triumphal entry.

trionfalismo *s.m.* vaunting.

trionfalista *s.m.* e *f.* vaunter, boaster.

trionfalistico *agg.* vaunting.

trionfante *agg.* triumphant, exulting: *grida trionfanti*, triumphant shouts.

trionfare *v.intr.* to triumph (over s.o., sthg.); to prevail; (*essere trionfante*) to be triumphant: *Cesare trionfò sui Galli*, Caesar triumphed over the Gauls: — *sul proprio nemico*, to triumph over one's enemy; *la verità finisce sempre per* —, in the end truth always prevails; *la sua commedia sta trionfando a New York*, his play is a great success in New York.

trionfatore *agg.* triumphing.

trionfo *s.m.* 1 triumph, success: *il — della verità*, the triumph of truth; *arco di* —, triumphal arch; *fu ricevuto in* —, he was received in triumph; *lo spettacolo è stato un vero* —, the show was a big success (*o* hit); *ottenere molti trionfi*, to achieve many triumphs; *portare qlcu. in* —, to carry s.o. shoulder -high 2 (*tarocco*) tarot 3 (*alzata da tavola*) centrepiece.

trioni *s.m.pl.* (*astr.*) triones.

trioso *s.m.* (*biochim.*) triose.

triossido *s.m.* (*chim.*) trioxide.

trip *s.m.* (*effetto dell'assunzione di stupefacenti*) high; (*di allucinogeni*) trip.

tripanosoma *s.m.* (*biol.*) trypanosome.

tripartire *v.tr.* to divide into three (parts).

tripartitico *agg.* tripartite, three-party (*attr.*): *accordo* —, tripartite agreement; *sistema* —, three-party system.

tripartitismo *s.m.* three-party system; three-party government.

tripartito[1] *agg.* (*diviso in tre parti, condiviso da tre parti*) tripartite: *patto* —, tripartite agreement.

tripartito[2] *agg.* (*sostenuto da tre partiti*) three -party (*attr.*): *governo* —, three-party government ◆ *s.m.* three-party government.

tripartizione *s.f.* tripartition.

tripetalo *agg.* (*bot.*) tripetalous.

tripide *s.m.* (*zool.*) thrips*.

triplano *s.m.* (*aer.*) triplane.

tripletta *s.f.* 1 (*arma*) three-barrelled shotgun 2 (*giochi, sport*) triple win; (*calcio*) hat trick: *realizzare una* —, to score a hat trick 3 (*biochim.*) codon.

triplicare *v.tr.* to triple, to treble: — *i guadagni*, to triple one's profits: — *gli sforzi*, to triple one's efforts. □ **triplicarsi** *v.intr.pron.* to treble, to triple: *la popolazione si è triplicata*, the population has trebled (*o* tripled).

triplicato *agg.* tripled, trebled, triplicate // *in* —, in triplicate.

triplicatore *agg.* triplicating ◆ *s.m.* triplicator.

triplicazione *s.f.* triplication.

triplice *agg.* treble, triple; threefold; triplicate: *patto* —, triple agreement; *in — copia*, in triplicate // (*st.*) *la Triplice Alleanza*, the Triple Alliance // (*bot.*) *a — nervatura*, trinervate.

triplista *s.m.* (*sport*) triple jumper.

triplite *s.f.* (*min.*) triplite.

triplo *agg.* triple, treble, threefold: *paga tripla*, triple wages; — *filo*, three ply // (*sport*) *salto* —, triple jump // (*mat.*) *punto* —, triple point ◆ *s.m.* triple, treble, three times as much: *guadagna il — del mio stipendio*, he earns treble (*o* three times) my salary; *questo costerà il* —, this will cost three times as much; *sei è il — di due*, six is three times two.

triplometro *s.m.* (*metrol.*) three-meter rod.

tripode *s.m.* 1 (*archeol.*) tripod 2 (*mar.*) tripod lattice mast.

tripodia *s.f.* (*metrica*) tripody.

tripodico *agg.* (*metrica*) tripodic.

tripolare *agg.* 1 (*elettr.*) three-pole: *cavo* —, three-pole cable 2 (*fig.*) tripartite, three-way (*attr.*): *sistema* —, three-way system.

tripolarismo *s.m.* three-way system.

tripoli *s.m.* (*geol.*) tripoli.

tripolino *agg.* e *s.m.* Tripolitan.

triposto *agg.* three-seater.

trippa *s.f.* 1 (*cuc.*) tripe 2 (*fam.*) (*pancia*) belly, paunch, gut // *metter su* —, to put on weight.

trippone *s.m.* (*scherz.*) 1 (*grossa pancia*) potbelly, paunch 2 (*di persona*) potbellied man.

tripsina *s.f.* (*biochim.*) trypsin.

triptano *s.m.* (*chim.*) triptane.

triptofano *s.m.* (*biochim.*) tryptophan(e).

tripudiare *v.intr.* to rejoice, to exult, to make* merry: *la folla tripudiò all'annuncio della vittoria*, the crowd rejoiced at the news of the victory.

tripudio *s.m.* 1 (*esultanza*) rejoicing, exultation, jubilation: *il — della folla*, the rejoicing of the crowd; *il vincitore fu accolto con grande* —, the winner was greeted with great jubilation // *il — della natura*, the glory of nature; *un — di colori*, a blaze of joyful colours 2 (*st. romana*) tripudium (*pl.* -ia).

trireattore *agg.* e *s.m.* (*aer.*) trijet.

triregno *s.m.* (*eccl.*) papal tiara.

trireme *s.f.* (*st. mar.*) trireme.

tris *s.m.* three (of a kind): *un — d'assi*, three aces.

trisaccaride *s.m.* (*chim.*) trisaccharide.

trisavola *s.f.* great-great-grandmother.

trisavolo *s.m.* great-great-grandfather.

trisecare *v.tr.* (*mat.*) to trisect.

trisepalo *agg.* (*bot.*) trisepalous.

trisezione *s.f.* (*mat.*) trisection: — *dell'angolo*, trisection of the angle.

trisillabico *agg.* trisyllabic.

trisillabismo *s.m.* trisyllabism.

trisillabo *agg.* trisyllabic: *parola trisillaba*, trisyllabic word ◆ *s.m.* trisyllable.

trisma *s.m.* (*med.*) trismus; (*fam.*) lockjaw.

trisolfuro d'arsenico *s.m.* (*chim.*) arsenic trisulphide.

trisomia *s.f.* (*biol.*) trisomy.

trisomico *agg.* (*biol.*) trisomic.

triste *agg.* 1 sad (about sthg.); unhappy (about sthg.): *un — caso*, a sad case; *notizia* —, sad news; *sguardo* —, sorrowful look; *musica* —, sad music; *incontrarsi in tristi circostanze*, to meet in unhappy circumstances; *è — per la morte dell'amico*, he is sad about the death of his friend; *è sempre molto* —, he is always very sad; *aver l'aria* —, to look unhappy 2 (*cupo*) gloomy; (*deprimente*) depressing: *un luogo* —, a gloomy place.

tristemente *avv.* sadly, sorrowfully, unhappily; *tornammo — a casa*, we went home sadly // — *famoso*, famous for unfortunate reasons, (*famigerato*) notorious.

tristezza *s.f.* 1 sadness, unhappiness, sorrow:

Che —! Non c'è nessuno, How sad! There's nobody here; *farsi prendere dalla —*, to be overcomed by sadness; *le tristezze della vita*, the sorrows of life **2** (*cupezza*) gloominess.

tristo *agg.* **1** (*malvagio*) wicked; evil; (*cattivo*) bad: *un omaccio —*, a wicked man **2** (*meschino*) mean, poor // *fare una trista figura*, to cut a poor figure **3** (*disgraziato*) wretched.

tritabile *agg.* that can be minced; that can be ground.

tritacarne *s.m.* mincer, mincing machine.

tritaghiaccio *s.m.* ice-crusher.

tritamento *s.m.* → **tritatura**.

tritaossa *s.m.* (*zootecnia*) bone crusher, bone grinder.

tritapanelli *s.m.* (*zootecnia*) oilcake grinder.

tritare *v.tr.* to mince, to chop up, to grind*: — *carne*, to mince meat.

tritarifiuti *s.m.* garbage disposal unit.

tritato *agg.* minced, cut up, ground: *carne tritata*, minced meat.

tritatura *s.f.* mincing, cutting up.

tritatutto *s.m.* mincer, mincing machine.

triteismo *s.m.* (*st. relig.*) tritheism.

triteista *agg.* (*st. relig.*) tritheistic ◆ *s.m.* e *f.* (*st. relig.*) tritheist.

tritello *s.m.* (*agr.*) fine bran.

tritico *s.m.* (*bot.*) triticum.

tritio → **trizio**.

trito *agg.* **1** (*tritato*) minced, chopped: *carne trita*, minced (*o* ground *o* chopped) meat **2** (*non com.*) (*logoro*) worn-out, threadbare **3** (*notissimo, comune*) trite, worn-out, stale, commonplace, hackneyed: *idee trite e ritrite*, hackneyed ideas; *parole trite*, hackneyed words ◆ *s.m.* (*cuc.*) chopped ingredients (*pl.*): — *di cipolla*, chopped onion.

tritolo *s.m.* (*chim.*) trinitrotoluene.

tritone[1] *s.m.* (*zool.*) **1** (*mollusco*) triton **2** (*varietà di anfibio*) (*Triturus cristatus*) newt.

tritone[2] *s.m.* (*fis.*) triton.

tritono *s.m.* (*mus.*) tritone.

tritopina *s.f.* (*chim.*) laudanidine.

trittico *s.m.* **1** (*arte*) triptych **2** (*documento doganale*) (International) Customs Pass, pass-sheet.

trittongo *s.m.* (*fon.*) triphthong.

tritume *s.m.* (*briciole*) crumbs (*pl.*); (*pezzetti*) scraps (*pl.*); bits (*pl.*).

triturabile *agg.* that can be chopped, that may be ground.

trituramento *s.m.* (*non com.*) grinding, chopping.

triturare *v.tr.* to grind*, to chop.

trituratore *s.m.* grinder, chopper.

triturazione *s.f.* grinding, chopping.

triumvirale *agg.* (*st. romana*) triumviral.

triumvirato *s.m.* (*st. romana*) triumvirate.

triumviro *s.m.* (*st. romana*) triumvir*.

trivalente *agg.* (*chim.*) trivalent.

trivalenza *s.f.* (*chim.*) trivalence, trivalency.

trivalve *agg.* (*zool.*) trivalve, trivalvular.

trivella *s.f.* **1** (*falegnameria*) auger: — *elicoidale, a tortiglione*, screw auger **2** (*miner.*) auger, drill: — *a corona*, annular auger; — *a cucchiaia*, bucket drill **3** (*tecn. casearia*) taster.

trivellamento *s.m.* → **trivellazione**.

trivellare *v.tr.* to bore, to drill: — *un pozzo petrolifero*, to drill an oil well.

trivellatore *s.m.* (*miner.*) driller.

trivellatura, **trivellazione** *s.f.* (*miner.*) drilling, boring, sinking: — *a getto*, (*d'acqua, d'aria*) jetting; — *a rotazione*, rotary drilling; — *profonda*, deep drilling; — *sottomarina*, offshore drilling (*o* submarine drilling); *torre di —*, derrick.

trivello *s.m.* (*tecn. casearia*) taster.

triviale *agg.* **1** vulgar, coarse: *linguaggio —*, vulgar (*o* coarse) language; *una persona —*, a vulgar person **2** (*letter.*) (*ovvio*) trivial, banal, obvious.

trivialità *s.f.* **1** vulgarity, coarseness: *la — del suo contegno mi disgustò*, the vulgarity of his behaviour disgusted me **2** (*espressione triviale*) coarse expression: *dire —*, to use coarse language **3** (*banalità*) triviality, banality, obviousness.

trivio *s.m.* **1** (*crocicchio di strade*) crossroads // *da —*, vulgar (*o* coarse): *gente da —*, vulgar people; *linguaggio da —*, coarse language **2** (*nella scuola medioevale*) trivium*.

triziato *agg.* (*chim.*) tritiated.

trizio *s.m.* (*chim.*) tritium.

trocaico *agg.* (*metrica*) trochaic.

trocantere *s.m.* (*anat.*) trochanter: *grande —*, greater trochanter (*o* trochanter major); *piccolo —*, lesser trochanter (*o* trochanter minor).

trocheo *s.m.* (*metrica*) trochee.

trochilo *s.m.* (*arch.*) trochilus*.

trocisco *s.m.* troche, trochisk.

troclea *s.f.* (*anat.*) trochlea*.

trocleare *agg.* (*anat.*) trochlear.

trocoide *s.f.* (*mat.*) trochoid.

trofeo *s.m.* trophy: — *di caccia, sportivo*, hunting, sports trophy; *i trofei di guerra*, the spoils of war // *erigere un —*, to put up a monument.

trofico *agg.* (*med.*) trophic.

trofismo *s.m.* (*med.*) trophism.

trofoblasto *s.m.* (*biol.*) trophoblast.

troglodita *s.m.* **1** troglodyte (*anche fig.*) **2** (*zool.*) (*Troglodytes troglodytes*) wren.

trogloditico *agg.* troglodytic, troglodytical (*anche fig.*).

trogloditismo *s.m.* troglodytism.

trogolo *s.m.* trough.

trogone *s.m.* (*zool.*): — *splendido*, (*Pharomacrus mocino*) quetzal.

troia *s.f.* **1** (*fam.*) (*scrofa*) sow **2** (*fig. volg.*) (*prostituta*) whore, slut.

troiaio *s.m.* **1** (*fam.*) (*porcile*) pigsty **2** (*fig. volg.*) sleazy joint, low dive.

troiano *agg.* e *s.m.* Trojan.

troiata *s.f.* (*volg.*) **1** filth, muck: *quel film è una —*, that film is a load of filth **2** (*azione riprovevole*) filthy trick.

troica *s.f.* troika.

trollei, **trolley** *s.m.* (*elettr.*) trolley.

trollio *s.m.* (*bot.*) trollius.

tromba *s.f.* **1** trumpet; (*di automobile*) horn: — *acustica*, ear trumpet; *squillo di —*, trumpet blast // *la — del giudizio*, the last trump // *suonar la —*, (*fig.*) to trumpet the news // *partire in —*, to be off like a shot; *avrebbe dovuto pensarci sopra invece di partire in —*, (*fig.*) he should have thought about it instead of plunging in **2** (*estens.*) (*suonatore di tromba*) trumpeter **3** (*anat.*) tube: — *di Eustachio, di Falloppio*, Eustachian, Fallopian tube **4** (*pompa*) pump: — *idraulica*, hydraulic pump **5** (*delle scale, dell'ascensore*), well **6** (*meteor.*): — *d'aria*, tornado, whirlwind; — *d'acqua marina*, water spout.

trombaio *s.m.* **1** (*chi fabbrica trombe*) trumpet-maker **2** (*region.*) (*idraulico*) plumber.

trombare *v.tr.* **1** (*fam.*) (*respingere, bocciare*) to reject; to fail; (*fam. amer.*) to flunk **2** (*volg.*) (*possedere sessualmente*) to fuck, to screw.

trombata *s.f.* **1** (*fam.*) (*insuccesso*) disaster, failure **2** (*volg.*) (*rapporto sessuale*) fuck, screw.

trombetta *s.f.* (*giocattolo*) (toy) trumpet.

trombettiere *s.m.* **1** (*mil.*) trumpeter **2** (*zool.*) (*Psophia crepitans*) agami, trumpeter.

trombettista *s.m.* e *f.* trumpet player, trumpeter.

trombina *s.f.* (*biochim.*) thrombin.

trombo *s.m.* (*med.*) thrombus*.

trombocita, **trombocito** *s.m.* (*biol.*) thrombocyte.

tromboflebite *s.f.* (*med.*) thrombophlebitis.

tromboncino *s.m.* **1** (*di fucile*) launcher **2** (*bot.*) → trombone.

trombone *s.m.* **1** (*mus.*) trombone **2** (*suonatore di trombone*) trombonist **3** (*schioppo con canna corta*) blunderbuss: *in quei tempi i banditi erano armati di —*, in those days bandits were armed with blunderbusses **4** (*fig.*) (*fanfarone*) braggart; windbag: *quell'oratore è un —*, that speaker is a windbag **5** (*bot. pop.*) (*Narcissus pseudonarcissus*) daffodil.

trombonista *s.m.* e *f.* trombonist.

tromboplastina *s.f.* (*biochim.*) thromboplastin.

trombosi *s.f.* (*med.*) thrombosis*.

trombotico *agg.* (*med.*) thrombotic.

trona *s.f.* (*min.*) trona.

troncabile *agg.* **1** that can be cut off **2** (*fig.*) that can be broken off, that can be interrupted.

troncamento *s.m.* **1** cutting off, breaking off **2** (*gramm.*) apocopation.

troncare *v.tr.* **1** to cut* off; to chop off: — *un ramo*, to cut off a branch; — *la testa a qlcu.*, to cut off s.o.'s head // *quella camminata mi ha troncato le gambe*, that walk has really tired my legs out **2** (*fig.*) to break* off, to cut* short, to interrupt: *la sua carriera fu troncata da una grave malattia*, his career was cut short by a serious illness; — *un fidanzamento*, to break off an engagement; — *una conversazione*, to break off (*o* to interrupt) a conversation; — *le relazioni con qlcu.*, to break off relations with s.o.; — *il respiro a qlcu.*, to stop s.o. breathing.

troncatrice *s.f.* (*mecc.*) cropper; shear.

troncatura *s.f.* (*non com.*) **1** cutting off, breaking off **2** (*il punto in cui si è troncato*) cut, break **3** (*metall.*) sprueing; (*mecc.*) cropping.

tronchese *s.m.* o *f.* (*spec. pl.*) nippers (*pl.*).

tronchesina *s.f.* **tronchesino** *s.m.* (*spec. pl.*) nippers (*pl.*): — *tagliafili*, wire cutter; — *per unghie*, nail clippers.

tronchetto *s.m.* (*bot.*) — *della felicità*, dragon plant.

tronco *agg.* **1** truncated, cut off; broken (off); (*mutilato*) mutilated, maimed: *notizie tronche*, incomplete information // *lasciare un lavoro in* —, to leave a job unfinished // *licenziare in* —, to sack on the spot (*o* to fire without notice) **2** (*gramm.*) apocopated **3** (*stanco*) tired (out), worn out.

tronco *s.m.* **1** trunk: *il — di un albero*, the trunk of a tree; *il — di un corpo umano*, the trunk of a human body **2** (*di albero abbattuto*) log: — *squadrato*, squared log; *alcuni tronchi d'albero galleggiavano sull'acqua*, some logs were floating on the water **3** (*fig.*) (*ceppo*) stock: *genti dello stesso* —, people from the same stock **4** (*mozzicone d'albero ancora radicato nel terreno*) stump **5** (*tratto*) section: *il primo — di autostrada sarà aperto in febbraio*, the first section of the motorway will be open in February; — *ferroviario*, railway section; (*diramazione*) branch line **6** (*mat.*) frustum*: — *di cono*, frustum of cone **7** (*mar.*): — *maggiore*, lower mast; — *maggiore di maestra*, lower mainmast.

troncone *s.m.* stump; stub: *il — di un albero, di una gamba*, the stump of a tree, of a leg.

troneggiare *v.intr.* **1** to dominate (sthg.); (*con autorità*) to lord it (over s.o., sthg.): *il Presidente troneggiava nella sua poltrona*, the President dominated the proceedings from his armchair; *troneggiava nel salotto*, she was dominating the drawing room **2** (*torreggiare*) to tower (over s.o., sthg.): *la torta nuziale troneggiava in mezzo alla tavola*, the wedding cake towered in the middle of the table **3** (*spiccare*) to stand* out, to be conspicuous.

tronfiare *v.intr.* (*non com.*) **1** (*andare pavoneggiandosi*) to strut, to parade; to swagger **2** (*ansimare*) to pant.

tronfiezza *s.f.* (*non com.*) **1** conceitedness **2** (*di stile*) pompousness.

tronfio *agg.* **1** puffed up, conceited: *se ne andava* —, he was strutting (*o* parading) along **2** (*di stile*) pompous, bombastic.

trono *s.m.* **1** throne: — *pontificio, imperiale*, papal, imperial throne; *deporre un re dal* —, to dethrone a king; *salire al* —, to come to the throne (*o* to ascend the throne); *rinunciare, abdicare al* —, to renounce, to abdicate the throne; *la sala del* —, the Throne Room; *erede al* —, heir to the throne **2** (*eccl.*) *i Troni*, the Thrones.

troostite *s.f.* (*min.*) troostite.

tropeolo *s.m.* (*bot.*) tropaeolum*.

tropicale *agg.* tropical: *clima* —, tropical climate.

tropicalizzare *v.tr.* to tropicalize.

tropicalizzazione *s.f.* tropicalization.

tropico *s.m.* **1** (*astr., geogr.*) tropic: — *del Cancro, del Capricorno*, Tropic of Cancer, of Capricorn **2** *pl.* (*regioni tropicali*) tropics: *vivere ai tropici*, to live in the tropics.

tropina *s.f.* (*chim.*) tropine.

tropismo *s.m.* (*biol.*) tropism.

tropo *s.m.* (*ret.*) trope.

tropologia *s.f.* tropology.

tropologico *agg.* tropological.

tropopausa *s.f.* (*meteor.*) tropopause.

troposfera *s.f.* (*meteor.*) troposphere.

troposferico *agg.* (*meteor.*) tropospheric.

troppo *agg.indef.* **1** (*con riferimento alla quantità o all'intensità*) too much; *pl.* too many: *la domenica c'è — traffico sulle strade*, there is too much traffic on the roads on Sundays; *c'è troppa nebbia*, there is too much fog (*o* it's too foggy); *non fate — rumore*, don't make too much noise; *abbiamo — lavoro*, we have too much work; *non voglio invitare troppa gente*, I don't want to invite too many people; *ho mangiato troppi dolci*, I've eaten too many sweet things; *ha fatto troppi errori*, he made too many mistakes; *troppi dati erano inesatti*, too many (of the) data were inexact; *c'erano troppe difficoltà da superare*, there were too many difficulties to overcome; *hai avuto troppa fretta*, you were too much in a hurry (*o* you were too hasty); *questa frutta è troppa per me*, there is too much fruit here for me; *questo è —!*, this is too much! (*o* this has gone too far!) // *tra loro c'è troppa differenza d'età*, there is too great an age difference between them // *la prudenza non è mai troppa*, you can't be too careful **2** (*con riferimento alla durata*) too long: *è passato — tempo da allora*, it is too long since then; *rispondi subito a quella lettera, non lasciar passare — tempo!*, answer that letter at once, don't wait too long! // Usato anche in espressioni ellittiche: *ci vorrebbe — ad arrivare*, it would take (us) too long to get there; *c'è — da aspettare*, it's too long to wait; *abbiamo atteso* (*anche*) —, we've waited (far) too long **3** (*con riferimento all'estensione nello spazio*) too far: *c'è ancora troppa strada da fare*, there's still too far to go; *l'albergo era a troppa distanza dalla spiaggia*, the hotel was too far from the beach ◆ *pron.indef.* **1** too much: *il vino era buono, ma io ne ho bevuto* —, the wine was good but I drank too much of it; *prima aveva poco lavoro, ora ne ha anche* —, he didn't have enough work before, now he's even got too much; *"Ne vuoi ancora?" "Sì, ma non —"*, "Do you want any more?" "Yes, but not too much"; *ci sarebbe — da dire su questo argomento*, there would be too much to say on this subject; *chiedono — per quella casa*, they are asking too much for that house; *non posso venire, ho ancora — da fare*, I can't come, I've still got too much to do; *non dire altro, hai detto anche* —, say no more, you have already said too much // *ti chiedo — se...*, am I asking you too much if... **2** *pl.* too many (*anche con partitivo*); (*troppa gente*) too many people: *me ne hai dati troppi*, you have given me too many (of them); *vorrei invitare qualche amico, ma non troppi*, I'd like to invite a few friends, but not too many; *troppi degli incidenti sono dovuti all'imprudenza*, too many (of the) accidents are due to lack of caution; *troppi di noi si sono fidati di lui*, too many of us trusted him; (*fin.*) *troppi la pensano così*, (all) too many people think so; *non ci stiamo tutti nella macchina, siamo in troppi*, there are too many of us to fit in the car // *vorrei degli spaghetti, ma non troppi*, I'd like some spaghetti, but not too much ◆ *s.m.*: *il — stroppia*, too much is too much (*o* enough is as good as a feast).

troppo *avv.* **1** (*con agg. e avv.*) too: — *alto, corto*, too tall, short; — *tardi, presto*, too late, early; — *poco*, too little; *è una ragazza — sensibile*, she is too sensitive; *sono abiti — costosi*, those clothes are too expensive; *macchine — veloci*, cars that are too fast; *è una zona — umida*, that area is too damp; *faceva — caldo*, it was too hot; *questa birra è — fredda*, this beer is too cold; *la proposta era — interessante per lasciarsela sfuggire*, the proposal was too interesting to be missed; *è — furbo perché lo si possa imbrogliare*, he's too smart to be taken in // *fin —, anche* —, far too (*o* much too *o* all too): *è anche — facile*, it's far too (*o* much too *o* all too) easy; *sai fin — bene che ho ragione*, you know all too well that I'm right **2** (*con verbi*) too much: *ti preoccupi* —, you worry too much; *ho mangiato* —, I've eaten too much; *abbiamo bevuto un po'* —, we drank a bit too much; *non devi fumare* —, you mustn't smoke too much; *hai parlato* —, you said too much // *avete fatto proprio — per noi*, you've done much too much for us **3** (*nel significato di* molto, assai) too, so (very): — *buono!*, so good!; — *gentile da parte tua!*, so (very) kind of you!; *non ne sarei — sicuro*, I wouldn't be so sure; *non lo farei — volentieri*, I wouldn't be so (*o* too) keen to do it; *non stava — bene*, he wasn't too (*o* so) well // *non ci sarebbe — da meravigliarsi se...*, it wouldn't be so very (*o* all that) surprising if... **4** *di* —: *uno, venti di* —, one, twenty too many; *sono di —?*, am I in the way?; *ha detto qualcosa di* —, what he said was uncalled for.

troppopieno *s.m.* (*idraulica*) overflow.

trota *s.f.* trout*: — *comune*, (*Salmo trutta*) bull-trout; — *di mare*, (*Salmo trutta trutta*) sea trout; — *salmonata*, salmon trout; *la pesca delle trote*, trout fishing.

troticoltore *s.m.* trout breeder.

troticoltura *s.f.* trout breeding.

trottapiano *s.m.* e *f.* (*region. scherz.*) slowcoach.

trottare *v.intr.* **1** to trot // *far — un cavallo*, to trot a horse **2** (*fig. fam.*) to run*: *mi fece — tutto il giorno*, he had me on the run all day (long); *sono in ritardo e dovrò — per arrivare in tempo*, I'm late and I'll have to run to get there in time.

trottata *s.f.* **1** trot: *andare a fare una* —, to go for a trot **2** (*fam.*) (*camminata*) rush: *mi ha fatto fare una — per prendere il treno*, he made me rush (*o* run) to catch the train // *ho fatto una bella — per finire entro le dieci*, it was a real rush (for me) to finish by ten.

trottatoia *s.f.* carriage-way (in a cobbled street).

trottatoio *s.m.* **1** (*per cavalli*) (trotting-)track **2** → trottatoia.

trottatore *s.m.* (*cavallo*) trotter.

trotterellare *v.intr.* **1** to trot along **2** (*scherz.*) (*di persona*) to trot about; (*di bambini, di vecchi*) to toddle: *il bimbo trotterellava per la casa*, the child was toddling about the house.

trottistico *agg.* trotting.

trotto *s.m.* trot: *al gran* —, at a steady trot; *corsa al* —, trotting race; *scuola di* —, riding school; *mettere un cavallo al* —, to trot a horse; *rompere il* —, to break into a canter; *procedere al piccolo* —, to proceed at a jog trot //

fare qlco. al piccolo —, (*fig.*) to do sthg. in a leisurely way (*o* at a leisurely pace).

trottola *s.f.* **1** top, spinning top // *girare come una* —, (*fig.*) to be always on the move (*o* to rush around) **2** (*pattinaggio*) spin.

trottolare *v.intr.* **1** (*girare come una trottola*) to spin* round, to whirl round **2** (*fig. fam.*) (*di bambini*) to run* around, to be constantly on the move.

trottolino *s.m.* (*fam.*) **1** (*bambino che cammina appena*) toddler **2** (*bambino vivacissimo*) restless child, live wire.

trotzkismo *s.m.* Trotskyism.

trotzkista *s.m.* e *f.* Trotskyist.

troupe *s.f.* (*fr.*) (*teatr.*, *cinem.*, *tv*) troupe, company; crew: *una — televisiva*, a television crew.

trousse *s.f.* (*fr.*) **1** (*borsetta da sera*) evening bag **2** (*astuccio*) case; tool kit.

trovabile *agg.* findable.

trovadore *s.m.* (*st. lett.*) troubadour.

trovadorico *agg.* troubadour (*attr.*).

trovante *s.m.* (*geol.*) erratic (boulder).

trovare *v.tr.* **1** to find*: *ho trovato il libro che avevo smarrito*, I've found the book I lost; *non trovo più gli occhiali*, I cannot find my spectacles; — *un appartamento*, to find a flat; — *un lavoro*, to find a job; — *la pace*, to find peace // — *moglie*, *marito*, to find a wife, a husband // *vado al bar e chi ti trovo! un vecchio amico*, I went to the bar and who should I find! an old friend // *lo trovai a letto*, I found him in bed; *non lo trovai in casa*, I did not find him in (*o* at home) // — (*tempo*) *freddo*, *caldo*, to find cold, hot weather // — *da ridire su tutto*, to find fault with everything // — *un accordo con qlcu.*, to come to (*o* to make) terms with s.o. **2** (*scoprire*) to find* (out), to discover: *ha trovato un nuovo sistema di farlo*, he has found a new way of doing it; *trovarono il colpevole*, they discovered the culprit; — *la soluzione di un problema*, to find the solution to a problem; — *la* (*propria*) *strada*, to find one's way (*anche fig.*) // — *un segreto*, to find out (*o* to discover) a secret // *trovai scritto sul giornale che era morto*, I saw in the paper that he had died **3** (*incontrare*) to meet*: *trovai molte difficoltà nel farlo*, I met with many difficulties in doing it; — *la morte*, to meet one's death **4** (*inventare*, *escogitare*) to find*: — *una scusa*, to find an excuse **5** (*avere*) to find*; to have: *non riesco a — il tempo per leggere*, I cannot find time to read; *trovammo buona accoglienza presso i nostri amici*, we received a good welcome from our friends // — *pietà*, to find mercy **6** (*constatare*) to find*: *trovò il suo posto occupato*, he found his seat was taken **7** (*giudicare*, *considerare*) to find*; (*pensare*) to think*: *trovarono il cibo eccellente*, they found the food excellent; *trovo che sia sbagliato comportarsi così*, I find (*o* think *o* feel) it's wrong to behave like that; *trovò difficile ambientarsi*, he found it hard to settle in; *nelle sue parole non ci trovo nulla di offensivo*, I can't see anything offensive in his words // *come mi trovi?*, how do I look?; *ti trovo bene*, you look fine; *ti trovo dimagrita*, you look thinner; *trovi?*, do you think so? **8** (*sorprendere*) to catch*: *lo trovai che rovistava in questo cassetto*, I caught him rummaging in this drawer; *furono trovati insieme*, they were found together **9** (*far visita a*) to see*: *verrò a trovarti domani*, I shall come and see you tomorrow **10** (*trarre*) to get*: *non ha trovato alcun giovamento da questa cura*, he didn't get any benefit from that treatment // — *il proprio tornaconto in qlco.*, to turn sthg. to one's advantage.

□ **trovarsi** *v.intr.pron.* **1** to find* oneself: *mi trovai nel giardino*, I found myself in the garden **2** (*essere*) to be; to be situated, to lie*: *ora mi trovo alla stazione*, now I am at the station; *il paese si trova a settentrione*, the village lies to the north; — *in buone*, *cattive condizioni finanziarie*, to be well off, badly off; — *in una situazione difficile*, to find oneself in an awkward situation // — *bene*, *male con qlcu.*, to get on well, badly with s.o. **3** (*sentirsi*) to feel*: *mi trovo molto bene in questo albergo*, I feel very comfortable in this hotel; — *a proprio agio*, to feel at ease; — *come a casa propria*, to feel at home ◆ *v.rifl.rec.* to meet*: *ci trovavamo sempre vicino al ponte*, we used to meet near the bridge.

trovarobe *s.m.* (*teatr.*) property man ◆ *s.f.* property mistress.

trovata *s.f.* **1** trick; (*espediente*) expedient; (*buona idea*) good idea, brainwave: *fu una bella* —, that was a clever trick (*o* idea); *questa sì che è una bella* —, that's a real brainwave; *la sua — fu davvero di cattivo gusto*, his trick was in really bad taste // — *pubblicitaria*, publicity stunt **2** (*battuta*) quip, wisecrack; joke, witty remark: *fa ridere tutti con le sue trovate*, he makes everybody laugh with his witty remarks.

trovatello *s.m.* foundling; abandoned child: *ospizio per trovatelli*, foundling hospital.

trovato *s.m.* (*letter.*) (*invenzione*) invention; (*scoperta*) discovery.

trovatore *s.m.* (*st. lett.*) troubadour.

troviero *s.m.* (*st. lett.*) trouvère, trouveur.

trozza *s.f.* (*mar.*) parrel.

truccare *v.tr.* **1** to make* up; to put* make-up on (s.o.): *lo truccarono da vecchio*, they made him up to look like an old man; *truccarsi il viso*, to make up one's face; *truccarsi gli occhi*, to put eye make-up on **2** (*per trarre in inganno*) to disguise: *la nave spia era stata truccata da peschereccio*, the spy ship was disguised as a fishing boat **3** (*fig.*) (*preordinare*, *alterare*) to fix, to rig: — *una partita*, to fix a match; — *i risultati di un referendum*, to fix (*o* to rig) the results of a referendum // — *le carte*, to mark the cards // — *i dadi*, to load the dice // — *un motore*, to soup up an engine.

□ **truccarsi** *v.rifl.* **1** to make* (oneself) up, to put* on make-up: *gli attori si truccano sempre prima di recitare*, actors always make (themselves) up before performing; *si trucca troppo*, she wears too much make-up; *si truccò prima di uscire*, she put on make-up before going out **2** (*travestirsi*) to disguise oneself: *i poliziotti si truccarono da operai*, the policemen disguised themselves as factory workers.

truccato *agg.* **1** made up; disguised: *occhi truccati*, made-up eyes; *si presentò alla festa truccato da pirata*, he came to the party dressed (up) as a pirate; *i poliziotti si aggiravano nella fabbrica truccati da operai*, the policemen went round the factory disguised as workmen **2** (*dal risultato preordinato*) fixed: *incontro* —, fixed fight // *motore* —, souped-up engine **3** *fotografia truccata*, trick photograph.

truccatore *s.m.* make-up man; (*teatr.*) make-up artist.

truccatrice *s.f.* make-up woman; (*teatr.*) make-up artist.

truccatura *s.f.* **1** (*il truccare*, *il truccarsi*) making up; disguising **2** (*materiale da trucco*) make-up, cosmetics (*pl.*).

trucco *s.m.* **1** trick: *i trucchi di un prestigiatore*, a conjurer's tricks; *questo è solo un* —, this is only a trick; *un — cinematografico*, a trick shot // *il — c'è ma non si vede*, there's a trick in it somewhere but you can't see it // *i trucchi del mestiere*, the tricks of the trade **2** (*inganno*) deceit, deception; trickery; trick: *vincere con un* —, to use a trick to win **3** (*con cosmetici*) make-up [U]: *un — leggero*, light make-up; — *teatrale*, stage make-up; *darsi il* —, to make up one's face.

truce *agg.* grim; (*minaccioso*) threatening, menacing; (*crudele*) fierce, cruel, vicious: *sguardo* —, grim look; *un — delitto*, a vicious crime.

trucidare *v.tr.* to slaughter, to massacre, to slay*; (*assassinare*) to murder.

truciolare[1] *v.tr.* (*non com.*) to chip, to shred.

truciolare[2] *agg.* chipboard (*attr.*): *pannello* —, chipboard panel ◆ *s.m.* chipboard.

truciolato *s.m.* chipboard.

truciolatore *s.m.* chipper.

truciolatrice *s.f.* **1** (*tecn. cartaria*) shredding machine **2** (*truciolatore*) chipper.

truciolo *s.m.* chip, shaving: *trucioli di legno*, wood shavings; *trucioli metallici*, metal shavings; *lavorazione senza asportazione di trucioli*, chipless machining.

truck *s.m.* **1** (*tecn.*) (*carrello*) truck, cart **2** (*cinem.*) dolly, truck.

truculento meno com. **trucolento** *agg.* **1** (*truce*, *torvo*) threatening, grim; hostile, truculent **2** (*violento*) violent; (*crudele*) cruel: *un film* —, a violent film.

truculenza *s.f.* **1** (*l'essere truce*) hostility, truculence **2** (*violenza*) violence; (*crudeltà*) cruelty.

truffa *s.f.* fraud (*anche dir.*), swindle, cheat; trick; (*fam.*) rip-off: *commettere una* —, to commit fraud; *essere vittima di una* —, to be cheated (*o* swindled), (*dir.*) to be the victim of fraud // — *all'americana*, confidence trick (*o amer.* confidence game).

truffaldino *agg.* fraudulent, cheating, swindling; dishonest: *impresa truffaldina*, fraudulent enterprise ◆ *s.m.* cheat; swindler; (*fam.*) conman*.

truffare *v.tr.* to cheat, to swindle, to defraud (*anche dir.*); (*fam.*) to con: *mi ha truffato circa cento sterline*, he cheated me out of about a hundred pounds; *è stato truffato di un milione*, he was cheated (*o* tricked) out of a million; *gli truffarono i risparmi*, he was conned out of his money; *quell'uomo ha truffato parecchi commercianti*, that man has cheated (*o* swindled *o* taken in) several businessmen.

truffatore *s.m.* cheat, cheater; swindler; confidence man, (*fam.*) conman*.

truffatrice *s.f.* cheat, cheater; swindler.

trufferia *s.f.* (*non com.*) fraud, cheat, swindle; trick.

truismo *s.m.* (*letter.*) truism.

truistico *agg.* (*letter.*) truistic.

trullaggine, **trulleria** *s.f.* (*region.*) **1**

(*l'essere sciocco*) silliness, foolishness **2** (*cosa sciocca*) silly thing.

trullo[1] *agg.* (*region.*) silly, foolish.

trullo[2] *s.m.* (*abitazione a copertura conica, caratteristica della Puglia*) trullo (*pl.* -i).

truogo, **truogolo** → **trogolo**.

truppa *s.f.* **1** (*mil.*) troop: *truppe aviotrasportate*, airborne troops; *truppe da sbarco*, landing force; *truppe d'assalto*, assault troops; *truppe di copertura*, covering troops; *truppe trasportate via mare*, seaborne troops; *uomo di —*, private (soldier); *le truppe dell'*ONU, UN forces; *ritirare le truppe da un territorio*, to withdraw troops from an area **2** (*fig.*) troop, band, gang: *una — di studenti*, a troop (*o* band) of students; *viaggiare in —*, to travel in a group.

truschino *s.m.* (*tecn.*) surface gauge.

trust *s.m.* **1** (*econ.*) trust; (*estens.*) monopoly: *il — del petrolio, dell'acciaio*, the oil, steel trust; *il — del denaro*, money trust **2** (*gruppo di esperti*) *— di cervelli*, brains trust (*o* think tank).

tse-tse *s.f.* (*zool.*) *mosca —*, (*Glossina palpalis*) tsetse (-fly).

T-shirt *s.f.* (*maglietta*) T-shirt, tee shirt.

tu' *agg.poss. di 2ª pers.sing.* (*region.*) troncamento di *tuo*.

tu *pron.pers.m.* e *f. 2ª pers.sing.* **1** (*sogg.; in it. è spesso sottinteso ma in inglese deve sempre essere espresso*) you; (*ant.*, *poet.*) thou: *— e io*, you and I; (*—*) *sei molto coraggioso*, you're very brave; *quando parti* (*—*)*?*, when are you leaving?; *allora — lo sapevi!*, so you knew!; *— non avresti fatto una cosa simile*, you wouldn't have done anything like that; *se non vuoi andarci —, ci andrò io*, if you won't go, I will; *"È necessario che venga anche —" "*(*Tu*) *dici?"*, "You must come too" "Do you think so?"; *— puoi permettertelo, io no*, you can afford it, I can't // *— al mio posto*, if you were me // *contento —, contenti tutti*, as long as you're happy, we all are // *a — per —*, face to face; (*in privato*) in private: *trovarsi a — per — con la morte*, to look death in the face; *queste sono cose da discutere a — per —*, these are things to be discussed in private **2** (*con uso rafforzativo o enfatico*): *—, qui!*, you, here!; *—, fare una cosa simile?*, you, do a thing like that?; *"Lei non ha un bel carattere" "Neanche —"*, "She isn't easy to get on with" "Neither are you" // *— stesso, proprio —*, you... yourself (*o* you yourself): *potrai constatarlo — stesso*, you can check it (for) yourself; *l'hai visto — stessa con i tuoi occhi*, you've seen it yourself with your own eyes; *devi farlo proprio —*, you've got to do it yourself // *proprio — ti lamenti!*, you of all people are complaining! **3** (*con uso predicativo*) you: *sei —, Maria?*, is it (*o* that) you, Mary?; *non eri — che volevi andartene?*, weren't you the one that wanted to leave?; *sei stato — a dirmi che...*, it was you (*o* you were the one) who told me that...; *è lui dalla parte del torto, non —*, he's the one in the wrong, not you; *da allora sei molto cambiato, non sembri più —*, you haven't been the same since **4** (*con uso impers.*) you, one: *in quel magazzino — puoi trovare di tutto*, you can find everything you want in that store; *se — consideri bene la cosa...*, if you think about it... ◆ *s.m.*: *dare del — a qlcu.*, to be on first-name terms with s.o.

tuareg *agg.* e *s.m.* e *f.* Tuareg.

tuba *s.f.* **1** (*mus.*) tuba*; (*st.*) trumpet, war trumpet: *— di basso*, bass tuba **2** (*anat.*) tube **3** (*cappello a cilindro*) top hat **4** (*gergo mil.*) (*recluta*) raw recruit, (*fam. amer.*) rookie.

tubaggio *s.m.* **1** tubbing **2** (*med.*) intubation.

tubare[1] *v.intr.* **1** to coo **2** (*fig.*) to coo, to whisper sweet nothings: *tubano come due piccioncini*, they are cooing like two little doves.

tubare[2] *v.tr.* (*munire di tubi*) to tube.

tubarico *agg.* (*anat.*) tubal: *gravidanza tubarica*, tubal pregnancy.

tubatura, **tubazione** *s.f.* **1** piping [U]; pipes (*pl.*); pipeline: *la — del gas*, gas pipes **2** (*tubo*) pipe.

tubercolare *agg.* (*bot.*, *med.*) tubercular, tuberculate(d): (*bot.*) *radice —*, tubercular root.

tubercolato *agg.* (*bot.*) tuberculate, tuberculated.

tubercolina *s.f.* (*biochim.*) tuberculin: (*med.*) *test della —*, tuberculine test.

tubercolinizzazione *s.f.* (*med.*) tuberculin therapy.

tubercolizzazione *s.f.* (*bot.*, *med.*) tuberculation, tuberculization.

tubercolo *s.m.* (*anat.*, *bot.*, *med.*) tubercle, tuberculum*.

tubercolosario *s.m.* sanatorium*, tubercular hospital.

tubercolosi *s.f.* (*med.*) tuberculosis: *— ossea*, tuberculosis of the bones; *— polmonare*, pulmonary tuberculosis.

tubercoloso, **tubercolotico** *agg.* tubercular, tuberculous ◆ *s.m.* consumptive, tubercular.

tubercoluto *agg.* tuberculate(d), tubercled.

tubero *s.m.* (*bot.*) tuber, bulb.

tuberosa *s.f.* (*bot.*) (*Polyanthes tuberosa*) tuberose.

tuberosità *s.f.* (*anat.*, *bot.*) tuberosity, tuberousness.

tuberoso *agg.* tuberous, tuberose.

tubettificio *s.m.* tube factory.

tubetto *s.m.* **1** tube: *un — di maionese*, a tube of mayonnaise **2** (*tess.*) quill.

tubiera *s.f.* (*metall.*) hot-blast pipes (*pl.*).

tubino[1] *s.m.* (*cappello da uomo*) bowler hat.

tubino[2] *s.m.* (*abito femminile a tubo*) sheath (dress).

tubista *s.m.* plumber.

tubo *s.m.* **1** pipe, tube; (*di materiale flessibile*) hose: *— al neon*, neon tube; *— a raggi catodici*, cathode ray tube; *— a vuoto*, vacuum tube; *— dell'acqua*, water pipe; *— del gas*, gas pipe; *— della stufa*, stovepipe; (*aut.*) *— di scappamento*, exhaust pipe; (*idraulica*) *— di scarico*, draining pipe (*o* drainpipe *o* waste pipe); *— fluorescente*, glow tube; *— lanciasiluri, di lancio*, torpedo tube; *— metallico*, metal tube; *— per fognatura*, sewer pipe; *— senza saldatura*, seamless pipe; *giunzione di tubi*, pipe connection; *messa in opera di tubi*, pipelaying **2** (*anat.*) canal, duct: *— digerente*, alimentary canal **3** (*oggetto a forma di tubo*): *pantaloni a —*, drainpipe trousers **4** (*fig. fam.*) (*niente*) nothing: *non capisce un —*, he doesn't understand a damn thing (*o* anything at all).

tubocurarina *s.f.* (*chim.*) tubocurarine.

tubolare *agg.* tubular ◆ *s.m.* (*pneumatico per bicicletta*) tubular tyre.

tuboloso *agg.* (*bot.*) tubulose, tubulous.

tubulo *s.m.* **1** (*tubicino*) tubule **2** (*anat.*) tubule, tubulus (*pl.* -li).

tubuloso → **tuboloso**.

tucano *s.m.* (*zool.*) toucan.

tufaceo *agg.* (*geol.*) tuffaceous.

tuffare *v.tr.* to plunge, to dip: *— la testa nell'acqua*, to plunge one's head into the water; *— un remo nell'acqua*, to dip an oar in the water.

□ **tuffarsi** *v.rifl.* to dive* (*anche fig.*), to plunge (*anche fig.*): *si tuffò nel lago*, he dived into the lake // *— nella mischia*, to plunge into the fray // *— in un argomento*, to plunge into a subject // *— nello studio*, to immerse oneself in one's studies.

tuffata *s.f.* dive.

tuffatore *s.m.* **tuffatrice** *s.f.* diver.

tuffetto *s.m.* (*zool.*) (*Podiceps ruficollis*) dabchick, ducker, grebe.

tuffista *s.m.* e *f.* (*sport*) diver.

tuffistica *s.f.* (*sport*) diving.

tuffo *s.m.* **1** dive, plunge; (*bagno*) dip: *— dal trampolino*, dive from the divingboard; *— di testa*, forward dive; *— a vite*, spin dive; *— ad angelo*, swallow dive (*o* swan dive); *fare un —*, to take a plunge (*o* to plunge *o* to dive); *hai voglia di un — in piscina?*, would you like a dip in the swimming pool? **2** (*picchiata di aereo*) dive: *scendere in —*, to nosedive **3** (*estens.*) (*slancio, salto*) dive; leap: *buttarsi a — su qlco.*, to make a dive for s.o.; *con un — fu sul ladro*, he dived on the thief // *parata in —*, (*calcio*) diving save // *fare un — nel passato*, (*fig.*) to take a leap into the past // *ebbi un — al cuore*, (*fig.*) my heart skipped a beat.

tuffolo *s.m.* (*zool.*) diver.

tufo *s.m.* (*geol.*) tuff: *— calcareo*, calctufa.

tufoso *agg.* (*geol.*) tuffaceous.

tuga *s.f.* (*mar.*) deckhouse.

tugurio *s.m.* hovel.

tuia *s.f.* (*bot.*) (*Thuja occidentalis*) arbor vitae, thuja.

tujamunite *s.f.* (*min.*) tyuyamunite.

tulio *s.m.* (*chim.*) thulium.

tulipano *s.m.* (*bot.*) (*Tulipa gesneriana*) tulip: *— selvatico*, (*Tulipa silvestris*) ladytulip.

tulle *s.m.* tulle.

tumefare *v.tr.* **tumefarsi** *v.intr.pron.* to tumefy.

tumefatto *agg.* tumefied, swollen: *una caviglia tumefatta*, a swollen ankle.

tumefazione *s.f.* tumefaction, swelling.

tumescente *agg.* (*scient.*) tumescent.

tumescenza *s.f.* (*scient.*) tumescence.

tumidezza, **tumidità** *s.f.* **1** tumidity, tumidness **2** (*di stile*) pomposity, pompousness.

tumido *agg.* **1** tumid, swollen: *labbra tumide*, fleshy lips **2** (*di stile*) pompous.

tumolo *s.m.* tumulus*; (*tomba*) grave.

tumorale *agg.* (*med.*) tumoral.

tumore *s.m.* **1** (*med.*) tumour: *— benigno, maligno*, benign, malignant tumour **2** (*vet.*) splint; warble; wind gall.

tumulare[1] *agg.* (*rar.*) tumulary, sepulchral: *pietra —*, tombstone (*o* gravestone).

tumulare[2] *v.tr.* to bury, to inter, to entomb.

tumulazione *s.f.* burial, interment, burying.

tumulo *s.m.* **1** (*archeol.*) tumulus*; (*tomba*) grave **2** (*cumulo di terra*) heap of earth.

tumulto *s.m.* **1** (*confusione*) tumult, uproar, turmoil **2** (*sommossa*) riot: *si sono verificati violenti tumulti*, violent riots broke out **3** (*fig.*) turmoil, tumult: *il — delle passioni*, the tumult of passions; *ho l'animo in —*, my mind is in (a) turmoil.

tumultuante *agg.* tumultuary, riotous: *vita —*, stormy life; *la folla —*, the riotous (*o* turbulent) crowd; *aveva il cuore —*, his heart was in (a) turmoil ◆ *s.m.* e *f.* (*non com.*) rioter.

tumultuare *v.intr.* to riot: *la folla tumultuava nelle strade*, the mob was rioting in the streets; *mille pensieri le tumultuavano nella mente*, (*fig.*) thousands of thoughts raced through her mind.

tumultuoso *agg.* tumultuous, riotous: *una folla tumultuosa*, a riotous crowd; *grida tumultuose*, tumultuous shouts; *acque tumultuose*, turbulent waters; *sentimenti tumultuosi*, turbulent feelings.

tundra *s.f.* tundra: *— alpina*, Alpine tundra.

tungsteno *s.m.* (*chim.*) tungsten: *acciaio al —*, tungsten steel; *lampada al —*, tungsten lamp.

tungstico *agg.* (*chim.*) tungstic: *acido —*, tungstic acid.

tungstite *s.f.* (*min.*) tungstite.

tunica *s.f.* **1** tunic: *una — di lino*, a linen tunic **2** (*anat.*) tunic, tunica **3** (*bot.*, *zool.*) tunic, tunicle.

tunicato *agg.* (*bot.*, *zool.*) tunicate, tunicated ◆ *s.m.* (*zool.*) tunicate.

tunisino *agg.* e *s.m.* Tunisian.

tunnel *s.m.* (*galleria*) tunnel (*anche fig.*): *il — del Monte Bianco*, the Mont Blanc tunnel; *il — della droga*, the tunnel of drug addiction; *il paese esce lentamente dal — della crisi economica*, (*fig.*) the country is slowly recovering from (*o* pulling through) the economic recession // (*fis.*): *diodo a —*, tunnel diode; *effetto —*, tunnel effect.

tuo *agg.poss. di 2ª pers.sing.* **1** your; (*ant. poet.*) thy; (*tuo proprio*) your own: *— padre e tua madre*, your father and mother; *il — libro*, your book; *la tua casa*, your house; *i tuoi amici*, your friends; *le tue vecchie abitudini*, your old habits; *il — migliore amico*, your best friend; *come passi le tue serate?*, how do you spend your evenings?; *ha osato venire a casa tua?*, did he dare to come to your house?; *sei libero di esprimere il — parere*, you're free to express your opinion; *non ti piacerebbe avere una casa (tutta) tua?*, wouldn't you like to have a house of your own?; *hai un modo tutto — di vedere le cose*, you have your own way of seeing things; *sono del — stesso avviso*, I'm of your opinion; *questo non è affar —*, this doesn't concern you (*o* this is none of your business) // *un — libro*, one of your books (*o* a book of yours); *mi piacciono questi tuoi quadri*, I like these pictures of yours; *ho incontrato quella tua amica*, I met that friend of yours // *nelle Tue mani rimetto l'anima mia*, into Thy hands I commend my spirit; *sia fatta la Tua volontà*, Thy will be done // *in vece tua*, instead of you (*o* in your stead) // *l'ho fatto per amor —*, I did it for your sake (*o* for love of you) **2** (*nella chiusa delle lettere*) Your(s): *— Giorgio*, Yours, George; *tua Francesca*, Yours, Frances; *il — affezionatissimo cugino*, Yours affectionately (*o* Your affectionate) cousin **3** (*con uso predicativo*) yours: *questo soprabito dev'essere —*, this coat must be yours; *non sono tuoi questi dischi?*, aren't these records yours?; *quella penna non è tua, è mia*, that pen isn't yours, it's mine; *questo è un problema —, non suo*, this problem is yours, not his ◆ *pron.poss.* **1** yours; (*ant. poet.*) thine: *il mio appartamento è più piccolo del —*, my flat is smaller than yours; *la mia macchina non parte, posso prendere la tua?*, my car won't start, can I borrow yours?; *questo è il mio posto, non il —*, this is my place, not yours **2** (*in espressioni ellittiche*): *ho ricevuto oggi la tua del 5 corr.*, I have just received your letter of the 5th inst.; *noi siamo tutti dalla tua*, we're all on your side; *perché stai sempre sulle tue?*, why do you always keep to yourself to yourself?; *devi sempre dire la tua*, you always have to have your say; *devi averne combinata una delle tue*, you must have been up to your old tricks again; *anche tu hai avuto le tue*, you've had your share too ◆ *s.m.* **1** *vivi del —*, you live on your own earnings; *ci rimetti del —*, you'll lose on it; *accontentati del —*, be satisfied with what you've got **2** (*partitivo*): *qualcosa, niente di —*, something, nothing of your own; *in questo scritto c'è ben poco di —*, there's not much of your own in this writing **3** *pl.* your family (*o* your relatives *o fam.* your folks); (*seguaci*) your supporters.

tuonare *v.intr.* **1** *impers.* to thunder: *aveva paura perché tuonava*, he was scared because it was thundering; *tuonò tutta notte*, it thundered all night long **2** (*estens.*) (*di cannone ecc.*) to sound like thunder; to thunder, to boom; (*parlare con veemenza*) to thunder: *— contro qlcu.*, to thunder against s.o.

tuono *s.m.* **1** thunder [U]: *forti tuoni annunciarono l'avvicinarsi del temporale*, loud peals of thunder announced the approaching storm; *al lampo segue il —*, thunder follows lightning // *fare tuoni e fulmini*, (*fig.*) to thunder (*o* to rage) **2** (*estens.*) (*rombo*) boom, roar.

tuorlo *s.m.* yolk.

turacciolo *s.m.* stopper; (*di sughero*) cork: *provvisto di —*, corked; *mettere il — a una bottiglia*, to cork a bottle.

turafalle *s.m.* (*mar.*) mat.

turare *v.tr.* to stop, to plug; to fill up: *— un buco*, to stop up (*o* to fill up) a hole; *— un dente*, to stop (*o* to fill) a tooth; *— una falla*, to stop a leak; *turarsi il naso*, to stop (*o* to hold) one's nose // *— la bocca a qlcu.*, (*fig.*) to silence s.o. (*o fam.* to shut s.o. up) // *turarsi le orecchie*, to stop one's ears, (*fig.*) to refuse to listen.

□ **turarsi** *v.intr.pron.* to become* blocked.

turba[1] *s.f.* crowd, throng, multitude; (*spreg.*) mob, rabble: *una — di gente*, a crowd of people.

turba[2] *s.f.* (*psic.*) disorder: *grave — psichica*, serious mental disorder.

turbamento *s.m.* **1** (*agitazione*) perturbation, agitation; anxiety, worry: *non riusciva a celare il suo —*, he couldn't conceal his anxiety **2** (*il turbare*) disturbing, disturbance, upsetting: *— dell'ordine pubblico*, disturbing of the peace.

turbante *s.m.* **1** turban **2** (*mar.*) (*nodo*) —, Turk's head.

turbare *v.tr.* **1** to upset*, to trouble, to disturb: *gli incubi turbavano i suoi sonni*, nightmares troubled his sleep; *quella vista l'ha molto turbato*, that sight has upset him very much; *quel pensiero lo turbò per molto tempo*, that thought troubled (*o* disturbed) him for a long time; *venne a — la pace della nostra famiglia*, he came to disturb the peace of our family; *— il silenzio*, to break the silence; *— la quiete pubblica*, to disturb the peace // (*econ.*): *— il mercato*, to raid the market; *— l'equilibrio economico di un paese*, to upset the economic stability of a country **2** (*agitare*) to disturb, to ruffle: *il vento turbò le acque del lago*, the wind ruffled the surface of the lake.

□ **turbarsi** *v.intr.pron.* to get* upset, to become* agitated, to become uneasy: *si turbò a quella notizia*, he got upset over the news.

turbativa *s.f.* (*dir.*) nuisance; intrusion: *— dell'ordine pubblico*, public nuisance; *— del possesso*, intrusion.

turbato *agg.* troubled, disturbed, agitated, upset: *mente turbata*, troubled mind; *sonno — da tristi pensieri*, sleep disturbed by sad thoughts; *mi è parso —*, he seemed worried to me; *era molto —*, he was deeply upset.

turbidimetria *s.f.* (*chim.*, *fis.*) turbidimetry.

turbidimetrico *agg.* (*chim.*, *fis.*) turbidimetric.

turbina *s.f.* (*mecc.*) turbine: *— a reazione*, reaction turbine; *— a vapore*, steam turbine.

turbinare *v.intr.* to whirl, to eddy (*anche fig.*): *le foglie turbinavano nel vento*, the leaves were whirling in the wind; *mille pensieri mi turbinavano nella testa*, hundreds of ideas swirled through my mind; *il vapore turbinava vorticosamente nell'aria*, the vapour was eddying wildly in the air.

turbine *s.m.* **1** whirl, eddy (*anche fig.*): *un — di polvere*, a whirl (*o* an eddy) of dust; *— di sabbia*, sandstorm; *— di vento*, whirlwind; *la mia mente è in un —*, my mind is in a whirl **2** (*moltitudine*) swarm, mass, throng: *un — di cavalli al galoppo*, a throng of gallopping horses **3** (*fig.*) turmoil; whirl, rush: *un — di idee*, a whirl of ideas; *il — della passione*, the turmoil of passion.

turbinio *s.m.* whirling (*anche fig.*), seething: *il — della sabbia*, the whirling of sand; *un — di pensieri*, a whirl of thoughts; *un — di gente*, a seething throng of people.

turbinoso *agg.* whirling (*anche fig.*), swirling, stormy: *vento —*, stormy wind; *cadde nelle turbinose acque del fiume*, he fell into the swirling waters of the river; *velocità turbinosa*, breakneck speed; *pensieri turbinosi*, whirling thoughts.

turbo *agg.* (*mecc.*) turbocharged: *un motore —*, a turbocharged engine ◆ *s.m.* **1** (*motore*) turbocharged engine **2** (*autoveicolo*) turbocharged car.

turbo- *pref.* del linguaggio tecnico che significa 'turbina, a turbina'; ingl. turbo-: *turboalternatore*, turboalternator; *turbodinamo*, turbodynamo; *turbomacchina*, turbomachine.

turbocisterna *s.f.* (*mar.*) turbine tanker.

turbocompresso *agg.* (*mecc.*) turbocharged: *motore —*, turbocharged engine.

turbocompressore *s.m.* (*mecc.*) **1** turbocompressor, turboblower **2** (*sovralimentatore*) (*di auto*) turbocharger; (*di aereo*) turbosupercharger.

turbodiesel *agg.* turbodiesel ◆ *s.m.* **1**

(*motore*) turbodiesel engine **2** (*autoveicolo*) turbodiesel car.

turboelettrico *agg.* turboelectric.

turboelica *s.m.* **1** (*aer.*) (*motore*) turboprop (engine), turbopropeller-engine **2** (*aeroplano*) turboprop.

turbogeneratore *s.m.* (*mecc.*) turbogenerator, turbine generator.

turbogetto *s.m.* (*aer.*) turbojet: *motore a —*, turbojet engine; (*aeroplano a*) —, turbojet.

turbolento *agg.* **1** turbulent, tumultuous; riotous; (*sfrenato*) boisterous, unruly: *un bambino —*, a boisterous (*o* unruly) child **2** (*agitato*) stormy, troubled, turbulent: *una vita turbolenta*, a stormy life; *tempi turbolenti*, troubled times.

turbolenza *s.f.* **1** turbulence; (*sfrenatezza*) unruliness **2** (*fis.*, *meteor.*) turbulence // *camera di —*, swirl chamber **3** (*geogr.*) (*in acque marine*) rip.

turbolescenza *s.f.* (*fis.*) turbulescence.

turbolocomotiva *s.f.* (*ferr.*) turbine locomotive.

turbomoto *s.f.* turbocharged motorcycle.

turbomotore *s.m.* (*mecc.*) turbine engine.

turbonave *s.f.* (*mar.*) turbiner.

turbopompa *s.f.* (*mecc.*) turbopump.

turbopropulsore *s.m.* turbine engine.

turboreattore → **turbogetto**.

turbotreno *s.m.* (*ferr.*) turbine train.

turca *s.f.* **1** (*ottomana*) ottoman, divan **2** (*gabinetto*) Turkish toilet.

turcasso *s.m.* (*faretra*) quiver.

turchese *agg.* e *s.m.* (*colore*) turquoise ◆ *s.f.* (*min.*) turquoise.

turchinetto *s.m.* laundry blue, bluing.

turchino *agg.* deep blue: *cielo —*, deep blue sky ◆ *s.m.* deep blue.

turco *agg.* Turkish: *territorio —*, Turkish territory // *bagno —*, Turkish bath // *caffè alla turca*, Turkish coffee; *divano alla turca*, ottoman; *sedere alla turca*, to sit cross-legged // *cose turche*, (*scherz.*) terrible (*o* unbelievable) things ◆ *s.m.* **1** Turk // *bestemmiare come un —*, to swear like a trooper // *fumare come un —*, to smoke like a chimney **2** (*lingua*) (the) Turkish (language) // *parlare —*, (*fig.*) to speak double-Dutch.

turgescente *agg.* (*scient.*) turgescent.

turgescenza *s.f.* (*scient.*) turgescence.

turgidezza, **turgidità** *s.f.* **1** turgidity **2** (*fig.*) (*stile enfatico*) turgidity, pompousness, bombast.

turgido *agg.* **1** turgid, swollen: *occhi turgidi di lacrime*, eyes swollen with tears **2** (*di stile*) turgid, pompous, bombastic.

turgore *s.m.* turgor; turgidness, turgidity.

turibolo *s.m.* (*eccl.*) thurible, censer.

turismo *s.m.* tourism: *il — si è molto sviluppato in questi ultimi tempi*, tourism has increased greatly in the last few years; *ente per il —*, tourist board; *agenzia per il —*, *ufficio del —*, tourist agency; *— di massa*, mass tourism; *gran —*, long-distance touring.

turista *s.m.* e *f.* tourist; (*visitatore di una città*) sightseer: *l'Italia d'estate è invasa dai turisti*, every summer Italy is invaded by tourists.

turisticizzare *v.tr.* to develop for tourism: *per — una costa non si deve distruggere l'ambiente*, in developing a coastline for tourism the environment must not be destroyed.

turistico *agg.* tourist (*attr.*): *agenzia turistica*, tourist agency; *attrezzature turistiche*, tourist facilities; *operatore —*, tour operator; *classe turistica*, tourist class; *villaggio —*, holiday camp; *industria turistica*, tourist trade; *prezzi turistici*, special tourist rates; *menu —*, tourist menu; *movimento —*, tourist traffic.

turkmeno *agg.* Turkmenian ◆ *s.m.* Turkman*, Turkoman.

turlupinare *v.tr.* to cheat, to swindle; (*fam.*) to take* in: *fu malamente turlupinato*, he was really taken in.

turlupinatore *s.m.* cheat, swindler.

turlupinatura *s.f.* **1** (*il turlupinare*) cheating, swindling **2** (*inganno*, *raggiro*) cheat, swinde.

turma → **torma**.

turnazione *s.f.* turnover system.

turnista *s.m.* e *f.* shift worker.

turno *s.m.* **1** turn: *a —*, in turn; *aspetto il mio —*, I am waiting for my turn; *chi è di —?*, (*a chi tocca?*) whose turn is it?; *è il tuo — di parlare*, it is your turn to speak; *faremo dei turni*, we'll take turns **2** (*di lavoro*) shift, workshift: *— a orario spezzato*, split shift; *— di notte*, night shift; *— di giorno*, day shift; *— di mattino*, early shift; *— fisso*, fixed shift; *— pomeridiano*, afternoon shift; *— di guardia*, watch; *turni a rotazione*, rotating shifts; *un — di lavoro di 5 ore*, a five-hour shift; *fare il — di notte*, to work the night shift **3** (*servizio*) duty; (*di militari*) guard: *il medico di —*, the doctor on duty; *chi è di —?*, (*chi è di servizio?*) who is on duty?

turnover *s.m.* **1** (*econ.*) (*ricambio di manodopera*) turnover // (*comm.*) *— di magazzino*, stock (*o* inventory) turnover **2** (*chim.*) turnover: *numero di —*, turnover number.

turpe *agg.* **1** (*disonesto*, *vergognoso*) base, vile, foul, shameful: *azioni turpi*, base (*o* vile) actions; *un — delitto*, a hideous crime (*o* crime of moral turpitude) **2** (*osceno*) obscene, filthy, disgusting.

turpiloquio *s.m.* foul language, obscene language.

turpitudine *s.f.* (*letter.*) turpitude, baseness.

turrito *agg.* turreted, towered: *castello —*, turreted castle.

tursiope *s.m.* (*zool.*) (*Tursiops truncatus*) bottle-nose.

tuta *s.f.* overalls (*pl.*): *un operaio con una — blu*, a workman in blue overalls // *— da ginnastica*, *sportiva*, tracksuit // *— spaziale*, space suit // *— mimetica*, camouflage.

tutela *s.f.* **1** (*dir.*) guardianship, tutelage, custody: *diritto di —*, right of tutelage; *sotto —*, under guardianship; *avere la — di un bambino*, to have the guardianship (*o* tutelage *o* custody) of a child **2** (*protezione*) protection; (*difesa*) defence, safeguard: *i cittadini sono sotto la — della legge*, citizens are under the protection of the law; *prendere qlcu. sotto la propria —*, to take s.o. under one's wing; *— ambientale*, conservation (*o* environmental protection); *la — dei propri interessi*, the safeguarding of one's interests; *— del lavoro*, labour protection // *la — dell'ordine*, the maintenance of law and order // (*comm.*): *— degli interessi del consumatore*, consumer protection; *accordo a — della concorrenza*, fair trade agreement.

tutelare *agg.* tutelar, tutelary; guardian (*attr.*): *giudice —*, tutelary judge // *angelo —*, guardian angel.

tutelare *v.tr.* to protect, to defend, to safeguard, to keep*: *la legge tutela i cittadini contro l'ingiustizia*, the law protects citizens from injustice; *— la propria reputazione*, *i propri diritti*, to protect one's reputation, one's rights; *— l'ambiente*, to protect the environment; *— i propri interessi*, to safeguard one's interests; (*dir.*) *— l'ordine pubblico*, to keep the peace. □ **tutelarsi** *v.rifl.* to protect oneself, to safeguard oneself.

tutina *s.f.* **1** (*da neonato, bambino*) rompers (*pl.*), romper suit, playsuit **2** (*da donna*) (body) leotard.

tutolo *s.m.* cob, maize-cob, corn cob.

tutore *s.m.* **1** (*dir.*) guardian; curator: *nominare un —*, to appoint a guardian // *— dell'ordine*, policeman **2** (*agr.*) (tree) stake.

tutorio *agg.* (*dir.*) tutorial, tutelary: *autorità tutoria*, tutelary authority.

tuttala *agg.* (*aer.*) tailless ◆ *s.m.* (*aer.*) tailless aeroplane.

tuttalpiù, **tutt'al più** *avv.* **1** (*al massimo*) at (the) most: *il biglietto costerà — diecimila lire a testa*, the ticket will cost at most ten thousand liras a head **2** (*alla peggio*) at (the) worst: *non occorre fare le cose in fretta, — consegneremo il lavoro domani*, we mustn't do things too hastily, at (the) worst we'll hand the work in tomorrow.

tuttavia *cong. avversativa* but, yet, nevertheless: *non è una zona pericolosa, — è meglio non fare il bagno qui*, it isn't a dangerous area, but you'd better not swim here; *non te lo meriti, — per questa volta ti darò una mano*, you don't deserve it, but I'll give you a hand this time; *ha un pessimo carattere, — è un uomo molto generoso*, he's very bad-tempered, but a very generous man nevertheless; *benché avesse tanti problemi, (pur) — era sempre pronto ad aiutare gli altri*, even though he had so many problems he was always ready to help others ◆ *avv.* (*ant.*, *letter.*) (*tuttora*) still.

tutto *agg.indef.* **1** (*con riferimento a numero, quantità, estensione, durata*) all; (*intero*) (the) whole (of): *— il mondo*, all the (*o* the whole) world; *tutta l'Italia*, all (*o* the whole of) Italy; *tutta la mia famiglia*, all my (*o* my whole) family; *— il giorno*, all the day (*o* the whole day); *— il mese, l'anno*, all the (*o* the whole) month, year; *ha speso — il suo denaro*, he has spent all his money; *abbiamo consumato tutta l'acqua*, we have used up all the water; *ho letto — il libro*, I've read all the (*o* the whole) book; *si è mangiato tutta (quanta) la torta*, he has eaten all the (*o* the whole) cake; *— il traffico era bloccato*, all the traffic was blocked; *tutta la casa dev'essere ristrutturata*, all the (*o* the whole) house needs rebuilding; *abbiamo fatto tutta la strada di corsa, a piedi*, we ran, walked all the way; *ha lavorato tutta la vita*, he worked all his life; *ho passato — il tempo con loro*, I spent all the time with them; *l'ho fatto con — il cuore*, I did it willingly (*o* with all my heart); *ci ha messo tutta la sua buona volontà*, he put all he'd got into it; *devi dirmi tutta la verità*, you must tell me the whole truth; *tutta Parigi ne parla*, all Paris is talking about it; *tutta la città* *era in pericolo*, the whole city was in danger; *ha letto — Dante*, he has read all (of) Dante's works; *ha speso lo stipendio — intero*, he has spent all his salary // *in — il mondo*, all over the world // *per tutta la casa*, all over the house; *ha viaggiato per tutta l'Europa*, he has travelled all over Europe // *per — il giorno*, all day long // *per tutta la notte, l'inverno*, all through (*o* throughout) the night, the winter; *ha dormito per tutta la durata del film*, he slept throughout (*o* all through) the film // Con uso predicativo: *il pane è — in tavola*, the bread is all on the table; *il problema era — qui*, that was all the problem; *la difficoltà sta tutta nel cominciare*, all the problem lies in how to start **2** *pl.* all (*con costr. pl.*); (*ogni*) every; (*ciascuno*) each (*con costr. sing.*): *tutti gli uomini sono uguali*, all men are equal; *l'appello è rivolto a tutti i cittadini*, the appeal is addressed to all (the) citizens; *invitò tutti i suoi amici alla festa*, he invited all his friends to the party; *malgrado tutti i suoi difetti, la trovo simpatica*, I like her despite all her faults; *tutte le strade erano bloccate*, all the roads were blocked; *sono stati venduti tutti* (*quanti*) *i biglietti*, all the tickets were sold; *da chi hai saputo tutte queste cose?*, where did you learn all these things?; *ci vediamo tutti i giorni*, we see each other every day; *tutti i partecipanti riceveranno un premio*, all the participants will receive a prize (*o* everyone taking part will receive a prize); *c'erano atleti di tutte le nazionalità*, there were athletes of all nationalities (*o* of every nationality); *riceve visite a tutte le ore*, he receives visitors at all hours // *tutti gli altri*, all the others // *tutti quanti*, everyone // *tutti e due i fratelli*, both brothers; *tutt'e tre, tutt'e quattro le sorelle*, all three, all four sisters // *noi tutti*, we all (*o* all of us); *voi tutti*, you all (*o* all of you); *tutti loro*, (*sogg.*) they all (*o* all of them), (*compl.*) them all (*o* all of them) // Anche con uso predicativo: *i bambini erano tutti a dormire*, the children were all sleeping; *le auto erano tutte straniere*, the cars were all foreign ones **3** (*con valore di* completamente) all; quite; completely: *è — sbagliato*, it's all wrong; *se ne andò — felice*, he went off as happy as could be (*o* he went off quite happily); *sei — bagnato*, you're all wet (*o* wet through); *era — commosso*, he was very moved.

◆ FRASEOLOGIA: *a tutta forza*, as hard as one can (*o* at full speed) // *a tutta prova*, well tried // *a — spiano, a — andare*, all out // *a tutta velocità*, at top (*o* full) speed // *a tutt'oggi*, up to the present (*o* until today *o* so far) // *a — il 20 agosto*, to 20th August inclusive // *in tutta sincerità, in tutta onestà*, in all sincerity, in all honesty // *in tutta confidenza*, quite frankly // *di — punto*, fully (*o* completely): *essere vestito di — punto*, to be fully dressed // *è tutt'altra cosa*, it's quite different // *sono di tutt'altro parere*, I disagree entirely // (*mar.*) *tutta a dritta!*, hard over!; *avanti tutta!*, full steam ahead!

tutto *pron.indef.* **1** (*ogni cosa*) all; everything: *— è finito*, it's all over; *era — deciso*, it was all decided; *va — bene?*, is everything all right?; *gli hai detto —?*, did you tell him everything?; *— era facile per lui*, everything was easy for him; *penserò a — io*, I'll see to everything; *nostro padre era — per noi*, our father was everything to us; *sa —*, he knows everything; *abbiamo speso —*, we have spent everything; *ha mangiato — (quanto)*, he ate everything; *gli ho dato — quello che avevo*, I gave him all (*o* everything) I had; *abbiamo parlato di —*, we talked about everything; *un po' di —, di — un po'*, a bit of everything; *grazie di —!*, thank you for everything! // *mi ha detto di —!*, he really gave it me! // *prima di —, innanzi —*, (*per prima cosa*) first of all; (*in primo luogo*) in the first place; (*soprattutto*) above all // *dopo —*, after all // *ecco —, questo è —*, that's all // *e non è —!*, and that's not all! // *o — o niente*, all or nothing // *— sommato*, all in all // *— sta che io arrivi in tempo*, it all depends on my arriving in time // *sa fare di —*, he knows how to do everything; *mangia di —*, he eats anything and everything // *essere capace di —*, to be capable of anything // *fare di — per...*, to do everything one can do to... **2** *pl.* all (*con costr. pl.*); (*ognuno*) everybody, everyone; (*ciascuno*) each (one) (*con costr. sing.*): *sono arrivati tutti insieme*, they all arrived together; *lo sanno tutti*, everyone knows; *non tutti la pensano come te*, they don't all share your opinion; *va d'accordo con tutti*, he gets on well with everyone; *qui conosco tutti uno per uno*, I know each and every one here; *alla cerimonia c'eravamo tutti*, we were all at the ceremony; *sono partiti tutti*, they have all left; *è opinione di tutti*, it's everyone's opinion; *tutti dicono che...*, everyone says that...; *ci sarà da bere per tutti*, there will be drinks for everyone; *verrà distribuita a tutti una scheda di partecipazione*, a participation form will be distributed to everyone; *"Quanto costano questi impermeabili?" "Costano tutti sulle 200.000 lire"*, "How much do these raincoats cost?" "They each cost (*o* each of them costs) about 200,000 lire // *tutti e due* (*noi, voi, loro*), we, you, they both (*o* both of us, you, them) // *tutti e tre, tutti e quattro*, all three, all four: *andarono tutti e quattro*, all four of them went // *zitti tutti!*, everyone be quiet! // *fermi tutti!*, hold it! ◆ *s.m.* (*l'intero*) whole; (*totale*) total; (*ogni cosa*) everything: *il — costava sul mezzo milione*, the whole (thing) came to about half a million lire; *mescolate il — fino a ottenere una crema densa*, mix everything to a thick cream; *moltiplicare, dividere il — per mille*, multiply, divide the total by a thousand; *riceverete il — entro pochi giorni*, you will receive everything in a few days' time // *tentare il — per —*, to risk everything on a single throw.

◆ FRASEOLOGIA: *del —, in — e per —*, quite (*o* completely): *le sue conclusioni sono del — sbagliate*, his conclusions are quite (*o* completely) wrong; *la copia è in — e per — identica all'originale*, the copy is absolutely identical to the original // *in —*, in all: *siamo venti in —*, there are twenty of us in all; *quanto fa in —?*, how much is it all together? (*o* in all?); *sono 15.000 lire in —*, it's 15,000 lire all together (*o* in all) // *— intorno*, all around // *tutt'al più* → **tuttalpiù** // *tutt'altro!*, on the contrary (*o* not at all)!: *"Sei stanco?" "Tutt'altro!"*, "Are you tired?" "Not at all"; *tutt'altro che*, anything but: *è tutt'altro che onesto*, he's anything but honest; *ha fatto tutt'altro che studiare*, he did anything but study // *è — dire*, that's saying a lot // *con — che...*, (*sebbene, malgrado*) (al)though.

tuttofare *agg.* general: *una donna di servizio —*, a general maid (*o* a maid of all work) // *impiegato —*, factotum (*o fam.* dogsbody).

tuttologo *s.m.* (*iron.*) know-it-all, know-all.

tuttora *avv.* (*ancora*) still: *è — in prigione*, he is still in prison; *è stato eletto due volte presidente della società ed è — in carica*, he has been elected company chairman twice and is still in office; *il posto di segretario è — vacante*, the secretary's post is still vacant // *a —*, so far.

tuttotondo *s.m.* (*scult.*) full relief: *scultura a —*, full relief sculpture.

tutù *s.m.* tutu.

tuzia *s.f.* (*chim.*) tutty.

tuziorismo *s.m.* tutiorism.

tweed *s.m.* (*tessuto*) tweed.

twist *s.m.* twist: *ballare un —*, to do the twist.

tze-tze → **tse-tse**.

tzigano → **zigano**.

Uu

u *s.f.* o *m.* (*ventunesima lettera dell'alfabeto*) u (*pl.* us, u's) // (*aut.*) *divieto di inversione a U*, no U-turns // (*tel.*) — *come Udine*, u for Uncle.

uabaina *s.f.* (*chim.*) ouabain.

uadi *s.m.* (*geogr.*) wadi*, wady.

ubbia *s.f.* (*timore*) groundless fear; (*fisima*) whim, strange idea, strange fancy; (*pregiudizio*) prejudice: *tirati via queste ubbie dalla testa*, get these strange ideas out of your head.

ubbidire e *deriv.* → **obbedire** e *deriv.*

ubertà, **ubertosità** *s.f.* (*letter.*) (*fertilità*) fertility, fruitfulness; (*abbondanza*) abundance.

ubertoso *agg.* (*letter.*) (*fertile*) fertile, fruitful; (*abbondante*) rich, abundant: *suolo* —, fertile (*o* fruitful) soil.

ubicato *agg.* located, situated, placed: *una casa ubicata in via Manzoni*, a house situated in via Manzoni; *un palazzo male* —, a badly -situated building.

ubicazione *s.f.* location, situation, site: *l'— di una casa*, the location of a house; *l'— dell'albergo è perfetta*, the location of the hotel is ideal // (*econ.*) — *pianificata dell'industria*, planned location of industry.

ubiquista *agg.* (*ecol.*) ubiquist ◆ *s.m.* e *f.* → ubiquitario.

ubiquità *s.f.* ubiquity, omnipresence: *avere il dono dell'*—, to have the gift of ubiquity, (*scherz.*) to be everywhere: *non posso avere il dono dell'*—, (*scherz.*) I can't be everywhere.

ubiquitario *s.m.* (*relig.*) ubiquitarian, ubiquarian ◆ *agg.* **1** (*relig.*) ubiquitarian, ubiquarian **2** (*ecol.*) ubiquist **3** (*dotato di ubiquità*) ubiquitous.

ubriacamento *s.m.* drunkenness.

ubriacare *v.tr.* **1** to make* drunk, to intoxicate (*anche fig.*); (*inebriare*) to inebriate: *due dita di vino bastano a ubriacarmi*, half a glass of wine is enough to make me drunk; *lo ubriacò per farlo parlare*, he made him drunk (*o* intoxicated him) to make him talk; *era ubriacato dal suo successo*, he was intoxicated by (*o* with) his success (*o* his success had gone to his head) **2** (*fig.*) (*stordire*) to daze (s.o.), to make* (s.o.'s head) spin: *sua moglie lo ha ubriacato di chiacchiere*, his wife dazed him with her talk.

□ **ubriacarsi** *v.rifl.* o *intr.pron.* to get* drunk (on sthg.); to get* intoxicated (*anche fig.*); (*inebriarsi*) to get* inebriated; (*innamorarsi*) to be besotted: — *di vino*, to get drunk on wine; *si ubriaca tutte le sere*, he gets drunk every night; — *di una donna*, (*fig.*) to be besotted with a woman.

ubriacatura *s.f.* **1** getting drunk; intoxication (*anche fig.*): *prendere un'*—, to get drunk **2** (*cotta*) infatuation, crush: *ha preso un'— per l'amico di suo fratello*, she is infatuated with her brother's friend.

ubriachezza *s.f.* drunkenness; (*ebbrezza*) inebriety: *in stato di* —, in a drunken state; *smaltire l'— dormendo*, to sleep off one's drunkenness (*o* to sleep oneself sober); *arrestare per — molesta*, to arrest for being drunk and disorderly.

ubriaco *agg.* drunk (on sthg.); (*fig.*) drunk (with sthg.), intoxicated (with sthg.): — *fradicio*, dead (*o* blind) drunk; *ma sei —?*, are you drunk?; *è — di acquavite*, he is drunk on brandy; *è — di felicità*, he is drunk (*o* intoxicated) with happiness; *essere — d'amore*, to be besotted // — *di fatica*, worn-out with fatigue // — *di sonno*, dog-tired (*o* dead tired) ◆ *s.m.* drunk: *una birreria piena di ubriachi*, a pub full of drunks.

ubriacona *s.f.* **ubriacone** *s.m.* drunkard, boozer.

uccellagione *s.f.* **1** (*cattura*) fowling **2** (*selvaggina di penna*) feathered game.

uccellaia *s.f.* (*uccellanda*) bird trap.

uccellaio *s.m.* bird-seller, seller of birds.

uccellanda *s.f.* bird trap.

uccellare *v.intr.* to catch* birds, to go* bird-catching.

uccellatoio *s.m.* fowling place, fowl run.

uccellatore *s.m.* bird catcher; fowler.

uccelliera *s.f.* aviary, large bird cage; volary.

uccellina *s.f.* (*mar.*) moonsail.

uccellino *s.m.* little bird; (*di nido*) nestling.

uccello *s.m.* **1** bird; fowl*: *il volo degli uccelli*, the flight of birds; — *in volo*, bird in flight; *osservare gli uccelli*, to bird-watch; *andare a caccia di uccelli*, to go bird-catching; *uccelli acquatici*, water fowl(s); — *marino*, sea fowl; — *da gabbia*, cagebird; — *di passo*, bird of passage; — *di rapina*, bird of prey; — *migratore*, migrant bird; *uccelli selvatici*, wild fowl(s) (*o* wild birds); — *di nido*, *implume*, nestling; — *da richiamo*, call-bird; — *canoro*, song bird; — *notturno*, nocturnal bird; — *fischiatore*, whistler // — *del paradiso*, bird of paradise; — *mosca*, humming -bird; — *delle tempeste*, (*Hydrobates pelagicus*) petrel, (*pop.*) Mother Carey's chicken; — *gatto*, (*Dumetella carolinensis*) catbird; — *lira*, (*Menura novaehollandiae*) lyrebird; — *martello*, (*Scopus umbretta*) umbrette (*o* umber-bird); — *parasole*, (*Cephalopterus ornatus*) umbrella -bird; — *sarto*, (*Orthotomus sutorius*) tailor-bird // *essere — di bosco*, (*fig.*) to be free // *farsi uccel di bosco*, (*fig.*) to take to the bush // *vista a volo di* —, from a bird's-eye view // *a ogni — il suo nido è bello*, (*prov.*) there is no place like home **2** (*volg.*) (*pene*) prick.

uccidere *v.tr.* to kill (*anche fig.*); (*assassinare*) to murder; (*trucidare*) to slay; (*massacrare*) to massacre, to slaughter; (*macellare*) to butcher, to slaughter; (*a pugnalate*) to stab to death; (*con arma da fuoco*) to shoot*: *fu ucciso in un incidente di auto*, he was killed in a car accident; *furono uccisi in uno scontro a fuoco con la polizia*, they were killed in a shoot-out (*o* gunfight) with the police; *il freddo la uccise*, the cold killed her; *il dolore lo uccise*, he died of a broken heart (*o* of sorrow); *Lincoln fu ucciso da un fanatico*, Lincoln was murdered by a fanatic; *il macellaio uccide le bestie una volta alla settimana*, the butcher slaughters once a week; — *qlcu. sparandogli alla testa*, to shoot s.o. in the head.

□ **uccidersi** *v.rifl.* **1** (*rimaner ucciso*) to get* killed, to be killed: *si è ucciso con l'auto*, he was killed in a car crash **2** (*suicidarsi*) to kill oneself, to commit suicide, to take* one's own life: *quel giovane si uccise per disperazione*, that young man committed suicide in despair; *si è ucciso con il gas*, he gassed himself.

uccisione *s.f.* killing; (*assassinio*) murder; (*massacro*) slaughter: *l'— di un animale*, the killing of an animal; *è ritenuto colpevole dell'— del giudice*, he is considered guilty of the judge's murder.

ucciso *agg.* killed; (*assassinato*) murdered; (*trucidato*) slain; (*massacrato*) massacred, slaughtered; (*a pugnalate*) stabbed to death; (*macellato*) butchered, slaughtered; (*con arma da fuoco*) shot: *rimase — in uno scontro frontale*, he was killed in a head-on collision; *il corpo di un uomo — a colpi d'arma da fuoco*, the body of a man who was shot ◆ *s.m.* dead man; victim: *gli uccisi*, the victims (*o* the dead *o* the slain).

uccisore *s.m.* killer; (*assassino*) murderer; (*trucidatore*) slayer; (*massacratore*) slaughterer: *gli uccisori di Cesare*, Caesar's murderers.

ucraino *agg.* e *s.m.* Ukrainian.

udente *agg.* hearing ◆ *s.m.* e *f.* hearing person // *un programma sottotitolato per i non udenti*, a programme with subtitles for the deaf.

udibile *agg.* audible: *un sussurro appena* —, a barely audible whisper; *misero altoparlanti affinché il suo discorso fosse — da tutti*, they installed loudspeakers so that everyone could hear his speech.

udibilità *s.f.* audibility (*anche fis.*): *intervallo di —*, audible range.

udienza *s.f.* **1** audience, hearing; (*colloquio*) interview: *— particolare*, private audience; *— generale*, public audience; *l'— fu molto breve*, the interview was very short; *chiedere —*, to request an audience; *concedere un'—*, to grant an audience (*o* an interview); *accordare, dare — a qlcu.*, to give audience to s.o. (*o* to give s.o. a hearing) // *— pontificia*, papal audience **2** (*dir.*) hearing, sitting, session, court: *— a porte aperte*, sitting in open court; *— a porte chiuse*, sitting in camera; *l'— è fissata per domani*, the case will be heard tomorrow (*o* the case comes up for hearing tomorrow); *l'— fu rimandata al giorno seguente*, the hearing (*o* sitting) was adjourned to the next day; *ci fu un'— ieri*, they had a hearing yesterday; *andare a un'—*, to go to a hearing; *chiudere l'—*, to close the session (*o* the sitting) **3** (*pubblico, audience*) audience.

udinese *agg.* of Udine; from Udine ◆ *s.m.* e *f.* inhabitant of Udine; native of Udine.

udire *v.tr.* **1** to hear*: *l'hai mai udito cantare?*, have you ever heard him sing?; *non ne ho mai udito parlare*, I never heard of it; *udii dare l'ordine*, I heard the order given; *— un rumore, un suono*, to hear a noise, a sound; *si udì un grido disperato*, a desperate cry was heard; (*dir.*) *— i testimoni*, to hear the witnesses // *udite! udite!*, hear! hear! (*o* oyez! oyez!) **2** (*letter.*) (*dare ascolto*) to listen (to s.o., sthg.).

uditivo *agg.* auditive, auditory: (*anat.*) *canale, meato —*, auditory canal, meatus.

udito *s.m.* hearing: *il senso dell'—*, the sense of hearing; *ha perso l'—*, he has lost his hearing; *avere un — fino*, to be quick of hearing (*o* to have a keen sense of hearing); *essere tardo di —*, to be hard (*o* dull) of hearing.

uditofono *s.m.* earphone.

uditorato *s.m.* (*dir.*) auditorship.

uditore *s.m.* **1** (*ascoltatore*) listener, hearer: *gli uditori*, the audience; *l'oratore invitò gli uditori a far silenzio*, the speaker asked the listeners to be silent **2** (*a scuola*) auditor **3** (*dir.*) auditor, judge: *— (giudiziario)*, judge (of the lowest rank).

uditorio[1] *agg.* (*rar.*) auditory.

uditorio[2] *s.m.* audience; listeners (*pl.*); hearers (*pl.*): *l'— era composto da molti giovani*, the audience was made up of a large number of young people; *la maggior parte dell'— era composta da stranieri*, most of the listeners were foreigners; *avere un vasto —*, to have a large audience.

uditrice *s.f.* **1** (*ascoltatrice*) listener, hearer **2** (*a scuola*) auditress **3** (*dir.*) auditress.

udizione → **audizione**.

udometro e *deriv.* → **pluviometro** e *deriv.*

uè *inter.* (*voce onomatopeica che imita il pianto dei bimbi*) boohoo.

ué *inter.* (*region.*) (*espressione di richiamo*) hey: *—, mi hai sentito?*, hey (there), did you heard me?

uf(f), **uffa** *inter.* ooh, oof, phew: *—, come sei noioso!*, ooh, you're such a bore!; *—, che caldo!*, phew, how hot it is!; *—, quel bambino !*, what a nuisance (*o* bore) that child is!

ufficiale[1] *agg.* official; formal: *comunicato, bollettino —*, official statement, bulletin; *rappresentante —*, official representative; *permesso —*, formal permission; *invito —*, official invitation; *visita —*, formal visit; (*Borsa*) *quotazione —*, official quotation; *rendere — la notizia*, to make the news official; *ormai è —, si sposeranno in Aprile*, it's official now, they're getting married in April.

ufficiale[2] *s.m.* officer (*anche mil.*); official: *— del genio*, engineer officer; *— dell'aeronautica, dell'esercito, di marina*, air force, army, naval officer; *— di dogana*, customs officer; *— di giornata, di picchetto, di servizio*, orderly officer; *— di rotta*, navigation officer (*o* navigator); *— di Stato*, officer of State; *— di stato civile*, registrar; *— di stato maggiore*, staff officer: *— effettivo*, regular officer; *— giudiziario*, bailiff; *— governativo*, government official; *— medico*, medical officer; *— postale*, postal official (*o* post office clerk); *pubblico —*, public officer (*o* civil servant); *— in seconda*, executive officer, (*mar.*) mate; *— sanitario*, health officer; *— subalterno*, junior officer; *— superiore*, senior officer; (*mar.*) *primo —*, first mate.

ufficialessa *s.f.* (*non com.*) officer; official.

ufficialità[1] *s.f.* official character: *l'— della notizia era discussa*, the official character of the news was in question; (*amm.*) *— di un incarico*, official character of an office.

ufficialità[2] *s.f.* (*ufficiali*) officers (*pl.*); officials (*pl.*).

ufficializzare *v.tr.* to render official, to make* official, to officialize: *— una notizia*, to render (a piece of) news official.

ufficializzazione *s.f.* officialization.

ufficialmente *avv.* officially: *essere — invitato*, to be officially (*o* formally) invited.

ufficiante *s.m.* (*eccl.*) officiator ◆ *agg.* (*eccl.*) officiating.

ufficiare *v.intr.* (*eccl.*) to officiate ◆ *v.tr.* **1** (*eccl.*) to officiate **2** (*amm.*) (*invitare ufficialmente*) to invite officially: *il ministro fu ufficiato a intervenire*, the minister was officially invited to attend.

ufficio *s.m.* **1** (*struttura burocratica, posto di lavoro*) office; (*reparto*) department; (*edificio, locali*) (office) premises (*pl.*): *domani sarò in — alle otto*, I'll be in the office tomorrow at eight; *l'— chiude a mezzogiorno*, the office closes at noon; *hanno un — in affitto vicino alla stazione*, they rent premises near the station; *mobili per —*, office furniture; *orario d'—*, office hours // (*amm.*): *— centrale*, central office; *— distaccato, di zona*, branch (*o* field) office; *— contabile*, accounting office; *— governativo*, government office (*o* bureau); *uffici doganali*, customs house; *— imposte*, tax office; *— legale*, legal office (*o* department); *— tecnico*, technical department, (*di impresa*) production engineering department; *— turistico, viaggi*, tourist, travel office; *— acquisti*, purchase department; *— commerciale, vendite*, sales office (*o* department); *— cassa*, cashier's office; *— del personale*, personnel department; *— di rappresentanza*, representative office; *— pubblicità*, advertising office (*o* department) **2** (*carica, funzione*) office, task, function, job, post, position: *l'— di direttore, di ministro*, the office of director, of minister; *accettare, rifiutare un —*, to accept, to refuse an office; *conferire un —*, to appoint to an office; *sospendere qlcu. dall'—*, to suspend s.o. from his post // *d'—*, officially: *doveri d'—*, office (*o* official) duties; *ragioni d'—*, official reasons; *segreto d'—*, official secret; *omissione d'atti d'—*, failure to perform official duties; *mettersi in contatto con qlcu. d'—*, to get in touch with s.o. officially // (*dir.*): *reato perseguibile d'—*, indictable offence; *nominato d'—*, appointed by the court; *difensore d'—*, consel appointed by the court (*o* public defender); *procedimento* (*penale*) *d'—*, prosecution ex officio **3** (*dovere*) duty: *adempiere al proprio —*, to do one's duty; *fuori —*, off duty; *è — del giudice essere imparziale*, it is the duty of a judge to be impartial **4** (*intervento*): *interporre i propri uffici a favore di qlcu.*, to intercede on s.o.'s. behalf; *buoni uffici*, good offices; *per merito dei suoi buoni uffici ottenni questo posto*, thanks to his good offices I got this post **5** (*eccl.*) → uffizio.

ufficiosamente *avv.* unofficially, informally, off-the-record.

ufficiosità *s.f.* unofficial character, informality.

ufficioso *agg.* **1** unofficial, informal, off-the -record (*pred.*): *dati ufficiosi*, unofficial data; *dichiarazione ufficiosa*, unofficial statement; *informare in via ufficiosa*, to give information off-the-record; *una fonte ufficiosa*, an unofficial source **2** (*rar.*) (*premuroso*) obliging.

uffizio *s.m.* (*eccl.*) office, service: *l'— dei defunti*, the Office for the Dead; *— sacro*, divine office // (*st. relig.*) *il Santo Uffizio*, the Holy Office.

ufo[1], **a** *locuz.avv.* gratis, without paying: *mangiare a —*, (*fam.*) to cadge a meal // *vivere a —*, to live off others.

ufo[2], **UFO** *s.m.* UFO*: *avvistare un —*, to sight a UFO • *Abbr.* di *Unidentified Flying Object*, Oggetto Volante Non Identificato.

ufologia *s.f.* ufology.

ufologico *agg.* ufological.

ufologo *s.m.* ufologist.

ugandese *agg.* e *s.m.* Ugandan.

ugello *s.m.* (*mecc.*) nozzle; (*soffiatore d'aria*) tuyere.

uggia *s.f.* **1** (*noia*) boredom, annoyance, dislike: *il mio lavoro mi è venuto in —*, I have grown tired of my work; *questo libro mi dà l'—*, this book bores me; *questo tempo piovoso mi mette l'— addosso*, this rainy weather gets me down // *avere, prendere in — qlcu.*, to dislike (*o* to take a dislike to) s.o. **2** (*non com.*) (*ombra*) shadow.

uggiolamento *s.m.* (*non com.*) whining, yelping.

uggiolare *v.intr.* to whine, to yelp.

uggiolio *s.m.* whining, yelping.

uggiosità *s.f.* tiresomeness, wearisomeness, tediousness; irksomeness; dullness; (*di tempo*) gloominess.

uggioso *agg.* **1** (*tedioso, noioso*) boring, tiresome, wearisome, tedious; dull; (*di tempo*) gloomy: *lettura uggiosa*, boring (*o* dull) reading; *una persona uggiosa*, a boring (*o* tiresome) person; *giornata uggiosa*, gloomy (*o* dull) day; *tempo —*, gloomy (*o* dull) weather **2** (*inquieto*) restless, fretful.

ugnatura *s.f.* (*tecn.*) chamfer, bevel.

ugnella *s.f.* (*vet.*) rat('s)-tail.

ugola *s.f.* **1** (*anat.*) uvula* // *bagnarsi l'—*, (*scherz.*) to wet one's whistle **2** (*voce di cantante*) voice: *che magnifica —!*, what a wonderful voice! // *— d'oro*, lovely voice.

ugonotto *s.m.* e *agg.* (*st. relig.*) Huguenot.

ugro-finnico *agg.* e *s.m.* Finno-Ugric.

uguagliamento *s.m.* (*non com.*) equalization, equalizing; (*livellamento*) levelling down: *l'— di un primato mondiale*, the equalization of a world record.

uguaglianza *s.f.* equality: *— di trattamento*, equality of treatment; *— di doveri*, equality of duties; *— dei diritti*, equal rights (*o* equality of rights); *su una base di — con qlcu.*, on an equal footing with s.o.; (*dir.*) *norma che sancisce il principio di —*, equal protection clause // (*gramm.*) *comparativo di —*, comparative of equality // (*mat.*) *segno di —*, equal sign (*o* mark).

uguagliare *v.tr.* **1** (*rendere uguale*) to equalize, to make* equal; (*livellare*) to level, to even up: *— un pezzo di terreno*, to level (*o* to even up) a piece of ground; *— una siepe*, to even up (*o* to straighten) a hedge; *la morte uguaglia tutti gli uomini*, death makes all men equal // (*econ.*): *— redditi, tasse*, to equalize incomes, taxes; *— le entrate e le uscite*, to balance income and expenditure **2** (*sport*) to equal: *— un record*, to equal a record **3** (*paragonare*) to compare: *la sua prestazione può essere uguagliata a quella di un grande attore*, his performance can be compared to that of a great actor **4** (*essere uguale a*) to equal; to match, to be equal to (s.o., sthg.): *non potrai mai uguagliarla in bellezza*, you'll never equal her beauty.

□ **uguagliarsi** *v.rifl.* (*paragonarsi*) to compare oneself: *si uguaglia a un grande poeta*, he compares himself to a great poet ◆ *v.intr.pron.* (*essere uguali, pareggiarsi*) to be equal.

uguagliatore *agg.* (*non com.*) equalizing ◆ *s.m.* (*non com.*) equalizer.

uguale *agg.* **1** equal; (*identico*) same, identical; like; alike (*pred.*): *ho un'automobile — alla sua*, I have a car like his; *queste due cose sono uguali tra loro*, these two things are the same (*o* like each other); *questi due vestiti sono esattamente uguali*, these two dresses are exactly the same (*o* identical); *essere uguali di statura*, to be of the same height; *uguali diritti, uguali doveri*, equal rights, equal duties; *di — grandezza*, of equal size; *due parti uguali*, two equal parts; *uguali opportunità*, equal opportunities; *uomini e donne ricevono paghe uguali*, male and female workers get equal pay; *i cittadini sono uguali davanti alla legge*, citizens are equal before the law; *la legge è — per tutti*, the law is the same for everyone; *due più due è — a quattro*, two plus two is (*o* makes *o* equals) four; *sono uguali come due gocce d'acqua*, (*fig.*) they are as like as two peas in a pod; *la situazione è sempre —*, the situation is still the same; (*comm.*) *— al campione*, up to sample **2** (*uniforme*) uniform, even: *la temperatura in questa stanza è sempre —*, the temperature in this room is always uniform; *parlare con voce —*, to speak in an even tone **3** (*liscio, piano*) even, flat: *superficie, terreno —*, flat surface, land ◆ *s.m.* **1** (*spec. pl.*) equal: *trattare qlcu. come un proprio —*, to treat s.o. as one's equal // *non avere uguali*, not to have equals: *un atleta che non ha uguali*, a matchless (*o* incomparable) athlete **2** (*la stessa cosa*) the same: *per me è —*, it is all the same to me; *"Andiamo a cena fuori?" "Per me è —"*, "Shall we eat out?" "It's all the same to me"; *se per te è — ...*, if it's all (*o* just) the same to you **3** (*mat.*) equal (sign).

ugualitario → **egualitario**.

ugualitarismo → **egualitarismo**.

ugualizzare → **equalizzare**.

ugualmente *avv.* **1** equally: *sono tutti — interessati*, they are all equally interested; *trattali tutti —*, treat them all equally (*o* in the same way) **2** (*lo stesso*) all the same: *l'ho fatto —*, I have done it all the same; *siamo riusciti — ad arrivare in tempo*, we managed to arrive on time all the same.

uh *inter.* ah!, oh!

uhi *inter.* (*per esprimere dolore acuto*) ow, ouch; (*per esprimere rammarico*) oh, ah.

uhm *inter.* hum, h'm.

uistiti *s.m.* (*zool.*) marmoset, squirrel monkey.

ulama *s.m.* ulema.

ulano *s.m.* (*mil.*) uhlan.

ulcera *s.f.* (*med.*) ulcer: *— gastrica*, gastric ulcer; *— peptica*, peptic ulcer; *— venerea, molle*, syphilitic ulcer; *— da stress*, stress ulcer.

ulceramento *s.m.* (*non com.*) ulceration.

ulcerante *agg.* (*med.*) ulcerating; that causes ulcers.

ulcerare *v.tr.* e *intr.* **ulcerarsi** *v.intr.pron.* (*med.*) to ulcerate.

ulcerativo *agg.* (*med.*) ulcerative.

ulcerato *agg.* (*med.*) ulcerated, ulcered.

ulcerazione *s.f.* (*med.*) ulceration.

ulcerogeno *agg.* (*med.*) ulcerogenic.

ulceroso *agg.* (*med.*) ulcerous.

ulivella *s.f.* (*edil.*) lewis.

ulivo e *deriv.* → **olivo** e *deriv.*

ullmanite *s.f.* (*min.*) ullmanite.

ulmaria → **olmaria**.

ulmico *agg.* (*chim.*) ulmic.

ulmina *s.f.* (*chim.*) ulmin.

ulna *s.f.* (*anat.*) ulna*.

ulnare *agg.* (*anat.*) ulnar.

ulteriore *agg.* further, ulterior, more: *ulteriori istruzioni*, further instructions; *fino a — avviso*, till further notice; *senza — perdita di tempo*, without further loss of time; *chiedere un — credito*, to ask for further (*o* more) credit; *fare ulteriori indagini*, to make further enquiries; *attendere ulteriori sviluppi della situazione*, to wait for further (*o* ulterior) developments in the situation.

ulteriormente *avv.* further (on); later on: *la situazione si è — aggravata*, the situation has further deteriorated.

ultima *s.f.* (*fam.*) the latest: *la sapete l'—?*, have you heard the latest?

ultimabile *agg.* that can be finished, that can be concluded: *un lavoro — in qualche giorno*, a job that can be finished in a few days.

ultimamente *avv.* **1** (*recentemente*) lately, recently, of late: *— non abbiamo avuto sue notizie*, we have not heard from him lately; *che cosa hai fatto —?*, what have you been doing recently?; *libri pubblicati —*, recently published books; *— l'ho trovato cambiato*, I've found him changed lately (*o* of late) **2** (*ant.*) (*da ultimo*) at last.

ultimare *v.tr.* to finish, to bring* to an end, to conclude, to complete: *— un lavoro*, to finish a piece of work.

ultimativo *agg.* final; decisive; peremptory: *ordine —*, peremptory order // (*comm.*) *richiesta ultimativa*, final demand.

ultimato *agg.* finished, concluded, completed: *a lavoro —*, when the work is finished.

ultimatum *s.m.* ultimatum*: *l'— scade alle 3*, the ultimatum expires at 3; *dare l'—*, to give (*o* to deliver) an ultimatum; *presentare un — a un paese*, to present an ultimatum to a country; *i sindacati cercano di far fronte all'— ricevuto dalla direzione*, the unions are trying to deal with the ultimatum from the management.

ultimazione *s.f.* finishing, conclusion, completion, termination: *l'— di un lavoro*, the completion of a job.

ultimissima *s.f.* (*edizione più recente*) latest edition: *l'— della notte*, late night final edition // *le ultimissime dall'estero*, the latest news from abroad.

ultimo *agg.* **1** last; (*finale*) final: *l'— giorno dell'anno, del mese, della settimana*, the last day of the year, of the month, of the week; *l'ultima lettera dell'alfabeto*, the last letter of the alphabet; *gli ultimi capitoli di un libro*, the last chapters of a book; *la sua ultima lettera*, his last letter; *le ultime due file*, the last two rows; *in ultima fila*, in the back row; *abito all'— piano*, I live on the last (*o* top) floor; *l'— gradino*, (*in alto*) the top step, (*in basso*) the bottom step; *l'ultima volta che lo vidi*, the last time I saw him; *te lo dico per l'ultima volta*, this is the last time I shall tell you // *si riduce sempre all'— momento*, he always leaves it to the last minute; *all'— momento la cerimonia fu rinviata*, the ceremony was postponed at the last minute // *in — luogo*, finally // *questa è la mia ultima carta, speranza*, (*fig.*) this is my last card, hope // *fece un — tentativo*, (*fig.*) he made one last attempt // *dare l'— tocco a un quadro*, to give the finishing touch to a painting // *le ultime parole famose*, famous last words // *— ma non meno importante*, last but not least // *Michelangelo e Leonardo furono due grandi pittori, quest'— anche scienziato*, Michelangelo and Leonardo were two great painters, the latter also a scientist // (*comm.*): *ultima offerta*, final offer; *ultima rata*, final instalment // (*amm.*): *termine —*, deadline (*o* final date); *— giorno utile per il pagamento*, final date for payment; (*Borsa*) *— giorno di contrattazione*, last trading day; *— avviso*, final notice; *— entrato, primo a uscire*, (*di merce in magazzino*) last in first out **2** (*il più recente*) latest; last: *le ultime notizie, notizie dell'ultim'ora*, the latest news; *l'ultima edizione del giornale*, the latest edition of the newspaper; *gli ultimi avvenimenti*, the latest events (*o* recent events); *l'ultima guerra*, the last war // *l'ultima moda*, the latest fashion // *negli ultimi tempi*, recently; *negli ultimi giorni, mesi, anni*, over the last few days, months, years // (*comm.*) *nella nostra* (*lettera*) *del 15 — scorso*, in our letter of the 15th last // (*Borsa*) *le ultime quotazioni*, the latest quotations **3** (*il più lontano*) farthest; (*esterno*) utmost: *gli ultimi confini della terra*, the farthest (*o* the utmost) limits of the earth // *l'ultima porta a sinistra*, the last door on the left **4** (*il più improbabile*) last: *è l'ultima cosa che mi sarei aspettata da te*, it's the last thing I'd have expected of you **5** (*fig. letter.*) (*principale, fondamentale*) ultimate: *Dio è la causa ultima del mondo*, God is the ultimate cause of the world **6** (*il meno importante*) last; (*il minore*) least; (*infimo*) lowest: *lo studio è la sua ultima preoccupazione*, studying is the last thing he worries about // *non —*, not least: *molti fattori hanno accelerato la sua decisione, non — la man-*

canza di personale, many factors brought forward his decision, not least the shortage of personnel // (*comm.*): — *prezzo*, bottom price; *merce di ultima qualità*, third-rate goods ◆ *s.m.* **1** last: *è sempre l'— ad arrivare*, he's always the last to arrive; *arrivare per* —, to arrive last; *lo tengo, lo faccio per* —, I'll keep it till last (*o* till the end), I'll do it last // *l'— del mese*, the last day of the month; *l'— dell'anno*, New Year's Eve // *l'— della classe*, the bottom of the class // *l'— arrivato, venuto*, a newcomer // ... *e l'— chiuda la porta*, ... and the last one closes the door // *gli ultimi saranno i primi*, the first shall be last **2** (*punto, momento estremo*) end: *combatteremo fino all'*—, we will fight to the end // *all'*—, in the end: *all'— decise di partire*, at the end he decided to leave // *in* —, in the end: *fu una lunga discussione, ma in — lo convincemmo*, the discussion took a long time, but in the end we convinced him // *da* —, finally: ... *e da — il pezzo più prezioso della collezione*, ... and finally the most precious piece of the collection.

ultimogenito *agg.* lastborn (*attr.*) ◆ *s.m.* lastborn (child), youngest child.

ultrà, **ultra** *agg.* (*pol.*) extreme, ultra: *la destra, la sinistra* —, the extreme Right, Left ◆ *s.m.* e *f.* (*pol.*) (political) extremist.

ultra- *pref.* di origine latina usato per formare aggettivi e sostantivi; può significare **1** oltre, al di là; ingl. ultra-: *ultramarino*, ultramarine; *ultrasuono*, ultrasound **2** estremamente, molto; ingl. ultra-, hyper-: *ultraconservatore*, ultraconservative; *ultracritico*, ultracritical; *ultrademocratico*, ultrademocratic; *ultrasensibile*, hypersensitive.

ultracentenario *agg.* over a hundred years old, of more than a hundred years ◆ *s.m.* person over a hundred years old.

ultracorto *agg.* ultrashort: (*rad.*) *onde ultracorte*, ultrashort waves.

ultracustica *s.f.* (*fis.*) ultrasonics [U].

ultracustico *agg.* (*fis.*) ultrasonic.

ultradestra *s.f.* (*pol.*) extreme Right.

ultrafiltrante *agg.* (*chim.*) ultrafiltering.

ultrafiltro *s.m.* (*chim.*) ultrafiltre.

ultraleggero *agg.* ultralight: *materiali ultraleggeri*, ultralight materials ♦ *s.m.* ultralight.

ultramicrometro *s.m.* (*fis.*) ultramicrometer.

ultramicroscopico *agg.* ultramicroscopic(al).

ultramoderno *agg.* ultramodern.

ultramontanismo *s.m.* (*st. relig.*) ultramontanism.

ultramontano *agg.* **1** (*che sta al di là dei monti*) ultramontane, beyond the mountains **2** (*estens.*) (*straniero*) foreign **3** (*relig.*) ultramontane ◆ *s.m.* (*relig.*) ultramontane.

ultrapastorizzazione *s.f.* uperization, ultrapasteurization.

ultrapotente *agg.* very powerful, high -powered.

ultrarallentatore *s.m.* (*cinem.*) ultra-slow -motion camera.

ultrarosso *agg.* (*fis.*) ultrared, infrared.

ultrasensibile *agg.* ultrasensitive, hypersensitive.

ultrasinistra *s.f.* (*pol.*) extreme Left.

ultrasonico *agg.* (*fis.*) **1** (*riferito agli ultrasuoni*) ultrasonic, supersonic: *onda ultrasonica*, ultrasonic wave // (*tecn.*) *lavaggio* —, ultrasonic cleaning **2** (*supersonico*) supersonic, ultrasonic: *velocità ultrasonica*, supersonic speed // (*aer.*) *volo* —, supersonic flight.

ultrasonoro → **ultrasonico**.

ultrasottile *agg.* ultrathin, ultrafine.

ultrastruttura *s.f.* (*biol.*) ultrastructure.

ultrastrutturale *agg.* (*biol.*) ultrastructural.

ultrasuono *s.m.* (*fis.*) ultrasound: *generatore, rivelatore di ultrasuoni*, ultrasonic generator, detector.

ultrasuonoterapia *s.f.* (*med.*) ultrasonic therapy.

ultraterreno *agg.* beyond this world: *il mondo* —, the afterworld; *la vita ultraterrena*, the afterlife.

ultravioletto *agg.* e *s.m.* (*fis.*) ultraviolet: *raggi ultravioletti*, ultraviolet rays; *radiazione ultravioletta*, ultraviolet radiation; *microscopio all'*—, ultraviolet microscope.

ultravuoto *s.m.* (*fis.*) ultrahigh vacuum.

ulula *s.f.* (*zool.*) hawk owl.

ululare *v.intr.* to howl, to ululate; (*di sirena*) to hoot, to wail.

ululato, **ululo** *s.m.* howl, howling; (*di sirena*) hoot, wail: *l'— del lupo, del vento*, the howl(ing) of the wolf, of the wind.

ululone *s.m.* (*zool.*) — *dal ventre giallo*, (*Bombina variegata*) yellow-bellied toad.

ulva *s.f.* (*bot.*) ulva.

umanamente *avv.* **1** (*da uomo*) humanly: *ho fatto tutto quanto era — possibile*, I did everything that was humanly possible **2** (*benignamente*) humanely: *trattare qlcu.* —, to treat s.o. humanely.

umanarsi *v.rifl.* (*teol.*) to become* incarnate, to be made flesh.

umanazione *s.f.* (*teol.*) incarnation.

umanesimo *s.m.* humanism.

umangite *s.f.* (*min.*) umangite.

umanista *s.m.* e *f.* humanist.

umanistico *agg.* **1** (*relativo alle lingue classiche*) classical: *studi umanistici*, classical studies; *facoltà umanistiche*, arts faculties **2** (*relativo all'umanesimo*) humanistic.

umanità *s.f.* **1** (*razza umana*) humanity, mankind: *un benefattore dell'*—, a benefactor of mankind; *la storia dell'*—, the story of mankind; (*dir.*) *crimini contro l'*—, crimes against mankind **2** (*bontà, indulgenza*) humanity, humaneness: *trattare qlcu. con* —, to treat s.o. with humanity; *una persona di grande* —, a very human person **3** (*natura umana*) human nature, humanity: *ci fu chi negò l'— di Cristo*, there were those who denied the human nature of Christ **4** *pl.* (*gli studi letterari*) the humanities.

umanitario *agg.* humanitarian: *tendenze umanitarie*, humanitarian tendencies; *scopi umanitari*, humanitarian aims.

umanitarismo *s.m.* humanitarianism.

umanitaristico *agg.* humanitarian.

umanizzare *v.tr.* to humanize, to make* humane: — *le carceri*, to humanize prison conditions; — *una pena*, to make a punishment humane // — *i costumi*, to civilize customs.

□ **umanizzarsi** *v.rifl.* o *intr.pron.* **1** (*teol.*) to become* incarnate, to be made flesh **2** (*dirozzarsi*) to become* civilized.

umanizzazione *s.f.* (*teol.*) incarnation.

umano *agg.* **1** (*dell'uomo*) human: *corpo* —, human body; *un essere* —, a human being; *miseria, fragilità umana*, human misery, frailty; *la natura umana*, human nature; *sbagliare è* —, to err is human **2** (*comprensivo, indulgente*) humane, understanding: *una persona umana*, a warm (*o* understanding *o* humane) person; *ha modi molto umani*, he has very humane manners; *un trattamento* —, humane treatment ◆ *s.m.* **1** human (being) **2** (*natura umana*) human nature: *l'— e il divino*, the human and the divine.

umanoide *agg.* e *s.m.* e *f.* humanoid.

umato *s.m.* (*chim.*) humate.

umbellato *agg.* (*bot.*) umbellate, umbellated.

umbellifero *agg.* (*bot.*) umbelliferous.

umbertino *agg.* of the time of Umberto I.

umbonato *agg.* umbonal, umbonate.

umbone *s.m.* (*bot.*, *zool.*) umbo*.

umbratile *agg.* (*letter.*) **1** (*ombroso*) shady **2** (*oscuro*) dark, dim **3** (*fig.*) (*indefinito*) subtle, undefinable **4** (*fig.*) (*solitario*) withdrawn.

umbrifero → **ombrifero**.

umbro *agg.* e *s.m.* Umbrian.

umettamento *s.m.* humectation, moistening.

umettante *agg.* humectant, moistening ◆ *s.m.* (*chim.*) humectant.

umettare *v.tr.* to moisten.

umettatore *s.m.* (*tecn.*) dampener, damper: — *a spazzola*, dampener brush.

umettazione *s.f.* humectation, moistening // — *delle pelli*, hide tempering.

umico *agg.* (*chim.*) humic: *acido* —, humic acid.

umicolo *agg.* (*ecol.*) humicolous.

umidezza *s.f.* damp, dampness, humidity, moisture.

umidiccio *agg.* dampish, moist: *mani umidicce*, moist hands.

umidificare *v.tr.* to humidify: — *un ambiente*, to humidify a room.

umidificatore *s.m.* humidifier: — *dell'aria*, air humidifier; — *elettrico*, electric evaporator.

umidificazione *s.f.* humidification: *l'— di una stanza*, the humidification of a room.

umidità *s.f.* dampness, moisture; humidity: *l'— del suolo*, the moisture of the soil; *l'— di una casa*, the dampness of a house; *grado di* —, degree of humidity; *macchie di* —, stains of damp; *questa casa è piena di* —, this house is very damp // (*meteor.*) — *assoluta, relativa*, absolute, relative humidity // *teme l'*—, (*su etichetta di prodotto*) to be kept dry.

umido *agg.* damp, moist, wet; humid: *abiti umidi*, damp clothes; *casa umida*, damp house; *clima* —, damp climate; *corridoio scuro e* —, dark damp passage; *occhi umidi di pianto*, eyes moist with tears; *straccio* —, damp cloth; *tempo caldo e* —, muggy weather; *tempo freddo e* —, raw weather; *terra umida*, moist earth; *vento* —, moist wind ◆ *s.m.* **1** (*umidità*) dampness, moisture **2** (*cuc.*) stew, stewed meat: *patate in* —, stewed potatoes; *cuocere in* —, to stew.

umidore *s.m.* (*letter.*) dampness, moisture.

umifero *agg.* rich in humus (*pred.*).

umificazione *s.f.* (*biochim.*) humification.

umile *agg.* humble; menial; (*modesto*) modest; (*sottomesso*) meek: *avere un — impiego*, to have a menial job; *compiere i lavori più umili*, to do the most menial tasks; *un'— preghiera*, a humble prayer; *benvenuto nella mia — casa*, welcome to my humble (*o* modest) home; *di — nascita*, of humble birth (*o* origins); *modi umili*, humble manners; *ha un contegno —*, he has a meek manner; *i ceti umili*, the lower classes // *il Vostro umilissimo servitore*, Your very humble servant.

umiliante *agg.* humiliating: *una proposta, una condizione —*, a humiliating proposal, condition.

umiliare *v.tr.* to humiliate, to humble: *non devi umiliarlo così*, you must not humiliate him like that; *— i propri avversari*, to humble one's opponents; *— qlcu. di fronte a tutti*, to humiliate s.o. in front of everybody // *— la carne*, to mortify the flesh.

□ **umiliarsi** *v.rifl.* to humble oneself, to humiliate oneself, to lower oneself: *non devi umiliarti*, you must not humble yourself; *— di fronte a qlcu.*, to humble oneself before s.o. (*o* to cringe to s.o.).

umiliato *agg.* humbled, humiliated; mortified: *era tutto —*, he was deeply mortified.

umiliazione *s.f.* humiliation; mortification: *subire una —*, to suffer humiliation.

umilmente *avv.* humbly; (*modestamente*) modestly: *chiedere — scusa*, to humbly apologize.

umiltà *s.f.* **1** humbleness; (*modestia*) modesty; (*sottomissione*) meekness: *l'— della sua origine*, the humbleness of his birth **2** (*virtù dell'essere umile*) humility: *— di cuore*, humility of heart; *in tutta —*, with all humility; *predicare l'—*, to preach humility.

umorale *agg.* humoral.

umore *s.m.* **1** (*di corpo animale, vegetale*) humour: *— acqueo, vitreo*, aqueous, vitreous humour **2** (*stato d'animo*) mood; spirits (*pl.*): *cerco sempre di secondare i suoi umori*, I always try to humour him (*o* to comply with his whims); *ha un — molto instabile*, he is very moody; *essere di buon —*, to be in a good mood (*o* in good spirits); *essere di cattivo —*, to be in a bad mood; *oggi è di — nero*, he's in a black (*o* bad) mood today; *essere di ottimo —*, to be in high spirits.

umorismo *s.m.* humour: *l'— di Shaw*, Shaw's humour; *senso dell'—*, sense of humour; *le sue osservazioni sono piene di —*, his remarks are full of humour; *un racconto ricco di —*, a humorous story // *fare dell'—*, to be humorous (*o* witty).

umorista *s.m.* e *f.* **1** humorous person; person with a strong sense of humour **2** (*scrittore, disegnatore ecc.*) humorist.

umoristico *agg.* humorous, comic; witty; (*divertente*) funny: *giornale —*, humorous paper; *osservazione umoristica*, witty remark; *pagina umoristica*, (*di un giornale*) humorous page; *scrittore —*, humorous writer; *storiella umoristica*, funny story; *vena umoristica*, humorous vein.

un *art.indet.m.sing.* (*usato in luogo di* uno *davanti a vocaboli che iniziano per vocale o per consonanti che non siano* s *impura*, z, x, pn, ps, gn, sc) → **uno**.

unanime *agg.* unanimous: *approvazione, voto —*, unanimous approval, vote; *tutti furono unanimi nel disapprovarlo*, they were all unanimous in disapproving him; *è stata una decisione —*, it was a unanimous decision; *l'assemblea, —, ha respinto la proposta*, the assembly rejected the proposal unanimously.

unanimemente *avv.* unanimously, with one accord.

unanimità *s.f.* unanimity: *assoluta —*, absolute unanimity; *eletto a — di voti*, elected with a unanimous vote; *la sua proposta fu accettata all'—*, his proposal was accepted unanimously; *raggiungere l'—*, to reach unanimous agreement.

unanimitario *agg.* (*non com.*) unanimous: *consenso —*, unanimous consent.

una tantum *s.f.* (*lat.*) non-recurring allowance, single payment; (*imposta*) non-recurring tax, (*fam.*) one-off tax.

uncinare *v.tr.* (*afferrare con un uncino*) to hook.

uncinato *agg.* hooked, uncinate: *un becco —*, a hooked bill; *ferro —*, hooked iron // *croce uncinata*, swastika.

uncinetto *s.m.* crochet-hook: *lavoro all'—*, crochet (work); *lavorare all'—*, to crochet.

uncino *s.m.* **1** hook: *afferrare con un —*, to hook (*o* to seize with a hook) **2** (*pugilato*) (*gancio*) hook.

undazione *s.f.* (*geol.*) crustal motion.

undecano *s.m.* (*chim.*) undecane.

undecile *s.m.* (*chim.*) undecyl.

undecilenico *agg.* (*chim.*) undecylenic.

undecimo *agg.num.ord.* e *s.m.* (*letter.*) eleventh.

under usato in *locuz.agg.* o *s.*: *l'(Italia) — 21*, the (Italian) under 21 team; *un giocatore — 21*, an under 21 player.

underground *agg.* e *s.m.* underground: *musica, cultura —*, underground music, culture; *l'— teatrale degli anni '70*, the underground theatre of the 70's.

undicenne *agg.* eleven years old (*pred.*); eleven-year-old (*attr.*) ◆ *s.m.* eleven-year-old boy ◆ *s.f.* eleven-year-old girl.

undicesima *s.f.* (*mus.*) eleventh.

undicesimo *agg.num.ord.* e *s.m.* eleventh.

undici *agg.num.card.* e *s.m.* eleven: *l'— di gennaio*, the eleventh of January // *l'— azzurro*, the Italian football team.

ungarico *agg.* Hungarian.

ungaro *agg.* e *s.m.* Hungarian.

ungemachite *s.f.* (*min.*) ungemachite.

ungere *v.tr.* **1** to grease, to oil: *— le ruote di un carro*, to grease (*o* to oil) the wheels of a cart; *— una teglia di burro*, to butter a baking tin **2** (*insudiciare di grasso*) to make* greasy, to get* grease on (sthg.), to get* oil on (sthg.) to dirty: *ho unto la tovaglia*, I have got oil on the tablecloth; *mi sono unto il vestito*, I have got grease on my dress **3** (*eccl.*) to anoint: *fu unto re la notte di Natale*, he was anointed king on Christmas Night **4** (*fig.*) (*adulare*) to flatter, to butter up: *— le ruote* (*a qlcu.*), (*fig.*) to grease s.o.'s palm.

□ **ungersi** *v.rifl.* o *intr.pron.* to grease oneself, to oil oneself, to apply oil on oneself; to get* grease on oneself: *— con una crema prima di sdraiarsi al sole*, to rub on some cream before sunbathing.

ungherese *agg.* e *s.f.* Hungarian ◆ *s.m.* Hungarian (*anche la lingua*): *egli parla l'—*, he speaks Hungarian.

unghia *s.f.* **1** nail: *unghie dei piedi*, toe nails; *— incarnita*, ingrowing nail; *forbicine per unghie*, nail scissors (*o* clippers); *mangiarsi le unghie*, to bite one's nails; *tagliarsi le unghie*, to cut one's nails; *limarsi le unghie*, to file one's nails // *lo spessore di un'—*, a hair('s) breadth; *grande come un'—*, a mere speck (*o* a fleabite) // *tirar fuori le unghie*, (*fig.*) to show one's claws // *mettere le unghie addosso a qlcu.*, to get one's hands on s.o. // *lottare con le unghie e coi denti*, (*fig.*) to fight tooth and nail // *sull'—*, (*fig. fam.*) on the nail **2** (*artiglio*) claw; (*di uccello da preda*) talon **3** (*zoccolo*) hoof* **4** (*mar.*) bill: *le unghie dell'ancora*, the bills of the anchor **5** (*arch.*) groin **6** (*mecc.*) chamfer.

unghiata *s.f.* **1** scratch: *dare un'— a qlcu.*, to scratch s.o.; *aveva ancora il segno delle unghiate del gatto sul braccio*, he still had the marks of the cat's claws on his arm **2** (*intaccatura nella lama dei temperini*) nail mark, groove.

unghiato *agg.* clawed.

unghiatura *s.f.* **1** (*legatoria*) projecting edge (of the cover) **2** (*tecn.*) → ugnatura.

unghione *s.m.* claw; (*di uccello da preda*) talon; (*zoccolo*) hoof*.

unghiuto *agg.* clawed.

ungitura *s.f.* greasing, oiling; (*lubrificazione*) lubrication.

ungueale *agg.* (*anat.*) ungual.

unguentario *agg.* unguentary: (*archeol.*) *vaso —*, unguentarium (*o* ointment jar).

unguento *s.m.* ointment, unguent; cream, pomade.

unguicolato *agg.* e *s.m.* (*bot., zool.*) unguiculate.

ungula *s.f.* (*zool.*) ungula*.

ungulato *agg.* hoofed, ungulate ◆ *s.m.* ungulate.

uni- *pref.* di origine latina che significa uno, formato da uno; ingl. uni-; mono-: *unicellulare*, unicellular; *unidirezionale*, unidirectional; *unisillabo*, monosyllable.

uniasse *agg.* (*bot., fis.*) uniaxial.

uniassiale *agg.* (*fis.*) uniaxial: *cristallo —*, uniaxial crystal.

uniate *agg.* e *s.m.* (*st. relig.*) Uniat, Uniate.

uniatismo *s.m.* (*st. relig.*) Uniatism.

unibile *agg.* unitable, joinable.

uni-bivalente *agg.* (*chim.*) *elettrolita —*, uni-divalent electrolyte.

unicamente *avv.* only, solely, just: *lo farò — per farti piacere*, I'll do it just to make you happy.

unicamerale *agg.* (*pol.*) unicameral: *sistema —*, unicameral system.

unicameralismo *s.m.* (*pol.*) unicameralism.

unicellulare, **unicellulato** *agg.* (*biol.*) unicellular.

unicità *s.f.* uniqueness; singleness: *l'— di un'opera d'arte*, the uniqueness of a work of art; *con — di intenti*, with singleness of purpose.

unico *agg.* **1** only, one; (*solo, esclusivo*) sole: *è figlio —*, he is an only child; *è il mio — amico*, he is my only friend; *questa è l'unica cosa che potrei fare*, this is the one (*o* only) thing I could do; *siamo gli unici a saperlo*, we are the only people that know it; *l'unica copia in vendita*, the only copy on sale; *prezzo —*, one price; *pagare in un'unica somma*, to pay in one amount; *la mia unica speranza*, my only hope; *il mio solo e — desiderio*, my one and only wish; *la sua unica ragione*, his sole reason; *— agente, concessionario, rappresentante*, sole agent, grantee, representative; *— erede*, sole (*o* only) heir; *giudice —*, sole judge; *esemplare —*, only copy extant; *modello —*, exclusive model // *strada a senso —*, one-way road (*o* street) // *fare un fronte —*, to present a united front // *l'unica* (*cosa*) *è dirgli la verità*, the only thing to do is to tell him the truth; *bisognerà assumere altre persone, è l'unica cosa da fare*, the only thing to do is to take on more staff **2** (*singolo*) single: *binario —*, single track; *numero —*, (*di pubblicazione*) single issue; *una strada con un'unica corsia*, a road with a single lane **3** (*senza uguale*) unique, unequalled: *è — nel leggere Shakespeare*, his reading of Shakespeare is unequalled; *questo libro è — nel suo genere*, this book is unique of its kind // *sei —!*, there's no one like you! // *è una cosa più unica che rara*, it's rare to the point of being unique ◆ *s.m.* only one: *è l'— che abbiamo*, it's the only one we have; *sei l'— a pensarla così*, you are the only one to see it like that.

unicorno *agg.* unicorn, single-horned ◆ *s.m.* **1** (*mit.*) unicorn // *l'— e il leone*, the Unicorn and the Lion **2** (*zool.*) → narvalo.

unicum *s.m.* (*lat.*) **1** (*esemplare unico*) unicum, sole existing exemplar, unique specimen **2** (*caso unico*) unique case, exception.

unidimensionale *agg.* **1** one-dimensional **2** (*mat.*) unidimensional.

unidirezionale *agg.* one-way: *percorso, sistema —*, one-way route, system // (*tecn.*): *corrente —*, one-way current; *valvola —*, one-way valve.

unidose *agg.* single-dose.

unifamiliare *agg.* one-family, for a single family: *villa —*, one-family (*o* detached) house.

unificabile *agg.* unifiable.

unificabilità *s.f.* possibility of being unified.

unificare *v.tr.* **1** to unify; (*riunire*) to unite, to join (together); to merge: *— i paesi europei*, to unite European countries; *— i dati di un archivio*, to unify the data of a file; *— i codici*, to merge the codes **2** (*uniformare*) to standardize: *i recipienti di alluminio furono unificati*, the aluminium containers were standardized; *— diversi sistemi di misura*, to standardize measurement systems; (*econ.*) *— un prodotto industriale*, to standardize an industrial product **3** (*consolidare*) to consolidate: (*fin.*) *— i debiti*, to consolidate debts; *— il debito pubblico*, to consolidate the national debt.

□ **unificarsi** *v.rifl.* o *rifl.rec.* to join (together); to merge; to unite: *i due partiti si sono unificati*, the two parties merged (*o* united).

unificativo *agg.* unifying.

unificato *agg.* **1** unified; (*riunito*) united, joined together: *un paese —*, a united country; *trasmissione a reti unificate*, program broadcast on all channels **2** (*uniformato*) standardized: *produzione unificata*, standardized production **3** (*consolidato*) consolidated: *debito pubblico —*, consolidated national debt (*o* funded debt).

unificatore *agg.* unifying ◆ *s.m.*, **unificatrice** *s.f.* unifier.

unificazione *s.f.* **1** unification, uniting, union, joining (together): *l'— politica dell'Europa*, European political union **2** (*uniformazione*) standardization **3** (*fusione*) consolidation, merger, merging: (*econ.*) *l'— di due società*, the merger of two companies; (*fin.*) *— del debito pubblico*, funding (*o* consolidation) of the national debt.

unifilare *agg.* (*tecn.*) unifilar; single-wire: (*elettr.*) *circuito —*, single-wire circuit.

uniformare *v.tr.* **1** (*conformare*) to adapt, to (make*) fit; to (make*) relate, to conform: *— la propria condotta ai propri ideali*, to make fit (*o* to relate) one's conduct to one's ideals **2** (*rendere uniforme*) to make* uniform, to standardize; to level: *— i sistemi di misura*, to standardize measurement systems; *la moda uniforma i gusti*, fashion is a leveller of taste.

□ **uniformarsi** *v.rifl.* to conform, to comply (with sthg.), to abide* (by sthg.): *— alla legge*, to abide by the law; *— alla volontà di qlcu.*, to conform to (*o* to comply with) s.o.'s will.

uniformazione *s.f.* standardization; (*adeguamento*) conformation, adaptation.

uniforme *agg.* uniform; unvarying, regular; even: *colore —*, uniform (*o* even) colour; *misura, movimento, temperatura, velocità —*, uniform size, motion, temperature, speed; *passo —*, even (*o* uniform *o* unvarying) pace; *terreno —*, even ground; *diritto —*, uniform law; (*mat.*) *spazio —*, uniform space ◆ *s.f.* uniform: *l'— di un vigile urbano*, the uniform of a policeman; *— militare*, regimental (*o* military) uniform; *— d'ordinanza*, dress uniform; *— da fatica*, undress (uniform); *in alta —*, in full (dress) uniform; *indossare l'—*, (*fig.*) to become a soldier (*o* to enlist *o* to join up).

uniformemente *avv.* uniformly; unvaryingly; evenly.

uniformità *s.f.* **1** uniformity, regularity; evenness: *— di condotta*, uniformity (*o* consistency) of conduct; *— di movimento*, evenness of motion; *l'— di un paesaggio*, the sameness of a landscape; *— di stile*, uniformity of style; *— di vedute*, agreement (*o* unanimity) of views; (*dir.*) *— di trattamento*, equal protection of the law **2** (*concordia*) unanimity, agreement.

unigenito *agg.* only-begotten, only: *figlio —*, only child ◆ *s.m.* only child // l'*Unigenito di Dio*, the Only-Begotten Son of God.

unilaterale *agg.* unilateral, one-sided: *decisione —*, unilateral decision; *giudizio —*, one -sided (*o* unilateral) judgement; *contratto —*, unilateral contract.

unilateralità *s.f.* unilaterality, one-sidedness.

unilatero *agg.* (*mat.*) unilateral.

unimandatario *agg.* (*comm.*) one-firm (*attr.*): *agente —*, one-firm agent ◆ *s.m.* (*comm.*) (*agente di vendita che lavora per una sola ditta*) one-firm representative, one-firm salesman*.

unimetallismo *s.m.* (*econ.*) monometallism.

unimodale *agg.* (*stat.*) unimodal.

uninominale *agg.* (*pol., amm.*) uninominal: *collegio —*, single-member constituency; *votazione —*, uninominal voting; *sistema —*, uninominal voting system.

unione *s.f.* **1** union, uniting, joining; junction; combination: *l'— di due elementi*, the combination of two elements; *l'— di due fiumi*, the junction of two rivers; *— coniugale*, marriage; *dalla loro — è nato un figlio*, a son was born of their union **2** (*fig.*) (*armonia, concordia*) unity, agreement, concord: *vivono e lavorano in perfetta —*, they live and work in perfect harmony // *l'— fa la forza*, (*prov.*) unity is strength (*o* united we stand, divided we fall) **3** (*associazione*) union, association, alliance; (*coalizione*) coalition: *l'— delle sinistre*, the left-wing coalition; *Unione delle Repubbliche Socialiste Sovietiche* (abbr. URSS), Union of Socialist Soviet Republics (*abbr.* USSR); *— doganale*, customs union; *— economica*, economic union; *— monetaria*, monetary union; *— cooperativa*, cooperative association; *— dei consumatori*, consumers' union; *— sindacale*, trade union association; *— operaia*, labour union; *— industriale*, employers' association **4** (*mat.*) union, join.

unionismo *s.m.* (*pol.*) unionism; (*sindacalismo*) trade unionism.

unionista *s.m.* (*pol.*) unionist.

uniovulare *agg.* (*zool., biol.*) monovular, uniovular.

uniparo *agg.* (*biol.*) uniparous.

unipolare *agg.* (*fis.*) unipolar; (*elettr.*) unipolar, monopolar.

unire *v.tr.* **1** to unite, to join (together); to combine; to draw* together, to put* together (*anche fig.*): *— due tavoli*, to put two tables together; *— due pezzi di corda*, to join two pieces of rope (together); *— due punti con una linea*, to join two points with a line; *— le forze*, to join forces; *— in matrimonio*, to join in marriage; *unisce alla bellezza una grazia non comune*, she combines beauty with extraordinary grace; *sono uniti da un profondo interesse per l'arte*, what draws them together is a deep interest in art // *non divida l'uomo ciò che Dio ha unito*, what God has joined together let no man put asunder // (*econ.*) *— proprietà, imprese*, to consolidate assets, companies // (*fin.*) *— i capitali*, to combine (*o* to pool) capital **2** (*collegare*) to link, to connect: *le due isole sono unite da un ponte*, the two islands are joined by a bridge; *una rete ferroviaria unisce Parigi a tutte le grandi città*, a system of railways connects (*o* links up) Paris with all the large towns **3** (*aggiungere*) to add: *— l'interesse al capitale*, to add interest to capital **4** (*accludere*) to enclose: *uniamo due assegni alla lettera*, we enclose two cheques with the letter.

□ **unirsi** *v.rifl.* o *rifl.rec.* **1** (*legarsi*) to unite (with); to join up, to join together; to combine, to come* together: *i due fiumi si uniscono a dieci miglia dal mare*, the two rivers join up ten miles from the sea; *elementi che si uniscono*, elements that combine; *quegli stati si unirono qualche anno fa*, those states united a few years ago; *si unì in matrimonio in tarda età*, he got married late in life; *le strade laterali si uniscono alle arterie principali*, the side streets connect with the main roads; *uniamoci per combattere la povertà*, let us unite in fighting (*o* to fight) poverty; *i due partiti si unirono per formare un governo di coalizione*, the two parties combined to form a coalition government **2** (*mettersi insieme con altri*) to join, to get* together with; (*fondersi*) to merge: *mia madre si unisce a me per mandarvi molti auguri*, my mother joins me in sending you our very best wishes; *posso unirmi al gioco?*, may I join in the game?; *le due società si sono recentemente unite*, the two companies have recently merged.

unisessuale *agg.* (*biol.*) unisexual, unisexed.

unisessualità *s.f.* (*biol.*) unisexuality.

unisessuato *agg.* (*biol.*) unisexual.

unisex *agg.* unisex: *una giacca —*, a unisex jacket.

unisillabo *s.m.* monosyllable.

unisonanza *s.f.* (*rar.*) unisonance.

unisono *agg.* unanimous; with one voice (*pred.*), as one person (*pred.*) ◆ *s.m.* unison; (*armonia*) harmony, concord, agreement: *un — perfetto*, perfect unison // *all'—*, in unison: *essere, cantare all'—*, to be, to sing in unison.

unità *s.f.* **1** unity: *— di azione, di luogo, di tempo*, unity of action, of place, of time; *— di ideali*, unity of ideals; *l'— di una nazione*, the unity of a nation; *— politica, linguistica*, political, linguistic unity; *l'— della famiglia è in crisi*, the unity of the family is in crisis; *l'— di un'opera letteraria*, the unity of a literary work; (*teol.*) *l'— di Dio*, the oneness of God **2** (*ling.*) unit: *— didattica*, (didactic) unit **3** (*mil.*) unit: *— aviotrasportata*, airborne unit; *— tattica*, tactical unit; *alcune — della nostra flotta, del nostro esercito furono distrutte*, a few units of our fleet, of our army were destroyed; (*mar.*) *— da superficie*, surface vessel **4** (*metrol.*) unit: *— assoluta*, absolute unit; *— astronomica*, astronomical unit; *— di misura del calore*, thermal unit; *— di lunghezza, peso, tempo, volume*, unit of length, weight, time, volume; *— elettrica*, electric unit; *— elettromagnetica*, electromagnetic unit; *— elettrostatica*, electrostatic unit; *sistema di —*, unit system // *— monetaria*, monetary unit **5** (*mat.*) unity; unit: *la colonna delle —*, the units column; *ridurre un coefficiente all'—*, to reduce a coefficient to unity **6** (*inform.*) unit; drive; (*per l'elaborazione di informazioni*) equipment unit; (*di produzione*) operation: *— a nastro magnetico*, magnetic tape drive; *— a schede magnetiche*, magnetic card unit; *— centrale*, central processing unit (*abbr.* CPU), (IBM) processing unit; *— di affissione*, readout; *— di calcolo*, computer; *— di esecuzione*, run unit; *— di informazione*, frame; *— di innesco*, bootstrap device; *— di uscita*, output drive; *— disco*, disk drive (*o* disk file); *— dischi*, (HONEYWELL) file; *— pilota*, master unit; *— video*, display unit; (*tel.*) *— di chiamata automatica*, automatic calling unit (*abbr.* ACU).

unitamente *avv.* **1** in unison; together, unitedly: *agire —*, to act in unison **2** *— a*, together with: *ti spedirò il libro — alla lettera*, I'll send you the book together with the letter.

unitarianismo *s.m.* (*st. relig.*) Unitarianism.

unitariano *agg.* e *s.m.* unitarian.

unitarietà *s.f.* unity.

unitario *agg.* **1** unitary, joint, unit (*attr.*): *politica unitaria*, unitary policy; *programma —*, joint programme; *sistema —*, unitary system; *prezzo —*, unit price; *costo —*, unit cost **2** (*armonico*) harmonious, coherent: *un poema —*, a coherent poem **3** (*st. relig.*) unitarian **4** (*fis.*): *cella unitaria*, unit cell; *simmetria unitaria*, unitary symmetry; *vettore —*, unit vector ◆ *s.m.* (*st. relig.*) Unitarian.

unitarismo *s.m.* (*st. relig.*) Unitarianism.

unitezza *s.f.* **1** (*compattezza*) compactness **2** (*uniformità*) uniformity.

unito *agg.* **1** united (*anche fig.*); combined; (*unitario*) joint: *tenete i banchi uniti*, keep your desks together; *due pezzi di carta uniti insieme*, two pieces of paper tied together; *il paese non è —*, the country is not united; *gli sforzi uniti di tutti i paesi*, the joint (*o* combined) efforts of all countries; *è una famiglia molto unita*, they are a very united family; *rimanete uniti!*, keep together! // *Regno Unito*, United Kingdom // *gli Stati Uniti d'America*, the United States of America **2** (*aggiunto*) added **3** (*accluso*) enclosed: (*comm.*) *la fattura qui unita*, the invoice enclosed herewith **4** (*uniforme*) uniform, even: *tinta unita*, self colour.

uni-univalente *agg.* (*chim.*) *elettrolita —*, uni-univalent electrolyte.

univalente *agg.* (*chim.*) monoatomic.

univalve *agg.* (*zool.*) univalve.

universale *agg.* **1** universal; general: *approvazione —*, general approval; *cultura —*, universal culture; *lingua —*, universal language; *principio, regola —*, universal principle, rule; *suffragio —*, universal suffrage // (*med.*) *donatore —*, universal donor // (*dir.*): *erede —*, sole (*o* only) heir; *successione a titolo —*, universal succession **2** (*multiuso*) multipurpose: *cacciavite —*, multipurpose screwdriver; *chiave —*, adjustable wrench; *giunto —*, universal joint; *pinze universali*, combination cutting pliers **3** (*astr.*) *tempo —*, universal time (*o* Greenwich mean time, *abbr.* GMT) ◆ *s.m.* (*fil.*) universal.

universalismo *s.m.* universalism.

universalista *s.m.* e *f.* universalist.

universalistico *agg.* universalistic.

universalità *s.f.* universality: *l'— di Leonardo*, Leonardo's universality; *l'— degli italiani*, all Italians (*o* the whole Italian nation); *l'— di un concetto*, the universality of a concept // (*dir.*): *— di fatto*, universitas facti; *— di diritto*, universitas juris.

universalizzare *v.tr.* **1** to universalize, to make* universal **2** (*estens.*) (*diffondere*) to spread*, to diffuse: *— la cultura*, to spread culture.

□ **universalizzarsi** *v.intr.pron.* to become* universal, to become* generalized: *un'usanza che si è universalizzata*, a practice that has become universal.

universalizzazione *s.f.* universalization.

universalmente *avv.* universally, generally: *è — risaputo che...*, it is universally acknowledged that... (*o* everybody knows that...).

universiade *s.f.* (*spec. pl.*) world university games.

università *s.f.* university: *— di stato, privata*, state, private university; *aveva studiato all'—*, he had had a university education (*o* he had been to university); *l'— di Milano*, the university of Milan.

universitario *agg.* university (*attr.*): *professore, studente —*, university professor, student; *vita universitaria*, university life ◆ *s.m.* **1** (*studente*) university student **2** (*docente*) university professor.

universo *s.m.* **1** universe; world (*anche fig.*): *i misteri dell'—*, the mysteries of the universe; *per tutto l'—*, all over the world; *crede di essere padrone dell'—*, he thinks he is master of the universe; *vive in un — tutto suo*, he lives in a world of his own; *l'— dell'infanzia*, the world of childhood **2** (*astr.*) universe, cosmos // (*astrofisica*) *— in espansione*, expanding universe **3** (*statistica*) universe, population.

univocità *s.f.* univocity; (*chiarezza*) unequivocalness, unambiguousness.

univoco *agg.* univocal, unequivocal, unambiguous.

unnilpenzio *s.m.* (*chim.*) unnilpentium.

unnilquadio *s.m.* (*chim.*) unnilquadium.

unno *s.m.* Hun; (*fig.*) barbarian ◆ *agg.* Hun (*attr.*).

uno *agg.num.card.* e *s.m.* one: *— contro cinque*, one against five; *un giorno o due*, one or two days; *— per cento*, one per cent; *un terzo*, one third; *un uomo su mille*, one man in a thousand; *nemmeno —*, not a single one; *il numero —*, the number one (*anche fig.*); *un asino numero —*, (*fam.*) a first-class fool; *ci volle una settimana esatta*, it took just one week; *ho solamente un libro*, I have only one book; *scrivi —*, write one; *scrivere — e riportare cinque*, to write down one and carry five; *inviteremo — o due amici*, we'll invite one or two friends; *una o due righe più sotto*, one or two lines further down; *le mille e una notte*, the thousand and one nights; *l'articolo — della Costituzione*, article one of the constitution; *tutti per —, — per tutti*, all for one and one for all; *partire o non partire per me è tutt'—*, its' all the same to me whether we leave or not; *delle due una, o è partito o è a casa*, there are two possibilities, either he has left or he is at home; *a — a —*, one by one; *entrare — a —*, go in one by one ◆ *s.m.* (*fil.*) One; God.

uno, **un**, **una** *art.indet.* **1** a, an: *un artista*, an artist; *una donna*, a woman; *un europeo*, a European; *un onore*, an honour; *un'ora lieta*, a happy hour; *un bel palazzo*, a beautiful building; *una grande città*, a big city; *un lavoro interessante*, an interesting job // *non ha un amico*, he hasn't a single friend // *ho una fame che non ti dico!*, I'm starving! // *ha una casa!*, you should see her house! // *un tale bugiardo!*, he's such a liar! **2** (*seguito da agg. poss.*) one (of): *un suo amico*, one of his friends (*o* a friend of his); *un vostro rappresentante*, one of your agents **3** (*in espressoni numeriche o di quantità*) a, one: *un centinaio, un milione*, a (*o* one) hundred, a (*o* one) million; *un quarto, un quinto*, a quarter (*o* a fourth), a fifth; *una gran quantità*, a large quantity // *una buona dose di coraggio*, a lot of courage **4** (*per indicare approssimazione*) some, about: *una cinquantina di persone*, some (*o* about) fifty people; *un cinque o sei giorni*, some (*o* about) five or six days; *disterà una ventina di chilometri*, it's about twenty kilometres away.

uno, **una** *pron.indef.* **1** (*qualcuno*) someone; (*un tale*) a fellow, a man; (*una tale*) a woman; (*con partitivo*) one: *c'era — che voleva parlarti*, there was someone (*o* a fellow *o* a man) who wanted to speak to you; *ho parlato con — che ti conosce*, I've been speaking to someone who knows you; *ha telefonato una tale*, a woman phoned; *— di noi, di voi*, one of us, of you; *ho parlato con — dei tuoi assistenti*, I spoke to one of your assistants; *è una delle migliori attrici italiane*, she is one of Italy's best actresses // *è — dei tanti, — qualsiasi*, he is one of the many // *una di quelle*, a tart (*o* one of them) **2** (*con valore impers.*) one, you: *— non può dire se sia vero o no*, one (*o* you) can't say whether it's true or not // *se — vuole può farlo*, if you want to, you can (*o prov.* where there's a will there's a way) **3** (*ciascuno*) each: *li ho pagati diecimila lire l'—*, I paid ten thousand liras each for them; *ce ne daranno due per —*, we'll be given two each // *facciamo un po' per —*, let's share it // *paghiamo metà per —*, let's go fifty fifty **4** (*riferito a cosa*) one (*anche con partitivo*): *questo abito non mi sta bene, ne vorrei — più scuro*, this dress doesn't suit me, I'd like a darker one; *"Mi occorre una penna" "Prendine una dal mio tavolo"*, "I need a pen" "Take one from my desk" // *ne ha combinata una delle sue*, he's been up to his tricks again // *ne ha fatta una grossa!*, he's really done it this time! // *vuoi sentirne una?*, do you want to know the latest? // *non gliene va mai bene una*, he never does anything right **5** (*in corr. con* altro) (*l'*)*uno*..., *l'altro*..., one... the other...: *ha due figli, — lavora, l'altro studia*, he has two sons; one is working and the other's a student // *uno..., un altro...*, one..., another...: *c'erano molti stranieri, — veniva dal Cile, un altro dall'Olanda, un altro ancora dalle Filippine*, there were a lot of foreigners: one came from Chile, another from Holland and (yet) another from the Philippines // *l'— e l'altro*, (*entrambi*) both: *l'uno e l'altro* (*fratello*) *negarono*, both (brothers) denied it; *l'una e l'altra* (*città*) *furono distrutte*, both (cities) were destroyed // *né l'— né l'altro*, neither; (*in presenza di altra negazione*) either: *non voglio né l'— né l'altro*, I want neither (*o* I don't want either); *né l'— né l'altro rispose, non risposero né l'— né l'altro*, neither of them replied // *l'un l'altro*, (*reciprocamente*) one another; (*spec. fra due*) each other: *si aiutano l'un l'altro*, they help one another (*o* each other) // *gli uni..., gli altri...*, some..., some... (*o* some..., others) // *gli uni e gli altri*, they all (*o* all of them); *compl.* them all (*o* all of them): *sono partiti gli uni e gli altri*, they all left; *scrissi agli uni e agli altri*, I wrote to them all.

uno-due *s.m.* (*boxe*) one-two.

unticcio *agg.* (a little) oily, (a little) greasy ◆ *s.m.* (*sostanza grassa*) grease.

unto *agg.* **1** greasy, oily; (*sporco*) dirty, oil -stained: *mani unte*, greasy hands; *un soprabito — e bisunto*, a filthy (*o* greasy) overcoat **2** (*eccl.*) anointed // *l'Unto del Signore*, the Lord's Anointed ◆ *s.m.* grease; (*grasso alimentare*) fat: *l'— dell'arrosto*, the fat from the roast; *macchia d'—*, grease spot (*o* grease stain); *macchiare d'— gli abiti*, to dirty one's clothes with grease; *— per le ruote di un veicolo*, axle grease; *dare dell'— a una ruota*, to grease a wheel.

untore *s.m.* (*st.*) plague-spreader.

untume *s.m.* grease, greasy stuff; (*di grasso alimentare*) fat: *si può scivolare facilmente con tutto questo — per terra*, it's easy to slip with all this grease (*o* greasy stuff) on the floor.

untuosità *s.f.* **1** greasiness, oiliness **2** (*fig.*) greasiness, oiliness, unctuousness: *la sua — mi disgustava*, his oiliness disgusted me **3** (*materiale untuoso*) grease, oil.

untuoso *agg.* **1** greasy, oily **2** (*fig.*) oily, greasy, unctuous: *modi untuosi*, oily (*o* unctuous) manners.

unzione *s.f.* **1** oiling, greasing; smearing, rubbing **2** (*con olio consacrato*) unction; anointing // (*eccl.*) *Estrema Unzione*, Extreme Unction **3** (*fig.*) unctuousness, oiliness.

uomo *s.m.* **1** man*: *Adamo, il primo —*, Adam, the first man; *l'— primitivo*, primitive man; *l'— medievale*, Mediaeval man; *l'— è mortale*, man is mortal; *un — da nulla*, a nobody; *l'— della strada*, the man in the street; *l'— delle caverne*, caveman; *l'— del momento*, the man of the moment; *— di campagna*, countryman; *— di cuore*, kind-hearted man; *— di legge*, man of law; *— di lettere*, man of letters; *— di mare*, seaman; *— a mare*, man overboard; *un — navigato*, one who has been around; *un — di mezzi*, a man of means; *un — di mondo*, a man of the world; *un — d'ingegno*, a clever man; *— di paglia*, dummy (*o* man of straw); *un — di parola*, a man of his word; *— di fiducia*, (*braccio destro*) righthand man; *un — fidato*, a reliable man; *un — di poche parole*, a man of few words; *— di scienza*, scientist; *— di società*, a man about town; *— d'affari*, businessman; *— di stato*, statesman; *— di studio*, scholar; *un pezzo d'—*, a big man; *un — sportivo*, a sportsman; *un bell'—*, a good-looking (*o* handsome) man; *un grand'—*, a great man; *un sant'—*, a saintly man, (*estens.*) a really nice man; *un pover'—*, a poor fellow; *mi dica buon —*, tell me my good man; *gli uomini dell'equipaggio*, the crew; *— delle pulizie*, cleaner; *— del gas, della luce*, gasman, electricity man, *— di fatica*, labourer; *rivista, spettacolo per soli uomini*, magazine, show for men only; (*sport*) *marcare a —*, to mark man to man; *la vita dell'—*, man's life; *gli uomini sono deboli*, men are weak; *Dio si fece —*, God was made man; *quello è il tuo —, l'— che fa al caso tuo*, that is your man (*o* the man for you); *comportati da —*, act like a man; *sopportare qlco. da —*, to bear sthg. like a man; *l'— adatto nel posto adatto*, the rights man in the right place; *a memoria d'—*, within living memory; *a passo d'—*, at a walking pace; *bene, caro il mio —!*, well, my dear fellow!; *come un sol —*, as one man; *da — a —*, as man to man; *ti devo parlare da — a —*, I've got to talk to you man to man; *i diritti dell'—*, human rights; *fino all'ultimo —*, to the last man; *senza sua moglie è un — perso*, without his wife he is lost; *quando lo incontrai era un — finito*, when I met him he was finished; *quell'— sarà la tua rovina*, that man will be your downfall; *conosco il mio —*, I know my man; *non muoverti o sei un — morto!*, don't move or you are a dead man!; *un — che sa quello che vuole*, a man who knows what he wants // *è già un — fatto*, he is quite a man now; *farsi —*, to grow up; *è un mezzo —*, he is only half a man // *l'— nero*, (*nel linguaggio infantile*) the bogey man // *— avvisato mezzo salvato*, (*prov.*) forewarned is forearmed // *l'— propone e Dio dispone*, (*prov.*) man proposes, God disposes.

uopo *s.m.* (*letter.*) need; necessity: *all'—*, if necessary (*o* in case of necessity), (*al momento opportuno*) at the right moment; *all'— ve lo faremo sapere*, if necessary we shall let you know // *far, essere d'—*, to be necessary; *non è, non fa d'—*, it is not necessary.

uosa *s.f.* (*spec. pl.*) gaiter.

uovo *s.m.* **1** egg: *uova affogate, in camicia*, poached eggs; *uova alla coque*, boiled eggs; *uova al tegame*, fried eggs; *uova all'ostrica*, prairie oysters; *uova al prosciutto*, ham and eggs; *uova bazzotte, sode*, soft-boiled, hard-boiled eggs; *uova da bere*, new-laid eggs; *uova guaste*, bad eggs; *uova strapazzate*, scrambled eggs; *bianco, chiara d'—*, egg white (*o* white of egg); *guscio d'—*, eggshell; *rosso d'—*, yolk; *devo farti un rosso d'— sbattuto?*, shall I whip the yolk of an egg for you?; *la gallina ha fatto l'—*, the hen has laid an egg; *covare uova*, to brood; *— di anatra, di gallina*, duck's, hen's egg; *— di baco da seta*, silkworm's egg; *uova di pesce*, roe; *uova di rana*, frogspawn; *uova di mosca*, flyblow; *uova di aringa, di salmone*, roe-corn // *— di Pasqua*, Easter egg // *— per rammendare*, darning egg // *l'— di Colombo*, (*fig.*) Columbus's egg // *essere pieno come un —*, (*fig.*) to be full up // *camminare sulle uova*, (*fig.*) to tread on eggs // *cercare il pelo nell'—*, (*fig.*) to split hairs // *rompere le uova nel paniere a qlcu.*, (*fig.*) to upset s.o.'s plans // *meglio un — oggi che una gallina domani*, (*prov.*) a bird in the hand is worth two in the bush **2** (*biol.*) egg, ovule, ovum*.

upas *s.m.* **1** (*bot.*) (*Antiaris toxicaria*) upas (tree) **2** (*veleno*) upas.

upupa *s.f.* (*zool.*) (*Upupa epops*) hoopoe.

uracile *s.m.* (*chim.*) uracil.

uragano *s.m.* **1** (*meteor.*) hurricane **2** (*fig.*) storm: *un — di applausi*, a storm of applause.

uralico *agg.* **1** (*dei monti Urali*) Uralian, of the Urals, of the Ural mountains **2** (*di lingua*) Uralian, Uralic ◆ *s.m.* (*lingua*) Uralic.

uralite *s.f.* (*min.*) uralite.

uranato *s.m.* (*chim.*) uranate.

uraniano *agg.* (*astr.*) Uranian.

uranico[1] *agg.* (*mit.*) uranian, heavenly.

uranico[2] *agg.* (*chim.*) uranic.

uranide *s.m.* (*chim.*) uranide.

uranile *s.m.* (*chim.*) uranyl.

uranina *s.f.* (*chim.*) uranine.

uraninite *s.f.* (*min.*) uraninite.

uranio *s.m.* (*chim.*) uranium: *serie dell'—*, uranium series.

uranite *s.f.* (*min.*) uranite.

Urano *no.pr.m.* (*astr.*) Uranus.

uranofane *s.m.* (*min.*) uranophane.

uranografia *s.f.* (*astr.*) uranography.

uranografo *s.m.* uranographer.

uranometria *s.f.* (*astr.*) uranometry.

uranopilite *s.f.* (*min.*) uranopilite.

uranoscopia *s.f.* (*astr.*) uranoscopy.

uranoscopo *s.m.* (*zool.*) (*Uranoscopus scaber*) star-gazer.

uranoso *agg.* (*chim.*) uranous.

uranotilo *s.m.* (*min.*) uranotil(e).

urato *s.m.* (*chim.*) urate.

urbanamente *avv.* urbanely, courteously, civilly, politely.

urbanista *s.m.* e *f.* town planner, city planner.

urbanistica *s.f.* town planning, city planning.

urbanistico *agg.* town planning (*attr.*), city planning (*attr.*): *progetto —*, town planning scheme; (*dir.*) *legislazione urbanistica, regolamento —*, town (*o* city) planning legislation.

urbanità *s.f.* **1** urbanity, courtesy, civility, politeness **2** (*stat.*) ratio of city dwellers to country dwellers.

urbanizzare *v.tr.* to urbanize: *aree fortemente urbanizzate*, highly urbanized areas.
□ **urbanizzarsi** *v.intr.pron.* to be urbanized ◆ *v.rifl.* (*assumere costumi cittadini*) to acquire the habits of a city dweller.

urbanizzazione *s.f.* urbanization.

urbano *agg.* **1** urban; city (*attr.*); town (*attr.*): *popolazione urbana*, urban population; *agglomerato —*, urban agglomeration // *telefonata urbana*, local (phone) call **2** (*cortese*) urbane, courteous, civil, polite: *modi urbani*, polite manners.

urbe *s.f.* (*letter.*) city: *l'Urbe*, the Eternal City (*o* Rome).

urbi et orbi *avv.* e *agg.* (*lat.*) urbi et orbi, to Rome and the world.

urca *inter.* (*region.*) wow!

urea *s.f.* (*biochim.*) urea.

ureasi *s.f.* (*biochim.*) urease.

ureico *agg.* (*chim.*) ureic.

uremia *s.f.* (*med.*) uraemia, uremia.

uremico *agg.* (*med.*) uraemic, uremic.

urente *agg.* (*letter.*) burning.

uretano *s.m.* (*chim.*) urethane.

ureterale *agg.* (*anat.*) ureteral.

uretere *s.m.* (*anat.*) ureter, urinary duct.

ureterico *agg.* (*anat.*) ureteric.

ureterite *s.f.* (*med.*) ureteritis.

uretra *s.f.* (*anat.*) urethra*.

uretrale *agg.* (*anat.*) urethral.

uretrite *s.f.* (*med.*) urethritis.

urgente *agg.* urgent, pressing: *affare* —, urgent (*o* pressing) business; *bisogno* —, pressing need; *vieni subito, è —!*, come straightaway, it's urgent!; *c'è una chiamata — per te*, there's an urgent call for you; *lettera, messaggio* —, urgent letter, message; *pratica* —, urgent matter; *impegni urgenti*, pressing engagements.

urgentemente *avv.* urgently.

urgenza *s.f.* **1** urgency; (*fretta, premura*) hurry, haste: *un affare di molta* —, a business of great urgency; *lettera d'*—, urgent (*o* pressing) letter; *in caso d'— telefonami*, if it's urgent, phone me; *avere — di fare qlco.*, to be in a hurry to do sthg.; *potrebbe prepararmi subito il certificato, ho una certa* —, could you prepare the certificate quickly, I'm in a bit of a hurry; *ho — di vederlo*, I must see him as soon as possible (*o* at once); *fare — a qlcu.*, to urge s.o. // (*dir.*) *provvedimento d'*—, provisional (*o* interlocutory) injunction // (*amm.*) *diritto d'*—, urgent rate **2** (*emergenza*) emergency: *chiamata d'*—, emergency call; *chiamare un medico d'*—, to make an emergency call for a doctor; *sono intervenuti d'*—, they went out on an emergency call; *l'hanno ricoverato d'— in ospedale*, he was admitted to hospital as an emergency patient.

urgere *v.intr.* to be urgent, to be pressing: *urge aiuto*, help is urgently required; *urge che lo facciate immediatamente*, it is absolutely necessary that you should do it immediately; *urge la tua presenza*, your presence is required.

uri *s.f.* (*vergine del paradiso maomettano*) houri.

uria *s.f.* (*zool.*) guillemot.

uricemia *s.f.* (*med.*) hyperuricemia.

uricemico *agg.* (*med.*) hyperuricemic.

urico *agg.* (*biochim.*) uric: *acido* —, uric acid.

urina *s.f.* urine: *analisi dell'*—, urine test.

urinare *v.intr.* e *tr.* to urinate.

urinario *agg.* urinary: *apparato* —, urinary system.

urlare *v.intr.* to shout, to cry (out), to yell, to bawl; to scream; (*strillare*) to shriek; (*ululare*) to howl: *il bimbo urlava perché aveva fame*, the baby was screaming because it was hungry; *quando gli ho chiesto l'aumento, si è messo a — come un matto*, when I asked him for a rise, he started shouting like a madman; *non — così*, stop shouting like that; *urlava di dolore*, he was screaming (*o* howling) with pain; *— di spavento*, to scream with fear; *— di rabbia*, to yell (*o* to shout) with rage; *urlò di orrore alla vista del topo*, she shrieked with horror at the sight of the mouse; *il vento urlava nel bosco*, the wind was howling in the wood ◆ *v.tr.* to shout, to yell, to call out: *tutti urlarono il nome del vincitore*, everybody shouted the winner's name.

urlata *s.f.* (*di disapprovazione*) shout, howl; (*di rimprovero*) tongue-lashing, bawling-out.

urlato *agg.* screaming, blaring: *propaganda urlata*, blaring propaganda.

urlatore *agg.* shouting, yelling, bawling; (*spec. di animali*) howling // (*zool.*) *scimmia urlatrice*, howler ◆ *s.m.*, **urlatrice** *s.f.* shouter, bawler; (*spec. di animali*) howler.

urlio *s.m.* shouting, yelling; shrieking; (*spec. di animali*) howling: *l'— dei bambini*, the shouting (*o* yelling) of the children.

urlo *pl.f.* **urla** *pl.m.* **urli**, *s.m.* cry, shout, yell; shriek; scream; (*spec. di animali*) howl: *le urla della folla*, the shouts (*o* roar) of the crowd; *l'— del lupo, del cane, del vento*, the howl of a wolf, a dog, the wind; *un — di dolore*, a howl (*o* cry) of pain; *urla di gioia*, shouts of joy; *un — di indignazione*, a cry of indignation; *un — di terrore*, a shriek of terror; *— di rabbia*, cry of rage; *l'— della sirena*, the hoot of the siren; *emettere, cacciare, mandare un* —, to give a shout (*o* cry *o* shriek).

urna *s.f.* **1** urn: *— cineraria*, cinerary urn; *antiche urne romane*, ancient Roman urns; *seppellimento in urne*, urn burial **2** (*nelle votazioni*) ballot box // *apertura delle urne*, opening of the polls; *andare alle urne*, to go to the polls; *attendere il responso delle urne*, to wait for the election results.

uro *s.m.* (*paleont.*) (*Bos primigenius*) aurochs, urus.

urobilina *s.f.* (*biochim.*) urobilin.

urobilinogeno *s.m.* (*biochim.*) urobilinogen.

urobilinuria *s.f.* (*med.*) urobilinuria.

urochinasi *s.f.* (*biochim.*) urokinase.

urocromo *s.m.* (*biochim.*) urochrome.

urodelo *agg.* e *s.m.* (*zool.*) urodelan, urodele.

urogallo → **tetraone**.

urogenitale *agg.* (*anat.*) urogenital.

urografia *s.f.* (*med.*) urography.

urolitiasi *s.f.* (*med.*) urolithiasis.

urolito *s.m.* (*med.*) urolith, urolite.

urologia *s.f.* (*med.*) urology.

urologico *agg.* (*med.*) urologic, urological.

urologo *s.m.* (*med.*) urologist.

uronico *agg.* (*biochim.*) uronic: *acido* —, uronic acid.

uropigio *s.m.* (*zool.*) uropygium.

uropoiesi *s.f.* (*med.*) uropoiesis.

uroscopia *s.f.* (*med.*) uroscopy.

urotropina® *s.f.* (*chim.*) urotropine.

urrà *inter.* hurrah!, hurray!

ursone *s.m.* (*zool.*) (*Erethizon dorsatum*) urson.

urtante[1] *agg.* (*che infastidisce*) irritating, vexing, annoying: *contegno* —, irritating behaviour.

urtante[2] *s.m.* (*mar.*) **1** (*trave dell'invasatura*) bilge block **2** (*di mina a contatto*) horn.

urtare *v.tr.* **1** to knock; to knock against, into (s.o., sthg.); to bump; to bump into, against (s.o., sthg.); to crash into, against (s.o., sthg.); to strike* against (s.o., sthg.); to hit*: *lo urtai ed egli cadde*, I bumped into (*o* against) him and he fell down; *— qlcu. per la strada*, to bump into (*o* to knock against) s.o. in the street; *l'auto sbandò e urtò il guardrail*, the car went out of control and crashed into the guardrail **2** (*infastidire*) to irritate, to vex, to annoy; (*offendere i sentimenti di*) to hurt*; to shock, to offend: *non urtarlo*, don't irritate him; *questo rifiuto mi urta molto*, this refusal annoys me very much; *le sue parole urtarono i sentimenti di suo fratello*, his words hurt (*o* offended) his brother's feelings // *il suo modo di parlare mi urta i nervi*, his way of speaking gets (*o* jars) on my nerves ◆ *v.intr.* **1** to knock; to strike*; to hit*: *l'aereo urtò contro la collina*, the plane crashed into the hill; *la nave urtò contro uno scoglio*, the ship hit a rock; *urtai contro la seggiola*, I bumped into (*o* against) the chair **2** (*fig.*) to conflict, to contrast: *una conclusione che urta con le premesse*, a conclusion that conflicts with the premises.

□ **urtarsi** *v.intr.pron.* to get* cross: *si urta per un nonnulla*, he gets cross at anything ◆ *v.rifl.rec.* **1** (*entrare in collisione*) to collide, to bump into, against one another: *le due automobili si urtarono*, the two cars collided; *le due navi si urtarono*, the two ships collided; *all'uscita dallo stadio ci si urta*, people bump into one another leaving the football ground **2** (*fig.*) (*venire a contrasto*) to quarrel: *si sono urtati per una questione da nulla*, they quarrelled over a trivial matter.

urtata *s.f.* knock; (*spinta*) push, shove.

urtato *agg.* irritated, annoyed: *ero proprio — dalle sue parole*, I was really irritated (*o* annoyed) by his words.

urticante → **orticante**.

urto *s.m.* **1** (*spinta*) push, shove: *mi diede un tale — che per poco non caddi*, he gave me such a push that I almost fell; *si faceva largo tra la folla a forza di urti*, he pushed his way through the crowd **2** (*scontro*) collision, impact: *nell'— il conducente ha perso la vita*, the driver lost his life in the collision; *entrare in* —, to collide **3** (*attacco*) attack: *si preparano all'— del nemico*, they are getting ready for the enemy's attack **4** (*contrasto*) clash, collision, conflict: *un — di interessi*, a conflict of interests; *queste teorie sono in — con i nostri princìpi*, these theories are in conflict with our principles; *essere in — con qlcu.*, to be at variance with s.o.; *mettersi in — con qlcu.*, to fall out with s.o. // *prendere qlcu. in* —, to take a dislike to s.o. **5** *— di vomito*, retch **6** (*fis.*): *— anelastico, elastico*, inelastic, elastic collision; *onda d'*—, shock wave; *sezione d'*—, cross section.

urtone *s.m.* shove, knock: *dare un — a qlcu.*, to give s.o. a shove.

urubù *s.m.* (*zool.*) (*Coragyps atratus*) black vulture.

uruguaiano *agg.* e *s.m.* Uruguayan.

usabile *agg.* usable.

usa e getta *agg.* disposable: *siringhe* —, disposable syringes.

usanza *s.f.* **1** usage, custom: *secondo l'*—, according to custom; *è l'— del paese*, it is the custom of the country; *è un'antica — tedesca*, it is an ancient German custom; *non conosco le usanze della vostra famiglia*, I don't know the customs of your family; *ogni popolo ha le sue usanze*, every people has its own customs; *l'— del baciamano*, the custom of hand-kissing; *abolire una vecchia —*, to abolish an old custom // *paese che vai — che trovi*, (*prov.*) when in Rome, do as the Romans do **2** (*abitudine*) habit: *secondo la mia —*, as is my habit (*o* as is my wont *o* according to my wont); *è mia — alzarmi alle sette*, it is my habit to get up at seven; *avere l'— di fare qlco.*, to be in the habit (*o* to make a habit) of doing sthg. (*o* to be accustomed to doing sthg.).

usare *v.tr.* **1** to use, to make* use of: *posso — la tua penna?*, may I use your pen?; *se non trovi il tuo libro usa il mio*, if you can't find your book, use mine; *all'esame non possiamo — il vocabolario*, in the examination we are not allowed to use our dictionaries; *dovresti — meglio il tuo denaro*, you should make better use of your money; *non uso mai il burro in cucina*, I never use butter in my cooking; *uso la lana per pulire l'argento*, I use wool to polish silver; *— attenzione*, to use care (*o* to be careful); *usò ogni artificio per ottenerlo*, he used every artifice to get it // *— la testa, il cervello, gli occhi, le orecchie*, (*fig.*) to use one's head, eyes, ears // *mi usò la cortesia di darmi il suo posto*, he was kind enough to offer me his seat; *mi usò molte cortesie*, he was very kind to me (*o* he heaped *o* showered kindnesses on me); *vogliate usarmi la cortesia di farmelo sapere subito*, please do me the favour of letting me know at once // *— le buone maniere*, to be kind; *— le minacce*, to threaten // *— la forza*, to use force // *— violenza a qlcu.*, to do violence to s.o.; *— violenza a se stessi*, to force oneself **2** (*essere solito*) to use (to) (*usato solo nei tempi passati dell'indicativo*); would (+ *inf. senza* to); to be accustomed (to); to be used (to): *gli antichi usavano sacrificare agli dei*, people in ancient times used to make sacrifices to the gods; *due secoli fa gli uomini usavano portare la parrucca*, two centuries ago men used to wear wigs; (*egli*) *usava levarsi la mattina di buon'ora*, he used to (*o* he would) get up early in the morning; *usavamo incontrarci ogni sera in piazza*, we used to (*o* we would) meet in the square every evening; *io non uso comportarmi in questo modo*, I'm not used to (*o* I'm not accustomed to) behaving like this // *si usa*, (*è consuetudine*) it is customary (*o* it's the custom): *oggi si usa molto passare le vacanze all'estero*, nowadays it's the custom (*o* it's customary) to spend one's holidays abroad; *di solito si usa ringraziare con un biglietto*, it's customary (*o* it's the custom) to send a note of thanks; *si sposò, come si usa, con l'abito bianco*, she was married in white, according to custom (*o* as is the custom) ♦ *v.intr.* **1** to use (sthg.), to make* use (of sthg.): *— dei propri diritti*, to make use of one's own rights **2** (*essere di moda*) to be fashionable, to be in fashion: *il modello di quel vestito non usa più*, that style of dress is no longer fashionable (*o* is out of fashion); *quest'anno usa molto il rosso*, red is very fashionable this year.

□ **usarsi** *v.rifl.* (*abituarsi*) to get* accustomed.

usato *agg.* **1** (*non nuovo*) second-hand (*attr.*); (*logoro*) worn-out: *libri, mobili usati*, second -hand books, furniture; *ha comprato un'auto usata*, he bought a second-hand car; *vestiti usati*, second-hand clothes; *questo vestito è troppo —*, this dress is too worn-out **2** (*abituato*) used, accustomed; inured: *— ai sacrifici, alle avversità*, inured to sacrifice, to hardship **3** (*letter.*) (*abituale*) customary, usual **4** (*in uso*) in use (*pred.*): *parola non usata*, obsolete word (*o* word out of use); *procedimenti ancora usati*, proceedings still in use ♦ *s.m.* **1** (*il solito, l'ordinario*): *cose fuori dell'—*, unusual things **2** (*cose usate*) second-hand articles (*pl.*), second-hand goods (*pl.*): *mercato dell'—*, flea market.

usbeco *agg.* e *s.m.* Uzbek.

usbergo *s.m.* (*letter.*) **1** hauberk **2** (*fig.*) (*protezione*) protection, defence, shield.

uscente *agg.* **1** (*che lascia una carica*) retiring, outgoing: *presidente —*, retiring (*o* outgoing) president **2** (*nelle determinazioni di tempo*) closing, expiring: *mese —*, closing (*o* expiring) month **3** (*gramm.*) ending: *aggettivo — in 'o'*, adjective ending in 'o'.

usciere *s.m.* **1** (*ufficiale giudiziario*) bailiff: (*dir.*) *mandare gli uscieri*, to put in the bailiffs **2** (*di tribunale*) usher.

uscio *s.m.* door; (*porta di strada*) front door, main door, street door: *abitare — a — con qlcu.*, to live next door to s.o.; *aprire, chiudere, sbattere l'—*, to open, to close, to bang the door; *mettere qlcu. all'—*, to turn s.o. out (of doors) // *non si trova a ogni —*, (*fig.*) they don't grow on trees // *essere tra l'— e il muro*, (*fig.*) to be between the devil and the deep blue sea (*o* to be in dire straits) // *prendere l'—*, (*fig.*) (*svignarsela*) to make off (*o* to make for the door).

uscire *v.intr.* **1** (*andare fuori*) to go* out; (*venire fuori*) to come* out (*anche fig.*); to get* out; (*lasciare*) to leave* (a place): *uscite!*, (*andate fuori*) go out!, (*venite fuori*) come out!; *usciamo insieme!*, let us go out together!; *esce ogni sera*, he goes out every evening; *non esce molto*, she does not go out much (into society, to parties); *— all'aperto*, to go outdoors; *uscì a piedi*, he went out on foot; *— a cavallo*, to ride off; *— in automobile*, to go out in the car; *— precipitosamente*, to rush out; *— furtivamente, di soppiatto*, to steal out; *far — qlcu.*, (*accompagnandolo alla porta*) to show s.o. out, (*mandandolo via*) to send s.o. out: *non fatelo —!*, don't let him out!; *far — da un paese merce di contrabbando*, to smuggle goods out of a country; *impedire a qlcu. di —*, to stop s.o. from going out;*uscì dall'automobile*, he got out of the car; *uscendo da teatro, lo incontrai*, on leaving the theatre I met him; *— dal letto*, to get out of bed (*o* to get up); (*di fiume*) to overflow; *— dall'ospedale*, to come out of the hospital; *— dal carcere, di prigione*, to come out of prison; *il ciclista uscì dal gruppo*, the cyclist emerged from the group; *esco dal lavoro alle 6*, I knock off work at 6; *quando uscii da quel labirinto, da quella folla*, when I got out of that maze, of that crowd; *il treno uscì dal tunnel*, the train emerged from the tunnel; *il sangue gli usciva di bocca*, blood was coming out his mouth; *la luna uscì dalle nubi*, the moon emerged from the clouds **2** (*di pubblicazioni*) to come* out, to be issued, to be published: *quando uscirà il prossimo numero?*, when will the next number come out?; *questa rivista esce il martedì*, this magazine comes out (*o* appears) on Tuesdays; *è uscito un nuovo libro*, a new book has been published; *questo libro è appena uscito*, this book is just out **3** (*essere estratto*) to be drawn: *per primo uscì il numero cinque*, number five was drawn first **4** (*essere prodotto*) to be produced, to be turned out: *dalla fabbrica escono cento macchine al giorno*, the factory turns out a hundred cars a day **5** (*provenire*) to come*: *esce da un'antica famiglia*, he comes of an old family; *esce da un'ottima scuola*, he comes out of (*o* went to) an excellent school **6** (*sboccare*) to lead* (to sthg.), to end (at sthg.): *la strada esce su una piazza*, the road leads to a square; *questo sentiero esce sulla strada principale*, this path ends at the main road **7** (*cavarsela*) to get* out; to come* out: *— da un imbroglio, dai pasticci, da una situazione difficile*, to get out of a scrape, of trouble, of a difficult situation; *uscirne bene, male, con onore*, to come out well, badly, honourably; *— sano e salvo da un'incidente*, to come out of an accident safe and sound **8** (*a carte*) to lead* (a card): *— a, di fiori*, to lead clubs **9** (*terminare, di parola*) to end: *questa parola esce in 't'*, this word ends in 't'.

♦ FRASEOLOGIA: *esce, escono*, (*nei copioni teatrali*) exit, exeunt; *escono tutti*, exeunt all; *— di scena*, to leave the stage (*anche fig.*) // *— dal mondo*, (*fig.*) to die // *— dai limiti*, to pass the limit: *questo esce dai limiti dei tuoi diritti*, this exceeds your rights; *la sua impudenza uscì dai limiti*, his impudence passed all bounds // *— dal seminato*, to wander from the subject (*o* point) // *— di strada*, to go off the road // *— dalla retta via*, to go off the straight and narrow path (*o* to go astray) // *— dall'ordinario*, to be out of the ordinary (*o* to be exceptional) // *questi discorsi mi escono dagli occhi, dalle orecchie*, I'm fed up with this talk // *gli occhi gli uscivano dalla testa*, his eyes were popping out of his head // *di qui non si esce, o è stupido o fa finta*, there are no two ways about it; either he is a fool or he's pretending // *— di sé, di senno, di sentimento*, to be beside oneself, to lose one's wits (*o* to go mad) // *mi è proprio uscito di, dalla mente*, it went clean out of my mind // *— di mano*, to slip out of s.o.'s hands; *un vestito uscito dalle mani di Dior*, a dress made by Dior; *da quello scampolo esce una gonna*, that cloth will do for a skirt // *— di bocca*, (*fig.*) to let slip: *gli uscì di bocca una parolaccia*, he let slip a swearword // *una parola uscita dal cuore*, a heartfelt word // *— dalla vista*, to disappear from view // *— dall'inverno*, to come out of winter // *— dal riserbo*, to drop one's reserve // *— di minorità*, to come of age // *— da un partito*, to leave a party // *— dai ranghi*, to fall out of line // (*comm.*): *— sul mercato*, to come on the market; *— da una società*, to leave (*o* to resign from) a company; *— di carica*, to leave office (*o* to retire from one's position) // *— in mare*, to put to sea // *— allo scoperto*, (*fig.*) to come out into the open // (*sport*) *il portiere uscì* (*dalla porta*), the goalkeeper came off his line // *uscì a dire che non era vero*, he came out saying it wasn't true; *uscì con osservazioni fuori di posto*, he came out with remarks that were out of place; *uscì in un fiume di insulti*, he burst out into a flood of insults.

uscita *s.f.* **1** (*l'uscire*) going out, coming out; (*il lasciare*) leaving (a place): *all'— dalla scuola*, on coming out of school; *all'— dal teatro*, on leaving the theatre; *alla sua — attirò su di sé l'attenzione di tutti*, when he came out he attracted everybody's attention; *l'— dallo stadio è sempre caotica*, leaving the football ground is always chaotic; *vieni a prendermi all'— dell'ufficio*, come and fetch me when I come out of the office // *la squadra è alla prima — stagionale*, the team is playing its first match of the season // *organizzeremo un'— coi vecchi compagni di scuola*, we're going to organize an outing with our old school friends // *la sua — di scena dalla vita politica ha sorpreso tutti*, his withdrawal from political life surprised everyone // *oggi è il mio giorno di libera —*, today is my day off; *essere in libera —*, to be off duty // (*comm.*): *bolletta* (*doganale*) *d'—*, entry outwards; *dazio d'—*, export duty; *dichiarazione d'—*, customs declaration; *permesso d'—*, customs clearance // (*fin.*) *— di capitali*, capital outflow **2** (*passaggio per il quale si esce*) exit, way out (*anche fig.*): *— di sicurezza*, emergency exit; *all'— del teatro*, at the exit of the theatre; *ci troviamo all'— principale*, we'll see each other at the main exit; *dobbiamo cedere, non c'è via d'—*, we must give in, there is no way out of it (*o* no escape *o* no help for it); *dov'è l'—?*, where is the exit?; *ho trovato una via d'—*, I have found a way out // *mostrare il biglietto all'—*, (*della stazione*) to show one's ticket at the barrier **3** (*sbocco*) outlet: *dov'è l'— per l'acqua?*, where is the outlet for the water? // *strada senza —*, blind alley (*o* dead end *o* cul-de-sac) **4** (*motto di spirito*) witty remark, joke: *le sue uscite lo rendono molto simpatico*, his witty remarks make him very popular **5** (*econ.*) (*spesa*) expense, expenditure, outlay: *uscite previste*, estimated expenditure; *uscite invisibili*, invisible expenses; *le uscite non dovrebbero mai superare le entrate*, expenses should never be higher than receipts; *questo comporta una grande — di fondi*, this entails a large expenditure (*o* outlay); *le uscite pareggiano le entrate*, debits and credits balance **6** (*a carte*) opening **7** (*gramm.*) (*desinenza*) ending: *un vocabolo con l'— in 'a'*, a word ending in 'a' **8** (*inform.*) delivery; readout; (*di circuiti stampati*) lead: *— su stampante*, print-out; *— vocale*, voice output.

usign(u)olo *s.m.* (*zool.*) (*Luscinia megarhynchos*) nightingale.

uso *agg.* used, accustomed: *non sono — a essere insultato*, I am not used to being insulted; *non sono — a queste cose, a fare queste cose*, I am not used (*o* accustomed) to these things, to doing these things.

uso *s.m.* **1** use: *l'— del carbone per riscaldare le case*, the use of coal to heat houses; *— errato di una frase*, wrong use of a phrase; *l'— estensivo, figurato di una parola*, the extended, figurative use of a word; *un'automobile fuori —*, an unserviceable car; *istruzioni per l'—*, directions (*o* instructions) for use; *logoro dall'—*, worn with use (*o* worn-out); *oggetto di — corrente*, object of everyday use; *un prodotto pronto all'—*, a ready-to-use product; *per — esterno*, for external use only; *per mio — e consumo*, for my own use; *uno strumento a più usi*, a tool with several uses; *qual è il suo —?*, what is its use?; *c'è un extra per l'— dell'auto*, there is an extra charge for the use of the car; *è diventato largo con l'—*, it has become too loose with use; *è necessario l'— dei guanti protettivi*, the use of protective gloves is necessary; *questa grammatica è ancora in —*, this grammar is still in use; *questo modo di dire è fuori —*, this idiom is obsolete (*o* is not in use); *stanza con — di cucina*, room with use of kitchen; *andare fuori —*, to become obsolete; *avere pieno — delle proprie facoltà*, to have full use of one's faculties; *fare — di qlco.*, to make use of sthg.: *fare buon, cattivo — del proprio denaro*, to make good, bad use of one's money; *perdere l'— di un braccio*, to lose the use of an arm; *perdere, riacquistare l'— della parola*, to lose, to regain the power of speech // (*dir.*) *diritto d'—*, right of user // (*econ.*): *— industriale*, industrial use; *scorte d'—*, expendable material (*o* stock) **2** (*usanza*) usage, use; custom; fashion: *gli usi del nostro paese*, the usages (*o* customs) of our country; *usi e costumi*, usages and customs; *consacrato dall'—*, sanctified by usage (*o* custom); *nell'— moderno*, in modern usage; *c'è l'— di mangiare il tacchino a Natale*, it is customary to eat turkey at Christmas; *venire in —*, to come into use // *secondo l'—*, according to custom; *secondo l'—, all'— dei Greci*, after the Greek fashion // *d'—*, usual; habitual: *complimenti d'—*, habitual compliments; *con le referenze d'—*, with the usual references; *frasi d'—*, conversational commonplaces // (*dir.*): *— commerciale*, trade usage (*o* custom of trade); *— di Borsa, di banca*, Stock Exchange, bank practice.

ussaro, ussero *s.m.* (*mil.*) hussar.

ussita *s.m.* e *f.* e *agg.* (*st. relig.*) Hussite.

ussitismo *s.m.* hussitism, hussism.

usta *s.f.* scent (of a wild animal).

ustionare *v.tr.* to burn*; (*di liquidi*) to scald: *si è ustionato la mano col ferro da stiro*, he burnt his hand with the iron.

□ **ustionarsi** *v.rifl.* to burn* oneself; (*con liquidi*) to scald oneself: *si ustionò con l'acqua bollente*, he scalded himself with boiling water.

ustionato *agg.* burnt; scalded: *una mano ustionata*, a burnt hand // *reparto grandi ustionati*, burns unit.

ustione *s.f.* burn; (*provocata da liquidi*) scald: *ustioni di primo, secondo, terzo grado*, first, second, third degree burns; *morire per le ustioni*, to die as a result of burns.

ustorio *agg.* burning: *specchio —*, burning glass.

usuale *agg.* usual, customary, habitual, common, ordinary: *la sua — gentilezza*, his usual (*o* customary) kindness // *come d'—*, as usual // *lo fece meglio dell'—*, he did it better than usual.

usualità *s.f.* commonness, habitualness, ordinariness.

usuario *s.m.* (*dir.*) user.

usucapione *s.f.* (*dir.*) usucap(t)ion, prescription.

usucapire *v.tr.* (*dir.*) to usucapt, to acquire by usucap(t)ion, to prescribe.

usufruibile *agg.* usable, available: *superficie —*, usable space; *un servizio — da tutti i cittadini*, a service available to all the citizens.

usufruire *v.intr.* **1** to take* advantage (of sthg.), to make* use of (sthg.), to profit (by sthg.), to benefit (by, from sthg.): *cercò di — il più possibile di quanto gli offrivano*, he tried to benefit as much as possible from what they offered him; *perché non dovrei — di questo sconto?*, why shouldn't I take advantage of this discount?; *— di un privilegio*, to enjoy a privilege; *— di una buona occasione*, to take advantage of a good opportunity; *— di una nuova linea di metropolitana*, to make use of a new underground line **2** (*dir.*) to enjoy (sthg.) in usufruct.

usufrutto *s.m.* (*dir.*) usufruct: *avere in —*, to hold in usufruct; *— a vita*, life estate (*o* life tenancy); *quasi —*, quasi usufruct.

usufruttuario *agg.* e *s.m.* (*dir.*) usufructuary: *diritto —*, usufructuary right; *— a vita*, life tenant (*o* tenant for life).

usura[1] *s.f.* usury: *prestare a —*, to lend on usury; *praticare l'—*, to practise usury; *restituire a —*, to pay back a hundredfold // *a —*, (*fig.*) with interest (*o* handsomely).

usura[2] *s.f.* **1** (*logorio*) wear (and tear): *l'— delle gomme*, the wear and tear on tyres; *— normale delle macchine*, fair wear and tear of the machines; *l'— del tempo*, the wear and tear of time; *resistere all'—*, to stand wear and tear **2** (*fig.*) (*lento deterioramento*) obsolescence: *l'— della normativa*, the obsolescence of regulations.

usuraio *s.m.* usurer, moneylender; (*fam.*) (*strozzino*) loan-shark.

usurante *agg.* (*di lavoro*) fatiguing, arduous.

usurare *v.tr.* **usurarsi** *v.intr.pron.* to wear* out.

usurario *agg.* usurious: *interessi usurari*, usurious interests.

usurpamento *s.m.* usurpation; encroachment.

usurpare *v.tr.* to usurp, to encroach on (sthg.): *— il trono*, to usurp the throne; *— un diritto a qlcu.*, to encroach on s.o.'s right; *— un titolo*, to usurp a title.

usurpativo *agg.* usurping, usurpative.

usurpatore *s.m.* **usurpatrice** *s.f.* usurper: *— di funzioni pubbliche*, usurper of public office ◆ *agg.* usurping.

usurpazione *s.f.* usurpation, encroachment: *subire un'—*, to be the victim of usurpation; *— di privilegio*, usurpation of franchise // (*dir.*): *— di funzioni*, usurpation of office; *— di proprietà privata*, encroachment of private property.

utensile *s.m.* **1** (*d'uso domestico*) utensil: *utensili da cucina*, kitchen utensils **2** (*tecn.*) tool: *— da taglio*, cutting tool; *— per filettare*, (*al tornio*) threading tool; *— ravvivatore*, (*per mole*) dressing tool // *macchina —*, machine tool.

utensileria *s.f.* **1** (*complesso di utensili*) tools (*pl.*); tooling **2** (*reparto d'officina*) toolroom.

utensilista *s.m.* toolmaker.

utente *s.m.* e *f.* user; (*abbonato*) subscriber; (*consumatore*) consumer: *— del telefono*, telephone subscriber; *— della radio, della televisione*, radio, television licence-holder; *— di un servizio*, user of a service; *— della strada*, road users; *— finale*, end user (*anche inform.*); *la società del gas ha mandato un avviso a tutti gli utenti*, the gas company has sent a notice to all its consumers.

utenza *s.f.* **1** (*uso di un servizio*) use, consumption; (*abbonamento*) subscription: *— di gas, luce, acqua*, gas, power, water consumption; *— del telefono*, telephone subscription; *pagare il canone di —*, to pay the consumption rate **2** (*l'insieme degli utenti*) users (*pl.*), consumers (*pl.*); body of users, body of consumers.

uterino *agg.* uterine.

utero *s.m.* (*anat.*) uterus*; womb.

utile *agg.* **1** useful; helpful; (*fam.*) handy: *avvertimenti utili*, useful warnings; *consiglio —*, helpful advice; *credo — farlo al più presto*, I think it advisable to do it as soon as possible; *il suo aiuto si è rivelato molto —*, his help has proved to be very useful; *questo arnese è molto —*, this gadget is very useful (*o* handy); *rendersi —*, to make oneself useful: *cerca di renderti — in questo lavoro*, try and make yourself useful in this job // *tornar —*, to come in handy: *l'esperienza in quell'azienda mi è tornata —*, my experience with that firm has come in very useful // *posso esserle — in qlco.?*, (*in un negozio*) can I help you? // *in tempo —*, in time (*o* duly) // (*amm.*): *il tempo — per la presentazione delle domande è scaduto*, the term for sending in applications has elapsed; *termine —*, term (*o* due date) // (*fin.*) *investimento —*, profitable investment **2** (*utilizzabile*) usable: *superficie —*, usable (*o* available) space.

utile *s.m.* **1** (*econ.*) profit, benefit; (*interesse*) interest; (*guadagni*) gains (*pl.*), earnings (*pl.*); (*reddito*) income; (*eccedenza*) surplus: *— al lordo delle imposte*, before tax profit; *— consolidato*, consolidated surplus; *utili correnti*, current profits; *— d'esercizio*, *di gestione*, operating income (*o* profit); *utili di impresa*, *societari*, company (*o* corporate) profits; *— lordo*, gross profit (*o* earnings); *— lordo sulle vendite*, gross profit on sales; *— netto*, net profit; *utili non distribuiti*, earned surplus (*o* retained profits *o* undistributed profits); *utili distribuibili*, distributable profits; *— imponibile*, *tassabile*, assessable profit (*o* taxable income); *margine di — lordo*, mark-on (*o* spread); *pianificazione degli utili*, profit planning; *produrre*, *dare un — del 5%*, to yield a five per cent profit // (*fin.*): *utili di capitale* (*plusvalenze*), capital gains; *utili finanziari*, non-trading (*o* non -operating) profits; *utili reinvestiti*, ploughback profits; *— sul capitale investito*, return on investment // (*Borsa*) *utili da intermediazione*, jobbing profits **2** (*fig.*) profit: *non ne traggo alcun —*, I don't get any profit out of it // *unire l'— al dilettevole*, to join pleasure and profit.

utilità *s.f.* **1** usefulness; utility; use: *l'— di un arnese*, the usefulness of a tool; *l'— di conoscere le lingue straniere*, the usefulness of knowing foreign languages; *non è di nessuna —*, it is of no use; *non ne vedo l'—*, I don't see the use of it; *qual è l'— di lavorare tanto?*, what is the use of working so much?; *— pubblica*, public interest (*o* common good); *opera di pubblica —*, work of public utility; *servizi di pubblica —*, utilities (*o* public utilities); *l'— di una legge*, the effectiveness of a law // (*econ.*): *— marginale*, marginal utility; *— finale*, final utility // (*inform.*) *programmi di —*, utilities **2** (*vantaggio*) profit, benefit: *non ne trarrai alcuna —*, you won't get any advantage (*o* benefit) out of it.

utilitaria *s.f.* (*aut.*) runabout; utility passenger car.

utilitario *agg.* e *s.m.* utilitarian: *sistema —*, utilitarian system.

utilitarismo *s.m.* (*st. fil.*) utilitarianism.

utilitarista *s.m.* e *f.* (*st. fil.*) utilitarian; (*estens.*) opportunist.

utilitaristico *agg.* utilitarian; opportunist.

utilizzabile *agg.* usable, utilizable: *fogli utilizzabili anche sul retro*, sheets that can be used on both sides; (*fin.*) *credito —*, available credit // (*econ.*): *manodopera —*, exploitable labour; *beni utilizzabili*, utilizable goods.

utilizzabilità *s.f.* usability.

utilizzare *v.tr.* to use, to make* use of (sthg.), to utilize: *avevano utilizzato la grotta come prigione*, they had used the cave as a prison; *utilizzò quel denaro per farsi ricostruire la casa*, he used that money to rebuild his house; *— bene il proprio tempo*, to make good use of one's time; *il sottomarino utilizza energia atomica*, the submarine uses atomic energy; *— meglio qlco.*, (*economizzare*) to save on sthg.

utilizzatore *s.m.* user, utilizer: (*econ.*) *— finale*, ultimate (*o* end) user.

utilizzazione *s.f.* **utilizzo** *s.m.* utilization, use, employment; (*sfruttamento*) exploitation: *l'— dell'energia nucleare*, the use of nuclear energy; (*econ.*) *— degli impianti*, plant utilization; (*banca*) *— di crediti*, availment of credit; (*fin.*) *— di fondi*, utilization of funds.

utilmente *avv.* usefully.

utopia *s.f.* utopia.

utopico *agg.* utopian: *una visione utopica*, a utopian vision.

utopista *s.m.* e *f.* utopian.

utopistico *agg.* utopian: *un piano —*, a utopian plan // (*fil.*) *socialismo —*, Utopian Socialism.

utricolaria *s.f.* (*bot.*) (*Utricolaria vulgaris*) bladderwort.

uva *s.f.* **1** grapes (*pl.*); (*usato nei composti*) grape: *— nera*, *bianca*, black, white grapes; *— da tavola*, table (*o* dessert) grapes; *— di Corinto*, currants; *— passa*, raisins; *— moscata*, muscadine; *acino d'—*, grape; *un grappolo d'—*, a bunch of grapes; *succo d'—*, grape-juice; *zucchero d'—*, grape-sugar; *cura dell'—*, grape -cure; *dammi dell'—*, give me some grapes; *quest'— è brusca*, these grapes are sour; *pigiare l'—*, to tread grapes **2** (*bot.*): *— spina*, (*Ribes grossularia*) gooseberry; *— ursina*, (*Arctostaphylos uva-ursi*) bearberry (*o* crowberry).

uvanite *s.f.* (*min.*) uvanite.

uvarovite *s.f.* (*min.*) uvarovite, uwarowite.

uvetta *s.f.* raisins (*pl.*); currants (*pl.*).

uvulare *agg.* uvular (*anche med.*).

uxoricida *s.m.* uxoricide; wife-killer.

uxoricidio *s.m.* uxoricide; wife-killing.

uxorilocale *agg.* (*etnologia*) matrilocal.

uxorio *agg.* (*dir.*) uxorial.

uzbeco → usbeco.

uzzolo *s.m.* (*region.*) (*capriccio*) whim, fancy, caprice.

Vv

v *s.f.* o *m.* **1** (*ventiduesima lettera dell'alfabeto*) v (*pl.* vs, v's) // (*tel.*) — *come Venezia*, v for Victor // *a V*, *fatto a V*, V (*o* V-shaped): *scollatura (fatta) a V*, V(-shaped) neck **2** *V*, (*numero romano equivalente a 5*) V (five).

va' *inter.* wow: — *che bello!*, wow, how lovely! // *ma —!*, go on!; *ma —!, non ci credo!*, go on! I don't believe you!

vacante *agg.* vacant, unoccupied, free, empty: *cattedra* —, vacant chair; *posto, carica* —, vacancy (*o* vacant position); *l'impiego è ancora* —, the job is still open // (*dir.*) *successione, eredità* —, estate in abeyance // (*eccl.*) *sede* —, vacant Papal see.

vacanza *s.f.* **1** holiday, vacation: *vacanze di Natale, di Pasqua*, Christmas, Easter holidays; *vacanze estive*, summer holidays, (*di università*) long vacation; *vacanze retribuite*, paid holidays; *essere in* —, to be on holiday; *abbiamo passato delle bellissime vacanze*, we have had a wonderful holiday (*o* vacation); *domani è* —, tomorrow is a holiday; *le nostre vacanze iniziano il giorno 4*, our holidays begin on the fourth; *passammo le vacanze al mare*, we spent our holidays at the seaside; *voglio prendermi un mese di* —, I want to take a month's holiday; *dare un giorno di — a qlcu.*, to give s.o. the (*o* a) day off; *prendere, fare un giorno di* —, to take the day off; *oggi pomeriggio ho deciso di fare* —, I have decided to take the afternoon off **2** (*assenza, mancanza*) vacuum*: — *di potere*, power vacuum // (*dir.*) — *della legge*, vacatio legis **3** (*di un Parlamento*) recess **4** (*posto vacante*) vacancy **5** (*fis.*) — *reticolare*, vacancy.

vacanziere *s.m.* holidaymaker; (*amer.*) vacationer.

vacanziero *agg.* festive, holiday (*attr.*): *un clima* —, a festive atmosphere; *folla vacanziera*, holiday crowd.

vacare *v.intr.* to be vacant.

vacazione *s.f.* (*dir.*) **1** period of professional attendance **2** — *della legge*, vacatio legis.

vacca *s.f.* **1** cow: — *da latte*, milker (*o* milk -cow) // *essere in tempo di vacche magre, di vacche grasse*, (*fig.*) to be going through a lean period, a period of prosperity **2** (*fig. volg.*) (*donna grassa*) cow, fat slob; (*prostituta*) whore **3** — *marina* → dugongo.

vaccaio, **vaccaro** *s.m.* cowherd, cowhand; (*a cavallo*) cowboy.

vaccata *s.f.* (*volg.*) (*cosa malfatta*) cock-up, botch-up; (*grossa sciocchezza*) crap [U]: *non dire vaccate*, don't talk crap.

vaccheria *s.f.* **1** (*stalla*) cowhouse, byre, cowshed **2** (*latteria*) dairy farm.

vacchetta *s.f.* (*cuoio*) cowhide.

vaccina *s.f.* **1** (*non com.*) (*vacca*) cow* **2** (*sterco*) (cow) dung.

vaccinabile *agg.* that can be vaccinated.

vaccinare *v.tr.* (*med.*) to vaccinate: *farsi* —, to get (*o* to have oneself) vaccinated; — *un cane contro la rabbia*, to vaccinate a dog against rabies // *ormai sono vaccinato contro le sue sfuriate*, (*fig.*) at this stage I am inured (*o* immune *o* impervious) to his outbursts.

vaccinatore *s.m.* vaccinator.

vaccinazione *s.f.* (*med.*) vaccination: *fare la — contro l'influenza*, to vaccinate against flu.

vaccinico *agg.* (*med.*) vaccinic, vaccinal; vaccine (*attr.*): *eritema* —, vaccinic (*o* vaccine) rash.

vaccino *agg.* (*di vacca*) vaccine ◆ *s.m.* **1** (*med.*) vaccine: — *inattivato, attenuato*, inactivated, attenuated vaccine; — *polivalente*, multivalent (*o* polivalent) vaccine **2** (*vet.*) vaccinia, cowpox.

vacillamento *s.m.* **1** tottering, staggering, reeling; unsteadiness; (*di mobile*) wobbling; (*di barca*) bobbing up and down **2** (*di luce, fiamma*) flickering **3** (*fig.*) vacillation, shilly -shallying, wavering, hesitation.

vacillante *agg.* **1** tottering; staggering; unsteady: *quel tavolo è* —, that table is unsteady (*o* wobbly); *scriveva con mano* —, he was writing with a shaky hand; *camminare con passo* —, to walk with unsteady (*o* faltering) steps // *il suo trono è* —, his throne is tottering **2** (*di luce, fiamma*) flickering, unsteady **3** (*fig.*) vacillating, wavering; failing; uncertain: *una fede* —, a wavering faith; *memoria, salute* —, failing (*o* uncertain) memory, health.

vacillare *v.intr.* **1** to totter, to wobble; to stagger, to reel; to be unsteady: *la lampada vacillò e cadde*, the lamp wobbled and fell; *l'urto violento lo fece* —, the violent impact made him reel (*o* stagger); *camminare vacillando*, to stagger; — *per l'ubriachezza*, to stagger with drunkenness; *vacilla sulle gambe*, he is shaky (*o* groggy) on his legs; *entrare, uscire vacillando*, to stagger (*o* to reel *o* to lurch) in, to stagger (*o* to reel *o* to lurch) out // *far — il tavolo*, to shake the table **2** (*di luce, fiamma*) to flicker **3** (*fig.*) to vacillate, to waver, to be undecided; to be uncertain; to shilly-shally; *le sue convinzioni cominciano a* —, his convictions begin to waver; *la memoria mi vacilla*, my memory is failing **4** (*fig.*) (*essere in crisi*) to be about to collapse; (*di trono*) to totter: *la monarchia vacillava*, the monarchy was about to collapse.

vacuità *s.f.* vacuity, inanity: *la — delle sue idee, della sua conversazione*, the vacuity (*o* inanity) of his ideas, of his conversation.

vacuo *agg.* **1** vacuous, inane; blank: *discorso* —, vacuous speech; *un'espressione vacua*, a vacuous (*o* blank) expression; *mente vacua*, vacuous (*o* empty) mind; *una persona vacua*, an inane person; *sguardo* —, blank (*o* vacant) look **2** (*vano*) vain, empty: *promesse vacue*, vain (*o* empty) promises.

vacuolare *agg.* (*biol.*) vacuolar; (*contenente vacuoli*) vacuolate(d).

vacuolizzato *agg.* (*biol.*) vacuolated.

vacuolo *s.m.* vacuole (*anche biol.*).

vacuometro *s.m.* (*fis.*) vacuometer.

vacuumterapia *s.f.* (*med.*) vacuum treatment.

vademecum *s.m.* vademecum, handbook: *il — del turista*, the traveller's vademecum (*o* handbook); *il — dell'agricoltore*, the farmer's almanac // (*banca*) *assegno* —, certified cheque.

vadoso *agg.* (*geol.*) vadose: *acqua vadosa*, vadose water.

vaesite *s.f.* (*min.*) vaesite.

va e vieni *s.m.* **1** (*mecc.*) to-and-fro: *teleferica a* —, to-and-fro aerial ropeway **2** (*viavai*) coming and going: *un continuo — di gente*, a continual coming and going of people.

vafer → **wafer**.

vaffanculo *inter.* (*volg.*) fuck off!

vagabondaggio *s.m.* meno com. **vagabondaggine** *s.f.* **1** vagrancy, vagabondage: *arrestare qlcu. per* —, to arrest s.o. for vagrancy; *darsi al* —, to become a vagabond **2** (*il vagabondare*) wandering, roaming: *dopo un periodo di — per l'Europa, si stabilì a Roma*, after a period of wandering through Europe he settled down in Rome.

vagabondare *v.intr.* to wander (a place), to rove (a place), to roam (a place): *mi piace* —, I like wandering about; — *per il mondo*, to rove (*o* to wander) (about) the world; — *tra i campi*, to wander through the fields // — *con la fantasia*, to give free rein to one's imagination.

vagabondo *agg.* **1** vagabond, vagrant; roaming, roving, wandering: *immaginazione vagabonda*, roving imagination; *pensieri vagabondi*, wandering thoughts; *condurre vita va-*

gabonda, to be a vagabond **2** (*ozioso*) idle ◆ *s.m.* **1** vagabond, vagrant, tramp, bum **2** (*fannullone*) layabout, loafer.

vagale *agg.* (*anat.*) vagal.

vagamente *avv.* **1** vaguely, dimly, hazily: *mi ricordo* —, I vaguely (*o* dimly) remember; *sospettare* —, to have a vague suspicion **2** (*letter.*) (*graziosamente*) prettily, gracefully.

vagante *agg.* wandering, roaming, roving: — *per il mondo*, roaming about the world; *pensieri vaganti*, wandering thoughts // *attenzione! animali vaganti*, warning! unfenced animals // *una mina* —, a floating mine.

vagare *v.intr.* to wander, to roam, to rove: — *nella foresta*, to wander (*o* to roam *o* to rove) in the forest; *la sua mente vagava di pensiero in pensiero*, thoughts wandered through his mind; *vagava con la fantasia*, he let his imagination wander.

vagello *s.m.* **1** (*caldaia*) boiler; (*dei tintori*) dyer's vat **2** (*colorante usato in tintoria*) blue dye.

vagheggiamento *s.m.* **1** (*il guardare con compiacimento*) gazing fondly, gazing lovingly; looking lovingly: — *di qlco.*, gazing at (*o* upon) sthg. **2** (*aspirazione*) longing (for sthg.), yearning (for sthg.); (*di una speranza*) cherishing.

vagheggiare *v.tr.* **1** (*guardare con compiacimento*) to gaze fondly at (s.o., sthg.), to look lovingly at (s.o., sthg.): *l'artista vagheggiava la sua opera*, the artist was gazing fondly at his work **2** (*pensare con desiderio a*) to long for (sthg.), to yearn for (sthg.); to dream* of (sthg.); to cherish: *vagheggiava una lunga vacanza*, she was longing for a long holiday; — *una vittoria*, to dream of a victory; — *una speranza*, to cherish a hope.

vagheggiato *agg.* longed for, yearned for: *finalmente ha ottenuto il successo a lungo* —, he finally achieved the longed for success.

vagheggiatore *s.m.* (*letter.*) **1** (*chi pensa con desiderio a qlco.*) cherisher **2** (*corteggiatore*) suitor, wooer, courter.

vagheggino *s.m.* (*antiq.*) beau*, gallant.

vaghezza *s.f.* **1** (*indeterminatezza*) vagueness: *la — di una proposta*, the vagueness of a proposal **2** (*letter.*) (*leggiadria*) charm, grace(fulness); (*bellezza*) beauty **3** (*letter.*) (*desiderio*) fancy, desire, longing: *gli prese — della pittura del trecento*, he took a fancy to fourteenth-century painting; *sento — per ogni cosa che mi ricorda la mia infanzia*, I long for everything that reminds me of my childhood.

vagile *agg.* (*biol.*) vagile.

vagina *s.f.* **1** (*anat.*) vagina* **2** (*rar.*) (*guaina*) sheath.

vaginale *agg.* (*anat.*) vaginal // (*tunica*) —, tunica vaginalis testis.

vaginalite *s.f.* (*med.*) vaginalitis.

vaginismo *s.m.* (*med.*) vaginism, vaginismus.

vaginite *s.f.* (*med.*) vaginitis.

vagire *v.intr.* (*di neonato*) to cry, to wail.

vagito *s.m.* **1** (*di neonato*) cry(ing), wail(ing); (*di piccoli animali*) whimper(ing): *mandare il primo* —, to give one's first cry **2** *pl.* (*fig.*) (*inizi di arte, civiltà ecc.*) stirrings, dawn (*sing.*): *i primi vagiti della rivolta*, the first stirrings of revolt; *i primi vagiti della civiltà*, the dawn of civilization.

vaglia[1] *s.f.* (*valore*) worth; (*merito*) merit; (*capacità*) skill, ability: *di gran* —, of great worth (*o* merit).

vaglia[2] *s.m.* (*titolo di credito*) money order, draft: — *postale*, postal order; — *postale internazionale*, foreign (*o* international) money order // (*banca*): — *bancario*, bank draft; — *cambiario*, promissory note (*o* note of hand).

vagliare *v.tr.* **1** (*passare al vaglio*) to riddle, to screen; to sift, to sieve: — *il grano*, to riddle grain; — *la ghiaia*, to riddle (*o* to screen) gravel **2** (*esaminare minutamente*) to examine, to consider thoroughly, to weigh; to look over: — *una proposta*, to examine a proposal; — *una questione*, to consider a question thoroughly; — *i pro e i contro*, to weigh the pros and cons; — *i progetti*, to look over the plans.

vagliatrice *s.f.* (*mecc.*) riddling machine.

vagliatura *s.f.* riddling, screening.

vaglio *s.m.* **1** riddle, screen; sieve, sifter: — *a scossa*, vibrating screen **2** (*fig.*) (*esame minuzioso*) sifting, examining, weighing up, close examination; (*scelta*) choice, selection: *un'ipotesi al — degli esperti*, a possibility that is being considered by the experts; *passare al — una proposta*, to examine a proposal; *fare il — delle domande di lavoro*, to make a choice from the applications.

vago *agg.* **1** (*indefinito*) vague, faint, indefinite; dim, hazy: *un colore* —, an indefinite (*o* indeterminate) colour; *legge vaga*, vague law; *una conoscenza vaga*, a hazy knowledge; *idee vaghe*, vague ideas; *un ricordo* —, a hazy recollection; *un sorriso* —, a faint smile (*o* a ghost of a smile); *un sospetto* —, a vague suspicion; *una vaga speranza*, a faint hope; *non ne ho la più vaga idea*, I haven't the faintest idea **2** (*leggiadro*) graceful, pretty: *una vaga fanciulla*, a graceful girl **3** (*letter.*) (*desideroso*) longing (for sthg.); eager (for sthg.) ◆ *s.m.* **1** vagueness: *un discorso che cade nel* —, a vague answer; *tenersi, restare nel* —, to be vague (about sthg.) **2** (*anat.*) (*nervo*) —, vagus*.

vagolare *v.intr.* (*letter.*) to wander (about).

vagonaggio *s.m.* (*miner.*) tramming.

vagonata *s.f.* wagonload; (*estens., fig.*) load: *una — di carbone*, a wagonload of coal; *una — di sciocchezze*, a load of nonsense.

vagoncino *s.m.* **1** (*di teleferica*) cable car **2** → **vagonetto**.

vagone *s.m.* **1** (*ferr.*) (*carro merci*) wag(g)on, car, van, (*amer.*) freight car; (*carrozza*) carriage, coach: — *letto*, sleeping car; — *ristorante*, dining car; — *passeggeri*, passenger coach; — *merci*, goods (*o amer.* freight) wagon; — *postale*, mail coach (*o amer.* mail car); — *cisterna*, tank wag(g)on; — *frigorifero*, refrigerator van **2** (*estens.*) (*vagonata*) wagonload; (*fig.*) (*grande quantità*) load: *dice un — di sciocchezze*, he talks a load of rubbish **3** (*fig. fam.*) (*persona molto grassa*) tub of lard.

vagonetto *s.m.* (*miner.*) car, tub; (*amer.*) tram.

vagonista *s.m.* (*ferr.*) carman*.

vagotomia *s.f.* (*med.*) vagotomy.

vagotonia *s.f.* (*med.*) vagotony, vagotonia.

vagotonico *agg.* (*med.*) vagotonic ◆ *s.m.* (*med.*) vagotonic person.

vah → **va'**.

vaio[1] *agg.* (*region.*) (*colore grigio scuro*) dark grey; (*dell'occhio di animali*) dark-speckled.

vaio[2] *s.m.* **1** (*zool.*) miniver **2** (*pelliccia*) grey-squirrel fur **3** (*arald.*) vair.

vaiolato *agg.* (*metall.*) pitted.

vaiolatura *s.f.* (*metall.*) pitting.

vaiolo *s.m.* (*med.*) smallpox, variola: — *nero*, black smallpox // (*vet.*): — *aviario*, fowl pox; — *vaccino, bovino*, cowpox (*o* vaccinia).

vaioloso *agg.* (*med.*) variolous; affected with smallpox, suffering from smallpox ◆ *s.m.* smallpox sufferer.

Valalla *s.m.* (*mit. nordica*) Valhalla, Walhalla.

valanga *s.f.* **1** avalanche: *gli sciatori furono travolti da una* —, the skiers were swept away by an avalanche **2** (*fig.*) avalanche, shower, flood; mass, huge pile: *una — di regali*, a huge pile of presents; *una — di lettere*, a flood of letters; *una — di critiche*, a barrage of criticism; *i turisti si riversarono a valanghe sulle spiagge*, the tourists flocked to the beaches // — *elettorale*, electoral landslide.

valchiria *s.f.* (*mit. nordica*) Walkyrie, Valkyrie, Valkyr; (*fig.*) amazon; Nordic woman.

valdese *agg.* e *s.m.* e *f.* (*st. relig.*) Waldensian // *i Valdesi*, the Waldenses (*o* the Waldensians).

valdismo meno com. **valdesismo** *s.m.* Waldensian movement; Waldensian religion.

valdostano *agg.* of the Val d'Aosta; from the Val d'Aosta ◆ *s.m.* **1** inhabitant of the Val d'Aosta; native of the Val d'Aosta **2** dialect of the Val d'Aosta.

vale *inter.* e *s.m.* (*lat.*) farewell, goodbye.

valente *agg.* **1** skilful, capable, clever: *un operaio* —, a skilful worker; *un uomo* —, a clever (*o* an able) man; *un — medico*, a good doctor **2** (*ant.*) (*valoroso*) brave, valiant, courageous.

valentia *s.f.* **1** skill, ability, capability; cleverness **2** (*ant.*) (*prodezza*) act of valour, act of bravery.

valentinite *s.f.* (*min.*) valentinite.

valentuomo *s.m.* worthy man, fine fellow.

valenza *s.f.* **1** (*chim.*) valence, valency: *banda, legame di* —, valence band, bond; *elettrone di* —, valence electron; — *ionica*, electrovalence **2** (*biol.*) — *ecologica*, ecological valence **3** (*fig.*) (*valore*) value: *le valenze culturali di un'epoca*, the cultural values of an age.

valerato *s.m.* (*chim.*) valerate.

valere *v.intr.* **1** to be worth: — *molto, poco*, to be worth a lot, little; *un uomo che vale*, a valuable man; *come attore non vale molto*, as an actor he is not up to much; *quel professionista non vale molto*, that professional is not very competent; *il dollaro vale più della lira*, the dollar is worth more than the lira; *merce che vale poco*, worthless goods // *vale tanto oro quanto pesa*, it is worth its weight in gold; *vale un tesoro, una fortuna, un occhio della testa, un Perù*, it is worth a fortune (*o* a mint of money); *non vale uno zero, un'acca, un fico secco*, (*fam.*) it is not worth a bean (*o* a penny *o* a rap) // *tanto vale*, it is just (*o* all) the same: *per me tanto vale che tu prenda anche questo*, it would be just the same to me if you took this too; *se lo fai così, tanto vale che tu non lo faccia*, if you do it like that, you might as well not do it at all; *tanto vale restare qui*, we may as well stay here; *tanto valeva che venisse anche* *lui*, he might as well have come too // — *la pena*, to be worth(while): *fu molto difficile, ma ne valeva proprio la pena*, it was very difficult, but it was well worth it; *non ne vale la pena*, it is not worthwhile: *non vale la pena che tu stia qui tutto il giorno*, it's not worthwhile your staying (*o* for you to stay) here all day; *non vale la pena di leggere questo libro*, this book is not worth reading; *varrebbe la pena di andarci*, it would be worth going // *vendere qlco. per quel che vale*, to sell sthg. for what it is worth // *far — le proprie ragioni*, to get one's way; *far — i propri diritti*, to assert (*o* to enforce) one's rights (*o* one's claims) // *farsi* —, to assert oneself **2** (*contare, aver peso*) to count, to be of account; to weigh, to be of weight, to have weight: *la prima partita non vale*, the first game doesn't count; *quello che dici non vale in questo caso*, what you are saying does not count in this case; *la sua dichiarazione non valse niente per i giudici*, his declaration didn't carry any weight with the judges; *le tue considerazioni non valgono in simili circostanze*, your considerations have no weight in such circumstances; (*amm.*) *questa dichiarazione non vale ai fini fiscali*, this assessment does not count for tax purposes // *val meglio tacere*, it is better to keep quiet // *non vale!*, that's not fair! **3** (*servire, giovare*) to be of use, to be of avail, to count: *a che cosa ti valse tutto il tuo zelo?*, where did all your zeal get you?; *a che vale lavorare tanto?*, what is the use (*o* good) of working so much?; *i miei consigli non valsero a fargli cambiare condotta*, my advice was of no use in making him change his behaviour; *questa azione gli valse la medaglia*, this act won him the decoration; *tutto quello che ho fatto non è valso a nulla*, all I did was no use (*o* of no avail) // *val più la pratica della grammatica*, practice is better than theory **4** (*essere valido*) to be valid; (*essere in vigore*) to be in force: *questo biglietto vale per 24 ore*, this ticket is valid for 24 hours; *questo contratto non vale più*, this contract is no longer valid; *questa legge non vale più*, this law is no longer in force **5** (*equivalere*) to be equal (to sthg.), to be worth: *una sillaba lunga vale due brevi*, a long syllable is equal to two short ones // *vale a dire*, (*cioè*) that is (to say), (*significa che*) that's as much as to say, (*specificatamente*) namely // *uno vale l'altro*, there's nothing between them (*o* they're much of a muchness) ♦ *v.tr.* to win*: *il romanzo gli valse il primo premio*, the novel won him the first prize.

□ **valersi** *v.intr.pron.* to avail oneself, to make* use, to take* advantage; to use (s.o., sthg.): *si valse di ogni opportunità, di tutti i suoi diritti*, he availed himself (*o* he took advantage) of every opportunity, of all his rights; *si valse di tutte le sue conoscenze per tacitare lo scandalo*, he availed himself of all his acquaintances to hush up the scandal; *si valse del mio nome*, he made use of my name.

valeriana *s.f.* **1** (*bot.*) (*Valeriana officinalis*) valerian, setwall, bennet **2** (*l'estratto*) valerian.

valerianato *s.m.* (*chim.*) valerianate.

valerianella *s.f.* (*bot.*) (*Valerianella olitoria*) corn salad.

valetudinario *agg.* e *s.m.* (*letter.*) valetudinary, valetudinarian.

valevole *agg.* **1** (*valido*) valid; good: *le tue obiezioni non sono valevoli in questo caso*, your objections are not valid in this case; *questo biglietto è — per tre giorni*, this ticket is valid for three days; *l'offerta è — sino a maggio*, the offer is valid (*o* good) until May; *un incontro — per il titolo di campione del mondo*, a fight that is valid for the world championship title **2** (*efficace*) efficacious.

valgismo *s.m.* (*med.*) valgus.

valgo *agg.* (*med.*) valgus.

valicabile *agg.* passable, that may be crossed: *un passo di montagna difficilmente* —, a mountain pass that is difficult to cross.

valicabilità *s.f.* possibility of crossing.

valicare *v.tr.* to cross: — *un fiume*, to cross a river, (*a guado*) to ford a river; — *un monte*, to cross (over) a mountain; *Annibale valicò le Alpi*, Hannibal crossed the Alps.

valico *s.m.* **1** (*geogr.*) (mountain) pass; col; (*guado*) ford: *il — del Bernina*, the Bernina Pass; *ci sono lunghe code al — del Brennero*, there are long queues at the Brenner Pass // — *di frontiera*, mountain border post **2** (*il valicare*) crossing, passage; (*il guadare*) fording.

validamente *avv.* **1** validly **2** (*fondatamente*) soundly **3** (*efficacemente*) efficaciously, effectively: *sostenere — le proprie ragioni*, to uphold one's reasons effectively **4** (*fortemente*) strongly.

validare *v.tr.* (*mat.*) to validate.

validazione *s.f.* (*mat.*) validation.

validità *s.f.* **1** validity (*anche inform.*): — *di un matrimonio, di un documento*, validity of a marriage, of a document; *la tessera ha — per un anno*, the card is valid for a year; *periodo di* —, period of validity // (*fin.*) — *di un titolo, di una cambiale*, currency of a security, of a bill of exchange **2** (*valore*) value, validity: *la — di quell'opera è ben nota*, the value (*o* validity) of the work is well-known; *la — dei suoi collaboratori è nota a tutti*, everybody knows how valuable (*o* valid) the members of his team are **3** (*efficacia*) effectiveness: *la — di un ragionamento*, the effectiveness of an argument.

valido *agg.* **1** (*valevole*) valid (*anche dir.*), good, effective: *contratto, matrimonio, documento* —, valid contract, marriage, document; *voto non* —, invalid (*o* null) vote; *questo biglietto non è più* —, this ticket is no longer valid; *questo assegno non è* —, this cheque is not good; *l'offerta è valida fino a maggio*, the offer is valid (*o* good) until May; *clausola valida dal 2 gennaio*, clause effective as from January 2nd; *una ricevuta valida a fini fiscali*, a receipt that is valid for tax purposes // (*Borsa*) — *revoca*, valid until cancelled // — *a*, fit for: — *alle armi*, fit for service **2** (*fondato*) good, sound, well-grounded, well-founded: *argomenti validi*, sound arguments; *ragioni valide*, good reasons; *scusa valida*, good excuse **3** (*che ha valore, pregio*) valid, good, fine; valuable: *un'opera molto valida*, a fine piece of work; *è il mio più — collaboratore*, he's the most valuable member of my team; — *contributo*, substantial contribution **4** (*efficace*) efficient; efficacious, effective: — *rimedio*, efficacious remedy; *mi fu di — aiuto*, he proved of great help to me; *la valida azione della penicillina*, the effectiveness of penicillin **5** (*forte*) strong; powerful.

valigeria *s.f.* **1** (*assortimento di valigie*) leather goods (*pl.*) **2** (*negozio*) leatherware shop, leather goods shop **3** (*fabbrica*) leather goods factory.

valigia *s.f.* suitcase, case: *fare le valigie*, to pack; *fare le valigie non è così facile*, packing is not so easy; *disfare le valigie*, to unpack // — *diplomatica*, diplomatic bag.

valigiaio *s.m.* **1** (*chi fabbrica valigie*) leather goods manufacturer **2** (*chi vende valigie*) leatherware merchant, seller of leather goods.

valina *s.f.* (*biochim.*) valine.

valkiria → **valchiria**.

vallata *s.f.* valley.

valle *s.f.* **1** valley: *la — del Po*, the Po Valley; *una — molto verde*, a very green valley; *le pietre rotolarono a* —, the rocks rolled downhill; *i pastori scendono a* —, the shepherds come down to the plain // (*econ.*) *a* —, afterwards (*o* forward): *integrazione a* —, forward integration **2** (*poet.*) vale, dale: *per monti e per valli*, up hill and down dale (*o* over hill and dale) // *questa — di lacrime*, this vale of tears.

vallecola *s.f.* (*anat., bot.*) vallecula*.

vallerite *s.f.* (*min.*) vallerite.

valletta *s.f.* (*tv*) assistant.

valletto *s.m.* **1** (*st.*) (*paggio*) page **2** (*tv*) assistant.

vallicoltura *s.f.* lagoon fish breeding.

valligiano *s.m.* inhabitant of the valley(s), valley dweller; (*letter.*) dalesman* ♦ *agg.* of the valley; from the valley.

vallisneria *s.f.* (*bot.*) (*Vallisneria spiralis*) eelgrass, tape grass.

vallo *s.m.* **1** (*negli accampamenti romani*) vallum (*pl.* -a) **2** (*opera difensiva*) rampart, wall: *il — di Adriano*, Hadrian's wall **3** (*anat.*) vallum (*pl.* -a): — *ungueale*, vallum unguis **4** (*geogr.*) — *morenico*, end moraine.

vallone[1] *s.m.* deep valley; (*gola*) gorge.

vallone[2] *agg.* e *s.m.* Walloon.

vallonea *s.f.* (*bot.*) **1** (*Quercus aegilops*) valonia oak **2** (*ghianda*) valonia.

valore *s.m.* **1** (*pregio*) value, worth, merit: — *inestimabile*, priceless value; *il — di un libro, di una casa*, the value of a book, of a house; *un oggetto di grande, poco, nessun* —, an object of great, little, no value; *senza* —, worthless; *avere un* —, to be of value; *non avere* —, to be of no value; *aumentare, diminuire di* —, to rise, to decrease in value; *le sue obiezioni non hanno alcun — in questo caso*, his objections are quite worthless in this case; *la vostra osservazione non è senza* —, there is some truth in what you say; *dare poco, molto — a qlco.*, to set a low, a high value on sthg.; *do molto — alla sua opinione*, I attach great importance to his opinion; *un uomo di grande* —, a man of great merit; *uno studioso di grande* —, a leading scholar; — *scientifico, affettivo*, scientific, sentimental value; *valori etici, umani*, ethical, human values; *scala di valori*, scale of values **2** (*econ.*) value: — *attuale, corrente*, present (*o* current) value; — *aggiunto*, value added; — *approssimativo*, estimated value; — *assicurabile*, insurable value; — *catastale*, assessed value; — *complessivo*, aggregate value; — *contabile*, book value (*o* price); — *di avviamento*, goodwill (*o* going concern) value; — *di mercato*, market value (*o* price); — *di scambio*, exchange value; — *reale*, real (*o* material) value // (*fin.*): — *capitalizzato*, capitalized value; — *di rimborso*, *di riscatto*, (*di titoli*) redemption value, (*di polizza* *di assicurazione*) surrender value; — *nominale*, nominal (*o* face *o* par) value // (*trib.*): — *imponibile*, assessable (*o* rateable *o* taxable) value; — *dichiarato*, stated (*o* declared) value; — *fiscale*, tax value **3** (*validità, efficacia*) value, validity, effect: *un principio di — generale*, a principle that is generally valid // *participio con — aggettivale*, participle used adjectivally // (*dir.*): *il — di un documento*, the validity of a document; — *legale di un contratto*, the legal value of a contract; *cambiale priva di* —, invalid bill of exchange; — *della prova*, weight of evidence **4** (*coraggio*) valour, bravery, courage, gallantry: *un atto di* —, an act of bravery; *combattere con* —, to fight vallantly // — *civile, militare*, civic, military valour; *medaglia al* —, medal for valour **5** *pl.* (*oggetti preziosi*) valuables; (*titoli*) sucurities, stock (*sing.*): *tenere i valori in cassaforte*, to keep one's valuables in a safe // *valori bollati*, revenue stamps // (*fin.*): *valori attivi*, assets; *valori mobiliari*, securities (*o* stocks and shares) **6** *pl.* (*nelle misurazioni*) readings, figures **7** (*mus., scient.*) value: (*mat.*) — *principale*, principal value; (*stat.*) — *medio*, mean value; (*fis.*) — *istantaneo*, instantaneous value; (*chim.*) — *limite di soglia*, threshold limiting value (*abbr.* TLV) **8** (*inform.*) value; (*di lista, tabella*) entry.

valorizzare *v.tr.* **1** (*aumentare il valore*) to increase the value of (sthg.), to appreciate; (*sfruttare*) to exploit, to turn to account; (*migliorare*) to improve: *le nuove costruzioni hanno valorizzato l'intera zona*, the new buildings have increased the value of the whole area; — *le risorse naturali di un paese*, to exploit the natural resources of a country; — *un terreno*, to improve a piece of land; (*comm.*) — *un prodotto con prezzi artificiosi*, to valorize a product **2** (*mettere in risalto*) to bring* out, to set* off: *il bianco valorizza la sua abbronzatura*, white sets off her suntan; *dovresti — meglio le tue abilità artistiche*, you should turn your artistic abilities to better account (*o* exploit your artistic abilities).

□ **valorizzarsi** *v.intr.pron.* (*accrescere di valore*) to increase in value; (*accrescere di importanza*) to increase in importance.

valorizzazione *s.f.* (*aumento di valore*) increase in value; (*sfruttamento*) exploitation; (*miglioramento*) improvement, development; (*con prezzi artificiosi*) valorization.

valorosamente *avv.* bravely, valiantly, courageously, gallantly: *combattere* —, to fight gallantly.

valoroso *agg.* **1** (*che ha valore e coraggio*) brave, valiant, courageous, gallant: *un'azione valorosa*, a brave action; *un soldato* —, a brave (*o* gallant) soldier; *una difesa valorosa*, a courageous defence **2** (*non com.*) (*abile*) skilful, able.

valpolicella *s.m.* 'valpolicella' (kind of Italian red wine).

valuta *s.f.* **1** currency, money: — *forte, pregiata*, hard, valuable currency; — *debole*, weak currency; — *ufficiale*, standard money; — *a corso legale*, legal tender; — *a tasso di cambio fluttuante*, floating currency; — *base*, base currency; — *corrente*, current money; — *argentea, aurea*, silver, gold currency; — *cartacea*, paper money; — *chiave*, key currency; — *estera, nazionale*, foreign, domestic currency; — *metallica*, specie (*o* coin); — *di scambio*, trading currency; *corso delle valute*, exchange rates; *pagare in* —, to pay in cash **2** (*banca*) (*data di accredito*): — *immediata*, value this day; — *retrodatata*, backdated value; *accreditare con — 1° ottobre*, to credit a sum with interest running from October lst.

valutabile *agg.* (*calcolabile*) assessable, appraisable, appreciable; calculable, reckonable.

valutare *v.tr.* **1** (*attribuire un valore*) to value, to estimate, to evaluate, to appraise, to assess: — *un terreno 50 milioni*, to value a piece of land at 50 million; — *i danni*, to assess damages; — *troppo*, to overvalue; — *poco*, to undervalue **2** (*considerare*) to consider, to weigh: *abbiamo valutato i pro e i contro*, we have weighed the pros and cons; *devi — anche gli aspetti positivi*, you must consider the positive aspects as well; (*dir.*) — *le prove*, to weigh the evidence **3** (*conteggiare*) to calculate, to take* into account: *valutando gli arretrati, riceverò una somma discreta*, taking the arrears into account, I will receive a fair amount **4** (*calcolare nel complesso*) to estimate, to reckon, to put*, to rate: *la perdita è stata valutata oltre 10 miliardi di lire*, the loss has been reckoned (*o* put) at over ten billion lire **5** (*apprezzare*) to value, to esteem: *è molto valutato dai suoi collaboratori*, he is highly valued by his team; *mi valuti troppo*, you think too highly of me.

valutario *agg.* (*comm.*) monetary; money (*attr.*), currency (*attr.*): *accordo, sistema* —, monetary agreement, system; *norme valutarie*, monetary regulations; *riforma valutaria*, monetary reform; (*dir.*) *reato* —, offence against currency regulations.

valutativo *agg.* valuational, estimative, of (e)valuation: *criterio* —, principle of evaluation.

valutazione *s.f.* (*il valutare*) evaluation, valuation, estimation, appraisal, rating, grading; (*accertamento*) assessment; (*entità del valore attribuito*) estimate; (*calcolo*) calculation, reckoning; (*giudizio, considerazione*) judgement, consideration, waighing; (*analisi*) surveys (*pl.*): — *di un immobile*, valuation of a property; — *dei danni*, assessment of damage; — *approssimativa*, rough estimate; *criterio di* —, principle of evaluation // (*econ.*): — *della solidità finanziaria di una società*, credit rating of a company; — *dei progetti*, project evaluation; — *delle mansioni*, job evaluation; — *dei costi*, cost estimation // (*comm.*): — *delle scorte*, stock valuation; — *di magazzino*, inventory valuation // (*amm.*): — *di efficienza, di merito del personale*, merit rating; — *delle capacità professionali*, skill evaluation; *la — dei titoli dei candidati*, the rating of the professional qualifications of applicants.

valva *s.f.* (*bot., zool.*) valve.

valvare *agg.* (*scient.*) valvate, valve (*attr.*).

valvassino *s.m.* (*st.*) the vassal of a vavasour.

valvassore *s.m.* (*st.*) vavasour.

valvola *s.f.* **1** (*mecc.*) valve: — *a cerniera*, flap valve (*o* flapper); — *a due vie*, two-way valve; — *a farfalla*, butterfly valve, (*di carburatore*) throttle valve; — *a fodero*, sleeve valve: — *a saracinesca*, gate (*o* sluice) valve; — *a sfera*, ball valve; — *della camera d'aria*, inner tube valve; — *di ammissione*, inlet valve; — *di aspirazione*, intake valve; — *di scarico*, exhaust valve; — *di sicurezza*, safety valve; *lo sport è la sua — di sfogo*, (*fig.*) sport is his outlet (*o* safety valve) **2** (*elettr.*) valve, tube: — *elettronica, termoionica*, electron, thermionic valve; *apparecchio a sei valvole*, six-valve set; — *fusibile*, fuse; *è saltata una* —, a fuse has blown **3** (*anat.*) valve: — *cardiaca*, cardiac valve.

valvolare *agg.* valvular, valve (*attr.*).

valzer *s.m.* waltz: *ballare il* —, to waltz; *fare un giro di* —, to have a waltz // — *a due tempi*, quick (*o* deux-temps) waltz.

vamp *s.f.* vamp, femme fatale.

vampa *s.f.* **1** blaze; flame; flash: *la — di un cannone*, the flash of a gun // — *di ritorno*, (*di arma da fuoco*) blowback **2** (*ondata di calore*) heat wave; fierce heat: *la — del sole*, the fierce heat of the sun **3** (*al viso*) flush, blush: *queste parole gli fecero venire le vampe al viso*, these words brought a flush to his face (*o* made him flush) **4** (*fig. letter.*) (*ardore*) ardour.

vampata *s.f.* **1** blaze, burst of flame: *una — di calore*, a burst of heat; *l'incendio esplose in una* —, the fire burst into a blaze **2** (*folata*) blast, rush: *una — d'aria calda*, a blast of hot air **3** (*al viso*) (hot) flush: *una — di rossore*, a sudden blush **4** (*fig.*) outburst, burst, explosion: *una — d'ira*, a burst of rage.

vampeggiare *v.intr.* (*rar.*) to blaze; to flame.

vampiresco *agg.* vampire-like, of vampires.

vampirismo *s.m.* **1** vampirism **2** necrophilism.

vampiro *s.m.* **1** (*zool.*) vampire (bat) **2** (*mit.*) vampire **3** (*fig.*) (*usuraio, speculatore*) vampire, bloodsucker, extortioner.

vanadato *s.m.* (*chim.*) vanadate.

vanadico *agg.* (*chim.*) vanadic: *acido* —, vanadic acid.

vanadile *s.m.* (*chim.*) vanadyl.

vanadinite *s.f.* (*min.*) vanadinite.

vanadio *s.m.* (*chim.*) vanadium.

vanadite *s.f.* (*chim.*) vanadite.

vanadoso *agg.* (*chim.*) vanadous.

vanagloria *s.f.* vainglory, conceit, boastfulness.

vanagloriarsi *v.intr.pron.* to boast, to brag: — *di qlco.*, to brag of (*o* about) sthg.

vanaglorioso *agg.* vainglorious, conceited, vain; boastful ◆ *s.m.* vainglorious person.

vanamente *avv.* (*invano*) vainly, in vain, uselessly: *tentò — di dissuaderlo*, she tried in vain to dissuade him.

vandalico *agg.* vandalic, vandalistic (*anche fig.*).

vandalismo *s.m.* vandalism.

vandalo *s.m.* **1** Vandal **2** (*fig.*) vandal.

vaneggiamento *s.m.* raving: *i vaneggiamenti di un pazzo*, the ravings of a madman.

vaneggiare *v.intr.* to rave: *quando aveva la febbre alta vaneggiava*, when he had a high temperature he was delirious; *stai vaneggiando?*, are you raving?

vanerello *agg.* (*non com.*) (*vanitoso*) vain, conceited.

vanescente *agg.* (*letter.*) fading, evanescent: *colori vanescenti*, fading colours.

vanesio *agg.* foppish, vain, conceited ◆ *s.m.* fop.

vanessa *s.f.* (*zool.*) vanessa: — *atalanta*, (*Vanessa atalanta*) red admiral.

vanga *s.f.* spade.

vangare *v.tr.* to dig* (over), to spade.

vangata *s.f.* **1** (*colpo di vanga*) thrust with a spade **2** (*lavoro di vanga*) digging (over) **3** (*quantità di terra rivoltata dalla vanga*) spadeful.

vangatore *s.m.* digger.

vangatrice *s.f.* **1** (*chi vanga*) digger **2** (*macchina*) navvy, digger.

vangatura *s.f.* digging over.

Vangelo, **vangelo** *s.m.* Gospel: *predicare il* —, to preach the Gospel; *dal — secondo Giovanni*, from St. John's Gospel (*o* from the Gospel according to St. John); *entrare in chiesa al* —, to enter church during the reading from the Gospel // *quello che dice è — per me*, I take what he says as gospel truth; *prendere qlco. come* —, to take sthg. as gospel.

vangheggia *s.f.* **1** (*piccolo vomere*) diamond-shaped share **2** (*vanga dentata*) spading fork.

vanghetto *s.m.* (small) spade.

vanificare *v.tr.* to thwart, to frustrate, to make* futile, to make* fruitless: — *uno sforzo*, to make an effort fruitless.

vaniglia *s.f.* (*bot.*) (*Vanilla planifolia*) vanilla: *un gelato alla* —, a vanilla ice cream.

vanigliato *agg.* vanilla (*attr.*), vanilla -flavoured: *zucchero* —, vanilla sugar.

vaniglina → **vanillina**.

vanilico *agg.* (*chim.*) vanillic: *aldeide vanilica*, vanillic aldehyde.

vanillina *s.f.* (*chim.*) vanillin.

vaniloquio *s.m.* empty talk, random talk, twaddle, nonsense [U]: *sono stanco di ascoltare i suoi vaniloqui*, I am tired of listening to his empty talk (*o* his nonsense).

vanità *s.f.* **1** (*inconsistenza, falsità*) vanity: *la — dei piaceri terreni*, the vanity of earthly pleasures; *le — di questo mondo*, the vanities of this world **2** (*vanagloria*) vanity, conceit: *la sua — lo rende antipatico a tutti*, his conceit makes everyone dislike him; *ciascuno ha le sue* —, everybody has something they are vain about; *solleticare la — di qlcu.*, to titillate s.o.'s vanity **3** (*inutilità*) vainness, uselessness: *la — dei nostri sforzi*, the uselessness of our efforts.

vanitoso *agg.* vain, conceited ◆ *s.m.* vain person.

vano *agg.* **1** (*inutile*) vain, useless, fruitless: *vane discussioni*, fruitless (*o* useless) discussions; *vani sforzi, tentativi*, vain (*o* useless) efforts, attempts **2** (*inconsistente*) vain, idle, empty: *vane speranze*, vain hopes; *promesse vane*, empty (*o* idle) promises **3** (*vanitoso*) vain, conceited; (*frivolo*) foolish, silly **4** (*rar.*) (*vuoto*) empty ◆ *s.m.* **1** (*parte vuota*) space, opening, room: *il — della finestra, porta*, the window, door opening; *metterò l'armadio in questo* —, I shall put the wardrobe in this space **2** (*stanza*) room: *un appartamento di otto vani*, an eight-room flat.

vanoxite *s.f.* (*min.*) vanoxite.

vantaggiare, **vantaggiarsi** → **avvantaggiare**, **avvantaggiarsi**.

vantaggio *s.m.* **1** (*utilità, profitto*) advantage, benefit; profit: *conoscere l'inglese è un gran* —, knowing English is a great advantage; *un impiego che offre molti vantaggi*, a job which offers many advantages; *i vantaggi di vivere in campagna*, the advantages of living in the country; *non ne ebbi alcun* —, I didn't gain any advantage (*o* benefit) from it; *questa alternativa ha molti vantaggi rispetto a quella proposta da lui*, this alternative has many advantages over his proposal; *questo va a tuo* —, this is to your advantage; *volger qlco. a proprio* —, to turn sthg. to one's own advantage; *trarre — da qlco.*, to benefit from (*o* by) sthg.; *pensare solo al proprio* —, to think only of one's own interests // (*econ.*): — *addizionale*, fringe benefit; — *assoluto*, absolute advantage; — *comparato*, comparative advantage; *vantaggi tariffari*, tariff advantages **2** (*superiorità*) advantage: *hai su di me il — di una migliore educazione*, you have the advantage over me of a better education **3** (*sport*) lead; (*di partenza*) start; (*tennis*) advantage: *ha un minuto di — sugli altri*, he has one minute's lead over the others; *gli diedi venti metri di* —, I gave him twenty metres' start; *essere in — per 2 reti a 0*, to be leading (by) 2 (goals) to 0; *portarsi in* —, to take the lead // (*calcio*) *regola del* —, advantage rule **4** (*tip.*) galley.

vantaggioso *agg.* advantageous, favourable, profitable: *patti vantaggiosi*, advantageous agreements; *un affare* —, a profitable business deal; *prezzi vantaggiosi*, favourable prices; *offerta vantaggiosa*, favourable offer; *comprare a condizioni vantaggiose*, to buy on favourable terms; *questo sarà — per tutti*, this will be to everybody's advantage.

vantare *v.tr.* **1** (*pregiarsi di*) to boast: *la sua famiglia vanta molti uomini celebri*, his family can boast a great many famous men; *la città vanta splendidi monumenti*, the city boasts splendid monuments; — *nobili origini*, to boast noble origins **2** (*lodare*) to praise, to extol: *non fece che — le qualità di suo fratello*, he did nothing but praise (*o* extol) his brother's qualities; — *la qualità di un prodotto*, to praise the quality of a product **3** (*millantare*) to boast of (sthg.), to brag of (sthg.): — *la propria ricchezza, i propri successi*, to boast of one's riches, successes **4** (*pretendere*) to claim: — *un credito*, to claim a credit; — *un diritto su qlco.*, to lay claim to sthg.

□ **vantarsi** *v.rifl.* o *intr.pron.* to boast, to show* off, to brag; to be proud: *di che cosa ti vanti?*, what are you showing off about (*o* bragging of)?; *l'ho fatto e me ne vanto*, I have done it and I am proud of it; *si vanta di essere il migliore nuotatore della città*, he boasts of being (*o* that he is) the best swimmer in (the) town; *non per vantarmi, ma è proprio un bel lavoro*, I don't want to boast, but I've done a really good job.

vanteria *s.f.* boasting, showing off, bragging, swaggering: *non posso sopportare le sue vanterie*, I cannot stand his boasting.

vanto *s.m.* **1** (*il vantarsi*) boast(ing), brag(ging): *si dà — di averlo fatto da solo*, he prides himself on having done it by himself; *si dà, mena — di essere molto bravo in matematica*, he boasts of being very good at mathematics **2** (*motivo d'orgoglio*) pride; merit; credit: *è il — della sua famiglia*, he is the pride of his family; *essere motivo di — per qlcu.*, to be a source of pride to s.o.; *una ditta che ha il — dell'onestà*, a company that can boast of its honesty; *ti riconosco questo* —, I give you credit for that // *bel —!*, (*scherz.*) that's really something to boast about!

vanvera, a *locuz.avv.* (*a casaccio*) haphazardly; (*senza riflettere*) without thinking: *parlare a* —, to talk nonsense.

vapoforno *s.m.* steam oven.

vapore *s.m.* **1** vapour; (*acqueo*) steam: *una stanza piena di* —, a room full of steam; *cuocere al* —, to steam; — *di iodio, di zolfo*, iodine, sulphur vapour; — *saturo, non saturo*, saturated, non-saturated (*o* unsaturated) vapour; *densità, pressione di* —, vapour density, pressure; *bagno a* —, vapour bath; *caldaia a* —, steam boiler; *generatore di* —, steam generator; *macchina a* —, steam engine; *trazione a* —, steam traction // *andare a tutto* —, to go at full speed **2** *pl.* (*estens.*) fumes: *i vapori del vino*, wine fumes **3** (*mar.*) (*piroscafo*) steamer, steamship: — *postale*, mail steamer (*o* packet) // *il padrone del* —, (*scherz.*) the big boss.

vaporetto *s.m.* (*mar.*) steamer, steamboat.

vaporiera *s.f.* steam locomotive.

vaporimetro *s.m.* (*fis.*) vaporimeter.

vaporizzabile *agg.* vapourizable.

vaporizzare *v.tr.* to vaporize ◆ *v.intr.* → vaporizzarsi.

□ **vaporizzarsi** *v.intr.pron.* to evaporate: *l'acqua, bollendo, si vaporizza*, water evaporates when it boils.

vaporizzatore *s.m.* **1** (*nebulizzatore*) vaporizer; atomizer **2** (*per termosifone*) humidifier.

vaporizzazione *s.f.* vaporization (*anche fis.*); evaporation.

vaporosità *s.f.* **1** gauziness, filminess, vaporousness **2** (*di idee, stile ecc.*) haziness, vagueness.

vaporoso *agg.* **1** (*trasparente e leggero*) gauzy, filmy: *un abito* —, a filmy dress **2** (*di capelli*) fluffy, voluminous **3** (*di idee, stile ecc.*) vaporous, hazy, vague.

VAR *s.m.* (*fis.*) VAR (*unità di misura di potenza reattiva*).

varamento *s.m.* (*nelle costruzioni*) installation, fitting.

varano *s.m.* (*zool.*) varan.

varare *v.tr.* (*mar.*) to launch (*anche fig.*): — *una nave*, to launch a ship; — *un progetto*, to launch a plan // — *una legge*, to pass a law // — *una squadra*, to form (*o* to draw up) a team.

□ **vararsi** *v.intr.pron.* (*mar.*) to strand.

varata *s.f.* (*miner.*) blasting.

varcare *v.tr.* to cross, to pass: — *il confine*, to cross a frontier (*o* border); — *un fiume*, to cross a river; — *i limiti*, to pass (*o* to overstep *o* to exceed) the limits; *non appena varcai la soglia di casa, squillò il telefono*, just as I crossed the threshold (*o* came through the doorway), the telephone rang // *ha varcato la quarantina*, he is over forty (*o* he is in his early forties).

varco *s.m.* passage, opening, way: *ci aprimmo un — nella siepe*, we made an opening in the hedge; *aprirsi un — fra la folla, nel folto della foresta*, to make (*o* to push) one's way through the crowd, through the depths of the forest // *aspettare al — qlcu.*, to lie in wait for s.o., (*fig.*) to wait to catch s.o. out // *prendere qlcu. al* —, (*cogliere di sorpresa*) to catch s.o. out.

varea *s.f.* (*mar.*) yardarm.

varec(h) *s.m.* meno com. **varecchi** *s.m.pl.* varec, varech.

varechina, **varecchina** *s.f.* (*chim.*) bleach.

varesino *agg.* of Varese; from Varese ◆ *s.m.* inhabitant of Varese; native of Varese.

varesotto *agg.* of the province of Varese;

from the province of Varese ◆ *s.m.* inhabitant of the province of Varese; native of the province of Varese.

variabile *agg.* variable, changeable, unsettled; (*volubile*) fickle; (*instabile*) unsteady, unstable: *clima —*, variable (*o* changeable) climate; *tempo —*, variable (*o* unsettled) weather; *vento —*, changeable (*o* variable) wind; *il barometro è —*, the barometer is unsteady; *il suo umore è molto —*, he is very moody (*o* he is very changeable); (*gramm.*) *parti variabili del discorso*, variable parts of speech // (*econ.*) *mercato —*, unsteady market // (*comm.*): *prezzi variabili*, varying (*o* unsteady) prices; *costi, spese variabili*, variable costs, expenses // (*mat.*) *quantità —*, variable quantity ◆ *s.f.* **1** (*mat.*, *stat.*) variable: *— casuale*, random variable; *— di comodo*, dummy variable; *— di obiettivo*, target variable; *— dipendente, indipendente*, dependent, independent variable **2** (*astr.*) variable (star): *— cataclismica*, cataclysmic variable (*o* eruptive star *o* eruptive variable).

variabilità *s.f.* **1** variability, changeability, changeableness; (*volubilità*) fickleness; (*instabilità*) unsteadiness: *la — del clima*, the variability of the climate; *la — del suo umore*, the changeability of his mood **2** (*biol.*) variation.

variamente *avv.* variously; (*in modi diversi*) in different ways; (*in modo diverso*) differently: *tessuto — colorato*, a fabric of various colours; *la notizia fu — interpretata*, the news was interpreted in different ways.

variante *s.f.* **1** (*cambiamento*) change, variation: *apportare alcune varianti al programma*, to make a few changes (*o* variations) to the programme; *apportare una — al circuito di gara*, to make a change (*o* an alteration) to the race track **2** (*versione diversa*) version: *lo stesso abito c'è anche nella — azzurra*, there is also a blue version of the same dress; *un'auto prodotta in più varianti*, a car produced in several versions (*o* models) **3** (*ling.*) variant: *ci sono molte varianti nella grafia di questa parola*, there are many variants in the spelling of this word **4** (*econ.*, *stat.*) variance: *— di budget*, budget variance; *— di spesa*, spending variance; *— di prezzo*, price variance; *— di volume delle vendite*, sales volume variance ◆ *agg.* varying, changing: *condizioni varianti*, varying terms.

varianza *s.f.* (*stat.*, *fis.*, *chim.*, *inform.*) variance: (*stat.*) *— di efficienza*, efficiency variance; (*stat.*) *analisi della —*, variance analysis.

variare *v.tr.* to vàry, to alter; (*cambiare*) to change: *dovresti — le tue espressioni*, you should vary your expressions; *— il percorso di una gara*, to change (*o* to alter) the route of a race; *— la disposizione dei mobili*, to change the layout of the furniture; *— la dieta*, to vary one's diet ◆ *v.intr.* **1** to vary; to change: *usi che variano da paese a paese*, customs that vary from country to country; *le loro opinioni variano moltissimo*, their opinions vary a great deal; *i prezzi variano secondo la qualità*, prices vary according to quality; *il tempo non varierà per alcuni giorni*, the weather will not change for a few days // *tanto per —*, just for a change **2** (*di mercato*) to fluctuate: *i prezzi variano secondo la situazione internazionale*, prices fluctuate according to the international situation.

variato *agg.* varied: *una dieta variata*, a varied diet.

variatore *s.m.* **1** (*mecc.*) variator: *— di velocità*, speed variator **2** (*elettr.*) changer, converter: *— di fase*, phase converter; *— di frequenza*, frequency changer (*o* converter).

variazionale *agg.* (*fis.*, *mat.*) variational.

variazione *s.f.* **1** variation; fluctuation (*spec. econ.*); (*cambiamento*) change: *variazioni di temperatura*, variations (*o* fluctuations) of temperature; *variazioni del tempo*, changes in the weather; (*mus.*) *variazioni sul tema*, variations on the theme; *abbiamo fatto alcune variazioni nel programma*, we have made a few changes in the programme; *i prezzi non subiranno variazioni*, prices won't undergo any changes; (*elettr.*) *— di frequenza*, frequency variation // (*econ.*): *— del prezzo*, variation (*o* fluctuation) in price; *— della domanda, dell'offerta*, variation (*o* change) in demand, in supply; *— quantitativa*, quantum change; *— unitaria*, dose; *variazioni congiunturali*, cyclical fluctuations // (*comm.*) *— delle scorte*, inventory changes (*o* fluctuation in stock) // (*fin.*) *— del corso dei cambi*, fluctuation in the rate of exchange // (*Borsa*): *— al rialzo*, bullish trend; *— al ribasso*, bearish trend; *unità minima di —*, tick // (*ecol.*) *— annuale*, annuation // (*mat.*) *calcolo delle variazioni*, calculus of variations // (*fis.*): *— reversibile*, reversible change; *— magnetica secolare*, secular magnetic variation **2** (*inform.*) variation; (*del modo di trattamento*) conversion.

varice *s.f.* (*med.*) varix*.

varicella *s.f.* (*med.*) chicken pox, varicella.

varichina → **varechina**.

varicocele *s.m.* (*med.*) varicocele.

varicoso *agg.* (*med.*) varicose: *vene varicose*, varicose veins.

variegato *agg.* **1** variegated; (*a strisce*) striped; (*screziato*) streaked; (*policromo*) multi-coloured: *foglia variegata*, variegated leaf; *marmo —*, streaked marble **2** (*fig.*) varied, diversified, diverse: *un ambiente —*, a diverse environment.

variegatura *s.f.* variegation; many-colours (*pl.*): *la — di un tessuto*, the many-colours of a fabric.

varietà[1] *s.f.* **1** (*differenziazione*) variedness; (*diversità*) variety, diversity: *la — del panorama*, the variedness of the landscape; *— di opinioni*, diversity (*o* variety) of opinions; *una straordinaria — di tipi*, an extraordinary variety of types; *ama la —*, he likes variety **2** (*assortimento, gamma*) assortment, variety: *disponibile in un'ampia — di colori*, available in a wide variety of colours; *— di vini*, assortment of wines; *un'ampia — di investimenti*, a wide spread of investment **3** (*specie, genere*) variety; kind, type: *ha creato una nuova — di rose*, he has developed a new variety of roses; *una rara — di marmo*, a rare type of marble **4** (*mat.*) manifold: *— reale, analitica*, real, analytical manifold.

varietà[2] *s.m.* (*teatr.*) variety (show); (*amer.*) vaudeville: *teatro di —*, variety theatre (*o* music hall).

varifocale *agg.* (*fot.*) varifocal: *obiettivo —*, varifocal (*o* zoom) lens.

vario *agg.* **1** (*variato*) varied: *un panorama —*, a varied landscape; *uno stile —*, a varied style; *la sua conversazione era varia e piacevole*, his conversation was varied and enjoyable // *tempo —*, changeable weather // *il mondo è bello perché è —*, (*prov.*) variety is the spice of life **2** (*differente*) various, different; sundry: *di vari tipi*, of various kinds; *in vari modi*, in various ways; *in varie occasioni*, on different occasions; *nei vari casi*, in the various (*o* different) cases; *per varie ragioni*, for various reasons; *alla festa invitarono le persone più varie*, they invited all and sundry to the party // (*comm.*) *articoli vari*, sundries (*o* sundry articles); *spese varie*, sundries (*o* sundry expenses) **3** *pl.* (*parecchi*) various, several: *ho fatto varie cose*, I have done various (*o* several *o* a number of) things; *ho visto varie persone*, I have seen several (*o* various) people; *lo vidi varie volte*, I saw him several times ◆ *s.m.pl.* several people: *vari dicono che...*, several people say that... ◆ *s.f.pl.* (*di spese o merci*) sundries // (*amm.*) *varie ed eventuali*, any other business (*abbr.* AOB).

variolato *agg.* (*non com.*) **1** speckled **2** (*med.*) variolate(d).

variolite *s.f.* (*min.*) variolite.

variometro *s.m.* **1** (*elettr.*) variometer, variocoupler **2** (*aer.*) variometer.

variopinto *agg.* many-coloured, multicoloured; gaily-coloured: *tessuto —*, multicoloured fabric; *una farfalla variopinta*, a gaily-coloured butterfly.

varismo *s.m.* (*med.*) varus.

varistore *s.m.* (*fis.*) varistor.

varmetro *s.m.* (*elettr.*) varmeter.

varo[1] *s.m.* **1** (*mar.*) launch, launching (*anche fig.*): *il — di una nave*, the launching of a ship; *il — di un nuovo sistema elettorale*, the launching of a new electoral system **2** (*di legge*) passing.

varo[2] *agg.* (*med.*) varus.

varorametro *s.m.* (*elettr.*) varhourmeter.

varva *s.f.* (*geol.*) varve.

vas *s.f.* (*mar.*) submarine chaser.

vasaio *s.m.* potter.

vasale *agg.* (*anat.*, *bot.*) vasal.

vasca *s.f.* **1** basin; tank; pond: *— dei pesci*, (*in casa*) fish tank, (*in giardino*) fish pond; *la — di una fontana*, the basin (*o* pond) of a fountain **2** (*da bagno*) bath; (*amer.*) bathtub, tub: *riempire la —*, to run a bath **3** (*piscina*) swimming pool; (*lunghezza della piscina*) length: *fare tre vasche*, to swim three lengths **4** (*tecn.*) tank, vat: *— di lavaggio*, washing tank; *— di macerazione*, soaking vat; *— di recupero (dell'acqua)*, backwater tank; *— di sedimentazione*, settling tank; (*tess.*) *— di candeggio*, bleaching vat; (*fot.*) *— di sviluppo*, developing tank; (*mar.*, *aer.*) *— di sperimentazione*, test tank.

vascello *s.m.* (*mar.*) vessel; (*nave*) ship: *— mercantile*, trading vessel (*o* merchantman) // *capitano di —*, captain // *il Vascello Fantasma*, the Flying Dutchman.

vaschetta *s.f.* **1** (*piccola vasca*) small basin, tub: *una — di gelato*, a tub of ice cream **2** (*di termometro*) bulb; (*di barometro*) reservoir **3** (*di carburatore*) float chamber.

vascolare *agg.* **1** (*che riguarda la decorazione dei vasi*) vase (*attr.*): *pittura —*, vase painting **2** (*biol.*) vascular: *fascio, tessuto —*, vascular bundle, tissue; *sistema —*, vascular system.

vascolarità *s.f.* (*med.*) vascularity.

vascolarizzato *agg.* (*anat.*) vascularized.

vascolarizzazione *s.f.* (*anat.*) vascularization.

vascolopatia *s.f.* (*med.*) vascular disease.

vasectomia *s.f.* (*med.*) vasectomy.

vasectomizzare *v.tr.* (*med.*) to vasectomize.

vaselina *s.f.* (*chim.*) vaseline®: *olio di —*, white mineral oil.

vasellame *s.m.* **1** (*di terracotta*) earthenware, crockery **2** (*di porcellana*) china **3** (*di vetro*) glassware **4** (*di stagno*) pewter **5** (*di maiolica*) majolica **6** *— d'argento, d'oro*, silver, gold plate.

vasistas *s.m.* (*edil.*) transom (window).

vaso *s.m.* **1** pot; jar: *— da fiori*, flowerpot; *un — di gerani*, a pot of geraniums; *un — di marmellata*, a jar (*o* pot) of jam; *mettere in —*, to pot // *— da notte*, chamber pot // *portare vasi a Samo*, to carry coals to Newcastle **2** (*decorativo, per fiori*) vase: *— di cristallo, di porcellana*, crystal, china vase; *ha dei bellissimi vasi cinesi*, he has some very fine Chinese vases; *sistemare i fiori nel —*, to arrange the flowers in the vase **3** (*recipiente spec. sacro*) vessel: *vasi sacri*, sacred vessels // *il Vaso d'elezione*, (*Bibbia*) the Chosen Vessel **4** (*tecn.*) bowl, vessel, pot, tank: *— di espansione*, expansion tank **5** (*anat.*) vessel: *— sanguigno*, blood vessel **6** (*bot.*) vessel, duct, tube: *— legnoso*, ligneous vessel; *— cribroso*, sieve tube **7** (*mar.*) (*dell'invasatura di varo*) way.

vasocostrittore *agg.* (*med.*) vasoconstrictive, vasoconstrictory ◆ *s.m.* (*med.*) vasoconstrictor.

vasocostrizione *s.f.* (*med.*) vasoconstriction.

vasodilatatore *agg.* (*med.*) vasodilative, vasodilatory ◆ *s.m.* (*med.*) vasodilator.

vasodilatazione *s.f.* (*med.*) vasodilatation.

vasomotilità *s.f.* (*med.*) vasomotion.

vasomotore *agg.* (*anat.*) vasomotor.

vasomotorio *agg.* (*med.*) vasomotory.

vasopressina *s.f.* (*biochim.*) vasopressin.

vasopressore *agg.* e *s.m.* (*med.*) vasopressor.

vasoresezione → **vasectomia**.

vasospasmo *s.m.* (*med.*) vasospasm.

vasotocina *s.f.* (*biochim.*) vasotocin.

vasotonina *s.f.* (*biochim.*) serotonin.

vassallaggio *s.m.* **1** (*st.*) vassallage **2** (*sudditanza, soggezione*) subjection; dependence, subordination: *— politico, economico*, political, economic subjection.

vassallo *agg.* vassal; subject; subordinate, dependent: *regione vassalla di...*, region under the suzerainty of...; *regno, stato —*, vassal kingdom, state ◆ *s.m.* **1** (*st.*) vassal: *i grandi vassalli*, the great vassals **2** (*soggetto, suddito*) subject; dependent, subordinate **3** (*spreg.*) (*servo*) servant.

vassoio *s.m.* **1** tray: *— da caffè*, coffee tray; *— da tè*, tea tray // *mangiarsi un — di dolci*, to eat a trayful of cakes **2** (*edil.*) hawk, mortarboard, hod.

vastità *s.f.* (*l'essere vasto*) vastness; (*estensione*) extent, expanse, vastness: *la — dell'oceano*, the expanse of the ocean; *la — della sua cultura*, the extent of his learning (*o* knowledge).

vasto[1] *agg.* wide, large, vast, extensive: *una vasta clientela*, a large number of customers; *una vasta scelta di prodotti*, a wide choice of products; *vasta conoscenza*, wide (*o* extensive) knowledge; *vasta estensione di terra*, vast expanse of land; *il — mondo*, the wide world; *— programma*, wide programme; *vaste ricerche*, extensive researches; *— spazio*, vast space; *— territorio*, vast territory; *scoppiò un incendio di vaste proporzioni*, an enormous fire broke out // *su vasta scala*, on a large scale, (*all'ingrosso*) wholesale: *comprare, vendere su vasta scala*, to buy, to sell wholesale (*o* on a large scale); *distribuzione su vasta scala*, wholesale distribution.

vasto[2] *s.m.* (*anat.*) (*muscolo*) musculus vastus.

vate *s.m.* (*letter.*) **1** (*profeta*) prophet **2** (*poeta*) poet, bard.

vaterite *s.f.* (*min.*) vaterite.

vaticanista *s.m.* e *f.* **1** (*studioso*) expert on Vatican affairs **2** (*giornalista*) Vatican correspondent **3** (*sostenitore*) supporter of Vatican policy.

vaticano *agg.* Vatican (*attr.*): *musei vaticani*, Vatican Museums.

vaticinare *v.tr.* (*letter.*) to vaticinate, to prophesy, to foretell*.

vaticinatore *s.m.* (*letter.*) vaticinator, prophet ◆ *agg.* (*letter.*) vaticinal, prophetic.

vaticinio *s.m.* vaticination, prophecy, prediction.

vattelapesca *avv.* (*fam.*) Goodness knows, who knows: *"Ma dov'è finito Paolo?" "Vattelapesca!"*, "Where has Paolo got to?" "Who knows!".

vatusso → **watusso**.

vaudeville *s.m.* (*teatr.*) vaudeville, musical comedy.

vauxite *s.f.* (*min.*) vauxite.

ve *avv.* → **ce**.

ve *pron.pers.m.* e *f.* *di 2ª pers.pl.* (*usato in luogo di* vi *davanti ai pron. pers.* lo, la, li, le *e alla particella pron.* ne) to you; you: *— l'ho detto tante volte*, I've told you again and again; *cercheremo di spedirvelo al più presto*, we'll try and send it to you as soon as possible; *non — ne hanno ancora parlato?*, haven't they spoken to you about it yet?

ve' *inter.* (*forma tronca di* vedi) look, see: *— che strano individuo*, look what a queer fellow; *bada —!*, (*avvertimento*) be careful! (*o* take care! *o* look out!), (*ammonizione*) watch it! (*o* mind!).

vecchia *s.f.* old woman.

vecchiaia *s.f.* old age: *gli acciacchi della —*, the infirmities of old age; *morire di —*, to die of old age; *il bastone della mia —*, the support of my old age.

vecchiezza *s.f.* great age; old age.

vecchio *agg.* **1** old: *un cane —*, an old dog; *una vecchia casa*, an old house; *è molto —*, he's very old; *sono vecchi clienti*, they are old customers; *ha un viso —*, he has an old face; *un abito — stile*, an old-fashioned dress; *delle due case questa è la più vecchia*, this is the older of the two houses; *l'oggetto più — nel museo*, the oldest item in the museum; *un — amico, rancore*, an old friend, grudge; *una vecchia storia*, an old story; *diventare —*, to grow old; *sentirsi —*, to feel old // *nascere —*, (*maturo*) to be old before one's time // *— come Matusalemme*, as old as Methuselah **2** (*maggiore*) older (*compar.*), oldest (*superl. rel.*); (*tra fratelli o figli*) elder (*compar.*), eldest (*superl. rel.*): *fra te e me sono io il più —*, I'm the older of the two of us; *è la più vecchia delle due sorelle*, she is the elder of the two sisters; *è il più — di tutti i fratelli*, he's the eldest of all the brothers // *Plinio il Vecchio*, (*st.*) Pliny the Elder **3** (*antico*) ancient, old: *vecchia civiltà, tradizione*, old (*o* ancient) civilization, tradition // *un gentiluomo di — stampo*, a gentleman of the old school // *il Vecchio Testamento*, the Old Testament **4** (stantio) stale: *pane —*, stale bread **5** (*stagionato*) seasoned; (*di vino*) mellow **6** (*esperto*) old, expert: *un — lupo di mare*, an old sea dog; *essere — del mestiere*, to be an old hand (at the job) ◆ *s.m.* **1** old man: *i vecchi*, the old (*o* old people); *vidi due vecchi*, I saw two old men // *ciao, — mio!*, hallo, old man! // *i nostri vecchi*, (*genitori*) our parents, (*antenati*) our ancestors **2** (*chi ha anzianità in un lavoro*) senior employee: *i vecchi dell'azienda*, the senior members of the firm **3** (*ciò che è vecchio*) the old: *conflitto tra il — e il nuovo*, conflict between the old and the new.

vecchiotto *agg.* rather old.

vecchiume *s.m.* old things (*pl.*), old rubbish.

veccia *s.f.* (*bot.*) (*Vicia sativa*) vetch, tare.

vecciato *agg.* vetchy.

veccione *s.m.* (*bot.*) (*Lathyrus pratensis*) vetchling.

vece *s.f.* **1** place, stead: *in mia, sua —*, in my, his stead; *fare le veci di qlcu.*, to take s.o.'s place (*o* to act in s.o.'s stead); *fare le veci del direttore*, to take the manager's place (*o* to act in the manager's stead); *il documento sarà firmato dal sindaco o da chi ne fa le veci*, the mayor or whoever takes his place will sign the document; *firma del padre o di chi ne fa le veci*, signature of parent or guardian **2** (*letter.*) (*mutamento, vicenda*) change; vicissitude; (*successione*) succession: *con — assidua*, in alternate succession.

Veda *s.m.pl.* (*relig. indù*) Veda.

vedente *agg.* seeing, sighted ◆ *s.m.* e *f.* sighted person // *i non vedenti*, the blind.

vedere *v.tr.* **1** to see*: *il bambino vide un grosso cane*, the child saw a big dog; *ho visto quel libro da qualche parte*, I've seen that book somewhere; *l'ho visto io, con i miei occhi*, I saw it myself, with my own eyes; *lo vidi cadere nell'acqua*, I saw him fall into the water; *lo vidi correre verso il fiume*, I saw him running towards the river; *vedemmo arrestare il ladro*, we saw the thief arrested; *fu visto parlare con lei*, he was seen speaking (*o* to speak) to her // *si vede questa macchia?*, does this spot show? // *lo vedrebbe anche un cieco*, even a blind man could see it // *— la luce*, (*nascere*) to see the light of day (*o* to be born) // *— le stelle*, (*fig.*) to see stars // *far —*, to show: *fammelo —*, let me see it; *fammi — come fai*, show me how you do it; *far — un documento*, to show (*o* to produce) a document // *farsi —*, to show oneself: *non si vuol far —*, he doesn't want to show himself; *non si fa — da due settimane*, he hasn't shown up (*o* he hasn't put in an appearance) for two weeks; *fatti — quando puoi*, come and see us (*o* look us up) when you can **2** (*incontrare*) to meet*; to see*; *— un amico a teatro*, to meet a friend at the theatre; *non vuole — nessuno*, he doesn't want to see (*o* to meet) anybody // *lieto di vederla!*, nice to meet you! **3** (*guardare*) to see*, (*film, televi-*

sione) to watch: *andrò a — l'‘Aida'*, I shall go and see ‘Aida'; *— un film, una partita, la televisione*, to watch a film, a match, television **4** (*esaminare*) to examine, to have a look at; (*controllare*) to check, to look over, to go* through: *fece — il figlio al dottore*, he got the doctor to have a look at (*o* to examine) his son; *— i conti*, to check (*o* to go through) the accounts **5** (*consultare*) to see*, to consult: *— un esperto*, to consult an expert **6** (*pensare*) to think*; to see*; (*decidere*) to decide: *vedrò cosa posso fare per lui*, I'll see what I can do for him; *vedremo in seguito*, we'll see later on; *vedi tu cosa è il caso di fare*, you decide (*o* see) what had better be done **7** (*capire*) to see*, to understand*: *vedo che avete capito*, I see you have understood; *non vedi che sto male?*, can't you see I am ill?; *non vedo dove vuoi arrivare*, I can't understand what you are leading up to (*o* what you are driving at); *non vedo la ragione, il vantaggio di farlo*, I don't see any reason for, the advantage of doing it; *vedo bene che non hai capito*, I fully realize you haven't understood **8** (*procurare, fare in modo*) to see*, to try, to take* care: *vedi che questo lavoro sia fatto prima di sera*, see (to it) that this job is done before evening; *vedi di non svegliarlo*, take care not to wake him up; *vedrò di aiutarlo*, I shall try to help him ◆ *v.intr.* to see*: *vedo bene, male con questi occhiali*, I can, I cannot see well with these glasses; *— bene da lontano, da vicino*, to be long-sighted, short-sighted // *non vede più in là del suo naso*, he can't see further than the end of his nose // *vederci*, to be able to see: *non ci vede da quell'occhio*, he can't see out of that eye; *ci vedi con questa luce?*, can you see with this light?; *vederci doppio*, to see double // *non ci vedo dalla fame, ho una fame che non ci vedo*, I'm starving // *non ci vedeva più dalla rabbia*, he was blind with rage; *quando ha detto questo non ci ho visto più*, when he said so I lost my temper // *chi vivrà vedrà*, (*prov.*) time will tell.

◆ FRASEOLOGIA: *vedi*, see; *vedi pag. 50*, see page 50; *— sotto*, see below; *— a tergo*, see on the back // *veda, vedi, vedete*, look (*o* you see): *vede, la situazione non è proprio così*, look (*o* you see), the situation isn't quite like that; *vedi, hai torto quando dici queste cose*, you see, you're wrong to say these things // *vedessi come è ridotto!*, if you could see the state he is in! // *vedo*, I see; (*a poker*) I'll see you // *vediamo*, now then (*o* let's) see // *si vedrà*, we'll see; *vedrò, vedremo*, I'll, we'll see; *stiamo a —*, let's wait and see // *guarda chi si vede!*, look who's here! // *la vedremo!*, time will tell! // *ne abbiamo viste tante*, we've seen all sorts of things // *me la son vista brutta*, I thought I'd had it // *veditela con lui*, settle it with him // *visto che siamo in ritardo*, considering we're late // *chi s'è visto s'è visto*, that's that (*o* that's the end of it) // *vedrai che ho ragione*, you'll see I'm right // *si vede che non ha capito*, (*è chiaro*) he obviously hasn't understood, (*è probabile*) he probably hasn't understood // *vorrei — che non avessi studiato!*, I should think you did study! // *è da —*, it remains to be seen // *— per credere*, seeing is believing // *a mio modo di —*, in my opinion // (*non*) *dare a —*, (not) to give any sign of // *— bene, male qlcu., qlco.*, to approve, to disapprove of s.o., sthg. // *non ti vedo a fare quel lavoro*, I can't see you doing that job // *non lo posso —*, I cannot stand him; *non posso — queste cose*, I cannot stand (*o* bear) these things // *non vedo l'ora di partire*, I can't wait to leave // *non vedo la fine di questo lavoro*, this job is never ending // *non ci vedo chiaro*, I think there is something fishy here // *non avere nulla a che —*, to have nothing to do.

□ **vedersi** *v.rifl.* **1** to see* oneself: *— nello specchio*, to see* oneself in the mirror **2** (*sentirsi*) to feel*: *si vide perduto*, he felt lost **3** (*riconoscersi*) to see* oneself, to recognize oneself: *mi vedo in questa descrizione*, I see (*o* recognize) myself in this description // *non posso vedermi tra quella gente*, I don't feel at ease among those people ◆ *v.rifl.rec.* to meet*: *ci vediamo spesso*, we often meet; *ci vediamo domani*, see you tomorrow.

vedere *s.m.* **1** (*aspetto*) appearance; (*impressione*) impression: *fare un bel, un brutto —*, to make a good, a bad impression **2** (*parere*) opinion, view: *a mio —*, in my opinion.

vedetta *s.f.* **1** (*mil.*) lookout, vedette: *postazione di —*, lookout (*o* vedette) post // *stare in, di —*, (*fig.*) to be on the lookout (*o* to be on the watch) **2** (*mar.*) patrol boat, vedette.

vedette *s.f.* (*fr.*) star, vedette.

vedico *agg.* (*relig. indù*) Vedic.

vedova *s.f.* **1** widow // *— bianca*, an emigrant's wife who has remained at home **2** (*zool.*) widow bird: *— paradisea*, (*Steganura paradisea*) whydah **3** (*zool.*) *— nera*, (*Latrodectes mactans*) black widow.

vedovanza *s.f.* widowhood.

vedovella *s.f.* **1** young widow **2** (*bot.*) (*Scabiosa atropurpurea*) sweet scabious.

vedovile *agg.* (*di vedova*) widowed, of a widow; (*di vedovo*) of a widower: *abiti vedovili*, mourning clothes (*o* weeds); *stato —*, widowed state.

vedovo *agg.* widowed: *suo padre è —*, his father is a widower; *madre vedova*, widowed mother; *rimanere —, vedova*, to be left a widower, a widow ◆ *s.m.* widower.

vedretta *s.f.* (*geol.*) hanging glacier; (*spec. amer.*) glacieret.

veduta *s.f.* **1** (*panorama*) sight, view: *di là si gode una bellissima —*, from there one can enjoy a wonderful view; *una — centrale, laterale di Palazzo Vecchio*, a front, side view of Palazzo Vecchio **2** (*quadro, fotografia ecc.*) picture; photograph: *comprai alcune vedute di Napoli*, I bought some pictures of Naples **3** *pl.* (*idea, opinione*) view, idea, opinion: *mi piacerebbe conoscere le sue vedute su questo argomento*, I should like to know his views (*o* opinions) on this subject // *una persona di larghe vedute*, a broad-minded person; *ristrettezza di vedute*, narrow-mindedness **4** (*letter.*) (*atto, facoltà del vedere*) sight **5** (*dir.*) (*finestra, apertura*) view.

veemente *agg.* vehement, violent, furious; impetuous.

veemenza *s.f.* vehemence, violence, fury; impetuosity: *la — della corrente*, the force of the current; *la — delle sue parole*, the vehemence of his words.

vegetale *agg.* vegetable: *cibo, dieta —*, vegetable food, diet; *olii vegetali*, vegetable oils; *il regno —*, the vegetable kingdom; *seta, lana —*, vegetable silk, wool ◆ *s.m.* (*bot.*) plant, vegetable: *la zucca è un —*, the pumpkin is a vegetable.

vegetare *v.intr.* **1** to grow*: *piante che vegetano in terreni umidi*, plants that grow in damp soil **2** (*fig.*) to vegetate: *vegeta a casa tutto il giorno*, he vegetates at home all day.

vegetarianismo *s.m.* vegetarianism.

vegetariano *agg.* e *s.m.* vegetarian.

vegetarismo → **vegetarianismo**.

vegetativo *agg.* vegetative: (*bot.*) *riproduzione vegetativa*, vegetative reproduction; (*ecol.*) *zona vegetativa*, vegetation zone // (*anat.*) *sistema nervoso —*, vegetative nervous system.

vegetazione *s.f.* **1** vegetation: *— ricca, lussureggiante, rigogliosa*, rich (*o* luxuriant) vegetation; *— spontanea*, self-vegetation; (*ecol.*) *limite della — arborea*, treeline (*o* timberline) **2** (*med.*) vegetation: *— adenoidea*, adenoid vegetation.

vegeto *agg.* **1** (*di pianta*) thriving: *un albero —*, a thriving tree **2** (*di persona*) vigorous, strong, hale: *vivo e —*, alive and kicking; *quel vecchietto è ancora —*, that old man is still hale and hearty.

vegetominerale *agg.* vegeto-mineral.

veggente *s.m.* e *f.* **1** (*letter.*) seer **2** (*chiaroveggente*) clairvoyant; (*profeta*) prophet; (*profetessa*) prophetess.

veggenza *s.f.* (*chiaroveggenza*) clairvoyance.

veglia *s.f.* **1** waking, wakefulness: *fra il sonno e la —*, between sleeping and waking; *ore di —*, waking hours **2** (*il vegliare*) watch; vigil: *nelle veglie notturne*, in the watches of the night; *dovetti fare la — tutta notte*, I had to keep watch (*o* to sit up) all night; *fare la — a un morto*, to keep vigil by the bedside of a dead person // *— funebre*, wake **3** (*region.*) (*trattenimento serale*) evening get-together: *— danzante*, ball.

vegliardo *s.m.* (*letter.*) (venerable) old man.

vegliare *v.intr.* **1** to be awake; to stay awake: *vegliai fino al loro ritorno*, I stayed up for them; *vegliai tutta la notte*, I was awake all night **2** (*fare la veglia*) to watch, to keep* watch, to keep* vigil: *vegliai al suo capezzale tutta la notte*, I watched (*o* kept watch) all night at his bedside **3** (*vigilare*) to watch (over s.o.): *veglia su di lui!*, watch over him! ◆ *v.tr.* to watch over (s.o.), to keep* watch over (s.o.): *— un malato*, to watch at the bedside of (*o* to sit up with) a sick person // *— un morto*, to hold a wake over the body of a dead person.

veglione *s.m.* party; dance; (*ballo mascherato*) masked ball // *il — di capodanno*, New Year's Eve party.

veh → **ve'**.

veicolare *agg.* **1** (*di veicoli*) vehicular: *traffico —*, vehicular traffic **2** (*che propaga*) transmitting; carrying // *lingua —*, lingua franca.

veicolare *v.tr.* **1** to be the vehicle of (sthg.), to carry, to transmit: *gli insetti possono — malattie infettive*, insects can carry infectious diseases **2** (*fig.*) to spread*, to transmit, to diffuse: *un romanzo che veicola idee rivoluzionarie*, a novel that spreads revolutionary ideas.

veicolo *s.m.* **1** vehicle: *le strade sono affollate di veicoli*, the streets are crowded with vehicles; *— a cuscino d'aria*, air-cushion vehicle (*o* hovercraft); *— cingolato*, track-laying vehicle; *— spaziale*, spacecraft **2** (*mezzo, conduttore*) vehicle, medium*, carrier: *— di elettricità*, *energia*, vehicle of electricity, energy; *— di infezione*, carrier of infection; *la stampa è un — di informazione*, the press is a vehicle of information; *veicoli pubblicitari*, advertising media.

vela *s.f.* **1** (*mar.*) sail: *— di gabbia*, topsail; *— di maestra*, mainsail; *— di mezzana*, mizzen sail; *— di pappafico*, topgallant sail; *— di parrocchetto*, fore-topsail; *— di straglio*, staysail; *— di trinchetto*, foresail; *— latina*, lateen sail; *— quadra*, squaresail; *vele maggiori*, lower sails; *a vele spiegate*, under sail (*o* in full sail); *procedere a vele spiegate*, to be under full soil; *barca a —*, sailing boat, (*amer.*) sailboat; *issare, alzare una —*, to hoist a sail; *ammainare le vele*, to strike (*o* to lower) the sails; *far —*, to set sail (*o* to sail); *far forza di vele*, to crowd all sails // *tutto va a gonfie vele*, (*fig.*) everything is going very well (*o* perfectly); *gli affari vanno a gonfie vele*, business is booming (*o* thriving) // *volgere la — secondo il vento*, (*fig.*) to trim one's sails according to the wind // (*aer.*) *volo a —*, soaring (*o* sailflying) **2** (*arch.*) web // *campanile a —*, bell gable; *volta a —*, rib(bed) vault.

velaccino *s.m.* (*mar.*) fore-topgallant sail.

velaccio *s.m.* (*mar.*) topgallant sail.

velame *s.m.* (*mar.*) sails (*pl.*).

velare[1] *v.tr.* **1** to veil; to cover with a veil: *— una statua*, to veil (*o* to cover) a statue; *in Arabia le donne si velano il viso*, in Arabia women veil their faces **2** (*fig.*) (*offuscare*) to dim, to cover: *le lacrime gli velavano gli occhi*, his eyes were dimmed with tears; *la nebbia velava la luce della luna*, the mist veiled the moonlight // *l'emozione gli velava la voce*, emotion muffled his voice **3** (*fig.*) (*nascondere*) to veil, to conceal; to disguise: *— una verità*, to conceal a truth; *— le proprie intenzioni*, to disguise one's intentions.

□ **velarsi** *v.rifl.* to veil oneself, to cover oneself ◆ *v.intr.pron.* (*fig.*) to mist; (*di voce*) to get* husky: *gli occhi le si velarono di lacrime*, her eyes became misty with tears.

velare[2] *agg.* e *s.f.* (*fon.*) velar.

velario *s.m.* (*teatr.*) **1** (*st.*) velarium (*pl.* -ria) **2** (*sipario*) curtain.

velarizzato *agg.* (*ling.*) velarized.

velarizzazione *s.f.* (*ling.*) velarization.

velatamente *avv.* covertly // *mi ha fatto — capire che...*, he let me understand in a roundabout way that...

velatino *s.m.* **1** (*tess.*) rubberized fabric **2** (*cinem.*) butterfly, gauze.

velato *agg.* **1** veiled: *viso —*, veiled face; *una donna velata*, a veiled woman // *il suo sguardo era — di tristezza*, his eyes were misted over with sadness; *occhi velati di lacrime*, eyes misty with tears // *cielo —*, clouded (*o* cloudy) sky **2** (*fig.*) (*coperto, nascosto*) veiled, half-hidden, covert: *un — rimprovero*, a veiled reproof; *una velata minaccia*, a veiled threat; *accennare in modo — a qlco.*, to make a veiled hint at sthg. // *voce velata*, muted voice, (*per raffreddore*) husky voice.

velatura[1] *s.f.* **1** (*mar.*) sail; sailage; sails (*pl.*): *— di cappa*, stormsail; *una nuova —*, a new set of sails; *superficie della — utilizzata*, windage; *forzare la —*, to crowd sail; *ridurre la —*, to shorten sail **2** (*aer.*) wings (*pl.*): *— fissa, rotante*, fixed, rotary wings.

velatura[2] *s.f.* **1** (*il velare*) veiling // *una — di zucchero*, a sprinkling of sugar **2** (*offuscamento*) dimming **3** (*fot.*) fog **4** (*pitt.*) glazing.

veleggiamento *s.m.* **1** (*mar.*) sailing **2** (*aer.*) soaring, sailplaning; gliding.

veleggiare *v.intr.* **1** (*mar.*) to sail: *— verso il nord*, to sail northwards **2** (*aer.*) to soar, to sailplane; to glide ◆ *v.tr.* (*letter.*) to sail: *— i mari*, to sail the seas.

veleggiata *s.f.* (*mar.*) sail.

veleggiato *agg.* (*mar.*) sailing // (*aer.*) *volo —*, sailplaning.

veleggiatore *s.m.* **1** (*mar.*) sailer **2** (*aer.*) glider, sailplane **3** (*chi pratica il volo a vela*) sailplane pilot, glider pilot.

veleggio *s.m.* **1** (*degli uccelli*) gliding **2** (*mar.*) sailing **3** (*aer.*) soaring, sailplaning, gliding.

velenifero *agg.* poisonous; venomous.

veleno *s.m.* poison (*anche fig.*); (*di animali*) venom (*anche fig.*): *il — di un serpente*, the venom of a snake; *l'arsenico è un — mortale*, arsenic is a deadly poison; *— per i topi*, rat poison; *il — dell'invidia, del sospetto*, (*fig.*) the poison of envy, of suspicion; *parole piene di —*, (*fig.*) venomous words // *mangialo, non è —!*, (*fam.*) eat it up, it won't poison you! // *una lingua che sputa —*, (*fig.*) a venomous tongue // *sputare —*, to talk spitefully // *avere del — contro qlcu.*, (*fig.*) to have a grudge against s.o. // *avere il — in corpo*, (*fig.*) to be filled with resentment // *schizzare — da tutti i pori*, (*fig.*) to breathe evil from every pore.

velenosità *s.f.* poisonousness; venomousness (*anche fig.*): *la — di una critica*, the venom of a criticism.

velenoso *agg.* **1** poisonous, venomous: *funghi velenosi*, poisonous mushrooms; *piante, sostanze velenose*, poisonous plants, substances; *una puntura velenosa*, a venomous sting **2** (*fig.*) (*pieno di livore*) venomous, malignant, virulent: *invettiva velenosa*, virulent invective; *osservazione velenosa*, malicious (*o* malignant) remark // *uno scrittore —*, a venomous writer **3** (*fig.*) (*dannoso*) poisonous: *dottrina velenosa*, poisonous doctrine.

veleria *s.f.* **1** (*luogo dove si confezionano vele*) sail loft **2** (*insieme delle vele*) sails (*pl.*).

veletta[1] *s.f.* (*di cappello da donna*) (hat-)veil.

veletta[2] *s.f.* (*mar.*) topsail.

velico *agg.* (*mar.*) sail (*attr.*), sailing: *superficie velica*, sail surface; *navigazione velica*, sailing; *regata velica*, sailing regatta.

veliero *s.m.* sailing ship.

velificio *s.m.* sail factory.

velina *s.f.* **1** (*carta*) tissue paper; (*per copie a carta carbone*) manifold paper **2** (*copia*) copy, flimsy; (*copia carbone*) carbon copy: *— di un rapporto*, flimsy of a report; *— di una lettera*, copy of a letter **3** (*comunicazione inviata alla stampa*) handout.

velismo *s.m.* (*mar.*) sailing.

velista *s.m.* e *f.* (*mar.*) sailor.

velite *s.m.* (*st. romana*) velite.

velivolo *s.m.* aircraft*.

velleità *s.f.* (*ambizione infondata*) foolish ambition, foolish aspiration: *tutti ridono delle sue — letterarie*, everybody laughs at his foolish literary ambitions.

velleitario *agg.* unrealistic; fanciful: *un tentativo —*, an unrealistic attempt.

velleitarismo *s.m.* unrealistic ambition.

vellicamento *s.m.* (*non com.*) tickling; (*fig.*) titillation.

vellicare *v.tr.* (*letter.*) **1** (*solleticare*) to tickle **2** (*fig.*) (*stimolare*) to titillate.

vello *s.m.* fleece // (*mit.*) *il Vello d'Oro*, the Golden Fleece.

velloso *agg.* (*letter.*) hairy; fleecy.

vellutare *v.tr.* **1** (*tess.*) to velvet **2** (*floccare*) to flock.

vellutato *agg.* velvety, velvet-like, velvet (*attr.*): *petali vellutati*, velvety petals; *pelle vellutata*, velvety skin // *voce vellutata*, velvety voice.

vellutatrice *s.f.* **1** (*tess.*) velveting machine **2** (*floccatrice*) flocking machine.

vellutazione *s.f.* (*tecn.*) flocking.

vellutino *s.m.* **1** (*velluto leggero*) fine velvet **2** (*nastro di velluto*) velvet ribbon.

velluto *s.m.* velvet: *— a coste*, corduroy (*o* ribbed velvet); *— di cotone*, velveteen (*o* cotton velvet); *— di seta*, silk velvet; *morbido come —*, as soft as velvet // *di —*, velvet: *giacca di —*, velvet jacket; *pelle di —*, velvety skin // *pugno di ferro in guanto di —*, an iron hand in a velvet glove // *andare sul —*, (*fig.*) to have it easy.

velo *s.m.* **1** veil (*anche fig.*): *il — da sposa*, the bridal veil; *coprire qlco. con un —*, to cover sthg. with a veil (*o* to veil sthg.); *un — di tristezza*, a touch of sadness; *un — di silenzio*, a veil of silence; *i veli della notte*, the shades of night; *l'ambizione gli fa —*, ambition clouds his mind; *sotto il — della modestia nasconde un animo malvagio*, under the mask (*o* veil) of modesty he hides an evil mind // *avere un — davanti agli occhi*, (*fig.*) to be blind; *stendere un — su qlco.*, (*anche fig.*) to draw a veil over sthg. // (*econ.*) *— monetario*, veil money // (*calcio*) *far —*, to shield // *prendere il —*, to take the veil (*o* to become a nun) **2** (*strato sottile*) film; layer: *un — di ghiaccio*, a film of ice; *un — di lacrime*, a film of tears; *un — di nebbia*, a veil of mist; *un — di zucchero*, a coating of sugar; *un — d'olio*, a film (*o* a thin layer) of oil // *zucchero a —*, icing sugar **3** (*tess.*) web: *— di carta*, card web **4** (*tessuto*) voile: *un abito di —*, a voile dress **5** (*anat.*, *bot.*, *zool.*) velum* // *— palatino*, velum palatinum **6** (*fot.*) fog: *densità del —*, fog density.

veloce *agg.* fast, quick, swift, rapid: *un'automobile —*, a fast car; *treno —*, fast (*o* quick) train; *cavallo —*, fast horse; *corrente —*, rapid current; *corridore —*, fast runner; *andatura —*, rapid gait; *movimenti veloci*, swift movements; *movimento —*, swift (*o* quick) motion; *passi veloci*, quick steps; *dattilografa —*, fast typist; *progresso —*, rapid progress; *gli anni scorrono veloci*, the years slip rapidly by; *— nel fare le cose*, quick in doing things // *— come il pensiero*, *— come un lampo*, as quick as lightening (*o* as a flash).

velocemente *avv.* quickly, fast, rapidly, swiftly: *fa tutto —*, he does everything quickly; *parla molto —*, he speaks very fast; *il tempo scorre —*, time goes quickly.

velocimetria *s.f.* velocimetry.

velocimetro *s.m.* velocimeter.

velocipede *s.m.* velocipede.

velocipedista → **ciclista**.

velocista *s.m.* e *f.* (*sport*) sprinter.

velocità *s.f.* speed, velocity (*anche fis.*); rapidity, quickness, swiftness: — *aerea*, air speed; *la — della luce, del suono, del vento*, the velocity (*o* speed) of light, sound, wind; — *di immersione*, diving speed; *a una — di 40 miglia all'ora*, at a speed of 40 miles per hour; *a grande* —, at high speed; *indicatore di* —, speedometer (*o* speed indicator); *limite di* —, speed limit; *potenziale di* —, velocity potential; *la — è controllata dal radar*, the speed is checked by radar; *devi ridurre la* —, you must reduce your speed; *la sua — nel rispondere mi sorprese*, his quickness in answering surprised me // (*inform.*): — *di commutazione*, toggling speed; — *di trasmissione dei dati*, data rate; — *di trattamento dei documenti*, document rate // (*fis.*): — *media*, mean velocity (*o* average speed); — *finale*, terminal speed // (*mecc., aut., aer.*): — *di atterraggio, di decollo*, landing, takeoff speed; *cambio di* —, gearbox; *prima, seconda, terza* —, first (*o* low), second, third gear // (*comm.*) *a piccola* —, (*di merci*) by goods train (*o amer.* by slow freight) // (*fin.*) — *di circolazione*, (*della moneta*) circuit velocity (*o* velocity of circulation) (of money) // (*mar.*) — *economica*, economical speed.

velocizzare *v.tr.* to speed* up, to accelerate: — *i ritmi di produzione*, to speed up the production schedule.

velocizzazione *s.f.* speeding up, acceleration.

velocrespo *s.m.* (*non com.*) chiffon.

velodromo *s.m.* (*sport*) **1** (*pista*) cycle -racing track **2** (*stadio*) velodrome.

velopendulo *s.m.* (*anat.*) velum palatinum, velum pendulum palati.

velours *s.m.* (*fr.*) (*tessuto*) velour(s).

vemenza → **veemenza**.

vena *s.f.* **1** (*anat.*) vein: — *cava*, vena cava; — *porta*, portal vein; *tagliarsi le vene*, to cut one's veins // *non avevo più sangue nelle vene*, (*per lo spavento*) my blood ran cold // *non ha sangue nelle vene*, (*fig.*) he is spineless // *si sentì bollire il sangue nelle vene*, his blood boiled **2** (*venatura*) vein, streak: *le vene del legno, del marmo*, the veins of wood, of marble **3** (*geol., miner.*) (*filone*) vein, lode, stringer; (*diamantifera*) fissure: *questa — è esaurita*, this vein is worked out // *trovare una — d'oro*, (*anche fig.*) to find a goldmine **4** (*rigagnolo sotterraneo*) (underground) stream, (underground) rivulet: *scoprì una — d'acqua*, he discovered a spring **5** (*fig.*) (*inclinazione*) vein; (*ispirazione*) inspiration; (*disposizione, umore*) mood, vein, disposition: — *poetica*, poetic vein; *la sua — musicale si è esaurita*, his musical inspiration has run out // *ha una — di pazzia*, (*scherz.*) he has a mad streak in him // *essere in — di fare qlco.*, to feel like doing sthg. (*o* to feel in the mood to do sthg.) // *non è in — di scherzi*, he's not in a joking mood // *oggi non sono in — di ballare*, I'm not in the mood for dancing today // *fare una cosa di* —, to do sthg. willingly (*o* readily) **6** (*fig.*) (*traccia*) trace, streak: *una — di malinconia*, a trace of melancholy.

venale *agg.* **1** sale (*attr.*), selling; saleable: *prezzo* —, sale price; *valore* —, selling value **2** (*fig.*) (*corruttibile*) venal; mercenary: *un giudice, un politicante* —, a venal judge, politician // *arte* —, mercenary art // *come sei —!*, you're so mercenary!

venalità *s.f.* **1** saleability **2** (*corruttibilità*) venality.

venare *v.tr.* to vein; (*legno*) to grain.

□ **venarsi** *v.intr.pron.* **1** to become* veined; (*di legno*) to become* grained **2** (*fig.*) to be tinged: *la sua voce si venò di malinconia*, his voice was tinged with melancholy.

venato *agg.* veined; (*di legno*) grained; *marmo* —, veined marble; *una stoffa venata di rosso*, cloth tinged with red // *un canto — di tristezza*, a song tinged with sadness.

venatorio *agg.* venatorial, hunting (*attr.*): *stagione venatoria*, hunting season.

venatura *s.f.* **1** vein; (*di legno*) grain: *le venature di una foglia*, the veins of a leaf; *un marmo con venature verdi*, a green-veined marble **2** (*disposizione delle vene*) veining; (*di foglie, ali d'insetti*) venation: *un marmo con una fitta* —, a marble with (a) thick veining **3** (*fig.*) (*traccia*) trace, streak: *nelle sue parole c'era una — di malinconia*, there was a trace of melancholy in his words.

vendemmia *s.f.* **1** vintage, grape harvest: *fare la* —, to harvest grapes **2** (*il raccolto*) vintage: *una ricca* —, a good grape harvest **3** (*il tempo della vendemmia*) vintage (time).

vendemmiaio *s.m.* (*st. francese*) vendémiaire.

vendemmiare *v.tr.* e *intr.* to harvest grapes, to gather grapes: *è tempo di* —, it's harvest time // — *successi*, (*fig.*) to have a run (*o* a string) of successes.

vendemmiatore *s.m.* vintager, grape gatherer, grape harvester.

vendere *v.tr.* **1** to sell*; (*dir.*) (*alienare*) to vend, to transfer: — *una casa*, to sell a house // (*comm.*) — *a credito*, to sell on credit; — *a domicilio*, to sell door-to-door (*o* house-to -house); — *al dettaglio, al minuto*, to retail (*o* to sell by retail); — *all'ingrosso*, to sell wholesale; — *a lotti*, to sell by lots; — *al mercato*, to market; — *a prezzo di liquidazione*, to sell out (*o* to sell off *o* to clear); — *a pronta cassa, per contanti*, to sell for cash; — *a provvigione*, to sell on commission; — *a rate*, to sell by instalments; — *all'asta, all'incanto*, to auction (*o* to sell by auction); — *con facilitazioni di pagamento*, to sell on easy terms; — *di seconda mano*, to resell (*o* to sell second-hand); — *in perdita*, to sell at a loss; — *in blocco*, to sell in bulk; — *per consegna differita*, to sell forward; — *per conto terzi*, to sell on commission; — *salvo prova, salvo vista e verifica*, to sell on approval; — *su campione*, to sell by sample; *saper — la propria merce*, to be a good salesman; — *incarichi, posti*, to peddle jobs // (*dir.*) *diritto di — libri e giornali*, right to sell books and newspapers // (*mar.*) — *allo sbarco*, to sell ex ship // (*Borsa*): — *allo scoperto*, to sell short (*o* to sell a bear *o* to go a bear); — *azioni in massa*, to unload shares; — *a termine*, to sell forward (*o* for the account) // *questo prodotto non si vende bene*, this product doesn't sell well (*o* is a poor seller); *merce che si vende*, sal(e)able goods // *vendesi, vendonsi*, for sale // *abilità nel, arte del* —, salesmanship // — *l'anima al diavolo*, to sell one's soul to the devil // *ha ragione da* —, he is dead right // *ho pazienza da* —, I am very patient // — *fumo*, to bluff // *questa non me la vendi*, (*fig. fam.*) I won't buy that **2** (*esercitare un'attività commerciale*) to deal* in (sthg.), to trade in (sthg.): — *stoffe, mobili*, to deal (*o* to trade) in textiles, in furniture.

□ **vendersi** *v.rif.* to sell* oneself: — *al nemico*, to sell oneself to the enemy // *sapersi vendere*, to know how to sell oneself.

vendetta *s.f.* revenge, vengeance; *desiderio di* —, desire for revenge; *una sanguinosa* —, a bloodthirsty revenge; *voglio fare* —, I want to take revenge (*o* I want to revenge myself); *essere ucciso per* —, to be killed in revenge; *prendersi una* —, to have one's revenge (*o* to revenge oneself); *un delitto che grida* —, a crime that cries out for vengeance; *un'esecuzione musicale che grida* —, an abominable performance.

vendibile *agg.* saleable, marketable.

vendibilità *s.f.* sal(e)ability, marketability.

vendicabile *agg.* that can be avenged.

vendicare *v.tr.* **1** to avenge: — *un assassinio, un torto*, to avenge a murder, a wrong; — *qlcu.*, to avenge s.o. **2** (*letter.*) (*rivendicare*) to vindicate.

□ **vendicarsi** *v.rifl.* to revenge oneself (on s.o., for sthg.), to avenge oneself (on s.o., for sthg.): — *di qlco.*, to take revenge for sthg.

vendicatività *s.f.* vengefulness, vindictiveness.

vendicativo *agg.* revengeful, vindictive ♦ *s.m.* vindictive person.

vendicatore *s.m.* (*letter.*) **1** revenger, avenger **2** (*rivendicatore*) vindicator.

vendifumo *s.m.* e *f.* (*fanfarone*) boaster; hot air merchant; (*imbroglione*) swindler.

vendita *s.f.* **1** (*il vendere*) selling; (*smercio, quantità di merce venduta*) sale: — *immobiliare*, sale of real estate; — *di beneficenza*, jumble (*o amer.* rummage) sale // (*comm.*): — *a credito*, credit sale (*o* sale on credit); — *a premio*, premium sale; — *all'asta, all'incanto*, (sale by) auction (*o* auction sale); — *al dettaglio, al minuto*, retail (*o* retail sale); — *su campione*, sale by sample; — *all'ingrosso*, wholesale; — *a rate, rateale*, hire purchase (*o* instalment sale *o amer.* installment plan); — *a scatola chiusa*, blind selling; — *con pagamento alla consegna, contrassegno*, sale cash on delivery; — *in blocco*, bulk sale; — *in esclusiva*, exclusive agency selling; — *per consegna differita*, forward sale; — *per contanti*, cash sale; — *per corrispondenza*, mail-order selling; — *porta a porta*, door-to-door selling; — *su commissione, per conto terzi*, sale on commission; *vendite sul mercato interno*, home sales // (*Borsa*): — *a premio*, put option; — *allo scoperto*, short sale (*o* short selling *o* bear sale); — *a termine*, sale for the account (*o* forward sale); — *fittizia*, (*di titoli azionari*) fictitious sale (*o amer.* wash sale); — *sotto la pari*, underpricing (*o* sale below par) // (*dir.*): — *forzata, coatta*, forced sale; — *giudiziale*, judicial sale; — *con patto di riscatto*, sale with right of redemption; — *con riserva di gradimento*, sale on approval (*o* on trial) // *in* —, (*negli annunci di vendita*) for sale, (*nei negozi*) on sale; *essere in* —, to be on (*o* for) sale (*o* on the market); *non in* —, out of sale; *questa casa non è in* —, this house is not for sale; *addetto, addetta alle vendite*, salesman, saleswoman; *mettere in* —, to put up for (*o* on) sale // *conto vendite*, sales account; *libro giornale delle vendite*, sales daybook **2** (*negozio*) shop: — *di sali e tabacchi*, tobacconist's (shop).

venditore *s.m.* seller, vendor, vender; (*negoziante*) shopkeeper, dealer; (*commesso*) shop assistant, salesman*: — *al dettaglio*, retailer (*o* retail dealer); — *all'ingrosso*, wholesaler (*o* wholesale dealer); — *ambulante*, pedlar (*o* hawker *o* street vendor) // (*Borsa*): — *allo scoperto*, short seller (*o* bear seller); — *dello stellaggio*, taker for the put and call // — *di fumo*, (*fanfarone*) boaster, (*imbroglione*) (*fig.*) swindler.

venduto *agg.* **1** sold, sold out: *un oggetto — a buon prezzo*, an article sold at a low price **2** (*corrotto*) corrupt, dishonest: *un funzionario —*, a corrupt official // *arbitro —*, bent referee ◆ *s.m.* **1** (*merce venduta*) goods sold (*pl.*): (*comm.*) *salvo il —*, subject to prior sale (*o* subject to goods being unsold) **2** (*persona corrotta*) corrupt person, dishonest person.

veneficio *s.m.* poisoning.

venefico *agg.* poisonous (*anche fig.*); venomous (*anche fig.*): *dottrina venefica*, poisonous doctrine; *gas —*, poisonous gas; *lingua venefica*, venomous tongue; *scrittore —*, venomous writer.

venerabile *agg.* e *s.m.* venerable: *un vecchio —*, a venerable old man // *età —*, venerable old age // (*massoneria*) *— maestro*, Worshipful Master.

venerabilità *s.f.* venerability, venerableness.

venerando *agg.* venerable: *morì alla veneranda età di 93 anni*, he died at the venerable old age of 93.

venerare *v.tr.* to worship, to venerate, to revere: — *la memoria di qlcu.*, to revere (*o* to venerate) s.o.'s memory; — *la Madonna*, to worship the Madonna.

venerazione *s.f.* worship, veneration, reverence.

venerdì *s.m.* Friday // *Venerdì Santo*, Good Friday // (*econ.*) — *nero*, black Friday // *gli manca qualche —*, (*scherz.*) he has got a screw loose.

Venere *no.pr.f.* (*mit.*, *astr.*) Venus ◆ *s.f.* **1** (*donna bella*) Venus, beauty: *si crede una —*, she thinks she's a beauty // *i piaceri di —*, the pleasures of physical love.

venereo *agg.* venereal // (*med.*) *malattie veneree*, venereal diseases.

venereologia *s.f.* (*med.*) venereology.

venetico *agg.* e *s.m.* Venetic.

veneto *agg.* e *s.m.* Venetian.

veneziana *s.f.* (*serramento*) venetian blind.

veneziano *agg.* e *s.m.* Venetian // *alla veneziana*, in the Venetian style (*o* way).

venezuelano *agg.* e *s.m.* Venezuelan.

venia *s.f.* (*letter.*) pardon, forgiveness: *chiedere — a qlcu.*, to beg s.o.'s pardon.

veniale *agg.* venial: *peccato —*, venial sin.

venialità *s.f.* veniality.

veniente *agg.* (*letter.*) coming; (*prossimo*) next.

venire *v.intr.* **1** to come*: *vieni con noi?*, are you coming (*o* will you come) with us?; *vengo!*, I am coming!; *venite dunque!*, come along, then!; *non è ancora venuto*, he hasn't come yet; *è venuto ieri*, he came yesterday; *vieni a trovarmi*, come and see me; *vieni a vedere chi c'è*, come and see who is here; *sono venuto a prendere il libro*, I've come for the book; *vieni da piazza della Scala?*, have you just come from piazza della Scala?; *da che paese vieni?*, where do you come (*o* are you) from?; *mi venne vicino*, *incontro*, *dietro*, he came near (*o* up to), towards, after me; *sono venuto a piedi, in automobile, per mare*, I've come on foot, by car, by sea; *dopo gennaio viene febbraio*, after January comes February; *è venuto il tempo di dirglielo*, the time has come to tell him // — *su*, to come up, (*per le scale*) to come upstairs, (*crescere*) to grow up: *viene su una bella ragazza*, she's growing up into a beautiful girl; *le cipolle mi sono venute su tutto il giorno*, onions repeated on me all day; — *giù*, to come down, (*per le scale*) to come downstairs; *la pioggia veniva giù a scrosci*, the rain was pelting down // — *dentro*, to come in; — *fuori*, to come out (*anche fig.*): *venne fuori a dire che non voleva più andare a scuola*, he came out all at once and said he didn't want to go to school any longer // — *via*, to come away, (*staccarsi*) to come off: *il chiodo è venuto via*, the nail has come off // — *avanti*, to come on: *venne avanti e disse...*, he came on and said...; *vieni avanti!*, come here! // — *meno*, (*svenire*) to faint (*o* to swoon), (*svanire*) to fail (s.o.), (*mancare*) to break (sthg.): *gli vennero meno le forze*, his strength failed him; — *meno a una promessa*, to break one's promise // — *prima*, *dopo*, to come first, after: *la salute viene prima, tutto il resto viene dopo*, health comes first, all the rest comes after // *far —*: *fecero — il dottore*, they sent for (*o* called in) the doctor; *fa — i suoi abiti da Parigi*, she has her dresses sent from Paris; *bisogna far — dell'altro vino*, you must order some more wine; *mi fa — i brividi*, it makes me shiver; *questo cibo mi fa — l'acquolina in bocca, la nausea*, this food makes my mouth water, makes me sick **2** (*provenire*) to come*; (*derivare*) to derive: *un vento che viene dal mare*, a wind (coming) from the sea; *viene da una buona famiglia*, he comes of a good family; *questa parola viene dal latino*, this word derives from Latin **3** (*manifestarsi*) to have got (sthg.): *mi viene un dubbio*, I've got a doubt; *m'è venuta un'idea*, I've got an idea; *gli è venuta la febbre*, he's got a temperature **4** (*riuscire*, *risultare*) to turn out; to come* out: — *bene*, *male*, to turn out well, badly; *il dolce non è venuto bene*, the cake hasn't turned out well; *non vengo bene in fotografia*, I don't come out well in photographs (*o* I don't photograph well); *il solitario non mi viene*, this game of patience isn't coming out; *la divisione non mi viene*, the division won't come out; *ho fatto la divisione e mi è venuto questo numero*, I did the division and it gave me this number // *è venuto il 90*, (*è stato estratto*) 90 came up **5** (*spettare*) to be owed: *ti vengono ancora dei soldi*, some money is still owed to you **6** (*fam.*) (*raggiungere l'orgasmo*) to come* **7** (*essere*) to be: *viene rispettato da tutti*, he is respected by everyone; *verrà trasferito ad altro ufficio*, he will be transferred to another office; *il lavoro venne eseguito male*, the work was done badly **8** (*seguito da gerundio*) to be: *veniva scrivendo*, he was writing; *mi vengo accorgendo che avevi ragione*, I'm beginning to realize that you were right.

◆ FRASEOLOGIA: *a —*, to come: *negli anni a —*, in the years to come; *di là da —*, far in the future; *l'anno, il mese che viene*, next year, month; *Pasqua viene di domenica*, Easter falls on a Sunday // *come viene*, as it comes: *bisogna prendere le cose come vengono*, you must take things as they come (*o* you must take the rough with the smooth); *dico le cose come mi vengono*, I say things as they come into my head // *come viene viene*, it'll do the way it is // *non mi viene*, (*non riesco a ricordarmelo*) it won't come (to me) // *mi venne fatto di pensare*, I happened to think; *mi venne detta una bugia*, (*mi è scappata*) I happened to tell a lie (*o* I blurted a lie out) // *mi vien da ridere, da piangere*, I feel like laughing crying // *e ora tu mi vieni a dire...*, and now you come and say...; *non venirmi a dire che non hai potuto studiare*, don't come and tell me you couldn't study // — (*a costare*), to cost: *quanto viene?*, how much is it (*o* does it cost)?; *venne a costare molto*, it came to a tidy sum // *venne a piovere*, it began (*o* came on) to rain // — *a sapere qlco.*, to come (*o* to get) to know of sthg.; — *a conoscenza di qlco.*, to hear (of) sthg. // — *buono*, to come in handy (*o* useful) // — *alla, a una conclusione*, to come to the, a conclusion; — *al dunque*, to get to the point; — *al sodo*, to come to the point // — *a un accordo*, to come to an agreement; — *a patti*, to come to (*o* to make) terms // (*mar.*) — *a dritta*, to haul to starboard.

□ **venirsene** *v.intr.pron.* to come*: *se ne veniva bel bello*, he was coming unhurriedly.

venire *s.m.* coming: *era tutto un andare e —*, there was a lot of coming and going.

venoso *agg.* (*anat.*) venous: *sangue —*, venous blood.

ventagliarsi *v.rifl.* (*non com.*) to fan oneself.

ventaglio *s.m.* **1** fan // *a —*, fan-shaped (*o* fanwise): (*geogr.*) *delta a —*, fan delta; (*arch.*) *volta a —*, fan vaulting; *aprirsi a —*, (*di truppe*) to fan out; *dalla piazza sei strade si diramano a —*, six streets lead off the street fanwise **2** (*fig.*) (*gamma*) range, spread, series*: *un — di proposte, di ipotesi*, a range (*o* a series) of proposals, possibilities; — *di prodotti*, product range; *il — dei prezzi*, the price range (*o* spread).

ventata *s.f.* **1** gust of wind, blast of wind **2** (*fig.*) wave: *una — di ottimismo, di entusiasmo*, a wave of optimism, of enthusiasm.

ventatura *s.f.* (*mar.*, *edil.*) stays (*pl.*), guy ropes (*pl.*).

ventennale *agg.* **1** (*che dura venti anni*) twenty-year (*attr.*): *mutuo —*, twenty-year loan **2** (*che ricorre ogni venti anni*) recurring every twenty years ◆ *s.m.* twentieth anniversary: *il — della Resistenza*, the twentieth anniversary of the Resistence.

ventenne *agg.* twenty years old (*pred.*); twenty-year-old (*attr.*) ◆ *s.m.* twenty-year-old man ◆ *s.f.* twenty-year-old woman.

ventennio *s.m.* period of twenty years, twenty-year period: *nell'ultimo, nel prossimo —*, in the last, in the next twenty years.

ventesimo *agg.num.ord.* e *s.m.* twentieth.

venti *agg.num.card.* e *s.m.* twenty: *alle ore —*, at 8 o'clock in the evening (*o* at 8 p.m.) // *gli anni —*, the twenties.

ventilabro *s.m.* **1** (*agr.*) winnowing-fan, winnowing basket **2** (*mus.*) organ valve.

ventilare *v.tr.* **1** to ventilate, to air (*anche fig.*), to fan: — *una stanza*, to ventilate a room; — *un'idea, una proposta*, (*fig.*) to air an idea, a proposal **2** (*agr.*) to winnow: — *il frumento*, to winnow wheat.

ventilato *agg.* **1** airy; windy: *una località ventilata*, a windy spot; *una stanza ventilata*, an airy room **2** (*agr.*) winnowed.

ventilatore *s.m.* **1** (*mecc.*) fan: — *elettrico*,

electric fan; — *in aspirazione*, suction fan **2** (*edil.*) ventilator.

ventilatorista *s.m.* fanman (*pl.* -men), ventilation (system) operator.

ventilazione *s.f.* **1** ventilation: *la — di una stanza*, ventilation of a room; *impianto di —*, ventilation system // *— polmonare*, pulmonary ventilation // (*miner.*): *— in depressione*, vacuum ventilation; *— in parallelo*, split ventilation // (*tecn. miner.*): *porta di —*, ventilation door (*o* airdoor); *pozzo di —*, ventilation shaft (*o* airshaft) **2** (*agr.*) winnowing.

ventina *s.f.* about twenty, score: *"Quanti erano?" "Una —"*, "How many people were there?" "About twenty"; *due ventine di bottoni*, two score of buttons // *deve avere una — d'anni*, he must be about twenty; *deve aver passato la —*, he must be in his twenties.

ventino *s.m.* (*st.*) (*moneta da 20 centesimi*) twenty-cent coin.

ventiquattro *agg.num.card.* e *s.m.* twenty -four // *alle —*, at midnight (*o* at twelve o'clock at night) // *siamo aperti ventiquattr'ore su —*, we are open twenty-four hours a day; *un problema che non si risolve in ventiquattr'ore*, a problem that cannot be solved overnight.

ventiquattrore *s.f.* **1** (*gara sportiva*) 24-hour race: *la — di Le Mans*, the Le Mans 24-hour race **2** (*valigetta per viaggi brevi*) overnight bag; (*da uomo d'affari*) briefcase.

ventisette *agg.num.card.* e *s.m.* twenty -seven ◆ *s.m.* (*fam.*) (*giorno di paga*) payday.

vento *s.m.* wind; (*forte e improvviso*) squall: *— contrario*, contrary wind (*o* headwind): *— favorevole*, *in favore*, favourable wind (*o* tailwind); *— di tramontana*, north wind; *— di mare*, *di terra*, onshore, offshore wind; *— anabatico*, *catabatico*, anabatic, katabatic wind; *— del nord*, *del sud*, *dell'est*, *dell'ovest*, north, south, east, west wind; (*astr.*) *— solare*, solar wind; *la furia del —*, the fury of the wind; *raffica*, *colpo di —*, gust (of wind); *turbine di —*, whirlwind; *il — si alza*, *cala*, the wind is rising, falling; *il — soffia dal nord*, the wind is blowing from the north; *una giornata di —*, a windy day; *non c'è neanche un filo di —*, there isn't even a breath of wind; *una costa battuta dal —*, a windswept coast // *mulino a —*, windmill // *gettare*, *buttare qlco. al —*, to waste, to throw away sthg.; *parlare al —*, to talk to a brick wall: *parole gettate al —*, words thrown to the wind // *qual buon — ti porta?*, what lucky chance brings you here? // *avere il — in poppa*, (*anche fig.*) to sail before the wind // *cercare di sapere da che parte spira il —*, (*fig.*) to find out which way the wind is blowing // *correre come il —*, to run like the wind // *essere sotto*, *sopra —*, to be leeward, windward; *navigare contro —*, to sail against the wind // *far(si) —*, to fan (oneself) // *navigare secondo il —*, (*fig.*) to swim with the tide // *spiegare le vele al —*, to unfurl the sails.

ventola *s.f.* **1** (*per il fuoco*) fire-fan **2** (*paralume*) lampshade **3** (*agr.*) → **ventilabro 1** **4** (*mecc.*) fan; (*di compressore centrifugo*) impeller.

ventolana *s.f.* (*bot.*) (*Cynosaurus cristatus*) dog's-tail.

ventolare *v.tr.* **1** (*agr.*) (*ventilare*) to fan, to winnow **2** (*sventolare*) to wave: *— una bandiera*, to wave a flag.

ventosa *s.f.* **1** (*di gomma ecc.*) suction cap, sucker **2** (*zool.*) sucker **3** (*med.*) cupping glass: *applicare ventose a qlcu.*, to cup s.o.

ventosità *s.f.* **1** (*l'essere ventoso*) windiness **2** (*fig.*) (*boria*) pomposity **3** (*med.*) flatulence.

ventoso *agg.* **1** windy, gusty, blustery: *luogo —*, windy place; *una giornata ventosa*, a windy (*o* a blustery) day; *una costa ventosa*, a windy coast // *moto — in aumento*, winds becoming stronger **2** (*med.*) flatulent ◆ *s.m.* (*st. francese*) Ventôse.

ventrale *agg.* ventral: *pinna —*, ventral fin.

ventre *s.m.* **1** stomach; belly; (*fam.*) tummy: *avere mal di —*, to have a stomachache (*o* tummy ache) // *mettersi — a terra*, to lie on your stomach // *correre — a terra*, (*di gran carriera*) to run at full speed (*o* at full tilt *o* to run flat out) // *il — della terra*, the bowels of the earth **2** (*di una botte*) bilge **3** (*fis.*) antinode.

ventresca *s.f.* (*di tonno*) tuna fish; (*di maiale*) bacon.

ventricolare *agg.* (*anat.*) ventricular.

ventricolo *s.m.* (*anat.*) ventricle, ventriculus*: *— del cervello*, ventricle of the brain; *— del midollo spinale*, ventricle of the spinal cord; *— destro*, *sinistro del cuore*, right, left ventricle of the heart.

ventriera *s.f.* (body-)belt.

ventriglio *s.m.* (*stomaco degli uccelli*) gizzard, ventricle.

ventriloquio *s.m.* ventriloquism, ventriloquy.

ventriloquo *agg.* ventriloquous ◆ *s.m.* ventriloquist.

ventrino *s.m.* (*mar.*) bunt gasket.

ventura *s.f.* **1** chance; fortune, luck: *buona*, *mala —*, good, ill luck; *per buona*, *mala —*, luckily, unluckily; *compagno di —*, fellow traveller; *andare alla —*, to take one's chance **2** (*st.*): *capitano di —*, captain of fortune (*o* of mercenary troops); *compagnie di —*, mercenary troops; *soldato di —*, soldier of fortune.

venturimetro *s.m.* (*fis.*) Venturi meter, Venturi tube.

venturina *s.f.* (*min.*) aventurine.

venturo *agg.* next, coming, future: *l'anno —*, next year; *negli anni venturi*, in the coming years (*o* in the years to come); *la settimana ventura*, next week; *la stagione ventura*, the coming season // (*comm.*) *prossimo —*, next (*o* following).

venturone *s.m.* (*zool.*) (*Serinus citrinella*) citril finch.

venturoso *agg.* (*letter.*) (*fortunato*) lucky, fortunate.

venula *s.f.* **1** (*anat.*) venule, venula **2** (*med.*) syringe for taking blood samples.

venusiano *agg.* e *s.m.* (*astr.*) Venusian.

venustà *s.f.* (*letter.*) beauty, loveliness.

venusto *agg.* (*letter.*) beautiful, lovely.

venuta *s.f.* coming, arrival: *alla sua — non c'era niente di pronto*, when he arrived there was nothing ready; *aspettiamo la sua —*, we are waiting for his arrival; *nessuno era soddisfatto della sua —*, nobody was happy about his coming; *la — del Messia*, the coming of the Messiah.

venuto *agg.* coming; that has come: *una persona venuta da lontano*, a person coming from afar ◆ *s.m.* comer: *un nuovo —*, a newcomer; *il primo —*, the first comer.

vera *s.f.* **1** (*di pozzo*) well-curb **2** (*anello nuziale*) wedding ring.

verace *agg.* **1** (*letter.*) (*veritiero*) true, veracious, truthful: (*dir.*) *un testimone —*, a truthful witness **2** (*region.*) (*vero*) true, real, genuine: *un napoletano —*, a genuine Neapolitan.

veracità *s.f.* truthfulness, veracity, truth: *la — di un'affermazione*, the truth of a statement; *la — di un racconto*, the truth (*o* veracity) of a tale.

veramente *avv.* **1** (*realmente*) really, truly; (*con valore rafforzativo*) indeed: *sei — gentile*, that's really (*o* truly) kind of you (*o* you're very kind indeed); *è stato un viaggio — interessante*, it was a really interesting trip (*o* it was a very intersting trip indeed); *sono — dispiaciuto*, I'm really (*o* truly) sorry; *sono — stanco*, I'm really tired; *credi che gli UFO esistano —?*, do you really think UFOs exist?; *le cose sono andate — così?*, is that really what happened?; *siete — arrivati fin quassù a piedi?*, did you really get up here on foot? (*o* did you really walk up here?) **2** (*a dire il vero*) actually; to tell the truth, as a matter of fact: *io, —, non sono d'accordo*, actually, I don't agree; *— le cose non stanno così*, actually (*o* to tell the truth *o* as a matter of fact), that's not the way things are.

veranda *s.f.* veranda(h); (*amer.*) porch.

veratrina *s.f.* (*chim.*) veratrine.

veratro *s.m.* (*bot.*) (*Veratrum album*) white hellebore, (*scient.*) veratrum.

verbale[1] *agg.* **1** (*a voce*) spoken, oral, verbal: *errore —*, verbal error; *esame —*, oral examination; *ordine*, *promessa*, *spiegazione —*, verbal order, promise, explanation; *alterco —*, verbal dispute // *contratto —*, oral contract; (*dir.*) *processo —*, trial record **2** (*gramm.*) verbal: *desinenza*, *forma*, *nome —*, verbal ending, form, noun.

verbale[2] *s.m.* minutes (*pl.*), record, proceedings (*pl.*): *il — di un'assemblea*, the minutes of a meeting; *— di una conferenza*, conference proceedings; *verbali del consiglio di amministrazione*, board minutes; *il libro dei verbali*, the minute book; *stendere un —*, to draw up a report; *mettere qlco. a —*, to put sthg. on record (*o* to record sthg.) // (*dir.*): *il — delle testimonianze*, (shorthand) report of evidence; *— del processo*, trial record; *— di contravvenzione*, ticket (*o* order to pay a fine).

verbalismo *s.m.* verbalism.

verbalistico *agg.* verbalistic.

verbalizzare *v.tr.* **1** to record, to put* on record, to enter in the minutes: *— gli atti di un'assemblea*, to record the proceedings of a meeting; *— le deposizioni dei testimoni*, to record the witnesses' depositions **2** (*esprimere con parole*) to put* (sthg.) into words: *— un'idea*, to put an idea into words ◆ *v.intr.* (*redigere un verbale*) to write* a report.

verbalizzazione *s.f.* putting on record, recording.

verbalmente *avv.* verbally, orally.

verbasco *s.m.* (*bot.*) → **tassobarbasso**.

verbena *s.f.* (*bot.*) (*Verbena officinalis*) vervain, verbena.

verbo *s.m.* **1** (*gramm.*) verb: *— regolare*, *irregolare*, regular, irregular verb **2** (*parola*) word: *il — divino*, the word of God; *non disse —*, he did not say a word // (*teol.*) *il Verbo*, the

Word: *il Verbo s'è fatto carne*, the Word was made flesh.

verbosità *s.f.* verbosity, wordiness, prolixity.

verboso *agg.* verbose, wordy, prolix: *oratore* —, verbose orator.

verdastro *agg.* e *s.m.* greenish.

verdazzurro → **verdeazzurro**.

verde *agg.* **1** green: — *chiaro*, *scuro*, light, dark green; — *oliva*, *bottiglia*, olive green, bottle green // *fagiolini verdi*, French beans // *altro che pallido, è —!*, he is not only pale, he is green! // *essere — di invidia*, to be green with envy // *zona* —, open space // (*pol.*) *partito* —, Green Party // (*econ.*) *lira* —, green lira **2** (*non maturo*) green, unripe: *frutta* —, green (*o* unripe) fruit // *legna* —, green wood **3** (*giovanile*) young; (*vigoroso*) vigorous: *nella più — età*, in one's earliest youth; *nei miei verdi anni*, in my youth (*o* when young) ◆ *s.m.* **1** green: *i verdi di un quadro*, the different greens of a picture; *il — è il colore che preferisco*, green is my favourite colour; *è vestita di* —, she is dressed in green; *dipingere qlco. di* —, to paint sthg. green // *essere al* —, to be hard up (*o* penniless) // *attraversa solo col* —, cross only when the lights are green **2** (*zona riservata ad alberi ecc.*) parks and gardens (*pl.*), open spaces (*pl.*), green: *il — pubblico*, public parks and gardens; *la tutela del* —, the protection of open spaces; *fascia di — intorno alla città*, green belt around the city **3** (*pol.*) Green: *il partito dei verdi*, the Green party (*o* the Greens).

verdeazzurro *agg.* e *s.m.* blue-green.

verdeggiante *agg.* verdant: *prato* —, verdant meadow.

verdeggiare *v.intr.* **1** (*essere verde*) to be verdant; (*diventare verde*) to turn green, to become* green, to grow* green **2** (*tendere al colore verde*) to be greenish.

verdemare *s.m.* sea green

verderame *s.m.* **1** (*chim.*) verdigris **2** (*anticrittogamico*) copper sulphate, Bordeaux mixture.

verdesca *s.f.* (*zool.*) (*Prionace glauca*) blueshark.

verdeterra *s.m.* (*chim.*) verditer.

verdetto *s.m.* verdict: — *dei giurati*, verdict of the jury; — *di condanna*, *di assoluzione*, verdict of guilty, of not guilty; *pronunciare un — contro*, *a favore di qlcu.*, to bring in (*o* to return) a verdict against, for s.o.

verdiccio, **verdino** *agg.* e *s.m.* pale green, greenish.

verdognolo *agg.* e *s.m.* greenish.

verdone *agg.* dark green ◆ *s.m.* (*zool.*) **1** (*Carduelis chloris*) greenfinch, green linnet **2** → verdesca.

verdura *s.f.* **1** (*ortaggi*) vegetables (*pl.*), greens (*pl.*): *minestra di* —, vegetable soup; *questa — non è cotta*, these vegetables are not cooked; *il cavolfiore è l'unica — che non posso mangiare*, cauliflower is the only vegetable I can't eat; *negozio di frutta e* —, greengrocer's **2** (*ant.*) (*vegetazione*) verdure, greenery.

verduraio *s.m.* (*region.*) greengrocer.

verecondia *s.f.* modesty, bashfulness.

verecondo *agg.* modest, bashful.

verga *s.f.* **1** (*bacchetta*) rod; staff; (*per fustigare*) cane: — *del rabdomante*, dowsing rod; — *del pastore*, shepherd's staff (*o* crook) **2** (*ramoscello*) twig, stick // *tremare come una* —, *tremare — a* —, to shake like a leaf **3** (*di metallo*) bar, rod, ingot: *una — di ferro*, an iron rod (*o* bar); *una — d'oro*, a golden ingot **4** (*bastone di comando*) staff, sceptre // (*eccl.*) — *pastorale*, crozier (*o* pastoral staff) **5** (*tess.*) lease rod, lease bar **6** (*orologeria*) verge: *orologio con scappamento a* —, verge watch **7** (*anat.*) penis* **8** (*bot. pop.*) — *d'oro*, (*Solidago virga aurea*) goldenrod **9** (*bot. pop.*) — *d'oro*, (*Verbascum thapsum*) great mullein, Aaron's rod.

vergare *v.tr.* **1** (*rigare*) to stripe; to rule, to draw* lines on (sthg.) **2** (*scrivere*) to write*, to draw* up: — *un documento*, to draw up a document; — *una lettera*, to write a letter.

vergata *s.f.* blow with a cane: *una buona dose di vergate*, a good flogging (*o* thrashing).

vergatino *s.m.* (*stoffa a righe*) striped cloth, striped material.

vergato *agg.* **1** striped, ruled: *carta vergata*, laid paper; *stoffa vergata*, striped cloth **2** (*scritto*) written.

vergatura *s.f.* (*tecn. cartaria*) **1** (*il vergare*) lineation **2** (*insieme delle righe*) laid lines (*pl.*).

vergella *s.f.* **1** (*metall.*) (wire) rod: — *d'ottone*, brass rod; — *in rotoli*, wire rod rolls **2** *pl.* (*tecn. cartaria*) laid lines.

vergenza *s.f.* **1** (*letter. rar.*) (*tendenza*) tendency, propensity **2** (*geol.*) vergence.

vergere *v.intr.* (*letter.*) to turn (towards sthg.); (*tendere*) to tend (to sthg.).

verginale *agg.* virgin(al), maidenly.

vergine *agg.* virgin: *una fanciulla* —, a virgin; *cera* —, virgin wax; *foresta*, *terra* —, virgin forest, soil; *lana* —, virgin wool ◆ *s.f.* virgin // *la Vergine*, (*la Madonna*) the Virgin: *la Beata Vergine Maria*, the Blessed Virgin Mary; *le Vergini di Raffaello*, the Virgins of Raphael // (*astr.*) *Vergine*, Virgo (*o* Virgin) // *le vergini stolte*, the foolish virgins.

verginella *s.f.* (*iron.*) goody-goody.

vergineo → **virgineo**.

verginità *s.f.* virginity // *rifarsi una* —, (*scherz.*) to recover one's reputation.

vergogna *s.f.* **1** shame; (*disonore*) disgrace, dishonour: *era pieno di* —, he was deeply ashamed; *gente che non ha*, *che non sente* —, people who have no (sense of) shame (*o* shameless people); *avere*, *sentire*, *provare* —, to be ashamed; *arrossire di* —, to blush with shame; *coprire qlcu. di* —, to cover s.o. with shame (*o* to bring shame on s.o.); *essere la — di qlcu.*, to be a disgrace (*o* dishonour) to s.o. // *—!*, shame (on you)!; *che —!*, how shameful! // *è una — abbandonarli così*, it's a disgrace to abandon them like this **2** (*imbarazzo*) embarrassment; (*timidezza*) shyness, bashfulness: *prendi quello che vuoi, non aver* —, take all you want, don't be shy (*o* bashful); *muoio di — all'idea di salire sul palco*, I'm dying with embarrassment at the thought of going on stage.

vergognarsi *v.intr.pron.* **1** to be ashamed, to feel* ashamed: *dovresti vergognarti di quello che hai fatto*, you ought to be ashamed of what you have done; *mi vergognai per lui*, I felt ashamed for him; *si vergognava di dirmi che non l'aveva ancora fatto*, he was ashamed to tell me (that) he had not done it yet; — *di se stesso*, to be ashamed of oneself // *vergognatevi!*, shame on you! **2** (*per timidezza*) to be shy; to be bashful; (*per imbarazzo*) to feel* embarrassed: *si vergogna di cantare in pubblico*, he feels embarrassed about singing in public.

vergognosamente *avv.* **1** shamefully **2** (*timidamente*) bashfully; (*con imbarazzo*) embarrassingly.

vergognoso *agg.* **1** (*che reca vergogna*) shameful, disgraceful; (*pieno di vergogna*) ashamed (*pred.*): *stette in silenzio tutto* —, he kept silent, deeply ashamed; *azioni vergognose*, shameful actions; *un insuccesso* —, a disgraceful failure; *è — che non ti aiuti*, it is a shame that he doesn't help you **2** (*timido*) shy, bashful: *uno sguardo* —, a shy glance; *non le piacciono i ricevimenti perché è molto vergognosa*, she doesn't like parties because she is very shy (*o* bashful) ◆ *s.m.* shy person, bashful person: *fare il* —, to pretend to be bashful.

veridicità *s.f.* veracity, truthfulness: *la — di un racconto*, the truth of a story.

veridico *agg.* veracious, truthful: *un racconto* —, a true story; *un testimone* —, a truthful witness.

verifica *s.f.* verification; inspection; examination; check, control; (*contabile*) audit: — *dei fatti*, verification of facts; — *dei documenti*, verification of documents; — *dei dati*, data control; *verifiche regolari sono parte del controllo di qualità*, regular inspections are part of quality control; *fare la — di un'addizione*, to check an addition; *fare la — di una dichiarazione*, to verify a statement // (*amm.*): — *dei conti*, audit of accounts; — *del bilancio*, audit of the balance sheet; *bilancio di* —, trial balance sheet; *fare la — dei libri*, to audit the books; — *di voci*, (*spunta*) tick // (*comm.*): — *di cassa*, cash inspection; *salvo* —, on approval; *fare la — della merce*, to check the goods // (*econ.*): — *delle mansioni esecutive*, desk audit; — *empirica*, empirical testing // (*fin.*) — *delle attività*, verification of assets // (*trib.*) — *fiscale*, revenue inspection // (*dir.*): — *dei poteri*, check of electoral returns; — *dei voti*, scrutiny.

verificabile *agg.* verifiable, that can be verified.

verificabilità *s.f.* verifiability; (*di un sistema informatico*) auditability.

verificare *v.tr.* **1** to verify; to inspect; to examine; to check, to control; (*amm.*) to audit: — *le affermazioni di qlcu.*, to verify s.o.'s statements; — *un documento*, to verify (*o* to examine) a document; — *i fatti*, *una teoria*, to verify (*o* to check) facts, a theory // (*amm.*): — *le cifre*, to check figures; — *i conti*, *i libri*, to audit the accounts, the books; — *un bilancio*, to audit a balance sheet // (*comm.*): — *un carico*, to inspect a cargo; — *lo stato della merce*, to verify the condition of the goods // (*dir.*) — *l'autenticità di un documento*, *un testamento*, to probate a document, a will **2** (*inform.*) to verify.

□ **verificarsi** *v.intr.pron.* **1** (*accadere*) to happen, to take* place; to pass: *questo si verifica troppo spesso*, this happens too often; *oggi si sono verificati due gravi incidenti*, there were two serious accidents today **2** (*avverarsi*) to come* true: *si verificò quello che temevo*, what I dreaded came true.

verificatore *s.m.* checker, examiner, verifier,

inspector; (*di conti*) auditor; (*spuntatore*) tallyman*: — *dei pesi*, inspector of weights; — *dei collaudi*, tester; — *di dogana*, searcher (*o* landing officer).

verificazione *s.f.* verification.

verismo *s.m.* (*arte, lett.*) verism.

verista *agg.* e *s.m.* e *f.* verist.

veristico *agg.* verist.

verità *s.f.* truth, verity: *le — della scienza*, the truths of science; *le — eterne*, the eternal verities; *la — storica*, the historical truth; *cercare, negare la —*, to seek, to deny the truth; *dire la —*, to tell the truth: *dimmi la —, sei ancora preoccupato?*, be truthful (*o* tell me the truth), are you still worried?; *accertare la —*, to ascertain the truth; *dubitare della — delle affermazioni di qlcu.*, to doubt the truth (*o* veracity) of s.o.'s statements; *questa è la pura —*, this is Gospel truth // *in —*, really // *quella donna è la bocca della —*, that woman is truth itself // *a dire la —, per la —*, to tell the truth // *macchina della —*, lie detector; *siero della —*, truth serum // (*log.*) *valore di —*, truth value.

veritiero *agg.* truthful, veracious; sincere; true: *un racconto —*, a true tale; *testimonianza veritiera*, truthful testimony (*o* deposition); *un testimone —*, a truthful witness.

verla → **averla**.

verme *s.m.* **1** worm: — *di terra*, earthworm; — *da esca*, angleworm; — *del formaggio*, cheese-hopper; — *della carne*, (flesh-fly) maggot; — *del legno*, woodworm // — *solitario*, tapeworm // *nudo come un —*, in one's pelt **2** (*fig.*) (*persona abietta e vile*) worm: *quell'uomo è un —*, that man is a worm // *sentirsi un —*, to feel a worm **3** (*mecc.*) (*filetto della vite*) worm.

vermeil *s.m.* (*metall.*) vermeil.

vermicelli *s.m.pl.* (*cuc.*) 'vermicelli' (kind of spaghetti).

vermiculite *s.f.* (*min.*) vermiculite.

vermiforme *agg.* vermiform, vermicular, vermiculate.

vermifugo *agg.* (*med.*) vermifugal, vermifuge ◆ *s.m.* (*med.*) vermifuge.

vermiglio *agg.* e *s.m.* vermilion, bright red, brilliant red.

vermiglione *s.m.* vermilion.

verminazione *s.f.* (*med., vet.*) vermination.

verminosi *s.f.* (*med., vet.*) verminosis (*pl.* -ses).

verminoso *agg.* **1** (*pieno di vermi*) wormridden, wormy **2** (*causato da vermi parassiti*) verminous.

vermocane → **capostorno**.

vermout(h), **vermut** *s.m.* vermouth: *un — liscio*, a vermouth neat.

vernaccia *s.f.* 'vernaccia' (white table-wine).

vernacolare *agg.* vernacular.

vernacolo *agg.* e *s.m.* vernacular: *un poeta —*, a vernacular poet; *questa poesia è scritta in —*, this poem is written in the vernacular.

vernale[1] *agg.* (*ant.*) (*primaverile*) vernal, spring (*attr.*) // (*astr.*) *punto —*, vernal equinox.

vernale[2] *agg.* (*poet.*) (*invernale*) winter (*attr.*); wintry.

vernalizzare *v.tr.* (*agr.*) to vernalize.

vernalizzazione *s.f.* (*agr.*) vernalization.

vernare *v.intr.* (*letter.*) (*svernare*) to winter.

vernazione → **prefogliazione**.

vernice *s.f.* **1** paint; (*trasparente*) varnish: — *a fuoco*, stove enamel; — *a olio*, oil paint; — *a smalto*, enamel paint; — *a spirito*, spirit varnish; — *bituminosa*, bituminous paint; — *di cellulosa*, lacquer; — *di rifinitura*, finish; — *fosforescente*, luminous paint; — *isolante*, insulating varnish; — *metallizzata*, metallic paint; — *opaca*, flat varnish // — *fresca*, (*sui cartelli*) wet paint // (*fot.*): — *coprente*, opaque; — *per ritocco*, dope **2** (*fig.*) (*apparenza*) veneer, gloss: *una — di rispettabilità*, a veneer of respectability **3** (*pelle verniciata*) patent leather: *scarpe di —*, patent-leather shoes **4** (*med.*) — *caseosa*, vernix caseosa.

verniceria *s.f.* paint shop.

verniciare *v.tr.* to paint; (*con vernice trasparente*) to varnish: — *a smalto*, to enamel; — *a spruzzo*, to spray; — *porte*, to paint doors.

verniciata *s.f.* (quick) coat of paint.

verniciatore *s.m.* **1** (*operaio*) painter; varnisher; lacquerer **2** (*apparecchio*) varnishing machine; (*a spruzzo*) spray gun, sprayer.

verniciatura *s.f.* painting; (*con vernice trasparente*) varnishing; (*con vernice di cellulosa*) lacquering: — *a buratto*, rumbling; — *a centrifugazione*, whirling; — *a immersione*, dipping; — *a mano, a pennello*, brush painting; — *a rullo*, roller painting; — *a smalto*, enamelling; — *a spruzzo*, spray painting; — *di fondo*, undercoat.

verniero *s.m.* (*metrol.*) vernier (scale).

vernissage *s.m.* (*fr.*) (*inaugurazione*) varnishing-day.

verno *s.m.* (*poet. rar.*) winter.

vero *agg.* **1** true; (*reale, autentico*) real, genuine: *una notizia vera*, a true piece of information; *una storia vera*, a true story; *un — amico*, a true (*o* real) friend; *il — colpevole*, the real culprit; *un — eroe, poeta*, a real hero, poet; *un — inglese*, a real Englishman; *oro —*, real gold; *perle vere*, real pearls; — *cuoio*, real leather; *è vera seta*, it is real silk; *qual è il — motivo della tua visita?*, what is the real reason for your visit?; *il suo — nome è un altro*, his real name is different; *è incredibile ma —*, it's incredible but true; *ho preso un — e proprio spavento*, I got a real fright // *non mi par — di esserci riuscito*, I can hardly believe I have succeeded // *"Allora parti?" "Fosse —!"*, "So are you off?" "I wish I were!" (*o* "If only it were true!") // *te lo dico di — cuore*, I tell you sincerely // *com'è — Dio me la dovrai pagare!*, (*fam.*) I swear you'll pay for it! // (*dir.*) — *erede*, rightful heir // (*è*) —, *non è —?*, (*per chiedere conferma o assenso*): *sei stanco, —?*, you're tired, aren't you?; *fa freddo, —?*, it's cold, isn't it?; *non è facile, —?*, it isn't easy, is it?; *sono loro i responsabili, non è —?*, they're the ones responsible, aren't they?; *ha due figli, non è —?*, he has two children, hasn't he?; *è stata una bella esperienza, non è —?*, it was a lovely experience, wasn't it?; *non è mai stato all'estero, —?*, he has never been abroad, has he?; *non legge molto, —?*, he doesn't read much, does he?; *ti piace la musica, —?*, you like music, don't you?; *non hai capito, —?*, you haven't understood, have you?; *verrete, non è —?*, you will come, won't you?; *deve presentarsi domattina, non è —?*, he must come tomorrow morning, mustn't he?; *dovrebbero tornare martedì, non è —?*, they should be back on Tuesday, shouldn't they? • Come si nota dagli esempi, questa espressione si rende in ingl. con una domanda retorica (*tail question*) in cui l'ausiliare della frase principale viene ripetuto in forma interrogativa o interrogativa-negativa **2** (*fam.*) (*perfetto, completo*) thorough, perfect, absolute, downright, regular: *un — furfante*, an absolute (*o* thorough *o* downright) rascal; *un — imbroglione*, a regular swindler; *un — stupido*, a perfect fool; *ma è una vera fortuna!*, but it's really lucky! **3** (*log.*) true **4** (*inform.*) actual **5** (*astr.*) apparent: *giorno solare —*, apparent solar day **6** *tant'è — che* → tanto che, tantoché ◆ *s.m.* (*verità*) truth: *il — e il falso*, truth and falsehood; *c'è del — in quella diceria*, there is some truth in that rumour; *far passare qlco. per —*, to pass sthg. off as true; *non dire il —*, not to tell the truth // *a dire il —*, to tell the truth // *a onor del — aveva ragione ad arrabbiarsi*, to tell the truth he was right to get angry // *per amor del —*, to be perfectly truthful // *essere nel —*, to be right // *dipingere dal —*, to paint from life.

verone *s.m.* (*letter.*) balcony.

veronese *agg.* Veronese, of Verona, from Verona; ◆ *s.m.* **1** Veronese; inhabitant of Verona; native of Verona **2** dialect of Verona, Veronese dialect.

veronica[1] *s.f.* (*bot.*) (*Veronica officinalis*) speedwell, veronica: — *maggiore*, (*Veronica chamaedrys*) bird's eye.

veronica[2] *s.f.* (*eccl.*) (*reliquia della Passione*) veronica, vernicle.

veronica[3] *s.f.* (*nella corrida*) veronica.

verosimigliante *agg.* likely, probable.

verosimiglianza *s.f.* **1** likelihood, probability: *la — di ciò che disse*, the likelihood of what he said **2** (*stat.*) likelihood ratio.

verosimile *agg.* likely, probable; (*non com.*) verisimilar: *una conclusione —*, a probable conclusion; *ciò che disse non è molto —*, what he said is not very likely ◆ *s.m.* (*verosimiglianza*) likelihood, probability: *la sua storia ha del —*, his story has the ring of truth about it.

verosimilmente *avv.* probably, (most) likely: *molto — è fuggito dalla finestra*, very probably (*o* most likely) he escaped through the window.

verricellista *s.m.* windlasser; wincher, winchman (*pl.* -men).

verricello *s.m.* (*mecc., mar.*) windlass; winch: — *salpareti*, trawl winch.

verrina *s.f.* (*mecc.*) (screw) auger.

verro *s.m.* (*zool.*) boar.

verruca *s.f.* (*med.*) wart, verruca*.

verrucoso *agg.* warty, verrucous.

versaccio *s.m.* (*suono*) groan; (*smorfia*) face, grimace; (*pernacchia*) raspberry: *fare versacci*, to pull faces and to groan; *fare un —*, (*una pernacchia*) to blow a raspberry.

versamento *s.m.* **1** (*il versare*) pouring; spilling; shedding **2** (*comm., econ.*) (*pagamento*) payment, paying, paying-in; (*deposito*) deposit, lodgement; (*trasferimento*) transfer: — *iniziale*, down payment; — *in contanti*, cash payment; — *parziale*, part (*o* interim) payment; — *totale, a saldo*, full payment (*o* payment in full); — *della rata*, payment of the instalment // (*banca*): — *di denaro, di fondi*, transfer of money, of funds; — *su un conto corrente*, deposit in an account; *ricevuta di* —, receipt for payment (*o* deposit receipt); *effettuare un* —, to make a deposit // (*amm.*): — *postale*, postal transfer; *modulo di — postale*, transfer form // (*fin.*) — *all'atto della sottoscrizione*, (*di titoli*) application money **3** (*med.*) effusion: — *di sangue*, blood effusion; — *pleurico*, pleuric effusion.

versante[1] *s.m.* (*geogr.*) side; (*di montagna*) mountainside; (*di collina*) hillside: *il — francese delle Alpi*, the French side of the Alps.

versante[2] *s.m.* (*banca*) (*chi effettua un versamento*) depositor.

versare *v.tr.* **1** to pour (out): *versami un po' d'acqua*, pour me out some water; *versa il caffè nelle tazze*, pour the coffee into the cups; — *da bere a qlcu.*, to pour out a drink for s.o.; — *la minestra nei piatti*, to serve the soup into the bowls; *mi versi un bicchiere di vino, per favore?*, can you pour me a glass of wine please?; *si versò un whisky*, he poured himself a whisky // *il canale versa le acque nel fiume*, the channel flows (*o* empties) into the river // — *acqua sul fuoco*, to pour water on the fire, (*fig.*) to pour oil on troubled waters **2** (*rovesciare*) to spill*: *il bambino ha versato il vino sulla tovaglia*, the child has spilt the wine on the tablecloth; *si è versato addosso una tazza di caffè*, he has spilt a cup of coffee on himself; *mi sono versato del caffè sui pantaloni*, I have spilt some coffee on my trousers **3** (*spargere*) to shed*: — *lacrime*, to shed tears; — *il proprio sangue per una causa*, to shed one's blood for a cause **4** (*comm.*, *econ.*) (*pagare*) to pay*, to pay* out, to pay* in, to pay* (sthg.) into; (*depositare*) to deposit, to lodge; (*trasferire*) to transfer: — *un anticipo, una caparra*, to pay a deposit (*o* to put a sum down as a deposit); — *denaro in acconto*, to pay money on account; — *il proprio denaro in banca*, to pay money into a bank (*o* to lodge one's money in a bank); — *denaro su un conto*, to pay money into an account; — *la prima rata di un mutuo*, to pay the first instalment of a loan; — *un assegno in conto corrente*, to pay a cheque into one's current account; *gli ho versato tutto quello che gli dovevo*, I have paid him off // (*dir.*) — *cauzione*, to give security ◆ *v.intr.* **1** (*di recipienti*) (*perdere*) to leak: *la botte versa*, the hogshead is leaking **2** (*essere, trovarsi*) to be, to live*, to find* oneself: — *in cattive condizioni*, to be in a bad condition (*o* state); — *in cattive condizioni economiche*, to find oneself in straitened circumstances; — *in difficoltà finanziarie*, to be in financial difficulties; — *in pericolo di vita*, to be in danger of death; — *in una squallida miseria*, to live in extreme poverty **3** (*non com.*) (*di discorso*) (*riguardare*) to turn on, to be about: *la discussione versava su problemi economici*, the discussion turned on economic problems.

□ **versarsi** *v.intr.pron.* **1** (*di fiume ecc.*) to flow, to empty: *il Po si versa nell'Adriatico*, the Po flows (*o* empties) into the Adriatic **2** (*fig.*) (*riversarsi*) to pour (out): *la gente si versava per le strade*, people were pouring (out) into the streets.

versatile *agg.* versatile: *intelligenza* —, versatile mind; *un attore* —, a versatile actor.

versatilità *s.f.* versatility (*anche inform.*).

versato *agg.* **1** poured (out) (*pred.*); (*sparso*) spilt; shed (*pred.*): *lacrime versate*, tears shed **2** (*esperto*) expert; versed; proficient; (*generalmente riferito a lavori manuali*) skilled: — *in filosofia*, versed in philosophy; — *in matematica*, proficient in mathematics **3** (*comm.*, *econ.*, *fin.*) (*pagato*) paid-up, deposited, lodged: *capitale* —, paid-up capital; *capitale interamente* —, fully paid-up capital; *obbligazioni versate a garanzia*, securities lodged as collateral; *denaro — in banca*, money deposited (*o* on deposit) in a bank.

verseggiare *v.tr.* e *intr.* to versify.

verseggiatore *s.m.* **verseggiatrice** *s.f.* versifier.

verseggiatura *s.f.* versification.

versetto *s.m.* verse; (*dei canti liturgici*) versicle.

versificare *v.tr.* to versify, to turn into verse.

versificatore *s.m.* **versificatrice** *s.f.* versifier.

versificazione *s.f.* versification.

versione *s.f.* **1** (*traduzione*) version, translation: *una — inglese della 'Divina Commedia'*, an English version of 'The Divine Comedy'; *devo fare una — dall'italiano in inglese*, I must do a translation from Italian into English // *Versione Ufficiale della Bibbia*, Authorized Version of the Bible **2** (*trasposizione*) version: *la — in prosa di una poesia*, the prose version of a poem; *la — cinematografica di un romanzo*, the film (version) of a novel **3** (*modello*) version, model: *la — sportiva di un'auto di serie*, the sports model of a production car; *il modello di un abito in — estiva*, the summer version of a dress; *di questa borsa esiste la — in pelle e quella in stoffa*, there's a leather and a fabric model of this bag // (*inform.*): — *di software*, release; — *ridotta*, downgrade; — *aggiornata*, upgrade **4** (*relazione, interpretazione*) version, interpretation: *la sua — della faccenda è completamente diversa*, his version of the matter is completely different **5** (*med.*) version: — *podalica, spontanea*, podalic, spontaneous version.

verso[1] *prep.* **1** (*con riferimento a direzione*) toward(s); -ward(s): *andavano — i monti, — Milano*, they went toward(s) the mountains, toward(s) Milan; *era diretto — la stazione*, he was heading toward(s) the station; *vidi un'auto che veniva — di me*, I saw a car coming toward(s) me; *volse lo sguardo — il cielo*, he gazed skyward(s); — *l'interno, l'esterno*, inward(s), outward(s); — *est, ovest, nord, sud*, eastward(s), westward(s), northward(s), southward(s) (*o* toward the east, west, north, south); *proseguendo — est...*, continuing eastward(s)...; *quando arrivate allo svincolo, prendete la strada che va — ovest*, when you reach the motorway crossing, take the road going west(wards) (*o* the road towards the west) // *guardare — qlcu.*, to look in s.o.'s direction // *andare — casa*, to go home // — *dove è diretto quel treno?*, where is that train bound for? // *una finestra — la strada*, a room facing (*o* looking on to) the street // *la mia camera guarda — est*, I have an east-facing room **2** (*dalle parti di, in prossimità di*) near: — *la stazione*, near the station; — *via Garibaldi*, near Via Garibaldi; *abita — Torino*, he lives near Turin; *il deragliamento è avvenuto — il confine svizzero*, the derailment occurred near the Swiss border **3** (*riferito a tempo*) (*circa*) about; (*non oltre*) toward(s): *era — (la) mezzanotte*, it was about (*o* towards) midnight; *chiamami — le cinque*, call me (at) about five o'clock; — *sera*, toward(s) evening; — *la fine della settimana, dell'anno*, towards the end of the week, the year; *si sposò — i trent'anni*, he got married when he was about thirty // *tornerò — i primi del mese*, I'll be back at the beginning of the month **4** (*nei riguardi di*) to, towards; (*contro*) against: *mostrare comprensione — i deboli*, to show understanding towards the weak; *essere gentile — qlcu.*, to be kind to s.o.; *l'esercito avanzò — il nemico*, the army advanced against (*o* on) the enemy.

verso[2] *s.m.* **1** (*ant.*) (*riga di scrittura*) line **2** (*poesia*) verse [U]; poetry [U]; (*riga di poesia*) line (of verse): *versi d'occasione*, occasional verse; *in — esametro*, in hexameter verse; *in — sciolto*, in blank verse; *una strofa di sei versi*, a six-line verse; *mi piacciono i suoi versi*, I like his poetry; *studiate i primi venti versi*, study the first twenty lines; *comporre versi*, to write verse; *recitare versi*, to recite lines of verse; *mettere in versi una leggenda*, to put a legend into verse; *scrivere in versi*, to write in verse **3** (*suono*) sound; noise: *mi rispose con uno strano* —, he answered with a strange noise **4** (*di animali*) call, cry: *nella foresta si sentono i versi di uccelli e altri animali*, in the wood you can hear the cries of birds and other animals; *riconosceva ogni animale dal suo* —, he could recognize every animal by its cry **5** (*cadenza*) cadence, sound **6** (*gesto*) (habitual) gesture; (*maleducato*) (rude) gesture; (*smorfia*) grimace, face // *rifare il — a qlcu.*, to mimic s.o. **7** (*direzione*) direction, way; (*lato*) side: *prendete per questo — e poi voltate a sinistra*, go this way and then turn left; *il vento soffia sempre da quel* —, the wind always blows from that direction; *spazzolare una stoffa contro il suo* —, to brush a cloth against the grain; *andare nello stesso* —, to go in the same direction // *per un — lo approvo, per l'altro no*, in one way I approve of him, but in another I don't // *quella persona non mi va a* —, I don't like that person // *esaminare la questione da tutti i versi*, to examine the matter from all sides // *lasciare andare le cose per il loro* —, to let things take their course // *prendere qlcu. per il suo* —, to handle s.o. in the right way **8** (*modo, maniera*) way: *non c'è — di saperlo*, there is no way of knowing; *ho cercato di convincerlo, ma non c'è stato* —, I tried to convince him but I didn't get anywhere; *per un — o per un altro egli riesce sempre*, in one way or another he is always successful **9** (*ragione*) reason: *ora per un — ora per un altro non riesco mai ad andare a teatro*, for one reason or another I never manage to go to the theatre; *per un — o per l'altro erano tutti insoddisfatti*, for one reason or another they were all dissatisfied.

verso[3] *s.m.* (*retro*) verso*, reverse, back: *il — di una moneta, di una pagina*, the verso (*o* reverse *o* back) of a coin, of a page; — *di un assegno, di una cambiale*, back of a cheque, of a bill of exchange ◆ *agg.*: *pollice* —, thumbs down.

versoio *s.m.* (*agr.*) mouldboard.

versore *s.m.* (*mat.*, *fis.*) versor.

versta *s.f.* (*unità di misura russa di distanza*) verst.

vertebra *s.f.* (*anat.*) vertebra*.

vertebrale *agg.* (*anat.*) vertebral, spinal: *colonna* —, spinal (*o* vertebral) column (*o* backbone *o* spine); *foro* —, vertebral foramen.

vertebrato *agg.* e *s.m.* vertebrate.

vertecchio *s.m.* (*mar.*) parrel truck.

vertente *agg.* regarding (s.o., sthg.), concerning (s.o., sthg.), having relation (to s.o., sthg.); (*dir.*) pending: — *sui problemi dell'educazione*, regarding the problems of education.

vertenza *s.f.* dispute, quarrel, controversy: — *giudiziaria*, judicial controversy; — *sindacale*, grievance (*o* labour dispute); — *operaia*, industrial dispute; *comporre, definire una* —, to settle a dispute.

vertenziale *agg.* (*di vertenza sindacale*) labour dispute (*attr.*), of a labour dispute.

vertenzialità *s.f.* (*il complesso di vertenze sindacali*) conflict, unrest: — *sindacale, operaia*, labour, industrial unrest.

vertere *v.intr.* to be about (s.o., sthg.), to regard (s.o., sthg.), to concern (s.o., sthg.); (*dir.*) to be pending: *la discussione verte sul recente aumento dei prezzi*, the discussion is about the recent increase in prices; *la lite verte tra lui e il socio*, the dispute regards (*o* is between) him and his partner; *la questione verte su questi problemi*, the question regards these problems.

verticale *agg.* vertical, upright: *una linea* —, a vertical line; *stoffa a strisce verticali*, material with vertical stripes // (*econ.*): *integrazione* —, vertical (*o* forward) integration // *organizzazione* —, vertical organization ◆ *s.f.* **1** (*retta verticale*) vertical **2** (*ginnastica*) handstand **3** (*parole incrociate*) down.

verticalismo *s.m.* (*arch.*) verticalism.

verticalità *s.f.* verticality, verticalness.

verticalizzare *v.tr.* **1** (*econ.*) to organize in a vertical system **2** (*calcio*) to play (the ball) forward.

verticalizzazione *s.f.* verticalization.

verticalmente *avv.* vertically, upright: *essere collocato* —, to be placed upright.

vertice *s.m.* **1** (*mat.*) vertex*, apex*: *il — di un cono*, the vertex of a cone; *angolo al* —, summit angle **2** (*sommità, culmine*) top, summit; (*fig.*) height: *il — di una montagna*, the top of a mountain; *è al — del suo successo*, he is at the height of his success; *essere al — della carriera*, to be at the peak of one's career // *negoziati al* —, summit talks; *conferenza al* —, summit conference **3** (*direzione*) top management: *una decisione del — dell'azienda*, a top management decision; *conflitto tra il — e la base*, conflict between top management and the workers **4** (*incontro, summit*) summit: *il* — USA-URSS, the USA-USSR summit; *convocare un* —, to call a summit meeting.

verticillata *s.f.* (*bot.*) verticillate leaf*, whorled leaf*.

verticillato *agg.* (*bot.*) verticillate(d), whorled.

verticillo *s.m.* (*bot.*) verticil, whorl.

verticismo *s.m.* oligarchic structure: — *politico, sindacale*, oligarchic organization of a party, of a union.

verticista *s.m.* e *f.* supporter of an oligarchic structure.

verticistico *agg.* concerning party leaders, concerning top management: *decisione verticistica*, decision taken at the top; *organizzazione verticistica*, oligarchic organization.

vertigine *s.f.* dizziness [U], giddiness [U]; (*med.*) vertigo: *un attacco di vertigini*, a fit of giddiness (*o* dizziness); *fui preso da* —, I was overcome by dizziness (*o* giddiness); *mi dà le vertigini*, it makes me giddy; *avere, soffrire di vertigini*, to suffer from dizzy spells (*o* to feel dizzy) // *è una cifra che fa venire le vertigini!*, it's a figure that makes your head spin!

vertiginoso *agg.* dizzy, giddy (*anche fig.*): *altezza vertiginosa*, dizzy (*o* giddy) height; *velocità vertiginosa*, dizzy speed; *una scollatura vertiginosa*, a plunging neckline; *prezzi vertiginosi*, exorbitant (*o* skyrocketing) prices.

veruno *agg.* e *pron.indef.* (*ant., letter.*) → **alcuno**.

verve *s.f.* (*fr.*) verve: *recitare con molta* —, to act with great verve.

verza *s.f.* (*bot.*) (*Brassica oleracea sabauda*) savoy.

verzellino *s.m.* (*zool.*) (*Serinus canarius*) serin.

verzicante *agg.* (*letter.*) (*verdeggiante*) verdant.

verziere *s.m.* (*letter.*) (*giardino*) garden; (*orto*) vegetable garden; (*frutteto*) orchard.

verzino *s.m.* (*bot.*) (*Caesalpinia sappan*) sap(p)an(-wood).

vescia *s.f.* (*bot.*) — *di lupo*, (*Bovista plumbea*) puffball, fuzz-ball.

vescica *s.f.* **1** (*anat., bot.*) bladder; vesica* // (*anat.*): — *biliare*, gall bladder; — *urinaria*, urinary bladder **2** — *natatoria*, (*di pesce*) swim bladder **3** (*della pelle*) blister.

vescicale *agg.* (*anat., med.*) vesical.

vescicante *agg.* vesicant, blistering ◆ *s.m.* (*chim.*) vesicant.

vescicaria *s.f.* (*bot.*) vesicaria.

vescicatorio *agg.* e *s.m.* vesicatory: *gas* —, blister gas.

vescicazione *s.f.* (*med.*) vesication, blistering.

vescichetta *s.f.* **1** (*anat.*) small bladder, vesicle: — *biliare*, gall bladder **2** (*della pelle*) small blister.

vescicola *s.f.* **1** small blister **2** (*med.*) vesicle **3** (*bot.*) → vescica 1.

vescicolare *agg.* (*anat.*) vesicular.

vescicone *s.m.* (*vet.*) wind-gall, thoroughpin.

vescicoso *agg.* blistered; blister-like.

vescovado, **vescovato** *s.m.* **1** (*ufficio di vescovo*) bishopric, episcopate **2** (*residenza di vescovo*) bishop's residence, bishop's palace.

vescovile *agg.* episcopal, bishop's (*attr.*): *anello* —, bishop's ring.

vescovo *s.m.* bishop.

vespa *s.f.* (*zool.*) (*Vespula vulgaris*) wasp // *vitino di* —, wasp waist.

vespa® *s.f.* (*motociclo leggero*) vespa, motor scooter.

vespaio *s.m.* **1** wasps' nest, vespiary **2** (*fig.*) hornets' nest: *suscitare un* —, to stir up a hornets' nest **3** (*edil.*) loose stone foundation.

vespasiano *s.m.* (public) urinal.

vesperale *agg.* (*letter.*) vespertine ◆ *s.m.* (*eccl.*) vesperal.

Vespero *no.pr.m.* (*astr.*) Vesper, Evening Star, Hesperus.

vespero *s.m.* (*letter.*) (*vespro*) vesper, evening: *la campana del* —, the vesper bell.

vespertilio, **vespertilione** *s.m.* (*zool.*) vespertilio*.

vespertino *agg.* vespertine (*anche bot., zool.*); crepuscular; evening (*attr.*): *messa vespertina*, evening mass.

vespiere *s.m.* (*zool.*) (*Merops apiaster*) bee-eater.

vespro *s.m.* **1** (*letter.*) (*sera*) evening: *campana del* —, vesper bell **2** (*eccl.*) vespers (*pl.*); evening prayer; evensong: *cantare il* —, to sing Vespers // (*st.*) *i Vespri Siciliani*, the Sicilian Vespers.

vessare *v.tr.* to oppress, to burden, to vex.

vessatore *agg.* (*letter.*) oppressive, tormenting: *leggi vessatrici*, oppressive laws ◆ *s.m.*, **vessatrice** *s.f.* (*letter.*) vexer, oppressor.

vessatorio *agg.* oppressive, harassing, tormenting // (*dir.*): *clausola vessatoria*, unconscionable clause, (*di contratto*) unfair contract terms; *contratto* —, unconscionable contract (*o* bargain).

vessazione *s.f.* vexation; oppression: *ribellarsi alle vessazioni*, to rebel against oppression.

vessel *s.m.* (*fis. nucleare*) reactor vessel.

vessillario *s.m.* (*st. romana*) vexillary, standard-bearer.

vessillo *s.m.* **1** (*bandiera*) flag; (*stendardo*) standard; (*st. romana*) vexillum* **2** (*fig.*) flag, banner **3** (*di penna d'uccello*) vexillum* **4** (*bot.*) vexillum*, standard.

vestaglia *s.f.* dressing gown.

vestale *s.f.* (*st. romana*) vestal (virgin) (*anche fig.*).

veste *s.f.* **1** garment, clothes (*pl.*); (*abito femminile*) dress, frock: *una — logora*, a worn-out garment; — *da camera*, dressing gown; *vesti invernali*, winter clothes; *in ricche vesti*, luxuriously dressed (*o* in luxurious attire); *togliersi le vesti*, to take off one's clothes // *stracciarsi le vesti*, to rend one's garments; (*fig.*) to tear one's hair **2** (*eccl.*) vestment: *portare la* —, to wear the cassock **3** (*estens.*) (*copertura*) covering: *la — di un fiasco*, the covering of a flask // *la — editoriale, tipografica di una rivista*, the editorial, typographical format of a magazine **4** (*apparenza*) guise, appearance: *dietro la — della generosità nasconde l'egoismo*, under the guise of generosity she hides her egoism **5** (*fig.*) (*funzione*) capacity: *in — di*, as (*o* in one's capacity as); *in — di ministro*, in his capacity as minister; *in — di avvocato*, as a lawyer; *parlare in — ufficiale*, to speak in an official capacity **6** (*facoltà, diritto*) right; authority: *non ho — per fare ciò*, I have no authority to do it **7** (*espressione*) expression, form: *dare — poetica ai propri pensieri*, to give poetic expression to one's thoughts.

vestiario *s.m.* **1** clothes (*pl.*); clothing: *un capo di* —, a garment; *spese di* —, clothing expenses **2** (*costumi indossati dagli attori sulla scena*) costumes (*pl.*).

vestiarista *s.m.* e *f.* (*teatr.*) wardrobe master (*m.*); wardrobe mistress (*f.*); (*costumista*) costumier, costume designer.

vestibilità *s.f.* wearableness; wearability.

vestibolare *agg.* (*anat.*) vestibular: *ganglio* —, vestibular ganglion.

vestibolo *s.m.* **1** (*di casa moderna*) hall, lobby **2** (*archeol.*) vestibule **3** (*anat.*) vestibule.

vestigio *s.m.* **1** (*orma*) footprint, footmark; trace **2** (*fig.*) vestige; remains (*pl.*); trace: *le vestigia della loro antica grandezza*, the vestiges of their ancient grandeur; *le vestigia di un'antica civiltà*, the traces of an ancient civilization.

vestire *v.tr.* **1** to dress; (*procurare vestiti a*) to clothe: *la bambina vestiva la sua bambola*, the little girl was dressing her doll; *aveva vestito i suoi bambini particolarmente bene*, she had dressed up her children; *è molto costoso — una famiglia numerosa*, it is very expensive to clothe a big family; *— i poveri*, to clothe the poor **2** (*fare vestiti a*) to make* (s.o.'s) clothes: *quel sarto ha vestito le grandi dive*, that tailor has made clothes for the great stars **3** (*fig.*) to clothe: *la primavera veste i campi d'erba*, spring clothes the fields with grass **4** (*indossare*) to wear*, to have on: *vestiva un soprabito rosso*, she was wearing (*o* she had on) a red coat; *veste sempre maglioni a collo alto*, he always wears a sweater with a high collar // *— l'abito monacale*, (*farsi monaca*) to take the veil (*o* to become a nun), (*farsi monaco*) to become a monk **5** (*adattarsi*) to fit*, to suit: *una giacca che veste bene le spalle*, a jacket that fits well on the shoulders // *un abito che veste bene*, a becoming dress ◆ *v.intr.* to dress, to be dressed: *non mi piace il suo modo di —*, I don't like the way she dresses; *veste sempre di nero*, he is always dressed in black; *— bene, alla moda*, to dress well, fashionably; *— a lutto*, to wear mourning.

□ **vestirsi** *v.rifl.* **1** to dress (oneself); (*fam.*) to get* dressed: *il bambino non è capace di —*, the child cannot dress himself; *va' a vestirti*, go and get dressed; *— di nero, di seta*, to be dressed in black, in silk // *saper —*, to dress with taste (*o* to know how to dress) // *so di che panni si veste*, I know what he is **2** (*agghindarsi*) to dress (up): *bisogna — bene per entrare?*, do you have to be dressed up to get in?; *in questo albergo non ci vestiamo mai per il pranzo*, at this hotel we never dress for dinner; *si era vestita a festa*, she had put on her Sunday clothes (*o* Sunday best) // *alla festa si è vestito da antico romano*, at the party he dressed up as an ancient Roman **3** (*farsi fare i vestiti*) to have one's clothes made (by s.o.): *mi sono sempre vestita da quel sarto*, I always have had my clothes made by that tailor.

vestito *agg.* **1** dressed (in sthg.); clad (in sthg.), clothed (in sthg.), robed (in sthg.): *— da festa*, in one's Sunday clothes (*o* in one's Sunday best); *— di bianco*, dressed in white; *— leggero*, lightly clad; *— poveramente*, poorly dressed (*o* in poor attire); *colline vestite di vigne*, vine-clad hills; *professori vestiti con le toghe*, professors (robed) in their gowns; *tutto — di nero, di seta*, all (dressed) in black, in silk // *nascere —*, (*fortunato*) to be born with a silver spoon in one's mouth // *calzato e —*, (*fig.*) perfect: *sei un cretino calzato e —*, you're a perfect (*o* prize) idiot **2** (*travestito*) dressed (up): *— da pirata*, dressed up as a pirate **3** (*di semi di cereali*) unhulled.

vestito *s.m.* (*da donna*) dress; (*da uomo*) suit; *pl.* clothes, garments: *vestiti da lavoro*, working clothes; *— da sera*, (*da donna*) evening dress (*o* evening gown), (*da uomo*) evening dress (*o* dress-suit); *— della domenica*, Sunday best; *devo farmi fare un —*, I must have a dress made; *tengo i miei vestiti in questo armadio*, I keep my clothes in this wardrobe; *quel — le sta bene*, that dress suits her; *mettiti quei vestiti vecchi se devi lavorare in giardino*, put on those old clothes if you have to work in the garden.

vestitura *s.f.* dressing, clothing.

vestizione *s.f.* (*eccl.*) (ceremony of) taking the habit; (*di monaca*) (ceremony of) taking the veil.

vesuviana *s.f.* (*min.*) vesuvian.

vesuvianite *s.f.* (*min.*) vesuvianite.

vesuviano *agg.* Vesuvian ◆ *s.m.* Vesuvius and surrounding territory.

veterano *s.m.* veteran (*anche fig.*): *un — dell'ultima guerra*, a veteran of the last war; *un — dello sci*, a veteran of the ski slopes.

veterinaria *s.f.* veterinary science.

veterinario *agg.* veterinary ◆ *s.m.* veterinarian, veterinary surgeon; (*fam.*) vet.

veterocomunismo *s.m.* old style communism.

veterocomunista *s.m.* e *f.* e *agg.* old style communist: *ideologia —*, old style communist ideology.

veterotestamentario *agg.* Old Testament (*attr.*).

vetivenolo *s.m.* (*chim.*) vetivenol.

veto *s.m.* veto*: *diritto di —*, (right of) veto: *esercitare il diritto di —*, to exercise one's right of veto; *mettere il — a una proposta*, to put a (*o* one's) veto on a proposal (*o* to veto a proposal).

vetraio *s.m.* **1** (*chi lavora il vetro*) glassmaker **2** (*chi mette vetri a finestre ecc.*) glazier, glassworker **3** (*chi vende oggetti di vetro*) glass merchant.

vetrame *s.m.* glassware.

vetrario *agg.* glass (*attr.*): *industria vetraria*, glass manufacture.

vetrata *s.f.* **1** (*porta a vetri*) glass door; (*parete, divisione a vetri*) glass wall, glass partition **2** (*grande finestra*) large window: *le vetrate a colori di una chiesa*, the stained glass windows of a church.

vetrato *agg.* glazed: *una porta vetrata*, a glazed door // *carta vetrata*, glass-paper (*o* sandpaper): *levigare con carta vetrata*, to glass-paper (*o* to sandpaper) ◆ *s.m.* (*meteor.*) glaze, verglas, glazed frost.

vetreria *s.f.* **1** (*fabbrica di oggetti di vetro*) glassworks* **2** (*insieme di oggetti di vetro*) glassware [U].

vetriato *agg.* glazed.

vetrice *s.f.* (*bot.*) (*Salix viminalis*) basket-willow, osier.

vetrificabile *agg.* vitrifiable.

vetrificante *agg.* (*che vetrifica*) glazing ◆ *s.m.* glazing material, glaze.

vetrificare *v.tr.* **1** (*far diventare vetro o vitreo*) to vitrify **2** (*ricoprire con materiale vetrificante*) to glaze ◆ *v.intr.* → vetrificarsi.

□ **vetrificarsi** *v.intr.pron.* to vitrify.

vetrificazione *s.f.* vitrification, vitrifaction; (*con materiale vetrificante*) glazing.

vetrina[1] *s.f.* **1** (shop) window: *gli articoli in —*, the articles shown in the window; *lo vidi in una —*, I saw it in a shop window; *allestimento di una —*, window dressing; *andare a guardare le vetrine*, to go window-shopping **2** (*bacheca*) showcase, display case (*o* cabinet) **3** (*cristalliera*) glass cupboard.

vetrina[2] *s.f.* (*rivestimento vetroso*) (ceramic) glaze.

vetrinare *v.tr.* to glaze.

vetrinatura *s.f.* glazing.

vetrinista *s.m.* e *f.* window dresser, window decorator.

vetrinistica *s.f.* window dressing.

vetrino *s.m.* (*per microscopio*) slide.

vetriolico *agg.* (*chim.*) vitriolic.

vetriolo *s.m.* (*chim.*) vitriol: *— azzurro, verde, bianco*, blue, green, white vitriol; *olio di —*, oil of vitriol; *convertire in, sottoporre all'azione del —*, to vitriolize; *trattare con —*, to vitriol.

vetro *s.m.* glass; (*di finestra*) windowpane: *— colorato*, coloured (*o* stained) glass; *— opaco*, opaque glass; *— opalino*, opal (*o* milk) glass; *— smerigliato*, ground glass; *— di sicurezza*, safety glass; *— infrangibile*, shatterproof glass; *— laminato* (*a strati incollati*), laminated glass; *— al piombo*, lead glass; *— armato, retinato*, wire(d) glass; *— filato*, spun glass; *— ghiacciato, martellato*, frosted glass; *una lastra di —*, a pane of glass; *lavoro in —*, glasswork; *oggetti di —*, glassware; *fibra di —*, glass fibre (*o* fibreglass); *lana di —*, glass wool; *devo far cambiare un —*, I must have a pane changed; *ha rotto un — con un sasso*, he has broken a windowpane with a stone; *mettere un —*, to put in a pane of glass; *soffiare il —*, to blow glass // *avere la schiena di —*, (*fig. scherz.*) to be a skiver (*o* slacker).

vetrocamera *s.f.* (*edil.*) double glazing.

vetrocemento *s.m.* (*edil.*) reinforced concrete and glass tiles.

vetroceramica *s.f.* pyroceram.

vetrocromia *s.f.* (*pitt.*) glass-painting.

vetrofania *s.f.* decalcomania.

vetroresina *s.f.* plastic reinforced by incorporated fiberglass.

vetroso *agg.* vitreous; glassy; (*geol.*) hyaline.

vetta *s.f.* top, summit, peak (*anche fig.*): *la — di un monte*, the top (*o* summit) of a mountain; *essere in — alla classifica*, to be at the top of the table; *raggiungere la — della gloria*, to reach the peak of glory.

vettonica *s.f.* (*bot.*) (*Betonica officinalis*) betony.

vettore *s.m.* **1** (*fis., mat.*) vector: *raggio —*, radius vector; *— posizione*, position vector; *prodotto —*, vector product; *— unitario*, unit vector // (*inform.*) *— assoluto*, absolute vector **2** (*corriere*) carrier, haulage contractor: *— aereo*, air carrier; *— ferroviario*, rail carrier; *— privato*, private (*o* special) carrier; *— marittimo*, marine carrier; *— stradale*, land carrier (*o* road haulier); (*dir.*) *responsabilità del —*, carrier's liability **3** (*biol.*) vector.

vettoriale *agg.* vector, vectorial: (*mat.*) *spazio —*, vector space; *analisi —*, vector analysis; *campo —*, vector field // (*inform.*) *elaboratore —*, vector processing.

vettovaglia *s.f.* (*spec. pl.*) provision, supply; victuals (*pl.*).

vettovagliamento *s.m.* victualling.

vettovagliare *v.tr.* to provision, to supply with provisions (*o* victuals), to victual: *— una nave*, to supply a ship with food.

□ **vettovagliarsi** *v.rifl.* to store up provisions, to lay* up stores.

vettura *s.f.* **1** (*carrozza*) coach; (*automobile*) car: *— di piazza*, (*taxi*) taxi(cab) (o *spec. amer.* cab), (*carrozza*) hackney cab (*o* hackney carriage) **2** (*ferr.*) carriage, coach, (*amer.*) car, (*tranviaria*) tram: *vetture di prima, seconda classe*, first, second class carriages; *le vetture dirette sono in testa*, the through-carriages are at the front // (*tutti*) *in —!*, all aboard! **3** (*tra-*

sporto) carriage: *bestie da* —, draught animals; (*comm.*) *lettera di* —, waybill (*o* consignment note).

vetturale, **vetturino** *s.m.* driver; (*di carrozza*) cabman*, coachman*.

vetustà *s.f.* antiquity; (old) age.

vetusto *agg.* (*letter.*) ancient, (very) old.

vezzeggiamento *s.m.* fondling, petting, caressing.

vezzeggiare *v.tr.* to fondle, to pet, to caress: — *un bambino*, to fondle a child. □ **vezzeggiarsi** *v.rifl.* to coddle oneself.

vezzeggiativo *s.m.* **1** diminutive form of a noun **2** (*nomignolo*) pet name.

vezzo *s.m.* **1** (*abitudine*) habit: *ha il brutto — di muovere troppo le mani quando parla*, he has a bad habit of gesticulating too much while speaking **2** (*fascino*, *grazia*) charm **3** *pl.* (*moine*) mincing ways, affected ways: *i suoi vezzi mi danno ai nervi*, her mincing ways get on my nerves; *fare vezzi a un bambino*, to fondle a child **4** (*collana*) necklace.

vezzosità *s.f.* **1** (*grazia*) charm **2** (*affettazione*) simpering; mincing ways (*pl.*).

vezzoso *agg.* **1** (*grazioso*) charming, graceful; *vezzosa fanciulla*, charming (*o* graceful) girl **2** (*lezioso*) mincing, affected: *modi vezzosi*, mincing (*o* affected) ways; *non mi piace quando fa la vezzosa*, I don't like her when she puts on those mincing airs.

vi[1] *pron.pers. 2ª pers.pl.* **1** (*compl.ogg. di* voi) you: *tutti — guardano*, everyone is looking at you; *non — hanno visto*, they haven't seen you; *è un'ora che — cerco*, I've been looking for you for an hour; *possiamo invitarvi a cena?*, can we invite you to dinner?; *vorrei venire a trovarvi*, I'd like to come and see you; *è tardi, dobbiamo salutarvi*, it's late, we'll have to say goodbye to you; — *ringrazio molto*, thank you very much **2** (*compl. di termine*) (to) you: — *dico che avete torto*, I tell you you're wrong; — *sono molto obbligato*, I'm much obliged to you; *posso darvi qualche consiglio?*, can I give you some advice?; — *spediremo la merce al più presto possibile*, we'll send you the goods as soon as possible; *non — hanno ancora risposto?*, haven't they replied to you yet? **3** (*compl.ogg.* e *ind.*) (*formula di cortesia riferita a persona sing.*) you: *desideriamo ringraziarVi per quanto avete fatto per noi*, we wish to thank you for what you have done for us ◆ *pron.rifl. 2ª pers.pl.* **1** yourselves; (*formula di cortesia*) yourself (*spesso sottintesi*): — *siete lavati?*, have you washed (yourselves)?; *spero che — divertiate*, I hope you enjoy yourselves; — *siete svegliati presto stamattina*, you woke up early this morning; *non lasciatevi imbrogliare un'altra volta*, don't let yourselves be taken in again; *non Vi sentite bene, signora?*, don't you feel well, madam? // *mettetevi il cappotto*, put your overcoat on; *toglietevi il cappello*, take your hat off; — *siete lavati le mani?*, have you washed your hands? ◆ *pron.rec.* one another; (*spec. tra due*) each other: *dovreste aiutarvi di più*, you should help one another more; *vogliatevi bene*, love one another; — *siete scambiati gli indirizzi?*, have you exchanged addresses with each other? ◆ *pron.dimostr.* → ci[1].

vi[1] *avv.* → **ci**[1] *avv.*

vi[2] *s.f.* o *m.* letter V.

via[1] *s.f.* **1** street; (*anche extraurbana*) road: *una — lunga, stretta*, a long, narrow street; *una — piena di negozi*, a street full of shops; *una — privata*, a private road; *in che — abiti?*, which street do you live in?; *abito in — Roma*, I live in via Roma; *prendi la prima — a destra*, take the first street on the right // *le antiche vie romane*, the ancient Roman roads; *la Via Appia, Flaminia*, the Appian, Flaminian Way // *la Via Crucis*, the Way of the Cross // (*astr.*) *la Via Lattea*, the Milky Way **2** (*strada, percorso, tragitto*) way; (*sentiero*) path; (*itinerario*) route: — *d'acqua*, waterway; *le grandi vie di comunicazione*, the major communication routes; *la — più corta per la stazione*, the shortest way to the station; *aver perso la — di casa*, to have lost one's way home; *ci incontrammo a mezza —*, we met halfway; *vieni per questa —*, come this way; *ne parleremo per —*, we can talk about it on the way; *aprirsi una — nella foresta*, to open up a path through the forest; *aprire la —*, (*fig.*) to lead (*o* to pave) the way // *dare* (*il segnale di*) — *libera*, to signal 'go'; (*ferr.*) to signal 'all clear'; (*fig.*) to give the green light: *dare — libera all'esecuzione di un progetto*, to give the green light (*o* the go-ahead) to a project; *dare — libera all'entusiasmo*, to give free rein to enthusiasm // *riportare qlcu. sulla retta —*, to put s.o. back on the right track (*o* on the straight and narrow) // *essere in — di guarigione*, to be on the road to recovery; *un albergo in — di costruzione*, a hotel in course of construction // *trasmissione — radio*, *satellite*, broadcasting by radio, by satellite // *per — aerea*, by air; (*di posta*) by air mail; *treno Milano-Roma — Firenze*, Milan-Rome train via Florence // *la — della gloria*, the path(s) of glory // *la — della seta*, the Silk Route // *la — della droga*, the drug route // (*alpinismo*) *aprire una nuova —*, to open a new route **3** (*modo*) way; (*mezzo*) means: *questa è l'ultima —*, this is the only way; *non c'è — di scampo, d'uscita*, there is no way out (*o* there is no help for it); *non c'è — di mezzo*, there is no middle course; *per nessuna —*, by no means; *in — amichevole*, in a friendly way (*o* by private contact); *in — eccezionale, provvisoria*, exceptionally, provisionally; *in — diplomatica*, through diplomatic channels; *per — gerarchica*, through official channels; *te lo dico in — confidenziale*, I'm telling you in confidence; *per vie traverse*, by underhand means; *per altre vie*, in other ways // *passare alle vie di fatto*, to resort to violence // (*dir.*) *adire le vie legali*, to take legal steps (*o* to start legal proceedings) // *per — di, che*, owing to (*o* on account of): *l'aeroporto è chiuso per — della nebbia*, the airport is closed owing to (*o* because of) fog; *si conobbero per — di quel lavoro*, they got to know each other through that job **4** (*carriera*) career: *una laurea che apre molte vie*, a degree that opens up many careers; *scegliere la — degli affari*, to take up a business career **5** (*med.*): *vie respiratorie*, respiratory tract (*o* passage); *è una medicina da prendere per — orale*, it is a medicine for oral administration; *un'iniezione per — intramuscolare*, an intramuscular injection **6** (*inform.*) way: — *di accesso ai dati*, path; — *di informazione*, code track; — *di smistamento alternativa*, alternative path // (*tel.*) — *di trasmissione*, channel.

via[2] *avv.* **1** (*in unione a voci verbali*) away, off: *starò — per tutta la settimana*, I'll be away all week; *in estate siamo —*, we're away in the summer; *è — da casa*, he's away from home; *andate —!*, go away!; *correre, fuggire —*, to run away (*o* off); *l'hanno cacciato —*, they drove him away; *gli ospiti sono già andati —*, the guests have already gone away (*o* have already left); *il vento ha spazzato — le nubi*, the wind has blown the clouds away; *il canarino è volato —*, the canary has flown away (*o* off); *i ladri gli hanno portato — tutto*, the thieves took away (*o* off) everything he had // *è tempo buttato —*, it's a waste of time // *un lavoro tirato —*, a slapdash piece of work // *in questa casa i soldi vanno — che è un piacere*, (*fam.*) in this house we get through money like nobody's business // *e così —*, *e — dicendo*, *e — di questo passo*, and so on (*o* and so forth) • Per *andare —*, *buttare —*, *tirare —*, *venire —* ecc. → anche *andare*, *buttare*, *tirare*, *venire* ecc. **2** (*in espressioni ellittiche, spec. sottintendendo il v.* andare): *balzò in piedi, e — di corsa!*, he jumped up and off he went!; — *come una saetta*, off like a shot; — *di lì!*, get away from there! **3** (*antiq.*) (*con valore moltiplicativo*): *tre — tre fa nove*, three times three is nine **4** *via via*, (*di mano in mano, di volta in volta*): — — *che arrivano, mandali da me*, send them to me as they arrive; — — *che le ore passavano, cresceva l'angoscia*, as the hours went by, anxiety increased; *il dolore andava — — diminuendo*, the pain was gradually subsiding ◆ *inter.*: —*!*, (*per cacciare qlcu.*) off with you!, (*come segnale di partenza*) go!; —*, coraggio!*, come on, cheer up!; —*, dimmi quello che sai*, come on, tell me what you know; —*, non dire queste cose!*, come now, don't say such things; *non spaventarti, —!*, now then, don't be afraid; —*, non abbatterti così!*, come on, don't be so downhearted!; —*, sbrigatevi, è tardi!*, come on, hurry up, it's late!; —*, non è poi così difficile!*, come on, it's not so hard!; *eh —, smettetela di piagnucolare!*, come on, stop whining!; —*, non sono proprio così ingenuo!*, come off it, I'm not such a fool!; *oh —, basta con le bugie!*, for heaven's sake, stop telling lies! // *uno, due, tre —!*, (*nelle gare*) ready, steady, go!

via[2] *s.m.* start, starting signal: (*sport*) *essere pronti al —*, to be under starter's orders; *dare il —*, to give the starting signal; *scattare al —*, to be off to a good start // *dare il — a una discussione*, to open a debate; *dare il — ai lavori*, (*iniziarli*) to set the work going, (*autorizzarli*) to give the go-ahead to the work; *quel malinteso diede il — a uno scambio di insulti*, that misunderstanding sparked off an exchange of insults.

viabilista *agg.* traffic (*attr.*); road (*attr.*): *vigile —*, traffic policeman; *ingegnere —*, road engineer.

viabilità *s.f.* **1** practicability; state of the roads; road conditions (*pl.*): *la — di una strada*, the state (*o* condition) of a road **2** (*rete stradale*) road network: *migliorare la — di una città*, to improve the road network of a city **3** (*norme che regolano il traffico*) traffic regulations; (*norme che regolano la costruzione delle strade*) road engineering regulations.

via crucis *s.f.* (*lat.*) **1** (*relig.*) Stations of the Cross **2** (*fig.*) purgatory.

viadotto *s.m.* viaduct.

viaggiante *agg.* travelling; on the way (*pred.*): *merce —*, (*in transito*) goods in transit; (*ferr.*) *personale —*, train crew.

viaggiare *v.intr.* **1** to travel, to journey, to make* a trip; (*per aereo*) to fly*: — *in treno, automobile, aeroplano, nave*, to travel by train, car, air, sea; — *in prima, seconda classe*, to travel first, second class; — *in tutto il mondo*, to travel all over the world; — *per affari, per lavoro, per studio*, to travel on business, for one's work , for one's studies; *sono stanco di* —, I am tired of travelling; *è un uomo che ha viaggiato molto*, he is a well-travelled man // *l'auto viaggiava a 90 km all'ora*, the car was travelling at 90 kilometres an hour // *il treno viaggia con venti minuti di ritardo*, the train is twenty minutes late // — *con la memoria*, (*fig.*) to wander down memory lane; — *con l'immaginazione*, (*fig.*) to let one's imagination wander // (*comm.*) *la merce viaggia a rischio del committente, del proprietario*, goods are carried at the consignee's, at the owner's risk **2** (*fare il commesso viaggiatore*) to be a commercial traveller; (*amer.*) to be a travelling salesman: — *per una ditta*, to travel for a firm **3** (*gergo*) (*subire gli effetti di stupefacenti*) to take* a trip; to get* high.

viaggiatore *s.m.* **1** traveller: — *di commercio*, commercial traveller (*o* travelling salesman *o fam. amer.* drummer) **2** (*passeggero*) passenger: *tutti i viaggiatori devono presentare il loro passaporto*, all passengers must show their passports ◆ *agg.* travelling: *commesso* —, travelling salesman // *colombo, piccione* —, carrier (*o* homing) pigeon.

viaggio *s.m.* **1** journey, trip; (*per mare, nello spazio*) voyage; (*per aereo*) flight: *un lungo — in Cina*, a long journey in China; *ho fatto un lungo — per tutta l'Europa*, I went on a long journey all over Europe; *essere in* —, to be on a journey (*o* voyage *o* trip); *fare, intraprendere un* —, to go on (*o* to take *o* to make) a journey (*o* a trip); — *di andata, di ritorno*, outward, return journey; *un — di una settimana*, a week's journey (*o* voyage); *è un — di quattro ore*, it's a four-hour journey; *un — intorno al mondo*, a round-the-world trip; — *di nozze*, honeymoon (trip); — *di piacere, d'affari*, pleasure, business trip; — *interplanetario*, interplanetary voyage; — *turistico*, tour; — *organizzato*, package tour; *compagno di* —, fellow traveller; *indennità di* —, travelling allowance (*o* indemnity); *spese di* —, travelling expenses // *per trasportare i libri dovrò fare cinque viaggi*, to move the books I'll have to make five trips // (*fa'*) *buon —!*, have a nice journey! // — *nel tempo*, journey through time // *l'ultimo* —, one's last journey **2** *pl.* (*in senso collettivo*) travel(s): *agenzia di viaggi*, travel agency; *libro di viaggi*, travel book; *raccontami qualcosa dei tuoi viaggi*, tell me something about your travels // (*lett.*) *i Viaggi di Gulliver*, Gulliver's Travels **3** (*gergo*) (*effetto dell'assunzione di stupefacenti*) trip.

viale *s.m.* avenue, boulevard; (*di giardino*) path; (*d'accesso*) drive: *un largo* —, a wide avenue // *essere sul — del tramonto*, (*fig.*) to be in decline.

viandante *s.m.* e *f.* wayfarer.

viaria *s.f.* (*non com.*) (*indennità per le spese di viaggio*) travelling expenses (*pl.*).

viario *agg.* street (*attr.*); road (*attr.*).

viatico *s.m.* **1** (*eccl.*) viaticum; Last Sacraments (*pl.*): *morire senza* —, to die without the sacraments **2** (*rar.*) (*provviste per il viaggio*) provisions for a journey (*pl.*), viaticum.

viavai *s.m.* coming and going, bustle: *un — di gente*, people coming and going.

vibrafonista *s.m.* e *f.* vibraphonist, vibraphone player.

vibrafono *s.m.* (*mus.*) vibraphone.

vibrante *agg.* **1** vibrant, vibrating: *note vibranti*, vibrating notes; *suono* —, resonant (*o* vibrant) sound; *una voce* —, resonant voice **2** (*fig.*) quivering, trembling: *parole vibranti di odio*, words ringing (*o* filled) with hate; — *di entusiasmo, passione*, quivering (*o* trembling *o* shaking) with enthusiasm, passion.

vibrare *v.tr.* **1** (*agitare*) to brandish: — *la spada*, to brandish the sword **2** (*colpi*) to strike*, to deliver; to deal*: *le vibrò una coltellata*, he stabbed her; — *un colpo*, to strike a blow **3** (*scagliare*) to hurl: — *una lancia*, to hurl a spear **4** (*mettere in vibrazione*) to vibrate // *far — una corda*, to make a string vibrate; *far — le corde dell'anima*, (*fig.*) to move the soul ◆ *v.intr.* **1** to vibrate: *il motore dell'auto vibra eccessivamente*, the car engine vibrates too much **2** (*estens.*) to vibrate; to resonate: *le corde di un violino vibrano*, the strings of a violin vibrate; *le note vibravano nel silenzio*, the notes resonated in the silence **3** (*fig. letter.*) (*fremere*) to quiver, to tremble **4** (*mecc.*) to chatter: — *aeroelasticamente*, to flutter.

vibratile *agg.* vibratile // (*biol.*) *ciglia vibratili*, cilia.

vibrato *agg.* **1** (*lanciato*) hurled (*pred.*), flung (*pred.*) **2** (*fig.*) (*energico*) energetic, strong: *una vibrata protesta*, a strong protest.

vibratore *s.m.* **1** (*mecc.*) vibrator, shaker **2** (*edil.*) vibrator **3** (*elettr.*) vibrator: — *ad alta frequenza*, high-frequency vibrator; — *asincrono*, asynchronous vibrator.

vibratorio *agg.* vibratory, vibrating, vibrative: *circuito* —, oscillatory circuit.

vibratura *s.f.* (*edil., mecc.*) vibration.

vibrazionale *agg.* vibrational: (*fis.*) *numero quantico* —, vibrational quantum number.

vibrazione *s.f.* **1** vibration, quivering: *la — delle corde di uno strumento*, the vibration of the strings of a musical instrument; *le vibrazioni delle ali di un insetto*, the quivering of an insect's wings **2** (*fis., mecc.*) vibration: — *acustica, sonora*, sound, sonorous vibration; — *forzata, libera*, forced, free vibration; — *reticolare*, lattice vibration; — *aeroelastica*, flutter; *dieci vibrazioni al secondo*, ten vibrations per second; *senza vibrazioni*, vibrationless (*o* vibration-proof).

vibrione *s.m.* (*biol.*) vibrio*.

vibrissa *s.f.* (*spec.pl.*) (*anat., zool.*) vibrissa (*pl.* -ae).

vibrocoltivatore *s.m.* (*agr.*) vibrocultivator.

vibrocostipatore *s.m.* (*edil.*) vibrotamper.

vibrofinitrice *s.f.* (*edil.*) vibratory finishing machine.

vibrografo *s.m.* (*fis.*) vibrograph.

vibromassaggiatore *s.m.* vibromasseur.

vibromassaggio *s.m.* vibromassage.

vibrometro *s.m.* (*fis.*) vibrometer.

viburno *s.m.* (*bot.*) (*Viburnum opulus*) guelder rose, queen's pincushion, (*scient.*) viburnum.

vicarìa *s.f.* (*ufficio del vicario*) vicarship, vicariate.

vicariale *agg.* vicarial.

vicariante *agg.* (*med.*) vicarious.

vicarianza *s.f.* (*chim.*) diadochy.

vicariato *s.m.* **1** (*dignità, ufficio del vicario e sua durata*) vicarship, vicariate **2** (*giurisdizione*) vicariate.

vicario *s.m.* **1** substitute, deputy **2** (*eccl.*) vicar: *cardinale* —, cardinal vicar // — *apostolico*, vicar-apostolic // *il — di Cristo*, the Vicar of Christ ◆ *agg.* vicarious, deputy (*attr.*): *funzioni vicarie*, vicarious functions.

vice *s.m.* e *f.* deputy, assistant: *il direttore non c'è ma può parlare col suo* —, the manager is out but you can speak to his assistant.

vice- *pref.* di origine latina che premesso a nomi di carica o ufficio indica la persona che fa le veci del titolare o che è di grado immediatamente inferiore; ingl. vice-; deputy: *viceconsole*, vice-consul; *vicecancelliere*, vice -chancellor; *vicedirettore*, deputy manager.

viceammiraglio *s.m.* (*in* GB *e* USA) vice-admiral.

vicebrigadiere *s.m.* (*mil.*) sergeant.

vicecapo *s.m.* second-in-command.

vicedirettore *s.m.* assistant director; (*di un'azienda*) assistant manager, deputy manager, undermanager; (*di un giornale*) assistant editor; (*di scuola*) deputy headmaster: — *generale*, deputy general manager.

vicedirezione *s.f.* (*la carica*) deputy managership, assistant directorship; (*l'ufficio*) deputy manager's office, assistant director's office.

vicegovernatore *s.m.* deputy governor, vice-governor.

vicemadre *s.f.* (*antiq.*) foster-mother.

vicenda *s.f.* **1** event; adventure, vicissitude: *vicende felici e infelici*, lucky and unlucky events; *le vicende della mia vita*, the vicissitudes (*o* the ups and downs) of my life; *dopo molte vicende si sistemò in un piccolo villaggio di campagna*, after many adventures he settled down in a small country village **2** (*successione*) succession; (*alternanza*) alternation // *a* —, each other; one another, (*alternatamente*) in turn (*o* by turns): *le due sorelle si sono sempre aiutate a* —, the two sisters have always helped one another (*o* each other); *si insultavano a* —, they were insulting one another **3** (*agr.*) (*delle colture*) rotation.

vicendevole *agg.* mutual, reciprocal: *stima* —, mutual esteem.

vicendevolmente *avv.* mutually, reciprocally; each other, one another: *aiutarsi* —, to help one another (*o* each other).

vicentino *agg.* of Vicenza; from Vicenza ◆ *s.m.* inhabitant of Vicenza; native of Vicenza.

vicepadre *s.m.* (*antiq.*) foster-father.

viceprefetto *s.m.* subprefect.

vicepreside *s.m.* e *f.* (*uomo*) assistant headmaster, deputy headmaster; (*donna*) assistant headmistress, deputy headmistress.

vicepresidente *s.m.* e *f.* vice-president, vice-chairman*, deputy chairman*: — *anziano*, senior vice-president; — *del consiglio dei ministri*, deputy prime minister.

vicepresidenza *s.f.* **1** (*carica*) vice -presidency, vice-presidentship, vice-chairmanship **2** (*ufficio*) vice-president's office, vice-chairman's office **3** (*ufficio del vicepreside*) deputy headmaster's office.

vicepretore *s.m.* (*dir.*) deputy magistrate; assistant magistrate.

vicepretura *s.f.* (*carica*) office of deputy magistrate; (*ufficio*) deputy magistrate's court.

vicequestore *s.m.* deputy prefect of police.

viceré *s.m.* viceroy.

vicereale *agg.* viceregal.

vicereame *s.m.* viceroyalty.

viceregina *s.f.* vice-queen, vicereine.

vicerettore *s.m.* vice-rector, deputy vice-chancellor.

vicesegretario *s.m.* vice-secretary, assistant secretary: *il — di un partito*, the assistant secretary of a party.

vicesindaco *s.m.* deputy mayor, assistant mayor; (*di una società*) alternate auditor.

viceversa *avv.* **1** vice versa: *io cercavo lui e —*, I was looking for him and vice versa; *andare da Torino a Milano e —*, to go from Turin to Milan and back; *procedere da destra a sinistra e —*, to proceed from right to left and vice versa **2** (*fam.*) (*invece*) but, and instead: *io mi preoccupai tanto, — non ce n'era ragione*, I worried about it a lot but there was no reason for doing so.

vichingo *s.m.* **1** (*st.*) Viking **2** (*scherz.*) Scandinavian (tourist) ◆ *agg.* **1** (*st.*) Viking **2** (*scherz.*) Scandinavian.

vicina *s.f.* neighbour: *la — di casa*, the woman (*o* lady) next door.

vicinale *agg.* local: (*dir.*) *strada —*, local road.

vicinanza *s.f.* **1** (*l'essere vicino*) closeness, nearness, proximity: *preferisco questa casa per la — al centro*, I prefer this house because of its closeness to the centre; *siamo in — della chiesa*, we are close to (*o* near) the church, (*ci stiamo avvicinando*) we are approaching the church; *la — della stazione è un vantaggio*, proximity to the station is an advantage; *la sua — mi distrae*, I'm distracted when he's close to me; *la — delle vacanze lo rende felice*, the closeness of the holidays cheers him up **2** (*fig.*) similarity; closeness: *— di opinioni*, similarity of opinions **3** *pl.* (*adiacenze*) neighbourhood (*sing.*), vicinity (*sing.*); (*dintorni*) outskirts: *ci sono due teatri nelle vicinanze*, there are two theatres in this neighbourhood (*o* in the vicinity); *nelle vicinanze di Roma*, on the outskirts of Rome **4** (*mat.*) closeness.

vicinato *s.m.* **1** neighbourhood: *tutti lo sanno in questo —*, everybody knows it in this neighbourhood **2** (*vicini*) neighbours (*pl.*): *rapporti di buon —*, neighbourliness; *siamo in rapporti di buon —*, we are on good terms with our neighbours; *tutto il — cercò di aiutarmi*, all my neighbours tried to help me.

vicino *agg.* **1** (*nello spazio e nel tempo*) near(by), close; near at hand (*pred.*): *la casa è vicina al fiume*, the house is near (*o* close to) the river; *siamo vicini a casa*, we're near (*o* close to) home; *fermiamoci all'albergo più —*, let's stop at the nearest hotel; *"È lontana la fermata del tram?" "No, è vicinissima"*, "Is the tram stop a long way off?" "No, it's very near (*o* it's nearby)"; *Natale è ormai —*, Christmas is near at hand // *un uomo più — ai cinquanta che ai quaranta*, a man closer to fifty (years of age) than forty // *l'inverno era ormai —*, winter was drawing near // *gli esami sono vicini*, it's almost exam time (*o* the exams are almost on top of us) // *state vicini, altrimenti vi perdete*, keep close together, or you'll lose one another // *siamo molto vicini di età*, there isn't much between us (*o* we're very close together in age) **2** (*limitrofo*) neighbouring (*attr.*); (*adiacente*) adjoining, adjacent; next: *il villaggio —*, the neighbouring village; *essere in buoni rapporti con i paesi vicini*, to be on good terms with neighbouring countries; *abita nella casa vicina*, he lives next door; *la biblioteca è nella stanza vicina*, the library is in the adjoining (*o* adjacent *o* next) room; *i due appartamenti sono vicini* (*tra loro*), the two flats are adjoining (*o* adjacent) (*o* are next to each other) // *il — Oriente*, the Near East **3** (*fig.*) (*riferito a rapporti di parentela o amicizia*) close: *è un mio — parente*, he is a close relative of mine // *mi è stato — in quel momento difficile*, he stood by me (*o* he was close to me) at that difficult time **4** (*fig.*) (*simile, affine*) close: *è un colore più — al rosso che al viola*, it's (a colour) closer to red than purple; *le nostre idee sono molto vicine alle vostre*, our ideas are very close to yours ◆ *s.m.* neighbour: *il mio — di destra, di sinistra*, my right-hand, left-hand neighbour; *i nostri vicini di casa*, our neighbours; *essere vicini di casa*, to be next-door neighbours; *il mio — di tavolo*, the person sitting next to me at table.

vicino *avv.* near(by), close, near by, close by: *— e lontano*, far and near; *abitiamo —*, we live near (*o* close) by; *lavoro qui —*, I work nearby (*o* near here); *è successo lì —*, it happened near (*o* close to) there; *sta' —!*, keep close!; *venite più —*, come closer; *non ha indovinato, ma c'è andato —*, he didn't guess right, but he was close // *da —*, (from) close up: *vedi bene da —?*, can you see well from close up?; *fatti vedere da —*, let me see you (from) close up; *la foto è presa troppo da —*, the photo was taken (from) too close up; *guardare, esaminare qlco. da —, più da —*, to look at, to examine sthg. from close up, from closer (*o* to give a close, closer look at sthg.); *conoscere qlcu. da —*, to know s.o. well.

vicino (a) *prep.* near (to), close to; (*a lato*) beside: *la chiesa è — al ponte*, the church is near (to) (*o* close to) the bridge; *lavora — a Pavia*, he works near Pavia; *c'è un divano — alla finestra*, there's a settee close to the window; *siediti — a me*, sit beside me; *abitano — a me*, they live near (to) me, (*nella casa o nell'appartamento accanto*) they live next door to me; *stammi —*, keep close to me; *mi passò — senza salutarmi*, he passed me by without looking at me // *essere — alla fine*, to be near the end, (*fig.*) to be at death's door.

vicissitudine *s.f.* (*spec.pl.*) vicissitude: *le vicissitudini della vita*, the vicissitudes (*o* the ups and downs) of life.

vicolo *s.m.* lane; alley: *— cieco*, blind alley, (*fig.*) dead end.

video *s.m.* video ◆ *agg.* video: (*tv*) *frequenza —*, video frequency.

video- *pref.* che indica relazione con la trasmissione di immagini, con il sistema televisivo; ingl. video-: *videoconferenza*, video conference; *videonastro*, videotape; *videoriproduzione*, video playing.

videoamatoriale *agg.* amateur video (*attr.*): *registrazione —*, amateur video recording.

videoamplificatore *s.m.* video amplifier.

videocamera *s.f.* videocamera.

videocassetta *s.f.* videocassette.

videocitofono *s.m.* Entryphone® with a screen.

videoclip *s.m.* videoclip.

videocontrollo *s.m.* (closed circuit) television control.

videodipendente *agg.* addicted to TV ◆ *s.m.* e *f.* TV addict.

videodipendenza *s.f.* TV addiction.

videodisco *s.m.* videodisc.

videofono *s.m.* (*non com.*) **1** (*videocitofono*) Entryphone® with a screen **2** (*videotelefono*) videophone.

videofrequenza *s.f.* video frequency.

videogame, **videogioco** *s.m.* video game.

videografico *s.m.* videographic.

videoimpaginazione *s.f.* (*tip.*) desktop publishing, computer typesetting.

videoinformazione *s.f.* information displayed on a screen.

videoleso *agg.* (*med.*) visually handicapped ◆ *s.m.* (*med.*) person with impaired vision; visually handicapped person.

videomagnetico *agg.* videotape (*attr.*): *registrazione videomagnetica*, videotape recording.

videomusic *s.f.* videomusic ◆ *s.m.* videoclip.

videomusica *s.f.* videomusic.

videonastro *s.m.* videotape.

videoproiettore *s.m.* TV projector.

videoregistrare *v.tr.* to videotape.

videoregistratore *s.m.* videotape recorder, videorecorder, videocassette recorder.

videoregistrazione *s.f.* **1** (*il registrare una videotrasmissione*) video recording **2** (*la videotrasmissione registrata*) videotape recording.

videoriparatore *s.m.* video repairer.

videoripresa *s.f.* television shot.

videoriprodurre *v.tr.* to play on a video.

videoriproduttore *s.m.* video player.

videoriproduzione *s.f.* video playing.

videoscrittura *s.f.* word processing.

videosegnale *s.m.* video signal.

videosistema *s.m.* video system.

videotape *s.m.* videotape.

videoteca *s.f.* video library.

videotelefonia *s.f.* television telephony.

videotelefonico *agg.* videophone (*attr.*).

videotelefono *s.m.* videophone.

videoterminale *s.m.* video terminal.

videotrasmettere *v.tr.* to broadcast* on television, to telecast*.

videotrasmissione *s.f.* television broadcast, telecast.

vidicon, **vidiconoscopio** *s.m.* (*fis.*) vidicon.

vidimare *v.tr.* **1** (*firmare*) to sign **2** (*autenticare*) to authenticate, to certify, to endorse: *— un documento*, to authenticate a document; *— un certificato*, to endorse a certificate **3** (*vistare*) to visa: *far — un passaporto*, to have a passport visaed **4** (*legalizzare*) to legalize.

vidimazione *s.f.* **1** (*firma*) signature **2** (*autenticazione*) authentication, certification, endorsement **3** (*visto*) visa **4** (*legalizzazione*) legalization.

viennese *agg.* Viennese ◆ *s.m.* e *f.* Viennese (*pl. invar.*).

viep(p)iù, **vie più** *avv.* (*letter.*) all the more, more and more.

vietabile *agg.* that can be forbidden.

vietare *v.tr.* to forbid*, to prohibit (from doing); to prevent (from doing), to stop: — *l'ingresso agli estranei*, to stop outsiders entering; *gli vietarono di parlare*, they forbade him to speak (*o* he was forbidden to speak); *gli vietarono il vino*, they forbade him wine (*o* he was forbidden to drink wine); *la legge non ti vieta di comperarlo, ma di venderlo*, the law doesn't prohibit you from buying it, but from selling it; *la legge vieta l'importazione di questi articoli*, the law prohibits the importation of these articles; — *la pesca*, to prohibit fishing; *nulla ti vieta di partire*, there's nothing to prevent you from leaving; *nulla vieta che tu rimanga qui*, there's nothing to prevent your staying here.

vietato *agg.* forbidden, prohibited: — *ai minori di 16 anni*, prohibited to minors under 16; *piaceri vietati*, forbidden pleasures // *vietata l'affissione*, no billsticking (*o* stick no bills) // — *fumare*, no smoking // — *entrare*, no admittance // *sosta vietata*, no parking // — *l'ingresso ai cani*, no dogs admitted // — *calpestare le aiuole*, please keep off the grass.

vietcong *agg.* Vietcong ◆ *s.m.* e *f.* Vietcong (*pl. invar.*).

vietnamita *agg.* Vietnamese ◆ *s.m.* e *f.* Vietnamese (*pl. invar.*).

vieto *agg.* **1** (*spreg.*) (*antiquato*) antiquated; obsolete; old: *parole viete*, obsolete words; *procedure viete*, antiquated (*o* old) procedures **2** (*region.*) (*stantio*) stale; (*rancido*) rancid.

vigente *agg.* current, effective, operative, in force (*pred.*): *norma, legge* —, regulation, law in force.

vigere *v.intr.* to be in force, to be in use, to be effective, to be operative: *questa legge vige ancora*, this law is still in force; *questa usanza non vige più*, this custom is no longer in use (*o* has gone out of use); *nel paese vige la legge marziale*, martial law is in force in the country.

vigesimale *agg.* (*mat.*) vigesimal.

vigesimo *agg.num.ord.* e *s.m.* (*letter.*) twentieth.

vigilante[1] *agg.* (*non com.*) vigilant, watchful, alert.

vigilante[2] *s.m.* e *f.* security guard, guard.

vigilanza *s.f.* **1** (*sorveglianza*) supervision, surveillance, vigilance; watch: *sottrarsi alla — di qlcu.*, to escape s.o.'s supervision (*o* control); *sottoporre qlcu. a stretta* —, to place s.o. under close surveillance; *comitato di* —, watch committee; *esercitare — su qlcu.*, to watch over s.o. (*o* to keep a watch on s.o.); — *speciale*, surveillance (*o* police supervision); *servizio di* —, security service; — *notturna*, night -watchman service; — *sui prezzi*, price control; (*amm.*) *commissione di* —, committee of inspection **2** (*cura*) care, supervision: *affidare un bambino alla — di qlcu.*, to entrust s.o. with the care of a child.

vigilare *v.tr.* to supervise, to watch (over) (s.o., sthg.), to keep* a watch on (s.o., sthg.); (*fam.*) to keep* an eye on (s.o., sthg.): *era vigilato da un poliziotto in borghese*, he was under surveillance (*o* being watched) by a plain-clothes detective ◆ *v.intr.* to be on the alert, to be on one's guard; to be on the lookout, to keep* watch, to be on the watch: *c'erano tre soldati che vigilavano*, there were three soldiers on watch (*o* on guard); — *sui prigionieri*, to keep watch on the prisoners.

vigilato *agg.* watched: *libertà vigilata*, probation ◆ *s.m.* (*dir.*) — (*speciale*), person under police supervision.

vigilatore *agg.* supervising ◆ *s.m.* supervisor.

vigilatrice *s.f.* matron: — *d'infanzia*, children's (*o* nursery) nurse; — *scolastica*, school matron.

vigile *agg.* watchful, alert, vigilant: *essere vigili nel pericolo*, to be alert amidst the danger; *i bambini giocavano sotto l'occhio — della mamma*, the children played under the watchful eye of their mother ◆ *s.m.* **1** (*di polizia urbana*) policeman*: — *urbano*, traffic policeman **2** (*del fuoco*) fireman*: *i vigili del fuoco*, the fire brigade **3** (*guardia*) watch; watchman*, guard.

vigilia *s.f.* **1** eve (*anche fig.*): *la — dei Santi*, All Hallow(s); *la — di Natale*, Christmas Eve; *alla — della battaglia*, on the eve of the battle; *la sera della — della gara*, the evening before the race; *si era alla — di grandi avvenimenti*, we were on the eve of great events **2** (*eccl.*) (*digiuno*) fast; fasting: *giorno di* —, fast day; *osservare la* —, to fast; *rompere la* —, to break one's fast // (*st. medioevale*) — *d'armi*, vigil of arms **3** (*fig.*) (*sentinella*) watch; watchman*; sentry **4** (*letter.*) (*veglia notturna*) watch, vigil.

vigliaccamente *avv.* in a cowardly way, cravenly.

vigliaccata *s.f.* cowardly action.

vigliaccheria *s.f.* **1** (*l'essere vigliacco*) cowardice, cowardliness **2** (*azione da vigliacco*) cowardly action, mean action: *è una — bella e buona*, it's a really cowardly thing to do.

vigliacco *agg.* cowardly, craven ◆ *s.m.* coward, craven.

vigna *s.f.* **1** vines (*pl.*); (*vigneto*) vineyard: *coltivare una* —, to cultivate vines; *vendemmiare la* —, to harvest the vines // *la — del Signore*, the vineyard of the Lord // *non è terreno da piantar* —, (*fig.*) (*di cosa su cui non si può fare assegnamento*) you can't rely on that **2** (*st. romana*) vinea (*pl.* -ae).

vignaiolo *s.m.* vine-dresser.

vigneto *s.m.* vineyard.

vignetta *s.f.* **1** (*scenetta stampata*) cartoon; (*piccola illustrazione*) illustration, sketch: *una — molto divertente*, a very funny cartoon **2** (*incisione di libro*) vignette.

vignettatura *s.f.* (*fot.*) vignetting.

vignettista *s.m.* e *f.* (*di vignette umoristiche*) cartoonist.

vigogna *s.f.* **1** (*zool.*) (*Lama vicugna*) vicuna **2** *tessuto di* —, vicuna (cloth).

vigore *s.m.* **1** vigour; (*forza*) strength, force (*anche fig.*): *il — delle sue parole*, the force of his words; *lavorare con* —, to work with vigour (*o* to work hard); *protestare con* —, to protest vigorously; *perdere* —, to lose one's strength; *riprendere, riacquistare* —, to recover one's strength **2** (*validità*) force, effectiveness // *in* —, in force (*o* effective *o* operative *o* current): *questa legge è ancora in* —, this law is still in force; *entrare in* —, to come into force (*o* to become effective) // (*econ.*) *prezzi in* —, current prices.

vigoria *s.f.* vigour, energy; (*forza*) strength: *difendersi con* —, to defend oneself energetically.

vigorosità *s.f.* (*non com.*) vigorousness, energy; (*forza*) strength.

vigoroso *agg.* vigorous, energetic; (*forte*) strong, powerful: *un uomo* —, a vigorous man; *un cavallo* —, a strong horse; *un colpo* —, a powerful blow; *una pianta vigorosa*, a thriving tree; *uno stile* —, a vigorous (*o* energetic) style // *vino* —, full-bodied wine.

vile *agg.* **1** (*vigliacco*) cowardly, faint-hearted, pusillanimous: *un soldato* —, a cowardly soldier; *in quell'occasione si mostrò* —, on that occasion he proved cowardly **2** (*meschino*) contemptible, low, vile, base: *una — calunnia*, a contemptible calumny; *un — tradimento*, a contemptible betrayal; *parole vili*, vile words; *azione* —, low deed; *c'è qualcosa di — in lui*, there is something base about him; *non c'è nulla di più — che...*, there is nothing more contemptible than... **3** (*senza valore*) cheap, worthless; (*di denaro, oro*) base, (*spreg.*) filthy: — *moneta*, filthy lucre; *metallo* —, base metal **4** (*letter.*) (*basso*) low; humble: *di vili natali*, of humble origins (*o* of low birth); *l'ha venduto al — prezzo di...*, he sold it at the miserable price of... ◆ *s.m.* e *f.* coward.

vilipendere *v.tr.* (*offendere*) to vilify, to defame; to insult: — *le istituzioni*, to defame the legal institutions; *essere pubblicamente vilipeso*, to be publicly defamed; — *la bandiera*, to insult the flag.

vilipendio *s.m.* (*disprezzo*) contempt, scorn; (*dir.*) vilification, public defamation, public insult.

vilipeso *agg.* despised, scorned; (*dir.*) vilified, defamed.

villa *s.f.* villa; (*casa di campagna*) country house, (*molto lussuosa*) country seat: *affitteremo una — al mare questa estate*, we will rent a villa at the seaside this summer.

villaggio *s.m.* village; (*piccolo*) hamlet: *un — alpino*, an alpine village; — *olimpico*, Olympic village; — *turistico*, holiday village // *lo scemo del* —, (*fig.*) the village idiot.

villana *s.f.* **1** (*contadina*) countrywoman*; peasant **2** (*donna maleducata*) rude woman, ill-bred woman, boor: *è una bella* —, (*fam.*) she has no manners at all.

villanata *s.f.* (*atto da villano*) rude action; (*parola da villano*) rude word: *mi disse delle villanate*, he said rude things to me (*o* he spoke rudely to me *o* he insulted me).

villanella *s.f.* **1** (*letter.*) country girl, country lass **2** (*poesia*) villanelle **3** (*mus., danza*) villanella (*pl.* -elle).

villanello *s.m.* (*letter.*) country boy, country lad.

villanesco *agg.* **1** (*non com.*) (*contadinesco*) country (*attr.*), peasant (*attr.*) **2** (*spreg.*) (*rozzo*) boorish, rude.

villania *s.f.* **1** rudeness; bad manners (*pl.*): *non posso sopportare la sua* —, I cannot stand his rudeness (*o* bad manners) **2** (*azione da villano*) rude action; (*parola da villano*) rude word: *non fa che dire villanie*, he does nothing but say rude things; *ricevere una* —, to be treated rudely.

villano *agg.* rude, impolite, ill-mannered, uncivil, discourteous: *è molto* —, he is very rude (*o* impolite *o* uncivil); *fu molto — con me*, he was very rude (*o* impolite) to me; *non posso perdonare i suoi modi villani*, I cannot forgive his bad manners ◆ *s.m.* **1** (*letter.*) (*contadino*) countryman*; peasant **2** (*persona maleducata*) lout, boor: *comportarsi da* —, to behave like a lout; *non fare il —!*, don't be so rude! // *un — rifatto*, an upstart (*o* a parvenu) // *scherzi di mano, scherzi da —*, (*prov.*) rough play is poor breeding's way.

villanoviano *agg.* e *s.m.* (*st.*) Villanovan: *cultura villanoviana*, Villanovan culture.

villanzona *s.f.* **villanzone** *s.m.* boor, lout.

villeggiante *s.m.* e *f.* holidaymaker, person on holiday; (*amer.*) vacationer, vacationist.

villeggiare *v.intr.* to spend* one's holidays: *— in estate al mare*, to spend one's summer holidays by the sea.

villeggiatura *s.f.* holiday; (*amer.*) vacation: *in —*, on holiday; *l'inizio, la fine della —*, the beginning, the end of the (summer) holiday; *luogo di —*, (holiday) resort; *luogo di — estiva, invernale*, summer, winter resort; *periodo di —*, holiday season; *sono andati a Rapallo in —*, they went on holiday to Rapallo; *sono tornato dalla — la settimana scorsa*, I came back from my holiday last week.

villetta *s.f.* (small) house; (*elegante*) small villa; (*in città*) detached house; (*in campagna*) cottage.

villico *s.m.* (*letter.*) (*abitante di villaggio*) villager; (*campagnolo*) peasant, countryman*.

villiforme *agg.* (*bot., anat.*) villiform.

villino *s.m.* (small) house; (*elegante*) (small) villa; (*in città*) detached house.

villo *s.m.* (*anat., bot.*) villus*.

villosità *s.f.* hairiness; shagginess; (*bot., anat.*) villosity.

villoso *agg.* hairy; shaggy; (*bot., anat.*) villous, villose: *braccia villose*, hairy arms.

vilmente *avv.* **1** (*da vigliacco*) cowardly, faint-heartedly **2** (*meschinamente*) meanly, vilely, basely.

viltà *s.f.* **1** (*vigliaccheria*) cowardice, faint -heartedness; (*azione da vigliacco*) cowardly action: *questa è una —*, this is a cowardly thing to do **2** (*meschinità*) meanness, vileness; (*azione meschina*) mean action: *commettere una —*, to do something mean.

vilucchio *s.m.* (*bot.*) **1** (*Convolvulus arvensis*) bearbind **2** (*Ipomoea purpurea*) morning-glory.

viluppo *s.m.* **1** tangle; entanglement; ravel: *un — di corde, fili*, a tangle of strings, threads **2** (*fig.*) tangle; (*confusione*) confusion: *un — di idee*, a confused tangle of ideas.

vimine *s.m.* **1** wicker; (*rar.*) withe, withy: *lavoro in vimini*, wickerwork; *paniere di vimini*, wicker basket; *sedia di vimini*, wicker chair **2** (*bot.*) (*salice da*) —, (*Salix viminalis*) osier, basket-willow.

vinaccia *s.f.* marc.

vinacciolo *s.m.* grape seed, grape pip.

vinaio *s.m.* wine-merchant, vintner.

vinario *agg.* wine (*attr.*): *commercio —*, wine trade.

vincaia *s.f.* → **vincheto**.

vincastro *s.m.* (*letter.*) (shepherd's) crook.

vincente *agg.* winning: *numero —*, winning number; *biglietto —*, winning ticket // *persona —*, born winner ◆ *s.m.* e *f.* winner: *il — di una gara*, the winner of a race.

vincere *v.tr.* **1** to win*: *— una battaglia, una corsa*, to win a battle, a race; *— un concorso*, to win a competition; *— una guerra*, to win a war; *— una causa*, to win a case; *— un premio*, to win (*o* to carry off) a prize; *— dieci milioni al totocalcio*, to win ten million liras on the pools; *— una scommessa*, to win a bet; *— le elezioni*, to win the election **2** (*battere, sconfiggere*) to beat*, to defeat; (*superare*) to outdo*: *l'ho vinto agli scacchi*, I have beaten him at chess; *— un concorrente*, to beat (*o* to defeat) a competitor; *— il nemico*, to beat (*o* to defeat) the enemy; *vince tutti al biliardo*, he beats everyone at billiards; *— qlcu. in gentilezza, in intelligenza*, to outdo s.o. in kindness, in intelligence; *nessuno lo vince in astuzia*, nobody can outdo him in astuteness **3** (*sopraffare, dominare*) to overcome*: *fu vinto dall'ira*, he was overcome by anger; *fui vinto dal sonno, dalla paura*, I was overcome by sleep, by fear; *— la timidezza*, to overcome shyness; *— la paura dell'acqua*, to overcome one's fear of the water; *— la diffidenza di qlcu.*, to overcome s.o.'s distrust; *— le proprie passioni*, to master one's passions; *— ogni resistenza*, to overcome all resistance // *lasciarsi — dalla tentazione*, to yield to temptation (*o* to give way to temptation) // *— se stesso*, to control oneself ◆ *v.intr.* to win*: *chi vinse?*, who won?; *il partito democratico ha vinto*, the democratic party has won; *la squadra ha vinto per 3 a 0*, the team won three nil; *— per una lunghezza*, (*corse di cavalli*) to win by a length; *— con l'astuzia*, to win by cunning // *vinca il migliore*, may the best man win.

□ **vincersi** *v.rifl.* (*dominarsi*) to control oneself: *devi vincerti e smettere di pensarci*, you must control yourself and stop thinking about it; *quando è preso dalla collera non sa —*, when he is seized by anger he is unable to control himself.

vincetossico *s.m.* (*bot.*) (*Vincetoxicum officinale*) swallow-wort.

vincheto *s.m.* osier-bed, osier-holt, osiery.

vinci *s.m.* (*mar.*) winch.

vincibile *agg.* (*non com.*) conquerable, vanquishable.

vincibosco → **caprifoglio**.

vincita *s.f.* **1** win; winning: *dopo due vincite non volle più giocare*, after two wins he didn't want to play any more; *una — al totocalcio, alla lotteria*, a win on the pools, in the lottery **2** (*denaro vinto*) winnings (*pl.*), win: *dividemmo la —*, we shared the winnings; *ho fatto una grossa — alla roulette*, I have won a good deal of money at roulette; *una — di 30 milioni*, a thirty-million-lira win.

vincitore *agg.* winning, conquering, victorious: *l'esercito —*, the victorious army; *uscire — da una prova*, to come through a test successfully; *la squadra vincitrice*, the winning team ◆ *s.m.* (*al gioco o in qualsiasi contesa*) winner, prize winner: *— assoluto*, overall winner // *non ci furono né vinti né vincitori*, there were neither victors nor vanquished.

vincolante *agg.* binding: *una promessa —*, a binding promise.

vincolare *v.tr.* **1** to bind* (*anche dir.*): *è vincolato da un contratto*, he is bound by a contract; *questa promessa li vincola*, this promise is binding on them **2** (*fin.*) to tie up, to look up: *— denaro, capitali*, to tie up (*o* to lock up) one's money, one's capital **3** (*mecc.*) to constrain; to restrain.

vincolare *agg.* (*mecc.*) constraining.

vincolativo *agg.* (*dir.*) binding.

vincolato *agg.* bound (*anche dir.*): *essere — da una promessa*, to be bound by a promise; *— per legge*, legally bound; (*comm.*) *essere — dai termini di consegna*, to be tied for time; *— dal segreto bancario*, bound by bank secrecy // (*banca*): *deposito bancario —*, term deposit (*o* deposit account *o amer.* time deposit); *fondo —*, tied up fund; *certificato di deposito —*, time certificate; *conto corrente —*, fixed deposit account; *deposito — a sei mesi*, six months time deposit.

vincolismo *s.m.* (*econ.*) restrictionism.

vincolistico *agg.* (*dir.*) restriction (*attr.*); control (*attr.*): *regime — degli affitti*, rent control.

vincolo *s.m.* **1** tie, bond: *i vincoli del sangue*, the ties of blood; *i vincoli dell'amicizia*, the ties (*o* bonds) of friendship; *uno stretto — d'affetto*, a close bond of affection; *essere sotto il — del giuramento*, to be bound under oath; *il — del matrimonio*, the bond of matrimony; *il — della legge*, the binding force of the law // (*dir.*): *— ipotecario*, mortgage; *— contrattuale*, contractual obligation // (*econ.*): *— di bilancio*, budget constraint; *— di prezzo*, price commitment // (*banca*) *— di portafoglio*, compulsory bank portfolio **2** (*mecc., edil.*) constraint; restraint.

vincristina *s.f.* (*chim.*) vincristine.

vinello *s.m.* light wine.

vinicolo *agg.* wine (*attr.*): *industria vinicola*, wine industry; *mercato —*, wine market; *consorzio —*, cooperative winegrowers' association.

vinifero *agg.* wine-producing, viniferous: *terreno —*, wine-producing soil.

vinificare *v.intr.* to vinify, to make* wine.

vinificazione *s.f.* vinification, wine-making.

vinilacetilene *s.m.* (*chim.*) vinylacetylene.

vinilazione *s.f.* (*chim.*) vinylation.

vinilbenzene *s.m.* (*chim.*) vinylbenzene.

vinile *s.m.* (*chim.*) vinyl.

vinilico *agg.* (*chim.*) vinyl (*attr.*): *alcol —*, vinyl alcohol; *resina vinilica*, vinyl resin.

vinilidene *s.m.* (*chim.*) vinylidene.

vinilidenico *agg.* (*chim.*) vinylidene (*attr.*): *resina vinilidenica*, vinylidene resin.

vinilite® *s.f.* (*chim.*) Vinylite®.

vinilpelle® *s.f.* vinyl imitation leather.

vinilpirrolidone *s.m.* (*chim.*) vinylpyrrolidone.

vinismo → **alcolismo**.

vino *s.m.* wine: *— bianco, rosso, secco, dolce, spumante*, white, red, dry, sweet, sparkling wine; *— brulè*, mulled wine; *— da bottiglia*, choice wine; *— da tavola*, table wine; *— del Reno*, Rhine wine (*o* hock); *— di marca*, vintage wine; *— di mele*, cider; *— non spumante*, still wine: *— nostrano*, local wine; *— da taglio*, blending wine; *commerciante di —*, wine merchant; *commercio di vini*, wine-trade; *fare il —*, to make wine; *reggere il —*, to hold one's wine // *buon — fa buon sangue*, (*prov.*) good wine makes people good-humoured.

vinoso *agg.* vinous; winey.

vinsanto *s.m.* 'vinsanto' (sweet white raisin wine).

vinto *agg.* **1** that has been won, that was won: *una battaglia vinta*, a victorious battle; *questo è il denaro —*, these are the winnings // *non gliela darò vinta*, I won't let him have it all his own way // *alla fine l'ha avuta vinta lui*, in the end he got his way // *la vuoi sempre vinta tu*, you always want your own way 2 (*sconfitto*) beaten, defeated: *il nemico* —, the beaten (*o* defeated) enemy // *darsi per* —, to give in (*o* to surrender) 3 (*sopraffatto*) overcome: — *dal sonno*, overcome by sleep 4 (*conquistato*) conquered, vanquished ◆ *s.m.* (*al gioco o in qualsiasi contesa*) loser; (*in battaglia*) vanquished man // *i vinti*, the vanquished; *guai ai vinti*, woe to the vanquished.

viola[1] *s.f.* (*bot.*) viola: — *canina*, (*Erythronium dens-canis*) dog's-tooth; — *mammola*, (*Viola odorata*) violet; — *matronale*, (*Hesperis matronalis*) rocket; — *del pensiero*, (*Viola tricolor*) pansy (*o* love-in-idleness *o* heart's ease) ◆ *agg.* e *s.m.* (*colore*) violet, purple: *un abito* —, a purple dress.

viola[2] *s.f.* (*mus.*) viola.

violabile *agg.* (*non com.*) violable (*anche dir.*).

violacciocca *s.f.* (*bot.*) (*Matthiola incana*) stock, gillyflower: — *gialla*, (*Cheiranthus cheiri*) wallflower.

violaceo *agg.* violaceous, violet // *mani violacee per il freddo*, hands blue (*o* purple) with cold.

violaciocca → **violacciocca**.

violantrone *s.m.* (*chim.*) violanthrone.

violare *v.tr.* 1 (*trasgredire*) to infringe, to break*, to violate: — *un accordo*, to break an agreement; — *un giuramento*, to violate (*o* to infringe) an oath; — *una legge*, to violate (*o* to transgress *o* to infringe) a law; — *un segreto*, to violate a pledge of secrecy 2 (*invadere illegalmente*) to invade; to break* into: — *i confini di uno stato*, to invade (*o* to violate) the boundaries of a state; (*dir.*) — *il domicilio di qlcu.*, to enter s.o.'s house illegally (*o* to break into s.o.'s house) // (*sport*) — *la rete avversaria*, to score a goal 3 (*violentare*) to rape 4 (*profanare*) to violate, to profane, to desecrate: — *un luogo sacro*, to violate (*o* to profane) a sacred place.

violarite *s.f.* (*min.*) violarite.

violatore *s.m.* 1 violator; transgressor; infringer: — *della legge*, law-breaker 2 (*chi profana*) profaner, desecrator ◆ *agg.* violating.

violazione *s.f.* 1 violation, transgression, infringement: — *di una legge*, violation (*o* transgression) of a law; — *di un diritto*, encroachment on a right; — *dei confini territoriali*, violation of territorial boundaries; — *di contratto*, breach of contract; — *dei patti*, violation (*o* breach) of agreements // (*dir.*): — *del segreto epistolare*, violation of the secrecy of correspondence; — *di domicilio*, housebreaking (*o* burglary); — *di brevetto*, patent infringement; — *di garanzia*, breach of warranty 2 (*profanazione*) profanation: *la — di una tomba*, the profanation of a tomb.

violentare *v.tr.* 1 to rape, to violate, to ravish: — *una donna*, to rape a woman 2 (*fig.*) to do* violence to (s.o., sthg.): — *i sentimenti di qlcu.*, to do violence to s.o.'s feelings.

violentatore *s.m.* rapist.

violentemente *avv.* violently, with violence.

violento *agg.* violent: *carattere* —, violent temper; *colpo, vento* —, violent blow, wind; *passione violenta*, violent passion; *una luce violenta*, a harsh light; *parole violente*, violent words; *ho un — mal di capo*, I have a violent headache; *febbre violenta*, very high temperature; *morire di morte violenta*, to die a violent death; *rapina violenta*, robbery with violence; *reato* —, violent crime ◆ *s.m.* violent person.

violenza *s.f.* violence: *la — di un colpo, di una passione*, the violence of a blow, of a passion; *la — di un temporale*, the violence of a storm; *la — di una malattia*, the violence of an illness; *atto di* —, act of violence; *far — a qlcu., ai sentimenti di qlcu.*, to do violence to s.o., to s.o.'s feelings // *movimento per la non* —, non-violence movement // (*dir.*): — *morale*, undue influence; — *carnale*, (forcible) rape; — *privata*, criminal coercion (by force or threat).

violetta *s.f.* (*bot.*) (*Viola odorata*) violet: — *africana*, (*Saintpaulia jonantha*) African violet.

violetto *agg.* e *s.m.* violet.

violinaio *s.m.* violin-maker.

violinista *s.m.* e *f.* violinist, violin player.

violinistico *agg.* violin (*attr.*).

violino *s.m.* violin; (*fam.*) fiddle: *chiave di* —, violin clef; *primo, secondo* —, first, second violin; *è il primo — della Scala*, he is the first violin at La Scala; *suonare il* —, to play the violin.

violista *s.m.* e *f.* viola player.

violoncellista *s.m.* e *f.* violoncellist, cellist.

violoncellistico *agg.* cello (*attr.*).

violoncello *s.m.* (*mus.*) violoncello (*pl.* -os), cello (*pl.* -os).

viomicina *s.f.* (*chim.*) viomycin.

viottolo *s.m.* path; lane: *un — tra i boschi*, a path through the woods.

vip *s.m.* e *f.* VIP: *i — sedevano in prima fila*, the VIPS were sitting in the front row ◆ *agg.* VIP (*attr.*).

vipera *s.f.* 1 (*zool.*) viper: — *cornuta*, (*Cerastes cornutus*) cerastes (*o* horned viper); — *dagli occhiali*, (*Ophiophagus hannah*) spectacled cobra; — *della morte*, (*Acanthopis antarcticus*) death-adder; — *soffiante*, (*Bitis arietans*) puff -adder 2 (*fig.*) viper: *quella donna è una* —, that woman is a viper.

viperino *agg.* viperine; viperous; (*fig.*) viperish, venomous: *lingua viperina*, viperish (*o* venomous) tongue.

viradore *s.m.* (*mar.*) messenger.

viraggio *s.m.* 1 (*fot.*) toning 2 (*chim.*) colour change.

virago *s.f.* (*letter.*) virago*.

virale *agg.* (*med.*) viral: *polmonite* —, viral pneumonia.

viramento *s.m.* → **virata**.

virare *v.intr.* 1 (*mar.*) to veer: — *di bordo*, to veer round 2 (*aer.*) to turn 3 (*fot.*) to tone 4 (*chim.*) to change colour 5 (*nuoto*) to turn ◆ *v.tr.* (*mar.*) to haul, to heave: — *un cavo*, to haul a rope.

virata *s.f.* 1 (*mar.*) veer; (*per uscire dalla direzione del vento*) veering 2 (*aer.*) turn: — *ad ampio raggio*, gentle turn 3 (*nuoto*) turn.

viratore → **viradore**.

viremia *s.f.* (*med.*) viremia.

virescente *agg.* (*bot.*) virescent.

virescenza *s.f.* (*bot.*) virescence.

virgiliano *agg.* Virgilian.

virginale[1] → **verginale**.

virginale[2] *s.m.* (*mus.*) virginal.

virgineo *agg.* (*letter.*) virginal.

virginia *s.m.* (*tabacco*) Virginia; (*sigaro*) Virginia cigar ◆ *s.f.* Virginia cigarette.

virginio *s.m.* (*chim.*) virginium.

virgola *s.f.* 1 (*gramm.*) comma: *mettere una* —, to put a comma; *punto e* —, semicolon // *non ho cambiato una* —, (*fig.*) I didn't change a single word (*o* anything) // (*biol.*) *bacillo* —, comma bacillus 2 (*mat.*) point: *quattro — cinque*, four point five // (*inform.*) — *fissa, mobile*, fixed, floating point 3 (*di capelli*) kiss curl.

virgolare *v.tr.* (*non com.*) 1 to mark with commas 2 (*mettere le virgolette a*) to put* (sthg.) in inverted commas.

virgolatura *s.f.* punctuation.

virgolettare *v.tr.* to put* (sthg.) in inverted commas.

virgolettato *agg.* in inverted commas; (*riportato fedelmente*) quoted word for word ◆ *s.m.* (*non com.*) (*brano riportato fra virgolette*) passage in inverted commas.

virgolettatura *s.f.* 1 (*il virgolettare*) quoting, putting (sthg.) in inverted commas 2 (*parola tra virgolette*) word in inverted commas; (*brano tra virgolette*) passage in inverted commas.

virgolette *s.f.pl.* inverted commas, quotation marks: *tra* —, in inverted commas; *aprire, chiudere le* —, to open, to close inverted commas (*o* quotation marks); *aperte, chiuse le* —, quote, unquote.

virgulto *s.m.* 1 (*bot.*) shoot, sucker; (*piccola pianta*) young plant 2 (*fig.*) scion.

viriale *s.m.* (*fis.*) virial: *teorema del* —, virial law.

viridario *s.m.* (*archeol.*) viridarium (*pl.* -ia).

virile *agg.* masculine, virile, manly, male; man's, of a man: *un uomo* —, a virile (*o* masculine) man; *voce* —, manly voice; *forza* —, a man's strength; *età* —, manhood; *aspetto* —, manly air // *attributi virili*, male physical characteristics // *membro* —, male member // *toga* —, (*st. romana*) toga virilis 2 (*fig.*) virile, manly: *uno stile* —, a virile (*o* vigorous) style; *comportamento* —, manly behaviour; *mostrò un coraggio* —, he showed the courage of a man.

virilismo *s.m.* virilism (*anche med.*).

virilità *s.f.* 1 virility: *vantare la propria* —, to boast about one's virility 2 (*età virile*) manhood, virility: *essere nella piena* —, to be in the full flower of manhood 3 (*fig.*) virility, firmness, strength: — *di propositi*, strength of purpose.

virilizzare *v.tr.* to make* virile, to make* manly.

□ **virilizzarsi** *v.intr.pron.* to become* virile, to become* manly.

virilizzazione *s.f.* (*il virilizzare*) virilization; making (s.o.) virile; (*il virilizzarsi*) becoming virile.

virilmente *avv.* manfully, in a manly manner.

virilocalità *s.f.* (*etnologia*) patrilocality.

virione *s.m.* (*biol.*) virion.

viro *s.m.* (*poet.*) man*.

virogenesi *s.f.* (*biol.*) virus reproduction.

viroide *s.m.* (*biol.*) viroid.

virola *s.f.* (*mecc.*) ferrule.

virologia *s.f.* virology.

virologico *agg.* virological.

virologo *s.m.* virologist.

virometro *s.m.* (*aer.*) turn indicator.

virosbandometro *s.m.* (*aer.*) turn and bank indicator.

virosi *s.f.* (*med.*) virosis (*pl.* -ses).

virtú *s.f.* **1** virtue: *la — della pazienza*, the virtue of patience; *un uomo pieno di —*, a man with many virtues; *la via della —*, the path of virtue; *esercitare la —*, to practise virtue // *la — è premio a se stessa*, virtue is its own reward // *fare di necessità —*, to make a virtue of necessity // *attentare alla — di una ragazza*, to make an attempt on a girl's virtue **2** (*pregio, merito*) virtue, good qualities (*pl.*): *le — di un vero sportivo*, the virtues (*o* the good qualities) of a true sportsman **3** (*facoltà, proprietà*) virtue, property, power: *le — medicinali di certe piante*, the healing virtues (*o* properties) of some plants; *un'erba con — terapeutiche*, a herb with therapeutic power; *la — di certe acque di curare disturbi di fegato*, the power (*o* property) of certain waters to cure liver troubles; *vorrei avere la — di guarirti*, I wish I had the power to cure (*o* to heal) you // *in — di*, by (*o* in) virtue of: *in — della mia esperienza*, in virtue of my own experience; *in — di quel trattato, di questo contratto*, under that agreement, this contract; *in — dei poteri conferitimi*, under the powers conferred on me // *per — dello Spirito Santo*, through the intervention of the Holy Spirit, (*scherz.*) (*inspiegabilmente*) inexplicably **4** (*forza, vigore*) strength, vigour **5** (*letter.*) (*valor militare*) valour **6** (*teol.*) virtue: *le — cardinali, teologiche*, the cardinal, theological (*o* Christian) virtues **7** *pl.* (*quinta gerarchia degli angeli*) Virtues.

virtuale *agg.* **1** virtual: *il vincitore — di una gara*, the virtual winner of a race **2** (*fis.*) virtual: *immagine —*, virtual image; *particella —*, virtual particle; *principio dei lavori virtuali*, virtual work principle // (*inform.*) *memoria —*, virtual memory **3** (*amm.*) virtual.

virtualità *s.f.* virtuality.

virtuosismo *s.m.* virtuosity: *perdersi in virtuosismi*, to lose oneself in virtuosity; *i virtuosismi di un calciatore*, the virtuoso feats of a footballer.

virtuosistico *agg.* virtuoso (*attr.*): *un'esibizione virtuosistica*, a virtuoso display.

virtuosità *s.f.* **1** virtuousness **2** (*virtuosismo*) virtuosity.

virtuoso *agg.* virtuous: *azione, donna virtuosa*, virtuous action, woman ◆ *s.m.* **1** virtuous man **2** (*arte, mus.*) virtuoso*: *un — del violino, del pallone*, a violin, a football virtuoso.

virulento *agg.* virulent (*anche fig.*): *una malattia virulenta*, a virulent disease; *una satira virulenta*, a virulent satire.

virulenza *s.f.* virulence, virulency (*anche fig.*): *la — di una polemica*, the virulence of a controversy.

virus *s.m.* virus.

visagismo *s.m.* cosmetology.

visagista *s.m.* e *f.* cosmetologist, beautician.

vis-à-vis *avv.* (*fr.*) face to face: *eravamo seduti —*, we were sitting face to face; *trovarsi — con l'avversario*, to find oneself face to face with one's adversary ◆ *agg.* face-to-face: *un incontro —*, a face-to-face meeting ◆ *s.m.* **1** (*non com.*) (*chi sta di fronte*) person opposite, vis-à-vis **2** (*carrozza*) vis-à-vis.

viscaccia *s.f.* (*zool.*) (*Lagostomus maximus*) viscacha.

viscerale *agg.* visceral (*anche fig.*): (*anat.*) *cavità —*, visceral cavity; *un'antipatia —*, a deep-rooted (*o* visceral) dislike.

viscere *pl.m.* **visceri** *nei significati 1 e 2*; *pl.f.* **viscere** *nei significati 3, 4 e 5, s.m.* **1** vital organ, internal organ **2** *pl.* viscera: *il cuore, i polmoni, gli intestini sono visceri*, the heart, the lungs, the intestines are viscera **3** *pl.* (*intestini*) bowels, intestines; (*di animale*) entrails **4** *pl.* (*grembo materno*) womb (*sing.*) **5** *pl.* (*fig.*) (*la parte più interna di qlco.*) bowels: *le — della terra*, the bowels of the earth; *sentire qlco. fin nelle —*, to feel sthg. in one's blood.

vischio *s.m.* **1** (*bot.*) (*Viscum album*) mistletoe **2** (*sostanza appiccicosa*) birdlime **3** (*fig.*) (*inganno*) snare, trap.

vischiosità *s.f.* stickiness (*anche fig.*); viscosity: *la — del miele*, the stickiness of honey // (*econ.*): *— dei prezzi*, price stickiness; *— dei salari*, stickiness of wages.

vischioso *agg.* viscous, sticky: *un liquido —*, a viscous liquid // (*econ.*) *prezzi, salari vischiosi*, sticky prices, wages.

viscidità *s.f.* viscidity, stickiness.

viscido *agg.* **1** (*attaccaticcio*) viscid, sticky, slimy **2** (*scivoloso*) slippery: *fanghiglia viscida*, slippery mud **3** (*fig.*) slimy, slippery, oily: *un — adulatore*, an oily flatterer.

viscidume *s.m.* (*spreg.*) slimy mass, mass of sticky stuff.

visciola *s.f.* (*bot.*) sour black cherry.

visciolo *s.m.* (*bot.*) (*Prunus cerasus*) black cherry (tree).

viscoelasticità *s.f.* (*fis.*) viscoelasticity.

vis comica *s.f.* (*lat.*) vis comica, comic power.

viscontado *s.m.* viscounty.

visconte *s.m.* viscount.

viscontea *s.f.* viscounty.

visconteo[1] *agg.* of a viscount.

visconteo[2] *agg.* Visconti (*attr.*), of the Viscontis: *castello —*, castle of the Visconti family (*o* of the Viscontis).

viscontessa *s.f.* viscountess.

viscontino *s.m.* (*giovane visconte*) young viscount; (*figlio del visconte*) son of a viscount.

viscosa *s.f.* (*chim.*) viscose: *processo alla —*, viscose process; *rayon —*, viscose rayon.

viscosimetria *s.f.* (*chim., fis.*) viscometry, viscosimetry.

viscosimetro *s.m.* (*chim., fis.*) viscometer, viscosimeter.

viscosità *s.f.* **1** (*vischiosità*) stickiness, sliminess **2** (*fis.*) viscosity.

viscoso *agg.* **1** (*vischioso*) sticky **2** (*fis.*) viscous, viscose: *fluido —*, viscous fluid; *una soluzione viscosa*, a viscose solution.

vishnuismo → **visnuismo**.

visibile *agg.* **1** visible: *una cometa — a occhio nudo*, a comet visible to the naked eye // (*fis.*) *spettro —*, visible spectrum **2** (*estens.*) clear, obvious, evident: *c'erano visibili tracce del recente terremoto*, there were clear signs of the recent earthquake.

visibilio *s.m.* great number: *un — di cose*, a great number of things // *andare, mandare in —*, to go, to throw into raptures; *la folla era in — per il cantante*, the crowd was in raptures (*o* ecstasy) over the singer.

visibilità *s.f.* visibility: *la — di una stella*, the visibility of a star; *la — è buona*, visibility is good; *una — di 300 metri*, visibility of 300 metres.

visibilmente *avv.* visibly; (*in modo evidente, manifesto*) clearly, evidently, openly.

visiera *s.f.* **1** (*di elmo, di casco*) visor, vizard **2** (*di berretto*) peak; visor **3** (*da scherma*) fencing mask **4** (*aut.*) *— termica*, heated windscreen.

visigotico *agg.* Visigothic.

visigoto *s.m.* Visigoth ◆ *agg.* Visigothic.

visionare *v.tr.* **1** (*vedere in visione privata*) to preview: *— i nuovi film*, to preview the new films **2** (*prendere visione di*) to examine, to inspect: *— la merce*, to inspect the goods; *— i candidati, le richieste*, to look over the candidates, the applications.

visionario *agg.* e *s.m.* visionary: *politica visionaria*, visionary politics // *era un progetto da —*, it was an impractical plan.

visione *s.f.* **1** vision: *— di ricchezza, felicità*, vision of wealth, happiness; *campo di —*, field of vision; *avere una — pessimistica della vita*, to have a pessimistic vision of (*o* a pessimistic outlook on) life; *avere una chiara — dei fatti*, to have a clear picture of the facts; *avere delle visioni*, to have (*o* to see) visions // *prendere — di qlco.*, to look over sthg. // *inviare qlco. in — a qlcu.*, to send s.o. sthg. to be looked at // (*relig.*) *le visioni di Santa Teresa*, St. Teresa's visions **2** (*vista*) sight: *a quella terribile —, pensai di svenire*, at that dreadful sight I thought I would faint **3** (*cinem.*) screening, showing: *— contemporanea*, films shown (*o* screened) at the same time; *un film in prima —*, a film on first release **4** (*med.*) vision, sight.

visir *s.m.* vizier: *gran —*, Grand Vizier.

visirato *s.m.* vizierate.

visita *s.f.* **1** visit; (*breve*) call: *una — a un malato*, a visit to a patient; *una — a un museo, a una chiesa*, a visit to a museum, to a church; *— di cortesia*, courtesy visit (*o* call); *ci fa una breve — tutte le sere*, he looks in (*o fam.* pops in) every evening; *ero in — da un amico*, I was visiting a friend of mine; *fare una — a qlcu.*, to pay s.o. a visit (*o* to call on s.o.); *fare una breve —, una visitina*, to make a short visit (*o* call); *scambiarsi visite*, to exchange visits // *— turistica*, sightseeing // *— pastorale*, pastoral visit // *biglietto da —*, visiting card // (*relig.*) *— della Vergine a Santa Elisabetta*, Visitation of the Virgin to St. Elizabeth **2** (*ispezione*) inspection, control: *— doganale*, customs inspection (*o* control); *— dei bagagli*, luggage inspection // *— fiscale*, medical check on employees on sick leave // (*dir. mar.*) *diritto di —*, (*di perquisizione a bordo*) right of search on board **3** (*persona che visita*) visitor, caller: *ho avuto due visite ieri*, I had two visitors yesterday **4** (*med.*) examination: *— medica*, medical examination; *sottoporsi a — medica*, to undergo (*o* to have) a medical examination (*o* to be medically examined); *il dottore è in giro per visite*, the doctor is on (*o* is doing) his rounds; *quanto prende quel medico per —?*, what is that doctor's fee?; *subire una — agli occhi*, to have one's eyes tested // (*mil.*) *marcare —*, to report sick // *passare la —*, to have a medical.

visitare *v.tr.* **1** to visit: *il nuovo direttore ha visitato la scuola*, the new headmaster has visited the school; *— una città, un paese, un museo*, to visit a city, a country, a museum; *andare a — le bellezze di una città*, to go sightseeing (*o* to go to see the sights of a city); *ho visitato tutte le stanze della casa*, I have been into every room of the house // *fecero — la casa agli amici*, their friends were shown over the house **2** (*andare a trovare*) to visit, to pay* a visit to (s.o.), to see*; to call on (s.o.): *vado a — tuo padre ogni tanto*, I go and see your father now and then; *venne qui a — i suoi parenti*, he came here to visit his relatives; *— i poveri*, to visit the poor // (*dir.*) *diritto di — i figli*, (*dopo il divorzio*) right of visitation // *la sventura ci ha visitati*, misfortune has befallen (*o* has come upon) us **3** (*med.*) (*esaminare*) to examine: *mi visitò accuratamente*, he examined me carefully; *farsi — da uno specialista*, to be examined (*o* seen) by a specialist.

visitatore *s.m.* **visitatrice** *s.f.* visitor: *i visitatori di uno zoo*, the visitors to a zoo; *la mostra ha avuto un eccezionale numero di visitatori*, the exhibition had an exceptional number of visitors.

visitazione *s.f.* (*relig.*) visitation.

visivo *agg.* visual, of vision: *angolo —*, visual angle; *campo —*, field of vision (*o* visual field); *facoltà visiva*, faculty of vision (*o* sight); *memoria, impressione visiva*, visual memory, impression; *raggi visivi*, visual rays; *sussidio —*, visual aid.

visnuismo *s.m.* (*st. relig.*) Vishnuism.

viso *s.m.* face: *un — sorridente, radioso, scuro*, a smiling, radiant, gloomy (*o* sullen) face; *un — che non mi è nuovo*, a familiar face (*o* a face I have seen before); *accendersi in —*, to grow red in the face (*o* to flush); *guardare qlcu. in —*, to look s.o. in the face; *lavarsi il —*, to wash one's face // *a — aperto*, (*francamente*) openly (*o* frankly) // *— a —*, face to face // *fare buon — a cattiva sorte*, to make the best of things // *— pallido*, paleface.

visone *s.m.* (*zool.*) (*Mustela vison*) mink: *pelliccia di —*, mink coat.

visore *s.m.* (*tecn.*) **1** (*per diapositive*) viewer **2** (*a raggi infrarossi*) snooperscope **3** (*di calcolatrice*) check window.

vispo *agg.* lively, sprightly, brisk: *un — vecchietto*, a sprightly old man; *quel bimbo è molto —*, that child is very lively; *che occhietti vispi!*, what bright eyes!

vissuto *agg.* lived: *— a lungo*, long-lived; *— per breve tempo*, short-lived // *racconti di vita vissuta*, real-life stories // *un uomo —*, an experienced man ◆ *s.m.* background: *il — familiare, politico*, family, political background.

vista *s.f.* **1** sight: *gli organi della —*, the organs of sight; *alla — del sangue svenne*, she fainted at the sight of blood; *avere una — buona, cattiva, difettosa*, to have good, bad, defective sight; *avere una — aquilina*, to have an eagle eye; *avere la — corta*, (*anche fig.*) to be shortsighted; *avere la — lunga*, (*anche fig.*) to be longsighted, (*fig.*) to show foresight; *perdere la —*, to lose one's sight // *a prima —*, at first sight: *amore a prima —*, love at first sight; *suonare a prima —*, to play at sight; *a prima — mi sembra un buon affare*, at first sight it seems to be a bargain // *in — di*, considering (*o* in view of); in sight of: *in — del Natale, gli ho già comprato un regalo*, seeing that it's Christmas I've bought him a present; *in — del traguardo fece uno scatto*, when the finishing line was in sight he made a sprint; *siamo in — della costa siciliana*, the Sicilian coast is in sight (*o* we are in sight of the Sicilian coast) // *punto di —*, point of view (*anche fig.*) // *è una persona molto in —*, he is a very well-known person // *conoscere qlcu. di —*, to know s.o. by sight // *crescere a — d'occhio*, to grow visibly // *la prateria si estendeva a — d'occhio*, the meadowland stretched out as far as the eye could see // *sparare a —*, to shoot on sight (*comm.*) sight; (*mostra*) show // (*banca*): *a —*, at sight (*o* on demand); *a 30 giorni —*, 30 days after sight; *cambiale a —*, sight bill (*o* draft); *pagabile a —*, payable at sight (*o* on demand); *prestito a —*, demand loan (*o amer.* call loan) **2** (*occhi*) eyes (*pl.*): *smetto di leggere perché ho la — stanca*, I'll stop reading because my eyes are tired **3** (*veduta*) sight, view: *le Alpi sono una delle più belle viste del mondo*, the Alps are one of the most beautiful sights in the world; *la casa ha una bella — sulla baia*, the house has a fine view over the bay // *far bella —*, to show // *mettersi in —*, to show off **4** (*campo visivo*) view: *tieni in — queste carte*, keep these papers in view; *lascialo bene in — all'entrata*, leave it at the entrance where it can easily be seen; *sottrarsi alla — di qlcu.*, to hide from s.o.'s sight // *perder di —*, to lose sight of: *dopo il liceo ci siamo persi di —*, after school we lost sight of each other // *ho in — qualcosa di interessante*, I have something interesting in view (*o* coming up); *ha in — una promozione*, he is going to get promotion // (*aer.*) *volo a —*, contact flight.

vistare *v.tr.* to endorse; (*autenticare*) to authenticate, to certify: *— un documento, un certificato*, to endorse a document, a certificate; *— un passaporto*, to visa a passport; (*banca*) *— un assegno*, to certify a cheque, (*con la firma*) to initial a cheque.

visto *agg.* seen: *non —*, unseen, unnoticed // *mai — (prima)*, exceptional: *una bellezza mai vista*, an exceptional beauty ◆ *s.m.* (*approvazione*) approval, endorsement; (*permesso*) visa: (*timbro di convalida*) stamp // (*amm.*): *— d'entrata, d'uscita*, entry visa, exit visa; *— su un passaporto*, visa; *— consolare*, consular visa; *il — del direttore*, the director's approval; *apporre il — su un documento, su una fattura*, to stamp a document, an invoice; *mettere il — a un passaporto*, to visa a passport; *chiedere il — per la Cina*, to apply for a visa for China.

vistosità *s.f.* showiness, gaudiness.

vistoso *agg.* **1** showy, gaudy: *abito —*, showy dress; *colore —*, gaudy colour **2** (*fig.*) (*grande*) huge, big, large: *una somma vistosa*, a huge sum.

visuale *agg.* visual: *angolo —*, visual angle ◆ *s.f.* **1** (*vista, panorama*) sight, view: *spostati, per favore, mi togli la —*, move over, please, you're blocking my view **2** (*campo visivo*) view, field of vision.

visualità *s.f.* visuality.

visualizzare *v.tr.* **1** to visualize **2** (*su schermo*) to display, to view (*anche inform.*).

visualizzatore *s.m.* **1** (*tecn.*) visualizer **2** (*schermo*) display; (*di calcolatrice*) view window.

visualizzazione *s.f.* visualization; display: (*inform.*) *— grafica*, graphic display.

visura *s.f.* examination, inspection, survey, perusal: *— catastale*, cadastral survey.

vita[1] *s.f.* **1** life*: *— degli animali, delle piante*, animal, plant life; *la — umana*, human life; *la — terrena*, life on earth; *essere in —*, to be living (*o* alive); *essere in fin di —*, to be dying; *essere privo di —*, to be lifeless; *essere tra la — e la morte*, to be between life and death; *rimanere in —*, to survive; *non dare segni di —*, to show (*o* to give) no signs of life; *rischiare la —*, to risk (*o* to venture) one's life; *perdere la —*, to lose one's life; *dare la — a qlcu.*, to give birth to s.o.; *dare la — per qlcu., qlco.*, to give (*o* to sacrifice) one's life for s.o., sthg.; *dar — a qlco.*, to start (*o* to set up) sthg.; *togliere la — a qlcu.*, to take s.o.'s life; *togliersi la vita*, to kill oneself (*o* to commit suicide); *richiamare in — qlcu.*, to bring s.o. back to life; *salvare la — a qlcu.*, to save s.o.'s life; *ti devo la —*, I owe you my life; *aver cara la —*, to value one's life; *vender cara la —*, to sell one's life dearly; *essere attaccati alla —*, to love life // *nella primavera, al tramonto della —*, in the spring, autumn of life // *l'altra —*, the next life; *la — eterna*, eternal life; *passare a miglior —*, to pass away (*o* breath one's last) // *lotta per la —*, struggle for life // *assicurazione sulla —*, life insurance // *è in gioco la sua —*, his life is at stake // *è una questione di — o di morte*, it's a matter of life and death // *ne va della —*, it's more than my life is worth // *pena la —*, on pain of death // *lo giuro sulla mia —*, I swear it on my life // *l'aria e la luce sono la nostra —*, air and light are (*o* mean) life to us // *il lavoro è la sua —*, work is his life; *amor mio, — mia!*, my love, my life! // *storie di — vissuta*, real life stories // *conoscere la —*, to know life (*o* the world); *avere esperienza della —*, to have experience of life (*o* of the world) // *è la —!*, that's life! // *finché c'è — c'è speranza*, (*prov.*) while there's life there's hope **2** (*periodo di vita*) life*; (*durata di una vita*) lifetime: *— lunga*, long life; *— media*, average lifetime; (*fis. nucleare*) mean life; *— operativa*, physical life; *durante la sua —*, during his lifetime; *tutta una — di felicità*, a lifetime of happiness; *capita una sola volta nella —*, it happens only once in a lifetime; *non l'ho mai fatto in — mia*, I have never done it in my life; *quel giornale ha avuto — breve*, that newspaper had a short life // *— natural durante*, for one's natural life // *a —*, (for) life; *carcere a —*, life imprisonment; *condanna a —*, life sentence; *essere condannato a —*, to be given a life sentence; *pensione a —*, life pension; *senatore a —*, senator for life // *per (tutta) la —*, for life: *essere menomato per la —*, to be maimed for life; *ti amerò per tutta la —*, I'll love you as long as I live // *in —*, during one's life: *in — non è stato un gran che*, during his lifetime he wasn't up to much // *lo conosco da una —, è una — che lo conosco*, I've known him for years **3** (*modo di vivere*) life*, living: *— sana, onesta, attiva*, healthy, honest, active life; *— privata, pubblica*, private, public life; *ritirarsi a — privata*, to retire to private life; *— di relazione*, social life; *— in comune*, life together; *far — in comune*, to live together; *condurre una — tranquilla*, to lead a quiet life; *vivere una — disordinata*, to live (*o* to lead) a disorderly life // *tenore di —*, standard of living // *che —!*, what a life! // *— da cani*, dog's life // *come va la —?*, how's life (*o* how are you getting on)? // *fare una — da nababbo, da re*, to live like a lord (*o* a king) // *fare la dolce —*, to live it up // *fare una bella —*, to lead a good life // *fare la, darsi alla bella —*, to lead a life of pleasure // *fare la —*, to be a prostitute; *donna di* —, prostitute // *avere una doppia* —, to live (*o* to lead) a double life // *cambiare* —, to mend one's ways // *rifarsi una* —, to make a new life for oneself // *trascinare la* —, to live (*o* to lead) a hard life // *rendere la — difficile a qlcu.*, to make life difficult for s.o. // *sapere —, morte e miracoli di qlcu.*, to know everything about s.o. // *poca brigata — beata*, (*prov.*) the fewer the better **4** (*il necessario per vivere*) living: *il costo della* —, the cost of living; *la — è sempre più cara*, the cost of living is going up all the time; *guadagnarsi la* —, to earn one's living; *si guadagna onestamente la* —, he earns an honest living; *guadagnarsi a stento la* —, to scrape a living **5** (*vitalità*) vitality, life*; (*animazione*) animation: *è piena di* —, she is full of life (*o* bubbling over with vitality); *città, strada piena di* —, town, street full of life; *musica piena di* —, music full of vitality; *romanzo privo di* —, lifeless novel; *dar — a una festa*, to liven up a party **6** (*essere, persona*) life*: *non c'era traccia di — per le strade*, there was no sign of life in the streets; *la guerra costa molte vite*, war costs many lives; *non si lamenta alcuna perdita di vite umane*, no lives were lost (*o* there was no loss of life) **7** (*biografia*) life*, biography: *hai letto le vite di Plutarco?*, have you read Plutarch's lives?

vita[2] *s.f.* (*parte del corpo*) waist: *prendere qlcu. per la* —, to seize s.o. by the waist; *giro di* —, waist measure; *abito stretto in* —, a tight -waisted dress; *avere la — alta, bassa, essere corto, lungo di* —, to have a high, low waist, to be high-waisted, low-waisted; *avere la — stretta, sottile*, to have a slender waist; — *di vespa*, wasp waist // *su con la —!*, cheer up!

vitaccia *s.f.* wretched life*, miserable life*.

vitaiolo *s.m.* (*scherz.*) (*chi fa bella vita*) bon viveur.

vitalba → **clematide**.

vitale *agg.* **1** vital: *l'acqua e l'aria sono vitali per la sopravvivenza dell'uomo*, water and air are vital for man's survival; *forza* —, vital force; *parte* —, vital part // (*anat.*): *organi vitali*, vital organs; *centro* —, vital centre **2** (*fig.*) vital, essential, basic: *di — importanza*, of vital importance // *un progetto economicamente* —, an economically viable scheme.

vitalista *s.m.* e *f.* (*biol., fil.*) vitalist.

vitalistico *agg.* (*biol., fil.*) vitalistic.

vitalità *s.f.* **1** vitality **2** (*fig.*) vitality; vigour, energy: *la — di un'idea*, the vitality of an idea; *un uomo che manca di* —, an apathetic man // (*econ.*): *la — commerciale di un prodotto*, the commercial viability of a product; *un settore economico dotato di grande* —, a thriving economic sector.

vitaliziante *s.m.* (*burocrazia*) person who settles an annuity (on s.o.), grantor of a life annuity.

vitaliziare *v.tr.* (*burocrazia*) to settle an annuity on (s.o.), to provide (s.o.) with a life annuity.

vitaliziato *s.m.* (*burocrazia*) holder of a life annuity, life annuitant.

vitalizio *agg.* (lasting) for life; life (*attr.*): *rendita vitalizia*, life annuity (*o* income for life); *socio* —, life member; *assegno* —, life allowance; *carica vitalizia*, office for life; *pensione vitalizia*, pension for life ◆ *s.m.* (*dir.*) life annuity, life income, income for life: — *gratuito*, gratuitous life annuity; *fare un* —, to take out a life annuity.

vitalizzare *v.tr.* to vitalize, to invigorate. □ **vitalizzarsi** *v.intr.pron.* to become* invigorated.

vitamina *s.f.* (*biochim.*) vitamin.

vitaminico *agg.* (*biochim.*) vitaminic.

vitaminizzare *v.tr.* to vitaminize, to enrich with vitamins.

vitaminizzato *agg.* vitaminized: *latte* —, vitaminized milk (*o* milk enriched with vitamins).

vitaminizzazione *s.f.* vitaminization.

vitaminologia *s.f.* vitaminology.

vite *s.f.* **1** (*bot.*) (*Vitis vinifera*) vine, grapevine: *potare le viti*, to prune vines // — *bianca*, (*pop.*) bryony; — *del Canadà*, (*Parthenocissus quinquefolia*) woodbine (*o* woodbind) **2** (*mecc.*) screw: — *a ferro*, machine screw; — *a legno*, wood screw; — *di avanzamento*, feeding screw; — *di pressione*, setscrew; — *madre*, lead screw; — *maschio, femmina*, male, female screw; — *perpetua*, perpetual screw; — *senza fine*, worm (screw); *ingranaggio a ruota dentata e — senza fine*, worm gear; *giro di* —, turn of screw (*anche fig.*); *la — è lenta*, the screw is loose; *allentare una* —, to loosen a screw; (*inform.*) — *di regolazione*, jack screw **3** (*aer.*) spin: — *orizzontale*, roll; — *piatta*, flat spin; — *rovescia*, inverted spin; — *volontaria*, controlled spin; *cadere in* —, to fall into a spin; *uscire di* —, to fly (*o* to come) out of a spin.

vitella *s.f.* heifer.

vitellina *s.f.* (*biochim.*) vitellin.

vitellino *agg.* (*biol.*) (*relativo al vitello dell'uovo*) vitelline: *membrana vitellina*, vitelline membrane; *sacco* —, yolk sac.

vitello[1] *s.m.* **1** calf* **2** (*cuc.*) veal: *cotolette di* —, veal cutlets; — *al forno*, roast veal **3** (*pelletteria*) calfskin: *una valigia, una borsa di* —, a calfskin (*o* calf) suitcase, handbag **4** (*zool.*) — *marino*, (*Phoca vitulina*) sea calf* (*o* sea dog).

vitello[2] *s.m.* (*biol.*) (*dell'uovo*) vitellus, yolk.

vitellone *s.m.* **1** bullock: *carne di* —, tender beef **2** (*fig.*) (*giovane ozioso*) layabout.

viteria *s.f.* (*mecc.*) bolts and screws (*pl.*).

viticchio *s.m.* (*bot.*) (*Convolvulus arvensis*) field bindweed.

viticcio *s.m.* (*bot.*) tendril, cirrus*.

viticolo *agg.* vine-growing, viticultural.

viticoltore *s.m.* vine-grower, viticulturist, viticulturer.

viticoltura *s.f.* vine-growing, viticulture.

vitigno *s.m.* (species of) vine.

vitiligine *s.f.* (*med.*) vitiligo*.

vitino *s.m.* narrow waist // *avere un — di vespa*, to have a wasp waist.

vitivinicolo *agg.* wine (*attr.*).

vitivinicoltore *s.m.* winegrower, wine producer.

vitivinicoltura *s.f.* winegrowing; wine producing.

vitrano *s.m.* (*geol.*) vitrain.

vitreo *agg.* vitreous, glassy: *uno sguardo* —, a glassy look // (*anat.*): *umor* —, vitreous humour; *corpo* —, vitreous body.

vitrinite *s.f.* (*geol.*) vitrinite.

vitrite *s.f.* (*geol.*) vitrite, vitrain.

vitta *s.f.* (*bot.*) vitta*.

vittima *s.f.* victim (*anche estens.*): *sacrificare una — a un dio*, to sacrifice a victim to a god; *le vittime di un'epidemia*, the victims of an epidemic; *fu un brutto incendio, ma non ci furono vittime*, it was a bad fire but there were no victims (*o* casualties); *le vittime del razzismo*, the victims of racism; *restare — di un raggiro*, to be the victim of a hoax; *fu — della sua ambizione*, he was (*o* he fell) victim to his ambition // *la — del reato*, the victim of the crime // *le vittime della strada*, road casualties // *fare la* —, (*fam.*) to play (*o* to act) the martyr.

vittimismo *s.m.* victimization.

vittimista *s.m.* e *f.* self-pitier.

vittimistico *agg.* self-pitying: *atteggiamento* —, self-pitying attitude.

vittimizzare *v.tr.* (*non com.*) (*reprimere, maltrattare*) to victimize; to bully.

vittimizzazione *s.f.* (*non com.*) (*repressione, maltrattamento*) bullying, victimizing.

vitto *s.m.* **1** (*cibo*) food; provisions (*pl.*): *un — sano, malsano*, wholesome, unwholesome food; — *frugale, vegetariano*, frugal, vegetarian diet; *il — è molto caro in questo paese*, food is very expensive in this country // *mezzo* —, (*per un malato*) invalid diet, (*per persona in sovrappeso*) diet **2** (*pasti consumati in una pensione, albergo*) board: *quanto pagavi per il —?*, how much did you pay for board? // — *e alloggio*, board and lodging: *spese di — e alloggio*, board and lodging expenses (*o* charges).

vittoria *s.f.* **1** victory; triumph; success; (*conquista*) conquest, achievement: — *militare*, military victory; *una — schiacciante*, an overwhelming victory; *conseguire, riportare una — sul nemico*, to gain (*o* to win) a victory over the enemy; *riuscire a terminare gli studi è stata per lui una* —, finishing his studies was an achievement for him; *le vittorie della medicina*, the triumphs (*o* achievements) of medicine; *la dea della* —, the goddess of victory // — *di Pirro*, (*fig.*) Pyrrhic victory // *cantar* —, (*fig.*) to crow (over a victory): *non cantar — prima del tempo*, don't count your chickens before they are hatched // *avere la — in pugno*, to have victory in one's grasp **2** (*sport*) victory, win // (*boxe*) — *ai punti*, win on points.

vittoriano *agg.* Victorian: *età vittoriana*, Victorian age; *stile* —, Victorian style.

vittorioso *agg.* victorious: *l'esercito* —, the victorious army; *grida vittoriose*, shouts of victory; *ritorno* —, triumphant return.

vituperabile *agg.* vituperable.

vituperare *v.tr.* to vituperate, to revile; (*disonorare*) to disgrace, to dishonour.

vituperativo *agg.* (*rar.*) vituperative; insulting.

vituperatore *agg.* (*non com.*) vituperating ◆ *s.m.* (*non com.*) vituperator.

vituperevole *agg.* (*letter.*) contemptible; ignominious, shameful.

vituperio *s.m.* **1** (*insulto*) insult: *mi accolse con una serie di vituperi*, he greeted me with a shower of insults **2** (*non com.*) (*disonore*) shame, disgrace: *è il — della sua famiglia*, he is the shame (*o* disgrace) of his family.

vituperoso *agg.* (*non com.*) shameful, disgraceful, ignominious, despicable: *atti vituperosi*, ignominious deeds.

viuzza *s.f.* lane; alley.

viva *inter.* hurrah, hurray; hooray; long live

(sthg.), up with (sthg.): — *l'allegria!*, let us be merry!; — *il vincitore!*, hurrah (*o* three cheers) for the winner!; — *la pace*, up with peace!; — *il Re, la Regina!*, long live the King, the Queen! ◆ *s.m.* cheer, applause: *tra i — del pubblico i giocatori entrarono in campo*, the players entered the field amid the cheers of the public.

vivacchiare *v.intr.* (*fam.*) **1** (*vivere poveramente*) to scrape a living; to barely make* ends meet **2** (*tirare avanti*) to get* along, to rub along // *"Come va?" "Si vivacchia"*, "How are you?" "Getting by".

vivace *agg.* **1** (*pieno di vita, brio*) lively, vivacious; live (*attr.*): *una — descrizione*, a lively description; *un bambino —*, a lively child; *immaginazione —*, lively (*o* vivid) imagination; *espressione —*, lively (*o* keen) expression; *il suo modo — di raccontare le cose*, his lively way of telling things; *questo bambino è troppo —*, this child is overvivacious // *una discussione —*, a lively discussion // (*econ.*) — *espansione degli acquisti*, lively expansion of buying // (*Borsa*): *domanda —*, bright demand; *mercato —*, lively market **2** (*pronto, sveglio*) quick: *intelligenza —*, quick (*o* keen) intelligence **3** (*vivo, gaio*) bright, lively, vivid: *colore —*, bright (*o* vivid) colour.

vivacemente *avv.* **1** (*in modo brioso*) lively, vivaciously **2** (*prontamente*) quickly **3** (*vivamente, gaiamente*) brightly; gaily; vividly.

vivacità *s.f.* **1** liveliness, vivacity **2** (*prontezza*) brilliance, quickness **3** (*gaiezza*) brightness.

vivacizzare *v.tr.* to brighten up, to liven up: — *una festa*, to brighten (*o* to liven) up a party; *è necessario — le lezioni*, the lessons have to be livened up; *questi quadri moderni vivacizzano la stanza*, these modern pictures brighten up the room.

vivaddio *inter.* by God!, upon my word!

vivagno *s.m.* (*cimosa*) selvage, selvedge.

vivaio *s.m.* **1** farm, pond: — *di piante*, nursery; — *di pesci*, fish farm (*o* fish hatchery); — *di ostriche*, oyster park **2** (*agr.*) → **semenzaio** **3** (*fig.*) breeding ground, fount: *quella scuola fu un — di grandi artisti*, that school was a breeding ground for great artists.

vivaista *s.m.* e *f.* farmer, breeder.

vivaistico *agg.* farming, breeding.

vivamente *avv.* **1** (*profondamente*) deeply; keenly, acutely: *siamo — commossi*, we are deeply touched **2** (*con interesse*) keenly: *le notizie erano — attese*, the news was keenly awaited **3** (*caldamente*) warmly, heartily: *vi ringrazio —*, I thank you heartily (*o* warmly) **4** (*fortemente*) strongly.

vivanda *s.f.* **1** (*cibo*) food; victuals (*pl.*): *vivande prelibate*, choice food; *vivande semplici*, plain food; *un arnese per tener calde le vivande*, a device for keeping food warm; *preparare le vivande per la tavola*, to prepare food for the table **2** (*pietanza, piatto*) dish.

vivandiere *s.m.* (*mil.*) sutler.

viva-voce *agg.*: *apparecchio, telefono —*, speakerphone.

vivente *agg.* alive (*pred.*), living: *un essere —*, a living being (*o* creature); *il miglior direttore d'orchestra —*, the greatest living conductor; *è ancora —*, he is still alive; *è l'immagine — di suo nonno*, he is the living (*o* the spitting) image of his grandfather // *lingua —*, modern language ◆ *s.m.* living being.

vivere *v.intr.* **1** to live: *piante che vivono nell'acqua*, plants that live in water; *mia nonna visse fino a 79 anni*, my grandmother lived to the age of 79; — *a lungo*, to live for a long time; *il dottore crede che non vivrà più di due giorni*, the doctor thinks he will not live more than two days; *vive ancora*, he is still living (*o* he is still alive); *le farfalle non vivono a lungo*, butterflies are short-lived; *cessare di —*, to die; *essere stanco di —*, to be tired of life; — *fino a tarda età*, to live to a great age; *possa egli — a lungo!*, may he live long!; *visse nel sedicesimo secolo*, he lived in the 16th century; — *modestamente*, to live modestly; — *onestamente*, to live honestly (*o* to live an honest life); — *nel peccato*, to live in sin // *da quando l'ho lasciato non vivo più*, I've been feeling terrible since I left him; *da quando gli ho promesso di portarlo al circo non mi lascia —*, he hasn't given me a moment's peace since I promised to take him to the circus; *"Come va?" "Si vive"*, "How are you?" "I can't complain (*o* I'm getting by)"; *quella donna non sa —*, that woman doesn't know how to live; *ti insegnerò io a —!*, I'll teach you what's what! // *chi vivrà vedrà*, time will tell // — *e lasciar —*, (*prov.*) to live and let live // (*tip.*) *vive*, stet **2** (*abitare*) to live: *amo — in città, in campagna*, I love living in the city, in the country; *vivo a Roma*, I live in Rome; *vivo qui da quasi due anni*, I have been living here (for) almost two years; — *con qlcu.*, to live with s.o. **3** (*campare, sostenersi*) to live (on, by sthg.): *guadagno abbastanza per —*, I earn (*o* make) enough to live on; *riesce a stento a guadagnarsi da —*, he can hardly make a living (*o* make ends meet); *avere di che —*, to have enough to live on; *lavorare per —*, to work for a living; — *del proprio stipendio*, to live on one's salary; — *del proprio lavoro*, to live by one's work; — *di rendita*, to live on a private income; — *del sudore della propria fronte*, to live by the sweat of one's brow; — *alle spalle di qlcu.*, to sponge on s.o.; — *di espedienti*, to live by one's wits; — *di elemosina*, to live on alms; — *alla giornata*, to live from hand to mouth; — *negli agi*, to live a life of luxury; — *da gran signore*, to live like a lord **4** (*durare*) to live (on), to last, to endure: *opera che vivrà*, work that will live (*o* endure); *il suo nome vivrà*, his name will live (on); *tradizioni che vivono ancora*, traditions that are still alive ◆ *v.tr.* to live; to have: *le vicende che egli visse*, the events he lived through; — *una vita tranquilla*, to live a quiet life; *abbiamo vissuto momenti felici*, we have had happy moments; — *la gioia del successo*, to experience the thrill of success.

vivere *s.m.* life, living; (*modo di vivere*) way of life: *il — a New York*, the way of life in New York; *oggi — è più caro di una volta*, today the cost of living is higher than it used to be; *per amore del quieto —*, for the sake of a quiet life.

viveri *s.m.pl.* victuals, provisions; supplies: *razionamento dei —*, food rationing; *i — erano scarsi*, supplies were running short; *gli tagliarono i —*, they cut off his supplies; *mancavamo di —*, we were short of provisions (*o* supplies); *provvedere una nave, un esercito di —*, to victual a ship, an army // *caro —*, high cost of living.

viverra *s.f.* (*zool.*) viverra.

viverricola indiana *s.f.* (*zool.*) (*Viverricula indica*) rasse.

viveur *s.m.* (*fr.*) viveur; playboy.

vivezza *s.f.* **1** (*vivacità*) liveliness, sprightliness; (*di colore*) brightness, vividness: — *di conversazione*, liveliness of conversation; — *d'ingegno*, quick-wittedness (*o* readiness of mind) **2** (*efficacia espressiva*) lifelike quality, vividness: *la — di un ritratto*, the lifelike quality of a portrait.

vivianite *s.f.* (*min.*) vivianite.

vivibile *agg.* liv(e)able; bearable; pleasant, enjoyable, agreeable: *questa città non è più —*, you can't live in this town any more (*o* this town is no longer liveable).

vivibilità *s.f.* liv(e)ability; suitability for human living.

vividezza *s.f.* vividness, brightness; liveliness, quickness.

vivido *agg.* vivid; (*acuto*) lively: *una vivida descrizione, immaginazione*, a vivid description, imagination; *colori vividi*, vivid colours; *un ingegno —*, a lively mind.

vivificante *agg.* enlivening, vivifying; (*di aria*) invigorating.

vivificare *v.tr.* **1** (*non com.*) to give* life to (s.o., sthg.) **2** (*fig.*) to enliven: *il sole vivifica la natura*, the sun gives life to nature; *la sua presenza vivifica l'ambiente*, his presence livens things up (*o* enlivens things); — *il commercio, l'industria*, to encourage trade, industry.

vivificativo *agg.* vivifying.

vivificatore *agg.* vivifying ◆ *s.m.*, **vivificatrice** *s.f.* vivifier.

vivificazione *s.f.* vivification; invigoration, reviving.

vivifico *agg.* (*letter.*) vivifying.

vivinatalità *s.f.* (*stat.*) live births (*pl.*).

viviparità *s.f.* (*biol.*) viviparity, viviparousness.

viviparo *agg.* (*bot., zool.*) viviparous.

vivisettorio *agg.* vivisectional.

vivisezionare *v.tr.* **1** to vivisect **2** (*fig.*) to examine thoroughly; to dissect: — *un testo, un argomento*, to subject a text, an issue to close examination.

vivisezione *s.f.* **1** vivisection: *fare la — di un animale*, to vivisect an animal; *praticare la —*, to vivisect **2** (*fig.*) detailed examination; dissection: *la — di un testo*, the detailed examination of a test.

vivisezionista *s.m.* e *f.* vivisectionist, vivisector.

vivo *agg.* **1** living; alive (*pred.*); live (*attr.*): *è ancora —*, he is still living; *essere sepolto —*, to be buried alive; *la pianta è ancora viva*, the plant is still alive; *sono — per miracolo*, I am only alive thanks to a miracle; *uscirne —*, to get out alive; *sono più morto che —*, I'm more dead than alive; *prendetelo — o morto*, get him, dead or alive // *se non mi riporta il libro me lo mangio —*, (*fig.*) if he doesn't give me my book I'll kill him // *non c'era anima viva*, there was not a living soul // *l'ho sentito dalla sua viva voce*, I heard it from him in person // *acqua viva*, running water // *argento —*, quicksilver // *calce viva*, quick-lime // *peso —*, live weight // *roccia viva*, live (*o* living) rock // *siepe viva*, quickset hedge // *spigolo —*, sharp edge // *a viva forza*, by force // *tieni — il fuoco*, keep the fire going (*o* alight) // *cuocere a fuoco —*, to cook on a blazing flame // *trovi questa espressione solo nella lingua viva*, you find this expression only in the spoken language // *farsi —*, to turn up: *fatti — ogni* *tanto*, come and see us sometimes; *non si fa — da due mesi*, he hasn't been in touch for two months; *si fece — improvvisamente*, he suddenly turned up // *spese vive*, (*costo delle materie*) direct expenses, (*spese sostenute*) out-of-pocket expenses **2** (*vivace*) lively, sprightly; (*animato*) animated: *ci diede una viva descrizione del suo soggiorno in Turchia*, he gave us a lively account of his stay in Turkey; *uno spirito —*, a lively wit; *uno stile —*, a sprightly style; *è un ragazzo —*, he is a lively boy // (*Borsa*) *mercato —*, lively (*o* brisk) market **3** (*fig.*) (*profondo*) deep; (*acuto*) keen, sharp: *— dolore*, deep sorrow; *una viva impressione*, a deep impression; *una viva intelligenza*, a keen intelligence; *un — interesse*, a keen interest; *una viva sensazione di paura*, a sharp sensation of fear; *ho un — desiderio di vederlo*, I have a deep desire to see him; *vivissimi auguri*, best wishes **4** (*vivido*) vivid, clear: *un — ricordo*, a vivid memory; *tener — il ricordo di qlcu.*, to keep s.o.'s memory alive; *è ancora — in noi il ricordo della sua generosità*, the memory of his generosity still lives **5** (*di colore*) bright: *colori vivi*, bright colours ◆ *s.m.* **1** living person: *i vivi e i morti*, the living and the dead **2** (*parte vivente*) living part; (*fig.*) (*essenza*) heart: *entrare nel — di una questione*, to get to the heart of a matter; *toccare, pungere nel —*, to wound to the quick (*o* to touch on a sore spot) **3** *al —*, true to life: *ritrarre qlcu. al —*, to give a true to life portrayal of s.o. // *programma dal —*, a live programme.

viziare *v.tr.* **1** to spoil*; to pamper: *vizia troppo i suoi bambini*, she spoils her children **2** (*corrompere*) to corrupt; (*rendere difettoso*) to ruin, to make* defective, to spoil* **3** (*dir.*) (*render nullo*) to vitiate: *queste omissioni viziano il contratto*, these omissions vitiate the contract.

□ **viziarsi** *v.intr.pron.* **1** to become* spoiled **2** (*diventare difettoso*) to become* spoiled, to become* ruined.

viziato *agg.* **1** spoilt: *un bambino —*, a spoilt child **2** (*guasto*) faulty, defective; ruined, spoilt // *aria viziata*, foul air **3** (*dir.*) (*nullo*) vitiated: *questo contratto è —*, this contract is vitiated.

vizio *s.m.* **1** vice: *il — della gola*, the vice of gluttony; *corrotto dal —*, corrupted by vice; *vivere nel —*, to live in vice **2** (*cattiva abitudine*) bad habit: *ha il — del fumo, di succhiarsi il dito*, he has the bad habit of smoking, of sucking his thumb; *una persona piena di vizi*, a person with many bad habits **3** (*difetto*) fault; defect, flaw: *i vizi del sistema politico attuale*, the faults of the present political system; *— di lavorazione*, manufacturing defect // *— cardiaco*, valvular disease // (*dir.*): *un — di forma*, a vice of form (*o* a flaw); *— di procedura*, procedural mistake; *— occulto*, hidden defect (*o* fault *o* flaw); *— intrinseco*, inherent vice; *— apparente*, obvious defect.

viziosità *s.f.* depravation, immorality; (*erroneità*) defectiveness, faultiness: *— d'argomentazione*, faultiness of reasoning.

vizioso *agg.* **1** depraved, corrupt, immoral: *uomo —*, depraved man; *vita viziosa*, immoral life **2** (*difettoso*) defective, faulty: *pronuncia viziosa*, faulty pronunciation; *circolo —*, (*fig.*) vicious circle ◆ *s.m.* pervert, depraved person.

vizzo *agg.* **1** (*avvizzito*) withered; faded; wilted: *mela vizza*, wrinkled apple; *viso —*, wrinkled face **2** (*floscio*) flabby.

vocabolario *s.m.* **1** (*insieme di vocaboli propri a una disciplina, una persona*) vocabulary: *— medico, scientifico, tecnico*, medical, scientific, technical vocabulary; *il mio — è molto limitato*, my vocabulary is very limited; *la parola umiltà non fa parte del suo —*, he doesn't know the meaning of the word humility **2** (*dizionario*) dictionary.

vocabolarista *s.m.* e *f.* (*non com.*) lexicographer, dictionary maker.

vocabolo *s.m.* word; (*termine*) term: *vocaboli tecnici*, technical terms; *una lista di nuovi vocaboli*, a list of new words.

vocale *agg.* vocal: *corde, organi vocali*, vocal cords, organs; *musica —*, vocal music ◆ *s.f.* (*gramm.*) vowel: *— breve, lunga, aperta, chiusa*, short, long, open, closed vowel.

vocalico *agg.* (*ling.*) vocalic, vowel (*attr.*): *suono —*, vowel sound; *mutamento —*, vowel change.

vocalismo *s.m.* (*ling.*) vowel system; vocalism.

vocalist, **vocalista** *s.m.* e *f.* vocalist.

vocalità *s.f.* (*mus.*) **1** vocalism **2** (*stile di un cantante ecc.*) vocal style.

vocalizzare *v.tr.* e *intr.* **vocalizzarsi** *v.intr.pron.* to vocalize.

vocalizzazione *s.f.* **1** (*ling.*) vocalization **2** (*mus.*) vocalise.

vocalizzo *s.m.* (*mus.*) vocalise.

vocativo *agg.* e *s.m.* (*gramm.*) vocative: *al —*, in the vocative.

vocazionale *agg.* vocational.

vocazione *s.f.* vocation (*anche eccl.*); calling; (*estens.*) inclination, bent: *fare qlco. per —*, to do sthg. because one has a vocation; *ha una vera — per la pittura*, he has got a real gift for painting; *l'insegnamento è la mia —*, teaching is my calling; *aver — per il commercio*, to have a good head for business.

voce *s.f.* **1** voice (*anche fig.*): *una — acuta, dolce, monotona, nasale, rauca*, a shrill, gentle, dull, nasal, hoarse voice; *— di gola, petto, testa*, throaty, chest-, head-voice; *— di tenore, soprano*, tenor, soprano voice; *— bianca*, treble voice; *mi sta andando giù la —*, I'm losing my voice; *abbassare, alzare la —*, to lower, to raise one's voice; *parlare a — alta, bassa*, to speak in a loud, in a low voice; *parlare sotto —*, to speak under one's breath (*o* to whisper); *con un fil di —*, in a faint voice; *"Voce!"*, "Louder! (*o* Speak up!)"; *"Assassino!", gli gridò con quanta — aveva in corpo*, "Murderer!" she screamed with every breath she had in her body; *coprì la — del dittatore battendo sulle pentole*, he drowned the dictator's voice by banging on saucepans; *ascolta la — della coscienza!*, listen to your conscience!; *la — del mare, del vento*, the sound of the sea, of the wind; *la — della natura*, the call of nature; *la — del popolo*, public opinion (*o* vox populi); *sentire le voci*, to hear voices; *è una — nuova nella poesia italiana*, she is a new voice in Italian poetry; *preferisco parlartene a —*, I'd rather talk to you in person about it; *a una —*, with one voice // *fare la — grossa*, to speak threateningly // *in queste cose non hai — in capitolo*, you have no say (*o* you carry no weight) in these matters // *dar — alle proprie emozioni*, to voice one's emotions // *dare una — a qlcu.*, (*chiamarlo*) to call s.o. // *dar sulla — a qlcu.*, (*contraddirlo*) to contradict s.o. **2** (*diceria*) rumour: *corre — che sia colpevole*, it is rumoured that he is guilty; *spargere una —*, to spread a rumour; *sono solo voci di corridoio*, they are only rumours **3** (*parola*) word; entry: *guardate sotto la — 'campo'*, look under the entry 'campo'; *è una — nuova, antiquata*, it is a new, an obsolete word **4** (*gramm.*) (*genere del verbo*) voice; (*parte del verbo*) part: *— attiva, passiva*, active, passive voice; *'siamo' è — del verbo 'essere'*, 'siamo' is part of the verb 'essere' **5** (*mus.*) voice, part: *madrigale a 4 voci*, a four-part madrigal **6** (*articolo contabile*) item, entry; (*intestazione*) heading: *le voci di una lista*, the items on a list; *le voci di un catalogo*, the items of a catalogue // (*amm.*): *— di bilancio*, balance sheet item; *— attiva*, credit item (*o* entry); *— passiva*, debit item (*o* entry); *voci tariffarie*, tariff headings; *vedere alla — 'costi e spese generali'*, look at the heading 'costs and overheads' **7** (*inform.*) (*di lista, di tabella*) entry.

vociare *v.intr.* **1** to shout, to yell **2** (*estens.*) to gossip.

vociferante *agg.* shouting, bawling, yelling, vociferant, vociferous: *folla —*, yelling crowd.

vociferare *v.intr.* (*gridare*) to shout, to yell ◆ *v.tr.* (*spargere una voce*) to rumour: *si vocifera che sarà mandato via*, it is rumoured that he will be sent away.

vociferazione *s.f.* **1** (*gridìo*) vociferation, shouting **2** (*lo spargere voci*) spreading of gossip, rumour mongering.

vocìo *s.m.* shouting, yelling; clamour, noise of voices.

vocoder *s.m.* (*tel.*) vocoder.

vodka *s.f.* vodka.

vodù → **vudu**.

voga *s.f.* **1** (*il vogare*) rowing **2** (*spinta data all'imbarcazione coi remi*) stroke **3** (*lena, entusiasmo*) enthusiasm, keenness; (*ardore*) ardour: *lavorare con —*, to work with enthusiasm **4** (*moda*) fashion, vogue: *essere in —*, to be in fashion (*o* fashionable); *tornano in — le minigonne*, miniskirts are coming back into fashion.

vogare *v.intr.* (*remare*) to row.

vogata *s.f.* **1** (*atto e modo di vogare*) row; rowing: *fare una —*, to have a row **2** (*spinta data all'imbarcazione coi remi*) stroke, pull.

vogatore *s.m.* **1** (*mar.*) rower, oarsman* **2** (*attrezzo*) rowing machine.

voglia *s.f.* **1** (*desiderio*) wish, desire; longing; fancy, whim: *non ho — di parlare con lui*, I have no wish to speak to him (*o* I don't want to speak to him); *hai — di venire con me?*, do you fancy (*o* feel like) coming with me?; *ho — di fare due passi*, I want to go for a walk (*o* I feel like going for a walk); *ho — di un po' di birra*, I fancy some beer (*o* I feel like some beer); *non ho nessuna — di scherzare*, I'm in no mood for joking; *ho una gran — di rivederlo*, I am longing to see him again; *mi fa venire — di ridere*, he makes me want to laugh; *muore dalla — di sapere cosa è successo*, he's dying to know what happened; *mi viene — di dirglielo*, I feel like telling him; *non ho — di lavorare*, I don't feel like working; *togliersi, levarsi la — di qlco.*, to satisfy one's desire for sthg. **2** (*volontà*) will: *non ho più — di farlo*, I have lost the will to do it; *la sua buona — fu ricompensata*, his good will was rewarded; *lo feci di mala —, contro —*, I did it reluctantly (*o* against my will); *lavorare di buona —*, to work with a will // *hai — a, di parlare, nessuno ti sta* *ascoltando!*, talk as much as you want (*o* keep talking), no one is listening! // *hai — ad arrabbiarti, tanto poi fanno lo stesso quello che vogliono!*, it's no good getting angry because they'll do exactly what they want anyway **3** (*fam.*) (*macchia della pelle*) birthmark: *— di fragola*, strawberry mark (*o* nevus) **4** (*delle gestanti*) craving **5** (*desiderio sessuale*) desire, lust.

vogliosamente *avv.* with pleasure; willingly.

vogliosità *s.f.* (*non com.*) craving.

voglioso *agg.* (*desideroso*) desirous (*pred.*); (*capriccioso*) fanciful; (*disposto*) willing; ready, eager.

voi *pron.pers.m.* e *f. 2ª pers.pl.* **1** (*sogg.; in it. è spesso sottinteso, ma in inglese deve essere sempre espresso*) you: (—) *avete pienamente ragione*, you are perfectly right; (—) *non siete italiani, vero?*, you aren't Italian , are you?; *se* (—) *volete, possiamo vederci stasera*, if you like, we can meet this evening; *noi ce ne andiamo, — potete restare*, you can stay, we're going; *non abitate qui —?*, don't you live here?; *— ed io andremo in automobile*, you and I will go by car; *facciamo quello che fate —*, we'll do the same as you (*o* what you do); *glielo dite —?*, will you tell him?; *ci sarete anche —?*, will you be there too? // *— altri* → voialtri // *— due, tre*, the two, the three of you; *tacete — due!*, be quiet, you two (*o* the pair of you)! // *beati —!*, lucky you! **2** (*con funzione di compl. ogg. o ind.*) you: *chiamano —*, they are calling you; *stanno parlando di —*, they are talking about you; *l'ha detto a —, non a me*, he told you, not me; *questi fiori sono per —*, these flowers are for you; *posso venire con —?*, can I come with you? // *uno di —*, one of you; *qualcuno, alcuni di —*, some of you; *nessuno di —*, none of you // *da —*, (*nel vostro paese*) in your country, (*nella vostra famiglia*) in your family, (*nella vostra casa*) at your house // (*tocca*) *a —!*, (it's) your turn! **3** (*con uso rafforzativo o enfatico*): *—, qui!*, you, here!; *"Loro non si sarebbero comportati così!" "Neanche —"*, "They wouldn't have behaved like that!" "Neither would you" // *— stessi, proprio —*, you... yourselves (*o* you yourselves): *potete constatarlo — stessi*, you can check (*o* see) for yourselves; *avete pensato solo a — stessi*, you have thought only of yourselves; *l'avete fatto proprio —?*, did you do it yourselves? **4** (*con funzione predicativa*) you: *siete —?*, is it you?; *non siete stati — a dirmelo?*, wasn't it you who told me? (*o* weren't you the ones to tell me?); *siete stati — che avete voluto andarvene*, it was you (*o* you were the ones) who wanted to go away // *se fossi* (*in*) —, if I were you **5** (*sogg. e compl.; formula di cortesia, riferito a pers. sing.*) you: *— siete stato molto buono con me*, you've been very good to me; *vorrei parlare con Voi, signore*, I'd like to speak to you, sir **6** (*con uso impers.*) you, one: *quando — pensate che...*, when you think (*o* one thinks) that... ◆ *s.m.*: *dare del — a qlcu.*, to call s.o. by their surname.

voialtri, **voi altri** *pron.pers. 2ª pers.m.pl.* (*rafforzativo di voi*) (*sogg. e compl.*) you (others); (*fam.*) you lot: *— avvocati la sapete lunga*, you lawyers know what's what; *noi lavoriamo, — fate quello che volete*, we're working, you (others) please yourselves; *non rimango con —, me ne vado*, I'm not staying with you lot, I'm off.

voilà *inter.* (*fr.*) here you are!

voile *s.m.* (*fr.*) (*tessuto*) voile.

voivoda *s.m.* (*st.*) voivode, vaivode.

volacchiare *v.intr.* to flutter (around), to flit (around).

volano *s.m.* **1** (*gioco*) battledore and shuttlecock, badminton **2** (*palla con cui si gioca al volano*) shuttlecock **3** (*mecc.*) flywheel: *— magnete*, magneto flywheel.

volant *s.m.* (*fr.*) (*sartoria*) flounce, frill, volant.

volante[1] *agg.* **1** flying: *dischi volanti*, flying saucers; *squadra —*, (*di polizia*) flying squad; (*aer.*) *fortezza —*, flying fortress; (*tip.*) *foglio —*, loose sheet; (*mil.*) *colonna —*, flying column **2** (*estens.*) movable, mobile: (*elettr.*) *presa —*, movable socket; (*ciclismo*) *traguardo —*, moving target ◆ *s.f.* (*squadra di polizia*) flying squad.

volante[2] *s.m.* (*aut.*) (steering) wheel: *stare al —*, to be at the wheel // *asso del —*, ace (*o* crack) racing driver.

volantinaggio *s.m.* distribution of leaflets, distribution of handbills: *— pubblicitario*, distribution of advertising leaflets (*o* handbills); *fare — davanti a una fabbrica*, to leaflet (*o* to distribute handbills) outside a factory.

volantinare *v.tr.* to leaflet.

volantino[1] *s.m.* leaflet, flysheet, handbill, throwaway: *— pubblicitario*, handbill (*o* advertising leaflet).

volantino[2] *s.m.* (*mecc.*) hand-wheel // (*ferr.*) *— del freno a mano*, handbrake wheel.

volare *v.intr.* **1** to fly* (*anche fig.*): *le aquile volano alte*, eagles fly high; *l'uccello volò via*, the bird flew away; *il canarino è volato via dalla gabbia*, the canary flew out of the cage; *gli aerei volavano a bassa quota*, the planes were flying low; *— a velocità di crociera*, to cruise; *— controvento*, to fly into (*o* against) the wind; *il treno, l'auto volava attraverso la campagna*, the train, the car sped (*o* flew) through the countryside; *devo — alla stazione*, I must rush (*o* fly) to the station; *la notizia volò per tutto il paese*, the news flew through the country // *il mio pensiero volava a te*, my thoughts flew to you; *volò con la memoria agli anni passati*, his mind raced (*o* flew) back to the past years // *— in paradiso*, (*morire*) to go to heaven // *far —*, to blow: *il vento mi fece — via il cappello*, the wind blew my hat off **2** (*viaggiare per aereo*) to fly*: *non ho mai volato*, I've never flown (*o* been on an aeroplane) **3** (*di cose leggere, librarsi*) to blow*; to be blown: *le foglie volavano per il giardino*, leaves were blowing across the garden **4** (*di tempo, passare veloce*) to fly* by, to pass quickly: *le nostre vacanze sono volate*, our holiday flew by; *il tempo vola*, time flies **5** (*essere scagliato*) to fly*, to be thrown about: *far — i piatti*, to throw plates about; *il pallone volò fuori dal campo*, the ball flew off the pitch; *cominciarono a — schiaffi*, blows began to fly; *volarono insulti pesanti durante la lite*, unpleasant insults flew about during the argument **6** (*precipitare*) to fall* off: *è volato giù dal terzo piano*, he fell from the third floor // *accidenti, la tovaglia è volata giù dal balcone!*, gosh, the tablecloth has blown off the balcony!

volata[1] *s.f.* **1** (*non com.*) flight **2** (*corsa*) rush: *ho fatto una — a casa*, I rushed home // *di —*, in a rush (*o* at top speed *o* quickly): *fare un lavoro di —*, to do a job quickly; *corse di — in ospedale*, he rushed to hospital **3** (*ciclismo*) final sprint: *il corridore vinse in —*, the runner won the final sprint **4** (*di cannone*) muzzle **5** *— d'uccelli*, (*stormo*) flock of birds.

volata[2] → **volée**.

volatile *agg.* **1** (*alato*) winged **2** (*che evapora rapidamente*) volatile // (*inform.*) *memoria —*, volatile memory **3** (*Borsa*) (*variabile, fluido*) volatile ◆ *s.m.* (*zool.*) bird.

volatilità *s.f.* volatility.

volatilizzare, **volatizzare** *v.tr.* (*chim.*) to volatilize ◆ *v.intr.* → volatilizzarsi.

□ **volatilizzarsi**, **volatizzarsi** *v.intr.pron.* **1** (*chim.*) to volatilize **2** (*fig.*) to disappear, to vanish (into thin air): *il ladro si è volatilizzato*, the thief vanished into thin air.

volatilizzazione *s.f.* (*chim.*) volatization.

vol-au-vent *s.m.* (*fr.*) (*cuc.*) vol-au-vent.

volée *s.f.* (*fr.*) (*tennis*) volley: *— di diritto, di rovescio*, forehand, backhand volley.

volente *agg.* willing: *— o nolente lo deve fare*, he must do it whether he likes it or not.

volenteroso *agg.* willing, eager, keen: *uno studente —*, a keen student.

volentieri *avv.* willingly; gladly; with pleasure: *lo farò —*, I will do it willingly; *"Vieni con me?" "Volentieri!"*, "Will you come with me?" "With pleasure!" // *spesso e —*, very often.

volere *v.tr.* **1** (*per esprimere volontà o desiderio*) to want; to wish; (*nel significato di* piacere, gradire) to like (*costr. pers.*); (*al cond. pres.*) would like, (*al cond. pass.*) would have liked: *voglio andare a casa*, I want to go home; *vogliamo parlare col direttore*, we want (*o* wish) to speak to the manager; *non vuole vederti*, he doesn't want to see you; *che cosa vuoi?*, what do you want?; *quando vuole partire?*, when does he want (*o* wish) to leave?; *vuoi andare al cinema stasera?*, do you want to go to the cinema tonight?; *chi vuole, può uscire*, anyone who wishes to leave may do so; *voleva restare solo*, he wanted to be left alone; *non volevano spendere troppo*, they didn't want to spend too much; *ha voluto sapere tutto*, he wanted to know everything; *se volesse, volendo, potrebbe fare da solo*, if he wanted to, he could do it by himself; *fa' come vuoi*, do as you like; *puoi andare quando vuoi*, you can go when you like; *potete fare tutto quello che volete*, you can do anything you like; *vorrei del vino*, I'd like some wine; *vorremmo una casa più grande*, we'd like a bigger house; *vorrei vedere delle scarpe da tennis*, I'd like to see some tennis shoes; *vorrebbe iscriversi all'università*, he would like to go to university; *avrei voluto dirtelo, ma mi è mancato il coraggio*, I would have liked to tell you, but I didn't dare; *avrei voluto venire prima*, I'd have liked to come sooner; *vuole che io studi di più*, he wants me to study harder; *vuoi che venga con te?*, do you want me to come with you?; *volete che vi accompagni a casa?*, do you want me to take you home?; *non volevo che facessi tutto questo per me*, I didn't want you to do all this for me; *i genitori volevano che diventasse avvocato*, his parents wanted him to become a lawyer; *vorrebbe che restassimo con lei*, she would like us to stay with her; *avrei tanto voluto che fossi arrivato prima*, I wish you had arrived sooner // *anche volendo, neanche a volerlo*, even if you tried (*o* wanted to): *anche volendo, è impossibile sbagliare*, you couldn't go wrong, even if you tried (*o* wanted to) // *non volendo, senza* —, (*senza intenzione*) without wishing (*o* wanting) to: *l'ho offeso senza volerlo*, I offended him without wishing (*o* wanting) to // — *qlcu. per, come...*, to want s.o. for (*o* as)...: *nessuno lo vorrebbe per, come socio*, nobody would like him for (*o* as) a partner // *che tu, egli ecc. lo voglia o no*, whether you like it or not, whether he likes it or not etc. **2** (*per esprimere desiderio intenso, gener. irrealizzabile*) to wish (*con cong. se riferito al pres. o pass.; con cond. se riferito al futuro e talvolta al pres.*): *vorrei non averlo mai conosciuto*, I wish I had never met him; *vorrei averti ascoltato*, I wish I had listened to you; *vorrei che venisse ogni giorno*, I wish he came every day; *come vorrei che tu fossi con noi!*, (how) I wish you were here!; *vorrei, avrei voluto esserci anch'io!*, I wish I were there too! (*o* I wish I'd been there too!); *avrebbe voluto che il tempo si fermasse*, he wished time could have stopped still; *vorrebbe essere più giovane*, he wishes he were younger; *vorrei poterti credere!*, I wish I could believe you!; *avremmo voluto poterti stare vicino*, we wish we could have been with you **3** (*per esprimere determinazione, volontà intensa*) (*pres. indic. e cong.*) will; (*pass. indic. e cong.; cond.*) would; (*se seguito da compl. ogg. o da* che + *v. al cong.*) will have, would have (*seguiti dal v. all'inf. senza* to): *voglio riuscire!*, I will succeed! (*o* I'm determined to succeed); *non voglio più tornarci!*, I will never go there again!; *gli hanno proibito di fumare, ma lui non vuole smettere*, he's been told not to smoke, but he won't give up; *avrebbe potuto farlo, ma non ha voluto*, he could have done it, but he wouldn't (*o* but he refused to); *non vollero aiutarci*, they wouldn't (*o* they refused to) help us; *non voglio scuse*, I won't have any excuses; *non voglio assolutamente che lui parli così*, I won't have him speaking like that; *voglio* (*che*) *sappiate che...*, I'll have you know that... // *voleva vincere a tutti i costi*, he was determined to win // *il cavallo s'impennò e non volle più andare avanti*, the horse reared and refused to go on // *l'auto non vuole partire oggi*, (*fam.*) the car won't start today; *questo cassetto non vuole chiudersi*, (*fam.*) this drawer won't close **4** (*in formule di cortesia*) (*nelle richieste*) will, can; would, would mind; (*nelle offerte*) will have, would like: *vorresti aprire la finestra?*, would you open (*o* do you mind opening *o* would you mind opening) the window?; *vuoi passarmi quelle carte, per favore?*, will (*o* can) you pass me those papers, please? (*o* would you pass me those papers?); *vuoi qualcosa da mangiare?*, will you have (*o* would you like) something to eat?; *non vorresti entrare?*, won't you come in?; *non volete accomodarvi?*, won't you sit down?; *vuol essere così gentile da...*, will you be so kind as to... // (*comm.*) *vogliate informarci al più presto possibile*, please let us know as soon as possible **5** (*essere disposto a*) to be* willing (to); (*essere intenzionato a*) to be* going (to): *gli hanno offerto il posto di direttore, ma non vuole accettare*, he has been offered the directorship, but he isn't willing to (*o* he isn't going to) accept; *non vogliono pagare una cifra così alta*, they are not willing (*o* they are unwilling) to pay such a high price; *non voglio assumermi tutta la responsabilità*, I'm not going to take all the responsibility **6** (*con riferimento a una volontà superiore, nel significato di* disporre, stabilire) to will: *come Dio vuole*, as God wills; *il cielo, il destino ha voluto così*, heaven, fate has willed it so // *se Dio vuole, domani siamo a casa*, God willing, we'll be home tomorrow // *come Dio volle, arrivarono a casa*, somehow they managed to get home // *Dio lo voglia!*, God grant it!; *Dio non voglia!*, God forbid!; *Dio volesse che non l'avessi mai incontrato!*, would to God I'd never met him! // *non cade foglia che Dio non voglia*, (*prov.*) God watches over all things **7** (*dire, imporre, sostenere*) to state, to say*: *la legge vuole che...*, the law states (*o* says) that... // *la leggenda vuole che Roma fosse fondata da Romolo*, legend has it that Rome was founded by Romulus // *si vuole che egli fosse un grande condottiero*, they say he was a great leader **8** (*permettere*) to let*, to allow: *i suoi genitori non volevano che uscisse sola la sera*, her parents wouldn't let her go out (*o* wouldn't allow her to go out) alone in the evening; *se la mamma vuole, verrò con voi*, I'll come with you if Mum lets me; *non ha voluto che pagassi io il conto*, he wouldn't let me pay (*o* he wouldn't allow me to pay) the bill **9** (*esigere, pretendere*) to expect, to want, to demand, to exact; (*far pagare*) to want, to charge, to ask (for): *vuole troppo dai suoi dipendenti*, he expects (*o* wants *o* demands *o* exacts) too much from his employees; *ma che cosa vogliono ancora da me?*, what else do they expect from (*o* of) me?; *vuole tre milioni per questa auto usata*, he wants three million lire for this second-hand car; *quanto volete per vitto e alloggio?*, how much do you charge for board and lodging?; *quanto vogliono per quell'appartamento?*, how much are they asking for that flat?; *quanto ha voluto per riparare il televisore?*, how much did he charge for repairing the TV set? **10** (*aver bisogno di, richiedere*) to need, to want, to require, to take*: *sono piante che vogliono molte cure*, they are plants that need (*o* want *o* require) a lot of care; *è un verbo che vuole il congiuntivo*, it's a verb that requires (*o* takes) the subjunctive // *ti vogliono al telefono*, you're wanted on the phone // *ogni frutto vuole la sua stagione*, (*prov.*) there's a time and place for everything **11** (*con v. impers., nel significato di* essere prossimo, imminente, probabile) to be going (to); to look (like): *vuol piovere, sembra che voglia piovere*, it looks like rain (*o* it's going to rain); *non pare che voglia rasserenarsi*, it doesn't look as if it's going to clear up **12** *voler dire*, to mean*: *che cosa vuoi dire* (*con questo*)*?*, what do you mean (by this)?; *che cosa vuol dire questa parola?*, what does this word mean?; *che cosa volevi dire con quell'occhiata?*, what did you mean by that look?; *ciò vuol dire che abbiamo sbagliato tutto*, that means we got it all wrong; *questo non vuol dir niente*, this doesn't mean anything // *non vuol dire*, (*non ha importanza*) it doesn't matter // *voglio dire*, I mean, (*cioè*) that is to say: *Giorgio, voglio dire tuo cugino...*, George, that's to say your cousin...; *questo non m'interessa, voglio dire non mi riguarda da vicino*, this doesn't interest me, I mean I'm not closely involved // *volevo ben dire!*, I thought as much! **13** *volerci*, to take* (*costr. impers.*); to be* required, to need: *ci vogliono molti soldi per comprare una casa*, it takes a lot of money (*o* you need a lot of money) to buy a house; *quanto ci vuole da Milano a Londra in aereo?*, how long does it take to fly from Milan to London?; *ci vogliono cinque ore per andare a Roma in auto*, it takes five hours to drive to Rome; *per fare questa torta ci vogliono un chilo di farina e tre uova*, it takes a kilo of flour and three eggs to make this cake; *quella è la persona che ci vuole*, that's the person we need; *qui ci vuole uno specialista*, a specialist is required (*o* needed) here; *per quell'impiego ci voleva una laurea in ingegneria*, an engineering degree was required (*o* needed) for that job; *quanto ti ci vuole, ci vorrà per prepararti?*, how long will it take you to get ready? // *ce n'è voluto!*, it took some doing! // *c'è voluto del bello e del buono per convincerlo a uscire*, it was quite a job to get him to go out // *ci vuol altro!*, it takes more than that!; *ci vuol altro che un ragazzo per questo lavoro!*, it takes more than a boy for this job!; *ci vuol altro che le chiacchiere con lui!*, you need more than words with him! // *non ci vorrebbe altro!*, that would be the last straw! (*o* that's all one needs!): *non ci vorrebbe altro che mi prendessi l'influenza!*, it would be the last straw if I caught the flu! (*o* all I need is to catch the flu!) **14** *vuoi... vuoi*, (*sia... sia*) both... and; whether... or; either... or: *ha scritto molte opere, vuoi in prosa, vuoi in versi*, he wrote many works, both in prose and verse; *vuoi per un motivo, vuoi per un altro non si è più fatto vivo*, for one reason or another, he hasn't been seen or heard of since; *non ho risposto a quella lettera, vuoi per pigrizia, vuoi per trascuratezza*, either out of laziness or negligence, I haven't answered that letter.

◆ FRASEOLOGIA: — *o no*, — *o volare* (*fam.*), willy-nilly // *non vorrei sbagliarmi, ma...*, I may be wrong, but... // *vorrei vedere che egli fosse d'accordo*, I bet he won't agree // *non volevo convincermi che...*, I couldn't believe that... // *qui ti voglio!*, that's the rub! // *voler bene*, to love, to be fond of; *voler male*, to hate, (*serbare rancore*) to bear ill will (*o* to bear a grudge *o* to hold it against s.o.); *non volermene*, don't bear me a grudge (*o* don't hold it against me) // *che vuoi, che volete, cosa vuole?*, what do you expect? (*o* what can I do?); *che volete, sono ragazzi!*, what do you expect, they're (only) teenagers! // *te la sei voluta*, you asked for it // — *è potere*, where there's a will, there's a way.

volere *s.m.* (*volontà*) will: *lo feci contro il — di mio padre*, I did it against my father's will; *sia fatto il — di Dio*, God's will be done; *tutto dipende dal — di Dio*, everything depends on the will of God // *a mio, tuo* —, as I, you like; *di mio, tuo ecc.* —, (*spontaneamente*) of my own, your own etc. accord // *di buon* —, readily // *concordia di voleri*, concurrence of wishes // *i divini voleri*, the Divine Will.

volframio → **wolframio**.

volgare *agg.* **1** (*grossolano*) vulgar, common; (*triviale*) coarse, unrefined: *aspetto* —, vulgar (*o* common) appearance; *linguaggio* —, coarse language; *gusti volgari*, vulgar (*o* common) tastes; *gesti volgari*, vulgar gestures // *cadere nel* —, to lapse into vulgarity **2** (*popolare*) common, popular: *l'opinione* —, the common (*o* popular) opinion // (*lingua*) —, vernacular: *opere in* —, works in the vernacular **3** (*bot, zool.*) (*non scientifico*) trivial ◆ *s.m.* (*lett.*) vernacular.

volgarismo *s.m.* vulgarism.

volgarità *s.f.* (*grossolanità*) vulgarity; (*trivialità*) coarseness: *non posso sopportare una simile* —, I cannot bear such vulgarity.

volgarizzamento *s.m.* (*il tradurre*)

translation into the vernacular; (*opera*) translation in the vernacular.

volgarizzare *v.tr.* **1** to translate into the vernacular **2** (*divulgare*) to popularize; to divulge.

volgarizzatore *s.m.* **volgarizzatrice** *s.f.* **1** translator into the vulgar tongue **2** (*chi divulga*) popularizer.

volgarizzazione *s.f.* **1** popularization **2** (*il tradurre*) translation into the vernacular; (*opera*) translation in the vernacular.

volgarmente *avv.* vulgarly; commonly; (*trivialmente*) coarsely: *parlare* —, to speak vulgarly.

volgata → **vulgata**.

volgere *v.tr.* **1** (*indirizzare*) to turn: — *il viso verso qlco.*, to turn one's face toward sthg.; — *le armi contro il nemico*, to turn one's weapons on the enemy; — *i propri sforzi verso qlco.*, to direct one's efforts to sthg.; *volse i propri passi verso casa*, he headed for home; — *i propri pensieri verso qlco.*, to turn one's toughts to sthg. **2** (*mutare*, *trasformare*) to turn, to put*: *volgi le cose in tal modo che sembra tu abbia ragione*, you put things in such a way that you seem to be right: — *qlco. a proprio vantaggio*, to turn sthg. to one's own advantage // — *una frase in latino*, to turn (*o* to translate) a sentence into Latin; — *in ridicolo*, to turn into a joke (*o* to laugh off); — *tutto in bene*, *in male*, to put a good, a bad complexion upon everything **3** (*girare*) to turn (over): — *le pagine di un libro*, to turn (over) the pages of a book; — *una ruota*, to turn a wheel // — *qlco. nella mente*, to turn sthg. over and over in one's mind // — *le spalle a qlcu.*, to turn one's back on s.o., (*fig.*) to give s.o. the cold shoulder ◆ *v.intr.* to turn: *la strada volge a sinistra*, the road turns to the left // *il tempo concesso volge al termine*, the time granted is coming to an end // *il tempo volge al brutto*, the weather is changing for the worse // *il sole volgeva al tramonto*, the sun was setting // — *al peggio*, to deteriorate: *la situazione volge al peggio*, the situation is deteriorating (*o* is taking a turn for the worse) // — *al meglio*, to improve.

□ **volgersi** *v.rifl.* o *intr.pron.* **1** to turn: *si volse a guardarla*, he turned (round) to look at her; *si volse indietro da questa parte*, he turned back this way // *si volse alla musica*, (*fig.*) he turned to music **2** (*mutarsi*, *trasformarsi*) to turn (to sthg.), to change (to sthg.): *il suo amore si è volto in odio*, his love has turned (*o* changed) to hate.

volgere *s.m.* course: *il* — *degli eventi*, the course of events; *col* — *del tempo*, in the course of time; *nel* — *di tre anni*, in the course (*o* space) of three years.

volgo *s.m.* **1** common people **2** (*spreg.*) vulgar herd; plebs (*pl.*).

volicchiare *v.intr.* to flap.

voliera *s.f.* aviary.

volitività *s.f.* volitionality.

volitivo *agg.* **1** volitive, volitional: (*gramm.*) *futuro* —, volitive future **2** (*di persona*) strong-willed.

volizione *s.f.* (*fil.*) volition, will.

volo *s.m.* **1** flight (*anche fig.*): *il* — *di un uccello*, the flight of a bird; *un* — *dell'immaginazione, dell'ingegno*, a flight of the imagination, of genius; *in* —, (*di uccello*) on the wing: *sparare a un uccello in* —, to shoot at a bird on the wing; *spiccare il* —, to fly away (*o* off); *colpire una palla al* —, to volley a ball // *capire qlco. al* —, (*fig.*) to grasp sthg. immediately // *cogliere un'occasione al* —, (*fig.*) to grasp an opportunity // *prendere il* —, (*fig.*) to make off (*o* to disappear): *i ladri hanno preso il* —, the thieves have disappeared; *il bottino ha preso il* —, the loot has vanished into thin air // *correre a casa di* —, to dash home // *vado e torno in un* —, I'll go and come back in no time // *ho fatto un* — *dalle scale*, I fell headlong down the stairs **2** (*aer.*) flight; flying: — *acrobatico*, stunt flying; — *a punto fisso*, (*di elicottero*) hovering; — *a vela*, soaring (*o* sailflying); — *cieco*, blind flying; — *strumentale*, instrument flying; — *di allenamento*, practice flight; — *di collaudo*, test flight; — *di durata*, endurance flight; — *librato, planato*, glide; — *orizzontale*, level flight; — *senza scalo*, nonstop flight; *comandi di* —, flying controls; *durata di* —, flight (*o* flying) time; *piano di* —, flight plan; *spiccare il* — *da una nave portaerei*, to take off from an aircraft carrier // *in* —, in flight: *l'aeroplano è in* —, the airplane is in flight; *a quest'ora sarà in* — *per Londra*, by now he'll be flying to London.

volontà *s.f.* will; wishes (*pl.*): *avere una* — *forte, debole*, to have a strong, weak will; *mancanza di* —, lack of will; *di sua spontanea* —, of his own (free) will; *indipendentemente dalla* — *di qlcu.*, beyond s.o.'s control; *la* — *di riuscire aiuta molto*, the will to succeed helps a great deal; *lo feci contro la* — *di mio padre*, I did it against my father's will; *ha molta buona* —, he is full of good will; *la sua buona* — *è da ammirare*, his good will is to be admired; *ci ha messo tutta la sua buona* —, he did it to the best of his ability; *fare la* — *di qlcu.*, to do s.o.'s wishes // *a* —, at will (*o* at pleasure): *ne puoi prendere a* —, you can take as much as you want // *forza di* —, willpower // — *di ferro*, will of iron (*o* iron will) // *le ultime* — *di*, the last wishes of (*o dir.* the last will and testament of) // *sia fatta la Tua* —, Thy will be done.

volontariamente *avv.* voluntarily; willingly: *lo ha fatto* —, he did it of his own (free) will.

volontariato *s.m.* **1** voluntary service **2** (*a scopo professionale*) unpaid apprenticeship **3** (*insieme di volontari*) volunteers (*pl.*).

volontarietà *s.f.* voluntariness.

volontario *agg.* voluntary; (*dir.*) wilful: *assistente, servizio* —, voluntary assistant, service; *azione volontaria*, voluntary action; *disoccupazione volontaria*, voluntary unemployment (*o* redundancy); *omicidio* —, (wilful) murder; *giurisdizione volontaria*, voluntary (*o* non -contentious) jurisdiction // (*anat.*) *muscolo* —, voluntary muscle // (*econ.*) *liquidazione volontaria*, voluntary winding-up (*o* liquidation) ◆ *s.m.* volunteer.

volontarismo *s.m.* **1** volunteerism **2** (*fil.*) voluntarism.

volontaristico *agg.* **1** voluntary **2** (*fil.*) voluntaristic.

volonteroso → **volenteroso**.

volontieri → **volentieri**.

volovelismo *s.m.* (*aer.*) gliding; sailflying.

volovelista *s.m.* e *f.* glider pilot; sailplane pilot.

volovelistico *agg.* gliding; sailplane (*attr.*).

volpacchiotto *s.m.* **1** fox cub, young fox **2** (*scherz.*) (*furbacchione*) cunning old fox.

volpare *v.intr.* (*agr.*) to get* blight; to get* smut.

volpe *s.f.* **1** fox; (*maschio*) dog fox; (*femmina*) vixen: — *artica, polare, bianca*, (*Alopex lagopus*) white fox; — *argentata*, (*Vulpes fulva*) silver fox; *caccia alla* —, fox hunting **2** (*persona astuta*) sly old fox: *quell'uomo è una* —, that man is a sly old fox **3** (*malattia dei cereali*) blight; smut **4** (*zool.*) — *di mare*, (*Alopias vulpinus*) thresher (shark), sea fox.

volpino *agg.* **1** of a fox; (*di colore*) fox -coloured **2** (*fig.*) (*astuto*) foxy, crafty, cunning, sly **3** (*di cane*) Pomeranian ◆ *s.m.* **1** (*cane*) Pomeranian (dog) **2** (*bot.*) — *angoloso*, (*Alopecurus geniculatus*) float-grass.

volpoca *s.f.* (*zool.*) (*Tadorna tadorna*) (*maschio*) sheldrake, (*femmina*) shelduck.

volpone *s.m.* (*fig.*) (*persona astuta*) old fox, sly fox: *è un* —, he is an old fox.

volt *s.m.* (*elettr., fis.*) volt.

volta[1] *s.f.* **1** time: *una* —, once; *due volte*, twice; *tre volte*, three times (*o ant.* thrice); *quattro volte*, four times; *una* — *ancora*, once more (*o* once again); *una* — *e mezzo*, half as much (*o* as many) again; *una* — *o due*, once or twice; *due, tre volte più grande del tuo*, twice, three times as big as yours; *molte volte*, many times; *rare volte*, seldom (*o* rarely); *più di una* —, more than once; *la prossima* —, next time; *l'ultima* —, last time; *questa è la prima e l'ultima* — *che lo faccio*, this is the first and last time that I'll do it; *qualche* —, *a, certe, delle volte*, sometimes; *quante volte?*, how many times? (*o* how often?); *tutte le volte che*, every time (*o* whenever); *tutti in una* —, all at once; *uno, due per* —, one, two at a time; *per questa* — *lasciamo correre*, just this once forget it; *ti ricordi di quella* — *al mare?*, do you remember that time at the sea? // *di* — *in* —, from time to time // *sorseggiava la medicina un po' per* —, he sipped the medicine a little at a time; *mangiò i cioccolatini un po' per* —, he ate the chocolates a few at a time // *una* — *per sempre, per tutte*, once and for all: *ve lo dico una* — *per tutte*, I'm telling you once and for all // *una* — *tanto, una buona* —, for once: *ascolta tuo padre una* — *tanto!*, listen to your father for once (*o* once in a while)!; *sta' zitto una buona* —!, keep quiet for once! // *una* — *o l'altra verrò a trovarti*, sooner or later I'll come and see you // *una* — *fatto non ci penseremo più*, once it has been done, we won't think about it any more // *c'era una* — ..., once upon a time there was... // *questa è la* — *buona*, this is the right time // *te l'ho detto una dozzina di volte*, I have told you dozens of times // *5 volte 2 fa 10*, 5 times 2 is 10 **2** (*turno*) turn: *a mia* —, in my turn; *a sua* —, in his, her turn; *questa è la tua* —, this is your turn **3** (*non com.*) (*il voltare, il voltarsi*) turning; (*curva*) turn, bend: *le volte di una strada*, the bends (*o* turns) in a road; *fare una* —, to take a turn // *a* — *di corriere*, (*antiq.*) by return (of post) // *gli ha dato di* — *il cervello*, (*fam.*) he has gone off his head // *partire alla* — *di un luogo*, to set off for a place // (*mar.*) *dar* — *a un cavo*, to make a rope fast // (*aer.*) *gran* —, loop **4** (*ginnastica*) circle; (*pattinaggio*) counter **5** (*metrica*) part of a sirima **6** (*tip.*) reverse, verso.

volta[2] *s.f.* (*arch.*) vault: — *a botte*, barrel (*o* circular) vault; — *a crociera*, cross vault; — *a* *cupola*, dome vault; *un soffitto a* —, a vaulted roof // *la — del cielo*, the vault of heaven // *chiave di* —, keystone (*anche fig.*).

voltafaccia *s.m.* **1** about-turn, (*letter.*) volte-face: *per non incontrarlo fece un rapido* —, she did a quick about-turn to avoid meeting him **2** (*fig.*) about-turn, (*letter.*) volte-face, (*fam.*) U-turn: *un — politico*, a political U-turn (*o* volte-face).

voltafieno *s.m.* (*agr.*) tedder.

voltagabbana *s.m.* e *f.* weathercock, turncoat.

voltaggio *s.m.* (*elettr.*) voltage.

voltaico *agg.* (*elettr.*) voltaic: *pila voltaica*, voltaic pile.

voltaismo *s.m.* (*fis.*) voltaism.

voltametro *s.m.* (*elettr.*) voltameter.

voltampere *s.m.* (*elettr.*) volt-ampere.

voltamperometro *s.m.* (*elettr.*) voltammeter.

voltamperora *s.m.* (*elettr.*) volt -ampere-hour.

voltapietre *s.m.* (*zool.*) (*Arenaria interpres*) turnstone.

voltare *v.tr.* **1** to turn: — *le pagine di un libro*, to turn the pages of a book; — *lo sguardo verso qlco.*, to turn to look at sthg.; — *la testa verso qlco.*, to turn one's head towards sthg.; — *le spalle a qlcu.*, to turn one's back on s.o. (*anche fig.*); *voltai l'automobile e tornai indietro*, I turned the car and went back // — *l'angolo*, to turn the corner // — *le armi contro qlcu.*, to turn one's weapons on s.o. // — *gabbana*, (*fig.*) to be a turncoat **2** (*non com.*) (*tradurre*) to translate ◆ *v.intr.* to turn: — *a destra, a sinistra*, to turn to the right, to the left.

□ **voltarsi** *v.rifl.* to turn: *si voltò da un lato*, he turned aside; *si voltò dall'altra parte*, he turned away; *si voltò indietro*, he turned back; *il malato non ha fatto che — e rivoltarsi*, the patient has done nothing but toss and turn in his bed // *non so da che parte voltarmi*, I don't know which way to turn // — *contro qlcu.*, (*fig.*) to turn against s.o. ◆ *v.intr.pron.* to turn, to change: *il tempo si sta voltando al bello*, the weather is turning fine; *il tempo si volta al peggio*, the weather is getting worse (*o* is changing for the worse).

voltastomaco *s.m.* stomach-turning (*anche fig.*): *avere il* —, to feel sick (*o* to feel one's stomach turn); *dare il — a qlcu.*, to make s.o. feel sick (*o* to nauseate s.o.); *il suo atteggiamento fa venire il* —, (*fig.*) his attitude is nauseating (*o* makes my stomach turn).

voltata *s.f.* turn(ing); (*curva*) bend, curve.

voltato *agg.* turned: — *all'insù, all'ingiù, all'infuori*, turned up, down, out; *un naso — all'insù*, a snub nose.

volteggiamento *s.m.* (*non com.*) circling.

volteggiare *v.intr.* **1** to circle; to twirl, to whirl: *l'aereo volteggiò a lungo sopra il lago*, the plane circled above the lake for a long time; *un gabbiano volteggiava sopra di noi*, a seagull was circling above us; *le foglie volteggiavano nell'aria*, the leaves whirled (*o* twirled) in the air; *i ballerini volteggiavano per la sala*, the dancers whirled (*o* twirled *o* spun) around the room **2** (*ginnastica*) to vault; to swing*: *gli atleti volteggiano sulle parallele*, the athletes are swinging on the parallel bars; *l'atleta volteggiava sul cavallo*, the athlete vaulted over the horse **3** (*equitazione*) to vault.

volteggiatore *s.m.* **volteggiatrice** *s.f.* vaulter.

volteggio *s.m.* **1** (*ginnastica*) vaulting; swinging **2** (*equitazione*) vaulting.

voltelettrone → **elettronvolt**.

voltiano *agg.* Voltaic.

voltimetro → **voltmetro**.

voltmetrico *agg.* (*fis.*) voltmeter (*attr.*).

voltmetro *s.m.* (*fis.*) voltmeter.

volto[1] *s.m.* **1** (*viso*) face; countenance: *un — simpatico*, a nice face; *è una donna dal — espressivo*, she is a woman with an expressive countenance; *essere triste in* —, to look sad (*o* to have a sad expression) // *ha rivelato il suo vero* —, he's revealed his real nature **2** (*fig.*) (*aspetto*) aspect, appearance, facet: *i mille volti della vita*, the thousand facets of life.

volto[2] *agg.* **1** turned: — *all'insù, all'ingiù*, turned up, down; *le mie finestre sono volte a sud, verso il mare*, my windows look south, (out) on the sea **2** (*rivolto*) directed: *i suoi interessi sono tutti volti al lavoro*, his interests are all directed to his work.

volto[3] *s.m.* (*arch.*) vault.

voltolare *v.tr.* to roll (over and over): — *un pesante sasso*, to roll a heavy stone.

□ **voltolarsi** *v.rifl.* to roll about; to roll over; to wallow: — *nell'erba*, to roll about in the grass; — *nel fango, nell'acqua sporca*, to wallow in mud, in dirty water: — *nel letto*, to toss and turn in bed.

voltolino *s.m.* (*zool.*) (*Porzana porzana*) spotted crake, spotted rail.

voltometro → **voltmetro**.

voltura *s.f.* (*dir.*) transfer (*anche amm.*); assignment; registration of a transfer deed: — *catastale*, cadastral registration; *la — del telefono*, the transfer of the telephone subscription.

volturare *v.tr.* (*dir.*) to transfer (*anche amm.*); to register a transfer deed: — *un terreno*, to register the transfer of land; — *un contratto di utenza*, to transfer a subscription deed (*o* contract).

voltzite *s.f.* (*min.*) voltzite.

volubile *agg.* **1** fickle, changeable, inconstant: *una persona* —, a fickle person; *tempo* —, changeable weather **2** (*di pianta*) voluble, climbing.

volubilità *s.f.* fickleness, inconstancy.

volume *s.m.* **1** (*mat., fis., chim.*) volume: *il — di un solido*, the volume of a solid; — *molare*, molar volume; — *specifico*, specific volume **2** (*massa, ingombro*) volume, quantity, mass; size: *un gran — d'acqua*, a great mass (*o* quantity) of water; — *di capelli*, mass of hair; *un armadio che occupa molto* —, a wardrobe that takes up a lot of space; *un pacco di modesto* —, a small-sized parcel // *il gioco dei volumi nelle chiese barocche*, the interplay of volume and space in baroque churches **3** (*fig.*) (*quantità, intensità*) volume, amount: — *d'affari*, turnover (*o* volume of business); — *degli scambi*, volume of trade; — *delle giacenze*, stock volume; (*Borsa*) — *delle contrattazioni*, trading volume // (*sport*) — *di gioco*, amount of play **4** (*intensità di suono*) volume: *alzare, abbassare il* —, to turn up, down the volume; *sentire la radio a tutto* —, to listen to the radio at full volume // (*rad.*) *regolatore del* —, volume control **5** (*libro, tomo*) volume: *primo, secondo* —, first, second volume; *fu pubblicato in tre volumi*, it was published in three volumes **6** (*inform.*) (*di disco*) volume; (*di archivio*) size: — *di lavoro*, (IBM) scratch volume.

volumetria *s.f.* **1** (*arch.*) disposition of volumes **2** (*chim.*) volumetric analysis.

volumetrico *agg.* volumetric(al): (*chim.*) *analisi volumetrica*, volumetric analysis.

volumico *agg.* of a volume unit: *massa, energia volumica*, mass, energy of a volume unit.

voluminosità *s.f.* voluminosity, voluminousness; bulkiness: *la — di un mobile, di un pacco*, the bulkiness of a piece of furniture, of a parcel.

voluminoso *agg.* **1** (*di molti volumi*) voluminous: *una voluminosa enciclopedia*, a voluminous encyclopedia **2** (*grosso, grande*) voluminous, bulky: *un pacco* —, a bulky parcel.

voluta *s.f.* **1** (*avvolgimento*) spiral, swirl: *volute di fumo*, spirals of smoke **2** (*arch.*) volute **3** (*zool.*) volute.

volutamente *avv.* intentionally, deliberately, purposely: *uno stile — semplice*, a deliberately simple style.

voluto *agg.* wanted, wished for, desired; (*intenzionale*) intentional, deliberate; (*artificioso*) artificial, affected: *ottenere l'effetto* —, to achieve the desired effect; *un errore* —, a deliberate mistake; *atteggiamento* —, artificial behaviour.

voluttà *s.f.* **1** (*piacere dei sensi*) voluptuousness, sensual pleasure: *un'espressione piena di* —, a voluptuous expression; *abbandonarsi alla* —, to abandon oneself to sensual pleasure **2** (*piacere*) delight, pleasure: *bere con* —, to drink with pleasure; *assaporare un cibo con* —, to savour food.

voluttuario *agg.* **1** (*non indispensabile*) unnecessary, luxury (*attr.*): *spese voluttuarie*, unnecessary expenses (*anche dir.*); *beni voluttuari*, luxury goods **2** (*ant.*) (*gaudente*) voluptuary.

voluttuosità *s.f.* voluptuousness, sensual pleasure.

voluttuoso *agg.* voluptuous, sensual: *un bacio* —, a sensual kiss.

volva *s.f.* (*bot.*) volva.

volvente *agg.* (*fis.*) rolling: *attrito* —, rolling friction.

volvere → **volgere**.

vombato *s.m.* (*zool.*) vombat.

vomere, **vomero** *s.m.* **1** (*dell'aratro*) (plough)share **2** (*mil.*) spade **3** (*anat.*) vomer.

vomico *agg.* emetic, vomitive, vomitory.

vomitare *v.tr.* **1** to vomit; to retch, to throw* up: *aver voglia di* —, to feel sick // *fa venir voglia di* —, (*fig.*) it's sickening (*o* it's enough to make you throw up) **2** (*di vulcano ecc.*) to vomit, to belch out: *il vulcano vomitava fumo*, the volcano was vomiting (*o* belching out) smoke **3** (*insulti, bestemmie*) to vomit, to spit* out.

vomitativo, **vomitatorio** *agg.* (*med.*) emetic, vomitory.

vomitevole *agg.* sickening, nauseating

(*anche fig.*): *un odore* —, (*fig.*) a sickening smell.

vomitivo *agg.* (*non com.*) emetic, vomitory.

vomito *s.m.* **1** vomit, vomiting: *conato di* —, retching; *avere conati di* —, to retch; *una malattia caratterizzata dal* —, an illness characterized by vomiting; *sentirsi venire il* —, to feel sick; *mi fa venire il* —, it makes me sick (*anche fig.*) // (*med.*) — *nero*, black vomit **2** (*sostanza vomitata*) vomit; (*fam.*) sick.

vomizione *s.f.* (*med.*) vomiting, vomition.

vongola *s.f.* (*zool.*) clam.

vorace *agg.* voracious (*anche fig.*); (*ingordo*) greedy, gluttonous: *un animale* —, a voracious animal; *un* — *lettore*, a voracious reader.

voracità *s.f.* voracity, voraciousness (*anche fig.*); (*ingordigia*) greed(iness), gluttony: *mangiare con* —, to eat greedily (*o* voraciously).

voragine *s.f.* **1** chasm, gulf, abyss: *la frana ha aperto una* —, the landslide has opened an abyss **2** (*gorgo*) whirlpool **3** (*fig.*) pit; (*pozzo senza fondo*) bottomless pit.

voraginoso *agg.* (*letter.*) abysmal.

vorticale *agg.* vortical.

vorticare *v.intr.* to whirl, to swirl: *le foglie vorticavano nell'aria*, the leaves were whirling around in the air.

vortice *s.m.* **1** whirl; eddy, swirl: — *d'acqua*, eddy (*o* whirlpool); — *di vento*, whirlwind; *l'automobile scomparve in un* — *di polvere*, the car disappeared in a whirl of dust // (*anat.*) — *cardiaco*, vortex of the heart **2** (*fig.*) whirl: *il* — *della vita moderna*, the whirl of modern life; *un* — *di passione*, a whirl of passion; *essere preso nel* — *degli affari*, to be caught up in the whirl of business **3** (*fis.*) vortex*.

vorticella *s.f.* (*biol.*) vorticella (*pl.* -ae).

vorticismo *s.m.* (*arte*) vorticism.

vorticità *s.f.* (*fis.*) vorticity: *campo di* —, vortical field.

vorticosamente *avv.* vortically, in whirls: *il vento muoveva* — *le foglie*, the wind whirled the leaves about.

vorticoso *agg.* **1** vortical, vorticose: *moto* —, whirling (*o* vortical) motion **2** (*estens.*) whirling, swirling: *una danza vorticosa*, a whirling dance **3** (*fig.*) (*incalzante*) dizzy; head-spinning: *un* — *ritmo di vita*, a dizzy pace of life; *velocità vorticosa*, giddy speed.

voscenza *s.f.* (*region.*) Your Excellency.

vossignoria *s.f.* (*detto a un signore*) Your Lordship; (*a una signora*) Your Ladyship.

vostro *agg.poss. di 2ª pers.pl.* **1** your; (*vostro proprio*) your own: — *padre e vostra madre*, your father and mother; *il* — *cane*, your dog; *i vostri figli*, your children; *la vostra casa*, your house; *avete fatto il* — *dovere*, you did your duty; *è questo il* — *miglior prodotto?*, is this your best product?; *possiamo venire a casa vostra?*, can we come to your house?; *avete una camera* (*tutta*) *vostra?*, have you got a room of your own?; *avete un modo tutto* — *di vedere le cose*, you have your own way of seeing things; *siamo del* — *stesso parere*, we are of your opinion; *questo non è affar* —, this is none of your business // *un* — *cugino*, a cousin of yours; *questi vostri giudizi sono abbastanza azzardati*, these ideas of yours are rather daring // *è venuto quel* — *rappresentante*, that agent of yours has come // *in vece vostra*, instead of you (*o* in your stead) // *l'ha fatto per amor* —, he did it for your sake **2** (*nella chiusa delle lettere*) Your(s): — *Franco*, Yours, Frank; *vostra Silvia*, Yours, Sylvia; *il* — *affezionatissimo cugino*, Your affectionate cousin **3** (*formula di cortesia*) Your: *Vostra Eminenza*, *Santità*, Your Eminence, Holiness; *Vostra Maestà*, *Altezza*, Your Majesty, Highness; *Vostra Signoria*, *Grazia*, Your Lordship, Grace **4** (*con uso predicativo*) yours: *è* — *questo dizionario?*, is this dictionary yours?; *questa stanza è nostra, non vostra*, this room is ours, not yours ◆ *pron.poss.* **1** yours: *il nostro appartamento è più piccolo del* —, our flat is smaller than yours; *questi sono i nostri posti, i vostri sono nella fila più avanti*, these are our seats, yours are in the row in front **2** (*in espressioni ellittiche*): *abbiamo ricevuto la Vostra del 5 corr.*, we have received your letter of the 5th inst.; *sto dalla vostra*, I'm on your side; *ne avete fatto un'altra delle vostre?*, have you been up to your old tricks again?; *anche voi avete avuto le vostre*, you've had your share too ◆ *s.m.* **1** *vivete del* —, you live on your own income; *ci rimettete del* —, you'll lose your own money **2** (*partitivo*): *qualcosa*, *niente di* —, something, nothing of your own; *in questo lavoro non ci avete messo molto di* —, you haven't put much of your own into this work **3** *pl. i vostri*, your family (*o* your relatives *o fam.* your folks); (*partigiani, seguaci*) your supporters // *domani sera sarò dei vostri*, I'll be with you tomorrow evening.

votante *agg.* voting ◆ *s.m.* e *f.* voter; (*elettore*) elector: *elenco dei votanti*, list of voters; *percentuale dei votanti*, percentage of voters: *la percentuale dei votanti è alta*, there is a high turnout of voters.

votare *v.intr.* to vote, to give* one's vote: — *per un partito*, to vote for a party; — *a favore di*, *contro una proposta*, to vote in favour of (*o* for), against a proposal; *votò l'80% degli elettori*, eighty per cent of the electors voted (*o* went to the polls); — *per alzata di mano*, to vote by show of hands; — *a scrutinio segreto*, to vote by secret ballot; — *per appello nominale*, to vote by roll call ◆ *v.tr.* **1** (*sottoporre a votazione*) to vote; (*approvare*) to pass, to vote through: — *una proposta di legge*, to vote a bill; (*approvare*) to pass a bill (*o* to vote a bill through); *la Camera ha votato la legge*, the Chamber of Deputies passed the law; — *una delibera*, to pass a resolution; — *un candidato*, to vote for a candidate; — *scheda bianca*, to cast (*o* to return) a blank vote **2** (*offrire*, *consacrare*) to offer; to consecrate, to dedicate: — *la propria vita a Dio*, to dedicate one's life to God.

□ **votarsi** *v.rifl.* (*dedicarsi*) to devote oneself, to dedicate oneself: — *a Dio*, to devote oneself to God // *non so a che santo votarmi*, I don't know who to turn to.

votato *agg.* **1** (*sottoposto a votazione*) voted; (*approvato*) passed, approved: *il progetto di legge* —, the bill that has been voted **2** (*dedicato*, *consacrato*) devoted, consecrated: — *al sacrificio*, devoted to sacrifice.

votazione *s.f.* **1** voting, vote, poll: — *politica*, political voting; — *segreta*, secret voting (*o* ballot); — *per appello nominale*, voting by roll call; — *palese*, open vote; — *unanime*, unanimous vote; — *favorevole*, *contraria*, favourable, unfavourable vote; *apertura*, *chiusura delle votazioni*, opening, close of the poll; *dichiarare l'esito delle votazioni*, to declare the result of the poll; *fare la*, *passare alla* —, to put sthg. to the vote **2** (*voti scolastici*) marks (*pl.*); (*amer.*) grades (*pl.*): *essere promosso con una buona* —, to pass with good marks.

votivo *agg.* votive: *lampada*, *offerta votiva*, votive lamp, offering.

voto *s.m.* **1** (*promessa solenne*) vow: *voti monastici*, monastic vows; — *di castità*, *di povertà*, vow of chastity, of poverty; *ho fatto il* — *di non fumare più*, I vowed to give up smoking; *fare*, *mantenere*, *rompere un* —, to make, to keep, to break a vow; *pronunciare i voti*, to pronunce (*o* to take) one's vows; *sciogliere qlcu. da un* —, to release s.o. from a vow **2** (*offerta votiva*) votive offering **3** (*letter.*) (*spec. pl.*) (*augurio*, *desiderio*) wishes (*pl.*): *con i migliori voti per una pronta guarigione*, with my best wishes for a quick recovery; *esaudire i voti di qlcu.*, to crown s.o.'s wishes (*o* to grant s.o.'s prayers) **4** (*dir.*) (*per elezione*) vote: — *favorevole*, *contrario*, favourable, unfavourable vote; — *di fiducia*, *di sfiducia*, vote of confidence, of no confidence; — *deliberativo*, effective vote; — *nullo*, invalid vote; — *palese*, *segreto*, open, secret vote; — *per delega*, card-vote; — *per alzata di mano*, vote by show of hands; — *plurimo*, blockvote; — *consultivo*, advisory vote; *diritto di* —, right to vote; *senza diritto di* —, without right to vote; *scheda di* —, ballot paper (*o* poll card); *a maggioranza di voti*, by a majority vote; *fare lo scrutinio dei voti*, to count the votes; *dare il proprio* — *a qlcu.*, to vote for s.o.; *ottenere molti voti*, to poll a lot of votes; *mettere ai voti un disegno di legge*, to put a bill to the vote; *passare al* —, to proceed to take the vote **5** (*scolastico*) mark; (*amer.*) grade: *a pieni voti*, with full marks; *prendere dei bei*, *dei brutti voti*, to get good, bad marks.

voucher *s.m.* voucher.

voxel *s.m.* (*inform.*) volumetric pixel, voxel.

voyeur *s.m.* (*fr.*) voyeur; peeping tom.

voyeurismo *s.m.* voyeurism.

vriesia *s.f.* (*bot.*) vriesia.

vu *s.f.* o *m.* v, letter v.

vudu *s.m.* voodoo*.

vulcanesimo → **vulcanismo**.

vulcaniano *agg.* (*geol.*) Vulcanian, Plinian.

vulcanico *agg.* **1** (*geol.*) volcanic; (*di origine vulcanica*) volcanogenic: *eruzione vulcanica*, volcanic eruption; *edificio* —, volcanic pile **2** (*fig.*) volcanic; dynamic; creative: *una mente vulcanica*, a highly creative mind; *un uomo* —, a dynamic man; *temperamento* —, volcanic nature.

vulcanismo *s.m.* (*geol.*) vulcanism.

vulcanite *s.f.* **1** (*chim.*) vulcanite **2** (*geol.*) volcanic rock.

vulcanizzabile *agg.* (*chim.*) vulcanizable.

vulcanizzante *agg.* (*chim.*) vulcanizing ◆ *s.m.* (*chim.*) vulcanizing agent.

vulcanizzare *v.tr.* **vulcanizzarsi** *v.intr. pron.* (*chim.*) to vulcanize: *vulcanizzare uno pneumatico*, to vulcanize a tyre.

vulcanizzatore *s.m.* (*chim.*) vulcanizer.

vulcanizzazione *s.f.* (*chim.*) vulcanization: — *a vapore*, steam vulcanization.

vulcano *s.m.* volcano*: — *attivo*, *spento*, *quiescente*, active, extinct, dormant volcano; — *inattivo*, dormant (*o* sleeping) volcano // —

di fango, mud volcano // *quell'uomo è un* —, (*fig.*) that man is bursting with energy // *avere la testa come un* —, (*fig.*) to be bursting with ideas // *dormire sopra un* —, (*fig.*) to be sitting on the edge of a volcano.

vulcanologia *s.f.* (*geol.*) volcanology, vulcanology.

vulcanologico *agg.* (*geol.*) volcanological.

vulcanologo *s.m.* volcanologist, vulcanologist.

vulgata *s.f.* (*traduzione latina della Bibbia*) Vulgate.

vulnerabile *agg.* vulnerable (*anche fig.*): *Achille era — solo nel tallone*, Achille was vulnerable only on his heel; *un temperamento* —, a vulnerable personality; *trovare il punto — di qlcu.*, to find s.o.'s vulnerable spot // *una tesi — in molti punti*, a theory which is open to criticism on numerous points.

vulnerabilità *s.f.* vulnerability.

vulneraria *s.f.* (*bot.*) (*Anthyllis vulneraria*) woundwort, kidney-vetch, vulnerary.

vulnerario *agg.* (*med.*) vulnerary, healing.

vulva *s.f.* (*anat.*) vulva*.

vulvare *agg.* (*anat.*) vulvar, vulval.

vulvaria *s.f.* (*bot.*) (*Chenopodium vulvaria*) stinking goosefoot.

vulvite *s.f.* (*med.*) vulvitis.

vulvovaginite *s.f.* (*med.*) vulvovaginitis.

vuotaggine *s.f.* emptiness, vacuity.

vuotare *v.tr.* to empty; (*sgomberare, ripulire*) to clear out; (*pozzo, cisterna*) to drain (off): — *il bicchiere*, to empty (*o* to drain) one's glass; — *un cassetto*, to clear out (*o* to empty out) a drawer; — *un'imbarcazione*, — *l'acqua da una imbarcazione*, to bail (*o* to bale) (out) a boat (*o* to bail the water out of a boat) // — *il piatto*, (*mangiare tutto*) to empty one's plate // — *la borsa, le tasche a qlcu.*, to get s.o. to spend all his money, (*derubare*) to rob s.o. of all his money // — *un negozio*, (*sgomberarlo*) to empty a shop, (*svaligiarlo*) to clear out a shop // *vuotate i bicchieri!*, drink up! // — *una bottiglia insieme*, to empty a bottle together // — *il sacco*, (*fig.*) (*confessare*) to spill the beans, (*sfogarsi*) to speak out (*o* to speak one's mind).

□ **vuotarsi** *v.intr.pron.* to empty, to be emptied: *la sala si vuotò in pochi minuti*, the hall emptied (*o* was emptied) in a few minutes; *Milano si vuota in estate*, Milan is empty in summer.

vuotata *s.f.* emptying out.

vuotezza *s.f.* emptiness, vacuity: *la — delle sue idee mi stupì*, I was amazed by the emptiness of his ideas.

vuoto *agg.* **1** empty; (*libero*) free; (*non occupato*) vacant: *un baule, cassetto* —, an empty trunk, drawer; *la bottiglia, la casa, la scatola è vuota*, the bottle, the house, the box is empty; *appartamento* —, (*non ammobiliato*) empty flat, (*non abitato*) vacant flat; *posto* —, vacant (*o* empty) seat; *teatro* —, empty theatre; *scena* —, empty stage; *avere le tasche vuote*, to be penniless // *a mani vuote*, empty-handed: *non possiamo presentarci alla festa a mani vuote*, we can't show up at the party empty-handed // *sentirsi* (*lo stomaco*) —, to feel hungry // *ho la testa vuota*, my mind is a complete blank; *quella ragazza ha la testa vuota*, that girl has an empty head // *un' esistenza vuota*, an aimless existence; *giornate vuote*, empty days **2** (*privo*) devoid, void; (*mancante*) lacking (in): *è completamente — di senso comune*, it is completely devoid of (*o* lacking in) common sense ◆ *s.m.* **1** empty space; gap; void: *dobbiamo riempire questo* —, we must fill up (*o* in) this empty space (*o* this gap); *c'erano molti vuoti tra il pubblico*, there were a lot of empty seats (in the theatre) // — *di potere*, power vacuum // *uno spiacevole senso di* —, an unpleasant feeling of emptiness // *la sua morte lascia un — incolmabile nella famiglia*, his death leaves a terrible void (*o* a gap that cannot be filled) in the family; *ha lasciato un grande — fra noi*, we miss him very much // (*comm.*) — *per pieno*, (*di noli*) dead freight **2** (*recipiente*) empty: *restituire, rendere i vuoti*, to return the empties; — *a rendere*, returnable bottle; — *a perdere*, non-returnable bottle; *bottiglia con — a perdere*, disposable bottle **3** (*spazio*) space: *fissare il* —, to stare into space; *essere sospeso nel* —, to be hanging in mid-air; *precipitare nel* —, to hurtle down // *cadere nel* —, (*fig.*) to fall on deaf ears // *fare il — intorno a sé*, to make oneself very unpopular, (*superare tutti*) to leave everyone behind **4** (*fis.*) vacuum: *produrre un* —, to produce (*o* to create) a vacuum; *pompa da* —, vacuum pump; — *assoluto*, absolute vacuum; — *spinto*, hard (*o* high) vacuum; *confezione sotto* —, vacuum-sealed pack // (*aer.*) — *d'aria*, air pocket **5** *a* —, (*invano*) in vain; (*senza effetto*) to no purpose, to no end: *parlare a* —, to speak in vain; *fare un tentativo a* —, to make a vain attempt; *andare a* —, to fail (*o* to miscarry *o* to fall through): *un piano andato a* —, a failed plan; (*mecc.*) *funzionamento a* —, idling; *girare a* —, to idle (*anche fig.*) // *viaggiare a* —, (*senza carico*) to travel empty.

vuotometro *s.m.* (*fis.*) vacuum metre, vacuum gauge.

w *s.f.* o *m.* **1** (*ventitreesima lettera dell'alfabeto*) w (*pl.* ws, w's) // (*tel.*) — *come Washington*, w for William **2** (*elettr.*) watt **3** *W*, (*simbolo delle interiezioni viva, evviva*) hurrah, hurray; hooray; long live (sthg., s.o.), up (with) (sthg., s.o.): *W i ribelli!*, up with the rebels!; *W il re!*, long live the king!

wafer *s.m.* **1** (*cialda*) wafer **2** (*elettr.*) wafer.

wagneriano *agg.* e *s.m.* (*st. mus.*) Wagnerian.

wagon-lit *s.m.* (*fr.*) (*ferr.*) wagon-lit*, sleeping car.

wahhabita *s.m.* e *f.* (*appartenente a un movimento rigorista musulmano fondato nel XVIII secolo*) Wahabi, Wahabite.

walchiria → **valchiria**.

Walhall(a) *s.m.* (*mit. nordica*) Valhalla.

walkie-talkie *s.m.* (*radio ricetrasmittente portatile*) walkie-talkie.

walkiria → **valchiria**.

walkman *s.m.* (*apparecchio portatile con cuffia*) walkman®.

walpurgite *s.f.* (*min.*) walpurgite.

walzer *s.m.* (*musica, danza*) waltz.

wapiti *s.m.* (*zool.*) (*Cervus canadensis*) elk, wapiti.

wardite *s.f.* (*min.*) wardite.

warfarina *s.f.* (*chim.*) warfarin.

warrant *s.m.* (*pegno, garanzia, mandato*) warrant.

Wassermann *s.f.* (*med.*) Wassermann test.

water *s.m.* **1** water closet, lavatory, toilet **2** (*la tazza*) toilet bowl.

watt *s.m.* (*fis.*) watt (*unità di misura di potenza*).

wattmetro, **wattometro** *s.m.* (*elettr.*) wattmeter.

wattora *s.m.* (*elettr.*) watt-hour.

wattorametro *s.m.* (*elettr.*) watt-hour meter.

wattsecondo *s.m.* (*elettr.*) watt-second.

watusso *agg.* **1** watussi **2** (*fig.*) very tall and thin ◆ *s.m.* **1** watussi **2** (*fig.*) very tall and thin person.

wavellite *s.f.* (*min.*) wavellite.

weber *s.m.* (*fis.*) weber (*unità di misura del flusso di induzione magnetica*).

weddellite *s.f.* (*min.*) weddellite.

welfarismo *s.m.* (*econ.*) welfarism.

welter *s.m.* (*boxe*) welter: *peso* —, welterweight.

wernerite *s.f.* (*min.*) wernerite.

wesleyano *agg.* e *s.m.* (*st. relig.*) Wesleyan.

West *s.m.* West.

western *agg.* e *s.m.* western // — *all'italiana*, spaghetti western.

whisky *s.m.* whisky, whiskey.

widia *s.m.* (*metall.*) widia.

wilkeite *s.f.* (*min.*) wilkeite.

willemite *s.f.* (*min.*) willemite.

winchester® *s.m.* Winchester (rifle)®.

windsurf *s.m.* **1** (*tavola*) (windsurf) board **2** (*sport*) windsurfing.

windsurfista *s.m.* e *f.* (*sport*) windsurfer.

witherite *s.f.* (*min.*) witherite.

wittichenite *s.f.* (*min.*) wittichenite.

wolframio *s.m.* (*chim.*) wolfram.

wolframite *s.f.* (*min.*) wolframite.

wollastonite *s.f.* (*min.*) wollastonite.

wow *s.m.* (*elettr.*) wow.

wulfenite *s.f.* (*min.*) wulfenite.

würstel *s.m.* frankfurter; (*fam.*) hot dog.

wurtzite *s.f.* (*min.*) wurtzite.

wüstite *s.f.* (*min.*) wüstite.

x *s.f.* o *m.* **1** (*ventiquattresima lettera dell'alfabeto*) x (*pl.* xs, x's) // (*tel.*) — *come Xeres*, x for Xmas (*o amer.* x for X) // *raggi X*, X-rays // *il signor X*, Mr X // *gambe a X*, bow legs **2** (*mat.*) x, unknown quantity **3** *X*, (*numero romano equivalente a dieci*) X (ten).

xantato *s.m.* (*chim.*) xanthate.

xanteina *s.f.* (*chim.*) xanthein.

xantelasma *s.m.* (*med.*) xanthelasma.

xantene *s.m.* (*chim.*) xanthene.

xantenico *agg.* (*chim.*) xanthene (*attr.*): *colorante* —, xanthene dye.

xantico *agg.* (*chim.*) xanthic: *acido* —, xanthic acid.

xantina *s.f.* (*chim.*) xanthine.

xantocono *s.m.* (*min.*) xanthoconite.

xantofilla *s.f.* (*bot.*) xanthophyll.

xantogenato *s.m.* (*chim.*) xanthogenate.

xantogenico *agg.* (*chim.*) xanthogenic: *acido* —, xanthogenic acid.

xantoma *s.m.* (*med.*) xanthoma*.

xantone *s.m.* (*chim.*) xanthone.

xantopsia *s.f.* (*med.*) xanthopsia.

xantoxenite *s.f.* (*min.*) xanthoxenite.

xantoxeno *s.m.* (*min.*) xanthoxenite.

xenartro *agg.* e *s.m.* (*zool.*) xenarthran.

xeno *s.m.* (*chim.*) xenon.

xenodochio *s.m.* (*st.*) xenodochium*.

xenodollaro *s.m.* (*econ.*) US dollar deposited in foreign banks.

xenoecologia *s.f.* xenoecology.

xenoecologico *agg.* xenoecological.

xenofilia *s.f.* xenophilia, love of foreign things.

xenofilo *agg.* xenophilous: *gusti xenofili*, taste for foreign things.

xenofobia *s.f.* xenophobia.

xenofobico *agg.* xenophobic.

xenofobo *s.m.* xenophobe.

xenogamia *s.f.* (*bot.*) xenogamy.

xenoglossia *s.f.* xenoglossy.

xenolite *s.f.* (*geol.*) xenolith.

xenopo *s.m.* (*zool.*) xenopus.

xenotimo *s.m.* (*min.*) xenotime.

xenotrapianto *s.m.* (*med.*) heterograft.

xenovaluta *s.f.* (*fin.*) xenocurrency, offshore currency.

xeres *s.m.* (*vino spagnolo*) sherry.

xerobio *agg.* (*biol.*) dry-habitat (*attr.*) ◆ *s.m.* (*biol.*) dry habitat.

xerocopia *s.f.* xerogram, xerographic print.

xerocopiare *v.tr.* to xerox: — *un documento*, to xerox a document.

xerocopiatrice *s.f.* xerographic copier.

xeroderma *s.m.* (*med.*) xeroderma.

xerofilo *agg.* (*bot.*) xerophilous.

xerofito *agg.* (*bot.*) *pianta xerofita*, xerophyte.

xeroftalmia *s.f.* (*med.*) xerophtalmia.

xeroftalmico *agg.* (*med.*) xerophtalmic.

xeroftalmo *s.m.* (*med.*) xerophtalmia.

xerografia *s.f.* (*tecnica*) xerography; (*procedimento industriale*) xeroprinting.

xerografico *agg.* xerographic.

xeroradiografia *s.f.* xeroradiography.

xeroradiografico *agg.* xeroradiographic.

xeroradiogramma *s.m.* xeroradiograph.

xerosfera *s.f.* (*geogr.*) xerosphere.

xerosi *s.f.* (*med.*) xerosis*.

xerotermo *agg.* (*biol.*) *pianta xeroterma*, xerotherm.

xerotipia → **xerografia**.

xerotipico → **xerografico**.

xifoide *s.f.* o *m.* (*anat.*) xiphoid, xiphisternum*.

xifoideo *agg.* (*anat.*) xiphoid, xiphoidal.

xifosuro *s.m.* (*zool.*) xiphosure.

xilano *s.m.* (*chim.*) xylan.

xilema *s.m.* (*bot.*) xylem.

xilene *s.m.* (*chim.*) xylene.

xilenolo *s.m.* (*chim.*) xylenol.

xilidina *s.f.* (*chim.*) xylidin.

xilitolo *s.m.* (*chim.*) xylitol.

xilofago *agg.* (*zool.*) xylophagous ◆ *s.m.* (*zool.*) xylophagan.

xilofonista *s.m.* e *f.* (*mus.*) xylophone player.

xilofono *s.m.* (*mus.*) xylophone.

xilografia e *deriv.* → **silografia** e *deriv.*

xilolo *s.m.* (*chim.*) xylol.

xilologia e *deriv.* → **silologia** e *deriv.*

xilosio *s.m.* (*chim.*) xylose.

xonoslite *s.f.* (*min.*) jurupaite.

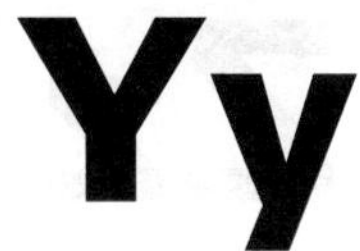

y *s.f.* o *m.* **1** (*venticinquesima lettera dell'alfabeto*) y (*pl.* ys, y's) // (*tel.*) — *come Yacht*, y for Yellow (*o amer.* y for Yoke) // *a Y, fatto a Y*, Y (*o* Y-shaped) **2** (*mat.*) y, second unknown quantity.

yacht *s.m.* (*mar.*) yacht: — *da corsa*, racing yacht.

yak *s.m.* (*zool.*) (*Bos grunniensis*) yak.

yankee *s.m.* e *f.* e *agg.* Yankee.

yard, **yarda** *s.f.* o *m.* yard (*misura di lunghezza corrispondente a* 91,4399 cm).

yemenita *agg.* e *s.m.* e *f.* Yemeni, Yemenite.

yen *s.m.* (*unità monetaria giapponese*) yen.

yeti *s.m.* yeti.

yiddish *s.m.* e *agg.* Yiddish.

ylang-ylang *s.m.* (*bot.*) (*Canangium odoratum*) ilang-ilang, ylang-ylang.

yoga *s.m.* (*fil. indiana*) yoga.

yoghurt → **yogurt**.

yogin *s.m.* (*chi pratica lo yoga*) yogi.

yogurt *s.m.* yoghurt.

yohimbe *s.f.* (*bot.*) (*Corynanthe yohimbe*) yohimbé, yohimbi.

yohimbina *s.f.* (*chim.*) yohimbine.

yole → **iole**.

yo-yo® *s.m.* yo-yo*.

yprite → **iprite**.

ypsilon → **ipsilon**.

ytterbio → **itterbio**.

yttrio → **ittrio**.

yucca *s.f.* (*bot.*) yucca.

yugawaralite *s.f.* (*min.*) yugawaralite.

yuppie *agg.* e *s.m.* e *f.* (*scherz.*) yuppie.

yurta *s.f.* (*tenda tipica delle popolazioni mongole*) yurt.

Zz

z *s.f.* o *m.* **1** (*ventiseiesima lettera dell'alfabeto*) z (*pl.* zs, z's) // (*tel.*) — *come Zara*, z for Zebra // *dalla a alla* —, (*fig.*) from A to Z (*o* from beginning to end) **2** (*mat.*) z, third unknown quantity.

zabaione, **zabaglione** *s.m.* **1** (*cuc.*) zabaglione **2** (*fig.*) (*mescolanza disordinata di idee*) hodgepodge, hotchpotch, mishmash.

zabro *s.m.* (*zool.*) (*Zabros tenebrioides*) darkling round beetle.

zac, **zacchete** *inter.* snip; chop: — *!, e il filo fu tagliato!*, snip!, and the thread was cut off!

zaffare *v.tr.* **1** (*una botte*) to bung, to stop up **2** (*med.*) to tampon, to wad **3** (*mar.*) to plug.

zaffata *s.f.* **1** (*di cattivo odore*) stench, stink **2** (*d'aria, fumo*) whiff; (*di gas*) cloud, belch: *una — d'aria calda*, a blast of hot air **3** (*di liquido*) squirt, spurt, splash.

zaffatura *s.f.* **1** (*di botte*) bunging **2** (*med.*) tamponade, wadding **3** (*mar.*) plugging.

zaffe *inter.* zap: *si avvicinò e —, le prese la borsa*, he went up to her and then zap, he grabbed her bag.

zaffera *s.f.* (*chim.*) zaffre, zaffer.

zafferanato *agg.* (*non com.*) **1** (*contenente zafferano*) containing saffron (*pred.*) **2** (*di color zafferano*) saffron-coloured.

zafferano *s.m.* (*bot.*) (*Crocus sativus*) saffron // *risotto allo* —, risotto with saffron // *giallo* —, saffron yellow.

zafferanone *s.m.* (*bot.*) (*Carthamus tinctorius*) safflower.

zaffete → **zaffe**.

zaffirino *agg.* (*non com.*) sapphirine, sapphire: *colore* —, sapphire colour (*o* sapphire blue).

zaffiro *s.m.* (*min.*) sapphire: — *stellato*, star sapphire // *occhi di* —, sapphire eyes.

zaffo *s.m.* **1** (*di botte*) bung: *chiudere con lo* —, to bung **2** (*tampone*) tampon, wadding **3** (*mar.*) plug.

zagaglia *s.f.* assagai, assegai.

zagara *s.f.* (*bot.*) orange blossom, orange flower; lemon blossom, lemon flower.

zaino *s.m.* rucksack, backpack, haversack, knapsack; pack; (*di scuola*) schoolbag: *si mise in spalla lo* —, he put his rucksack on his back; *preparare lo* —, to pack one's rucksack.

zairese, zairiano *agg.* e *s.m.* Zairean.

zalofo *s.m.* (*zool.*) (*Zalophus californianus*) sea dog.

zambiano *agg.* e *s.m.* Zambian.

zampa *s.f.* **1** (*arto di animale*) leg **2** (*parte terminale dell'arto degli animali*) (*di cani, lupi, felini*) paw; (*di cavallo, capra*) hoof*; (*di pecora, maiale*) trotter; (*di volatile*) claw: *animale a quattro zampe*, four-footed animal // *zampe di gallina*, (*grafia indecifrabile*) scrawl, (*rughe intorno agli occhi*) crow's feet // *cavare la castagna dal fuoco con la — del gatto*, to use s.o. as a cat's paw **3** (*mano*) hand, (*scherz.*) paw; (*piede*) foot*, (*scherz.*) hoof*: *dammi la* —, give me your paw; *giù le zampe!*, get your paws off!; *camminare a quattro zampe*, to walk on all fours **4** (*non com.*) (*di mobile*) leg: *un tavolo a tre zampe*, a three-legged table **5** (*ferr.*) — *di lepre*, wing rail **6** (*mecc.*) — *di ragno*, oil groove.

zampata *s.f.* **1** blow with a paw // *la — del leone*, (*fig.*) the hand of the master **2** (*manata*) shove, blow; (*calcio*) kick: *dare una — a qlcu.*, to give s.o. a shove **3** (*orma*) track, spoor [U], print.

zampettare *v.intr.* **1** (*di animali*) to trot; to skip **2** (*di bambini*) to toddle.

zampillamento *s.m.* (*non com.*) gushing, spurting, spouting.

zampillante *agg.* gushing, spurting, springing, spouting: *acqua* —, gushing water.

zampillare *v.intr.* to gush, to spurt, to spout: *zampillava acqua dal terreno*, water was gushing (*o* spurting *o* spouting) from the ground.

zampillio *s.m.* gushing, spurting, springing, spouting.

zampillo *s.m.* gush, spurt, spring, spout, jet: — *di sangue*, spurt of blood; *gli zampilli della fontana*, the jets of the fountain.

zampino *s.m.* little paw // *credo che ci abbia messo lo —, (fig.)* I think he had a hand in the matter; *il diavolo ci ha messo lo —, (fig.)* the devil has had a hand in this.

zampirone *s.m.* **1** fumigator **2** (*scherz.*) cheap cigarette.

zampogna *s.f.* reed-pipe; (*cornamusa*) bagpipes (*pl.*).

zampognare *v.intr.* (*non com.*) to pipe, to play the bagpipes.

zampognaro *s.m.* piper.

zampone *s.m.* **1** (*grossa zampa*) big paw **2** (*cuc.*) 'zampone' (pig's trotter stuffed with seasoned mincemeat).

zana *s.f.* (*region.*) **1** (*cesto*) basket; basketful **2** (*culla*) cradle.

zanca *s.f.* (*tecn.*) clamp.

zangola *s.f.* churn.

zanna *s.f.* (*di elefanti, trichechi, cinghiali*) tusk; (*di cani, lupi, felini*) fang // *mostrare le zanne*, (*fig.*) to show one's teeth.

zannata *s.f.* **1** blow with the tusk; bite with the fangs; bite with the teeth **2** (*il segno lasciato*) tooth mark; fang mark.

zanni *s.m.* **1** (*teatr.*) zany **2** (*estens.*) (*buffone*) clown, buffoon.

zannuto *agg.* (*di elefanti, trichechi, cinghiali*) tusked; (*di cani, lupi, felini*) fanged.

zanzara *s.f.* **1** (*zool.*) (*Culex pipiens*) gnat, mosquito* **2** (*fig.*) (*persona fastidiosa*) pest.

zanzaricida *agg.* mosquito killing (*attr.*) ◆ *s.m.* insecticide (for mosquitoes).

zanzariera *s.f.* mosquito net, mosquito curtain.

zanzarifugo *agg.* mosquito repelling ◆ *s.m.* mosquito repellent.

zappa *s.f.* **1** hoe // *darsi la — sui piedi*, (*fig.*) to cut one's own throat **2** (*mil.*) trench, sap.

zappare *v.tr.* to hoe; to dig: — *la terra*, to hoe (*o* to dig) the ground // *è tornato a — perché non gli piaceva la fabbrica*, he went back to working on the land because he didn't like the factory.

zappata *s.f.* **1** (*lo zappare*) hoeing; digging: *l'orto ha bisogno di una bella* —, the vegetable plot needs digging over **2** (*colpo con la zappa*) blow with a hoe.

zappaterra *s.m.* **1** hoer **2** (*estens.*) farm worker, farm labourer, peasant **3** (*fig.*) (*persona rozza*) lout, oaf*.

zappatore *s.m.* **1** hoer; digger **2** (*mil.*) sapper.

zappatrice *s.f.* (*agr.*) hoeing machine; weeder.

zappatura *s.f.* **1** (*lo zappare*) hoeing; digging **2** (*la terra smossa*) hoed ground.

zappetta *s.f.* weeding hoe.

zappettare *v.tr.* (*agr.*) to hoe.

zappettatura *s.f.* hoeing.

zapponare *v.tr.* to dig (with a mattock).

zappone *s.m.* mattock.

zar *s.m.* czar, tsar, tzar.

zaratite *s.f.* (*min.*) zaratite.

zarina *s.f.* czarina, tsarina, tzarina.

zarista *agg.* e *s.m.* e *f.* czarist, tsarist.

zattera *s.f.* **1** (*tronchi riuniti trasportati via fiume*) raft **2** (*mar.*) raft; (*chiatta per trasporto merci*) lighter: — *di salvataggio*, life raft **3**

(*edil.*) raft, mat: — *di cemento armato*, reinforced concrete raft (*o* mat).

zatterino *s.m.* (*mar.*) small raft.

zatterone *s.m.* **1** (*mar.*) raft // (*mil.*) — *da sbarco*, landing raft **2** (*edil.*) raft, mat **3** (*calzatura femminile*) platform-soled shoe.

zavorra *s.f.* **1** (*mar., aer.*) ballast: *in* —, in ballast; *caricare* —, to take on (*o* in) ballast; *scaricare* —, to jettison ballast; (*mar.*) *tassa di* —, ballastage **2** (*fig. spreg.*) (*cose di nessun valore*) junk [U], rubbish [U]; (*persone*) dead wood [U]: *c'è qualche bel mobile, ma il resto è* —, there are a few nice pieces of furniture, the rest is junk; *fra i suoi collaboratori c'è molta* —, there's a lot of dead wood in his team.

zavorramento *s.m.* (*mar., aer.*) ballasting.

zavorrare *v.tr.* (*mar., aer.*) to ballast.

zavorratura *s.f.* (*mar., aer.*) ballasting.

zazzera *s.f.* mane, mop of hair; long hair.

zazzeruto *agg.* (*scherz.*) long-haired (*attr.*), wearing one's hair long (*pred.*).

zebra *s.f.* **1** (*zool.*) (*Equus zebra*) zebra* **2** *pl.* (*strisce pedonali*) zebra crossing (*sing.*).

zebrato *agg.* with black and white stripes // *passaggio* —, (*segnaletica stradale*) zebra crossing.

zebù *s.m.* (*zool.*) (*Bos indicus*) zebu*.

zecca[1] *s.f.* (*luogo in cui si coniano monete*) mint: — *clandestina*, illegal (*o* unauthorized) mint; — *reale*, royal mint // *nuovo di* —, brand-new: *un cappello nuovo di* —, a brand-new hat.

zecca[2] *s.f.* (*zool.*) tick.

zecchino *s.m.* (*antica moneta d'oro*) sequin // *oro* —, pure (*o* fine) gold.

zediglia → **cediglia**.

zefir *s.m.* (*tess.*) zephyr.

zefiro *s.m.* (*letter.*) (*vento di ponente*) zephyr; (*estens.*) (*lieve brezza*) light breeze, gentle breeze.

zeina *s.f.* (*chim.*) zein.

zeismo *s.m.* (*med.*) pellagra.

zelandese *agg.* of Zeeland; from Zeeland ◆ *s.m.* e *f.* inhabitant of Zeeland; native of Zeeland.

zelante *agg.* **1** zealous, conscientious, keen: *è molto — nel fare il suo dovere*, he is very zealous (*o* conscientious) in doing his duty; *un lavoratore* —, a keen (*o* zealous) worker **2** (*che sostiene con zelo*) zealous: *uno — difensore del governo*, a zealous defender of the government.

zelanteria *s.f.* (*non com.*) excessive zeal.

zelo *s.m.* zeal: *eccesso di* —, excess of zeal; — *religioso*, religious zeal.

zelota *s.m.* (*st.*) Zealot.

zelotismo *s.m.* (*st.*) Zealotry.

zen *agg.* e *s.m.* (*fil., relig.*) Zen.

zenismo *s.m.* (*st. relig.*) Zen, Zen Buddhism.

zenista *agg.* (*st. relig.*) Zen ◆ *s.m.* e *f.* (*st. relig.*) Zen Buddhist.

zenit *s.m.* (*astr.*) zenith (*anche fig.*): *era allo — della sua fama*, he was at the zenith (*o* height) of his fame.

zenitale *agg.* (*astr.*) zenithal, zenith (*attr.*).

zenzero *s.m.* (*bot.*) (*Zingiber officinale*) ginger.

zeolite *s.f.* (*min.*) zeolite.

zeolitico *agg.* zeolitic.

zephir → **zefir**.

zeppa *s.f.* wedge: *mettere una — sotto un tavolo*, to put a wedge under a table // *scarpe con la zeppa*, wedge-heeled shoes // *mettere una — a qlco.*, (*fig.*) (*raffazzonarla*) to patch up sthg.

zeppamento *s.m.* (*non com.*) wedging.

zeppare *v.tr.* (*non com.*) to wedge.

zeppelin *s.m.* (*aer.*) zeppelin.

zeppo *agg.* packed, crammed; crowded: *una traduzione zeppa di errori*, a translation packed with mistakes; *un cassetto — di carte*, a drawer crammed with papers; *la stanza era piena zeppa di gente*, the room was crammed with (*o* full of) people.

zeppola *s.f.* kind of doughnut.

zerbino[1] *s.m.* (*piccola stuoia*) doormat.

zerbino[2], **zerbinotto** *s.m.* dandy, fop.

zero *s.m.* **1** zero*, nought: *lo — assoluto*, absolute zero; — *virgola cinque*, nought (*o* zero) point five; *una fila di zeri*, a row of noughts (*o* of zeroes); *10 gradi sopra, sotto* —, 10 degrees above, below zero; *vincere due a* —, to win two-nil; *meritare uno — in qlco.*, to be hopeless at sthg.; *l'ago è tornato a* —, the needle has returned to zero // *ora* —, zero hour // *gravità* —, zero gravity; *energia di punto* —, zero point energy; *crescita* —, zero growth **2** (*tel.*) o: *il mio numero di telefono è 40503*, my telephone number is four, o, five, o, three **3** (*fig.*) (*niente*) nought, nothing: *vale uno* —, it is not worth a brass farthing (*o* it is worthless); *come medico vale* —, as a doctor he is useless; *quell'uomo è uno* —, that man is a nobody; *ridurre a* —, to bring to naught; *ridursi a* —, to have nothing left; *ridurre le spese a* —, to cut down expenditure to nil.

zero zero sette, **007** *s.m.* (*scherz.*) spy, secret agent, special agent; (*estens.*) (*abile investigatore*) ace investigator.

zeta *s.f.* o *m.* zed; (*amer.*) zee // *dalla a alla* —, from A to Z (*o* from beginning to end).

zetacismo *s.m.* **1** (*ling.*) zeta shift **2** (*med.*) faulty pronunciation of 'z'.

zetetico *agg.* (*fil.*) zetetic.

zeugma *s.m.* (*gramm.*) zeugma.

zeuzera *s.f.* (*zool.*) (*Zeuzera pyrina*) wood leopard moth.

zia *s.f.* aunt; (*fam.*) auntie: *la — Barbara*, Aunt Barbara; — *paterna, materna*, paternal, maternal aunt.

zibaldone *s.m.* **1** (*insieme di cose diverse*) mixture **2** (*libro di appunti*) notebook, commonplace book **3** (*spreg.*) (*scritto o discorso disordinato*) hotchpotch, jumble.

zibellino *s.m.* (*zool.*) (*Martes zibellina*) sable, zibeline // *una pelliccia di* —, a sable fur.

zibetto *s.m.* **1** (*zool.*) (*Viverra zibetha*) zibet // *civetta* —, (*Civettictis civetta*) civet **2** (*profumo*) civet.

zibettone *s.m.* (*chim.*) zibetone.

zibibbo *s.m.* (*vitigno*) kind of muscatel wine; (*uva*) kind of muscatel grape; (*vino*) kind of muscatel wine.

zigano *agg.* tzigane, gipsy: *violino* —, gypsy violin ◆ *s.m.* tzigane; Hungarian gipsy.

zigare *v.intr.* (*non com.*) to squeak.

zigena *s.f.* (*zool.*) (*Zygaena filipendula*) forester.

zigodattilo *agg.* (*zool.*) zygodactyl, zygodactylous.

zigolo *s.m.* (*zool.*) bunting: — *delle nevi*, (*Plectrophenax nivalis*) snow bunting; — *giallo*, (*Emberiza citrinella*) yellow hammer.

zigomatico *agg.* (*anat.*) zygomatic: *osso* —, zygomatic bone.

zigomo *s.m.* (*anat.*) cheekbone; zygoma*: *zigomi sporgenti*, high cheekbones.

zigomorfia *s.f.* (*bot.*) zygomorphy.

zigomorfo *agg.* (*bot.*) zygomorphous.

zigosi *s.f.* (*biol.*) zygosis*.

zigospora *s.f.* (*biol.*) zygospore.

zigote *s.m.* (*biol.*) zygote.

zigotico *agg.* (*biol.*) zygotic.

zigoto → **zigote**.

zigrinare *v.tr.* **1** (*conceria*) to grain, to pebble **2** (*mecc.*) to knurl **3** (*monete*) to reed, to mill.

zigrinato *agg.* **1** (*conceria*) shagreened; grained, pebble (*attr.*) **2** (*mecc.*) knurled **3** (*di monete*) reeded, milled.

zigrinatura *s.f.* **1** (*conceria*) graining, pebbling **2** (*mecc.*) knurling **3** (*di monete*) reeding, milling.

zigrino *s.m.* **1** (*pelle zigrinata*) shagreen **2** (*pelle di squalo*) sharkskin **3** (*mecc.*) knurling -tool.

zigzag *s.m.* zigzag: *linea, sentiero a* —, zigzag line, path; *andare a* —, to zigzag.

zigzagare *v.intr.* to zigzag.

zimarra *s.f.* **1** simar, coat dress; robe **2** (*dei preti*) zimarra **3** (*scherz.*) (*lungo cappotto malandato*) long shabby coat.

zimasi *s.f.* (*biochim.*) zymase.

zimbellatore *s.m.* **1** bird hunter (who uses a decoy) **2** (*fig.*) (*chi alletta*) enticer, allurer.

zimbello *s.m.* **1** (*uccello per richiamo*) decoy (*anche fig.*) **2** (*oggetto di scherno*) laughingstock: *essere lo — di una compagnia*, to be the laughingstock of a party.

zimogenesi *s.f.* (*biochim.*) zymogenesis.

zimogeno *agg.* (*biochim.*) zymogenic, zimogenous ◆ *s.m.* (*biochim.*) zymogen.

zimologia *s.f.* (*scient.*) zymology.

zimosi *s.f.* (*biochim.*) zymosis*.

zimosterolo *s.m.* (*biochim.*) zymosterol.

zincaggio *s.m.* (*chim.*) Parkes process.

zincaluminite *s.f.* (*min.*) zincaluminite.

zincare *v.tr.* (*metall.*) to zinc, to zincify; to galvanize: — *a caldo*, to hot-galvanize; — *elettroliticamente*, to electrogalvanize.

zincato *agg.* (*metall.*) zinced, galvanized ◆ *s.m.* (*chim.*) zincate.

zincatore *s.m.* (*metall.*) galvanizer.

zincatura *s.f.* (*metall.*) zincing, zincification, galvanization.

zinchenite *s.f.* (*min.*) zin(c)kenite.

zincite *s.f.* (*min.*) zincite.

zinco *s.m.* (*chim.*) zinc: *bianco di* —, zinc white; *lamiera di* —, zinc sheet; *ossido di* —, zinc oxide; *pomata all'ossido di* —, zinc ointment; *solfato di* —, zinc sulphate.

zincografia *s.f.* (*tip.*) zincography.

zincografico *agg.* (*tip.*) zincographic.

zincografo *s.m.* zincographer.

zincotipia *s.f.* (*tip.*) **1** (*procedimento*) → zincografia **2** (*copia stampata*) zincotype, zincograph.

zincotipista *s.m.* e *f.* (*tip.*) zincotypist.

zineb *s.m.* (*chim.*) zineb.

zingara *s.f.* gipsy, gypsy: *vivere come una* —, to live like a gipsy.

zingaresca *s.f.* (*mus.*) gipsy song.

zingaresco *agg.* gipsy (*attr.*); gipsyish.

zingaro *s.m.* gipsy, gypsy (*anche fig.*) // *vita da* —, gipsy (*o* wandering) life.

zinia → **zinnia**.

zinna *s.f.* (*region.*) tit.

zinnia *s.f.* (*bot.*) (*Zinnia elegans*) zinnia.

zinnwaldite *s.f.* (*min.*) zinnwaldite.

zinzino *s.m.* (*fam.*) (*piccola quantità*) tiny bit: *uno — di pane*, a scrap of bread; *uno — di sale*, just a pinch of salt.

zio *s.m.* uncle: *lo — Giovanni*, Uncle John; — *materno, paterno*, maternal, paternal uncle // *gli zii*, uncle and aunt // — *d'America* (*fig.*) rich uncle.

-zione *suff.* di origine latina che si usa in italiano per formare sostantivi astratti da verbi; ingl. -tion: *fiscalizzazione*, fiscalization; *fondazione*, foundation; *elezione*, election.

zip *s.m.* zip, zipper, zip-fastener.

zipolare *v.tr.* (*non com.*) to spigot.

zipolo *s.m.* (*tappo*) spigot; tap.

zippeite *s.f.* (*min.*) zippeite.

ziram *s.m.* (*chim.*) ziram.

zirconato *s.m.* (*chim.*) zirconate.

zircone *s.m.* (*min.*) zircon.

zirconio *s.m.* (*chim.*) zirconium: *nitruro di* —, zirconium nitride; *ossido di* —, zirconium oxide (*o* zirconia).

zirlare *v.intr.* (*di uccello*) to whistle; (*di topo*) to squeak.

zirlo *s.m.* thrush's whistle.

ziro *s.m.* (*region.*) (*orcio*) jar.

zitella *s.f.* (*donna nubile*) spinster; old maid.

zitellaggio *s.m.* spinsterhood: *dopo molti anni di — si sposò*, after many years of being a spinster she got married.

zitellesco *agg.* (*scherz.*) spinsterish.

zitello *s.m.* (*scherz.*) bachelor.

zitellona *s.f.* (*scherz.*) old maid.

zitellone *s.m.* (*scherz.*) old bachelor, confirmed bachelor.

zittio *s.m.* hushing; hissing.

zittire *v.intr.* **1** (*per mostrare disapprovazione*) to hiss: *il pubblico cominciò a* —, the audience began hissing **2** (*far silenzio*) to fall* silent: *tutti zittirono*, everybody fell silent ♦ *v.tr.* to hiss; (*far ammutolire*) to silence, to hush: — *un oratore*, to hiss (*o* to boo) a speaker; *la sorella lo zittì con uno sguardo*, his sister silenced him with a look.

zitto *agg.* silent: *tutti zitti, lo ascoltavano*, they listened to him in total silence; *star* —, to be (*o* to keep) silent (*o* quiet): *sta' —!*, keep quiet! (*o* be quiet! *o fam.* shut up!) // *fare stare — qlcu.*, to silence s.o.: *lo pagarono per farlo stare* —, they paid him to keep his mouth shut // — —, quietly (*o fam.* as quiet as a mouse): *uscì — —*, he went out as quiet as a mouse.

zizania *s.f.* (*bot.*) (*Zizania aquatica*) wild rice, zizania.

zizzagare → **zigzagare**.

zizzania *s.f.* **1** (*bot.*) (*Lolium temulentum*) darnel, chess **2** (*fig.*) discord, dissension: *seminare* —, to sow discord (*o* dissension); *mettere la — tra due persone*, to sow discord between two people.

zizzolo *s.m.* (*bot.*) (*Zizyphus jujuba-sativa*) jujube (tree).

zoccola *s.f.* **1** (*fam.*) (*topo di fogna*) sewer rat **2** (*volg.*) whore.

zoccolaio *s.m.* clog-maker, sabot-maker.

zoccolare *v.intr.* (*fam.*) (*far rumore con gli zoccoli*) to clatter about in clogs.

zoccolata *s.f.* blow with a clog.

zoccolatura *s.f.* (*arch.*) wainscot; wainscot(t)ing.

zoccolino *s.m.* (*edil.*) skirting board, baseboard.

zoccolio *s.m.* clattering.

zoccolo *s.m.* **1** clog, sabot: *calzare gli zoccoli*, to wear clogs; *zoccoli olandesi*, Dutch clogs (*o* sabots) **2** (*di equini*) hoof* **3** (*fig. spreg.*) (*persona rozza*) lout **4** (*zolla di terra attaccata alle radici di una piantina*) clod **5** (*piedistallo di statua, colonna ecc.*) plinth, base, socle **6** (*battiscopa*) skirting board, baseboard **7** (*mecc.*) (*di freno*) shoe **8** (*elettr.*) base: — *di valvola*, tube base (*o* valve base) **9** (*geol.*) — *continentale*, continental rise **10** — *duro*, hard core: *lo — duro di un partito, di una teoria*, the core of a party, of a theory.

zodiacale *agg.* (*astr.*) zodiacal: *segno* —, sign of the zodiac.

zodiaco *s.m.* (*astr.*) zodiac: *i segni dello* —, the signs of the zodiac.

zoidiofilia *s.f.* (*bot.*) zoidiophily.

zoidiofilo *agg.* (*bot.*) zoidiophilous.

zoisite *s.f.* (*min.*) zoisite.

zolfanello *s.m.* (sulphur) match // *accendersi come uno* —, (*fig.*) (*adirarsi facilmente*) to be short tempered (*o* to flare up).

zolfara *s.f.* sulphur mine.

zolfare *v.tr.* (*agr.*) to sulphur.

zolfataio *s.m.* sulpher miner.

zolfatara *s.f.* (*geol.*) solfatara.

zolfataro → **zolfataio**.

zolfifero *agg.* sulphurous, sulphur (*attr.*).

zolfino[1] *agg.* (*simile a zolfo*) sulphureous, sulphur-like.

zolfino[2] → **zolfanello**.

zolfo *s.m.* (*chim.*) sulphur: — *libero*, free sulphur; — *raffinato*, processed sulphur; *fiori di* —, flowers of sulphur; *miniera di* —, sulphur mine; *biossido di* —, sulphur dioxide; *trattare, combinare con* —, to sulphurize.

zolla *s.f.* **1** clod: — *di terra*, clod (of earth), (*con erba*) turf (*o* sod) **2** (*di zucchero*) lump **3** (*geol.*) — *litosferica*, plate.

zolletta *s.f.* lump: — *di zucchero*, lump of sugar; *zucchero in zollette*, lump sugar (*o* sugar in lumps *o* lumps of sugar).

zombi *s.m.* e *f.* zombie (*anche fig.*).

zompare *v.intr.* (*dial.*) to jump, to leap.

zompo *s.m.* (*dial.*) jump, jumping, leap, leaping.

zona *s.f.* **1** zone; (*regione*) belt, region; (*area*) area: *una — illuminata*, a lit-up area; — *di luce, d'ombra*, area of light, of shade; — *artica, temperata, torrida*, arctic, temperate, torrid zone; — *sismica*, earthquake zone; *la — del cotone, del grano*, the cotton, the wheat belt; — *degli alisei*, trade-wind belt; — *di alta, bassa pressione*, high, low pressure zone; — *agricola*, agricultural area; — *industriale*, industrial area, (*di città*) industrial estate (*o* park); — *depressa*, depressed (*o* distressed) area; — *arretrata, sottosviluppata*, backward area; — *residenziale*, residential area; *vive in una bella — di Milano*, he lives in a nice part of Milan; — *popolare, povera*, poor area; — *malfamata*, notorious district; — *portuale*, port area; — *doganale*, customs area; — *pedonale*, pedestrian precinct; — *di parcheggio*, parking area; — *del silenzio*, zone of silence; — *verde*, green area; — *d'influenza*, zone of influence // — *calda*, (*fig.*) hot spot (*o* flash point) // (*dir.*) — *franca*, duty free zone // (*aer.*): — *di atterraggio*, landing area; — *di segnalazione*, signal area // (*mil.*): — *di guerra*, war zone; — *di alloggiamento*, quartering area; — *minata*, mined area; — *morta*, dead ground **2** (*sport*) zone, area: *difesa a* —, zonal defence **3** (*inform.*) zone; area; box.

zonale *agg.* **1** zonal, area (*attr.*), district (*attr.*): *commissariato* —, district police station **2** (*biol.*) zonary.

zonatura *s.f.* division into zones.

zonazione *s.f.* zoning, division into zones; (*bot.*) zonation.

zonizzare *v.tr.* to zone, to divide into zones.

zonizzazione *s.f.* zoning, zonation.

zonula *s.f.* (*scient.*) zonula, zonule: (*anat.*) — *di Zinn*, Zinn's zonule.

zonzo, a *locuz.avv.*: *andare a* —, to wander around.

zoo *s.m.* zoo.

zoocenosi *s.f.* (*ecol.*) zoocoenosis.

zoocoltura *s.f.* zooculture, zootechny.

zoocoria *s.f.* (*ecol.*) zoochory.

zoocoro *agg.* (*ecol.*): *pianta zoocora*, zoochore; *disseminazione zoocora*, zoochory.

zoocultura → **zoocoltura**.

zoofagia *s.f.* zoophagy.

zoofago *agg.* zoophagous.

zoofilia *s.f.* zoophilia, zoophily, zoophilism.

zoofilo *agg.* zoophilous, zoophilic ♦ *s.m.* zoophile, zoophilist; animal lover.

zoofobia *s.f.* (*psic.*) zoophobia.

zoofobo *agg.* zoophobous.

zooforo *agg.* (*arch.*) zoophoric ♦ *s.m.* (*arch.*) zoophorus (*pl.* -ri).

zoogamia e *deriv.* → **zoidiofilia** e *deriv.*

zoogenico, zoogeno *agg.* (*geol.*) zoogenic.

zoogeografia *s.f.* zoogeography.

zooiatra *s.m.* e *f.* veterinary surgeon; (*amer.*) veterinarian.

zooiatria *s.f.* veterinary science.

zooiatrico *agg.* veterinary.

zooiatro → **zooiatra**.

zoolatria *s.f.* zoolatry.

zoolito *s.m.* (*paleont.*) zoolite.

zoologia *s.f.* zoology.

zoologico *agg.* zoological: *giardino* —, zoological garden(s).

zoologista *s.m.* e *f.* (*chi commercia in animali esotici*) dealer in wild animals; (*chi caccia animali esotici*) hunter of wild animals.

zoologo *s.m.* zoologist.

zoom *s.m.* (*cinem.*, *tv*) zoom, zoom lens.

zoomare → **zumare**.

zoomorfismo *s.m.* zoomorphism.

zoomorfo *agg.* zoomorphic.

zoonimo *s.m.* animal name.

zoonosi *s.f.* (*med.*) zoonosis*.

zoopaleontologia *s.f.* zoopaleontology.

zooparassita *s.m.* zooparasite.

zooplancton *s.m.* (*ecol.*) zooplankton.

zoopsia *s.f.* (*psic.*) zoopsia.

zoosafari *s.m.* safari park.

zoosemiotica *s.f.* animal communication science.

zoospora *s.f.* (*biol.*) zoospore, swarm cell, swarm spore.

zootecnia *s.f.* zootechny, zootechnics [U].

zootecnico *agg.* zootechnic, zootechnical // *patrimonio* —, livestock ◆ *s.m.* zootechnician.

zootomia *s.f.* zootomy.

zootossina *s.f.* (*biol.*) zootoxin.

zoppicamento *s.m.* (*non com.*) limping; limp.

zoppicante *agg.* limping; lame (*anche fig.*): *andatura* —, limping gait; *un ragionamento* —, a lame argument // (*metrica*) *verso* —, halting line.

zoppicare *v.intr.* **1** to limp, to walk with a limp; (*camminare come zoppo*) to hobble: *quell'uomo zoppica*, that man is limping; *uscì dal campo zoppicando*, he limped off the pitch **2** (*di seggiola, tavolo*) to be shaky, to be unsteady, to be wobbly **3** (*fig.*) (*essere incerto*) to be weak: *un ragionamento che zoppica*, a lame (*o* weak) argument; *zoppica in latino*, he is weak in Latin.

zoppicatura *s.f.* limping; hobbling; (*fig.*) weakness, shakiness.

zoppiconi *avv.* with a limp: *camminare* —, to limp (*o* to walk with a limp); *procedere* —, to limp along (*o* to hobble along).

zoppina *s.f.* (*vet. pop.*) foot-and-mouth disease.

zoppo *agg.* **1** lame; limping: *essere* —, to be lame (*o* to limp): *è — dalla gamba destra*, he is lame in his right leg; *essere molto* —, to have a bad limp **2** (*di seggiola, tavolo*) rickety, wobbly, unsteady **3** (*fig.*) faulty, unsound; lame: *un ragionamento* —, a lame argument ◆ *s.m.* lame person: *chi va con lo — impara a zoppicare*, (*prov.*) bad company breeds bad habits.

zorilla *s.f.* (*zool.*) zoril, zorilla.

zoroastriano *agg.* e *s.m.* (*st. relig.*) Zoroastrian.

zoroastrismo *s.m.* Zoroastrianism.

zoster *agg.* (*med.*) *herpes* —, herpes zoster.

zostera *s.f.* (*bot.*) zostera.

zoticaggine *s.f.* (*l'essere zotico*) boorishness, uncouthness.

zotichezza *s.f.* (*l'essere zotico*) boorishness, uncouthness; (*atto zotico*) boorish thing to do; (*discorso zotico*) boorish thing to say.

zotico *agg.* boorish, uncouth, rough: *maniere zotiche*, boorish (*o* rough) manners ◆ *s.m.* boor, lout, uncouth fellow, rough fellow.

zoticone *s.m.* boor, lout, rough fellow, uncouth fellow.

zozzo e *deriv.* → **sozzo** e *deriv.*

zuavo *agg.* e *s.m.* (*mil.*) zouave // *calzoni alla zuava*, plus-fours (*o* knickerbockers).

zucca *s.f.* **1** (*bot.*) (*Cucurbita pepo*) pumpkin, gourd: *semi di* —, pumpkin seeds **2** (*fig. scherz.*) (*testa*) head; (*fam.*) nut, pate: *una — pelata*, a bald pate; *grattarsi la* —, to scratch one's pate // *non aver sale in* —, to be a blockhead // *che — hai!*, how stubborn you are!

zuccata *s.f.* blow with the head, head butt; knock on the head: *diedi una — contro il muro*, I knocked my head against the wall.

zuccherare *v.tr.* to sugar; to sweeten (*anche fig.*): — *il caffè*, to put sugar in the coffee; *è inutile che cerchi di — la pillola*, there's no point in you trying to sugar the pill.

zuccherato *agg.* sugared; sweetened (*anche fig.*): *acqua zuccherata*, sugared water; *il mio tè è troppo* —, my tea is too sweet.

zuccheriera *s.f.* sugar bowl, sugar basin.

zuccheriere *s.m.* **1** (*industriale*) sugar manufacturer **2** (*operaio*) worker in a sugar refinery.

zuccheriero *agg.* sugar (*attr.*).

zuccherifero *agg.* sugar (*attr.*).

zuccherificio *s.m.* sugar refinery.

zuccherino *agg.* sugary; sweet: *sapore* —, sugary (*o* sweet) taste; *sostanza zuccherina*, sugary substance ◆ *s.m.* **1** (*cosa dolce*) sweet **2** (*fig.*) (*contentino*) sop, consolation prize: *quando fu trasferito gli diedero un aumento come* —, when he was transferred they gave him a pay-rise as a sop **3** (*fig.*) (*cosa da nulla*) trifle: *una costola rotta era uno — in confronto a quello che sarebbe potuto succedergli*, a broken rib was nothing compared to what might have happened to him.

zucchero *s.m.* **1** sugar: — *di barbabietola*, beet sugar; — *di canna*, cane sugar; — *greggio*, raw sugar; — *in pani*, loaf-sugar; — *in polvere*, castor sugar; — *in zollette*, lump sugar; — *a velo*, icing sugar; *barbabietola da* —, sugar beet; *canna da* —, sugarcane; *pinze da* —, sugar tongs; *raffineria di* —, sugar refinery; *questa pesca è uno* —, (*fig.*) this peach is deliciously sweet (*o* like nectar) **2** (*fig.*) sweetie, sweetness: *è uno —!*, she is a sweetie (*o* a darling); *improvvisamente è diventato tutto — e miele*, suddenly he has become all sweetness and light.

zuccheroso *agg.* sugary (*anche fig.*).

zucchetto *s.m.* (*abbigl.*) skullcap; zucchetto.

zucchina *s.f.* **zucchino** *s.m.* **1** (*bot.*) (*Cucurbita pepo*) marrow // — *centenaria*, (*Sechium edule*) chayote **2** (*cuc.*) courgette, baby marrow; (*amer.*) zucchini*: *una frittata di zucchine*, a courgette omelette.

zucconaggine *s.f.* stupidity; (*testardaggine*) stubbornness.

zuccone *s.m.* (*fam.*) **1** (*grossa testa*) big head **2** (*fig.*) (*persona ottusa*) blockhead, dunce; (*testardo*) stubborn person ◆ *agg.* (*stupido*) dense, slow-witted; (*cocciuto*) stubborn.

zuffa *s.f.* browl, scuffle; fray, fight: *gettarsi nella* —, to join the fight.

zufolamento *s.m.* whistling; piping.

zufolare *v.tr.* to whistle: — *un motivo*, to whistle a tune ◆ *v.intr.* (*suonare lo zufolo*) to pipe.

zufolata *s.f.* pipe; whistle.

zufolio *s.m.* piping; whistling, whistle.

zufolo *s.m.* **1** (*strumento a fiato*) pipe, flageolet **2** (*fischietto*) whistle.

zulù *s.m.* **1** Zulu **2** (*fig.*) (*persona incivile*) boor.

zumare *v.tr.* e *intr.* (*cinem.*, *tv*) to zoom (in on s.o., sthg.): — *su un particolare*, to zoom in on a detail.

zumata *s.f.* (*cinem.*, *tv*) zooming, zoom.

zuppa *s.f.* **1** soup: — *di pesce*, fish soup; — *di verdura*, vegetable soup // — *inglese*, (*dolce*) trifle // *fare la — nel latte*, to soak (*o* to dip) bread in the milk **2** (*fig.*) (*confusione*) mess, rigmarole, confusion; (*noia*) bore: *che —!*, what a bore!

zuppetta *s.f.* soup // *fare la — nel latte*, to soak (*o* to dip) bread in the milk.

zuppiera *s.f.* (soup-)tureen.

zuppo *agg.* wet (through), soaked, drenched.

zuzzurellona *s.f.* **zuzzurellone** *s.m.* happy-go-lucky person.

zwinglismo *s.m.* (*st. relig.*) Zwinglianism.

Appendice 2

Nomenclatura di botanica e di zoologia
(1. sezione inglese/italiano - 2. sezione italiano/inglese)
Sigle e abbreviazioni usate nei paesi di lingua inglese
Sigle e abbreviazioni usate in Italia

NOMENCLATURA DI BOTANICA E DI ZOOLOGIA

1 · Sezione inglese / italiano

Acarina [,ækə'ri:nə / Aca·ri·na] *s.pl.* (*zool.*) Acari.

Acipenseridae [,æsə,pen'serıdi: / Aci·pen·seri·dae] *s.pl.* (*zool.*) Acipenseridi.

Acnidaria [,æknə'deərıə / Ac·ni·daria] *s.pl.* (*zool.*) Acnidari.

Actinopterygii [,æktı,nɒptə'rıdʒıaı / Ac·tin·op·ter·ygii] *s.pl.* (*zool.*) Attinopterigi.

Agnatha ['ægnəθə / Ag·na·tha] *s.pl.* (*zool.*) Agnati.

Ailuridae [aı'lʊrıdi: / Ai·lu·ri·dae] *s.pl.* (*zool.*) Ailuridi.

Alciformes [,ælsə'fɔ:mi:z / Al·ci·for·mes] *s.pl.* (*zool.*) Alciformi.

Amniota [,æmnı'əʊtə / Am·ni·ota] *s.pl.* (*zool.*) Amnioti.

Amphibia [æm'fıbıə / Am·phib·ia] *s.pl.* (*zool.*) Anfibi.

Amphineura [,æmfə,njʊərə / Am·phi·neu·ra] *s.pl.* (*zool.*) Anfineuri.

Amphipoda [æm'fıpədə / Am·phi·poda] *s.pl.* Anfipodi.

Anamnia [ə'næmnıə / An·am·nia] *s.pl.* (*zool.*) Anamni.

Angiospermae [,ændʒıə'spɜ:mi: / An·gio·sperm·ae] *s.pl.* (*bot.*) Angiosperme.

Annelida [ə'nelıdə / An·nel·ida] *s.pl.* (*zool.*) Anellidi.

Anomura [,ænə'mjʊərə / Ano·mu·ra] *s.pl.* (*zool.*) Anomuri.

Anseriformes [,ænserə'fɔ:mi:z / An·seri·for·mes] *s.pl.* (*zool.*) Anseriformi.

Anthophyta [æn'θɒfıtə / An·tho·phy·ta] *s.pl.* (*bot.*) Antofite.

Anthozoa [,ænθəʊ'zəʊə / An·tho·zoa] *s.pl.* (*zool.*) Antozoi.

Antilocapridae [,æntıləʊ'kæprıdi: / An·ti·lo·cap·ridae] *s.pl.* (*zool.*) Antilocapridi.

Anura [ə'njʊrə / An·ura] *s.pl.* (*zool.*) Anuri.

Aphaniptera [,æfə'nıptərə / Apha·nip·tera] *s.pl.* (*zool.*) Afanitteri.

Aphida ['eıfıdə / Aphi·da] *s.pl.* (*zool.*) Afidi.

Aplacophora [,eıplæ'kɒfərə / Apla·coph·ora] *s.pl.* (*zool.*) Aplacofori.

Apoda ['æpədə / Apo·da] *s.pl.* (*zool.*) Apodi.

Apodiformes [ə,pɒdə'fɔ:mi:z / Apo·di·for·mes] *s.pl.* (*zool.*) Apodiformi.

Appendicularia [ə,pendıkjʊ'leərıə / Ap·pen·dicu·laria] *s.pl.* (*zool.*) Appendicolarie.

Apterygota [,æp,terə'gəʊtə / Ap·tery·go·ta] *s.pl.* (*zool.*) Apterigoti.

Arachnida [ə'ræknıdə / Arach·ni·da] *s.pl.* (*zool.*) Aracnidi.

Archegoniatae [,ɑ:kə,gəʊnı'ɑ:ti: / Arche·go·nia·tae] *s.pl.* (*bot.*) Archegoniate.

Arthropoda [ɑ:'θrɒpədə / Ar·thro·poda] *s.pl.* (*zool.*) Artropodi.

Artiodactyla [,ɑ:tıəʊ'dæktılə / Ar·tio·dac·tyla] *s.pl.* (*zool.*) Artiodattili.

Aschelminthes [,æskhel'mınθi:z / Asc·hel·min·thes] *s.pl.* (*zool.*) Aschelminti.

Ascidiacea [ə,sıdı'eıʃıə / As·cid·ia·cea] *s.pl.* (*zool.*) Ascidiacei.

Ascolichenes [,æskəʊ,laı'ki:ni:z / As·co·li·che·nes] *s.pl.* (*bot.*) Ascolicheni.

Ascomycetes [,æskəʊmaı'si:ti:z / As·co·my·cetes] *s.pl.* (*bot.*) Ascomiceti.

Asteroidea [,æstə'rɔıdıə / As·ter·oi·dea] *s.pl.* (*zool.*) Asteroidi.

Aves ['eıvi:z] *s.pl.* (*zool.*) Uccelli.

Basidiomycetes [bə,sıdıəʊmaı'si:ti:z / Ba·sid·io·my·cetes] *s.pl.* (*bot.*) Basidiomiceti.

Bilateria [,baılə'teərıə / Bi·la·te·ria] *s.pl.* (*zool.*) Bilateri.

Bivalvia [baı'vælvıə / Bi·val·via] *s.pl.* (*zool.*) Bivalvi.

Bovidae ['bəʊvədi: / Bo·vi·dae] *s.pl.* (*zool.*) Bovidi.

Brachiopoda [,brækı'ɒpədə / Brach·io·poda] *s.pl.* (*zool.*) Brachiopodi.

Brachyura [,brækı'jʊərə / Brachy·ura] *s.pl.* (*zool.*) Brachiuri.

Bryophyta [braı'ɒfıtə / Bryo·phy·ta] *s.pl.* (*bot.*) Briofite.

Bryozoa [,braıə'zəʊə / Bryo·zoa] *s.pl.* (*zool.*) Briozoi.

Camelidae [kə'melıdi: / Ca·mel·idae] *s.pl.* (*zool.*) Camelidi.

Canidae ['kænədi: / Cani·dae] *s.pl.* (*zool.*) Canidi.

Caprimulgiformes [,kæprı,mʌldʒı'fɔ:mi:z / Cap·ri·mul·gi·for·mes] *s.pl.* (*zool.*) Caprimulgiformi.

Carnivora [kɑ:'nıvərə / Car·ni·vora] *s.pl.* (*zool.*) Carnivori.

Casuariiformes [,kæʒəwærıə'fɔ:mi:z / Ca·su·ari·ifor·mes] *s.pl.* (*zool.*) Casuariformi.

Catarrhina ['kætəri:nə / Cat·ar·rhina] *s.pl.* (*zool.*) Catarrine.

Cephalochordata [,sefələʊ,kɔ:'dɑ:tə / Ceph·alo·chor·data] *s.pl.* (*zool.*) Cefalocordati.

Cephalopoda [,sefə'lɒpədə / Ceph·alo·poda] *s.pl.* (*zool.*) Cefalopodi.

Cervidae ['sɜ:vıdi: / Cer·vi·dae] *s.pl.* (*zool.*) Cervidi.

Cestoda [ses'təʊdə / Ces·toda] *s.pl.* (*zool.*) Cestodi.

Cetacea [si:'teıʃıə / Ce·ta·cea] *s.pl.* (*zool.*) Cetacei.

Chaetognatha [ki:'tɒgnəθə / Chae·tog·natha] *s.pl.* (*zool.*) Chetognati.

Chaetopoda [ki:'tɒpədə / Chae·top·oda] *s.pl.* (*zool.*) Chetopodi.

Charadriiformes [kə,rædrıə'fɔ:mi:z / Cha·rad·rii·for·mes] *s.pl.* (*zool.*) Caradriiformi.

Charophyta [kə'rɒfətə / Cha·ro·phy·ta] *s.pl.* (*bot.*) Carofite.

Chelonia [kə'ləʊnıə / Che·lo·nia] *s.pl.* (*zool.*) Cheloni.

Chilopoda [kaı'lɒpədə / Chi·lop·oda] *s.pl.* (*zool.*) Chilopodi.

Chiroptera [kaı'rɒptərə / Chi·rop·tera] *s.pl.* (*zool.*) Chirotteri.

Chlorophyta [klɔ:'rɒfıtə / Chlo·ro·phy·ta] *s.pl.* (*bot.*) Clorofite.

Chondrichthyes [kɒn'drıkθıi:z / Chon·drich·thyes] *s.pl.* (*zool.*) Condritti.

Chondrostei [kɒn'drɒstıaı / Chon·dros·tei] *s.pl.* (*zool.*) Condrostei.

Chordata [kɔ:'dɑ:tə / Chor·data] *s.pl.* (*zool.*) Cordati.

Chrysophyta [krə'sɒfıtə / Chry·so·phy·ta] *s.pl.* (*bot.*) Crisofite.

Ciconiiformes [sə,kəʊnɪə'fɔ:mi:z / Ci·co·ni·ifor·mes] *s.pl.* (*zool.*) Ciconiformi.

Ciliata [,sɪlɪ'eɪtə / Ci·li·ata] *s.pl.* (*zool.*) Ciliati.

Cirripedia [,sɪrɪ'pi:dɪə / Cir·ri·pedia] *s.pl.* (*zool.*) Cirripedi.

Cladocera [klə'dɒsərə / Cla·doc·era] *s.pl.* (*zool.*) Cladoceri.

Clupeoidea [,klu:pɪ'ɔɪdɪə / Clu·pe·oi·dea] *s.pl.* (*zool.*) Clupeidi.

Cnidaria [naɪ'deərɪə / Cni·daria] *s.pl.* (*zool.*) Cnidari.

Coelacanthidae [,si:lə'kænθədi: / Coe·la·can·thi·dae] *s.pl.* (*zool.*) Celacantidi.

Coelenterata [sə,lentə'reɪtə / Coe·len·ter·ata] *s.pl.* (*zool.*) Celenterati.

Coleoptera [,kɒlɪ'ɒptərə / Co·le·op·tera] *s.pl.* (*zool.*) Coleotteri.

Collembola [kə'lembələ / Col·lem·bola] *s.pl.* (*zool.*) Collemboli.

Columbiformes [kə,lʌmbɪ'fɔ:mi:z / Co·lum·bi·for·mes] *s.pl.* (*zool.*) Columbiformi.

Coniferophytae [kəʊ'nɪfərə,faɪti: / Con·ifero·phy·tae] *s.pl.* (*bot.*) Coniferofite.

Copepoda [kəʊ'pepədə / Co·pe·poda] *s.pl.* (*zool.*) Copepodi.

Coraciiformes [kə,reɪsɪə'fɔ:mi:z / Co·ra·ci·ifor·mes] *s.pl.* (*zool.*) Coraciiformi.

Crinoidea [krə'nɔɪdɪə / Crin·oidea] *s.pl.* (*zool.*) Crinoidei.

Crocodilia [,krɒkə'dɪlɪə / Cro·co·dilia] *s.pl.* (*zool.*) Coccodrilli.

Crossopterygii [krə,sɒptə'rɪdʒɪaɪ / Cros·sop·ter·ygii] *s.pl.* (*zool.*) Crossopterigi.

Crustacea [krə'steɪʃɪə / Crus·ta·cea] *s.pl.* (*zool.*) Crostacei.

Ctenophora [tə'nɒfərə / Cteno·phora] *s.pl.* (*zool.*) Ctenofori.

Cuculiformes [kə,kju:lə'fɔ:mi:z / Cu·cu·li·for·mes] *s.pl.* (*zool.*) Cuculiformi.

Cycadophyta [,saɪkə'dɒfɪtə / Cy·cado·phy·ta] *s.pl.* (*bot.*) Cicadofite.

Cyclostomata [,saɪklə'stəʊmətə / Cy·clo·stom·ata] *s.pl.* (*zool.*) Ciclostomi.

Cyprinoidea [,sɪprə'nɔɪdɪə / Cy·prin·oi·dea] *s.pl.* (*zool.*) Ciprinidi.

Decapoda [də'kæpədə / Deca·poda] *s.pl.* (*zool.*) Decapodi.

Dermaptera [dɜ:'mæptərə / Der·map·tera] *s.pl.* (*zool.*) Dermatteri.

Dermoptera [dɜ:'mɒptərə / Der·mop·tera] *s.pl.* (*zool.*) Dermotteri.

Deuteromycetes [,dju:tərəʊ,maɪ'si:ti:z / Deu·tero·my·cetes] *s.pl.* (*bot.*) Deuteromiceti.

Diatomeae [,daɪə'təʊmɪi: / Di·at·omeae] *s.pl.* (*bot.*) Diatomee.

Dicotyledonae [daɪ,kɒtɪlə'dəʊni: / Di·coty·le·donae] *s.pl.* (*bot.*) Dicotiledoni.

Dinoflagellata [,daɪnəʊ,flædʒə'lɑ:tə / Di·no·flagel·lata] *s.pl.* (*zool.*) Dinoflagellati.

Diplopoda [də'plɒpədə / Di·plo·poda] *s.pl.* (*zool.*) Diplopodi.

Diplura [də'plʊrə / Di·plura] *s.pl.* (*zool.*) Dipluri.

Dipnoi ['dɪpnɔɪ / Dip·noi] *s.pl.* (*zool.*) Dipnoi.

Diptera ['dɪptərə / Dip·tera] *s.pl.* (*zool.*) Ditteri.

Dynophyceae [,daɪnəʊ'fɪsɪi: / Dy·no·phy·ceae] *s.pl.* (*bot.*) Dinoficee.

Echinodermata [ə,kaɪnəʊ'dɜ:mətə / Echi·no·der·mata] *s.pl.* (*zool.*) Echinodermi.

Echinoidea [,ekə'nɔɪdɪə / Echi·noi·dea] *s.pl.* (*zool.*) Echinoidi.

Edentata [,i:den'tɑ:tə / Eden·tata] *s.pl.* (*zool.*) Sdentati.

Elasmobranchia [ə,læzmə'bræŋkɪə / Elas·mo·bran·chia] *s.pl.* (*zool.*) Elasmobranchi.

Ephemeroptera [ə,femə'rɒptərə / Ephem·erop·tera] *s.pl.* (*zool.*) Efemerotteri.

Equidae ['ekwədi: / Equi·dae] *s.pl.* (*zool.*) Equidi.

Eubacteria [,ju:bæk'tɪərɪə / Eu·bac·teria] *s.pl.* (*zool.*) Eubatteri.

Euglenophyta [,ju:glə'nɒfɪtə / Eu·gleno·phy·ta] *s.pl.* (*bot.*) Euglenofite.

Eumetazoa [ju:,metə'zəʊə / Eu·meta·zoa] *s.pl.* (*zool.*) Eumetazoi.

Eutheria [ju:'θerɪə / Eu·theria] *s.pl.* (*zool.*) Euteri.

Falconiformes [fæl,kəʊnə'fɔ:mi:z / Fal·con·ifor·mes] *s.pl.* (*zool.*) Falconiformi.

Felidae ['fi:lədi: / Fe·li·dae] *s.pl.* (*zool.*) Felidi.

Felines ['fi:laɪnz / Fe·li·nes] *s.pl.* (*zool.*) Felini.

Flagellates ['flædʒəleɪts / Flag·el·la·tes] *s.pl.* (*zool.*) Flagellati.

Foraminifera [fə,ræmɪ'nɪfərə / Fo·rami·nif·era] *s.pl.* (*zool.*) Foraminiferi.

Fungi ['fʌndʒaɪ, 'fʌŋgaɪ / Fun·gi] *s.pl.* (*bot.*) Funghi.

Gadiformes [,gædɪ'fɔ:mi:z / Gad·ifor·mes] *s.pl.* (*zool.*) Gadiformi.

Galliformes [,gælɪ'fɔ:mi:z / Gal·li·for·mes] *s.pl.* (*zool.*) Galliformi.

Gastropoda [gæ'strɒpədə / Gas·tro·poda] *s.pl.* (*zool.*) Gasteropodi.

Gastrotricha [gæ'strɒtrɪkə / Gas·tro·tri·cha] *s.pl.* (*zool.*) Gastrotrichi.

Gaviiformes [,geɪvɪə'fɔ:mi:z / Ga·vi·ifor·mes] *s.pl.* (*zool.*) Gaviiformi.

Ginkgophyta [,gɪŋ'kɒfɪtə / Gink·go·phy·ta] *s.pl.* (*bot.*) Ginkgofite.

Giraffidae [dʒə'ræfɪdi: / Gir·af·fidae] *s.pl.* (*zool.*) Giraffidi.

Gnathostomata [,neɪθə'stəʊmətə / Gna·tho·stom·ata] *s.pl.* (*zool.*) Gnatostomi.

Gnetophyta [ne'tɒfɪtə / Gne·to·phy·ta] *s.pl.* (*bot.*) Gnetofite.

Gobiiformes [,gəʊbɪə'fɔ:mi:z / Go·bi·ifor·mes] *s.pl.* (*zool.*) Gobiformi.

Gruiformes [,gru:ə'fɔ:mi:z / Gru·ifor·mes] *s.pl.* (*zool.*) Gruiformi.

Gymnospermae [,dʒɪmnə'spɜ:mi: / Gym·no·sperm·ae] *s.pl.* (*bot.*) Gimnosperme.

Haepaticae [hə'pætəsi: / Hae·pati·cae] *s.pl.* (*bot.*) Epatiche.

Heliozoa [,hi:lɪə'zəʊə / Hel·io·zoa] *s.pl.* (*zool.*) Eliozoi.

Hemiptera [he'mɪptərə / Hemi·ptera] *s.pl.* (*zool.*) Emitteri.

Heteroptera [,hetə'rɒptərə / Het·ero·ptera] *s.pl.* (*zool.*) Eterotteri.

Hippopotamidae [,hɪpə'pɒtəmɪdi: / Hip·po·po·tam·idae] *s.pl.* (*zool.*) Ippopotamidi.

Hirudinea [,hɪrə'dɪnɪə / Hiru·dinea] *s.pl.* (*zool.*) Irudinei.

Holostei [hə'lɒstɪaɪ / Ho·lo·stei] *s.pl.* (*zool.*) Olostei.

Holothuroidea [,hɒləʊ,θʊrɪ'ɔɪdɪə / Holo·thur·oi·dea] *s.pl.* (*zool.*) Oloturoidei.

Hyaenidae [haɪ'i:nədi: / Hy·aeni·dae] *s.pl.* (*zool.*) Ienidi.

Hydrozoa [,haɪdrə'zəʊə / Hy·dro·zoa] *s.pl.* (*zool.*) Idrozoi.

Hymenoptera [,haɪmə'nɒptərə / Hy·men·op·tera] *s.pl.* (*zool.*) Imenotteri.

Hyracoidea [,haɪrə'kɔɪdɪə / Hy·ra·coi·dea] *s.pl.* (*zool.*) Iracoidei.

Insecta [ɪn'sektə / In·secta] *s.pl.* (*zool.*) Insetti.

Insectivora [,ɪn,sek'tɪvərə / In·sec·ti·vora] *s.pl.* (*zool.*) Insettivori.

Invertebrata [ɪn,vɜ:tɪ'brɑ:tə / In·ver·teb·rata] *s.pl.* (*zool.*) Invertebrati.

Isopoda [aɪ'sɒpədə / Iso·poda] *s.pl.* (*zool.*) Isopodi.

Isoptera [aɪ'sɒptərə / Isop·tera] *s.pl.* (*zool.*) Isotteri.

Lagomorpha [,lægə'mɔ:fə / La·go·morpha] *s.pl.* (*zool.*) Lagomorfi.

Lamellibranchia [lə,melə'bræŋkɪə / La·mel·li·bran·chia] *s.pl.* (*zool.*) Lamellibranchi.

Lemuridae [lə'mjʊərədi: / Le·muri·dae] *s.pl.* (*zool.*) Lemuridi.

Lepidoptera [,lepɪ'dɒptərə / Lep·id·op·tera] *s.pl.* (*zool.*) Lepidotteri.

Lichenes [laɪ'ki:ni:z / Li·chen·es] *s.pl.* (*bot.*) Licheni.

Lophiiformes [lə,faɪə'fɔ:mi:z / Lo·phi·ifor·mes] *s.pl.* (*zool.*) Lofiformi.

Loricata [,lɒrɪ'kɑ:tə / Lo·ri·ca·ta] *s.pl.* (*zool.*) Loricati.

Lycophyta [laɪ'kɒfɪtə / Ly·co·phy·ta] *s.pl.* (*bot.*) Licofite.

Lycopsyda [laɪ'kɒpsədə / Ly·co·psy·da] *s.pl.* (*bot.*) Licopsidee.

Macrura [mə'krʊərə / Ma·crura] *s.pl.* (*zool.*) Macruri.

Malacostraca [,mælə'kɒstrəkə / Mala·cos·traca] *s.pl.* (*zool.*) Malacostraci.

Mallophaga [mə'lɒfəgə / Mal·lo·phaga] *s.pl.* (*zool.*) Mallofagi.

Mammalia [mə'meɪlɪə / Mam·malia] *s.pl.* (*zool.*) Mammiferi.

Marsupialia [mɑ:,su:pɪ'eɪlɪə / Mar·sup·ia·lia] *s.pl.* (*zool.*) Marsupiali.

Mesozoa [,mezə'zəʊə / Meso·zoa] *s.pl.* (*zool.*) Mesozoi.

Metatheria [,metə'θeərɪə / Meta·theria] *s.pl.* (*zool.*) Metateri.

Metazoa [ˌmetəˈzəʊə / Meta·zoa] *s.pl.* (*zool.*) Metazoi.

Mollusca [məˈlʌskə / Mol·lusca] *s.pl.* (*zool.*) Molluschi.

Monera [məˈnɪərə / Mon·era] *s.pl.* (*bot.*) Monere.

Monocotyledonae [ˌmɒnəˌkɒtələˈdəʊniː / Mo·no·coty·le·don·ae] *s.pl.* (*bot.*) Monocotiledoni.

Monotremata [ˌmɒnəʊˈtremətə / Mono·trem·ata] *s.pl.* (*zool.*) Monotremi.

Muridae [ˌmjʊərɪdiː / Mu·ri·dae] *s.pl.* (*zool.*) Muridi.

Musci [ˈmʌsaɪ / Mus·ci] *s.pl.* (*bot.*) Muschi.

Mustelidae [mʌsˈtelɪdiː / Mus·teli·dae] *s.pl.* (*zool.*) Mustelidi.

Myriopoda [ˌmɪrɪˈæpədə / My·rio·poda] *s.pl.* (*zool.*) Miriapodi.

Myxomycetes [ˌmɪksəˌmaɪˈsiːtiːz / Myxo·my·cetes] *s.pl.* (*bot.*) Mixomiceti.

Nemathelminthes [ˌneməˌθelˈmɪnθiːz / Nem·ath·el·min·thes] *s.pl.* (*zool.*) Nematelminti.

Nematoda [ˌneməˈtəʊdə / Nema·toda] *s.pl.* (*zool.*) Nematodi.

Nemertea [nəˈmɜːtɪə / Ne·mer·tea] *s.pl.* (*zool.*) Nemertini.

Neuroptera [njuːˈrɒptərə / Neur·op·tera] *s.pl.* (*zool.*) Neurotteri.

Octopoda [ɒkˈtɒpədə / Oc·top·oda] *s.pl.* (*zool.*) Ottopodi.

Odonata [ˌəʊdəˈnɑːtə / Odon·ata] *s.pl.* (*zool.*) Odonati.

Oligochaeta [ˌɒlɪgəʊˈkiːtə / Oligo·chaeta] *s.pl.* (*zool.*) Oligocheti.

Omoptera [əʊˈmɒptərə / Omop·tera] *s.pl.* (*zool.*) Omotteri.

Oomycetes [ˌəʊəˌmaɪˈsiːtiːz / Oo·my·cetes] *s.pl.* (*bot.*) Oomiceti.

Ophidia [əʊˈfɪdɪə / Ophi·dia] *s.pl.* (*zool.*) Ofidi.

Ophiuroidea [ˌɒfɪˌjəˈrɔɪdɪə / Ophi·uroi·dea] *s.pl.* (*zool.*) Ofiuroidi.

Orthoptera [ɔːˈθɒptərə / Or·thop·tera] *s.pl.* (*zool.*) Ortotteri.

Osteichthyes [ˌɒstɪˈɪkθiiːz / Os·te·ich·thyes] *s.pl.* (*zool.*) Osteitti.

Ostracoda [ˌɒstrəˈkəʊdə / Os·tra·coda] *s.pl.* (*zool.*) Ostracodi.

Otariidae [ˌəʊtəˈriːədiː / Ota·ri·idae] *s.pl.* (*zool.*) Otaridi.

Parazoa [ˌpærəˈzəʊə / Para·zoa] *s.pl.* (*zool.*) Parazoi.

Passeriformes [ˌpæsərəˈfɔːmiːz / Pas·ser·ifor·mes] *s.pl.* (*zool.*) Passeriformi.

Pelecaniformes [ˌpeləˌkænəˈfɔːmiːz / Pele·can·ifor·mes] *s.pl.* (*zool.*) Pelecaniformi.

Perissodactyla [pəˌrɪsəˈdæktɪlə / Pe·ris·so·dac·tyla] *s.pl.* (*zool.*) Perissodattili.

Phaeophyta [fiːˈɒfɪtə / Phaeo·phy·ta] *s.pl.* (*bot.*) Feofite.

Phasmida [ˈfæzmədiː / Phas·mi·da] *s.pl.* (*zool.*) Fasmoidei.

Phocidae [ˈfəʊsɪdiː / Pho·ci·dae] *s.pl.* (*zool.*) Focidi.

Phoenicopteriformes [ˌfiːnəˌkɒptərəˈfɔːmiːz / Phoeni·cop·ter·ifor·mes] *s.pl.* (*zool.*) Fenicotteriformi.

Pholidota [ˌfɒləˈdəʊtə / Pho·li·dota] *s.pl.* (*zool.*) Folidoti.

Phoronidea [ˌfəʊrəˈnɪdɪə / Pho·roni·dea] *s.pl.* (*zool.*) Foronidei.

Piciformes [ˌpɪsəˈfɔːmiːz / Pi·ci·for·mes] *s.pl.* (*zool.*) Piciformi.

Pisces [ˈpaɪsiːz / Pis·ces] *s.pl.* (*zool.*) Pesci.

Placophora [plæˈkɒfərə / Pla·co·phora] *s.pl.* (*zool.*) Placofori.

Plantae [ˈplæntiː / Plant·ae] *s.pl.* (*bot.*) Piante.

Platyhelminthes [ˌplætɪˌhelˈmɪnθiːz / Platy·hel·min·thes] *s.pl.* (*zool.*) Platelminti.

Platyrrhine [ˈplætəriːn / Platyr·rhine] *s.pl.* (*zool.*) Platirrine.

Plecoptera [pləˈkɒptərə / Ple·cop·tera] *s.pl.* (*zool.*) Plecotteri.

Pogonophora [ˌpəʊgəˈnɒfərə / Po·go·noph·ora] *s.pl.* (*zool.*) Pogonofori.

Polychaeta [ˌpɒlɪˈkiːtə / Poly·chaeta] *s.pl.* (*zool.*) Policheti.

Pongidae [ˈpɒndʒədiː / Pon·gi·dae] *s.pl.* (*zool.*) Pongidi.

Porifera [pəˈrɪfərə / Pori·fera] *s.pl.* (*zool.*) Poriferi.

Primates [praɪˈmeɪtiːz / Prim·ates] *s.pl.* (*zool.*) Primati.

Proboscidea [ˌprəʊbəˈsɪdɪə / Probo·sci·dea] *s.pl.* (*zool.*) Proboscidati.

Procellariiformes [ˌprəʊsəˌlɑːrɪəˈfɔːmiːz / Pro·cel·lari·ifor·mes] *s.pl.* (*zool.*) Procellariformi.

Procyonidae [ˌprəʊsɪˈɒnɪdiː / Pro·cy·oni·dae] *s.pl.* (*zool.*) Procionidi.

Protista [prəˈtɪstə / Pro·tista] *s.pl.* (*zool.*) Protisti.

Prototheria [ˌprəʊtəˈθeərɪə / Pro·to·theria] *s.pl.* (*zool.*) Prototeri.

Protozoa [ˌprəʊtəˈzəʊə / Pro·to·zoa] *s.pl.* (*zool.*) Protozoi.

Protura [prəˈtjʊərə / Pro·tura] *s.pl.* (*zool.*) Proturi.

Psilophyta [saɪˈlɒfɪtə / Psilo·phy·ta] *s.pl.* (*bot.*) Psilofite.

Psittaciformes [ˌsɪtəsəˈfɔːmiːz / Psit·taci·for·mes] *s.pl.* (*zool.*) Psittaciformi.

Pterophyta [teˈrɒfɪtə / Ptero·phy·ta] *s.pl.* (*bot.*) Pterofite.

Pteropoda [teˈrɒpədə / Ptero·poda] *s.pl.* (*zool.*) Pteropodi.

Pterygota [ˌterəˈgəʊtə / Ptery·gota] *s.pl.* (*zool.*) Pterigoti.

Pyrrophyta [pəˈrɒfɪtə / Pyr·ro·phy·ta] *s.pl.* (*bot.*) Pirrofite.

Radiolaria [ˌreɪdɪəʊˈlɑːrɪə / Ra·dio·laria] *s.pl.* (*zool.*) Radiolari.

Ralliformes [ˌrælɪˈfɔːmiːz / Ral·li·for·mes] *s.pl.* (*zool.*) Ralliformi.

Reptilia [repˈtɪlɪə / Rep·ti·lia] *s.pl.* (*zool.*) Rettili.

Rhinocerotidae [ˌraɪnəʊˌseˈrɒtɪdiː / Rhi·no·cer·oti·dae] *s.pl.* (*zool.*) Rinocerontidi.

Rhodophyta [rəʊˈdɒfɪtə / Rhodo·phy·ta] *s.pl.* (*bot.*) Rodofite.

Rhynchocephalia [ˌrɪŋkəʊsəˈfeɪlɪə / Rhyn·cho·ce·phalia] *s.pl.* (*zool.*) Rincocefalidi.

Rodentia [rəʊˈdenʃɪə / Ro·den·tia] *s.pl.* (*zool.*) Roditori.

Rotifera [rəʊˈtɪfərə / Ro·ti·fera] *s.pl.* (*zool.*) Rotiferi.

Ruminantia [ˌruːməˈnænʃɪə / Ru·min·an·tia] *s.pl.* (*zool.*) Ruminanti.

Sauria [ˈsɔːrɪə / Sau·ria] *s.pl.* (*zool.*) Sauri.

Sarcodines [ˌsɑːkəˈdaɪniːz / Sar·co·di·nes] *s.pl.* (*zool.*) Sarcodini.

Scaphopoda [skəˈfɒpədə / Sca·pho·poda] *s.pl.* (*zool.*) Scafopodi.

Scyphozoa [ˌsaɪfəˈzəʊə / Scy·pho·zoa] *s.pl.* (*zool.*) Scifozoi.

Selachii [səˈleɪkɪaɪ / Sela·chii] *s.pl.* (*zool.*) Selaci.

Siphonophora [ˌsaɪfəˈnɒfərə / Si·phono·phora] *s.pl.* (*zool.*) Sifonofori.

Sirenia [saɪˈriːnɪə / Si·renia] *s.pl.* (*zool.*) Sirenidi.

Sphenisciformes [sfəˌnɪsəˈfɔːmiːz / Sphe·ni·sci·for·mes] *s.pl.* (*zool.*) Sfenisciformi.

Sphenophyta [sfiːˈnɒfɪtə / Spheno·phy·ta] *s.pl.* (*bot.*) Sfenofite.

Sporozoa [ˌspəʊrəˈzəʊə / Sporo·zoa] *s.pl.* (*zool.*) Sporozoi.

Squamata [skwəˈmɑːtə / Squa·mata] *s.pl.* (*zool.*) Squamati.

Stomatopoda [ˌstəʊməˈtɒpədə / Stom·ato·poda] *s.pl.* (*zool.*) Stomatopodi.

Strigiformes [ˌstrɪdʒəˈfɔːmiːz / Stri·gi·for·mes] *s.pl.* (*zool.*) Strigiformi.

Struthioniformes [ˌstruːθɪˌɒnəˈfɔːmiːz / Stru·thi·oni·for·mes] *s.pl.* (*zool.*) Struzioniformi.

Suidae [ˈsuːədiː / Sui·dae] *s.pl.* (*zool.*) Suidi.

Tapiridae [təˈpɪrɪdiː / Ta·piri·dae] *s.pl.* (*zool.*) Tapiridi.

Teleostei [ˌtelɪˈɒstɪaɪ / Te·leo·stei] *s.pl.* (*zool.*) Teleostei.

Tetracoralla [ˌtetrəkəˈrælə / Tet·ra·cor·alla] *s.pl.* (*zool.*) Tetracoralli.

Thaliacea [ˌtɑːlɪˈeɪsɪə / Tha·li·acea] *s.pl.* (*zool.*) Taliacei.

Thysanoptera [ˌθaɪsəˈnɒptərə / Thy·san·op·tera] *s.pl.* (*zool.*) Tisanotteri.

Thysanura [ˌθaɪsəˈnjʊərə / Thy·san·ura] *s.pl.* (*zool.*) Tisanuri.

Tinamiformes [ˌtɪnəməˈfɔːmiːz / Tin·ami·for·mes] *s.pl.* (*zool.*) Tinamiformi.

Tracheata [ˌtrækɪˈɑːtə / Tra·che·ata] *s.pl.* (*zool.*) Tracheati.

Tracheophyta [ˌtrækɪˈɒfɪtə / Tra·cheo·phy·ta] *s.pl.* (*bot.*) Tracheofite.

Trematoda [ˌtreməˈtəʊdə / Tre·ma·toda] *s.pl.* (*zool.*) Trematodi.

Tricoptera [ˌtraɪˈkɒptərə / Tri·cop·tera] *s.pl.* (*zool.*) Tricotteri.

Trilobita [ˌtraɪləˈbaɪtə / Tri·lo·bita] *s.pl.* (*zool.*) Trilobiti.

Tubulidentata [ˌtjuːbjʊləˌdenˈtɑːtə / Tub·uli·den·tata] *s.pl.* (*zool.*) Tubulidentati.

Tunicata [ˌtjuːnəˈkɑːtə / Tuni·cata] *s.pl.* (*zool.*) Tunicati.

Turbellaria [ˌtɜːbəˈlɑːrɪə / Tur·bel·laria] *s.pl.* (*zool.*) Turbellari.

Urochorda [ˌjʊrəˈkɔːdə / Uro·chorda] *s.pl.* (*zool.*) Urocordati.

Urodela [ˌjʊrəˈdiːlə / Uro·dela] *s.pl.* (*zool.*) Urodeli.

Ursidae [ˈɜːsədiː / Ursi·dae] *s.pl.* Ursidi.

Vertebrata [ˌvɜːtəˈbrɑːtə / Ver·te·brata] *s.pl.* (*zool.*) Vertebrati.

Viverridae [vaɪˈverɪdiː / Vi·ver·ri·dae] *s.pl.* (*zool.*) Viverridi.

Xenarthra [zəˈnɑːθrə / Xe·nar·thra] *s.pl.* (*zool.*) Xenartri.

Xiphosura [ˌzɪfəˈsʊrə / Xi·pho·sura] *s.pl.* (*zool.*) Xifosuri.

Zygomycetes [ˌzaɪgəʊˌmaɪˈsiːtiːz / Zy·go·my·cetes] *s.pl.* (*bot.*) Zigomiceti.

2 · Sezione italiano / inglese

Acari *s.m.pl.* (*zool.*) Acarina.
Acipenseridi *s.m.pl.* (*zool.*) Acipenseridae.
Acnidari *s.m.pl.* (*zool.*) Acnidaria.
Afanitteri *s.m.* (*zool.*) Aphaniptera.
Afidi *s.m.pl.* (*zool.*) Aphida.
Agnati *s.m.pl.* (*zool.*) Agnatha.
Ailuridi *s.m.pl.* (*zool.*) Ailuridae.
Alciformi *s.m.pl.* (*zool.*) Alciformes.
Amnioti *s.m.pl.* (*zool.*) Amniota.
Anamni *s.m.pl.* (*zool.*) Anamnia.
Anellidi *s.m.pl.* (*zool.*) Annelida.
Anfibi *s.m.pl.* (*zool.*) Amphibia.
Anfineuri *s.m.pl.* (*zool.*) Amphineura.
Anfipodi *s.m.pl.* (*zool.*) Amphipoda.
Angiosperme *s.f.pl.* (*bot.*) Angiospermae.
Anomuri *s.m.pl.* (*zool.*) Anomura.
Anseriformi *s.m.pl.* (*zool.*) Anseriformes.
Antilocapridi *s.m.pl.* (*zool.*) Antilocapridae.
Antofite *s.f.pl.* (*bot.*) Anthophyta.
Antozoi *s.m.pl.* (*zool.*) Anthozoa.
Anuri *s.m.pl.* (*zool.*) Anura.
Aplacofori *s.m.pl.* (*zool.*) Aplacophora.
Apodi *s.m.pl.* (*zool.*) Apoda.
Apodiformi *s.m.pl.* (*zool.*) Apodiformes.
Appendicolarie *s.f.pl.* (*zool.*) Appendicularia.
Apterigoti *s.m.pl.* (*zool.*) Apterygota.
Aracnidi *s.m.pl.* (*zool.*) Arachnida.
Archegoniate *s.f.pl.* (*bot.*) Archegoniatae.
Artiodattili *s.m.pl.* (*zool.*) Artiodactyla.
Artropodi *s.m.pl.* (*zool.*) Arthropoda.
Aschelminti *s.m.pl.* (*zool.*) Aschelminthes.
Ascidiacei *s.m.pl.* (*zool.*) Ascidiacea.
Ascolicheni *s.m.pl.* (*bot.*) Ascolichenes.
Ascomiceti *s.m.pl.* (*bot.*) Ascomycetes.
Asteroidi *s.m.pl.* (*zool.*) Asteroidea.
Attinopterigi *s.m.pl.* (*zool.*) Actinopterygii.

Basidiomiceti *s.m.pl.* (*bot.*) Basidiomycetes.
Bilateri *s.m.pl.* (*zool.*) Bilateria.
Bivalvi *s.m.pl.* (*zool.*) Bivalvia.
Bovidi *s.m.pl.* (*zool.*) Bovidae.
Brachiopodi *s.m.pl.* (*zool.*) Brachiopoda.
Brachiuri *s.m.pl.* (*zool.*) Brachyura.
Briofite *s.f.pl.* (*bot.*) Bryophyta.
Briozoi *s.m.pl.* (*zool.*) Bryozoa.

Camelidi *s.m.pl.* (*zool.*) Camelidae.
Canidi *s.m.pl.* (*zool.*) Canidae.
Caprimulgiformi *s.m.pl.* (*zool.*) Caprimulgiformes.
Caradriiformi *s.m.pl.* (*zool.*) Charadriiformes.
Carnivori *s.m.pl.* (*zool.*) Carnivora.
Carofite *s.f.pl.* (*bot.*) Charophyta.
Casuariformi *s.m.pl.* (*zool.*) Casuariiformes.
Catarrine *s.f.pl.* (*zool.*) Catarrhina.
Cefalocordati *s.m.pl.* (*zool.*) Cephalochordata.
Cefalopodi *s.m.pl.* (*zool.*) Cephalopoda.
Celacantidi *s.m.pl.* (*zool.*) Coelacanthidae.
Celenterati *s.m.pl.* (*zool.*) Coelenterata.
Cervidi *s.m.pl.* (*zool.*) Cervidae.
Cestodi *s.m.pl.* (*zool.*) Cestoda.
Cetacei *s.m.pl.* (*zool.*) Cetacea.
Cheloni *s.m.pl.* (*zool.*) Chelonia.
Chetognati *s.m.pl.* (*zool.*) Chaetognatha.
Chetopodi *s.m.pl.* (*zool.*) Chaetopoda.
Chilopodi *s.m.pl.* (*zool.*) Chilopoda.
Chirotteri *s.m.pl.* (*zool.*) Chiroptera.
Ciclostomi *s.m.pl.* (*zool.*) Cyclostomata.
Cicadofite *s.f.pl.* (*bot.*) Cycadophyta.
Ciconiformi *s.m.pl.* (*zool.*) Ciconiformes.
Ciliati *s.m.pl.* (*zool.*) Ciliata.
Ciprinidi *s.m.pl.* (*zool.*) Cyprinoidea.
Cirripedi *s.m.pl.* (*zool.*) Cirripedia.
Cladoceri *s.m.pl.* (*zool.*) Cladocera.
Clorofite *s.f.pl.* (*bot.*) Chlorophyta.
Clupeidi *s.m.pl.* (*zool.*) Clupeoidea.
Cnidari *s.m.pl.* (*zool.*) Cnidaria.
Coccodrilli *s.m.pl.* (*zool.*) Crocodilia.
Coleotteri *s.m.pl.* (*zool.*) Coleoptera.
Collemboli *s.m.pl.* (*zool.*) Collembola.
Columbiformi *s.m.pl.* (*zool.*) Columbiformes.
Condritti *s.m.pl.* (*zool.*) Chondrichthyes.
Condrostei *s.m.pl.* (*zool.*) Chondrostei.
Coniferofite *s.f.pl.* (*bot.*) Coniferophytae.
Copepodi *s.m.pl.* (*zool.*) Copepoda.
Coraciiformi *s.m.pl.* (*zool.*) Coraciiformes.
Cordati *s.m.pl.* (*zool.*) Chordata.
Crinoidei *s.m.pl.* (*zool.*) Crinoidea.
Crisofite *s.f.pl.* (*bot.*) Chrysophyta.
Crossopterigi *s.m.pl.* (*zool.*) Crossopterygii.
Crostacei *s.m.pl.* (*zool.*) Crustacea.
Ctenofori *s.m.pl.* (*zool.*) Ctenophora.
Cuculiformi *s.m.pl.* (*zool.*) Cuculiformes.

Decapodi *s.m.pl.* (*zool.*) Decapoda.
Dermatteri *s.m.pl.* (*zool.*) Dermaptera.
Dermotteri *s.m.pl.* (*zool.*) Dermoptera.
Deuteromiceti *s.m.pl.* (*bot.*) Deuteromycetes.
Diatomee *s.f.pl.* (*bot.*) Diatomea.
Dicotiledoni *s.f.pl.* (*bot.*) Dicotyledonae.
Dinoficee *s.f.pl.* (*bot.*) Dynophyceae.
Dinoflagellati *s.m.pl.* (*zool.*) Dinoflagellata.
Diplopodi *s.m.pl.* (*zool.*) Diplopoda.
Dipluri *s.m.pl.* (*zool.*) Diplura.
Dipnoi *s.m.pl.* (*zool.*) Dipnoi.
Ditteri *s.m.pl.* (*zool.*) Diptera.

Echinodermi *s.m.pl.* (*zool.*) Echinodermata.
Echinoidi *s.m.pl.* (*zool.*) Echinoidea.
Efemerotteri *s.m.pl.* (*zool.*) Ephemeroptera.
Elasmobranchi *s.m.pl.* (*zool.*) Elasmobranchia.
Eliozoi *s.m.pl.* (*zool.*) Heliozoa.
Emitteri *s.m.pl.* (*zool.*) Hemiptera.
Epatiche *s.f.pl.* (*bot.*) Haepaticae.
Equidi *s.m.pl.* (*zool.*) Equidae.
Eterotteri *s.m.pl.* (*zool.*) Heteroptera.
Eubatteri *s.m.pl.* (*zool.*) Eubacteria.
Euglenofite *s.f.pl.* (*bot.*) Euglenophyta.
Eumetazoi *s.m.pl.* (*zool.*) Eumetazoa.
Euteri *s.m.pl.* (*zool.*) Eutheria.

Falconiformi *s.m.pl.* (*zool.*) Falconiformes.
Fasmoidei *s.m.pl.* (*zool.*) Phasmida.
Felidi *s.m.pl.* (*zool.*) Felidae.
Felini *s.m.pl.* (*zool.*) Felines.
Fenicotteriformi *s.m.pl.* (*zool.*) Phoenicopteriformes.
Feofite *s.f.pl.* (*bot.*) Phaeophyta.
Flagellati *s.m.pl.* (*zool.*) Flagellates.
Focidi *s.m.pl.* (*zool.*) Phocidae.
Folidoti *s.m.pl.* (*zool.*) Pholidota.
Foraminiferi *s.m.pl.* (*zool.*) Foraminifera.
Foronidei *s.m.pl.* (*zool.*) Phoronidea.
Funghi *s.m.pl.* (*bot.*) Fungi.

Gadiformi *s.m.pl.* (*zool.*) Gadiformes.
Galliformi *s.m.pl.* (*zool.*) Galliformes.
Gasteropodi *s.m.pl.* (*zool.*) Gastropoda.
Gastrotrichi *s.m.pl.* (*zool.*) Gastrotricha.
Gaviiformi *s.m.pl.* (*zool.*) Gaviiformes.
Gimnosperme *s.f.pl.* (*bot.*) Gymnospermae.
Ginkgofite *s.f.pl.* (*bot.*) Ginkgophyta.
Giraffidi *s.m.pl.* (*zool.*) Giraffidae.

Gnatostomi *s.m.pl.* (*zool.*) Gnathostomata.
Gnetofite *s.f.pl.* (*bot.*) Gnetophyta.
Gobiformi *s.m.pl.* (*zool.*) Gobiiformes.
Gruiformi *s.m.pl.* (*zool.*) Gruiformes.
Idrozoi *s.m.pl.* (*zool.*) Hydrozoa.
Ienidi *s.m.pl.* (*zool.*) Hyaenidae.
Imenotteri *s.m.pl.* (*zool.*) Hymenoptera.
Insetti *s.m.pl.* (*zool.*) Insecta.
Insettivori *s.m.pl.* (*zool.*) Insectivora.
Invertebrati *s.m.pl.* (*zool.*) Invertebrata.
Ippopotamidi *s.m.pl.* (*zool.*) Hippopotamidae.
Iracoidei *s.m.pl.* (*zool.*) Hyracoidea.
Irudinei *s.m.pl.* (*zool.*) Hirudinea.
Isopodi *s.m.pl.* (*zool.*) Isopoda.
Isotteri *s.m.pl.* (*zool.*) Isoptera.

Lagomorfi *s.m.pl.* (*zool.*) Lagomorpha.
Lamellibranchi *s.m.pl.* (*zool.*) Lamellibranchia.
Lemuridi *s.m.pl.* (*zool.*) Lemuridae.
Lepidotteri *s.m.pl.* (*zool.*) Lepidoptera.
Licheni *s.m.pl.* (*bot.*) Lichenes.
Licofite *s.f.pl.* (*bot.*) Lycophyta.
Licopsidee *s.f.pl.* (*bot.*) Lycopsyda.
Lofiformi *s.m.pl.* (*zool.*) Lophiiformes.
Loricati *s.m.pl.* (*zool.*) Loricata.

Macruri *s.m.pl.* (*zool.*) Macrura.
Malacostraci *s.m.pl.* (*zool.*) Malacostraca.
Mallofagi *s.m.pl.* (*zool.*) Mallophaga.
Mammiferi *s.m.pl.* (*zool.*) Mammalia.
Marsupiali *s.m.pl.* (*zool.*) Marsupialia.
Mesozoi *s.m.pl.* (*zool.*) Mesozoa.
Metateri *s.m.pl.* (*zool.*) Metatheria.
Metazoi *s.m.pl.* (*zool.*) Metazoa.
Miriapodi *s.m.pl.* (*zool.*) Myriopoda.
Mixomiceti *s.m.pl.* (*bot.*) Myxomycetes.
Molluschi *s.m.pl.* (*zool.*) Mollusca.
Monere *s.f.pl.* (*bot.*) Monera.
Monocotiledoni *s.f.pl.* (*bot.*) Monocotyledonae.
Monotremi *s.m.pl.* (*zool.*) Monotremata.
Muridi *s.m.pl.* (*zool.*) Muridae.
Muschi *s.m.pl.* (*bot.*) Musci.
Mustelidi *s.m.pl.* (*zool.*) Mustelidae.

Nematelminti *s.m.pl.* (*zool.*) Nemathelminthes.
Nematodi *s.m.pl.* (*zool.*) Nematoda.
Nemertini *s.m.pl.* (*zool.*) Nemertea.
Neurotteri *s.m.pl.* (*zool.*) Neuroptera.

Odonati *s.m.pl.* (*zool.*) Odonata.
Ofidi *s.m.pl.* (*zool.*) Ophidia.
Ofiuroidi *s.m.pl.* (*zool.*) Ophiuroidea.
Oligocheti *s.m.pl.* (*zool.*) Oligochaeta.
Olostei *s.m.pl.* (*zool.*) Holostei.
Oloturoidei *s.m.pl.* (*zool.*) Holothurioidea.
Omotteri *s.m.pl.* (*zool.*) Omoptera.
Oomiceti *s.m.pl.* (*bot.*) Oomycetes.
Ortotteri *s.m.pl.* (*zool.*) Orthoptera.
Osteitti *s.m.pl.* (*zool.*) Osteichthyes.
Ostracodi *s.m.pl.* (*zool.*) Ostracoda.
Otaridi *s.m.pl.* (*zool.*) Otariidae.
Ottopodi *s.m.pl.* (*zool.*) Octopoda.

Parazoi *s.m.pl.* (*zool.*) Parazoa.
Passeriformi *s.m.pl.* (*zool.*) Passeriformes.
Pelecaniformi *s.m.pl.* (*zool.*) Pelecaniformes.
Perissodattili *s.m.pl.* (*zool.*) Perissodactyla.
Pesci *s.m.pl.* (*zool.*) Pisces.
Piante *s.f.pl.* (*bot.*) Plantae.
Piciformi *s.m.pl.* (*zool.*) Piciformes.
Pirrofite *s.f.pl.* (*bot.*) Pyrrophyta.
Placofori *s.m.pl.* (*zool.*) Placophora.
Platelminti *s.m.pl.* (*zool.*) Platyhelminthes.
Platirrine *s.f.pl.* (*zool.*) Platyrrhine.
Plecotteri *s.m.pl.* (*zool.*) Plecoptera.
Pogonofori *s.m.pl.* (*zool.*) Pogonophora.
Policheti *s.m.pl.* (*zool.*) Polychaeta.
Pongidi *s.m.pl.* (*zool.*) Pongidae.
Poriferi *s.m.pl.* (*zool.*) Porifera.
Primati *s.m.pl.* (*zool.*) Primates.
Proboscidati *s.m.pl.* (*zool.*) Proboscidea.
Procellariformi *s.m.pl.* (*zool.*) Procellariiformes.
Procionidi *s.m.pl.* (*zool.*) Procyonidae.
Protisti *s.m.pl.* (*zool.*) Protista.
Prototeri *s.m.pl.* (*zool.*) Prototheria.
Protozoi *s.m.pl.* (*zool.*) Protozoa.
Proturi *s.m.pl.* (*zool.*) Protura.
Psilofite *s.f.pl.* (*bot.*) Psilophyta.
Psittaciformi *s.m.pl.* (*zool.*) Psittaciformes.
Pterigoti *s.m.pl.* (*zool.*) Pterygota.
Pterofite *s.f.pl.* (*bot.*) Pterophyta.
Pteropodi *s.m.pl.* (*zool.*) Pteropoda.

Radiolari *s.m.pl.* (*zool.*) Radiolaria.
Ralliformi *s.m.pl.* (*zool.*) Ralliformes.
Rettili *s.m.pl.* (*zool.*) Reptilia.
Rincocefalidi *s.m.pl.* (*zool.*) Rhynchocephalia.
Rinocerontidi *s.m.pl.* (*zool.*) Rhinocerotidae.
Roditori *s.m.pl.* (*zool.*) Rodentia.
Rodofite *s.f.pl.* (*bot.*) Rhodophyta.
Rotiferi *s.m.pl.* (*zool.*) Rotifera.
Ruminanti *s.m.pl.* (*zool.*) Ruminantia.

Sarcodini *s.m.pl.* (*zool.*) Sarcodines.
Sauri *s.m.pl.* (*zool.*) Sauria.
Scafopodi *s.m.pl.* (*zool.*) Scaphopoda.
Scifozoi *s.m.pl.* (*zool.*) Scyphozoa.
Sdentati *s.m.pl.* (*zool.*) Edentata.
Selaci *s.m.pl.* (*zool.*) Selachii.
Sfenisciformi *s.m.pl.* (*zool.*) Sphenisciformes.
Sfenofite *s.f.pl.* (*bot.*) Sphenophyta.
Sifonofori *s.m.pl.* (*zool.*) Siphonophora.
Sirenidi *s.m.pl.* (*zool.*) Sirenia.
Sporozoi *s.m.pl.* (*zool.*) Sporozoa.
Squamati *s.m.pl.* (*zool.*) Squamata.
Stomatopodi *s.m.pl.* (*zool.*) Stomatopoda.
Strigiformi *s.m.pl.* (*zool.*) Strigiformes.
Struzioniformi *s.m.pl.* (*zool.*) Struthioniformes.
Suidi *s.m.pl.* (*zool.*) Suidae.

Taliacei *s.m.pl.* (*zool.*) Thaliacea.
Tapiridi *s.m.pl.* (*zool.*) Tapiridae.
Teleostei *s.m.pl.* (*zool.*) Teleostei.
Tetracoralli *s.m.pl.* (*zool.*) Tetracoralla.
Tinamiformi *s.m.pl.* (*zool.*) Tinamiformes.
Tisanotteri *s.m.pl.* (*zool.*) Thysanoptera.
Tisanuri *s.m.pl.* (*zool.*) Thysanura.
Tracheati *s.m.pl.* (*zool.*) Tracheata.
Tracheofite *s.f.pl.* (*bot.*) Tracheophyta.
Trematodi *s.m.pl.* (*zool.*) Trematoda.
Tricotteri *s.m.pl.* (*zool.*) Tricoptera.
Trilobiti *s.m.pl.* (*zool.*) Trilobita.
Tubulidentati *s.m.pl.* (*zool.*) Tubulidentata.
Tunicati *s.m.pl.* (*zool.*) Tunicata.
Turbellari *s.m.pl.* (*zool.*) Turbellaria.

Uccelli *s.m.pl.* (*zool.*) Aves.
Urocordati *s.m.pl.* (*zool.*) Urochorda.
Urodeli *s.m.pl.* (*zool.*) Urodela.
Ursidi *s.m.pl.* (*zool.*) Ursidae.

Vertebrati *s.m.pl.* (*zool.*) Vertebrata.
Viverridi *s.m.pl.* (*zool.*) Viverridae.

Xenartri *s.m.pl.* (*zool.*) Xenarthra.
Xifosuri *s.m.pl.* (*zool.*) Xiphosura.

Zigomiceti *s.m.pl.* (*bot.*) Zygomycetes.

SIGLE E ABBREVIAZIONI USATE NEI PAESI DI LINGUA INGLESE

Molte sigle sono comunemente scritte sia nella forma con i punti (U.S.A., O.K.) sia in quella senza punti (USA, OK).
In questo elenco viene riportata la forma ritenuta prevalente, ma ciò non significa necessariamente che l'altra sia errata.

a *are*, a, ara.

a. 1 *acre(s)* 2 (*gramm.*) *active*, att., attivo 3 *adjective*, ag., agg., aggettivo 4 *afternoon*, pomeriggio 5 (*fis.*) *anode*, anodo.

A 1 *adult*, per adulti (di pellicola cinematografica) 2 *ampere*, A, ampere 3 (*chim.*) vecchio simbolo dell'Argo.

Å (*fis.*) *Ångström* (*unit*), Å, ångström.

A I *In first-rate condition*, di ottima qualità.

A1/2/3 etc. *classification and number of road*, classificazione delle strade statali.

AA 1 *Automobile Association*, Automobile Club 2 *Alcoholics Anonymous*, Anonima Alcolisti 3 (*mil.*) *Antiaircraft*, antiaereo, contraereo.

AAA 1 *Amateur Athletics Association*, Associazione Atleti Dilettanti 2 *American Automobile Association*, Automobile Club d'America 3 (*mil.*) *Antiaircraft Artillery*, artiglieria antiaerea, contraerea.

AAM 1 *Association of Assistant Mistresses*, Sindacato delle Insegnanti 2 (*mil.*) *Air-to -Air Missile*; *Antiaircraft Missile*, missile aria-aria; missile antiaereo.

AAPA *Advertising Agency Production Association*, Associazione Agenzie Pubblicitarie.

AAR *against all risks*, (*formula assicurativa*) contro tutti i rischi.

AAS 1 *American Academy of Arts and Sciences*, Accademia Americana delle Arti e delle Scienze 2 *American Astronomical Society*, Società Americana di Astronomia 3 *American Astronautical Society*, Società Americana di Astronautica.

AB (*lat.*: Artium Baccalaureus) Bachelor of Arts → BA.

ABA 1 *Amateur Boxing Association*, Associazione Pugili Dilettanti 2 *American Bar Association*, Ordine Americano degli Avvocati.

abbr., abbrev. 1 *abbreviated*, abbr., abbreviato 2 *abbreviation*, abbr., abbreviazione.

ABC 1 *American Broadcasting Company*, Società Radiofonica Americana 2 ABC *Railway Guide*, orario ferroviario per ordine alfabetico.

ABCC *Association of British Chambers of Commerce*, Associazione delle Camere di Commercio Britanniche.

ABIM *Associate of the British Institute of Management*, iscritto all'associazione britannica dei dirigenti.

ab init. (*lat.*: *ab initio*) *from the beginning*, dal principio.

abl. *ablative*, abl., ablativo.

ABM *Antiballistic Missile*, missile antibalistico.

Abp. *Archbishop*, Arcivescovo.

abr. 1 *abridged*, ridotto (di libro) 2 *abridgment*, riduzione (di libro).

abs 1 *absolute*, assoluto (di temperatura) 2 *abstract*, astratto.

abt *about*, circa.

ac. *account*, c.to, conto.

a.c. (*elettr.*) *alternating current*, c.a., corrente alternata.

a/c *account*, c.to, conto.

Ac (*chim.*) *actinium*, Ac, attinio.

AC 1 *Air Corps*, Forze Aeree 2 *Army Corps*, C. d'A., Corpo d'Armata 3 *Appeal Court*, C. d'A., Corte d'Appello 4 *Ambulance Corps*, corpo di volontari per il servizio ambulanze 5 *Appellation Controlée*, D.O.C., Denominazione di Origine Controllata (di vini) 6 (*elettr.*) *Alternating Current*, c.a., corrente alternata.

A/C *Account Current*, c.c., c/c, conto corrente.

ACA *Associate of the Institute of Chartered Accountants*, iscritto all'albo dei revisori dei conti.

Acad. *Academy*, Accademia.

acc. 1 *acceptance*, accettazione 2 *accepted*, accettato 3 *account*, conto 4 *accusative*, acc., accusativo.

ACCA (*amer.*) *Associate of the Association of Certified Accountants*, iscritto all'albo dei ragionieri riconosciuti dallo stato.

AC/DC *Alternating Current/Direct Current*, a corrente alternata e a corrente continua.

ACE *Allied Command Europe*, Comando Alleato per l'Europa (NATO).

ACEC *Advisory Council on Energy Conservation*, Ente Consultivo per la Conservazione dell'Energia.

ACGB *Arts Council of Great Britain*, ente britannico per la promozione delle arti.

acl. (*inform.*) *access control list*, lista di controllo di accesso.

ACLANT *Allied Command Atlantic*, Comando Alleato Atlantico (NATO).

ACML *Anti-Common Market League*, Lega anti-Mercato Comune.

ACR (*tel.*) *Automatic Call Recording*, contabilizzazione automatica delle chiamate.

ACSEA *Allied Command South East Asia*, Comando Alleato per il Sud-Est Asiatico.

act. (*gramm.*) *active*, att., attivo.

ACTH (*biochim.*) *Adrenocorticotropic Hormone*, ACTH, ormone adrenocorticotropo.

ACU (*tel.*) *Automatic Calling Unit*, unità di chiamata automatica.

ACV *Air Cushion Vehicle*, hovercraft, veicolo a cuscino d'aria.

ad. *adverb*, av., avv., avverbio.

AD (*lat.*: *Anno Domini*) *in the year of our Lord*, A.D., Anno Domini; d.C., dopo Cristo.

A/D (*inform.*) *Analog/Digital*, analogico/digitale.

ADC, A-D-C *Aide-de-Camp*, aiutante di campo.

ADC (*inform.*) *Analog Digital Converter*, convertitore analogico-digitale.

ADF *Automatic Direction Finder*, radiogoniometro automatico.

ad int. (*lat.*: *ad interim*) *in the meantime*, ad interim.

adj. *adjective*, ag., agg., aggettivo.

Adj., Adjt. *Adjutant*, Aiutante.

ad lib., ad libit. (*lat.*: *ad libitum*) *at one's pleasure*, ad libitum, a volontà.

Adm. *administration*, amm.ne, amministrazione.

Adm 1 *Admiral*, Ammiraglio 2 *Admiralty*, Ammiragliato.

ADP 1 (*inform.*) *Automatic Data Processing*, elaborazione automatica dei dati 2 (*chim.*) *Adenosine Diphosphate*, difosfato di adenosina.

ADSL (*inform.*) *Asymmetrical Digital Subscriber Line*, linea di iscrizione asimmetrica digitale.

ADT (*inform.*) *Application-Dedicated Terminal*, terminale specializzato.

ADU (*tel.*) *Automatic Dialling Unit*, selettore (telefonico) automatico.

adv. 1 *adverb*, av., avv., avverbio 2 *advertisement*, annuncio pubblicitario.

AE 1 *Atomic Energy*, Energia Atomica 2 *Aeronautical Engineer*, Ingegnere Aeronautico.

AEB *Associated Examining Board*, ente di

coordinamento per gli esami di istruzione superiore (corrispondenti alla licenza «O level»).

AEC *Atomic Energy Commission*, Commissione per l'Energia Atomica (negli Stati Uniti).

AEF *Amalgamated Union of Engineering and Foundry Workers*, Sindacato dei metalmeccanici e degli operai siderurgici.

AERE *Atomic Energy Research Establishment (Harwell)*, Istituto di ricerca per l'Energia Atomica (Harwell).

AF 1 *Admiral of the Fleet*, Ammiraglio 2 *Air Force*, Aeronautica 3 (*rad.*) *Audio Frequency*, audiofrequenza.

AFB *Air Force Base*, Base Aeronautica.

AFHQ *Air Force Head Quarters*, Quartier Generale dell'Aeronautica.

AFL *American Federation of Labor*, Federazione Americana del Lavoro.

AFM *Air Force Medal*, medaglia al valore (aviazione).

Ag (*chim.*) *silver*, Ag, argento.

AG *Attorney General*, P.G., Proc. Gen., Procuratore Generale; (*negli Stati Uniti*) Ministro della Giustizia.

agcy. *agency*, agenzia.

AGM 1 *Annual General Meeting*, Riunione Generale Annuale 2 *Air-to-Ground Missile*, Missile Aria-Terra.

Ah, ah, AH *ampere-hour*, Ah, amperora.

AI 1 *artificial insemination*, fecondazione artificiale 2 *Amnesty International*, AI, Amnesty International, organizzazione internazionale per la difesa dei diritti dell'uomo 3 (*inform.*) *Artificial Intelligence*, IA, Intelligenza Artificiale.

AIDS (*med.*) *Acquired Immune-Deficiency Syndrome*, Sindrome da immunodeficienza acquisita.

Al (*chim.*) *aluminium*, Al, alluminio.

AL *American Legion*, Legione Americana (associazione di ex-combattenti).

Ala. *Alabama*.

Alas. *Alaska*.

Alba *Alberta* (*Canada*).

ALBM *Air-Launched Ballistic Missile*, missile balistico lanciato da aerei.

alc. *alcohol*, alcol.

ALCS *Authors' Lending and Copyright Society*, società per i diritti d'autore.

A Level *Advanced Level* → GCE.

alg. *algebra*, alg., algebra.

ALGOL (*inform.*) *Algorithmic Language*, Algol (linguaggio di programmazione algoritmico).

ALPA *Airline Pilots' Association*, Associazione dei Piloti di Linee Aeree (USA).

alt. 1 *alternate*, alternato 2 *altitude*, alt., altitudine.

ALU (*inform.*) *Arithmetic Logic Unit*, Unità Aritmetico-Logica.

a.m. (*lat.*: *ante meridiem*) *before midday*, a.m., ant., antimeridiano.

Am (*chim.*) *americium*, Am, americio.

AM 1 *Airmail*, Posta Aerea 2 *Air Ministry*, Ministero dell'Aeronautica 3 *Amplitude Modulation*, AM, modulazione di ampiezza 4 (*lat.*: *Artium Magister*) Master of Arts → MA.

AMA 1 *American Medical Association*, Ordine Americano dei Medici 2 *Assistant Masters' Association*, Sindacato degli Insegnanti.

AMM *Antimissile Missile*, missile antimissile.

amp *ampere*, *amperage*, A, ampere.

amt *amount*, ammontare.

a.m.u. (*fis.*) *atomic mass unit*, amu, unità di massa atomica.

ANA 1 *Australian National Airways*, Linee Aeree Australiane 2 *All Nippon Airways*, Linee Aeree Giapponesi.

Angl. *Anglican*, anglicano.

Ang.-Sax. *Anglo-Saxon*, anglosassone.

ANK *Address Not Known*, indirizzo sconosciuto.

anon. *anonymous*, anonimo.

A.O.B *Any Other Business*, varie ed eventuali.

ap. *apothecary*, farmacista.

Ap. *April*, apr., aprile.

AP. 1 *Associated Press*, Stampa Associata (agenzia di stampa americana) 2 (*inform.*) *Array Processor*, macchina a organizzazione a matrice (matriciale).

APEX *Advance Purchase Excursion* (*on airlines*), biglietto di aereo vincolato a una data prefissata.

API (*inform.*) *Application Programming Interface*, Interfaccia di Applicazione di Programmi.

APL (*inform.*) *A Programming Language*, linguaggio di programmazione APL.

app. *appendix*, appendice.

Appro. *(on) Approval*, per approvazione.

Apr. *April*, apr., aprile.

APR *Annual Percentage Rate (interest)*, tasso di interesse annuale.

Apt *apartment*, appartamento.

APT (*elettr.*) *Automatic Picture Transmission*, trasmissione automatica di immagini.

apx *appendix*, appendice.

ar. *arrival*, arrivo.

Ar (*chim.*) *argon*, Ar, argo.

ARA *Associate of the Royal Academy*, membro dell'Accademia Reale.

ARC 1 *American Red Cross*, Croce Rossa Americana 2 *Agricultural Research Council*, Ente di Ricerca per l'Agricoltura.

arch. *architect*, arch., architetto.

Arch., Archbp. *Archbishop*, Arc., arcivescovo.

Archd. 1 *Archdeacon*, arcidiacono 2 *Archduke*, arciduca.

archt. *architect*, arch., architetto.

ARELS *Association of Recognised English Language Schools*, Associazione delle Scuole d'Inglese Riconosciute.

Arg. *Argentina*, *Argentine*, Argentina.

Ariz. *Arizona*.

Ark. *Arkansas*.

ARM *Antiradar Missile*, missile antiradar.

Arm. *Armenia*.

arr. *arrival*, arrivo.

art. 1 (*gramm.*) *article*, art., articolo 2 *artillery*, artiglieria.

ARTC *Air Route Traffic Control*, controllo delle rotte aeree.

As (*chim.*) *arsenic*, As, arsenico.

As. 1 *Asia*, Asia 2 *Asian*, *Asiatic*, asiatico.

AS 1 *Academy of Science*, Accademia Scientifica 2 *Anglo-Saxon*, anglosassone 3 *Assistant Secretary*, vicesegretario.

ASAP *As Soon As Possible*, con la massima urgenza.

ASCII (*inform.*) *American Standard Code for Information Interchange*, ASCII, Codice standard americano per lo scambio di informazioni.

ASM (*mil.*) *air-to-surface missile*, missile aria-terra (o aria-superficie).

assn., assoc. *association*, associazione.

Asst *assistant*, assistente.

ASW *Anti Submarine Warfare*, lotta antisommergibile (o antisom).

at (*metric*) *atmosphere*, at, atmosfera (metrica).

at. *atomic*, atomico.

At (*chim.*) *astatine*, At, astato.

AT (*fis.*) *ampere-turn*, Asp, amperspira.

ATC *Air Traffic Control*, controllo del traffico aereo.

atm. 1 *atmospheric*, atmosferico 2 (*fis.*) (*standard*) *atmosphere*, atm, atmosfera.

ATM (*inform.*) 1 *Automatic Teller Machine*, sportello automatico 2 *Asyncronous Transfer Mode*, Modalità di Trasferimento Asincrona.

atm. press. *atmospheric pressure*, pressione atmosferica.

at. no. *atomic number*, Z, numero atomico.

ATP (*chim.*) *Adenosine TriPhosphate*, ATP, trifosfato di adenosina.

ATS (*inform.*) *Automatic Teller System*, sportello automatico.

Att. *Attorney*, Procuratore Legale.

ATT *American Telephone and Telegraph*, Società Americana dei Telefoni e dei Telegrafi.

Att. Gen. *Attorney General*, P.G., Proc. Gen., Procuratore Generale; (*negli Stati Uniti*) Ministro della Giustizia.

Atty *Attorney*, Procuratore Legale.

at. wt. *atomic weight*, peso atomico.

Au (*chim.*) *gold*, Au, oro.

AU *Astronomical Unit*, u.a., unità astronomica.

AUEW *Amalgamated Union of Engineering Workers*, Sindacato Riunito dei Lavoratori Metalmeccanici.

Aug. *August*, ag., ago., agosto.

auth. 1 *author*, A., autore 2 *authorized*, autorizzato.

Auth. Ver. *Authorized Version*, Versione Autorizzata (traduzione ufficiale, anglicana della Bibbia, 1611).

av. 1 *avenue*, V.le, viale 2 *average*, medio 3 *avoirdupois*.

AV *Authorized Version*, Versione Autorizzata (traduzione ufficiale, anglicana della Bibbia, 1611).

avdp. *avoirdupois*.

ave., Ave. *avenue*, V.le, viale.

AVI (*inform.*) *Audio Video Interleaved*, Audio Video Interlacciati.

avoir. *avoirdupois.*

AWARE *Advanced Warning Radar Equipment*, apparecchio radar per l'avvistamento anticipato (di missili).

AWOL (*mil.*) *Absent Without Official Leave*, assente non autorizzato.

AWRE *Atomic Weapons Research Establishment* (*Aldermaston*), Impianto di Ricerca per le Armi Atomiche (Aldermaston).

b. 1 *book*, libro 2 *born*, n., nato.

B 1 (*chim.*) *boron*, B, boro 2 *Baron*, bar., Barone 3 *Bible*, Bibbia 4 *British*, britannico.

Ba (*chim.*) *barium*, Ba, bario.

BA 1 *British Ariways*, BA, Linee Aeree Britanniche 2 *Bachelor of Arts*, BA, I° livello di laurea, specie nelle discipline umanistiche (si consegue dopo 3 o 4 anni di università ed è inferiore al → MA).

BAA *British Airports Authority*, Ente degli Aeroporti Britannici.

BABS (*aer.*) *Blind Approach Beacon System*, radar di avvicinamento strumentale.

BACR *British Association for Cancer Research*, Associazione Britannica per la Ricerca sul Cancro.

Bah. *Bahamas.*

BALPA, BAPA *British Airline Pilots' Association*, Associazione Britannica dei Piloti di Linee Aeree.

BAM (*inform.*) *Basic Access Method*, metodo di accesso di base.

b. and b. *bed and breakfast*, pernottamento e prima colazione.

bap., bapt. *baptised*, battezzato.

Bap., Bapt. (*relig.*) *Baptist*, Battista.

bar., barr. *barrister*, avv., avvocato.

BARB *Broadcasters' Audience Research Bureau or Board*, ente di ricerca sull'indice di ascolto dei programmi radiotelevisivi.

Bart *Baronet*, Baronetto.

BASIC (*inform.*) *Beginners All-purpose Symbolic Instruction Code*, BASIC, codice simbolico di istruzione polivalente per principianti.

BBA *British Bankers' Association*, Associazione Britannica dei Dirigenti di Banca.

BBC *British Broadcasting Corporation*, BBC, ente radiofonico britannico.

bbl. *barrel(s).*

BBS (*inform.*) *Bulletin Board System*, bacheca elettronica.

BC 1 *Before Christ*, a.C., avanti Cristo 2 *British Columbia*, Colombia Britannica.

BCD (*inform.*) *Binary Coded Decimal*, decimale codificato in binario.

BCR (*inform.*) *Bar Code Reader*, lettore di codice a barre.

BCT *Bank Credit Transfer*, bonifico bancario.

BD 1 (*inform.*) *Baud* (unità di misura della velocità di trasmissione) 2 *Bachelor of Divinity*, laurea in Teologia 3 *bank draft*, tratta bancaria.

B.D.V. (*fis.*) *Break Down Voltage*, Tensione di Scarica.

Be (*chim.*) *beryllium*, Be, berillio.

b.e. *bill of exchange*, cambiale.

BE 1 *bill of exchange*, cambiale 2 *Board of Education*, Ministero dell'Istruzione.

BEA *British European Airways*, BEA, Compagnia Britannica delle Linee Europee.

Beds. *Bedfordshire.*

bef. *before*, prima.

Bel., Belg. 1 *Belgian*, *Belgic*, belga 2 *Belgium*, Belgio.

Benelux *Belgium*, *Netherlands*, *Luxemburg*, Benelux, Belgio, Olanda, Lussemburgo (unione economica doganale).

B Eng *Bachelor of Engineering*, laurea in ingegneria (I° livello).

Berks. *Berkshire.*

bet. *between*, fra.

BFI *British Film Institute*, Istituto britannico per la Cinematografia.

bhp, BHP (*mecc.*) *brake horsepower*, potenza al freno.

Bi (*chim.*) *bismuth*, Bi, bismuto.

BIBA *British Insurance Brokers' Association*, Associazione Britannica Assicuratori.

Bk (*chim.*) *berkelium*, Bk, berkelio.

b.l. *bill of lading*, polizza di carico.

Bl. *Blessed*, B., Beato.

bldg *building*, edificio.

Blvd *boulevard*, V.le, viale.

BM *British Museum.*

BMA *British Medical Association*, Ordine Britannico dei Medici.

BMC *British Medical Council*, Consiglio Britannico della Sanità.

BMEWS (*mil.*) *Ballistic Missile Early Warning System*, sistema di controllo antibalistico avanzato.

BMus *Bachelor of Music*, laurea in musica (I° livello).

bn. *Baron*, bar., Barone.

BNEC *British Nuclear Energy Conference*, Conferenza Britannica per l'Energia Nucleare.

b.o. *branch office*, succursale, filiale.

BOAC *British Overseas Airways Corporation*, BOAC, Compagnia Britannica delle Linee Transoceaniche.

BOD *Biochemical Oxygen Demand*, fabbisogno biologico di ossigeno.

BOT 1 *Board of Trade*, Ministero del Commercio 2 (*inform.*) *Beginning of Tape*, inizio di nastro.

bp (*fis.*) *boiling point*, punto di ebollizione.

Bp *Bishop*, Vescovo.

BP *British Pharmacopoeia*, Farmacopea Britannica.

BPA *British Pilots' Association*, Associazione Britannica dei Piloti.

BPC *British Pharmaceutical Codex*, prontuario dei farmaci.

BPI (*inform.*) *bits per inch*, bit per pollice.

BPO *Berlin Philharmonic Orchestra*, Orchestra Filarmonica di Berlino.

bps (*inform.*) *bits per second*, bit al secondo.

Br 1 (*chim.*) *bromine*, Br, bromo 2 *British*, britannico.

BR *British Railways*, Ferrovie Britanniche.

BRC *British Research Council*, Ente Britannico per la Ricerca.

BRCS *British Red Cross Society*, Croce Rossa Britannica.

brev. 1 *brevet*, brev., brevetto 2 *breveted*, brevettato.

Brig *Brigadier*, Generale di Brigata.

Brit. 1 *Britain*, (Gran) Bretagna 2 *British*, britannico.

Bros (*comm.*) *Brothers*, F.lli, Fratelli.

BRS *British Road Services*, Servizio di Trasporti Stradali Britannico.

b.s. 1 *balance sheet*, bilancio 2 *bill of sale*, nota di vendita, fattura.

BSAM (*tel.*) *Basic Sequential Access Method*, metodo di accesso sequenziale di base.

BSc *Bachelor of Science*, I° livello di laurea nelle discipline scientifiche; si consegue dopo 3 o 4 anni di università ed è inferiore al → MSc.

BSI *British Standards Institution*, Ente Britannico per l'unificazione (di misure, formati ecc.).

BST *British Summer Time*, Ora Legale Britannica.

Bt *Baronet*, Baronetto.

BTAM (*tel.*) *Basic Telecommunication Access Method*, metodo di accesso di base in teletrasmissione.

BTC *British Transport Commission*, Commissione Britannica per i Trasporti.

Btu., BTU (*fis.*) *British Thermal Unit*, Btu, unità termica britannica.

BTX (*inform.*) *Bildschirmtext*, versione tedesca del videotext interattivo.

Bucks. *Buckinghamshire.*

BUP *British United Press*, Stampa Associata Britannica.

bur. *bureau*, ufficio.

BW *Biological Warfare*, Guerra Biologica.

BWB *British Waterways Board*, Ente Britannico per le Vie d'Acqua.

BWR (*fis. nucleare*) *Boiling Water Reactor*, reattore ad acqua bollente.

Bz (*chim.*) *Benzene*, Benzene.

c. 1 (*elettr.*) *capacity*, capacità 2 *cent*, centesimo (di moneta) 3 *century*, sec., secolo 4 *centimetre*, cm, centimetro 5 *carat*, carato 6 (*lat.*: *circa*) *about*, ca., circa 7 *cubic*, cubo.

C 1 (*chim.*) *carbon*, C, carbonio 2 (*fis.*) *coulomb*, C, coulomb.

°C (*metrol.*) *degrees Celsius*, °C, gradi Celsius.

ca 1 (*lat.*: *circa*; *about*), ca., circa 2 *cathode*, catodo.

Ca (*chim.*) *calcium*, Ca, calcio.

CA 1 *Central America*, America Centrale 2 *Chartered Accountant*, ragioniere abilitato 3 *Chief Accountant*, capo contabile 4 *Court of Appeal*, C. d'A, Corte d'Appello 5 (*amer.*) *City Attorney*, procuratore.

C/A 1 *Current Account*, c/c, c.c., conto corrente 2 *Credit Account*, conto a credito.

CAB *Citizens' Advice Bureau*, ufficio di consulenza legale ai cittadini.

CAD (*inform.*) *Computer Assisted Design*, progettazione assistita dall'elaboratore.

CAE (*inform.*) 1 *Computer Aided Engineering*, CAE, ingegneria assistita dall'elaboratore 2 *Computer Aided Education*, CAE, didattica assistita dall'elaboratore.

c.a.f. *cost and freight*, c.a.f., costo e nolo.

CAI (*inform.*) *Computer Aided Instruction*, istruzione assistita dall'elaboratore; software per attività didattiche.

cal. *small calorie*, cal. piccola caloria.

Cal. 1 *California* 2 *large calorie*, Cal., grande caloria.

Calif. *California.*

CAM (*inform.*) *Computer Aided Manufacturing*, CAM, produzione assistita dall'elaboratore.

Cam., Camb. *Cambridge.*

Cambs. *Cambridgeshire.*

can. 1 *canon*, canone 2 *canto*, canto.

Can. 1 *Canada*, Canada 2 *Canadian*, canadese.

C and E *Customs and Excise*, Dogane e Imposte.

Cant. *Canterbury.*

Cantab. (*lat.*: *Cantabrigiensis*) *of Cambridge*, cantabrigense.

cap. 1 *capital*, capitale 2 (*lat.*: *caput*) *chapter*, c., cap., capitolo.

caps *capital letters*, lettere maiuscole.

Capt. *Captain*, Cap., capitano.

CAR (*inform.*) *Computer-assisted retrieval*, CAR, ricerca di informazioni supportata dall'elaboratore.

Card. *Cardinal*, Card., Cardinale.

CAT 1 (*med.*) *Computerized Axial Tomography*, TAC, Tomografia Assiale Computerizzata 2 (*inform.*) *Computer-assisted training*, CAT, addestramento con l'ausilio del calcolatore 3 *Computer-aided testing*, CAT, testing, prove mediante l'elaboratore 4 *Computer-assisted translation*, CAT, traduzione automatica.

Cath. *Catholic*, cattolico.

CB 1 *Companion of the Order of the Bath*, Compagno dell'Ordine di Bath 2 (*rad.*) *Citizens' Band*, CB, banda cittadina.

CBC *Canadian Broadcasting Corporation*, Ente Radiofonico Canadese.

CBE *Commander* (*of the Order*) *of the British Empire*, Comandante dell'Ordine dell'Impero Britannico.

CBI *Confederation of British Industry*, Confederazione dell'Industria Britannica.

CBS *Columbia Broadcasting System*, Ente Radiofonico Americano.

cc. (*lat.*: *capita*) *chapters*, capp., capitoli.

CC 1 *County Council*, consiglio di contea 2 *County Court*, tribunale di contea 3 *Chamber of Commerce*, Camera di Commercio.

CCC *Corpus Christi College.*

CCCP (*russo*: *Soyuz Sovietskikh Sotsialisticheskikh Respublik*) (*transliteral translation of USSR, Union of Soviet Socialist Republics*), URSS, Unione delle Repubbliche Socialiste Sovietiche.

CCI (*franc.*: *Chambre de Commerce internationale*) *International Chamber of Commerce*, ICC, CCI, Camera di Commercio Internazionale.

CCR (*amer.*) *Commission of Civil Rights*, Commissione per i Diritti Civili.

CCTV *Closed Circuit Television*, Televisione a Circuito Chiuso.

CCUS *Chamber of Commerce of the United States*, Camera di Commercio degli Stati Uniti.

c.d. *cash discount*, sconto cassa.

Cd (*chim.*) *cadmium*, Cd, cadmio.

CD 1 *Civil Defence*, Difesa Civile 2 *Corps Diplomatique*, C.D., Corpo Diplomatico 3 *Compact Disc*, CD, Compact Disc.

CDI (*inform.*) *Compact Disk Interactive*, CD interattivo.

Cdr *Commander*, Comandante.

Cdre *Commodore*, Commodoro.

CD-ROM (*inform.*) *Compact Disk-Read Only Memory*, Compact Disc a Memoria di Sola Lettura.

Ce (*chim.*) *cerium*, Ce, cerio.

CE 1 *Council of Europe*, CE, Consiglio d'Europa 2 *Church of England*, Chiesa d'Inghilterra 3 *Civil Engineer*, G.C., Genio Civile 4 (*inform.*) *Consumer electronics*, elettronica distribuita, destinata a una vasta utenza.

CEC *Commission of the European Communities*, Commissione delle Comunità Europee.

cent. 1 *centigrade*, centigrado 2 *centimetre*, cm, centimetro 3 *central*, centrale 4 *century*, sec., secolo 5 (*lat.*: *centum*) *a hundred*, cento.

CERD *Committee for European Research and Development*, Comitato per la Ricerca e lo Sviluppo Europei.

CERN (*franc.*: *Centre Européen des Recherches Nucléaires*) *European Council for Nuclear Research*, CERN, Consiglio Europeo per le Ricerche Nucleari.

Cert. Ed *Certificate in Education*, abilitazione all'insegnamento.

CET *Central European Time*, TMEC, Tempo Medio dell'Europa Centrale.

cf. (*lat.*: *confer*) *compare*, cfr., confronta.

c.f. *cost and freight*, c.a.f., costo e nolo.

Cf (*chim.*) *californium*, Cf, californio.

CF *Chaplain to the Forces*, Cappellano Militare.

CFE *College of Further Education*, Istituto di Istruzione Superiore.

c.f.i. *cost, freight and insurance*, costo, nolo e assicurazione.

cg *centigram(me)*, cg, centigrammo.

CG 1 *Coast Guard*, Guardia Costiera 2 *Consul General*, CG, Console Generale.

CGA (*inform.*) *Colour Graphic Adapter*, Interfaccia Grafica Colori.

CGS *centimetre-gram(me)-second* (*unit, system*), CGS, (unità, sistema) centimetro-grammo-secondo.

CGT *Capital Gains Tax*, Tassa sull'incremento di valore del capitale.

ch. 1 *chapter*, c., cap., capitolo 2 *child*, bambino.

Ch. 1 *Chief*, Capo 2 *China*, Cina 3 *Chinese*, cinese 4 *Church*, Chiesa.

Chanc. 1 *Chancellor*, Cancelliere 2 *Chancery*, Cancelleria.

chap. *chapter*, c., cap., capitolo.

Chap. *Chaplain*, Cappellano.

Ches. *Cheshire.*

CJ *Chief Justice*, Presidente della Corte.

Ch. M. (*lat.*: *Chirurgiae Magister*) *Master of Surgery*, Medico Chirurgo.

Chr. 1 *Christ*, Cristo 2 *Christian*, cristiano.

c.i. *cost and insurance*, costo e assicurazione.

CI *Channel Islands*, Isole Normanne.

CIA *Central Intelligence Agency*, CIA, Ufficio Centrale d'Informazione (servizi segreti USA).

CID *Criminal Investigation Department*, Polizia Giudiziaria.

c.i.f. *cost, insurance, freight*, c.i.f., costo, assicurazione e nolo.

c.i.f.e. *cost, insurance, freight and exchange*, c.i.f.e., costo assicurazione, nolo e cambio.

CIM (*inform.*) 1 *Computer input microfilm*, microfilm usato per l'introduzione di dati nell'elaboratore. 2 *Computer-integrated manufacturing*, produzione coordinata da calcolatore.

Cin. *Cincinnati.*

C in C *Commander in Chief*, Comandante in Capo.

CIO (*amer.*) *Congress of Industrial Organizations*, sindacato dei lavoratori dell'industria.

cit. 1 *citation*, citazione 2 *citizen*, cittadino.

cl 1 *centilitre*, cl, centilitro 2 *class*, classe 3 *clause*, clausola.

Cl (*chim.*) *chlorine*, Cl, cloro.

cm. *centimetre*, cm, centimetro.

Cm (*chim.*) *curium*, Cm, curio.

Cmdr. 1 *Commander*, com., comandante 2 *Commodore*, Commodoro.

CMOS (*inform.*) *Complementary MOS*, Mos complementare.

c/o 1 *care of*, c/o, presso (negli indirizzi) 2 *cash order*, tratta a vista.

Co (*chim.*) *cobalt*, Co, cobalto.

Co. 1 *Company*, C.ia, Compagnia 2 *County*, Contea.

CO 1 *Colonial Office*, Ministero delle Colonie 2 *Commanding Officer*, Ufficiale Comandante 3 *conscientious objector*, obiettore di coscienza.

COBOL (*inform.*) *Common Business Oriented Language*, Cobol (linguaggio di programmazione).

cod. *codex*, cod., codice.

c.o.d., COD *cash on delivery*, pagamento alla consegna.

C of E *Church of England*, Chiesa d'Inghilterra.

COI *Central Office of Information*, Ufficio Centrale di Informazione (ufficio del partito conservatore per le indagini statistiche).

Col. 1 *Colonel*, Col., Colonnello 2 *Colorado.*

Colo. *Colorado.*

Com. 1 *Commander*, com., Comandante 2 *Committee*, Comitato 3 *Commonwealth.*

COM (*inform.*) *Computer Output Microfilm*, microfilm prodotto da calcolatore.

Comdr. *Commander*, com., comandante.

COMECON *Council for Mutual Economic*

Aid, COMECON, Consiglio di Mutua Assistenza Economica (tra i paesi dell'Europa Orientale).

Con. *Consul*, Console.

Cong. *Congress*, Congresso.

Conn. *Connecticut.*

Cons. (*pol.*) *Conservative*, conservatore.

const. (*mat.*) *constant*, cost., costante.

cont., contd. *continued*, continua.

co-op. 1 *Cooperative*, coop, Cooperativa 2 (*amer.*) *Cooperative*, condominio.

Corn. 1 *Cornwall*, Cornovaglia 2 *Cornish*, dialetto, abitante della Cornovaglia.

corp. 1 *corporal*, cap., caporale 2 *corporation*, ente, corporazione.

corr. 1 (*bibliografia*) *corrupted*, corrotto 2 (*bibliografia*) *corruption*, corruzione.

cos (*trigonometria*) *cosine*, cos, coseno.

c.o.s *cash on shipment*, pagamento alla spedizione.

cosec *cosecant*, cosec, cosecante.

cosh (*trigonometria*) *hyperbolic cosine*, cosh, coseno iperbolico.

cot *cotangent*, ctg, cotangente.

cp. *compare*, cfr., confronta.

c.p. *carriage paid*, porto pagato, porto affrancato.

CP 1 *Cape Province*, Provincia del Capo 2 *Code of Procedure*, Codice di Procedura 3 *Communist Party*, Partito Comunista.

Cpl *Corporal*, caporale.

CPM (*inform.*) 1 *Card per minute*, schede al minuto 2 *Critical Path Method*, metodo del percorso critico.

cps *cyles per second*, cicli al secondo.

CPS (*lat.*: *Custos Privati Sigilli*) *Keeper of the Privy Seal*, Custode del Sigillo Privato.

CPU (*inform.*) *Central Processing Unit*, unità centrale di elaborazione.

Cr (*chim.*) *chromium*, Cr, cromo.

Cr. Ct *Crown Court*, Corte Penale (per processi penali).

CRF *Cancer Research Fund*, Fondo di Ricerca per il Cancro.

CRO (*fis.*) *Cathode-ray oscilloscope*, oscilloscopio a raggi catodici.

CRT (*inform.*) *Cathode Ray Tube*, tubo a raggi catodici.

CS 1 (*chim.*) *caesium*, Cs, cesio 2 *Civil Service*, Pubblica Amministrazione, Amministrazione Statale.

CSA *Confederate States of America*, Stati Confederati Americani (gli undici Stati secessionisti del Sud, nel 1861).

CSC *Civil Service Commission*, ufficio per la selezione e l'assunzione degli impiegati statali.

CSE *Certificate of Secondary Education*, diploma di istruzione secondaria.

CSO *Central Statistical Office*, Ufficio Centrale di Statistica.

ct *carat*, carato.

CTC *Cyclists' Touring Club*, Associazione Turistica dei Ciclisti.

ctn *cotangent*, ctg, cotangente.

CTOL (*aer.*) *Conventional take-off and landing*, decollo e atterraggio convenzionali.

ctr. *centre*, centro.

cu *cubic*, cubico, cubo.

Cu (*chim.*) *copper*, Cu, rame.

CUP *Cambridge University Press*, Edizioni dell'Università di Cambridge.

cur. *currency*, val., valuta.

CW (*rad.*) *Continuous Wave*, onda persistente.

CWO *Cash With Order*, pagamento in contanti all'atto dell'ordinazione.

cwt. *hundredweight*(*s*).

cyl. *cylinder*, *cylindrical*, cilindro, cilindrico.

CZ *Canal Zone*, Zona del Canale (di Panama).

d. 1 *day*, g., giorno 2 *dead*, m., morto 3 *dollar*, dollaro 4 *duke*, duca 5 (*lat.*: *denarius, denarii*) *penny*, pence.

D 1 *December*, dic., dicembre 2 *Duchess*, d.ssa, duc.sa, Duchessa 3 *Duke*, Duca 4 *Dutch*, olandese 5 (*chim.*) *deuterium*, D, deuterio.

D/A *Deposit Account*, conto vincolato.

DAF *Department of Agriculture and Fisheries*, Dipartimento dell'Agricoltura e della Pesca.

dal *decalitre*, dal, decalitro.

D and D *Drunk and Disorderly*, in stato di ubriachezza molesta.

dat. *dative*, dat., dativo.

dau. *daughter*, figlia.

dB (*fis.*) *Decibel*, db, decibel.

DB (*ted.*) 1 *Deutsche Bundesbahn* (*Federal Railway*), DB, Ferrovie della Germania Federale 2 *Deutsche Bundesrepublik* (*German Federal Republic*), RFT, Repubblica Federale Tedesca.

DBMS *Data Base Management System*, sistema di gestione della base di dati.

d.c. *direct current*, c.c., corrente continua.

DC 1 *direct current*, c.c., corrente continua 2 *District of Columbia*, Distretto Federale della Columbia (nel quale si trova la capitale federale degli USA, Washington).

DCL *Doctor of Civil Law*, Dottore in Diritto Civile.

dd., d/d *delivered*, consegnato.

d—d *damned*, dannazione!; acc., accidenti!

DD (*lat.*: *Divinitatis Doctor*) *Doctor of Divinity*, Dottore in Teologia.

DDL (*inform.*) 1 *Data Definition Language*, linguaggio di definizione di dati 2 *Data Description Language*, linguaggio per la descrizione di dati.

DDR (*ted.*: *Deutsche Demokratische Republik*), *German Democratic Republic*, RDT, Repubblica Democratica Tedesca.

DDS (*tel.*) *Digital Data Service*, Servizio Trasmissione Dati.

DDT (*chim.*) *dichlorodiphenyltrichloroethane*, DDT, diclorodifeniltricloroetano (insetticida).

DE 1 *Department of Environment*, Dipartimento dell'Ambiente 2 *Department of Employment*, Dipartimento dell'Occupazione 3 *Department of Education*, Dipartimento dell'Istruzione.

dec *decimetre*, dm, decimetro.

Dec. *December*, dic., dicembre.

DEC (*inform.*) *Digital Equipment Corporation*, Società di informatica.

deg. *degree*(*s*), grado, gradi.

Del. *Delaware.*

Dem. *Democrat*, *Democratic*, democratico.

dep., dept *department*, reparto.

Dep. *Deputy*, vice, aggiunto, sostituto (nella carriera dell'amministrazione pubblica).

Derbys. Derbyshire.

DERV *Diesel Engine Road Vehicle*, automezzo con motore diesel.

DES *Department of Education and Science*, Dipartimento dell'Istruzione e della Scienza.

Det. *Detective*, investigatore.

Det. Con. *Detective Constable*, agente della polizia investigativa.

Det. Insp. *Detective Inspector*, ispettore della polizia investigativa.

Det. Sgt *Detective Sergeant*, sergente della polizia investigativa.

DFC *Distinguished Flying Cross*, Croce al Valore Aeronautico.

DFM *Distinguished Flying Medal*, Medaglia al Valore Aeronautico.

dft 1 *defendant*, difensore 2 *draft*, tr., tratta.

dg *decigram*(*me*), dg, decigrammo.

DHSS *Department of Health & Social Security*, Dipartimento della Sanità e della Previdenza Sociale.

diam *diameter*, diametro.

Dir. *Director*, Direttore.

DIV (*inform.*) *Data In Voice*, (trasmissione di) dati vocali.

DIY *Do-It-Yourself*, fai-da-te.

DJ 1 *Disc Jockey*, D.J., disc jockey 2 *Dinner Jacket*, smoking.

dkg *decagram*(*me*), dag, decagrammo.

dkl *decalitre*, dal, decalitro.

dkm *decametre*, dam, decametro.

dl *decilitre*, dl, decilitro.

DLit., DLitt. 1 (*latino*: *Doctor Litterarum*) *Doctor of Letters*, Dottore in Lettere 2 (*latino*: *Doctor Litteraturae*) *Doctor of Literature*, dottore in Letteratura.

dm *decimetre*, dm, decimetro.

DMus *Doctor of Music*, dottore in musica (3° livello di laurea).

DNA (*biol.*) *DeoxyriboNucleic Acid*, DNA (Acido DesossiriboNucleico).

do. *ditto*, *the same*, suddetto.

DoE 1 *Department of Education*, Dipartimento dell'Istruzione 2 *Department of Energy*, Dipartimento dell'Energia.

DOE *Department of the Environment* → DE.

Dom. *Dominion.*

Dom. Rep. *Dominican Republic*, Repubblica Dominicana.

DOS (*inform.*) *Disk Operating System*, DOS, sistema operativo su disco.

DoT 1 *Department of Overseas Trade*, Dipartimento per il Commercio con i Paesi d'Oltremare 2 *Department of Transport*, Dipartimento dei Trasporti.

doz. *dozen*, dozzina, dozzine.

d.p. *documents against payment*, documenti contro pagamento.

DP 1 *Displaced Person*, profugo, rifugiato politico; deportato 2 (*inform.*) *Data Processing*, DP, elaborazione di dati, di informazioni.

DPh., DPhil. (*lat.*: *Doctor Philosophiae*) *Doctor of Philosophy*, dottore in Filosofia.

dpi (*inform.*) *dots per inch*, punti per pollice.

dpm (*fis. nucleare*) *disintegrations per minute*, disintegrazioni al minuto.

dpt 1 *department*, reparto 2 (*gramm.*) *deponent*, deponente.

DPW *Department of Public Works*, Dipartimento dei Lavori Pubblici.

Dr *Doctor*, dott., Dottore; dr.ssa, Dottoressa.

DRAM (*inform.*) *Dynamic Random Access Memory*, Memoria di Accesso Casuale Dinamico.

dram. pers. (*teatr.*) *dramatis personae*, personaggi.

DSc. *Doctor of Science*, Dottore in Scienze (3° livello di laurea; corrisponde alla libera docenza).

DSIR *Department of Scientific and Industrial Research*, Reparto per le Ricerche Scientifiche e Industriali.

DSS (*inform.*) *Decision-Support System*, Sistema di supporto per le decisioni (manageriali).

DST *Daylight Saving Time*, ora legale.

dup. *duplicate*, duplicato.

dwt. *pennyweight.*

Dy (*chim.*) *dysprosium*, disprosio.

E 1 *Earl*, Conte (in Gran Bretagna) 2 *East*, E., Est 3 *Easter*, Pasqua 4 *Eastern*, orientale; (zona) Orientale (di una città) 5 *English*, inglese.

ea. *each*, ogni; cad., cadauno.

E e OE (*comm.*) *errors and omissions excepted*, S.E. e O., salvo errori ed omissioni.

EC 1 *East Central*, (zona) Centroorientale (di una città) 2 *European Community*, Comunità Europea.

ECE *Economic Commission for Europe*, ECE, Commissione Economica per l'Europa.

ECG (*med.*) *electrocardiogram*, ECG, elettrocardiogramma.

ECM 1 *European Common Market*, MEC, Mercato Comune Europeo 2 *Electronic Counter Measure*, contromisure elettroniche.

ECNR *European Council for Nuclear Research*, CERN, Comitato Europeo di Ricerche Nucleari.

ECSC *European Coal and Steel Community*, CECA, Comunità Europea per il Carbone e l'Acciaio.

ECT *electroconvulsive therapy*, elettroshock.

ECU *European Currency Unit*, ECU, Unità Monetaria Europea

Ecua. *Ecuador.*

Ed. *Editor*, Redattore Capo.

E-day *Entry-day*, giorno di ingresso nel Mercato Comune.

EDC 1 *European Defense Council*, CED, Comunità Europea di Difesa 2 *Economic Development Council*, Ente per lo Sviluppo Economico.

Edin. *Edinburgh*, Edimburgo.

EDP (*inform.*) *Electronic Data Processing*, EDP, elaborazione elettronica dei dati.

EE 1 (*filologia*) *Early English*, Antico Inglese 2 *Electrical Engineer*, Ingegnere Elettrotecnico 3 *errors excepted*, salvo errori.

EEC *European Economic Community*, CEE, Comunità Economica Europea.

EEG (*med.*) *Electroencephalogram*, EEG, elettroencefalogramma.

EFL *English as a Foreign Language*, Insegnamento della lingua inglese agli stranieri.

EFTA *European Free Trade Association*, EFTA, Associazione Europea di Libero Scambio.

e.g. (*lat.*: *exempli gratia*) for instance, p.e., p.es., per esempio.

EGM *Extraordinary General Meeting*, Riunione Generale Straordinaria.

EHF (*fis.*) *Extremely High Frequency*, EHF, frequenza estremamente alta.

ELF (*fis.*) *Extremely Low Frequency*, ELF, frequenza estremamente bassa.

em *electromagnetic*, elettromagnetico.

EM (*inform.*) *Entry Marker*, cursore.

EMA *European Monetary Agreement*, AME, Accordo Monetario Europeo.

emf (*fis.*) *electromotive force*, fem, forza elettromotrice.

EMS *European Monetary System*, SME, Sistema Monetario Europeo.

emu (*fis.*) *electromagnetic unit*, unità di misura elettromagnetica.

encl. *enclosure*, all., allegato.

EOC (*inform.*) *End of card*; *End of cycle*, fine scheda, fine ciclo.

EP *European Parliament*, Parlamento Europeo.

EPA (*amer.*) *Environmental Protection Agency*, Agenzia per la difesa ambientale.

eq. 1 *equal*, uguale 2 *equation*, equazione.

EQUITY *Union of actors and actresses*, Sindacato degli attori e delle attrici.

Er (*chim.*) *erbium*, Er, erbio.

ER *Elizabetha Regina* (*Queen Elizabeth*), Regina Elisabetta.

erg *unit of energy*, unità di energia.

Es (*chim.*) *einsteinium*, Es, einsteinio.

ESA 1 *European Space Agency*, ESA, Ente Spaziale Europeo 2 (*econ.*) *European System of Integrated National Accounts*, SEC, Sistema Europeo dei Conti Economici Integrati.

Esq., Esqr. *Esquire* (titolo di cortesia usato negli indirizzi).

ETA *Expected Time of Arrival*, ora prevista di arrivo.

et al (*lat.*: *et alia, alii*) e altri.

ETB *English Tourist Board*, Ente Inglese per il Turismo.

etc. (*lat.*: *et cetera*) *and so on*, ecc., etc., eccetera.

ETD *Expected Time of Departure*, ora prevista di partenza.

ETU *Electrical Trades Union*, Sindacato dei Lavoratori dell'Industria Elettrica.

Eu (*chim.*) *europium*, Eu, europio.

EURATOM *European Atomic Energy Commission*, EURATOM, Comunità Europea dell'Energia Atomica.

Eurovision *European Television*, Eurovisione, Televisione Europea.

ev, EV (*fis.*) *electron-volt*, eV, elettronvolt.

evg *evening*, sera.

ex. 1 *example*, es., esempio 2 *exception*, eccezione 3 *export*, esportazione.

exc. 1 *excellent*, eccellente 2 *excepted*, eccettuato 3 *exception*, eccezione.

Exc. *Excellency*, Ecc., Eccellenza (per ambasciatore, ministro ecc.).

ex div. *ex dividend* (*without dividend*), ex dividendo.

exes *expenses*, spese; indennità, rimborso.

f. 1 *farthing* (un quarto di penny) 2 *female, feminine*, f., fem., femminile 3 *following*, seg., sg., seguente 4 *franc*, franco francese.

F 1 *farad*, F, farad 2 (*chim.*) *fluorine*, F, fluoro 3 *Franc*, Franco.

°F (*fis.*) *Fahrenheit*, F, Fahrenheit.

FA *Football Association*, Associazione Calcistica.

FAO *Food and Agriculture Organization*, FAO, Organizzazione per l'Alimentazione e l'Agricoltura.

FAQ (*inform.*) *Frequently Asked Questions*, domande più frequentemente richieste.

FAS *Free Alongside Ship*, FAS, franco banchina, franco sottobordo.

f/b *full board*, pensione completa.

FBA *Fellow of the British Academy*, Membro dell'Accademia Britannica.

FBI 1 *Federal Bureau of Investigation*, F.B.I., Ufficio Investigativo Federale 2 *Federation of British Industries*, Federazione Industrie Britanniche.

FBR (*fis. nucleare*) *Fast Breeder Reactor*, reattore autofertilizzante a neutroni veloci.

fcp *foolscap*, foglio protocollo.

fd *forward*, inoltrare, per l'inoltro.

FD (*lat.*: *Fidei Defensor*) *Defender of the Faith*, Difensore della Fede.

F.D.A. *Food and Drug Administration*, Ente USA per il controllo di alimenti e farmaci.

f.e. *for example*, p.e., p. es., per esempio.

Fe (*chim.*) *iron*, Fe, ferro.

Feb. *February*, feb., febbraio.

Fed. *Federal*, Federale.

FET (*fis.*) *Field-Effect Transistor*, transistor a effetto di campo.

ff. *the following*, segg., ss., seguenti.

FF (*inform.*) *Flip Flop*.

FGL o 4GL (*inform.*) *Fourth Generation Language*, linguaggio di programmazione di 4ª generazione.

FI *Falkland Islands*, Isole Falkland.

FIDO (*aer.*) *Fog Investigation Dispersal Operation* «Fido» (impianto antinebbia).

FIFO *First In First Out*, FIFO, fifo.

FIO *Free In and Out*, FIO, franco spese entrata e uscita dalla stiva.

FIS *Family Income Supplement*, integrazione reddito familiare (per chi ha un reddito minimo).

fl. *florin(s)*, fiorino, fiorini.

Fla., Flor. *Florida.*

fm *fathom.*

Fm (*chim.*) *fermium*, Fm, fermio.

FM 1 *Field Marshal*, Feldmaresciallo 2 (*rad.*) *frequency modulation*, MF, modulazione di frequenza.

fo. (*bibliografia*) *folio*, in-fol., in folio; c., carta.

FO *Foreign Office*, MAE, Ministero degli Affari Esteri.

FOB *Free On Board*, FOB, franco a bordo.

fol. 1 (*bibliografia*) *folio*, in-fol., in folio; c., carta 2 *following*, seg., sg., seguente.

FOQ *Free On Quai*, FOQ, franco banchina.

FOR *Free On Rail*, FOR, franco stazione ferroviaria, franco vagone.

FORTRAN (*inform.*) *Formula Translation*, *Fortran* (linguaggio di programmazione).

FOT (*amer.*) *Free On Truck*, franco stazione ferroviaria, franco vagone.

f.p. *freezing point*, punto di congelamento.

FP (*amer.*) *fire-plug*, bocca da incendio.

FPA *Family Planning Association*, Associazione per la Pianificazione Familiare.

f.p.m. *feet per minute*, piedi al minuto.

f.p.s. 1 *feet per second*, piedi al secondo 2 (*inform.*) *frame per second*, frame al secondo.

Fr (*chim.*) *francium*, Fr, francio.

Fr. 1 (*eccl.*) *Father*, Padre 2 *France*, Francia 3 *French*, francese 4 *Friar*, Frate 5 *Friday*, v., ven., venerdì.

FRAM *Fellow of the Royal Academy of Music*, Membro della Reale Accademia di Musica.

FRCS *Fellow of the Royal College of Surgeons*, Membro del Reale Collegio dei Chirurghi.

FRED *Fast Reactor Experiment Dounreay* (*nuclear power experiment*), progetto di ricerca per reattore veloce a Dounreay.

Fri. *Friday*, v., ven., venerdì.

FRS *Fellow of the Royal Society*, Membro della «Royal Society».

FSL *First Sea Lord*, 1° Lord dell'Ammiragliato britannico.

ft *foot*, *feet*, piede, piedi.

FTP (*inform.*) *File Transfer Protocol*, Protocollo di Trasferimento di File.

fur. *furlong.*

g 1 *gram(me)*, g. grammo 2 (*acceleration of*) *gravity*, g. (*accelerazione di*) *gravità.*

Ga 1 (*chim.*) *gallium*, Ga, gallio 2 *Georgia.*

GA *General Assembly*, Assemblea Generale.

GATT *General Agreement on Tariffs and Trade*, GATT, Accordo Generale sulle Tariffe e Scambi.

Gb (*inform.*) *gigabyte*, gigabyte.

GB *Great Britain*, GB, Gran Bretagna.

GB and I *Great Britain and Ireland*, Gran Bretagna e Irlanda.

GCA (*aer.*) *Ground Control Approach*, avvicinamento controllato da terra.

GCE *General Certificate of Education*, certificato di istruzione (comprende sia l'*O level*, a 16 anni, sia l'*A level* a 18 anni).

GCSE *General Certificate of Secondary Education*, certificato di istruzione secondaria (esami introdotti nel 1988 che sostituiscono gli esami GCE e CSE).

GCT *Giro Credit Transfer*, trasferimento bancario, giroconto.

GCVO (*Knight*) *Grand Cross of the* (*Royal*) *Victorian Order*, (Cavaliere) Gran Croce del (Reale) Ordine di Vittoria.

Gd (*chim.*) *gadolinium*, Gd, gadolinio.

Gdns *Gardens*, giardini (negli indirizzi).

GDP (*econ.*) *Gross Domestic Product*, PIL, Prodotto Interno Lordo.

GDR *German Democratic Republic*, RDT, Repubblica Democratica Tedesca.

Ge (*chim.*) *germanium*, Ge, germanio.

Gen. *General*, Gen., Generale.

gent. *gentleman*, signore.

Geo. *Georgia.*

GESTAPO (*ted.*: *Geheime Staats Polizei*) *Nazi secret police*, GESTAPO (Polizia segreta di Stato).

GeV (*fis.*) *gigaelectronvolt*, GeV, gigaelettronvolt.

GFR *German Federal Republic*, RFT, Repubblica Federale Tedesca.

GGA *Girl Guides' Association*, Associazione delle Giovani Esploratrici.

GHQ *General Headquarters*, QG, Quartier Generale.

gi. *gill(s).*

GI *General Issue*, soldato semplice dell'esercito americano.

GIF (*inform.*) *Graphic Interface Format*, Formato Grafico di Interscambio.

GIGO (*inform.*) *Garbage in garbage out*, la qualità delle informazioni elaborate è in funzione della qualità dei dati immessi.

Gk. *Greek*, greco.

Glas. *Glasgow.*

Glos. *Gloucestershire.*

GM 1 *General Manager*, Direttore Generale 2 *Guided Missile*, missile guidato.

GMT *Greenwich Mean Time*, TMG, Tempo Medio di Greenwich.

gn. *guinea(s)*, ghinea, ghinee.

GNP (*econ.*) *Gross National Product*, PNL, Prodotto Nazionale Lordo.

Gov. *Governor*, Governatore.

Gov. Gen. *Governor General*, Governatore generale.

GP *general practitioner*, medico generico.

GPO *General Post Office*, Posta Centrale.

gr. 1 *grain(s)* 2 *grammar.*, gramm., grammatica 3 *group*, gruppo.

gra. 1 *graduate*, laureato 2 *graduated*, graduato.

GS *General Staff*, S.M.G., Stato Maggiore Generale.

gu. *guinea(s)*, ghinea, ghinee.

GUI (*inform.*) *Graphic User Interface*, Interfaccia Grafica Utente.

guar. *guaranteed*, garantito.

Gym. 1 *Gymnasium*, palestra 2 *Gymnastics*, ginnastica.

h. *hour*, h, ora.

H 1 (*fis.*) *henry*, H, henry 2 *horrific*, dell'orrore (di film) 3 (*chim.*) *hydrogen*, H, idrogeno.

ha *hectare*, ha, ettaro.

Ha (*chim.*) *hahnium*, Ha, hahnio.

HA (*mil.*) *Heavy Artillery*, artiglieria pesante.

h. & c. *hot and cold* (*water*), calda e fredda (acqua).

Hants. *Hampshire.*

Harv. *Harvard.*

h/b *half board*, mezza pensione.

HBM *His*, *Her Britannic Majesty*, Sua Maestà Britannica.

HC *House of Commons*, Camera dei Comuni.

h.c.f. *highest common factor*, M.C.D., massimo comun divisore.

He (*chim.*) He, elio.

HE 1 *His Eminence*, S. Em., Sua Eminenza 2 *His Excellency*, S.E., Sua Eccellenza.

Herts. *Hertfordshire.*

hf. *half*, mezzo, metà.

Hf (*chim.*) *hafnium*, Hf, afnio.

HF (*rad. tv*) *high frequency*, HF, alta frequenza.

hg *hectogram(me)*, hg, ettogrammo.

Hg (*chim.*) *mercury*, Hg. mercurio.

HG 1 (*filologia*) *High German*, Alto Tedesco 2 *His*, *Her Grace*, S.G., Sua Grazia.

HGV *Heavy Goods Vehicle*, automezzo pesante.

HH 1 *His*, *Her Highness*, S.A., Sua Altezza 2 *His Holiness*, S.S., Sua Santità, S.P., Santo Padre.

HiFi *High Fidelity*, HIFI, alta fedeltà.

HIM *His, Her Imperial Majesty*, S.M.I., Sua Maestà Imperiale.

hl *hectolitre*, hl, ettolitro.

HL *House of Lords*, Camera dei Lord.

hm *hectometre*, hm, ettometro.

HM *His*, *Her Majesty*, S.M., Sua Maestà.

HMC *Her/His Majesty's Customs*, Dogana di Sua Maestà.

HMD (*inform.*) *Head-Mounted Display*, casco virtuale.

HMSO *His*, *Her Majesty's Stationery Office*, Istituto Poligrafico dello Stato (in Gran Bretagna).

Ho (*chim.*) *holmium*, Ho, olmio.

HO 1 *head office*, S.C., Sede Centrale 2 *Home Office*, Ministero degli Interni.

H of C *House of Commons*, Camera dei Comuni.

H of L *House of Lords*, Camera dei Lord.

Hon. *Honourable*, Onorevole.

hp, Hp 1 *high pressure*, AP, alta pressione 2 *horsepower*, CV, cavallo vapore.

hp-hr *horsepower-hour*, CVh, cavallo vapore ora.

HQ *headquarters*, QG, Quartier Generale.

hr. *hour*, h, ora.

HR 1 *Home Rule*, autodeterminazione 2 *House of Representatives*, Camera dei Deputati (negli Stati Uniti).

HRC *Holy Roman Church*, S.R.C., Santa Romana Chiesa.

HRH *His, Her Royal Highness*, S.A.R., Sua Altezza Reale.

HSH *His, Her Serene Highness*, S.A.S., Sua Altezza Serenissima.

HST *High Speed Train*, treno superveloce.

ht. 1 *heat*, calore 2 *height*, alt., altezza.

HT *high tension*, AT, alta tensione.

Hunts. *Huntingdonshire.*

HV *high voltage*, AT, alta tensione.

HWM *High Water Mark*, livello massimo dell'alta marea.

HWR *Heavy Water Reactor*, reattore ad acqua pesante.

Hz. *hertz*, Hz, hertz.

I 1 (*chim.*) *iodine*, I, iodio 2 *Idaho.*

Ia. *Iowa.*

IAEA *International Atomic Energy Agency*, Ente Internazionale per l'Energia Atomica.

IAS *Institute of Aerospace Sciences*, Istituto di Scienze Aerospaziali (USA).

IATA *International Air Transport Association*, IATA, Associazione Internazionale per il Trasporto Aereo.

IAU *International Astronomical Union*, Unione Astronomica Internazionale.

ib., ibid. (*lat.*: *ibidem*) *in the same place*, ibid., nello stesso luogo.

IBA 1 *Independent Broadcasting Authority*, Ente Radiofonico Indipendente 2 *International Bar Association*, Ordine Internazionale degli Avvocati.

IBRD *International Bank for Reconstruction and Development*, BIRS, Banca Internazionale per la Ricostruzione e lo Sviluppo.

IC 1 *Intelligence Corps*, servizio informazioni (dell'esercito) 2 (*elettr.*) *Integrated Circuit*, circuito integrato.

i/c *in charge*, responsabile.

ICA *Institute of Chartered Accountants*, associazione dei revisori dei conti.

ICAO *International Civil Aviation Organization*, ICAO, organizzazione internazionale dell'aviazione civile.

ICBM (*mil.*) *Inter-Continental Ballistic Missile*, Missile Balistico Intercontinentale.

ICC *International Chamber of Commerce*, CCI, ICC, Camera di Commercio Internazionale.

ICE *Institution of Civil Engineers*, associazione di ingegneri civili.

ICRC *International Committee of the Red Cross*, CICR, Comitato Internazionale della Croce Rossa.

ICST *Imperial College of Science and Technology*, scuola di scienze e di tecnologia dell'Università di Londra.

id. (*lat.*: *idem*) *the same*, id., lo stesso.

Id. *Idaho.*

ID *Intelligence Department*, Ufficio Informazioni.

Ida. *Idaho.*

i.e. (*lat.*: *id est*) *that is*, cioè.

IF (*fis.*) *intermediate frequency*, FI, frequenza intermedia.

IFR *Instrument Flight Rules*, regole per il volo strumentale.

IFS *Irish Free State*, Stato Libero d'Irlanda.

IGY *International Geophysical Year*, Anno Geofisico Internazionale (luglio 1957-dicembre 1958).

ihp (*mecc.*) *indicated horse-power*, potenza indicata.

Ill. *Illinois.*

ILO *International Labour Organization*, OIL, Organizzazione Internazionale del Lavoro.

ILS (*aer.*) *Instrument Landing System*, sistema di atterraggio strumentale.

ILTF *International Lawn Tennis Federation*, Federazione Internazionale Tennis su Prato.

IMF *International Monetary Fund*, FMI, Fondo Monetario Internazionale.

imp. gal. *imperial gallon(s)*, gallone imperiale, galloni imperiali.

in *inch(es)*, pollice, pollici.

In (*chim.*) *indium*, In, indio.

inc. 1 *including*, compreso 2 *incorporated*, incorporato.

incoterms (*comm.*) *international commerce terms*, incoterms, regole dei contratti internazionali.

Inf. *Information*, informazioni.

INS *International News Service*, Agenzia Stampa Internazionale.

inst. *instant, the present month*, c.m., corrente mese.

INTELSAT *International Telecommunications Satellite Consortium*, INTELSAT, Consorzio Internazionale per le Telecomunicazioni via Satellite.

INTERPOL *International Police*, INTERPOL, Polizia Internazionale.

inv. *invoice*, fatt., fattura.

Io. (*chim.*) *Ionium*, Ionio.

I/O (*inform.*) *input/output*, I/O, Ingresso/Uscita.

IOC *International Olympic Committee*, CIO, Comitato Olimpico Internazionale.

IOM *Isle of Man*, Isola di Man.

IOU (*comm.*) *I owe you*, pagherò.

IoW *Isle of Wight*, Isola di Wight.

IP (*inform.*) *Internet Protocol*, Protocollo Internet.

IPA *International Phonetic Association*, Associazione Fonetica Internazionale.

IQ *intelligence quotient*, QI, quoziente di intelligenza.

Ir (*chim.*) *iridium*, Ir, iridio.

IR 1 *Infrared*, infrarosso 2 *Inland Revenue*, gettito fiscale.

IRA *Irish Republican Army*, Esercito della Repubblica Irlandese.

IRBM (*mil.*) *Intermediate Range Ballistic Missile*, missile balistico a portata intermedia.

IRC *International Red Cross*, CRI, Croce Rossa Internazionale.

Is *Island(s)*, Isola (e).

ISDN (*inform.*) *Integrated Services Digital Network*, Rete Integrata di Servizi Digitali.

ISO *International Standards Organization*, ISO, Organizzazione Internazionale per la Standardizzazione.

ISR (*fis.*) *Intersecting Storage Ring*, anelli di accumulazione ad intersezione.

ITB *Irish Tourist Board*, Ente Irlandese del Turismo.

ITCA *Independent Television Companies Association*, Associazione delle Società Televisive Indipendenti.

ITU *International Telecommunications Union*, UIT, Unione Internazionale delle Telecomunicazioni.

ITV *Independent Television*, Televisione Indipendente.

IU (*med.*) *International Unit*, U.I., Unità Internazionali.

IUD, Iud *Intrauterine Device* (*contraceptive*), IUD, Iud, dispositivo anticoncezionale intrauterino.

J (*fis.*) *joule*, J, joule.

Jan. *January*, gen., gennaio.

Jap 1 *Japan*, Giappone 2 *Japanese*, giapponese.

JC *Jesus Christ*, G.C., Gesù Cristo.

JCR *Junior Common Room*, sala studenti (nelle università).

Jct *Junction*, nodo ferroviario, stradale.

Jnr. *Junior*, JR, junior.

JP *Justice of the Peace*, Giudice di Pace.

Jr. *junior*, JR, junior.

Jt/Ac *Joint Account*, conto corrente a più firme.

Jul. *July*, lu., lug., luglio.

Jun. *June*, giu., giugno.

k (*mar.*) *knot*, nodo.

k- (*fis.*) *kilo-*, chilo-.

K 1 *Kelvin*, K, Kelvin 2 (*geogr.*) *Kent* 3 (*chim.*) *potassium*, K, potassio.

k. and b. *kitchen & bathroom*, uso di cucina e bagno.

Kans. *Kansas.*

kb (*inform.*) *kilobit*, kb, kilobit.

KB 1 *Knight of the Bath*, Cavaliere dell'Ordine di Bath 2 *King's Bench*, Corte Suprema 3 *Kbyte*, KB, Kbyte.

KBE *Knight* (*Commander of the Order*) *of the British Empire*, Cavaliere (Maestro dell'Ordine) dell'Impero Britannico.

KBS (*inform.*) *Knowledge Based System*, Sistema Basato sulla Conoscenza.

kc (*rad.*) *kilocycle(s)*, kc, chilociclo(i).

KC (*dir.*) *King's Counsel*, Consiglio della Corona.

kcal. *kilocalorie*, Kcal., chilocaloria.

kc/s *kilocycle(s)* per second, chilociclo(i) al secondo.

KCB *Knight Commander of the Order of Bath*, Cavaliere (Maestro) dell'Ordine di Bath.

KG *Knight* (*of the Order*) *of the Garter*, Cavaliere (dell'Ordine) della Giarrettiera.

kg *kilogram(me)*, kg, chilogrammo.

KGB (*russo*: *Komitet Gosudarstvennoi*

Bezopasnosti), *Committee of State Security* (*Russian secret service*), KGB, Comitato per la sicurezza dello Stato, servizi segreti dell'URSS.

kg-cal. *kilogram-calorie*, Kcal., chilocaloria.

kg-m *kilogram-metre*, kgm, chilogrammetro.

KHz *kilohertz*, kHz, chilohertz.

kilo *kilogram*, kg, chilogrammo.

KKK *Ku-Klux-Klan*.

kl *kilolitre*, kl, chilolitro.

km *kilometre*, km, chilometro.

Km. *Kingdom*, Regno.

kmph *kilometres per hour*, km/h, chilometri all'ora.

kmps *kilometres per second*, km/sec, chilometri al secondo.

Kr **1** (*chim.*) *krypton*, Kr, cripto(n) **2** *Krone*, corona (danese, norvegese e svedese).

kt (*fis.*) *kiloton*, kt, kiloton.

Kt *Knight*, Cavaliere.

Kts (*mar.*) *knots*, nodi.

kv *kilovolt*, kV chilovolt.

kw *kilowatt*, kW, chilowatt.

KW (*inform.*) *Kiloword*, Kiloparole.

kwh, KWH *kilowatt hour*, kWh, chilowattora.

Ky. KY *Kentucky*.

l **1** *litre*, 1, litro **2** *latitud.*, lat., latitudine **3** *league*, lega **4** *length*, lunghezza **5** *line(s)*, linea, linee **6** *long*, lungo **7** *left*, sin, sinistra.

L **1** *Lake*, Lago **2** *Latin*, latino **3** *Liberal*, liberale **4** length, l, lunghezza **5** *Learner driver*, (guidatore) principiante.

La (*chim.*) *lanthanum*, La, lantanio.

La. *Louisiana*.

LA *Los Angeles*.

Lab. (*pol.*) *Labour*, laborista.

LAN (*inform.*) *Local Area Network*, LAN, rete locale.

Lancs. *Lancashire*.

lang. *language*, lingua, linguaggio.

LASER *Light Amplification by Stimulated Emission of Radiation*, LASER, Amplificazione della Luce per mezzo di Emissione Stimolata di Radiazione.

Lat. **1** *latitude*, lat., latitudine **2** *Latin*, lat., latino.

law. *lawyer*, avv., avvocato.

lb *pound(s)*, libbra, libbre.

l.c. (*lat.*: *loco citato*) *in the place cited*, l.c., loc. cit., luogo citato.

LC *Lord Chancellor*, Lord Cancelliere.

L/C *Letter of Credit*, L/C, Lettera di Credito.

LCC *London County Council*, Consiglio della Contea di Londra.

l.c.d. *lowest common denominator*, m.c.d., minimo comune denominatore.

LCD *Liquid Crystal Display*, LCD, Visualizzatore a Cristalli Liquidi.

l.c.m. *lowest* (o *least*) *common multiple*, m.c.m., minimo comune multiplo.

Ld *Lord*.

LDL *Low-Density Lipoprotein*, lipoproteina a bassa densità.

L-Dopa (*biochim.*) *Levodopa*, L-Dopa, levodopa.

Ldp *Lordship*, Signoria; (*per vescovo*) Ecc., Eccellenza.

LEA *Local Education Authority*, Ente Locale per l'Istruzione.

LED *Light-Emitting Diode*, LED, diodo a emissione luminosa.

leg. **1** *legal*, legale 2 (*dir.*) *legate*, legato.

Leics. *Leicestershire*.

LEM *Lunar Excursion Module*, LEM, Modulo per l'Escursione Lunare.

LF (*rad. tv*) *low frequency*, LF, BF, bassa frequenza.

l.h.d. *left hand drive*, guida a sinistra (targa posteriore sulle automobili con guida a sinistra circolanti in Gran Bretagna).

Li (*chim.*) *lithium*, Li, litio.

Lib. (*pol.*) *Liberal*, liberale.

Lieut. *Lieutenant*, Ten., Tenente.

LIFO *Last In First Out*, LIFO, lifo.

Lincs. *Lincolnshire*.

LitD/LittD (Latin) *Literarum*, *Litterarum Doctor* (*Doctor of Literature*, *Doctor of Letters*), dottore in lettere, in letteratura.

lm. (*fis.*) *lumen*, lumen.

LMT *local mean time*, ora locale.

ln *natural logarithm*, ln, logaritmo naturale.

LNG (*chim.*) *liquefied natural gas*, GNL, gas naturale liquefatto.

loc. cit. (*lat.*: *loco citato*) *in the place cited*, l.c., loc. cit., luogo citato.

l.p. *low pressure*, B.P., bassa pressione.

LP **1** *Labour Party*, Partito Laburista **2** (*mus.*) *long playing*, LP, Lunga Esecuzione.

LPG (*chim.*) liquefied petroleum gas, GPL, gas di petrolio liquefatto.

LPI (*inform.*) *Lines per inch*, linee per pollice.

LPM (*inform.*) *Lines per minute*, linee al minuto.

LPO *London Philharmonic Orchestra*, Orchestra Filarmonica di Londra.

L'pool *Liverpool*.

Lr (*chim.*) *lawrencium*, Lr, laurenzio.

LR *Lloyd's Register*, Registro Navale.

LRBM *Long Range Ballistic Missile*, Missile Balistico a Lunga Gittata.

LRS *Lloyds Register of Shipping*, Registro Navale.

LSD *Lysergic Acid Diethylamide*, LSD, Dietilammide dell'Acido Lisergico.

LSE *London School of Economics*, Scuola di Economia dell'Università di Londra.

LSO *London Symphony Orchestra*, Orchestra Sinfonica di Londra.

lt *long ton*.

Lt *Lieutenant*, ten., tenente.

LT *low tension*, BT, bassa tensione.

LTA *Lawn Tennis Association*, Associazione di Tennis su Prato.

LtCol. *Lieutenant Colonel*, Ten.Col., Tenente Colonnello.

Ltd. (Co.) *Limited* (*Company*), S.r.l., Società a responsabilità limitata.

LTH (*biochim.*) *Luteotrophic hormone*, LTH, ormone luteotropico; prolattina.

Lu (*chim.*) *lutetium*, Lu, lutezio.

LV *low voltage*, BT, bassa tensione.

LW *Long Wave*, OL, Onde Lunghe.

LWR *Light Water Reactor*, Reattore ad Acqua Leggera.

lx. (*fis.*) *lux*, lx, lux.

m. **1** *metre*, m, metro **2** *male*, maschio **3** *married*, sposato **4** *masculine*, m., maschile **5** (*lat.*: *meridiem*) *noon*, mezzogiorno **6** *mile*, miglio **7** *minute*, min, minuto **8** *month*, mese.

M **1** (*Followed by a number*) *Motorway*, (seguito da un numero) autostrada **2** *Monsieur* (Mr.), Monsieur.

MI *Money Supply Monitoring*, valuta circolante (banconote e monete).

m *micron*, m, micron.

mA *microampere*, mA, microampere.

mA *milliampere*, mA, milliampere.

MA **1** *Master of Arts*, MA, 2° livello di laurea, specie in discipline umanistiche (superiore al BA) **2** *Military Academy*, AM, Accademia Militare **3** *milliampere*, mA, milliampere.

MAFF *Minister of Agriculture*, *Fisheries & Food*, Ministero dell'Agricoltura, della Pesca e dell'Alimentazione.

Maj. *Major*, Magg., Maggiore.

Maj. Gen *Major General*, Maggior Generale.

Mar. *March*, mar., marzo.

March. *Marchioness*, M.sa, Marchesa.

Marq. *Marquis*, march., M.se, Marchese.

masc. *masculine*, m., maschile.

MASH *Military Advanced Service Hospital*, Ospedale Militare in Zona di Operazioni.

Mass. *Massachusetts*.

Math. *Mathematics*, *Mathematical*, Matematica.

Mats *Matinées*, pomeriggi (per rappresentazioni teatrali).

max. *maximum*, max., massimo.

mb *millibar*, mb, millibar.

Mb (*inform.*) *megabyte*, Mb, megabyte.

MBPS (*inform.*) *Million of Bits per Second*, milioni di bit/secondo.

MC **1** *Master of Ceremonies*, Cerimoniere **2** *Member of Congress*, Membro del Congresso (negli Stati Uniti) **3** *metric carat*, carato metrico **4** *Military Cross*, Croce di Guerra.

Mc/s *Megacycles per second*, megacicli al secondo.

Md (*chim.*) *mendelevium*, Md, mendelevio.

Md. *Maryland*.

MD **1** (*lat.*: *Medicinae Doctor*) *Doctor of Medicine*, (*amer.*) *Medical Doctor*, dottore in medicina **2** *Managing Director*, A.D., Amministratore Delegato.

Me. *Maine*.

ME **1** *Middle East*, M.O., Medio Oriente **2** *Middle English* (inglese parlato fra il 1200 e il 1550 circa).

Memo. *Memorandum*, memorandum.

MEP *Member of the European Parliament*, membro del Parlamento europeo.

Messrs *Messieurs*, Sigg., Signori.

met. 1 *metaphor*, metafora 2 *metaphysical*, metafisico 3 *metropolitan*, metropolitano.

Met. *Meteorological*, meteorologico.

mF *microfarad*, mF, microfarad.

MF (*rad. tv*) *medium frequency*, MF, media frequenza.

mfd. *manufactured*, fabbricato.

mg *milligram(me)*, mg, milligrammo.

Mg (*chim.*) *magnesium*, Mg, magnesio.

MG (*mil.*) *machine-gun*, mitragliatrice.

Mgr. 1 *Manager*, Dir., Direttore 2 *Monseigneur*, Monsignore 3 (*eccl.*) *Monsignor*, mons., monsignore.

mH *millihenry*, millihenry.

MHD (*fis.*) *Magnetohydrodynamics*, MHD, magnetoidrodinamica.

MHF *medium high frequency*, frequenza medio alta.

MHR (USA) *Member of the House of Representatives*, Membro del Parlamento.

MHZ *Megahertz*, megahertz.

MI5 *Military Intelligence Section 5*, Sezione 5 servizi segreti dell'esercito.

MI6 *Secret Intelligence Service*, Servizio Segreto Britannico.

Mich. *Michigan.*

Middx *Middlesex.*

Mil. *Military*, mil., militare.

min. 1 *minim(um)*, min., minimo 2 *minute*, min, minuto.

Min. *Ministry*, Min., ministero.

MIND *National Association for Mental Health*, associazione nazionale per la salute mentale.

Minn. *Minnesota.*

MIPS (*inform.*) *Millions Instructions Per Second*, mips, milioni di istruzioni al secondo.

MIRV (*mil.*) *Multiple Independently targeted Re-entry Vehicle*, missile a testate multiple a obiettivi indipendenti.

MIS (*inform.*) 1 *Machine Instructions Set*, insieme di istruzioni macchina 2 *Management Information System*, sistema integrato di gestione.

Miss. *Mississippi.*

MIT *Massachusetts Institute of Technology*, Istituto Universitario di Tecnologia del Massachusetts.

Mk (*ted.*) *Mark*, marco tedesco.

MKS (*fis.*) *Meter Kilogram Second*, MKS, mks, metro-chilogrammo-secondo.

ml *millilitre*, ml, millilitro.

MLD *Minimum Lethal Dose*, dose minima letale.

MLR *Minimum Lending Rate*, minimo tasso sui prestiti.

mm *millimetre*, mm, millimetro.

MM *Military Medal*, Medaglia al Valor Militare.

mm *millimicron*, mm, millimicron.

mmf *magnetomotive force*, forza magnetomotrice.

Mn (*chim.*) *manganese*, Mn, manganese.

MN *Merchant Navy*, Marina Mercantile.

Mo (*chim.*) *molybdenum*, Mo, molibdeno.

Mo. *Missouri.*

MO *Medical Officer*, ufficiale medico.

MoD *Ministry of Defence*, Ministero della Difesa.

mod con *modern convenience*, comodità, confort moderno.

modem (*inform.*) *modulator/demodulator*, modem, modulatore/demodulatore.

M of A *Ministry of Agriculture*, Ministero dell'Agricoltura.

M of E *Ministry of Education* → DES.

MoH 1 *Ministry of Health* → DHSS 2 *Ministry of Housing*, Ministero dell'Edilizia.

Mol. *Molecule*, molecola.

Mon. *Monday*, lun., lunedì.

Mon(s). *Monmouthshire.*

Mont. *Montana.*

MOPS (*inform.*) *Millions Operations Per Second*, mops, milioni di operazioni al secondo.

MOS *Metal-Oxide Semiconductor*, MOS, semiconduttore metallo-ossido.

MoT *Ministry of Transport (now Departments of the Environment and Transport)*, Ministero dei Trasporti.

m.p. *melting point*, punto di fusione.

MP 1 (*fis.*) *melting point*, punto di fusione 2 *Member of Parliament*, deputato; on., onorevole 3 *Metropolitan Police*, Polizia Metropolitana 4 *Military Police*, PM, Polizia Militare.

MPBW *Ministry of Public Buildings and Works*, Ministero dei Lavori Pubblici, ora → DOE.

mpg *miles per gallon*, miglia per gallone.

mph, MPH *miles per hour*, miglia all'ora.

mpm *metres per minute*, m/min, metri al minuto.

mps *metres per second*, m/sec, metri al secondo.

Mr *Mister*, Sig., Signore.

MRBM *Medium Range Ballistic Missile*, missile balistico a media gittata.

MRC *Medical Research Council*, Consiglio per la Ricerca Medica.

MRCA (*aer.*) *Multi-Role Combat Aircraft*, MRCA, aereo da combattimento a impiego plurimo.

MRCS *Member of the Royal College of Surgeons*, Membro del Reale Collegio dei Chirurghi.

MRGS *Member of the Royal Geographical Society*, Membro della Regia Società Geografica.

MRI *Member of the Royal Institution*, Membro della Royal Institution.

Mrs *Missus*, *Mistress*, Sig.a, Signora.

MS 1 *manuscript*, ms., manoscritto 2 *motorship*, M/N, motonave.

MSc *Master of Science*, 2° livello di laurea, specie in discipline scientifiche, superiore al BSc.

MSC *Manpower Services Commission*, Comitato per l'utilizzo delle forze lavorative.

MS-DOS® (*inform.*) MS-DOS, sistema operativo per personal computer prodotto dalla Microsoft Inc.

MSJ *Member of the Society of Jesus*, Membro della Compagnia di Gesù.

msl, MSL *mean sea level*, livello medio del mare.

MSS *manuscripts*, mss, manoscritti.

Mt *Mount*, M., Monte.

MTB *motor torpedo boat*, MAS, motoscafo antisommergibile.

MTM *Methods Time Measurement*, MTM, Misura Tempi e Metodi.

MU 1 *Mothers' Union*, Associazione delle Madri 2 *Musicians' Union*, Associazione dei Musicisti 3 *Monetary Unit*, Unità Monetaria.

MV 1 *Motor Vessel*, Motonave 2 *Merchant Vessel*, Nave Mercantile.

mW *milliwatt*, mW, milliwatt.

MW 1 (*rad.*) *Medium Waves*, OM, Onde Medie 2 (*fis.*) *Megawatt*, MW, megawatt.

myg *myriagram(me)*, Mg, miriagrammo.

myl *myrialitre.*

mym *myriametre.*

n. 1 (*lat.*: *natus*) *born*, n., nato 2 *neuter*, n., neutro 3 *noun*, s., sost., sostantivo.

N 1 (*chim.*) *nitrogen*, N, azoto 2 *North*, N, Nord 3 *Northern*, settentrionale; (zona) Settentrionale (di una città) 4 (*fis.*) *newton*, N, newton.

Na (*chim.*) *sodium*, Na, sodio.

NA *North America*, Nord America.

NAACP (*amer.*) *National Association for the Advancement of Colored People*, Associazione Nazionale per il Progresso della Gente di Colore.

NASA *National Aeronautics and Space Administration*, NASA, Ente Nazionale Aeronautico e Spaziale.

NATO *North Atlantic Treaty Organization*, NATO, Organizzazione del Trattato Nord-Atlantico.

naut. mi. *nautical mile(s)*, miglio marittimo, miglia marittime.

Nb (*chim.*) *niobium*, Nb, niobio.

n.b., N.B. (*lat.*: *nota bene*) *note well*, n.b., N.B., nota bene.

NBC *National Broadcasting Company*, NBC, Ente Radiofonico Nazionale (negli Stati Uniti).

NC *North Carolina.*

NCB *National Coal Board*, Ente Nazionale per il Carbone.

NCC *National Consumer Council*, Comitato Nazionale per la Tutela del Consumatore.

NCO *Non-Commissioned Officer*, sottufficiale.

NCT *National Chamber of Trade*, Camera Nazionale di Commercio.

n.d. 1 (*bibliografia*) *no date*, *not dated*, s.d., senza data, non datato 2 (*di stampa*) *no date*, s.a., senza anno.

Nd (*chim.*) *neodymium*, Nd, neodimio.

ND, NDak. *North Dakota.*

Ne (*chim.*) *neon*, Ne, neo(n).

NE 1 *Naval Engineer*, ingegnere navale 2 *New England*, Nuova Inghilterra 3 *North -East*, NE, Nord-Est 4 *North-Eastern*, (zona) Nord-Orientale (di una città).

Neb., Nebr. *Nebraska.*

NEB 1 *National Enterprise Board*, Ente nazionale per la promozione dell'attività imprenditoriale **2** *New English Bible*, Nuova Bibbia Inglese.

NEDC *National Economic Development Council*, Ente Naz. di Sviluppo Economico.

Neg. **1** *Negative*, neg., negativo **2** *Negotiable*, negoziabile, trattabile.

N Eng. *New England*, Nuova Inghilterra.

neut. *neuter*, n., neutro.

Nev. *Nevada*.

New M *New Mexico*.

NF **1** *Newfoundland*, Terranova **2** *Norman French*, Franco-Normanno **3** *National Front*, Fronte Nazionale (partito politico di estrema destra).

NFT *National Film Theatre*, rete nazionale di sale cinematografiche per i film d'essai.

NFU *National Farmers' Union*, Sindacato Nazionale degli Agrari.

NG *National Gallery*, National Gallery.

NGA *National Graphical Association*, Associazione Nazionale Grafici.

NH *New Hampshire*.

NHC *National Hunt Committee*, Comitato Nazionale per la Caccia.

N Heb. *New Hebrides*, Nuove Ebridi.

NHI *National Health Insurance*, Assicurazione Sanitaria Nazionale.

NHMRC *National Health and Medical Research Council*, Ente Nazionale per la Sanità e la Ricerca Medica.

NHS *National Health Service*, Servizio Sanitario Nazionale.

Ni (*chim.*) *nickel*, Ni, nichelio.

NJ *New Jersey*.

NM, N Mex. *New Mexico*.

NMR (*fis.*) *Nuclear Magnetic Resonance*, risonanza magnetica nucleare.

NNE *North North East*, NNE Nord-Nord-Est.

NNP (*econ.*) *Net National Product*, PNN, Prodotto Nazionale Netto.

NNW *North-North-West*, NNO, Nord-Nord-Ovest.

No. **1** *North*, N, Nord **2** *Northern*, Settentrionale **3** *number*, n, No., numero **4** (*chim.*) *Nobelium*, No, nobelio.

nom. (*gramm.*) *nominative*, nom., nominativo.

NOP *National Opinion Poll*, sondaggio nazionale d'opinione.

Northants. *Northamptonshire*.

Northumb. *Northumberland*.

Notts. *Nottinghamshire*.

Nov. *November*, nov., novembre.

n.p. **1** *new paragraph*, a.c., a capo; d.c., da capo **2** *no publisher*, s.e., senza editore **3** (*bibliografia*) *no place*, s.l., senza luogo.

Np (*chim.*) *neptunium*, Np, nettunio.

n.p.n.d. (*bibliografia*) *no place no date*, s.l.n.d., senza luogo né data.

n.p.ord. (*bibliografia*) *no place or date*, s.d.l. senza data o luogo.

NRC *Nuclear Research Council*, Ente per la Ricerca Nucleare.

NS *Nova Scotia*, Nuova Scozia.

NSPCA *National Society for the Prevention of Cruelty to Animals*, Società Nazionale per la Protezione degli Animali.

NSPCC *National Society for the Prevention of Cruelty to Children*, Società Nazionale per la Protezione dell'Infanzia.

NSW *New South Wales*, Nuovo Galles del Sud (Australia).

NSY *New Scotland Yard*, Nuova Scotland Yard.

NT **1** *New Testament*, NT, Nuovo Testamento **2** *National Trust* (a tutela dei monumenti e salvaguardia del territorio).

NTP (*fis.*) *Normal Temperature and Pressure*, temperatura e pressione normali.

NUAAW *National Union of Agricultural and Allied Workers*, Sindacato Nazionale dei Braccianti agricoli.

NUBE *National Union of Bank Employees*, Sindacato Nazionale dei Bancari.

NUJ *National Union of Journalists*, Sindacato Nazionale dei Giornalisti.

NUM *National Union of Mineworkers*, Sindacato Nazionale dei Minatori.

NUPE **1** *National Union of Public Employees*, Sindacato Nazionale dei Dipendenti Pubblici **2** *National Union of Post Office Employees*, Sindacato Nazionale degli Impiegati delle Poste.

NUR *National Union of Railwaymen*, Sindacato Nazionale dei Ferrovieri.

NUT *National Union of Teachers*, Sindacato Nazionale degli Insegnanti.

NW **1** *North-West*, NO, Nord-Ovest **2** *North-Western*, (zona) Nord-Occidentale (di una città).

NY *New York*.

NYT *National Youth Theatre*, Teatro Nazionale dei Giovani.

NZ, N Zeal. *New Zealand*, Nuova Zelanda.

Ω *ohm*, Ω, ohm.

O (*chim.*) *oxygen*, O, ossigeno.

O *Ohio*.

OA (*inform.*) *Office Automation*, Automazione d'ufficio.

OAO *Orbiting Astronomical Observatory*, Osservatorio Astronomico Orbitante.

OAP *Old Age Pension*, Pensione di Vecchiaia.

OAS *Organization of the American States*, OSA, Organizzazione degli Stati Americani.

OBE *Officer* (*of the Order*) *of the British Empire*, Ufficiale (dell'Ordine) dell'Impero Britannico.

obs. **1** *observation*, osservazione **2** *obsolete*, obsoleto, disusato.

Oc. *Ocean*, Oceano.

o/c *overcharge*, quota extra, sovrappiù.

OC (*med.*) *oral contraceptive*, contraccettivo orale.

OCR (*inform.*) *Optical Character Reader*, OCR, lettore ottico di caratteri.

Oct. *October*, ott., ottobre.

OE (*filologia*) *Old English*, Antico Inglese.

OECD *Organization for Economic Cooperation and Development*, OCSE, Organizzazione per la Cooperazione e lo Sviluppo Economico.

OED *Oxford English Dictionary*.

OEEC *Organization for European Economic Cooperation*, OECE, Organizzazione Economica per la Cooperazione Europea.

OEM (*inform.*) *Original Equipment Manufacturer*, OEM, produttore originale di dispositivi (elettronici).

OFM *Order of Friars Minor*, OFM, Ordine dei Frati Minori.

OG *Olympic Games*, Giochi Olimpici.

OGM *Ordinary General Meeting*, Assemblea Generale Ordinaria.

OGPU (*russo*: *Obedinennoe Gossudarstvennoe Politicheskoe Upravlenie*) *Unified State Political Directorate*, GhePeU, polizia segreta dell'URSS.

OHMS *On His, Her Majesty's Service*, al servizio di Sua Maestà.

OK *all correct*, OK, tutto bene.

Okla. *Oklahoma*.

O Level *Ordinary Level* → GCE.

OM *Order of Merit*, Medaglia al Merito.

ONO/ono (*comm.*) *Or Near Offer*, trattabile.

Ont. *Ontario*.

o.p. *out of print*, esaurito (di libro).

OP (*lat.*: *Ordinis Praedicatorum*) *of the Order of Preachers*, O.P., dell'Ordine dei Predicatori (Domenicani).

op. cit. (*lat.*: *opere citato*) *in the work cited*, op. cit., opera citata.

OPEC *Organization of Petroleum Exporting Countries*, OPEC, Organizzazione dei Paesi Esportatori di Petrolio.

OPS (*inform.*) *Operations Per Second*, operazioni al secondo.

Oreg. *Oregon*.

OR *Official Receiver*, curatore fallimentare.

Orch. *Orchestra*, orchestra.

Ornith. *Ornithology*, ornitologia.

Os (*chim.*) *osmium*, Os, osmio.

OSI (*inform.*) *Open Systems Interconnection*, interconnessione di sistemi aperti.

OT *Old Testament*, A.T., Antico Testamento, V.T., Vecchio Testamento.

OU **1** *Oxford University*, Università di Oxford **2** *Open University*, Università aperta (per adulti).

OUP *Oxford University Press*, Edizioni dell'Università di Oxford.

Ox., Oxf. *Oxford*.

Oxon. **1** (*geogr.*) (*lat.*: *Oxonia*) *Oxford* **2** (*geogr.*) (*lat.*: *Oxonia*) *Oxfordshire* **3** (*lat.*: *Oxoniensis*) *Oxonian*, *of Oxford*, ossoniano, di Oxford (spec. con riferimento all'università e ai titoli di laurea).

oz *ounce*(*s*), oncia, once.

p **1** *page*, p., pag., pagina **2** penny **3** (*gramm.*) *participle*, part., participio **4** (*gramm.*) *past.*, pass.; passato.

P **1** *Parking*, P, Posteggio **2** (*chim.*) *phosphorus*, P, fosforo **3** *President*, Presidente **4** *Prince*, Principe.

Pa 1 (*chim.*) *protoactinium*, Pa, protoattinio 2 (*fis.*) *pascal*, Pa, pascal.

Pa. *Pennsylvania.*

PA 1 *Press Association*, Associazione della stampa 2 *Public Address*, sistema di diffusione sonora 3 *Personal Assistant*, assistente personale.

PAA *Pan American Airways*, Linee Aeree Pan-Americane.

PALS *People Against Loneliness*, Associazione contro la solitudine.

Pan Am *Pan-American World Air Lines*, Linee Aeree Pan-Americane.

P and L *Profit and Loss*, PP, profitti e perdite.

p. and p. *postage and packing*, spese postali e di imballaggio.

par. 1 *paragraph*, par., paragrafo 2 *parallel*, parallelo 3 *parenthesis*, parentesi 4 *parish*, parrocchia.

Parl. *Parliament*, *Parliamentary*, parlamento, parlamentare.

part. *participle*, part., participio.

pass. 1 (*lat.*: *passim*) *passim*, *in every part*, (*nelle citazioni*) pass., passim, in diversi luoghi 2 (*gramm.*) *passive*, pass., passivo.

pat. 1 *patent*, patente; brev., brevetto 2 *patented*, patentato, brevettato.

Pat. Off. *Patent Office*, Ufficio Brevetti.

PAU *Pan-American Union*, UPA, Unione Panamericana.

PAYE *Pay As You Earn*, ritenuta d'imposta alla fonte.

payt *payment*, vers., versamento.

Pb (*chim.*) *lead*, Pb, piombo.

PB *Premium Bond*, titolo di credito (obbligazioni).

p.c. *postcard*, c.p., cartolina postale.

p/c 1 *per cent.* per cento 2 *petty cash*, piccole spese e piccole entrate 3 *prices current*, prezzi correnti.

PC 1 *Police Constable*, agente di polizia 2 *postcard*, c.p., cartolina postale 3 *Privy Council*, Consiglio Privato (di Sovrano) 4 *Press Council*, Consiglio per le libertà di stampa 5 *Personal Computer.*

pd. *paid*, pagato.

Pd (*chim.*) *palladium*, Pd, palladio.

PDA (*inform.*) *Personal Digital Assistant*, agenda elettronica.

Pemb. *Pembrokeshire*, Pembrokeshire.

Penn., Penna *Pennsylvania.*

per pro. (*lat*: *per procurationem*) *by the agency* (*of*), p.p., per procura (di).

Pg. 1 *Portugal*, Portogallo 2 *Portuguese*, portoghese.

PG *Paying Guest*, Ospite Pagante, Pensionante.

pH *hydrogen ion concentration*, pH, concentrazione degli ioni idrogeno.

PhD *Doctor of Philosophy*, 3° livello di laurea (per tutte le discipline); equivale alla libera docenza e conferisce il dottorato.

PHI *Public Health Inspector*, Ufficiale Sanitario.

Phil. 1 *Philharmonic*, Filarmonica 2 *Philosophy*, Filosofia 3 *Philology*, Filologia 4 *Philadelphia*, Filadelfia.

phon., phonet. *phonetics*, fonet., fonetica.

phot. *photography*, foto., fotografia.

pl., plu., plur. *plural*, pl., plurale.

P/L *Profit and Loss*, PP, Profitti e Perdite.

PLA 1 *Port of London Authority*, Ente di gestione del porto di Londra 2 *Palestine Liberation Army*, Esercito per la Liberazione della Palestina.

PLO *Palestine Liberation Organization*, OLP, Organizzazione per la Liberazione della Palestina.

p.m. 1 (*lat.*: *post meridiem*) *after midday*, p.m., pomeridiano 2 (*lat.*: *post mortem*) *after death*, post mortem.

Pm (*chim.*) *promethium*, Pm, prometeo.

PM *Prime Minister*, Primo Ministro.

PMG *Postmaster General*, Ministro delle Poste.

Po (*chim.*) *polonium*, Po, polonio.

PO 1 *Postal Order*, V.P., Vaglia Postale 2 *Post Office*, Ufficio Postale 3 *Philharmonic Orchestra*, Orchestra Filarmonica.

p.o.b. *post-office box*, C.P., casella postale.

p.o.d. *pay on delivery*, pagamento alla consegna.

POH (*inform.*) *Power On Hours*, periodo in cui la macchina si trova sotto tensione.

Pol. 1 *Poland*, Polonia 2 *Polish*, polacco.

Poly. *Polytechnic*, Politecnico.

pop. *population*, pop., popolazione; ab., abitanti.

POP (*inform.*) *Point of Presence*, Punto di Presenza (di provider).

POS (*comm.*) *point of sale*, punto di vendita.

POW *prisoner of war*, prigioniero di guerra.

pp. *pages*, pp, pagine.

p.p. 1 (*latino: per procurationem*) *by proxy*, p.p., per procura 2 *parcel post*, p.p., pacco postale.

ppd *pre-paid*, pagamento anticipato.

PPI (*elettr.*) *plan position indicator*, indicatore radar panoramico.

pr. 1 (*fis.*) *power*, potenza 2 *present*, pres., presente 3 *pronoun*, pr., pron., pronome.

Pr (*chim.*) *praseodymium*, Pr, praseodimio.

Pr. 1 *priest*, prete 2 *Prince*, Principe 3 *Provençal*, provenzale.

PR *Public Relations*, RP, Relazioni pubbliche.

PRA *President of the Royal Academy*, Presidente dell'Accademia Reale.

pred. *predicate*, pred., predicato.

pref. 1 *preface*, pref., prefazione 2 *prefix*, pref., prefisso.

prep. 1 *preparation*, preparazione 2 *preposition*, pr., prep., preposizione 3 *preparatory*, preparatorio.

pres. (*gramm.*) *present*, pres., presente.

Pres. *President*, Presidente.

press. *pressure*, pressione.

PRO *Public Relations Officer*, responsabile delle relazioni pubbliche.

Prof. *Professor*, prof., professore.

pron. *pronoun*, pr., pron., pronome.

prov. *province*, Prov., Provincia.

prox. (*lat.*: *proximo mense*) *next* (*month*), p.v., prossimo venturo.

PS 1 (*lat.*: *post scriptum*) *postscript*, P.S., post scriptum 2 *Parliamentary Secretary*, segretario parlamentare.

psf *pounds per square foot*, libbre per piede quadrato.

psi *pounds per square inch*, libbre per pollice quadrato.

PSV *Public Service Vehicle*, automezzo pubblico (autobus).

pt *pint*(*s*), pinta, pinte.

Pt (*chim.*) *platinum*, Pt, platino.

PT *Physical Training*, educazione fisica.

PTA *Parent-Teachers' Association*, Associazione Genitori-Insegnanti.

Pte. *Private*, soldato (semplice).

p.t.o. *please turn over*, v.r., vedi retro.

Pu (*chim.*) plutonium, Pu, plutonio.

pun. *puncheon.*

PVC (*chim.*) *Polyvinyl chloride*, polivinilcloruro.

p.w. *per week*, a settimana.

PWR (*fis.*) *Pressurized-Water Reactor*, PWR, reattore ad acqua pressurizzata.

q *quintal*, q, quintale.

Q 1 *Quebec* 2 *query*, quesito 3 *question*, domanda.

QA (*inform.*) *Quality Assurance*, controllo di qualità.

QB *Queen's Bench*, Corte Suprema.

QC 1 *Queen's Council*, Consiglio della Regina 2 *Queen's College* 3 *Queen's Counsel*, P.M., pubblico ministero.

q.e.d. (*lat.*: *quod erat demonstrandum*) *which was to be demonstrated*, q.e.d., c.d.d., come dovevasi dimostrare.

Qld *Queensland* (*Australia*).

Qly *Quarterly*, trimestrale, ogni tre mesi.

qr. *quarter.*

qrs. *quarters.*

q.s. (*lat.*: *quantum sufficit*) *a sufficient quantity*, qb, quando basta (nelle ricette).

qt *quart.*

qto. (*bibliografia*) *quarto*, in quarto.

qts. *quarts.*

qty *quantity*, quantità.

Que. *Quebec.*

q.v. 1 (*lat.*: *quantum vis*) *as much as you will*, a volontà 2 (*lat.*: *quod vide*) *which see*, v., vedi.

r. 1 (*bibliografia*) *recto*, r., recto 2 *river*, fiume 3 *road*, strada.

R 1 (*geom.*) *radius*, r, raggio 2 (*lat.*: *Rex*) King, R., Re 3 (*lat*: *Regina*) *Queen*, R., Regina 4 *Royal*, R., reale 5 *registered*, registrato (di marchio).

°R (*metrol.*) *degree Réaumur*, °r, grado Réaumur.

Ra (*chim.*) *radium* Ra, radio.

RA *Royal Academy*, Accademia Reale.

RAA *Royal Academy of Arts*, Regia Accademia delle Arti.

RAAF *Royal Australian Air Force*, Regia Aeronautica Australiana.

RAC *Royal Automobile Club*, Real Automobile Club.

RADIAC *Radioactivity Detection Identification and Computation*, rivelazione, identificazione e computo della radioattività.

RAF *Royal Air Force*, Regia Aeronautica.

RAM 1 *Royal Academy of Music*, Regia Accademia di Musica 2 (*inform.*) *Random Access Memory*, memoria ad accesso casuale.

R and B *Rhythm and Blues*, genere di musica popolare afroamericana.

R and D *Research and Development*, R. & S., Ricerca e Sviluppo.

Rb (*chim.*) *rubidium*, Rb, rubidio.

RC 1 *Red Cross*, Croce Rossa 2 *Roman Catholic*, Cattolico Apostolico Romano.

RCA *Radio Corporation of America*, Ente Radiofonico Americano.

RCAF *Royal Canadian Air Force*, Regia Aeronautica Canadese.

RCM *Royal College of Music*, Regia Scuola di Musica.

RCO *Royal College of Organists*, Regia Scuola per Organisti.

rd, Rd *Road*, C.so, Corso.

R/D *Refer to Drawer*, rivolgersi al traente.

Re (*chim.*) *rhenium*, Re, renio.

RE *Royal Engineers*, Regia Arma dei Genieri.

Rear-Adm *Rear Admiral*, Contrammiraglio.

rec. *receipt*, ric., ricevuta.

ref. *reference*, riferimento.

Ref. Ch. *Reformed Church*, Chiesa Riformata.

reg. 1 *region*, regione 2 *register*, registro 3 *registered*, registrato.

Reg. Prof. *Regius Professor*, Professore (universitario) titolare.

Regt *Regiment*, reggimento.

rel. 1 *relating*, riferentesi (a) 2 *relations*, relazione 3 *religion*, religione.

rem. *remittance*, vers., versamento.

REM (*psic.*) *Rapid Eye Movement*, REM, movimenti rapidi dell'occhio.

rep. *republic*, Rep., repubblica.

Rep. 1 *report*, rapporto 2 *reporter*, cronista, corrispondente (di giornale) 3 *representative*, rappresentante 4 *Republican*, Repubblicano.

repr. *reprint*, rist., ristampa.

retd 1 *retired*, in pensione 2 *returned*, restituito.

Rev. 1 *Revelation*, Rivelazione 2 (*eccl.*) *Reverend*, R., Rev., Reverendo 3 *revision*, revisione.

RF (*rad.*) *radio frequency*, RF, radio frequenza, frequenza radio.

RFH *Royal Festival Hall*, Royal Festival Hall (auditorium per concerti).

Rgd, rgd *Registered*, iscritto, registrato.

RGS *Royal Geographical Society*, Regia Società Geografica.

Rgt *Regiment*, reggimento.

Rh 1 (*chim.*) *rhodium*, Rh, rodio 2 (*biol.*) (*Macacus*) *Rhesus*, Rh, (Macacus) Rhesus; antigene dei globuli rossi 3 *Royal Highness*, AR, Altezza Reale.

RHA *Royal Horse Artillery*, Regia Artiglieria a Cavallo.

RHB *Regional Hospitals Board*, Ente Regionale Ospedaliero.

r.h.d. *right hand drive*, guida destra.

R.Hist.S. *Royal Historical Society*, Regia Società di Storia.

RI *Rhode Island.*

RIBA *Royal Institute of British Architects*, Regio Collegio Britannico degli Architetti.

RIP (*lat.*: *Requiescat, Requiescant In Pace*) *rest in peace*, R.I.P., riposi, riposino in pace.

RISK (*inform.*) *Reduce Instruction Set Computer*, Set di Istruzioni Ridotte per Computer.

rms *rooms*, camere.

Rn (*chim.*) *radon*, Rn, radon.

RN 1 *registered nurse*, infermiera diplomata 2 *Royal Navy*, Regia Marina.

RNA (*biochim.*) *RiboNucleic Acid*, RNA (Acido RiboNucleico).

ROE (*econ.*) *Return on Equity*, ROE, (tasso di) redditività del capitale proprio.

ROI (*econ.*) *Return On Investment*, (tasso di) redditività del capitale investito.

ROM (*inform.*) *Read-only Memory*, ROM, memoria a sola lettura.

ROS 1 (*inform.*) *Read-only Store*, ROS, memoria a sola lettura 2 (*econ.*) *Return on Sales*, (tasso di) redditività delle vendite.

RPI *Retail Price Index*, Indice dei Prezzi al Dettaglio.

rpm *revolutions per minute*, giri/min., giri al minuto.

rps *revolutions per second*, giri/sec., giri al secondo.

rpt *report*, rapporto.

RR (*eccl.*) *Right Reverend*, M.R., Molto Reverendo.

RRP *Recommended Retail Price*, prezzo al dettaglio raccomandato.

RS *Royal Society*, Accademia Reale delle Scienze.

RSC *Royal Shakespeare Company*, Regia Compagnia Shakespeariana.

RSFSR *Russian Soviet Federated Socialist Republic*, URSS, Unione Repubbliche Socialiste Sovietiche.

RSL *Royal Society of Literature*, Regia Società di Letteratura.

RSM *Royal Schools of Music*, Conservatorio di Musica.

RSPB *Royal Society for the Protection of Birds*, Regia Società per la Protezione degli Uccelli.

RSPCA *Royal Society for the Prevention of Cruelty to Animals*, Regia Società per la Protezione degli Animali.

RSVP (*francese*: *répondez s'il vous plaît*) *reply if you please*, RSVP, si prega rispondere.

RTF (*inform.*) *Rich Text Format*, Formato di Testo Completo.

Rt Hon. *Right Honourable*, Molto Onorevole.

RTPI *Royal Town Planning Institute*, Regio Collegio di Urbanisti.

Rt Rev. (*eccl.*) *Right Reverend*, Rev.mo, Reverendissimo.

Ru (*chim.*) *ruthenium*, Ru, rutenio.

RV *Revised Version* (*Bible*), Versione Riveduta della Bibbia Anglicana (1870-84).

Ry *railway*, ferr., ferrovia.

s *second*, s, sec, secondo.

s. 1 *shilling*, scellino 2 *signed*, f.to, firmato 3 *singular*, sing., singolare 4 *section*, sezione.

S 1 (*metrol.*) *siemens*, S, siemens 2 (*chim.*) *sulphur*, S, solfo 3 *South*, S, Sud 4 *Southern*, meridionale; (zona) Meridionale (di una città).

S. 1 *Salvation Army*, Esercito della Salvezza 2 *South Africa*, Sudafrica.

SAC (*aer. mil.*, USA) *Strategic Air Command*, comando aereo strategico.

SACEUR *Supreme Allied Commander Europe*, comandante supremo alleato in Europa.

SAE, sae 1 *Stamped Addressed Envelope*, busta già affrancata con indirizzo 2 *Self -addressed Envelope*, busta indirizzata a se stessi.

Salop. *Shropshire.*

SAM (*mil.*) *Surface-to-Air Missile*, SAM, Missile Terra-Aria (o superficie-aria).

SAS *Scandinavian Airlines System*, Linee Aeree Scandinave.

Sask. *Saskatchewan.*

Sat. *Saturday*, s., sab., sabato.

S Aus. *South Australia*, Australia Meridionale.

SAYE (*econ.*) *Save As You Earn*, sistema di risparmio con ritenuta alla fonte.

Sb (*chim.*) *antimony*, Sb, antimonio.

SB *Supplementary Benefit*, indennità supplementare.

sc. 1 *science*, scienza 2 (*teatr.*) *scene*, sc., scena.

Sc. 1 *Scotch*, scozzese 2 *Scots*, gli scozzesi 3 *Scottish*, scozzese 4 (*chim.*) *scandium*, Sc, scandio.

SC 1 *South Carolina* 2 *Supreme Court*, Corte Suprema.

sch. 1 *school*, scuola 2 (*mar.*) *schooner*, goletta.

SCR *Senior Common Room*, sala dei docenti (nelle università).

Script. *Scripture*, (Sacra) Scrittura.

SCUBA *Self-Contained Undersea Breathing Apparatus*, respiratore subacqueo.

SCV *Vatican City*, Città del Vaticano.

SD, SDak. *South Dakota.*

SDBL *Sight Draft Bill of Lading*, tratta a vista su polizza di carico.

SDLP *Social Democratic and Labour Party*, Partito Socialdemocratico e Laburista (Irlanda del Nord).

SDP *Social Democratic Party*, Partito Socialdemocratico.

Se (*chim.*) *selenium*, Se, selenio.

SE 1 *South-East*, SE, Sud-Est 2 *South -Eastern*, (zona) Sud-Orientale (di una città).

SEATO *South-East Asia Treaty Organization*, SEATO, Organizzazione del Trattato per l'Asia Sudorientale.

sec. 1 *secant*, sec, secante 2 *second*, s, sec,

secondo **3** *secretary*, segretario **4** *section*, sez., sezione.

sen. *senator*, sen., senatore.

Sen *Senior*, senior, anziano.

SEN *State Enrolled Nurse*, infermiera diplomata.

Sep., Sept. *September*, sett., settembre.

sergt *sergeant*, serg., sergente.

Sess *Session*, sessione, trimestre.

sf (*mus.*) *sforzando*, sf, sforzando.

SF *Science Fiction*, fantascienza.

sg (*fis.*) *specific gravity*,γ, peso specifico.

sh. *shilling*, scellino.

S/H *shorthand*, stenografia.

Shak. *Shakespeare*.

shp (*mecc.*) *shaft horsepower*, potenza all'asse.

SHAPE *Supreme Headquarters Allied Powers Europe*, comando supremo delle forze alleate in Europa.

Si (*chim.*) *silicon*, Si, silicio.

sin (*trigonometria*) *sine*, sen, sin, seno.

sinh (*trigonometria*) *hyperbolic sine*, sinh, seno iperbolico.

SIS *Secret Intelligence Service*, Servizio Segreto (→ MI6).

SJ *Society of Jesus*, C.d.G., Compagnia di Gesù.

Skt *Sanskrit*, sanscrito.

s.l. *sea level*, l.m., livello del mare.

SLP *Scottish Labour Party*, Partito Laburista Scozzese.

Sm (*chim.*) *samarium*, Sm, samario.

Sn (*chim.*) *tin*, Sn, stagno.

So. **1** *South*, S, Sud **2** *Southern*, meridionale.

SO *Symphony Orchestra*, Orchestra Sinfonica.

Soc. *Society*, Soc., Società.

SOGAT *Society of Graphical and Allied Trades*, Sindacato dei Poligrafici.

Sol. *solicitor*, avv., avvocato.

Sol. Gen. *Solicitor General*, vice Procuratore Generale.

Som. *Somersetshire*.

SONAR *Sound Navigation and Ranging (Radar & Electroacoustics)*, Navigazione e Localizzazione per mezzo del Suono.

SOR *Sale Or Return*, vendita di merce in deposito.

SOS (*Save Our Souls*) *appeal for help or rescue*, SOS, (salvate le nostre anime) segnale internazionale di richiesta di soccorso.

sp. **1** *special*, speciale **2** *species*, specie **3** *specific*, specifico **4** *specimen*, saggio, campione.

Sp. **1** *Spain*, Spagna **2** *Spaniard*, spagnolo **3** *Spanish*, spagnolo.

SPCA *Society for the Prevention of Cruelty to Animals*, SPA, Società Protettrice degli Animali.

SPCC *Society for the Prevention of Cruelty to Children*, Società per la Protezione dell'Infanzia.

SPCK *Society for Promoting Christian Knowledge*, sigla di una catena di librerie di testi religiosi.

SPECS (*inform.*) *Specifications*, norme di funzionamento.

sp.gr. *specific gravity*, peso specifico.

sp.ht *specific heat*, calore specifico.

SPQR (*lat.*: *Senatus Populusque Romanus*) *the Senate and People of Rome*, SPQR, Senato e Popolo Romano.

sq. *square*, q., quadrato; P.za, piazza.

Sq Ft *Square Foot*, *Feet*, piede quadrato.

Sq In *Square Inch*, *Inches*, pollice quadrato.

Sr (*chim.*) *strontium*, Sr, stronzio.

Sr. *senior*.

SRN *State Registered Nurse*, infermiera diplomata (con un grado professionale superiore alla SEN).

SS **1** (*ted.*: *Schutzstaffel*) *Hitler bodyguard*, SS, milizia di protezione nazista **2** (*lat.*: *Sanctissimus*) *Most Holy*, SS, Santissimo **3** *Saints*, SS, Santi.

S/S *steamship*, p/fo, piroscafo.

SSBN *Submarine Ship Ballistic Nuclear*, sottomarino lanciamissili balistici.

SSE *South-South-East*, SSE, Sud-Sud-Est.

SSM (*mil.*) *Surface-to-Surface Missile*, missile terra-terra (o superficie-superficie).

SST (*aer.*) *Supersonic Transport*, SST, (aeroplano) supersonico da trasporto.

SSW *South-South-West*, SSO, Sud-Sud-Ovest.

st. *stone*.

s.t. *short ton*.

St. **1** *Saint*, S., Santo **2** *Strait*, Stretto **3** *Street*, strada; V., via.

ST **1** *Standard Time*, ora ufficiale **2** *Summer Time*, ora estiva.

Staffs. *Staffordshire*.

sta. mi. *statute mile*(*s*), miglio, miglia.

STD *Subscriber Trunk Dialling*, teleselezione.

Stir. *Stirlingshire*.

STOL (*aer.*) *Short Takeoff and Landing*, STOL, decollo e atterraggio corti.

S to S *Ship-to-Shore*, da Nave a Terra.

STP (*fis.*) *Standard Temperature and Pression*, temperatura e pressione normali.

Sub. **1** *Substitute*, sostituto **2** *Subscription*, abbonamento.

subj. *subjunctive*, cong., congiuntivo.

Suff. *Suffolk*.

Sun. *Sunday*, dom., domenica.

Sup. Ct *Supreme Court*, Corte Suprema.

Super *Superintendent*, sovrintendente.

suppl. (*bibliografia*) *supplement*, suppl., supplemento.

surg. **1** *surgeon*, chirurgo **2** *surgery*, chir., chirurgia.

svp, SVP (*franc.*: *s'il vous plaît*) *please*, svp, SVP, per favore.

Sw. **1** *Sweden*, Svezia **2** *Swedish*, svedese.

SW **1** *South-West*, SO, Sud-Ovest **2** *South -Western*, (zona) Sud-Occidentale (di una città).

SY *Steam Yatch*, yatch a motore.

Syll *syllabus*, piano di studi.

sym. *Symmetrical*, simmetrico.

syn. *Synonymous*, sinonimo.

t **1** *ton*(*s*), t, tonnellata, tonnellate **2** (*fis.*) *time*, t, tempo **3** *tome*, tomo **4** *transitive*, trans., transitivo **5** *table*, tav., tavola.

T **1** *Testament*, Testamento **2** *Turkish*, turco **3** (*chim.*) *tritium*, T, trizio **4** *temperature*, T, temperatura assoluta.

Ta (*chim.*) *tantalum*, Ta, tantalio.

Tai. *Taiwan*.

tan *tangent*, tan, tg, tangente.

tanh *hyperbolic tangent*, Th, tangente iperbolica.

TASS (*russo*: *Telegrafnoje Agentstvo Sovietskovo Sojusa*) *Soviet Union Telegraph Agency, the USSR State news agency*, TASS, Agenzia Telegrafica dell'Unione Sovietica.

Tb (*chim.*) *terbium*, Tb, terbio.

TB **1** *tuberculosis*, tbc, TBC, tubercolosi **2** *Treasury Bill*, *Treasury Bond*, BT, BOT, Buono (Ordinario) del Tesoro.

tbs. *tablespoon*, cucchiaio da tavola.

tc. *tierce*(*s*).

Tc (*chim.*) *technetium*, Tc, tecnezio.

TCBM *Trans-Continental Ballistic Missile*, Missile Balistico Transcontinentale.

TCP (*inform.*) *Transfer Control Protocol*, Protocollo di Controllo del Trasferimento.

Te (*chim.*) *tellurium*, Te, tellurio.

techn. **1** *technical*, tec., tecnico **2** *technology*, tec., tecnologia, tecnica.

TEE *Trans Europe Express*, TEE, Trans Europe Express.

TEFL *Teaching English as a Foreign Language*, insegnamento dell'inglese come lingua straniera.

tel. **1** *telegram*, telegramma **2** *telegraph*, telegrafo **3** *telephone*, tel., telefono.

Telecom. *Telecommunications*, Telecomunicazioni.

TELEX *Teleprinter Exchange*, TELEX, trasmissione per telescrivente.

Temp. **1** *Temperature*, temperatura **2** *Temporary*, temporaneo, provvisorio.

Tenn. *Tennessee*.

TES *Times Educational Supplement*, supplemento del Times per le scuole.

Test. *Testament*, Testamento.

Teut. *Teutonic*, teutonico.

Tex. *Texas*.

TGV (*franc.*: Train à Grande Vitesse) *treno a grande velocità*, TGV, high speed train.

TGWU *Transport and General Workers' Union*, Sindacato dei Lavoratori dei Trasporti.

Th. (*chim.*) *thorium*, Th, torio.

theor. *theorem*, teorema.

THES *Times Higher Education Supplement*, supplemento del Times per le università.

3-D *three-dimension picture*, film a tre dimensioni.

Thur., Thurs. *Thursday*, gio., giov., giovedì.

Ti (*chim.*) *titanium*, Ti, titanio.

TIFF (*inform.*) *Tagged Image File Format*,

formato di file di un'immagine contrassegnato.

TIR (*franc.*: *Transport Internationaux Routiers*) *International Road Transport*, TIR, Trasporti Internazionali su Strada.

tit *title*, tit., titolo.

Tl (*chim.*) *thalium*, Tl, tallio.

TLS *Times Literary Supplement*, supplemento letterario del Times.

Tm (*chim.*) *thulium*, Tm, tulio.

Tn (*fis. nucleare*) *thoron*, toro(n).

TNT (*chim.*) *trinitrotoluene*, trinitrotoluene, tritolo, TNT.

t.o. *turn over*, v.r., vedi retro.

TO *Telegraph Office*, Ufficio del Telegrafo.

TP (*inform.*) *teleprocessing*, (marchio depositato IBM) teleelaborazione; elaborazione a distanza.

tr. **1** *transactions*, transazioni **2** *transitive*, trans., transitivo **3** *translator*, traduttore **4** *trustee*, fiduciario, amministratore.

trans. **1** *transitive*, trans., transitivo **2** *translated*, tradotto **3** *translator*, traduttore **4** *translation*, trad., traduzione **5** *transfer*, trasferimento.

treas. *treasurer*, tesoriere.

TRH *Their Royal Highnesses*, Loro Altezze Reali.

Trin. *Trinity*, Trinità.

TT **1** (*comm.*) *telegraph transfer*, TT, trasferimento o bonifico telegrafico **2** *teetotal*, astemio.

Tu. *Tuesday*, mar., mart., martedì.

TU *Trade Union*, Sindacato.

Tues. *Tuesday*, mar., mart., martedì.

Turk. **1** *Turkey*, Turchia **2** *Turkish*, turco.

TV *television*, TV, televisione.

TWA *Trans World Airlines*, TWA, Linee Aeree Intercontinentali.

U **1** (*chim.*) *uranium*, U, uranio **2** *Union*, Unione **3** *universal*, per tutti (di pellicola cinematografica).

UAR *United Arab Republic*, RAU, Repubblica Araba Unita (federazione fra l'Egitto, la Siria e lo Yemen, 1958-61).

UB 40 *Unemployment Benefit 40*, modulo per il sussidio di disoccupazione.

UCCA *Universities Central Council on Admissions*, Ente Centrale di coordinamento per le ammissioni all'Università.

UDF *Ulster Defence Force*, esercito per la difesa dell'Ulster.

UDI *Unilateral Declaration of Independence*, Dichiarazione Unilaterale di Indipendenza (Rhodesia).

UDR *Ulster Defence Regiment*, Reggimento per la difesa dell'Ulster.

UEFA *Union of European Football Associations*, Unione delle Federazioni di Calcio Europee.

UFF *Ulster Freedom Fighters*, combattenti per la libertà dell'Ulster.

UFO (*aer.*) *Unidentified Flying Object*, OVNI, UFO, Oggetto Volante Non Identificato.

UFWU *United Farm Workers' Union*, (*amer.*) Sindacato dei Braccianti Agricoli.

UGC *University Grants Committee*, Comitato per l'assegnazione di borse di studio universitarie.

UHF (*rad. tv.*) *ultrahigh frequency*, UHF, frequenza ultraelevata.

UK *United Kingdom*, RU, Regno Unito (Gran Bretagna e Irlanda del Nord).

UKAEA *United Kingdom Atomic Energy Authority*, Ente Britannico per l'Energia Atomica.

ULCC (*mar.*) *Ultra Large Crude Carrier*, superpetroliera da oltre 250.000 t.

ult. (*lat.*: *ultimo*) *last* (*month*), u.s., ultimo scorso.

UMIST *University of Manchester Institute of Science and Technology*, Istituto di Scienza e di Tecnologia dell'Università di Manchester.

UN *United Nations*, NU, Nazioni Unite.

UNCTAD *United Nations Conference on Trade and Development*, Conferenza delle Nazioni Unite sul Commercio e lo Sviluppo.

UNESCO *United Nations Educational, Scientific and Cultural Organization*, Organizzazione delle Nazioni Unite per l'Educazione, la Scienza e la Cultura.

UNFAO *United Nations Food and Agricultural Organization*, Organizzazione delle Nazioni Unite per l'Alimentazione e l'Agricoltura.

UNHQ *United Nations Headquarters*, Sede Centrale dell'ONU (New York).

UNICEF *United Nations International Children's Emergency Fund*, UNICEF, Fondo Internazionale di Emergenza per l'Infanzia delle Nazioni Unite.

UNIDO *United Nations Industrial Development Organization*, UNIDO, Organizzazione delle Nazioni Unite per lo Sviluppo Industriale.

UNIPEDE (*franc.*: *Union Internationale des Producteurs et Distributeurs d'Energie Electrique*) *International Union of Producers and Distributors of Electric Power*, UNIPEDE, Unione Internazionale dei Produttori e Distributori di Energia Elettrica.

Univ. **1** *Universalist*, Universalista **2** *University*, Università.

UNO *United Nations Organization*, ONU, Organizzazione delle Nazioni Unite.

UNRRA *United Nations Relief and Rehabilitation Administration*, UNRRA, Ente delle Nazioni Unite per il soccorso e la ricostruzione dei paesi liberati.

UPU *Universal Postal Union*, UPU, Unione Postale Universale.

UPW *Union of Post Office Workers*, Sindacato dei Dipendenti delle Poste.

URL (*inform.*) *Uniform Resource Locator* (Internet).

US *United States*, SU, Stati Uniti.

USA **1** *United States of America*, USA, Stati Uniti d'America **2** *United States Army*, Esercito Statunitense.

USAAF *United States Army and Air Forces*, Esercito e Aeronautica Statunitensi.

USAF *United States Air Force*, Aeronautica Statunitense.

USEUCOM *United States European Command*, Comando degli Stati Uniti in Europa.

USIS *United States Information Service*, USIS, Ufficio Informazioni per gli Stati Uniti d'America.

USN *United States Navy*, Marina Statunitense.

USSR *Union of Soviet Socialist Republics*, URSS, Unione delle Repubbliche Socialiste Sovietiche.

usu. **1** *usual*, usuale **2** *usually*, usualmente, di solito.

USW **1** (*fis.*) *ultrasonic waves*, onde ultrasonore (o ultracustiche) **2** (*rad.*) *ultrashort waves*, onde ultracorte.

UT *Utah*.

UUUP *United Ulster Unionist Party*, Partito Unionista dell'Ulster.

UV (*fis.*) *Ultraviolet*, uv, Ultravioletto.

v **1** (*fis.*) *volt*, V, volt **2** *volume*, V, v, vol., volume **3** *verb*, v., vb., verbo **4** (*poesia*) *verse*, v., verso **5** (*bibliografia*) *verso*, v., verso **6** (*sport dir.*) *versus*, contro **7** *volume*, v., vol., volume.

V **1** (*chim.*) *vanadium*, V, vanadio **2** (*fis.*) *velocity*, v., velocità **3** (*fis.*) *volt*, V, volt **4** (*fis.*) *Voltage*, V, potenziale **5** *volume*, V, v, vol., volume **6** *Vicar*, Vicario **7** *Viscount*, Visconte **8** *Vocative*, voc., vocativo.

Va *Virginia*.

VA **1** *Vicar Apostolic*, Vicario Apostolico **2** *Vice Admiral*, Vice-Ammiraglio **3** (*Royal Order of*) *Victoria and Albert*, Reale Ordine di Vittoria e Alberto **4** *Volt-Ampere*, VA, Voltampere.

Vac. *Vacant*, affittasi, libero.

VAN (*inform.*) *Value-Added Network*, rete a valore aggiunto.

V and A *Victoria and Albert (Museum)*, Victoria and Albert Museum.

VAR (*inform.*) *Value-Added Remarketer, Reseller*, distributore che correda l'hardware di un determinato costruttore con il proprio software.

Vat. *Vatican*, Vat., Vaticano.

VAT *Value Added Tax*, IVA, Imposta sul Valore Aggiunto.

vb *verbo*, v., vb., verbo.

VC **1** *Vice-Chancellor*, Vice Cancelliere **2** *Vice-Consul*, V.C., Vice Console **3** *Victoria Cross* **4** *Vice-Chairman*, VP, vice presidente.

VCR *Videocassette Recorder*, VCR, Videoregistratore (a cassette).

VD *Venereal Disease*, malattia venerea.

VDT *Video Display Terminal*, terminale video.

VDU (*inform.*) *Video Display Unit*, unità di visualizzazione.

vet. *veterinary*, vet., veterinario.

Vet. *Veteran*, veterano.

VET *Veterinary Surgeon*, veterinario.

VF (*rad.*) *video frequency*, VF, videofrequenza.

VGA (*inform.*) *Video Graphics Array*, Vettore per Grafica Video.

VHF (*rad.*, *tv*) *Very High Frequency*, VHF, frequenza altissima, banda 8.

VHSI (*inform.*) *Very High Scale Integration*, integrazione su larghissima scala.

vic. 1 *vicar.*, vicario 2 *vicarage*, vicariato.

VIP *Very Important Person*, VIP, pezzo grosso, persona molto importante.

Vis., Visc., Visct 1 *Viscount*, Visconte 2 *Viscountess*, Viscontessa.

viz. (*lat.*: *videlicet*) *namely*, vale a dire.

VLCC (*mar.*) *Very Large Crude Carrier*, superpetroliera da 100.000-250.000 t.

VLF (*rad.*, *tv*) *Very Low Frequency*, VLF, frequenza molto bassa, banda 4.

VLSI (*inform.*) *Very Large Scale Integration*, integrazione su larghissima scala.

VO *Victorian Order*, Ordine della Regina Vittoria.

voc. *vocative*, voc., vocativo.

vol. 1 *volcano*, vulcano 2 *volume*, V, v, vol., volume 3 *volunteer*, volontario.

VP *Vice President*, Vice-Presidente.

vs (*sport*, *dir.*) *versus*, contro.

VS *Veterinary Surgeon*, veterinario.

VSO *Volontary Service Overseas*, servizio civile volontario oltremare.

VSOP *Very Superior Old Pale*, VSOP, cognac stravecchio superiore paglierino.

Vt *Vermont.*

VTOL (*aer.*) *Vertical Takeoff and Landing*, VTOL, decollo e atterraggio verticali.

VTR *Videotape Recorder*, VTR, videoregistratore a nastro.

Vulg. *Vulgate*, Vulgata.

VVSOP *Very Very Superior Old Pale*, VVSOP, Cognac super stravecchio superiore paglierino.

w. 1 (*fis.*) *watt*, W, watt 2 *week(s)*, settimana, settimane 3 *wife*, moglie 4 *with*, con 5 (*fis.*) *work*, lavoro.

W 1 *Washington* 2 *Welsh*, gallese 3 *West*, O, Ovest 4 *Western*, occidentale; (zona) Occidentale (di una città) 5 (*chim.*) *tungsten*, W, volframio.

WA *Western Australia*, Australia occidentale.

Warks. *Warwickshire.*

Wash. *Washington.*

WASP *White Anglo-Saxon Protestant*, protestante americano di origine anglosassone.

WC 1 *War Correspondent*, Corrispondente di Guerra 2 *water closet*, WC, gabinetto 3 *West Central*, (zona) Centro-Occidentale (di una città).

W/Cdr *Wing Commander*, tenente colonnello (della RAF).

WD *War Department*, Ministero della Guerra (negli Stati Uniti).

Wed. *Wednesday*, mer., merc., mercoledì.

WEA *Workers' Educational Association*, Ente per promuovere l'istruzione fra i lavoratori.

WEU *Western European Union*, UEO, Unione dell'Europa Occidentale.

WFP *World Food Programme*, Programma di Alimentazione Mondiale.

wh, whr *watt-hour*, Wh, wattora.

WHO *World Health Organization*, OMS, organizzazione mondiale della sanità.

WI *West Indies*, Indie Occidentali.

Wilts. *Wiltshire.*

WIP (*inform.*) *Work In Progress*, in corso.

Wis., Wisc. *Wisconsin.*

wk *week*, settimana.

wkly *weekly*, settimanalmente.

wl (*fis. rad.*) *wave length*, lunghezza d'onda.

WL *water line*, linea di galleggiamento.

WMO *World Meteorological Organization*, OMM, Organizzazione Meteorologica Mondiale.

WNW *West-North-West*, Ovest-Nord-Ovest.

WO *War Office*, Ministero della Guerra (in Gran Bretagna).

Worcs. *Worcestershire.*

WP (*inform.*) *Word processing*, WP, trattamento testi.

WPC *Woman Police Constable*, Agente di polizia (donna).

wpm *words per minute*, parole al minuto.

WRAC *Women's Royal Army Corps*, Corpo Femminile del Regio Esercito.

wt *weight*, peso.

WT *wireless telegraphy*, RT, radiotelegrafia.

WVa *West Virginia.*

WVS *Women's Voluntary Service*, Servizio Volontario Femminile.

WWF *World Wildlife Fund*, WWF, Fondo Mondiale per la Natura.

WWW (*inform.*) *World Wide Web* (Internet).

Wy., Wyo. *Wyoming.*

X 1 *excluded*, vietato ai minori di 16 anni (di pellicola cinematografica) 2 (*chim.*) *xenon*, X, xeno 3 *Christ.*, X, Cristo.

Xe (*chim.*) *xenon*, X, xeno.

Xmas *Christmas*, Natale.

Xt. *Christ*, X, Cristo.

Xtian *Christian*, Cristiano.

Y (*chim.*) *yttrium*, Y, ittrio.

Yb (*chim.*) *ytterbium*, Yb, itterbio.

YB *Yearbook*, Annuario.

YC *Yachting Club*, Yachting Club.

yd *yard(s)*, yd, iarda, iarde.

YHA *Youth Hostels Association*, Associazione degli Ostelli della Gioventù.

YMCA *Young Men's Christian Association*, Associazione Cristiana dei Giovani.

Yorks. *Yorkshire.*

yr 1 *year*, anno 2 *younger*, più giovane 3 *your*, vs., vostro.

yrs *yours*, vs., vostro.

YWCA *Young Women's Christian Association*, UCDG, Unione Cristiana delle Giovani.

z. *zero*, zero.

Z 1 *atomic number*, Z, numero atomico 2 (*fis.*) *impendance*, Z, impedenza.

ZG *Zoological Garden(s)*, Giardino Zoologico.

Zn (*chim.*) *zinc*, Zn, zinco.

Zr (*chim.*) *zirconium*, Zr, zirconio.

& (*lat.*: *et*) *and*, &, e.

&c. (*lat.*: *et cetera*) *and so on*, ecc., eccetera.

SIGLE E ABBREVIAZIONI USATE IN ITALIA

Molte sigle sono comunemente scritte sia nella forma con i punti (U.S.A., O.K.) sia in quella senza punti (USA, OK).
In questo elenco viene riportata la forma ritenuta prevalente, ma ciò non significa necessariamente che l'altra sia errata.

a *ara*, a, are.

A *ampere*, A, amp, ampere.

Å (*fis.*) *ångström*, Å, Ångström (unit).

A. 1 (*titolo*) *Altezza*, Highness 2 (*lettera*) *assicurata*, charged letter 3 (*teatr.*) *atto*, act 4 *autore*, auth., author.

AA 1 *Accademia Aeronautica*, Air Force Academy 2 *Assistenza Automobilistica*, organization for assisting motorists.

AAS *Azienda Autonoma di Soggiorno*, Local Tourist Office.

AA VV *Autori vari*, various authors.

ab. *abitanti*, pop., population.

abbr. 1 *abbreviato*, abbr., abbrev., abbreviated 2 *abbreviazione*, abbr., abbrev., abbreviation.

abl. *ablativo*, abl. ablative.

a.c. 1 *a capo*, n.p., new paragraph 2 *anno corrente*, current year 3 *assegno circolare*, banker's cheque.

a.C. *avanti Cristo*, BC, before Christ.

Ac (*chim.*) *attinio*, Ac, actinium.

ACC *Alta Corte Costituzionale*, Supreme Constitutional Court.

acc. *accusativo*, acc., accusative.

AC di G *Alta Corte di Giustizia*, High Court of Justice, (*amer.*) Supreme Court.

ACI 1 *Automobile Club d'Italia*, Italian Automobile Association 2 *Aviazione Civile Italiana*, Italian Civil Aircraft 3 *Azione Cattolica Italiana*, Italian Catholic Action.

ACLI *Associazione Cristiana dei Lavoratori Italiani*, Italian Christian Workers' Society.

ACTH (*biochim.*) (*ingl.*: Adrenocorticotropic Hormone), ACTH, *ormone adrenocorticotropo*.

acto (*comm.*) *acconto*, partial payment.

A.D. 1 (*lat.*: *Anno Domini*) *dopo Cristo*, AD, in the year of the Lord 2 *Amministratore Delegato*, MD, Managing Director.

ADP (*chim.*) (*ingl.*: *Adenosine DiPhosphate*, ADP) *difosfato di adenosina*.

ADVS *Associazione Donatori Volontari del Sangue*, Blood Donors' Association.

AF (*elettr.*) *Alta Frequenza*, HF, High Frequency.

AFI *Associazione Fonetica Internazionale*, I.P.A., International Phonetics Association.

ag. 1 *aggettivo*, a., adj., adjective 2 *agosto*, Aug., August.

Ag (*chim.*) *argento*, Ag, silver.

agg. *aggettivo*, a., adj., adjective.

AGIS *Associazione Generale Italiana dello Spettacolo*, Italian Association for cinematographic, theatrical and other entertainment activities.

ago. *agosto*, Aug., August.

Ah *amperora*, Ah, ah, AH, ampere-hour.

A.I. *Aeronautica Italiana*, Italian Air Force.

AI (*ingl.*: Amnesty International, AI) *Amnesty International*.

AIA *Associazione Italiana Arbitri*, Italian Referees' Association.

AIAS *Associazione Italiana per l'Assistenza agli Spastici*, Italian Association for Aid to Spastics.

AIDO *Associazione Italiana Donatori di Organi*, Italian Organ Donors' Association.

AIDS (*med.*) (*ingl.*: Acquired Immuno -Deficiency Syndrome), AIDS, *sindrome da immunodeficienza acquisita*.

A.I.E. *Associazione Italiana degli Editori*, Italian Publishers' Association.

Al (*chim.*) *alluminio*, Al, aluminium.

a.l. *anno luce*, light year.

alg. *algebra*, alg., algebra.

ALGOL (*inform.*) (*ingl.*: Algorithmic Language, ALGOL) *linguaggio di programmazione algoritmico*.

all. *allegato*, encl., enclosure.

alt. 1 *altezza*, ht., height 2 *altitudine*, alt., altitude; ht., height.

a.m. *antimeridiano*, a.m., before midday.

Am (*chim.*) *americio*, Am, americium.

AM 1 *Accademia Militare*, MA, Military Academy 2 (*targa aut.*) *Aeronautica Militare*, (Italian) Air Force 3 (*ingl.*: Amplitude Modulation, AM) *modulazione d'ampiezza*.

AME *Accordo Monetario Europeo*, EMA, European Monetary Agreement.

amm.ne *amministrazione*, Adm., Admin., administration.

Amm.re *Amministratore*, Admin., Administrator.

a.m.u. (*fis.*) *unità di massa atomica*, amu, atomic mass unit.

ANAS *Azienda Nazionale Autonoma (delle) Strade*, National Road Board.

ANFFaS *Associazione Nazionale Famiglie di Fanciulli Subnormali*, National Association of Families with Sub-Normal Children.

ANICA *Associazione Nazionale Industrie Cinematografiche e Affini*, National Association of Cinematographic and Related Industries.

ANL *Accademia Nazionale dei Lincei*, Lincei Academy.

ANMIG *Associazione Nazionale Mutilati e Invalidi di Guerra*, Association of Disabled Servicemen.

ANPAC *Associazione Nazionale Piloti Aviazione Civile*, National Pilots' Association.

ANPI *Associazione Nazionale Partigiani d'Italia*, National Association of Italian Partisans.

ANSA *Agenzia Nazionale Stampa Associata*, Italian News Agency.

ant. *antimeridiano*, a.m., before midday.

AP *alta pressione*, hp, HP, high pressure.

APL (*inform.*) (*ingl.*: A Programming Language, APL) *linguaggio di programmazione APL*.

apr. *aprile*, Ap., Apr., April.

Ar (*chim.*) *argo*, A, Ar, argon.

AR 1 *Altezza Reale*, RH, Royal Highness 2 (*ferr.*) *andata e ritorno*, return ticket.

Arc. *arcivescovo*, Arch., Archbp., Archbishop.

arch. *architetto*, arch., archt., architect.

art. 1 (*gramm.*) *articolo*, art., article 2 *artiglieria*, art., artillery.

As (*chim.*) *arsenico*, As, arsenic.

AS 1 *Altezza Serenissima*, Serene Highness 2 *allievo sottufficiale*, petty officer, cadet.

ASCI *Associazione Scoutistica Cattolica Italiana*, Catholic Boy Scouts.

ASCII (*inform.*) (*ingl.*: American Standard Code for Information Interchange, ASCII) *codice standard americano per lo scambio di informazioni*.

Asp (fis.) *amperspira*, AT, ampere-turn.

ass., Ass. *assegno*, cheque.

at *atmosfera* (*metrica*), at, (metric) atmosphere.

At (*chim.*) *astato*, At, astatine.

A.T. *Antico Testamento*, OT, Old Testament.

AT *alta tensione*, HT, high tension, HV, high voltage.

ATI *Aereo Trasporti Italiani*, Italian Freight and Passengers Air Lines (dealing mainly with internal and short home flights).

atm (*fis.*) *atmosfera*, Atm, (standard) atmosphere.

ATP (*chim.*) (*ingl.*: Adenosine TriPhosphate, ATP) *trifosfato di adenosina*.

Au (*chim.*) *oro*, Au, gold.

AU *Allievo Ufficiale*, officer cadet.

AUC *Allievo Ufficiale di Complemento*, reserve officer cadet.

AVIS *Associazione Volontari Italiani del Sangue*, Association of Voluntary Italian Blood-donors.

avv. *avvocato*, law., lawyer; Sol., solicitor; bar., barr., barrister.

B (*chim.*) *boro*, B, boron.

B. *Beato, Beata*, Bl., Blessed.

Ba (*chim.*) *bario*, Ba, barium.

BA 1 (*ingl.*: British Airways, BA) *Linee Aeree Britanniche* 2 (*ingl.*: Bachelor of Arts, BA) *1° livello di laurea nelle università britanniche, specie nelle discipline umanistiche.*

B.A. *Belle Arti*, Fine Arts.

bar. *Barone*, B, bn., Baron.

BASIC (*inform.*) (*ingl.*: Beginners All purpose Symbolic Instruction Code, BASIC) *codice simbolico di istruzione polivalente per principianti.*

BBC (*ingl.*: British Broadcasting Corporation, BBC) *ente radiofonico britannico.*

BCD (*inform.*) (*ingl.*: Binary Coded Decimal, BCD) *decimale codificato in binario.*

Be (*chim.*) berillio, Be, beryllium.

BEA (*ingl.*: British European Airways, BEA) *Compagnia Britannica delle Linee Europee.*

BEI (*franc.*: *Banque Européenne d'Investissement*) *Banca Europea per gli Investimenti*, EIB, European Investment Bank.

Benelux *Belgio, Olanda, Lussemburgo*, Benelux, Belgium, Netherlands, Luxemburg (unione economica doganale).

BF (*elettr.*) *bassa frequenza*, LF, low frequency.

Bi (*chim.*) *bismuto*, Bi, bismuth.

BI *Banca d'Italia*, Bank of Italy.

bibl. 1 *bibliografia*, bibl., bibliography 2 *biblioteca*, lib., library.

bit (*inform.*) (*ingl.*: binary digit, bit) *bit.*

BIRS *Banca Internazionale per la Ricostruzione e lo Sviluppo*, IBRD, International Bank for Reconstruction and Development.

Bk (*chim.*) *berkelio*, Bk, berkelium.

BOAC (*ingl.*: British Overseas Airways Corporation, BOAC) *Compagnia Britannica delle Linee Transoceaniche.*

BOD (*ingl.*: Biochemical Oxygen Demand, BOD) *fabbisogno biologico di ossigeno.*

BOT *Buono Ordinario del Tesoro*, TB, Treasury Bill, Treasury Bond.

B.P. *bassa pressione*, l.p., low pressure.

BPI (*inform.*) (*ingl.*: bits per inch, BPI) *bit per pollice.*

bps (*inform.*) (*ingl.*: bits per second, bps) *bit al secondo.*

Br (*chim.*) *bromo*, Br, bromine.

BR *Brigate Rosse*, Red Brigades.

brev. *brevetto*, brev., brevet; pat., patent.

bross. *in brossura*, paperback/paperbound.

b.ssa *Baronessa*, Baroness.

BT 1 *bassa tensione*, LT, low tension, LV, low voltage 2 *Buono del Tesoro*, TB, Treasury Bond, Treasury Bill.

BTP *Buono del Tesoro Poliennale*, long-term Treasury Bond.

Btu (*fis.*) (*ingl.*: British Thermal Unit, Btu, BTU) *unità termica britannica.*

BU *Bollettino Ufficiale*, Official Bulletin.

B.V. *Beata Vergine*, BV, Blessed Virgin (beata virgo).

BVM (*lat.*: *Beata Virgo Maria*) *Beata Vergine Maria*, BVM, Blessed Virgin Mary.

BWR (*fis. nucleare*) (*ingl.*: Boiling Water Reactor, BWR) *reattore ad acqua bollente.*

c. 1 *capitolo*, c., cap., ch., chap., chapter 2 (*bibliografia*) *carta*, fo., fol., folio 3 *circa*, ca., about 4 (*dir.*) *codice*, code 5 (*tip.*) *corpo*, type-size.

C 1 (*chim.*) *carbonio*, C, carbon 2 *coulomb*, C, coulomb.

°C (*metrol.*) *Celsius*, °C, Celsius.

ca. *circa*, c., ca., about.

c.a. 1 (*elettr.*) *corrente alternata*, a.c., AC, alternating current 2 *corrente anno*, this year, current year.

Ca (*chim.*) *calcio*, Ca, calcium.

cad. *cadauno*, ea., each.

CAD (*inform.*) (*ingl.*: Computer Aided Design, CAD) *progettazione assistita dall'elaboratore.*

CAE (*inform.*) (*ingl.*: Computer Aided Engineering, CAE) *tecnologia assistita dall'elaboratore.*

c.a.f. (*ingl.*: cost and freight, c.f.) *costo e nolo.*

CAI 1 *Club Alpino Italiano*, Italian Alpine Club 2 (*inform.*) (*ingl.*: Computer Aided Instruction, CAI) *istruzione assistita dall'elaboratore.*

cal. *piccola caloria*, cal., small calorie.

Cal. *grande caloria*, Cal., large calorie.

CAM (*inform.*) (*ingl.*: Computer Aided Manufacturing, CAM) *produzione assistita dall'elaboratore.*

CAMBITAL → UIC.

cap. 1 *caporale*, corp., corporal 2 *capitolo*, c., cap., ch., chap., chapter.

Cap. *capitano*, Capt., Captain.

CAP *Codice di Avviamento Postale*, Postcode.

capp. *capitoli*, cc., chapters.

CAR *Centro Addestramento Reclute*, Recruit Training Centre.

Card. *Cardinale*, Card., Cardinal.

Cav. *Cavaliere.*

CB (*rad.*) (*ingl.*: Citizen's Band, CB) *banda cittadina.*

cc *centimetro cubico*, cc, cubic centimetre.

c.c. 1 *conto corrente*, A/C, Account Current, C/A, Current Account 2 *corrente continua*, d.c., DC, direct current.

c/c *conto corrente*, A/C, Account Current, C/A, Current Account.

CC *Carabinieri*, Carabinieri (Italian military police).

C.C. 1 *Carta Costituzionale*, Constitutional Charter 2 *Codice Civile*, C.C., Civil Code 3 *Codice di Commercio*, Commercial Code 4 *Corpo Consolare*, Consular Corps 5 *Corte Costituzionale*, Constitutional Court 6 *Corte di Cassazione*, Supreme Court of Appeal.

CCI *Camera di Commercio Internazionale*, ICC, CCI, International Chamber of Commerce.

CCIAA *Camera di Commercio, Industria, Artigianato e Agricoltura*, Chamber of Commerce, Industry, Crafts and Agriculture.

c.c.p. *conto corrente postale*, current postal account.

CCT *Certificato di Credito del Tesoro*, Treasury Certificate (of Credit).

cd (*fis.*) *candela*, cd, candela.

c.d. *cosiddetto*, so-called.

Cd (*chim.*) *cadmio*, Cd, cadmium.

CD *Compact Disc*, CD, Compact Disc.

C.D. 1 *Consigliere Delegato*, MD, Managing Director 2 *Corpo Diplomatico*, CD, Corps Diplomatique.

C.d'A. 1 *Corpo d'Armata*, AC, Army Corps 2 *Corte d'Assise*, Court of Assizes 3 *Corte d'Appello*, AC, CA, Appeal Court 4 *Consiglio d'Amministrazione*, Board of Directors.

c.d.d. *come dovevasi dimostrare*, q.e.d., which was to be demonstrated (*o* quod erat demonstrandum).

CdF *Consiglio di Fabbrica*, Factory Board.

C.d.G. *Compagnia di Gesù*, SJ, Society of Jesus.

CdI *Consiglio d'Istituto*, parent-teacher-student association.

CdL *Camera del Lavoro*, Trade Union Headquarters.

CdR *Cassa di Risparmio*, Savings Bank.

C.d.S. 1 *Circolo della Stampa*, Press Club 2 *Codice della Strada*, Highway Code 3 *Consiglio di Sicurezza*, Security Council 4 *Consiglio di Stato*, Council of State.

CDU *Classificazione Decimale Universale*, UDC, Universal Decimal Classification.

Ce (*chim.*) *cerio*, Ce, cerium.

CE 1 *Comitato Esecutivo*, Executive Committee 2 *Consiglio d'Europa*, CE, Council of Europe.

CECA *Comunità Europea per il Carbone e l'Acciaio*, ECSC, European Coal and Steel Community.

CED *Comunità Europea di Difesa*, EDC, European Defence Council.

CEE *Comunità Economica Europea*, EEC, European Economic Community.

CEEA *Comunità Europea dell'Energia Atomica*, European Atomic Energy Community.

CEI *Conferenza Episcopale Italiana*, Italian Episcopal Conference.

CENSIS *Centro Studi Investimenti Sociali*, Centre for Social Investment Studies.

cent. *centesimo*, h., hundredth.

CEPES (*franc.*: *Comité Européen pour le Progrès Economique et Social*) *Comitato Europeo per il Progresso Economico e Sociale*, European Committee for Economic and Social Development.

CERN (*franc.*: *Centre Européen des Recherches Nucléaires*) *Consiglio Europeo per le Ricerche Nucleari*, CERN, European Council for Nuclear Research.

CERP (*franc.*: *Centre Européen des Relations*

Publiques) Centro Europeo di Relazioni Pubbliche, European Centre of Public Relations.

CES *Confederazione Europea dei Sindacati*, European Federation of Trade Unions.

CESPE *Centro Studi di Politica Economica*, Centre for the Study of Economic Policy.

Cf (*chim.*) *californio*, Cf, californium.

CF *Codice Fiscale*, Fiscal Code, Taxpayer's Code.

cfr. *confronta*, cf., cp., compare.

CFS *Corpo Forestale dello Stato*, State Forestry Corps.

cg *centigrammo*, cg, centigram(me).

CG *Console Generale*, CG, Consul General.

CGIL *Confederazione Generale Italiana del Lavoro*, Federation of Italian Trade Unions (with left-wing political tendencies).

CGS (*unità, sistema*) *centimetro-grammo-secondo*, CGS, centimetre-gram(me)-second (unit, system).

CGT (*franc.*: *Conféderation Géneral du Travail*) *Confederazione generale del Lavoro*, General Labour Federation.

C.ia *Compagnia*, Co., Company.

CIA (*ingl.*: Central Intelligence Agency, CIA), *Ufficio centrale d'informazione* (*servizi segreti USA*).

CICR *Comitato Internazionale della Croce Rossa*, ICRC, International Committee of the Red Cross.

c.i.f. 1 (*ingl.*: cost, insurance and freight, c.i.f.) *costo, assicurazione e nolo* 2 *Centro Italiano Femminile*, Italian Women's Centre.

c.i.f.e. (*ingl.*: cost, insurance, freight and exchange, c.i.f.e.) *costo, assicurazione, nolo e cambio*.

CIO *Comitato Internazionale Olimpico*, IOC, International Olympic Committee.

CIP *Comitato Interministeriale Prezzi*, Interdepartmental Committee on Prices.

CIPE *Comitato Interministeriale per la Programmazione Economica*, Interdepartmental Committee for Economic Planning.

CIS *Comitato Internazionale per gli Scambi*, International Committee for Exchanges.

CISAL *Confederazione Italiana Sindacati Autonomi dei Lavoratori*, Italian Federation of Autonomous Trade Unions.

CISL 1 *Confederazione Italiana Sindacati Lavoratori*, Federation of Italian Trade Unions (officially non party, but with Christian Democrat trend) 2 *Confederazione Internazionale Sindacati Liberi*, International Confederation of Free Trade Unions.

CISNAL *Confederazione Italiana Sindacati Nazionali Lavoratori*, Federation of Italian Trade Unions (with right-wing tendency).

cl *centilitro*, cl, centilitre.

Cl (*chim.*) *cloro*, Cl, chlorine.

CL (*cinem.*) *campo lungo*, distance shot, long shot.

CLN *Comitato di Liberazione Nazionale*, Organizers of Resistance Movement (during World War II).

cm *centimetro*, c., cm., cent., centimetre.

c.m. *corrente mese*, inst., instant, the present month.

Cm (*chim.*) *curio*, Cm, curium.

CM 1 (*cinem.*) *campo medio*, medium-long shot 2 *Circolare Ministeriale*, Ministerial Memorandum, Departmental Memorandum.

cmc *centimetro cubo*, cc, cubic centrimetre.

cmq *centimetro quadrato*, sq cm, square centimetre.

CNEL *Consiglio Nazionale dell'Economia e del Lavoro*, National Council of Economy and Labour.

CNEN *Comitato Nazionale per l'Energia Nucleare*, National Committee for Nuclear Energy.

CNGEI *Corpo Nazionale Giovani Esploratori ed Esploratrici Italiani*, Italian National Youth Explorers Corps.

CNR *Consiglio Nazionale delle Ricerche*, National Research Council.

CNRN *Comitato Nazionale Ricerche Nucleari*, National Committee for Nuclear Research.

Co (*chim.*) *cobalto*, Co, cobalt.

c/o (*ingl.*: care of, c/o) *presso* (sulle lettere).

COBOL (*inform.*) (*ingl.*: Common Business Oriented Language, COBOL) *linguaggio di programmazione COBOL*.

Col. *Colonnello*, Col., Colonel.

COLDIRETTI *Confederazione Nazionale coltivatori diretti*, National Federation of Italian Farmers.

com. *comandante*, Cmdr., Comdr., Com., Commander.

COMECON (*ingl.*: Council for Mutual Economic Aid, COMECON) *Consiglio di mutua assistenza economica* (*fra i paesi dell'Europa orientale*), COMECON.

comm. *commendatore*.

CONFAGRICOLTURA *Confederazione Generale dell'Agricoltura Italiana*, General Confederation of Italian Agriculture.

CONFARTIGIANATO *Confederazione Generale Italiana dell'Artigianato*, General Confederation of Italian Crafts.

CONFCOMMERCIO *Confederazione Generale Italiana del Commercio e del Turismo*, General Confederation of Italian Commerce and Tourism.

CONFEDERTERRA *Confederazione Nazionale dei Lavoratori della Terra*, National Confederation of Workers on the Land.

CONFINDUSTRIA *Confederazione Generale dell'Industria Italiana*, General Confederation of Italian Industry.

cong. 1 *congiuntivo*, subj., subjunctive 2 *congiunzione*, conj., conjunction.

CONI *Comitato Olimpico Nazionale Italiano*, Italian Olympic Games Committee.

CONSOB *Commissione Nazionale per le Società e la Borsa*, Securities and Exchange Commission.

COOP *Cooperativa*, co-op., Cooperative Society.

Cor. (*mat.*) *corollario*, corol., corollary.

cos *coseno*, cos, cosine.

cosec *cosecante*, cosec, cosecant.

cosh *coseno iperbolico*, hyperbolic cosine.

cost. (*mat.*) *costante*, const., constant.

cot (*mat.*) *cotangente*, cot, ctn, cotangent.

c.p. *cartolina postale*, p.c., PC, postcard.

Cp (*fis.*) *calore specifico a pressione costante*, specific heat at constant pressure.

C.P. 1 *Casella Postale*, Post Box 2 *Codice Penale*, Penal Code 3 *Consiglio Provinciale*, District Council.

CPC *Codice di Procedura Civile*, Code of Civil Procedure.

CPM *Codice Procedura Militare*, Code of Military Procedure (Law).

CPP *Codice di Procedura Penale*, Code of Criminal Procedure.

C.p.r. *con preghiera di restituzione*, please return.

CPU (*inform.*) (*ingl.*: Central Processing Unit, CPU) *Unità Centrale di Elaborazione*.

cpv *capoverso*, paragraph, indentation, beginning of line, beginning of paragraph, n.p., new paragraph.

Cr (*chim.*) *cromo*, Cr, chromium.

CRAL *Circolo Ricreativo Assistenziale Lavoratori*, Recreational Clubs organized by National Assistance Board.

CRI 1 *Croce Rossa Internazionale*, IRC, International Red Cross 2 *Croce Rossa Italiana*, Italian Red Cross.

Criminalpol *Polizia Criminale*, Italian Police concerned with the enforcement of criminal law (as distinct from e.g. the Guardia di Finanza which enforces fiscal law, the Inland Revenue in G.B.).

c.s. *come sopra*, as above.

Cs (*chim.*) *cesio*, Cs, caesium.

CS 1 *Codice della Strada*, Highway Code 2 *Comando Supremo*, Supreme Command 3 *Consiglio di Sicurezza*, Security Council.

CSC *Centro Sperimentale di Cinematografia*, Experimental Film Studios.

CSM *Consiglio Superiore della Magistratura*, Council of Magistrates.

C.so *Corso*, Rd, Road.

CSS *Consiglio Superiore di Sanità*, Health Committee.

CT *Commissario Tecnico*, coach of national football team.

ctg *cotangente*, cot, ctn, cotangent.

Cu (*chim.*) *rame*, Cu, copper.

CU *Commissario Unico*, coach of national football team.

Cv (*fis.*) *calore specifico a volume costante*, specific heat at constant volume.

CV *cavallo vapore*, HP, hp, horsepower.

c.v.d. *come volevasi dimostrare*, q.e.d., which was to be demonstrated (*o* quod erat demonstrandum).

c.vo *corsivo*, ital., (in) italics.

CVh *cavallo vapore ora*, hp-hr, horsepower-hour.

D 1 (*ferr.*) *Diretto*, semi-fast train 2 (*fis.*) *induzione elettrica*, electrical induction 3 (*dir.*) *Decreto*, Decree 4 (*chim.*) *deuterio*, D, deuterium.

dag *decagrammo*, dkg, decagram(me).

dal *decalitro*, dkl, dal, decalitre.

dam *decametro*, dkm, decametre.

dat. *dativo*, dat., dative.

db (*fis.*) *decibel*, dB, decibel.

d.C. *dopo Cristo*, AD, Anno Domini, in the year of the Lord.

DC *Democrazia Cristiana*, Christian Democrat Party.

DDL *Disegno di Legge*, Parliamentary Bill.

d.d.p. (*fis.*) *differenza di potenziale*, PD, difference in potential.

DDT (*chim.*) *diclorodifeniltricloroetano*, DDT, dichlorodiphenyltrichloroethane.

dev., dev.mo *devotissimo*, (*nelle lettere*) yours truly.

dg *decigrammo*, dg, decigram(me).

DI *Decreto Interministeriale*, Interdepartmental Decree.

dic. *dicembre*, D, Dec., December.

DIGOS *Divisione Investigazioni Generali e Operazioni Speciali* (*della Polizia di Stato*), Italian Secret Service (in Italy, a branch of the normal police force).

Dir. *direttore*, manager, executive.

div (*fis.*) *divergenza*, div, divergence.

D.J. (*ingl.*: Disc Jockey, DJ) *disc jockey*.

dl *decilitro*, dl, decilitre.

DL *Decreto Legge*, law by decree.

dm *decimetro*, dec, dm, decimetre.

DM *Decreto Ministeriale*, Minister's Decree.

DNA (*biol.*) (*ingl.*: DeoxyriboNucleic Acid, DNA) *Acido DesossiriboNucleico*.

D.O.C. (*enol.*) *Denominazione d'Origine Controllata*, AC (*franc.*: *Appellation controlée*) Controlled Denomination of Origin (authenticated trademark for wines).

dom. *domenica*, Sun., Sunday.

DOS (*inform.*) (*ingl.*: Disk Operating System, DOS) *sistema operativo su disco*.

dott. *Dottore*, Dr, Doctor.

DP 1 *Democrazia Proletaria*, Proletarian Democracy (Italian party) 2 (*inform.*) (*ingl.*: Data Processing, DP) *elaborazione di dati, di informazioni* 3 *Decreto Presidenziale*, Decree of the President.

DPR *Decreto del Presidente della Repubblica*, Decree by the President of the Republic.

dr (*fis.*) (*ingl.*: dram(s), dr) *dramma*.

dr. *Dottore*, Dr, Doctor.

dr.ssa *Dottoressa*, Dr, Doctor.

d.ssa, duc.sa *Duchessa*, D, Duchess.

Dy (*chim.*) *disprosio*, Dy, dysprosium.

E 1 (*fis.*) *campo elettrico*, electric field 2 *Est*, E, East.

EA *Ente Autonomo*, Independent Committee.

ecc. (*lat.*: *et cetera*) *eccetera*, etc., &c., and so on.

Ecc. *Eccellenza*, (*per ambasciatore, ministro ecc.*) Exc., Excellency; (*per vescovo*) Ldp, Lp., Lordship.

ECE (*ingl.*: Economic Commission for Europe, ECE) *Commissione Economica per l'Europa*.

ECG (*med.*) *elettrocardiogramma*, ECG, electrocardiogram.

ECU (*ingl.*: European Currency Unit, ECU) *Unità Monetaria Europea*.

EDP (*inform.*) (*ingl.*: Electronic Data Processing, EDP) *elaborazione elettronica dei dati*.

EE (*targa per automobili straniere provvisoriamente immatricolate in Italia*) *Escursionisti Esteri*.

EEG (*med.*) *elettroencefalogramma*, EEG, electroencephalogram.

EFTA (*ingl.*: European Free Trade Association, EFTA) *Associazione Europea di Libero Scambio*.

e.g. *exempli gratia, a titolo d'esempio*, e.g., exempli gratia, for example.

Egr. Sig. *Egregio Signore*, (*negli indirizzi*) Mr.

EHF (*fis.*) (*ingl.*: Extremely High Frequency, EHF) *frequenza estremamente alta*.

E.I. 1 *Enciclopedia Italiana*, Italian Encyclopaedia 2 (*targa aut.*) *Esercito Italiano*, Italian Army.

ELF (*fis.*) (*ingl.*: Extra Low Frequency, ELF) *frequenza estremamente bassa*.

Em. *Eminenza*, Eminence.

EMA → AME.

ENAL *Ente Nazionale Assistenza Lavoratori*, National Association for Assistance to Workers.

ENEA 1 *Comitato Nazionale per la Ricerca e lo Sviluppo dell'Energia Nucleare e delle Energie Alternative*, National Committee for Nuclear and Alternative Energy Research and Development 2 (*ingl.*: European Nuclear Energy Agency) *Agenzia Europea per l'Energia Nucleare*.

ENEL *Ente Nazionale per l'Energia Elettrica*, NEB, National Electricity Board.

ENI *Ente Nazionale Idrocarburi*, National Hydrocarbon Corporation.

ENIC *Ente Nazionale Industrie Cinematografiche*, National Association of Film Producers.

ENIT *Ente Nazionale Italiano per il Turismo*, Italian Tourist Board.

ENPAS *Ente Nazionale Previdenza e Assistenza per i Dipendenti Statali*, National Insurance and Welfare Board for Civil Servants.

EPT *Ente Provinciale per il Turismo*, Provincial Tourist Board.

Er (*chim.*) *erbio*, Er, erbium.

ERP (*ingl.*: European Recovery Programme) *Piano di ricostruzione europea* (Piano Marshall).

Es (*chim.*) *einsteinio*, Es, einsteinium.

ESA (*ingl.*: European Space Agency, ESA) *Ente Spaziale Europeo*.

ET *Extra Terrestre*, ET, extra terrestrial.

ETA (*basco*: *Euzkadi Ta Azkatasuna*) *Patria Basca e Libertà*, ETA, free Basque homeland.

etc. (*lat.*: *et cetera*) *eccetera*, etc, and so on.

Eu (*chim.*) *europio*, Eu, europium.

EU *Europa*, Eur., Europe.

EUR *Esposizione Universale Roma*, Roman Universal Exhibition.

EURATOM *Comunità Europea dell'Energia Atomica*, European Atomic Energy Commission.

eV (*fis.*) *elettron-volt*, ev., EV, electronvolt.

exp (*mat.*) *esponenziale*, exp, exponential.

f. 1 *femminile*, f., fem., feminine 2 (*fis.*) *frequenza*, f, frequency 3 (*filol.*) *foglio*, f., folio 4 (*mus.*) *forte*, f, forte.

F 1 *farad*, F, farad 2 (*chim.*) *fluoro*, F, fluorine 3 *fiume*, (*nelle carte geografiche*) R, River.

°F (*fis.*) *Fahrenheit*, °F, Fahrenheit.

FAO (*ingl.*: Food and Agriculture Organization, FAO) *Organizzazione per l'Alimentazione e l'Agricoltura*.

FAS (*ingl.*: Free Alongside Ship, FAS) *franco banchina, franco sottobordo*.

FBI (*ingl.*: Federal Bureau of Investigation, FBI) *Ufficio federale investigativo*.

f.co (*comm.*) *franco*, free.

FD *filodiffusione*, cable radio.

FDA (*ingl.*: Food and Drug Administration, FDA) *ente USA per il controllo di alimenti e farmaci*.

Fe (*chim.*) *ferro*, Fe, iron.

feb. *febbraio*, Feb., February.

FED (*fr.*: *Fonds Européen de Dévéloppement*) → F.E.S.

FEDERCACCIA *Federazione Italiana della Caccia*, Italian Hunting Federation.

FEDERCALCIO *Federazione Italiana Gioco Calcio* (→ *FIGC*), Italian Football Association.

FEDERCONSORZI *Federazione Italiana dei Consorzi Agrari*, Italian Federation of Agricultural Unions.

FEDERMECCANICA *Federazione Sindacale dell'Industria Metalmeccanica Italiana*, Italian Federation of Metallurgical and Mechanical Trade Unions.

FEDERTERRA *Federazione dei Lavoratori della Terra*, Federation of Agricultural Labourers.

fem. (*fis.*) *forza elettromotrice*, EMF, emf, electromotive force.

FES *Fondo Europeo di Sviluppo*, EDF, European Development Fund.

FET (*fis.*) (*ingl.*: Field-Effect Transistor, FET) *transistor a effetto di campo*.

ff 1 (*mus.*) *fortissimo*, ff, fortissimo 2 *facente funzioni*, acting 3 *fogli*, ff, folios.

FF AA *Forze Armate*, Armed Forces.

FI (*fis.*) *frequenza intermedia*, IF, intermediate frequency.

FIA (*fis.*) *Frequenza Intermedia Audio*, medium audio frequency.

FIFA (*fr.*: *Fédération Internationale de Football Association*) *Federazione Internazionale del Calcio*, FIFA, International Football Association.

FIFO (*ingl.*: First In First Out, FIFO) *fifo*.

FIGC *Federazione Italiana Gioco Calcio*, Italian Football Association.

FIM 1 *Federazione Italiana Metalmeccanici*, Italian Federation of Mechanical and Metallurgical Workers 2 *Federazione Internazionale Metalmeccanici*, International Federation of Mechanical and Metallurgical Workers.

FIO (*ingl.*: Free In and Out, FIO) *franco spese entrata e uscita dalla stiva*.

FIOM 1 *Federazione Impiegati e Operai Metallurgici*, Federation of Metallurgical Workers and Staff 2 *Federazione Internazio-*

nale dei Lavoratori Metallurgici, International Federation of Metallurgical Workers.

FIS *Federazione Italiana Scherma*, Italian Fencing Association.

FISI *Federazione Italiana Sport Invernali*, Italian Winter Sports Association.

FIT *Federazione Italiana Tennis*, Italian Lawn Tennis Association.

FIV (*fis.*) *frequenza intermedia video*, medium video frequency.

F.lli (*comm.*) *Fratelli*, Bros, Brothers.

FLM *Federazione Lavoratori Metalmeccanici*, Federation of Mechanical and Metallurgical workers.

FLN *Fronte di Liberazione Nazionale*, NLP, National Liberation Front.

f.m. *fine mese*, month end, end of month.

Fm (*chim.*) *fermio*, Fm, fermium.

FM (*ingl.*: frequency modulation, FM) *modulazione di frequenza*.

FMI 1 *Fondo Monetario Internazionale*, IMF, International Monetary Fund 2 *Federazione Motociclistica Italiana*, Italian Motorcycle Federation.

fmm (*fis.*) *forza magnetomotrice*, mmf, magnetomotive force.

FOB (*ingl.*: Free On Board, FOB) *franco a bordo*.

FOQ (*ingl.*: Free On Quai, FOQ) *franco banchina*.

FOR (*ingl.*: Free On Rail, FOR) *franco stazione ferroviaria, franco vagone*.

fp (*mus.*) *forte-piano*, fp, forte-piano.

FP *Fermo posta*, poste restante.

FPI *Federazione Pugilistica Italiana*, Italian Boxing Association.

FPL *Fronte Popolare di Liberazione*, Popular Liberation Front.

Fr (*chim.*) *francio*, Fr, francium.

Fr.b. *franco belga*, Belgian franc.

Fr.f. *franco francese*, French franc.

Fr.s. *franco svizzero*, Swiss franc.

FS, FF SS *Ferrovie dello Stato*, (Italian) State Railways.

FSM *Federazione Sindacale Mondiale*, WFTU, World Federation of Trade Unions.

FUCI *Federazione Universitaria Cattolica Italiana*, Italian Catholic University Association.

FUORI *Fronte Unitario Omosessuale Rivoluzionario Italiano*, Italian Revolutionary Unitary Front for Homosexuals.

g 1 (*accelerazione di*) *gravità*, g, (acceleration of) gravity 2 *grammo*, g, gram(me) 3 *giorno*, d., day.

Ga (*chim.*) *gallio*, Ga, gallium.

GA *Giunta Amministrativa*, Administrative Board.

GAP 1 *Gruppo di Azione Patriottica*, Patriotic Action Group 2 *Gruppo di Azione Partigiana*, Resistance Action Group (Italian Partisan Group during World War II).

GATT (*ingl.*: General Agreement on Tariffs and Trade, GATT) *Accordo Generale Tariffe e Scambi*.

GB *Gran Bretagna*, GB, Gt. Br., Gt. Brit., Great Britain.

G.C. 1 *Genio Civile*, CE, Civil Engineers 2 *Gesù Cristo*, JC, Jesus Christ.

Gd (*chim.*) *gadolinio*, Gd, gadolinium.

G.d.F. *Guardia di Finanza*, Revenue Guard Corps.

Ge (*chim.*) *germanio*, Ge, germanium.

GEI *Giovani Esploratori Italiani*, Italian Boy Scouts.

gen. 1 *genitivo*, gen., genit., genitive 2 *gennaio*, Jan., January.

Gen. *Generale*, Gen., General.

GESCAL *Gestione Case Lavoratori*, Institute for Administration of Worker's Houses.

GESTAPO (*ted.*: *Geheime Staats Polizei*) *Polizia segreta di Stato*, GESTAPO (Nazi secret police).

GeV (*fis.*) *gigaelettronvolt*, GeV, givaelectronvolt.

GhePeU (*russo*: *Gosudarstvennoe Politiceskoe Upravlenie*) *polizia segreta dell'URSS*, Ogpu, Unified State Political Directorate (Russian secret police).

GI *Giudice Istruttore*, Investigating Magistrate.

gio., giov. *giovedì*, Thur., Thurs., Thursday.

giu. *giugno*, Jun., June.

GMT (*ingl.*: Greenwich Mean Time, GMT) *Tempo Medio di Greenwich*.

GNL (*chim.*) *Gas Naturale Liquefatto*, LNG, Liquefied Natural Gas.

GP 1 (*sport*) *Gran Premio*, GP, Grand Prix 2 *Giunta Provinciale*, Provincial Council.

GPA *Giunta Provinciale Amministrativa*, County Council.

GPL (*chim.*) *Gas di Petrolio Liquefatto*, LPG, Liquefied Petroleum Gas.

GR *Giornale Radio*, Radio News.

Gr. Uff. *Grande Ufficiale*, high-ranking official title, superior to 'cavaliere'.

grad (*fis.*) *gradiente*, grad, gradient.

Gs (*fis.*) *gauss*, Gs, Gauss.

GT 1 *Giudice Tutelare*, tutelary judge 2 (*aut.*) *Gran Turismo*, GT, Grand Touring.

GU *Gazzetta Ufficiale*, Official Gazette.

GV (*ferr.*) *Grande Velocità*, express goods service.

h 1 *ora*, h., hr., hour 2 *ettogrammo*, hg, hectogram 3 *altezza*, h, ht, height.

H 1 (*fis.*) *henry*, H, henry 2 (*chim.*) *idrogeno*, H, hydrogen 3 *campo magnetico*, magnetic field 4 (*ingl.*: Hospital, Hosp.) *Ospedale*.

ha *ettaro*, ha, hectare.

Ha (*chim.*) *hahnio*, Ha, hahnium.

He (*chim.*) *elio*, He, helium.

Hf (*chim.*) *afnio*, Hf, hafnium.

HF (*rad.*, *tv.*) *alta frequenza*, HF, high frequency.

hg *ettogrammo*, hg, hectogram(me).

Hg (*chim.*) *mercurio*, Hg, mercury.

HIFI (*ingl.*: High Fidelity, HiFi) *alta fedeltà*.

hl *ettolitro*, hl, hectolitre.

hm *ettometro*, hm, hectometre.

Hn (*chim.*) *annio*, Hn, hannium.

Ho (*chim.*) *olmio*, Ho, holmium.

HP, hp (*ingl.*: horsepower, hp, HP) *cavallo vapore*.

Hz *hertz*, Hz, hertz.

i *unità immaginaria* $\sqrt{-l}$, i., imaginary unit $\sqrt{-l}$.

I 1 (*chim.*) *iodio*, I, iodine 2 (*fis.*) *intensità di corrente elettrica*, I, current.

IA (*inform.*) *Intelligenza Artificiale*, AI, Artificial Intelligence.

IACP *Istituto Autonomo per le Case Popolari*, Institute for Low-Rent Housing.

IATA (*ingl.*: International Air Transport Association, IATA) *Associazione Internazionale per il Trasporto Aereo*.

IAU (*ingl.*: International Astronomical Union, IAU) *Unione Astronomica Internazionale*.

ibid. (*lat.*: *ibidem*) *nello stesso luogo*, ib., ibid., in the same place.

IC (*ferr.*) *Intercity*, Intercity.

ICAO (*ingl.*: International Civil Aviation Organization, ICAO) organizzazione internazionale dell'aviazione civile.

ICE *Istituto Nazionale per il Commercio Estero*, Institute for the Promotion of Foreign Trade.

ICEPS *Istituto per la Cooperazione Economica con i Paesi in via di Sviluppo*, Institute for the Promotion of Economic Cooperation with Developing Countries.

id. (*lat.*: *idem*) *lo stesso*, id., the same.

IFALPA (*ingl.*: International Federation of Airline Pilot's Association, IFALPA) *Federazione Internazionale delle Associazioni di Piloti di Linee Aeree*.

Ig. *immunoglobulina*, Ig, immunoglobulin.

IGM 1 *Istituto Geografico Militare*, Military Survey Office 2 *Ispettorato Generale della Motorizzazione*, Vehicle Registry Office.

IIB *Istituto Internazionale dei Brevetti*, International Patents Institute.

Ill.mo *illustrissimo*, (negli indirizzi) most distinguished.

ILO (*ingl.*: International Labour Organization, ILO) Organizzazione internazionale del lavoro.

ILOR *Imposta Locale sui Redditi*, Local Tax on Income.

IMQ *Istituto del Marchio di Qualità*, Quality Mark Institute.

In (*chim.*) *indio*, In, indium.

INA *Istituto Nazionale Assicurazioni*, National Insurance Service.

INADEL *Istituto Nazionale per l'Assistenza ai Dipendenti degli Enti Locali*, National Institute for Welfare of Employees of Local Bodies.

INAIL *Istituto Nazionale per l'Assicurazione contro gli Infortuni sul Lavoro*, National Institute for Insurance against Industrial Injuries.

in-fol. *in folio*, fo., fol., folio.

ing. *ingegnere*, ing., engineer.

INPS *Istituto Nazionale Previdenza Sociale*, National Institute of Social Insurance.

INT *Istituto Nazionale Trasporti*, National Transport Institute.

INTELSAT (*ingl.*: International Telecommunications Satellite Consortium, INTELSAT) *Consorzio Internazionale per le Telecomunicazioni via Satellite.*

INTERPOL (*ingl.*: International Police, INTERPOL) *Polizia Internazionale.*

INTERSIND *Sindacato delle Aziende a Partecipazione statale*, Union of industries in which the state has a share or investment interest.

INVIM *Imposta sull'Incremento di Valore degli Immobili*, Property-Increment Tax, Increment Value Tax.

I/O (*inform.*) (*ingl.*: Input/Output, I/O) *Ingresso/Uscita.*

IPS *Istituto Poligrafico dello Stato*, State printing works and stationery office.

Ir (*chim.*) *iridio*, Ir, iridium.

IRA (*ingl.*: Irish Republican Army, IRA) *Esercito della Repubblica Irlandese.*

IRI *Istituto per la Ricostruzione Industriale*, Institute for Industrial Reconstruction.

IRPEF *Imposta sul Reddito delle Persone Fisiche*, Personal Income Tax.

IRPEG *Imposta sul Reddito delle Persone Giuridiche*, Corporation Tax.

ISEF *Istituto Superiore di Educazione Fisica*, College of Physical Education.

ISO (*ingl.*: International Standards Organization, ISO) *Organizzazione Internazionale per la Standardizzazione.*

ISPI *Istituto per gli Studi di Politica Internazionale*, Institute for Studies in International Politics.

ISS *Istituto Superiore di Sanità*, National Health Institute.

ISTAT *Istituto Centrale di Statistica*, Central Institute of Statistics.

ISTEL *Indagine sull'ascolto delle Televisioni in Italia*, Italian Television Viewing Survey.

ISVEIMER *Istituto per lo Sviluppo Economico dell'Italia Meridionale*, Institute for the Economic Development of Southern Italy.

ITALCABLE *Servizi Cablografici Radiotelegrafici e Radioelettrici*, Italian Cable Company.

ITC *Istituto Tecnico Commerciale*, Technical and Commercial Institute.

ITIS *Istituto Tecnico Industriale Statale*, State Industrial and Technical Institute.

ITSOS *Istituto Tecnico Statale a ordinamento speciale*, Special State Technical Institute.

IUD, Iud (*ingl.*: Intrauterine device, IUD, Iud) *Dispositivo Anticoncezionale Intrauterino.*

IVA *Imposta sul Valore Aggiunto*, VAT, Value Added Tax.

J (*fis.*) *joule*, J, joule.

j (*elettr.*) *unità immaginaria*, j, imaginary unit.

JR *junior*, Jnr., Jr., Junior.

k, kilo- (*fis.*) *chilo-*, k, kilo-.

K 1 *Kelvin*, K, Kelvin 2 (*chim.*) *potassio*, K, potassium.

kal. (*lat.*: *kalendae*) *calende* (*nelle iscrizioni latine*), kal., calends.

kb (*inform.*) *kilobit*, kb, kilobit.

KB (*inform.*) *Kbyte*, KB, Kbyte.

kc (*rad.*) *chilociclo*, kc, kilocycle.

kcal. *chilocaloria*, Kcal., Kilocalorie, kg-cal., kilogram-calorie.

kc/s (*rad.*) *chilocicli al secondo*, kcps, kilocycles per second.

keV (*fis.*) *kiloelettronvolt*, keV, kilo -electronvolt.

kg *chilogrammo*, kg, kilo, kilogram(me).

KGB (*russo*: *Komitet Gosudarstvennoi Bezopasnosti*, KGB) *Comitato per la sicurezza dello Stato, servizi segreti dell'URSS*, Committee of State Security (Russian secret service).

kgm *chilogrammetro*, kg-m, kilogram-metre.

kHz (*fis.*) *kilohertz*, KHz, kilohertz.

kl *chilolitro*, kl, kilolitre.

km *chilometro*, km, kilometre.

km/h *chilometri all'ora*, kmph., kilometres per hour.

kmq *chilometro quadrato*, sq km, square kilometre.

km/sec *chilometri al secondo*, kmps, kilometres per second.

K.O. *fuori combattimento*, KO, knock out.

Kr (*chim.*) *cripto*, Kr, krypton.

kt (*fis.*) *kiloton*, kiloton.

kV *chilovolt*, kv, kilovolt(s).

kW *chilowatt*, kw, kilowatt.

kWh *chilowattora*, kwh, KWH, kilowatt hour.

l 1 *litro*, l, litre 2 *lira*, lira 3 *lunghezza*, l, length.

L 1 (*fis.*) *coefficiente di autoinduzione*, L, inductance 2 *lago*, l, L, Lake.

La (*chim.*) *lantanio*, La, lanthanum.

LASER (*ingl.*: Light Amplification by Stimulated Emission of Radiation, LASER) *Amplificazione della Luce per mezzo di Emissione Stimolata di Radiazione.*

lb. *libbra*, lb, pound (weight).

l.c. *luogo citato*, l.c., loc. cit., in the place cited.

L-C (*fis.*) *Induttanza e capacità*, L-C, inductance and capacitance.

LCD (*elettr.*) (*ingl.*: Liquid Crystal Display, LCD) *Visualizzatore a Cristalli Liquidi.*

L-DOPA (*biochim.*) *levodopa*, L-Dopa, Levodopa.

LED (*ingl.*: Light-Emitting Diode, LED) *diodo a emissione luminosa.*

LEM (*ingl.*: Lunar Excursion Module, LEM) *Modulo per l'Escursione Lunare.*

LF (*ingl.*: Low Frequency, LF) *bassa frequenza.*

LH (*ted.*: *Deutsche Lufthansa* (*airline*), DLH) *Luftansa* (*compagnia aerea*).

Li (*chim.*) *litio*, Li, lithium.

LIFO (*ingl.*: Last In First Out, LIFO) *lifo.*

Lit. *Lire italiane*, Italian lire.

LL AA *Loro Altezze*, Their Highnesses.

LL PP *Lavori Pubblici*, Public Works.

lm (*fis.*) *lumen*, lm, lumen.

l.m. *livello del mare*, s.l., sea level.

ln *logaritmo naturale*, ln, natural logarithm.

LN (*astr.*) *luna nuova*, new moon.

LOC *Lega Obiettori di Coscienza*, League of Conscientious Objectors.

loc.cit. (*lat.*: *loco citato*) *luogo citato*, loc. cit., l.c., in the place cited.

log *logaritmo decimale*, log, logarithm.

LP 1 (*mus.*) (*ingl.*: Long Playing, LP) *Lunga Esecuzione* 2 (*astr.*) *luna piena*, full moon.

Lr (*chim.*) *laurenzio*, Lr, lawrencium.

LSD (*ingl.*: Lysergic Acid Diethylamide, LSD) *Dietilammide dell'Acido Lisergico.*

L.st. *lira sterlina*, pound (sterling).

LTH (*biochim.*) (*ingl.*: Luteotrophic Hormone, LTH) *ormone luteotropico*; *prolattina.*

lu. *luglio*, Jul., July.

Lu (*chim.*) *lutezio*, Lu, lutetium.

lug. *luglio*, Jul., July.

lun. *lunedì*, Mon., Monday.

lux, lx (*fis.*) *lux*, lx, lux.

Lw (*chim.*) *Laurenzio*, Lw, lawrencium.

m 1 *metro*, m., metre 2 *milli-*, m, milli-.

m. 1 *maschile*, m., masc., masculine 2 *mese*, m., month 3 *morto*, d., dead.

m *micron*, m, micron.

M- (*fis.*) *mega-*, M, mega-.

M. *Monte*, Mt, Mount.

mA *milliampere*, mA, MA, milliampere.

mA *microampere*, mA, microampere.

MAE *Ministero degli Affari Esteri*, Ministry of Foreign Affairs.

mag. *maggio*, May.

Magg. *Maggiore*, Maj., Major.

mar. *marzo*, Mar., March.

mar., mart. *martedì*, Tu., Tues., Tuesday.

Mar. *Maresciallo* (*dei Carabinieri*).

MAS *motoscafo antisommergibile*, MTB, motor torpedo boat.

max. *massimo*, max., maximum.

mb *millibar*, mb, millibar.

Mb (*inform.*) *megabyte*, Mb, megabyte.

Mc (*fis.*) *megaciclo*, Mc, megacycle.

m.c.d. *minimo comune denominatore*, l.c.d., lowest common denominator.

M.C.D. *massimo comun divisore*, h.c.f., highest common factor.

m.c.m. *minimo comune multiplo*, l.c.m., lowest common multiple.

Md (*chim.*) *mendelevio*, Md, mendelivium.

ME 1 *Medio Evo*, Middle Ages 2 *Movimento Europeo*, European Movement.

MEC *Mercato Comune Europeo*, ECM, European Common Market.

mer., merc. *mercoledì*, Wed., Wednesday.

MeV (*fis.*) *megaelettronvolt*, MeV, megaelectronvolt.

mf (*mus.*) *mezzo-forte*, mf, mezzo-forte.

mF *microfarad*, mF, microfarad.

MF 1 (*rad. tv.*) *media frequenza*, MF, medium frequency 2 (*rad.*) *modulazione di frequenza*, FM, frequency modulation.

MFE *Movimento Federalista Europeo*, European Federalist Movement.

mg *milligrammo*, mg, milligram(me).

Mg 1 (*chim.*) *magnesio*, Mg, magnesium 2 *miriagrammo*, myg, myriagram(me).

MHD (*fis.*) *magnetoidrodinamica*, MHD, magnetohydrodynamics.

Min. *Ministro*, *Ministero*, Min., Ministry, Minister.

mips (*inform.*) (*ingl.*: Millions Instructions per Second, MIPS) *milioni di istruzioni al secondo*.

mitt. *mittente*, sender.

mks, MKS (*fis.*) *metro-chilogrammo secondo*, MKS, Metre Kilogram Second.

ml *millilitro*, ml, millilitre.

mm *millimetro*, mm, millimetre.

mm *millimicron*, mm millimicron.

M.M. *Marina Militare*, Italian Navy.

m/min *metri al minuto*, mpm, metres per minute.

Mn (*chim.*) *manganese*, Mn, manganese.

M/N *motonave*, MS, motorship.

Mo (*chim.*) *Molibdeno*, Mo, molybdenum.

Mo. *Maestro* (*di musica*), Maestro.

M.O. *Medio Oriente*, ME, Middle East.

modem (*inform.*) *modulatore/demodulatore*, modem, modulator/demodulator.

mol. *molecola*, mol., molecule.

mons. (*eccl.*) *monsignore*, Mgr., Monsignor.

mops (*inform.*) (*ingl.*: Millions Operations per Second, MOPS) *milioni di operazioni al secondo*.

MOS (*ingl.*: Metal-Oxide Seminconductor, MOS) *semiconduttore metallo-ossido*.

mq *metro quadrato*, sq.m., square metre.

MR 1 (*nelle università*) *Magnifico Rettore*, Rector of the University 2 (*eccl.*) *Molto Reverendo*, RR, Right Reverend.

MRCA (*ingl.*: Multi-Role Combat Aircraft, MRCA) *aereo da combattimento a impiego plurimo*.

ms. *manoscritto*, MS, manuscript.

m/sec *metri al secondo*, mps, metres per second.

MSI *Movimento Sociale Italiano*, Italian Social Movement.

mss *manoscritti*, MSS, manuscripts.

MT (*fis.*) *megaton*, MT, megaton.

Mti (*nelle carte geografiche*) *monti*, Mts, Mountains.

MTM (*ingl.*: Methods Time Measurement, MTM) *Misura Tempi e Metodi*.

mV (*fis.*) *millivolt*, mV, millivolt.

mW (*fis.*) *milliwatt*, mW, milliwatt.

MW (*fis.*) *megawatt*, MW, megawatt.

Mx (*fis.*) *maxwell*, M, maxwell.

n 1 *nato*, b, n, born 2 *numero*, No., number 3 *neutro*, n., neut., neuter.

N 1 (*chim.*) *azoto*, N, nitrogen 2 *Nord*, N, North 3 (*fis.*) *newton*, N, newton.

n° *numero*, no., No., number.

Na (*chim.*) *sodio*, Na, sodium.

NAS *Nucleo Antisofisticazioni*, Office for the Prevention of the Adulteration of Beverages and Foodstuffs.

NASA (*ingl.*: National Aeronautics and Space Administration, NASA) *Ente Nazionale Aeronautico e Spaziale*.

NATO (*ingl.*: North Atlantic Treaty Organization, NATO) *Organizzazione del Trattato Nord-Atlantico*.

n.b., N.B. *nota bene*, n.b., N.B., nota bene, note well.

Nb (*chim.*) *niobio*, Nb, niobium.

NBC (*ingl.*: National Broadcasting Company, NBC) *Ente Radiofonico Nazionale* (*negli Stati Uniti*).

NCEU *Nuovo Catasto Edilizio Urbano*, City Property Registry Office.

NCT *Nuovo Catasto Territoriale*, Land Registry Office.

Nd (*chim.*) *neodimio*, Nd, neodymium.

N.D. (*lat.*: *Nobilis Domina*) *Nobildonna*, noblewoman.

n.d.a. *nota dell'autore*, author's note.

n.d.e. *nota dell'editore*, publisher's note.

n.d.r. *nota del redattore*, editor's note.

n.d.t. *nota del traduttore*, translator's note.

Ne (*chim.*) *neo*, Ne, neon.

NE *Nord-Est*, NE, North-East.

nF (*fis.*) *nanofarad*, nF, nanofarad.

NH (*lat.*: *Nobilis Homo*) *Nobiluomo*, nobleman.

Ni (*chim.*) *nichel*, Ni, nickel.

NN (*lat.*: *Nescio Nomen*) *di paternità ignota*, (*sui certificati di nascita ecc.*) name (of father) unknown.

NNE *Nord-Nord-Est*, NNE, North-North-East.

NNO *Nord-Nord-Ovest*, NNW, North-North-West.

No (*chim.*) *nobelio*, No, nobelium.

No. *numero*, no., No., number.

NO *Nord-Ovest*, NW, North-West.

nov. *novembre*, Nov., November.

Np (*chim.*) *nettunio*, Np, neptunium.

ns. *nostro*, our; ours.

NT 1 *Nuovo Testamento*, NT, New Testament 2 *non trasferibile*, account payee only.

NU 1 → ONU 2 *Nettezza Urbana*, municipal street cleaning and refuse disposal service.

Ω *ohm*, Ω, ohm.

O 1 (*chim.*) *ossigeno*, O, oxygen 2 *Ovest*, W, West.

obb.mo, obbl.mo *obbligatissimo*, your obedient servant.

OCR (*inform.*) (*ingl.*: Optical Character Reader, OCR) *lettore ottico di caratteri*.

OCSE *Organizzazione per la Cooperazione e lo Sviluppo Economico*, OECD, Organization for Economic Cooperation and Development.

OdG (*comm.*) *ordine del giorno*, agenda; (*mil.*) dispatches; (*pol.*) parliamentary motion.

OECE *Organizzazione Europea per la Cooperazione Economica*, OEEC, Organization for European Economic Cooperation.

OEM (*inform.*) (*ingl.*: Original Equipment Manufacturer, OEM) *produttore originale di dispositivi* (*elettronici*).

OFM *Ordine dei Frati Minori*, OFM, Order of Friars Minor.

OIL *Organizzazione Internazionale del Lavoro*, ILO, International Labour Organization.

OK *tutto bene*, OK, all correct.

OL *Onde Lunghe*, LW, Long Wave.

OLP *Organizzazione per la Liberazione della Palestina*, PLO, Palestine Liberation Organization.

O.M. *Ordinanza Ministeriale*, Ministerial Decree, Departmental Ordinance.

OM *Onde Medie*, MW, Medium Wave.

OMM *Organizzazione Meteorologica Mondiale*, WMO, World Metereological Organization.

OMR *Ordine* (*cavalleresco*) *al Merito della Repubblica*, Order of Merit of the Republic.

OMS *Organizzazione Mondiale della Sanità*, WHO, World Health Organization.

on. *onorevole*, MP, Member of Parliament.

ONMIC *Opera Nazionale Mutilati e Invalidi Civili*, National Organization for the Disabled.

ONU *Organizzazione delle Nazioni Unite*, UN, UNO, United Nations Organization.

OO PP *Opere Pubbliche*, Public Works.

op. *opera*,work, opus.

O.P. *Ordine dei Predicatori* (*Domenicani*), OP, Order of Preachers.

OPA *Offerta Pubblica di Acquisto*, takeover bid.

op. cit. (*lat.*: *opere citato*) *opera citata*, op. cit., in the work cited.

OPEC (*ingl.*: Organization of Petroleum Exporting Countries, OPEC) *Organizzazione dei Paesi Esportatori di Petrolio*.

Os (*chim.*) *osmio*, Os, Osmium.

OSA *Organizzazione degli Stati Americani*, OAS, Organization of the American States.

ott. *ottobre*, Oct., October.

OVNI (*aer.*) *Oggetto Volante Non Identificato*, UFO, Unidentified Flying Object.

OVRA *Opera di Vigilanza e Repressione Antifascista*, Fascist Secret Police.

P 1 (*chim.*) *fosforo*, P, phosphorus 2 *Posteggio*, P, Parking.

pA *peso atomico*, at. wt., atomic weight.

Pa 1 (*chim.*) *protoattinio*, Pa, protoactinium 2 (*fis.*) *pascal*, Pa, pascal.

PA 1 *Pubblica Amministrazione*, Public Administration 2 *Patto Atlantico*, Atlantic Pact.

P/A *polizza aerea*, AP, Air Policy.

pass. (*lat.*: *passim*) *passim*, *in diversi luoghi*, (*nelle citazioni*) pass., passim, in every part.

p/ass. *porto assegnato*, carriage forward.

Pb (*chim.*) *piombo*, Pb, lead.

pc (*fis.*) *parsec*, pc, parsec.

p.c. *per conoscenza*, for (your) information.

PC *polizza di carico*, bill of lading.

p.c.c. *per copia conforme*, (certified) true copy.

PCI *Partito Comunista Italiano*, Italian Communist Party.

PCUS *Partito Comunista dell'Unione Sovie-*

tica, The Communist Party of the Soviet Union.

Pd (*chim.*) *palladio*, Pd, palladium.

PD (*amm.*) *Partita doppia*, double entry.

PdA *Partito d'Azione*, Action Party.

p.e. *per esempio*, e.g., for instance; f.e., for example.

p.es. *per esempio*, e.g., for instance; f.e., for example.

pF (*fis.*) *picofarad*, PF, picofarad.

p/fo *piroscafo*, S/S, steamship.

PG *Procuratore Generale*, AG, Att. Gen., Attorney General.

p.g.r. *per grazia ricevuta*, thanks for grace received.

PI *Pubblica Istruzione*, State Education.

PIL (*econ.*) *Prodotto Interno Lordo*, GDP, Gross Domestic Product.

PIME *Pontificio Istituto Missioni Estere*, Pontifical Institute for Foreign Missionaries.

PL (*econ.*) *Prodotto lordo*, Gross Product.

PLI *Partito Liberale Italiano*, Italian Liberal Party.

p.m. *pomeridiano*, p.m., after midday.

Pm (*chim.*) *prometeo*, Pm, promethium.

PM 1 *Polizia Militare*, MP, Military Police 2 *Pubblico Ministero*, Public Prosecutor.

PNL (*econ.*) *Prodotto Nazionale Lordo*, GNP, Gross National Product.

PNN (*econ.*) *Prodotto Nazionale Netto*, NNP, Net National Product.

Po (*chim.*) *polonio*, Po, polonium.

PO *Posta ordinaria*, Regular Mail.

POA *Pontificia Opera di Assistenza*, Pontifical Welfare Organization.

POLFER *Polizia Ferroviaria*, Railway Police.

POLSTRADA *Polizia Stradale*, Traffic Police; (*in autostrada*), Motorway Police, (*amer.*) Highway Patrol.

pp 1 *pagine*, pp, pages 2 (*mus.*) *pianissimo*, pp, pianissimo.

p.p. 1 *pacco postale*, p.p., parcel (post) 2 *per procura*, p.p., per pro., by proxy.

PP 1 *porto pagato*, carriage paid 2 (*sui colli postali*) *posa piano*, handle with care 3 (*cinem.*) *primo piano*, close-up 4 *profitti e perdite*, P and L, P/L, profit and loss.

pp.nn. *pagine non numerate*, unnumbered pages.

ppp (*mus.*) *piano pianissimo*, ppp, piano pianissimo.

PPSS *Partecipazioni Statali*, State holdings, State investment.

PP TT *Poste e Telecomunicazioni* (*Ministero delle*), (Ministry of) Post and Telecommunications.

p.r. *per ringraziamento*, with thanks.

Pr (*chim.*) *praseodimio*, Pr, praseodymium.

PR 1 *Procuratore della Repubblica*, Public Prosecutor 2 *Piano Regolatore*, Town Planning Regulations 3 (*ingl.*: Public Relations, PR) *Relazioni Pubbliche*.

Preg. (*nelle lettere*) *pregiato/a*, esteemed.

Preg.mo (*nelle lettere*) *pregiatissimo*, most esteemed.

PRI *Partito Repubblicano Italiano*, Italian Republican Party.

Proc. Gen. *Procuratore Generale*, AG., Att. Gen., Attorney General.

prof. *professore*, Prof., Professor.

Prot. *Protocollo*, protocol.

Prov. *Provincia*, prov., province.

P.S. 1 *post scriptum*, PS, postscript 2 *Polizia di Stato*, State Police 3 *Partita semplice*, Single Entry.

PSDI *Partito Socialista Democratico Italiano*, Italian Socialist Democratic Party.

PSI *Partito Socialista Italiano*, Italian Socialist Party.

Pt (*chim.*) *platino*, Pt, platinum.

P.T. 1 *Posta e Telegrafi*, Post and Telegraph Office 2 *Polizia Tributaria*, Excise and Revenue Police 3 *Posta e Telecomunicazioni*, Post and Telecommunications.

P.T.P. *Posto Telefonico Pubblico*, public telephone.

Pu (*chim.*) *plutonio*, Pu, plutonium.

P.U. 1 *Polizia Urbana*, Urban Police, City Police 2 *Pubblico Ufficiale*, Public Officer, Civil Servant.

p.v. *prossimo venturo*, prox., next (month).

P.V. (*ferr.*) *Piccola Velocità*, ordinary goods service.

PVC *Polivinilcloruro*, PVC, polyvinyl chloride.

PWR (*fis.*) (*ingl.*: Pressurized-Water Reactor, PWR) *reattore ad acqua pressurizzata.*

P.za *piazza*, sq., square.

q *quintale*, q, quintal.

q.b. (*nelle ricette*) *quanto basta*, q.s., a sufficient quantity.

q.e.d. (*lat.*: *quod erat demonstrandum*) *come dovevasi dimostrare*, q.e.d., which was to be demonstrated.

QG *Quartier Generale*, GHQ, General Headquarters.

QI *quoziente d'intelligenza*, IQ, intelligence quotient.

r (*geom.*) *raggio*, R, radius.

°r (*metrol.*) *grado Réaumur*, R°, degree Réaumur.

r. (*bibliografia*) *recto*, r., recto.

R (*fis.*) *resistenza elettrica*, R, resistance.

R. 1 *raccomandata*, registered letter 2 *Re*, R, King 3 *Regina*, R, Queen 4 *Repubblica*, Repub., Republic 5 (*eccl.*) *Reverendo*, Rev., Reverend 6 *regio*, R, Royal 7 (*ferr.*) *rapido*, through train.

Ra (*chim.*) *radio*, Ra, radium.

racc. *raccomandata*, registered letter.

rag. *ragioniere*, (certified) accountant.

RAI (TV) *Radiotelevisione Italiana*, Italian TV and Broadcasting Corporation.

RAM (*inform.*) (*ingl.*: Random Access Memory, RAM) *memoria ad accesso casuale.*

RAU *Repubblica Araba Unita*, UAR, United Arab Republic.

Rb (*chim.*) *rubidio*, Rb, rubidium.

Rc *radice cubica*, cube root.

RC *Responsabilità Civile*, (civil) liability.

R.C. *Rotary Club.*

RCA (*assicurazione di*) *Responsabilità Civile Auto*, Automobile Liability Insurance.

R.D. *Regio Decreto*, Royal Decree.

RDT *Repubblica Democratica Tedesca*, GDR, German Democratic Republic.

Re (*chim.*) *renio*, Re, rhenium.

R/E *ricavo effetti*, receipts from bills and drafts.

REM (*psic.*) (*ingl.*: Rapid Eye Movement, REM) *movimenti rapidi dell'occhio.*

Rep. *repubblica*, rep., republic.

Rev. (*eccl.*) *Reverendo*, Rev., Reverend.

Rev.mo (*eccl.*) *Reverendissimo*, Rt. Rev., Right Reverend.

RF (*rad.*) *radio frequenza*, *frequenza radio*, RF, radio frequency.

RFT *Repubblica Federale Tedesca*, GFR, German Federal Republic.

Rh 1 (*chim.*) *rodio*, Rh, rhodium 2 (*biol.*) (*Macacus*) *Rhesus*; *antigene dei globuli rossi*, Rh, (Macacus) Rhesus.

RI *Repubblica Italiana*, Italian Republic.

R.I.P. (*lat.*: *Requiescat*, *Requiescant In Pace*) *riposi in pace*, *riposino in pace*, RIP, rest in peace.

rist. *ristampa*, repr., reprint.

RMN (*fis.*) *Risonanza Magnetica Nucleare*, NMR, Nuclear Magnetic Resonance.

Rn (*chim.*) *rado*, Rn, radon.

RNA (*biochim.*) (*ingl.*: RiboNucleic Acid, RNA) *Acido RiboNucleico.*

ROE (*econ.*) (*ingl.*: Return On Equity, ROE) (*tasso di*) *redditività del capitale proprio.*

ROI (*econ.*) (*ingl.*: Return On Investment, ROI) (*tasso di*) *redditività del capitale investito.*

ROM (*inform.*) (*ingl.*: Read Only Memory, ROM) *memoria a sola lettura.*

ROS 1 (*inform.*) (*ingl.*: Read Only Store, ROS) *memoria a sola lettura* 2 (*econ.*) (*ingl.*: Return On Sales, ROS) (*tasso di*) *redditività delle vendite.*

RP 1 *relazioni pubbliche*, PR, public relations 2 *riservata personale*, personal and confidential.

Rq *radice quadrata*, square root.

R.R. *ricevuta di ritorno*, return receipt.

R. & S. *Ricerca e Sviluppo*, R and D, Research and Development.

RSI *Repubblica Sociale Italiana*, Italian Social Republic (8-9-1943 / 25-4-1945).

RSVP (*franc.*: *répondez s'il vous plaît*) *si prega rispondere*, RSVP, reply if you please.

RT *radiotelegrafia*, WT, wireless telegraphy.

Ru (*chim.*) *rutenio*, Ru, ruthenium.

RVM *Registrazione Videomagnetica*, videomagnetic recording.

s *secondo*, s, sec, second.

s. 1 *sabato*, Sat., Saturday 2 *sostantivo*, n., noun 3 *seguente*, f., following.

S 1 *siemens*, S, siemens 2 (*chim.*) *solfo*, S, sulphur 3 *Sud*, S, South.

S. *Santo*, St., Saint.

s.a. (*di stampa*) *senza anno*, n.d., no date, undated.

S.A. 1 *Società Anonima*, (joint-stock) company 2 *Sua Altezza*, HH, His, Her Highness.

Sab. *sabato*, Sat., Saturday.

S. acc. *Società in Accomandita*, Limited Partnership.

SAM (*mil.*) (*ingl.*: Surface-to-Air Missile, SAM) *Missile Terra-Aria.*

S.A.R. *Sua Altezza Reale*, HRH, His, Her Royal Highness.

S.A.S. *Sua Altezza Serenissima*, HSH, His, Her Serene Highness.

SAS *Società in Accomandita Semplice*, Limited Partnership.

SAUB *Struttura Amministrativa Unificata di Base*, Unified Administrative Structure (the equivalent of the National Health Service in UK).

Sb (*chim.*) *antimonio*, Sb, antimony.

s.b.f. (*comm.*) *salvo buon fine*, subject to collection.

sc. (*teatr.*) *scena*, sc., scene.

Sc (*chim.*) *scandio*, Sc, scandium.

S.C. 1 *Sede Centrale*, HO, head office 2 *Suprema Corte*, SC, Supreme Court 3 *Sacro Cuore*, Sacred Heart.

S.C.V. *Stato della Città del Vaticano*, Vatican City.

s.d. (*bibliografia*) *senza data*, n.d., no date.

s.d.l. (*bibliografia*) *senza data o luogo*, n.p. or d., no place or date.

S.d.N. *Società delle Nazioni*, League of Nations.

Se (*chim.*) *selenio*, Se, selenium.

s.e. *senza editore*, n.p., no publisher.

SE *Sud-Est*, SE, South-East.

S.E. *Sua Eccellenza*, HE, His Excellency; (*eccl.*) His Lordship.

SEAT *Società Elenchi ufficiali degli Abbonati al Telefono*, Telephone Directory Publishing Company.

SEATO (*ingl.*: South-East Asia Treaty Organization, SEATO) *Organizzazione del Trattato per l'Asia Sudorientale.*

sec 1 *secante*, sec, secant 2 *secondo*, s, sec, second.

sec. *secolo*, c., cent., century.

SEC (*econ.*) *Sistema Europeo dei Conti Economici Integrati*, ESA, European System of Integrated National Accounts.

SEeO. (*comm.*) *salvo errori ed omissioni*, E e OE, errors and omissions excepted.

seg. *seguente*, f., fol., following.

segg. *seguenti*, ff., the following.

S.Em. *Sua Eminenza*, HE, His Eminence.

sen (*trigonometria*) *seno*, sin, sine.

sen. *senatore*, sen., senator.

serg. *sergente*, sergt, sergeant.

sett. *settembre*, Sep., Sept., September.

sez. *sezione*, sec., section.

sf (*mus.*) *sforzando*, sf, sforzando.

sfr (*servizio postale*) *sotto fascia raccomandata*, registered printed matter.

sfs (*servizio postale*) *sotto fascia semplice*, unregistered printed matter.

sg. *seguente*, f., fol., following.

S.G. *Sua Grazia*, HG, His, Her Grace.

Si (*chim.*) *silicio*, Si, silicon.

SIAE *Società Italiana Autori ed Editori*, Italian Authors' and Publishers' Association.

Sig. *Signore*, Mr, Mister.

Sig.a *Signora*, Mrs, Mistress.

Sigg. *Signori*, Messrs., Messieurs.

Sig.na *Signorina*, Miss.

sin (*trigonometria*) *seno*, sin, sine.

sinh (*trigonometria*) *seno iperbolico*, sinh, hyperbolic sine.

SIP *Società Italiana per l'esercizio telefonico*, Italian State Telephone Company.

S.J. (*lat.*: *Societas Jesus*) *Compagnia di Gesú*, SJ, Society of Jesus.

s.l. 1 (*sport*) *stile libero*, freestyle 2 (*bibliografia*) *senza luogo*, n.p., no place.

s.l.m. *sul livello del mare*, above sea level.

s.l.n.d. (*bibliografia*) *senza luogo né data*, n.p.n.d., no place no date.

s.m. → s.l.m.

Sm (*chim.*) *samario*, Sm, samarium.

S.M. 1 *Stato Maggiore*, Staff 2 *Sua Maestà*, HM, His, Her Majesty.

SME *Sistema Monetario Europeo*, EMS, European Monetary System.

S.M.G. *Stato Maggiore Generale*, GS, General Staff.

S.M.I. *Sua Maestà Imperiale*, HIM, His, Her Imperial Majesty.

S.M.O.M. *Sovrano Militare Ordine di Malta*, Sovereign Military order of Malta.

Sn (*chim.*) *stagno*, Sn, tin.

s.n.c. *società in nome collettivo*, copartnership, unlimited partnership.

SNDA *Società Nazionale Dante Alighieri*, National Dante Alighieri Society.

s.n.t. *senza note tipografiche*, without typographical notes.

SO *Sud-Ovest*, SW, South-West.

Soc. *Società*, Soc., Society.

SONAR (*ingl.*: Sound Navigation and Ranging, SONAR) *Navigazione e Localizzazione per mezzo del Suono.*

SOS (*salvate le nostre anime*) *segnale internazionale di richiesta di soccorso*, SOS, (Save Our Souls) appeal for help or rescue.

sost. 1 *sostantivo*, n., noun 2 (*mus.*) *sostenuto*, sost., sustained.

Sott.te *Sottotenente*, Second Lieutenant.

S.P. 1 *Santo Padre*, HH, His Holiness 2 *Strada Provinciale*, Provincial Road.

S.p.A. *Società per Azioni*, Joint-Stock Company.

SPA *Società Protettrice degli Animali*, SPCA, Society for the Prevention of Cruelty to Animals.

Spett. (*comm.*) *Spettabile*, Esteemed.

S.P.M. *sue proprie mani*, personal, to be delivered personally.

S.P.Q.R. (*lat.*: *Senatus Populusque Romanus*) *Senato e Popolo Romano*, S.P.Q.R., the Senate and People of Rome.

s.q. *secondo quantità*, (*sui menù*) (price) according to quantity consumed.

Sr (*chim.*) *stronzio*, Sr, strontium.

S.R. *Sacra Rota*, the Sacred Rota.

S.R.C. *Santa Romana Chiesa*, HRC, Holy Roman Church.

S.r.l. *Società a responsabilità limitata*, Ltd. (Co.), Limited (Company).

ss. *seguenti*, ff., the following.

SS 1 (*ted.*: *Schutzstaffel*) *milizia di protezione nazista*, SS, Hitler bodyguard 2 *Santi*, SS, Saints 3 *Santissimo*, SS, Most Holy.

S.S. 1 *Santa Sede*, Holy See 2 *Sua Santità*, HH, His Holiness 3 *Strada Statale*, State Road (equivalent of UK Trunk Road).

SSE *Sud-Sud-Est*, SSE, South-South-East.

SSN *Servizio Sanitario Nazionale*, NHS, National Health Service.

SSO *Sud-Sud-Ovest*, SSW, South-South-West.

SS.PP. *Santi Padri*, Holy Fathers.

SST (*aer.*) (*ingl.*: *Supersonic Transport*, SST) (*aereoplano*) *supersonico da trasporto.*

S.Ten. *Sottotenente*, Second Lieutenant.

STOL (*aer.*) (*ingl.*: *Short Takeoff and Landing*, STOL) *decollo e atterraggio corti.*

SU *Stati Uniti*, US, United States.

suppl. (*bibliografia*) *supplemento*, suppl., supplement.

sv. (*lat.*) *sub voce*, sub verbo, under a specified word.

svp, SVP 1 (*ted.*: *Südtiroler Volkspartei*) *Partito Popolare Sudtirolese*, Party of the German-speaking minority in Alto Adige 2 (*franc.*: *s'il vous plaît*) *per favore*, svp, SVP, please.

t 1 *tonnellata*, *tonnellate*, t, ton(s) 2 (*fis.*) *tempo*, t, time 3 *tomo*, t, tomo.

T 1 (*nelle insegne*) *tabaccheria*, tobacconist (State monopoly outlet also selling salt, postage stamps, stamped paper, football pools etc.) 2 (*fis.*) *periodo*, period 3 *temperatura assoluta*, T, temperature 4 (*chim.*) *trizio*, T, tritium.

Ta (*chim.*) *tantalio*, Ta, tantalum.

TAC (*med.*) *Tomografia Assiale Computerizzata*, CAT, Computerized Axial Tomography.

tan (*mat.*) *tangente*, tan, tangent.

TAR *Tribunale Amministrativo Regionale*, Regional Administrative Court.

TASS (*russo*: *Telegrafnoje Agentstvo Sovietskovo Sojusa*) *Agenzia Telegrafica dell'Unione Sovietica*, TASS, Soviet Union Telegraph Agency, the USSR state news agency.

tav. *tavola*, t., table.

Tb (*chim.*) *terbio*, Tb, terbium.

tbc, TBC *tubercolosi*, TB, tuberculosis.

t/c *turbocisterna*, oil tanker with turbine engines.

Tc (*chim.*) *tecnezio*, Tc, technetium.

TCI *Touring Club Italiano*, TCI, Italian Touring Club.

Te (*chim.*) *tellurio*, Te, tellurium.

TE (*ferr.*) *trazione elettrica*, Electric Traction.

TEE (*ferr.*) *Trans Europe Express*, TEE, Trans Europe Express.

tel. *telefono*, tel., telephone.

TELEX (*ingl.*: Teleprinter Exchange, TELEX) *trasmissione per telescrivente.*

Ten. *Tenente*, Lt, Lieut., Lieutenant.

tg *tangente*, tan, tangent.

TG *Telegiornale*, Television (TV) News.

TGV (*franc.*: Train à Grande Vitesse) *treno a grande velocità*, TGV, high speed train.

Th 1 *tangente iperbolica*, tanh, hyperbolic tangent 2 (*chim.*) *torio*, Th, thorium.

Ti (*chim.*) *titanio*, Ti, titanium.

TIR (*franc.*: *Transports Internationaux Routiers*) *Trasporti Internazionali su Strada*, TIR, International Road Transport.

Tl (*chim.*) *tallio*, Tl, thalium.

Tm (*chim.*) *tulio*, Tm, thulium.

t.m. *tempi e metodi* (organizzazione aziendale), time and motion study.

TMEC *Tempo Medio dell'Europa Centrale*, CET, Central European Time.

TMG *Tempo Medio di Greenwich*, GMT, Greenwich Mean Time.

T/N, **t/n** *turbonave*, turbine ship.

TNT (*chim.*) *Trinitrotoluene*, *tritolo*, TNT, trinitrotoluene.

TOTIP *Totalizzatore Ippico*, Horse-race Pools.

TOTOCALCIO *Totalizzatore Calcistico*, Football Pools.

tr. *tratta*, dft., draft.

trim. *trimestre*, term.

TSF *telegrafo senza fili*, wireless telegraphy.

TT (*comm.*) (*ingl.*: telegraph transfer, TT) *trasferimento o bonifico telegrafico.*

TUS *Tasso Ufficiale di Sconto*, Official Bank Rate.

TUT (*tel.*) *Tariffa Urbana a Tempo*, Local Dialling Charges.

TV *televisione*, TV, television.

TVC *televisione a colori*, colour television.

TWA (*ingl.*: Trans World Airlines, TWA) Linee Aeree Intercontinentali.

U 1 (*chim.*) *uranio*, U, uranium 2 (*fis.*) *energia potenziale*, potential energy.

u.a. *unità astronomica*, AU, Astronomical Unit.

U.C. 1 *Ufficiale di Complemento*, Territorial Army Officer 2 *Ufficio di Collocamento*, Employment Bureau.

UCDG *Unione Cristiana delle Giovani*, YWCA, Young Women's Christian Association.

UCI *Unione Ciclistica Internazionale*, International Cycling Union.

UDI *Unione Donne Italiane*, Association of Italian Women (with Communist trend).

UEFA (*ingl.*: Union of European Football Associations, UEFA) *Unione delle Federazioni di Calcio Europee.*

UEO *Unione dell'Europa Occidentale*, WEU, Western European Union.

UFO (*ingl.*: Unidentified Flying Object, UFO) *Oggetto Volante Non Identificato.*

UHF (*rad. tv*) (*ingl.*: ultrahigh frequency, UHF) *frequenza ultraelevata.*

U.I. 1 (*med.*) *Unità Internazionali*, IU, International Unit 2 *uso interno*, internal use.

UIC 1 *Unione Italiana Ciechi*, Italian Union of the Blind 2 *Ufficio Italiano Cambi*, Italian Foreign Exchange Office.

UIL 1 *Ufficio Internazionale del Lavoro*, International Labour Office 2 *Unione Italiana dei Lavoratori*, Italian Federation of Trade Unions (with moderate Socialist and Republican trend).

U.M. *Unione Militare*, Military Union.

UNESCO (*ingl.*: United Nations Educational, Scientific, and Cultural Organization, UNESCO) *Organizzazione delle Nazioni Unite per l'Educazione, la Scienza e la Cultura.*

UNI *Ente Nazionale per l'Unificazione nell'Industria (di misure, pezzi, formati ecc.)* National Association for Industrial Uniformity (weights, measures etc.).

UNICEF (*ingl.*: United Nations International Children's Emergency Fund, UNICEF) *Fondo Internazionale di Emergenza per l'Infanzia delle Nazioni Unite.*

UNIDO (*ingl.*: United Nations Industrial Development Organization, UNIDO) *Organizzazione delle Nazioni Unite per lo Sviluppo Industriale.*

UNIPEDE (*franc.*: *Union Internationale des Producteurs et Distributeurs d'Energie Electrique*) *Unione Internazionale dei Produttori e Distributori di Energia Elettrica*, UNIPEDE, International Union of Producers and Distributors of Electric Power.

UNRRA (*ingl.*: United Nations Relief and Rehabilitation Administration, UNRRA) *Ente delle Nazioni Unite per il soccorso e la ricostruzione dei paesi liberati.*

UNUCI *Unione Nazionale Ufficiali in Congedo d'Italia*, Italian National Association of Ex-Officers.

UPA *Unione Panamericana*, PAU, Pan -American Union.

UPU *Unione Postale Universale*, UPU, Universal Postal Union.

UQ (*astr.*) *ultimo quarto lunare*, last quarter-moon.

URAR-TV *Ufficio Registro Abbonati Radio e Televisione*, Radio and Television Licence-Holders Records Office.

URSS *Unione Repubbliche Socialiste Sovietiche*, USSR, Union of Soviet Socialist Republics.

u.s. *ultimo scorso*, ult., last (month).

US 1 *Ufficio Stampa*, Press Agency 2 *Uscita di Sicurezza*, Emergency Exit.

USA (*ingl.*: United States of America, USA) *Stati Uniti d'America.*

USIS (*ingl.*: United States Information Service, USIS) *Ufficio Informazioni per gli Stati Uniti d'America.*

USL *Unità Sanitaria Locale*, Local Health Centre.

UV (*fis.*) *Ultravioletto*, UV, Ultraviolet.

v. 1 *vedi*, q.v., which see 2 *venerdì*, Fr., Fri., Friday 3 *verbo*, v., vb, verb 4 (*bibliografia*) *verso*, v., verso 5 (*poesia*) *verso*, v., verse 6 (*fis.*) *velocità*, V, velocity.

V 1 (*chim.*) *vanadio*, V, vanadium 2 (*fis.*) *volt*, v, V, volt 3 (*fis.*) *potenziale*, V, Voltage 4 *volume*, v, V, vol., volume.

V.A. 1 *Vostra Altezza*, Your Highness 2 *Voltampere*, VA, Volt-Ampere.

V.C. *Vice-Console*, VC, Vice Consul.

VCR (*ingl.*: Videocassette Recorder, VCR) *Videoregistratore (a cassette).*

V.D.Q.S. (*franc.*: *Vin Délimité de Qualité Supérieure*) *Vino Delimitato di Qualità Superiore*, certified fine wine of limited production.

V.E. *Vostra Eccellenza*, Your Excellency; (*eccl.*) Your Grace, Your Lordship.

V.Em. *Vostra Eminenza*, Your Eminence.

ven. *venerdì*, Fr., Fri., Friday.

Ven. *Venerabile*, Ven., Venerable.

VES (*med.*) *velocità di eritrosedimentazione*, eritrosedimentation speed.

VF 1 (*targa aut.*) *Vigili del Fuoco*, Fire Brigade 2 (*rad.*) *videofrequenza*, VF, video frequency.

V.G. *Vostra Grazia*, Your Grace.

VHF (*rad.*, *tv*) (*ingl.*: Very High Frequency, VHF) *altissima frequenza.*

vig. *vigente*, in force.

VIP (*ingl.*: Very Important Person, VIP) *persona molto importante, pezzo grosso.*

V.le *Viale*, Blvd, Boul., boulevard; av., ave., Ave., avenue.

VLF (*rad.*, *tv*) (*ingl.*: Very Low Frequency, VLF) *frequenza molto bassa.*

VLSI (*inform.*) (*ingl.*: Very Large Scale Integration, VLSI) *integrazione su larghissima scala.*

V.M. 1 *Vostra Maestà*, Your Majesty 2 *Valor Militare*, a medal for military valour.

VO 1 *Velocità ordinaria*, ordinary, normal speed 2 (*enologia*) (*ingl.*: Very Old) *molto vecchio.*

vol. *volume*, v, V, vol., volume.

V.P. 1 *Vicepresidente*, Vice-President, Deputy Chairman 2 *Vaglia Postale*, PO, Postal Order.

v.r *vedi retro*, p.to., please turn over.

vs. *vostro*, yr, yrs, yours.

v.s. *vedi sopra*, see above.

V.S. 1 *Vostra Santità*, Your Holiness 2 *Vostra Signoria*, Your Lordship.

VSOP (*ingl.*: Very Superior Old Pale, VSOP) *Cognac stravecchio superiore paglierino.*

V.T. *Vecchio Testamento*, OT, Old Testament.

VTOL (*aer.*) (*ingl.*: Vertical Takeoff and Landing, VTOL) *decollo e atterraggio verticali.*

VTR (*ingl.*: Videotape Recorder, VTR) *videoregistratore a nastro.*

V.U. *vigile urbano*, traffic policeman.

vv *versi*, vv, vers.

VVSOP (*ingl.*: Very Very Superior Old Pale, VVSOP) *Cognac super stravecchio superiore paglierino.*

W 1 *viva!*, long live!; hurrah! 2 (*chim.*) *volframio*, W, tungsten 3 *watt*, w., watt.

WASP (*ingl.*: White Anglo-Saxon Protestant, WASP) *protestante americano di origine anglosassone.*

WC (*ingl.*: water closet, WC) *gabinetto.*

Wh *wattora*, wh, whr, watt-hour.

WHO (*ingl.*: World Health Organization, WHO) *Organizzazione mondiale della sanità.*

WL (*franc.*: *Wagons-Lits*) *carrozza letto*, Sleeping car.

WP (*inform.*) (*ingl.*: Word Processing, WP) *trattamento testi.*

WWF (*ingl.*: World Wildlife Fund, WWF) *Fondo Mondiale per la Natura.*

X **1** (*chim.*) *xeno*, X, Xe, xenon **2** *Cristo*, X, Xt., Christ.

Y (*chim.*) *ittrio*, Y, yttrium.

Yb (*chim.*) *itterbio*, Yb, ytterbium.

YCI *Yacht Club Italia*, Italian Yacht Club.

yd (*ingl.*: yard, yd) *iarda.*

Z **1** *numero atomico*, at. no., Z, atomic number **2** (*fis.*) *impedenza*, Z, impedance.

Z.d.G. *Zona di Guerra*, War Zone.

Zn (*chim.*) *zinco*, Zn, zinc.

Zr (*chim.*) *zirconio*, Zr, zirconium.

Glossario dei termini informatici e di Internet

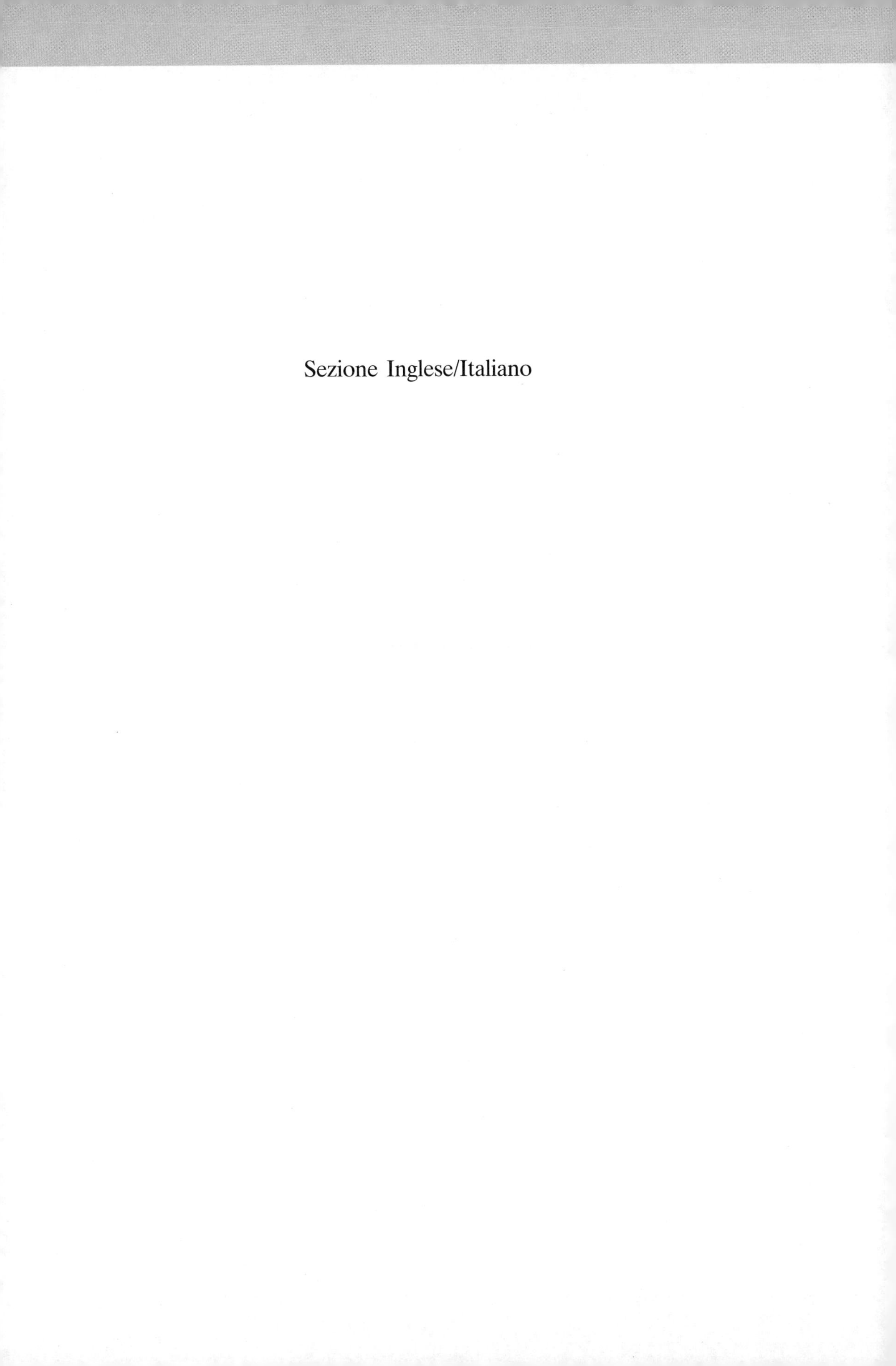

Sezione Inglese/Italiano

A

@ at
Carattere speciale che all'interno di un indirizzo di posta elettronica si trova tra l'account (che definisce l'utente) e l'indirizzo del fornitore di accesso. Significa presso (ingl. *at*).

to **abandon** chiudere, abbandonare
Chiudere un'applicazione (ad esempio un programma di videoscrittura, un foglio elettronico, un videogioco) senza salvare il documento su cui si sta lavorando e perdendo quindi traccia di ogni operazione eseguita fino a quel momento.

to **abort** fermare, sospendere, interrompere
Interrompere, cancellare o sospendere un programma, un comando o una procedura dopo averlo fatto partire ma prima di avere concluso un'operazione.

abort arresto, interruzione anzi tempo di un'esecuzione
Si tratta dell'interruzione involontaria di un programma, un comando o una procedura causata da un difetto (→ ingl. *bug*) del software, da una improvvisa mancanza di corrente o da un errore del sistema.

abortion interruzione anzi tempo → ingl. *abort*

accelerator acceleratore
Uno o più tasti in combinazione che, premuti contemporaneamente, realizzano una operazione senza dover ricorrere al menu apposito, per esempio premere i tasti CTRL e C permette di attivare il comando di copia. Si usa questa metodologia per velocizzare l'attivazione di comandi ripetitivi.

accelerator card scheda acceleratrice
Si tratta di una scheda di espansione o di un chip che vengono inseriti nel computer per migliorare le prestazioni dell'hardware e affiancano i processori esistenti. Esistono per esempio schede acceleratrici grafiche che migliorano le prestazioni del video. Il vantaggio è quello di poter sostituire solo la scheda senza dover cambiare il monitor.

access accesso
1 Collegamento all'hard disk o a un disco removibile (per esempio floppy disk, CD-Rom) per poter reperire i dati memorizzati.
2 Collegamento tra computer in rete o tra computer e sue periferiche (per esempio stampante).

access code codice di accesso
Codice numerico o alfanumerico (composto cioè di numeri e lettere) che identifica in modo univoco un utente e gli permette di accedere ad un computer o a dati in esso memorizzati. È sinonimo di parola chiave (→ ingl. *password*).

access provider fornitore di accesso
Si tratta di società, collegate a Internet tramite linee sempre attive, che rivendono agli utenti la connessione per mezzo di abbonamenti, solitamente annuali. I provider forniscono anche i programmi necessari al collegamento, l'assistenza iniziale per l'installazione, un numero di telefono cui collegarsi per accedere a Internet, un indirizzo di posta elettronica e un codice segreto (→ ingl. *account*) che permette agli utenti di leggere i propri messaggi di posta elettronica.

access speed velocità di accesso
È la quantità di tempo necessaria al computer per trovare una informazione sull'hard disk o su un disco removibile (per esempio floppy disk, CD-Rom). Si calcola in millisecondi (ms).

access time tempo di accesso → ingl. *access speed*

account codice utente, numero di conto
Codice che identifica in modo univoco un utente che ha accesso ad un computer inserito in una rete. Viene dato all'utente dall'amministratore della rete o, nel caso di Internet, dal fornitore di accesso.

accumulator accumulatore, totalizzatore
Registro presente nella unità centrale di elaborazione (→ ingl. *CPU - central processing unit*) di un computer e che registra i dati che devono essere utilizzati nei calcoli matematici effettuati dal computer.

accuracy esattezza
Identifica il livello di correttezza di una misura.

acoustic coupler accoppiatore acustico
Dispositivo di trasmissione che viene collegato da un lato alla cornetta di un tradizionale telefono non cellulare e dall'altro ad un computer e converte i segnali analogici in segnali digitali.

to **activate** attivare, azionare, lanciare
Far funzionare un bottone, un pulsante, un programma attraverso azioni particolari, ad esempio con un clic del mouse oppure premendo uno o più tasti specifici.

active attivo, in corso di utilizzazione, in corso di esecuzione, in movimento, in servizio
Identifica tutto ciò che è in funzione o che è disponibile per l'uso. Per esempio la finestra attiva è quella su cui si sta lavorando.

adapter adattatore; riduttore
Dispositivo che, inserito nel computer, aggiunge nuove potenzialità: per esempio adattatori video, modem interni, espansioni della memoria. È sinonimo di scheda (→ ingl. *card*).

to **add** aggiungere
Dotare un computer di dispositivi supplementari come schede grafiche o audio, periferiche come stampanti oppure anche di nuovi blocchi di memoria.

add-in/add-on periferica di input/periferica di output; apparecchiatura supplementare
Schede o apparecchi che vengono connessi ad un computer per aumentarne le funzionalità o migliorare quelle esistenti. Esistono anche programmi supplementari (ingl. *add-in/add-on program*) che integrano le funzionalità di alcuni software.

address indirizzo
1 Posizione specifica di una informazione memorizzata nella RAM di un computer o su un disco removibile (per esempio floppy disk o CD-Rom).
2 Numero che identifica in modo univoco ogni computer o utente presente all'interno di una rete (per esempio → ingl. IP *address*).

adjustment regolazione, messa a punto, registrazione
Messa a punto delle varie componenti del computer, per esempio risoluzione del video, livello dell'audio.

adventure videogioco d'avventura
Gioco al computer in cui il giocatore deve combattere e salvarsi da avversari virtuali, risolvere enigmi, superare prove di abilità e ostacoli difficilissimi. I giochi sono di solito ambientati in mondi fantastici e il giocatore viene rappresentato da uno dei personaggi del gioco. Esistono migliaia di giochi che coprono i più diversi argomenti, dallo sport alla storia, dalla fantascienza all'economia.

agent agente
Programma che opera in modo non visibile per l'utente e che solo quando ha effettuato il compito designato lo comunica all'utente. Per esempio alcuni agenti possono effettuare ricerche di dati in Internet su argomenti scelti e definiti dall'utente.

alert box finestra di avvertimento
Compaiono a video per dare agli utenti indicazioni sull'attività svolta dal computer, per esempio danno indicazioni sui malfunzionamenti di un software o del sistema operativo. Si possono chiudere premendo appositi bottoni presenti nella finestra stessa.

algorithm algoritmo
Serie di istruzioni logiche o matematiche che un programma deve eseguire per fornire una risposta ad un particolare problema. I programmi per computer sono fatti di algoritmi e

ognuno di essi è progettato per eseguire una determinata funzione secondo una logica predefinita. Una volta eseguite tutte le operazioni previste dagli algoritmi in sequenza, il programma è in grado di fornire un risultato.

alias alias
Nome o icona secondaria di un file. Un alias di un file non è una copia ma solo un rimando al file originario. È possibile quindi avere diversi alias dello stesso programma in diverse aree della scrivania del computer per un utilizzo più rapido. In Windows gli alias si chiamano anche collegamenti (→ ingl. *shortcut*).

aliasing aliasing
In grafica identifica l'effetto frastagliato che appare a monitor quando si visualizzano linee diagonali o curve nei disegni eseguiti al computer. Questo accade perché le linee vengono visualizzate attraverso pixel (di forma quadrata) e il salto tra un pixel e l'altro fa apparire in modo frastagliato l'intera linea. Può essere risolto utilizzando particolari tecniche di → ingl. *antialiasing*.

to **align** allineare
Posizionare le righe di un testo oppure una serie di immagini all'interno di una pagina, in un programma di videoscrittura o di videoimpaginazione. Sono di solito possibili diversi tipi di allineamento: giustificato, a sinistra, a destra oppure centrato.

alignment allineamento
L'azione dell'allineare → ingl. to *align*.

to **allocate** allocare
Suddividere la memoria principale di un calcolatore tra i vari programmi in modo tale che ogni programma abbia a disposizione una quantità sufficiente di memoria per funzionare correttamente. L'operazione può essere svolta in modo automatico dal software stesso oppure gestita direttamente dall'utente a seconda delle sue necessità, destinando aree differenti a diversi utenti o applicazioni.

alpha test test alfa
Il primo controllo che un'azienda produttrice di software esegue sui suoi prodotti per verificare che funzionino correttamente. Durante questo primo controllo emergono i difetti (→ ingl. *bug*) che devono essere corretti. Il prodotto viene quindi sottoposto a un secondo test (→ ingl. *beta test*) per verificare che i problemi riscontrati siano stati definitivamente risolti. I test continuano fino a quando i problemi sono tutti risolti e solo a questo punto i prodotti vengono immessi sul mercato. Di solito gli alfa test sono fatti dall'azienda stessa mentre i beta test vengono fatti anche da gruppi di utenti selezionati.

alphanumeric alfanumerico
Codice composto da lettere e/o da numeri. Ad esempio, una risposta alfanumerica viene data digitando una serie di lettere, di cifre, di spazi e a volte anche di simboli (?, !,). Un indirizzo di posta elettronica è un esempio di codice a caratteri alfanumerici perché può essere composto dal nome dell'utente (in lettere o anche in cifre), dal simbolo @ e poi da altre lettere o cifre.

analog, analogue analogico
Segnale composto da una serie di valori che possono variare in modo continuo nel tempo. Ad esempio sono segnali analogici le onde sonore di cui sono fatte le parole che si pronunciano, una serie di suoni emessi in frequenza secondo valori sempre diversi. Analogico è il contrario di digitale.

analyst analista
Programmatore che abbina capacità di analisi e di progettazione con conoscenze di programmazione. È colui che analizza, identifica e descrive tutte le caratteristiche dei programmi o dei sistemi operativi da realizzare prima di iniziare la programmazione vera e propria.

analyzer analizzatore
Programma o dispositivo hardware che ha la funzione di monitorare un sistema hardware alla ricerca di eventuali guasti.

anchor ancora
È il punto di partenza ma anche quello di arrivo di un rimando (→ ingl. *link*) in un documento con caratteristiche di tipo ipertestuale.

android androide
Robot con sembianze umane.

animation animazione
Procedimento per dotare oggetti o immagini immobili di movimenti naturali. Si tratta di solito di una serie di disegni o sequenze ognuno delle quali riproduce una piccola parte del movimento completo. Le sequenze o i disegni vengono montati uno dopo l'altro in modo che, ripercorsi velocemente, diano la sensazione del movimento naturale dell'oggetto o dell'immagine. Le più moderne tecniche di animazione prevedono l'uso del computer.

antialiasing anti-aliasing
Tecnica per ridurre l'effetto di scalettatura (→ ingl. *aliasing*) nelle immagini grafiche generate al computer. Di solito consiste nell'aggiungere, lungo i bordi scalettati dell'immagine o della linea, dei pixel di colori intermedi rispetto a quelli dell'immagine stessa in modo da ridurre il contrasto con lo sfondo.

antivirus antivirus
Programma studiato per trovare e rendere inefficaci i virus che possono attaccare documenti e applicazioni memorizzati in un computer. Un antivirus può sia analizzare tutte le parti componenti all'interno del computer ed evidenziare gli eventuali virus presenti in esso, sia fungere da filtro verso l'esterno e, in questo caso, evitare che inserendo nuovi dati, copiandoli da dischetti o scaricandoli via Internet, si immettano anche pericolosi virus.

to **append** mettere di seguito
Aggiungere alla fine di un file o di un data base una serie di ulteriori informazioni, per esempio aggiungere una nuova casella in una tabella di Word.

applet applet
1 In Windows sono piccoli programmi di utilità (→ ingl. *utility*) che eseguono specifici compiti. Sono spesso gratuiti come, per esempio, la calcolatrice presente in Windows o in Mac OS.
2 In Internet sono applicazioni semplici ma utilissime che migliorano le funzionalità di una pagina Web e si possono scaricare direttamente dalla rete: per esempio sono applet alcuni programmi che permettono la visione di effetti multimediali (suoni, video, animazioni).

application applicazione
Sono programmi software che permettono al computer di svolgere senza difficoltà una serie di operazioni e di lavori. Esistono molti tipi di applicazioni: i più conosciuti sono quelli che permettono la videoscrittura, la gestione dei database, la compilazione di fogli elettronici, la contabilità e la preparazione editoriale dei documenti. Possono essere realizzate in modo da funzionare su un solo computer alla volta (ingl. *stand-alone*) oppure in rete. È sinonimo di programma (ingl. *program*) o di software applicativo (ingl. *application software*).

arcade videogioco arcade
Categoria di videogiochi a pagamento diffusi a cominciare dagli anni '70 nei locali pubblici, il loro nome deriva dalle sale giochi britanniche (ingl. *arcade*). Di solito nel gioco un personaggio, che rappresenta il giocatore e si muove in un ambiente simulato, deve superare mille ostacoli o avversari e se sbaglia muore. Si caratterizzano per una grafica molto ricca, animazioni, sono molto veloci e richiedono ottimi riflessi e coordinazione.

architecture architettura
Progetto complessivo di un processore, di un software o di una sua parte, o anche di un sistema operativo di un computer. Il termine identifica anche l'insieme del computer e dei suoi componenti hardware e software.

archive archivio
1 Copia di dati importanti salvati in un luogo sicuro, per esempio su dischi removibili (CD-Rom, Zip). Sono dati che di solito non servono per lavorare ma sono ugualmente fondamentali da conservare.
2 Serie di informazioni o di documenti conservati su un computer che funge da archivio centrale e che sono accessibili da qualsiasi utente collegato alla rete o via Internet.

to **archive** archiviare
Effettuare la copia di dati importanti su supporti di memorizzazione adatti, per esempio su nastri magnetici o dischi ottici.

area area di memoria, zona di memoria; area
1 Area in cui viene suddivisa la memoria di un disco di un computer e destinata ad un particolare uso.
2 Parte dello schermo o di un documento selezionata prima di effettuare una qualche operazione, per esempio di copia o di modifica.

Arpanet acronimo di *Advanced Research Projects Agency Network* (rete dell'agenzia dei progetti avanzati di ricerca)
Rete costituita nel 1969 dall'agenzia americana DARPA (*Defence Advanced Research Projects Agency*) per creare una rete che collegasse i centri di ricerca governativi e le università e che non fosse danneggiata in caso di attacco nucleare. È la progenitrice di Internet.

array vettore, insieme, matrice, fila (di pulsanti)
Sistema, utilizzato nella maggior parte dei sistemi di programmazione, secondo cui si ordina una serie di dati identificandone la posizione con un numero.

arrow freccia
I tasti con le frecce (ingl. *arrow keys*) sono quelli che si usano per spostare il cursore o il puntatore sullo schermo. Il puntatore a freccia

(ingl. *arrow pointer*) è la freccina che compare sullo schermo e che indica la posizione del puntatore del mouse.

ASCII acronimo di *American Standard Code for Information Interchange* (ASCII codice americano universale per lo scambio di informazioni)
Codice universale che assegna a ogni lettera dell'alfabeto (oppure ad ogni elemento di una serie di simboli determinata) un numero da 0 a 127: ad esempio alla lettera A corrisponde il numero 65 e così via. La maggior parte dei computer usa questo codice per riprodurre il testo semplice non formattato. Esistono due versioni del codice ASCII. La versione *estesa* comprende 255 caratteri. I primi 128 sono standard e identificano le 96 lettere maiuscole e minuscole dell'alfabeto i numeri e alcuni caratteri di controllo. I caratteri successivi identificano invece caratteri grafici, propri solo di alcune lingue, come ad esempio particolari accentazioni o simboli. Esiste anche una versione *ridotta*, che comprende solo 64 caratteri ed esclude, per esempio, le minuscole.

to **assemble** assemblare
Creare un computer utilizzando componenti di diversa provenienza ma fra loro compatibili, cioè in possesso delle caratteristiche che rendono possibile la loro connessione.

assembler assemblatore
Programma che permette di trasformare le istruzioni scritte in linguaggio assembly nella forma numerica finale.

assembly language linguaggio assembly
Linguaggio di programmazione piuttosto complesso che elabora istruzioni in un codice. Tali istruzioni vanno poi trasformate in forma numerica (→ ingl. *assembler*).

assignment assegnazione, assegnamento
L'identificazione di componenti del computer (ad esempio i diversi lettori di dischi) con lettere dell'alfabeto.

asynchronous asincrono
Modalità di trasmissione di dati tra due apparecchiature che non avviene secondo una scansione temporale predefinita ma in sequenza. Ogni insieme di dati contiene un segnale di partenza e uno di stop che identificano rispettivamente l'inizio e la fine della trasmissione.

atomata automa
Dispositivo meccanico che simula le azioni di un essere umano e produce un risultato in seguito a una specifica richiesta.

attachment allegato
File che viene trasferito, da un computer a un altro collegati in rete, insieme ad un messaggio di posta elettronica. Può essere per esempio un documento di Word, un'immagine o un programma. Dopo la ricezione, può essere salvato sul disco del computer.

attribute attributo
Proprietà di cui viene dotato un file. Gli attributi possono permettere o vietare tutte le operazioni che normalmente si fanno su un file, cioè aprirlo, leggerlo, copiarlo e salvarlo.

authentication autenticazione
Misura di sicurezza che serve ad identificare gli utenti di una rete in modo da poter selezionare utenti autorizzati. Si realizza assegnando ad ogni utente un nome (→ ingl. *username*) e una parola chiave (→ ingl. *password*).

authoring authoring
Processo di preparazione utilizzato per la creazione di presentazioni e/o di prodotti multimediali, ma anche di pagine Web.

authoring tool programma autore
Speciali applicazioni che permettono di creare programmi multimediali utilizzando testi, suoni, musiche, filmati, animazioni e grafica bi- e tridimensionale.

auto-repeat key tasto di ripetizione automatica
Tasto che, premuto, permette la ripetizione automatica di un carattere, ad esempio di una lettera dell'alfabeto.

autosave salvataggio automatico
Funzione che permette di salvare automaticamente i documenti dopo un periodo di tempo predefinito.

autosizing dimensionamento automatico
Operazione che dimensiona automaticamente una finestra presente sullo schermo del computer in modo che siano visibili tutti i documenti e/o le applicazioni in essa contenute, riducendo gli spazi vuoti e quindi inutili da visualizzare.

autotrace traccia automatica
Opzione fornita dai programmi di grafica che permette di evidenziare automaticamente i bordi di un'immagine o di un oggetto.

avatar avatar
Rappresentazione grafica (a volte un vero e proprio personaggio, a volte solo una descrizione) che, una volta scelta, identifica la presenza di un utente e la sua posizione nel mondo virtuale o nelle aree di discussione (ingl. *chat room*) in Internet. Deriva dal sanscrito e significa "Reincarnazione di Dio sulla Terra".

B

backbone dorsale
In una rete ad ampia area (ingl. *WAN-Wide Area Network*), come ad esempio Internet, è la parte di collegamento che gestisce la maggior parte del traffico dei dati. Grandi aziende possono possedere una backbone che collega tra loro le reti locali aziendali.

backdoor porta di servizio
Password segreta e non documentata che permette l'accesso ad un programma, un insieme di dati, un computer o una rete saltando le normali procedure di ingresso. Viene inserita dai programmatori che sviluppano il software ed è conosciuta solo da loro: può essere sia una parola chiave speciale, sia un modo particolare di avviare il programma. I pirati informatici (→ ingl. *cracker*) cercano di scoprire le backdoor per poter raggiungere i privilegi di un utente di un sistema, anche quando i percorsi principali per tali privilegi siano sbarrati.

back-end back-end
Software che funziona su un computer che funge da archivio (→ ingl. *server*) o su un computer di grandi dimensioni (→ ingl. *mainframe*).

background di fondo; non prioritario
1 Immagine grafica che fa da sfondo alle finestre principali e alle icone della scrivania del computer. Può essere scelta dall'utente.
2 Applicazioni o programmi che funzionano in modo assolutamente trasparente per l'utente, che nel frattempo può lavorare su altre applicazioni, senza accorgersi di essi. I programmi che eseguono la diagnostica del computer o i programmi antivirus solitamente lavorano in background.

backspace arretramento di uno spazio; spazio di ritorno; spaziatura indietro
Tasto della tastiera posizionato in alto sopra il tasto "Enter". Fa spostare il puntatore di uno spazio verso sinistra, cancellando la lettera o il dato che si trovava in quel punto.

backtracking ritorno all'indietro
Procedura per risolvere problemi basata su un procedimento per tentativi ed errori.

to **backup** ricopiare; salvare
Fare una copia di scorta di un file importante o di un programma software. Di solito le copie vengono fatte su supporti removibili (floppy disk, CD-Rom, nastri magnetici). Si tratta di una procedura molto utile che consente di recuperare tutti i dati in caso di danni al file o al software originale.

backup copy copia di scorta
Documento che si ottiene ricopiando un file o un programma di software.

bandwidth ampiezza di banda
Capacità di connessione. Misura del volume delle informazioni che possono essere trasmesse in rete in un lasso di tempo dato. Più la banda è ampia più i dati vengono trasmessi velocemente.

bang punto esclamativo
Termine gergale che indica il punto esclamativo.

banner banner, striscione
Messaggio pubblicitario presente in un'area di una pagina Web. Di solito è una lunga striscia rettangolare in cui compaiono a brevi intervalli di tempo messaggi promozionali di un particolare prodotto o di un sito. Di solito cliccando sul banner si accede al sito dell'azienda di riferimento.

bar code codice a barre
Piccolo riquadro presente su ogni confezione di prodotti, che contiene una serie di linee verticali di vario spessore e una riga di cifre sotto di esse. La combinazione di linee e numeri viene assegnata da un apposito ente e ha lo scopo di identificare inequivocabilmente un prodotto, distinguendolo da tutti gli altri in commercio. Il codice viene letto da uno scanner, ovvero un lettore ottico in grado di decodificarlo.

BASIC acronimo di *Beginner's All-purpose Symbolic Instruction Code* (BASIC-codice a istruzioni simboliche per principianti per applicazioni di carattere generale)
Uno dei primi linguaggi di programmazione, creato nel 1964.

batch lotto (di schede), gruppo
Sistema molto comodo per raggruppare una serie di comandi che si devono usare spesso insieme. Una volta creato il gruppo, basta di-

gitare il suo nome perché il computer esegua automaticamente uno dopo l'altro i comandi contenuti.

batching raggruppamento (delle informazioni) → ingl. *batch*

baud baud
Unità di misura della velocità di trasmissione di dati via modem. Si calcola in bit al secondo (bps).

baud rate velocità di trasmissione in baud
La velocità alla quale un modem riesce a trasmettere dati utilizzando le linee telefoniche, misurata in baud. Il modem che invia i dati e quello che li riceve devono avere la stessa velocità di trasmissione. I modem possono mandare informazioni ad esempio alla velocità di 9600, 14400 o 28800 baud.

BBS acronimo di *Bullettin Board System* (BBS-bacheca elettronica)
È un sistema telematico per scambiarsi messaggi, informazioni, dati di ogni tipo, anche programmi via modem. Le BBS sono nate negli Stati Uniti. All'inizio erano create da gruppi di appassionati di un hobby, che volevano condividere informazioni e servizi con altri. Le prime BBS sono nate prima di Internet. Una BBS può essere pubblica o privata ed essere a sua volta collegata a reti nazionali o internazionali.

benchmark riferimento
Programma di test che valuta le capacità di un computer misurando la velocità di tutti i suoi componenti hardware e software, confrontandole con quelle dei componenti di un altro computer preso come paragone, fornendo così anche un controllo della macchina rispetto alle prestazioni dichiarate dal costruttore.

beta test beta test
Seconda fase di controllo di un software → ingl. *alfa test.*

bidirectional bidirezionale
Dispositivo in grado di muovere, trasferire o trasmettere dati in entrambe le direzioni.

binary binario
Una cifra binaria è una combinazione di 0 e di 1, i due soli numeri ammessi nel sistema binario, che è il sistema di base per fornire le informazioni a un computer.
Tutti i dati in ingresso ai computer devono essere convertiti in numeri binari, costituiti dalle cifre 0 e 1.

BIOS acronimo di *Basic Input Output System* (BIOS-sistema base di ingresso e di uscita)
Insieme delle procedure di gestione delle operazioni di ingresso (→ ingl. *input*) e di uscita (→ ingl. *output*) dei dati tra componenti hardware, sistema operativo e dispositivi periferici (video, stampanti, ecc.) di un computer. Il BIOS si attiva al momento dell'accensione del computer. Le procedure risiedono nella memoria ROM del computer.

bit acronimo di *binary digit* (bit-cifra binaria)
La parte più piccola di informazioni che può essere accolta da un computer. Un bit può avere valore 1 o valore 0. Otto bit formano un byte, la quantità necessaria a definire il carattere di una lettera dell'alfabeto. Il termine "bit" apparve per la prima volta nel 1949, ed è stato coniato dallo scienziato John Turkey. I bit sono comunemente usati come unità di misura nelle trasmissioni digitali.

bitmap mappatura di bit
È un'immagine realizzata al computer e composta da un insieme di piccoli quadratini (→ ingl. *pixel*). Ogni pixel è fatto da uno o più bit a seconda che sia bianco, nero o a colori. Le immagini bitmap possono avere molti formati come GIF, JPEG, BMP, PICT e possono essere visualizzate con i programmi di grafica.

black hole buco nero
In Internet identifica il rimando ipertestuale (→ ingl. *link*) a un documento che è stato cancellato o spostato. Se si clicca su un buco nero, non si ottiene alcuna risposta e non si va dove il rimando avrebbe dovuto portare.

blind carbon copy copia carbone cieca
Messaggio di posta elettronica mandato ad un destinatario e contemporaneamente a una lista di altri indirizzi senza che nessuno di questi sappia degli altri.

to **blink** lampeggiare
Caratteristico movimento di apparizione e sparizione che evidenzia a video il cursore della tastiera, che viene rappresentato di solito da una linea, verticale (|) o orizzontale (–), oppure da un quadratino. In questo modo è più semplice vedere subito dove è posizionato il cursore.

block blocco, pezzo di testo; cursore a forma di quadrato
1 In un programma di videoscrittura è la parte di testo selezionata che può essere cancellata, spostata o modificata.
2 Cursore a forma di quadrato.

board piastra, scheda
Scheda accessoria da inserire all'interno dell'unità centrale di programmazione del computer (ingl. *CPU*) per aumentare le funzionalità.

body corpo
Parte principale di un testo. Può essere riferito ad un documento di un programma di videoscrittura oppure al contenuto di un messaggio di posta elettronica.

to **bomb** bombare
Arresto improvviso di un programma, che si blocca durante il funzionamento. In questo caso il computer non risponde più a nessun comando e l'unica cosa da fare è riavviarlo, cercando di non ripetere le azioni che hanno causato l'arresto. Si differenzia da *crash* perché è riferito al blocco di un singolo programma, non a quello dell'intero sistema. È sinonimo di "bombare", "andare in bomba".

book titolo multimediale
Titolo multimediale, chiamato così perché molti prodotti sono strutturati in una serie di pagine da sfogliare proprio come un libro tradizionale.

bookmark segnalibro
Procedura per identificare con un codice una pagina di titolo multimediale oppure anche una pagina Web e memorizzare questo codice in modo da ritrovare la pagina ogni volta che si vuole e in breve tempo.

Boolean algebra algebra booleana
Algebra creata da George Boole verso la metà del sec. XIX e diventata fondamentale per sviluppare programmi di computer. Si basa su operazioni condotte sulle variabili binarie 0 e 1 tramite gli operatori logici booleani, che sono: AND, OR e NOT. Gli operatori svolgono ricerche e selezionano gli elementi con determinate caratteristiche. AND seleziona gli elementi che contengono tutti i parametri della ricerca; OR seleziona gli elementi che contengono almeno uno dei parametri, mentre NOT seleziona solo gli elementi che non contengono i parametri definiti. I motori di ricerca presenti in Internet si avvalgono in forma più o meno diretta degli operatori booleani.

boot/bootstrap sequenza di istruzioni iniziali
Processo di accensione, caricamento in memoria del sistema operativo sotto forma di sequenza di istruzioni iniziali, preparazione e verifica interna che si svolge in modo automatico all'avvio del computer.

bot
Deriva da robot, ovvero automa ed è un programma che automatizza compiti molto semplici sul Web.

bounce rimbalzo
Procedura che si attiva quando un messaggio di posta elettronica non raggiunge il destinatario, per errori nella digitazione dell'indirizzo o per problemi del sistema di trasmissione e viene inviato nuovamente al mittente.

box zona, casella; blocco
Riquadro di un programma applicativo che può contenere un testo di avvertenza, una serie di istruzioni e/o una serie di bottoni attivabili con un clic del mouse.

bozo filter
Filtro automatico per la posta elettronica che seleziona i messaggi secondo i mittenti.

branch salto; diramazione
Diramazioni delle directory presenti su dischi.

breakpoint punto di arresto
Punto di arresto in una esecuzione di un programma, che viene inserito durante la correzione perché consente di tanto in tanto una rilettura di verifica dei dati.

bridge ponte
Dispositivo di interconnessione grazie al quale reti locali che usano diversi metodi di trasmissione possono ugualmente trasferire informazioni tra di loro.

broadcast trasmissione di dati senza selezione dei destinatari
È un sistema di trasmissione delle informazioni da-uno-a-molti senza attuare alcuna scelta dei recipienti.

to **browse** scorrere
Far scorrere, senza un ordine preciso, per leggerne velocemente il contenuto, le pagine a video, sia di un titolo multimediale, sia di un sito Web.

browser browser, navigatore
Programma che permette di visualizzare le pagine Web e di navigare in Internet. I browser più diffusi sono Netscape Navigator della Netscape e Internet Explorer della Microsoft.

buffer dispositivo tampone, memoria tampone
Area di memoria di transito usata per conservare temporaneamente le informazioni. Se, ad esempio, si aziona il comando di stampa prima di accendere la stampante, i dati da stampare vengono conservati in questa area finché la stampante non è pronta per l'uso.

bug difetto, imperfezione; (letteralmente insetto)
Difetto o errore che si verifica in un programma software o in un dispositivo hardware, a causa di malfunzionamenti e che è dovuto a imperfezioni della programmazione iniziale. Spesso le stesse aziende produttrici dei software difettosi offrono le soluzioni per aiutare l'utente a correggere gli errori. Letteralmente il termine significa insetto e il nome deriva da un episodio avvenuto nel 1945 quando all'interno dei contatti del computer Harvard Mark I è stata ritrovata una farfalla notturna che aveva interrotto il funzionamento della macchina. Il procedimento per trovare ed eliminare i bug, all'interno del software e dell'hardware, viene chiamato → ingl. *debuging*.

to **bug** inserire difetti
Inserire volontariamente dei difetti in un programma per fare prove di funzionalità.

built-in integrato
Caratteristica inclusa in un computer come, ad esempio, l'hard disk oppure il lettore per i dischetti.

bundle raccolta
Serie di programmi venduti insieme, spesso con un computer, ad un prezzo più conveniente che se fossero venduti singolarmente.

bus bus
Serie di fili o cavi sottilissimi fatti di rame che connettono fra di loro le parti principali di un computer e permettono il trasferimento dei dati. Di solito un bus è formato da sedici, trentadue o sessantaquattro fili.

button bottone
Pulsante di forma solitamente quadrata presente sullo schermo, che può essere attivato posizionandovi sopra il puntatore e facendo poi un clic con il mouse. Se attivato può consentire molte operazioni.

byte acronimo di *binary term* (byte-termine binario)
È la quantità di spazio necessaria per memorizzare un carattere, per esempio la lettera A. Un byte comprende 8 bit.

C

C linguaggio C
È il linguaggio di programmazione attualmente più utilizzato da programmatori professionisti per creare applicazioni per personal computer e stazioni di lavoro (→ ingl. *workstation*). Il linguaggio C, creato nel 1972, è più complesso del BASIC ma produce applicazioni più veloci ed efficienti. I programmi scritti in C hanno la caratteristica di poter essere rapidamente adattati per girare su computer diversi.

C++ linguaggio C++
Linguaggio di programmazione, che deriva direttamente dal linguaggio C, nato all'inizio degli anni '80. È un linguaggio di programmazione orientato ad oggetti. I programmi in C++ sono cioè un insieme di «oggetti» indipendenti: ognuno contiene i dati e le procedure (cioè blocchi di istruzioni) che gli permettono di interagire con altri oggetti presenti nel programma.

cable cavo
Filo elettrico che connette una parte di un computer a un'altra parte o collega computer all'interno di reti di comunicazione. Ad esempio, un cavo connette il computer al monitor, un altro lo connette alla stampante e così via.

to **cable** cablare
Collegare via cavo (doppino telefonico, cavo coassiale, fibra ottica) un utente ad una rete di comunicazione, ad esempio la rete telefonica.

cache memory memoria di lavoro, deriva dal francese *cacher* cioè nascondere
Area di memoria temporanea che mantiene al suo interno i dati o le istruzioni dei programmi usati più recentemente e ai quali si può accedere molto più rapidamente di quanto accadrebbe se fossero conservati nella memoria principale del computer (→ ingl. *RAM random access memory*), che è molto più lenta.

CAD acronimo di *Computer Assisted (aided) Design* (CAD-progettazione assistita (aiutata) dal computer)
Applicazione software utilizzata in tutti i casi in cui si debbano realizzare disegni tecnici in due o in tre dimensioni. I programmi CAD vengono usati ad esempio in ambito industriale, (per lo studio del design di un determinato prodotto) e in architettura (per il progetto di edifici, l'arredamento di interni).

CAI acronimo di *Computer Assisted (aided) Instruction* (CAI-istruzione assistita (aiutata) dal computer)
Identifica tutte quelle situazioni in cui il computer e particolari applicazioni software sono utilizzati per scopi didattici.

to **calibrate** calibrare
Tarare un monitor, un joystick o un qualsiasi dispositivo in modo che risponda in modo corretto e accurato ai segnali e ai movimenti. Ad esempio, un monitor ben calibrato riproduce molto fedelmente i colori che verrano stampati.

to **cancel** cancellare
Eliminare un file o una parte dei dati (per esempio di testo) in esso contenuti oppure annullare le modifiche effettuate e ripristinare la situazione di partenza. Può essere fatto cliccando sul bottone presente in molte finestre di dialogo o premendo il tasto "Canc" o "Delete" presenti sulla tastiera.

capacity capacità
Solitamente identifica la capacità di memoria o la potenza di elaborazione di un computer.

caps lock key tasto per le maiuscole
Tasto che, premuto una volta, dà la possibilità di scrivere automaticamente con le lettere maiuscole senza dove premere altri tasti o comandi. Su molte tastiere c'è un piccolo display luminoso che si accende per avvertire che il tasto delle maiuscole è stato premuto. Per tornare a scrivere con le lettere minuscole basta premere di nuovo il tasto.

to **capture** catturare
Catturare un'immagine dallo schermo, cioè copiarla e salvarla in un altro documento.

carbon copy copia carbone
Messaggio di posta elettronica che viene inviato in automatico nella stessa spedizione a diversi utenti. L'elenco dei destinatari è visibile e tutti sanno a chi è stato inviato il messaggio. → ingl. *blind carbon copy*.

card scheda
1 Accessorio che dota il computer di nuove funzionalità come ad esempio l'audio, una migliore risoluzione video o maggiore quantità di memoria.
2 Scheda di un titolo multimediale che riporta una serie di informazioni.

carriage return carrello per il ritorno
Il termine deriva dalle macchine da scrivere che possiedono un tasto per andare a capo che sposta il carrello con il foglio tutto verso destra, scendendo di una riga. Per analogia, identifica il tasto che porta il cursore a capo, all'inizio della riga successiva.

carrier signal tono sonoro
È usato dal modem per trasmettere i dati lungo i cavi del telefono. Cambiando la frequenza del tono si rappresentano i diversi caratteri.

cartridge cartuccia
1 Ricarica usata dalle stampanti a getto d'inchiostro o dalle stampanti laser che contiene l'inchiostro per la riproduzione dei documenti.
2 Supporto removibile, realizzato di solito in materiale plastico, che viene utilizzato per la memorizzazione e l'archiviazione di dati. Alcune cartucce contengono ad esempio i font di stampa.

catalog, catalogue catalogo
Denominazione, ora non più usata, per definire i contenuti organizzati dell'hard disk. Adesso si usano le parole cartella (→ ingl. *folder*) oppure directory.

CD acronimo di *Compact Disc* (CD-disco compatto)
È un disco in plastica a lettura ottica su cui possono essere memorizzati dati. Può essere sinonimo di CD-Rom ma, più spesso, identifica i CD audio che hanno sostituito i dischi in vinile. I primi CD sono stati prodotti dalla Sony e dalla Philips nel 1980.

CD-Rom acronimo di *Compact Disc Read Only Memory* (CD-Rom-disco compatto di sola lettura)
È un disco in plastica a lettura ottica su cui possono essere memorizzate grandi quantità di dati, ad esempio programmi, grafica, audio, video, testi. Spesso è utilizzato per programmi software, videogiochi e titoli multimediali. Può contenere fino a 680 Mb di dati. Le informazioni che vi sono archiviate possono essere soltanto lette, non modificate. Viene letto con un apposito lettore (ingl. *CD-Rom drive*).

chain code codice concatenante
Codice che unisce due o più stringhe di caratteri (cifre o lettere) in una unica.

channel canale, pista; collegamento (tra due terminali)
Identifica il percorso e/o il supporto fisico utilizzato per trasportare le informazioni da un apparecchio di invio a uno di ricezione.

to **channel** inviare su canale
Utilizzare i canali per la trasmissione dei dati.

character carattere
Lettera, cifra o simbolo visualizzati sullo schermo del computer oppure stampabili. Sono caratteri tutte le lettere dell'alfabeto, tutti i numeri e tutti i simboli riprodotti sulla tastiera. I caratteri speciali sono quelli che non compaiono sulla tastiera e possono essere riprodotti con appositi comandi ottenuti premendo insiemi di tasti contemporaneamente.

chassis telaio
Telaio di metallo che contiene tutti i componenti elettrici ed elettronici che costituiscono l'architettura del computer. Al suo interno si trovano dispositivi quali la scheda madre, i lettori dei dischi, l'alimentatore.

chat letteralmente chiacchiera
Sistema che permette la comunicazione simultanea fra vari utenti di Internet. Viene usata per scambiarsi opinioni, messaggi e informazioni. Ogni chat ha un particolare argomento di discussione e tutti possono intervenire per dare la loro opinione.

checksum somma di controllo
È la somma di dati che viene inserita alla fine di un flusso di dati e letta per ultima, viene usata per verificare che i dati trasmessi siano tutti validi e corretti.

chip chip, circuito integrato
Piccolo dispositivo formato da un piastrina di silicio o, più raramente, di altro materiale semiconduttore in cui viene sigillato un sottilissimo circuito elettronico integrato composto di centinaia di migliaia di componenti. I chip formano l'unità centrale di elaborazione del computer.

to **clear** correggere, azzerare
Far sparire tutto quello che si ritiene errato, attivando un comando del sistema operativo o un apposito tasto della tastiera. Permette di azzerare la memoria, o anche di cancellare il contenuto dell'intero schermo.

to **clic** cliccare, fare clic col mouse
Premere una volta e poi rilasciare uno dei tasti del mouse per selezionare l'elemento su cui si trova il puntatore del mouse e attivare così un comando, ad esempio chiudere una finestra, far partire un programma.

client cliente
1 Un programma che può accedere a un altro per reperire informazioni.
2 Un computer collegato ad un altro (→ ingl. *server*) su cui sono archiviati i dati o i programmi che sono accessibili a più utenti contemporaneamente.

client/server client/server
Architettura di sistema che comprende computer con diverse funzioni (→ ingl. *client* e *server*) collegati in rete. Il server controlla le informazioni, i programmi, le stampanti; il cliente si collega al server per usufruire delle sue risorse e dei suoi servizi. Se le informazioni non sono disponibili oppure se un dato programma è già utilizzato da un altro cliente, il server avvisa il cliente che ha inviato la richiesta e questi deve aspettare fino ad avere il permesso di accesso. Di solito i client sono personal computer mentre il server può essere anche un mini computer o un mainframe.

clip-art clip-art
Immagini o disegni digitali liberi da diritti, ovvero che possono essere usati senza dover pagare nulla. Si possono copiare e incollare in altri documenti utilizzando programmi di grafica, videoscrittura e videoimpaginazione. Esistono molte collezioni di clip art sia su CD-Rom sia scaricabili da Internet.

clipboard blocco appunti
Area di memoria usata per salvare temporaneamente una serie di informazioni, ad esempio una parte di testo contenuta in un documento.

clipping clipping
Selezione di una piccola parte di un'immagine su cui si può lavorare per modificarla come si vuole.

clock orologio temporizzatore
Dispositivo temporizzatore inserito all'interno di un computer che permette la sincronizzazione di tutti i componenti.

clone clone
Computer, programmi o dispositivi che ne riproducono altri. Ad esempio i cloni IBM, pur non essendo costruiti dalla IBM, sono in grado di far funzionare ugualmente il software creato da Ibm per i suoi PC.

to **close** chiudere
Chiudere un documento senza uscire dal programma. In questo modo il programma resta sullo sfondo ed è possibile richiamarlo ogni volta che si vuole.

cluster gruppo
Raggruppamento all'interno di un hard disk o di un floppy che costituisce l'unità fondamentale di archiviazione e l'elemento più piccolo che possa essere letto o scritto su un disco.

COBOL acronimo di *COmmon Business Oriented Language* (COBOL-linguaggio orientato ai comuni problemi gestionali)
Linguaggio di programmazione ad alto livello creato nel 1964 e tuttora molto diffuso. Come dice il suo nome è particolarmente adatto alla realizzazione di software destinati alla soluzione di problemi economico-gestionali.

code codice, codifica, programma
1 L'insieme delle istruzioni di cui è composto un programma. In questo caso è sinonimo di codice sorgente (→ ingl. *source code*).
2 La parola chiave necessaria per avere l'accesso ad un particolare dato o programma.

to **code** codificare, programmare
1 Attribuire un codice di identificazione.
2 Sviluppare un programma.

to **collate** disporre in ordine, confrontare
Stampare molte copie di un documento di più pagine in modo che ogni copia esca già con le pagine nell'ordine giusto.

colour colore
Ogni colore visualizzato su un monitor è composto dalla combinazione di tre colori: rosso, verde e blu (RGB-acronimo di *Red*, *Green*, *Blu*). Le varie combinazioni dei tre colori creano a loro volta milioni di colori e sfumature.

command comando, istruzione
Tutti gli ordini o le istruzioni che si danno al computer per fargli eseguire delle operazioni. Ci sono diversi tipi di comandi come ad esempio avviare un programma, aprire un file, copiarlo da un'altra parte o cancellarlo.

communication comunicazione, trasmissione, dialogo
Quando due computer possono passarsi informazioni via rete telefonica, sono in comunicazione fra di loro. Occorre un software che metta un computer nella condizione di chiamarne un altro.

compatible compatibile
Due computer sono compatibili se possono usare tutti o quasi tutti gli stessi componenti o gli stessi programmi software. I programmi si dicono compatibili quando possono girare sotto più sistemi operativi diversi, ad esempio Mac e Windows.

to **compile** compilare
Trasformare un programma scritto in un particolare linguaggio di programmazione in un linguaggio comprensibile dal computer su cui deve girare.

compiler compilatore
Programma software usato dai programmatori per convertire un file di istruzioni in una forma che può essere compresa dall'unità centrale di programmazione di un computer.

compression compressione
Procedura per ridurre le dimensioni dei file, in modo che occupino meno spazio nella memoria e possano essere trasferiti più facilmente da un computer all'altro. Per far tornare i file alle dimensioni originarie occorre decomprimerli. Per effettuare queste operazioni si usano degli appositi software.

computer computer, elaboratore, calcolatore, unità di calcolo
Macchina in grado di elaborare informazioni eseguendo appositi programmi. È composta da una unità centrale di programmazione, una tastiera, un monitor, un mouse. È possibile collegarle tutta una serie di periferiche, come la stampante o il modem.

computerese computerese
Gergo degli elaboratori, una collezione di parole tecniche che vengono usate per parlare di computer. Alcune sono specifiche, altre derivano per analogia dall'uso comune.

concurrency concorrenza
Avviene quando due o più programmi funzionano contemporaneamente su un computer.

configuration configurazione, composizione di un elaboratore, combinazione
Identifica l'insieme delle scelte fatte dall'utente per rendere il sistema o un programma il più possibile rispondente alle sue esigenze. La configurazione del sistema è anche l'insieme di tutti i dispositivi che lo compongono (tastiera, monitor, mouse, modem, stampante, ecc). I software in vendita riportano di solito sulla confezione la configurazione di sistema minima (tipo di processore, quantità e tipo di memoria richiesta, spazio necessario su hard disk, modelli di schede audio e video supportati, ecc) necessaria affinché il prodotto possa

funzionare correttamente. Nel caso dei programmi è, per esempio, possibile definire quali parti installare, scegliere un particolare salvaschermo, una diversa velocità di lampeggiamento del cursore, un tempo del salvataggio automatico.

to connect connettere, collegare
Attuare il collegamento da un computer a un altro utilizzando una rete telefonica o locale.

connection connessione, collegamento
Un computer è in collegamento con un altro quando è riuscito a contattarlo via telefono o via rete locale e ne riceve una risposta.

console consolle; unità periferica
1 In un computer la consolle è formata dal monitor, dalla tastiera e dal mouse.
2 Nei videogiochi la consolle è il dispositivo che permette di giocare. Può avere molte forme e caratteristiche, ma di solito presenta una serie di pulsanti da attivare.

content provider fornitore di contenuti
Sono tutte quelle aziende che forniscono informazioni e dati in Internet (ad esempio quei siti che danno la possibilità di effettuare ricerche in archivi particolari). Si contrappongono ai service e agli access provider che invece forniscono la sola connessione a Internet.

control key tasto di controllo
Tasto, identificato sulla tastiera da "CTRL", che si preme assieme ad un altro per cambiarne la funzione. Ad esempio premuto insieme a "c" permette di attivare il comando di copia.

control panel pannello di controllo
Permette di personalizzare il modo di lavorare del proprio computer. Con il pannello di controllo è possibile cambiare ad esempio la data, l'ora, il salvaschermo, i suoni di avvertimento.

controller regolatore, controllore
Il controllore automatico è un dispositivo che funziona da mediatore per consentire a un computer l'utilizzo di un altro dispositivo.

conversion conversione, variazione di trattamento
Trasformazione da una modalità di rappresentazione di un'informazione a un'altra, oppure trasformazione di un segnale dalla forma analogica a quella digitale o viceversa. Un file può ad esempio subire una conversione di formato, cioè il suo formato originale può essere sostituito da un altro: è possibile per esempio salvare un file in Word per Windows in formato *Rich Text Format* (→ ingl. *RTF*) in modo da poterlo trasferire a vari computer senza perderne le caratteristiche grafiche.

cookie letteralmente biscottino, dolcetto
Si tratta di un file che viene installato su un hard disk, di solito all'insaputa di chi lo riceve, da un Web server per controllarne le azioni. Usato spesso come efficace strumento di marketing, permette di registrare i gusti e le abitudini dell'utente ma può anche violare la privacy. Esistono programmi appositi per eludere queste invasioni.

coprocessor coprocessore
Dispositivo elettronico che lavora come processore secondario per aiutare il processore principale di un computer. Di solito si occupa di istruzioni più specialistiche.

copy copia
Duplicato di un qualsiasi tipo di file, che può contenere testo, immagini, suono. La copia digitale di un documento è la sua fedele riproduzione. È importante fare copie dei propri documenti e conservarle in un posto diverso dall'originale (ad esempio su un dischetto o su un CD-Rom): in caso di danni all'originale le copie permetteranno di recuperare quanto si è perso.

CPU acronimo di *Central Processing Unit* (CPU-unità centrale di programmazione)
Unità centrale del computer in cui vengono svolte la maggior parte delle operazioni ad esempio funzioni di calcolo, controllo e gestione delle risorse, acquisizione dei dati, decodifica ed esecuzione delle istruzioni dei programmi. Di solito consiste in un unico microprocessore molto potente che misura pochi centimetri quadrati e contiene milioni di componenti elettronici in grado di svolgere operazioni aritmetiche e logiche elementari. La sua velocità di elaborazione si misura in megahertz (MHz).

cracker cracker
Pirata informatico che entra nei sistemi operativi dei computer infrangendone le barriere di protezione e modificandone il contenuto, con l'obiettivo di creare notevoli danni o per scopi criminosi.

crash crollo, rottura
Interruzione inaspettata dell'esecuzione di un programma di solito non risanabile. Quando si verifica un crash il computer cessa di rispondere ai comandi. Tutto ciò che non è stato salvato fino al momento del crash viene perso. Se la rottura riguarda il software in genere basta riavviare il computer. Se invece riguarda il sistema operativo o l'hardware, il problema è più serio e a volte occorre addirittura sostituire la parte che ha causato la rottura.

current in corso di esecuzione, in corso di lettura
Tutto ciò che si sta usando in un dato momento, per esempio la finestra aperta a video o il programma che sta girando.

cursor cursore
È la lineetta o il quadratino intermittenti che indicano dove verrà posizionata sullo schermo la lettera che verrà digitata. Per spostarlo si possono usare i tasti con le frecce (ingl. *arrow keys*) presenti sulla tastiera. Nelle applicazioni che prevedono l'uso del mouse, il cursore è il puntatore del mouse e di solito viene rappresentato da una freccia, che può essere spostata spostando il mouse. Nei prodotti multimediali e nei giochi può assumere una grande varietà di aspetti.

cut and paste taglia e incolla
Azione che permette di selezionare un documento o una sua parte per poi copiarla e trasportarla in un altro documento o in un'altra parte del documento stesso. Viene effettuata utilizzando l'apposito comando.

cyberspace cyberspazio
Lo spazio virtuale all'interno della memoria del computer o in Internet, dove si incontrano gli utenti. Il termine è stato coniato da William Gibson nel suo romanzo *Neuromante*.

D

daemon, demon demone
Programma di sistema che gira in automatico sullo sfondo senza che l'utente se ne accorga. Viene usato per gestire le funzionalità fondamentali di un computer, come il controllo degli accessi e il coordinamento del funzionamento degli altri programmi.

data dati, informazioni
Una o più informazioni che restano prive di significato finché non vengono organizzate. Il computer è uno strumento efficace per organizzarle in modo veloce.

data processing elaborazione di dati, trattamento dell'informazione; servizio informatico
L'insieme di tutte le operazioni che in qualche modo forniscono informazioni al computer, come ad esempio il processo di introduzione di dati in un database (ingl. *data entry*), quelle di modifica dei dati (come i calcoli) e quelle di salvataggio e stampa delle informazioni.

data transfer rate velocità di trasferimento dei dati
Misura quante informazioni vengono trasferite da un posto ad un altro in un secondo. Calcola ad esempio quanti dati vengono trasferiti dall'hard disk alla memoria del computer o dall'hard disk a un floppy disk, oppure quanti dati vengono trasmessi da un modem, in una trasmissione in rete. Viene misurata in kilobytes per secondo (K/sec.)

database data base, base dati
Insieme organizzato di informazioni, strutturato in modo tale da dare agli utenti la possibilità di effettuare ricerche sulle informazioni in esso contenute. Per creare un database occorre prima definire secondo quali criteri ordinare le informazioni e selezionare quindi le informazioni fondamentali che permettono la ricerca. Le informazioni vanno poi inserite singolarmente nei vari campi (ingl. *data field*). Per creare i data base esistono appostiti software di gestione dei dati.

dataglove guanto
Guanto collegato a cavi a fibre ottiche che, quando l'utente punta un dito o muove la mano, mandano segnali al computer che li elabora. Usando un guanto di questo tipo è possibile vedere la propria mano sullo schermo e usarla per puntare o toccare oggetti quando si naviga in un ambiente di realtà virtuale.

daughterboard scheda figlia
Tipo di scheda di espansione che si connette alla scheda madre del computer e le aggiunge altre funzionalità.

debugging collaudo di programmi, messa a punto di programmi
È il processo di ricerca e correzione errori che viene effettuato dalle aziende che producono software.

to decompress decomprimere
Far tornare un file che era stato compresso (→ ingl. to *compress*) alle sue dimensioni originarie.

dedicated specializzato
Computer, stampante o dispositivo che vengono utilizzati solo per un determinato lavoro. In una rete, ad esempio, può esserci un computer specializzato, che come compito ha

quello di conservare in memoria una serie di documenti e di mandarli in stampa uno dopo l'altro.

default normale
L'espressione comune "di default" viene usata quando in un programma si utilizzano le opzioni predefinite perché non ne sono state scelte altre. Il suo contrario è la personalizzazione.

to **default** accettare le impostazioni normali → ingl. *default*

definition definizione
Capacità di uno schermo o di una stampante di riprodurre i dettagli. Maggiore è la definizione e più sono i dettagli visibili chiaramente.

to **defragment** deframmentare
Riscrivere tutti i file presenti in un disco in modo tale che tutte le parti del file stesso vengano posizionate in spazi contigui sul disco. Con tale procedura si migliorano le prestazioni del computer che non deve tutte le volte ricostruire il file cercando le varie parti sul disco. Esistono appositi programmi che svolgono tale procedura. Il suo contrario è frammentare → ingl. to *fragment*.

to **delete** cancellare
Comando che permette di cancellare un file, una parte di documento o una qualsiasi informazione. Si può attivare utilizzando particolari bottoni presenti nei programmi oppure premendo il tasto "Delete" presente sulla tastiera.

delimiter delimitatore
Carattere o codice speciale che viene utilizzato per segnare la fine di una sezione di dati, come ad esempio i campi di un database. Quello più comune è la virgola unita al comando di ritorno.

demo dimostrativo,demo; prototipo
1 Versione di prova di un'applicazione o di un programma, creata per descrivere all'utente i contenuti e le funzionalità senza però dargli la possibilità di un utilizzo completo (ad esempio, alcuni bottoni non possono essere premuti, alcune aree non sono raggiungibili e non è possibile salvare i file su cui si è lavorato).
2 Il termine indica anche i prototipi che vengono realizzati in fase di studio e progettazione di nuovi prodotti.

density densità
Capacità di memorizzazione dei dati dei supporti magnetici (per esempio floppy disk, CD-Rom).

desktop scrivania
Identifica la scrivania del computer. È chiamata così per analogia con una scrivania reale perché, come questa, riporta, in modo ben visibile e a portata di puntatore del mouse, tutto ciò che può servire per lavorare o giocare (le icone dei programmi, i file, il cestino, la calcolatrice e molto altro). Gli elementi presenti sulla scrivania possono essere spostati a piacimento e anche il colore dello sfondo può essere personalizzato.

desktop computer personal computer
Personal computer delle dimensioni adatte a essere collocato su una scrivania.

device dispositivo; periferica
Parte dell'attrezzatura di cui è dotato il computer. Può essere un elemento interno (come l'hard disk) oppure esterno (come il mouse, il monitor, la stampante, lo scanner, il modem, il lettore di CD-Rom). Di solito, prima di utilizzarlo, occorre installare un software detto *driver* che istruisce il computer allo scopo.

diagnostic program programma di diagnosi
Programmi che effettuano una verifica di tutti i componenti del computer per identificare errori e/o malfunzionamenti. In alcuni casi sono anche in grado di ripararne alcuni in modo automatico.

to **dial up** connettersi via telefono
Usare una linea telefonica per connettere un computer a un service provider o a un altro computer (ad esempio collegare il personal computer di casa con il computer dell'ufficio). La connessione dura il tempo della telefonata.

dialer dialer
Software di utilità usato per effettuare una connessione via modem. Una volta attivato il software forma automaticamente il numero di telefono del service provider e fa partire la connessione.

dialog box finestra di dialogo
Finestre in cui compaiono messaggi per l'utente. Le finestre di dialogo possono apparire in particolari situazioni in cui sono proposte delle opzioni che l'utente può selezionare (ad esempio il formato del foglio oppure il numero delle copie da stampare). Di solito compaiono nelle finestre di dialogo anche tutti i messaggi relativi ad errori o malfunzionamenti dei software.

digital digitale
Sistema di rappresentazione dei dati mediante bit (0/1) elaborabili da un computer. Si contrappone ad analogico che usa invece segnali variabil con continuità.

to **digitize** digitalizzare
Convertire un segnale analogico (come ad esempio, un discorso, un suono o una luce) in forma numerica, cioè digitale, in modo che possa essere elaborata e riprodotta dal computer.

digitizer convertitore analogico-digitale
Strumento che permette la digitalizzazione dei dati.

direct access accesso diretto
La possibilità di usufruire direttamente delle risorse condivise in rete.

direct address indirizzo assoluto
Numero che identifica in modo univoco il punto della memoria di un computer in cui è salvato ad esempio un file.

directory directory, cartella
Indice virtuale che mostra i documenti e i programmi contenuti su un disco. Le directory sono organizzate in una struttura ad albero in cui il tronco è costituito dalla directory radice (ingl. *root directory*), quella principale, che a sua volta contiene le directory secondarie o subdirectory. A loro volta queste ultime possono contenere altre subdirectory fino ad arrivare ai file che contengono le informazioni. A seconda del sistema operativo i file contenuti in una directory possono essere ordinati in vari modi per nome, per data e ora di creazione, per dimensione, o per icone se si usa un'interfaccia utente grafica. Nel sistema Macintosh le directory si chiamano cartelle (→ ingl. *folder*) per analogia con le cartellette che si usano negli uffici e che contengono i documenti.

to **disable** disabilitare, invalidare
Mettere fuori servizio o rendere inutilizzabile deliberatamente una caratteristica del programma. Ad esempio nelle copie dimostrative (→ingl. *demo*) di un programma alcune funzionalità sono disabilitate per non dare il prodotto completo gratis ma al tempo stesso per invogliare l'utente all'acquisto.

to **disconnect** disconnettere, disinserire
Interrompere volontariamente una connessione.

disk disco
Forma abbreviata che può indicare sia il dischetto (→ ingl. *floppy disk*) sia l'hard disk.

disk drive unità disco, lettore disco
Parte del computer in cui si inseriscono i dischetti in modo che il computer possa leggerli. Di solito si trova all'interno del computer; dall'esterno è visibile solo la fessura dove inserire il dischetto con accanto un pulsante da premere per farlo uscire. Il drive permette sia la lettura del dischetto sia la scrittura di altri dati su di esso.

diskette dischetto, floppy disk, minidisco → ingl. *floppy disk*

display schermo
Parte del monitor che serve per visualizzare immagini o testo.

distributed network rete distribuita
Rete in cui ogni singolo nodo può fungere da archivio (→ ingl. *server*) per la conservazione dei dati o per mandarli in stampa.

dithering rappresentazione a video di colori intermedi
1 Tecnica grafica di regolarizzazione del contorno scalettato di una linea curva ottenuta inserendo dei pixel di sfumatura lungo il bordo.
2 Creazione di nuovi colori ottenuti combinando in vari modi dei pixel colorati.

document documento
Identifica in generale tutti i file che contengono il lavoro creato dall'utente, ad esempio i fogli creati con un foglio elettronico, o le pagine di un programma di videoscrittura.

domain dominio
1 In ambiente Windows si definisce così un gruppo di utenti, di computer o di server che fanno parte di una rete.
2 In Internet è il nome di una rete di calcolatori appartenenti alla medesima organizzazione.

domain name
È l'insieme di caratteri che identificano la tipologia del sito e che seguono il simbolo «@» all'interno di un indirizzo Internet; ad esempio il suffisso "com" identifica le organizzazioni commerciali e il suffisso "edu" le università o scuole. Può anche identificare la nazione in cui il sito è collocato ad esempio "it" vuol dire Italia, "fr" Francia.

DOS acronimo di *Disk Operating System (DOS-sistema che opera da disco)*
Indica qualunque sistema operativo che il computer carichi da disco al momento della

sua accensione. È stato sviluppato originariamente dalla Microsoft per i PC dell'IBM. Questo nome è stato usato per contrapporlo ai sistemi operativi realizzati fino a quel momento e che, invece di essere caricati da disco, erano scritti nella memoria ROM (ingl. *Read Only Memory*) del computer.

dot-matrix printer stampante a matrice di punti
Stampante che stampa i caratteri utilizzando una matrice di piccoli punti di inchiostro.

to **download** scaricare
Copiare un file o un programma da un terminale remoto ad uno locale. Per esempio, con un modem si possono scaricare sull'hard disk del proprio computer programmi o documenti memorizzati sui siti Internet.

to **downsize** ridimensionare, fare una versione ridotta
Riuscire a fare in modo che le funzioni, che necessitavano di computer molto potenti per essere eseguite, possano essere invece portate a termine da computer di minor potenza e costo.

DPI acronimo di *Dots Per Inch* (DPI-punti per pollice)
Indica il numero dei singoli punti di inchiostro che una stampante può stampare su un pollice di carta. Maggiore è il numero dei punti, maggiore è la qualità di stampa ottenuta, in quanto la stampante deve stampare punti sempre più piccoli e quindi la stampa risulta più nitida. Di solito una stampante laser stampa 300 punti per pollice sia in orizzontale sia in verticale.

drag and drop trascina e metti in altra posizione
Spostare un'icona o un file, o anche una parte di file, dal luogo dove si trovano a un altro. Di solito si attiva selezionando con il mouse l'elemento da spostare e tenendo premuto il tasto fino a quando non lo si è spostato dove si voleva.

drive lettore, drive, trascinamento
Parte del computer in cui si inseriscono i vari tipi di supporti contenenti informazioni in modo che il computer possa leggerli. Ogni supporto ha il suo drive specifico: ad esempio per poter leggere i CD-Rom il computer deve disporre di un lettore di CD-Rom.

driver driver
Software che istruisce il computer all'utilizzo corretto di un dispositivo o di una periferica come la stampante.

drop down menu menu a tendina
Menu che si apre quando si clicca sull'apposito bottone sulla barra degli strumenti di un programma. È molto facile da usare perché presenta subito la lista delle opzioni possibili e basta cliccare su quella desiderata per metterla in funzione.

DTP acronimo di *DeskTop Publishing* (DTP-editoria da tavolo)
È la creazione di libri, riviste e pubblicazioni di qualità professionale realizzata con l'aiuto del computer e di programmi che sono stati progettati appositamente per questo scopo. È uno degli usi più frequenti del computer.

DVD acronimo di *Digital VideoDisc* (DVD-videodisco digitale)
Recente tecnologia per la memorizzazione dei dati: permette di registrare fino a 5 GB di informazioni su un compact disc. È possibile memorizzare su un DVD anche un intero film. I lettori DVD possono leggere anche i CD-Rom, mentre non è possibile il contrario.

E

e-mail acronimo di *electronic mail* (e-mail-posta elettronica)
Può indicare:
1 il programma software che permette di inviare e ricevere messaggi da computer collegati in rete.
2 Il messaggio stesso di posta elettronica.
Per inviare e ricevere posta elettronica occorre che il computer sia collegato alla rete telefonica con un modem.

e-mail address indirizzo di posta elettronica
È l'insieme dei caratteri che identifica la posizione della casella postale di un utente di Internet. È composto dal nome dell'utente, seguito dal simbolo «@» e dall'indirizzo di dominio del computer dove si trova la casella. Per esempio giovannirossi@tin.it

e-mail filter filtro per la posta elettronica
Regole e condizioni definite dall'utente nel programma di posta elettronica in modo che questo possa automaticamente bloccare, inviare o rimandare i messaggi ricevuti.

e-zine acronimo per *electronic magazine* (rivista elettronica)
Una pubblicazione in tutto simile a una rivista tradizionale con articoli, interviste, foto, pubblicità, ma consultabile solo via Internet e non stampata su carta. Spesso tratta di argomenti riguardanti Internet, la cultura digitale e i nuovi mezzi di comunicazione.

easter egg uovo di Pasqua
Breve animazione o messaggio nascosto in un programma. Si tratta di sorprese che l'utente deve scoprire premendo, ad esempio, una certa combinazione di tasti. Vengono inseriti dai programmatori durante la codifica di un'applicazione o di un gioco e possono nascondere i nomi di chi ha sviluppato il software, messaggi e in alcuni casi le fotografie dell'intero team di lavoro.

echomail echomail
Sistema che permette agli utenti di partecipare a conferenze in rete in cui ogni messaggio scritto viene letto da tutti i partecipanti.

editor editor
Programma in grado di modificare il contenuto di un file. Esistono editor per i diversi tipi di file (audio, video, di testo): i più diffusi sono quelli di testo.

edutainment edutainment
Parola composta dall'unione dei termini inglesi *education* (educazione) ed *entertainment* (divertimento) che indica un tipo di programmi didattici, ma al tempo stesso divertenti e coinvolgenti, realizzati nella convinzione che si impara di più e meglio se si svolge un compito gradevole. Attualmente esistono molti titoli edutainment sia su floppy disk sia su CD-Rom.

EGA acronimo di *Enhanced Graphic Adapter* (adattatore grafico potenziato)
Scheda grafica a colori per PC IBM compatibili che permette la visualizzazione contemporanea sullo schermo di 16 diversi colori, scelti dall'utente tra 64 colori disponibili con una risoluzione di 640 pixel × 350 linee.

emoticon faccina
Parola nata dall'unione del verbo to *emote*, che significa esprimere le proprie emozioni, e *icon*, cioè icona, immagine in miniatura. *Emoticon* è quindi il minuscolo disegno di un viso che può esprimere diversi stati d'animo e che viene aggiunto ai messaggi di posta elettronica, per dare al destinatario la possibilità di interpretare ciò che legge nel modo più corretto, dal momento che non può vedere in viso il mittente. Si creano usando soprattutto i segni di interpunzione (ad esempio :-) si usa per accompagnare un'affermazione con un sorriso). Si chiamano anche *smileys*.

emulation emulazione, imitazione
È un sistema hardware o software che ne imita un altro. Ad esempio sono emulazioni alcuni software creati per la piattaforma Macintosh, che riescono a simulare programmi per Windows e quindi a far funzionare i programmi per PC sul Macintosh.

emulator emulatore
Programma di emulazione (→ ingl. *emulation*)

encryption crittografia
È il processo di convertire un messaggio in un testo cifrato utilizzando una chiave per renderlo leggibile solo ad utenti autorizzati. Con il computer è possibile inventare chiavi sempre più complesse in tempi brevi.

enter invio
Tasto individuato da una freccia a uncino con scritto "Enter". Viene utilizzato per confermare un inserimento, ad esempio di un insieme di dati oppure di un comando. Può anche essere chiamato "Return" o "Invio".

entry introduzione di un dato o di un parametro, immissione di un dato o di un parametro → ingl. *data processing*

to **erase** cancellare
1 Eliminare completamente un file dall'hard disk oppure da un dischetto.
2 Nei programmi di grafica significa riportare un'area di un'immagine allo stesso colore dello sfondo.

escape key tasto di uscita (letteralmente fuga)
Tasto che serve per fermare o cancellare l'attività in corso quando non si desidera più che sia portata a termine. Si abbrevia in "Esc".

ethernet ethernet
Standard di connessione per rete locale che definisce il tipo di cavi, segnali e di linguaggio usati per connettere molti computer fra di loro.

executable eseguibile, pronto a partire
Programma pronto per essere caricato in memoria ed eseguito dal computer.

to **execute** eseguire
Far funzionare un comando o un programma sul computer.

to **exit** uscire

Chiudere un programma o abbandonarne l'esecuzione.

to **expand** espandere

Si espande una directory per vederne l'organizzazione dei contenuti. Significa visualizzare l'intera struttura aprendo tutta la directory e mostrando tutti i documenti o i programmi che ne fanno parte.

expandability espandibilità

Possibilità di inserire in un computer più memoria o altri dischi o dispositivi per migliorare le funzionalità esistenti.

expert system sistema esperto

Tipo di software progettato per operare le scelte che farebbe un esperto. Il sistema esperto rivede tutte le informazioni introdotte nel computer e calcola le risposte possibili secondo le istruzioni programmate. È un sistema in grado di risolvere problemi complessi.

to **export** esportare, trasferire dati

Convertire un file dal suo formato originario in un altro, in modo che possa essere letto da un altro programma.

extension estensione

1 Suffisso di tre caratteri che viene usato per descrivere il tipo di informazione contenuta in un file (ad esempio .doc identifica i documenti di Word, .exe i file eseguibili). I nomi dei file sono costituiti da tre parti: la prima è il nome del file vero e proprio, la seconda è un periodo (di solito il punto) che separa il nome del file dall'estensione, e la terza è l'estensione.

2 Al plurale la parola indica invece tutte le aggiunte di cui si può dotare un computer.

F

face to face faccia a faccia

L'incontro dal vivo tra persone che erano in contatto solo tramite Internet.

fall back/forward diminuzione/aumento automatico della velocità di trasmissione

Caratteristica di alcuni modem che riescono a variare la velocità di trasmissione dei dati a seconda del tipo di connessione più o meno veloce.

FAQ acronimo di *Frequently Asked Question* (FAQ-domande fatte di frequente)

Raccolta delle domande più comuni e delle risposte relative a un particolare argomento. Sono raccolte in Internet ed accessibili a tutti gli utenti di un sito, di un servizio on line o di un gruppo di discussione.

fatal error errore fatale

Errore non rimediabile, problema serio che causa la rottura o l'arresto (→ ingl. *crash*) di un programma software. Di solito occorre riavviare il computer. Spesso sono causati da errori del software stesso.

fault tolerance tolleranza ai guasti

Capacità che ha un programma di continuare a funzionare nonostante abbia incontrato qualche guasto.

fiber optics fibra ottica

Tipo di cavo realizzato in fibre di vetro o di plastica che trasporta segnali luminosi generati da un laser. È meno costoso di quelli fatti in rame, quasi inattaccabile ed in grado di permettere un'ampiezza di banda senza limiti. Viene utilizzato nelle comunicazioni.

field campo, settore

Spazio di un database dove si digitano o modificano le informazioni. Ogni campo ha il suo nome (ingl. *field name*).

file archivio, documento

Insieme di dati digitali trattati come se fossero un unico elemento. Possono essere suoni, immagini, programmi. Tutti i dati all'interno di un computer sono file; ogni file ha un nome che gli viene attribuito dall'utente o in automatico da un programma.

file size dimensione del file

Numero di byte di spazio necessari per poter archiviare un file sull'hard disk o su un dischetto.

file transfer trasferimento dei file

Spostamento di un file da un computer ad un altro connesso in rete.

filename nome del file

Nome che viene dato al file per identificarlo.

filter filtro

1 Funzione in un programma di database che seleziona un gruppo di schede secondo una caratteristica data.

2 Caratteristica di un programma che permette di convertire un file da un formato all'altro.

finder finder

Il programma che inizia a funzionare automaticamente all'avvio di un computer Macintosh. Gestisce la scrivania del computer e permette di copiare, aprire, chiudere e denominare i file.

finger finger, letteralmente dito

Programma software che in Internet ricerca informazioni su un utente anche solo conoscendo l'indirizzo di posta elettronica.

firewall firewall, muro di fuoco

Sistema di sicurezza adottato da un server connesso a Internet e che serve a proteggere la rete di computer connessa al server dalle incursioni dei pirati informatici.

firmware firmware

Programma installato permanentemente nel microprocessore e che non può essere facilmente modificato o sostituito.

flag indicatore, segnalatore, contrassegno, bandiera

È usato per indicare uno stato all'interno del programma.

to **flame** attaccare violentemente (letteralmente incendiare)

Inviare un messaggio di posta elettronica molto scortese a un utente, di solito in risposta a un'azione offensiva, a un articolo controverso o fastidioso.

to **flicker** sfarfallare, tremolare

È lo sfarfallio delle schermate dovuto alla bassa velocità di sostituzione delle immagini (→ ingl. *refresh*) del monitor.

floppy disk floppy disk, dischetto

Supporto magnetico di memorizzazione dati, contenuto in una scatoletta quadrata di plastica molto sottile. Nella parte magnetica vengono registrati i dati o i programmi. I dischetti hanno formato standard di 5 pollici e ¼. I dischetti possono essere a doppia oppure ad alta densità. La densità indica la compressione con cui possono essere registrate le informazioni: i dischetti ad alta densità possono quindi archiviare più informazioni.

flow diagram diagramma di flusso → ingl. *flowchart*.

flowchart diagramma di flusso

Grafico utilizzato per visualizzare la struttura interna di un titolo multimediale o di un programma software.

fluff fuffa

Materiale inutile come ad esempio interventi superflui arrivati via Internet ai gruppi di discussione (→ingl. *newsgroup*).

to **flush** cancellare, svuotare, inizializzare

Cancellare il contenuto di una memoria.

folder cartella

I computer Macintosh organizzano le informazioni in cartelle che hanno la stessa funzione delle → ingl. *directory* presenti nei programmi Windows.

font serie di caratteri

Tutti i caratteri che compongono un intero alfabeto le cui lettere hanno lo stesso stile.

footer riga a pié di pagina

Riga che compare in fondo alla pagina di un libro, una rivista o un qualsiasi altro documento e che può essere inserita in automatico nei programmi di videoscrittura o nei fogli elettronici. Spesso riporta il titolo del libro, del capitolo oppure la data della rivista, la versione del software utilizzato e/o il numero di pagina.

footprint ingombro

Spazio occupato fisicamente dalle attrezzature e dai macchinari, ad esempio da un computer su una scrivania.

form modulo virtuale

Documento formattato in cui l'utente può inserire delle informazioni. Identifica anche la serie di comandi che permettono allo sviluppatore del software di chiedere all'utente di operare delle scelte o di inserire un testo all'interno di una maschera o modulo. Spesso si trovano *form* da compilare con le proprie informazioni sui siti Internet.

form feed avanzamento di pagina

Movimento della carta nella stampante che fa scivolare all'esterno un foglio fino ad arrivare all'inizio di quello successivo.

format formato, tracciato, struttura, disegno

Struttura definita per la gestione delle informazioni su un supporto di salvataggio o di programmazione.

to **format** formattare

Preparare un dischetto alla copiatura dei dati. Una volta formattato, il dischetto può essere usato solo su macchine del tipo di quella che lo ha formattato.

FORTRAN acronimo di *Formula Translator* (FORMAN-traduttore di formule)

È un linguaggio di programmazione ad alto livello, sviluppato dalla IBM nel 1954. È ancora il linguaggio più utilizzato nel campo delle applicazioni scientifiche.

forward inoltro
Comando che permette ad un utente che ha ricevuto un messaggio di posta elettronica di rinviarlo ad un altro utente in automatico senza doverlo riscrivere.

fps acronimo di *frame per second* (fotogramma al secondo)
Indica il numero di fotogrammi che passano sullo schermo in un secondo. Maggiore è il numero di fotogrammi, migliore è la qualità del video o della animazione.

fractal frattale
Figura geometrica complessa che si ripete in ogni sua parte in modo che anche la sua parte più piccola sia simile all'intera figura. I frattali sono utilizzati per comprimere immagini e per creare modelli matematici.

to **fragment** frammentare
Suddividere un file in varie parti in modo da poterlo salvare più facilmente su un hard disk con poco spazio rimasto. In questo modo si vanno ad occupare tutti gli spazi liberi, anche i più piccoli. La controindicazione è una maggiore lentezza dell'hard disk che ha bisogno di più tempo per trovare il file perché lo deve ricostruire. Esistono appositi programmi che svolgono tale procedura. Il suo contrario è deframmentare (→ ingl. to *defragment*).

frame videata, schermata, cornice
Ogni singola immagine che appare sul video.

free-mail posta gratuita
Servizio gratuito di posta elettronica che si basa sul Web e che consente all'utente di mandare e ricevere posta elettronica partendo da un sito anziché da un programma apposito.

freenet freenet
Bacheca elettronica che in genere ha sede in una biblioteca pubblica ad uso libero dei cittadini.

freeware software di pubblico dominio
Software gratuito fornito dal costruttore di hardware.

to **freeze** bloccare, fissare
Fermare un'azione di un programma a un certo stadio di sviluppo.

front end front end
Parte del programma software che l'utente vede e con cui interagisce.

frontdoor frontdoor
Metodo standard di collegamento a una rete o di avvio di un programma, in contrapposizione a → ingl. *backdoor* che indica invece un metodo non convenzionale.

full text search ricerca in tutto testo
Ricerca di un elemento o di una parola attraverso tutto il testo di un data base o di un'applicazione multimediale, invece di limitare la ricerca a una sezione, capitolo e campo particolare.

function key tasto di funzione
Tutti i tasti presenti sulla tastiera che riportano una F seguita da un numero. Servono ai programmi per eseguire compiti specifici.

fuzzy logic logica fuzzy
Logica approssimativa secondo cui le affermazioni possono essere non completamente false né completamente vere, contrariamente a quanto sostenuto dalla logica tradizionale. Viene utilizzata per risolvere problemi nell'ambito dell'intelligenza artificiale.

G

game port porta per videogiochi
Porta che serve a connettere ad un computer i dispositivi, che permettono di giocare ai videogiochi, ad esempio il → ingl. *joystick*.

gameplayer videogioco
Prodotti detti anche consolle (→ingl. *console*) con cui si giocano i giochi elettronici (ad esempio, la Playstation o il Nintendo 64).

garbage rifiuti, informazioni inutili
Insieme di simboli e lettere senza alcun significato che appaiono sullo schermo quando un computer o un programma bombano (→ ingl. to *bomb*) o quando si interrompe la connessione fra un computer e l'altro. Per eliminarli basta uscire dal programma oppure riavviare il computer.

garbage collector raccoglitore di spazzatura
Programma che serve ad eliminare tutte le informazioni inutili dal computer.

gate porta, griglia
Il circuito utilizzato dai processori per eseguire le istruzioni.

gateway cancello, passaggio
Apparecchiatura hardware o software che permette lo scambio di informazioni tra sistemi che usano protocolli diversi. Ad esempio nella posta elettronica è un programma software (oppure una combinazione di un server e un software) che collega due diversi sistemi di posta elettronica in modo da permettere il trasferimento dei messaggi dall'uno all'altro.

geek geek
Appassionato di computer e di Internet, che usa la rete soprattutto per trovare nuovi amici con cui collegarsi e scambiare messaggi.

gigabyte gigabyte
Un gigabyte è lo spazio necessario per archiviare un miliardo di caratteri su un hard disk. Si abbrevia in Gb.

GIF acronimo di *Graphic Information Format* (formato grafico di interscambio)
Formato di memorizzazione delle immagini, è uno dei più utilizzati sui siti Web.

GIS acronimo di *Geographic Information System*
Complesso sistema di procedure sia manuali sia automatizzate impiegate per archiviare e gestire dati riferiti alla topografia. Ad esempio, in archeologia questo sistema viene utilizzato per analizzare tutti i dati disponibili sulla topografia antica di un territorio, rappresentando le informazioni sotto forma di grafici, immagini, data base e così via.

Gopher (Gopher) letteralmente talpa
Il primo sistema di ricerca dei dati in Internet. Permetteva all'utente la ricerca di informazioni o di file archiviati in rete con l'utilizzo di una serie di comandi. Ora è stato rimpiazzato dal →ingl. *World Wide Web* e dai suoi motori di ricerca più veloci ed efficaci.

go toch. to **go to** vai a/andare a
Sistema di rimando usato nelle applicazioni e nei titoli multimediali che permette di passare direttamente da un punto a un altro del titolo o dell'applicazione.

grabber hand manina
Il puntatore a forma di mano aperta che nei programmi di grafica dà la possibilità di spostare immagini o parti di testo semplicemente posizionandosi sopra e trascinandoli nella posizione voluta con il mouse.

graphic elemento grafico, diagramma
Figura o illustrazione grafica che si può tracciare con i programmi per il disegno oppure comprare già fatta, da usare nei documenti come elemento decorativo oppure descrittivo, se si tratta di un grafico vero e proprio.

GUI acronimo di *Graphical User Interface* (interfaccia grafica utente)
L'interfaccia utente è la parte del software che consente all'utente di lavorare, di effettuare delle operazioni con il computer. Se è grafica, l'utente può lavorare selezionando elementi grafici e icone, anziché digitare stringhe di istruzioni (come invece si doveva fare con i primi sistemi operativi, come ad esempio il DOS).

grid griglia
Strumento fornito dai programmi per disegnare e impaginare che aiuta l'utente a tracciare linee rette, quadrati perfetti e altre forme geometriche. È visibile solo a video e non viene riportato in stampa.

to **grok** studiare a fondo, comprendere
In pratica significa passare al vaglio tutte le informazioni disponibili su un argomento o una situazione, assimilarli bene e infine formarsi un'opinione precisa in proposito.

group gruppo, dato composito
Finestra che contiene una serie di icone. Per riorganizzare la scrivania, ad esempio, basta spostare le icone da un gruppo all'altro oppure crearne uno apposta. Ad esempio, tutte le icone dei giochi possono essere raccolte in un gruppo "Giochi" e così via.

groupware software di supporto al lavoro di gruppo
Insieme di programmi appositamente realizzati per permettere a gruppi di persone che lavorano in rete di condividere i documenti e collaborare efficacemente.

guest ospite
È la parola chiave che si può utilizzare per entrare in alcuni siti dotati di sistemi protetti. In questo modo si può entrare e prendere visione dei servizi e delle risorse messe a disposizione da tali siti e poi decidere se registrarsi per usufruirne.

guide guida, linea di riferimento
Nei programmi di grafica la guida è una linea retta, di solito in colori brillanti, che appare a video e serve ad esempio per allineare il testo e le immagini. Come la griglia (→ingl. *grid*) non compare in stampa.

guru guru, esperto
Esperto che si occupa delle nuove tecnologie, le studia e ne prevede gli eventuali successi o fallimenti.

H

to **hack** modificare il codice sorgente di un programma

Ha dato origine alla più famosa parola → ingl. *hacker*. Può significare:

1 risolvere un problema attraverso un metodo insolito;

2 cercare di far funzionare un programma per tentativi azzardati, senza un metodo organizzato;

3 cercare di entrare in un sistema, in una rete o in un servizio offerto su Internet anche senza averne il permesso, e quindi forzando l'ingresso.

hacker hacker, pirata informatico

Appassionato conoscitore di computer che per provare la propria abilità, cerca di introdursi nei sistemi operativi o di reti e di modificarli per lasciare traccia del suo passaggio. A differenza del → ingl. *cracker*, le sue intenzioni non hanno scopo criminoso.

handheld tascabili

Viene detto di un computer di dimensioni così piccole da poter essere portato agevolmente in mano. Fanno parte di questa tipologia di hardware i computer palmari (ingl. *palmtop*) e i cosiddetti PDA (ingl. *personal digital assistant*) che sono l'evoluzione delle tradizionali agendine elettroniche.

handle maniglia

1 Strumento a forma di maniglia di cui sono dotati i programmi di grafica e che si trova negli angoli delle immagini per ingrandirle o rimpicciolirle.

2 Identifica il soprannome che si usa per divertimento quando si vuole entrare in una bacheca elettronica. Si può usare quello che si vuole, basta che non sia già utilizzato da altri.

handler handler, gestore

Software di utilità che controlla operazioni semplici.

handshake collegamento, presa di contatto, scambio di segnali di collegamento (letteralmente stretta di mano)

Serie di segnali inviati tra due dispositivi di comunicazione (ad esempio due modem) per stabilire un collegamento.

handwrite recognition riconoscimento della calligrafia

Applicazione che permette di riconoscere la calligrafia di chi scrive e di trasformarla in dati da salvare in memoria, viene ad esempio utilizzata nelle agende elettroniche.

to **hang up** arrestarsi (di macchina); bloccarsi (di collegamento)

Avviene quando un computer smette di rispondere a causa di un malfunzionamento temporaneo. Di solito occorre riavviarlo per ristabilire il collegamento.

hard disk hard disk, disco fisso, disco rigido

È il disco magnetico del computer su cui vengono memorizzati i file e i programmi software. È composto da uno o più dischi magnetici, su cui sono archiviati i dati che vengono scritti e letti da una apposita testina.

hardware hardware (letteralmente ferramenta)

Tutte le parti fisiche che compongono un computer (ad esempio la tastiera, il monitor, l'unità centrale). Si contrappone al software che identifica invece tutti i programmi che fanno girare il computer.

hat switch

Controllo che di solito si trova sul joystick, simile a un cappuccio appuntito che permette di controllare il punto di vista del giocatore durante l'azione, consentendogli con il suo movimento di spostarsi in tutte le direzioni.

head testina

Speciale testina che può leggere o scrivere dati sulla superficie di un disco magnetico.

head mounted display (HMD) casco virtuale

L'apparecchio che si indossa per immergersi nella realtà virtuale. Permette di addentrarsi in paesaggi virtuali che però sono molto realistici e consentono un completo coinvolgimento dell'utente.

header intestazione, testatina

1 Riga di testo che compare nella parte superiore della pagina di un documento e che può essere inserita in automatico nei programmi di videoscrittura o nei fogli elettronici.

2 Nella posta elettronica è la parte del messaggio che contiene la fonte, la destinazione e le informazioni di controllo degli errori che si potrebbero verificare nel tragitto.

help aiuto, guida

Nelle applicazioni e nei titoli multimediali è la sezione che serve a dare indicazioni agli utenti sul corretto funzionamento del programma, a risolvere i problemi più comuni, ma anche a fornire suggerimenti per un migliore sfruttamento del prodotto.

hexadecimal esadecimale

Metodo per rappresentare i numeri a base 16. Di solito usiamo i numeri decimali, il computer, invece, utilizza il sistema binario con zero e uno. Convenzionalmente i dati e i programmi dei computer vengono convertiti e mostrati in base 16.

hidden file file nascosto

File che non può essere visto nella directory di appartenenza. Viene nascosto dal programmatore, soprattutto per evitare che venga accidentalmente cancellato, causando così grossi problemi all'hard disk.

hierarchy gerarchia

Ordine secondo cui vengono organizzati i file e le cartelle all'interno di altre cartelle sul disco. Così organizzate le informazioni sono più facilmente gestibili.

high density alta densità

Tipo di dischetto che permette di conservare una maggiore quantità di dati perché li registra molto vicini fra loro.

to **highlight** evidenziare

Rendere evidente una parte di testo oppure il nome del documento che si vuole utilizzare, facendovi scorrere sopra il puntatore e contemporaneamente tenendo premuto il pulsante del mouse. In questo modo la parte viene evidenziata da un colore che la circonda in modo ben visibile.

history history, storia

La traccia di tutte le azioni che sono state fatte durante la consultazione di un titolo multimediale o durante l'utilizzo di un software. È una funzione molto utile se si ha bisogno di risalire in fretta a qualche passaggio precedente.

hit reperimento (di un'informazione)

Tecnicamente si riferisce ai file o alle immagini richiesti e trovati da un computer cliente sul Web. Il loro numero viene anche utilizzato per indicare la popolarità di un sito Web.

home posizione di partenza

Nei programmi di navigazione di Internet designa il sito da cui si parte. Quando si vuole tornare velocemente al sito di partenza basta cliccare sul bottone con questa scritta.

homepage pagina di partenza

La prima pagina sia di un sito sia di un titolo multimediale. Presenta l'indice dei contenuti e molto spesso, nel caso di un titolo multimediale contiene anche una guida (→ingl. *help*) alla consultazione, mentre nel caso di un sito Web può contenere la mappa che traccia i percorsi di navigazione possibili.

home computer personal computer

Personal computer adatto agli usi domestici. In realtà non si tratta di un termine tecnico che designa un apparecchio specifico, ma solo di un modo per rendere più familiare una macchina che fino a poco tempo fa era legata al mondo del lavoro e dell'ufficio.

host ospite

Nel trasferimento dati, è il computer principale di una rete di comunicazione, cioè quello su cui sono memorizzati uno o più archivi di dati accessibili agli altri computer collegati in rete. Il computer host è, in questo senso, quello che distribuisce i dati agli utenti della rete.

hot key tasto attivo

Tasto che serve a selezionare un comando o un'opzione del menu senza dover aprire una tendina apposita (→ ingl. *drop down menu*).

hotlink collegamento caldo

Collegamento presente su un sito Web o in un titolo multimediale che permette all'utente di passare velocemente a un'altra pagina o a un altro sito di interesse.

hotlist hotlist

Lista personalizzata dei siti Web preferiti dagli utenti.

hotspot area attiva

In un titolo multimediale è l'area attiva di un'immagine che quando viene cliccata fa accadere qualcosa. Di solito quando l'utente vi passa sopra il puntatore cambia forma, segnalando così che l'area è attiva.

hotword parola calda

In un titolo multimediale o in un sito Web identifica quelle parole che possono essere cliccate e che sono rimandi ipertestuali (→ ingl. *hyperlink*).

hub hub

Periferica per connettere più computer fra di loro e permettere così di trasferire dati dall'uno all'altro.

hybrid ibrido; multipiattaforma

Si definisce così, ad esempio, un titolo multimediale che può essere consultato sia con un computer Macintosh sia con uno con sistema operativo Windows.

hyperlink iperlink, ipercollegamento

Bottone, immagine o parola in un titolo multimediale o in una pagina Web che, quando viene cliccato, porta l'utente in un altro punto del titolo, del sito o della rete.

hypermedia ipermedia
Ipertesto dotato di audio, video ed elementi grafici.

hypertext ipertesto
Documento creato in modo che sia possibile passare velocemente da ogni sua parte ad un'altra. Le parole che consentono i passaggi sono chiamate → ingl. *hotword*, parole calde.

HTML acronimo di *HyperText Markup Language* (HTML linguaggio di marcatura universale)
Linguaggio di programmazione fondamentalmente utilizzato per la progettazione e preparazione di pagine Web. Questo codice fornisce ai programmi di navigazione (→ingl. *browser*) di Internet le istruzioni per visualizzare i testi e la grafica delle pagine Web.

I

icon icona, figura; simbolo grafico
Le icone sono immagini in miniatura molto semplici e chiare, facilmente riconoscibili anche per gli utenti meno esperti, che, nei sistemi operativi con interfaccia grafica (→ ingl. *GUI*) rappresentano uno degli elementi hardware o software presenti nel computer. Un'icona può ad esempio identificare il lettore (→ ingl. *drive*) dei dischetti, dei file, dei programmi o delle directory. Per ognuno degli elementi presenti esiste una specifica icona appositamente realizzata che identifica in modo univoco l'hardware o il software a cui è associata. Per lanciare un programma o eseguire una funzione (ad esempio aprire una directory) basta posizionare il puntatore del mouse sull'icona e cliccare due volte.

identification identificazione
Procedimento grazie a cui un dispositivo e/o un programma può riconoscere, utilizzando un apposito codice (detto identificatore, ingl. *identifier*), gli altri dispositivi e/o sottoprogrammi del sistema con i quali sta interagendo.

image immagine
Il termine identifica sia immagini fotografiche, sia immagini grafiche (ad esempio illustrazioni, disegni tecnici). Nei computer le immagini sono realizzate tramite un insieme di piccoli quadrati (→ ingl. *pixel*).

image compression compressione dell'immagine
Tecnica che, tramite l'utilizzo di appositi algoritmi di compressione, riduce lo spazio occupato su disco dalle immagini grafiche.

image processing trattamento dell'immagine
Tecnica di elaborazione e visualizzazione computerizzata delle immagini, realizzata con appositi programmi che permettono di intervenire sulle immagini stesse, ad esempio con miglioramenti, correzioni, modifiche del colore.

image smoothing uniformazione dell'immagine
Tecnica che permette l'uniformazione delle immagini, migliorandone la leggibilità e attenuandone la sfocatura.

to **implement** implementare, realizzare, installare, mettere in applicazione
Realizzare un programma o un circuito elettronico a partire da una serie di operazioni logiche e matematiche dette algoritmi.

to **import** importare
1 Inserire in un dato programma applicativo un file prodotto con un altro programma (ad esempio è possibile importare in programma di videoscrittura delle immagini o dei disegni realizzati con un programma di grafica).
2 Trasferire all'interno del proprio computer dati provenienti da altri sistemi.

inactive inattivo
Tutto ciò che non viene utilizzato o non può essere selezionato. Di solito le sezioni inattive, ad esempio nei titoli multimediali o nei software, sono evidenziate in modo diverso (spesso sono in grigio oppure ombreggiate) così che per l'utente sia facile comprendere che non possono essere selezionate.

to **index** indicizzare
1 Catalogare le informazioni archiviate su disco in tabelle che mettono in relazione i file salvati sul disco con la loro posizione, permettendone un rapido recupero.
2 Nei data base significa creare un file che contiene le informazioni sulla posizione delle informazioni nel data base stesso e ne permette la ricerca.

inference inferenza
Procedimento deduttivo mediante il quale da una o più premesse si ricava una deduzione.

information informazione
Dato organizzato inserito nella memoria di un elaboratore elettronico.

informatics informatica
È la scienza che studia i sistemi per l'elaborazione automatica dei dati e la trasmissione dell'informazione tramite l'utilizzo dei calcolatori elettronici.

information superhighway autostrada dell'informazione
L'insieme di tutti i nuovi canali di comunicazione che utilizzano il computer come base di riferimento. Comprende tutti i computer, le linee telefoniche, le reti informatiche, Internet, i satelliti, i servizi on line: tutto quanto insomma permette la trasmissione e la ricezione di informazioni digitali.

infrared link collegamento a infrarossi
Sistema che permette a due computer oppure a un computer e una stampante di scambiarsi le informazioni usando un raggio a infrarossi per trasferire i dati.

initialization inizializzazione
Operazione con cui si assegnano o si riassegnano i valori iniziali alle variabili di un programma, prima di avviare l'elaborazione. L'inizializzazione di un disco è in pratica la sua formattazione.

to **initialize** inizializzare → ingl. *initialization*

ink-jet printer stampante a getto d'inchiostro
Stampante che per stampare spruzza l'inchiostro da piccoli fori creando piccoli punti sulla carta. Si dice che è una stampante senza impatto perché non fora né pressa la carta in fase di stampa.

input introduzione dei dati, ingresso dei dati; dati inseriti
1 L'operazione di immissione dei dati in un computer.
2 L'insieme stesso dei dati introdotti.

to **input** introdurre, immettere → ingl. *input*

inquiry interrogazione di un archivio, consultazione di un archivio
È una ricerca precisa di informazioni effettuata precisando le caratteristiche richieste in un insieme di dati, ad esempio all'interno di un data base.

insert inserto, dettaglio, pezzo inserito
Insieme di informazioni aggiunte, ad esempio un blocco di testo che viene copiato in un programma di videoscrittura.

to **install** installare
1 Copiare sull'hard disk i file che sono necessari a far funzionare un'applicazione o un programma software. Di solito le procedure di installazione sono gestite da un apposito programma (→ ingl. *set up program, installation program*) che si occupa del trasferimento dei file.
2 Inserire nel computer nuove apparecchiature interne, come ad esempio la scheda video, e salvare sull'hard disk i programmi necessari al loro funzionamento.

installation installazione, impianto →ingl. to *install*

installation program programma di installazione
Programma in grado di installare automaticamente un software sull'hard disk. Il programma di installazione è di solito realizzato specificatamente per un software e non può quindi essere usato per installarne un altro.

instant messages messaggi istantanei
Comunicazioni private fra due utenti che chiacchierano in rete all'insaputa degli altri utenti collegati.

instruction istruzione
Singolo ordine facente parte di un programma, che indica al computer un'operazione elementare da eseguire.

ISDN acronimo di *Integrated Services Digital Network* (ISDN rete per servizi digitali integrati)
Sistema completamente digitale che permette di trasmettere segnali vocali e informazioni lungo la linea telefonica digitale utilizzando un adattatore apposito. È una linea che riesce a trasmettere molto più velocemente delle tradizionali linee telefoniche analogiche ed è quindi molto adatta a inviare e ricevere immagini, file audio e in genere file di grandi dimensioni. Per collegarsi via ISDN è necessario sottoscrivere l'apposito abbonamento e corrispondere un canone mensile.

integrated circuit circuito integrato
Componente elettronico formato da un insieme di microscopici circuiti connessi tra loro su una sottile piastra di silicio, per formare un unico circuito molto complesso in grado di svolgere più funzioni. È di dimensioni ridottissime.

intelligent agent agente intelligente
Programma che lavora per cercare informazioni utili in rete e funge da assistente personale per l'utente, aiutandolo a non perdersi nella navigazione. Gli agenti lavorano in modo periodico e automatico, senza bisogno di essere attivati e, una volta raggiunto l'obiettivo, comunicano i risultati all'utente. Sono agenti ad esempio i programmi che filtrano i messaggi di posta elettronica o i sistemi di ricerca personalizzati in Internet.

interactive computer computer interattivo
Computer con cui l'utente può interagire, ovvero inviare domande e ricevere risposte su cui poi modellare il proprio comportamento successivo.

interactivity interattività
Caratteristica di un computer o di un titolo multimediale che permette all'utente di interagire, di scegliere tra le diverse opzioni proposte e di controllare i suoi progressi durante l'utilizzo. L'utente può interagire utilizzando il mouse o digitando sulla tastiera. Un gioco interattivo, ad esempio mette l'utente nella condizione di fare delle scelte, ciascuna delle quali attiverà una diversa evoluzione del gioco. A seconda della scelta, l'utente fa quindi diverse esperienze che deve memorizzare per continuare a giocare.

interface interfaccia
1 Elemento di connessione (connettore o scheda) tra dispositivi hardware, finalizzato a consentire lo scambio dei dati.
2 La parte del programma software, detta anche interfaccia utente (→ ingl. *user interface*), che permette all'utente di interagire con il computer, cioè di comunicare le sue azioni (come ad esempio cliccare su un'icona, premere un bottone e così via). Le interfacce più recenti sono realizzate con elementi grafici di facile comprensione anche per utenti non esperti.

to **interface** connettere, collegare
Mettere due computer o due periferiche in grado di comunicare tra di loro.

Internet Internet
È la rete delle reti: comprende un vasto insieme di reti di computer, collegate tra loro e distribuite in tutto il mondo, e forma la rete di computer più vasta del mondo. Nata come → ingl. *Arpanet* alla fine degli anni Sessanta per scopi militari e governativi, con il diffondersi prima delle reti universitarie e di quelle aziendali poi, è diventata la più diffusa rete di comunicazione del mondo. Dà la possibilità di trasferire e ricevere informazioni in tempi brevissimi da un estremo all'altro della terra, grazie ai programmi di posta elettronica e di trasferimento dati. Comprende il → ingl. *World Wide Web*, il più esteso sistema di documenti ipertestuali. Per trasmettere i dati utilizza uno specifico protocollo di trasmissione, → ingl. *IP*.

to **interlace** interlacciare → ingl. *interlacing*

interlacing interlacciamento
Metodo per costruire un'immagine video con l'utilizzo di due passaggi sull'intero schermo. Ogni passaggio mostra una serie di linee alterne e la metà delle informazioni necessarie per creare l'immagine intera in un tempo minore di quello impiegato da un passaggio completo. Permette di ridurre il più possibile lo sfarfallio (→ingl. to *flicker*). È un metodo in uso nei monitor di bassa qualità.

interleaving interfoliazione, interallacciamento
Metodo che permette di trasferire i dati su tracce alterne nell'hard disk in modo da rallentare la velocità di trasmissione dei dati adattandola a un processore più lento.

interpreter programma interprete, programma traduttore
Programma che traduce ed esegue il codice dei programmi scritti con linguaggi di alto livello. Tali linguaggi infatti non sono immediatamente comprensibili dal microprocessore e per essere eseguiti devono essere trasformati in linguaggio macchina.

interrupt segnale di interruzione
Segnale elettronico generato da un dispositivo che segnala che si è verificato un evento che richiede l'attenzione del processore; il processore interrompe l'esecuzione, salva la sua attività corrente e passa alla gestione dell'interruzione.

intranet intranet
Rete privata di computer di una azienda, che utilizza per scopi aziendali la stessa tecnologia di Internet e fornisce gli stessi servizi, come ad esempio la possibilità di usufruire della posta elettronica, di intervenire nei gruppi di discussione. L'utilizzo di una intranet permette all'azienda di avere i vantaggi di Internet senza correre i rischi di essere connessi direttamente a Internet (ad esempio ricevere virus o un'intrusione di hacker).

invalid non valido, scorretto, erroneo
Entrata o immissione di dati non valida, scorretta. Se ad esempio viene richiesto di completare un campo digitando una data e per errore viene inserito un nome, l'immissione verrà respinta come non corretta.

IP acronimo di *Internet Protocol* (IP-protocollo Internet)
Parte del protocollo → ingl. *TCP/IP* utilizzato per il trasferimento dei dati in Internet, l'*Internet protocol* definisce come i dati debbano essere suddivisi nei vari pacchetti per poter essere trasmessi e gli indirizzi dei singoli pacchetti di dati. In questo modo i pacchetti giungono a destinazione e il computer ricevente è in grado di ricostruire il messaggio ricevuto riassemblando nel modo corretto i pacchetti dei dati.

IP address indirizzo IP
Indirizzo numerico che identifica in modo univoco un computer collegato a Internet. Viene utilizzato ogni volta che ci si collega a Internet.

ISP acronimo di *Internet Service Provider* (fornitore di servizi Internet)
Organizzazione o società che forniscono agli utenti l'accesso a Internet e una serie di servizi collegati, come ad esempio la casella per ricevere la posta elettronica o la possibilità di ospitare un sito Web.

iteration iterazione
Ripetizione di un comando o di un processo per un numero finito o infinito di volte.

J

to **jack in** collegarsi
Collegarsi a Internet inserendo un connettore (ingl. *Jack*) nell'apposita presa.

jaggies jaggies
Termine gergale che definisce i bordi scalettati di immagini e linee curve, o di caratteri tondi.

Java Java
Linguaggio di programmazione ad alto livello sviluppato dalla Sun Microsystem nel 1995. Come il C++ è un linguaggio di programmazione ad oggetti, è però decisamente più semplice e presenta il vantaggio di poter essere eseguito su qualsiasi computer (ingl. *platform independent language*). I programmi scritti in Java possono essere infatti letti da qualsiasi computer, dotato di un interprete Java, senza che sia necessario effettuare conversioni, e sono inoltre estremamente compatti e quindi adatti ad essere trasmessi in rete.

jewel box scatola
È la scatoletta quadrata di plastica trasparente che contiene i CD e i CD-Rom.

job lavoro
Indica tutti i compiti svolti dal computer.

job queue coda dei lavori
Indica tutti i lavori che vengono eseguiti in modo automatico, uno dopo l'altro, dal computer.

to **join** unire
Aggiungere ai contenuti di una tabella quelli di un'altra che in qualche modo contiene dati di tipo simile.

joystick joystick
Dispositivo di input utilizzato per controllare l'azione durante i videogame. È costituita da una leva che si muove in tutte le direzioni e serve per puntare o muoversi verso gli oggetti o i personaggi del gioco. Sulla leva e intorno ad essa ci sono anche dei bottoni e dei pulsanti che servono per far fare al personaggio principale, che rappresenta l'utente, azioni di diverso tipo, come ad esempio saltare, correre, lanciare oggetti o sparare.

JPEG acronimo di *Joint Photographics Experts Group* (JPEG-comitato di esperti di fotografia)
Standard che definisce uno dei metodi più utilizzati per salvare le immagini grafiche fisse in un formato compresso. Grazie all'alto livello di compressione il JPEG è uno dei formati più utilizzati per rappresentare i file grafici in Internet. Il termine deriva dal comitato che ha stabilito l'algoritmo di compressione.

jukebox jukebox
Lettore di CD-Rom in cui è possibile inserire più di un disco alla volta, in modo che vengano caricati sul computer uno dopo l'altro.

jump salto; rinvio
1 Passaggio da un'istruzione all'altra all'interno di un programma.
2 Passaggio da un pagina ad un'altra ottenuto cliccando su una parola o un'area attiva (→ ingl. *hyperlink*) in una pagina di un sito Web o di un titolo multimediale.

to **jump** fare un salto; fare una diramazione → ingl. *jump*

jumper ponte, ponticello

Piccolo collegamento elettrico in metallo e plastica che collega due punti di un circuito, proprio come un piccolo ponte.

junk mail posta inutile (letteralmente spazzatura)

Tutti i messaggi indesiderati che arrivano con la posta elettronica (ad esempio pubblicità non richiesta). Esistono dei filtri (→ ingl. *e-mail filter*) che consentono all'utente di rinviare al mittente i messaggi di questo tipo.

K

kernel nucleo

Parte centrale del sistema operativo, cioè l'insieme dei programmi che vengono caricati in memoria quando si accende il computer e che gestiscono le principali operazioni di accesso all'hardware.

kerning spaziatura

Spaziatura fra i caratteri che fa in modo che risultino posizionati in modo regolare. Se infatti si assegna ad ogni carattere lo stesso spazio, accostando lettere tonde come la "a" e lettere strette come la "i" risulterebbero dei buchi antiestetici all'interno della parola. Regolarizzare la spaziatura significa quindi ridurre gli spazi intermedi fra le lettere in modo che non ci siano buchi.

key tasto, pulsante, criterio di ordinamento; codice, chiave

1 Ognuno dei singoli pulsanti che compongono la tastiera.

2 Chiave per accedere a un codice criptato.

keyboard tastiera

Tastiera del computer composta da tasti con le lettere dell'alfabeto, tasti con i numeri dallo zero al nove e tasti speciali con simboli e funzioni diverse. Esistono tastiere con diverse disposizioni dei tasti corrispondenti alle diverse lingue (→ ingl. *qwerty*).

keystroke keystroke

L'azione di premere contemporaneamente più tasti. Alcune operazioni per essere eseguite richiedono infatti che si debbano premere alcuni tasti con le lettere dell'alfabeto insieme ad altri tasti speciali (ad esempio premendo il tasto Ctrl, → ingl. *control key*, abbinato alla lettera "x" si effettua una operazione di cancellazione).

keyword parola chiave → ingl. *password*

to **kill** fermare un'elaborazione; sopprimere una procedura

1 Cancellare un file dall'hard disk buttandolo nel cestino.

2 Interrompere un programma software.

kill file file di filtro automatico

File che riesce a selezionare i messaggi di posta elettronica in base al mittente, bloccando quelli indesiderati (→ ingl. *junk mail*)

killer application applicazione killer (letteralmente applicazione assassina)

Applicazione così avanzata da rappresentare una reale innovazione e in grado di offrire agli utenti vantaggi tali da soppiantare tutte le applicazioni concorrenti già presenti sul mercato. Il termine viene anche usato ironicamente per definire quei prodotti che vengono annunciati come rivoluzionari ancora prima di essere sul mercato e che spesso poi non vengono nemmeno realizzati.

kilobyte kilobyte

Unità di misura usata per quantificare lo spazio di memoria sui dischetti, in memoria o sull'hard disk. È la quantità occorrente per contenere 1024 lettere, cifre e simboli.

kiosk chiosco informatico

Computer messo a disposizione del pubblico che può utilizzarlo per ottenere alcune informazioni. Ad esempio, nelle stazioni ferroviarie delle grandi città si possono trovare chioschi che forniscono tutte le informazioni sugli alberghi e i ristoranti della zona. Sono organizzati in forma di data base e l'utente deve solo fornire le sue richieste per avere in risposta una lista di elementi scelti in base ad esse. Spesso l'utente per selezionare le informazioni deve premere con un dito su un apposito video (→ ingl. *touchscreen*) e non sulla tastiera.

kludge kludge

Soluzione improvvisata e di solito poco elegante per risolvere un problema o rimediare a un difetto di un programma o di un'applicazione.

knowbot knowbot

Programma di catalogazione e raccolta. La parola è composta dai termini inglesi *knowledge*, conoscenza, e *robot*, e indica un software intelligente progettato per comportarsi in modi diversi a seconda delle situazioni che gli si presentano.

L

label etichetta; identificatore

1 In programmazione è l'insieme dei simboli che denota una particolare istruzione di un programma.

2 Il nome normalmente assegnato a un disco durante la formattazione. Per assegnarne uno nuovo si può usare l'apposito comando Rename oppure (nei sistemi operativi a partire da Windows 95 in poi) selezionare l'icona del dischetto, aprire la finestra che contiene le sue proprietà e digitarvi il nuovo nome da assegnare come etichetta.

3 In un foglio elettronico (→ ingl. *spreadsheet*), il testo inserito nelle celle che compongono il foglio stesso.

LAN acronimo di *Local Area Network* (LAN-rete locale di computer)

Rete che collega una serie di computer vicini fisicamente l'uno all'altro, ad esempio nello stesso ufficio o nella stessa scuola. C'è un computer centrale (→ ingl. *host*) che presiede al funzionamento della rete. È un computer molto veloce dotato di più dischi fissi su cui sono conservati i programmi software. Gli altri computer collegati in rete possono accedere a quello centrale per utilizzare i programmi disponibili. È il contrario di WAN (ingl. *Wide Area Network*) che identifica invece reti di computer disposti in zone geograficamente lontane fra loro.

landscape orientation orientamento orizzontale

Orientamento orizzontale del documento che viene usato, ad esempio nei programmi di videoscrittura o nei fogli elettronici, quando i dati da stampare sono sviluppati in larghezza piuttosto che in altezza, come ad esempio un diagramma oppure un'immagine rettangolare con la base più lunga dell'altezza.

language linguaggio

Il termine viene usato come sinonimo di linguaggio di programmazione (→ ingl. *programming language*) e identifica un sistema per comunicare, costituito da un insieme di simboli e di regole definite, che permettono di dare istruzioni al computer per lo svolgimento di sequenze di operazioni. Esistono vari tipi di linguaggi: ad esempio i linguaggi di alto livello, che sono quelli più simili come struttura a quello umano e rendono quindi molto più semplice la programmazione, il linguaggio macchina, che invece è il linguaggio proprio dei microprocessori e si compone di un determinato insieme di istruzioni macchina, costituite da sequenze di cifre binarie (0 e 1).

laptop computer computer portatile (letteralmente da grembo)

Computer di dimensioni così ridotte da poter stare agevolmente in grembo. Si apre a libro ed è dotato di schermo a cristalli liquidi (→ ingl. *LCD*). Viene alimentato sia con la corrente elettrica sia con una batteria ricaricabile e per questo è usato soprattutto da persone che si spostano di frequente.

laser acronimo di *Light Amplification by Stimulated Emission of Radiation* (laser-amplificazione di luce per emissione stimolata di radiazioni)

Dispositivo elettronico che crea un fascio di luce monocromatica ed è in grado di dirigersi su un bersaglio in modo molto preciso. Le applicazioni del laser sono numerose: dalla medicina alla tecnologia. Nei computer viene utilizzato nelle stampanti e per la lettura dei CD-Rom.

laser printer stampante laser

Stampante molto veloce che utilizza un raggio laser per produrre documenti stampati molto simili come qualità a quelli che escono dalle tipografie. La qualità della stampa viene misurata in punti per pollice (→ ingl. *dots per inch*, dpi). La maggior parte delle stampanti laser stampa a 300 dpi o più. Con l'aumentare dei punti per pollice, cresce la qualità della stampa. La velocità di stampa viene misurata nel numero di pagine al minuto (ingl. *pages per minute*, ppm). L'inchiostro usato da questo tipo di stampante si chiama → ingl. *toner* ed è contenuto in una cartuccia di forma allungata che va inserita nello spazio apposito all'interno della macchina. La stampante laser è anche dotata di memoria che le consente di stampare elementi grafici e diversi tipi di font sulla stessa pagina.

latency latenza

1 Tempo impiegato dai dati per viaggiare lungo la rete oppure in Internet per raggiungere il destinatario.

2 Tempo che intercorre dal momento in cui viene dato al computer un comando a quello in cui il comando viene effettivamente eseguito.

to **launch** lanciare

Far partire un programma dandogli disposizione di eseguire una serie di istruzioni.

layout disposizione; tracciato, schema; pianta

1 Disposizione dei tasti sulla tastiera del computer. Varia da paese a paese, ad esempio negli USA e in Gran Bretagna si usa il tipo *qwerty*, nome che deriva dalle prime cinque lettere dell'alfabeto che si trovano sulla tastiera a partire dall'alto a sinistra.

2 Modo di utilizzare un foglio di carta. Ci sono due disposizioni di base: orizzontale, ovvero con il lato più lungo in posizione orizzontale (→ingl. *landscape*), oppure verticale, cioè con il lato lungo in posizione verticale (→ingl. *portrait*).

3 Disposizione degli elementi grafici che costituiscono un documento, come ad esempio il testo, i margini, le immagini, lo sfondo e così via.

LCD acronimo di *Liquid Crystal Display* (schermo a cristalli liquidi)

Schermo a cristalli liquidi che viene utilizzato di solito sui computer portatili, poiché è più piccolo, più leggero e consuma meno energia.

LED acronimo di *Light Emitting Diode* (LED-diodo emettitore di luce)

Componente elettronico che emette luce al passaggio della corrente elettrica. I led vengono usati nei computer e nelle stampanti come indicatori del loro funzionamento.

library libreria, biblioteca

Raccolta di elementi pronti per l'utilizzo. Serve a raccogliere una serie di strumenti come programmi, applicazioni, font ma anche immagini (→ingl. *clip-art*), suoni in modo che siano disponibili ed accessibili in breve tempo. Esistono molte librerie su CD-Rom o in Internet sia a pagamento sia libere da diritti.

light pen penna ottica

Strumento dalla forma di penna che, grazie al sensore ottico presente sulla sua punta, consente di disegnare direttamente sul video e a mano libera. Il sensore appoggiato sul video rileva la posizione della penna e la invia al software che la elabora.

link collegamento

Connessione o rimando presente all'interno di un ipertesto, sia in un titolo multimediale sia in una pagina di un sito Web che permettono all'utente di navigare all'interno delle informazioni. Si tratta di parole o immagini attive, di solito evidenziate in qualche modo (ad esempio con un colore diverso o con un effetto di intermittenza) che, quando vengono cliccate, rimandano ad un altro documento.

to **link** collegare

Connettere un computer via rete ad un altro computer remoto.

linker collegatore

Software che serve per collegare tra loro i dati e le parti di un programma.

list (box) lista

Finestra che contiene la lista delle opzioni e degli elementi disponibili e selezionabili dall'utente. Una lista lunga può essere fatta scorrere con l'aiuto di una barra di scorrimento (→ingl. *scroll bar*).

ListServ ListServ

Software che gestisce elenchi di indirizzi di posta elettronica usato dalla maggior parte dei gruppi di discussione. Permette di inviare automaticamente lo stesso messaggio a liste di indirizzi predefinite.

to **load** caricare

Copiare da un disco nella memoria RAM (ingl. *Random Access Memory*) del computer i file che servono a far funzionare un programma software. È un processo che si svolge automaticamente ogni volta che l'utente decide di eseguire un software.

loader programma caricatore

Programma che esegue il caricamento di un software e il suo avvio.

lock blocco dei dati; protezione dei dati

Sistema usato per impedire in generale l'uso di dati. Ad esempio, per evitare che i dati contenuti su un dischetto siano danneggiati o manomessi, c'è un piccolo pulsante a scatto che si trova in basso a destra sul retro del dischetto: tirandolo verso il basso si assicura la protezione dei dati contenuti.

lockware lockware

Programmi disponibili dietro pagamento di diritti (→ ingl. *shareware*) che si possono scaricare da Internet ma non utilizzare fino a quando non viene fornita una chiave apposita per sbloccare il software.

to **log in** connettersi, collegarsi

Entrare in un sistema in rete facendo richiesta di connessione (→ingl. *login/logon*).

to **log out** disconnettersi, scollegarsi

Uscire da un sistema in rete dopo aver avvertito il computer centrale con una apposita richiesta di scollegamento (→ingl. *logoff/logout*).

login, logon richiesta di connessione

È la fase di richiesta di accesso a programmi o a dispositivi collegati in rete. Quando si chiede la connessione occorre inserire un codice per l'identificazione dell'utente (→ingl. *user ID*) e una parola chiave (→ingl. *password*) che vengono inviate al computer centrale che controlla l'abilitazione all'accesso dell'utente prima di permettere o vietare la connessione. Per estensione, questa parola è passata ad identificare direttamente l'insieme del codice e della parola chiave.

logoff/logout richiesta di scollegamento

È la fase di richiesta di disconessione da una rete. Per poter interrompere un collegamento occorre inviare al computer centrale una richiesta tramite un comando specifico; lo scollegamento avviene subito dopo la richiesta.

loop ciclo, iterazione; sequenza di istruzioni

Sequenza di istruzioni che viene automaticamente ripetuta dal computer. Si può anche inserire una sequenza all'interno di un'altra e in questo caso si dice che è annidata.

lossless compression compressione dei dati senza perdita di qualità, compressione dei dati senza degradazione

Metodo di compressione delle immagini che permette di ridurre le dimensioni dei file senza che vi sia una perdita di qualità. L'inconveniente è che in questo caso le immagini non si possono ridurre di molto e quindi le loro dimensioni e peso restano consistenti (ad es. GIF).

lossy compression compressione dei dati con perdita di qualità, compressione dei dati con degradazione

Metodo di compressione delle immagini che permette di ridurre moltissimo le dimensioni dei file, provocando però una perdita di qualità. In questo modo le immagini occupano meno memoria e sono più facilmente trasferibili via rete ma vengono perse alcune informazioni, per esempio alcune sfumature di colore. Un formato di compressione di questo tipo è il ingl. → *JPEG*.

to **lurk** consultare un gruppo di discussione

Entrare in un gruppo di discussione e leggere i vari interventi pervenuti senza però intervenire né inviare alcun messaggio aggiuntivo di commento. Deriva dal verbo inglese to *lurk*, restare nascosti, spiare.

M

machine code codice macchina

Linguaggio scritto in codice binario che l'unità centrale dei computer (→ ingl. CPU *Central Processing Unit*) può leggere e interpretare per svolgere le operazioni richieste dagli utenti.

macro/macroinstruction macroistruzione

Serie di comandi o di operazioni che ogni utente può creare e memorizzare per eseguire successivamente in modo automatico compiti ripetitivi. Ad esempio nei programmi di videoscrittura l'utente può utilizzare una macro per creare i vari modelli di lettera e in questo modo, tutte le volte che dovrà produrre una lettera potrà usare direttamente la macro per ottenere il modello voluto.

MacOS acronimo di *Mac Operating System* (sistema operativo Macintosh)

Sistema operativo dei computer Macintosh.

magneto-optical disk disco magneto-ottico

Disco ottico su cui si possono registrare dei dati. Su questo tipo di disco i dati si possono scrivere, cancellare e riscrivere più volte. Viene utilizzato per l'archiviazione dei dati. È necessario un apposito lettore.

to **mail merge** unire file di posta

È l'operazione tramite cui, in alcuni programmi di videoscrittura e di posta elettronica, è possibile abbinare automaticamente un file di indirizzi ad un file di una lettera standard. In questo modo è possibile inviare lo stesso messaggio a molte persone in una volta sola.

mailbomb bombardamento di posta elettronica

Grande quantità di messaggi di posta elettronica mandati ad uno o più utenti in rete con lo scopo di sovraccaricare il nodo ricevente fino a bloccarlo. Di solito si usa come risposta a una palese violazione del galateo della rete (→ ingl. *netiquette*).

mailbox casella postale

Casella per ricevere i messaggi di posta elettronica. È un servizio offerto in genere dai → ingl. *service provider* che sui loro server lasciano parte della memoria disponibile per gli utenti. Occorre consultare periodicamente e piuttosto spesso la casella di posta elettronica per scaricare i propri messaggi, infatti i *provider* mantengono in memoria i messaggi solo per un certo periodo di tempo e poi li cancellano. Inoltre è meglio non tenere la casella di posta elettronica troppo piena di messaggi, ma leggerli periodicamente, archiviando quelli da conservare e buttando quelli ormai inutili.

mail server mail server

Computer che raccoglie la posta elettronica in arrivo per smistarla al corretto destinatario e che raccoglie la sua posta in uscita per inviarla ai server a cui sono destinati.

mainframe elaboratore centrale

Elaboratore multiutente di grande potenza che può far funzionare molti programmi contemporaneamente. I programmi, a loro volta, sono disponibili per centinaia di persone, collegate in rete, che li possono utilizzare anche nello stesso momento. I mainframe sono di solito usati dalle agenzie governative, dalle grandi aziende e dalle banche e da tutti coloro che hanno la necessità di gestire grandi quantità di informazioni il più velocemente possibile. Sono molto costosi, molto veloci e di grandi dimensioni.

map mappa

Rappresentazione dei dati archiviati in memoria.

mask maschera

1 Schema elettronico in cui si inseriscono o si modificano le informazioni che vanno a costituire un data base.

2 Strumento in plastica da sovrapporre alla tastiera e che riporta i comandi relativi ai vari tasti funzione. Viene usata dagli utenti che stanno imparando a usare un programma.

matrix matrice

1 Serie di dati ordinati secondo un modello a colonne e righe. I fogli elettronici utilizzano la struttura a matrice.

2 L'insieme dei punti che rappresentano un'immagine, sia a video sia in stampa. Riferito ai monitor a cristalli liquidi, può essere di due tipi: matrice attiva o passiva. Nei monitor a matrice attiva i pixel sono spenti o accesi uno per uno e non riga per riga come nei monitor a matrice passiva. Ne risultano immagini di qualità migliore.

to **maximise** massimizzare

Ingrandire una finestra fino a portarla a pieno schermo. È una funzione presente in tutti i sistemi operativi grafici. È il contrario di minimizzare (→ingl. *minimize*).

megabyte megabyte

Quantità di memoria RAM necessaria a contenere 1.048.576 lettere, cifre o simboli. Corrisponde a 1.048.576 byte. Si abbrevia in Mb.

megahertz megahertz

Unità di misura corrispondente a un milione di cicli al secondo, utilizzata per misurare la velocità di un computer. Si abbrevia in MHz.

memory memoria

L'area dove possono essere memorizzate le informazioni che un computer può elaborare. È uno degli elementi fondamentali del computer. Esistono due tipi di memoria:

• memoria di sola lettura (ingl. ROM, *Read-Only Memory*) che è una memoria non volatile, in cui le informazioni sono memorizzate in modo permanente dai produttori e non vengono perse quando si spegne il computer.

• memoria ad accesso casuale (ingl. RAM, *Random Access Memory*), è la memoria di lavoro del computer, viene usata per far girare i programmi, è temporanea e il suo contenuto si cancella con lo spegnimento del computer. L'ampiezza e il numero di programmi che un computer può eseguire dipendono dalla quantità di memoria installata.

La memoria si misura in →kilobyte o, più spesso, in →megabyte.

menu menu

Lista delle opzioni disponibili in un software o in un titolo multimediale. Ogni elemento della lista può essere selezionato e quindi attivato. Il menu può essere suddiviso in sezioni che insieme compongono la barra del menu (ingl. *menu bar*). Esistono due tipi diffusi di menu: quello a tendina (→ ingl. *drop down menu*) e a cascata (→ ingl. *pull down menu*). In quelli a tendina basta cliccare sul menu perché si apra subito la lista delle opzioni. In quelli a cascata (usati nel sistema Macintosh) si punta il cursore sul menu e lo si trascina verso il basso tenendo premuto il bottone del mouse.

message messaggio, nota, annuncio, avvertimento

Tutti i tipi di messaggio elettronico. Si possono inviare messaggi a una bacheca elettronica oppure a un servizio di collegamento a Internet. Anche il computer può inviare messaggi all'utente: sono di solito finestre di avvertimento che evidenziano qualche malfunzionamento o delle inesattezze nello svolgimento delle operazioni.

microcomputer microcomputer, microcalcolatore

È il nome più tecnico per definire il personal computer. Infatti, i primi computer degli anni Quaranta occupavano una stanza intera mentre oggi sono di dimensioni notevolmente più ridotte. Negli anni Settanta e Ottanta questo termine indicava i computer che contenevano i chip di microprocessori e quindi i personal computer. Adesso tutti i computer contengono microchip ma il termine è rimasto legato ai PC.

microprocessor microprocessore

È il cervello del computer, di solito si tratta di un solo chip, che svolge tutte le operazioni di gestione e di controllo (unità centrale di elaborazione, CPU) del computer. Questa struttura determina la velocità di lavoro del computer e la quantità di informazioni che possono essere elaborate contemporaneamente.

MIME acronimo di *Multipurpose Internet Mail Extensions* (MIME-estensioni multiuso per la posta in Internet)

Protocollo che permette ai messaggi di posta elettronica di contenere non solo testo ma anche vari tipi di media (audio, video, immagini e così via).

minicomputer minielaboratore

Un computer più piccolo di un mainframe ma più grande di un personal computer. Questo tipo di computer conobbe una grande popolarità negli anni Settanta e Ottanta ma oggi i mini computer sono stati soppiantati dai PC e dalle reti di PC.

to **minimize** ridurre a icona

Nei sistemi con interfacce grafiche, significa ridurre la finestra di un'applicazione a icona, in modo che continui a funzionare sullo sfondo, ma che non sia più la finestra attiva. In questo modo si possono far funzionare più applicazioni contemporaneamente. È il contrario di massimizzare (→ ingl. *maximize*).

mirroring procedura per la duplicazione di un disco

Procedura di duplicazione di un disco, che permette di creare una copia esatta di tutto il contenuto del disco stesso, al fine di avere una copia di riserva in caso di guasti. Si usa spesso in Internet per duplicare il contenuto di un sito Web.

mode modalità

Sistema di funzionamento di un software o di un hardware basato sulle istruzioni del programma oppure sulle impostazioni date dall'utente.

modem modem (deriva dall'ingl. *modulator/demodulator,* modulatore/demodulatore)

È un apparecchio che consente al computer di comunicare con altri computer tramite le linee telefoniche. Infatti è in grado di commutare i dati digitali in uscita da un computer in dati analogici per farli passare attraverso le linee telefoniche e, al contrario, è in grado anche di riconvertire i dati analogici che riceve in dati digitali da inviare al computer. Per usare il modem occorre anche un apposito software di comunicazione. Esistono modem esterni e modem interni da collegare o inserire nel computer.

monitor monitor

Parte essenziale del computer che contiene lo schermo e somiglia a una televisione. Sul monitor l'immagine è composta da piccoli punti chiamati → ingl. *pixel.*

morph/morphing morphing, cambiamento di forma

Speciale tecnica che con appositi programmi grafici consente di trasformare un oggetto o un'immagine in un altro oggetto o immagine in modo graduale. Deriva dalla parola metamorfosi. È come se due immagini o due oggetti tridimensionali si fondessero fino a diventare uno solo.

motherboard scheda madre

È la scheda che contiene il microprocessore, i chip della memoria RAM e gli alloggiamenti (→ingl. *slot*) in cui inserire le schede di espansione.

MPEG acronimo di *Motion Picture Experts Group* (MPEG-comitato di esperti di immagini in movimento)

Formato di compressione di file video che offre una qualità eccellente con una occupazione di spazio relativamente piccola. I file video che si trovano su Internet sono spesso salvati in questo formato, che viene usato anche per registrare interi film su CD.

mouse mouse (letteralmente topo)

Piccola scatoletta di plastica collegata con un filo al computer che serve per muovere il puntatore sullo schermo. Può avere uno, due o anche tre bottoni e si sposta facendole scorrere sulla superficie della scrivania grazie a una pallina che si trova sotto. Con il mouse si possono eseguire diverse operazioni: cliccare sulle aree attive, trascinare parti di testo o le icone dei programmi. Non tutti i programmi sono progettati per l'utilizzo del mouse.

mouse pad tappetino per il mouse
Tappetino in plastica o in gomma progettato per far scorrere più velocemente e agevolmente il mouse.

multimedia multimedia
Qualsiasi programma o titolo che giri su di un computer e usi una combinazione di testi, foto, immagini di vario tipo, audio, effetti speciali, video, animazioni e software.

multiprocessing multiprogrammazione
Azione contemporanea di molti microprocessori contenuti nello stesso computer.

multiprocessor multiprocessore
Computer su cui funzionano in contemporanea più unità centrali di elaborazione (→ ingl. *CPU Central Processing Unit*).

multitasking concorrenza
Esecuzione contemporanea di due o più programmi. I computer che hanno sistemi operativi come ad esempio Windows 95 e NT e Unix sono detti multitasking perché riescono a far girare contemporaneamente più di un programma o svolgere più di un compito alla volta (ad esempio è possibile giocare a un videogioco mentre si stampano dei documenti o si salvano dei dati).

multi-user multiutente
Sistema computerizzato che può essere utilizzato da più utenti contemporaneamente.

N

name nome, identificatore, indicatore
Descrizione che viene data ai file, alle cartelle oppure anche a dispositivi come stampanti o computer collegati in rete, per identificarli. Per cambiare un nome in una directory o sulla scrivania basta posizionarvi sopra il cursore e cliccare una volta: il nome verrà evidenziato e vi si potrà digitare sopra quello nuovo.

name server name server
È il software che converte i nomi di dominio nei corrispondenti indirizzi del protocollo Internet (→ ingl. *IP*) che identificano in modo univoco il computer su cui è presente il sito.

narrowcasting trasmissione a gruppi ristretti
Trasmissione di informazioni a gruppi ristretti di utenti che permette di effettuare operazioni di marketing di nicchia, in quanto si rivolge a poche persone selezionate.

to **navigate** navigare
Esplorare, spostarsi e consultare in modo interattivo dati, programmi o uno spazio virtuale, passando tramite rimandi ipertestuali (→ ingl. *link*) da un documento all'altro o da una pagina all'altra, come avviene in un titolo multimediale o in un sito Web.

navigation navigazione
Esplorazione interattiva di un titolo multimediale o di un sito Web (→ingl. to *navigate*).

navigation button bottone di navigazione
Bottone ipertestuale che consente la navigazione all'interno di un titolo multimediale o di un sito Web. Normalmente cliccando su un bottone di questo tipo si aprono altre sezioni del titolo oppure si sfogliano le pagine del sito Web che si sta visitando.

nerd nerd
Termine gergale che si riferisce a una persona che è talmente ossessionata dal computer e dalle nuove tecnologie che raramente pensa a qualcos'altro.

net rete
Abbreviazione di → ingl. *Internet*.

netiquette netiquette, galateo di rete
Termine che deriva dalla fusione delle parole inglesi *net* (rete) ed *etiquette* (etichetta). Definisce l'insieme delle regole di comportamento che si devono osservare quando si naviga in Internet. Sono regole necessarie per mantenere l'ordine e il rispetto in una comunità che, essendo virtuale, potrebbe più di altre essere soggetta a una certa anarchia. Si tratta di regole piuttosto semplici (come ad esempio non scrivere con le lettere maiuscole perché è come se si urlasse, non inviare messaggi troppo lunghi o inutili, non inviare messaggi pubblicitari non richiesti e così via), ma chi non le osserva viene severamente redarguito (→ ingl. *flame* e *mailbomb*).

netizen netizen, cittadino della rete
Termine che identifica i membri della comunità virtuale di Internet, soprattutto quelli che partecipano attivamente ai gruppi di discussione (→ingl. *newsgroup*) o alle bacheche elettroniche (→ ingl. *BBS*).

network rete
Insieme di computer e/o di periferiche connesse tra di loro tramite cavi elettrici o telefonici, in modo da potersi scambiare informazioni e condividere le risorse comuni sia hardware sia software. La maggior parte delle reti ha uno o più computer centrali (detti → ingl. *host* o anche → ingl. *server*) che tengono in memoria dati e programmi software. Quando un computer è connesso a una rete può utilizzare tutto quello che è conservato nel computer centrale ed avere accesso alle periferiche collegate come ad esempio le stampanti. Ci sono due tipi principali di rete: la rete detta pari a pari (→ ingl. *peer-to-peer network*) e la rete con archivio centrale (→ ingl. *client/server network*).

network administrator amministratore di rete
È la persona responsabile della progettazione e della gestione di una rete di computer.

network computer network computer
Nuovo tipo di computer progettato per far girare programmi in linguaggio Java e per accedere alle informazioni e ai programmi tramite un software di navigazione in rete. Ha una scrivania piccola e non è dotato di lettore per dischetti perché scarica da Internet o da un computer centrale tutti i software e le informazioni che gli occorrono per lavorare. Per questo motivo si tratta di un computer più semplice da usare e meno costoso di quelli diffusi attualmente. Inoltre è pensato per essere meglio gestibile all'interno di grandi aziende.

neural net rete neurale
Rete di circuiti logici hardware o software che emula i sistemi neurologici e biologici.

new media nuovi media
Un altro modo per definire i mezzi di comunicazione interattivi e multimediali (ingl. *interactive media* e → ingl. *multimedia*).

newbie utente novellino, neofita
Neofita di Internet, ovvero l'utente che ha cominciato da poco a interessarsi ad Internet e a navigare in rete. Di solito viene riconosciuto in fretta dagli utenti più esperti, perché viola facilmente le regole del galateo della rete (→ ingl. *netiquette*).

news server news server
Server che permette l'accesso ai gruppi di discussione per partecipare al gruppo e per consultare gli articoli inviati.

newsgroup gruppo di interesse, gruppo di discussione
Area o gruppo di discussione che si trova su Internet. Ogni gruppo si occupa di un particolare argomento di interesse comune e tutti vi possono partecipare inviando messaggi e leggendo le risposte e i commenti suscitati. Sono nati per mettere in contatto persone che avevano gli stessi interessi. All'inizio si sono sviluppati soprattutto in ambito accademico per potere condividere le scoperte e i progressi fatti. Attualmente le tematiche trattate comprendono praticamente tutto lo scibile umano: si va dalla medicina, alla filosofia, agli sport, a tutti gli hobby, al sesso.

newsreader news reader
Software che consente a un utente di prendere visione della lista dei gruppi di discussione, di leggere gli articoli inviati in ciascun gruppo e di inserirne di nuovi.

node nodo (di rete)
Ciascuna delle macchine o delle periferiche che sono connesse in una rete, come ad esempio una stampante o un computer.

non-volatile storage memoria non volatile
Memoria che continua a conservare le informazioni anche in mancanza di corrente elettrica, come ad esempio un disco magnetico o un hard disk. Al contrario la RAM (ingl. *Random Access Memory*) è un tipo di memoria volatile.

notebook computer computer notebook
Personal computer di dimensioni molto piccole, composto da uno schermo a cristalli liquidi, una tastiera e un'unità centrale di programmazione. Di solito ha il formato di un blocco note A4 (ingl. *notebook*, da cui deriva il nome) ed è molto leggero e facile da trasportare.

null modem cable cavo null modem
Sistema per connettere due computer tramite un cavo in modo che possano scambiarsi informazioni tra di loro senza utilizzare un modem.

number-cruncher calcolatore di grandi dimensioni
Termine gergale per identificare i mainframe.

numeric keypad tastiera numerica

Gruppo di tasti con i numeri che si trova nella parte destra della tastiera del computer. I tasti sono disposti come su una calcolatrice e vengono usati quando si devono digitare in fretta delle cifre, ad esempio quando si completano tabelle o fogli elettronici.

O

object-oriented orientato a oggetti
Sistema per creare un software in modo che ciascuna parte del programma sia un oggetto separato che lavora in modo indipendente e che può rispondere e reagire agli altri oggetti o agli eventi che si verificano all'interno del sistema.

octal ottale
Sistema di numerazione in base 8.

OCR acronimo di *Optical Character Recognition* (OCR-riconoscimento ottico di caratteri)
Software che trasforma le immagini bitmap dei testi scansiti in caratteri che possono essere editati con un programma di videoscrittura. Il software legge un carattere per volta di un testo e cerca di identificarlo fra tutte le lettere dell'alfabeto. Dopo aver riconosciuto tutte le lettere, il software passa a controllare le parole che si sono formate confrontandole con quelle contenute nel suo personale dizionario elettronico, stilando poi una lista delle parole che non riesce a trovare.

to **oem** vendere direttamente a un altro venditore → ingl. *OEM*

OEM acronimo di *Original Equipment Manufacturer* (OEM-produttore originario di apparecchiature)
Azienda che produce elementi base hardware e software che possono poi essere utilizzati anche da altre aziende per la produzione delle loro apparecchiature.

off-line non in linea
1 Significa che un computer in rete non è per il momento connesso a un altro computer.
2 Riferito alla consultazione di un sito, significa invece che l'utente sta sfogliando le pagine sito, dopo averle scaricate sul proprio computer ed essere uscito dalla connessione a Internet.

office automation automazione d'ufficio
Modernizzazione di un ufficio effettuata tramite l'introduzione dell'informatica e dei computer per lo svolgimento di alcune delle attività prima eseguite manualmente. Prevede, ad esempio, che l'archiviazione venga affidata a un programma di data base e la contabilità a un programma per l'elaborazione dei dati amministrativi e finanziari.

on line collegato
Pronto per funzionare, per ricevere istruzioni. Ad esempio una stampante è on line se è collegata al computer e pronta per stampare i documenti che le verranno inviati.

online in linea, interattivo
Essere online significa essere connessi in rete via modem e pronti, ad esempio, a ricevere ed inviare messaggi di posta elettronica.

online help guida in linea
Istruzioni sul funzionamento di un software del computer, che si possono consultare mentre si sta utilizzando il software (→ingl. *help*).

onscreen a video
Detto di tutto ciò che appare sulla scrivania del computer e, in generale, sul monitor.

open aperto
Detto di sistema o software non proprietario, che non è cioè limitato a girare su una singola piattaforma ma è compatibile con più sistemi hardware.

to **open** aprire
1 Accedere a un file e leggerne il contenuto tramite un'applicazione.
2 Guardare dentro a una directory o a una cartella per vedere la lista dei file o delle directory secondarie archiviate al suo interno. Una cartella si apre cliccandoci sopra due volte.

open file file aperto
File che può essere letto o scritto da un'applicazione o da un altro utente in rete.

open platform piattaforma aperta
Macchina in grado di far girare molti standard applicativi diversi.

operating system sistema operativo
Insieme dei programmi che gestiscono le funzionalità del computer e controllano tutte le operazioni svolte. È responsabile dell'organizzazione interna dei dati, gestisce la memoria su disco ed esegue le istruzioni impartite dall'utente. Alcuni sistemi operativi contengono anche dei software che proteggono i file dai virus. I più popolari sistemi operativi sono MS-DOS, Windows per i PC e MacOS per i Macintosh.

operator operatore
Simbolo che definisce un'operazione matematica. La "x" per esempio, è l'operatore della moltiplicazione.

optical disc disco ottico
Disco piatto di plastica per l'archiviazione di grandi quantità di informazioni che possono essere lette con un raggio laser. Alcuni dischi ottici possono essere scritti più volte, altri, come i CD-Rom, possono essere scritti una volta sola e poi letti.

order ordine, istruzione, grado, peso
Sistema di elencazione di una serie di dati. Si dice ascendente se va dal dato più piccolo a quello più grande, mentre si dice discendente se va dal dato più grande a quello più piccolo.

orientation orientamento
Opzione di stampa che permette di disporre il testo da stampare in senso verticale (→ ingl. *portrait orientation*) oppure orizzontale (→ ingl. *landscape orientation*).

output emissione, estrazione; risultato di stampa
1 Risultato di un'elaborazione (ad esempio di una ricerca di dati), di una richiesta fatta al computer o la risoluzione di un problema. Tale risultato può essere archiviato su disco, visualizzato a video o inviato ad un altro computer.
2 Risultato di un'operazione di stampa.

output device dispositivo di emissione
Apparecchiatura che permette la visualizzazione o la stampa dei dati.

to **output** estrarre dati →ingl. *output*

overlapping sovrapposizione, simultaneità
Disposizione di una serie di finestre sulla scrivania del computer in modo che si sovrappongano l'una con l'altra e che resti in primo piano solo la finestra attiva.

to **overwrite** sovrascrivere, cancellare delle informazioni scrivendoci sopra
Cancellare un file scrivendovi sopra una versione più recente. In questo modo il file precedentemente archiviato non può più essere recuperato.

P

package blocco, pacco, scatola; modulo, programma, insieme di programmi
Programmi applicativi, che svolgono funzioni tra loro correlate (ad esempio un programma di videoscrittura, un foglio elettronico, un database) e che vengono venduti insieme.

to **pack** impacchettare; compattare (dati)
Operazione di compressione dei file eseguita per creare spazio su disco.

packet pacchetto
Unità base di dati che vengono inviati lungo una rete durante un trasferimento. Un messaggio inviato in rete viene suddiviso in vari pacchetti contenenti un codice (che riporta il nome e l'indirizzo del mittente e del destinatario), che viaggiano separatamente sulla rete e verranno uniti nuovamente al momento dell'arrivo. È la modalità di trasmissione dei dati in Internet.

packet switching commutazione di pacchetto
Metodo per inviare una serie di pacchetti di informazione lungo la rete, in cui ogni pacchetto non deve necessariamente usare lo stesso percorso per arrivare dal mittente al destinatario. Il software che invia le informazioni decide il percorso di ogni pacchetto e il software destinatario, quando li riceve, riorganizza i pacchetti secondo l'ordine corretto.

page pagina; blocco di memoria; sezione di un documento; schermata, videata
1 Blocco di memoria utilizzato in uno schema per la gestione della memoria. I dati sono archiviati su pagine di memoria individuali e spostati dentro e fuori l'hard disk quando vengono richiesti.
2 Pagina di un documento creato con un programma di videoscrittura.

page break interruzione di pagina
Opzione dei programmi di videoscrittura che permette di inserire un separatore nelle pagine di un documento.

page setup settaggio di pagina
Opzioni fornite dalle applicazioni di videoscrittura che consentono di definire i margini, l'orientamento del documento e la dimensione del foglio su cui si deve stampare.

paging paginazione

Dividere in pagine un documento in un programma di videoscrittura (→ingl. *page break*)

paint program programma di disegno

Programma che permette di disegnare, tagliare, incollare e preparare un'immagine → ingl. *bitmap*. Di solito contiene una serie di strumenti che consentono di tracciare cerchi, riquadri e linee. I programmi di disegno più sofisticati hanno anche funzioni di fotoritocco, che consentono anche di intervenire su fotografie scansite per modificarne i colori e togliere le imperfezioni. Non possono utilizzare immagini realizzate in grafica vettoriale (→ ingl. *vector graphics*) ma solo immagini bitmap.

palette tavolozza

Tavolozza dei colori che possono essere visualizzati a video, utilizzati in un programma di grafica o di disegno, oppure stampati da una stampante a colori.

palmtop computer computer palmare

Tipo di computer portatile tanto piccolo da stare nel palmo della mano. Contiene meno funzioni di un → *notebook computer* ed è meno potente.

parallel port porta parallela → *port*

parameter parametro

Valore che definisce una funzione o un'opzione e che può essere alterato dall'utente. Se un parametro non viene selezionato, vengono proposti valori standard.

partition partizione

Sistema per suddividere il disco fisso in blocchi separati. Questi blocchi possono essere chiamati con lettere che identificano lettori di dischi individuali, che possono ad esempio essere assegnati a utenti o a scopi diversi.

Pascal linguaggio Pascal

Linguaggio di programmazione di alto livello, creato all'inizio degli anni Settanta, spesso utilizzato anche a scopo didattico perché i suoi comandi sono strutturati sulla base della lingua inglese e quindi molto semplici (→ ingl. *language* e *programming language*).

password parola d'ordine, parola chiave; chiave di identificazione

Parola segreta che identifica l'utente. Deve essere digitata e inviata al computer prima di accedere a risorse protette (che possono essere programmi, archivi e altro). Solo se il computer riconosce la parola che l'utente ha inserito permette l'accesso alle informazioni.

to **paste** incollare

Inserire una sezione di testo o altre informazioni precedentemente copiate o selezionate in un programma di videoscrittura o nel "blocco appunti" (→ ingl. *clipboard*). Per spostare una sezione di testo si seleziona la parte del testo che si vuole spostare, poi si sceglie l'opzione di "Taglia" (→ ingl. *cut*), si posiziona il cursore nella nuova posizione e si sceglie l'opzione "Incolla" (→ ingl. *paste*).

patch correzione (letteralmente pezza, toppa)

Programmino in grado di correggere rapidamente un errore all'interno di un programma più grande o di aggiungere funzionalità. Spesso si possono scaricare dai siti Internet dei produttori di software.

to **patch** correggere un programma

Attivare un programma di correzione (→ ingl. *patch*).

path percorso, cammino, circuito; via d'accesso, collegamento

Serie di directory o di cartelle che indicano al computer dove deve andare a cercare un determinato software richiesto dall'utente. Ogni volta che viene installato un nuovo software occorre indicare al computer la sua posizione e quindi strutturare il nuovo percorso. Di solito, sono i software stessi che, nelle procedure di installazione, si occupano di modificare il percorso per inserire la nuova posizione.

pattern recognition riconoscimento di modello

Tecnica digitale usata per identificare e classificare forma e configurazioni, come ad esempio oggetti o parti di immagini.

PC acronimo di → *personal computer*

PDA acronimo di *Personal Digital Assistant* (PDA-assistente digitale personale)

Computer tascabile, con le stesse funzioni di un'agenda elettronica, che non ha la tastiera ma uno schermo su cui scrivere con un bastoncino appuntito detto stilo. Al suo interno si trova un software in grado di riconoscere la calligrafia dell'utente. Su un PDA si possono archiviare note, disegni e documenti testuali. Alcuni PDA hanno anche una scheda modem che permette di inviare fax e messaggi di posta elettronica.

peer pari

Singolo computer collegato a una rete del tipo pari a pari (→ ingl. *peer-to-peer network*). Ogni computer di questo tipo può condividere i file o le risorse che si trovano sugli altri computer della rete e, a sua volta, rende disponibili agli altri computer i file e le risorse archiviate sul suo hard disk.

peer-to-peer network rete pari a pari

Metodo per collegare molti computer tra di loro all'interno di un ufficio o di un edificio, in modo che possano scambiarsi file e messaggi. Questo sistema non usa un server centrale su cui sono archiviati tutti i dati, ma al contrario tutti computer sono connessi con gli altri, hanno le stesse funzioni e utilizzano il software disponibile in rete che permette a tutti di condividere le risorse di tutti i componenti della rete.

peripheral unità periferica

Termine generico per indicare un qualsiasi dispositivo che può essere collegato al computer come ad esempio il mouse, il modem, il monitor, la stampante oppure gli altoparlanti esterni.

personal computer personal computer, elaboratore per uso personale

Computer di piccole dimensioni e di costo contenuto, utilizzato da un singolo utente, introdotto sul mercato all'inizio degli anni '80. Negli ultimi anni, grazie alla loro evoluzione che li ha resi sempre più potenti, i personal si sono diffusi sempre di più nelle aziende e spesso vengono usati anche a casa o a scuola. Esistono molti programmi applicativi per personal computer destinati a risolvere specifici problemi (videoscrittura, fogli elettronici, programmi di grafica). L'abbreviazione PC si usa di solito per i personal computer IBM o compatibili.

personalizing personalizzazione

La possibilità di cambiare i settaggi del computer (ad esempio lo sfondo o i colori delle barre del titolo) modificando quelli forniti dal sistema (→ ingl. *default*).

pipe concatenazione

Collegamento fra due programmi che girano su un computer che fa in modo che il risultato del primo programma sia inviato come input per il secondo programma.

to **pipe** creare un collegamento → *pipe*

pipeline catena di montaggio

1 Metodo per eseguire più istruzioni in parallelo in modo da incrementare la prestazione del computer.

2 Eseguire più di un compito alla volta, ad esempio comprimere ed archiviare un'immagine su disco.

piracy pirateria

L'azione di copiare illegalmente dei programmi software. Ogni programma software è legato ad una licenza d'uso che è intestata ad un unico proprietario e ne vieta la riproduzione.

pixel pixel, punto di risoluzione

Piccolo punto che, con altre migliaia, forma ogni immagine, testo e colore che appare sullo schermo del computer. La parola deriva dai termini inglesi *picture*, immagine, ed *element*, elemento, e significa quindi elemento di immagine. Il numero massimo di pixel che un monitor riesce a mostrare definisce la risoluzione: più sono i pixel e più l'immagine è nitida.

platform piattaforma

Ambiente software o combinazione di hardware con software che identifica una particolare tipologia di computer. Di solito fa riferimento alla configurazione hardware, ad esempio al tipo di processore installato, oppure al sistema operativo adottato, per esempio Windows o Mac. Quando si acquista un nuovo software occorre quindi verificare la piattaforma richiesta, in modo da essere sicuri che funzioni sul proprio computer.

platter piatto

Un singolo disco contenuto nell'hard disk. L'hard disk di solito contiene dai due agli otto dischi separati e montati su un bastoncino centrale di metallo.

plotter tracciatore

Apparecchio per la stampa che crea un'immagine sulla carta utilizzando una o più penne per tracciarne i contorni. Viene di solito utilizzato per la stampa di progetti realizzati con appositi programmi di disegno (→ ingl. *CAD*).

plug-and-play subito funzionante (letteralmente inserisci la spina e gioca)

Tecnologia per mezzo della quale un PC riconosce e configura in modo automatico una periferica o un software al momento della connessione, evitando così che l'utente debba intervenire di persona per modificare e adattare i settaggi del sistema.

plug-in plug in, programma ausiliario
Programma che opera insieme a un programma di navigazione (→ ingl. *browser*) per il Web con lo scopo di migliorarne la funzionalità. Esistono per esempio appositi *plug in* che permettono di scaricare e visionare file video o sentire file audio.

point punto
Unità di misura per i caratteri tipografici. Ogni punto misura circa un settantaduesimo di un pollice (25,4 mm). Per fare un carattere alto un pollice occorrono settantadue punti. I caratteri usati in stampa nei libri misurano di solito dieci o dodici punti.

to **point** puntare
Posizionare il puntatore del mouse su un'icona, su un file o su una cartella per cliccarci sopra o per spostarlo in un'altra parte del video.

point-to-point protocol protocollo punto a punto → ingl. *protocol*

pointer puntatore, indicatore, cursore
Altro modo per definire il cursore del mouse (→ ingl. *cursor*). Indica la freccina che viene spostata sul video e posizionata sull'elemento che si vuole cliccare o trascinare in un altro posto.

pointing device dispositivo per il puntamento
Qualsiasi dispositivo che serve a controllare la posizione del puntatore sullo schermo del computer. (Ad esempio → ingl. *mouse*, *trackball*, *touchpad*).

POP acronimo di *Point Of Presence* (POP-punto di presenza)
Numero telefonico di accesso che permette la connessione ad un fornitore di servizi su Internet. È importante scegliere un POP che abbia la sede nella rete telefonica della propria città e che consenta quindi di evitare chiamate interurbane per collegarsi a Internet.

pop-up menu menu a comparsa
Tipo di menu che compare sullo schermo dopo aver digitato su un apposito tasto oppure dopo aver cliccato su un bottone specifico.

pop-up window finestra a comparsa
Finestra che appare sullo schermo ogni volta che si digita un apposito tasto. Chiudendo la finestra si ripristina lo sfondo generale. Di solito è usata per far comparire messaggi di errore o avvertimenti, oppure per far operare all'utente una scelta.

to **populate** inserire (chip elettronici)
Inserire chip elettronici negli alloggiamenti (→ ingl. *slot*) vuoti della scheda madre del computer, di solito per incrementare la sua memoria.

port porta di accesso
Luogo attraverso cui i dati entrano ed escono dal computer. I computer di solito hanno due o tre porte diverse: una porta parallela e una o due porte seriali. La porta parallela consente il passaggio di molti bit alla volta (ad esempio è parallela la porta attraverso cui si inviano i dati alla stampante). La porta seriale, invece, consente il passaggio di un solo bit alla volta (ad esempio, è seriale la porta che fa entrare nel computer i dati inviati dal mouse o da un modem). Le porte parallele, dunque, sono molto più veloci di quelle seriali.

portable computer computer portatile
Computer di dimensioni tali da poter essere trasportato con facilità. Ne esistono di varie misure e tipologie (→ ingl. *laptop computer*, *palmtop computer*, *notebook computer* e *PDA*).

portrait orientation orientamento verticale
Direzione in cui viene più comunemente stampato un documento, cioè con il lato più lungo in posizione verticale.

to **post** imbucare, inviare
Mandare un messaggio di posta elettronica all'area di ricezione dei messaggi di una bacheca elettronica (→ ingl. *BBS)* o a un servizio di collegamento.

preformatted preformattato
Dischetto già formattato al momento dell'acquisto. In questo modo è pronto per essere utilizzato anche se, di solito i dischetti preformattati sono più costosi.

print head testina di stampa
Il meccanismo di stampa di una stampante.
1 Fila di aghi di una stampante ad aghi che riproduce i caratteri creando una combinazione di punti che incidono la carta.
2 Forma del carattere realizzata in metallo che viene premuta su un nastro impregnato di inchiostro per stampare il carattere sulla carta.
3 In una stampante a getto d'inchiostro è una cartuccia in plastica contenente inchiostro con una fila di sottili buchi attraverso cui si spruzzano le gocce di inchiostro sulla carta.

print job lavoro di stampa
Compito affidato alla stampante quando si vuole che produca un documento. Se si invia un secondo lavoro prima che la stampante abbia finito di eseguire il primo, la stampante crea una coda di stampa (→ ingl. *print queue*) in cui inserisce i vari documenti in attesa di essere stampati.

print preview anteprima di stampa
Funzione che consente di vedere a video il modo in cui il testo, la grafica e le immagini appariranno in stampa.

print queue coda di stampa
Lista dei file che attendono di essere stampati.

print server server di stampa
Computer che, all'interno di una rete, è connesso a una stampante e archivia i documenti in coda di stampa su file temporanei fino a quando non vengono stampati.

printer stampante
Macchina che crea una copia su carta del documento che si trova sullo schermo del computer. La stampante è connessa via cavo elettrico a una porta, di solito parallela (→ingl. *port*), del computer. Le stampanti possono produrre documenti in bianco e nero o a colori. Ve ne sono di diversi tipi ma le più comuni sono quella ad aghi (→ingl. *dot matrix printer*), quella a getto d'inchiostro (→ingl. *ink-jet printer*) e quella laser (→ingl. *laser printer*).

printer driver gestore di stampa
È il programma che dà indicazioni al computer su come inviare le informazioni a una specifica stampante. Deve essere installato sul computer con un apposita applicazione quando si collega la stampante per la prima volta .

printer resolution risoluzione di stampa
Identifica la qualità di stampa di una stampante. Per le stampanti a getto di inchiostro o laser si misura in punti per pollice (→ ingl. *dots per inch*); quanto maggiore è la quantità di punti tanto migliore è la qualità di stampa.

printout risultato di stampa; tabulato; listato
Foglio di carta che esce dalla stampante e su cui è riprodotto il documento inviato alla stampa (→ ingl. *output*). Si dice tabulato quando viene stampato su moduli a fogli continui. Il listato invece identifica di solito la stampa di istruzioni di programmazione.

privilege privilegio; diritto di esecuzione
L'insieme delle abilitazioni che un utente ha per accedere ad un sistema o ad un programma. Di solito per poter dimostrare di avere un certo privilegio è necessario utilizzare una parola chiave (→ ingl. *password*)

procedure procedura
Parte di codice sorgente (→ingl. *source code*) a cui è stata assegnata la funzione di eseguire un determinato compito.

process processo, elaborazione, operazione
Elaborazione di un programma da parte dell'unità centrale di elaborazione di un computer per arrivare a un determinato risultato.

processor processore, microprocessore, elaboratore, unità centrale →ingl. *microprocessor*

program programma
Abbreviazione di programma software. È la lista delle istruzioni scritte in un linguaggio di programmazione, che il computer è in grado di eseguire. Esistono moltissimi tipi di programmi che danno agli utenti la possibilità di usare il computer per scopi molto diversi: ad esempio programmi di grafica, di videoimpaginazione o di videoscrittura, applicazioni gestionali, programmi per l'invio di messaggi di posta elettronica, per navigare in Internet, videogiochi.

to **program** programmare
Usare un linguaggio di programmazione (→ingl. *programming language*) per creare un programma software.

programmer programmatore
Colui che scrive le istruzioni in modo che un programma software faccia ciò che gli viene richiesto. Per fare questo il programmatore deve usare un linguaggio di programmazione (→ingl. *programming language*). Spesso i programmi sono scritti da una squadra di programmatori, ognuno dei quali prepara una singola parte dell'intero lavoro.

programming programmazione
L'azione di scrivere le istruzioni di un programma tramite un linguaggio apposito.

programming language linguaggio di programmazione
È il linguaggio utilizzato per comunicare con il computer. Si usa solo scritto ed è un linguaggio artificiale perché è stato creato apposta da-

gli scienziati per i programmatori. Per scrivere un programma con questo linguaggio, un programmatore utilizza un apposito software che gli permette di scrivere una serie di istruzioni che definiscono un compito particolare. Questo verrà poi tradotto in linguaggio macchina, cioè in una forma che possa essere compresa dal computer.

prompt suggerimento
Segnale inviato dal computer all'utente per comunicargli che è pronto per eseguire i comandi e le istruzioni successive.

propellerhead
Fanatico di computer (→ingl. *nerd*).

property proprietà
Attributo assegnato a un file o a un oggetto. Per vedere tutte le proprietà di un file occorre prima selezionarlo con un clic e poi fare un secondo clic con il pulsante destro del mouse. Così si apre un breve menu delle opzioni in cui si trovano elencate tutte le proprietà del file (per esempio il nome, la data di creazione, il nome dell'autore).

protocol protocollo
Serie di codici e di segnali predefiniti che consente a due diversi componenti hardware di comunicare. Ad esempio, un protocollo di trasmissione semplice è in grado di verificare la correttezza di tutti i dati inviati da un computer a una stampante.

prototype prototipo
Versione dimostrativa di un programma software (→ingl. *demo*).

public domain di pubblico dominio
Libero da diritti: viene utilizzato per identificare quei documenti, immagini, testi, suoni o programmi che possono essere copiati e utilizzati da tutti, senza dover pagare i diritti e senza restrizioni di nessun tipo. È una condizione che si trova raramente, è più frequente trovare la condizione →ingl. *shareware*.

pull-down menu menù a tendina
Menù che funziona come una tendina e resta aperto finché si tiene premuto il bottone del mouse sul comando di apertura. Per selezionare un elemento della lista si trascina il mouse spostando il cursore lungo la tendina; quando si arriva sopra l'elemento che si vuole aprire si rilascia il bottone del mouse, la tendina si chiude immediatamente e si apre quanto richiesto.

to **purge** togliere (elementi da un archivio); svuotare (un nastro)
Svuotare i contenuti del cestino. Quando si vuole eliminare un file dal computer prima lo si trasferisce nel cestino, poi con il comando di svuotamento lo si distrugge definitivamente. Di solito il computer fa comparire un messaggio per chiedere la conferma della distruzione.

push technology tecnologia "push" (letteralmente di spinta)
Tecnologia per l'invio automatico di informazioni agli utenti di Internet.

Q

quad-speed drive lettore a quadrupla velocità
Lettore che fa girare i CD a una velocità quattro volte superiore a quella di un lettore a una sola velocità.

query interrogazione
Richiesta inviata a un motore di ricerca per trovare documenti selezionati in un data base.

queue coda
Serie di documenti che attendono di essere stampati.

to **quit** uscire
Abbandonare un programma, chiudere definitivamente un'applicazione. Se si vuole usare ancora un'applicazione da cui si è usciti occorre rilanciarla.

to **quote** citare
Riportare in un messaggio di replica di posta elettronica il testo a cui si vuole rispondere. Di solito questo testo è preceduto da virgolette caporali <.

qwerty qwerty
Tipologia di tastiera lanciata dagli USA e dalla Gran Bretagna, dove è molto diffusa, il cui nome deriva dalle prime cinque lettere che si trovano a partire dall'alto a sinistra della tastiera.

R

RAM acronimo di *Random Access Memory* (RAM-memoria ad accesso casuale)
Memoria principale del computer in cui il processore archivia e legge i dati e i programmi durante il suo funzionamento. La RAM è una memoria volatile: tutte le informazioni in essa contenute vengono cancellate ogni volta che il computer viene spento. L'utente deve quindi salvare i dati e i programmi che gli interessano su memorie non volatili (ad esempio floppy disk, hard disk, CD-Rom). Viene chiamata anche memoria di lettura e scrittura per distinguerla dalla → ingl. *ROM*. La capacità della RAM si misura in kilobyte oppure in megabyte.

range gamma; campo di variabilità
Sistema per descrivere un raggruppamento di numeri. Dato il numero di valore minimo e quello di valore massimo di un gruppo, la gamma comprende tutti i numeri che stanno fra questi due valori compresi i valori limite.

read-only file file di sola lettura
Un tipo speciale di file che si chiama così perché può essere letto, usato e copiato ma non modificato né cancellato. Se si tenta di modificarlo o cancellarlo, si ottiene un messaggio di errore.

readme file file leggimi
File, scritto dallo sviluppatore del software, che contiene una serie di utili e importanti informazioni relative alle caratteristiche e alle modalità di installazione e/o di utilizzo di un programma. Di solito è memorizzato sull'hard disk o sul CD-Rom insieme agli altri file dell'applicazione. È sempre bene leggere il contenuto di questo file prima di installare o avviare un software, in modo da sapere subito cosa occorre fare perché funzioni al meglio.

real-time (in) tempo reale
Risoluzione di un problema nel momento stesso in cui il problema viene posto o processo di elaborazione dei dati immediato.

to **reboot** reinizializzare, riavviare
Riavviare un computer dopo che è già stato acceso. Di solito è necessario riavviare il computer dopo che si è verificato un blocco improvviso (→ ingl. *crash*). Il riavvio può essere fatto premendo in contemporanea una particolare serie di tasti (per esempio "CTRL + ALT + CANC") oppure spegnendo e riaccendendo il computer.

record registrazione, record, articolo
Voce completa di un data base che contiene le informazioni in campi separati e distinti (ad esempio il record di una azienda comprende tutti i dati ad essa relativi quali nome, indirizzo, numero telefonico, fax).

to **recover** recuperare; ripristinare
1 Ripristinare un file precedentemente cancellato o danneggiato.
2 Correggere un file precedentemente danneggiato.

recoverable riparabile (di errore); ricostruire (di macchina) → to *recover*

recovery recupero; correzione, rispristino → to *recover*

recycle bin cestino
Icona che ha la forma di un cestino della cartastraccia nel sistema Windows ed è simile a un bidone della spazzatura nel Macintosh. Vi vengono inseriti i file che si vogliono distruggere. È sempre possibile riprendere i file contenuti nel cestino e riutilizzarli, fino a quando non si dà il comando di svuotamento del cestino che provvede alla distruzione definitiva dei file.

refresh operazione di ripristino, operazione di aggiornamento
Operazione tramite la quale un monitor aggiorna l'immagine che compare a video con informazioni sempre più complete. Se questa operazione avviene molto velocemente, l'immagine risulta stabile ed è meno affaticante per la vista.

registry registro
Data base caratteristico di Windows 95 e utilizzato per contenere la configurazione del sistema, cioè le informazioni su ogni programma archiviato sul disco e sugli utenti, sulle reti e sulle preferenze. Registra anche tutte le modifiche fatte al sistema operativo.

registration card scheda di registrazione
Modulo allegato a un computer o a un software appena acquistati, che deve essere compilato e inviato all'azienda costruttrice. In questo modo viene certificata la regolarità dell'acquisto effettuato e si viene registrati nella mailing list dell'azienda. Questo permette di usufruire dei servizi di assistenza tecnica e, soprattutto nel caso del software, dà diritto a particolari condizioni d'acquisto per le successive versioni aggiornate. È molto importante registrarsi in quanto le aziende produttrici di software non forniscono servizi di assistenza tecnica agli utenti non registrati regolarmente.

relational database data base relazionale
Tipo di data base in cui i dati sono archiviati in una serie di tabelle composte da righe e da colonne e in cui è possibile creare collegamenti

tra le varie tabelle mediante la condivisione di alcuni campi.

release versione
Versione di un prodotto software. La prima versione viene identificata con il nome del prodotto seguito da 1.0. Quando un software viene aggiornato, le versioni successive vengono identificate da numeri progressivi a seguire (ad esempio 1.1, 1.2 ecc.), se le modifiche apportate sono invece sostanziali viene modificato anche il primo numero (ad esempio 2.0, 2.1 ecc.).

remote access accesso remoto
Utilizzo di un computer collegato in rete effettuato a partire da un'altra postazione collegandosi via linea telefonica. Per poter effettuare un accesso remoto occorrono due computer, ognuno dotato di un modem e di un apposito software di collegamento. Questo software consente a uno dei due computer di collegarsi all'altro per accedere ai file e alle cartelle archiviate sul suo hard disk.

remote client cliente remoto
Utente che accede ai messaggi di posta elettronica senza essere connesso alla rete locale del server di posta elettronica.

removable hard disk disco fisso estraibile
Hard disk esterno removibile. Se è in aggiunta a quello interno aumenta le potenzialità del computer e può essere tolto senza creare problemi di funzionamento.

removable storage memoria removibile
Ogni strumento o dispositivo utilizzato per archiviare dati, ad esempio i → ingl. *floppy disk*, le cassette (→ ingl. *cartridge*), un hard disk esterno (→ ingl. *removable hard disk*) o i dischi ottici (→ ingl. *CD-Rom*).

to **rename** rinominare
Cambiare denominazione a un file. Ogni file di una directory o di una cartella deve avere un nome distintivo diverso da tutti quelli degli altri file presenti nella stessa directory o cartella. Perciò, quando si copia un file modificato su un disco in cui esiste già la sua versione precedente, occorre rinominarlo. Se invece non viene rinominato, il computer invierà un messaggio che avvisa l'utente che esiste già un file con quel nome e che se non gli verrà dato un nome diverso il nuovo file sostituirà il file esistente, cancellandolo.

rendering rendering, resa; restituzione
Processo di colorazione e ombreggiatura, utilizzato nella grafica computerizzata, che viene applicato a un oggetto o elemento grafico in modo che acquisti tridimensionalità e sembri solido e reale.

to **replay** rileggere, ripassare (un nastro)
Riavviare o rileggere dei dati o un segnale di una registrazione.

to **reply** rispondere
Inviare una risposta a un messaggio di posta elettronica. Di solito nei programmi di posta elettronica esiste un comando apposito che raccoglie le informazioni relative al mittente dal messaggio originale ricevuto e le inserisce automaticamente nel messaggio di risposta insieme al testo del messaggio originale, evitando così all'utente di digitarli di nuovo.

report rapporto, relazione; prospetto, situazione, stato (di stampa meccanografica)
Rapporto stampato che contiene tutti i dettagli di una situazione o dello stato di lavorazione di un software.

to **reset** ripristinare; sbloccare; azzerare; riavviare
Riportare un sistema al suo stato iniziale, per permettere il riavvio (→ ingl. *reboot*) di un programma o di un processo che si sono bloccati durante il funzionamento.

resident residente, localizzato
Identifica ciò che si trova permanentemente archiviato in memoria su disco, ad esempio, i caratteri residenti sono permanentemente disponibili nella memoria della stampante.

resident font carattere residente
Carattere permanentemente residente nella stampante. Viene detto anche interno. Oltre a questo possono essere memorizzati anche altri caratteri detti esterni, in modo da poter stampare i documenti come sono stati preparati.

resolution risoluzione, definizione
Si riferisce alla nitidezza e leggibilità dei documenti a video o stampati. Con una bassa risoluzione il testo è poco leggibile e le immagini sono difficilmente interpretabili. Con una media risoluzione il testo è leggibile, mentre le immagini non sono molto nitide. L'alta risoluzione consente di ottenere testo e immagini molto nitidi e dai contorni netti. La risoluzione a stampa si misura in punti per pollice (→ ingl. *dots per inch*).

resource risorsa
Dispositivo disponibile in rete o su un computer che può essere utilizzato da un'applicazione o da un software di sistema. È un termine piuttosto generale che può identificare ad esempio un drive o una stampante.

to **restart** riavviare → to *reboot* e to *reset*

to **restore** ripristinare
Recuperare dei file in buono stato da una copia di scorta (→ ingl. *backup copy*), per rimpiazzare i file danneggiati del computer.

return ritorno, rinvio; indicazione (di uno stato)
Tasto individuato da una freccia a uncino e dalla scritta "Return". Viene utilizzato per confermare un inserimento, ad esempio di un insieme di dati oppure di un comando. Può anche essere chiamato "Enter" o "Invio".

to **revert** ripristinare
Tornare alla versione precedente di un documento, perdendo tutte le modifiche fatte dall'ultimo salvataggio in poi.

RGB acronimo di *Red Green Blue* (RGB - Rosso, Verde, Blu)
Sistema di schermi ad alta definizione che usano tre separati segnali di ingresso che controllano i colori rosso, verde e blu che compongono un'immagine.

ROM acronimo di *Read-Only Memory* (ROM - memoria di sola lettura)
Area speciale della memoria del computer su cui i dati sono archiviati in modo permanente e che contiene i programmi fondamentali per il funzionamento del computer. I programmi sono memorizzati in un circuito stampato e non vengono cancellati quando il computer viene spento. Le informazioni contenute nella ROM possono essere lette ma non modificate.

root directory cartella principale, directory principale
Cartella principale di un disco. Contiene tutte le altre cartelle mentre non può essere contenuta a sua volta in una cartella.

router router, instradatore
Dispositivo elettronico che consente la connessione a Internet e controlla i protocolli di trasmissione dei dati inviati tra i computer collegati in rete. Utilizza l'indirizzo del destinatario per trovare il cammino migliore che il pacchetto delle informazioni deve percorrere all'interno di una rete complessa.

routine routine; programma
Sezione di un programma del computer che elabora una funzione particolare.

RTF acronimo di *Rich Text Format* (RTF- formato di testo completo)
Formato standard per la creazione di un documento di testo, che mantiene tutti i comandi che descrivono la pagina, il modello, i caratteri e la formattazione. Questo formato consente lo scambio dei file fra programmi di videoscrittura diversi.

ruler line righello
Barra dello schermo che riproduce un righello virtuale. Si usa spesso nei programmi di grafica, di videoimpaginazione e di videoscrittura, per fornire all'utente uno schema di riferimento per l'impaginazione dei testi e delle immagini, oppure per indicare i punti delle tabulazioni.

to **run** far funzionare
Far girare, funzionare o partire un software già installato su di un computer.

S

sample campione
Misurazione di un segnale a un certo momento del tempo. Di solito viene utilizzato per la misurazione dei suoni.

to **save** salvare, memorizzare; conservare
Archiviare le informazioni presenti nella memoria volatile del computer (→ ingl. *RAM*) su dischetti o sull'hard disk in modo da non perderle una volta spento il computer. I file salvati in questo modo possono essere riutilizzati più volte. Nei videogiochi è possibile anche salvare la posizione raggiunta, i punteggi e tutto quello che permette al giocatore di uscire dal gioco e di riprenderlo poi nel punto esatto in cui l'aveva abbandonato.

scalable font font scalabile
Carattere che può essere rappresentato o stampato in qualunque dimensione, senza che la sua forma cambi. Ogni carattere di questo tipo è definito da una serie di curve che possono essere ridimensionate senza che i bordi risultino scalettati.

to **scan** analizzare, esaminare, scandire; eseguire una scansione
1 Esaminare a fondo un hard disk o un dischetto con un programma di antivirus per trovare ed eliminare eventuali virus.

2 Eseguire la scansione, cioè la lettura ottica di un testo o di un'immagine. Significa convertire ciò che è stampato su carta in un file di dati digitali leggibili e utilizzabili dal computer.

scanner scanner, analizzatore d'immagini, esploratore
Dispositivo in grado di leggere un documento, un disegno o una fotografia e di convertirli in formato digitale in modo tale che possano essere letti e archiviati dal computer. I documenti in questo formato possono essere utilizzati da tutti i programmi che gestiscono la grafica (ad esempio programmi di videoimpaginazione, videoscrittura e fotoritocco). Gli scanner possono essere di vario tipo. Ad esempio, lo scanner piano ha un ripiano di vetro su cui si appoggiano i documenti da leggere e un coperchio che si chiude sopra di loro. Lo scanner manuale, invece, è uno strumento di piccole dimensioni che viene fatto scorrere sull'immagine da copiare.

scanning scansione
Operazione che consiste nell'utilizzare uno scanner per leggere testi, immagini o altri documenti e archiviarli sul computer.

scheduler schedulatore
Sistema che stabilisce l'ordine di elaborazione dei vari processi. In un sistema multitasking deve decidere quale dei processi inizia per primo e in quale sequenza devono essere elaborati tutti gli altri.

screen schermo
Parte del computer, simile allo schermo televisivo, che serve per visualizzare all'utente il testo, la grafica e le altre informazioni.

screen saver salvaschermo
Programma progettato per evitare che i fosfori dello schermo del computer si brucino. Se infatti si dimentica un testo o un'immagine sullo schermo per ore senza mai modificarlo, può accadere che, spegnendo il computer, resti sullo schermo un alone dovuto alla bruciatura dei fosfori. Il salvaschermo previene questo problema facendo comparire sullo schermo un'immagine in continuo movimento che quindi non può danneggiare i fosfori. Si può programmare il computer in modo che dopo un determinato periodo di tempo in cui il computer non viene utilizzato, il salvaschermo parta automaticamente.

script script
Sequenza che raccoglie una serie di istruzioni in modo che alcune operazioni vengano eseguite dal computer in modo automatico.

scripting language linguaggio script
Scorciatoie di programmazione che consentono agli utenti non professionali di lavorare in modo più agevole e ai programmatori di creare più velocemente le applicazioni più semplici.

to **scroll** far scorrere (sul video)
Spostare un'immagine o un testo, che sarebbe troppo grande per comparire per intero sullo schermo, in tutte le direzioni orizzontali e verticali per riuscire a vederne ogni sua parte.

scroll bar barra di scorrimento
Lungo e stretto rettangolo con due piccole frecce alle estremità, orientate in modo opposto e verso l'esterno, che permettono di far scorrere un testo o un'immagine sullo schermo. Per spostare l'immagine sullo schermo si posiziona il puntatore su una delle due frecce, poi si clicca una volta per uno spostamento minimo, oppure si tiene premuto il bottone del mouse per uno spostamento continuo. Si può anche posizionare il puntatore sul quadratino presente sulla barra, detto cursore, e, tenendo premuto il bottone del mouse, trascinarlo nella direzione in cui si vuol spostare l'immagine o il testo.

SCSI acronimo di *Small Computer Systems Interface* (SCSI interfaccia per piccoli sistemi per il computer)
Tipo speciale di connessione che viene utilizzata per collegare al computer lettori di CD-Rom, scanner e hard disk esterni. Il suo vantaggio è che consente di collegare anche solo uno degli elementi al computer, mentre gli altri possono essere collegati in serie al primo elemento collegato.

search ricerca
Funzione che consente a un utente di trovare una parola o un documento all'interno di un data base o di un disco o anche di rintracciare una parola in un documento.

search engine motore di ricerca
Software che si occupa di ricercare e trovare in un data base e in Internet le informazioni richieste dall'utente. L'utente effettua la ricerca inserendo una o più parole chiave in una apposita finestra. In Internet sono disponibili molti motori di ricerca con caratteristiche diverse, alcuni sono anche specializzati in particolari tipologie di ricerca.

sector settore
Parte in cui viene suddivisa ogni traccia concentrica che compone un disco magnetico. Un settore può archiviare fino a 512 byte di informazioni.

security sicurezza
Metodo per proteggere con una parola chiave i dati memorizzati su un computer, in modo che non sia possibile accedere alle informazioni senza avere un'autorizzazione.

to **seek** posizionare
Muovere, ad esempio il puntatore o il motore di ricerca, verso una particolare posizione all'interno di un file, di un disco o della rete.

seek time tempo di posizionamento
Quantità di tempo impiegato dal computer a cercare e trovare un file sull'hard disk o su un CD-Rom.

segment frazione, segmento di programma, intervallo (di tempo)
1 Lunghezza di un cavo in una rete
2 Quantità dei dati utilizzata in un pacchetto inviato da un dispositivo che usa il protocollo di trasmissioni di dati → ingl. *TCP/IP.*

to **select** selezionare; estrarre
1 Posizionare il puntatore del mouse su un oggetto, ad esempio un bottone o un'opzione di un menu, e cliccare; oppure posizionare il puntatore su un testo, cliccare e, tenendo premuto il bottone del mouse, trascinarlo su una parte di testo che si vuole cancellare o modificare.
2 Trovare e raccogliere informazioni specifiche all'interno di un data base.

selection selezione
Opzione usata nei programmi per disegno per definire l'area di un immagine. Si usa spesso per ritagliare una parte di immagine oppure per limitare un effetto speciale ad un'area specifica.

selection handle maniglia di selezione
Quadratino che si trova sulla cornice di un'area selezionata che permette all'utente di cambiare la forma dell'area.

semiconductor semiconduttore
Materiale chimico simile a cristallo che, grazie alle sue capacità di conduzione elettrica, viene utilizzato per creare dispositivi elettronici, ad esempio circuiti integrati. I semiconduttori più utilizzati per la creazione di elementi dei computer sono il silicio e il germanio.

sensor glove guanto sensore
Dispositivo a forma di guanto dotato di sensori collegati a un computer. Ogni sensore registra i movimenti della mano, li converte in segnali digitali e li invia al computer che riproduce il movimento sullo schermo.

sequencer elaboratore in sequenza
Dispositivo software o hardware che permette di comporre melodie musicali per strumenti MIDI, registrare note dagli strumenti e mixare tracce musicali multiple.

serial port porta seriale → ingl. *port*

server server
1 Programma che svolge funzioni necessarie per far girare un altro programma.
2 Computer a cui sono collegati altri computer all'interno di una rete. Di solito contiene più hard disk su cui sono archiviati i programmi e le informazioni che servono e che vengono utilizzati dagli altri computer della rete (→ ingl. *client/server*).

service provider fornitore di servizi → ingl. *access provider*

session sessione
Tempo di connessione trascorso durante un collegamento a Internet, oppure tempo consentito a un computer per restare collegato a Internet.

set-top box set-top box
Hardware in grado di trasformare la televisione in un vero e proprio computer, in grado di gestire la televisione interattiva con tutte le sue possibilità, dallo shopping casalingo alla selezione dei programmi, permessa dalla elevata quantità di canali a disposizione.

set-up program programma di configurazione
Programma che serve per installare i nuovi software sull'hard disk: di solito è compreso nei software stessi. Crea automaticamente la directory per il nuovo software, se necessario crea anche un gruppo (→ ingl. *group*) e copia i file dal dischetto o dal CD-Rom del nuovo software sull'hard disk.

to **share** condividere
Rendere le cartelle o i file archiviati sul proprio hard disk condivisibili, cioè visibili e utilizzabili anche da altri utenti collegati in rete.

shareware shareware
Software che viene diffuso in modo tale che tutti possano provarlo prima di decidere se comprarlo. Le regole di questo metodo di di-

stribuzione sono semplici da seguire e si basano sull'onestà personale degli utenti. L'utente ha la possibilità di provare il programma per un determinato lasso di tempo, trascorso il quale può decidere se acquistarlo oppure no. Nel primo caso invia i soldi all'azienda produttrice (spesso si tratta di inviare i dati della propria carta di credito per l'autorizzazione di un prelievo sul proprio conto). Nel secondo caso deve smettere di usare il programma e cancellarlo definitivamente dal suo hard disk (anche se nessuno verrà a controllare che l'abbia realmente fatto). A volte l'azienda, per premiare l'acquisto, invia agli utenti che hanno acquistato il programma una versione più ricca che comprende delle nuove funzionalità non esistenti sulla versione in prova. È una modalità molto utilizzata da parte dei singoli programmatori professionisti per distribuire i programmi da loro realizzati.

shell shell
Software che opera tra l'utente e il sistema operativo per cercare di rendere il sistema operativo più facile da usare.

to **shell out** uscire temporaneamente
Uscire temporaneamente da un'applicazione per tornare al sistema operativo, continuando però a tenerla in memoria, in modo da potervi tornare quando si vuole.

shortcut scorciatoia
Caratteristica di Windows 95 che consente all'utente di definire un'icona collegata a un file o a un'applicazione. In questo modo si può aprire l'applicazione o il file direttamente cliccando sull'icona, anziché usare i comandi del menu.

shut down chiudi
Opzione che si effettua per spegnere completamente il computer e tutte le sue periferiche.

signature firma
1 Codice speciale di autenticazione, ad esempio una parola chiave, che un utente inserisce prima di accedere a un sistema o di eseguire un'operazione, al fine di provare la sua identità.
2 Frase usata per terminare i messaggi di posta elettronica. Dovrebbe essere breve e può contenere, oltre all'indirizzo, anche brevi messaggi pubblicitari dell'azienda che invia il messaggio o una serie di faccine (→ ingl. *emoticon*) che personalizzano il messaggio.

silicon chip chip di silicio
Piccolo e piatto circuito integrato. Il microprocessore è un chip di silicio, di forma solitamente quadrata con i lati che misurano anche meno di un pollice, che contiene più di un milione di transistor.

simulation simulazione
Tecnica di riproduzione computerizzata di una situazione di vita reale, oppure dell'attività di un'apparecchiatura o di un dispositivo che permette di mostrarne il funzionamento o le caratteristiche. Viene utilizzata in molti campi, ad esempio nell'ingegneria aeronautica per la simulazione di voli durante l'addestramento, in economia per la creazione di modelli economico-finanzari. Esistono anche molti videogiochi che simulano situazioni reali e chiedono al giocatore di gestirle.

site sito → ingl. *Web site*

site license licenza di duplicazione
Accordo stipulato fra i produttori di software e gli utenti (spesso applicato nelle aziende) che consente la duplicazione del software per uso esclusivamente interno e limitato ad un ristretto gruppo di persone.

slash slash, linea diagonale
La tastiera del computer presenta due tipi di diagonale: quella inclinata in avanti, verso destra (ingl. *forward slash*), usata per scrivere le date, e quella inclinata all'indietro, verso sinistra (ingl. *backslash*), usata per i nomi delle directory.

slave hard disk hard disk secondario
Disco controllato completamente da un altro hard disk.

slide show slide show
Presentazione grafica sequenziale automatica di una serie di immagini (foto, disegni o videate), creata allo scopo di illustrare un prodotto, oppure inserita in un titolo multimediale per presentare in modo più efficace un argomento.

slider cursore
Quadratino presente nella barra di scorrimento (→ ingl. *scroll bar*) che si muove in due diverse e opposte direzioni quando viene trascinato con il puntatore del mouse. Con questo cursore si può far scorrere un'immagine troppo grande per apparire intera sullo schermo e vederne così ogni parte. Altri tipi di cursori possono invece adempiere a diverse funzioni, come modificare il volume di ascolto.

slim line linea a profilo sottile
Presentazione grafica e sequenziale di una serie di foto, disegni o videate.

slot fessura, intervallo di tempo; spazio disponibile su disco; scanalatura
Luogo all'interno dell'unità centrale di programmazione (→ ingl. *CPU*) in cui si possono inserire schede addizionali per il computer.

smiley faccina
Disegnino di un viso realizzato con caratteri di testo per aiutare il destinatario di un messaggio e-mail ad attribuirgli il corretto significato (→ ingl. *emoticon*).

snail mail posta tradizionale (letteralmente posta lumaca)
È l'ironica denominazione che gli utenti di Internet danno alla posta tradizionale e sottolinea come, rispetto a quella elettronica, la posta tradizionale abbia tempi di consegna molto dilatati e vada soggetta a disguidi frequenti e seccanti.

socket zoccolo
Spazio in cui si mettono i chip di un circuito stampato o di una scheda e che garantisce i collegamenti elettrici.

soft temporaneo, mutevole
Aggettivo che si riferisce a ciò che non è permanente e quindi che si può rimuovere, in contrapposizione a ciò che invece è fisso e non si può spostare (ingl. *hard*).

soft copy copia temporanea
Copia di un documento su un floppy o sull'hard disk. La copia permanente (ingl. *hard copy*) è invece la copia del documento stampata sulla carta.

software programma, software
Programma che dà al computer le istruzioni per scrivere un testo, mostrare un'immagine, mandare messaggi di posta elettronica e svolgere tutte le attività che servono all'utente. Ne esistono di due tipi: i software applicativi e quelli per il sistema operativo. Il compito del software è fare da traduttore tra il computer e l'utente.

software house software house
Società che sviluppa programmi software.

software licence licenza software
Accordo stipulato tra il produttore del software e l'utilizzatore che, da un lato, definisce i diritti e i doveri del produttore e dall'altro indica le condizioni di utilizzo del software da parte dell'utente.

to **sort** ordinare
Organizzare una lista di parole, di file o di altri elementi secondo un ordine preciso. Gli ordini più usati sono: quello alfabetico, quello numerico e quello cronologico.

sorting ordinamento → to *sort*

sound card scheda sonora
Scheda, che inserita nel computer, permette di riprodurre musica, voci ed effetti sonori. È diventata uno degli elementi comunemente installati sui computer con l'avvento dei titoli multimediali. Per poter ascoltare gli audio è necessario anche dotare il computer di altoparlanti.

source sorgente
Identifica la fonte da cui sono recuperati i dati o le informazioni.

source code codice sorgente
Istruzioni scritte dai programmatori utilizzando i linguaggi di programmazione (→ ingl. *programming language*). Il codice sorgente viene poi trasformato in un file binario e reso in questo modo leggibile dalla macchina.

spacing spaziatura, interlinea
Valore di ciascuno degli spazi inseriti fra una parola e l'altra o fra una lettera e l'altra.

spam articolo di posta elettronica inutile
La parola *spam* deriva dalla contrazione delle parole inglesi *spiced*, speziato e *ham*, carne di maiale ed è sinonimo di prodotti di scarsa qualità. Con la posta elettronica il termine è passato a definire, per analogia, tutti i messaggi indesiderati, inutili e spesso carichi di pubblicità che periodicamente invadono, senza che sia stato richiesto, le caselle degli utenti.

spamming l'azione di diffondere messaggi inutili → ingl. *spam*

special interest group gruppo di interesse specifico
Club i cui membri sono interessati a uno specifico programma software o a una particolare tecnologia. Si tengono sempre in contatto tramite Internet e si radunano periodicamente in conferenze e dimostrazioni per aggiornarsi sugli argomenti di loro interesse.

specific address indirizzo assoluto
Identificazione di una precisa posizione di un pezzo di informazione all'interno della memoria.

speech recognition software software per il riconoscimento vocale
Software progettato per comprendere ed ese-

guire comandi dati al computer utilizzando solo la voce.

spellchecker controllore ortografico
Programma spesso incluso nei software di videoscrittura che serve per controllare se ci sono errori di ortografia in un testo. Il programma legge l'intero documento confrontandone le parole con un suo dizionario interno. Se una parola non corrisponde a nessuna di quelle presenti nel suo dizionario, lo segnala all'utente proponendogli alcune correzioni possibili.

spider spider
Programma localizzatore di nuove risorse in Internet. Analizza la rete, link per link, alla ricerca dei siti Web più recenti e ne registra gli indirizzi.

spool acronimo di *Simultaneous Peripheral Operation On-Line*) (funzionamento simultaneo di periferiche)
Tecnica di memorizzazione temporanea dei dati (→ ingl. *spooler*).

to **spool** memorizzare temporaneamente
Memorizzare su nastro o su disco dei dati da stampare in un momento successivo (→ ingl. *spooler*).

spooler spooler
Programma di utilità che indirizza i comandi di stampa relativi a un file verso la memoria ad accesso casuale (→ ingl. *RAM*), da cui li riprende in un secondo momento per inviarli alla stampante quando questa è pronta per l'uso.

spreadsheet foglio elettronico di calcolo
Programma applicativo che è in grado di effettuare calcoli in modo automatico utilizzando una serie di formule predefinite dall'utente. I dati vengono organizzati secondo righe e colonne. I fogli elettronici vengono usati soprattutto per realizzare prospetti finanziari o complessi calcoli matematici. Di solito le colonne sono contraddistinte da una lettera dell'alfabeto, mentre le righe da una cifra. Nei punti in cui le colonne e le righe si intersecano c'è un riquadro in cui si inserisce il dato. Il riquadro si chiama cella e viene definito dalla lettera della colonna e dal numero della riga che si intersecano in quel punto.

stack stack
Area di memoria usata per archiviare i dati durante il funzionamento di un software. Viene configurata e gestita in modo automatico dal software stesso.

stand-alone computer computer indipendente
Computer che non è collegato né a un altro computer né a una rete. È il luogo più sicuro in cui archiviare dati che non si vogliono condividere.

start avvio
Bottone che consente di avviare i programmi nel sistema operativo Windows 95 e in quelli successivi. Si trova di solito nell'angolo in basso a sinistra dello schermo.

start bit bit di avvio
Informazioni che vengono inserite all'inizio di una sezione di invio di dati, per avvisare il computer destinatario dell'inizio di una trasmissione.

startup disk disco di avvio
Dischetto o CD-Rom che contiene i file del sistema operativo e della configurazione di sistema. Viene usato in caso di rottura dell'hard disk per riavviare il computer.

stop bit bit di arresto
Informazioni che vengono trasmesse al termine dell'invio di una sezione di dati a un computer, per indicare al ricevente la fine della trasmissione.

storage memoria, memoria esterna, memorizzazione
Archiviazione dei dati e dei programmi in un computer in modo da renderli utilizzabili per le procedure di elaborazione.

to **store** memorizzare, immagazzinare, registrare
Archiviare dati su appositi supporti.

store and forward archivia e rinvia
Opzione di posta elettronica che consente di archiviare un messaggio ricevuto e di inviarlo contemporaneamente in modo automatico all'indirizzo di un altro utente.

storyboard storyboard
Sviluppo di un titolo multimediale, di un video o di un'animazione. Si tratta di una serie di disegni o fotogrammi che illustrano i passaggi consecutivi di ogni sequenza del titolo, video o animazione e che sono corredati di note che indicano i contenuti testuali, gli effetti speciali da usare, il tipo di grafica da realizzare e tutte le altre indicazioni necessarie a chi deve realizzare il titolo.

stream flusso di dati
Flusso di informazioni digitali.

stress test test di stress
Prova a cui viene sottoposto un computer o un'applicazione per vederne i limiti di funzionamento. Il test consiste nel sottoporli a condizioni particolarmente difficili in modo che si riesca a stabilire fino a che punto riescono a funzionare bene.

string stringa; sequenza; ordinamento
Serie di caratteri o di parole alfanumeriche consecutive che viene trattata e gestita dal computer come un'entità singola.

subdirectory sottodirectory
Directory collocata all'interno di un'altra directory (→ ingl. *directory*).

subject tree albero degli argomenti
Guida ai siti Web che organizza i siti selezionati secondo l'argomento che trattano e facilita così l'utente nella scelta.

submenu sottomenù
Menu secondario che appare una volta selezionata un'opzione contenuta nel menu principale, che così non viene sovraccaricato di opzioni.

suitcase valigetta (per font)
File che contiene le informazioni sui caratteri. Le informazioni sono diverse a seconda che si tratti di caratteri solo per lo schermo (ingl. *PostScript*) o che si tratti di caratteri che devono sia essere rappresentati sullo schermo sia essere stampati (ingl. *TrueType*).

suite insieme (di programmi, procedure ecc.), pacchetto
Pacchetto formato da una serie di programmi applicativi creato dai produttori di software, di solito per le aziende, e contenente i programmi di uso più comune: ad esempio un programma di videoscrittura, un data base, un foglio elettronico e un programma per creare presentazioni.

supercomputer supercomputer
Computer di tipo → ingl. *mainframe*, estremamente veloce. In assoluto il più potente, viene utilizzato per applicazioni che necessitano di calcoli molto complessi, come ad esempio i programmi per la progettazione o per la ricerca medica. Poiché si tratta di macchine molto costose, vengono di solito utilizzate solo da organismi governativi, grandi aziende o importanti università o centri di ricerca.

to **surf** navigare
Utilizzare ed esplorare Internet in cerca di informazioni, per vederne i siti più interessanti o anche semplicemente per curiosare, passando velocemente da un sito ad un altro.

surfing navigazione → ingl. to *surf*

to **swap** scambiare
Smettere di usare un programma, archiviarlo temporaneamente, usarne un secondo e, dopo aver finito, ritornare al primo.

swap file file di scambio
File archiviato sull'hard disk usato come area temporanea di memoria per i dati conservati nella → ingl. *RAM*, con lo scopo di fornire memoria virtuale.

swapping sostituzione di un programma con un altro (→ ingl. to *swap*)

synchronous transmission trasmissione sincrona
Tipo di trasmissione di dati che avviene a una velocità fissata e in cui mittente e destinatario sono sincronizzati. Viene utilizzato di solito dai mainframe o da un computer ad alta velocità per trasferire dati a un altro dispositivo.

system sistema; calcolatore
Termine che si può riferire a un computer, a un insieme di computer e periferiche oppure anche a un software per il sistema operativo.

system administrator amministratore di sistema
La persona responsabile della gestione e della manutenzione di un sistema di computer, di solito collegati in rete.

system clock orologio di sistema
Orologio inserito all'interno del computer, che tiene traccia della data e dell'ora della realizzazione dei documenti. È attivo anche quando il computer viene spento o collegato.

system colours colori di sistema
Tavolozza con venti colori usata da Windows per colorare gli elementi delle finestre.

system disk disco di sistema
Disco che contiene il software del sistema e che viene usato per avviare il computer e caricare il sistema operativo pronto per partire. In molti computer il software del sistema operativo è archiviato sull'hard disk interno.

system requirements requisiti di sistema
Elenco che descrive il sistema operativo e i software che occorrono per far girare un parti-

colare programma. Si trova di solito scritto sulla confezione del programma.

system software software di sistema
Insieme di tutti i file che costituiscono il sistema operativo. Controlla l'hardware e gestisce i programmi. Controlla anche tutti gli aspetti di funzionamento del computer.

system time ora di sistema
Data, giorno e ora registrati dal computer e aggiornate ogni volta che il computer è operativo.

system unit unità di sistema
Scatola principale di un computer che contiene la scheda madre e il drive dell'hard disk.

T

tab key tasto tabulatore
Tasto solitamente posizionato in alto a sinistra sulla tastiera prima del tasto Q, su cui compaiono una o due frecce. Viene usato per inserire uno spazio di tabulazione, ovvero per spostare automaticamente il cursore di uno spazio dato e costante. In questo modo è possibile incolonnare un testo perfettamente.

table tabella
Modello usato per creare uno schema di base per disporre il testo o altre informazioni in serie di colonne e di righe, come ad esempio un catalogo o un listino dei prezzi.

table of contents tavola dei contenuti
1 In un CD è la serie di dati che compare all'inizio e descrive quante tracce ci sono, la loro posizione e lunghezza.
2 In un titolo multimediale o in un sito Web è una pagina di indice in cui sono evidenziati i titoli di tutte le altre pagine principali e i collegamenti ipertestuali; è utile all'utente per muoversi con sicurezza durante la consultazione dell'opera o del sito.

tag nome convenzionale; codice
Nel linguaggio HTML è il codice che viene inserito prima e dopo una serie di caratteri che devono essere evidenziati in un modo particolare (ad esempio in corsivo o in grassetto).

tape nastro
Nastro di plastica sottile ricoperto di materiale magneticamente sensibile.

target disk disco destinatario
È il dischetto che riceve le informazioni, quello su cui si archivia un file. Si può chiamare anche disco di destinazione (ingl. *destination disk*), mentre il dischetto che contiene le informazioni da copiare si chiama disco di origine (ingl. *source disk*).

task task; compito, attività
Compito assegnato a un programma software o a un'applicazione.

taskbar barra delle funzioni
Barra che in Windows 95 si trova lungo il lato inferiore dello schermo. Contiene il tasto di avvio e la lista dei programmi o finestre attivi in un dato momento. Può anche essere spostata lungo un altro lato dello schermo.

TCP/IP acronimo di *Transfer Control Protocol/Internet Protocol* (TCP/IP - Protocollo di controllo del trasferimento/Protocollo Internet)
Serie di protocolli per la comunicazione utilizzata in Internet e in origine sviluppata dal dipartimento statunitense della difesa per scopi militari. Compone e scompone in pacchetti i dati ricevuti e inviati (→ ingl. *packet*), gestisce la trasmissione dei pacchetti e controlla che non si verifichino eventuali errori durante la trasmissione.

techie esperto di computer → ingl. *nerd*
Termine usato per definire un appassionato ed esperto di computer, che sottintende però una tendenza all'asocialità.

technopagan tecnologo/sciamano
Tipologia di → ingl. *hacker* esperto che sta fra il mondo delle tecnologie emergenti e quello dell'inconscio collettivo. Pubblica articoli sulle riviste elettroniche, si diverte a penetrare in sistemi privati, è seguace di diverse sette che combinano il culto arcaico per la natura con una visione psicologica.

telecommuting telelavoro
Lavoro eseguito su un computer che si trova in un luogo (di solito a casa dell'utente) lontano e diverso dalla sede dell'azienda a cui è collegato via modem, in modo che il lavoratore possa trasferire messaggi e dati.

teleconference teleconferenza
Conferenza tenuta da persone che si trovano in luoghi diversi, anche molto lontani tra di loro, che possono parlarsi e vedersi grazie a collegamenti video e audio realizzati con l'utilizzo di sistemi di computer connessi in rete.

template maschera, schema, modello
1 Piccola maschera in plastica o cartoncino che si inserisce sui tasti di funzione della tastiera. Spiega come usare i vari tasti di funzione all'interno di un programma specifico.
2 Matrice che viene usata dai professionisti del computer per riprodurre in modo corretto i simboli del computer.
3 Modello fornito dai programmi di videoscrittura e di videoimpaginazione che viene usato dagli utenti per creare documenti standardizzati e personalizzati.

terminal terminale
Postazione di lavoro collegata in rete ad un mainframe e composta da un monitor e una tastiera. Può inviare e ricevere dati ad altri computer della rete ma non può elaborare operazioni perché non ha una unità centrale di elaborazione, ed è perciò detto anche "terminale stupido".

test analisi, prova
Verifica di un programma software, di un computer o di una periferica per accertarsi del suo corretto funzionamento e per trovare eventuali errori (→ ingl. *bug*). (→ ingl. anche *alpha test* e *beta test*).

to **test** sondare, provare, verificare
Eseguire sistematiche verifiche (→ ingl. *test*) di un software o di un dispositivo hardware.

test driver programma di verifica
Programma che esegue un test di verifica su un altro programma, spesso all'interno di un test alfa (→ ingl. *alpha test*). Invia ogni input immaginabile al computer e ne controlla le risposte.

text testo; parte del contenuto di un messaggio
Informazioni o dati composti soltanto delle lettere, cifre, punteggiatura e simboli che si trovano sulla tastiera. Il termine non si riferisce né alla grafica né alle linee, alle tabelle, ai diagrammi, ai disegni o alle immagini.

text file archivio di testo
File archiviato su disco che contiene del testo e nessun elemento grafico né altri dati. Il testo non è formattato e il file non contiene alcuna informazione sul font utilizzato.

text editor editor di testo
Programma di videoscrittura molto semplice che consente di battere e modificare testi, ma senza utilizzare colori, immagini, suoni, font, tabelle o grafici. È un tipo di programma utile per scrivere brevi note o un testo che non necessita di formattazioni particolari.

texture mapping mappatura di composizione
Effetto grafico realizzato al computer che usa algoritmi matematici per riprodurre su un oggetto, una superficie o un materiale particolare, come ad esempio il marmo, l'acqua o la pietra.

thermal printer stampante termica
Stampante detta senza impatto perché non comprime né buca la carta su cui stampa. Forma infatti l'immagine muovendo degli stiletti riscaldati su una carta trattata in modo speciale.

thread invio di repliche (a un messaggio di posta elettronica)
Serie di messaggi o di repliche collegati a un messaggio originale in un gruppo di discussione o di interesse. La maggior parte dei programmi (→ ingl. *newsreader*) organizzano i messaggi in modo che possano essere letti tutti insieme.

throughput capacità di trattamento, smaltimento, produttività
Velocità di trasmissione dei dati oppure di elaborazione di un processore.

thumbnail immagine in miniatura
Rappresentazione grafica miniaturizzata di un'immagine; viene usata come comodo metodo per visualizzare i contenuti grafici o i file realizzati con sistemi di videoimpaginazione prima di salvarli.

TIFF acronimo di *Tag Image File Format* (TIFF - formato di file per immagini con marcatura)
Formato di file usato per archiviare immagini grafiche. Riesce a gestire immagini a uno o più colori, in scala di grigi, a 8 o 24 bit.

time bomb bomba a tempo
Virus, indipendente o inserito all'interno di un altro, che attende una certa data e ora per cominciare a funzionare distruggendo tutto quello che trova.

time-out pausa; fine del tempo disponibile
1 Connessione terminata perché non è stata ricevuta una risposta nel tempo definito.
2 Caratteristica di un software di comunicazione che termina la connessione a Internet se non si inviano messaggi entro un periodo di tempo definito.

time-sharing lavoro simultaneo, lavoro in multiprogrammazione; partizione del tempo
Tecnica per permettere la condivisione delle risorse in un sistema multiutente. Ogni utente ha la sensazione di essere l'unico ad utilizzare le risorse, mentre in grandi sistemi controllati da mainframe ci sono centinaia o addirittura migliaia di persone che accedono contemporaneamente alla stessa risorsa senza saperlo. In casi di questo genere, però, il tempo di risposta del sistema tende ad allungarsi.

titlebar barra del titolo
Etichetta che si trova sulla parte più alta di ogni finestra presente sullo schermo. Riporta il nome della finestra, del disco oppure della cartella. Per spostare una finestra lungo lo schermo basta cliccare sulla barra del titolo e trascinarla nella nuova posizione senza rilasciare il bottone del mouse.

token ring network gettone; segnale; simbolo
Particolare tipologia di rete di computer ad anello.

toner toner
Inchiostro di consistenza fine e polverosa usato nelle cartucce delle stampanti laser e delle fotocopiatrici. È l'inchiostro che forma sulla carta le lettere e le immagini stampate dalla laser.

toner cartridge cartuccia del toner
Parte della stampante laser che contiene l'inchiostro (→ ingl. *toner*). Ha la forma di un lungo tamburo e si inserisce nella stampante come una cassetta del registratore.

toolbar barra degli strumenti
Finestra che contiene una gamma di icone per accedere ai vari strumenti disponibili in un software. Ad esempio, i programmi da disegno hanno di solito una barra con icone che contiene i vari strumenti per colorare, cancellare, disegnare le figure e così via.

toolkit software software di toolkit
Software che consente all'utente di creare le sue applicazioni usando una serie di strumenti disponibili.

topology topologia
Sistemazione di connessione all'interno di una rete. Ad esempio i nodi di una rete possono essere disposti lungo un cerchio chiuso oppure a stella (tutti i computer della rete non sono connessi tra di loro ma ad un unico server che fa da connettore centrale), oppure ancora sono connessi a un cavo centrale (topologia a bus).

touchpad tappetino a sensibilità tattile
Dispositivo piatto in grado di registrare i movimenti delle dita sulla sua superficie e di trasmetterli al cursore che li riproduce sullo schermo, proprio come il mouse (→ ingl. *mouse*) o la pallina tracciante (→ ingl. *tracking ball*). Viene utilizzato ad esempio nei computer portatili.

touchscreen schermo a sensibilità tattile
Tipo speciale di schermo che riconosce il tocco delle dita come input per elaborare le informazioni. Alcuni programmi sono progettati specificamente per questo schermo che viene usato molto spesso in luoghi pubblici, ad esempio per i chioschi informatici (→ ingl. *kiosk*). All'interno dello schermo ci sono dei sensori che registrano la posizione in cui l'utente ha toccato lo schermo e la inviano al programma che a sua volta istruisce il computer a eseguire quanto richiesto.

tower case torre
Contenitore per computer a forma di torre che sostituisce l'unità a disco da tavolo (ingl. *desktop case*). Rispetto a questa può contenere molte più schede aggiuntive.

tracing rilevazione grafica dell'esecuzione
Funzione di un programma di grafica che elabora un'immagine bitmap convertendone i margini in un'immagine a linee vettoriali (→ ingl. *vector graphics*).

track traccia
1 Canzone in un CD musicale.
2 In un file MIDI, metodo di separare le note di una melodia o per canali, o per parte o per strumento.
3 In un software per la produzione dei titoli multimediali, è la serie di istruzioni che definiscono come un oggetto deve muoversi nel tempo.

tracking ball pallina tracciante
Dispositivo usato per spostare il cursore sullo schermo. Funziona facendo ruotare col palmo della mano una pallina contenuta in una scatoletta.

tractor feed trascinamento a motore
Parte di una stampante ad aghi che contiene e fa scorrere la carta a modulo continuo durante la stampa. È dotata di uncini che si inseriscono nei fori che stanno lungo i lati della carta a modulo continuo. Dopo che la stampante ha ultimato una riga, gli uncini spostano la carta in modo che si possa stampare la riga successiva.

traffic traffico
Quantità dei dati che vengono trasmessi lungo una rete o un collegamento per la comunicazione.

transparent operation operazione trasparente
Operazione del computer che i programmatori hanno reso invisibile all'utente. Ad esempio, i codici per la formattazione non sono visibili all'utente che vede solo il risultato finale del testo formattato.

transputer transputer
Tipo di processore molto potente e grande che può essere connesso in parallelo ad altri processori simili. È in grado di moltiplicare la potenza di un computer.

trapdoor accesso segreto
Punto attraverso il quale si può entrare in una rete, in un programma o in un sistema privati, creato dai progettisti e dai programmatori e a volte utilizzato dai pirati informatici per inserirsi nei sistemi protetti.

to **trash** cestinare
Trascinare un documento che si vuole eliminare nel cestino (→ ingl. *recycle bin*). Per eliminarlo definitivamente, però, occorre scegliere l'opzione di vuotare il cestino.

trash cestino → ingl. *recycle bin*

Trojan horse cavallo di Troia
Virus per computer che viene nascosto da un programmatore in un gioco o in un software per danneggiare l'utente. Alcuni virus sono davvero pericolosi per il loro potere distruttivo. Di solito si trovano in programmi → ingl. *shareware* e possono essere eliminati solo con appositi programmi (→ ingl. *antivirus*).

trouble-shooting localizzazione e riparazione di guasti
Ricerca dell'origine di un problema, di solito un errore o difetto di programmazione (→ ingl. *bug*), in modo da riuscire a correggerlo e risolvere il problema causato.

tunnelling incanalamento
Metodo di incapsulazione di un pacchetto di dati di un certo tipo di rete all'interno di un altro pacchetto, in modo da poter essere trasmesso lungo una rete diversa e altrimenti incompatibile.

turnkey system sistema completo (letteralmente chiavi in mano)
Sistema appositamente sviluppato per una specifica applicazione e quindi pronto per essere utilizzato subito per quella applicazione.

tutorial program programma di istruzione
Programma progettato per aiutare l'utente fornendogli man mano le informazioni che gli servono per imparare a usare il programma stesso.

twisted pair doppino telefonico
Cavo elettrico di rete realizzato dall'attorcigliamento di due sottili fili isolati, molto meno costoso e più facile da usare del cavo coassiale. L'attorcigliamento evita l'interferenza di altri componenti elettrici.

U

unauthorized access accesso non autorizzato
Intrusione forzata di un pirata informatico (→ ingl. *cracker*) in un computer a scopo di recare danno. Si tratta di un vero e proprio crimine.

undebugged non corretto, non messo a punto (→ ingl. *bug* e to *debug*)

to **underline** sottolineare
Tracciare una linea sotto una parte di testo per evidenziarla, utilizzando gli appositi comandi presenti nei programmi di videoscrittura o videoimpaginazione.

to **underscore** fare una linea di separazione inferiore
Frapporre fra una parola e l'altra, o fra una parte di testo e un'altra, una linea di separazione del tipo "_".

to **undo** annullare; far tornare allo stato originale
Annullare le modifiche appena apportate a un documento per ritornare alla versione precedente agli interventi. È molto utile nel caso si inseriscano accidentalmente dati che non servono o addirittura modificano in modo errato il contenuto del documento. Con questo comando si può cancellare la modifica non voluta e tornare all'ultima versione salvata del documento.

to **uninstall** disinstallare
Cancellare dal computer un programma elimi-

nando tutti i file ad esso relativi che vi sono archiviati. Alcuni programmi prevedono un apposito programma di disinstallazione automatico.

UNIX UNIX
Uno dei sistemi operativi maggiormente diffusi: viene usato su molti computer, dai mainframe ai PC, e supporta la possibilità di lavorare in contemporanea su varie applicazioni (→ ingl. *multitasking*) ed è molto adatto alle applicazioni multiutente.

to **unload** svuotare; memorizzare; scaricare
Significa archiviare un documento copiandolo dal proprio computer su una rete o su un server, in modo da poterlo eliminare dal proprio hard disk e avere uno spazio maggiore in memoria. È il contrario di → ingl. *download*, che significa scaricare sul proprio computer un file preso ad esempio da Internet o da una rete.

to **unlock** sbloccare
Togliere a un dischetto la protezione che evita di modificarne il contenuto.

to **unzip** decomprimere
Far tornare alle sue dimensioni originarie un file compresso con un programma di compressione dei file (→ ingl. to *zip*).

to **update** aggiornare
Aggiungere, modificare o eliminare informazioni inutili e obsolete in un computer in modo che sia sempre aggiornato.

updating aggiornamento → ingl. to *update*

to **upgrade** aumentare; migliorare
1 Migliorare le prestazioni di un computer aggiungendo memoria, un altro hard disk più capiente o un qualsiasi altro dispositivo che ne aumenti le funzionalità.
2 Modificare un programma correggendone eventuali difetti, aggiungendogli nuove funzionalità e migliorandone complessivamente il funzionamento. I produttori di software spesso lanciano nuove versioni (→ ingl. *release*) dei loro prodotti più venduti e non ne cambiano quasi mai il nome, preferendo aggiungere un numero che contraddistingue i prodotti successivi (→ ingl. *version number*).

to **uplink** trasmettere dalla terra al satellite
Trasmettere un segnale da una postazione che si trova sulla terra a un satellite da dove viene poi ricondotto sulla terra, a un'altra postazione (→ ingl. *WAN Wide Area Network*).

to **upload** inviare
Inviare un file da un computer a un altro via modem, utilizzando la linea telefonica come mezzo di trasmissione dei dati.

upper memory memoria superiore
Parte superiore della memoria che viene localizzata tra i 640 Kb e 1 Mb. Oltre il limite di 1 Mb si localizzano, invece, le aree di memoria alta.

UPS acronimo di *Uninterruptable Power Supply* (UPS-gruppo di continuità)
Dispositivo che può essere inserito nel computer e che si attiva in caso di interruzione nell'erogazione della corrente elettrica, in modo che il computer non smetta di funzionare, non si spenga e quindi non cancelli i dati memorizzati nella memoria di sola lettura (→ ingl. *ROM, Read Only Memory*).

URL acronimo di *Uniform Resource Locator* (URL - localizzatore uniforme delle risorse)
Indirizzo che identifica in modo univoco ogni risorsa presente in Internet. Viene inserito in un apposito spazio nei programmi che permettono la navigazione in rete (→ ingl. *browser*) per rintracciare un sito oppure un file all'interno di Internet.

usability grado di utilizzabilità
Misura del grado di semplicità o di difficoltà che un utente incontra nell'utilizzare un computer o un programma software.

user utente
Qualsiasi persona che utilizzi per un qualsiasi scopo (gioco piuttosto che lavoro) il computer.

user group gruppo di utenti
Club che riunisce persone che usano il computer e che sono interessate a comprenderne bene il funzionamento. Si riuniscono periodicamente per aggiornarsi o risolvere eventuali problemi sottoponendoli a persone competenti. Se un gruppo si interessa a un argomento, programma o aspetto particolare si definisce gruppo di interesse speciale (→ ingl. *special interest group*).

user interface interfaccia utente
Parte del programma software che permette all'utente di lavorare con il computer. Consente, infatti, di comunicare con il software mediante l'uso della tastiera, del mouse o di ogni altro dispositivo di puntamento.

user-friendly accessibile, amichevole, facile da usare
Termine usato per definire i prodotti hardware o software realizzati in modo tale da attirare anche gli utenti non professionali, che necessitano di imparare a usare il computer in modo veloce e senza grossi problemi.

UserId acronimo di *User Identification* (UserId - identificazione utente)
Nome e numero che identificano un utente che accede ad una rete, da un servizio online o da una bacheca elettronica. Deve necessariamente essere diverso da ogni altro nome presente, per evitare ogni confusione. Di solito l'utente, per poter essere riconosciuto ed ottenere l'accesso, deve digitare il suo ID e la sua password.

username nome utente
È una sequenza di caratteri che identifica in modo univoco un utente connesso in rete e che viene utilizzata per effettuare la connessione (→ ingl. *login*). Di solito è il proprio nome o una contrazione del nome e del cognome ed è visibile anche agli altri utilizzatori; viene di solito utilizzata con una parola chiave (→ ingl. *password*) che è invece nascosta. In Internet è la parte dell'indirizzo che precede la @.

utility (program) programma di utilità
Fanno parte di questa categoria tutte quelle tipologie di software che aiutano l'utente a organizzare in modo ordinato ed efficace le informazioni sul computer. Alcuni programmi di questo tipo comprimono i file in modo che occupino meno spazio sull'hard disk, oppure eliminano i file inutili, o identificano ed eliminano i virus.

V

vaccine programma antivirus
Programma progettato per verificare l'eventuale esistenza di virus in un computer, debellarlo e tentare di recuperare i dati danneggiati.

validation prova di funzionamento
Nella programmazione è la fase di verifica in cui si controlla che un programma sappia svolgere le funzioni per cui è stato progettato.

vapourware vapourware
Prodotti che esistono solo di nome. Termine usato dai programmatori per descrivere i prodotti tanto pubblicizzati dalle aziende che in realtà poi escono molto in ritardo sulle previsioni o addirittura non vengono mai messi in commercio.

variable variabile
Nella programmazione è un'area definita da un nome all'interno della memoria, che contiene un valore o una stringa assegnati.

vector graphics grafica vettoriale
Sistema di grafica computerizzata che permette di disegnare oggetti utilizzando curve e linee. Le immagini sono descritte dalla lunghezza delle linee e dalla direzione delle linee a partire dalla loro origine, a differenza delle immagini bitmap che sono descritte da ogni pixel che le compone. Un'immagine vettoriale può essere ridimensionata o ingrandita senza perdere dettagli né presentare la scalettatura dei bordi.

vendor venditore
Venditore o fornitore di hardware e software, (dai sistemi integrati di computer alle periferiche), che offre anche servizi collegati.

to **verify** verificare
Determinare l'accuratezza e la completezza di un'operazione eseguita dal computer.

version number numero di versione
Cifra usata per numerare le successive versioni dei prodotti software in modo che sia possibile per gli acquirenti capire il livello delle modifiche e dei miglioramenti avvenuti. Il numero di versione consiste in due cifre separate da un punto decimale. I numeri davanti al punto indicano variazioni consistenti, mentre i numeri subito dopo il punto indicano modifiche non sostanziali. Se, ad esempio, la versione successiva ad un prodotto con numero 1.0 fosse 2.0, significherebbe che il prodotto è cambiato molto. Se invece fosse 1.1, il prodotto sarebbe stato modificato solo in pochi aspetti non molto significativi oppure sarebbero solo stati eliminati i problemi e i malfunzionamenti riscontrati.

vertical application applicazione verticale
Programma progettato per un uso specifico o per un mercato ristretto e definito, come ad esempio un programma per gestire le scommesse calcistiche oppure i programmi destinati alle varie categorie di professionisti, ad esempio la gestione di uno studio legale o di uno studio medico.

videoclip videoclip

Breve filmato con audio e musica che può essere inserito nei titoli multimediali per approfondire un argomento in modo più gradevole ed efficace.

videoconference videoconferenza
Conferenza tra persone distanti tra loro ma che si possono vedere e parlare grazie all'utilizzo di due o più computer che catturano e trasmettono via rete le immagini e l'audio.

viewer visualizzatore
Programma che permette la visualizzazione a video di particolari tipi di file ad esempio file grafici o video.

virtual memory memoria virtuale
Memoria principale resa disponibile da un sistema operativo grazie all'utilizzo temporaneo di aree disco in aggiunta alla RAM, che vengono poi trasferite alla memoria principale disponibile al momento della richiesta.

virtual reality realtà virtuale
Ambiente computerizzato che dà all'utente la sensazione di essere immerso in un ambiente reale. Usa grafica tridimensionale, musica ed effetti sonori per riprodurre il più fedelmente possibile la realtà. Di solito non richiede né tastiera né schermo, ma al loro posto utilizza un casco virtuale (→ ingl. *head mounted display*) speciale, che proietta le immagini direttamente davanti agli occhi di chi lo indossa, così che all'utente sembra di essere inserito all'interno della scena, e non di vederla su di uno schermo. Il casco produce audio in stereo, in modo che i suoni avvolgano l'utente che si sente completamente coinvolto. Alcuni di questi programmi possono richiedere l'uso di guanti sensori (→ ingl. *sensor glove*) oppure di armi finte che consentono all'utente di combattere con i personaggi virtuali che gli appaiono sulla scena.

virus virus
Programma progettato per creare danni ai dati archiviati, bloccare il computer o addirittura distruggere completamente i file archiviati o i sistemi operativi. Sono realizzati in modo da potersi diffondere con facilità estrema da un computer all'altro all'insaputa degli utenti: ad esempio basta utilizzare un dischetto precedentemente usato da un computer infettato da virus perché questo si trasmetta subito. L'unico modo per debellarlo è installare sul proprio computer un programma antivirus che analizza tutti i documenti che si devono archiviare sul computer prima di scaricarli e che identifica ed elimina i virus eventualmente trovati.

voice mail posta vocale
Sofisticato tipo di segreteria telefonica usata soprattutto nelle grandi aziende. È in grado di archiviare i messaggi, rispondervi o rinviarli a un altro numero.

voice recognition riconoscimento vocale
Caratteristica di un computer che è in grado di trasformare istruzioni date a voce in un formato comprensibile al computer. Prima che il computer riesca ad interpretare e tradurre bene i comandi vocali, deve essere addestrato al riconoscimento.

volatile memory memoria volatile, non permanente
Memoria non stabile, memoria cioè che viene cancellata allo spegnimento del computer. La memoria ad accesso casuale (→ ingl. *RAM, Random Access Memory*), ad esempio, è un tipo di memoria volatile.

volume volume, unità
Ciascuna unità fisica di memoria di massa, indipendentemente dalla sua forma e capacità. Può definire un hard disk, un lettore di CD-Rom ed è sempre identificabile con una etichetta (→ ingl. *label*).

W

wait state stato di attesa
Dilatazione del tempo introdotta per permettere a un processore centrale veloce di archiviare o recuperare dati da componenti di memoria più lenti.

wallpaper tappezzeria
Immagine o motivo ornamentale utilizzati da sfondo in una finestra dello schermo.

WAN acronimo di *Wide Area Network* (WAN - rete ad ampie dimensioni geografiche)
Rete che collega tra loro computer che si trovano in posti diversi e lontani l'uno dall'altro, ad esempio una serie di scuole, città, stati, utilizzando connessioni molto veloci oppure anche il satellite.

wand reader/scanner matita di lettura
Piccolo strumento a forma di matita con un piccolo scanner sulla punta che si passa su un testo per leggerlo otticamente e quindi memorizzarlo sotto forma di dati digitali.

warm boot riavvio (a caldo)
Procedura per riavviare un computer dopo che si è bloccato per un malfunzionamento. Dal momento che il computer era già acceso prima di questa operazione, si dice "a caldo", in contrapposizione all'avvio "a freddo", che indica quando un computer viene acceso all'inizio del lavoro.

watermark filigrana
La filigrana su un documento digitale serve per permetterne l'identificazione, così come avviene per quella utilizzata su carta.

Web Web (letteralmente ragnatela)
Insieme di tutti i documenti ipertestuali presenti in Internet e tra loro collegati. I documenti Web sono costituiti da pagine contenenti immagini, suoni, grafica, testi a cui è possibile accedere utilizzando un apposito software di navigazione (→ ingl. *browser*).

Web page pagina Web
File singolo archiviato su un server Web che contiene testo formattato, grafica e rimandi ipertestuali ad altre pagine su Internet. Si crea usando i codici → ingl. *HTML* e si visualizza tramite un apposito software che permette di sfogliare e navigare le pagine (→ ingl. *browser*).

Web server server Web
Computer che archivia una raccolta di pagine Web che formano un sito (→ ingl. *Web page* e → ingl. *Web site*).

Web site sito Web
Sito presente in Internet che contiene documenti ipertestuali e ipermediali legati a un dato argomento, a un'azienda, a una scuola e altro. Per trovarlo si deve digitare il suo indirizzo (→ ingl. *URL*) nell'apposito spazio presente nel software di navigazione (→ ingl. *browser*) e si arriva alla prima pagina (→ ingl. *home page*) del sito desiderato. Il sito è composto da una serie di pagine (→ ingl. *Web page*) che si possono leggere, far scorrere oppure usare come punto di partenza per visitare altri siti. Infatti sulle pagine ci sono rimandi ipertestuali che, una volta cliccati, portano ad altre pagine, sia del sito in cui ci si trova, sia di altri siti. La navigazione può così continuare all'infinito.

weight peso
Quantità di spazio che dipende dallo spessore di un carattere tipografico all'interno della stessa famiglia di caratteri. Un carattere in grassetto ha maggior peso di uno in chiaro.

widow vedova, linea vuota
L'ultima riga di un paragrafo che è slittata nella pagina successiva e compare da sola nella parte alta del foglio o del documento. Ci sono programmi di videoscrittura che evitano il formarsi di righe vedove con lo spostamento automatico dell'ultima e della penultima riga alla pagina successiva.

wildcard character carattere jolly
Simbolo (di solito l'asterisco o il punto interrogativo) che viene usato per cercare su un disco una serie di file che hanno in comune una parte del nome. Questo carattere viene messo al posto delle lettere o dei numeri che differenziano i nomi dei file.

window finestra
Riquadro che compare sullo schermo del computer e che può contenere messaggi d'aiuto, avvertimenti, elenchi di file o anche un intero programma applicativo. Può essere spostata cliccando sulla barra del titolo e trascinandola nella nuova posizione senza rilasciare il bottone del mouse. Con appositi bottoni posti nell'angolo in alto o in basso a destra può essere ridimensionata o ingrandita a piacere all'interno dello schermo. Quando una finestra contiene più elementi di quanti non possa far apparire sullo schermo, sul suo lato destro si forma una barra di scorrimento con cui si può spostare il contenuto della finestra e vederlo tutto.

Windows Windows (letteralmente finestre)
Sistema operativo basato su un interfaccia grafica con finestre della Microsoft.

wizard mago
1 Programma di utilità che aiuta l'utente nell'utilizzo di un programma applicativo dandogli man mano consigli e suggerimenti sulle operazioni da compiere.
2 Guru della tecnologia superesperto di computer.

word parola
L'equivalente di due byte di dati, ovvero sedici bit.

word processing trattamento testi
L'uso del computer per creare, preparare, formattare e stampare documenti.

word processor/word processing program programma di videoscrittura, programma trattamento dei testi
Programma usato per scrivere e formattare te-

sti. Si possono scrivere molti tipi diversi di documenti e con alcuni di questi software si possono anche inserire immagini, creare tabelle e grafici, scegliere font diversi da usare all'interno dello stesso documento.

workgroup gruppo di lavoro
Insieme di persone che svolgono una attività lavorativa in gruppo utilizzando computer collegati in rete. Esistono alcuni software appositamente realizzati per gestire questo tipo di attività (→ ingl. *groupware*).

worksheet foglio di lavoro
Matrice bidimensionale fatta di righe e di colonne, in cui si inseriscono titoli, valori o formule. → anche ingl. *spreadsheet*.

workstation posto di lavoro, stazione di lavoro
Postazione di lavoro costituita da un computer molto potente e costoso e da tutta la serie di periferiche necessarie per svolgere le funzioni lavorative.

worm verme
Programma software, spesso distruttivo, che ha la caratteristica di riprodursi e diffondersi automaticamente e rapidamente, saturando le capacità dell'hard disk.

WORM acronimo di *Write Once Read Many* (WORM - una sola scrittura, molte letture)
Tecnologia che permette di memorizzare dati su un disco ottico il cui contenuto, una volta scritto, non può più essere cancellato né modificato, ma soltanto letto da chiunque e tutte le volte che si vuole.

webmaster webmaster
Indirizzo di posta elettronica del gestore di un sito Web. Si trova di solito in fondo alla → ingl. *home page*.

to **write protect** proteggere da sovrascritture
Proteggere un dischetto in modo che non si possano cancellare né modificare i dati contenuti. Si tratta semplicemente di alzare la finestrella che si trova in alto a destra del dischetto.

WWW acronimo di *World Wide Web* (WWW-Web, letteralmente ragnatela mondiale)
Parte di Internet che raccoglie documenti ipertestuali e ipermediali. Questi documenti sono localizzati in tutto il mondo e organizzati in siti (→ ingl. *Web site*). Ogni sito è fatto di pagine (→ ingl. *Web page*) che contengono testo, grafica, rimandi ipertestuali e ipermediali.

Z

zero wait state stato di attesa nulla
Caratteristica di una periferica in grado di funzionare alla stessa velocità degli altri componenti del computer, senza bisogno di stati di attesa.

to **zip** zippare
Comprimere un file per renderlo più piccolo e per occupare meno spazio su hard disk o su dischetto. Questo termine deriva dal programma, di questo tipo più diffuso, PK.ZIP. Per utilizzare nuovamente un file compresso, occorre prima decomprimerlo (→ ingl. to *unzip*).

zone zona, sottogruppo di computer in rete
Sottogruppo di computer collegati fra loro e in rete, che sono stati raggruppati dall'amministratore di rete perché svolgono funzioni tra loro correlate. Ad esempio, in un'azienda di grandi dimensioni tutti i computer i cui utenti si occupano di marketing possono essere raggruppati in una zona loro specifica e così via.

to **zoom** zoomare, ingrandire/rimpicciolire
Selezionare una parte di immagine per ingrandirla (→ ingl. to *zoom in*) e vederla meglio, oppure al contrario, selezionare un'immagine e rimpicciolirla in un'area più piccola dello schermo, in modo che sia meglio gestibile (→ ingl. to *zoom out*).

Sezione Italiano/Inglese

A

a video onscreen
abbandonare to abandon
acceleratore accelerator
accessibile user-friendly
accesso access
accesso diretto direct access
accesso non autorizzato unauthorized access
accesso remoto remote access
accesso segreto trapdoor
accoppiatore acustico acoustic coupler
accumulatore accumulator
adattatore adapter
addizionare to add
agente agent
agente in rete intelligent agent
aggiornamento updating
aggiornare to update
aggiungere to add
aiuto help
albero degli argomenti subject tree
alfanumerico alphanumeric
algebra booleana Boolean algebra
algoritmo algorithm
alias alias
aliasing aliasing
allegato attachment
allineamento alignment
allineamento array
allineare to align
allocare to allocate
alta densità high density
amichevole user-friendly
amministratore di rete network administrator
amministratore di sistema system administrator
ampiezza di banda bandwidth
analisi test
analista analyst
analizzare to scan
analizzatore analyzer
analogico analog
ancora anchor
andare a to goto
androide android
animazione animation
annullare to undo
annuncio message
anteprima di stampa print preview
antivirus antivirus
aperto open
apparecchiatura supplementare add-in/add-on
applicazione application
applicazione killer (letteralmente applicazione assassina) killer application
applicazione verticale vertical application
aprire to open
architettura architecture
archivia e rinvia store and forward
archiviare to archive
archivio archive; file
archivio di testo text file
area attiva hotspot
area di memoria area
arrestarsi (di macchina) to hang up
arresto anzi tempo di un'esecuzione abort
arretramento di uno spazio backspace
articolo record
articolo di posta elettronica inutile spam
asincrono asynchronous
assegnamento assignment
assegnazione assignment
assemblaggio assembly
assemblare to assemble
assemblatore assembler
assistente digitale personale PDA, acronimo di *Personal Digital Assistant*
at @
attaccare violentemente (letteralmente incendiare) to flame
attivare to activate
attività task
attivo active
attributo attribute
aumentare to upgrade
autenticazione authentication
automa atomaton
automazione d'ufficio office automation
autostrada dell'informazione information superhighway
avanzamento di pagina form feed
avvertimento message
avvio start
azionare to activate
azzerare to clear; to reset

B

bacheca elettronica BBS, acronimo di *Bullettin Board System*
banda tape
bandiera flag
barra degli strumenti toolbar
barra del titolo titlebar
barra delle funzioni taskbar
barra di scorrimento scroll bar
base dati database
batteria cluster
biblioteca library
bidirezionale bidirectional
binario binary
bit di arresto stop bit
bit di avvio start bit
bloccare to freeze
bloccarsi (di collegamento) to hang up
blocco block; box; package
blocco appunti clipboard
blocco dei dati lock
blocco di memoria page
bomba a tempo time bomb
bombardamento di posta elettronica mailbomb
bombare to bomb
bottone button
bottone di navigazione navigation button
buco nero black hole

C

cablare to cable
calcolatore computer; system
calcolatore di grandi dimensioni number-cruncher
calibrare to calibrate
cambiamento di forma morph; morphing
cammino path

campione sample
campo field
campo di variabilità range
canale channel
cancellare to cancel; to delete; to erase; to flush
cancellare delle informazioni scrivendoci sopra to overwrite
cancello gateway
capacità capacity
capacità di trattamento throughput
carattere character
carattere jolly wildcard character
carattere residente resident font
caricare to load
carrello per il ritorno carriage return
cartella directory; folder
cartella principale root directory
cartuccia cartridge
cartuccia del toner toner cartridge
casco virtuale head mounted display
casella box
casella postale mailbox
catalogo catalog, catalogue
catena di montaggio pipeline
catturare to capture
cavallo di Troia Trojan horse
cavo cable
cestinare to trash
cestino recycle bin; trash
chiacchiera chat
chiave key
chiave di identificazione password
chiosco informatico kiosk
chip di silicio silicon chip
chiudere to abandon; to close
chiudi shut down
ciclo loop
cifra binaria bit, acronimo di *binary digit*
circuito path
circuito integrato chip
circuito integrato integrated circuit
citare to quote
cittadino della rete netizen
cliccare to clic
cliente client
cliente remoto remote client
coda queue
coda dei lavori job queue
coda di stampa print queue
codice code; key; tag
codice a barre bar code
codice associato account
codice concatenante chain code
codice di accesso access code
codice macchina machine code
codice sorgente source code
codifica code
codificare to code
collaudo (di programmi) debugging
collegamento connection; handshaking; link; path
collegamento (tra due terminali) channel
collegamento a infrarossi infrared link
collegamento caldo hotlink
collegare to connect; to link
collegarsi to jack in; to log in
collegato on line
collegatore linker
colloquio handshaking
colore colour
colori di sistema system colours
comando command
combinazione configuration
commutazione di pacchetto packet switching
compatibile compatible
compattare (dati) to pack
compilare to compile
compilatore compiler
compito task
composizione (di un elaboratore) configuration
compressione compression
compressione dei dati con perdita di qualità lossy compression
compressione dei dati senza perdita di qualità lossless compression
compressione dell'immagine image compression
computer da casa home computer
computer indipendente stand-alone computer
computer interattivo interactive computer
computer palmare palmtop computer
computer portatile notebook computer; portable computer; laptop computer (letteralmente da grembo)
computerese computerese
comunicazione communication
concatenazione pipe
concorrenza concurrency
concorrenza multitasking
condividere to share
configurazione configuration
confrontare to collate
connessione connection
connettere to connect
connettere to interface
connettersi to log in
connettersi via telefono to dial up
conservare to save
consolle console
consultare (un gruppo di discussione) to lurk
consultazione di un archivio inquiry
contrassegno flag
controllore controller
controllore ortografico spellchecker
conversione conversion
convertitore analogico-digitale digitizer
copia copy
copia carbone carbon copy
copia carbone cieca blind carbon copy
copia di scorta backup copy
copia temporanea soft copy
coprocessore coprocessor
cornice frame
corpo body
correggere to clear
correggere un programma to patch
correzione patch
correzione recovery
creare un collegamento to pipe
criterio di ordinamento key
crittografia encryption
crollo crash
cursore cursor; pointer; slider
cursore (a forma di quadrato) block
cyberspazio cyberspace

D

data base database
data base relazionale relational database
dati data
dati base database
dato composito group
decomprimere to decompress
decomprimere to unzip
definizione definition; resolution
deframmentare to defragment
delimitatore delimiter
demo demo
demone daemon, demon
densità density
dettaglio insert
di fondo background
di pubblico dominio public domain
diagramma graphic

diagramma di flusso flow diagram; flowchart
dialogo communication
difetto bug
diffusione di messaggi di posta elettronica inutili spamming
digitale digital
digitalizzare to digitize
dimensionamento automatico autosizing
dimensione del file file size
dimostrativo demo
diramazione branch
directory principale root directory
direttorio directory
diritto di esecuzione privilege
disabilitare to disable
dischetto diskette, floppy disk
disco disk
disco destinatario target disk
disco di avvio startup disk
disco di sistema system disk
disco fisso hard disk
disco fisso estraibile removable hard disk
disco fisso secondario slave hard disk
disco magneto-ottico magneto-optical disk
disco ottico optical disc
disco rigido hard disk
disconnettere to disconnect
disconnettersi to log out
disegno format
disinserire to disconnect
disinstallare to uninstall
disporre in ordine to collate
dispositivo device
dispositivo di emissione output device
dispositivo per il puntamento pointing device
dispositivo tampone buffer
disposizione layout
documento document; file
dominio domain
doppino telefonico twisted pair
dorsale backbone

E

editor di testo text editor
editoria da tavolo DTP, acronimo di *DeskTop Publishing*
elaboratore computer; microprocessor; processor
elaboratore centrale mainframe
elaboratore in sequenza sequencer
elaboratore per uso personale personal computer
elaborazione process
elaborazione di dati data processing
elemento grafico graphic
emissione output
emulatore emulator
emulazione emulation
erroneo invalid
errore default
errore definitivo fatal error
esadecimale hexadecimal
esaminare to scan
esattezza accuracy
eseguibile executable
eseguire to execute
eseguire una scansione to scan
espandere to expand
espandibilità expandability
esperto guru
esperto di computer techie
esploratore scanner
esportare dati to export
estensione extension
estrarre to select
estrarre dati to output
estrazione output
etichetta label
etichetta della rete (Internet) netiquette
evidenziare to highlight

F

faccia a faccia face to face
faccina emoticon, smiley
facile da usare user-friendly
far funzionare to run
far scorrere (sul video) to scroll
far tornare allo stato originale to undo
fare un salto to jump
fare una diramazione to jump
fare una linea di separazione inferiore to underscore
fare una versione ridotta to downsize
fermare to abort
fermare un'elaborazione to kill
ferramenta hardware
fessura slot
fibra ottica fiber optics
figura icon
file aperto open file
file di filtro automatico kill file
file di scambio swap file
file di sola lettura read-only file
file leggimi readme file
file nascosto hidden file
filigrana watermark
filtro filter
filtro per la posta elettronica e-mail filter
fine del tempo disponibile time-out
finestra window
finestra a comparsa pop-up window
finestra di avvertimento alert box
finestra di dialogo dialog box
firma signature
fissare to freeze
flusso di dati stream
foglio di lavoro worksheet
foglio elettronico di calcolo spreadsheet
font scalabile scalable font
formato format
formattare to format
fornitore di accesso access provider
fornitore di contenuti content provider
fornitore di servizi service provider
fornitore di servizi Internet ISP, acronimo di *Internet Service Provider*
fotogramma al secondo fps, acronimo di *frame per second*
frammentare to fragment
frattale fractal
frazione segment
freccia arrow

G

galateo di rete (Internet) netiquette
gamma range
gerarchia hierarchy
gestore handler
gestore di stampa printer driver
grado order
grado di utilizzabilità usability
grafica vettoriale vector graphics
griglia gate; grid
gruppo batch; cluster; group
gruppo di discussione newsgroup
gruppo di interesse newsgroup
gruppo di interesse specifico special interest group
gruppo di lavoro workgroup
gruppo di utenti user group
guanto sensore sensor glove
guida guide; help
guida in linea online help
guru guru

I

ibrido hybrid
icona icon
identificatore label; name
identificazione identification
imbucare to post
imitazione emulation
immagazzinare to store
immagine image
immagine in miniatura thumbnail
immettere dati to input
immissione (di un dato o di un parametro) data entry
impacchettare to pack
imperfezione bug
impianto installation
implementare to implement
importare to import
in corso di esecuzione active; current
in corso di lettura current
in corso di utilizzazione active
in linea online
in movimento active
in servizio active
inattivo inactive
incanalamento tunnelling
incollare to paste
indicatore flag; name; pointer
indicazione (di uno stato) return
indicizzare to index
indirizzo address
indirizzo assoluto direct address; specific address
indirizzo di posta elettronica e-mail address
inferenza inference
informatica informatics
informazione information
informazioni data
informazioni parassite garbage
ingombro footprint
ingrandire to zoom out
ingresso dei dati input
inizializzare to flush; to initialize
inizializzazione initialization
inoltro forward
inserire (chip elettronici) to populate
inserire difetti to bug
inserto insert
insieme array
insieme di procedure suite
insieme di programmi package; suite
installare to implement; to install
installazione installation
instradatore router
integrato built-in
interallacciamento interleaving, interlacing
interallacciare to interface, to interleave, to interlace
interattività interactivity
interattivo online; interactive
interfaccia interface
interfaccia grafica utente GUI, acronimo di *Graphical User Interface*
interfaccia utente user interface
interfoliazione interleaving
interlinea spacing
interrogazione query
interrogazione di un archivio inquiry
interrompere to abort
interruzione anzi tempo abortion
interruzione anzi tempo di un'esecuzione abort
interruzione di pagina page break
intervallo (di tempo) segment; slot
intestazione header
introdurre dati to input
introduzione dei dati input
introduzione di un dato o di un parametro entry
invalidare to disable
inviare to post, to upload
inviare su canale to channel
invio enter
invio di repliche (a un messaggio di posta elettronica) thread
ipercollegamento hyperlink
iperlink hyperlink
ipermedia hypermedia
ipertesto hypertext
istruzione command; instruction; order
istruzione assistita (aiutata) dal computer CAI, acronimo di *Computer Assisted (Aided) Instruction*
iterazione iteration; loop

L

lampeggiare to blink
lanciare to activate; to launch
latenza latency
lavoro job
lavoro di stampa print job
lavoro in multiprogrammazione time-sharing
lavoro simultaneo time-sharing
lettore drive
lettore a quadrupla velocità quad-speed drive
lettore di disco disk drive
lettore di news newsreader
libreria library
licenza di duplicazione site license
licenza software software licence
linea a profilo sottile slim line
linea di riferimento guide
linea diagonale slash
linea vuota widow
linguaggio language
linguaggio di programmazione programming language
linguaggio di script scripting language
lista list (box)
listato printout
localizzato resident
localizzazione e riparazione guasti trouble-shooting
logica fuzzy fuzzy logic
lotto (di schede) batch

M

macroistruzione macro; macroinstruction
mago wizard
maniglia handle
maniglia di selezione selection handle
manina grabber hand
mappa map
mappatura di bit bitmap
mappatura di composizione texture mapping
maschera mask; template, form
massimizzare to maximise
matita di lettura wand reader; scanner
matrice matrix
memoria memory; storage
memoria ad accesso casuale RAM, acronimo di *Random Access Memory*
memoria di sola lettura ROM, acronimo di *Read-Only Memory*
memoria esterna storage
memoria nascosta cache memory
memoria non permanente volatile memory
memoria non volatile non-volatile storage
memoria removibile removable storage
memoria superiore upper memory
memoria tampone buffer
memoria virtuale virtual memory
memoria volatile volatile memory
memorizzare to save; to unload; to store
memorizzare temporaneamente to spool

memorizzazione storage
menu a comparsa pop-up menu
menu a tendina drop down menu, pull-down menu
messa a punto adjustment
messa a punto (di programmi) debugging
messaggi istantanei instant messages
messaggio message
messaggio di posta elettronica e-mail
mettere di seguito to append
mettere in applicazione to implement
microcalcolatore microcomputer
microprocessore microprocessor; processor
microprogrammazione firmware
migliorare to upgrade
minidisco diskette; floppy disk
minielaboratore minicomputer
modalità mode
modello template
modificare il codice sorgente di un programma to hack
modulo package
modulo virtuale form
motore di ricerca search engine
multimedia multimedia
multipiattaforma hybrid
multiprocessore multiprocessor
multiprogrammazione multiprocessing
multiutente multi-user
muro di fuoco firewall
mutevole soft

N

nastro tape
navigare to navigate; to surf
navigatore browser
navigazione navigation; surfing
nodo (di rete) node
nome name
nome convenzionale tag
nome del file filename
nome di dominio domain name
non corretto undebugged
non in linea off-line
non messo a punto undebugged
non prioritario background
non valido invalid
nota message
nucleo kernel
numero di conto account
numero di versione version number
nuovi media new media

O

operatore operator
operazione process
operazione di aggiornamento refresh
operazione di ripristino refresh
operazione trasparente transparent operation
ora di sistema system time
ordinamento sorting
ordinare to sort
ordine order
orientamento orientation
orientamento orizzontale landscape orientation
orientamento verticale portrait orientation
orientato a oggetti object-oriented
orologio di sistema system clock
orologio temporizzatore clock
ospite guest; host
ottale octal

P

pacchetto packet; suite
pacco package
pagina page
pagina di partenza homepage
pagina Web Web page
paginazione paging
pallina tracciante tracking ball
pannello di controllo control panel
parametro parameter
pari peer
parola word
parola chiave keyword; password
parola d'ordine password
parte del contenuto di un messaggio text
partizione partition
partizione del tempo time-sharing
passaggio gateway
pausa time-out
penna ottica light pen
percorso path
periferica device
periferica di input add-in
periferica di output add-on
personal computer da tavolo desktop computer
personalizzazione personalizing
peso order; weight
pezzo di testo block
pezzo inserito insert
piano di riferimento benchmark
pianta layout
piastra board
piattaforma platform
piattaforma aperta open platform
piatto platter
pirata informatico cracker; hacker
pirateria piracy
pista channel
ponte bridge; jumper
ponticello jumper
porta gate
porta di accesso port
porta di servizio backdoor
porta parallela parallel port
porta per videogiochi game port
porta seriale serial port
posizionare to seek
posizione di partenza home
posta elettronica e-mail
posta gratuita free-mail
posta inutile (letteralmente spazzatura) junk mail
posta tradizionale (letteralmente posta lumaca) snail mail
posta vocale voice mail
posto di lavoro workstation
preformattato preformatted
prendere per difetto to default
presa di contatto handshake
privilegio privilege
procedura procedure
procedura per la duplicazione di un disco mirroring
processo process
processore microprocessor; processor
produttività throughput
produttore originario di apparecchiature OEM, acronimo di *Original Equipment Manufacturer*
progettazione assistita (aiutata) dal computer CAD, acronimo di *Computer Assisted (Aided) Design*
programma code; package; program; routine
programma antivirus vaccine
programma ausiliario plug-in
programma autore authoring tool
programma caricatore loader
programma di configurazione set-up program
programma di diagnosi diagnostic program
programma di disegno paint program
programma di installazione installation program; setup program
programma di istruzione tutorial program
programma di utilità utility (program)
programma di verifica test driver

programma di videoscrittura word processor, word processing program
programma interprete interpreter
programma software software
programma traduttore interpreter
programma per il trattamento dei testi word processor, word processing program
programmare to code; to program
programmatore programmer
programmazione programming
pronto a partire executable
proprietà property
prospetto report
proteggere da sovrascritture to write protect
protezione dei dati lock
protocollo protocol
protocollo punto a punto point-to-point protocol
prototipo demo; prototype
prova test
prova di funzionamento validation
provare to test
pulsante key; button
puntare to point
puntatore pointer
punto point
punto di arresto breakpoint
punto di presenza POP, acronimo di *Point Of Presence*
punto di risoluzione pixel
punto esclamativo bang

R

raccoglitore di spazzatura garbage collector
raccolta bundle
raggruppamento (delle informazioni) batching
RAM memoria ad accesso casuale RAM, acronimo di *Random Access Memory*
rapporto report
rappresentazione a video di colori intermedi dithering
realizzare to implement
realtà virtuale virtual reality
recuperare to recover
recupero recovery
registrare to store
registrare cronologicamente (un'elaborazione) to log
registrazione adjustment; record
registro registry
regolatore controller
regolazione adjustment
reinizializzare to reboot
relazione report
reperimento (di un'informazione cercata) hit
requisiti di sistema system requirements
resa rendering
residente resident
restituzione rendering
rete net; network
rete di ampie dimensioni geografiche WAN, acronimo di *Wide Area Network*
rete distribuita distributed network
rete locale di computer LAN, acronimo di *Local Area Network*
rete neurale neural net
rete pari a pari peer-to-peer network
riavviare to reboot; to restart
riavvio (a caldo) warm boot
ricerca search
ricerca in tutto testo full text search
richiesta di connessione login, logon
richiesta di scollegamento logoff, logout
riconoscimento della calligrafia handwrite recognition
riconoscimento di modello pattern recognition
riconoscimento ottico di caratteri OCR, acronimo di *Optical Character Recognition*
riconoscimento vocale speech recognition, voice recognition
ricopiare to backup
ricostruibile (di macchina) recoverable
ridimensionare to downsize
ridurre a icona to minimize
riduttore adapter
rifiuti garbage
riga a pié di pagina footer
righello ruler line
rileggere to replay
rilevazione grafica dell'esecuzione tracing
rimbalzo bounce
rimpicciolire to zoom in
rinominare to rename
rinvio jump; return
riparabile (di errore) recoverable
ripassare (un nastro) to replay
ripristinare to reboot; to recover; to reset; to restore
risoluzione resolution
risoluzione di stampa printer resolution
risorsa resource
rispondere to reply
rispristino recovery
risultato di stampa output; printout
ritorno return
ritorno all'indietro backtracking
rivista elettronica e-zine, acronimo per *electronic magazine*
ROM - memoria di sola lettura ROM, acronimo di *Read-Only Memory*
rottura crash

S

salto branch; jump
salvare to backup; to save
salvaschermo screen saver
salvataggio automatico autosave
sbloccare to reset; to unlock
scambiare to swap
scambio di segnali di collegamento handshaking
scanalatura slot
scandire to scan
scansione scanning
scaricare to download; to unload
scatola jewel box; package
scheda board; card
scheda acceleratrice accelerator card
scheda di registrazione registration card
scheda figlia daughterboard
scheda madre motherboard
scheda sonora sound card
schedulatore scheduler
schema layout; template
schermata frame; page
schermo display, screen
schermo a sensibilità tattile touchscreen
scollegarsi to log out
scorciatoia shortcut
scorrere to browse
scorretto invalid
scrivania desktop
segmento di programma segment
segnalatore flag
segnale di interruzione interrupt
segnalibro bookmark
selezionare to select
selezione selection
semiconduttore semiconductor
sequenza string
sequenza di immagini slide show
sequenza di istruzioni loop
sequenza di istruzioni iniziali boot; bootstrap
serie di caratteri font
server server

server di stampa print server
server Web Web server
servizio informatico data processing
sessione session
settaggio di pagina page setup
settore field; sector
sezione di un documento page
sfarfallare to flicker
sicurezza security
simbolo grafico icon
simulazione simulation
simultaneità overlapping
sistema system
sistema completo (letteralmente chiavi in mano) turnkey system
sistema esperto expert system
sistema operativo operating system
sito site; Web site
sito Web Web site
situazione report
smaltimento throughput
software di pubblico dominio freeware
software di sistema system software
software di supporto al lavoro di gruppo groupware
somma di controllo checksum
sondare to test
sopprimere una procedura to kill
sorgente source
sospendere to abort
sostituzione di un programma con un altro swapping
sottodirectory subdirectory
sottogruppo (di computer in rete) zone
sottolineare to underline
sottomenu submenu
sovrapposizione overlapping
sovrascrivere to overwrite
spaziatura kerning; spacing
spaziatura indietro backspace
spazio di ritorno backspace
spazio disponibile su disco slot
specializzato dedicated
stampante printer
stampante a getto d'inchiostro ink-jet printer
stampante laser laser printer
stampante termica thermal printer
stato (di stampa meccanografica) report
stato di attesa wait state
stato di attesa nulla zero wait state
stazione di lavoro workstation
storia history
stringa string
striscione banner
struttura format
studiare a fondo to grok
suggerimento prompt
svuotare to flush; to unload
svuotare (un nastro) to purge

T

tabella table
tabulato printout
taglia e incolla cut and paste
tappetino a sensibilità tattile touchpad
tappetino per il mouse mouse pad
tappezzeria wallpaper
tascabili handheld
tastiera keyboard
tastiera numerica numeric keypad
tasto key
tasto attivo hot key
tasto di controllo control key
tasto di funzione function key
tasto di ripetizione automatica auto-repeat key
tasto di uscita escape key
tasto per le maiuscole caps lock key
tasto tabulatore tab key
tavola dei contenuti table of contents
tavolozza palette
tecnologia "push" (letteralmente di spinta) push technology
tecnologo/sciamano technopagan
teleconferenza teleconference
telelavoro telecommuting
tempo di accesso access speed; access time
tempo di posizionamento seek time
temporaneo soft
terminale terminal
termine binario byte, acronimo di *binary term*
test alfa alpha test
test di stress stress test
testatina header
testina head
testina di stampa print head
testo text
titolo multimediale book; multimedia title
togliere (elementi da un archivio) to purge
tolleranza ai guasti fault tolerance
tono sonoro carrier signal
topologia topology
totalizzatore accumulator
traccia track
traccia automatica autotrace
tracciato format; layout
tracciatore plotter
traffico traffic
trascina e metti in altra posizione drag and drop
trascinamento drive
trascinamento a motore tractor feed
trasferimento dei file file transfer
trasferire dati to export; to transfer
trasmettere dalla terra al satellite to uplink
trasmissione communication
trasmissione a gruppi ristretti narrowcasting
trasmissione di dati (senza selezione dei destinatari) broadcast
trasmissione sincrona synchronous transmission
trattamento dell'immagine image processing
trattamento dell'informazione data processing
trattamento testi word processing
tremolare to flicker

U

unire to join
unire file di posta to mail merge
unità volume
unità a torre tower case
unità centrale microprocessor; processor
unità centrale di programmazione CPU, acronimo di *Central Processing Unit*
unità di calcolo computer
unità di sistema system unit
unità disco disk drive
unità periferica console; peripheral
uovo di Pasqua easter egg
uscire to quit; to exit
uscire temporaneamente to shell out
uscita exit
utente user
utente novellino newbie

V

vai a go to
valigetta (per font) suitcase
variabile variable
variazione (di trattamento) conversion
vedova widow
velocità di accesso access speed
velocità di trasferimento dei dati data transfer rate
velocità di trasmissione in baud baud rate

vendere direttamente a un altro venditore to oem
venditore vendor
verificare to test; to verify
verme worm
versione release; version
via d'accesso path
videata frame; page; screen
videoconferenza videoconference
videogioco arcade arcade game
videogioco d'avventura adventure game
visualizzatore viewer
volume volume

Z

zippare to zip
zoccolo socket
zona box; zone
zona di memoria area
zoomare to zoom

Indice

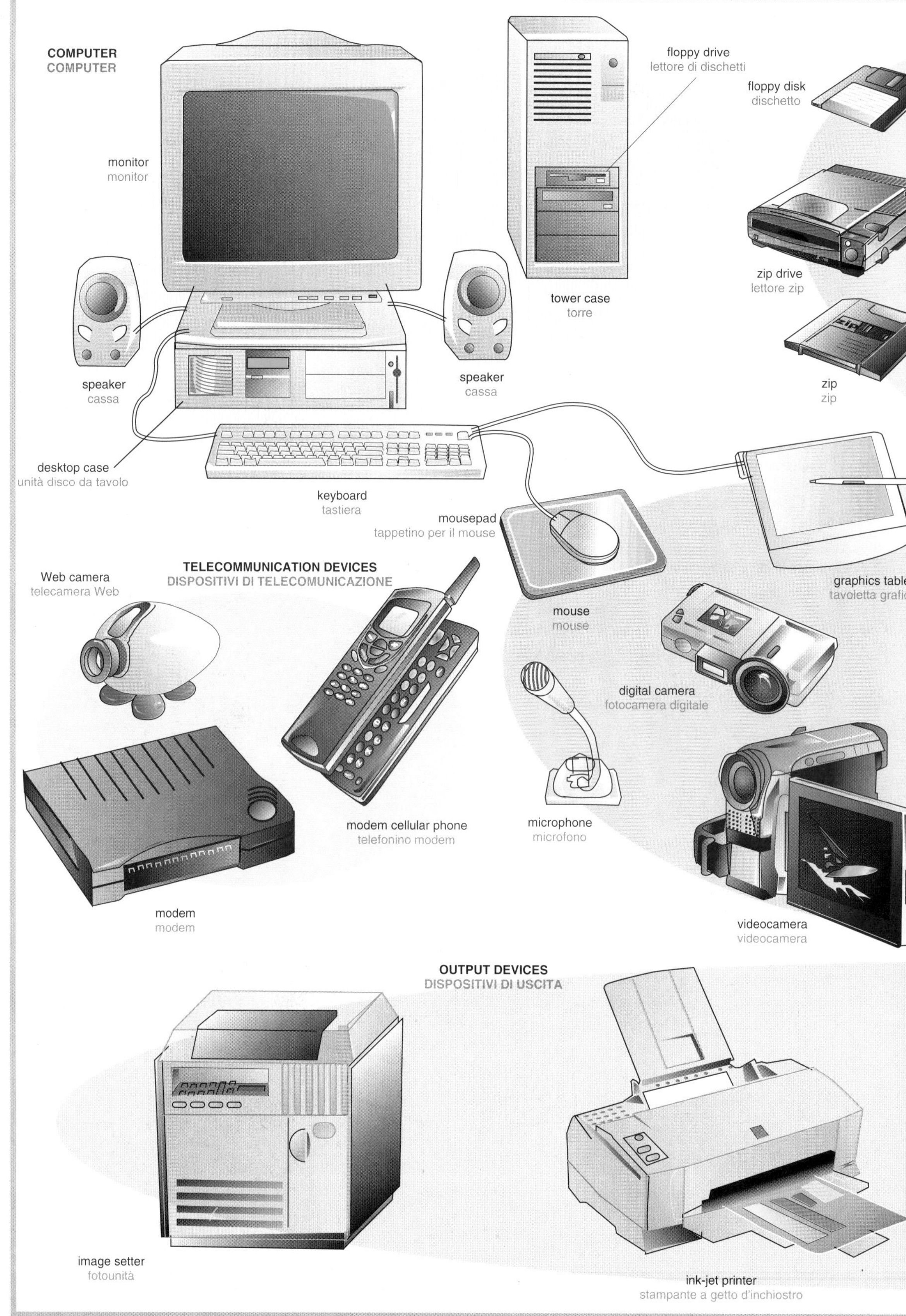
COMPUTER
COMPUTER
monitor
monitor
speaker
cassa
speaker
cassa
desktop case
unità disco da tavolo
keyboard
tastiera
tower case
torre
floppy drive
lettore di dischetti
floppy disk
dischetto
zip drive
lettore zip
zip
zip
mousepad
tappetino per il mouse
mouse
mouse
graphics table
tavoletta grafic
TELECOMMUNICATION DEVICES
DISPOSITIVI DI TELECOMUNICAZIONE
Web camera
telecamera Web
modem cellular phone
telefonino modem
modem
modem
digital camera
fotocamera digitale
microphone
microfono
videocamera
videocamera
OUTPUT DEVICES
DISPOSITIVI DI USCITA
image setter
fotounità
ink-jet printer
stampante a getto d'inchiostro

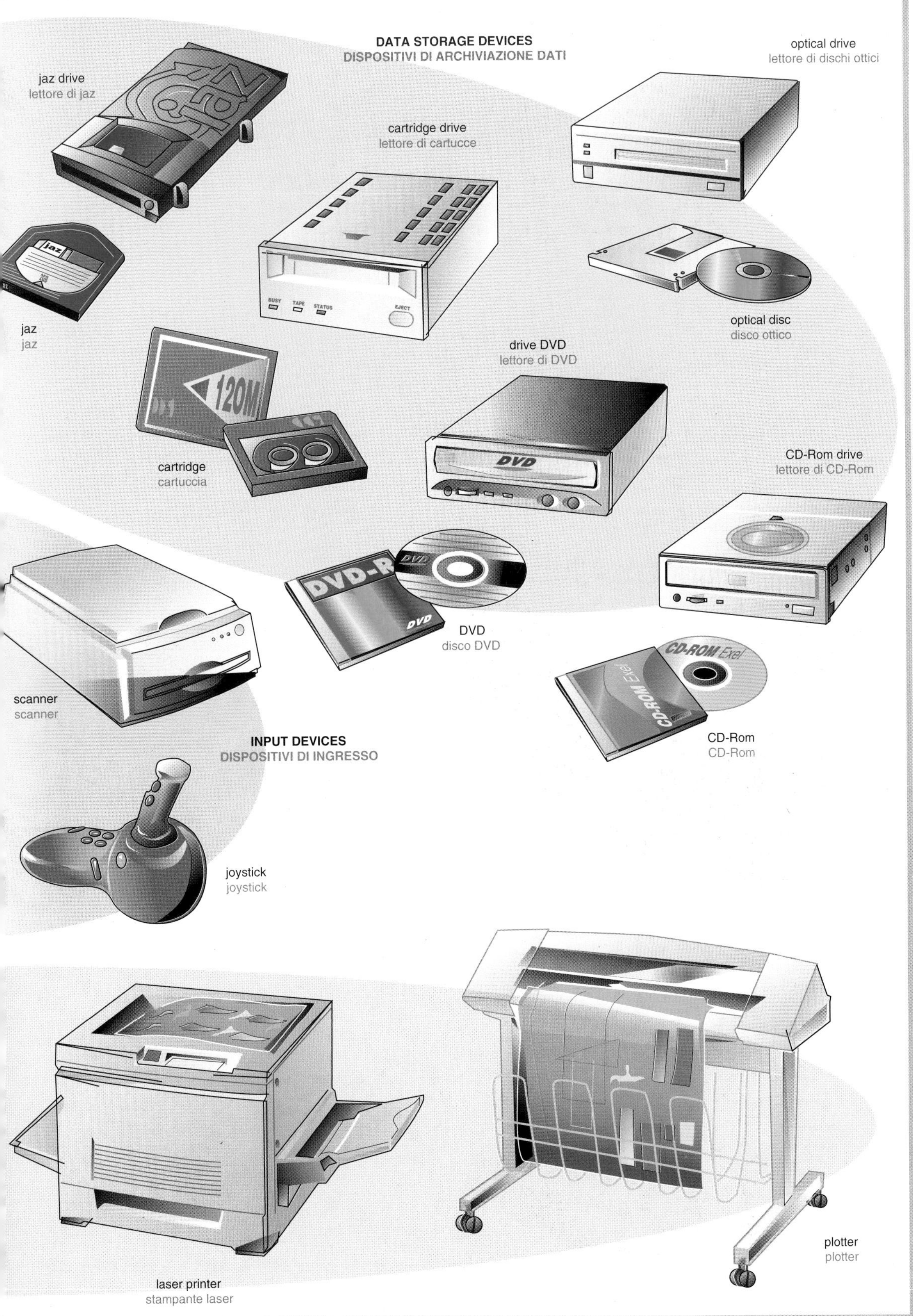
DATA STORAGE DEVICES
DISPOSITIVI DI ARCHIVIAZIONE DATI
jaz drive
lettore di jaz
cartridge drive
lettore di cartucce
optical drive
lettore di dischi ottici
jaz
jaz
optical disc
disco ottico
drive DVD
lettore di DVD
cartridge
cartuccia
CD-Rom drive
lettore di CD-Rom
DVD
disco DVD
scanner
scanner
CD-Rom
CD-Rom
INPUT DEVICES
DISPOSITIVI DI INGRESSO
joystick
joystick
plotter
plotter
laser printer
stampante laser

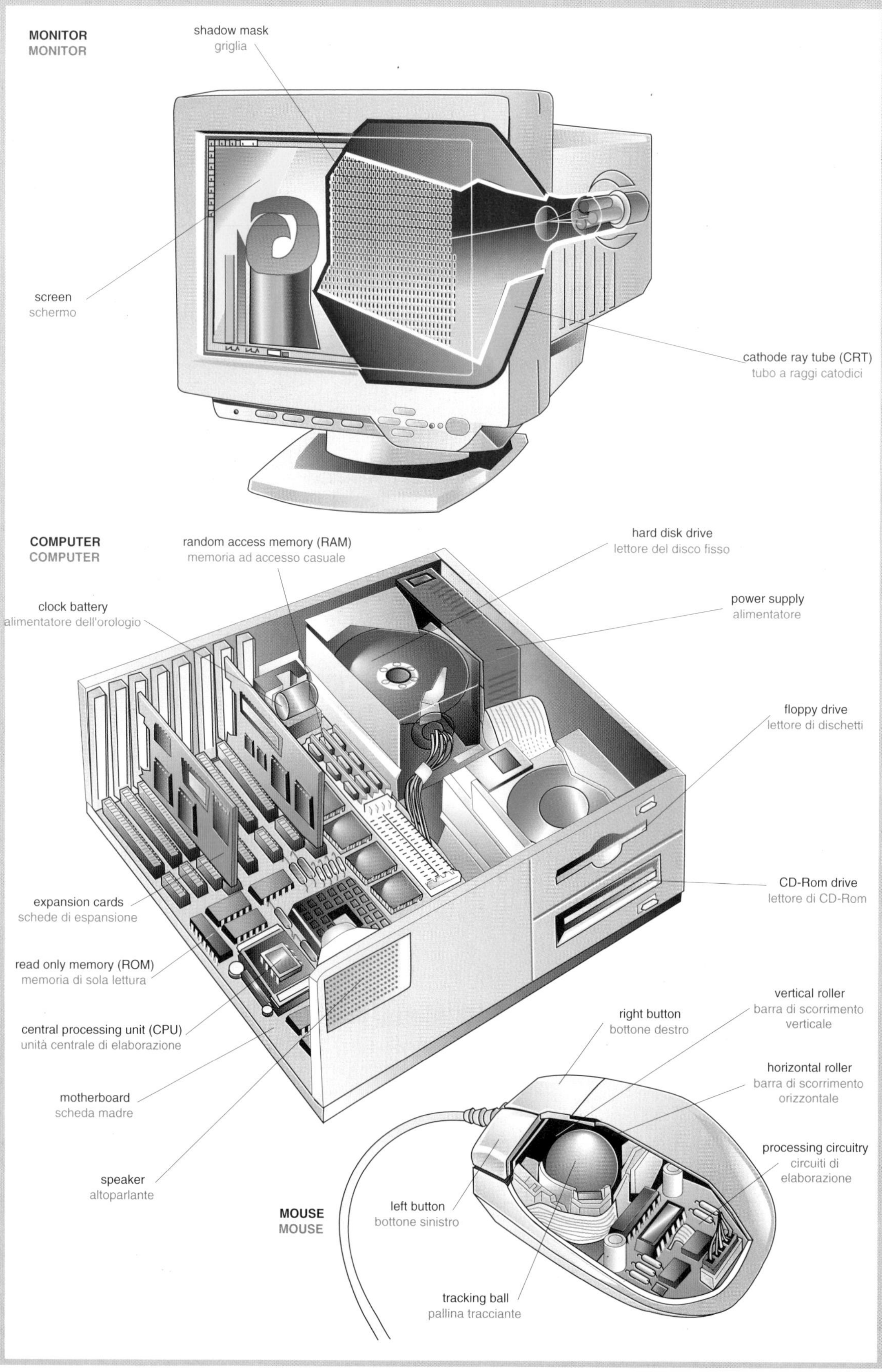
MONITOR
MONITOR
shadow mask
griglia
screen
schermo
cathode ray tube (CRT)
tubo a raggi catodici
COMPUTER
COMPUTER
random access memory (RAM)
memoria ad accesso casuale
hard disk drive
lettore del disco fisso
clock battery
alimentatore dell'orologio
power supply
alimentatore
floppy drive
lettore di dischetti
CD-Rom drive
lettore di CD-Rom
expansion cards
schede di espansione
read only memory (ROM)
memoria di sola lettura
central processing unit (CPU)
unità centrale di elaborazione
motherboard
scheda madre
speaker
altoparlante
vertical roller
barra di scorrimento
verticale
right button
bottone destro
horizontal roller
barra di scorrimento
orizzontale
processing circuitry
circuiti di
elaborazione
MOUSE
MOUSE
left button
bottone sinistro
tracking ball
pallina tracciante

Several kinds of computer Tipologie di computer

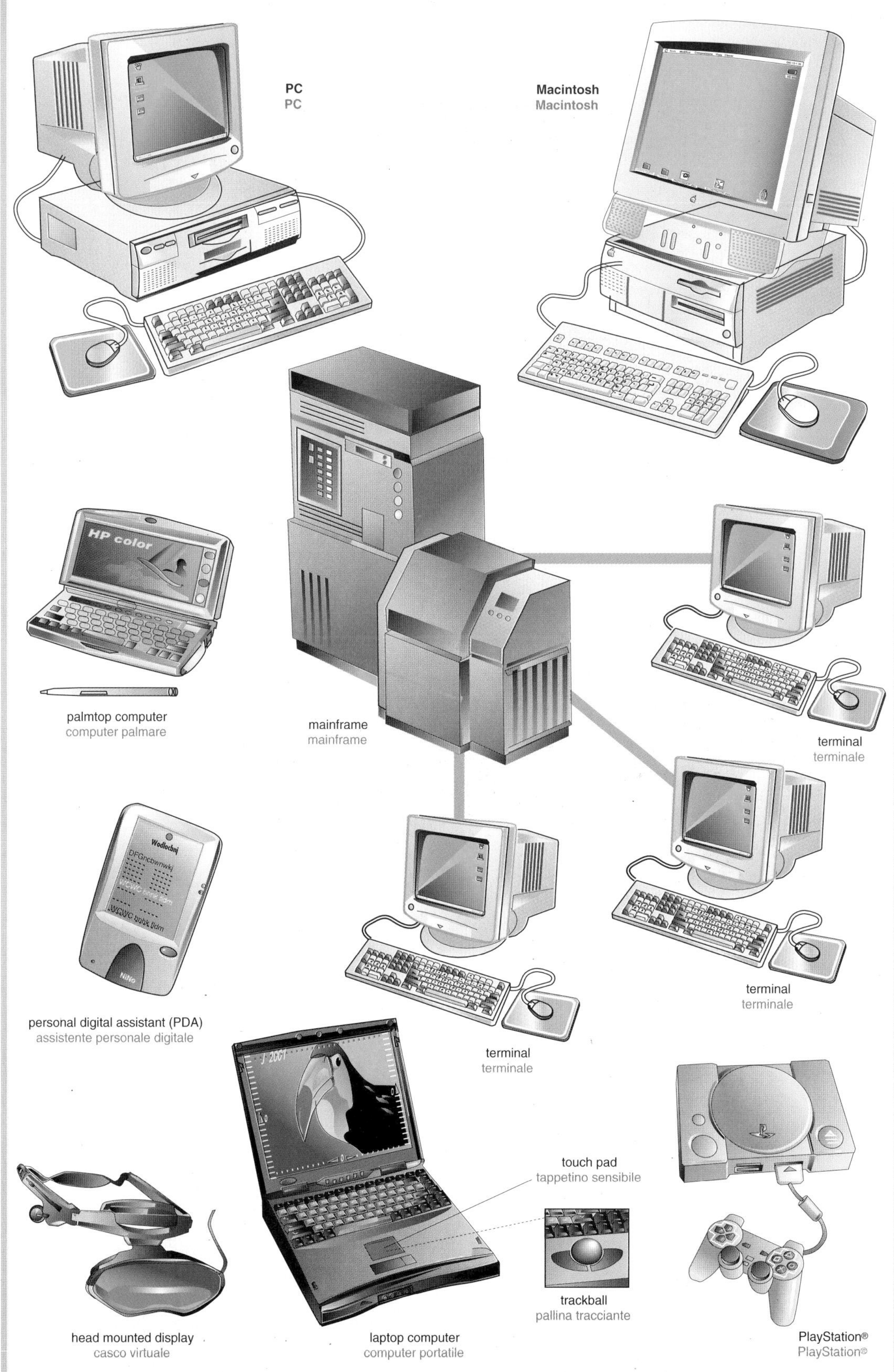

LOCAL AREA NETWORK (LAN)
RETE LOCALE

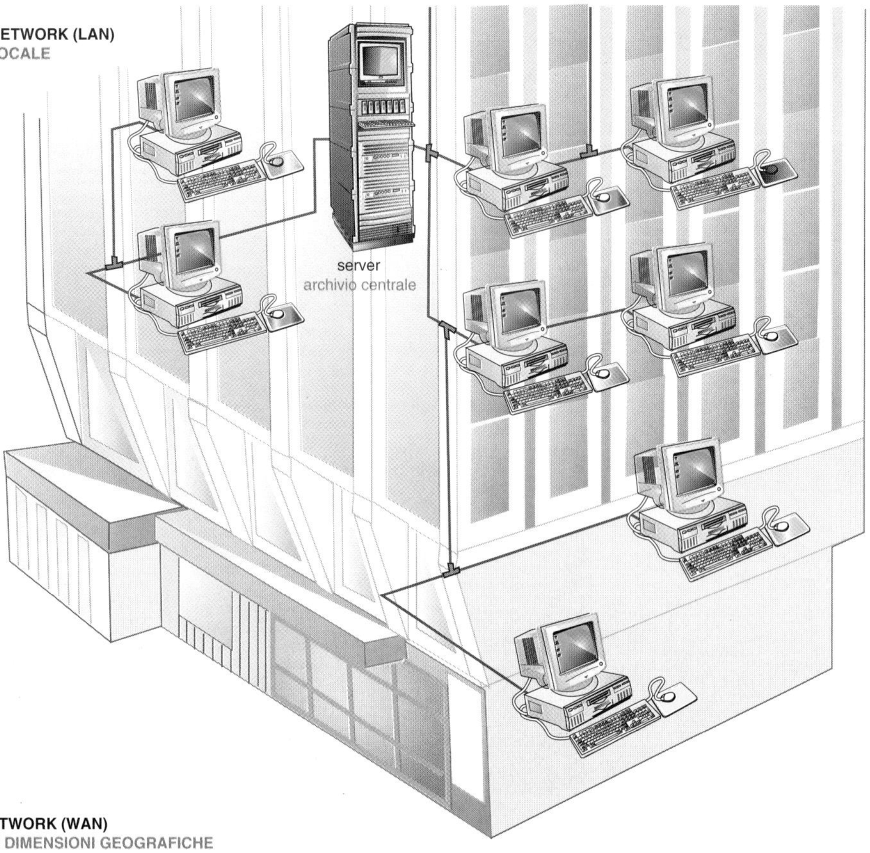

server
archivio centrale

WIDE AREA NETWORK (WAN)
RETE DI AMPIE DIMENSIONI GEOGRAFICHE

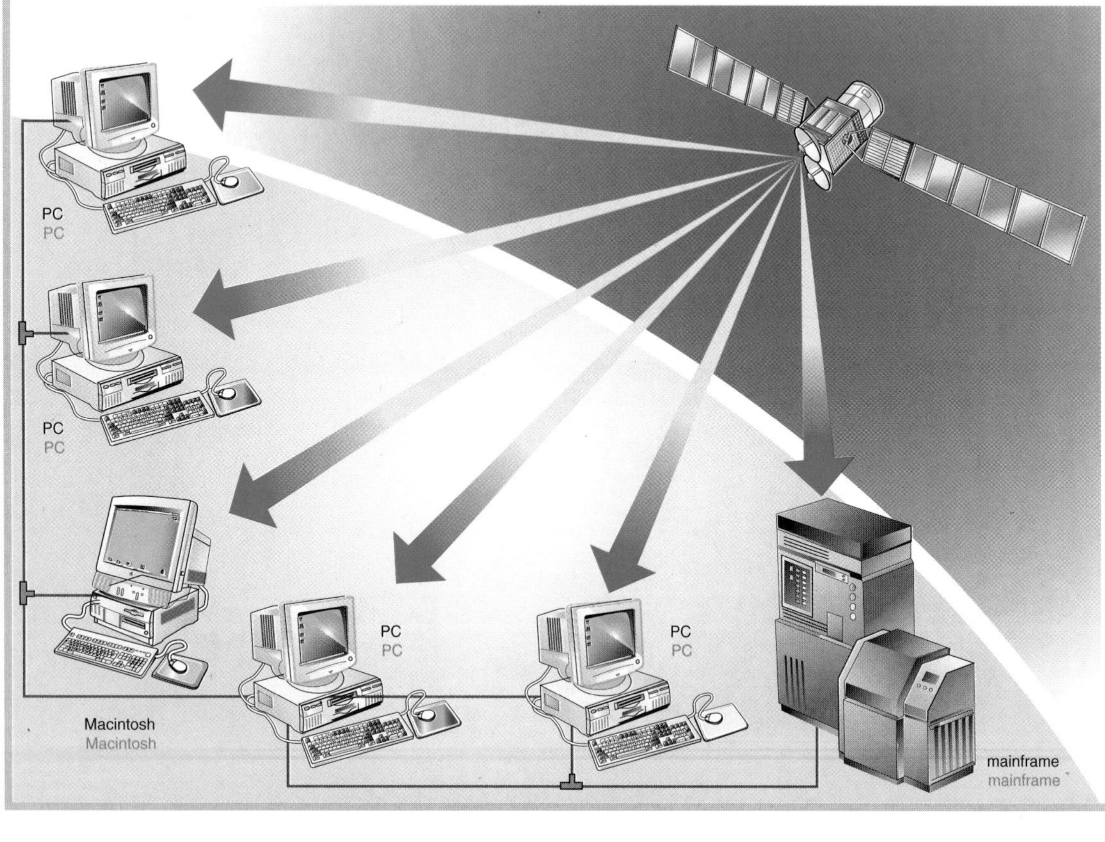

PC
PC

PC
PC

Macintosh
Macintosh

PC
PC

PC
PC

mainframe
mainframe

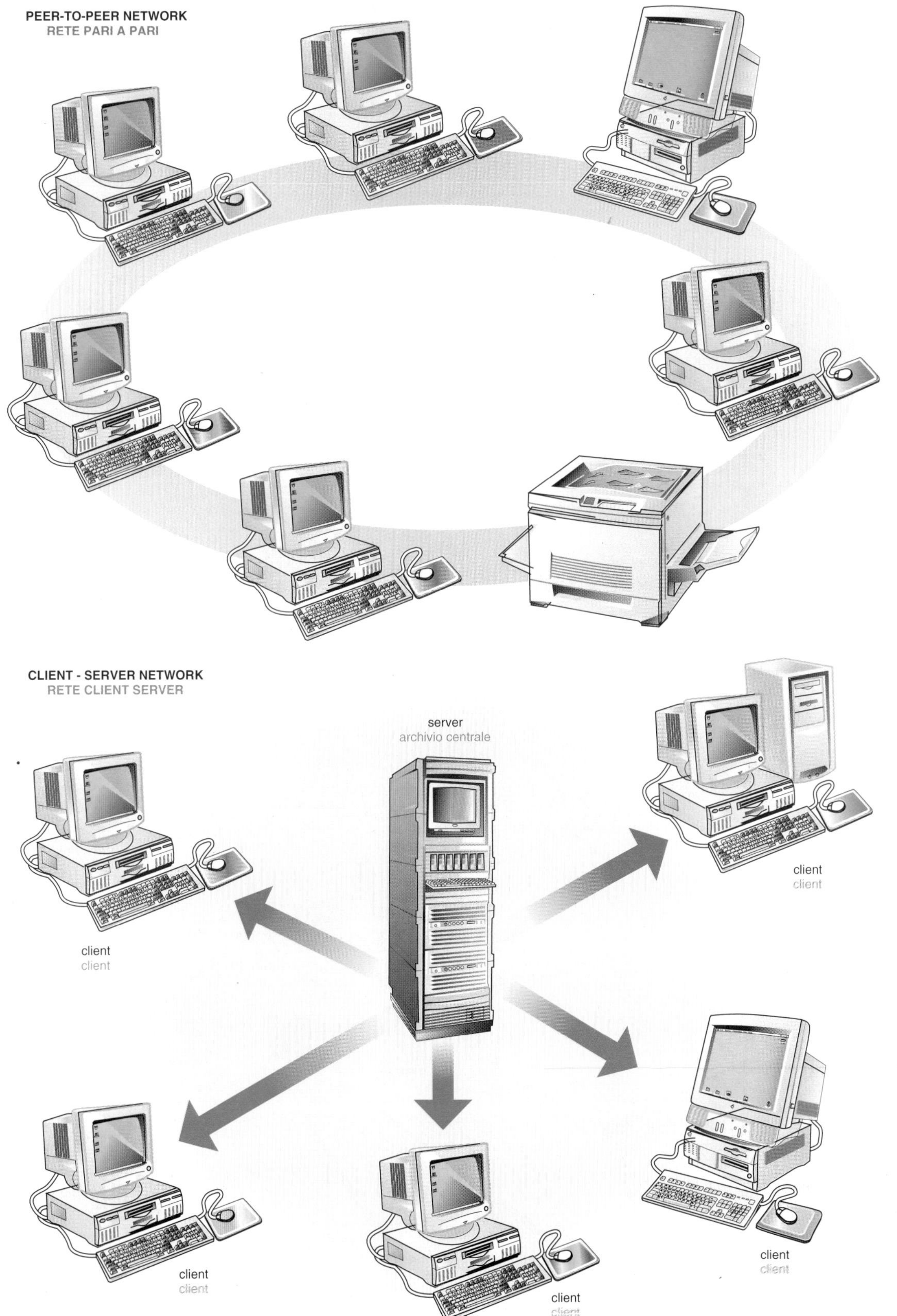
PEER-TO-PEER NETWORK
RETE PARI A PARI
CLIENT - SERVER NETWORK
RETE CLIENT SERVER
server
archivio centrale
client
client
client
client
client
client
client
client
client
client

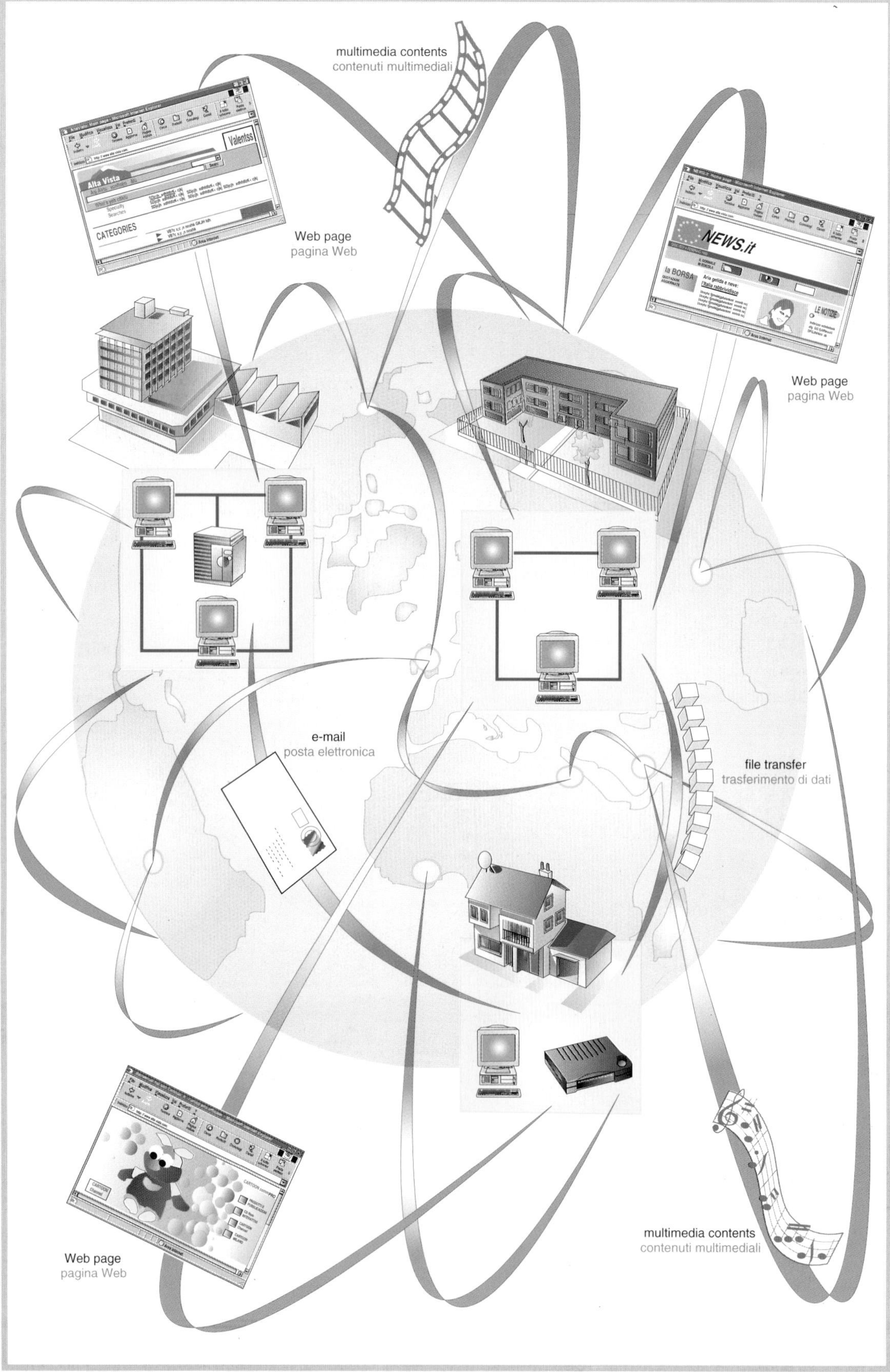
multimedia contents
contenuti multimediali
Web page
pagina Web
Web page
pagina Web
e-mail
posta elettronica
file transfer
trasferimento di dati
Web page
pagina Web
multimedia contents
contenuti multimediali

Indice

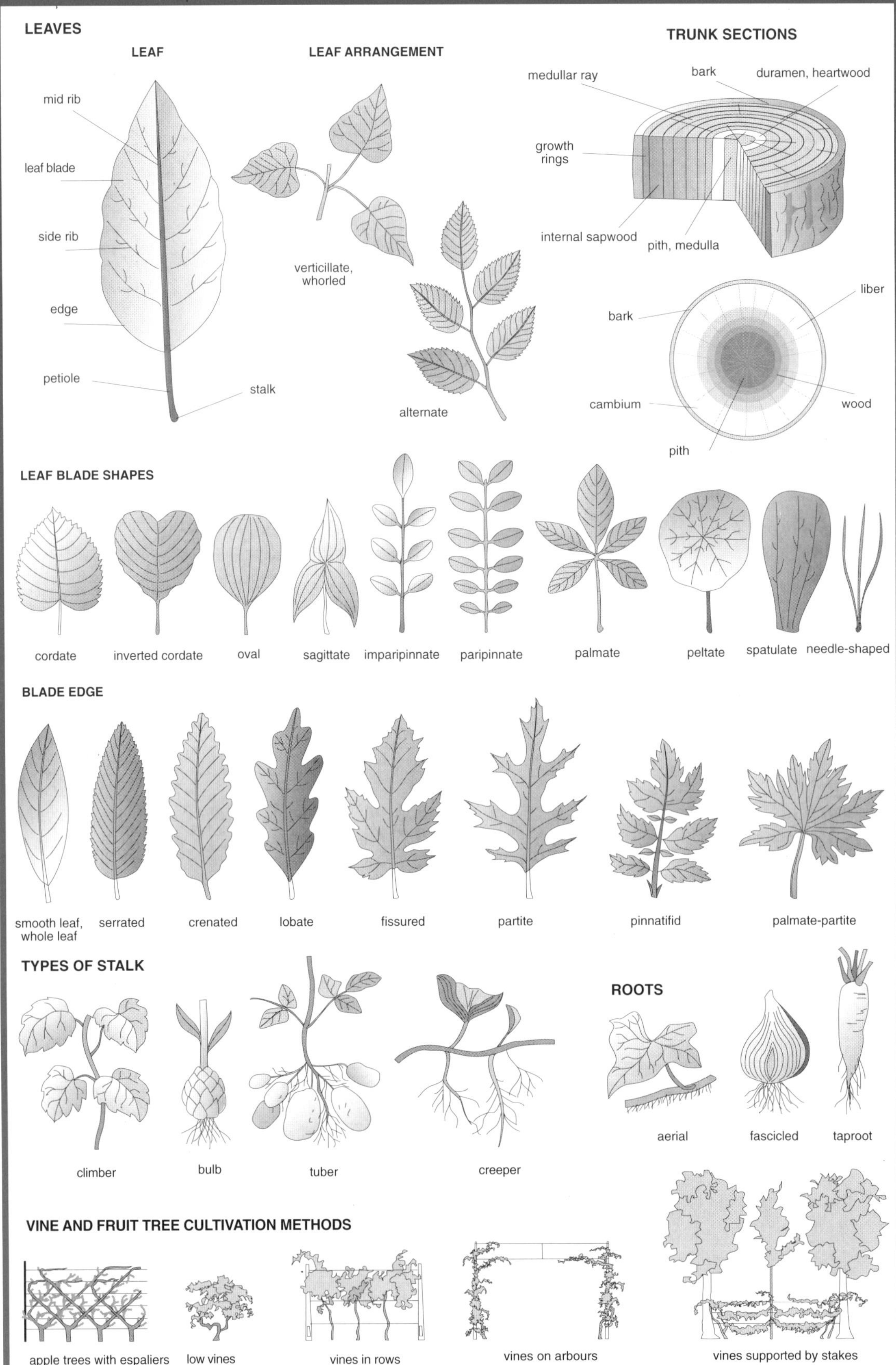
LEAVES
LEAF
mid rib
leaf blade
side rib
edge
petiole
stalk
LEAF ARRANGEMENT
verticillate, whorled
alternate
TRUNK SECTIONS
medullar ray
bark
duramen, heartwood
growth rings
internal sapwood
pith, medulla
bark
liber
cambium
wood
pith
LEAF BLADE SHAPES
cordate
inverted cordate
oval
sagittate
imparipinnate
paripinnate
palmate
peltate
spatulate
needle-shaped
BLADE EDGE
smooth leaf, whole leaf
serrated
crenated
lobate
fissured
partite
pinnatifid
palmate-partite
TYPES OF STALK
climber
bulb
tuber
creeper
ROOTS
aerial
fascicled
taproot
VINE AND FRUIT TREE CULTIVATION METHODS
apple trees with espaliers
low vines
vines in rows
vines on arbours
vines supported by stakes

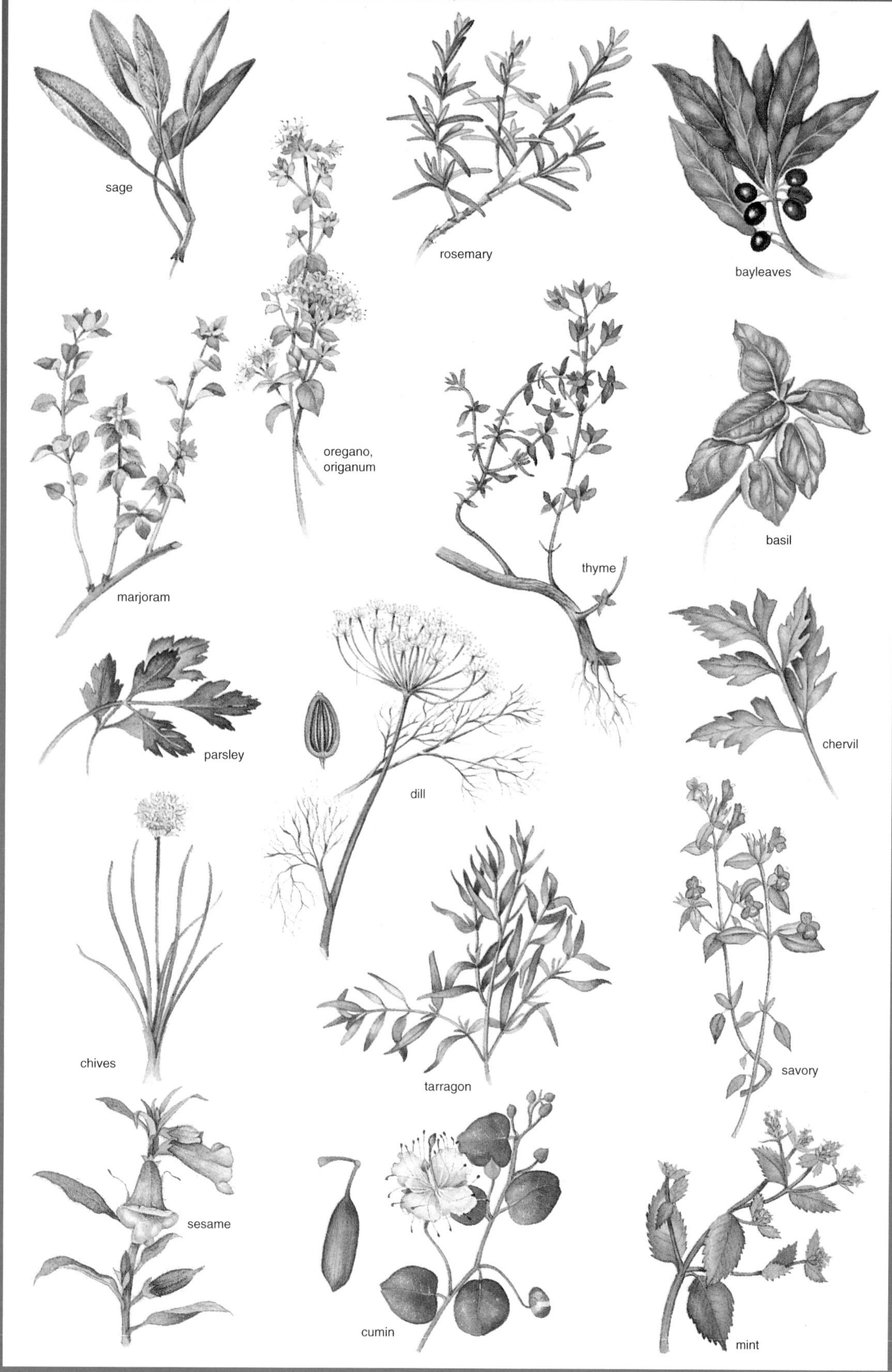
sage
rosemary
bayleaves
oregano,
origanum
marjoram
thyme
basil
parsley
dill
chervil
chives
tarragon
savory
sesame
cumin
mint

CONIFEROUS TREES
monkey-puzzle
cypress
juniper
thuja
silver fir
ginkgo
cedar of Lebanon
larch
Norway spruce
common yew
stone-pine
Scotch pine
cluster-pine
coast redwood
DECIDUOUS TREES
maple
alder
birch
hornbeam
box
beech
chestnut
holm-oak
cork-oak

DECIDUOUS TREES
durmast
oak
horse chestnut
walnut
acacia
magnolia
mulberry
fig
olive
eucalyptus
ash
plane
palm
cherry
orange
apple
poplar
weeping willow
sallow
elm
lime

GARDEN FLOWERS
fuchsia
mimosa
lilac
jasmine
begonia
rose
wisteria
geranium
pansy
hydrangea
chrysanthemum
azalea
gardenia
dahlia
zinnia
magnolia
hibiscus
Transvaal daisy
camellia
daisy
petunia
carnation
tulip
hyacinth
TROPICAL PLANTS
prickly pear
agave
lily
gladioli
cactus

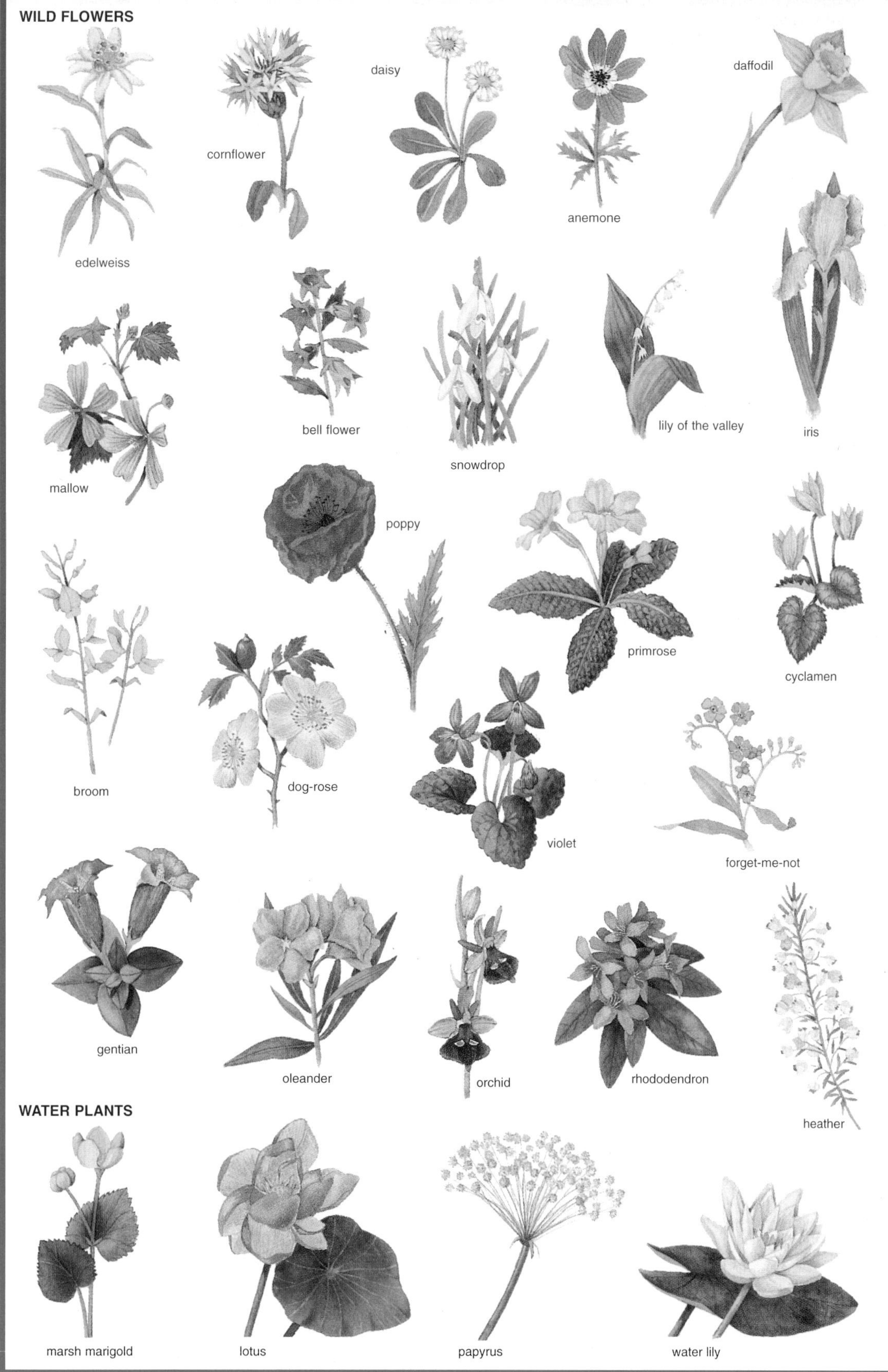
WILD FLOWERS
edelweiss
cornflower
daisy
anemone
daffodil
mallow
bell flower
snowdrop
lily of the valley
iris
poppy
primrose
cyclamen
broom
dog-rose
violet
forget-me-not
gentian
oleander
orchid
rhododendron
heather
WATER PLANTS
marsh marigold
lotus
papyrus
water lily

apple
fig
apricot
cherry
plum
grapes
pear
mandarin
loquat
lemon
grapefruit
orange
citron
peach
pomegranate
persimmon
melon
prickly pear
nectarine
watermelon

blueberry
raspberry
blackberry
redcurrant
arbutus berry
blackcurrant
strawberry
gooseberry
banana
papaya
passionfruit
mango
kumquat
lychee
date
avocado
pineapple
kiwi fruit
chestnut
coconut
pine seed
almond
cashew nut
walnut
Brazil nut
hazelnut
pistachio
(nut)
peanut

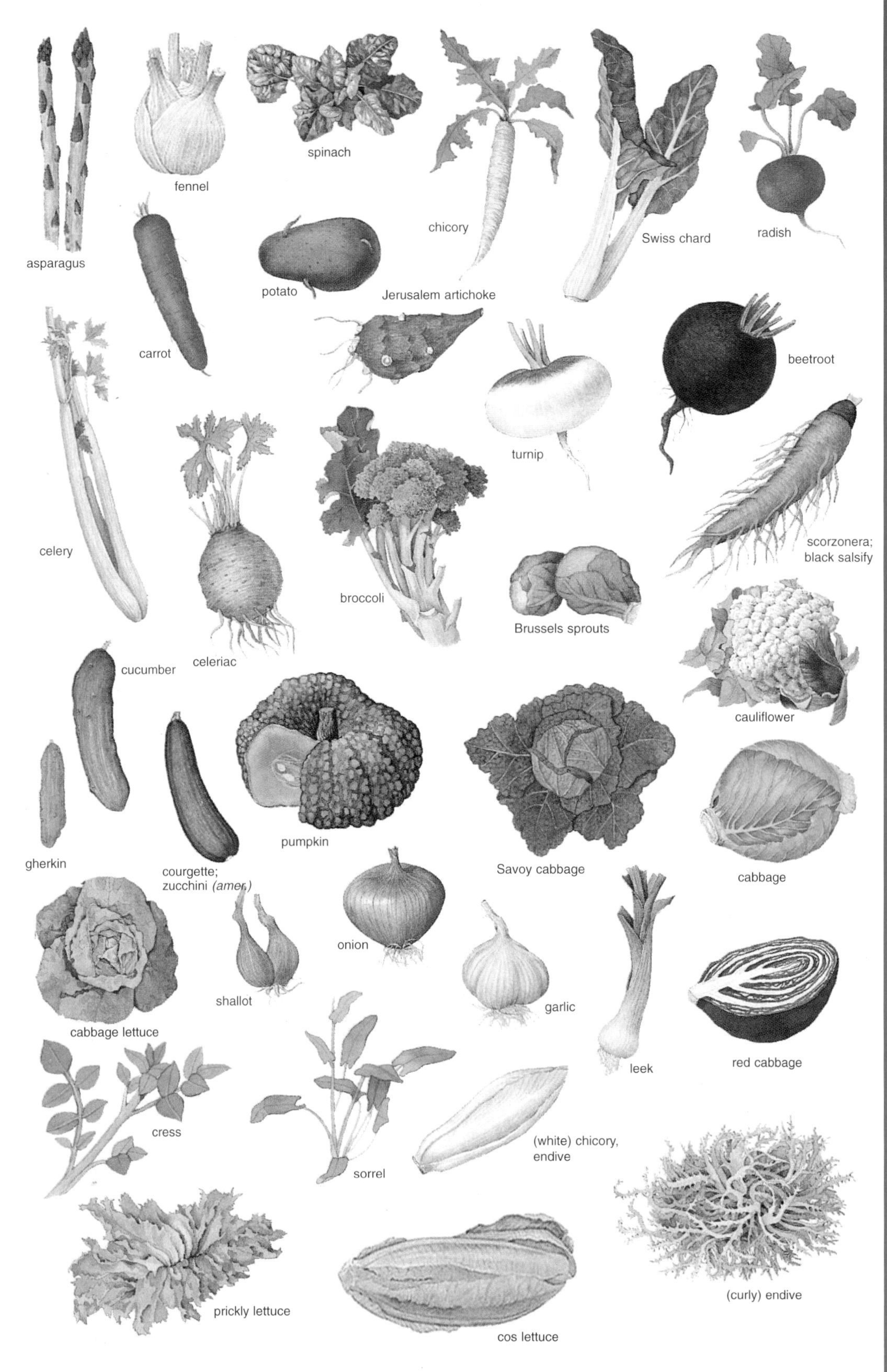
asparagus
fennel
spinach
chicory
Swiss chard
radish
carrot
potato
Jerusalem artichoke
beetroot
celery
turnip
celeriac
broccoli
Brussels sprouts
scorzonera;
black salsify
cauliflower
cucumber
gherkin
courgette;
zucchini *(amer.)*
pumpkin
Savoy cabbage
cabbage
onion
shallot
garlic
leek
cabbage lettuce
red cabbage
cress
sorrel
(white) chicory,
endive
(curly) endive
prickly lettuce
cos lettuce

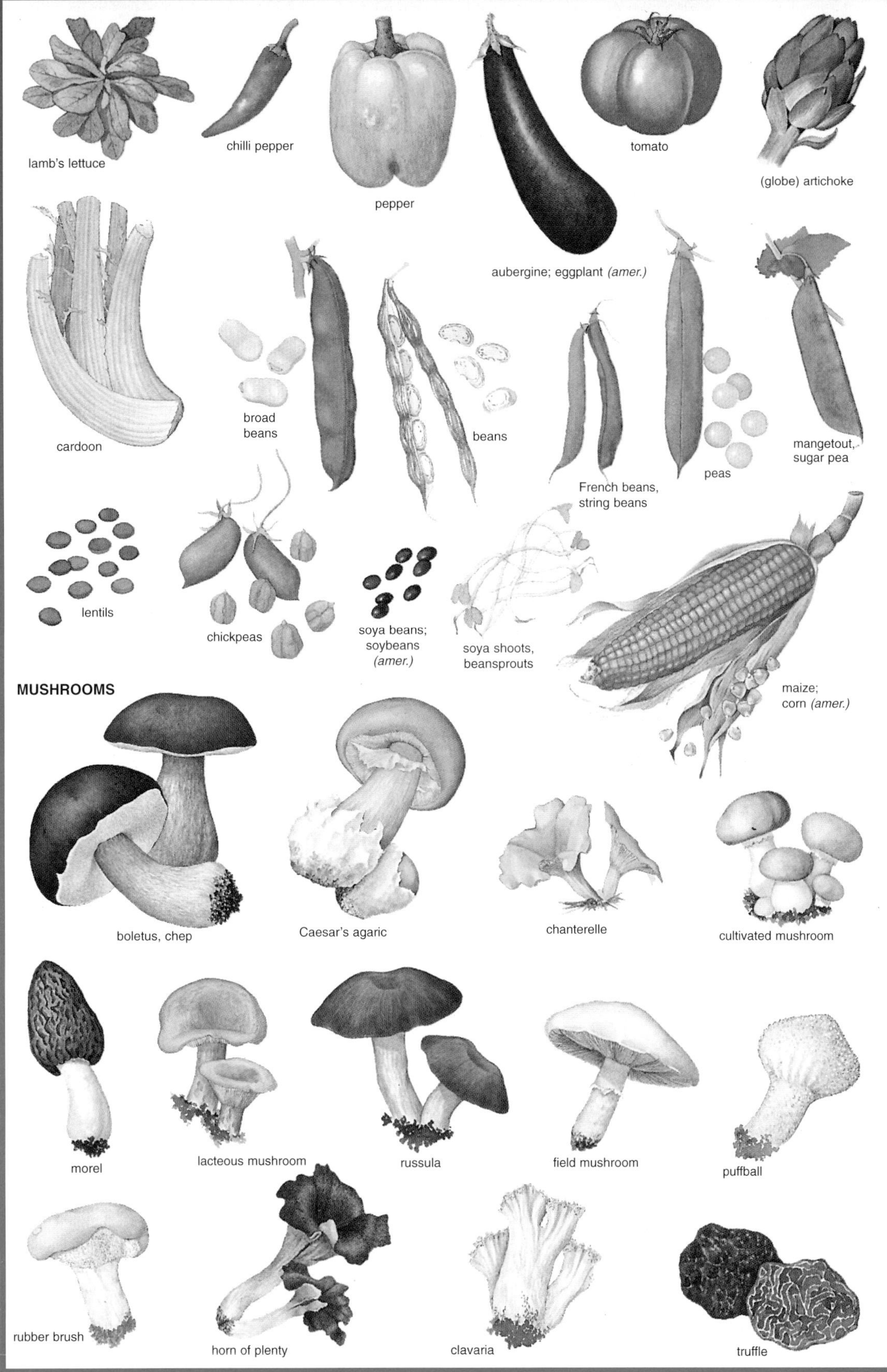
lamb's lettuce
chilli pepper
pepper
aubergine; eggplant *(amer.)*
tomato
(globe) artichoke
cardoon
broad beans
beans
French beans, string beans
peas
mangetout, sugar pea
lentils
chickpeas
soya beans; soybeans *(amer.)*
soya shoots, beansprouts
maize; corn *(amer.)*
MUSHROOMS
boletus, chep
Caesar's agaric
chanterelle
cultivated mushroom
morel
lacteous mushroom
russula
field mushroom
puffball
rubber brush
horn of plenty
clavaria
truffle

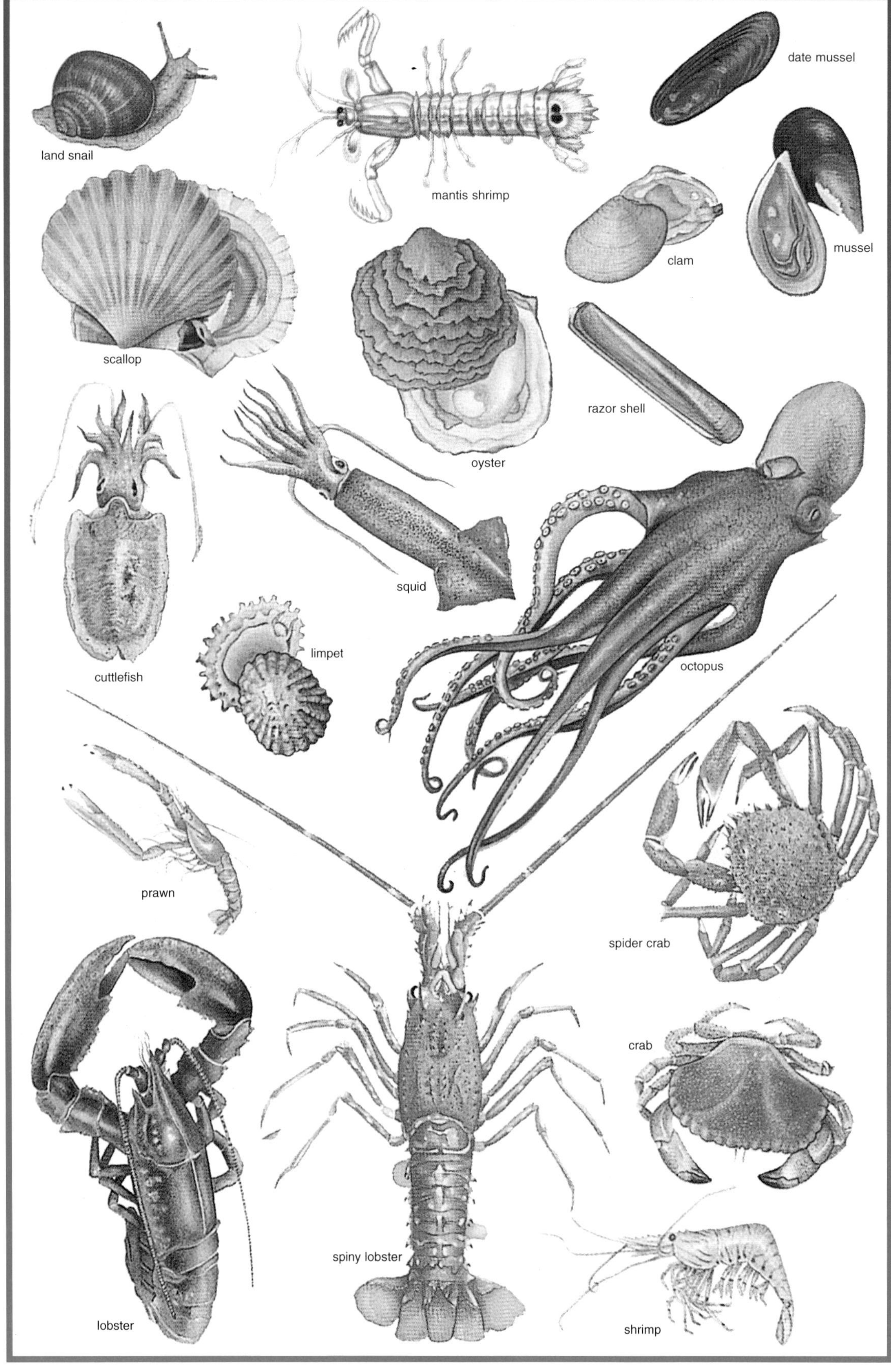
land snail
mantis shrimp
date mussel
scallop
clam
mussel
oyster
razor shell
squid
cuttlefish
limpet
octopus
prawn
spider crab
crab
spiny lobster
lobster
shrimp

ray
perch
zander
goby, miller's thumb
trout
dentex
John Dory
hake
sturgeon
salmon
eel
carp
tuna
pike
sardine
anchovy
sole
mullet
grouper
gilthead
mackerel
moray
turbot
grey mullet
sea bream
cod
swordfish
bass

vulture
kestrel
albatross
pelican
cormorant
sparrow-hawk
eagle
barn owl
owl
penguin
partridge
owlet
heron
ibis
stork
emu
flamingo
kiwi
crane
coot
ostrich

seagull
hummingbird
cuckoo
parrot
puffin
hoopoe
lapwing
toucan
magpie
kingfisher
woodpecker
swallow
mallard
wren
canary
finch
great tit
blackcap
hooded crow
robin
sparrow
thrush
raven
blackbird
nightingale

DOGS
Saint Bernard
Great Dane
Newfoundland dog
bulldog
collie
Doberman
schnauzer
German shepherd dog
Neapolitan mastiff
boxer
bloodhound
pointer
husky
fox terrier
cocker spaniel
Irish setter
dachshund
Pekinese
poodle
greyhound
CATS
tabby
Persian cat
Siamese cat
angora

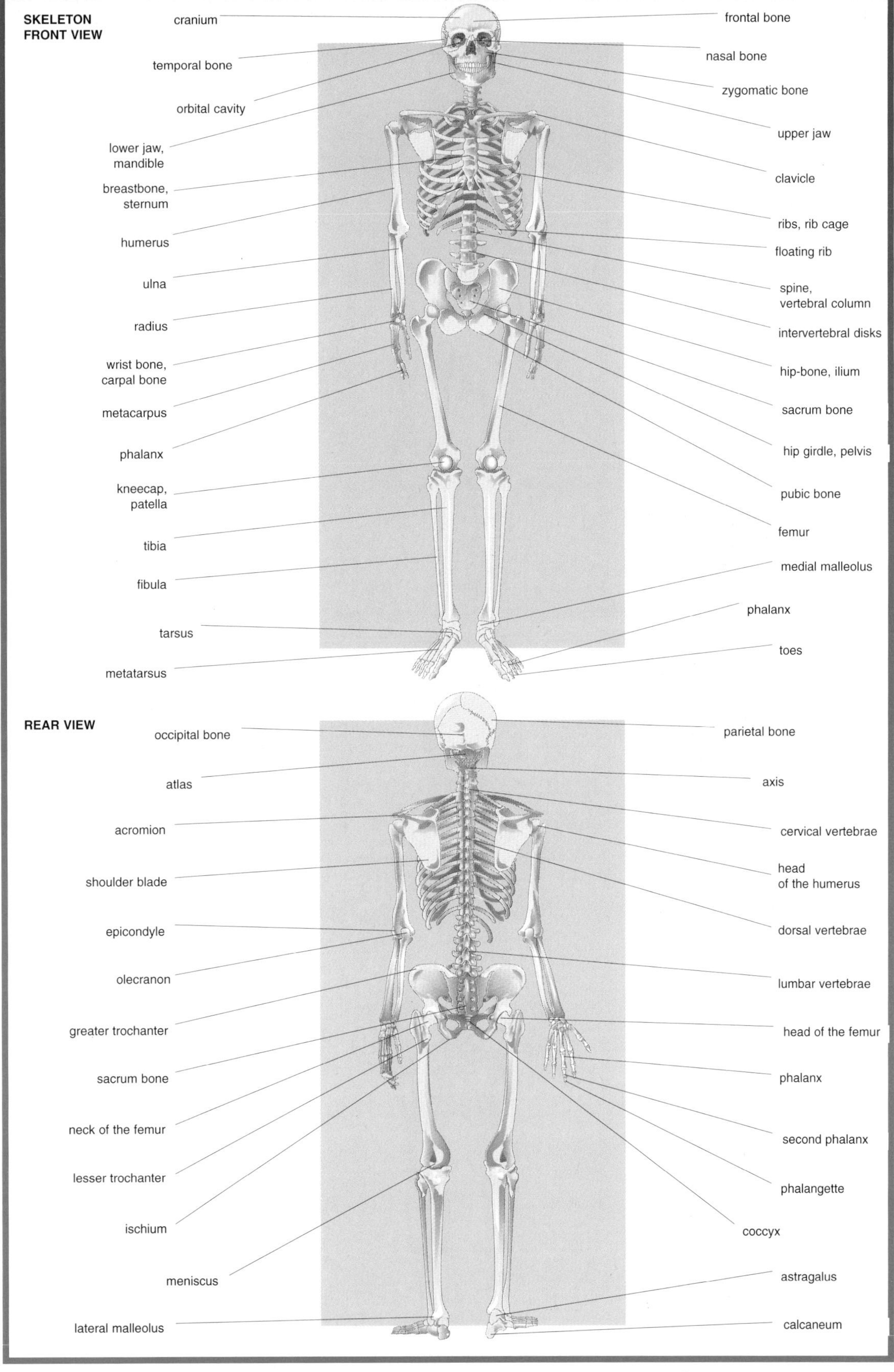
SKELETON
FRONT VIEW
cranium
temporal bone
orbital cavity
lower jaw,
mandible
breastbone,
sternum
humerus
ulna
radius
wrist bone,
carpal bone
metacarpus
phalanx
kneecap,
patella
tibia
fibula
tarsus
metatarsus
frontal bone
nasal bone
zygomatic bone
upper jaw
clavicle
ribs, rib cage
floating rib
spine,
vertebral column
intervertebral disks
hip-bone, ilium
sacrum bone
hip girdle, pelvis
pubic bone
femur
medial malleolus
phalanx
toes
REAR VIEW
occipital bone
atlas
acromion
shoulder blade
epicondyle
olecranon
greater trochanter
sacrum bone
neck of the femur
lesser trochanter
ischium
meniscus
lateral malleolus
parietal bone
axis
cervical vertebrae
head
of the humerus
dorsal vertebrae
lumbar vertebrae
head of the femur
phalanx
second phalanx
phalangette
coccyx
astragalus
calcaneum

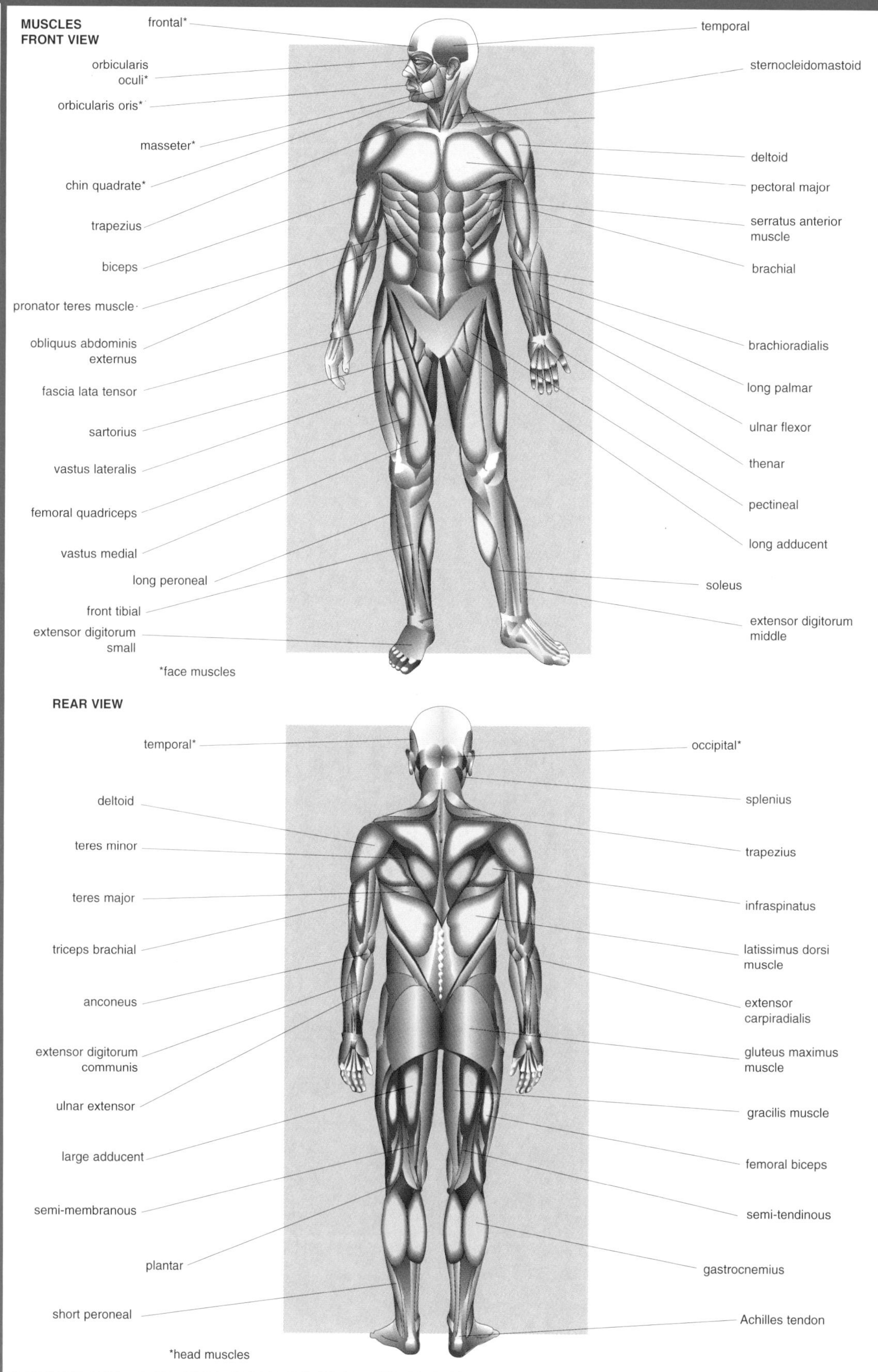
MUSCLES
FRONT VIEW
frontal*
temporal
orbicularis oculi*
sternocleidomastoid
orbicularis oris*
masseter*
deltoid
chin quadrate*
pectoral major
trapezius
serratus anterior muscle
biceps
brachial
pronator teres muscle
obliquus abdominis externus
brachioradialis
fascia lata tensor
long palmar
sartorius
ulnar flexor
vastus lateralis
thenar
femoral quadriceps
pectineal
vastus medial
long adducent
long peroneal
soleus
front tibial
extensor digitorum middle
extensor digitorum small
*face muscles
REAR VIEW
temporal*
occipital*
splenius
deltoid
teres minor
trapezius
teres major
infraspinatus
triceps brachial
latissimus dorsi muscle
anconeus
extensor carpiradialis
extensor digitorum communis
gluteus maximus muscle
ulnar extensor
gracilis muscle
large adducent
femoral biceps
semi-membranous
semi-tendinous
plantar
gastrocnemius
short peroneal
Achilles tendon
*head muscles

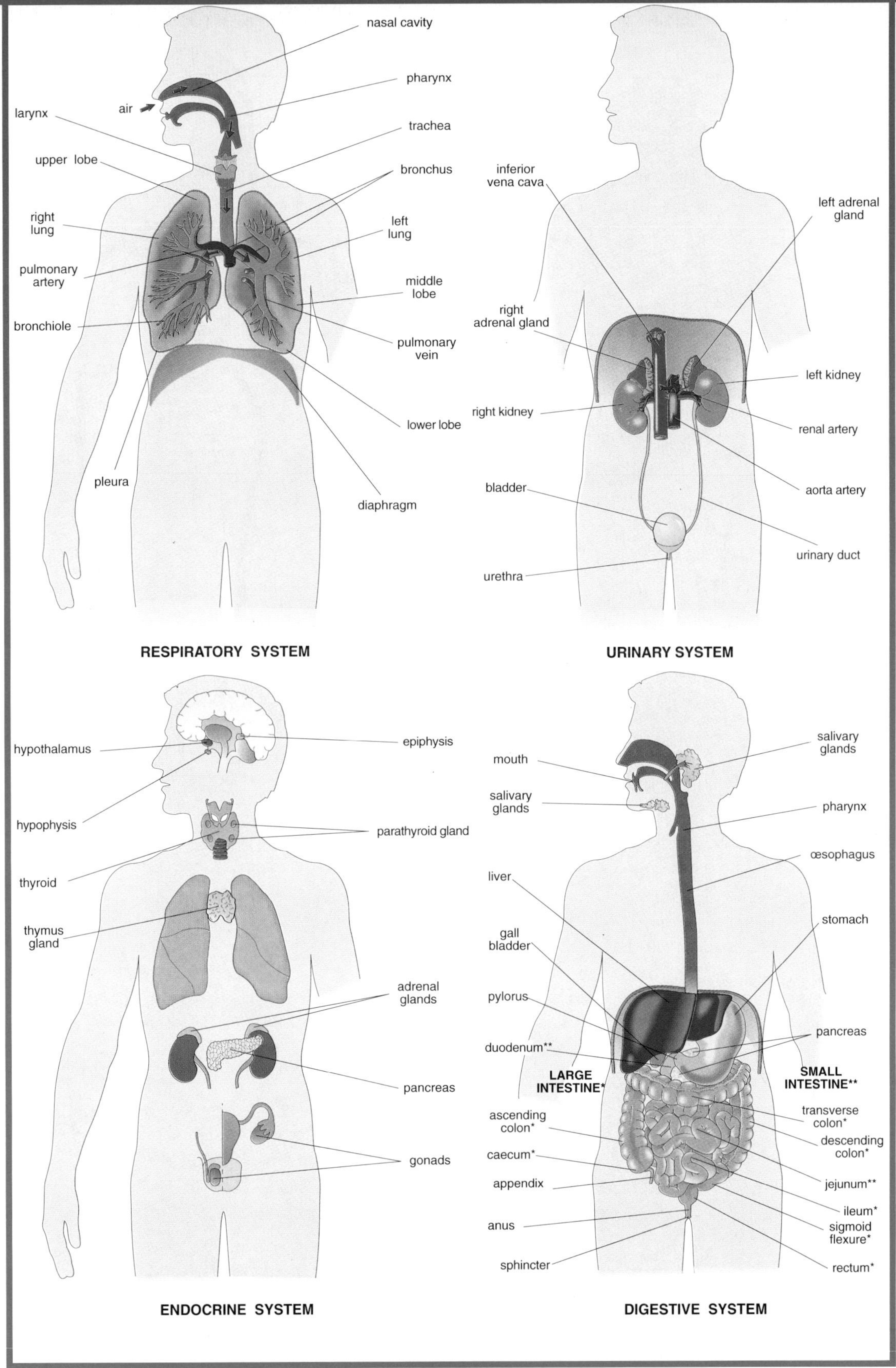
nasal cavity
pharynx
air
larynx
trachea
upper lobe
bronchus
right lung
left lung
pulmonary artery
middle lobe
bronchiole
pulmonary vein
lower lobe
pleura
diaphragm
RESPIRATORY SYSTEM
inferior vena cava
left adrenal gland
right adrenal gland
left kidney
right kidney
renal artery
aorta artery
bladder
urinary duct
urethra
URINARY SYSTEM
hypothalamus
epiphysis
hypophysis
parathyroid gland
thyroid
thymus gland
adrenal glands
pancreas
gonads
ENDOCRINE SYSTEM
salivary glands
mouth
salivary glands
pharynx
œsophagus
liver
stomach
gall bladder
pylorus
pancreas
duodenum**
LARGE INTESTINE*
SMALL INTESTINE**
transverse colon*
ascending colon*
descending colon*
caecum*
jejunum**
appendix
ileum*
anus
sigmoid flexure*
sphincter
rectum*
DIGESTIVE SYSTEM

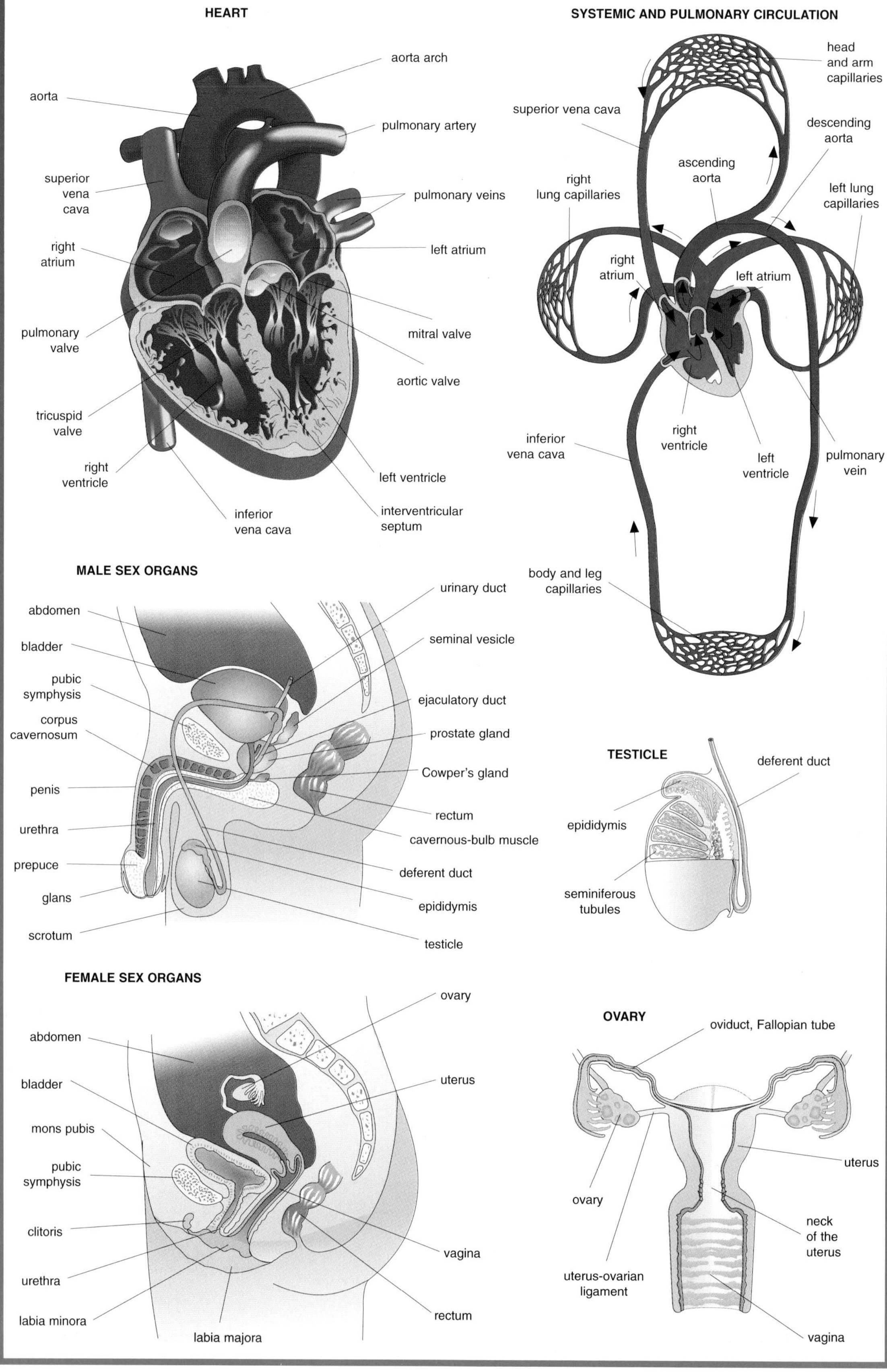
HEART
aorta
aorta arch
pulmonary artery
superior vena cava
pulmonary veins
right atrium
left atrium
pulmonary valve
mitral valve
aortic valve
tricuspid valve
right ventricle
left ventricle
inferior vena cava
interventricular septum
SYSTEMIC AND PULMONARY CIRCULATION
head and arm capillaries
superior vena cava
descending aorta
ascending aorta
right lung capillaries
left lung capillaries
right atrium
left atrium
inferior vena cava
right ventricle
left ventricle
pulmonary vein
body and leg capillaries
MALE SEX ORGANS
abdomen
urinary duct
bladder
seminal vesicle
pubic symphysis
ejaculatory duct
corpus cavernosum
prostate gland
penis
Cowper's gland
rectum
urethra
cavernous-bulb muscle
prepuce
deferent duct
glans
epididymis
scrotum
testicle
TESTICLE
deferent duct
epididymis
seminiferous tubules
FEMALE SEX ORGANS
ovary
abdomen
bladder
uterus
mons pubis
pubic symphysis
clitoris
vagina
urethra
labia minora
rectum
labia majora
OVARY
oviduct, Fallopian tube
uterus
ovary
neck of the uterus
uterus-ovarian ligament
vagina

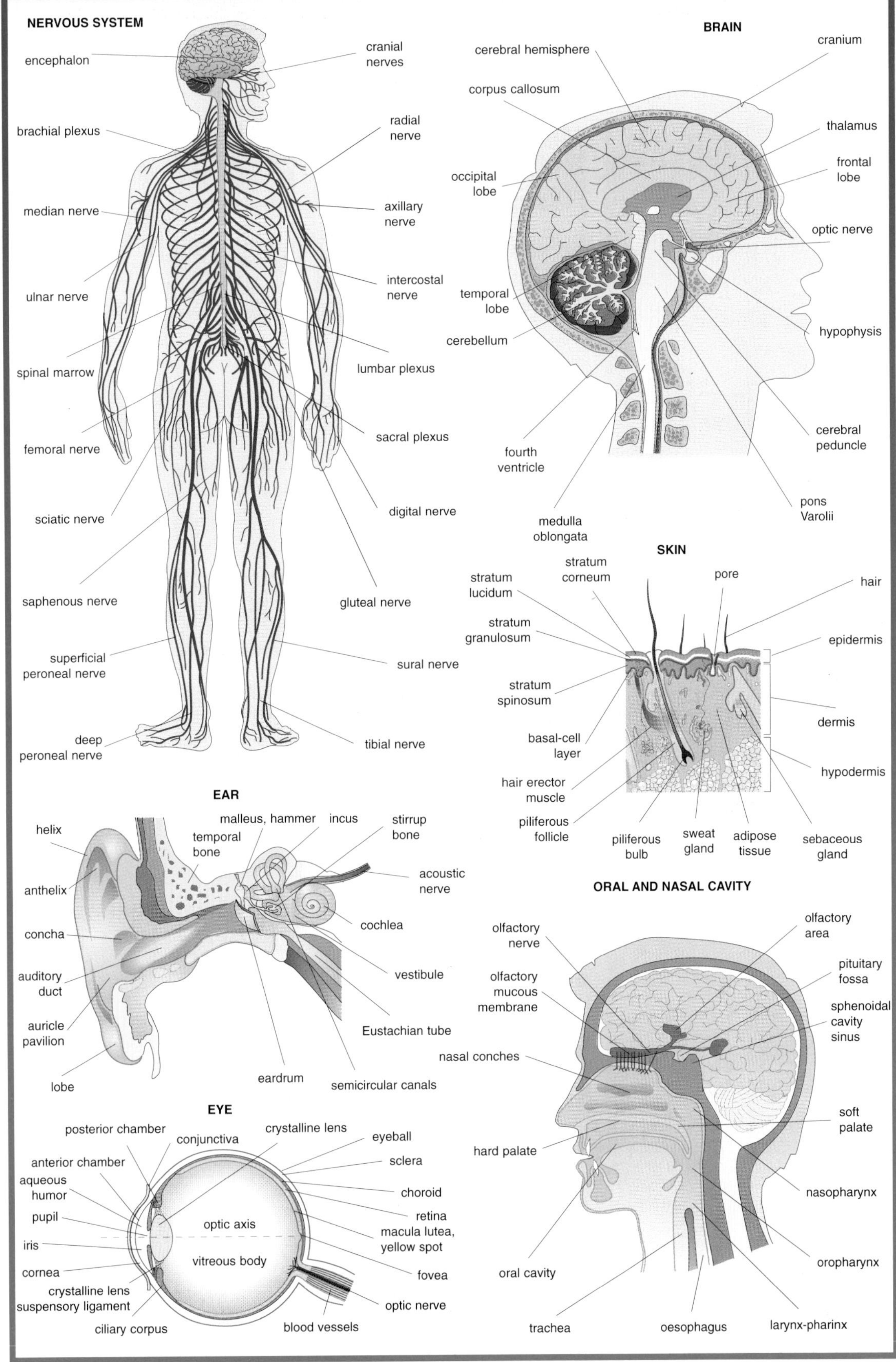
NERVOUS SYSTEM
encephalon
cranial nerves
brachial plexus
radial nerve
median nerve
axillary nerve
ulnar nerve
intercostal nerve
spinal marrow
lumbar plexus
femoral nerve
sacral plexus
sciatic nerve
digital nerve
saphenous nerve
gluteal nerve
superficial peroneal nerve
sural nerve
deep peroneal nerve
tibial nerve
BRAIN
cerebral hemisphere
cranium
corpus callosum
thalamus
occipital lobe
frontal lobe
optic nerve
temporal lobe
cerebellum
hypophysis
cerebral peduncle
fourth ventricle
pons Varolii
medulla oblongata
SKIN
stratum lucidum
stratum corneum
pore
hair
stratum granulosum
epidermis
stratum spinosum
dermis
basal-cell layer
hypodermis
hair erector muscle
piliferous follicle
piliferous bulb
sweat gland
adipose tissue
sebaceous gland
EAR
helix
malleus, hammer
incus
stirrup bone
temporal bone
acoustic nerve
anthelix
cochlea
concha
auditory duct
vestibule
auricle pavilion
Eustachian tube
lobe
eardrum
semicircular canals
EYE
posterior chamber
conjunctiva
crystalline lens
eyeball
anterior chamber
sclera
aqueous humor
choroid
pupil
optic axis
retina
macula lutea, yellow spot
iris
vitreous body
cornea
fovea
crystalline lens suspensory ligament
optic nerve
ciliary corpus
blood vessels
ORAL AND NASAL CAVITY
olfactory nerve
olfactory area
olfactory mucous membrane
pituitary fossa
sphenoidal cavity sinus
nasal conches
soft palate
hard palate
nasopharynx
oral cavity
oropharynx
trachea
oesophagus
larynx-pharinx

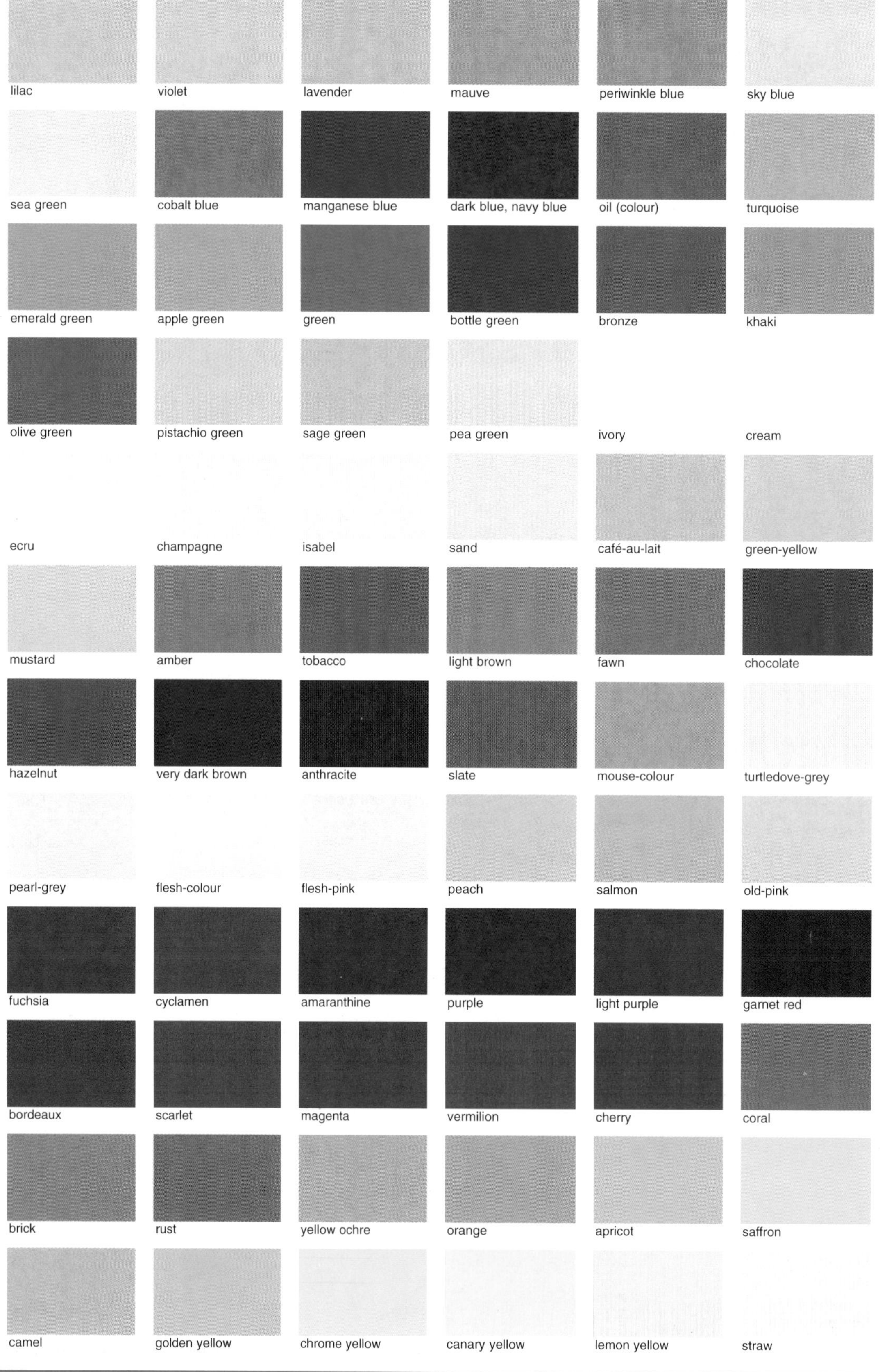
lilac
violet
lavender
mauve
periwinkle blue
sky blue
sea green
cobalt blue
manganese blue
dark blue, navy blue
oil (colour)
turquoise
emerald green
apple green
green
bottle green
bronze
khaki
olive green
pistachio green
sage green
pea green
ivory
cream
ecru
champagne
isabel
sand
café-au-lait
green-yellow
mustard
amber
tobacco
light brown
fawn
chocolate
hazelnut
very dark brown
anthracite
slate
mouse-colour
turtledove-grey
pearl-grey
flesh-colour
flesh-pink
peach
salmon
old-pink
fuchsia
cyclamen
amaranthine
purple
light purple
garnet red
bordeaux
scarlet
magenta
vermilion
cherry
coral
brick
rust
yellow ochre
orange
apricot
saffron
camel
golden yellow
chrome yellow
canary yellow
lemon yellow
straw

Cakes and pies

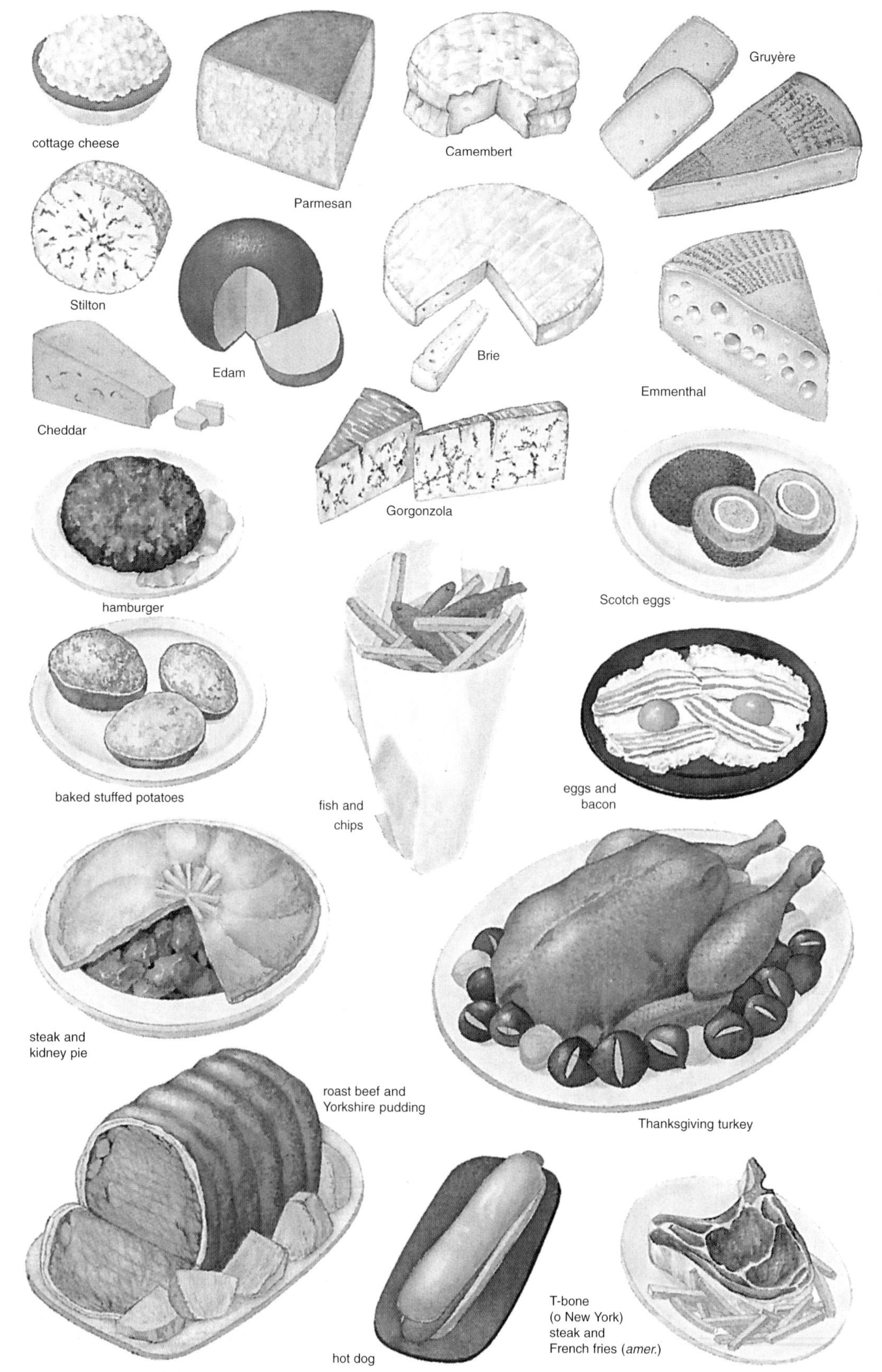
cottage cheese
Parmesan
Camembert
Gruyère
Stilton
Edam
Brie
Cheddar
Emmenthal
Gorgonzola
hamburger
Scotch eggs
baked stuffed potatoes
fish and chips
eggs and bacon
steak and kidney pie
roast beef and Yorkshire pudding
Thanksgiving turkey
hot dog
T-bone (o New York) steak and French fries (*amer.*)

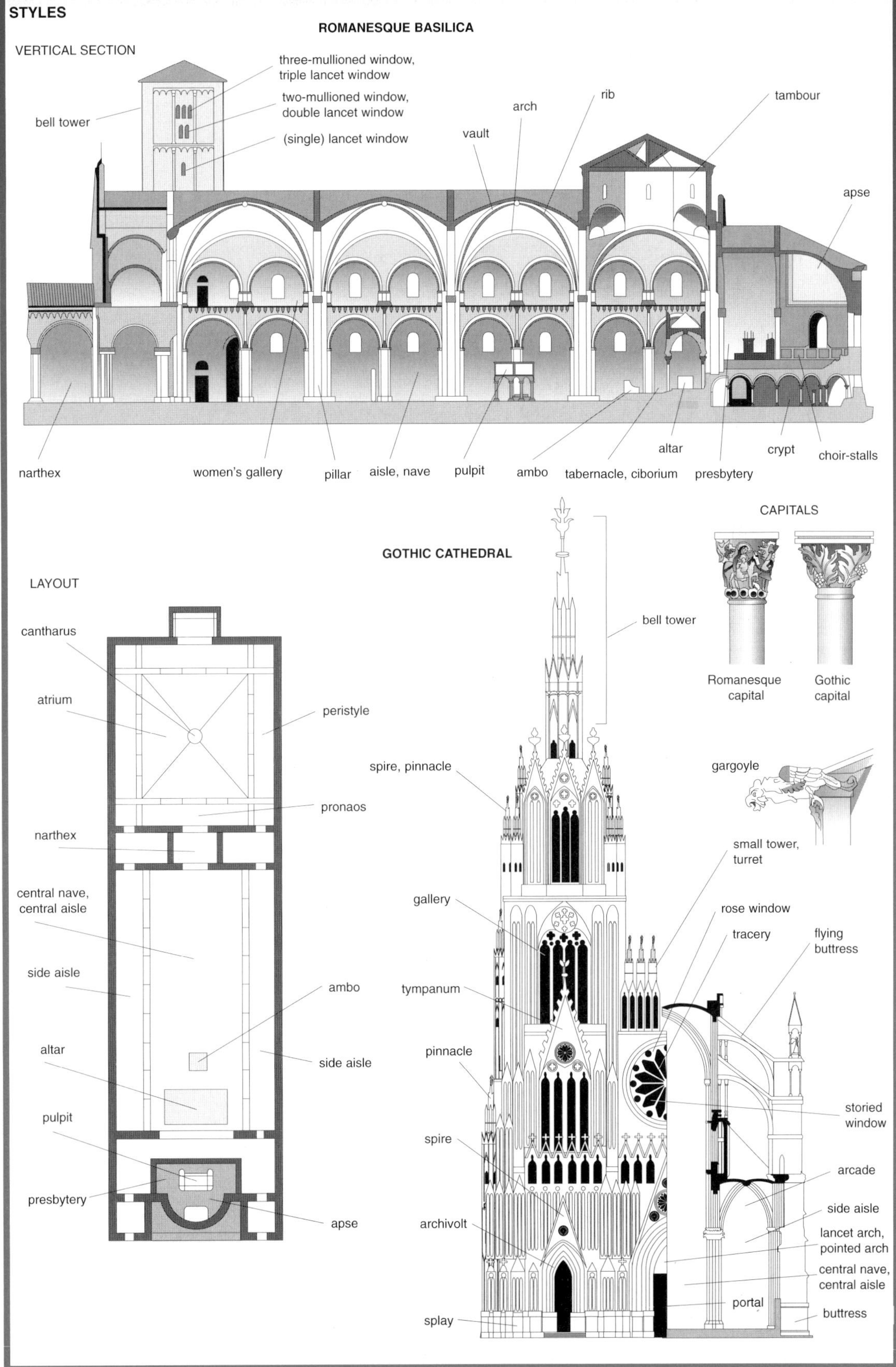
STYLES
ROMANESQUE BASILICA
VERTICAL SECTION
three-mullioned window, triple lancet window
two-mullioned window, double lancet window
(single) lancet window
bell tower
arch
rib
tambour
vault
apse
narthex
women's gallery
pillar
aisle, nave
pulpit
ambo
tabernacle, ciborium
altar
presbytery
crypt
choir-stalls
LAYOUT
cantharus
atrium
peristyle
pronaos
narthex
central nave, central aisle
side aisle
ambo
altar
side aisle
pulpit
presbytery
apse
GOTHIC CATHEDRAL
bell tower
spire, pinnacle
gallery
tympanum
pinnacle
spire
archivolt
splay
CAPITALS
Romanesque capital
Gothic capital
gargoyle
small tower, turret
rose window
tracery
flying buttress
storied window
arcade
side aisle
lancet arch, pointed arch
central nave, central aisle
portal
buttress

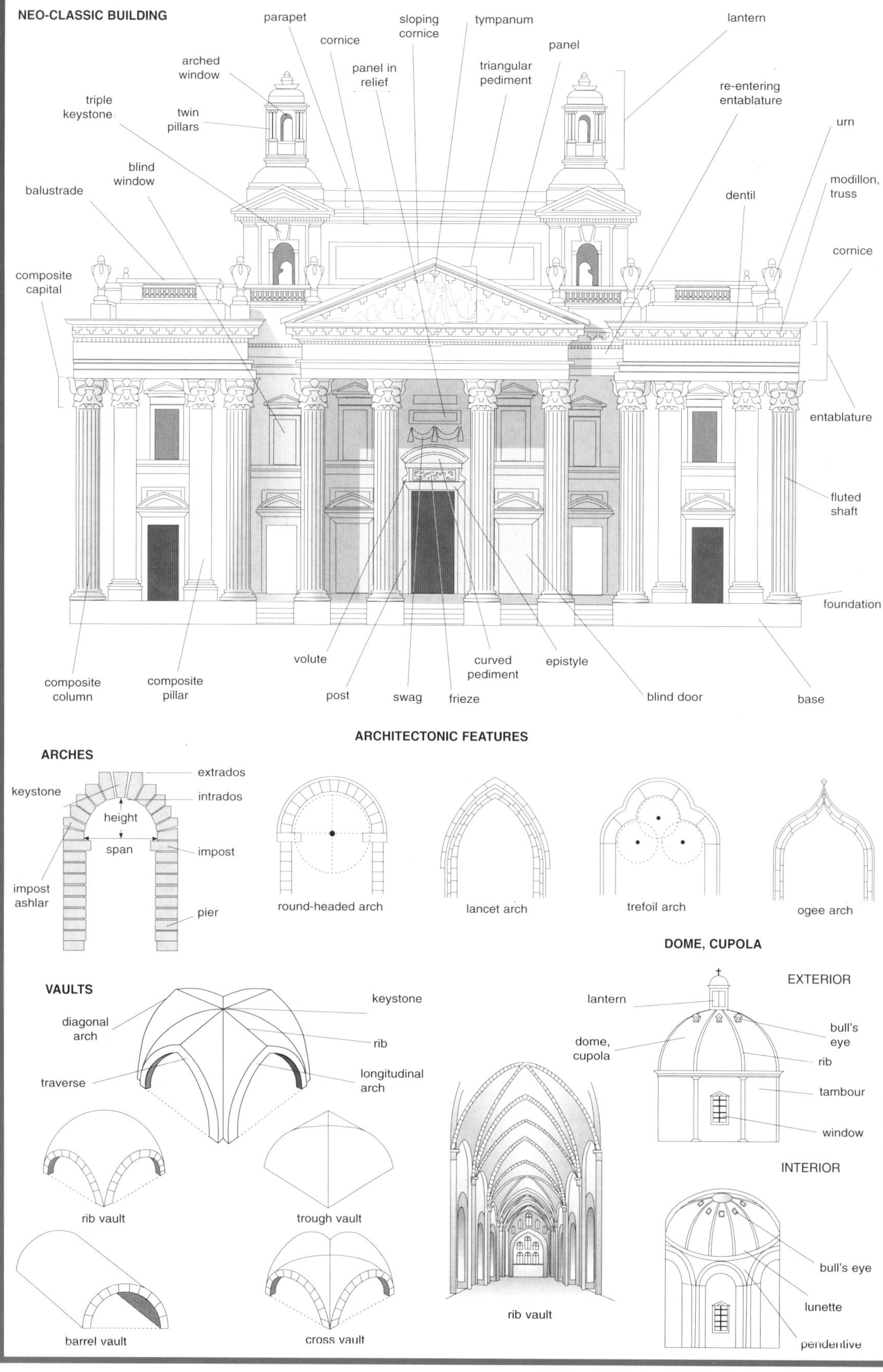
NEO-CLASSIC BUILDING
parapet
sloping cornice
tympanum
lantern
cornice
panel
arched window
panel in relief
triangular pediment
re-entering entablature
triple keystone
twin pillars
urn
blind window
modillon, truss
balustrade
dentil
cornice
composite capital
entablature
fluted shaft
foundation
volute
curved pediment
epistyle
composite column
composite pillar
post
swag
frieze
blind door
base
ARCHITECTONIC FEATURES
ARCHES
extrados
keystone
intrados
height
span
impost
impost ashlar
pier
round-headed arch
lancet arch
trefoil arch
ogee arch
DOME, CUPOLA
EXTERIOR
VAULTS
keystone
lantern
diagonal arch
rib
bull's eye
dome, cupola
rib
traverse
longitudinal arch
tambour
window
INTERIOR
rib vault
trough vault
bull's eye
lunette
barrel vault
cross vault
rib vault
pendentive

Typical British houses

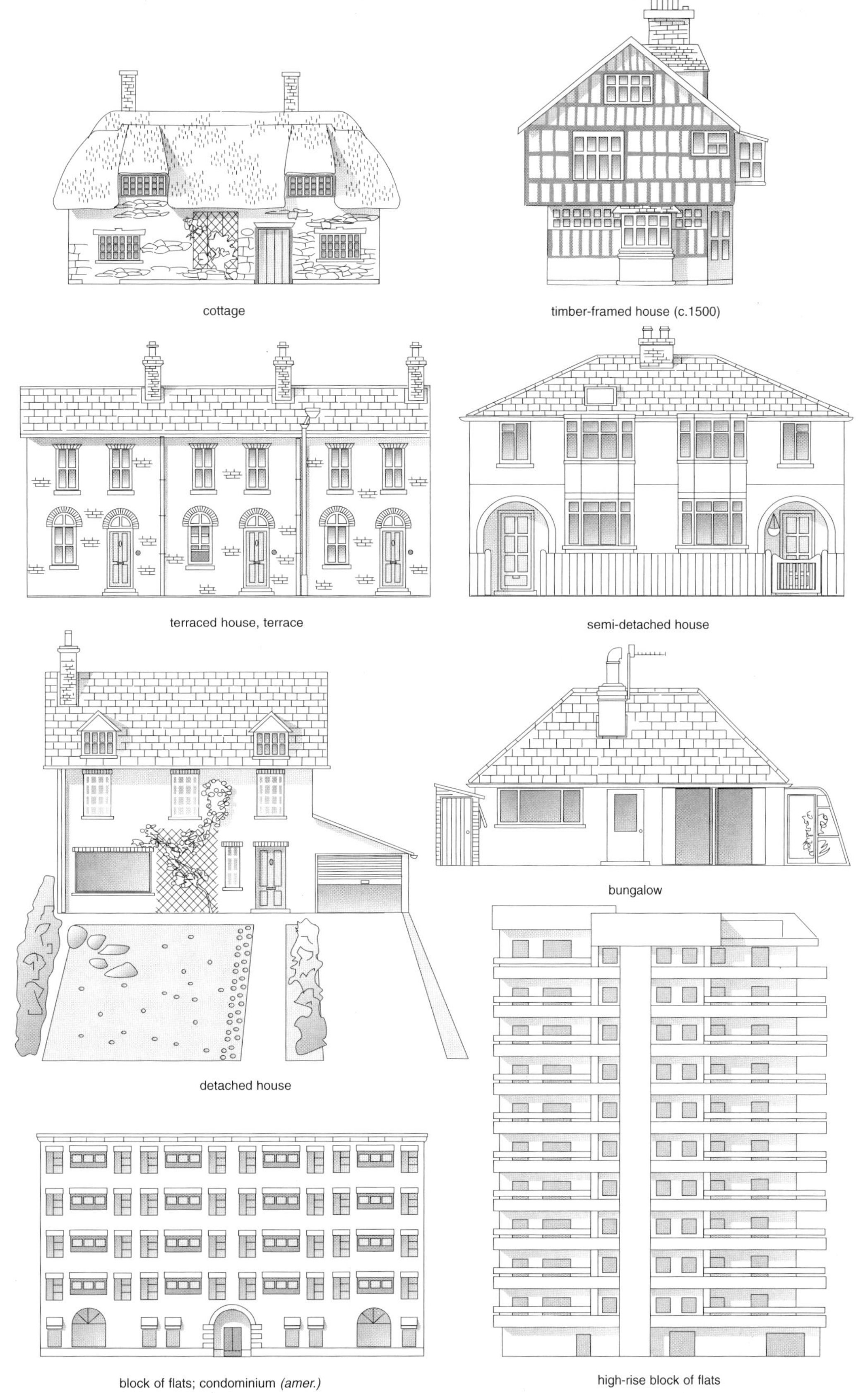

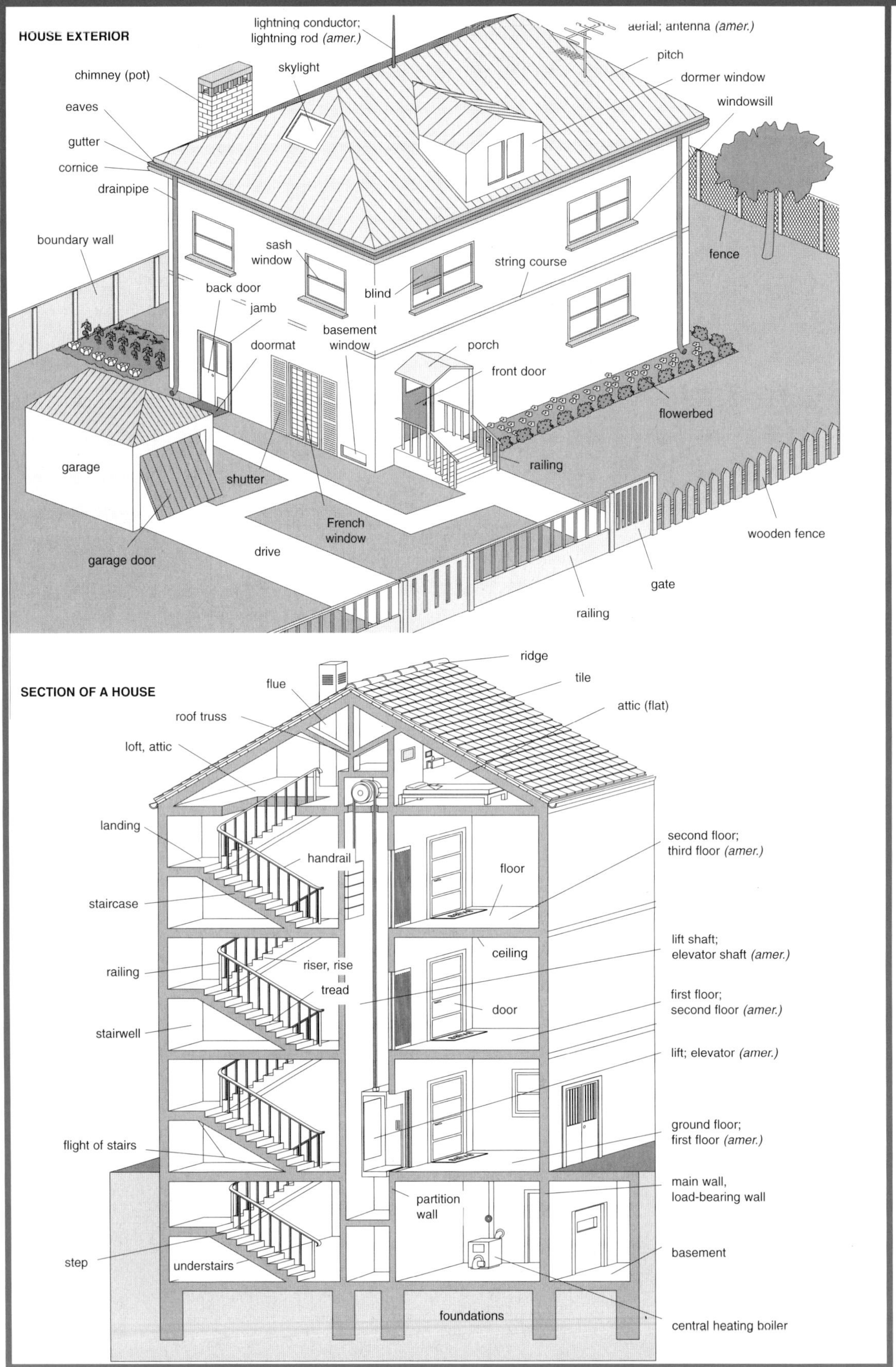
HOUSE EXTERIOR
lightning conductor;
lightning rod (amer.)
aerial; antenna (amer.)
skylight
pitch
chimney (pot)
dormer window
eaves
windowsill
gutter
cornice
drainpipe
boundary wall
sash window
string course
fence
back door
blind
jamb
basement window
doormat
porch
front door
flowerbed
garage
shutter
railing
French window
wooden fence
garage door
drive
gate
railing
SECTION OF A HOUSE
ridge
flue
tile
roof truss
attic (flat)
loft, attic
landing
second floor;
third floor (amer.)
handrail
floor
staircase
ceiling
lift shaft;
elevator shaft (amer.)
railing
riser, rise
tread
first floor;
second floor (amer.)
door
stairwell
lift; elevator (amer.)
flight of stairs
ground floor;
first floor (amer.)
main wall,
load-bearing wall
partition wall
step
understairs
basement
foundations
central heating boiler

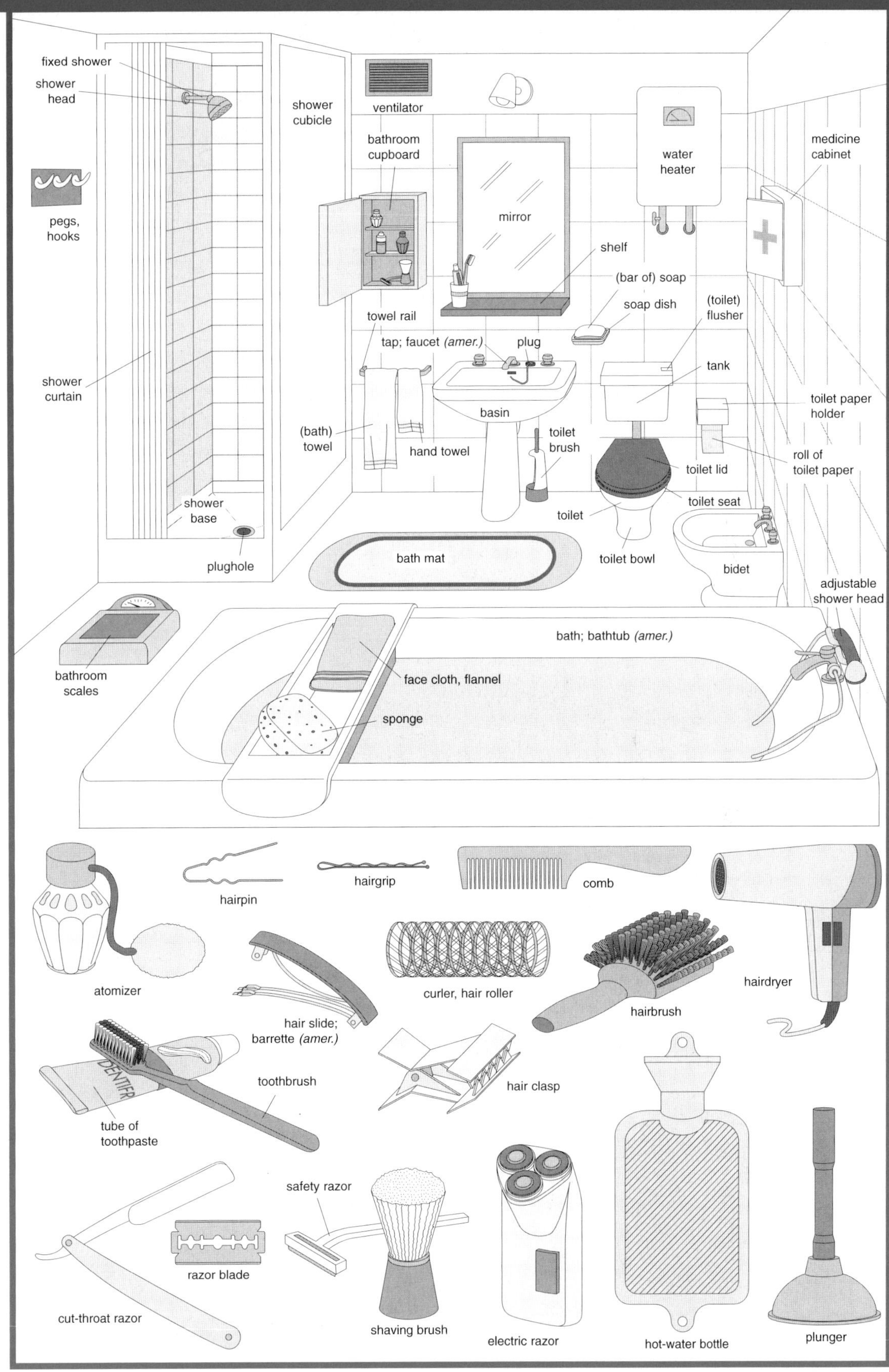
fixed shower
shower head
shower cubicle
ventilator
bathroom cupboard
mirror
water heater
medicine cabinet
pegs, hooks
shelf
(bar of) soap
soap dish
(toilet) flusher
towel rail
tap; faucet (amer.)
plug
tank
shower curtain
toilet paper holder
basin
(bath) towel
toilet brush
hand towel
roll of toilet paper
toilet lid
toilet seat
shower base
toilet
toilet bowl
plughole
bath mat
bidet
adjustable shower head
bath; bathtub (amer.)
bathroom scales
face cloth, flannel
sponge
hairpin
hairgrip
comb
atomizer
curler, hair roller
hairbrush
hairdryer
hair slide; barrette (amer.)
toothbrush
hair clasp
tube of toothpaste
DENTIFR
safety razor
razor blade
cut-throat razor
shaving brush
electric razor
hot-water bottle
plunger

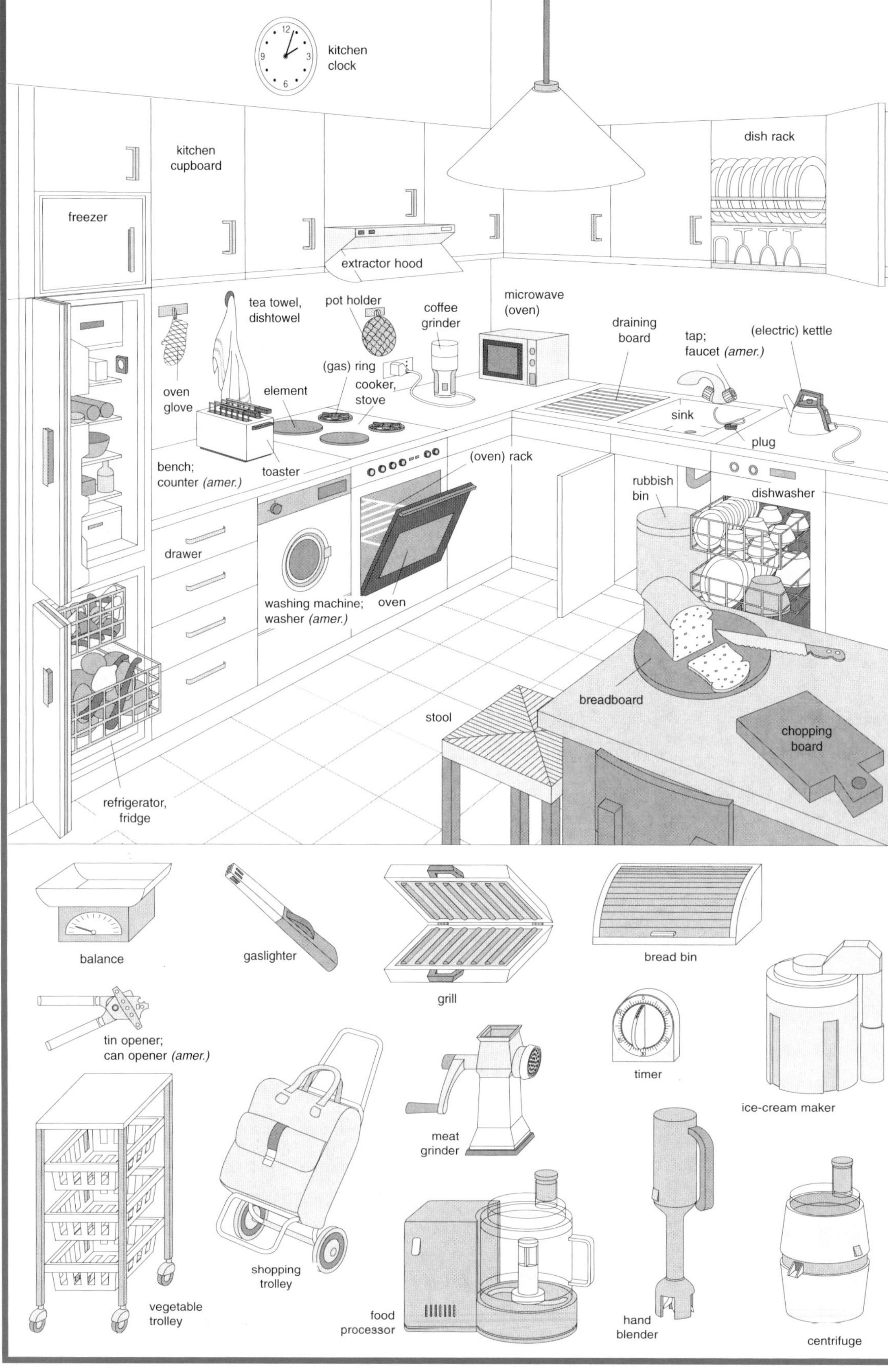
kitchen clock
kitchen cupboard
freezer
extractor hood
dish rack
tea towel, dishtowel
pot holder
coffee grinder
microwave (oven)
draining board
tap; faucet (amer.)
(electric) kettle
oven glove
element
(gas) ring
cooker, stove
sink
plug
bench; counter (amer.)
toaster
(oven) rack
rubbish bin
dishwasher
drawer
washing machine; washer (amer.)
oven
breadboard
stool
chopping board
refrigerator, fridge
balance
gaslighter
grill
bread bin
tin opener; can opener (amer.)
timer
ice-cream maker
meat grinder
shopping trolley
vegetable trolley
food processor
hand blender
centrifuge

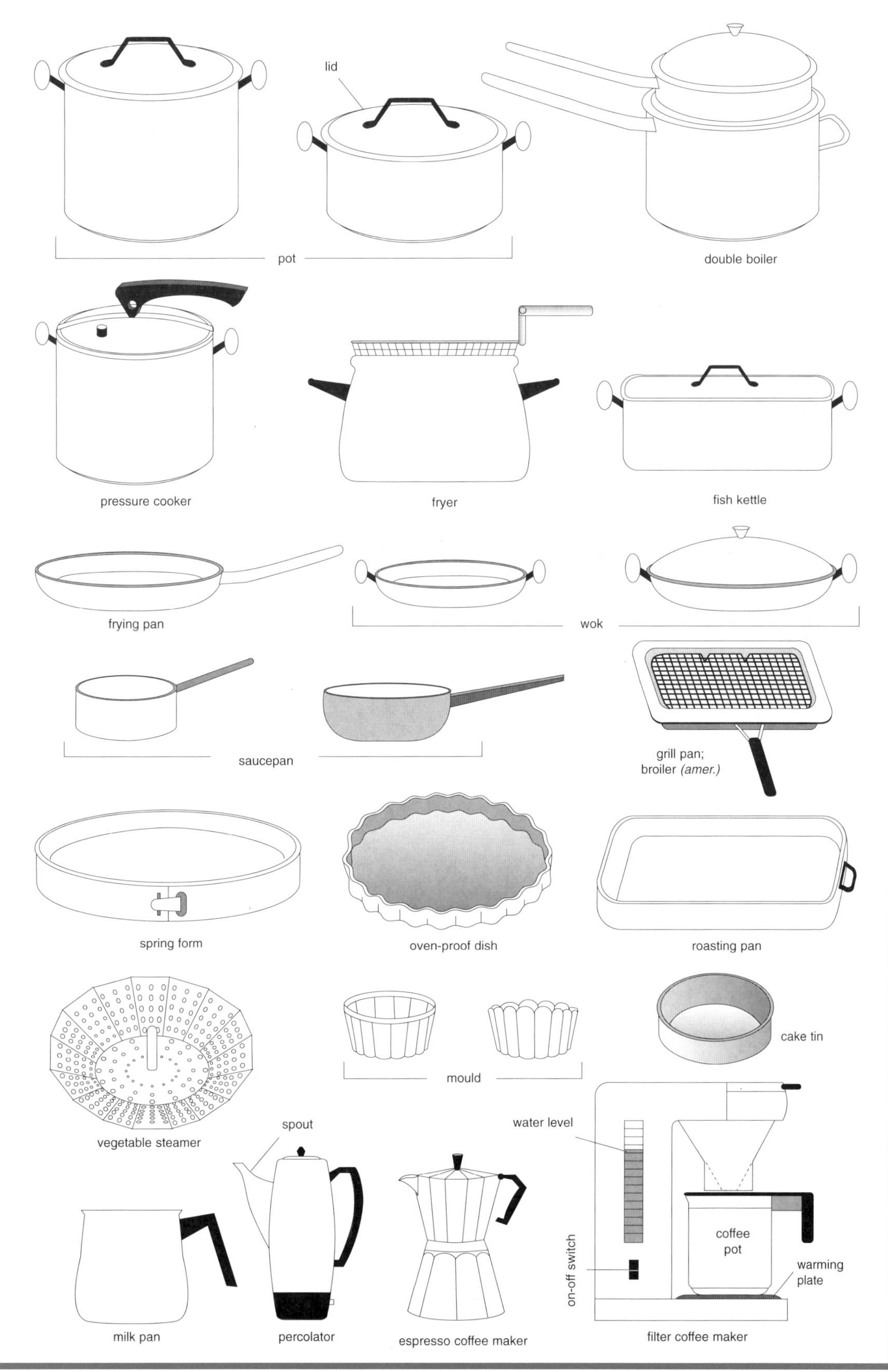
lid
pot
double boiler
pressure cooker
fryer
fish kettle
frying pan
wok
saucepan
grill pan;
broiler (amer.)
spring form
oven-proof dish
roasting pan
cake tin
mould
vegetable steamer
spout
water level
coffee
pot
on-off switch
warming
plate
milk pan
percolator
espresso coffee maker
filter coffee maker

platter
soup tureen
dinner plate
soup plate
side plate
dessert bowl
bowl
pepper pot
toothpicks
saltcellar;
saltshaker (amer.)
pepper mill
cakestand
butter dish
eggcup
cork
crown cap
screw top
coffee pot
teapot
milk jug
sugar bowl
cream jug
mug
gravy boat
cup
saucer
demitasse
thermos
flask
decanter
jug
carafe
bottle
hip flask
champagne glass
stem glass
wine glass
cocktail glass
tall glass
tumbler
glass
beer mug
tankard

Kitchen utensils and cutlery

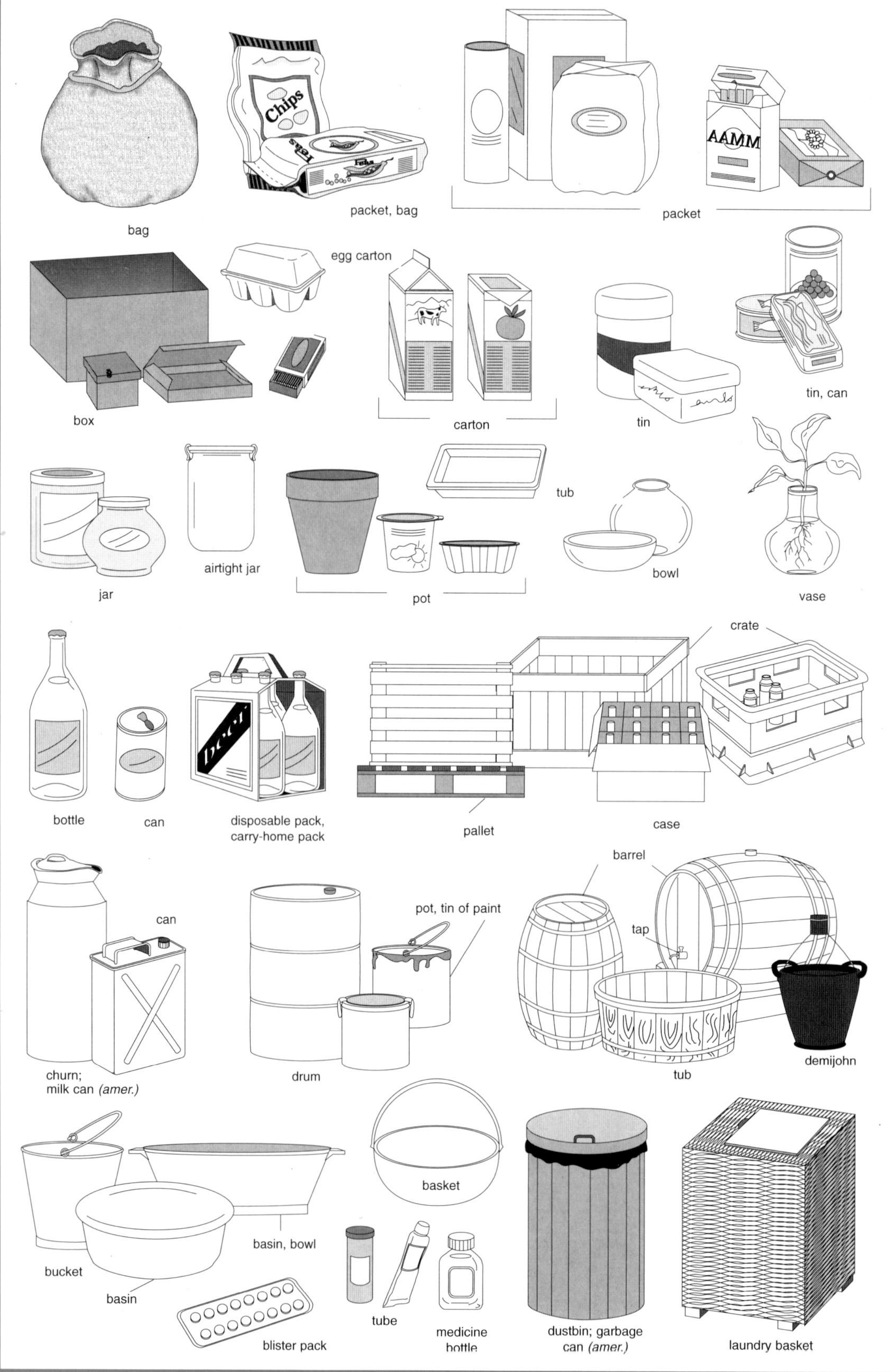
Chips
bag
packet, bag
packet
AAMM
egg carton
box
carton
tin
tin, can
airtight jar
jar
pot
tub
bowl
vase
crate
beer
bottle
can
disposable pack, carry-home pack
pallet
case
barrel
can
pot, tin of paint
tap
churn; milk can (amer.)
drum
tub
demijohn
basket
bucket
basin, bowl
basin
blister pack
tube
medicine bottle
dustbin; garbage can (amer.)
laundry basket

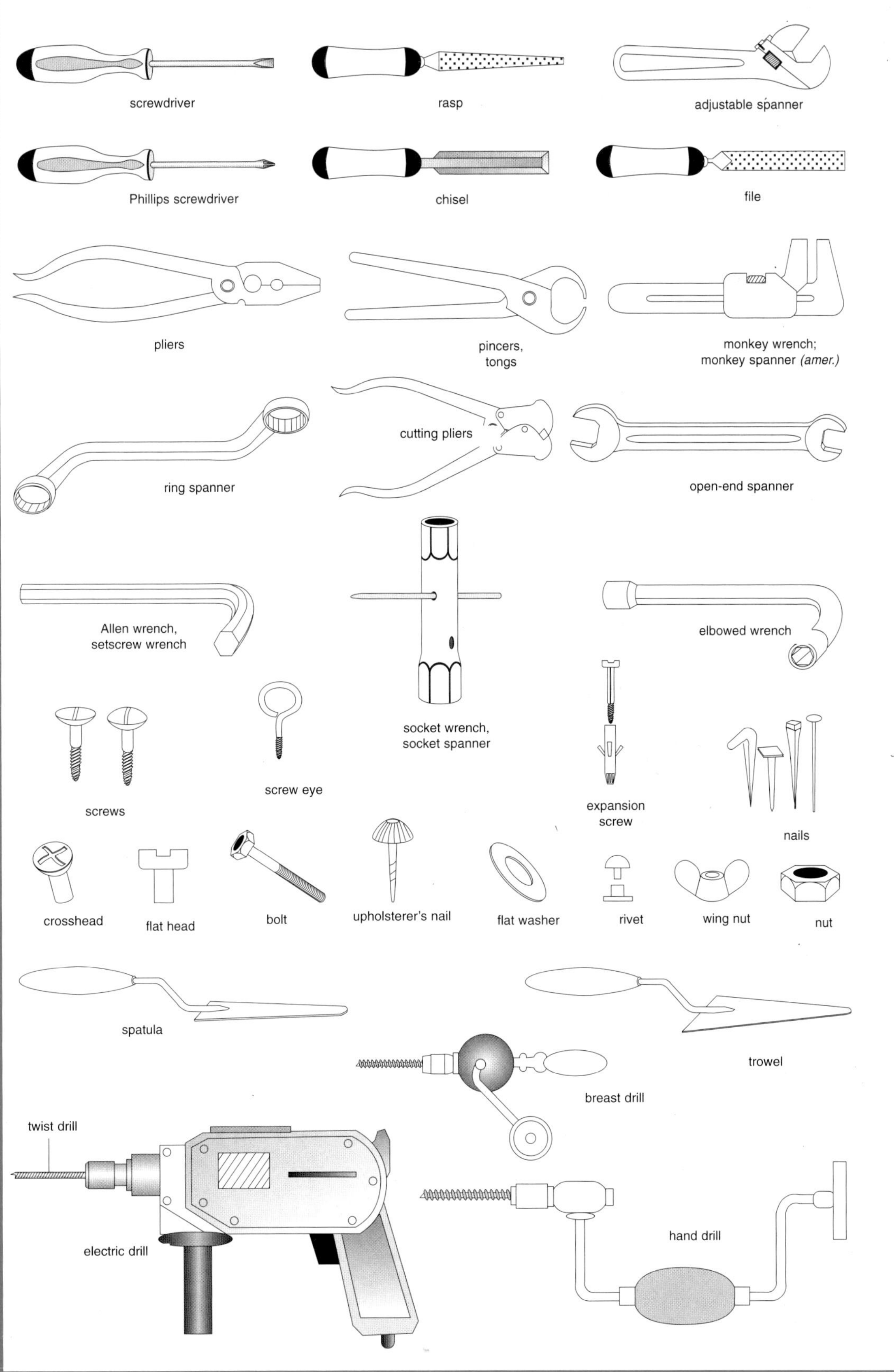
screwdriver
rasp
adjustable spanner
Phillips screwdriver
chisel
file
pliers
pincers,
tongs
monkey wrench;
monkey spanner (amer.)
cutting pliers
ring spanner
open-end spanner
Allen wrench,
setscrew wrench
socket wrench,
socket spanner
elbowed wrench
screws
screw eye
expansion
screw
nails
crosshead
flat head
bolt
upholsterer's nail
flat washer
rivet
wing nut
nut
spatula
trowel
breast drill
twist drill
electric drill
hand drill

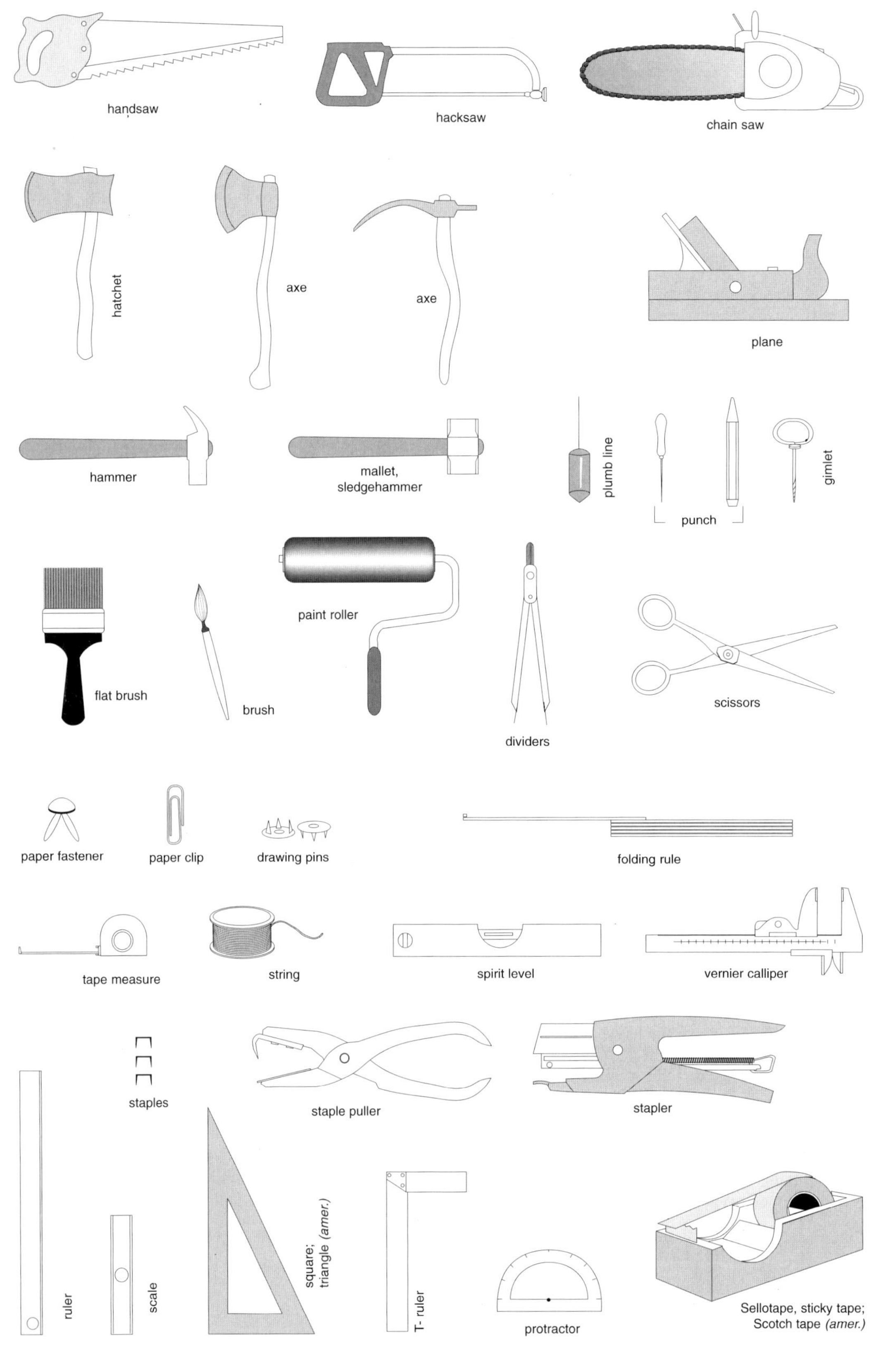
handsaw
hacksaw
chain saw
hatchet
axe
axe
plane
hammer
mallet,
sledgehammer
plumb line
punch
gimlet
flat brush
brush
paint roller
dividers
scissors
paper fastener
paper clip
drawing pins
folding rule
tape measure
string
spirit level
vernier calliper
staples
staple puller
stapler
ruler
scale
square;
triangle (amer.)
T- ruler
protractor
Sellotape, sticky tape;
Scotch tape (amer.)

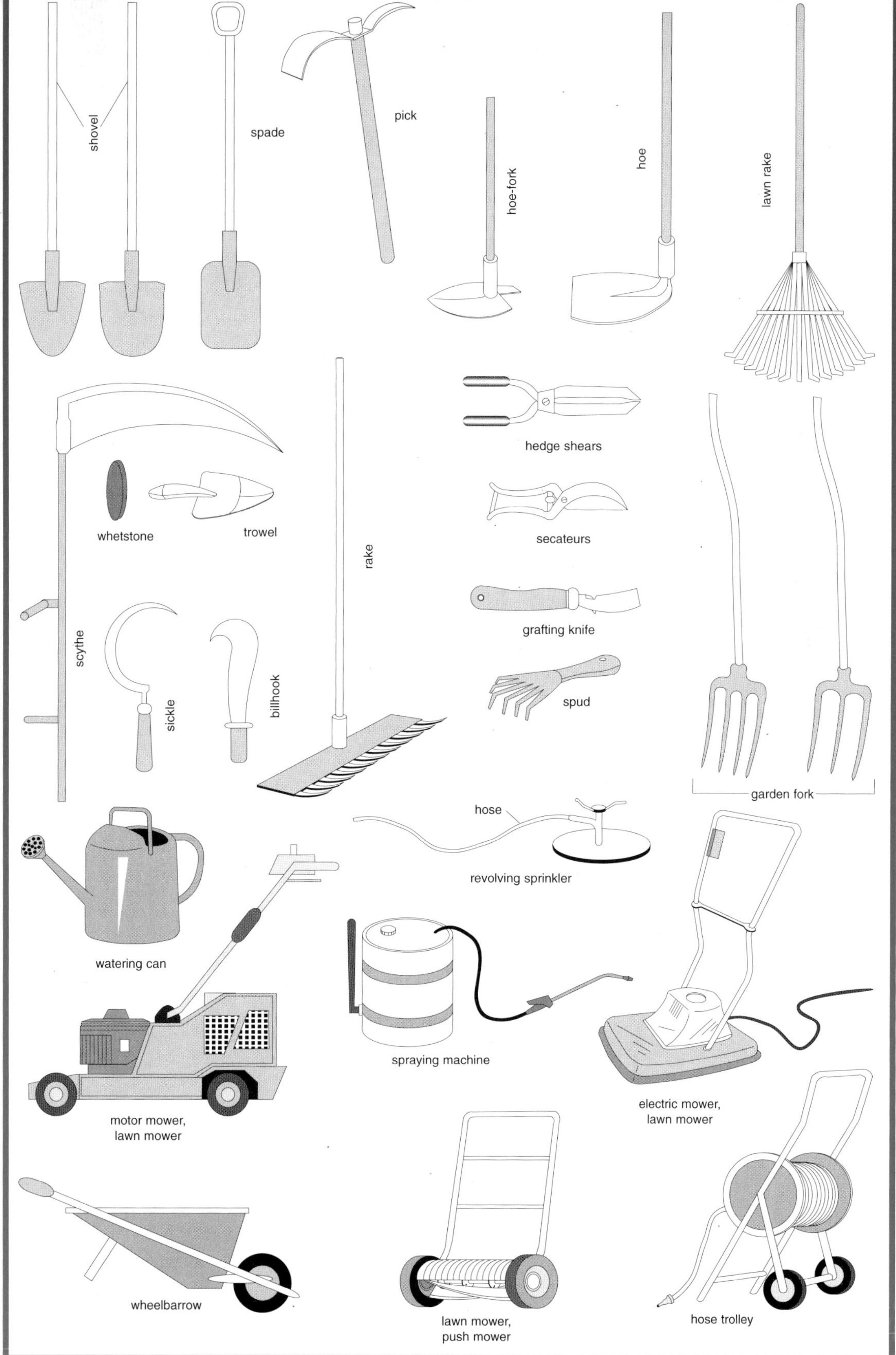
shovel
spade
pick
hoe-fork
hoe
lawn rake
hedge shears
whetstone
trowel
secateurs
rake
grafting knife
scythe
sickle
billhook
spud
garden fork
hose
revolving sprinkler
watering can
spraying machine
motor mower,
lawn mower
electric mower,
lawn mower
wheelbarrow
lawn mower,
push mower
hose trolley

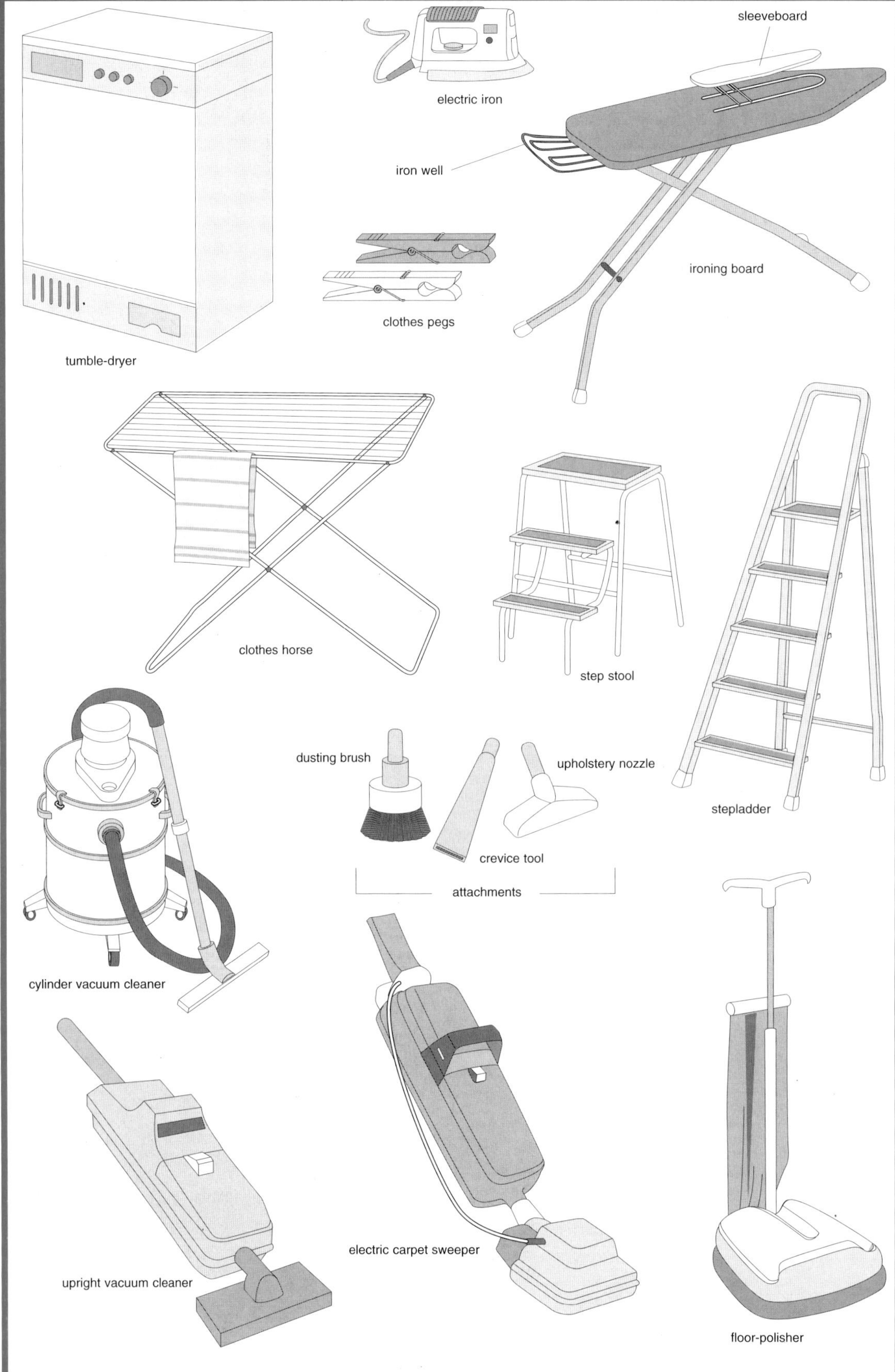
tumble-dryer
electric iron
sleeveboard
iron well
ironing board
clothes pegs
clothes horse
step stool
stepladder
dusting brush
crevice tool
upholstery nozzle
attachments
cylinder vacuum cleaner
upright vacuum cleaner
electric carpet sweeper
floor-polisher

Sound and image reproduction systems

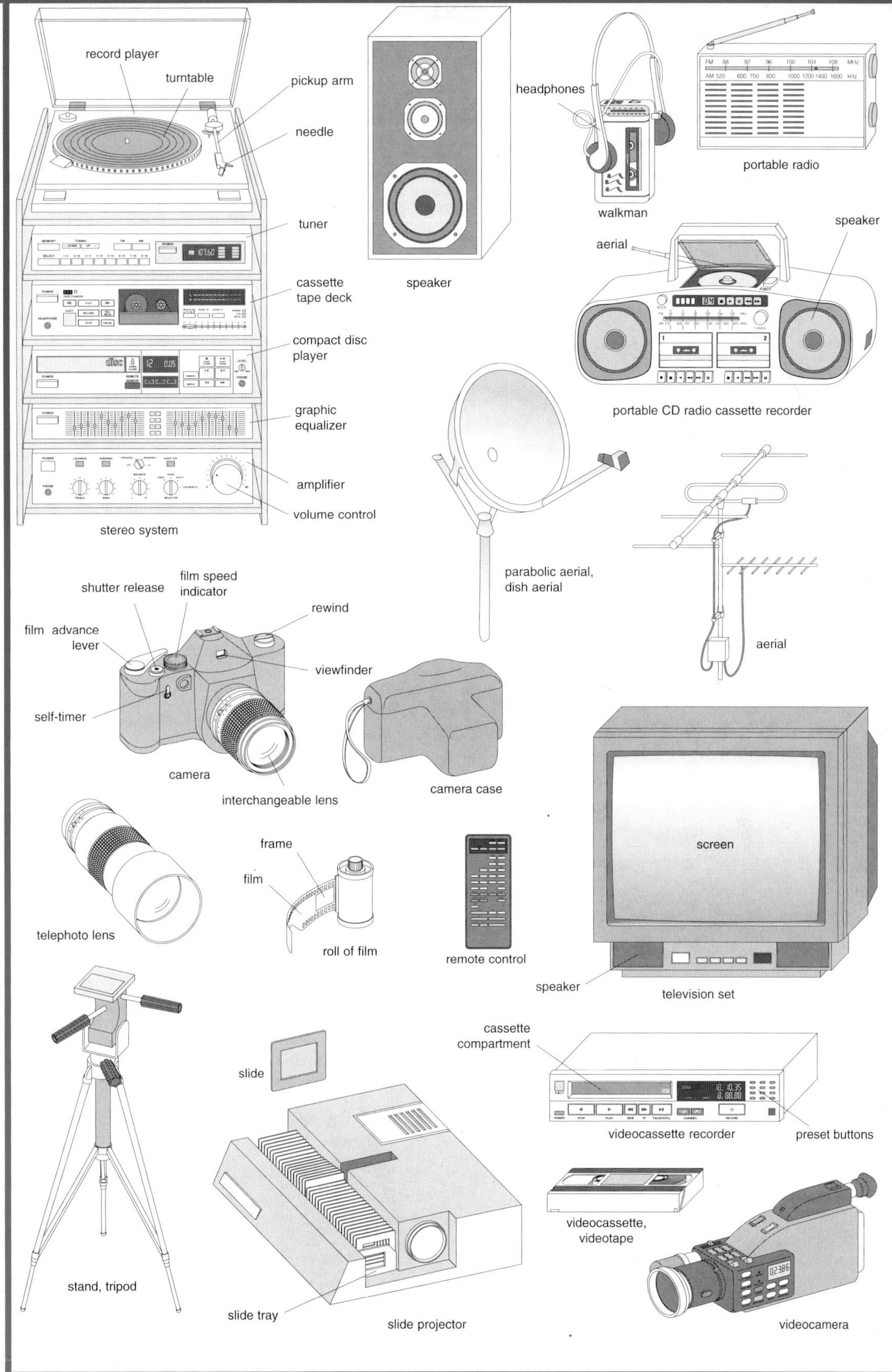

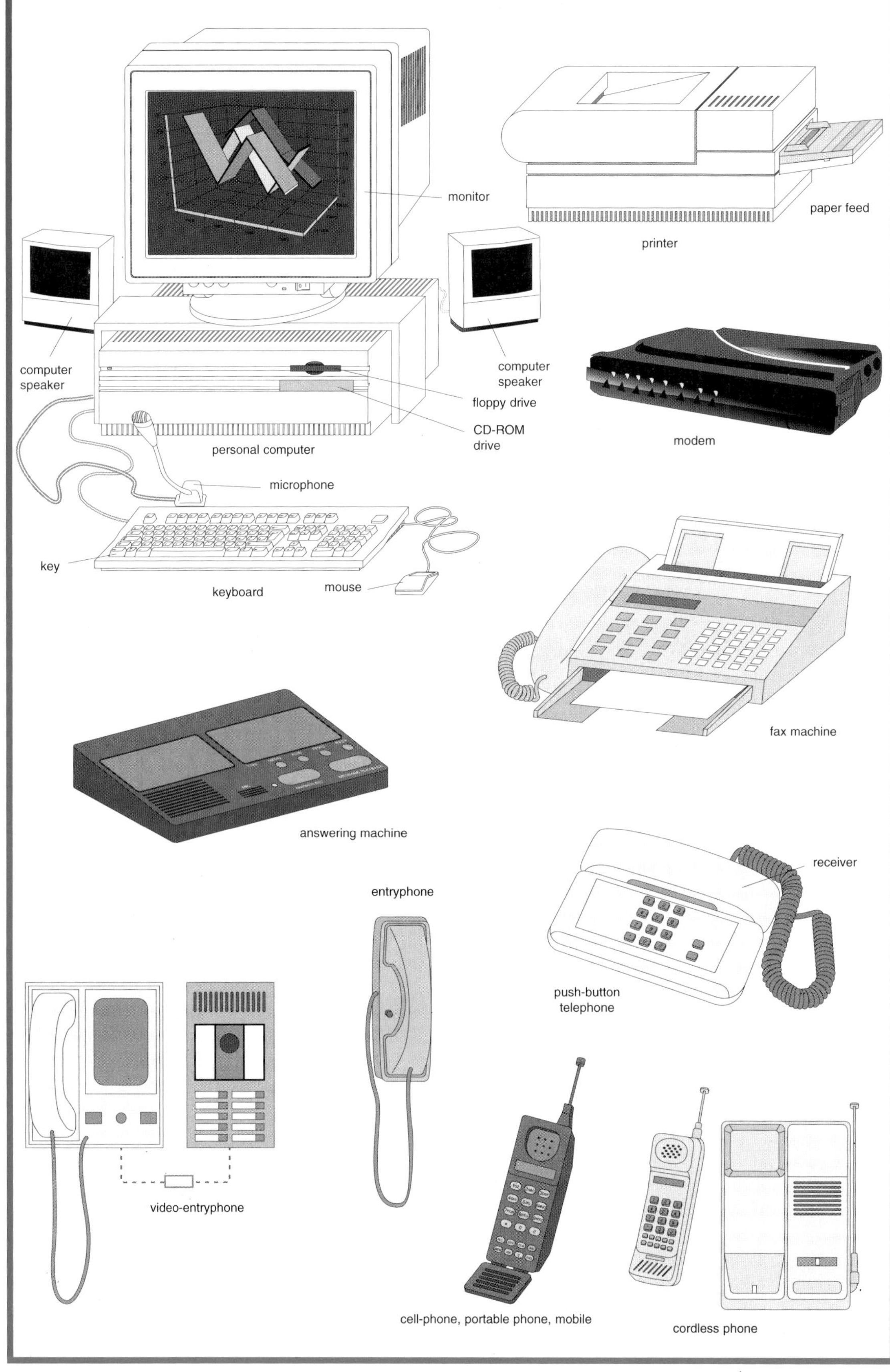
monitor
printer
paper feed
computer speaker
computer speaker
floppy drive
CD-ROM drive
personal computer
modem
microphone
key
keyboard
mouse
fax machine
answering machine
entryphone
receiver
push-button telephone
video-entryphone
cell-phone, portable phone, mobile
cordless phone

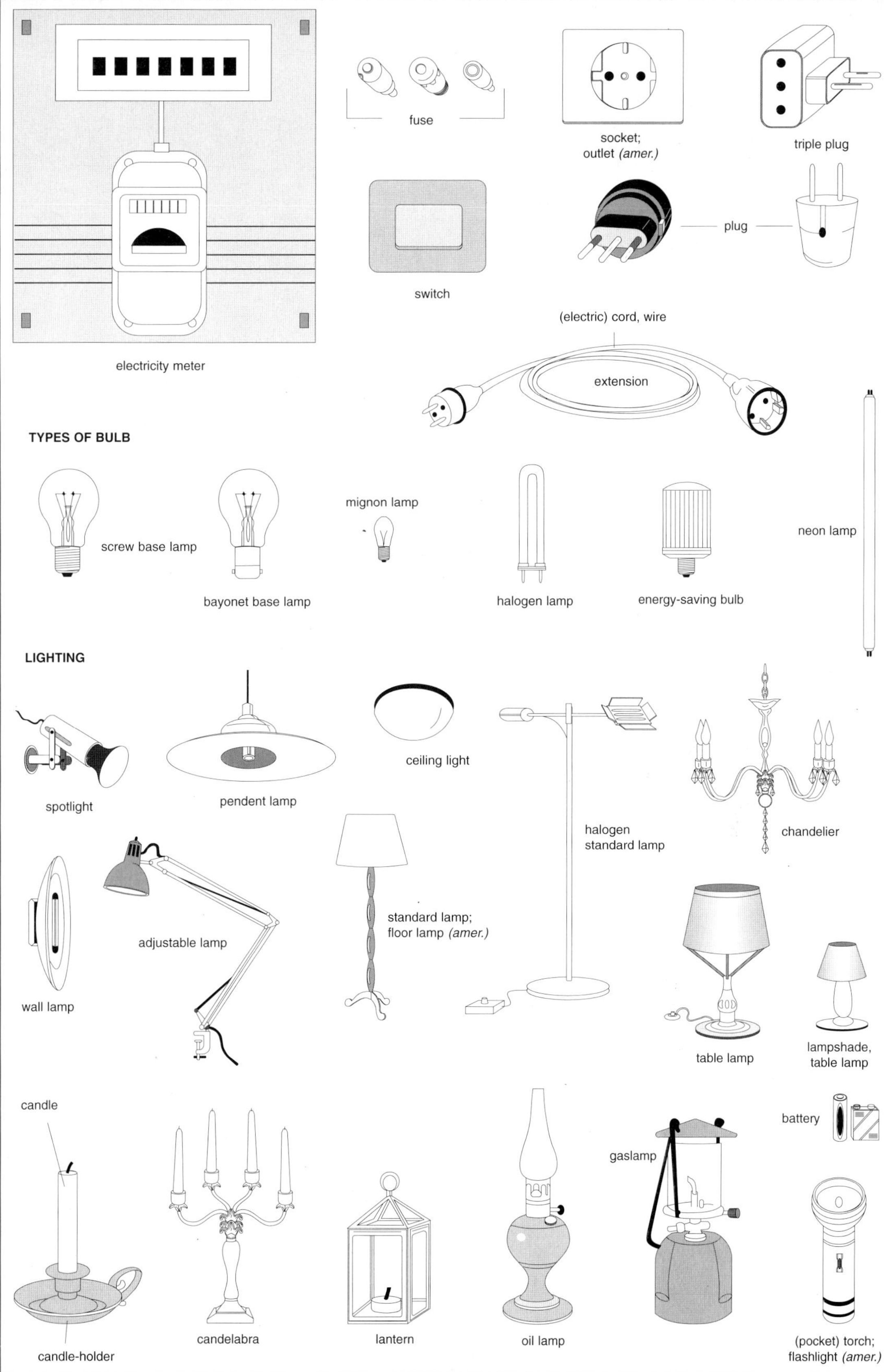
electricity meter
fuse
socket;
outlet *(amer.)*
triple plug
switch
plug
(electric) cord, wire
extension
TYPES OF BULB
screw base lamp
bayonet base lamp
mignon lamp
halogen lamp
energy-saving bulb
neon lamp
LIGHTING
spotlight
pendent lamp
ceiling light
halogen
standard lamp
chandelier
wall lamp
adjustable lamp
standard lamp;
floor lamp *(amer.)*
table lamp
lampshade,
table lamp
candle
candle-holder
candelabra
lantern
oil lamp
gaslamp
battery
(pocket) torch;
flashlight *(amer.)*

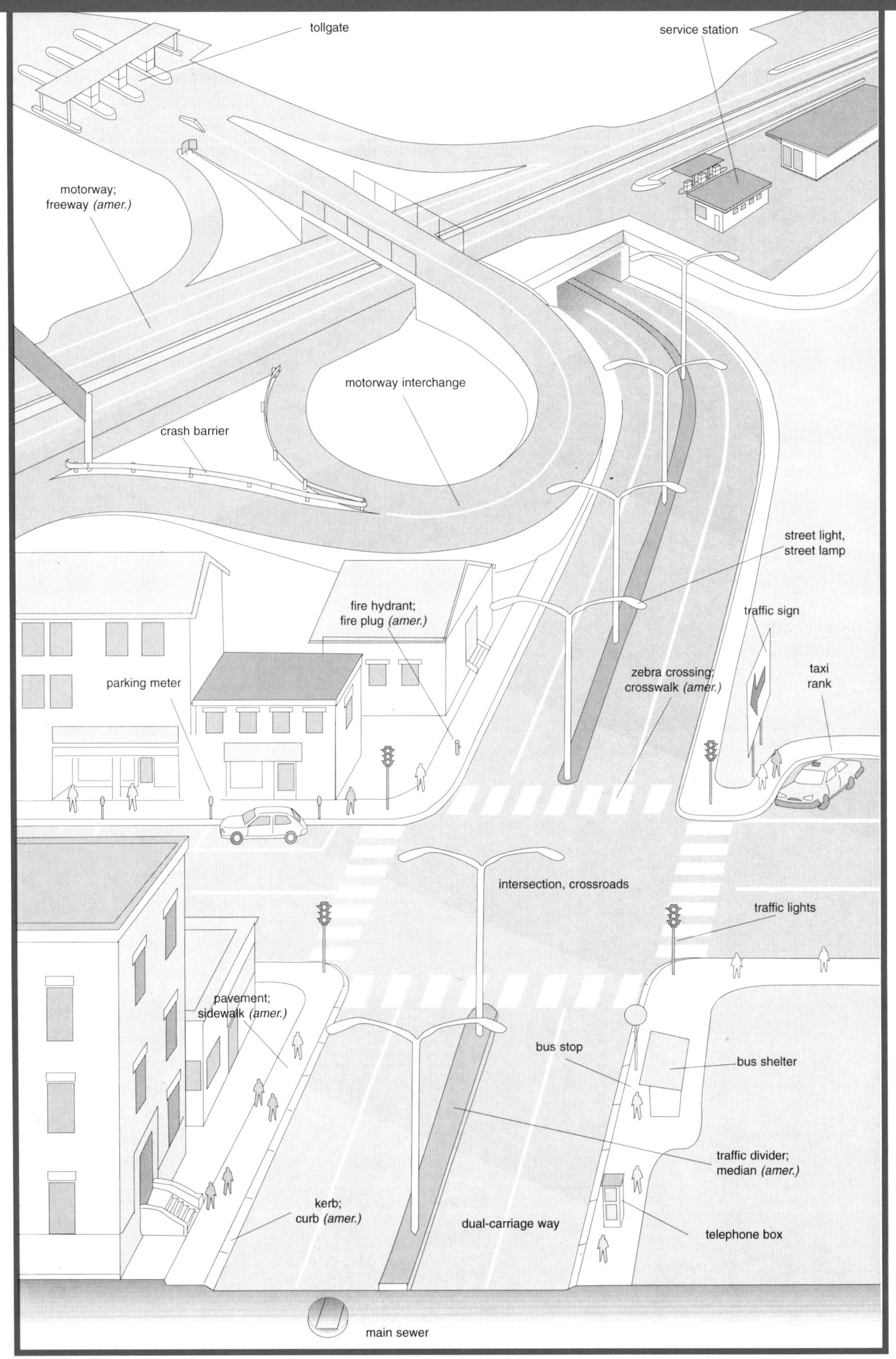
tollgate
service station
motorway;
freeway (amer.)
motorway interchange
crash barrier
street light,
street lamp
fire hydrant;
fire plug (amer.)
traffic sign
parking meter
zebra crossing;
crosswalk (amer.)
taxi
rank
intersection, crossroads
traffic lights
pavement;
sidewalk (amer.)
bus stop
bus shelter
traffic divider;
median (amer.)
kerb;
curb (amer.)
dual-carriage way
telephone box
main sewer

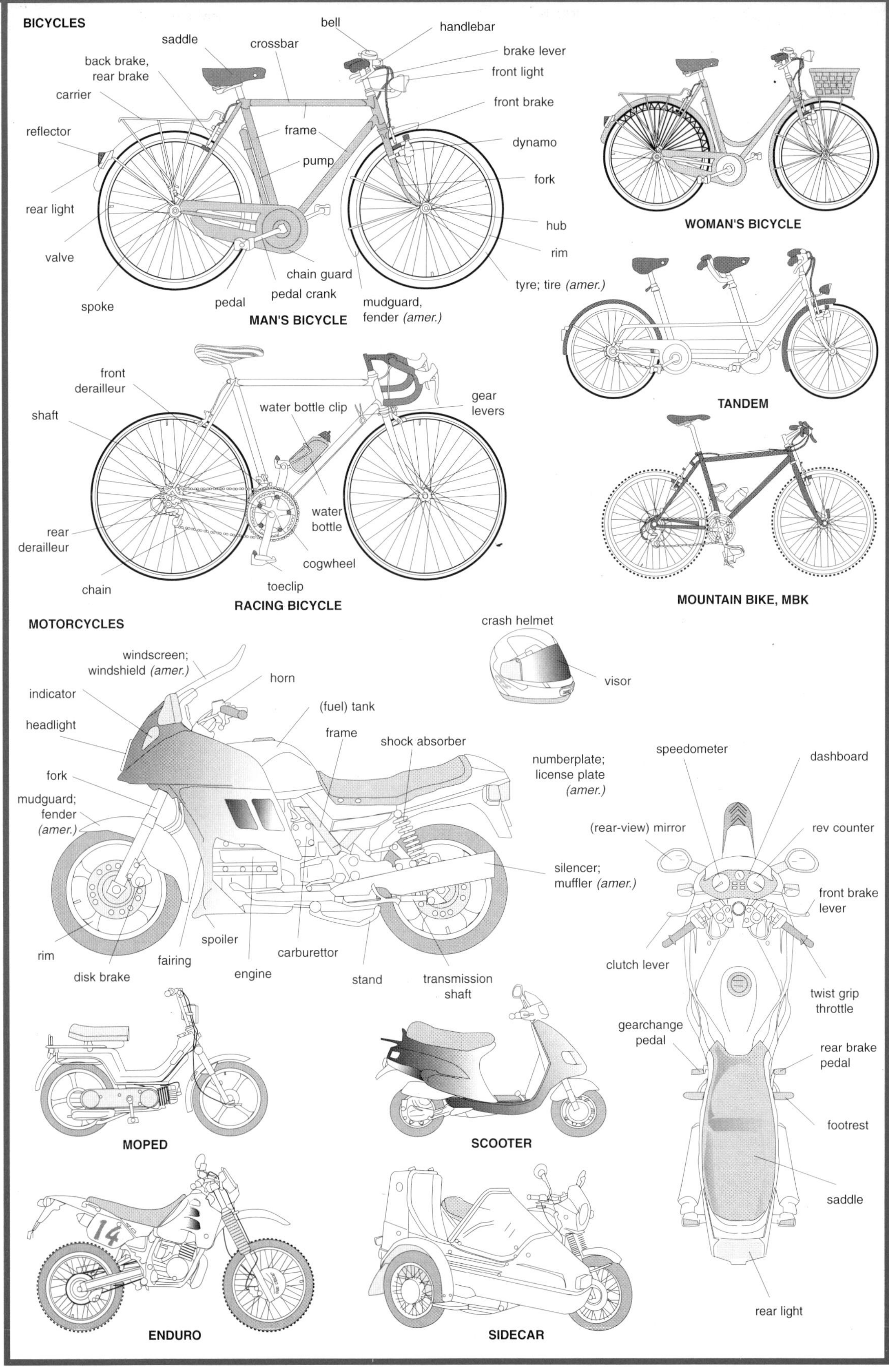
BICYCLES
saddle
crossbar
bell
handlebar
brake lever
front light
back brake, rear brake
carrier
front brake
reflector
frame
dynamo
pump
fork
rear light
hub
rim
valve
chain guard
tyre; tire (amer.)
pedal crank
spoke
pedal
mudguard, fender (amer.)
MAN'S BICYCLE
WOMAN'S BICYCLE
TANDEM
front derailleur
shaft
water bottle clip
gear levers
water bottle
rear derailleur
cogwheel
chain
toeclip
RACING BICYCLE
MOUNTAIN BIKE, MBK
MOTORCYCLES
crash helmet
visor
windscreen; windshield (amer.)
horn
indicator
(fuel) tank
headlight
frame
shock absorber
numberplate; license plate (amer.)
speedometer
dashboard
fork
mudguard; fender (amer.)
(rear-view) mirror
rev counter
silencer; muffler (amer.)
front brake lever
spoiler
rim
fairing
carburettor
clutch lever
disk brake
engine
stand
transmission shaft
twist grip throttle
gearchange pedal
rear brake pedal
footrest
MOPED
SCOOTER
saddle
ENDURO
SIDECAR
rear light

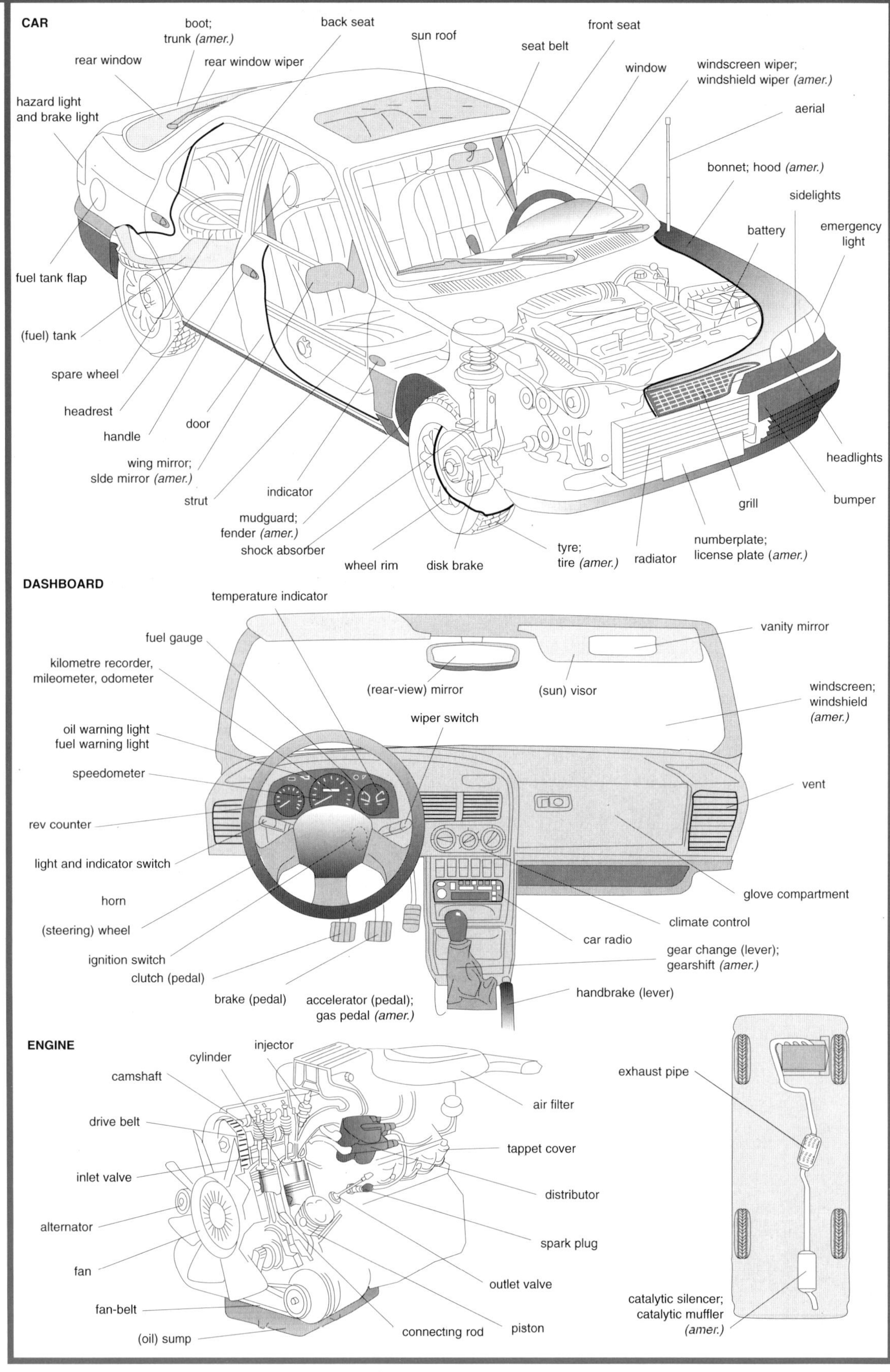
CAR
boot;
trunk (amer.)
back seat
sun roof
front seat
seat belt
rear window
rear window wiper
window
windscreen wiper;
windshield wiper (amer.)
hazard light
and brake light
aerial
bonnet; hood (amer.)
sidelights
battery
emergency
light
fuel tank flap
(fuel) tank
spare wheel
headrest
door
handle
wing mirror;
side mirror (amer.)
strut
indicator
mudguard;
fender (amer.)
shock absorber
wheel rim
disk brake
tyre;
tire (amer.)
radiator
numberplate;
license plate (amer.)
grill
bumper
headlights
DASHBOARD
temperature indicator
fuel gauge
vanity mirror
kilometre recorder,
mileometer, odometer
(rear-view) mirror
(sun) visor
windscreen;
windshield
(amer.)
wiper switch
oil warning light
fuel warning light
speedometer
vent
rev counter
light and indicator switch
horn
glove compartment
climate control
(steering) wheel
car radio
ignition switch
gear change (lever);
gearshift (amer.)
clutch (pedal)
handbrake (lever)
brake (pedal)
accelerator (pedal);
gas pedal (amer.)
ENGINE
injector
cylinder
camshaft
air filter
exhaust pipe
drive belt
tappet cover
inlet valve
distributor
alternator
spark plug
fan
outlet valve
fan-belt
catalytic silencer;
catalytic muffler
(amer.)
(oil) sump
connecting rod
piston

TYPES OF BODY
convertible
coupé
roof rack
hatchback
estate car; station wagon (amer.)
convertible sports car
space wagon
saloon; sedan (amer.)
jeep
off-road vehicle
limousine
racing car
camper (van)
caravan; trailer (amer.)

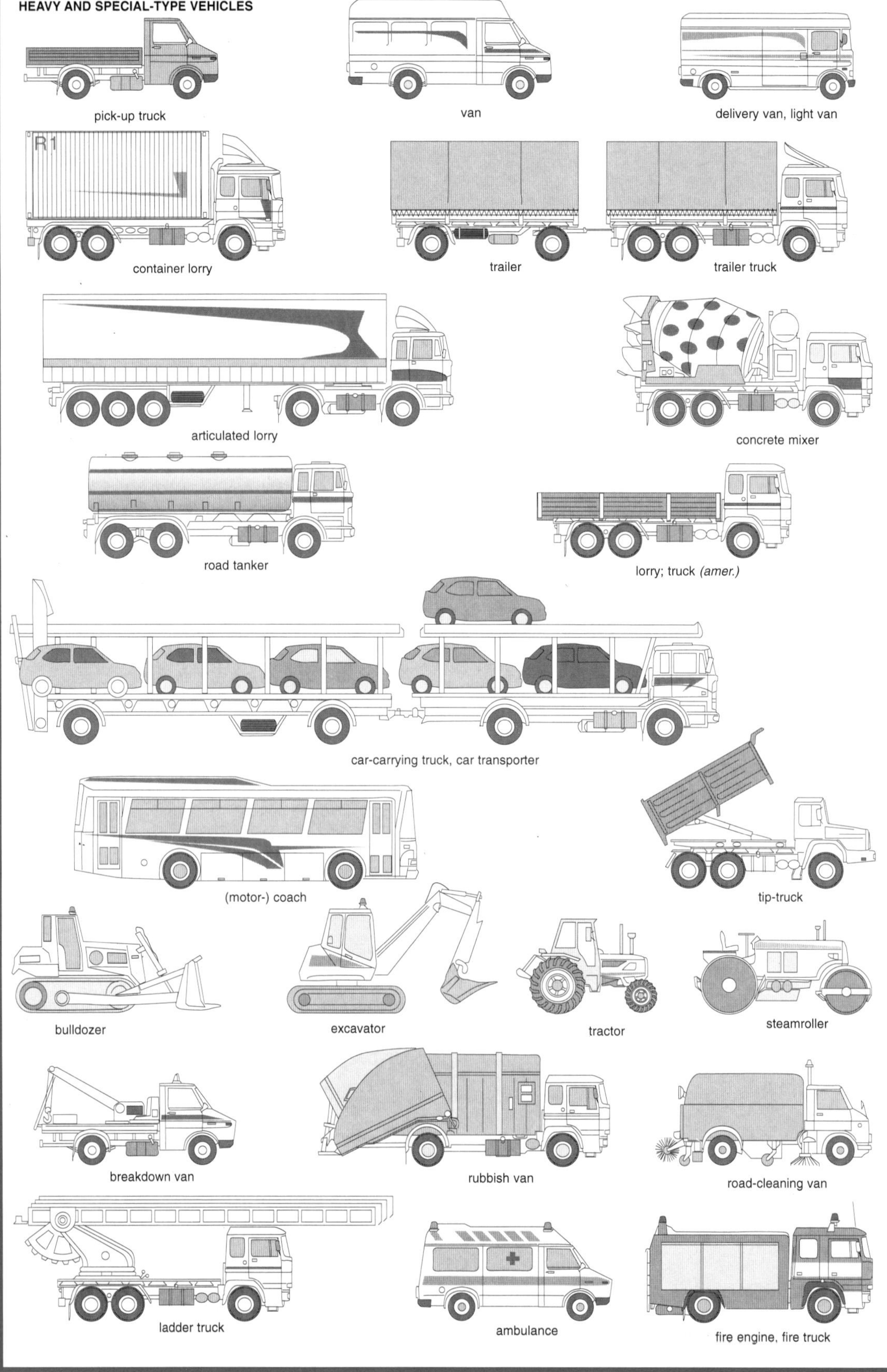
HEAVY AND SPECIAL-TYPE VEHICLES
pick-up truck
van
delivery van, light van
R1
container lorry
trailer
trailer truck
articulated lorry
concrete mixer
road tanker
lorry; truck (amer.)
car-carrying truck, car transporter
(motor-) coach
tip-truck
bulldozer
excavator
tractor
steamroller
breakdown van
rubbish van
road-cleaning van
ladder truck
ambulance
fire engine, fire truck

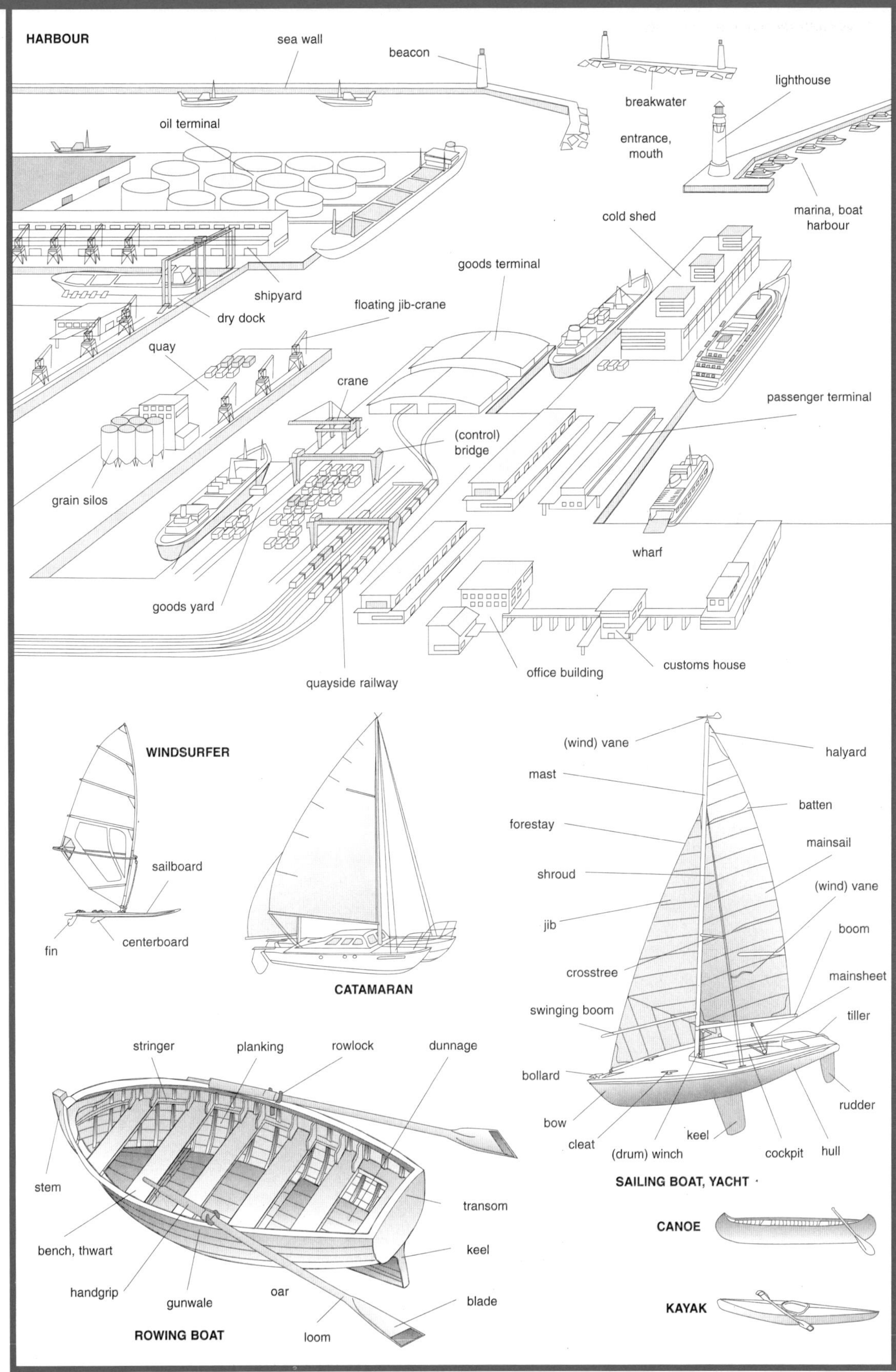
HARBOUR
sea wall
beacon
breakwater
lighthouse
oil terminal
entrance, mouth
marina, boat harbour
cold shed
goods terminal
shipyard
floating jib-crane
dry dock
quay
crane
passenger terminal
(control) bridge
grain silos
wharf
goods yard
office building
customs house
quayside railway
WINDSURFER
sailboard
fin
centerboard
CATAMARAN
(wind) vane
halyard
mast
batten
forestay
mainsail
shroud
(wind) vane
jib
boom
crosstree
mainsheet
swinging boom
tiller
bollard
rudder
bow
keel
cleat
(drum) winch
cockpit
hull
SAILING BOAT, YACHT
CANOE
KAYAK
stringer
planking
rowlock
dunnage
stem
transom
bench, thwart
keel
handgrip
gunwale
oar
blade
ROWING BOAT
loom

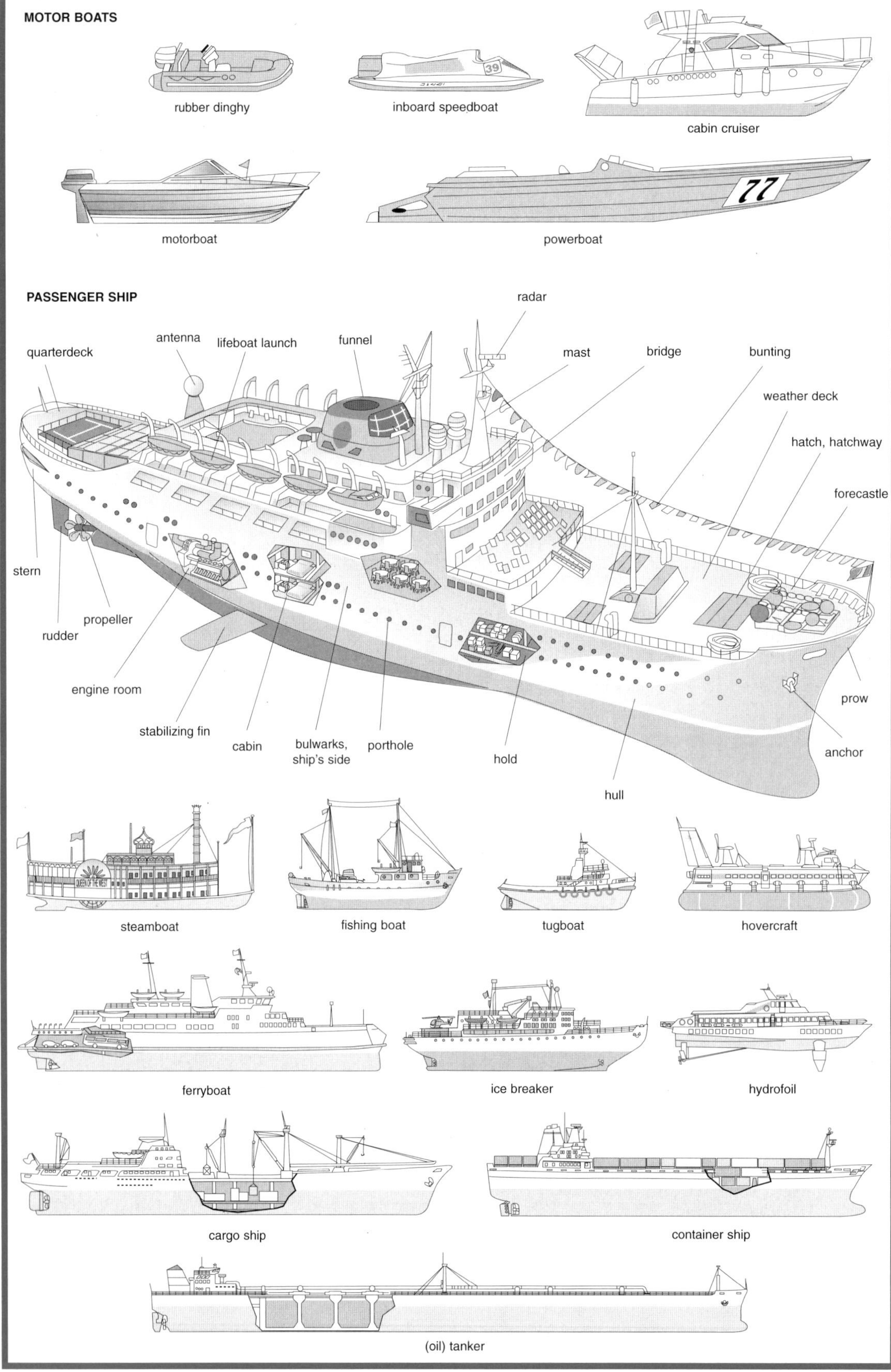
MOTOR BOATS
rubber dinghy
inboard speedboat
39
cabin cruiser
motorboat
powerboat
77
PASSENGER SHIP
radar
antenna
lifeboat launch
funnel
quarterdeck
mast
bridge
bunting
weather deck
hatch, hatchway
forecastle
stern
propeller
rudder
engine room
stabilizing fin
cabin
bulwarks, ship's side
porthole
hold
hull
prow
anchor
steamboat
fishing boat
tugboat
hovercraft
ferryboat
ice breaker
hydrofoil
cargo ship
container ship
(oil) tanker

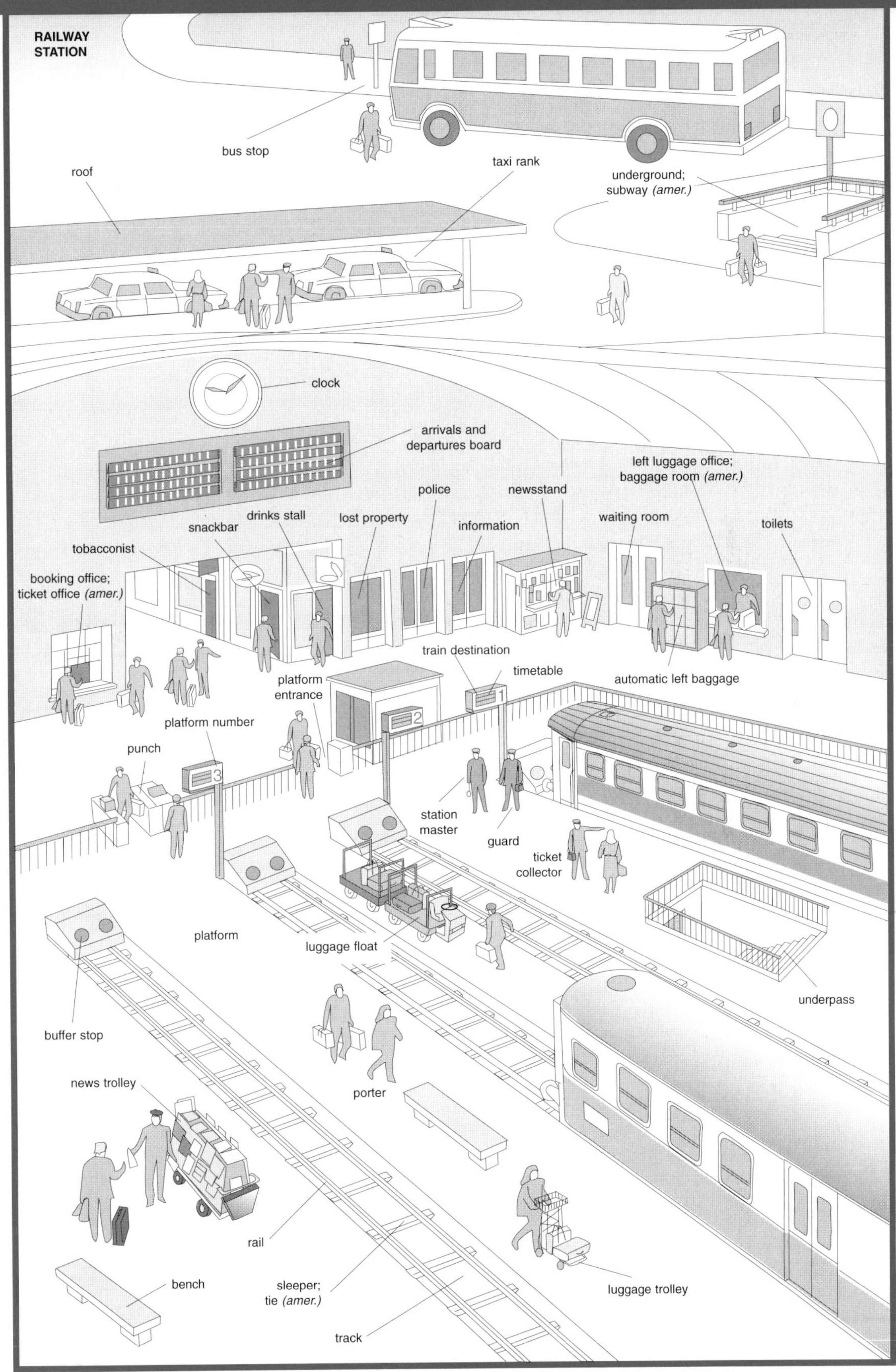
RAILWAY STATION
bus stop
roof
taxi rank
underground; subway (amer.)
clock
arrivals and departures board
left luggage office; baggage room (amer.)
police
newsstand
drinks stall
lost property
information
waiting room
toilets
snackbar
tobacconist
booking office; ticket office (amer.)
train destination
timetable
platform entrance
automatic left baggage
platform number
punch
station master
guard
ticket collector
platform
luggage float
underpass
buffer stop
news trolley
porter
rail
bench
sleeper; tie (amer.)
luggage trolley
track

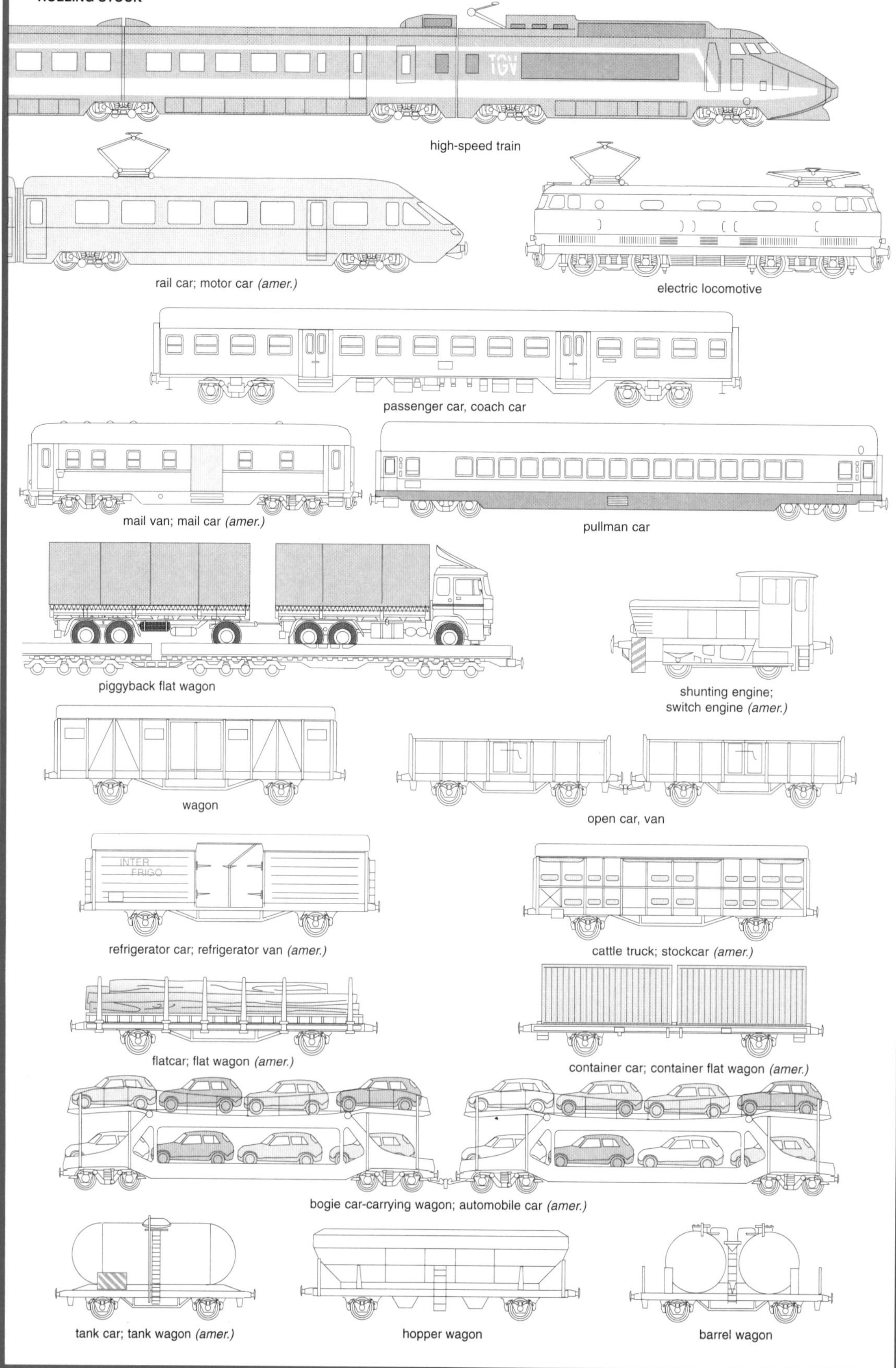
ROLLING STOCK
high-speed train
rail car; motor car (amer.)
electric locomotive
passenger car, coach car
mail van; mail car (amer.)
pullman car
piggyback flat wagon
shunting engine;
switch engine (amer.)
wagon
open car, van
refrigerator car; refrigerator van (amer.)
cattle truck; stockcar (amer.)
flatcar; flat wagon (amer.)
container car; container flat wagon (amer.)
bogie car-carrying wagon; automobile car (amer.)
tank car; tank wagon (amer.)
hopper wagon
barrel wagon

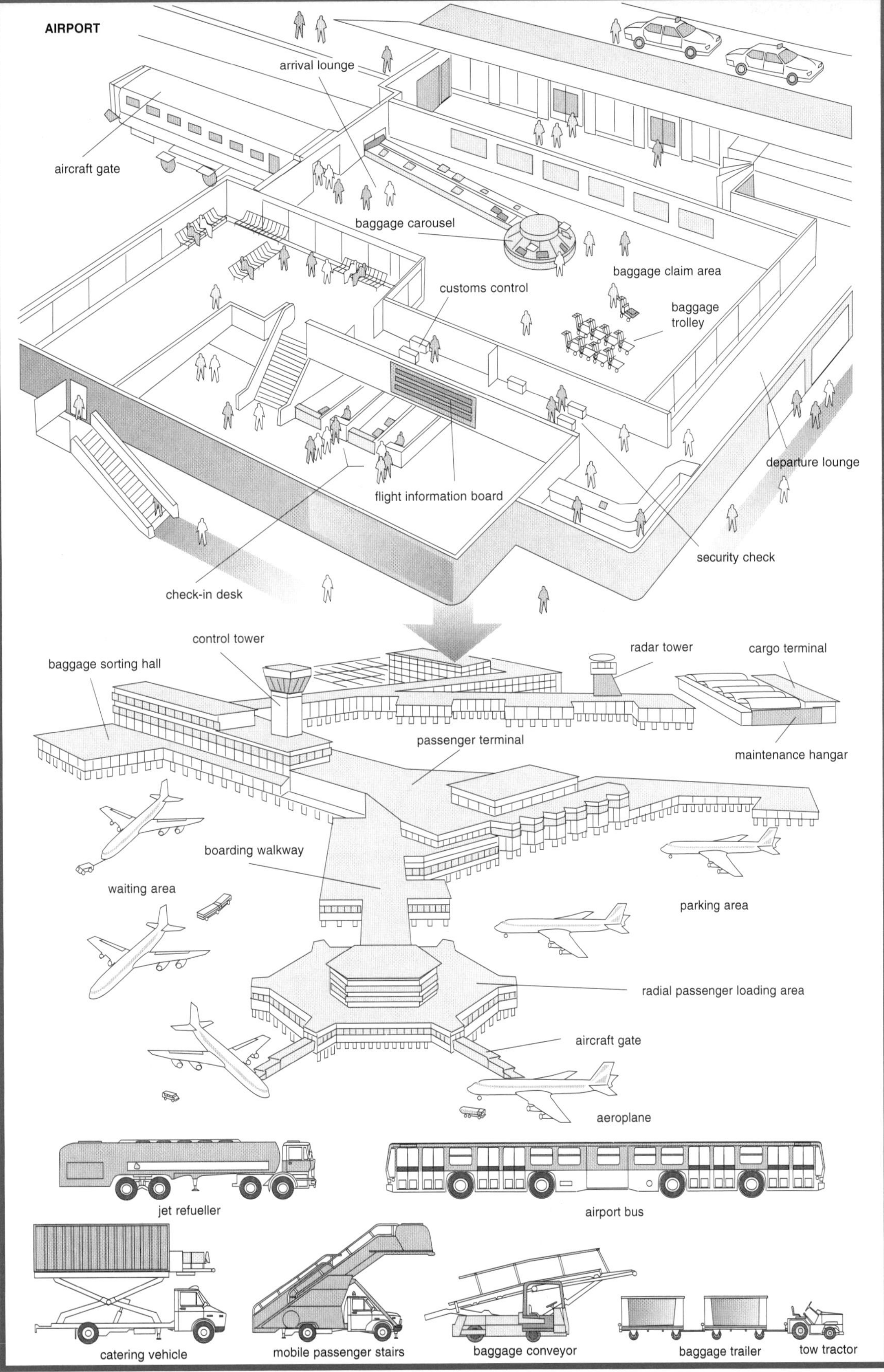
AIRPORT
arrival lounge
aircraft gate
baggage carousel
baggage claim area
customs control
baggage
trolley
departure lounge
flight information board
security check
check-in desk
control tower
radar tower
cargo terminal
baggage sorting hall
passenger terminal
maintenance hangar
boarding walkway
waiting area
parking area
radial passenger loading area
aircraft gate
aeroplane
jet refueller
airport bus
catering vehicle
mobile passenger stairs
baggage conveyor
baggage trailer
tow tractor

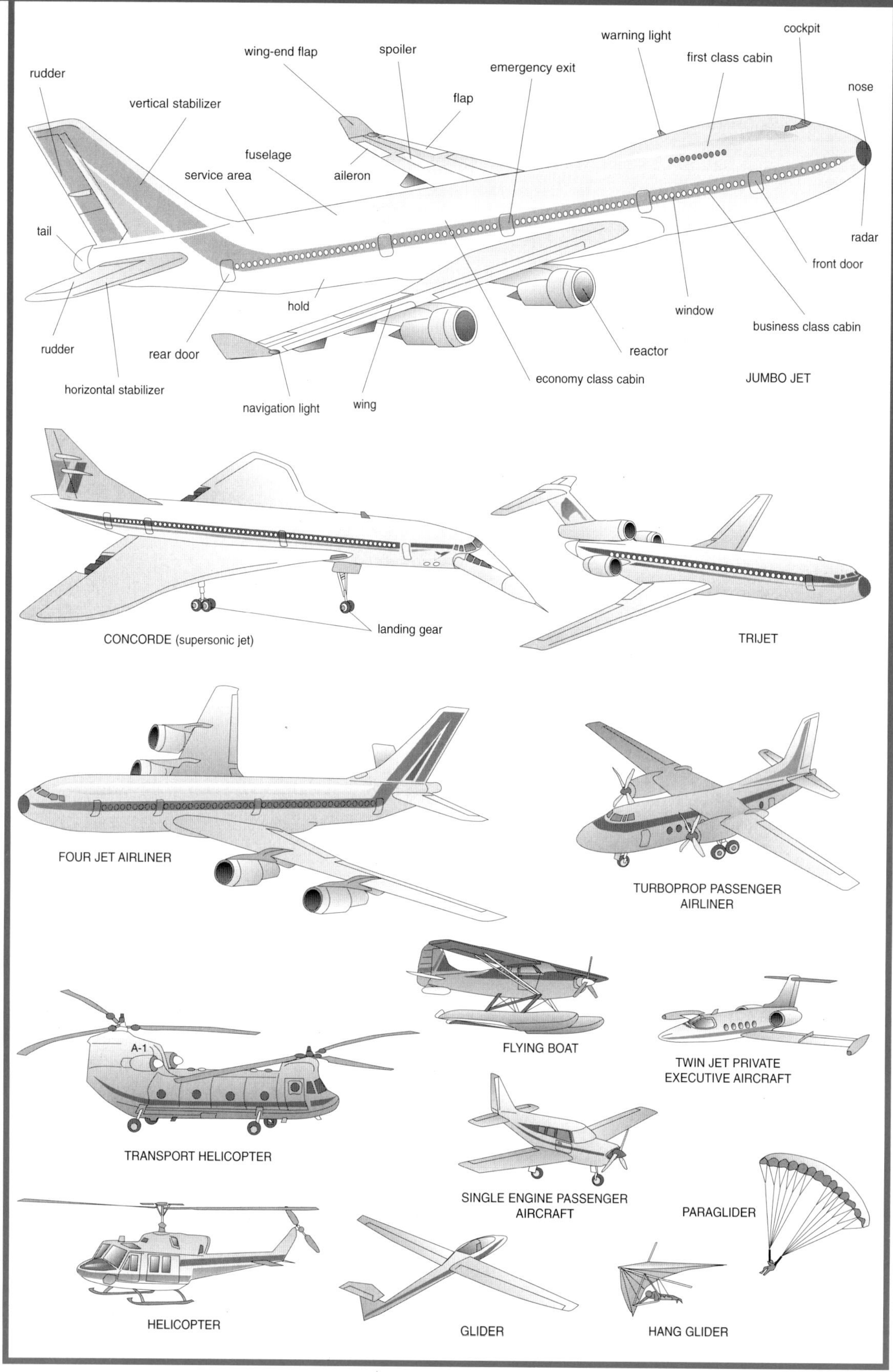
rudder
vertical stabilizer
wing-end flap
spoiler
flap
emergency exit
warning light
first class cabin
cockpit
nose
fuselage
service area
aileron
tail
radar
front door
window
business class cabin
reactor
hold
rudder
rear door
horizontal stabilizer
navigation light
wing
economy class cabin
JUMBO JET
landing gear
CONCORDE (supersonic jet)
TRIJET
FOUR JET AIRLINER
TURBOPROP PASSENGER AIRLINER
FLYING BOAT
TWIN JET PRIVATE EXECUTIVE AIRCRAFT
A-1
TRANSPORT HELICOPTER
SINGLE ENGINE PASSENGER AIRCRAFT
PARAGLIDER
HELICOPTER
GLIDER
HANG GLIDER

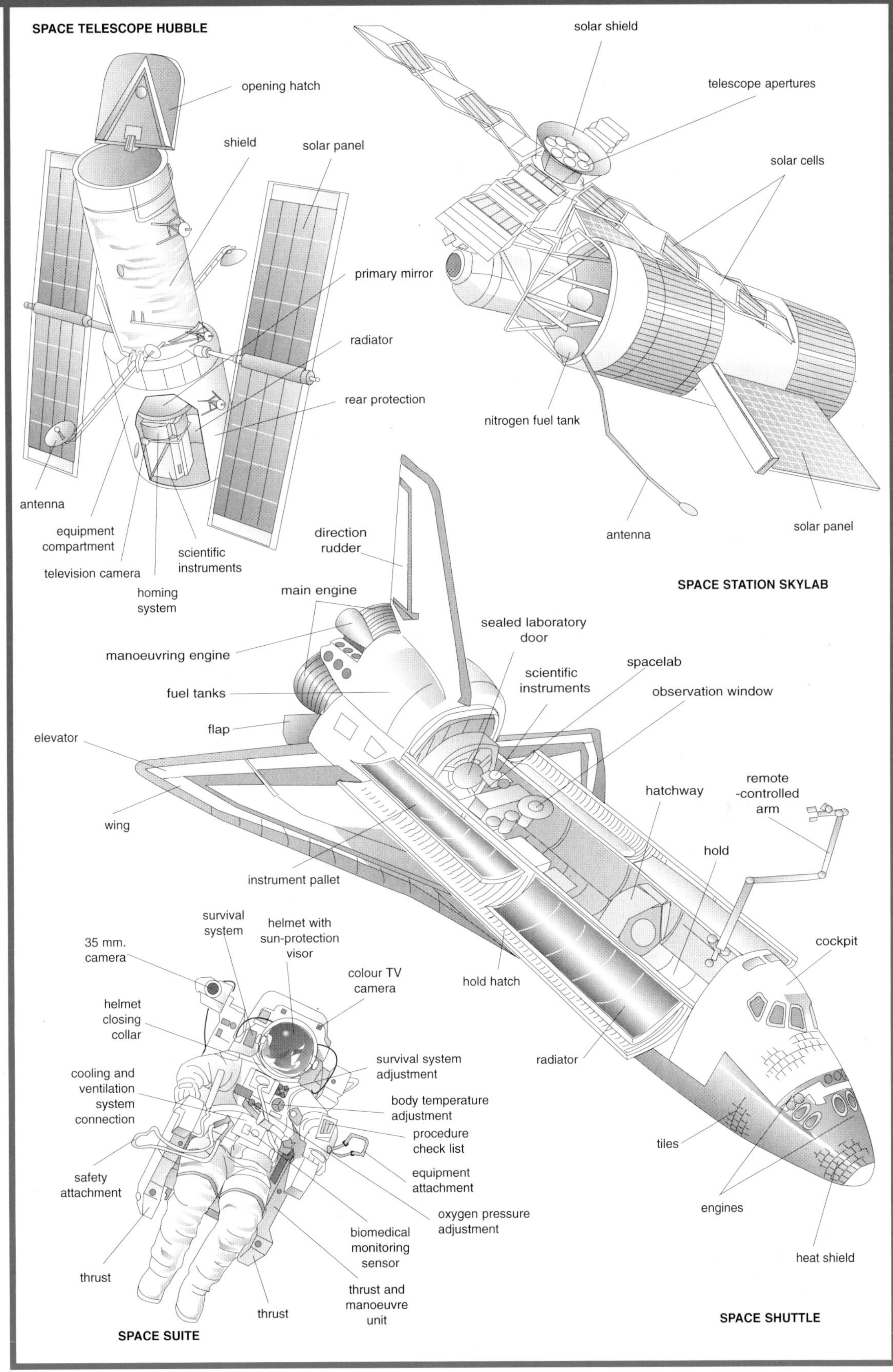
SPACE TELESCOPE HUBBLE
opening hatch
shield
solar panel
primary mirror
radiator
rear protection
antenna
equipment compartment
television camera
homing system
scientific instruments
solar shield
telescope apertures
solar cells
nitrogen fuel tank
antenna
solar panel
SPACE STATION SKYLAB
direction rudder
main engine
manoeuvring engine
fuel tanks
flap
elevator
wing
instrument pallet
sealed laboratory door
scientific instruments
spacelab
observation window
hatchway
remote -controlled arm
hold
cockpit
hold hatch
radiator
tiles
engines
heat shield
SPACE SHUTTLE
survival system
helmet with sun-protection visor
35 mm. camera
colour TV camera
helmet closing collar
cooling and ventilation system connection
survival system adjustment
body temperature adjustment
procedure check list
safety attachment
equipment attachment
oxygen pressure adjustment
biomedical monitoring sensor
thrust
thrust
thrust and manoeuvre unit
SPACE SUITE

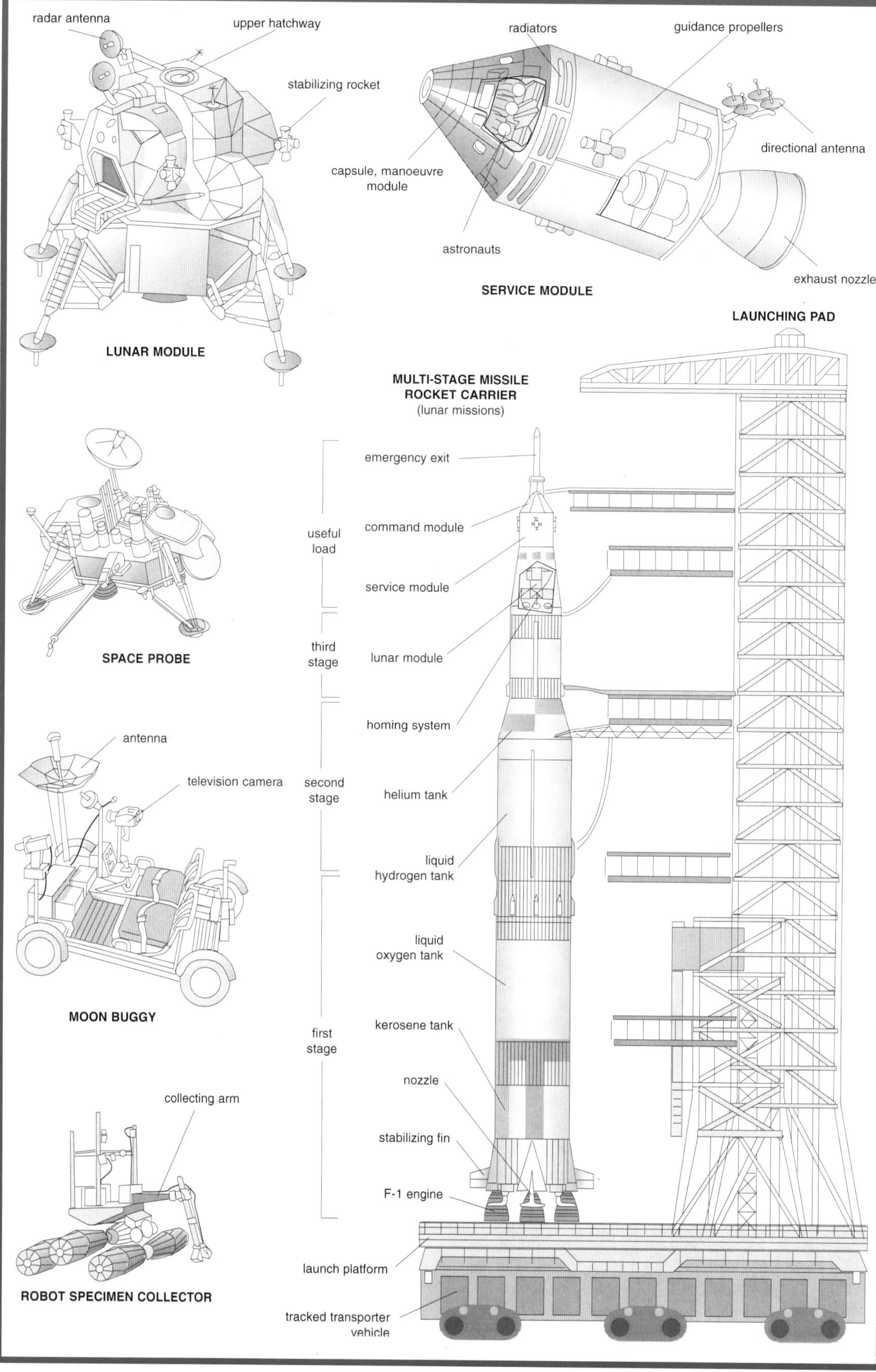
radar antenna
upper hatchway
stabilizing rocket
LUNAR MODULE
radiators
guidance propellers
directional antenna
capsule, manoeuvre module
astronauts
exhaust nozzle
SERVICE MODULE
LAUNCHING PAD
MULTI-STAGE MISSILE ROCKET CARRIER
(lunar missions)
SPACE PROBE
useful load
third stage
second stage
first stage
emergency exit
command module
service module
lunar module
homing system
helium tank
liquid hydrogen tank
liquid oxygen tank
kerosene tank
nozzle
stabilizing fin
F-1 engine
launch platform
tracked transporter vehicle
antenna
television camera
MOON BUGGY
collecting arm
ROBOT SPECIMEN COLLECTOR

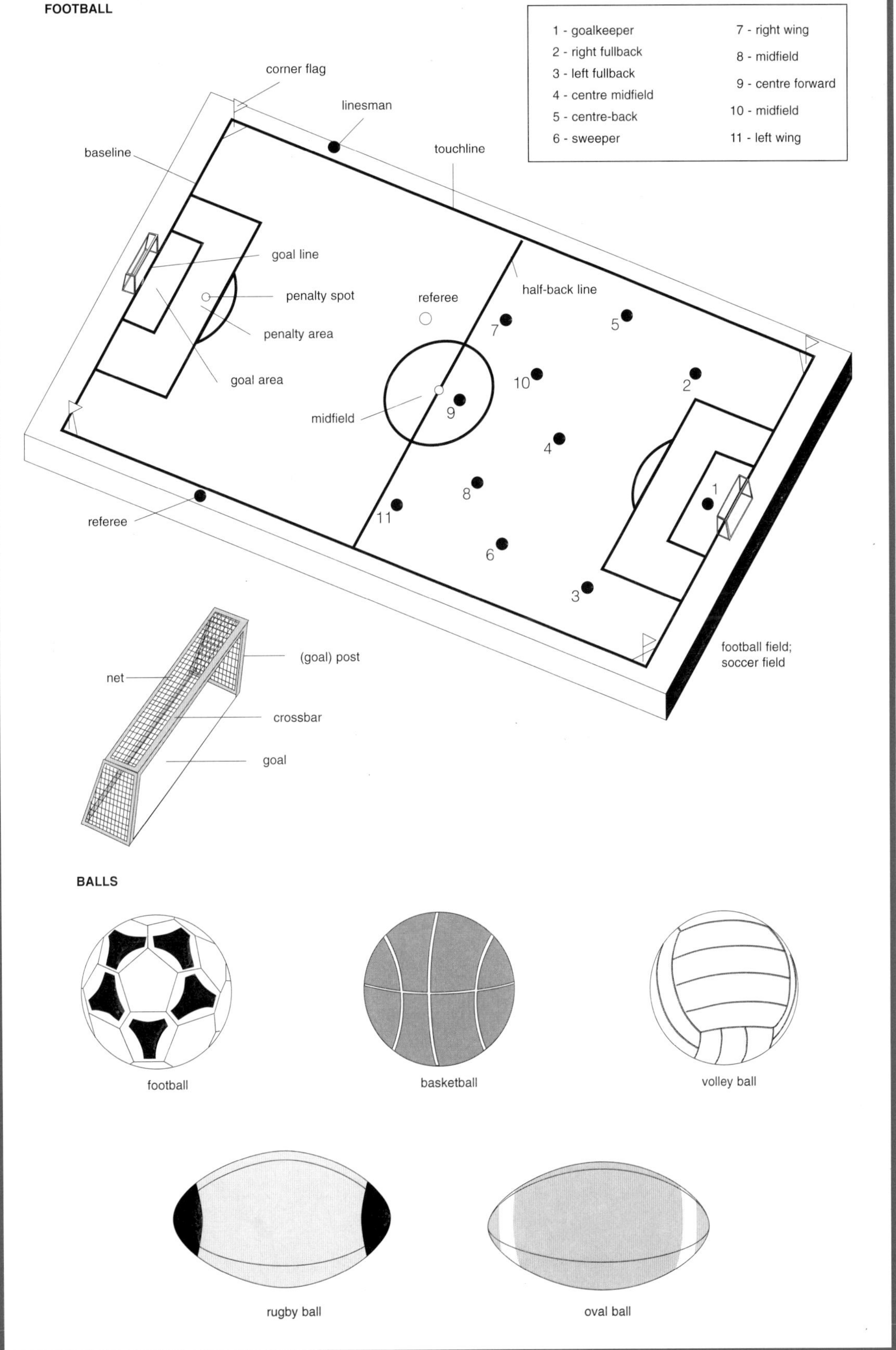
FOOTBALL
1 - goalkeeper
2 - right fullback
3 - left fullback
4 - centre midfield
5 - centre-back
6 - sweeper
7 - right wing
8 - midfield
9 - centre forward
10 - midfield
11 - left wing
corner flag
linesman
touchline
baseline
goal line
penalty spot
referee
half-back line
penalty area
goal area
midfield
referee
football field; soccer field
net
(goal) post
crossbar
goal
BALLS
football
basketball
volley ball
rugby ball
oval ball

RUGBY

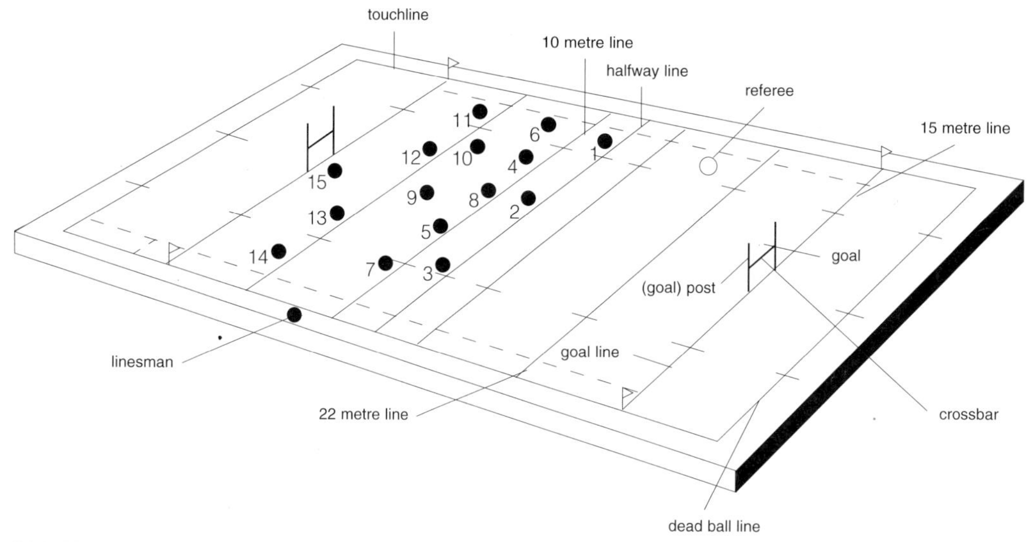

1 - prop forward	6 - lock forward	11 - left wing
2 - hooker	7 - lock forward	12 - left centre
3 - prop forward	8 - n° 8 forward	13 - right centre
4 - wing forward	9 - scrum half	14 - right wing
5 - wing forward	10 - fly half	15 - fullback

BASKETBALL

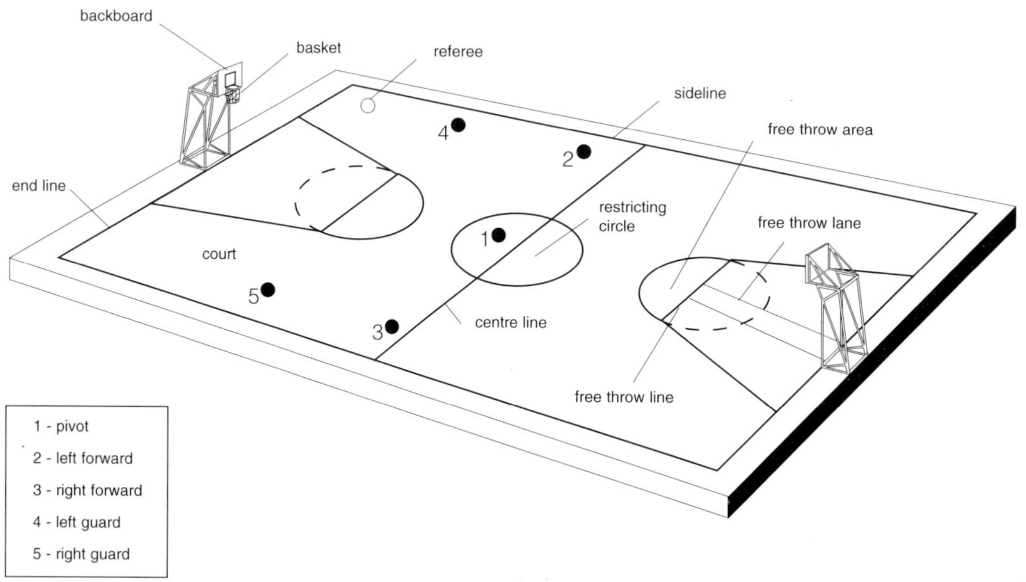

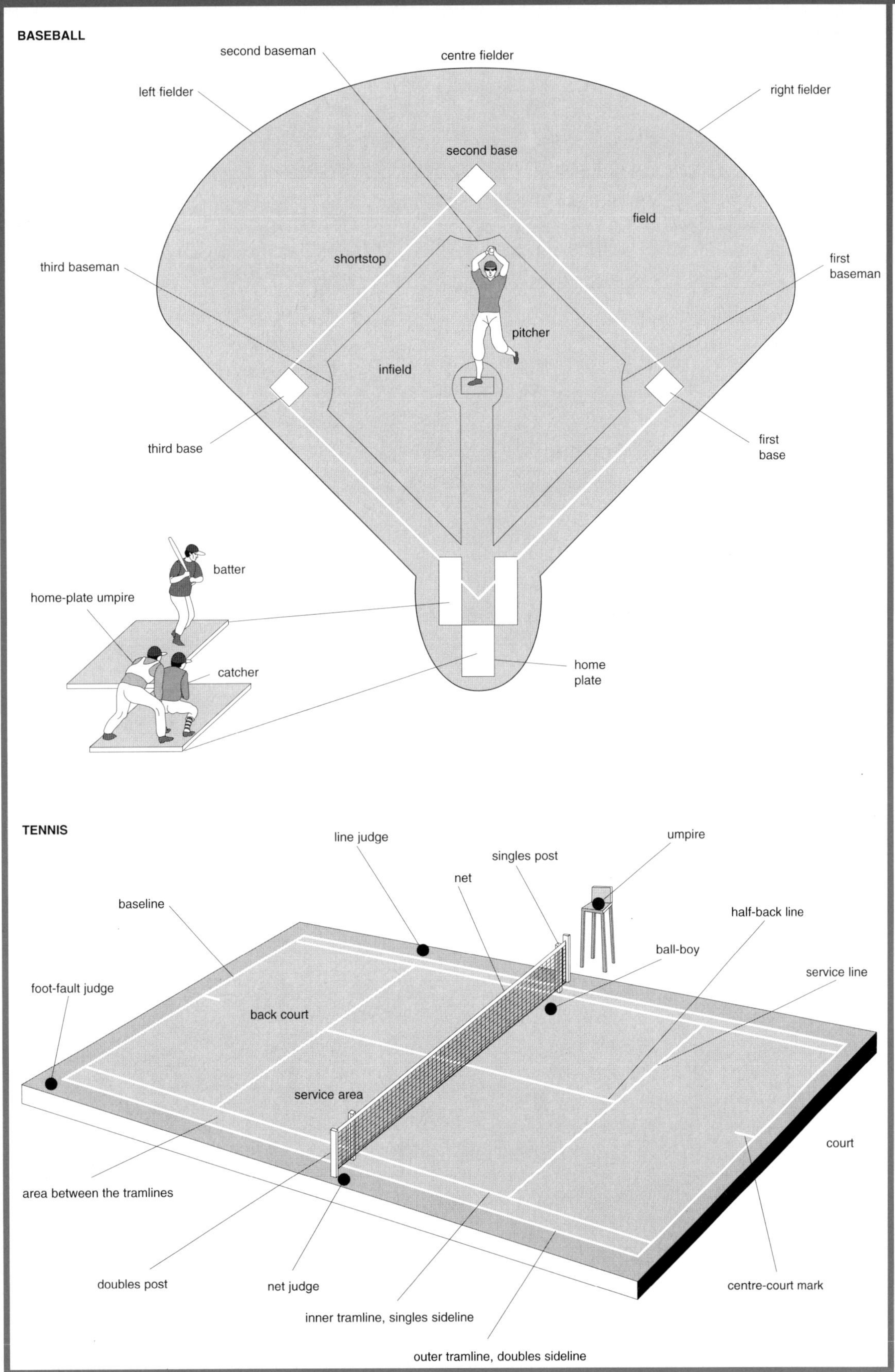
BASEBALL
second baseman
centre fielder
left fielder
right fielder
second base
field
shortstop
third baseman
first baseman
pitcher
infield
third base
first base
batter
home-plate umpire
catcher
home plate
TENNIS
line judge
umpire
singles post
net
baseline
half-back line
ball-boy
service line
foot-fault judge
back court
service area
court
area between the tramlines
doubles post
net judge
centre-court mark
inner tramline, singles sideline
outer tramline, doubles sideline

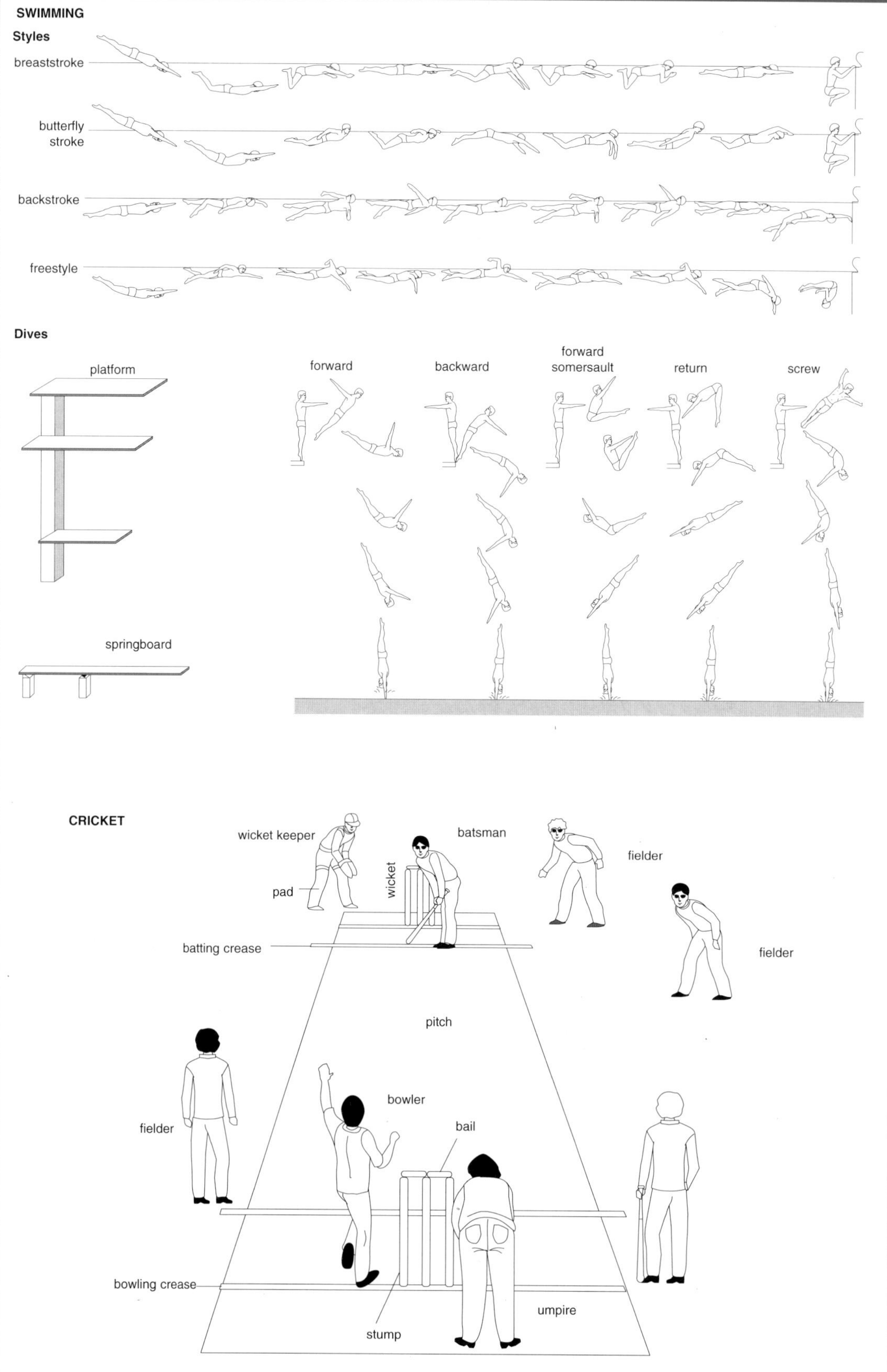
SWIMMING
Styles
breaststroke
butterfly stroke
backstroke
freestyle
Dives
platform
springboard
forward
backward
forward somersault
return
screw
CRICKET
wicket keeper
pad
wicket
batsman
fielder
fielder
batting crease
pitch
fielder
bowler
bail
bowling crease
stump
umpire

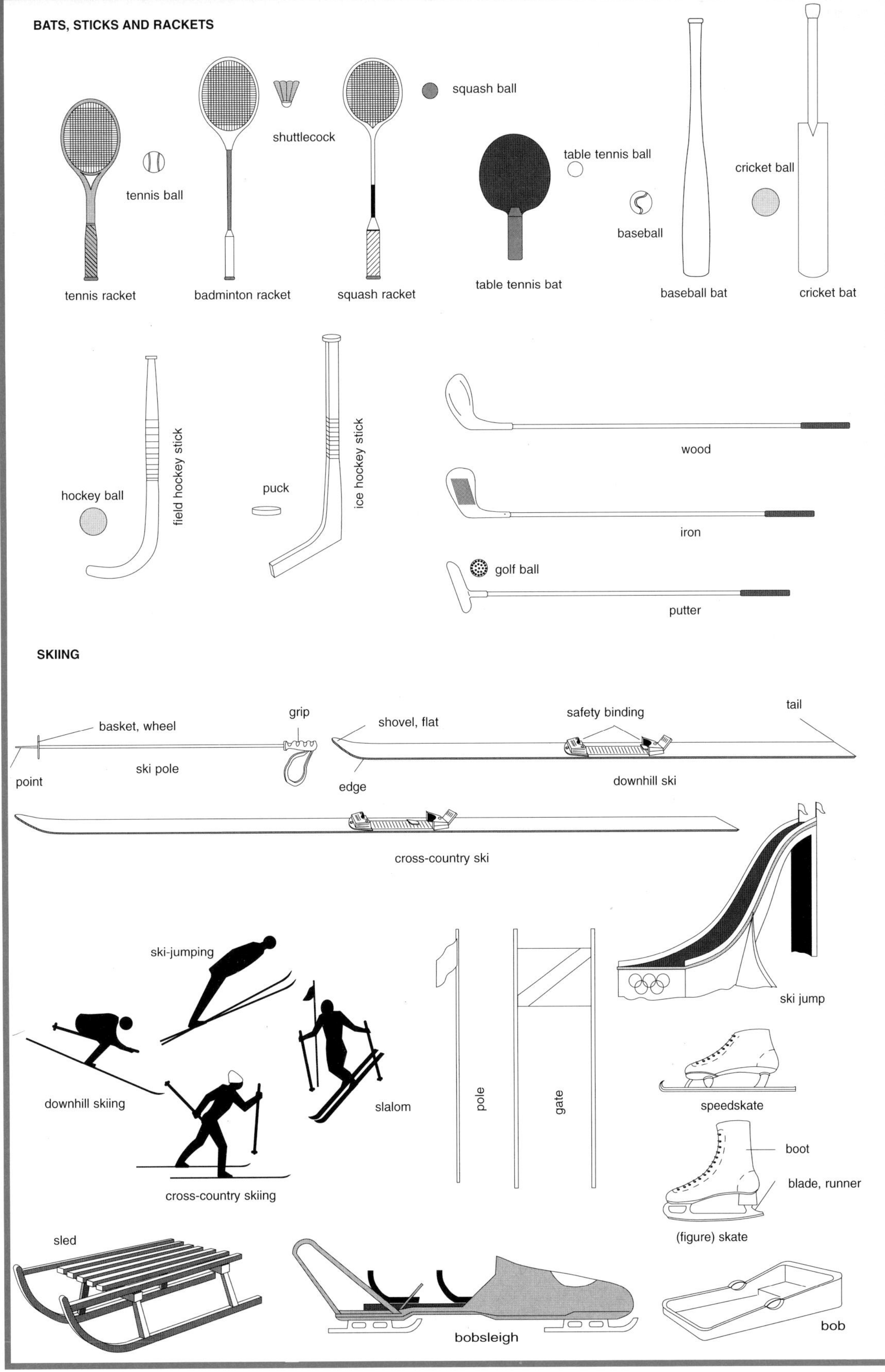
BATS, STICKS AND RACKETS
tennis racket
tennis ball
badminton racket
shuttlecock
squash racket
squash ball
table tennis bat
table tennis ball
baseball
baseball bat
cricket ball
cricket bat
hockey ball
field hockey stick
puck
ice hockey stick
wood
iron
golf ball
putter
SKIING
basket, wheel
grip
point
ski pole
shovel, flat
edge
safety binding
tail
downhill ski
cross-country ski
ski-jumping
downhill skiing
cross-country skiing
slalom
pole
gate
ski jump
speedskate
boot
blade, runner
(figure) skate
sled
bobsleigh
bob

KEYBOARD INSTRUMENTS

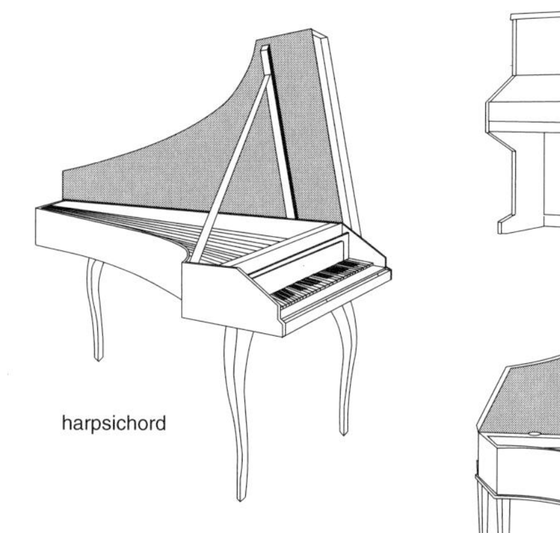

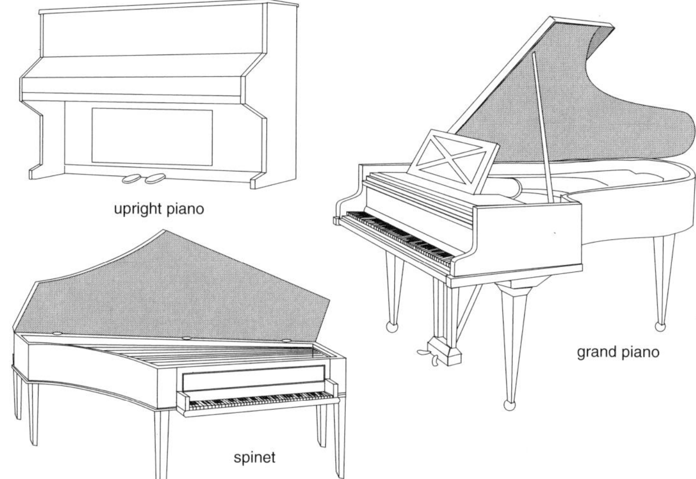

STRINGED INSTRUMENTS

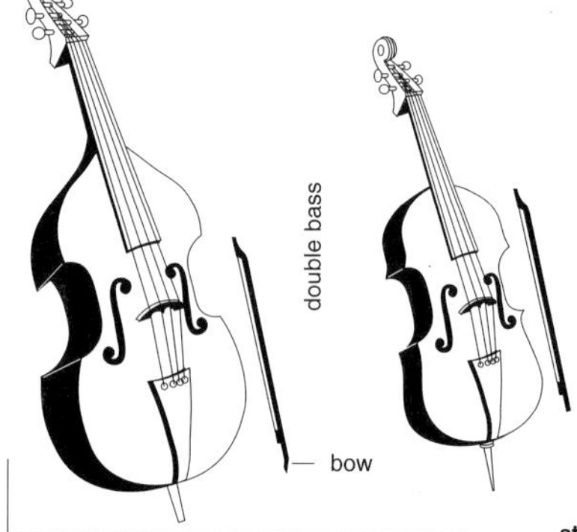

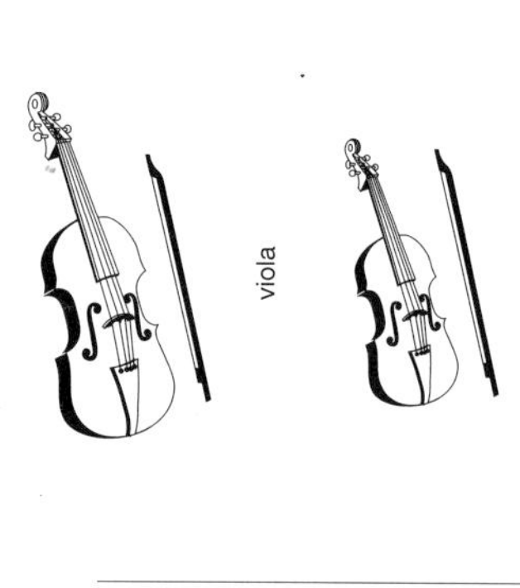

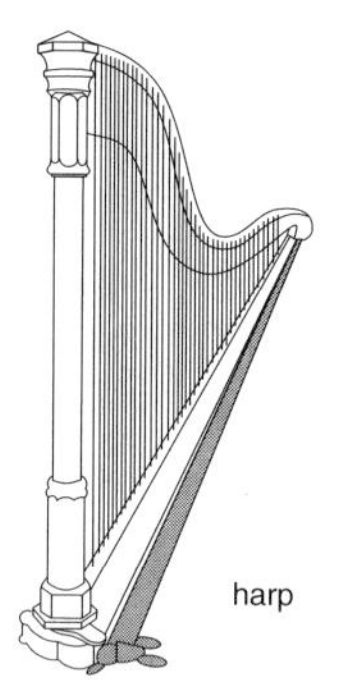

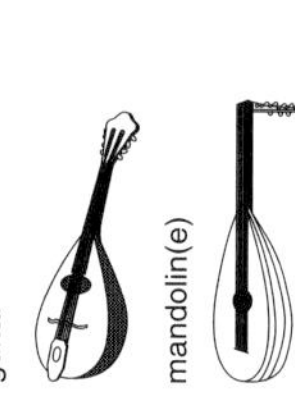

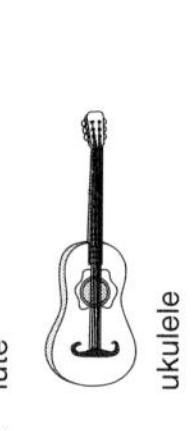

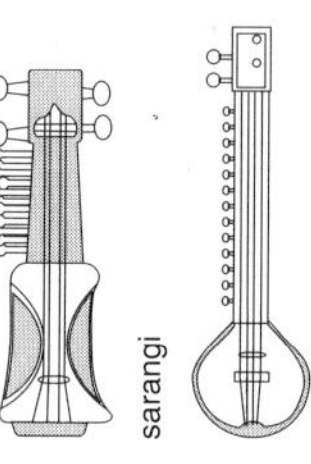

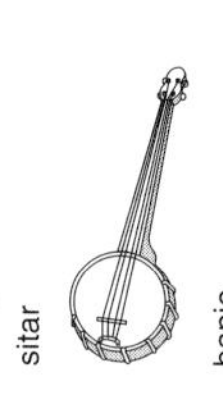

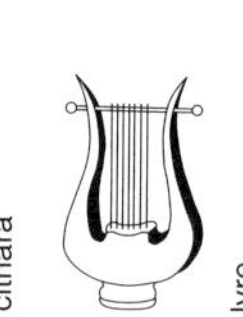

PERCUSSION INSTRUMENTS

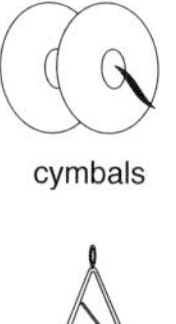

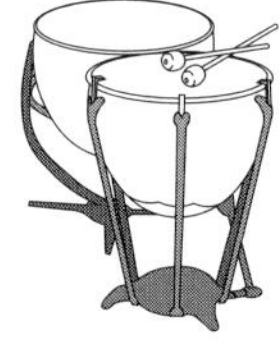

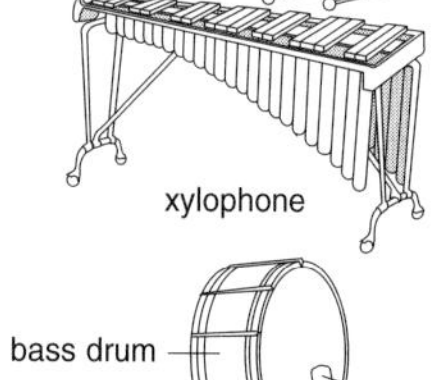

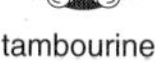

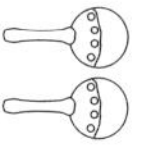

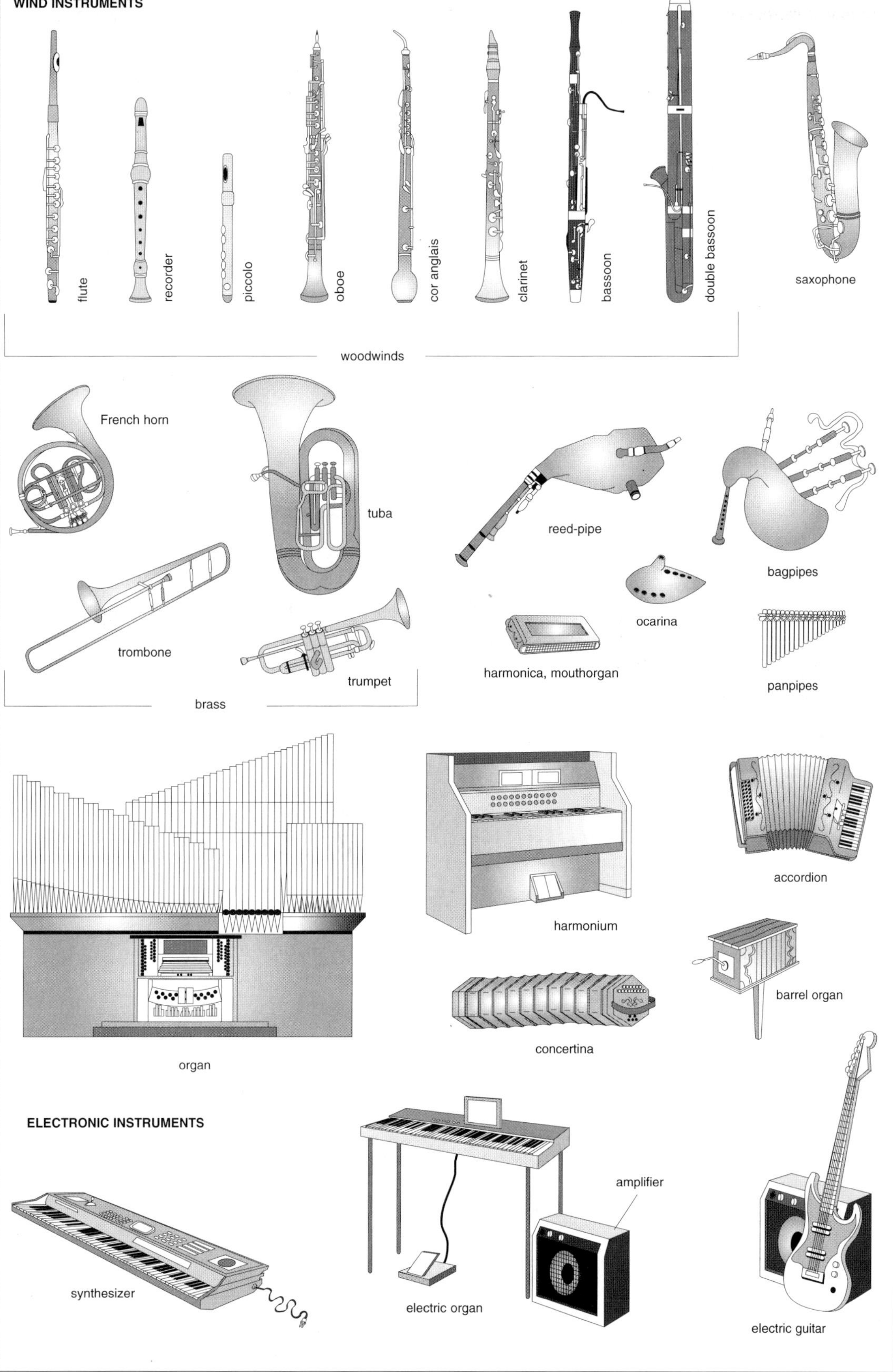
WIND INSTRUMENTS
flute
recorder
piccolo
oboe
cor anglais
clarinet
bassoon
double bassoon
saxophone
woodwinds
French horn
tuba
trombone
trumpet
brass
reed-pipe
bagpipes
ocarina
harmonica, mouthorgan
panpipes
organ
harmonium
accordion
concertina
barrel organ
ELECTRONIC INSTRUMENTS
synthesizer
electric organ
amplifier
electric guitar

Afghanistan | Albania | Algeria | Andorra | Angola | Antigua and Barbuda

Argentina | Armenia | Australia | Austria | Azerbaijan | Bahamas

Bahrain | Bangladesh | Barbados | Belgium | Belize | Belorussia

Benin | Bhutan | Bolivia | Bosnia-Herzegovina | Botswana | Brazil

Brunei | Bulgaria | Burkina Faso | Burma | Burundi | Cambodia

Cameroon | Canada | Cape Verde | Central African Republic | Chad | Chile

China | Colombia | Comoros | Congo | Congo (Democratic Republic) | Costa Rica

Croatia | Cuba | Cyprus | Czech Republic | Denmark | Djibouti

Dominica | Dominican Republic | Ecuador | Egypt | El Salvador | Equatorial Guinea

Eritrea | Estonia | Ethiopia | Fiji | Finland | France

Gabon | Gambia | Georgia | Germany | Ghana |  Great Britain

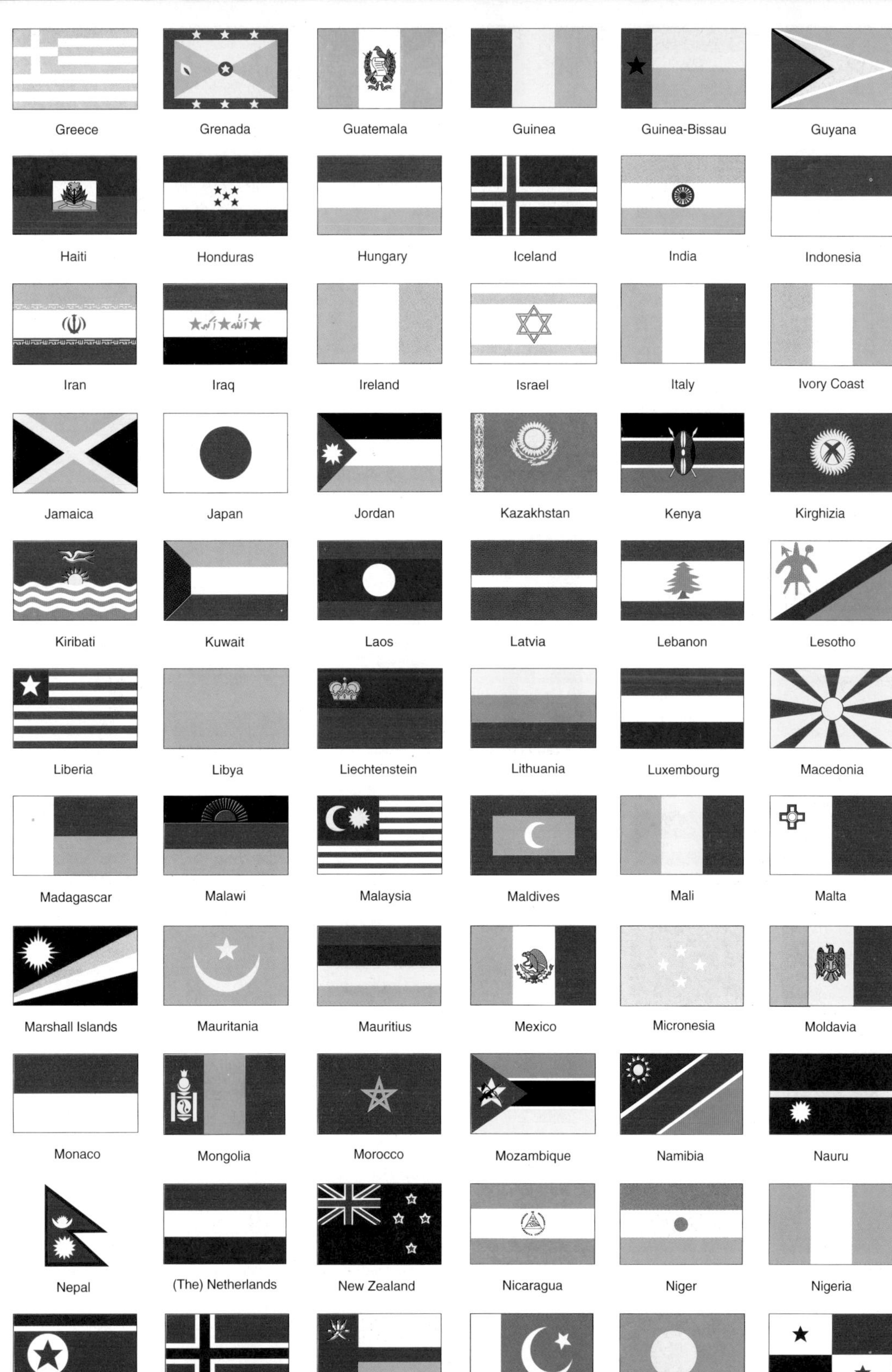
Greece
Grenada
Guatemala
Guinea
Guinea-Bissau
Guyana
Haiti
Honduras
Hungary
Iceland
India
Indonesia
Iran
Iraq
Ireland
Israel
Italy
Ivory Coast
Jamaica
Japan
Jordan
Kazakhstan
Kenya
Kirghizia
Kiribati
Kuwait
Laos
Latvia
Lebanon
Lesotho
Liberia
Libya
Liechtenstein
Lithuania
Luxembourg
Macedonia
Madagascar
Malawi
Malaysia
Maldives
Mali
Malta
Marshall Islands
Mauritania
Mauritius
Mexico
Micronesia
Moldavia
Monaco
Mongolia
Morocco
Mozambique
Namibia
Nauru
Nepal
(The) Netherlands
New Zealand
Nicaragua
Niger
Nigeria
North Korea
Norway
Oman
Pakistan
Palau
Panama

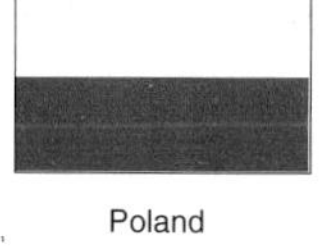

Papua New Guinea — Paraguay — Peru — Philippines — Poland — Portugal

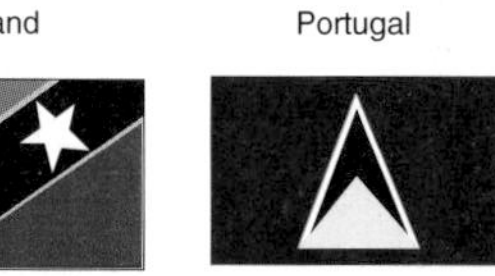

Qatar — Rumania — Russia — Rwanda — Saint Kitts and Nevis — Saint Lucia

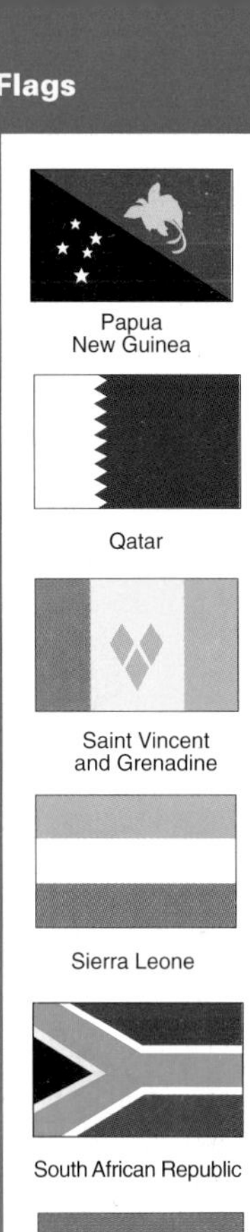
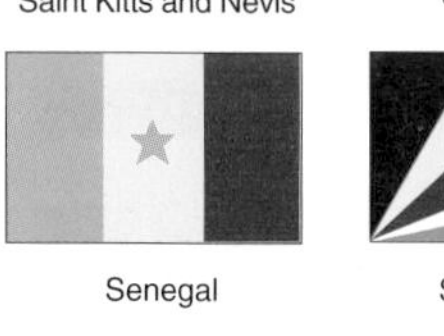

Saint Vincent and Grenadine — San Marino — São Tomé and Principe — Saudi Arabia — Senegal — Seychelles

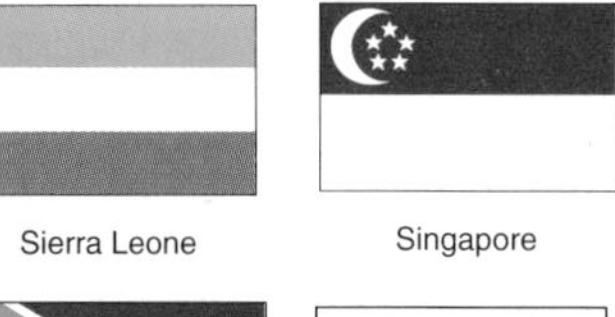

Sierra Leone — Singapore — Slovakia — Slovenia — Solomon Islands — Somalia

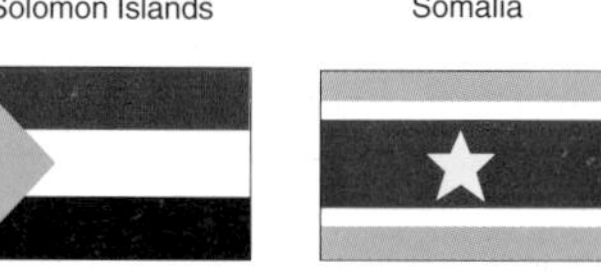

South African Republic — South Korea — Spain — Sri Lanka — Sudan — Suriname

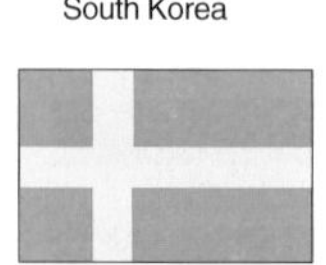

Swaziland — Sweden — Switzerland — Syria — Tadzhikistan — Taiwan

Tanzania — Thailand — Togo — Tonga — Trinidad and Tobago — Tunisia

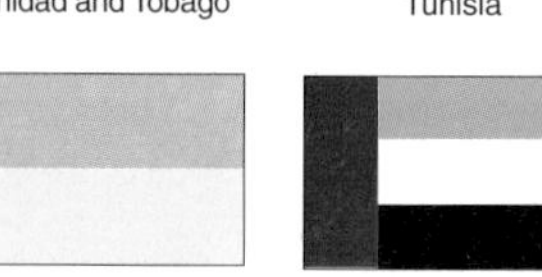

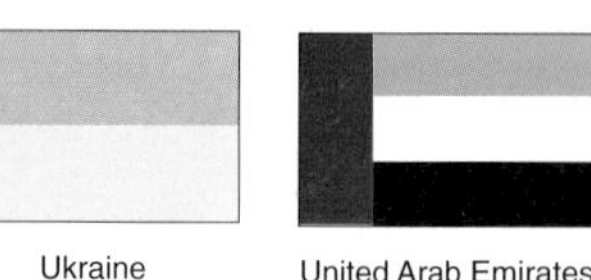

Turkey — Turkmenistan — Tuvalu — Uganda — Ukraine — United Arab Emirates

United States of America — Uruguay — Uzbekistan — Vanuatu — Vatican City — Venezuela

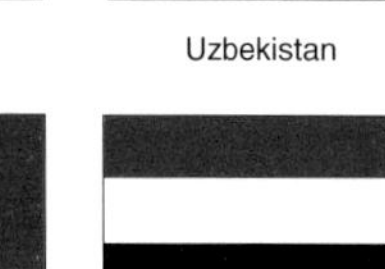

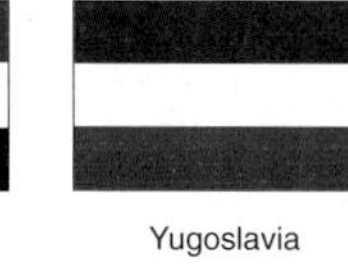
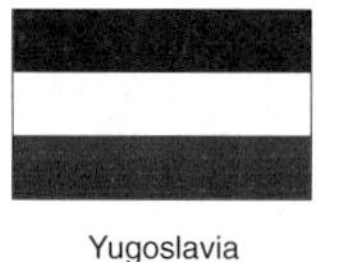
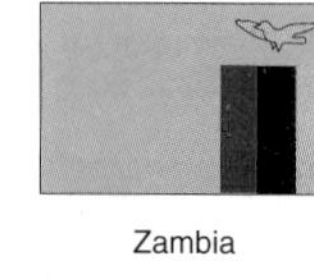

Vietnam — Western Samoa — Yemen — Yugoslavia — Zambia — Zimbabwe

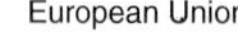

European Union — United Nations

Botany — Botanica

Trunk sections	Tronco
bark	corteccia
cambium	cambio
duramen	durame
growth ring	anello di crescita
heartwood	durame
internal sapwood	alburno
liber	libro
medulla	midollo
medullar ray	raggio midollare
pith	midollo
wood	legno
Leaves	**Foglie**
edge	margine
leaf blade	lembo
mid rib	nervatura principale
petiole	picciolo
side rib	nervatura laterale
stalk	guaina
LEAF ARRANGEMENT	DISPOSIZIONE DELLE FOGLIE
alternate	alterne
verticillate	verticillate
whorled	verticillate
LEAF BLADE SHAPES	TIPI DI FOGLIA (LEMBO)
cordate	cordata
imparipinnate	imparipennata
inverted cordate	cuoriforme
needle-shaped	aghiforme
oval	ovata
palmate	palmata
paripinnate	paripennata
peltate	peltata
sagittate	sagittata
spatulate	spatolata
BLADE EDGE	TIPI DI FOGLIA (MARGINE)
crenated	crenata
fissured	fessa
lobate	lobata
palmate-partite	palmatopartita
partite	partita
pinnatifid	pennatifida
serrated	dentata
smooth leaf	intera
whole leaf	intera
Types of stalk	**Fusti**
bulb	bulbo
climber	rampicante
creeper	strisciante
tuber	tubero
Roots	**Radici**
aerial	aerea
fascicled	avventizia
taproot	a fittone
Vine and fruit tree cultivation methods	**Metodi di coltivazione della vite e degli alberi da frutto**
apple trees with espaliers	meli a spalliera
low vines	vite ad alberello
vines in rows	vite in filare
vines on arbours	vite a pergola
vines supported by stakes	vite maritata a un albero (tutore) vivo o alberata

Herbs — Erbe aromatiche

Herbs	Erbe aromatiche
basil	basilico
bayleaves	alloro
chervil	cerfoglio
chives	erba cipollina
cumin	cumino
dill	aneto
marjoram	maggiorana
mint	menta piperita
oregano	origano
origanum	origano
parsley	prezzemolo
rosemary	rosmarino
sage	salvia
savory	santoreggia
sesame	sesamo
tarragon	dragoncello
thyme	timo

Trees — Alberi

Coniferous trees	Conifere
cedar of Lebanon	cedro del Libano
cluster-pine	pino marittimo
coast redwood	sequoia
common yew	tasso
cypress	cipresso
ginkgo	ginkgo
juniper	ginepro
larch	larice
monkey-puzzle	araucaria
Norway spruce	abete rosso
Scotch pine	pino silvestre
silver fir	abete bianco
stone-pine	pino domestico
thuja	tuia
Deciduous trees	**Latifoglie**
acacia	acacia
alder	ontano
apple	melo
ash	frassino
beech	faggio
birch	betulla
box	bosso
cherry	ciliegio
chestnut	castagno
cork-oak	quercia da sughero
durmast	rovere
elm	olmo
eucalyptus	eucalipto
fig	fico
holm-oak	leccio
hornbeam	carpino
horse chestnut	ippocastano
lime	tiglio
magnolia	magnolia
maple	acero
mulberry	gelso
oak	quercia
olive	olivo
orange	arancio
palm	palma
plane	platano
poplar	pioppo
sallow	salice
walnut	noce
weeping willow	salice piangente

Flowers — Fiori

Garden flowers	Fiori da giardino
azalea	azalea
begonia	begonia
camellia	camelia
carnation	garofano
chrysanthemum	crisantemo
dahlia	dalia
daisy	margherita
fuchsia	fucsia
gardenia	gardenia
geranium	geranio
gladioli	gladiolo
hibiscus	ibisco
hyacinth	giacinto
hydrangea	ortensia
jasmine	gelsomino
lilac	lillà
lily	giglio
magnolia	magnolia
mimosa	mimosa
pansy	viola del pensiero
petunia	petunia
rose	rosa
Transvaal daisy	gerbera
tulip	tulipano
wisteria	glicine
zinnia	zinnia
Tropical plants	**Piante grasse**
agave	agave
cactus	cactus
prickly pear	fico d'India
Wild flowers	**Fiori selvatici**
anemone	anemone
bell flower	campanella
broom	ginestra
cornflower	fiordaliso
cyclamen	ciclamino
daffodil	giunchiglia
daisy	margherita
dog-rose	rosa canina
edelweiss	stella alpina
forget-me-not	nontiscordardimé
gentian	genziana
heather	erica
iris	iris, giaggiolo
lily of the valley	mughetto
mallow	malva
oleander	oleandro
orchid	orchidea
poppy	papavero
primrose	primula
rhododendron	rododendro
snowdrop	bucaneve
violet	violetta di Parma

Water plants	Piante acquatiche
lotus	fior di loto
marsh marigold	calta palustre
papyrus	papiro
water-lily	ninfea

Fruits	Frutta
almond	mandorla
apple	mela
apricot	albicocca
arbutus berry	corbezzola
avocado	avocado
banana	banana
blackberry	mora di rovo
blackcurrant	ribes nero
blueberry	mirtillo
Brazil nut	noce del Brasile
cashew nut	anacardio
cherry	ciliegia
chestnut	castagna
citron	cedro
coconut	noce di cocco
date	dattero
fig	fico
gooseberry	uva spina
grapefruit	pompelmo
grapes	uva
hazelnut	nocciola
kiwi (fruit)	kiwi
kumquat	mandarino cinese
lemon	limone
loquat	nespola
lychee	litchi
mandarin	mandarino
mango	mango
melon	melone
nectarine	pescanoce
orange	arancia
papaya	papaia
passion fruit	frutto della passione
peach	pesca
peanut	arachide
pear	pera
persimmon	cachi
pineapple	ananas
pine seed	pinolo
pistachio (nut)	pistacchio
plum	prugna
pomegranate	melagrana
prickly pear	fico d'India
raspberry	lampone
redcurrant	ribes rosso
rhubarb	rabarbaro
strawberry	fragola
walnut	noce
watermelon	cocomero, anguria

Vegetables	Verdure
asparagus	asparago
aubergine	melanzana
beans	fagioli
beansprouts	germogli di soia
beetroot	barbabietola rossa
black salsify	scorzonera
broad beans	fave
broccoli	broccolo
Brussels sprouts	cavolini di Bruxelles
cabbage	cavolo
cabbage lettuce	lattuga cappuccio
cardoon	cardo
carrot	carota
cauliflower	cavolfiore
celeriac	sedano rapa
celery	sedano
chickpeas	ceci
chicory	cicoria
chilli pepper	peperoncino
corn (amer.)	granturco, mais
cos lettuce	lattuga romana
courgette	zucchina
cress	crescione
cucumber	cetriolo
(curly) endive	insalata riccia
eggplant (amer.)	melanzana
endive	indivia
fennel	finocchio
French beans	fagiolini
garlic	aglio
gherkin	cetriolino
(globe) artichoke	carciofo
Jerusalem artichoke	topinambur
lamb's lettuce	soncino
leek	porro
lentils	lenticchie
maize	granturco, mais
mangetout	pisello mangiatutto
onion	cipolla
peas	piselli
pepper	peperone
potato	patata
prickly lettuce	scarola
pumpkin	zucca
radish	ravanello
red cabbage	cavolo rosso
Savoy cabbage	cavolo cappuccio
scorzonera	scorzonera
shallot	scalogno
sorrel	acetosa
soya beans	(semi di) soia
soya shoots	germogli di soia
soybeans (amer.)	(semi di) soia
spinach	spinacio
string beans	fagiolini
sugar pea	pisello mangiatutto
Swiss chard	bietola
tomato	pomodoro
turnip	rapa
(white) chicory	indivia
zucchini (amer.)	zucchina

Mushrooms	Funghi
boletus	porcino
Caesar's agaric	ovolo buono
chanterelle	gallinaccio
chep	porcino
clavaria	ditola
cultivated mushroom	champignon
field mushroom	prataiolo
horn of plenty	trombetta dei morti
lacteous mushroom	lattario delizioso
morel	spugnola
puffball	vescia
rubber brush	idnoriccio, steccherino
russula	colombina dorata
truffle	tartufo

Molluscs and crustaceans	Molluschi e crostacei
clam	vongola
crab	granchio
cuttlefish	seppia
date mussel	dattero di mare
land snail	lumaca
limpet	patella
lobster	astice
mantis shrimp	cicala di mare, canocchia
mussel	mitilo, cozza
octopus	polpo, piovra
oyster	ostrica
prawn	scampo
razor shell	cannolicchio
scallop	pettine (di mare)
shrimp	gambero
spider crab	grancevola
spiny lobster	aragosta
squid	calamaro

Edible fish	Pesci commestibili
anchovy	acciuga
bass	branzino
carp	carpa
cod	merluzzo
dentex	dentice
eel	anguilla
gilthead	orata
goby	ghiozzo
grey mullet	cefalo
grouper	cernia
hake	nasello
John Dory	pesce S. Pietro
mackerel	sgombro
miller's thumb	ghiozzo
moray	murena
mullet	triglia
perch	pesce persico
pike	luccio
ray	razza
salmon	salmone
sardine	sarda, sardina
sea bream	pagello
sole	sogliola
sturgeon	storione
swordfish	pescespada
trout	trota
tuna	tonno
turbot	rombo
zander	lucioperca

Birds	Uccelli
albatross	albatro
barn owl	barbagianni
blackbird	merlo
blackcap	capinera

canary	canarino
coot	folaga
cormorant	cormorano
crane	gru
cuckoo	cuculo
eagle	aquila
emu	emù
finch	fringuello
flamingo	fenicottero
great tit	cinciallegra
heron	airone
hooded crow	cornacchia grigia
hoopoe	upupa
hummingbird	colibrì
ibis	ibis
kestrel	gheppio
kingfisher	martin pescatore
kiwi	kiwi
lapwing	pavoncella
magpie	gazza
mallard	anatra selvatica
nightingale	usignolo
ostrich	struzzo
owl	gufo
owlet	civetta
parrot	pappagallo
partridge	pernice
pelican	pellicano
penguin	pinguino
puffin	pulcinella di mare
raven	corvo
robin	pettirosso
seagull	gabbiano
sparrow	passero
sparrow-hawk	sparviero
stork	cicogna
swallow	rondine
thrush	tordo
toucan	tucano
vulture	avvoltoio
woodpecker	picchio
wren	scricciolo

Dogs	Cani
bloodhound	bracco italiano
boxer	boxer
bulldog	bulldog
cocker spaniel	cocker spaniel
collie	collie
dachshund	bassotto
Doberman	dobermann
fox terrier	fox terrier
German shepherd dog	pastore tedesco
Great Dane	alano
greyhound	levriero russo
husky	husky
Irish setter	setter irlandese
Neapolitan mastiff	mastino napoletano
Newfoundland dog	terranova
Pekinese	pechinese
pointer	pointer
poodle	barboncino
Saint Bernard	San Bernardo
schnauzer	schnauzer

Cats	Gatti
angora (cat)	angora
Persian cat	persiano
Siamese cat	siamese
tabby (cat)	soriano

Anatomy — Anatomia

Skeleton — Scheletro

FRONT VIEW	DI FRONTE
breastbone	sterno
carpal bone	carpo
clavicle	clavicola
cranium	cranio
femur	femore
fibula	perone
floating rib	costola fluttuante
frontal bone	osso frontale
hip-bone	osso iliaco
hip girdle	pelvi, bacino
humerus	omero
ilium	osso iliaco
intervertebral disks	dischi intervertebrali
kneecap	rotula
lower jaw	mascella inferiore, mandibola
mandible	mandibola
medial malleolus	malleolo mediale
metacarpus	metacarpo
metatarsus	metatarso
nasal bone	osso nasale
orbital cavity	cavità orbitale
patella	rotula
pelvis	pelvi, bacino
phalanx	falange
pubic bone	pube
radius	radio
rib	costola
rib cage	gabbia toracica
sacrum bone	osso sacro
spine	spina dorsale
sternum	sterno
tarsus	tarso
temporal bone	osso temporale
tibia	tibia
toe	dito del piede
ulna	ulna
upper jaw	mascella superiore
vertebral column	colonna vertebrale
wrist bone	carpo
zygomatic bone	osso zigomatico
REAR VIEW	DI SPALLE
acromion	acromion
astragalus	astragalo
atlas	atlante
axis	epistrofeo
calcaneum	calcagno
cervical vertebrae	vertebre cervicali
coccyx	coccige
dorsal vertebrae	vertebre dorsali
epicondyle	epicondilo
greater trochanter	grande trocantere
head of the femur	testa del femore
head of the humerus	testa dell'omero
ischium	ischio
lateral malleolus	malleolo laterale
lesser trochanter	piccolo trocantere
lumbar vertebrae	vertebre lombari
meniscus	menisco
neck of the femur	collo del femore
occipital bone	osso occipitale
olecranon	olecrano
parietal bone	osso parietale
phalangette	falangetta
phalanx	falange
sacrum bone	osso sacro
second phalanx	falangina
shoulder blade	scapola

Muscles — Muscoli

FRONT VIEW	DI FRONTE
biceps	bicipite
brachial	brachiale
brachioradialis	brachioradiale
chin quadrate*	quadrato del mento
deltoid	deltoide
extensor digitorum middle	estensore lungo delle dita
extensor digitorum small	estensore breve delle dita
fascia lata tensor	tensore della fascia lata
femoral quadriceps	retto femorale
frontal*	frontale
front tibial	tibiale anteriore
long adducent	adduttore lungo
long palmar	palmare lungo
long peroneal	peroneo lungo
masseter*	massetere
obliquus abdominis externus	obliquo esterno
orbicularis oculi*	orbicolare dell'occhio
orbicularis oris*	orbicolare della bocca
pectineal	pettineo
pectoral major	grande pettorale
pronator teres muscle	pronatore rotondo
sartorius	sartorio
serratus anterior muscle	dentato anteriore
soleus	soleo
sternocleidomastoid	sternocleidomastoideo
temporal	temporale
thenar	tenar
trapezius	trapezio
ulnar flexor	flessore ulnare
vastus lateralis	vasto laterale
vastus medial	vasto mediale
*face muscles	muscoli della faccia
REAR VIEW	DI SPALLE
Achilles tendon	tendine d'Achille
anconeus	anconeo
deltoid	deltoide
extensor carpiradialis	estensore radiale
extensor digitorum communis	estensore comune delle dita
femoral biceps	bicipite femorale
gastrocnemius	gastrocnemio

gluteus maximus muscle	grande gluteo
gracilis muscle	gracile
infraspinatus	sottospinato
large adducent	grande adduttore
latissimus dorsi muscle	grande dorsale
occipital*	occipitale
plantar	plantare
semi-membranous	semimembranoso
semi-tendinous	semitendinoso
short peroneal	peroneo breve
splenius	splenio
temporal*	temporale
teres major	grande rotondo
teres minor	piccolo rotondo
trapezius	trapezio
triceps brachial	tricipite brachiale
ulnar extensor	estensore ulnare
*head muscles	muscoli della testa

Respiratory system	**Apparato respiratorio**
air	aria
bronchiole	bronchiolo
bronchus	bronco
diaphragm	diaframma
larynx	laringe
left lung	polmone sinistro
lower lobe	lobo inferiore
middle lobe	lobo medio
nasal cavity	cavità nasale
pharynx	faringe
pleura	pleura
pulmonary artery	arteria polmonare
pulmonary vein	vena polmonare
right lung	polmone destro
trachea	trachea
upper lobe	lobo superiore

Urinary system	**Apparato urinario**
aorta artery	arteria aorta
bladder	vescica
inferior vena cava	vena cava inferiore
left adrenal gland	surrene sinistro
left kidney	rene sinistro
renal artery	arteria renale
right adrenal gland	surrene destro
right kidney	rene destro
urethra	uretra
urinary duct	uretere

Endocrine system	**Sistema endocrino**
adrenal glands	ghiandole surrenali
epiphysis	epifisi
gonads	gonadi
hypophysis	ipofisi
hypothalamus	ipotalamo
pancreas	pancreas
parathyroid gland	paratiroide
thymus gland	timo
thyroid	tiroide

Digestive system	**Apparato digerente**
anus	ano
appendix	appendice
ascending colon*	colon ascendente
caecum*	intestino cieco
descending colon*	colon discendente
duodenum**	duodeno
gall bladder	cistifellea
ileum*	ileo
jejunum**	digiuno
liver	fegato
mouth	bocca
oesophagus	esofago
pancreas	pancreas
pharynx	faringe
pylorus	piloro
rectum*	retto
salivary glands	ghiandole salivari
sigmoid flexure*	colon sigmoide
sphincter	sfintere
stomach	stomaco
transverse colon*	colon trasverso
*large intestine	intestino crasso
**small intestine	intestino tenue

Heart	**Cuore**
aorta	aorta
aorta arch	arco dell'aorta
aortic valve	valvola aortica
inferior vena cava	vena cava inferiore
interventricular septum	setto interventricolare
left atrium	atrio sinistro
left ventricle	ventricolo sinistro
mitral valve	valvola mitrale
pulmonary artery	arteria polmonare
pulmonary valve	valvola polmonare
pulmonary vein	vena polmonare
right atrium	atrio destro
right ventricle	ventricolo destro
superior vena cava	vena cava superiore
tricuspid valve	valvola tricuspide

Systemic and pulmonary circulation	**Circolazione del sangue**
ascending aorta	aorta ascendente
body and leg capillaries	capillari del tronco e delle gambe
descending aorta	aorta discendente
head and arm capillaries	capillari della testa e delle braccia
inferior vena cava	vena cava inferiore
left atrium	atrio sinistro
left lung capillaries	capillari del polmone sinistro
left ventricle	ventricolo sinistro
pulmonary vein	vena polmonare
right atrium	atrio destro
right lung capillaries	capillari del polmone destro
right ventricle	ventricolo destro
superior vena cava	vena cava superiore

Male sex organs	**Apparato genitale maschile**
abdomen	cavità addominale
bladder	vescica
cavernous-bulb muscle	muscolo bulbo-cavernoso
corpus cavernosum	corpi cavernosi
Cowper's gland	ghiandola di Cowper
deferent duct	canale deferente
ejaculatory duct	dotto eiaculatore
epididymis	epididimo
glans	glande
penis	pene
prepuce	prepuzio
prostate gland	prostata
pubic symphysis	sinfisi pubica
rectum	retto
scrotum	scroto
seminal vesicle	vescicola seminale
testicle	testicolo
urethra	uretra
urinary duct	uretere
TESTICLE	TESTICOLO
deferent duct	canale deferente
epididymis	epididimo
seminiferous tubules	tubi seminiferi

Female sex organs	**Apparato genitale femminile**
abdomen	cavità addominale
bladder	vescica
clitoris	clitoride
labia majora	grandi labbra
labia minora	piccole labbra
mons pubis	monte di Venere, monte del pube
ovary	ovaia
pubic symphysis	sinfisi pubica
rectum	retto
urethra	uretra
uterus	utero
vagina	vagina
OVARY	OVAIA
Fallopian tube	tuba di Falloppio
neck of the uterus	collo dell'utero
ovary	ovaia
oviduct	ovidotto
uterus	utero
uterus-ovarian ligament	legamento utero-ovarico
vagina	vagina

Nervous system	**Sistema nervoso**
axillary nerve	nervo ascellare
brachial plexus	plesso brachiale
cranial nerves	nervi cranici
deep peroneal nerve	nervo peroneo profondo
digital nerve	nervo digitale
encephalon	encefalo
femoral nerve	nervo femorale
gluteal nerve	nervo gluteo
intercostal nerve	nervo intercostale
lumbar plexus	plesso lombare
median nerve	nervo mediano
radial nerve	nervo radiale
sacral plexus	plesso sacrale
saphenous nerve	nervo safeno
sciatic nerve	nervo sciatico
spinal marrow	midollo spinale
superficial peroneal nerve	nervo peroneo superficiale
sural nerve	nervo surale
tibial nerve	nervo tibiale
ulnar nerve	nervo ulnare

Brain	**Cervello**
cerebellum	cervelletto
cerebral hemisphere	emisfero cerebrale
cerebral peduncle	peduncolo cerebrale
corpus callosum	corpo calloso
cranium	cranio
fourth ventricle	quarto ventricolo
frontal lobe	lobo frontale
hypophysis	ipofisi
medulla oblongata	midollo allungato
occipital lobe	lobo occipitale
optic nerve	nervo ottico
pons Varolii	ponte di Varolio
temporal lobe	lobo temporale
thalamus	talamo

Ear	**Orecchio**
acoustic nerve	nervo acustico
anthelix	antelice
auditory duct	condotto uditivo
auricle pavilion	padiglione auricolare
cochlea	chiocciola, coclea
concha	conca
eardrum	timpano
Eustachian tube	tromba di Eustachio
hammer	martello
helix	elice
incus	incudine
lobe	lobulo
malleus	martello
semicircular canals	canali semicircolari
stirrup bone	staffa
temporal bone	osso temporale
vestibule	vestibolo

Eye	**Occhio**
anterior chamber	camera anteriore
aqueous humor	umore acqueo
blood vessels	vasi sanguigni
choroid	coroide
ciliary corpus	corpo ciliare
conjunctiva	congiuntiva
cornea	cornea
crystalline lens	cristallino
crystalline lens suspensory ligament	legamento sospensore del cristallino
eyeball	bulbo oculare
fovea	fovea
iris	iride
macula lutea	macula lutea
optic axis	asse visivo
optic nerve	nervo ottico
posterior chamber	camera posteriore
pupil	pupilla
retina	retina
sclera	sclera
vitreous body	corpo vitreo
yellow spot	macula lutea

Oral and nasal cavity	**Bocca e naso**
hard palate	palato duro
larynx-pharynx	laringofaringe
nasal conches	fosse nasali
nasopharynx	rinofaringe
oesophagus	esofago
olfactory area	zona olfattiva
olfactory mucous membrane	mucosa olfattiva
olfactory nerve	nervo olfattivo
oral cavity	cavità orale
oropharynx	orofaringe
pituitary fossa	sella turcica
soft palate	palato molle
sphenoidal cavity sinus	seno sfenoidale
trachea	trachea

Skin	**Cute**
adipose tissue	tessuto adiposo
basal-cell layer	strato basale
dermis	derma
epidermis	epidermide
hair	pelo
hair erector muscle	muscolo erettore del pelo
hypodermis	ipoderma
pore	poro
piliferous bulb	bulbo pilifero
piliferous follicle	follicolo pilifero
sebaceous gland	ghiandola sebacea
stratum corneum	strato corneo
stratum granulosum	strato granuloso
stratum lucidum	strato lucido
stratum spinosum	strato germinativo
sweat gland	ghiandola sudoripara

Architecture — Architettura

Styles	**Stili**
ROMANESQUE BASILICA	BASILICA ROMANICA
Vertical section	*Sezione verticale*
aisle	navata
altar	altare
ambo	ambone
apse	abside
arch	arco
bell tower	torre campanaria
choir-stalls	stalli del coro
ciborium	ciborio
crypt	cripta
double lancet window	bifora
narthex	nartece
nave	navata
pillar	pilastro
presbytery	presbiterio
pulpit	pulpito
rib	costolone
(single) lancet window	monofora
tabernacle	ciborio
tambour	tamburo
three-mullioned window	trifora
triple lancet window	trifora
two-mullioned window	bifora
vault	volta
women's gallery	matroneo
Layout	*Pianta*
altar	altare
ambo	ambone
apse	abside
atrium	atrio
cantharus	cantaro
central aisle	navata centrale
central nave	navata centrale
narthex	nartece
peristyle	peristilio
presbytery	presbiterio
pronaos	pronao
pulpit	pulpito
side aisle	navata laterale
GOTHIC CATHEDRAL	CATTEDRALE GOTICA
arcade	arcata
archivolt	archivolto
bell tower	torre campanaria
buttress	contrafforte
central aisle	navata centrale
central nave	navata centrale
flying buttress	arco rampante
gallery	galleria
lancet arch	ogiva
pinnacle	pinnacolo
pointed arch	ogiva
portal	portale
rose window	rosone
side aisle	navata laterale
small tower	torretta
spire	cuspide
splay	strombatura
storied window	vetrata istoriata
tracery	traforo
turret	torretta
tympanum	timpano
CAPITALS	CAPITELLI
Gothic capital	capitello gotico
Romanesque capital	capitello romanico
GARGOYLE	DOCCIONE
NEO-CLASSIC BUILDING	EDIFICIO NEOCLASSICO
arched window	finestra ad arco
balustrade	balaustrata
base	zoccolo
blind door	porta cieca
blind window	finestra cieca
composite capital	capitello composito
composite column	colonna composita
composite pillar	pilastro composito
cornice	cornice
curved pediment	frontone centinato
dentil	dentello
entablature	trabeazione
epistyle	architrave
fluted shaft	fusto scanalato
foundation	base
frieze	fregio
lantern	lanterna
modillon	modiglione
panel	pannello
panel in relief	pannello in rilievo
parapet	parapetto
post	montante
re-entering entablature	trabeazione rientrante
sloping cornice	cornice inclinata

swag	festone
triangular pediment	frontone triangolare
triple keystone	tripla chiave di volta
truss	modiglione
twin pillars	pilastri gemelli
tympanum	timpano
urn	urna
volute	voluta

Architectonic features — Elementi architettonici

ARCHES	ARCHI
extrados	estradosso
height	freccia
impost	imposta
impost ashlar	concio (d'imposta)
intrados	intradosso
keystone	chiave di volta
lancet arch	arco a sesto acuto
ogee arch	arco carenato
pier	piedritto
rise	freccia
round-headed arch	arco a tutto sesto
span	luce
trefoil arch	arco trilobato
VAULTS	VOLTE
barrel vault	volta a botte
cross vault	volta a crociera
diagonal arch	arco diagonale
keystone	chiave di volta
longitudinal arch	arco longitudinale
rib	costolone dorsale
rib vault	volta a costoloni
traverse	arco trasversale
trough vault	volta a padiglione
DOME, CUPOLA	CUPOLA
Exterior	*Esterno*
bull's eye	occhio
cupola	cupola
dome	cupola
lantern	lanterna
rib	costolone
tambour	tamburo
window	finestra
Interior	*Interno*
bull's eye	occhio
lunette	lunetta
pendentive	pennacchio

The house — La casa

aerial	antenna
antenna (amer.)	antenna
attic	attico, soffitta
attic (flat)	attico
back door	porta posteriore
basement	seminterrato
basement window	finestra del seminterrato
blind	tendina
boundary wall	muro di cinta
ceiling	soffitto
central heating boiler	caldaia del riscaldamento centrale
chimney (pot)	comignolo
cornice	cornicione
door	porta
doormat	zerbino
dormer windov	finestra dell'abbaino
drainpipe	canale di scolo
drive	viale d'accesso
eaves	gronda cornicione
elevator (amer.)	ascensore
elevator shaft (amer.)	pozzo dell'ascensore
fence	recinzione
first floor	primo piano
first floor (amer.)	piano terreno
flight of stairs	rampa di scale
floor	pavimento
flowerbed	aiuola
flue	canna fumaria
foundations	fondamenta
French window	portafinestra
front door	ingresso, porta principale
garage	garage
garage door	porta del garage
gate	cancello
ground floor	piano terreno
gutter	grondaia
handrail	corrimano
jamb	stipite
landing	pianerottolo
lift	ascensore
lift shaft	pozzo dell'ascensore
lightning conductor	parafulmine
lightning rod (amer.)	parafulmine
load-bearing wall	muro maestro
loft	attico, soffitta
main wall	muro maestro
partition wall	divisorio, tramezzo
pitch	falda (del tetto)
porch	portico, veranda
railing	parapetto, ringhiera
ridge	colmo (del tetto)
rise	alzata (di gradino)
riser	alzata (di gradino)
roof truss	trave del tetto
sash window	finestra a ghigliottina
second floor	secondo piano
second floor (amer.)	primo piano
shutter	imposta persiana
skylight	lucernario
staircase	scala
stairwell	tromba delle scale
step	scalino
string course	fascia (marcapiano)
third floor (amer.)	secondo piano
tile	tegola
trerad	pedana (di scalino)
understairs	sottoscala
windowsill	davanzale della finestra
wooden fence	staccionata, steccato

Bathroom — Bagno

adjustable shower head	doccia a telefono
atomizer	vaporizzatore
(bar of) soap	saponetta
barrette (amer.)	fermacapelli
basin	lavabo
bath	vasca
bath mat	tappetino da bagno
bathroom cupboard	armadietto
bathroom scales	pesapersone
(bath) towel	telo da bagno
bathtub (amer.)	vasca
bidet	bidet
comb	pettine
curler	bigodino
cut-throat razor	rasoio a mano libera
electric razor	rasoio elettrico
face cloth	guanto di spugna
faucet (amer.)	rubinetto
fixed shower	doccia a muro
flannel	guanto di spugna
hairbrush	spazzola per capelli
hair clasp	mollettone per capelli
hairdryer	asciugacapelli
hairgrip	molletta per i capelli
hairpin	forcina
hair roller	bigodino
hair slide	fermacapelli
hand towel	asciugamano
hooks	attaccapanni
hot-water bottle	borsa dell'acqua calda, boule
medicine cabinet	armadietto dei medicinali
mirror	specchio
pegs	attaccapanni
plug	tappo
plughole	scarico della doccia
plunger	sturalavandini
razor blade	lametta
roll of toilet paper	rotolo di carta igienica
safety razor	rasoio di sicurezza (usa e getta)
shaving brush	pennello da barba
shelf	mensola
shower base	piatto della doccia
shower cubicle	box doccia
shower curtain	tenda della doccia
shower head	bulbo della doccia
soap dish	portasapone
sponge	spugna
tank	serbatoio
tap	rubinetto
toilet	water
toilet bowl	tazza del water
toilet brush	scopino del water
(toilet) flusher	sciacquone
toilet lid	coperchio del water
toilet paper holder	portarotolo
toilet seat	sedile del water
toothbrush	spazzolino da denti
towel rail	portasciugamano
tube of toothpaste	tubetto di dentifricio
ventilator	aeratore
water heater	scaldabagno

Kitchen — Cucina

balance	bilancia
bench	piano di lavoro
bread bin	cassetta portapane

breadboard	tagliere
can opener (amer.)	apriscatole
centrifuge	centrifuga
chopping board	tagliere
coffee grinder	macinacaffè
cooker	cucina
counter (amer.)	piano di lavoro
dish rack	scolapiatti
dishtowel	strofinaccio
dishwasher	lavastoviglie
draining board	piano scolapiatti
drawer	cassetto
electric kettle	bollitore elettrico
element	piastra elettrica
extractor hood	cappa aspirante
faucet (amer.)	rubinetto
food processor	robot da cucina
freezer	congelatore
fridge	frigorifero
gaslighter	accendigas
(gas) ring	fornello a gas
grill	griglia
hand blender	frullatore a immersione
ice-cream maker	gelatiera
kitchen clock	orologio da cucina
kitchen cupboard	pensile da cucina
meat grinder	tritacarne
microwave (oven)	forno a microonde
oven	forno
oven glove	guanto da cucina
(oven) rack	griglia del forno
plug	tappo
pot holder	presa, presina
refrigerator	frigorifero
rubbish bin	pattumiera
shopping trolley	carrello per la spesa
sink	lavello
stool	sgabello
stove	cucina
tap	rubinetto
tea towel	strofinaccio
timer	contaminuti
tin opener	apriscatole
toaster	tostapane
vegetable trolley	carrello portaverdura
washer (amer.)	lavatrice
washing machine	lavatrice

Pots and pans	Batteria da cucina
broiler (amer.)	griglia
cake tin	tortiera
coffee pot	caffettiera
double boiler	pentola per cottura a vapore
espresso coffee maker	moka
filter coffee maker	macchina da caffè a filtro
fish kettle	pesciera
fryer	friggitrice
frying pan	padella per friggere
grill pan	griglia
lid	coperchio
milk pan	pentolino del latte
mould	stampo
on-off switch	interruttore
oven-proof dish	pirofila
percolator	caffettiera
pot	pentola
pressure cooker	pentola a pressione
roasting pan	teglia
saucepan	casseruola
spout	beccuccio
spring form	tortiera apribile
vegetable streamer	cestello per la cottura a vapore
warming plate	piastra riscaldante
water level	livello dell'acqua
wok	wok

Crockery	Stoviglie
beer mug	boccale da birra
bottle	bottiglia
bowl	scodella
butter dish	burriera
cakestand	vassoio per dolci
carafe	caraffa
champagne glass	bicchiere da spumante
cocktail glass	bicchiere da cocktail
coffee pot	caffettiera
cork	tappo di sughero
cream jug	bricco per la panna
crown cap	tappo a corona
cup	tazza da tè
decanter	caraffa
demitasse	tazzina da caffè
dessert bowl	coppetta
dinner plate	piatto piano
eggcup	portauovo
flask	fiasco
glass	bicchiere
gravy boat	salsiera
hip flask	fiaschetta per liquori
jug	brocca
milk jug	lattiera
mug	tazzone, boccale
pepper mill	macinapepe
pepper pot	pepaiola, pepiera
platter	piatto da portata
saltcellar	saliera
saltshaker (amer.)	saliera
saucer	piattino
screw top	tappo a vite
side plate	piattino da dessert
soup plate	piatto fondo
soup tureen	zuppiera
stem glass	bicchiere da acqua
sugar bowl	zuccheriera
tall glass	bicchiere da bibita
tankard	boccale da birra in metallo
teapot	teiera
thermos	thermos
toothpicks	stuzzicadenti
tumbler	bicchiere da bibita
wine glass	bicchiere da vino

Kitchen utensils and cutlery	Utensili da cucina e posate
bottle opener	apribottiglie
bread knife	coltello da pane
butter knife	coltellino da burro
cake slice	paletta per dolce
can opener (amer.)	apriscatole
carving fork	forchettone
cheese knife	coltello da formaggio
chopping knife	mezzaluna
coffee grinder	macinacaffè
coffee spoon	cucchiaino da caffè
colander	scolapasta
corkscrew	cavaturaccioli
dessert fork	forchetta da frutta
egg beater	frusta per montare le uova
fish slice	paletta
fork	forchetta
fruit knife	coltello da frutta
funnel	imbuto
grater	grattugia
icing syringe	siringa per dolci
knife	coltello
ladle	mestolo
lemon squeezer	spremiagrumi
mortar	mortaio
nutcracker	schiaccianoci
paring knife	coltello da cucina
peeler	sbucciatore
pestle	pestello
potato masher	schiacciapatate
poultry shears	trinciapollo
rolling pin	mattarello
salad servers	posate da insalata
salad spinner	centrifuga per insalata
sifter	buratto
skewer	spiedo
skimmer	schiumarola
spatula	spatola
spoon	cucchiaio
strainer	colino
tea ball	uovo da tè
tea infuser	uovo da tè
teaspoon	cucchiaino da tè
tin opener	apriscatole
tongs	pinze per spaghetti
tray	vassoio
turner	paletta
vegetable mill	passaverdura
whisk	frullino a mano
wooden spoon	cucchiaio di legno

Containers	Contenitori
airtight jar	barattolo a chiusura ermetica
bag	sacco, sacchetto
barrel	botte, barile
basin	catino, bacinella
basket	cesto
blister pack	blister
bottle	bottiglia
bowl	boccia, vaso; catino
box	scatola
bucket	secchio
can	tanica; lattina; scatoletta di metallo
carry-home pack	confezione multipla
carton	cartone

case	cartone di bottiglie
churn	bidone per il latte
crate	cassa, cassetta
demijohn	damigiana
disposable pack	confezione multipla
drum	bidone
dustbin	bidone della spazzatura
egg carton	vassoio portauova
garbage can (amer.)	bidone della spazzatura
jar	barattolo in vetro
laundry basket	cesto per la biancheria
medicine bottle	flacone per medicine
milk can (amer.)	bidone per il latte
packet	pacchetto, sacchetto
pallet	pallet
pot	vaso, vasetto
tap	zipolo della botte
tin	latta, scatola in metallo
tin of paint	barattolo di vernice
tub	vasca, tinozza
tube	tubetto
vase	vaso

Do it yourself (D.I.Y.) — Fai da te

adjustable spanner	chiave regolabile
Allen wrench	brugola, chiave a brugola
axe	scure, accetta
bolt	bullone
breast drill	trapano a mano
brush	pennello
chain saw	motosega
chisel	scalpello
crosshead	testa a stella, testa a croce
cutting pliers	tronchese
dividers	compasso
drawing pin	puntina
elbowed wrench	chiave a pipa
electric drill	trapano elettrico
expansion screw	vite a espansione
file	lima
flat brush	pennellessa
flat head	testa a taglio
flat washer	rondella
folding rule	doppio metro
gimlet	succhiello
hacksaw	sega per metalli
hammer	martello
hand drill	trapano a mano
handsaw	sega a mano
hatchet	ascia
mallet	mazza
monkey spanner (amer.)	chiave inglese
monkey wrench	chiave inglese
nail	chiodo
nut	dado
open-end spanner	chiave a forcella
paint roller	rullo
paper clip	fermaglio
paper fastener	fermacampione
Phillips screwdriver	cacciavite a croce
pincers	tenaglia
plane	pialla
pliers	pinza
plumb line	filo a piombo
protractor	goniometro
punch	punzone, punteruolo
rasp	raspa
ring spanner	chiave poligonale
rivet	ribattino
ruler	riga
scale	decimetro
scissors	forbici
Scotch tape (amer.)	nastro adesivo
screw	vite
screwdriver	cacciavite a taglio diritto
screw eye	occhiello a vite
Sellotape	nastro adesivo
setscrew wrench	brugola, chiave a brugola
sledgehammer	mazza
socket spanner	chiave a bussola
socket wrench	chiave a bussola
spatula	spatola
spirit level	livella a bolla
square	squadra
staple	punto metallico, chiodo a u
staple puller	levapunti
stapler	cucitrice
staples	punti metallici
sticky tape	nastro adesivo
string	spago
tape measure	metro a nastro
tongs	tenaglia
triangle (amer.)	squadra
trowel	cazzuola
T-ruler	squadra semplice
twist drill	punta elicoidale
upholsterer's nail	borchia
vernier calliper	calibro
wing nut	galletto

Gardening — Giardinaggio

billhook	roncola
electric mower	tosaerba elettrico
garden fork	forcone
grafting knife	coltello da innesto
hedge shears	cesoie da giardiniere
hoe	zappa
hoe-fork	zappetta
hose	canna per innaffiare
hose trolley	carrello avvolgitubo
lawn mower	tosaerba (elettrico); motofalciatrice
lawn rake	scopa rastrello
motor mower	motofalciatrice
pick	piccone
push mower	tosaerba
rake	rastrello
revolving sprinkler	irroratore rotante
scythe	falce fienaia
secateurs	cesoie
shovel	pala
sickle	falce
spade	vanga
spraying machine	irroratrice
spud	sarchiello
trowel	trapiantatoio
watering can	innaffiatoio
wheelbarrow	carriola
whetstone	cote

Household objects and appliances — Elettrodomestici

attachment	accessorio
clothes horse	stenditoio
clothes peg	molletta per il bucato
crevice tool	lancia aspiratrice
cylinder vacuum cleaner	bidone aspirapolvere
dusting brush	spazzola
electric carpet sweeper	battitappeto elettrico
electric iron	ferro da stiro
floor-polisher	lucidatrice
ironing board	asse da stiro
iron well	poggiaferro
sleeveboard	stiramaniche
stepladder	scala a libretto
step stool	scaleo
tumble-dryer	asciugabiancheria
upholstery nozzle	aspiratore
upright vacuum cleaner	scopa elettrica

Sound and image reproduction systems — Trasmissione e riproduzione del suono e dell'immagine

aerial	antenna
amplifier	amplificatore
answering machine	apparecchio di segreteria telefonica
camera	macchina fotografica
camera case	custodia della macchina fotografica
cassette compartment	vano cassetta
cassette tape deck	piastra di registrazione delle cassette
CD-ROM drive	lettore CD-ROM
cell-phone	telefono cellulare
compact disc player	lettore CD audio
computer speaker	cassa (del computer)
cordless phone	cordless
dish aerial	antenna parabolica
entryphone	citofono
fax machine	apparecchio fax
film	pellicola
film advance lever	leva di avanzamento pellicola
film speed indicator	scala dei tempi
floppy drive	lettore floppy disk
frame	fotogramma
graphic equalizer	equalizzatore
headphones	cuffie
interchangeable lens	obiettivo intercambiabile

key	tasto
keyboard	tastiera
microphone	microfono
mobile	telefono cellulare
modem	modem
monitor	monitor, schermo
mouse	mouse
needle	testina
paper feed	vassoio fogli
parabolic aerial	antenna parabolica
personal computer	personal computer
pickup arm	braccio
portable CD radio cassette recorder	radioregistratore portatile con lettore di compact disc
portable phone	telefono cellulare
portable radio	radiolina portatile
preset buttons	tasti di programmazione
printer	stampante
push-button telephone	telefono a tasti
receiver	ricevitore
record player	giradischi
remote control	telecomando
rewind	leva di riavvolgimento
roll of film	rullino
screen	monitor, schermo
self-timer	autoscatto
shutter release	pulsante di scatto
slide	diapositiva
slide projector	proiettore per diapositive
slide tray	caricatore
speaker	cassa acustica; altoparlante
stand	cavalletto
stereo system	impianto hi-fi
telephoto lens	teleobbiettivo
television set	televisore
tripod	cavalletto
tuner	sintonizzatore
turntable	piatto
videocamera	videocamera
videocassette	videocassetta
videocassette recorder	videoregistratore
video-entryphone	videocitofono
videotape	videocassetta
viewfinder	mirino
volume control	regolazione del volume
walkman	walkman
wireless telephone	cordless

Electrical equipment — Materiale elettrico

adjustable lamp	lampada a braccio
battery	pila
bayonet base lamp	lampadina con attacco a baionetta
candelabra	candelabro
candle	candela
candle-holder	bugia
ceiling light	plafoniera
chandelier	lampadario a bracci
(electric) cord	cavo (elettrico)
electricity meter	contatore
(electric) wire	cavo (elettrico)
energy-saving bulb	lampada a basso consumo
extension	prolunga
flashlight (amer.)	torcia
floor lamp (amer.)	lampada a stelo
fuse	fusibile
gaslamp	lampada ad acetilene
halogen lamp	lampada alogena
halogen standard lamp	lampada alogena a stelo
lampshade	abat-jour, lampada da comodino
lantern	lanterna
mignon lamp	lampadina mignon
neon lamp	tubo al neon
oil lamp	lume a petrolio
outlet (amer.)	presa
pendent lamp	lampadario
plug	trasduttore, spina
(pocket) torch	torcia
screw base lamp	lampadina a vite
socket	presa
spotlight	faretto
standard lamp	lampada a stelo
switch	interruttore
table lamp	lampada da tavolo; abat-jour
triple plug	spina tripla
wall lamp	applique

Streets and roads — La strada

bus shelter	pensilina
bus stop	fermata dell'autobus
crash barrier	guardrail
crossroads	incrocio
crosswalk (amer.)	attraversamento pedonale
curb (amer.)	cordolo di marciapiede
dual-carriage way	strada a doppia corsia
fire hydrant	idrante a colonna
fire plug (amer.)	idrante a colonna
freeway (amer.)	autostrada
intersection	incrocio
kerb	cordolo di marciapiede
main sewer	fogna
median (amer.)	spartitraffico
motorway	autostrada
motorway interchange	svincolo autostradale
parking meter	parchimetro
pavement	marciapiede
service station	stazione di servizio
sidewalk (amer.)	marciapiede
street lamp	lampione
street light	lampione
taxi rank	stazione dei taxi
telephone box	cabina del telefono
tollgate	casello autostradale
traffic divider	spartitraffico
traffic lights	semaforo
traffic sign	segnale
zebra crossing	attraversamento pedonale

Road transport — Trasporto su strada

Bicycle — Bicicletta

MAN'S BICYCLE	BICICLETTA DA UOMO
back brake	freno posteriore
bell	campanello
brake lever	leva del freno
carrier	portapacchi
chain guard	carter
crossbar	canna
dynamo	dinamo
fender (amer.)	parafango
fork	forcella
frame	telaio
front brake	freno anteriore
front light	fanale anteriore
handlebar	manubrio
hub	mozzo
mudguard	parafango
pedal	pedale
pedal crank	pedivella
pump	pompa
rear brake	freno posteriore
rear light	fanale posteriore
reflector	catarifrangente
rim	cerchio, cerchione
saddle	sella, sellino
spoke	raggio
tire (amer.)	pneumatico
tyre	pneumatico
valve	valvola
WOMAN'S BICYCLE	BICICLETTA DA DONNA
TANDEM	TANDEM
MOUNTAIN BIKE, MBK	MOUNTAIN BIKE
RACING BICYCLE	BICICLETTA DA CORSA
chain	catena
cogwheel	ruota dentata
front derailleur	gruppo del cambio anteriore
gear levers	leve del cambio
rear derailleur	gruppo del cambio posteriore
shaft	albero
toeclip	fermapiedi
water bottle	borraccia
water bottle clip	portaborraccia

Motorcycle — Motocicletta

carburettor	carburatore
clutch lever	leva della frizione
crash helmet	casco di protezione
dashboard	cruscotto
disk brake	freno a disco
engine	motore
fairing	carenatura
fender (amer.)	parafango
footrest	appoggiapiedi
fork	forcella
frame	telaio

front brake lever — leva del freno anteriore
(fuel) tank — serbatoio
gearchange pedal — pedale del cambio
headlight — faro, proiettore
horn — clacson
indicator — freccia, indicatore di direzione
license plate (amer.) — targa
mudguard — parafango
muffler (amer.) — tubo di scappamento
numberplate — targa
rear brake pedal — pedale del freno posteriore
rear light — fanale posteriore
(rear-view) mirror — specchietto retrovisore
rev counter — contagiri
rim — cerchio, cerchione
saddle — sella
shock absorber — ammortizzatore
silencer — tubo di scappamento
speedometer — tachimetro
spoiler — spoiler
stand — cavalletto
transmission shaft — albero di trasmissione
twist grip throttle — manopola del gas
visor — visiera
windscreen — parabrezza
windshield (amer.) — parabrezza

MOPED — CICLOMOTORE

SCOOTER — MOTOSCOOTER

ENDURO — MOTO DA ENDURO

SIDECAR — SIDECAR

Car — Automobile

aerial — antenna
back seat — sedile posteriore
battery — batteria
bonnet — cofano
boot — portabagagli, baule
brake light — luce d'arresto
bumper — paraurti
disk brake — freno a disco
door — portiera
emergency light — luce di emergenza
fender (amer.) — parafango
front seat — sedile anteriore
fuel gauge — indicatore del livello di carburante
(fuel) tank — serbatoio
fuel tank flap — sportello serbatoio
grill — mascherina
handle — maniglia
hazard light — luce di posizione e di arresto
headlight — faro, proiettore
headrest — poggiatesta
hood (amer.) — cofano
indicator — indicatore di direzione laterale
license plate (amer.) — targa
mudguard — parafango
numberplate — targa
radiator — radiatore
rear window — lunotto
rear window wiper — tergilunotto
seat belt — cintura di sicurezza
shock absorber — ammortizzatore
sidelight — luce di posizione
side mirror (amer.) — specchietto retrovisore esterno
spare wheel — ruota di scorta
strut — barra di rinforzo laterale
sun roof — tettuccio apribile
tire (amer.) — pneumatico
trunk (amer.) — portabagagli, baule
tyre — pneumatico
wheel rim — cerchione
window — finestrino
windscreen wiper — tergicristallo anteriore
windshield wiper (amer.) — tergicristallo anteriore
wing mirror — specchietto retrovisore esterno

Dashboard — Cruscotto

accelerator (pedal) — (pedale dell')acceleratore
brake (pedal) — (pedale del) freno
car radio — autoradio
climate control — comandi di riscaldamento e aerazione
clutch (pedal) — (pedale della) frizione
fuel warning light — spia di riserva del carburante
gas pedal (amer.) — pedale dell'acceleratore
gear change lever — leva del cambio
gearshift (amer.) — leva del cambio
glove compartment — vano portaoggetti
handbrake (lever) — leva del freno a mano
horn — clacson
ignition switch — blocco dell'accensione
kilometre recorder — contachilometri
light and indicator switch — comando di luci e indicatori di direzione
mileometer — contachilometri
odometer — contachilometri
oil warning light — spia del livello dell'olio
(rear-view) mirror — specchietto retrovisore
rev counter — contagiri
speedometer — tachimetro
(steering) wheel — volante
(sun) visor — aletta parasole
temperature indicator — indicatore temperatura acqua
vanity mirror — specchietto di cortesia
vent — bocchetta d'aerazione
windscreen — parabrezza
windshield (amer.) — parabrezza
wiper switch — comando del tergicristallo

Engine — Motore

air filter — filtro dell'aria
alternator — alternatore
catalytic muffler (amer.) — marmitta catalitica
camshaft — albero a camme
catalytic silencer — marmitta catalitica
connecting rod — biella
cylinder — cilindro
distributor — spinterogeno
drive belt — cinghia di trasmissione
exhaust pipe — tubo di scappamento
fan — ventilatore
fan-belt — cinghia del ventilatore
injector — iniettore
inlet valve — valvola di aspirazione
(oil) sump — coppa dell'olio
outlet valve — valvola di scarico
piston — pistone
spark plug — candela
tappet cover — coperchio delle punterie

Types of body — Carrozzerie

camper (van) — camper
caravan — roulotte
convertible — decappottabile
convertible sports car — spider
coupé — coupé
estate car — auto modello familiare
hatchback — autovettura a tre (o a cinque) porte
jeep — jeep
limousine — limousine
off-road vehicle — jeep, fuoristrada
racing car — automobile da corsa
roof rack — portapacchi
saloon — berlina
sedan (amer.) — berlina
space wagon — monovolume
station wagon (amer.) — auto modello familiare
trailer (amer.) — roulotte

Heavy and special-type vehicles — Autoveicoli speciali da trasporto

ambulance — ambulanza
articulated lorry — autoarticolato
breakdown van — autosoccorso
bulldozer — bulldozer
car-carrying truck — bisarca
car transporter — bisarca
concrete mixer — autobetoniera
container lorry — portacontainers
delivery van — furgoncino
excavator — escavatore
fire engine — autopompa (dei pompieri)
fire truck — autopompa (dei pompieri)
ladder truck — autoscala
light van — furgoncino
lorry — autocarro
(motor) coach — pullman
pick-up truck — camioncino
road-cleaning van — spazzatrice
road tanker — autobotte, autocisterna
rubbish van — camion per la raccolta rifiuti
steamroller — schiacciasassi

tip-truck	camion con cassone ribaltabile
tractor	trattore
trailer	rimorchio
trailer truck	autotreno
truck (amer.)	camion, autocarro
van	furgone

Sea transport — Trasporto marittimo

Harbour — Porto

(control) bridge	gru a portale
beacon	fanale
boat harbour	porto turistico
breakwater	frangiflutti
cold shed	magazzino frigorifero
crane	gru
customs house	dogana
dry dock	bacino di carenaggio
entrance	imboccatura
floating jib-crane	gru mobile a braccio
goods terminal	magazzino merci
goods yard	scalo merci
grain silos	silos cereali
harbour	porto
lighthouse	faro
marina	porto turistico
mouth	imboccatura
office building	uffici
oil terminal	deposito petrolio
passenger terminal	terminal passeggeri
quay	banchina
quayside railway	scalo ferroviario
sea wall	diga foranea
shipyard	cantiere
wharf	imbarcadero
WINDSURFER	WINDSURF
centerboard	deriva a scomparsa
fin	pinna
sailboard	tavola
CATAMARAN	CATAMARANO
SAILING BOAT, YACHT	BARCA A VELA
batten	stecca
bollard	bitta d'ormeggio
boom	boma
bow	prua
cleat	galloccia
cockpit	pozzetto
crosstree	crocetta
(drum) winch	verricello
forestay	strallo di prua
halyard	drizza della randa
hull	scafo
jib	fiocco
keel	deriva
mainsail	randa
mainsheet	scotta della randa
mast	albero
rudder	timone
shroud	sartia
swinging boom	tangone
tiller	barra
(wind) vane	segnavento
CANOE	CANOA
KAYAK	KAYAK
ROWING BOAT	BARCA A REMI
bench	banco
blade	pala (di remo)
dunnage	pagliolo
gunwale	cinta
handgrip	impugnatura
keel	chiglia
loom	ginocchio (fusto del remo)
oar	remo
planking	fasciame
rowlock	scalmo
stem	prua
stringer	corrente
thwart	banco
transom	specchio di poppa

Motor boats — Barche a motore

cabin cruiser	cabinato
inboard speedboat	entrobordo
motorboat	fuoribordo
powerboat	offshore
rubber dinghy	gommone, canotto a motore

Ships — Navi

PASSENGER SHIP	NAVE PASSEGGERI
anchor	ancora
antenna	antenna
bridge	ponte
bulwarks	murata
bunting	pavese
cabin	cabina
engine room	sala macchine
forecastle	castello di prua
funnel	ciminiera
hatch	boccaporto
hatchway	boccaporto
hold	stiva
hull	scafo
lifeboat launch	scialuppa di salvataggio
mast	albero
porthole	oblò
propeller	propulsore
prow	prua
quarterdeck	cassero
radar	radar
rudder	timone
ship's side	murata
stabilizing fin	pinna stabilizzatrice
stern	poppa
weather deck	coperta
CARGO SHIP	MERCANTILE
CONTAINER SHIP	PORTACONTAINERS
FERRYBOAT	TRAGHETTO
FISHING BOAT	PESCHERECCIO
HOVERCRAFT	HOVERCRAFT
HYDROFOIL	ALISCAFO
ICE BREAKER	ROMPIGHIACCIO
(OIL) TANKER	PETROLIERA
STEAMBOAT	BATTELLO A PALE
TUGBOAT	RIMORCHIATORE

Rail transport — Trasporto ferroviario

Railway station — Stazione

arrivals and departures board	tabellone degli arrivi e delle partenze
automatic left baggage	deposito bagagli automatico
baggage room (amer.)	deposito bagagli
bench	panchina
booking office	biglietteria
buffer stop	fermacarro
bus stop	fermata dell'autobus
clock	orologio
drinks stall	chiosco per le bibite
guard	capotreno
information	informazioni
left luggage office	deposito bagagli
lost property	ufficio oggetti smarriti
luggage float	carrello portabagagli elettrico
luggage trolley	carrello portabagagli
newsstand	edicola
news trolley	carrello dei giornali
platform	binario
platform entrance	ingresso ai treni
platform number	numero del binario
police	polizia
porter	facchino
punch	perforatrice
rail	rotaia
roof	tetto
sleeper	traversina
snackbar	buffet
station master	capostazione
subway (amer.)	metropolitana
taxi rank	posteggio dei taxi
ticket collector	bigliettaio
ticket office (amer.)	biglietteria
tie (amer.)	traversina
timetable	tabellone degli orari
tobacconist	rivendita di tabacchi
toilets	bagno
track	binario
train destination	tabellone delle destinazioni
underground	metropolitana
underpass	sottopassaggio
waiting room	sala d'attesa

Rolling stock — Carrozze ferroviarie

automobile car (amer.)	carro trasporto auto
barrel wagon	carro botte
bogie car-carrying wagon	carro trasporto auto
cattle truck	carro bestiame
coach car	carrozza viaggiatori
container car	pianale portacontainer
container flat wagon (amer.)	pianale portacontainer
electric locomotive	locomotiva elettrica
flatcar	pianale
flat wagon (amer.)	pianale

high-speed train	treno ad alta velocità
hopper wagon	carro a tramoggia
mail car (amer.)	vagone postale
mail van	vagone postale
motor car (amer.)	automotrice
open car	carro merci scoperto
open van	carro merci scoperto
passenger car	carrozza viaggiatori
piggyback flat wagon	carro pianale per trasporto di veicoli pesanti
pullman car	pullman
rail car	automotrice
refrigerator car	carro frigorifero
refrigerator van (amer.)	carro frigorifero
shunting engine	locomotiva diesel da manovra
stockcar (amer.)	carro bestiame
switch engine (amer.)	locomotiva diesel da manovra
tank car	carro cisterna
tank wagon (amer.)	carro cisterna
wagon	carro merci coperto

Air transport | Trasporto aereo

Airport	**Aeroporto**
aeroplane	aeroplano
aircraft gate	ponte passeggeri
airport bus	autobus per trasporto passeggeri
arrival lounge	arrivi
baggage carousel	nastro trasportatore bagagli
baggage claim area	ritiro bagagli
baggage conveyor	carrello con scivolo per i bagagli
baggage sorting hall	area smistamento bagagli
baggage trailer	carrello portabagagli
baggage trolley	carrello portabagagli
boarding walkway	corridoio d'imbarco
cargo terminal	smistamento merci
catering vehicle	automezzo di catering
check-in desk	banco check-in
control tower	torre di controllo
customs control	dogana
departure lounge	partenze
flight information board	tabellone arrivi e partenze
jet refueller	autobotte per rifornimento carburante
maintenance hangar	hangar
mobile passenger stairs	scaletta semovente
parking area	parcheggio velivoli
passenger terminal	terminal passeggeri
radar tower	torre radar
radial passenger loading area	stazione satellite d'imbarco
security check	controllo di sicurezza
tow tractor	trattore di traino
waiting area	area di stazionamento
JUMBO JET	JUMBO-JET
aileron	alettone
business class cabin	cabina di classe business
cockpit	cabina di pilotaggio
economy class cabin	cabina di classe turistica
emergency exit	uscita d'emergenza
first class cabin	cabina di prima classe
flap	ipersostentatore
front door	portello anteriore
fuselage	fusoliera
hold	bagagliaio
horizontal stabilizer	stabilizzatore orizzontale
navigation light	luce di navigazione
nose	muso
radar	radar
reactor	reattore
rear door	portello posteriore
rudder	timone
service area	locale di servizio
spoiler	spoiler
tail	coda
vertical stabilizer	deriva
warning light	luce anticollisione
window	finestrino
wing	ala
wing-end flap	aletta d'estremità d'ala
CONCORDE (SUPERSONIC JET)	CONCORDE (JET SUPERSONICO)
landing gear	carrello d'atterraggio
FLYING BOAT	IDROVOLANTE
FOUR JET AIRLINER	QUADRIMOTORE
GLIDER	ALIANTE
HANG GLIDER	DELTAPLANO
HELICOPTER	ELICOTTERO
PARAGLIDER	PARAPENDIO
SINGLE ENGINE PASSENGER AIRCRAFT	MONOMOTORE DA TURISMO
TRANSPORT HELICOPTER	ELICOTTERO DA TRASPORTO
TRIJET	TRIMOTORE
TURBOPROP PASSENGER AIRLINER	TURBOELICA (DA TRASPORTO PASSEGGERI)
TWIN JET PRIVATE EXECUTIVE AIRCRAFT	BIREATTORE EXECUTIVE

Astronautics | Astronautica

SPACE TELESCOPE HUBBLE	TELESCOPIO SPAZIALE HUBBLE
antenna	antenna
equipment compartment	compartimento strumentazione
homing system	sistema di guida fine
opening hatch	portello d'apertura
primary mirror	specchio primario
radiator	radiatore
rear protection	protezione posteriore
scientific instruments	strumenti scientifici
shield	schermo
solar panel	pannello solare
television camera	telecamera
SPACE STATION SKYLAB	STAZIONE SPAZIALE SKYLAB
antenna	antenna
nitrogen fuel tank	serbatoio dell'azoto
solar cells	celle solari
solar panel	pannello solare
solar shield	schermo solare
telescope apertures	aperture del telescopio
SPACE SHUTTLE	SHUTTLE, NAVETTA SPAZIALE
cockpit	cabina di pilotaggio
direction rudder	timone di direzione
elevator	elevatore
engines	motori
flap	ipersostentatore
fuel tanks	serbatoi
hatchway	boccaporto
heat shield	scudo termico
hold	stiva
hold hatch	portellone della stiva
instrument pallet	pallet per strumenti
main engine	motore principale
manoeuvring engine	motore di manovra
observation window	finestrino d'osservazione
radiator	radiatore
remote-controlled arm	braccio telecomandato
scientific instruments	strumenti scientifici
sealed laboratory door	porta del laboratorio a tenuta stagna
spacelab	laboratorio spaziale
tiles	piastrelle
wing	ala
SPACE SUITE	TUTA SPAZIALE
35 mm. camera	fotocamera 35 mm
biomedical monitoring sensor	sensore per il monitoraggio biomedico
body temperature adjustment	regolazione della temperatura corporea
colour TV camera	telecamera a colori
cooling and ventilation system connection	collegamento dei sistemi di raffreddamento e ventilazione
equipment attachment	attacco per attrezzi
helmet closing collar	collare di chiusura del casco
helmet with sun -protection visor	casco con visiera antisolare
oxygen pressure adjustment	regolazione della pressione dell'ossigeno
procedure check list	lista di controllo delle procedure
safety attachment	attacco di sicurezza
survival system	sistema di sopravvivenza
survival system adjustment	regolazione del sistema di sopravvivenza
thrust	propulsore
thrust and manoeuvre unit	unità individuale di propulsione e manovra
LAUNCHING PAD	RAMPA DI LANCIO

MULTI-STAGE MISSILE	MISSILE MULTISTADIO
ROCKET CARRIER	RAZZO VETTORE
(lunar missions)	*(missioni lunari)*
command module	modulo di comando
emergency exit	uscita d'emergenza
F-1 engine	motore F-1
first stage	primo stadio
helium tank	serbatoio di elio
homing system	equipaggiamento di guida
kerosene tank	serbatoio di cherosene
launch platform	piattaforma di lancio
liquid hydrogen tank	serbatoio di idrogeno liquido
liquid oxygen tank	serbatoio di ossigeno liquido
lunar module	modulo lunare
nozzle	ugello
second stage	secondo stadio
service module	modulo di servizio
stabilizing fin	pinna stabilizzatrice
third stage	terzo stadio
tracked transporter vehicle	veicolo trasportatore cingolato
useful load	carico utile
LUNAR MODULE	MODULO LUNARE
radar antenna	antenna radar
stabilizing rocket	razzo stabilizzatore
upper hatchway	boccaporto superiore
SERVICE MODULE	MODULO DI SERVIZIO
astronauts	astronauti
capsule	capsula
directional antenna	antenna direzionale
exhaust nozzle	ugello di scarico
guidance propellers	propulsori di assetto
manoeuvre module	modulo di manovra
radiators	radiatori
SPACE PROBE	SONDA SPAZIALE
MOON BUGGY	MODULO LUNARE
antenna	antenna
television camera	telecamera
ROBOT SPECIMEN COLLECTOR	ROBOT RACCOLTA CAMPIONI
collecting arm	braccio di raccolta

Sport | Sport

Football	**Calcio**
baseline	linea di fondo
centre forward	centravanti
corner flag	bandierina del calcio d'angolo
crossbar	traversa
football field	campo da gioco
goal	porta
goal area	area di porta
goalkeeper	portiere
goal line	linea di porta
(goal) post	palo
halfback	mediano
half-back line	linea mediana
inside left wing	mezzala sinistra
inside right wing	mezzala destra
left fullback	terzino sinistro
left wing	ala sinistra
linesman	guardalinee
midfield	cerchio di centro campo
net	rete
penalty area	area di rigore
penalty spot	dischetto del rigore
referee	arbitro
right fullback	terzino destro
right wing	ala destra
soccer field	campo da gioco
sweeper	libero
touchline	linea laterale

Balls	**Palloni**
basketball	pallone da pallacanestro
football	pallone da calcio
oval ball	pallone da football americano
rugby ball	pallone da rugby
volley ball	pallone da pallavolo

Rugby	**Rugby**
10 metre line	linea dei 10 metri
15 metre line	linea dei 15 metri
22 metre line	linea dei 22 metri
crossbar	traversa
dead ball line	linea di pallone morto
fly half	mediano di apertura
fullback	estremo
goal	meta
goal line	linea di meta
(goal) post	palo
halfway line	linea mediana
hooker	tallonatore
left centre	trequarti centrosinistro
left wing	trequarti ala sinistra
linesman	guardalinee
lock forward	avanti di terza linea
n° 8 forward	avanti di terza linea
prop forward	pilone
referee	arbitro
right centre	trequarti centrodestro
right wing	trequarti ala destra
scrum half	mediano di mischia
touchline	linea laterale
wing forward	avanti di seconda linea

Basketball	**Pallacanestro**
backboard	tabellone
basket	canestro
centre line	linea di metà campo
court	parquet, campo di gioco
end line	linea di fondo
free throw area	lunetta
free throw lane	area di tiro libero
free throw line	linea di tiro libero
left forward	ala sinistra
left guard	guardia sinistra
pivot	pivot
referee	arbitro
restricting circle	cerchio di metà campo
right forward	ala destra
right guard	guardia destra
sideline	linea laterale

Baseball	**Baseball**
batter	battitore
catcher	ricevitore, catcher
centre fielder	esterno centro
field	campo da gioco
first base	prima base
first baseman	giocatore di prima base
home plate	(piatto di) casa base
home-plate umpire	giudice arbitro capo
infield	diamante
left fielder	esterno sinistro
pitcher	lanciatore, pitcher
right fielder	esterno destro
second base	seconda base
second baseman	giocatore di seconda base
shortstop	interbase
third base	terza base
third baseman	giocatore di terza base

Tennis	**Tennis**
area between the tramlines	corridoio
back court	fondocampo
ball-boy	raccattapalle
baseline	linea di fondo
centre-court mark	segno di centro campo
court	campo (da tennis)
doubles post	palo del doppio
doubles sideline	linea laterale del doppio
foot-fault judge	giudice del fallo di piede
half-back line	linea mediana
inner tramline, singles sideline	linea laterale del singolo
line judge	giudice di linea
net	rete
net judge	giudice di rete
outer tramline	linea laterale del doppio
service area	rettangolo di servizio
service line	linea di servizio
singles post	palo del singolo
umpire	arbitro, giudice di sedia

Swimming	**Nuoto**
STYLES	STILI
backstroke	nuoto a dorso
breaststroke	nuoto a rana
butterfly stroke	nuoto a farfalla
freestyle	stile libero
DIVES	TUFFI
backward	all'indietro
forward	in avanti
forward somersault	rovesciato in avanti
platform	piattaforma
return	ritornato
screw	avvitato
springboard	trampolino

Cricket	**Cricket**
bail	una delle traversine
batsman	battitore

batting crease	linea di battuta
bowler	giocatore che serve la palla
bowling crease	linea di servizio
fielder	esterno
pad	imbottitura
pitch	campo
stump	paletto
umpire	arbitro
wicket	porta
wicket keeper	portiere

Bats, sticks and rackets — Bastoni e racchette

badminton racket	racchetta da badminton
baseball	palla da baseball
baseball bat	mazza da baseball
cricket ball	palla da cricket
cricket bat	mazza da cricket
field hockey stick	bastone da hockey su prato
golf ball	palla da golf
hockey ball	palla da hockey
ice hockey stick	bastone da hockey su ghiaccio
iron	ferro
puck	dischetto
putter	putter
shuttlecock	volano
squash ball	palla da squash
squash racket	racchetta da squash
table tennis ball	pallina da ping pong
table tennis bat	racchetta da ping pong
tennis ball	palla da tennis
tennis racket	racchetta da tennis
wood	legno

Skiing — Sci

basket	rotella
blade	lama
bob	bob
bobsleigh	bob da competizione
boot	stivaletto
cross-country ski	sci da fondo
cross-country skiing	sci di fondo
downhill ski	sci
downhill skiing	discesa libera
edge	lamina
(figure) skate	pattino da artistico su ghiaccio
flat	spatola
gate	porta
grip	impugnatura
point	punta, puntale
pole	paletto
runner	lama
safety binding	attacco di sicurezza
shovel	spatola
ski jump	trampolino
ski-jumping	salto dal trampolino
ski pole	racchetta, bastoncino
slalom	slalom
sled	slitta
speedskate	pattino di velocità su ghiaccio
tail	coda
wheel	rotella

Musical instruments — Strumenti musicali

Keyboard instruments — A tastiera

grand piano	pianoforte a coda
harpsichord	clavicembalo
spinet	spinetta
upright piano	pianoforte verticale

Stringed instruments — A corda

STRINGS	FAMIGLIA DEI VIOLINI
bow	archetto
double bass	contrabbasso
viola	viola
violin	violino
(violon)cello	violoncello
harp	arpa
Traditional instruments	*Strumenti tradizionali*
balalaika	balalaica
banjo	bangio
cithara	cetra
guitar	chitarra
lute	liuto
lyre	lira
mandolin(e)	mandolino
sarangi	sarangi
sitar	sitar
ukulele	ukulele

Percussion instruments — A percussione

bass drum	grancassa
cymbal	piatto
drum	tamburo
drums	batteria
drumsticks	bacchette
gong	gong
high-hat cymbal	piatto
kettledrum	timpano
mallet	mazza di tamburo
triangle	triangolo
wire brushes	spazzole
xylophone	xilofono
Traditional instruments	*Strumenti tradizionali*
bongos	bongo
castanets	nacchere
Jew's harp	scacciapensieri
maracas	maracas
tambourine	tamburello

Wind instruments — A fiato

WOODWINDS	LEGNI
bassoon	fagotto
clarinet	clarinetto
cor anglais	corno inglese
double bassoon	controfagotto
flute	flauto traverso
oboe	oboe
piccolo	piccolo
recorder	flauto dolce
saxophone	sassofono
BRASS	FAMIGLIA DEGLI OTTONI
French horn	corno francese
trombone	trombone
trumpet	tromba
tuba	tuba
Traditional instruments	*Strumenti tradizionali*
accordion	fisarmonica
bagpipes	cornamusa
barrel organ	organetto
concertina	concertina
harmonica	armonica a bocca
harmonium	armonium
mouthorgan	armonica a bocca
ocarina	ocarina
organ	organo
panpipes	flauto di Pan
reed-pipe	zampogna

Electronic instruments — Elettronici

amplifier	amplificatore
electric guitar	chitarra elettrica
electric organ	organo elettrico
synthesizer	sintetizzatore

Flags — Le bandiere

Afghanistan	Afghanistan
Albania	Albania
Algeria	Algeria
Andorra	Andorra
Angola	Angola
Antigua and Barbuda	Antigua e Barbuda
Argentina	Argentina
Armenia	Armenia
Australia	Australia
Austria	Austria
Azerbaijan	Azerbaigian
Bahamas	Bahamas
Bahrain	Bahrein
Bangladesh	Bangladesh
Barbados	Barbados
Belgium	Belgio
Belize	Belize
Belorussia	Bielorussia
Benin	Benin
Bhutan	Bhutan
Bolivia	Bolivia
Bosnia-Herzegovina	Bosnia Erzegovina
Botswana	Botswana
Brazil	Brasile
Brunei	Brunei
Bulgaria	Bulgaria
Burkina Faso	Burkina Faso
Burma	Birmania
Burundi	Burundi
Cambodia	Cambogia
Cameroon	Camerun
Canada	Canada
Cape Verde	Capo Verde
Central African Republic	Repubblica Centrafricana
Chad	Ciad

Chile	Cile
China	Cina
Colombia	Colombia
Comoros	Comore
Congo	Congo
Congo (Democratic Republic)	Repubblica Democratica del Congo
Costa Rica	Costa Rica
Croatia	Croazia
Cuba	Cuba
Cyprus	Cipro
Czech Republic	Repubblica Ceca
Denmark	Danimarca
Djibouti	Gibuti
Dominica	Dominica
Dominican Republic Republic	Repubblica Dominicana
Ecuador	Ecuador
Egypt	Egitto
El Salvador	El Salvador
Equatorial Guinea	Guinea Equatoriale
Eritrea	Eritrea
Estonia	Estonia
Ethiopia	Etiopia
European Union	Unione Europea
Fiji	Figi
Finland	Finlandia
France	Francia
Gabon	Gabon
Gambia	Gambia
Georgia	Georgia
Germany	Germania
Ghana	Ghana
Great Britain	Gran Bretagna
Greece	Grecia
Grenada	Grenada
Guatemala	Guatemala
Guinea	Guinea
Guinea-Bissau	Guinea-Bissau
Guyana	Guyana
Haiti	Haiti
Honduras	Honduras
Hungary	Ungheria
Iceland	Islanda
India	India
Indonesia	Indonesia
Iran	Iran
Iraq	Iraq
Ireland	Irlanda
Israel	Israele
Italy	Italia
Ivory Coast	Costa d'Avorio
Jamaica	Giamaica
Japan	Giappone
Jordan	Giordania
Kazakhstan	Kazakistan
Kenya	Kenya
Kirghizia	Kirghizistan
Kiribati	Kiribati
Kuwait	Kuwait
Laos	Laos
Latvia	Lettonia
Lebanon	Libano
Lesotho	Lesotho
Liberia	Liberia
Libya	Libia
Liechtenstein	Liechtenstein
Lithuania	Lituania
Luxembourg	Lussemburgo
Macedonia	Macedonia
Madagascar	Madagascar
Malawi	Malawi
Malaysia	Malaysia
Maldives	Maldive
Mali	Mali
Malta	Malta
Marshall Islands	(Isole) Marshall
Mauritania	Mauritania
Mauritius	Mauritius
Mexico	Messico
Micronesia	Micronesia
Moldavia	Moldavia
Monaco	Monaco
Mongolia	Mongolia
Morocco	Marocco
Mozambique	Mozambico
Namibia	Namibia
Nauru	Nauru
Nepal	Nepal
Netherlands (The)	Paesi Bassi
New Zealand	Nuova Zelanda
Nicaragua	Nicaragua
Niger	Niger
Nigeria	Nigeria
North Korea	Corea del Nord
Norway	Norvegia
Oman	Oman
Pakistan	Pakistan
Palau	Palau
Panama	Panama
Papua New Guinea	Papua-Nuova Guinea
Paraguay	Paraguay
Peru	Perú
Philippines	Filippine
Poland	Polonia
Portugal	Portogallo
Qatar	Qatar
Rumania	Romania
Russia	Russia
Rwanda	Ruanda
Saint Kitts and Nevis	Saint Kitts e Nevis
Saint Lucia	Saint Lucia
Saint Vincent and Grenadine	Saint Vincent e Grenadine
San Marino	San Marino
São Tomé and Principe	São Tomé e Príncipe
Saudi Arabia	Arabia Saudita
Senegal	Senegal
Seychelles	Seychelles
Sierra Leone	Sierra Leone
Singapore	Singapore
Slovakia	Repubblica Slovacca
Slovenia	Slovenia
Solomon Islands	(Isole) Salomone
Somalia	Somalia
South African Republic	Repubblica Sudafricana
South Korea	Corea del Sud
Spain	Spagna
Sri Lanka	Sri Lanka
Sudan	Sudan
Suriname	Suriname
Swaziland	Swaziland
Sweden	Svezia
Switzerland	Svizzera
Syria	Siria
Tadzhikistan	Tagikistan
Taiwan	Taiwan
Tanzania	Tanzania
Thailand	Tailandia
Togo	Togo
Tonga	Tonga
Trinidad and Tobago	Trinidad e Tobago
Tunisia	Tunisia
Turkey	Turchia
Turkmenistan	Turkmenistan
Tuvalu	Tuvalu
Uganda	Uganda
Ukraine	Ucraina
United Arab Emirates	Emirati Arabi Uniti
United Nations	Nazioni Unite
United States of America	Stati Uniti d'America
Uruguay	Uruguay
Uzbekistan	Uzbekistan
Vanuatu	Vanuatu
Vatican City	Città del Vaticano
Venezuela	Venezuela
Vietnam	Vietnam
Western Samoa	Samoa occidentali
Yemen	Yemen
Yugoslavia	Repubblica Federale di Iugoslavia
Zambia	Zambia
Zimbabwe	Zimbabwe

Finito di stampare il 28 giugno 2001
dalle Industrie per le Arti Grafiche Garzanti-Verga s.r.l.
Cernusco s/N (MI)

Stampato su Lacopaque da 40 gr.
Papeteries du Léman, Groupe Bolloré

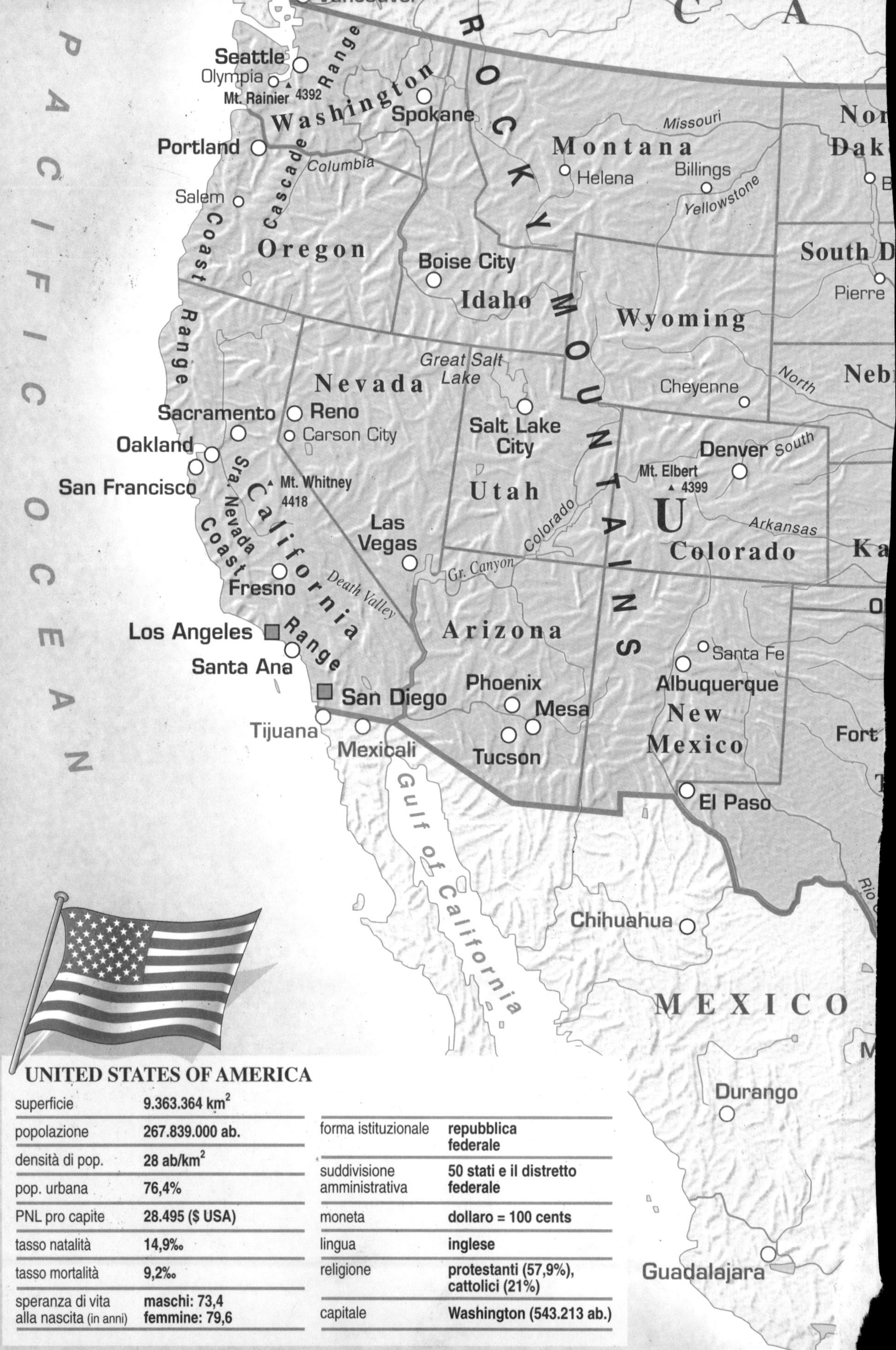

UNITED STATES OF AMERICA

superficie	**9.363.364 km²**	forma istituzionale	**repubblica federale**
popolazione	**267.839.000 ab.**	suddivisione amministrativa	**50 stati e il distretto federale**
densità di pop.	**28 ab/km²**	moneta	**dollaro = 100 cents**
pop. urbana	**76,4%**	lingua	**inglese**
PNL pro capite	**28.495 ($ USA)**	religione	**protestanti (57,9%), cattolici (21%)**
tasso natalità	**14,9‰**	capitale	**Washington (543.213 ab.)**
tasso mortalità	**9,2‰**		
speranza di vita alla nascita (in anni)	**maschi: 73,4 femmine: 79,6**		